今注本二十四史

北史

一

紀〔一〕

唐 李延壽 撰

李憑 靳寶 主持校注

中国社会科学出版社

圖書在版編目（CIP）數據

北史／李憑，靳寶主持校注．—北京：中國社會科學出版社，2020.7
（今注本二十四史）
ISBN 978-7-5203-5023-5

Ⅰ.①北…　Ⅱ.①李…　②靳…　Ⅲ.①中國歷史—北朝時代—紀傳體
②《北史》—注釋　Ⅳ.①K239.204.2

中國版本圖書館 CIP 數據核字（2019）第 200649 號

出 版 人　趙劍英
項目統籌　王　茵
責任編輯　宋燕鵬　劉艷强　顧世寶　鄭　彤　韓國茹
特約編輯　高文川　彭　麗　靳　寶　張沛林　賈啓博
責任校對　郝玉明　崔芝妹　韓　悦　徐林平
封面設計　蔡易達
責任印製　王　超

出　　版	中国社会科学出版社		
社　　址	北京鼓樓西大街甲 158 號	郵　　編	100720
網　　址	http://www.csspw.cn		
發 行 部	010-84083685	門 市 部	010-84029450
經　　銷	新華書店及其他書店	印刷裝訂	三河弘翰印務有限公司
版　　次	2020 年 7 月第 1 版	印　　次	2020 年 7 月第 1 次印刷
開　　本	1/16	成品尺寸	228mm×152mm
印　　張	443.75	字　　數	5396 千字
定　　價	1820.00 元（全 22 册）		

《今注本二十四史》編纂委員會

《今注本二十四史·北史》項目組

主　持　人　李　憑　靳　寶

成　　　員（按姓氏筆畫排列）

余明霞　史林花　杜永梅　李　憑　邱　鋒

施海燕　馬艷輝　徐林平　郭銀敏　陳益銘

梁玲華　梁增劍　梁麗紅　靳　寶

《今注本二十四史》出版説明

二十四史，是中國古代二十四部史書的統稱，包括《史記》《漢書》《後漢書》《三國志》《晋書》《宋書》《南齊書》《梁書》《陳書》《南史》《魏書》《北齊書》《周書》《北史》《隋書》《舊唐書》《新唐書》《舊五代史》《新五代史》《宋史》《遼史》《金史》《元史》和《明史》。其成書時間自公元前二世紀下半葉至十八世紀中葉，前後相距約兩千年，總卷帙（不含複卷）達 3213 卷，共 4000 餘萬字。它們采用本紀、列傳、表、志等形式，構成了一個完整地記述清朝以前中國古代社會的著作體系。二十四史上起傳説時代的黄帝，下迄明朝滅亡，包容了我國古代的政治、軍事、經濟、思想、文化、天文、地理、民風、民俗等廣闊的社會内容，形成了一套展現中華民族起源和發展的最重要的核心典籍，被後人稱爲“正史”。世界上没有任何一個國家有如此内容涵蓋宏富、時間接續綿延、體例基本統一的歷史記載。

共同的歷史文化是一個民族賴以整體維繫的基本條件之一。而對歷史著作的不斷整合和續修，顯然有利於促進國家的統一、民族的團結、社會的進步。從《史記》到《明史》，不同地位、不同民族的史家和政治家，以同一體例連續不斷地編纂我們祖國發展演進的歷史，本質上反映了我國人民尋求構建多民族國家共同歷史的强烈願望。歷史上隨時把正史歸爲“三史”“十三史”“十七史”“廿一史”“廿二史”“廿四史”，不僅反映了人們對正史的認同，更重要的是反映了對共同歷史文化的認同，即民族的認同。而對正史進行大規模的整理，在另一個層面上，更有利於妥善保存民族文化遺産，豐富民族文化内涵，陶鑄民族文化精神，從而强化民族的尊嚴與自信心，提升國家的榮譽和國人對國家的歸屬感。

對二十四史進行整理，在此次之前規模較大的有三次。第一次是清朝乾隆年間，其成果是殿本；第二次是二十世紀三十年代張元濟先生組織的整理，其成果是百衲本；第三次即毛澤東同志倡議，由中華書局出面進行的整理，其成果是中華書局標點本。這一次是由張政烺先生等史學家倡議，由中華文化促進會主持編纂的今注，其成果是《今注本二十四史》。應當充分地注意到，這四次整理的發動，都有與其所處時代社會歷史息息相關的背景。乾隆朝的武英殿大量刊刻文化典籍，尤其是對二十四史的選本、校勘都經“欽定”，絶不是僅僅要製造盛世氣象；張元濟先生奔走於國難深重的二十世紀初的中國，“當中華文化存亡絶續之交”，有更深刻的原動力；毛澤東同志指示標點正史，倡議於中華人民共和國成立、百廢待舉之初；而我們如今正在進行的今注，則發軔於改革開放、萬象更新之時。這絶不是歷史的偶然。可以説，每每針對二十四史的重大舉措，都是應社會對具有主體性的統一的歷史文化需求而展開的。

當今世界，文化的融合過程逐漸加快，在共生的基礎上融合，在融合中保持共生，互補互融直至趨一。因此，各種文化都面臨着選擇。面臨選擇，充分展示本民族的歷史文化是學者們義不容辭的職責。而作爲歷史文化直接守護者的歷史學者，有責任爲世界提供對本民族歷史文化文本的正確詮釋，有責任努力爲民衆争取對民族歷史文化解讀的話語權。

《今注本二十四史》1994 年 8 月由中華人民共和國文化部批准立項，2005 年被中華人民共和國新聞出版總署列入“十一五”期間（2006—2010）“國家重點圖書出版規劃”。自 1994 年起，迄今已經進行了二十餘年。

《今注本二十四史》總編纂張政烺先生爲本書做了奠基性的工作。在他學術生命的最後時期，不僅親自審訂了最初的《今注本二十四史編纂總則》，還逐一遴選了各史主編。

《今注本二十四史》編纂委員會主要由各史主編與相關同仁組成。張政烺先生逝世後，根據多位主編的建議，我們陸續邀請了何兹全、林甘泉、伍傑、陳高華、陳祖武、卜憲群、趙劍英七位編委成立領導小組，全面指導編纂出版工作。他們爲本項目的編纂出版，付出了大量心血與智慧，没有他們的支持，本項目難以玉成。

本項目動員了全國三十餘所科研機構和高等學府的中

國古史專家共襄其事。全書設總編纂一人，執行總編纂二人，各史設主編一人或二人；某些特殊的“志（書）”如律曆、天文、五行（靈徵）等歸類單列，各設主編一人。各史主編自選作者，全書作者總計約三百人。多年來，他們薄利求義、任勞任怨、兢兢翼翼，惟敬業畢功是務，繼承和發揚了我國史學家捨身務實的優良傳統，爲本書的完成做出了不可磨滅的貢獻！

本項目啓動之初，老一輩的歷史學家王玉哲、王毓銓、陳可畏、張博泉、萬繩楠、楊志玖、楊翼驤、漆俠、薄樹人、韓國磐等先生不僅從道義上給予全力支援，而且主動承擔各史（志）主編。何兹全、林甘泉先生更是不厭其煩，爲編纂工作提出具體建議，爲項目立項奔走呼籲。執行總編纂賴長揚先生鞠躬盡瘁，承擔了大量繁雜的組織工作。現在，雖然以上先生已經辭世，但他們學術生涯的最後抉擇所表現出的對民族、對國家的崇高責任感，永遠值得我們銘記和學習！

本項目自動議始就得到了中華文化促進會及社會各界的回應與傾力支持。中華文化促進會主席王石先生、副主席段先念先生及前任領導人蕭秧先生在本項目立項、推動、經費籌措等方面辛勤奔走，起到了關鍵作用。

香港企業家黄丕通、劉國平先生在項目前期曾給予慷慨資助。

國家出版基金與中國社會科學院也給予本項目一定的出版資助。

四川省出版集團及巴蜀書社曾在編纂和出版方面起了重要的推動作用，已出版今注本《三國志》《梁書》。

《今注本二十四史》編纂出版工作，自 1994 年立項以來，一波三折、幾經沉浮。2017 年深圳華僑城集團予以鼎力襄助，全面解決了編纂出版經費拮据的問題，編纂出版工作方步入正軌。在此，編委會全體成員向深圳華僑城集團謹表達深深敬意和感謝！

鑒古知今，學史明智。中國社會科學出版社歷來重視歷史學及中國古代典籍的整理與出版工作，爲本項目組織專門團隊，秉持專業、嚴謹、高效的原則，爲項目整體的最終出版提供了重要保障。中國社會科學出版社將與各相關單位通力協作，努力將《今注本二十四史》打造成一部具有思想穿透力與廣泛影響力的精品力作，從而爲講好中國歷史、推動中國歷史研究做出貢獻。

謹以本書紀念爲弘揚中華文化而做出貢獻的歷史學家們！
謹以本書感謝爲傳承中華文化而支援和幫助我們的人們！

《今注本二十四史》編纂委員會
中國社會科學出版社
2020 年 6 月

凡　例

《今注本二十四史》在編纂過程中一共産生了四個總體規範性質的文件。這就是:《今注本二十四史編纂總則》(1995 年，2005 年 4 月修改，2017 年 8 月修訂)、《關於〈編纂總則〉的修改和補充意見》(2006 年 3 月)、《關於編纂工作若干問題的決定》(2007 年 1 月)、《關於〈今注本二十四史編纂總則〉幾點重要的補充説明》(2017 年 10 月)。它們確定了全書編纂的目的、特點及其具體操作規則。綜其要概述如下。

本書的基本特點是史家注史。工作主要集中在三個方面：版本的改誤糾謬；史實的正義疏通；史料的補充增益。由各史主編撰寫《前言》，扼要介紹該史所涉及的時代背景、作者生平、寫作過程、著作特點、史料價值、在史學史上的地位和研究概況。

本書的學術目標有兩個。一個是通過校勘，得到一套善本；一個是通過今注，得到一套最佳的注釋本。即完成由史家校勘並加以注釋的二十四史的新校勘新注釋本。它從史家的角度出發，集數百年以來學界的研究成果，采取有圖有文的注釋形式，力圖以新的角度、新的内容、新的形式，爲二十四史創造出一整套代表當代學術水準的、權威的現代善本。

一　校勘

1. 底本：原則上以商務印書館百衲本爲底本；因百衲本並非善本的另行確定底本。

2. 校勘：充分吸收包括中華書局標點本在内的前人的校勘成果，全面參校，以形成一個全新的校勘本。

各史采用的底本和參校本，在各史序言中寫出全稱和簡稱。整套書統一規定的簡稱有六個：武英殿本簡稱“殿本”；國子監本，相應簡稱“南監本”“北監本”；毛氏汲古閣本簡稱“汲古閣本”；同治五書局本簡稱“局本”；商務印書館百衲本簡稱“百衲本”。

校勘成果反映在原文中，即依據有充分把握的校勘結果，將底本中的衍、脱、誤、倒之處全部改正；刊正底本的理由，全部在相應注釋中加以説明。對無十分把握之處，不改原文，衹出校勘記質疑。

采用中華書局標點本爲工作本的史書，不録入原校勘記。直接吸收其校勘成果者則加以説明，對其提出商榷者在相應注釋中加以辨證。

二　注釋

1. 對有古注並已與原書集合行世的前四史，原則上保留古注，視同原文並加注。

2. 注釋程度：以幫助具有大專文化水準以上的讀者讀懂爲限；以給研究者提供簡要索引爲限。注文力求做到：準確、質樸、簡練、嚴謹、規範。

3. 出注（除一些專志外）以卷（篇）爲單位。即對應當加注者，在每卷（篇）第一次出現時加注。此後即使該卷（篇）中再出現，如意義完全等同者，不再加注；而在別卷（篇）再出現時，仍另行加注。有多卷的同類志書出注時視爲同卷，即同類志書對應當加注者在首次出現時加注，其後再現如意義完全等同，亦不再加注。

4. 注釋範圍：冷僻的字音、字義、詞義，成語典故；不易理解的名物制度、地名、人名、别號、謚號、廟號；有爭議或原作記述有歧誤的史實等。

（1）字音、字義、詞義的注釋祇限於生僻字、異體字、避諱字、破讀和易生歧義及晦澀難懂的語辭。對多音字，在文中必讀某音的，以漢語拼音出注。避諱字的注文應説明避諱原因，原文原則上不改，出注。字音標注采用漢語拼音。

（2）對原文中的古體、通假、異體字的處理：古體、通假字不作改動，對其中罕見或疑難者，在注中説明其今體或正體字。全書原文和古注保留異體字，今注除人名、地名、書名和職官（署）名之外，原則上不使用異體字。

（3）成語典故，出注祇限於冷僻的成語典故，注文僅簡單説明成語典故來源、内容和意義。常見的詞語一般不出注，包括常見的古漢語虚詞與實詞，但某些不注會産生歧義者除外。

（4）人名、别號、謚號等，凡係本部書中没有專傳（或紀）的人物一般出注説明係何時、何地之人，姓、氏、名、字一般不出注，有特殊來源者，可出注。常見的歷史人物名號與某些不注無礙於全文理解者不必出注；對暫不可考者則説明未詳。

（5）地名注釋：一般僅注明今地；如須説明沿革方可解讀者，則簡述其沿革。本史有《地理志》者，地名出注從簡；若古今地名相同，所治地區大致相同者，則不出注。

（6）官名、官署名及職官制度和爵位制度名稱出注，遵循以下三個原則：常見者（如丞相、太尉、太守、縣令等），若其意義與通常理解無顯著變化，一般不出注；不常見者（如太阿、决曹、次等司等），應説明品秩、職掌範圍，需叙述沿革等方能理解原文意義者，則説明沿革變化、上下級關係、置廢時間；若本史有相應專志者，此類出注即從簡略；無相應專志者，可稍詳盡。

（7）原文與史實不符處，前後文不符處，則予以辯明。考證力求言之有據，簡明扼要。

（8）紀、傳注文以疏通原文爲目的，一般不采取補注、匯注形式。力求不枝不蔓，緊扣原文。各志（書）注文可采取補注、匯注形式，以求内容豐富、全面。

（9）對有争議的問題，客觀公允地羅列諸説，反映歧見；同時指出帶傾向性的意見。盡量不作價值評論性質的分析。

（10）今注出注各有重點："紀"（"世家""載記"）着重歷史事件；"傳"着重人物事迹及人際關係；"志"着重制度内容及沿革；"表"着重疏理時序。除《史記》外，注文内容貫徹詳本朝略前代的原則。

（11）注釋以段爲單位，統一順次編碼。出注（校）標碼與注文標碼一致，均采用［1］［2］［3］標示。

校注側重學術性，努力吸收前人的研究成果，尤其是現代學者的研究成果，充分準確地反映當代二十四史學術研究現狀；爲相關專業的學者提供足資利用的準確原文和内容索引，亦爲一般文史讀者搭建起提高水準的階梯。

《今注本二十四史》編纂委員會
2017 年 10 月

目　録

卷一一　隋本紀上第十一

卷一二　隋本紀下第十二

卷一三　列傳第一

卷一四　列傳第二

后妃下

卷一六　列傳第四

卷一七 列傳第五

卷一八　列傳第六

景穆十二王下

卷一九　列傳第七

文成五王

卷二〇　列傳第八

卷二一　列傳第九

卷二二　列傳第十

卷二三　列傳第十一

卷二四　列傳第十二

卷二五　列傳第十三

卷二六　列傳第十四

卷二七　列傳第十五

卷三〇　列傳第十八

卷三一　列傳第十九

卷三二　列傳第二十

卷三三　列傳第二十一

卷三四　列傳第二十二

卷三五　列傳第二十三

卷三六　列傳第二十四

卷三七　列傳第二十五

卷三八　列傳第二十六

卷三九　列傳第二十七

卷四〇　列傳第二十八

卷四一　列傳第二十九

卷四二　列傳第三十

卷四三　列傳第三十一

卷四四　列傳第三十二

卷四五　列傳第三十三

卷四六　列傳第三十四

卷四七　列傳第三十五

卷四八　列傳第三十六

卷四九　列傳第三十七

卷五〇　列傳第三十八

卷五一　列傳第三十九

卷五二　列傳第四十

卷五三　列傳第四十一

卷五四　列傳第四十二

卷五五　列傳第四十三

卷五六　列傳第四十四

卷五七　列傳第四十五

卷五八　列傳第四十六

卷五九　列傳第四十七

卷六〇　列傳第四十八

卷六一　列傳第四十九

卷六二　列傳第五十

卷六三　列傳第五十一

卷六四　列傳第五十二

卷六五　列傳第五十三

卷六六　列傳第五十四

卷六九　列傳第五十七

卷七〇　列傳第五十八

卷七一　列傳第五十九

卷七二　列傳第六十

卷七三　列傳第六十一

卷七四　列傳第六十二

卷七五　列傳第六十三

卷七六　列傳第六十四

卷七七　列傳第六十五

卷七八　列傳第六十六

卷七九　列傳第六十七

卷八〇　列傳第六十八

外戚

卷八一　列傳第六十九

儒林上

卷八二　列傳第七十

卷八三　列傳第七十一

卷八四 列傳第七十二

孝行

卷八六　列傳第七十四

循吏

卷八七　列傳第七十五

卷八八　列傳第七十六

卷八九　列傳第七十七

卷九〇　列傳第七十八

藝術下

卷九一　列傳第七十九

列女

卷九二　列傳第八十

恩幸

卷九三　列傳第八十一

僭僞附庸

夏赫連氏

燕慕容氏

卷九四　列傳第八十二

卷九五　列傳第八十三

卷九六　列傳第八十四

卷九七　列傳第八十五

卷九八　列傳第八十六

卷九九　列傳第八十七

卷一〇〇　列傳第八十八

前　言

李　憑

《北史》是在北魏、北齊、北周、隋諸史的基礎上編撰成的紀傳體史著，記載晋末至隋末間233年的歷史。它全面表述了中華帝國從分裂走向統一的曲折過程，深刻反映了中華民族從林立趨向融合的發展方向，重點突出了戰亂時期中華血脉與文化經由衆多宗族的傳承而得以綿延不絕的社會現象。因此，《北史》不僅受到統治者的讚賞，與它的姊妹作《南史》一起入列中華傳統二十四史之中，而且一直受到學術界的重視，經中外學者反覆整理校勘，從而保持完善的面貌。

一　囊括恢宏的歷史

秦漢相繼，歷四百餘年構築成統一的封建集權大帝國，進而在中原形成以長安—洛陽爲軸心的漢族文化覆蓋區。這個漢族文化覆蓋區的文明程度高於周邊地區，不僅是漢族帝國大厦賴以長期矗立的基礎，而且是當時整個中華文明的代表。東漢末年，黄巾起義和董卓之亂相繼爆發，隨後中原陷入軍閥混戰局面，致使漢族帝國大厦傾頽，歷史進入分裂割據的魏晋南北朝時期，社會長期處於動蕩不安之中。連綿不斷的戰亂，引起大量的漢族人口流動和頻繁的少數民族遷徙。移民運動猶如洶涌的黄河波濤，後浪緊推前浪，成爲魏晋南北朝時期的主要社會現象。

大量漢族民衆遷徙事件主要發生在三國兩晋時期。遷徙趨勢是從中原奔向周邊地區，形成兩股前後相繼的洪大浪潮。第一股遷徙浪潮，以長安或洛陽爲中心，向東到鄴城，向南抵襄樊，向西往隴右，向北達太原。第二股遷徙浪潮，在第一股浪潮的基礎上，向更加遼遠的範圍擴散，形成下述四大支流：

其一，從鄴城出發，或沿太行山東麓北上，向遼西轉移；或向東南，經泗、淮而抵達江南。

其二，從襄樊出發，或向西入西蜀；或沿漢水東下武昌，再沿長江到達三吴。

其三，從隴右進入河西走廊，停滯於武威、張掖、酒泉與敦煌四郡。

其四，從太原北上，來到平城乃至盛樂。

雖然長期的戰亂將長安、洛陽兩大文明古都夷爲廢墟，華夏物質文明被摧毁殆盡，但是精神文明依舊長存。伴隨人口的遷徙，中原文明散播到周邊地區，在移民浪潮過後形成的人口集散地凝聚爲新的文明區域。此後，在這些文明區域的基礎上，矗立起諸多地方割據政權。

與漢族流民向周邊運動的方向相反，原先游牧於周邊的少數民族則涌向中原。少數民族大規模移民的事件主要發生在西晋以後的十六國北朝時期，歷史上稱其爲五胡入華。

南匈奴率先沿黄土高原南下，在左國城設王庭，接著於平陽建漢國，隨後攻滅西晋。於是匈奴部衆及其所率胡、羯、鮮卑、氐、羌、烏桓等六夷在洛陽與長安之間散布開來。繼劉氏漢國之後，羯族與氐族相繼興起，先後建立後趙與前秦政權。前秦曾逐個消滅地方割據勢力，將整個北方統轄於一。然而，淝水之戰後前秦分崩離析，黄河流域出現各民族政權割據的局面。

在衆多割據者中，鮮卑各部表現得尤其活躍，影響範圍也最廣泛。鮮卑族興起於大興安嶺，其下各支部族陸續向西南進入草原地帶，然後分别從東、西、中三條路綫南下，其遷徙路綫展現成鷹爪的形狀。慕容部先占據遼河流域，然後進入河北，先後建立前燕、後燕、西燕與南燕政權。乞伏部越陰山南下，沿河套西向，渡隴西高平川，翻過牽屯山，到達苑川水流域，建立西秦政權。秃髮部從塞北遷至河西，因而被稱爲河西鮮卑，此後在青海湖以東建立南凉政權。

鮮卑族中影響最大的是拓跋部。拓跋部於曹魏時期進入漠南草原，西晋末在河套東部建立代國。然而，晋孝武帝太元元年（376），在前秦大軍的攻擊下代國解體了。淝水之戰後，拓跋部再興，北魏道武帝登國元年（386）建立北魏王朝，天興元年（398）建都於平城

（今山西大同市）。平城座落於大同盆地，四周關隘與險峰重迭，斷崖與峻嶺錯落，這樣的地形既利於政治統治，又便於軍事攻防。

北魏初期從北方各地往平城遷徙一百五十餘萬人口，致使大同盆地的民族構成日趨複雜，既有來自草原的衆多游牧部族，也有以漢族爲主的農耕民族。通過各族人民的辛勤勞動，大同盆地的區域性經濟很快繁榮起來。

北魏進據河北地區後，出身世家大族的崔浩、高允等先後出仕魏朝，他們向拓跋統治者介紹漢族傳統文明的精華，並以漢魏典章作藍本，爲北魏王朝制禮作樂，孕育起一整套漢化的制度，引領平城政權沿漢化的軌道發展。同時，經過不斷東征西伐，太武帝太延五年（439）北魏統一北方，結束了五胡十六國割據局面。

在歷次征伐過後，北魏都會將戰敗地區的人口和物資，尤其是士人與文物，遷徙到國都。於是，漢末以降從長安、洛陽播散到周邊各地的文明，經過一番曲折的途徑以後，又從周邊各地匯攏起來，與平城正在孕育的漢化制度融匯到一起。不過，參與這場文明融匯的，雖然以漢族文明爲主體，但已不同於傳統的漢族文明。因爲當年播散到周邊地區的漢族文明，都已不同程度地融合了所在地區的各民族的文明。來自河北的文明含有匈奴、羯族和鮮卑慕容部的文化因素，來自河西走廊的文明含有氐、羌以及鮮卑禿髮部的文化因素，來自荆州的文明含有蠻、越文化因素，來自益州的文明則含有巴蜀的文化因素。至於來自漠南、苑川以及湟水流域的，更是飽含有濃鬱的異族文明。種種的文明，一旦被熔於一爐，傳統的文明就升華了。

經過升華的文明一直傳續到文明太后和孝文帝統治時期，爲他們在太和年間（477—499）推行改制運動奠定基礎。太和改制是包括經濟基礎、上層建築和思想意識形態在内的一場大規模的漢化運動，它是北魏建國以來拓跋部漢化運動的總結，也是五胡十六國各族漢化運動的總結。

若從整個中華文明發展的廣闊歷史背景來看，太和改制實質上是漢末以降中國北方廣闊範圍内大多數民族和地區參與的弘揚中華文明的運動。因爲，太和改制的内容雖然仍以漢族文化爲主導，實際上却遠不限於秦漢時代的舊漢族傳統内容，而是包含了由衆多少數民族輸入的成分複雜的營養，因此它能將黄河流域的民族融合與文化交流推向最高潮。正是在這樣的背景之下，孝文帝率領數十萬各族軍民於太和十八年（494）來到中原，定都於洛陽。

北魏遷都洛陽標志着東漢末年以降汹涌澎湃的移民巨浪趨於平静，也使凝聚於平城的中華文明轉而沉澱在洛陽。洛陽不僅恢復昔日的繁榮景象，而且取代長安成爲中華乃至天下的中心。非但如此，源自中原而在江左的東晋、宋、齊各朝發揚的典章制度與學術文化，也隨著南北士人的交往而互傳，從而形成南北文化不斷交流融匯的生動態勢。於是，在平城升華的文明得到再次升華。北魏的洛陽時代奠定了中華社會繼續向前發展的方向，成爲中國歷史由魏晋南北朝的分裂動亂時代向隋唐的統一興盛時代過渡的關鍵時刻。

然而，孝文帝以後北魏的政局却迅速滑坡了。洛陽的繁榮不僅是北魏平城時代文明積累與轉移的成果，而且是漢末以來各族人民創造的文明經播遷與升華的結晶，但是享受成果者却是北魏統治集團。繁榮的洛陽成了拓跋貴族與漢族世家迅速腐敗的温床，而統治集團的腐敗則是洛陽政權衰落的催化劑。遷都洛陽以後，由於北魏國策南傾，冷落了舊都平城及其附近的北鎮地區，致使那裏的經濟狀況與迅速繁榮的中原形成强烈反差。經濟發展的不平衡，往往與新的民族矛盾和文化衝突糾纏在一起，終於激化爲六鎮之叛及隨後的一系列暴動。

北魏孝明帝武泰元年（528），契胡首領尒朱榮攻入洛陽，在河陰肆意屠戮鮮卑王公與漢族高門，溺斃胡太后與幼主。河陰之變在社會上引起極大恐慌，移民浪潮再度狂飆。這次移民浪潮的方向主要是南奔與西遷。永熙三年（534）孝武帝投奔關中，使得移民西遷達到高潮。西遷移民的上層與以宇文部爲首的關中豪右糾結成關隴集團，是爲後來建立周、隋新政權的中堅。

在内耗與外争中由北魏分裂而成的東、西兩魏，分别被北齊和北周取代。不過，北魏的一分爲二，與晋末大分裂具有本質不同的意義，它是對經過升華而形成的文明的咀嚼與消化，是建立更加穩固的統一政權的前奏。東魏—北齊承襲了北魏洛陽時代建立起來的禮、樂、政、刑等典章制度和學術文化；西魏—北周則融胡、漢習俗爲一體，創立了適應當時社會結構的府兵制度。北周武帝建德六年（577），北周攻滅北齊，統一北方。北周與北齊的制度和文化結合起來，構築成隋唐文明的基礎。

與北朝同時，江左經歷了宋、齊、梁、陳四朝，其物質文明與精神文明也在曲折之中持續發展。隋文帝開皇元年（581）隋朝取代周朝，開皇九年攻滅陳朝，統一全國。此後，江左的文明被大規模地輸送到北方，再與中原的文明充分地融合，升華成爲代表更加廣泛的民族文化的中華文明。

要之，漢族的外遷與草原民族的内徙，引起了洶涌蓬勃的民族融合和文化交流運動，這不僅大大豐富了中華民族的物質生活與精神生活，而且使古老的傳統文明具有了强勁的新鮮活力。

以上所述雖然一直上溯到東漢與魏晋，但是縱觀民族融合與文明發展的主要時段則位於淝水之戰後的十六國、北魏直到統一南北之前的隋朝，其間包括北魏、東魏、西魏、北齊、北周和隋朝等六個北方政權，因此被統稱爲北朝。北朝是中國歷史中承上啓下的時代，它與大一統的時代同樣恢宏，而其紛繁的歷史正是從以《北史》爲主的諸多史料之中提煉出來的。

《北史》的目録爲《魏本紀》五卷、《齊本紀》三卷、《周本紀》二卷、《隋本紀》二卷、列傳八十八卷，共計一百卷，其年代上起北魏登國元年（386），下止隋朝義寧二年（618），凡二百三十三年。它的實際篇幅，還包含卷一《序紀》記載的拓跋先世、卷九三《僭僞附庸列傳》記載的與北魏前三朝並列的十六國後期諸國，以及作爲西魏—北周附庸的江陵蕭詧政權。

從内容考察，《北史》已經囊括整個北朝歷史而且有餘。不過，能否突出北朝的主綫，顯現該時期社會發展的特點，這纔是檢驗《北史》在歷史學上價值的標準。

二　突顯時代的特徵

《北史》的編撰者是唐朝史家李延壽，他同時還編撰了《南史》，兩書合稱爲南、北《史》。南、北《史》的編撰歷十六年之久，於唐高宗顯慶四年（659）脱稿，隨即呈遞朝廷。

李延壽在《北史》卷一〇〇《序傳》中講："其《南史》先寫訖，以呈監國史、國子祭酒令狐德棻。始末蒙讀了，乖失者亦爲改正，許令聞奏。次以《北史》諮知，亦爲詳正。因遍諮宰相，乃上表。"南、北《史》先經令狐德棻"詳正"，然後"遍諮宰相"，最後纔呈上皇帝。

宋人王溥在《唐會要》卷六三《修前史》中也稱："其年（顯慶四年），符璽郎李延壽撮近代諸史，南起自宋、終於陳；北始自魏、卒於隋。合一百八十篇，號爲南、北《史》。上自製《序》。"元人馬端臨在《文獻通考》卷一九二《經籍考》"《南史》八十卷《北史》一百卷"條下引《崇文總目》亦曰："唐高宗善其書，自爲之《序》。《序》今闕。"

雖然唐高宗爲南、北《史》寫的《序》今已不存，但是這兩部姊妹之作得到朝廷的認可是無疑的。不過，南、北《史》在學術界却一直受到議論，學者的看法褒貶參半。

《新唐書》卷一〇二《李延壽傳》對《北史》的評

價較高，其中記載道："其書頗有條理，删落釀辭，過本書遠甚。"此處所謂"其書"正是南、北《史》，所謂"本書"則指李延壽據以編撰此二書的《宋書》《南齊書》《梁書》《陳書》《魏書》《北齊書》《周書》《隋書》等八書。

司馬光在其《傳家集》卷六三《貽劉道原》中評價道："今因修《南北朝通鑑》，方得細觀。乃知李延壽之書，亦近世之佳史也。雖於禨祥談嘲小事無所不載，然叙事簡徑，比於南北正史，無煩冗蕪穢之辭。竊謂陳壽之後，唯延壽可以亞之也。渠亦當時見衆人所作五代史不快意，故别自私著此書也。但恨延壽不作志，使數代制度沿革皆没不見。"司馬光雖然指出《北史》的不足之處，如"數代制度沿革皆没不見"，然而仍將李延壽與《三國志》的作者陳壽相匹，可見在他心中對南、北《史》是相當肯定的。

劉知幾給予南、北《史》的評價平平。他在《史通》卷一《内篇·六家第一》中指出："皇家顯慶中，符璽郎隴西李延壽抄撮近代諸史，南起自宋，終於陳，北始自魏，卒於隋，合一百八十篇，號曰南、北《史》。其君臣流别，紀傳群分，皆以類相從，各附於本國。凡此諸作，皆《史記》之流也。"劉知幾將《北史》與《南史》歸入《史記》之流是不錯的，然而他在下文的總結中却認爲模仿《史記》的體例"可謂勞而無功，述者所宜深誡也"。此外，劉知幾還將李延壽的編撰工作形容爲"抄撮近代諸史"，言語之中微露不屑。

對南、北《史》極不滿意的是朱熹，他甚至以嘲笑的口吻抨擊該書，在《朱子語類》卷一三四《歷代一》中寫道："南、北《史》除了《通鑑》所取者，其餘衹是一部好笑底小説。"不過，朱熹所謂"好笑底小説"，其實就是上引司馬光所云"禨祥談嘲小事"，並非新的發現。

繼此之後，任明朝南京國子監司業的馮夢禎在爲南監本《北史》所寫的《重刻〈北史〉跋》中也大言道："其用心非不勤，而參對本史，或事辭整備處謬見删改，幾至不成文理，即謂之點金成鐵手可也。"馮夢禎所謂"本史"，應指《魏書》《北齊書》《周書》《隋書》等書。他認爲《北史》對"本史"的删改"不成文理"，竟以"點金成鐵"等言語挖苦李延壽。

同樣由於删改"本史"的問題，清代學者王鳴盛對《北史》持全面否定的態度。他在《十七史商榷》卷五三"《新唐書》過譽南、北《史》"條下指出："南、北《史》增改無多。而其所以自表異者，則有兩法：一曰删削，二曰遷移。夫合八史以成二史，不患其不備，惟患其太繁，故延壽一意删削，每立一傳，不論其事之有無關係、應存應去，總之極力刊除，使所存無幾，以見其功。然使删削雖多，仍其位置，則面目猶未换也。於是，大加遷移，分合顛倒，割裁搭配，使之盡易其故處，觀者耳目一新，以此顯其更革之驗，試一一核實而考之，删削、遷移皆不當，功安在乎？"針對所謂删削與遷移的"不當"，王鳴盛嚴厲地批判南、北《史》"疵病百出，不可勝言"。王鳴盛雖然也看到了南、北《史》流傳甚爲廣泛的社會效果，不過他認爲那是"人情樂簡，故得傳世”。要之，在王鳴盛看來，南、北《史》的價值並不高。

在上述種種評價之中，最令人糾結的是所謂李延壽“抄撮近代諸史”的問題。儘管如此，南、北《史》却越來越受到重視，而原因也正在於它是“抄撮近代諸史”而成的。

所謂“抄撮近代諸史”，就是在八書的基礎上加以編輯，其中許多篇章甚至徑直抄録自八書。對此，李延壽是毫不諱言的，他在《北史》卷一〇〇《序傳》中曰：“至於魏、齊、周、隋、宋、齊、梁、陳正史，並手自寫，本紀依司馬遷體，以次連綴之。”

然而，也正是這種“抄撮”工作，在宋朝以後顯現出重要的價值。爲此，《四庫全書總目》卷四六《史部·正史類二》“《北史》一百卷”條下寫得十分明白：“然自宋以後，《魏書》《北齊書》《周書》皆殘闕不全，惟此書僅《麥鐵杖傳》有闕文，《荀濟傳》脱去數行，其餘皆卷帙整齊，始末完具。徵北朝之故實者，終以是書爲依據。故雖八書具列，而二史仍並行焉。”由於宋朝以後《魏書》等“皆殘闕不全”，所以《北史》成了修補諸書和鑒定故實的依據。

由此可見，《北史》與《南史》在史料學方面極有意義。這是“八書具列，而二史仍並行”的根本原因，並非如王鳴盛所云，僅僅因爲“人情樂簡”的緣故。看來，司馬光的看法是公允的，而其他史家的批評意見則各有偏頗。

在前人討論的基礎上，現代史學家運用史學理論與傳統考據相結合的方法，對南、北《史》進行全面深入的研究，圍繞其指導思想、編輯體例、篇章結構、文字內容、刪削得失等方面發表了數十篇見解獨到的精湛論文。1987 年，人民出版社出版瞿林東先生的《〈南史〉和〈北史〉》，從史學史的角度，高屋建瓴地評價了南、北《史》的學術價值；2010 年，天津古籍出版社出版高敏先生的《南北史考索》，對南、北《史》的內容作了系統深刻的探微：這兩部書成爲研究《北史》和《南史》的權威專著。

縱觀古今討論，對於《北史》與《南史》的評價已經頗爲全面深入。歸納衆説，尤其值得注意的是以下三個方面。

第一，編輯得當與否。

如上所述，關於李延壽的編輯工作得當與否，這是自古以來被學術界評論得最多的方面。南、北《史》既然是連綴諸書而成的，在文字上必然要刪削和改寫。這樣做的結果，就使原本分述的南北朝史書連貫成爲一體，而在篇幅上則壓縮過半。然而，由於看待人物與事件的角度不同，處理文字的方式有異，難免造成行文的差異，因而顯現諸多刪削不當之處，甚至產生許多失誤，這些問題已經被學術界一一揭示，無須刻意地回護。

不過，公正地講，李延壽的工作還不至於降低至“點金成鐵”的程度。經過長期的校對與研究，南、北《史》中的編輯失誤大多已經被後人勘察和糾正。高敏先生在這方面作了劃時代的總結，其成果深入而全面，均體現在所著《南北史考索》之中，此處不再具體羅列。

辯證地判斷，一方面，李延壽删削八書煩冗和增補八書史料之功是不容抹殺的。被李延壽删削的内容，主要是八書本紀中的詔令與册文，八書列傳中的奏議、文章、詩賦以及間或引用的敕文。此外，李延壽還對一些戰争場面與過程的記載，或者加以濃縮，或者概括言之。經過如此加工，在内容上顯得明快了，因此能適應“人情樂簡”的世俗社會。另一方面，南、北《史》的内容來源並非僅限於正史，還從其他文獻中汲取了大量史料。正如李延壽在《序傳》中所述：“又從此八代正史外，更勘雜史於正史所無者一千餘卷，皆以編入。”雖然這些來自於雜史的資料，並不被傳統史家看好，司馬光稱之爲“機祥談嘲小事”，朱熹斥之爲“好笑底小説”，然而，從現代史料學的角度看待，却具有豐富的學術營養。

司馬光曾是高踞朝廷的政治家，朱熹則是儒學巨擘，他們看待歷史，尤其注重朝政大事與文物典章，與“位下”的李延壽相比，眼光自然不同。然而，南、北《史》對於“小事”與“小説”能够“無所不載”，恰恰反映了北朝社會的特徵。因爲，從北朝發展到唐朝前期，高雅文化已經浸潤寒素，世俗小説乃至胡風歌舞日益登臨廟堂。産生這般社會狀況，正在於北朝以降世家大族壟斷文化的局面逐漸被打破的緣故。所以，“機祥談嘲”云云，正是北朝社會的生動反映。李延壽對此必定深有感悟，纔會尤其注重“鳩聚遺逸，以廣異聞”。這反而表現了李延壽歷史觀念的先進。

第二，大一統觀念。

李延壽的大一統觀念，是受到當代大多數學者肯定的方面。南北朝時期既有南、北分治，又有東、西分裂，最終走向大一統。分是當時社會政治的表象，合是歷史發展的方向。在分的表象之下涌動著激烈的民族矛盾，民族矛盾是那個時代的主要矛盾。爲了免遭戰火，百姓渴望統一；爲了實現政治權力的最大化，統治者也追求統一。於是纔會往合的方向發展。

占據南北朝時期主導地位的，是與十六國後期諸國並列的北魏王朝。北魏最初與諸國一樣，祇是占領偏遠地域的割據政權；發展到第三代太武帝朝，以武力征服的方式實現了北方版圖的統一；發展到孝文帝朝，通過遷都洛陽和姓氏改革，實現了漢族與北方諸少數民族的大融合，於是北魏王朝在中原鞏固了政治、經濟與文化的集權地位。此後，北魏王朝多次發動征伐南朝的戰役，力圖建立統治全國的局面。如此宏大的目標雖然未能實現，但是確立了對南朝的絶對壓制態勢，由北方併吞南方的局勢難以逆轉。最終，隋朝大軍勢如破竹地渡江南下，統一全國成爲歷史必然。

歷史的進程表明，在南北朝時期，民族矛盾的發展經歷了衝突、共處與融合三個階段。祇有進入民族融合的階段，真正的統一纔有可能出現。然而，這樣的規律並非事先能夠預見，祇能得自於事後的歸納，而史家的難處就在囿於自身的歷史環境。

北朝的歷史從北魏前期就有史家著手記載，代表人物是崔浩。崔浩撰寫了《國記》，記録從拓跋先世到北魏前三朝的歷史。崔浩對《國記》的質量頗爲自信，將其銘刻於石，樹立在通衢大道。然而，《國記》備而不典，如實揭示拓跋部落早期所謂醜陋的習俗，崔浩因此被害，連累清河崔氏、范陽盧氏、太原郭氏、河東柳氏盡皆夷族。

崔浩出身於著名的高門世族，曾爲太武帝統一北方大業出謀劃策而立下汗馬功勞，却因著史慘遭殺戮。其根本原因在於，此際北魏社會正處於從民族衝突向民族共處過渡的階段，民族關係十分敏感，而崔浩却不慎觸動了這條敏感的神經。

北齊史家魏收對北朝史學作出了巨大的貢獻，他總結北魏衆多史家的成果，撰成《魏書》。《魏書》模仿《史記》的體例，開首就以漢族始祖黄帝爲張本。而且，魏收還在《魏書》中創立《官氏志》，在《官氏志》之下特設《姓氏志》，從而構建起一張龐大的血脉網絡。這張網絡不僅將北朝各部族全部籠絡在内，而且通過標示各部族的漢姓而將它們與漢族混合起來。

魏收的做法是對孝文帝太和漢化改革運動的總結，他的史學成就在於充分反映了北魏社會從民族共處向民族融合過渡的歷史。不過，魏收也因卷入對門閥世族地位評判的矛盾而備受詬病。魏收站在他所處的東魏、北齊時代回顧歷史，因此能够將北魏平城時代的輝煌和洛陽時代的盛況充分展現出來。但是，因爲歷史背景的限制，魏收不可能預見北周統一北方和隋朝統一全國的歷史必然性。

歷史有其自身規律，不可能依從當朝統治者的意志發展，也不是當時的史家能够精確地感悟到的。必須等待歷史風暴刮起的塵埃最終落定之後，方能尋得歷史演繹的軌迹與趨勢。李延壽有幸適逢其時，他身處南北朝之後隋唐一統的空前盛世，因此能够客觀全面地返觀南北朝歷史的脉絡。

關於南北朝的歷史，在李延壽之前已經有人撰寫了八書等著作，但都局限於以一個朝代爲撰述對象。李延壽將《宋書》《南齊書》《梁書》《陳書》統編成《南史》，於是南方四朝成爲一個整體；又將《魏書》《北齊書》《周書》《隋書》合編爲《北史》，於是北方四朝成爲一個整體；在此基礎上，再將《南史》八十卷和《北史》一百卷聯合看待，於是南北朝雖分而猶合。

值得注意的是，《南史》與《北史》雖然可以合稱爲南、北《史》，但是其重心在北而不在南。這樣的意識不僅體現在《北史》比《南史》的卷數更多，更重要的在於，李延壽能讓讀者感受到《北史》反映的北朝歷史是整個南北朝歷史發展的主綫。

後人通常將《北史》與《南史》置於二十四史的縱向系統看待，它們屬於斷代史；然而，從其涵蓋整個南北朝的發展歷程來看，《北史》與《南史》都具有通史的性質。

尤其是《北史》，倘若换一個角度，從鮮卑族拓跋部的立場出發，那麽它應該是一部體例完備的通史。拓跋部以大興安嶺漁獵時代爲開端，歷盛樂時代、平城時代而發達，經洛陽時代進入高潮，至東、西兩魏分裂而衰滅，到隋朝而完全融化於中華民族的大家庭。這正是北朝政治的大一統過程，也正是北朝各族的大融合過程，而主導如此恢宏過程的是鮮卑族拓跋部。

拓跋部的興衰軌迹，原本分散地記載在各書之中。經過李延壽的删削與歸納，被編輯成一體，合而爲《北史》。刻畫出拓跋部興衰的軌迹，也就反映了北朝發展的主綫。這樣看來，李延壽的編撰工作絶非簡單地在前人的基礎上加以拼凑，而是悉心地理清了歷史發展的脉絡。突顯大一統觀念，進而突顯民族大融合，這正是李延壽超越前人的歷史貢獻。

第三，按照家族世系編次列傳。

按照家族世系編次《北史》的列傳是李延壽受到學術界猛烈批判的重點方面。

這方面以四庫館臣的評語爲代表。在上引《四庫全書總目》"《北史》一百卷"條下指出："考延壽之叙次《列傳》，先以魏宗室諸王，次以魏臣，又次以齊宗室及齊臣，下逮周、隋，莫不皆然。凡以勒一朝始末，限斷分明。乃獨於一二高門，自亂其例，深所未安。至於楊素父子，有關隋室興亡，以其系出弘農，遂附見魏臣《楊敷傳》後。又魏收及魏長賢諸人，本非父子兄弟，以其同爲魏姓，遂合爲一卷，尤爲舛迕。觀延壽《叙例》，凡累代相承者皆謂之家傳。豈知家傳之體不當施於國史哉？"

所謂家傳，就是按照家族世系編次列傳的意思。更確切地説，就是爲世家大族撰寫傳記。四庫館臣激烈反對李延壽采用家傳的做法，聲稱："惟其以姓爲類，分卷無法。《南史》以王、謝分支，《北史》亦以崔、盧繫派。故家世族，一例連書。覽其姓名，則同爲父子；稽其朝代，則各有君臣。參錯混淆，殆難辨别。"家傳的做法被指責爲“分卷無法”因而“參錯混淆”。四庫館臣對南、北《史》的編輯體例深爲不滿，是由其極力維護以封建王朝爲傳統的史學觀念決定的，這從“凡以勒一朝始末，限斷分明”等語不難看出。

不過，所謂李延壽的“分卷無法”不見得不正確，因爲“以姓爲類”恰恰符合南北朝的歷史狀態。對此，陳仲安先生運用現代史學觀念爲家傳的體例作出了合理的解釋，他在中華本《北史》的《出版説明》之中寫道：“南、北《史》的一個顯著特點是突出門閥士族的地位。它用家傳形式，按世系而不按時代先後編次列傳，一姓一族的人物，集中在一起，因此開卷就使人感到世家大族的特殊地位。這種編纂方法並不開始於李延壽。劉宋時，何法盛著《晋中興書》，就有《瑯邪王録》《陳郡謝録》等篇名，就是將東晋大族王、謝兩家的人物集中爲傳。北齊魏收著《魏書》，也是參用家傳形式。但《魏書》對大族中的重要人物還是抽出來單獨立傳，南、北《史》則凡是子孫都附於父祖傳下，因此家傳的特徵更爲突出。這不僅是方法問題，而是南北朝時期社會現實的反映。”將突出家傳的特徵看成南北朝時期社會現實的反映，這是一語中的。

陳仲安先生進而認爲：“唐朝初年編纂梁、陳、北齊、周、隋五代史，對‘朝廷貴臣，必父祖有傳’，也是要把新貴和舊門閥聯繫起來，從而恢復舊門閥的政治地位。出身隴西大族的李延壽就是在這種時代背景下寫成南、北《史》的，他之所以要采用家傳形式來編次列傳，實際上就是爲門閥士族的復辟迷夢製造輿論。”家傳的做法，在唐朝前期具有現實意義，那就是將新貴族和舊門閥結合起來，以夯實統治基礎。至於李延壽是否具有“爲門閥士族的復辟迷夢製造輿論”的意圖，那倒不見得，祇是在特殊時期不得不如此寫作而已。

其實，所謂家傳，歷來就是關於中華民族延續的重大問題，具有深遠的社會意義。中華民族的社會結構，從上往下依次爲國家、宗族、家族、家庭。家庭是構成社會的基本細胞，若干家庭組織成家族，若干家族組織成宗族，若干宗族的聯合形成社會。調節社會關係的機器，就是高踞社會之上的國家，自古以來一直如此。從家庭、家族到宗族，都是以血緣爲紐帶維繫的；而宗族之間則又以婚姻、師生和官宦關係相聯繫，形成盤根錯節的社會關係。高踞衆多社會關係之上的是封建朝廷，封建朝廷依賴經濟措施調節社會關係，利用政治制度制約社會關係。

血緣雖然是人類之間最親近的關係，但是容易斷裂，所以平均五口組成的家庭難以單綫條地延續下去。政治權勢和經濟利益是變化無常的，所以國家機器也不可能長治久安，於是就不斷地出現朝代的更替。

不過，與處於高層的朝廷和處於基層的家庭相比，處於中間的家族和宗族的結合能力相對牢固，不僅能不斷地延續，而且還會相應地發展。換言之，在社會結構中，相對穩固的是家族與宗族。尤其是，當社會陷入長期戰爭之際，宗族又比家族更能應對動亂的局面。在魏晉南北朝時期的歷次大移民運動中，許多移民都是以宗族爲單元遷徙，從而在新的地區生存與繁衍，這就是明證。

南北朝時期，不管朝代如何更替，許多宗族能從北魏一直延續到隋朝，屢經曲折而不斷絶。其原因，除依靠血脉爲維繫紐帶外，還憑藉文化作爲傳承的通道。

自從漢族中央集權統治被不斷的戰亂摧毁之後，由朝廷掌管的文化設施和學校便屢遭刼掠。因此，原本由太學博士傳承典章與文化的官學途徑中斷了，代之而行的是在宗族或家族内世代傳承文化的形式。這樣，漢族傳統的典章制度與學術文化就主要掌握在若干大的家族手中，從而形成魏晋南北朝時期所特有的家學現象。一些有名的世族，如前一節中提到的河北大族崔浩、高允等，就利用掌握典章制度與學術文化的特權，先後出仕魏朝，占據上層建築與思想意識形態，以此達到世代冠冕仕進的目的。另有一些宗族，如後一節中要談及的李延壽的祖先，就承載著中原的文化，遷徙到邊遠的地區，成爲所謂地方著姓。這些地方著姓的顯著特點，也是寓學術文化於家學之中。

南、北《史》中的家傳，反映的正是這種通過家族與宗族的結構以延續血緣和發展文化的史實。而且，由於面對複雜的民族關係，《北史》又比《南史》的家傳特點更加明顯。

個體家庭是脆弱的，朝廷是不斷更替的，但是宗族却是綿延流長的。許多宗族不僅穿越南北朝，甚至延續到隋唐，於是出現了舊門閥與新貴族結合的現象。更有世代冠冕的文化世家不斷地繁衍至現代，最典型的例子就是傳續七十餘代的曲阜孔氏。中華民族是由無數大大小小的宗族組成的。在中華歷史發展的長河中，就個體而言，宗族的命運是沉浮不定的；就群體而言，宗族的前途是繁衍不斷的。這就是中華民族雖然久經磨難而能彌堅長存的原因。由此看來，李延壽“以姓爲類”，將衆多家傳熔於一爐的撰寫體例，恰恰是符合歷史規律的。

從上述三點看來，李延壽的編撰工作突顯了北朝的時代特徵，《北史》在歷史學上的價值毋庸置疑。

三　日臻完善的文獻

《北史》的編撰者歷來署名爲李延壽，其實此書是李延壽與他的父親兩代人心血的結晶。李延壽的家世，記載在《北史》卷一〇〇《序傳》、《舊唐書》卷七三《李延壽傳》和《新唐書》卷一〇二《李延壽傳》之中。

李延壽的祖父李超，字仲舉，曾任北齊襄城王大司馬參軍事、修武縣令。北齊末年，李超任晋州別駕時，晋州受北周大軍圍攻。時任行臺左丞的侯子欽意欲降敵，遭到李超的堅決反對，侯子欽遂自己乘夜投奔周軍。晋州城破，李超被逼降周。北齊滅亡後李超獲補北周秋官賓部上士，他却情願歸還家中。隋文帝開皇中，李超被召補洛州主簿，然因反應消極而被左降爲隆州録事參軍。李超視官場蔑如，稱疾返歸鄉里，以琴書自娱。此後，朝廷還先後除授李超冀州清江令、洛陽令等職，李超則屢次以疾爲由而歸家。身居亂世的李超堅持正直爲人，享年六十三歲而壽終於洛陽永康里宅中。

李超的長子就是李延壽的父親李大師。李大師字君威，弱冠時應召任冀州主簿，後以資調補左翊衛率，尋除冀州司户參軍。隋煬帝朝改州爲郡，李大師得除信都司户書佐。李大師獨守清戒，無所營求，十年後纔遷任渤海郡主簿。時竇建德建立夏政權，李大師被召爲尚書禮部侍郎。唐高祖武德三年（620），李大師受遣出使關中，聯絡李淵。但嗣後竇建德又助王世充抗擊李淵，李大師遂被拘留。竇建德被平滅後，李大師被徙配西會州，直到武德九年遇赦纔得以東歸。唐太宗貞觀二年（628），李大師壽終於鄭州滎陽縣野舍，時年五十九歲。

李延壽是李大師的第四子，字遐齡，生活於隋文帝開皇年間（581—600）至唐高宗儀鳳年間（676—679）。由於父、祖兩代政治遭遇坎坷，李延壽的仕途自然不佳。雖然生逢唐太宗盛世，李延壽却久未獲伸展抱負的機會。

唐太宗貞觀之初，李延壽在中書侍郎顔師古、給事中孔穎達手下整理文獻。貞觀五年，以内憂去職，服喪期滿後一度從宦蜀中。直到貞觀十五年，李延壽纔在京師補得東宫典膳丞、崇賢館學士的職位。此後，李延壽轉任御史臺主簿，遷符璽郎。李延壽的職務不斷遷轉，並非由於他在政治上做過鑽營，而是與他擅長編撰文字有關。

協助顔師古與孔穎達整理文獻之時，李延壽有條件閲讀到皇家圖書館的書籍，開擴了學術視野，也鍛鍊了編輯能力。任東宫典膳丞、崇賢館學士之時，李延壽受詔參與修撰《五代史志》，又參與編撰《晋書》，不久後轉任御史臺主簿。後來，李延壽編撰成《太宗政典》三十卷呈獻朝廷，因此官遷符璽郎。然而爲時不久，李延壽就去世了。後來，《新唐書·李延壽傳》稱，“時人見年少位下，不甚稱其書”。所謂“其書”，係指南、北《史》，這是李延壽畢生最大的成就。南、北《史》成書之際李延壽並非“年少”，不過“位下”倒是事實，《新唐書》在行文之間對李延壽的經歷微露惋惜之情。

李延壽萌生編撰南、北《史》的動機與其父李大師有關。原來李大師流放西會州期間，受到時鎮涼州的楊恭仁的禮遇。楊恭仁家中富藏書籍，李大師得以恣意披覽，從而激發起著述的理想。李大師常以宋、齊（南齊）、梁、陳、魏、齊（北齊）、周、隋各朝南北分隔，史事記載往往失實，意欲擬《吴越春秋》的編年體撰寫史書，以完備南北朝的歷史。可惜，李大師平生坎坷，遇赦兩年後就懷著遺憾去世了。不過，李大師積累的資料和搭建的框架，爲李延壽續成其志奠定了基礎。

李延壽在父親所積累舊本的基礎上，利用業餘時間晝夜抄録齊、梁、陳五代舊事。此後，李延壽又憑藉參與修撰《五代史志》與《晋書》的機會，遍得披覽魏、齊（北齊）、周、隋、宋、齊（南齊）、梁、陳正史以及今已失傳的魏澹《魏書》、王劭《齊志》等書，並手自抄寫，以次連綴之，最終成就了浩繁的《北史》與《南史》巨著。李延壽一家三代懷才不遇。然而，仕途不佳學途却大幸，《北史》與《南史》不但流傳至今，且因列入二十四史而不朽。

李延壽是在父親李大師的基礎上完成事業的，不過他並未局限於李大師設計的編年體框架，而是仿照司馬遷的《史記》，按照紀傳體例撰成新著。無疑，紀傳體比編年體更能突顯南北朝時代門閥世族興旺的社會特點。李延壽的作爲，正反映了他强烈的家族意識。他之所以具有强烈的家族意識，與其綿遠的家族背景密切相關。

李氏家族，在《北史》卷一〇〇《序傳》中遠溯至帝顓頊高陽氏，但其間諸多環節尚無憑信。《舊唐書》卷七三《李延壽傳》稱李氏“本隴西著姓，世居相州”。《新唐書》卷一〇二《李延壽傳》祇言李氏“世居相州”，而不言其出自“隴西著姓”。各書或繁或約的記載，給後人留下了諸多猜想。不過，倘若依照《舊唐書》所謂“隴西著姓”的提法排序，李氏家族的系統是清晰可循的。

由《序傳》得知，曹魏時有名李雍者，歷仕濟北、東莞二郡太守。西晉末年戰亂風起雲涌，李雍之子李弇隨從兄李卓率宗族投奔前凉國主張寔。李弇曾任天水太守、衛將軍，封安西亭侯，爲李家修成“隴西著姓”奠定基礎。據此基業，李弇之孫李暠創建了西凉國。不過，西凉國僅傳兩代三世就滅於北凉。李暠第六子李翻之子李寶遂逃奔伊吾，臣於蠕蠕。

北魏滅北凉後，李寶自伊吾南歸敦煌，被北魏授予都督西垂諸軍事、領護西戎校尉、沙州牧等職。北魏道武帝太平真君五年（444），拜李寶爲外都大官，將他留在平城。李寶成爲平城李家的始祖。李寶長子李承，在文成帝朝任滎陽太守。李承第三子李虔，在孝文帝朝爲太子中舍人，在宣武朝歷任燕州刺史、兗州刺史，在孝莊帝朝官至驃騎大將軍、開府儀同三司。

李虔第四子李曉，字仁略，博涉經史，釋褐員外散騎侍郎。尒朱榮發動河陰之變，李曉攜諸子侄僥倖脱逃。孝莊帝永安初，李曉出任尚書左右主客郎、中散大夫、前將軍、太中大夫等職。孝静帝天平初，東魏遷都於鄴。李曉隨而遷至清河，依從母兄崔㥄鄉宅，築室而居。李曉訓勖子弟，以學行見稱，受到輿論的讚許。《舊唐書》與《新唐書》所云李氏"世居相州"，應自李曉起始。李曉曾任北齊廣武郡與東郡太守，享年五十九歲而卒。李曉生有三子，次子李超就是李延壽的祖父。

從李雍算起，傳到李延壽，這支李氏家族繁衍了十一代，它不僅與魏晋南北朝的歷史相始終，而且在隋唐之後還有所發展。這是一支屢經遷徙的家族，它從中原到隴西，又從隴西到平城，再從平城回到中原。

雖然難以考察李延壽家族在遷徙過程中有無移花接木的現象，但是其脉絡是清晰而連貫的。推而廣之，從李延壽家族的遷徙軌迹，大抵可見隴西李氏宗族的變遷蹤迹。再推而廣之，不難想象當時有多少支宗族也像隴西李氏那樣在離鄉背井地奔波，其間的區别衹是遷徙的路綫不同而已。

其實，李延壽在《北史》的最後以《序傳》的形式記録下李氏宗族輾轉曲折的變遷蹤迹，並不一定爲了炫耀家世，也不見得抱有攀龍附鳳的意圖。但是，可以肯定，李延壽在撰述史書中刻意突顯家傳的體例，與其顛沛流離的身世密切相關。

《北史》是在衆多前人成果的基礎之上編撰成的再造品，又是歷經衆家之手校勘而日臻完善的史學文獻。從李延壽向唐朝廷呈遞初稿至今，《北史》已被刊印各類版本二十餘種，以下略述其要者。

現存《北史》的祖本，是北宋朝廷組織校勘和監印的，稱爲宋監本。北宋滅亡後書板流失，南宋雖曾廣泛搜尋，但是難以求全復原。目前存世有兩部宋本，分别收藏在中國國家圖書館和日本嘉静堂文庫，但均爲殘本，其出版情况不明確。南宋滅亡後，朝廷所藏書板被西湖書院接收。元成宗大德十年（1306），信州路儒學組織力量加以校刻刊印，所印版本習稱爲元大德本。元大德本書板於元末歸於集慶路儒學，經遞修遞補而印成爲集慶路本。

元朝敗北之後，西湖書院的書板被運至明朝南京國子監刊印，所印版本習稱爲南監本。南監本的大部分是經過校勘的。時任南京國子監司業的馮夢禎在《重刻〈北史〉跋》中稱，於明神宗萬曆二十一年（1593）年組織國子監祭酒以下的司業、監丞、博士、助教、學正、學録、典簿、典籍以及監生等共計六十八人“雜校”半年纔完成。萬曆二十六年，北京國子監以南監本爲底本刊印成册，該本簡稱爲北監本。

明朝末年，私家藏書事業振興。由於北監本雖然刊刻精美，但是文字舛誤頗多，藏書家毛晋對此極爲不滿，於是以所搜集到的宋元諸本爲底本，於崇禎年間組織力量進行校勘和仿刻。毛晋的藏書樓和刻書工廠名爲汲古閣，故稱該刻本爲汲古閣本。汲古閣本校勘精心，版式美觀，所以廣爲流傳。不過，明人刻書存在擅自篡改的問題，張元濟先生在《校史隨筆·〈北齊書〉》之“因刊誤而愈誤”條中不禁大爲感嘆道：“明人刻書，每喜竄易。遇舊本不可解者，即臆改之，使其文從字順。然以言行文則可，以言讀書則不可。”

清朝初期，南監本、北監本和汲古閣本《北史》都曾遞修。乾隆四年（1739），朝廷責成杭世駿、齊召南等於武英殿刊印二十一史。該版後被稱爲武英殿本，或者簡稱爲殿本。殿本《北史》以北監本爲底本，以南監本、汲古閣本作本校，以南北朝八書作參校，於乾隆十一年刻成。武英殿本《北史》附有考證，加上印製精美的緣故，成爲廣泛流傳的本子，在清朝至民國初期曾被反復影印、翻刻。民國後期，上海中華書局據殿本鉛印的四部備要叢書較爲暢行，《北史》列在該叢書的史部。

乾隆三十七年，朝廷開設四庫全書館，委任紀昀等百餘名學者編纂《四庫全書》。作爲正史之一，殿本《北史》被編纂入史部，並相應勘正了一些訛誤。

此外，清朝後期，曾國藩組織五書局分刻二十四史，其中《北史》交由金陵書局於同治十一年（1872）印行，因此該版稱爲金陵書局本。金陵書局本《北史》是以汲古閣本爲底本經校勘而形成的。

民國中期，張元濟先生有感於正史的版本繁多，印製質量參差，內文頗多訛誤，於是花費十八年時間，集歷代存世諸本整理和校勘成一套二十四史叢書。因其擇優選取涵芬樓收集之不同時代諸本爲底本和校本，故被稱爲百衲本。其中，《北史》以元大德本爲工作底本，以南監本、北監本、殿本和汲古閣本爲本校，以南北朝八書爲參校。書成之後，被視爲歷代《北史》諸本之集大成者。令人十分遺憾的是，張元濟先生爲此而撰寫之《校勘記》底本竟然遺失。

新中國建立以後，由中華書局出面組織，以張政烺先生爲首的數十位著名學者參與，於1958年啓動二十四史點校項目。其中，《北史》由陳仲安先生整理點校。陳仲安先生用百衲本爲工作底本，以南監本、武英殿本作通校，以北監本、汲古閣本作參校，甚至還查對過中國國家圖書館所藏之宋朝殘本，全面吸收了各家版本所長。他還以八書和《通志》《通典》《資治通鑑》《太平御覽》等作爲校勘文字的參照，吸收了錢大昕、張元濟、張森楷、王鳴盛、張熷、洪頤煊、李慈銘等學者的研究成果，從而校勘出精審周詳的中華本《北史》，爲學術界貢獻了能够一致引用的典範之作。同時，陳仲安先生還爲中華版《北史》標以準確的現代標點符號，爲非文史專業的讀者提供了很大的便利。陳仲安先生的點校成果，本工作小組已經儘量地汲取或照録，以減少讀者翻檢之勞。

以上所述是國内整理校勘《北史》的概況；至於海外的學界，最值得重視的是日本漢學者源伊信對《北史》的整理與校勘工作。

源伊信是日本德川幕府大和國郡山藩藩主。他用南監本《北史》爲底本，引八書與《南史》等大量文獻參校，以工整的朱、藍、墨三色小楷加以校勘及句讀。自明和元年（1764）直至八年，源伊信纔完成其校勘事業。源伊信所作句讀準確，校勘細緻，其考辨頗具説服力，解决了諸多前人未能發現或者發現而未解决的問題。源伊信作校勘距今已兩個半世紀，與近現代諸家校勘相比，見解依舊清新獨到。

在此要特别表示感謝的是，經中山大學圖書館羅春榮副館長的熱情支持，該館古籍部專家的熱情展示，筆者有幸於2011年6月22日首次親眼目睹源伊信校勘的足本明朝南京國子監刊印之《北史》，得以喜出望外地觀賞源伊信剛勁的小楷和秀美的鈐印。書中的五枚鈐印顯示，該本曾在中國大陸與東瀛間轉輾流徙，歷經六家主人纔最終歸於中山大學。因此，該本不僅在圖書版本學、文獻校勘學上具有顯著意義，而且是中華傳統文化深遠地影響海外的典型標本。筆者隨即安排梁玲華博士將源伊信的校勘文字全部抄録下來，如實地編入今注本之中，以此減免讀者查尋之勞。

除以上中外學者對《北史》諸版本作過全面校勘外，更有許多著名學者曾對《北史》作過各種形式的整理和研究。這些工作包括：爲《北史》作補表和補志，將《北史》與其他文獻作對照研究，撰寫關於《北史》的讀書劄記，利用《北史》研究魏晋南北朝歷史。相關的研究成果已經在參考書目中列出，恕不贅述。

要之，經過歷代中外學者的不懈整理和校勘，《北史》的版本日臻完善，因而愈加顯現其珍貴的文獻價值。

四　旨在普及的今注

如今呈獻在讀者面前的這部今注本，是由衆多青年學子合作完成的成果。筆者的用意是，在完成這項今注工作的同時，培養一批從事整理和普及傳統文化的人才。

本工作組主要的工作在於通俗注釋以及版本核對。至於研究與校勘工作，由於衆家中外前輩學者已經做得十分精湛，本工作組實在難以超越，唯有謹慎地接踵前輩蹤迹，如實照搬諸賢成果，以幫助讀者釋疑和避免翻檢之勞。

今注本《北史》的工作，長期得到《今注本二十四史》執行總編纂賴長揚、孫曉先生的指導和支持，也屢蒙華南師範大學圖書館王富民館長、中山大學圖書館羅春榮副館長和華南師範大學二十四史研究中心資料室牛群主任的大力幫助。謹致以由衷的感激！

今注本《北史》使用的各種版本以及相關資料，主要來源於北京和廣州兩地的圖書館和科研機構。在從事今注工作期間，本工作組對廣州地區的地方圖書館、大學圖書館和科研機構圖書館有關《北史》的收藏情况作過全面的普查。通過普查獲知，廣州地區相關圖書館收藏民國以前刊印的《北史》共計六十部，含十九種版本。其中，最早的版本是明朝萬曆年間南京國子監刻本，中山大學圖書館收藏一部足本，廣東省社會科學院圖書館收藏一部殘本；其次是一部明朝萬曆年間北京國子監刻本的殘本，收藏在廣東省立中山圖書館。

本今注本作爲全國高等院校古籍整理研究工作委員會直接資助項目《〈北史〉研究》（項目號0620）和澳門大學科研項目（項目號 MYRG2014－00066－FSS）的階段成果，在實施過程中受到華南師範大學和澳門大學的高度重視和大力支持。

由於本書成於衆人之手，體例和語言難免參差矛盾，挂一漏萬。更由於筆者孤陋寡聞，致使書稿錯誤叢生而貽笑大方。交稿之際，如履薄冰，唯祈讀者不吝賜教，以期今後有機會加以糾正。

例 言

一、今注本《北史》以百衲本爲底本，全面參校中華書局本《北史》，吸收其他相關校勘成果，力求充分反映研究現狀，利用考古和新發現的史料，編纂一部具有一定學術性的繁體字横排新注本。

二、鑒於今注本《北史》没有“志”和“表”，僅有“紀”和“傳”，故在注釋時，以疏通歷史發展脉絡和史實爲基本要求，對於不相關且不影響基本史實理解的内容少注或不注。

三、校勘成果反映在原文中，即依據有充分把握的校勘結果，力争將底本中的衍、脱、誤、倒之處改正，並在相應注釋中説明刊正底本的理由。對無十分把握之處，不改原文，衹出校勘記質疑。

四、如果既有校勘記，也有注釋，則在編寫順序上遵從的原則是：如果不影響對原文的釋義，則先注釋後校勘；反之，則先校勘後注釋。

五、原文中的通假、避諱字不作改動；原文中的異體字，在不影響文意的情况下，統一改爲正體字。

六、字音、字義、詞義的出注衹限於十分生僻的字詞、避諱字、易生歧義及晦澀難懂的語辭，成語典故衹限於冷僻的，名物制度衹限於不易理解的。如爲常見歷史人物名號，或不出注無礙於全文理解者，一般不出注；有特殊意義或來源者，可出注。地名，一般出注；若古今地名相同，所治地區大致相同，則不出注。官名、官署名及職官制度和爵位制度名稱出注遵循的原則是：常見者，若其意義與通常理解無顯著變化，一般不出注；不常見者，應出注。

七、本書以卷爲單元校注，同一單元中出注條目及注釋内容完全相同者，則不重複出注。不同單元，則允許重複，以方便讀者檢閲。正文中之人物出注者，一般衹簡述姓名、籍貫、身份、傳見何書何卷，以備檢索查閲。

八、歷來讀《北史》者，都以《魏書》有關部分爲參考。本書在注釋時一般不以《魏書》補《北史》，但《北史》史實不清，可引《魏書》加以注釋者除外。同樣，其他諸如《周書》《北齊書》《隋書》等文獻，有史料價值者，可酌情使用，或轉録，或簡述，或提供檢索來源，視篇幅而定。

九、本書標點、分段，基本以中華書局本爲參考，若中華書局本有不妥或有誤，則依據相應的成果加以校正。在不影響理解文意的情况下，不予以辨析而直接修正。

十、本書除了吸收前人校勘成果外，還參考了大量研究論著，特別是運用了百餘條碑刻與墓誌新材料進行點校和注釋，努力體現今注本的學術性、前沿性和史家注史的特色。

主要參考文獻

一　古籍整理

《史記》，中華書局 1959 年版。
《漢書》，中華書局 1962 年版。
三國吴・沈瑩撰，張崇根輯注：《臨海水土志》，中央民族大學出版社 1998 年版。
《三國志》，中華書局 1959 年版。
晉・郭璞撰，袁珂校注：《山海經校注》，北京聯合出版公司 2014 年版。
北魏・酈道元注，楊守敬、熊會貞注疏，段熙仲點校，陳橋驛復校：《水經注疏》，江蘇古籍出版社 1989 年版。
北魏・楊衒之撰，范祥雍校注：《洛陽伽藍記校注》，上海古籍出版社 1958 年版。
《後漢書》，中華書局 1965 年版。
《宋書》，中華書局 1974 年版。
《南齊書》，中華書局 1972 年版。
《魏書》，中華書局 1974 年版。
唐・李鼎祚：《周易集解》，上海古籍出版社 1989 年版。
唐・陸德明：《經典釋文》，上海古籍出版社 2013 年版。

《晋書》，中華書局 1974 年版。
《梁書》，中華書局 1973 年版。
《陳書》，中華書局 1972 年版。
《北齊書》，中華書局 1972 年版。
《周書》，中華書局 1971 年版。
《隋書》，中華書局 1973 年版。
《南史》，中華書局 1975 年版。
唐・杜佑：《通典》，中華書局 1984 年版。
唐・歐陽詢：《藝文類聚》，上海古籍出版社 1982 年版。
唐・虞世南：《北堂書鈔》，學苑出版社 1998 年版。
唐・徐堅：《初學記》，中華書局 1968 年版。
《舊唐書》，中華書局 1975 年版。
《新唐書》，中華書局 1975 年版。
宋・司馬光：《資治通鑑》，中華書局 1956 年版。
宋・黎靖德編，王星賢點校：《朱子語類》，中華書局 1986 年版。
宋・李昉等：《太平廣記》，中華書局 1961 年版。
宋・李昉等：《太平御覽》，中華書局 1960 年版。
宋・司馬光：《稽古録》，中華書局 1991 年版。
宋・司馬光：《司馬文正公傳家集》，商務印書館 1935 年版。
宋・王應麟：《玉海》，江蘇古籍出版社、上海書店 1987 年版。
宋・晁公武著，孫猛校證：《郡齋讀書志校證》，上海古籍出版社 1990 年版。
宋・王令纂輯：《十七史蒙求》，岳麓書社 1986 年版。
宋・鄭樵：《通志》，中華書局 1987 年版。
宋・王溥：《唐會要》，上海古籍出版社 2006 年版。
宋・王欽若等：《册府元龜》，中華書局 1960 年版。
宋・胡寅：《致堂讀史管見》，北京圖書館出版社 2004 年版。
宋・葉適：《習學記言序目》，中華書局 1977 年版。
宋・王應麟：《困學紀聞》，上海古籍出版社 2008 年版。
宋・高似孫：《史略》，遼寧教育出版社 1998 年版。

宋・洪邁著，孔凡禮點校：《容齋隨筆》，中華書局 2005 年版。
宋・吕祖謙：《北史詳節》，上海古籍出版社 2008 年版。
元・馬端臨撰，上海師範大學古籍研究所等點校：《文獻通考》，中華書局 2011 年版。
明・沈國元編：《二十一史論贊》，齊魯書社 1996 年版。
明・朗瑛：《七修類稿》，上海書店出版社 2001 年版。
明・李清：《南北史合注》，全國圖書館文獻縮微複製中心 1993 年版。
清・孫星衍：《尚書今古文注疏》，中華書局 2004 年版。
清・焦循：《孟子正義》，中華書局 1987 年版。
清・劉寶楠：《論語正義》，中華書局 1990 年版。
清・阮元校刻：《十三經注疏》，中華書局 1980 年影印版。
清・王先謙：《荀子集解》，中華書局 1988 年版。
清・周嘉猷：《南北史年表》，《二十五史補編》，中華書局 1955 年版。
清・周嘉猷：《南北史帝王世系表》，《二十五史補編》，中華書局 1955 年版。
清・周嘉猷：《南北史世系表》，《二十五史補編》，中華書局 1955 年版。
清・汪士鐸：《南北史補志》，《二十五史補編》，中華書局 1955 年版。
清・汪士鐸：《南北史補志未刊稿》，《二十五史補編》，中華書局 1955 年版。
清・徐崇：《補南北史藝文志》，《二十五史補編》，中華書局 1955 年版。
清・徐文範：《東晋南北朝輿地表》，《二十五史補編》，中華書局 1955 年版。
清・吴廷燮：《元魏方鎮年表》，《二十五史補編》，中華書局 1955 年版。
清・温曰鑑：《魏書地形志校録》，《二十五史補編》，中華書局 1955 年版。
清・盧文弨：《魏書禮志校補》，《二十五史補編》，中華書局 1955 年版。
清・陳毅：《魏書官氏志疏證》，《二十五史補編》，中華書局 1955 年版。
清・萬斯同：《魏諸帝統系圖》，《二十五史補編》，中華書局 1955 年版。
清・萬斯同：《魏諸王世表》，《二十五史補編》，中華書局 1955 年版。
清・萬斯同：《魏異姓諸王世表》，《二十五史補編》，中華書局 1955 年版。
清・萬斯同：《魏外戚諸王世表》，《二十五史補編》，中華書局 1955 年版。

清・萬斯同:《魏將相大臣年表》,《二十五史補編》, 中華書局 1955 年版。
清・萬斯同:《西魏將相大臣年表》,《二十五史補編》, 中華書局 1955 年版。
清・萬斯同:《東魏將相大臣年表》,《二十五史補編》, 中華書局 1955 年版。
清・萬斯同:《北齊諸王世表》,《二十五史補編》, 中華書局 1955 年版。
清・萬斯同:《北齊異姓諸王世表》,《二十五史補編》, 中華書局 1955 年版。
清・萬斯同:《北齊將相大臣年表》,《二十五史補編》, 中華書局 1955 年版。
清・萬斯同:《周諸王世表》,《二十五史補編》, 中華書局 1955 年版。
清・萬斯同:《周公卿年表》,《二十五史補編》, 中華書局 1955 年版。
清・萬斯同:《隋諸王世表》,《二十五史補編》, 中華書局 1955 年版。
清・萬斯同:《隋將相大臣年表》,《二十五史補編》, 中華書局 1955 年版。
清・練恕:《北周公卿表》,《二十五史補編》, 中華書局 1955 年版。
清・黄大華:《隋唐之際月表》,《二十五史補編》, 中華書局 1955 年版。
清・楊守敬:《隋書地理志考證》,《二十五史補編》, 中華書局 1955 年版。
清・楊守敬:《北魏地形志札記》,《二十五史三編》, 岳麓書社 1994 年版。
清・章宗源:《隋書經籍志考證》,《二十五史補編》, 中華書局 1955 年版。
清・姚振宗:《隋書經籍志考證》,《二十五史補編》, 中華書局 1955 年版。
清・王先謙等:《魏書校勘記》,《二十五史三編》, 岳麓書社 1994 年版。
清・丁謙:《魏書各外國傳地理考證》,《二十五史三編》, 岳麓書社 1994 年版。
清・丁謙:《隋書四夷傳地理考證》,《二十五史三編》, 岳麓書社 1994 年版。
清・王仁俊輯:《北齊書佚文》,《二十五史三編》, 岳麓書社 1994 年版。
清・丁謙:《周書異域傳地理考證》,《二十五史三編》, 岳麓書社 1994 年版。
清・謝啓昆:《西魏書》,《二十四史訂補》, 書目文獻出版社 1996 年版。
清・胡孔福:《南北朝僑置州郡考》,《二十四史訂補》, 書目文獻出版社

1996年版。
清·傅雲龍校：《隋書考證》，《二十四史訂補》，書目文獻出版社1996年版。
清·王軒、楊篤等纂修：《（光緒）山西通志》，三晋出版社2015年版。
清·顧炎武著，黄汝成集釋：《日知録集釋》，上海古籍出版社1985年版。
清·王懋竑：《讀書記疑》，全國圖書館文獻縮微複製中心2003年版。
清·洪頤煊：《諸史考異》，中華書局1991年版。
清·李慈銘：《越縵堂讀史札記》，北京圖書館出版社2003年版。
清·牛運震：《讀史糾謬》，齊魯書社1989年版。
清·盧文弨：《讀史札記》，上海古籍出版社1996年版。
清·杭世駿：《諸史然疑》，北京文化學社1928年版。
清·張熷：《讀史舉正》，中華書局1985年版。
清·王鳴盛著，陳文和等校點：《十七史商榷》，鳳凰出版社2008年版。
清·錢大昕：《廿二史考異》，上海古籍出版社2004年版。
清·趙翼著，王樹民校證：《廿二史劄記校證》，中華書局1984年版。
清·童濂：《補南北史經籍志》，《兩晋南北朝十史補編》，北京圖書館出版社2005年版。
清·周嘉猷：《補南北史表》，清乾隆四十八年周氏家刻本。
清·張穆著，安介生輯校：《〈魏延昌地形志〉存稿輯校》，齊魯書社2011年版。
清·耿文光：《萬卷精華樓藏書記》，黑龍江人民出版社1992年版。
清·永瑢等：《四庫全書總目》，中華書局1965年版。
清·黄本驥：《歷代職官表》，上海古籍出版社2005年版。
清·顧祖禹：《讀史方輿紀要》，中華書局2006年版。
清·嚴可均：《全上古三代秦漢三國六朝文》，中華書局1960年版。
谷霽光：《補魏書兵志》，《二十五史補編》，中華書局1955年版。
張鵬一：《隋書經籍志補》，《二十五史補編》，中華書局1955年版。
羅振玉：《魏書宗室傳注·世系表》，《二十五史三編》，岳麓書社1994年版。
羅振玉：《五史斠議》，《二十五史三編》，岳麓書社1994年版。

羅振玉：《魏書宗室傳注校補》，《二十五史三編》，岳麓書社 1994 年版。
李正奮：《魏書源流考》，《二十四史訂補》，書目文獻出版社 1996 年版。
李正奮：《補後魏書藝文志》，《二十四史訂補》，書目文獻出版社 1996 年版。
佚名：《補北齊書疆域志》，《二十四史訂補》，書目文獻出版社 1996 年版。
張元濟：《百衲本二十四史校勘記》，商務印書館 1997—2007 年版。
張元濟：《校史隨筆》，商務印書館 1938 年版。
李澄宇：《讀二十五史蠡述》，書目文獻出版社 2005 年版。
陳奇猷：《吕氏春秋新校釋》，上海古籍出版社 2002 年版。
楊伯峻：《春秋左傳注》，中華書局 1981 年版。
徐元誥：《國語集解》，中華書局 2002 年版。

二　碑刻墓誌

宋・趙明誠撰，金文明校證：《金石録校證》，上海書畫出版社 1985 年版。
清・陸增祥：《八瓊室金石補正》，文物出版社 1985 年版。
趙萬里：《漢魏南北朝墓誌集釋》，科學出版社 1956 年版。
趙超：《漢魏南北朝墓誌彙編》，天津古籍出版社 1992 年版。
洛陽市第二文物工作隊：《洛陽新獲墓誌》，文物出版社 1996 年版。
洛陽市文物局：《洛陽出土北魏墓誌選編》，科學出版社 2001 年版。
趙君平：《邙洛碑誌三百種》，中華書局 2004 年版。
郭培育、郭培智主編：《洛陽出土石刻時地記》，大象出版社 2005 年版。
洛陽師範學院河洛文化國際研究中心：《洛陽考古集成：秦漢魏晋南北朝》（上、下卷），北京圖書館出版社 2007 年版。
洛陽市第二文物工作隊：《洛陽新獲墓誌續編》，科學出版社 2008 年版。
毛遠明：《漢魏六朝碑刻校注》，綫裝書局 2008 年版。
邵正坤：《北朝紀年造像記彙編》，吉林人民出版社 2014 年版。
齊淵：《洛陽新見墓誌》，上海古籍出版社 2011 年版。
齊運通：《洛陽新獲七朝墓誌》，中華書局 2012 年版。
郭茂育、趙水森等：《洛陽出土鴛鴦誌輯録》，國家圖書館出版社 2012 年版。

韋正：《魏晋南北朝考古》，北京大學出版社 2013 年版。
北京大學圖書館金石組：《北京大學圖書館新藏金石拓本菁華 1996—2012》，北京大學出版社 2013 年版。
王連龍：《新見北朝墓誌集釋》，中國書籍出版社 2015 年版。
羅新、葉煒：《新出魏晋南北朝墓誌疏證》（修訂本），中華書局 2016 年版。
葉煒、劉秀峰：《墨香閣藏北朝墓誌》，上海古籍出版社 2016 年版。

三　今人著作

陳寅恪：《隋唐制度淵源略論稿》，上海古籍出版社 1982 年版。
吕思勉：《兩晋南北朝史》，上海古籍出版社 2005 年版。
吕思勉：《吕思勉讀史札記》，上海古籍出版社 2005 年版。
周一良：《魏晋南北朝史論集》，北京大學出版社 2010 年版。
周一良：《魏晋南北朝史札記》，中華書局 1985 年版。
唐長孺：《魏晋南北朝史論叢》，生活・讀書・新知三聯書店 1955 年版。
唐長孺：《魏晋南北朝史論叢續編》，生活・讀書・新知三聯書店 1959 年版。
唐長孺：《魏晋南北朝史論拾遺》，中華書局 1983 年版。
岑仲勉：《隋書求是》，中華書局 2004 年版。
馬長壽：《烏桓與鮮卑》，上海人民出版社 1962 年版。
米文平：《鮮卑史研究》，中州古籍出版社 1994 年版。
嚴耕望：《唐代交通圖考》，上海古籍出版社 2007 年版。
嚴耕望：《中國地方行政制度史・魏晋南北朝地方行政制度》，上海古籍出版社 2007 年版。
譚其驤：《長水集》，人民出版社 1987 年版。
姚薇元：《北朝胡姓考》，科學出版社 1958 年版。
韓國磐：《魏晋南北朝史綱》，人民出版社 1983 年版。
田餘慶：《拓跋史探》，生活・讀書・新知三聯書店 2003 年版。
田餘慶：《東晋門閥政治》，北京大學出版社 1989 年版。
［日］窪添慶文著，趙立新等譯：《魏晋南北朝官僚制研究》，復旦大學出

版社 2017 年版。
高敏：《魏晉南北朝兵制研究》，大象出版社 1998 年版。
高敏：《南北史考索》，天津古籍出版社 2010 年版。
朱紹侯：《魏晉南北朝土地制度與階級關係》，中州古籍出版社 1988 年版。
逯耀東：《從平城到洛陽——拓跋魏文化轉變的歷程》，中華書局 2006 年版。
瞿林東：《〈南史〉和〈北史〉》，人民出版社 1987 年版。
黎虎：《魏晉南北朝史論》，學苑出版社 1999 年版。
田文棠：《魏晉三大思潮論稿》，陝西人民出版社 1988 年版。
陳玉屏：《魏晉南北朝兵户制度研究》，巴蜀書社 1988 年版。
李祖桓：《仇池國志》，書目文獻出版社 1986 年版。
梁滿倉：《魏晉南北朝五禮制度考論》，社會科學文獻出版社 2009 年版。
吉聯抗輯譯：《魏晉南北朝音樂史料》，上海文藝出版社 1982 年版。
鄭欣：《魏晉南北朝史探索》，山東大學出版社 1989 年版。
［日］前田正名著，李憑、孫耀、孫蕾譯：《平城歷史地理學研究》，上海古籍出版社 2012 年版。
胡阿祥：《東晉南朝僑州郡縣的設置及其地理分布》，載《歷史地理》第八、九輯，上海人民出版社 1990 年版。
胡阿祥：《六朝疆域與政區研究》，西安地圖出版社 2001 年版。
謝保成：《隋唐五代史學》，商務印書館 2007 年版。
杜士鐸主編：《北魏史》，北嶽文藝出版社 2011 年版。
李憑：《北魏平城時代》，上海古籍出版社 2014 年版。
殷憲：《平城史稿》，科學出版社 2012 年版。
余太山：《兩漢魏晉南北朝與西域關係史研究》，中國社會科學出版社 1995 年版。
周偉洲：《中國中世西北民族關係研究》，廣西師範大學出版社 2007 年版。
戴衛紅：《北魏考課制度研究》，中國社會科學出版社 2010 年版。
俞鹿年：《北魏職官制度考》，社會科學文獻出版社 2008 年版。
孫靖國：《桑乾河流域歷史城市地理研究》，中國社會科學出版社 2015 年版。

嚴耀中：《北魏前期政治制度》，吉林教育出版社 1990 年版。
樓勁：《北魏開國史探》，中國社會科學出版社 2017 年版。
何德章：《中國魏晉南北朝政治史》，人民出版社 1994 年版。
張金龍：《北魏政治史》，甘肅教育出版社 2011 年版。
李崇智：《中國歷代年號考》，中華書局 2001 年版。
王仲犖：《魏晉南北朝史》，上海人民出版社 1980 年版。
王仲犖：《北周地理志》，中華書局 1980 年版。
王仲犖：《北周六典》，中華書局 2007 年版。
施和金：《北齊地理志》，中華書局 2008 年版。
程樹德：《九朝律考》，中華書局 1963 年版。
許福謙：《南北朝八書二史疑年録》，北京出版社 2003 年版。
牛繼清、張林祥：《十七史疑年録》，黄山書社 2007 年版。
朱祖延：《北魏佚書考》，中州古籍出版社 1985 年版。
程廷恒、張家璠：《呼倫貝爾志略》，内蒙古文化出版社 2003 年版。
曹永年：《古代北方民族史叢考》，上海古籍出版社 2012 年版。
李海葉：《慕容鮮卑的漢化與五燕政權》，中國社會科學出版社 2015 年版。
中國社會科學院歷史研究所魏晉南北朝隋唐史研究室編：《魏晉隋唐史論集》第二輯，中國社會科學出版社 1983 年版。
中國魏晉南北朝史學會編：《魏晉南北朝史研究》，四川省社會科學出版社 1986 年版。
中國魏晉南北朝史學會編：《魏晉南北朝史論文集》，齊魯書社 1991 年版。
中國魏晉南北朝史學會編：《魏晉南北朝史研究》，湖北人民出版社 1996 年版。
閻步克：《中國古代官階制度引論》，北京大學出版社 2010 年版。
張鶴泉：《魏晉南北朝都督制度研究》，吉林文史出版社 2007 年版。
汪征魯：《魏晉南北朝選官體制研究》，福建人民出版社 1995 年版。
陳長琦：《官品的起源》，商務印書館 2016 年版。
簡修煒、莊輝明、章義和：《六朝史稿》，華東師範大學出版社 1994 年版。
陳長琦：《六朝政治》，南京出版社 2010 年版。
王鍾翰主編：《中國民族史》，武漢大學出版社 2012 年版。

牟發松、毋有江、魏俊傑：《中國行政區劃通史・十六國北朝卷》（上、下），復旦大學出版社 2017 年版。
胡阿祥、孔祥軍、徐成：《中國行政區劃通史・三國兩晋南朝卷》（上、下），復旦大學出版社 2017 年版。
武漢大學中國三至九世紀研究所編：《魏晋南北朝隋唐史資料》（31—35 輯），上海古籍出版社 2015—2017 年版。

四　工具書

東漢・許慎：《説文解字》，中華書局 1963 年版。
清・張玉書等：《康熙字典》，中華書局 1958 年版。
清・張玉書等：《佩文韻府》，上海古籍出版社 1983 年版。
清・周廣業：《經史避名彙考》，北京圖書館出版社 1999 年版。
《辭源》，商務印書館 1980 年版。
《辭海》，中華書局 2009 年版。
《中華大字典》，中華書局 1958 年版。
《漢語大字典》，湖北辭書出版社 1992 年版。
《漢語大詞典》，上海辭書出版社 2008 年版。
宗福邦、陳世鐃、蕭海波主編：《故訓匯纂》，商務印書館 2003 年版。
林尹、高明：《中文大辭典》，（臺灣）華園出版有限公司 1979 年版。
高亨：《古字通假會典》，齊魯書社 1989 年版。
李圃主編：《異體字字典》，學林出版社 1997 年版。
華夫主編：《中國古代名物大典》，濟南出版社 1993 年版。
張政烺主編：《中國古代職官大辭典》，河南人民出版社 1990 年版。
吕宗力主編：《中國歷代官制大辭典》（修訂版），商務印書館 2015 年版。
王俞春編著：《中國歷代官署官名辭典》，（香港）東西文化事業公司 2000 年版。
黄惠賢主編：《二十五史人名大辭典》，中州古籍出版社 1997 年版。
陳德蕓編：《古今人物别名索引》，上海書店出版社 1982 年版。
陳垣：《二十史朔閏表》，中華書局 1962 年版。
方詩銘、方小芬：《中國史曆日和中西曆日對照表》，上海人民出版社 2007

年版。
戴均良主編:《中國古今地名大詞典》,上海辭書出版社 2005 年版。
臧勵龢等編:《中國古今地名大辭典》,上海書店 2015 年版。
韓湘亭編:《歷代郡縣地名考》,北京圖書館出版社 2002 年版。
姜亮夫纂定,陶秋英校:《歷代人物年里碑傳綜表》,中華書局 1959 年版。
臧勵龢等編:《中國人名大辭典》,商務印書館 1921 年版。
中國歷史大辭典編纂委員會編:《中國歷史大辭典》,上海辭書出版社 2000 年版。
譚其驤主編:《中國歷史地圖集》,中國地圖出版社 1982 年版。
簡修煒主編:《北朝五史辭典》(上、下),山東教育出版社 2000 年版。
《中華人民共和國行政區劃簡册》,中國地圖出版社 2005 年版。

五 論文

宿白:《東北、内蒙古地區的鮮卑遺迹——鮮卑遺迹輯録之一》,《文物》1977 年第 5 期。
解廷琦:《大同方山北魏永固陵》,《文物》1978 年第 7 期。
尚振明:《河南省孟縣出土北魏司馬悦墓誌》,《考古》1983 年第 3 期。
汪福寶:《〈魏書・序紀〉"積六十七世"條地名的釋證與探微》,《安徽師大學報》(哲學社會科學版)1985 年第 3 期。
張光明:《山東淄博市發現北魏傅豎眼墓誌》,《考古》1987 年第 2 期。
聰喆:《湟河、湟川兩郡考》,《青海師範大學學報》(哲學社會科學版)1987 年第 2 期。
馮繼欽:《北朝時期的庫莫奚族》,《求是學刊》1987 年第 5 期。
劉永智:《薩水考略》,《社會科學戰綫》1987 年第 4 期。
阿爾丁夫:《關於〈匈奴歌〉若干問題的考釋》,《内蒙古教育學院學報》1988 年第 1、2 期。
董淮平:《論北魏名臣高允的悲劇命運》,《北京師範大學學報》(社會科學版)1989 年第 5 期。
聰喆:《乙弗勿敵國始末》,《青海社會科學》1991 年第 6 期。
余世明:《北周興造之臣——宇文護述論》,《貴州大學學報》(社會科學版）1991 年第 2 期。
黄雲鶴:《〈魏書・本紀〉〈北史・魏本紀〉校記》,《古籍整理研究學刊》1992 年第 4 期。
湯淑君:《元懷墓誌》,《中原文物》1992 年第 3 期。
周錚:《〈楊素墓誌初考〉補正》,《考古與文物》1993 年第 2 期。
馬志强:《〈魏書〉武昌王拓跋提享年小考》,《中國史研究》1996 年第 1 期。
包頭市文物管理處、達茂旗文物管理所:《達茂旗希日穆仁城圐圙古城調查》,載魏堅主編《內蒙古文物考古文集》第二輯,中國大百科全書出版社 1997 年版。
劉運興:《釋"爾之教矣,民胥效矣"》,《文獻》1997 年第 1 期。
武秀成:《〈北史・楊素傳〉勘誤一得》,《中國史研究》1998 年第 1 期。
李立:《蕭綜生卒年考》,《晋陽學刊》1998 年第 6 期。
吴宏岐、郭用和:《隋汲郡臨河縣故城考》,《中國歷史地理論叢》1998 年第 3 期。
常謙:《北魏長川古城遺址考略》,《內蒙古文物考古》1998 年第 1 期。
鮑桐:《北魏北疆幾個歷史地理問題的探索》,《中國歷史地理論叢》1999 年第 3 期。
張金龍:《北朝中央護軍制度考索》,《史學月刊》1999 年第 4 期。
高振鐸:《〈魏書〉點校商榷二十九例》,《古籍整理研究學刊》1999 年第 5 期。
寧志新、張留見:《隋朝使職研究》,《河北師範大學學報》(哲學社會科學版）1999 年第 3 期。
張金龍:《北魏後期的直閤將軍與"直衛"諸職》,《文史哲》1999 年第 1 期。
李萬生:《侯景的氏族及相關問題》,《北京大學學報》(哲學社會科學版）2000 年第 5 期。
張鶴泉:《北魏都督諸州軍事制度試探》,《社會科學戰綫》2001 年第 6 期。
閻步克:《北魏北齊"職人"初探——附論魏晋的"王官司徒吏"》,載

《樂師與史官——傳統政治文化與政治制度論集》，生活·讀書·新知三聯書店 2001 年版。
熊義民：《高句麗長壽王遷都之平壤非今平壤辨》，《中國史研究》2002 年第 4 期。
周兆望：《北魏"三都大官"若干問題考辨》，《文史哲》2002 年第 1 期。
張金龍：《北朝都督制的演變與禁衛武官都督的形成》，載《北朝研究》第一輯，北京燕山出版社 2000 年版。
林梅村：《稽胡史迹考——太原新出隋代虞弘墓誌的幾個問題》，《中國史研究》2002 年第 1 期。
張泰湘、范忠澤、王世傑：《從最新考古學成就看鮮卑族的淵流與發展》，《黑龍江民族叢刊》2003 年第 2 期。
錢國祥、劉瑞、郭曉濤：《河南洛陽漢魏故城北魏宮城閶闔門遺址》，《考古》2003 年第 7 期。
趙保安、李樹基：《魏碑〈元景造像題記〉補文論要》，《錦州師範學院學報》(哲學社會科學版) 2003 年第 6 期。
喬鳳岐：《隋文帝平陳前後三個信州之設置及其歷史沿革》，《中國歷史地理論叢》2003 年第 2 期。
劉華：《牽屯山考》，《寧夏史志》2003 年第 1 期。
楊飛、劉彥軍、李貴昌：《鄴城、安陽城及其糾葛》，《殷都學刊》2004 年第 3 期。
王慶衛、王煊：《隋代華陰楊氏考述——以墓誌銘爲中心》，載《碑林集刊》，陝西人民美術出版社 2005 年版。
李磊：《〈侯子欽墓誌〉釋考》，《古籍整理研究學刊》2005 年第 5 期。
陳小青：《〈北魏楊播墓誌〉考釋》，《古籍整理研究學刊》2005 年第 1 期。
魏宏利：《北齊文林館的設立、構成及其歷史意義》，《西南交通大學學報》(社會科學版) 2006 年第 5 期。
羅新：《論拓跋鮮卑之得名》，《歷史研究》2006 年第 6 期。
陳永志、李强、劉剛：《和林格爾縣土城子古城考古發掘主要收獲》，《內蒙古文物考古》2006 年第 1 期。
馬生旺、李馳騁、王照謇：《石勒是武鄉人》，《文史月刊》2007 年第

3 期。
劉炬、季天水：《“高句麗侯騶”考辨》，《社會科學戰綫》2007 年第 4 期。
張鶴泉：《東魏、北齊時期的“道”探討》，《史學集刊》2008 年第 3 期。
宗鳴安：《〈楊弘墓誌〉與〈隋書〉所記異同考》，《中國典籍與文化》2008 年第 2 期。
古鴻飛：《北魏金陵初探》，《山西大同大學學報》（社會科學版）2008 年第 5 期。
仇鹿鳴：《關於北魏幾個將軍號的考釋》，《中華文史論叢》2008 年第 1 期。
殷憲：《賀多羅即破多羅考》，《學習與探索》2009 年第 5 期。
呂建福：《青海湖流域的人文生態——吐谷渾人對青海湖流域的經營》，《中國歷史地理論叢》2009 年第 4 期。
魏雋如、張智海：《北魏柔玄鎮地望考述》，《北方文物》2009 年第 1 期。
包文勝：《古代突厥於都斤山考》，《蒙古史研究》第十輯，内蒙古大學出版社 2010 年。
王志剛：《北魏崔浩石經石史考》，《史學史研究》2010 年第 3 期。
劉軍：《北魏駙馬都尉述論》，《史學集刊》2010 年第 5 期。
莫久愚：《〈魏書〉木根山地望疏證》，《内蒙古社會科學》（漢文版），2011 年第 4 期。
毋有江：《拓跋鮮卑政治發展的地理空間》，載《魏晋南北朝隋唐史資料》第二十八輯，上海古籍出版社 2012 年版。
高賢棟：《〈魏書·本紀〉與〈北史·魏本紀〉點校商正 20 則》，《古籍整理研究學刊》2014 年第 4 期。
張文平、苗潤華：《長城資源調查對於北魏長城及六鎮鎮戍遺址的新認識》，《陰山學刊》2014 年第 6 期。
肖華忠、陳晨、祝進：《有扈氏地望變遷考辨》，《江西師範大學學報》（哲學社會科學版）2016 年第 6 期。
陳花容：《楊儉墓誌》，《書法報》2017 年 11 月 30 日。

北史　卷一

魏本紀第一

魏之先出自黄帝軒轅氏，黄帝子曰昌意，昌意之少子受封北國，有大鮮卑山，[1]因以爲號。其後世爲君長，統幽都之北，[2]廣漠之野，[3]畜牧遷徙，射獵爲業，淳樸爲俗，簡易爲化，不爲文字，刻木結繩而已。時事遠近，人相傳授，如史官之紀録焉。黄帝以土德王，北俗謂土爲托，謂后爲跋，故以爲氏。[4]其裔始均，[5]仕堯時，逐女魃於弱水北，人賴其勳，舜命爲田祖。[6]歷三代至秦、漢，獯鬻、獫狁、山戎、匈奴之屬，[7]累代作害中州，[8]而始均之裔不交南夏，是以載籍無聞。

[1]大鮮卑山：今地衆説不一，或因鮮卑族遷徙而異。1980 年於今内蒙古鄂倫春自治旗阿里河鎮西北大興安嶺北段頂巔東麓嘎僊洞内發現拓跋氏祖先石室及石刻祝文，故今大興安嶺北段這一説法爲更多學者所接受（參米文平《鮮卑石室的發現與初步研究》，《文物》1981 年第 2 期）。

[2]幽都：地名。除了古之燕地幽州外，它還常常被用來泛指相對於中原地區而言的北方極遠之地。《史記》卷一《五帝本紀》："申命和叔，居北方，曰幽都。"《北史》卷一五《魏諸宗室傳》：

“魏氏始自幽都，肇基帝業。”所謂“幽都之北”，與《魏書》中的“北土”“北方”等名稱一樣，都是表示大致方位的一種地域概念。

［3］廣漠之野：是一個表示地形特徵的地貌概念，此處特指今内蒙古呼倫貝爾草原一帶（參汪福寶《〈魏書·序紀〉“積六十七世”條地名的釋證與探微》，《安徽師大學報》1985年第3期）。廣漠，殿本、四庫本、四部備要本作“廣莫”。按：古“漠”“莫”可通，《詩·小雅·巧言》“聖人莫之”，《釋文》：“‘莫’又作‘漠’。”

［4］土德：《魏書》卷一《序紀》：“黄帝以土德王，北俗謂土爲托，謂后爲跋，故以爲氏。”《北史》《通典》《文獻通考》《資治通鑑》等歷史文獻都延續這一記載。關於拓跋族名來歷的這一説法，即使有自美姓氏來歷的一面，但也可能有包含真實歷史綫索的一面（參羅新《論拓跋鮮卑之得名》，《歷史研究》2006年第6期）。

［5］始均：人名。史籍中可追溯的最早的北魏拓跋先世，其餘不詳。《魏書》卷五七《高祐傳》：“自始均以後，至於成帝，其間世數久遠，是以史弗能傳。”

［6］逐女魃（bá）於弱水北人賴其勳舜命爲田祖：《魏書》卷一《序紀》作：“逐女魃於弱水之北，民賴其勤，帝舜嘉之，命爲田祖。”始均逐女魃於弱水之北的故事，本於《山海經·大荒北經》，據之，“北”字應屬上句，中華本似誤。以“人賴其勳”代“民賴其勤”，《北史》避唐太宗李世民諱改（參牟發松《〈北史〉零札》，載武漢大學中國三至九世紀研究所編《魏晋南北朝隋唐史資料》第18輯，上海古籍出版社2001年版）。女魃，神名。爲旱神，所居之處不下雨。弱水，水名。古代凡自東向西流的水均稱爲弱水，故以弱水爲名的水有若干條。此水當指今西拉木倫河（參汪福寶《〈魏書·序紀〉“積六十七世”條地名的釋證與探微》）。田祖，神名。爲稷神。《漢書·郊祀志下》：“《詩》曰：‘乃立冢土。’又曰：‘以御田祖，以祈甘雨。’”顔師古注曰：“《小雅·甫田》之

詩也。田祖，稷神也。言設樂以御祭於神，爲農求甘雨也。"《晋書·樂志上》："其有社稷之樂者，則所謂'琴瑟擊鼓，以迓田祖'者也。"

[7]獯（xūn）鬻（yù）獫（xiǎn）狁（yǔn）山戎匈奴：匈奴族名的不同稱謂。《史記索隱》曰："匈奴别名也。唐虞已上曰山戎，亦曰熏粥，夏曰淳維，殷曰鬼方，周曰玁狁，漢曰匈奴。"

[8]中州：地區名。泛指中原。《漢書》卷五七下《司馬相如傳下》載司馬相如《大人賦》，其辭有曰"世有大人兮，在乎中州"。顔師古注曰："大人，以諭天子也。中州，中國也。"

積六七十代，[1]至成皇帝諱毛立，[2]統國三十六，大姓九十九，威振北方。[3]成帝崩，節皇帝貸立。節帝崩，莊皇帝觀立。莊帝崩，明皇帝樓立。明帝崩，安皇帝越立。安帝崩，宣皇帝推寅立。

[1]六七十代：《魏書》卷一《序紀》作"六十七世"。《太平御覽》卷八〇一、《通志》卷一五上同《北史》作"六七十代"，葉適《習學記言序目》同《魏書》作"六十七世"，未詳孰是。

[2]成：毛的謚號，北魏道武帝所追謚。按：自成皇帝至昭成帝之尊稱，均爲北魏道武帝所追謚。

[3]統國三十六大姓九十九威振北方：吕思勉《吕思勉讀史札記》（上海古籍出版社2005年版，第895頁）曰："九十九者，舍已爲白姓也。統國三十六者，四面各九國。自受封至成帝六十七世，又五世至宣帝，又七世至獻帝，又二世至神元，其數凡八十一。八十一者，九九之積也。世數及所統國姓，無一非九之積數，有如是巧合者乎？"

宣帝南遷大澤，[1]方千餘里，厥土昏冥沮洳，[2]謀更南徙，未行而崩。景皇帝利立。景帝崩，元皇帝俟立。元帝崩，和皇帝肆立。和帝崩，定皇帝機立。定帝崩，僖皇帝蓋立。僖帝崩，威皇帝儈立。威帝崩，獻皇帝鄰立。

［1］大澤：地區名。今内蒙古呼倫湖一帶（參程廷恒、張家璠《呼倫貝爾志略》，内蒙古文化出版社 2003 年版，第 25 頁）。

［2］昏冥沮（jù）洳（rù）：昏暗、潮濕。

時有神人，言此土荒遐，宜徙建都邑。獻帝年老，乃以位授子聖武皇帝，命南移，山谷高深，九難八阻，於是欲止。[1]有神獸似馬，其聲類牛，導引，歷年乃出，始居匈奴故地。[2]其遷徙策略多出宣、獻二帝，故時人並號曰推寅，蓋俗云鑽研之義。

［1］欲止：拓跋部遷徙過程中在今内蒙古巴林左旗停留了一段時間（參宿白《東北、内蒙古地區的鮮卑遺迹》，《文物》1977 年第 5 期）。

［2］導引歷年乃出：中華本斷句爲“導引歷年乃出”。按：《魏書》卷一《序紀》：“有神獸，其形似馬，其聲類牛，先行導引，歷年乃出。”今從《魏書》改。　匈奴故地：地區名。在今内蒙古烏蘭察布高原東側的陰山山地一帶（參毋有江《拓跋鮮卑政治發展的地理空間》，載《魏晉南北朝隋唐史資料》第 28 輯，上海古籍出版社 2012 年版）。

聖武皇帝諱詰汾。嘗田於山澤，欻見輜軿自天而下。[1]既至，見美婦人自稱天女，受命相偶。旦日請還，期年周時，復會于此，言終而别。及朞，帝至先田處，果見天女，以所生男授帝，曰：“此君之子也，當世爲帝王。”語訖而去。即始祖神元皇帝也。故時人諺曰：“詰汾皇帝無婦家，力微皇帝無舅家。”帝崩，神元皇帝立。

[1]欻（xū）：忽然。　輜（zī）軿（píng）：一種有帷幕的車子，多爲婦女乘坐。

神元皇帝諱力微。元年，[1]歲在庚子。先是西部内侵，依於没鹿迴部大人竇賓。[2]神元有雄傑之度。後與賓攻西部，賓軍敗，失馬步走，神元使以所乘駿馬給之。賓歸，求馬主，帝隱而不言。賓後知，大驚，將分國之半奉帝，帝不受，乃進其愛女。賓猶思報恩，乃從帝所欲，徙所部北居長川。[3]積數年，[4]舊部人咸來歸附。及賓臨終，戒其二子，使謹奉神元。其子不從，乃陰謀逆。帝召殺之，盡并其衆，諸部大人悉服，控弦之士二十餘萬。

[1]元年：即公元220年。時當三國魏文帝黄初元年。

[2]没鹿迴部：屬匈奴族。曾駐牧在河北張北高原一帶（參毋有江《拓跋鮮卑政治發展的地理空間》）。《北史》卷六一《竇熾傳》：“竇熾字光成……避竇武之難，亡奔匈奴，遂爲部落大人。後魏南徙，子孫因家代，賜姓紇豆陵氏。”又《新唐書·宰相世系表下》：“（竇）統字敬道，雁門太守，以竇武之難，亡入鮮卑拓拔部，使居南境代郡平城，以間窺中國，號没鹿回部落大人。後得匈奴舊境，又徙居之。生賓，字力延，襲部落大人。”

[3]長川：城名。俗稱土城子，在今内蒙古興和縣民族團結鄉一帶（參常謙《北魏長川古城遺址考略》，《内蒙古文物考古》1998年第1期）。

[4]積數年：《魏書》卷一《序紀》作“積十數歲”，未詳孰是。

三十九年，遷於定襄之盛樂。[1]四月祭天，諸部君長皆來助祭，唯白部大人觀望不至，[2]徵而戮之，遠近肅然。帝乃告諸大人，爲與魏和親計。[3]

[1]定襄：郡名。西漢時治成樂，在今内蒙古和林格爾縣盛樂鎮土城子古城。拓跋部遷都於此，遂改稱盛樂（參馬長壽《烏桓與鮮卑》，上海人民出版社1962年版，第244頁；陳永志、李强、劉剛《和林格爾縣土城子古城考古發掘主要收獲》，《内蒙古文物考古》2006年第1期）。

[2]白部：部族名。屬烏桓族，史稱白山烏桓，曾居於上谷塞外，後鮮卑化，史稱白部鮮卑（參王希恩《白部考述》，《中央民族大學學報》1992年第3期）。

[3]爲與魏和親計：毛本、殿本、四庫本、局本、四部備要本均作“爲與晋和親計”。按：下文載“是歲，魏景元二年（261）也”，景元乃三國魏元帝的年號，當以底本爲是。

四十二年，遣子文帝如魏，[1]且觀風土。是歲，魏景元二年也。

[1]如魏：毛本、殿本、四庫本、局本、四部備要本均作“如晋”，當以底本爲是。

文帝諱沙漠汗，以國太子留洛陽。後文帝以神元春秋已高，求歸，晉武帝具禮護送。[1]五十六年，文帝復如晉，其冬還國。晉征北將軍衛瓘以文帝雄異，[2]恐爲後患，請留不遣，復請以金錦賂國之大人，令致間隙。五十八年，方遣帝。神元使諸部大人詣陰館迎帝。[3]酒酣，帝仰視飛鳥，飛丸落之。時國俗無彈，衆大驚，相謂曰："太子被服同南夏，[4]兼奇術絶人，若繼國統，變易舊俗，吾等必不得志。"乃謀危害帝。並先馳還，曰："太子引空弓而落飛鳥，似得晉人異法。"自帝在晉後，諸子愛寵，神元頗有所惑。及聞諸大人請，因曰："當便除之。"於是諸大人馳詣塞南，矯害帝。

[1]晉武帝：即晉朝皇帝司馬炎。武爲其謚號。

[2]征北將軍：官名。四征將軍之一，多爲持節都督，出鎮地方，地位顯要。三品。　衛瓘：人名。字伯玉，河東安邑（今山西夏縣北）人。三國魏將領，西晉名臣、書法家。見《晉書》卷三六《衛瓘傳》。

[3]陰館：縣名。治所在今山西朔州市東南夏官城（參李憑《北魏時期雁北的城邑》，載河東兩京歷史考察隊編著《晉秦豫訪古》，山西人民出版社 1986 年版，第 80 頁）。

[4]被（pī）服：著裝。

其年，神元不豫。[1]烏丸王庫賢親近任勢，[2]先受衛瓘之貨，欲沮動諸部，因於庭中礪鉞斧，曰："上恨汝曹讒殺太子，欲盡收諸大人長子殺之。"大人皆信，各各散走。神元尋崩，凡饗國五十八年，年一百四歲。道武即位，[3]尊爲始祖。

[1]不豫：身體不適。

[2]烏丸：《魏書》卷一《序紀》作“烏桓”。見《三國志》卷三〇《魏書·烏丸傳》。

[3]道武：即北魏皇帝拓跋珪。道武爲其謚號。

子章皇帝悉鹿立，時諸部離叛。帝九年而崩。

弟平皇帝綽立，七年而崩。

文帝少子思皇帝立。思皇帝諱弗。政崇寬簡，百姓懷服。一年而崩。

神元子昭帝禄官立。帝元年，[1]分國爲三部。[2]一居上谷北，[3]濡源西，[4]東接宇文部，[5]自統之。一居代郡之參合陂北，[6]使文帝長子桓帝諱猗㐌統之。一居定襄之盛樂故城，使桓帝弟穆帝猗盧統之。

[1]元年：底本作“九年”，中華本校勘記云：“百衲本、南監本、北監本、汲本‘元’並作‘九’，殿本改作‘元’。按下文有二年、三年直至十三年，則此應作‘元年’。又‘桓帝統部凡十一年’，也是從昭帝即位之年算起。作‘九’誤，今從殿本。”今從改。此“元年”，即公元295年。時當晋惠帝元康五年。

[2]三部：毛本作“三郡”。時鮮卑族拓跋部還處於部落聯盟時期，並未設立“郡”，故此處應爲“部”，當以底本爲是。

[3]上谷：郡名。西晋時治沮陽縣，在今河北懷來縣東南。

[4]濡源：濡水源頭，今灤河上源一帶。

[5]宇文部：其先出自匈奴，以其俗謂天子曰“宇文”，因以爲號。

[6]代郡：北魏時治平城，在今山西大同市東北。　參合陂：

地名。譚其驤主編《中國歷史地圖集》標其在今内蒙古凉城縣東北，而嚴耕望《唐代交通圖考》則力主在今山西陽高縣東。

自神元以來，與晋和好。是歲，穆帝始出并州，[1]遷雜胡北徙雲中、五原、朔方。[2]又西度河，[3]擊匈奴、烏丸諸部。自杏城以北八十里迄長城原，[4]夾道立碣，與晋分界。

[1]并州：西晋時治晋陽縣，在今山西太原市晋源區古城營村一帶。

[2]雲中：郡名。西晋時治雲中縣，在今内蒙古托克托縣。　五原：郡名。西晋時治九原縣，在今内蒙古包頭市西。　朔方：郡名。西晋時治朔方縣，在今内蒙古烏拉特前旗東南。

[3]河：指黄河。

[4]杏城：在今陜西黄陵縣西南。　長城原：地名。在今陜西富縣南。

二年，葬文帝及皇后封氏。初，思帝欲改葬，未果而崩，至是述成前意焉。

三年，桓帝度漠北巡，因西略諸國，凡積五歲，諸部降附者三十餘國。[1]桓帝英傑魁岸，馬不能勝，常乘安車，駕大牛，牛角容一石。帝曾中蠱，[2]嘔吐之地仍生榆，參合陂土無榆，故時人異之。

[1]三十：源氏校勘記云："《魏書》作'二十'。"未詳孰是。

[2]蠱：傳説中害人的毒蟲。

十年，匈奴别種劉元海反晋於離石，[1]自號漢王。并州刺史司馬騰來乞師，[2]桓帝與帝大舉以助之，大破元海衆於西河、上黨。[3]桓帝與騰盟於汾東而還，[4]乃使輔相衛雄、段繁於參合陂西累石爲亭，[5]樹碑以記行焉。

[1]劉元海：人名。即劉淵。字元海，新興（今山西忻州市）人，匈奴族。十六國時漢國（後改爲前趙）的開國君主。見《晋書》卷一〇一《劉元海載記》。　離石：縣名。治所在今山西吕梁市離石區。

[2]司馬騰：人名。字元邁，河内温縣（今河南温縣）人。西晋宗室。見《晋書》卷三七《高密文獻王泰附新蔡武哀王騰傳》。

[3]西河：郡名。西晋時治兹氏城，在今山西汾陽市。　上黨：郡名。西晋時治潞縣，在今山西潞城市。

[4]汾：今山西汾河。

[5]衛雄：人名。字世遠，代（今山西大同市東北）人。西晋將領，衛操的侄子。見《北史》卷二〇《衛操傳》。

十一年，晋假桓帝大單于金印紫綬。[1]是歲，桓帝崩。桓帝統部凡十一年。後定襄侯衛操樹碑於大邗城，[2]以頌功德。子普根代立。[3]

[1]金印紫綬：黄金印章，紫色綬帶。代表高官顯宦的服章（參孫機《從金印紫綬到金魚紫袍》，《中華手工》2017年第11期）。

[2]定襄侯：封爵名。定襄，縣名。治所在今山西定襄縣。　衛操：人名。字德元，代（今山西大同市東北）人。見《北史》卷二〇《衛操傳》。　大邗城：故址在今山西忻州市西北。

[3]普根：人名。十六國時鮮卑族拓跋部貴族。猗盧時位左賢

王，率衆擊退慕容廆。

十三年，昭帝崩。穆帝遂總攝三部爲一統。

帝天姿英峙，勇略過人。元年，劉元海僭帝號，自稱大漢。

三年，晋并州刺史劉琨遣子遵爲質，[1]乞師。帝使弟子平文皇帝助琨破白部大人，次攻鐵弗劉武。[2]晋懷帝進帝大單于，[3]封代公。帝以封邑去國縣遠，從琨求句注陘北地。[4]琨大喜，乃徙馬邑、陰館、樓煩、繁畤、崞五縣人於陘南，[5]更立城邑，盡獻其地，東接代郡，西連西河、朔方數百里。[6]帝乃徙十萬家以充之。

[1]劉琨：人名。字越石，中山魏昌（今河北無極縣東北）人。西晋將領。見《晋書》卷六二《劉琨傳》。　遵：即劉遵，人名。劉琨庶長子。劉琨爲對付匈奴南單于後裔鐵弗部劉虎，不得已與代國聯合，將其送到拓跋部做人質。後拓跋部内亂，拓跋猗盧被殺，其與衛雄、姬澹等逃歸并州。底本作“導”，殿本、四庫本、局本、四部備要本、中華本均作“遵”。按：《晋書·劉琨傳》亦作“遵”，底本乃字形相近而訛，今從改。

[2]鐵弗：屬匈奴族。曾居於今山西五臺縣附近。《北史》卷九三《鐵弗劉武傳》云“鐵弗劉武，南單于苗裔，左賢王去卑之孫，北部帥劉猛之從子，居於新興慮虒之北。北人謂胡父鮮卑母爲‘鐵弗’，因以號爲姓”。　劉武：本名劉虎，《北史》避唐高祖祖父李虎諱改。

[3]晋懷帝：即晋朝皇帝司馬熾。懷爲其謚號。

[4]句注陘：又名陘嶺、西陘山。在今山西代縣西北雁門山一帶。

[5]馬邑：縣名。治所在今山西朔州市。　樓煩：縣名。治所在今山西原平市。　繁畤：縣名。治所在今山西應縣東。　崞：縣名。治所在今山西渾源縣西北。

[6]西連：源氏校勘記云："《魏書》作'南連'。"

六年，城盛樂以爲北都，脩故平城以爲南都。[1]帝登平城西山，觀望地勢，乃更南百里，於灅水之陽黄瓜堆築新平城，[2]晉人謂之小平城，使子六修鎮之，[3]統領南部。

[1]平城：在今山西大同市東北。

[2]黄瓜堆：地名。即今山西山陰縣、懷仁縣和應縣交界處的黄花梁（參孫靖國《桑乾河流域歷史城市地理研究》，中國社會科學出版社 2015 年版，第 96—97 頁）。

[3]六修：人名。穆帝猗盧長子。後猗盧欲立少子比延爲後，六修殺猗盧與比延，被普根率衆攻滅。見《北史》卷一五《六修傳》。

八年，晉愍帝進帝爲代王，[1]置官屬，食代、常山二郡。[2]先是國俗寬簡，至是明刑峻法，[3]諸部人多以違命得罪。[4]凡後期者皆舉部戮之，或有室家相攜，悉赴死所，人問何之，曰"當就誅"。其威嚴若此。

[1]晉愍帝：即晉朝皇帝司馬鄴。愍爲其謚號。

[2]常山：郡名。西晉時治真定縣，在今河北正定縣南。

[3]明刑峻法：高敏《南北史考索》（天津古籍出版社 2010 年版，第 363 頁）："《魏本紀》删《魏書・序紀》所載：穆皇帝七年條'國有匈奴雜胡萬餘家多勒種類，聞（石）勒破幽州，乃謀爲

亂，欲以應勒’及穆帝八年條‘帝忿聰、勒之亂，志欲平之’等語，而《北史》直云穆帝八年‘至是明刑峻法’事，致使穆帝之‘明刑峻法’失去原由，故《北史》此條不僅有删之不當，還有因删致疑之病。”

[4]諸部人：《魏書》卷一《序紀》作“諸部民”，《北史》避唐太宗李世民諱改。

九年，帝召六修不至，怒，討之失利，遂崩。

普根先守外境，聞難，來攻六修，滅之。普根立月餘，薨。普根子始生，桓帝后立之，又薨。思帝子平文皇帝立。

平文皇帝諱鬱律。姿質雄壯，甚有威略。元年，歲在丁丑。二年，劉武據朔方，來侵西部，帝大破之。西兼烏孫故地，[1]東吞勿吉以西，[2]控弦上馬將百萬。[3]

[1]烏孫故地：在今中亞地區伊犁河流域。烏孫係歐洲人種，自公元前三世紀至公元四世紀基本活動於伊犁河流域（參戴春陽《烏孫故地及相關問題考略》，《敦煌研究》2009年第1期）。

[2]勿吉：南北朝時期中國東北地區的新興部族，分布在今吉林長白山、松花江一帶。其人善射獵。見《北史》卷九四《勿吉傳》。

[3]控弦上馬：元大德本作“控弦士馬”。

是歲，晋元帝即位於江南，[1]劉曜僭帝位。[2]帝聞晋愍帝爲曜所害，顧謂大臣曰：“今中原無主，天其資我乎！”曜遣使請和，帝不納。

［1］晋元帝：即晋朝皇帝司馬睿。元爲其謚號。

［2］劉曜：人名。字永明，匈奴族。十六國時前趙君主。見《晋書》卷一〇三《劉曜載記》。

三年，石勒自稱趙王，[1]遣使乞和，請爲兄弟，帝斬其使以絶之。五年，晋元帝遣使韓暢加崇爵服，帝絶之。講武，有平南夏志。桓帝后以帝得衆心，恐不利己子，害帝，遂崩，大人死者數十人。天興初，[2]追尊曰太祖。

［1］石勒：人名。字世龍，小字匐勒，羯族。十六國時後趙君主。見《晋書》卷一〇四、一〇五《石勒載記》。

［2］天興：北魏道武帝的年號（398—404）。

桓帝中子惠帝賀傉立，以五年爲元年。帝未親政事，太后臨朝，遣使與石勒通和，時人謂之女國使。四年，帝始臨朝，以諸部人情未悉款順，乃築城於東木根山，[1]徙都之。五年，帝崩。

［1］東木根山：一説在今内蒙古鄂爾多斯市東部。其名稱源於木根山，即今内蒙古烏海市附近的桌子山（參莫久愚《〈魏書〉木根山地望疏證》，《内蒙古社會科學（漢文版）》2011 年第 4 期）。一説頗疑即今内蒙古興和縣與河北尚義縣接壤之大青山（參毋有江《拓跋鮮卑政治發展的地理空間》）。

弟煬帝紇那立，以五年爲元年。三年，石勒遣石季龍寇邊部，[1]帝禦之，不利，遷於大甯。[2]

[1]石季龍：人名。名石虎，字季龍，羯族。《北史》避唐高祖祖父李虎諱，以字行。十六國時後趙第三位君主。見《晉書》卷一〇六、一〇七《石季龍載記》。

[2]大甯：地名。在今河北張家口市。

時平文帝長子烈帝居於舅賀蘭部，[1]帝遣使求之，賀蘭部帥藹頭擁護不遣。帝怒，召宇文部并力擊藹頭。宇文衆敗，帝還大甯。五年，帝出居於宇文部，賀蘭及諸部大人共立烈帝。

[1]賀蘭部：本爲匈奴部落之一。居於陰山以北。後進入拓跋部落聯盟，與拓跋部有姻親關係（參田餘慶《賀蘭部落離散問題》，《歷史研究》1997年第2期）。

烈皇帝諱翳槐，以五年爲元年。石勒遣使求和，帝遣弟昭成帝如襄國，[1]從者五千餘家。七年，藹頭不修臣職，召而戮之，國人復貳。於是煬帝自宇文部還入，諸部大人復奉之。

[1]襄國：縣名。治所在今河北邢臺市。

煬帝以烈帝七年爲後元年，時烈帝出居於鄴。[1]三年，石季龍納烈帝於大甯。國人六千餘家部落叛，煬帝出居於慕容部。[2]

[1]鄴：城名。十六國時後趙都城，在今河北臨漳縣西南。

[2]慕容部：鮮卑族部落之一。“慕容”之稱源自檀石槐時期的中部大人“慕容”，作爲姓氏固定下來則是從慕容廆開始的（參趙紅梅《慕容鮮卑早期歷史探論》，《學習與探索》2011 年第 3 期）。

烈帝復立，以煬帝三年爲後元年。城盛樂城，[1]在故城東南十里。一年而崩，弟昭成皇帝立。

[1]盛樂城：《魏書》卷一《序紀》作“新盛樂城”。代國統治者曾先後三次修築盛樂城，分别見於穆帝時期、烈帝時期、昭成帝時期。

昭成皇帝諱什翼犍，平文皇帝之次子也。生而奇偉，寬仁大度，身長八尺，隆準龍顔，立髮委地，卧則乳垂至席。烈帝臨崩，顧命迎帝曰：“立此人則社稷乃安。”故帝弟孤自詣鄴奉迎，[1]與帝俱還。

[1]孤：即拓跋孤，人名。平文皇帝第四子。見《北史》卷一五《高凉王孤傳》。

建國元年十一月，[1]帝即位於繁畤北，時年十九。

[1]建國：昭成帝的年號（338—376）。

二年春，始置百官，分掌衆職。東自穢貊，[1]西及破落那，[2]莫不款附。五月，朝諸大人於參合陂，議定都灅源川，[3]連日不決，乃從太后計而止。娉慕容晃妹爲皇后。[4]

[1]穢貊：秦漢已降，主要聚居在中國東北及朝鮮半島部分地區。學術界對其形成、民族源流等諸多問題認識分歧很大（參王禹浪、王俊錚《穢貊研究述評》，《渤海大學學報》2016年第2期）。毛本、局本、中華本作“濊貊”，殿本、四庫本作“穢貊”。《漢書·地理志下》“穢”作“濊”。

[2]破落那：國名。即漢代大宛國，北朝稱其爲破落那國。都城貴山城，即今塔吉克斯坦的苦盞。

[3]灅源川：地名。當指猗盧、六修曾經營過的新平城一帶（參毋有江《拓跋鮮卑政治發展的地理空間》）。

[4]慕容晃：人名。字元真，昌黎棘城（今遼寧北票市章吉營子鄉三官營子村）人，鮮卑族。十六國時前燕君主。見《北史》卷九三《慕容廆附慕容晃傳》。

三年春，移都雲中之盛樂宫。[1]

[1]盛樂宫：城名。在今内蒙古和林格爾縣土城子遺址與托克托縣古城村遺址之間，即今寶貝河與大黑河兩河相夾靠近土城村的地方（參吕陽《“盛樂城”與“盛樂宫”地理位置考辨》，碩士學位論文，内蒙古大學，2011年）。

四年，築盛樂城於故城南八里。皇后慕容氏崩。[1]十月，劉武寇西境，帝遣軍大破之。武死，子務桓立，[2]始來歸順，帝以女妻之。

[1]慕容氏：即昭成皇后。見《北史》卷一三《昭成皇后慕容氏傳》。

[2]務桓：即劉務桓，人名。一名豹子，匈奴鐵弗部人。後投依石虎，拜爲平北將軍、左賢王。

七年二月，遣大人長孫秩迎后慕容氏於和龍，[1]晃送女於境。七月，慕容晃遣使來聘，求交婚，帝許之，以烈帝女妻焉。

[1]和龍：城名。又名黄龍城、龍城。在今遼寧朝陽市。

十四年，帝以中州紛梗，將親率六軍，乘石氏之亂，[1]廓定中原，諸大人諫，乃止。

[1]石氏之亂：晋穆帝永和五年（349），後趙君主石虎死，宫廷内部互相殘殺，史稱石氏之亂。

十八年，太后王氏崩。

十九年正月，劉務桓死，其弟閼頭立，潛謀反。

二十一年，閼頭部人多叛，懼而東走，度河半濟而冰陷。後衆盡歸其兄子悉勿祈。[1]初，閼頭之叛，悉勿祈兄弟十二人在帝左右，盡遣之歸，欲其自相猜離。至是，悉勿祈奪其衆，閼頭窮而歸命，帝待之如初。

[1]悉勿祈：人名。劉務桓之子。

二十二年春，帝東巡桑乾川。[1]四月，悉勿祈死，弟衛辰立。[2]

［1］桑乾川：即今河北陽原縣東的桑乾河。

［2］衛辰：即劉衛長，人名。劉務桓之子。見《北史》卷九三《劉衛辰傳》。

二十三年六月，皇后慕容氏崩。七月，衛辰來會葬，因求婚，許之。

二十五年，帝南巡君子津。[1]

［1］君子津：津渡名。在今内蒙古清水河縣喇嘛灣鎮附近。《水經注·河水注》："皇魏桓帝十一年，西幸榆中，東行代地。洛陽大賈賫金貨隨帝後行，夜迷失道，往投津長，曰：'子封送之。'渡河，賈人卒死。津長埋之。其子尋求父喪，發冢舉屍，資囊一無所損。其子悉以金與之，津長不受。事聞于帝，帝曰：'君子也。'即名其津爲君子濟。"

二十八年正月，衛辰謀反，度河東。[1]帝討之，衛辰懼，遁走。

［1］度河東：源氏校勘記云："《魏書》作'東渡河'。"

三十年十月，帝征衛辰。時河冰未成，帝乃以葦絙約澌，[1]俄然冰合，乃散葦於上，冰草相結若浮橋，衆軍利涉。衛辰與宗族西走，收其部落而還。

［1］葦絙（gēng）約澌（sī）：用乾枯的蘆葦編成粗大的繩索横江攔截流凌，使冰塊因不能流動而凝結。絙，粗繩索。約，束縛。

三十四年春，長孫斤謀反，伏誅。斤之反也，拔刃向御坐，太子寔格之，[1]傷脅。五月，薨。後追謚焉，是爲獻明皇帝。七月，皇孫珪生，大赦。

[1]寔：即拓跋寔，人名。拓跋珪之父。

三十九年，苻堅遣其大司馬苻洛帥衆二十萬及其將朱彤、張蚝、鄧羌等諸道來寇，[1]王師不利。帝時不豫，乃率國人避於陰山之北。[2]高車雜種盡叛，[3]四面寇抄，不得芻牧，復度漠南。[4]堅軍稍退，乃還。十二月，至雲中。旬有二日，皇子寔君作亂，[5]帝暴崩，時年五十七。道武即位，尊曰高祖。

[1]苻堅：人名。字永固，又字文玉，小名堅頭，略陽臨渭（今甘肅天水市東北）人，氐族。十六國時前秦君主。見《晋書》卷一一三、一一四《苻堅載記》。　大司馬：官名。兩晋十六國時多爲大臣加官，居三公之上、三師之下，開府置僚屬，然無具體職司。　苻洛：人名。十六國時前秦宗室、將領。初爲幽州刺史，封行唐公。隨苻堅征伐，以功加征北將軍。後爲苻堅所忌，常爲邊牧。任益州牧時，舉兵自稱大都督、大將軍、秦王。兵敗，徙於西海，後爲前秦中書令梁熙所殺。　朱彤：人名。京兆（今陝西西安市西北）人。十六國時前秦大臣，曾任秘書監。　張蚝：人名。本姓弓，上黨泫氏（今山西高平市）人。十六國時前秦將領，曾任司空。　鄧羌：人名。安定（今甘肅涇川縣北）人。十六國時前秦名將。有才幹，曾獻計斬殺姚襄，以計擒張蚝，號稱萬人敵。

[2]陰山：即今烏拉前山—大秦山山系（參辛德勇《秦漢政區與邊界地理研究》，中華書局2009年版，第181—255頁）。

[3]高車：魏晋南北朝時期活躍於中國北部和西北部的游牧民族。因所乘車輪高大，故名。見《北史》卷九八《高車傳》。

[4]漠南：地區名。一作“幕南”。今蒙古高原大沙漠以南地區。

[5]寔君：即拓跋寔君，人名。昭成帝什翼犍庶長子。見《北史》卷一五《拓跋寔君傳》。

帝性寬厚。時國少繒帛，代人許謙盜絹二匹，[1]守者以告，帝匿之，謂燕鳳曰：[2]“吾不忍視謙之面，卿勿洩之，謙或慚而自殺，爲財辱士，非也。”帝嘗擊西部叛賊，流矢中目。賊破後，諸大臣執射者，各持錐刀欲屠割之。帝曰：“各爲其主，何罪也?”釋之。[3]其仁恕若此。

[1]許謙：人名。字元遜。北魏官吏。見《北史》卷二一《許謙傳》。

[2]燕鳳：人名。字子章。北魏官吏。見《北史》卷二一《燕鳳傳》。

[3]釋之：張雲潔《〈南北史考索〉北魏史料補正》（碩士學位論文，雲南師範大學，2016年）：“《魏書》卷一《序紀》作：‘帝曰：“彼各爲其主，何罪也。”乃釋之。’《北史》删‘乃’字，故句讀時誤以爲‘釋之’爲昭成帝所説内容，實不然。《北史》校勘記失校。”

太祖道武皇帝諱珪，昭成皇帝之嫡孫，獻明帝之子也。母曰獻明賀皇后，[1]初因遷徙，游於雲澤，[2]寢，夢日出室内，寤而見光自牖屬天，欻然有感，以建國三十四年七月七日生帝於參合陂北，其夜復有光明。昭成大悦，群臣稱慶，大赦，告于祖宗。保者以帝體重倍於常兒，竊獨奇怪。明年有榆生於藏胞之坎，後遂成林。帝弱而能言，目有光曜，廣顙大耳。六歲而昭成崩，符堅遣將内侮，將遷帝長安，賴燕鳳乃免。堅軍既還，國衆離散，堅使劉庫仁、劉衛辰分攝國事。[3]南部大人長孫嵩及元他等盡將故人衆南依庫仁，[4]帝於是轉在獨孤部。[5]

[1]賀皇后：獻明帝的皇后。見《北史》卷一三《獻明皇后賀氏傳》。

[2]雲澤：地名。在今内蒙古境内。

[3]劉庫仁：人名。字没根，一名洛垂。爲南部大人。見《北史》卷二〇《劉庫仁傳》。

[4]南部大人：部是拓跋鮮卑等游牧民族早期的社會組織單位，大人爲該組織的首領。在拓跋鮮卑由部落、部落聯盟向國家發展的過程中，部和大人的性質、職能也在發生轉變，部由原先邑落公社時期的血緣共同體發展爲部落聯盟下帶有地域性質的組織，甚至與方位名連在一起，成爲統治者劃民而治的管理單位。大人則由原始的部落酋長發展爲北魏前期政治機構中的官僚，入居王官系統。此處南部大人，即指拓跋部落聯盟中統率南部之首領（參宋艷梅《北魏分部大人制的歷史考察》，碩士學位論文，山西大學，2005年）。長孫嵩：人名。代（今山西大同市東北）人，鮮卑族。北魏官吏。見《北史》卷二二《長孫嵩傳》。

[5]獨孤部：屬匈奴族。

元年，葬昭成皇帝於金陵，[1]營梓宫木材盡生成林。[2]帝雖沖幼，而嶷然不群。劉庫仁常謂其子曰：“帝有高天下之志，必興復洪業。”

[1]金陵：北魏遷都洛陽之前埋葬皇帝和皇后的陵區，在今内蒙古和林格爾縣西北（參古鴻飛《北魏金陵初探》，《山西大同大學學報》2008年第5期）。

[2]梓宫：指用梓木做的棺椁，一般衹有皇帝或特許的貴族、大臣纔可享有。　木柹：底本作“木材”，殿本、四庫本、局本、四部備要本、中華本作“木柹”。木材是樹木采伐後經過初步加工的樹幹或大枝，木柹是砍削下來的碎木片、木皮。據原文意，當是做棺椁後所剩的碎木片又生成林，寓意代國亡而復興。今從諸本改。

七年十月，晋敗苻堅于淮南。[1]慕容文等殺劉庫仁。[2]弟眷代攝國部。[3]

[1]淮南：郡名。東晋時治壽春縣，在今安徽壽縣。

[2]慕容文：人名。十六國時後燕將領。初在劉庫仁部下，殺劉庫仁後投奔慕容垂。後燕兵敗，投降北魏。

[3]弟眷：南監本作“六眷”。眷，即劉眷，人名。十六國時匈奴首領。

八年，慕容暐弟沖僭立。[1]姚萇自稱大單于、萬年秦王。[2]慕容垂僭稱燕王。[3]

[1]慕容暐：人名。字景茂，昌黎棘城（今遼寧北票市章吉營子鄉三官營子村）人，鮮卑族。十六國時前燕末代君主。淝水之戰後，謀殺苻堅復國，事泄被殺。見《晋書》卷一一一《慕容暐載

記》。　沖：即慕容沖，人名。小字鳳皇，昌黎棘城（今遼寧北票市章吉營子鄉三官營子村）人，鮮卑族。十六國時西燕君主。見《北史》卷九三《慕容廆附慕容沖傳》。

[2]姚萇：人名。字景茂，南安赤亭（今甘肅隴西縣西）人，羌族。十六國時後秦開國君主。見《晋書》卷一一六《姚萇載記》。

[3]慕容垂：人名。字道明，昌黎棘城（今遼寧北票市章吉營子鄉三官營子村）人，鮮卑族。十六國時後燕開國君主。見《晋書》卷一二三《慕容垂載記》。

九年，劉庫仁子顯殺眷而代之，[1]乃將謀逆，商人王霸知之，履帝足於衆中。帝乃馳還。是時，故大人梁盆子六眷爲顯謀主，[2]盡知其計，密使部人穆崇馳告。[3]帝乃陰結舊臣長孫犍、元他等，因幸賀蘭部。其日，顯果使人殺帝，不及。語在《獻明太后傳》。

[1]顯：即劉顯，人名。本名醜伐。見《魏書》卷二三《劉庫仁附劉顯傳》。

[2]梁盆：人名。《魏書》卷二《道武帝紀》作“梁蓋盆”，《北史》卷一五《高凉王孤傳》作“梁蓋”。未詳孰是。

[3]穆崇：人名。代（今山西大同市東北）人，鮮卑族。北魏將領。見《北史》卷二〇《穆崇傳》。

是歲，乞伏國仁私署秦、河二州牧、大單于。[1]姚萇殺苻堅，堅子丕僭即皇帝位於晋陽。[2]

[1]乞伏國仁：人名。隴西（今甘肅隴西縣東南）人，鮮卑族。十六國時西秦開國君主。見《北史》卷九三《乞伏國仁傳》。

秦：州名。十六國前秦時治上邽縣，在今甘肅天水市秦州區。河：州名。十六國前秦時治枹罕縣，在今甘肅臨夏市。

[2]丕：即苻丕，人名。字永叔，略陽臨渭（今甘肅天水市東北）人，氐族。十六國時前秦君主。見《晋書》卷一一五《苻丕載記》。　晋陽：縣名。治所在今山西太原市晋源區古城營村一帶。

登國元年春正月戊申，[1]帝即代王位，郊天建元，[2]大會於牛川。[3]復以長孫嵩爲南部大人，以叔孫普洛爲北部大人。[4]是月，慕容垂僭即皇帝位于中山，[5]國號燕。二月，幸定襄之盛樂，息衆課農。慕容沖爲其部下所殺。

[1]登國：北魏道武帝的年號（386—396）。

[2]郊天建元：在南郊祭天和宣布開國後首建年號。

[3]牛川：地名。在今内蒙古凉城縣境内（參毋有江《拓跋鮮卑政治發展的地理空間》）。

[4]北部大人：北魏前期曾將鮮卑族人及四方來歸之衆分爲四部、五部、六部、八部等，其中都有北部。此爲統率部族之首領。太武帝將部落編制轉化成行政機構時取消了這一稱謂。

[5]中山：郡名。十六國時治盧奴縣，在今河北定州市。

夏四月，改稱魏王。五月，姚萇僭即皇帝位於長安，國號大秦。

秋八月，劉顯遣弟亢泥迎皇叔父窟咄于慕容永，[1]以兵隨之，來逼南境。帝左右于桓等與諸部大人謀應之，[2]事泄，誅造謀者五人，餘悉不問。帝慮内難，乃北踰陰山，幸賀蘭部，阻山爲固。遣行人安同、長孫賀徵師于慕容垂，[3]垂令其子賀驎率師隨同等。[4]軍未至而寇逼，於是北部大人叔孫普洛等十三人及諸烏丸亡奔衛辰。帝自弩山幸牛川，[5]屯于延水南，[6]出代谷，[7]會賀驎於高柳，[8]大破窟咄，悉收其衆。

[1]亢泥：即劉亢泥，人名。匈奴族。十六國時後燕官吏，官至廣寧太守。高敏《南北史考索》曰："此句之'亢泥'二字，《魏書》卷十三《后妃傳·獻明皇后賀氏傳》作'亢埿'；《通志》卷二十同人傳同《魏書》。《北史》校勘記失校。"《資治通鑑》卷一〇六胡三省注曰："'埿'與'泥'同。"可見"亢泥"與"亢埿"實爲一人。　窟咄：即拓跋窟咄，人名。昭成帝第九子。見《北史》卷一五《拓跋窟咄傳》。　慕容永：人名。字叔明，昌黎棘城（今遼寧北票市章吉營子鄉三官營子村）人。十六國時西燕君主。見《北史》卷九三《慕容永傳》。

[2]于桓：人名。一作"于植"，代（今山西大同市東北）人，鮮卑族，穆崇外甥。北魏官吏。

[3]行人：使者。　安同：人名。遼東（今遼寧遼陽市）人。北魏官吏。見《北史》卷二〇《安同傳》。

[4]賀驎：即慕容賀驎，人名。昌黎棘城（今遼寧北票市章吉營子鄉三官營子村）人。十六國時後燕宗室。後被魏軍所敗，單騎逃鄴，爲慕容德所殺。

[5]弩山：約在今内蒙古興和縣附近。

[6]于延水：即今洋河。

[7]代谷：地名。在今河北蔚縣。

[8]高柳：縣名。治所在今山西陽高縣東南。

冬十月，苻丕爲晋將馮該所殺。慕容永僭即皇帝位於長子。[1]十一月，苻登僭即皇帝位於隴東。[2]十二月，慕容垂遣使奉帝西單于印綬，封上谷王，帝不納。

[1]長子：縣名。治所在今山西長治市南。

[2]苻登：人名。字文高，略陽臨渭（今甘肅天水市東北）人，氐族。十六國時前秦君主。見《晋書》卷一一五《苻登載記》。　隴東：郡名。治所不詳，疑在今甘肅境内。

二年夏五月，遣安同徵兵於慕容垂，垂遣子賀驎率衆來會。六月，帝親征劉顯，顯奔慕容永，盡收其部落。

冬十二月，巡松漠，[1]還幸牛川。

[1]松漠：地名。在今吉林及内蒙古大興安嶺地區。大興安嶺多松樹，故名。

三年夏五月癸亥，北征庫莫奚，[1]大破之。六月，[2]乞伏國仁死，其弟乾歸立，[3]私署河南王。[4]

[1]庫莫奚：族名。分布在饒樂水（今西拉木倫河）流域。東接契丹，西至突厥，南拒白狼河，北鄰霫。初臣屬於突厥，後稍强盛，分爲辱紇主（一作“辱紇王”）、莫賀弗、契個、木昆、室得等五部。習俗與突厥相似，以游牧爲主，兼以射獵（參馮繼欽《北朝時期的庫莫奚族》，《求是學刊》1987年第5期）。

[2]大破之六月：《魏書》卷二《道武帝紀》作“六月大破之”。《資治通鑑》卷一〇七亦將此事歸於登國三年六月。疑《北史》删减致誤。

[3]乾歸：即乞伏乾歸，人名。隴西（今甘肅隴西縣東南）人，鮮卑族。乞伏國仁死後統事，後降姚興，拜爲河州刺史，封歸

義侯。公元388年至400年、公元409年至412年，先後兩次爲西秦君主。見《北史》卷九三《乞伏國仁附乞伏乾歸傳》、《晋書》卷一二五《乞伏乾歸載記》。

［4］河南王：封爵名。河南，此處泛指隴西（今甘肅東南部）。

秋七月，庫莫奚部帥鳩集遺散，夜犯行宫。縱騎撲討，盡滅之。

八月，使九原公儀於慕容垂。[1]冬十月，垂遣使朝貢。

［1］使九原公儀於慕容垂：源氏校勘記於“於”上補“使”字。儀，即拓跋儀，人名。北魏宗室。見《北史》卷一五《衛王儀傳》。

四年春正月甲寅，[1]襲高車諸部落。二月癸巳，遂至女水，[2]討叱突鄰部。[3]並大破之。是月，吕光自稱三河王。[4]

［1］甲寅：牛繼清、張林祥《十七史疑年録》（黄山書社2007年版，第179頁）：“正月丙辰朔，月内無甲寅。《魏書》卷二《太祖紀》、《資治通鑑》卷一百七‘晋紀二十九’同誤。”

［2］女水：即内蒙古呼和浩特市北的烏里沙河。北魏獻文帝皇興四年（470）拓跋弘北征柔然，會諸侯於女水之濱，獲勝後改女水爲武川。

［3］叱突鄰部：北魏時居於女水流域，以游牧爲生。

［4］吕光：人名。字世明，略陽（今甘肅秦安縣東北）人，氐族。十六國時後凉建立者。見《晋書》卷一二二《吕光載記》。三河王：封爵名。三河，地區名。《資治通鑑》卷一〇九胡三省注

引李賢曰：“三河，謂金城河、賜支河、湟河。”

夏五月，使陳留公虔於慕容垂。[1]冬十月，垂遣使朝貢。

[1]陳留公：封爵名。陳留，郡名。北魏初治陳留縣，在今河南開封市東南陳留城。　虔：即拓跋虔，人名。北魏宗室。見《北史》卷一五《陳留王虔傳》。

五年春三月甲申，[1]西征，次鹿渾海，[2]襲高車袁紇部，[3]大破之。慕容垂遣子賀驎來會。夏四月丙寅，[4]行幸意辛山，[5]與賀驎討賀蘭、紇奚諸部落，[6]大破之。

[1]甲申：牛繼清、張林祥《十七史疑年録》（第179頁）：“三月己酉朔，月内無甲申。《魏書》卷二《太祖紀》同誤。”

[2]鹿渾海：即今新疆烏倫古湖。

[3]袁紇部：高車族部落之一。北魏時活動於今蒙古高原，以游牧爲生，以部落名爲姓氏。

[4]丙寅：《十七史疑年録》（第179頁）：“四月己卯朔，月内無丙寅。《魏書》卷二《太祖紀》、《資治通鑑》卷一百七‘晋紀二十九’同誤。”按：底本干支“丙”均作“景”，今全部改回，不再注明。

[5]意辛山：又稱意親山。在今内蒙古二連浩特市西南。

[6]紇奚：高車族部落之一。北魏時活動於意辛山，以游牧爲生。

秋八月，還幸牛川。使秦王觚於慕容垂。[1]九月壬申，討叱奴部囊曲水，[2]破之。

［1］秦王觚：即拓跋觚。北魏宗室。見《北史》卷一五《秦王翰附秦王觚傳》。

［2］叱奴部：族屬不詳。北魏時活動於囊曲河（今地不詳）一帶。　囊曲水：水名。確址不詳。

冬十月，討高車豆陳部於狼山，[1]破之。十二月，帝還次白漠。[2]

［1］豆陳部：高車族部落之一。北魏時居於今蒙古高原，以游牧爲生。　狼山：在今内蒙古北部、陰山山脉的最西段。

［2］白漠：在今内蒙古察哈爾右翼後旗北部。

六年春正月，[1]幸紐垤川。[2]三月，遣九原公儀、陳留公虔等西討黜弗部，[3]大破之。

［1］正月：《魏書》卷二《道武帝紀》作“二月”。

［2］紐垤川：即今内蒙古達爾罕茂明安聯合旗艾不蓋河。

［3］黜弗部：族屬不詳。北魏時活動於今陰山地區。

夏四月，祭天。

秋七月壬申，講武于牛川。慕容垂止秦王觚而求名馬，帝絶之。乃遣使於慕容永，永使其大鴻臚慕容鈞奉表勸進尊號。[1]九月，帝襲五原，屠之，收其積穀。還紐垤川，於椢陽塞北樹碑記功。[2]

［1］大鴻臚：官名。秦稱典客，漢景帝改名大行令，武帝太初

元年（前104）始稱大鴻臚，掌賓客接待、朝禮和封爵儀式等。魏晉南北朝時本官漸成專司朝會禮儀之官。

[2]椢陽塞：約在今内蒙古包頭市境。

冬十月戊戌，[1]北征蠕蠕，[2]追破之於大磧南商山下。[3]十一月戊辰，[4]還幸紐垤川。戊寅，衛辰遣子直力鞮寇南部。[5]壬午，帝大破之於鐵岐山南，[6]衛辰父子奔遁。十二月，滅之，衛辰少子屈丐亡奔薛干部。[7]自河以南，諸部悉平，收衛辰子弟宗黨無少長五千餘人，盡殺之。

[1]戊戌：牛繼清、張林祥《十七史疑年録》（第179頁）："十月庚子朔，月内無戊戌。《魏書》卷二《太祖紀》、《資治通鑑》卷一百七'晋紀二十九'同誤。"

[2]北征蠕蠕：毛本、殿本、四庫本作"征北蠕蠕"。據《北史》卷九八《蠕蠕傳》記載，蠕蠕在代國早期分裂爲東西二部，無"北蠕蠕"之稱，且蠕蠕的游牧位置在北魏的北部，故云"北征"爲恰。當以底本爲是。

[3]大磧：大漠。即今内蒙古烏拉特前旗西南的庫布齊沙漠。南商山：在今内蒙古烏拉特中旗北。《魏書·道武帝紀》作"南牀山"。

[4]戊辰：《十七史疑年録》（第179頁）："十一月庚午朔，月内無戊辰，戊寅初九日，壬午十三日。《魏書》卷二《太祖紀》略同。疑此'戊辰'當上屬'十月'，十月庚子朔，戊辰二十九日。"

[5]直力鞮（dī）：人名。匈奴鐵弗部人。

[6]鐵岐山：在今内蒙古固陽縣西北。

[7]屈丐：人名。本名勃勃，北魏明元帝改其名爲屈丐，匈奴鐵弗部人。十六國時夏君主。見《北史》卷九三《赫連屈丐傳》。

薛干部：底本作“薛于部”，中華本校勘記云：“諸本及《魏書》卷二《太祖紀》‘干’作‘于’，《通志》卷十五上《後魏紀》、《通鑑》卷一〇七作‘干’。按《晋書》卷一三〇《赫連勃勃載記》作‘叱干部’。據《魏書》卷一一三《官氏志》稱‘叱干氏後改爲薛氏’，知‘薛干’即‘叱干’。姚薇元《北朝胡姓考》薛氏條引證史傳及石刻資料，也認爲‘于’是‘干’之訛，今據改。”今從改。下文統改，不一一出注。薛干部，屬鮮卑族。北魏時活動於今陝西延安市東南。

是歲，起河南宮。[1]

[1]河南宮：故址在今内蒙古鄂爾多斯市東勝區西。

七年春正月，幸木根山，遂次黑鹽池，[1]饗群臣，北之美水。[2]三月，還幸河南宮。

[1]黑鹽池：在今陝西定邊縣西北。
[2]美水：即今内蒙古鄂托克旗西黄河支流都恩兔河。

秋七月，[1]行幸漠南，仍築巡臺。

[1]七月：源氏校勘記云：“‘七月’《魏書》作‘八月’。”

冬十二月，慕容永遣使朝貢。

八年春正月，南巡。二月，幸羖羊原，[1]赴白樓。[2]

[1]羖（gǔ）羊原：地名。約在今内蒙古西南境。

[2]白樓：地名。疑在今甘肅。

夏六月，北巡。秋七月，臨幸新壇。[1]

[1]新壇：地名。約在今内蒙古南部。

先是衛辰子屈丐奔薛干部，徵之不送，八月，帝南征薛干部，屠其城。九月，還幸河南宫。

九年春三月，北巡。使東平公元儀屯田於河北五原，[1]至於棝陽塞外。夏五月，田於河東。秋七月，還幸河南宫。

[1]東平公：封爵名。遥封。東平，侯國名。十六國後燕時治須昌縣，在今山東東平縣西北。

冬十月，蠕蠕社崘等率部落西走。[1]

[1]社崘：人名。蠕蠕主。見《魏書》卷一〇三《蠕蠕傳》。

是歲，姚萇子興僭立，[1]殺苻登。慕容垂滅永。

[1]興：即姚興，人名。字子略，南安赤亭（今甘肅隴西縣西）人，羌族。十六國時後秦君主。見《北史》卷九三《姚萇附姚興傳》。

十年秋七月，慕容垂遣其子寶來寇五原。[1]八月，帝親兵於河南。[2]冬十月辛未，寶燒船夜遁。十一月己卯，[3]帝進軍濟河。乙酉夕，至參合陂。丙戌，大破之，禽其王公以下文武將吏數千人。於俘虜中擢其才識者賈彝、賈閏、晁崇等，[4]參謀議憲章故實。[5]

[1]寶：即慕容寶，人名。字道裕，《晋書》《魏書》作“道祐”，昌黎棘城（今遼寧北票市章吉營子鄉三官營子村）人，鮮卑族。十六國時後燕君主。見《北史》卷九三《慕容垂附慕容寶傳》。

[2]親兵：《魏書》卷二《道武帝紀》作“親治兵”。中華本校勘記云：“《魏書·太祖紀》‘兵’上有‘治’字，《北史》避唐高宗李治諱删，以致文義不明。”可從。

[3]十一月己卯：底本作“己卯”，源氏校勘記於“己卯”前補“十一月”。中華本校勘記云：“諸本無‘十一月’三字，《魏書》有。按《通鑑》卷一〇八及本書卷九三《慕容廆傳》並作‘十一月’。是年十月丁未朔，無己卯；十一月丁丑朔，己卯是三日。今據《魏書》補。”今從改。

[4]賈彝：人名。字彦倫，武威姑臧（今甘肅武威市）人。見《北史》卷二七《賈彝傳》。毛本、殿本、四部備要本作“買彝”。按：字形相近而訛，今從底本。　賈閏：人名。武威姑臧（今甘肅武威市）人。賈彝從兄，官代郡太守。晋孝武帝太元二十年(395)，隨慕容寶攻魏，大敗於參合陂，被俘。　晁崇：人名。字子業，遼東襄平（今遼寧遼陽市）人。見《北史》卷八九《晁崇傳》。

[5]憲章故實：典章制度和有借鑑意義的舊事。

十二月，還幸雲中之盛樂。

皇始元年春正月，[1]大蒐于定襄，[2]因東幸善無北陂。[3]三月，慕容垂寇桑乾川，陳留公虔死之。垂遂至平城西北，聞帝將至，乃築城自守，疾甚，遂遁，死於上谷。子寶秘喪，還至中山乃僭立。

[1]皇始：北魏道武帝的年號（396—398）。

[2]蒐（sōu）：指春季捕獵。

[3]善無：郡名。北魏時治善無縣，在今山西右玉縣。

夏六月丁亥，皇太后賀氏崩。是月，葬獻明太后。吕光僭稱天王，國號凉。[1]

[1]凉：即後凉，十六國之一。氐人吕光據凉州姑臧，稱凉天王，史稱後凉。凡三主十八年，爲後秦所滅。

秋七月，右司馬許謙上書勸進尊號，[1]於是改元，始建天子旌旗，出警入蹕。[2]

[1]右司馬：官名。掌軍政，領兵征戰。底本作“左司馬”，《魏書》卷二《道武帝紀》作“右司馬”。按：《北史》卷二一《許謙傳》：“登國初，遂歸道武，以爲右司馬，與張衮等參贊初基。”《魏書》卷二四《許謙傳》亦云“以爲右司馬”，今從《魏書》改。

[2]出警入蹕：帝王出入時警戒清道，禁止行人。

八月己亥，大舉討慕容寶。帝親勒六軍四十餘萬南出馬邑，踰句注，旌旗絡驛二千餘里，鼓行而前，人屋皆震。別詔將軍封真等從東道襲幽州，[1]圍薊九月戊午，次陽曲，[2]乘西山，臨觀晋陽。寶并州牧、遼西王農棄城遁，[3]并州平。

[1]封真：人名。北魏將領。駐守并州時，率其同族與徒何爲逆，被刺史元延討平。　幽州：十六國後燕時治薊縣，在今北京西南。

[2]陽曲：縣名。治所在今山西太原市北。

[3]并州牧：官名。并州的最高軍事行政長官。并州，十六國時治晋陽縣，在今山西太原市西南。　遼西王：封爵名。遼西，郡名。十六國後燕時治肥如縣，在今河北盧龍縣西北。　農：即慕容農，人名。昌黎棘城（今遼寧北票市章吉營子鄉三官營子村）人，鮮卑族。十六國時後燕宗室。

初建臺省，[1]置百官，封拜公、侯、將軍、刺史、太守、尚書郎，以下悉用文人。[2]帝初拓中原，留心慰納，諸士大夫詣軍門者，無少長皆引入，人得盡言，苟有微能，咸蒙叙用。己未，詔輔國將軍奚牧略地晋川，[3]獲慕容寶、丹楊王買得等於平陶城。[4]九月，晋孝武帝殂。[5]

[1]臺省：官署名。東漢至隋唐時對中樞官署尚書臺（省）、中書省、門下省、御史臺等的簡稱及其合稱。這裏指北魏建立相關的中央行政機構。

[2]封拜：《魏書》諸本作“封”，中華本《魏書》卷二《道武帝紀》校勘記以《北史》爲是，並據補“拜”字。張金龍認爲，此時期尚無嚴格的官吏任命（拜授）制度，因而《魏書》作“封”，更得其意（參張金龍《北魏政治史》，甘肅教育出版社 2008 年版，第 286 頁）。　尚書郎：官名。漢武帝時常以郎官供尚書署差遣，掌收發文書章奏庶務，後漸成定制，成爲中朝常設官職。北

魏前期尚書省諸曹皆置尚書爲長官，孝文帝改制後，復以尚書郎爲諸曹長官，分隸六曹尚書。孝文帝太和十七年定郎中五品上，郎從五品中，二十三年皆稱郎中，六品。

[3]輔國將軍：官名。漢獻帝時置，魏晋沿置，皆三品。十六國時後秦、後凉、北凉皆置。北魏孝文帝太和十七年定爲三品上，二十三年改爲從三品。　奚牧：人名。代（今山西大同市東北）人。北魏將領。見《北史》卷二〇《奚牧傳》。　晋川：地名。在今山西文水縣一帶。

[4]丹楊王：封爵名。丹楊，郡名。十六國時治義川縣，在今陝西宜川縣東北。　平陶城：在今山西文水縣西南。

[5]晋孝武帝：即晋朝皇帝司馬曜。孝武爲其謚號。

冬十一月庚子朔，帝至真定，[1]自常山以東，守宰或捐城奔竄，[2]或稽顙軍門，[3]唯中山、鄴、信都三城不下。[4]别詔東平公儀攻鄴，冠軍將軍王建、左軍將軍李栗等攻信都，[5]軍所行不得傷桑棗。戊午，進軍中山。己未，圍之。帝曰："朕量寶不能出戰，必憑城自守，急攻則傷士，久守則費糧，不如先平鄴、信都，然後還取中山。"諸將稱善。丁卯，車駕幸魯口城。[6]

[1]真定：縣名。治所在今河北正定縣南。

[2]守宰：地方官别稱，多稱郡守。

[3]顙：額頭。

[4]信都：城名。治所在今河北冀州市。

[5]冠軍將軍：官名。漢獻帝建安中置，三國魏、吴沿置，兩晋時領有營兵，南北朝時爲將軍名號。北魏孝文帝太和二十三年定爲從三品。　王建：人名。廣甯（今河北涿鹿縣）人。見《北史》卷二〇《王建傳》。　左軍將軍：官名。三國魏置，西晋時與前軍、

後軍、右軍將軍合稱四將軍，掌宿衛。北魏沿置，孝文帝太和十七年定爲從三品上，二十三年降爲從四品。　李栗：人名。雁門（今山西代縣西南）人。北魏將領。見《北史》卷二〇《李栗傳》。

[6]魯口城：在今河北饒陽縣。

二年春正月壬戌，帝引騎圍信都。其夜，寶冀州刺史、宜都王慕容鳳踰城奔中山。[1]癸亥，寶輔國將軍張驤、護軍將軍徐超舉城降。[2]是月，鮮卑禿髮烏孤私署大單于、西平王。[3]

[1]冀州：十六國時後燕慕容垂燕元元年（384）置，治廣阿。後燕慕容垂建興元年（386），以冀州牧治鄴，在今河北臨漳縣西南鄴鎮一帶，領魏、廣平等十五郡；冀州刺史治信都縣，在今河北冀州市，領長樂、廣川等八郡。　宜都王：封爵名。宜都，郡名。十六國時治夷道縣，在今湖北宜都市。　慕容鳳：人名。十六國時後燕宗室、大臣。

[2]護軍將軍：官名。漢獻帝時曹操改丞相府護軍爲中護軍，四品，與中領軍（領軍將軍）同掌禁軍，出征時督護諸將，隸屬領軍。南北朝沿置。北魏孝文帝太和十七年定爲二品上，二十三年改爲從二品（參張金龍《北朝中央護軍制度考察》，《史學月刊》1999年第4期）。

[3]禿髮烏孤：人名。河西（今甘肅西部一帶）鮮卑族首領。十六國時南涼建立者。見《晉書》卷一二六《禿髮烏孤載記》。　西平王：封爵名。西平，郡名。十六國後涼時治西都縣，在今青海西寧市。

二月丁丑，帝軍于鉅鹿之栢肆塢，[1]臨滹沱水。[2]其夜，寶悉衆犯營，燎及行宮，兵人駭散。帝驚起，不及衣冠，跣出擊鼓。俄而左右及中軍將士稍集。帝設奇陣，列烽營外，縱騎衝之。寶衆大敗，走還中山，獲其器械數十萬計。寶尚書閔亮、秘書監崔逞等降者相屬，[3]賜拜職爵各有差。三月己酉，車駕次盧奴。[4]寶求和，請送秦王觚，割常山以西奉魏，乞守中山以東。帝許之。已而寶背約。辛亥，車駕次中山，命將圍之。是夜，寶弟賀驎將妻子走西山。寶恐賀驎先據和龍，壬子夜，北遁。城内共立慕容普鄰爲主。[5]

[1]鉅鹿：郡名。北魏時屬定州，治曲陽縣，在今河北晋州市西。北魏孝莊帝永安二年（529）時分定州鉅鹿郡置，屬殷州，治廮遥縣，在今河北寧晋縣西南。　栢肆塢：地名。在今河北藁城市北滹沱河南岸。

[2]滹池水：即今河北西部之滹沱河，爲子牙河北源。中華本作“滹沱水”。按：《水經注》亦作“滹沱水”，疑字形相近而訛。

[3]尚書：官名。魏晋南北朝時出爲朝官，分掌尚書省諸曹，品秩提高，但不再直接向皇帝奏事、承受詔命。北魏孝文帝太和十七年定吏部從一品下，列曹二品中，二十三年皆改爲三品。　秘書監：官名。漢桓帝延熹年間置員一人，秩六百石，掌典圖書秘記，校定文字，屬太常。後省。南北朝時爲秘書省長官，仍掌圖書經籍之事，領著作省。北魏孝文帝太和十七年定爲從二品中，二十三年改爲三品。　崔逞：人名。字叔祖，清河東武城（今山東武城縣西北）人。北魏官吏。見《北史》卷二四《崔逞傳》。

[4]盧奴：縣名。治所在今河北定州市。

[5]城内：四庫本作“城中”。　慕容普鄰：人名。又名慕容詳。十六國時後燕宗室，一度稱帝。

夏四月，帝以軍糧不繼，詔東平公儀罷鄴圍，徙屯鉅鹿。五月庚子，帝以中山城内爲普鄰所脅，乃招喻之。甲辰，曜兵揚威，以示城内，命諸軍罷圍南徙，以待其變。甲寅，以東平公儀爲左丞相，[1]封衛王。進襄城公題爵爲王。[2]

[1]左丞相：官名。戰國秦始置。北魏或置或省，皆特爲權臣專設之名號，並非處理實際政務的宰相。

[2]襄城公：封爵名。襄城，郡名。北魏時治襄城縣，在今河南襄城縣。　題：即拓跋題，人名。北魏宗室。見《北史》卷一五《上谷公紇羅附拓跋題傳》。

秋七月，普鄰遣烏丸張驤率五千餘人出城求食，寇靈壽。[1]賀驎自丁零中入驤軍，[2]因其衆，復入中山。殺普鄰而自立。八月丙寅朔，帝進軍九門。[3]時大疫，人馬牛死者十五六，中山猶拒守，群下咸思北還。帝知之，謂曰："斯固天命，將若之何！四海之人皆可與爲國，在吾所以撫之耳，何恤乎無人！"群臣乃不敢言。九月，賀驎飢窮，率三萬餘人寇新市。[4]甲子晦，帝進軍討之。太史令晁崇奏曰："不吉。"[5]帝曰："何也？"對曰："紂以甲子亡，兵家忌之。"帝曰："周武不以甲子勝乎？"崇無以對。

[1]靈壽：縣名。治所在今河北靈壽縣。

[2]丁零：漢代主要分布在今貝加爾湖以南地區。東漢時部分南遷進入内地，兩晉南北朝時漸與内地民族融合。留在漠北的大部分丁零，《晋書》稱其爲敕勒，《隋書》稱其爲鐵勒。

[3]九門：縣名。治所在今河北藁城市西北。

[4]九月：《魏書》卷二《道武帝紀》"九月"前有"遣撫軍大將軍略陽公元遵襲中山，芟其禾菜，入郛而還"。《北史》删此而導致無賀驎"寇新市"的動機，不可解"飢窮"二字，《北史》删削失當（參張雲潔《〈南北史考索〉北魏史料補正》）。新市：縣名。治所在今河北正定縣東北新城鋪。

[5]太史令：官名。隸屬太常，掌天時、星曆。凡歲將終，奏新年曆；凡國祭祀、喪娶之事，掌奏良日及時節禁忌；國有瑞應、災異，則掌記之。

冬十月丙寅，帝進軍新市，賀驎退阻泒水，[1]依漸洳澤以自固。[2]甲戌，帝臨其營，戰於義臺塢，[3]大破之。賀驎單馬走鄴，慕容德殺之。[4]甲申，[5]賀驎所署公卿尚書將吏士卒降者二萬餘人。其將張驤、李沈、慕容文等先來降，尋皆亡還，是日復獲之，皆赦而不問。獲其所傳皇帝璽綬、圖書、府庫珍寶。中山平。乙酉，襄城王題薨。

[1]泒水：即今河北境内的大沙河。

[2]漸洳澤：在今河北境内，早已不存。

[3]義臺塢：地名。在今河北新樂市西南。

[4]慕容德：人名。字玄明，昌黎棘城（今遼寧北票市章吉營子鄉二官營子村）人，鮮卑族。十六國時南燕君主。見《晋書》卷一二七《慕容德載記》。

[5]甲申：南監本作"甲寅"。源氏校勘記改"寅"作"申"，並云："按十一月朔乙丑，十日甲申也，下三十日而得甲寅，則在十一月九日、十日之間。今從《魏書》改之。"

天興元年春正月，慕容德走保滑臺，[1]衛王儀剋鄴。庚子，行幸真定，遂幸鄴。百姓有老病不能自存者，詔郡縣振䘏之。帝至鄴，巡登臺榭，[2]徧覽宫城，將有定都之志，乃置行臺。[3]遂還中山，所過存問百姓。詔大軍所經州郡皆復貲租一年，[4]除山東人租賦之半。車駕將北還，發卒萬人通直道，[5]自望都鐵關鑿恒嶺至代五百餘里。[6]帝慮還後山東有變，乃於中山置行臺，詔衛王儀鎮之，使略陽公遵鎮勃海之合口。[7]右軍將軍尹國先督租于冀州，[8]聞帝將還，謀反，欲襲信都，安南將軍長孫嵩執送，[9]斬之。辛酉，車駕發中山，至于望都堯山。[10]徙山東六州人吏及徒何、高麗雜夷三十六署，百工伎巧十餘萬口以充京師。[11]車駕次于恒山之陽。博陵、勃海、章武諸郡群盜並起，[12]略陽公遵等討之。是月，慕容德自稱燕王，據滑臺。[13]

[1]滑臺：城名。在今河南滑縣東舊滑縣城。

[2]榭：建築在高土臺上的房子。

[3]行臺：官署名。北魏初曾於鄴及中山置行臺，以尚書爲長官，執掌當地軍政事務，旋罷。孝明帝正光末，各地陸續設立行臺主管當地軍務，遂成爲常設地方行政機構。到北魏末期漸理民務，以行臺尚書令爲長官，也有以尚書僕射或左右僕射及尚書主管行臺事務者，下設行臺尚書左右丞，各部尚書及郎中處理具體事務。

[4]復：免除賦税和徭役。

[5]通：《魏書》卷二《道武帝紀》作“治”，《北史》避唐高宗李治諱改。

[6]望都：縣名。治所在今河北望都縣西北。　恒嶺：在今河北曲陽縣西北與山西接壤處。

［7］略陽公：封爵名。略陽，郡名。北魏時治隴城縣，在今甘肅秦安縣東北。　遵：即拓跋遵，人名。拓跋壽鳩之子。北魏宗室、大臣。見《北史》卷一五《常山王遵傳》。　勃海：郡名。北魏時治南皮縣，在今河北南皮縣東北。毛本、殿本、四庫本作“渤海”。　合口：鎮名。在今河北滄州市西南。

［8］右軍將軍：官名。晋武帝泰始年間置，與前軍、後軍、左軍將軍合稱四軍將軍，掌宿衛，是護衛皇帝宫廷的主要禁軍將領之一。北魏孝文帝太和十七年定爲從三品上，二十三年降爲從四品。　尹國：人名。十六國時後燕官吏，封濟陰公。後燕慕容垂建興十年，爲北魏所俘，授右軍將軍。

［9］安南將軍：官名。漢獻帝建安年間始置，三國魏、蜀、吴沿置。爲出鎮南方地區的軍事長官，或作爲刺史等地方官兼理軍務時的加官。魏晋以後，與安東、安西、安北將軍合稱四安將軍。北魏孝文帝太和十七年定爲二品下，二十三年降爲三品。

［10］堯山：即今河北平順縣伊祁山。

［11］徒何：鮮卑族的一支，以游牧爲生。原居住於今遼寧地區，分爲遼東及遼西諸部，其遼東一部，後西徙於今青海湖一帶，爲吐谷渾。　高麗：其先出自夫餘，地爲漢之玄菟郡，高句麗爲其三縣之一。後因以爲國名，都名丸都，故治在今吉林集安市。南北朝時，遷都於今朝鮮平壤市。見《北史》卷九四《高麗傳》。　雜夷：底本作“新夷”，毛本、殿本、四庫本、局本、四部備要本、中華本均作“雜夷”。今從諸本改。　三十六署：源氏校勘記云：“‘署’《魏書》作‘萬’。”《魏書》卷二《道武帝紀》作“徙山東六州民吏及徒何、高麗雜夷三十六萬，百工伎巧十萬餘口，以充京師”。《魏書·食貨志》作“既定中山，分徙吏民及徒何種人、工伎巧十萬餘家以充京都”。

［12］博陵：郡名。北魏時治安平縣，在今河北安平縣。　章武：郡名。北魏時治平舒縣，在今河北大城縣。

［13］據滑臺：底本作“據廣固”，中華本校勘記云：“《魏書》

此事繫於本年末，無‘據廣固’三字。按慕容德是年正月在滑臺稱燕王，見《晋書》卷一二七《慕容德載記》及《通鑑》卷一一〇。所以下文天興二年三月説和跋乘慕容德不在滑臺時，乘虚襲取。慕容德據廣固在晋安帝隆安三年七月（即北魏道武帝天興二年，公元399年），見《晋書》卷十《安帝紀》及《通鑑》卷一一一。此‘廣固’乃‘滑臺’之誤。”今從改。

二月，車駕至自中山。幸繁畤宫。[1]更選屯衛。詔給内徙新户耕牛，計口受田。三月，徵左丞相、衛王儀還京師，詔略陽公遵代鎮中山。

[1]繁畤宫：在今山西應縣東。

夏四月壬戌，以歷陽公穆崇爲太尉，[1]鉅鹿公長孫嵩爲司徒，[2]進封略陽公遵爲常山王，[3]南安公順爲毗陵王。[4]祭天於西郊，旗幟有加焉。廣平太守、遼西公意烈謀反，[5]與郡人韓奇矯假讖圖，將襲鄴城。詔反者就郡賜死。是月，蘭汗殺慕容寶而自立爲大單于、昌黎王。[6]

[1]歷陽公：封爵名。歷陽，縣名。治所在今安徽和縣。　太尉：官名。北魏時與司徒、司空並稱三公，列三公之首，爲名譽宰相。多爲大臣加官，無實際職掌。孝文帝太和二十三年定爲一品。

[2]司徒：官名。北魏時爲三公之一，分掌丞相職能，多爲大臣加官。

[3]常山王：封爵名。常山，郡名。北魏時治安樂壘，在今河北藁城市西北。

[4]南安公：封爵名。南安，郡名。又名南安陽郡。北魏時治中陶縣，在今甘肅隴西縣東南。　順：即拓跋順，人名。北魏宗室。見《北史》卷一五《毗陵王順傳》。　毗陵王：封爵名。遥封。毗陵，郡名。東晋時治晋陵縣，在今江蘇常州市。

[5]廣平：郡名。北魏時治曲梁城，在今河北永年縣東南。　遼西公：封爵名。遼西，郡名。北魏時治肥如縣，在今河北盧龍縣西北。　意烈：即拓跋意烈，人名。北魏宗室。見《北史》卷一五《遼西公意烈傳》。底本作“意列”，《魏書》卷二《道武帝紀》作“意烈”。按：《北史》《魏書》意烈本傳均作“意烈”，今從《魏書》改。

[6]蘭汗：人名。十六國時後燕將領。　昌黎王：封爵名。昌黎，郡名。十六國後燕時治龍城，在今遼寧朝陽市雙塔區。

六月丙子，詔有司議定國號。群臣奏曰：“昔周、秦以前，帝王居所生之土，及王天下，即承爲號。今國家啓基雲、代，應以代爲號。”詔曰：“昔朕遠祖總御幽都，控制遐國，雖踐王位，未定九州。逮于朕躬，掃平中土，凶逆蕩除，遐邇率服，宜仍先號爲魏。”

秋七月，遷都平城，始營宫室，建宗廟，立社稷。慕容寶子盛殺蘭汗而自立爲長樂王。[1]八月，詔有司正封畿，制郊甸，端徑術，標道里，平五權，[2]較五量，[3]定五度。[4]遣使循行郡國，舉奏守宰不法者，親覽察黜陟之。

[1]盛：即慕容盛，人名。字道運，昌黎棘城（今遼寧北票市章吉營子鄉三官營子村）人，鮮卑族。十六國時後燕君主。見《北史》卷九三《慕容垂附慕容盛傳》。　長樂王：封爵名。長樂，郡

名。北魏時治信都縣，在今河北冀州市。

[2]五權：指五種重量單位。即銖、兩、斤、鈞、石。

[3]五量：指五種量器。即龠、合、升、斗、斛。十龠爲合，十合爲升，十升爲斗，十斗爲斛。

[4]五度：指五種度量單位。即分、寸、尺、丈、引。十分爲寸，十寸爲尺，十尺爲丈，十丈爲引。

冬十月，起天文殿。[1]十一月辛亥，尚書吏部郎中鄧彦海典官制，[2]立爵品，定律吕，協音樂；儀曹郎中董謐撰郊廟、社稷、朝覲、饗宴之儀；[3]三公郎中王德定律令，[4]申科禁；太史令晁崇造渾儀，[5]考天象；吏部尚書崔宏總裁之。[6]

[1]天文殿：北魏平城宮殿，故址在今山西大同市東北。

[2]吏部郎中：官名。三國魏、蜀始置，兩晉南北朝沿置，與吏部郎互稱，屬吏部尚書，主管官吏選任調動事務，職位高於尚書省諸曹郎。北魏孝文帝太和十七年定爲從四品上，二十三年後爲六品。　鄧彦海：人名。安定（今甘肅涇川縣北）人。十六國時前秦將領、北魏官吏。見《北史》卷二一《鄧彦海傳》。

[3]儀曹郎中：官名。爲尚書省儀曹長官通稱，亦稱儀曹郎，資深者可轉侍郎。協助儀曹尚書掌車服、羽儀、朝覲、郊廟、饗宴等吉凶禮制。北魏孝文帝太和十七年定郎中爲五品上，郎爲從五品中；二十三年改爲六品，仍可通稱爲儀曹郎。　董謐：人名。北魏官吏。見《北史》卷二一《崔宏附董謐傳》。

[4]三公郎中：官名。魏晋南北朝時與三公郎互稱，爲尚書省三公曹長官。北魏時屬殿中尚書，掌刑獄訴訟、擬定法律之政。孝文帝太和十七年定郎爲從五品中，郎中爲五品上。二十三年皆稱郎中，六品，仍可通稱爲郎。

[5]渾儀：天文儀器。

[6]吏部尚書：官名。三國魏置，爲尚書省吏部曹長官。兩晋南北朝沿置，位居列曹尚書之上。職掌官吏選拔、考課、獎懲。北魏孝文帝太和十七年定爲二品下，二十三年改爲三品。　崔宏：人名。字玄伯，清河東武城（今山東武城縣西北）人。北魏大臣。見《北史》卷二一《崔宏傳》。

閏月，左丞相衛王儀及王公卿士詣闕上書曰："臣等聞宸極居中，[1]則列宿齊其晷；帝王順天，則群后仰其度。伏惟陛下德協二儀，道隆三五，仁風被于四海，盛化塞于天區，[2]澤及昆蟲，恩霑行葦，謳歌所屬，八表歸心；而躬履謙虚，退身後己，宸儀未彰，衮服未御，[3]非所以上允皇天之意，下副樂推之心。臣等謹昧死以聞。"帝三讓乃許之。

[1]宸極：毛本、殿本作"辰極"。按："宸""辰"古通。"宸極"原指北極星，後用於指代帝王。

[2]天區：《魏書》卷二《道武帝紀》作"大區"。按："大"與"天"常通用。天區指上下四方，大區指天空，故以"天區"爲恰。

[3]衮服：帝王或三公穿的禮服。

十二月己丑，帝臨天文殿，太尉、司徒進璽綬，百官咸稱萬歲。大赦，改元，追尊成帝以下及后號謚，樂用《皇始之舞》。[1]詔百司議定行次，尚書崔宏等奏從土德，服色尚黄，數用五，祖以未，[2]臘以辰，[3]犧牲用白，五郊立氣，宣贊時令，敬授人時，行夏之正。徙六州二十二郡守宰豪傑吏人二千家于代都。[4]

[1]皇始之舞：北魏道武帝於天興初年引用漢族傳統的八佾之舞編製而成。

[2]祖：祭祀路神。

[3]臘：祭祀百神。

[4]二十二郡：毛本、殿本作“二十二部”。按：據《北史》記載，天興元年正月時，道武帝“徙山東六州人吏及徒何、高麗雜夷三十六萬，百工伎巧十餘萬口以充京師”，時隔一年，又徙六州二十二郡的守宰豪傑吏人到代都，可見，這兩次人口遷徙都是針對“山東六州”。此“山東六州”原屬後燕，實行郡縣制，故此處當爲“二十二郡”，毛本、殿本誤。　代都：亦稱代京，即平城。在今山西大同市東北古城。

二年春正月甲子，初祀上帝于南郊，以始祖神元皇帝配，降壇視燎，成禮而反。乙丑，赦京師。始制三駕之法。[1]庚午，北巡。分命諸將大襲高車，常山王遵三軍從東道出長川，高凉王樂真等七軍從西道出牛川，[2]車駕親勒六軍從中道自駮髯水西北出。[3]二月丁亥朔，諸軍同會，破高車雜種三十餘部。[4]衛王儀督三將別從西北絶漠千餘里，[5]破其遺迸七部。[6]還次牛川，及薄山，[7]並刻石紀功。以所獲高車衆起鹿苑於南臺陰，[8]北距長城，東苞白登，[9]屬之西山，廣輪數十里。鑿渠引武川水，注之苑中，疏爲三溝，分流宫城内外。又穿鴻雁池。[10]三月己未，車駕至自北伐。甲子，初令五經群書各置博士，[11]增國子、太學生員三千人。[12]是月，氐人李辯叛慕容德，[13]求援於鄴。行臺尚書和跋以輕騎應之，[14]剋滑臺，收德宫人府藏。

[1]三駕之法：皇帝外出時乘坐的三種車駕，即大駕、法駕、小駕。

[2]高凉王：封爵名。遥封。高凉，郡名。東晋時治安寧縣，在今廣東陽江市。元大德本作“高原王”，按：全書均未見“高原王”，應爲“高凉王”之訛，元大德本誤。

[3]駮髯水：在今内蒙古察哈爾右翼後旗以北。

[4]三十：元大德本作“三千”。

[5]三將：源氏校勘記云：“‘三將’《魏書》作‘三萬騎’。”

[6]遺迸：破散，奔敗。

[7]薄山：在今内蒙古烏蘭察布市境内。

[8]鹿苑：林苑名。北魏道武帝天興二年築，在今内蒙古豐鎮市與山西大同市之間。

[9]白登：山名。在今山西大同市東北。

[10]鴻雁池：在今山西大同市。

[11]博士：官名。北魏時掌通古今，以備應對顧問。又爲太學教官，掌教諸生。人無定員，全以漢人任之。孝文帝太和中改稱國子博士。

[12]國子太學：漢武帝用董仲舒的建議興辦太學，傳授儒家經典，以博士爲師。西晋立國子學，招收公卿以上子弟。北魏時太學與國子學並置，太學地位低於國子學，而學生數多於國子學。

[13]氐：分布於今甘肅、陝西、四川等省的鄰接地帶。以畜牧業、農業爲生。西晋末曾建立仇池、前秦、後凉等政權。

[14]行臺尚書：官名。行臺尚書令的省稱。北魏置，爲行臺長官，主管轄地軍務，兼理民事。　和跋：人名。鮮卑族。北魏將領。見《北史》卷二〇《和跋傳》。

秋七月，起天華殿。辛酉，大閲于鹿苑。八月，增啓京城十二門，作西武庫。[1]除州郡人租賦之半。辛亥，詔禮官備撰衆儀，著于新令。范陽人盧溥聚衆海濱，[2]稱幽州刺史，攻掠郡縣，殺幽州刺史封沓于。[3]

[1]西武庫：軍械庫。

[2]范陽：郡名。北魏時治涿縣，在今河北涿州市。

[3]封沓于：人名。其餘不詳。毛本、殿本、四庫本、局本、四部備要本、中華本作“封沓干”。未詳孰是。

是月，[1]秃髮烏孤死，其弟利鹿孤立，[2]遣使朝貢。

[1]是月：《魏書》卷二《道武帝紀》作“是歲”。按：《晉書》卷一〇《安帝紀》繫此事於八月，未詳孰是。

[2]利鹿孤：即秃髮利鹿孤，人名。見《晉書》卷一二六《秃髮利鹿孤載記》。《魏書·道武帝紀》作“鹿孤”，未詳孰是。

冬十月，太廟成，遷神元、平文、昭成、獻明皇帝神主于太廟。十二月，天華殿成。吕光立其子紹爲天王，[1]自稱太上皇，及死，庶子纂殺紹而僭立。[2]

[1]紹：即吕紹，人名。略陽（今甘肅秦安縣東北）人，氐族。十六國時後凉君主吕光的太子，曾爲天王，後被迫自殺。見《晉書》卷一二二《吕光載記》。

[2]纂：即吕纂，人名。略陽（今甘肅秦安縣東北）人，氐族。十六國時後凉君主吕光的庶長子，後即位。見《晉書》卷一二二《吕纂載記》。

三年春正月戊午，材官將軍和突破盧溥於遼西，[1]獲之，及其子焕傳送京師，轘之。[2]癸亥，祀北郊。分命諸官循行州郡，觀風俗，察舉不法。二月丁亥，詔有司祀日于東郊。始耕籍田。[3]壬寅，皇子聰薨。三月戊午，立皇后慕容氏。[4]是月，穿城南渠通於城内，作東西魚池。

[1]材官將軍：官名。漢朝時爲將軍名號，領郡國材官士（步兵）出征，師還則省。東晋時爲材官校尉改稱，掌工匠土木之事，領營兵。北魏初亦置，尋廢。

[2]轘：用車分裂人體的酷刑。

[3]籍田：亦作“藉田”，本指古代天子親耕之田，借指天子親耕之禮儀，以示對農業的重視。

[4]慕容氏：即北魏道武帝拓跋珪的皇后，後燕君主慕容寶之女。見《北史》卷一三《道武皇后慕容氏傳》。

夏四月，姚興遣使朝貢。五月戊辰，詔謁者僕射張濟使於興。[1]己巳，東巡，遂幸涿鹿，[2]遣使者以太牢祀帝堯、帝舜廟。[3]西幸馬邑，觀灅源。[4]六月庚辰朔，日有蝕之。

[1]謁者僕射：官名。秦、西漢時隸郎中令，統領諸謁者，職掌朝會司儀，傳達策書，皇帝出行時在前奉引。南北朝復置爲謁者臺長官，掌大拜授及百官朝會班次，或奉命出使，職權較漢輕。北魏孝文帝太和十七年定爲從四品上，二十三年改爲六品上。　張濟：人名。字士度，西河（今山西汾陽市）人。北魏將領。見《北史》卷二七《張濟傳》。

[2]涿鹿：縣名。治所在今河北涿鹿縣東南。

[3]太牢：古代祭祀時牛羊豕三牲俱備謂之太牢。

[4]灅源：地名。在今山西朔州市境内。

秋七月，乞伏乾歸大爲姚興所破。壬子，車駕還宫。起中天殿及雲母堂、金華室。[1]

[1]中天殿：北魏平城宫殿，在西宫的南面。　雲母堂：北魏平城宫殿，爲天安殿的東配殿。　金華室：北魏平城宫殿，爲天安殿的西配殿。

時太史屢奏天文錯亂，[1]帝親覽經占，多云宜改王易政，於是數革官號，欲以防塞凶狡，消弭灾變。已而慮臣下疑惑，冬十二月丙申，下詔述成敗之理，鑒殷、周之失，革秦、漢之弊，以喻臣下。

[1]時太史屢奏天文錯亂：中華本校勘記云："《魏書》此事置十二月後，《北史》删十一月事，又將此句提至十二月前，遂似其事在七月。"可從。

是歲，河右諸郡奉凉武昭王李玄盛爲秦、凉二州牧、凉公，[1]肇興霸業，年號庚子。

[1]河右：地區名。亦作"河西"，在今甘肅、青海二省黄河以西，即河西走廊與湟水流域一帶。　凉武昭王：封爵名。凉，州名。十六國時治武威縣，在今甘肅武威市。武昭，李暠的謚號。李玄盛：即李暠，人名。小字長生，隴西狄道（今甘肅臨洮縣）

人。十六國時西涼君主。見《北史》卷一〇〇《涼武昭王李暠傳》。

四年春二月丁亥，命樂師入學習儛，[1]釋菜于先聖、先師。[2]丁酉，分命使者巡行州郡，聽察辭訟，糾劾不法。是月，[3]呂光弟子隆弒呂纂而自立。[4]三月，帝親漁，薦于寢廟。[5]

[1]儛：同“舞”。

[2]釋菜：古代入學時祭祀先聖先師的一種典禮。《禮記·月令》：“（仲春之月）上丁，命樂正習舞，釋菜。”鄭玄注：“將舞，必釋菜於先師以禮之。”

[3]是月：《魏書》卷二《道武帝紀》作“是歲”。

[4]隆：即呂隆，人名。字永基，略陽（今甘肅秦安縣東北）人，氐族。十六國時後涼君主。呂光弟呂寶之子。呂隆弟呂超殺死呂纂後擁立其僭位爲天王。見《晋書》卷一二二《呂隆載記》。

[5]薦：獻。這裏指進獻祭品。

夏四月辛卯，罷鄴行臺。詔有司明揚隱逸。五月，起紫極殿、玄武樓、涼風觀、石池、鹿苑臺。[1]六月，盧水胡沮渠蒙遜私署涼州牧、張掖公。[2]

[1]紫極殿：北魏平城宫殿，爲帝王讀書講經之處。　玄武樓：北魏平城宫樓，在西宫宫殿群之北。　涼風觀：北魏平城宫建築，供乘涼休息之用。　石池：在西宫宫殿群之北。　鹿苑臺：位於鹿苑，爲觀鹿之高臺。

[2]盧水胡：爲漢代以來著名雜胡之一。因世居盧水（疑爲今

甘肅南臨松山一帶的黑水）而得名。它的族源説法不一，主要源於匈奴族。　沮渠蒙遜：人名。張掖臨松盧水（今甘肅張掖市南）人。十六國時北凉創建者。見《北史》卷九三《沮渠蒙遜傳》。凉州牧：官名。凉州的軍政長官。　張掖公：封爵名。張掖，郡名。十六國北凉時治永平縣，在今甘肅張掖市西北。

秋七月，詔兖州刺史長孫肥南徇許昌、彭城。[1]詔賜天下鎮戍將士布帛各有差。八月，段興殺慕容盛。[2]叔父熙盡誅段氏，[3]僭即皇帝位。

[1]兖州：北魏孝文帝太和十八年改東兖州置，治瑕丘城，在今山東兖州市新驛鎮東頓村南。　長孫肥：人名。代（今山西大同市東北）人。北魏將領。見《北史》卷二二《長孫肥傳》。　許昌：縣名。治所在今河南許昌市東。　彭城：縣名。治所在今江蘇徐州市。

[2]段興殺慕容盛：中華本校勘記云："張森楷《北史校勘記》云：'《晉書·載記》（卷一二四）及《後燕録》並稱段璣殺慕容盛，而無段興其人。唯從璣作亂者有秦興，此或誤合二人爲一人歟？'按張説是。"

[3]熙：即慕容熙，人名。字道文，小字長生，昌黎棘城（今遼寧北票市章吉營子鄉三官營子村）人，鮮卑族，慕容垂少子。十六國時後燕君主。見《北史》卷九三《慕容垂附慕容熙傳》。

冬十二月，集博士儒生比衆經文字，義類相從，凡四萬餘字，號曰《衆文經》。

是歲，凉武昭王、沮渠蒙遜並遣使朝貢。

五年春正月，帝聞姚興將寇邊，庚寅，大簡輿徒，[1]詔并州諸軍積穀于平陽乾壁。[2]

[1]輿徒：車馬徒衆。

[2]平陽：郡名。北魏時治白馬城，在今山西臨汾市。　乾壁：城名。在今山西臨汾市南汾河東岸。

三月，禿髮利鹿孤死。

夏五月，姚興遣其弟義陽公平來侵平陽，攻陷乾壁。[1]秋七月戊辰朔，車駕西討。八月乙巳，至柴壁，[2]平固守，進軍圍之。姚興悉舉其衆來救。甲子，帝度蒙坑，[3]逆擊興軍大破之。冬十月，平赴水而死，俘其餘衆三萬餘人，獲興尚書左僕射狄伯支以下四品將軍以上四十餘人。[4]獲前亡臣王次多、靳勒，[5]並斬以徇。興頻使請和，帝不許。群臣請進平蒲坂，[6]帝慮蠕蠕爲難，[7]戊申，班師。

[1]義陽公：封爵名。義陽，郡名。十六國時治平陽縣，在今河南信陽市。底本作"義陽王"，中華本校勘記云："諸本'公'作'王'，《魏書》作'公'。按《晋書》卷一一七《姚興載記》，當時姚興降號稱王，其叔父姚緒、姚碩德都降稱公。姚平不得稱王。《魏書》卷九五《姚萇傳》、本書卷九三《後秦姚氏傳》都作'義陽公'，是，今據改。"今從改。　平：即姚平，人名。南安赤亭（今甘肅隴西縣西）人，羌族。後秦將領。　來侵平陽攻陷乾壁：《魏書》卷二《道武帝紀》作"來侵，平陽乾壁爲平所陷"。

[2]柴壁：地名。在今山西襄汾縣西南汾河東岸柴莊。底本作"乾壁"，源氏校勘記云："'乾'《魏書》作'柴'。"中華本校勘記云："諸本'柴'作'乾'，《魏書》作'柴'。按姚平固守柴壁，

見本書卷二〇、《魏書》卷三〇《安同傳》，本書卷二七、《魏書》卷三二《李先傳》。據本書卷九三《後秦姚氏傳》及《晋書·姚興載記》，姚平先攻陷乾壁，後魏軍反攻，退守柴壁。此作‘乾’，是涉上文而誤，今據改。”今從改。

[3]蒙坑：地名。在今山西曲沃縣東北。

[4]尚書左僕射：官名。尚書僕射分左右自漢獻帝建安四年始。自此以後，或二或一，置二人則分左右。職掌都省庶務及執法，或典選舉，左僕射權力大於右僕射，兼掌糾彈百官。北魏孝文帝太和十七年定爲從一品中，二十三年改爲從二品。源氏校勘記云：“‘左’《魏書》作‘右’。”《資治通鑑》卷一一二亦作“右”，又《十六國春秋》卷五七作“遣尚書左僕射齊難”“京兆杜延以僕射齊難，無匡輔之益，著《豐草詩》箴之”。據此，以《魏書》爲是。　狄伯支：人名。天水（今甘肅天水市）人。後秦重臣。被狄仁傑尊爲遠祖。

[5]王次多：人名。十六國及北魏將領。初仕西燕，爲鎮東將軍，慕容垂滅西燕後，投降後燕。北魏道武帝皇始二年，又叛入魏。　靳勒：人名。《魏書·道武帝紀》作“靳勤”。未詳孰是。

[6]蒲坂：縣名。治所在今山西永濟市西。

[7]蠕蠕：北魏統治者對柔然的蔑稱。本爲東胡族的一支，屬拓跋部。南北朝時始强大，活動於今蒙古國南部地區，以游牧爲生。見《北史》卷九八《蠕蠕傳》。

十一月，車駕次晋陽。徵相州刺史庾岳爲司空。[1]十二月辛亥，至自西征。越勒莫弗率其部萬餘家内屬。[2]

[1]相州：北魏時治鄴城，在今河北臨漳縣西南鄴鎮。　庾岳：人名。本名庾業延，後賜名岳。北魏初大將，官至司空。見《北

史》卷二〇《庾業延傳》。　司空：官名。三公之一。魏晋南北朝時爲名譽宰相，多爲大臣加官。北魏爲正一品。

[2]越勒莫弗：人名。其餘不詳。《魏書》卷二《道武帝紀》作“越勤莫弗”。中華本校勘記云：“《魏書》‘勒’作‘勤’。按‘勒’‘勤’二字形似易混。本書卷九八《高車傳》有越勤倍泥部，《魏書》卷一〇三《高車傳》是用《北史》補，但却作‘勒’。二字未知孰是。今各仍其舊，下不再出校記。”

六年春正月辛未，朔方尉遲部別帥率萬家内屬，[1]入居雲中。

[1]尉遲部：屬鮮卑族，以游牧爲生。

夏四月癸巳朔，日有蝕之。五月，大簡輿徒，將略江淮。

秋七月，鎮西大將軍、司隸校尉、毗陵王順有罪，[1]以王還第。戊子，北巡，築離宫于豺山，[2]縱士校獵，東北踰罽嶺，[3]出參合、代谷。[4]九月，行幸南平城，[5]規度灅南，面夏屋山，背黄瓜堆，[6]將建新邑。辛未，車駕還宫。

[1]鎮西大將軍：官名。三國蜀置。北魏孝文帝太和十七年定爲從一品上，位次尚書令。二十三年改爲二品。　司隸校尉：官名。漢武帝時設。初掌管在中央諸官府服役的徒隸，後職掌糾察京都百官及京師附近的犯法者，職權漸重。三國魏沿置，三品。十六國多置。北魏初曾置，旋廢。

[2]離宫：即行宫。　豺山：在今山西右玉縣北。《魏書》卷

二《道武帝紀》作“犲山”。按：“豺”“犲”古通。

[3]屬嶺：在今内蒙古境内。

[4]參合：縣名。治所在今内蒙古凉城縣東北。

[5]南平城：在今山西應縣西南。

[6]面夏屋山背黄瓜堆：底本無“面”字，源氏校勘記云：“‘南’下《魏書》有‘面’字。”《魏書》卷二《道武帝紀》作“面夏屋山，背黄瓜堆”。中華本校勘記云：“《魏書》‘夏屋山’上有‘面’字，與‘背’字對文，疑此脱。”今從《魏書》改。夏屋山，俗名草垛山。在今山西代縣東北六十里。

冬十月，起西昭陽殿。[1]乙卯，立皇子嗣爲齊王，加車騎大將軍，[2]位相國；[3]紹爲清河王，[4]加征南大將軍；[5]熙爲陽平王，[6]曜爲河南王。[7]封故秦愍王子夔爲豫章王，[8]陳留桓王子悦爲朱提王。[9]丁巳，晋人來聘。十一月庚午，將軍伊謂大破高車。十二月，晋桓玄廢其主司馬德宗爲平固王而自立，[10]僭號楚。

[1]西昭陽殿：殿名。在鹿苑内。

[2]車騎大將軍：官名。西漢始置。魏晋南北朝沿置，位都督中外諸軍事之下，多用來加授大臣及重要州郡長官，無具體職掌。北魏孝文帝太和十七年定爲一品下，二十三年定爲二品。

[3]相國：官名。春秋戰國始置。職掌與丞相相同，位更尊。北魏時多由權臣擔任。

[4]紹：即拓跋紹，人名。字受洛拔，道武帝子。見《北史》卷一六《清河王紹傳》。　清河王：封爵名。清河，郡名。北魏時治清河縣，在今山東臨清市東北。

[5]征南大將軍：官名。北魏時爲將軍名號，位次衛大將軍，多用來加授重要州郡長官或統兵出鎮在外、都督數州軍事者。孝文

帝太和十七年定爲一品下，二十三年定爲二品。

［6］熙：即拓跋熙，人名。道武帝子。見《北史》卷一六《陽平王熙傳》。　陽平王：封爵名。陽平，郡名。北魏時治館陶縣，在今河北館陶縣。

［7］曜：即拓跋曜，人名。道武帝子。見《北史》卷一六《河南王曜傳》。

［8］秦愍王：即拓跋觚。愍爲其謚號。見《北史》卷一五《秦王翰附秦王觚傳》。　豫章王：封爵名。遥封。豫章，郡名。東晋時治南昌縣，在今江西南昌市。

［9］陳留桓王：即拓跋虔。桓爲其謚號。見《北史》卷一五《陳留王虔傳》。陳留王，封爵名。陳留，郡名。北魏初治陳留縣，在今河南開封市東南陳留城。　悦：即拓跋悦，人名。見《北史》卷一五《陳留王虔附拓跋悦傳》。　朱提王：封爵名。遥封。朱提，郡名。東晋時治朱提縣，在今雲南昭通市。

［10］桓玄：人名。字敬道，一名靈寶，譙國龍亢（今安徽懷遠縣）人。東晋權臣。圖謀篡位，兵敗被殺。見《晋書》卷九九《桓玄傳》。　司馬德宗：人名。河内温縣（今河南温縣）人。即晋安帝，晋孝武帝長子。見《晋書》卷一〇《安帝紀》。　平固王：封爵名。平固，縣名。治所在今江西興國縣。《晋書》卷九九《桓玄傳》："以南康之平固縣奉晋帝爲平固王。"

天賜元年春二月，[1]晋劉裕起兵誅桓玄。[2]三月，初限縣户不滿百罷之。

［1］天賜：北魏道武帝的年號（404—409）。

［2］劉裕：人名。字德輿，小名寄奴，彭城（今江蘇徐州市）人，後遷居京口（今江蘇鎮江市）。南朝宋的建立者。見《宋書》卷一、二、三《武帝紀》。

夏五月，置山東諸冶，發州郡徒謫造兵甲。[1]

[1]徒謫：刑徒和被貶謫的人。

秋九月，帝臨昭陽殿，分置衆職，引朝臣文武親自簡擢，量能叙用；制爵四等，曰王、公、侯、子，除伯、男之號；追録舊臣，加封爵各有差。

是秋，江南大亂，流人繦負奔淮北者行道相尋。[1]

[1]繦負：用襁褓包裹嬰兒並背在背上。《魏書》卷二《道武帝紀》："是秋，江南大亂，流民繦負而奔淮北，行道相尋。"

冬十月辛巳，大赦，改元。築西宫。[1]十一月，幸西宫，大選臣僚，令各辯宗黨，[2]保舉才行，諸部子孫失業賜爵者二千餘人。

[1]西宫：皇帝辦公、居住之所，包含天文殿、中天殿等宫殿。建於北魏道武帝時期，爲道武帝和其子明元帝所用。

[2]辯：中華本作"辨"。

二年春正月，晋主司馬德宗復位。

夏四月，祀西郊，車旗盡黑。

冬十月，慕容德死。

三年春正月甲申，北巡，幸犲山宫，校獵，還至屋孤山。[1]二月乙亥，幸代園山，[2]建五石亭。三月庚子，車駕還宫。

[1]屋孤山：在今山西右玉縣境内。

[2]代園山：在今内蒙古呼和浩特市東南。

夏四月庚申，復幸豺山宫。占授著作郎王宜弟造《兵法孤虚立成圖》三百六十時。[1]遂登定襄角史山，[2]又幸馬城。[3]甲戌，[4]車駕還宫。六月，發八部五百里内男丁築灅南宫，[5]門闕高十餘丈；引溝穿池，廣苑囿；規立外城方二十里，分置市里，經途洞達。三十日罷。

[1]著作郎：官名。三國魏明帝太和年間置。掌修國史及爲皇帝修撰碑誌、祝文、祭文等。北魏孝文帝太和十七年定爲五品上，二十三年改爲從五品。

[2]角史山：在今山西右玉縣西北。

[3]馬城：疑即馬邑城。

[4]甲戌：源氏校勘記云："'戌'《魏書》作'子'。"中華本《魏書》卷二《道武帝紀》作"甲午"。按：道武帝天賜三年四月丙午朔，無甲午，當從《北史》。

[5]灅南宫：在今山西山陰縣桑乾河之南。

秋七月，太尉穆崇薨。八月甲辰，行幸豺山宫，遂至青牛山。[1]丙辰，西登武要北原，[2]觀九十九泉，造石亭，遂之石漠。[3]九月甲戌朔，幸漠南鹽池。[4]壬午，至漠中，觀天鹽池。[5]度漠北，之吐鹽池。[6]癸巳，南還長川。丙申，臨觀長陂。[7]

[1]青牛山：在今内蒙古烏蘭察布市東北。
[2]武要：地名。在今山西右玉縣北。
[3]石漠：今内蒙古四子王旗和察哈爾右翼後旗北部一帶。
[4]漠南鹽池：當在今内蒙古商都縣東南察汗淖。
[5]天鹽池：在今内蒙古蘇尼特右旗查汗淖爾。
[6]吐鹽池：在今内蒙古二連浩特市額仁淖爾。
[7]長陂：湖名。在今内蒙古興和縣境内。

冬十月庚申，車駕還宫。

四年春二月，封皇子脩爲河間王，[1]處文爲長樂王，[2]連爲廣平王，[3]黎爲京兆王。[4]

[1]脩：即拓跋脩，人名。道武帝子。見《北史》卷一六《河間王脩傳》。　河間王：封爵名。河間，郡名。北魏初治樂城縣，在今河北獻縣東南；孝文帝太和十一年移治武垣縣，在今河北河間市南。

[2]處文：即拓跋處文，人名。道武帝子。見《北史》卷一六《長樂王處文傳》。

[3]連：即拓跋連，人名。道武帝子。見《北史》卷一六《廣平王連傳》。　廣平王：封爵名。廣平，郡名。北魏時治曲梁城，在今河北永年縣東南。

[4]黎：即拓跋黎，人名。道武帝子。見《北史》卷一六《京兆王黎傳》。　京兆王：封爵名。京兆，郡名。北魏時治霸城縣，在今陝西西安市東北。

夏五月，北巡，自參合陂東過蟠羊山，[1]大雨，暴水流輜車數百乘，殺百餘人。遂東北踰石漠，至長川。幸濡源。常山王遵有罪賜死。六月，赫連屈丐自稱大單于、大夏天王。

[1]蟠羊山：在今内蒙古凉城縣境内。

秋七月，西幸參合陂。築北宫垣，三旬而罷，乃還宫。慕容寶養子高雲殺慕容熙而自立，[1]僭號天王。八月，誅司空庾岳。

[1]高雲：人名。高句麗人，後被賜姓慕容氏。見《北史》卷九三《慕容垂附高雲傳》。

五年春正月，行幸豺山宫，遂如參合陂，觀漁于延水，至寗川。[1]三月，姚興遣使朝貢。

[1]寗川：即今河北清水河。

秋七月戊戌朔，日有蝕之。[1]

[1]戊戌朔：牛繼清、張林祥《十七史疑年録》（第 180 頁）："陳（垣）《（二十四史朔閏）表》推七月癸巳朔，非戊戌朔。《魏書》卷一百五之一《天象志一》同誤。《宋書》卷三十四《五行志五》、《晋書》卷十《安帝紀》、《晋書》卷十二《天文志中》均繫于晋安帝義熙三年（當北魏天賜四年）'七月戊戌朔'，是。此當是《魏書》作者抄録誤置，《北史》從《魏書》而誤。"又劉次沅《諸史天象記録考證》（中華書局 2015 年版，第 195 頁）："七月初六戊戌，無日食。四年七月戊戌朔，有日食。"

冬十月，秃髮傉檀僭即凉王位。[1]

[1]秃髮傉檀：人名。河西（今甘肅西部一帶）鮮卑人。十六國時南凉君主。見《晋書》卷一二六《秃髮傉檀載記》。

六年夏，帝不豫。初，帝服寒食散，[1]自太醫令陰羌死後，[2]藥數動發，至此愈甚。而災變屢見，憂懣不安，或數日不食，或不寢達旦，歸咎群下，喜怒乖常。謂百僚左右不可信，慮如天文之占，或有肘腋之虞。[3]追思既往成敗得失，終日竟夜獨語不止，若傍有鬼物對揚者。朝臣至前，追其舊惡，便見殺害；其餘或以顔色變動，[4]或以喘息不調，或以行步乖節，或以言辭失措，[5]帝以爲懷惡在心，變見於外，乃手自毆擊。死者皆陳天安殿前。於是朝野人情各懷危懼，有司廢怠，莫相督攝，百工偷劫，盗賊公行，巷里之間，人爲稀少。帝亦聞之，曰："朕故縱之使然，幸過災年，當更清整之耳。"

[1]寒食散：藥名。因服後宜吃冷食，故名。配劑中主要有紫石英、白石英、赤石脂、鐘乳石、硫磺等五種礦石，故又稱五石散。此藥含毒，久服成癮，亦有服此而致殘致死者。相傳其方始於漢代，魏晋南北朝時名士服用此藥者頗多，成一時風氣。

[2]太醫令：官名。戰國秦置，侍醫之長。掌宫廷醫藥，或説主治百官之病。北魏亦置。　陰羌：《北史》卷一五《上谷公紇羅附拓跋題傳》："帝以太醫令陰光爲視療不盡術，伏法。"《魏書》卷一四《上谷公紇羅附拓跋題傳》亦作"陰光"。"光""羌"字形相近，疑爲一人。

[3]肘腋之虞：謂左右親信造成的憂患。肘腋，胳膊肘與胳肢窩，比喻左右親信。虞，憂患。

[4]顔色變動：毛本、殿本、四庫本、四部備要本作“顔色動變”。

[5]失措：毛本、殿本、四庫本作“失錯”。按：“錯”“措”古通。

秋七月，慕容氏支屬百餘家謀欲外奔，發覺，伏誅死者三百餘人。八月，衛王儀謀叛，賜死。

十月戊辰，清河王紹作亂，帝崩於天安殿，時年三十九。永興二年九月甲寅，[1]上謚曰宣武皇帝，葬於盛樂金陵，廟號太祖，[2]泰常五年改謚曰道武。[3]

[1]永興：北魏明元帝的年號（409—413）。

[2]太祖：中華本校勘記云：“《魏書》同。按拓拔珪廟號初爲烈祖，至太和十五年纔改爲太祖，見《魏書》卷一〇八《禮志一》及卷八四《孫惠蔚傳》。太祖原是拓拔鬱律（平文帝）廟號（見《平文紀》）。《魏紀》《北史》逕以永興二年所上廟號爲‘太祖’，於事實不合，疑是後人妄改。”可從。

[3]泰常：北魏明元帝的年號（416—423）。

太宗明元皇帝諱嗣，道武皇帝之長子也，母曰劉貴人，[1]登國七年，生於雲中宮。[2]道武晚有男，聞而大悦，乃大赦。帝明叡寬毅，非禮不動。天興六年，封齊王，拜相國。初，帝母既賜死，道武召帝告曰：“昔漢武將立其子而殺其母，[3]不令婦人與國政，汝當繼統，故吾遠同漢武。”帝素純孝，哀不自勝。道武怒。帝還宮，哀不自止，道武知而又召帝。帝欲入，左右諫，請待和解而進，帝從之。及元紹之逆，帝還而誅之。

[1]貴人：《魏書》卷一三《道武宣穆皇后劉氏傳》作“夫人”，《北史》卷一三《道武宣穆皇后劉氏傳》亦作“夫人”。《魏書》卷一三《皇后傳》：“魏氏王業之兆雖始於神元，至於昭成之前，世崇儉質，妃嬙嬪御，率多闕焉，惟以次第爲稱。而章、平、思、昭、穆、惠、煬、烈八帝，妃后無聞。太祖追尊祖妣，皆從帝謚爲皇后，始立中宫，餘妾或稱夫人，多少無限，然皆有品次。世祖稍增左右昭儀及貴人、椒房、中式數等，後庭漸已多矣。”據此，道武帝時的後宫制度衹有皇后及不同等級的夫人，貴人則太宗時纔有。所以，應爲“夫人”（參高賢棟《〈魏書·本紀〉與〈北史·魏本紀〉點校商正20則》，《古籍整理研究學刊》2014年第4期）。

[2]雲中宫：故地在今山西大同市東北。

[3]昔漢武將立其子而殺其母：指漢武帝立其子劉弗陵爲帝，却殺弗陵之母鉤弋夫人一事。

永興元年冬十月壬午，[1]皇帝即位，大赦改元，追尊皇妣爲宣穆皇后。公卿大臣先罷歸第者，悉復登用之。詔南平公長孫嵩、北新侯安同對理人訟，[2]簡賢任能。是月，馮跋弑其主高雲，[3]僭號天王，國號北燕。[4]

[1]壬午：源氏校勘記云：“‘午’《魏書》作‘申’。”《魏書》卷三《明元帝紀》作“壬申”。按：北魏明元帝永興元年十月丙辰朔，壬午、壬申均在十月，未詳孰是。

[2]南平公：封爵名。遥封。南平，郡名。東晉時治江安縣，在今湖北公安縣東北。　北新侯：封爵名。北新，縣名。治所在今河北徐水縣西南。

[3]馮跋：人名。字文起，小字乞直代，長樂信都（今河北冀州市）人。十六國時北燕君主。見《北史》卷九三《馮跋傳》。

[4]北燕：中華本校勘記云："張森楷云：'《魏書》卷三《太宗紀》作"自稱大燕天王"。北燕之目，後世就其地加之，非當時本如是也。'按張説是，《太平御覽》卷一〇二引《後魏書》作'僭號天王，國稱大燕'。今本《魏書·太宗紀》是用魏澹書補，《御覽》所引，應是原文。《北史》文據《魏書》，也應作'大燕'。作'北'疑是後人妄改。"可從。

閏十月丁亥，朱提王悦謀反，賜死。詔鄭兵將軍山陽侯奚斤巡諸州，[1]問人疾苦。十二月戊戌，封衛王儀子良爲南陽王，[2]進陰平公烈爵爲王，[3]改封高凉王樂真爲平陽王。[4]己亥，帝始居西宫，御天文殿。蠕蠕犯塞。

[1]鄭兵將軍：官名。北魏前期創制的將軍名號，以春秋戰國時代的方國名字命名，地位僅次於"征、鎮、安、平"將軍（參仇鹿鳴《關於北魏幾個將軍號的考釋》，《中華文史論叢》2008年第1期）。底本作"都兵將軍"，中華本校勘記云："諸本及《魏書》卷三《太宗紀》'鄭'作'都'，《册府元龜》卷一六一作'鄭'。按《魏書》卷二九《奚斤傳》云：'太宗即位，爲鄭兵將軍，循行州郡。'本書卷二〇《奚斤傳》也作'鄭'。'都'乃形似致訛，今據改。"今從改。　山陽侯：封爵名。山陽，縣名。治所在今河南焦作市東南。　奚斤：人名。北魏初大臣。見《北史·奚斤傳》。

[2]南陽王：封爵名。南陽，郡名。北魏時治宛縣，在今河南南陽市。

[3]陰平公：封爵名。陰平，郡名。北魏時治陰平縣，在今甘肅文縣西北。　烈：即拓跋烈，人名。拓跋翰之子。見《北史》卷一五《秦王翰附陰平王烈傳》。底本作"列"，中華本校勘記云：

“諸本‘烈’作‘列’,《魏書·太宗紀》作‘烈’。按本卷下文泰常五年及卷一五《秦王翰傳》亦作‘烈’，今據改。”今從改。

[4]平陽王：封爵名。平陽，郡名。北魏時治白馬城，在今山西臨汾市。

是歲，乞伏乾歸自稱秦王。

二年春正月甲寅朔，詔南平公長孫嵩等北征蠕蠕，因留屯漠南。夏五月，嵩等自大漠還，蠕蠕追圍之於牛川。壬申，帝北伐，蠕蠕聞而遁走。車駕還幸參合陂。

六月，晋將劉裕滅慕容超。[1]

[1]慕容超：人名。字祖明，昌黎棘城（今遼寧北票市章吉營子鄉三官營子村）人，鮮卑族。十六國時南燕君主。見《北史》卷九三《慕容德附慕容超傳》。

秋七月丁巳，立射臺於陂西，[1]仍講武。乙丑，至自北伐。

[1]射臺：《魏書》卷三《明元帝紀》作“馬射臺”。

三年春二月戊戌，詔簡宫人非御及伎巧者，悉以賜鰥人。己亥，詔北新侯安同等持節巡行并、定二州及諸山居雜胡、丁零，[1]問其疾苦，察舉守宰不法者。辛丑，簡宫人工伎之不急者出，賜人不能自存者。三月己未，詔侍臣常佩劍。

[1]持節：指官員或使臣外出時持有皇帝授予的節杖，以示其

威權。魏晋以後，軍事長官出征或出鎮時，加持節即可殺無官位之人，在軍事行動中享有誅殺二千石以下官員的權力。大臣出使、出巡或代表皇帝參加祭吊時，亦持節，以示權位與尊崇。後遂演變爲一種官號。

夏五月丙寅，復出宫人賜鰥人。丁卯，[1]車駕謁金陵於盛樂。己巳，昌黎王慕容伯兒謀反，伏誅。六月，姚興遣使朝貢。

[1]丁卯：底本作“辛卯”，殿本、四庫本、中華本作“丁卯”，源氏校勘記改“辛”作“丁”。按：根據天干地支，“丙寅”後的第二天應是“丁卯”，第四天應是“己巳”，第二十五天纔是“辛卯”，故從中華本改。

秋七月戊申，賜衛士酺三日。[1]

[1]酺：聚會飲酒。漢律規定，三人以上無故聚飲，罰金四兩。唯國家有吉慶之事，方許民聚飲。漢以後及北魏均有此規定。

冬十一月丁未，大閲于東郊。

四年春二月癸未，登獸圈，射猛獸。

夏四月乙未，宴群臣於西宫，使各獻直言，勿有所諱。六月，乞伏乾歸爲兄子公府所弑。閏月丙辰，大閲于東郊。

秋七月己巳朔，東巡。置四廂大將，[1]又放十二時，[2]置十二小將。以山陽侯奚斤、元城侯屈行左右丞相。[3]己卯，大獮于石會山。[4]戊子，臨去畿陂觀漁。[5]

庚寅，至于濡源，西巡，幸北部諸落。八月壬子，幸西宮，臨板殿，大饗群臣，命百姓大酺二日。[6]乙卯，賜王公以下至宿衛將士布各有差。

[1]四厢大將：即前厢大將軍、後厢大將軍、左厢大將軍、右厢大將軍之合稱。北魏明元帝永興四年設，分掌中兵。

[2]放：通“仿”。

[3]元城侯屈：底本作“元城公屈”，《魏書》卷三《明元帝紀》作“元城侯元屈”。按：據《北史》卷一五《文安公泥附拓跋屈傳》記載，拓跋屈（元屈）初被封爲“元城侯”，其本傳並未有後來改封的記載。又《魏書·官氏志》：“（天賜元年）九月，減五等之爵，始分爲四，曰王、公、侯、子，除伯、男二號。皇子及異姓元功上勳者封王，宗室及始蕃王皆降爲公，諸公降爲侯，侯、子亦以此爲差。於是封王者十人，公者二十二人，侯者七十九人，子者一百三人。”當以《魏書》爲是，今從改。元城侯，封爵名。元城，縣名。治所在今河北大名縣東。屈，即拓跋屈，人名。北魏宗室、大臣。見《北史·文安公泥附拓跋屈傳》。

[4]大獮（xiǎn）：秋季舉行的大規模狩獵。　石會山：在今山西大同市東北采凉山。

[5]去畿陂：地名。在今河北沽源縣境内。

[6]二日：中華本作“三日”。未詳孰是。

冬十一月己丑，[1]賜宗室近屬南陽王良以下至於緦麻親布帛各有差。[2]是月，沮渠蒙遜僭稱河西王。[3]十二月丁巳，北巡，至長城而旋。

[1]冬十一月己丑：《魏書》卷三《明元帝紀》作“冬十有一月乙丑”。按：明元帝永興四年十一月丁卯朔，無乙丑，當從《北

史》。

[2]緦麻親：指較爲疏遠的親屬關係。

[3]河西王：封爵名。底本作“西河王”，局本、中華本作“河西王”，源氏校勘記改“河西”作“西河”。中華本校勘記云：“諸本‘河西’誤倒，據《魏書·太宗紀》及本書卷九三、《魏書》卷九九《沮渠蒙遜傳》乙正。”今從改。

五年春正月己巳，大閱畿内，[1]男年十二以上悉集。己卯，幸西宫。頞拔大、渠帥四十餘人詣闕奉貢，[2]賜以繒帛錦罽各有差。[3]乙酉，詔諸州，六十户出戎馬一匹。庚寅，大閲于東郊，署將帥，[4]以山陽侯奚斤爲前軍，衆三萬；陽平王熙等十二將各一萬騎；帝臨白登，躬自校覽。二月庚戌，幸高柳川。[5]癸丑，穿魚池於北苑。庚午，姚興遣使朝貢。己卯，詔使者巡行天下，招延儁彦，搜揚隱逸。[6]

[1]畿内：京城管轄的地區。

[2]頞拔：當爲依附於北魏的附屬國之一。《魏書》卷三《明元帝紀》：“（神瑞二年）二月丁亥，大饗于西宫，賜附國大、渠帥朝歲首者繒帛金罽各有差。” 大：《北史》卷九三《沮渠蒙遜傳》：“羌之酋豪曰大。” 渠帥：首領。一般作爲對敵方首領，尤其是對少數民族首領的蔑稱。中華本《北史》作“頞拔大渠帥”，《魏書》則作“頞拔大、渠帥”，應從《魏書》斷句、標點（參高賢楝《〈魏書·本紀〉與〈北史·魏本紀〉點校商正 20 則》，《古籍整理研究學刊》2014 年第 4 期）。

[3]繒帛：古代對絲織品的總稱。 錦：有彩色花紋的絲織品。 罽（jì）：毛織物。

[4]署：設置。

[5]高柳川：地名。在今山西陽高縣境内。

[6]“二月庚戌”至“己卯”：牛繼清、張林祥《十七史疑年録》（第180頁）：“二月丙申朔，庚戌十五日，癸丑十八日，月内無庚午、己卯兩日。《魏書》卷三《太宗紀》同誤。《資治通鑑》卷一百一十六‘晋紀三十八’作晋安帝義熙九年（當北魏永興五年）三月‘庚午，秦王興遣使至魏修好’。三月丙寅朔，庚午初五日，己卯十四日，是。則此‘庚午’上脱‘三月’二字。”

夏四月乙卯，西巡。五月乙亥，行幸雲中舊宫之大室。丙子，大赦。六月，西幸五原，校獵于骨羅山，[1]獲獸十萬。

[1]骨羅山：在今内蒙古烏拉特前旗東北一帶。

秋七月己巳，還幸薄山。[1]帝登觀宣武游幸刻石頌德之處，[2]乃於其旁起石壇而薦饗焉，賜從者大酺於山下。前軍奚斤等破越勒倍泥部落於跋那山西，[3]徙二萬餘家而旋。丙戌，車駕自大室西南巡諸部落，遂南次定襄大洛城，[4]東踰七嶺山，[5]田于善無川。[6]八月癸卯，車駕還宫。癸丑，奚斤等班師。甲寅，帝臨白登山，觀降人，數軍實。[7]置新人於大甯，給農器，計口受田。

[1]薄山：在今内蒙古烏蘭察布市境内。

[2]宣武：《魏書》卷三《明元帝紀》作“太祖”。按：拓跋珪第一個謚號是“宣武”，後改爲“道武”，“太祖”是拓跋珪的廟號。兩書均指拓跋珪。

[3]越勒倍泥：以游牧爲生，居於跋那山西。《魏書·明元帝紀》作“越勤倍泥”。未詳孰是。　跋那山：即今内蒙古烏拉特前旗東南烏拉山一帶。

[4]大洛城：故址在今内蒙古清水河縣南。《魏書·明元帝紀》作“大落城”。按：“落”“洛”古通。

[5]七嶺山：在今山西平定縣。《魏書·明元帝紀》作“十嶺山”。

[6]善無川：即今山西右玉縣蒼頭河。

[7]軍實：戰争中所俘獲的東西。

冬十一月癸酉，大饗于西宫。姚興遣使朝貢，請進女，帝許之。

神瑞元年春正月辛酉，[1]以禎瑞頻集，[2]大赦改元。辛巳，行幸繁畤。賜王公以下至于士卒百工布帛各有差。二月戊戌，車駕還宫。乙卯，起豐宫於平城東北。

[1]神瑞：北魏明元帝的年號（414—416）。

[2]禎瑞：祥瑞。

夏六月，乞伏熾盤滅秃髮傉檀。[1]

[1]乞伏熾盤：人名。隴西（今甘肅隴西縣東南）人，鮮卑族。十六國時西秦君主。見《北史》卷九三《乞伏國仁附乞伏熾盤傳》。

秋七月，晋將朱齡石滅蜀。[1]八月戊子，詔馬邑侯元陋孫使於姚興。[2]姚興遣使朝貢。九月丁巳朔，日有蝕之。

[1]朱齡石：人名。字伯兒，沛郡沛（今江蘇沛縣）人。東晋官吏。見《南史》卷一六《朱齡石傳》。

[2]馬邑侯：封爵名。馬邑，縣名。治所在今山西朔州市。

冬十一月壬午，詔使者巡行諸州，校閲守宰資財，非自家所齎，悉簿爲贓。守宰不如法，聽百姓詣闕告之。十二月丙戌朔，蠕蠕犯塞。丙申，車駕北伐。

二年春正月丙辰，車駕至自北伐。二月丁亥，大饗于西宫。甲辰，立宣武廟于白登西三月丁丑，詔以刺史守宰率多逋惰，[1]今年貲調縣違者，謫出家財以充，不聽徵發於人。

[1]逋惰：怠慢，懈惰於職守。

夏四月，晋人來聘。己卯，北巡。五月丁亥，次於參合，東幸大甯。丁未，田于四岬山。[1]六月戊午，臨去畿陂觀漁。辛酉，次于濡源立蚌臺。[2]遂射白熊於頹牛山，[3]獲之。丁卯，幸赤城，[4]親見長老，問人疾苦，復租一年。南次石亭，[5]幸上谷，問百年，訪賢儁，復田租之半。壬申，幸涿鹿，登嶠山，[6]觀温泉，使以太牢祠黄帝、唐堯廟。[7]癸酉，幸廣甯，[8]事如上谷。己卯，登廣甯之歷山，[9]以太牢祠舜廟，帝親加禮焉。庚辰，幸代。

［1］四岬山：在今河北萬全縣北。

［2］蚌臺：在今河北沽源縣。

［3］頺牛山：在今河北沽源縣南。

［4］赤城：在今河北赤城縣南赤城山上。

［5］石亭：在今河北赤城縣西。

［6］嶠山：在今河北涿鹿縣東南。《魏書》卷三《明元帝紀》作“橋山”。按：“橋”“嶠”古通。

［7］唐堯：《魏書·明元帝紀》缺。

［8］廣寧：郡名。北魏時治廣寧縣，在今河北涿鹿縣西。

［9］歷山：在今河北涿鹿縣西南。

秋七月癸未，車駕還宫，復所過田租之半。八月庚辰晦，日有蝕之。[1]九月，京師人飢，聽就食山東。

［1］八月庚辰晦：中華本校勘記云：“按此出《魏書》卷一〇五《天象志》。但神瑞二年八月壬子朔，庚辰是二十六日，不應爲晦，疑干支有誤。”劉次沅《諸史天象記録考證》（第195頁）：“據陳《表》，八月庚辰的確晦，但無日食。校勘記誤。七月辛亥晦日食，大同見食。疑七月晦誤爲八月晦，干支爲後注。”

冬十月壬子，姚興使奉其西平公主至，[1]帝以后禮納之。辛酉，行幸沮洳城。[2]癸亥，車駕還宫。丙寅，詔以頻遇霜旱，年穀不登，命出布帛倉穀以振貧窮。

［1］西平公主：指明元昭哀皇后姚氏。見《北史》卷一三《明元昭哀皇后姚氏傳》。

［2］沮洳城：故址在今内蒙古興和縣西北。

泰常元年春二月丁未，姚興死。[1]三月己丑，長樂王處文薨。

[1]丁未：牛繼清、張林祥《十七史疑年録》(第180頁)："二月己酉朔，月内無丁未。《魏書》卷三《太宗紀》泰常元年'是歲，姚興卒，子泓立'，《宋書》卷一《武帝紀》、《南史》卷一《宋本紀上》均載在該年。《晋書》卷十《安帝紀》、《資治通鑑》卷一百一十六'晋紀三十八'《考異》引《三十國春秋》《晋春秋》姚興之死均在晋安帝義熙十一年（當北魏明元帝神瑞二年）二月，該年二月乙酉朔，丁未二十三日，疑是。"

夏四月壬子，大赦改元。庚申，河間王脩薨。五月甲申，彗星二見。六月丁巳，北巡。

秋七月甲申，大獮于牛川，登釜山，[1]臨殷繁水，[2]南觀于九十九泉。戊戌，車駕還宫。辛亥晦，日有蝕之。[3]

[1]釜山：在今内蒙古四子王旗西北。

[2]殷繁水：在今内蒙古四子王旗東北。

[3]辛亥：牛繼清、張林祥《十七史疑年録》（第180—181頁)："七月丙子朔，月内無辛亥。《晋書》卷十《安帝紀》、卷十二《天文志中》均在義熙十一年（當北魏神瑞二年)，《宋書》卷三十四《五行志五》在前一年，點校本校勘記據《晋書·安帝紀》改。神瑞二年七月辛亥晦，是。此當屬抄録誤置。"

九月，晋劉裕溯河伐姚泓，[1]遣部將王仲德從陸道至梁城。[2]兗州刺史尉建畏懦，棄守北渡，仲德遂入滑臺。詔將軍叔孫建等度河曜威，[3]斬尉建於城下。

[1]姚泓：人名。字元子，南安赤亭（今甘肅隴西縣西）人，羌族。十六國時後秦君主。見《北史》卷九三《姚萇附姚泓傳》。

[2]王仲德：人名。即王懿。字仲德，太原祁（今山西祁縣東）人。南朝宋將領。見《宋書》卷四六《王懿傳》。　梁城：縣名。按：據語意，似應作"凉城"。凉城，縣名。治所在今河南滑臺縣東。

[3]叔孫建：人名。代（今山西大同市東北）人，鮮卑族。北魏將領。見《北史》卷二〇《叔孫建傳》。

冬十一月戊寅，[1]起蓬臺于北苑。[2]十二月，南陽王良薨。

[1]戊寅：《魏書》卷三《明元帝紀》作"甲戌"。按：泰常元年十一月甲戌朔，戊寅、甲戌均在此月，未詳孰是。

[2]蓬臺：在今山西大同市東北。

二年春正月甲戌朔，日有蝕之。二月丙午，詔使者巡行天下，觀風俗，問其所苦。是月，凉武昭王薨。五月，西巡至雲中，遂濟河，田于大漠。

秋七月乙亥，車駕還宮。乙酉，起白臺於城南，[1]高二十丈。是月，[2]晋劉裕滅姚泓。

[1]白臺：故址在平城南，即今山西大同市東。

[2]是月：《魏書》卷三《明元帝紀》作"八月"。按：《晋書·天文志下》："義熙十二年七月，劉裕伐姚泓。十三年八月，擒

姚泓，司、兗、秦、雍悉平。”《宋書》卷二《武帝紀中》：“八月，扶風太守沈田子大破姚泓於藍田。王鎮惡剋長安，生擒泓。”可見，劉裕滅姚泓當在八月，《北史》删減致誤。

冬十月癸丑，豫章王夔薨。十二月己酉，詔河東、河内購泓子弟播越人間者。[1]

[1]購：懸賞徵求。　播越：流亡，逃匿，離散。

三年春三月，晋人來聘。庚戌，幸西宫。以勃海、范陽郡去年水，[1]復其租税。

[1]以勃海范陽郡去年水：毛本、殿本、四庫本作“以渤海范陽郡去年水”，《魏書》卷三《明元帝紀》作“以范陽去年水”。未詳孰是。

夏四月己巳，徙冀、定、幽三州徒何於京師。[1]五月壬子，東巡至濡源，及甘松。[2]遣征東將軍長孫道生帥師襲馮跋，[3]遂至龍城，[4]徙其居人萬餘家而還。

[1]定：州名。北魏時治盧奴縣，在今河北定州市。

[2]甘松：地區名。在今内蒙古多倫縣及河北圍場縣一帶。《資治通鑑》卷九七曰：“及燕人伐逸豆歸，趙王（石）虎使右將軍白勝、并州刺史王霸自甘松出救之。”胡三省注：“甘松在濡源之東，突門嶺之西。”

[3]征東將軍：官名。北魏時爲四征將軍之一，多爲持節都督，出鎮地方，地位顯要。孝文帝太和十七年定爲從一品中，二十三年

改爲二品。　長孫道生：人名。代（今山西大同市東北）人，鮮卑族。北魏大臣。見《北史》卷二二《長孫道生傳》。

[4]龍城：在今遼寧朝陽市。

秋七月戊午，車駕至京師。八月，雁門、河内大雨水，[1]復其租税。

[1]雁門：郡名。北魏時治廣武縣，在今山西代縣西。　河内：郡名。北魏時治野王縣，在今河南沁陽市。

冬十月戊辰，築宫於西苑。十一月，赫連屈丐剋長安。十二月，晋安帝殂。

四年春正月壬辰朔，車駕臨河，大蒐于犢渚。[1]癸卯，還宫。

[1]犢渚：地名。在今内蒙古土默特右旗東南、托克托縣附近黄河北岸一帶。

三月，赫連屈丐僭即皇帝位。癸丑，築宫於蓬臺北。

夏四月庚辰，享東廟，遠蕃助祭者數百國。辛巳，南巡，幸雁門，賜所過無出今年租賦。五月庚寅朔，觀漁于灅水。己亥，車駕還宫。

秋八月辛未，東巡，遣使祠恒岳。[1]甲申，車駕還宫，賜所過無出今年田租。九月甲寅，築宫於白登山。

［1］恒岳：即恒山。

冬十一月丁亥朔，日有蝕之。十二月癸亥，西巡，至雲中，踰白道，[1]北獵野馬於辱孤山，[2]至于黄河，從君子津西度，大狩於薛林山。[3]

［1］白道：在今内蒙古呼和浩特市西北，爲河套東北地區通往陰山以北的交通要道。

［2］辱孤山：在今内蒙古達爾罕茂明安聯合旗百靈廟東南。

［3］薛林山：在今内蒙古河套地區東北部。

五年春正月丙戌朔，自薛林東還，至屋竇城，[1]饗勞將士，大酺二日，班禽以賜之。己亥，車駕還宫。三月丙戌，南陽王意文薨。

［1］屋竇城：在今内蒙古土默特左旗南。

夏四月丙寅，起灅南宫。五月乙酉，詔曰："宣武皇帝體得一之玄遠，應自然之沖妙，大行大名，未盡盛美。今啓緯圖，始覩尊號，其更上尊謚曰道武皇帝，以章靈命之先啓，聖德之玄同。"庚戌，淮南侯司馬國璠、池陽侯司馬道賜等謀反，[1]伏誅。六月丙寅，幸翳犢山。[2]是月，晋恭帝禪位于宋。[3]

［1］淮南侯：封爵名。淮南，郡名。北魏時治壽春縣，在今安徽壽縣。　司馬國璠：人名。河内温（今河南温縣）人。東晋末，

與弟司馬叔璠北奔南燕，又西投後秦，後入魏，賜爵淮南侯。　池陽侯：封爵名。池陽，縣名。治所在今陝西咸陽市東北。　司馬道賜：人名。其餘不詳。

［2］翳犢山：在今内蒙古土默特右旗北。

［3］晋恭帝：即晋朝皇帝司馬德文。恭爲其謚號。

秋七月丁酉，西至五原。丁未，幸雲中大室，賜從者大酺。八月癸亥，車駕還宫。閏月甲午，陰平王烈薨。

是歲，西凉亡。[1]

［1］西凉：十六國之一。晋安帝隆安四年（400）李暠據敦煌（今甘肅敦煌市）稱凉公，改元庚子，史稱西凉。後遷治酒泉（今甘肅酒泉市）。關於西凉存在時間，史書有不同記載。《晋書》卷八七《凉武昭王李玄盛傳》曰："玄盛以安帝隆安四年立，至宋少帝景平元年滅，據河右凡二十四年。"《吐魯番出土文書》中有七件文書記有西凉年號，自西凉建初二年（406）至嘉興四年（420）。這個似與《北史》叙述一致。

六年春二月己亥，詔天下户二十輸戎馬一匹、大牛一頭。三月甲子，陽平王熙薨。乙亥，制六部人羊滿百口者調戎馬一匹。發京師六千餘人築苑，起自舊苑，東苞白登，[1]周回四十餘里。[2]

［1］苞：《魏書》卷三《明元帝紀》作"包"。按："苞""包"古通。

［2］四十：《魏書·明元帝紀》作"三十"。

夏六月乙酉，北巡，至于蟠羊山。秋七月乙卯，車駕還宮。癸酉，西巡。獵于祚山，[1]親射猛獸，獲之。遂至于河。八月庚子，大獮于犢渚。九月庚戌，車駕還宮。壬申，宋人來聘。

[1]祚山：在今内蒙古土默特左旗北。《魏書》卷三《明元帝紀》作“柞山”。

冬十月己亥，行幸代。十二月丙申，西巡于雲中。

七年春正月甲辰朔，自雲中西幸屋竇城，賜從者大酺三日。二月丙戌，車駕還宮。三月乙丑，河南王曜薨。

夏四月甲戌，封皇子燾爲太平王，[1]拜相國，加大將軍；[2]丕爲樂平王，[3]加車騎大將軍；彌爲安定王，[4]加衛大將軍；[5]範爲樂安王，[6]加中軍大將軍；[7]健爲永昌王，[8]加撫軍大將軍；[9]崇爲建寧王，[10]加輔國大將軍；[11]俊爲新興王，[12]加鎮軍大將軍；[13]獻懷長公主子嵇敬爲長樂王，[14]拜大司馬、大將軍。初，帝服寒食散，頻年發動，不堪萬機，五月，立太平王燾爲皇太子，臨朝聽政。是月，宋武帝殂。

[1]燾：即拓跋燾，人名。見《北史》卷二《魏本紀·太武帝》。　太平王：封爵名。太平，郡名。北魏時治太平縣，在今山西寧武縣東北。

[2]大將軍：官名。北魏時統兵事，或兼掌朝政，與大司馬共

稱“二大”，位尊權重，孝文帝太和二十三年定爲一品。

[3]丕：即拓跋丕，人名。明元帝子。見《北史》卷一六《樂平王丕傳》。　樂平王：封爵名。樂平，郡名。北魏時治沾縣，在今山西昔陽縣西南。

[4]彌：即拓跋彌，人名。明元帝子。見《北史》卷一六《安定王彌傳》。　安定王：封爵名。安定，郡名。北魏時治安定縣，在今甘肅涇川縣北。

[5]衛大將軍：官名。十六國時後燕置，爲高級武官，地位在衛將軍之上。北魏孝文帝太和十七年定爲一品下，二十三年定爲二品。

[6]範：即拓跋範，人名。明元帝子。見《北史》卷一六《樂安王範傳》。　樂安王：封爵名。樂安，郡名。北魏時治千乘縣，在今山東高青縣東南。

[7]中軍大將軍：官名。三國魏始置，主要統管左右衛、前後左右、驍騎等宿衛七營禁軍，主管京師以及宫廷禁衛。北魏孝文帝太和二十三年定爲從二品。

[8]健：即拓跋健，人名。明元帝子。見《北史》卷一六《永昌王健傳》。

[9]撫軍大將軍：官名。三國魏文帝黄初年間置，北魏沿置，爲朝廷重臣。孝文帝太和十七年定爲從一品中，二十三年改爲從二品。

[10]崇：即拓跋崇，人名。明元帝子。見《北史》卷一六《建寧王崇傳》。　建寧王：封爵名。遥封。建寧，郡名。南朝宋時治建寧縣，在今湖北麻城市北。

[11]輔國大將軍：官名。新莽始置，位在四鎮將軍之上。北魏孝文帝太和十七年定爲二品下，二十三年改爲二品。

[12]俊：即拓跋俊，人名。明元帝子。見《北史》卷一六《新興王俊傳》。　新興王：封爵名。新興，郡名。北魏時治定襄縣，在今山西定襄縣。

[13]鎮軍大將軍：官名。三國魏文帝時置，權任很重。蜀、吴亦置，兩晋南北朝沿置。北魏孝文帝太和十七年定爲從一品中，在四征將軍之下。

[14]獻懷長公主：即明元帝之姊。　嵇敬：人名。北魏大將。因母親擁戴明元帝有功，被授大將軍、大司馬。見《北史》卷二五《萬安國傳》。但該傳稱嵇敬之母爲華陰公主。

秋九月，詔司空奚斤等帥師伐宋。[1]乙巳，幸灅南宫，遂如廣甯。己酉，詔皇太子率百國以法駕田于東苑，車乘服物皆以乘輿之副。辛亥，築平城外郭，周回三十二里。辛酉，幸嶠山，遣使者祠黄帝、唐堯廟。因東幸幽州，見耆年，問其所苦，賜以爵號。分遣使者巡行州郡，觀察風俗。

[1]司空奚斤：《魏書》卷三《明元帝紀》作“假司空奚斤節”。《魏書》卷二九《奚斤傳》（《北史》卷二〇《奚斤傳》略同）：“劉義符立，其大臣不附，國内離阻。乃遣斤收劉裕前侵河南地，假斤節，都督前鋒諸軍事、司空公、晋兵大將軍、行揚州刺史，率吴兵將軍公孫表等南征。用表計攻滑臺，不拔，求濟師。太宗怒其不先略地，切責之。”據此，不當省去“假”“節”二字。

冬十月甲戌，車駕還宫，復所過田租之半。奚斤等濟河，攻滑臺不拔，求濟師，帝怒不許。議親南征，爲其聲援。壬辰，南巡，出自天門關，[1]踰恒嶺，四方蕃附大人各帥所部從者五萬餘人。十一月，皇太子親統六軍鎮塞上，安定王彌與北新公安同居守。[2]丙午，曲赦司州殊死以下。[3]丙辰，次於中山，問人疾苦。十二月丙戌，行幸冀州，存問人俗。遣壽光侯叔孫建等率衆自平原東度，[4]徇下青、兖諸郡。[5]

[1]天門關：在今山西太原市西北。

[2]北新公：封爵名。北新，縣名。治所在今河北徐水縣西南。

[3]曲赦：特赦。　司州：北魏道武帝天興中置，治平城，在今山西大同市東北。　殊死：斬首之刑。

[4]壽光侯：封爵名。壽光，縣名。治所在今山東壽光市。　叔孫建：底本作“叔孫達”，局本、中華本作“叔孫建”。中華本校勘記云：“諸本‘建’訛‘達’，據《魏書·太宗紀》及本書卷二〇《叔孫建傳》改。”今從改。　平原：縣名。治所在今山東德州市中南部。

[5]青：州名。北魏時治東陽城，在今山東青州市。

八年春正月丙辰，行幸鄴，存問人俗。司空奚斤既平兖、豫，還圍武牢，[1]宋守將毛德祖距守不下。[2]蠕蠕犯塞。二月戊辰，築長城於長川之南，起自赤城，西至五原，延袤二千餘里，[3]備置戍衛。三月乙卯，濟自靈昌。[4]

[1]武牢：關隘名。在今河南滎陽市汜水鎮西。《魏書》卷三《明元帝紀》作“虎牢”，《北史》避唐高祖祖父李虎諱改。

[2]毛德祖：人名。南朝宋將領。見《晋書》卷八一《毛寶附毛德祖傳》。

[3]二千：毛本、殿本、四庫本、四部備要本作“二十”。按：赤城在今河北赤城縣，五原在今内蒙古包頭市，二者的距離絶不止有二十里，當以底本爲是。

［4］靈昌：津渡名。即延津，在今河南延津縣西北。《魏書·明元帝紀》作“靈昌津”。按：從“濟”字來看，此處當爲津渡名。故以《魏書》爲是。

夏四月丁卯，幸成皋，[1]觀武牢。而城内乏水，縣綆汲河。[2]帝令連艦，上施轒輼，[3]絶其汲路；又穿地道，以奪其井。丁丑，幸洛陽，觀石經。閏月丁未，還幸河内，北登太行，幸高都。己未，武牢潰。[4]士衆大疫，死者十二三。辛酉，幸晋陽，班賜王公以下至於廝役。[5]五月丙寅，還次雁門，皇太子率留臺王公迎于句注之北。庚寅，車駕至自南巡。六月己亥，太尉、宜都公穆觀薨。[6]丙辰，北巡，至參合陂。

［1］成皋：底本作“成皇”，元大德本、毛本、殿本、四庫本、局本、四部備要本、中華本作“成皋”。按：古地名無成皇，而有成皋，在今河南滎陽市汜水鎮西北。字形相近而訛，底本誤。今從諸本改。

［2］縣：通“懸”。　綆：汲水器上繩子。

［3］轒（fén）輼（wēn）：戰車名。又稱木驢。四輪，排大木爲之，上蒙以生牛皮，下可容十人。往來運土填塹，木石不能傷。用於攻城。

［4］閏月丁未還幸河内北登太行幸高都己未武牢潰：《魏書》卷三《明元帝紀》作“閏月己未還幸河内，北登太行；幸高都。虎牢潰”。按：《北史》此處提到三個日期，分别是丁未、己未、辛酉，根據干支表可知，丁未距辛酉十四天，己未距辛酉僅有兩天，從時間跨度上來講，《北史》較《魏書》可信（參黄雲鶴《〈魏書·本紀〉〈北史·魏本紀〉校記》，《古籍整理研究學刊》1992 年第 4 期）。太

行，山名。古代以汾河以東，碣石以西，長城、黄河之間諸山爲太行山脉。今山西晋城市南的太行山，爲山脉之主峰。高都，縣名。治所在今山西晋城市東北。

[5]厮役：舊稱幹雜事勞役的奴隸，後泛指受人驅使的奴僕。

[6]宜都公：封爵名。遥封。宜都，郡名。南朝宋時治夷道縣，在今湖北枝江市。　穆觀：人名。字闥拔，代（今山西大同市東北）人，鮮卑族。北魏官吏。見《北史》卷二〇《穆崇附穆觀傳》。

秋七月，幸三會屋侯泉，[1]詔皇太子率百官以從。八月，幸馬邑，觀于灅源。九月乙亥，車駕還宫。

[1]三會：縣名。治所在今山西忻州市西北。

冬十月癸卯，廣西宫，起外牆，周回二十里。是歲飢，詔所在開倉振給。

十一月己巳，帝崩於西宫，時年三十二。遺詔以司空奚斤所獲軍實賜大臣，自司徒長孫嵩以下至于士卒各有差。十二月庚子，上謚曰明元皇帝，葬于雲中金陵，廟稱太宗。

帝兼資文武，禮愛儒生，好覽史傳，以劉向所撰《新序》《説苑》於經典正義多有所闕，[1]乃撰《新集》三十篇，採諸經史，該洽古義云。

[1]劉向：人名。原名更生，字子政，沛縣（今江蘇沛縣）人。西漢經學家、目録學家、文學家。楚元王劉交四世孫。今存《新序》《説苑》《列女傳》等書。見《漢書》卷三六《楚元王附

劉向傳》。　新序：書名。劉向撰。原三十卷，至北宋佚存十卷。述上古至漢史事，以記春秋戰國史事爲多，可補正史之不足。　説苑：書名。劉向撰。原二十卷，至北宋佚存五卷。記上古至漢遺文佚事，繼《新序》而編。

論曰：自古帝王之興，誠有天命，亦賴累功積德，方契靈心。有魏奄宅幽方，代爲君長。神元生自天女，桓、穆勤於晋室，冥符人事，夫豈徒然。

昭成以雄傑之姿，苞君人之量，征伐四剋，威被遐荒，乃改都立號，恢隆大業，終百六十載，光宅區中，其原固有由矣。

道武顯晦安危之中，屈申潛躍之際，[1]驅率遺黎，奮其靈武，克翦方難，遂啓中原，垂拱人神，顯登皇極。雖冠履不暇，棲遑外土，[2]而制作經謨，咸出長久，所謂大人利見，百姓與能，抑不世之神武也。而屯厄有期，禍生非慮，將人事不足，豈天實爲之乎？

[1]潛躍：隱藏和騰飛，比喻隱而未顯和飛黄騰達。
[2]棲遑：匆忙。

明元承運之初，屬廓定之始，于時狼顧鴟跱，[1]猶有窺覦，加以天賜之末，内難尤甚。帝孝心睿略，權正兼運，纂業固基，内和外撫，終能周、鄭款服，聲教南被，祖功宗德，其義良已遠矣。

[1]狼顧鴟跱：如狼凶視，如鴟峙立，比喻凶暴者伺機欲動。

北史　卷二

魏本紀第二

世祖太武皇帝諱燾，明元皇帝之長子也，[1]母曰杜貴嬪。[2]天賜五年，[3]生於東宮。體貌瓌異，道武奇之曰："成吾業者必此兒也。"[4]泰常七年四月，[5]封太平王。[6]五月，立爲皇太子。及明元帝疾，命帝總攝百揆。帝聰明大度，意豁如也。

[1]明元：北魏皇帝拓跋嗣的謚號。

[2]杜貴嬪：北魏明元帝的貴嬪。見《北史》卷一三《明元密皇后杜氏傳》。

[3]天賜：北魏道武帝的年號（404—409）。

[4]道武：即北魏皇帝拓跋珪。道武爲其謚號。

[5]泰常：北魏明元帝的年號（416—423）。

[6]太平王：封爵名。太平，郡名。北魏時治太平縣，在今山西寧武縣東北。《魏書》卷四上《太武帝紀上》作"泰平王"。按："太""泰"古通。

八年十一月己巳，明元帝崩。壬申，太子即皇帝位，大赦天下。十二月，追尊皇妣爲密皇太后，進司徒長孫嵩爵爲北平王，[1]司空奚斤爲宜城王，[2]藍田公長孫翰爲平陽王，[3]其餘普增爵位各有差。於是除禁錮，釋嫌疑，開倉庫，振窮乏。河南流人相率内屬者甚衆。

[1]司徒：官名。北魏時與太尉、司空並稱三公，分掌丞相職能，多爲大臣加官。孝文帝太和二十三年（499）定爲一品。　長孫嵩：人名。代（今山西大同市東北）人，鮮卑族。北魏大臣。見《北史》卷二二《長孫嵩傳》。

[2]司空：官名。北魏時爲三公之一，名譽宰相，多爲大臣加官。孝文帝太和二十三年定爲一品。　奚斤：人名。代（今山西大同市東北）人，鮮卑族。北魏大臣。見《北史》卷二〇《奚斤傳》。　宜城王：封爵名。遥封。宜城，郡名。南朝宋時治宜城縣大堤城，在今湖北宜城市北。

[3]藍田公：封爵名。藍田，縣名。治所在今陝西藍田縣。　長孫翰：人名。代（今山西大同市東北）人，鮮卑族。北魏將領。見《北史》卷二二《長孫肥附長孫翰傳》。　平陽王：封爵名。平陽，郡名。北魏時治白馬城，在今山西臨汾市。

始光元年春正月丙寅，[1]安定王彌薨。[2]

[1]始光：北魏太武帝的年號（424—428）。

[2]安定王：封爵名。安定，郡名。北魏時治安定縣，在今甘肅涇川縣北。　彌：即拓跋彌，人名。北魏宗室。見《北史》卷一六《安定王彌傳》。

夏四月甲辰，東巡，幸大甯。[1]六月，宋徐羡之弑其主義符。[2]

[1]大甯：地名。在今河北張家口市。

[2]徐羨之：人名。字宗文，東海郯（今山東郯城縣）人。南朝宋官吏。見《南史》卷一五《徐羨之傳》。　義符：即劉義符，人名。小字車兵。南朝宋皇帝。見《宋書》卷四《少帝紀》。

秋七月，車駕還宫。

八月，蠕蠕六萬騎入雲中，[1]殺略人吏，攻陷盛樂。[2]帝帥輕騎討之，虜乃退走。九月，大簡輿徒於東郊，[3]將北討。

[1]蠕蠕：北魏統治者對柔然的蔑稱。本爲東胡族的一支，屬拓跋部。南北朝時始强大，活動於今蒙古國南部地區，以游牧爲生。見《北史》卷九八《蠕蠕傳》。　雲中：郡名。北魏時治秦雲中郡故城，在今内蒙古托克托縣東北古城。

[2]盛樂：《魏書》卷四《太武帝紀上》作"盛樂宫"。按：疑此爲雲中之盛樂宫，當從《魏書》。盛樂宫，在今内蒙古和林格爾縣土城子遺址與托克托縣古城村遺址之間，即今寶貝河與大黑河兩河相夾靠近土城村的地方（參吕陽《"盛樂城"與"盛樂宫"地理位置考辨》，碩士學位論文，内蒙古大學，2011年）。

[3]輿徒：車馬徒衆。

冬十二月，遣平陽王長孫翰等討蠕蠕，車騎次祚山，[1]蠕蠕北遁，諸軍追之，大獲而還。

[1]車騎：源氏校勘記云："'騎'《魏書》作'駕'。"　祚山：在今内蒙古土默特左旗北。

二年春正月己卯，車駕至自北伐。三月丙辰，[1]尊保母竇氏曰保太后。[2]丁巳，以北平王長孫嵩爲太尉，[3]平陽王長孫翰爲司徒，宜城王奚斤爲司空。庚申，營故東宫爲萬壽宫，[4]起永安、安樂二殿、臨望觀、九華堂。初造新字千餘。

[1]三月丙辰：南監本作“二月丙辰”，源氏校勘記云：“《魏書》作‘三月丙辰’。”

[2]保母：即乳母。保母竇氏本非明元帝的嬪妃，却因被明元帝命爲太武帝拓跋燾的保母，太武帝即位後尊其爲保太后。見《北史》卷一三《明元密皇后杜氏附太武惠太后竇氏傳》。

[3]太尉：官名。北魏時列三公之首，多爲大臣加官。孝文帝太和二十三年定爲一品。

[4]萬壽宫：在宫城的東部，曾爲太武帝處理軍國大事之處。故址在今山西大同市。

夏四月詔龍驤將軍步堆使宋。[1]五月，詔天下十家發大牛一頭運粟塞上。

[1]龍驤將軍：官名。西晋設。北魏孝文帝太和十七年定爲三品上，二十三年改爲從三品。　步堆：人名。北魏官吏。歷員外散騎常侍、龍驤將軍，多次奉命出使南朝宋。

秋八月，赫連屈丐死。[1]九月，永安、安樂二殿成。丁卯，大饗以落之。

[1]赫連屈丐：人名。本名赫連勃勃，北魏明元帝時改其名爲

赫連屈丐，匈奴鐵弗部人。十六國時夏君主。見《北史》卷九三《赫連屈丐傳》。

冬十月癸卯，車駕北伐，東西五道並出。平陽王長孫翰等絶漠追寇，蠕蠕北走。

三年春正月壬申，車駕至自北伐。乞伏熾盤遣使朝貢，[1]請討赫連昌。[2]二月，起太學於城東，[3]祀孔子，以顔回配。

[1]乞伏熾盤：人名。十六國時西秦君主。見《北史》卷九三《乞伏國仁附乞伏熾盤傳》。源氏校勘記云："《晋書》《魏書》（'盤'）作'磐'。"

[2]赫連昌：人名。字還國，匈奴鐵弗部人。十六國時夏君主。見《北史》卷九三《赫連屈丐附赫連昌傳》。

[3]太學：漢武帝時開創太學，是當時的最高學府。歷代因之。

夏五月辛卯，進中山公纂爵爲王，[1]復南安公素先爵常山王。[2]六月，幸雲中舊宫，謁陵廟，西至五原，[3]田於陰山，東至和兜山。[4]

[1]中山公：封爵名。中山，郡名。北魏時治盧奴縣，在今河北定州市。　纂：即拓跋纂，人名。北魏宗室。見《北史》卷一五《秦王翰附中山王纂傳》。

[2]南安公：封爵名。南安，郡名。又名南安陽郡。北魏時治中陶縣，在今甘肅隴西縣東南。　素：即拓跋素，人名。拓跋遵之子，北魏宗室、將領。見《北史》卷一五《常山王遵附拓跋素傳》。　常山王：封爵名。常山，郡名。北魏時治安樂壘，在今河

北藁城市西北。

[3]五原：縣名。治所在今内蒙古包頭市西。

[4]和兜山：確址不詳，疑在今内蒙古陰山山脉東首（參鲍桐《北魏北疆幾個歷史地理問題的探索》，《中國歷史地理論叢》1999年第3期）。

秋七月，築馬射臺于長川，[1]帝親登臺走馬。[2]王公諸國君長馳射中者，賜金錦繒絮各有差。八月，車駕還宫。宋人來聘。

[1]長川：城名。俗稱土城子，在今内蒙古興和縣民族團結鄉一帶（參常謙《北魏長川古城遺址考略》，《内蒙古文物考古》1998年第1期）。

[2]帝親登臺走馬：中華本校勘記云："《魏書》卷四上《世祖紀》'臺'下有'觀'字，疑此脱。"

帝以赫連屈丐死，諸子相攻，冬十月丁巳，車駕西伐，幸雲中，臨君子津。[1]會天暴寒，數日冰合。[2]十一月戊寅，率輕騎襲赫連昌。壬午，徙萬餘家而還。至祚山，班虜獲以賜將士各有差。十二月，詔奚斤西據長安。秦、雍氐、羌皆叛昌詣斤降。[3]武都王楊玄及沮渠蒙遜等使使内附。[4]

[1]君子津：在今内蒙古清水河縣喇嘛灣鎮。

[2]數日冰合：毛本、殿本、四部備要本作"數日水合"。按：從文意看，當爲"冰合"，"冰""水"字形相近而混，今從底本。

[3]秦雍：底本作"秦隴"，《魏書》卷四上《太武帝紀上》作

“秦雍氐羌”。按：《北史》卷二〇《奚斤傳》：“斤又西據長安，秦雍氐羌皆來歸附。”《魏書》卷二九《奚斤傳》：“於是秦雍氐羌皆來歸附。”當以《魏書》爲是，今從改。秦，州名。北魏時治上邽城，在今甘肅天水市。雍，州名。北魏時治長安縣，在今陝西西安市西北。

[4]武都王：封爵名。武都，郡名。北魏時治石門縣，在今甘肅隴南市武都區東南。　楊玄：人名。字黄眉，仇池（今甘肅西和縣）人。北魏時氐族首領。見《北史》卷九六《氐傳》。底本作“陽玄”，中華本作“楊玄”。按：下文亦作“楊玄”，今從中華本改。　沮渠蒙遜：人名。盧水胡沮渠部，張掖臨松盧水（今甘肅張掖市南）人。十六國時北凉創建者。見《北史》卷九三《沮渠蒙遜傳》。

四年春正月乙酉，車駕至自西伐，賜留臺文武各有差。[1]從人在道多死，到者裁十六七。[2]己亥，行幸幽州。[3]赫連昌遣其弟定向長安。[4]帝聞之，遣就陰山伐木造攻具。二月，車駕還宫。三月丙子，[5]詔執金吾桓貸造橋於君子津。[6]丁丑，廣平王連薨。[7]

[1]留臺：即留守。皇帝出巡親征時指定大臣或親信留守京城，得便宜行事。或指駐守戰略重地的官員。

[2]裁：通“纔”。

[3]幽州：北魏時治薊縣，在今北京西南。

[4]定：即赫連定，人名。小字直獶，匈奴鐵弗部人。十六國時夏君主。見《北史》卷九三《赫連屈丐附赫連定傳》。

[5]丙子：底本作“丙午”，局本、四部備要本作“丙子”，源氏校勘記云：“《魏書》作‘丙子’。”中華本校勘記云：“諸本‘子’作‘午’，《魏書》作‘子’。按是年三月甲戌朔，無丙午，

丙子是三日。下有丁丑，日序正合。今據改。”今從改。

[6]執金吾：官名。北魏初職掌京師治安、督捕盜賊、護衛皇帝出行等（參譚世保《“執金吾”與“中尉”沿革考》，《學術研究》1984年第2期）。

[7]廣平王：封爵名。廣平，郡名。北魏時治曲梁城，在今河北永年縣東南。　連：即拓跋連，人名。北魏宗室。見《北史》卷一六《廣平王連傳》。

夏四月丁未，詔員外散騎常侍步堆使於宋。[1]

[1]員外散騎常侍：官名。掌規諫，不典事。北魏孝文帝太和十七年定爲從三品，二十三年改爲五品。

五月，車駕西討赫連昌，次拔鄰山，[1]築城，舍輜重，以輕騎三萬先行。戊戌，至黑水。[2]帝親祈天，告祖宗之靈而誓衆。六月癸卯朔，日有蝕之。甲辰，大破赫連昌，昌奔上邽。[3]乙巳，車駕入城，虜昌群弟及其母妹妻妾宫人萬數，府庫珍寶車旗器物不可勝計。辛酉，班師。留常山王素、執金吾桓貸鎮統萬。[4]

[1]拔鄰山：在今内蒙古准格爾旗沙圪堵鎮東南。

[2]黑水：即今陝西横山縣西北長城外無定河北岸支流淖泥河。

[3]上邽（guī）：城名。治所在今甘肅天水市秦州區。北魏避道武帝拓跋珪諱作“上封”。

[4]統萬：古鎮名。治所在今陝西靖邊縣東北白城子。

秋七月己卯，築壇於祚嶺，[1]戲馬馳射，賜中者金帛繒絮各有差。蠕蠕寇雲中，聞破赫連昌，懼而逃。八月壬子，車駕至自西伐，飲至策勳，[2]告宗廟，班軍實以賜留臺百僚各有差。

[1]柞嶺：即柞山。

[2]飲至：古代禮儀之一。出征凱旋後，至宗廟祭祀、宴飲、慶功之禮。　策勳：古代禮儀之一。戰後記功勳於策書之上的禮儀。

冬十一月，以氐王楊玄爲假征南大將軍、都督、梁州刺史、南秦王。[1]十二月，行幸中山，守宰貪污免者十數人。癸卯，車駕還宫，復所過田租之半。

[1]假：代理。　征南大將軍：官名。北魏時爲將軍名號，位次衛大將軍，多用來加授重要州郡長官或統兵出鎮在外、都督數州軍事者。孝文帝太和十七年定爲一品下，二十三年定爲二品。　都督：官名。北朝前期爲統率全國或地方兵馬的指揮官，有時爲州郡軍事長官，兼理民政。至北朝後期則爲率領鄉兵、畜牧軍馬的中低級軍官。　梁州：十六國前秦時治西樂縣，在今陝西勉縣東。　南秦王：封爵名。南秦，州名。東晋時，楊氏世居仇池稱王一方，後降前秦苻堅，前秦置其地爲南秦州，治仇池，在今甘肅西和縣西南。

神䴥元年春正月，[1]以天下守令多非法，精選忠良悉代之。辛未，京兆王黎薨。[2]二月，改元。司空奚斤進軍安定。監軍侍御史安頡出戰，[3]禽昌。其餘衆立昌弟定爲主，走還平凉。[4]三月辛巳，侍中古弼送赫連昌至于京師。[5]司空奚斤追赫連定於平凉馬髦嶺，[6]爲定所禽。將軍丘堆先在安定，[7]聞斤敗，東走長安。[8]帝大怒，詔頡令斬之。

[1]神䴥：北魏太武帝的年號（428—431）。

[2]京兆王：封爵名。京兆，郡名。北魏時治霸城縣，在今陝西西安市東北。　黎：即拓跋黎，人名。北魏宗室。見《北史》卷一六《京兆王黎傳》。

[3]監軍侍御史：官名。北魏時以侍御史之職隨軍出征者，有監察將帥之責。　安頡：人名。遼東（今遼寧遼陽市）胡人。北魏官吏。見《北史》卷二〇《安同附安頡傳》。

[4]平凉：城名。在今甘肅平凉市。

[5]侍中：官名。北魏時掌侍皇帝左右，顧問應對，時有宰相之實。孝文帝太和二十三年定爲三品。　古弼：人名。代（今山西大同市東北）人。北魏官吏。見《北史》卷二五《古弼傳》。

[6]馬髦嶺：即今寧夏固原市西南馬髦山。

[7]丘堆：人名。代（今山西大同市東北）人，鮮卑族。北魏官吏。見《北史》卷二五《丘堆傳》。底本作“丘惟”，毛本、殿本、四庫本、局本、四部備要本、中華本均作“丘堆”。按：據《北史·丘堆傳》當爲“丘堆”，字形相近而混，底本誤。今從諸本改。

[8]聞斤敗東走長安：《魏書》卷四上《太武帝紀上》作“聞斤敗，棄甲東走蒲坂”。按：《北史·丘堆傳》云“斤爲定禽，堆聞而棄甲走長安”，《魏書》卷三〇《丘堆傳》云“堆聞而棄甲走長安，復將高凉王禮棄守，東走蒲坂”，可見丘堆是先奔長安，後轉蒲坂，《魏書·太武帝紀上》刪節致疑。

夏四月，赫連定遣使朝貢。壬子，西巡。戊午，田于河西，大赦。南秦王楊玄遣使朝貢。五月，乞伏熾盤死。

秋八月，東幸廣甯，[1]臨觀温泉。以大牢祭黄帝、堯、舜廟。[2]九月，車駕還宫。

[1]廣甯：郡名。北魏時治下洛縣，在今河北涿鹿縣西。

[2]大牢：毛本、殿本、局本作“太牢”。古代祭祀時，牛羊豕三牲具備謂之太牢。

冬十一月乙未朔，[1]日有蝕之。是月，行幸河西，大校獵。十二月甲申，車駕還宫。

[1]十一月：南監本、毛本、殿本、四庫本、四部備要本作“十二月”，源氏校勘記改“二”作“一”。按：下文記載“十二月甲申，車駕還宫”之事，此處當爲“十一月”，今從底本。

二年夏四月，宋人來聘。庚寅，車駕北伐。五月丁未，次于沙漠，舍輜重，輕騎兼馬至栗水。[1]蠕蠕震怖，焚廬舍，絶迹西走。

[1]輕騎兼馬至栗水：底本作“輕騎兼冀馬至栗水”，中華本校勘記云：“諸本‘兼’下有‘冀’字，《魏書》及《通鑑》卷一二一無。《通鑑》胡注云：‘每騎兼有副馬也。’‘冀’字衍，今删。”今從改。栗水，即今蒙古共和國西北翁金河。

冬十月，振旅凱旋于京師，告于宗廟。列置新人于漠南，東至蠕源，[1]西暨五原、陰山，竟三千里。十一月西巡，田于河西，至祚山而還。

[1]蠕源：地名。在今河北沽源縣境内。毛本、局本、中華本作“濡源”。按：“濡”“蠕”古通。

三年春正月庚子，車駕還宫。壬寅，大赦。癸卯，行幸廣甯，臨温泉，作《温泉歌》。二月丁卯，司徒、平陽王長孫翰薨。戊辰，車駕還宫。三月壬寅，進會稽公赫連昌爲秦王。[1]

[1]會稽公：封爵名。會稽，郡名。北魏時治會稽縣，在今甘肅玉門市西北。　秦王：封爵名。秦，州名。北魏時治上封城，在今甘肅天水市。

夏四月甲子，行幸雲中。敕勒萬餘落叛走，[1]詔尚書封鐵追滅之。五月戊戌，[2]論討敕勒功，大明賞罰。

[1]敕勒：與匈奴是近屬，北方的鮮卑、柔然人稱其爲敕勒，北方的漢人則稱其爲高車，南朝的漢人稱其爲丁零。高車的名稱，由這一族人“俗多乘高輪車”而得名。原分布地區爲今西伯利亞南部，後不斷遷徙。北魏時主要居於漠南、漠北地區。見《北史》卷九八《高車傳》。

[2]戊戌：底本作“戊午”，中華本校勘記云：“諸本‘戌’作‘午’，《魏書》作‘戌’。按是年五月丙戌朔，無戊午，戊戌是十三日。今據改。”今從改。

秋七月己亥，詔諸征鎮將軍、王公杖節邊遠者，[1]

聽開府辟召，其次增置吏員。庚子，詔大鴻臚卿杜超假節都督冀定相三州諸軍事、行征南大將軍、太宰，[2]進爵爲王，鎮鄴，爲諸軍節度。

[1]杖節：執持旄節。旄節爲古代帝王授予兵權或派遣出使的憑信。

[2]大鴻臚卿：官名。九卿之一，漢武帝年間改大行令稱大鴻臚。北魏沿置，稱大鴻臚卿，掌管接待少數民族賓客、朝會以及吉凶禮儀等。孝文帝太和十七年定爲二品上，二十三年改爲三品。杜超：人名。字祖仁，魏郡鄴（今河北臨漳縣西南）人。見《北史》卷八〇《杜超傳》。　假節：假以節杖。晋時，地方性軍事長官分爲都督、監、督三等，職權範圍也相應分爲三等。都督有使持節、持節、假節之分，監、督亦然。使持節得殺二千石以下，持節殺無官位之人，假節唯有殺犯軍令者。南北朝相沿此制，並爲一種加官。　冀：州名。北魏時治信都縣，在今河北冀州市。　定：州名。北魏時治盧奴縣，在今河北定州市。　相：州名。北魏時治鄴城，在今河北臨漳縣西南鄴鎮。　行：臨時代理。　太宰：官名。爲輔政大臣。北魏時一度設置，多爲元老重臣的加官。

八月，宋將到彦之自清水入河，[1]泝流西行。丙寅，彦之遣將度河攻冶坂，[2]冠軍將軍安頡督諸軍擊破之。[3]九月癸卯，立密皇太后廟于鄴。甲辰，行幸統萬，遂征平凉，是月，馮跋死。[4]

[1]到彦之：人名。字道豫，彭城武原（今江蘇邳州市西北）人。南朝宋將領。見《南史》卷二五《到彦之傳》。　清水：即泗水。源自今山東泗水縣東蒙山南麓。

[2]冶坂：津渡名。在今河南孟州市西黄河北岸。

[3]冠軍將軍：官名。北魏時爲將軍名號，金章紫綬。孝文帝太和二十三年定爲從三品。

[4]馮跋：人名。字文起，小名乞直代（《魏書》作“乞直伐”），長樂信都（今河北冀州市）人。十六國時北燕君主。見《北史》卷九三《馮跋傳》。

冬十月乙卯，[1]冠軍將軍安頡濟河攻洛陽，丙子，拔之。辛巳，安頡平武牢。[2]

[1]乙卯：源氏校勘記改“卯”作“亥。”

[2]武牢：關隘名。在今河南滎陽市汜水鎮西。《魏書》卷四上《太武帝紀上》作“虎牢”，《北史》避唐高祖祖父李虎諱改。

十一月乙酉，[1]車駕至平凉。己亥，行幸安定。庚子，帝自安定還臨平凉，[2]遂掘塹圍守之。行幸紐城，[3]安慰初附，赦秦、隴之人，[4]賜復七年。辛丑，[5]安頡帥諸軍攻滑臺。[6]沮渠蒙遜遣使朝貢。壬寅，封壽光侯叔孫建爲丹楊王。[7]

[1]十一月乙酉：南監本、毛本、四庫本、局本、四部備要本作“十一月己酉”。源氏校勘記改“己”作“乙”。按：北魏太武帝神䴥三年十一月癸未朔，乙酉、己酉均在此月。據干支順序，乙酉在己亥之前，己酉在己亥之後，當從底本。

[2]安定：底本作“安西”，源氏校勘記改“西”作“定”。中華本校勘記云：“諸本‘定’作‘西’，《魏書》及《通志》卷一五上《後魏紀》都作‘定’。按上言‘行幸安定’，自應從安定還，

今據改。”今從改。

[3]紐城：當在今甘肅平凉市境内。

[4]秦隴：源氏校勘記云：“‘隴’《魏書》作‘雍’。”按：《魏書》卷四上《太武帝紀上》作“秦雍”。遍索《魏書》《北史》，距此次行幸最近的一次降附是北魏太武帝始光三年“秦隴氐、羌皆叛昌詣斤降”之事，上文已經提到“秦隴氐羌”當爲“秦雍氐羌”，此處沿襲上文而誤。當以《魏書》爲是。

[5]辛丑：底本作“辛酉”，中華本校勘記云：“諸本‘丑’作‘酉’，《魏書》作‘丑’。張元濟《北史校勘記》云：‘上文庚子，下文壬寅，當從《魏書》作辛丑。’按是年十一月癸未朔，無辛酉，辛丑是十九日。張説是，今據改。”今從改。

[6]滑臺：城名。在今河南滑縣東舊城。

[7]壽光侯：封爵名。壽光，縣名。治所在今山東壽光市。　叔孫建：人名。代（今山西大同市東北）人，鮮卑族。北魏將領。見《北史》卷二〇《叔孫建傳》。　丹楊王：封爵名。遥封。丹楊，郡名。南朝宋時治建康縣，在今江蘇南京市。

十二月丁卯，赫連定弟社于、度洛孤面縛出降，平凉平，[1]收其珍寶。定長安、臨晋、武功守將皆奔走，[2]關中平。壬申，車駕還東，留巴東公延普等鎮安定。[3]

[1]平凉平：底本作“平凉”，局本、中華本作“平凉平”。中華本校勘記云：“諸本脱‘凉’下‘平’字，據《魏書》補。”今從改。

[2]臨晋：縣名。治所在今陝西大荔縣。　武功：縣名。治所在今陝西武功縣西北。

[3]巴東公：封爵名。遥封巴東，郡名。南朝宋時治魚復縣，在今重慶奉節縣。　延普：人名。曾任驍騎將軍，北魏明元帝泰常

元年，大敗馮跋軍，平幽州。

四年春正月壬午，車駕次木根山，[1]大饗群臣。丙申，宋將檀道濟、王仲德從清水救滑臺。[2]丹楊王叔孫建、汝陰公長孫道生拒之，[3]道濟等不敢進。

[1]次：毛本、殿本、四庫本、四部備要本作“自”。按：據文意看，當是駐扎在木根山，宴饗大臣。以底本爲是。　木根山：即今内蒙古烏海市附近的桌子山（參莫久愚《〈魏書〉木根山地望疏證》，《内蒙古社會科學（漢文版）》2011年第4期）。

[2]檀道濟：人名。高平金鄉（今山東濟寧市東南）人，世居京口（今江蘇鎮江市）。南朝宋將領。見《南史》卷一五《檀道濟傳》。　王仲德：人名。即王懿，字仲德，太原祁（今山西祁縣東）人。南朝宋將領。見《宋書》卷四六《王懿傳》。　清水：縣名。南朝宋置，治所不詳，當在今河南南陽市境内。

[3]丹楊王：四庫本、局本、四部備要本作“丹陽王”。按：“楊”“陽”古通。　汝陰公：封爵名。汝陰，郡名。北魏時治汝陰縣，在今安徽阜陽市。　長孫道生：人名。代（今山西大同市東北）人，鮮卑族。北魏大臣。見《北史》卷二二《長孫道生傳》。

是月，赫連定滅乞伏慕末。[1]

[1]乞伏慕末：人名。隴西（今甘肅隴西縣東南）人，鮮卑族。十六國時西秦君主。見《北史》卷九三《乞伏國仁附乞伏慕末傳》。

二月辛酉，安頡、司馬楚之平滑臺。[1]癸酉，車駕還宮，飲至策勳，告于宗廟，賜留臺百官各有差。戰士賜復十年。定州人飢，詔開倉以振之。宋將檀道濟、王仲德東走。三月庚戌，冠軍將軍安頡獻宋俘萬餘人，甲兵三萬。

[1]司馬楚之：人名。字德秀，河内温（今河南温縣）人。西晋宗室後裔、北魏官吏。見《北史》卷二九《司馬楚之傳》。

夏六月，赫連定北襲沮渠蒙遜，爲吐谷渾慕璝所執。[1]閏月乙未，蠕蠕國遣使朝貢。詔散騎侍郎周紹使于宋。[2]

[1]吐谷渾：族名。又稱吐渾、退渾。原爲鮮卑族慕容部的一支，先祖游牧於徒河青山（今遼寧義縣東）。西晋時，遷徙於今甘肅、青海一帶。十六國時，先後受到前凉、西秦等追逐，幾乎亡國。後再度崛起，北魏太武帝時達到最强盛。在北魏打擊下，一度退到今新疆一帶。以游牧爲生。見《北史》卷九六《吐谷渾傳》。

[2]散騎侍郎：官名。北魏時掌規諫，與散騎常侍、侍中、黄門侍郎等共平尚書奏事。孝文帝太和二十三年定爲五品。

秋七月己酉，行幸河西，起承華宫。[1]八月乙酉，沮渠蒙遜遣子安周入侍。[2]吐谷渾慕璝遣使奉表，請送赫連定。己丑，以慕璝爲大將軍，[3]封西秦王。[4]

[1]承華宫：在今内蒙古烏拉特中後聯合旗南烏加河北。

[2]安周：即沮渠安周，人名。張掖臨松盧水（今甘肅張掖市南）人。十六國時北凉宗室。見《北史》卷九三《沮渠蒙遜附沮

渠安周傳》。

[3]大將軍：官名。北魏時統兵事，或兼掌朝政，與大司馬並稱“二大”，位尊權重。孝文帝太和二十三年定爲一品。

[4]西秦王：底本作“兩秦王”，元大德本、毛本、殿本、四庫本、局本、四部備要本、中華本均作“西秦王”。按：字形相近而訛，當爲“西秦王”，底本誤。今從諸本改。

九月癸丑，車駕還宮。庚申，加太尉長孫嵩柱國大將軍，[1]以左光禄大夫崔浩爲司徒，[2]征西大將軍長孫道生爲司空。[3]癸亥，詔兼太常李順持節拜河西王沮渠蒙遜爲假節、加侍中，[4]都督涼州及西域羌戎諸軍事，[5]行征西大將軍、太傅、涼州牧、涼王。[6]

[1]柱國大將軍：官名。十六國時後燕慕容垂燕元元年（384）始置。北魏初置，後罷。北魏末復置，位在丞相之上，授予權臣。

[2]左光禄大夫：官名。三國魏置，作爲在朝顯職的加官，以示優待，或授予年老有病者爲致仕之官，亦常用作卒後贈官。無職掌。西晋、南北朝沿置。北魏孝文帝太和十七年定爲從一品下，二十三年改爲二品。　崔浩：人名。字伯淵，《北史》避唐高祖李淵諱改爲“伯深”，清河東武城（今山東武城縣西北）人。北魏大臣。見《北史》卷二一《崔宏附崔浩傳》。

[3]征西大將軍：官名。北魏時多授予統兵在外、都督諸州軍事者。孝文帝太和十七年定爲一品下，二十三年改爲二品。

[4]太常：官名。北魏時尊稱爲太常卿，掌禮樂祭祀，位尊而職閑。孝文帝太和二十三年定爲三品。　李順：人名。字德正，趙郡平棘（今河北趙縣）人。北魏官吏。見《北史》卷三三《李順傳》。　河西王：底本作“西河王”，局本、中華本作“河西王”，源氏校勘記云：“《魏書》‘西河’作‘河西’。”中華本校勘記云：

"諸本'河西'誤倒，據《魏書》乙。"今從改。

[5]凉州：州鎮名。北魏太武帝改州鎮，置四軍戍，孝文帝太和十年復爲凉州，治姑臧，在今甘肅武威市。底本作"凉州持節"，中華本校勘記云："'凉州'下諸本衍'持節'二字，據《魏書·世祖紀》及本書卷九三《北凉沮渠氏傳》刪。"今從改。

[6]太傅：官名。北魏時與太師、太保並號三師，位居太師下、太保上，輔弼君王。孝文帝太和二十三年定爲一品。　凉州牧：官名。凉州的最高軍政長官。

壬申，詔曰："范陽盧玄、博陵崔綽、趙郡李靈、河間邢穎、勃海高允、廣平游雅、太原張偉等皆賢俊之胄，[1]冠冕州邦，有羽儀之用。《易》曰：'我有好爵，吾與爾縻之。'如玄之比，隱迹衡門，不曜名譽者，盡敕州郡以禮發遣。"遂徵玄等。州郡所遣至者數百人，皆差次敘用。

[1]范陽：郡名。北魏時治涿縣，在今河北涿州市。　盧玄：人名。字子真，范陽涿（今河北涿州市）人。北魏官吏。見《北史》卷三〇《盧玄傳》。　博陵：郡名。北魏時治安平縣，在今河北安平縣。　崔綽：人名。博陵安平（今河北安平縣）人。少孤，學行修明，有名於世。　趙郡：北魏時治平棘縣，在今河北趙縣。　李靈：人名。字虎符，《北史》避唐高祖祖父李虎諱改爲"武符"，趙郡平棘（今河北趙縣）人。見《北史》卷三三《李靈傳》。　河間：郡名。北魏初治樂城縣，在今河北獻縣東南；孝文帝太和十一年移治武垣縣，在今河北河間市南。　邢穎：人名。字宗敬，河間鄚（今河北任丘市北）人。北魏官吏。見《北史》卷四三《邢巒傳》。　勃海：郡名。北魏時治南皮縣，在今河北南皮縣東北。　高允：人名。字伯恭，勃海蓨（今河北景縣）人。北魏官

吏。見《北史》卷三一《高允傳》。　游雅：人名。字伯度，小名黄頭，廣平任（今河北任縣東）人。北魏官吏。見《北史》卷三四《游雅傳》。　太原：郡名。北魏時治晋陽縣，在今山西太原市晋源區古城營村一帶。　張偉：人名。字仲業，太原中都（今山西晋中市）人。北魏官吏。見《北史》卷八一《張偉傳》。

冬十月戊寅，詔司徒崔浩改定律令。行幸漠南。十一月丙辰，北部敕勒莫弗庫若于率其部數萬騎驅鹿獸數百萬詣行在所。[1]帝因而大狩，以賜從者，勒石漠南，以記功德。宜城王奚斤坐事降爵爲公。十二月，車駕還宫。

[1]莫弗：北方少數民族部落首領的稱謂。　庫若于：人名。其餘不詳。毛本、殿本、四庫本、局本作“庫若干”。按：“干”“于”字形相近而混，未詳孰是。

延和元年春正月丙午，[1]尊保太后爲皇太后，立皇后赫連氏，[2]以皇子晃爲皇太子，謁于太廟，大赦改元。三月丁未，追贈夫人賀氏爲皇后。[3]壬申，西秦王吐谷渾慕璝送赫連定於京師。

[1]延和：北魏太武帝的年號（432—434）。

[2]赫連氏：赫連屈丐之女。見《北史》卷一三《太武皇后赫連氏傳》。

[3]賀氏：見《北史》卷一三《太武敬哀皇后賀氏傳》。

夏五月，宋人來聘。六月庚寅，車駕伐和龍。[1]詔尚書左僕射安原等屯于漠南,[2]以備蠕蠕。辛卯,詔兼散騎常侍鄧穎使於宋。[3]

[1]和龍：城名。又名黄龍城、龍城。在今遼寧朝陽市。

[2]尚書左僕射：官名。尚書僕射分左右自漢獻帝時始，自此以後，或二或一，置二人則分左右。職掌都省庶務及執法，或典選舉。左僕射權力大於右僕射，兼掌糾彈百官。北魏孝文帝太和十七年定爲從一品中，二十三年改爲從二品。　安原：人名。遼東（今遼寧遼陽市）胡人。北魏官吏。見《北史》卷二〇《安同附安原傳》。

[3]散騎常侍：官名。北魏時掌規諫，顧問應對，與侍中等共平尚書奏事，有異議則駁奏。亦常用作宰相、諸公等的加官，得入宫禁議政。孝文帝太和二十三年定爲從三品。　鄧穎：人名。安定（今甘肅涇川縣北）人。北魏官吏。見《魏書》卷二四《鄧淵附鄧穎傳》。

秋七月己巳，車駕至和龍，穿壍以守之。[1]是月，築東宫。九月乙卯，車駕西還。徙營丘、成周、遼東、樂浪、帶方、玄菟六郡人三萬家于幽州,[2]開倉以振之。

[1]壍：同“塹”。

[2]營丘：郡名。十六國北燕時僑置，治所不可考。後北魏孝明帝正光末年復置，治營丘城，在今遼寧朝陽市。　成周：郡名。十六國北燕時僑置，治所不可考。　遼東：郡名。十六國北燕時僑置，治所不可考。後北魏孝明帝正光年間復置，治固都城，在今遼寧遼陽市。　樂浪：郡名。十六國北燕時僑置，治所不可考。後北魏孝明帝正光末年復置，治連城，在今遼寧義縣北。　帶方：郡名。十六國北燕時僑置，治所不可考。　玄菟：郡名。十六國北燕

時僑置，治所不可考。

冬十月，吐谷渾慕璝遣使朝貢。十一月己巳，[1]車駕至自和龍。十二月己丑，馮弘子長樂公崇及其母弟朗、朗弟邈以遼西内屬。[2]先是辟召賢良，而州郡多逼遣之，詔以禮申喻，任其進退。

[1]己巳：源氏校勘記云："'己巳'《魏書》作'乙巳'。"按：北魏太武帝延和元年十一月壬寅朔，乙巳與己巳均在此月，未詳孰是。

[2]馮弘：人名。字文通，長樂信都（今河北冀州市）人。十六國時北燕君主。見《北史》卷九三《馮跋附馮弘傳》。　長樂公：封爵名。長樂，郡名。北魏時治信都縣，在今河北冀州市。　崇：即馮崇，人名。長樂信都（今河北冀州市）人。十六國時北燕宗室，後歸順北魏。　朗：即馮朗，人名。中華本作"朗"。　遼西：郡名。北魏時治肥如縣，在今河北盧龍縣西北。

二年春二月庚午，詔兼鴻臚卿李繼持節假馮崇車騎大將軍、遼西王，[1]承制，聽置尚書已下。壬午，詔兼散騎常侍宋宣使於宋。[2]

[1]車騎大將軍：官名。魏晋時驃騎、車騎、衛三將軍皆爲重號將軍，高於諸名號大將軍，本無須加"大"，其後將軍名號越來越濫，遂又增此號。多加元老重臣，以示尊崇，不領兵。北魏孝文帝太和十七年定爲一品中，二十三年改爲從一品。

[2]宋宣：人名。字道茂，西河介休（今山西介休市）人。北魏官吏。見《北史》卷二六《宋隱附宋宣傳》。

夏四月，沮渠蒙遜死，以其子牧犍爲車騎將軍，[1]改封河西王。[2]

[1]牧犍：即沮渠牧犍，人名。一作“沮渠茂虔”。張掖臨松盧水（今甘肅張掖市南）人。見《北史》卷九三《沮渠蒙遜附沮渠牧犍傳》。　車騎將軍：官名。西漢初置爲軍事統帥，武帝後常設，地位僅次於大將軍、驃騎將軍，在衛將軍上，常典京城、皇宫禁衛軍隊，出征時常總領諸將軍。文官輔政者亦或加此銜，領尚書政務，成爲中朝重要官員。北魏孝文帝太和十七年定爲一品下，二十三年改爲二品。

[2]河西王：底本作“西河王”，中華本校勘記云：“諸本‘河西’誤倒，據《魏書》乙。”今從改。

六月，遣永昌王健、尚書左僕射安原督諸軍討和龍。[1]辛巳，詔樂安王範發秦、雍兵一萬築小城於長安城内。[2]

[1]永昌王：封爵名。永昌，郡名。遥封。南朝宋時治不韋縣，在今雲南保山市北。　健：即拓跋健，人名。北魏宗室。見《北史》卷一六《永昌王健傳》。

[2]樂安王：封爵名。樂安，郡名。北魏時治千乘縣，在今山東高青縣東南。　範：即拓跋範，人名。北魏宗室。見《北史》卷一六《樂安王範傳》。　雍：州名。北魏時治長安縣，在今陝西西安市西北。

秋八月，遼西王馮崇上表求説降其父，帝不聽。九月，宋人來聘，并獻馴象一。戊午，詔兼大鴻臚卿崔賾持節拜征虜將軍楊難當爲征南大將軍、儀同三司，封南秦王。[1]

[1]崔賾：人名。字太沖，清河東武城（今山東武城縣西北）人。北魏官吏。見《北史》卷二四《崔逞附崔頤傳》。賾，有的作“頤”。今各仍其舊。見《北史》本傳校勘記。　征虜將軍：官名。北魏時爲武官，亦作爲高級文職官員的加官。孝文帝太和十七年定爲三品上，二十三年改爲從三品。　楊難當：人名。仇池（今甘肅西和縣）人。北魏時氐族首領。見《北史》卷九六《氐傳》。　儀同三司：多爲大臣的加號，與三司即太尉、司徒、司空的禮制待遇相同。北魏孝文帝太和二十三年定爲從一品。

冬十二月己巳，大赦天下。辛未，幸陰山北。詔兼散騎常侍盧玄使於宋。

三年春正月乙未，車駕次于女水，[1]大饗群臣。戊戌，馮弘遣使求和，帝不許。丙辰，南秦王楊難當剋漢中，[2]送雍州流人七千家于長安。[3]二月戊寅，詔以頻年屢征，有事西北，運輸之役，百姓勤勞，令郡縣括貧富以爲三級，富者租賦如常，中者復二年，下窮者復三年。辛卯，車駕還宮。三月甲寅，行幸河西。

[1]女水：即今内蒙古呼和浩特市北的烏里沙河。
[2]漢中：郡名。南朝宋時治南鄭縣，在今陝西漢中市。
[3]流人：流民。

閏月甲戌，秦王赫連昌叛走。丙子，河西侯將格殺之，驗其謀反，群弟皆伏誅。己卯，車駕還宮。進彭城公粟爵爲王。[1]

[1]彭城公：封爵名。彭城，郡名。北魏太武帝延和二年僑置，治外黄縣，在今河南民權縣西北。　粟：即拓跋粟，人名。毛本、殿本、四庫本作“栗”。按：“粟”“栗”字形相近而混。

秋七月辛巳，東宫成，備置屯衛，三分西宫之一。壬午，行幸美稷，[1]遂至隰城。[2]命諸軍討山胡白龍于西河。[3]九月戊子，剋之，斬白龍及其將帥，屠其城。

[1]美稷：地名。在今内蒙古准格爾旗西北。

[2]隰城：縣名。治所在今山西汾陽市。

[3]山胡：亦稱稽胡、步落稽。源於南匈奴，一説爲山戎、赤狄之後。南北朝時居於今山西、陝西北部山谷間，與漢人錯居。　西河：郡名。北魏時治隰城縣，在今山西汾陽市。底本作“河西”，局本、中華本作“西河”，源氏校勘記云：“《魏書》作‘河西’。”中華本校勘記云：“諸本‘西河’作‘河西’，《魏書》作‘西河’。按下文太延三年七月及《魏書》卷一七《永昌王健傳》都有‘討山胡白龍餘黨於西河’的記載。上文言太武由美稷至隰城指揮諸軍，美稷、隰城（即漢之兹氏）自漢以來皆屬西河郡。‘河西’誤倒，今據乙。”今從改。

冬十一月，車駕還宫。十二月甲辰，行幸雲中。

太延元年春正月己未朔，[1]日有蝕之。壬午，降死罪刑已下各一等。癸未，出道武、明元宫人，令得嫁。甲申，大赦改元。二月庚子，蠕蠕、焉耆、車師各遣使朝貢。[2]詔長安及平凉人徙在京師其孤老不能自存者，聽還鄉里。丁未，車駕還宮。

[1]太延：北魏太武帝的年號（435—440）。　己未朔：底本作“乙未朔”，殿本、中華本作“己未朔”。中華本校勘記云：“諸本‘己’作‘乙’，《魏書》卷一〇五《天象志》、《通鑑》卷一二二作‘己’。按下文有壬午、癸未、甲申，則本月朔不得是乙未。己未朔則壬午、癸未、甲申分别爲二十四、五、六日。今據《天象志》《通鑑》改。”今從改。

[2]焉耆：國名。國都在員渠城（今新疆焉耆回族自治縣西南）。見《北史》卷九七《焉耆傳》。　車師：國名。原名姑師。見《北史》卷九七《車師傳》。

夏五月庚申，進宜都公穆壽爲宜都王，[1]汝陰公長孫道生爲上黨王，[2]宜城公奚斤爲恒農王，[3]廣陵公樓伏連爲廣陵王。[4]遣使者二十輩使西域。甲戌，行幸雲中。

[1]宜都公：封爵名。遥封。宜都，郡名。南朝宋時治夷道縣，在今湖北枝江市。　穆壽：人名。代（今山西大同市東北）人。北魏重臣，祖輩軍功卓著。見《北史》卷二〇《穆崇附穆壽傳》。

[2]上黨王：封爵名。上黨，郡名。北魏時治壺關城，在今山西長治市北。

[3]恒農王：封爵名。恒農，郡名。北魏時治陜城，在今河南三門峽市。本弘農郡，北魏避獻文帝諱，改稱恒農郡。

[4]廣陵公：封爵名。遥封。廣陵，郡名。南朝宋時治廣陵縣，在今江蘇揚州市西北。　樓伏連：人名。代（今山西大同市東北）人。見《北史》卷二〇《樓伏連傳》。底本作“婁伏連”。今從《魏書》改。見本傳校勘記。

六月甲午，詔曰："去春小旱，東作不茂，憂勤剋己，祈請靈祇。豈朕精誠有感，何報應之速。雲雨震灑，流澤霑渥。[1]有鄙婦人持方寸玉印詣潞縣侯孫家，[2]既而亡去，莫知所在。印有三字，爲龍鳥之形，要妙奇巧，不類人迹，文曰'旱疫平'。推尋其理，蓋神靈之報應也。比者以來，禎瑞仍臻，甘露流液，降於殿内；嘉瓜合蔕，生于中山；野木連理，殖於魏郡；[3]在先後載誕之鄉，[4]白鷰集于盛樂舊都，[5]玄鳥隨之，蓋有千數；嘉禾頻歲合秀於恒農；[6]白雞、白兔並見於勃海；[7]白雉三隻又集於平陽太祖之廟。天降嘉貺，[8]將何德以酬之？其令天下大酺五日，禮報百神，守宰祭界内名山大川，上答天意。"丙午，高麗、鄯善國並遣使朝貢。[9]

[1]霑渥：浸潤，比喻蒙受恩澤。

[2]潞縣侯：封爵名。潞縣，治所在今北京通州區東。

[3]魏郡：北魏時治鄴縣，在今河北臨漳縣西南鄴鎮。

[4]載誕：承載大業。

[5]鷰：中華本作"燕"。

[6]合秀：謂禾一莖生兩穗，指祥瑞。

[7]白雞白兔：底本作"白兔"，《魏書》卷四上《太武帝紀上》作"白雞白兔"。按：後文云"並見"，可能不僅有白兔，亦當包括白雞，以《魏書》爲是。今從改。

[8]貺（kuàng）：贈，賜。指上天加惠之送。

[9]高麗：又作"高句麗"。其先出自夫餘，地爲漢之玄菟郡，高句麗爲其三縣之一，因以爲國名。都名丸都，在今吉林集安市，南北朝時遷都於今朝鮮平壤市。　鄯善：國名。都依循城，即今新疆若羌縣東。

秋七月，田於椆陽。[1]己卯，樂平王丕等五將東伐，[2]至和龍，徙男女六千口而還。八月丙戌，行幸河西。粟特國遣使朝貢。[3]九月，車駕還宫。

[1]椆陽：邊塞名。約在今内蒙古包頭市。

[2]樂平王：封爵名。樂平，郡名。北魏時治沾縣，在今山西昔陽縣西南。　丕：即拓跋丕，人名。北魏宗室。見《北史》卷一五《樂平王丕傳》。

[3]粟特：國名。中世紀時西域古國之一。主要位於今阿姆河與錫爾河之間的澤拉夫尚河流域。居民屬伊朗語族，主要經營農牧業。見《北史》卷九七《粟特傳》

冬十月癸卯，尚書左僕射安原謀反，伏誅。甲辰，行幸定州，次于新城宫。[1]十一月己巳，校獵于廣川。[2]丙子，行幸鄴，祀密太后廟。[3]諸所過親問高年，褒禮賢俊。十二月癸卯，遣使者以太牢祀北岳。

[1]新城宫：在今河北定州市。

[2]廣川：郡名。十六國時後燕置，治廣川縣，在今河北景縣西南。北魏孝文帝太和十一年廢。底本作“廣州”，元大德本、毛本、殿本、四庫本、局本、四部備要本、中華本均作“廣川”。按：原文云“甲辰，行幸定州”，“丙子，行幸鄴”，均在今河北境内，而廣州在今河南魯山縣，如此短的時間從河北到河南校獵的可能性不大。而“廣川”在今河北景縣西南，地理位置上更具有合理性，故此處當以“廣川”爲是。字形相近而訛，底本誤。今從諸本改。

[3]密太后：即明元帝皇后杜貴嬪。密爲其謚號，北魏太武帝

所追謚。

二年春正月甲寅，車駕還宫。二月戊子，馮弘遣使朝貢，求送侍子，帝不許。壬辰，遣使者十餘輩詣高麗、東夷諸國，詔喻之。三月丙辰，宋人來聘。辛未，遣平東將軍娥清、安西將軍古弼討馮弘。[1]弘求救於高麗，高麗遣其大將葛蔓盧迎之。

[1]平東將軍：官名。爲四平將軍之一，權任很重，多持節都督或兼理某一地區的軍事，有時也作爲刺史等地方官員兼理軍務時的加官。北魏孝文帝太和十七年定爲從二品上，二十三年改爲三品。　娥清：人名。代（今山西大同市東北）人。見《北史》卷二五《娥清傳》。　安西將軍：官名。爲出鎮某一地區的軍事長官，或作爲刺史等地方官員兼理軍務時的加官，權任很重。與安東、安南、安北將軍合稱四安將軍。北魏孝文帝太和十七年定爲二品下，二十三年改爲三品。

夏四月甲申，[1]皇子小兒、苗兒並薨。五月乙卯，馮弘奔高麗。戊午，詔散騎常侍封撥使高麗，徵送馮弘。丁卯，行幸河西。

[1]甲申：底本作“甲寅”，源氏校勘記云：“‘甲寅’《魏書》作‘甲申’。”中華本校勘記云：“諸本‘申’作‘寅’，《魏書》作‘申’。按是年四月壬午朔，無甲寅，甲申是三日。今據改。”今從改。

赫連定之西也，楊難當竊據上邽。秋七月庚戌，命樂平王丕等討之。詔散騎常侍游雅使於宋。[1]八月丁亥，遣使六輩使西域。帝校獵于河西，詔廣平公張黎發定州七郡一萬二千人通莎泉道。[2]甲辰，高車國遣使朝貢。[3]

[1]散騎常侍：源氏校勘記改“常侍”作“侍郎”。按：《魏書》卷四上《太武帝紀上》作“散騎侍郎”，《北史》卷三四《游雅傳》記載“後使宋，授散騎侍郎，賜爵廣平子”，《魏書》卷五四《游雅傳》記載“使劉義隆，授散騎侍郎，賜爵廣平子，加建威將軍”，可見游雅出使劉宋的時候任散騎侍郎。據其傳記載，游雅與胡方回改定律制後，纔晋升爲散騎常侍，當以《魏書》爲是。

[2]張黎：人名。雁門平原（今山西代縣西）人。北魏官吏。見《北史》卷二五《張黎傳》。　莎泉道：古道。在今山西渾源縣境内。

[3]高車：國名。初號狄歷，也稱敕勒、鐵勒、丁零。因所乘車輪高大，故名。北魏時活動於今蒙古高原，以游牧爲生。見《北史》卷九八《高車傳》。

九月庚戌，樂平王丕等至略陽，[1]難當奉詔攝上邽守。高麗不送馮弘，帝將伐之，納樂平王丕計而止。

[1]略陽：郡名。北魏時治隴城縣，在今甘肅秦安縣東北。底本作“略陽公”，中華本校勘記云：“諸本‘略陽’下有‘公’字，《魏書》無。張森楷云：‘據《難當傳》（本書卷九六《氐傳》）未嘗封略陽公。’按‘公’字衍，今據《魏書》删。”今從改。

冬十一月己酉，幸棝陽。驅野馬於雲中，置野馬苑。閏月壬子，車駕還宮。乙丑，改封潁川王提爲武昌王。[1]河西王沮渠牧犍遣使朝貢。

[1]潁川王：封爵名。潁川，郡名。北魏時治長社城，在今河南長葛市東北。　提：即拓跋提，人名。北魏宗室。見《北史》卷一六《河南王曜附拓跋提傳》（參馬志强《〈魏書〉武昌王拓跋提享年小考》，《中國史研究》1996 年第 1 期）。　武昌王：封爵名。遥封。武昌，郡名。南朝宋時治武昌縣，在今湖北鄂州市鄂城區。

是歲，吐谷渾慕璝死。

三年春正月癸未，中山王纂薨。戊子，太尉、北平王長孫嵩薨。乙巳，丹楊王叔孫建薨。[1]二月乙卯，行幸幽州，存恤孤老，問人疾苦。還幸上谷，遂至代，所過復田租之半。三月己卯，車駕還宫。丁酉，宋人來聘。

[1]丹楊王：四庫本、局本、四部備要本作“丹陽王”。

夏五月己丑，詔天下吏人得舉告守令不如法者。丙申，行幸雲中。

秋七月戊子，使永昌王健、上黨王長孫道生討山胡白龍餘黨於西河，滅之。八月甲辰，行幸河西。九月甲申，車駕還宫。丁酉，[1]遣使者拜西秦王慕璝弟慕利延爲鎮西大將軍、儀同三司，[2]改封西平王。[3]

[1]丁酉：底本作“丁丑”，中華本作“丁酉”，《魏書》卷四上《太武帝紀上》、《資治通鑑》卷一二三作“丁酉”。按：據干支

表可知，九月甲申之後衹能是“丁酉”，不能是“丁丑”，今據改。

［2］慕利延：人名。吐谷渾首領。見《北史》卷九六《吐谷渾傳》。　鎮西大將軍：官名。唯資歷深者得任此職，職掌與鎮西將軍同，負責西部的軍事。北魏孝文帝太和十七年定爲從一品上，二十三年改爲二品。

［3］西平王：封爵名。西平，郡名。北魏時治西都縣，在今青海西寧市。

冬十月癸卯，行幸雲中。十一月壬申，車駕還宮。

是歲，河西王沮渠牧犍世子封壇來朝，[1]高麗、契丹、龜兹、悦般、焉耆、車師、粟特、疏勒、烏孫、渴盤陁、鄯善、破洛那、者舌等國各遣使朝貢。[2]

［1］世子：君主或諸侯的嫡長子或兒子中將來要繼承帝位或王位的人。

［2］龜（qiū）兹（cí）：國名。見《北史》卷九七《龜兹傳》。　悦般：國名。見《北史》卷九七《悦般傳》。　疏勒：國名。見《北史》卷九七《疏勒傳》。　烏孫：國名。見《北史》卷九七《烏孫傳》。　渴盤陁：國名。國都在今新疆塔什庫爾干塔吉克自治縣。見《北史》卷九七《渴槃陁傳》。盤，本傳又作“槃”，未詳孰是。　破洛那：國名。見《北史》卷九七《破洛那傳》。底本作“破洛”，中華本校勘記云：“諸本脱‘那’字，據《魏書·世祖紀》及本書卷九七《西域傳》序補。”今從改。　者舌：國名。見《北史》卷九七《者舌傳》。

四年春三月庚辰，鄯善王弟素延耆來朝。癸未，罷沙門年五十以下。江陽王根薨。[1]是月，高麗殺馮弘。

[1]江陽王：封爵名。江陽，郡名。北魏時治江陽縣，在今四川瀘州市江陽區。　根：即拓跋根，人名。其餘不詳。

夏五月戊寅，大赦。

秋七月壬申，車駕北伐。

冬十一月丁卯朔，日有蝕之。十二月，車駕至自北伐。上洛巴泉蕈等相帥内附。[1]詔兼散騎常侍高推使于宋。[2]

[1]上洛：郡名。十六國時治上洛縣，在今陝西商洛市商州區。

[2]高推：人名。字仲讓，勃海蓨（今河北景縣）人。見《北史》卷三一《高允附高推傳》。底本作“高雅”，中華本校勘記云：“《魏書》同。張森楷云：‘《高允傳》（本書卷三一、《魏書》卷四八）“雅”作“推”。據推字仲讓，名誼相協，則“雅”字誤也。’”今從改。

五年春正月庚寅，行幸定州。三月辛未，車駕還宫。庚寅，以故南秦王世子楊保宗爲征南大將軍、秦州牧、武都王，[1]鎮上邽。

[1]楊保宗：人名。仇池（今甘肅西和縣）人。北魏時氐族首領。見《北史》卷九六《氐傳》。　秦州牧：官名。秦州的最高軍政長官。秦州，北魏時治上封城，在今甘肅天水市。

夏五月癸未，遮逸國獻汗血馬。

六月甲辰，車駕西討沮渠牧犍。侍中、宜都王穆壽輔皇太子決留臺事，大將軍長樂王嵇敬、輔國大將軍建寧王崇二萬人屯漠南，[1]以備蠕蠕。

[1]嵇敬：人名。北魏大將。獻懷長公主（明元帝拓跋嗣姊）之子。見《北史》卷二五《萬安國附嵇敬傳》。　輔國大將軍：官名。位在四鎮將軍之上。北魏孝文帝太和十七年定爲二品下，二十三年改爲二品。　建寧王：封爵名。遥封。建寧，郡名。南朝宋時治建寧縣，在今湖北麻城市北。　崇：即拓跋崇，人名。北魏宗室。見《北史》卷一六《建寧王崇傳》。

秋七月己巳，車駕至上郡屬國城，[1]大饗群臣，講武馬射。壬午，留輜重，分部諸軍。八月丙申，車駕至姑臧，[2]牧犍兄子祖踰城來降。乃分軍圍之。

[1]上郡：治所在今陝西榆林市東南。底本作“上都”，中華本校勘記云：“諸本‘郡’作‘都’，《魏書》百衲本、《通鑑》卷一二三作‘郡’。按《通鑑》胡注云：‘班書《地理志》：上郡龜兹縣，屬國都尉治。’據《水經注》卷三《河水注》，龜兹縣在榆林西北，拓拔燾進攻凉州，正是行軍所經之地。‘都’乃‘郡’之訛，今據改。”今從改。　屬國城：約在今内蒙古鄂托克旗附近。

[2]姑臧：縣名。治所在今甘肅武威市凉州區。十六國時前凉、後凉、北凉皆都於此。

九月丙戌，牧犍與左右文武五千人面縛軍門，帝解其縛，待以藩臣之禮。收其城内户口二十餘萬，倉庫珍寶不可稱計。進張掖公禿髮保周爵爲王，[1]與龍驤將軍穆羆、安遠將軍源賀分略諸郡。[2]牧犍弟張掖太守宜得西奔酒泉太守無諱，[3]後奔晋昌；[4]樂都太守安周南奔吐谷渾。[5]

[1]張掖公：封爵名。張掖，郡名。十六國北涼時治永平縣，在今甘肅張掖市西北。　秃髮保周：人名。十六國時南涼宗室。南涼秃髮傉檀嘉平七年（414），質於北涼。北魏太武帝延和元年，棄北涼而入魏，封張掖公。太武帝太延五年（439），進封張掖王。後叛魏自立，爲魏將拓跋健所攻，兵敗自殺。

[2]安遠將軍：官名。多用於封降將或邊遠地區地方長官。北魏孝文帝太和十七年定爲從三品下，二十三年改爲四品。　源賀：人名。本名秃髮破羌，西平樂都（今青海樂都縣）人，鮮卑族。北魏將領、官吏。見《北史》卷二八《源賀傳》。

[3]酒泉：郡名。十六國西凉時治禄福縣，在今甘肅酒泉市肅州區。　無諱：即沮渠無諱，人名。張掖臨松盧水（今甘肅張掖市南）人。十六國時北凉宗室。見《北史》卷九三《沮渠蒙遜附沮渠無諱傳》。

[4]晋昌：郡名。十六國西凉時治冥安縣，在今甘肅瓜州縣東南。

[5]樂都：郡名。十六國南凉時治樂都縣，在今青海樂都縣。

戊子，蠕蠕犯塞，遂至七介山，[1]京都大駭。皇太子命上黨王長孫道生等拒之。

[1]七介山：在今山西右玉縣西南。

冬十月辛酉，車駕還宫。徙凉州人三萬餘家于京師。留樂平王丕、征西將軍賀多羅鎮凉州。[1]癸亥，遣張掖王秃髮保周喻諸部鮮卑，保周因率諸部叛於張掖。

十一月乙巳，宋人來聘，并獻馴象一。十二月壬午，車駕至自西伐，飲至策勳，告于宗廟。楊難當寇上邽，鎮將元勿頭討走之。[2]

[1]征西將軍：官名。四征將軍之一，多爲持節都督，出鎮地方，地位顯要。北魏孝文帝太和十七年定爲從一品中，二十三年改爲二品。　賀多羅：人名。又稱破多羅。北魏太武帝時的大將、功臣（參殷憲《賀多羅即破多羅考》，《學習與探索》2009 年第 5 期）。

[2]鎮將：官名。北魏置，爲鎮之主官，掌一鎮兵馬及鎮之守衛。在不設州郡的地區，兼統軍民；在設州郡的内地，主要掌軍政，但兼任駐在州刺史時，亦兼理民政。其下設副將、監軍及長史、司馬等佐僚。品秩按所帶將軍號而定。

是歲，鄯善、龜兹、疏勒、焉耆、高麗、粟特、渴盤陁、破洛那、悉居半等國並遣使朝貢。[1]

[1]破洛那悉居半：底本作“破那悉半居”，中華本校勘記云：“諸本脱‘洛’字，‘居半’誤倒，據《魏書·世祖紀》及本書卷九七《西域傳》補乙。”今從改。悉居半，國名。在今新疆葉城縣一帶。見《北史》卷九七《悉居半傳》。

太平真君元年春正月己酉，[1]沮渠無諱圍酒泉。辛亥，分遣侍臣巡行州郡，觀察風俗，問人疾苦。二月己巳，詔假通直常侍邢穎使於宋。[2]發長安人五千浚昆明池。[3]三月，酒泉陷。

[1]太平真君：北魏太武帝的年號（440—451）。

[2]通直常侍：官名。通直散騎常侍的省稱。晉武帝時，員外散騎常侍與散騎常侍共同當值，故設此職。北魏時掌侍從、諷諫，屬集書省，員六人。孝文帝太和十七年定爲三品下，二十三年改爲四品。

[3]昆明池：在今陝西西安市長安區西南。

夏四月戊午朔，日有蝕之。庚辰，沮渠無諱寇張掖。禿髮保周屯删丹。[1]六月丁丑，皇孫濬生，[2]大赦改元。

[1]删丹：縣名。治所在今甘肅山丹縣。

[2]濬：即拓跋濬，人名。北魏文成帝。見《北史》卷二《魏本紀・文成帝》。

秋七月，行幸陰山。己丑，永昌王健大破禿髮保周，[1]走之。丙申，保太后竇氏崩于行宫。癸丑，保周自殺，傳首京師。八月甲申，沮渠無諱降。九月壬寅，車駕還宫。

[1]健：底本作“建”，殿本、四庫本、局本、四部備要本、中華本均作“健”。今據改。

是歲，州鎮十五飢，詔開倉振恤之。以河南王曜子羯兒爲河間王，[1]後改封略陽王。

[1]河南王：封爵名。河南，郡名。北魏時治洛陽縣，在今河

南洛陽市東北。　曜：即拓跋曜，人名。道武帝子。見《北史》卷一六《河南王曜傳》。　羯兒：即拓跋羯兒，人名。北魏宗室、將領。見《北史》卷一六《河間王脩傳》。　河間王：封爵名。河間，郡名。北魏初治樂城縣，在今河北獻縣東南；孝文帝太和十一年移治武垣縣，在今河北河間市南。

二年春正月癸卯，拜沮渠無諱爲征西大將軍、涼州牧、酒泉王。三月辛卯，葬惠太后於崞山。[1]庚戌，新興王俊、略陽王羯兒有罪，[2]黜爲公。辛亥，封蠕蠕郁久閭乞歸爲朔方王，[3]沮渠萬年爲張掖王。[4]

[1]惠太后：即北魏明元帝保母竇氏。惠爲其謚號。　崞山：山名。在今山西渾源縣西。

[2]新興王：封爵名。新興，郡名。北魏時治定襄縣，在今山西定襄縣。　俊：即拓跋俊，人名。北魏宗室。見《北史》卷一六《新興王俊傳》。

[3]郁久閭乞歸：人名。北魏時柔然貴族。《魏書》卷四下《太武帝紀下》稱“郁久閭乞列歸”。　朔方王：封爵名。朔方，郡名。北魏時治魏平縣，在今陝西子長縣東南。

[4]沮渠萬年：人名。張掖臨松盧水（今甘肅張掖市南）人。十六國時北涼宗室，後歸北魏。

夏四月丁巳，宋人來聘。

秋八月辛亥，詔散騎侍郎張偉使于宋。九月戊戌，永昌王健薨。

冬十一月庚子，鎮南將軍奚眷平酒泉。[1]十二月丙子，宋人來聘。

[1]鎮南將軍：官名。多授持節都督，出鎮地方。北魏孝文帝太和十七年定爲從一品下，二十三年改爲從二品。底本作“鎮南大將軍”，《魏書》卷四下《太武帝紀下》作“鎮南將軍”。中華本校勘記云：“《魏書》無‘大’字。張森楷云：‘眷本傳（本書卷二〇、《魏書》卷三〇）亦不云進大將軍，則此“大”字衍文。’”今從改。　奚眷：人名。代（今山西大同市東北）人。北魏將領。見《北史》卷二〇《奚眷傳》。

三年春正月甲申，帝至道壇，親受符籙，[1]備法駕，旗幟盡青。[2]三月壬寅，北平王長孫頽有罪，[3]削爵爲侯。

[1]符籙：道家用來趨吉避凶的一種方術。

[2]旗幟：《魏書》卷四下《太武帝紀下》作“麾幟”。按：麾幟指將帥的旗幟，據文意，此時是祭祀儀式，應該不會用“麾幟”，今從《北史》。　青：乃道家所尚之色。

[3]長孫頽：人名。代（今山西大同市東北）人，鮮卑族。北魏官吏。見《北史》卷二二《長孫嵩附長孫頽傳》。

夏四月，酒泉王沮渠無諱走渡流沙，據鄯善。凉武昭王孫李寶據敦煌，[1]遣使内附。五月，[2]行幸陰山北。六月丙戌，楊難當朝於行宫。先是，起殿於陰山北，殿成而難當至，因曰廣德焉。[3]

[1]凉武昭王：即李暠。十六國時西凉政權的建立者。武昭爲其謚號。　李寶：人名。字懷素，小字衍孫，十六國時西凉宗室。

西涼滅亡後與舅舅唐契一起退保伊吾。北魏太武帝太平真君三年歸順北魏。見《北史》卷一〇〇《涼武昭王李暠附李寶傳》。　敦煌：郡名。在今甘肅敦煌市西南。（李寶所據敦煌，應爲敦煌鎮，在今甘肅敦煌市西）

[2]五月：源氏校勘記云："'五月'《魏書》作'三月'。"

[3]廣德：在今内蒙古武川縣西南大青山北面。

秋八月甲戌晦，[1]日有蝕之。

[1]秋八月甲戌晦：中華本校勘記云："按是年八月乙亥朔，晦日是癸卯，甲戌是七月晦日。此條出《魏書·天象志》，原文已誤。"

冬十月己卯，封皇子伏羅爲晉王，[1]翰爲秦王，[2]譚爲燕王，[3]建爲楚王，[4]余爲吴王。[5]十二月辛巳，太保、襄城公盧魯元薨。[6]丁酉，車駕還宫。李寶遣使朝貢，以寶爲鎮西大將軍、開府儀同三司、沙州牧、敦煌公。[7]

[1]伏羅：即拓跋伏羅，人名。北魏宗室。見《北史》卷一六《晉王伏羅傳》。

[2]翰：即拓跋翰，人名。北魏宗室。見《北史》卷一六《東平王翰傳》。

[3]譚：即拓跋譚，人名。北魏宗室、將領。見《北史》卷一六《臨淮王譚傳》。

[4]建：即拓跋建，人名。北魏宗室。見《北史》卷一六《廣陽王建傳》。

[5]余：即拓跋余，人名。北魏宗室。見《北史》卷一六《南安王余傳》。

[6]太保：官名。北魏時爲三師之一，是輔佐君王的重要大臣，位在太師、太傅下。孝文帝太和二十三年定爲一品。　襄城公：封爵名。襄城，郡名。北魏時治襄城縣，在今河南襄城縣。　盧魯元：人名。昌黎徒河（今遼寧錦州市）人。北魏官吏。見《北史》卷二五《盧魯元傳》。

[7]開府儀同三司：多爲大臣的加號，與三公的禮制待遇相同，且允許開府，自辟屬僚。北魏孝文帝太和二十三年定爲從一品。　沙州牧：官名。沙州的最高軍政長官。沙州，十六國西凉時治福禄縣，在今甘肅酒泉市肅州區。

四年春正月庚午，行幸中山。二月丙子，次于恒山之陽，[1]詔有司刊石勒銘。是月，剋仇池。[2]三月庚申，車駕還宫。

[1]恒山：在今河北曲陽縣。

[2]仇池：國名。氐族建，在今甘肅西和縣西南。

夏四月，武都王楊保宗謀反，諸將禽送京師。氐、羌復推保宗弟文德爲主，[1]圍仇池。六月庚寅，詔復人貲賦二年，其田租歲輸如常，牧守不得妄有徵發。癸巳，大閲于西郊。

[1]文德：即楊文德，人名。仇池（今甘肅西和縣）人。北魏時氐族首領。見《北史》卷九六《氐傳》。

九月辛丑，行幸漠南。甲辰，舍輜重，以輕騎襲蠕蠕，分軍爲四道。

冬十一月甲子，車駕還至朔方。詔曰："夫陰陽有往復，四時有代謝，授子任賢，蓋古今不易之令典也。其令皇太子副理萬機，總統百揆。諸功臣勤勞日久，皆當以爵歸第，隨時朝請，饗宴朕前，論道陳謨而已，不宜復煩以劇職。更舉賢俊，以備百官，明爲科制，以稱朕心。"十二月辛卯，車駕至自北伐。

五年春正月壬寅，皇太子始總百揆。侍中中書監宜都王穆壽、司徒東郡公崔浩、侍中廣平公張黎、侍中建興公古弼輔太子以決庶政。[1]諸上書者皆稱臣，上疏儀與表同。戊申，詔自王公已下至於庶人，私養沙門、巫及金銀工巧之人在其家者，皆遣詣官曹，限今年二月十五日。過期不出，巫、沙門身死，主人門誅。庚戌，詔自三公已下至於卿士，[2]其子息皆詣太學，[3]其百工伎巧騶卒子息當習其父兄所業，[4]不聽私立學校，違者師身死，主人門誅。

[1]中書監：官名。北魏時爲中書省長官之一，掌納奏、擬詔、出令，然權歸中書舍人，監、令名爲長官，實爲閑職。孝文帝太和十七年定爲從一品中，二十三年改爲從二品。　東郡公：封爵名。東郡，北魏時治滑臺城，在今河南滑縣東。底本作"東都公"，局本、中華本作"東郡公"。中華本校勘記云："諸本'郡'訛作'都'，據《魏書·世祖紀》及《魏書》卷三五、本書卷二一浩本傳改。"今從改。　建興公：封爵名。建興，郡名。十六國時西燕慕容永分上黨郡置，治陽阿縣，在今山西晋城市西北陽鎮。北魏太

武帝太平真君九年廢，文成帝和平五年（464）復置，孝莊帝永安中廢。

[2]三公：《魏書》卷四下《太武帝紀下》作“王公”。中華本校勘記云：“《魏書》、《通志》、《通鑑》卷一二四‘三’並作‘王’。按上文有‘自王公已下，至於庶人’，疑此‘三’是‘王’之訛。” 卿士：初指卿大夫，後泛指官吏。

[3]子息：兒子。又作“息子”。

[4]騶卒：掌管車馬的差役。亦泛指一般的僕役。

二月辛未，中山王辰等八人以北伐後期，斬于都南。癸酉，樂平王丕薨。庚辰，行幸廬。[1]三月戊戌，[2]大會于那南。[3]遣使者四輩使西域。甲辰，車駕還宮。

[1]廬：中華本校勘記云：“南本及《魏書》‘廬’下注‘闕’，當有脱文。”

[2]戊戌：底本作“戊辰”，中華本校勘記云：“諸本‘戌’作‘辰’，《魏書》作‘戌’。按是年三月丙申朔，無戊辰，戊戌是三日。又上文有庚辰，下文有甲辰，中間不得有戊辰。今據《魏書》改。”今從改。

[3]那南：池名。具體位置不詳。

夏四月乙亥，太宰、陽平王杜超爲帳下所殺。[1]五月丁酉，行幸陰山北。六月，西平王吐谷渾慕利延殺其兄子緯代，緯代弟叱力延等來奔，[2]乞師。以叱力延爲歸義王。

[1]陽平王：封爵名。陽平，郡名。北魏時治館陶縣，在今河

北館陶縣。

[2]殺其兄子緯代緯代弟叱力延等來奔：底本作“殺其兄子緯代立緯弟叱力延等來奔”。中華本校勘記云：“諸本作‘殺其兄子緯，代立，緯弟叱力延等來奔’。《魏書》作‘殺其兄子緯代，是月，緯代弟叱力延等來奔’。按本書卷九六《吐谷渾傳》，緯代是慕利延兄阿豺之子。阿豺死，弟慕璝立。慕璝死，弟慕利延立。緯代未嘗嗣位，慕利延並非殺之而後代立。諸本衍‘立’字，又脱下‘代’字，今據《魏書》删補。”今從改。

秋八月乙丑，田于河西。壬午，詔員外散騎常侍高濟使於宋。[1]九月，帝自河西至于馬邑，[2]觀于崞川。[3]己亥，車駕還宮。[4]丁未，行幸漠南。

[1]高濟：人名。字叔民，勃海蓨（今河北景縣）人。北魏官吏。見《魏書》卷四八《高允傳》。

[2]馬邑：縣名。治所在今山西朔州市。

[3]崞川：在今山西渾源縣東北。西流至應縣西折而向北，入桑乾河。

[4]車駕還宮：底本作“車騎還宮”，中華本作“車駕還宮”。源氏校勘記云：“‘騎’《魏書》作‘駕’。”底本誤，今從改。

冬十月癸未，晋王伏羅大破慕利延，慕利延走奔白蘭，[1]其部一萬三千内附。十一月，宋人來聘。十二月丙戌，車駕還宮。

[1]白蘭：羌人的一支，分布於今青海南部及四川西部地區，以其地有白蘭山而名。以游牧爲生。見《北史》卷九六《白蘭

傳》。

六年春正月辛亥，行幸定州，引見長老，存問之。詔兼員外散騎常侍宋愔使于宋。[1]二月，遂西幸上黨，觀連理樹於玄氏。[2]至吐京，[3]討徙叛胡，出配郡縣。三月庚申，車駕還宮。詔諸有疑獄皆付中書，以經義量決。

[1]宋愔：人名。西河介休（今山西介休市）人。歷任中書博士、員外散騎常侍。

[2]玄氏：縣名。治所在今山西高平市。源氏校勘記云："《魏書》作'泫氏'。"按：泫氏，漢縣，在今山西高平市，北魏時改稱玄氏，屬長平郡。見《魏書·地形志上》。據此，此處當作"玄氏"。

[3]吐京：鎮名。北魏太武帝太平真君九年置吐京郡，治嶺西縣，歸吐京鎮管轄。在今山西石樓縣西北。孝文帝太和二十一年改嶺西縣爲吐京縣。

夏六月戊子朔，日有蝕之。壬辰，北巡。

秋八月壬辰，散騎常侍成周公萬度歸以輕騎至鄯善，[1]執其王真達，與詣京師。帝大悦，厚待之。車駕幸陰山北，次于廣德宫。詔發天下兵三取一，各當戒嚴，以須後命。徙諸種雜人五千餘家於北邊。令人北徙畜牧至廣漠，以餌蠕蠕。壬寅，征西大將軍、高凉王那等討吐谷渾慕利延。[2]軍到曼頭城，[3]慕利延驅其部落西度流沙，那急追，故西秦王慕璝世子被囊逆軍拒戰，那擊破之。中山公杜豐追度三危，[4]至雪山，禽被囊及慕利延兄子什歸、熾盤子成龍,[5]送于京師。慕利延遂西入于闐國。[6]

[1]萬度歸:人名。北魏官吏。位散騎常侍,太武帝太平真君九年,大破焉耆國。後西討龜兹,大獲而還。

[2]高凉王:封爵名。高凉,郡名。北魏時治高凉縣,在今山西稷山縣東南。　那:即拓跋那,人名。北魏宗室、將領。見《北史》卷一五《高凉王孤附拓跋那傳》。

[3]曼頭城:在今青海共和縣西南。四庫本、四部備要本、中華本作“蔓頭城”。按:“曼”“蔓”古通。

[4]三危:山名。亦名卑羽山、卑雨山、化雨山。有三峰聳峙,如危欲墜,故名。在今甘肅敦煌市東南。一説在今甘肅渭源縣。

[5]兄子:底本作“元子”,中華本校勘記云:“諸本‘兄’作‘元’,《魏書》作‘兄’。按本書卷三七、《魏書》卷五一《封敕文傳》云:‘征吐谷渾慕利延兄子什歸於枹罕。’‘元’乃‘兄’之訛,今據改。”今從改。

[6]于闐:國名。一作“于寘”。漢西域三十六國之一,國都在西城(一作“西山城”),轄境相當於今新疆和田地區。居民從事農牧,多桑麻,産美玉,俗重佛教。見《北史》卷九七《于闐傳》。

九月,盧水胡蓋吴聚衆反於杏城。[1]

[1]盧水胡:爲漢代以來著名雜胡之一。因世居盧水(疑爲今甘肅南臨松山一帶的黑水)而得名。它的族源説法不一,主要源於匈奴族。　蓋吴:人名。北地(今陜西富平縣)盧水胡人。北魏關中起義首領。　杏城:在今陜西黄陵縣西南。

冬十一月，高凉王那振旅還京師。庚申，遼東王竇漏頭薨。[1]河東蜀薛永宗聚黨入汾曲，[2]西通蓋吴，受其位號。蓋吴自號天台王，署百官。辛未，車駕還宫。選六州兵勇猛者，使永昌王仁、高凉王那分領爲二道，[3]南略淮、泗以北。[4]徙青、徐之人以實河北。[5]癸未，西巡。

[1]竇漏頭：人名。北魏官吏。竇太后的弟弟，得勢後被封爲遼東王。

[2]河東：郡名。北魏時治蒲坂縣，在今山西永濟市西南蒲州城。　蜀：指徙居於河東一帶的蜀人。　汾曲：地名。在今山西曲沃縣西北。汾水南流，至此西折，因而得名。

[3]仁：即拓跋仁，人名。北魏宗室。見《北史》卷一六《永昌王健附拓跋仁傳》。

[4]淮：古代四瀆之一。源出今河南桐柏山，東流入安徽境，其下游由江蘇北部入海。　泗：又名清水、清泗。源自今山東泗水縣東蒙山南麓。

[5]青：州名。南朝宋時治東陽城，在今山東青州市。　徐：州名。南朝宋時治彭城縣，在今江蘇徐州市。

七年春正月戊辰，車駕次東雍，[1]禽薛永宗，斬之。其男女無少長皆赴水死。辛未，南幸汾陰。[2]蓋吴退走北地。[3]二月丙戌，幸長安，存問父老。丁亥。幸昆明池，遂田于岐山之陽。[4]所過誅與蓋吴通謀反害守將者。

[1]次：毛本、殿本、四庫本、局本、四部備要本作“自”。按：薛永宗在東雍州謀反，太武帝須駐扎東雍州進行平亂，故此處

當爲“次”，以底本爲是。　東雍：州名。北魏太武帝太平真君四年置，治鄭縣，在今陝西華縣。

［2］汾陰：縣名。治所在今山西萬榮縣西南。

［3］北地：郡名。北魏時治富平縣，在今陝西富平縣。

［4］岐山：在今陝西岐山縣東北。

三月，詔諸州坑沙門，毀諸佛像，徙長安城内工巧二千家於京師。

夏四月甲申，車駕至自長安。戊子，毀鄴城五層佛圖，[1]於泥像中得玉璽二，其文皆曰“受命於天，既壽永昌”。其一刻其旁曰“魏所受漢傳國璽”。

［1］鄴城：在今河北臨漳縣西南。

五月，蓋吴復聚杏城，自號秦地王。丙戌，發司、幽、定、冀四州十萬人築畿上塞圍，[1]起上谷，[2]西至于河，廣袤皆千里。六月癸未朔，[3]日有蝕之。

［1］丙戌發司幽定冀四州十萬人築畿上塞圍：源氏校勘記云：“按《魏書》丙戌在六月下，爲是。當在蝕之下。六月朔癸未，四日則丙戌也。”當是。中華本校勘記云：“按《魏書》此上有‘六月甲申發定、冀、相三州兵二萬人屯長安南山諸谷，以防越逸’等語。《北史》删節，並‘六月’二字去之，遂似築塞圍在五月。是年五月癸丑朔，無丙戌；六月癸未朔，丙戌是四日。”司，州名。北魏道武帝天興中置，治平城，在今山西大同市東北。初設時，領有代郡、廣寧、上谷、雁門等地。

［2］上谷：郡名。北魏時治沮陽縣，在今河北懷來縣東南。

［3］六月：南監本作“六日”，源氏校勘記改“月”作“日”。

秋八月，蓋吴爲其下人所殺，傳首京師。復略陽公羯兒王爵。

八年二月癸未，[1]行幸中山。三月，河西王沮渠牧犍謀反，伏誅。

［1］二月癸未：底本作“春正月癸未”。《魏書》卷四下《太武帝紀下》作“二月癸未”。按：太武帝太平真君八年正月己酉朔，無“癸未”，而二月己卯朔，有“癸未”，當從《魏書》。今從改。

夏五月，車駕還宫。六月，西征諸將扶風公處真等八將坐盗没軍資，[1]所在虜掠，贓各千萬計，並斬之。

［1］扶風公：封爵名。扶風，郡名。北魏時治好畤縣，在今陝西乾縣東。　處真：即拓跋處真，人名。見《北史》卷一五《扶風公處真傳》。

秋八月，樂安王範薨。

冬十一月，[1]侍中、中書監、宜都王穆壽薨。十二月，晋王伏羅薨。

［1］冬十一月：源氏校勘記云：“‘十一月’《魏書》作‘十月’。”

九年春正月，宋人來聘。二月癸卯，行幸定州。山東人飢，詔開倉振之。罷塞圍作。遂西幸上黨。詔於壺關東北大王山累石爲三封，[1]又斬其北鳳皇山南足以斷之。[2]三月，車駕還宮。

[1]壺關：縣名。治所在今山西壺關縣東南。　大王山：在今山西壺關縣東南。

[2]又斬：底本作“乂斬”，毛本、殿本、四庫本、局本、四部備要本、中華本均作“又斬”。按：從文意來看，當爲“又斬”，字形相近而訛，底本誤。今從諸本改。　北鳳皇山：底本作“鳳凰山”，《魏書》卷四下《太武帝紀下》作“北鳳凰山”。中華本校勘記云：“《魏書》‘其’下有‘北’字。按本書卷六《齊神武紀》引此事亦有。其北，指大王山之北，此當脱‘北’字。”今從改。鳳皇山，在今山西潞城市西北（或説在今山西屯留縣）。

夏五月甲戌，以交趾公韓拔爲假節征西將軍、領護西戎校尉、鄯善王，[1]鎮鄯善，賦役其人，比之郡縣。六月辛酉，行幸廣德宮。丁卯，悦般國遣使求與王師俱討蠕蠕。帝許之。

[1]交趾公：封爵名。遥封。交趾，初泛指五嶺以南地區，後專指越南中部與北部。　假節征西將軍：底本作“假征西將軍”，《魏書》卷四下《太武帝紀下》作“假節征西將軍”。中華本校勘記云：“《魏書》‘假’下有‘節’字。按本書卷九七《西域鄯善國傳》也作‘假節征西將軍’。此脱‘節’字。”今從改。　護西戎校尉：官名。北魏時設於敦煌、仇池等鎮，負責西戎事務。孝文帝太和十七年定爲三品下，二十三年改爲從三品。

秋八月，詔中外諸軍戒嚴。九月乙酉，練兵于西郊。丙戌，幸陰山。

是月，成周公萬度歸千里驛上。[1]大破焉耆國，其王鳩尸卑那奔龜兹。[2]

[1]千里驛上：《魏書》卷四下《太武帝紀下》云："（夏四月庚戌）散騎常侍、成周公萬度歸乘傳發凉州以西兵襲鄯善。"所謂"千里驛上"，即乘傳急行。

[2]鳩尸卑那：人名。乃龍熙之後裔。見《北史》卷九七《焉耆傳》。

冬十月辛丑，恒農王奚斤薨。癸卯，以婚姻奢靡，喪葬過度，詔有司更爲科限。[1]癸亥，大赦。十二月，詔成周公萬度歸自焉耆西討龜兹。皇太子朝于行宫，遂從北討。至受降城，[2]不見蠕蠕，因積糧城内，留守而還。北平王長孫敦坐事降爵爲公。[3]

[1]科限：以法規條例加以限制。

[2]受降城：亦稱比干城。在今内蒙古巴彦淖爾市狼山西北。

[3]長孫敦：人名。字孝友，代（今山西大同市東北）人。北魏官吏。見《北史》卷二二《長孫嵩附長孫敦傳》。

十年春正月戊辰朔，帝在漠南，大饗百僚。甲戌，蠕蠕吐賀真懼，遠遁。[1]三月，蒐于河西。[2]庚寅，車駕還宫。

[1]甲戌蠕蠕吐賀真懼遠遁：中華本校勘記云："《魏書》作'甲戌，北伐。二月，蠕蠕渠帥尒綿他拔等率其部落千餘家來降，

蠕蠕吐賀真恐懼遠遁’。《北史》删節失當。”吐賀真，人名。北魏時柔然可汗，太武帝太平真君六年立。見《北史》卷九八《蠕蠕傳》。

［2］蒐（sōu）：捕獵。

夏四月丙申朔，日有蝕之。九月，閱武於磧上，遂北伐。

冬十月庚子，皇太子及群官奉迎於行宫。十二月戊申，車駕至自北伐。己酉，以平昌公託真爲中山王。[1]

［1］平昌公：封爵名。遥封。平昌，郡名。南朝宋時治安丘縣，在今山東安丘市西南。　託真：即拓跋託真，人名。北魏宗室。

十一年春正月乙丑，[1]行幸洛陽，所過郡國，皆親對高年，存恤孤寡。二月甲午，大蒐於梁川。[2]皇子真薨。[3]是月，大修宫室，皇太子居于北宫。車駕遂征懸瓠。[4]

［1］乙丑：源氏校勘記云：“《魏書》作‘乙酉’。”《魏書》卷四下《太武帝紀下》作“乙酉”。按：太武帝太平真君十一年正月壬戌朔，乙丑、乙酉均在正月，未詳孰是。

［2］梁川：毛本、殿本、四庫本、局本、四部備要本作“梁山”。中華本校勘記云：“百衲本、南本及《魏書》作‘梁川’，北、汲、殿三本作‘梁山’。按《水經注》卷二一《汝水注》：‘黄水出梁山，東南逕周承休縣故城東。’此山當在今河南臨汝縣東北，本春秋時南梁故地。其西是廣成澤，自東漢以來即爲狩獵之所。拓拔燾由洛陽傍汝水南下攻懸瓠，梁山是路途所經。疑作

'山'是。"

[3]真：即拓跋真，人名。太武帝之子，早卒。

[4]懸瓠：城名。在今河南汝南縣。

夏四月癸卯，車駕還宫，賜從者及留臺郎吏已上生口各有差。六月己亥，誅司徒崔浩。辛丑，北巡陰山。

秋七月，宋將王玄謨攻滑臺。[1]八月癸亥，[2]田于河西。癸未，練兵於西郊。九月辛卯，車駕南伐。癸巳，皇太子北伐，屯于漠南。[3]吴王余留守京都。庚子，曲赦定、冀、相三州死罪已下。[4]

[1]王玄謨：人名。字彦德，太原祁（今山西祁縣東）人。南朝宋將領。見《宋書》卷七六《王玄謨傳》。

[2]癸亥：底本作"辛亥"，局本、中華本作"癸亥"。中華本校勘記云："各本'癸'作'辛'，南本及《魏書》作'癸'。按是年魏閏七月，八月戊午朔，無辛亥，癸亥是六日。今從南本。"今從改。

[3]漠南：源氏校勘記云："《魏書》作'漠南'。"按：毛本、中華本《魏書》均作"漠南"。

[4]曲赦：猶特赦。

冬十月乙丑，車駕濟河，玄謨棄軍而走，乃命諸將分道並進。車駕自中道，十一月辛卯，至鄒山。[1]使使者以太牢祀孔子。是月，頞盾國獻師子一。[2]十二月丁卯，車駕至淮。詔刈雚葦作筏數萬而濟，[3]淮南皆降。癸未，車駕臨江，起行宫於瓜步山。[4]諸軍同日皆臨江，所過城邑，莫不望塵奔潰，其降附者不可勝數。甲申，宋文帝使獻百牢，[5]貢其方物，又請進女於皇孫，以求和好。帝以師婚非禮，[6]許和而不許婚，使散騎侍郎夏侯野報之。帝詔皇孫爲書，致馬通問焉。

[1]鄒山：在今山東鄒城市東南二十里。
[2]頞盾國：國名。具體位置不詳。　師：通"獅"。
[3]刈（yì）：割。　雚葦：泛指蘆葦。
[4]瓜步山：今江蘇南京市六合區東南瓜埠山。
[5]宋文帝：即南朝宋皇帝劉義隆。文爲其謚號。
[6]師婚：戰爭期間締結婚姻。

正平元年春正月丙戌朔，[1]大會群臣於江上，文武受爵者二百餘人。丁亥，車駕北旋。二月癸未，次于魯口。[2]皇太子朝於行宫。三月己亥，車駕至自南伐，飲至策勳，告於宗廟，以降人五萬餘家分置近畿，賜留臺文武所獲軍資生口各有差。

[1]正平：北魏太武帝的年號（451—452）。
[2]魯口：城名。在今河北饒陽縣。

夏五月壬寅，大赦。六月壬戌，改元。車師國王遣子入侍。[1]詔以刑網太密，犯者更衆，命有司其案律令，務求厥中，自餘有不便於人者，依比增損。詔太子少傅游雅、中書侍郎胡方回等改定律制。[2]略陽王羯兒、高凉王那有罪賜死。戊辰，皇太子薨。壬申，葬景穆太子於金陵。[3]

[1]車師：國名。在今新疆吐魯番地區。見《北史》卷九七《車師傳》。

[2]太子少傅：官名。與太子太傅並稱太子二傅。協助太子太傅監護、輔翼、教導太子。北魏孝文帝太和二十三年定爲三品。　中書侍郎：官名。北魏時多選用文學之士，掌草擬詔令，員四人。孝文帝太和二十三年定爲從四品。　胡方回：人名。安定臨涇（今甘肅鎮原縣）人。初仕於赫連屈丐，夏滅後歸北魏，爲北鎮司馬，以文章見知。見《北史》卷三四《胡方回傳》。

[3]景穆太子：即拓跋晃。景穆爲其謚號。　金陵：北魏遷都洛陽以前埋葬皇帝和皇后的陵區，在今内蒙古和林格爾縣西北。

秋七月丁亥，行幸陰山。省諸曹吏員三分之一。九月癸巳，車駕還宮。

冬十月庚申，行幸陰山。宋人來聘。詔殿中將軍郎法祐使於宋。[1]己巳，司空、上黨王長孫道生薨。十二月丁丑，車駕還宮。封皇孫濬爲高陽王，[2]尋以皇孫世嫡，不宜在藩，乃止。改封秦王翰爲東平王，[3]燕王譚爲臨淮王，[4]楚王建爲廣陽王，[5]吴王余爲南安王。

[1]殿中將軍：官名。西晉始設。爲侍衛武職，不統兵。北魏孝文帝太和十七年定爲五品中，二十三年改爲九品。

[2]高陽王：封爵名。高陽，郡名。北魏時治高陽縣，在今河北高陽縣東舊城。

[3]東平王：封爵名。遥封。東平，郡名。南朝宋時治無鹽縣，在今山東東平縣東。

[4]臨淮王：封爵名。臨淮，郡名。北魏時治赤坎城，在今安徽懷遠縣西北。

[5]廣陽王：封爵名。廣陽，郡名。北魏太武帝太平真君二年由益州改置，治燕樂縣，在今河北隆化縣。

二年春正月庚辰朔，南來降人五千餘家於中山謀叛，州軍討平之。冀州刺史、張掖王沮渠萬年與降人通謀，賜死。

三月甲寅，中常侍宗愛構逆，[1]帝崩於永安宫，[2]時年四十五。秘不發喪。愛又矯皇后令，殺東平王翰，迎南安王余立，大赦，改元爲承平。[3]尊謚曰太武皇帝，葬於雲中金陵，廟號世祖。

[1]中常侍：官名。北魏時侍從皇帝，出入詔命。孝文帝太和二十三年定爲四品。　宗愛：人名。北魏宦官。見《北史》卷九二《宗愛傳》。

[2]永安宫：即萬壽宫。太武帝出生之地。在今山西大同市東北。

[3]承平：北魏南安王拓跋余的年號（452）。殿本、四庫本、局本、四部備要本、中華本作“永平”，《宋書》《資治通鑑》作“承平”。按：“永平”爲北魏宣武帝的年號，宣武與此相去不遠，應不會承繼舊年號，所以此處當爲“承平”。以底本爲是（參李崇智《中國歷代年號考》，中華書局2001年版）。

帝生不逮密太后，[1]及有所識，言則悲慟，哀感傍人，[2]明元聞而嘉歎。及明元不豫，衣不釋帶。性清儉率素，服御飲膳，取給而已，不好珍麗，食不二味，所幸昭儀、貴人，衣無兼綵。群臣白帝，更峻京邑城隍，以從《周易》設險之義，又陳蕭何壯麗之説。[3]帝曰：

"古人有言，在德不在險。屈丐蒸土築城，而朕滅之，豈在城也？今天下未平，方須人力，土功之事，朕所未爲。蕭何之對，非雅言也。"每以財者軍國之本，無所輕費。至於賞賜，皆是勳績之家，親戚愛寵，未嘗横有所及。[4]

[1]逮：及。

[2]傍人：四庫本作"旁人"。按："旁""傍"古通。

[3]峻：增高、加高。　周易設險之義：《易·坎卦》中的"設險守國"。　蕭何壯麗之説：西漢建未央宫時，蕭何對劉邦講"天子以四海爲家，非壯麗亡以重威，且亡令後世有以加也"。

[4]横有所及：底本作"權有所及"，毛本、殿本、四庫本、局本、四部備要本、中華本作"横有所及"。按：從文意來看，當爲"横有所及"，底本誤。今從諸本改。

臨敵，常與士卒同在矢石間，左右死傷者相繼，而帝神色自若，是以人思效命，所向無前。命將出師，指授節度，從命者無不制勝，違爽者率多敗失。[1]性又知人，拔士於卒伍之中，唯其才效所長，不論本末。兼甚嚴斷，明於刑賞，功者賞不遺賤，罪者刑不避親，雖寵愛之，終不虧法。常曰："法者，朕與天下共之，何敢輕也。"故大臣犯法，無所寬假。

[1]違爽：違背，差失。

雅長聽察，瞬息之間，下無以措其姦隱。然果於誅戮，後多悔之。司徒崔浩死後，帝北伐，時宣城公李孝伯疾篤，[1]傳者以爲卒，帝聞而悼之，謂左右曰："李宣城可惜。"又曰："朕向失言，崔司徒可惜，李宣城可哀。"褒貶雅意，皆此類也。

[1]宣城公：封爵名。宣城，郡名。北魏時治宛陵縣，在今安徽宣城市宣州區。　李孝伯：人名。趙郡平棘（今河北趙縣）人。北魏官吏。見《北史》卷三三《李孝伯傳》。

景穆皇帝諱晃，太武皇帝之長子也，母曰賀夫人。延和元年正月丙午，立爲皇太子，時年五歲。明慧强識，聞則不忘。及長，好讀經史，皆通大義。太武甚奇之。及西征凉州，皇太子監國。

初，太武之伐河西，李順等咸言姑臧無水草，不可行師。太子有疑色。及車駕至姑臧，乃詔太子曰："姑臧城東西門外涌泉，合於城北，其大如河，澤草茂盛，可供大軍數年。人之多言，亦可惡也。"太子謂宫臣曰："爲人臣不實若此，豈是忠乎！吾初聞有疑，但帝决行耳。幾誤人大事，言者復何面目見帝也。"

真君四年，從征蠕蠕，至鹿渾谷，[1]與賊遇。虜惶怖擾亂。太子言於太武曰："宜速進擊，掩其不備。"尚書令劉潔固諫，[2]以爲塵盛賊多，須軍大集。太子曰："此由賊恇擾，何有營上而有此塵？"[3]太武疑之，遂不急擊，蠕蠕遠遁。既而獲虜候騎，乃云不覺官軍卒至，上下惶懼，北走經六七日，知無追者，乃徐行。帝深恨之。自是太子所言軍國大事，多見納用，遂知萬機。及監國，命有司使百姓有牛家以人牛相貿，又禁飲酒雜戲棄本沽販者，[4]於是墾田大增。

[1]鹿渾谷：地名。在今蒙古後杭愛省沃勒吉特東南鄂爾渾河東。

[2]尚書令：官名。北魏時爲尚書省長官，對皇帝負責，總攬政令。孝文帝太和二十三年定爲二品。底本作“中書令”，毛本、殿本、四庫本、局本、四部備要本、中華本均作“尚書令”。按：據《北史》卷二五《劉潔傳》“遷尚書令，改爲鉅鹿公”，《魏書》卷二八《劉潔傳》“於是超遷尚書令，改爲鉅鹿公”，劉潔所任皆爲“尚書令”，終其列傳，也未見由“尚書令”改爲“中書令”的相關記載，可知此處必爲“尚書令”無疑，底本誤。今從諸本改。劉潔：人名。長樂信都（今河北冀州市）人。北魏官吏。反對太武帝伐柔然，且矯詔延誤軍期，導致軍事失敗，爲太武帝所殺。見《北史》卷二五《劉潔傳》。

[3]恇擾：恐懼慌亂。

[4]沽販：經商。

正平元年六月戊辰，薨於東宮，時年二十四。庚午，命持節兼太尉張黎、兼司空竇瑾奉策即柩，[1]謚景穆太子。文成即位，[2]追尊爲景穆皇帝，廟號恭宗。

[1]兼司空：《魏書》卷四下《景穆帝紀》作“兼司徒”。按：《魏書》卷四六《竇瑾傳》云“恭宗薨於東宮，瑾兼司徒，奉詔册謚”，竇瑾當時可能爲“兼司徒”，疑當以《魏書》爲是。 竇瑾：人名。字道瑜，頓丘衛國（今河南清豐縣東南）人。北魏官吏。見《北史》卷二七《竇瑾傳》。

[2]文成：即北魏皇帝拓跋濬。文成爲其謚號。

高宗文成皇帝諱濬，[1]景穆皇帝之長子也，母曰閭氏。[2]真君元年六月，生於東宫。帝少聰達，太武常置左右，號世嫡皇孫。年五歲，太武北巡，帝從在後，逢虜帥桎一奴，將加罰。帝謂曰："奴今遭我，汝宜釋之。"帥奉命解縛。太武聞之曰："此兒雖小，欲以天子自處。"意奇之。及長，風格異常，每參决大政可否。

[1]高宗：北魏文成帝的廟號。

[2]閭氏：見《北史》卷一三《景穆恭皇后郁久閭氏傳》。

正平二年三月，中常侍宗愛弑逆，立南安王余。十月丙午朔，又賊余。[1]於是殿中尚書長孫渴侯與尚書陸麗奉迎世嫡皇孫。[2]

[1]賊余：指殺害南安王余。

[2]殿中尚書：官名。統領宫中兵馬，典宫禁宿衛及倉庫。北魏孝文帝太和十七年定爲二品中，二十三年改爲三品（參張金龍《北魏前期禁衛武官制度考論——以史籍記載爲中心》，《歷史研究》2003 年第 3 期）。　長孫渴侯：人名。北魏官吏。太武帝正平二年迎立拓跋濬。後爲尚書令，加儀同三司。　陸麗：人名。北魏官吏。見《北史》卷二八《陸俟附陸麗傳》。

興安元年冬十月戊申，[1]皇帝即位於永安前殿，[2]大赦，改元正平二年爲興安。以驃騎大將軍元壽樂爲太宰、都督中外諸軍、録尚書事，[3]以尚書長孫渴侯爲尚書令、儀同三司。十一月丙子，二人争權，並賜死。癸未，廣陽王建、臨淮王譚薨。甲申，皇妣閭氏薨。[4]進平南將軍、宋子侯周忸爵爲樂陵王，[5]南部尚書、章安子陸麗爲平原王，[6]文武各加位一等。壬寅，追尊皇考景穆太子爲景穆皇帝，妣閭氏爲恭皇后，尊保母常氏爲保太后。[7]

[1]興安：北魏文成帝的年號（452—454）。

[2]永安前殿：在平城宮城的東部，爲皇帝朝會之所。

[3]驃騎大將軍：官名。北魏時位尊於驃騎將軍，僅次於大將軍。授此職者以權臣元老居多，一般不領兵。戰時統兵出征，位在三公之下，多作大臣加官。孝文帝太和二十三年定爲從一品。　元壽樂：源氏校勘記云："'元'《魏書》作'無'。"　都督中外諸軍：官名。亦稱都督中外諸軍事、中外都督、中外諸軍事、中外諸軍、中外等。魏晋南北朝始置。總統内外諸軍，爲全國最高軍事統帥，權力極大，不常置。初多爲他官兼任，無品階。北魏孝文帝太和十七年定爲從一品。　録尚書事：官名。北魏時爲尚書省長官，職權甚重。

[4]甲申皇妣閭氏薨：中華本校勘記云："《魏書》卷五《高宗紀》無'閭氏'二字。錢大昕《廿二史考異》云：'按《后妃傳》（本書卷一三），少以才，選入東宫。有寵，生文成皇帝而薨。文成即位，追尊號謚。是閭氏之薨在文成即位以前，紀書於即位以後，自相矛盾。'洪頤煊《諸史考異》卷一七云：'按《魏書》卷一三《恭皇后傳》，真君元年六月生高宗，世祖末年薨，即興安元年十一月，本與紀合，《北史》删去其薨年，遂致牴牾。'"

[5]平南將軍：官名。北魏時爲四平將軍之一，多持節都督或監某一地區的軍事，有時亦作爲刺史等地方官員兼理軍務時的加官。孝文帝太和十七年定爲從二品上，二十三年改爲三品。　宋子侯：封爵名。宋子，縣名。治所在今河北趙縣東北。　樂陵王：封

爵名。樂陵，郡名。北魏時治樂陵縣，在今山東樂陵市。

[6]南部尚書：官名。北魏道武帝皇始元年（396）置，爲尚書省南部曹長官，初置一人。後以南部州郡數多，政繁權重，增員二人或二人以上。除管理南方州郡事務外，還統兵南進，多由本部屬官遷任。孝文帝改制罷。　章安子：封爵名。章安，縣名。治所在今浙江臨海市東南章安鎮。底本作“常安子”，源氏校勘記云：“‘常’《魏書》作‘章’。”中華本校勘記云：“諸本‘章’訛‘常’，據《魏紀》及本書卷二八、《魏書》卷四〇麗本傳改。”今從改。　平原王：封爵名。平原，郡名。北魏道武帝皇始二年（397）占，屬冀州，治平原縣，在今山東平原縣西南。同時，太武帝時涇州亦置有平原郡，治陰槃縣，在今甘肅平凉市東。

[7]常氏：見《北史》卷一三《文成昭太后常氏傳》。

十二月戊申，祔葬恭皇后於金陵。[1]乙卯，初復佛法。丁巳，以樂陵王周忸爲太尉，平原王陸麗爲司徒，鎮西將軍杜元寶爲司空。[2]保達、沙獵等國各遣使朝貢。[3]戊寅，進建業公陸俟爵爲東平王，[4]進廣平公杜遺爵爲王。[5]癸亥，詔以營州蝗，[6]開倉振恤。甲子，太尉、樂陵王周忸有罪賜死。進濮陽公閭若文爵爲王。[7]

[1]祔葬：合葬。

[2]鎮西將軍：官名。四鎮將軍之一，地位次於四征將軍。多授持節都督，出鎮方面。北魏孝文帝太和十七年定爲從一品下，二十三年改爲從二品。　杜元寶：人名。魏郡鄴（今河北臨漳縣西南）人。北魏官吏、外戚。見《北史》卷八〇《杜超附杜元寶傳》。

[3]等國：《魏書》卷五《文成帝紀》無“等”字。

[4]建業公：封爵名。建業，縣名。治所在今江蘇南京市。

陸俟：人名。代（今山西大同市東北）人。北魏官吏。見《北史》卷二八《陸俟傳》。

［5］杜遺：人名。魏郡鄴（今河北臨漳縣西南）人。北魏官吏、外戚。見《北史》卷八〇《杜超附杜遺傳》。

［6］營州：北魏太武帝太平真君五年改和龍鎮置，治和龍城，在今遼寧朝陽市。

［7］濮陽公：封爵名。濮陽，郡名。北魏時治甄城縣，在今山東鄄城縣北。

二年春正月辛巳，進司空杜元寶爵爲京兆王。廣平王杜遺薨。進尚書僕射、東安公劉尼爵爲王。[1]封建寧王崇子麗爲濟南王。[2]癸未，詔與百姓雜調十五。丙戌，進尚書、西平公源賀爵爲王。

［1］尚書僕射：官名。北魏時爲尚書令副職，列位宰相，典選舉、執法等事務。孝文帝太和二十三年定爲從二品。　東安公：封爵名。東安，郡名。南朝宋時治蓋縣，在今山東沂源縣東南。北魏獻文帝皇興二年（468）移屬東徐州，孝文帝太和十八年前後改稱南青州，東安郡移治團城，在今山東臨沂市沂水鎮。　劉尼：人名。本姓獨狐氏，劉婁之子。北魏官吏。見《北史》卷二八《劉尼傳》。

［2］麗：即拓跋麗，人名。北魏宗室。見《北史》卷一六《建寧王崇傳》。　濟南王：封爵名。濟南，郡名。北魏時治歷城縣，在今山東濟南市。

二月己未，司空、京兆王杜元寶謀反，伏誅。建寧王崇、崇子濟南王麗爲元寶所引，各賜死。乙丑，發京師五千人穿天泉池。[1]是月，宋太子劭殺文帝。[2]三月，尊保太后爲皇太后。進安豐公閭武皮爵爲河間王。[3]

[1]天泉池：在今山西大同市東北故城内。《魏書》卷五《文成帝紀》作“天淵池”。中華本校勘記云：“《魏書》‘泉’作‘淵’，《北史》避唐李淵諱改。”

[2]太子：《魏書·文成帝紀》作“子”。按：《南史》卷二《宋本紀·文帝》記載“（元嘉六年）三月丁巳，立皇子劭爲皇太子”，劉劭殺宋文帝是北魏文成帝興安二年的事情，此時劉劭已被立爲皇太子，故此處以“太子”爲恰，當以《北史》爲是。　劭：即劉劭，人名。字休遠，劉義隆長子。見《宋書》卷九九《劉劭傳》。

[3]安豐公：封爵名。安豐，郡名。北魏時治安豐縣，在今安徽霍邱縣西南。　閭武皮：人名。《魏書·文成帝紀》作“閭虎皮”。中華本校勘記云：“《魏書》‘武’作‘虎’，《北史》避唐李虎諱改。”

夏五月，宋孝武帝殺太子劭而自立。[1]閏月乙亥，太皇太后赫連氏崩。

[1]孝武帝：即南朝宋皇帝劉駿。孝武爲其謚號。

秋七月辛亥，行幸陰山。濮陽王閭若文、永昌王仁謀反。乙卯，[1]仁賜死，若文伏誅。己巳，車駕還宮。是月，築馬射臺於南郊。八月戊戌，詔曰：“朕即位以來，風雨順序，邊方無事，衆瑞兼呈，又於苑内獲方寸玉印，其文曰‘子孫長壽’。群公卿士咸曰‘休哉’，豈朕一人，克臻斯應，實由天地祖宗降佑之所致也。思與兆庶，共兹嘉慶，其令百姓大酺三日，降殊死已下囚。”九月壬子，閲武於南郊。

[1]乙卯：源氏校勘記云：“《魏書》作‘乙丑’。按七月朔辛丑，而十一日辛亥，十五日乙卯，二十五日乙丑。未識孰是。”

冬十一月辛酉，行幸信都、中山，[1]觀察風俗。十二月甲午，車駕還宫。復北平公長孫敦王爵。[2]

[1]信都：縣名。治所在今河北冀州市。

[2]北平公：封爵名。北平，郡名。北魏時治新昌縣，在今河北盧龍縣。

是歲，疏勒、渴盤陁、庫莫奚、契丹、罽賓等國各遣使朝貢。[1]

[1]罽賓：國名。都城在今克什米爾斯利那加附近。見《北史》卷九七《罽賓傳》。

興光元年春正月乙丑，[1]以侍中、河南公伊馛爲司空。[2]二月甲午，帝至道壇，登受圖籙。禮畢，曲赦京師。

[1]興光：北魏文成帝的年號（454—455）。

[2]伊馛：人名。代（今山西大同市東北）人。北魏官吏。見《北史》卷二五《伊馛傳》。

夏六月，行幸陰山。

秋七月丙申朔，日有蝕之。庚子，皇子弘生。辛丑，大赦改元。八月甲戌，趙王深薨。[1]乙亥，車駕還宮。己丑，[2]皇叔武頭、龍頭薨。[3]九月，庫莫奚國獻名馬，有一角，狀如麟。閉都門，大索三日，獲姦人亡命數百人。

[1]深：即拓跋深，人名。北魏宗室。

[2]己丑：底本作“乙丑”，中華本校勘記云：“諸本‘己’作‘乙’，《魏書》作‘己’。按是年八月乙丑朔，但上文已有甲戌十日、乙亥十一日，則此不得爲乙丑。己丑是二十五日。今據《魏書》改。”今從改。

[3]武頭：即拓拔武頭，人名。北魏宗室，太武帝子。早卒。本名虎頭，《北史》避唐高祖祖父李虎諱改。　龍頭：即拓拔龍頭，人名。北魏宗室，太武帝子。早卒。

冬十一月戊戌，行幸中山，遂幸信都。十二月丙子，還幸靈丘，[1]至溫泉宮。[2]庚辰，車駕還宮。出于、叱萬單等國各遣使朝貢。[3]

[1]靈丘：縣名。治所在今山西靈丘縣。

[2]溫泉宮：爲皇帝、后妃沐浴的行宮，在今山西靈丘縣東。

[3]出于：國名。具體位置不詳。　叱萬單：國名。具體位置不詳。　等國：《魏書》卷五《文成帝紀》無“等”字。

太安元年春正月辛酉，[1]奉太武、景穆神主于太廟。

樂平王拔有罪，[2]賜死。二月癸未，武昌王提薨。三月己亥，以太武、景穆神主入太廟。改元，曲赦京師死囚已下。

[1]太安：北魏文成帝的年號（455—459）。

[2]拔：即拓跋拔，人名。北魏宗室。

夏六月壬戌，詔名皇子弘，曲赦。[1]癸酉，詔尚書穆真等二十人巡行州郡，[2]觀察風俗，大明賞罰。

[1]夏六月壬戌詔名皇子弘曲赦：中華本校勘記云："按《魏書》三月己亥詔中不言改元。六月壬戌，因元弘命名纔改元。此'改元'二字當在'詔名皇子弘'下，錯簡，誤移於前。"

[2]詔尚書穆真等二十人：源氏校勘記云："《魏書》'穆'下有'伏'字，'二'作'三'。"未詳孰是。穆真，人名。代（今山西大同市東北）人，鮮卑族，穆乙九之子。北魏官吏。初娶長城公主，拜駙馬都尉，後又娶文明太后的姐姐。任中散、南部尚書、侍中等職。

冬十月庚午，以遼西公常英爲太宰，[1]進爵爲王。

[1]常英：人名。字世華。北魏官吏。因其妹爲文成帝乳母而得寵。見《北史》卷八〇《閭毗附常英傳》。

是歲，遮逸、波斯、疏勒等國各遣使朝貢。[1]

[1]波斯：即今伊朗。見《北史》卷九七《波斯傳》。

二年春正月乙卯，立皇后馮氏。[1]二月丁巳，立皇子弘爲皇太子，大赦。

[1]馮氏：即北魏文成帝皇后馮氏。長樂信都（今河北冀州市）人。見《北史》卷一三《文成文明皇后馮氏傳》。

夏六月，羽林中郎于判、元提等謀逆，[1]誅。

[1]羽林中郎：官名。北魏置，負責皇帝的禁衛。多由宗室或鮮卑族拓跋部人充任，是皇帝左右的親信之職。孝文帝太和十七年定爲從四品上，二十三年罷此職。《魏書》卷五《文成帝紀》作"羽林郎"。未詳孰是。

秋八月，田於河西。平西將軍、漁陽公尉眷北擊伊吾，[1]尅其城，大獲而還。九月辛巳，進河東公閭毗、零陵公閭紇爵，[2]並爲王。

[1]平西將軍：官名。與平東、平南、平北將軍合稱四平將軍。北魏時多持節都督或監某一地區的軍事，有時亦作爲刺史等地方官兼理軍務時的加官。孝文帝太和十七年定爲從二品上，二十三年改爲三品。　漁陽公：封爵名。漁陽，郡名。北魏時治雍奴縣，在今天津武清區西北。　尉眷：人名。代（今山西大同市東北）人。北魏官吏。見《北史》卷二〇《尉古真附尉眷傳》。　伊吾：地名。在今新疆哈密市。

[2]閭毗：人名。柔然人。北魏太武帝恭皇后之兄。見《北史》卷八〇《閭毗傳》。　零陵公：封爵名。零陵，郡名。北魏時

治泉陵縣，在今湖南永州市。　閭紇：人名。柔然人。太武帝恭皇后之弟。任寧北將軍、征西將軍、中都大官。

冬十月甲申，車駕還宫。甲午，曲赦京師。十一月，改封西平王源賀隴西王。[1]嚈噠、普嵐等國各遣使朝貢。[2]

[1]隴西王：封爵名。隴西，郡名。北魏時治襄武縣，在今甘肅隴西縣東南。

[2]嚈噠：國名。又譯作"嚈噠""挹怛""挹闐"等。一般認爲是和大月氏混血的匈奴人。原爲游牧民族，公元五世紀中分布在今阿姆河之南。見《北史》卷九七《嚈噠傳》。　普嵐：國名。亦作"普剌""不剌"，在今中亞賽里木湖東或東南附近。　等國：《魏書》卷五《文成帝紀》無"等"字。

三年春正月，徵漁陽公尉眷拜太尉，進爵爲王，録尚書事。

夏五月，封皇弟新成爲陽平王。[1]六月癸卯，行幸陰山。

[1]新成：即拓跋新成，人名。見《北史》卷一七《陽平王新成傳》。

秋八月，田於陰山之北。己亥，還宫。

冬十月，將東巡，詔太宰常英起行宫於遼西黄山。[1]十二月，州鎮五蝗，百姓饑，使開倉振給之。

[1]黄山：在今河北遷西縣東南還鄉河附近。

是歲，粟特、于闐等五十餘國並遣使朝貢。

四年春正月丙午朔，初設酒禁。乙卯，行幸廣甯温泉宫，遂東巡。庚午，至遼西黄山宫，游宴數日，親對高年，勞問疾苦。二月丙子，登碣石山，[1]觀滄海，大饗群臣於山上，[2]班賞進爵各有差。改碣石山爲樂遊山，築壇記行於海濱。戊寅，南幸信都，田於廣川。三月丁未，觀馬射於中山。所過郡國賜復一年。丙辰，車駕還宫。起太華殿。[3]乙丑，東平王陸俟薨。

[1]碣石山：在今河北昌黎縣北，東距渤海僅十五公里（參董寶瑞《碣石考》，《歷史地理》1983年第3期）。

[2]山上：源氏校勘記云："《魏書》作'山下'。"

[3]太華殿：在宫城的中部，後爲文明太皇太后所居。

夏五月壬戌，詔曰："比年以來，雜調減省，而所在州郡咸有逋懸，[1]非在職之官綏導失所，[2]貪穢過度，誰使之然？自今常調不充，人不安業，宰人之徒，加以死罪。"六月丙申，田於松山。[3]

[1]逋懸：拖欠。

[2]綏導：安撫治理。

[3]松山：在今甘肅永登縣東北。

秋七月庚午，行幸河西。九月乙巳，[1]還宫。辛亥，太華殿成。丙寅，饗群臣，大赦。

[1]乙巳：底本作“丁巳”，中華本校勘記云：“諸本‘乙’作‘丁’，《魏書》作‘乙’。按下文有辛亥，是年九月壬寅朔，乙巳是四日，辛亥是十日，丁巳是十六日。不得先丁巳而後辛亥。作‘乙’是，今據改。”今從改。

冬十月甲戌，北巡，至陰山。有故冢毀廢，詔曰：“昔姬文葬枯骨，[1]天下歸仁。自今有穿墳壟者，斬之。”辛卯，次于車輪山，[2]累石記行。十一月，車駕渡漠，蠕蠕絶迹遠遁。十二月，中山王託真薨。

[1]姬文葬枯骨：典出《吕氏春秋·孟冬紀·異用》。周文王使人埋葬無主之尸骨。姬文，指周文王。

[2]車輪山：在今山西大同市東北。

五年春二月己酉，司空、河南公伊馛薨。三月庚寅，曲赦京師死罪已下。

夏四月乙巳，封皇弟子推爲京兆王。[1]五月，居常國遣使朝貢。[2]六月戊申，行幸陰山。

[1]子推：即拓跋子推，人名。見《北史》卷一七《京兆王子推傳》。

[2]居常國：底本作“常居國”，殿本、四庫本、四部備要本、中華本均作“居常國”。中華本校勘記云：“各本‘居常’作‘常居’，殿本從《魏書》作‘居常’。按下文和平元年十月‘居常王獻馴象’，《魏書》《北史》並同，今從殿本。”今從改。

秋八月庚戌，遂幸雲中。壬戌，還宫。九月戊辰，儀同三司、敦煌公李寶薨。

冬十二月戊申，詔以六鎮、雲中、高平、二雍、秦州遍遇災旱，[1]年穀不收，開倉廩振之。[2]有徙流者，喻還桑梓。

[1]六鎮：即沃野、懷朔、武川、撫冥、柔玄、懷荒。　高平：郡名。北魏時治高平縣，在今寧夏固原市。　二雍：指東雍州和雍州。東雍州，北魏太武帝置，治正平郡正平縣界柏壁，在今山西臨汾市。雍州，北魏時治長安，在今陝西西安市未央區一帶。　秦州：北魏時治上封城，在今甘肅天水市。

[2]開倉廩：毛本、殿本、四庫本、局本、四部備要本作"開倉"。未詳孰是。

和平元年春正月甲子朔，[1]大赦改元。庚午，詔散騎侍郎馮闡使於宋。

[1]和平：北魏文成帝的年號（460—465）。

夏四月戊戌，皇太后常氏崩於壽安宫。[1]五月癸酉，葬昭太后於廣甯鳴雞山。[2]

[1]壽安宫：在東宫内，常太后居所。

[2]昭太后：即文成昭太后常氏。昭爲其謚號。　鳴雞山：在今河北張家口市下花園區（參李憑《隱蔽在歷史表象背後的精神世界——北魏常太后與代王夫人的思 q 想契合》，《南國學術》2018

年第1期)。

六月甲午，詔征西大將軍、陽平王新成等討吐谷渾什寅。[1]崔浩之誅也，史官遂廢，至是復置。

[1]新城：毛本、殿本、四庫本、局本、四部備要本、中華本作“新成”。上文及《北史》卷一七本傳皆作“新城”，今從改。什寅：人名。吐谷渾可汗。曾受南朝宋封爵，號河南王。後又受北魏官爵，爲鎮西大將軍、沙州刺史、西平王。

秋七月，[1]西征諸軍至西平，什寅走保南山。[2]九月庚申朔，日有蝕之。是月，諸軍濟河，追什寅。遇瘴氣，多病疫，乃引還。庚午，車駕還宮。[3]

[1]秋七月：源氏校勘記云：“‘七月’《魏書》作‘八月’。”中華本校勘記云：“《魏書》作‘秋七月乙丑，劉駿遣使朝貢。壬午，行幸河西。八月，西征諸軍至西平’。按《北史》删去七月紀事，保留‘七月’二字而誤删‘八月’，遂使八月内事誤繫七月下。”可從。

[2]南山：即今新疆南境坤合山、阿爾金山與甘肅南境祁連山一帶。

[3]車駕還宮：中華本校勘記云：“《魏書》於七月書‘行幸河西’，《北史》删去，此處書‘車駕還宮’，便無所承。”

冬十月，居常王獻馴象三。十一月，詔散騎侍郎盧度世使於宋。[1]

[1]盧度世：人名。字子遷，范陽涿（今河北涿州市）人。北魏官吏。見《北史》卷三〇《盧玄附盧度世傳》。

二年春正月乙酉，詔曰："刺史牧人，爲萬里之表。自頃每因發調，逼人假貸，大商富賈，要射時利，[1]上下通同，分以潤屋。[2]爲政之弊，莫過於此，其一切禁絶。犯者，十疋以上皆死。布告天下，咸令知禁。"

[1]要射：逐取。

[2]潤屋：使家室富足。

二月，行幸中山，遂幸信都。三月，宋人來聘。車駕所過，皆親對高年，問疾苦。詔年八十，一子不從役。靈丘南有山高四百餘丈，乃詔群臣仰射山峰，無能踰者。帝彎弧發矢，出三十餘丈，過山南二百二十步。遂刊石勒銘。是月，發并、肆州五千餘人修河西獵道。[1]辛巳，車駕還宫。

[1]并：州名。北魏時治晋陽縣，在今山西太原市晋源區古城營村一帶。　肆州：北魏時治九原縣，在今山西忻州市忻府區。

夏四月乙未，河東王閭毗薨。[1]五月癸未，詔南部尚書黄盧頭、李敷等考課諸州。[2]

[1]河東王：底本作"河東正"，毛本、殿本、四庫本、局本、四部備要本、中華本均作"河東王"。按：字形相近而訛，當爲

"河東王"，今從諸本改。

[2]李敷等：底本作"李敷業"，局本、中華本作"李敷等"。中華本校勘記云："諸本'等'作'業'，《魏書》作'等'。按本書卷三三、《魏書》卷三六《李順傳》，順子敷，文成時曾爲南部尚書。'業'乃'等'之訛，今據改。"今從改。李敷，人名。字景文，趙郡平棘（今河北趙縣）人。北魏官吏。見《北史》卷三三《李順附李敷傳》。

秋七月戊寅，封皇弟小新成爲濟陰王，[1]天賜爲汝陰王，[2]萬壽爲樂良王，[3]洛侯爲廣平王。[4]八月，波斯國遣使朝貢。

[1]小新成：即拓跋小新成，人名。北魏宗室。見《北史》卷一七《濟陰王小新成傳》。　濟陰王：封爵名。濟陰，郡名。北魏時治定陶縣，在今山東定陶縣西北。

[2]天賜：即拓跋天賜，人名。北魏宗室。見《北史》卷一七《汝陰王天賜傳》。　汝陰王：封爵名。汝陰，郡名。北魏時治汝陰縣，在今安徽阜陽市。

[3]萬壽：即拓跋萬壽，人名。北魏宗室。見《北史》卷一七《樂良王萬壽傳》。　樂良王：四庫本、《魏書》卷五《文成帝紀》作"樂浪王"。未詳孰是。

[4]洛侯：即拓跋洛侯，人名。北魏宗室。見《北史》卷一七《廣平王洛侯傳》。

冬十月，詔假員外散騎常侍游明根使于宋。[1]廣平王洛侯薨。

[1]游明根：人名。字志遠，廣平任（今河北任縣東）人。北

魏學者。見《北史》卷三四《游雅附游明根傳》。

三年春正月壬午，以東郡公乙渾爲太原王。[1]癸未，樂良王萬壽薨。二月壬子朔，日有蝕之。癸酉，田於崞山，遂觀漁于旋鴻池。[2]三月甲申，宋人來聘。高麗、莅王、契嚙、思厭於師、疏勒、石那、悉居半、渴盤陁等國並遣使朝貢。[3]

[1]乙渾：人名。北魏大臣。

[2]旋鴻池：在今内蒙古豐鎮市東北。

[3]莅王：國名。具體位置不詳。　契嚙：國名。具體位置不詳。　思厭於師：國名。具體位置不詳。　石那：國名。疑即今伊朗東北部之薩臘赫斯。

夏六月庚申，行幸陰山。

秋七月壬寅，幸河西。九月壬辰，常山王素薨。

冬十月，詔員外散騎常侍游明根使于宋。十一月壬寅，車駕還宫。十二月乙卯，制戰陣之法十有餘條，因大儺曜兵，[1]有飛龍騰蛇魚麗之變，以示威武。戊午，零陵王閭拔薨。[2]

[1]大儺：歲末禳祭，以驅除瘟疫。

[2]閭拔：中華本校勘記云："張森楷云：'拔當作紇。'按上文太安二年九月辛巳條，本書卷八〇《外戚·閭毗傳》，都作'紇'。'拔'字當誤。但《魏紀》此處亦作'拔'，今不改。"

四年春三月乙未，賜京師人年七十以上太官厨食，以終其年。皇弟胡仁薨，[1]追封樂陵王。

[1]皇弟：底本作"皇子"，中華本校勘記云："張森楷云：'子當作弟。'按本書卷一七、《魏書》卷一九上《景穆十二王傳》序，樂陵王胡仁與文成同爲景穆之子。張説是。"今從改。

夏四月癸亥，上幸西苑，親射猛獸三頭。[1]五月壬辰，侍中、漁陽王尉眷薨。壬寅，行幸陰山。

[1]猛獸：《魏書》卷五《文成帝紀》作"虎獸"，《北史》避唐高祖祖父李虎諱改。

秋七月壬午，詔曰："朕每歲閑月，命群臣講武，所幸之處，必立宫壇。糜費之功，勞損非一，宜仍舊貫，何必改作也。"八月丙寅，遂田于河西。九月辛巳，車駕還宫。

冬十月，以定、相二州霣霜傷稼，免其田租。詔員外散騎常侍游明根使於宋。

十二月辛丑，詔以喪葬嫁娶，大禮未備，命有司爲之條格，使貴賤有章，[1]上下咸序，著之于令。壬寅，詔曰："婚姻者，人道之始。比者以來，貴族之門多不率法，或貪利財賂，或因緣私好，在於苟合，無所擇選。塵穢清化，虧損人倫，將何以宣示典謨，垂之來裔。今制皇族師傅王公侯伯及士庶之家，[2]不得與百工伎巧卑姓爲婚，犯者加罪。"

[1]有章：南監本“章”作“意”。源氏校勘記改“意”作“章”。

[2]今：元大德本作“令”。按：從文意上看，當從底本。　肺腑：毛本、殿本、四庫本、局本、四部備要本、《魏書》卷五《文成帝紀》作“師傅”。中華本校勘記云：“各本及《魏書》‘肺腑’作‘師傅’，百衲本作‘肺腑’。張元濟云：‘“師傅”誤，“肺腑”謫人主疏末之親，見《史記·惠景間侯者年表》。’按張説是。《御覽》卷一〇二引《後魏書》亦作‘肺腑’。蓋《魏書》本作‘肺腑’，後訛爲‘師傅’。後人又據《魏書》訛文以改《北史》。今從百衲本。”

五年春正月丁亥，封皇弟雲爲任城王。[1]二月，詔以州鎮十四去歲蟲水，[2]開倉振恤。

[1]雲：即拓跋雲，人名。見《北史》卷一八《任城王雲傳》。　任城王：封爵名。任城，郡名。北魏時治任城縣，在今山東濟寧市。

[2]蟲水：指蟲災和水害。

夏四月癸卯，進封頓丘公李峻爲王。[1]閏月戊子，帝以旱故，減膳責身。是夜，澍雨大降。[2]五月，宋孝武帝殂。六月丁亥，行幸陰山。

[1]頓丘公：封爵名。頓丘，郡名。北魏時治頓丘縣，在今河南清豐縣西南。　李峻：人名。字珍之，梁國蒙縣（今安徽六安市東北）人。北魏官吏、外戚。見《魏書》卷八三上《李峻傳》。

[2]澍雨：時雨。《論衡·雷虚篇》：“天施氣，氣渥爲雨，故雨潤萬物，名曰澍。”

秋七月壬寅，行幸河西。九月辛丑，車駕還宮。

冬十月，琅邪王司馬楚之薨。[1]十二月，南秦王楊難當薨。吐呼羅國遣使朝貢。[2]

[1]琅邪王：底本作“琅邪侯”，中華本校勘記云：“諸本‘王’誤作‘侯’，據《魏書》及本書卷二九、《魏書》卷三七楚之本傳改。”今從改。琅邪王，封爵名。琅邪，郡名。北魏時治即丘縣，在今山東臨沂市蘭山區古城村。

[2]吐呼羅國：國名。見《北史》卷九七《吐呼羅傳》。

六年春正月丙申，大赦。二月丁丑，行幸樓煩宮。[1]高麗、蓰王、對曼等國各遣使朝貢。[2]三月戊戌，相州刺史、西平郡王吐谷渾權薨。乙巳，車駕還宮。

[1]樓煩宮：故址在今山西寧武縣境。

[2]對曼：國名。具體位置不詳。

夏四月，破洛那國獻汗血馬，普嵐國獻寶劍。[1]

[1]普嵐：國名。亦作“普剌”“不剌”，在今中亞賽里木湖東或東南附近。

五月癸卯，帝崩于太華殿，時年二十六。六月丙寅，奉尊謚曰文成皇帝，廟號高宗。八月，葬雲中之金陵。

顯祖獻文皇帝諱弘，文成皇帝之長子也，母曰李貴人。[1]興光元年七月生於陰山之北。太安二年二月，立爲皇太子。

[1]李貴人：即北魏文成帝的貴人。見《北史》卷一三《文成元皇后李氏傳》。

和平六年五月甲辰，即皇帝位，大赦，尊皇后曰皇太后。車騎大將軍乙渾矯詔殺尚書楊保年，平陽公賈愛仁、南陽公張天度于禁中。[1]戊申，司徒公、平原王陸麗自湯泉入朝，[2]又殺之。己酉，以渾爲太尉公、録尚書事，東安王劉尼爲司徒公，[3]以尚書左僕射和其奴爲司空公。[4]六月，封繁陽侯李嶷爲丹楊王，[5]征東大將軍馮熙爲昌黎王。[6]

[1]南陽公：封爵名。南陽，郡名。北魏時治宛縣，在今河南南陽市。　禁中：又作“禁内”。帝王所居的宫苑，因不許人隨便進出，故稱。

[2]湯泉：在今山西靈丘縣東。

[3]以渾爲太尉公録尚書事東安王劉尼爲司徒公：底本“録尚書事”作“以録尚書事”，《魏書》卷六《獻文帝紀》作“乙渾爲太尉、録尚書事，東安王劉尼爲司徒”。按：《資治通鑑》卷一三〇亦作“己酉，魏以渾爲太尉、録尚書事”。據《北史》及《魏書》劉尼本傳，未見任命其爲録尚書事的記載。録尚書事一職位高權重，據當時乙渾擅權的歷史記載，此職非乙渾莫屬，《北史》衍“以”字，今從《魏書》改。

[4]和其奴：人名。鮮卑族。北魏官吏。見《北史》卷二五《和其奴傳》。

［5］繁陽侯：封爵名。繁陽，縣名。治所在今河南内黄縣東北。 李嶷：人名。梁國蒙縣（今安徽六安市東北）人。初在南朝宋，後歸北魏。 丹楊王：毛本、殿本、四庫本、局本、四部備要本作“丹陽王”。

［6］征東大將軍：官名。北魏時爲將軍名號，位次衛大將軍，大多加授給重要州郡長官或統兵出鎮在外、都督數州軍事者。孝文帝太和十七年定爲一品下，二十三年改爲二品。 馮熙：人名。字晋國（《魏書》卷八三上《馮熙傳》作“晋昌”），長樂信都（今河北冀州市）人。北魏大臣、外戚。見《北史》卷八〇《馮熙傳》。 昌黎王：封爵名。昌黎，郡名。北魏時治昌黎縣，在今遼寧義縣。

秋七月癸巳，以太尉乙渾爲丞相，[1]位居諸王上，事無大小皆決焉。

［1］丞相：官名。魏晋南北朝時丞相、相國不常置，多用來安置權位極高的重臣。

九月庚子，曲赦京師。丙午，詔曰：“先朝以州牧親人，宜置良佐，故敕有司班九條之制，[1]使前政選吏以待後人。[2]然牧司舉非其人，愆于典度。今制刺史守宰到官之日，仰自舉人望忠信，以爲選官，不論前政，共相平置。[3]若簡任失所，以罔上論。”是月，宋義陽王劉昶自彭城來奔。[4]

［1］九條之制：指北魏文成帝太安五年九月發布的對於州郡牧守實行獎懲的相關制度。

［2］以待後人：意謂由前任官（前政）選吏留給後任官。後人，指後任官。

［3］不論前政共相平置：中華本校勘記云："《魏書》卷六《顯祖紀》作'不聽前政，共相干冒'。按詔文，意在改革'前政選吏，以待後人'舊制，所以要'刺史守宰到官之日，仰自舉人望忠信'。此作'不論前政，共相平置'，則是前任官與現任官可共同商議，似與上文文意不諧。疑當從《魏書》。"

［4］義陽王：封爵名。義陽，郡名。南朝宋時治平陽縣，在今河南信陽市。　劉昶：人名。字休道，彭城（今江蘇徐州市）人。南朝宋宗室、北魏官吏。見《北史》卷二九《劉昶傳》。　彭城：縣名。治所在今江蘇徐州市。

冬十月，徵陽平王新成、京兆王子推、濟陰王小新成、汝陰王天賜、任城王雲入朝。十一月，宋湘東王彧殺其主子業而自立。[1]

［1］湘東王：封爵名。湘東，郡名。南朝宋時治臨烝縣，在今湖南衡陽市。　彧：即劉彧，人名。字休炳，小字榮期。南朝宋明帝。見《宋書》卷八《明帝紀》。　子業：即劉子業，人名。小字法師。南朝宋皇帝，孝武帝大明八年即位，第二年即被廢，史稱前廢帝。見《宋書》卷七《前廢帝紀》。

天安元年春正月己丑朔，[1]大赦，改元。二月庚申，丞相、太原王乙渾謀反，伏誅。乙亥，[2]以侍中元孔雀爲濮陽王，[3]侍中陸定國爲東郡王。[4]三月庚子，以隴西王源賀爲太尉公。辛丑，高宗文成皇帝神主祔于太廟。辛亥，帝幸道壇，親受符籙。曲赦京師。

[1]天安：北魏獻文帝的年號（466—467）。　己丑朔：毛本、殿本、四庫本、《魏書》卷六《獻文帝紀》作“乙丑朔”。按：獻文帝天安元年正月己丑朔，當從底本。

[2]乙亥：南監本作“己亥”。源氏校勘記改“己亥”作“乙亥”。

[3]元孔雀：人名。獻文帝天安二年，降爵爲公。孝文帝延興元年，復本封。孝文帝承明元年，有罪而被賜死。

[4]陸定國：人名。鮮卑族，陸麗之子。見《北史》卷二八《陸俟附陸定國傳》。

秋九月己酉，初立鄉學，郡置博士二人，助教二人，學生六十人。

冬十二月，皇弟安平薨。[1]

[1]安平：底本作“安平王”，中華本校勘記云：“諸本‘安平’下有‘王’字，《魏書》無。張森楷云：‘此即《文成五王傳》（本書卷一九）之韓哀王安平也。’按張説是，安平是人名，不是封號，‘王’字衍，今據刪。”今從改。

是歲，州鎮十一旱，人飢，開倉振恤。

皇興元年春正月癸巳，[1]鎮南大將軍尉元大破宋將張永、沈攸之於吕梁東。[2]宋人來聘。庚子，東平王道符謀反於長安，[3]其司馬段太陽斬之，[4]傳首京師。道符兄弟皆伏誅。閏月，以頓丘王李峻爲太宰。二月，濟陰王小新成薨。

[1]皇興：北魏獻文帝的年號（467—471）。

[2]尉元：人名。字苟仁，代（今山西大同市東北）人，鮮卑族。北魏將領。見《北史》卷二五《尉元傳》。　張永：人名。字景雲，吴郡吴（今江蘇蘇州市）人。南朝宋將領。見《宋書》卷五三《張茂度附張永傳》。　沈攸之：人名。字仲達，吴興武康（今浙江德清縣）人。南朝宋將領。見《宋書》卷七四《沈攸之傳》。　吕梁：此指吕梁洪，在今江蘇銅山縣東南。《水經注·泗水》云："泗水之上有石梁焉，故曰吕梁也。"

[3]道符：即拓跋道符，人名。北魏宗室。見《北史》卷一六《東平王翰附拓跋道符傳》。

[4]司馬：官名。西漢始置，爲軍府的高級幕僚，掌参贊軍務、管理府内武職，地位僅次於長史。魏晋南北朝時諸將軍府等皆置，其品秩隨府主地位高下而定。　段太陽：毛本、殿本、四庫本、局本、四部備要本作"段大楊"。按："大""太"通。

宋東平太守申纂戍無鹽，[1]遏絶王使，詔征南大將軍慕容白曜督諸軍往討，[2]三月甲寅，剋之。

[1]申纂：人名。本魏郡（今河北臨漳縣西南）人，遷於濟陰（今山東菏澤市）。南朝宋官吏。見《北史》卷三九《畢衆敬附申纂傳》。　無鹽：縣名。治所在今山東東平縣東。

[2]慕容白曜：人名。昌黎棘城（今遼寧北票市章吉營子鄉三官營子村）人，鮮卑族。北魏名將。見《北史》卷二五《慕容白曜傳》。

秋八月丁酉，幸武州山石窟寺。[1]戊申，皇子宏生，[2]大赦，改元。九月己巳，[3]進馮翊公李白爲梁郡王。[4]

[1]武州山：一作“武周山”。在今山西大同市西。　石窟寺：即雲岡石窟。北魏文成帝時鑿山開窟，鎸建佛像。

[2]宏：即元宏，人名。北魏孝文帝。見《北史》卷三《魏本紀·孝文帝》。

[3]己巳：《魏書》卷六《獻文帝紀》作“丁巳”。按：獻文帝皇興元年九月己酉朔，己巳、丁巳均在此月，未詳孰是。

[4]馮翊公：封爵名。馮翊，郡名。北魏時治高陸縣，在今陝西高陵縣。　梁郡王：封爵名。梁郡，北魏時治梁國城，在今河南商丘市南。

冬十月己亥朔，日有蝕之。癸卯，田於那男池。[1]濮陽王孔雀坐怠慢降爲公。

[1]那男池：亦作“那南池”，疑在今山西應縣西。

二年春二月癸未，田于西山，[1]親射武豹。[2]三月，慕容白曜進圍東陽。[3]戊午，宋人來聘。

[1]西山：在今山西大同市西北。

[2]武豹：《魏書》卷六《獻文帝紀》作“虎豹”。中華本校勘記云：“《魏書》‘武’作‘虎’，《北史》避唐諱改。”

[3]東陽：城名。在今山東青州市。

夏四月丙子朔，日有蝕之。辛丑，進南郡公李惠爵爲王。[1]五月乙卯，田于崞山，遂幸繁時。[2]辛酉，車駕還宫。六月庚辰，以河南闢地，曲赦京師殊死已下。以昌黎王馮熙爲太傅。

[1]南郡公：封爵名。遥封。南郡，南朝宋時治江陵縣，在今湖北江陵縣。　李惠：人名。中山（今河北定州市）人。北魏大臣、外戚。見《北史》卷八〇《李惠傳》。

[2]繁畤：縣名。治所在今山西應縣東。

秋九月辛亥，封皇叔禎爲南安王，[1]長壽爲城陽王，[2]太洛爲章武王，[3]休爲安定王。[4]

[1]禎：即拓跋禎，人名。又寫作“拓跋楨”。北魏宗室。見《北史》卷一八《南安王楨傳》。

[2]長壽：即拓跋長壽，人名。北魏宗室。見《北史》卷一八《城陽王長壽傳》。　城陽王：封爵名。城陽，郡名。北魏時治所不詳，當在今河南境内。

[3]太洛：即拓跋太洛，人名。北魏宗室。見《北史》卷一八《章武王太洛傳》。　章武王：封爵名。章武，郡名。北魏時治平舒縣，在今河北大城縣。

[4]休：即拓跋休，人名。北魏宗室。見《北史》卷一八《安定王休傳》。

冬十月癸酉朔，日有蝕之。辛丑，田于冷泉。[1]十一月，州鎮二十七水旱，詔開倉振恤。十二月甲午，詔曰：“頃張永敢拒王威，暴骨原隰。天下之人一也，其永軍殘廢之士，聽還江南。露骸草莽者，敕州縣收瘞之。”

[1]冷泉：地名。在今河南湯陰縣南三十里。

三年春正月乙丑，東陽潰，虜沈文秀。[1]戊辰，司空、平昌公和其奴薨。二月己卯，進上黨公慕容白曜爵爲濟南王。

[1]沈文秀：人名。字仲遠，吴興武康（今浙江德清縣）人。南朝宋、北魏官吏。見《北史》卷四五《沈文秀傳》。

夏四月壬辰，宋人來聘。丙申，名皇子宏，大赦。丁酉，田于崞山。五月，徙青、齊人於京師。[1]六月辛未，立皇子宏爲皇太子。

[1]青齊：源氏校勘記云："'齊'《魏書》作'州'。"按：《資治通鑑》卷一三二記載"五月，魏徙青、齊民於平城，置升城、歷城"，既然置二城（升城、歷城），可能是因爲徙來的是兩個地方的人，置二城將他們分别開，疑當從《北史》。青齊，二州名。即青州和齊州。齊州，北魏時治歷城縣，在今山東濟南市。

冬十月丁酉朔，[1]日有蝕之。是月，太宰、頓丘王李峻薨。十一月，進襄城公韓頹爵爲王。[2]

[1]丁酉：源氏校勘記改"丁酉"爲"丁卯"。按：獻文帝皇興三年，北魏閏九月，十月朔丁酉；而南朝宋明帝泰始五年，是閏十一月，所以十月朔是丁卯。

[2]韓頹：人名。北魏大臣。獻文帝思皇后的外祖父。

四年春正月，州鎮大饑，詔開倉振恤。二月，以東郡王陸定國爲司空公。詔征西大將軍、上黨王長孫觀討吐谷渾什寅。[1]廣陽王石侯薨。[2]三月丙戌，詔天下人病者，所在官司遣醫就家診視，所須藥任醫所量給之。

[1]長孫觀：人名。代（今山西大同市東北）人，鮮卑族。北魏大臣。見《北史》卷二二《長孫道生附長孫觀傳》。　什寅：源氏校勘記云："《魏書》作'拾寅'。"

[2]石侯：即拓跋石侯，人名。北魏宗室。

夏四月辛丑，大赦。戊申，長孫觀軍至曼頭山，[1]大破什寅。五月，封皇弟長樂爲建昌王。[2]六月，宋人來聘。

[1]曼頭山：在今青海共和縣西南。

[2]長樂：即拓跋長樂，人名。北魏宗室。見《北史》卷一九《安樂王長樂傳》。　建昌王：封爵名。建昌，郡名。北魏時治榆中縣，在今甘肅蘭州市。

秋八月，蠕蠕犯塞。九月丙寅，車駕北伐，諸將俱會于女水，大破虜軍。司徒、東安王劉尼坐事免。[1]壬申，車駕至自北伐，飲至策勳，告于宗廟。

[1]東安王：底本作"東安公"，中華本校勘記云："諸本'王'訛作'公'，據《魏紀》及《魏書》卷三〇尼本傳改。"今從改。

冬十月，誅濟南王慕容白曜、高平公李敷。[1]十一月，詔弛山澤禁。十二月甲辰，幸鹿野苑、石窟寺。[2]

陽平王新成薨。

[1]高平公：封爵名。高平，郡名。北魏時治高平縣，在今寧夏固原市。《魏書》卷六《獻文帝紀》作“高平王”。按：據《北史》卷三三《李順附李敷傳》，李敷襲爵高平公，事後並未見任何加封的記載，當以《北史》爲是。

[2]鹿野苑：在今山西大同市北。

五年春二月乙亥，[1]詔假員外散騎常侍邢祐使于宋。

[1]二月乙亥：源氏校勘記云：“（‘二月’）《宋書》作‘三月’。”《魏書》卷六《獻文帝紀》作“三月乙亥”。中華本校勘記云：“《魏書》‘二’作‘三’。按是年二月己丑朔，無乙亥；三月己未朔，乙亥是十七日。但《宋書》卷八《明帝紀》泰始七年（即魏皇興五年，公元471年）稱：‘三月辛酉，索虜遣使獻方物。’《通鑑》卷一三三從《宋書》。而辛酉是三月三日。若魏於乙亥（十七日）遣使，豈能於辛酉（三日）到達？疑‘二月’不誤，誤在‘乙亥’。”

夏四月，北平王長孫敦薨。六月丁未，行幸河西。秋七月丙寅，遂至陰山。八月丁亥，車駕還宮。

帝幼而神武，聰叡機悟，有濟人之規。仁孝純至，禮敬師友。及即位，雅薄時務，常有遺世之心，欲禪位於叔父京兆王子推，群臣固請，乃止。丙午，使太保建安王陸馛、太尉源賀奉皇帝璽綬，[1]册命皇太子升帝位。於是群公奏上尊號太上皇帝。己酉，太上皇帝徙御崇光宮，[2]采椽不斲，土階而已。國之大事咸以聞。承明元年，[3]文明太后有憾，[4]帝崩於永安殿，年二十三。上尊謚曰獻文皇帝，廟號顯祖，葬雲中金陵。

[1]建安王：封爵名。建安，郡名。北魏時治永定縣，在今山西祁縣東。　陸馥：人名。代（今山西大同市東北）人。北魏官吏。見《魏書》卷四〇《陸俟附陸馛傳》。毛本、殿本、四庫本、局本、四部備要本、中華本、《魏書》作“陸馛”。未詳孰是。

[2]崇光宫：北魏離宫。獻文帝於平城北苑中建，在今山西大同市城北。孝文帝延興二年（473）改稱寧光宫。

[3]承明：北魏孝文帝的年號（476）。

[4]文明太后：即北魏文成帝皇后馮氏。文明爲其謚號。

論曰：太武聰明雄斷，威靈傑立，籍二世之資，奮征伐之氣，遂戎軒四出，周旋夷險，平秦、隴，掃統萬，翦遼海，蕩河源，南夷荷擔，北蠕絶迹，廓定四表，混一華戎，其爲武功也大矣。遂使有魏之業，光邁百王，豈非神叡經綸，事當命世。至於初則東儲不終，末乃釁成所忽，[1]固本貽防，殆弗思乎。

[1]釁（xìn）：嫌隙。此處指感情上的裂縫。

景穆明德令聞，夙世殂夭，其戾園之悼歟。[1]

[1]戾園之悼：典出《漢書》卷六三《武五子傳》。漢武帝時太子劉據因謀反而被殺，謚曰“戾太子”，所居之宫苑曰“戾園”。

文成屬太武之後，内頗虚耗，既而國釁時艱，朝野楚楚。帝與時消息，静以鎮之。養威布德，懷緝中外，自非機悟深裕，矜濟爲心，亦何能若此？可謂有君人之度矣。

獻文聰睿夙成，兼資雄斷，故能更清漠野，大啓南服。而早有厭世之心，終致宫闈之變，將天意也。

北史　卷三

魏本紀第三

高祖孝文皇帝諱宏，獻文皇帝之太子也。[1]母曰李夫人。[2]皇興元年八月戊申，[3]生於平城紫宮，[4]神光照室，天地氛氲，[5]和氣充塞。帝絜白有異姿，襁褓岐嶷，[6]長而弘裕仁孝，綽然有人君之表。獻文尤愛異之。三年六月辛未，立爲皇太子。五年，受禪。

[1]獻文：北魏皇帝拓跋弘的謚號。　太子：《魏書》卷七上《孝文帝紀上》作“長子”。按：據《北史》卷二《魏本紀·獻文帝》記載，元宏是獻文帝的第一個兒子，此段又云“三年六月辛未，立爲皇太子”，也就是説先是“長子”，直到獻文帝皇興三年（469）纔是“太子”，故以《魏書》爲是。

[2]李夫人：獻文帝拓跋弘的夫人。見《北史》卷一三《獻文思皇后李氏傳》。

[3]皇興：北魏獻文帝的年號（467—471）。

[4]平城：北魏國都，在今山西大同市東北。

[5]氛氲：陰陽二氣和諧相容。

[6]岐嶷：形容幼年聰慧。

延興元年秋八月丙午,[1]皇帝即位於太華前殿,[2]改皇興五年爲延興。丁未，宋人來聘。九月壬戌，詔在位及人庶進直言。壬午，青州高陽人封辨聚黨，自號齊王,[3]州軍討平之。

[1]延興：北魏孝文帝的年號（471—476）。

[2]太華前殿：位於平城宫城的中部。

[3]青州：北魏時治東陽城，在今山東青州市。　高陽：縣名。治所在今山東淄博市臨淄區北。　封辨：毛本、殿本、四庫本、局本、四部備要本、《魏書》卷七上《孝文帝紀上》作“封辯”。按：“辯”“辨”古通。

冬十月丁亥，沃野、統萬二鎮敕勒叛,[1]詔太尉、隴西王源賀追擊，至枹罕滅之,[2]徙其遺迸於冀、定、相三州爲營户。[3]

[1]沃野：軍鎮名。北魏置，初在今内蒙古巴彦淖爾市臨河區西南布隆淖東北巴拉亥村附近。孝文帝太和十年（486）移於今内蒙古杭錦旗西北黄河北岸。宣武帝正始後又移於今内蒙古烏拉特前旗蘇獨侖鄉的根子場古城。　統萬：鎮名。北魏太武帝始光四年（427）置，在今陝西靖邊縣北白城子。　敕勒：族名。又稱高車、丁零等。最早生活在今貝加爾湖一帶，北魏時稱高車，主要生活在大漠南北和西北地區。見《北史》卷九八《高車傳》。

[2]太尉：官名。北魏時與司徒、司空並稱三公，列三公之首，多爲大臣加官。孝文帝太和二十三年定爲一品。　隴西王：封爵名。隴西，郡名。北魏時治襄武縣，在今甘肅隴西縣東南。　源賀：人名。原名禿髮破羌，西平樂都（今青海樂都縣）人，鮮卑

族。北魏大臣。見《北史》卷二八《源賀傳》。　枹罕：城名。在今甘肅臨夏市。

[3]冀：州名。北魏時治信都縣，在今河北冀州市。　定：州名。北魏時治盧奴縣，在今河北定州市。　相：州名。北魏時治鄴城，在今河北臨漳縣西南鄴鎮。　營户：底本作“營冬”，元大德本、毛本、殿本、四庫本、局本、四部備要本、中華本作“營户”。按：北朝時期，由於生産和戰争需要，統治者經常把虜掠和招募來的民户配置各地，隸屬於軍府，稱爲營户。營户主要從事耕田、畜牧、匠作等生産勞動，以供養軍隊，有時也服兵役。其身份低於平民，高於奴隸，須世代服役。户、冬二字，形相近而訛，底本誤。

冬十二月乙酉，封駙馬都尉穆亮爲趙郡王。[1]壬辰，詔求舜後，獲東萊人嬀苟之，[2]復其家畢世，以彰盛德之不朽。復前濮陽王孔雀本封。[3]辛丑，徙趙郡王穆亮爲長樂王。[4]癸卯，日有蝕之。[5]

[1]駙馬都尉：官名。北魏時無定員，無實職，尚公主者亦多加此號。孝文帝太和十七年定爲從四品上，二十三年改爲六品（參劉軍《北魏駙馬都尉述論》，《史學集刊》2010年第5期）。　穆亮：人名。字幼輔。北魏官吏。見《北史》卷二〇《穆崇附穆亮傳》。　趙郡王：封爵名。趙郡，北魏時治平棘縣，在今河北趙縣。

[2]東萊：郡名。北魏時治掖縣，在今山東萊州市。

[3]濮陽王：封爵名。濮陽，郡名。北魏時治甄城縣，在今山東鄄城縣北。　孔雀：即拓跋孔雀，人名。北魏獻文帝天安二年（467），因犯怠慢降爵爲公。孝文帝延興元年，復本封。孝文帝承明元年（476），有罪賜死。

[4]長樂王：封爵名。長樂，郡名。北魏時治信都縣，在今河北冀州市。

[5]癸卯日有蝕之：中華本校勘記云："按是年十二月乙酉朔，癸卯是十九日，不應有日蝕。此因襲《魏書·天象志》之誤。"

二年春正月，大陽蠻酋桓誕率户内屬，[1]拜征南將軍，[2]封襄陽王。[3]曲赦京師及河西，[4]南至秦、涇，[5]西至枹罕，北至凉州及諸鎮。[6]詔假員外散騎常侍邢祐使於宋。[7]

[1]大陽蠻：指居住活動於今湖北北部地區的少數民族。　桓誕：人名。字天生，譙國龍亢（今安徽懷遠縣西北）人。北魏時大陽蠻酋帥。見《北史》卷九五《蠻傳》。

[2]征南將軍：官名。北魏時爲四征將軍之一，多授持節都督，出鎮方面，地位顯要。孝文帝太和二十三年定爲二品。

[3]襄陽王：封爵名。襄陽，郡名。北魏時治襄陽縣，在今湖北襄樊市。

[4]曲赦：特赦。

[5]秦：州名。北魏時治上封城，在今甘肅天水市。　涇：州名。北魏太武帝神䴥三年（430）置，治臨涇縣，在今甘肅鎮原縣東南。孝明帝熙平二年（517），移治平凉縣，在今甘肅平凉市。

[6]凉州：北魏時治姑臧縣，在今甘肅武威市。

[7]假：代理。　員外散騎常侍：官名。三國魏末始置，初爲正員之外添差之散騎常侍，無員數，後爲散騎省屬官，掌規諫，不典事，屬門下省。北魏時員六人，孝文帝太和十七年定爲從三品上，二十三年改爲五品。　邢祐：人名。字宗祐，河間鄚（今河北任丘市北）人。北魏官吏。見《北史》卷四三《邢巒附邢祐傳》。

二月乙巳，[1]詔曰："頃者，淮徐未賓，[2]尼父廟隔非所，[3]致令祠典寢頓，禮章殄滅，遂使女巫妖覡淫進非禮。自今有祭孔廟，制用酒脯而已，不聽婦女雜合，以祈非望之福。犯者以違制論。其公家有事，自如常禮。”蠕蠕犯塞，[4]太上皇帝次於北郊，[5]詔諸將討之，悉皆遁走。[6]北部敕勒叛，奔蠕蠕。太上皇帝追至石磧，[7]不及而還。三月戊辰，以散騎常侍、駙馬都尉萬安國爲大司馬、大將軍，[8]封安城王。[9]庚午，親耕藉田。[10]連川敕勒謀叛，[11]徙配青、徐、齊、兖四州爲營户。[12]

[1]乙巳：底本作“丁巳”，源氏校勘記改“丁”作“乙”。中華本校勘記云：“諸本‘乙’作‘丁’，《魏書》卷七上《高祖紀》作‘乙’。按是年二月甲申朔，無丁巳，乙巳是二十二日。今據改。”今從改。

[2]淮：州名。北魏時治淮陰縣，在今江蘇淮安市淮陰區西南。徐：州名。北魏時治彭城縣，在今江蘇徐州市。

[3]尼父：即孔子。因其字仲尼，故尊稱爲尼父。

[4]蠕蠕：亦稱柔然，本爲東胡族的一支，屬拓跋部。南北朝時始强大，活動於今蒙古國南部地區。以游牧爲生。見《北史》卷九八《蠕蠕傳》。

[5]北郊：源氏校勘記云：“‘北’《魏書》作‘東’。”

[6]悉皆遁走：毛本、殿本、四庫本、局本、四部備要本作“虜遁走”。

[7]石磧：地區名。一作“石漠”。即今内蒙古四子王旗和察哈爾右翼後旗北部一帶。

[8]散騎常侍：官名。北魏時屬集書省，掌諷議左右，從容獻納，領諸散騎常侍、侍郎及諫議大夫、給事中等官，兼以出入王

命，位在中書之右。孝文帝太和二十三年定爲從三品。　萬安國：人名。代（今山西大同市東北）人。北魏官吏。見《北史》卷二五《萬安國傳》。　大司馬：官名。居三公之上、三師之下，開府置僚屬，多爲大臣加官，然無具體職司。北魏孝文帝太和二十三年定爲一品。　大將軍：官名。北魏時統兵事，或兼掌朝政，與大司馬共稱“二大”，位尊權重。孝文帝太和二十三年定爲一品。

［9］安城王：封爵名。安城，縣名。治所在今河南汝南縣東南。亦作郡名，治所未詳。

［10］藉田：亦作“籍田”。古代天子親耕之田，以示對農業的重視。

［11］連川：地名。具體位置不詳。

［12］齊：州名。北魏時治歷城縣，在今山東濟南市。　兖：州名。北魏孝文帝太和十八年改東兖州置，治瑕丘城，在今山東兖州市新驛鎮東頓村南。　營户：底本無“營”字，中華本校勘記云：“諸本脱‘營’字，據《魏書》補。”今從改。

夏四月庚子，詔工商雜伎，盡聽赴農。諸州課人益種菜果。辛亥，宋人來聘。癸酉，詔沙門不得去寺，行者以公文。是月，宋明帝殂。[1]五月丁巳，詔軍警給璽印傳符，次給馬印。六月，安州遭水雹，[2]詔丐租振恤。[3]丙申，詔：“今年貢舉，尤爲猥濫。自今所遣，皆可門盡州郡之高，才極鄉閭之選。”戊午，[4]行幸陰山。

［1］宋明帝：即南朝宋皇帝劉彧。明爲其謚號。

［2］安州：北魏時治方城縣，在今河北隆化縣隆化鎮。　水雹：源氏校勘記改“水”作“冰”。

［3］丐租：免除租税。丐，免除。

［4］戊午：中華本校勘記云：“按是年六月壬午朔，無戊午，閏

六月壬子朔，戊午是七日。《魏書》此上本有閏六月紀事，《北史》删節致誤。”

秋七月壬寅，詔州郡縣各遣二人才堪專對者，赴九月講武，當親問風俗。八月，百濟遣使請兵伐高麗。[1]九月辛巳，車駕還宫。戊申，統萬鎮將、河間王閭武皮坐貪殘賜死。[2]己酉，詔以州鎮十一水旱，丐其田租，開倉振恤。又詔流迸之人，皆令還本，違者徙邊。

[1]百濟：國名。約公元一世紀興起於朝鮮半島漢江流域，都於今漢江南岸慰禮城。漸征服鄰近各部落，成爲半島西南部之强國，繼而與新羅、高句麗鼎足而立。與東晋南北朝聯繫密切，後統一於新羅。見《北史》卷九四《百濟傳》。　高麗：國名。又作“高句麗”等，其先出自夫餘，地爲漢之玄菟郡，高句麗爲其三縣之一，因以爲國名。都名丸都，故治在今吉林集安市，南北朝時遷都於今朝鮮平壤市。見《北史》卷九四《高麗傳》。

[2]鎮將：官名。北魏置，爲鎮之主官，掌一鎮兵馬及鎮之守衛。　河間王：封爵名。河間，郡名。北魏初治樂城縣，在今河北獻縣東南；孝文帝太和十一年移治武垣縣，在今河北河間市南。閭武皮：人名。任統萬鎮將，北魏孝文帝延興二年統萬鎮民相繼北逃，武皮以貪殘罪被賜死。《魏書》卷七上《孝文帝紀上》作“閭虎皮”，《北史》避唐高祖祖父李虎諱改。源氏校勘記在“武”旁紅筆小字夾批“諱”。

冬十月，蠕蠕犯塞，及五原。[1]十一月，太上皇帝親討之，將度漠，蠕蠕聞之，北走數千里。丁亥，封皇叔略爲廣川王。[2]壬辰，分遣使者巡省風俗，問人疾苦。

帝每月一朝崇光宫。[3]

[1]五原：縣名。治所在今内蒙古包頭市西。

[2]略：即拓跋略，人名。北魏宗室、大臣。見《北史》卷一九《廣川王略傳》。　廣川王：封爵名。廣川，郡名。此時有兩個廣川郡：一屬冀州，治廣川縣，在今河北景縣西南。一屬齊州，治武强縣，在今山東鄒平縣。

[3]崇光宫：北魏離宫。獻文帝於平城北苑中建，在今山西大同市城北。孝文帝延興二年（473）改稱寧光宫。

十二月庚戌，詔曰："頃者以來，官以勞升，未久而代，牧守無恤人之心，競爲聚斂，送故迎新，相屬於路，非所以固人志、隆政道也。自今牧守温良仁儉克己奉公者，可久於其任，歲積有成，遷位一級；其貪殘非道，侵削黎庶者，雖在官甫爾，[1]必加黜罰。著之於令，以爲彝準。"詔以代郡事同豐沛，[2]代人先配邊戍者免之。

[1]甫爾：初始。

[2]代郡：北魏時治平城，在今山西大同市東南。　豐沛：本爲漢高祖劉邦故鄉，後借指帝王故鄉。

是歲，高麗、地豆干、庫莫奚、高昌等國並遣使朝貢。[1]

[1]地豆干：國名。北魏時，其人散居於室韋以西，北界烏洛侯，西與柔然相接，南鄰庫莫奚、契丹。以游牧爲生。見《北史》

卷九四《地豆干傳》。　庫莫奚：國名。分布在饒樂水（今西拉木倫河）流域，東接契丹，西至突厥，南拒白狼河，北鄰霫。初臣屬於突厥，後稍强盛，分爲辱紇主（一作“辱紇王”）、莫賀弗、契個、木昆、室得等五部。習俗與突厥相似，以游牧爲主，兼以射獵。　高昌：國名。都於高昌城，在今新疆吐魯番市東南高昌古城。見《北史》卷九七《高昌傳》。

三年春正月庚辰，詔員外散騎常侍崔演使於宋。丁亥，改崇光宫爲寧光宫。二月戊午，太上皇帝至自北討，飲至策勳，[1]告於宗廟。甲戌，詔縣令能静一縣劫盜者，兼理二縣，即食其禄；能静三縣者，[2]三年遷爲郡守。二千石能静二郡上至三郡，亦如之，三年遷爲刺史。[3]三月壬午，詔諸倉屯穀麥充積者，出賜貧人。

[1]飲至：指出征凱旋後，至宗廟祭祀、宴飲慶功之禮。　策勳：指戰後記功勳於策書之上的禮儀。

[2]三縣：毛本、殿本、四庫本、局本、四部備要本、《魏書》卷七上《孝文帝紀上》作“二縣”。中華本校勘記云：“南、北、汲、殿四本‘三縣’作‘二縣’，百衲本及《通志》卷十五作‘三縣’。按《魏書》作‘能静二縣者兼治三縣，三年遷爲郡守’。《通典》卷三三《縣令》條同《魏書》，唯‘治’作‘理’。疑此作‘三縣’，是《北史》删改《魏書》原文。若從各本作‘二縣’，則‘者’下當脱‘兼理三縣’四字。今從百衲本。”

[3]二千石能静二郡上至三郡亦如之三年遷爲刺史：中華本校勘記云：“《魏書》同。《通典》云：‘二千石能静二郡者兼理，至三郡亦如之，三年遷爲刺史。’按《通典》多‘兼理’二字，以上文縣令類比，疑有訛脱。”

夏四月戊申，詔假司空、上黨王長孫觀等討吐谷渾拾寅。[1]壬子，詔以孔子二十八世孫魯郡孔乘爲崇聖大夫，[2]給十户以供灑掃。

[1]司空：官名。北魏時爲名譽宰相，三公之一，多爲大臣加官，無實際職掌。孝文帝太和二十三年定爲一品。　上黨王：封爵名。上黨，郡名。北魏時初治安民城，在今山西襄垣縣東北，後移治壺關城，在今山西長治市北。　長孫觀：人名。鮮卑族。北魏將領。見《北史》卷二二《長孫道生附長孫觀傳》。　吐谷渾：族名。又稱吐渾、退渾。原爲鮮卑族慕容部的一支，先祖游牧於徒河青山（今遼寧義縣東）。西晋時，遷徙於今甘肅、青海一帶。十六國時，先後受到前涼、西秦等追逐，幾乎亡國。後再度崛起，北魏太武帝時達到最强盛。在北魏打擊下，一度退到今新疆一帶。以游牧爲生。見《北史》卷九六《吐谷渾傳》。　拾寅：人名。吐谷渾可汗。曾受南朝封爵，號河南王。後又受北魏官爵，爲鎮西大將軍、沙州刺史、西平王。

[2]魯郡：北魏時治魯縣，在今山東曲阜市東古城。

六月甲子，詔曰："往年縣召秀才二人，問守宰善惡，[1]而賞者未幾，罪者衆多，肆法傷生，情所未忍。諸爲人所列者，特原其罪，盡可代之。"[2]

[1]守宰：地方官别稱，多指郡守。

[2]代：中華本校勘記云："《魏書》汲本及《册府》卷四一'代'作'貸'。按上云'特原其罪'，疑作'貸'是。"可從。

秋七月，詔河南六州人，户收絹一匹、綿一斤、租三十石。乙亥，行幸陰山。八月庚申，帝從太上皇帝幸河西。拾寅謝罪請降，許之。九月辛巳，車駕還宮。乙亥，[1]宋人來聘。己亥，詔曰："今京師及天下囚未判，在獄致死，無近親者，給衣衾棺櫝葬之，不得暴露。"辛丑，詔遣十使，循行州郡，撿括户口。[2]

[1]乙亥：毛本、殿本、四庫本作"丁亥"，中華本校勘記云："各本及《魏書》並同，殿本據上有辛巳下有己亥其間不得有乙亥，改作'丁亥'。按此'乙亥'必誤，但也可能是誤在'亥'而不在'乙'，故不從殿本。"

[2]撿括户口：檢查清理隱匿的户口。

冬十月，太上皇帝將南巡，[1]詔州郡之人，十丁取一，充行；户租五十石，以備軍糧。

[1]南巡：毛本、殿本、四庫本、局本、四部備要本、中華本作南討。按：此段云"充行""備軍糧"，當稱爲"南討"。但據北魏當時的政治形勢，獻文帝此次南下衹是試圖在與馮太后的奪權鬬争中争取自己的勢力，並非真正南討，而且下文的記載也並未見到獻文帝與南朝有任何戰争迹象。另，下文多次云"南巡"，如"癸巳，太上皇帝南巡至懷州""二月甲辰，太上皇帝至自南巡"。未詳孰是。

十一月戊寅，詔以河南州郡牧守多不奉法，致新邦百姓莫能上達，遣使者觀風察獄，黜陟幽明，搜揚振恤。癸巳，太上皇帝南巡至懷州，[1]所過問人疾苦，賜高年孝悌力田布帛。十二月癸卯朔，日有蝕之。[2]庚戌，詔關外苑囿，聽人樵採。

[1]懷州：北魏獻文帝天安二年置，治野王縣，在今河南沁陽市。孝文帝太和十八年罷，東魏孝静帝天平初復。

[2]十二月癸卯朔日有蝕之：中華本校勘記云："按下文四年正月癸酉朔，又書日蝕，不得連續兩月日蝕，疑有誤。"

是歲，高麗、契丹、庫莫奚、悉萬斤等國並遣使朝貢。[1]州鎮十一水旱，丐人田租，開倉振恤。相州人餓死者二千八百四十五人。祅人劉舉自稱天子，齊州刺史、武昌王平原捕斬之。[2]

[1]悉萬斤：國名。係大月氏分裂出來的一個國家。都悉萬斤城，即今烏兹别克斯坦撒馬爾罕。見《北史》卷九七《悉萬斤傳》。

[2]武昌王：封爵名。遥封。武昌，郡名。南朝宋時治武昌縣，在今湖北鄂州市鄂城區。　平原：即拓跋平原，人名。北魏宗室。見《北史》卷一六《河南王曜附拓跋提傳》。

四年春正月癸酉朔，日有蝕之。丁丑，太尉、隴西王源賀以病辭位。二月甲辰，太上皇帝至自南巡。辛未，禁寒食。[1]三月丁亥，詔員外散騎常侍許赤武使於宋。[2]

[1]寒食：傳統民俗。春秋時，晋國忠臣名士介子推抱木而焚。晋文公下令在介子推忌日禁火，以寄哀思。後稱之爲寒食，並發展爲一種傳統節日，即寒食節。

[2]許赤武：人名。博陵（今河北安平縣）人。北魏官吏。初爲著作郎，後爲東郡太守，卒於官。中華本校勘記云："《魏書》'武'作'虎'，《北史》避唐諱改。"源氏校勘記在"武"旁紅筆小字夾批"諱"字。

夏四月丁卯詔：[1]自今非謀反大逆，干紀外奔，[2]罪止其身而已。

[1]四月丁卯：源氏校勘記云："《魏書》作'六月乙卯'。"中華本校勘記云："《魏書》此詔在六月乙卯，《通鑑》卷一三三同《魏書》。按《魏書》此上尚有五月甲戌記事，疑《魏書》是。"

[2]干紀：觸犯法紀。

秋七月己卯，曲赦仇池。[1]八月戊申，大閱於北郊。九月，以宋亂故，詔將軍元蘭等伐蜀漢。[2]

[1]仇池：國名。國都在今甘肅西和縣西南。

[2]元蘭：人名。北魏宗室。太武帝時，任長安鎮將。孝文帝初，賜爵建陽子。卒於武川鎮將。　蜀漢：地區名。指今四川東部和雲南、貴州北部以及陝西漢中一帶。

冬十月庚子，宋人來聘。十一月，分遣侍臣循河南七州，觀察風俗，撫慰初附。

是歲，粟特、敕勒、吐谷渾、高麗、曹利、闊悉、契丹、庫莫奚、地豆干等國並遣使朝貢。[1]州鎮十三大飢，丐人田租，開倉振之。

[1]粟特：國名。爲中世紀時中亞講伊蘭語的粟特人居住的地區，主要位於阿姆河與錫爾河之間的澤拉夫尚河流域。見《北史》卷九七《粟特傳》。　曹利：國名。具體位置不詳。　闊悉：國名。在今阿富汗庫拉姆河流域之南。

五年春二月癸丑，詔定考課，明黜陟。

夏四月，詔禁畜鷹鷂，開相告之制。五月丙午，詔員外散騎常侍許赤武使於宋。丁未，幸武州山。[1]辛酉，幸車輪山。[2]六月庚午，禁殺牛馬。壬申，曲赦京師死罪，遣備蠕蠕。

[1]武州山：一作“武周山”，在今山西大同市西。

[2]車輪山：在今山西大同市東北。

秋九月癸卯，洛州人賈伯奴稱恒農王，[1]豫州人田智度稱上洛王，[2]郡討平之。

[1]洛州：北魏明元帝泰常八年（423）置，治洛陽縣，在今河南洛陽市東北。孝文帝太和十七年改稱司州。　恒農王：封爵名。恒農，郡名。北魏時治陝城，在今河南三門峽市。本弘農郡，北魏避獻文帝諱，改稱恒農郡。

[2]豫州：北魏時治懸瓠城，在今河南汝南縣。　上洛王：封爵名。上洛，郡名。北魏時治上洛縣，在今陝西商洛市商州區。

冬十月，太上皇帝大閱於北郊。十二月丙寅，改封建昌王長樂爲安樂王。[1]己丑，城陽王長壽薨。[2]庚寅，宋人來聘。

[1]建昌王：封爵名。建昌，郡名。北魏時治榆中縣，在今甘肅蘭州市。　長樂：即拓跋長樂，人名。文成帝之子。見《北史》卷一九《安樂王長樂傳》。　安樂王：封爵名。安樂，郡名。《魏書·地形志上》："安樂郡，延和元年置交州，真君二年罷州置。"治所一説在今北京密雲縣東北，一説在今河北唐山市豐潤區東。

[2]城陽王：封爵名。城陽，郡名。北魏時治所不詳，當在今河南境内。　長壽：即拓跋長壽，人名。景穆帝之子。見《北史》卷一八《城陽王長壽傳》。

是歲，高麗、吐谷渾、龜兹、契丹、庫莫奚、地豆干、蠕蠕等國並遣使朝貢。[1]

[1]龜（qiū）兹（cí）：國名。初都於延城（今新疆庫車縣東），魏晉時遷都於今新疆沙雅縣北，仍名延城。見《北史》九七《龜兹傳》。

承明元年春二月，[1]司空、東郡王陸定國坐事免官爵爲兵。[2]

[1]承明：北魏孝文帝的年號（476）。

[2]東郡王：封爵名。東郡，北魏時治滑臺城，在今河南滑縣東。　陸定國：人名。鮮卑族。北魏官吏。見《北史》卷二八《陸俟附陸定國傳》。

夏五月，冀州人宋伏龍聚衆自稱南平王。郡縣捕斬之。

六月甲子，詔中外戒嚴。分京師見兵爲三等，[1]第一軍出，遣第一兵，二等亦如之。辛未，太上皇帝崩。壬申，大赦，改元。大司馬、大將軍、安城王萬安國坐法賜死。戊寅，以征西大將軍、安樂王長樂爲太尉；[2]尚書左僕射、南平公目辰爲司徒，[3]進封宜都王；[4]以南部尚書李訢爲司空。[5]尊皇太后爲太皇太后，臨朝稱制。

[1]見兵：現有的士兵。　三等：毛本、殿本、四庫本、四部備要本作“二等”。按：據文意來看，下文並未提到三等兵如何，僅提到一等和二等，故疑當作“二等”。

[2]征西大將軍：官名。北魏時多授予統兵在外、都督諸州軍事者。孝文帝太和十七年定爲一品下，二十三年改爲二品。

[3]尚書左僕射：官名。北魏時爲尚書令副貳，掌都省庶務、執法，典選舉，兼掌糾彈百官。孝文帝太和二十三年定爲從二品。南平公：封爵名。遥封。南平，郡名。南朝宋時治江安縣，在今湖北公安縣東北。　目辰：即拓跋目辰，人名。北魏宗室。見《北史》卷一五《曲陽侯素延附宜都王目辰傳》。

[4]宜都王：封爵名。遥封。宜都，郡名。南朝宋時治夷道縣，在今湖北枝江市。

[5]南部尚書：官名。北魏道武帝皇始元年（396）置，爲尚書省南部曹長官，初置一人。後以南部州郡數多，政繁權重，增員二人或二人以上。除管理南方州郡事務外，還統兵南進，多由本部屬官遷任。孝文帝改制罷。　李訢：人名。字元盛，范陽（今河北涿州市）人。北魏官吏。見《北史》卷二七《李訢傳》。

秋七月甲辰，追尊皇妣李貴人爲思皇后。濮陽王孔雀有罪賜死。八月甲子，詔群公卿士，有便人益國者，具狀以聞。甲申，[1]以長安二蠶多死，[2]丐人歲賦之半。九月丁亥，曲赦京師。

[1]甲申：底本作“甲戌”，源氏校勘記改“戌”作“申”，中華本校勘記云：“諸本‘申’作‘戌’，《魏書》作‘申’。按是年八月戊午朔，甲戌是十七日，甲申是二十七日。但《魏書》此上有壬午記事，是二十五日，則此不得作甲戌。今據改。”今從改。

[2]二蠶：第二季蠶，即夏蠶。

冬十月丁巳，起七寶永安行殿。[1]乙丑，進假東陽王丕爵爲王。[2]己未，詔群官卿士下及吏人，[3]各聽上書，直言極諫，勿有所隱。諸有益政利人可以正風俗者，有司以聞。辛未，幸建明佛寺，[4]大宥罪人。[5]進濟南公羅拔爲王。[6]

[1]七寶永安行殿：在平城北郊鹿苑内。

[2]東陽王：封爵名。遥封。東陽，郡名。南朝宋時治長山縣，在今浙江金華市婺城區。　丕：即拓跋丕，人名。北魏宗室。見《北史》卷一五《武衛將軍謂附東陽王丕傳》。

[3]詔群官卿士下及吏人：中華本校勘記云：“《魏書》同，《册府》卷一〇二‘官’作‘公’。按‘群官’即包括‘卿士’，文義重複。‘群公卿士’，屢見史籍，如上文八月甲子詔即有此語。‘官’當爲‘公’之訛。”可從。

[4]建明佛寺：在今山西大同市。

[5]宥：寬免。

[6]濟南公：封爵名。濟南，郡名。北魏時治歷城縣，在今山東濟南市。　羅拔：人名。一作“羅烏拔”，代（今山西大同市東

北）人，鮮卑族。初歷殿中尚書，賜爵濟南公。孝文帝時任征西將軍、吏部尚書，進爵濟南王，後改封趙郡王。

是歲，蠕蠕、高麗、庫莫奚、波斯、契丹、宕昌、悉萬斤等國並遣使朝貢。[1]

[1]波斯：國名。即今伊朗。見《北史》卷九七《波斯傳》。　宕昌：國名。爲西羌别種。地在今甘肅岷縣、臨潭縣南部，至天水市西界、隴南市武都區北界。北周時以其地爲郡。見《北史》卷九六《宕昌傳》。

太和元年春正月乙酉，[1]改元。辛亥，起太和、安昌二殿。[2]己酉，秦州略陽人王元壽聚衆，[3]自號衝天王。雲中飢，[4]開倉振恤。二月辛未，秦益二州刺史、武都公尉洛侯討破王元壽。[5]三月庚子，以雍州刺史、東陽王丕爲司徒。[6]丙午，詔曰："去年牛疫，死傷太半。[7]今東作既興，[8]人須肄業，[9]其敕在所督課田農，有牛者加勤於常歲，無牛者倍庸於餘年。一夫制田四十畝，[10]中男二十畝，無令人有餘力，地有遺利。"

[1]太和：北魏孝文帝的年號（477—499）。

[2]太和：位於平城宫城的中部。　安昌：位於平城宫城的中部。

[3]略陽：郡名。北魏時治隴城縣，在今甘肅秦安縣東北。

[4]雲中：郡名。北魏時治秦雲中郡故城，在今内蒙古托克托縣東北古城。

[5]益：州名。北魏時治成都縣，在今四川成都市。　武都公：

封爵名。武都，郡名。北魏時治石門縣，在今甘肅隴南市武都區東南。　尉洛侯：人名。北魏官吏。後因貪殘而被誅。

[6]雍州：北魏時治長安縣，在今陝西西安市西北。　司徒：官名。北魏時爲三公之一，分掌丞相職能，多爲大臣加官。孝文帝太和二十三年定爲一品。

[7]太半：毛本、殿本、四庫本、局本、四部備要本作“大半”。按：“太”“大”古通。

[8]東作：春耕。

[9]肆業：修治農功。

[10]田：中華本校勘記云：“《魏書》‘田’上有‘治’字，《北史》避唐諱删。”

夏四月，樂安王良薨。[1]詔復前東郡王陸定國官爵。五月，車駕祈雨於武州山，俄而澍雨大洽。[2]

[1]樂安王：封爵名。樂安，郡名。北魏時治千乘縣，在今山東高青縣東南。　良：即拓跋良，人名。北魏宗室。見《北史》卷一六《樂安王範附拓跋良傳》。

[2]澍雨：時雨。《論衡·雷虚篇》：“天施氣，氣渥爲雨，故雨潤萬物，名曰澍。”

秋七月壬辰，京兆王子推薨。[1]庚子，定三等死刑。己酉，起朱明、思賢門。[2]是月，宋人殺其主昱。[3]

[1]京兆王：封爵名。京兆，郡名。北魏時治霸城縣，在今陝西西安市東北。　子推：即拓跋子推，人名。北魏宗室。見《北史》卷一七《京兆王子推傳》。

[2]朱明：位於平城南門正中。　思賢：或屬平城太和殿。

[3]昱：即劉昱，人名。字德融。南朝宋皇帝。見《宋書》卷九《後廢帝紀》。

八月壬子，大赦。丙子，詔曰："工商皁隸，[1]各有厥分，而有司縱濫，或染清流。自今户内有工役者，唯止本部丞已下準次而授。[2]若階藉元勳以勞定國者，不從此制。"戊寅，宋人來聘。九月乙酉，詔群臣定律令於太華殿。[3]庚子，起永樂遊觀殿於北苑，[4]穿神泉池。[5]

[1]皁（zào）隸：奴僕。

[2]唯止：源氏校勘記云："'唯止'《魏書》作'推上'。"按：從文意來看，當從《北史》。

[3]太華殿：位於宫城中部，爲文明太皇太后辦公和居住的場所之一。

[4]永樂遊觀殿：在鹿苑内。

[5]神泉池：《魏書·孝文帝紀上》作"神淵池"。中華本校勘記云："《魏書》'泉'作'淵'，《北史》避唐諱改。"可從。

冬十月辛亥朔，日有蝕之。癸酉，宴京邑耆老年七十已上於太華殿，賜以衣服。詔七十已上一子不從役。宋葭蘆戍主楊文度遣弟鼠襲陷仇池。[1]十一月丁亥，懷州人伊祁苟自稱堯後，[2]應王，聚衆於重山。[3]洛州刺史馮熙討平之。[4]閏月庚午，[5]詔員外散騎常侍李長仁使於宋。[6]十二月壬寅，征西將軍皮喜攻陷葭蘆，[7]斬楊文度，傳首京師。丁未，州郡八水旱蝗，人飢，詔開倉振恤。

[1]葭蘆：城名。在今甘肅隴南市武都區東南白龍江東岸。戍主：官名。東晉十六國時爲塢壁、城堡等主守者之稱。南北朝時爲正式職官，掌中小軍事據點之守衛，除管理軍政外，兼理民政、財政。多以郡守、縣令、州參軍及雜號將軍等官兼領。官秩不一。楊文度：人名。仇池（今甘肅西和縣）人。北魏時氐族首領。自立爲武興王，太武帝時降北魏，受封爲武興鎮將，後復反。孝文帝時，爲魏將皮歡喜所破，被斬首。

[2]伊祁苟：人名。其餘不詳。源氏校勘記云："'苟'下《魏書》有'初'字。"

[3]重山：在今河南輝縣市北。

[4]馮熙：人名。字晋國，長樂信都（今河北冀州市）人。北魏大臣、外戚。見《北史》卷八〇《馮熙傳》。

[5]閏月：毛本、殿本、四庫本作"九月"。按：前文紀十月、十一月事，下文紀十二月事，此處不應紀九月事，衹有可能是閏十一月，今從底本。 庚午：《魏書》卷七上《孝文帝紀上》作"庚子"。按：北魏孝文帝太和元年閏十一月庚戌朔，當爲"庚午"，《魏書》誤。

[6]李長仁：人名。字景安，勃海蓨（今河北景縣）人。北魏官吏。見《魏書》卷七二《李叔虎附李長仁傳》。

[7]征西將軍：官名。北魏時爲四征將軍之一，多授持節都督，出鎮方面，地位顯要。孝文帝太和十七年定爲從一品中，二十三年改爲二品。 皮喜：人名。一作"皮歡喜"，漁陽（今天津武清區西北）人。北魏官吏。見《北史》卷三七《皮豹子附皮歡喜傳》。源氏校勘記云："《魏書》作'皮懽喜'。"

是歲，高麗、契丹、庫莫奚、蠕蠕、車多羅、西天竺、舍衛、疊伏羅、粟楊婆、員闊等國並遣使朝貢。[1]

[1]車多羅：國名。具體位置不詳。　西天竺：國名。故地在今阿富汗喀布爾以西地區。　舍衛：國名。亦作“舍婆提”“舍羅婆悉帝”。故地在今印度北境拉普提河南岸之腮特馬赫特地區。　疊伏羅：國名。見《北史》卷九七《疊伏羅傳》。　粟楊婆：國名。首府爲毘舍厘城，在今印度北部。毛本、殿本、四庫本、四部備要本作“粟陽婆”。　員闊：國名。具體位置不詳。

二年春正月丁巳，封昌黎王馮熙第二子始興爲北平王。[1]二月丁亥，行幸代之湯泉，所過問人疾苦，以宫女賜貧人無妻者。癸卯，車駕還宫。乙酉晦，日有蝕之。[2]三月丙子，以河南公梁彌機爲宕昌王。[3]

[1]昌黎王：封爵名。昌黎，郡名。北魏時治昌黎縣，在今遼寧義縣。　北平王：封爵名。北平，郡名。北魏時治新昌縣，在今河北盧龍縣。

[2]乙酉晦日有蝕之：中華本校勘記云：“按是年二月己卯朔，乙酉是七日，不得稱‘晦’，又不應有日蝕。又上文已有丁亥、癸卯，乙酉不得反在其後，必有誤。”

[3]河南公：封爵名。河南，郡名。北魏時治洛陽縣，在今河南洛陽市東北。　梁彌機：人名。羌族。北魏時宕昌國君。見《北史》卷九六《宕昌傳》。

夏四月己丑，宋人來聘。京師旱。甲辰，祈天災於北苑，[1]親自禮焉，減膳避正殿。丙午，澍雨大洽，曲赦京師。

[1]北苑：毛本、殿本、四庫本作“苑北”。按：北魏帝王多在北苑進行祈雨、大射、祭祀等，當爲“北苑”，今從底本。

五月，詔曰：“乃者人漸奢尚，婚葬越軌。又皇族貴戚及士庶之家，不惟氏族高下，與非類婚偶。先帝親發明詔，爲之科禁。而百姓習常，仍不肅改。朕念憲章舊典，永爲定準，犯者以違制論。”六月庚子，皇叔若薨。[1]

[1]若：即拓跋若，人名。北魏宗室。見《北史》卷一九《河間王若傳》。

秋八月，分遣使者，考察守宰，問人疾苦。丙戌，詔罷諸州禽獸之貢。九月乙巳朔，日有蝕之。丙辰，曲赦京師。

冬十月壬辰，詔員外散騎常侍鄭羲使於宋。[1]十二月癸巳，誅南郡王李惠。[2]

[1]鄭羲：底本作“鄭義”，毛本、殿本、四庫本、局本、四部備要本作“鄭發”，源氏校勘記云：“《魏書》（義）作‘羲’。”中華本校勘記云：“北、汲、殿三本‘義’作‘發’，百衲本、南本作‘義’，《魏書》作‘羲’。按《通志》卷一五《後魏紀》、《通鑑》卷一三四亦作‘羲’。《鄭羲傳》見本書卷三五、《魏書》卷五六。傳言其於孝文初使宋。‘義’乃‘羲’之訛，今據改。”今從改。

[2]南郡王：封爵名。遥封。南郡，南朝宋時治江陵縣，在今湖北江陵縣。　李惠：人名。中山（今河北定州市）人。北魏大

臣、外戚。見《北史》卷八〇《李惠傳》。

是歲，龜兹國獻名駞、龍馬、珍寶甚衆。吐谷渾、蠕蠕、勿吉等國並遣使朝貢。[1]州鎮二十餘水旱，人飢，詔開倉振恤。

[1]勿吉：國名。分布在今吉林長白山、松花江一帶。其人善射獵。見《北史》卷九四《勿吉傳》。

三年春正月癸丑，巛德六合殿成。[1]庚申，詔罷行察官。[2]二月辛巳，帝、太皇太后幸代郡湯泉，問人疾苦。鰥貧者妻以宮女。[3]己亥，還宮。三月癸卯朔，日有蝕之。甲辰，曲赦京師。

[1]巛德六合殿：位於宮城的中部。巛，中華本作“坤”。

[2]行察官：官名。北魏孝文帝置，自孝文帝延興二年至太和二年，多次遣使巡省風俗，問民疾苦，參察守宰，謂之行察官。太和三年正月罷。

[3]鰥貧：底本作“鰥寡貧”，中華本校勘記云：“諸本‘鰥’下衍‘寡’字，據《魏書》删。”今從改。

夏四月壬申，宋人來聘。癸未，樂良王樂平薨。[1]甲午，宋順帝禪位于齊。[2]庚子，進淮陽公尉元爵爲王。[3]宜都王目辰有罪賜死。五月丁巳，帝祈雨於北苑，閉陽門，是日澍雨大洽。六月辛未，以雍州人飢，開倉振恤。起文石室靈泉殿於方山。[4]

[1]樂良王：封爵名。樂良，郡名。又作“樂浪”。十六國時僑置，治所不可考。北魏孝明帝正光末年復置，治連城，在今遼寧義縣北。　樂平：即拓跋樂平，人名。北魏宗室。見《北史》卷一七《樂良王萬壽附康王樂平傳》。

[2]宋順帝：即南朝宋皇帝劉準。順爲其謚號。

[3]淮陽公：封爵名。淮陽，郡名。晋安帝義熙中置，治所在今江蘇淮安市清浦區西古泗水西岸。　尉元：人名。字苟仁，代（今山西大同市東北）人，鮮卑族。北魏官吏。見《北史》卷二五《尉元傳》。

[4]方山：在今山西大同市北郊。

秋七月壬寅，詔免宫人年老及病者。八月壬申，詔群臣進直言。乙亥，幸方山，起思遠佛寺。[1]丁丑，還宫。九月壬子，以司徒、東陽王丕爲太尉；趙郡公陳建爲司徒，[2]進爵魏郡王；[3]河南公苟頹爲司空，[4]進爵河東王。[5]進太原公王叡中山王，[6]隴東公張祐新平王。[7]己未，[8]定州刺史、安樂王長樂有罪賜死。庚申，隴西王源賀薨。

[1]思遠佛寺：在今山西大同市北方山。

[2]趙郡公：封爵名。趙郡，北魏時治平棘縣，在今河北趙縣。　陳建：人名。代（今山西大同市東北）人。北魏將領。見《北史》卷二五《陳建傳》。

[3]魏郡王：封爵名。魏郡，北魏時治鄴縣，在今河北臨漳縣西南鄴鎮。

[4]苟頹：人名。本姓若干，代（今山西大同市東北）人。北魏官吏。見《北史》卷二五《苟頹傳》。

[5]河東王：封爵名。河東，郡名。北魏時治蒲坂縣，在今山

西永濟市西南蒲州城。

[6]太原公：封爵名。太原，郡名。北魏時治晋陽縣，在今山西太原市晋源區古城營村一帶。　王叡：人名。字洛誠，自言太原晋陽（今山西太原市晋源區古城營村一帶）人。北魏官吏。見《北史》卷九二《王叡傳》。　中山王：封爵名。中山，郡名。北魏時治盧奴縣，在今河北定州市。

[7]隴東公：封爵名。隴東，郡名。治所不詳，疑在今甘肅境内。　張祐：人名。字安福，安定石唐（今甘肅涇川縣）人。北魏宦官。見《北史》卷九二《張祐傳》。　新平王：封爵名。新平，郡名。北魏時治新平城，在今陝西彬縣。

[8]己未：底本作“乙未”，中華本校勘記云：“諸本‘己’作‘乙’，《魏書》作‘己’。按是年九月庚子朔，無乙未，己未是二十日。今據改。”今從改。

冬十月己巳朔，大赦。十一月癸卯，賜京師貧窮高年疾患不能自存衣服布帛各有差。[1]癸丑，進假梁郡公元嘉爵爲假王，[2]督二將出淮陰；[3]隴西公元琛三將出廣陵；[4]河東公薛豹子三將出廣固，至壽春。[5]

[1]賜京師貧窮高年疾患不能自存衣服布帛各有差：源氏校勘記在“存”後補“者”字。按：《魏書》有“者”字，更合文意。

[2]梁郡公：封爵名。梁郡，北魏時治梁國城，在今河南商丘市南。　元嘉：人名。北魏宗室、大臣。見《北史》卷一六《廣陽王建附元嘉傳》。　假王：暫署的王。

[3]淮陰：縣名。治所在今河南信陽市。

[4]隴西公：封爵名。隴西，郡名。北魏時治襄武縣，在今甘肅隴西縣東南。　元琛：人名。北魏宗室。　廣陵：城名。在今河南息縣西南。

[5]薛豹子：人名。代（今山西大同市東北）人。見《北史》卷二五《薛彪子傳》。《魏書》卷七上《孝文帝紀上》作“薛虎子”。中華本校勘記云：“《魏書》‘豹’作‘虎’。按本書卷二五本傳又作‘彪’。‘豹’‘彪’都是避唐諱改，但紀傳不統一。” 出廣固至壽春：《魏書·孝文帝紀上》作“出壽春”。按：《資治通鑑》卷一三五作“癸丑，魏遣假梁郡王嘉督二將出淮陰，隴西公琛督三將出廣陵，河東公薛虎子督三將出壽陽，奉丹楊王劉昶入寇。”當是。廣固，城名。在今山東青州市西北。壽春，縣名。治所在今安徽壽縣。廣固與淮陰、廣陵及壽春相距較遠，且文意不完整。疑當從《資治通鑑》。

是歲，吐谷渾、高麗、蠕蠕、地豆干、契丹、庫莫奚、龜兹、粟特、州逸、河龔、叠伏羅、員闊、悉萬斤等國各遣使朝貢。[1]

[1]員闊：底本作“負闊”，毛本、殿本、四庫本、局本、四部備要本、中華本作“員闊”。按：字形相近而訛，底本誤。今從諸本改。

四年春正月癸卯，乾象六合殿成。[1]乙卯，廣川王略薨。丁巳，罷畜鷹鷂之所，以其地爲報德佛寺。[2]戊午，襄城王韓頹有罪，[3]削爵徙邊。二月癸巳，以旱故，詔天下祀山川群神及能興雲雨者，修飾祠堂，薦以牲璧。人有疾苦，所在存問。

[1]乾象六合殿：位於平城宫城中部。

[2]報德佛寺：在今山西大同市。

[3]襄城王：封爵名。襄城，郡名。北魏時治襄城縣，在今河南襄城縣。

夏四月乙卯，[1]幸廷尉、籍坊二獄，[2]引見諸囚。詔隨輕重決遣，以赴耕耘。甲申，賜天下貧人一户之内無雜財穀帛者廩一年。[3]六月丁卯，以澍雨大洽，曲赦京師。

[1]夏四月乙卯：中華本校勘記云："諸本及《魏書》並同。按是年四月丙寅朔，無乙卯。且《魏書》上文三月已有乙卯，四月不應重見。《魏書》此下有辛巳，爲四月十六日；辛巳之前有己卯，爲十四日。'乙卯'當爲'己卯'之訛。"可從。

[2]廷尉：官名。北魏時又稱廷尉卿，爲國家最高司法審判機構主官，負責詔獄，修訂法律，審核州郡疑案，有封駁丞相、御史之權，後增少卿爲副職。孝文帝太和二十三年定爲三品。孝莊帝永安二年（529），又增司直十人，覆審御史檢劾案件。　籍坊：囚犯居住的地方。關押的主要是從事耕耘的罪農。

[3]廩：底本作"稟"，毛本、殿本、四庫本、局本、四部備要本亦作"稟"。據文意當作"廩"。

秋七月辛亥，行幸火山。[1]壬子，詔會京師耆老，賜錦綵衣服几杖稻米蜜麪，復家人不徭役。閏月丁亥，幸獸圈，親録囚徒，輕者皆免之。壬辰，頓丘王李鍾葵有罪賜死。[2]八月乙卯，[3]詔諸州置冰室。[4]九月乙亥，思義殿成。[5]壬午，東明觀成。[6]戊子，詔曰："隆寒雪降，可遣侍臣詣廷尉獄及囚所，察飢寒者給以衣食，桎梏者代以輕鎖。"

[1]火山：在今山西大同市西南。底本作“太山”，源氏校勘記云：“‘太’《魏書》作‘火’。”中華本校勘記云：“諸本‘火’作‘太’，《魏書》作‘火’。按《通鑑》卷一三五作‘火’，胡注云：‘《水經注》卷一三《㶟水注》曰：白登南有武周川，川東南有火山，山上有火井。’此地與平城鄰近，故《魏書》五月亦有‘幸火山’紀事。‘太’爲‘火’之訛，今據改。”按：辛亥、壬子僅隔一天，如爲“太山”，第二天即回京“會京師耆老”，是不可能的，今從中華本改。

[2]頓丘王：封爵名。頓丘，郡名。北魏時治頓丘縣，在今河南清豐縣西南。

[3]乙卯：底本作“乙酉”，源氏校勘記改“酉”作“卯”，中華本校勘記云：“諸本‘卯’作‘酉’，《魏書》作‘卯’。按是年魏閏七月，八月甲午朔，無乙酉，乙卯是二十三日。今據改。”今從改。

[4]冰室：古代儲藏冰塊的處所。

[5]思義殿：位於宮城的中部。

[6]東明觀：位於宮城的東部。

是歲，郡鎮十八水旱，[1]人飢，詔開倉振恤。蠕蠕、悉萬斤等國並遣使朝貢。

[1]郡鎮：中華本校勘記云：“《魏書》‘郡’作‘州’。按前後舉水旱地區總數，皆以州鎮並稱，此作‘郡’，誤。”可從。

五年春正月己卯，南巡。丁亥，至中山，親見高年，問人疾苦。

二月辛卯朔，大赦。賜孝悌力田孤貧不能自存者，穀帛各有差。免宮人之老者，還其親。丁酉，至信都，[1]存問如中山。癸卯，還中山。己酉，講武于唐水之陽。[2]庚戌，車駕還宮。沙門法秀謀反，伏誅。假梁郡王嘉大破齊，俘獲三萬餘口，送京師。

[1]信都：縣名。治所在今河北冀州市。

[2]唐水：源出今河北唐縣北。

三月辛酉朔，幸肆州。[1]癸亥，講武于雲水之陽。[2]所經考察守宰，黜陟之。己巳，車駕還宮。詔曰："法秀妖詐亂常，妄説符瑞。蘭臺御史張求等一百餘人招結奴隸，[3]謀爲大逆。有司科以族誅，誠合刑憲。但矜愚重命，猶所不忍。其五族者降止同祖，三族止一門，門誅止身。"

[1]肆州：北魏時治九原縣，在今山西忻州市忻府區。

[2]雲水：在今山西境内。

[3]蘭臺：即御史臺。漢代時爲宮内藏圖書之處，以御史中丞掌之，後世因稱御史臺爲蘭臺。　御史：官名。爲侍御史的省稱。北魏時侍御史除分曹治事外，亦奉命監國，督察巡視州郡，收捕官吏，宣示詔命等。頗重其選，必以對策高第者補之。置侍御史八人，孝文帝太和十七年定爲從五品中，二十三年改爲八品。

夏四月己亥，行幸方山。建永固石室，[1]於山立碑焉，銘太皇太后終制于金册。又起鑒玄殿。[2]甲寅，以旱故，詔所在掩骸骨，祈禱神祇。任城王雲薨。[3]五月庚申，以農月時要，[4]詔天下勿使有留獄。六月甲辰，中山王叡薨。[5]戊午，封皇叔簡爲齊郡王，[6]猛爲安豐王。[7]

[1]永固石室：馮太后的墓室。在今山西大同市方山。

[2]鑒玄殿：在今山西大同市西北。

[3]任城王：封爵名。任城，郡名。北魏時治任城縣，在今山東濟寧市。　雲：即拓跋雲，人名。北魏宗室。見《北史》卷一八《任城王雲傳》。

[4]農月時要：《魏書》卷七上《孝文帝紀上》作"農時要月"。按：中華本以《魏書》爲是。

[5]中山王：中華本校勘記云："《魏書》同。張森楷云：'"王"下當更有"王"字。'按此即本書卷九二《恩幸傳》之王叡，太和三年封中山王。異姓王照例書姓，但《魏書》亦無，蓋史之駁文。"

[6]簡：即拓跋簡，人名。北魏宗室。見《北史》卷一九《齊郡王簡傳》。　齊郡王：封爵名。齊郡，北魏時治臨淄縣，在今山東淄博市東北。

[7]猛：即拓跋猛，人名。北魏宗室。見《北史》卷一九《安豐王猛傳》。　安豐王：封爵名。安豐，郡名。北魏時治安豐縣，在今安徽霍邱縣西南。

秋七月庚申朔，日有蝕之。[1]甲子，齊人來聘。九月庚午，[2]閲武於南郊，大饗群臣。齊使車僧朗以班在宋使殷靈誕後，[3]辭不就席。宋降人解奉君刃僧朗於會中。[4]詔誅奉君等。乙亥，[5]封昌黎王馮熙世子誕爲南平王。[6]

[1]秋七月庚申朔日有蝕之：中華本校勘記云："《魏書·天象

志》同。按是年七月己未朔，早於庚申一日。或當時曆法推算有誤。”

[2]庚午：《魏書》卷七上《孝文帝紀上》作“庚子”。按：北魏孝文帝太和五年九月戊午朔，“庚子”不在此月，當爲“庚午”，《魏書》誤。

[3]車僧朗：人名。南朝齊官吏。　殷靈誕：人名。南朝宋官吏。出使北魏，返回後被下獄死。

[4]解奉君：人名。南朝宋官吏。宋順帝時歸北魏。

[5]乙亥：毛本、殿本、四庫本作“己亥”。按：北魏孝文帝太和五年九月戊午朔，己亥不在此月，當爲“乙亥”，從底本。

[6]誕：即馮誕，人名。字思正，長樂信都（今河北冀州市）人。北魏外戚。見《北史》卷八〇《馮熙附馮誕傳》。

冬十二月癸巳，州鎮十二飢，詔開倉振恤。

是歲，鄧至、蠕蠕等國並遣使朝貢。[1]

[1]鄧至：國名。鄧至羌，羌人的一支，分布於今甘肅文縣以西白水江上游一帶，故又有白水羌之稱。從事定居畜牧業。北魏時，首領像舒治遣使內附，孝文帝封之爲鄧至王。自此，通使朝貢不絶。隋以後不見記載。見《北史》卷九六《鄧至傳》。　蠕蠕等：毛本、殿本作“蠕蠕”。

六年春正月甲戌，大赦。二月辛卯，詔以靈丘郡土既褊塉，[1]又諸州路衝，復其人租十五年。[2]癸巳，白蘭王吐谷渾翼世以誣罔伏誅。[3]乙未，詔曰：“蕭道成逆亂江淮，[4]戎旗頻舉。七州之人既有征運之勞，深乖輕徭之義，其復常調三年。”癸丑，賜王公已下清勤著稱者，穀帛有差。三月庚辰，幸獸圈。詔曰："武狼猛暴，食肉殘生，從今勿復捕貢。"辛巳，幸武州山石窟寺，[5]賜貧老衣服。是月，齊高帝殂。

[1]靈丘：郡名。北魏時治靈丘縣，在今山西靈丘縣城關。 褊（biǎn）埆：土地狹小貧瘠。

[2]復其人租十五年：中華本校勘記云："《魏書》'租'下有'調'字。"

[3]白蘭：國名。在今青海南部及四川西部地區。 吐谷渾翼世：人名。其餘不詳。

[4]蕭道成：人名。字紹伯，南蘭陵蘭陵（一説在今江蘇常州市，一説在今江蘇丹陽市）人。南朝齊開國皇帝。見《南齊書》卷一、二《高帝紀》。

[5]石窟寺：即今雲岡石窟。北魏文成帝時曇曜開始鑿山開窟，鎸建佛像。

夏四月甲辰，賜畿内鰥寡孤獨不能自存者，粟帛各有差。

秋七月，發州郡五萬人修靈丘道。八月癸未朔，分遣大使巡行天下遭水之處，丐其租賦，貧儉不自存者，賜以粟帛。庚子，罷山澤禁。九月辛酉，以氐楊後起爲武都王。[1]

[1]氐：魏晋時，氐人已遍布關中諸郡，受漢人經濟、文化的影響，漸著漢服，講漢語，習農耕，建立過仇池、前秦、後凉等政權。以畜牧業和農業爲生。 楊後起：人名。仇池（今甘肅西和縣）人。北魏時氐族首領。

是歲，地豆干、吐谷渾等國並遣使朝貢。

七年春正月庚申，詔曰："朕每思知百姓疾苦以增脩寬政，故具問守宰苛虐之狀於州郡使者。今秀孝計掾對多不實，[1]甚乖朕虚求之意。宜案以大辟，[2]明罔上必誅。然情猶未忍，可恕罪聽歸，申下天下，使知後犯無恕。"丁卯，詔青、齊、光、東徐四州，[3]户運倉粟二十萬石送瑕丘、琅邪，[4]復租筭一年。三月甲戌，以冀、定二州飢，詔郡縣爲粥於路以食之，又弛關津之禁。

[1]秀孝：秀才與孝廉的並稱。漢以後、隋唐以前薦舉人才的兩種科目。州舉秀才，郡舉孝廉。　計掾：官名。即上計掾。西漢以來郡國守相的高級屬吏之一，由郡國守相自行辟除。參預本地官吏的考課，按期攜記載官吏治績的上計簿到京師奉計以憑考核，並代表地方參與朝會及其他大典。

[2]大辟：刑罰名。即死刑。

[3]青：州名。北魏時治東陽城，在今山東青州市。　齊：州名。北魏時治歷城縣，在今山東濟南市。　光：州名。北魏時治掖縣，在今山東萊州市。　東徐：州名。北魏時治下邳城，在今江蘇睢寧縣北。

[4]二十萬：毛本、殿本、四庫本、局本、四部備要本作"一十萬"。中華本校勘記云："《魏書》百衲本及《册府》卷四九〇無'萬'字。按無'萬'字則指每户運粟數量，疑當從《魏書》百衲本及《册府》。"可從。　瑕丘：縣名。治所在今山東兖州市西。　琅邪：郡名。北魏時治即丘縣，在今山東臨沂市蘭山區古城村。

夏四月庚子，幸嶂山，[1]賜所過鰥寡不能自存者衣服粟帛。壬寅，車駕還宮。閏月癸丑，皇子生，大赦。

六月，定州上言，爲粥所活九十四萬七千餘口。

[1]崞山：縣名。治所在今山西渾源縣西。

秋七月甲申，詔假員外散騎常侍李彪使於齊。[1]改封濟南王羅拔爲趙郡王。[2]九月壬寅，詔求讜言。[3]冀州上言，爲粥所活七十五萬一千七百餘口。[4]

[1]李彪：人名。字道固，頓丘衛國（今河南清豐縣東南）人。北魏官吏。見《北史》卷四〇《李彪傳》。

[2]濟南王：封爵名。濟南，郡名。北魏時治歷城縣，在今山東濟南市。

[3]讜言：正直之言。

[4]七十五萬：毛本、殿本、四庫本作"七十三萬"。

冬十月戊午，皇信堂成。[1]十一月辛丑，齊人來聘。十二月乙巳朔，日有蝕之。癸丑，詔曰："夏、殷不嫌一族之婚，周世始絶同姓之娶。斯皆教隨時設，政因事改者也。皇運初基，日不暇給，古風遺樸，未遑釐改。自今悉禁絶之，有犯者以不道論。"庚午，開林慮山禁，[2]與人共之。州鎮十三飢，詔開倉振恤。

[1]皇信堂：宫殿名。在今山西大同市東北古城。孝文帝太和十六年以皇信堂爲中寢。

[2]林慮山：亦名隆慮山，在今河南林州市西南。

八年春正月，詔隴西公琛、尚書陸叡爲東西二道大使，[1]褒善罰惡。

[1]尚書：官名。戰國秦始置，早期職責爲向皇帝奏事，後成爲行政官員，分掌尚書諸曹事。北魏孝文帝太和二十三年定爲三品。　陸叡：人名。字思弼，代（今山西大同市東北）人。北魏大臣。見《北史》卷二八《陸俟附陸叡傳》。

夏五月己卯，詔振賜河南七州戍兵。甲申，詔員外散騎常侍李彪使於齊。

六月丁卯，詔曰："置官班禄，[1]行之尚矣，自中原喪亂，兹制中絶。先朝因循，未遑釐改。朕顧憲章舊典，始班俸禄，罷諸商人，以簡人事。户增調三匹、穀二斛九斗，[2]以爲官司之禄。均預調爲二匹之賦，即兼商用。雖有一時之煩，終克永逸之益。禄行之後，贓滿一匹者死。變法改度，宜爲更始，其大赦天下，與之惟新。"戊辰，武州水壞人居。

[1]班禄：即頒行俸禄。北魏統一北方後，没有統一的俸禄制。地方官吏在管轄區内衹要繳納一定租調，便可放肆剥奪民脂民膏。孝文帝太和八年，正式頒行俸禄制，按百官級别制定俸禄標準，並懲治貪贓。

[2]九斗：毛本、殿本、局本、四部備要本作"九升"。按：古代常用的容量單位由小到大排列爲：升、斗、斛、鍾。此處前爲"二斛"，後用"斗"的可能性較大，從底本。

秋八月甲辰，詔以班制俸禄，更興刑書，寬猛未允，人或異議。制百辟卿士工商吏人各上便宜，勿有所隱。九月甲午，齊人來聘。戊戌，詔俸制十月爲首，每季一請。於是内外百官，受禄有差。

冬十一月乙未，詔員外散騎常侍李彪使于齊。十二月，州鎮十五水旱，人飢，詔使者開倉振恤。

是歲，蠕蠕、高麗等國各遣使朝貢。

九年春正月戊寅，詔禁圖讖秘緯及名《孔子閉房記》，[1]留者以大辟論。又諸巫覡假稱神鬼，[2]妄説吉凶，及委巷諸非墳典所載者，[3]嚴加禁斷。癸未，大饗群臣於太華殿，班賜皇誥。二月己亥，制皇子封王者、皇孫皇曾孫紹封者、皇女封者，歲禄各有差。封廣陽王建第二子嘉爲廣陽王。[4]乙巳，詔百辟卿士工商吏人各上書極諫，[5]靡有所隱。三月丙申，封皇弟禧爲咸陽王，[6]幹爲河南王，[7]羽爲廣陵王，[8]雍爲潁川王，[9]勰爲始平王，[10]詳爲北海王。[11]

[1]圖讖：古代方士或儒生宣揚符命占驗的書。多爲隱語、預言。始於秦，盛於東漢。　秘緯：記載神秘事物的書。　孔子閉房記：緯書名。又作"《孔子密記》""《孔父密記》"，撰者不詳。一卷，已佚。

[2]巫覡（xí）：男女巫師的合稱。巫，即女巫。覡，即男巫。

[3]諸：中華本校勘記云："《魏書》'諸'下有'卜'字，疑此脱。"　墳典：《三墳》（即伏羲、神農、黄帝之書）、《五典》（即少昊、顓頊、高辛、堯、舜之書）的並稱，後爲古代典籍的通稱。　載：毛本、殿本作"裁"。按：從文意來看，當爲"載"字，字形相近而訛，今從底本。

[4]廣陽王：封爵名。廣陽，郡名。北魏時治燕樂縣，在今河北隆化縣。　建：即拓跋建，人名。北魏宗室。見《北史》卷一六

《廣陽王建傳》。

[5]百辟：諸侯、百官。

[6]禧：即元禧，人名。字思永。北魏宗室、大臣。見《北史》卷一九《咸陽王禧傳》。　咸陽王：封爵名。咸陽，郡名。北魏時治池陽縣，在今陝西涇陽縣西北。

[7]幹：即元幹，人名。北魏宗室。見《北史》卷一九《趙郡王幹傳》。

[8]羽：即元羽，人名。北魏宗室。見《北史》卷一九《廣陵王羽傳》。　廣陵王：封爵名。遥封。廣陵，郡名。南朝齊時治廣陵縣，在今江蘇揚州市西北。

[9]雍：即元雍，人名。字思穆。北魏宗室、大臣。見《北史》卷一九《高陽王雍傳》。　潁川王：封爵名。潁川，郡名。北魏時治長社城，在今河南長葛市東北。

[10]勰：即元勰，人名。字彦和。北魏宗室、大臣。見《北史》卷一九《彭城王勰傳》。　始平王：封爵名。遥封。始平，郡名。南朝齊時治涪縣，在今四川三台縣西北。

[11]詳：即元詳，人名。北魏宗室、大臣。見《北史》卷一九《北海王詳傳》。　北海王：封爵名。北海，郡名。北魏時治平壽城，在今山東濰坊市西南。

夏五月，齊人來聘。

秋七月丙寅朔，[1]新作諸門。癸未，遣使拜宕昌王梁彌機兄子彌承爲宕昌王。

[1]丙寅：底本作“丙午”，局本作“丙寅”，源氏校勘記改“午”作“寅”，中華本校勘記云：“諸本‘寅’作‘午’，《魏書》作‘寅’。按是年七月丙寅朔，今據《魏書》改。”今從改。

八月庚申，詔曰："數州災水，飢饉荐臻，[1]致有賣鬻男女者。[2]天譴在予一人，百姓橫罹艱毒。今自太和六年已來，買定、冀、幽、相四州飢人良口者，[3]盡還所親。雖娉爲妻妾，遇之非理，情不樂者，亦離之。"

[1]荐臻：接連到來，屢次降臨。

[2]致：毛本、殿本、局本、四部備要本作"民"。按：《北史》避唐太宗李世民諱改。

[3]幽：州名。北魏時治薊縣，在今北京西南。　飢人良口：毛本、殿本、四庫本作"丐人良口"。按：從文意來看，當爲"飢人良口"，今從底本。

冬十月丁未，詔使者循行州郡，與牧守均給天下之田，還受以生死爲斷。勸課農桑，興富人之本。辛酉，司徒、魏郡王陳建薨。詔員外散騎常侍李彪使於齊。十二月乙卯，以侍中、淮南王他爲司徒。[1]

[1]侍中：官名。北魏時掌侍皇帝左右，顧問應對，掌權便利，時有宰相之實。員六人，孝文帝太和二十三年定爲三品。　淮南王：封爵名。遥封。淮南，郡名。南朝齊時治壽春縣，在今安徽壽縣。　他：即拓跋他，人名。一作"拓跋佗"。北魏宗室、將領。見《北史》卷一六《陽平王熙附淮南王佗傳》。

是歲，京師及州鎮十三水旱傷稼。宕昌、高麗、吐谷渾等國並遣使朝貢。

十年春正月癸亥朔，帝始服衮冕，[1]朝饗萬國。二月甲戌，初立黨、里、鄰三長，[2]定人户籍。三月庚戌,[3]齊人來聘。

[1]袞冕：帝王與上公的禮服和禮冠。毛本、殿本作“袞免”。

[2]黨里鄰三長：北魏孝文帝太和十年制五家爲鄰、五鄰爲里、五里爲黨，各置長以統率之。掌檢正户籍、均平賦税力役，兼及教化、賑養等事。

[3]庚戌：源氏校勘記云：“‘庚戌’《魏書》作‘庚申’。按：庚戌者，三月八日；庚申者，三月十日也。未識孰是。”按：中華本《魏書》卷七上《孝文帝紀上》作“庚申”。北魏孝文帝太和十年三月壬辰朔，庚戌、庚申均在此月，未詳孰是。

夏四月辛酉朔，始制五等公服。甲子，帝初法服御輦祀西郊。六月己卯，名皇子曰恂,[1]大赦。

[1]恂：即拓跋恂，人名。見《北史》卷一九《廢太子恂傳》。

秋八月乙亥，給尚書五等品爵已上朱衣玉珮大小組綬。九月辛卯，詔起明堂辟雍。[1]

[1]明堂：帝王宣明政教的地方。凡朝會、祭祀、慶賞、選仕等大典皆在此舉行。　辟雍：本爲周天子所設大學，東漢以後作爲尊儒學、行典禮的場所。

冬十月癸酉，有司議依故事配始祖於南郊。[1]十一月，議定州郡縣官依口給俸。[2]十二月乙酉，汝南、潁川飢,[3]詔丐人田租，開倉振恤。

［1］始祖：即北魏神元帝拓跋力微。始祖爲其廟號。

［2］議定州郡縣官依口給俸：中華本校勘記云："《魏書》'口'作'户'。按《通典》卷三五《禄秩》亦作'户'，並注云：'本史又曰：初邊方小郡太守，數户而已，一請秪六尺絹，歲不滿匹。'（《通典》所引見《魏書》卷四四《薛虎子傳》）作'户'是。"

［3］汝南：郡名。北魏時治上蔡縣懸瓠城，在今河南汝南縣。潁川：毛本、殿本、四庫本作"潁州"。按：據《魏書·地形志中》記載，潁州是北魏末年設置的，此時還没有潁州。潁川與汝南郡距離相近，發生災害也會相互影響，故同時出現饑荒。當以底本爲是。

是歲，蠕蠕、高麗、吐谷渾、勿吉等國並遣使朝貢。

十一年春正月丁亥朔，詔定樂章，非雅者除之。二月甲子，肆州之雁門及代郡人飢，[1]詔開倉振恤。

［1］雁門：郡名。北魏時治廣武縣，在今山西代縣西。

夏五月癸巳，南平王渾薨。[1]甲午，詔復七廟子孫及外戚緦服已上，[2]賦役無所與。六月辛巳，秦州人飢，詔開倉振恤。

［1］渾：即拓跋渾，人名。北魏宗室。見《北史》卷一六《廣平王連附南平王渾傳》。

［2］緦服：關係較遠的族親。

秋七月己丑，詔今年穀不登，聽人出關就食。遣使者造籍，分遣去留，所在開倉振恤。八月壬申，蠕蠕犯塞，遣平原王陸叡討之。[1]庚辰，大議北伐。辛巳，罷山北苑，以其地賜貧人。

[1]平原王：封爵名。平原，郡名。北魏道武帝皇始二年（397）占，屬冀州，治平原縣，在今山東平原縣西南。同時，太武帝時涇州亦置有平原郡，治陰槃縣，在今甘肅平涼市東。

冬十月辛未，詔罷起部無益之作，[1]出宮人不執機杼者。甲戌，詔曰："鄉飲之禮廢，[2]則長幼之序亂。孟冬十月，人閑歲隙，宜於此時，導以德義。可下諸州，黨、里之内，推賢而長者，教其里人父慈、子孝、兄友、弟順、夫和、妻柔。不率長教者，具以名聞。"

[1]起部：官署名。尚書省起部曹的簡稱。西晋設，掌工程營造及工匠等。以郎或郎中爲主官。歷朝因之。

[2]鄉飲之禮：地方官在儒學舉行的一種敬老儀式。

十一月丁未，詔罷尚方錦繡綾羅之工，[1]百姓欲造，任之無禁。其御府衣服金銀珠玉綾紬錦、太官雜器、太僕乘具、内庫弓矢，[2]出其太半，[3]班賚百官及京師人庶，[4]下至工商皁隸，逮於六鎮戍士，[5]各有差。戊申，詔今寒氣勁切，杖笙難任。自今月至來年孟夏，不聽栲問罪人。又歲飢，輕囚宜速決了，無令薄罪久留獄犴。[6]十二月，詔秘書丞李彪、著作郎崔光改析《國記》，[7]依紀傳體。[8]

[1]尚方：官署名。秦置，屬少府。漢末分中、左、右三尚方。爲製造帝王所用器物的官署。　綾：一種薄而細、紋如冰凌、光如鏡面的絲織品。

[2]紬（chóu）：粗綢，用廢繭殘絲紡織成的織物，如今之綿綢。　太官：官署名。北魏時掌百官膳食。　太僕：官名。西周時已有此職。秦時爲九卿之一，掌皇家輿馬及畜牧之政。歷朝因之，品秩不一。　内庫：官署名。漢以降，或以少府所屬之庫爲此稱，以供皇室之需。北魏前期則屬内朝，凡戰利品、外邦貢品、兵屯收入及部分賦調等皆入庫。所藏有衣帛、糧食、武器、珍寶、金銀等。孝文帝改制後則爲傳統意義上之内庫。

[3]出其太半：毛本、殿本、四庫本、局本、四部備要本作"出其大半"。

[4]班賚：頒賜，分賞。

[5]六鎮：北魏沿邊六個軍事重鎮的合稱，即沃野、懷朔、武川、撫冥、柔玄、懷荒。

[6]獄犴：牢獄。

[7]秘書丞：官名。北魏時多參領著作事，主修撰國史及起居注，參預禮儀、制度的議定。孝文帝太和十七年定爲四品下，二十三年改爲五品。　著作郎：官名。掌修國史及爲皇帝修撰碑誌、祝文、祭文等。北魏孝文帝太和十七年定爲五品上，二十三年改爲從五品。　崔光：人名。本名孝伯，孝文帝賜名光，字長仁，東清河鄃（今山東淄博市）人。北魏官吏。見《北史》卷四四《崔光傳》。

[8]紀傳體：史書體例之一，以人物傳記爲中心。創始於司馬遷的《史記》，"本紀"叙述帝王事迹，"世家"記述王侯封國，"表"排比大事，"書"記載典章制度的原委，"列傳"記人物。後歷代所修正史，基本采用這一體例。

是歲大飢，詔所在開倉振恤。吐谷渾、高麗、悉萬斤等國並遣使朝貢。

十二年春正月辛巳朔，初建五牛旌旗。乙未，詔鎮戍流徙之人，年滿七十，孤單窮獨，無成人子孫，旁無期親者，具狀以聞。[1]二月辛亥朔，日有蝕之。三月丁亥，中散梁衆保等謀反，[2]伏誅。

[1]詔鎮戍流徙之人年滿七十孤單窮獨無成人子孫旁無期親者具狀以聞：中華本校勘記云："《魏書》'孤單窮獨'下有'雖有妻妾而無子孫，諸如此等，聽解名還本。諸犯死刑者，父母、祖父母年老，更'三十字。按《魏書》原意是説流人年老者可以放還，犯死刑而父祖年老無人奉養者可以酌情減刑，本是兩件事。《北史》誤删。"可從。期親，服喪一年的親屬。

[2]中散：官名。北魏時爲内廷官，直宿禁中，隸屬幢將，無員限，無具體職掌，經常出使地方考察地方官員政績。

夏四月甲子，大赦。己巳，齊將陳顯達攻陷澧陽，[1]長樂王穆亮率騎討之。五月丁酉，詔六鎮、雲中、河西及關内郡，[2]各脩水田，通渠溉灌。壬寅，增置彝器於太廟。[3]

[1]陳顯達：人名。南彭城（今安徽蕪湖市至江蘇南京市長江以東）人。南朝宋、齊將領。見《南齊書》卷二六《陳顯達傳》。澧陽：底本作"澧陽"，中華本校勘記云："各本'澧'作'澧'，汲本及《通志》作'澧'，《魏紀》及卷二七《穆亮傳》作'醴'。按《通鑑》卷一三六同《魏書》，胡注云：'醴陽蓋在醴水之北。《水經注》（卷二九《比水》注）醴水（《水經注》原作澧）

出桐柏山，與淮同源而别流，西注，逕平氏縣東北，又西流注於泚水。'《魏書》卷四五《韋閬傳》，閬族弟珍鎮比陽時，曾與齊將陳顯達作戰。比陽亦在澧水附近，知當時魏齊交戰正在澧水一帶。'醴''澧'通，'灃'乃'澧'之訛，今從汲本。"今從改。

[2]郡：中華本校勘記云："《魏書》'郡'上有'六'字，此誤脱。"

[3]太廟：皇帝的家廟。

秋九月甲午，詔曰："日蝕脩德，月蝕脩刑。乃者癸巳夜，月蝕盡，公卿已下，宜慎刑罰，以答天意。"丁酉，起宣文堂、經武殿。癸卯，淮南王他薨。

冬閏十月甲子，[1]帝觀築圓丘于南郊。[2]十一月，雍、豫二州人飢，[3]詔開倉振恤。梁州刺史、臨淮王提坐貪縱，[4]配北鎮。[5]

[1]冬閏十月甲子：中華本校勘記云："《魏書》無'冬''十'兩字。按是年閏九月，'冬''十'二字衍。"可從。

[2]圓丘：祭天的圓形高壇。

[3]雍豫二州人飢：《魏書·孝文帝紀下》作"二雍、豫三州民飢"。未詳孰是。

[4]梁州：北魏時治南鄭縣，在今陝西漢中市。　臨淮王：封爵名。臨淮，郡名。北魏時治赤坎城，在今安徽懷遠縣西北。提：即拓跋提，人名。北魏宗室。見《北史》卷一六《臨淮王譚附拓跋提傳》。

[5]北鎮：北部邊境軍鎮。

是歲，高麗、宕昌、吐谷渾、勿吉、武興等國並遣使朝貢。[1]

[1]武興：國名。由氐族建立的政權。以武興（今陝西略陽縣）爲中心。見《北史》卷九六《氐傳》。

十三年春正月辛亥，祀圓丘，初備大駕。乙丑，兗州人王伯恭聚衆勞山，[1]自稱齊王，東萊鎮將孔伯孫討斬之。[2]戊辰，齊人寇邊，淮南太守王僧儁擊走之。[3]二月庚子，引群臣訪政道得失損益之宜。三月，夏州刺史章武王彬以貪財削封。[4]

[1]勞山：即今山東青島市嶗山。

[2]孔伯孫：人名。魏郡鄴（今河北臨漳縣西南）人。北魏將領。初爲中書博士，襲父爵魯郡公。後拜鎮東將軍、東萊鎮將，轉本將軍、東徐州刺史。坐事免官，卒於家。

[3]淮南：《魏書》卷七下《孝文帝紀下》作“淮陽”。未詳孰是。

[4]夏州：北魏時治大夏，在今陝西靖邊縣白城子村無定河北岸。　章武王：封爵名。章武，郡名。北魏時治平舒縣，在今河北大城縣。　彬：即拓跋彬，人名。字豹兒。北魏宗室。見《北史》卷一八《章武王太洛附拓跋彬傳》。

夏四月丁丑，詔曰：“升樓散物，以賚百姓，至使人馬騰踐，多有毀傷。今可斷之。以本所費之物賜窮老貧獨者。”州鎮十五大飢，詔所在開倉振恤。五月庚戌，祀方澤。[1]六月，汝陰王天賜、南安王楨並坐贓賄，[2]免爲庶人。

[1]方澤：即方丘。夏至祭地祇的方壇，因壇設於澤中，故稱。

[2]汝陰王：封爵名。汝陰，郡名。北魏時治汝陰縣，在今安徽阜陽市。　天賜：即拓跋天賜，人名。北魏宗室。見《北史》卷一七《汝陰王天賜傳》。　南安王：封爵名。南安，郡名。北魏時治中陶縣，在今甘肅隴西縣東南。　楨：即拓跋楨，人名。北魏宗室、官吏。見《北史》卷一八《南安王楨傳》。底本作“禎”，中華本作“楨”。按：據《漢魏南北朝墓誌彙編·元楨墓誌》，當爲“楨”，《北史》卷一八本傳亦作“楨”，底本誤。今從改。

秋七月，立孔子廟於京師。八月乙亥，詔兼員外散騎常侍邢産使於齊。[1]九月，出宮人賜北鎮人貧鰥者。

[1]邢産：人名。字神寶，河間鄚（今河北任丘市北）人。北魏官吏。見《北史》卷四三《邢巒附邢産傳》。

冬十一月己未，安豐王猛薨。十二月丙子，司空、河東王苟頹薨。甲午，齊人來聘。己亥，以尚書令尉元爲司徒，[1]左僕射穆亮爲司空。

[1]尚書令：官名。北魏時爲尚書省長官，對皇帝負責，總攬一切政令，位雖低於三公，但在多數情況下是實際上的丞相。孝文帝太和二十三年定爲二品。

是歲，高麗、吐谷渾、陰平、中赤、武興、宕昌等國各遣使朝貢。[1]

[1]陰平：國名。氐族楊氏建立的政權，因居陰平而爲號。中赤：國名。具體位置不詳。源氏校勘記云："'赤'《魏書》作'尺'。"

十四年春正月己巳朔，日有蝕之。[1]三月戊寅，[2]初詔定起居注制。[3]詔遣侍臣巡行州郡，問人疾苦。

[1]十四年春正月己巳朔日有蝕之：中華本校勘記云："張森楷云：'《魏書·天象志》作"二月己巳朔"，據前年十二月有丙子、己亥，則正月不得己巳朔也。'按張説是，作'正'誤。"

[2]三月戊寅：中華本校勘記云："《魏書》'三'作'二'。張森楷云：'據二月己巳朔，則戊寅是二月十日，不得在三月，《魏書》是也。'按張説是。但《北史》上文若作'二月'，則此不得重出'二月'。此《北史》原文已誤，非後來傳刻之訛。"

[3]起居注：帝王言行録，爲修史的重要依據。魏晋以後設有著作郎、起居舍人、起居郎等職，以編纂起居注。

夏四月，地豆干頻犯塞。[1]甲戌，征西大將軍、陽平王頤擊走之。[2]甲午，詔兼員外散騎常侍邢産使於齊。五月己酉，庫莫奚犯塞，安州都將樓龍兒擊走之。沙門司馬御惠自言聖王，[3]謀破平原郡，禽獲伏誅。

[1]地豆干：《魏書》卷七下《孝文帝紀下》作"地豆于"。按："干""于"字形相近而混，未詳孰是。

[2]陽平王：封爵名。陽平，郡名。北魏時治館陶縣，在今河北館陶縣。　頤：即拓跋頤，人名。北魏宗室。見《北史》卷一七《陽平王新成附拓跋頤傳》。底本作"熙"，殿本作"頤"，中華本

校勘記云:“各本及《魏書》‘頤’作‘熙’,殿本據《魏書》卷一〇五《天象志之二》改作‘頤’。按陽平王熙乃道武(拓跋珪)子,已死於泰常六年。陽平王頤乃陽平王新成子,正當孝文時。殿本是,今從之。”今從改。

[3]司馬御惠:人名。其餘不詳。源氏校勘記云:“《魏書》(御惠)作‘惠御’。”

秋七月甲辰,詔罷都牧雜制。[1]八月,詔議國之行次。

[1]都牧:官名。都牧尚書或都牧少卿的簡稱。北魏設,掌牛馬羊的放牧。

九月癸丑,太皇太后馮氏崩。詔聽藩鎮曾經内侍者,前後奔赴。冬十月戊辰,詔將親侍龍輿,奉訣陵隧,[1]諸常從之具,悉可停之。其武衛之官,防侍如法。癸酉,葬文明太皇太后於永固陵。[2]甲戌,車駕謁永固陵。群臣固請公除,[3]帝不許。己卯,車駕謁永固陵。庚辰,帝居廬,引見群僚於太和殿。太尉、東陽王丕等據權制固請。帝引古禮往復,群臣乃止。京兆王太興有罪,[4]免官削爵。詔曰:“公卿屢依金册遺旨,中代權制,式請過葬即吉。[5]朕思遵遠祖,[6]終三年之制。依禮,既虞卒哭。此月二十一日授服,以葛易麻。既以衰服在上,[7]公卿不得獨釋於下,故於朕之授服,變從練禮。已下復爲節降,斟酌古今,以制厥衷。且取遺旨速除之一端,粗申臣子罔極之巨痛。”癸未,詔曰:“朕遠遵古式，欲終三年之禮。百辟群臣，據金册顧命，將奪朕心，從先朝之制。朕仰惟金册，俯自推省，取諸二衷，不許衆議。以衰服過期，終四節之慕。又奉遵聖訓，聿脩誥旨，不敢闇默自居，[8]以曠機政。庶不愆遺令之意，差展哀慕之情。並下州鎮，[9]長至、三元，[10]絶告慶之禮。”甲申，車駕謁永固陵。十一月甲寅，詔内外職人先朝班次及諸方雜客，冬至之日，盡聽入臨。三品已下衰服者，[11]至夕復臨。其餘唯旦臨而已。其拜哭之節，一依别儀。[12]丁巳，齊人來聘。

［1］陵隧：墓道。

［2］永固陵：在今山西大同市方山。（参解廷琦《大同方山北魏永固陵》，《文物》1978 年第 7 期）

［3］公除：帝王身負國事之重，因公權宜而除喪服。

［4］太興：即拓跋太興，人名。北魏宗室。見《北史》卷一七《京兆王子推附拓跋太興傳》。毛本、殿本、四庫本作“大興”。

［5］中代權制式請過葬即吉：中華本校勘記云：“《魏書·高祖紀》無‘制’字，其卷一〇八《禮志三》載此詔作‘中代成式’，亦無‘制’字，此疑誤衍。”

［6］遠祖：中華本作“遠古”。

［7］衰（cuī）服：指喪服。

［8］闇默：中華本校勘記云：“諸本‘闇’作‘暗’，《魏書·高祖紀》及《禮志》都作‘闇’。按作‘闇’是，當讀如‘音’，今據改。”今從改。

［9］並：源氏校勘記云：“‘並’《魏書》作‘普’。”

［10］長至：夏至。夏至白晝最長，故稱。一説指冬至。因自夏至後日漸短，冬至後日又漸長，故稱。　三元：即上元、中元、下

元。農曆正月十五爲上元，七月十五爲中元，十月十五爲下元。

[11]三品已下衰服者：源氏校勘記云："《魏書》（'已下'）作'已上'。"中華本校勘記云："《魏書》'已下'作'已上'。按官高者服重，疑作'已上'是。"

[12]儀：毛本、殿本作"議"。

十二月壬午，詔依準丘井之式，[1]遣使與州郡宣行條制。隱户漏丁，即聽附實。若朋附豪勢，陵抑孤獨，[2]罪有常刑。

[1]丘井：田制單位。一丘，十六井。一井，九百畝。

[2]孤獨：毛本、殿本作"獨孤"。按："獨孤"爲複姓，"孤獨"指孤立無所依靠的人，根據文意，當爲"孤獨"，今從底本。

是歲，吐谷渾、宕昌、武興、陰平、高麗等國並遣使朝貢。

十五年春正月丁巳，[1]帝始聽政於皇信東室。[2]初分置左右史官。癸亥晦，日有蝕之。二月己丑，齊人來聘。三月甲辰，車駕謁永固陵。

[1]丁巳：《魏書》卷七下《孝文帝紀下》作"丁卯"。按：北魏孝文帝太和十五年正月甲午朔，丁卯不在此月，當從《北史》。

[2]皇信：即皇信堂。

夏四月癸亥，帝始進蔬食。乙丑，謁永固陵。自正月不雨至于癸酉，有司奏祈百神。詔曰："何宜四氣未周，便行禮事，[1]唯當考躬責己，以待天譴。"甲戌，詔員外散騎常侍李彪使於齊。己卯，經始明堂，改營太廟。五月己亥，議改律令。於東明觀折疑獄。乙卯，枹罕鎮將長孫百年攻吐谷渾所置洮陽、泥和二戍剋之，[2]俘獲三萬餘人。[3]詔悉免歸。丙辰，詔造五輅。[4]六月丁未，[5]濟陰王鬱以貪殘賜死。[6]

[1]便：毛本、殿本、四庫本、四部備要本作"使"。按：據文意當爲"便"，字形相近而訛。今從底本。　禮事：源氏校勘記"禮"字旁紅筆夾批小字"一作祀"。

[2]洮陽：地名。在今甘肅臨洮縣。　泥和：地名。具體位置不詳，當在今甘肅境内。　二戍：底本作"甲戌"，元大德本、毛本、殿本、四庫本、局本、四部備要本、中華本作"二戍"，源氏校勘記云改"戌"作"戍"。按：字形相近而訛，當爲"二戍"，底本誤。

[3]三萬：源氏校勘記云："《魏書》'萬'作'千'。"按：中華本《魏書》卷七下《孝文帝紀下》作"三千"。《資治通鑑》卷一三七亦云"乙卯，魏長孫百年攻洮陽、泥和二戍，克之，俘三千餘人"。戍指邊防區域的營壘、城堡，兩個戍的人數一般達不到三萬人，疑當從《魏書》。

[4]五輅：帝王所乘的五種車子，即玉路、金路、象路、革路、木路。

[5]六月丁未：中華本校勘記云："張元濟云：'以五月己亥、乙卯推算，當有誤。'按是年六月壬戌朔，無丁未。張説是。"

[6]濟陰王：封爵名。濟陰，郡名。北魏時治定陶城，在今山東定陶縣西北。　鬱：即拓跋鬱，人名。字伏生。北魏宗室。爲徐州刺史。

秋七月乙丑，謁永固陵。規建壽陵。[1]己卯，詔議祖宗，以道武皇帝爲太祖。[2]乙酉，車駕巡省京邑，聽訟而還。八月壬辰，議養老；又議肆類上帝、禋于六宗禮，[3]帝親臨決。詔郡國有時物可以薦宗廟者，貢之。戊戌，移道壇於桑乾之陰，改曰崇虚寺。[4]己亥，詔諸州舉秀才，先盡才學。乙巳，親定禘祫禮。[5]丁巳，議律令事，仍省雜祀。九月辛巳，齊人來聘。

[1]壽陵：北魏孝文帝爲表陪葬永固陵之意所建的陵墓，在今山西大同市方山。

[2]道武皇帝：北魏皇帝拓跋珪。

[3]肆類上帝禋于六宗禮：祭祀禮節。《尚書·舜典》："肆類于上帝，禋于六宗，望于山川，徧于群神。"肆類，祭天。禋，先燒柴升烟，再加牲體及玉帛於柴上焚燒。

[4]崇虚寺：原在北魏京都平城，孝文帝太和十五年移至桑乾河之南。

[5]禘祫：古時天子諸侯宗廟祭禮之一。合高祖之父以上的神主祭於太祖廟，高祖以下分祭於本廟。三年喪畢之次年一禘，此後三年祫，五年禘。

冬十月庚寅，車駕謁永固陵。是月，明堂、太廟成。十一月丁卯，遷七廟神主於新廟。[1]乙亥，大定官品。戊寅，考諸牧守。詔假通直散騎常侍李彪聘於齊。[2]丙戌，初罷小歲賀。[3]丁亥，詔二千石考上上者，假四品將軍，賜乘黄馬一匹；上中者，五品將軍；上下者，衣一襲。十二月壬辰，遷社於内城之西。癸巳，班賜刺史已下衣冠。以安定王休爲太傅，[4]齊郡王簡爲太保。[5]帝爲高麗王璉舉哀於城東行宫。[6]己酉，車駕迎春於東郊。辛亥，[7]詔簡選樂官。

[1]神主：君主的牌位。

[2]通直散騎常侍：官名。北魏時掌侍從、諷諫，屬集書省，員六人。孝文帝太和十七年定爲三品下，二十三年改爲四品（參黄惠賢《西晋散騎建省及其所領諸官》，載《魏晋南北朝隋唐史資料》第17輯，武漢大學出版社2000年版）。

[3]小歲賀：臣子在小歲日向君主朝賀的禮儀。冬至後第三個戌日行臘祭，臘祭次日爲小歲。後世分别以元日、冬至夜爲小歲。

[4]安定王：封爵名。安定，郡名。北魏時治安定縣，在今甘肅涇川縣北。　休：即拓跋休，人名。北魏宗室。見《北史》卷一八《安定王休傳》。　太傅：官名。西周始設，爲輔弼君王的大臣，與太師、太保並號三公，位居太師下、太保上。北魏孝文帝太和二十三年定爲一品。

[5]太保：官名。北魏時爲三師之一，爲輔弼君王的大臣，位在太傅、太師下。孝文帝太和二十三年定爲一品。

[6]璉：即高璉，人名。高麗王。被封爲樂浪公，進號驃騎大將軍。見《北史》卷九四《高麗傳》。

[7]辛亥：底本作"辛卯"，源氏校勘記改"卯"作"亥"，並云："'辛卯'《魏書》作'辛亥'。爲是。改之。按此月辛卯、辛亥俱在。《魏書》曰'十有二月壬辰遷社'云云，'癸巳頒賜'云云，'乙酉車駕'云云，'辛亥'云云。'辛亥'在'癸酉'下，故知作'辛卯'者非是。"中華本校勘記云："諸本'亥'作'卯'，《魏書》《通志》作'亥'。按上文已見己酉。是月戊子朔，四日辛卯，二十二日己酉，二十四日辛亥。依日序作辛亥是。今據改。"今從改。

是歲，吐谷渾、悉萬斤、高麗、鄧至、宕昌等國並遣使朝貢。

十六年春正月戊午朔，朝饗群臣於太華殿。[1]帝始爲王公興縣而不樂。[2]己未，宗祀顯祖獻文皇帝於明堂，[3]以配上帝。遂升臺以觀雲物，[4]降居青陽左个，[5]布政事。每朔依以爲常。辛酉，始以太祖配南郊。[6]壬戌，詔定行次，以水承金。甲子，詔罷袒裸。[7]乙丑，制諸遠屬非太祖子孫及異姓爲王者，皆降爲公，公爲侯，侯爲伯，子、男仍舊。皆除將軍之號。戊辰，帝臨思義殿，策問秀、孝。丙子，始以孟月祭廟。

[1]太華殿：北魏平城宫主殿。毛本、殿本作“大華殿”。

[2]縣：指懸挂的樂器。如鐘磬等。

[3]顯祖：北魏獻文帝的廟號。

[4]臺：中華本校勘記云：“《魏書》‘臺’上有‘靈’字。按祀明堂升靈臺觀雲物，是漢代故事，見《續漢志》第八《祭祀志》。此當脱‘靈’字。”可從。

[5]青陽左个：東向明堂的北側室。

[6]太祖：即北魏道武帝。太祖爲其廟號。

[7]袒裸：中華本校勘記云：“《魏書》《通志》‘袒’作‘祖’。旁注‘疑’字。按字書無‘袒’字，‘祖’是祭名，‘裸’是祭時酌酒灌地。疑作‘祖裸’是。”可從。

二月戊子，帝移御永樂宫。[1]庚寅，壞太華殿，經始太極殿。[2]辛卯，罷寒食享。壬辰，幸北部曹，歷觀諸省。巡省京邑，聽理冤訟。甲午，車駕初朝日于東郊，遂以爲常。丁酉，詔祀唐堯於平陽，[3]虞舜於廣甯，[4]夏禹於安邑，[5]周文於洛陽。丁未，改謚宣尼曰文聖尼父，[6]告謚孔廟。三月丁卯，巡省京邑。癸酉，省西郊郊天雜事。[7]乙亥，車駕初迎氣於南郊，自此爲常。辛巳，以高麗王璉孫雲爲其國王。[8]齊人來聘。

[1]永樂宫：位於平城宫城永興園内。

[2]太極殿：位於平城宫城中部。

[3]平陽：縣名。治所在今山西臨汾市西南。

[4]廣寗：縣名。治所在今河北涿鹿縣西。

[5]安邑：縣名。治所在今山西夏縣西北。

[6]宣尼：即孔子。宣尼爲其謚號，漢平帝時所追謚。

[7]郊天：祭天。

[8]雲：即高雲，人名。北魏時高句麗王。見《北史》卷九四《高麗傳》。

夏四月丁亥朔，頒新律令，大赦。甲寅，幸皇宗學，[1]親問博士經義。[2]五月癸未，詔群臣於皇信堂更定律條，流徒限制，帝親臨決之。

[1]皇宗學：北魏孝文帝置。設博士，掌教授皇子宗室經義。

[2]博士：官名。北魏時掌通古今，以備應對顧問。又爲太學教官，掌教諸生。無定員，全以漢人任之。

秋七月壬戌，詔曰："自今選舉，每以季月，[1]本曹與吏部銓簡。"甲戌，詔兼員外散騎常侍宋弁使於齊。[2]八月庚寅，車駕初夕月於西郊，[3]遂以爲常。乙未，詔陽平王頤、左僕射陸叡督十二將北討蠕蠕。丙午，宕昌王梁彌承來朝。[4]司徒尉元以老遜位。己酉，以尉元爲三老，[5]游明根爲五更，[6]又養國老、庶老，[7]將行大射之禮。[8]雨，不克成。癸丑，詔曰："國家雖宗文以懷九服，[9]修武以寧八荒，[10]然於習武之方，猶爲未盡。將於馬射之前，[11]先行講武之式。可敕有司豫修場埒。[12]其列陣之儀，五戎之數，别俟後敕。"

[1]季月：每季的最後一月，即農曆三、六、九、十二月。

[2]宋弁：人名。字義和，西河介休（今山西介休市）人。北魏官吏。見《北史》卷二六《宋隱附宋弁傳》。

[3]初夕月：底本作"初祀夕月"，中華本校勘記云："諸本'初'下有'祀'字，《魏書》無。按'夕月'即祭祀月神，不應再有'祀'字，今據删。"今從改。夕月，帝王祭月的儀式。

[4]梁彌承：人名。北魏時宕昌國君主。見《北史》卷九六《宕昌傳》。

[5]三老：掌教化者。《禮記》鄭玄注："三老五更各一人也，皆年老更事致仕者也，天子以父兄養之，示天下之孝悌也。名以三五者，取象三辰五星，天所因以照明天下者。"春秋戰國時地方已有三老之設。漢沿置，又有縣三老，東漢又有郡三老、國三老。魏晋後多沿置。三老有印無禄，並非正式官吏。

[6]游明根：人名。字志遠，廣平任（今河北任縣東）人。北魏大臣。見《北史》卷三四《游雅附游明根傳》。

[7]國老：告老退職的卿、大夫、士。庶老：告老退職的一般官吏。

[8]大射：爲擇士而舉行的射禮。

[9]九服：王畿以外的九等地區。《周禮・夏官・職方氏》："乃辨九服之邦國：方千里曰王畿，其外方五百里曰侯服，又其外方五百里曰甸服，又其外方五百里曰男服，又其外方五百里曰采服，又其外方五百里曰衛服，又其外方五百里曰蠻服，又其外方五百里曰

夷服，又其外方五百里曰鎮服，又其外方五百里曰藩服。”

[10]八荒：八方荒遠之地。

[11]馬射：馳馬射箭。

[12]場埒（liè）：用來馳馬射箭有矮墻的場地。

九月甲寅朔，大序昭穆於明堂，[1]祀文明太皇太后於玄堂。[2]辛未，帝以文明太皇太后再周忌日，哭於陵左，絶膳三日，[3]哭不輟聲。辛巳，武興王楊集始來朝。[4]

[1]昭穆：古代宗法制度中宗廟或宗廟中神主的排列次序。始祖居中，以下父子遞爲昭穆，左爲昭，右爲穆。

[2]玄堂：北向的堂。爲天子冬月所居之所。

[3]三日：《魏書》卷七下《孝文帝紀下》作“二日”。按：典籍記載中常見因乾旱、災難等帝王絶膳三日的記載，如《隋書·禮儀志》“隋制，諸岳崩瀆竭，天子素服，避正寢，撤膳三日”，絶膳二日的記載僅此一見，疑《魏書》有誤。

[4]楊集始：人名。北魏時氐族首領。見《北史》卷九六《氐傳》。

冬十月己亥，以太傅、安定王休爲大司馬，特進馮誕爲司徒。[1]甲辰，詔以功臣配饗太廟。[2]庚戌，太極殿成，饗群臣。十一月乙卯，依古六寢，[3]權制三室，[4]以安昌殿爲内寢，皇信堂爲中寢，四下爲外寢。[5]十二月，賜京邑老人鳩杖。[6]齊人來聘。

[1]特進：北魏時爲加官名號，用以安置閑退大臣。孝文帝太

和二十三年定爲二品。

[2]配饗：亦作“配食”。古代專指帝王宗廟及孔子廟的袝祀。

[3]六寢：天子的宮寢有六，路寢一，小寢五。

[4]三室：毛本、殿本、局本、四部備要本作“二室”。

[5]四下：中門以外四圍的殿室。

[6]鳩杖：杖頭刻有鳩形的拐杖。專賜給年老的人。

是歲，高麗、鄧至、契齧、吐谷渾等國並遣使朝貢。[1]

[1]契齧：底本“契”下有“丹”字，中華本校勘記云：“諸本‘契’下有‘丹’字。按《魏書》是年來使諸國，有契齧，無契丹。‘丹’字衍文，今據刪。”今從改。

十七年春正月壬子朔，饗百僚於太極殿。乙丑，詔大賜諸蕃君長車、旗、衣、馬、錦綵、繒纊，[1]多者一千，少者三百，各以命數爲差。詔兼員外散騎常侍邢巒使於齊。[2]丙子，以吐谷渾伏連籌爲其國王。[3]庚辰，蠲大司馬安定王休、太保齊郡王簡朔望之朝。[4]二月乙酉，詔賜議律令之官各有差。己酉，車駕始籍田於都南。三月戊辰，改作後宮。

[1]錦綵：華美的絲織品。　繒纊（kuàng）：繒帛與絲綿的並稱。

[2]邢巒：人名。字洪賓，河間鄚（今河北任丘市北）人。北魏官吏。見《北史》卷四三《邢巒傳》。《魏書》卷七下《孝文帝紀下》作“劉承叔”。按：《北史·邢巒傳》及《魏書》卷六五

《邢巒傳》均記載邢巒作爲員外散騎常侍出使南朝齊。另，《資治通鑑》卷一三八也記載了齊武帝永明十一年（493）邢巒出使的事情，與此處記載時間相吻合。而劉承叔却未見任何相關記載，當以《北史》爲是。

[3]伏連籌：人名。吐谷渾首領。見《北史》卷九六《吐谷渾傳》。

[4]蠲（juān）：免除。

夏四月戊戌，立皇后馮氏。[1]是月，齊直閤將軍蠻酋田益宗率部落内屬。[2]五月壬戌，宴四廟子孫於宣文堂，[3]帝親與之齒，[4]行家人禮。甲子，帝臨朝堂，引見公卿以下，决疑政，録囚徒。丁丑，以旱徹膳。[5]襄陽蠻酋雷婆思等率其部内徙，[6]居於太和川。[7]

[1]馮氏：即孝文廢皇后馮氏。太師馮熙之女。見《北史》卷一三《孝文廢皇后馮氏傳》。

[2]直閤將軍：官名。南朝及北魏、北齊置。爲皇帝左右侍衛之官，地位顯要。　田益宗：人名。本爲蠻族首領。見《北史》卷三七《田益宗傳》。

[3]四廟：高祖、曾祖、祖父、父親四代祖廟。

[4]齒：叙年齡，以表達親緣。

[5]徹：通“撤”。

[6]襄陽：郡名。北魏時治襄陽縣，在今湖北襄樊市。

[7]太和川：以太和山而得名。太和山即今河南魯山縣、汝陽縣境内的伏牛山。

六月庚辰朔，日有蝕之。丙戌，帝將南伐，詔造河橋。乙未，講武。乙巳，詔曰："比百秩雖陳，事典未叙。自八元樹位，[1]躬加省覽，作《職員令》二十一卷。事迫戎期，未善周悉，須待軍迴，更論所闕。[2]權可付外施行。"立皇子恂爲皇太子。

[1]八元：傳説中的八個才子。《左傳》文公十八年："高辛氏有才子八人：伯奮、仲堪、叔獻、季仲、伯虎、仲熊、叔豹、季貍，忠肅共懿，宣慈惠和，天下之民，謂之'八元'。"後用以稱頌有才德的人。

[2]更論：底本作"便論"，毛本、殿本、四庫本、局本、四部備要本、中華本作"更論"。按：從文意來看，"更論"爲恰，今從中華本改。

秋七月癸丑，以皇太子立，詔賜人爲父後者爵一級，爲公士；[1]曾爲吏屬者爵二級，爲上造。[2]鰥寡孤獨不能自存者，人粟五斛。戊午，中外戒嚴。是月，齊武帝殂。[3]

[1]公士：爵名。秦漢時爲二十等爵中第一級，也是最低一等。

[2]上造：爵名。爲二十等爵中第二級。

[3]齊武帝：即南朝齊皇帝蕭賾。武爲其謚號。

八月乙酉，三老山陽郡公尉元薨。[1]丙戌，車駕類於上帝，遂臨尉元喪。丁亥，帝辭永固陵。己丑，發京師南伐，步騎三十餘萬。[2]太尉丕奏請以宫人從，詔以臨戎不語内事，不許。壬寅，車駕至肆州。人年七十已上，[4]賜爵一級。路見眇跛，[5]停駕親問，賜衣食，復終身。戊申，幸并州，[6]親見高年，問疾苦。

[1]山陽郡公：封爵名。山陽，郡名。北魏時治山陽縣，在今江蘇淮安市楚州區。

[2]三十餘萬：源氏校勘記云："'三十'《魏書》作'百'。"按：《魏書》卷七下《孝文帝紀下》作"百餘萬"，《魏書·天象志二》作"三十餘萬"，未詳孰是。

[4]七十已上：毛本、殿本、四庫本、局本、四部備要本作"七十以上"。

[5]眇（miǎo）：指盲人。

[6]并州：北魏時治晉陽縣，在今山西太原市晉源區古城營村一帶。

九月壬子，詔兼員外散騎常侍高聰聘於齊。[1]丁巳，詔車駕所經，傷人秋稼者，畝給穀五斛。戊辰，濟河。詔洛、懷、并、肆所過四州，[2]賜高年爵，恤鰥寡孤獨各有差；孝悌廉義文武應求者，皆以名聞。又詔厮養户不得與庶士婚，[3]有文武之才積勞應進者，同庶族例，聽之。庚午，幸洛陽，周巡故宫基跡。帝顧謂侍臣曰："晉德不修，荒毁至此！"遂詠《黍離詩》，[4]爲之流涕。壬申，觀河橋。[5]幸太學，[6]觀石經。[7]丙子，六軍發軫。[8]丁丑，帝戎服執鞭，御馬而出。群臣稽顙於馬前，[9]請停南伐，帝乃止。仍議遷都計。

[1]高聰：人名。字僧智，勃海（今河北景縣）人。北魏官吏。見《北史》卷四〇《高聰傳》。

[2]洛：州名。北魏時治洛陽縣，在今河南洛陽市東北。　懷：

州名。北魏時治野王縣，在今河南沁陽市。

[3]厮養：泛指從事各種雜役的卑賤者。

[4]黍離詩：即《詩·王風·黍離》。

[5]河橋：中華本校勘記云："《魏書》'河'作'洛'。按洛水浮橋，一名永橋，在太學之西，見《洛陽伽藍記》卷三，作'洛'是。"

[6]太學：設於京城的最高學府。

[7]石經：即熹平石經。漢靈帝熹平四年（175），蔡邕諸家校勘儒家經典，刻於石上，立於洛陽太學門外。建碑未幾，遭遇董卓兵亂，後屢經板蕩，遂漸亡佚。北魏時所見爲少部殘石。

[8]發軫：車子啓程。

[9]稽顙：跪拜禮。屈膝下拜，以額觸地，表示極度的虔誠。

冬十月戊寅朔，幸金墉城。[1]詔徵司空穆亮與尚書李沖、將作大匠董爵經始洛京。[2]己卯，幸河南城。[3]乙酉，幸豫州。癸巳，次於石濟。[4]乙未，解嚴。設壇於滑臺宫。[5]詔京師及諸州從戎者，賜爵一級；應募者，加二級；主將加三級。癸卯，幸鄴城。[6]乙巳，詔安定王休率從官迎家口於代，[7]車駕送於漳水上。[8]

[1]金墉城：在今河南洛陽市東北。

[2]李沖：人名。原名思沖，字思順，隴西狄道（今甘肅臨洮縣）人。北魏官吏。主持修建洛陽城。見《北史》卷一〇〇《涼武昭王李暠附李沖傳》。　將作大匠：官名。漢景帝時由將作少府改名，掌宫室修建事務。北魏孝文帝太和十七年定爲從二品下，二十三年改爲從三品。　洛京：即洛陽。

[3]河南城：在今河南洛陽市西郊澗水東岸。

[4]石濟：津渡名。又名棘津、南津。在今河南滑縣西南。

[5]設壇於滑臺宫：中華本校勘記云："《魏書》作'設壇於滑臺城東，告行廟以遷都之意。大赦天下，起滑臺宫'。《北史》文義未完，當有脱文。"可從。

[6]鄴城：在今河北臨漳縣西南。

[7]從官：源氏校勘記云："《魏書》作'徙宦'。"

[8]漳水：在今河北、河南兩省邊境，有清漳河、濁漳河兩源。

初，帝之南伐，起宫殿於鄴西。十一月癸亥，宫成，徙御焉。十二月戊寅，巡省六軍。[1]乙未，詔隱恤軍士，死亡疾病，務令優給。

[1]六軍：天子所統領的軍隊。

是歲，勿吉、吐谷渾、宕昌、陰平、契丹、庫莫奚、高麗、鄧至等國並遣使朝貢。

十八年春正月丁未朔，朝群臣於鄴宫澄鸞殿。癸亥，南巡。詔相、兖、豫三州賜高年爵，恤鰥寡孤老各有差，孝悌廉義文武應求者，皆以名聞。戊辰，經殷比干墓，祭以太牢。[1]乙亥，幸洛陽西宫。二月己丑，[2]行幸河陰，[3]規建方澤之所。丙申，徙封河南王幹爲趙郡王，潁川王雍爲高陽王。[4]壬寅，北巡。癸卯，齊人來聘。甲辰，詔喻天下以遷都意。閏月癸亥，次勾注陘南。[5]皇太子朝于蒲池。[6]壬申，至平城宫。癸酉，臨朝堂，部分遷留。甲戌，謁永固陵。三月庚辰，罷西郊祭天。壬辰，帝臨太極殿，喻在代群臣遷移之略。

[1]太牢：祭祀時，牛、羊、豬三牲齊備，稱爲太牢。

[2]己丑：《魏書》卷七下《孝文帝紀下》作“乙丑”。按：北魏孝文帝太和十八年二月丙子朔，乙丑不在此月，當爲“己丑”，從底本。

[3]河陰：縣名。治所在今河南孟津縣。

[4]高陽王：封爵名。高陽，郡名。北魏時治高陽縣，在今河北高陽縣東舊城。

[5]勾注陘：又名陘嶺、西陘山。在今山西代縣西北。又因與雁門山相接，故也有雁門山之稱。爲北方軍事要地。

[6]蒲池：底本作“蒲池”。《魏書·孝文帝紀下》作“蒲池”。按：當以《魏書》爲是，字形相近而訛。今從改。蒲池，在今河北臨漳縣西故鄴城外。

夏五月甲戌朔，日有蝕之。乙亥，詔罷五月五日、七月七日饗。六月己巳，詔兼員外散騎常侍盧昶使於齊。[1]

[1]盧昶：人名。字叔達，小字師顏，范陽涿（今河北涿州市）人。北魏官吏。見《北史》卷三〇《盧玄附盧昶傳》。

秋七月乙亥，以宋王劉昶爲大將軍。[1]壬辰，北巡。戊戌，謁金陵。[2]辛丑，幸朔州。[3]是月，齊蕭鸞殺其主昭業。[4]

[1]劉昶：人名。字休道，彭城（今江蘇徐州市）人。南朝宋宗室、北魏官吏。見《北史》卷二九《劉昶傳》。

[2]金陵：北魏遷都洛陽以前埋葬皇帝和皇后的陵區，在今内

蒙古和林格爾縣西北。

[3]朔州：北魏時治盛樂，在今内蒙古和林格爾縣西北。

[4]蕭鸞：人名。字景栖。南朝齊皇帝。見《南齊書》卷六《明帝紀》。　昭業：即蕭昭業，人名。字元尚，小名法身。南朝齊皇帝。見《南齊書》卷四《鬱林王紀》。

八月癸卯，[1]皇太子朝於行宫。甲辰，行幸陰山，觀雲川。[2]丁未，幸閲武臺，[3]臨觀講武。因幸懷朔、武川、撫冥、柔玄等四鎮。[4]乙丑，南還。所過皆親見高年，問人疾苦，貧窘孤老者，賜以粟帛。丙寅，詔六鎮及禦夷城人年老孤貧廢疾者，[5]賜粟宥罪各有差。戊辰，車駕次旋鴻池。[6]庚午，謁永固陵。辛未，還平城宫。

[1]癸卯：底本作“癸亥”，源氏校勘記改“亥”作“卯”，中華本校勘記云：“諸本‘卯’作‘亥’，《魏書》作‘卯’。按是年八月癸卯朔，下文甲辰是二日，丁未是五日。癸亥是二十一日，不得在甲辰、丁未之前。作‘亥’誤，今據改。”今從改。

[2]雲川：即今大黑河。在今内蒙古和林格爾縣西北。

[3]閲武臺：當在今内蒙古和林格爾縣雲川附近。

[4]懷朔：軍鎮名。北魏六鎮之一，在今内蒙古固陽縣百靈淖城圐圙古城。　武川：軍鎮名。在今内蒙古達茂旗希拉穆仁城圐圙古城。　撫冥：軍鎮名。在今内蒙古四子王旗東南。　柔玄：軍鎮名。在今内蒙古興和縣西北。

[5]禦夷城：在今河北沽源縣東南、赤城縣獨石口之東。

[6]旋鴻池：在今内蒙古豐鎮市東北。

九月壬申朔，詔曰：“三載考績，自古通經，三考黜陟，以彰能否。朕今三載一考，考即黜陟。欲令愚滯無妨於賢者，才能不擁於下位。各令當曹，考其優劣爲三等。六品已下，尚書重問；五品已上，朕將親與公卿論其善惡。上上者遷之，下下者黜之，中中者守其本任。”壬午，帝臨朝堂，親加黜陟。壬辰，陰平王楊炅來朝。[1]

[1]陰平王：封爵名。陰平，郡名。北魏時治陰平縣，在今甘肅文縣西北。　楊炅：局本、四部備要本作“楊炅”，中華本校勘記云：“諸本‘楊’作‘陽’，《魏書》作‘楊’。按楊炅見《南齊書》卷五九《河南氐羌傳》。陰平氐王與仇池氐楊氏爲同族，見本書卷九六《氐傳》，‘陽’誤，今據改。”今從改。

冬十月甲辰，以太尉、東陽王丕爲太傅。戊申，親告太廟，奉迎神主。辛亥，車駕發平城宮。壬戌，次於中山之唐湖。[1]乙丑，分遣侍臣，巡問疾苦。己巳，幸信都。庚午，詔曰：“比聞緣邊之蠻，多有竊掠，致有父子乖離，室家分絶。可詔荆、郢、東荆三州，[2]勒諸蠻人，勿有侵暴。”是月，齊蕭鸞殺其主昭文而自立。[3]

[1]唐湖：地名。在今河北唐縣西北。

[2]荆：州名。北魏太武帝太延五年置，治上洛城，在今陝西商洛市。孝文帝太和二十二年遷至穰城，在今河南鄧州市。　郢：州名。北魏時治義陽縣，在今河南信陽市。　東荆：州名。北魏時治沘陽縣，在今河南泌陽縣。

[3]昭文：即蕭昭文，人名。字季尚。南朝齊皇帝。見《南齊書》卷五《海陵王紀》。

十一月辛未朔，詔冀、定二州，賜高年爵，恤鰥寡孤老各有差，孝義廉貞文武應求者，具以名聞。丁丑，幸鄴。甲申，經比干墓，親爲吊文，樹碑刊之。己丑，車駕至洛陽。

十二月辛丑朔，分命諸將南征。壬寅，革衣服之制。癸卯，詔中外戒嚴。戊申，復代遷户租賦三歲。己酉，詔王、公、侯、伯、子、男開國食邑者：[1]王食半，公三分食一，侯、伯四分食一，子、男五分食一。辛亥，車駕南伐。丁卯，詔郢、豫二州賜高年爵，恤孤寡鰥老各有差；緣路之丁，[2]復田租一歲；孝悌廉貞文武應求者，具以名聞。戊辰，車駕至懸瓠。[3]己巳，詔壽陽、鍾離、馬頭之師所獲男女口皆放還南。[4]

[1]侯：底本無，中華本校勘記云："諸本無'侯'字，《魏書》有。按下文有'侯伯四分食一'，此脱文，今據補。"今從補。

[2]緣路之丁：中華本校勘記云："《魏書》'丁'作'民'，《北史》避唐諱改作'丁'，與原意有出入。"緣路，沿路。

[3]懸瓠：城名。又作"懸壺"。在今河南汝南縣。

[4]壽陽：縣名。治所在今安徽壽縣。　鍾離：城名。在今安徽鳳陽縣東北。　馬頭：縣名。治所在今安徽懷遠縣南淮河南岸馬頭城。

是歲，高麗國遣使朝貢。

十九年春正月辛未朔，朝饗群臣於懸瓠。[1]癸酉，詔禁淮北人不得侵掠，犯者以大辟論。壬午，講武於汝水西，[2]大賚六軍。平南將軍王肅、左將軍元麗並大破齊軍。[3]己亥，車駕濟淮。二月甲辰，幸八公山。[4]路中雨甚，詔去蓋。見軍士病者，親隱恤之。戊申，車駕巡淮而東，人皆安堵，[5]租運屬路。丙辰，幸鍾離。戊午，軍士禽齊人三千。帝曰："在君爲君，其人何罪?"於是免歸。辛酉，發鍾離，將臨江水。[6]司徒馮誕薨。壬戌，詔班師。丁卯，遣使臨江，數齊主罪惡。三月戊子，太師馮熙薨。[7]

[1]朝饗：毛本、殿本作"詔饗"。按：未詳孰是。

[2]汝水：淮水支流。即今河南汝河。

[3]平南將軍：官名。北魏時爲四平將軍之一，多持節都督或監某一地區的軍事，有時亦作爲刺史等地方官兼理軍務時的加官。孝文帝太和十七年定爲從二品上，二十三年改爲三品。　王肅：人名。字恭懿，琅邪臨沂（今山東臨沂市）人。北魏官吏。見《北史》卷四二《王肅傳》。　左將軍：官名。漢時爲重號將軍之一。東晉南北朝時成爲軍府名號，用作加官，常不載官品。北魏孝文帝太和十七年定爲從二品上，二十三年改爲三品。　元麗：人名。字寶掌。北魏宗室、官吏。見《北史》卷一七《濟陰王小新成附元麗傳》。

[4]八公山：在今安徽壽縣西北。

[5]車駕巡淮而東人皆安堵：底本作"車駕巡淮南東人皆安堵"，源氏校勘記云："《魏書》'南'作'而'。"中華本校勘記云："《魏書》作'車駕巡淮而東，人皆安堵。'此'南'字當是'而'之訛。"今從改。安堵，安定。

[6]江：長江。

[7]太師：官名。北魏時爲三師之一，位在太傅、太保上。孝

文帝太和二十三年定爲一品。

夏四月丁未，曲赦徐、豫二州，[1]其運轉之士，復租三年。辛亥，詔賜高年爵，恤孤寡老疾各有差；德著丘園者，具以名聞；齊人降者，給復十五年。癸丑，幸小沛。[2]使以太牢祭漢高祖廟。己未，幸瑕丘。使以太牢祠岱岳。[3]詔宿衛武官增位一級。庚申，幸魯城。[4]親祠孔子廟。辛酉，詔拜孔氏四人、顔氏二人爲官。[5]詔兖州刺史舉部内士人堪軍國及守宰政績者，具以名聞。詔賜兖州人爵及粟帛如徐州。又詔選諸孔宗子一人封崇聖侯，邑一百户，以奉孔子祀。命兖州爲孔子起園栢，修飾墳隴，更建碑銘，褒揚聖德。戊辰，行幸碻磝。[6]太和廟成。

[1]徐：州名。北魏時治彭城縣，在今江蘇徐州市。

[2]小沛：縣名。治所在今江蘇沛縣東。

[3]岱岳：即泰山。亦名岱山、岱宗，爲五岳之一，故名岱岳。在今山東泰安市北。

[4]魯城：魯縣治所，在今山東曲阜市。

[5]顔氏：孔子弟子顔回後裔。

[6]碻磝：城名。在今山東茌平縣西南。

五月己巳，城陽王鸞赭陽失利，[1]降爲定襄縣王。[2]廣川王諧薨。[3]庚午，遷文成皇后馮氏神主於太和廟。[4]甲戌，行幸滑臺。[5]丙子，次於石濟。庚辰，皇太子朝於平桃城。[6]癸未，車駕至自南伐。甲申，減閑官禄以禆軍國之用。乙酉，行飲至禮，班賜各有差。甲午，皇太子冠於廟。[7]

[1]鸞：即元鸞，人名。字宣明。北魏宗室、大將。見《北史》卷一八《城陽王長壽附元鸞傳》。　赭陽：城名。在今河南方城縣東南。

[2]定襄縣王：封爵名。定襄，縣名。治所在今山西定襄縣。

[3]諧：即拓跋諧，人名。字仲和。北魏宗室。見《北史》卷一九《廣川王略附拓跋諧傳》。

[4]文成：即北魏皇帝拓跋濬。文成爲其謚號。

[5]滑臺：城名。在今河南滑縣東舊城。

[6]平桃城：在今河南鄭州市惠濟區東南。

[7]冠：古代男子二十歲時（天子、諸侯可提前至十二歲）舉行的加冠之禮，表示其成人。

六月己亥，詔不得以北俗之語，言於朝廷。違者，免所居官。辛丑，詔復軍士從駕渡淮者租賦三年。癸卯，詔皇太子赴平城宫。壬子，詔濟州、東郡、滎陽及河南諸縣車駕所經者，[1]賜高年爵，恤孤寡老疾各有差；孝悌廉義文武應求者，具以名聞。癸丑，求天下遺書。秘閣所無，[2]有禆時用者，加以厚賞。乙卯，曲赦梁州，復人田租三歲。丙辰，詔遷洛人，死葬河南，不得還北。於是代人南遷者，悉爲河南洛陽人。戊午，詔改長尺大斗，[3]依《周禮》制度，班之天下。

[1]濟州：北魏時治碻磝城，在今山東茌平縣西南。　東郡：北魏時治滑臺城，在今河南滑縣東。　滎陽：郡名。北魏時治滎陽

縣，在今河南滎陽市東北。

[2]秘閣：宫中收藏珍貴圖書之處。

[3]尺：底本作“赤”，毛本、殿本、四庫本、局本、四部備要本、中華本作“尺”。按：當爲“尺”，底本誤。　斗：底本作“蚪”，中華本作“斗”。今從中華本改。

秋八月，幸西宫。路見壞塚露棺，駐輦埋之。乙巳，詔選天下勇士十五萬人爲羽林、武賁，[1]以充宿衛。丁巳，詔諸從兵從征被傷者，皆聽還本。金墉宫成。[2]甲子，引群臣歷宴殿堂。

[1]羽林：官名。漢武帝時始置。掌禁衛皇宫，擔任宿衛，亦奉命出征。　武賁：官名。即虎賁。《北史》避唐高祖祖父李虎諱改。北魏時除擔任侍衛外，亦奉命出征，或賜予大臣充作儀仗，作爲對大臣的特殊禮遇。

[2]金墉宫：位於洛陽宫城西北。

九月，六宫及文武盡還洛陽。丙戌，行幸鄴。丁亥，詔諸墓舊銘記見存昭然爲時人所知者，三公及位從公者，去墓三十步；尚書令僕、九列，[1]十五步；黄門、五校，[2]十步：各不聽墾殖。壬辰，遣黄門郎以太牢祭比干墓。乙未，車駕還宫。

[1]九列：九卿，爲太常、光禄勳、廷尉、衛尉、太僕、大鴻臚、宗正、大司農、少府。

[2]黄門：官名。黄門侍郎、黄門郎、給事黄門侍郎的簡稱。北魏時爲郎官的加官，侍從皇帝於宫門之内，與侍中俱掌門下事。

孝文帝太和二十三年定爲四品。　五校：爲步兵、屯騎、長水、越騎、射聲五校尉的合稱。

冬十月甲辰，曲赦相州，賜高年爵，恤孤老癌疾各有差。丙辰，車駕至自鄴。辛酉，詔州郡舉士。壬戌，詔諸州牧考屬官爲三等之科以聞，將加親覽，以定升降。詔徐、兖、光、南青、荆、洛六州纂嚴戎備，[1]應須赴集。十一月，行幸委粟山。[2]議定圜丘。甲申，祀圜丘。丙戌，大赦。十二月乙未朔，引見群臣光極堂，[3]宣下品令，爲大選之始。辛酉，以咸陽王禧爲長兼太尉，[4]復前南安王楨本爵。[5]甲子，引見群臣光極堂，班賜冠服。

[1]南青：州名。北魏時治團城，在今山東沂水縣沂水鎮。　纂嚴：《魏書》卷七下《孝文帝紀下》作“纂嚴”。按：“纂嚴”是軍隊集結行裝之意，《北史》誤。今從改。

[2]委粟山：在今河南洛陽市東北。

[3]光極堂：故址在今河南洛陽市。

[4]長兼：晉朝、南北朝時期多見。原指長期兼任某職，後發展爲一種任官形式。秩位低於正員，可由此升爲正員，亦可由正員降此。自太尉、侍中、御史中尉至行參軍皆可設。

[5]南安王：元大德本作“安南王”。按：據《元楨墓誌》當爲南安王，元大德本誤。　楨：底本作“禎”。按：據其墓誌當爲“楨”，底本誤。今從改。

是歲，高麗、鄧至、吐谷渾等國各遣使朝貢。

二十年春正月丁卯，詔改姓元氏。壬辰，封始平王勰爲彭城王，[1]復封定襄王鸞爲城陽王。二月辛丑，幸華林，[2]聽訟於都亭。[3]壬寅，詔自非金革，[4]皆聽終三年喪。丙午，詔畿内七十已上，暮春赴京師，將行養老禮。[5]庚戌，幸華林，聽訟於都亭。癸丑，詔介山之邑，[6]聽爲寒食，自餘禁斷。

[1]彭城王：封爵名。彭城，郡名。北魏太武帝延和二年僑置，治外黄縣，在今河南民權縣西北。

[2]華林：皇家園林名。故址在今河南洛陽市東北。

[3]都亭：古代基層政權的辦事處所。此處特指皇帝聽取訴訟的場所。

[4]金革：武器與鎧甲，借指戰爭。

[5]養老禮：對年高德劭的老者按時餉以酒食而敬禮之的禮節。

[6]介山：又稱介休山，即今山西介休市東南之綿山。

三月丙寅，宴群臣及國老、庶老於華林園。詔國老黄耇以上，[1]假中散大夫、郡守；[2]耋年以上，[3]假給事中、縣令。[4]庶老直假郡縣。各賜鳩杖衣裳。丁丑，詔諸州中正各舉其鄉人望，[5]年五十已上，守素衡門者，[6]授以令長。

[1]黄耇（gǒu）：九十歲的年紀。

[2]中散大夫：官名。漢平帝始置，歷代因之。多爲官吏養老、病退所任，無具體職權。北魏時曾置爲職事官之加官。孝文帝太和十七年定爲四品上，二十三年改爲四品。

[3]耋（dié）年：八十歲的年紀。

[4]給事中：官名。北魏時爲加官，所加者以其能給事殿中，

平决奏事，列皇帝左右爲顧問。孝文帝太和十七年定爲從三品，二十三年改爲從六品。

[5]中正：官名。負責品評本州郡士人，劃分等級，以此作爲吏部委任官員的依據。北魏前、中期此職權任頗重，後期選任漸濫。

[6]衡門：横木爲門。借指隱居處。

夏五月丙子，詔敦勸農功，令畿内嚴加課督，墮業者申以楚撻，[1]力田者具以名聞。丙戌，初營方澤於河陰。遣使以太牢祭漢光武及明、章三帝陵。[2]又詔漢、魏、晋諸帝陵各禁方百步不得樵蘇踐藉。[3]丁亥，祀方澤。

[1]楚撻：杖打。

[2]漢光武：即漢光武帝劉秀。光武爲其謚號。　明：即漢明帝劉莊。明爲其謚號。　章：即漢章帝劉炟。章爲其謚號。

[3]樵蘇：砍柴割草。　踐藉：踐踏。

秋七月，廢皇后馮氏。戊寅，帝以久旱，咸秩群神。[1]自癸未不食至于乙酉。是夜，澍雨大洽。八月壬辰朔，幸華林園，親録囚徒，咸降本罪二等决遣之。丁巳，南安王楨薨。幸華林園聽訟。九月戊辰，車駕閲武于小平津。[2]癸酉，還宫。丁亥，將通洛水入穀，帝親臨觀。庚寅晦，日有蝕之。

[1]秩：祭祀。

[2]小平津：渡口名。又稱河陽津。在今河南孟津縣東北黄

河上。

冬十月戊戌，以代遷之士，皆爲羽林、武賁。司州之人，[1]十二夫調一吏，爲四年更卒，[2]歲開番假，[3]以供公私力役。己酉，曲赦京師。十一月乙酉，復封前汝陰王天賜孫景和爲汝陰王，[4]前京兆王太興爲西河王。[5]十二月甲子，以西北州郡旱儉，遣侍臣巡察，開倉振恤。乙丑，開鹽池禁。丙寅，廢皇太子恂爲庶人。戊辰，置常平倉。[6]樂陵王思譽知恒州刺史穆泰謀反不告，[7]削爵爲庶人。

[1]司州：北魏孝文帝太和十七年改洛州爲司州，治洛陽縣，在今河南洛陽市東北。

[2]更卒：輪流服徭役。

[3]番假：輪流放假。

[4]景和：即元景和，人名。其餘不詳。

[5]太興：毛本、殿本、四庫本、局本作“大興”。　西河王：封爵名。西河，郡名。北魏時治隰城縣，在今山西汾陽市。

[6]常平倉：爲調節糧價，儲糧備荒，以供應官需民食而設置的糧倉。

[7]樂陵王：封爵名。樂陵，郡名。北魏時治樂陵縣，在今山東樂陵市。　恒州：北魏洛陽時代在舊都平城設恒州，治所在今山西大同市東北。　穆泰：人名。本名石洛，孝文帝賜名泰，鮮卑族。北魏大臣。見《北史》卷二〇《穆崇附穆泰傳》。

二十一年春正月丙申，立皇子恪爲皇太子。[1]賜天下爲父後者爵一級。己亥，遣侍臣巡方省察，問人疾苦，黜陟守宰。乙巳，北巡。二月壬戌，次於太原。親見高年，問所不便。乙丑，詔并州士人年六十以上，假以郡守。先是，定州人王金鈎訛言自稱應王，丙寅，州郡捕斬之。癸酉，車駕至平城。甲戌，謁永固陵。乙未，南巡。[2]甲寅，詔汾州賜高年爵各有差。[3]丙辰，次平陽。使以太牢祭唐堯。

[1]恪：即元恪，人名。北魏宣武帝。見《北史》卷四《魏本紀·宣武帝》。

[2]乙未南巡：中華本校勘記云："按《魏書》此前有二月癸未、三月庚寅、辛卯共三條記事。《北史》删節，併去'三月'二字，此乙未及下甲寅、丙辰三條記事遂繫於二月下。查是年二月戊午朔，無乙未、甲寅、丙辰。三月戊子朔，八日乙未，二十七日甲寅，二十九日丙辰。《北史》誤。"

[3]汾州：北魏時治蒲子城，在今山西隰縣。

夏四月庚申，幸龍門。[1]使以太牢祭夏禹。癸亥，幸蒲坂。[2]使以太牢祭虞舜。修堯、舜、夏禹廟。辛未，幸長安。壬申，武興王楊集始來朝。乙亥，親見高年，問所疾苦。丙子，遣侍臣分省縣邑，振賜穀帛。戊寅，幸未央殿、阿房宫，[3]遂幸昆明池。[4]癸未，宋王劉昶薨。丙戌，使以太牢祀漢帝諸陵。

[1]龍門：地名。一名禹門口。在今山西河津市西北黄河西岸。

[2]蒲坂：縣名。治所在今山西永濟市西。

[3]未央殿：未央宫之前殿，在今陝西西安市西北。　阿房宫：一名阿城。在今陝西西安市西南阿房村、古城村、眗家莊一帶。

[4]昆明池：在今陝西西安市長安區西南。

五月丁亥朔，衛大國遣使朝貢。[1]己丑，車駕東旋，汎渭入河。[2]庚寅，詔雍州士人百年以上，假華郡太守；九十以上，假荒郡；八十以上，假華縣；七十以上，假荒縣。[3]庶老以年各减一等，七十已上，賜爵三級。其營船夫，賜爵一級。孤寡鰥貧，各賜穀帛。其孝友德義文武才幹，悉仰貢舉。[4]壬辰，使以太牢祭周文王於酆，[5]祭周武王於鎬。[6]癸卯，遣使祭華岳。[7]六月庚申，車駕至自長安。壬戌，詔冀、定、瀛、相、濟五州發卒士二十萬，[8]將以南討。癸亥，司空穆亮遜位。

[1]衛大國：國名。具體位置不詳。

[2]渭：今黄河中游支流渭河。

[3]"庚寅"至"假荒縣"：北魏孝文帝時對雍州七十歲以上的士人實行虚封官職的制度。

[4]貢舉：指州舉秀才和郡舉孝廉。

[5]酆：地名。在今陝西户縣北。底本作"酆"，殿本、四庫本、局本、四部備要本、中華本作"酆"。按：字形相近而誤。當爲"酆"。

[6]鎬：地名。在今陝西西安市西南。

[7]華岳：即華山，又稱西岳。今陝西華陰市南華山。

[8]瀛：州名。北魏時治趙都軍城，在今河北河間市。　濟：州名。北魏時治碻磝城，在今山東茌平縣西南。

秋七月甲午，立昭儀馮氏爲皇后。[1]甲寅，帝親爲群臣講《喪服》於清徽堂。[2]八月丙辰，詔中外戒嚴。

壬戌，立皇子愉爲京兆王，[3]懌爲清河王，[4]懷爲廣平王。[5]甲戌，[6]講武於華林園。庚辰，車駕南討。

[1]昭儀：妃嬪中的第一級，僅次皇后，位視宰相。　馮氏：即孝文幽皇后馮氏。太師馮熙之女。見《北史》卷一三《孝文幽皇后馮氏傳》。

[2]喪服：即《儀禮·喪服》。　清徽堂：北魏洛陽宮内堂名。在今河南洛陽市。

[3]愉：即元愉，人名。字宣德。北魏宗室。見《北史》卷一九《京兆王愉傳》。

[4]懌：即元懌，人名。北魏宗室。見《北史》卷一九《清河王懌傳》。　清河王：封爵名。清河，郡名。北魏時治清河縣，在今山東臨清市東北。

[5]懷：即元懷，人名。北魏宗室。見《北史》卷一九《廣平王懷傳》。　廣平王：封爵名。廣平，郡名。北魏時治曲梁城，在今河北永年縣東南。

[6]甲戌：底本作“戊辰”，中華本校勘記云：“諸本‘甲戌’作‘戊辰’，《魏書》作‘甲戌’。按是年八月丙辰朔，戊辰是十三日，甲戌十九日。但《魏書》此條前有壬申記事，壬申是十七日。故作‘甲戌’是。今據改。”今從改。

九月丙申，詔司州洛陽人年七十以上無子孫，六十以上無期親，貧不自存者，給以衣食。及不滿六十而有廢痼之疾，無大功親，[1]窮困無以自療者，皆於別坊，[2]遣醫救護，給太醫師四人，[3]豫請藥物療之。辛丑，帝留諸將攻赭陽，引師南討。丁未，車駕發南陽，[4]留太尉咸陽王禧、前將軍元英攻之。[5]己酉，車駕至新野。[6]

[1]大功親：按喪服禮儀應服大功的親屬。大功，古代喪禮"五服"之一。其服用熟麻布做成，較"齊衰"稍細，較"小功"爲粗，故稱"大功"。服喪期九個月。舊時堂兄弟、未婚的堂姊妹，已婚的姑、姊妹、侄女及衆孫、衆子婦、侄婦等喪，服大功。已婚女爲伯父、叔父、兄弟、侄、未婚姑、姊妹、侄女等服喪，也服大功。

[2]别坊：正屋之外的房舍。

[3]太醫師：毛本、殿本、四庫本、局本、四部備要本作"大醫師"。

[4]南陽：郡名。北魏時治宛縣，在今河南南陽市。

[5]元英：人名。字虎兒。北魏宗室、將領。見《北史》卷一八《南安王楨附中山王英傳》。

[6]新野：郡名。北魏時治新野縣，在今河南新野縣。

冬十月丁巳，四面進攻不剋，詔左右軍築長圍以守之。[1]乙亥，追廢貞皇后林氏爲庶人。[2]

[1]長圍：環繞一城一地的長工事，用於圍攻或防守。

[2]追：底本作"遣"，元大德本、毛本、殿本、四庫本、局本、四部備要本、中華本作"追"。按：從文意來看，當爲"追"，字形相近而訛，底本誤。今從諸本改。　貞皇后林氏：平凉人。貞爲其謚號。見《北史》卷一三《孝文貞皇后林氏傳》。

十一月丁酉，大破齊軍於沔北。[1]於是人皆復業。九十以上，假以郡守；六十五以上，假以縣令。

[1]沔：即今漢水。

十二月丁卯，詔流、徒之囚，皆勿决遣，登城之際，令其先鋒自效。庚午，車駕臨沔，[1]遂東還。戊寅，還新野。己卯，親行營壘，恤六軍。以齊郡王子琛紹河間王若後。高昌國遣使朝貢。

[1]沔：毛本、殿本、四庫本、四部備要本作“河”。按：據《北史》記載“十一月丁酉，大破齊軍於沔北”，十二月，孝文帝又驅車來這裏，並在幾天後幸新野，十多天後攻占新野，這其間孝文帝並未返回洛陽，主要在南陽一帶，黄河未流經這裏，衹可能是沔水。當以底本爲是。

二十二年春正月癸未朔，饗群臣於新野行宫。丁亥，拔新野，斬其太守劉忌於宛。[1]庚午，[2]至自新野。[3]辛未，詔以穰人首歸大順始終若一者，[4]給復三十年，摽其所居曰歸義鄉；[5]次降者，給復十五年。

[1]宛：縣名。治所在今河南南陽市。

[2]庚午：源氏校勘記於“庚午”上補“二月”二字，中華本校勘記云：“殿本《考證》云：‘以上文癸未朔計之，則此庚午上脱二月二字’。按《魏書》正在二月。此乃《北史》删二月前後數事，誤删‘二月’所致。”

[3]至自：《魏書》卷七下《孝文帝紀下》作“幸”，中華本校勘記云：“‘至自新野’，《魏書》作‘幸新野’，是。此時新野爲魏軍攻取，孝文由南陽進駐，非返洛陽，觀下文可知。‘自’字衍。”可從。

[4]穰：縣名。治所在今河南鄧州市。

[5]摽：殿本、四庫本、局本、四部備要本、中華本作“標”。

按:“標”“摽”古通。

三月壬午朔，大破齊將崔慧景、蕭衍軍於鄧城。[1]庚寅，行幸樊城，[2]觀兵襄、沔，[3]耀武而還。曲赦二荆、魯陽。[4]辛亥，行幸懸瓠。

[1]崔慧景：人名。字君山，清河東武城（今山東武城縣西北）人。南朝宋、齊官吏。見《南齊書》卷五一《崔慧景傳》。毛本、殿本、局本、四部備要本作“崔惠景”。按:“惠”“慧”古通。　蕭衍：人名。字叔達，南蘭陵（一説在今江蘇常州市，一説在今江蘇丹陽市）人。南朝梁建立者。見《梁書》卷一、二、三《武帝紀》。　鄧城：在今湖北襄樊市樊城區西北。

[2]樊城：在今湖北襄樊市樊城區。

[3]襄：指襄水。即今湖北襄樊市附近漢江河段。

[4]魯陽：郡名。北魏時治北山縣，在今河南魯山縣。

夏四月，趙郡王幹薨。

秋七月壬午，詔后之私府損半；六宫嬪御、五服男女恒恤恒供，[1]亦令減半；在戎之親，三分省一：以供賞。是月，齊明帝殂。[2]八月辛亥，皇太子自京師來朝。壬戌，[3]高麗國遣使朝貢。九月己亥，帝以禮不伐喪，詔反旆。[4]丙午，車駕發懸瓠。

[1]五服：以親疏爲差等的五種喪服。

[2]齊明帝：即南朝齊皇帝蕭鸞。明爲其謚號。

[3]壬戌：《魏書》卷七下《孝文帝紀下》作“壬午”。按：北魏孝文帝太和二十二年八月庚戌朔，壬午不在此月，當爲“壬戌”，

從底本。

[4]旆：毛本、殿本、四庫本、局本、四部備要本作“師”。按：“反旆”一詞古籍常見，指出師回來。“反師”未見，當爲“反旆”，今從底本。

冬十月己酉朔，曲赦二豫州殊死已下，復人田租一歲。十一月辛巳，幸鄴。

二十三年春正月戊寅朔，朝饗群臣於鄴。先是，帝不豫，至是有瘳。[1]庚辰，群臣上壽，大饗於澄鸞殿。壬午，幸西門豹祠，[2]遂歷漳水而還。戊戌，車駕至自鄴。[3]癸卯，行飲至策勳之禮。甲辰，大赦。太保、齊郡王簡薨。二月辛亥，以長兼太尉、咸陽王禧爲正太尉。[4]癸亥，以中軍大將軍、彭城王勰爲司徒。[5]復樂陵王思譽本封。癸酉，齊將陳顯達攻陷馬圈戍。[6]

[1]瘳（chōu）：病愈。

[2]西門豹祠：在今河北臨漳縣西南。戰國時，魏以西門豹爲鄴令，鑿十二渠以利民，故後人立祠於鄴。

[3]車駕：底本作“東駕”，毛本、殿本、四庫本、局本、四部備要本、中華本作“車駕”。按：西門豹祠、鄴均在今河北臨漳縣西南，不存在向東之事，故當爲車駕，“東”“車”字形相近而訛，底本誤。今從諸本改。

[4]正太尉：底本作“太尉”，《魏書》卷七下《孝文帝紀下》作“正太尉”。按：《魏書》卷二一上《咸陽王禧傳》：“長兼之職，位亞正員。”可見“長兼”與“正”是相應的，“長兼”升職後則爲“正”，根據原文，咸陽王禧原任“長兼太尉”，此處指升遷後任“正太尉”。當以《魏書》爲是。今從改。

［5］中軍大將軍：官名。三國魏文帝黄初中始置。統管左右衛、前、後、左、右、驍騎等宿衛七營禁軍，主管京師以及宫廷禁衛。北魏孝文帝太和十七年定爲從一品中，二十三年改爲從二品。

［6］馬圈：戍城名。在今河南鎮平縣南。

三月庚辰，車駕南伐。癸未，次梁城。[1]丙戌，帝不豫。丁酉，車駕至馬圈。戊戌，頻戰破之。己亥，收其戎資億計。諸將追奔漢水，[2]斬獲及赴水死者十八九。庚子，帝疾甚，車駕北次穀塘原。[3]甲辰，詔賜皇后馮氏死。詔司徒勰徵太子於魯陽踐阼。[4]以北海王詳爲司空，王肅爲尚書令，廣陽王嘉爲左僕射，尚書宋弁爲吏部尚書，[5]與太尉咸陽王禧、右僕射任城王澄等六人輔政。[6]

［1］梁城：縣名。治所在今河南汝州市西南。

［2］漢水：今長江中游支流漢江。

［3］穀塘原：地名。在今河南鄧州市東南。

［4］踐阼：即位，登基。

［5］吏部尚書：官名。北魏時爲尚書吏部曹主官，掌官吏銓選、封爵、考課之政。孝文帝太和二十三年定爲三品。

［6］右僕射：官名。即尚書右僕射。北魏時位列宰相，爲尚書令副貳，掌諸曹事。孝文帝太和二十三年定爲從二品。　澄：即元澄，人名。北魏宗室。見《北史》卷一八《任城王雲附元澄傳》。

夏四月丙午朔，帝崩于穀塘原之行宫，時年三十三。秘諱至魯陽發喪，還京師。上謚曰孝文皇帝，廟曰高祖。五月丙申，葬長陵。[1]

[1]長陵：在今河南洛陽市。

帝幼有至性。年四歲時，獻文患癰，[1]帝親自吮膿。五歲受禪，悲泣不自勝。獻文問其故，對曰："代親之感，内切於心。"獻文甚歎異之。文明太后以帝聰聖，後或不利馮氏，將謀廢帝，乃於寒月，單衣閉室，絶食三朝，召咸陽王禧將立之。元丕、穆泰、李沖固諫乃止。帝初不有憾，唯深德丕等。撫念諸弟，始終曾無纖介。[2]惇睦九族，[3]禮敬俱深。雖於大臣，持法不縱。然性寬慈，進食者曾以熱羹覆帝手，又曾於食中得蟲穢物，並笑而恕之。宦者先有譖帝於太后，太后杖帝數十，帝默受，不自申明。太后崩後，亦不以介意。

[1]癰（yōng）：一種皮膚和皮下組織的化膿性炎症。
[2]纖介：細小的嫌隙。
[3]惇（dūn）：篤愛。

聽覽政事，從善如流。哀矜百姓，恒思所以濟益。天地、五郊、宗廟、二分之禮，[1]常必躬親，不以寒暑爲倦。尚書奏案，多自尋省。百官大小，無不留心，務於周洽。每言凡爲人君，患於不均，不能推誠遇物。苟能均誠，胡、越之人，亦可親如兄弟。常從容謂史官曰："直書時事，無諱國惡。人君威福自己，史復不書，將何所懼！"南北征巡，有司奏請修道。帝曰："粗修橋梁，通輿馬便止，不須去草剗令平也。"凡所修造，不得已而爲之，不爲不急之事，重損人力。巡幸淮南，如在内地。軍事須伐人樹者，必留絹以酬其直。人苗稼無所傷踐。諸有禁忌禳厭之方非典籍所載者，[2]一皆除罷。

[1]二分：指春分和秋分。

[2]禳厭：禳除邪惡災禍。

雅好讀書，手不釋卷。《五經》之義，覽之便講。學不師受，探其精奥，史傳百家，無不該涉。善談莊、老，尤精釋義。[1]才藻富贍，好爲文章，詩賦銘頌，在興而作。[2]有大文筆，馬上口授，及其成也，不改一字。自太和十年已後，詔册皆帝文也。自餘文章，百有餘篇。

[1]釋義：佛家的學説和思想。

[2]在興而作：毛本、殿本、四庫本作“任興而作”。

愛奇好士，情如飢渴。待納朝賢，隨才輕重。常寄以布素之意，悠然玄邁，不以世務嬰心。又少善射，有膂力，[1]年十餘，能以指彈碎羊髆骨，[2]射禽獸，莫不隨行所至而斃之。[3]至十五，便不復殺生，射獵之事悉止。性儉素，常服浣濯之衣，[4]鞍勒鐵木而已。帝之雅志，皆此類也。

[1]膂：體力、力氣。

[2]髆（bó）：同“膊”。

[3]莫不隨行所至而斃之：源氏校勘記云："'行所至'，《魏書》作'所志'二字。"

[4]浣（huàn）濯：指洗過多次的衣服；舊衣。

論曰：有魏始基代朔，廓平南夏，闢土經世，咸以威武爲業，文教之事，所未遑也。孝文纂承洪緒，早著睿聖之風。時以文明攝事，優游恭己，玄覽獨得，著自不言，神契所標，固以符於冥化。及躬總大政，一日萬機，十許年間，曾不暇給，殊塗同歸，百慮一致。夫生靈所難行，人倫之高迹，雖尊居黄屋，盡蹈之矣。若乃欽明稽古，協御天人，帝王制作，朝野軌度，斟酌用舍，焕乎其有文章。海内黔黎，咸受耳目之賜。加以雄才大略，愛奇好士，視下如傷，役己利物，亦無得而稱之。其經緯天地，豈虚謚也！

今注本二十四史

北史

二

紀〔二〕

唐　李延壽　撰
李憑　靳寶　主持校注

中国社会科学出版社

北史　卷四

魏本紀第四

世宗宣武皇帝諱恪，孝文皇帝第二子也。[1]母曰高夫人，[2]初，夢爲日所逐，避於床下，日化爲龍，繞己數匝，寤而驚悸，遂有娠。太和七年閏四月，[3]生帝於平城宫。[4]二十一年正月丙申，立爲皇太子。

［1］孝文：北魏皇帝元宏的謚號。

［2］高夫人：北魏孝文帝元宏的夫人。見《北史》卷一三《孝文文昭皇后高氏傳》。

［3］太和：北魏孝文帝的年號（477—499）。

［4］平城宫：在今山西大同市。

二十三年四月丙午，孝文帝崩。丁巳，太子即皇帝位，諒闇，[1]委政宰輔。五月，高麗國遣使朝貢。[2]六月乙卯，分遣侍臣，巡行州郡，問人疾苦，考察守令，黜陟幽明，褒禮名賢。戊辰，追尊皇妣曰文昭皇后。

［1］諒闇：借指居喪，多用於皇帝。

［2］高麗國：國名。又作“高句麗”等，其先出自夫餘，地爲

漢之玄菟郡，高句麗爲其三縣之一，因以爲國名。都名丸都，故治在今吉林集安市，南北朝時遷都於今朝鮮平壤市。見《北史》卷九四《高麗傳》。

秋八月戊申，遵遺詔，孝文皇帝三夫人已下，悉免歸家。癸丑，增宫臣位一級。

冬十月癸未，[1]鄧至國王象舒彭來朝。[2]丙戌，謁長陵。[3]丁酉，享太廟。十一月，幽州人王惠定聚衆反，[4]自稱明法皇帝。刺史李肅捕斬之。[5]

[1]癸未：《魏書》卷八《宣武帝紀》作“辛未”。按：北魏孝文帝太和二十三年十月癸酉朔，此月無辛未，當爲“癸未”，今從底本。

[2]鄧至：國名。北魏時白水羌鄧至部首領象舒彭所建政權，在今甘肅河西走廊一帶。見《北史》卷九六《鄧至傳》。　象舒彭：人名。一作“象舒治”。北魏孝文帝太和十七年，遣子象舒舊與魏通好。

[3]長陵：北魏孝文帝元宏之墓，在今河南洛陽市境内。

[4]幽州：北魏時治薊縣，在今北京西南。

[5]李肅：人名。字彦邕，趙郡平棘（今河北趙縣）人。北魏官吏。見《北史》卷三三《李裔附李肅傳》。

是歲，州鎮十八水，饑。[1]分遣使者，開倉振恤。

[1]饑：《魏書》卷八《宣武帝紀》作“民飢”，《北史》避唐太宗李世民諱改。

景明元年春正月辛丑朔，[1]日有蝕之。壬寅，謁長陵。乙巳，大赦，改元。丁未，齊豫州刺史裴叔業以壽春内屬。[2]二月戊戌，復以彭城王勰爲司徒。[3]

[1]景明：北魏宣武帝的年號（500—503）。

[2]豫州：北魏時治懸瓠城，在今河南汝南縣。　裴叔業：人名。河東聞喜（今山西聞喜縣）人。南朝齊、北魏將領。見《北史》卷四五《裴叔業傳》。　壽春：縣名。治所在今安徽壽縣。

[3]彭城王：封爵名。彭城，郡名。北魏時治彭城縣，在今江蘇徐州市。　勰：即元勰，人名。字延和。北魏宗室、大臣。見《北史》卷一九《彭城王勰傳》。　司徒：官名。與太尉、司空並稱三公，分掌宰相職能。北魏初曾令州郡公文先上司徒府，後改上丞相府。一品。

齊將胡松、李居士軍屯宛，[1]陳伯之水軍逼壽春。[2]夏四月丙申，司徒彭城王勰、車騎將軍王肅大破之。[3]己亥，皇弟悏薨。[4]

[1]胡松：人名。南朝齊將領。初爲龍驤將軍、直閤將軍。齊明帝永泰元年（498）討王敬則，以功封沙陽縣男，後與張欣泰等密謀廢東昏侯以應蕭衍，事敗被殺。　宛：縣名。治所在今河南南陽市。

[2]陳伯之：人名。濟陰睢陵（今江蘇睢寧縣）人。南朝齊、梁將領。見《梁書》卷二〇《陳伯之傳》。

[3]車騎將軍：官名。南北朝時多作爲軍府名號，以加授大臣、重要州郡長官，無具體職掌。北魏孝文帝太和十七年定爲一品下，二十三年改爲二品。　王肅：人名。字恭懿，琅邪臨沂（今山東臨沂市）人。北魏官吏。見《北史》卷四二《王肅傳》。

［4］怢：即元怢，人名。北魏宗室。見《北史》卷一九《皇子怢傳》。

五月甲寅，北鎮饑，遣兼侍中楊播巡撫振恤。[1]六月丙子，以司徒、彭城王勰爲大司馬。[2]

［1］侍中：官名。北朝時常總典機密，受遺詔輔政，權任尤重，時號“小宰相”。初置四員。北魏孝文帝太和十七年定爲從一品中，二十三年改爲三品。　楊播：人名。本字元休，孝文帝賜改延慶，弘農華陰（今陝西華陰市東南）人。北魏將領。見《北史》卷四一《楊播傳》。毛本、殿本、四庫本、局本、四部備要本作“揚播”。

［2］大司馬：官名。北魏時與大將軍並稱“二大”，爲加官，常典軍事，地位顯貴。正一品。

秋七月己亥朔，日有蝕之。齊將陳伯之寇淮南。[1]八月乙酉，彭城王勰破伯之於肥口。[2]九月，齊州人柳世明聚衆反。[3]

［1］淮南：郡名。北魏時治壽春縣，在今安徽壽縣。

［2］肥口：地名。在今安徽壽縣附近。爲肥水（今東淝河）入淮處。

［3］齊州：北魏時治歷城縣，在今山東濟南市。

冬十月丁卯朔，謁長陵。庚寅，齊、兖二州討世明，平之。[1]丁亥，改授彭城王勰司徒、録尚書事。[2]十一月丁巳，陽平王頤薨。[3]

[1]兗：州名。北魏孝文帝太和十八年改東兗州置，治瑕丘城，在今山東兗州市新驛鎮東頓村南。

[2]録尚書事：官名。東漢始置。北魏、北齊時爲尚書省長官，總領尚書省政務，尚書令、僕射爲其副貳，職權甚重，多以公卿權重者居之。負責綜理政務，總知國事。

[3]陽平王：封爵名。陽平，郡名。北魏時治館陶城，在今河北館陶縣。　頤：即元頤，人名。北魏宗室。見《北史》卷一七《陽平王新成附元頤傳》。

是歲，州鎮十七大饑，分遣使者，開倉振恤。高麗、吐谷渾等國並遣使朝貢。[1]

[1]吐谷（yù）渾：族名。又稱吐渾、退渾。原爲鮮卑族慕容部的一支，先祖游牧於徒河青山（今遼寧義縣東）。西晋時，遷徙於今甘肅、青海一帶。十六國時，先後受到前凉、西秦等追逐，幾乎亡國。後再度崛起，北魏太武帝時達到最强盛。在北魏打擊下，一度退到今新疆一帶。以游牧爲生。見《北史》卷九六《吐谷渾傳》。

二年春正月丙申朔，謁長陵。庚戌，帝始親政。遵遺詔，聽司徒、彭城王勰以王歸第，[1]進太尉、咸陽王禧位太保，[2]以司空、北海王詳爲大將軍、録尚書事。[3]丁巳，引見群臣於太極前殿，[4]告以覽政之意。壬戌，以太保、咸陽王禧領太尉，以大將軍、廣陵王羽爲司空。[5]分遣大使，黜陟幽明。二月庚午，進宿衛之官位一級。甲戌，大赦。三月乙未朔，[6]詔以比年連有軍旅，正調之外，皆蠲罷。[7]壬戌，青、齊、徐、兗四州大饑，[8]人死者萬餘口。是月，齊雍州刺史蕭衍奉其南康王寶融爲主，[9]東赴建鄴。[10]

［1］以王歸第：底本作“以老歸第”，中華本校勘記云：“《魏書》卷八《世宗紀》‘老’作‘王’。張森楷云：‘勰以承明元年（476）生，是時（景明二年，501）年二十五，不得云老，作“王”是。’按張説是。”今從改。

［2］太尉：官名。北魏時與司徒、司空並稱三公，列三公之首，多爲大臣加官。孝文帝太和二十三年定爲一品。　咸陽王：封爵名。咸陽，郡名。北魏時治池陽縣，在今陝西涇陽縣。　禧：即元禧，人名。字思永，別字永壽。北魏宗室、大臣。見《北史》卷一九《咸陽王禧傳》。　太保：官名。西周始設。爲輔佐君王的重要大臣，與太師、太傅號稱三公。北魏孝文帝太和二十三年定爲一品。

［3］司空：官名。漢成帝時改御史大夫爲大司空，漢光武帝時改名司空，與太尉、司徒並稱三公。歷代沿置，爲三公之末。魏晋南北朝時爲名譽宰相，多爲大臣加官。北魏時爲正一品。　北海王：封爵名。北海，郡名。北魏時治平壽城，在今山東濰坊市西南。　詳：即元詳，人名。字季豫。北魏宗室、大臣。見《北史》卷一九《北海王元詳傳》。　大將軍：官名。北魏時統兵事，或兼掌朝政，與大司馬共稱“二大”，位尊權重。孝文帝太和二十三年定爲一品。

［4］太極前殿：在北魏洛陽宫城南宫的中軸綫上。

［5］廣陵王：封爵名。遥封。廣陵，郡名。南朝齊時治廣陵縣，在今江蘇揚州市西北。　羽：即元羽，人名。北魏宗室。見《北史》卷一九《廣陵王羽傳》。

［6］乙未：底本作“乙卯”，毛本、殿本、四庫本、局本、四部備要本、中華本作“乙未”。按：北魏宣武帝景明二年三月乙未

朔，底本誤。

[7]蠲（juān）：免除。

[8]青：州名。北魏時治東陽城，在今山東青州市。　徐：州名。北魏時治彭城縣，在今江蘇徐州市。

[9]雍州：北魏時治長安縣，在今陝西西安市西北。　蕭衍：人名。字叔達，南蘭陵（一説在今江蘇常州市，一説在今江蘇丹陽市）人。南朝梁建立者。見《梁書》卷一、二、三《武帝紀》。　南康王：封爵名。南康，郡名。北魏時治贛縣，在今江西贛縣西南。　寶融：即蕭寶融，人名。字智昭，南蘭陵蘭陵（一説在今江蘇常州市，一説在今江蘇丹陽市）人。南朝齊的末代皇帝。見《南齊書》卷八《和帝紀》。

[10]建鄴：城名。在今江蘇南京市。

夏五月壬子，廣陵王羽薨。壬戌，太保、咸陽王禧謀反，賜死。六月丁亥，考諸州刺史，加以黜陟。

秋七月癸巳朔，日有蝕之。乙巳，蠕蠕犯塞。[1]辛酉，大赦。九月丁酉，發畿内夫五萬五千人築京師三百二十坊，[2]四旬罷。己亥，立皇后于氏。[3]乙卯，免壽春營户，[4]並隸揚州。[5]

[1]蠕蠕：族名。亦稱柔然，本爲東胡的一支，屬拓跋部。南北朝時始强大，活動於今蒙古國南部地區。以游牧爲生。見《北史》卷九八《蠕蠕傳》。

[2]三百二十坊：源氏校勘記云："'坊'上《魏書》有'三'字。"《魏書》卷八《宣武帝紀》作"三百二十三坊"。按：《資治通鑑》卷一四四亦記載"魏司州牧廣陽王嘉請築洛陽三百二十三坊，各方三百步，曰：'雖有暫勞，姦盜永息。'丁酉，詔發畿内夫五萬人築之，四旬而罷"。未詳孰是。

[3]于氏：毛本、殿本、局本作“干氏”。按：據《北史》卷一三《宣武順皇后于氏傳》記載，于氏是太尉于烈弟于勁的女兒，作“干”誤，字形相近而訛，從底本。

[4]營户：將虜掠和投募來的民户配置各地，隸屬於軍府，稱爲營户。他們主要從事耕田、畜牧、匠作等生産勞動，以供養軍隊，有時也服兵役。其身份低於平民，高於奴隸，須世代服役。

[5]揚州：北魏時治壽春縣，在今安徽壽縣。

冬十一月丙申，以驃騎大將軍穆亮爲司空。[1]丁酉，以大將軍、北海王詳爲太傅，[2]領司徒。壬寅，改築圜丘於伊水之陽，[3]乙卯，仍有事焉。十二月，齊直後張齊殺其主蕭寶卷以降蕭衍。[4]

[1]驃騎大將軍：官名。魏晋制度，驃騎將軍爲重號將軍，僅次大將軍，本不須加“大”，然兩晋將軍名號愈來愈濫，遂又增此號，居諸名號將軍之首。多加於權臣元老，以示尊崇，開府置僚屬，不領兵。南北朝因之。北魏孝文帝太和十七年定爲一品中，二十三年改爲從一品。　穆亮：人名。字幼輔，代（今山西大同市東北）人，鮮卑族。北魏官吏。見《北史》卷二〇《穆崇附穆亮傳》。

[2]太傅：官名。西周置，爲輔政大臣。三國魏以後多爲元老重臣加官。歷朝因之。北魏時爲三公之一，正一品。

[3]圜丘：祭天的圓形高壇。　伊水：洛水支流。源出今河南欒川縣伏牛山麓，東北流至偃師市南入洛水。

[4]直後：官名。南北朝時置。掌侍衛皇帝及太子前後，官秩不一。　張齊：人名。字子響，馮翊（今陝西大荔縣）人，世居横桑（今湖北漢川市西）。南朝齊、梁官吏。見《梁書》卷一七《張齊傳》。　蕭寶卷：人名。字智藏，南蘭陵蘭陵（一説在今江蘇常

州市，一説在今江蘇丹陽市）人。南朝齊皇帝。見《南齊書》卷七《東昏侯紀》。

是歲，高麗、吐谷渾等國並遣使朝貢。

三年春二月戊寅，以旱故，詔州郡掩骸骨。三月，齊建安王寶夤來奔。[1]

[1]建安王：封爵名。建安，郡名。南朝齊時治建安縣，在今福建建甌市南。　寶夤：即蕭寶夤，人名。字智亮。南朝齊宗室。見《北史》卷二九《蕭寶夤傳》。

夏四月，詔撫軍將軍李崇討魯陽反蠻。[1]齊主蕭寶融遜位於梁。閏四月丁巳，司空穆亮薨。

[1]撫軍將軍：官名。北魏時爲將軍名號，地位較高。孝文帝太和十七年定爲從一品下，二十三年改爲從二品。　李崇：人名。字繼長，小名繼伯，頓丘（今河南清豐縣西南）人。北魏官吏。見《北史》卷四三《李崇傳》。　魯陽：郡名。北魏時治山北縣，在今河南魯山縣。

秋七月丁巳朔，日有蝕之。八月乙卯，[1]以前太傅、平陽公元丕爲三老。[2]九月丁巳，行幸鄴。[3]丁卯，詔使者弔比干墓。[4]戊寅，閱武於鄴南。

[1]乙卯：底本作“丁卯”，源氏校勘記改作“乙卯”。中華本校勘記云：“諸本‘乙’作‘丁’，《魏書》作‘乙’。按是年八月丙戌朔，無丁卯，乙卯是三十日。今據改。”今從改。

[2]平陽公：封爵名。平陽，郡名。北魏時治白馬城，在今山西臨汾市。　元丕：人名。北魏宗室。見《北史》卷一五《武衛將軍謂附東陽王丕傳》。　三老：古代設三老之位，天子以父兄之禮養之。《禮記·文王世子》鄭玄注："三老五更各一人也，皆年老更事致仕者也，天子以父兄養之，示天下之孝悌也。名以三五者，取象三辰五星，天所因以照明天下者。"

[3]鄴：城名。在今河北臨漳縣西南。

[4]比干墓：在今河南衛輝市北七公里處的比干廟村。

冬十月庚子，帝躬御弧矢射，遠及一里五十步，群臣勒銘於射所。甲辰，車駕還宮。十二月壬寅，以太極前殿初成，[1]饗群臣，賜布帛有差。

[1]太極前殿：按：前文云景明二年"引見群臣於太極前殿"，此處却云"以太極前殿初成"，必有一誤。

是歲，河州大饑，[1]死者二千餘口。西域二十七國並遣使朝貢。

[1]河州：北魏時治枹罕縣，在今甘肅臨夏市。

四年春正月乙亥，親耕籍田。[1]三月己巳，皇后先蠶於北郊。

[1]籍田：相傳天子籍田千畝，諸侯百畝，每逢春耕前，由天子、諸侯執耒耜在籍田上進行三推或一撥，稱爲"籍禮"，以示對農業的重視。

四月癸未朔，以蕭寶夤爲東楊州刺史，[1]封丹楊郡公、齊王。[2]庚寅，南天竺國獻辟支佛牙。[3]戊戌，爲旱故，命鞫冤獄。[4]己亥，减膳徹懸。辛丑，澍雨大洽。[5]五月甲戌，行梁州事楊椿大破反氐。[6]六月壬午朔，封皇弟悦爲汝南王。[7]

[1]東楊州：北魏時治山陰縣，在今浙江紹興市。楊，通"揚"。

[2]丹楊郡公：封爵名。遥封。丹楊，郡名。南朝梁時治建康，在今江蘇南京市。

[3]南天竺國：國名。爲五天竺之一。故地在今印度恒河中上游。見《北史》卷九七《南天竺傳》。　辟支佛：佛教用語。梵語辟支迦佛陀的略稱。三乘中的中乘聖者，因其觀十二因緣法而得道，故亦意譯爲"緣覺"，因其身出無佛之世，潛修獨悟，又意譯爲"獨覺"。

[4]鞫（jū）：審問。

[5]澍（shù）雨：時雨。《論衡·雷虚篇》："天施氣，氣渥爲雨，故雨潤萬物，名曰澍。"

[6]行：多爲暫代的職銜，非永久官號。　梁州：北魏時治南鄭縣，在今陝西漢中市。　楊椿：人名。字延壽，本字仲考，受孝文帝賜改，弘農華陰（今陝西華陰市東南）人。北魏大臣。見《北史》卷四一《楊播附楊椿傳》。　氐：族名。北魏時分布在今陝西、甘肅、四川地區。以畜牧業、農業爲生。魏晋時，氐人已遍布關中諸郡，受漢人經濟、文化的影響，漸著漢服，講漢語，習農耕，建立過仇池、前秦、後凉等政權。見《北史》卷九六《氐傳》。

[7]悦：即元悦，人名。見《北史》卷一九《汝南王悦傳》。　汝南王：封爵名。汝南，郡名。北魏時治上蔡縣，在今河南汝

南縣。

秋七月乙卯，三老平陽公元丕薨。庚午，詔復收鹽池利。辛未，以彭城王勰爲太師。[1]八月，勿吉國貢楛矢。[2]

[1]太師：官名。北魏時爲三師之一，是輔佐君王的重要大臣，位在太傅、太保上。一品。

[2]勿吉：國名。在今吉林長白山、松花江一帶。其人善射獵。見《北史》卷九四《勿吉傳》。　楛（hù）矢：用楛木做杆的箭。

冬十一月己未，封武興國世子楊紹先爲武興王。[1]

[1]武興：國名。由氐族建立的國家。見《北史》卷九六《氐傳》。　楊紹先：人名。仇池（今甘肅西和縣）人。北魏時氐族首領。見《北史·氐傳》。

正始元年春正月丙寅，[1]大赦，改元。

[1]正始：北魏宣武帝的年號（504—508）。

夏五月丁未朔，太傅、北海王詳以罪廢爲庶人。六月，以旱故，徹樂減膳。癸巳，詔有司脩案舊典，祇行六事。[1]甲午，帝以旱故，親薦享於太廟。戊戌，詔立周旦、夷、齊廟於首陽山。[2]庚子，以旱故，[3]公卿以下，引咎責躬。又録京師見囚，殊死以下皆減一等；鞭杖之坐，悉原之。

[1]六事：考察地方官吏政績的六項内容。

[2]周旦：即周公旦。　夷齊：即伯夷和叔齊。商末孤竹君之子，二人互讓王位，傳爲佳話。　首陽山：又稱首山或雷首山。在今河南偃師市東。

[3]以旱故：中華本校勘記云："《魏書》'故'作'見'。按'引咎責躬'者應是宣武帝，非指公卿。疑《北史》'故'下脱'見'字。"可從。

秋七月癸丑，[1]假鎮南將軍李崇大破諸蠻。[2]八月丙子，假鎮南將軍元英破梁將馬仙琕於義陽。[3]詔洛陽令，有大事聽面敷奏。乙酉，元英攻拔義陽。辛卯，英又大破梁軍，仍清三關。[4]丁酉，封英爲中山王。[5]九月，詔諸州蠲停徭役，不得横有徵發。蠕蠕犯塞，詔左僕射源懷討之。[6]

[1]癸丑：底本作"丙子"，局本作"丙午"，《魏書》卷八《宣武帝紀》作"癸丑"。中華本校勘記云："諸本'癸丑'作'丙子'，《魏書》作'癸丑'。按是年七月丙午朔，癸丑是八日，無丙子。今據改。"今從改。

[2]鎮南將軍：官名。漢獻帝時始置。三國魏時，與鎮東、鎮西、鎮北將軍合稱四鎮將軍，多爲持節都督，出鎮方面。魏晋及南北朝前期權勢很重，後漸輕。北魏孝文帝太和十七年定爲從一品下，二十三年改爲從二品。

[3]元英：人名。字虎兒。北魏宗室、將領。見《北史》卷一八《南安王楨附中山王英傳》。　馬仙琕：人名。本名仙婢，字靈馥，扶風郿（今陝西眉縣）人。南朝齊、梁將領。見《梁書》卷一七《馬仙琕傳》。　義陽：郡名。北魏時治義陽縣，在今河南信

陽市西北。

[4]三關：即平靖關、武勝關、黄峴關，在今河南信陽市南。

[5]中山王：封爵名。中山，郡名。北魏時治盧奴縣，在今河北定州市。

[6]左僕射：官名。尚書僕射分左右自漢獻帝時始。自此以後，或二或一，置二人則分左右。職掌都省庶務及執法，或典選舉。左僕射權力大於右僕射，兼掌糾彈百官。歷代沿置，品秩不一。　源懷：人名。初名思禮，後賜名懷，西平樂都（今青海樂都縣）人，鮮卑族。北魏大臣。見《北史》卷二八《源賀附源懷傳》。

冬十月乙未，詔斷群臣白衣募吏。[1]十一月戊午，詔有司依漢、魏舊章，營繕國學。十二月丙子，以苑牧公田分賜代遷户。己卯，詔群臣議定律令。閏月癸卯朔，行梁州事夏侯道遷據漢中來降。[2]乙丑，以高陽王雍爲司空。[3]

[1]白衣：無功名或無官職的士人。

[2]行梁州事夏侯道遷據漢中來降：中華本校勘記云："《魏書》'行'上有'蕭衍'二字。按《北史》例改'蕭衍'爲'梁'，此當有'梁'字。"夏侯道遷，人名。譙國（今安徽亳州市）人。北魏官吏、將領。後叛魏歸梁。見《北史》卷四五《夏侯道遷傳》。漢中，郡名。北魏時治南鄭縣，在今陝西漢中市。

[3]高陽王：封爵名。高陽，郡名。北魏時治高陽縣，在今河北高陽縣東舊城。　雍：即元雍，人名。字思穆。北魏宗室、大臣。見《北史》卷一九《高陽王雍傳》。

是歲，高麗遣使來朝貢。

二年春正月丙子，封宕昌世子梁彌博爲宕昌王。[1]

二月，梁州氐、蜀反，[2]絶漢中運路，州刺史邢巒頻大破之。[3]

[1]宕昌：國名。三苗的後裔。北魏時都宕州城，在今甘肅岷縣南二十里。見《北史》卷九六《宕昌傳》。　梁彌博：人名。羌族。北魏時宕昌國君。爲吐谷渾所逼，奔於仇池（今甘肅西和縣）。

[2]梁州氐蜀反：《魏書》卷八《宣武帝紀》作“梁州氐”。按：《資治通鑑》卷一四六云“楊集起、集義聞魏克漢中而懼，閏月，帥群氐叛魏，斷漢中糧道，巒屢遣軍擊破之”，所記與《魏書》同，且明確指出氐族首領的名字，但未言及蜀謀反。或此“氐蜀”指蜀人徙居氐族處者，後稱其爲“氐蜀”。

[3]邢巒：人名。字洪賓，河間鄚（今河北任丘市北）人。北魏將領。見《北史》卷四三《邢巒傳》。

夏四月己未，城陽王鸞薨。[1]乙丑，詔曰：“中正所銓，[2]但爲門第，吏部彝倫，仍不才舉。八坐可審議往代擢賢之體，[3]必令才學並申，資望兼致。”邢巒遣統軍王足西伐，[4]頻破梁諸軍，遂入劍閣。[5]

[1]城陽王：封爵名。城陽，郡名。北魏時治所不詳，當在今河南境内。　鸞：即元鸞，人名。字宣明。北魏宗室、將領。見《北史》卷一八《城陽王長壽附元鸞傳》。

[2]中正：官名。魏晋南北朝、隋唐時期負責評定士族内部品第的官員。州大中正由司徒選授，本州内鄉品二品的士族高門可以參與其推舉，出任者皆爲鄉品二品的士族高門，許多家族世代相襲。

[3]八坐：中央政府的八種高級官員。歷朝制度不一，所指不同。北魏時以五曹尚書、二僕射、一令爲八坐。

[4]統軍：官名。漢晉時已有。北魏復設，爲統兵，在都將、別將之下，軍主之上。品秩不一。　王足：人名。北魏將領，驍勇有謀。宣武帝時，從邢巒攻蜀，先後擊敗南朝梁將孔陵、魯方達等奪得梁州，以功行益州刺史。正始元年，攻涪城（今四川三台縣西北），後因不滿朝廷命羊祉代己爲益州刺史，故撤軍投梁。

[5]劍閣：即劍門關。今四川劍閣縣東北劍門關。

秋七月戊子，王足擊破梁軍，因逼涪城。[1]八月壬寅，詔中山王英南討襄沔。[2]

[1]涪（fú）城：在今四川三台縣西北。

[2]襄：水名。即今湖北襄樊市附近漢江河段。　沔：水名。即今漢水。

冬十一月戊辰朔，武興王楊紹先叔父集起謀反，[1]詔光祿大夫楊椿討之。[2]王足圍涪城，益州諸郡戍降者十二三，[3]送編籍者五萬餘户。既而足引軍退。

[1]集起：即楊集起，人名。仇池（今甘肅西和縣）人。北魏時氐族首領。宣武帝正始二年，推紹先爲帝，自稱王，起兵反魏。正始三年，被魏軍所敗，降於魏。

[2]光祿大夫：官名。掌議論。北魏孝文帝太和十七年定爲從二品中，二十三年改爲三品。

[3]益州：北魏時治晉壽縣，在今四川廣元市市中區。

是歲，鄧至國遣使朝貢。

三年春正月丁卯朔，皇子昌生，[1]大赦。壬申，梁、秦二州刺史邢巒連破氐賊，[2]剋武興。秦州人王智等聚衆，[3]自號王公，尋推秦州主簿吕苟兒爲主，[4]年號建明。己卯，楊集起兄弟相率降。二月丙辰，詔求讜言。[5]戊午，詔右衛將軍元麗等討吕苟兒。[6]三月己巳，以戎旅興，詔停諸作。己卯，樂良王長命坐殺人，[7]賜死。庚寅，平南將軍、曲江縣公陳伯之自梁城南奔。[8]

[1]昌：即元昌，人名。早卒。

[2]梁：州名。北魏時治南鄭縣，在今陝西漢中市。　秦：州名。北魏時治上封城，在今甘肅天水市。

[3]王智：人名。又作“王法智”，北魏秦州（今甘肅天水市）人。

[4]主簿：官名。掌典領文書簿籍。品秩隨府長官地位高下而不等。　吕苟兒：人名。秦州（今甘肅天水市）人，羌族。北魏官吏。

[5]讜言：正直之言。

[6]右衛將軍：官名。三國魏元帝始設。西晋時分爲左、右衛將軍，共掌宿衛營兵。北魏孝文帝太和十七年定爲從二品下，二十三年定爲三品。　元麗：人名。字寶掌。北魏宗室、官吏。見《北史》卷一七《濟陰王小新成附元麗傳》。

[7]樂良王：封爵名。樂良，郡名。北魏時治連城縣，在今遼寧義縣。四庫本作“樂浪王”。按：據《魏書　地形志上》“樂良郡，前漢武帝置，二漢、晋曰樂浪，後改，罷。正光末復。治連城”，故北魏宣武帝時應稱爲“樂良”。今從底本。　長命：即元長命，人名。北魏宗室。

[8]平南將軍：官名。北魏時爲四平將軍之一，多持節都督或監某一地區軍事，有時亦作爲刺史等地方官兼理軍務時的加官。孝文帝太和十七年定爲從二品上，二十三年改爲三品。　曲江縣公：

封爵名。曲江，縣名。治所在今廣東韶關市南武水之西。　梁城：縣名。治所在今河南汝州市西南。

夏四月丁未，[1]詔罷鹽池禁。五月丙寅，詔以時澤未降，春稼已旱，或有孤老餧疾，無人贍救，因以致死，暴露溝塹者，令洛陽部尉依法棺埋。

[1]丁未：源氏校勘記改作"乙未"。按：《魏書》卷八《宣武帝紀》作"乙未"。中華本《魏書》卷八《世宗紀》校勘記云："《北史》卷四《魏紀四》'乙未'作'丁未'。按是年四月乙未朔，丁未乃十一日。若是乙未，例當下有'朔'字。若非'乙'爲'丁'字之訛，則下脱'朔'字。"牛繼清、張林祥《十七史疑年録》第186頁言："'校勘記'實誤。'乙未'條下尚有'甲辰'(初十日)'庚戌'（十六日）'辛酉'（二十七日）等條，若'乙未'爲'丁未'之訛，則失序；且丁未爲十三日，非十一日。《魏紀》'乙未'下當脱'朔'字。《北史》'丁未'爲'乙未'之訛。"

秋七月庚辰，元麗大破秦賊，降吕苟兒及其王公三十餘人，秦、涇二州平。[1]戊子，中山王英大破梁徐州刺史王伯敖於陰陵。[2]己丑，詔發定、冀、瀛、相、并、肆六州卒十萬，[3]以濟南軍。八月壬寅，安東將軍邢巒破梁將桓和於孤山。[4]諸將所在剋捷，兗州平。[5]壬戌，曲赦涇、秦、岐、涼、河五州。[6]九月癸酉，邢巒大破梁軍於淮南，[7]遂攻鍾離。[8]

[1]涇：州名。北魏太武帝神䴥三年（430）置，治臨涇縣，在

今甘肅鎮原縣東南；孝明帝熙平二年（517），移治平涼縣，在今甘肅平涼市。

［2］徐州：南朝梁時治彭城縣，在今江蘇徐州市。　陰陵：地名。在今安徽定遠縣西北。

［3］定：州名。北魏時治盧奴縣，在今河北定州市。　冀：州名。北魏時治信都縣，在今河北冀州市。　瀛：州名。北魏時治趙都軍城，在今河北河間市。　相：州名。北魏時治鄴城，在今河北臨漳縣西南鄴鎮。　并：州名。北魏時治晉陽縣，在今山西太原市晉源區古城營村一帶。　肆：州名。北魏時治九原縣，在今山西忻州市忻府區。

［4］安東將軍：官名。爲出鎮某一地區的軍事長官，或作爲州刺史兼理軍務時的加官。與安南、安北、安西將軍合稱四安將軍。北魏孝文帝太和十七年定爲二品下，二十三年改爲三品。　桓和：人名。南朝梁將領。爲冀州刺史，於梁武帝天監五年（506）攻南青州，敗走，繼而攻陷固城。後在楚州被俘虜。　孤山：在今安徽鳳陽縣東北。

［5］兖州：北魏孝文帝太和十八年改東兖州置，治瑕丘城，在今山東兖州市新驛鎮東頓村南。

［6］岐：州名。北魏時治雍城鎮，在今陝西鳳翔縣南。　涼：州名。北魏時治姑臧縣，在今甘肅武威市。　河：州名。北魏時治枹罕縣，在今甘肅臨夏市。

［7］九月癸酉邢巒大破梁軍於淮南．中華本校勘記云："按《魏書》言邢巒九月癸酉，大破梁軍於宿豫，徐州平。己丑，中山王英大破梁軍於淮南，遂攻鍾離。本書卷四三《邢巒傳》説他反對攻鍾離，不肯和元英會師。攻鍾離者是元英，非邢巒。這裏'邢巒'下當有脱文。"可從。

［8］鍾離：城名。在今安徽鳳陽縣東北。

冬十一月甲子，帝爲京兆王愉、清河王懌、廣平王懷、汝南王悦講《孝經》於式乾殿。[1]

[1]京兆王：封爵名。京兆，郡名。北魏時治霸縣城，在今陝西西安市東北。　愉：即元愉，人名。字宣德。北魏宗室。見《北史》卷一九《京兆王愉傳》。　清河王：封爵名。清河，郡名。北魏時治清河縣，在今山東臨清市東北。　懌（yì）：即元懌，人名。字宣仁。北魏宗室。見《北史》卷一九《清河王懌傳》。　廣平王：封爵名。廣平，郡名。北魏時治曲梁城，在今河北永年縣東南。　懷：即元懷，人名。北魏宗室。見《北史》卷一九《廣平王懷傳》。　式乾殿：在今河南洛陽市。

是歲，高麗、蠕蠕國並遣使朝貢。

四年夏四月戊戌，鍾離大水，中山王英敗績而還。六月己丑朔，詔有司準前式，置國子，[1]立太學，[2]樹小學於四門。[3]

[1]國子：指國子學。國立儒學最高學府。

[2]太學：學校名。北魏時與國子學、四門學並置，地位低於國子學，學生數多於國子學。郡國學亦稱太學。

[3]四門：本指京城四門。後又指學校名。即四門小學。北魏孝文帝太和二十年置四門小學博士，宣武帝正始四年下詔修小學於四門，延昌二年（513）修成。有博士四十人，教授學生。

秋八月己亥，中山王英、齊王蕭寶夤坐鍾離敗，除名。辛丑，敦煌人饑，[1]詔開倉振恤。九月己未，詔以徙正宫極，[2]庸績未酬，以司空、高陽王雍爲太尉，尚書令、廣陽王嘉爲司空，[3]百官悉進位一級。庚申，夏州長史曹明謀反，[4]伏誅。甲子，開斜谷舊道。[5]丙戌，司州人饑，[6]詔開倉振恤。閏月甲午，禁大司馬門不得車馬出入。

[1]敦煌：鎮名。在今甘肅敦煌市。

[2]徙正宫極：似指遷都洛陽。宫極，指皇宫。

[3]尚書令：官名。尚書省長官，總理全國政務。北魏初不常置，亦不掌實際政務，孝文帝改制後，尚書省權任頗重，以録尚書事爲長官，尚書令爲副貳，兼掌監察百官，皆爲宰相。孝文帝太和十七年定爲從一品上，二十三年定爲二品。　廣陽王：封爵名。廣陽，郡名。北魏時治燕樂縣，在今河北隆化縣。　嘉：即元嘉，人名。北魏宗室、大臣。見《北史》卷一六《廣陽王建附元嘉傳》。

[4]夏州：北魏時治大夏（統萬城），在今陝西靖邊縣白城子村無定河北岸的毛烏素沙漠中（靠近今内蒙古烏審旗南境）。　長史：官名。掌顧問參謀，爲所在官署掾屬之長。丞相長史職權尤重。邊郡於丞之外復置長史，佐太守掌兵馬。内郡或置之。

[5]斜谷舊道：秦嶺太白山發源的褒水向南流入漢水，斜水向北流入渭水，古時將利用這兩條河谷開闢的道路叫褒斜道，又稱斜谷道，其北口在今陝西眉縣西南。

[6]司州：北魏時治洛陽縣，在今河南洛陽市東北。

冬十月丁卯，皇后于氏崩。自碣石至於劍閣，[1]東西七千里，置二十二郡尉。[2]

[1]自碣石至於劍閣：中華本校勘記云："《魏書》上有'十有一月丁未，禁河南畜牝馬'語，《北史》删去，此事遂繫於十月，誤。"可從。　碣石：山名。在今河北昌黎縣城北（參高洪章、董

寶瑞《碣石考》,《歷史地理》1983 年第 3 輯)。

[2]郡尉：源氏校勘記改“郡”作“都”。中華本校勘記云：“《魏書》及《通志》卷十五下《後魏紀》‘郡’作‘都’，疑是。”按：《魏書》卷八《宣武帝紀》作“都尉”。

是歲，西域、東夷四十餘國並遣使朝貢。

永平元年春三月戊子，[1]皇子昌薨。丙午，以去年旱儉，遣使者所在振恤。

[1]永平：北魏宣武帝的年號（508—512）。

夏五月辛卯，帝以旱故，減膳徹懸。六月壬申，詔依洛陽舊圖，脩聽訟觀。[1]

[1]聽訟觀：在今河南洛陽市。

秋七月甲午，立夫人高氏爲皇后。[1]八月壬子朔，日有蝕之。癸亥，冀州刺史、京兆王愉據州反。丁卯，大赦，改元。九月丙戌，復前中山王英本封。戊戌，殺太師、彭城王勰。癸卯，假鎮北將軍李平剋信都，[2]冀州平。

[1]高氏：見《北史》卷一三《宣武皇后高氏傳》。

[2]鎮北將軍：官名。與鎮東、鎮南、鎮西將軍合稱四鎮將軍，地位次於四征將軍。時多爲持節都督，出鎮地方。北魏孝文帝太和十七年定爲從一品下，二十三年改爲從二品。　李平：人名。頓丘（今河南清豐縣西南）人。北魏官吏。見《北史》卷四三《李崇附

李平傳》。　信都：縣名。治所在今河北冀州市。

冬十月，豫州彭城人白早生殺刺史司馬悦，[1]據城南叛。十二月己未，尚書邢巒剋懸瓠，[2]斬早生，禽梁將齊苟兒等。[3]

[1]豫州彭城人白早生殺刺史司馬悦：中華本校勘記云："《魏書》同。按彭城不屬豫州。本書卷二九《魏書》卷三七悦本傳，本書卷四三、《魏書》卷六五《邢巒傳》，《册府》卷一二一都作'豫州城人白早生'。本書卷八五《劉侯仁傳》但作'城人白早生'。'城人'是當時專稱，此'彭'字當是涉上文'彭城王'而衍。"可從。白早生，人名。又作"白阜生"，懸瓠（今河南汝南縣）人。宣武帝時爲懸瓠軍主。司馬悦，人名。字慶宗，河内温（今河南温縣）人。北魏官吏。見《北史》卷二九《司馬楚之附司馬悦傳》。

[2]懸瓠：城名。又作"懸壺城"。在今河南汝南縣。

[3]齊苟兒：《魏書》卷八《宣武帝紀》作"齊苟仁"。按：《資治通鑑》卷一四七與《北史》同，未詳孰是。

是歲，北狄、東夷、西域十八國並遣使朝貢。[1]高昌國王麴嘉表求内徙。[2]

[1]北狄：族名。原指古代的狄族。因其主要居住於北方，故稱。後用於對北方少數民族的泛稱。

[2]高昌國：國名。建於公元460年，都於高昌城，在今新疆吐魯番地區東南高昌故址。見《北史》卷九七《高昌傳》。　麴嘉：人名。字靈鳳，金城榆中（今甘肅榆中縣）人。北魏時高昌國國王。見《北史·高昌傳》。

二年春正月，涇州沙門劉慧汪聚衆反，[1]詔華州刺史奚康生討之。[2]

[1]劉慧汪：源氏校勘記云："'慧'《魏書》作'惠'。"

[2]華州：北魏孝文帝太和十一年置，治李潤堡，在今陝西蒲城縣東北。宣武帝永平三年（510）移治華陰縣（今陝西大荔縣）。　奚康生：人名。本姓達奚，河南洛陽（今河南洛陽市東北）人。北魏將領、官吏。其祖先居代郡，世代爲部落首領。見《北史》卷三七《奚康生傳》。

夏四月己酉，武川鎮饑，[1]詔開倉振恤。甲子，詔緣邊州鎮，自今一不聽寇盜境外，犯者罪同境内。五月辛丑，帝以旱故，減膳徹懸，禁斷屠殺。甲辰，幸華林都亭録囚徒，死罪以下，降一等。六月辛亥，詔曰："江海方同，車書宜一，諸州軌轍，南北不等。今可申敕四方，遠近無二。"

[1]武川：軍鎮名。在今内蒙古達茂旗希拉穆仁城圐圙古城。

秋八月丙午朔，日有蝕之。戊申，以鄧至國世子像覽蹄爲其國王。九月辛巳，封故北海王子顥爲北海王。[1]壬午，詔定諸門闥名。[2]

[1]顥：即元顥，人名。字子明。北魏宗室、大臣。見《北史》卷一九《北海王詳附元顥傳》。

[2]門闥：洛陽宫城門洞。

冬十月癸丑，以司空、廣陽王嘉爲司徒。庚午，郢州獻七寶牀，[1]詔不納。冬十月甲申，[2]詔禁屠殺含孕，以爲永制。己丑，帝於式乾殿爲諸僧、朝臣講《維摩詰經》。[3]

[1]郢（yǐng）州：北魏時治義陽縣，在今河南信陽市。　七寶牀：佛教所説的七種珍寶裝飾的床。在《般若經》中，此七種珍寶是金、銀、琉璃、瑪瑙、硨磲、珊瑚、琥珀。

[2]冬十月：毛本、四庫本、局本作“冬十一月”，中華本校勘記云:“諸本‘十’上衍‘冬’字，據《魏書》删。”

[3]維摩詰經：全稱《維摩詰所説經》，亦稱《維摩經》。四庫本、四部備要本作“維詰經”。按：《維摩詰經》是大乘佛教的早期經典之一，因此經的主人公爲維摩詰居士，故而得名，當從底本。

十二月，詔五等諸侯，其同姓者出身：公，正六下；侯，從六上；伯，從六下；子，正七上；男，正七下。異族出身：公，從七上；侯，從七下；伯，正八上；子，正八下；男，從八上。清脩出身：公，從八下；侯，正九上；伯，正九下；子，從九上；男，從九下。

是歲，西域、東夷二十四國並遣使朝貢。

三年春二月壬子，秦州沙門劉光秀謀反，州郡捕斬之。癸亥，秦州隴西羌殺鎮將趙儁反，[1]州軍討平之。三月丙戌，皇子詡生，[2]大赦。

［1］隴西：郡名。北魏時治襄武縣，在今甘肅隴西縣東南。鎮將：官名。北魏置。爲鎮之主官，掌一鎮兵馬及鎮之守衛。在不設州郡的地區，兼統軍民；在設州郡的内地，主要掌軍政，但兼任駐在州刺史時，亦兼理民政。其下設副將、監軍及長史、司馬等佐僚。品秩按所帶將軍名號而定。

［2］詡：人名。即孝明帝元詡。

夏四月，平陽郡之禽昌、襄陵二縣大疫，[1]自正月至此月，死者二千七百三十人。五月丁亥，冀、定二州旱儉，詔開倉振恤。六月甲寅，[2]詔重求遺書於天下。

［1］平陽：郡名。北魏時治白馬城，在今山西臨汾市。　禽昌：縣名。治所在今山西洪洞縣東南。　襄陵：縣名。治所在今山西襄汾縣東南。

［2］甲寅：毛本、殿本、四庫本、局本、四部備要本、《魏書》卷八《宣武帝紀》作"壬寅"。未詳孰是。

冬十月辛卯，中山王英薨。丙申，詔太常立館，[1]使京畿内外疾病之徒，咸令居處，嚴敕醫署分師救療，考其能否而行賞罰。又令有司集諸醫工，惟簡精要，取三十卷以班九服。[2]十二月辛巳，江陽王繼坐事除名。[3]甲申，詔於青州立孝文皇帝廟。殿中侍御史王敞謀反，[4]伏誅。

［1］太常：官名。北魏時尊稱爲太常卿。掌禮樂祭祀，其位尊而職閑。孝文帝太和十七年定爲從一品下，二十三年定爲三品。

［2］九服：指全國各地區。

[3]江陽王：封爵名。遥封。江陽，郡名。南朝宋時治江陽縣，在今四川瀘州市。　繼：即元繼，人名。字世仁。北魏宗室、大臣。獻文帝時封其爲江陽王。見《北史》卷一六《京兆王黎附江陽王繼傳》。

[4]殿中侍御史：官名。亦稱殿中御史。居殿中糾察非法，隸御史臺。北魏時或掌宿衛禁兵。孝文帝太和十七年定爲從五品中，二十三年改從八品上。

是歲，西域、東夷、北狄十六國並遣使朝貢。

四年春正月丁巳，汾州劉龍駒聚衆反，[1]詔諫議大夫薛和討之。[2]二月壬午，青、齊、徐、兖四州人饑甚，遣使振恤。三月壬戌，司徒、廣陽王嘉薨。

[1]汾州：北魏時初治蒲子城，在今山西隰縣；孝明帝孝昌二年，移治兹氏城，在今山西汾陽市。

[2]諫議大夫：官名。北魏置七十人，隸集書省，掌諫諍議論。孝文帝太和十七年定爲四品下，二十三年改從四品下。　薛和：人名。字導穆，河東汾陰（今山西萬榮縣西南）人。北魏官吏。見《魏書》卷四二《薛辯附薛和傳》。

夏四月，梁遣其鎮北將軍張稷及馬仙琕寇朐山。[1]詔徐州刺史盧昶率衆赴之。[2]五月己亥，遷代京銅龍置天泉池西。[3]丙辰，詔禁天文學。

[1]張稷：人名。字公喬，吴郡（今江蘇蘇州市）人。南朝齊、梁官吏。見《梁書》卷一六《張稷傳》。　朐（qú）山：縣名。治所在今江蘇連雲港市西南。

[2]盧昶：人名。字叔達，小字師顏，范陽涿（今河北涿州市）人。北魏官吏。見《北史》卷三〇《盧玄附盧昶傳》。

[3]代京：即平城。在今山西大同市。　天泉池：《魏書》卷八《宣武帝紀》作“天淵池”。按：《北史》避唐高祖李淵諱改。

冬十一月，朐山城陷，[1]盧昶大敗而還。十二月壬戌朔，日有蝕之。

[1]朐山城：《魏書》卷八《宣武帝紀》作“朐城”。

是歲，西域、東夷、北狄二十九國並遣使朝貢。

延昌元年春正月乙巳，[1]以頻年水旱，百姓饑弊，分遣使者，開倉振恤。丙辰，以尚書令高肇爲司徒，[2]清河王懌爲司空。三月甲午，州郡十一大水，詔開倉振恤。以京師穀貴，出倉粟八十萬石以振恤貧者。己未，安樂王詮薨。[3]

[1]延昌：北魏宣武帝的年號（512—515）。

[2]高肇：人名。字首文，勃海蓨（今河北景縣）人。北魏大臣、外戚。見《北史》卷八〇《高肇傳》。

[3]安樂王：封爵名。安樂，郡名。北魏時治安市縣，在今北京密雲縣東北。　詮：即元詮，人名。北魏宗室。見《北史》卷一九《安樂王長樂附元詮傳》。

夏四月，詔以旱故，斷食粟之畜。丁卯，詔曰：“遷京嵩縣，[1]年將二紀，博士端然虛祿。[2]靖言念之，有兼愧慨。可嚴敕有司，國子學，孟冬使成；太學、四門，明年暮春令就。”戊辰，以旱故，詔尚書與群司鞫理獄訟。辛未，詔饑人就穀六鎮。[3]丁丑，帝以旱故，減膳徹懸。癸未，詔曰：“肆州地震陷裂，死傷甚多。亡者不可復追，生病宜加療救。可遣太醫、折傷醫並給所須藥就療。”乙酉，大赦，改元。詔立理訴殿、申訟車，以盡冤窮之理。五月丙午，詔天下有粟之家，供年之外，悉貸饑人。自二月不雨至於是月。己未晦，日有蝕之。六月壬申，澍雨大洽。戊寅，通河南牝馬之禁。庚辰，詔出太倉粟五十萬石，以振京師及州郡饑人。

[1]嵩縣：地名。在今河南洛陽一帶。《括地志》云：“洛州嵩縣，本夏之綸國也，在緱氏東南六十里。”

[2]虛禄：虛耗俸禄。《魏書》卷八《宣武帝紀》作“虛禄歲祀”。

[3]六鎮：北魏沿邊六個軍鎮，即沃野、懷朔、武川、撫冥、柔玄、懷荒。

冬十月乙亥，立皇子詡爲皇太子。十一月丙申，詔以東宫建，賜天下爲父後者爵一級。孝子順孫廉夫節婦旌表門閭，量給粟帛。十二月己巳，詔守宰爲御史彈赦免者，及考在中第，[1]皆代之。

[1]中第：中等的等第。

是歲，西域、東夷十國並遣使朝貢。

二年春正月戊戌，帝御申訟車，親理冤訟。二月丙辰朔，振恤京師貧人。甲戌，以六鎮大饑，開倉拯贍。[1]己卯，進太尉、高陽王雍位太保。閏月辛丑，以苑牧地賜代遷人無田者。

[1]拯贍：四庫本作“振贍”。

是春，人饑，死者數萬口。

夏四月庚子，以絹十五萬疋振河南郡人。[1]五月甲寅朔，日有蝕之。是月，壽春大水，遣平東將軍奚康生等步騎數千赴之。[2]六月乙酉，青州人饑，詔使者開倉振恤。甲午，曲赦揚州。辛亥，帝御申訟車，親理冤訟。是夏，十三郡大水。

[1]河南：郡名。北魏時治洛陽縣，在今河南洛陽市東北。

[2]平東將軍：官名。與平西、平南、平北將軍合稱四平將軍，權任很重，多爲持節都督或監某一地區軍事，有時亦作爲刺史等地方官兼理軍務時的加官。北魏孝文帝太和十七年定爲從二品上，二十三年改爲三品。

秋八月辛卯，詔以水旱饑儉，百姓多陷罪辜，降死以下刑。九月丙辰，以貴族豪門，崇習奢侈，詔尚書嚴立限級，節其流宕。

冬十月，詔以恒、肆地震，[1]人多死傷，重丐一年租賦。[2]十二月丙戌，丐洛陽、河陰二縣租賦。[3]乙巳，詔以恒、肆地震，人多離災，其有課丁沒盡，老幼單立，家無受復者，各賜廩粟，以接來稔。[4]

[1]恒：州名。北魏時治平城，在今山西大同市東北。

[2]丐：免除。

[3]河陰：縣名。治所在今河南孟津縣東。

[4]稔（rěn）：年，穀一熟爲年。

是歲，東夷、西域十餘國並遣使朝貢。

三年春二月乙未，詔曰："肆州秀容郡敷城縣、雁門郡原平縣並自去年四月以來山鳴地震，[1]于今不已。告譴彰咎，朕甚懼焉。可恤瘼寬刑，以答災譴。"

[1]秀容：郡名。北魏時治秀容縣，在今山西忻州市西北。　敷城：縣名。治所在今山西原平市西北。　雁門：郡名。北魏時治廣武縣，在今山西代縣西。　原平：縣名。治所在今山西原平市城關。

夏四月，青州人饑。辛巳，開倉振恤。乙巳，上御申訟車，親理冤訟。

秋八月甲申，帝臨朝堂，考百司而加黜陟。

冬十一月辛亥，詔司徒高肇爲大將軍、平蜀大都督，[1]步騎十五萬，[2]西伐益州。丁巳，幽州沙門劉僧紹聚衆反，自號净居國明法王。州郡捕斬之。十二月庚寅，詔立明堂。[3]

[1]大都督：官名。北魏前、中期未見，孝文帝太和十七年職員令及二十三年復次職員令皆未載。後期戰事較多時置，統兵出征，有時又加以各種名號，如南道大都督、徐州大都督等。

[2]十五萬：《魏書》卷八《宣武帝紀》作"十萬"。按：《資

治通鑑》卷一四七云“辛亥，以司徒高肇爲大將軍、平蜀大都督，將步騎十五萬寇益州”，亦爲“十五萬”。未詳孰是。

[3]明堂：帝王宣明政教的地方。凡朝會、祭祀、慶賞、選仕等大典皆在此舉行。

是歲，東夷、西域八國並遣使朝貢。

四年春正月甲寅，帝不豫。丁巳，崩于式乾殿，時年三十三。二月甲戌朔，上尊謚曰宣武皇帝，廟號世宗。甲午，葬景陵。[1]

[1]景陵：在今河南洛陽市古墓博物館西院。

帝幼有大度，喜怒不形於色，雅性儉素。初，孝文欲觀諸子志尚，大陳寶物，任其所取。京兆王愉等皆競取珍玩，帝唯取骨如意而已。孝文大奇之。及庶人恂失德，孝文謂彭城王勰曰：“吾固疑此兒有非常志相，今果然矣！”乃見立爲儲貳。雅愛經史，尤長釋氏之義，[1]每至講論，連夜忘疲。善風儀，美容貌，臨朝深嘿，[2]端嚴若神，有人君之量矣。

[1]釋氏：代指佛學。

[2]深嘿：沉默不語。中華本作“深默”。按：“默”　“嘿”古通。

肅宗孝明皇帝諱詡，[1]宣武皇帝之第二子也。母曰胡充華。[2]永平三年三月丙戌，生於宣光殿之東北，[3]有光照於庭中。延昌元年十月乙亥，立爲皇太子。

[1]肅宗：北魏孝明帝元詡的廟號。　孝明：元詡的謚號。

[2]胡充華：即宣武靈皇后。見《北史》卷一三《宣武靈皇后胡氏傳》。

[3]宣光殿：在洛陽宮城的中心，是處理軍國大事的要殿之一。

四年正月丁巳，宣武帝崩。是夜，太子即皇帝位。戊午，大赦。己未，徵下西討東防諸軍。庚申，詔太保、高陽王雍入居西栢堂決庶政，以任城王澄爲尚書令，[1]百官總己以聽二王。二月庚辰，尊皇后高氏爲皇太后。辛巳，司徒高肇至京師，以罪賜死。癸未，進太保、高陽王雍位太傅，領太尉，以司空、清河王懌爲司徒，以驃騎大將軍、廣平王懷爲司空。己亥，[2]尊胡充華爲皇太妃。三月甲辰朔，皇太后出俗爲尼，徙御金墉城。[3]丙辰，詔進宮臣位一級。乙丑，進文武群官位一級。

[1]任城王：封爵名。任城，郡名。北魏時治任城縣，在今山東濟寧市。　澄：即元澄，人名。北魏宗室。見《北史》卷一八《任城王雲附元澄傳》

[2]己亥：底本作“乙亥”，局本、中華本作“己亥”，源氏校勘記改“乙”作“己”。中華本校勘記云：“諸本‘己’作‘乙’，《魏書》卷九《肅宗紀》作‘己’。按是年二月甲戌朔，乙亥是二日，己亥是二十五日。上有庚辰（七日）、辛巳（八日）、癸未（十日），依日序應作‘己亥’。今據改。”今從改。

[3]金墉城：位於北魏洛陽故城西北隅，即今河南洛陽市東北。

夏六月，沙門法慶聚衆反於冀州，殺阜城令，自稱大乘。[1]

[1]法慶：人名。北魏時起義首領之一。冀州（今河北冀州市）人。本爲僧侶，以大乘教組織農民。宣武帝延昌四年，聚衆起義，被推爲首領，有衆五萬餘。同年，被魏將元遥斬殺。　阜城：縣名。治所在今河北阜城縣。

秋八月乙亥，領軍于忠矯詔殺左僕射郭祚、尚書裴植，[1]免太傅、高陽王雍官，以王還第。丙子，尊皇太妃爲皇太后。戊子，帝朝太后於宣光殿。大赦。己丑，進司徒、清河王懌爲太傅，領太尉；以司空、廣平王懷爲太保，領司徒；任城王澄爲司空。庚寅，以車騎大將軍于忠爲尚書令，[2]特進崔光爲車騎大將軍，[3]並儀同三司。[4]壬辰，復江陽王繼本國，復濟南王彧先封爲臨淮王。[5]群臣奏請皇太后臨朝稱制。九月乙巳，皇太后親覽萬機。甲寅，征北大將軍元遥破斬法慶，[6]傳首京師。安定王燮薨。[7]

[1]領軍：官名。魏晉南北朝時資深者稱領軍將軍，資輕者稱中領軍，職掌同。多由中領軍遷領軍將軍，一般不並置。衹有北魏孝文帝太和十七年職員令中專設有領軍，二品中。　于忠：人名。字思賢，本字千年，代（今山西大同市東北）人，鮮卑族。北魏大臣。見《北史》卷二三《于栗磾附于忠傳》。　郭祚：人名。字季祐，太原晉陽（今山西太原市晉源區古城營村一帶）人。北魏官吏。見《北史》卷四三《郭祚傳》。　裴植：人名。字文遠，河東聞喜（今山西聞喜縣）人。北魏官吏。見《北史》卷四五《裴叔

業附裴植傳》。

[2]車騎大將軍：官名。魏晋制度，驃騎、車騎、衛三將軍皆爲重號將軍，高於諸名號大將軍，本無須加“大”。其後將軍名號越來越濫，遂又增此號，多加元老重臣，以示尊崇。開府置僚屬，不領兵。北魏孝文帝太和十七年定爲一品中，二十三年改爲從一品。

[3]特進：官名。三國兩晋南北朝時成爲正式加官名號，用以安置閑退大臣。北魏孝文帝太和十七年定爲一品下，二十三年改爲二品。　崔光：人名。本名孝伯，字長仁，孝文帝賜名光，東清河鄃（今山東淄博市）人。北魏大臣。見《北史》卷四四《崔光傳》。

[4]儀同三司：東漢初臨時設置，謂官非三公而儀制待遇同於三公。魏晋時期，授予開府位從三公之文武官。南北朝時授予範圍不斷擴大，逐漸成爲官號。北魏孝文帝太和十七年定爲一品下，二十三年以後改爲從一品，位在開府上。

[5]濟南王：封爵名。濟南，郡名。北魏時治歷城縣，在今山東濟南市。　彧：即元彧，人名。本名亮，字仕明。北魏宗室。見《北史》卷一六《臨淮王譚附元彧傳》。　臨淮王：封爵名。臨淮，郡名。北魏時治赤坎城，在今安徽懷遠縣西北。

[6]征北大將軍：官名。北魏時四征將軍之一，多爲持節都督，出鎮方面，地位顯要。孝文帝太和十七年定爲一品下，二十三年改爲二品。底本作“征西大將軍”，源氏校勘記云：“《魏書》（‘征西’）作‘征北’。”中華本校勘記云：“諸本‘北’作‘西’，《魏書》作‘北’。按《漢魏南北朝墓誌集釋·元遥墓誌》作‘北’。今據改。”今從改。　元遥：人名。字太原。北魏宗室、大臣。見《北史》卷一七《京兆王子推附元遥傳》。

[7]安定王：封爵名。安定，郡名。北魏時治安定縣，在今甘肅涇川縣北。　燮：即元燮，人名。北魏宗室。見《北史》卷一八《安定王休附元燮傳》。

冬十二月辛丑，以高陽王雍爲太師。己酉，鎮南將軍崔亮破梁將趙祖悦軍，[1]遂圍硤石。[2]丁卯，帝、皇太后謁景陵。

[1]崔亮：人名。字敬儒，清河東武城（今山東武城縣西北）人。北魏官吏，曾任吏部尚書。見《北史》卷四四《崔亮傳》。趙祖悦：人名。南朝齊、梁將領。齊時，任後軍將軍。入梁，爲豫州刺史，屢領兵北攻魏。梁武帝天監末，爲魏軍所敗，被殺。

[2]硤石：地名。在今河南孟津縣西。

是歲，東夷、西域、北狄十八國並遣使朝貢。

熙平元年春正月戊辰朔，[1]大赦，改元。荆沔都督元志大破梁軍。[2]以吏部尚書李平爲行臺，[3]節度討硤石諸軍。二月乙巳，鎮東將軍蕭寶夤大破梁將於淮北。[4]癸亥，初聽秀才對策，第中上已上叙之。乙丑，鎮南崔亮、鎮軍李平等剋硤石，[5]斬趙祖悦，傳首京師，盡俘其衆。三月戊辰朔，日有蝕之。

[1]熙平：北魏孝明帝的年號（516—518）。

[2]荆：州名。北魏時治穰縣，在今河南鄧州市。　沔：水名。即今漢水的上游。　都督：官名。地方軍政長官。　元志：人名。字猛略。北魏宗室、官吏。見《北史》卷一五《河間公齊附元志傳》。

[3]吏部尚書：官名。尚書省吏部曹長官。職掌官吏銓選、考課、奬懲，其實權或大於尚書僕射。然重要官職的任免須與諸執政大臣合議，由皇帝、宰相裁定，亦常命尚書僕射領吏部事務或任命

大臣參掌選事以分其權任。北魏孝文帝太和十七年定爲二品下，二十三年改爲三品。　行臺：官名。行臺長官的省稱。北魏初曾於鄴及中山置行臺，以尚書爲長官，執掌當地軍政事務，旋罷。孝明帝正光末，在各地陸續設立行臺，主管當地軍務，遂成爲常設地方的行政機構。至北魏末期漸理民務。

[4]鎮東將軍：官名。與鎮西、鎮南、鎮北將軍合稱四鎮將軍。多授持節都督，出鎮方面。北魏孝文帝太和十七年定爲從一品下，二十三年改爲從二品。

[5]鎮軍：官名。鎮軍將軍的省稱。主要爲中央軍職，亦可出任地方軍事長官，並領刺史等地方官，兼理民政。北魏孝文帝太和十七年定爲從一品下，二十三年改爲從二品。

夏四月戊戌，以瀛州人饑，開倉振恤。五月丁卯朔，以炎旱，命釐察獄訟，權停作役。庚午，詔放華林野獸於山澤。[1]

[1]華林：園林名。故址在今河南洛陽市東北漢魏洛陽故城内。

秋七月庚午，重申殺牛禁。八月丙午，詔古帝諸陵四面各五十步，勿聽耕稼。九月丁丑，淮堰破，梁緣淮城戍村落十餘萬口，皆漂入海。

是歲，吐谷渾、宕昌、鄧至、高昌、陰平等國並遣使朝貢。[1]

[1]陰平：國名。古羌氐所居之地。在今甘肅文縣西北。西漢武帝時開西南夷，置陰平道於此。三國時置陰平縣及郡。西晉爲氐族所居，始稱陰平國。

二年春正月，大乘餘賊復相聚攻瀛州，刺史宇文福討平之。[1]甲戌，大赦。庚寅，詔遣大使巡行四方，問疾苦，恤孤寡，黜陟幽明。二月丁未，封御史中尉元匡爲東平王。[2]三月丁亥，太保、領司徒、廣平王懷薨。

[1]宇文福：人名。河南洛陽（今河南洛陽市東北）人。北魏將領。見《北史》卷二五《宇文福傳》。

[2]御史中尉：官名。北魏時由御史中丞改稱，主御史臺，頗重其選。孝文帝太和十七年定爲三品上，二十三年定爲從三品。　元匡：人名。字建扶。北魏、東魏宗室。見《北史》卷一七《廣平王洛侯附東平王匡傳》。　東平王：封爵名。東平，郡名。北魏時治無鹽縣，在今山東東平縣東。

夏四月丁酉，詔京尹所統年高者，[1]板賜郡各有差。戊申，以開府儀同三司胡國珍爲司徒。[2]乙卯，皇太后幸伊闕石窟寺，[3]即日還宫。改封安定王超爲北平王。[4]五月庚辰，重申天文禁，犯者以大辟論。

[1]京尹：官名。京兆尹的省稱。爲京畿地方行政長官。職掌如同地方郡守，但地位高於郡守。

[2]開府儀同三司：與三司即太尉、司徒、司空的禮制待遇相同，許開設府署，自辟屬僚。兩晋南北朝因之。北魏孝文帝太和二十三年定爲從一品。　胡國珍：人名。字世玉，安定臨涇（今甘肅鎮原縣）人。見《北史》卷八〇《胡國珍傳》。

[3]伊闕石窟寺：即龍門石窟。又稱南石窟寺，以别於雲岡石窟寺。在今河南洛陽市南伊闕。

[4]超：即元超，人名。字化生。北魏宗室。見《北史》卷一

八《安定王休傳》。　北平王：封爵名。北平，郡名。北魏太武帝延和元年（432）徙朝鮮民於僑置朝鮮、新昌二縣，因置北平郡，治新昌縣，在今河北盧龍縣。

秋七月乙亥，儀同三司、汝南王悦坐殺人免官，以王還第。己巳，享太廟。八月戊戌，宴道武以來宗室年十五以上於顯陽殿，[1]申家人禮。己亥，詔庶族子弟年未十五，[2]不聽入仕。庚子，詔咸陽、京兆二王子女，還附屬籍。丁未，詔太師、高陽王雍入居門下，[3]參决尚書奏事。

[1]道武：即北魏皇帝拓跋珪。道武爲其謚號。　顯陽殿：位於南宫的中軸綫上，爲北魏統治者進行禮儀教化的地方。

[2]庶族：四庫本作“世族”。按：據文意來看，當是限制門第不高的人入仕年齡，應爲“庶族”。

[3]門下：官署名。北魏時爲門下諸省的泛稱。其官署設於禁中，官員可以出入宫禁，是皇帝的親近侍從。

冬十月，以幽、冀、滄、瀛、光五州饑，[1]遣使巡撫，開倉振恤。

[1]幽冀滄瀛光五州：《魏書》卷九《孝明帝紀》作“幽、冀、滄、瀛四州”。按：未詳孰是。滄，州名。北魏時治饒安城，在今河北鹽山縣舊縣鎮。光，州名。北魏時治掖縣，在今山東萊州市。

是歲，東夷、西域、氐、羌等十一國並遣使朝貢。

神龜元年春正月甲子，[1]詔以氐酋楊定爲陰平王。[2]

壬申，詔給京畿及諸州老人板郡縣各有差，及賜鰥寡孤獨粟帛。庚辰，詔以雜役户或冒入清流，[3]所在職人，皆令五人相保。無人任保者，奪官還役。乙酉，秦州羌反。[4]幽州大饑，死者三千七百九十人。[5]詔刺史開倉振恤。二月己酉，詔以神龜表瑞，大赦，改元。東益州氐反。[6]三月，南秦州氐反。[7]

[1]神龜：北魏孝明帝的年號（518—520）。

[2]楊定：人名。北魏時氐族首領。宣武帝正始二年，楊昭先起兵叛魏時，以其爲氐王。後被魏將謀殺。

[3]清流：此處泛指士族。

[4]羌反：底本作“羌及”，殿本、四庫本、局本、四部備要本、中華本作“羌反”。源氏校勘記云：“‘及’《魏書》作‘反’。”中華本校勘記云：“各本‘反’作‘及’，殿本從《魏書》作‘反’。按《魏書》卷一〇五《天象志一》云：‘神龜元年正月，秦州羌反。’‘及’字訛，今從殿本。”今從改。

[5]三千七百九十：源氏校勘記云：“‘十’下《魏書》有‘九’字。”按：《魏書》卷九《孝明帝紀》作“三千七百九十九”。未詳孰是。

[6]東益州：北魏時治武興縣，在今陝西略陽縣。

[7]南秦州：北魏時治洛谷城，在今甘肅西和縣洛峪鎮。

夏四月丁酉，司徒胡國珍薨。甲辰，改封江陽王繼爲京兆王。六月，自正月不雨，是月辛卯，澍雨乃降。

秋七月，河州人却鐵忽聚衆反，[1]自稱水池王。閏月甲辰，開恒州銀山禁。八月癸丑朔，詔京師見囚殊死以下，悉減一等。甲子，却鐵忽詣行臺源子恭降。[2]

[1]却鐵忽：人名。北魏時羌族首領。

[2]源子恭：人名。字靈順，西平樂都（今青海樂都縣）人，鮮卑族。北魏官吏。見《北史》卷二八《源賀附源子恭傳》。

九月戊申，皇太后高氏崩于瑶光寺。[1]冬十月丁卯，以尼禮葬高太后於芒山。[2]

[1]瑶光寺：在今河南洛陽市。

[2]芒山：在今河南洛陽市東北。《魏書》卷九《孝明帝紀》作"北邙"。

十二月辛未，詔曰："人生有終，下歸兆域。[1]京邑隱振，口盈億萬，貴賤攸憑，[2]未有定所。今制乾脯山以西，[3]擬爲九原。"[4]

[1]兆域：墓地、墳墓。

[2]攸憑：殿本、四庫本作"依平"。按：據文意，當爲"攸憑"，從底本。

[3]乾脯山：在今河南偃師市杜樓村北。

[4]九原：墳墓的泛稱。春秋時晋國卿大夫墓地在九原（今山西新絳縣北），後世因泛指墓地。

是歲，東夷、西域、北狄十一國並遣使朝貢。

二年春正月辛巳朔，日有蝕之。丁亥，詔曰："皇太后撝挹自居，[1]稱號弗備。宜遵舊典，稱詔宇内，以副黎蒸元元之望。"[2]是月，改葬文昭皇太后高氏。[3]二月乙丑，齊郡王祐薨。[4]庚午，羽林千餘人焚征西將軍張彝第，[5]毆傷彝，燒殺其子均。[6]乙亥，大赦。丁丑，詔求直言。壬寅，詔以旱故，命依舊雩祈，[7]察理冤獄，掩胔埋骼，[8]振窮恤寡。三月甲辰，澍雨大洽。

[1]撝挹：謙抑，謙讓。

[2]黎蒸：黎民，衆民。　元元：平民，老百姓。

[3]文昭：北魏孝文帝皇后高氏的謚號。

[4]齊郡王：封爵名。齊郡，北魏時治臨淄縣，在今山東淄博市東北。　祐：即元祐，人名。北魏宗室。見《北史》卷一九《齊郡王簡附元祐傳》。

[5]羽林：官名。北魏孝文帝太和十九年，選天下武勇之士十五萬爲羽林、虎賁，以充侍衛，掌禁衛皇宫。次年，以遷代之士皆爲羽林、虎賁。除擔任宿衛外，亦奉命出征。　征西將軍：官名。爲四征將軍之一。北魏孝文帝太和十七年定爲從一品中，二十三年改爲二品。　張彝：人名。字慶賓，清河東武城（今山東武城縣西北）人。北魏官吏。見《北史》卷四三《張彝傳》。

[6]均：即張始均，人名。字子衡，清河東武城（今山東武城縣西北）人。北魏官吏。見《北史》卷四三《張彝附張始均傳》。

[7]雩祈：祈雨祭神。

[8]胔（zì）：帶有腐肉的尸骨，也指整個尸體。

夏五月戊戌，以司空、任城王澄爲司徒，京兆王繼爲司空。

秋八月己未，[1]御史中尉、東平王匡坐事削除官爵。九月庚寅，皇太后幸嵩高山。[2]癸巳，還宫。

[1]己未：底本作“乙未”，源氏校勘記云：“《魏書》作‘己未’。”中華本校勘記云：“諸本‘己’作‘乙’，《魏書》作‘己’。按是年八月戊申朔，無乙未，己未是十二日。今據改。”今從改。

[2]嵩高山：又名外方山，即今河南登封市北嵩山。

冬十二月癸丑，[1]司徒、任城王澄薨。庚申，大赦。詔除淫祀，焚諸雜神。

[1]十二月：毛本、殿本、四庫本、四部備要本作“十一月”。按：神龜二年十一月丙子朔，無癸丑，十二月丙午朔，有癸丑，從底本。

是歲，吐谷渾、宕昌、嚈噠等國並遣使朝貢。[1]

[1]嚈噠：國名。又譯作“囐噠”“挹怛”“挹闐”等。一般認爲是和大月氏混血的匈奴人，原爲游牧民族，公元五世紀中分布在今阿姆河之南。見《北史》卷九七《嚈噠傳》。

正光元年春正月乙亥朔，[1]日有蝕之。

[1]正光：北魏孝明帝的年號（520—525）。

夏四月丙辰，詔尚書長孫承業巡撫北蕃，[1]觀察風俗。五月辛巳，以炎旱故，詔八坐鞫見囚，申枉濫。

[1]長孫承業：人名。本名冀歸，孝文帝賜名稚，字承業，《北史》避唐高宗李治諱，改“稚”爲“幼”，鮮卑族。北魏官吏。

見《北史》卷二二《長孫道生附長孫承業傳》。

秋七月丙子，侍中元叉、中常侍劉騰奉帝幸前殿，[1]矯皇太后詔，歸政遜位。乃幽皇太后北宫，殺太傅、清河王懌，總勒禁旅，決事殿中。辛卯，帝加元服，[2]大赦，改元。内外百官進位一等。八月甲寅，相州刺史、中山王熙舉兵欲誅叉、騰，[3]不果，見殺。九月壬辰，蠕蠕主阿那瓌來奔。[4]戊戌，以太師、高陽王雍爲丞相。

[1]元叉：人名。字伯儁，小字夜叉。北魏宗室、大臣。見《北史》卷一六《京兆王黎附元叉傳》。　中常侍：官名。北魏時爲高級宦官，地位與諸少卿相等，侍從帝后左右，傳達詔命，受理尚書、門下奏事，職權甚重。孝文帝太和十七年定爲三品上，二十三年改爲四品上。《魏書》卷九《孝明帝紀》作“中侍中”。中華本校勘記云:“《魏書》‘中常侍’作‘侍中’。按《魏書》卷九四《劉騰傳》，騰於宣武時爲中常侍，靈太后臨朝，除崇訓太僕、中侍中。中侍中見《隋書》卷二七《百官志》。劉騰此時官當是‘中侍中’。”可從。　劉騰：人名。字青龍，平原城（今山東平原縣）人。見《北史》卷九二《劉騰傳》。

[2]加元服：行冠禮。

[3]熙：即元熙，人名。字真興。北魏宗室。見《北史》卷一八《南安王楨附元熙傳》。　誅叉騰：底本作“誅騰”，中華本作“誅叉、騰”。中華本校勘記云:“諸本無‘叉’字，《魏書》有。按《魏書》卷一九下熙本傳，熙舉兵以討元叉爲名，‘叉’字不可少，今據補。”今從改。

[4]阿那瓌：人名。柔然人，北魏附屬國主。後爲突厥所敗，自殺。見《北史》卷九八《蠕蠕傳》。

冬十月乙卯，以儀同三司、汝南王悦爲太尉。十一月己亥，封阿那瓌爲朔方郡公、蠕蠕王。[1]十二月壬子，詔送蠕蠕王阿那瓌歸北。辛酉，以司空、京兆王繼爲司徒。

[1]朔方郡公：封爵名。朔方，郡名。北魏時治魏平縣，在今陝西子長縣東南。

二年春正月，南秦州氐反。二月，車駕幸國子學，講《孝經》。三月庚午，幸國子學，祠孔子，以顔回配。[1]甲午，右衛將軍奚康生於禁中將殺元叉，[2]不果，爲叉所害。以儀同三司劉騰爲司空。

[1]顔回：人名。春秋末魯國人。孔子最得意的弟子，祭祀孔子時往往以顔回配。見《史記》卷六七《仲尼弟子列傳》。

[2]禁中：帝王所居宫苑。

夏四月庚子，進司徒、京兆王繼位太保。壬寅，以儀同三司崔光爲司徒。五月丁酉朔，日有蝕之。[1]

[1]五月丁酉朔：中華本校勘記云："按是年五月戊辰朔。此作丁酉誤。"

秋七月癸丑，[1]以旱故，詔有司脩案舊典，祗行六事。八月己巳，蠕蠕後主郁久閭俟匿伐來奔懷朔鎮。[2]

[1]癸丑：底本作“己丑”，局本、中華本作“癸丑”，源氏校勘記改“己”作“癸”。中華本校勘記云：“諸本‘癸’作‘己’，《魏書》作‘癸’。按是年七月丁酉朔，無己丑；癸丑是十七日。今據改。”今從改。

[2]郁久閭侯匿伐：人名。北魏時柔然國主。毛本、殿本、四庫本作“郁久閭侯匿代”。源氏校勘記云：“‘伐’《魏書》作‘代’。”中華本校勘記云：“按本書卷九八、《魏書》卷一〇三《蠕蠕傳》，《通鑑》卷一四九‘侯’作‘俟’，疑是。但《魏書·肅宗紀》也作‘侯’。”　懷朔鎮：軍鎮名。北魏六鎮之一，在今內蒙古固陽縣百靈淖城圐圙古城（參張文平、苗潤華《長城資源調查對於北魏長城及六鎮鎮戍遺址的新認識》，《陰山學刊》2014 年第 6 期）。

十二月甲戌，詔司徒崔光、安豐王延明等議定服章。[1]庚辰，以東益、南秦州氐反，詔河間王琛討之，[2]失利。

[1]安豐王：封爵名。安豐，郡名。北魏時治安豐縣，在今安徽霍邱縣西南。　延明：即元延明，人名。北魏宗室。見《北史》卷一九《安豐王猛附元延明傳》。

[2]河間王：封爵名。河間，郡名。北魏初治樂城縣，在今河北獻縣東南；孝文帝太和十一年移治武垣縣，在今河北河間市南。　琛：即元琛，人名。北魏宗室。見《北史》卷一九《河間王若附元琛傳》。

是歲，烏萇、居密、波斯、高昌、勿吉、伏羅、高車等國並遣使朝貢。[1]

[1]烏萇：國名。亦作“烏纏國”“烏邑國”“烏耆國”“焉耆國”“阿耆尼國”等。國都在員渠城（今新疆焉耆回族自治縣西南）。見《北史》卷九七《烏萇傳》。底本作“焉萇”，殿本、四庫本、四部備要本、中華本作“烏萇”。按：“烏萇”在典籍中數見，見《北史·烏萇傳》；“焉萇”未見。字形相近而訛，今從中華本改。　居密：國名。在今阿富汗境内荷羅格附近的蘇爾汗布河流域。一説在今達爾瓦斯。爲古時絲綢之路必經之地。　波斯：國名。即今伊朗。見《北史》卷九七《波斯傳》。　高昌：國名。建於公元460年，都於高昌城，在今新疆吐魯番地區東南高昌廢址。見《北史》卷九七《高昌傳》。　勿吉：國名。在今松花江以東，長白山以北。　伏羅：國名。具體位置不詳。　高車：國名。高車族所建政權。高車，初號狄歷，也稱敕勒、鐵勒、丁零，因所乘車輪高大，故名。北魏時活動於今蒙古高原，以游牧爲生。見《北史》卷九八《高車傳》。

三年春正月辛亥，耕籍田。

夏四月庚辰，以高車國主覆羅伊匐爲鎮西將軍、西海郡公、高車國王。[1]五月壬辰朔，日有蝕之。六月己巳，以旱故，詔分遣有司馳祈岳瀆及諸山川百神能興雲雨者。命理冤獄，止土功，減膳徹懸，禁止屠殺。

[1]覆羅伊匐：人名。亦省稱“伊匐”，高車（即鐵勒）族。北魏時高車國王。見《北史》卷九八《高車傳》。　鎮西將軍：官名。與鎮東、鎮南、鎮北將軍合稱四鎮將軍。多授持節都督，出鎮方面。北魏孝文帝太和十七年定爲從一品下，二十三年改爲從二品。　西海郡公：封爵名。西海，郡名。北魏時治居延縣，在今内蒙古額濟納旗東南古城。

冬十一月己丑朔，日有蝕之。乙巳，祀圜丘。丙午，詔班曆，大赦。十二月癸酉，[1]以太保、京兆王繼爲太傅，司徒崔光爲太保。

[1]十二月癸酉：中華本校勘記云："按《魏書》云：'十有二月癸酉，以左光禄大夫皇甫度爲儀同三司。乙酉，以車騎大將軍、尚書右僕射元欽爲儀同三司，太保、京兆王繼爲太傅。'則元繼爲太傅是在乙酉。《北史》删皇甫度、元欽二事，保留'癸酉'，誤删'乙酉'。"可從。

是歲，波斯、不漢、龜兹、吐谷渾並遣使朝貢。[1]

[1]不漢：國名。故地在今烏兹别克境内布哈拉一帶。　龜（qiū）兹（cí）：國名。國初都於延城（今新疆庫車縣東），魏晋時遷都於今新疆沙雅縣北，仍名延城。見《北史》卷九七《龜兹傳》。

四年春二月壬申，[1]追封故咸陽王禧爲敷城王，[2]京兆王愉爲臨洮王，[3]清河王懌爲范陽王，[4]以禮加葬。丁丑，河間王琛、章武王融並以貪污，[5]削爵除名。己卯，蠕蠕主阿那瓌率衆犯塞，遣尚書左丞元孚爲北道行臺，[6]持節喻之。蠕蠕後主郁久閭侯匿伐來朝。司空劉騰薨。

[1]壬申：《魏書》卷九《孝明帝紀》作"壬辰"。

[2]敷城王：封爵名。敷城，郡名。北魏時治敷城縣，在今陝西洛川縣東北。

［3］臨洮王：封爵名。臨洮，郡名。北魏時治龍城縣，在今甘肅卓尼縣東北。

［4］范陽王：封爵名。范陽，郡名。北魏時治涿縣，在今河北涿州市。

［5］章武王：封爵名。章武，郡名。北魏時治平舒縣，在今河北大城縣。　融：即元融，人名。字叔融。北魏宗室、將領。見《北史》卷一八《章武王太洛附元融傳》。

［6］尚書左丞：官名。魏晋南朝爲尚書省佐官，位次尚書，與右丞共掌尚書省庶務，職權甚重。北魏孝文帝太和十七年定爲四品上，二十三年定爲從四品上。　元孚：人名。字秀和。北魏宗室、西魏大臣。見《北史》卷一六《臨淮王譚附元孚傳》。

夏四月，阿那瓌執元孚北遁。

秋八月癸未，追復故范陽王懌爲清河王。[1]九月丁酉，詔太尉、汝南王悦入居門下，與丞相、高陽王雍參決尚書奏事。[2]

［1］清河王：底本作“河間王”，源氏校勘記云：“‘河間’《魏書》作‘清河’。”中華本校勘記云：“諸本‘清河’誤作‘河間’，據《魏書》改。《清河王懌傳》見本書卷一九。”今從改。

［2］丞相：官名。魏晋南北朝時丞相、相國不常置，多用來安置權位極高的重臣。

冬十一月癸未朔，日有蝕之。丙申，趙郡王謐薨。[1]丁酉，太保崔光薨。十二月，以太尉、汝南王悦爲太保。徐州刺史、北海王顥坐貪污，削爵除官。

[1]趙郡王：封爵名。趙郡，北魏時治平棘縣，在今河北趙縣。謐：即元謐，人名。北魏宗室、官吏。見《北史》卷一九《趙郡王幹附元謐傳》。

是歲，宕昌、庫莫奚國並遣使朝貢。[1]

[1]庫莫奚：國名。庫莫奚族建立的政權。庫莫奚，即奚，南北朝時稱庫莫奚。源於東胡，分布在饒樂水（今西拉木倫河）流域。東接契丹，西至突厥，南拒白狼河，北鄰霫。初臣屬於突厥，後稍强盛，分爲辱紇主（一作"辱紇王"）、莫賀弗、契個、木昆、室得等五部。習俗與突厥相似，以游牧爲主，兼以射獵。

五年春正月辛丑，祀南郊。

三月，沃野鎮人破六韓拔陵反，[1]聚衆殺鎮將，號真王元年。

[1]沃野鎮：軍鎮名。北魏置。初在今内蒙古巴彦淖爾市臨河區西南布隆淖東北巴拉亥附近。孝文帝太和十年移於今内蒙古杭錦旗西北黄河南岸。宣武帝正始後又移於今内蒙古烏拉特前旗蘇獨侖鄉的根子場古城。　破六韓拔陵：人名。亦作"破落汗拔陵""破六汗拔陵"。北魏末六鎮起義軍首領。六韓，源氏校勘記云："'六韓'《魏書》作'落汗'。"

夏四月，高平酋長胡琛反，[1]自稱高平王，攻鎮以應拔陵。别將盧祖遷擊破之。[2]五月，都督北征諸軍事、臨淮王彧攻討，敗于五原，[3]削除官爵。壬申，詔尚書令李崇爲大都督，[4]率廣陽王深等北討。[5]

[1]高平：鎮名。北魏時治高平城，在今寧夏固原市。

[2]别將：官名。北魏中葉以後，出兵之制，軍之統帥爲都督，與主力分道而行爲之輔翼的將領，稱别道都將，後遂逐漸成爲一級統兵武官名稱，或冠以擬戍地名，如三關别將。初時權任較重，約相當於刺史，位在統軍之上。後期戰亂，地位漸低。

[3]五原：縣名。治所在今内蒙古包頭市西。

[4]尚書令：底本作“尚書字”，元大德本、毛本、殿本、四庫本、局本、四部備要本、中華本作“尚書令”。今從改。

[5]深：即元深，人名。字智遠。北魏宗室、大臣。見《北史》卷一六《廣陽王建附元深傳》。毛本、殿本、四庫本作“淵”。中華本校勘記云:“《魏書》‘深’作‘淵’，《北史》避唐諱改。”可從。

六月，秦州城人莫折大提據城反，[1]自稱秦王，殺刺史李彦。[2]大提尋死，子念生代立，[3]僭稱天子，年號天建，置立百官。丁酉，大赦。

[1]莫折大提：人名。秦州（今甘肅天水市）人，羌族。北魏末關隴義軍首領。《魏書》卷九《孝明帝紀》作“莫折太提”。

[2]李彦：人名。字次仲，隴西（今甘肅隴西縣南）人。北魏孝文帝時歷官至秦州刺史，因平時用刑施政過於嚴猛，其部下心懷怨恨，遂反叛。見《北史》卷一〇〇《凉武昭王李暠附李彦傳》。

[3]念生：即莫折念生，人名。秦州（今甘肅天水市）人，羌族。北魏末關隴義軍將領。即位後，先後攻陷岐州、凉州。孝明帝孝昌二年（526），戰敗降魏，尋又反抗。次年，爲部將杜粲所殺，全家遇害。

秋七月戊午，復河間王琛、臨淮王彧本封。[1]是月，凉州幢帥于菩提、呼延雄執刺史宋穎,[2]據州反。念生遣其兄高陽王天生下隴東寇。[3]八月甲午，雍州刺史元志西討，大敗於隴東，退守岐州。[4]丙申，詔諸州鎮軍元非犯配者,[5]悉免爲編户。改鎮爲州，依舊立稱。

[1]臨淮王：毛本、殿本、四庫本作“臨海王”。按：《北史》卷一六《臨淮王譚傳》中記載元彧的祖父、父親都是襲封“臨淮王”，又記載“子彧，字文若，紹封”，可見元彧也當爲“臨淮王”，以底本爲是。

[2]幢帥：官名。爲民族兵制中幢主之别稱，統帥一百人。　于菩提：人名。凉州（今甘肅武威市）人。　宋穎：人名。字文賢，西河介休（今山西介休市）人。北魏官吏。穎，中華本“潁”。見《北史》卷二六《宋隱附宋穎傳》。《魏書》卷九《孝明帝紀》作“宋穎”，《北史》卷九六《吐谷渾傳》亦作“宋穎”。

[3]隴東：郡名。北魏時治涇陽縣，在今甘肅平凉市西。

[4]岐州：北魏時治雍城鎮，在今陝西鳳翔縣南。

[5]詔諸州鎮軍元非犯配者：中華本校勘記云：“《魏書》‘軍’下有‘貫’字。按‘諸州鎮軍貫’指名屬軍籍之‘城人’，與州鎮軍有别，‘貫’字不宜省。”元，通“原”。

九月壬申，詔尚書左僕射、齊王蕭寶夤爲西道行臺、大都督；[1]復撫軍、北海王顥官爵，[2]爲都督。並率諸將西討。乙亥，帝幸明堂，餞寶夤等。吐谷渾主伏連籌遣兵討凉州，[3]于菩提走，追斬之。城人趙天安復推宋穎爲刺史。

[1]尚書左僕射：官名。尚書省次官，或單置，或並置左右，

左僕射居右僕射上。輔助尚書令執行政務，参議大政，諫諍得失，監察百官。常受命主管官吏選舉。北魏孝文帝太和十七年定爲從一品中，二十三年定爲從二品。

[2]撫軍：官名。撫軍將軍的省稱。北魏孝文帝太和十七年定爲從一品下，二十三年降爲從二品。

[3]伏連籌：人名。吐谷渾主。見《北史》卷九六《吐谷渾傳》。

冬十月，營州城人劉安定、就德興據城反，[1]執刺史李仲遵。[2]城人王惡兒斬安定以降。德興東走，自號燕王。

[1]營州：北魏時治龍城縣，在今遼寧朝陽市。　就德興：人名。一作“就德”。北魏孝明帝孝昌二年，攻陷平州（今河北盧龍縣北），殺刺史王買奴。孝莊帝永安二年（529），遣使請降。

[2]李仲遵：人名。隴西狄道（今甘肅臨洮縣）人。北魏官吏。見《北史》卷一〇〇《凉武昭王李暠附李仲遵傳》。

十二月，詔太傅、京兆王繼爲太師、大將軍，率諸將西討。汾州正平、平陽胡叛逆，[1]詔復征東將軍、章武王融封爵，[2]爲大都督，率衆討之。莫折念生遣兵攻凉州，城人趙天安復執刺史以應之。

[1]正平：郡名。北魏時治臨汾縣，在今山西新絳縣。　平陽：郡名。北魏時治白馬城，在今山西臨汾市。

[2]征東將軍：官名。北魏時爲四征將軍之一，多爲持節都督，出鎮地方，地位顯要。孝文帝太和十七年定爲從一品中，二十三年

改爲二品。

是歲，嚈噠、契丹、地豆干、庫莫奚等國並遣使朝貢。[1]

[1]地豆干：國名。北魏時，其人散居於室韋以西，北界烏洛侯，西與柔然相接，南鄰庫莫奚、契丹。以游牧爲生。見《北史》卷九四《地豆干傳》。

孝昌元年春正月庚申，[1]徐州刺史元法僧據城反，[2]自稱宋王，年號天啓。遣其子景仲歸梁。[3]梁遣其將豫章王綜入守彭城。[4]法僧擁其僚屬南入。詔臨淮王彧、尚書李憲爲都督，[5]安豐王延明爲東道行臺，俱討徐州。癸亥，蕭寶夤及征西將軍崔延伯大破賊於黑水。[6]天生退走入隴，[7]涇、岐及隴悉平。[8]以太師、大將軍、京兆王繼爲太尉。二月，詔追復故樂良王長命爵，以其子忠紹之。戊戌，大赦。三月甲戌，詔五品以上，各薦所知。

[1]孝昌：北魏孝明帝的年號（525—527）。

[2]元法僧：人名。北魏宗室、官吏。見《北史》卷一六《陽平王熙附元法僧傳》。

[3]景仲：即元景仲，人名。北魏宗室。曾爲廣州刺史。侯景作亂，遣誘召之，許奉爲主。景仲將應之，爲西江督護陳霸先所攻，乃縊而死。見《北史·陽平王熙附元法僧傳》。

[4]豫章王：封爵名。豫章，郡名。南朝梁時治南昌縣，在今江西南昌市。　綜：即蕭綜，人名。或作“蕭琮”，字世謙，南蘭

陵（一説在今江蘇常州市，一説在今江蘇丹陽市）人。南朝梁宗室。入魏後改名“纘”。見《梁書》卷五五《豫章王綜傳》（參李立《蕭綜生卒年考》，《晉陽學刊》1998年第6期）。

[5]李憲：人名。字仲軌，趙郡平棘（今河北趙縣）人。北魏官吏。見《北史》卷三三《李順附李憲傳》。

[6]崔延伯：人名。博陵（今河北安平縣）人。見《北史》卷三七《崔延伯傳》。　黑水：在今陝西周至縣西南。

[7]隴：關隘名。在今陝西隴縣西境隴山東坡。《魏書》卷九《孝明帝紀》作“隴西”。中華本校勘記云：“《魏書》作‘天生退走入隴西，涇岐及隴東悉平’。按‘西’‘東’二字不可省。”可從。

[8]隴：《魏書》卷九《孝明帝紀》作“隴東”。按：詳見上條所引中華本校勘記。

夏四月辛卯，皇太后復臨朝攝政，引群臣面陳得失。壬辰，征西將軍、都督崔延伯大敗於涇州，[1]戰殁。六月癸未，大赦，改元。蠕蠕主阿那瓌大破拔陵。是月，諸將逼彭城，蕭綜夜潛出降，梁諸將奔退，衆軍追躡，免者十一二。

[1]涇州：底本、毛本、殿本作“涇州”，中華本作“涇川”。按：據《北史》卷三七《崔延伯傳》記載其大敗身亡是在涇州，疑中華本誤。

秋八月癸酉，詔斷遠近貢獻珍麗，違者免官。柔玄鎮人杜洛周反於上谷，[1]年號真王。九月乙卯，詔減天下諸調之半。[2]壬戌，詔五品以上，各舉所知。辛未，曲赦南北秦州。

[1]柔玄：軍鎮名。在今内蒙古興和縣西北。　杜洛周：人名。高車族，柔玄鎮鎮兵。北魏孝明帝孝昌元年八月在上谷（今北京延慶縣）聚衆起義，反對北魏統治。高歡、尉景等都歸附於他，隊伍日益壯大。後被另一起義軍首領葛榮擊殺。　上谷：郡名。北魏時治居庸縣，在今北京延慶縣。

[2]諸調：中華本校勘記云："《魏書》同。《册府》卷四九〇、《御覽》卷一〇三'諸'作'租'。"可從。

冬十月，蠕蠕遣使朝貢。十一月辛亥，詔父母年八十以上者，皆聽居官。時四方多事，諸蠻復反。

十二月，山胡劉蠡升反，[1]自稱天子。

[1]山胡：族名。亦稱稽胡、步落稽。源於南匈奴，一説爲山戎、赤狄之後。南北朝時居於今山西、陝西北部山谷間，與漢人錯居。　劉蠡升：人名。北魏孝明帝孝昌中，舉行起義，自稱天子，年號神嘉，居雲陽谷。東魏孝静帝天平二年（535），被高歡鎮壓。

二年春正月庚戌，封廣平王懷長子誨爲范陽王。[1]壬子，以太保、汝南王悦領太尉。

[1]長子：《魏書》卷九《孝明帝紀》作"庶長子"。按：未詳孰是。

是月，五原鮮于脩禮反於定州，[1]年號魯興。二月甲申，[2]帝及皇太后臨大夏門，[3]親覽冤訟。三月庚子，追復中山王熙本爵，以其子叔仁紹之。

[1]鮮于脩禮：人名。敕勒族。北魏末河北起義軍首領。本爲懷朔鎮兵，六鎮起義軍敗後，在定州左城（今河北唐縣西北）率降户起義。後被其部將所殺。

[2]甲申：底本作“庚申”，局本、中華本作“甲申”。源氏校勘記改“庚”作“甲”，並云:“《魏書》作‘甲申’。”中華本校勘記云:“諸本‘甲’作‘庚’，《魏書》作‘甲’。按是年二月庚午朔，無庚申，甲申是十五日。今據改。”今從改。

[3]大夏門：在今河南洛陽市北魏故都洛陽市城北。

夏四月，大赦。戊申，北討都督河間王琛、長孫承業失利奔還，[1]詔並免官爵。五月丁未，車駕將北討，内外戒嚴。前給事黄門侍郎元略自梁還朝，[2]封義陽王。[3]以丞相、高陽王雍爲大司馬。

[1]北討都督：官名。負責北討之軍事事宜。

[2]給事黄門侍郎：官名。亦簡稱黄門、黄門郎、黄門侍郎。爲侍中省或門下省次官，與侍中俱掌門下衆事，平省尚書奏事。掌侍從左右、關通内外，因出入禁中，故職任顯要。地位隨皇帝旨意或侍中地位而上下。北魏時一度甚重之，孝文帝太和十七年定爲三品中，二十三年改爲四品上。　元略：人名。字儁興。北魏宗室、大臣。見《北史》卷一八《南安王楨附東平王略傳》。

[3]義陽王：封爵名。義陽，郡名。北魏時治義陽縣，在今河南信陽市西北。

六月己巳，曲赦齊州。絳蜀陳雙熾聚衆反，[1]自號始建王。曲赦平陽、建興、正平三郡。[2]詔假鎮西將軍、都督長孫承業討雙熾，平之。丙子，改封義陽王略爲東平王。戊寅，詔復京兆王繼本封江陽王。戊子，詔曰："自運屬艱棘，歷載于兹。朕威德不能遐被，經略無以及遠，何以苟安黄屋，[3]無愧黔黎！今便避居正殿，蔬食素服。當親自招募，收集忠勇。其有直言正諫之士，敢決徇義之夫，二十五日，悉集華林東門，人别引見，共論得失。"

[1]絳蜀：《資治通鑑》卷一五一胡三省注云："蜀人徙居絳郡者，謂之絳蜀。"北魏時分布於今山西侯馬市、翼城縣一帶。

[2]建興：郡名。北魏時治陽阿縣，在今山西晋城市西北陽鎮。

[3]黄屋：指帝王權位。

秋八月丙子，進封廣川縣公元卲爲常山王。[1]戊子，進武城縣公子攸爲長樂王。[2]癸巳，賊帥元洪業斬鮮于脩禮請降，[3]爲賊黨葛榮所殺。[4]

[1]廣川縣公：封爵名。廣川，縣名。治所在今河北景縣西南。　元卲：人名。北魏宗室。孝明帝孝昌三年，梁進攻渦陽，統兵救援，爲梁所敗。後在河陰之變中遇害。底本作"元邵"，中華本校勘記云："諸本'卲'作'邵'。按新出《常山文恭王墓誌》云：'王諱卲，字子開。'乃清河王懌第二子。誌言其以廣川縣公進爵常山王，與此全合。'卲'字見《集韻》卷三《宵韻下》，即昭穆之'昭'。《梁書》卷二八《韋放傳》、卷三二《陳慶之傳》兩見魏之常山王元昭，並即此人。本書此紀及卷三《孝静紀》興和元年，卷九二《劉思逸傳》並訛作'邵'（或作'劭'），今並依《墓誌》改正，下不另出校記。"今從改。　常山王：封爵名。常山，郡名。北魏時治安樂壘，在今河北藁城市西北。

[2]武城縣公：封爵名。武城，縣名。治所在今山東武城縣西。 子攸：即元子攸，人名。北魏宗室。見《北史》卷五《孝莊帝紀》。 長樂王：封爵名。長樂，郡名。北魏時治信都縣，在今河北冀州市。

[3]元洪業：人名。北魏宗室。

[4]葛榮：人名。北魏時河北起義軍首領。孝明帝孝昌元年，發動起義。孝莊帝建義元年（528）八月，圍攻相州，戰敗，爲尒朱榮所捕。十月，送入京師，被殺。

九月辛亥，葛榮敗都督廣陽王深、章武王融於博野白牛邏。[1]融歿於陣。榮自稱天子，國號齊，年稱廣安。

[1]博野：縣名。治所在今河北蠡縣。 白牛邏：城名。在今河北蠡縣境。

冬十一月戊戌，杜洛周攻陷幽州，執刺史王延年及行臺常景。[1]丙午，税京師田租，畝五升；借賃公田者，畝一斗。閏月，税市，人出入者，各一錢，店舍爲五等。梁將元樹逼壽春，[2]揚州刺史李憲力屈而降。[3]初留州縣及長史、司馬、戍主副質子於京師。[4]詔："頃舊京淪覆，中原喪亂，宗室子女屬籍在七廟内爲雜户濫門拘辱者，[5]悉聽離絶。"

[1]常景：人名。字永昌，河内温（今河南温縣）人。北魏、東魏官吏，文學家。見《北史》卷四二《常爽附常景傳》。

[2]元樹：人名。字秀和，一字君立。北魏宗室。見《北史》卷一九《咸陽王禧附元樹傳》。

[3]揚州：底本作“州”，中華本作“揚州”。今從改。

[4]州縣：中華本校勘記云:“《魏書》‘州’下有‘郡’字。按州（刺史）及縣（令）並留質子，不應郡（太守）獨否，此誤脱‘郡’字。”可從。　司馬：官名。爲高級幕僚。其品秩隨府主而定，高低不等。掌參贊軍務，管理府内武職，位僅次於長史。戍主：官名。南北朝置，爲戍的主將，掌防守捍禦之事，除管理軍政之外，還干預民政和財政，多以郡太守、縣令、州參軍及雜號將軍等官兼領。品秩不一。

[5]七廟：因天子的宗廟要奉祀七代祖先，所以稱七廟。

是歲，疊伏羅、庫莫奚國並遣使朝貢。[1]

[1]疊伏羅：國名。見《北史》卷九七《疊伏羅傳》。　庫莫奚國：底本作“庫國”，殿本、四庫本、局本、四部備要本作“庫莫奚國”，中華本校勘記云:“各本脱‘莫奚’二字，殿本據《魏書》補，今從之。庫莫奚見本書卷九四《奚傳》。”今從補。

三年春正月甲戌，以司空皇甫度爲司徒，[1]儀同三司蕭寶夤爲司空。辛巳，葛榮陷殷州，[2]刺史崔楷固節死之。[3]甲申，詔峻鑄錢之制。蕭寶夤大敗于涇州，北海王顥尋亦敗走。曲赦關西及正平、平陽、建興。戊子，以司徒皇甫度爲太尉。己丑，以四方未平，詔内外戒嚴，將親征。

[1]皇甫度：人名。字文亮，安定朝那（今寧夏固原市東南）人。北魏官吏。見《北史》卷八〇《皇甫集附皇甫度傳》。

[2]殷州：北魏時治廣阿縣，在今河北隆堯縣東。

[3]崔楷：人名。字季則，博陵安平（今河北安平縣）人。見《北史》卷三二《崔辯附崔楷傳》。

二月丁酉，詔開輸賞格。[1]輸粟入瀛、定、岐、雍四州者，[2]官斗二百斛賞一階；入二華州者，五百石賞一階。不限多少，粟畢授官。虜賊據潼關。[3]三月甲子，詔將西討，中外戒嚴。虜賊走，復潼關。

[1]輸賞格：以輸入粟的數量作爲賞賜官職的標準。

[2]雍：州名。北魏時治長安縣，在今陝西西安市西北。

[3]潼關：關隘名。在今陝西潼關縣北，渭河入黄河處南岸。

秋七月，相州刺史、安樂王鑒據州反。[1]己丑，大赦。八月，都督源子邕、李神軌、裴衍攻鄴。[2]丁未，斬鑒，相州平。

[1]鑒：即元鑒，人名。字長文。北魏宗室、大臣。見《北史》卷一九《安樂王長樂附元鑒傳》。

[2]源子邕：人名。字靈和，西平樂都（今青海樂都縣）人。見《北史》卷二八《源賀附源子邕傳》。《周書》作“子雍”。按：未詳孰是。　李神軌，人名。頓丘（今河南清豐縣西南）人。北魏官吏。見《北史》卷四三《李崇附李神軌傳》。源氏校勘記云：“《魏書》無‘神’字。”　裴衍：人名。字文舒，河東聞喜（今山西聞喜縣）人。北魏官吏。見《北史》卷四五《裴叔業附裴衍傳》。

九月己未，[1]東豫州刺史元慶和以城南叛。[2]秦州城人杜粲殺莫折念生，自行州事。

［1］己未：源氏校勘記云："'己未'《魏書》作'辛卯'。"中華本校勘記云："《魏書》'己未'作'辛卯'。按是年九月辛酉朔，既無己未，亦無辛卯。"

［2］東豫州：北魏時治廣陵城，在今河南息縣。　元慶和：人名。北魏宗室、將領。見《北史》卷一七《汝陰王天賜附元慶和傳》。

冬十月戊申，曲赦恒農已西河北、正平、平陽、邵郡及關西諸州。[1]甲寅，雍州刺史蕭寶夤據州反，自號齊，年稱隆緒。[2]

［1］曲赦恒農已西河北正平平陽邵郡及關西諸州：底本"已西"作"巴西"，"諸州"作"諸州軍"，源氏校勘記云："'巴'《魏書》作'已'。"中華本校勘記云："諸本'已'作'巴'，'州'下有'軍'字。《魏書》百衲本作'已'，無'軍'字。按巴西與河北、正平、平陽等郡相去懸遠，作'已'是，今據改。又當時並不以'軍'爲地區名稱，'軍'乃涉下文'甲'字形似而衍，今據刪。"今從改。恒農，郡名。北魏時治陝城，在今河南三門峽市。本弘農郡，北魏避獻文帝諱，改稱恒農郡。河北，郡名。北魏時治大陽縣，在今山西平陸縣西南舊平陸。邵郡，北魏時治白水縣，在今山西垣曲縣東南古城鎮。

［2］隆緒：蕭寶夤的年號（527—528）。

十一月己丑，葛榮攻陷冀州，執刺史元孚，[1]逐出居人，凍死者十六七。十二月戊申，都督源子邕、裴衍與榮戰，敗於陽平東北，[2]並歿。是月，杜粲爲駱超所殺。[3]超遣使歸罪。

[1]元孚：底本作“元字”，元大德本、殿本、四庫本、局本、四部備要本、中華本作“元孚”，毛本作“元浮”。按：其他相關記載均作“元孚”，字形相近而訛，今從中華本改。

[2]陽平：郡名。北魏時治館陶城，在今河北館陶縣。

[3]駱超：人名。北魏官吏。曾任秦州刺史。

是歲，蠕蠕遣使朝貢。

武泰元年春正月乙丑，[1]生皇女，秘言皇子。丙寅，大赦，改元。丁丑，雍州人侯終德相率攻蕭寶夤。[2]寶夤度渭走，雍州平。

[1]武泰：北魏孝明帝的年號（528）。

[2]侯終德：人名。一作“侯衆德”，雍州（今陝西西安市西北）人。北魏將領。初隨蕭寶夤鎮壓關隴起義軍。孝明帝孝昌三年，蕭寶夤反魏，侯終德率部追隨。

二月癸丑，帝崩於顯陽殿，時年十九。甲寅，皇子即位，大赦。皇太后詔曰：“皇家握曆受圖，年將二百，祖宗累聖，社稷載安。高祖以文思先天，[1]世宗以下武繼世，大行在御，重以寬仁奉養，率由温明恭順。實望穹靈降祐，麟趾衆繁，自潘充華有孕椒宫，[2]冀誕儲兩，而熊羆無兆，唯虺遂彰。于時直以國步未康，假稱統胤，欲以底定物情，係仰宸極。何圖一旦弓劍莫追！皇曾孫故臨洮王寶暉世子釗，[3]體自高祖，天表卓異。大行平日養愛特深，義齊若子，事符當璧，允膺大寶。即日踐祚。可班宣遠邇，咸使知之。”乙卯，幼主即位。儀同三司、大都督尒朱榮抗表請入奔赴，[4]勒兵而南。是月，杜洛周爲葛榮所并。三月甲申，上尊謚曰孝明皇帝。乙酉，葬於定陵，[5]廟號肅宗。

四月戊戌，尒朱榮濟河。庚子，皇太后、幼主崩。

[1]高祖：即北魏孝文帝元宏。高祖爲其廟號。

[2]潘充華：北魏孝明帝元詡的嬪妃。孝明帝武泰元年，生一女，因孝明帝無子，遂密稱皇子。是年二月，胡太后毒殺孝明帝，奉潘女即位。數日後，改立元釗。

[3]寶暉：即元寶暉，人名。北魏宗室。　釗：即元釗，人名。北魏幼主。

[4]尒朱榮：人名。北秀容（今山西朔州市）人，契胡族。北魏大臣。見《北史》卷四八《尒朱榮傳》。

[5]定陵：在今河南洛陽市東北。

論曰：宣武承聖考德業，天下想望風化，垂拱無爲，邊徼稽服。而寬以攝下，從容不斷，太和之風替矣。比之漢世安、順。宣武之後，繼以元成。[1]孝明沖齡統業，靈后婦人專制，[2]任用非人，賞罰乖舛。於是釁起宇内，禍延邦畿，卒於享國不長，抑亦淪胥之始也。[3]

[1]比之漢世安順宣武之後繼以元成：中華本校勘記云：“諸本訛作‘比之漢世安順，宣武之後，繼以元成’。錢氏《考異》卷三八云：‘按延壽史論，多襲舊史之文。此篇前半用魏收《世宗紀》

論，後半用《肅宗紀》論也。《世宗紀》末云：‘比夫漢世，元、成、安、順之儔歟。’《肅宗紀》論首云：‘宣武已後，政綱不張。’李延壽用其語，後轉寫顛倒，又爲妄人改竄，文義遂不可通。當依《魏書》正之。’按錢説是，今據改。”可從。

［2］靈后：北魏宣武帝元恪的皇后。見《北史》卷一三《宣武靈皇后胡氏傳》。

［3］淪胥：淪喪、淪落。

北史　卷五

魏本紀第五

敬宗孝莊皇帝諱子攸，[1]彭城王勰之第三子也。[2]母曰李妃。[3]明帝初，[4]以勰有魯陽翼衛之勳，[5]封帝武城縣公。[6]幼侍明帝書於禁中，[7]及長，風神秀慧，姿貌甚美，雅爲明帝親待。孝昌二年八月，[8]進封長樂王，[9]歷位侍中、中軍將軍。[10]以兄彭城王劭事，[11]轉爲衛將軍、左光禄大夫、中書監，[12]寔見出也。武泰元年二月，[13]明帝崩，大都督尒朱榮謀廢立，[14]以帝家有忠勳，且兼人望，陰與帝通，率衆來赴。帝與兄弟夜北度河，會榮於河陽。[15]

[1]敬宗：北魏孝莊帝的廟號。　孝莊：元子攸的謚號。

[2]彭城王：封爵名。彭城，郡名。北魏時治彭城縣，在今江蘇徐州市。　勰：即元勰，人名。獻文帝之子，孝文帝之弟。孝莊帝即位，追尊爲文穆皇帝。見《北史》卷一九《彭城王勰傳》。

[3]李妃：司空李沖之女。隴西狄道（今甘肅臨洮縣）人。孝莊帝即位，追尊爲文穆皇后。見《北史·彭城王勰傳》。

[4]明帝：即北魏皇帝元詡。明爲其謚號。

[5]魯陽：郡名。北魏時治山北縣，在今河南魯山縣。　翼衛

之勳：指彭城王元勰於宣帝即位有功。事見《北史·彭城王勰傳》。

［6］武城縣公：封爵名。武城，縣名。治所在今山東武城縣西。

［7］禁中：帝王所居的宫苑。

［8］孝昌：北魏孝明帝的年號（525—527）。

［9］長樂王：封爵名。長樂，郡名。北魏時治信都縣，在今河北冀州市。

［10］侍中：官名。北朝常總典機密，受遺詔輔政，權任尤重，時號“小宰相”。北魏初置四員，孝文帝太和十七年（493）定爲從一品中，二十三年改爲三品。　中軍將軍：官名。北魏時多臨時設置，爲戰役總指揮，一般由親王任之，地位顯要。孝文帝太和十七年定爲從一品下，二十三年改爲從二品。

［11］劭：即元劭，人名。元勰之子，襲封彭城王。見《北史》卷一九《彭城王勰附元劭傳》。

［12］衛將軍：官名。位在諸名號將軍上，多作爲軍府名號，加大臣、重要州郡長官，無具體職掌。北魏孝文帝太和十七年定爲一品下，二十三年改爲二品。　左光禄大夫：官名。三國魏時置，作爲在朝顯職的加官，以示優待，或授予年老有病者爲致仕之官，亦常用作卒後贈官。無職掌。西晋、南北朝沿置。北魏孝文帝太和十七年定爲從一品下，二十三年定爲二品。　中書監：官名。北魏時爲中書省長官之一，掌納奏、擬詔、出令，然權歸中書舍人，監、令名爲長官，實爲閑職。孝文帝太和十七年定爲從一品中，二十三年改爲從二品。

［13］武泰：北魏孝明帝的年號（528）。

［14］大都督：官名。高級軍事長官。北魏前、中期未見，孝文帝太和十七年職員令及二十三年復次職員令皆未載。後期戰事較多時置，統兵出征，有時又加以各種名號，如南道大都督、徐州大都督等。　尒朱榮：人名。字天寶，北秀容（今山西朔州市）人，契胡族。北魏末，尒朱榮在鎮壓秀容一帶民衆起義中崛起，東討鮮于脩禮，受封大都督。孝明帝武泰元年，胡太后鴆殺孝明帝，立元釗

爲帝。尒朱榮借爲孝明帝舉哀，發兵入洛陽。立元子攸爲帝，殺胡太后、元釗，並誘殺二千官員於河陰，即所謂的“河陰之難”。遂壟斷朝政。孝莊帝永安三年（530），被孝莊帝殺死。見《北史》卷四八《尒朱榮傳》。

[15]河陽：城名。在今河南孟州市西南黃河北岸。

永安元年夏四月戊戌，[1]帝南濟河，[2]即皇帝位。以皇兄彭城王劭爲無上王，皇弟霸城公子正爲始平王，[3]以尒朱榮爲使持節、侍中、都督中外諸軍事、大將軍、尚書令、領軍將軍、領左右，[4]封太原王。[5]己亥，百僚相率，有司奉璽綬，備法駕，奉迎於河梁，[6]西至陶渚。[7]榮以兵權在己，遂有異志，乃害靈太后及幼主，[8]次害無上王劭、始平王子正，又害丞相、高陽王雍已下王公卿士二千人，[9]列騎衛帝，遷於便幕。[10]榮尋悔，稽顙謝罪。[11]

[1]永安：北魏孝莊帝的年號（528—530）。

[2]河：即黃河。

[3]霸城公：封爵名。霸城，縣名。治所在今陝西西安市東北。　子正：即元子正，人名。元勰之子。見《魏書》卷二一下《彭城王勰附元子正傳》。　始平王：封爵名。始平，郡名。北魏時治始平縣，在今陝西興平市東北。

[4]使持節：漢朝官吏奉命外出時，由皇帝授予節杖，來提高其權威。魏晋之後，凡重要軍事長官出征或出鎮時，加使持節，可誅殺二千石以下官員。皇帝派遣大臣出巡或參與祭吊等事務時，亦使持節，以示權力與尊崇。次一等的稱持節，再次一等的稱假節。　都督中外諸軍事：官名。亦稱都督中外諸軍、中外都督等。魏晋南北朝始

置。總統内外諸軍，爲全國最高軍事統帥，權力極大，不常置。初時多爲他官兼任，無品階。北魏孝文帝太和二十三年定爲從一品。　大將軍：官名。北魏時統兵事，或兼掌朝政，與大司馬共稱“二大”，位尊權重。孝文帝太和二十三年定爲一品。　尚書令：官名。北魏初不常置，亦不掌實際政務，孝文帝改制後，尚書省權任頗重，以録尚書事爲長官，尚書令爲副貳，兼掌監察百官，皆爲宰相。孝文帝太和十七年定爲從一品上，二十三年改爲二品。　領軍將軍：官名。爲禁衛軍最高統帥。北魏時如果侍臣帶此職，則稱中領軍將軍。孝文帝太和十七年定爲二品上，二十三年改爲從二品。

[5]太原王：封爵名。太原，郡名。北魏時治晋陽縣，在今山西太原市晋源區古城營村一帶。

[6]河梁：橋名。又名河橋。故址在今河南孟州市西南黄河上。

[7]陶渚：地名。在今河南孟州市西南黄河邊。

[8]靈太后：即北魏宣武帝元恪皇后胡氏。靈爲其謚號。見《北史》卷一三《宣武靈皇后胡氏傳》。

[9]丞相：官名。魏晋南北朝時丞相、相國不常置，多用來安置權位極高的重臣。　高陽王：封爵名。高陽，郡名。北魏時治高陽縣，在今河北高陽縣東舊城。　雍：即元雍，人名。字思穆，獻文帝之子。孝莊帝初，於河陰遇害。見《北史》卷一九《高陽王雍傳》。

[10]便幕：簡易的帳幕。

[11]稽顙：古代一種跪拜禮，屈膝下拜，以額觸地，表示極度的虔誠。

辛丑，車駕入宫，御太極殿，[1]大赦，改武泰爲建義元年。[2]壬寅，榮表請追謚無上王爲皇帝；餘死河陰者，[3]諸王、刺史贈三司，[4]三品者令僕，[5]五品者刺史，七品已下及庶人，郡、鎮。諸死者子孫，聽立後，授封爵。詔從之。癸卯，以前太尉、江陽王繼爲太師、司州牧；[6]以相州刺史、北海王顥爲太傅、開府，[7]仍刺史；封光禄大夫、清泉縣侯李延寔爲陽平王，[8]位太保，[9]遷太傅；以并州刺史元天穆爲太尉，[10]封上黨王；[11]以儀同三司楊椿爲司徒；[12]以儀同三司、頓丘郡公穆紹爲司空，[13]領尚書令，進爵爲王；以雍州刺史長孫承業爲開府儀同三司，[14]進封馮翊王；[15]以殿中尚書元諶爲尚書右僕射，[16]封魏郡王；[17]以給事黄門侍郎元頊爲東海王。[18]甲辰，以敷城王坦爲咸陽王，[19]以諫議大夫元貴平爲東萊王，[20]以直閤將軍元肅爲魯郡王，[21]以秘書郎中元曄爲長廣王，[22]以馮翊郡公源紹景復先爵隴西王，[23]扶風郡公馮冏、東郡公陸子彰、北平公長孫悦並復先王爵，[24]以北平王超還復爲安定王。[25]丁未，詔中外解嚴。庚戌，封大將軍尒朱榮次子叉羅爲梁郡王。[26]詔蠕蠕王阿那瓌讃拜不名，[27]上書不稱臣。

[1]車駕：謂帝王出行所乘的車輿。亦借指帝王。　太極殿：位於洛陽南宫中軸綫的南部，爲皇帝登基和處理政務的地方。

[2]建義：北魏孝莊帝的年號（528）。

[3]河陰：縣名。治所在今河南孟津縣東。

[4]三司：指太尉、司空、司徒三公。

[5]令僕：指尚書令與僕射，亦泛指股肱重臣。

[6]太尉：官名。北魏時與司徒、司空並稱三公，列三公之首，多爲大臣加官。孝文帝太和二十三年定爲一品。　江陽王：封爵名。遥封。江陽，郡名。南朝宋時治江陽縣，在今四川瀘州市。　繼：即元繼，人名。字世仁，南平王元霄之子，北魏獻文帝時襲封江陽王。見《北史》卷一六《京兆王黎附江陽王繼傳》。　太師：

官名。北魏時爲三師之一，是輔佐君王的重要大臣，位在太傅、太保上，一品。　司州牧：官名。爲司州地區的最高軍政長官。司州，北魏時治洛陽縣，在今河南洛陽市東北。

［7］司州牧以相州刺史：底本作“以司州牧相州刺史”，中華本校勘記云：“諸本‘司州’上有‘以’字，‘相州’上無‘以’字。《魏書》卷一〇《孝莊紀》並無‘以’字。按本書卷一六繼本傳云：‘建義初，復以繼爲太師、司州牧。’本書卷一九顥本傳，顥其時方任相州刺史，即由相州奔梁，未嘗爲司州牧。此‘以’字誤置於‘司州’上。今移正。”按：據《北史·江陽王繼傳》亦可知，此時司州牧爲江陽王繼，非顥。今從改。相州，北魏時治鄴城，在今河北臨漳縣西南鄴鎮。　北海王：封爵名。北海，郡名。北魏時治平壽城，在今山東濰坊市西南。　顥：即元顥，人名。字子明，北海王元詳之子，獻文帝之孫。見《北史》卷一九《北海王詳附元顥傳》。　太傅：官名。北魏時與太師、太保並號三師，位居太師下、太保上，爲輔弼君王的大臣。孝文帝太和二十三年定爲一品。　開府：開府儀同三司的省稱。爲大臣加號，意謂與三司即太尉、司徒、司空的禮制待遇相同，許開設府署，自辟屬僚。北魏孝文帝太和十七年定爲一品下，二十三年定爲從一品。

［8］光禄大夫：官名。漢武帝時改中大夫置，掌議論，在大夫中地位最爲尊顯。歷朝因之，官秩不一。自西漢後期起逐漸演變爲加官、散官。至晋武帝泰始年間始有左右之分，並稱加金章紫綬者爲金紫光禄大夫，加銀章青綬者爲銀青光禄大夫。北魏孝文帝太和十七年定爲從二品中，二十三年改爲三品。　清泉縣侯：封爵名。清泉，縣名。治所在今山東冠縣。《魏書》卷一〇《孝莊帝紀》作“清淵縣開國侯”。中華本校勘記云：“《魏書》‘泉’作‘淵’，《北史》避唐諱改。”　李延寔：人名。字禧，隴西狄道（今甘肅臨洮縣）人。見《北史》卷一〇〇《凉武昭王李暠附李延寔傳》。底本“寔”作“實”，源氏校勘記云：“‘實’《魏書》作‘寔’。”中華本校勘記云：“諸本‘寔’作‘實’，從《魏書》及本書卷一〇〇寔本

傳改。”今從改。　陽平王：封爵名。陽平，郡名。北魏時治館陶城，在今河北館陶縣。

［9］太保：官名。爲輔佐君王的重要大臣。北魏時爲三師之一，位居太師、太傅之下，一品。

［10］并州：北魏時治晋陽縣，在今山西太原市晋源區古城營村一帶。　元天穆：人名。河南洛陽（今河南洛陽市東北）人。北魏宗室、大臣。與尒朱榮一同被孝莊帝處死。見《北史》卷一五《高凉王孤附上黨王天穆傳》。

［11］上黨王：封爵名。上黨，郡名。北魏時治壺關城，在今山西長治市北。

［12］儀同三司：東漢初臨時設置，謂官非三公而儀制待遇同於三公。南北朝時授予範圍不斷擴大，逐漸成爲官號。北魏孝文帝太和十七年定爲一品下，二十三年以後改爲從一品，位開府上。　楊椿：人名。字延壽，本字仲考，受孝文帝賜改，弘農華陰（今陜西華陰市東南）人。北魏大臣。見《北史》卷四一《楊播附楊椿傳》。　司徒：官名。北魏時爲三公之一，分掌丞相職能，多爲大臣加官。孝文帝太和二十三年定爲一品。

［13］頓丘郡公：封爵名。頓丘，郡名。北魏時治頓丘縣，在今河南清豐縣西南。　穆紹：人名。字永業，代（今山西大同市東北）人，鮮卑族。北魏官吏。見《北史》卷二〇《穆崇附穆紹傳》。　司空：官名。北魏時爲名譽宰相，多爲大臣加官，一品，無實際職掌。

［14］雍州：北魏時治長安縣，在今陜西西安市西北。　長孫承業：人名。本名冀歸，孝文帝賜名稚，《北史》避唐高宗李治諱改爲“幼”，字承業，鮮卑族。北魏官吏。見《北史》卷二二《長孫道生附長孫承業傳》。

［15］馮翊王：封爵名。馮翊，郡名。北魏時治高陸縣，在今陜西高陵縣。

［16］殿中尚書：官名。北魏時領宫中兵馬，典宫禁宿衛及倉

庫，或説領殿中、直事、三公、駕部四郎曹。孝文帝太和十七年定爲二品中（參張金龍《北魏前期禁衛武官制度考論——以史籍記載爲中心》，《歷史研究》2003 年第 3 期）。　元諶：人名。字興伯，趙郡王元幹之子，獻文帝之孫。見《北史》卷一九《趙郡王幹附元諶傳》。　尚書右僕射：官名。北魏時列位宰相，在録尚書事、尚書令下，職掌都省庶務及執法，或典選舉。職在左僕射下。孝文帝太和十七年定爲從一品中，二十三年改爲從二品。源氏校勘記改“右”作“左”，並云“《魏書》本紀、諶傳及此書本傳並作左”。按：《魏書》卷一〇《孝莊帝紀》、《北史·趙郡王幹附元諶傳》作“尚書左僕射”，《資治通鑑》卷一五二作“尚書右僕射”，未詳孰是。

［17］魏郡王：封爵名。魏郡，北魏時治鄴縣，在今河北臨漳縣西南。

［18］給事黄門侍郎：官名。侍從皇帝、顧問應對，出則陪乘。與皇帝關係密切，多以重臣、外戚子弟、公主婿爲之。北魏一度甚重之，孝文帝太和十七年定爲三品中，二十三年改爲四品上。　元頊：人名。字寶意。北魏宗室、大臣。見《魏書》卷二一上《北海王詳附元頊傳》。　東海王：封爵名。東海，郡名。北魏時治廣饒縣，在今江蘇連雲港市東北。

［19］敷城王：封爵名。敷城，郡名。北魏時治敷城縣，在今陝西洛川縣東北。　坦：即元坦，人名。一名穆，字延和。北魏宗室、東魏大臣。見《北史》卷一九《咸陽王禧附元坦傳》。　咸陽王：封爵名。咸陽，郡名。北魏時治池陽縣，在今陝西涇陽縣。

［20］諫議大夫：官名。北魏時置七十人，隸集書省，掌諫諍議論，從四品。　元貴平：人名。北魏宗室。見《魏書》卷一九下《安定王休附東萊王貴平傳》。　東萊王：封爵名。東萊，郡名。北魏時治掖縣，在今山東萊州市。

［21］直閤將軍：官名。爲皇帝左右侍衛之官，地位顯要。北魏時，大多以宗室任此職。孝文帝太和十七年定爲從三品中，二十三

年改爲從四品（參張金龍《北魏後期的直閤將軍與“直衛”諸職》，《文史哲》1999年第1期）。　元肅：人名。北魏宗室。見《魏書》卷一九下《南安王楨附元肅傳》。　魯郡王：封爵名。魯郡，北魏時治魯縣，在今山東曲阜市東古城。

［22］秘書郎中：官名。專掌圖書收藏及校寫等事務。北魏孝文帝太和十七年定爲從五品上，二十三年改爲七品。　元曄：人名。字華興，小字盆子。北魏宗室。見《北史》卷一八《南安王楨附元曄傳》。　長廣王：封爵名。長廣，郡名。北魏時治膠東城，在今山東平度市。

［23］源紹景：人名。一作“源紹”。西平樂都（今青海樂都縣）人，鮮卑族。北魏官吏。見《魏書》卷四一《源賀附源紹傳》。　隴西王：封爵名。隴西，郡名。北魏時治襄武縣，在今甘肅隴西縣東南。

［24］扶風郡公：封爵名。扶風，郡名。北魏時治好畤縣，在今陝西乾縣東。　馮冏：人名。字景昭，長樂信都（今河北冀州市）人。北魏官吏。襲爵爲昌黎王，因庶姓而罷去王爵，於是襲爵扶風郡公。　東郡公：封爵名。東郡，北魏時治滑臺城，在今河南滑縣東舊城。　陸子彰：人名。字明遠，本名士沈。北魏、東魏官吏。見《北史》卷二八《陸俟附陸子彰傳》。　北平公：封爵名。北平，郡名。北魏時治新昌縣，在今河北盧龍縣。

［25］超：即元超，人名。字化生。北魏宗室。見《北史》卷一八《安定王休附元超傳》。　安定王：封爵名。安定，郡名。北魏時治安定縣，在今甘肅涇川縣北。

［26］叉羅：人名。一作“尒朱文羅”。北秀容（今山西朔州市）人，契胡族。榮執政，以其爲武衛將軍，襲梁郡公，後進爲王。　梁郡王：封爵名。梁郡，北魏時治睢陽縣，在今河南商丘市睢陽區。

［27］蠕蠕王：《魏書·孝莊帝紀》作“蠕蠕主”。按：《北史》卷四《魏本紀·孝明帝》記載“（正光元年）十一月己亥，封阿那

瓌爲朔方郡公、蠕蠕王”，可知此後魏當稱其爲“蠕蠕王”。此次詔書是在孝莊帝永安元年頒發的，當承襲正光年間的封爵，稱“蠕蠕王”，當以《北史》爲是。　阿那瓌：人名。柔然人，北魏、北齊附屬國主。後爲突厥所敗，自殺。見《北史》卷九八《蠕蠕傳》。

是月，汝南王悦、北海王顥、臨淮王彧前後奔梁。[1]

[1]汝南王：封爵名。汝南，郡名。北魏時治上蔡縣，在今河南汝南縣。　悦：即元悦，人名。孝文帝之子，宣武帝之弟。尒朱榮帶兵進犯洛陽，元悦奔梁。孝莊帝被殺後，元悦被梁武帝立爲魏主，即北魏順帝。孝武帝即位後，遂將元悦殺死。見《北史》卷一九《汝南王悦傳》。　臨淮王：封爵名。臨淮，郡名。北魏時治赤坎城，在今安徽懷遠縣西北。　彧：即元彧，人名。本名亮，字仕明。北魏宗室。臨淮王元提之子。尒朱榮進犯洛陽，元彧奔梁。孝莊帝即位後，元彧北歸，位至尚書令、大司馬等。尒朱世隆北叛，元彧被賊所殺。見《北史》卷一六《臨淮王譚附元彧傳》。

五月丁巳朔，以右僕射元羅爲東道大使，[1]光禄勳元欣副之，[2]循方黜陟，先行後聞。辛酉，大將軍尒朱榮還晋陽，[3]帝餞於邙陰。[4]

[1]元羅：人名。字仲綱。北魏宗室。見《北史》卷一六《京兆王黎附元羅傳》。　東道：北魏後期設置“道”，作爲臨時的軍事活動區域。東魏、北齊時，演變爲地方化的穩定行臺區，成爲國家最高的軍政合一的地方區域（參張鶴泉《東魏、北齊時期的“道”探討》，《史學集刊》2008 年第 3 期）。　大使：受帝王特遣

之官員。南北朝時執行範圍很廣，多以貴臣高官臨時任之。

［2］光禄勳：官名。掌宫廷門户名籍，兼掌供應百官膳食。北魏孝文帝太和十七年定爲從一品下，二十三年改爲三品。　元欣：人名。字慶樂。北魏、西魏宗室、大臣。廣陵王元羽之子，西魏八柱國之一。見《北史》卷一九《廣陵王羽附元欣傳》。

［3］晋陽：縣名。治所在今山西太原市晋源區古城營村一帶。

［4］邙：山名。一名邙坂、北邙山。在今河南洛陽市北。

六月癸卯，以高昌王世子光爲平西將軍、瓜州刺史，［1］襲爵泰臨縣伯、高昌王。［2］帝以寇難未夷，避正殿，責躬撤膳。又班募格，［3］收集忠勇。有直言正諫之士者，集華林園，［4］面論時事。幽州平北府主簿河間邢杲率河北流移人萬餘户，［5］反於北海，［6］自署漢王，年號天統。

［1］高昌王：指高昌王麴嘉。高昌，國名。都於高昌城，在今新疆吐魯番市東南高昌古城。見《北史》卷九七《高昌傳》。　世子：君主或諸侯的嫡長子或兒子中將來繼承帝位或王位的人。　平西將軍：官名。與平東、平南、平北將軍合稱四平將軍。多持節都督或監某一地區軍事，有時也作爲刺史兼管地方軍務的加官。北魏孝文帝太和十七年定爲從二品上，二十三年改爲三品。　瓜州：北魏時治敦煌縣，在今甘肅敦煌市黨河東岸。

［2］泰臨縣伯：封爵名。泰臨，縣名。具體位置不詳。元大德本作“秦臨縣伯”。按：秦臨縣未見，字形相近而訛，今從底本。

［3］募格：募人從軍的賞格。

［4］華林園：宫苑名。在今河南洛陽市北魏洛陽故城内。

［5］幽州：北魏時治薊縣，在今北京西南。　主簿：官名。漢朝中央及州郡官府均置，典領文書簿籍，經辦事務。歷代沿置。北

朝諸將軍、五校尉等軍府，列卿、寺監、光禄大夫等皆置，其品秩隨府長官地位高下而異。州郡縣亦置。雖非掾史之首，然地位較高。　河間：郡名。北魏初治樂城縣，在今河北獻縣東南；孝文帝太和十一年移治武垣縣，在今河北河間市南。　邢杲：人名。河間（今河北河間市南）人。北魏末青州流民起義軍首領。曾率軍攻克光州（今山東萊州市），後被殺。　萬餘户：源氏校勘記云："'萬'上《魏書》有'十'。"中華本校勘記云："《魏書》'萬餘户'作'十餘萬户'。按本書卷一五《元天穆傳》，言杲反時，所在流人率來從之，'旬朔之間，衆踰十萬'。《通鑑》卷一五二作'十萬餘户'。疑此'萬'上脱'十'字。"可從。

[6]北海：郡名。北魏時治平壽城，在今山東濰坊市西南。

秋七月乙丑，加大將軍尒朱榮柱國大將軍、録尚書事。[1]壬子，光州人劉舉聚衆反於濮陽，[2]自稱皇武大將。[3]

[1]柱國大將軍：官名。北魏初沿置，位在太尉之上，後罷。北魏末復置，位在丞相之上，授予權臣。　録尚書事：官名。北魏時爲尚書省長官，總領尚書省政務，尚書令、僕射爲其副貳，職權甚重，多以公卿權重者居之，負責綜理政務。

[2]光州：北魏時治掖縣，在今山東萊州市。　濮陽：郡名。北魏時治甄城縣，在今山東鄄城縣北。

[3]皇武大將：源氏校勘記云："'將'下《魏書》有'軍'字。"中華本校勘記云："《魏書》'將'下有'軍'字，疑此脱。"可從。

是月，高平鎮人万俟醜奴僭稱大位。[1]臨淮王彧自江南還朝。

[1]高平：軍鎮名。在今寧夏固原市。　万俟醜奴：人名。鮮卑族。北魏末年關隴起義軍首領。孝莊帝建義元年稱帝，置百官，年號神獸。後與魏將賀拔岳戰於渭水之南，兵敗，撤圍北走。於平凉被俘，解送洛陽，被處死。

八月，太山太守羊侃據郡反。[1]甲辰，詔大都督宗正珍孫討劉舉，[2]平之。

[1]太山：郡名。北魏時治博平縣，在今山東泰安市東南。　羊侃：人名。字祖忻，泰山梁甫（今山東新泰市）人。見《梁書》卷三九《羊侃傳》。

[2]宗正珍孫：人名。北魏將領。歷任安西將軍、光禄大夫、都督。

九月己巳，以齊州刺史元欣爲沛郡王。[1]壬申，柱國大將軍尒朱榮率騎七千討葛榮於滏口，[2]破禽之，[3]冀、定、滄、瀛、殷五州平。[4]乙亥，以葛榮平，大赦，改元爲永安。辛巳，以尒朱榮爲大丞相，進榮子平昌郡公文殊、昌樂郡公文暢爵並爲王，[5]以司徒楊椿爲太保，城陽王徽爲司徒。[6]

[1]齊州：北魏時治歷城縣，在今山東濟南市。　沛郡王：封爵名。沛郡，北魏時治蕭縣，在今安徽蕭縣西北。

[2]葛榮：人名。北魏時河北起義軍首領。孝明帝孝昌元年，發動起義。孝莊帝建義元年八月，圍攻相州，戰敗，爲尒朱榮所捕。　滏口：太行八陘之一。在今河北磁縣西北鼓山。

[3]禽：通“擒”。

[4]冀：州名。北魏時治信都縣，在今河北冀州市。　定：州名。北魏時治盧奴縣，在今河北定州市。　滄：州名。北魏時治饒安城，在今河北鹽山縣舊縣鎮。　瀛：州名。北魏時治趙都軍城，在今河北河間市。　殷：州名。北魏時治廣阿縣，在今河北隆堯縣東。

[5]平昌郡公：封爵名。平昌，郡名。北魏時治平昌城，在今山東安丘市東南。　文殊：即尒朱文殊，人名。北秀容（今山西朔州市）人，契胡族。北魏官吏。見《北史》卷四八《尒朱榮附尒朱文殊傳》。　昌樂郡公：封爵名。昌樂，郡名。北魏時治昌樂縣，在今河南南樂縣西北。毛本、殿本、四庫本作“樂昌郡公”。按：《北史·尒朱榮傳》記載尒朱文暢初封昌樂郡公，《魏書》卷一〇《孝莊帝紀》亦云“昌樂郡公文暢並進爵爲王”。當以底本爲是。　文暢：即尒朱文暢，人名。北秀容（今山西朔州市）人，契胡族。北魏官吏。見《北史·尒朱榮附尒朱文暢傳》。

[6]城陽王：封爵名。城陽，郡名。北魏時治所不詳，當在今河南境内。　徽：即元徽，人名。字顯順。北魏宗室、大臣。見《北史》卷一八《城陽王長壽附元徽傳》。毛本、殿本作“徵”。

冬十月丁亥，尒朱榮檻送葛榮於京師。[1]帝臨閶闔門，[2]榮稽顙謝罪，斬於都市。戊戌，[3]江陽王繼薨。癸丑，復膠東縣侯李侃希祖爵南郡王。[4]是月，大都督費穆大破梁軍，[5]禽其將曹義宗，[6]檻送京師。

[1]檻（jiàn）：古代押運囚犯的車。

[2]閶闔門：洛陽城的正南門。

[3]戊戌：源氏校勘記云:“‘戊戌’《魏書》作‘壬子’。”中華本校勘記云:“《魏書》‘戊戌’作‘壬子’。按《魏書》：十月戊

戌，加尒朱榮太師。庚子，命于暉、高歡討羊侃。壬子，元繼死。《北史》删前兩事，而留‘戊戌’，去‘壬子’，誤。”可從。

[4]膠東縣侯：封爵名。膠東，縣名。治所在今山東濰坊市西南。　李侃希：人名。中山（今河北定州市）人。初封膠東縣侯，後襲祖封南郡王，又改爲博陵郡公。爲孝莊帝所寵幸，拜散騎常侍、嘗食典御。孝莊帝被殺後，投奔南朝梁。《北史》卷八〇《李惠傳》作“李侃晞”。　南郡王：封爵名。遥封。南郡，南朝宋時治江陵縣，在今湖北江陵縣。

[5]費穆：人名。字朗興，代（今山西大同市東北）人。北魏將領。見《北史》卷五〇《費穆傳》。

[6]曹義宗：人名。南朝梁將領。歷任梁州、秦州刺史，後爲都督，征討穰城，被魏俘虜而死。

梁以北海王顥爲魏主，年號孝基，入據南兖之銍城。[1]

[1]南兖：州名。北魏時治小黄縣，在今安徽亳州市。　銍城：在今安徽宿州市西南。

十一月戊午，以無上王世子韶爲彭城王，陳留王子寬爲陳留王，[1]寬弟剛爲浮陽王，[2]剛弟質爲林慮王。[3]癸亥，行臺于暉等大破羊侃於瑕丘，[4]侃奔梁。戊寅，封前將軍元凝爲東安王。[5]

[1]陳留王：封爵名。陳留，郡名。北魏時治陳留縣，在今河南開封市東南陳留城。　寬：即元寬，人名。元子正之子，元勰之孫。孝莊帝即位後，封元子正爲陳留王，其子元寬襲爵陳留王。後被尒朱氏所殺害。見《魏書》卷二一下《彭城王勰附元子正傳》。

[2]浮陽王：封爵名。浮陽，郡名。北魏時治浮陽縣，在今河北滄州市東南。

[3]林慮王：封爵名。林慮，郡名。北魏時治林慮縣，在今河南林州市東。

[4]行臺：指行臺尚書令。北魏初曾於鄴及中山置行臺，以尚書爲長官，執掌當地軍政事務，旋罷。肅宗正光末，在各地陸續設立行臺主管當地軍務，遂成爲常設地方行政機構。到北魏末期漸理民務，以行臺尚書令爲長官，也有以尚書僕射或左右僕射及尚書來主管行臺事務者，下設行臺尚書左右丞，各部尚書及郎中處理具體事務。　于暉：人名。字宣明，代（今山西大同市東北）人。北魏官吏、外戚。見《北史》卷二三《于栗磾附于暉傳》。　瑕丘：縣名。治所在今山東兗州市。

[5]前將軍：底本作“前軍”，《魏書》卷一〇《孝莊帝紀》作“前將軍”。按：元凝一人不可能爲“前軍”，今從《魏書》改。　元凝：人名。字定興。北魏宗室。見《魏書》卷一九下《章武王太洛附元凝傳》。　東安王：封爵名。東安，郡名。北魏時治蓋縣，在今山東沂水縣西北蓋邑莊。

是歲，葛榮餘黨韓樓復據幽州反。

二年春二月甲午，追尊皇考爲文穆皇帝，廟號肅祖。皇妣爲文穆皇后。

夏四月癸未，遷文穆皇帝及文穆皇后神主于太廟，[1]降畿内死罪已下刑。辛丑，上黨王天穆大破邢杲於濟南，[2]杲降，送於京師，斬於都市。

[1]神主：牌位。　太廟：皇家祭拜祖先的廟宇。

[2]濟南：郡名。北魏時治歷城縣，在今山東濟南市。

五月壬子朔，元顥剋梁國。[1]乙丑，内外戒嚴。癸酉，元顥陷滎陽。[2]甲戌夜，[3]車駕北巡。乙亥，幸河内。[4]丙子，元顥入洛。[5]丁丑，進封城陽縣公元祉爲平原王，[6]昌安縣侯元鷙爲華山王。[7]戊寅，太原王尒朱榮會車駕於長子，[8]即日反旆。[9]上黨王天穆北度，會車駕於河内。

[1]梁國：侯國名。在今河南商丘市南。

[2]滎陽：郡名。北魏時治滎陽縣，在今河南滎陽市北。

[3]甲戌夜：《魏書》卷一〇《孝莊帝紀》作"甲戌"。

[4]河内：郡名。北魏時治野王縣，在今河南沁陽市。

[5]洛：州名。北魏時治洛陽縣，在今河南洛陽市東北。

[6]城陽縣公：封爵名。城陽，縣名。治所在今河南信陽市北楚王城。　元祉：人名。北魏官吏。封城陽縣開國公，任侍中（參吴業恒等《洛陽北魏元祉墓發掘簡報》，《洛陽考古》2017年第3期）。　平原王：封爵名。平原，郡名。北魏時治聊城縣，在今山東聊城市東北。

[7]昌安縣侯：封爵名。昌安，縣名。治所在今山東安丘市東南。底本作"安昌縣公"，《魏書·孝莊帝紀》作"安昌縣開國侯"。中華本校勘記云："《魏書》'公'作'侯'。按《墓誌集釋·元鷙墓誌》，言鷙先封昌安縣侯，永安二年改封華山郡王。這裏'公'字誤，'安昌'亦當爲'昌安'誤倒。"今從改。　元鷙：人名。北魏宗室。見《北史》卷一五《高凉王孤附華山王鷙傳》。　華山王：封爵名。華山，郡名。北魏時治華陰縣，在今陝西華陰市城區。

[8]長子：縣名。治所在今山西長子縣東。

[9]反旆：回師。

秋七月戊辰，都督尒朱兆、賀拔勝從硤石夜濟，[1]破顥子冠受及安豐王延明軍，[2]元顥敗走。庚午，車駕入居華林園，升大夏門大赦。[3]壬申，以柱國大將軍、太原王尒朱榮爲天柱大將軍。[4]癸酉，臨潁縣卒江豐斬元顥，[5]傳首京師。甲戌，以大將軍、上黨王天穆爲太宰，[6]以司徒、城陽王徽爲大司馬、太尉。[7]己卯，以南青州刺史元旭爲襄城王，[8]南兗州刺史元暹爲汝陽王。[9]閏月辛巳，帝始居宮内。辛卯，以兼吏部尚書楊津爲司空。[10]八月己未，以太傅李延寔爲司徒。丁卯，封瓜州刺史元太榮爲東陽王。[11]

[1]都督：官名。地方軍政長官。　尒朱兆：人名。字萬仁，北秀容（今山西朔州市）人，契胡族。北魏將領。見《北史》卷四八《尒朱榮附尒朱兆傳》。　賀拔勝：人名。字破胡，神武尖山（今山西神池縣）人。北魏、西魏名將。見《北史》卷四九《賀拔允附賀拔勝傳》。　硤石：地名。在今河南孟津縣。

[2]冠受：即元冠受，人名。北魏宗室。孝莊帝建義元年，與其父元顥南奔梁，後從元顥北伐入洛。孝莊帝與尒朱榮還師討元顥，元冠受戰敗，被尒朱兆與賀拔勝所擒。　安豐王：封爵名。安豐，郡名。北魏時治安豐縣，在今安徽霍邱縣西南。　延明：即元延明，人名。北魏宗室。見《北史》卷一九《安豐王猛附元延明傳》。

[3]大夏門：在今河南洛陽市北魏洛陽故城北。

[4]天柱大將軍：官名。孝莊帝永安二年爲當時掌權的尒朱榮特設。掌全國兵馬軍務，位在三師及柱國大將軍之上。

[5]臨潁：縣名。治所在今河南臨潁縣西北。

[6]癸酉臨潁縣卒江豐斬元顥傳首京師甲戌以大將軍：毛本、

殿本、四庫本缺。　太宰：官名。即大宰、冢宰。北魏時在太師、太傅、太保之上别置太宰，同爲一品。

[7]大司馬：官名。北魏時與大將軍並稱爲“二大”，爲加官，常典軍事，地位顯貴。正一品。

[8]南青州：北魏時治團城，在今山東沂水縣沂水鎮。　元旭：人名。字顯和。北魏宗室。任鎮東將軍、南青州刺史。孝莊帝永安二年，封襄城郡王，歷任司空、大司馬等。見《魏書》卷一九下《城陽王長壽傳》。　襄城王：封爵名。襄城，郡名。北魏時治襄城縣，在今河南襄城縣。

[9]元暹：人名。字叔照（一作“叔昭”）。北魏宗室。見《北史》卷一七《京兆王子推附元暹傳》。　汝陽王：封爵名。汝陽，郡名。北魏時治汝陽縣，在今河南商水縣西北。

[10]吏部尚書：官名。職掌官吏銓選、考課、獎懲，然重要官職的任免須與諸執政大臣合議，由皇帝、宰相裁定，亦常命尚書僕射領吏部事務或任命大臣參掌選事以分其權任。北魏孝文帝太和十七年定爲二品下，二十三年改爲三品。　楊津：人名。字羅漢，本字延祚，孝文帝賜改，弘農華陰（今陝西華陰市東南）人。北魏、東魏大將。見《北史》卷四一《楊播附楊津傳》。

[11]元太榮：底本作“元太宗”，局本作“元大宗”。源氏校勘記云：“‘宗’《魏書》作‘榮’。”中華本校勘記云：“諸本‘榮’作‘宗’，《魏書》作‘榮’。按：本書卷六七、《周書》卷三六《令狐整傳》，本書卷六九、《周書》卷三二《申徽傳》都作‘榮’。今據改。”今從改。　東陽王：封爵名。遥封。東陽，郡名。南朝梁時治長山縣，在今浙江金華市婺城區。

九月，大都督侯深破韓樓於薊，[1]斬之，幽州平。

[1]侯深：人名。源氏在“深”旁紅筆小字夾批“淵”。《北

史》避唐高祖李淵諱改。神武尖山（今山西神池縣）人。北魏末年曾隨杜洛周起義，後追隨尒朱榮。見《北史》卷四九《侯深傳》。　薊：縣名。治所在今北京西南。

冬十月己酉朔，[1]日有蝕之。丁丑，以前司空、丹楊王蕭贊爲司徒。[2]

[1]己酉：底本作“乙酉”，中華本校勘記云：“諸本‘己’作‘乙’，《魏書·天象志》作‘己’。按是年十月己酉朔。今據改。”今從改。

[2]丹楊王：封爵名。丹楊，郡名。南朝梁時治建康，在今江蘇南京市。毛本、殿本、四庫本作“丹陽王”。　蕭贊：人名。即蕭綜。字世謙，南蘭陵（一説在今江蘇常州市，一説在今江蘇丹陽市）人，南朝梁武帝次子。後流亡北魏，爲司空、丹楊王。見《梁書》卷五五《豫章王綜傳》。

十一月己卯，就德興自營州遣使請降。[1]丙午，以大司馬、太尉、城陽王徽爲太保，以司徒、丹楊王蕭贊爲太尉，以雍州刺史長孫承業爲司徒。

[1]就德興：人名。一作“就德”。北魏孝明帝孝昌二年，攻陷平州（今河北盧龍縣北），殺刺史王買奴。　營州：北魏時治龍城縣，在今遼寧朝陽市。底本作“榮州”，四庫本、局本、中華本作“營州”。中華本校勘記云：“諸本‘營’作‘榮’，《魏書》作‘營’。按就德興起於營州，見本書卷四《明帝紀》正光五年十月。今據改。”今從改。

三年夏四月丁卯，雍州刺史尒朱天光討万俟醜奴、蕭寶夤於安定，[1]破禽之，囚送京師。甲戌，以關中平，大赦。斬醜奴於都市，賜寶夤死。

[1]尒朱天光：人名。北秀容（今山西朔州市）人，契胡族。北魏官吏。見《北史》卷四八《尒朱榮附尒朱天光傳》。　蕭寶夤：人名。字智亮，南朝齊宗室。見《北史》卷二九《蕭寶夤傳》。

六月戊午，嚈噠國獻師子一。[1]

[1]嚈噠國：國名。又譯作"囐噠""挹怛""挹闐"等。一般認爲是和大月氏混血的匈奴人，公元五世紀中分布在今阿姆河之南。見《北史》卷九七《嚈噠傳》。　師：通"獅"。

是月，白馬龍涸胡王慶雲僭稱帝號於水洛城。[1]秋七月丙子，尒朱天光平水洛城，[2]禽慶雲。

[1]白馬：部族名。屬氐族。　龍涸胡：氐族的一支，屬白馬部。北魏時活動於今四川北部、甘肅東南部。　王慶雲：人名。略陽（今甘肅秦安縣東北）人。　水洛城：在今甘肅莊浪縣。底本作"永洛城"，中華本校勘記云："諸本及《魏書》'水'皆作'永'。《通鑑》卷一五四作'水'。胡注云：'《水經注》（卷一七《渭水注》）：水洛水導源隴山，西逕水洛亭西，南注略陽川。《九域志》：水洛城在德順軍西南一百里。范仲淹曰：朝那之西，秦亭之東，有水洛城。'今據改。以後逕改，不另出校記。"今從改，不再出校記。

[2]秋七月丙子尒朱天光平水洛城：四庫本缺。

九月辛卯，天柱大將軍尒朱榮、上黨王天穆自晋陽來朝。戊戌，帝殺榮、天穆於明光殿，[1]及榮子菩提。[2]乃升閶闔門大赦。遣武衛將軍奚毅、前燕州刺史侯深率衆鎮北中。[3]是夜，左僕射尒朱世隆、榮妻鄉郡長公主率榮部曲，[4]自西陽門出屯河陰，[5]己亥，攻河橋，[6]禽毅等，屠害之，據北中城，南逼京師。

［1］明光殿：位於洛陽皇宫中軸綫的東南部，常爲皇帝與王公近臣行宴樂的地方。

［2］菩提：即尒朱菩提，人名。北秀容（今山西朔州市）人，契胡族。尒朱榮執政後，封其爲平北將軍、中書令、驃騎大將軍、侍中。

［3］武衛將軍：官名。掌宿衛兵。北魏孝文帝太和十七年定爲從二品下，二十三年改爲從三品。　奚毅：人名。北魏將領。孝明帝時，爲車騎將軍、右光禄大夫、武衛將軍。　燕州：北魏時治下洛城，在今河北涿鹿縣涿鹿鎮。　侯深：源氏校勘記云："'侯深'《魏書》作'崔淵'。"中華本校勘記云："《魏書》'侯深'作'崔淵'。《御覽》卷一〇四引《後魏書》作'侯淵'。《通鑑》從《魏書》。按疑當作'侯淵'，《北史》避唐諱改'淵'作'深'。此侯淵乃侯剛之子，見《魏書》卷二五《長孫稚傳》，與本書卷四九、《魏書》卷八〇有傳者非一人。"可從。中華本《魏書》卷一〇《孝莊帝紀》校勘記云："《御覽》卷一〇四'崔淵'作'侯淵'，《北史》卷五避唐諱作'侯深'。按當時有兩侯淵，其一，本書卷八〇有《傳》，其人此時在中山，且是尒朱榮黨羽，元子攸不會委任他守北中。又一是侯剛子，卷九三《侯剛傳》不載，但見於卷二五《長孫稚傳》（補），説是稚之壻。侯剛自稱上谷侯氏，上谷屬燕州，《本傳》説他請以長子詳爲燕州刺史。按照當時以充當本州刺史爲榮的習慣，詳升官後，其弟淵曾繼爲此官是可能的。

《御覽》所記出於《魏書》，却與《北史》合，疑作‘侯淵’是。《通鑑》卷一五四作‘崔淵’，知沿誤已久。司馬光不從《北史》，當亦因不知同時有兩侯淵之故。”　北中：城名。在今河南孟州市南。

[4]左僕射：官名。尚書僕射分左右自漢獻帝時始。自此以後，或二或一，置二人則分左右。職掌都省庶務及執法，或典選舉，左僕射權力大於右僕射，兼掌糾彈百官。北魏孝文帝太和十七年定爲從一品中，二十三年改爲從二品。　尒朱世隆：人名。字榮宗，北秀容（今山西朔州市）人，契胡族。北魏末官吏。見《北史》卷四八《尒朱榮附尒朱世隆傳》。　部曲：本爲部隊編制之稱。東漢末，演變爲私人武裝之稱。魏晋南北朝時，世族、豪族普遍擁有部曲，平時耕田從役，戰時隨主人作戰。父死子繼，地位低下。南北朝後期，地位稍有上升，有一些經主人放免成爲平民。

[5]自：源氏校勘記云：“‘自’《魏書》作‘焚’。”按：《魏書·孝莊帝紀》作“焚”。《北史·尒朱榮傳》中記載：“榮死，世隆奉榮妻，燒西陽門夜走。”可見當時尒朱榮之妻是焚燒西陽門後逃走，故當從《魏書》。　西陽門：爲北魏京都洛陽城西門之一。

[6]河橋：《魏書·孝莊帝紀》作“洛橋”。中華本《北史》卷三《魏本紀·孝文帝》校勘記云：“《魏書》‘河’作‘洛’。按洛水浮橋，一名永橋，在太學之西，見《洛陽伽藍記》卷三，作‘洛’是。”

冬十月癸卯朔，封大鴻臚卿寶炬爲南陽王，[1]汝陽縣公脩爲平陽王，[2]新陽伯誕爲昌樂王，[3]琅邪公昶爲太原王。[4]甲辰，徙封魏郡王諶爲趙郡王，[5]諶弟子趙郡王寘爲平昌王。[6]戊申，皇子生，大赦。乙卯，通直散騎常侍李苗以火船焚河橋，[7]尒朱世隆退走。壬申，世隆停建興之高都，[8]尒朱兆自晋陽來會之，[9]共推長廣王曄爲主，大赦所部，年號建明。徐州刺史介朱仲遠反，[10]率衆向京師。

［1］大鴻臚卿：官名。北魏稱大鴻臚爲大鴻臚卿，專司朝會禮儀。孝文帝太和十七年定爲二品上，二十三年改爲三品。　南陽王：封爵名。南陽，郡名。北魏時治南陽縣，在今河南郏縣西南。

［2］汝陽縣公：封爵名。汝陽，縣名。治所在今河南商水縣西北。底本作“汝南縣公”。中華本校勘記云：“諸本‘汝陽’作‘汝南’，《魏書》作‘汝陽’。按本卷《孝武紀》、《魏書》卷一一《出帝紀》並言脩始封汝陽縣公。今據改。”今從改。　平陽王：封爵名。平陽，郡名。北魏時治白馬城，在今山西臨汾市。

［3］新陽伯：封爵名。新陽，縣名。治所在今湖北京山縣。　誕：即元誕，人名。北魏宗室。

［4］琅邪公：封爵名。琅玡，郡名。北魏時治即丘縣，在今山東臨沂市西。　昶：即元昶，人名。北魏宗室。見《魏書》卷二一上《咸陽王禧附元昶傳》。

［5］趙郡王：封爵名。趙郡，北魏時治平棘縣，在今河北趙縣。

［6］趙郡王寘：底本作“趙郡王宣”，四庫本、中華本作“趙郡王寘”，源氏校勘記改“宣”作“寘”。中華本校勘記云：“諸本‘寘’作‘宣’，《魏書》作‘寘’。按《魏書》卷二一上《趙郡王幹傳》作‘寘’，今據改。”今從改。

［7］通直散騎常侍：官名。參平尚書奏事，並掌諷諫、侍從，位頗重。南北朝時多以衰老之士擔任，地位漸低。北魏孝文帝太和十五年亦置，初定爲三品下，二十三年改爲四品。　李苗：人名。字子宣，梓潼涪（今四川綿陽市）人。北魏官吏。見《北史》卷四五《李苗傳》。毛本、殿本作“李留”。按：據其本傳，當爲“李苗”，字形相近而訛，以底本爲是。

［8］建興：郡名。北魏時治陽阿縣，在今山西晋城市西北陽鎮。

高都：縣名。治所在今山西晋城市東北。

[9]尒朱兆：人名。底本作“尒朱袦”，毛本、殿本、四庫本、局本、四部備要本、中華本作“尒朱兆”。按：《資治通鑑》卷一五四明確記載“世隆至長子，兆來會之”，《魏書》卷一〇《孝莊帝紀》亦記載“尒朱世隆停建興之高都，尒朱兆自晋陽來會之”，故此處當爲尒朱兆，底本誤。

[10]徐州：北魏時治彭城縣，在今江蘇徐州市。　尒朱仲遠：人名。北秀容（今山西朔州市）人，契胡族。北魏、北齊大臣。見《北史》卷四八《尒朱榮附尒朱仲遠傳》。

十一月乙亥，[1]以司徒長孫承業爲太尉，以臨淮王彧爲司徒。丙子，[2]進雍州刺史、廣宗郡公尒朱天光爵爲王。[3]

[1]十一月乙亥：毛本、殿本、四庫本、四部備要本作“十一月己亥”。按：《資治通鑑》卷一五四亦云“乙亥，以司徒長孫稚爲太尉，臨淮王彧爲司徒”。北魏孝莊帝永安三年十一月癸酉朔，乙亥、己亥均屬此月，未詳孰是。

[2]丙子：殿本校勘記認爲當爲“庚子”。未詳孰是。

[3]廣宗郡公：封爵名。廣宗，郡名。北魏時治廣宗縣，在今河北威縣東。

十二月甲辰，尒朱兆、尒朱度律自富平津上率騎涉度以襲京城。[1]事出倉卒，禁衛不守。帝步出雲龍門。[2]兆逼帝幸永寧寺，[3]殺皇子。亂兵煞司徒臨淮王彧、左僕射范陽王誨。[4]戊申，尒朱度律自鎮京師。甲寅，尒朱兆遷帝於晋陽。甲子，帝遇弒於城内三級佛寺，[5]時年二十四。并害陳留王寬。中興二年，[6]廢帝奉謚爲武懷皇帝。[7]及孝武立，[8]又以廟諱故，改謚孝莊皇帝，廟號敬宗。葬静陵。[9]

[1]尒朱度律：人名。北秀容（今山西朔州市）人，契胡族。見《北史》卷四八《尒朱榮附尒朱度律傳》。　富平津：津渡名。在今河南孟州市西南。

[2]雲龍門：洛陽宫城的正南門。

[3]永寧寺：在今河南洛陽市。

[4]煞：殿本、四庫本、局本、四部備要本、中華本作“殺”。按:“殺”“煞”古通。　范陽王：封爵名。范陽，郡名。北魏時治涿縣，在今河北涿州市。　誨：即元誨，人名。北魏宗室。

[5]三級佛寺：故址在今山西太原市。

[6]中興：北魏廢帝的年號（531—532）。

[7]廢帝：即北魏皇帝元朗。見《北史》卷五《魏本紀・廢帝》。　奉謚：底本作“泰謚”，元大德本、毛本、殿本、四庫本、局本、四部備要本、中華本作“奉謚”。按：字形相近而訛，底本誤。

[8]孝武：即北魏皇帝元脩。孝武爲其謚號。

[9]静陵：在今河南洛陽市郊。

節閔皇帝諱恭，[1]字脩業，廣陵惠王羽之子也。[2]母曰王氏。帝少有志度，事祖母、嫡母以孝聞。正始中，[3]襲爵。位給事黄門侍郎。帝以元叉擅權，[4]託稱瘖病，[5]絶言垂一紀。[6]居於龍花佛寺，[7]無所交通。永安末，有白莊帝，言帝不語，將有異圖。人間游聲，又云常有天子氣。帝懼禍，遂逃匿上洛。[8]尋見追躡，送京師，拘禁多日，以無狀獲免。

[1]節閔：北魏皇帝元恭的謚號。

[2]廣陵惠王：廣陵王，封爵名。遥封。廣陵，郡名。南朝齊時治廣陵縣，在今江蘇揚州市西北。惠，元羽的謚號。 羽：即元羽，人名。北魏宗室。獻文帝之子，孝文帝之弟。見《北史》卷一九《廣陵王羽傳》。

[3]正始：北魏宣武帝的年號（504—508）。

[4]元乂：人名。字伯儁。北魏宗室、大臣。見《北史》卷一六《京兆王黎附元乂傳》。

[5]瘖病：不能説話。

[6]一紀：十二年。

[7]龍花佛寺：在今河北霸州市信安鎮。

[8]上洛：郡名。北魏時治上洛縣，在今陝西商洛市商州區。

及莊帝崩，尒朱世隆等以元曄疏遠，又非人望所推；以帝有過人之量，將謀廢立。恐實不語，乃令帝所親申意，兼迫脅。帝曰："天何言哉。"世隆等大悦。及元曄至邙南，世隆等奉帝東郭外，行禪讓禮。太尉尒朱度律奉路車，[1]進璽紱。[2]服衮冕，[3]百官侍衛，入自建春、雲龍門。[4]

[1]路車：即輅車。天子或諸侯貴族所乘的車。

[2]璽紱：印璽上所繫的彩色絲帶。借指印璽。

[3]衮冕：帝王與上公的禮服和禮冠。

[4]建春：北魏都城洛陽東門之一。

普泰元年春二月己巳，[1]皇帝即位於太極前殿，[2]群臣拜賀。禮畢，遂登閶闔門大赦。以魏爲大魏，改建明二年爲普泰元年。罷税市及税鹽之官。庚午，詔曰："自秦之末，競爲皇帝，忘負乘之深殃，垂貪鄙於萬葉。予今稱帝，已爲褒矣！可普告令知。"

[1]普泰：北魏節閔帝的年號（531—532）。

[2]太極前殿：北魏洛陽宫主殿，在南宫的中軸綫上。

是月，鎮遠將軍清河崔祖螭聚青州七郡之衆圍東陽。[1]幽州刺史劉靈助起兵於薊。[2]河北大使高乾及其弟昂夜襲冀州，[3]執刺史元嶷，[4]共推前河内太守封隆之行州事。[5]

[1]鎮遠將軍：官名。十六國時後秦設，爲雜號將軍之一。北魏因之，孝文帝太和二十三年定爲四品。　清河：郡名。北魏時治清河縣，在今山東臨清市東北。　崔祖螭：人名。小字社客，清河東武城（今山東武城縣西北）人。北魏官吏。見《魏書》卷二四《崔玄伯附崔祖螭傳》。　青州：北魏時治東陽城，在今山東青州市。　東陽：城名。在今山東青州市。

[2]劉靈助：人名。燕郡（今北京）人。北魏將領。見《北史》卷八九《劉靈助傳》。

[3]河北大使高乾及其弟昂夜襲冀州：源氏校勘記云："《魏書》'乾'下有'邕'字，'昂'作'敖曹'。"高乾，人名。字乾邕，勃海蓨（今河北景縣）人。北魏末大臣。見《北史》卷三一《高祐附高乾傳》。昂，即高昂，人名。字敖曹，勃海蓨（今河北景縣）人。北魏、東魏將領。見《北史·高祐附高昂傳》。

[4]元巖：人名。字子仲。北魏宗室。見《北史》卷一五《常山王遵附元巖傳》。

[5]封隆之：人名。字祖裔，小名皮，勃海蓨（今河北景縣）人。北魏、東魏、北齊官吏。見《北史》卷二四《封懿附封隆之傳》。

三月癸酉，封長廣王曄爲東海王；以青州刺史、魯郡王肅爲太師；沛郡王欣爲太傅、司州牧，改封淮陽王；[1]以徐州刺史彭城王尒朱仲遠、雍州刺史隴西王尒朱天光並爲大將軍；以柱國大將軍、并州刺史、潁川王尒朱兆爲天柱大將軍；[2]封晋州刺史、平陽郡公高歡爲勃海王；[3]以特進、清河王亶爲太傅；[4]以尚書令、樂平王尒朱世隆爲太保；[5]以趙郡王諶爲司空。丙申，定州刺史侯深破劉靈助於安國城，[6]斬之，傳首京師。

[1]淮陽王：封爵名。淮陽，郡名。北魏時治角城，在今江蘇淮安市淮陰區西。

[2]潁川王：封爵名。潁川，郡名。北魏時治長社城，在今河南長葛市東北。

[3]晋州：北魏時治白馬城，在今山西臨汾市。　高歡：人名。字賀六渾，勃海蓨（今河北景縣）人，世居懷朔鎮，爲鮮卑化漢人。北魏末、東魏大臣。北齊創立者，即神武帝。見《北史》卷六《齊本紀·神武帝》。　勃海王：封爵名。勃海，郡名。北魏時治南皮縣，在今河北南皮縣東北。

[4]特進：官名。西漢末置，以賜列侯中有特殊地位者。三國兩晋南北朝成爲正式加官名號，用以安置閑退大臣。北魏孝文帝太和十七年定爲一品下，二十三年改爲二品。　亶：即元亶，人名。

北魏宗室、大臣。節閔帝普泰元年任侍中、太傅，孝武帝永熙元年(532)爲司徒。孝武帝西入長安，高歡推爲大司馬，承制總萬機，居尚書省。後又推其子爲帝，遷都於鄴。卒，謚文宣。

[5]樂平王：封爵名。樂平，郡名。北魏時治樂平縣，在今山西昔陽縣西南。

[6]安國城：在今河北安國市南。

夏四月壬子，享太廟。癸亥，隴西王尒朱天光破宿勒明達，[1]禽送京師，斬之。丙寅，以侍中尒朱彥伯爲司徒。[2]詔有司不得復稱僞梁，罷細作之條，[3]無禁鄰國還往。

[1]宿勒明達：人名。夏州(今内蒙古烏審旗南)人。北魏末起義軍首領，胡琛部下，孝明帝正光五年(524)曾攻打豳、夏、北華諸州，孝明帝孝昌元年又與万俟醜奴等攻打涇州。毛本、殿本、四庫本、四部備要本作“宿勒明達”，中華本作“宿勤明達”，中華本校勘記云:“諸本‘勤’作‘勒’，《魏書》卷一一《前廢帝紀》作‘勤’。按宿勤明達見本書卷四九、《周書》卷一四《賀拔岳傳》，《魏書》卷七五《尒朱天光傳》。作‘勒’誤，今據改。”按：典籍“勒”“勤”常混，未詳孰是。

[2]尒朱彥伯：人名。北秀容(今山西朔州市)人，契胡族。見《北史》卷四八《尒朱榮附尒朱彥伯傳》。

[3]細作：暗探；間諜。

五月丙子，尒朱仲遠使其都督魏僧勗等討崔祖螭於東陽，斬之。

六月己亥朔，日有蝕之。庚申，勃海王高歡起兵信都，以誅尒朱氏爲名。

秋七月壬申，尒朱世隆等害前太保楊椿、前司空楊津。丙戌，司徒尒朱彦伯以旱遜位。九月，以彭城王尒朱仲遠爲太宰。庚辰，以隴西王尒朱天光爲大司馬。癸巳，追尊皇考爲先帝，皇妣王氏爲先太妃。[1]封皇弟永業爲高密王，[2]皇子子恕爲勃海王。

[1]先太妃：毛本、殿本、四庫本作"先太妣"。

[2]高密王：封爵名。高密，郡名。北魏時治高密縣，在今山東高密市西南。

冬十月壬寅，高歡推勃海太守元朗即皇帝位於信都。

二年春閏三月，[1]高歡敗尒朱天光等於韓陵。[2]

[1]閏三月：底本作"閏二月"，源氏校勘記云："'閏二月'《魏書》作'閏三月'。按《北齊書》爲'閏三月'。"中華本校勘記云："諸本'三'作'二'，《魏書·前廢帝紀》作'三'，但無'閏'字，《通志》卷一五下《後魏紀》作'閏三月'。按本書卷六《齊神武紀》，《魏書》卷一一《後廢帝紀》，都記韓陵之戰於閏三月。《通志》是，今據改。"今從改。

[2]韓陵：地名。在今河南安陽市東北。

夏四月辛巳，高歡與廢帝至芒山，[1]使魏蘭根慰喻洛邑，[2]且觀帝之爲人。蘭根忌帝雅德，還致毀謗，竟從崔㥄議，[3]廢帝於崇訓佛寺，[4]而立平陽王脩，是爲孝武帝。

[1]芒山：即邙山。

[2]魏蘭根：人名。鉅鹿下曲陽（今河北晉州市西）人。北魏、北齊官吏。見《北史》卷五六《魏蘭根傳》。　洛邑：地名。在今河南洛陽市東北。

[3]崔㥄：人名。字長儒，清河東武城（今山東武城縣西北）人。見《北史》卷二四《崔逞附崔㥄傳》。毛本、殿本、四庫本、四部備要本作“崔陵”。

[4]崇訓佛寺：在今河南洛陽市東北。

帝既失位，乃賦詩曰：“朱門久可患，紫極非情玩，顛覆立可待，一年三易换。時運正如此，唯有修真觀。”五月丙申，帝遇弑，殂於門下外省，[1]時年三十五。孝武帝詔百司赴會，葬用王禮，加九旒、鑾輅、黄屋、左纛，[2]班劍百二十人。[3]後西魏追謚節閔皇帝。

[1]門下外省：官署名。即門下省。北魏時爲中央政權機構的重心。

[2]九旒（liú）：古時官冕上的九串垂珠。　鑾輅（lù）：天子的車駕。因有鑾鈴，故稱。　黄屋：帝王專用的黄繒車蓋。　左纛（dào）：皇帝乘輿上的飾物，以牦牛尾或雉尾製成，設在車衡左邊或左騑上。

[3]班劍：本指有紋飾的劍。後用作儀仗，由武士配持，天子以賜功臣。

廢帝諱朗，字仲哲，章武王融第三子也。[1]母曰程氏。帝少稱明悟。元曄建明二年正月戊子，爲勃海太守。普泰元年十月，勃海王高歡奉帝以主號令。

［1］章武王：封爵名。章武，郡名。北魏時治平舒縣，在今河北大城縣。　融：即元融，人名。字永興。北魏宗室、將領。見《北史》卷一八《章武王太洛附元融傳》。

中興元年冬十月壬寅，皇帝即位於信都西，大赦，改普泰元年爲中興。以勃海王高歡爲丞相、都督中外諸軍事，以河北大使高乾爲司空。辛亥，高歡大破尒朱兆於廣阿。

十一月，梁將元樹入據譙城。[1]

［1］元樹：人名。字秀和，一字君立。北魏宗室。獻文帝之孫，咸陽王元禧之子。尒朱榮之亂時，元樹南奔梁。後北伐中被執，死於北魏。見《北史》卷一九《咸陽王禧附元樹傳》。　譙城：地名。在今安徽亳州市。

二年春二月甲子，以勃海王高歡爲大丞相、柱國大將軍、太師。

及歡敗尒朱氏於韓陵，四月辛巳，帝於河陽遜位於別邸。[1]五月，孝武封帝爲安定郡王。十一月，殂於門下外省。時年二十。永熙二年，[2]葬於鄴西南野馬崗。[3]

［1］別邸：正宅以外的住處。

［2］永熙：北魏孝武帝的年號（532—534）。

［3］鄴：城名。在今河北臨漳縣西南。　野馬崗：地名。在今河南安陽市。

孝武皇帝諱脩，[1]字孝則，廣平武穆王懷之第三子也。[2]母曰李氏。帝性沈厚，學涉，好武事，遍體有鱗文。年十八，封汝陽縣公。夢人有從諱謂己曰：[3]“汝當大貴，得二十五年。”永安三年，封平陽王。普泰中，爲侍中、尚書左僕射。

[1]孝武皇帝：《魏書》卷一一《出帝紀》作“出帝”。

[2]廣平武穆王：廣平王，封爵名。廣平，郡名。北魏時治曲梁城，在今河北永年縣東南。武穆，元懷的謚號。　懷：即元懷，人名。北魏宗室。見《北史》卷一九《廣平王懷傳》。

[3]從諱：中華本校勘記云：“《魏書》卷一一《出帝紀》無此語。按‘從諱’不可解，疑是《北史》避‘虎’字改作‘諱’。”可從。

中興二年，高歡既敗尒朱氏，廢帝自以疏遠，請遜大位。歡乃與百僚議，以孝文不可無後，時召汝南王悦於梁。至，將立之，宿昔而止。又諸王皆逃匿，帝在田舍。先是，嵩山道士潘彌望見洛陽城西有天子氣，[1]候之乃帝也。於是造第密言之。居五旬而高歡使斛斯椿求帝。[2]椿從帝所親王思政見帝，[3]帝變色曰：“非賣我耶？”椿遂以白歡。歡遣四百騎奉迎帝入氈帳，陳誠，泣下霑襟。讓以寡德。歡再拜，帝亦拜。歡出，備服御，進湯沐。達夜嚴警。昧爽，[4]文武執鞭以朝。使斛斯椿奉勸進表。椿入帷門，罄折延首而不敢前。[5]帝令思政取表，曰：“視，便不得不稱朕矣。”於是假廢帝安定王詔策而禪位焉。即位于東郭之外，用代都舊制，[6]以黑氈蒙七人，歡居其一。帝於氈上西向拜天訖，自東陽、雲龍門入。[7]

[1]嵩山：即今河南登封市嵩山。

[2]斛斯椿：人名。字法壽，富昌（今内蒙古准格爾旗東南）人。北魏官吏。見《北史》卷四九《斛斯椿傳》。

[3]王思政：人名。太原祁（今山西祁縣東南）人。北魏、西魏名將。見《北史》卷六二《王思政傳》。

[4]昧爽：拂曉，黎明。

[5]磬折：曲躬如磬，表示謙恭。

[6]代都：即平城。

[7]東陽：門名。北魏都城洛陽東門之一。

永熙元年夏四月戊子，皇帝御太極前殿，群臣朝賀。禮畢，升閶闔門大赦。改中興二年爲太昌元年。[1]壬辰，高歡還鄴。

[1]太昌：北魏孝武帝的年號（532）。

五月丙申，節閔帝殂。以太傅、淮陽王欣爲太師，改封沛郡王，以司徒、趙郡王諶爲太保，以司空、南陽王寶炬爲太尉，[1]以太保長孫承業爲太傅。辛丑，復前司空高乾位。己酉，以儀同三司、清河王亶爲司徒。乙卯，内外解嚴。

[1]司空：毛本、殿本、四庫本作“司徒”，《魏書》卷一一

《出帝紀》作“司州牧”。按:“司徒”誤，上文講趙郡王諶任司徒，故寶炬肯定不能任司徒。“司州牧”亦誤，遍檢《北史》和《魏書》，這一歷史時期内，任司州牧的有江陽王繼、沛郡王欣、咸陽王坦，並未見有任命寶炬爲司州牧的記載。故此處當爲“司空”，以底本爲是。

六月癸亥朔，帝於華林園納訟。丁卯，南陽王寶炬坐事，降爲驃騎大將軍、開府，[1]以王歸第。己卯，臨顯陽殿納訟。[2]丙戌，詔曰:“間者，凶權誕恣，法令變常，遂立夷貊輕賦，冀收天下之意。隨以箕斂之重，終納十倍之征，掩目捕雀，何能過此！今歲租調，且兩收一丐，[3]明年復舊。”

[1]驃騎大將軍：官名。東漢初臨時設置，統兵征戰，事訖則罷。魏晋制度，驃騎將軍爲重號將軍，僅次大將軍，本不須加“大”，然兩晋將軍名號愈來愈濫，遂又增此號，居諸名號將軍之首。多加於權臣元老，以示尊崇，開府置僚屬，不領兵。南北朝因之。北魏孝文帝太和十七年定爲一品中，二十三年改爲從一品。

[2]顯陽殿：位於洛陽南宫的中軸綫上，爲北魏統治者進行禮儀教化的地方。

[3]丐：免除。

秋七月庚子，以南陽王寶炬爲太尉。乙卯，帝臨顯陽殿，親理寃獄。是月，東南道大行臺樊子鵠大破梁軍於譙城，[1]禽其將元樹。八月丁卯，封西中郎將元寧爲高平王。[2]九月癸卯，進燕郡公賀拔允爵爲王。[3]癸丑，改封沛郡王欣爲廣陵王，節閔子勃海王子恕爲沛郡王。

[1]大行臺：官名。此爲大行臺尚書令的省稱。大行臺，官署名。北魏置，爲尚書省設在各主要地區的派出機構，代行尚書省的權力，依所轄區域稱關西大行臺、東北道大行臺、三徐州大行臺等，管理轄區内的軍政事務，是地方最高行政機構。設大行臺尚書令爲長官，大行臺尚書僕射協助管理大行臺事務，置大行臺尚書、大行臺郎中等分曹理事。　樊子鵠：人名。代郡平城（今山西大同市東北）人。北魏官吏。見《北史》卷四九《樊子鵠傳》。

[2]西中郎將：官名。具體職掌不詳。　高平王：封爵名。高平，郡名。北魏時治高平縣，在今寧夏固原市。

[3]燕郡公：封爵名。燕郡，北魏時治薊縣，在今北京西南。　賀拔允：人名。神武尖山（今山西神池縣）人。北魏、西魏名將。見《北史》卷四九《賀拔允傳》。

冬十月辛酉朔，日有蝕之。十一月丁酉，祀圓丘。[1]甲辰，殺安定王朗及東海王曄。己酉，以汝南王悦爲侍中、大司馬，開府。葬太后胡氏。[2]十二月丁亥，殺大司馬、汝南王悦。大赦，改元爲永興。[3]以同明元時年號，[4]尋改爲永熙。

[1]圓丘：古代祭天的圓形高壇。

[2]胡氏：即北魏孝明皇后胡氏。見《北史》卷一三《孝明皇后胡氏傳》。

[3]永興：北魏孝武帝的年號（532）。

[4]明元：即北魏皇帝拓跋嗣。明元爲其謚號。

是歲，蠕蠕、嚈噠、高麗、契丹、庫莫奚、高昌等國並遣使朝貢。[1]

[1]蠕蠕：國名。爲蠕蠕族建立的政權。蠕蠕，亦稱柔然，本爲東胡族的一支，屬拓跋部。南北朝時始强大，活動於今蒙古國南部地區。以游牧爲生。見《北史》卷九八《蠕蠕傳》。　高麗：國名。又作“高句麗”等，其先出自夫餘，地爲漢之玄菟郡，高句麗爲其三縣之一，因以爲國名。都名丸都，故治在今吉林集安市，南北朝時遷都於今朝鮮的平壤市。見《北史》卷九四《高麗傳》。　庫莫奚：國名。爲庫莫奚族建立的政權。庫莫奚，即奚族，南北朝稱庫莫奚。分布在饒樂水（今西拉木倫河）流域。東接契丹，西至突厥，南拒白狼河，北鄰霫。初臣屬於突厥，後稍强盛，分爲辱紇主（一作“辱紇王”）、莫賀弗、契個、木昆、室得等五部。習俗與突厥相似，以游牧爲主，兼以射獵。

二年春正月庚寅朔，朝饗群臣于太極前殿。丁酉，勃海王高歡大敗尒朱氏，山東平，罷諸行臺。丁巳，追尊皇考爲武穆皇帝，太妃馮氏爲武穆皇后，皇妣李氏曰皇太妃。二月，以咸陽王坦爲司空。三月甲午，太師、魯郡王肅薨。丁巳，以太保、趙郡王諶爲太尉，以太尉、南陽王寶炬爲尚書令、太保，[1]開府。是月，阿至羅十萬户内附。[2]詔復以勃海王高歡爲大行臺，隨機裁處。

[1]太保：《魏書》卷一一《出帝紀》作“太尉”。按：本卷下文載“孝武即位，拜太尉，加侍中。永熙二年，進位太保、開府、尚書令”，與此處記載相同。另《魏書·出帝紀》所載“丁巳，以侍中、太保、司州牧、趙郡王諶爲太尉公，加羽葆鼓吹；侍中、太

尉公、南陽王寶炬爲太尉、開府、尚書令”，這段史料本身就有矛盾，既然以趙郡王諶爲太尉公，那寶炬就不可能繼續爲太尉。疑當從《北史》。

[2]阿至羅：族名。鮮卑族慕容部的一支。

夏四月己未朔，日有蝕之。

秋七月壬辰，以太師、廣陵王欣爲大司馬，以太尉、趙郡王諶爲太師，並開府。庚戌，以前司徒、燕郡王賀拔允爲太尉。

冬十月癸未，以衛將軍、瓜州刺史、泰臨縣伯、高昌王麴子堅爲儀同三司，[1]進爵郡公。[2]十二月丁巳，狩於嵩陽，[3]士卒寒苦。己巳，遂幸温湯。[4]丁丑，還宫。

[1]麴子堅：底本作“趙子堅”，殿本、四庫本、局本、四部備要本作“麴子堅”，源氏校勘記云：“‘趙’《魏書》作‘麴’。”中華本校勘記云：“各本‘麴’作‘趙’，殿本據《魏書》改作‘麴’。按高昌王姓麴氏。麴堅，麴嘉子。見本書卷九七《高昌傳》。殿本是，今從之。”今從改。

[2]郡公：《魏書》卷一一《出帝紀》作“郡王”。按：《北史》卷九七《高昌傳》云“至永熙中，特除儀同三司，進爲郡公”，《魏書》卷一〇一《高昌傳》亦載“永熙中，特除儀同三司，進爲郡公”，並未見其他關於加封麴子堅爲郡王的記載，當以《北史》爲是。

[3]嵩陽：嵩山之陽。

[4]温湯：温泉。在今河南境内。

三年春二月壬戌，大赦。壬午，封左衛將軍元斌之爲潁川王。[1]

[1]左衛將軍：官名。負責宫禁宿衛。北魏孝文帝太和十七年定爲從二品下，二十三年改爲三品。　元斌之：人名。字子爽。北魏宗室，西魏將領。見《北史》卷一九《安樂王長樂附元斌之傳》。　潁川王：源氏校勘記云："'川'《魏書》作'昌'。"

夏四月癸丑朔，日有蝕之。辛未，高平王寧坐事降爵爲公。五月丙戌，置勳府庶子，[1]箱别六百人；[2]騎官，[3]箱别二百人；閤内部曲，數千人。帝内圖高歡，乃以斛斯椿爲領軍，使與王思政等統之，以爲心膂。軍謀朝政，咸决於椿。分置督將及河南、關西諸刺史。辛卯，下詔戒嚴，揚聲伐梁，實謀北討。

[1]勳府庶子：宿衛兵士。

[2]箱别：指分配、隸屬於各個坊廂的軍人。

[3]騎官：宫中值夜警衛。

是夏，契丹、高麗、吐谷渾並遣使朝貢。[1]

[1]吐谷（yù）渾：族名。又稱吐渾、退渾。原爲鮮卑族慕容部的一支，先祖游牧於徒河青山（今遼寧義縣東）。西晋時，遷徙於今甘肅、青海一帶。十六國時，先後受到前凉、西秦等追逐，幾乎亡國。後再度崛起，北魏太武帝時達到最强盛。在北魏打擊下，一度退到今新疆一帶。以游牧爲生。見《北史》卷九六《吐谷渾傳》。

秋七月己丑，帝親總六軍十餘萬，次河橋。高歡引軍東度。丙午，帝率南陽王寶炬、清河王亶、廣陽王湛、斛斯椿以五千騎宿於瀍西楊王別舍，[1]沙門都維那惠臻負璽持千牛刀以從。[2]有牛百頭，盡殺以食軍士。衆知帝將出，其夜亡者過半。清河、廣陽二王亦逃歸。略陽公宇文泰遣都督駱超、李賢和各領數百騎赴。[3]駱超先至。戊申，[4]賢和會帝於崤中。[5]己酉，高歡入洛，遣婁昭及河南尹元子思領左右侍官追帝，[6]請迴駕。高昂率勁騎及帝於陝西。[7]帝鞭馬長騖至湖城，[8]飢渴甚。有王思村人以麥飯壺漿獻帝，[9]帝甘之。復一村十年。是歲二月，熒惑入南斗，[10]衆星北流，群鼠浮河向鄴。梁武跣而下殿，[11]以禳星變。[12]及聞帝之西，慙曰："虜亦應天乎?"帝至稠桑，[13]潼關大都督毛洪賓迎獻食。[14]

[1]瀍：水名。在今河南北部，向東流入洛河。　楊王：中華本校勘記云："《通鑑》卷一五六'楊王'作'南陽王'，《通志·後魏紀》作'廣陽王'。按'楊王'不可解，疑誤。"可從。

[2]都維那：寺院中的綱領執事，掌理衆僧的進退威儀。

[3]略陽公：封爵名。略陽，郡名。北魏時治隴城縣，在今甘肅秦安縣東北。　宇文泰：人名。即北周文帝。見《北史》卷九《周本紀·文帝》。　駱超：人名。北魏官吏。曾任秦州刺史。

[4]戊申：底本作"甲戌"，中華本校勘記云："諸本'戊申'作'甲戌'，《通鑑》卷一五六作'戊申'。按上有丙午，下有己酉，中間不得有甲戌。是年七月辛巳朔，丙午二十六日，戊申二十八日，己酉二十九日，日序正合。蓋'戊申'倒誤爲'甲戌'。今據《通鑑》改。"今從改。

[5]崤中：地名。在今河南陝縣境内。

[6]婁昭：人名。字菩薩，代郡平城（今山西大同市東北）人。北魏、東魏大臣。見《北齊書》卷一五《婁昭傳》。　河南尹：官名。河南地區最高行政長官。河南，郡名。北魏時治洛陽縣，在今河南洛陽市東北。　元子思：人名。字衆念。北魏宗室、大臣。見《北史》卷一五《高涼王孤附元子思傳》。

[7]陝西：地區名。在今河南陝縣以西地區。

[8]鶩：亂跑，奔馳。　湖城：地名。在今河南靈寶市西。

[9]王思村：村名。在今河南靈寶市西。

[10]熒惑：即火星。因隱現不定，令人迷惑，故名。　南斗：即斗宿。有星六顆，在北斗星以南，形似斗，故稱。

[11]梁武：即南朝梁皇帝蕭衍。武爲其謚號。

[12]禳（ráng）：祭名。祈禱消除災殃、去邪除惡之祭。

[13]稠桑：驛名。一名桑田邑，在今河南靈寶市北黄河南岸。

[14]潼關：關隘名。在今陝西潼關縣東北，黄河南岸。　毛洪賓：人名。北地（今陝西富平縣東北）人。北魏官吏。以功拜岐州刺史、散騎常侍，封開國縣侯。後轉西兗州刺史、南青州刺史。孝武帝時鎮守潼關，爲高歡所擒，病死。

八月，宇文泰遣大都督趙貴、梁禦甲騎二千來赴，[1]乃奉迎。帝過河謂禦曰："此水東流而朕西上，若得重謁洛陽廟，是卿等功也。"帝及左右皆流涕。宇文泰迎帝於東陽，[2]帝勞之，將士皆呼萬歲。遂入長安，[3]以雍州公廨爲宫，大赦。甲寅，高歡推司徒、清河王亶爲大司馬，承制總萬機，居尚書省。[4]歡追車駕至潼關。

[1]趙貴：人名。字元寶，天水南安（今甘肅隴西縣）人。北魏、西魏、北周名將。見《北史》卷五九《趙貴傳》。　梁禦：人

名。字善通，其先安定（今甘肅涇川縣北）人，後家遷於武川，改姓紇豆陵氏。北魏、西魏將領。見《北史》卷五九《梁禦傳》。

[2]東陽：驛名。在今陝西渭南市東。

[3]長安：縣名。治所在今陝西西安市西北。

[4]尚書省：官署名。東漢有尚書臺，魏晋以省稱，亦常臺、省互稱。

九月己酉，歡東還洛陽。帝親督衆攻潼關，斬其行臺薛長瑜，[1]又剋華州。[2]

[1]薛長瑜：人名。東魏孝静帝天平中任征東將軍、洛州刺史。底本作“華長瑜”，中華本校勘記云：“諸本‘薛’作‘華’。按本書卷六《齊神武紀》云：‘命行臺尚書長史薛瑜守潼關。’本書卷九、《周書》卷一《文帝紀》云：‘神武留其將薛瑾守關而退，帝乃進軍斬瑾。’《魏書》卷四二《薛辯傳》附見薛長瑜云：天平中，‘擊賊潼關，没於陣’。其人當是名瑾字長瑜，‘華’乃‘薛’之誤，今據改。”今從改。

[2]華州：西魏時治鄭縣，在今陝西華縣西南。

其冬十月，高歡推清河王亶子善見爲主，徙都鄴，是爲東魏。魏於此始分爲二。

帝之在洛也，從妹不嫁者三：一曰平原公主明月，[1]南陽王同産也；二曰安德公主，[2]清河王懌女也；三曰蒺藜，亦封公主。帝内宴，令諸婦人詠詩，或詠鮑照樂府曰：“朱門九重門九閨，願逐明月入君懷。”[3]帝既以明月入關，蒺藜自縊。宇文泰使元氏諸王取明月殺之。帝不悦，或時彎弓，或時推案，君臣由此不安平。

[1]平原公主：北魏京兆王元愉之女，西魏文帝元寶炬之妹。

[2]安德公主：北魏孝文帝元宏孫女，清河王元懌之女。

[3]鮑照：人名。字明遠，東海（今山東郯城縣）人。南朝宋文學家。見《南史》卷一三《臨川烈武王道規附鮑照傳》。　朱門九重門九閨願逐明月入君懷：出自鮑照《淮南王二首》。

閏十二月癸巳，潘彌奏言："今日當甚有急兵。"[1]其夜，帝在逍遥園宴阿至羅，[2]顧侍臣曰："此處彷佛華林園，使人聊增悽怨。"命取所乘波斯騮馬，使南陽王躍之，將攀鞍，蹶而死，帝惡之。日晏還宫，至後門，馬驚不前，鞭打入。謂潘彌曰："今日幸無他不？"彌曰："過夜半則大吉。"須臾，帝飲酒，遇酖而崩，時年二十五。謚曰孝武。殯於草堂佛寺，[3]十餘年乃葬雲陵。[4]始宣武、孝明間謡曰："狐非狐，貉非貉，焦梨狗子齧斷索。"[5]識者以爲索謂本索髪，[6]焦梨狗子指宇文泰，俗謂之黑獺也。[7]

[1]甚：毛本、殿本、四庫本作"慎"，中華本校勘記云："殿本'甚'作'慎'。按作'慎'於文較洽，但各本及《通志》並作'甚'，或本是衍文，殿本以意改。今不從之。"

[2]逍遥園：在今陝西西安市西北。

[3]草堂佛寺：在今陝西户縣東南。

[4]雲陵：在今陝西富平縣東。

[5]宣武：即北魏皇帝拓跋恪。宣武爲其謚號。　孝明：即北魏皇帝元詡。孝明爲其謚號。

[6]謂：中華本校勘記云："《通志》'謂'下有'魏'字。按

當時宋、齊稱北魏爲‘索頭虜’，即因其辮髮之故。此疑脱‘魏’字。”可從。

[7]黑獺：宇文泰的字。

文皇帝諱寶炬，[1]孝文皇帝之孫，[2]京兆王愉之子也。[3]母曰楊氏。帝正始初坐父愉罪，兄弟皆幽宗正寺。[4]及宣武崩，乃得雪。正光中，[5]拜直閤將軍。時胡太后多嬖寵，帝與明帝謀誅之，事泄，免官。武泰中，封邵縣侯。[6]永安三年，進封南陽王。孝武即位，拜太尉，加侍中。永熙二年，進位太保、開府、尚書令。三年，孝武與高歡構難，以帝爲中軍四面大都督。[7]及從入關，拜太宰、録尚書事。孝武崩，丞相、略陽公宇文泰率群公卿士奉表勸進，三讓乃許焉。

[1]文：西魏皇帝元寶炬的謚號。

[2]孝文皇帝：即北魏孝文帝元宏。孝文爲其謚號。

[3]京兆王：封爵名。京兆，郡名。北魏時治霸縣城，在今陜西西安市東北。　愉：即元愉，人名。字宣德。北魏宗室。見《北史》卷一九《京兆王愉傳》。

[4]宗正寺：官署名。掌宗廟、諸陵薦賞祭祀，及修纂、保管帝系及皇族宗姓名籍等事。

[5]正光：北魏孝明帝的年號（520—525）。

[6]邵縣侯：封爵名。邵，縣名。治所在今山西垣曲縣。

[7]中軍四面大都督：官名。北魏設。爲州級軍事長官。

大統元年春正月戊申，[1]皇帝即位於城西，大赦，改元。追尊皇考爲文景皇帝，皇妣楊氏爲皇后。己酉，進丞相、略陽公宇文泰都督中外諸軍、録尚書事、大行臺，[2]改封安定郡公。以尚書令斛斯椿爲太保，廣平王贊爲司徒。[3]乙卯，立妃乙氏爲皇后，[4]立皇子欽爲皇太子。甲子，以廣陵王欣爲太傅，以儀同三司万俟壽樂干爲司空。[5]東魏將侯景攻陷荊州。[6]二月，前南青州刺史大野拔斬兖州刺史樊子鵠，[7]以州降東魏。

[1]大統：西魏文帝的年號（535—551）。

[2]都督中外諸軍：官名。即都督中外諸軍事。亦稱都督中外諸軍、中外都督等。總統内外諸軍，爲全國最高軍事統帥，權力極大。

[3]廣平王：封爵名。廣平，郡名。西魏時治曲梁城，在今河北永年縣東南。　贊：即元贊，人名。北魏宗室、西魏大臣。歷任侍中、驃騎大將軍、開府儀同三司、太尉、司空等職。宇文泰建立府兵制時，爲十二大將軍之一，後任尚書令。北周建立，降爵爲廣平郡公。

[4]乙氏：即西魏文帝文皇后乙弗氏。見《北史》卷一三《西魏文帝文皇后乙弗氏傳》。

[5]万俟壽樂干：人名。即万俟洛。字受洛干，太平（今山西山陰縣東南）人，鮮卑族。見《北史》卷五三《万俟普附万俟洛傳》。

[6]侯景：人名。字萬景，懷朔鎮（今内蒙古固陽縣南）人。曾任北魏官吏，後叛至南朝。見《梁書》卷五六《侯景傳》（參李萬生《侯景的氏族及相關問題》，《北京大學學報》2000年第5期）。　荊州：西魏時治穰城，在今河南鄧州市。

[7]大野拔：人名。一作“達野拔”。北魏、東魏官吏。前廢帝時，位武衛將軍，後爲南青州刺史。　兖州：西魏時治瑕丘城，在今山東兖州市。

夏五月，降罪人。加安定公宇文泰位柱國。

秋七月，以開府儀同三司念賢爲太尉，[1]以司空万俟壽樂干爲司徒，以開府儀同三司越勒肱爲司空。梁州刺史元羅以州降梁。[2]九月，有司詔煎御香澤，[3]須錢萬貫。帝以軍旅在外，停之。

[1]念賢：人名。字蓋盧，金城枹罕（今甘肅臨夏市）人。西魏將領。見《北史》卷四九《念賢傳》。

[2]梁州：西魏時治光義縣，在今陝西漢中市。

[3]詔：中華本作"奏"，其校勘記云："諸本'奏'作'詔'，《册府》卷五六作'奏'，《通志》作'請'。按作'詔'不通。'奏''詔'雙聲，'詔''請'形近，都有致誤的可能。今姑從《册府》改。"　香澤：髮油一類的化妝品。

冬十月，太師、上黨王長孫承業薨。十二月，以太尉念賢爲太傅，以河州刺史梁景叡爲太尉。[1]

[1]河州：西魏時治枹罕縣，在今甘肅臨夏市。　梁景叡：人名。即梁覽。字景叡，金城（今甘肅蘭州市東）人。北魏、西魏官吏。見《北史》卷四九《梁覽傳》。

二年春正月辛亥，祀南郊，改以神元皇帝配。[1]東魏攻陷夏州。[2]二月，儀同三司段敬討叛羌梁仚定平之。[3]三月，以凉州刺史李叔仁爲司徒，[4]以司徒万俟壽樂干爲太宰。

[1]神元：北魏拓跋祖先力微的謚號。爲北魏道武帝所追謚。

[2]夏州：西魏時治巖緑縣（統萬城），在今陝西靖邊縣白城子村無定河北岸的毛烏素沙漠中（靠近今内蒙古烏審旗南）。

[3]梁仚定：人名。爲北魏、西魏時宕昌國君主。在北魏分裂之後其漸生叛心，屢犯魏邊境。後爲西魏所破，任命其爲撫軍將軍。大統四年爲洮州刺史，大統七年又舉兵犯魏。西魏命獨孤信討伐，其被部下所殺。

[4]凉州：西魏時治姑臧縣，在今甘肅武威市。　李叔仁：人名。隴西（今甘肅隴西縣南）人。北魏、西魏將領。見《北史》卷三七《李叔仁傳》。

夏五月，司空越勒肱薨。秦州刺史、建忠王万俟普撥及其子太宰壽樂干率所部奔東魏。[1]

[1]秦州：西魏時治上封城，在今甘肅天水市。　建忠王：封爵名。建忠，郡名。西魏時治三原縣，在今陝西三原縣北。底本作"建中王"，中華本校勘記云："諸本'忠'作'中'。本書卷六《齊神武紀》、卷九《周文帝紀》作'忠'。按建忠郡見《隋書·地理志上》京兆郡三原縣條。本書卷四九《毛鴻賓傳》，稱魏孝明帝'改三原縣爲建中郡以旌其兄弟'。字作'中'。但《太平寰宇記》卷三耀州三原縣條引《周地圖記》却説：'置建忠郡以旌其功。'既是旌表毛氏兄弟，則字本當作'忠'。今據改。"今從改。　万俟普撥：人名。即万俟普。太平（今山西山陰縣東南）人，鮮卑族。北魏、西魏、東魏、北齊官吏。見《北史》卷五三《万俟普傳》。

秋九月，以扶風王孚爲司空，[1]以太保斛斯椿爲太傅。

[1]扶風王：封爵名。扶風，郡名。西魏時治好畤縣，在今陝西乾縣東。　孚：即元孚，人名。字秀和。北魏宗室、西魏官吏。見《北史》卷一六《臨淮王譚附元孚傳》。

冬十一月，追改始祖神元皇帝爲太祖，[1]道武皇帝爲烈祖。[2]

[1]始祖：北魏神元帝拓跋力微的廟號。
[2]道武：北魏皇帝拓跋珪的謚號。　烈祖：拓跋珪的廟號。

是歲，關中大飢，人相食，死者十七八。

三年春二月，槐里獲神璽，[1]大赦。

[1]槐里：縣名。治所在今陝西興平市西。

夏四月，太傅斛斯椿薨。五月，以廣陵王欣爲太宰，賀拔勝爲太師。六月，以司空、扶風王孚爲太保，以太尉梁景叡爲太傅，以司徒、廣平王贊爲太尉，以開府儀同三司王盟爲司空。[1]

[1]王盟：人名。字仵，樂浪（今遼寧義縣）人。西魏外戚、官吏。見《北史》卷六一《王盟傳》。

冬十月，安定公宇文泰大破東魏軍於沙苑，[1]拜泰柱國大將軍。[2]十二月，司徒李叔仁自涼州通使於東魏，[3]建昌太守賀蘭植攻斬之。[4]

[1]沙苑：地名。又名沙阜、沙海、沙窩。在今陝西大荔縣南洛、渭之間。

[2]柱國大將軍：官名。十六國時後燕慕容垂燕元元年（384）始置。北魏初亦置，位在太尉之上，後罷。北魏末復置，位在丞相之上，授予權臣。西魏文帝大統三年，省稱柱國，大統十六年前共任命八人，稱八柱國，是西魏的最高官職。

[3]凉州：底本作“梁州”，中華本校勘記云：“諸本‘凉’作‘梁’。按上文二年三月條及本書卷三七《李叔仁傳》並作‘凉州’。下文言‘建昌太守賀蘭植攻斬之’。建昌郡屬凉州，見《魏書·地形志下》。作‘梁’誤，今據改。”今從改。

[4]建昌：郡名。西魏時治榆中縣，在今甘肅蘭州市。

四年春正月辛酉，拜天於清暉室，[1]終帝世遂爲常。

[1]清暉室：宫室名。在今陝西西安市西北。

二月，東魏攻陷南汾、潁、豫、廣四州。[1]廢皇后乙氏。三月，立蠕蠕女郁久閭氏爲皇后，[2]大赦。以司空王盟爲司徒。

[1]南汾：州名。西魏時治定陽縣，在今山西吉縣。　潁：州名。西魏時治汝陰縣，在今安徽阜陽市。　豫：州名。西魏時治懸瓠城，在今河南汝南縣。　廣：州名。西魏時治襄城縣，在今河南襄城縣。

[2]郁久閭氏：即西魏文帝悼皇后郁久閭氏。見《北史》卷一三《文帝悼皇后郁久閭氏傳》。

秋七月，東魏將侯景等圍洛陽，帝與安定公宇文泰東伐。九月，車駕至自東伐。以撫軍將軍梁岔定爲南洮州刺史，[1]安西蕃。

[1]撫軍將軍：官名。北魏時爲將軍名號，地位較高。孝文帝太和十七年定爲從一品下，二十三年降爲從二品。　南洮州：西魏時治溢樂縣，在今甘肅岷縣。

五年春二月，赦京城内。

夏五月，以開府儀同三司李弼爲司空。[1]免妓樂雜役之徒，皆從編户。

[1]李弼：人名。字景和，隴西成紀（今甘肅秦安縣）人。西魏、北周大臣。見《北史》卷六〇《李弼傳》。

秋七月，詔自今恒以朔望親閲京師見禁囚徒。以司空、扶風王孚爲太尉。[1]

[1]司空：中華本校勘記云："張森楷云：'"司空"當作"太保"。上三年已書"以司空扶風王孚爲太保"。'"

冬十月，於陽武門外縣鼓，[1]置紙筆，以求得失。

[1]陽武門：爲西魏長安宫城的北門之一。　縣：通"懸"。

六年春正月庚戌，朝群臣。自西遷至此，禮樂始備。太尉、扶風王孚薨。二月，鑄五銖錢。降罪人。

冬十一月，太師念賢薨。

七年春二月，幽州刺史、順陽王仲景以罪賜死。[1]三月，夏州刺史劉平謀反，大都督于謹討禽之。[2]

[1]幽州：中華本校勘記云："按西魏境内無幽州，疑是'豳州'之訛。但本書卷一七《京兆王子推傳》附見元仲景，也作'幽州'。"　順陽王：封爵名。順陽，郡名。北魏時治南鄉縣，在今河南淅川縣西南。　仲景：即元仲景，人名。北魏宗室。見《北史》卷一七《京兆王子推附元仲景傳》。

[2]于謹：人名。字思敬。北魏、西魏官吏。見《北史》卷二三《于栗磾附于謹傳》。

秋九月，詔班政事之法六條。

冬十一月，叛羌梁仚定徒黨屯於赤水城，[1]秦州刺史獨孤信擊平之。[2]尚書奏班十二條制。十二月，御憑雲觀，[3]引見諸王，叙家人之禮，手詔爲宗誡十條以賜之。

[1]赤水城：在今青海興海縣東南（參秦裕江《赤水與赤水戍——吐谷渾地理考察之二》，《青海社會科學》1996年第1期）。

[2]獨孤信：人名。雲中（今内蒙古和林格爾縣東北）人，鮮卑族。北魏、西魏、北周名將。西魏八柱國之一。見《北史》卷六一《獨孤信傳》。

[3]憑雲觀：在今陝西西安市。

八年春三月，初置六軍。

夏四月，鄯善王兄鄯朱那率衆内附。[1]

［1］鄯善王：封爵名。鄯善，國名。國都在今新疆若羌縣附近。見《北史》卷九七《鄯善傳》。

秋八月，以太尉王盟爲太保。

冬十月，詔皇太子鎮河東。[1]十二月，行幸華州，起萬壽殿於沙苑北。[2]

［1］河東：郡名。西魏時治蒲坂縣，在今山西永濟市西南蒲州城。

［2］萬壽殿：在今陝西大荔縣西南。

九年春正月，降罪人。禁中外及從母兄弟姊妹爲婚。閏月，車駕至自華州。

二月，東魏北豫州刺史高仲密據武牢内附，[1]以仲密爲侍中、司徒，封勃海郡公。

［1］北豫州：東魏時治虎牢城，在今河南滎陽市西北。　高仲密：人名。即高慎。字仲密，勃海蓚（今河北景縣）人。東魏官吏。見《北史》卷三一《高允附高慎傳》。　武牢：關隘名。即虎牢關。《北史》避唐高祖祖父李虎諱改。在今河南滎陽市汜水鎮西。

秋七月，大赦。以太保王盟爲太傅，以太尉、廣平王贊爲司空。

冬十二月，以司空李弼爲太尉。

十年春正月甲子，詔公卿已下，每月上封事三條，極言得失。刺史二千石銅墨已上，[1]有讜言嘉謀，[2]勿有所諱。

［1］銅墨：銅印黑綬。
［2］讜言：正直之言。

夏五月，太師賀拔勝薨。

秋七月，更權衡度量。

十一年夏五月，太傅王盟薨，詔諸鞫大辟獄，[1]皆命三公覆審，然後加刑。

［1］鞫（jū）：審問。　大辟獄：死囚獄。

冬，始築圓丘於城南。封皇子儉。[1]

［1］儉：即元儉，人名。西魏宗室。北周閔帝即位，録爲宗室名位。位大將軍，爵梁王。

十二年春二月，凉州刺史宇文仲和反，[1]秦州刺史獨孤信討平之。三月，鑄五銖錢。

［1］宇文仲和：人名。代郡武川（今内蒙古武川縣西）人，鮮卑族。西魏、北周官吏。

夏五月，詔女年不滿十三以上，勿得以嫁。

秋九月，東魏勃海王高歡攻玉壁，[1]晋州刺史韋孝寬力戰禦之。[2]冬十二月，[3]歡燒營而退。

［1］玉壁：地名。在今山西稷山縣西南。

[2]韋孝寬：人名。即韋叔裕。字孝寬，京兆杜陵（今陝西西安市長安區東）人。見《北史》卷六四《韋孝寬傳》。

[3]冬十二月：中華本校勘記云："按本書卷六《齊神武紀》，言高歡班師在十一月庚子（一日）。《魏書》卷一二《孝静紀》也作武定四年十一月。《周書》卷二《文帝紀下》大統十二年稱高歡於九月圍玉壁，六旬而退。也應在十一月。這裏作'十二月'當誤。"可從。

十三年春正月，開白渠以溉田。[1]二月，詔自今應宫刑者，直没官，勿刑。亡奴婢應黥者，止科亡罪。以開府儀同三司若干惠爲司空。[2]

[1]白渠：漢武帝時由白公建議開鑿。自谷口（今陝西禮泉縣西北）鄭國渠南折涇水東南流，經今陝西高陵縣及西安市臨潼區東北櫟陽鎮附近，至渭南市北下邽鎮注入渭水。渠長二百里，溉田四千五百頃。

[2]若干惠：人名。字惠保，代郡武川（今内蒙古武川縣西）人。見《北史》卷六五《若干惠傳》。底本作"若于惠"，殿本、四庫本、局本、四部備要本、中華本作"若干惠"。按："干""于"字形相近而混，今從中華本改。

東魏勃海王高歡薨。其司徒侯景據潁川率河南六州内附，[1]授景太傅、河南大行臺、上谷郡公。[2]三月，大赦。

[1]東魏勃海王高歡薨其司徒侯景據潁川率河南六州内附：中華本校勘記云："按本書下文及《魏書》卷一二《孝静紀》，稱高歡死於武定五年正月丙午（八日），侯景即於辛亥（十三日）降西

魏。本書卷九、《周書》卷二《文帝紀》大統十三年，亦記其事於正月。這裏繫於二月，誤。”可從。潁川，郡名。東魏時治長社縣，在今河南臨潁縣西北。

[2]上谷郡公：封爵名。上谷，郡名。東魏時寄治居庸縣，在今北京延慶縣。

夏五月，以太傅侯景爲大將軍，以開府儀同三司獨孤信爲大司馬。晋王謹薨。

秋七月，司空若干惠薨。大將軍侯景據豫州叛。封皇子寧爲趙王。

十四年春正月，赦潁、豫、廣、北荆、洛、東荆、襄等七州。[1]以開府儀同三司趙貴爲司空。皇孫生，大赦。

[1]北荆：底本作“北”，中華本校勘記云：“按‘北洛’無此州名。且‘北洛’若爲一州，祇得六州。疑‘北’下脱‘荆’字。北荆州見《魏書·地形志中》及《隋書》卷三〇《地理志中》河南郡陸渾縣條。此州本東魏武定二年置，治伊陽，與潁州（治長社）豫州（治懸瓠）洛州（治洛陽）廣州（治魯陽）東荆（治淮安）襄州（治赭陽）並在今河南中部。蓋侯景降西魏後，初爲西魏所得，故赦。”今從改。　東荆：州名。西魏時治沘陽，在今河南泌陽市。　襄：州名。西魏時治赭陽城，在今河南方城縣東南。

夏五月，以安定公宇文泰爲太師，廣陵王欣爲太傅，太尉李弼爲大宗伯，[1]前太尉趙貴爲大司寇，[2]以司空于謹爲大司空。[3]

[1]大宗伯：官名。掌管禮樂、祭祀、天文曆法、著作等方面事務。原爲《周禮》六卿之一，爲春官之長。西魏末、北周仿《周禮》建六官，復置爲春官之長，亦稱大宗伯卿。北周時爲正七命。

[2]大司寇：官名。《周禮》秋官之屬。掌國家法典，聽獄訟，制刑罰。北周時爲正七命。

[3]大司空：官名。《周禮》六卿之一，爲冬官之長。掌土木工程。西魏末、北周仿《周禮》建六官，復置爲冬官之長，亦稱大司空卿。北周時爲正七命。

十五年己巳五月，侯景殺梁武帝。初詔諸代人太和中改姓者，[1]並令復舊。六月，東魏勃海王高澄攻陷潁川。[3]

[1]十五年己巳：四庫本校勘記指出《北史》每年不記干支，此獨書，乃衍文。按：可從。

[2]太和：北魏孝文帝的年號（477—499）。

[3]高澄：人名。字子惠，高歡長子。見《北史》卷六《齊本紀·文襄帝》。

秋八月，盜殺東魏勃海王高澄。

冬十二月，封梁雍州刺史、岳陽王蕭詧爲梁王。[1]

[1]岳陽王：封爵名。岳陽，郡名。南朝梁時治岳陽縣，在今湖南湘陰縣南。　蕭詧（chá）：人名。字理孫，蘭陵（一説在今江蘇常州市，一説在今江蘇丹陽市）人。南朝梁宗室，西梁的開國皇帝。見《北史》卷九三《蕭詧傳》。

十六年夏四月，封皇子儒爲燕王，公爲吴王。五月，東魏静帝遜位于齊。[1]

[1]静帝：即東魏皇帝元善見。静爲其謚號。

秋七月，安定公宇文泰東伐，至恒農。[1]齊師不出，乃還。九月，大赦。

[1]恒農：郡名。東魏時僑置，治所在今河南衛輝市一帶。

十七年春三月庚戌，帝崩于乾安殿，[1]時年四十五。夏四月庚辰，葬於永陵，[2]上謚曰文皇帝。

[1]乾安殿：在今陝西西安市。

[2]永陵：西魏皇帝元寶炬與皇后乙弗氏的合葬墓，在今陝西富平縣劉集。

帝性强果，始爲太尉時，侍中高隆之恃勃海王高歡之黨，[1]驕狎公卿。因公會，帝勸酒不飲，怒而毆之，罵曰："鎮兵，何敢爾也！"孝武以歡故，免帝太尉，歸第，命羽林守衛，[2]月餘復位。及歡將改葬其父，朝廷追贈太師，百僚會吊者盡拜。帝獨不屈，曰："安有生三公而拜贈太師耶！"

[1]高隆之：人名。字延興，高平金鄉（今山東濟寧市東南）人。東魏、北齊大臣。見《北齊書》卷一八《高隆之傳》。

[2]羽林：侍衛軍士。掌禁衛皇宫，亦奉命出征。

及躋大位，權歸周室。嘗登逍遥觀望嵯峩山，[1]因謂左右曰："望此，令人有脱屣之意。若使朕年五十，便委政儲宫，尋山餌藥，不能一日萬機也。"既而大運未終，竟保天禄云。

[1]逍遥觀：在今陝西西安市。　嵯峩山：在今陝西涇陽縣、三原縣、淳化縣交界。

廢帝諱欽，文皇帝之長子也。母曰乙皇后。大統元年正月乙卯，立爲皇太子。十七年三月，即皇帝位。是月，梁邵陵王蕭綸侵安陸，[1]大將軍楊忠討禽之。[2]

[1]邵陵王：封爵名。邵陵，郡名。南朝梁時治邵陵縣，在今湖南邵陽市。　蕭綸：人名。字世調。南朝梁宗室。見《梁書》卷二九《邵陵王綸傳》。　安陸：郡名。西魏時治安陸縣，在今湖北安陸市。

[2]楊忠：人名。小名奴奴，弘農華陰（今陝西華陰市東南）人。西魏、北周名將，隋文帝楊堅之父。見《周書》卷一九《楊忠傳》。

元年冬十一月，梁湘東王蕭繹討侯景，[1]禽之。遣其舍人魏彦來告，[2]仍嗣位於江陵。[3]

[1]湘東王：封爵名。湘東，郡名。南朝梁時治臨烝縣，在今湖南衡陽市。　蕭繹：人名。字世誠，南蘭陵（一説在今江蘇常州市，一説在今江蘇丹陽市）人。南朝梁皇帝。見《梁書》卷五

《元帝紀》。

[2]舍人：官名。多爲皇帝、王公等近屬之官。

[3]江陵：城名。在今湖北江陵縣。

二年秋八月，大將軍尉遲迥剋成都，[1]劍南平。[2]

[1]尉遲迥：人名。字薄居羅，代（今山西大同市東北）人。西魏、北周重臣。見《北史》卷六二《尉遲迥傳》。　成都：縣名。治所在今四川成都市。毛本、殿本作“城都”。按：成都，在今四川成都市。城都，在今河南范縣東南。根據後文云“劍南平”，可知當爲“成都”，今從底本。

[2]劍南：泛指今四川劍閣縣以南地區。

冬十一月，安定公宇文泰殺尚書元烈。[1]

[1]元烈：人名。北魏宗室。位尚書，西魏廢帝二年，謀殺宇文泰，事泄被誅。

三年春正月，安定公宇文泰廢帝而立齊王廓。帝自元烈之誅，有怨言。淮安王育、廣平王贊等並垂泣諫。[1]帝不聽，故及於辱。

[1]淮安王：封爵名。淮安，郡名。西魏時治慕化縣，在今河南信陽市西北。

恭皇帝諱廓，文皇之第四子也。大統十四年，封爲齊王。廢帝三年正月，即皇帝位，改元。

元年夏四月，蠕蠕乙旃達官寇廣武。[1] 五月，柱國李弼追擊之，[2] 斬首數千級，收輜重而還。

[1]乙旃達官：人名。其餘不詳。　廣武：縣名。治所在今甘肅永登縣東南。

[2]李弼：中華本校勘記云："《周書》卷二《文帝紀》'李弼'作'趙貴'。按事見《周書》卷一六《趙貴傳》。卷一五《李弼傳》不載此事。此疑誤。"可從。

冬十一月，魏師滅梁，戕梁元帝。梁太尉王僧辯奉元帝子方智爲王，[1] 承制，居建業。[2]

[1]王僧辯：人名。字君才，太原祁（今山西祁縣東南）人。南朝梁將領。初仕北魏，後歸梁，任湘東王蕭繹左常侍、司馬。見《梁書》卷四五《王僧辯傳》。　方智：人名。即梁敬帝蕭方智。見《梁書》卷六《敬帝紀》。

[2]建業：城名。在今江蘇南京市。

二年秋七月，梁太尉王僧辯納貞陽侯蕭明於齊，[1] 奉以爲主。梁王方智爲太子。九月，梁司空陳霸先殺僧辯，[2] 廢蕭明，復奉方智爲帝。

[1]貞陽侯：封爵名。貞陽，縣名。治所在今廣東英德市東。　蕭明：即蕭淵明，人名。《北史》避唐高祖李淵諱改。字靖通。南朝梁宗室。見《北齊書》卷三三《蕭明傳》。

[2]陳霸先：人名。字興國，小字法生，吴興長城（今浙江長興縣）下若里人。南朝陳開國君主。見《陳書》卷一、二《高祖

紀》。

是歲，梁廣州刺史王琳寇邊，[1]大將軍豆盧寧帥師討之。[2]

[1]廣州：南朝梁時治番禺縣，在今廣東廣州市。　王琳：人名。字子珩，會稽山陰（今浙江紹興市）人。南朝梁將領、北齊官吏。見《南史》卷六四《王琳傳》。

[2]豆盧寧：人名。字永安，昌黎徒何（今遼寧錦州市）人。西魏、北周將領。其先本鮮卑慕容氏，前燕之支族，後歸附北魏，賜姓豆盧氏。見《北史》卷六八《豆盧寧傳》。

三年春正月丁丑，初行《周禮》，建六官，[1]以安定公宇文泰爲太師、冢宰，[2]以柱國李弼爲大司徒，[3]趙貴爲太保、大宗伯，以尚書令獨孤信爲大司馬，以于謹爲大司寇，以侯莫陳崇爲大司空。[4]

[1]六官：即天官、地官、春官、夏官、秋官、冬官。

[2]冢宰：《周書》卷二《文帝紀》作“大冢宰”。中華本校勘記云：“本書卷九、《周書》卷二《文帝紀》‘冢宰’上有‘大’字，是。此誤脱。”可從。大冢宰，官名。大冢宰卿的省稱。西魏恭帝三年置，北周沿置。爲六官之首天官府的長官，員一人，正七命。職掌宫廷供奉、侍御以及全國財政收支、賦役，百官俸給等事務。

[3]以柱國李弼爲大司徒：中華本校勘記云：“《周書·文帝紀》及卷一五《李弼傳》並云弼‘爲太傅、大司徒’。按當時宇文泰爲太師，李弼爲太傅，趙貴爲太保，即所謂三師。這裏宇文泰、趙貴皆書，不應李弼獨否。蓋脱文。”可從。大司徒，官名。大司徒卿

的省稱。爲地官之長，掌管國家土地圖籍、户口，管理土地使用、諸侯的封邑、人民的教化。正七命。

[4]侯莫陳崇：人名。字尚樂，代武川（今内蒙古武川縣西）人，鮮卑族。西魏、北周將領。見《北史》卷六〇《侯莫陳崇傳》。

冬十月乙亥，安定公宇文泰薨。

十二月庚子，帝遜位於周。周閔帝元年正月，[1]封帝爲宋公，尋殂。

[1]周閔帝：即北周皇帝宇文覺。閔爲其謚號。

東魏孝静皇帝諱善見，清河文宣王亶之世子也。[1]母曰胡妃。永熙三年八月，拜開府儀同三司。孝武帝既入關，勃海王高歡乃與百僚會議，推帝以奉明帝之後，時年十一。

[1]文宣：元亶的謚號。爲東魏孝静帝所追謚。

天平元年冬十月丙寅，[1]皇帝即位于城東北，大赦，改元。庚午，以太師、趙郡王諶爲大司馬，以司空、咸陽王坦爲太尉，以開府儀同三司高盛爲司徒，[2]以開府儀同三司高昂爲司空。壬申，享太廟。丙子，車駕北遷于鄴。詔勃海王高歡留後部分。改司州爲洛州，[3]以尚書令元弼爲儀同三司、洛州刺史，[4]鎮洛陽。

[1]天平：東魏孝静帝的年號（534—537）。

[2]高盛：人名。字盆生，勃海蓨（今河北景縣）人。東魏大臣（參張子英《磁州三高碑考》，《華夏考古》1999年第4期）。

[3]司州：東魏時治鄴縣，在今河北臨漳縣西南。

[4]元弼：人名。字宗輔。東魏、北齊大臣。見《北史》卷一五《常山王遵附元弼傳》。　洛州：東魏時治洛陽城，在今河南洛陽市東北。

十一月兖州刺史樊子鵠、南青州刺史大野拔據瑕丘反。庚寅，車駕至鄴，居北城相州之廨。改相州刺史爲司州牧，魏郡太守爲魏尹。[1]徙鄴舊人西徑百里，以居新遷人。分鄴置臨漳縣。[2]以魏郡、林慮、廣平、陽平、頓丘、汲郡、黎陽、東郡、濮陽、清河、廣宗等郡爲皇畿。[3]

[1]魏郡：東魏時治鄴縣，在今河北臨漳縣西南。　魏尹：官名。十六國時後趙、前燕始置。東魏孝静帝天平元年復置。職責與京兆尹相同，與郡太守相似，但因管理京畿地區，也作爲京官參與朝政。

[2]臨漳：縣名。治所在今河北臨漳縣西南古鄴鎮。

[3]林慮：郡名。東魏時治林慮縣，在今河南林州市東。　廣平：郡名。東魏時治曲梁城，在今河北永年縣東南。　陽平頓丘汲郡黎陽東郡濮陽清河廣宗：底本“陽平頓丘”作“陽丘”，“東郡濮陽”作“東濮陽”，中華本校勘記云：“諸本‘陽平、頓丘’作‘陽丘’，‘東郡、濮陽’作‘東濮陽’，《魏書》卷一二《孝静帝紀》同。錢氏《考異》卷二八云：‘按《地形志》（司州）無“陽邱郡”，當是陽平、頓邱二郡各脱一字，志亦無“東濮陽”，“東”下當脱“郡”字。志尚有北廣平郡，紀亦脱之。’按錢説是，今據補‘平頓’‘郡’三字。‘北廣平’不補。”今從改。汲郡，東魏時

治枋頭，在今河南浚縣西南。黎陽，郡名。東魏時治黎陽縣，在今河南浚縣東北。廣宗，郡名。東魏時治廣宗縣，在今河北威縣東。

十二月丁卯，燕郡王賀拔允薨。庚午，詔内外戒嚴，[1]百司悉依舊章，從容雅服，不得以務衫從事。[2]丙子，遣侍中封隆之等五人爲大使，[3]巡喻天下。丁丑，赦畿内。

[1]戒嚴：源氏校勘記云："《魏書》作'解嚴'。"中華本校勘記云："《魏書》'戒'作'解'。按據下文文義，作'解'是。"可從。

[2]務衫：源氏校勘記云："《魏書》作'矛鈐'。"中華本校勘記云："《魏書》《通志》'務衫'都作'矛釤'。張森楷所據本作'絳衫'。按:'釤'是刀名，'不得以矛釤從事'，猶云不得佩帶武器，可通。'務衫'不可考。'絳衫'乃南北朝通行之戎服。《南齊書》卷四七《王融傳》，稱齊武帝垂死時，'融戎服絳衫，於中書省閤口斷東宫仗不得進'。卷五一《崔慧景傳》附見崔恭祖，有'恭祖秃馬絳衫，手刺倒賊'語。作'絳衫'較長，但不知張氏所據何本。"

[3]遣：底本作"進"，中華本校勘記云："諸本'遣'訛作'進'，據《魏書》改。"今從改。

閏月，梁以元慶和爲魏王，[1]入據平瀨鄉。[2]孝武崩於長安。初置四中郎將，[3]於礓石橋置東中，[4]蒲泉置西中，[5]濟北置南中，[6]洺水置北中。[7]

[1]元慶和：人名。北魏宗室、將領。見《北史》卷一七《汝

陰王天賜附元慶和傳》。

[2]平瀨鄉：地名。在今河南鹿邑縣賴鄉。

[3]四中郎將：即東中郎將、西中郎將、南中郎將、北中郎將。主管軍事事務。

[4]礓石橋：地名。具體位置不詳。

[5]蒲泉：地名。在今山西南部。

[6]濟北：郡名。東魏時治盧縣，在今山東茌平縣西南。

[7]洺水：地名。在今河北永年縣境内。

二年春正月乙亥，兼尚書右僕射、東南道行臺元晏討元慶和，[1]破走之。二月壬午，以太尉、咸陽王坦爲太傅，以司州牧、西河王悰爲太尉。[2]己丑，前南青州刺史大野拔斬樊子鵠以降，兖州平。戊戌，梁司州刺史陳慶之寇豫州，[3]刺史堯雄擊走之。[4]三月辛酉，以司徒高盛爲太尉，以司空高昂爲司徒，濟陰王暉業爲司空。[5]勃海王高歡討平山胡劉蠡升。[6]辛未，以旱故，詔京邑及諸州郡縣收瘞骸骨。

[1]元晏：人名。東魏官吏。毛本、殿本、四庫本作“元宴”。

[2]西河王：封爵名。西河，郡名。東魏時治隰城縣（兹氏城），在今山西汾陽市城區。　悰：即元悰，人名。字魏慶。東魏宗室、大臣。見《北史》卷一七《京兆王子推附元悰傳》。

[3]陳慶之：人名。字子雲，義興國山（今江蘇宜興市西南）人。南朝梁將領。見《梁書》卷三二《陳慶之傳》。

[4]堯雄：人名。字休武，上黨長子（今山西長子縣東）人。北魏、東魏官吏。見《北史》卷二七《堯暄附堯雄傳》。

[5]濟陰王：封爵名。濟陰，郡名。東魏時治定陶，在今山東

定陶縣西北。　暉業：即元暉業，人名。字紹遠。東魏、北齊大臣。見《北史》卷一七《濟陰王小新成附元暉業傳》。

[6]山胡：族名。亦稱稽胡、步落稽。源於南匈奴，一説爲山戎、赤狄之後。南北朝時居於今山西、陝西北部山谷間，與漢人錯居。　劉蠡升：人名。東魏時山胡起義軍首領。北魏孝明帝孝昌中，舉行起義，自稱天子，年號神嘉，居雲陽谷。東魏孝静帝天平二年，被高歡鎮壓。

是春，高麗、契丹並遣使朝貢。

夏四月，前青州刺史侯深反，[1]攻掠青、齊。癸未，濟州刺史蔡儁討平之。[2]壬辰，降京師見囚。夏五月，大旱，勒城門、殿門及省府寺署坊門澆人，[3]不簡王公，無限日，得雨乃止。六月，元慶和寇南頓，[4]豫州刺史堯雄大破之。

[1]侯深：底本作“侯梁”，中華本校勘記云：“諸本及《魏書》‘深’作‘梁’。按本書卷四九《侯深傳》，言深先行青州事，後以封延之爲青州刺史，深遂反。又《北齊書》卷一九《蔡儁傳》，言儁爲濟州刺史時，‘侯深反，復以儁爲大都督，率衆討之’。與此紀合。‘梁’乃‘深’之訛，今據改。”今從改。

[2]濟州：東魏時治碻磝城，在今山東茌平縣西南。　蔡儁：人名。字景彦，廣寧石門（今山西朔州市）人。東魏將領。見《北史》卷五三《蔡儁傳》。

[3]澆人：將水向行人身上由上到下而潑灑。古時風俗，若遇大旱，向行人灑水以祈雨。

[4]南頓：縣名。治所在今河南項城市西南。

秋七月甲戌，封汝南王悦孫綽爲琅邪王。[1]八月辛卯，司空、濟陰王暉業坐事免。甲午，發衆七萬六千人，營新宮。九月丁巳，以開府儀同三司、襄城王旭爲司空。

[1]琅邪王：封爵名。琅邪，郡名。東魏時治即丘縣，在今山東臨沂市西。底本作“琅耶王”，毛本作“琅琊王”，中華本作“琅邪王”。按：今從中華本改。

冬十一月丁未，[1]梁柳仲禮寇荆州，[2]刺史王元軌擊破之。[3]癸丑，祀圜丘。甲寅，閶闔門災。龍見并州人家井中。十二月壬午，車駕狩于鄴東。甲午，文武百官量事各給禄。

[1]冬十一月：底本作“冬十月”，源氏校勘記云：“‘十月’《魏書》作‘十一月’。”中華本校勘記云：“諸本無‘一’字，《魏書》有。按是年十月甲戌朔，無丁未；十一月癸卯朔，丁未是五日。今據補。”今從改。

[2]柳仲禮：人名。河東解（今山西臨猗縣）人。南朝梁大都督，後降北周。見《南史》卷三八《柳元景附柳仲禮傳》。

[3]王元軌：人名。即王則。字元軌，自云太原（今山西太原市晋源區古城營村一帶）人。見《北史》卷五三《王則傳》。底本作“王元”，中華本校勘記云：“諸本無‘軌’字。按《魏書》卷九八《蕭衍傳》，天平二年十一月云：‘衍雍州刺史蕭恭遣將柳仲禮寇荆州，刺史王元軌破之於牛飲。’《北齊書》卷二〇《王則傳》，言則字元軌，天平初爲荆州刺史。此脱‘軌’字，今據補。”今從補。

是歲，西魏文帝大統元年也。

三年春正月癸卯朔，饗群臣於前殿。戊申，詔百官舉士，舉不稱才者，兩免之。二月丁未，梁光州刺史郝樹以州内附。[1]丁酉，加勃海王世子澄爲尚書令、大行臺、大都督。三月甲寅，以開府儀同三司、華山王鷙爲大司馬。丁卯，陽夏太守盧公纂據郡南叛，[2]大都督元整破之。

[1]光州：南朝梁時治光城縣，在今河南光山縣。

[2]陽夏：郡名。東魏時治雍丘縣，在今河南杞縣。

夏四月丁酉，昌樂王誕薨。五月癸卯，賜鰥寡孤獨貧窮者衣物各有差。丙辰，以録尚書事、西河王悰爲司州牧。戊辰，太尉高盛薨。六月辛巳，趙郡王諶薨。

秋七月庚子，大赦。梁夏州刺史田獨鞞、潁川防城都督劉鸞慶並以州内附。[1]八月，并、肆、涿、建四州霜實，[2]大饑。九月壬寅，以定州刺史侯景兼尚書右僕射、南道行臺，節度諸軍南討。丙辰，陽平人路季禮聚衆反。[3]辛酉，御史中尉竇泰討平之。[4]

[1]防城都督：官名。北魏末置，東魏沿置。負責城防事務，初設時位在長史、司馬之下，不久則越居其上，常假節，加將軍名號。

[2]肆：州名。東魏時治九原縣，在今山西忻州市忻府區。涿：中華本校勘記云："按《魏書·地形志》無'涿州'，疑是'汾'之訛。"　建：州名。東魏時治高都城，在今山西晋城市東北。

[3]陽平：郡名。東魏時治館陶城，在今河北館陶縣。底本作

“平陽”，中華本校勘記云:“諸本‘陽平’誤倒，據《魏書》乙。路氏是陽平大族，見《北史》卷四五、《魏書》卷七二《路恃慶傳》。”今從改。

[4]御史中尉：官名。北魏時由御史中丞改稱，主御史臺，頗重其選。孝文帝太和十七年定爲三品上，二十三年定爲從三品。東、西魏沿置。西魏恭帝三年改官制，遂罷。　竇泰：人名。字世寧，太安捍殊（今山西壽陽縣北）人。初歸尒朱榮，以討邢杲功賜爵廣阿子。東魏孝静帝天平四年，與宇文泰戰於小關，全軍覆没而自殺。見《北史》卷五四《竇泰傳》。

冬十一月戊申，詔遣使巡檢河北流移飢人。侯景攻剋梁楚州，[1]獲刺史桓和。[2]十二月，以并州刺史尉景爲太保。[3]辛未，遣使者板假老人官，[4]百歲已下各有差。壬申，大司馬、清河王亶薨。癸未，以太傅、咸陽王坦爲太師。

[1]楚州：南朝梁時治楚城，在今河南息縣西。

[2]桓和：人名。南朝梁將領。爲冀州刺史，於梁武帝天監五年（506）攻南青州，敗走，繼而攻陷固城。後在楚州被俘。

[3]尉景：人名。字士真，善無（今山西右玉縣南）人。東魏、北齊將領。見《北史》卷五四《尉景傳》。

[4]板：北魏時，京兆府對地方高齡父老行板授，分大郡板、小郡板。年百以上授大郡板，九十以上爲小郡板，可在社會上享有郡守一級的政治榮譽。

是歲，高麗、勿吉並遣使朝貢。[1]

[1]勿吉：國名、族名。分布在今吉林長白山、松花江一帶。

其人善射獵。見《北史》卷九四《勿吉傳》。

四年春正月，以汝陽王暹爲録尚書事。

夏四月辛未，遷七帝神主入新廟，大赦，内外百官普進一階。先是，滎陽人張儉等聚衆反於大騩山，[1]通西魏，壬辰，武衛將軍高元咸討破之。[2]六月己巳，幸華林園理訟。辛未，詔尚書掩骼埋胔，[3]推録囚徒。壬午，閶闔門災。

[1]大騩山：在今河南新密市境内。

[2]高元咸：源氏校勘記云："'咸'《魏書》作'盛'。"中華本校勘記云："《魏書》'咸'作'盛'。按《魏書》下文武定五年見'豫州刺史高元成'，本書卷七、《北齊書》卷三《文襄紀》同。《梁書》卷五六《侯景傳》作'高成'。疑即此人。'咸''盛'皆當是'成'之訛。"

[3]胔（zì）：帶有腐肉的尸骨，也指整個尸體。

秋七月甲辰，遣兼散騎常侍李諧聘于梁。[1]八月，西魏剋陜州，[2]刺史李徽伯死之。[3]九月，侍中元子思與其弟子華謀西入，[4]並賜死。閏月乙丑，衛將軍、右光禄大夫蔣天樂謀反，[5]伏誅。禁京師酤酒。

[1]散騎常侍：官名。南朝屬集書省，職掌侍從左右、主掌圖書文翰、文章、撰述、諫諍拾遺，收納轉呈文書奏事，地位驟降。北朝兼領修史，實際地位略高於南朝，仍爲閑散之職。　李諧：人名。字虔和，頓丘（今河南清豐縣西南）人。北魏、東魏官吏。曾出使南朝梁，深受梁武帝愛重。見《北史》卷四三《李崇附李諧

傳》。底本作“李楷”。中華本校勘記云:“諸本及《魏書》‘諧’作‘楷’,《御覽》卷一〇四作‘諧’。按李諧本傳(見本書卷四三、《魏書》卷六五)説他與盧元明使梁,事又見本書卷五六《魏收傳》。《魏書》記其副使正爲盧元明。作‘楷’誤,今據《御覽》改。”今從改。

[2]陜州:東魏時治陜縣,在今河南三門峽市西。

[3]李徽伯:人名。即李裔。字徽伯,趙郡平棘(今河北趙縣)人。北魏官吏。見《北史》卷三三《李裔傳》。

[4]子華:即元子華,人名。字伏榮。北魏宗室、東魏官吏。見《北史》卷一五《高凉王孤附元子華傳》。

[5]右光禄大夫:官名。三國魏始置。作爲在朝顯職官員的加官,以示優崇,或授予年老有病者爲致仕之官,亦常用作卒後贈官。無具體職掌。北魏孝文帝太和十七年定爲從一品中,二十三年定爲二品。

冬十月,以咸陽王坦爲録尚書事。壬辰,勃海王高歡西討,敗于沙苑。己酉,西魏行臺宫景壽、都督楊白駒寇洛州,大都督韓賢大破之。[1]西魏又遣其大行臺元季海、大都督獨孤信逼洛州。[2]刺史廣陽王湛棄城歸闕,[3]季海、信遂據金墉。[4]十一月丙子,以驃騎大將軍、儀同三司万俟普爲太尉。十二月甲寅,梁人來聘。河間人邢磨納、范陽人盧仲禮等各聚衆反。[5]

[1]韓賢:人名。字普賢,廣寧石門(今山西朔州市)人。北魏、東魏官吏。見《北史》卷五三《韓賢傳》。源氏校勘記云:“‘賢’《魏書》作‘延’。”

[2]元季海:人名。字元泉。北魏宗室、西魏大臣。見《北史》卷一五《常山王遵附元季海傳》。

[3]廣陽王：封爵名。廣陽，郡名。東魏時治燕樂縣，在今北京密雲縣東北。　湛：即元湛，人名。北魏宗室、大臣。見《北史》卷一六《廣陽王建附元湛傳》。

[4]信：源氏校勘記云："'信'《魏書》作'如願'。"　金墉：城名。在今河南洛陽市東北，魏晋洛陽故城西北隅。

[5]范陽：郡名。東魏時治涿縣，在今河北涿州市。　盧仲禮：人名。范陽涿（今河北涿州市）人。東魏孝静帝元象元年（538），被賀拔仁擊殺。

是歲，高麗、蠕蠕並遣使朝貢。

元象元年春正月辛酉朔，[1]日有蝕之。有巨象自至碭郡陂中，[2]南兗州獲送於鄴。丁卯，大赦，改元。二月丙辰，遣兼散騎常侍鄭伯猷聘于梁。[3]

[1]元象：東魏孝静帝的年號（538—539）。

[2]碭郡：東魏時治下邑城，在今安徽碭山縣東。

[3]鄭伯猷：人名。滎陽開封（今河南開封市）人。北魏、東魏官吏。見《北史》卷三五《鄭羲附鄭伯猷傳》。

夏四月庚寅，曲赦畿内，開酒禁。六月壬辰，帝幸華林都堂，聽訟。

秋七月乙亥，[1]高麗遣使朝貢。是夏，山東大水，蝦蟇鳴于樹上。

[1]秋七月乙亥：中華本作"是夏山東大水蝦蟇鳴于樹上秋七月乙亥高麗遣使朝貢"。中華本校勘記云："諸本'秋七月乙亥，高麗遣使朝貢'十一字誤移於上文'是夏，山東大水，蝦蟇鳴于樹

上'之前。據《魏書》移正。"

八月辛卯，[1]大敗西魏于河陰。九月，大都督賀拔仁擊邢磨納、盧仲禮等破平之。[2]

[1]八月辛卯：中華本校勘記云："諸本'八月'上衍'秋'字，據《魏書》删。"今從改。

[2]賀拔仁：人名。東魏官吏。見《北史》卷五三《張保洛附賀拔仁傳》。

冬十月，梁人來聘。十二月庚寅，遣陸操聘于梁。

興和元年春正月辛酉，[1]以尚書令孫騰爲司徒。[2]三月甲寅朔，封常山郡王卲第二子曜爲陳郡王。[3]

[1]興和：東魏孝静帝的年號（539—542）。

[2]孫騰：人名。字龍雀，咸陽石安（今陝西咸陽市東北）人。東魏大臣。見《北史》卷五四《孫騰傳》。

[3]常山郡王：封爵名。常山，郡名。東魏時治安樂壘，在今河北藁城市西北。　卲：即元卲，人名。北魏宗室。封廣川縣開國公，孝明帝孝昌二年進封常山郡王。三年梁進攻渦陽，統兵救援，爲梁所敗。後在河陰之變中遇害。　陳郡王：封爵名。陳郡，東魏時治項縣，在今河南淮陽縣。

五月甲戌，立皇后高氏。[1]乙亥，大赦。是月，高麗遣使朝貢。六月乙酉，以尚書左僕射司馬子如爲山東黜陟大使，[2]尋爲東北道行臺，差選勇士。庚寅，前潁州刺史奚思業爲河南大使，[3]簡發勇士。丁酉，梁人來聘。戊申，開府儀同三司、汝陽王暹薨。

[1]高氏：即東魏孝静皇后高氏。見《北史》卷一三《東魏孝静皇后高氏傳》。

[2]司馬子如：人名。字遵業，自云河内温（今河南温縣）人。北魏、東魏、北齊官吏。見《北史》卷五四《司馬子如傳》。黜陟大使：官名。負責巡察所屬地區的官員政績好壞，推薦和廢黜官員。

[3]潁州：東魏時治汝陰縣，在今安徽阜陽市。元大德本作“潁川”。按：未詳孰是。

秋八月壬辰，遣兼散騎常侍王元景聘于梁。[1]九月甲子，發畿内十萬人城鄴，四十日罷。辛未，曲赦畿内死罪已下，[2]各有差。

[1]王元景：人名。太原晋陽（今山西太原市晋源區古城營村一帶）人。北魏、東魏官吏。孝明帝時襲祖爵永寧侯，後降爲伯。

[2]曲赦：特赦。

冬十一月癸亥，以新宫成，大赦，改元。八十已上賜綾帽及杖；七十旁無期親及有疾廢者，[1]各賜粟帛；築城之夫，給復一年。

[1]期親：服喪一年的親屬。

二年春正月壬申，以太保尉景爲太傅，以驃騎大將軍、開府儀同三司厙狄干爲太保。[1]丁丑，徙御新宫，大赦。内外百官普進一階，[2]營構主將别優一階。三月乙卯，[3]梁人來聘。

[1]厙（shè）狄干：人名。善無（今山西右玉縣南）人。東魏、北周官吏。見《北史》卷五四《厙狄干傳》。

[2]普：元大德本作“並”。按：從文意來看，當從底本。

[3]乙卯：源氏校勘記云：“《魏書》作‘己卯’。”

夏五月己酉，西魏行臺宫延和、陝州刺史宫元慶率户内屬，置之河北馬場，振廩各有差。壬子，遣兼散騎常侍李象聘于梁。[1]閏月丁丑朔，日有蝕之。己丑，封皇兄景植爲宜陽王，[2]皇弟威爲清河王，謙爲潁川王。六月壬子，大司馬、華山王鷙薨。[3]

[1]李象：人名。字孟則，勃海蓨（今河北景縣）人。東魏官吏。見《北史》卷四五《李叔彪附李象傳》。

[2]宜陽王：封爵名。宜陽，郡名。東魏時治宜陽縣，在今河南宜陽縣西。

[3]六月壬子大司馬華山王鷙薨：中華本校勘記云：“《魏書》同。按本書卷一五《高凉王孤附鷙傳》，言鷙死於興和三年。《墓誌集釋·元鷙墓誌》言鷙死於興和三年六月九日，與傳合。此置於二年，誤。”可從。

冬十月丁未，梁人來聘。十二月乙卯，遣兼散騎常侍崔長謙聘於梁。

是歲，高麗、蠕蠕、勿吉並遣使朝貢。

三年春二月甲辰，阿至羅出吐拔那渾大率部來降。[1]三月乙酉，[2]梁州人公孫貴賓聚衆反，自號天王，陽夏鎮將討禽之。[3]

[1]出吐拔那渾大：人名。其餘不詳。

[2]乙酉：源氏校勘記云："《魏書》作'己酉'。"

[3]鎮將：官名。北魏置。爲鎮之主官，掌一鎮兵馬及鎮之守衛。在不設州郡的地區，兼統軍民；在設州郡的内地，主要掌軍政，但兼任駐在州刺史時，亦兼理民政。其下設副將、監軍及長史、司馬等佐僚。品秩按所帶將軍號而定。

夏四月戊申，阿至羅國主副伏羅越居子去賓來降，[1]封爲高車王。六月乙丑，梁人來聘。

[1]副伏羅越居：底本作"副伏羅越君"，四庫本、中華本作"副伏羅越居"。源氏校勘記云："'君'《魏書》作'居'。"中華本校勘記云："諸本'居'訛作'君'，據《魏書》及本書卷九八、《魏書》卷一〇三《高車傳》改。"今從改。

秋七月己卯，宜陽王景植薨。八月甲子，遣兼散騎常侍李騫聘於梁。[1]

[1]李騫：人名。字希義，趙郡平棘（今河北趙縣）人。北魏、東魏、北齊官吏。見《北史》卷三三《李順附李騫傳》。

先是，詔群官於麟趾閣議定新制，[1]冬十月甲寅，班於天下。己巳，發夫五萬人築漳濱堰，[2]三十五日罷。癸亥，車駕狩于西山。[3]十一月戊寅，還宮。丙戌，以開府儀同三司、彭城王韶爲太尉，以度支尚書胡僧敬爲司空。[4]

[1]麟趾閣：殿名。故址在今河北臨漳縣西南。

[2]漳濱堰：東魏孝静帝興和三年修築，在今河北臨漳縣西南。

[3]西山：在今河北邯鄲市西北。

[4]度支尚書：官名。魏晋南北朝時爲尚書省度支曹長官，統管度支、户部、金部、倉部四曹。掌軍國財賦的收支會計及漕運物價屯田之政令。北魏孝文帝太和十七年定爲二品中，二十三年改爲三品。

是歲，蠕蠕、高麗、勿吉國並遣使朝貢。

四年春正月丙辰，梁人來聘。

夏四月丙寅，遣兼散騎常侍李繪聘于梁。[1]乙酉，以侍中、廣陽王湛爲太尉，以尚書右僕射高隆之爲司徒，以太尉、彭城王韶爲録尚書事。丁亥，太傅尉景坐事，降爲驃騎大將軍、開府儀同三司。辛卯，以太保厙狄干爲太傅，以領軍將軍婁昭爲大司馬，封祖裔爲尚書右僕射。[2]六月丙申，復前侍中、樂良王忠爵。丁酉，復陳留王景皓、常山王紹宗、高密王永業爵。[3]

[1]李繪：人名。字敬文，趙郡平棘（今河北趙縣）人。東魏、北齊官吏。見《北史》卷三三《李靈附李繪傳》。

[2]封祖裔：人名。即封隆之。小名皮，勃海蓨（今河北景縣）人。東魏、北齊官吏。見《北史》卷二四《封懿附封隆之傳》。

[3]景皓：人名。即元景皓。東魏宗室。後因拒絶改姓高氏，

爲高洋所殺。

秋八月庚戌，以開府儀同三司、吏部尚書侯景爲兼尚書僕射、河南行臺，隨機討防。

冬十月甲寅，梁人來聘。十一月壬午，驃騎大將軍、開府儀同三司、青州刺史、西河王悰薨。十二月辛亥，使兼散騎常侍陽斐使于梁。[1]

[1]陽斐：人名。字叔鸞，北平無終（今天津薊縣）人。北魏、東魏官吏。見《北史》卷四七《陽尼附陽斐傳》。

是歲，蠕蠕、高麗、吐谷渾並遣使朝貢。

武定元年春正月壬戌朔，[1]大赦，改元。己巳，車駕蒐于邯鄲之西山。[2]癸酉，還宫。二月壬申，北豫州刺史高仲密據武牢西叛。三月丙午，帝親納訟。戊申，勃海王高歡大敗西魏師于邙山，追奔至恒農而還，豫、洛二州平。

[1]武定：東魏孝静帝的年號（543—550）。

[2]蒐（sōu）：春季捕獵。　邯鄲：縣名。治所在今河北邯鄲市。

夏四月，封彭城王韶弟襲爲武安王。[1]五月壬辰，以剋復武牢，降天下死罪已下囚。乙未，以吏部尚書侯景爲司空。六月乙亥，梁人來聘。戊寅，封前員外散騎侍郎元長春爲南郡王。[2]

[1]襲：即元襲，人名。字世紹。東魏宗室。孝静帝武定元年封武安王，邑一千户。武定末，爲中書侍郎。　武安王：封爵名。武安，郡名。東魏時治宜盛縣，在今甘肅民勤縣西南。

[2]員外散騎侍郎：官名。初爲正員之外添差之散騎侍郎，無員數，後成定員官。晉武帝始置，南朝、北魏、北齊沿置，屬散騎省（東省、集書省），初多以公族、功臣子充任，爲閑散之職，常用以安置閑退官員、衰老人士。北魏初沿例授予南朝北奔之士，班比吏部郎，員六人。孝文帝太和十七年定爲從四品下，二十三年改爲七品上。北齊時此官所授頗濫，集書省設一百二十員。七品上。

八月乙丑，以汾州刺史斛律金爲大司馬。[1]壬午，遣兼散騎常侍李渾聘于梁。[2]

[1]汾州：東魏時治隰城縣，在今山西汾陽市。　斛律金：人名。字阿六敦，朔州（今山西朔州市）人，高車族敕勒部。北齊將領。見《北史》卷五四《斛律金傳》。

[2]李渾：人名。字季初，趙郡平棘（今河北趙縣）人。東魏、北齊官吏。見《北史》卷三三《李靈附李渾傳》。

冬十一月甲午，車駕狩于西山。乙巳，還宫。

是歲，吐谷渾、高麗、蠕蠕並遣使朝貢。

二年春二月丁卯，徐州人劉烏黑聚衆反，遣行臺慕容紹宗討平之。[1]三月，梁人來聘。以旱故，宥死罪已下囚。丙午，以開府儀同三司孫騰爲太保。壬子，以勃海王世子高澄爲大將軍，領中書監，元弼爲録尚書事，以尚書左僕射司馬子如爲尚書令，以太原公高洋爲左僕射。[2]

[1]慕容紹宗：人名。代（今山西大同市東北）人，鮮卑族。東魏、北齊官吏。見《北史》卷五三《慕容紹宗傳》。

[2]太原公：封爵名。太原，郡名。東魏時治晋陽縣，在今山西太原市晋源區古城營村一帶。　高洋：人名。字子進，勃海蓨（今河北景縣）人。北齊皇帝。見《北史》卷七《齊本紀·文宣帝》。

夏五月甲午，遣散騎常侍魏季景聘于梁。[1]丁酉，太尉、廣陽王湛薨。

[1]魏季景：人名。鉅鹿下曲陽（今河北晋州市西）人。北魏學者、官吏。見《北史》卷五六《魏季景傳》。

秋八月癸酉，尚書令司馬子如坐事免。九月甲申，以開府儀同三司、濟陰王暉業爲太尉。太師、咸陽王坦坐事免，以王還第。

冬十月丁巳，太保孫騰、大司馬高隆之各爲括户大使，[1]凡獲逃户六十餘萬。十一月，西河地陷，有火出。甲申，以司徒高隆之爲尚書令，以前大司馬婁昭爲司徒。庚子，祀圓丘。辛丑，梁人來聘。

[1]括户大使：官名。東魏置。職責爲搜查不在國家户籍上的浮逃户。

是歲，吐谷渾、地豆干、室韋、高麗、蠕蠕、勿吉等並遣使朝貢。[1]

[1]地豆干：國名。北魏時，其人散居於室韋以西，北界烏洛侯，西與柔然相接，南鄰庫莫奚、契丹。以游牧爲生。見《北史》卷九四《地豆干傳》。　室韋：族名。一作“失韋”。北魏時始見於史書記載，或以爲和契丹同族。北魏時分爲北室韋、南室韋等五部，不相統屬。分居於嫩江及黑龍江南北岸地區，以漁獵爲主。自北朝以來，與中原地區關係密切，後曾服屬突厥。見《北史》卷九四《室韋傳》。

三年春正月丙申，遣兼散騎常侍李獎聘于梁。[1]二月庚申，吐谷渾國奉其從妹以備後庭，納爲容華嬪。

[1]李獎：人名。字道休，隴西狄道（今甘肅臨洮縣）人。東魏、北齊官吏。見《北史》卷一〇〇《涼武昭王李暠附李獎傳》。

夏五月甲辰，大赦。

秋七月庚子，梁人來聘。

冬十月，遣中書舍人尉瑾聘于梁。[1]十二月，以司空侯景爲司徒，以中書令韓軌爲司空。[2]戊子，以太保孫騰爲録尚書事。

[1]中書舍人：官名。中書省屬官。北朝專掌草擬詔令，出納之職由門下省分任，故職權較南朝爲輕。北魏孝文帝太和十七年定爲六品上，二十三年改爲六品下。　尉瑾：人名。字安仁，代（今山西大同市東北）人。北齊官吏。見《北史》卷二〇《尉古真附尉瑾傳》。

[2]中書令：官名。三國魏文帝時分秘書置中書省，下設中書

監、中書令，掌收納章奏、草擬及發布詔令。唯入朝時，中書令班次略低於中書監。西晋承魏制，傳宣皇帝政令，雖資位遜於尚書令，實權則過之。東晋南北朝時因逐漸脱離機務，隨名位增高而成爲閑職。北魏孝文帝太和十七年定爲二品中，二十三年定爲三品。

韓軌：人名。字伯年，太安狄那（今山西壽陽縣西）人。東魏、北齊官吏。見《北史》卷五四《韓軌傳》。

是歲，高麗、吐谷渾、蠕蠕並遣使朝貢。

四年夏五月壬寅，梁人來聘。六月庚子，以司徒侯景爲河南大行臺，應機討防。

秋七月壬寅，遣兼散騎常侍元廓聘于梁。[1]八月，移洛陽漢魏石經于鄴。[2]

[1]元廓：人名。即西魏恭帝。見《北史》卷五《魏本紀·西魏恭帝》。

[2]漢魏石經：東漢和曹魏時所刻的碑石經書，爲中國歷史上最早的官定儒家經本。漢石經又名《熹平石經》《一體石經》，魏石經又名《正始石經》《三體石經》。漢魏石經原並立於洛陽故城南郊太學講堂的東西兩側。

是歲，室韋、勿吉、地豆干、高麗、蠕蠕並遣使朝貢。

五年春正月己亥朔，日有蝕之。丙午，勃海王高歡薨。辛亥，司徒侯景降于西魏以求救，西魏遣其將李弼、王思政赴之。思政等入據潁川，景乃出走豫州。乙丑，梁人來聘。二月，侯景復背西魏歸梁。

夏四月壬申，大將軍高澄來朝。甲午，遣兼散騎常侍李緯聘于梁。[1]五月丁酉朔，大赦。戊戌，以尚書右僕射、襄城王旭爲太尉。甲辰，以太原公高洋爲尚書令，領中書監，以青州刺史尉景爲大司馬，以開府儀同三司厙狄干爲太師，以録尚書事孫騰爲太傅，以汾州刺史賀拔仁爲太保，[2]以司空韓軌爲司徒，以領軍將軍可朱渾道元爲司空，[3]以司徒高隆之録尚書事，以徐州刺史慕容紹宗爲尚書左僕射，高陽王斌爲右僕射。[4]戊午，大司馬尉景薨。六月乙酉，帝爲勃海王舉哀於東堂，服緦衰。[5]

[1]李緯：人名。字乾經，趙郡平棘（今河北趙縣）人。東魏官吏。見《北史》卷三三《李靈附李緯傳》。

[2]賀拔仁：源氏校勘記云："《魏書》作'賀仁'。"

[3]可朱渾道元：人名。即可朱渾元，字道元。北魏、東魏官吏、將領。見《北史》卷五三《可朱渾元傳》。

[4]斌：即元斌，人名。字善集。北魏宗室、東魏大臣。見《北史》卷一九《高陽王雍附元斌傳》。

[5]緦衰：喪服名。五服中最輕的一種。用疏織細麻布製成孝服，服喪三月。

秋九月辛丑，[1]梁貞陽侯蕭明寇徐州，[2]堰泗水於寒山，[3]灌彭城，[4]以應侯景。冬十一月乙酉，以尚書左僕射慕容紹宗爲東南道行臺，與大都督高岳、潘相樂大破禽之，[5]及其二子瑀、道。[6]十二月乙亥，蕭明至，帝御閶闔門，讓而宥之。岳等回師討侯景。

[1]辛丑：源氏校勘記云："《魏書》作'辛酉'。"

[2]蕭明：源氏校勘記在“蕭明”旁紅筆夾批“蕭淵明也”。

[3]泗水：又名清水、清泗。源自今山東泗水縣東蒙山南麓。　寒山：即今江蘇徐州市東南十八里之寒山。

[4]彭城：在今江蘇徐州市。

[5]高岳：人名。字洪略，勃海蓨（今河北景縣）人。北齊宗室。見《北史》卷五一《清河王岳傳》。　潘相樂：人名。又名潘樂，字相貴，廣寧石門（今山西朔州市）人。東魏、北齊官吏。見《北史》卷五三《潘樂傳》。

[6]冬十一月乙酉以尚書左僕射慕容紹宗爲東南道行臺與大都督高岳潘相樂大破禽之及其二子瑀道：中華本校勘記云：“按《魏書》作‘冬十月乙酉，以尚書左僕射慕容紹宗爲東南道行臺，與驃騎大將軍儀同三司大都督高岳、潘相樂討淵明。十有一月，大破之，擒淵明及其二子瑀、道’。則遣慕容紹宗是十月乙酉，而破蕭明是在十一月。《北史》删簡，改‘十月’爲‘十一月’以就破蕭明之時間，却不去‘乙酉’二字，遂似兩事俱在‘十一月乙酉’。查是年魏曆十月乙丑朔，乙酉爲二十一日；十一月甲午朔，無乙酉。《北史》誤。”可從。

是歲，高麗、勿吉並遣使朝貢。

六年春正月己亥，大都督高岳等於渦陽大破侯景，[1]俘斬五萬餘人，其餘溺死於渦水，[2]水爲不流。景走淮南。[3]二月己卯，梁遣使求和，許之。三月癸巳，以太尉、襄城王旭爲大司馬，以開府儀同三司高岳爲太尉。辛亥，以冬春亢旱，赦罪人各有差。

[1]渦陽：縣名。治所在今安徽蒙城縣。

[2]渦水：即今淮水支流渦河。

[3]淮南：郡名。東魏時治壽春縣，在今安徽壽縣。

夏四月甲子，吏部令史張永和、青州人崔闊等僞假人官，[1]事覺糾檢，首者六萬餘人。甲戌，太尉高岳、司徒韓軌、大都督劉豐等討王思政於潁川，[2]引洧水灌其城。[3]

[1]吏部令史：官名。吏部屬官，地位低下，爲士人所不屑，不入流品。

[2]甲戌太尉高岳司徒韓軌大都督劉豐等討王思政於潁川：源氏校勘記云："'甲戌'上《魏書》有'秋八月'。"中華本校勘記云："《魏書》'甲戌'上有'秋八月'三字，下有'以尚書左僕射慕容紹宗爲大行臺，與'十五字。按此承上文，則當是四月甲戌。但本書卷六《齊文襄紀》言高澄遣慕容紹宗、高岳、劉豐等攻王思政是在八月庚寅。據本書卷六二《王思政傳》，稱大統十四年（即武定六年，公元548）'九月，東魏太尉高岳、行臺慕容紹宗、儀同劉豐生等率步騎十萬來攻潁川'。不可能高岳等四月受命，九月方到潁川。疑作'八月'是。但《通鑑》卷一六一亦作四月甲戌。當是以是年四月壬戌朔，甲戌爲十三日；八月己丑朔，月内無甲戌之故。疑此及《魏書》之'甲戌'亦誤，當從《齊文襄紀》作'八月庚寅'（八月二日）。又此次戰役，東魏將帥爲高岳、慕容紹宗、劉豐三人，歷見相關紀傳。此脱慕容紹宗，而多出韓軌。"劉豐，人名。字豐生，普樂（今寧夏靈武市）人。東魏官吏。見《北史》卷五三《劉豐傳》。

[3]洧水：源出今河南登封市東陽城山，東流經新密市會溱水，東流爲雙洎河。

九月乙酉，梁人來聘。

冬十月戊申，侯景濟江，推梁臨賀王正德爲主，[1]以攻建業。

[1]臨賀王：封爵名。臨賀，郡名。南朝梁時治臨賀縣，在今廣西賀州市東南賀街。　正德：即蕭正德，人名。字公和。南朝梁宗室。見《梁書》卷五五《臨賀王正德傳》。

是歲，高麗，室韋、蠕蠕、吐谷渾並遣使朝貢。

七年春正月戊辰，梁北徐州刺史、封山侯蕭正表以鎮内附，[1]封蘭陵郡公、吴郡王。[2]三月丁卯，侯景剋建業。

[1]北徐州：南朝梁時治燕縣，在今安徽鳳陽縣東北。　封山侯：封爵名。封山，縣名。治所在今廣西合浦縣西北。底本作“中山侯”，中華本校勘記云:“諸本及《魏書》‘封’作‘中’。《御覽》卷一〇四引《後魏書》作‘封’。按《梁書》卷二二《臨川王宏傳》云:‘正表，封山侯。’《南史》卷五一《宏傳》作‘封封山侯’。封山縣屬交州新昌郡，見《南齊書》卷十四《州郡志》。蓋《魏書》本不誤，後人以‘封山’少見，遂妄改爲‘中山’。今從《御覽》回改。”今從改。　蕭正表：人名。字公儀。南朝梁宗室。見《北史》卷二九《蕭正表傳》。

[2]蘭陵郡公：封爵名。蘭陵，郡名。東魏時治承城，在今山東棗莊市東南。　吴郡王：封爵名。遥封。吴郡，南朝梁時治吴縣，在今江蘇蘇州市。

夏五月丙辰，侯景殺梁武帝。戊寅，勃海王高澄帥師赴潁川。六月，剋之，獲西魏大將軍王思政等。

秋八月辛卯，立皇子長仁爲太子。盜殺勃海王高澄。癸巳，大赦，内外百官並進二級。甲午，太原公高洋如晋陽。

冬十月癸未，以開府儀同三司、咸陽王坦爲太傅。甲午，以開府儀同三司潘相樂爲司空。十二月甲辰，吴郡王蕭正表薨。己酉，以并州刺史彭樂爲司徒。[1]

[1]彭樂：人名。字興，安定（今甘肅涇川縣北）人。北魏、東魏、北齊將領。見《北史》卷五三《彭樂傳》。

是歲，蠕蠕、地豆干、室韋、高麗、吐谷渾並遣使朝貢。

八年春正月辛酉，帝爲勃海王高澄舉哀於東堂。戊辰，詔太原公高洋嗣事，徙封齊郡王。[1]甲戌，地豆干、契丹並遣使朝貢。二月庚寅，以尚書令高隆之爲太保。三月庚申，進齊郡王高洋爵爲齊王。

[1]齊郡王：封爵名。齊郡，東魏時治益都縣，在今山東青州市。

夏四月乙巳，蠕蠕遣使朝貢。

五月甲寅，詔齊王爲相國，總百揆，備九錫之禮。[1]以齊國太妃爲王太后，[2]王妃爲王后。丙辰，遜帝位於齊。天保元年己未，[3]封帝爲中山王，[4]邑一萬户，上書不稱臣，答不稱詔，載天子旌旗，行魏正朔，乘五時副車。[5]封王諸子爲縣公，邑各一千户。奉絹一萬疋，錢一萬貫，粟二萬石，奴婢三百人，水碾一具，田百頃，園一所，於中山國立魏宗廟。二年十二月己酉，中山王殂，時年二十八。三年二月，奉謚曰孝静皇帝。葬於鄴西漳北。[6]其後發之，陵崩，死者六十人。

[1]九錫之禮：天子賜給諸侯、大臣有殊勳者的九種器用之物，以示最高禮遇。

[2]太妃：毛本、殿本、四庫本作“大妃”。“大”“太”古通用。

[3]天保：北齊文宣帝的年號（550—559）。

[4]中山王：封爵名。中山，郡名。東魏時治盧奴縣，在今河北定州市。

[5]五時副車：古代隨從帝王車駕的五色副車。亦稱五時車、五帝車。分爲五色立車、五色安車兩種，各五乘。

[6]漳：水名。在今河北、河南兩省邊境。

帝好文，美容儀，力能挾石師子以踰牆，射無不中。嘉辰宴會，多命群臣賦詩，從容沉雅，有孝文風。勃海王高澄嗣事，甚忌焉，以大將軍中兵參軍崔季舒爲中書、黄門侍郎，[1]令監察動静，小大皆令季舒知。澄與季舒書曰：“癡人復何似？癡勢小差未？”帝嘗與獵於鄴東，馳逐如飛。監衛都督烏那羅受工伐從後呼帝曰：“天子莫走馬，大將軍怒！”[2]澄嘗侍帝飲，大舉觴曰：“臣澄勸陛下。”帝不悦曰：“自古無不亡之國，朕亦何用此活！”澄怒曰：“朕，朕，狗脚朕！”澄使季舒毆帝三拳，奮衣而出。明日，澄使季舒勞帝，帝亦謝焉。賜絹，季舒未敢受，以啓澄，澄使取一段。帝束百疋以與之，曰：“亦一段爾。”

[1]中兵參軍：官名。晉設，爲丞相府及諸王府、公府、軍府之中兵曹主官，掌有關兵事及本府親兵，兼任參謀咨詢之責。東魏因之，官秩不一。　崔季舒：人名。字叔正，博陵安平（今河北安平縣）人。東魏、北齊官吏。見《北史》卷三二《崔挺附崔季舒傳》。　中書：官名。多爲中書侍郎、中書舍人的省稱。北魏時多選用文學之士，掌草擬詔令，職位機要。置四人，孝文帝太和十七年定爲四品上，二十三年改爲從四品上。　黄門侍郎：官名。給事黄門侍郎的省稱。爲中朝官員，給事於宫門之内，侍從皇帝、顧問應對，出則陪乘。與皇帝關係密切，多以重臣、外戚子弟、公主婿爲之。魏晋至隋初因之，爲侍中省或門下省次官，位頗重要。北魏孝文帝太和十七年定爲三品中，二十三年改爲四品上。

[2]監衛都督：官名。監視皇帝行爲舉止。　烏那羅受工伐：人名。其餘不詳。

帝不堪憂辱，詠謝靈運詩曰："韓亡子房奮，秦帝魯連恥，本自江海人，志義動君子。"[1]常侍、侍講荀濟知帝意，[2]乃與華山王大器、元瑾密謀於宫中，[3]僞爲山而作地道向北城。至千秋門，[4]門者覺地下響動，以告澄。澄勒兵入宫，曰："陛下何意反耶？臣父子功存社稷，何負陛下耶？"及將殺諸妃嬪，帝正色曰："王自欲反，何關於我？我尚不惜身，何况妃嬪！"澄下牀叩頭，大啼，謝罪。於是酣飲，夜久乃出。居三日，幽帝於含章堂。[5]大器、瑾等皆見烹於市。

[1]謝靈運：人名。陳郡陽夏（今河南太康縣）人。東晋末、南朝宋官吏、詩人。見《南史》卷一九《謝靈運傳》。　子房：即張良，人名。西漢謀臣。見《史記》卷五五《留侯世家》。　魯

連：即魯仲連，人名。戰國時齊國人。有計謀但不肯做官，常周游各國排難解紛。曾勸説趙魏勿尊秦爲帝。　志義：中華本校勘記云："《魏書》《通志》及《北齊書》卷三《文襄紀》、《宋書》卷六七《謝靈運傳》'志'作'忠'。"

[2]常侍：官名。掌侍從左右、贊相禮儀、獻替諫諍。　侍講：官名。掌爲皇帝或太子講解經義。

[3]華山王：封爵名。華山，郡名。東魏時治華陰縣，在今陝西華陰市城區。　大器：即元大器，人名。華山王鷙之子。　元瑾：人名。東魏宗室。任尚書祠部郎中。

[4]千秋門：爲鄴南城的西門。

[5]含章堂：宫名。在今河北臨漳縣西南古鄴縣城。

及將禪位於文宣，[1]襄城王旭及司徒潘相樂、侍中張亮、黄門郎趙彦深等求入奏事。[2]帝在昭陽殿見之。[3]旭曰："五行遞運，有始有終。齊王聖德欽明，萬姓歸仰，臣等昧死聞奏，願陛下則堯禪舜。"帝便斂容答曰："此事推挹已久，[4]謹當遜避。"又云："若爾，須作詔書。"侍郎崔劼、裴讓之奏云："詔已作訖。"[5]即付楊愔進於帝，[6]凡十條。[7]書訖，曰："將安朕何所？復若爲而去？"楊愔對曰："在北城，别有館宇，還備法駕，依常仗衛而去。"帝乃下御座，步就東廊，口詠范蔚宗《後漢書》贊云："獻生不辰，身播國屯，終我四百，永作虞賓。"[8]所司奏請發，帝曰："古人念遺簪弊履，欲與六宫别，可乎？"高隆之曰："今天下猶陛下之天下，况在後宫！"乃與夫人嬪以下訣，莫不歔欷掩涕。嬪趙國李氏誦陳思王詩云："王其愛玉體，俱享黄髮期。"[9]皇后已下皆哭。直長趙德以故犢車一乘，[10]候於東上閤。[11]帝上車，德超上車，[12]持帝。帝肘之，曰："朕畏天順人，授位相國，何物奴，敢逼人！"趙德尚不下。及出雲龍門，王公百僚衣冠拜辭，帝曰："今日不減常道鄉公、漢獻帝。"[13]衆皆悲愴，高隆之泣灑。遂入北城，下司馬子如南宅。

及文宣行幸，常以帝自隨。帝后封太原公主，常爲帝嘗食，以護視焉。竟遇酖而崩。

[1]文宣：即北齊皇帝高洋。文宣爲其謚號。

[2]旭：底本作"袒"，源氏校勘記云："'袒'《魏書》作'旭'。"中華本校勘記云："諸本'旭'作'袒'，《魏書》作'旭'。按襄城王旭見《魏書》卷一九下《城陽王長壽傳》。'袒'誤，今據改。"今從改。　張亮：人名。字伯德，西河隰城（今山西汾陽市）人。東魏、北齊官吏。見《北史》卷五五《張亮傳》。　趙彦深：人名。名隱，字彦深，避齊廟諱，以字行，自稱南陽宛（今河南南陽市）人。東魏、北齊大臣。見《北史》卷五五《趙彦深傳》。源氏校勘記云："'深'《魏書》作'琛'。"

[3]昭陽殿：在洛陽宫城的中部，爲處理政務的場所。

[4]推挹：推辭揖讓。

[5]侍郎：官名。東魏時置於禁中，掌侍衛宫禁，品秩不詳。　崔劼：人名。字彦玄，東清河鄃（今山東淄博市）人。北魏、東魏、北齊官吏。見《北史》卷四四《崔光附崔劼傳》。　裴讓之：人名。字士禮，河東聞喜（今山西聞喜縣）人。東魏官吏。見《北史》卷三八《裴佗附裴讓之傳》。

[6]楊愔：人名。字遵彦，弘農華陰（今陝西華陰市東南）人。東魏、北齊官吏。見《北史》卷四一《楊播附楊愔傳》。

[7]凡十條：中華本校勘記云："李慈銘《北史札記》云：'按《北齊書》(卷三〇)《高德政傳》作"凡有十餘條"，此當脱"餘"

字’。”

[8]范蔚宗：人名。即范曄。順陽（今河南淅川縣東）人。南朝宋官吏、史學家。見《宋書》卷六九《范曄傳》。

[9]陳思王：即曹植。字子建，沛國譙（今安徽亳州市）人。見《三國志》卷一九《魏書·陳思王植傳》。　玉體：毛本、殿本作“王體”。按：曹植《贈白馬王彪》原文爲“王其愛玉體，俱享黄髮期”，可知當爲“玉體”，字形相近而訛，今從底本。

[10]直長：官名。北魏始置。一爲殿中省所領尚食、尚藥、尚衣、尚舍、尚乘、尚輦六局所置，爲各局次官，無定員，正七品上。一爲左、右監門衛置，爲宿衛武官，位在監門校尉下，六百八十人，太子左、右監門率府亦置，員七十八人，均爲從七品下。

[11]東上閤：爲宫殿側門名。

[12]超：跳上、跨越。

[13]常道鄉公：即三國魏末代皇帝曹奂。　漢獻帝：即東漢末代皇帝劉協。獻爲其謚號。

論曰：莊帝運接交喪，[1]招納勤王，雖時事孔棘，而卒有四海。猾逆剪除，權强擅命，神慮獨斷，芒刺未除，而天未忘亂，禍不旋踵。自兹之後，魏室土崩，始則制屈强胡，終乃權歸霸政。主祭祀者不殊於寄坐，[2]遇黜辱者有甚於弈棊。雖以節閔之明，孝武之長，祇以速是奔波。文帝以剛强之質，終以守雌自寶。静、恭運終天禄，高蹈唐、虞，各得其時也。

[1]莊帝：毛本、殿本作“莊宗”。按：據本卷，元子攸謚號莊帝，廟號敬宗。《北史》習慣稱謚號，如下文稱元恭爲節閔，故此處亦當稱元子攸的謚號“莊帝”，以底本爲是。

[2]寄坐：謂居客位。喻指地位不穩固且無實權。

北史　卷六

齊本紀上第六

齊高祖神武皇帝姓高氏，[1]諱歡，字賀六渾，勃海蓨人也。[2]六世祖隱，晋玄菟太守。[3]隱生慶，慶生泰，泰生湖，三世仕慕容氏。及慕容寶敗，[4]國亂，湖率衆歸魏，爲右將軍。[5]湖生四子。第三子謐，仕魏，位至侍御史，[6]坐法徙居懷朔鎮。[7]謐生皇考樹生，[8]性通率，不事家業，住居白道南，[9]數有赤光紫氣之異，鄰人以爲怪，勸徙居以避之。皇考曰："安知非吉？"居之自若。

[1]高祖：高歡的廟號，北齊後主高緯所上。　神武：高歡的謚號，北齊文宣帝高洋所追謚。

[2]勃海：郡名。北魏時治南皮縣，在今河北南皮縣東北。蓨：縣名。治所在今河北景縣。

[3]玄菟：郡名。西晋時治玄菟城，在今遼寧沈陽市東上伯官屯古城。

[4]慕容寶：人名。字道祐，昌黎棘城（今遼寧北票市章吉營子鄉三官營子村）人，鮮卑族。十六國時後燕君主。見《北史》卷九三《慕容垂附慕容寶傳》。

[5]右將軍：官名。北魏時爲軍府名號，用作加官。孝文帝太

和十七年（493）定爲從二品，二十三年改爲三品。

［6］侍御史：官名。亦簡稱御史、侍御。西漢時爲御史大夫屬官。北魏時除分曹治事外，亦奉命監國，督察巡視州郡，收捕官吏，宣示詔命。當時頗重其選，必以對策高第者補用，置八人。孝文帝太和十七年定爲從五品中，二十三年定爲八品。

［7］懷朔鎮：軍鎮名。北魏六鎮之一，在今内蒙古固陽縣百靈淖城圐圙古城（參張文平、苗潤華《長城資源調查對於北魏長城及六鎮鎮戍遺址的新認識》，《陰山學刊》2014年第6期）。

［8］樹生：《北齊書》卷一《神武帝紀上》作“樹”。按：《魏書》卷三二《高湖傳》記載高謐之子爲樹生，另《新唐書》卷七一下《宰相世系表一下》亦載謐之子爲樹生，當以《北史》爲是。

［9］白道：地名。在今内蒙古呼和浩特市西北，爲河套東北地區通往陰山以北的交通要道。

及神武生而皇妣韓氏殂，養於同産姊壻鎮獄隊尉景家。[1]神武既累世北邊，故習其俗，遂同鮮卑。長而深沈有大度，輕財重士，爲豪俠所宗。目有精光，長頭高權，[2]齒白如玉，少有人傑表。家貧，及娉武明皇后，[3]始有馬，得給鎮爲隊主。鎮將遼西段長常奇神武貌，[4]謂曰：“君有康濟才，終不徒然。”[5]便以子孫爲託。及貴，追贈長司空，[6]擢其子寧而用之。

［1］尉景：人名。字士真，善無（今山西右玉縣南）人。東魏、北齊將領。見《北史》卷五四《尉景傳》。

［2］權：源氏校勘記云：“‘權’與‘顴’通。”

［3］武明：北齊神武帝皇后婁氏的謚號。見《北史》卷一四《齊武明皇后婁氏傳》。

［4］鎮將：官名。北魏置，爲鎮之主官，掌一鎮兵馬及鎮之守

衛。在不設州郡的地區，兼統軍民；在設州郡的内地，主要掌軍政，但兼任駐在州刺史時，則兼理民政。其下設副將、監軍及長史、司馬等佐僚。品秩按所帶將軍名號而定。　遼西：郡名。北魏時治肥如縣，在今河北盧龍縣西北。　段長：人名。其餘不詳。

[5]康濟：安民濟世。

[6]司空：官名。與太尉、司徒並稱三公。歷代沿置，名列三公之末。魏晉南北朝時爲名譽宰相，多爲大臣加官，位居一品，無實際職掌。

神武自隊主轉爲函使。[1]嘗乘驛過建興，[2]雲霧晝晦，雷聲隨之，半日乃絶，若有神應者。每行道路，往來無風塵之色。又嘗夢履衆星而行，覺而内喜。爲函使六年，每至洛陽，給令史麻祥使。[3]祥嘗以肉啗神武，神武性不立食，坐而進之。祥以爲慢己，笞神武四十。

[1]函使：負責送信的軍官。

[2]建興：郡名。北魏時治陽阿縣，在今山西晋城市西北陽鎮。

[3]令史：官名。北魏時居郎官之下，掌文書事務。　麻祥：人名。其餘不詳。

及自洛陽還，傾産以結客。親故怪問之，答曰："吾至洛陽，宿衛羽林相率焚領軍張彝宅，[1]朝廷懼其亂而不問，爲政若此，事可知也。財物豈可常守邪?"自是乃有澄清天下之志。與懷朔省事雲中司馬子如及秀容人劉貴、中山人賈顯智爲奔走之友，[2]懷朔户曹史孫騰、外兵史侯景亦相友結。[3]劉貴嘗得一白鷹，與神武及尉景、蔡儁、子如、賈顯智等獵於沃野。[4]見一赤兔，每搏輒逸，遂至迴澤。澤中有茅屋，將奔入，有狗自屋中出噬之，鷹兔俱死。神武怒，以鳴鏑射之，[5]狗斃。屋中乃有二人出，持神武襟甚急。其母兩目盲，曳杖，呵其二子，曰："何故觸大家！"[6]出甕中酒，烹羊以待客。因自言善暗相，徧捫諸人，言皆貴，而指麾俱由神武。又曰："子如歷位顯，智不善終。"飲竟，出行數里，還更訪之，則本無人居，乃向非人也。[7]由是諸人益加敬異。

[1]宿衛羽林：負責皇宫宿衛的軍隊。　領軍：官名。統領禁衛軍。二品中。　張彝：人名。字慶賓，清河東武城（今山東武城縣西北）人。北魏官吏。見《北史》卷四三《張彝傳》。

[2]雲中：郡名。北魏時治盛樂縣，在今内蒙古和林格爾縣西北土城子。　司馬子如：人名。字遵業，河内温（今河南温縣）人。北魏、東魏、北齊官吏。見《北史》卷五四《司馬子如傳》。　秀容：縣名。治所在今山西忻州市西北。　劉貴：人名。秀容陽曲（今山西太原市北）人。見《北史》卷五三《劉貴傳》。　中山：郡名。北魏時治盧奴縣，在今河北定州市。　賈顯智：人名。即賈智。字顯智，中山無極（今河北無極縣）人。北魏、東魏官吏。見《北史》卷四九《賈顯度附賈智傳》。

[3]户曹史：官名。負責民户工作的小吏。　孫騰：人名。字龍雀，咸陽石安（今陝西咸陽市東北）人。東魏大臣。見《北史》卷五四《孫騰傳》。　外兵史：官名。北魏時外兵曹屬吏，掌文案。或爲當時外鎮文職小軍吏之統稱。　侯景：人名。字萬景，懷朔鎮（今内蒙古固陽縣南）人。曾任北魏官吏，後叛至南朝。見《梁書》卷五六《侯景傳》（參李萬生《侯景的氏族及相關問題》，《北京大學學報》2000 年第 5 期）。

[4]蔡儁：人名。字景彦，廣寧石門（今山西朔州市）人。東魏將領。見《北史》卷五三《蔡儁傳》。　沃野：軍鎮名。北魏置。初在今内蒙古巴彦淖爾市臨河區西南布隆淖東北巴拉亥附近。孝文帝太和十年始移於今内蒙古杭錦旗西北黄河南岸。宣武帝正始後又移於今内蒙古烏拉特前旗蘇獨侖鄉的根子場古城。

[5]鳴鏑：即響箭。矢發射時有聲，故稱。

[6]大家：大人。參周一良《魏晋南北朝史札記·家》。

[7]乃向非人也：中華本校勘記云："《通志》卷一六《北齊紀》'乃'下有'知'字，疑《北史》脱。"可從。

孝昌元年，[1]柔玄鎮人杜洛周反於上谷，[2]神武乃與同志從之。醜其行事，私與尉景、段榮、蔡儁圖之，[3]不果而逃，爲其騎所追。文襄及魏永熙后皆幼，[4]武明后於牛上抱負之。文襄屢落牛，神武彎弓將射之以决去，后呼榮求救，賴榮透下取之以免。[5]遂奔葛榮，[6]又亡歸尒朱榮於秀容。[7]

[1]孝昌：北魏孝明帝的年號（525—527）。

[2]柔玄鎮：軍鎮名。在今内蒙古興和縣西北。　杜洛周：人名。高車族，柔玄鎮鎮兵。北魏孝明帝孝昌元年八月在上谷聚衆起義，年號真王。高歡、尉景等都歸附於他，隊伍日益壯大。孝明帝武泰元年（528）二月，被另一起義軍首領葛榮擊殺。　上谷：郡名。北魏時治居庸縣，在今北京延慶縣。

[3]段榮：人名。字子茂，姑臧武威（今甘肅武威市）人。東魏官吏。見《北史》卷五四《段榮傳》。

[4]文襄：即北齊世宗高澄。文襄爲其謚號，北齊文宣帝所追謚。　永熙后：即東魏孝静帝皇后高氏。高歡第二女。見《北史》卷一三《東魏孝静皇后高氏傳》。

［5］透下：毛本、殿本作“遽下”。按：“透下”乃跳下之意，從底本。

［6］葛榮：人名。北魏時河北起義軍首領。孝明帝孝昌元年起義，孝莊帝建義元年（528）八月，圍攻相州，戰敗，爲尒朱榮所捕。十月，送入京師，被殺。

［7］尒朱榮：人名。字天寶，北秀容（今山西朔州市）人，契胡族。北魏大臣。見《北史》卷四八《尒朱榮傳》。

先是劉貴事榮，[1]盛言神武美，[2]至是始得見。以憔悴故，未之奇也。貴乃爲神武更衣，復求見焉。因隨榮之廄，廄有惡馬，榮命剪之，神武乃不加羈絆而剪，竟不蹄齧。已而起曰：“御惡人亦如此馬矣。”榮遂坐神武於牀下，屏左右而訪時事。神武曰：“聞公有馬十二谷，[3]色别爲群，將此竟何用也？”榮曰：“但言爾意。”神武曰：“方今天子愚弱，太后淫亂，孽寵擅命，朝政不行。以明公雄武，乘時奮發，討鄭儼、徐紇而清帝側，[4]霸業可舉鞭而成。此賀六渾之意也。”榮大悦，語自日中至夜半乃出。自是每參軍謀。

［1］榮：源氏校勘記在“榮”旁紅筆小字夾批“尒朱榮”。

［2］盛言：毛本、殿本、四庫本作“甚言”。按：“盛言”乃極力申説之意，“甚言”是反復深説之意。未詳孰是。

［3］谷：源氏校勘記云：“谷，言數饒不可計算，故以山谷多少言之。”

［4］鄭儼：人名。字季然，滎陽開封（今河南開封市）人。北魏宦官。容貌壯麗，爲胡太后所寵幸。見《北史》卷三五《鄭羲附鄭儼傳》。　徐紇：人名。字武伯，樂安博昌（今山東博興縣東

南）人。北魏官吏。見《北史》卷九二《徐紇傳》。

後從榮徙據并州，[1]抵揚州邑人龐蒼鷹，[2]止團焦中。[3]每從外歸，主人遥聞行響動地。蒼鷹母數見團焦上赤氣赫然屬天。又蒼鷹嘗夜欲入，有青衣人拔刀叱曰："何故觸王？"言訖不見。始以爲異，密覘之，唯見赤蛇蟠床上，乃益驚異，因殺牛分肉，厚以相奉。蒼鷹母求以神武爲義子。及得志，以其宅爲第，號爲南宅。雖門巷開廣，[4]堂宇崇麗，其本所住團焦，以石堊塗之，[5]留而不毁。至文宣時，[6]遂爲宫。

[1]并州：北魏時治晋陽縣，在今山西太原市晋源區古城營村一帶。

[2]揚州邑人：中華本校勘記云："按《北齊書》卷一九《蔡儁傳》見'太原龐蒼鷹'，云蒼鷹'居於州城，高祖客其舍'。并州太原郡無'揚州'，有陽邑。疑'州'字衍，'揚邑'即'陽邑'。蒼鷹當是太原陽邑人，居於并州城中。"可從。　龐蒼鷹：人名。太原陽邑（今山西太谷縣東南）人。北魏官吏。高歡從尒朱榮據并州，途徑陽邑，與其結爲至交。後歡爲晋州牧，引其爲治中從事史，再遷爲行臺倉部郎中，尋遷安州刺史。

[3]團焦：圓形草屋。

[4]門巷開廣：毛本、殿本、四庫本作"門巷深廣"。今從底本。

[5]石堊（è）：石灰的别名。

[6]文宣：即北齊皇帝高洋。文宣爲其謚號。

既而榮以神武爲親信都督。于時魏明帝銜鄭儼、徐絃，[1]逼靈太后，[2]未敢制，私使榮舉兵内向。榮以神武爲前鋒。至上黨，[3]明帝又私詔停之。及帝暴崩，榮遂入洛。因將篡位，神武諫恐不聽，請鑄像卜之，鑄不成，乃止。孝莊帝立，[4]以定策勳，封銅鞮伯。[5]及尒朱榮擊葛榮，令神武喻下賊别稱王者七人。後與行臺于暉破羊侃于太山。[6]尋與元天穆破邢杲于濟南。[7]累遷第三鎮人酋長。[8]

[1]魏明帝：即北魏皇帝元詡。明爲其謚號。

[2]靈太后：即北魏宣武帝元恪的皇后胡氏。靈爲其謚號。

[3]上黨：郡名。北魏時治壺關城，在今山西長治市北。

[4]孝莊帝：即北魏皇帝元子攸。莊爲其謚號。

[5]銅鞮伯：封爵名。銅鞮，縣名。治所在今山西沁縣南古城。

[6]行臺：指行臺長官。北魏初曾於鄴及中山置行臺，以尚書爲長官，執掌當地軍政事務，旋罷。孝明帝正光末，因戰亂，在各地陸續設立行臺，主管當地軍務，成爲常設地方的行政機構。北魏末期漸理民務，以行臺尚書令爲長官，也有以尚書僕射或左右僕射及尚書主管行臺事務者，下設行臺尚書左右丞，各部尚書及郎中處理具體事務。　于暉：人名。字宣明，代（今山西大同市東北）人。北魏官吏、外戚。見《北史》卷二三《于栗磾附于暉傳》。　羊侃：人名。字祖忻，泰山梁甫（今山東新泰市）人。南朝梁官吏。見《梁書》卷三九《羊侃傳》。　太山：郡名。北魏時治博平縣，在今山東泰安市東南。

[7]元天穆：人名。河南洛陽（今河南洛陽市東北）人。北魏宗室、大臣。與尒朱榮一同被孝莊帝殺死。見《北史》卷一五《高凉王孤附上黨王天穆傳》（參趙蘭香《北魏〈元天穆墓誌〉考釋》，《中國歷史文物》2010年第5期）。　邢杲：人名。河間（今河北河間市南）人。北魏末青州流民起義軍首領。曾率軍攻剋光州

（今山東萊州市），後被殺。 濟南：郡名。北魏時治歷城縣，在今山東濟南市。

［8］第三鎮人酋長：官名。主要授予依附北魏政權的北方少數民族首領，可世襲，未被列爲中央政權的正式官職。孝文帝太和十七年職員令及二十三年復次職員令皆無此職品階。

嘗在榮帳内，[1]榮嘗問左右曰："一日無我，誰可主軍？"皆稱尒朱兆。[2]榮曰："此正可統三千騎以還。堪代我主衆者，唯賀六渾耳。"因誡兆曰："爾非其匹，終當爲其穿鼻。"[3]乃以神武爲晋州刺史。[4]於是大聚斂，因劉貴貨榮下要人，盡得其意。時州庫角無故自鳴，神武異之，無幾而孝莊誅榮。

［1］嘗：源氏校勘記云："同'常'。"

［2］尒朱兆：人名。字萬仁，北秀容（今山西朔州市）人，契胡族。北魏將領。見《北史》卷四八《尒朱榮附尒朱兆傳》。

［3］其：底本作"其子"，中華本校勘記云："諸本'其'下有'子'字，《北齊書》南本卷一《神武紀》及《通鑑》卷一五四無'子'字，《通志》'其子'作'此子'。按作'其子'不可通，今據《北齊書》南本及《通鑑》删。"今從改。 穿鼻：以繩索穿牛的鼻孔，以便牽引。

［4］晋州：北魏時治白馬城，在今山西臨汾市。

及尒朱兆自晋陽將舉兵赴洛，[1]召神武。神武使長史孫騰辭以絳蜀、汾胡欲反，[2]不可委去，兆恨焉。騰復命，神武曰："兆舉兵犯上，此大賊也，吾不能久事之。"自是始有圖兆計。及兆入洛，執莊帝以北，神武聞之大驚，又使孫騰僞賀兆，因密覘孝莊所在，將劫以舉義，不果。乃以書喻之，言不宜執天子以受惡名於海内。兆不納，殺帝而與尒朱世隆等立長廣王曄，[3]改元建明，[4]封神武爲平陽郡公。[5]

[1]晋陽：縣名。治所在今山西太原市晋源區古城營村一帶。

[2]長史：官名。爲所在官署掾屬之長，掌顧問參謀。　絳蜀：《資治通鑑》卷一五一胡三省注云："蜀人徙居絳郡者，謂之絳蜀。"北魏時分布於今山西侯馬市、翼城縣一帶。　汾胡：居住於今山西汾水一帶的少數民族。

[3]尒朱世隆：人名。字榮宗，北秀容（今山西朔州市）人，契胡族。北魏末年官吏。見《北史》卷四八《尒朱榮附尒朱世隆傳》。　長廣王：封爵名。長廣，郡名。北魏時治膠東城，在今山東平度市。　曄：即元曄，人名。字華興，小字盆子。北魏宗室。見《北史》卷一八《南安王楨附元曄傳》。

[4]建明：北魏長廣王的年號（530—531）。

[5]平陽郡公：封爵名。平陽，郡名。北魏時治白馬城，在今山西臨汾市。

及費也頭紇豆陵步藩入秀容，[1]逼晋陽，兆徵神武。神武將往，賀拔焉過兒請緩行以弊之。[2]神武乃往往逗留，[3]辭以河無橋，不得渡。步藩軍盛，兆敗走。初，孝莊之誅尒朱榮，知其黨必有逆謀，乃密敕步藩，令襲其後。步藩既敗兆等，以兵勢日盛，兆又請救於神武。神武内圖兆，復慮步藩後之難除，乃與兆悉力破之，藩死。兆深德神武，[4]誓爲兄弟。時世隆、度律、彦伯共執朝政，[5]天光據關右，[6]兆據并州，仲遠據東郡，[7]各擁兵爲暴，天下苦之。

[1]費也頭：匈奴别部之一，北魏時活動於今山西、陝西兩省間黄河南段以西一帶。　紇豆陵步藩：人名。河西（今山西臨汾市）人，費也頭部首領，受北魏孝莊帝之命攻打秀容，被尒朱兆與高歡合力殺死。

[2]賀拔焉過兒：人名。高歡部屬。其人敦厚樸實，爲歡所信用。孝莊帝永安三年（530）尒朱世隆立長廣王元曄爲帝，封歡爲平陽郡公，歡不滿。其勸歡坐觀形勢，以避禍端，歡從其言。

[3]往往：底本作“往”，中華本校勘記云：“諸本脱一‘往’字，據《通志》《通鑑》補。”今從補。

[4]兆深德：底本作“深德”，中華本校勘記云：“諸本脱‘兆’字，據《通志》、《册府》卷一六六補。”今從補。

[5]度律：即尒朱度律，人名。北秀容（今山西朔州市）人，契胡族。見《北史》卷四八《尒朱榮附尒朱度律傳》。　彦伯：即尒朱彦伯，人名。北秀容（今山西朔州市）人，契胡族。見《北史》卷四八《尒朱榮附尒朱彦伯傳》。

[6]天光：即尒朱天光，人名。北秀容（今山西朔州市）人，契胡族。見《北史》卷四八《尒朱榮附尒朱天光傳》。

[7]仲遠：即尒朱仲遠，人名。北秀容（今山西朔州市）人，契胡族。見《北史》卷四八《尒朱榮附尒朱仲遠傳》。　東郡：北魏時治滑臺城，在今河南滑縣東舊城。

葛榮衆流入并、肆者二十餘萬，[1]爲契胡陵暴，[2]皆不聊生，大小二十六反，誅夷者半，猶草竊不止。兆患之，問計於神武。神武曰：“六鎮反殘，不可盡殺，宜選王素腹心者，私使統焉，若有犯者，罪其帥，則所罪者寡。”兆曰：“善！誰可行也？”賀拔允時在坐，[3]請神武。神武拳毆之，折其一齒，曰："生平天柱時，[4]奴輩伏處分如鷹犬，今日天下安置在王，而阿鞠泥敢誣下罔上，[5]請殺之。"兆以神武爲誠，遂以委焉。神武以兆醉，恐醒後或致疑貳，遂出，宣言"受委統州鎮兵，可集汾東受令"。[6]乃建牙陽曲川，[7]陳部分。有款軍門者，[8]絳巾袍，自稱梗楊驛子，[9]願厠左右。訪之，則以力聞，嘗於并州市搤殺人者，乃署爲親信。兵士素惡兆而樂神武，於是莫不皆至。

[1]肆：州名。北魏時治九原縣，在今山西忻州市忻府區。

[2]契胡：族名。即羯族。

[3]賀拔允：人名。神武尖山（今山西神池縣）人。北魏、西魏名將。見《北史》卷四九《賀拔允傳》。

[4]天柱：指尒朱榮。孝莊帝時被封爲天柱大將軍。

[5]阿鞠泥：即賀拔允。

[6]汾：黄河支流，源出今山西静樂縣管涔山北。

[7]牙：即牙帳。爲軍中長官的住所。　陽曲川：水名。在今山西陽曲縣境内。

[8]款：叩。

[9]梗楊：驛名。在今山西太原市西南。

居無何，又使劉貴請兆，以并、肆頻歲霜旱，[1]降户掘黄鼠而食之，[2]皆面無穀色，徒污人國土。請令就食山東，待温飽而處分之。兆從其議。其長史慕容紹宗諫曰："不可，今四方擾擾，人懷異望，况高公雄略，又握大兵，將不可爲。"[3]兆曰："香火重誓，何所慮邪？"紹宗曰："親兄弟尚難信，何論香火！"時兆左右已受神武金，因譖紹宗與神武舊隙，[4]兆乃禁紹宗而催神武發。

[1]霜旱：底本作“霜早”，毛本、殿本、局本、四部備要本亦同。中華本作“霜旱”。按：當爲“霜旱”，字形相近而訛。

[2]降户：北魏的一種國家依附人口。來源主要是被征服的少數民族部民，一般被置於邊鎮，或充爲兵卒戍守，或在邊地從事耕作以供軍資。

[3]慕容紹宗：人名。代（今山西大同市東北）人，鮮卑族。北魏、東魏、北齊將領。見《北史》卷五三《慕容紹宗傳》。

[4]紹宗：源氏校勘記云：“‘紹宗’下當復有‘紹宗’二字。”按：據文意，當從源氏。

神武乃自晋陽出滏口。[1]路逢尒朱榮妻鄉郡長公主自洛陽來，[2]馬三百匹，盡奪易之。兆聞，乃釋紹宗而問焉。紹宗曰：“猶掌握中物也。”於是自追神武，至襄垣。[3]會漳水暴長，[4]橋壞。神武隔水拜曰：“所以借公主馬，非有他故，備山東盜耳。王受公主言，自來賜追。今渡河而死不辭，此衆便叛。”兆自陳無此意，因輕馬渡，與神武坐幕下。陳謝，遂授刀引頭，使神武斫己。神武大哭，曰：“自天柱薨背，賀六渾更何所仰！願大家千萬歲，以申力用。今旁人構間至此，大家何忍復出此言？”兆投刀於地，遂刑白馬而盟，誓爲兄弟，留宿夜飲。尉景伏壯士欲執兆，神武齧臂止之，曰：“今殺之，其黨必奔歸聚結。兵飢馬瘦，不可相支。若英雄崛起，[5]則爲害滋甚。不如且置之。兆雖勁捷，[6]而凶狡無謀，不足圖也。”旦日，兆歸營，又召神武，神武將上馬詣之，孫騰牽衣乃止。兆隔水肆罵，[7]馳還晉陽。兆心腹念賢領降户家累别爲營。[8]神武僞與之善，觀其佩刀，因取之以殺其從者，盡散。[9]於是士衆咸悦，倍願附從。

[1]滏口：太行八陘之一。在今河北磁縣西北鼓山。

[2]鄉郡長公主：封號。鄉郡，北魏時治鄉縣，在今山西武鄉縣東故城。源氏校勘記云："'鄉郡'《北齊書》作'北鄉'。"按：中華本《北齊書》作"鄉郡"，《魏書》卷九三《王叡附王椿傳》作"北鄉郡"。未詳孰是。

[3]襄垣：縣名。治所在今山西襄垣縣。

[4]漳水：指濁漳水。屬漳河上游，在今山西中部。有三源，最後合於清漳水。

[5]崛起：底本作"屈起"，四庫本、中華本、《北齊書》卷一《神武帝紀上》作"崛起"，中華本校勘記云："諸本'崛'作'屈'，據《北齊書》《通志》改。"今從改。

[6]勁捷：南監本作"勁捷"。源氏校勘記云："'捷捷'，《北齊》作'勁健'，爲是。按，捷，字書不見。"

[7]兆隔水：底本作"隔水"，局本、中華本、《北齊書·神武紀上》作"兆隔水"，中華本校勘記云："諸本脱'兆'字，據《北齊書》《通志》補。"今從補。

[8]念賢：人名。字蓋盧，金城枹罕（今甘肅臨夏市）人。北魏、西魏將領。見《北史》卷四九《念賢傳》。　家累：家眷。

[9]盡散：《北齊書·神武紀上》作"從者盡散"。按：從這句話的語法來看，從"神武"到"殺其從者"，主語是神武帝，而後面的"盡散"主語是"從者"，故當從《北齊書》。

初，魏真君中，[1]内學者奏言上黨有天子氣，云在壺關大王山。[2]太武帝於是南巡以厭當之，[3]累石爲三封，斬其北鳳皇山以毁其形。[4]後上黨人居晋陽者號上黨坊，神武寔居之。及是行，舍大王山，六旬而進。將出滏口，倍加約束，纖毫之物，不聽侵犯。將過麥地，神武輒步牽馬。遠近聞之，皆稱高儀同將兵整肅，益歸心焉。遂前行屯鄴北，[5]求糧於相州刺史劉誕，[6]誕不供。有軍營租米，神武自取之。

[1]真君：即太平真君。北魏太武帝的年號（440—451）。

[2]壺關：縣名。治所在今山西壺關縣東南。　大王山，在今山西壺關縣東南。

[3]太武帝：底本作“武帝”，中華本校勘記云：“諸本脱‘太’字，據《通志》及《册府》卷二〇三補。事見《魏書》卷四下《世祖（即太武）紀》太平真君九年。”今從補。

[4]鳳皇山：在今山西潞城市西北。

[5]鄴：城名。在今河北臨漳縣西南。

[6]相州：北魏時治鄴城，在今河北臨漳縣西南鄴鎮。　劉誕：人名。北魏官吏。北魏安定王時曾爲相州刺史，後爲高歡所俘。

魏普泰元年二月，[1]神武軍次信都，[2]高乾、封隆之開門以待，[3]遂據冀州。[4]是月，尒朱度律廢元曄而立節閔帝。[5]欲羈縻神武。三月，乃白節閔帝，封神武爲勃海王，[6]徵使入覲。神武辭。四月癸巳，又加授東道大行臺、第一鎮人酋長。[7]龐蒼鷹自太原來奔，[8]神武以爲行臺郎，[9]尋以爲安州刺史。[10]

[1]普泰：北魏節閔帝的年號（531—532）。

[2]信都：縣名。治所在今河北冀州市。

[3]高乾：人名。字乾邕，勃海蓨（今河北景縣）人。北魏末大臣。見《北史》卷三一《高祐附高乾傳》。　封隆之：人名。字祖裔，小名皮，勃海蓨（今河北景縣）人。東魏、北齊官吏。見《北史》卷二四《封懿附封隆之傳》。

[4]冀州：北魏時治信都縣，在今河北冀州市。

[5]節閔帝：即北魏皇帝元恭。節閔爲其謚號。

[6]勃海王：毛本、四庫本作"渤海王"。

[7]大行臺：官名。爲大行臺長官的省稱。北魏時置大行臺，爲尚書省設在各主要地區的派出機構，代行尚書省的權力，依所轄區域名稱稱關西大行臺、東道大行臺等，管理轄區内的軍政事務，是地方最高行政機構。設大行臺尚書令爲長官，大行臺尚書僕射協助管理大行臺事務，置大行臺尚書、大行臺郎中等分曹理事。

[8]太原：郡名。北魏時治晋陽縣，在今山西太原市晋源區古城營村一帶。

[9]行臺郎：官名。北魏置。爲行臺各曹郎中的泛稱，各曹皆冠以曹名。有時也以此稱呼不理具體曹務的官員。

[10]安州：北魏時治方城，在今河北隆化縣隆化鎮。

神武自向山東，養士繕甲，禁兵侵掠，百姓歸心。乃詐爲書，言尒朱兆將以六鎮人配契胡爲部曲，[1]衆皆愁。又爲并州符，徵兵討步落稽。[2]發萬人將遣之，孫騰、尉景僞請留五日，[3]如此者再。神武親送之郊，雪涕執别。人號慟，哭聲動地。神武乃喻之，曰："與爾俱失鄉客，義同一家，不意在上乃爾徵召！直向西已當死，後軍期又當死，配國人又當死，奈何？"衆曰："唯有反耳！"神武曰："反是急計，須推一人爲主。"衆願奉神武。神武曰："爾鄉里難制，不見葛榮乎？雖百萬衆，無刑法，終自灰滅。今以吾爲主，當與前異，不得欺漢兒，不得犯軍令，生死任吾，則可。不爾，不能爲取笑天下。"衆皆頓顙，[4]死生唯命。神武曰若不得已。[5]明日，椎牛饗士，喻以討尒朱兆之意。[6]封隆之進曰："千載一時，普天幸甚。"神武曰："討賊，大順也；拯時，大業也。吾雖不武，以死繼之，何敢讓焉。"

[1]六鎮：即沃野鎮、懷朔鎮、武川鎮、撫冥鎮、柔玄鎮、懷荒鎮。　部曲：本爲部隊編制之稱。東漢末，演變爲私人武裝。魏晉南北朝時，世族、豪族普遍擁有部曲，平時耕田從役，戰時隨主人作戰。

[2]步落稽：亦稱稽胡。源於南匈奴，一説爲山戎、赤狄之後。北魏時居於今山西、陝西北部山谷間，與漢人錯居。

[3]僞：源氏校勘記云："'僞'《北齊》作'爲'。"

[4]頓顙（sǎng）：叩頭。

[5]曰：中華本校勘記云："《通志》'曰'作'陽'。按'曰'字於文義不洽，當誤。"可從。

[6]尒朱兆：《北齊書》卷一《神武帝紀上》作"尒朱"。

六月庚子，建義於信都，尚未顯背尒朱氏。及李元忠與高乾平殷州，[1]斬尒朱羽生首來謁，[2]神武撫膺曰："今日反決矣！"乃以元忠爲殷州刺史。是時，[3]兵威既振，乃抗表罪狀尒朱氏。世隆等秘表不通。八月，尒朱兆攻陷殷州，李元忠來奔。

[1]李元忠：人名。趙郡平棘（今河北趙縣）人。北魏、東魏

官吏。見《北史》卷三三《李靈附李元忠傳》。　殷州：北魏時治廣阿縣，在今河北隆堯縣東。

[2]尒朱羽生：人名。北秀容（今山西朔州市）人，契胡族，尒朱榮的叔叔。北魏大臣。孝明帝孝昌二年，尒朱榮破肆州，以尒朱羽生統州事。

[3]是時：毛本、殿本、局本、四部備要本作"是歲"。按：根據上下文，前面講六月的事，後面講八月的事，中間突兀的出現"是歲"不符合邏輯，當爲"是時"，從底本。

孫騰以爲朝廷隔絶，不權立天子，則衆望無所係。十月壬寅，奉章武王融子勃海太守朗爲皇帝，[1]年號中興，是爲廢帝。時度律、仲遠軍次陽平，[2]尒朱兆會之。神武用竇泰策，[3]縱反間，度律、仲遠不戰而還，神武乃敗兆於廣阿。[4]十一月，攻鄴，相州刺史劉誕嬰城固守。[5]神武起土山，爲地道，往往建大柱，[6]一時焚之，城陷入地。麻祥時爲湯陰令，[7]神武呼之曰麻都，祥慙而逃。

[1]章武王：封爵名。章武，郡名。北魏時治平舒縣，在今河北大城縣。　融：即元融，人名。字永興，章武王太洛之孫、元彬之子。北魏宗室、官吏。宣武帝初，復爵章武王。見《北史》卷一八《章武王太洛附元融傳》。　朗：即元朗，人名。字仲哲，章武王元融第三子。見《北史》卷五《魏本紀·廢帝》。

[2]陽平：郡名。北魏時治館陶城，在今河北館陶縣。底本作"晋陽"，源氏校勘記云："'晋'《北齊》作'洛'。"中華本校勘記云："諸本'陽平'作'晋陽'。按本書卷四八、《魏書》卷七五《尒朱兆傳》《尒朱仲遠傳》，《魏書》卷十一《後廢帝紀》、卷八

○《斛斯椿傳》《賈顯智傳》,《通鑑》卷一五五皆言度律、仲遠屯軍陽平。陽平在今山東莘縣,距尒朱兆駐兵之廣阿(今河北隆堯縣)和高歡所據之信都(今河北冀州市)不遠。晋陽乃尒朱兆之根據地,遠在并州,顯誤。今據改。”今從改。

[3]竇泰:人名。字世寧,太安捍殊(今山西壽陽縣北)人。初歸尒朱榮,以討邢杲功賜爵廣阿子。東魏孝静帝天平四年(537),與宇文泰戰於小關,全軍覆没而自殺。見《北史》卷五四《竇泰傳》。

[4]廣阿:縣名。治所在今河北隆堯縣東。

[5]嬰:圍繞。

[6]往往建:底本作“往建”,殿本、四庫本、四部備要本、中華本作“往往建”,源氏校勘記云:“‘往’下《北齊》又有‘往’字。”按:“往往”意爲到處。今從中華本改。

[7]湯陰:縣名。治所在今河南湯陰縣西南。

永熙元年正月壬午,[1]拔鄴城,據之。廢帝進神武大丞相、柱國大將軍、太師。[2]是時,青州建義,[3]大都督崔靈珍、大都督耿翔皆遣使歸附,[4]行汾州事劉貴棄城來降。[5]

[1]永熙:北魏孝武帝的年號(532—534)。

[2]大丞相:官名。魏晋南北朝時丞相、相國不常置,多授予權位極高的重臣。　柱國大將軍:官名。十六國時後燕慕容垂燕元元年(384)始置。北魏初置,位在太尉之上,後罷。北魏末復置,位在丞相之上,授予權臣。　太師:官名。北魏時爲三師之一,是輔佐君王的重要大臣,位在太傅、太保上。一品。

[3]青州:北魏時治東陽城,在今山東青州市。

[4]建義大都督:中華本標點爲“建義大都督”,《北齊書》卷

一《神武帝紀上》作“建義，大都督”。按：“建義”是指興義軍、舉義旗，據上下文意，當在“青州建義”後加逗號，今從《北齊書》。大都督，官名。高級軍事長官。北魏前、中期未見，孝文帝太和十七年職員令及二十三年復次職員令時皆未載。後期戰事較多時置，統兵出征，有時又加以各種名號。　耿翔：人名。青州（今山東淄博市東北）人。北魏孝武帝永熙二年殺膠州刺史裴粲，率衆起義，並受南朝梁官號。後爲魏將樊子鵠、蔡儁所攻，棄城而走。

［5］行汾州事：以他官代行汾州長官的職權，多以將軍等武職兼行州郡民事。汾州，北魏時初治蒲子城，在今山西隰縣；孝明帝孝昌二年，移治兹氏城，在今山西汾陽市。

閏三月，尒朱天光自長安，兆自并州，度律自洛陽，仲遠自東郡，同會鄴，衆號二十萬，挾洹水而軍。[1]節閔以長孫承業爲大行臺，[2]總督焉。神武令封隆之守鄴，自出頓紫陌。[3]時馬不滿二千，步兵不至三萬，衆寡不敵。乃於韓陵爲圓陣，[4]連牛驢以塞歸道。於是將士皆爲死志，[5]四面赴擊之。尒朱兆責神武以背己。神武曰：“本戮力者，共輔王室，今帝何在？”兆曰：“永安枉害天柱，我報讎耳。”[6]神武曰：“我昔日親聞天柱計，汝在户前立，豈得言不反邪？且以君殺臣，何報之有？今日義絶矣。”乃合戰，大敗之。尒朱兆對慕容紹宗叩心曰：“不用公言以至於此。”[7]將輕走，紹宗反旗鳴角，收聚散卒，成軍容而西上。高季式以七騎追奔，[8]度野馬崗，[9]與兆遇。高昂望之不見，[10]哭曰：“喪吾弟矣！”夜久，季式還，血滿袖。斛斯椿倍道先據河橋。[11]初，普泰元年十月，歲星、熒惑、鎮星、太白聚於觜、參，[12]色甚明。太史占云，當有王者興。是時，神武起於信都，至是而破兆等。

［1］洹水：即今河南北部衛河支流安陽河。

［2］長孫承業：人名。本名冀歸，北魏孝文帝賜名稚，《北史》避唐高宗李治諱，改“稚”爲“幼”。字承業，鮮卑族。北魏官吏。見《北史》卷二二《長孫道生附長孫承業傳》。

［3］紫陌：地名。在今河北臨漳縣西南。

［4］韓陵：地名。在今河南安陽市東北。

［5］皆爲：源氏校勘記云:“《北齊》作‘皆有’。”

［6］永安：代指北魏孝莊帝。永安爲其年號（528—530）。

［7］以至於此：底本作“以此”，源氏校勘記云:“‘以’下《北齊》有‘至於’二字。”中華本校勘記云:“諸本脱‘至於’二字，據《北齊書》補。”今從改。

［8］高季式：人名。字子通，勃海蓨（今河北景縣）人。北魏、東魏名將。見《北史》卷三一《高祐附高季式傳》。

［9］野馬崗：地名。在今河南安陽縣。

［10］高昂：人名。字敖曹，勃海蓨（今河北景縣）人。北魏、東魏將領。見《北史》卷三一《高祐附高昂傳》。

［11］斛斯椿：人名。字法壽，廣牧富昌（今内蒙古准格爾旗東南）人。北魏官吏。見《北史》卷四九《斛斯椿傳》。　河橋：橋名。在今河南孟州市西南、孟津縣東北黄河上。

［12］歲星：即木星。木星約十二年運行一周天，其軌道與地球黄道相近，因此將周天分爲十二分，稱十二次。木星每年行經一次，即以其所在星次紀年，故稱歲星。　熒惑：即火星。因隱現不定，令人迷惑，故名。　鎮星：即土星。土星每二十八年運行一周天，好像每年坐鎮二十八宿中的一宿，故名。　太白：即金星。太陽系中接近太陽的第二顆行星，也是各大行星中離地球最近的一個。中國古代把金星叫作太白星，早晨出現在東方時叫啓明，晚上

出現在西方時叫長庚。　觜（zī）：二十八星宿之一，西方白虎七宿的第六宿。　參：二十八宿之一，西方白虎七宿的末一宿。

四月，斛斯椿執天光、度律以送洛陽。[1]長孫承業遣都督賈顯智、張歡入洛陽，[2]執世隆、彥伯斬之。兆奔并州。[3]仲遠奔梁，[4]遂死焉。時凶蠹既除，朝廷慶悦。初，未戰之前月，章武人張紹夜中忽被數騎將踰城至一大將軍前，敕紹爲軍導向鄴，云佐受命者除殘賊。[5]紹回視之，兵不測，整疾無聲。將至鄴，乃放焉。及戰之日，尒朱氏軍人見陣外士馬四合，蓋神助也。

[1]斛斯椿執天光度律以送洛陽：中華本校勘記云："按本書卷四八、《魏書》卷七五《尒朱度律傳》《尒朱天光傳》，《魏書》卷一一《後廢帝紀》都説椿是送二人於高歡軍前。當時高歡尚未入洛。故下文又云：'神武深以爲然，乃歸天光、度律於京師斬之。'京師即洛陽，如已先送洛陽，這句就解釋不通。這裏'洛陽'二字疑是'神武'之誤。"

[2]都督：官名。北朝前期爲統率全國或地方兵馬的指揮官職名，其爲州郡軍事長官者，兼理民政。至北朝後期則爲率領鄉兵、畜牧軍馬的中低級軍官職名，或作爲大臣的加官和贈官。　張歡：人名。"歡"亦作"勸""忻""欣"，代（今山西大同市東北）人。北魏官吏。見《北史》卷五三《張瓊附張欣傳》。

[3]并州：源氏校勘記云："'并'《北齊》作'荆'。按《兆傳》，似非。"

[4]梁：底本作"梁州"，中華本校勘記云："諸本'梁'下有'州'字。按本書卷四八《尒朱仲遠傳》云：'復與天光等於韓陵戰敗，南走，尋乃奔梁，死於江南。'《魏書》卷七五《尒朱仲遠傳》作'南走東郡，仍奔蕭衍、死於江南'。'州'字衍文。今據删。"

今從改。

［5］云：元大德本作“公”。按：從文意看，當從底本。

既而神武至洛陽，廢節閔及中興主而立孝武。[1]孝武既即位，授神武大丞相、天柱大將軍、太師，[2]世襲定州刺史，[3]增封并前十五萬户。神武辭天柱，減户五萬。壬辰，還鄴，魏帝餞於乾脯山，[4]執手而别。

［1］孝武：即北魏皇帝元脩。孝武爲其謚號。

［2］天柱大將軍：官名。北魏孝莊帝永安二年（529）爲當時掌權的尒朱榮特設。掌全國兵馬軍務，位在三師及柱國大將軍之上。

［3］定州：北魏時治盧奴縣，在今河北定州市。

［4］乾脯山：在今河南偃師市杜樓村北。

七月壬寅，神武帥師北伐尒朱兆。封隆之言，侍中斛斯椿、賀拔勝、賈顯智等往事尒朱，[1]普皆反噬，今在京師寵任，必構禍隙。神武深以爲然。乃歸天光、度律於京師，斬之。遂自滏口入。尒朱兆大掠晋陽，北保秀容，并州平。神武以晋陽四塞，乃建大丞相府而定居焉。

［1］侍中：官名。北朝常總典機密，受遺詔輔政，權任尤重，時號“小宰相”。北魏初置四員，孝文帝太和十七年定爲從一品中，二十三年改爲三品。　賀拔勝：人名。字破胡，神武尖山（今山西神池縣）人。北魏末、西魏名將。見《北史》卷四九《賀拔允附賀拔勝傳》。

尒朱兆既至秀容，分兵守險，出入寇抄。神武揚聲討之，師出止者數四，兆意怠。神武揣其歲首當宴會，遣竇泰以精騎馳之，一日一夜行三百里，神武以大軍繼之。

二年正月，竇泰奄至尒朱兆庭。軍人因宴休惰，忽見泰軍，驚走。追破之於赤洪嶺。[1]兆自縊，神武親臨，厚葬之。慕容紹宗以尒朱榮妻子及餘衆自保烏突城，[2]降。神武以義故，待之甚厚。

[1]赤洪嶺：山名。在今山西吕梁市離石區東北。

[2]烏突城：故城在今山西臨縣西四十里。底本作“焉突城”，中華本校勘記云:“諸本‘烏’作‘焉’，本書卷五三《慕容紹宗傳》作‘烏’。按《北齊書》卷一七《斛律金傳》，言武定三年，高歡攻山胡，‘度赤谼嶺，會金於烏突戍’。‘赤谼嶺’自即此紀之‘赤洪嶺’。‘烏突戍’自即‘烏突城’。《隋書》卷三〇《地理志中》離石郡太和縣條、《太平寰宇記》卷四二石州臨泉縣條，都説北周於此地置烏突郡烏突縣。自是因原有烏突城而得名。作‘焉’誤，今據改。”今從改。

神武之入洛也，尒朱仲遠部下都督橋寧、張子期自滑臺歸命，[1]神武以其助亂，且數反覆，皆斬之。斛斯椿由是内不自安，乃與南陽王寶炬及武衛將軍元毗、魏光、王思政構神武於魏帝。[2]舍人元士弼又奏神武受敕大不敬，[3]故魏帝心貳於賀拔岳。[4]初，孝明之時，[5]洛下以兩拔相擊，謡言“銅拔打鐵拔，元家世將末”，好事者以二拔謂拓拔、賀拔，言俱將衰敗之兆。

[1]滑臺：城名。在今河南滑縣東舊滑城。

[2]南陽王：封爵名。南陽，郡名。北魏時治南陽縣，在今河南郟縣西南。　寶炬：即元寶炬，人名。北魏宗室，西魏文帝。見《北史》卷五《魏本紀·西魏文帝》。　武衛將軍：官名。掌宿衛禁軍。北魏孝文帝太和十七年定爲從二品下，二十三年改爲從三品。　元毗：人名。字休弼。北魏宗室。見《北史》卷一五《常山王遵附元毗傳》。　魏光：人名。北魏、西魏將領。曾任武衛將軍、東秦州刺史。底本作“魏光禄”，中華本校勘記云：“諸本‘光’下有‘禄’字。《北齊書》百衲本及《册府》卷一八六、《御覽》卷一三〇無。按《魏書》卷一一《出帝紀》永熙三年五月稱：‘時帝爲斛斯椿、元毗、王思政、魏光等諂佞間阻。’‘禄’字衍文，今據删。”今從改。　王思政：人名。太原祁（今山西祁縣東南）人。北魏、西魏名將。見《北史》卷六二《王思政傳》。

[3]舍人：官名。中書舍人的省稱。中書省屬官。北朝時專掌草擬詔令，出納之職由門下省分任。北魏孝文帝太和十七年定爲六品上，二十三年改爲六品下。　元士弼：人名。北魏官吏。歷位舍人、散騎常侍。曾奏高歡受敕不敬而爲其忌恨，後被殺。

[4]賀拔岳：人名。神武尖山（今山西神池縣）人，敕勒族。北魏將領。見《北史》卷四九《賀拔允附賀拔岳傳》。

[5]孝明：即北魏皇帝元詡。孝明爲其謚號。

時司空高乾密啓神武，言魏帝之貳，神武封呈。魏帝殺之，又遣東徐州刺史潘紹業密敕長樂太守龐蒼鷹，[1]令殺其弟昂。昂先聞其兄死，以矟刺柱，伏壯士執紹業於路，得敕書於袍領，遂來奔。神武抱其首哭曰：“天子枉害司空。”遽使以白武幡勞其家屬。[2]時乾次弟慎在光州，[3]爲政嚴猛，又縱部下取納，魏帝使代之。

慎聞難，將奔梁，其屬曰："公家勳重，必不兄弟相及。"乃弊衣推鹿車歸勃海。逢使者，亦來奔。於是魏帝與神武隙矣。

[1]東徐州：北魏時治下邳城，在今江蘇睢寧縣北。　潘紹業：人名。即潘永基。字紹業，長樂廣宗（今河北威縣東）人。北魏官吏。見《北史》卷四五《潘永基傳》。　長樂：郡名。北魏時治信都縣，在今河北冀州市。

[2]白武幡：即白虎幡。《北史》避唐高祖祖父李虎諱改。有白虎圖像的旗，古代用作傳布朝廷政令或軍令的符信。

[3]慎：即高慎，人名。字仲密，勃海蓨（今河北景縣）人。北魏、東魏官吏。見《北史》卷三一《高祐附高慎傳》。　光州：北魏時治掖縣，在今山東萊州市。

阿至羅虜正光以前常稱藩，[1]自魏朝多事，皆叛。神武遣使招納，便附款。先是，詔以寇賊平，罷行臺，至是以殊俗歸降，復授神武大行臺，隨機處分。神武賚其粟帛，議者以爲徒費無益，神武不從，撫慰如初。其酋帥吐陳等感恩，[2]皆從指麾，救曹泥，[3]取万俟受洛干，[4]大收其用。河西費也頭虜紇豆陵伊利居苦池河，[5]恃險擁衆，神武遣長史侯景屢招不從。

[1]阿至羅：鮮卑族慕容部的一支。　正光：代指北魏孝明帝。正光爲其年號（520—525）。

[2]吐陳：人名。其餘不詳。

[3]曹泥：人名。一作"曹埿"。北魏、西魏、東魏官吏。先仕西魏，官至靈州刺史。後降東魏。

[4]万俟受洛干：人名。即万俟洛。字受洛干，又稱万俟壽樂干。太平（今山西山陰縣東南）人，鮮卑族。見《北史》卷五三《万俟普附万俟洛傳》。

[5]紇豆陵伊利：人名。鮮卑族。北魏孝莊帝永安三年受孝莊帝詔，率軍東上進攻尒朱兆，連連獲勝。後在平樂郡（今山西昔陽縣）爲尒朱兆和高歡聯軍所敗。　苦池河：中華本校勘記云："按《魏書》卷一一《出帝紀》永熙三年正月稱高歡'討費也頭於河西苦洩河'。疑'池'是'泄'之訛。'泄'即'洩'。"按：《北齊書》卷一《神武帝紀上》作"河池"，未詳孰是。

天平元年正月壬辰，[1]神武西伐費也頭虜紇豆陵伊利於河西，滅之，遷其部落於河東。

[1]天平：東魏孝靜帝的年號（534—537）。

二月，永寧寺九層浮屠災。[1]既而人有從東萊至，[2]云及海上人咸見之於海中，俄而霧起，乃滅。説者以爲天意若曰："永寧見災，魏不寧矣，飛入東海，勃海應矣。"

[1]永寧寺：在今河南洛陽市。
[2]東萊：郡名。東魏時治掖縣，在今山東萊州市。

魏帝既有異圖，時侍中封隆之與孫騰私言，隆之喪妻，魏帝欲妻以從妹。[1]騰亦未之信，心害隆之，泄其言於斛斯椿。椿以白魏帝。又孫騰帶仗入省，擅殺御史。[2]並亡來奔。稱魏帝撾舍人梁續於前，[3]光禄少卿元子幹攘臂擊之，[4]謂騰曰："語爾高王，元家兒拳正如此。"領軍婁昭辭疾歸晋陽。[5]魏帝於是以斛斯椿兼領軍，分置督將及河南、關西諸刺史。華山王鷙在徐州，[6]神武使邸珍奪其管籥。[7]建州刺史韓賢、濟州刺史蔡儁皆神武同義，[8]魏帝忌之，故省建州以去賢；使御史中尉綦儁察儁罪，[9]以開府賈顯智爲濟州，[10]儁拒之。

[1]從妹：《北齊書》卷一《神武帝紀上》作"妹"，源氏校勘記云："《北齊》無'從'字。"按：《北齊書》卷一八《孫騰傳》載"時魏京兆王愉女平原公主寡居，騰欲尚之，公主不許。侍中封隆之無婦，公主欲之，騰妬隆之，遂相間構"。《資治通鑑》卷一五六亦記載這件事情。京兆王元愉爲孝文帝之子，孝武帝元脩爲廣平王懷之子，孝文帝之孫，他與京兆王元愉的女兒平原公主爲堂兄妹，即《北史》所説的"從妹"。當以《北史》爲是。

[2]御史：官名。爲侍御史的省稱。北魏時侍御史除分曹治事外，亦奉命督察巡視州郡，收捕官吏，宣示詔命等。孝文帝太和十七年定爲從五品中，二十三年改爲八品。

[3]撾（zhuā）：敲打，捶擊，引申爲毆打。

[4]光禄少卿：官名。亦稱光禄寺少卿。北魏始置，爲光禄勳副職。孝文帝太和二十三年定爲四品上。　元子幹：人名。河南洛陽（今河南洛陽市東北）人。北魏宗室。

[5]婁昭：人名。字菩薩，代郡平城（今山西大同市東北）人。東魏大臣。見《北齊書》卷一五《婁昭傳》。

[6]華山王：封爵名。華山，郡名。東魏時治華陰縣，在今陝西華陰市城區。　鷙：即元鷙，人名。北魏宗室。見《北史》卷一五《高凉王孤附華山王鷙傳》。　徐州：東魏時治彭城縣，在今江蘇徐州市。

[7]邸珍：人名。字寶安，中山上曲陽（今河北曲陽縣）人。

東魏官吏。見《北史》卷八七《邸珍傳》。

[8]建州：東魏時治高都城，在今山西晋城市東北。　韓賢：人名。字普賢，廣寧石門（今山西朔州市）人。北魏、東魏官吏。見《北史》卷五三《韓賢傳》。　濟州：東魏時治碻磝城，在今山東在平縣西南。

[9]御史中尉：官名。北魏時爲御史中丞改稱，主御史臺。當時頗重其選。孝文帝太和十七年定爲三品上，二十三年定爲從三品。　綦儁：人名。字憰顯，河南洛陽（今河南洛陽市東北）人。北魏、東魏官吏。見《北史》卷五〇《綦儁傳》。

[10]開府：爲開府儀同三司的省稱。多爲大臣的加號。允許開府，自辟屬僚。北魏孝文帝太和二十三年定爲從一品。

魏帝逾怒，五月，下詔，云將征句吴，[1]發河南諸州兵，增宿衛，守河橋。六月丁巳，密詔神武曰："宇文黑獺自平破秦隴，[2]多求非分，脱有變非常，事資經略。但表啓未全背戾，進討事涉忽忽。遂召群臣，議其可否。僉言假稱南伐，内外戒嚴，一則防黑獺不虞，[3]二則可威吴楚。"時魏帝將伐神武，神武部署將帥，慮疑，故有此詔。[4]神武乃表曰："荆州綰接蠻左，[5]密邇畿服，關隴恃遠，將有逆圖。臣今潛勒兵馬三萬，擬從河東而渡；又遣恒州刺史厙狄干、瀛州刺史郭瓊、汾州刺史斛律金、前武衛大將軍彭樂擬兵四萬，[6]從其來違津渡；遣領軍將軍婁昭、相州刺史竇泰、前瀛州刺史堯雄、并州刺史高隆之擬兵五萬，[7]以討荆州；遣冀州刺史尉景、前冀州刺史高敖曹、濟州刺史蔡儁、前侍中封隆之擬山東兵七萬、突騎五萬，[8]以征江左。[9]皆約勒所部，伏聽處分。"魏帝知覺其變，乃出神武表，命群官議之，欲止神武諸軍。

［1］句吴：古地區名。指今長江下游蘇南地區。春秋末年越國句踐滅亡吴國，併有吴地，故以句吴稱之。後以此指江南地區。

［2］宇文黑獺：人名。即宇文泰。見《北史》卷九《周本紀·文帝》。　秦隴：秦嶺和隴山的並稱。常泛指今甘肅、陜西一帶。

［3］不虞：出乎意料的事。

［4］神武部署將帥慮疑故有此詔：中華本校勘記云："《通志》'慮疑'上有'帝'字。按'部署將帥'，當是孝武帝，即上所稱'發河南諸州兵，增宿衛，守河橋'等事，慮高歡生疑，故下詔解釋。此誤衍'神武'二字。《通志》是因文義不通，以意增'帝'字。"可從。

［5］荆州：東魏時治穰城，在今河南鄧州市。此時爲賀拔勝所據。　蠻左：源氏校勘記云："'左'《北齊》作'方'。"　關隴：泛指關中和隴西郡所轄之地。此時爲宇文泰所控制。

［6］恒州：東魏時寄治秀容，在今山西忻州市西北。　厙狄干：人名。善無（今山西右玉縣南）人。東魏、北齊官吏。見《北史》卷五四《厙狄干傳》。　瀛州：東魏時治趙都軍城，在今河北河間市。　郭瓊：人名。東魏官吏。歷任右衛將軍、瀛州刺史。東魏孝静帝天平三年，討平洛州路黑奴，後以罪被高歡處死。　汾州：東魏時治隰城縣，在今山西汾陽市。　斛律金：人名。本名敦，後改名爲金，字阿六敦，朔州（今山西朔州市）敕勒部人。北齊將領。見《北史》卷五四《斛律金傳》。　武衛大將軍：官名。即武衛將軍加"大"者。北魏置，掌宿衛禁軍，權任很重。孝文帝太和十七年定爲二品。北齊沿置。《北齊書》卷二《神武帝紀下》作"前武衛將軍"。未詳孰是。　彭樂：人名。字興，安定（今甘肅涇川縣北）人。北魏、東魏將領。見《北史》卷五三《彭樂傳》。

［7］領軍將軍：官名。爲禁衛軍最高統帥，北魏時如侍臣帶此

職，則稱中領軍將軍。孝文帝太和十七年定爲二品上，二十三年改爲從二品。　堯雄：人名。字休武，上黨長子（今山西長子縣東）人。北魏、東魏官吏。見《北史》卷二七《堯暄附堯雄傳》。　高隆之：人名。字延興，高平金鄉（今山東濟寧市東南）人。東魏、北齊大臣。見《北齊書》卷一八《高隆之傳》。

[8]高敖曹：人名。即高昂。　突騎：用於衝鋒陷陣的精鋭騎兵。

[9]江左：地區名。一名江東。今安徽蕪湖市與江蘇南京市長江河段以東地區。時人又稱南朝政權統治下的地區爲江左。

神武乃集在并僚佐，[1]令其博議。還以表聞，仍以信誓自明忠款，曰："臣爲嬖佞所閒，陛下一旦賜疑，令倡狂之罪，尒朱時計。[2]臣若不盡誠竭節，敢負陛下，則使身受天殃，子孫殄絶。陛下若垂信赤心，使干戈不動，佞臣一二人，願斟量廢出。"

[1]并：源氏校勘記改"并"作"州"。按：《北齊書》作"州"。

[2]令倡狂之罪尒朱時計：中華本校勘記云："《北齊書》卷二《神武紀下》'令'作'今'，'計'作'討'。按文義都不可解，當有訛脱。"可從。

辛未，帝復録在京文武議意，以答神武。使舍人温子昇草敕，[1]子昇逡巡未敢作，[2]帝據胡牀拔劍作色。子昇乃爲敕，曰：

[1]温子昇：人名。字鵬舉，濟陰冤句（今山東菏澤市西南）

人。北魏、東魏官吏，文學家。見《北史》卷八三《温子昇傳》。

[2]逡巡：遲疑；猶豫。

前持心血，遠以示王，深冀彼此共相體悉，而不良之徒，坐生間貳。近孫騰倉卒向彼，致使聞者疑有異謀。故遣御史中尉綦儁，具申朕懷。今得王啓，言誓懇惻，反覆思之，猶所未解。以朕眇身，遇王武略，不勞尺刃，坐爲天子。所謂生我者父母，貴我者高王。今若無事背王，規相攻討，則使身及子孫，還如王誓，皇天后土，實聞此言。

近慮宇文爲亂，賀拔勝應之，故纂嚴，欲與王俱爲聲援。宇文今日使者相望，觀其所爲，更無異迹。賀拔在南，開拓邊境，爲國立功，念無可責。君若欲分討，[1]何以爲辭？東南不賓，爲日已久，先朝已來，置之度外。今天下户口減半，未宜窮兵極武。

[1]分討：源氏校勘記云："《北齊》作'分謗'。"

朕既闇昧，[1]不知佞人是誰，可列其姓名，令朕知也。如聞庫狄干語王云："本欲取懦弱者爲主，無事立此長君，使其不可駕御。今但作十下舍五日行，自可廢之，更立餘者。"如此議論，自是王間勳人，豈出佞臣之口？去歲封隆之背叛，今年孫騰逃走，不罪不送，誰不怪王？騰既爲禍始，曾無愧懼，王若事君盡誠，何不斬送二首？王雖啓圖西去，而四道俱進，或欲南度洛陽，或欲東臨江左，言之者猶應自怪，聞之者寧能不疑？王若守誠不貳，晏然居北，在此雖有百萬之衆，終無圖彼之心。王脱信邪棄義，舉旗南指，縱無匹馬隻輪，猶欲奮空拳而争死。朕本寡德，王已立之，百姓無知，或謂實可。若爲他所圖，[2]則彰朕之惡；假令還爲王殺，幽辱齏粉，[3]了無遺恨。何者？王既以德見推，以義見舉，一朝背德舍義，便是過有所歸。

[1]闇昧：蒙昧愚陋。

[2]他：底本作“化”，殿本、四庫本、局本、四部備要本、中華本作“他”。按：從文意來看，此處當作“他”，底本誤，今從諸本改。

[3]齏（jī）粉：細粉；粉末；碎屑。

本望君臣一體，若合符契，不圖今日，分疏到此！古語云：“越人射我，笑而道之；吾兄射我，泣而道之。”[1]朕既親王，情如兄弟，所以投筆拊膺，不覺歔欷。

[1]越人射我笑而道之吾兄射我泣而道之：語出《孟子·告子下》：“越人關弓而射之，則己談笑道之，無他，疏之也。其兄關弓而射之，則己垂涕泣而道之，無他，戚之也。”

初，神武自京師將北，以爲洛陽久經喪亂，王氣衰盡，雖有山河之固，土地褊狹，不如鄴，請遷都。魏帝曰："高祖定鼎河洛，[1]爲永永之基，經營制度，至世宗乃畢。[2]王既功在社稷，宜遵太和舊事。"[3]神武奉詔。至是，復謀焉。遣兵千騎鎮建興，[4]益河東及濟州兵，於白溝虜船，[5]不聽向洛，諸州和糴粟，運入鄴城。魏帝又敕神武曰："王若厭伏人情，杜絶物議，唯有歸河東之兵，罷建興之戍，[6]送相州之粟，追濟州之軍，令蔡儁受代，使邸珍出徐，止戈散馬，各事家業。脱須糧廪，别遣轉輸。則讒人結舌，疑悔不生。王高枕太原，朕垂拱京洛，終不舉足渡河，以干戈相指。王若馬首南向，問鼎輕重，朕雖無武，欲止不能，必爲社稷宗廟，出萬死之策。決在於王，非朕能定，爲山止簣，相爲惜之。"

[1]高祖：即北魏孝文帝元宏。

[2]世宗：即北魏宣武帝元恪。

[3]太和：北魏孝文帝的年號（477—499）。

[4]遣兵千騎：《北齊書》卷二《神武帝紀下》作"遣三千騎"。按：《資治通鑑》卷一五六亦云"遣三千騎鎮建興"，未詳孰是。源氏校勘記云："'兵千'《北齊》作'三千'。"

[5]白溝：又名白馬溝，源自今河南原陽縣東南古白馬淵，東流經河南開封市與封丘縣之間，下流與濟水合。

[6]戍：四庫本、四部備要本作"戎"。按：從文意來看，當爲"戍"，字形相近而訛，從底本。

魏帝時以任祥爲兼尚書左僕射，[1]加開府。祥棄官走至河北，據郡待神武。魏帝乃敕文武官，北來者任去留。下詔罪狀神武，爲北伐經營。神武亦勒馬宣告曰：[2]“孤遇尒朱擅權，舉大義於四海，奉戴主上，義貫幽明。橫爲斛斯椿讒構，以誠節爲逆首。昔趙鞅興晉陽之甲，[3]誅君側惡人。今者南邁，誅椿而已。”以高昂爲前鋒，曰：“若用司空言，豈有今日之舉！”司馬子如答神武曰：“本欲立小者，正爲此耳。”

[1]任祥：人名。字延敬，廣寧（今河北涿鹿縣）人。北魏、東魏官吏。見《北史》卷五三《任祥傳》。　尚書左僕射：官名。漢獻帝時分尚書僕射爲左、右，歷代沿置。左僕射居右僕射上。輔助尚書令執行政務，參議大政，諫諍得失，監察百官。常受命主管官吏選舉。北魏孝文帝太和十七年定爲從一品中，二十三年改爲從二品。北齊因之。

[2]勒馬：毛本、殿本、四庫本作“勒兵”，源氏校勘記云：“《北齊》作‘勒兵’。”根據文意來看，兩者均可。

[3]趙鞅：人名。春秋末晉國正卿。晉定公時，國政衰亂，范吉射、荀寅伐趙，鞅奔保晉陽，後聯合韓、魏等，支持公室，反攻范氏、中行氏。復位後改名志父，謚曰簡子，故又稱趙簡子。見《史記》卷四三《趙世家》。

魏帝徵兵關右，召賀拔勝赴行在所，[1]遣大行臺長孫承業、大都督潁川王斌之、斛斯椿共鎮武牢，[2]汝陽王暹鎮石濟，[3]行臺長孫子彦帥前恒農太守元洪略鎮陝，[4]賈顯智率豫州刺史斛斯元壽伐蔡儁。[5]神武使竇泰與左箱大都督莫多婁貸文逆顯智，[6]韓賢逆暹。元壽軍降泰。[7]貸文與顯智遇於長壽津，[8]顯智陰約降，引軍退。軍司元玄覺之，[9]馳還請益師。魏帝遣大都督侯幾紹赴之，戰於滑臺東，顯智以軍降，紹死之。

［1］行在所：古代帝王巡幸所居之地。

［2］潁川王：封爵名。潁川，郡名。東魏時治長社縣，在今河南許昌市。　斌之：即元斌之，人名。字子爽。北魏宗室、西魏將領。見《北史》卷一九《安樂王長樂附元斌之傳》。　武牢：關隘名。即虎牢。《北史》避唐高祖祖父李虎諱改。在今河南滎陽市汜水鎮西。

［3］汝陽王：封爵名。汝陽，郡名。東魏時治汝陽縣，在今河南商水縣西北。　暹：即元暹，人名。字叔照（一作“叔昭”）。北魏宗室。見《北史》卷一七《京兆王子推附元暹傳》。　石濟：津渡名。又名棘津、南津。在今河南滑縣西南古黄河上。

［4］長孫子彦：人名。本名儁，鮮卑族。北魏、西魏將領。見《北史》卷二二《長孫道生附長孫子彦傳》。　恒農：郡名。北魏時治陝城，在今河南三門峽市。　元洪略：人名。北魏宗室。任恒農太守、中軍將軍、行東雍州刺史。　陝：州名。東魏時治陝縣，在今河南三門峽市西。

［5］豫州：東魏時治懸瓠城，在今河南汝南縣。　斛斯元壽：人名。廣牧富昌（今内蒙古准格爾旗東南）人。北朝將領。見《北史》卷四九《斛斯椿附斛斯元壽傳》。

［6］莫多婁貸文：人名。太安狄那（今山西壽陽縣西）人，羌族。東魏將領。見《北史》卷五三《莫多婁貸文傳》。

［7］元壽軍降泰：底本作“乙素軍降泰”，殿本、四庫本、局本、四部備要本作“元壽軍降泰”，源氏校勘記云：“《北齊》‘乙素’作‘元壽’。”中華本校勘記云：“各本‘元壽’作‘乙素’，殿本及《北齊書》《通志》作‘元壽’。張元濟云：‘元壽指斛斯元壽。’按張説是，今從殿本。”今從改。

［8］長壽津：津渡名。在今河南滑縣東北。

[9]軍司：官名。爲諸軍府主要僚屬，佐主帥統帶軍隊，負有匡正監察主帥之責，地位很高，常繼任主帥。 元玄：人名。字彦道。北魏宗室、西魏大臣。見《北史》卷一五《常山王遵附元玄傳》。

七月，魏帝躬率大衆屯河橋。神武至河北十餘里，再遣口申誠款，魏帝不報。神武乃引軍度河。魏帝問計於群臣，或云南依賀拔勝，或云西就關中，或云守洛口死戰，[1]未決。而元斌之與斛斯椿争權不睦，斌之棄椿徑還，紿帝云神武兵至。即日，魏帝遜於長安。

[1]洛口：地名。在今河南鞏縣東北，爲洛水入黄河處。

己酉，神武入洛，停於永寧寺。八月甲寅，召集百官謂曰："爲臣奉主，匡救危亂。若處不諫争，出不陪隨，緩則耽寵争榮，急便竄失，臣節安在！"遂收開府儀同三司叱列延慶、兼尚書左僕射辛雄、兼吏部尚書崔孝芬、都官尚書劉廞、兼度支尚書楊機、散騎常侍元士弼，[1]並殺之，誅其貳也。士弼籍没家口。

[1]開府儀同三司：多爲人臣的加號，與三司即太尉、司徒、司空的禮制待遇相同。允許開府，自辟屬僚。 叱列延慶：人名。代（今山西大同市東北）西部人。世爲酋帥，與尒朱榮相勾結。見《北史》卷四九《叱列延慶傳》。 辛雄：人名。字世賓，隴西狄道（今甘肅臨洮縣）人。北魏官吏。見《北史》卷五〇《辛雄傳》。 吏部尚書：官名。三國魏改選部尚書置，爲尚書省吏部曹長官。兩晋南北朝沿置，職掌官吏銓選、考課、獎懲，其實權或大

於尚書僕射。然重要官職的任免須與諸執政大臣合議，由皇帝、宰相裁定，亦常命尚書僕射領吏部事務或任命大臣參掌選事以分其權任。北魏孝文帝太和十七年定爲二品下，二十三年改爲三品。　崔孝芬：人名。字恭梓，博陵安平（今河北安平縣）人。北魏官吏。見《北史》卷三二《崔挺附崔孝芬傳》。　都官尚書：官名。尚書省都官曹長官。掌制定律令法制、糾劾違法、水利工程、官吏考課等。北魏孝文帝太和十七年定爲二品中，二十三年改爲三品。　劉廞：人名。字景興。北魏官吏。見《北史》卷四二《劉芳附劉廞傳》。　度支尚書：官名。魏晋南北朝至隋初爲尚書省度支曹長官。統管度支、户部、金部、倉部四曹，掌軍國財賦的收支會計及漕運物價屯田之政令。北魏孝文帝太和十七年定爲二品中，二十三年改爲三品。　楊機：人名。字顯略，天水冀（今甘肅甘谷縣）人。北魏官吏。見《北史》卷五〇《楊機傳》。　散騎常侍：官名。三國魏文帝時置散騎，合於中常侍，謂之散騎常侍。南朝時屬集書省，職掌侍從左右，主掌圖書文翰、文章撰述、諫諍拾遺，收納轉呈文書奏事，地位驟降。北朝時兼領修史，實際地位略高於南朝，仍爲閑散之職。北魏初一度掌出令，位在中書令之上。孝文帝太和十七年定爲二品下，二十三年改爲從三品。

神武以萬機不可曠廢，乃與百僚議，以清河王亶爲大司馬，[1]居尚書下舍而承制決事焉。王稱警蹕，[2]神武醜之。神武尋至弘農，[3]遂西剋潼關，[4]執毛洪賓；[5]進軍長城，[6]龍門都督薛崇禮降。[7]神武退舍河東，命行臺尚書長史薛瑜守潼關；[8]大都督厙狄温守封陵；[9]於蒲津西岸築城守華州，[10]以薛紹宗爲刺史；高昂行豫州事。神武自發晋陽至此，凡四十啓，魏帝皆不答。

[1]清河王：封爵名。清河，郡名。東魏時治清河縣，在今山

東臨清市東北。　亶：即元亶，人名。字子亮，爲孝文帝孫，其子爲東魏孝静帝。　大司馬：官名。北魏時與大將軍並稱爲“二大”。爲加官，常典軍事，地位顯貴，正一品。

[2]警蹕：古代帝王出入時，於所經路途侍衛警戒，清道止行。

[3]弘農：縣名。治所在今河南靈寶市東北故函谷關城。源氏校勘記云：“《北齊》作‘恒農’。”按：《北齊書》卷二《神武帝紀下》作“恒農”。《資治通鑑》卷一五六亦載“戊辰，清河王亶下制大赦。歡至弘農”，弘農即恒農，避北魏獻文帝拓跋弘諱改。

[4]潼關：關隘名。故址在今陝西潼關縣東北，黄河南岸。

[5]毛洪賓：人名。北地（今陝西富平縣東北）人。北魏官吏。以功拜岐州刺史、散騎常侍，封開國縣侯。後轉西兖州刺史、南青州刺史。孝武帝時鎮守潼關，爲高歡所擒，病死。

[6]長城：縣名。又名貳縣，十六國時前秦苻堅所設。治所在今陝西黄陵縣隆坊鎮。

[7]龍門：地名。一名禹門口，在今山西河津縣西北黄河西岸。

[8]行臺尚書：官名。爲行臺屬官，分理各曹事。正四品。

[9]封陵：津渡名。又作“風陵津”，在今山西芮城縣西南黄河北岸。

[10]蒲津：津渡名。一作“蒲坂津”，在今山西永濟市蒲州鎮與陝西大荔縣朝邑鎮之間的黄河上。　華州：東魏時治鄭縣，在今陝西華縣西南。

九月庚寅，神武還至洛陽，乃遣僧道榮奉表關中，[1]又不答。乃集百僚、沙門、耆老，[2]議所推立。以爲自孝昌衰亂，國統中絶，神主靡依，昭穆失序，[3]永安以孝文爲伯考，永熙遷孝明於夾室，[4]業喪祚短，職此之由。遂議立清河王世子善見。[5]議定，白清河王。王曰：“天子無父，苟使兒立，不惜餘生。”乃立之，是爲孝静帝。[6]魏於是始分爲二。

[1]道榮：即由吾道榮，人名。琅琊沭陽（今江蘇沭陽縣）人。北齊隱士。見《北史》卷八九《由吾道榮傳》。

[2]沙門：《北齊書》卷二《神武帝紀下》作“四門”。按：《資治通鑑》卷一五六云“歡乃集百官、耆老，議所立”，並未提到“沙門”或“四門”。未詳孰是。

[3]昭穆：古代宗法制度中宗廟或宗廟中神主的排列次序。始祖居中，以下父子遞爲昭、穆，左爲昭，右爲穆。

[4]永熙：代指北魏孝武帝。　夾室：指宗廟内堂的東西廂後部，爲藏五世祖以上遠祖神主的地方。

[5]善見：即元善見，人名。北魏宗室，後爲東魏孝静帝。見《北史》卷五《魏本紀·東魏孝静帝》。

[6]孝静：即東魏皇帝元善見。孝静爲其謚號。

神武以孝武既西，恐逼崤陝，[1]洛陽復在河外，接近梁境，如向晋陽，形勢不能相接，依議遷鄴。護軍祖瑩贊焉。[2]詔下三日，車駕便發，户四十萬，狼狽就道。神武留洛陽部分，事畢還晋陽。自是軍國政務，皆歸相府。先是童謡曰：“可憐青雀子，[3]飛來鄴城裏。羽翮垂欲成，[4]化作鸚鵡子。”好事者竊言，雀子謂魏帝清河王子，[5]鸚鵡謂神武也。

[1]崤陝：崤縣、陝縣，在今河南靈寶市附近。

[2]護軍：官名。職如將軍，而地位稍遜同號將軍，常授資歷稍淺之統帥。　祖瑩：人名。字元珍，范陽遒（今河北淶水縣北）人。北魏、東魏官吏。見《北史》卷四七《祖瑩傳》。

[3]雀子：四部備要本作“雀字”。按：當爲“雀子”，字形相近而訛，從底本。

[4]翮（hé）：鳥的翅膀。

[5]清河王子：底本作“清河王”，源氏校勘記在“王”後補“子”字，中華本校勘記云:“諸本‘清河王’下無‘子’字，《北齊書》有。按《隋書》卷二二《五行志上》記此童謠，末云:‘魏孝静帝，清河王之子也。’孝静即位前，未嘗嗣王爵，此脱‘子’字，今據補。”今從補。

初，孝昌中，山胡劉蠡升自稱天子，[1]年號神嘉，居雲陽谷。[2]西土歲被其寇，[3]謂之胡荒。

[1]山胡：族名。亦稱步落稽。　劉蠡升：人名。山胡起義首領。北魏孝明帝孝昌元年，舉行起義，東魏孝静帝天平二年，被高歡鎮壓。

[2]雲陽谷：地名。在今山西左雲縣。

[3]西土：泛指西部邊疆。毛本、殿本作“西上”。按：從文意看，當爲“西土”，字形相近而訛，從底本。

二年正月，西魏渭州刺史可朱渾道元擁衆内屬，[1]神武迎納之。壬戌，神武襲擊劉蠡升，大破之。己巳，魏帝褒詔，以神武爲相國，假黄鉞，[2]劍履上殿，入朝不趨，神武固辭。

[1]渭州：西魏時治襄武縣，在今甘肅隴西縣西南。　可朱渾道元：人名。即可朱渾元。字道元，自云遼東（今遼寧遼陽市）人。北魏末年官吏、將領。見《北史》卷五三《可朱渾元傳》。

[2]假黄鉞：授此者以示有權總統内外諸軍。

三月，[1]神武欲以女妻蠡升太子，候其不設備，辛酉，潛師襲之。其北部王斬蠡升首以送，其衆復立其子南海王。神武進擊之，又獲南海王及其弟西海王、北海王、皇后、公卿已下四百餘人，胡、魏五萬户。壬申，神武朝于鄴。

[1]三月：毛本、殿本、四庫本作“二月”。按：東魏孝静帝天平二年三月丁未朔，有辛酉；二月戊寅朔，無辛酉。當從底本。

四月，神武請給遷人稟各有差。

九月甲寅，神武以州、郡、縣官多乖法，請出使問人疾苦。

三年正月甲子，神武帥厙狄干等萬騎襲西魏夏州。[1]身不火食，四日而至，縳矟爲梯，夜入其城，禽其刺史費也頭斛拔俄彌突，[2]因而用之。留都督張瓊以鎮守，[3]遷其部落五千户以歸。西魏靈州刺史曹泥與其婿凉州刺史劉豐遣使請内屬。[4]周文圍泥，[5]水灌其城，不没者四尺。神武命阿至羅發騎三萬，徑度靈州，繞出西軍後，獲馬五十匹，西師乃退。神武率騎迎泥、豐生，拔其遺户五千以歸，復泥官爵。魏帝詔加神武九錫，[6]固讓乃止。

[1]夏州：西魏時治巖緑縣（統萬城），在今陝西靖邊縣白城子村無定河北岸的毛烏素沙漠中（靠近今内蒙古烏審旗南境）。

[2]斛拔俄彌突：人名。西魏官吏，任夏州刺史。毛本、殿本、

四庫本作“賀拔俄突”，中華本校勘記云：“殿本‘斛’作‘賀’，《北齊書》作‘斛’。按本書卷九、《周書》百衲本卷一《文帝紀》，本書卷四九、《周書》卷一四《賀拔岳傳》，都作‘解拔彌俄突’。《北齊書》卷一七《段韶傳》作‘斛律彌娥突’。大體上《周書》所記及《北史》採自《周書》的紀傳都作‘解拔’。《北齊書》所記，則作‘斛拔’。今本《北齊書·神武紀》雖是用《北史》補，但《北史》本是採自《北齊書》，所以都作‘斛拔’。《北齊書·段韶傳》‘律’字雖誤，但‘斛’字與本紀同。‘解’‘斛’之分，是周、齊兩書之異，難以判其是非。‘斛律’‘賀拔’都是因爲‘斛拔’少見，後人臆改。又上引各書，‘俄彌突’都作‘彌俄突’，《周書》卷一三《宋獻公震傳》，震小字‘彌俄突’。本書卷九八《高車傳》有高車主‘彌俄突’。可知‘彌俄突’是當時北方各族習用名。這裏‘俄彌’二字誤倒。”

[3]張瓊：人名。字連德，代（今山西大同市東北）人。東魏、北齊官吏。見《北史》卷五三《張瓊傳》。

[4]靈州：西魏時治薄骨律鎮城，在今寧夏靈武市西南。　涼州：西魏時治姑臧縣，在今甘肅武威市。　劉豐：人名。字豐生，普樂（今寧夏靈武市）人。西魏官吏。見《北史》卷五三《劉豐傳》。

[5]周文：即北周皇帝宇文泰。文爲其謚號，爲北周明帝所追謚。

[6]九錫：古代天子賜給諸侯、大臣的九種器物，是最高禮遇。

二月，神武令阿至羅逼西魏秦州刺史建忠王万俟普撥，[1]神武以衆應之。六月甲午，[2]普撥與其子太宰受洛干、豳州刺史叱干寶樂、右衛將軍破六韓常及督將三百餘人，[3]擁部來降。

[1]秦州：西魏時治上封城，在今甘肅天水市。　建忠王：封爵名。建忠，郡名。西魏時治三原縣，在今陝西三原縣北。　万俟普撥：人名。即万俟普。字普撥，太平（今山西山陰縣東南）人，鮮卑族。北魏、北齊官吏。見《北史》卷五三《万俟普傳》。

[2]六月：源氏校勘記云："'六月'《北齊》作'三月'。今年三月無甲午，似非。"

[3]太宰：官名。即大宰、冢宰。東晋、南朝時用作贈官，用以安置元老勳舊大臣。北魏、北齊則在太師、太傅、太保之上別置太宰，同爲一品。　豳州：西魏時治新平城，在今陝西彬縣城關鎮。　叱干寶樂：底本作"叱于寶樂"，中華本作"叱干寶樂"。按："叱干"乃古姓氏，據《魏書·官氏志》記載，此姓源於鮮卑族叱干部，今陝西等部分地區仍有此姓。"于""干"字形相近而混，底本誤，今改。　右衛將軍：官名。三國魏元帝時始設。西晋時分爲左、右衛將軍，共掌宿衛營兵。北魏孝文帝太和十七年定爲從二品下，二十三年改爲三品。北齊時爲右衛府長官，三品。　破六韓常：人名。一作"破洛韓常"。東魏官吏。見《北史》卷五三《破六韓常傳》。

八月丁亥，神武請均斗尺，班於天下。

九月辛亥，汾州胡王迢觸、曹貳龍聚衆反，[1]署立百官，年號平都，神武討平之。

[1]王迢觸：人名。其餘不詳。

十二月丁丑，神武自晋陽西討，遣兼僕射行臺、汝陽王暹、司徒高昂等趣上洛，[1]大都督竇泰入自潼關。

[1]司徒：官名。與太尉、司空並稱三公，分掌宰相職能。一

品。　上洛：郡名。西魏時治上洛縣，在今陝西商洛市商州區。

四年正月癸丑，竇泰軍敗自殺。神武軍次蒲津，以冰薄不得赴救，[1]乃班師。高昂攻剋上洛。

[1]冰薄：四庫本作“永薄”。按：當爲“冰薄”，字形相近而訛。

二月乙酉，[1]神武以并、肆、汾、建、晋、東雍、南汾、秦、陝九州霜旱，[2]人飢流散，請所在開倉振給。

[1]二月：源氏校勘記云：“‘二月’《北齊》作‘四月’。”

[2]東雍：州名。東魏時治臨汾縣，在今山西新絳縣。　南汾：州名。東魏時治定陽縣，在今山西吉縣。　秦：州名。按：秦州治所在上邽城，遠在西魏境内。此“秦”州當爲治所在河東郡蒲坂之“泰”州。《北史》卷一五《常山王遵附拓跋淑傳》云：“泰州河東，杼柚代春。”可爲一佐證。《北齊書》卷二《神武帝紀下》作“泰”。中華本校勘記云：“《魏書》卷一一〇《食貨志》記此事，‘秦’作‘泰’。按河東之秦州，錢氏《考異》卷三〇以爲當作‘泰州’。”

六月壬申，神武如天池，[1]獲瑞石，隱起成文曰“六王三川”。

[1]天池：湖名。一名祁連池。在今山西寧武縣西南管涔山上。

十月壬辰，[1]神武西討，自蒲津濟，衆二十萬。周文軍於沙苑。[2]神武以地阸少却，[3]西人鼓噪而進。軍大亂，棄器甲十有八萬。神武跨槖駝，[4]候船以歸。

［1］十月：底本作“十一月”，中華本校勘記云:“諸本‘十月’作‘十一月’。《通鑑》卷一五七《考異》云:‘《魏帝紀》(《魏書》卷十二）十月壬辰敗於沙苑。按長曆，十月壬辰朔，《北齊紀》誤也。’按是年十一月無壬辰，《周書》卷二《文帝紀》大統三年稱‘十月壬辰至沙苑’，與《魏書》合。此‘一’字衍，今據删。”今從改。

［2］沙苑：地名。又名沙阜、沙海、沙窩。在今陝西大荔縣南洛、渭兩河之間。

［3］地阸：毛本、四庫本作“地扼”。按：從字義上來看，當爲“阸”，指險要的地方，今從底本。

［4］槖駝：駱駝。

元象元年三月辛酉，[1]神武固請解丞相，魏帝許之。

［1］元象：東魏孝静帝的年號（538—539）。

四月庚寅，神武朝于鄴。壬辰，還晋陽，請開酒禁，并振恤宿衛武官。

七月壬午，行臺侯景、司徒高昂圍西魏將獨孤信於金墉，[1]西魏帝及周文並來赴救。大都督厙狄干帥諸將前驅，神武總衆繼進。

［1］獨孤信：人名。雲中（今内蒙古和林格爾縣東北）人，鮮卑族。西魏八柱國之一。見《北史》卷六一《獨孤信傳》。　金

墉：城名。在今河南洛陽市東北魏晋洛陽故城西北隅。

八月辛卯，戰於河陰，[1]大破西魏軍，俘獲數萬。司徒高昂、大都督李猛、宋顯死之。[2]西師之敗，獨孤信先入關，周文留其都督長孫子彦守金墉，遂燒營以遁。神武遣兵追奔至崤，[3]不及而還。初，神武知西師來侵，自晋陽率衆馳赴，至孟津，[4]未濟，而軍有勝負。既而神武渡河，子彦亦棄城走。神武遂毁金墉而還。

[1]河陰：縣名。治所在今河南孟津縣東。

[2]宋顯：人名。字仲華，敦煌效穀（今甘肅敦煌市東北）人。東魏將領。見《北史》卷五三《宋顯傳》。底本作"宗顯"，局本作"宋顯"，中華本校勘記云："諸本'宋'作'宗'。按本書卷九、《周書》卷二《文帝紀》大統四年，《魏書》卷十二《孝静紀》元象元年都作'宋顯'。本書卷五三、《北齊書》卷二〇《宋顯傳》説他死於河陰之役，與此合。作'宗'誤，今據改。"今從改。

[3]崤：山名。在今河南洛寧縣西北。

[4]孟津：津渡名。又作"富平津"。在今河南孟州市西南黄河上。

十一月庚午，神武朝於京師。十二月壬辰，還晋陽。

興和元年七月丁丑，[1]魏帝進神武爲相國、録尚書事，[2]固讓乃止。

[1]興和：東魏孝静帝的年號（539—542）。

［2］録尚書事：官名。爲尚書省長官，總領尚書省政務，尚書令、僕射爲其副貳，職權甚重，多以公卿權重者居之。

十一月乙丑，神武以新宫成，朝於鄴。魏帝與神武讌射，[1]神武降階下稱賀。又辭勃海王及都督中外諸軍事，[2]詔不許。十二月戊戌，神武還晋陽。

［1］讌射：古代射禮之一。指宴飲之射。

［2］都督中外諸軍事：官名。亦稱都督中外諸軍、中外都督等。總統内外諸軍，爲全國最高軍事統帥，權力極大，不常置。初時多爲他官兼任，無品階。北魏孝文帝太和二十三年定爲從一品。

二年十二月，阿至羅别部遣使請降，神武帥衆迎之。[1]出武州塞，[2]不見，大獵而還。

［1］帥衆：毛本、四庫本、局本、四部備要本作“率衆”。按："帥”“率”古通。

［2］武州塞：北邊要塞。在今山西大同市西北。

三年五月，神武巡北境，使使與蠕蠕通和。[1]

［1］蠕蠕：亦稱柔然，本爲東胡族的一支，隸屬拓跋部。南北朝時期始强大，活動於今蒙古國南部地區。以游牧爲生。見《北史》卷九八《蠕蠕傳》。

四年五月辛巳，神武朝于鄴。請令百官，每月面敷政事；明揚仄陋，納諫屏邪，親理獄訟，褒黜勤怠；牧守有愆，節級相坐；椒掖之内，[1]進御以序；後園鷹犬，悉皆棄之。六月甲辰，神武還晋陽。

[1]椒掖：泛指后妃居住的宫室。

九月，神武西征，十月己亥，圍西魏儀同三司王思政於玉壁城，[1]欲以致敵，西師不敢出。十一月癸未，神武以大雪，士卒多死，乃班師。

[1]儀同三司：初謂非三公而儀制待遇同於三公。魏晋時授予開府位從三公之文武官，南北朝時授予範圍不斷擴大，逐漸成爲官號。北魏孝文帝太和十七年定爲一品下，二十三年以後改爲從一品，位開府上。　玉壁城：在今山西稷山縣西南。

武定元年二月壬申，[1]北豫州刺史高慎據武牢西叛。[2]三月壬辰，周文率衆援高慎，圍河橋南城。戊申，神武大敗之於芒山，[3]禽西魏督將以下四百餘人，俘斬六萬計。是時軍士有盗殺驢者，軍令應死，神武弗殺，將至并州决之。明日，復戰，奔西軍，告神武所在，西師盡鋭來攻。衆潰，神武失馬，赫連陽順下馬，[4]以授神武，與蒼頭馮文洛扶上，[5]俱走。從者步騎六七人。追騎至，親信都督尉興慶曰："王去矣，興慶腰邊百箭，足殺百人。"[6]神武勉之曰："事濟，以爾爲懷州；[7]若死，則用爾子。"興慶曰："兒小，願用兄。"許之。興慶鬭，矢盡而死。西魏太師賀拔勝以十三騎逐神武，河州刺史劉洪徽射中其二。[8]勝矟將中神武，段孝先横射勝馬殪，[9]遂免。豫、洛二州平，[10]神武使劉豐追奔，徇地至恒農而還。[11]

［1］武定：東魏孝静帝的年號（543—550）。

［2］北豫州：東魏時治虎牢城，在今河南滎陽市西北。

［3］芒山：即邙山。在今河南洛陽市北。

［4］赫連陽順：人名。其餘不詳。

［5］蒼頭：私家奴僕。

［6］親信都督：官名。宇文泰爲西魏丞相時始置，掌領親信之兵。　尉興慶：人名。又作“尉興”“敬興”“尉興敬”。太安狄那（今山西壽陽縣西）人。東魏將領。見《北史》卷五三《綦連猛附尉興慶傳》。

［7］懷州：東魏時治野王縣，在今河南沁陽市。

［8］河州：西魏時治枹罕縣，在今甘肅臨夏市。　劉洪徽：人名。秀容陽曲（今山西太原市北）人。東魏、北齊將領。北齊建，歷開府儀同三司、尚書右僕射、領軍將軍等職，曾與段韶等參與殺害楊愔等人。

［9］段孝先：人名。即段韶。字孝先，小名鐵伐，姑臧武威（今甘肅武威市）人。東魏、北齊將領。因其爲武明皇后姐姐之子而備受器重。見《北史》卷五四《段榮附段韶傳》。　殪（yì）：死。

［10］洛：州名。東魏時治洛陽縣，在今河南洛陽市東北。

［11］徇地：源氏校勘記云：“‘徇’《北齊》作‘拓’。”

七月，神武貽周文書，責以殺孝武之罪。

八月辛未，魏帝詔神武爲相國、録尚書事、大行臺，餘如故，固辭乃止。是月，神武命於肆州北山築城，[1]西自馬陵戍，[2]東至土隥，[3]四十日罷。

[1]肆州：東魏時治九原縣，在今山西忻州市忻府區。
[2]馬陵：戍名。在今山西寧武縣。
[3]土隥：地名。又作“土墱寨”。在今山西原平縣崞陽鎮。

十二月己卯，神武朝於京師，庚辰，還晋陽。

二年三月癸巳，神武巡行冀、定二州，因朝京師。以冬春亢旱，請蠲縣責，[1]振窮乏，宥死罪以下。又請授老人板職各有差。[2]四月丙辰，神武還晋陽。

[1]蠲（juān）：免除。
[2]板職：北魏時，京兆府對地方高齡父老行板授，分大郡板、小郡板。年百歲以上授大郡板，九十以上授小郡板。經板授者可在社會上享有郡守一級的政治榮譽。

十一月，神武討山胡，破平之，俘獲一萬餘户，分配諸州。

三年正月甲午，開府儀同三司尒朱文暢、開府司馬任胄、都督鄭仲禮、中府主簿李世林、前開府參軍房子遠等謀賊神武，[1]因十五日夜打簇，[2]懷刃而入。其黨薛季孝以告，並伏誅。丁未，神武請於并州置晋陽宫，以處配口。[3]

[1]尒朱文暢：人名。北秀容（今山西朔州市）人，契胡族。東魏官吏。見《北史》卷四八《尒朱榮附尒朱文暢傳》。　開府司馬：官名。爲開府的僚屬，掌營兵。所屬府不同，品秩也不同。　任胄：人名。廣寧（今河北涿鹿縣）人。東魏官吏。見《北史》

卷五三《任祥附任胄傳》。　鄭仲禮：人名。滎陽開封（今河南開封市）人。東魏官吏。見《北史》卷三五《鄭羲附鄭仲禮傳》。　中府主簿：官名。爲典禮文書、辦理事務的文官。　開府參軍：官名。爲開府的僚屬。參軍，亦作"參軍事"。南北朝時王公將軍府、都水臺以及諸州多置爲僚屬，品級自六品至九品不等，皆由朝廷除授。　房子遠：人名。河南洛陽（今河南洛陽市東北）人。東魏將領。見《北史》卷五五《房謨附房子遠傳》。

[2]打蔟：亦稱打竹簇。北朝時的一種游戲。

[3]配口：因犯罪而處流刑或充軍的人。

三月乙未，神武朝鄴。丙午，還晉陽。

十月丁卯，神武上言，幽、安、定三州北接奚、蠕蠕，[1]請於險要脩立城戍以防之。躬自臨履，莫不嚴固。乙未，[2]神武請釋芒山俘桎梏，配以人間寡婦。

[1]幽：州名。東魏時治薊縣，在今北京西南。　安：州名。東魏時寄治幽州北界，在今北京密雲縣東。　奚：部族名。源於東胡。南北朝時又稱庫莫奚，分布在饒樂水（今西拉木倫河）流域。以游牧爲主，兼以射獵，習俗與突厥相似。見《北史》卷九四《奚傳》。

[2]乙未：中華本校勘記云："按十月丙午朔，無乙未；是年閏十月，丙子朔，乙未是二十日。疑'乙未'上脱'閏月'二字。"

四年八月癸巳，神武將西伐，自鄴會兵於晉陽。殿中將軍曹魏祖曰：[1]"不可，今八月西方王，以死氣逆生氣，爲客不利，主人則可。兵果行，傷大將。"神武不從。自東、西魏構兵，鄴下每先有黄黑螘陣鬬。[2]占者以爲黄者東魏戎衣色，黑者西魏戎衣色，人間以此候勝負。是時黄螘盡死。

[1]殿中將軍：官名。爲侍衛武職，不典兵。北魏孝文帝太和十七年定爲五品中，二十三年改爲八品上。北齊時爲八品上。

[2]螘：螞蟻。

九月，神武圍玉壁以挑西師，不敢應。西魏晋州刺史韋孝寬守玉壁。[1]城中出鐵面，神武使元盜射之，[2]每中其目。用李業興孤虚術，[3]萃其北，北，天險也。乃起土山，鑿十道，又於東面鑿二十一道，以攻之。城中無水，汲於汾，神武使移汾，一夜而畢。孝寬奪據土山。頓軍五旬，城不拔，死者七萬人，聚爲一冢。有星墜於神武營，衆驢並鳴，士皆讋懼。神武有疾。

[1]韋孝寬：人名。即韋叔裕。字孝寬，京兆杜陵（今陝西西安市長安區東）人。西魏、北周名將。見《北史》卷六四《韋孝寬傳》。

[2]元盜：中華本校勘記云："《册府》卷一八六'盜'作'溢'。人名不應作'盜'，疑'溢'是。"

[3]李業興：人名。上黨長子（今山西長子縣東）人。北魏、東魏官吏。見《北史》卷八一《李業興傳》。　孤虚術：以十天干與十二地支依次相配計日，一旬所餘二地支稱爲孤，與孤相對者爲虚。古時用以推算吉凶禍福。

十一月庚子，輿疾班師。庚戌，遣太原公洋鎮鄴。[1]辛亥，徵世子澄至晋陽。有惡烏集於亭樹，[2]世子使斛律光射殺之。[3]己卯，[4]神武以無功，表解都督中外諸軍事，魏帝優詔許焉。是時，西魏言神武中弩。神武聞之，乃勉坐見諸貴。使斛律金《敕勒歌》，[5]神武自和之，哀感流涕。

[1]太原公：封爵名。太原，郡名。東魏時治晋陽縣，在今山西太原市晋源區古城營村一帶。　洋：即高洋，人名。字子進，勃海蓨（今河北景縣）人。後即位，爲北齊文宣帝。見《北史》卷七《齊本紀·文宣帝》。

[2]亭：南監本作"庭"。源氏校勘記云："'庭'《北齊》作'亭'。"

[3]斛律光：人名。字明月，朔州（今山西朔州市）敕勒部人。東魏、北齊將領。見《北史》卷五四《斛律金附斛律光傳》。

[4]己卯：中華本校勘記云："按是年十一月庚子朔，無己卯。《通鑑》卷一五九作'十二月己卯'（此據涵芬樓影宋本）。此'己'上疑脱'十二月'。"可從。

[5]使斛律金敕勒歌：源氏校勘記在"金"後補"作"字。敕勒歌，北朝民歌。

侯景素輕世子，嘗謂司馬子如曰："王在，吾不敢有異；王無，吾不能與鮮卑小兒共事。"子如掩其口。至是，世子爲神武書，召景。景先與神武約，得書，書背微點，乃來。書至，無點，景不至。又聞神武疾，遂擁兵自固。神武謂世子曰："我雖疾，爾面更有餘憂色，何也？"世子未對。又問曰："豈非憂侯景叛邪？"曰："然。"神武曰："景專制河南十四年矣，常有飛揚跋扈志，顧我能養，豈爲汝駕御也。今四方未定，勿遽發哀。厙狄干鮮卑老公，斛律金敕勒老公，並性遒直，終不負汝。可朱渾道元、劉豐生遠來投我，必無異心。賀拔焉過兒樸實無罪過，潘相樂本作道人，[1]心和厚，汝兄弟當得其力。韓軌少戇，[2]宜寬借之。[3]彭相樂心腹難得，[4]宜防護之。少堪敵侯景者，唯有慕容紹宗，我故不貴之，留以與汝，宜深加殊禮，委以經略。”

[1]潘相樂：人名。又名潘樂，字相貴，廣寧石門（今山西朔州市）人。東魏、北齊官吏。見《北史》卷五三《潘樂傳》。本：底本作“今本”，中華本校勘記云：“諸本‘樂’下衍‘今’字，據《北齊書》删。”今從改。

[2]韓軌：人名。字伯年，太安狄那（今山西壽陽縣西）人。東魏、北齊官吏。見《北史》卷五四《韓軌傳》。　戇：迂直，不知變通。

[3]寬借：毛本、四庫本作“寬惜”。按：寬借是寬容、寬縱之意，根據文意來看，當爲“寬借”，從底本。

[4]彭相樂：源氏校勘記云：“《北齊》無‘相’字。”中華本校勘記云：“《北齊書》除百衲本外皆無‘相’字，按本書卷五三《彭樂傳》，樂字興，不云别名相樂，本書及《北齊書》他處都未見‘彭相樂’，疑‘相’是涉‘潘相樂’而衍。”可從。

五年正月朔，日蝕。神武曰：“日蝕其爲我邪？死亦何恨。”丙午，陳啓於魏帝。是日，崩於晋陽，時年五十二。秘不發喪。六月壬午，魏帝於東堂舉哀三日，制緦衰，[1]詔凶禮依漢大將軍霍光、東平王蒼故事，[2]贈假黄鉞、使持節、相國、都督中外諸軍事、齊王璽紱、輼輬車、黄屋、左纛、前後羽葆、鼓吹、輕車介士，兼備九錫殊禮，[3]謚獻武王。八月甲申，葬於鄴西北漳水之西，魏帝臨送於紫陌。天保初，[4]追崇爲獻武帝，廟號太祖，陵曰義平。[5]天統元年，[6]改謚神武皇帝，廟號高祖。

[1]緦衰（cuī）：喪服名。即緦麻。五服（斬衰、齊衰、大功、小功、緦麻）中最輕的一種。用疏織細麻布製成孝服，服喪三月。凡疏遠親屬如高祖父母、曾伯叔父母、族伯叔父母、外祖父母、岳父母、中表兄弟、婿、外孫等都服緦麻。這裏指帝王爲諸侯之喪服。

[2]霍光：人名。字子孟，河東平陽（今山西臨汾市西南）人。西漢重臣。見《漢書》卷六八《霍光傳》。　東平王蒼：即劉蒼。光武帝之子，建武十五年（47）封東平公，十七年進爵爲王。明帝即位後，東平王蒼位在三公上。去世後，葬禮級别很高。見《後漢書》卷四二《東平憲王蒼傳》。

[3]使持節：節爲皇帝號令賞罰的信物。故持節者位高權重。西晋起成爲一種加官。持節在使持節之下、假節之上。　璽紱：印璽上所繫的彩色絲帶。借指印璽。　輼輬車：卧車，亦用作喪車。　黄屋：帝王專用的黄繒車蓋。　左纛（dào）：帝王乘輿上的飾物，以犛牛尾或雉尾製成，設在車衡左邊或左騑上。　羽葆：古時儀仗的一種。以鳥羽聚於柄頭如蓋。漢晋南北朝時，諸王及重要大臣有功則賜，大臣喪，亦或賜。以示尊崇。　鼓吹：演奏鼓吹樂的樂隊。本用於軍中。後賜有功大臣，遂成爲皇帝賜予臣子的一種禮遇。　輕車介士：指兵車和武士。此處指喪禮中紙紮的送喪之物。

[4]天保：北齊文宣帝的年號（550—559）。

[5]義平：在今河北臨漳縣西南。

[6]天統：北齊後主的年號（565—569）。

神武性深密高岸，終日儼然，人不能測，機權之際，變化若神。至於軍國大略，獨運懷抱，文武將吏，罕有預之。經馭軍衆，法令嚴肅，臨敵制勝，策出無方。聽斷昭察，不可欺犯，知人好士，全護勳舊。性周給，[1]每有文教，常殷勤款悉，指事論心，不尚綺靡。擢人授任，在於得才，苟其所堪，乃至拔於厮養，[2]有虚聲無實者，稀見任用。諸將出討，奉行方略，罔不克捷，違失指畫，多致奔亡。雅尚儉素，刀劍鞍勒無金玉之飾。少能劇飲，自當大任，不過三爵。居家如官。[3]仁恕愛士。始范陽盧景裕以明經稱，[4]魯郡韓毅以工書顯，[5]咸以謀逆見禽，並蒙恩置之第館，教授諸子。其文武之士，盡節所事見執獲而不罪者甚多，故遐邇歸心，皆思效力。至南和梁國，[6]北懷蠕蠕，吐谷渾、阿至羅咸所招納，[7]獲其力用，規略遠矣。

[1]周給：慎密辯給。

[2]厮養：即厮養户。北朝時期的一種國家依附民。從事雜役，另立户籍，地位低下。

[3]居家如官：毛本、殿本作“居家如軍”。按：《後漢書》卷一五《李通傳》：“父守，身長九尺，容貌絶異，爲人嚴毅，居家如官廷。”李賢注引《續漢書》曰：“守居家，與子孫尤謹，閨門之内如官廷也。”今從底本。

[4]范陽：郡名。東魏時治涿縣，在今河北涿州市。 盧景裕：人名。字仲孺，小字白頭，范陽涿（今河北涿州市）人。北魏、東魏官吏。見《北史》卷三〇《盧同附盧景裕傳》。 明經：漢朝出現的選舉官員的科目，被推舉者需明習經學，故名。

[5]魯郡：東魏時治魯縣，在今山東曲阜市東古城。 韓毅：

人名。潁川（今河南臨潁縣西北）人。東魏官吏，以工書法著稱。初以謀逆爲高歡所擒，赦免後置之第館，教授諸子，後遷國子博士。

[6]南和梁國：源氏校勘記云："'和'《北齊》作'威'。"按：《北齊書》卷二《神武帝紀下》作"南威梁國"。李延壽將"威"改爲"和"，一字之差，正體現了李延壽作史的宗旨：傾向統一的歷史觀。"威"代表北齊强勢，占主導地位；"和"體現了南北同樣是獨立的政權，二者的地位是對等的。

[7]吐谷（yù）渾：族名。又稱吐渾、退渾。原爲鮮卑族慕容部的一支，先祖游牧於徒河青山（今遼寧義縣東）。西晋時，遷徙於今甘肅、青海一帶。十六國時，先後受到前凉、西秦等追逐，幾乎亡國。後再度崛起，北魏太武帝時達到最强盛。在北魏打擊下，一度退到今新疆一帶。以游牧爲生。見《北史》卷九六《吐谷渾傳》。

世宗文襄皇帝諱澄，字子惠，神武長子也。母曰婁太后。生而岐嶷，神武異之。魏中興元年，立爲勃海王世子。就杜詢講學，敏悟過人，詢甚歎服。二年，加侍中、開府儀同三司，尚孝静帝妹馮翊長公主。時年十二，神情儁爽，便若成人。神武試問以時事得失，辨析無不中理。自是軍國籌策皆預之。

天平元年，加使持節、尚書令、大行臺、并州刺史。[1]三年，入輔朝政，加領左右、京畿大都督。[2]時人雖聞器識，猶以少年期之，而機略嚴明，事無疑滯，[3]於是朝野振肅。

[1]尚書令：官名。北魏初不常置，亦不掌實際政務，孝文帝

改制後，尚書省權任頗重，以録尚書事爲長官，尚書令爲副貳，兼掌監察百官。孝文帝太和十七年定爲從一品上，二十三年改爲二品。

[2]加領左右：底本作“加領軍左右”，中華本校勘記云：“諸本‘領’下有‘軍’字，《册府》卷一八六無。按領左右府爲魏、齊領軍所屬二府之一，見《隋書》卷二七《百官志中》。魏末齊初，此官屢見。這裏若有‘軍’字，則領軍爲一官，‘左右’當與‘京畿大都督’連讀。而京畿大都督不分左右，不可通。今據《册府》删‘軍’字。”今從改。　京畿大都督：官名。北魏末始置。統領京畿軍士，爲京都最高軍事長官。北齊時多任用宗室諸王，後主武平二年（571）罷，其職掌併入領軍府。

[3]疑滯：源氏校勘記云：“《北齊》作‘凝滯’。”

元象元年，攝吏部尚書。魏自崔亮以後，[1]選人常以年勞爲制。[2]文襄乃釐改前式，銓擢唯在得人。又沙汰尚書郎，[3]妙選人地以充之。至于才名之士，咸被薦擢。假有未居顯位者，皆致之門下，以爲賓客。每山園游宴，必見招攜，執射賦詩，各盡其所長，以爲娱適。

[1]崔亮：人名。字敬儒，清河東武城（今山東武城縣西北）人。北魏官吏。見《北史》卷四四《崔亮傳》。

[2]年勞：任職的年數和功勞。

[3]沙汰：淘汰，揀選。　尚書郎：官名。掌收發文書章奏庶務。按資歷深淺有不同稱呼，初上尚書臺任職稱守尚書郎中，滿一年稱尚書郎，三年稱侍郎，歷朝因之。北魏孝文帝太和二十三年定爲六品上。

興和二年，加大將軍，領中書監，[1]仍攝吏部尚書。

自正光已後，天下多事，在任群官，廉潔者寡。文襄乃奏吏部郎崔暹爲御史中尉，[2]糾劾權豪，無所縱捨，於是風俗更始，私枉路絶。乃牓於街衢，具論經國政術，仍開直言之路，有論事上書苦言切至者，皆優容之。

[1]中書監：官名。北魏時爲中書省長官之一。掌納奏、擬詔、出令，然權歸中書舍人，監、令名爲長官，實爲閑職。孝文帝太和十七年定爲從一品中，二十三年改爲從二品。

[2]吏部郎：官名。屬吏部尚書，爲尚書省吏部曹長官。主管官吏選任、銓叙、調動事務，對五品以下官吏之任免有建議權。北魏孝文帝太和十七年定爲從四品上，二十三年改爲四品上。　崔暹：人名。字季倫，博陵安平（今河北安平縣）人。東魏、北齊官吏。見《北史》卷三二《崔挺附崔暹傳》。

武定四年十一月，神武西討，不預，[1]班師。文襄馳赴軍所，侍衛還晋陽。

[1]不預：毛本、殿本、四庫本、局本、四部備要本、中華本作“不豫”。按:“預”“豫”古通。

五年正月丙午，神武崩，秘不發喪。辛亥，司徒侯景據河南反，潁州刺史司馬世雲以城應之。[1]景誘執豫州刺史高元成、襄州刺史李密、廣州刺史暴顯等。[2]遣司空韓軌率衆討之。四月壬申，文襄朝于鄴。六月己巳，韓軌等自潁州班師。丁丑，文襄還晋陽，乃發喪，告喻文武，陳神武遺志。

[1]潁州：東魏時治汝陰縣，在今安徽阜陽市。　司馬世雲：人名。河内温（今河南温縣）人。東魏、北齊官吏。見《北史》卷五四《司馬子如附司馬世雲傳》。

[2]高元成：人名。一作“元盛”“元咸”。東魏官吏。孝静帝天平四年，任武衛將軍，討平滎陽張儉起義，後任豫州刺史。　襄州：北魏末年置，治北平縣，在今河南方城縣東南。　李密：人名。字希邕，趙郡平棘（今河北趙縣）人。見《北史》卷三三《李裔附李密傳》。　廣州：東魏時治襄城縣，在今河南襄城縣。　暴顯：人名。字思祖，魏郡斥丘（今河北成安縣東南）人。東魏、北齊官吏。見《北史》卷五三《暴顯傳》。

七月戊戌，魏帝詔以文襄爲使持節、大丞相、都督中外諸軍、録尚書事、大行臺、勃海王。文襄啓辭位，願停王爵。壬寅，魏帝詔太原公洋攝理軍國，遣中使敦喻。

八月戊辰，文襄啓申神武遺令，請減國邑，分封將督各有差。辛未，朝于鄴，固辭丞相。魏帝詔曰：“既朝野攸馮，安危所繫，不得令遂本懷，須有權奪。可復前大將軍，餘如故。”壬辰，尚書祠部郎中元瑾、梁降人荀濟、長秋卿劉思逸及淮南王宣洪、華山王大器、濟北王徽等謀害文襄，[1]事發伏誅。

[1]尚書祠部郎中：官名。亦稱祠部郎。爲祠部曹主官，掌祭祀禮儀。六品。　元瑾：人名。一作“元僅”。東魏宗室。　荀濟：人名。字子通。東魏官吏。見《北史》卷八三《荀濟傳》。底本作“苟濟”，中華本校勘記云：“諸本‘荀’訛作‘苟’，據本書卷八三《荀濟傳》改。”今從改。　長秋卿：官名。北魏時爲大長秋之尊稱。負

責宣達皇后旨意，領受皇帝命令，職位尊顯，爲管理皇后後宫事務的最高官員。孝文帝太和十七年定爲從二品上，二十三年改爲從三品。　劉思逸：人名。平原（今山東聊城市）人。北魏、東魏宦官。少因父罪而受腐刑。初爲中小史，後歷小黄門、左將軍、大長秋卿、中侍中。　淮南王：封爵名。淮南，郡名。東魏時治壽春縣，在今安徽壽縣。　宣洪：即元宣洪，人名。東魏宗室。見卷一六《陽平王熙附元宣洪傳》。　大器：即元大器，人名。東魏宗室。襲爵華山王。見《北史》卷一五《高凉王孤附元大器傳》。　濟北王：封爵名。濟北，郡名。東魏時治盧縣，在今山東茌平縣西南。　徽：即元徽，人名。東魏宗室。元叡子。北魏節閔帝普泰中，襲爵濟北王。見《魏書》卷二一上《高陽王雍附元徽傳》。

九月己亥，文襄請舊勳灼然未蒙齒録者，悉求旌賞；[1]朝士名行有聞，或以年耆疾滿告謝者，准其本秩，授以州郡，不得莅事，聽蔭子孫；自天平元年以來，遇事亡官者，聽復本資。豪貴之家，不得占護山澤。其第宇車服婚姻送葬奢僭無限者，並令禁斷。從太昌元年以來，[2]將帥有殊功異效者，其子弟年十歲以上，請聽依第出身。其兵士從征，身殞陣場者，蠲其家租課。若有藏器避世者，以禮招致，隨才擢叙。罷營構之官。在朝百司，怠惰不勤，有所曠廢者，免所居官。若清幹克濟，皎然可知者，即宜超叙，不拘常式。辛丑，文襄還晋陽。

[1]旌賞：毛本、殿本、四庫本作“班賞”。

[2]太昌：北魏孝武帝的年號（532）。

武定六年正月己未，文襄朝于鄴。

二月己卯，梁遣使慰文襄，并請通和。文襄許其和而不答書。侯景之叛也，南兖州刺史石長宣頗相影響，[1]諸州刺史、守、令、佐史多被詿誤。景破後，悉被禽獲，尚書咸處極刑，文襄並請減降。於是斬長宣，其餘並從寬宥。

[1]南兖州：東魏時治譙城，在今安徽亳州市。　石長宣：人名。直谷（今甘肅涇川縣）人。東魏官吏。

三月戊申，文襄請朝臣及牧、守、令、長各舉賢良及驍武膽略堪守邊城者，務在得才，不拘職素。其稱事六品、散官五品以上，朝廷所悉，不在舉限。其稱事七品、散官六品以下，并及州、郡、縣雜白身，不限在官、解職，並任舉之，隨才進擢。辛亥，文襄南臨黎陽，[1]濟於武牢，自洛陽，從太行而反晉陽。於路遺書朝士，以相戒厲。於是朝野承風，莫不震肅。六月，文襄巡北邊城戍，振賜各有差。

[1]黎陽：郡名。東魏時治黎陽縣，在今河南浚縣東北。

七月乙卯，文襄朝于鄴。八月庚寅，[1]還晉陽。使大行臺慕容紹宗與太尉高岳、大都督劉豐討王思政於潁川。[2]先是，文襄遣行臺尚書辛術率諸將略江淮之北，[3]至是，凡所獲二十三州。

[1]八月：《北齊書》卷三《文襄帝紀》作“七月”。未詳孰是。

[2]太尉：官名。北齊時與司徒、司空並稱三公，列三公之首，爲名譽宰相，多爲大臣加官。一品。　高岳：人名。字洪略，勃海蓨（今河北景縣）人。北齊宗室。見《北史》卷五一《清河王岳傳》。　潁川：郡名。東魏時治長社縣，在今河南臨潁縣。

[3]行臺尚書：官名。北魏置，爲行臺長官，主管各地軍務，兼理民事。北魏末期爲行臺屬官，分曹理事。東魏沿置。　辛術：人名。字懷哲，隴西狄道（今甘肅臨洮縣）人。東魏、北齊官吏。見《北史》卷五〇《辛雄附辛術傳》。

七年四月甲辰，魏帝進文襄位相國，封齊王，緑綟綬；[1]贊拜不名，入朝不趨，劍履上殿；食冀州之勃海、長樂、安德、武邑、瀛州之河間五郡，[2]邑十五萬户，使持節、都督中外諸軍事、録尚書、大行臺並如故。丁未，文襄入朝，固讓，魏帝不許。

[1]緑綟綬：一種黑黄而近緑色的絲帶，爲丞相以上所用綬帶。

[2]安德：郡名。東魏時治安德縣，在今山東陵縣東南。　武邑：郡名。東魏時治武强縣，在今河北武强縣西南舊城。　河間：郡名。東魏時治武垣縣，在今河北河間市南。

五月戊寅，文襄帥師自鄴赴潁川。六月丙申，克潁川，禽西魏大將軍王思政，以忠於所事，釋而待之。

七月，文襄朝于鄴，請魏帝立皇太子，復辭爵位殊禮，未報。

八月辛卯，[1]遇盗而崩。初，梁將蘭欽子京見虜，[2]

文襄以配厨，欽求贖之，不許。京再訴，文襄使監厨蒼頭薛豐洛杖之，[3]曰:“更訴，當殺汝。”京與其黨六人謀作亂。時文襄將受魏禪，與陳元康、崔季舒屏左右謀于北城東柏堂。[4]太史啓言宰輔星甚微，[5]變不一月。時京將進食，文襄却之，謂人曰:“昨夜夢此奴斫我。”又曰:“急殺却。”京聞之，寘刀於盤下，冒言進食。[6]文襄見之，怒曰:“我未索食，何遽來?”京揮刀曰:“將殺汝!”[7]文襄自投，傷足，入牀下。賊黨至，去牀，因見弑，時年二十九。秘不發喪。明年正月辛酉，魏帝舉哀於太極東堂，[8]詔贈物八萬段，凶事依漢大將軍霍光、東平王蒼故事，贈假黄鉞、使持節、相國、都督中外諸軍事、齊王璽紱，轀輬車、黄屋、左纛、後部羽葆、鼓吹、輕車介士，備九錫禮，謚曰文襄王。二月甲申，葬於義平陵之北。天保初，追尊曰文襄皇帝，廟號世宗，陵曰峻成。

[1]八月辛卯:《北齊書》卷三《文襄帝紀》作“（七月）辛卯”。按：東魏孝静帝武定七年七月甲寅朔，無辛卯，八月甲申朔，有辛卯，《北齊書》誤。

[2]蘭欽：人名。字休明，中昌魏（今河北大名縣）人。南朝梁將領。見《梁書》卷三二《蘭欽傳》。

[3]薛豐洛：人名。初爲蒼頭、監厨。蘭京等謀害高澄，其率宰人持薪而至，擒京等，由是得高洋寵信。

[4]陳元康：人名。字長猷，廣宗（今河北威縣東）人。北魏、東魏官吏。見《北史》卷五五《陳元康傳》。　崔季舒：人名。字叔正，博陵安平（今河北安平縣）人。東魏、北齊官吏。見《北史》卷三二《崔挺附崔季舒傳》。　東柏堂：在今河北臨漳縣

西南。

[5]太史：官名。又作“大史”。掌占候天文、修訂曆法。

[6]冒言：毛本、殿本、四庫本作“昌言”。按：從文意來看，當爲“冒言”，字形相近而訛，今從底本。

[7]將：毛本、四庫本作“欲”。

[8]太極東堂：殿閣名。太極殿有四廂，東堂即其東廂。太極殿爲皇宮中的西内正殿，每月朔望皇帝視朝之所。東晋南朝、北魏等均在皇宮内建有太極殿。

文襄美姿容，善言笑，談謔之際，從容弘雅。性聰警，多籌策，當朝作相，聽斷如流。愛士好賢，待之以禮，有神武之風焉。然少壯氣猛，嚴峻刑法，高慎西叛，侯景南翻，非直本懷狼戾，兼亦有懼威略。情欲奢淫，動乖制度。嘗於宫西造宅，墻院高廣，聽事宏壯，亞太極殿，神武入朝，責之，乃止。

論曰：昔魏氏失馭，中原蕩析，齊神武爰從晋部，大號冀方，屢戰而翦凶徒，一麾以清京洛，尊主匡國，功濟天下。既而魏武帝規避權逼，曆數既盡，適所以速關、河之分焉。文襄嗣膺霸道，威略昭著，内除姦逆，外拓淮夷，擯斥貪殘，存情人物。而志在峻法，急於御下，於前王之德，有所未同。蓋天意人心，好生惡殺，雖吉凶報應，未皆影響，總而論之，積善多慶。然文襄之禍生所忽，蓋有由焉。

北史　卷七

齊本紀中第七

顯祖文宣皇帝諱洋，[1]字子進，神武第二子，[2]文襄之母弟也。[3]武明太后初孕帝，[4]每夜有赤光照室，太后私怪之。及産，命之曰侯尼于，鮮卑言有相子也。以生於晋陽，[5]一名晋陽樂。時神武家徒壁立，后與親姻相對，共憂寒餒。帝生始數月，尚未能言，欻然曰："得活。"太后及左右大驚，不敢言。

[1]顯祖：北齊文宣帝高洋的廟號。　文宣：高洋的謚號。
[2]神武：即高歡。神武爲其謚號，北齊後主所追謚。
[3]文襄：即高澄。文襄爲其謚號，北齊文宣帝所追謚。
[4]武明太后：即北齊神武帝皇后婁昭君。武明爲其謚號。
[5]晋陽：縣名。治所在今山西太原市晋源區古城營村一帶。

及長，黑色，大頰兑下，鱗身重踝，瞻視審定，不好戲弄，深沈有大度。晋陽有沙門，乍愚乍智，時人不測，呼爲阿秃師。太后見諸子焉，歷問禄位。至帝，再三舉手指天而已，口無所言，見者異之。神武嘗從諸子過鳳陽門，[1]有龍在上，唯神武與帝見之。

[1]鳳陽門：東魏都城鄴城西南門。在今河北臨漳縣西南。

内雖明敏，貌若不足，文襄每嗤之曰："此人亦得富貴，相法亦何由可解。"神武以帝貌陋，神彩不甚發揚，曾問以時事，帝略有所辨，儻語一事，必得事衷。又嘗令諸子，各使理亂絲，帝獨抽刀斬之，曰："亂者須斬。"神武以爲然。又各配兵四出，而使彭樂率甲騎僞攻之，[1]文襄等怖撓，[2]帝勒衆與彭樂相格，樂免胄言情，猶禽之以獻。由是神武稱異之，謂長史薛琡曰："此兒意識過吾。"[3]琡亦私怪之。幼時，師事范陽盧景裕，[4]默識過人，未嘗有所自明，景裕不能測也。天平二年，[5]封太原郡公，[6]累遷尚書左僕射。[7]後從文襄行過遼陽山，[8]獨見天門開，餘無人見者。

[1]彭樂：人名。字興，安定（今甘肅涇川縣北）人。北魏、東魏、北齊將領。見《北史》卷五三《彭樂傳》。

[2]怖撓：懼怕。

[3]長史：官名。北魏時掌顧問參謀，主行營事務。不同名號的長史職責不同，品秩也不相同。　薛琡：人名。字曇珍。北魏、東魏官吏。見《北史》卷二五《薛彪子附薛琡傳》。

[4]范陽：郡名。東魏時治涿縣，在今河北涿州市。　盧景裕：人名。字仲孺，小字白頭，范陽涿（今河北涿州市）人。北魏、東魏官吏。見《北史》卷三〇《盧同附盧景裕傳》。

[5]天平：東魏孝静帝的年號（534—537）。

[6]太原郡公：封爵名。太原，郡名。東魏時治晋陽縣，在今

山西太原市晋源區古城營村一帶。

[7]尚書左僕射：官名。東魏時列位宰相，爲尚書令副貳。掌都省庶務，執法，典選舉，兼掌糾彈百官。從二品。

[8]遼陽山：在今山西左權縣境内。

武定五年，[1]神武崩，猶秘凶事，衆情疑駭。帝雖内嬰巨痛，外若平常，人情頗安。魏帝授帝尚書令、中書監、京畿大都督。[2]

[1]武定：東魏孝静帝的年號（543—550）。

[2]尚書令：官名。東魏時爲尚書省長官，總掌全國行政，負責監察百官。隨著尚書省職權漸重，雖位低於三公，實爲宰相。二品。　中書監：官名。東魏時爲中書省長官之一，掌納奏、擬詔、出令，然權歸中書舍人，監、令名爲長官，實爲閑職。從二品。　京畿大都督：官名。北魏末始置。統領京畿地區軍士，爲京都最高軍事長官，權勢很重。

七年八月，文襄遇賊，[1]帝在城東雙堂。[2]事出倉卒，内外震駭。帝神色不變，指麾部分，自臠斬群賊而漆其首，秘不發喪。徐言奴反，大將軍被傷，無大苦也。當時内外，莫不驚異。乃諷魏朝立皇太子，因以大赦。乃赴晋陽總庶政。帝内雖明察，外若不了，老臣宿將皆輕帝。於是帝推誠接下，務從寬厚，事有不便者咸蠲省焉，群情始服。

[1]遇賊：指文襄帝高澄被蘭京等殺害一事。見《北史》卷六《齊本紀·文襄帝》。

［2］雙堂：地名。在今河北臨漳縣西南。

八年正月辛酉，魏帝爲文襄舉哀於東堂。戊辰，詔進帝位使持節、丞相、都督中外諸軍、録尚書事、大行臺、齊郡王，[1]食邑一萬户。三月庚申，[2]又進封齊王，食冀州之勃海、長樂、安德、武邑、瀛州之河間五郡，[3]邑十萬户。帝自居晋陽，寢室每夜有光如晝。既爲王，夢人以筆點己額。旦日，以語館客王曇哲，[4]曰："吾其退乎？"曇哲拜賀曰："王上加點爲主，當進也。"

［1］使持節：節爲皇帝號令賞罰的信物。故持節者位高權重。西晋起，成爲一種加官。持節在使持節之下、假節之上。　丞相：官名。魏晋南北朝時丞相、相國不常置，多用來安置權位極高的重臣。一品。　都督中外諸軍：官名。亦稱都督中外諸軍事、中外都督等。總統内外諸軍，爲全國最高軍事統帥，不常置。從一品。　録尚書事：官名。東魏時常爲宗室的加授，一般無實權。　大行臺：官名。爲尚書省在各主要地區派出機構的長官，管理轄區内的軍政事務。　齊郡王：封爵名。齊郡，東魏時治益都縣，在今山東青州市。

［2］庚申：源氏校勘記云："'庚申'《北齊》作'辛酉'。"《北齊書》卷四《文宣帝紀》作"辛酉"。按：《資治通鑑》卷一六三作"庚申，東魏進丞相洋爵爲齊王"。孝静帝武定八年三月庚戌朔，庚申、辛酉均在此月，未詳孰是。

［3］冀州：東魏時治信都縣，在今河北冀州市。　勃海：郡名。東魏時治南皮縣，在今河北南皮縣東北。　長樂：郡名。東魏時治信都縣，在今河北冀州市。　安德：郡名。東魏時治安德縣，在今山東陵縣東南。　武邑：郡名。東魏時治武强縣，在今河北武强縣西南舊城。　瀛州：東魏時治趙都軍城，在今河北河間市。　河

間：郡名。東魏時治武垣縣，在今河北河間市南。

[4]館客：門客，幕賓。　王曇哲：中華本作“王曇哲”。

五月辛亥，帝如鄴。光州獲九尾狐以獻。[1]甲寅，魏帝遣兼太尉彭城王韶、司空潘相樂奉册，[2]進帝位相國，總百揆，[3]以冀州之勃海、長樂、安德、武邑、瀛州之河間、高陽、章武、定州之中山、常山、博陵十郡，[4]邑二十萬户，加九錫殊禮，[5]齊王如故。丙辰，魏帝遜位別宫，又使兼太尉彭城王韶、兼司空敬顯儁奉册禪位，[6]致璽書於帝，并奉皇帝璽綬，禪代之禮，一依唐、虞、漢、魏故事。帝累表固辭，詔不許。於是尚書令高隆之率百僚勸進。[7]

[1]光州：東魏時治掖縣，在今山東萊州市。

[2]太尉：官名。東魏時與司徒、司空並稱三公，列三公之首，爲名譽宰相，多爲大臣加官。一品。　彭城王：封爵名。彭城，郡名。東魏時治彭城縣，在今江蘇徐州市。　韶：即元韶，人名。字世胄。北魏宗室。見《北史》卷一九《彭城王勰附元韶傳》。　司空：官名。東魏時爲名譽宰相，多爲大臣加官。一品。　潘相樂：人名。又名潘樂，字相貴，廣寧石門（今山西朔州市）人。東魏、北齊官吏。見《北史》卷五三《潘樂傳》。

[3]百揆：百官統稱。

[4]高陽：郡名。東魏時治高陽縣，在今河北高陽縣東舊城。　章武：郡名。東魏時治平舒縣，在今河北大城縣。　定州：東魏時治盧奴縣，在今河北定州市。　中山：郡名。東魏時治盧奴縣，在今河北定州市。　常山：郡名。東魏時治安樂壘，在今河北藁城市西北。　博陵：郡名。東魏時治魯口城，在今河北饒陽縣。

[5]九錫：古代天子賜給諸侯、大臣的九種器物，是一種最高禮遇。

[6]敬顯儁：人名。字孝英，平陽太平（今山西山陰縣東南）人。東魏官吏。見《北史》卷五五《敬顯儁傳》。

[7]高隆之：人名。字延興，洛陽（今河南洛陽市東北）人。後被高歡認爲從弟，乃稱勃海蓨（今河北景縣）人。東魏、北齊大臣。見《北史》卷五四《高隆之傳》。

天保元年夏五月戊午，[1]皇帝即位於南郊，升壇，柴燎告天。是日，鄴下獲赤雀，獻于郊所。事畢還宮，御太極前殿，[2]大赦，改元。百官進兩大階，六州緣邊職人三大階。自魏孝莊已後，[3]百官絶禄，至是復給焉。己未，詔封魏帝爲中山王。追尊皇祖文穆王爲文穆皇帝，[4]皇祖妣爲文穆皇后，[5]皇考獻武王爲獻武皇帝，[6]皇兄文襄王爲文襄皇帝。[7]命有司議祖宗以聞。辛酉，尊王太后爲皇太后。乙丑，[8]降魏朝封爵各有差；其信都從義，[9]及宣力霸朝者，又西來人，并武定六年以來南來投化者，不在降限。辛未，遣大使於四方觀察風俗，問人疾苦。甲戌，遷神主於太廟。[10]

[1]天保：北齊文宣帝的年號（550—559）。

[2]太極前殿：位於都城鄴城南城的中部。

[3]孝莊：即北魏皇帝元子攸。孝莊爲其謚號。

[4]文穆皇帝：即高洋祖父高樹生。文穆爲其謚號。

[5]皇祖妣：《北齊書》卷四《文宣帝紀》作“皇妣”。按：前文云“追尊皇祖文穆王爲文穆皇帝”，與“皇祖”對應當爲“皇祖妣”，以《北史》爲是。

[6]獻武皇帝：即北齊皇帝高歡。獻武爲其謚號。

[7]文襄皇帝：即北齊皇帝高澄。文襄爲其謚號。

[8]乙丑：底本作“乙酉”，中華本校勘記云：“諸本‘丑’誤作‘酉’，據《北齊書》卷四《文宣帝紀》改。是年五月己酉朔，無乙酉，乙丑是十七日。”今從改。

[9]信都：縣名。治所在今河北冀州市。

[10]神主：供奉祖先用的牌位。　太廟：皇帝爲祭拜祖先而營建的廟宇。

六月辛巳，詔改封崇聖侯孔長爲恭聖侯，[1]邑一百户，以奉孔子祀，并下魯郡，[2]以時修葺廟宇。又詔：吉凶車服制度，各爲等差，具立條式，使儉而獲中。分遣使人致祭於五岳、四瀆，[3]其堯祠、舜廟下及孔父、老君等載於祀典者，咸秩罔遺。又詔：冀州之勃海、長樂二郡，先帝始封之國，義旗初起之地；并州之太原、青州之齊郡，[4]霸朝所在，[5]王命是基。君子有作，貴不忘本，齊郡、勃海，可並復一年，長樂復二年，太原復三年。

[1]孔長：孔子的後人。

[2]魯郡：北齊時治魯縣，在今山東曲阜市東古城。

[3]五岳：指東岳泰山、西岳華山、南岳衡山、北岳恒山和中岳嵩山。　四瀆：指長江、黄河、淮河、濟水。

[4]并州：北齊時治龍山縣（改晋陽縣爲此稱），在今山西太原市晋源區古城營村一帶。　太原：郡名。北齊時治龍山縣，在今山西太原市晋源區古城營村一帶。　青州：北齊時治東陽城，在今山東青州市。　齊郡：北齊時治益都縣，在今山東青州市。

［5］霸朝：源氏校勘記云："《北齊》作'霸業'。"

壬午，詔故太傅孫騰、故太保尉景、故大司馬婁昭、故司徒高敖曹、故尚書左僕射慕容紹宗、故領軍万俟干、故定州刺史段榮、故御史中尉劉貴、故御史中尉竇泰、故殷州刺史劉豐、故濟州刺史蔡儁等，[1]並左右先帝，經贊皇基，或不幸早殂，或隕身王事，可遣使者就墓致祭，并撫問妻子。又詔封宗室，太尉高岳爲清河王，[2]太保高隆之爲平原王，[3]開府儀同三司高歸彦爲平秦王，[4]徐州刺史高思宗爲上洛王，[5]營州刺史高長弼爲廣武王，[6]兼武衛將軍高普爲武興王，[7]兼武衛將軍高子瑗爲平昌王，[8]兼北中郎將高顯國爲襄樂王，[9]前太子庶子高叡爲趙郡王，[10]揚州縣開國公高孝緒爲脩城王。[11]又詔封功臣，太師厙狄干爲章武王，[12]大司馬斛律金爲咸陽王，[13]并州刺史賀拔仁爲安定王，[14]殷州刺史韓軌爲安德王，[15]瀛州刺史可朱渾道元爲扶風王，[16]司徒公彭樂爲陳留王，[17]司空公潘相樂爲河東王。[18]癸未，詔封諸弟，青州刺史浚爲永安王，[19]尚書左僕射淹爲平陽王，[20]定州刺史潋爲彭城王，[21]儀同三司演爲常山王，[22]冀州刺史渙爲上黨王，[23]儀同三司淯爲襄城王，[24]儀同三司湛爲長廣王，[25]湝爲任城王，[26]湜爲高陽王，[27]濟爲博陵王，[28]凝爲新平王，[29]潤爲馮翊王，[30]洽爲漢陽王。[31]丁亥，詔立王子殷爲皇太子，王后李氏爲皇后。[32]庚寅，詔以太師厙狄干爲太宰，[33]司徒彭樂爲太尉，司空潘相樂爲司徒，開府儀同三司司馬子如爲司空。[34]己亥，以皇太子初入東宮，赦畿内及并州死罪已下，降餘州死罪已下囚。

［1］太傅：官名。三師之一，位居太師下、太保上，爲輔弼君王的大臣。一品。　孫騰：人名。字龍雀，咸陽石安（今陝西咸陽市東北）人。東魏大臣。見《北史》卷五四《孫騰傳》。　太保：官名。三師之一，爲輔佐君王的重要大臣。一品。　尉景：人名。字士真，善無（今山西右玉縣南）人。見《北史》卷五四《尉景傳》。　大司馬：官名。居三公之上、三師之下，開府置僚屬，多爲大臣加官，無具體職司。一品。　婁昭：人名。字菩薩，代郡平城（今山西大同市東北）人。東魏大臣。見《北史》卷五四《婁昭傳》。　司徒：官名。三公之一，分掌丞相職能，多爲大臣加官。一品。　高敖曹：人名。即高昂。字敖曹，勃海蓨（今河北景縣）人。東魏將領。見《北史》卷三一《高祐附高昂傳》。　慕容紹宗：人名。鮮卑族。東魏官吏。見《北史》卷五三《慕容紹宗傳》。　領軍：官名。此處爲領軍將軍的省稱。爲禁衛軍之最高統帥，權勢極重。從二品。　万俟干：人名。即万俟受洛干。太平（今山西山陰縣東南）人，鮮卑族。與父万俟普隨破六韓拔陵起義，並率部降魏，後隨孝武帝入關中。東魏孝静帝天平中，隨父東歸高歡。見《北史》卷五三《万俟普附万俟洛傳》。底本作“万俟于”。按:“于”“干”字形相近而誤，當爲“干”。　段榮：人名。字子茂，姑臧武威（今甘肅武威市）人。東魏官吏。見《北史》卷五四《段榮傳》。　御史中尉：官名。北魏時改御史中丞爲此稱。北齊時屬御史臺，掌軍中執法，監察武官。從三品。　劉貴：人名。秀容陽曲（今山西太原市北）人。見《北史》卷五三《劉貴傳》。　竇泰：人名。字世寧，太安捍殊（今山西壽陽縣北）人。北魏、東魏將領。見《北史》卷五四《竇泰傳》。　殷州：東魏時治廣阿縣，在今河北隆堯縣東。　劉豐：人名。字豐生，普樂（今寧夏靈武市）人。北魏、東魏將領。見《北史》卷五三《劉豐傳》。　濟

州：東魏時治碻磝城，在今山東茌平縣西南。　蔡儁：人名。字景彦，廣寧石門（今山西朔州市）人。東魏將領。見《北史》卷五三《蔡儁傳》。

［2］高岳：人名。字洪略，勃海蓨（今河北景縣）人。北齊宗室。見《北史》卷五一《清河王岳傳》。　清河王：封爵名。清河，郡名。北齊時治武城縣，在今河北清河縣西北。

［3］平原王：封爵名。平原，郡名。北齊時治陰槃縣，在今甘肅平涼市東涇水南岸。

［4］開府儀同三司：多爲大臣的加號，與三公的禮制待遇相同，且允許開府，自辟僚屬。從一品。　高歸彦：人名。字仁英，勃海蓨（今河北景縣）人。北齊宗室、大臣。見《北史》卷五一《平秦王歸彦傳》。　平秦王：封爵名。平秦，郡名。北齊時治雍縣，在今陝西鳳翔縣南。

［5］徐州：北齊時治彭城縣，在今江蘇徐州市。　高思宗：人名。勃海蓨（今河北景縣）人。北齊宗室、大臣。見《北史》卷五一《上洛王思宗傳》。　上洛王：封爵名。上洛，郡名。北齊時治上洛縣，在今陝西商洛市商州區。

［6］營州：北齊時治龍城縣，在今遼寧朝陽市。　高長弼：人名。一作“高弼”。小名阿伽，時人呼爲阿伽郎君，勃海蓨（今河北景縣）人。北齊宗室。見《北史》卷五一《陽州公永樂附高長弼傳》。　廣武王：封爵名。廣武，郡名。北齊時治中牟城，在今河南中牟縣東。

［7］武衛將軍：官名。掌宿衛兵。從三品。　高普：人名。字德廣，勃海蓨（今河北景縣）人。北齊宗室、大臣。見《北史》卷五一《平秦王歸彦附武興王普傳》。　武興王：封爵名。遥封。武興，郡名。北周時治武興縣，在今陝西略陽縣。

［8］高子瑗：人名。勃海蓨（今河北景縣）人。北齊宗室、大臣。　平昌王：封爵名。平昌，郡名。北齊時治萬言縣，在今北京昌平區西南。

［9］北中郎將：官名。北齊時爲四方中郎將之一，屬護軍府。多帥師征戰，職權頗重。從三品。　高顯國：人名。北齊宗室、大臣。見《北史》卷五一《襄樂王顯國傳》。　襄樂王：封爵名。遥封。襄樂，郡名。西魏時治襄樂縣，在今甘肅寧縣東北。

［10］太子庶子：官名。北齊時掌侍從、經書、啓奏等。從四品。　高叡：人名。勃海蓨（今河北景縣）人。東魏、北齊大臣。見《北史》卷五一《趙郡王琛附高叡傳》。　趙郡王：爵名。趙郡，北齊時治平棘縣，在今河北趙縣。

［11］揚州縣開國公：封爵名。揚州，北齊時治壽春縣，在今安徽壽縣。　高孝緒：人名。勃海蓨（今河北景縣）人。北齊宗室。　脩城王：封爵名。遥封。脩城，郡名。西魏時治脩城縣，在今甘肅成縣東南。

［12］太師：官名。爲三師之一，位在太傅、太保上，爲元老、重臣之加官。一品。　厙狄干：人名。善無（今山西右玉縣南）人。東魏、北齊官吏。見《北史》卷五四《厙狄干傳》。　章武王：封爵名。章武，郡名。北齊時治平舒縣，在今河北大城縣。

［13］斛律金：人名。字阿六敦，朔州（今山西朔州市）敕勒部人。東魏、北齊將領。見《北史》卷五四《斛律金傳》。　咸陽王：封爵名。遥封。咸陽，郡名。西魏時治石安縣，在今陝西涇陽縣。

［14］賀拔仁：人名。東魏、北齊官吏。見《北史》卷五三《張保洛附賀拔仁傳》。　安定王：封爵名。遥封。安定，郡名。西魏時治安定縣，在今甘肅涇川縣北。

［15］韓軌：人名。字伯年，太安狄那（今山西壽陽縣西）人。北齊官吏。見《北史》卷五四《韓軌傳》。　安德王：封爵名。安德，郡名。北齊時治安德縣，在今山東陵縣東南。

［16］可朱渾道元：人名。即可朱渾元。字道元，自云遼東（今遼寧遼陽市）人。東魏、北齊官吏、將領。見《北史》卷五三《可朱渾元傳》。　扶風王：封爵名。遥封。扶風，郡名。西魏時治

好畤縣，在今陝西乾縣東。

[17]陳留王：封爵名。陳留，郡名。北齊時治浚儀縣，在今河南開封市。

[18]河東王：封爵名。河東，郡名。北齊時治蒲坂縣，在今山西永濟市西南蒲州城。

[19]浚：即高浚，人名。字定樂，勃海蓨（今河北景縣）人。北齊宗室。見《北史》卷五一《永安王浚傳》。　永安王：封爵名。永安，郡名。北齊時治定襄縣，在今山西定襄縣。

[20]淹：即高淹，人名。字子邃，勃海蓨（今河北景縣）人。北齊宗室。見《北史》卷五一《平陽王淹傳》。據平陽王妻馮娑羅墓誌，高淹曾任驃騎大將軍、開府儀同三司、尚書令、兼御史中丞、京畿大都督等職（參王連龍《新見北朝墓誌集釋》，中國書籍出版社 2015 年版，第 129—131 頁）。　平陽王：封爵名。平陽，郡名。北齊時治白馬城，在今山西臨汾市。

[21]潡：即高潡，人名。字子深，勃海蓨（今河北景縣）人。北齊宗室。見《北史》卷五一《彭城王潡傳》。

[22]演：即高演，人名。字延安，勃海蓨（今河北景縣）人。北齊孝昭皇帝。　常山王：封爵名。常山，郡名。北齊時治安樂壘，在今河北藁城市西北。

[23]渙：即高渙，人名。字敬壽，勃海蓨（今河北景縣）人。北齊宗室。見《北史》卷五一《上黨王渙傳》。另據高渙墓誌，其曾任通直散騎常侍、平西將軍、驃騎大將軍、開府儀同三司、南道大行臺等職，爲史籍所失載（參王連龍《新見北朝墓誌集釋》，第 148—154 頁）。　上黨王：封爵名。上黨，郡名。北齊時治壺關城，在今山西長治市北。

[24]淯：即高淯，人名。勃海蓨（今河北景縣）人。北齊宗室。見《北史》卷五一《襄城王淯傳》。　襄城王：封爵名。襄城，郡名。北齊時治襄城縣，寄治武陽縣，在今河南西平縣西南。

[25]湛：即高湛，人名。勃海蓨（今河北景縣）人。北齊武

成帝。見《北史》卷八《齊本紀·武成帝》。　長廣王：封爵名。長廣，郡名。北齊時治黄縣，在今山東龍口市。

[26]湝：即高湝，人名。勃海蓨（今河北景縣）人。北齊宗室。見《北史》卷五一《任城王湝傳》。　任城王：封爵名。任城，郡名。北齊時治任城縣，在今山東曲阜市。

[27]湜：即高湜，人名。勃海蓨（今河北景縣）人。北齊宗室。見《北史》卷五一《高陽王湜傳》。　高陽王：封爵名。高陽，郡名。北齊時治高陽縣，在今河北高陽縣東舊城。

[28]濟：即高濟，人名。勃海蓨（今河北景縣）人。北齊宗室。見《北史》卷五一《博陵王濟傳》。　博陵王：封爵名。博陵，郡名。北齊時治安平縣，在今河北安平縣。

[29]凝：即高凝，人名。勃海蓨（今河北景縣）人。北齊宗室。見《北史》卷五一《華山王凝傳》。　新平王：封爵名。遥封。新平，郡名。西魏時治白土縣，在今陕西彬縣。

[30]潤：即高潤，人名。字子澤，勃海蓨（今河北景縣）人。北齊宗室。見《北史》卷五一《馮翊王潤傳》。　馮翊王：封爵名。遥封。馮翊，郡名。西魏時治高陸縣，在今陕西高陵縣。

[31]洽：即高洽，人名。字敬延，勃海蓨（今河北景縣）人。北齊宗室。見《北史》卷五一《漢陽王洽傳》。　漢陽王：封爵名。遥封。漢陽，郡名。西魏時治漢陽縣，在今甘肅禮縣東南。

[32]李氏：名祖娥，李希宗之女。見《北史》卷一四《文宣皇后李氏傳》。

[33]太宰：官名。爲輔政大臣，多爲元老重臣之加官。

[34]司馬子如：人名。字遵業，河内温（今河南温縣）人。北魏、東魏、北齊官吏。見《北史》卷五四《司馬子如傳》。

秋七月辛亥，尊文襄妃元氏爲文襄皇后，[1]宫曰静德。又封文襄子孝琬爲河間王，[2]孝瑜爲河南王。[3]乙卯，以尚書令、平原王隆之爲録尚書事，[4]尚書左僕射、平陽王淹爲尚書令，改御史中尉還爲中丞。詔魏御府所有珍奇雜綵常所不給人者，悉送内後園，以供七日宴賜。

[1]元氏：即文襄敬皇后元氏。東魏孝静帝之姊。見《北史》卷一四《文襄敬皇后元氏傳》。

[2]孝琬：即高孝琬，人名。勃海蓨（今河北景縣）人。北齊宗室。見《北史》卷五二《河間王孝琬傳》。　河間王：封爵名。河間，郡名。北齊時治武垣縣，在今河北河間市南。

[3]孝瑜：即高孝瑜，人名。字正德，勃海蓨（今河北景縣）人。北齊宗室。見《北史》卷五二《河南王孝瑜傳》。　河南王：封爵名。河南，郡名。北齊時治宜遷縣，在今河南洛陽市。

[4]隆之：底本作“封隆之”，中華本校勘記云:“諸本‘隆之’上有‘封’字，《北齊書》無。張森楷謂此平原王乃高隆之，非封隆之，‘封’字衍文。按高隆之封平原王見上文，宗室例不書姓，張説是，今從《北齊書》删。”今從改。

八月，詔郡國修立黌序，[1]廣延髦俊，敦述儒風。其國子學生，亦依舊銓補。往者文襄皇帝所運蔡邕石經五十二枚，[2]移置學館，依次修立。又詔求直言正諫之士，待以不次；命牧人之官，廣勸農桑。庚寅，詔曰：“朕以虛薄，嗣弘王業，思所以讚揚盛績，播之萬古。雖史官執筆，有聞無墜，猶恐緒言遺美，時或未書。在位王公、文武大小，降及庶人，爰至僧徒，或親奉音旨，或承傳旁説，凡可載之文籍，悉條封上。”甲午，詔曰:“魏世議定《麟趾格》，[3]遂爲通制，官司施用，猶未盡善。群官可更論討新令。未成之間，仍以舊格從事。”

［1］黌（hóng）序：學校。

［2］運：源氏校勘記云：“‘運’《北齊》作‘建’。” 蔡邕石經：漢靈帝熹平四年（175）蔡邕等用隸書寫成的石經，稱熹平石經。

［3］麟趾格：東魏孝静帝天平年間令群臣在麟趾閣議定的法律。格，如同漢代的科，有刑事單行法規的性質。

九月癸丑，以領東夷校尉、遼東郡開國公、高麗王成爲使持節、侍中、驃騎大將軍、領護東夷校尉，[1]王、公如故。丁卯，詔以梁侍中、使持節、假黄鉞、都督中外諸軍事、大將軍、承制邵陵王蕭綸爲梁王。[2]庚午，幸晋陽。是日，皇太子入居凉風堂，[3]監國。

［1］東夷校尉：官名。又稱護東夷校尉。三國魏始置。原爲中央王朝監領統轄東北東部少數民族事務的官屬機構，北魏末取消該機構，此後成爲北朝授予東北高句麗、新羅政權統治者的官號。從三品（參程妮娜《護東夷校尉考》，《北方文物》2004 年第 4 期）。 遼東郡開國公：封爵名。遼東，郡名。北齊時治襄平縣，在今遼寧遼陽市。 高麗王成：即高麗王高成。高麗，國名。又作“高句麗”等，其先出自夫餘，地爲漢之玄菟郡，高句麗爲其三縣之一，因以爲國名。都名丸都，故治在今吉林集安市，南北朝時遷都於今朝鮮的平壤市。見《北史》卷九四《高麗傳》。 侍中：官名。北齊時掌侍皇帝左右，贊導衆事，顧問應對。因此職親近皇帝，掌權便利，時有宰相之實。三品。 驃騎大將軍：官名。位尊於驃騎將

軍，僅次於大將軍。授此職者以權臣元老居多，可開府置僚屬，一般不領兵。從一品。

[2]假黄鉞：黄鉞即飾以黄金的鉞，本用於皇帝儀仗。三國時特賜予出征重臣，以示威重，令其專主征伐。其後相沿成制。　大將軍：官名。高級軍政官員。南朝不常置，或以爲贈官。南朝梁時爲十八班。　邵陵王：封爵名。邵陵，郡名。南朝梁時治邵陵縣，在今湖南邵陽市。　蕭綸：人名。字世調，小字六真，南朝梁武帝蕭衍第六子。見《梁書》卷二九《邵陵王綸傳》。

[3]凉風堂：在今河北臨漳縣西南。爲北齊鄴都宫城内昭陽殿的配殿，是當時皇帝與臣僚議政並處理政務的場所（參姚瀟鶫《北齊凉風堂考論》，《史林》2018 年第 1 期）。

冬十月己卯，法駕，[1]御金輅，[2]入晋陽宫，[3]朝皇太后於内殿。辛巳，曲赦并州太原郡晋陽縣及相國府四獄囚。[4]乙酉，[5]以特進元韶爲尚書左僕射，[6]并州刺史段韶爲右僕射。[7]壬辰，罷相國府，留騎兵、外兵曹，各立一省，别掌機密。

[1]法駕：皇帝出行，扈從儀仗規模大於小駕，次於大駕，稱法駕。

[2]金輅：帝王家乘用的飾金之車。

[3]晋陽宫：故址在今山西太原市晋源區古城營村一帶。

[4]曲赦：特赦。

[5]乙酉：源氏校勘記云："《北齊》作'己酉'。似非。"

[6]特進：北齊時爲加官名號，贈致仕大臣。二品。　元韶：人名。字世胄。北魏宗室。見《北史》卷一九《彭城王勰附元韶傳》。底本作"元紹"，中華本校勘記云："諸本'韶'作'紹'，《北齊書》作'韶'。按元韶本書卷一九、《北齊書》卷二七有傳，

本卷天保十年五月見'特進元韶'。齊初别無元紹。今據《北齊書》改。"今從改。

[7]段韶：人名。字孝先，小名鐵伐，姑臧武威（今甘肅武威市）人。東魏、北齊將領。見《北史》卷五四《段榮附段韶傳》。右僕射：官名。即尚書右僕射。北齊時列位宰相，爲尚書令副貳，掌諸曹事。從二品。

十一月，周文帝帥師至陝城，[1]分騎北度至建州。[2]甲寅，梁湘東王蕭繹遣使朝貢。[3]丙寅，帝親戎，出次城東。周文帝見軍容嚴盛，歎曰："高歡不死矣！"遂班師。

[1]周文帝：即宇文泰。文爲其謚號，北周明帝宇文毓所追謚。陝城：在今河南陝縣。

[2]建州：北齊時治高都城，在今山西晋城市東北。

[3]湘東王：封爵名。湘東，郡名。南朝梁時治臨烝縣，在今湖南衡陽市。蕭繹：人名。字世誠，南蘭陵（一説在今江蘇常州市，一説在今江蘇丹陽市）人。南朝梁皇帝。見《梁書》卷五《元帝紀》。

十二月辛丑，車駕至自晋陽。

是歲，高麗、蠕蠕、吐谷渾、庫莫奚並遣使朝貢。[1]

[1]蠕蠕：亦稱柔然。見《北史》卷九八《蠕蠕傳》。吐谷渾：族名。又稱吐渾、退渾。原爲鮮卑族慕容部的一支，先祖游牧於徒河青山（今遼寧義縣東）。西晋時，遷徙於今甘肅、青海一帶。

十六國時，先後受到前凉、西秦等追逐，幾乎亡國。後再度崛起，北魏太武帝時達到最强盛。在北魏打擊下，一度退到今新疆一帶。以游牧爲生。見《北史》卷九六《吐谷渾傳》。　庫莫奚：即奚族。見《北史》卷九四《奚傳》。

二年春正月丁未，梁湘東王蕭繹遣使朝貢。辛亥，祀圓丘，[1]以神武皇帝配。癸亥，親耕籍田。[2]乙丑，[3]享太廟。二月壬辰，太尉彭樂謀反，伏誅。三月丙午，襄城王淯薨。己未，詔梁承制湘東王繹爲梁使持節、假黄鉞、相國，建梁臺，總百揆、承制梁王。庚申，司空司馬子如坐事免。是月，梁交、梁、義、新四州刺史，[4]各以地内附。西魏文帝崩。

[1]圓丘：祭天的圓形高壇。

[2]籍田：亦作“藉田”，指古代天子行籍禮，親自耕田以示對農業的重視。

[3]乙丑：《北齊書》卷四《文宣帝紀》作“乙酉”。按：北齊文宣帝天保二年正月丙午朔，無乙酉，當爲乙丑，《北齊書》誤。

[4]交：州名。治所不詳，待考。　梁：州名。南朝梁時治大梁城，在今河南開封市。　義：州名。南朝梁時治羅田縣，在今湖北羅田縣。　新：州名。南朝梁時治角陵縣，在今湖北京山縣。　四州刺史：源氏校勘記於“四州刺史”旁紅筆小字夾批：“李景盛、夏侯珍洽、馮嵩仁、李漢。”

夏四月壬辰，梁王蕭繹遣使朝貢。六月庚午，以前司空司馬子如爲太尉。

秋七月己卯，改顯陽殿還爲昭陽殿。[1]辛卯，改殷州爲趙州以避太子之諱。是月，侯景廢梁簡文帝，[2]立蕭棟爲主。[3]九月壬申，免諸伎作屯牧雜色役隸之徒爲白户。[4]癸巳，行幸趙、定二州，因至晋陽。

[1]還：源氏校勘記云："《北齊》無'還'字。" 顯陽殿：位於鄴南城的中部，爲後宫的左院。

[2]是月侯景廢梁簡文帝：中華本校勘記云："《北齊書》置於五月。按《梁書》卷四《簡文帝紀》，事在八月戊午，疑此及《北齊書》並誤。"可從。侯景，人名。字萬景，懷朔鎮（今内蒙古固陽縣南）人。曾任北魏官吏，後叛至南朝。見《梁書》卷五六《侯景傳》（參李萬生《侯景的氏族及相關問題》，《北京大學學報》2000年第5期）。梁簡文帝，即南朝梁皇帝蕭綱。

[3]蕭棟：人名。字元吉，南蘭陵（一説在今江蘇常州市，一説在今江蘇丹陽市）人。南朝梁宗室。見《南史》卷五三《昭明太子統附蕭棟傳》。

[4]白户：平民户。

冬十月戊申，起宣光、建始、嘉福、仁壽諸殿。[1]庚申，蕭繹遣使朝貢。丁卯，文襄皇帝神主入于廟。十一月，侯景廢梁主棟，[2]僭即僞位於建鄴，[3]自稱曰漢。十二月，中山王殂。

[1]宣光：位於鄴南城的中部，爲後宫的右院。 建始：位於鄴南城的中部。 嘉福：位於鄴南城的中部。 仁壽：位於鄴南城的中部。

[2]梁主：毛本、殿本、四庫本、四部備要本作"梁王"。按：《北史》稱梁皇帝爲"梁主"，今從底本。

［3］建鄴：在今江蘇南京市。

是歲，蠕蠕、室韋、高麗並遣使朝貢。[1]

［1］室韋：族名、國名。或以爲與契丹同族。北魏時分爲南室韋、北室韋等五部，不相統屬，分居於今嫩江及黑龍江南北岸地區，以漁獵爲生。自北朝後，與中原地區關係密切，曾服屬突厥。見《北史》卷九四《室韋傳》。

三年春正月丙申，帝親討庫莫奚於代郡，[1]大破之，以其口配山東爲百姓。二月，蠕蠕主阿那瓌爲突厥所破，[2]瓌自殺。其太子菴羅辰及瓌從弟登注俟利、登注子庫提並擁衆來奔。[3]蠕蠕餘衆立注次子鐵伐爲主。[4]辛丑，契丹遣使朝貢。[5]三月戊子，詔清河王岳、司徒潘相樂、行臺辛術帥師南伐。[6]癸巳，詔進梁王蕭繹爲梁主。

［1］代郡：北齊時治高柳縣，在今山西陽高縣西北。

［2］蠕蠕：《北齊書》卷四《文宣帝紀》作“茹茹”。按：《北史》卷九八《蠕蠕傳》記載，蠕蠕名字的由來是因爲太武帝認爲他們無知，樣子像蟲子，所以稱爲“蠕蠕”。但典籍中稱柔然時，經常出現“蠕蠕”和“茹茹”互見的情況，或是因爲音近通假。　阿那瓌：人名。柔然可汗。見《北史》卷九八《蠕蠕傳》。　突厥：族名、國名。廣義上包括鐵勒、突厥各部落，狹義上則專指突厥汗國。公元六世紀初興起於金山（今阿爾泰山）西南麓，爲游牧部落。西魏廢帝二年（553），建突厥汗國於今鄂爾渾河流域。隋文帝開皇二年（582），分裂爲東西二部。見《北史》卷九九《突厥

傳》。

[3]登注俟利：底本作“登注俟刑”，局本作“登注俟利”，中華本校勘記云：“諸本‘利’作‘刑’，《北齊書》及本書卷九八《蠕蠕傳》作‘利’。按‘俟利’是蠕蠕官號，今據改。”今從改。

[4]鐵伐：人名。北齊時柔然首領，後爲契丹所殺。

[5]契丹：族名。見《北史》卷九四《契丹傳》。

[6]行臺：官名。指行臺長官，爲最高地方行政長官。　辛術：人名。字懷哲，隴西狄道（今甘肅臨洮縣）人。東魏、北齊官吏。見《北史》卷五〇《辛雄附辛術傳》。

夏四月壬申，東南道行臺辛術於廣陵送傳國璽。[1]甲申，以吏部尚書楊愔爲尚書右僕射。[2]六月己亥，[3]清河王岳等班師。乙卯，車駕幸晋陽。

[1]廣陵：縣名。治所在今江蘇揚州市西北。　傳國璽：底本作“傳國八璽”，源氏校勘記云：“《北齊》無‘八’字。”中華本《北齊書》卷四《文宣帝紀》作“傳國璽”。《通典》卷六三：“北齊制，天子六璽，並因舊式。又有傳國璽，……又有督攝萬機印一鈕……皇太子璽……。宮中大事用璽，小事用門下典書坊印。”可知底本誤。今從改。

[2]吏部尚書：官名。北齊時爲尚書吏部曹主官，掌官吏銓選、封爵、考課之政。三品。　楊愔：人名。字遵彦，小名秦王，弘農華陰（今陜西華陰市東南）人。東魏、北齊官吏。見《北史》卷四一《楊播附楊愔傳》。

[3]己亥：源氏校勘記云：“《北齊》作‘乙亥’。”《北齊書·文宣帝紀》作“乙亥”。按：北齊文宣帝天保三年六月丁酉朔，無乙亥，當爲己亥，《北齊書》誤。

冬十月乙未，次黄櫨嶺。[1]仍起長城，北至社于戍，[2]四百餘里，立三十六戍。十一月辛巳，梁主蕭繹即位於江陵，[3]是爲元帝，遣使來聘。十二月壬子，車駕還宫。戊午，幸晋陽。

[1]黄櫨嶺：地名。在今山西吕梁市離石區東南。

[2]社于：戍名。在今山西朔州市西南。

[3]江陵：縣名。治所在今湖北江陵縣。

是歲，西魏廢帝元年。[1]

[1]廢帝：即西魏皇帝元欽。

四年春正月丙子，山胡圍離石戍，[1]帝親討之。未至而逃，因巡三堆戍，[2]大狩而旋。戊寅，庫莫奚遣使朝貢。自魏末用永安錢，[3]又有數品，皆輕濫。己丑，鑄新錢，文曰常平五銖。二月，送蠕蠕鐵伐父登注及子庫提還北。鐵伐尋爲契丹所殺，國人復立登注爲主，仍爲其大人阿富提等所殺，國人復立庫提爲主。

[1]山胡：亦稱稽胡、步落稽。源於南匈奴，一説爲山戎、赤狄之後。南北朝時居於今山西、陝西北部山谷間，與漢人錯居。離石戍：戍名。在今山西吕梁市離石區。

[2]三堆：戍名。又名三堆城。在今山西静樂縣。

[3]永安錢：北魏孝莊帝元子攸時所鑄錢幣。

夏四月，車駕還宫。戊午，西南有大聲如雷。五月庚午，校獵於林慮山。[1]戊子，還宮。六月甲辰，章武王厙狄干薨。

[1]林慮山：亦名隆慮山，在今河南林州市西南。

秋，北巡冀、定、幽、安，[1]仍北討契丹。冬十月丁酉，車駕至平州，[2]遂西道趣長壍。甲辰，帝步踰山嶺，爲士卒先，指麾奮擊，大破契丹。是行也，帝露頭袒身，晝夜不息，行千餘里，唯食肉飲水，氣色彌厲。丁巳，登碣石山，[3]臨滄海。十一月己未，帝自平州還，遂如晋陽。閏月壬寅，梁人來聘。

[1]幽：州名。北齊時治薊縣，在今北京西南。　安：州名。北齊時治安市縣，在今北京密雲縣。

[2]平州：北齊時治肥如縣，在今河北盧龍縣西北。

[3]碣石山：在今河北昌黎縣城北（參高洪章、董寶瑞《碣石考》，《歷史地理》1983年第3輯）。

十二月己未，突厥復攻蠕蠕，蠕蠕舉國來奔。[1]癸亥，帝北討突厥，迎納蠕蠕。乃廢其主庫提，立阿那瓌子菴羅辰爲主，置之馬邑川。[2]追突厥於朔方，[3]突厥請降，許之而還。自是貢獻相繼。

[1]來：源氏校勘記云："'來'《北齊》作'南'。"

[2]馬邑川：水名。在今山西朔州市境内。

[3]朔方：泛指秦漢朔方之地。

五年春正月癸丑，[1]帝討山胡大破之，男子十二已上皆斬，女子及幼弱以賞軍士，遂平石樓。[2]石樓絶險，自魏代所不能至。於是遠近山胡，莫不懾伏。是役也，有都督戰傷，其什長路暉禮不能救，[3]帝命刳其五藏，使九人分食之，肉及穢惡皆盡。自是始行威虐。是月，周文帝廢西魏帝而立齊王廓，[4]是爲恭帝。

[1]癸丑：源氏校勘記云："《北齊》作'癸巳'。"

[2]石樓：又稱通天山，在今山西石樓縣東南。

[3]什長：軍隊編制中基層組織的頭目。

[4]廓：即元廓，人名。西魏恭帝。見《北史》卷五《魏本紀·西魏恭帝》。

三月，蠕蠕菴羅辰叛，帝親討大破之，辰父子北遁。太保賀拔仁坐違緩，拔其髮，免爲庶人，使負炭輸晋陽宫。

夏四月，蠕蠕寇肆州。[1]丁巳，帝自晋陽討之，至恒州。[2]時虜騎散走，大軍已還，帝帥麾下二千餘騎爲殿，[3]夜宿黄瓜堆。[4]蠕蠕别部數萬騎，扣鞍而進，四面圍逼。帝安睡，平明方起，神色自若，指畫軍形，潰圍而出。虜走，追擊之，伏尸二十里，獲菴羅辰妻子、生口三萬餘。五月丁亥，地豆干、契丹並遣使朝貢。[5]丁未，北討蠕蠕，又大破之。六月，蠕蠕遠遁。

[1]肆州：北齊時治九原縣，在今山西忻州市忻府區。

[2]恒州：北齊時治平城，在今山西大同市東北。

[3]二千餘騎：源氏校勘記云："《北齊》無'二'字。"

[4]黄瓜堆：地名。即今山西山陰、懷仁和應縣交界處的黄花梁。

[5]地豆干：國名。北魏時，其人散居於室韋以西，北界烏洛侯，西與柔然相接，南鄰庫莫奚、契丹。以游牧爲生。見《北史》卷九四《地豆干傳》。

秋七月戊子，肅慎遣使朝貢。[1]壬辰，降罪人。庚戌，至自北伐。八月庚午，[2]以司州牧、清河王岳爲太保，[3]以安德王韓軌爲大司馬，[4]以扶風王可朱渾道元爲大將軍，以司空尉粲爲司徒，[5]以太子少師侯莫陳相爲司空，[6]以尚書令、平陽王淹爲録尚書事，以常山王演爲尚書令，以上黨王涣爲尚書右僕射。[7]丁丑，行幸晋陽。辛巳，[8]録尚書事、平原王高隆之薨。封冀州刺史段韶爲平原王。是月，詔常山王演、上黨王涣、清河王岳、平原王段韶率衆於洛陽西南築伐惡城、新城、嚴城、河南城四鎮。[9]九月，帝親自臨幸，欲以致西師。西師不出，乃如晋陽。

[1]肅慎：族名、國名。居於中國東北地區，以游牧爲生。

[2]庚午：《北齊書》卷四《文宣帝紀》作"庚子"。按，北齊文宣帝天保五年八月乙卯朔，無庚子日，當爲庚午，從《北史》。

[3]司州牧：官名。司州的最高軍政長官。司州，北齊時治鄴縣，在今河北臨漳縣西南。

[4]安德王韓軌：底本作"安德王軌"，中華本校勘記云："諸本無'韓'字。張森楷云：'案軌姓韓，非宗室，當書韓軌。'按韓軌封安德王，見天保元年六月，張説是，今據補。"今從改。

[5]尉粲：人名。善無（今山西右玉縣南）人。北齊大臣。見《北史》卷五四《尉景附尉粲傳》。

[6]太子少師：官名。爲東宫三少之一，掌以道德輔教太子。三品。源氏校勘記云："'少'《北齊》作'太'。"《北齊書·文宣帝紀》作"太子太師"。按：《資治通鑑》卷一六五云"太子太師侯莫陳相爲司空"；《北齊書》卷一九《侯莫陳相傳》則云"天保初，除太師，轉司空公，進爵爲白水王，邑一千一百户"；《北史》卷五三《侯莫陳相傳》不記此職，僅云"天保初，累遷司空公，進爵白水王"。未詳孰是。　侯莫陳相：人名。代（今山西大同市東北）人，鮮卑族。北齊大臣。見《北史·侯莫陳相傳》。

[7]尚書右僕射：源氏校勘記云："'右'《北齊》作'左'。爲是。"《北齊書·文宣帝紀》作"左僕射"。按：《資治通鑑》卷一六五亦云"中書令上黨王涣爲左僕射"。《北史》本卷記載"（天保三年四月）甲申，以吏部尚書楊愔爲尚書右僕射"，下文又講"（天保八年四月）以尚書右僕射楊愔爲左僕射"，這五年中，並未見到任何關於楊愔改任的記載，可見在這期間楊愔一直任尚書右僕射，那麼在天保五年時，上黨王涣就不可能被任爲尚書右僕射，祇能爲尚書左僕射。當從《北齊書》。

[8]辛巳：源氏校勘記云："'辛巳'《北齊》作'己卯'。"《北齊書·文宣帝紀》作"己卯"。按：北齊文宣帝天保五年八月乙卯朔，辛巳、己卯均在此月，未詳孰是。

[9]伐惡城：在今河南洛陽市南。　新城：在今河南伊川縣西南。　嚴城：在今河南洛陽市南。　河南城：在今河南洛陽市西郊澗水東岸。

冬十月，西魏攻陷江陵，殺梁元帝。梁將王僧辯在建業，[1]推其晋安王蕭方智爲太宰、都督中外諸軍事、承制置百官。[2]十二月庚申，車駕北巡，至達速嶺，[3]親覽山川險要，將起長城。

［1］王僧辯：人名。字君才，太原祁（今山西祁縣東南）人。南朝梁將領。見《梁書》卷四五《王僧辯傳》。　建業：源氏校勘記云："'鄴'《北齊》作'康'。"按：《北齊書》卷四《文宣帝紀》作"建康"。晋愍帝建興元年（313），爲避愍帝司馬鄴的諱，改建鄴爲建康。此時當稱建康，應從《北齊書》。在今江蘇南京市。

［2］晋安王：封爵名。晋安，郡名。南朝梁時治侯官縣，在今福建福州市。　蕭方智：人名。即南朝梁敬帝。見《梁書》卷六《敬帝紀》。

［3］達速嶺：地名。在今内蒙古凉城縣殺虎口附近。

是歲，西魏恭帝元年。

六年春正月壬寅，清河王岳度江，剋夏首。[1]梁司徒、郢州刺史陸法和請降。[2]詔以梁貞陽侯蕭明爲梁主，[3]遣尚書右僕射、上黨王涣送之江南。[4]二月甲子，以陸法和爲使持節、都督十州諸軍事、太尉、大都督、西南道大行臺。[5]三月丙戌，上黨王涣剋東關，[6]斬梁將裴之横。[7]丙申，車駕至自晋陽。封文襄二子，孝珩爲廣寧王，[8]延宗爲安德王。[9]戊戌，帝臨昭陽殿決獄。[10]是月，發寡婦以配軍士築長城。

［1］夏首：地名。即夏口。在今湖北武漢市武昌區。

［2］郢州：南朝梁時治夏口城，在今湖北武漢市武昌區。　陸法和：人名。南朝梁、北齊官吏。見《北史》卷八九《陸法和傳》。

［3］貞陽侯：封爵名。貞陽，縣名。治所在今廣東英德市東。

蕭明：人名。即蕭淵明。《北史》避唐高祖李淵諱改。字靖通。南朝梁宗室。見《南史》卷五一《長沙宣武王懿附蕭明傳》。

[4]尚書右僕射：源氏校勘記云："'右'《北齊》作'左'。似是。"

[5]大都督：高級軍事長官。亦有在戰事時臨時加置，冠以名號，或以此銜都督某一地區軍事。

[6]東關：地名。一名武陽關，在今河南羅山縣南。

[7]裴之横：人名。字如岳，河東聞喜（今山西聞喜縣）人。南朝梁將領。見《梁書》卷二八《裴邃附裴之横傳》。

[8]孝珩：即高孝珩，人名。勃海蓨（今河北景縣）人。北齊宗室。見《北史》卷五二《廣寧王孝珩傳》。　廣寧王：封爵名。廣寧，郡名。北齊時北朔州置有廣寧郡，治所在今山西朔州市東南；豫州亦置有廣寧郡，沿東魏新蔡郡，治新蔡縣，在今河南新蔡縣。

[9]延宗：即高延宗，人名。勃海蓨（今河北景縣）人。北齊宗室。見《北史》卷五二《安德王延宗傳》。

[10]昭陽殿：位於鄴南城的中部，爲處理政務的地方。

夏五月，蕭明入于建業。六月甲子，河東王潘相樂薨。壬申，帝親討蠕蠕。甲戌，諸軍大會祁連池。[1]乙亥，出塞，至厙狄谷，[2]百餘里無水泉。六軍渴乏，俄而大雨。

[1]祁連池：地名。在今山西寧武縣西南管涔山上。

[2]厙狄谷：山谷名。約在今内蒙古中部地區。

秋七月己卯，帝頓白道，[1]留輜重，親率輕騎五千，追蠕蠕。壬午，及之懷朔鎮。[2]帝躬犯矢石，頻大破之，遂至沃野。[3]壬辰，還晋陽。九月己卯，[4]車駕至自晋陽。

[1]白道：地名。在今内蒙古呼和浩特市西北，爲河套東北地區通往陰山以北的交通要道。

[2]懷朔鎮：軍鎮名。北魏六鎮之一，在今内蒙古固陽縣百靈淖城圐圙古城。

[3]沃野：軍鎮名。北魏宣武帝正始後移於今内蒙古烏拉特前旗蘇獨侖鄉的根子場古城。

[4]己卯：《北齊書》卷四《文宣帝紀》作“乙卯”。按：北齊文宣帝天保六年七月己卯朔，無乙卯日，當爲己卯，從《北史》。

冬十月，梁將陳霸先襲殺王僧辯，[1]廢蕭明，復立蕭方智爲主。辛亥，行幸晋陽。十一月，梁秦州刺史徐嗣徽、南豫州刺史任約等襲據石頭城，[2]並以州内附。壬辰，大都督蕭軌帥衆至江，[3]遣都督柳達摩等度江，[4]鎮石頭。己亥，太保、清河王岳薨。柳達摩爲霸先攻逼，以石頭降。[5]

[1]陳霸先：即南朝陳武帝。見《陳書》卷一、二《高祖紀》

[2]秦州：南朝梁時治尉氏縣，在今江蘇南京市六合區。　徐嗣徽：人名。南朝梁、陳官吏。曾率兵攻擊北齊。源氏校勘記云：“‘徽’《北齊》作‘輝’。”按：《北齊書》卷四《文宣帝紀》作“徐嗣輝”。　南豫州：南朝梁時治合肥城，在今安徽合肥市。　任約：人名。南朝梁、陳官吏。隨侯景叛逃北齊，被俘後歸降，後又以南豫州叛至北齊。　石頭城：在今江蘇南京市清凉山。

[3]蕭軌：人名。北齊官吏。文宣帝天保七年與梁師戰於鍾山

之西，遇雨失利，與都督李希光等陣亡。

［4］都督：官名。北朝前期爲統率全國或地方兵馬的指揮官職名。爲州郡軍事長官者，兼理民政。北朝後期則爲率領鄉兵、畜牧軍馬的中低級軍官。　柳達摩：人名。河東解（今山西臨猗縣）人。北魏、東魏、北齊官吏。曾任陽城太守。

［5］以石頭降：中華本作“以石自頭降”，衍“自”字。

是歲，高麗、庫莫奚並遣使朝貢。[1]詔發夫一百八十萬人築長城，[2]自幽州北夏口，[3]西至恒州，九百餘里。

［1］庫莫奚：源氏校勘記改“庫”作“厙”。

［2］築長城：底本作“築城”，中華本校勘記云:“諸本脱‘長’字，據《北齊書》及《通鑑》卷一六六補。”今從改。

［3］北夏口：地名。即今北京延慶縣海字口。

七年春正月辛丑，封司空侯莫陳相爲白水郡王。[1]車駕至自晋陽。於鄴城西馬射，[2]大集衆庶觀之。二月辛未，詔常山王演等於凉風堂讀尚書奏案，論定得失，帝親决之。三月丁酉，大都督蕭軌等帥衆濟江。

［1］白水郡王：封爵名。遥封。白水，郡名。西魏時治白水縣，在今陝西白水縣。

［2］鄴城：在今河北臨漳縣西南。

夏四月乙丑，儀同三司婁叡討魯陽蠻，[1]大破之。丁卯，[2]造金華殿。[3]五月，漢陽王洽薨。帝以肉爲斷慈，遂不復食。[4]

[1]婁叡：人名。字佛仁，代郡平城（今山西大同市東北）人。北齊大臣。見《北史》卷五四《婁昭附婁叡傳》。　魯陽：郡名。北齊時治山北縣，在今河南魯山縣。

[2]丁卯：源氏校勘記云:"《北齊》作'丁亥'。似非。今月恐無丁亥。"

[3]金華殿：故址在今河北臨漳縣西南鄴城鎮。

[4]斷慈：斷絶母恩。慈，母親。

六月乙卯，蕭軌等與梁師戰於鍾山西，[1]遇霖雨失利，軌及都督李希光、王敬寶、東方老、軍司裴英起並脱没，[2]士卒還者十二三。乙丑，梁湘州刺史王琳獻馴象。[3]

[1]鍾山：在今江蘇南京市。

[2]李希光：人名。勃海蓨（今河北景縣）人。東魏、北齊將領。見《北史》卷三一《高祐附李希光傳》。　王敬寶：人名。太原（今山西太原市晋源區古城營村一帶）人。北齊官吏。位至東廣州刺史。　東方老：人名。安德鬲（今山東陵縣）人。北齊將領。見《北齊書》卷二一《高乾附東方老傳》。　軍司：官名。北齊時掌管軍中監察，負有輔助主帥領兵作戰之責。　裴英起：人名。河東聞喜（今山西聞喜縣）人。東魏、北齊官吏。見《北齊書·高乾附裴英起傳》。

[3]湘州：南朝梁時治臨湘縣，在今湖南長沙市。毛本、殿本、四庫本、四部備要本作"相州"。按：相州在今河北臨漳縣，湘州在今湖南長沙市，文中既云梁刺史，當爲"湘州"，今從底本。　王琳：人名。字子珩，會稽山陰（今浙江紹興市）人。南朝梁將

領、北齊官吏。見《南史》卷六四《王琳傳》。

秋七月。[1]乙亥，周文帝殂。是月，發山東寡婦二千六百人配軍士，有夫而濫奪者十二三。十一月壬子，併省州三，郡一百五十三，縣五百八十九，鎮三，[2]戍二十六。十二月庚子，魏恭帝遜位於周。

[1]秋七月：源氏校勘記改"秋七"作"冬十"。中華本校勘記云:"按《北齊書》'秋七月'下連叙七月、八月、九月、十月事，然後纔説:'是月，發山東寡婦二千六百人以配軍士，有夫而濫奪者五分之一。是月，周文帝殂。'則這兩事都是在十月，不在七月。據《周書》卷二《文帝紀》，也説宇文泰死於十月乙亥。此'七月'下當有脱文。"可從。

[2]鎮三：《北齊書》卷四《文宣帝紀》作"二鎮"。按：《資治通鑑》卷一六六云"於是併省三州，一百五十三郡"，胡三省注云:"章：十二行本'郡'下有'五百八十九縣、三鎮、二十六戍'十二字；乙十一行本同；孔本同；退齋校同。"未詳孰是。

是歲，庫莫奚、契丹遣使朝貢。修廣三臺宮殿。[1]先是，自西河總秦戍築長城東至海，[2]前後所築，東西凡三千餘里，六十里一戍，[3]其要害置州鎮凡二十五所。

[1]三臺：即曹操所建銅雀臺、冰井臺、金虎臺。故址在今河北臨漳縣西南古鄴城西北隅。

[2]西河：郡名。北齊時治隰城縣，在今山西汾陽市城區。總秦戍：戍名。疑在今山西汾陽市境内（參景愛《中國長城史》，上海人民出版社2006年版）。

[3]六十里一戍：源氏校勘記云："'六'《北齊》作'率'。"中華本校勘記云："《北齊書》、《御覽》卷一三〇、《通鑑》卷一六六並作'率十里一戍'。疑是'率'字下半殘缺，因訛爲'六'。"可從。

八年春三月，大熱，人或暍死。[1]

[1]暍（yē）：中暑。

夏四月庚午，詔禁取蝦蟹蜆蛤之類，唯許私家捕魚。乙酉，詔公私禁取鷹鷂。以太師、咸陽王斛律金爲右丞相，[1]以前大將軍、扶風王可朱渾道元爲太傅，以開府儀同三司賀拔仁爲太保，尚書令、常山王演爲司空、録尚書事，以長廣王湛爲尚書令，[2]以尚書右僕射楊愔爲左僕射，以并省尚書右僕射崔暹爲右僕射，[3]以上黨王涣爲録尚書事。是月，帝在城東馬射，敕京師士女悉赴觀，不赴者，罪以軍法，七日乃止。五月辛酉，冀州人劉向於鄴謀逆，黨與皆伏誅。

[1]右丞相：官名。北齊時爲權臣專設之名號，並非處理實際政務的宰相。

[2]録尚書事以長廣王湛爲尚書令：底本作"以録尚書事長廣王湛爲尚書令"，中華本校勘記云："諸本'以'在'録尚書事'上。按《孝昭紀》言高演於天保八年轉司空、録尚書事，則'以'應在'長廣王'上，今改正。"今從改。

[3]崔暹：人名。字季倫，博陵安平（今河北安平縣）人。東魏、北齊官吏。見《北史》卷三二《崔挺附崔暹傳》。　右僕射：

底本作“左僕射”，源氏校勘記改“左”作“右”，中華本校勘記云:“諸本‘爲’下‘右’字作‘左’，《北齊書》作‘右’。張森楷云:‘據上文，楊愔自右僕射轉左僕射，暹即補其缺，不得爲左僕射也。’按張説是，本書卷三二《崔暹傳》也作‘右’。崔暹是由并州尚書省之右僕射轉爲鄴都之右僕射。今據改。”今從改。

秋八月己巳，庫莫奚遣使朝貢。庚辰，詔丘郊禘祫時祭，[1]皆市取少牢，[2]不得刲割，[3]有司監視，必令豐備；農社、先蠶，[4]酒肉而已；雩、禖、風、雨、司人、司禄、靈星雜祀，[5]果餅酒脯。唯當務盡誠敬，義同如在。辛巳，制榷酤。[6]自夏至九月，河北六州、河南十三州、畿内八郡大蝗，[7]飛至鄴，蔽日，聲如風雨。甲辰，詔今年遭蝗處，免租。

[1]禘祫：帝王祭祀始祖的一種隆重儀禮。

[2]少牢：古時祭禮的羊、豕二犧牲。

[3]刲（kuī）割：屠宰。

[4]先蠶：傳説中最早教民育蠶之神，歷代由皇后主祭。

[5]雩：古代求雨的祭祀。　禖：求子的祭祀。　風：風神。　雨：雨神。　司人：管民衆的神。　司禄：管福禄的神。

[6]榷酤：政府實行的酒專賣制度。也泛指一切管制酒業，取得酒利的措施。

[7]十三州：源氏校勘記云:“《北齊》作‘十二’。”按：《北齊書》卷四《文宣帝紀》作“十二州”。《隋書·五行志》亦記載“後齊天保八年，河北六州、河南十二州蝗”。未詳孰是。

冬十月乙亥，梁主蕭方智遜位於陳。陳武帝遣使稱藩朝貢。

是歲，周閔帝元年。[1]周冢宰宇文護殺閔帝而立明帝，[2]又改元焉。初於長城内築重城，自庫洛拔而東，[3]至於塢紇戍，[4]凡四百餘里。

[1]周閔帝：即北周皇帝宇文覺。閔爲其謚號。

[2]冢宰：官名。西魏恭帝三年（556）設，北周沿設。爲居六官之首的天官府長官，掌管宫廷供奉以及全國的財政收支、賦役收入、百官俸禄等事務。正七命。　宇文護：人名。字薩保，代郡武川（今内蒙古武川縣西）人，鮮卑族。北周宗室、權臣。見《北史》卷五七《邵惠公顥附宇文護傳》。　明帝：即北周皇帝宇文毓。明爲其謚號。

[3]自庫洛拔而東：中華本作“庫洛拔而東”。按：中華本脱“自”字。庫洛拔，地名。在今山西代縣與朔州市交界處。

[4]塢紇戍：戍名。在今山西靈丘縣附近。

九年春二月丁亥，降罪人。己丑，詔燎野限以仲冬，[1]不得他時行火，損昆蟲草木。三月丁酉，車駕至自晋陽。

[1]限以仲冬：四庫本作“定以仲冬”。

夏四月辛巳，大赦。是月，北豫州刺史司馬消難以城叛于周。[1]大旱，帝以祈雨不降，毁西門豹祠，[2]掘其冢。五月辛丑，以尚書令、長廣王湛爲録尚書事，以驃騎大將軍、平秦王歸彦爲右僕射。[3]甲辰，以前左僕射楊愔爲尚書令。六月乙丑，帝自晋陽北巡。己巳，至祁連池。戊寅，還晋陽。是夏，山東大蝗，差人夫捕而坑之。

[1]北豫州：北齊時治虎牢城，在今河南滎陽市西北。　司馬消難：人名。字道融，河内温（今河南温縣）人。北齊、北周官吏。見《北史》卷五四《司馬子如附司馬消難傳》。　叛于周：源氏校勘記在“叛”後補“入”字。

[2]西門豹祠：故址在今河北臨漳縣西南。

[3]右僕射：源氏校勘記云：“《北齊》（‘右’）作‘左’。”按：《北齊書》卷四《文宣帝紀》作“左僕射”。根據《北史》本卷記載，文宣帝天保三年到八年楊愔任右僕射，繼楊愔之後由崔暹任右僕射；文宣帝天保五年到八年上黨王涣任左僕射，繼涣之後由楊愔任左僕射；文宣帝天保九年楊愔任尚書令，其空出來的左僕射職位由平秦王歸彦頂替，故此處當爲“左僕射”，疑《北史》誤。

秋七月辛丑，給畿内老人劉奴等九百四十三人版職及杖帽，[1]各有差。戊申，詔趙、燕、瀛、定、南營五州，[2]及司州廣平、清河二郡，[3]去年螽澇損田，[4]兼春夏少雨，苗稼薄者，免今年租税。八月乙丑，車駕至自晋陽。甲戌，行幸晋陽。先是，發丁匠三十餘萬人營三臺於鄴，因其舊基而高博之，大起宫室及游豫園。[5]至是，三臺成。改銅爵曰金鳳，[6]金武曰聖應，[7]冰井曰崇光。

[1]版職：亦作“板職”。指不由吏部正式任命，而由地方軍政長官自行選用的官職。南北朝時，還常作爲授予年老軍人或平民的虚銜。北魏時，京兆府對地方高齡父老行板授，分大郡板、小郡

板。年百歲以上授大郡板，九十以上授小郡板。經板授者可享有郡守一級的政治榮譽。北齊沿置。　杖帽：指綬帽和几杖。

[2]燕：州名。治所不詳，疑在今山西壽陽縣西。　南營：州名。北齊時治英雄城，在今河北徐水縣西。

[3]廣平：郡名。北齊時治曲梁城，在今河北永年縣東南。

[4]螽（zhōng）：昆蟲。身體緑色或褐色，善跳躍，對農作物有害。

[5]游豫園：園名。在今河北臨漳縣西南。

[6]銅爵：即銅雀臺。

[7]金武：即金虎臺。《北齊書》卷四《文宣帝紀》作“金獸”。中華本校勘記云:“《北齊書》‘武’作‘獸’。張森楷云:‘皆避虎字改。’”

冬十一月甲午，車駕至自晉陽。登三臺，御乾象殿，朝宴群臣。以新宫成，丁酉，大赦内外，文武官並進一大階。丁巳，梁湘州刺史王琳遣使請立蕭莊爲梁王，[1]仍以江州内屬，[2]令莊居之。十二月癸酉，詔以梁王蕭莊爲梁主，進居九派。[3]戊寅，以太傅可朱渾道元爲太師，以司徒尉粲爲太尉，以冀州刺史段韶爲司空，以録尚書事、常山王演爲大司馬，以録尚書事、長廣王湛爲司徒。起大莊嚴寺。[4]

[1]湘州：底本作“相州”。按：相州在今河北臨漳縣，湘州在今湖南長沙市，文中既云梁刺史，當爲湘州，今從中華本改。　蕭莊：人名。南蘭陵（一説在今江蘇常州市，一説在今江蘇丹陽市）人。南朝梁宗室。見《南史》卷五四《武烈世子方等附蕭莊傳》。　梁王：毛本、殿本、四庫本、局本、四部備要本、中華本

作“梁主”。按：後文十二月詔中又提到“詔以梁王蕭莊爲梁主”，可見此處當爲“梁主”，底本誤。

［2］江州：南朝梁時治尋陽縣，在今江西九江市。

［3］九派：指今江西九江。

是歲，殺永安王浚、上黨王涣。

十年春正月戊戌，以司空侯莫陳相爲大將軍。辛丑，太尉長樂郡公尉粲、肆州刺史濮陽公婁仲遠並進爵爲王。[1]甲寅，行幸遼陽甘露寺。[2]二月丙戌，帝於甘露寺禪居深觀，唯軍國大政奏聞。三月戊戌，以侍中高德正爲尚書右僕射。[3]丙辰，車駕至自遼陽。是月，梁主蕭莊至郢州，遣使朝貢。

［1］長樂郡公：封爵名。長樂，郡名。北齊時治信都縣，在今河北冀州市。　濮陽公：封爵名。濮陽，郡名。北齊時治甄城縣，在今山東鄄城縣北。

［2］遼陽：縣名。治所在今山西左權縣。　甘露寺：寺名。在今山西左權縣。

［3］高德正：人名。一作“德政”，字士貞，勃海蓨（今河北景縣）人。北齊官吏。見《北史》卷三一《高祐附高德正傳》。源氏校勘記云：“‘正’《北齊》作‘政’。”

夏閏四月丁酉，以司州牧、彭城王浟爲兼司空，以侍中、高陽王湜爲尚書左僕射。[1]乙巳，以兼司空、彭城王浟爲兼太尉，[2]攝司空事，封皇子紹廉爲長樂王。[3]五月癸未，誅始平公元世、東平公元景式等二十五家，[4]禁止特進元韶等十九家。[5]尋並誅之，男子無少長皆斬，所殺三千人，並投漳水。[6]

［1］左僕射：源氏校勘記云："'左'《北齊》作'右'。"按：《北齊書》卷四《文宣帝紀》作"右僕射"。《北史》本卷載"（天保十年）三月戊戌，以侍中高德正爲尚書右僕射"，且直至閏四月並未見到罷免高德正尚書右僕射一職的記載，那閏四月對高陽王湜的任職不當與高德正之職衝突，當爲尚書左僕射，今從《北史》。

［2］兼司空：《北齊書》卷四《文宣帝紀》作"司空"。應脱"兼"字。

［3］紹廉：即高紹廉，人名。勃海蓨（今河北景縣）人。北齊宗室。見《北史》卷五二《隴西王紹廉傳》。

［4］始平公：封爵名。始平，縣名。治所在今陝西興平市東北十五里。　元世：中華本校勘記云："《通鑑》卷一六七作'誅始平公元世哲等二十五家'。李慈銘《北史札記》卷一云：'考《魏書·任城王雲傳》有世哲，武定中吏部郎，爲僕射世儁之弟，即雲之孫，而未嘗有始平之封。'按《魏書》卷二一下《彭城王勰傳》，勰子子正封始平王，子欽，字世道，襲，入齊，隨例降爵。則此始平公應是元世道，即元欽，而非元世哲。《通鑑》誤。此'世'下當脱'道'字。但元世哲亦是同時被殺者，見本書卷一九《元韶傳》。"　東平公：封爵名。北齊時治須昌縣，在今山東東平縣東。　元景式：人名。北魏宗室。襲爵東平王。東魏時任北廣平太守。北齊建立，例降爵爲公。文宣帝天保十年大誅元氏時被殺。

［5］元韶：毛本、殿本、四庫本作"元紹"。按：當從底本。

［6］漳水：在今河北、河南兩省邊境，有清漳河、濁漳河兩源。

六月，陳武帝殂。

秋八月戊戌，封皇子紹義爲廣陽王。[1]以尚書右僕射、河間王孝琬爲左僕射。癸卯，詔諸軍人，或有父祖改姓冒入元氏，或假託攜認，妄稱姓元者，不問世數遠近，悉聽改復本姓。是月，殺左僕射高德正。九月己巳，行幸晋陽。

[1]紹義：即高紹義，人名。勃海蓨（今河北景縣）人。北齊宗室。見《北史》卷五二《范陽王紹義傳》。　廣陽王：封爵名。廣陽，郡名。北齊時治燕樂縣，在今北京密雲縣東北。

冬十月甲午，帝暴崩於晋陽宫德陽堂，[1]時年三十一。遺詔，凶事一從儉約，喪月之斷，限以三十六日，嗣子百僚，内外遐邇，奉制割情，悉從公除。癸卯，發喪，斂於宣德殿。[2]十一月辛未，梓宫還鄴。[3]十二月乙酉，殯於太極前殿。乾明元年二月丙申，[4]葬於武寧陵，[5]謚曰文宣帝，廟號顯祖。[6]

[1]德陽堂：在今山西太原市。

[2]宣德殿：位於晋陽宫的南部。

[3]梓宫：皇帝或皇后的棺木。

[4]乾明：北齊廢帝的年號（560）。

[5]武寧陵：在今河北磁縣灣漳村。

[6]謚曰文宣帝廟號顯祖：中華本校勘記云："《通志》卷一六《北齊紀》'帝'上有'皇'字，'顯祖'作'高祖'。按'皇'字當是脱文。高洋廟號初爲'高祖'，天統元年改爲'威宗'，武平元年改爲'顯祖'，見卷八《齊後主紀》、卷四七《祖珽傳》。這裏指乾明元年所上廟號，自應作'高祖'。《通志》是。"可從。

帝沈敏有遠量，外若不遠，内鑒甚明。文襄年長英秀，神武特所愛重，百僚承風，莫不震懼。而帝善自晦迹，言不出口，恒自貶退，言咸順從，故深見輕，雖家人亦以爲不及。文襄嗣業，帝以次長見猜嫌，帝后李氏色美，每預宴會，容貌遠過靖德皇后，[1]文襄彌不平焉。帝每爲后私營服翫，小佳，文襄即令逼取。后恚，有時未與。帝笑曰："此物猶應可求，兄須，何容吝。"文襄或愧而不取，便恭受，亦無飾讓。每退朝還第，輒閉閤静坐，雖對妻子，能竟日不言。或袒跣奔躍，后問其故，對曰："爲爾漫戲。"此蓋習勞而不肯言也。所寢至夜曾有光，巨細可察，后驚告帝，帝曰："慎勿妄言。"自此唯與后寢，侍御皆令出外。

[1]靖德皇后：即北齊文襄敬皇后元氏。居靖（又作"静"）德宫，故名靖德皇后。敬爲其謚號。

文襄崩，秘不發喪，其後漸露。魏帝竊謂左右曰："大將軍此殂，似是天意，威權當歸王室矣。"及帝將赴晉陽，親入辭謁於昭陽殿，從者千人，居前持劍者十餘輩。帝在殿下數十步立，而衛士升階已二百許人，皆攘袂扣刃，[1]若對嚴敵。帝令主者傳奏，須詣晉陽，言訖，再拜而出。魏帝失色，目送帝曰："此人似不能見容，吾不知死在何日。"及至并州，慰諭將士，措辭款實。[2]衆皆欣然，曰："誰謂左僕射翻不減令公。"令公即指文襄也。

[1]扣刃：毛本、殿本作"揮刃"。按：扣刃是指拔刀微出鞘，

較合文意。

[2]措辭：元大德本、毛本、殿本、四庫本、四部備要本作“指辭”。按：措辭指説話，款實指真誠、樸實，文意可通。

時訛言上黨出聖人，[1]帝聞之，將徙一郡。而郡人張思進上言，殿下生於南宫，坊名上黨，即是上黨出聖人，帝悦而止。先是童謡曰：“一束藁，兩頭然，河邊羖䍽飛上天。”藁然兩頭，於文爲高；河邊羖䍽爲水邊羊，指帝名也。於是徐之才盛陳宜受禪。[2]帝曰：“先父亡兄，功德如此，尚終北面，吾又何敢當。”之才曰：“正爲不及父兄，須早升九五，如其不作，人將生心。且讖云‘羊飲盟津角拄天’，[3]盟津水也，羊飲水，王名也，角拄天，大位也。又陽平郡界面星驛傍有大水，[4]土人常見群羊數百，立卧其中，就視不見，事與讖合，願王勿疑。”帝以問高德正，德正又贊成之，於是始決。乃使李密卜之，遇《大横》，[5]曰：“大吉，漢文帝之卦也。”[6]帝乃鑄象以卜之，一寫而成。[7]使段韶問斛律金於肆州，金來朝，深言不可，以鎧曹宋景業首陳符命，[8]請殺之。乃議於太后前。太后謂諸貴曰：“我兒獰直，必自無此意，直高德正樂禍，教之耳。”帝意決，乃整兵而東。使高德正之鄴，諷喻公卿，莫有應者。司馬子如逆帝於遼陽，固言未可。杜弼亦抱馬諫，[9]帝欲還，尚食丞李集曰：[10]“此行事非小，而言還?”帝僞言使向東門殺之，而别令賜絹十疋。四月，夜，禾生於魏帝銅研，[11]旦長數寸，有穗。五月，帝復東赴鄴，令左右曰：“異言者斬。”是月，光州獻九尾狐。帝至鄴城南，召入，并齎板策。旦，[12]高隆之進謁曰："用此何爲？"帝作色曰："我自作事，[13]若欲族滅耶！"隆之謝而退。於是乃作圜丘，備法物，草禪讓事。

[1]上黨：郡名。東魏時治壺關城，在今山西長治市北。

[2]徐之才：人名。丹陽（今江蘇南京市）人。北魏、東魏、北齊官吏。見《北史》卷九〇《徐謇附徐子才傳》。

[3]盟津：渡口名。又作"孟津""富平津"。在今河南孟州市西南黄河上。

[4]陽平：郡名。東魏時治館陶城，在今河北館陶縣。　面星驛：驛站名。在今河北館陶縣境内。元大德本、毛本、殿本、四庫本、局本、四部備要本作"回星驛"。按：字形相近而混，未詳孰是。

[5]大横：龜卜兆名。因龜文呈横形，故稱。

[6]漢文帝之卦：底本"卦"作"封"，局本作"卦"，中華本校勘記云："諸本'卦'作'封'。《通鑑》卷一六三作'卦'。按《史記》卷一〇《文帝紀》，'卜之龜，卦得《大横》'。作'卦'是，今據改。"今從改。

[7]帝乃鑄象以卜之一寫而成：意爲高洋用鑄造金人的方式進行占卜，一次鑄成。鑄象以卜之，魏晋南北朝（尤其是北魏、北齊）時期在北方民族中流傳的一種占卜方式。遇有重大事件時，當事人要親自鑄造銅像以占否泰（參清趙翼《廿二史劄記》"後魏以鑄象卜休咎"條）。

[8]鎧曹：官名。晋設。掌管鎧甲庫藏等。歷朝因之，品秩不一。　宋景業：人名。廣宗（今河北威縣東）人。北齊官吏、學者。見《北史》卷八九《宋景業傳》。底本作"宗景業"，中華本校勘記云："諸本'宋'訛作'宗'，據本書卷八九《宋景業傳》改。"今從改。

［9］杜弼：人名。字輔玄，中山曲陽（今河北曲陽縣）人。東魏、北齊將領。見《北史》卷五五《杜弼傳》。

［10］尚食丞：官名。北齊時爲門下省尚食局副長官，佐尚食典御，總知御膳事。員四人，從七品。　李集：人名。北齊官吏。曾多次直諫，後被殺。

［11］銅研：即銅雀硯。從三國魏銅雀臺遺址中掘取古瓦製作的硯臺，後遂爲硯臺的美稱。

［12］召入并齎板策旦：中華本校勘記云：“張森楷云：‘“策”當作“築”。’按《通鑑》卷一六三云：‘高洋至鄴，召夫齎築具，集城南。高隆之請曰。’張説是，‘入’和‘旦’也當是‘夫’和‘具’之訛。此乃準備築受禪用之圓丘，覿下文可知。”可從。

［13］我自作事：底本作“我自事”，四庫本、局本、中華本作“我自作事”。按：從語法來看，當爲“我自作事”，否則句子中缺少動詞，底本誤，今補。

及登極之後，神明轉茂，外柔内剛，果於斷割，人莫能窺。又特明吏事，留心政術，簡靖寬和，坦於任使，故楊愔等得盡於匡贊，朝政粲然。兼以法馭下，不避權貴，或有違犯，不容勳戚，内外莫不肅然。至於軍國機策，獨决懷抱，規謀宏遠，有人君大略。又以三方鼎峙，繕甲練兵，左右宿衛，置百保軍士。每臨行陣，親當矢石，鋒刃交接，唯恐前敵不多。屢犯艱厄，常致剋捷。嘗追及蠕蠕，令都督高阿那肱率騎數千，[1]塞其走道。時虜軍猶盛，五萬餘人。肱以兵少請益，帝更減其半騎。那肱奮擊，遂大破之。虜主踰越巖谷，僅以身免。都督高元海、王師羅並無武藝，[2]先稱怯弱，一旦交鋒，有踰驍壯。嘗於東山游宴，以關隴未平，[3]投杯震怒，召魏收於前，[4]立爲詔書，宣示遠近，將事西行。是歲，周文帝殂，西人震恐，常爲度隴之計。

[1]高阿那肱：人名。一作“高阿那瓌”。善無（今山西右玉縣南）人。北齊官吏。見《北史》卷九二《高阿那肱傳》。

[2]高元海：人名。勃海蓨（今河北景縣）人。北齊官吏。見《北史》卷五一《上洛王思宗附高元海傳》。　王師羅：人名。即王紘。字師羅，太安狄那（今山西壽陽縣西）人。北齊官吏。見《北史》卷五五《王紘傳》。

[3]關隴：區域名。泛指關中和隴西。

[4]魏收：人名。字伯起，小字佛助，鉅鹿下曲陽（今河北晋州市西）人。北齊學者。見《北史》卷五六《魏收傳》。

既征伐四剋，威振戎夏。六七年後，以功業自矜，遂留情耽湎，肆行淫暴。或躬自鼓舞，歌謳不息，從旦通宵，以夜繼晝。或袒露形體，塗傅粉黛，散髮胡服，雜衣錦綵，拔刃張弓，游行市肆。勳戚之第，朝夕臨幸。時乘鹿車、白象、駱駝、牛、驢，並不施鞍勒。或盛暑炎赫，日中暴身，隆冬酷寒，去衣馳走，從者不堪，帝居之自若。街坐巷宿，處處游行。多使劉桃枝、崔季舒負之而行。[1]或擔胡鼓而拍之。親戚貴臣，左右近習，侍從錯雜，無復差等。徵集淫嫗，悉去衣裳，分付從官，朝夕臨視。或聚棘爲馬，紐草爲索，逼遣乘騎，牽引來去，流血灑地，以爲娱樂。凡諸殺害，多令支解，或焚之於火，或投之於河。沈酗既久，彌以狂惑，每至將醉，輒拔劍挂手，或張弓傅矢，或執持牟槊，[2]游行市鄽。[3]問婦人曰："天子何如？"答曰："顛顛癡癡，何成天子。"帝乃殺之。或馳騁衢路，散擲錢物，恣人拾取，争競諠譁，方以爲喜。

[1]劉桃枝：人名。北齊官吏。初爲高歡驅使，甚受寵信。齊建，位至領軍、開府，封王爵。　崔季舒：人名。字叔正，博陵安平（今河北安平縣）人。東魏、北齊官吏。見《北史》卷三二《崔挺附崔季舒傳》。

[2]牟槊：長矛。在長柄一端裝有金屬槍頭。牟，同"矛"。

[3]市鄽（chán）：商業繁華之區。

太后嘗在北宫，坐一小榻，帝時已醉，手自舉牀，后便墜落，頗有傷損。醒悟之後，大懷慙恨，遂令多聚柴火，將入其中。太后驚懼，親自持挽。又設地席，令平秦王高歸彦執杖，口自責疏，脱背就罰。敕歸彦："杖不出血，當即斬汝。"太后涕泣，前自抱之，帝流涕苦請，不肯受於太后。太后聽許，方捨背杖，笞脚五十，莫不至到。衣冠拜謝，悲不自勝，因此戒酒。一旬，還復如初。

自是耽湎轉劇。遂幸李后家，以鳴鏑射后母崔，正中其頰，因駡曰："吾醉時尚不識太后，老婢何事！"馬鞭亂打一百有餘。三臺構木高二十七丈，兩棟相距二百餘尺，工匠危怯，皆繫繩自防；帝登脊疾走，都無怖畏。時復雅儛，折旋中節，傍人見者，莫不寒心。又召死囚，以席爲翅，從臺飛下，免其罪戮。果敢不慮者，盡皆獲全；疑怯猶豫者，或致損跌。

沈酗既久，轉虧本性。怒大司農穆子容，[1]使之脱衣而伏，親射之，不中，以橛貫其下竅，入腸。雖以楊愔爲宰輔，使進厠籌。[2]以其體肥，呼爲楊大肚，馬鞭鞭其背，流血浹袍，以刀子剺其腹。[3]崔季舒託俳言曰："老小公子惡戲？"[4]因掣刀子而去之。[5]又置愔於棺中，載以輀車，[6]幾下釘者數四。曾至彭城王潡宅，謂其母尒朱曰："憶汝奪我母壻時，向何由可耐。"[7]手自刃殺。又至故僕射崔暹第，謂暹妻李曰："頗憶暹不？"李曰："結髮義深，實懷追憶。"帝曰："若憶時，自往看也。"親自斬之，棄頭墻外。嘗在晋陽，以矟戲刺都督尉子耀，應手而死。在三臺太光殿上，[8]鋸殺都督穆嵩。又幸開府暴顯家，[9]有都督韓哲無罪，忽衆中召，斬之數段。

[1]大司農：官名。北齊時掌倉廩及農桑水利等政令。三品。穆子容：人名。一作"穆容"。代（今山西大同市東北）人，鮮卑族。東魏、北齊官吏。見《北史》卷二〇《穆崇附穆子容傳》。

[2]厠籌：大便後用以拭穢的木竹小片。

[3]剺（lí）：割，劃開。

[4]俳：詼諧，玩笑。

[5]掣：抽走。

[6]輀車：載運棺柩的車子。

[7]憶汝奪我母壻時：底本"奪"作"辱"，元大德本作"奪"，中華本校勘記云："《通志》'辱'作'奪'。按本書卷一四《彭城太妃尒朱氏傳》云：'神武納爲别室，敬重踰於婁妃。'又《馮翊太妃鄭氏傳》云：'時彭城尒朱太妃有寵，生王子潡，神武將有廢立意。'此乃高洋謂尒朱奪其母之寵，作'奪'是。"今從改。

[8]太光殿：在今河北臨漳縣西南。

[9]開府：爲開府儀同三司的省稱。多爲大臣加號，與諸公的禮制待遇相同，且允許開府，自辟屬僚。北魏孝文帝太和二十三年定爲從一品。北齊沿置，地位漸低。　暴顯：人名。字思祖，魏郡斥丘（今河北成安縣東南）人。見《北史》卷五三《暴顯傳》。

魏樂安王元昂，[1]后之姊壻，其妻有色，帝數幸之，欲納爲昭儀。[2]召昂令伏，以鳴鏑射一百餘下，凝血垂將一石，竟至於死。後帝自往弔，哭於喪次，逼擁其妻。仍令從官脱衣助襚，兼錢綵，號爲信物，一日所得，將踰巨萬。后啼不食，乞讓位於姊，太后又爲言，帝意乃釋。所幸薛嬪，[3]甚被寵愛，忽意其經與高岳私通，無故斬首，藏之於懷。於東山宴，勸酬始合，忽探出頭，投於柈上。支解其屍，弄其髀爲琵琶。[4]一座驚怖，莫不喪膽。帝方收取，對之流淚云："佳人難再得，甚可惜也。"載屍以出，被髮步哭而隨之。至有閭巷庸猥，人無識知者，忽令召斬鄴下。繫徒罪至大辟，[5]簡取隨駕，號爲供御囚，手自刃殺，持以爲戲。凡所屠害，動多支解，或投之烈火，或棄之漳流。[6]

[1]樂安王：毛本、殿本、四庫本、局本、四部備要本作"安樂王"。按：《資治通鑑》卷一六六亦云"故魏樂安王元昂"，以底本爲是。　元昂：據其墓誌載，"字文景，河南洛陽人也"。曾任員外散騎侍郎、荆州前將軍府長史等職，在任期間，"輔蕃作屏，任娌唯良，四民望之如秋，百姓號曰神明"。薨年三十五歲，卒贈平東將軍、光州剌史等（參葉煒、劉秀峰《墨香閣藏北朝墓誌》，上海古籍出版社 2016 年版，第 28—29 頁）。

[2]昭儀：妃嬪中的第一級，僅次皇后，位視宰相，爵比諸侯王。

[3]薛嬪：北齊文宣帝高洋的嬪妃。見《北史》卷一四《文宣皇后李氏附薛嬪傳》。

[4]髀（bì）：大腿骨。

[5]大辟：即死刑。適用於重大罪犯。

[6]凡所屠害動多支解或投之烈火或棄之漳流：中華本校勘記云："按上文已見。此段文意重沓，蓋雜抄《北齊書》及其他資料而忘去其雷同之處。"

兼以外築長城，内營臺殿，賞費過度，天下騷然，内外憯憯，[1]各懷怨毒。而素嚴斷臨下，加之默識强記，百僚戰慄，不敢爲非。曾有典御丞李集面諫，[2]比帝有甚於桀紂。帝令縛置流中，沈脱没久之，復令引出，謂曰："吾何如桀紂？"集曰："向來彌不及矣。"[3]帝又令沈之，引出更問，如此數四，集對如初。帝大笑曰："天下有如此癡漢！方知龍逢、比干，[4]非是俊物。"遂解放之。又被引入見，似有所諫，帝令將出要斬。[5]其或斬或赦，莫能測焉。

[1]憯憯：萬分悲憐，淒慘。

[2]典御丞李集：中華本校勘記云："按上文見尚食丞李集。據《隋書》卷二七《百官志》中，門下省尚食局有典御及丞。丞是典御之佐，無‘典御丞’官名。此必有誤。"可從。

[3]向來：底本作"回來"，中華本校勘記云："諸本‘向’作‘回’，《通志》、《册府》卷五四八、《通鑑》卷一六六作‘向’是，今據改。"今從改。

[4]龍逢：人名。夏之賢人，因諫而爲夏桀所殺，後用爲忠臣之代稱。　比干：人名。商朝大臣。商紂王的叔父，以死力諫，被紂王剖心而死。見《史記》卷三《殷本紀》。

[5]要斬：中華本作"腰斬"。按："要""腰"古通。

初帝登阼，改年爲天保。士有深識者曰："天保之字，爲一大人只十，帝其不過十乎。"又先是謡云"馬子入石室，三千六百日。"帝以午年生，故曰"馬子"；三臺，石季龍舊居，[1]故曰"石室"；三千六百日，十年也。又帝曾問太山道士曰："吾得幾年爲天子？"答曰："得三十年。"道士出後，帝謂李后曰："十年十月十日，得非三十也？吾甚畏之，過此無慮。人生有死，何得致惜，但憐正道尚幼，人將奪之耳。"帝及期而崩，濟南竟不終位，[2]時以爲知命。

[1]石季龍：人名。即石虎。字季龍，羯族。十六國時後趙君主。見《魏書》卷九五《羯胡石勒附石虎傳》。

[2]濟南：指北齊廢帝高殷。曾爲濟南王。

曾幸晋陽，夜宿松門嶺。[1]嶺有數株柏樹，皆將千年，枝葉嫩茂，似有神物所託。時帝已被酒，向嶺瞋罵，射中一株，未幾，立枯而死。又出言屢中，時人故謂之神靈。雖爲猖獗，不專云昏暴。末年遂不能進食，唯數飲酒，麴蘗成災，因而致斃。先是，霍州發楚夷王女冢，[2]尸如生焉，得珠襦玉匣，帝珍之，還以斂焉。

[1]松門嶺：地名。在今山西黎城縣。底本作“杠門嶺”，中華本校勘記云：“《御覽》卷九五四‘杠’作‘松’。按《隋書》卷三〇《地理志》中，上黨郡黎城縣有松門嶺。由鄴經滏口赴晋陽，當經此地，疑作‘松’是。”今從改。

[2]霍州：北齊時治岳安縣，在今安徽霍山縣。

始祖珽以險薄多過，[1]帝數罪之，每謂爲老賊。及武成時，[2]珽被任遇，乃説武成曰：“文宣甚暴，何得稱文？既非創業，何得稱祖？若宣帝爲祖，陛下萬歲後將何以稱？”武成溺於珽説，天統初，[3]有詔改謚景烈，廟號威宗。武平初，[4]趙彦深執政，[5]又奏復帝本謚，廟號顯祖云。

[1]始祖珽：底本作“如祖珽”，中華本校勘記云：“諸本‘始’作‘如’，《通志》作‘初’。張元濟云：‘“如”當作“始”。’按‘如’顯是‘始’之殘缺，今據張説改。”今從改。祖珽，人名。字孝徵，范陽遒（今河北淶水縣北）人。東魏、北齊官吏。見《北史》卷四七《祖瑩附祖珽傳》。

[2]武成：即北齊皇帝高湛。武成爲其謚號。

[3]天統：北齊後主高緯的年號（565—569）。

[4]武平：北齊後主高緯的年號（570—576）。

[5]趙彦深：人名。即趙隱，字彦深，避齊廟諱以字行。自稱南陽宛（今河南南陽市）人。東魏、北齊大臣。見《北史》卷五五《趙彦深傳》。

廢帝殷字正道，小名道人，文宣帝之長子也。母曰李皇后。天保元年，立爲皇太子，時年六歲。性敏慧，初學反語，於跡字下注云“自反”。時侍者未達其故，太子曰:“跡字足傍亦爲跡，豈非自反邪。”嘗宴北宮，獨令河間王勿入，左右問其故，太子曰:“世宗遇賊處，河間王復何宜在此。”[1]文宣每言“太子得漢家性質，不似我”，欲廢之，立太原王。[2]

[1]世宗：即北齊文襄帝高澄。世宗爲其廟號。　河間王：指高孝琬。高澄之子，頗自負，北齊初封河間王。武成帝河清三年，北周軍與突厥入太原，文襄帝想守城避之。而河間王勸諫出兵迎戰。北周軍退，拜其爲并州刺史。

[2]太原王：封爵名。指高紹德。齊文宣帝第二子。見《北史》卷五二《太原王紹德傳》。太原，郡名。北齊時治龍山縣（改晉陽縣爲此稱），在今山西太原市晉源區古城營村一帶。

初詔國子博士李寶鼎傅之，[1]寶鼎卒，復詔國子博士邢峙侍講。[2]太子雖富於春秋，而温裕開朗，有人君之度，貫綜經業，省覽時政，甚有美名。七年冬，文宣召朝臣文學者及禮學官於宫宴會，令以經義相質，親自臨聽。[3]太子手筆措問，在坐莫不歎美。九年，文宣在晉陽，太子監國，集諸儒講《孝經》，令楊愔傳旨謂國子助教許散愁曰:[4]“先生在世，何以自資?”對曰:“散愁自少以來，不登孌童之床，不入季女之室，服膺簡策，不知老之將至。平生素懷，若斯而已。”太子曰:“顔子縮屋稱貞，柳下嫗而不亂，未若此翁白首不娶者也。”[5]及賚絹百疋。

[1]國子博士：官名。教授生徒儒學，備咨詢顧問，隸國子祭酒，地位高於太學博士。北齊時爲五品上。　李寶鼎：人名。即李鉉。字寶鼎，勃海南皮（今河北南皮縣）人。北齊儒士。見《北史》卷八一《李鉉傳》。

[2]邢峙：人名。字士峻，河間鄚（今河北任丘市北）人。北齊官吏。見《北史》卷八一《邢峙傳》。

[3]親自：元大德本、毛本、四庫本、局本、四部備要本作“親身”。

[4]國子助教：官名。國子博士的助手。從七品。　許散愁：人名。北齊官吏。文宣帝天保七年，與樊遜等十一人奉詔校定群書。

[5]顔子縮屋稱貞：語本《詩·小雅·巷伯》毛傳。比喻對危難中的婦女不加侵侮。　柳下嫗而不亂：語本《詩·小雅·巷伯》毛傳。比喻對女色不動心的正人君子。

後文宣登金鳳臺，召太子使手刃囚。太子惻然有難色，再三不斷其首。文宣怒，親以馬鞭撞太子三下。由是氣悸語吃，精神時復昏擾。

十年十月，[1]文宣崩。癸卯，太子即帝位於晋陽宣德殿，大赦，内外百官普加泛級，亡官失爵，聽復資品。庚戌，尊皇太后爲太皇太后，皇后爲皇太后。詔九州軍人七十已上，授以板職；武官年六十已上，及癃病不堪驅使者，[2]並皆放免；土木營造金銅鐵諸雜作工，一切停罷。

[1]十月：源氏校勘記於“十”後補“一”。按：《北齊書》作“十一月”。未詳孰是。

[2]癃（lóng）病：衰弱多病。

十一月乙卯，以右丞相、咸陽王斛律金爲左丞相，以録尚書事、常山王演爲太傅，以司徒、長廣王湛爲太尉，以司空段韶爲司徒，以平陽王淹爲司空，高陽王湜爲尚書令，[1]左僕射河間王孝琬爲司州牧，侍中燕子獻爲右僕射。[2]戊午，分命使者，巡省四方，求政得失，省察風俗，問人疾苦。十二月戊戌，改封上黨王紹信爲漁陽王，[3]廣陽王紹義爲范陽王，長樂王紹廉爲隴西王。[4]

[1]高陽王湜爲尚書令：底本作“高陽王湜爲尚書”，中華本校勘記云:“按本書卷五一《神武諸子傳》，湜於天保十年遷尚書令，疑此‘尚書’下脱‘令’字，‘左僕射’屬河間王孝琬。《文宣紀》天保十年八月，稱以孝琬爲左僕射，可證。”今從改。

[2]燕子獻：人名。字季則，廣漢下洛（今河北涿鹿縣）人。北齊官吏。見《北史》卷四一《楊播附燕子獻傳》。

[3]上黨王紹信爲漁陽王：底本作“上黨王紹仁爲漁陽王”，中華本校勘記云:“按本書卷五二《文宣諸子傳》，紹仁封西河王。《文襄諸子傳》，有漁陽王紹信。此‘仁’當是‘信’之誤。紹仁爲紹義之弟，不當列名在前。”今從改。紹信，人名。勃海蓨（今河北景縣）人。北齊宗室。見《北史》卷五二《漁陽王紹信傳》。漁陽王，封爵名。漁陽，郡名。北齊時治雍奴縣，在今天津武清區西北。

[4]紹廉：底本作“紹廣”，中華本校勘記云:“諸本‘廉’作‘廣’。張森楷云:‘案前《文宣紀》末書封皇子紹廉爲長樂王，《紹廉傳》（本書卷五二《文宣諸子傳》）同。初無紹廣其人，‘廣’字

非也。’按張説是，今據改。”今從改。 隴西王：封爵名。遥封。隴西，郡名。北周時治襄武縣，在今甘肅隴西縣東南。

是歲，周武成元年。[1]

[1]武成：北周明帝的年號（559—560）。

乾明元年，春正月癸丑朔，改元。己未，詔寬徭賦。癸亥，高陽王湜薨。是月，車駕至自晋陽。二月己亥，[1]以太傅、常山王演爲太師、録尚書事，以太尉、長廣王湛爲大司馬、并省録尚書事，以尚書左僕射、平秦王歸彦爲司空，趙郡王叡爲尚書左僕射。詔諸元良口配脱没宫内及賜人者，並放免。甲辰，帝幸芳林園，[2]親録囚徒，死罪已下，降免各有差。

[1]二月己亥：底本作“己亥”，源氏校勘記在“己”前補“二月”二字，並改“己”作“乙”，中華本校勘記云：“諸本無‘二月’二字，《通鑑》卷一六八繫於二月己亥。按是年正月癸丑朔，無己亥；二月癸未朔，己亥是十七日。今據《通鑑》補。”今從改。

[2]芳林園：園名。在今河北臨漳縣西南。

乙巳，太師、常山王演矯詔誅尚書令楊愔、尚書右僕射燕子獻、領軍大將軍可朱渾天和、侍中宋欽道、散騎常侍鄭子默。[1]戊申，以常山王演爲大丞相、都督中外諸軍、録尚書事，以大司馬、長廣王湛爲太傅、京畿大都督，以司徒段韶爲大將軍，以前司空、平陽王淹爲太尉，以司空、平秦王歸彦爲司徒，彭城王浟爲尚書令。又以高麗王世子湯爲使持節、領東夷校尉、遼東郡公、高麗王。[2]是月，王琳爲陳所敗，蕭莊自拔至和州。[3]

[1]尚書右僕射：源氏校勘記云："'右'《北齊》作'左'。" 領軍大將軍：官名。北齊文宣帝天保中置，爲領軍府長官，總掌禁衛諸軍，在領軍將軍之上，權勢極重，位次尚書令。二品。　可朱渾天和：人名。遼東（今遼寧遼陽市）人。北齊官吏。見《北史》卷五三《可朱渾元附可朱渾天和傳》。　宋欽道：人名。西河介休（今山西介休市）人。東魏、北齊官吏。見《北史》卷二六《宋隱附宋欽道傳》。　散騎常侍：官名。北齊時掌規諫，顧問應對，典尚書奏事。從三品。　鄭子默：人名。即鄭頤。字子默，彭城（今江蘇徐州市）人。北齊官吏。見《北史》卷四一《鄭頤傳》。

[2]遼東郡公：封爵名。遼東，郡名。北齊時治襄平縣，在今遼寧遼陽市。

[3]和州：北齊時治歷陽縣，在今安徽和縣。

三月甲寅，詔軍國事皆申晋陽，禀大丞相常山王規筭。[1]壬申，封文襄第二子孝珩爲廣寧王，第三子長恭爲蘭陵王。[2]

[1]規筭：源氏校勘記云："《北齊》作'規策'。"

[2]長恭：即高長恭，人名。一名孝瓘，勃海蓨（今河北景縣）人。北齊宗室。見《北史》卷五二《蘭陵王長恭傳》。　蘭陵王：封爵名。蘭陵，郡名。北齊時治承城，在今山東棗莊市東南。

夏四月癸亥，詔河南定、冀、趙、瀛、滄、南膠、光、南青九州，[1]往因螽水，頗傷時稼，遣使分塗贍恤。是月，周明帝崩。五月壬子，以開府儀同三司劉洪徽爲尚書右僕射。[2]

[1]詔河南定冀趙瀛滄南膠光南青九州：中華本校勘記云："按定、冀、趙、瀛、滄五州都在河北，疑'河南'下脱'北'字。又'南膠'無此州名。膠、光、青、南青四州相鄰，豈有鄰州皆灾，青州獨否？疑'南'下脱'青'字。而'青'上之'南'爲衍文。河南之南青、膠、光、青四州加河北之定、冀、趙、瀛、滄方符'九州'之數。"

[2]劉洪徽：人名。秀容陽曲（今山西太原市北）人。北齊將領。初襲父爵樂縣男，東魏孝静帝武定二年拜河州刺史。齊建，歷開府儀同三司、尚書右僕射、領軍將軍等職，與段韶等參與殺害楊愔等人。

秋八月壬午，太皇太后令廢帝爲濟南王，[1]全食一郡，[2]以大丞相、常山王演入纂大統。是日，王居别宫。皇建二年九月，[3]殂於晋陽，時年十七。

[1]濟南王：封爵名。濟南，郡名。北齊時治歷城縣，在今山東濟南市。

[2]全食一郡：源氏校勘記云："'全'《北齊》作'令'。"

[3]皇建：北齊孝昭帝的年號（560—561）。

帝聰慧夙成，寬厚仁智，天保間雅有令名。及承大位，楊愔、燕子獻、宋欽道等同輔。以常山王地親望重，内外畏服，加以文宣初崩之日，太后本欲立之，故愔等並懷猜忌。常山王憂悵，乃白太后，誅其黨。時平秦王歸彦亦預謀焉。皇建二年秋，天文告變，歸彦慮有後害，仍白孝昭，[1]以王當咎。乃遣歸彦馳驛徵至晉陽害之。[2]王薨後，孝昭不豫，見文宣爲祟。孝昭深惡之，厭勝術備設而無益也。[3]薨三旬而孝昭崩。大寧二年，[4]葬於武寧之西北，[5]謚閔悼王。

[1]孝昭：即北齊皇帝高演。孝昭爲其謚號。

[2]馳驛徵：底本作"馳駟"，四庫本校勘記認爲當作"馳駰"中華本校勘記云："諸本'驛'訛作'駟'，據《北齊書》改。又《通鑑》卷一六八云：'帝乃使歸彦至鄴，徵濟南王至晉陽。'按廢帝本囚禁在鄴，故本書卷五一《高元海傳》云：'乃使平秦王歸彦之鄴，迎濟南赴并州。'這裏'驛'下當脱'徵'字。"今從改。

[3]厭勝：古代的一種巫術。謂能以詛咒制勝，壓服人或物。

[4]大寧：北齊武成帝年號（561—562）。

[5]武寧：中華本校勘記云："按'武寧'爲高洋陵名，此'寧'下當脱'陵'字。"

初，文宣命邢卲制帝名殷字正道，[1]從而尤之，曰"殷家弟及，'正'字一止，吾身後兒不得也。"[2]卲懼，請改焉。文宣不許，曰："天也。"因謂昭帝曰："奪時但奪，慎勿殺也。"

[1]邢卲：人名。字子才，小字吉，河間鄚（今河北任丘市北）人。北魏、東魏、北齊官吏，著名學者。爲"北朝三才"之一。見《北史》卷四三《邢巒附邢卲傳》。

[2]曰殷家弟及：底本無“曰”字，中華本校勘記云：“諸本脱‘曰’字，據《北齊書》《通志》補。”今從補。

孝昭皇帝演，字延安，神武皇帝弟六子，[1]文宣皇帝之母弟也。幼而英峙，[2]早有大成之量，武明皇太后早所愛重。魏元象元年，[3]封常山郡公。及文襄執政，遣中書侍郎李同軌就霸府爲諸弟師。[4]帝所覽文籍，源其指歸，[5]而不好辭彩。每歎云“雖盟津之師左驂震而不衄”，[6]以爲能。遂篤志讀《漢書》，[7]至《李陵傳》，[8]恒壯其所爲焉。聰敏過人，所與游處，一知其家諱，終身未嘗誤犯。同軌病卒，又命開府長流參軍刁柔代之，[9]性嚴褊，不適誘訓之宜，中被遣出。帝送出閤，慘然斂容，淚數行下，左右莫不歔欷。其敬業重舊如此。

[1]弟：毛本、殿本、四庫本、局本、四部備要本、《北齊書》卷六《孝昭紀》作“第”。按：“弟”“第”古通。

[2]英峙：源氏校勘記於“峙”旁紅筆夾批云“一從牛”。

[3]元象：東魏孝静帝的年號（538—539）。

[4]中書侍郎：官名。北齊時多選用文學之士，掌草擬詔令。從四品。　李同軌：人名。趙郡高邑（今河北柏鄉縣北）人。北魏、東魏官吏、學者。見《北史》卷三三《李義深附李同軌傳》。　霸府：勢力强大終成王業的藩王或藩臣的府署。這裏指高歡府第。

[5]源其指歸：毛本、四庫本作“原其指歸”。按：“源”“原”古通。

[6]雖盟津之師左驂震而不衄（nǜ）：源氏校勘記云：“‘衄’下

《北齊》有‘同軌’二字。”中華本校勘記云：“按高演語意未足，‘不衂’下當有脱文。”可從。左驂，駕車的馬中最左邊的一匹。衂，損傷，挫敗。

[7]漢書：東漢班固撰。共一百卷，其中《八表》和《天文志》未完稿，由其妹班昭續成。爲中國第一部紀傳體斷代史。

[8]李陵：人名。字少卿，隴西成紀（今甘肅秦安縣）人，李廣孫。見《史記》卷一〇九《李將軍列傳》。

[9]開府長流參軍：官名。掌盜賊徒流事。　刁柔：人名。字子温，勃海饒安（今河北鹽山縣西南）人。北魏、東魏、北齊官吏。見《北史》卷二六《刁雍附刁柔傳》。底本作“刀柔”，元大德本、毛本、殿本、四庫本、局本、四部備要本、中華本作“刁柔”。按：據《北齊書》卷四四《刁柔傳》，當爲“刁”。字形相近而訛，今從改。

天保初，進爵爲王。五年，除并省尚書令。帝善斷割，長思理，省内畏服。七年，從文宣還鄴。文宣以尚書奏事，多有異同，令帝與朝臣先論定得失，然後敷奏。帝長於政術，割斷咸盡其理，文宣歎重之。八年，轉司空、録尚書事。九年，除大司馬，仍録尚書事。

時文宣溺於游宴，帝憂憤，表於神色。文宣覺之，謂帝曰：“但令汝在，我何爲不縱樂？”帝唯啼泣拜伏，竟無所言。文宣亦大悲，抵盃於地曰：“汝似嫌我，[1]自今敢進酒者斬之！”因取所御盃，盡皆壞棄。後益沈湎，或入諸貴戚家，角力批拉，不限貴賤。唯常山王至，内外肅然。帝又密撰事條，將諫，其友王晞以爲不可，[2]帝不從，因間極言，遂逢大怒。順成后本魏朝宗室，[3]文宣欲帝離之，陰爲帝廣求淑媛，望移其寵。帝雖承旨有納，而情義彌重。帝性頗嚴，尚書郎中剖斷有失，[4]輒加捶楚，[5]令史姦慝，便即考竟。文宣乃立帝於前，以刀環擬脅，召被帝罰者，[6]臨以白刃，求帝之短，咸無所陳，方見解釋。自是不許笞箠郎中。後賜帝魏時宮人，醒而忘之，謂帝擅取，遂令刀環亂築，[7]因此致困。皇太后日夜啼泣，文宣不知所爲。先是禁友王晞，乃捨之，令侍帝。帝月餘漸瘳，不敢復諫。

[1]汝似嫌我：源氏校勘記云："'似'《北齊》作'以此'。爲是。此字指盃。"

[2]王晞：人名。字叔朗，小名沙彌，北海劇（今山東壽光市東南）人。北齊官吏。見《北史》卷二四《王憲附王晞傳》。

[3]順成后：即北齊孝昭帝皇后元氏。順成爲其謚號。

[4]尚書郎中：官名。掌收發文書奏章庶務，可直接向皇帝奏報本職政務。六品。

[5]捶楚：鞭打，杖擊。

[6]被帝罰者：底本作"被立罰者"，局本作"被帝罰者"，源氏校勘記云："'立'《北齊》作'帝'。"中華本校勘記云："諸本'帝'訛作'立'，據《北齊書》卷六、《通志·孝昭紀》改。"今從改。

[7]遂令刀環亂築：源氏校勘記云："'令'《北齊》作'以'。"

及文宣崩，帝居禁中護喪，幼主即位，乃即朝班。除太傅、録尚書事，朝政皆决於帝。月餘，乃居藩邸。自是，詔敕多不關帝。客或言於帝曰："鷙鳥捨巢，必有探卵之患，今日之地，何宜屢出。"

乾明元年，從廢帝赴鄴，居于領軍府。時楊愔、燕子獻、可朱渾天和、宋欽道、鄭子默等以帝威望既重，内懼權逼，請以帝爲太師、司州牧、録尚書事，長廣王湛爲大司馬、録并省尚書事，解京畿大都督。帝既以尊親而見猜斥，乃與長廣王期獵，謀之於野。

三月甲戌，[1]帝初上省，旦，發領軍府，大風暴起，壞所御車幔，帝甚惡之。及至省，朝士咸集。坐定，酒數行，於坐執尚書令楊愔、右僕射燕子獻、領軍可朱渾天和、侍中宋欽道等。[2]帝戎服與平原王段韶、平秦王高歸彦、領軍劉洪徽入自雲龍門。[3]於中書省前遇散騎常侍鄭子默，[4]又執之，同斬於御府之内。帝至東閤門，[5]都督成休寧抽刃呵帝。[6]帝令高歸彦喻之，休寧厲聲大呼不從。歸彦既爲領軍，素爲兵士所服，悉皆弛仗，[7]休寧方歎息而罷。

[1]三月甲戌：中華本校勘記云："楊愔被殺在二月乙巳，見《廢帝紀》及本書卷四一《楊愔傳》。此作三月甲戌，疑誤。"可從。

[2]等：底本作"等於坐"，中華本校勘記云："諸本'等'下衍'於坐'二字，與上文重複，今删。"今從改。

[3]雲龍門：城門名。三國魏起洛陽宫宫城正南門爲雲龍門。北魏亦以宫城正南門稱雲龍門。

[4]中書省：官署名。爲秉承君主意旨、掌管機要、發布政令的機構。

[5]東閤門：在今河北臨漳縣西南。

[6]成休寧：人名。北齊將領。位至都督、開府。

[7]弛仗：底本作"弛伏"，元大德本、毛本、殿本、四庫本、局本、四部備要本、中華本作"弛仗"。按：弛仗指放下兵器，符

合文意。字形相近而訛，今從改。

帝入至昭陽殿，幼主、太皇太后、皇太后並出臨御坐。帝奏愔等罪，求伏專擅之辜。時庭中及兩廊下衛士二千餘人，皆被甲待詔。武衛娥永樂武力絶倫，[1]又被文宣重遇，撫刃思效。廢帝吃訥，兼倉卒，不知所言。太皇太后又爲皇太后誓，言帝無異志，唯云逼而已。高歸彦敕勞衛士解嚴，[2]永樂乃内刀而泣。帝乃令歸彦引侍衛之士向華林園，[3]以京畿軍入守門閤，斬娥永樂於園。詔以帝爲大丞相、都督中外諸軍、録尚書事，相府佐史進位一等。[4]帝尋如晋陽。有詔，軍國大政，咸諮決焉。

[1]武衛：官名。三國魏文帝始設。掌宿衛兵。從三品。

[2]解嚴：底本作“戒嚴”，源氏校勘記改“戒”作“解”，中華本校勘記云：“諸本‘解’作‘戒’，《北齊書》《通志》作‘解’。按下云‘永樂乃内刀而泣’，作‘解’是，今據改。”今從改。

[3]華林園：故址在今河北臨漳縣西南鄴鎮東。

[4]佐史：爲地方官署内書佐和曹吏的統稱。

帝既當大位，知無不爲，擇其令典，考綜名實，廢帝恭己以聽政。太皇太后尋下令廢少主，命帝統大業。

皇建元年八月壬午，皇帝即位於晋陽宣德殿，大赦，改乾明元年爲皇建。詔奉太皇太后還稱皇太后，皇太后稱文宣皇后，宫曰昭信。乙酉，詔自太祖創業已來，諸有佐命功臣，子孫絶滅，國統不傳者，有司搜訪近親，以名聞，當量爲立後；[1]諸郡國老人，各授板職，賜黄帽鳩杖。又詔謇正之士，[2]並聽進見陳事；軍人戰亡死王事者，以時申聞，當加榮贈；督將朝士名望素高，位歷通顯，天保以來未蒙追贈者，亦皆録奏。又以廷尉、中丞，[3]執法所在，繩違案罪，不得僻文弄法。其官奴婢年六十已上，免爲庶人。戊子，以太傅、長廣王湛爲右丞相，以太尉、平陽王淹爲太傅，以尚書令、彭城王浟爲大司馬。

[1]立後：底本作“主後”，殿本、四庫本、四部備要本、中華本作“立後”，源氏校勘記改“主”作“立”。按：《北齊書》卷六《孝昭紀》作“立後”。從文意來看，當爲“立”，今從中華本改。

[2]謇（jiǎn）：忠貞，正直。

[3]廷尉：官名。爲國家最高司法審判機構主官，負責詔獄，修訂法律，審核州郡疑案，有封駁丞相、御史之權。三品。　中丞：官名。北齊時爲御史臺主官。外督部刺史，内領侍御史，糾察百官，審核疑案。從三品。

壬辰，詔分遣大使，巡省四方，觀察風俗，問人疾苦，考求得失，搜訪賢良。甲午，詔曰：“昔武王剋殷，先封往代，兩漢魏晋，無廢兹典。及元氏統歷，不率舊章；朕纂承大業，思弘古典。但二王三恪，[1]舊説不同，可議定是非，列名條奏。其禮儀體式，亦仰議之。”又詔國子寺可備立官屬，[2]依舊置生，講習經典，歲時考試。其文襄帝所運石經，宜即施列於學館。外州大學，亦仰典司，勤加督課。丙申，詔九州勳人有重封者，聽分授子弟，以廣骨肉之恩。

[1]二王三恪：西周建國，封夏、商及黄帝、堯、舜之後，給以王侯名號，以示敬重。二王，指夏、商受封的後裔；三恪，指黄帝、堯、舜的後裔，一説封虞、夏、商之後。

[2]國子寺：北齊時的教育管理機關和最高學府。

九月壬申，詔議定三祖樂。

冬十一月辛亥，立妃元氏爲皇后，[1]世子百年爲皇太子，[2]賜天下爲父後者，爵一級。癸丑，有司奏太祖獻武皇帝廟宜奏《武德之樂》，[3]舞《昭烈之舞》；[4]世宗文襄皇帝廟宜奏《文德之樂》，[5]舞《宣政之舞》；[6]高祖文宣皇帝廟宜奏《文正之樂》，[7]舞《光大之舞》。[8]詔曰："可。"庚申，詔以故太師尉景、故太師竇泰、故太師太原王婁昭、故太宰章武王厙狄干、故太尉段榮、故太師万俟普、故司徒蔡儁、故太師高乾、故司徒莫多婁貸文、故太保劉貴、故太保封祖裔、故廣州刺史王懷十三人配饗太祖廟庭，[9]故太師清河王岳、故太宰安德王韓軌、故太宰扶風王可朱渾道元、故太師高昂、故大司馬劉豐、故太師万俟受洛干、故太尉慕容紹宗十一人配饗世宗廟庭，[10]故太尉河東王潘相樂、故司空薛脩義、故太傅破六韓常三人配饗高祖廟庭。[11]

[1]元氏：即北齊孝昭帝高演的皇后元氏。見《北史》卷一四

《孝昭皇后元氏傳》。

［2］百年：即高百年，人名。勃海蓨（今河北景縣）人。北齊宗室。見《北史》卷五二《樂陵王百年傳》。

［3］太祖：北齊神武帝高歡的廟號。　獻武：高歡的謚號，北齊文宣帝所追謚。　武德之樂：樂名。北齊孝昭帝皇建元年議定三祖之樂。凡祭祀太祖獻武皇帝神室時，奏《武德之樂》，爲《昭烈之舞》。武成帝即位後，承繼了這一定制。《隋書》卷一四《音樂志中》載其辭。

［4］昭烈之舞：樂舞名。北齊武成帝時，制定四郊、宗廟、三朝之樂。凡配饗高祖及祀高祖神室，奏《武德之樂》，爲《昭烈之舞》。

［5］世宗：底本作“太宗”，中華本校勘記云：“諸本‘世’作‘太’，《北齊書》作‘世’。按高澄廟號‘世宗’，見卷六《文襄紀》。下文即作‘世宗’，今據改。”今從改。　文德之樂：北齊孝昭帝皇建元年，議定三祖之樂。凡祭祀文襄皇帝神室，奏《文德之樂》，爲《宣政之舞》。武成帝即位後，承繼了這一定制。《隋書·音樂志中》載其辭。

［6］宣政之舞：樂舞名。北齊武成帝時制定四郊、宗廟、三朝之樂。凡祭祀文襄皇帝神室時，奏《文德之樂》，爲《宣政之舞》。

［7］高祖：《北齊書》卷六《孝昭紀》作“顯祖”。按：根據《北史》卷八《齊本紀下》可知，高洋廟號最初定爲高祖，北齊後主天統元年（565）改爲威宗，後主武平元年（570）改爲顯祖，此時爲孝昭帝皇建元年，當稱爲高祖，《北齊書》誤。　文正之樂：樂名。北齊孝昭帝皇建元年，議定三祖之樂。凡祭祀顯祖文宣皇帝神室，奏《文正之樂》，爲《光大之舞》。武成帝即位後，承繼了這一定制。《隋書·音樂志中》載其辭。

［8］光大之舞：樂舞名。北齊武成帝時制定四郊、宗廟、三朝之樂。凡祭祀顯祖文宣皇帝神室，奏《文正之樂》，爲《光大之舞》。

[9]万俟普：人名。字普撥，太平（今山西山陰縣東南）人，鮮卑族。東魏、北齊官吏。見《北史》卷五三《万俟普傳》。　高乾：人名。字乾邕，勃海蓨（今河北景縣）人。北魏末大臣。見《北史》卷三一《高祐附高乾傳》。　莫多婁貸文：人名。太安狄那（今山西壽陽縣西）人，羌族。東魏將領。見《北史》卷五三《莫多婁貸文傳》。　封祖裔：人名。即封隆之。小名封皮，勃海蓨（今河北景縣）人。東魏、北齊官吏。見《北史》卷二四《封懿附封隆之傳》。　廣州：東魏時治襄城縣，在今河南襄城縣。　王懷：人名。字懷周。東魏將領。見《北史》卷五三《王懷傳》。　十三人：毛本、殿本、四庫本、局本作“十二人”，中華本校勘記云：“南、殿二本‘三’作‘二’，百衲、北、汲三本作‘三’。按上列人數雖止十二，但本書卷五四（《北齊書》卷一八）《孫騰傳》有‘皇建中配享神武廟廷’語，此處當脱孫騰，合計仍爲十三。今從百衲本。”可從。

[10]十一人：源氏校勘記改“十一”作“七”，中華本校勘記云：“《北齊書》‘十一’作‘七’。按上列衹七人，或‘十一’是‘七’字誤分爲二。但依前例，也可能是人名脱漏，今不改。”

[11]薛脩義：人名。字公讓，河東汾陰（今山西萬榮縣西南）人。北齊官吏。見《北史》卷五三《薛脩義傳》。　破六韓常：人名。一作“破洛韓常”。東魏官吏。見《北史》卷五三《破六韓常傳》。　高祖：源氏校勘記改“高”作“顯”。按：《北齊書》卷六《孝昭紀》作“顯祖”。據《北史·齊本紀下》孝昭帝皇建元年的奏章，當稱爲“高祖”，《北齊書》誤。

是月，帝親戎北討庫莫奚，出長城。虜奔遁，分兵致討，大獲牛馬，括總入晋陽宫。[1]

[1]晋陽宫：四庫本作“晋楊宫”。

十二月丙午，車駕至晋陽。

二年春正月辛亥，祀圓丘。壬子，禘於太廟。[1]癸丑，詔降罪人各有差。

[1]禘（dì）：帝王在始祖廟裏對祖先的一種盛大祭祀。

二月丁丑，詔内外執事之官從五品已上、及三府主簿録事參軍、諸王文學、侍御史、廷尉三官、尚書郎中、中書舍人，[1]每二年之内，各舉一人。

[1]三府：指太尉、司徒、司空之府。　主簿：官名。三公府辦理事務的文官。典領文書簿籍。品秩隨府長官地位高下而不等。　録事參軍：官名。爲録事曹長官，掌總録衆曹文簿，舉彈善惡，位在列曹參軍上。品秩不一。　文學：官名。北齊時爲諸王府、公府、州郡府屬吏，掌侍從文章記事及典籍校讎等。　侍御史：官名。接受公卿奏事，舉劾非法。有時也受命執行辦案、鎮壓起義等任務。北齊時爲從七品。　廷尉三官：指廷尉屬官正、監、平廷尉。協助廷尉治刑獄。　中書舍人：官名。北齊時掌宣旨勞問。員十人，六品。

冬十月丙子，以尚書令、彭城王浟爲太保，長樂王尉粲爲太尉。己酉，野雉栖于前殿之庭。

十一月甲辰，詔曰："朕嬰此暴疾，奄忽無逮。今嗣子沖眇，[1]未閑政術，社稷業重，理歸上德。右丞相、長廣王湛，研機測化，體道居宗，人雄之望，海内瞻仰，同胞共氣，家國所憑。可遣尚書左僕射、趙郡王叡喻旨，徵王統兹大寶。其喪紀之禮，一同漢文，[2]三十六日，悉從公除。山陵施用，務從儉約。”先是，帝不豫而無闕聽覽。是日，[3]崩於晋陽宫，時年二十七。大寧元年閏十二月癸卯，梓宫還鄴，上謚曰孝昭皇帝。庚午，葬於文静陵。[4]

[1]沖眇：幼小。

[2]漢文：指西漢皇帝劉恒。文爲其謚號。

[3]是日：源氏校勘記云：“《北齊》作‘是月’。”

[4]文静陵：《北齊書》卷六《孝昭紀》作“文靖陵”。未詳孰是。

帝聰敏有識度，深沈能斷，不可窺測。身長八尺，腰帶十圍，儀望風表，迥然獨秀。自居臺省，留心政術，閑明簿領，吏所不逮。及正位宸居，彌所克勵，輕徭薄賦，勤恤人隱。内無私寵，外收人物，雖后父，位亦特進無别。[1]日昃臨朝，[2]務知人之善惡。

[1]雖后父位亦特進無别：中華本校勘記云：“《册府》卷一九〇作‘雖后父位尊，亦待遇無别’。疑此有脱訛。”可從。

[2]日昃：太陽偏西，約下午二時左右。

每訪問左右，冀獲直言。曾問舍人裴澤在外議論得失。[1]澤率爾對曰：“陛下聰明至公，自可遠侔古昔，而有識之士，咸言傷細，帝王之度，頗爲未弘。”帝笑曰：“誠如卿言。朕初臨萬機，慮不周悉，故致爾耳。此事安可久行，恐後又嫌疏漏。”澤因被寵遇。其樂聞過也如此。趙郡王叡與厙狄顯安侍坐，[2]帝曰：“須拔我同堂弟，[3]顯安我親姑子，今序家人禮，除君臣之敬，可言我之不逮。”顯安曰：“陛下多妄言。”曰：“若何?”對曰：“陛下昔見文宣以馬鞭撻人，常以爲非，而今行之，非妄言邪?”帝握其手謝之。又使直言，對曰：“陛下太細，天子乃更似吏。”帝曰：“朕甚知之，然無法來久，將整之以至無爲耳。”又問王晞，晞答如顯安，皆從容受納。

[1]裴澤：人名。河東聞喜（今山西聞喜縣）人。北齊官吏。後主武平四年，以謀反罪伏誅。見《北史》卷三八《裴延儁附裴澤傳》。

[2]厙狄顯安：人名。事迹不詳。

[3]須拔：高叡的小名。

性至孝，太后不豫，出居南宫，帝行不正履，容色貶悴，衣不解帶，殆將四旬。殿去南宫五百餘步，雞鳴而去，辰時方還，來去徒行，不乘輿輦。太后所苦小增，便即寢伏閤外，食飲藥物，盡皆躬親。太后嘗心痛，不自堪忍，帝立侍帷前，以爪掐手心，血流出袖。友愛諸弟，[1]無君臣之隔。

[1]諸弟：毛本、殿本作“諸取”。按：毛本、殿本誤。

雄勇有謀。于時國富兵强，將雪神武遺恨，意在頓駕平陽，[1]爲進取之策。[2]遠圖不遂，惜哉。

[1]平陽：郡名。北齊時治白馬城，在今山西臨汾市。

[2]進取：毛本、殿本作“進弟”。按：毛本、殿本誤。

初，帝與濟南約，不相害。及輿駕在晉陽，武成鎮鄴，[1]望氣者云“鄴城有天子氣”。帝恐濟南復興，乃密行鴆毒。濟南不從，乃扼而殺之。後頗愧悔。初苦内熱，頻進湯散。[2]時有尚書令史姓趙，[3]於鄴見文宣從楊愔、燕子獻等西行，言相與復讎。帝在晉陽宫，與毛夫人亦見焉。[4]遂漸危篤，備禳厭之事，[5]或煑油四灑，或持炬燒逐。諸厲方出殿梁，山騎棟上，歌呼自若，了無懼容。時有天狗下，乃於其所講武以厭之，[6]有兔驚馬，帝墜而絶肋。太后視疾，問濟南所在者三，帝不對。太后怒曰：“殺去邪！不用吾言，死其宜矣。”臨終之際，唯扶服牀枕，叩頭求哀。遣使詔追長廣王入纂大統。又手書云：“宜將吾妻子置一好處，勿學前人也。”

[1]鄴：縣名。治所在今河北臨漳縣西南。

[2]湯散：底本作“溻散”，中華本校勘記云：“諸本‘湯’訛作‘溻’，據《北齊書》改。”今從改。

[3]尚書令史：官名。屬少府，掌文書事務。

[4]毛夫人：北齊孝昭帝高演之妃。

[5]禳厭：謂禳除邪惡、災禍。

[6]厭：以迷信的方法，鎮服或驅避可能出現的災禍，或致災禍於人。

論曰：神武平定四方，[1]威權在己，遷鄴之後，雖主祭有人，[2]號令所加，政皆自出。文宣因循鴻業，内外叶從，自朝及野，群心屬望，東魏之地，舉國樂推，曾未期月，遂登宸極。[3]始則存心政事，風化肅然，數年之間，朝野安乂。其後縱酒肆欲，事極倡狂，昏邪殘暴，近代未有，饗國不永，實由斯疾。

[1]神武平定四方：中華本校勘記云："按《北齊書》卷四《文宣紀》後論，'四方'作'四胡'，指尒朱兆等，是。"

[2]主祭：《北齊書》卷六《孝昭帝紀》作"主器"。未詳孰是。

[3]宸極：指帝位。

濟南繼業，大革其弊，風教粲然，搢紳稱幸。股肱輔弼，雖懷厥誠，既不能贊弘道德，和睦親懿，又不能遠慮防身，深謀衛主。應斷不斷，自取其灾。臣既誅夷，君尋廢辱，皆任非其器之所致爾。

孝昭早居臺閣，故事通明，人吏之間，無所不委。文宣崩後，大革前弊，及臨尊極，留心更深，時人服其明而譏其細也。情好稽古，率由禮度，將封先代之胤，且敦學校之風，徵召才賢，文武畢集。于時周氏朝政，移於宰臣，主將相猜，不無危殆。乃睠關右，寔懷兼并之志。經謀宏曠，諒近代之明主。而降年不永，其故何哉？豈幽顯之塗，别有復報；將齊之基宇，止在於斯，帝欲大之，天不許也？

北史　卷八

齊本紀下第八

世祖武成皇帝諱湛，[1]神武皇帝第九子，[2]孝昭皇帝之母弟也。[3]儀表瓌傑，神武尤所鍾愛。神武方招懷荒遠，乃爲帝娉蠕蠕太子菴羅辰女，[4]號鄰和公主。帝時年八歲，冠服端嚴，神情閑遠，華戎歎異。元象中，[5]封長廣郡公。[6]天保初，[7]進爵爲王，拜尚書令，[8]尋兼司徒，[9]遷太尉。[10]乾明初，[11]楊愔等密相疏忌，[12]以帝爲大司馬，[13]領并州刺史。[14]帝既與孝昭謀，誅諸執政，遷太傅、録尚書事、領京畿大都督。[15]皇建初，[16]進位右丞相。[17]孝昭幸晋陽，[18]帝以懿親居守鄴，[19]政事咸見委託。二年，孝昭崩，遺詔徵帝入統大位。及晋陽宫，發喪於崇德殿。皇太后令所司宣遺詔，左丞相斛律金率百僚敦勸，[20]三奏乃許之。

[1]世祖：北齊皇帝高湛的廟號。　武成：高湛的謚號。

[2]神武：高歡的謚號，北齊後主高緯所追謚。

[3]孝昭：北齊皇帝高演的謚號。

[4]蠕蠕：族名。亦稱柔然，本爲東胡族的一支，屬拓跋部。

見《北史》卷九八《蠕蠕傳》。　菴羅辰：人名。蠕蠕可汗。西魏廢帝元年（552）阿那瓌被殺之後，繼承汗位，率領部衆投歸北齊，第二年被北齊文宣帝高洋封爲柔然主，内遷至馬邑川。文宣帝天保五年（554）舉兵反齊，兵敗退歸漠北。之後數次與北齊發生戰事。

[5]元象：東魏孝静帝的年號（538—539）。

[6]長廣郡公：封爵名。長廣，郡名。東魏時治膠東城，在今山東平度市。

[7]天保：北齊文宣帝的年號（550—559）。

[8]尚書令：官名。北齊時爲尚書省長官，掌彈糾見事，與御史中丞更相廉察。二品。

[9]司徒：官名。北齊時爲三公之一，多爲大臣加官。一品。

[10]太尉：官名。北齊時列三公之首，多爲大臣加官。一品。

[11]乾明：北齊廢帝的年號（560）。

[12]楊愔：人名。字遵彦，小名秦王，弘農華陰（今陝西華陰市東南）人。東魏、北齊官吏。見《北史》卷四一《楊播附楊愔傳》。

[13]大司馬：官名。居三公之上、三師之下，開府置僚屬，多爲大臣加官，無具體職司。一品。

[14]并州：北齊時治龍山縣，在今山西太原市晋源區古城營村一帶。

[15]太傅：官名。北齊時爲三師之一，位居太師下、太保上，爲輔弼君王的大臣。一品。　録尚書事：官名。北齊時常爲宗室加授，一般不執掌實權。　京畿大都督：官名。北魏末始置。統領京畿軍士，爲京都最高軍事長官。北齊時多任用宗室諸王，北齊後主武平二年（571）罷，其職掌併入領軍府。

[16]皇建：北齊孝昭帝的年號（560—561）。

[17]右丞相：官名。北齊時爲權臣專設之名號，並非處理實際政務的宰相。

[18]晋陽：北齊陪都。在今山西太原市西南古城營西。

［19］懿親：指皇室宗親、外戚。　鄴：縣名。治所在今河北臨漳縣西南。

［20］左丞相：官名。北齊時爲權臣專設之名號，並非處理實際政務的宰相。　斛律金：人名。字阿六敦，朔州（今山西朔州市）人。北齊將領。見《北史》卷五四《斛律金傳》。

大寧元年冬十一月癸丑，[1]皇帝即位於南宮，大赦，改皇建二年爲大寧。乙卯，以司徒、平秦王歸彦爲太傅，[2]以尚書右僕射、趙郡王叡爲尚書令，[3]以太尉尉粲爲太保，[4]以尚書令段韶爲大司馬，[5]以豐州刺史婁叡爲司空，[6]以太傅、平陽王淹爲太宰，[7]以太保、彭城王浟爲太師、録尚書事，[8]以冀州刺史、博陵王濟爲太尉，[9]以中書監、任城王湝爲尚書左僕射，[10]以并州刺史斛律光爲右僕射。[11]封孝昭皇帝太子百年爲樂陵郡王。[12]庚申，詔大使巡行天下，求政善惡，問人疾苦，擢進賢良。

［1］大寧：北齊武成帝的年號（561—562）。毛本、殿本、四庫本作“太寧”。中華本校勘記云：“按諸本於‘大寧’年號，‘大’‘太’錯出。《墓誌集釋》所載《石信墓誌》《法懃禪師墓誌》《高虬墓誌》並作‘大寧’。今一律改作‘大寧’，以下不悉注。”

［2］平秦王：封爵名。遥封。平秦，郡名。西魏時治雍縣，在今陝西鳳翔縣南。　歸彦：即高歸彦，人名。字仁英，勃海蓨（今河北景縣）人。北魏、北齊將領。見《北史》卷五一《平秦王歸彦傳》。

［3］尚書右僕射：官名。漢獻帝時尚書僕射始分左右。北齊時列位宰相，爲尚書令副貳，掌諸曹事。從二品。中華本校勘記云：

"張森楷云:'"右"當作"左"。《廢帝紀》，乾明元年以左僕射、平秦王歸彦爲司空，趙郡王叡爲尚書左僕射。右僕射燕子獻誅，以劉洪徽爲右僕射。交替之迹，顯然可考。叡非右僕射決矣。'" 趙郡王：封爵名。趙郡，北齊時治平棘縣，在今河北趙縣。 叡：即高叡，人名。小名須拔，勃海蓨（今河北景縣）人。東魏、北齊大臣。見《北史》卷五一《趙郡王琛附高叡傳》。

[4]尉粲：人名。善無（今山西右玉縣南）人。北齊大臣。見《北史》卷五四《尉景附尉粲傳》。 太保：官名。北齊時爲三師之一，爲輔佐君王的重要大臣，位在太傅、太師下。一品。

[5]段韶：人名。字孝先，小名鐵伐，姑臧武威（今甘肅武威市）人。東魏、北齊將領。見《北史》卷五四《段榮附段韶傳》。

[6]豐州：北齊時治鄉郡涅城，在今山西武鄉縣西。 婁叡：人名。字佛仁，代郡平城（今山西大同市東北）人，姑母爲高歡武明皇后。北齊大臣。見《北史》卷五四《婁昭附婁叡傳》。 司空：官名。北齊時爲名譽宰相，三公之一，多爲大臣加官，無實際職掌。一品。

[7]平陽王：封爵名。平陽，郡名。北齊時治白馬城，在今山西臨汾市。 淹：即高淹，人名。字子邃，勃海蓨（今河北景縣）人。北齊宗室。見《北史》卷五一《平陽王淹傳》。 太宰：官名。爲輔政大臣。北齊時多爲元老重臣之加官。

[8]彭城王：封爵名。彭城，郡名。北齊時治彭城縣，在今江蘇徐州市。 浟：即高浟，人名。字子深，勃海蓨（今河北景縣）人。北齊宗室。見《北史》卷五一《彭城王浟傳》。 太師：官名。爲輔政大臣。北齊時爲三師之一，位在太傅、太保上，爲元老重臣之加官。一品。

[9]冀州：北齊時治信都縣，在今河北冀州市。 博陵王：封爵名。博陵，郡名。北齊時治安平縣，在今河北安平縣。 濟：即高濟，人名。勃海蓨（今河北景縣）人。北齊宗室。見《北史》卷五一《博陵王濟傳》。

[10]中書監：官名。北齊時爲中書省長官之一，掌納奏、擬詔、出令，然權歸中書舍人，監、令名爲長官，實爲閑職。從二品。　任城王：封爵名。任城，郡名。北齊時治任城縣，在今山東曲阜市。　湝：即高湝，人名。勃海蓨（今河北景縣）人。北齊宗室。見《北史》卷五一《任城王湝傳》。　尚書左僕射：官名。爲尚書令副貳，掌諸曹事，兼掌糾彈百官。從二品。

[11]斛律光：人名。字明月，朔州（今山西朔州市）人。北齊將領。見《北史》卷五四《斛律金附斛律光傳》。

[12]百年：即高百年，人名。勃海蓨（今河北景縣）人。北齊宗室。見《北史》卷五二《樂陵王百年傳》。　樂陵郡王：封爵名。樂陵，郡名。北齊時治樂陵縣，在今山東樂陵市東南。

是歲，周武帝保定元年。[1]

[1]周武帝：即北周皇帝宇文邕。武爲其謚號。　保定：北周武帝的年號（561—565）。

河清元年春正月乙亥，[1]車駕至自晉陽。辛巳，祀南郊。壬午，享太廟。丙戌，立妃胡氏爲皇后，[2]子緯爲皇太子。戊子，大赦，内外百官，普加汎級；諸爲父後者，賜爵一級。己亥，以前定州刺史、馮翊王潤爲尚書左僕射。[3]詔普斷屠殺，以順春令。二月丁未，以太宰、平陽王淹爲青州刺史、太傅、領司徒，[4]以領軍大將軍、宗師、平秦王歸彦爲太宰、冀州刺史。[5]乙卯，以兼尚書令、任城王湝爲司徒。詔散騎常侍崔瞻聘于陳。[6]

[1]河清：北齊武成帝的年號（562—565）。

[2]胡氏：即北齊武成皇后胡氏。見《北史》卷一四《武成皇后胡氏傳》。

[3]定州：北齊時治安喜縣，在今河北定州市。　馮翊王：封爵名。遥封。馮翊，郡名。北周時治高陸縣，在今陝西高陵縣。　潤：即高潤，人名。字子澤，勃海蓨（今河北景縣）人。北齊宗室。見《北史》卷五一《馮翊王潤傳》。

[4]青州：北齊時治東陽縣，在今山東青州市。

[5]領軍大將軍：官名。北齊文宣帝天保中置，爲領軍府長官，總掌禁衛諸軍，在領軍將軍之上，權勢極重，位次尚書令。二品。　宗師：官名。掌宗室事務。

[6]散騎常侍：官名。北齊時屬集書省，掌諷議左右，從容獻納，領諸散騎常侍、侍郎及諫議大夫、給事中等官，兼以出入王命，位在中書之右。從三品。　崔瞻：人名。字彦通。清河東武城（今山東武城縣西北）人。北齊官吏。見《北史》卷二四《崔逞附崔瞻傳》。

夏四月辛丑，皇太后婁氏崩。[1]乙巳，青州刺史上言，今月庚寅，河、濟清。[2]以河、濟清，改大寧二年爲河清，降罪人各有差。五月甲申，祔葬武明皇后於義平陵。[3]己丑，以尚書右僕射斛律光爲尚書令。

[1]婁氏：即北齊神武帝高歡皇后婁氏。見《北史》卷一四《齊武明皇后婁氏傳》。

[2]河：黄河。　濟：濟水。

[3]祔葬：合葬。　武明：北齊神武帝皇后婁氏的謚號。　義平陵：北齊神武帝高歡的陵墓，在今河北臨漳縣安鼓山。

秋七月，太宰、冀州刺史、平秦王歸彦據州反，詔大司馬段韶、司空婁叡討禽之。乙未，斬歸彦，并其三子及黨與二十人於都市。丁酉，以大司馬段韶爲太傅，以司空婁叡爲司徒，以太傅、平陽王淹爲太宰，以尚書令斛律光爲司空，以太子太傅、趙郡王叡爲尚書令，中書監、河間王孝琬爲尚書左僕射。[1]癸亥，行幸晋陽。陳人來聘。

[1]太子太傅：官名。掌以道德訓導、輔佐太子，與太子少傅並稱太子二傅，無具體職事。二品。 河間王：封爵名。河間，郡名。北齊時治武垣縣，在今河北河間市南。 孝琬：即高孝琬，人名。勃海蓨（今河北景縣）人。北齊宗室。見《北史》卷五二《河間王孝琬傳》。

冬十一月丁丑，詔兼散騎常侍封孝琰使於陳。[1]十二月丙辰，車駕至自晋陽。

[1]封孝琰：人名。字士光，勃海蓨（今河北景縣）人。北齊官吏。見《北史》卷二四《封懿附封孝琰傳》。

是歲，殺太原王紹德。[1]

[1]太原王：封爵名。太原，郡名。北齊時治龍山縣（改晋陽縣爲此稱），在今山西太原市晋源區古城營村一帶。 紹德：即高紹德，人名。勃海蓨（今河北景縣）人。北齊宗室。見《北史》卷五二《太原王紹德傳》。

二年春正月乙亥，帝詔臨朝堂，策試秀、孝。[1]以太子少傅魏收爲兼尚書右僕射。[2]己卯，兼右僕射魏收以阿縱除名。丁丑，以武明皇后配祭北郊。[3]辛卯，帝臨都亭録見囚，降在京罪人各有差。三月乙丑，[4]詔司空斛律光督五營軍士築戍於軹關。[5]壬申，室韋國遣使朝貢。[6]丙戌，以兼尚書右僕射趙彦深爲左僕射。[7]

[1]秀孝：《北齊書》卷七《武成紀》作“秀才”。按:“秀孝”指秀才和孝廉。晋元帝年間就開始對秀才和孝廉普遍進行策試，但未見到單獨策試“秀才”的。暫從《北史》。

[2]太子少傅：官名。掌以道德訓導輔佐太子，兼領太子屬官。與太子太傅並稱二傅。三品。　魏收：人名。字伯起，小字佛助，鉅鹿下曲陽（今河北晋州市西）人。北齊官吏、學者。著有《魏書》。見《北史》卷五六《魏收傳》。

[3]己卯兼右僕射魏收以阿縱除名丁丑以武明皇后配祭北郊：中華本校勘記云:“按是年正月辛未朔，己卯是九日，丁丑是七日，先後顛倒。”可從。阿縱，庇護縱容。

[4]乙丑：底本作“己丑”，局本、中華本作“乙丑”，中華本校勘記云:“諸本‘乙’作‘己’，《北齊書》卷七《武成紀》作‘乙’。按是年三月乙丑朔，己丑是二十五日，但下文又有壬申（八日）、丙戌（二十二日），不得反在己丑之後。今據《北齊書》改。”今從改。

[5]軹關：因關當軹道之險，故名。在今河南濟源市西北。

[6]室韋：國名。見《北史》卷九四《室韋傳》。

[7]趙彦深：人名。名隱，字彦深，避齊廟諱，以字行，自稱南陽宛（今河南南陽市）人。東魏、北齊大臣。見《北史》卷五五《趙彦深傳》。

夏四月，并、汾、晉、東雍、南汾五州蟲旱傷稼，[1]遣使振恤。戊午，陳人來聘。五月壬午，詔以城南雙堂之苑，[2]迴造大總持寺。[3]六月乙巳，齊州上言，[4]濟河水口見八龍升天。[5]乙卯，詔兼散騎常侍崔子武使于陳。[6]庚申，司州牧、河南王孝瑜薨。[7]

[1]汾：州名。北齊時治隰城縣，在今山西汾陽市。　晉：州名。北齊時治白馬城，在今山西臨汾市。源氏校勘記云："'晉'《北齊》作'京'。"　東雍：州名。北齊時治臨汾縣，在今山西新絳縣。　南汾：州名。北齊時治定陽縣，在今山西吉縣。

[2]雙堂：《北齊書》卷七《武成紀》作"雙堂閏位"。

[3]大總持寺：在今河北臨漳縣西南。

[4]齊州：北齊時治歷城縣，在今山東濟南市。

[5]濟河水口：疑爲齊州境内濟水受黄河支流（四瀆津）匯入之水口。

[6]崔子武：人名。博陵安平（今河北安平縣）人。東魏、北齊官吏。東魏時爲衛軍府録事參軍，北齊時官至御史。

[7]司州牧：官名。司州的最高軍政長官。司州，北齊時治鄴縣，在今河北臨漳縣西南。　河南王：封爵名。河南，郡名。北齊時治宜遷縣，在今河南洛陽市。　孝瑜：即高孝瑜，人名。字正德，勃海蓨（今河北景縣）人。北齊宗室。見《北史》卷五二《河南王孝瑜傳》。

秋八月辛丑，詔以三臺宮爲大興聖寺。[1]

[1]三臺宮：東漢時曹操主持修建三臺，中爲銅雀臺，南爲金虎臺，北爲冰井臺。北齊高洋時在舊基上重修三臺，並改銅雀爲金鳳，金虎爲聖應，冰井爲崇光。故址均在鄴城（今河北臨漳縣西

南）西北隅。

冬十二月癸巳，陳人來聘。己酉，周將楊忠帥突厥阿史那木杅可汗等二十餘萬人，[1]自恒州分爲三道，[2]殺掠吏人。是時，大雨雪連月，南北千餘里，平地數尺，霜晝下，雨血於太原。戊午，帝至晋陽。己未，周軍逼并州，又遣大將達奚武帥衆數萬至東雍及晋州，[3]與突厥相應。

[1]楊忠：人名。小名奴奴，弘農華陰（今陝西華陰市東南）人，隋文帝楊堅之父。西魏、北周將領。見《周書》卷一九《楊忠傳》。　突厥：族名、國名。廣義上包括鐵勒、突厥各部落，狹義則專指突厥汗國。見《北史》卷九九《突厥傳》。　阿史那木杅可汗：人名。一名燕都，突厥主。底本作“阿史那木可汗”，中華本校勘記云:“諸本脱‘杅’字。據《周書》卷一九《楊忠傳》、本書卷一一《隋文帝紀》、卷九九《突厥傳》補。”今從改。　二十：毛本、殿本、四庫本作“一十”，源氏校勘記云:“‘一’《北齊》作‘二’。非。”

[2]恒州：北齊時治恒安鎮，在今山西大同市東。

[3]達奚武：人名。字成興，代（今山西大同市東北）人，鮮卑族。西魏、北周將領。見《北史》卷六五《達奚武傳》。

是歲，室韋、庫莫奚、靺鞨、契丹並遣使朝貢。[1]

[1]庫莫奚：族名。見《北史》卷九四《奚傳》。　靺鞨：族名。即勿吉，隋朝起改稱“靺鞨”。分布在今吉林長白山、松花江一帶。其人善射獵。見《北史》卷九四《勿吉傳》。　契丹：族

名。見《北史》卷九四《契丹傳》。

三年春正月庚申朔，周軍至城下而陳。戰於城西，周軍及突厥大敗，人畜死者相枕，數百里不絕。詔平原王段韶追出塞而還。三月辛酉，以律令班下，大赦。己巳，盜殺太師、彭城王浟。庚辰，以司空斛律光爲司徒，以侍中、武興王普爲尚書左僕射。[1]甲申，以尚書令、馮翊王潤爲司空。

[1]侍中：官名。北齊時掌侍皇帝左右，贊導衆事，顧問應對。因此職親近皇帝，掌權便利，時有宰相之實。三品。　武興王：封爵名。遥封。武興，郡名。北周時治武興縣，在今陝西略陽縣。　普：即高普，人名。字德廣，勃海蓨（今河北景縣）人。北齊宗室、大臣。見《北史》卷五一《平秦王歸彦附武興王普傳》。

夏四月辛卯，詔兼散騎常侍皇甫亮使於陳。[1]五月甲子，帝至自晉陽。壬午，以尚書令、趙郡王叡爲録尚書事，以前司徒婁叡爲太尉。甲申，以太傅段韶爲太師。丁亥，以太尉、任城王湝爲大將軍。[2]壬辰，行幸晉陽。六月庚子，大雨，晝夜不息，至甲辰乃止。是月，晉陽訛言有鬼兵，百姓競擊銅鐵以捍之。殺樂陵王百年。歸宇文媪于周。[3]

[1]皇甫亮：人名。字君翼，安定朝那（今寧夏固原市東南）人。北齊官吏。見《北史》卷三八《皇甫和附皇甫亮傳》。

[2]大將軍：官名。北齊時統兵事，或兼掌朝政。與大司馬共稱“二大”，位尊權重。一品。

[3]宇文媪：宇文護姑母，初爲東魏所虜，與護母閻姬並被齊幽禁。河清中，周將楊忠破齊長城，齊懼，與周通好，釋其歸周。

秋九月乙丑，封皇子綽爲南陽王、儼爲東平王。[1]是月，歸閻媪于周。[2]陳人來聘。突厥寇幽州，[3]入長城，虜掠而還。閏月乙未，詔遣十二使巡行水潦州，免其租調。乙巳，突厥寇幽州。

[1]綽：即高綽，人名。字仁通，勃海蓨（今河北景縣）人。北齊宗室。見《北史》卷五二《南陽王綽傳》。　南陽王：封爵名。南陽，郡名。北齊時治南陽縣，在今河南郟縣西南。　儼爲東平王：中華本校勘記云："《殿本考證》引顧炎武云：'本卷後主天統二年五月己亥，封太上皇子儼爲東平王。一事兩書，必有一誤。'"儼，即高儼，人名。字仁威，勃海蓨（今河北景縣）人，武成帝子。北齊宗室。見《北史》卷五二《琅邪王儼傳》。　東平王：封爵名。東平，郡名。北齊時治須昌縣，在今山東東平縣東。

[2]閻媪：亦稱閻姬。宇文護之母。

[3]幽州：北齊時治薊縣，在今北京西南。

周軍三道並出，使其將尉迥寇洛陽，[1]楊摽入軹關，[2]權景宣趣懸瓠。[3]

[1]尉迥：人名。即尉遲迥。字薄居羅，代（今山西大同市東北）人，其先爲鮮卑族尉遲部。西魏、北周大臣。見《北史》卷六二《尉遲迥傳》。

[2]楊摽：人名。字顯進，正平高凉（今山西稷山縣東南）人。西魏、北周將領。見《北史》卷六九《楊摽傳》。

[3]權景宣：人名。字暉遠，天水顯親（今甘肅秦安縣西北）

人。西魏、北周將領。見《北史》卷六一《權景宣傳》。　懸瓠：城名。又作懸壺城。在今河南汝南縣。

冬十一月甲午，迥等圍洛陽。戊戌，詔兼散騎常侍劉逖使於陳。[1]甲辰，太尉婁叡大破周軍於軹關，禽楊摽。十二月乙卯，豫州刺史王士良以城降周將權景宣。[2]丁巳，帝自晋陽南討。己未，太宰、平陽王淹薨。壬戌，太師段韶大破尉迥等，解洛陽圍。丁卯，帝至洛陽，免洛州經周軍處一年租賦，[3]赦州城内死罪已下囚。己巳，以太師段韶爲太宰，以司徒斛律光爲太尉，并州刺史、蘭陵王長恭爲尚書令。[4]壬申，帝至武牢，[5]經滑臺，[6]次於黎陽。[7]所經減降罪人。丙子，車駕至自洛陽。

[1]劉逖：人名。字子長，彭城叢亭里（今江蘇徐州市）人。北齊官吏。見《北史》卷四二《劉芳附劉逖傳》。

[2]豫州：北齊時治上蔡縣，在今河南汝南縣。　王士良：人名。字君明，太原晋陽（今山西太原市晋源區古城營村一帶）人。北魏、北齊、北周大臣。見《北史》卷六七《王士良傳》。毛本、殿本、四庫本作“王似良”。按：據《北史·王士良傳》記載，王士良字君明，根據古人名與字的相關性來判斷，其字“君明”，似當以“王士良”爲是。

[3]洛州：北齊時治洛陽縣，在今河南洛陽市東北。

[4]蘭陵王：封爵名。蘭陵，郡名。北齊時治承城，在今山東棗莊市東南。　長恭：即高長恭，人名。一名孝瓘，勃海蓨（今河北景縣）人。北齊宗室。見《北史》卷五二《蘭陵王長恭傳》。

[5]武牢：關隘名。即虎牢。《北史》避唐高祖祖父李虎諱改。

在今河南滎陽市汜水鎮西。

[6]滑臺：城名。在今河南滑縣東舊城。

[7]黎陽：郡名。北齊時治黎陽縣，在今河南浚縣東北。

是歲，高麗、靺鞨、新羅並遣使朝貢。[1]山東大水，飢死者不可勝計，詔發振給，[2]事竟不行。

[1]高麗：國名。又作“高句麗”等，其先出自夫餘，地爲漢之玄菟郡，高句麗爲其三縣之一，因以爲國名。都名丸都，故治在今吉林集安市，南北朝時遷都於今朝鮮的平壤市。見《北史》卷九四《高麗傳》。　新羅：國名。又稱斯盧。祖先爲生活於朝鮮半島南部的辰韓部落，相傳於公元前 57 年建國，都慶州。公元四世紀後逐漸强大，與高麗、百濟鼎足而立。見《北史》卷九四《新羅傳》。

[2]振給：毛本、殿本、四庫本、局本、四部備要本作“賑給”。

四年春正月癸卯，以大將軍、任城王湝爲大司馬。辛未，幸晋陽。二月甲寅，詔以新羅國王金真興爲使持節、東夷校尉、樂浪郡公、新羅王。[1]壬申，以年穀不登，禁酤酒。己卯，詔減百官食稟各有差。

[1]使持節：節爲皇帝號令賞罰的信物。故持節者位高權重。西晋起成爲一種加官。持節在使持節之下、假節之上。　東夷校尉：官名。三國魏時始置。原爲中央政權設立，管理東北邊疆少數民族的專職機構，後逐漸演變爲授予高句麗王、新羅王的一個官號。從三品（參李大龍《東夷校尉考述》，《黑龍江民族叢刊》1999 年第 3 期）。

三月戊子，詔給西兗，梁，滄，趙州，司州之東郡、陽平、清河、武都，冀州之長樂、勃海遭水潦之處貧下户粟各有差。[1]家别斗升而已，又多不付。是月，彗星見。有物隕於殿廷，如赤漆鼓，帶小鈴。殿上石自起，兩兩相對。又有神見於後園萬壽堂前山穴中，[2]其體壯大，不辨其面，兩齒絶白，長出於脣。帝直宿嬪御已下七百人咸見焉。帝又夢之。

[1]西兗：州名。北齊時治定陶城，在今山東定陶縣西北。　梁：州名。北齊時治大梁城，在今河南開封市西北。　滄：州名。北齊時治饒安縣，在今河北鹽山縣西南。　趙州：北齊時治廣阿縣，在今河北隆堯縣東。　東郡：北齊時治滑臺城，在今河南滑縣東舊城。　陽平：郡名。北齊時治館陶城，在今河北館陶縣。　清河：郡名。北齊時治武城縣，在今河北清河縣西北。　武都：郡名。按：北周時治武都縣，在今甘肅隴南市武都區東南。並不屬司州之郡。且此次水災發生在今河北地區，其地與史實不合，疑誤。　長樂：郡名。北齊時治信都縣，在今河北冀州市。　勃海：郡名。北齊時治南皮縣，在今河北南皮縣東北。

[2]萬壽堂：在今河北臨漳縣西南。

夏四月戊午，大將軍、東安王婁叡坐事免。[1]乙亥，陳人來聘。

[1]東安王：封爵名。東安，郡名。北齊時治東莞縣，在今山東沂水縣。

太史奏，[1]天文有變，其占當有易王。[2]丙子，乃使太宰段韶兼太尉，持節奉皇帝璽綬，傳位於皇太子。大赦，改元爲天統元年。[3]百官進級，降罪，各有差。又詔皇太子妃斛律氏爲皇后。[4]於是群公上尊號爲太上皇帝，軍國大事，咸以奏聞。始將傳政，使内參乘子尚乘驛送詔書於鄴。[5]子尚出晋陽城，見人騎隨後，忽失之。尚未至鄴而其言已布矣。天統四年十二月辛未，太上皇帝崩於鄴宫乾壽堂，時年三十二。謚曰武成皇帝，廟號世祖。五年二月甲申，葬於永平陵。[6]

[1]太史：官名。掌占候天文、修訂曆法。

[2]易王：毛本、殿本、四庫本作“易主”。

[3]天統：北齊後主的年號（565—569）。

[4]斛律氏：斛律光之女。見《北史》卷一四《後主皇后斛律氏》。

[5]内參：太監。

[6]永平陵：在今河北臨漳縣西南。

後主諱緯，字仁綱，武成皇帝之長子也。母曰胡皇后，夢於海上坐玉盆，日入裙下，遂有娠。天保七年五月五日，生帝於并州邸。帝少美容儀，武成特所愛寵，拜世子。及武成入纂大業，大寧二年正月丙戌，立爲皇太子。河清四年，武成禪位於帝。

天統元年夏四月丙子，皇帝即位於晋陽宫，大赦，改河清四年爲天統。丁丑，以太保賀拔仁爲太師，[1]太尉侯莫陳相爲太保，[2]司空、馮翊王潤爲司徒，録尚書事、趙郡王叡爲司空，尚書左僕射、河間王孝琬爲尚書令。戊寅，以瀛州刺史尉粲爲太尉，斛律光爲大將軍，[3]東安王婁叡爲太尉，尚書右僕射趙彦深爲左僕射。六月壬戌，彗星出文昌東北，[4]其大如手，後稍長，乃至丈餘，百日乃滅。己巳，太上皇帝詔兼散騎常侍王季高使於陳。[5]

[1]賀拔仁：人名。字天惠，善無（今山西右玉縣南）人。北齊官吏。見《北史》卷五三《張保洛附賀拔仁傳》。

[2]侯莫陳相：人名。代（今山西大同市東北）人，鮮卑族。北齊大臣。見《北史》卷五三《侯莫陳相傳》。

[3]以瀛州刺史尉粲爲太尉斛律光爲大將軍：中華本校勘記云："按下文云'東安王婁叡爲太尉'，同時不能有兩太尉。據本書卷五四《尉景附子粲傳》，粲曾爲司徒、太傅，不言爲太尉。疑'太尉'上脱'太傅'二字，'太尉'屬下讀。《武成紀》，河清三年十二月以斛律光爲太尉，可證。"瀛州，北齊時治趙都軍城，在今河北河間市。

[4]文昌：星官名。屬大熊座。在上台二星之北，北斗斗魁前，由六星組成。

[5]王季高：人名。即王皓。字季高，北海劇（今山東壽光市東南）人。北齊官吏。見《北史》卷二四《王憲附王皓傳》。

秋七月乙未，太上皇帝詔增置都水使者一人。[1]

[1]都水使者：官名。北齊時爲都水臺長官，管理全國河渠灌溉水運事務，二員。從五品。

冬十一月癸未，太上皇帝至自晋陽。己丑，太上皇帝詔改太祖獻武皇帝爲神武皇帝，[1]廟號高祖；獻明皇后爲武明皇后。其文宣謚號，[2]委有司議定。十二月庚戌，太上皇帝狩於北郊。[3]壬子，狩於南郊。乙卯，狩於西郊。壬戌，太上皇帝幸晋陽。丁卯，帝至自晋陽。庚午，有司奏改高祖文宣皇帝爲威宗景烈皇帝。

[1]太祖：北齊神武帝高歡的廟號。　獻武：高歡的謚號。文宣帝時所追謚。

[2]文宣：北齊皇帝高洋的謚號。

[3]狩：冬季圍獵。

是歲，高麗、契丹、靺鞨並遣使朝貢。河南大疫。

二年春正月辛卯，祀圓丘。[1]癸巳，祫祭於太廟。[2]詔降罪人各有差。丙申，以吏部尚書尉瑾爲尚書右僕射。[3]庚子，行幸晋陽。二月庚戌，太上皇帝至自晋陽。壬子，陳人來聘。三月乙巳，太上皇帝詔以三臺施興聖寺。[4]以旱故，降禁囚。

[1]圓丘：祭天的圓形高壇。

[2]祫祭：天子舉行的集合遠近祖先神主於太祖廟的大合祭。

[3]吏部尚書：官名。北齊時爲尚書吏部曹主官，掌官吏銓選、封爵、考課之政。三品。　尉瑾：人名。字安仁，代（今山西大同市東北）人。北齊官吏。見《北史》卷二〇《尉古真附尉瑾傳》。

[4]興聖寺：在今河北臨漳縣西南。

夏四月，陳文帝殂。[1]五月乙酉，以兼尚書左僕射、武興王普爲尚書令。己亥，封太上皇帝子儼爲東平王，仁弘爲齊安王，[2]仁堅爲北平王，[3]仁英爲高平王，[4]仁光爲淮南王。[5]六月，太上皇帝詔兼散騎常侍韋道儒聘於陳。[6]

[1]陳文帝：即南朝陳皇帝陳蒨。文爲其謚號。

[2]仁弘：即高廓，人名。字仁弘，勃海蓨（今河北景縣）人。北齊宗室。見《北史》卷五二《齊安王廓傳》。　齊安王：封爵名。齊安，郡名。北齊時治齊安縣，在今河南信陽市東南。

[3]仁堅：即高貞，人名。字仁堅，勃海蓨（今河北景縣）人。北齊宗室。見《北史》卷五二《北平王貞傳》。底本作“仁固”，中華本校勘記云：“諸本‘堅’作‘固’。按北平王仁堅，見下文武平三年八月，四年二月。本書卷五二《武成諸子傳》云：‘北平王貞字仁堅。’蓋李百藥《齊書》因襲其父李德林舊稿，德林避隋諱，改‘堅’爲‘固’，百藥復改爲‘堅’，此處漏改而《北史》承之也。今回改作‘堅’，以歸一律。”今從改。　北平王：封爵名。北平，郡名。北齊時治新昌縣，在今河北盧龍縣。

[4]仁英：即高仁英，人名。勃海蓨（今河北景縣）人。北齊宗室。見《北史》卷五二《高平王仁英傳》。　高平王：封爵名。高平，郡名。北齊時治高平縣，在今山東濟寧市南。

[5]仁光：即高仁光，人名。勃海蓨（今河北景縣）人。北齊宗室。見《北史》卷五二《淮南王仁光傳》。　淮南王：封爵名。淮南，郡名。北齊時治壽春縣，在今安徽壽縣。

[6]韋道儒：人名。京兆杜陵（今陝西西安市長安區東）人。東魏、北齊官吏。爲齊文襄大將軍府東閤祭酒，後爲中書黃門侍郎。

秋八月，太上皇帝幸晉陽。

冬十月乙卯，以太保侯莫陳相爲太傅，大司馬、任城王湝爲太保，太尉婁叡爲大司馬，徙馮翊王潤爲太尉，[1]開府儀同三司韓祖念爲司徒。[2]十一月，大雨雪。盜竊太廟御服。十二月乙丑，陳人來聘。

[1]徙馮翊王潤爲太尉：中華本校勘記云："張森楷謂'徙'當作'徒'，上脱'司'字。按上文天統元年四月，記以潤爲司徒，本書卷五一《馮翊王潤傳》也説：'歷司徒、太尉、大司馬。'張説是。"可從。

[2]開府儀同三司：多爲大臣的加號，意與三司（太尉、司徒、司空）的禮制待遇相同，且允許開府，自辟僚屬。從一品。

是歲，殺河間王孝琬。突厥、靺鞨國並遣使朝貢。於周爲天和元年。[1]

[1]天和：北周武帝的年號（566—572）。

三年春正月壬辰，太上皇帝至自晋陽。乙未，大雪，平地二尺。戊戌，太上皇帝詔，京官執事、散官三品已上，[1]各舉三人，[2]五品已上，各舉二人；稱事七品已上，及殿中侍御史、尚書都、檢校御史、主書及門下録事，[3]各舉一人。鄴宫九龍殿災，[4]延燒西廊。二月壬寅朔，帝加元服，[5]大赦。九州職人，各進四級；内外百官，普進二級。

[1]散官：有官號而無固定職事之官。

[2]各舉三人：底本作"舉三人"，中華本校勘記云："諸本無

‘各’字，《北齊書》卷八《後主紀》有。按下云‘五品已上，各舉二人’，知脱‘各’字，今據補。”今從改。

[3]殿中侍御史：官名。居殿中，糾察非法。北齊時爲八品。　尚書都：官名。尚書都令史的省稱。位在尚書侍郎下，具體負責各曹事務。從八品。　檢校御史：官名。東晋始置，掌監察宫外百官，隸御史臺。南朝省。北魏孝文帝太和末復置，九品上。北齊沿置，員十二人，從八品上。　主書：官名。爲秘書監屬官，掌管書簿文案。八品。　門下録事：官名。爲門下省屬官，掌出納文奏。從八品。

[4]九龍殿：在今河北臨漳縣西南。

[5]元服：指行冠禮。

夏四月癸丑，太上皇帝詔兼散騎常侍司馬幼之使於陳。[1]五月甲午，太上皇帝詔以領軍大將軍、東平王儼爲尚書令。乙未，大風，晝晦，發屋拔樹。六月己未，太上皇帝詔封皇子仁機爲西河王，[2]仁約爲樂浪王，[3]仁儉爲潁川王，[4]仁雅爲安樂王，[5]統爲丹楊王，[6]仁謙爲東海王。[7]閏六月辛巳，左丞相斛律金薨。壬午，太上皇帝詔尚書令、東平王儼録尚書事，以尚書左僕射趙彦深爲尚書令，并省尚書右僕射婁定遠爲尚書左僕射，[8]中書監徐之才爲右僕射。[9]

[1]司馬幼之：人名。河内温（今河南温縣）人。北齊官吏。見《北史》卷五四《司馬子如傳》。

[2]仁機：即高仁機。人名。勃海蓨（今河北景縣）人。北齊宗室。見《北史》卷五二《武成諸子傳》。　西河王：封爵名。西河，郡名。北齊時治隰城縣，在今山西汾陽市城區。

［3］仁約爲樂浪王：中華本校勘記云："按本書卷五二《武成諸子傳》，無'仁約'，仁機下是樂平王仁邕。此人疑名約字仁邕……'樂浪''樂平'未知孰是。"仁邕，即高仁邕，人名。勃海蓨（今河北景縣）人。北齊宗室。見《北史》卷五二《武成諸子傳》。

［4］仁儉：即高仁儉，人名。勃海蓨（今河北景縣）人。北齊宗室。見《北史》卷五二《武成諸子傳》。　潁川王：封爵名。潁川，郡名。北齊時治長社縣，在今河南臨潁縣。

［5］仁雅：即高仁雅，人名。勃海蓨（今河北景縣）人。北齊宗室。見《北史》卷五二《武成諸子傳》。　安樂王：封爵名。安樂，郡名。北齊時治安市縣，在今北京密雲縣東北。

［6］統：即高統，人名。字仁直，勃海蓨（今河北景縣）人。北齊宗室。見《北史》卷五二《武成諸子傳》。《北齊書》卷八《後主紀》作"仁統"。中華本校勘記云："後主兄弟，字皆有'仁'字，如後主名緯，字仁綱；南陽王綽，字仁通；東平王儼，字仁威。下文丹楊王統，《武成諸子傳》作丹楊王仁直，知是名統，字仁直。　丹楊王：封爵名。丹楊，郡名。北齊時寄治項城縣，在今河南沈丘縣。

［7］仁謙：即高仁謙，人名。勃海蓨（今河北景縣）人。北齊宗室。見《北史》卷五二《武成諸子傳》。　東海王：封爵名。東海，郡名。北齊時治廣饒縣，在今江蘇連雲港市東北。

［8］尚書右僕射：《北齊書・後主紀》作"尚書左僕射"。按：《資治通鑑》卷一七〇亦云"并省尚書左僕射婁定遠爲左僕射"。未詳孰是。　婁定遠：人名。代郡平城（今山西大同市東北）人。北齊官吏。見《北史》卷五四《婁昭附婁定遠傳》。

［9］徐之才：人名。丹陽（今江蘇南京市）人。北魏、東魏、北齊官吏。見《北史》卷九〇《徐謇附徐之才傳》。

秋八月辛未，太上皇帝詔以太保、任城王湝爲太師，太尉、馮翊王潤爲大司馬，太宰段韶爲左丞相，太師賀拔仁爲右丞相，太傅侯莫陳相爲太宰，大司馬婁叡爲太傅，大將軍斛律光爲太保，司徒韓祖念爲大將軍，司空、趙郡王叡爲太尉，尚書令、東平王儼爲司徒。九月己酉，太上皇帝詔諸寺署所綰雜保户姓高者，[1]天保之初，雖有優放，[2]權假力用未免者，今可悉蠲雜户，任屬郡縣，一准平人。丁巳，太上皇帝幸晋陽。

[1]雜保户：中華本校勘記云:“按‘雜保户’不可解。‘保’疑是‘役’之訛。下文説‘天保之初，雖有優放’。據卷六《齊文宣紀》天保二年九月稱：‘免諸伎作屯牧雜色役隸之徒爲白户。’當即指此。‘雜色役隸之徒’，即‘雜役户’。”可從。

[2]雖有優放：源氏校勘記於“放”旁紅筆小字夾批“一作赦。”

是秋，山東大水，人飢，僵尸滿道。

冬十月，突厥、大莫婁、室韋、百濟、靺鞨等國，[1]各遣使朝貢。十一月丙午，以晋陽大明殿成故，大赦，文武百官進二級，免并州居城、太原一郡來年租。癸未，[2]太上皇帝至自晋陽。十二月己巳，太上皇帝詔以故左丞相、趙郡王琛配饗神武廟廷。[3]

[1]大莫婁：國名。亦稱豆莫婁、達末婁，爲夫餘人的後裔。夫餘亡後，其北部遺民渡那河（今嫩江）而居，號達末婁。　室韋：底本作“宰韋”，四庫本、局本、中華本作“室韋”。按：據《北史》卷九四《室韋傳》，當爲“室韋”，字形相近而訛。　百

濟：國名。見《北史》卷九四《百濟傳》。

［2］癸未：源氏校勘記改“未”作“巳”。中華本校勘記云：“按是年十一月戊戌朔，無癸未。《通鑑》卷一七〇作‘癸丑’，疑是。”

［3］琛：即高琛，人名。字元寶，勃海蓨（今河北景縣）人。北齊宗室、大臣。見《北史》卷五一《趙郡王琛傳》。

四年春正月壬子，詔以故清河王岳、河東王潘相樂十人並配饗神武廟廷。[1]癸亥，太上皇帝詔兼散騎常侍鄭大護使於陳。[2]三月乙巳，太上皇帝詔以司徒、東平王儼爲大將軍，南陽王綽爲司徒，[3]開府儀同三司、廣寧王孝珩爲尚書令。[4]

［1］岳：即高岳，人名。字洪略，勃海蓨（今河北景縣）人。北齊宗室、大臣。見《北史》卷五一《清河王岳傳》。　河東王：封爵名。河東，郡名。北齊時治蒲坂縣，在今山西永濟市西南蒲州城。　潘相樂：人名。又名潘樂，字相貴，廣寧石門（今山西朔州市）人。東魏、北齊官吏。見《北史》卷五三《潘樂傳》。

［2］鄭大護：人名。滎陽開封（今河南開封市）人。東魏官吏。曾任司空户曹參軍。

［3］南陽王綽爲司徒：源氏校勘記云：“‘司徒’下，《北齊》有‘開府儀同三司徐顯秀爲司空’十二字。”中華本校勘記云：“《北齊書》下有‘開府儀同三司徐顯秀爲司空’十二字。按下天統五年三月有‘以司空徐顯秀爲太尉’語，這裏當有脱文。”

［4］廣寧王：封爵名。廣寧，郡名。北齊時北朔州置有廣寧郡，治所在今山西朔州市東南；豫州亦置有廣寧郡，沿東魏新蔡郡，治新蔡縣，在今河南新蔡縣。　孝珩：即高孝珩，人名。勃海蓨（今河北景縣）人。北齊宗室。見《北史》卷五二《廣寧王孝珩傳》。

夏四月辛未，鄴宫昭陽殿災，[1]及宣光、瑶華等殿。[2]辛巳，太上皇帝幸晋陽。五月癸卯，以尚書右僕射胡長仁爲左僕射，[3]中書監和士開爲右僕射。[4]壬戌，太上皇帝至自晋陽。自正月不雨，至於是月。六月甲子朔，大雨。甲申，大風，拔木折樹。是月，彗星見于東井。[5]

[1]昭陽殿：位於鄴城宫殿區的中部。

[2]宣光：位於鄴城宫殿區的西部。　瑶華：位於鄴城宫殿區的西部。

[3]胡長仁：人名。字孝隆，安定臨涇（今甘肅鎮原縣）人。北齊官吏。見《北史》卷八〇《胡長仁傳》。

[4]和士開：人名。字彦通，清都臨漳（今河北臨漳縣）人。北齊官吏。見《北史》卷九二《和士開傳》。

[5]東井：星宿名。即井宿，又作鶉首。爲二十八宿中南方朱鳥七宿的第一宿。

秋九月丙申，周人來通和，太上皇帝詔侍中斛斯文略報聘于周。[1]

[1]斛斯文略：人名。其餘不詳。

冬十月辛巳，以尚書令、廣寧王孝珩爲録尚書事，左僕射胡長仁爲尚書令，右僕射和士開爲左僕射，中書監唐邕爲右僕射。[1]十一月壬辰，太上皇帝詔兼散騎常侍李翥使於陳。[2]是月，陳安成王頊廢其主伯宗而自立。[3]

[1]唐邕：人名。字道和，太原晋陽（今山西太原市晋源區古城營村一帶）人。東魏、北齊官吏。見《北史》卷五五《唐邕傳》。

[2]李翥：人名。字彦鴻，柏仁（今河北隆堯縣西南）人。北齊官吏。見《北史》卷三三《李義深附李翥傳》。

[3]安成王：封爵名。安成，郡名。南朝陳時治平都縣，在今江西安福縣。　頊：即陳頊，人名。字紹世，吴興長城下若里（今浙江長興縣）人。南朝陳宣帝。見《陳書》卷五《宣帝紀》。　伯宗：即陳伯宗，人名。字奉業，小字藥王。吴興長城下若里（今浙江長興縣）人。南朝陳廢帝。見《陳書》卷四《廢帝紀》。

十二月辛未，太上皇帝崩。丙子，大赦。九州職人普加一級，内外百官並加兩級。戊寅，上太上皇后尊號爲皇太后。甲申，詔細作之務及所在百工悉罷之。又詔掖廷、晋陽、中山宫人等，[1]及鄴下、并州太官官口二處，[2]其年六十已上，及有癃患者，[3]仰所司簡放。庚寅，詔天保七年已來，諸家緣坐配流者，所在令還。

[1]掖廷：指鄴城帝后寢宫東西兩側的宫區。常爲妃嬪及宫人居住的地方。　中山宫：在今河北定州市。

[2]太官：官署名。太官署的省稱。供百官膳食。　官口：北朝時爲帝王和各級官署服務的國家依附户。

[3]癃（lóng）：衰弱多病。

是歲，契丹、靺鞨國並遣使朝貢。

五年春正月辛亥，詔以金鳳等三臺未入寺者，施大興聖寺。是月，殺定州刺史、博陵王濟。二月乙丑，詔應宫刑者，普免刑爲官口。又詔禁網捕鷹鷂及畜養籠放之物。癸酉，大莫婁國遣使朝貢。己丑，改東平王儼爲琅邪王。[1]詔侍中叱列長叉使於周。[2]是月，殺太尉、趙郡王叡。三月丁酉，以司空徐顯秀爲太尉，[3]并省尚書令婁定遠爲司空。是月，行幸晋陽。

[1]琅邪王：封爵名。琅邪，郡名。北齊時治即丘縣，在今山東臨沂市西。

[2]叱列長叉：人名。亦作叱李長叉。代（今山西大同市東北）人，叱列平之弟。北齊官吏。後主武平末，位侍中、開府儀同三司，封新寧王（一作新寧公）。隋文帝開皇中，拜上柱國，卒於涇州刺史。底本作“叱列長文”，元大德本、南監本、毛本作“叱列長乂”，中華本作“叱列長叉”。源氏校勘記云:“‘乂’《北齊》作‘文’。”中華本校勘記云:“百衲本、殿本‘叉’作‘文’，南、北、汲三本作‘乂’。《通志》卷一六《北齊後主紀》、《通鑑》卷一七〇作‘叉’。按本書卷五三《叱列平傳》，平子長叉。《墓誌集釋·叱李綱子墓誌》，稱:‘祖長义，齊侍中、許昌王。’《隋書》卷一《高祖紀》開皇二年四年兩見叱李長叉。‘叱李’即‘叱列’的異譯。‘义’‘叉’同，作‘文’‘乂’都誤，今據改。”今從改。

[3]徐顯秀：人名。恒州忠義郡（今山西平遥縣西北）人。北魏、東魏、北齊大臣。齊後主時歷位開府儀同三司、司空、太尉。據《徐顯秀墓誌》載，“王諱穎，字顯秀，忠義人也”。曾入尒朱榮軍中，後追隨高歡，以武功至高位。齊後主武平二年，“遘疾薨于晋陽之里第，時年七十。詔贈使持節、都督冀瀛滄趙齊濟汾七州諸軍事、冀州刺史、太保、尚書令，祭以太牢”（參羅新、葉煒《新出魏晋南北朝墓誌疏證（修訂本）》，中華書局 2016 年版，第

201—203頁)。

夏四月甲子，詔以并州尚書省爲大基聖寺，[1]晋祠爲大崇皇寺。[2]乙丑，車駕至自晋陽。

[1]尚書省：官署名。北齊時爲政務中樞，職權尤重。以録尚書事爲長官，令、僕射副之，置六曹尚書、二丞，不僅總庶務，行文書，且爲樞機之任。

[2]大崇皇寺：在北齊陪都晋陽，今山西太原市西南懸甕山下晋水發源處。

秋七月己丑，詔降罪人各有差。戊申，詔使巡省河北諸州無雨處，境内偏旱者，優免租調。

冬十月壬戌，詔禁造酒。十一月辛丑，詔以太保斛律光爲太傅，大司馬、馮翊王潤爲太保，大將軍、琅邪王儼爲大司馬。十二月庚午，以開府儀同三司、蘭陵王長恭爲尚書令。庚辰，以中書監魏收爲尚書右僕射。

武平元年春正月乙酉朔，[1]改元。太師、并州刺史、東安王婁叡薨。戊申，詔兼散騎常侍裴獻之聘于陳。[2]二月癸亥，以百濟王餘昌爲使持節、侍中、驃騎大將軍、帶方郡公，[3]王如故。己巳，以太傅、咸陽王斛律光爲右丞相，[4]并州刺史、右丞相、安定王賀拔仁爲録尚書事，冀州刺史、任城王湝爲太師。丙子，降死罪已下囚。閏月戊戌，録尚書事、安定王賀拔仁薨。三月辛酉，以開府儀同三司徐之才爲尚書左僕射。

[1]武平：北齊後主的年號（570—576）。

[2]裴獻之：人名。又作"裴讞之""裴讞"，字士平，河東聞喜（今山西聞喜縣）人。北齊官吏。見《北史》卷三八《裴佗附裴讞之傳》。

[3]驃騎大將軍：官名。位尊於驃騎將軍，僅次於大將軍。授此職者以權臣元老居多，可開府置僚屬，一般不領兵。從一品。帶方郡公：封爵名。帶方，郡名。北齊時僑置，在今遼水西界。

[4]咸陽王：封爵名。遥封。咸陽，郡名。北周時治石安縣，在今陝西涇陽縣。

夏六月乙酉，以廣寧王孝珩爲司空。甲辰，以皇子恒生故，大赦，内外百官，普進二級，九州職人，普進四級。己酉，詔以開府儀同三司唐邕爲尚書右僕射。

秋七月癸丑，封孝昭皇帝子彦基爲城陽王，[1]彦康爲定陵王，[2]彦忠爲梁郡王。[3]甲寅，以尚書令、蘭陵王長恭爲録尚書事，中領軍和士開爲尚書令。[4]癸亥，靺鞨遣使朝貢。癸酉，以華山王凝爲太傅。[5]八月辛卯，行幸晋陽。九月乙巳，立皇子恒爲皇太子。[6]

[1]孝昭：北齊皇帝高演的謚號。　彦基：即高彦基，人名。勃海蓨（今河北景縣）人。北齊宗室。　城陽王：封爵名。城陽，郡名。北齊時治義興縣，在今河南信陽市東北。

[2]彦康：即高彦康，人名。勃海蓨（今河北景縣）人。北齊宗室。　定陵王：封爵名。定陵，郡名。北齊時治定陵縣，在今河南舞陽縣北。

[3]彦忠：即高彦忠，人名。勃海蓨（今河北景縣）人。北齊宗室。　梁郡王：封爵名。梁郡，北齊時治睢陽縣，在今河南商丘

市睢陽區。

[4]中領軍：官名。北魏時侍臣帶“領軍”者，稱中領軍。與中護軍共同掌管禁軍。北齊同。

[5]華山王：封爵名。遥封。華山，郡名。北周時治華陰縣，在今陝西華陰市城區。　凝：即高凝，人名。勃海蓨（今河北景縣）人。北齊宗室。見《北史》卷五一《華山王凝傳》。

[6]九月乙巳立皇子恒爲皇太子：中華本校勘記云：“按下文言高恒於‘武平元年六月生於鄴，其年十月立爲皇太子’。與此不同。是年九月辛亥朔，無乙巳。當有訛誤。”

冬十月辛巳，以司空、廣寧王孝珩爲司徒，以上洛王思宗爲司空，[1]封蕭莊爲梁王。[2]戊子，曲降并州死罪已下囚。己丑，復改威宗景烈皇帝謚號爲顯祖文宣皇帝。十二月丁亥，車駕至自晋陽。詔右丞相斛律光出晋州道，[3]修城戍。

[1]上洛王：封爵名。遥封。上洛，郡名。北周時治上洛縣，在今陝西商洛市商州區。　思宗：即高思宗，人名。勃海蓨（今河北景縣）人。北齊宗室、大臣。見《北史》卷五一《上洛王思宗傳》。

[2]蕭莊：人名。南蘭陵（一説在今江蘇常州市，一説在今江蘇丹陽市）人。南朝梁宗室。見《南史》卷五四《武烈世子方等附蕭莊傳》。

[3]右丞相：底本作“左丞相”，局本、中華本作“右丞相”。中華本校勘記云：“諸本‘右’作‘左’，《通志》作‘右’。按此紀言光於本年二月爲右丞相，明年十一月纔升左丞相。這時左丞相是段韶。今據改。”今從改。

二年春正月丁巳，詔兼散騎常侍劉環儁使於陳。戊寅，以百濟王餘昌爲使持節、都督、東青州刺史。[1]二月壬寅，以録尚書事、蘭陵王長恭爲太尉，并省録尚書事趙彦深爲司空，尚書令和士開爲録尚書事，左僕射徐之才爲尚書令，右僕射唐邕爲左僕射，吏部尚書馮子琮爲右僕射。[2]

[1]都督：官名。北朝前期爲統率全國或地方兵馬的指揮官職，其爲州郡軍事長官者，兼理民政。至北朝後期則爲率領鄉兵、畜牧軍馬的中低級軍官。　東青州：具體位置不詳。

[2]馮子琮：人名。長樂信都（今河北冀州市）人。北齊大臣。見《北史》卷五五《馮子琮傳》。

夏四月壬午，以大司馬、琅邪王儼爲太保。甲午，陳遣使連和，謀伐周，朝議弗許。六月，段韶攻周汾州剋之，[1]獲刺史楊敷。[2]

[1]汾州：北周時治龍泉城，在今山西隰縣龍泉鎮。

[2]楊敷：人名。字文衍，弘農華陰（今陝西華陰市東南）人。西魏、北周將領。見《北史》卷四一《楊敷傳》。

秋七月庚午，太保、琅邪王儼矯詔殺録尚書事和士開於南臺，[1]即日誅領軍大將軍厙狄伏連、書侍御史王子宜等，[2]尚書右僕射馮子琮賜死殿中。八月己亥，行幸晋陽。九月辛亥，以太師、任城王湝爲太宰，馮翊王潤爲太師。己未，左丞相、平原王段韶薨。戊午，曲降并州界内死罪已下，各有差。庚午，殺太保、琅邪王儼。壬申，陳人來聘。

[1]南臺：指御史臺。因在宫闕西南，故稱。

[2]厙狄伏連：人名。本名伏憐，字仲山，代（今山西大同市東北）人。北齊官吏。見《北史》卷五三《慕容儼附厙狄伏連傳》。　書侍御史：官名。治書侍御史的省稱。魏晋南北朝時爲御史中丞佐貳，御史臺要職，置二至四員，分領侍御史諸曹，監察、彈劾較高級官員，亦奉命出使，收捕犯官等。北朝時威權甚重。北齊時爲從五品。

冬十月，罷京畿府入領軍府。[1]己亥，車駕至自晋陽。十一月庚戌，詔侍中赫連子悦使於周。[2]丙寅，以徐州行臺、廣寧王孝珩爲録尚書事。[3]庚午，以録尚書事、廣寧王孝珩爲司徒。癸酉，以右丞相斛律光爲左丞相。

[1]京畿府：官署名。京畿大都督官府的省稱。京畿大都督，北魏末設，統領京畿軍士，爲京都最高軍事長官。北齊時多任用宗室諸王。　領軍府：官署名。中領軍或領軍將軍的官府。北齊時正式置府，以領軍將軍或中領軍一員爲長官，掌禁衛宫掖等。設有長史、司馬等掌府務。又領左右衛、領左右等府。

[2]赫連子悦：人名。字士欣，匈奴族。東魏、北齊官吏。見《北史》卷五五《赫連子悦傳》。

[3]徐州：北齊時治彭城縣，在今江蘇徐州市。　行臺：官名。行臺尚書的省稱。北齊時爲行臺長官，執掌當地的軍政事務，後逐步演變爲最高的地方行政長官。

三年春正月己巳，祀南郊。辛亥，追贈故琅邪王儼爲楚帝。[1]二月己卯，以衛菩薩爲太尉。辛巳，以并省吏部尚書高元海爲尚書右僕射。[2]庚寅，以左僕射唐邕爲尚書令，侍中祖珽爲左僕射。[3]是月，敕撰《玄洲苑御覽》，[4]後改名《聖壽堂御覽》。三月辛酉，詔文武官五品已上，各舉一人。是月，周誅冢宰宇文護。[5]

[1]楚帝：源氏校勘記云："《北齊》作'楚王'。"

[2]高元海：人名。勃海蓨（今河北景縣）人。北齊官吏。見《北史》卷五一《上洛王思宗附高元海傳》。

[3]祖珽：人名。字孝徵，范陽遒（今河北淶水縣北）人。東魏、北齊官吏。見《北史》卷四七《祖瑩附祖珽傳》。

[4]玄洲苑御覽：祖珽撰，據《華林遍略》補充資料而成。

[5]冢宰：官名。西魏恭帝三年（556）置，北周沿置。爲居六官之首的天官府長官，掌管宫廷供奉及全國的財政收支、賦役收入、百官俸禄等事務。正七命。　宇文護：人名。字薩保，代郡武川（今内蒙古武川縣西）人，鮮卑族。北周宗室、權臣。見《北史》卷五七《邵惠公顥附宇文護傳》。

夏四月，周人來聘。

秋七月戊辰，誅左丞相、咸陽王斛律光及其弟幽州行臺、荆山公豐樂。[1]八月庚寅，廢皇后斛律氏爲庶人。以太宰、任城王湝爲右丞相，太師、馮翊王潤爲太尉，[2]蘭陵王長恭爲大司馬，廣寧王孝珩爲大將軍，安德王延宗爲司徒。[3]使領軍封輔相聘于周。[4]戊子，拜右昭儀胡氏爲皇后。[5]己丑，以司州牧、北平王仁堅爲尚書令，特進許季良爲左僕射，[6]彭城王寶德爲右僕射。[7]

癸巳，行幸晋陽。是月，《聖壽堂御覽》成，敕付史閣。[8]後改爲《修文殿御覽》。九月，陳人來聘。

［1］荆山公：封爵名。荆山，郡名。北齊時治馬頭縣，在今安徽懷遠縣西南。　豐樂：即斛律羨，人名。字豐樂，朔州（今山西朔州市）人。北齊官吏。見《北史》卷五四《斛律金附斛律羨傳》。

［2］太師馮翊王潤爲太尉：中華本校勘記云："按本書卷五二《馮翊王潤傳》，潤歷官太師、太宰。疑高潤非以太師降爲太尉，而是自太師遷太宰。這時高湝以太宰升爲右丞相，高潤繼爲太宰，於情勢相合。這裏'爲'下當脱'太宰'二字，'太尉'屬下讀。上文二年二月以高長恭爲太尉，可證。"可從。

［3］安德王：封爵名。安德，郡名。北齊時治安德縣，在今山東陵縣東南。　延宗：即高延宗，人名。勃海蓨（今河北景縣）人。北齊宗室。見《北史》卷五二《安德王延宗傳》。　司徒：源氏校勘記云："'司徒'上，《北齊》有'大'。"

［4］封輔相：人名。北齊將領。北齊後主武平七年，北周武帝率軍攻齊晋州，與賀拔伏恩等投周。

［5］右昭儀：昭儀爲妃嬪中的第一級，地位僅次於皇后。　胡氏：即北齊後主皇后胡氏。見《北史》卷一四《後主皇后胡氏傳》。

［6］特進：北齊時爲加官名號，贈致仕大臣。二品。　許季良：人名。即許惇。字季良，高陽新城（今河北高碑店市）人。北齊官吏。見《北史》卷二六《許彦附許惇傳》。

［7］寶德：即高寶德，人名。勃海蓨（今河北景縣）人。北齊宗室。位開府，兼尚書左僕射。

［8］史閣：即史館。北齊時設，掌修國史。

冬十月，降死罪已下囚。甲午，拜弘德夫人穆氏爲左皇后，[1]大赦。十二月辛丑，廢皇后胡氏爲庶人。

[1]穆氏：即北齊後主皇后穆氏。見《北史》卷一四《後主皇后穆氏傳》。

是歲，新羅、百濟、勿吉、突厥並遣使朝貢。於周爲建德元年。[1]

[1]建德：北周武帝的年號（572—578）。

四年春正月戊寅，以并省尚書令高阿那肱爲録尚書事。[1]庚辰，詔兼散騎常侍崔象使於陳。是月，鄴都、并州並有狐媚，多截人髮。二月乙巳，拜左皇后穆氏爲皇后。丙午，置文林館。[2]乙卯，以尚書令、北平王仁堅爲録尚書事。丁巳，行幸晋陽。是月，周人來聘。三月辛未，盗入信州，[3]殺刺史和士休。南兖州刺史鮮于世榮討之。[4]庚辰，車駕至晋陽。

[1]高阿那肱：人名。一作“高阿那瓌”，善無（今山西右玉縣南）人。北齊官吏。見《北史》卷九二《高阿那肱傳》。

[2]文林館：官署名。北齊後主武平四年置，引文學之士充之，稱待詔。

[3]信州：北齊時治項城縣，在今河南項城市。

[4]南兖州：北齊時治小黄縣，在今安徽亳州市。　鮮于世榮：人名。漁陽（今天津武清區西北）人。北齊官吏。見《北史》卷五三《鮮于世榮傳》。

夏四月戊午，以大司馬、蘭陵王長恭爲太保，大將軍、定州刺史、南陽王綽爲大司馬，太尉衛菩薩爲大將軍，[1]司徒、安德王延宗爲太尉，司空、武興王普爲司徒，開府儀同三司、宜陽王趙彦深爲司空。[2]癸丑，祈皇祠。壇壝蕝之内忽有車軌之轍，[3]案驗，傍無人迹，不知車所從來。乙卯，詔以爲大慶，班告天下。己未，周人來聘。

[1]太尉：底本作“大司馬太尉”，中華本校勘記云：“諸本‘太尉’上有‘大司馬’三字，《通志》無。按上文三年以衛菩薩爲太尉，不言其兼大司馬。且大司馬位在大將軍上，一般不會由大司馬遷大將軍。這裏是涉上文而誤重。今據《通志》删。”今從改。

[2]宜陽王：封爵名。遥封。宜陽，郡名。北周時治宜陽縣，在今河南宜陽縣西。

[3]壇壝（wéi）：古代祭祀之所。　蕝（jué）：朝會時表示位次的茅束。源氏校勘記云：“壝，土埒也。壇外面平地爲墠，壇邊低垣圍繞者爲壝。蕝，側劣反。束茅表位也。”

五月丙子，詔史官更撰《魏書》。癸巳，以領軍穆提婆爲尚書左僕射，[1]以侍中、中書監段孝言爲右僕射。[2]

[1]穆提婆：人名。本姓駱，漢陽（今甘肅天水市）人。北齊官吏。見《北史》卷九二《穆提婆傳》。

[2]段孝言：人名。姑臧武威（今甘肅武威市）人。北齊官吏。見《北史》卷五四《段榮附段孝言傳》。

是月，開府儀同三司尉破胡、長孫洪略等與陳將吴明徹戰於吕梁南，[1]大敗，破胡走以免，洪略戰殁，遂陷秦、涇二州。[2]明徹進陷和、合二州。[3]是月，殺太保、蘭陵王長恭。

[1]吴明徹：人名。字通昭，秦郡（今江蘇南京市六合區）人。南朝陳將領。見《陳書》卷九《吴明徹傳》。　吕梁：此指吕梁洪，在今江蘇銅山縣東南。《水經注·泗水》云："泗水之上有石梁焉，故曰吕梁也。"

[2]秦：州名。北齊時治六合縣，在今江蘇南京市六合區。　涇：州名。北齊時治沛縣，在今安徽天長市。

[3]和：州名。北齊時治歷陽縣，在今安徽和縣。　合：州名。北齊時治合肥城，在今安徽合肥市。

六月，明徹進軍圍壽陽。[1]壬子，幸南苑，從官暍死者六十人。[2]以録尚書事高阿那肱爲司徒。丙辰，詔開府王師羅使於周。[3]秋九月，[4]校獵于鄴東。

[1]壽陽：縣名。治所在今安徽壽縣。

[2]暍（yē）：中暑。

[3]王師羅：人名。即王紘。字師羅，太安狄那（今山西壽陽縣西）人。北齊官吏。見《北史》卷五五《王紘傳》。

[4]九月：南監本、毛本、殿本、四庫本作"七月"。源氏校勘記云："'七'《北齊》作'九'。"

冬十月，陳將吴明徹陷壽陽。辛丑，殺侍中崔季舒、張彫唐、散騎常侍劉逖、封孝琰、黄門侍郎裴澤、郭遵。[1]癸卯，行幸晋陽。十二月戊寅，以司徒高阿那肱爲右丞相。

[1]崔季舒：人名。字叔正，博陵安平（今河北安平縣）人。東魏、北齊官吏。見《北史》卷三二《崔挺附崔季舒傳》。　張彫唐：人名。中山北平（今河北順平縣東南）人。北齊官吏。見《北史》卷八一《張彫武傳》。中華本校勘記云:"《北齊書》及《通志》'唐'作'虎'。張森楷云:'疑本缺文，後人注以"唐諱"，傳刻誤脱，遂存"唐"耳。'按張彫本名'張雕虎'，《北齊書》《北史》避唐諱，或改作'張彫武'，或删'虎'字。這裏作'唐'，或如張説。但當時避諱改字有代以形狀相近字之例，如'沮渠秉'改'沮渠康'之類。這裏也可能是《北史》有意改'虎'爲'唐'。"　黄門侍郎：官名。爲給事黄門侍郎的省稱。北齊時爲郎官之加官，侍從皇帝於宫門之内，與侍中俱掌門下事。四品。　裴澤：人名。河東聞喜（今山西聞喜縣）人。北齊官吏。以謀反罪伏誅。見《北史》卷三八《裴延儁附裴澤傳》。　郭遵：人名。鉅鹿（今河北平鄉縣東）人。北齊官吏。見《北史》卷八一《郭遵傳》。

是歲，高麗、靺鞨並遣使朝貢，突厥使求婚。

五年春正月乙丑，置左右娥英各一人。[1]二月乙未，車駕至自晋陽。朔州行臺、南安王思好反。[2]辛丑，行幸晋陽。尚書令唐邕等大破思好，投水死，[3]焚其尸，并其妻李氏。丁未，車駕至自晋陽。甲寅，以尚書令唐邕爲録尚書事。

[1]娥英：女官名。位比丞相。娥英者，兼取舜妃娥皇、女

英名。

[2]朔州：北齊時寄治汾州介休縣，在今山西介休市。　南安王：封爵名。南安，郡名。北齊時治南安縣，在今河南葉縣東北。　思好：即高思好，人名。本浩氏子，高思宗養以爲弟。本名思孝，北齊文宣帝時改名思好。北齊將領。見《北史》卷五一《上洛王思宗附高思好傳》。

[3]投水死："水"底本作"火"，源氏校勘記在"投"前補"思好"二字。中華本校勘記云："諸本'水'作'火'。按本書卷五一《高思好傳》作'投水而死'。又説'屠剥焚之'。若自己投火，無須再焚，這裏作'火'誤，今據改。"今從改。

夏五月，大旱，晋陽得死魃，[1]長二尺，面頂各二目。帝聞之，使刻木爲其形以獻。庚申，[2]大赦。丁亥。陳人寇淮北。

[1]死魃（bá）：傳説中造成旱災的鬼怪。

[2]庚申：《北齊書》卷八《後主紀》作"庚午"。按：武平五年五月庚申朔，庚申、庚午均在此月，且均在丁亥之前，未詳孰是。

秋八月癸卯，行幸晋陽。甲辰，以高勱爲尚書右僕射。[1]

[1]高勱（mài）：人名。字敬德，勃海蓨（今河北景縣）人。北齊宗室。見《北史》卷五一《清河王岳附高勱傳》。

是歲，殺南陽王綽。

六年春三月乙亥，車駕至自晋陽。丁丑，烹祆賊鄭子饒於都市。[1]是月，周人來聘。

[1]鄭子饒：人名。陽平（今河北館陶縣）人。北朝時影響頗大的祆教教徒。北齊後主武平中，聚衆數千，自號長樂王，攻破乘氏縣，欲襲西兖州城。爲齊將皮景和擊破，被殺。

夏四月庚子，以中書監陽休之爲尚書右僕射。[1]癸卯，靺鞨遣使朝貢。

[1]陽休之：人名。字子烈，北平無終（今天津薊縣）人。北魏、東魏、北齊官吏。見《北史》卷四七《陽尼附陽休之傳》。

秋七月甲戌，行幸晋陽。

八月丁酉，冀、定、趙、幽、滄、瀛六州大水。是月，周師入洛川，[1]屯芒山，[2]攻逼洛城，縱火船焚浮橋，河橋絶。[3]閏月己丑，[4]遣右丞相高阿那肱自晋陽禦之，師次河陽，[5]周師夜遁。庚辰，以司空趙彦深爲司徒，斛律阿列羅爲司空。[6]辛巳，以軍國資用不足，税關市、舟車、山澤、鹽鐵、店肆，輕重各有差，開酒禁。

[1]洛川：一作“雒水”，即今河南洛河。

[2]芒山：又名邙山，在今河南洛陽市北。

[3]河橋：橋名。在今河南孟津縣東。

[4]閏月己丑：中華本校勘記云：“《通鑑》卷一七二置於九月，不記日，《考異》云：‘《北齊書》云：閏月己丑。按是月癸丑朔，

無己丑，又下有庚辰，蓋誤也。'"

[5]河陽：城名。在今河南孟州市西南黄河北岸。

[6]斛律阿列羅：人名。其餘不詳。

七年春正月壬辰，詔去秋已來，水潦，人飢不自立者，所在付大寺及諸富户，濟其性命。甲寅，大赦。乙卯，車駕至自晋陽。二月辛酉，括雜户女，[1]年二十已下十四已上未嫁，悉集省，隱匿者，家長處死刑。二月丙寅，[2]風從西北起，發屋拔樹，五日乃止。

[1]括雜户女：源氏校勘記云："'括'《北齊》作'捨'。"按：中華本《北齊書》卷八《後主紀》作"括"。括户，南北朝時期政府爲增加賦役收入而對各類依附人口及流民進行檢括的制度。

[2]二月丙寅：中華本校勘記云："張森楷云：'案上已書二月辛酉，則此不當複書，二月，當是"三月"之誤。'按《隋書》卷二三《五行志》（常風）作'三月'。但是年三月己卯朔，無丙寅。若'三月'是，則'丙寅'誤。或'二月'二字衍，今不改。"可從。

夏六月戊申朔，日有蝕之。庚申，司徒趙彦深薨。

秋七月丁丑，大雨霖。是月，以水澇，遣使巡撫流亡人户。

八月丁卯，行幸晋陽。雉集於御坐，獲之，有司不敢以聞。詔營邯鄲宫。[1]

[1]邯鄲宫：在今河北邯鄲市。

冬十月丙辰，帝大狩於祁連池。[1]周師攻晋州。癸亥，帝還晋陽。甲子，出兵，大集晋祠。庚午，帝發晋陽。癸酉，帝列陣而行，上雞棲原。[2]與周齊王憲相對，[3]至夜不戰。周師斂陣而退。

[1]祁連池：即天池。在今山西寧武縣西南管涔山上。《資治通鑑》南朝陳武帝永定二年（558）“齊主至祁連池”，胡三省注：“祁連池，即汾陽之天池，北人謂天爲祁連。”

[2]雞棲原：地名。在今山西霍州市東北霍山高平處。

[3]齊王：封爵名。遥封。齊，州名。北齊時治歷城縣，在今山東濟南市。　憲：即宇文憲，人名。字毗賀突，代郡武川（今内蒙古武川縣西）人，鮮卑族，北周文帝宇文泰第五子。西魏、北周大臣。見《北史》卷五八《齊煬王憲傳》。

十一月，周武帝退還長安，留偏師守晋州。高阿那肱等圍晋州城。戊寅，帝至圍所。

十二月戊申，周武帝來救晋州。庚戌，戰于城南，齊軍大敗。[1]帝棄軍先還。癸丑，入晋陽，憂懼不知所之。甲寅，大赦。帝謂朝臣曰：“周師甚盛，若何？”群臣咸曰：“天命未改，一得一失，自古皆然。宜停百賦，安朝野，收遺兵，背城死戰，以存社稷。”帝意猶預，[2]欲向北朔州。[3]乃留安德王延宗、廣寧王孝珩等守晋陽。若晋陽不守，即欲奔突厥。群臣皆曰不可，帝不從其言。開府儀同三司賀拔伏恩、封輔相、慕容鍾葵等宿衛近臣三十餘人西奔周師。[4]乙卯，詔募兵，遣安德王延宗爲左廣，[5]廣寧王孝珩爲右廣。[6]延宗入見帝，帝告欲向北朔州，延宗泣諫，不從。帝密遣王康德與中人齊紹等送皇太后、皇太子於北朔州。[7]丙辰，帝幸城南軍營，勞將士。其夜欲遁，諸將不從。

[1]齊軍：《北齊書》卷八《後主紀》作“我軍”。

[2]猶預：殿本、四庫本、局本、四部備要本作“猶豫”。

[3]北朔州：北齊時治馬邑城，在今山西朔州市。

[4]賀拔伏恩：人名。亦作“賀拔佛恩”，鮮卑族。北齊官吏。初爲中領軍，奉命捕殺獨孤永業。後遷開府儀同三司。北齊後主武平七年降周，周武帝宇文邕攻晋陽，爲安德王高延宗擊潰，其力保周武帝免於難。由是爲周武帝所寵重，拜上柱國，封郜國公。

[5]左廣：源氏校勘記云:“‘左廣’,《北齊》無‘廣’字；下‘右廣’同。”《北齊書·後主紀》作“左”。按：《北齊書》爲避隋煬帝楊廣諱省。

[6]右廣：《北齊書·後主紀》作“右”。按：《北齊書》爲避隋煬帝楊廣諱省。

[7]王康德：人名。代（今山西大同市東北）人。歷數州刺史、并省尚書，封新蔡郡王。　中人：指宦官。

丁巳，大赦。改武平七年爲隆化元年。[1]其日，穆提婆降周。詔除安德王延宗爲相國，委以備禦。延宗流涕受命。帝乃夜斬五龍門而出，[2]欲走突厥。從官多散。領軍梅勝郎叩馬諫，[3]乃迴之鄴。時唯高阿那肱等十餘騎，廣寧王孝珩、襄城王彥道續至，[4]得數十人同行。

[1]隆化：北齊後主的年號（576—577）。

[2]五龍門：晋陽宮的東門。

[3]梅勝郎：人名。北齊將領。初從北齊神武帝高歡，北齊建後日漸貴盛，後主武平末官至領軍將軍。據梅勝郎妻崔迎男墓誌所載，梅曾任“驃騎大將軍、開府儀同三司、左衛大將軍、食汲郡幹、安康縣伯、成皋縣開國侯”等職（參葉煒、劉秀峰《墨香閣藏北朝墓誌》，上海古籍出版社2016年版，第175—176頁）。

[4]襄城王：封爵名。襄城，郡名。北齊時治襄城縣，寄治武陽縣，在今河南西平縣西南。　彦道：即高彦道，人名。勃海蓨（今河北景縣）人。北齊宗室。

戊午，延宗從衆議，即皇帝位於晋陽，改隆化爲德昌元年。[1]庚申，帝入鄴。辛酉，延宗與周師戰於晋陽。大敗，爲周師所虜。

[1]德昌：北齊安德王的年號（576）。

帝遣募人，重加官賞，雖有此言，而竟不出物。廣寧王孝珩奏請出宫人及珍寶，班賜將士，帝不悦。斛律孝卿居中受委，[1]帶甲以處分。請帝親勞，爲帝撰辭，且曰：“宜慷慨流涕，感激人心。”帝既出臨衆，將令之，不復記所受言，遂大笑，左右亦群咍，將士莫不解體。於是自大丞相已下，太宰、大司馬、三師、大將軍、三公等官，並增員而授，或三或四，不可勝數。

[1]斛律孝卿：人名。太安（今山西壽陽縣）人。北齊、隋朝大臣。見《北史》卷五三《斛律羌舉附斛律孝卿傳》。

甲子，皇太后從北道至。引文武一品已上入朱華門，[1]賜酒食及紙筆，[2]問以禦周之方略。群臣各異議，帝莫知所從。又引高元海、宋士素、盧思道、李德林等，[3]欲議禪位皇太子。先是，望氣者言，當有革易。於是依天統故事，授位幼主。

[1]朱華門：太極殿後一門。

[2]及：源氏校勘記云："'及'《北齊》作'給'。"

[3]宋士素：人名。燉煌（今甘肅敦煌市）人。北齊官吏。見《北史》卷三四《宋繇附宋士素傳》。　盧思道：人名。字子行，小字釋奴，范陽涿（今河北涿州市）人。北齊、北周、隋朝官吏。見《北史》卷三〇《盧玄附盧思道傳》。　李德林：人名。字公輔，博陵安平（今河北安平縣）人。北齊、隋朝官吏。見《北史》卷七二《李德林傳》。

幼主名恒，帝之長子也。母曰穆皇后。[1]武平元年六月，生於鄴。其年十月，立爲皇太子。

[1]穆皇后：北齊後主高緯皇后穆氏。見《北史》卷一四《後主皇后穆氏傳》。

隆化二年春正月乙亥，即皇帝位，時年八歲。改元爲承光元年，[1]大赦。尊皇太后爲太皇太后，帝爲太上皇帝，后爲太上皇后。

[1]承光：北齊幼主的年號（577）。

於是黄門侍郎顔之推、中書侍郎薛道衡、侍中陳德信等勸太上皇帝往河外募兵，[1]更爲經略；若不濟，南投陳國。從之。丁丑，太皇太后、太上皇后自鄴先趣濟州。[2]周師漸逼。癸未，幼主又自鄴東走。己丑，周師至紫陌橋。[3]癸巳，燒城西門，太上皇將百餘騎東走。乙亥，[4]度河入濟州。其日，幼主禪位於大丞相、任城王湝，令侍中斛律孝卿送禪文及璽紱於瀛州。孝卿乃以之歸周。又爲任城王詔，尊太上皇爲無上皇，幼主爲守國天王。留太皇太后濟州，遣高阿那肱留守。太上皇并皇后攜幼主走青州，韓長鸞、鄧顒等數十人從。[5]

[1]顔之推：人名。字介，琅邪臨沂（今山東費縣東）人。北朝文學家。見《北史》卷八三《顔之推傳》。　中書侍郎：官名。北齊時多選用文學之士，掌草擬詔令，員四人。從四品。　薛道衡：人名。字玄卿，河東汾陰（今山西萬榮縣西南）人。北齊、隋朝官吏。見《北史》卷三六《薛辯附薛道衡傳》。　陳德信：人名。北齊宦官。北齊後主即位，寵用宦官，時其與鄧長顒並至開府、封王，俱爲侍中、左右光禄大夫，領侍中，參宰朝政。

[2]太上皇后：底本作“太上皇”，中華本校勘記云：“諸本‘太上皇’下無‘后’字，《通鑑》卷一七三有。按下云‘癸巳，燒城西門，太上皇將百餘騎東走。’是月乙亥朔，丁丑是三日，癸巳是十九日。若高緯已於三日趣濟州，如何可能十九日又從鄴城出走？據《周書》卷六《武帝紀》，也説高緯是先送母妻到青州，城破後纔自己出走。高緯稱‘太上皇’，其妻即是‘太上皇后’，這裏脱‘后’字，據《通鑑》補。”今從改。　濟州：北齊時治碻磝城，在今山東茌平縣西南。

[3]紫陌橋：橋名。在今河北臨漳縣西。

[4]乙亥：中華本校勘記云：“按是年正月乙亥朔，上文已見癸

已是十九日，乙亥不應反在癸巳後。《通鑑》卷一七三作‘乙未’，疑是。”

[5]韓長鸞：人名。即韓鳳。字長鸞，昌黎（今遼寧朝陽市）人。北齊官吏。見《北史》卷九二《韓鳳傳》。　鄧顒：人名。一作“鄧長顒”。初從高歡，北齊武成帝時，拜儀同三司。後主武平中任宰相，始參朝政，爲後主所寵重。

太上皇既至青州，即爲入陳之計。而高阿那肱召周軍，約生致齊主，而屢使人告，言賊軍在遠，已令人燒斷橋路。太上所以停緩。周軍奄至青州，[1]太上窘急，將遜於陳，置金囊於鞍後，與長鸞、淑妃等十數騎至青州南鄧村，[2]爲周將尉遲綱所獲，[3]送鄴。周武帝與抗賓主禮，[4]并太后、幼主、諸王俱送長安。封帝温國公。[5]至建德七年，[6]誣與宜州刺史穆提婆謀反，[7]及延宗等數十人，無少長咸賜死。神武子孫所存者一二而已。至大象末，[8]陽休之、陳德信等啓大丞相隋公，[9]請收葬，聽之，葬於長安北原洪瀆川。[10]

[1]奄：忽然。

[2]淑妃：北齊後主高緯的嬪妃。見《北史》卷一四《馮淑妃傳》。　南鄧村：在今山東青州市。

[3]爲周將尉遲綱所獲：中華本校勘記云：“按本書卷一〇、《周書》卷六《武帝紀》，擒北齊後主者是尉遲勤。勤父綱已死於天和四年，見《周書》卷二〇本傳。此紀誤。”尉遲綱，人名。字婆羅，代（今山西大同市東北）人，鮮卑族，尉遲迥之弟。西魏、北周將領。見《周書》卷二〇《尉遲綱傳》。

[4]抗賓主禮：地位平等的禮儀。

[5]温國公：封爵名。温國，治所在今河南温縣。

[6]七年：中華本校勘記云："按《周書》卷六《武帝紀》建德六年十月稱：'是月，誅温國公高緯。'這裏'七'當是'六'之誤。"可從。

[7]宜州：北周時治泥陽縣，在今陝西富平縣西北。

[8]大象：北周静帝的年號（579—580）。

[9]大丞相：官名。魏晋南北朝時丞相、相國不常置，皆非尋常人臣之位，多用來安置權位極高的重臣。北周時得授此官者皆爲操縱軍國政事的權臣，權任極重。　隋公：指隋文帝楊堅。

[10]洪瀆川：地名。在今陝西咸陽市東北陳村之南。

帝幼而令善，及長，頗學綴文，置文林館，引諸文士焉。而言語澀吶，[1]無志度，不喜見朝士，自非寵私昵狎，未嘗交語。性懦不堪，人視者即有忿責。其奏事者，雖三公、令、録莫得仰視，皆略陳大旨，驚走而出。每災異寇盜水旱，亦不自貶損，唯諸處設齋，以此爲修德。雅信巫覡，[2]解禱無方。[3]初，琅邪王舉兵，人告者誤云厙狄伏連反，帝曰："此必仁威也。"[4]又斛律光死後，諸武官舉高思好堪大將軍，帝曰："思好喜反。"皆如所言，遂自以策無遺算，乃益驕縱。盛爲無愁之曲，帝自彈胡琵琶而唱之，侍和之者以百數，人間謂之無愁天子。嘗出見群厲，[5]盡殺之。或殺人，剥面皮而視之。

[1]澀吶：説話遲鈍。

[2]巫覡（xí）：巫師。

[3]解禱：消災求福的祭祀活動。

[4]仁威：人名。即琅邪王高儼。字仁威，勃海蓨（今河北景縣）人。北齊宗室。見《北史》卷五二《琅邪王儼傳》。

[5]群厲：衆疫鬼。

任陸令萱、和士開、高阿那肱、穆提婆、韓長鸞等宰制天下，[1]陳德信、鄧長顒、何洪珍參預機權。[2]各引親黨，超居非次，官由財進，獄以賄成，其所以亂政害人，難以備載。諸官奴婢、閹人、商人、胡户、雜户、歌舞人、見鬼人濫得富貴者，[3]將以萬數。庶姓封王者百數，不復可紀。開府千餘，[4]儀同無數。[5]領軍一時三十，[6]連判文書，各作依字，[7]不具姓名，莫知誰也。諸貴寵祖禰追贈官，歲一進，位極乃止。宫掖婢皆封郡君。[8]宫女寶衣玉食者五百餘人，一裙直萬疋，鏡臺直千金，競爲變巧，朝衣夕弊。

[1]陸令萱：人名。亦稱陸媪，鮮卑族，北齊後主的奶媽。在後宫操持國政八年，使得朝廷混亂。見《北史》卷九二《穆提婆附陸令萱傳》。

[2]何洪珍：人名。北齊官吏。初以富家子弟選送入朝，爲北齊後主高緯寵幸。後主武平中封王，位開府。在朝與和士開勾結，弄權賣官。

[3]諸官奴婢：源氏校勘記云："'官'《北齊》作'宫'。"

[4]開府：指開府儀同三司。多爲大臣的加號，與諸公的禮制待遇相同，且允許開府，自辟僚屬。

[5]儀同：即儀同三司。爲一種官號。北齊時爲二品，位三公下。

[6]三十：《北齊書》卷八《幼主紀》作"二十"。按：未詳

孰是。

[7]各作依字：源氏校勘記改“依”作“花”。

[8]宮掖：指皇宮。　郡君：命婦之稱。始於漢武帝封王太后母臧兒爲平原君。平原爲漢郡名，故稱郡君。後世沿置。

承武成之奢麗，以爲帝王當然。乃更增益宮苑，造偃武修文臺。其嬪嬙諸院中，起鏡殿、寶殿、瑇瑁殿，[1]丹青雕刻，妙極當時。又於晋陽起十二院，壯麗逾於鄴下。所愛不恒，數毁而又復。夜則以火照作，寒則以湯爲泥。百工困窮，無時休息。鑿晋陽西山爲大佛像，一夜燃油萬盆，光照宮内。又爲胡昭儀起大慈寺，[2]未成，改爲穆皇后大寶林寺。窮極工巧，運石填泉，勞費億計，人牛死者，不可勝紀。御馬則藉以氈罽，[3]食物有十餘種，將合牝牡，則設青廬、具牢饌而親觀之。狗則飼以粱肉。[4]馬及鷹犬，乃有儀同、郡君之號。故有赤彪儀同、逍遥郡君、陵霄郡君。高思好書所謂駮龍、逍遥者也。[5]犬於馬上設褥以抱之。鬬雞亦號開府。犬馬雞鷹，多食縣幹。[6]鷹之入養者，稍割犬肉以飼之，至數日乃死。

[1]瑇瑁殿：位於鄴宮的西部。瑇瑁，一種食肉性海龜。

[2]大慈寺：在今山西太原市。

[3]氈（zhān）罽（jì）：氈和毛毯。

[4]粱肉：底本作“梁肉”，殿本、四庫本、四部備要本、中華本作“粱肉”。按：當爲“粱肉”，指精美的飯食。底本誤，今改。

[5]駮龍：底本作“馱龍”，《北齊書》卷八《幼主紀》作“駮

龍”。中華本校勘記云:“諸本‘駮’作‘駃’,《北齊書》《通志》及本書卷五一《高思好傳》都作‘駮’。按‘駮’,馬名。今據改。”今從改。　逍遥者：毛本、殿本、四庫本、局本、四部備要本作“逍遥著”。按：當爲“逍遥者”，字形相近而訛，從底本。

[6]食幹：東魏、北齊時推行的享受幹禄的制度。分爲食州幹、食郡幹與食縣幹（參高敏《東魏、北齊的食幹制度研究（上）（下）》,《社會科學戰綫》1984年第2、3期；趙向群、翟桂金《北齊食幹制度新探》,《西北師大學報》2001年第1期）。

又於華林園立貧窮村舍,[1]帝自弊衣爲乞食兒。又爲窮兒之市，躬自交易。寫築西鄙諸城，使人衣黑衣爲羌兵,[2]鼓噪陵之，親率内參臨拒，或實彎弓射人。自晋陽東巡，單馬馳騖，衣解髮散而歸。又好不急之務，曾一夜索蝎，及旦，得三升。特愛非時之物，取求火急，皆須朝徵夕辦，當勢者因之，貸一而責十焉。

[1]華林園：故址在今河北臨漳縣西南鄴鎮東。

[2]使人衣黑衣爲羌兵：底本作“黑衣爲羌兵”，中華本校勘記云:“諸本脱‘使人衣’三字，據《北齊書》、《通志》、《通鑑》卷一七二補。”今從改。

賦斂日重，徭役日煩，人力既殫，帑藏空竭，乃賜諸佞幸賣官，或得郡兩三，或得縣六七，各分州郡，下逮鄉官，亦多降中旨。[1]故有敕用州主簿,[2]敕用郡功曹。[3]於是州縣職司，多出富商大賈，競爲貪縱，人不聊生。爰自鄴都及諸州郡，所在徵税，百端俱起。凡此諸役皆漸於武成，至帝而增廣焉。然未嘗有帷薄淫穢，唯此事頗優於武成云。

［1］降中旨：底本作"隆中者"，四部備要本作"降中者"，殿本、局本、中華本作"降中旨"。中華本校勘記云："諸本'旨'訛作'者'，據《通典》卷十四、《御覽》卷一三一改。"今從改。

［2］主簿：官名。北齊時爲丞相及三公府僚屬，掌文簿之事。後諸軍府、王府、州郡府皆設。品秩隨府長官地位高下而不等。

［3］功曹：官名。州郡縣府皆設，爲主要佐吏，主選署功勞。品秩隨府長官地位高下而不等。

初，河清末，武成夢大蝟攻破鄴城，故索境内蝟膏以絶之。[1]識者以後主名聲與蝟相協，亡齊徵也。又婦人皆翦剔以著假髻，而危邪之，狀如飛鳥，至於南面，則髻心正西。始自宫内爲之，被於四遠。天意若曰，元首翦落，危側，當走西也。又爲刀子者，刃皆狹細，名曰盡勢。游童戲者，好以兩手持繩，拂地而却上跳，且唱曰"高末"。高末之言，蓋高氏運祚之末也。然則亂亡之數，蓋有兆云。

［1］蝟：刺蝟。

論曰：武成風度高爽，經算弘長，文武之官，俱盡謀力，有帝王之量矣。但愛狎庸豎，委以朝權，帷薄之間，淫侈過度，滅亡之兆，其在斯乎。玄象告變，傳位元子，名號雖殊，政猶己出，迹有虚飾，事非憲典，聰明臨下，何易可誣。又河南、河間、樂陵等諸王，[1]或以時嫌，或以猜忌，皆無罪而殞，非所謂知命任天體大道之義也。

[1]河南：指河南王高孝瑜。北齊宗室。　河間：指河間王高孝琬。北齊宗室。　樂陵：指樂陵王高百年。北齊宗室。

後主以中庸之姿，懷易染之性，永言先訓，教匪義方。[1]始自襁褓，至于傳位，隔以正人，閉其善道。養德所履，異乎春誦夏弦，[2]過庭所聞，莫非不軌不物。[3]輔之以中官孋媪，屬之以麗色淫聲，縱韝紲之娛，[4]恣朋淫之好。語曰"從惡若崩"，[5]蓋言其易。武平在御，彌見淪胥，罕接朝士，不親政事，一日萬機，委諸凶族。内侍帷幄，外吐絲綸，[6]威厲風霜，志迴天日，虐人害物，搏噬無厭，賣獄鬻官，谿壑難滿。[7]重以名將貽禍，忠臣顯戮，始見浸溺之萌，俄觀土崩之勢，周武因機，遂混區夏，悲夫！蓋桀紂罪人，其亡也忽焉，自然之理矣。

[1]教匪義方：接受的家教就不是正道。義方，行事應該遵守的規範和道理。

[2]春誦夏弦：應該按季節而采用不同的學習方式。《禮記·文王世子》："春誦夏弦，大師詔之。"鄭玄注："誦，謂歌樂也；弦，謂以絲播詩。"

[3]不軌不物：越出常軌，不合法度。《左傳》隱公五年："不軌不物，謂之亂政。"楊伯峻注："不軌，謂舉事不合禮制法度。"

[4]韝（gōu）紲（xiè）之娛：代指種種游樂活動。韝，射箭時所帶的皮質套袖。紲，繩索。

[5]從惡若崩：謂爲惡如山崩那樣容易。

[6]絲綸：帝王的詔書。《禮記·緇衣》："王言如絲，其出如綸。"孔穎達疏："王言初出，微細如絲，及其出行於外，言更漸大，如似綸也。"

[7]谿壑難滿：比喻難以滿足的貪欲。

鄭文貞公魏徵總而論之曰：[1]神武以雄傑之姿，始基霸業；文襄以英明之略，[2]伐叛柔遠。[3]于時喪君有君，師出以律。河陰之役，摧宇文如反掌；[4]渦陽之戰，掃侯景如拉枯。[5]故能氣懾西鄰，威加南服。王室是賴，東夏宅心。文宣因累世之資，膺樂推之會，[6]地居當璧，[7]遂遷魏鼎。[8]懷譎詭非常之才，運屈奇不測之智，網羅俊乂，明察臨下，文武名臣，盡其力用。親戎出塞，命將臨江，定單于於龍城，[9]納長君於梁國。外内充實，疆埸無警，胡騎息其南侵，秦人不敢東顧。既而荒淫敗德，罔念作狂，[10]爲善未能亡身，餘殃足以傳後。[11]得以壽終，幸也；胤嗣不永，宜哉。孝昭地逼身危，逆取順守，外敷文教，内蘊雄圖，將以牢籠區域，奄有函夏，享齡不永，績用無成。[12]若或天假之年，足使秦、吴旰食。[13]武成即位，雅道陵遲，[14]昭、襄之風，摧焉已墜。暨乎後主，外内崩離，衆潰於平陽，身禽于青土。天道深遠，或未易談；吉凶由人，抑可揚榷。[15]

[1]魏徵：人名。字玄成，鉅鹿曲城（今河北晋州市）人。唐初大臣、政治家。見《舊唐書》卷七一《魏徵傳》。

[2]文襄：即高澄。文襄爲其謚號，北齊文宣帝高洋所追謚。

［3］伐叛柔遠：即打擊叛亂，安撫遠進之人，使之歸附。

［4］河陰之役摧宇文如反掌：北齊後主武平六年七月至九月，北周武帝宇文邕率軍於河陰地區與北齊軍進行的一次戰役。北周先勝，然久克不下，北齊援軍趕到，宇文邕發病，被迫撤軍。河陰，縣名。治所在今河南孟津縣東。

［5］渦陽之戰掃侯景如拉枯：東魏在渦陽打敗侯景。渦陽之戰，東魏孝静帝武定五年（547）正月至次年正月，司徒侯景叛東魏投南朝梁，被東魏大將慕容紹宗等在渦陽擊敗。渦陽，郡名。北魏時治渦陽縣，在今安徽蒙城縣。侯景，人名。字萬景，懷朔鎮（今内蒙古固陽縣南）人。曾任東魏將領，後叛至南朝梁。見《梁書》卷五六《侯景傳》（參李萬生《侯景的氏族及相關問題》，《北京大學學報》2000 年第 5 期）。

［6］樂推：受到人民的擁戴。

［7］當璧：借指爲國立君之兆。《左傳》昭公十三年："初，共王無冢適，有寵子五人，無適立焉。乃大有事于群望，而祈曰：'請神擇於五人者，使主社稷。'乃徧以璧見於群望，曰：'當璧而拜者，神所立也，誰敢違之？'"

［8］遂遷魏鼎：取代魏朝，建立國家。

［9］龍城：在今遼寧朝陽市。

［10］罔念作狂：不思爲善。《尚書·多方》："惟聖罔念作狂，惟狂克念作聖。"孔傳："惟聖人無念於善則爲狂人，惟狂人能念於善則爲聖人。"

［11］餘殃足以傳後：其後患肯定會影響到後人。

［12］績用無成：功用無成。

［13］秦吴旰食：讓北周和南朝梁疲於奔命。秦，指代北周。吴，借指南朝的梁政權。旰食，晚食。指事務繁忙不能按時吃飯。

［14］雅道陵遲：禮樂敗壞。陵遲，敗壞、衰敗。

［15］揚榷：約略，舉其大概。

觀夫有齊全盛，控帶遐阻，西包汾、晋，南極江、淮，東盡海隅，[1]北漸沙漠。六國之地，我獲其五；九州之境，彼分其四。[2]料甲兵之衆寡，校帑藏之虚實，[3]折衝千里之將，[4]帷幄六奇之士，[5]比二方之優劣，無等級以寄言。

[1]海隅：指海邊。

[2]六國之地我獲其五九州之境彼分其四：形容北齊全盛時期的國土遼闊。北齊時，除了楚國舊地屬於南朝梁政權外，其餘五國舊地都屬北齊。

[3]帑藏：國庫。

[4]折衝千里之將：制敵取勝的將領。折衝，使敵人的戰車後撤。

[5]帷幄六奇之士：能出謀劃策的謀士。帷幄，指天子決策之處或將帥的幕府、軍帳。六奇，本是漢初謀士陳平爲高祖劉邦謀劃的六條奇計，後因以指出奇制勝的謀略。

然其太行、長城之固，自若也；江、淮、汾、晋之險，不移也；帑藏輸税之富，未虧也；士庶甲兵之衆，不缺也。然而前王用之而有餘，後主守之而不足，其故何哉？前王之御時也，沐雨櫛風，[1]拯其溺而救其焚，[2]信必賞，過必罰，[3]安而利之。既與共其存亡，故得同其生死。後主則不然，以人從欲，損物益己，雕墻峻宇，[4]甘酒嗜音，鄽肆遍於宫園，[5]禽色荒於外内。俾晝作夜，罔水行舟，所欲必成，所求必得。既不軌不物，又暗於聽受，忠信弗聞，萋斐必入。[6]視人如草芥，從惡如順流。佞閹處當軸之權，[7]婢媪擅回天之力。賣官囂獄，亂政淫刑，刳剒被於忠良，[8]禄位加於犬馬。讒邪並進，法令多聞。持瓢者非止百人，摇樹者不唯一手。於是土崩瓦解，衆叛親離，顧瞻周道，[9]咸有西歸之志。方更盛其宫觀，窮極荒淫，謂黔首之可誣，[10]指白日以自保，驅倒戈之旅，抗前歌之師，[11]五世崇基，一舉而滅。豈非鐫金石者難爲功，摧枯朽者易爲力歟。

[1]沐雨櫛風：形容飽經風雨、勞苦奔波。

[2]拯其溺而救其焚：救人於水火之中。

[3]信必賞過必罰：中華本校勘記云："《北齊書》作'信賞必罰'。按'信必賞'不通，當是'功必賞'之誤。"

[4]雕墻峻宇：飾以浮雕、彩繪的墻壁，高大的屋宇。形容奢侈浪費。

[5]廛（chán）：存儲、銷售貨物的店鋪。

[6]萋斐：花紋錯雜貌。比喻讒言。語本《詩·小雅·巷伯》："萋兮斐兮，成是貝錦；彼譖人者，亦已大甚！"

[7]當軸：正處在車軸的中心位置。比喻官居要職。

[8]刳（kū）剒（cuò）：斬殺。

[9]周道：大路。

[10]黔首：古代對平民、百姓的稱呼。

[11]前歌之師：士兵士氣旺盛的軍隊。

抑又聞之，[1]"皇天無親，唯德是輔"。[2]"天時不如地利，地利不如人和"。齊自河清之後，逮于武平之末，[3]土木之工不息，嬪嬙之選無已。徵税盡，人力殫，物産無以給其求，江海不能贍其欲。所謂火既熾矣，更負薪以足之；[4]數既窮矣，又爲惡以促之。欲求大夏不燔，[5]延期過曆，[6]不亦難乎。由此言之，齊氏之敗亡，蓋亦由人，匪惟天道也。

［1］又：元大德本作“人”。

［2］皇天無親唯德是輔：上天公正無私，衹幫助那些品德高尚的人。語出《尚書·蔡仲之命》：“皇天無親，惟德是輔。民心無常，惟惠之懷。”

［3］于：元大德本作“子”。按：從文意看，元大德本誤。

［4］火既熾矣更負薪以足之：抱着柴草救火。比喻想消滅災害，反而使災害擴大。

［5］大夏：即大廈。

［6］延期過曆：超過預計的享國年數。語出《漢書·諸侯王表》：“周過其曆，秦不及期，國勢然也。”

今注本二十四史

北史

三

紀〔三〕

唐 李延壽 撰

李憑 靳寶 主持校注

中国社会科学出版社

北史　卷九

周本紀上第九

周太祖文皇帝姓宇文氏，[1]諱泰，字黑獺，代郡武川人也。[2]其先出自炎帝。炎帝爲黄帝所滅，子孫遁居朔野。其後有葛烏兔者，[3]雄武多筭略，鮮卑奉以爲主，遂總十二部落，世爲大人。[4]及其裔孫曰普回，因狩得玉璽三紐，文曰皇帝璽，普回以爲天授，己獨異之。其俗謂天子曰“宇文”，故國號宇文，并以爲氏。

[1]太祖：宇文泰的廟號，北周孝閔帝所追謚。　文：宇文泰的謚號，北周孝閔帝所追謚。

[2]代郡：北魏時治平城，在今山西大同市東北。　武川：縣名。應作“武周”，治所在今内蒙古武川縣西（參安介生《“代郡武川”辨析》，《歷史地理》第十三輯，上海人民出版社 1996 年，第 204—207 頁）。

[3]葛烏兔：人名。《周書》卷一《文帝紀上》作“葛烏菟”。

[4]大人：部落首領。

普回子莫那，自陰山南徙，[1]始居遼西，[2]是曰獻侯，爲魏舅甥之國。[3]自莫那九世至侯歸豆，[4]爲慕容晃所滅。[5]其子陵仕燕，拜駙馬都尉，[6]封玄菟公。[7]及慕容寶敗，[8]歸魏，拜都牧主，[9]賜爵安定侯。[10]天興初，[11]魏遷豪傑於代都，[12]陵隨例徙居武川，即爲其郡縣人焉。陵生系，系生韜，韜生皇考肱，並以武略稱。

[1]陰山：即今烏拉前山—大秦山山系。

[2]遼西：郡名。三國魏時治陽樂縣，在今遼寧義縣西。

[3]舅甥：《周書》卷一《文帝紀上》作“舅生”。

[4]侯歸豆：源氏校勘記云：“《周書》作‘豆歸’。”按：《周書·文帝紀上》作“侯豆歸”。史書有作“佚豆歸”“逸豆歸”者，即此人，《周書》誤爲“侯豆歸”，《北史》作“侯歸豆”更誤。

[5]“及其裔孫曰普回”至“爲慕容晃所滅”：中華本校勘記云：“錢氏《考異》卷三八云：‘按後周之先，出自匈奴宇文，而紀所述世系與《匈奴宇文莫槐傳》（本書卷九八）互異。（中略）兩篇所述人名、世系無一同者，一據《周書》，一據《魏書》也。延壽生於唐初，去周未遠，何以不考乃爾。’”慕容晃，人名。一作慕容皝，字元真，昌黎棘城（今遼寧北票市章吉營子鄉三官營子村）人，鮮卑族。十六國時前燕君主。見《晋書》卷一〇九《慕容皝載記》。

[6]駙馬都尉：官名。西漢武帝始置，皇帝出行時掌副車。爲近臣，常用作加官。魏晋沿置，與奉車、騎都尉並號三都尉，多用作宗室、外戚、功臣子、貴族、親近之臣的加官，或亦加於尚公主者。十六國時沿置。

[7]玄菟公：封爵名。玄菟，郡名。十六國後燕時治沃沮城，在今朝鮮咸興市。

[8]慕容寶：人名。字道裕，昌黎棘城（今遼寧北票市章吉營子鄉三官營子村）人，鮮卑族。十六國時後燕君主。見《北史》卷九三《慕容垂附慕容寶傳》。

[9]都牧主：官名。牧馬總監。

[10]安定侯：封爵名。安定，郡名。北魏時治安定縣，在今甘肅涇川縣北。

[11]天興：北魏道武帝的年號（398—404）。

[12]代都：都名。在今山西大同市。

肱任俠有氣幹。正光末，[1]沃野鎮人破六韓拔陵作亂，[2]其僞署王衛可瓌最盛，[3]肱乃糾合鄉里，斬瓌，其衆乃散。後陷鮮于脩禮，[4]爲定州軍所破，[5]戰没於陣。武成初，[6]追謚曰德皇帝。

[1]正光：北魏孝明帝的年號（520—525）。

[2]沃野鎮：軍鎮名。北魏置。初在今内蒙古巴彦淖爾市臨河區西南布隆淖東北巴拉亥附近。孝文帝太和十年（486）移於今内蒙古杭錦旗西北黄河南岸。宣武帝正始後又移於今内蒙古烏拉特前旗蘇獨侖鄉的根子場古城。　破六韓拔陵：人名。亦作“破落汗拔陵”。北魏末六鎮起義軍首領。孝明帝孝昌元年（525）兵敗，被柔然黨族所殺。《周書》卷一《文帝紀上》作“破六汗拔陵”。

[3]衛可瓌：人名。六鎮起義軍將領。孝明帝正光五年領兵攻下武川（今内蒙古武川縣西）、懷朔（今内蒙古固陽縣百靈淖城圐圙古城）兩鎮，又連敗魏軍於五原（今内蒙古包頭市西南）和白道（今内蒙古呼和浩特市西北）。次年，兵敗被殺。源氏校勘記云：“‘瓌’《周書》作‘孤’。”按：《周書·文帝紀上》作“衛可孤”。

[4]鮮于脩禮：人名。敕勒族。北魏末河北起義軍首領。本爲懷朔鎮兵，六鎮起義軍失敗後，其部衆二十餘萬人，被朝廷安置在冀、定、瀛三州就食。再次起義後，大敗長孫稚於五鹿（今河南濮陽市東北），爲其部將元洪業所殺。

[5]定州：北魏時治盧奴縣，在今河北定州市。

[6]武成：北周明帝的年號（559—560）。

帝，德皇帝之少子也。母曰王氏。初孕五月，夜夢抱子升天，纔不至而止。寤以告德皇帝。德皇帝喜曰："雖不至天，貴亦極矣。"帝生而有黑氣如蓋，下覆其身。及長，身長八尺，方顙廣額，[1]美鬚髯，髮長委地，垂手過膝，背有黑子，宛轉若龍盤之形，[2]面色紫光。人望而敬畏之。

[1]顙（sǎng）：額頭。

[2]龍盤：毛本、殿本、四庫本、局本、四部備要本作"盤龍"。

少有大度，不事家人生業，輕財好施，以交結賢士大夫爲務。隨德皇帝在鮮于脩禮軍。及葛榮殺脩禮，[1]帝時年十八，榮下任將帥，察其無成，謀與諸兄去之。計未行，會榮滅，因隨尒朱榮遷晉陽。[2]榮忌帝兄弟雄傑，遂託以他罪誅帝第三兄洛生。[3]帝以家冤自理，辭旨慷慨，榮感而免之，益加敬待。

[1]葛榮：人名。北魏末河北義軍首領。

[2]尒朱榮：人名。字天寶，北秀容（今山西朔州市）人，契胡族。北魏大臣。見《北史》卷四八《尒朱榮傳》。　晉陽：縣名。治所在今山西太原市晉源區古城營村一帶。

[3]洛生：即宇文洛生，人名。代郡武川（今内蒙古武川縣西）人，鮮卑族。見《北史》卷五七《莒莊公洛生傳》。

始以統軍從榮征討,[1]後以别將從賀拔岳討北海王顥於洛陽。[2]孝莊反正,[3]以功封寧都子。[4]後從岳入關,平万俟醜奴,[5]行原州事。[6]時關隴寇亂,[7]帝撫以恩信,百姓皆喜,曰:"早遇宇文使君,吾等豈從逆亂。"帝嘗從數騎於野,忽聞簫鼓之音,以問從者,皆莫之聞,意獨異之。

[1]統軍:官名。漢晋時已有,北魏復設,爲統兵武官,位在都將之下、軍主之上。

[2]别將:官名。北魏中期之後根據出軍之制,軍之統帥爲都督,與主力分道的輔翼將領稱爲别道都將,亦稱都將,位在統軍之上。　賀拔岳:人名。字阿斗泥,神武尖山(今山西神池縣)人。北魏末名將。見《北史》卷四九《賀拔允附賀拔岳傳》。　北海王:封爵名。北海,郡名。北魏時治平壽城,在今山東濰坊市西南。　顥:即元顥,人名。字子明。北魏宗室、大臣。見《北史》卷一九《北海王詳附元顥傳》。

[3]孝莊:即北魏皇帝元子攸。孝莊爲其謚號。

[4]寧都子:封爵名。寧都,縣名。治所在今陝西紫陽縣。

[5]万俟醜奴:人名。鮮卑族。北魏末年關隴各族人民起義軍首領。

[6]原州:北魏時治高平縣,在今寧夏固原市城區。

[7]關隴:地區名。即關中和甘肅東部一帶地區。

普泰二年,[1]尒朱天光東拒齊神武,[2]留弟顯壽鎮長安,[3]召秦州刺史侯莫陳悦東下。[4]岳知天光必敗,欲留悦共圖顯壽,計無所出。帝謂岳曰:"今天光尚近,悦未必貳心,若以此事告之,恐其驚懼。然悦雖爲主將,不能制物，若先説其衆，必人有留心。進失尒朱之期，退恐人情變動，若乘此説悦，事無不遂。”岳大喜，即令帝入悦軍説之。悦遂與岳襲長安，帝輕騎爲前鋒，追至華陰，[5]禽顯壽。及岳爲關西大行臺，[6]以帝爲左丞，[7]領岳府司馬，[8]事無巨細，皆委决焉。

[1]普泰：北魏節閔帝的年號（531—532）。

[2]尒朱天光：人名。北秀容（今山西朔州市）人，契胡族。北魏官吏。見《北史》卷四八《尒朱榮附尒朱天光傳》。　齊神武：即高歡。神武爲其謚號，北齊後主所追謚。

[3]顯壽：即尒朱顯壽，人名。契胡族。北魏將領。

[4]秦州：北魏時治上封城，在今甘肅天水市。　侯莫陳悦：人名。代郡（今山西大同市東北）人。北魏將領。見《北史》卷四九《侯莫陳悦傳》。

[5]華陰：縣名。治所在今陝西華陰市東南。

[6]大行臺：官名。北魏置，爲尚書省在各主要地區派出機構的長官，管理轄區内的軍政事務。

[7]左丞：官名。即尚書左丞。爲尚書臺副職，與尚書右丞共同掌管尚書省庶務，職權甚重。北魏孝文帝太和二十三年（499）定爲從四品。

[8]司馬：官名。北魏時爲軍府的高級幕僚，掌參贊軍務、管理府内武職，地位僅次於長史。諸將軍府等皆置，其品秩隨府主地位高低而定。

齊神武既除尒朱氏，遂專朝政。帝請往觀之，至并州。[1]神武以帝非常人，曰：“此小兒眼目異。”將留之。帝詭陳忠款，具託左右，苦求復命，倍道而行。行一日而神武乃悔，發上驛千里，追帝至關，不及而反。帝還，謂岳曰："高歡豈人臣邪，逆謀未發者，憚公兄弟耳。侯莫陳悦本實庸材，亦不爲歡忌，但爲之備，圖之不難。今費也頭控弦之騎，[2]不下一萬，夏州刺史解拔彌俄突，[3]勝兵三千餘人，及靈州刺史曹泥，[4]並恃僻遠，常懷異望。河西流人紇豆陵伊利等，[5]户口富實，未奉朝風。今若移軍近隴，扼其要害，示之以威，懷之以德，即可收其士馬，以資吾軍。西輯氐、羌，[6]北撫沙塞，還軍長安，匡輔魏室，此桓文之舉也。"岳大悦。復遣帝詣闕請事，密陳其狀。魏帝納之，加帝武衛將軍，[7]還令報岳。岳遂引軍西次平凉。

[1]并州：北魏時治晋陽縣，在今山西太原市晋源區古城營村一帶。

[2]費也頭：匈奴别部之一。北魏時活動於今山西、陝西兩省間黄河南段以西一帶。

[3]夏州：北魏時治大夏（統萬城），在今陝西靖邊縣白城子村無定河北岸的毛烏素沙漠中（靠近今内蒙古烏審旗南境）。　解拔彌俄突：人名。其餘不詳。

[4]靈州：北魏時治薄骨律鎮，在今寧夏靈武市西南。　曹泥：人名。一作"曹埿"。西魏、東魏官吏。先仕西魏，官至靈州刺史。後降東魏，爲宇文泰所攻。

[5]河西：郡名。此處泛指今甘肅境内的河西走廊。　紇豆陵伊利：人名。費也頭之帥。北魏孝武帝永熙二年（533）爲高歡所敗，其部落也被遷往河東。

[6]氐：族名。分布於今甘肅、陝西、四川等省的臨接地帶，以畜牧業、農業爲生。西晋末曾建立過仇池、前秦、後凉等政權。

見《北史》卷九六《氐傳》。　羌：族名。亦稱羌戎。魏晋南北朝時，居處分散，均以游牧爲主，其中與漢人雜居者，則逐漸定居農耕。

［7］武衛將軍：官名。掌宿衛禁軍。北魏孝文帝太和十七年定爲從二品下，二十三年定爲從三品。

岳以夏州鄰接寇賊，欲求良刺史以鎮之，衆皆舉帝。岳曰："宇文左丞，吾左右手，何可廢也。"沉吟累日，乃從衆議，表帝爲夏州刺史。帝至州，伊利望風款附，而曹泥猶通使於齊神武。

魏永熙三年正月，[1]賀拔岳欲討曹泥，遣都督趙貴至夏州與帝謀。[2]帝曰："曹泥孤城阻遠，未足爲憂。侯莫陳悦貪而無信，是宜先圖也。"岳不聽，遂與悦俱討泥。二月，至河曲，[3]果爲悦所害。衆散還平凉，[4]唯大都督趙貴率部曲收岳屍還營。[5]三軍未知所屬，諸將以都督寇洛年最長，[6]推總兵事。洛素無雄略，威令不行，乃請避位。於是趙貴言於衆，稱帝英姿雄略，若告喪，必來赴難，因而奉之，大事濟矣。諸將皆稱善，乃令赫連達馳至夏州告帝。[7]士吏咸泣，請留以觀其變。帝曰："難得而易失者時也，不俟終日者機也，今不早赴，將恐衆心自離。"都督彌姐元進規應悦，[8]密圖帝。事發，斬之。

［1］永熙：北魏孝武帝的年號（532—534）。

［2］都督：官名。地方軍政長官，分使持節、持節、假節三種，職權各有不同。使持節者得殺二千石以下官員，持節者得殺無官位

者，假節者唯有軍事上得殺犯軍令者。　趙貴：人名。字元寶，一作元貴，天水南安（今甘肅隴西縣）人。西魏、北周將領。見《北史》卷五九《趙貴傳》。

[3]河曲：指今青海東南部黄河曲流處。

[4]平涼：城名。在今甘肅平涼市。

[5]大都督：官名。北魏時亦有在戰事時臨時加置的情况，或以此銜都督某一地區軍事。　部曲：本爲軍隊編制之稱。東漢末，演變爲私人武裝之稱。魏晋南北朝時，世族、豪族普遍擁有部曲。平時耕田從役，戰時隨主人作戰。父死子繼，地位低下。南北朝後期，地位稍爲上升，有一些經主人放免成爲平民。

[6]寇洛：人名。一作"寇洛生"。上谷昌平（今北京昌平區）人。北魏、西魏將領。見《北史》卷五九《寇洛傳》。

[7]赫連達：人名。字朔周，盛樂（今内蒙古和林格爾縣西北）人。北魏、西魏、北周將領。見《北史》卷六五《赫連達傳》。

[8]彌姐元進規：人名。其餘不詳。

帝乃率帳下，輕騎馳赴平涼。時齊神武遣長史侯景招引岳衆。[1]帝至安定，遇之於傳舍。吐哺上馬，謂曰："賀拔公雖死，宇文泰尚存，卿何爲也？"景失色曰："我猶箭耳，隨人所射者也。"景於此還。帝至平涼，哭岳甚慟。將士悲且喜曰："宇文公至，無所憂矣。"

[1]長史：官名。北魏時掌顧問參謀，主行營事務。不同名號的長史所負職責不同，品秩也不相同。　侯景：人名。字萬景，懷朔鎮（今内蒙古固陽縣南）人。北魏末先後事尒朱榮、高歡。後又反梁。見《梁書》卷五六《侯景傳》（參李萬生《侯景的氏族及相關問題》，《北京大學學報》2000 年第 5 期）。

齊神武又使景與常侍張華原、義寧太守王基勞帝，[1]帝不受命。與基有舊，將留之，并欲留景，並不屈，乃遣之。時斛斯椿在帝所，[2]曰："景，人傑也，何故放之？"帝亦悔，驛追之不及。基亦逃歸，言帝雄傑，請及其未定滅之。神武曰："卿不見賀拔、侯莫陳乎，吾當以計拱手取之。"及沙苑之敗，[3]神武乃始追悔。

[1]常侍：官名。掌侍從左右，贊相禮儀，獻替諫諍。　張華原：人名。字國滿，代郡（今山西大同市東北）人。北齊官吏。見《北史》卷八六《張華原傳》。　義寧：郡名。北魏時治沁源縣孤遠城，在今山西沁源縣。　王基：人名。太安狄那（今山西壽陽縣西）人。初從葛榮起義，授濟北王、寧州刺史。榮敗，歸順尒朱榮。尒朱氏亂平，歸屬高歡，爲義寧太守。東魏孝静帝元象初，累遷南益州、北豫州刺史，後爲其家奴所害。

[2]斛斯椿：人名。字法壽，廣牧富昌（今内蒙古准格爾旗東南）人。北魏、東魏官吏。見《北史》卷四九《斛斯椿傳》。

[3]沙苑之敗：指宇文泰大破高歡於沙苑事。沙苑，地名。又名沙阜、沙海、沙窩。在今陝西大荔縣南洛、渭二河之間。

于時魏帝將圖神武，聞岳被害，遣武衛將軍元毗宣旨勞岳軍，[1]追還洛陽。毗到平涼，會諸將已推帝，侯莫陳悦亦被敕追還。悦既附神武，不肯應召。帝曰："悦枉害忠良，復不應詔命，此國之大賊。"乃令諸軍戒嚴，將討悦。

[1]元毗：人名。字休弼。北魏宗室。爲孝武帝親近隨從。見

《北史》卷一五《常山王遵附元毗傳》。

及毗還，帝表於魏帝，辭以高歡至河東，[1]侯莫陳悦在水洛，[2]首尾受敵，乞少停緩。帝志在討悦，而未測朝旨，且衆未集，假爲此辭。因與元毗及諸將，刑牲盟誓，同奬王室。

[1]河東：郡名。北魏時治蒲坂縣，在今山西永濟市西南蒲州鎮。

[2]水洛：城名。在今甘肅莊浪縣。

初，賀拔岳營河曲，軍吏獨行，忽見一翁，謂曰："賀拔雖據此衆，終無所成。當有一宇文家從東北來，後必大盛。"言訖不見。至是方驗。

魏帝因詔帝爲大都督，即統賀拔岳軍。帝乃與悦書，責以殺賀拔岳罪，又喻令歸朝。悦乃詐爲詔書與秦州刺史万俟普撥，[1]令爲己援。普撥疑之，封以呈帝，帝表奏之。魏帝因問帝安秦隴計。[2]帝請召悦，授以内官，及處以瓜、凉一藩；[3]不然，則終致猜虞。

[1]万俟普撥：即万俟普，人名。字普撥，太平（今山西山陰縣東南）人，鮮卑族。北魏、北齊官吏。見《北史》卷五三《万俟普傳》。

[2]秦隴：地區名。泛指今陝西與甘肅二省境。

[3]瓜：州名。北魏時治敦煌縣，在今甘肅敦煌市西。　凉：州名。北魏時治姑臧縣，在今甘肅武威市。

三月，帝進軍至原州，衆軍悉集，諭以討悦意，士卒莫不懷憤。四月，引兵上隴，[1]留兄子導爲都督，[2]鎮原州。帝軍令嚴肅，秋毫無犯，百姓大悦。軍出木峽關，[3]大雪，平地二尺。帝知悦怯而多猜，乃倍道兼行，出其不意。悦果疑其左右有異志，左右不自安，衆遂離貳。聞大軍且至，退保略陽，[4]留一萬餘人據守水洛。帝至，圍之，城降。帝即輕騎數百趣略陽，以臨悦軍。其部將皆勸悦退保上邽。[5]時南秦州刺史李弼亦在悦軍，[6]間遣使請爲内應。其夜，悦出軍，軍自驚潰，將卒或來降，帝縱兵奮擊，大破之。悦與其子弟及麾下數十騎遁走。帝乃命原州都督導追悦，[7]至牽屯山斬之，[8]傳首洛陽。帝至上邽，悦府庫財物山積，皆以賞士卒，毫釐無所取。左右竊以一銀甕歸，帝知而罪之，即剖賜將士，衆大悦。

[1]隴：山名。又稱隴坻、隴首、隴阪。在今陝西隴縣、寶雞市與甘肅清水縣、張家川回族自治縣之間。

[2]導：底本作“遵”，局本、中華本作“導”，源氏校勘記云：“‘遵’《周書》作‘導’。下同。”中華本校勘記云：“諸本‘導’作‘遵’，《周書》作‘導’。按《宇文導傳》見本書卷五七，作‘遵’誤，今據改。”今從改。

[3]木峽關：在今寧夏固原市西南紅莊鄉，即海子峽出口處。底本作“木狹關”，中華本校勘記云：“諸本‘峽’作‘狹’，《周書》作‘峽’。按《太平寰宇記》卷三三，原州平高縣有木峽關。今據改。”今從改。

[4]略陽：郡名。北魏時治隴城縣，在今甘肅秦安縣東北。

[5]上邽：縣名。治所在今甘肅天水市。

[6]南秦州：北魏時治洛谷城，在今甘肅西和縣洛峪鎮。　李弼：人名。字景和，隴西成紀（今甘肅秦安縣）人。北魏、西魏、北周大臣。見《北史》卷六〇《李弼傳》。

[7]導：底本作“遵”，局本、中華本作“導”。按：今從改。

[8]牽屯山：即今寧夏涇源縣六盤山。

齊神武聞關隴剋捷，[1]遣使於帝，深相倚結。帝拒而不納，封神武書以聞。時神武已有異志，故魏帝深仗於帝，仍令帝稍引軍而東。帝乃令大都督梁禦率步騎五千，[2]將鎮河、渭合口，爲圖河東計。魏帝進帝侍中、驃騎大將軍、開府儀同三司、關西大都督、略陽縣公，[3]承制封拜，使持節如故。[4]

[1]關隴：《周書》卷一《文帝紀上》作“秦隴”。

[2]梁禦：人名。字善通，其先安定（今甘肅涇川縣北）人，後家遷於武川，改姓紇豆陵氏。北魏、西魏將領。見《北史》卷五九《梁禦傳》。

[3]侍中：官名。北魏時掌侍皇帝左右，贊導衆事，顧問應對，此職親近皇帝，掌權便利，時有宰相之實。員六人，孝文帝太和十七年定爲從一品中，二十三年定爲三品。　驃騎大將軍：官名。北魏時位尊於驃騎將軍，僅次於大將軍，高於諸名號大將軍。授此職者以權臣元老居多，可開府置僚屬，一般不領兵。孝文帝太和二十三年定爲從一品。　開府儀同三司：多爲大臣的加號，與三司即太尉、司徒、司空的禮制待遇相同，且允許開府，自辟僚屬。北魏孝文帝太和二十三年定爲從一品。

[4]使持節：節爲皇帝號令賞罰的信物，故持節者位高而權重。西晋起，成爲一種加官，持節在使持節之下、假節之上。

時魏帝方圖齊神武，又遣徵兵。帝乃令前秦州刺史駱超爲大都督，[1]率輕騎一千赴洛。魏帝進授帝兼尚書左僕射、關西大行臺，[2]餘官如故。帝乃傳檄方鎮曰：

[1]駱超：人名。北魏官吏。孝莊帝時任秦州刺史，後奔尒朱天光。

[2]尚書左僕射：官名。北魏時職掌尚書省庶務及執法，或典選舉。左僕射兼掌糾彈百官。孝文帝太和二十三年定爲從二品。《周書》卷一《文帝紀上》作“尚書僕射”。按：未詳孰是。

蓋聞陰陽遞用，盛衰相襲，苟當百六，無聞三五。[1]皇家創歷，陶鑄蒼生，保安四海，仁育萬物。運距孝昌，[2]屯沴屢起，[3]隴、冀騷動，[4]燕、河狼顧。[5]雖靈命重啓，蕩定有期，而乘釁之徒，因翼生羽。[6]

[1]百六：厄運。　無聞三五：四庫本作“無間三五”。按：從文意來看，當從底本。三五，三五之隆的省稱，指西漢第三世文帝與第五世武帝之間的興盛狀況。見《漢書補注·郊祀志下》“三五之隆”條。

[2]孝昌：北魏孝明帝的年號（525—527）。

[3]屯沴：災禍。

[4]隴：州名。北魏時治汧陰縣，在今陝西隴縣東南。　冀：州名。北魏時治信都縣，在今河北冀州市。

[5]燕：州名。北魏時治廣寧縣，在今河北涿鹿縣。　河：州名。北魏時治枹罕縣，在今甘肅臨夏市。

[6]翼生羽：源氏校勘記云：“《周書》作‘生羽翼’。”

賊臣高歡，器識庸下，出自輿皁，[1]罕聞禮義。直以一介鷹犬，效力戎行，靦冒恩私，遂階榮寵。不能竭誠盡節，專挾奸回，乃勸尒朱榮行兹篡逆。及榮以專政伏誅，世隆以凶黨外叛，[2]歡苦相敦勉，[3]令取京師。又勸吐萬兒復爲弑虐，[4]暫立建明，[5]以令天下，假推普泰，欲竊威權。並歸廢斥，俱見酷害。於是稱兵河北，假討尒朱，亟通表奏，云取讒賊。既行廢黜，遂將篡弑。以人望未改，恐鼎鑊交及，乃求宗室，權允人心。天方與魏，必將有主，翊戴聖明，誠非歡力。而歡阻兵安忍，自以爲功，廣布腹心，跨州連郡，端揆禁闈，莫非親黨，皆行貪虐，窫窳生靈。[6]而舊將名臣，正人直士，横生瘡痏，動掛網羅。故武衛將軍伊琳，[7]清直武毅，禁旅攸屬；直閤將軍鮮于康仁，[8]忠亮驍傑，爪牙斯在：歡收而戮之，曾無聞奏。司空高乾，[9]是其黨與，每相影響，謀危社稷。但奸志未從，恐先泄漏，乃密白朝廷，使殺高乾，方哭對其弟，稱天子横戮。孫騰、任祥，[10]歡之心膂，並使入居樞近，伺國間隙，知歡逆謀將發，相繼歸逃，歡益加撫待，亦無陳白。

[1]輿皁：泛指賤役。

[2]世隆：即尒朱世隆，人名。字榮宗，北秀容（今山西朔州市）人，契胡族。北魏末官吏。見《北史》卷四八《尒朱榮附尒朱世隆傳》。

[3]苦相敦勉：底本作“若相敦勉”，殿本、四庫本、局本、

四部備要本、中華本作“苦相敦勉”。按：從文意來看，底本誤，今改之。

［4］吐萬兒：即尒朱兆，人名。字萬仁，北秀容（今山西朔州市）人，契胡族。北魏將領。見《北史》卷四八《尒朱榮附尒朱兆傳》。

［5］建明：指北魏長廣王元曄。建明爲其年號（530—531）。

［6］窫（yà）窳（yǔ）：殘害。

［7］伊琳：人名。代（今山西大同市東北）人。北魏將領。

［8］直閤將軍：官名。爲皇帝左右侍衛之官，地位顯要。大多以宗室任此職。北魏孝文帝太和十七年定爲從三品中，二十三年定爲從四品。

［9］司空：官名。北魏時爲名譽宰相，三公之一，多爲大臣加官，無實際職掌。一品。　高乾：人名。字乾邕，勃海蓨（今河北景縣）人。北魏末大臣。見《北史》卷三一《高祐附高乾傳》。

［10］孫騰：人名。字龍雀，咸陽石安（今陝西咸陽市東北）人。東魏大臣。見《北史》卷五四《孫騰傳》。　任祥：人名。字延敬，廣寧（今河北涿鹿縣）人。北魏、東魏官吏。見《北史》卷五三《任祥傳》。

然歡入洛之始，本有奸謀。令親人蔡儁作牧河、濟，[1]厚相恩贍，爲東道主人。故關西大都督清水公賀拔岳，[2]勳德隆重，興亡攸寄，歡好亂樂禍，深相忌毒，乃與侯莫陳悅，陰圖陷害。幕府以受律專征，便即討戮。歡知逆狀已露，稍懷旅拒，遂遣蔡儁拒代，令竇泰佐之，[3]又遣侯景等云向白馬，[4]輔世珍等徑趣石濟，[5]高隆之、疋婁昭等屯據壺關，[6]韓軌之徒擁衆蒲坂。[7]於是上書天子，數論得失，訾毀乘輿，威侮朝廷。藉此微庸，冀兹大寶，溪壑可盈，禍心不測。或言徑赴荆、楚，開疆於外；或言分詣伊、洛，取彼讒人；或言欲來入關，與幕府决戰。今聖明御運，天下清夷，百僚師師，四隩來暨，[8]人盡忠良，誰爲君側？而歡威福自己，生是亂階，緝構南箕，指鹿爲馬，包藏凶逆，伺我神器。是而可忍，孰不可容。

[1]蔡儁：人名。字景彦，廣寧石門（今山西朔州市）人。北魏、東魏將領。見《北史》卷五三《蔡儁傳》。　濟：州名。北魏時治碻磝城，在今山東茌平縣西南。

[2]清水公：封爵名。清水，郡名。北魏時治清水縣，在今甘肅清水縣西北。

[3]竇泰：人名。字世寧，太安捍殊（今山西壽陽縣北）人。北魏、東魏將領。見《北史》卷五四《竇泰傳》。

[4]白馬：城名。在今山西臨汾市。

[5]石濟：津渡名。又名棘津、南津。在今河南滑縣西南古黄河上。

[6]高隆之：人名。字延興，洛陽（今河南洛陽市）人。北魏、東魏、北齊大臣。見《北史》卷五四《高隆之傳》。　疋婁昭：人名。字菩薩，代郡平城（今山西大同市東北）人。北魏、東魏大臣。見《北史》卷五四《婁昭傳》。底本作“及婁昭”，源氏校勘記云：“‘及’《周書》作‘疋’。”中華本校勘記云：“諸本‘疋’作‘及’，《周書》作‘疋’。按《魏書》卷一一三《官氏志》云：‘匹婁氏後改爲婁氏。’《元和姓纂·五質》《通志·氏族略》作‘疋婁’。疋婁昭即婁昭，作‘及’乃形似致訛。今據改。”今從改。　壺關：縣名。治所在今山西壺關縣東南。

[7]韓軌：人名。字伯年，《北齊書》卷一五《韓軌傳》作

"百年"，太安狄那（今山西壽陽縣西）人。北齊官吏。見《北史》卷五四《韓軌傳》。　蒲坂：縣名。治所在今山西永濟市西南蒲州鎮。

[8]四隩：四方邊遠地區。

幕府折衝宇宙，親當受脤，鋭師百萬，彀騎千群，[1]裹糧坐甲，唯敵是俟，義之所在，糜軀匪吝。頻有詔書，班告天下，稱歡逆亂，徵兵致伐。今便分命將帥，應機進討，或趣其要害，或襲其窟穴，電繞蛇擊，霧合星羅。而歡違負天地，毒被人鬼，乘此掃蕩，易同俯拾。歡若度河，稍逼宫廟，則分命諸將，直取并州，幕府躬自東轅，電赴伊、洛。若固其巢穴，未敢發動，亦命群帥，百道俱前，轘裂賊臣，以謝天下。

[1]彀（gòu）騎：持弓弩的騎兵。

其州鎮郡縣，率土黎人，或州鄉冠冕，或勳庸世濟，並宜捨逆歸順，立效軍門。封賞之科，已有別格，凡百君子，可不勉哉。

帝謂諸軍曰："高歡雖智不足而詐有餘，今聲言欲西，其意在入洛。吾欲令寇洛率馬步萬餘，自涇州東引；[1]王羆率甲士一萬，[2]先據華州。[3]歡若西來，王羆足得抗拒；如其入洛，寇洛即襲汾、晉。[4]吾便速駕，直赴京邑，使其進有内顧之憂，退有被躡之勢，一舉大定，此爲上策。"衆咸稱善。

[1]涇州：北魏時治安定縣，在今甘肅涇川縣北。

[2]王羆：人名。字熊羆，京兆霸城（今陝西西安市東北）人，世代爲州郡豪族。見《北史》卷六二《王羆傳》。源氏校勘記云："'羆'《周書》作'羅'。下同。"

[3]華州：北魏孝文帝太和十一年（487）時治李潤堡（今陝西蒲城縣東北），宣武帝永平三年（510）移治馮翊古城（今陝西大荔縣）。

[4]汾：州名。北魏後期移治西河郡，在今山西汾陽市。　晋：州名。北魏時治白馬城，在今山西臨汾市城區。

七月，帝帥衆發自高平，[1]前軍至于弘農。[2]而齊神武稍逼京師，魏帝親總六軍屯河橋，[3]令左衛元斌之、領軍斛斯椿鎮武牢。[4]帝謂左右曰："高歡數日行八九百里，曉兵者所忌，正須乘便擊之。而主上以萬乘之重，不能度河决戰，方緣津據守。且長河萬里，扞禦爲難，一處得度，大事去矣。"即以大都督趙貴爲别道行臺，自蒲坂濟，趣并州；遣大都督李賢將精騎一千赴洛陽。[5]會斌之與斛斯椿争權，鎮防不守，魏帝遂輕騎入關。帝備儀衛奉迎，謁見於東陽驛，[6]免冠流涕謝罪。

[1]高平：郡名。北魏時治高平縣，在今寧夏固原市原州區。

[2]弘農：地名。在今河南靈寶市東北。

[3]河橋：橋名。在今河南孟津縣東、孟州市西南黄河上。

[4]左衛：官名。左衛將軍的省稱，與右衛將軍共掌宿衛營兵。三品。　元斌之：人名。字子爽。北魏宗室，西魏將領。見《北史》卷一九《安樂王長樂附元斌之傳》。　領軍：官名。爲禁衛軍

最高統帥，權勢極重。北魏孝文帝太和二十三年定爲從二品。　武牢：關隘名。即虎牢，《北史》避唐高祖祖父李虎諱改。在今河南滎陽市汜水鎮西。

[5]李賢：人名。字賢和，隴西成紀（今甘肅秦安縣）人。北魏、西魏、北周將領。見《北史》卷五九《李賢傳》。

[6]東陽驛：在今陝西西安市東。底本作“東驛”，《周書》卷一《文帝紀上》作“東陽驛”。中華本校勘記云：“諸本無‘陽’字，《周書》及本書卷五《魏孝武紀》、《通鑑》卷一五六並有‘陽’字。胡三省注云：‘《水經注》卷一九《渭水注》，渭水過長安城北，又東過新豐，東合西陽水，又東，合東陽水，二水並東出廣鄉原。’此脱‘陽’字，今據補。”今從改。

乃奉魏帝都長安，披草萊，[1]立朝廷，軍國之政，咸取決於帝。仍加授大將軍、雍州刺史，[2]兼尚書令，[3]進封略陽郡公，[4]别置二尚書，隨機處分，解尚書僕射，[5]餘如故。初，魏帝在洛陽，許以馮翊長公主配帝，[6]未及結納而魏帝西遷。至是詔帝尚之，拜駙馬都尉。

[1]草萊：荒蕪之地。

[2]大將軍：官名。統兵事，或兼掌朝政。與大司馬共稱“二大”，位尊權重。一品。　雍州：西魏時治長安縣，在今陝西西安市西北。

[3]尚書令：官名。爲尚書省長官，對皇帝負責，總攬一切政令，雖位低於三公，但在多數情況下是實際上的丞相。北魏孝文帝太和二十三年定爲二品。

[4]略陽郡公：封爵名。略陽，郡名。西魏時治隴城縣，在今甘肅秦安縣東北。

[5]尚書僕射：官名。爲尚書令副職，列位宰相，典選舉、執法等事務。北魏孝文帝太和二十三年定爲從二品。西魏沿置。

[6]馮翊長公主：即北魏孝武帝元脩之妹。

八月，齊神武襲陷潼關，[1]侵華陰，帝率諸軍屯霸上以待之。[2]神武留其將薛瑾守關而退，[3]帝乃進軍斬瑾，虜其卒七千。還長安，進位丞相。

[1]潼關：在今陝西潼關縣北、渭河入黄河處南岸。

[2]霸上：地名。又名霸頭，在今陝西西安市東白鹿原北。

[3]薛瑾：人名。即薛長瑜。河東汾陰（今山西萬榮縣西南）人。見《魏書》卷四二《薛辯附薛長瑜傳》。參見《北史》卷五相應“校勘記”。

十一月，遣儀同李諱與李弼、趙貴等討曹泥於靈州，[1]諱引河灌之。明年，泥降，遷其豪帥于咸陽。[2]

[1]儀同：儀同三司的省稱。北魏時爲官號，禮制待遇同於三公（三司），孝文帝太和十七年定爲一品下，二十三年改爲一品，位開府上。　李諱：中華本作“李虎”，其校勘記云:“諸本‘虎’字作‘諱’，乃李延壽避唐諱所改。但其子李昞也改作‘諱’，父子易混。今從《周書》殿本回改。”李虎，字文彬，代郡武川（今内蒙古武川縣西）人，唐高祖李淵祖父。西魏八柱國之一。唐建立之後被追謚爲景皇帝，廟號太祖。見《舊唐書》卷一《高祖紀》。

[2]咸陽：郡名。西魏時治池陽縣，在今陝西涇陽縣。

閏十二月，[1]魏孝武帝崩，[2]帝與群公定册，尊立魏南陽王寶炬爲嗣，[3]是爲文帝。[4]

[1]閏十二月：底本作“十二月”，中華本校勘記云：“諸本無‘閏’字，《周書》有。按本書卷五《魏孝武紀》、《魏書》卷一一《出帝紀》稱其死於閏十二月癸巳，今據補。”今從改。

[2]孝武帝：即北魏皇帝元脩。孝武爲其謚號。

[3]南陽王：封爵名。南陽，郡名。北魏時治南陽縣，在今河南淮陽縣。　寶炬：即元寶炬，人名。北魏宗室，西魏文帝。見《北史》卷五《魏本紀·西魏文帝》。

[4]文：西魏皇帝元寶炬的謚號。

大統元年正月己酉，[1]魏帝進帝都督中外諸軍、録尚書事、大行臺，[2]改封安定郡王。[3]帝固讓王及録尚書，魏帝許之，乃改封安定郡公。東魏將司馬子如寇潼關，[4]帝軍霸上。子如乃回軍自蒲津寇華州，[5]刺史王羆擊走之。

[1]大統：西魏文帝的年號（535—551）。

[2]都督中外諸軍：官名。亦稱都督中外諸軍事、中外都督、中外諸軍事、中外諸軍、中外等。魏晉南北朝時始置。總統内外諸軍，爲全國最高軍事統帥，權力極大，不常置。從一品。　録尚書事：官名。西魏時常爲宗室的加授，一般不掌實權。

[3]安定郡王：封爵名。安定，郡名。西魏時治安定縣，在今甘肅涇川縣北。

[4]司馬子如：人名。字遵業，河内温（今河南温縣）人。北魏、東魏、北齊官吏。見《北史》卷五四《司馬子如傳》。

[5]蒲津：一作“蒲坂津”。在今山西永濟市蒲州鎮與陝西大荔縣朝邑鎮之間黄河上。

三月，帝命有司爲二十四條新制，奏行之。

二年五月，秦州刺史、建忠王万俟普撥率所部入東魏，[1]帝輕騎追之，至河北千餘里，不及而還。

[1]建忠王：封爵名。建忠，郡名。西魏時治三原縣，在今陝西三原縣東北。

三年正月，東魏寇龍門，[1]屯軍蒲坂，造三道浮橋度河。又遣其將竇泰趣潼關，高昂圍洛州。[2]帝出軍廣陽，[3]召諸將謂曰："賊掎吾三面，又造橋，示欲必度，是欲綴吾軍，使竇泰得西入耳。且歡起兵以來，泰每先驅，下多鋭卒，屢勝而驕。今襲之必剋，剋泰，則歡不戰而走矣。"諸將咸曰："賊在近，捨而襲遠，若差跌，悔何及也。"帝曰："歡前再襲潼關，吾軍不過霸上。今者大來，謂吾但自守耳。又狃於得志，[4]有輕我之心，乘此擊之，何往不剋。賊雖造橋，未能徑度，比五日中，吾取泰必矣。"庚戌，帝還長安，聲言欲向隴右。[5]辛亥，謁魏帝而潛軍至小關。[6]竇泰卒聞軍至，陳未成，帝擊之，盡俘其衆，斬泰，傳首長安。高昂聞之，焚輜重而走。齊神武亦撤橋而退。帝乃還。

[1]龍門：地名。一名禹門口。在今山西河津市西北黄河西岸。

[2]高昂：人名。字敖曹，勃海蓨（今河北景縣）人。東魏將領。見《北史》卷三一《高祐附高昂傳》。　洛州：北魏時治洛陽縣，在今河南洛陽市東北。

［3］廣陽：縣名。治所在今陝西西安市臨潼區東北。

［4］狃於得志：得意忘形。

［5］隴右：地區名。泛指隴山以西地區，約當今甘肅隴山、六盤山以西和黄河以東一帶。

［6］小關：又稱禁谷。在今陝西潼關縣東，北去舊潼關十里。

六月，帝請罷行臺。魏帝復申前命，授帝録尚書事，固讓乃止。[1]

［1］魏帝復申前命授帝録尚書事固讓乃止：中華本校勘記云："《周書》卷二《文帝紀下》作'帝復申前命，太祖受録尚書事，餘固讓乃止'。按元年正月云：'魏帝進帝都督中外諸軍、録尚書事、大行臺，改封安定郡王。帝固讓王及録尚書，魏帝許之。'這次復申前命，應即指授録尚書及封王。宇文泰受録尚書而辭王爵，故云：'餘固讓乃止。'《北史》則似並録尚書亦辭而不受，疑誤。"

八月丁丑，帝率李弼、獨孤信、梁禦、趙貴、于謹、若干惠、怡峰、劉亮、王德、侯莫陳崇、李遠、達奚武等十二將東伐，[1]至潼關。帝乃誓於師曰："與爾有衆，奉天威，誅暴亂。惟爾衆士，整爾甲兵，戒爾戎事，無貪財以輕敵，無暴人以作威。用命則有賞，不用命則有戮，爾衆士其勉之。"乃遣于謹先徇地至盤豆，[2]拔之，獲東魏將高叔禮，送于長安。戊子，至弘農，攻之，城潰，禽東魏陝州刺史李徽伯，[3]虜其戰士八千。守將高干走度河，[4]命賀拔勝追禽之，[5]並送長安。於是宜陽、邵郡皆歸附。[6]先是河南豪傑應東魏者，皆降。

[1]獨孤信：人名。本名如願，雲中（今内蒙古和林格爾縣西北）人，鮮卑族。北魏、西魏、北周將領。見《北史》卷六一《獨孤信傳》。　于謹：人名。字思敬，小名巨引，代（今山西大同市東北）人。北魏、西魏、北周將領。見《北史》卷二三《于栗磾附于謹傳》。　若干惠：人名。字惠保，代武川（今内蒙古武川縣西）人。西魏、北周將領。見《北史》卷六五《若干惠傳》。毛本、殿本、四部備要本作“若于惠”。按：“若干”乃鮮卑族複姓，今從底本。　怡峰：人名。字景阜，遼西（今河北盧龍縣西北）人。北魏、西魏、北周官吏。見《北史》卷六五《怡峰傳》。　劉亮：人名。本名道德，中山（今河北定州市）人。北魏、西魏將領。見《北史》卷六五《劉亮傳》。　王德：人名。字天恩，代武川（今内蒙古武川縣西）人。北魏、西魏將領。見《北史》卷六五《王德傳》。　侯莫陳崇：人名。字尚樂，代武川（今内蒙古武川縣西）人，鮮卑族。西魏、北周將領。見《北史》卷六〇《侯莫陳崇傳》。　李遠：人名。字萬歲，隴西成紀（今甘肅秦安縣）人。西魏大臣。見《北史》卷五九《李賢附李遠傳》。　達奚武：人名。字成興，代（今山西大同市東北）人，鮮卑族。西魏、北周將領。見《北史》卷六五《達奚武傳》。

[2]徇地：掠取土地。　盤豆：城名。在今河南靈寶市西北黄河南岸。

[3]陝州：東魏時治陝縣，在今河南三門峽市西。　李徽伯：人名。即李裔。字徽伯，趙郡平棘（今河北趙縣）人。北魏、東魏官吏。見《北史》卷三三《李裔傳》。

[4]高千：源氏校勘記云：“《周書》作‘高干’。”

[5]賀拔勝：人名。字破胡，神武尖山（今山西神池縣）人。北魏、西魏名將。見《北史》卷四九《賀拔允附賀拔勝傳》。

[6]宜陽：郡名。東魏時治宜陽縣，在今河南宜陽縣西。　邵郡：東魏時治白水縣，在今山西垣曲縣東南古城鎮。

齊神武懼，率衆趨蒲坂，[1]將自后土濟。[2]遣其將高昂以三萬人出河南。是歲，關中飢，帝館穀於弘農五十餘日。[3]時軍士不滿萬人，聞神武將度，乃還。神武遂度河，逼華州，刺史王羆嚴守，乃涉洛，軍於許原西。[4]帝至渭南，徵諸州兵，未會。將擊之，諸將以衆寡不敵，請且待歡更西以觀之。帝曰："歡若至咸陽，人情轉騷擾。今及其新至，可擊之。"即造浮橋於渭，令軍士齎三日糧，輕騎度渭，輜重自渭南，夾渭而西。

[1]趨：底本作"走"，毛本、殿本、四庫本、局本、四部備要本作"下"，中華本作"趨"。中華本校勘記云："百衲本'趨'作'走'，南、北、汲、殿四本作'下'，《周書》作'趨'。按下云'神武遂渡河，逼華州'，則高歡是進攻，非敗退，作'走'不洽。蓋因'趨'字右半殘缺，遂訛作'走'。南、北、汲、殿四本又誤改作'下'。今據《周書》改作'趨'。"今從改。

[2]后土：地名。在今山西萬榮縣西南廟前村。

[3]館穀：駐軍就食。

[4]許原：地名。在今陝西大荔縣西。

十月壬辰，至沙苑，距齊軍六十餘里，神武引軍來會。癸巳，候騎告齊軍至，帝召諸將謀。李弼曰："彼衆我寡，不可平地置陣。此東十里，有渭曲，可先據以待之。"遂進至渭，背水東西爲陣，李弼爲右拒，趙貴爲左拒。命將士皆偃戈於葭蘆中，[1]聞鼓聲而起。日晡，[2]齊師至，望見軍少，競萃於左，軍亂不成列。兵將交，帝鳴鼓，士皆奮起。于謹等六軍與之合戰，李弼等率鐵騎横擊之，絶其軍爲二，遂大破之，斬六千餘級，臨陣降者二萬餘人。神武夜遁，追至河上，復大剋。前後虜其卒七萬，留其甲兵二萬，餘悉縱歸。[3]收其輜重兵甲，獻俘長安。李穆曰：[4]“高歡膽破矣，逐之可獲。”帝不聽，乃還軍渭南。時所徵諸州兵始至。乃於戰所，準當時兵，人種樹一株，栽柳七千根，以旌武功。魏帝進帝柱國大將軍，[5]增邑并前五千户。李弼等十二將，亦進爵增邑。

[1]葭蘆：蘆葦。

[2]晡：日過午後爲晡。

[3]留其甲兵二萬餘悉縱歸：中華本校勘記云:“《周書》‘兵’作‘士’。按‘甲士’當時指職業軍人，主要是騎兵。‘甲兵’通常是指武器，疑誤。”

[4]李穆：人名。字顯慶，隴西成紀（今甘肅秦安縣）人。西魏、北周、隋朝將領。見《北史》卷五九《李賢附李穆傳》。

[5]柱國大將軍：官名。十六國後燕慕容垂時始置。北魏初置，位在太尉之上，後罷。北魏末復置，位在丞相之上，授予權臣。西魏文帝大統三年，省稱柱國。在大統十六年前共任命八人，稱八柱國，是西魏的最高官職。其中六人分掌全國府兵。

以左僕射、馮翊王元季海爲行臺，[1]與開府獨孤信帥步騎二萬向洛陽，[2]賀拔勝、李弼度河圍蒲坂。蒲坂鎮將高子信開門納勝軍，[3]東魏將薛崇禮棄城走，勝等追獲之。帝進軍蒲坂，略定汾、絳。[4]初，帝自弘農入關後，東魏將高昂圍弘農。聞其軍敗，退守洛陽。獨孤信至新安，[5]昂復走度河，遂入洛陽。[6]自梁、陳已西，將吏降者相屬。

［1］左僕射：官名。尚書左僕射的省稱。爲尚書令的副手，位比宰相，職掌都省庶務及執法，或典選舉，兼掌糾彈百官。從二品。　元季海：人名。亦稱元海，字元泉。北魏宗室、西魏大臣。見《北史》卷一五《常山王遵附元季海傳》。　行臺：官名。行臺尚書的省稱。北魏置。爲行臺長官，主管各地軍務，兼理民事。北魏末期爲行臺屬官，分曹理事。東魏、北齊沿置。

［2］開府：開府儀同三司的省稱。魏晋南北朝時，大多作爲對高級官員的加官，以示恩寵。從一品。

［3］蒲坂鎮將：中華本校勘記云："'蒲坂鎮將'《周書》作'牙門將'。按'鎮將'通常指該鎮主將。據《周書》卷三五《薛善傳》，當時東魏守河東（即蒲坂）者，主將爲薛崇禮，高子信乃其防城都督，即所謂'牙門將'。此作'鎮將'，誤。"

［4］絳：州名。東魏時治定陽縣，在今山西吉縣。

［5］新安：郡名。東魏時治新安縣，在今河南新安縣城。

［6］遂入洛陽：源氏校勘記云："'遂'上《周書》有'信'字。爲是。"

於是東魏將堯雄、趙育、是云寶出潁川，[1]欲復降地。帝遣儀同宇文貴、梁遷等逆擊，[2]大破之，趙育來降。東魏復遣任祥率河南兵與堯雄合，儀同怡峰與貴、遷等復擊破之。又遣都督韋孝寬取豫州。[3]是云寶殺其東揚州刺史那椿，[4]以州來降。

［1］堯雄：人名。字休武，上黨長子（今山西長子縣東）人。北魏、東魏官吏。見《北史》卷二七《堯暄附堯雄傳》。　趙育：人名。東魏將領。東魏孝静帝天平四年（537），與堯雄、是云寶率

衆二萬攻潁，欲收復失地。失利後，育投降，拜車騎大將軍。 是云寶：人名。一作“是竇”，鮮卑族。東魏、西魏、北周將領。 潁川：郡名。東魏時治長社縣，在今河南臨潁縣。

[2]宇文貴：人名。字永貴，昌黎大棘（今遼寧北票市章吉營子鄉三官營子村）人，鮮卑族。西魏、北周將領。見《北史》卷六〇《宇文貴傳》。

[3]韋孝寬：即韋叔裕。人名。字孝寬，京兆杜陵（今陝西西安市長安區東）人。北魏、西魏、北周將領。見《北史》卷六四《韋孝寬傳》。 豫州：東魏時治懸瓠城，在今河南汝南縣。

[4]東揚州：東魏時僑置，治所不詳。

四年三月，帝率諸將入朝，禮畢還華州。

七月，東魏將侯景等圍獨孤信於洛陽，齊神武繼之。帝奉魏帝至穀城，[1]臨陣斬東魏將莫多婁貸文，[2]悉虜其衆，送弘農。遂進軍瀍東。[3]景等夜解圍去。及旦，帝率輕騎追至河上。景等北據河橋，南屬芒山爲陣，[4]與諸軍戰。帝馬中流矢，驚逸，軍中擾亂。都督李穆下馬授帝，軍復振。於是大捷，斬其將高昂、李猛、宋顯等，[5]虜其甲士一萬五千人，赴河死者萬數。

[1]穀城：地名。在今河南洛陽市西北。

[2]莫多婁貸文：人名。太安狄那（今山西壽陽縣西）人，羌族。東魏將領。見《北史》卷五三《莫多婁貸文傳》。

[3]瀍：水名。流經今河南北部，向東流入洛河。

[4]芒山：在今河南洛陽市東北。源氏校勘記云：“《周書》作‘邙山’。下皆同。”

[5]宋顯：人名。字仲華，敦煌效穀（今甘肅敦煌市東北）

人。東魏將領。見《北史》卷五三《宋顯傳》。

是日，置陣既大，首尾懸遠，從旦至未，戰數十合，氛霧四塞，[1]莫能相知。獨孤信、李遠居右，趙貴、怡峰居左，戰並不利，又未知魏帝及帝所在，皆棄其卒先歸。開府李諱、念賢等爲後軍，[2]遇信等退，即與俱還。由是班師，洛陽亦失守。大軍至弘農，守將皆已棄城西走。所虜降卒在弘農者，因相與閉門拒守。進攻拔之，誅其魁首數百人。

[1]氛霧：毛本、殿本、四部備要本作“氛露”。按：依文意，當從底本。

[2]念賢：人名。字蓋盧，金城枹罕（今甘肅臨夏市）人。西魏將領。見《北史》卷四九《念賢傳》。

大軍之東伐也，關中留守兵少，而前後所虜東魏士卒，皆散在百姓間，乃謀亂。及李諱等至長安，計無所出，乃與太尉王盟、僕射周惠達輔魏太子出次渭北。[1]關中大震恐，百姓相剽劫。於是沙苑所俘軍人趙青雀、雍州人于伏德等遂反。青雀據長安子城，伏德保咸陽，與太守慕容思慶各收降卒，[2]以拒還師。長安城人皆相率拒青雀，[3]每日接戰。魏帝留止閿鄉，[4]令帝討之。長安父老見帝，且悲且喜曰：“不意今日，復得見公。”士女咸相賀。華州刺史宇文導襲咸陽，[5]斬思慶，禽伏德，南度渭，與帝會，攻破青雀。太傅梁景叡先以疾留長安，[6]遂與青雀通謀，至是亦伏誅，關中乃定。魏帝還長安，帝復屯華州。

［1］太尉：官名。西魏時與司徒、司空並稱三公，列三公之首，爲名譽宰相，多爲大臣加官。一品。　王盟：人名。字仵，祖籍樂浪（今遼寧義縣），後遷居武川（今内蒙古武川縣西）。西魏外戚。見《北史》卷六一《王盟傳》。底本作“王明”，中華本作“王盟”。按：據王盟本傳，當爲“王盟”，底本誤，今改。　周惠達：人名。字懷文，章武文安（今河北文安縣東北）人。西魏、北周大臣。見《北史》卷六三《周惠達傳》。

［2］慕容思慶：人名。南燕慕容氏後裔，任咸陽太守。底本作“慕容思度”，四庫本作“慕容思慶”，中華本校勘記云：“諸本‘慶’訛‘度’，據《周書》卷二《文帝紀》、卷一〇《宇文導傳》，本書卷五七《宇文導傳》，《通鑑》卷一五八改。”今從改。下同。

［3］長安城人：中華本校勘記云“《周書》‘城’上有‘大’字。按趙青雀據子城，故此云大城。疑《北史》脱‘大’字。”可從。

［4］閿鄉：地名。在今河南靈寶市西北。

［5］宇文導：人名。字菩薩，代郡武川（今内蒙古武川縣西）人，鮮卑族。西魏將領，北周宗室、大臣。見《北史》卷五七《邵惠公顥附宇文導傳》。

［6］太傅：官名。西魏時爲三師之一，位居太師下、太保上，爲輔弼君王的大臣。一品。　梁景叡：人名。即梁覽。字景叡，金城（今甘肅蘭州市東）人。北魏、西魏官吏。見《北史》卷四九《梁覽傳》。源氏校勘記云：“‘叡’《周書》作‘睿’。”

十二月，是云寶襲洛陽，東魏將王元軌棄城走。[1]都督趙剛襲廣州拔之，[2]自襄、廣以西城鎮復西屬。[3]

［1］王元軌：即王則。人名。字元軌，太原（今山西太原市晋源區古城營村一帶）人。北魏、東魏將領。見《北史》卷五三《王則傳》。

［2］趙剛：人名。字僧慶，河南洛陽（今河南洛陽市東北）人。西魏、北周將領。見《北史》卷六九《趙剛傳》。　廣州：東魏時治襄城縣，在今河南襄城縣。

［3］襄：州名。東魏時治北平縣，在今河南方城縣東南。

五年冬，大閲於華陰。

六年春，東魏將侯景出三鵶，[1]將侵荆州，[2]帝遣開府李弼、獨孤信各率騎出武關，[3]景乃還。

［1］三鵶：爲洛陽至南陽間最近捷的通道。自今河南南陽盆地循今白河支流口子河谷北行，逾伏牛山分水嶺，循襄河河谷抵魯山縣，達於汝、洛水流域。今南陽市北百重山，爲三鵶之第一鵶；分水嶺北麓，爲第二鵶；魯陽關爲第三鵶。

［2］荆州：西魏時治穰城，在今河南鄧州市。

［3］武關：關隘名。在今陝西丹鳳縣東，與函谷關、蕭關、大散關稱爲“秦之四塞”。

夏，蠕蠕度河至夏州，[1]帝召諸軍屯沙苑以備之。

［1］蠕蠕：族名。亦稱柔然，本爲東胡族的一支。見《北史》卷九八《蠕蠕傳》。

七年十一月，帝奏行十二條制，恐百官不勉於職事，又下令申明之。

八年十月，齊神武侵汾、絳，圍玉壁。[1]帝出軍蒲坂，神武退，度汾追之，遂遁去。

[1]玉壁：地名。在今山西稷山縣西南。

十二月，魏帝狩於華陰，大饗將士。帝帥諸將，朝於行在所。[1]

[1]行在所：帝王巡幸所居之地。

九年二月，東魏北豫州刺史高慎舉州來附，[1]帝帥師迎之。

[1]北豫州：東魏時治虎牢城，在今河南滎陽市西北汜水鎮。高慎：人名。字仲密，勃海蓨（今河北景縣）人。東魏官吏。見《北史》卷三一《高祐附高慎傳》。源氏校勘記云："'慎'《周書》作'仲密'。"

三月，齊神武據芒山陣，不進者數日。帝留輜重於瀍曲，軍士銜枚，[1]夜登芒山，未明擊之。神武單騎爲賀拔勝所逐，僅免。帝率右軍若干惠，大破神武軍，悉虜其步卒。趙貴等五將軍居左，[2]戰不利。神武復合戰，帝又不利，夜引還。入關，屯渭上。神武進至陝，開府達奚武等禦之，乃退。帝以芒山諸將失律，上表自貶，魏帝不許。於是廣募關、隴豪右，以增軍旅。

[1]銜枚：軍隊秘密行動時，讓士兵口中横銜枚，防止説話，以免敵人發覺。枚，形如筷子，兩端有帶，可繫於頸上。

[2]左：底本作“右”。源氏校勘記云:“《周書》‘右’作‘左’。”中華本校勘記云:“諸本‘左’作‘右’，《周書》作‘左’。按本書卷五九、《周書》卷一六《趙貴傳》言芒山之戰，‘貴爲左軍，失律’。作‘右’誤，今據改。”今從改。

十月，大閲於櫟陽，[1]還屯華州。

[1]櫟陽：縣名。治所在今陝西西安市臨潼區。

十年五月，帝朝京師。

七月，魏帝以帝前後所上二十四條及十二條新制，方爲中興永式，[1]命尚書蘇綽更損益之，[2]總爲五卷，班於天下。於是搜簡賢才爲牧、守、令，習新制而遣焉。數年間，百姓便之。

[1]方：毛本、殿本、四庫本、局本、四部備要本作“定”。

[2]尚書：官名。主管尚書省諸曹。三品。　蘇綽：人名。字令綽，武功（今陝西武功縣西北）人。西魏官吏。見《北史》卷六三《蘇綽傳》。

十月，大閲於白水。[1]

[1]白水：郡名。西魏時治白水縣，在今陝西白水縣。

十一年十月，大閲于白水，遂西狩岐陽。[1]

[1]岐陽：即岐州鎮。在今陝西岐山縣東北岐陽村。

十二年春，涼州刺史宇文仲和據州反，[1]瓜州人張保害刺史成慶以應之，帝遣開府獨孤信討之。東魏將侯景侵襄州，[2]帝遣開府若干惠禦之，至穰，[3]景遁去。

[1]宇文仲和：人名。代武川（今内蒙古武川縣西）人，鮮卑族，宇文衆之子。西魏、北周官吏。

[2]襄州：北魏末年置，治北平縣，在今河南方城縣東南。

[3]穰：縣名。治所在今河南鄧州市。

五月，獨孤信平涼州，禽仲和，遷其百姓六千餘家於長安。瓜州都督令狐延起義，[1]誅張保，瓜州平。

[1]令狐延：人名。即令狐整。字延保，本名延，敦煌（今甘肅敦煌市）人。西魏、北周將領。見《北史》卷六七《令狐整傳》。

七月，帝大會諸軍於咸陽。

十三年正月，東魏河南大行臺侯景舉河南六州來附，被圍於潁川。六月，[1]帝遣開府李弼援之，東魏將韓軌等遁去。景遂徙鎮豫州。於是遣開府王思政據潁川，[2]弼引軍還。

[1]六月：源氏校勘記云："'六'《周書》作'三'。"

[2]王思政：人名。太原祁（今山西祁縣東南）人。北魏、西

魏將領。見《北史》卷六二《王思政傳》。

七月，侯景密圖附梁，帝知其謀，悉追還前後所配景將士，景懼，遂叛。

冬，帝奉魏帝西狩咸陽。[1]

[1]咸陽：《周書》卷二《文帝紀下》作"岐陽"。中華本校勘記云："《周書》'咸'作'岐'。按咸陽與長安僅隔一渭水，似不得特書'西狩'。上文十一年亦有'西狩岐陽'的記載，疑作'岐'是。"

十四年春，魏帝詔封帝長子毓爲寧都郡公。[1]初，帝以平元顥納孝莊帝功，[2]封寧都縣子。[3]至是，改以爲郡，以封毓，用彰勤王之始也。

[1]毓：底本作"覺"，中華本作'毓'。中華本校勘記云："諸本'毓'作'覺'，《周書》作'毓'。洪頤煊《諸史考異》卷一七云：'《孝閔帝紀》，諱覺，文帝第三子。《明帝紀》，諱毓，文帝長子，大統十四年封寧都公。此紀作長子覺者，誤也。'按洪説是，今據改。"今從改。　寧都郡公：封爵名。寧都，郡名。西魏時治寧都縣，在今陝西紫陽縣西北。

[2]孝莊帝：即北魏皇帝元子攸。孝莊爲其謚號。

[3]寧都縣子：封爵名。寧都，縣名。治所在今陝西紫陽縣西北。

五月，魏帝進帝位太師。[1]帝奉魏太子巡撫西境，登隴，刻石紀事。遂至原州，歷北長城，大狩，東趣五原，[2]至蒲川，[3]聞魏帝不豫而還。及至，魏帝疾已愈，乃還華州。

[1]太師：官名。輔政大臣。西魏時爲三師之一，位在太傅、太保上。一品。

[2]五原：縣名。治所在今陝西定邊縣。

[3]蒲川：底本作“蒲州”，中華本校勘記云：“諸本‘川’作‘州’，《周書》作‘川’。按《周書》卷四《明帝紀》，蒲州始置在明帝二年，則大統十四年不得有蒲州。且其地在河東，非宇文泰巡視北邊所必經。本書卷二〇《周書》卷一五《于寔傳》、《周書》卷四九《稽胡傳》見‘蒲川’，此地與丹、綏、銀三州相鄰，當在今陝北、寧夏之間，正當宇文泰由原州赴五原道上。作‘川’是，今據改。”今從改。

是歲，東魏將高岳圍王思政於潁川。[1]

[1]高岳：人名。字洪略，勃海蓨（今河北景縣）人。東魏將領、北齊宗室。見《北史》卷五一《清河王岳傳》。

十五年春，帝遣大將軍趙貴帥師援王思政。高岳堰洧水以灌城，[1]潁川以北皆爲陂澤，救兵不得至。六月，潁川陷。

[1]洧水：即今雙洎河。源出今河南登封市陽城山，自長葛市以下，故道原經鄢陵、扶溝兩縣南，至西華縣西入潁水。

初，侯景圍建鄴，[1]梁司州刺史柳仲禮赴臺城。[2]梁竟陵郡守孫暠以郡内附，[3]帝使大都督符貴鎮之。及建鄴陷，仲禮還司州，來寇。暠以郡叛，帝大怒。

[1]建鄴：縣名。治所在今江蘇南京市。

[2]司州：南朝梁時治孝昌縣，在今湖北孝感市。　柳仲禮：人名。河東解（今山西臨猗縣）人。南朝梁官吏。見《南史》卷三八《柳元景附柳仲禮傳》。　臺城：在今江蘇南京市雞鳴山南。

[3]竟陵：郡名。南朝梁時治竟陵縣，在今湖北天門市。

十一月，遣開府楊忠攻剋隨州，[1]進圍仲禮長史馬岫於安陸。[2]

[1]楊忠：人名。小名奴奴，弘農華陰（今陝西華陰市東南）人，隋文帝楊堅之父。西魏、北周名將。見《周書》卷一九《楊忠傳》。　隨郡：南朝梁時治隨縣，在今湖北隨州市。《周書》卷二《文帝紀下》作“隨郡”。中華本校勘記云：“《周書》‘州’作‘郡’。按《隋書》卷三一《地理志》漢東郡注云：‘西魏置并州，後改曰隋州。’隋縣注云：‘舊置隋郡。’又據《周書》卷二《文帝紀》，并州改隨州在西魏廢帝三年，則在此以前無隨州。《周書》作‘郡’是。”今從改。

[2]安陸：郡名。南朝梁時治安陸縣，在今湖北安陸市。

十六年正月，仲禮來援安陸。楊忠逆擊於漴頭，[1]大破之，禽仲禮。馬岫以城降。三月，魏帝封帝第二子震爲武邑公。[2]

[1]漴頭：城名。在今湖北安陸市西北。

[2]震：即宇文震，人名。字彌俄突，代郡武川（今内蒙古武川縣西）人，鮮卑族。西魏、北周將領。見《北史》卷五八《宋獻公震傳》。　武邑公：封爵名。武邑，郡名。西魏初治武强縣，在今河北武强縣西南舊城。

七月，帝東伐，拜章武公導爲大將軍，[1]總督留守諸軍，屯涇北，[2]鎮關中。九月丁巳，軍出長安。連雨，自秋及冬，諸軍馬驢多死。遂於弘農北造橋濟河，自蒲坂還。於是河南自洛陽，河北自平陽以東，[3]遂入齊。

[1]章武公：封爵名。章武，郡名。西魏初治平舒縣，在今河北大城縣。

[2]涇：水名。即今涇河。渭河支流。在今陝西中部，源出寧夏南部六盤山東麓。

[3]平陽：郡名。西魏時治白馬城，在今山西臨汾市。

十七年三月，魏文帝崩，皇太子嗣位，帝以冢宰總百揆。[1]

[1]冢宰：官名。即宰輔。掌全國軍政，權力極重。

十月，帝遣大將軍王雄出子午，[1]伐上津、魏興，[2]大將軍達奚武出散關，[3]伐南鄭。[4]

[1]王雄：人名。字雄胡布頭，太原（今山西太原市晋源區古城營村一帶）人。西魏、北周將領。見《北史》卷六〇《王雄傳》。　子午：山嶺名。在今陝西安康市秦嶺。

[2]上津：郡名。西魏時治上津縣，在今湖北鄖西縣西北上津鎮。　魏興：郡名。西魏時治吉安縣，在今陝西安康市西北漢水北岸。

[3]散關：在今陝西寶雞市西南大散嶺。

[4]南鄭：縣名。治所在今陝西漢中市東。

廢帝元年春，[1]王雄平上津、魏興，以其地置東梁州。[2]

[1]廢帝：即西魏皇帝元欽。

[2]東梁州：西魏時治安康縣，在今陝西石泉縣東南池河鎮西北。

四月，達奚武圍南鄭。月餘，梁州刺史宜豐侯蕭脩以州降武。[1]

[1]梁州刺史宜豐侯蕭脩以州降武：源氏校勘記云："（蕭脩）《周書》作'蕭楯'。據《南史》本傳作'脩'。"中華本校勘記云："按蕭脩爲梁之梁州刺史，'梁'上當脱'梁'字。又'蕭脩'《周書》皆作'蕭循'。《北史》皆作'脩'。二字易混，未知孰是。"梁州，南朝梁時治南鄭縣，在今陝西漢中市東。宜豐侯，封爵名。宜豐，縣名。治所在今江西宜豐縣。蕭脩，人名。字世和，南蘭陵（一説在今江蘇常州市，一説在今江蘇丹陽市）人。南朝梁宗室。見《南史》卷五二《鄱陽忠烈王恢附蕭脩傳》。

八月，東梁州百姓圍州城，帝復遣王雄討之。

二年正月，魏帝詔帝爲左丞相、大行臺、都督中外諸軍事。[1]二月，東梁州平，遷其豪帥於雍州。

[1]魏帝詔帝爲左丞相大行臺都督中外諸軍事：源氏校勘記云："'爲'《周書》作'去'。似非。"中華本校勘記云："《周書》作'魏帝詔太祖去丞相、大行臺，爲都督中外諸軍事'。按宇文泰於永熙三年即已爲丞相，大統元年又爲都督中外諸軍事、大行臺。當時丞相並不分左右，何得忽由丞相轉爲左丞相？蓋大統十七年，泰已爲冢宰，即丞相之職，官號重疊，故去丞相、大行臺之號，止留'都督中外諸軍事'爲冢宰之兼職。《周書》是。"

三月，帝遣大將軍、魏安公尉遲迥帥師伐梁武陵王蕭紀於蜀。[1]

[1]魏安公：封爵名。魏安，郡名。西魏時治魏安城，在今甘肅武威市東。　尉遲迥：人名。字薄居羅，代（今山西大同市東北）人。西魏、北周重臣。見《北史》卷六二《尉遲迥傳》。　武陵王：封爵名。武陵，郡名。南朝梁時治臨沅縣，在今湖南常德市。　蕭紀：人名。字世詢，又字大智，南蘭陵（一說在今江蘇常州市，一說在今江蘇丹陽市）人。南朝梁宗室。梁元帝承聖元年（552）在成都稱帝，後被殺。見《梁書》卷五五《武陵王紀傳》。　蜀：郡名。南朝梁時治成都縣，在今四川成都市。

四月，帝勒鋭騎三萬，西踰隴，度金城河，[1]至姑臧。[2]吐谷渾震懼，[3]遣使獻其方物。七月，帝至自姑臧。

[1]金城河：水名。黄河出今青海貴德縣西南塞外積石山，東

流至西漢金城郡界。自允吾（今甘肅永靖縣西北）以西，通謂之金城河。渡河而西，爲武威等四郡之地。

[2]姑臧：縣名。治所在今甘肅武威市。

[3]吐谷渾：族名。又稱吐渾、退渾。原爲鮮卑族慕容部的一支，先祖游牧於徒河青山（今遼寧義縣東）。西晋時，遷徙於今甘肅、青海一帶。十六國時，先後受到前凉、西秦等追逐，幾乎亡國。後再度崛起，北魏太武帝時達到最强盛。在北魏打擊下，一度退到今新疆一帶。以游牧爲生。見《北史》卷九六《吐谷渾傳》。

八月，尉遲迥剋成都，[1]劍南平。[2]

[1]成都：縣名。治所在今四川成都市。

[2]劍南：地區名。泛指今四川劍閣縣以南地區。

十一月，尚書元烈謀亂，伏誅。

三年正月，始作《九命之典》，以叙内外官爵。以第一品爲九命，第九品爲一命，改流外品爲九秩，亦以九爲上。又改置州、郡、縣，凡改州四十六，置州一，改郡一百六，改縣三百三十。[1]

[1]三百三十：源氏校勘記云："《周書》（'三百'）作'二百'。"中華本校勘記云："《周書》作'二百三十'。"

魏帝有怨言。於是帝與公卿議，廢帝，立齊王廓，[1]是爲恭帝。[2]

[1]齊王：封爵名。遥封。齊，州名。東魏時治歷城縣，在今

山東濟南市。 廓：即元廓，人名。即西魏恭帝。見《北史》卷五《西魏恭帝紀》。

[2]恭：西魏皇帝元廓的謚號。

恭帝元年四月，帝大饗群臣。魏史柳虯執簡書告于朝曰：[1]“廢帝，文皇帝之嗣子，年七歲。文皇帝託於安定公曰：‘是子也，才，由于公；不才，亦由于公。公宜勉之。’公既受兹重寄，居元輔之任，又納女爲皇后，遂不能訓誨有成，致令廢黜，負文皇帝付屬之意，此咎非安定公而誰？”帝乃令太常盧辯作誥喻公卿曰：[2]“嗚呼！我群后暨衆士，維文皇帝以繦褓之嗣托於予，訓之誨之，庶厥有成。而予罔能弗變厥心，[3]庸暨乎廢墜我文皇帝之志。嗚呼！兹咎予其焉避？予實知之，矧爾衆人之心哉。[4]惟予之顔，豈惟今厚，將恐來世，以予爲口實。”乙亥，魏帝詔封帝子邕爲輔城公，[5]憲爲安城公。[6]

[1]柳虯：人名。字仲盤，河東解（今山西臨猗縣）人。西魏、北周官吏。見《北史》卷六四《柳虯傳》。

[2]太常：官名。西魏時尊稱爲太常卿。掌禮樂祭祀，其位尊而職閑。三品。 盧辯：人名。字景宣，范陽涿（今河北涿州市）人。西魏大臣。見《北史》卷三〇《盧同附盧辯傳》。

[3]弗變厥心：四庫本、《周書》卷二《文帝紀下》作“革變厥心”。按：從文意來看，底本誤。

[4]矧（shěn）：況且。

[5]邕：即宇文邕，人名。字禰羅突，代郡武川（今内蒙古武川縣西）人，鮮卑族。即北周武帝。見《北史》卷一〇《周本

紀·武帝》。　輔城公：封爵名。輔城，郡名。西魏時治郟城縣，在今河南郟縣東南。

［6］憲：即宇文憲，人名。字毗賀突，代郡武川（今内蒙古武川縣西）人，鮮卑族。西魏大臣、北周宗室。見《北史》卷五八《齊煬王憲傳》。　安城公：封爵名。安城，郡名。西魏時治涪城縣，在今四川三台縣西北。

七月，西狩至原州。

梁元帝遣使請據舊圖以定疆界，[1]又連結於齊，言辭悖慢。帝曰："古人有言，天之所棄，誰能興之，其蕭繹之謂乎。"[2]十月壬戌，遣柱國于謹、中山公護與大將軍楊忠、韋孝寬等步騎五萬討之。[3]十一月癸未，師濟漢，[4]中山公護與楊忠率鋭騎先屯其城下。丙申，于謹至江陵，[5]列營圍守。辛亥，剋其城，戕梁元帝，虜其百官士庶以歸，没爲奴婢者十餘萬，免者二百餘家。立蕭詧爲梁主，[6]居江陵，爲魏附庸。

［1］梁元帝：即南朝梁皇帝蕭繹。元爲其謚號。

［2］蕭繹：人名。字世誠，南蘭陵（一説在今江蘇常州市，一説在今江蘇丹陽市）人。南朝梁皇帝。見《梁書》卷五《元帝紀》。

［3］柱國：官名。西魏最高官職。文帝大統十六年前共任命八人，稱八柱國。其中六人分掌全國府兵。　中山公：封爵名。中山，郡名。西魏時治盧奴縣，在今河北定州市。　護：即宇文護，人名。字薩保，代郡武川（今内蒙古武川縣西）人，鮮卑族。北周宗室、權臣。見《北史》卷五七《邵惠公顥附宇文護傳》。

［4］漢：水名。即今長江中游支流漢江。

[5]江陵：地名。在今湖北江陵縣。

[6]蕭詧：人名。字理孫，蘭陵（一説在今江蘇常州市，一説在今江蘇丹陽市）人。南朝梁宗室。見《北史》卷九三《蕭詧傳》。

魏氏之初，統國三十六，大姓九十九，後多絶滅。至是，以諸將功高者爲三十六國後，次者爲九十九姓後，所統軍人，亦改從其姓。

二年，梁廣州刺史王琳寇邊。[1]十月，[2]帝遣大將軍豆盧寧帥師討之。[3]

[1]廣州：南朝梁時治番禺縣，在今廣東廣州市。　王琳：人名。字子珩，會稽山陰（今浙江紹興市）人。南朝梁、北齊將領。見《北齊書》卷三二《王琳傳》。

[2]十月：源氏校勘記云："《周書》作'冬十一月'。"按：《資治通鑑》卷一六五亦繫之冬十一月。

[3]豆盧寧：人名。字永安，昌黎徒何（今遼寧錦州市）人。西魏、北周將領。其先本鮮卑慕容氏，前燕之支族，後歸附北魏，賜姓豆盧氏。見《北史》卷六八《豆盧寧傳》。

三年正月丁丑，初行《周禮》，[1]建六官，[2]魏帝進帝位太師、大冢宰。[3]帝以漢、魏官繁，思革前弊，大統中，乃令蘇綽、盧辯依周制改創其事，尋亦置六卿官，然爲撰次未成，衆務猶歸臺閣。至是始畢，乃命行之。

[1]周禮：書名。又名《周書》。傳説爲周公所作，儒家經典

之一。原書有《天官》《地官》《春官》《夏官》《秋官》《冬官》六篇。冬官後散佚，儒學之士取《考工記》補其缺。

[2]六官：天官、地官、春官、夏官、秋官、冬官。

[3]大冢宰：官名。亦稱大冢宰卿。西魏恭帝三年（556）置。北周沿置。爲居六官之首的天官府長官，掌管宫廷供奉及全國的財政收支、賦役收入，百官俸禄等事務。正七命。

四月，帝北巡。七月，度北河。[1]魏帝封帝子直爲秦郡公，[2]招爲正平公。[3]

[1]北河：黄河自今内蒙古磴口縣以下分爲南、北二支，北支當今烏加河，爲黄河正流，對南支而言，被稱爲北河。

[2]直：即宇文直，人名。字豆羅突，代郡武川（今内蒙古武川縣西）人，鮮卑族。北周宗室。見《北史》卷五八《衛剌王直傳》。　秦郡公：封爵名。秦郡，西魏時治寧夷縣，在今陝西禮泉縣東北。

[3]招：即宇文招，人名。字豆盧突，代郡武川（今内蒙古武川縣西）人，鮮卑族。北周宗室。見《北史》卷五八《趙僭王招傳》。　正平公：封爵名。正平，郡名。西魏時治正平縣，在今山西新絳縣西南。

九月，帝不豫，還至雲陽，[1]命中山公護受遺輔嗣子。十月乙亥，帝薨於雲陽宫，還長安發喪，時年五十。十二月甲申，[2]葬于成陵，謚文公。及孝閔帝受禪，[3]追尊爲文王，廟曰太祖。武成元年，追尊爲文皇帝。

[1]雲陽：縣名。治所在今陝西涇陽縣西北。

[2]時年五十十二月甲申：源氏校勘記云："'五十十二月'，《周書》作'五十二甲申'。"中華本《周書》卷二《文帝紀下》作"時年五十二甲申"。按：宇文泰卒於公元556年，享年五十歲，《周書》涉後文"十二月"而誤。

[3]孝閔帝：即北周皇帝宇文覺。孝閔爲其謚號。

帝知人善任使，從諫如順流，崇尚儒術，明達政事，恩信被物。能駕馭英豪，一見之者，咸思用命。[1]沙苑所獲囚俘，釋而用之。及河橋之役，以充戰士，皆得其死力。諸將出征，授以方略，無不制勝。性好朴素，不尚虛飾，恒以反風俗復古始爲心云。

[1]用命：殿本、四部備要本作"用及"。按：依文意，當從底本。

孝閔皇帝諱覺，字陁羅尼，文帝第三子也。母曰元皇后。[1]大統八年，生於同州。[2]七歲封略陽郡公。[3]時善相者史元華見帝，退謂所親曰："此公子有至貴相，但恨不壽耳。"

[1]元皇后：即北周文帝宇文泰皇后元氏。見《北史》卷一四《周文皇后元氏傳》。

[2]同州：西魏時治武鄉縣，在今陝西大荔縣。

[3]七歲：源氏校勘記云："'七'《周書》作'九'。"

魏恭帝三年三月，命爲安定公世子。四月，拜大將軍。十月乙亥，文帝崩。丙子，世子嗣位爲太師、大冢宰。十二月丁亥，魏帝詔以岐陽地封帝爲周公。庚子，詔禪位于帝曰："予聞皇天之命不于常，惟歸于德。故堯授舜，舜授禹，時宜也。天厭我魏邦，垂變以告，惟爾罔弗知。予雖不明，敢弗龔天命，格有德哉。今踵唐、虞舊典，禪位于周，庸布告爾焉。"[1]使大宗伯趙貴持節奉册書曰：[2]"咨爾周公，帝王之位弗常，有德者受命，時乃天道。予式時庸，荒求于唐、虞之彝踵，曰我魏德之終舊矣，我邦小大罔弗知，[3]今其可亢佛于天道而不歸有德歟。[4]時用詢謀，僉曰：公昭考文公，格勳德于天地，丕濟黔黎。洎公，又躬宣重光。[5]故玄象徵見于上，謳訟奔走于下，天之曆數，用實在焉，予安敢弗若。是以欽祗聖典，遜位于公。公其享兹天命，[6]保有萬國，可不慎歟。"魏帝臨朝，遣户部中大夫、濟北公元迪致皇帝璽綬。[7]帝固辭，公卿百辟勸進，太史陳祥瑞，乃從之。是日，魏帝遜位于大司馬府。[8]

[1]庸布告爾焉：源氏校勘記云："'爾'《周書》作'遐邇'。"中華本校勘記云："《周書》卷三《孝閔紀》'爾'作'遐邇'。按'爾'與'邇'通，疑脱'遐'字。"可從。

[2]大宗伯：官名。掌管禮樂、祭祀、天文曆法、著作等方面事務。原爲《周禮》六卿之一，爲春官之長。西魏末、北周仿《周禮》建六官，復置爲春官之長，亦稱大宗伯卿。北周時爲正七命。

[3]邦：底本作"封"，殿本、四庫本、四部備要本、中華本作"邦"。源氏校勘記云："'封'《周書》作'邦'。"按：依文意，

當從諸本，今改之。

[4]今其可亢怫于天道而不歸有德歟：源氏校勘記云："'亢'《周書》作'久'。"

[5]又躬宣重光：源氏校勘記云："《周書》作'躬又'。"

[6]公其享兹天命：源氏校勘記云："《周書》作'大命'。"

[7]户部中大夫：官名。即民部中大夫。西魏恭帝三年置。北周沿置。地官府民部司長官，掌管民户數額。正五命。　濟北公：封爵名。濟北，郡名。西魏時治盧子城，在今山東平陰縣。

[8]大司馬：官名。西魏時爲夏官府長官，職掌軍政大務、禁暴糾察、訓練軍隊、統兵作戰，權任極重。正七命。

元年春正月，天王即位，柴燎告天，朝百官于路門。[1]追尊皇考文公爲文王，皇妣爲文后，大赦。封魏帝爲宋公。是日，槐里獻赤雀。[2]百官奏議曰："帝王之興，罔弗更正朔，明受之於天，革人視聽也。逮于尼甫，[3]稽諸陰陽，云行夏之時，後王所不易。今魏曆告終，周室受命，以木承水，實當行録，正用夏時，式遵聖道。惟文王誕玄氣之祥，有黑水之讖，服色宜尚烏。"[4]制曰："可。"以大司徒、趙郡公李弼爲太師，[5]以大宗伯、南陽公趙貴爲太傅、大冢宰，[6]以大司馬、河内公獨孤信爲太保，以大宗伯、中山公護爲大司馬，[7]以大將軍寧都公毓、高陽公達奚武、武陽公豆盧寧、小司寇陽平公李遠、小司馬博陵公賀蘭祥、小宗伯魏安公尉迥等並爲柱國。[8]壬寅，祀圓丘。[9]詔曰："予本自神農，其於二丘，宜作厥主。始祖獻侯，啓土遼海，配南北郊；文考德符五運，受天明命，祖于明堂，以配上帝。"癸卯，祀方丘。[10]甲辰，遂祭太社。[11]初除市門税。[12]乙巳，[13]享太廟。丁未，會于乾安殿，班賞各有差。戊申，詔有司分命使者，巡察風俗，求人得失，禮饔高年，恤于鰥寡。辛亥，祀南郊。壬子，立王后元氏。辛酉，享太廟。癸亥，親耕籍田。[14]

[1]路門：在今陝西西安市。《周禮·考工記·匠人》："路門不容乘車之五个。"鄭玄注曰："路門者，大寢之門。"賈公彦疏云："此路門以近路寢，故特小爲之。"

[2]槐里：縣名。治所在今陝西興平市西槐里故城。

[3]尼甫：即尼父。孔子的尊稱。

[4]烏：底本作"焉"，源氏校勘記云："'宜尚焉'，《周書》作'宜烏'。"中華本校勘記云："諸本'烏'作'焉'，《周書》作'烏'。按上言'玄氣''黑水'，都是指烏色，今據改。"今從改。

[5]大司徒：官名。亦稱大司徒卿。北周時爲地官之長。掌管國家土地圖籍、户口，管理土地使用、諸侯的封邑、民衆的教化。正七命。　趙郡公：封爵名。遥封。趙郡，北齊時治平棘縣，在今河北趙縣。底本作"趙郡王"，中華本作"趙郡公"。中華本校勘記云："諸本'公'作'王'，《周書》作'公'。張森楷云：'按西魏無異姓王。以宇文泰之專而止於安定公，則弼詎得爲王耶？公字是。'按李弼於大統初封趙郡公，入周爲趙國公，見本書卷六〇、《周書》卷十五本傳。張説是，今據改。"今從改。

[6]南陽公：封爵名。南陽，郡名。北周時治上宛，在今河南南陽市。

[7]以大司馬河内公獨孤信爲太保以大宗伯中山公護爲大司馬：中華本校勘記云："按《周書》卷一六《獨孤信傳》：'孝閔踐祚，遷太保、大宗伯。'又卷一一《宇文護傳》，護於遷大司馬前，官小司空，非大宗伯。則大宗伯乃信新授之官，'太保'下'以'字當在'大宗伯'下。"河内公，封爵名。河内，郡名。北周時治野王

縣，在今河南沁陽市。太保，官名。北周時爲輔佐君王的重要大臣，與太師、太傅號稱三公。正九命。

［8］毓：即宇文毓，人名。小名統萬突，代郡武川（今内蒙古武川縣西）人，鮮卑族。北周明帝。見《北史》卷九《周本紀·明帝》。　高陽公：封爵名。遥封。高陽，郡名。北齊時治高陽縣，在今河北高陽縣東舊城。　武陽公：封爵名。武陽，郡名。西魏時治葭蘆縣，在今甘肅隴南市武都區東南。　小司寇：官名。小司寇上大夫的省稱。爲大司寇卿的副職，助掌刑法律令的制定與執行。正六命。　陽平公：封爵名。遥封。陽平，郡名。北齊時治館陶城，在今河北館陶縣。　小司馬：官名。小司馬上大夫的省稱。爲大司馬卿的副職，助掌軍務，兼統宿衛兵。正六命。　博陵公：封爵名。博陵，郡名。北周時治博陵縣，在今甘肅卓尼縣西洮水南岸。　賀蘭祥：人名。字盛樂，一作"盛洛"，代郡武川（今内蒙古武川縣西）人，鮮卑族。西魏、北周官吏。見《北史》卷六一《賀蘭祥傳》。　小宗伯：官名。小宗伯上大夫的省稱。屬春官府，協助大宗伯卿管理禮樂、祭祀、天文曆法等方面的事務，員二人。正六命。　尉迴：人名。即尉遲迴。源氏校勘記云："《周書》作'尉遲炯'。下皆同。南、北《史》於遲字辟之。"

［9］圜丘：祭天的圜形高壇。

［10］方丘：殿本、四庫本、四部備要本作"方澤"。按：作"方澤"是。

［11］太社：天子爲百姓祈福、報功而設立的祭祀土神、穀神的場所。

［12］市門税：税名。入市者徵税一錢。

［13］乙巳：《周書》卷三《孝閔帝紀》作"辛酉"。按：據干支表，當爲"乙巳"，今從底本。

［14］籍田：亦作"藉田"，指古代天子親耕之田，往往代指天子親耕之禮儀，以示對農業的重視。

二月癸酉，[1]朝日于東郊。戊寅，祭太社。丁亥，柱國、楚國公趙貴謀反，伏誅，太保獨孤信罪免。甲午，以大司空、梁國公侯莫陳崇爲太保，大司馬、晉國公護爲大冢宰，柱國、博陵公賀蘭祥爲大司馬，高陽公達奚武爲大司寇，[2]大將軍、化政公宇文貴爲柱國。[3]

[1]癸酉：底本作“癸酉朔”，中華本校勘記云：“諸本‘癸酉’下有‘朔’字，《周書》無。按是年二月庚午朔，癸酉是四日，‘朔’字衍，今删。”今從改。

[2]“以大司空梁國公侯莫陳崇爲太保”至“高陽公達奚武爲大司寇”：中華本校勘記云：“按《周書》卷二《文帝紀下》，魏恭帝三年建六官，于謹爲大司寇。卷一五《于謹傳》云：‘孝閔帝踐祚，進封燕國公，邑萬户，遷太傅、大宗伯。’但本紀不見于謹自大司寇遷太傅、大宗伯的記載。這裏説達奚武爲大司寇，則于謹必已遷官。疑此處‘以’下脱‘大司寇燕國公于謹爲太傅、大宗伯’十四字。當時太傅趙貴死，大宗伯獨孤信免，以謹繼任，於情事亦符。”大司寇，官名。《周禮》秋官之屬。掌國家法典，聽獄訟，制刑罰。北周時爲正七命。

[3]化政公：封爵名。化政，郡名。北周時治巖緑縣，在今内蒙古烏審旗南。

三月己酉，衛國公獨孤信賜死。癸亥，省六府士員三分之一。[1]

[1]三分之一：毛本、四庫本作“二分之一”。源氏校勘記云：“《周書》（‘之一’）作‘減一’。”

夏四月壬申，降死罪已下囚。壬午，謁成陵。丁亥，享太廟。五月己酉，帝將觀漁於昆明池，[1]博士姜頃諫，[2]乃止。

[1]昆明池：在今陜西西安市西南。

[2]博士：官名。除掌教中書學生外，還處理中書省機要，議政議禮等。　姜頃：源氏校勘記云："《周書》作'姜湏'。"

秋七月壬寅，帝聽訟於右寢，[1]多所哀宥。辛亥，享太廟。八月戊辰，祭太社。辛未，降死罪已下囚。甲午，詔二十四軍舉賢良。九月庚申，改太守爲郡守。

[1]右寢：帝王寢宫中的西堂。

帝性剛果，忌晋公護之專。司會李植、軍司馬孫恒以先朝佐命，[1]入侍左右，亦疾護權重，乃與宫伯乙弗鳳、賀拔提等潛請帝誅護，[2]帝許之。又引宫伯張先洛。[3]先洛以白護，護乃出植爲梁州刺史，恒爲潼州刺史。[4]鳳等更奏帝，將召群臣入，因此誅護。先洛又白之。時小司馬尉綱總統宿衛兵，護乃召綱入殿中，詐呼鳳等論事，以次執送護第，並誅之。綱仍罷禁兵，帝無左右，獨在内殿，令宫人執兵自守。[5]護遣大司馬賀蘭祥逼帝遜位，貶爲略陽公，[6]遂幽於舊邸。月餘日，以弑崩，時年十六。植、恒等亦遇害。

[1]司會：官名。司會中大夫的省稱。北周時爲天官府司會司

長官，職掌全國財政收支，協助大冢宰管理六府之事。正五命。　李植：人名。隴西成紀（今甘肅秦安縣）人。西魏、北周大臣。見《北史》卷五九《李賢附李植傳》。　軍司馬：官名。軍司馬中大夫的省稱。北周時爲夏官府軍司馬司長官，掌管軍隊，職權極重。正五命。

[2]宫伯：官名。宫伯中大夫的省稱。北周時爲天官府宫伯司長官，分置左、右，掌管宫中宿衛，左、右宫伯輪番值勤並負責上朝及出行的警衛。正五命。　乙弗鳳：底本作"乙鳳"，《周書》卷三《孝閔帝紀》作"乙弗鳳"。按："乙弗"乃北朝時期的複姓，底本誤，今改之。

[3]張先洛：《周書·孝閔帝紀》作"張光洛"。中華本校勘記云："《周書》'先'作'光'。按本書卷五七《周書》卷一一《宇文護傳》、《通鑑》卷一六七都作'光'。《周書》卷三〇《于翼傳》見'大將軍張光洛'，疑作'先'誤。"

[4]潼州：北周時治巴西縣，在今四川綿陽市東。

[5]令：毛本、殿本、四庫本、局本、四部備要本作"以"。

[6]略陽公：封爵名。略陽，郡名。北周時治略陽縣，在今甘肅秦安縣東北。

及武帝誅護後，乃詔曰："故略陽公至德純粹，天姿秀傑。屬魏祚告終，寶命將改，謳歌允集，曆數攸歸，上協蒼靈之慶，下昭后祇之錫。[1]而禍生肘腋，釁起蕭墻，[2]白武噬驂，[3]蒼鷹集殿，幽辱神器，弑酷乘輿，冤結生靈，毒流宇縣。今河海澄清，氛沴消蕩，追尊之禮，宜崇徽號。"遣太師、蜀國公迥於南郊上謚曰孝閔皇帝，陵曰静陵。

[1]后祇（qí）：地神。

[2]釁（xìn）：感情上的裂痕。

[3]白武：中華本校勘記云："《周書》'武'作'獸'，都是避'虎'字改。"

世宗明皇帝諱毓，[1]小名統萬突，文皇帝之長子也。母曰姚夫人。永熙三年，文帝臨夏州，生於統萬城，[2]因以名焉。大統十四年，封寧都郡公。魏恭帝三年，累遷大將軍，鎮隴右。孝閔踐阼，進位柱國，轉岐州刺史，[3]有美政。及孝閔廢，晉公護遣迎帝於岐州。九月癸亥，至京師，止於舊邸。群臣上表勸進，備法駕奉迎，[4]帝固讓，群臣固請，乃許之。

[1]世宗：北周皇帝宇文毓的廟號。　明：北周皇帝宇文毓的謚號。

[2]統萬城：在今陝西靖邊縣北白城子。

[3]岐州：北周時治雍城鎮，在今陝西鳳翔縣東。

[4]法駕：皇帝出行，扈從儀仗規模大於小駕，次於大駕，稱法駕。

元年秋九月，天王即位，大赦。乙丑，朝群臣於延壽殿。

冬十月癸酉，太師、趙國公李弼薨。己卯，以大將軍、昌平公尉綱爲柱國。[1]乙酉，祀圓丘。丙戌，祀方丘。甲午，祭太社。陽平公李遠賜死。辛未，梁敬帝遜位于陳。[2]

[1]昌平公：封爵名。遥封。昌平，郡名。北齊時寄治軍都城，

在今北京昌平區東南。

[2]梁敬帝：即南朝梁末代皇帝蕭方智。敬爲其謚號。　陳：指南朝陳開國皇帝陳霸先。

十一月庚子，享太廟。丁未，祀圓丘。

十二月庚午，謁成陵。庚辰，以大將軍、輔城公邕爲柱國。戊子，赦長安見囚。甲午，詔元氏子女自坐趙貴等事以來，所有没入爲官口者，[1]悉免之。

[1]官口：北朝時爲各級官署和帝王服務的國家依附户。

二年春正月乙未，以大冢宰、晋公護爲太師。辛亥，親耕籍田。癸丑，立王后獨孤氏。[1]丁巳，於雍州置十二郡。

[1]獨孤氏：即北周明敬皇后獨孤氏。見《北史》卷一四《明敬皇后獨孤氏傳》。

三月甲午，齊北豫州刺史司馬消難舉州來附。[1]改雍州刺史爲牧，京兆郡守爲尹。[2]庚申，詔三十六國、九十九姓，自魏南徙，皆稱河南人，今周室既都關中，宜改稱京兆人。

[1]齊北豫州：底本作“北豫州”，中華本校勘記云：“諸本脱‘齊’字，據《周書》卷四《明帝紀》補。”今從改。北豫州，北齊時治虎牢城，在今河南滎陽市西北汜水鎮。　司馬消難：人名。字道融，河内温（今河南温縣）人。北齊、北周官吏。後不滿楊堅

專政而起兵，兵敗奔南朝陳。見《北史》卷五四《司馬子如附司馬消難傳》。

[2]京兆：郡名。北周時治長安縣，在今陝西西安市西北。

夏四月己巳，以太師、晉公護爲雍州牧。[1]辛未，降死罪囚一等，五歲刑已下皆原之。甲戌，天王后獨孤氏崩。甲申，葬敬后。五月乙未，以大司空、梁國公侯莫陳崇爲大宗伯。六月癸亥，嚈噠國遣使朝貢。[2]己巳，板授高年刺史、守、令，[3]恤鰥寡孤獨各有差。分長安爲萬年縣，[4]並居京城。[5]壬申，遣使分行州郡，理囚徒，察風俗，掩骸埋胔。

[1]雍州牧：官名。雍州的最高軍事行政長官。雍州，北周時治長安縣，在今陝西西安市西北。

[2]嚈噠國：國名。又譯作"嚈噠""挹怛""挹闐"等。與大月氏混血的匈奴人，原爲游牧民族，公元五世紀中分布在今阿姆河之南。見《北史》卷九七《嚈噠傳》。

[3]板授：即板職。指不由吏部正式任命，而由地方軍政長官自行選用的官職。南北朝時，還常作爲授予年老軍人或平民的虚銜。

[4]萬年：縣名。治所在今陝西西安市長安區。

[5]居：《周書》卷四《明帝紀》作"治"。按：《北史》避唐高宗李治諱改。

秋七月，順陽獻三足烏，[1]八月甲子，群臣上表稱慶，於是大赦，文武普進級。九月辛卯，以大將軍楊忠、王雄並爲柱國。[2]甲辰，封少師元羅爲韓國公，[3]以紹魏後。丁未，行幸同州故宅，賦詩。

［1］順陽：郡名。北周時治清鄉縣，在今河南淅川縣東南。

［2］王雄：源氏校勘記云："《周書》作'楊雄'。"

［3］少師：官名。與少傅、少保並稱三少或三孤。北周時爲大臣的加官，地位崇高，無具體職掌。正八命。　元羅：人名。字仲綱。北魏宗室。見《北史》卷一六《京兆王黎附元羅傳》。

冬十月辛酉，突厥遣使朝貢。[1]癸亥，太廟成。乙亥，[2]以功臣琅邪貞獻公賀拔勝等十三人配享文帝廟庭。[3]壬午，大赦。

［1］冬十月辛酉突厥遣使朝貢：源氏校勘記云："《周書》（'十月'）作'十二月'。似是。"中華本校勘記云："《周書》作：'冬十月辛酉還宮。乙丑，遣柱國尉遲迥鎮隴右。長安獻白兔。十二月辛酉，突厥遣使獻方物。'按此因前後並有'辛酉'，誤脱一段，遂以十二月事繫於十月。"突厥，族名、國名。見《北史》卷九九《突厥傳》。

［2］乙亥：源氏校勘記云："'乙亥'《周書》作'辛巳'。"按：乙亥、辛巳均在此月，未詳孰是。

［3］琅邪貞獻公：琅邪公，封爵名。琅邪，郡名。遥封。北齊時治即丘縣，在今山東臨沂市西。貞獻，賀拔勝的謚號。

武成元年春正月己酉，太師、晋公護上表歸政，帝始親萬機，軍旅猶總於護。初改都督諸州軍事爲總管。[1]三月癸巳，陳六軍，帝親擐甲胄，迎太白於東方。[2]吐谷渾寇邊。庚戌，遣大司馬、博陵公賀蘭祥率衆討之。

[1]總管：官名。北周明帝武成元年由都督諸州軍事改名，爲地方高級軍政官員。加使持節，管理轄區軍政民政。所轄區域增減無常，一般轄數州，多者可達數十州。

[2]太白：即金星。早晨出現在東方叫啓明，晚上出現在西方叫長庚。

夏五月戊子，詔有司造周曆。己亥，聽訟於正武殿。[1]辛亥，以大宗伯、梁國公侯莫陳崇爲大司徒，大司寇、高陽公達奚武爲大宗伯，武陽公豆盧寧爲大司寇，柱國、輔城公邕爲大司空。乙卯，詔曰："比屢有糾發官司赦前事者，有司自今勿推究。唯庫廄倉廩，與海内所共。漢帝有云：'朕爲天下守財耳。'若有侵盗公家財畜錢粟者，魏朝之事，年月既遠，一不須問；自周有天下以來，雖經赦宥，事迹可知者，有司宜即推窮。得實之日，免其罪，徵備如法。"賀蘭祥攻拔洮陽、洪和二城，[2]吐谷渾遁走。閏月，高昌遣使朝貢。[3]

[1]正武殿：在陝西西安市未央區講武殿村北。

[2]洮陽：城名。在今甘肅臨潭縣西南。　洪和：城名。在今甘肅卓尼縣東北。

[3]高昌：國名。都於高昌城，在今新疆吐魯番市東南高昌故城。

六月戊子，大雨霖。詔公卿大夫士爰及牧守黎庶等，令各上封事，讜言極諫，[1]無有所諱。其遭水者，有司可時巡檢，條列以聞。庚子，詔曰："潁川從我，是曰元勳；無忘父城，實起王業。[2]文考屬天地草昧，造化權輿，拯彼流亡，匡兹頹運。賴英賢盡力，文武同心，翼贊大功，克隆帝業。而被堅執鋭，櫛風沐雨，永言疇昔，良用憮然。若功成名遂，建國割符，[3]予唯休也。[4]其有致死王事，妻子無歸者，朕甚傷之。凡從先王向夏州，發夏州從來，見在及薨亡者，並量賜錢帛，稱朕意焉。"是月，陳武帝殂。[5]

[1]讜言：正直之言。

[2]潁川從我是曰元勳無忘父城實起王業：指東漢初馮異追隨劉秀，後爲東漢開國元勳事。

[3]割符：毛本、四庫本、局本作"剖符"。

[4]予：毛本、四庫本作"子"。按：從文意來看，當從底本。

[5]陳武帝：即南朝陳皇帝陳霸先。武爲其謚號。

秋八月己亥，改天王稱皇帝，追尊文王爲文皇帝，[1]大赦，改元。癸丑，增御正四人，[2]位上大夫。

[1]文皇帝：《周書》卷四《明帝紀》作"帝"。

[2]御正：官名。即御正上大夫。西魏恭帝時設御正中大夫，北周沿置。天官府御正司長官，在皇帝左右，負責宣傳詔命，參議刑罰爵賞及軍國大事。北周明帝武成元年於其上設御正上大夫，御正中大夫隨降爲副職。正六命。

冬十月，齊文宣帝殂。[1]

[1]文宣帝：即北齊皇帝高洋。文宣爲其謚號。

二年春正月癸丑朔，大會群臣于紫極殿，[1]始用百戲。三月辛酉，重陽閣成，[2]會群臣公侯列將卿大夫及突厥使於芳林園，[3]賜錢帛各有差。

[1]紫極殿：位於正武殿東北部，爲帝王讀書講經之處。

[2]重陽閣：位於正武殿東北部。

[3]會群臣公侯列將卿大夫及突厥使於芳林園：中華本校勘記云："《周書》無'臣''侯'二字。按'群公列將'常見於周代詔文，如《周書》卷二三蘇綽所作大誥，即有是語。這裏'臣''侯'二字當是衍文。"

夏四月，帝因食糖䭔遇毒，[1]庚子，大漸。詔曰：

[1]糖䭔（duī）：糖餡蒸餅。

人生天地之間，禀五常之氣，天地有窮已，五常有推移，人安得長在。是以有生有死者，物理之必然。處必然之理，脩短之間，何足多恨。朕雖不德，性好典墳，披覽聖賢餘論，未嘗不以此自曉。今乃命也，夫復何言！諸公及在朝卿大夫士、軍中大小督將軍人等，並立勳效，積有年載，輔翼太祖，成我周家，令朕纘承大業，處萬乘之上。此上不負太祖，下不負朕躬。朕得啓手啓足，從先帝於地下，實無恨于心矣。所可恨者，朕享大位，可謂四年矣，不能使政化修理，[1]黎庶豐足，九州未一，二方猶梗，顧此恨恨，[2]目用不瞑。唯冀仁兄冢宰，洎朕先正先父公卿大臣等，協和爲心，勉力相勸，勿忘太祖遺志，提挈後人，朕雖没九泉，形骸不朽。

[1]修理：源氏校勘記云："《周書》作'徇理'。"
[2]恨恨：源氏校勘記云："'恨恨'《周書》作'懷恨'。"

今大位虚曠，社稷無主，朕兒幼少，未堪當國。魯國公邕，朕之介弟，寬仁大度，海内共聞，能弘我周家，必此子也。夫人貴有始終，公等事太祖，輔朕躬，可謂有始矣。若剋念政道，顧其艱難，輔邕以主天下者，[1]可謂有終矣。哀死事生，人臣大節，公等可思念此言，令萬代稱歎。

[1]主：毛本、殿本、四庫本、四部備要本作"王"。按：從文意來看，當從底本。

朕稟生儉素，非能力行菲薄，每寢大布之被，服大帛之衣，凡是器用，皆無雕刻。身終之日，豈容違棄此好。喪事所須，務從儉約，斂以時服，勿使有金玉之飾。若以禮不可闕，皆令用瓦。小斂訖，七日哭。文武百官，各權辟麻苴，[1]以素服從事。葬日，選擇不毛之地，因勢爲墳，勿封勿樹。且厚葬傷生，聖人所誡，既服膺聖人之教，安敢違之。凡百官司，勿異朕意。四方州鎮使到，各令三日哭。哭訖，權辟凶服，還以素服從事，待大例除。非有呼召，各按部自守，不得輒奔赴闕庭。禮有通塞隨時之義，葬訖，内外悉除服從吉。三年之内，勿禁婚娶，一令如平常也。

[1]麻苴：喪服中之麻絰、苴杖。

時事殷猥，病困心亂，止能及此。如事有不盡，准此以類爲斷。死而可忍，[1]古人有之，朕今忍死，盡此懷抱。

[1]死而可忍：源氏校勘記云："'可忍'《周書》作'近思'。"

其詔即帝口授也。辛丑，帝崩於延壽殿，時年二十七。謚曰明皇帝，廟號世宗。五月辛未，葬於昭陵。

帝寬明仁厚，敦睦九族，有君人之量。幼而好學，博覽群書。善屬文，詞彩温麗。及即位，集公卿已下有文學者八十餘人，於麟趾殿刊校經史。[1]又捃採衆書，自羲、農已來，[2]訖于魏末，叙爲《世譜》，凡百卷。[3]所著文章十卷。

[1]麟趾殿：位於正武殿東北部。
[2]羲：即伏羲氏。　農：即神農氏。
[3]百卷：源氏校勘記云："《周書》作'五百卷'。"

論曰：昔者水運將終，群凶放命，或權威震主，或釁逆滔天。咸謂大寶可以力致，神器可以求得，而卒誅夷繼及，亡不旋踵。是知天命有底，庸可慆乎。[1]

［1］慆（tāo）：懷疑。源氏校勘記云："'慆'《周書》從水。"

周文爰自潛躍，衆無一旅，驅馳戎馬之際，躡足行伍之間。時屬與能，運膺啓聖，鳩集義勇，糾合同盟，一舉而殄仇讎，再駕而匡帝室。於是内詢帷幄，外杖材雄，推至誠以待人，弘大順以訓物。高氏藉甲兵之衆，恃戎馬之强，屢入近畿，志圖吞噬。及英謀電發，神旆風馳，弘農建城濮之勳，[1]沙苑有昆陽之捷，[2]取威定霸，以弱爲强。紹元宗之衰緒，創隆周之景命，南清江、漢，西舉巴、蜀，北控沙漠，東據伊、瀍。

［1］城濮之勳：典出《左傳》僖公二十七年。春秋時晋文公通過城濮之戰完成了霸業。

［2］昆陽之捷：典出《後漢書》卷一《光武帝紀》。東漢初劉秀通過昆陽之戰一舉成名。

乃擯落魏、晋，憲章古昔，修六官之廢典，成一代之鴻規。德刑並用，勳賢兼叙，遠安邇悦，俗阜人和。億兆之望有歸，揖讓之期允集。功業若此，人臣以終，盛矣哉。非夫雄略冠時，[1]英姿不世，天與神授，緯武經文者，孰能與於此乎。昔漢獻蒙塵，[2]曹公成夾輔之業；[3]晋安播蕩，[4]宋武建匡合之勳。[5]校德論功，綽有餘裕。

[1]夫：底本作“求”，局本、《周書》卷四《明帝紀》作“夫”。中華本校勘記云：“各本‘夫’作‘求’，南本從《周書》改作‘夫’，是，今從之。”今從改。

[2]漢獻：即東漢皇帝劉協。獻爲其謚號。

[3]曹公：即曹操。見《三國志》卷一《魏書·武帝紀》。

[4]晉安：即東晉皇帝司馬德宗。安爲其謚號。

[5]宋武：即南朝宋皇帝劉裕。武爲其謚號。

至於渚宮制勝，[1]闔城孥戮，蠕蠕歸命，盡種誅夷，雖事出於權道，而用乖於德教，斯爲過矣。

[1]渚宮：代指江陵。

孝閔承既安之業，膺樂推之運，[1]明皇處代邸之尊，纂大宗之緒，始則權臣專命，終乃政出私門，俱懷芒刺之疑，用致幽弑之禍，惜哉。

[1]樂推：樂於推舉。王朝更迭，常用“樂推”爲詞，言得衆人之擁戴。

北史　卷一〇

周本紀下第十

高祖武皇帝諱邕，[1]字禰羅突，文帝第四子也。[2]母曰叱奴太后。[3]魏大統九年，[4]生於同州，[5]有神光照室。帝幼而孝敬，聰敏有器質。文帝異之曰："成吾志者，此兒也。"年十二，封輔城郡公。[6]孝閔帝踐阼，[7]拜大將軍，[8]出鎮同州。明帝即位，[9]遷柱國，[10]授蒲州刺史，[11]入爲大司空，[12]行御正，[13]進封魯國公，領宗師。[14]甚見親愛，參議朝廷大事。性沉深，有遠識，非因問，終無所言。帝每歎曰："夫人不言，言必有中。"

[1]高祖：北周皇帝宇文邕的廟號。　武：宇文邕的謚號。

[2]文帝：即宇文泰。文爲其謚號，北周孝閔帝宇文覺時追謚。

[3]叱奴太后：即北周文帝皇后叱奴氏。見《北史》卷一四《文宣皇后叱奴氏傳》。

[4]大統：西魏文帝的年號（535—551）。

[5]同州：西魏時治武鄉縣，在今陝西大荔縣。

[6]輔城郡公：封爵名。輔城，郡名。西魏時治郟城縣，在今河南郟縣東南。

[7]孝閔帝：即北周皇帝宇文覺。孝閔爲其謚號。

[8]大將軍：官名。北周時統兵事，或兼掌朝政。與大司馬共稱“二大”，位尊權重。正九命。

[9]明帝：即北周皇帝宇文毓。明爲其謚號。

[10]柱國：官名。柱國大將軍的省稱。十六國時後燕慕容垂始置。西魏文帝大統十六年設八柱國，其中六人分掌全國府兵。授此職者並加使持節、大都督，位在丞相上，爲西魏的最高官職。北周因之。正九命。

[11]蒲州：北周時治蒲坂縣，在今山西永濟市西南蒲州鎮。

[12]大司空：官名。《周禮》六卿之一，爲冬官之長。掌土木工程。西魏末、北周仿《周禮》建六官，復置爲冬官之長，亦稱大司空卿。北周時爲正七命。

[13]行：臨時代理。　御正：官名。御正中大夫的省稱。西魏恭帝三年（556）置，北周沿置。天官府御正司長官，正五命。在皇帝左右，負責宣傳詔命，參議刑罰爵賞及軍國大事。

[14]宗師：官名。宗師中大夫的省稱。西魏恭帝三年（556）置，北周沿置。爲天官府宗師司長官。掌管宗室定世系、辨昭穆等事務，並負有訓導之責，由宗室中的親賢者擔任。正五命。

武成二年四月，[1]帝崩，[2]遺詔傳位於帝。帝固讓，百官勸進，乃從之。壬寅，即皇帝位，大赦。冬十二月，改作路門。[3]

[1]武成：北周明帝的年號（559—560）。

[2]帝：指宇文毓。

[3]路門：在今陝西西安市。《周禮·考工記·匠人》：“路門不容乘車之五个。”鄭玄注曰：“路門者，大寢之門。”賈公彥疏：“此路門以近路寢，故特小爲之。”《周書》卷五《武帝紀上》作“露門”。

是歲，齊孝昭帝廢其主殷而自立。[1]

[1]孝昭帝：即北齊皇帝高演。孝昭爲其謚號。　殷：即北齊廢帝高殷，人名。字正道，勃海蓨（今河北景縣）人。北齊文宣帝子。見《北史》卷七《齊廢帝紀》。

保定元年春正月戊申，[1]改元，文武百官各增四級。以大冢宰、晋公護爲都督中外諸軍事，[2]令五府總於天官。[3]庚戌，祀圓丘。[4]壬子，祀方丘。[5]甲寅，祀感帝於南郊。[6]乙卯，祭太社。[7]己巳，享太廟。[8]班文帝所述六官於廟庭。[9]甲戌，板授高年官，[10]各有差。乙亥，親耕籍田。[11]丙子，大射於正武殿，[12]賜百官各有差。二月己卯，遣大使巡察天下風俗。甲午，朝日於東郊。丙午，省輦輿，去百戲。

[1]保定：北周武帝的年號（561—565）。

[2]大冢宰：官名。西魏恭帝三年置，北周沿置。爲位居六官之首的天官府長官。掌管宫廷供奉以及全國的財政收支、賦役收入，百官俸禄等事務。正七命。　晋公護：即宇文護。字薩保，代郡武川（今内蒙古武川縣西）人，鮮卑族，宇文泰之侄。北周宗室、權臣。見《北史》卷五七《邵惠公顥附宇文護傳》。　都督中外諸軍事：官名。亦稱都督中外諸軍、中外都督等。總統内外諸軍，爲全國最高軍事統帥，權力極大，不常置。初時多爲他官兼任，無品階。

[3]五府總於天官：五府由天官總宰，目的是提高大冢宰的權力。五府，即太府、玉府、内府、外府、膳府。天官，官署名。天

官府的省稱。西魏恭帝三年置，北周沿置。爲全國最高行政機構。長官爲大冢宰卿。

［4］圜丘：祭天的圜形高壇。

［5］方丘：夏至祭地神的方壇，因壇設於澤中，又稱方澤。

［6］感帝：古代認爲王者之先祖皆感太微五帝之精以生，因稱其祖所感生之帝爲“感生帝”，亦省作“感帝”“感生”。

［7］太社：天子爲群姓祈福、報功而設立的祭祀土神、穀神的場所。

［8］太廟：皇帝爲祭拜祖先而營建的廟宇。

［9］班：頒布。　六官：即天官、地官、春官、夏官、秋官、冬官。

［10］板授：即板職。授予高齡老人榮譽職銜。

［11］籍田：亦作“藉田”，古代天子親耕之田，借指天子親耕之禮儀，以示對農業的重視。

［12］大射：爲擇士而舉行的祭祀射禮。　正武殿：在今陝西西安市未央區講武殿村北。

三月丙寅，改八丁兵爲十二丁兵，[1]率歲一月役。

［1］八丁兵：北朝的兵役制度。屬番代制。民户服兵役，以八丁出一番兵，定期輪番更代。北魏時，番代期限約爲一年。北周初，改八丁兵爲十二丁兵，服役期縮短爲一個月。

夏四月丙子朔，日有蝕之。庚寅，以少傅、吴公尉遲綱爲大司空。[1]丁酉，白蘭遣使獻犀甲鐵鎧。[2]五月丙午，封孝閔皇帝子康爲紀國公，[3]皇子贇爲魯國公。[4]晋公護獲玉斗以獻。六月乙酉，遣御正殷不害使於陳。[5]

[1]少傅：官名。爲輔政大臣“三少”之一。北周時爲加官。正八命。　尉遲綱：人名。字婆羅，代（今山西大同市東北）人，鮮卑族。西魏、北周將領。見《北史》卷六二《尉遲迥附尉遲綱傳》。底本作“尉綱”。《周書》卷五《武帝紀上》作“尉遲綱”。按：當從《周書》，尉遲乃北朝時期的重要姓氏之一。

[2]白蘭：族名。羌人的一支，分布於今青海南部及四川西部地區，以其地有白蘭山而得名。以游牧爲生。見《北史》卷九六《白蘭傳》。

[3]康：即宇文康，人名。字乾安，代郡武川（今内蒙古武川縣西）人，鮮卑族。北周宗室。見《北史》卷五八《紀厲王康傳》。

[4]贇：即北周宣帝宇文贇，人名。字乾伯，代郡武川（今内蒙古武川縣西）人，鮮卑族。見《北史》卷一〇《周本紀·宣帝》。

[5]殷不害：人名。字長卿，陳郡長平（今河南西華縣）人。南朝梁、陳、北周官吏。見《陳書》卷三二《殷不害傳》。

秋七月戊申，以旱故，詔所在降死罪已下囚。更鑄錢，文曰布泉，以一當五，與五銖並行。九月甲辰，南寧州使獻滇馬及蜀鎧。[1]

[1]南寧州：北周時治味縣，在今雲南曲靖市麒麟區三岔村一帶。

冬十月甲戌朔，日有蝕之。[1]十一月乙巳，陳人來聘。丁巳，狩於岐陽。[2]是月，齊孝昭帝殂，十二月，車駕至自岐陽。

[1]冬十月甲戌朔日有蝕之：中華本校勘記云："《周書》卷五《武帝紀上》無'朔'字。按是年十月癸酉朔，'甲戌'是二日。'朔'字衍。下文《静帝紀》大象二年'十月甲寅，日有蝕之'。《周書》同。檢朔閏表也是二日。或當時曆法錯誤，故日蝕不在朔。"

[2]岐陽：地名。在今陝西岐山縣東北岐陽村。

是歲，突厥、吐谷渾、高昌、宕昌、龜兹等國並遣使朝貢。[1]

[1]突厥：族名、國名。見《北史》卷九九《突厥傳》。　吐谷渾：族名。又稱吐渾、退渾。原爲鮮卑族慕容部的一支，先祖游牧於徒河青山（今遼寧義縣東）。西晋時，遷徙於今甘肅、青海一帶。十六國時，先後受到前涼、西秦等追逐，幾乎亡國。後再度崛起，北魏太武帝時達到最强盛。在北魏打擊下，一度退到今新疆一帶。以游牧爲生。見《北史》卷九六《吐谷渾傳》。　龜兹：國名。原國都在延城（今新疆庫車縣東），魏晋時遷都於今新疆沙雅縣北，仍名延城。見《北史》卷九七《龜兹傳》。

二年春正月壬寅，初於蒲州開河渠，[1]同州開龍首渠，[2]以廣溉灌。丁未，以陳主弟頊爲柱國，[3]送還江南。閏月己亥，大司馬、凉公賀蘭祥薨。[4]二月癸丑，以久不雨，宥罪人，京城三十里内禁酒。梁主蕭詧薨。[5]

[1]河渠：在今山西永濟市。

[2]龍首渠：中國歷史上第一條地下水渠，引洛水灌溉今陝西

蒲城縣、大荔縣一帶田地。今洛惠渠的前身。

[3]頊：即陳頊，人名。字紹世，小字師利，吴興長城下若里（今浙江長興縣）人。南朝陳宣帝。見《陳書》卷五《宣帝紀》。

[4]大司馬：官名。北周時爲夏官府長官，職掌軍政大務、禁暴糾察、訓練軍隊、統兵作戰，權任極重。正七命。　凉公：封爵名。凉，州名。北周時治姑臧縣，在今甘肅武威市。　賀蘭祥：人名。字盛樂，一作"盛洛"，代郡武川（今内蒙古武川縣西）人，鮮卑族。西魏、北周官吏。見《北史》卷六一《賀蘭祥傳》。

[5]蕭詧：人名。字理孫，蘭陵（一説在今江蘇常州市，一説在今江蘇丹陽市）人。南朝梁宗室，西梁皇帝。見《北史》卷九三《蕭詧傳》。

夏四月甲辰，以旱故，禁屠宰。癸亥，詔曰："諸柱國等勳德隆重，宜有優崇。各準别制，邑户聽寄食他縣。"五月庚午，以南山衆瑞並集，免今年役及租賦之半。[1]壬辰，以柱國、隋公楊忠爲大司空。[2]六月己亥，以柱國、蜀公尉迥爲大司馬。[3]分山南荆州、安州、襄州、江陵爲四總管。[4]

[1]以南山衆瑞並集免今年役及租賦之半：中華本校勘記云："《周書》'南山'作'山南'。'集'下有'大赦天下，百官及軍人普汎二級。南陽宛縣三足烏所集'二十二字。按《周書》於四月載南陽、湖州所謂'祥瑞'，其地都在山南，這裏作'南山'，誤倒。又據《周書》，免役及租賦之半止宛縣一縣。《北史》無二十二字，遂似遍及全境。當是因有二'集'字，傳鈔時誤脱一行。"可從。

[2]隋公：封爵名。即隨公。隨，州名。北周時治隨縣，在今湖北隨州市。　楊忠：人名。小名奴奴，弘農華陰（今陝西華陰市

東南）人，隋文帝楊堅之父。西魏、北周名將。見《周書》卷一九《楊忠傳》。

［3］蜀公：封爵名。蜀，州名。北周時治成都縣，在今四川成都市。　尉迥：人名。即尉遲迥。字薄居羅，代（今山西大同市東北）人。西魏、北周大臣。見《北史》卷六二《尉遲迥傳》。

［4］荆州：北周時治穰城，在今河南鄧州市。　安州：北周時治安陸縣，在今湖北安陸市。　襄州：北周時治襄陽縣，在今湖北襄樊市。　江陵：府名。在今湖北江陵縣。　總管：官名。北周明帝武成元年由都督諸州軍事改名，爲地方高級軍政官員。加使持節，管理轄區軍政民政。所轄區域增減無常，一般轄數州，多者可達數十州。

秋九月戊辰朔，日有蝕之。陳人來聘。

冬十月辛亥，帝御大武殿大射。[1]戊午，講武於少陵原。[2]十一月丁卯，以大將軍衛公直、趙公招並爲柱國。[3]

［1］大武殿：位於正武殿東北部。

［2］講武：講習武事。　少陵原：地名。亦稱杜陵原。在今陝西西安市南滻河、潏河之間。

［3］衛公直：即宇文直。字豆羅突，代郡武川（今内蒙古武川縣西）人，鮮卑族。北周宗室。見《北史》卷五八《衛剌王直傳》。　趙公招：即宇文招，人名。字豆盧突，代郡武川（今内蒙古武川縣西）人，鮮卑族。北周宗室。見《北史》卷五八《趙僭王招傳》。

三年春正月辛未，改光遷國爲遷州。[1]乙酉，太保、梁公侯莫陳崇賜死。[2]二月庚子，初頒新律。辛酉，詔自今舉大事，行大政，非軍機急速，皆依月令，以順天心。三月乙丑朔，日有蝕之。丙子，宕昌國獻生猛獸二，詔放之南山。

[1]遷州：北周時治光遷縣，在今湖北房縣。

[2]太保：官名。北周時爲輔佐君王的重要大臣，與太師、太傅號稱三公。正九命。　梁公：封爵名。梁，州名。北周時治光義縣，在今陝西漢中市。　侯莫陳崇：人名。字尚樂，代武川（今内蒙古武川縣西）人，鮮卑族。西魏、北周將領。見《北史》卷六〇《侯莫陳崇傳》。

夏四月乙未，以柱國、鄭公達奚武爲太保，[1]大將軍韓果爲柱國。[2]己亥，帝御正武殿録囚徒。癸卯，大雩。[3]癸丑，有牛足生於背。戊午，幸太學，以太傅、燕公于謹爲三老而問道焉。[4]初禁天下報讎，犯者以殺人論。壬戌，詔百官及庶人上封事，極言得失。五月甲子朔，[5]以旱故，避正寢，不受朝。甲戌，雨。

[1]達奚武：人名。字成興，代（今山西大同市東北）人，鮮卑族。西魏、北周將領。見《北史》卷六五《達奚武傳》。

[2]韓果：人名。字阿六拔，代武川（今内蒙古武川縣西）人。北周將領。見《北史》卷六五《韓果傳》。

[3]雩：求雨的祭祀。

[4]太傅：官名。北周時三師之一，位居太師下、太保上，爲輔弼君王的大臣。正九命。　于謹：人名。字思敬，小名巨引，河南洛陽（今河南洛陽市東北）人。北魏、西魏、北周將領。見《北史》卷二三《于栗磾附于謹傳》。　三老：古代設三老之位，

天子以父兄之禮養之。鄭玄注《禮記》:“三老五更各一人也，皆年老更事致仕者也，天子以父兄養之，示天下之孝悌也。名以三五者，取象三辰五星，天所因以照明天下者。”

[5]甲子：底本作“甲午”，源氏校勘記改“午”作“子”。中華本校勘記云:“諸本‘子’作‘午’，《周書》作‘子’。按是年五月甲子朔，今據改。”今從改。

秋七月戊辰，行幸原州。[1]庚午，陳人來聘。丁丑，幸津門，[2]問百年，[3]賜以金帛，[4]又賜高年板職，各有差。降死罪囚一等。八月丁未，改作路寢。[5]九月甲子，自原州登隴山。[6]丙戌，幸同州。戊子，詔柱國楊忠率騎一萬與突厥伐齊。己丑，初令世襲州、郡、縣者悉改爲五等爵。[7]州封伯，郡封子，縣封男。

[1]原州：北周時治高平縣，在今寧夏固原市城區。

[2]津門：位於長安都城西南部。

[3]百年：百歲的老人。

[4]金帛：源氏校勘記云:“《周書》作‘錢帛’。”

[5]路寢：帝王處理政事的宮殿。《周書》卷五《武帝紀上》作“露寢”。

[6]隴山：又稱隴坻、隴首、隴阪。在今陝西隴縣、寶雞市與甘肅清水縣、張家川回族自治縣之間。

[7]五等爵：封建爵制，依地位高下分爲公、侯、伯、子、男五等。

冬十月庚戌，陳人來聘。十二月辛卯，車駕至自同州。遣太保達奚武率騎三萬出平陽，[1]以應楊忠。是月，有人生子，男而陰在背後，如尾，兩足指如獸爪。有犬生子，腰以後分爲二身，兩尾六足。

[1]平陽：郡名。北周時治白馬城，在今山西臨汾市。

四年春正月庚申，楊忠破齊長城，至晋陽而還。[1]二月庚寅朔，日有蝕之。三月庚辰，初令百官執笏。[2]

[1]晋陽：縣名。治所在今山西太原市晋源區古城營村一帶。
[2]笏：大臣朝見皇帝時所執的手板，用以記事。

夏四月癸卯，以柱國、鄧公竇熾爲大宗伯。[1]五月壬戌，封明帝長子賢爲畢公。[2]癸酉，以大將軍、安武公李穆爲柱國。[3]丁亥，改禮部爲司宗，[4]大司禮爲禮部，[5]大司樂爲樂部。[6]六月庚寅，改御伯爲納言。[7]

[1]竇熾：人名。字光成，扶風平陵（今陝西咸陽市西北）人。西魏、北周將領。見《北史》卷六一《竇熾傳》。　大宗伯：官名。掌管禮樂、祭祀、天文曆法、著作等方面事務。原爲《周禮》六卿之一，爲春官之長。西魏末、北周仿《周禮》建六官，復置爲春官之長，亦稱大宗伯卿。北周時爲正七命。

[2]賢：即宇文賢，人名。字乾陽，代郡武川（今内蒙古武川縣西）人，鮮卑族。北周宗室。見《北史》卷五八《畢剌王賢傳》。

[3]安武公：封爵名。安武，郡名。北周時治朝那縣，在今甘肅靈臺縣。　李穆：人名。字顯慶，隴西成紀（今甘肅秦安縣）人。西魏、北周、隋朝將領。見《北史》卷五九《李賢附李穆

傳》。

[4]司宗：官署名。掌總轄禮府、修訂禮律等。有司宗上士、司宗中士、司宗下大夫等。

[5]大司禮：官署名。北周時掌内外九族及玉帛衣服的禮制規格，並管理全國僧道等宗教事務。

[6]樂部：官署名。北周始置。西魏、北周春官府原設大司樂。周武帝保定四年改名爲樂部，掌演樂事，以樂部中大夫主其事。

[7]御伯：官名。御伯中大夫的省稱。西魏恭帝三年置，爲天官府屬官，掌出入侍從。北周沿置。正五命。　納言：官名。亦稱内言。北周武帝保定四年由御伯改，設中大夫、下大夫、上士、中士，爲天官府屬官，掌出納王命，爲樞要近侍之臣。正三命。

秋七月，焉耆國遣使獻名馬。[1]八月丁亥朔，日有蝕之。詔柱國楊忠帥師與突厥東伐，至北河而還。[2]戊子，以柱國、齊公憲爲雍州牧，[3]以許公宇文貴爲大司徒。[4]九月丁巳，以柱國、衛公直爲大司空。陳人來聘。是月，以皇世母閻氏自齊至，[5]大赦。閏月己亥，以大將軍韋孝寬、長孫儉並爲柱國。[6]

[1]焉耆國：國名。國都在員渠城（今新疆焉耆回族自治縣西南）。見《北史》卷九七《焉耆傳》。

[2]北河：黄河自今内蒙古磴口縣以下分爲南、北二支，北支當今烏加河，爲黄河正流，對南支而言，稱爲北河。

[3]齊公憲：即宇文憲。字毗賀突，代郡武川（今内蒙古武川縣西）人，鮮卑族。西魏大臣、北周宗室。見《北史》卷五八《齊煬王憲傳》。　雍州牧：官名。雍州的最高軍事行政長官。雍州，北周時治長安縣，在今陝西西安市西北。

[4]宇文貴：人名。字永貴，昌黎大棘（今遼寧北票市章吉營

子鄉三官營子村）人，鮮卑族。西魏、北周將領。見《北史》卷六〇《宇文貴傳》。　大司徒：官名。亦稱大司徒卿。北周時爲地官之長。掌管國家土地圖籍、户口，管理土地使用、諸侯封邑、人民教化。正七命。

［5］閻氏：亦稱閻姬。宇文護之母。

［6］韋孝寬：即韋叔裕。人名。字孝寬，京兆杜陵（今陝西西安市長安區東）人。北魏、西魏、北周將領。見《北史》卷六四《韋孝寬傳》。　長孫儉：人名。本名慶明，代（今山西大同市東北）人，鮮卑族。西魏、北周大臣。見《北史》卷二二《長孫嵩附長孫儉傳》。

冬十月癸亥，以大將軍陸通、宇文盛、蔡公廣並爲柱國。[1]甲子，詔大冢宰、晋公護伐齊，齋於太廟，庭授以斧鉞。於是護總大軍出潼關，[2]大將軍權景宣帥山南諸軍出豫州，[3]少師楊摽出軹關。[4]丁卯，帝幸沙苑勞師。[5]癸酉，還宫。

［1］陸通：人名。字仲明，吴郡（今江蘇蘇州市）人。北周官吏。見《北史》卷六九《陸通傳》。　宇文盛：人名。字保興，代郡武川（今内蒙古武川縣西）人，鮮卑族，宇文述之父。見《周書》卷二九《宇文盛傳》。　蔡公廣：即宇文廣。字乾歸，代郡武川（今内蒙古武川縣西）人，鮮卑族，宇文導之子。西魏、北周大臣。見《北史》卷五七《邵惠公顥附宇文廣傳》。

［2］潼關：在今陝西潼關縣北，渭河入黄河處南岸。

［3］權景宣：人名。字暉遠，天水顯親（今甘肅秦安縣西北）人。西魏、北周將領。見《北史》卷六一《權景宣傳》。　豫州：北周時治上蔡縣，在今河南汝南縣。

［4］少師：官名。與少傅、少保並稱三少或三公。爲大臣加官，

地位崇高，無具體職掌。正八命。　楊擲：人名。字顯進，正平高凉（今山西稷山縣東南）人。西魏、北周將領。見《北史》卷六九《楊擲傳》。　軹關：因關當軹道之險，故名。在今河南濟源市西北。

[5]沙苑：地名。又名沙阜、沙海、沙窩。在今陝西大荔縣南洛、渭二河之間。

十一月甲午，柱國尉遲迥圍洛陽，柱國、齊公憲營芒山，[1]晋公護次陝州。[2]

[1]芒山：又作“邙山”，在今河南洛陽市北。

[2]陝州：北周時治陝縣，在今河南三門峽市西。

十二月丙辰，齊豫州刺史王士良以州降。[1]壬戌，齊師度河，晨至洛陽，諸軍驚散。尉迥帥麾下數十騎扞敵，[2]得却，至夜引還。柱國王雄力戰，[3]死之。遂班師。楊擲於軹關戰没。權景宣亦棄豫州而還。

[1]王士良：人名。字君明，太原晋陽（今山西太原市晋源區古城營村一帶）人。北魏、北齊、北周大臣。見《北史》卷六七《王士良傳》。

[2]帥麾下：四庫本作“率麾下”。

[3]王雄：人名。字雄胡布頭，太原（今山西太原市晋源區古城營村一帶）人。西魏、北周將領。見《北史》卷六〇《王雄傳》。

是歲，突厥、粟特等國並遣使朝貢。[1]

[1]粟特：國名。見《北史》卷九七《粟特傳》。

五年春正月甲申朔，以柱國王雄死王事故，廢朝。乙巳，以雄世子謙爲柱國。[1]二月辛酉，[2]詔陳公純等逆皇后于突厥。[3]丙寅，以柱國李穆爲大司空，綏德公陸通爲大司寇。[4]壬申，行幸岐州。[5]三月戊子，[6]柱國豆盧寧薨。[7]

[1]謙：即王謙，人名。字敕萬，太原（今山西太原市晋源區古城營村一帶）人。北周大臣。見《北史》卷六〇《王雄附王謙傳》。

[2]辛酉：底本作"辛丑"，源氏校勘記改"丑"作"酉"。中華本校勘記云："諸本'酉'作'丑'，《周書》作'酉'。按是年二月甲寅朔，無辛丑，辛酉是八月。今據改。"今從改。

[3]陳公純：即宇文純。字堙智突，代郡武川（今内蒙古武川縣西）人，周文帝之子。見《北史》卷五八《陳惑王純傳》。

[4]綏德公：封爵名。綏德，郡名。北周時治綏德縣，在今陝西清澗縣西北。　大司寇：官名。《周禮》秋官之屬。掌國家法典，聽獄訟，制刑罰。北周時爲正七命。

[5]岐州：北周時治雍城鎮，在今陝西鳳翔縣東。

[6]三月戊子：底本作"戊子"，中華本校勘記云："諸本無'三月'二字，《周書》有。按是年二月甲寅朔，月内無戊子。三月癸未朔，戊子是六日。此誤脱，今據補。"今從改。

[7]豆盧寧：人名。字永安，昌黎徒何（今遼寧錦州市）人。西魏、北周將領。其先本鮮卑慕容氏前燕之支族，後歸附北魏，賜姓豆盧氏。見《北史》卷六八《豆盧寧傳》。

夏四月，齊武成帝禪位於其太子緯，[1]自稱太上皇帝。五月己亥，左右武伯各置中大夫一人，[2]六月庚申，彗星出三台，入文昌，[3]犯上將，[4]經紫宮入危，[5]漸長丈餘，百餘日乃滅。辛未，詔江陵人年六十五已上爲官奴婢者，已令放免，其公私奴婢年七十以外者，所在官私宜贖爲庶人。[6]

[1]齊武成帝：即北齊皇帝高湛。武成爲其謚號。　緯：即高緯，人名。字仁綱，勃海蓨（今河北景縣）人。北齊皇帝。見《北史》卷八《齊本紀·後主》。

[2]左右武伯：官名。西魏恭帝三年置，北周沿置。爲禁衛軍六率之長。左右武伯中大夫，屬夏官府，共掌皇宮内外宿衛禁令，兼統虎賁、旅賁、射聲、驍騎、羽林、游擊等六率禁衛軍事。皇帝臨朝時備三仗於庭，立於殿上東西兩側；皇帝出行時則列兵於皇帝左右。正五命。

[3]文昌：在三台的上台之北，北斗斗魁前，由六星組成。屬大熊座。

[4]上將：文昌六星之一。屬大熊座。

[5]危：二十八星宿之一。底本作“苑”，中華本校勘記云：“諸本‘危’作‘苑’，《周書》作‘危’。按‘危’指危宿，今據改。”今從改。

[6]所在：元大德本作“所有”。按：依文意，當從底本。

秋七月辛巳朔，日有蝕之。庚寅，行幸秦州，[1]降死罪已下刑。辛丑，遣大使巡察天下。八月丙子，車駕至自秦州。

[1]秦州：北周時治上邽縣，在今甘肅天水市。

冬十月辛亥，改函谷關城爲通洛防。[1]十一月丁未，陳人來聘。

[1]函谷關城：在今河南靈寶市東北。

是歲，吐谷渾遣使朝貢。

天和元年春正月己卯朔，[1]日有蝕之。辛巳，幸路寢，[2]命群臣賦古詩。京邑耆老亦會焉，頒賜各有差。癸未，大赦，改元，百官普加四級。己亥，親耕籍田。丁未，於宕昌國置宕州。[3]遣小載師杜杲使於陳。[4]二月戊辰，詔三公已下，各舉所知。庚午，日鬭，光遂微，日中見烏。三月丙午，祀南郊。

[1]天和：北周武帝的年號（566—572）。

[2]幸：底本作“考”，中華本校勘記云：“諸本‘幸’作‘考’。按《周書》作‘辛巳，路寢成，幸之’。‘考’乃‘幸’之訛，今據改。”今從改。　路寢：指古代天子、諸侯的正廳。

[3]宕州：北周時治陽宕縣，在今甘肅宕昌縣西。

[4]小載師：官名。西魏恭帝三年設。北周沿置。爲載師中大夫之副職，助掌國之土地、賦稅、牧産等。正四命。　杜杲：人名。字子暉，京兆杜陵（今陝西西安市長安區東）人。北魏、西魏、北周大臣。見《北史》卷七〇《杜杲傳》。底本作“杜果”，局本、中華本作“杜杲”。中華本校勘記云：“諸本‘杲’作‘果’，《周書》殿本作‘杲’。張森楷云：‘按杲字子暉，有專傳（本書卷七〇、《周書》卷三九），則非“果”也。’按張説是，今據改。”今從改。

夏四月辛亥，雩。是月，陳文帝殂。[1]五月庚辰，帝御正武殿，集群臣，親講《禮記》。吐谷渾龍涸王莫昌率户内附，[2]以其地爲扶州。[3]甲午，詔曰："甲子、乙卯，《禮》云不樂。萇弘表昆吾之稔，[4]杜蕢有揚觶之文。[5]自世道喪亂，禮儀紊毀，此典茫然，已墜於地。宜依是日，省事停樂。[6]庶知爲君之難，爲臣不易，貽之後昆，殷鑒斯在。"六月丙午，以大將軍辛威爲柱國。[7]

[1]陳文帝：即南朝陳皇帝陳蒨。文爲其謚號。

[2]龍涸王：封爵名。龍涸，郡名。治甘松縣，在今四川松潘縣。　莫昌：人名。吐谷渾王。

[3]扶州：北周時治嘉誠縣，在今四川松潘縣。

[4]萇弘表昆吾之稔：《左傳》昭公十八年載："二月乙卯周毛得殺毛伯過，而代之。萇弘曰：'毛得必亡，是昆吾稔之日也。'"《詩·商頌·長發》云："韋顧既伐，昆吾夏桀。"《尚書·湯誓》孔疏引皇甫謐云："左氏以爲昆吾與桀同以乙卯日亡。"昆吾，祝融之孫。稔，熟也，侈惡積熟。即惡貫滿盈意。

[5]杜蕢有揚觶之文：語出《禮記·檀弓下》。杜蕢爲晋國的厨師，他以罰酒的方式來勸誡國君，使之知錯能改。比喻敢於進諫。

[6]省事：底本作"有事"，源氏校勘記改"事"作"自"。中華本校勘記云："諸本'省'作'有'，《周書》作'省'。按《禮記·檀弓下》：'子卯不樂。'鄭注：'不以舉樂、爲吉事。'即'省事停樂'之意。作'有'誤，今據改。"今從改。

[7]辛威：人名。隴西（今甘肅隴西縣）人。西魏、北周將領。見《北史》卷六五《辛威傳》。

秋七月戊寅，築武功、郿、斜谷、武都、留谷、津坑諸城，[1]以置軍人。壬午，詔諸胄子入學，[2]但束脩於師，不勞釋奠。[3]釋奠者，學成之祭。自今即爲恒式。八月己未，詔諸有三年之喪，或負土成墳，或寢苫骨立，[4]一志一行，可稱揚者，[5]本部官司，隨事上言。當加弔勉，以勵薄俗。九月乙亥，信州蠻反，[6]詔開府陸騰討平之。[7]

[1]武功：城名。在今陝西武功縣西北舊武功縣城。　郿：城名。在今陝西岐山縣西南與寶雞市交界處。　斜谷：城名。在今陝西眉縣城關。　武都：城名。在今陝西寶雞市虢鎮。　留谷：城名。在今陝西寶雞市。　津坑：城名。具體位置不詳。當在渭水上游、北周之岐山、武都二郡境内。

[2]胄子：帝王或貴族的長子。

[3]釋奠：在學校設置酒食以奠祭先聖先師的一種典禮。

[4]苫（shān）：草墊子。

[5]稱揚：毛本、殿本、四庫本、局本、四部備要本作“稱獎”。按：依文意，當從底本。

[6]信州：北周時治白帝城，在今重慶奉節縣白帝村西南。

[7]開府：官名。北周時爲府兵組織統兵官，府兵二十四軍各設一員，統兵一千人左右。　陸騰：人名。字顯聖，代（今山西大同市東北）人。西魏、北周將領。見《北史》卷二八《陸俟附陸騰傳》。

冬十月甲子，初造《山雲儛》，[1]以備六代樂。[2]十一月丙戌，行幸武功等城。十二月庚申，還宮。

［1］山雲儛：六代樂舞之一。用於南北郊祭、太廟等祭祀儀式。

［2］六代樂：包括黄帝作《雲門》，堯作《咸池》，舜作《大韶》，禹作《大夏》，殷作《大濩》，周作《大武》。

二年春正月癸酉朔，日有蝕之。己亥，親耕籍田。三月癸酉，改武游園爲道會苑。[1]丁亥，初立郊丘壇壝制度。[2]

［1］武游園：在今陝西西安市。

［2］郊丘：天子郊祭天地於圜丘。　壇壝（wěi）：壇場。祭祀之所。

夏四月乙巳，省併東南諸州。以大將軍、陳公純爲柱國。六月辛亥，尊所生叱奴氏爲皇太后。[1]閏月庚午，地震。戊寅，陳湘州刺史華皎帥衆來附。[2]壬辰，以大將軍、譙公儉爲柱國。[3]

［1］叱奴氏：即北周文宣皇后叱奴氏。見《北史》卷一四《文宣皇后叱奴氏傳》。

［2］湘州：南朝陳時治臨湘縣，在今湖南長沙市。　華皎：人名。晋陵暨陽（今江蘇江陰市）人。南朝陳官吏。見《陳書》卷二〇《華皎傳》。

［3］譙公儉：即宇文儉。字侯幼突，代郡武川（今内蒙古武川縣西）人，鮮卑族。北周宗室。見《北史》卷五八《譙孝王儉傳》（參《北周宇文儉墓清理發掘簡報》，《考古與文物》2001 年第 3 期）。

秋七月辛丑，梁州上言鳳凰集楓樹，[1]群鳥列侍以萬數。甲辰，立路門學，[2]置生七十二人。壬子，以太傅、燕公于謹爲雍州牧。

[1]梁州：北周時治光義縣，在今陝西漢中市。

[2]路門學：北周所建學校，教授皇太子和貴族子弟。路，通“露”。

九月，衛公直等與陳將淳于量、吴明徹戰于沌口，[1]王師敗績。元定以步騎數千先度，[2]遂没江南。

[1]淳于量：人名。字思明，濟北（今山東東平縣北）人。南朝陳將領。見《陳書》卷一一《淳于量傳》。　吴明徹：人名。字通昭，秦郡（今江蘇南京市六合區）人。南朝陳將領。見《陳書》卷九《吴明徹傳》。　沌口：地名。在今湖北武漢市漢陽區西南。即古沌水入長江之口。

[2]元定：人名。字願安，河南洛陽（今河南洛陽市東北）人。北周將領。見《北史》卷六九《元定傳》。

冬十一月戊戌朔，日有蝕之。癸丑，太保、許國公宇文貴薨。

是歲，突厥、吐谷渾、安息等國並遣使朝貢。[1]

[1]安息：國名。王姓昭武氏，爲昭武諸國之一。都城在那密水（今中亞澤拉夫尚河）南。見《北史》卷九七《安息傳》。

三年春正月辛丑，祀南郊。三月癸卯，皇后阿史那氏至自突厥。[1]甲辰，大赦。丁未，大會百僚及賓客於路寢。戊午，太傅、燕公于謹薨。

[1]阿史那氏：即北周武成皇后阿史那氏。見《北史》卷一四《武成皇后阿史那氏傳》。

夏四月辛巳，以太保達奚武爲太傅，大司馬尉迥爲太保，柱國、齊公憲爲大司馬。五月庚戌，享太廟。六月甲戌，有星孛於東井。[1]

[1]孛：芒氣四出的彗星。　東井：星宿名。即井宿，二十八星宿之一。因在玉井之東，故稱。

秋七月壬寅，柱國、隋公楊忠薨。八月乙丑，韓公元羅薨。[1]齊人來聘，請和親，詔軍司馬陸逞報聘。[2]癸酉，帝御大德殿，[3]集百僚及沙門道士等，[4]親講《禮記》。

[1]元羅：人名。字仲綱。北魏宗室。見《北史》卷一六《京兆王黎附元羅傳》。

[2]軍司馬：官名。軍司馬中大夫的省稱。北周時爲夏官府軍司馬司長官，掌管軍隊，職權極重。正五命。　陸逞：人名。字季明，初名彥，字世雄，後改，吴郡（今江蘇蘇州市）人。西魏、北周大臣。見《北史》卷六九《陸通附陸逞傳》。

[3]大德殿：在北周都城長安，即今陝西西安市西北。

[4]沙門：佛教徒。

冬十月癸亥，享太廟。丁亥，上親帥六軍，講武於城南，京邑觀者，輿馬彌漫數十里，諸蕃使咸在焉。十一月壬辰朔，日有蝕之。壬子，遣開府崔彥穆使於齊。[1]甲寅，陳安成王頊廢其主伯宗而自立。[2]十二月辛未，[3]齊武成帝殂。

[1]崔彥穆：人名。字彥穆，清河東武城（今山東武城縣西北）人。西魏、北周、隋朝大臣。見《北史》卷六七《崔彥穆傳》。

[2]安成王：封爵名。安成，郡名。南朝陳時治平都縣，在今江西安福縣。　伯宗：即陳伯宗，人名。南朝陳皇帝。見《陳書》卷四《廢帝紀》。

[3]十二月辛未：底本作"辛未"，中華本校勘記云："諸本無'十二月'三字，《周書》繫於十二月，不記日。按是年十一月壬辰朔，無辛未。本書卷八《北齊後主紀》，言高湛死於天統四年十二月辛未。此脱'十二月'三字，今據補。"今從改。

四年春正月辛卯朔，以齊武成殂故，廢朝。遣司會李綸等會葬於齊。[1]二月戊辰，帝御大德殿，集百僚道士沙門等討論釋老。[2]

[1]司會：官名。司會中大夫的省稱。北周時爲天官府司會司長官，職掌全國財政收支，協助大冢宰管理六府之事，員一人，正五命。　李綸：人名。隴西成紀（今甘肅秦安縣）人。北周大臣。見《北史》卷六〇《李弼附李綸傳》。

[2]釋老：佛教和道教。

夏四月己巳，[1]齊人來聘。五月己丑，帝製《象經》成，[2]集百僚講説。封魏廣平公子元謙爲韓國公，[3]以紹魏後。丁巳，柱國、吴公尉綱薨。六月，築原州及涇州東城。[4]

[1]己巳：源氏校勘記云："《周書》作'乙巳'，非。"

[2]象經：書名。北周武帝宇文邕著。《隋書·經籍志三》列入兵書類，與《棋勢》《雜博戲》並列。失傳。

[3]魏廣平公：即元贊，北魏孝武帝兄子。封廣平王，北周建立，降爵爲廣平郡公。北魏宗室，西魏大臣。廣平公，封爵名。廣平，郡名。北魏時治曲梁城，在今河北永年縣東南。

[4]涇州：北周時治安定縣，在今甘肅涇川縣北。

秋七月，[1]突厥遣使獻馬。柱國、昌寧公長孫儉薨。[2]

[1]秋七月：源氏校勘記云："'柱國'上，《周書》有'冬十一月辛亥'六字。爲是。"中華本校勘記云："《周書》繫於冬十一月辛亥。《北史》删八月、九月事，并'冬十一月辛亥'六字也删去，遂似死於七月，誤。"可從。

[2]昌寧公：封爵名。昌寧，郡名。北周時治帖夷縣，在今四川九寨溝縣東南白水江北岸。

五年春三月甲辰，初令宿衛官住關外者，將家累入京，[1]不樂者，解宿衛。

[1]家累：家眷。

夏四月甲寅，以柱國宇文盛爲大宗伯。省帥都督官。[1]丙寅，遣大使巡察天下。六月庚子，[2]以皇女生故，降宥罪人，並免逋租懸調。[3]

[1]帥都督：官名。西魏時設。北周時，府兵各軍府以帥都督統旅。正七命。

[2]庚子：底本作“丙子”，源氏校勘記改“丙”作“庚”。中華本校勘記云:“諸本‘庚子’作‘景（丙）子’，《周書》作‘庚子’。按是年六月癸未朔，庚子是十八日，無丙子，今據改。”今從改。

[3]逋租：欠租。　懸調：長期拖欠的賦税。

冬十月辛巳朔，日有蝕之。丁酉，太傅、鄭公達奚武薨。十一月丁卯，柱國、豳公廣薨。

十二月癸巳，大將軍鄭恪帥師平越嶲，[1]置西寧州。[2]是月，齊將斛律光侵邊，[3]於汾北築城，[4]自華谷至龍門。[5]

[1]越嶲：縣名。治所在今四川西昌市東南。

[2]西寧州：北周時治邛都縣，在今四川西昌市東南古城村。

[3]斛律光：人名。字明月，朔州（今山西朔州市）敕勒部人。北齊將領。見《北史》卷五四《斛律金附斛律光傳》。

[4]汾：水名。今山西汾河。

[5]華谷：地名。在今山西稷山縣西北華峪村。　龍門：地名。一名禹門口。在今山西河津市西北黄河西岸。

六年春正月己酉朔，以路門未成故，廢朝。丁卯，以大將軍王傑、譚公會、雁門公田弘、魏公李暉等並爲柱國。[1]

[1]王傑：人名。本名文達，金城直城（今陝西漢陰縣西）人。西魏、北周將軍。見《北史》卷六六《王傑傳》。　譚公會：即宇文會。字乾仁，代郡武川（今内蒙古武川縣西）人，鮮卑族。北周宗室。見《北史》卷五七《邵惠公顥附宇文會傳》。　雁門公：封爵名。雁門，郡名。北周時治廣武縣，在今山西代縣西南。　田弘：人名。字廣略，高平（今寧夏固原市）人。西魏、北周將領。見《北史》卷六五《田弘傳》。　李暉：人名。一作“李輝”，隴西成紀（今甘肅秦安縣）人。西魏、北周將領。見《北史》卷六〇《李弼附李暉傳》。

三月己酉，齊公憲自龍門度河，斛律光退保華谷，憲攻拔其新築五城。

夏四月戊寅朔，日有蝕之。辛卯，信州蠻反，遣大將軍趙闇帥師討平之。庚子，以大將軍司馬消難、侯莫陳瓊、大安公閻慶、神武公竇毅、南陽公叱羅協、平高公侯伏侯龍恩並爲柱國。[1]五月癸亥，[2]遣納言鄭詡使於陳。[3]丙寅，以大將軍李諱、中山公訓、杞公亮、上庸公陸騰、安義公宇文丘、北平公寇紹、許公宇文善、犍爲公高琳、鄭公達奚震、隴東公楊纂、常山公于翼並爲柱國。[4]六月乙未，以大將軍、太原公王秉爲柱國。[5]是月，齊將段孝先攻陷汾州。[6]

[1]司馬消難：人名。字道融，河内温（今河南温縣）人。北

齊、北周官吏。見《北史》卷五四《司馬子如附司馬消難傳》。侯莫陳瓊：人名。字世樂，代郡武川（今内蒙古武川縣西）人。北周官吏。見《北史》卷六〇《侯莫陳崇傳》。　大安公：封爵名。大安，郡名。北周時治長澤縣，在今内蒙古鄂托克前旗城川鎮一帶。　閻慶：人名。字仁慶，一作“仁度”，河陰（今河南洛陽市東北）人。北周將領。見《北史》卷六一《閻慶傳》。　神武公：封爵名。神武，郡名。北周時僑治神武縣，在今山西山陰縣東南。　竇毅：人名。字天武，扶風平陵（今陝西咸陽市西北）人。西魏、北周將領。見《北史》卷六一《竇熾附竇毅傳》。　南陽公：封爵名。南陽，郡名。北周時治上宛縣，在今河南南陽市。　叱羅協：人名。本名邕，代郡（今山西大同市東北）人，鮮卑族。西魏、北周大臣。見《北史》卷五七《邵惠公顥附叱羅協傳》。　平高公：封爵名。平高，郡名。北周時治平高縣，在今寧夏固原市。　侯伏侯龍恩：人名。西魏、北周將領。西魏文帝大統九年因邙山之戰功封平高公。因宇文護被誅，以同黨罪被殺。

[2]癸亥：《周書》卷五《武帝紀上》作“癸卯”。按：據曆日表，此年五月丁未朔，癸卯不在此月，癸亥是十七日，今從底本。

[3]鄭詡：人名。滎陽開封（今河南開封市）人。北周官吏。見《周書》卷三五《鄭孝穆傳》。

[4]李諱：中華本作“李昞”，其校勘記云:“各本‘昞’作‘諱’，殿本作‘昞’。按《北史》避唐諱，用‘諱’字代‘昞’，但不便讀者，又易與其父李虎混，今從殿本。”李昞，隴西狄道（今甘肅臨洮縣）人。唐太祖李虎子，唐高祖李淵父。北周官吏。　中山公：封爵名。中山，郡名。北周時治安憙縣，在今河北定州市。　訓：即宇文訓，人名。代郡武川（今内蒙古武川縣西）人，鮮卑族。北周宗室。　杞公亮：即宇文亮。字乾德，代郡武川（今内蒙古武川縣西）人。北周宗室。見《北史》卷五七《杞簡公連附宇文亮傳》。　上庸公：封爵名。上庸，郡名。北周時治上庸縣，在今湖北竹山縣西南。　安義公：封爵名。安義，縣名。治所在今

山西運城市一帶。　宇文丘：人名。字胡奴，代（今山西大同市東北）人，鮮卑族。北周將領。見《周書》卷二九《宇文盛附宇文丘傳》。　北平公：封爵名。北平，郡名。北周時治新昌縣，在今河北盧龍縣。　寇紹：人名。上谷昌平（今北京昌平區）人。北周將領。見《周書》卷一五《寇洛傳》。　宇文善：人名。昌黎大棘（今遼寧北票市章吉營子鄉三官營子村）人，鮮卑族，宇文貴之子。北周將領。見《北史》卷六〇《宇文貴附宇文善傳》。　犍爲公：封爵名。犍爲，郡名。北周時治僰道縣，在今四川崇州市東南。　高琳：人名。字季珉，其先高句麗人。北周將領。見《周書》卷二九《高琳傳》。　達奚震：人名。字猛略，代（今山西大同市東北）人，鮮卑族。北周將領。見《北史》卷六五《達奚武附達奚震傳》。　隴東公：封爵名。隴東，郡名。北周時治汧陰縣，在今陝西隴縣。　楊纂：人名。廣寧（今河北涿鹿縣）人。北周將領。《北史》卷六七《楊纂傳》。　常山公：封爵名。常山，郡名。北周時治安樂壘，在今河北藁城市西北。　于翼：人名。字文若，代（今山西大同市東北）人。西魏、北周大臣。見《北史》卷二三《于栗磾附于翼傳》。

[5]太原公：封爵名。太原，郡名。北周時治龍山縣，在今山西太原市西。　王秉：人名。王思政子。太原祁（今山西祁縣東南）人。亦作“王康”“王東”。北周官吏。見《北史》卷六二《王思政附王康傳》。

[6]段孝先：即段韶。人名。字孝先，小名鐵伐，姑臧武威（今甘肅武威市）人。東魏、北齊將領。見《北史》卷五四《段榮附段韶傳》。　汾州：北周時治龍泉城，在今山西隰縣北。

秋七月乙丑，以大將軍、越公盛爲柱國。八月。癸酉，省掖庭四夷樂、後宮羅綺工五百餘人。[1]

[1]八月癸酉省掖庭四夷樂：源氏校勘記改“八”作“九”。中華本校勘記云：“按《周書》此事繫於九月，其先八月癸未、九月庚申並有紀事。《北史》删去，遂以此條之癸酉上屬於八月。查是年八月丙子朔，無癸酉。九月丙午朔，癸酉是二十八日。此删節之失，今於八月下斷句，示有脱文。”掖庭，皇宫中的旁舍，爲嬪妃及宫人所居的地方。

冬十月壬午，冀公通薨。[1]乙未，遣右武伯谷會琨使於齊。壬寅，上親帥六軍講武於城南。十一月壬子，以大將軍梁公侯莫陳芮、大將軍李意並爲柱國。[2]丙辰，齊人來聘。丁巳，行幸散關。[3]十二月己丑，還宫。是冬，牛疫死者十六七。

[1]冀公通：即宇文通。字屈率突，代郡武川（今内蒙古武川縣西）人，鮮卑族。北周宗室、官吏。見《北史》卷五八《冀康公通傳》。

[2]侯莫陳芮：人名。代郡武川（今内蒙古武川縣西）人，鮮卑族。北周將領。見《北史》卷六〇《侯莫陳崇附侯莫陳芮傳》。

[3]散關：在今陝西寶雞市西南大散嶺上。

建德元年春正月戊午，[1]帝幸玄都觀，[2]親御法座講説，公卿道俗論難，事畢還宫。降死罪及流罪一等，其五歲刑已下，並宥之。二月癸酉，遣大將軍、昌城公深使於突厥，[3]司宗李際使於齊。[4]乙酉，柱國、安義公宇文丘薨。

[1]建德：北周武帝的年號（572—578）。

［2］玄都觀：在長安城内。

［3］昌城公：封爵名。昌城，郡名。北周時治昌城縣，在今四川三台縣南。　深：即宇文深，人名。字奴干，代郡武川（今内蒙古武川縣西）人，鮮卑族。北周宗室、官吏。見《周書》卷二七《宇文測附宇文深傳》。

［4］司宗：官名。爲司宗中大夫的省稱。北周時屬春官府，總轄禮府，佐治宗伯，辨九拜之儀，教六時之義。正五命。

三月癸卯朔，日有蝕之。齊人來聘。丙辰，誅大冢宰、晋公護及其子柱國、譚公會，並柱國侯伏侯龍恩及其弟大將軍萬壽，[1]大將軍劉勇等。大赦，改元。罷中外府。[2]癸亥，以太傅尉迥爲太師，柱國竇熾爲太傅，大司空李穆爲太保，齊公憲爲大冢宰，衛公直爲大司徒，趙公招爲大司空，柱國辛威爲大司寇，綏德公陸通爲大司馬。詔曰："人勞不止則星動於天，作事不時則石言於國。頃興造無度，徵發不已，加以頻歲師旅，農畝廢業，去秋災蝗，年穀不登。自今正調以外，無妄徵發。"

［1］萬壽：即侯伏侯萬壽，人名。北周將領。位大將軍，封武平公。西魏文帝大統元年賜姓侯伏侯，北周開府侯植的從兄弟。

［2］中外府：官署名。都督中外諸軍事府的省稱。設司馬、長史、司録、從事中郎等僚屬。由於北魏末高歡父子、宇文泰以及宇文護等都以都督中外諸軍事的身份控制朝政，因此他們的屬僚實際地位都很高。

夏四月甲戌，以代公達、滕公逌並爲柱國。[1]己卯，詔公卿已下，各舉所知。遣工部、代公達使於齊。[2]丙戌，詔百官軍人上封事，極言得失。丁亥，詔斷四方非常貢獻。庚寅，追尊略陽公爲孝閔皇帝。[3]癸巳，立魯公贇爲皇太子。大赦，百官各加封級。

[1]代公達：即宇文達。字度斤突，代郡武川（今内蒙古武川縣西）人，鮮卑族。北周宗室。見《北史》卷五八《代奰王達傳》。　滕公逌：即宇文逌。字爾固突，代郡武川（今内蒙古武川縣西）人，鮮卑族。北周宗室。見《北史》卷五八《滕聞王逌傳》。

[2]工部：官名。工部中大夫省稱。西魏恭帝三年置，北周沿置。冬官府工部司長官，掌百工之籍。下設工部上士、工部中士、工部下士佐其職。正五命。

[3]略陽公：指宇文覺。略陽，郡名。北周時治略陽縣，在今甘肅秦安縣東北。

五月壬戌，以大旱，集百官於庭，詔之曰："亢陽不雨，[1]豈朕德薄，刑賞乖中歟？將公卿大臣，或非其人歟？宜盡直言，無有所隱。"公卿各引咎自責，其夜澍雨。[2]六月庚子，改置宿衛官員。

[1]亢陽：陽氣極盛。

[2]澍雨：時雨。

秋七月辛丑，陳人來聘。九月庚子朔，日有蝕之。庚申，扶風掘地得玉盃以獻。[1]

[1]扶風：郡名。北周時治文學城，在今陝西興平市東南。

冬十月庚午，詔江陵所獲俘虜充官口者，[1]悉免爲百姓。辛未，遣小匠師楊勰使於陳。[2]大司馬、綏德公陸通薨。十一月丙午，上親御六軍，講武于城南。庚戌，行幸羌橋，[3]集京城以東諸軍都督以上，[4]頒賜各有差。乙卯，還宫。壬戌，以大司空、趙公招爲大司馬。十二月壬申，行幸斜谷，[5]集京城以西諸軍都督以上，頒賜有差。丙戌，還宫。己丑，帝御正武殿，親録囚徒，至夜而罷。庚寅，幸道會苑，[6]以上善殿壯麗，[7]遂焚之。

[1]官口：北朝時爲各級官署和帝王服務的國家依附户。

[2]小匠師：官名。西魏恭帝三年設。屬冬官府，爲匠師中大夫之副職，助掌城郭宫室之制及諸器物度量。北周沿置。正四命。

[3]羌橋：橋名。因是前秦苻氏、後秦姚氏諸羌族人修建而得名。在今陝西西安市東。

[4]集京城以東諸軍都督以上：底本作“集京城東諸都督以上”，中華本校勘記云:“諸本‘城’下無‘以’字，‘諸’下無‘軍’字，《周書》有。按下文十二月:‘集京城以西諸軍都督以上，頒賜有差。’與《周書》同。這裏脱‘以’‘軍’二字，今據補。”今從改。

[5]斜谷：山谷名。在今陝西終南山。谷有二口，南曰褒，北曰斜，故亦稱褒斜谷。

[6]道會苑：在今陝西西安市附近。

[7]上善殿：位於北周京都長安内，在今陝西西安市西北。

二年春正月辛丑，祀南郊。乙巳，以柱國田弘爲大司空，大將軍若干鳳爲柱國。[1]庚戌，復置帥都督官。乙卯，享太廟。閏月己巳，陳人來聘。

[1]若干鳳：人名。字達摩，代郡武川（今内蒙古武川縣西）人，鮮卑族。西魏、北周大臣。見《北史》卷六五《若干惠附若干鳳傳》。

二月甲寅，詔皇太子贇巡撫西土。壬戌，遣司會侯莫陳凱使於齊。[1]省雍州内八郡，[2]併入京兆、馮翊、扶風、咸陽等郡。[3]三月己卯，皇太子於岐州獲白鹿二以獻。詔答曰："在德不在瑞。"癸巳，省六府諸司中大夫以下官，[4]府置四司，以下大夫爲官之長，上士貳之。[5]

[1]侯莫陳凱：人名。字敬樂，代郡武川（今内蒙古武川縣西）人，鮮卑族。北周官吏。見《周書》卷一六《侯莫陳崇附侯莫陳凱傳》。

[2]雍州：北周時治長安縣，在今陝西西安市西北。　八郡：底本作"八部"，中華本校勘記云："諸本'八郡'作'八部'，《周書》作'八郡'。按本書卷九《周明帝紀》，二年正月，'於雍州置十一郡'。這時省去其八，併爲四郡。作'部'誤，今據改。"今從改。

[3]京兆：郡名。北周時治長安縣，在今陝西西安市西北。　馮翊：郡名。北周時治高陸縣，在今陝西高陵縣。　咸陽：郡名。北周時治石安縣，在今陝西涇陽縣。

[4]六府：天子六大税官的統稱。《禮記・曲禮下》："天子之六府，曰司土、司木、司水、司草、司器、司貨，典司六職。"

[5]上士：官名。西魏、北周官制中多爲諸司之副職，或具體掌一署。正三命。

夏四月己亥，享太廟。丙辰，增改東宫官員。五月丁丑，以柱國侯莫陳瓊爲大宗伯，滎陽公司馬消難爲大司寇，[1]上庸公陸騰爲大司空。六月庚子，省六府員外諸官，[2]皆爲丞。壬子，皇孫衍生，[3]文武官普加一級大階。大選諸軍將帥。丙辰，帝御路寢，集諸軍將，勖以戎事。庚申，詔諸軍旗旌皆畫以猛獸鷙鳥之象。

[1]滎陽公：封爵名。滎陽，郡名。北周時治滎陽縣，在今河南滎陽市東北。

[2]員外：官名。即員外郎。爲六府所屬各司之副主官，助各司郎中掌司内事務。

[3]衍：底本作"衎"，源氏校勘記云："'衎'《周書》作'衍'，無'級大'二字。"中華本校勘記云："諸本'衍'作'衎'，《周書》殿本、《通志》卷一七《後周武帝紀》作'衍'。按本卷及《周書》卷八《静帝紀》都説他初名'衍'，後改名'闡'。作'衍'是，今據改。"今從改。

秋七月己巳，享太廟。自春末不雨，至於是月，壬申，集百僚於大德殿，帝責躬罪己，問以時政得失，戊子，雨。八月丙午，改三夫人爲三妃。關中大蝗。九月乙丑，陳人來聘。戊寅，詔曰："頃者婚嫁，競爲奢靡，有司宜加宣勒，使遵禮制。"

冬十月癸卯，齊人來聘。甲辰，奏六代樂成，帝御崇信殿，[1]集百官觀之。十一月辛巳，帝親帥六軍，講武於城東。癸未，集諸軍都督以上五十人於道會苑大射，帝親臨射堂，大備軍容。

[1]崇信殿：在今陝西西安市。

十二月癸巳，集群官及沙門、道士等，帝升高座，辨釋三教先後。以儒教爲先，道教次之，佛教爲後。以大將軍赫連達爲柱國。[1]詔軍人之間年多耆壽，可頒授老職，使榮沾邑里。戊午，聽訟於正武殿，自旦及夜，繼之以燭。

[1]赫連達：人名。字朔周，盛樂（今内蒙古和林格爾縣西北）人。北魏、西魏、北周將領。見《北史》卷六五《赫連達傳》。

三年春正月壬戌，朝群臣於路門。册柱國齊公憲、衛公直、趙公招、譙公儉、陳公純、越公盛、代公達、滕公逌並進爵爲王。己巳，享太廟。庚午，突厥遣使獻馬。癸酉，詔自今男年十五，女年十三以上，爰及鰥寡，所在以時嫁娶，務從節儉。乙亥，親耕籍田。丙子，初服短衣，享二十四軍督將以下，試以軍旅之法，縱酒盡歡。詔以往歲年穀不登，令公私道俗，凡有貯積粟麥者，皆準口聽留，已外盡糶。

二月壬辰朔，日有蝕之。丁酉，紀公康、畢公賢、酆公貞、宋公實、漢公贊、秦公贄、曹公允並進爵爲王。[1]丙午，令六府各舉賢良清正之士。癸丑，柱國、許公宇文善有罪免。丙辰，大赦。

[1]酆公貞：即宇文貞。字乾雅，代郡武川（今内蒙古武川縣西）人，鮮卑族。北周宗室。見《北史》卷五八《酆王貞傳》。宋公實：即宇文實。一作“宇文寔”，字乾辯，代郡武川（今内蒙古武川縣西）人，鮮卑族。北周宗室。見《周書》卷一三《明帝諸子傳》。　漢公贊：即宇文贊。字乾依，代郡武川（今内蒙古武川縣西）人，鮮卑族。北周宗室。見《北史》卷五八《漢王贊傳》。　秦公贄：即宇文贄。字乾信，代郡武川（今内蒙古武川縣西）人，鮮卑族。北周宗室。見《周書》卷一三《武帝諸子傳》。　曹公允：即宇文允。字乾仕，代郡武川（今内蒙古武川縣西）人，鮮卑族。北周宗室。爲隋文帝所殺。見《周書·武帝諸子傳》。

三月癸酉，皇太后叱奴氏崩。帝居倚廬，[1]朝夕共一溢米。[2]群臣表請，累旬乃止。詔皇太子贇總庶政。

[1]倚廬：古人爲父母居喪時住的簡陋棚屋。古代禮制，爲父母居喪時不住正室，而在中門之外東墻下倚木爲廬，以草夾障，不用泥塗之。

[2]溢：通“鎰”。古代重量單位。一鎰爲二十兩，或爲二十四兩。

夏四月乙卯，齊人來弔賵會葬。丁巳，有星孛於東井。[1]五月庚申，葬文宣后於永固陵，[2]帝袒跣至陵所。[3]辛酉，詔曰：“齊斬之情，[4]經籍彝訓，近代沿革，遂亡斯禮。伏奉遺令，既葬便除，攀慕几筵，情實未忍。三年之喪，達於天子，古今無易之道，王者之所常行。但時有未諧，[5]不得全制，軍國務重，庶有聽朝。衰麻之節，[6]苫廬之禮，[7]率遵前典，以申罔極。百僚以下，宜遵遺令。”公卿上表固請俯就權制，過葬即吉。帝不許，引古答之。群臣乃止。於是遂申三年之制。五服之內，[8]亦令依禮。初置太子諫議，[9]員四人；文學，[10]十人。皇子、皇弟友，[11]員各二人；學士，[12]六人。戊辰，詔故晉公護及諸子並追復先封，改葬加謚。丙子，初斷佛、道二教，經像悉毁，罷沙門、道士，並令還俗。並禁諸淫祀，非祀典所載者，盡除之。

[1]齊人來弔賵（fèng）會葬丁巳有星孛於東井：源氏校勘記云:“《周書》作‘弔贈’，‘井’作‘北’。”賵，送車馬等給人辦喪事。

[2]文宣后：即北周文帝皇后叱奴氏。

[3]袒跣：脱襪赤足。

[4]齊斬：喪服名。指五服中的“齊衰”與“斬衰”。

[5]時有未諧：源氏校勘記云:“‘有’《周書》作‘自’。”

[6]衰麻：喪服名。衰衣麻絰。

[7]苫廬：居父母喪時住的房子。

[8]五服：指斬衰至緦麻五等喪服。

[9]太子諫議：官名。北周武帝建德三年設。選用飽學之士充任，掌規諫太子。員四人。

[10]文學：官名。太子文學的省稱。掌侍從文章記事及典籍校讎等，員十人。

[11]皇子皇弟友：《周書》卷五《武帝紀上》作“皇弟、皇子友”。

[12]學士：官名。北周時掌文學侍從及撰述、顧問、典校秘籍

等事。

六月丁未，集諸軍將，教以戰陣之法。壬子，更鑄五行大布錢，[1]以一當十，與布泉錢並行。戊午，詔曰："至道弘深，混成無際，體包空有，理極幽玄。但歧路既分，源流逾遠，淳離樸散，形器斯乖。遂使三墨八儒，[2]朱紫交競；九流七略，[3]異説相騰。道隱小成，其來舊矣，不有會歸，爭驅靡息。今可立通道觀，聖哲微言，先賢典訓，金科玉篆，[4]秘賾玄文，可以濟養黎元扶成教義者，並宜弘闡，一以貫之。俾夫翫培塿者識嵩岱之崇崛；[5]守磧礫者悟渤澥之泓澄，[6]不亦可乎。"

[1]五行大布錢：錢幣名。北周鑄製。

[2]三墨：墨子之後，墨家分成三派，即三墨。　八儒：相傳孔子之後，儒家分爲八派，即八儒。

[3]九流七略：泛指各學術流派的圖籍。

[4]金科玉篆：寶貴的法令和古文字材料。

[5]俾（bǐ）：使。　培塿（lǒu）：小土丘。

[6]磧礫：小碎石。　渤澥（xiè）：渤海。

秋七月庚申，行幸雲陽宮。[1]乙酉，衛王直在京反，欲突入肅章門，[2]司武尉遲運等拒守，[3]直敗，遁走。戊子，車駕至自雲陽宮。八月辛卯，禽直於荆州，免爲庶人。

[1]雲陽宮：在今陝西涇陽縣西北。

[2]肅章門：位於太極宮側太極殿後，兩儀殿前。

[3]司武：官名。北周時總管宿衛軍事。下屬有左右小司武大夫、司武上士等。正六命。　尉遲運：人名。代（今山西大同市東北）人。北周大臣。見《北史》卷六二《尉遲迥附尉遲運傳》。

冬十月丙申，詔御正楊尚希使於陳。[1]庚子，詔蒲州人遭飢乏絶者，令向郿城以西及荆州管内就食。[2]甲寅，行幸蒲州。乙卯，曲赦蒲州見囚大辟以下。[3]丙辰，行幸同州。十一月戊午，于闐遣使獻名馬。[4]己巳，大閱於同州城東。甲戌，車駕至自同州。

[1]楊尚希：人名。弘農（今陝西華陰市東南）人。北周官吏、隋朝宗室。見《北史》卷七五《楊尚希傳》。

[2]郿城：在今陝西岐山縣西南與寶雞市交界處。

[3]曲赦：特赦。　大辟：死刑。

[4]于闐：國名。一作“于寘”，漢西域三十六國之一，國都在西城，轄境相當於今新疆和田地區。居民從事農牧，多桑麻，産美玉，俗重佛教。見《北史》卷九七《于闐傳》。

十二月戊子，大會衛官及軍人以上，賜錢帛各有差。丙申，改諸軍軍人並名侍官。癸卯，集諸軍講武於臨皋澤。[1]凉州比年地震，[2]壞城郭，地裂涌泉出。

[1]臨皋澤：按：疑當作“臨皋驛”，在今陝西西安市西。

[2]凉州：北周時治姑臧縣，在今甘肅武威市。

四年春正月戊辰，初置營軍器監。[1]壬申，布寬大之詔，多所蠲免。[2]二月丙戌朔，日有蝕之。辛卯，改置宿衛官員。己酉，柱國、廣德公李意有罪免。[3]三月丙辰，遣小司寇元偉使於齊。[4]郡縣各省主簿一人。[5]甲戌，以柱國、趙王招爲雍州牧。

[1]營軍器監：官署名。職掌武器裝備的營造。

[2]蠲（juān）：免除。

[3]廣德公：封爵名。遥封。廣德，縣名。南朝陳治所在今安徽廣德縣東。

[4]小司寇：官名。小司寇上大夫的省稱。爲大司寇卿的副職，助掌刑法律令的制定與執行。正六命。　元偉：人名。字子猷，一作猷道，西魏宗室、北周官吏。見《北史》卷一五《常山王遵附元偉傳》底本作“元衛”，中華本校勘記云:“諸本‘偉’作‘衛’。按本書卷一五《常山王遵傳》附《元偉傳》、《周書》卷三八《元偉傳》，都説他曾官小司寇，建德四年出使於齊。《隋書》卷五四《伊婁謙傳》説他同拓拔偉使齊。拓拔偉即元偉。當時别無‘元衛’，今據改。”今從改。

[5]主簿：官名。各級主官屬下掌管文書的佐吏。品秩不一。

夏四月甲午，柱國、燕公于實有罪免。[1]丁酉，初令上書者並爲表，於皇太子以下稱啓。

[1]于實：人名。中華本作“于寔”，源氏校勘記改“實”作“寔”。

秋七月己未，禁五行大布錢不得出入關，布泉錢聽入而不聽出。甲戌，陳人來聘。

丙子，召大將軍以上於大德殿，帝親諭以伐齊之旨。[1]言往以政出權宰，無所措懷，自親覽萬機，便圖東討。惡衣菲食，繕甲練兵，數年以來，戰備稍足。而僞主昏虐，恣行無道，伐暴除亂，斯實其時。群臣咸稱善。

[1]伐齊：四庫本作“代齊”。按：依文意，當從底本。

丁丑，下詔暴齊氏過惡。以柱國、陳王純爲前一軍總管，滎陽公司馬消難爲前二軍總管，鄭公達奚震爲前三軍總管，越王盛爲後一軍總管，周昌公侯莫陳瓊爲後二軍總管，[1]趙王招爲後三軍總管，齊王憲帥衆二萬趣黎陽，[2]隋公楊堅、廣寧公侯莫陳迴舟師三萬自渭入河，[3]柱國、梁公侯莫陳芮帥衆一萬守太行道，[4]申國公李穆帥衆三萬守河陽道，[5]常山公于翼帥衆二萬出陳、汝。[6]壬午，上親帥六軍衆六萬，直指河陰。[7]

[1]周昌公：封爵名。周昌，縣名。建置不詳。王仲犖《北周地理志》考證，周昌縣有兩處，一屬封統郡，在今四川九寨溝縣城關；一屬遂寧郡，在今四川平昌縣城關。

[2]黎陽：郡名。北周時治黎陽縣，在今河南浚縣東北。

[3]楊堅：人名。小名那羅延，弘農華陰（今陝西華陰市東南）人。隋朝開國皇帝。見《北史》卷一一《隋本紀·文帝》。廣寧公：封爵名。廣寧，郡名。北周時治新蔡縣，在今河南新蔡縣。　侯莫陳迴：源氏校勘記云：“‘侯莫陳’，《周書》作‘薛’一字。”中華本作“侯莫陳廻”，其校勘記云：“諸本‘廻’作‘迴’。《周書》及《册府》卷一一七作‘廣寧侯薛廻’。《通鑑》卷一七二作‘廣陵公薛廻’。按：本書卷七六、《隋書》卷六五《薛世雄傳》

云：'父回，字道弘，仕周官至涇州刺史。'當即其人。'侯莫陳'，或是賜姓，或是涉下文'侯莫陳芮'而誤。'公''侯'未知孰是。今但改'迴'爲'廻'。"

[4]太行道：指太行山的交通要道。

[5]河陽道：指河陽一帶的交通要道。河陽，縣名。治所在今河南孟州市西南黄河北岸。

[6]陳：郡名。北周時治陳縣，在今河南淮陽縣。　汝：水名。即今河南汝河。

[7]河陰：縣名。治所在今河南孟津縣東。

八月癸卯，入齊境，禁伐樹殘苗稼，[1]犯者以軍法從事。丁未，上親帥諸軍，攻拔河陰大城。攻子城未克，上有疾。

[1]禁伐樹殘苗稼：源氏校勘記云："'殘'《周書》作'踐'。"

九月辛酉夜，班師，水軍焚舟而退。齊王憲、于翼、李穆等所在剋捷，降拔三十餘城，皆棄而不守。唯以王藥城要害，[1]令儀同三司韓正守之。[2]正尋以城降齊。戊寅，至自東伐。

[1]王藥城：在今河南鞏義市南河渡一帶。

[2]儀同三司：謂官非三公而儀制待遇同於三公（三司）。北周時爲勳官、散官號。九命。

冬十月戊子，初置上柱國、上大將軍官，[1]改開府儀同三司爲開府儀同大將軍，[2]又置上開府、上儀同官。[3]閏月，以柱國齊王憲、蜀公尉遲迥爲上柱國。詔諸畿郡各舉賢良。十一月己亥，改置司内官員。十二月辛亥朔，日有蝕之。丙子，陳人來聘。

[1]上柱國：官名。北周武帝時置爲最高級别的勳官。正九命。　上大將軍：官名。三國吴始設。北周武帝建德四年復置，爲高級武官的名號，位在大將軍之上。正九命。

[2]開府儀同三司：多爲大臣的加號，意爲與三司即太尉、司徒、司空的禮制待遇相同，且允許開府，自辟僚屬。北周時爲勳官，武帝建德四年改爲開府儀同大將軍。九命。

[3]上開府：上開府儀同大將軍的省稱。北周武帝建德四年置，位在開府儀同大將軍之上。主要授予有軍功的勳官和北齊的降官，無具體職掌。九命。　上儀同：上儀同大將軍的省稱。北周武帝建德四年置，位居儀同大將軍之上，多爲大臣、勳臣的加官。九命。

是歲，岐、寧二州人飢，[1]開倉振恤。

[1]寧：州名。北周時治定安縣，在今甘肅寧縣。

五年春正月辛卯，行幸河東涑川，[1]集關中河東諸軍校獵。[2]甲午，還同州。丁酉，詔分遣大使，周省四方，察訟聽謡，問人卹隱。廢布泉錢。戊申，初令鑄錢者至絞，從者遠配。

[1]河東：郡名。北周時治蒲坂縣，在今山西永濟市西南蒲州鎮。　涑川：即今山西西南部涑水河。

[2]關中河東：底本作“關河東”，中華本校勘記云：“諸本脱

'中'字，據《周書》補。"今從改。

二月辛酉，遣皇太子贇巡撫西土，仍討吐谷渾。

三月壬寅，車駕至自同州。文宣皇太后服再期。戊申，祥。

夏六月戊申朔，日有蝕之。辛亥，享太廟。丙辰，利州總管、紀王康有罪，[1]賜死。

[1]利州：北周時治興安縣，在今四川廣元市。

秋七月乙未，京師旱。

八月戊申，皇太子入吐谷渾，至伏俟城而還。[1]乙丑，陳人來聘。

[1]伏俟城：在今青海共和縣西北黑馬鎮東北（參黃盛璋《有關吐谷渾故都——伏俟城的若干歷史地理問題》，《歷史地理》1982年第2輯）。

九月丁丑，大醮於正武殿，[1]以祈東伐。

[1]醮（jiào）：祭祀、祈禱。

冬十月，帝復諭群臣伐齊。以去歲屬有疹疾，遂不得剋平逋寇。于時出軍河外，直爲撫背，未扼其喉。然晉州本高歡所起，[1]統攝要重，今往攻之，彼必來援，嚴軍以待，擊之必剋。然後乘破竹之勢，鼓行而東，足以窮其窟穴。諸將多不願行。帝曰："機者事之微，不可失矣，沮軍事者，以軍法裁之。"

[1]晉州：北齊時治白馬城，在今山西臨汾市城區。　高歡：人名。字賀六渾，勃海蓨（今河北景縣）人。即北齊神武帝。見《北史》卷六《齊本紀·神武帝》。

己酉，帝總戎東伐，以越王盛爲右一軍總管，杞公亮爲右二軍總管，隋公楊堅爲右三軍總管，譙王儉爲左一軍總管，大將軍竇恭爲左二軍總管，[1]廣化公丘崇爲左三軍總管，[2]齊王憲、陳王純爲前軍。

[1]竇恭：底本作"竇泰"，中華本校勘記云："諸本'恭'作'泰'。張森楷云：'當作"恭"，事見《竇熾傳》。'按張説是。《册府》卷一一七、《御覽》卷一〇五正作'恭'，今據改。"今從改。

[2]廣化公：封爵名。廣化。郡名。北周時治廣化縣，在今甘肅徽縣西北銀杏樹鎮。　丘崇：人名。北周將領。黎州刺史，上大將軍。

癸亥，帝至晉州，遣齊王憲帥精騎二萬守雀鼠谷，[1]陳王純步騎二萬守千里徑，[2]鄭公達奚震步騎一萬守統軍川，[3]大將軍韓明步兵五千守齊子嶺，[4]烏氏公尹升步騎五千守鼓鐘鎮，[5]涼城公辛韶步騎五千守蒲津關，[6]柱國趙王招步騎一萬自華谷攻汾州諸城，柱國宇文盛步兵一萬守汾水關，[7]遣内史王誼監六軍攻晉州城。[8]帝屯於汾曲。[9]齊王憲攻洪洞、永安二城並拔之。[10]是夜，虹見於晉州城上，首向南，尾入紫宫。帝每日自汾曲赴城下，親督戰。庚午，齊行臺左丞侯子欽出降。[11]壬申，齊晋州刺史崔嵩夜密使送款，[12]上開府王軌應之，[13]未明登城，遂剋晋州。甲戌，以上開府梁士彦爲晋州刺史以鎮之。[14]

[1]雀鼠谷：山谷名。位於今山西介休市西南、霍州市之北的汾河河谷。

[2]千里徑：在今山西霍州市，爲通往太原市的道路。

[3]統軍川：水名。又作“通軍水”。在今山西安澤縣岳陽鎮一帶。

[4]齊子嶺：地名。在今河南濟源市西。

[5]烏氏公：封爵名。烏氏，縣名。治所在今甘肅涇川縣東。源氏校勘記云:“‘烏’《周書》作‘焉’。”　鼓鐘鎮：軍鎮名。在今山西垣曲縣東北。

[6]涼城公：封爵名。虚封。涼城，郡名。北魏時治涼城，在今内蒙古涼城縣岱海北。　辛韶：人名。隴西狄道（今甘肅臨洮縣）人。北周將領，初封涼城公。入隋後，爲柱國。　蒲津關：又名蒲坂關、林晋關。在今陝西大荔縣朝邑鎮東黄河上。

[7]汾水關：一名陰地關，在今山西靈石縣西南南關鎮。

[8]内史：官名。内史中大夫的省稱。西魏恭帝三年置，北周沿置。屬春官府，參議刑罰爵賞及軍國大事，並修撰國志及起居注。正五命。　王誼：人名。字宜君，河南洛陽（今河南洛陽市東北）人。北周、隋朝官吏。見《北史》卷六一《王盟附王誼傳》。

[9]汾曲：地名。在今山西曲沃縣西北。

[10]洪洞：城名。在今山西洪洞縣。　永安：城名。在今山西霍州市。

[11]行臺左丞：官名。北齊時爲行臺尚書省官員，負責監察臺内諸官，選授官吏、文書奏事等，職權甚重。從四品。　侯子欽：

人名。即侯明。字子欽，燕州上谷（今北京延慶縣）人。北周官吏（參李磊《〈侯子欽墓誌〉釋考》，《古籍整理研究學刊》2005 年第 5 期）。

[12]崔嵩：人名。《周書》卷六《武帝紀下》作“崔景嵩”。按：未詳孰是。　送款：投誠、歸降。

[13]王軌：人名。小名沙門，太原祁（今山西祁縣東南）人。北周將領。見《北史》卷六二《王軌傳》。

[14]梁士彦：人名。字相如，安定烏氏（今甘肅涇川縣東）人。北周將領。見《北史》卷七三《梁士彦傳》。

十一月己卯，齊主自并州帥衆來援，[1]帝以其兵新集，且避之，乃詔諸軍班師。齊主遂圍晋州。齊王憲屯諸軍於涑水爲晋州聲援。河東地震。癸巳，至自東伐，獻俘于太廟。丙申，放齊諸城鎮降人還。丁酉，帝發京師。壬寅，度河，與諸軍合。

[1]并州：北齊時治晋陽縣，在今山西太原市晋源區古城營村一帶。

十二月戊申，次晋州。庚戌，帝帥諸軍八萬，置陣東西二十餘里，乘常御馬，從數人巡陣。所至輒呼主帥姓名以慰勉之，將士感見知之恩，各思自厲。將戰，有司請換馬，帝曰：“朕獨乘良馬何所之？”齊主亦於塹北列陣。申後，齊人填塹南引，帝大喜，勒諸軍擊之，齊人便退。齊主與其麾下數十騎走還并州。齊衆大潰，軍資甲仗數百里間委棄山積。

辛亥，帝幸晋州，仍率諸軍追齊主。諸將固請還師，帝曰："縱敵患生。卿等若疑，朕將獨往。"諸將不敢言。甲寅，齊主遣其丞相高阿那肱守高壁，[1]帝麾軍直進，那肱望風退散。丙辰，師次介休。[2]齊將韓建業舉城降，[3]以爲上柱國，封郇國公。

[1]丞相：官名。魏晉南北朝時丞相、相國不常置，多用來安置權位極高的重臣。　高阿那肱：人名。一作"高阿那瓌"。善無（今山西右玉縣東南）人。北齊官吏。見《北史》卷九二《高阿那肱傳》。　高壁：地名。在今山西靈石縣東南。

[2]介休：縣名。治所在今山西介休市。

[3]韓建業：人名。北齊、北周官吏。官至領軍大將軍。

丁巳，大軍次并州。齊主留其從兄安德王延宗守并州，[1]自將輕騎走鄴。[2]是日，詔齊王公以下，示以逆順之道，於是齊將帥降者相繼。

[1]安德王：封爵名。安德，郡名。北齊時治安德縣，在今山東陵縣東南。　延宗：即高延宗，人名。勃海蓨（今河北景縣）人。北齊宗室。見《北史》卷五二《安德王延宗傳》。

[2]鄴：縣名。治所在今河北臨漳縣西南。

戊午，高延宗僭即僞位，改年曰德昌。[1]己未，[2]軍次并州。帝帥諸軍合戰，齊人退，帝逐北入城東門，[3]諸軍遶城置陣。至夜，延宗帥其衆排陣而前，城中軍却，人相蹂踐，大爲延宗所敗。齊人欲閉門，以閫下積尸，[4]扉不得闔，帝從數騎，崎嶇危險，僅得出門。至明，帥諸軍更戰，大破之，禽延宗，并州平。壬戌，詔曰：

[1]德昌：北齊安德王的年號（576）。

[2]己未：底本作“己卯”，源氏校勘記改“卯”作“未”。中華本校勘記云：“諸本‘未’作‘卯’。《周書》作‘未’。按是年十二月乙巳朔，無己卯，己未是十五日，今據改。”今從改。

[3]入：底本作“及”，中華本校勘記云：“諸本‘入’作‘及’，《通志》作‘入’。按《周書》作‘帝乘勝逐北，率千餘騎入東門’。《通志》全據《北史》，知《北史》原文也當作‘入’。否則下文言周武帝在城中遇險，便失根據。今據改。”今從改。

[4]閫（kǔn）：城門的門檻。

昔天厭水運，龍戰於野，兩京否隔，[1]四紀于兹。朕垂拱巖廊，君臨宇縣，相邠人於海内，[2]混楚弓於天下，[3]一物失所，有若推溝。方欲德綏未服，義征不譓。僞主高緯，放命燕、齊，怠慢典刑，俶擾天紀。加以背惠怒鄰，棄信忘義。朕應天從物，伐罪弔人，一鼓而蕩平陽，再舉而摧强敵。僞署王公，相繼道左，高緯智窮數屈，逃竄草間。僞安德王高延宗，擾攘之間，遂竊名號，與僞齊昌王莫多婁敬顯等，[4]收合餘燼，背城借一。[5]王威既振，魚潰鳥離，破竹更難，建瓴非易。[6]延宗衆散，衿甲軍門。[7]根本既傾，枝葉自實，幽、青、海、岱，[8]折簡而來，冀北河南，傳檄可定。八紘共貫，六合同風。方當偃伯靈臺，休牛桃塞，無疆之慶，非獨在予。[9]

[1]兩京否隔：源氏校勘記云："《周書》'否'作'圮'。"

[2]邠（bīn）：傳説中極遠的國家。《爾雅·釋地》："東至於泰遠，西至於邠國。"

[3]楚弓：指對得失的達觀態度。典出《孔子家語·好生》："楚王失弓，楚人得之，又何求之？"

[4]莫多婁敬顯：人名。太安狄那（今山西壽陽縣西）人，羌族。北齊官吏。見《北史》卷五三《莫多婁貸文附莫多婁敬顯傳》。

[5]背城借一：源氏校勘記云："'借一'《周書》作'抗敵'。爲是。"

[6]破竹更難建瓴非易：中華本校勘記云："按這裏是説周軍勢大，破齊甚易，所以用'破竹''建瓴'成語。但作'破竹更難，建瓴非易'，倒像破齊不易了。疑當作'破竹非難，建瓴更易'。"

[7]衿甲：四庫本校勘記認爲當改爲"解甲"。按：衿甲，不解甲，與文意不符，當從四庫本校勘記。

[8]幽：州名。北齊時治薊縣，在今北京西南。　青：州名。北齊時治東陽城，在今山東青州市。　海：渤海。　岱：泰山。

[9]偃伯靈臺休牛桃塞：借指停止戰事。偃伯靈臺，語出《後漢書》卷六〇上《馬融傳》："臣聞昔命師於鞬櫜，偃伯於靈臺，或人嘉而稱焉。"李賢注："偃，休也。伯，謂師節也。"休牛桃塞，語出《尚書·周書·武成》："王來自商，至于豐，乃偃武修文，歸馬于華山之陽，放牛于桃林之野，示天下弗服。"

漢皇約法，除其苛政；姬王輕典，刑彼新邦。思覃惠澤，被之率土，新集臣庶，[1]皆從蕩滌，可大赦天下。高緯及王公以下，若釋然歸順，咸許自新。諸亡入僞朝，亦從寬宥。官榮次序，依例無失。齊制僞令，即宜削除。鄒、魯搢紳，[2]幽、并騎士，[3]一介可稱，並宜銓録。

[1]新集臣庶：源氏校勘記云："'集'《周書》作'舊'。"

[2]鄒魯搢紳：指天下懂禮儀之人。典出《漢書》卷七三《韋賢傳》："濟濟鄒魯，禮義唯恭，誦習弦歌，于異他邦。"顔師古注："言禮樂之教，不同餘土也。"

[3]幽并騎士：指天下的俠客。古代幽、并二州多豪俠之士，故用以喻俠客。語出曹植《白馬篇》："借問誰家子？幽并游俠兒。"

丙寅，出齊宫中金銀寶器珠玉麗服及宫女二千人，班賜將士。以柱國趙王招、陳王純、越王盛、杞公亮、梁公侯莫陳芮、庸公王謙、北平公寇紹、鄭公達奚震並爲上柱國，[1]封齊王憲子安城郡公質爲河間王。[2]諸有功者封授各有差。癸酉，帝帥六軍趣鄴。

[1]王謙：人名。字敕萬，太原（今山西太原市晋源區古城營村一帶）人。北周大臣。見《北史》卷六〇《王雄附王謙傳》。　北平公：封爵名。北平，郡名。北周時治新昌縣，在今河北盧龍縣。

[2]安城郡公：封爵名。安城，郡名。北周時治涪城，在今四川三台縣西北。　質：即宇文質，人名。字乾祐，代郡武川（今内蒙古武川縣西）人。北周宗室。見《北史》卷五八《齊煬王憲傳》。　河間王：封爵名。河間，郡名。北周時治武垣縣，在今河北河間市南。

六年春正月乙亥，齊主傳位於其太子恒，[1]改年曰承光，[2]自號太上皇。壬辰，帝至鄴。癸巳，帥諸軍圍之，齊人拒守，諸軍奮擊大破之，遂平。齊主先送其母及妻子於青州，及城陷，帥數十騎走青州，遣大將軍尉勤追之。[3]

[1]恒：即北齊幼主高恒，人名。見《北史》卷八《齊本紀·幼主》。

[2]承光：北齊幼主的年號（577）。

[3]尉勤：人名。即尉遲勤。代（今山西大同市東北）人。北周將領。見《北史》卷六二《尉遲迥附尉遲勤傳》。

是戰也，於陣獲其齊昌王莫多婁敬顯。帝數之曰："汝有死罪三：前從并州走鄴，棄母攜妻妾，是不孝；外爲僞主戮力，内實通啓於朕，是不忠；送款之後，猶持兩端，是不信。如此用懷，不死何待。"遂斬之。是日，西方有聲如雷。

甲午，[1]帝入鄴城。詔去年大赦班宣未及之處，皆從赦例。己亥，詔曰："晋州大陣至鄴，身殞戰場者，其子即授父本官。"尉勤禽齊主及其太子恒於青州。

[1]甲午：底本作"甲子"，中華本校勘記云："諸本'午'作'子'，《周書》作'午'。按是年正月乙亥朔，無甲子，甲午是二十日，今據改。"今從改。

庚子，詔曰："僞齊之末，奸佞擅權，濫罰淫刑，動挂羅網。僞右丞相咸陽王故斛律明月、僞侍中特進開府故崔季舒等七人，[1]或功高獲罪，或直言見誅。朕兵以義動，翦除凶暴，表閭封墓，事切下車。[2]宜追贈謚，並加窆措。[3]其見在子孫，各隨蔭叙録。家口田宅没官者，並還之。”辛丑，詔僞齊東山、南園及三臺，[4]並毁撤。瓦木諸物凡入用者，盡賜百姓。山園之田，各還本主。

[1]僞右丞相咸陽王故斛律明月：中華本校勘記云："按本書卷五四《斛律光傳》，光死前已官左丞相。凡稱官封，應以最後爲準，這裏作'右'誤。但《周書》已如此，或原詔已誤。"咸陽王，封爵名。遥封。咸陽，郡名。北周時治石安縣，在今陝西涇陽縣。斛律明月，人名。即斛律光。字明月，朔州（今山西朔州市）敕勒部人，北齊將領。見《北史》卷五四《斛律金附斛律光傳》。　侍中：官名。北齊時掌侍皇帝左右，贊導衆事，顧問應對，此職親近皇帝，掌權便利，時有宰相之實。三品。　特進：北齊時爲加官名號，贈致仕大臣。二品。　崔季舒：人名。字叔正，博陵安平（今河北安平縣）人。東魏、北齊官吏。見《北史》卷三二《崔挺附崔季舒傳》。

[2]下車：皇帝新即位或官吏新到任。

[3]窆措：安葬。

[4]三臺：北齊在曹魏銅雀臺、冰井臺、金虎臺的基礎上所營建，並改銅雀臺爲金鳳臺，金虎臺爲聖應臺，冰井臺爲崇光臺。

二月丙午，論定諸軍勳，置酒於齊太極殿，[1]會軍士以上，班賜有差。丁未，齊主至，帝降自阼階，見以賓主禮。齊任城王湝在冀州，[2]擁兵未下。遣上柱國、齊王憲與柱國、隋公楊堅討平之。齊范陽王高紹義叛入突厥。[3]齊諸行臺州鎮悉降，關東平。合州五十五，郡一百六十二，縣三百八十五，户三百三十萬二千五百二十八，口二千萬六千八百八十六。[4]乃於河陽及幽、青、南兖、豫、徐、北朔、定州置總管府。[5]相、并二總管，[6]各置宫及六府官。[7]

[1]太極殿：北齊鄴城宫殿名。

[2]任城王：封爵名。任城，郡名。北齊時治魯縣，在今山東曲阜市。　湝：即高湝，人名。勃海蓨（今河北景縣）人。北齊宗室。見《北史》卷五一《任城王湝傳》。　冀州：北齊時治信都縣，在今河北冀州市。

[3]范陽王：封爵名。范陽，郡名。北齊時治涿縣，在今河北涿州市。　高紹義：人名。勃海蓨（今河北景縣）人。北齊宗室。見《北史》卷五二《范陽王紹義傳》。

[4]合州五十五郡一百六十二縣三百八十五：中華本校勘記云："《周書》同。《隋書》卷二九《地理志序》和《通典》卷一七一《州郡序目》都作'州九十七，郡一百六十，縣三百六十五'。按《隋志》郡數不過去其畸零之數，縣數則'六''八'二字易混。雖未知其孰是，原來當無歧異。惟州數相差甚多。楊守敬《隋書地理志考證》疑《周書》《北史》均誤。"　户三百三十萬：底本作"户三十萬"，源氏校勘記云："'户'下《周書》有'三百'二字。"中華本校勘記云："諸本'户'下脱'三百'二字，據《周書》補。又《隋志》《通典》及《通鑑》卷一七三大數都作'三百三萬'，無'十'字，《册府》卷四八六作'二百三萬'，也無'十'字。疑今本《周書》《北史》並衍'十'字。"按：底本所記與後面的人口數完全不符，今從中華本改。　二十八：毛本、殿本、四庫本、局本、四部備要本作"八十八"。按：未詳孰是。

[5]南兖：州名。北齊時治譙城，在今安徽亳州市。　豫：州名。北齊時治上蔡縣，在今河南汝南縣。　徐：州名。北齊時治彭

城縣，在今江蘇徐州市。　北朔：州名。北齊時治馬邑縣，在今山西朔州市。　定州：北齊時治安喜縣，在今河北定州市。　總管府：官署名。北周時設置的區域性軍事管理機構。

[6]相：州名。北齊時治鄴縣，在今河北臨漳縣西南。

[7]宫：底本作“官”，中華本校勘記云：“諸本‘宫’作‘官’，《周書》《通志》作‘宫’。按下文，十月‘行幸鄴宫（即相州宫）’，十二月‘行幸并州宫’。知作‘宫’是，今據改。”今從改。

癸丑，詔自僞武平三年以來，[1]河南諸州人，僞齊破掠爲奴婢者，不問公私，並放免之。其住在淮南者，亦即聽還；願住淮北者，可隨便安置。癃疾孤老不能自存者，[2]所在矜恤。乙卯，車駕發自鄴。

[1]武平：北齊後主的年號（570—576）。

[2]癃（lóng）疾：衰弱多病。

三月壬午，詔山東諸州各舉士。

夏四月乙巳，至自東伐。列齊主於前，[1]其王公等並從，車輿旌旗及器物以次陳於其後。大駕布六軍，[2]備凱樂，獻俘於太廟。京邑觀者，皆稱萬歲。戊申，封齊主爲温國公。庚戌，大會群臣及諸蕃客於路寢。乙卯，廢蒲、陝、涇、寧四州總管。己巳，享太廟。詔分遣使人，巡方撫慰，觀風省俗。

[1]齊主：毛本、殿本、四庫本、局本、四部備要本作“齊王”。按：下文云“封齊主爲温國公”，此處亦當作“齊主”，從

底本。

[2]大駕：古代天子車駕的一種。帝王出行車駕，依出行目的不同，其規模有大駕、法駕、小駕之分。大駕，公卿奉引，太僕御，大將軍參乘，屬車八十一乘。

五月丁丑，以柱國、譙王儉爲大冢宰。庚辰，以上柱國、杞公亮爲大司徒，鄭公達奚震爲大宗伯，梁公侯莫陳芮爲大司馬，柱國、應公獨孤永業爲大司寇，[1]鄖公韋孝寬爲大司空。辛巳，大醮於正武殿，以報功。

[1]獨孤永業：人名。本姓劉，以母改嫁獨孤氏時年幼隨母，爲獨孤氏所育養，故更姓獨孤。字世基，中山（今河北定州市）人。北齊、北周官吏。見《北史》卷五三《獨孤永業傳》。

己丑，祀方丘。詔曰："往者，冢臣專任，制度有違，正殿别寢，事窮壯麗。非直雕墻峻宇，深戒前王，而締構弘敞，有踰清廟，不軌不物，何以示後。兼東夏初平，人未見德，率先海内，宜自朕始。其路寢、會義、崇信、含仁、雲和、思齊諸殿等，農隙之時，悉可毁撤。雕斲之物，並賜貧人。繕造之宜，務從卑樸。"戊戌，詔曰："京師宫殿，已從撤毁，并、鄴二所，華侈過度，誠復作之非我，豈容因而弗革。諸堂殿壯麗，並宜除蕩，甍宇雜物，分賜窮人。三農之隙，别漸營構，止蔽風雨，務在卑狹。"庚子，陳人來聘。是月，青城門無故自崩。[1]

[1]青城門：北周京城長安東門。

六月辛亥，御正武殿録囚徒。甲子，東巡。丁卯，詔曰："自今不得娶母同姓以爲妻妾。"

秋七月丙戌，行幸洛州。[1]己丑，詔山東諸州，舉有才望者赴行在所，[2]共論政事得失。

[1]洛州：北周時治洛陽縣，在今河南洛陽市東北。

[2]行在所：帝王巡幸所居之地。

八月壬寅，議權衡度量，頒於天下。其不依新式者，悉追停之。詔曰："以刑止刑，以輕代重，[1]罪不及嗣，皆有定科。雜役之徒，獨異常憲，一從罪配，百代不免。罰既無窮，刑何以措？凡諸雜户，[2]悉放爲百姓。配雜之科，因之永削。"甲子，鄭州獻九尾狐，[3]皮肉銷盡，骨體猶具。帝曰："瑞應之來，必昭有德。若使五品時序，四海和平，家識孝慈，乃能致此。今無其時，恐非實録。"乃令焚之。

[1]以輕代重：源氏校勘記云："'以輕代重'，《周書》作'世輕世重'。似非。"

[2]雜户：北朝時的國家依附人口。包括隸户、兵户、府户、營户、别户、樂户、監户、佛圖户、寺户等。另立户籍，其身份低於平民，但稍高於奴婢。來源主要是俘掠人、被征服民族的人民、犯罪者及其家屬等。

[3]鄭州：北周時治長社縣，在今河南臨潁縣西北。

九月壬申，以柱國鄧公竇熾、申公李穆爲上柱國。戊寅，初令庶人以上，非朝祭之服，唯得衣綢、綿綢、絲布、圓綾、紗、絹、綃、葛、布等九種。[1]壬辰，詔東土諸州儒生，明一經以上，並舉送，州郡以禮發遣。

[1]綃：生絲織品，輕紗。

冬十月戊申，行幸鄴宮。戊午，改葬德皇帝於冀州，[1]帝服緦，[2]哭於太極殿，百官素服哭。是月，誅温公高緯。

[1]德皇帝：即宇文肱。德爲其謚號，北周明帝所追謚。

[2]緦：喪服名。即緦麻。五服中之最輕者，孝服用細麻布製成，服期三個月。

十一月壬申，封皇子充爲道王，兑爲蔡王。癸酉，陳將吴明徹侵吕梁，[1]徐州總管梁士彦與戰不利，[2]退守徐州。遣上大將軍、郯公王軌討之。是月，稽胡反，[3]遣齊王憲討平之。

[1]吕梁：此指吕梁洪，在今江蘇銅山縣東南。《水經注·泗水》云："泗水之上有石梁焉，故曰吕梁也。"

[2]徐州：北周時治彭城縣，在今江蘇徐州市。

[3]稽胡：族名。亦稱山胡、步落稽。南北朝時居於今山西、陝西北部山谷間，與漢人錯居。

詔自永熙三年七月以來，[1]去年十月以前，[2]東土人被鈔在化内爲奴婢者；[3]及平江陵日，良人没爲奴婢者：並免同人伍。詔曰："正位於中，有聖通典，質文相革，損益不同。五帝則四星之象，三王制六宫之數。劉、曹已降，等列彌繁，選擇遍於生靈，命秩方於庶職，椒房丹地，[4]有衆如雲，本由嗜欲之情，非關風化之義。朕運當澆季，[5]思復古始，弘贊後庭，事從簡約。可置妃二人，世婦三人，[6]御妻三人。[7]自兹以外，宜悉減省。"己亥晦，日有蝕之。

[1]永熙：北魏孝武帝的年號（532—534）。

[2]去年十月以前：底本作"十月以前"，源氏校勘記在"十月"前補"去年"二字。中華本校勘記云："諸本'十月'上無'去年'二字，《周書》有。按這是指東、西魏分立到出師攻齊之前的一段時間。攻齊在去年十月。若本年十月，則齊已亡，不應再有'東土人被鈔在化内爲奴婢'的事。知是脱文，今據補。"今從改。

[3]鈔：掠取，搶掠。　化内：政令教化所及之地。

[4]椒房丹地：指内宫。椒房，后妃之室。丹地，宫殿中塗飾紅色的地面。

[5]澆季：道德風俗浮薄的末世。

[6]世婦：女官名。佐助王后或夫人管理後宫事務。北魏時，位視中大夫。

[7]御妻：女官名。掌侍御天子居寢等後宫之事。

初行《刑書要制》。持杖群强盗一疋以上，不持杖群强盗五疋以上，監臨主掌自盗二十疋以上，小盗及詐請官物三十疋以上，正長隱五户及十丁以上、隱地三頃以上，皆至死。刑書所不載者，自依律科。

十二月，北營州刺史高寶寧據州反。[1]庚申，行幸并州宫。移并州軍人四萬户於關中。戊辰，廢并州宫及六府。

[1]北營州：北周時治和龍城，在今遼寧朝陽市。　高寶寧：人名。一作“高保寧”，代（今山西大同市東北）人。北齊、北周官吏。見《北齊書》卷四一《高保寧傳》。

是歲，吐谷渾、百濟並遣使朝貢。[1]

[1]百濟：國名。見《北史》卷九四《百濟傳》。

宣政元年春正月癸酉，[1]吐谷渾僞趙王他婁屯來降。壬午，行幸鄴宫。辛卯，幸懷州。[2]癸巳，幸洛州。詔於懷州置宫。

[1]宣政：北周武帝的年號（578）。
[2]懷州：北周時治野王縣，在今河南沁陽市。

二月甲辰，柱國、大冢宰、譙王儉薨。丁巳，車駕至自東巡。乙丑，以上柱國、越王盛爲大冢宰，陳王純爲雍州牧。

三月戊辰，於蒲州置宫，廢同州及長春二宫。[1]壬申，突厥遣使朝貢。甲戌，初服常冠，以皂紗爲之，加簪而不施纓導，[2]其制若今之折角巾也。上大將軍王軌破陳師於吕梁，禽其將吴明徹等，俘斬三萬餘人。丁亥，詔柱國豆盧寧征江南武陵、南平等郡所有士庶爲人奴婢者，[3]悉依江陵放免。壬辰，改元。

[1]長春：宫名。在今陝西大荔縣朝邑鎮西北。

[2]纓導：冠上的飾物。

[3]柱國：中華本校勘記云："《周書》'柱國'上有'故'字。按豆盧寧已死於保定五年，見上文，這裏'故'字不宜省。" 武陵：郡名。南朝陳時治臨沅縣，在今湖南常德市。 南平：郡名。南朝陳時治孱陵縣，在今湖北公安縣南。

夏四月壬子，初令遭父母喪者，聽終制。庚申，突厥入寇幽州。

五月己丑，帝總戎北伐，遣柱國原公姬願、東平公宇文神舉等五道俱入，[1]發關中公私馬驢悉從軍。癸巳，帝不豫，[2]止於雲陽宫。丙申，詔停諸軍。

[1]東平公：封爵名。東平，郡名。北周時治博平縣，在今山東泰安市東南。 宇文神舉：人名。代郡武川（今内蒙古武川縣西）人，鮮卑族。北周宗室。見《北史》卷五七《東平公神舉傳》。

[2]不豫：帝王身體不適。

六月丁酉，帝疾甚，還京，其夜崩於乘輿，時年三十六。遺詔曰：

人肖形天地，禀質五常，修短之期，莫非命也。朕君臨宇縣，十有九年，未能使百姓安樂，刑措不用。未旦求衣，[1]分宵忘寢。昔魏室將季，海內分崩，太祖扶危翼傾，肇開王業。燕、趙榛蕪，[2]又竊名號。[3]朕上述先志，下順人心，遂與王公將帥，共平東夏。雖復祅氛蕩定，而人勞未康，每一念如此，[4]若臨冰谷。將欲包舉六合，混同文軌。今遘疾大漸，力氣稍微，有志不申，以此歎息。

[1]未旦：源氏校勘記云："未、昧通。"
[2]榛蕪：荒廢、衰微。
[3]又竊名號：源氏校勘記云："'又'《周書》作'久'。"
[4]每一念如此：源氏校勘記云："《周書》無'如'字。"

天下事重，萬機不易，王公以下，爰及庶僚，宜輔導太子，副朕遺意，令上不負太祖，下無失爲臣。朕雖瞑目九泉，無所復恨。

朕平生居處，每存菲薄，非直以訓子孫，亦乃本心所好。喪事資用，須使儉而合禮。墓而不墳，自古通典。隨吉即葬，葬訖公除。四方士庶，各三日哭。妃嬪以下無子者，悉放還家。"

謚曰武皇帝，廟稱高祖。己未，葬於孝陵。

帝沉毅有智謀，初以晋公護專權，常自晦迹，人莫測其深淺。及誅護之後，始親萬機，克己勵精，聽覽不怠。用法嚴整，多所罪殺，號令懇惻，唯屬意於政，群下畏服，莫不肅然。性既明察，少於恩惠，凡布懷立行，皆欲踰越古人。身衣布袍，寢布被，無金寶之飾。

諸宫殿華綺者，皆撤毁之，改爲土階數尺，不施櫨栱。[1]其雕文刻鏤，錦繡纂組，一皆禁斷。後宫嬪御，不過十餘人。

[1]櫨栱：即斗拱。

勞謙接下，自强不息。以海内未康，鋭情教習，至於校兵閲武，步行山谷，履涉勤苦，[1]皆人所不堪。平齊之役，見軍士有跣行者，帝親脱靴以賜之。每宴會將士，必自執盃勸酒，或手付賜物。至於征伐之處，躬在行陣。性又果决，能斷大事，故能得士卒死力，以弱制强。破齊之後，遂欲窮兵極武，平突厥、定江南，一二年間，必使天下一統，此其志也。

[1]履涉：元大德本作“復涉”。按：從文意來看，當從底本。

宣皇帝諱贇，[1]字乾伯，武帝長子也。母曰李太后。[2]武成元年，生於同州。保定元年五月丙午，封魯國公。建德元年四月癸巳，武帝親告廟，冠於阼階，立爲皇太子。二年，[3]詔皇太子巡撫西土。文宣后崩，武帝諒闇，[4]詔太子總朝政，五旬而罷。武帝每巡幸四方，太子常留監國。五年二月，又詔太子巡西土，因討吐谷渾。

[1]宣：北周皇帝宇文贇的謚號。
[2]李太后：即北周武帝皇后李氏。見《北史》卷一四《武皇

后李氏傳》。

[3]二年：《周書》卷七《宣帝紀》無。

[4]諒闇：借指居喪。多用於皇帝。

宣政元年六月丁酉，武帝崩，戊戌，太子即皇帝位。尊皇后曰皇太后。甲子，誅上柱國、齊王憲。

閏月乙亥，詔山東流人新復業，及突厥侵掠家口破亡不能存濟者，給復一年。立妃楊氏爲皇后。[1]辛巳，以上柱國、趙王招爲太師，陳王純爲太傅，柱國、代王達、滕王逌、盧公尉遲運、薛公長孫覽並爲上柱國。[2]

[1]楊氏：即北周宣皇后楊氏。見《北史》卷一四《宣皇后楊氏傳》。

[2]長孫覽：人名。字休因，代（今山西大同市東北）人，鮮卑族。北周、隋朝大臣。見《北史》卷二二《長孫道生附長孫覽傳》。

是月，幽州盧昌期據范陽反，[1]詔柱國、東平公宇文神舉討平之。

[1]盧昌期：人名。范陽涿（今河北涿州市）人。北齊、北周將領。　范陽：郡名。北周時治涿縣，在今河北涿州市。

秋七月乙巳，享太廟。丙午，祀圓丘。戊申，祀方澤。[1]庚戌，以小宗伯、岐公斛斯徵爲大宗伯。[2]壬戌，以南兗州總管、隋公楊堅爲上柱國、大司馬。[3]癸亥，尊所生李氏爲帝太后。

[1]方澤：源氏校勘記云："'澤'《周書》作'丘'。"

[2]小宗伯：官名。小宗伯上大夫的省稱。北周時協助大宗伯卿管理禮樂、祭祀、天文曆法等事務。員二人，正六命。　岐公：封爵名。岐，州名。北周時治雍縣，在今陝西鳳縣南。　斛斯徵：人名。字士亮，廣牧富昌（今内蒙古准格爾旗東南）人。西魏、北周大臣。見《北史》卷四九《斛斯椿附斛斯徵傳》。

[3]南兗州：北周時治廣陵縣，在今江蘇揚州市西北。

八月丙寅，夕月於西郊。[1]長安、萬年二縣人居京城者，[2]給復三年。壬申，幸同州。遣大使巡察諸州。制九條，宣下州郡。其母族絶服外者，聽婚。以上柱國、薛公長孫覽爲大司徒，柱國、楊公王誼爲大司空。丙戌，以柱國、永昌公椿爲大司寇。[3]

[1]夕月：帝王祭月的儀式。

[2]長安：縣名。治所在今陝西西安市西北。　萬年：縣名。治所在今陝西西安市長安區。

[3]永昌公：封爵名。永昌，郡名。北周時治建昌縣，在今重慶巫山縣西北大昌鎮。　椿：即宇文椿，人名。字乾壽，代郡武川（今内蒙古武川縣西）人，鮮卑族。北周宗室。見《周書》卷一〇《邵惠公顥附宇文椿傳》。

九月丁酉，以柱國宇文盛、張掖公王傑、枹罕公辛威、鄖國公韋孝寬並爲上柱國。[1]庚戌，封皇弟元爲荆王。詔諸應拜者，皆以三拜成禮。

[1]張掖公：封爵名。張掖，郡名。北周時治永平縣，在今甘肅張掖市西北。　枹罕公：封爵名。枹罕，郡名。北周時治枹罕縣，在今甘肅臨夏市。

冬十月癸酉，至自同州。戊子，百濟遣使朝貢。

十一月己亥，講武於道會苑，帝親擐甲。[1]是月，突厥犯邊，圍酒泉，[2]殺掠吏士。

[1]擐（huàn）甲：穿著盔甲。

[2]酒泉：郡名。北周時治禄福縣，在今甘肅酒泉市東南。

十二月甲子，以柱國、畢王賢爲大司空。己丑，以上柱國、河陽總管、滕王逌爲行軍元帥，伐陳。免京師見徒，並令從軍。

大象元年春正月癸巳，[1]受朝於路門，帝服通天冠、絳紗袍，[2]群臣皆服漢魏衣冠。大赦，改元爲大成。[3]初置四輔官，[4]以大冢宰、越王盛爲大前疑，[5]蜀公尉遲迥爲大右弼，[6]申公李穆爲大左輔，[7]大司馬隋公楊堅爲大後丞。[8]癸卯，封皇子衍爲魯王。甲辰，東巡。丙午，以柱國、常山公于翼爲大司徒。辛亥，以柱國、許公宇文善爲大宗伯。戊午，行幸洛陽。立魯王衍爲皇太子。

[1]癸巳：底本作“己丑”，源氏校勘記云：“‘己丑’《周書》作‘癸巳’。”中華本校勘記云：“諸本‘癸巳’作‘己丑’，《周書》卷七《宣帝紀》作‘癸巳’。按是年正月癸巳朔，無己丑。今據改。”今從改。

[2]通天冠：皇帝戴的一種帽子。　絳紗袍：深紅色的紗袍，

用爲朝服。

[3]大成：北周宣帝的年號（579）。

[4]四輔官：即大前疑、大右弼、大左輔、大後丞。

[5]大前疑：官名。北周宣帝大成元年按《禮記》所設。爲四輔官之首，是主要執政大臣。

[6]大右弼：官名。北周宣帝大成元年按《禮記》所設。爲四輔官之一，是主要執政大臣。

[7]大左輔：官名。北周宣帝大成元年按《禮記》所設。爲四輔官之一，是主要執政大臣。

[8]大後丞：官名。北周宣帝大成元年按《禮記》所之。爲四輔官之一，是主要執政大臣。

二月癸亥，詔曰："河、洛之地，舊稱朝市，自魏氏失馭，城闕爲墟。我太祖受命酆、鎬，有懷光宅；高祖往巡東夏，布政此宫。朕以眇身，祗承寶運，雖庶幾聿修之志，敢忘燕翼之心。一昨駐蹕金墉，[1]備嘗游覽。百王制度，基址尚存。今若因循，爲功易立。宜命邦事，修復舊都。奢儉取文質之間，功役依子來之義。北瞻河内，[2]咫尺非遥，前詔經營，今宜停罷。"於是發山東諸州兵，增一月功爲四十五日役，起洛陽宫。常役四萬人，以迄晏駕。並移相州六府於洛陽，[3]稱東京六府。殺柱國、徐州總管、郯公王軌。停南討諸軍。以趙王招女爲千金公主，嫁於突厥。乙亥，行幸鄴。丙子，初令總管、刺史行兵者加持節，[4]餘悉罷之。

[1]金墉：城名。在今河南洛陽市東北，魏晋洛陽故城西北隅。

[2]河内：郡名。北周時治野王縣，在今河南沁陽市。

［3］相州：北周時治鄴縣，在今河北臨漳縣西南。

［4］持節：自漢起，節爲皇帝號令賞罰的信物，故持節比不持節位高權重，歷朝因之。西晋時實際成爲一種加職，在使持節之下、假節之上。督軍時與使持節同，有權殺二千石以下，平時衹能殺無官位之人。

辛巳，詔傳位於皇太子衍。大赦，改元大成爲大象。[1]帝於是自稱天元皇帝，所居稱天臺，冕二十有四旒，車服旗鼓皆以二十四爲節。内史、御正皆置上大夫。皇帝衍稱正陽宫。置納言、御正、諸衛等官，皆准天臺。尊皇太后爲天元皇太后。癸未，日出、將入時，其中並有烏色，大如雞卵，經四日乃滅。戊子，以大前疑、越王盛爲太保，[2]大右弼、蜀公尉迥爲大前疑，代王達爲大右弼。辛卯，詔徙鄴城石經於洛陽。又詔洛陽凡是元遷户，並聽還洛州。此外欲往者，聽之。河陽、幽、相、豫、亳、青、徐七總管受東京六府處分。[3]

［1］大象：北周静帝的年號（579—580）。

［2］太保：底本作“太傅”，中華本校勘記云：“諸本‘保’作‘傅’。《周書》作‘保’。按本書卷五八、《周書》卷一三《越王盛傳》稱：‘大象元年遷大前疑，轉太保。’這裏作‘太傅’誤，今據改。”今從改。

［3］亳：州名。北周時治小黄縣，在今安徽亳州市。

三月庚申，車駕至自東巡，大陳軍伍，親擐甲胄，入自青門，[1]皇帝衍備法駕從，[2]百官迎於青門外。是時驟雨，儀衛失容。辛酉，封趙王招第二子貫爲永康縣王。[3]

[1]青門：京城東門。

[2]法駕：皇帝出行，扈從儀仗規模大於小駕，次於大駕，稱法駕。

[3]貫：即宇文貫，人名。代郡武川（今内蒙古武川縣西）人，鮮卑族。北周宗室。反對隋文帝篡位，後被殺。　永康縣王：封爵名。永康，縣名。治所在今四川達州市西。

夏四月壬戌朔，有司奏言日蝕，不視事。過時不蝕，乃臨軒。立妃朱氏爲天元帝后。[1]癸亥，以柱國、畢王賢爲上柱國。己巳，享太廟。壬午，大醮於正武殿。

[1]朱氏：即北周宣皇后朱氏。見《北史》卷一四《宣皇后朱氏傳》。

五月辛亥，以洺州襄國郡爲趙國，[1]齊州濟南郡爲陳國，[2]豐州武當、安富二郡爲越國，[3]潞州上黨郡爲代國，[4]荆州新野郡爲滕國，[5]邑各一萬户，令趙王招、陳王純、越王盛、代王達、滕王逌並之國。是月，遣使簡視京城及諸州士庶女，充選後宫。[6]突厥寇并州。

[1]洺州：北周時治廣年縣，在今河北永年縣廣府鎮。　襄國：郡名。北周時治易陽縣，在今河北永年縣臨洺關。

[2]齊州：北周時治歷城縣，在今山東濟南市。　濟南：郡名。北周時治歷城縣，在今山東濟南市。

[3]豐州：北周時治武當縣，在今湖北丹江口市均縣鎮西北。　武當：郡名。北周時治武當縣，在今湖北丹江口市均縣鎮西北。　安富：郡名。北周時治安富縣，在今湖北丹江口市均縣鎮西。

[4]潞州：北周時治襄垣縣，在今山西襄垣縣下良鎮東故縣村、西故縣村一帶。　上黨：郡名。北周時治壺關城，在今山西長治市北。

[5]新野：郡名。北周時治棘陽縣，在今河南新野縣南。

[6]京城：中華本校勘記云："《周書》'京城'作'京兆'，京兆指畿内，疑《周書》是。"

六月，咸陽有池水變爲血。徵山東諸州人修長城。

秋七月庚寅，以大司空、畢王賢爲雍州牧，大後承、隋公楊堅爲大前疑，柱國、滎陽公司馬消難爲大後承。丙申，納大後承司馬消難女爲正陽宫皇后。己酉，尊帝太后李氏爲天皇太后。壬子，改天元帝后朱氏爲天皇后，立妃元氏爲天右皇后，[1]妃陳氏爲天左皇后。[2]

[1]元氏：即北周宣皇后元氏。見《北史》卷一四《宣皇后元氏傳》。

[2]陳氏：即北周宣皇后陳氏。見《北史》卷一四《宣皇后陳氏傳》。

八月庚申，幸同州。壬申，還宫。甲戌，以天左皇后父大將軍陳山提、天右皇后父開府元晟並爲上柱國。[1]初，武帝作《刑書要制》，用法嚴重。及帝即位，恐物情未附，除之。至是，爲《刑經聖制》，其法深刻，大醮於正武殿，告天而行焉。壬午，以上柱國、雍州牧畢王賢爲太師，上柱國、郇公韓建業爲大左輔。是月，所在螘群鬬，[2]各方四五尺，[3]死者十八九。

[1]陳山提：人名。潁川（今河南許昌市）人。北周外戚。見《北史》卷一四《宣皇后陳氏傳》。

[2]螘（yǐ）：螞蟻。

[3]各方四五尺：底本作“各四五尺”，源氏校勘記云：“‘各’下《周書》有‘方’字。”中華本校勘記云：“諸本脱‘方’字，據《周書》補。”今從改。

九月乙卯，[1]以酆王貞爲大冢宰。上柱國、鄖公韋孝寬爲行軍元帥，率行軍總管杞公亮、郕公梁士彦伐陳。遣御正杜杲使於陳。[2]

[1]乙卯：底本作“己卯”，中華本校勘記云：“諸本‘乙’作‘己’，《周書》作‘乙’。按是年九月己丑朔，無己卯，乙卯是二十七日。今據改。”今從改。

[2]杜杲：底本作“杜果”，局本、中華本作“杜杲”。源氏校勘記云：“《周書》作‘杜杲’。爲是。”中華本校勘記云：“諸本‘杲’訛作‘果’，據《周書》改。”今從改。

冬十月壬戌，幸道會苑，大醮，以高祖武皇帝配醮。初復佛象及天尊象，帝與二象俱南坐。大陳雜戲，令京城士庶縱觀。是月，相州人段德舉謀反，伏誅。

十一月乙未夜，行幸同州。[1]壬寅，還宫。丁巳，[2]初鑄永通萬國錢，以一當千，與五行大布並行。

[1]十一月乙未夜行幸同州：源氏校勘記云："《周書》（'乙未'）作'丁巳'。"中華本校勘記云："《周書》作'乙未，幸温湯。戊戌，行幸同州'。疑'乙未'下脱'幸温湯戊'四字，'戌'又訛作'夜'。"

[2]丁巳：底本作"乙巳"，中華本校勘記云："諸本'丁'作'乙'，《周書》作'丁'。按北周是年十一月己丑朔，乙巳是十七日，丁巳是二十九日。但《周書》此前尚有己酉記事，己酉是二十一日，則此不得作乙巳。今據《周書》改。"今從改。

是月，韋孝寬拔壽陽，[1]杞國公亮拔黄城，[2]梁士彦拔廣陵。[3]陳人退走，於是江北盡平。

[1]壽陽：縣名。治所在今安徽壽縣。

[2]黄城：縣名。治所在今安徽壽縣西。

[3]廣陵：縣名。治所在今江蘇揚州市西北。

十二月戊午，以災異屢見，帝御路寢，見百官。詔曰："朕以寡德，君臨區宇。始於秋季，及此玄冬，幽憂殷勤，[1]屢貽深戒。至有金入南斗，木犯軒轅，[2]熒惑干房，[3]又與土合，流星照夜，東南而下。然則南斗主於爵禄，軒轅爲於後宫，房曰明堂，[4]布政所也，火、土則憂孽之兆，流星乃兵凶之驗。豈其宫人失序，[5]女謁尚行，政事乖方，憂患將至，何其昭著，若斯之甚。將避正寢，齋居克念，惡衣減膳，去飾徹懸，披不諱之誠，開直言之路。欲使刑不濫及，賞弗踰等，選舉以才，宫闈修德。宜宣諸内外，庶盡弼諧，允叶人心，用消天譴。"於是舍仗衛，往天興宫。[6]百官上表，勸復寢膳，許之。

［1］幽憂殷勤：源氏校勘記云："'憂'《周書》作'顯'。"中華本校勘記云："《周書》'憂'作'顯'。按'幽顯'指下文列舉的天象，附會天意示警。'幽憂'無義，疑誤。"

［2］軒轅：星官名。在星宿北，由十七顆恒星組成。

［3］熒惑：即火星。因隱現不定，令人迷惑，故名。

［4］明堂：帝王宣明政教的地方。凡朝會、祭祀、慶賞、選仕等大典皆在此舉行。

［5］豈其宮人失序：中華本校勘記云："《周書》'宮'作'官'。按'官人失序'指銓選失平。作'官'是。"

［6］天興宮：位於北周都城長安宮城。

甲子，還宮，御正武殿，集百官及宮人、内外命婦，大列妓樂，又縱胡人乞寒，用水澆沃，以爲戲樂。乙丑，行幸洛陽。帝親御驛馬，日行三百里。四皇后及文武侍衛數百人，並乘馹以從。令四后方駕齊驅，或有先後，便加譴責。人馬頓仆，相屬於道。己卯，還宮。

二年春正月丁亥，帝受朝于道會苑。癸巳，享太廟。乙巳，造二扆，[1]畫日月象以置左右。戊申，雨雪，雪止，又雨細黄土，移時乃息。乙卯，詔江右諸州新附人，[2]給復二十年。初税入市者，人一錢。

［1］扆（yǐ）：屏風。

［2］江右：《周書》卷七《宣帝紀》作"江左"。按：疑當從《周書》，指南朝陳政權下所歸附之人。

二月丁巳，帝幸路門學，行釋奠禮。戊午，突厥遣使獻方物，且逆千金公主。乙丑，改制詔爲天制，敕爲天敕。尊天元皇太后爲天元上皇太后，天皇太后李氏曰天元聖皇太后。癸未，立天元皇后楊氏爲天元大皇后，天皇后朱氏爲天大皇后，天右皇后元氏爲天右大皇后，天左皇后陳氏爲天左大皇后，正陽宮皇后直稱皇后。是月，[1]洛陽有秃鶖鳥集新太極殿前；滎州有黑龍見，與赤龍鬬於汴水側，[2]黑龍死。

[1]是月：源氏校勘記云："《周書》作'是日'。"
[2]汴水：一作"卞水"，即今河南滎陽市西索河。

三月丁亥，賜百官及百姓大酺。[1]詔進封孔子爲鄒國公，邑數准舊，並立後承襲，别於京師置廟，以時祭享。[2]戊子，行軍總管、杞公亮舉兵反，行軍元帥韋孝寬獲而殺之。辛卯，行幸同州。增候正，[3]前驅式道，爲三百六十重，自應門至赤岸澤，[4]數十里間，幡旗相蔽，鼓樂俱作。又令武賁持鈒馬上，[5]稱警蹕，[6]以至同州。乙未，改同州宮爲天成宮。庚子，車駕至自同州。詔天臺侍衛，皆著五色及紅紫緑衣，以雜色緣，名曰品色衣，有大事，與公服間服之。壬寅，詔内外命婦皆執笏，其拜宗廟及天臺，皆俛伏。[7]甲辰，初置天中大皇后，立天左大皇后陳氏爲天中大皇后，立妃尉遲氏爲天左大皇后。[8]

[1]酺：聚會飲酒。

[2]祭享：毛本、殿本、四庫本、局本、四部備要本作“祭奠”。按：二詞義近，未詳孰是。

[3]候正：官名。春秋戰國時設，掌軍中斥候。北周因之。

[4]應門：王宮的正門。　赤岸澤：地名。在今陝西大荔縣西南。

[5]鈒（sà）：戟。

[6]警蹕：帝王出入時，於所經路途侍衛警戒，清道止行。

[7]俛（fǔ）伏：向下低頭，匍匐在地上。

[8]尉遲氏：即北周宣皇后尉遲氏。見《北史》卷一四《宣皇后尉遲氏傳》。

夏四月己巳，享太廟。己卯，以旱故，降見囚死罪已下。壬午，幸仲山祈雨，[1]至咸陽宫，雨降。甲申，還宫。令京城士女於衢巷作音樂以迎候。

[1]仲山：在今陝西禮泉縣。底本作“中山”，中華本校勘記云:“諸本‘仲’作‘中’。《隋書》卷一四《音樂志中》、《通典》卷一四二、《通鑑》卷一七四作‘仲’。《通鑑》胡注云:‘顏師古曰：仲山，即今九嵕山之東仲山是也。《括地志》：仲山在雍州雲陽縣西十五里。’‘中’字誤，今據改。”今從改。

五月甲午，帝備法駕幸天興宫。乙未，帝不悆，[1]還宫。詔揚州總管、隋公楊堅入侍疾。[2]丁未，追趙、越、陳、代、滕五王入朝。己酉，大漸。御正下大夫劉昉與内史上大夫鄭譯矯制以隋公楊堅受遺輔政。[3]是日，帝崩於天德殿，[4]時年二十二。謚宣皇帝。七月丙申，葬定陵。

[1]不悆（yù）：謂病重不起。帝王病重的諱稱。

[2]揚州：北周時治壽春縣，在今安徽壽縣。

[3]御正下大夫：官名。西魏恭帝三年置，北周沿置。屬天官府御正司，侍從皇帝左右，起草詔令、參與決策。正四命。　劉昉：人名。博陵望都（今河北唐縣東北）人。北周、隋朝官吏。北周時爲宣帝寵臣。見《北史》卷七四《劉昉傳》。　内史上大夫：官名。北周始置。春官府内史司長官，掌管皇帝詔書的撰寫與宣讀，參議刑罰爵賞以及軍國大事。正五命。　鄭譯：人名。字正義，滎陽開封（今河南開封市）人。北周、隋朝官吏。見《北史》卷三五《鄭羲附鄭譯傳》。

[4]天德殿：位於北周都城長安宫城，故址在今陝西西安市西北。

帝之在東宫也，武帝慮其不堪承嗣，遇之甚嚴。朝見進止，與諸臣無異，雖隆寒盛暑，亦不得休息。性嗜酒，武帝遂禁醪醴不許至東宫。[1]帝每有過，輒加捶撲。嘗謂之曰："古來太子被廢者幾人，餘兒豈不堪立邪！"於是遣東宫官屬録帝言語動作，每月奏聞。帝懼威嚴，矯情修飾，以是惡不外聞。

[1]醪醴：醪酒，甜酒。

嗣位之初，方逞其欲。大行在殯，曾無戚容，即通亂先帝宫人。纔踰年，便恣聲樂，采擇天下子女，以充後宫。好自矜夸，飾非拒諫。禪位之後，彌復驕奢。耽酗於後宫，或旬日不出，公卿近臣請事者，皆附閹官奏之。所居宫殿，帷帳皆飾以金玉珠寶，光華炫耀，極麗窮奢。及營洛陽宫，雖未成畢，其規摹壯麗，踰於漢、魏遠矣。

唯自尊崇，無所顧憚。國典朝儀，率情變改。後宫位號，莫能詳録。每對臣下，自稱爲天。以五色土塗所御天德殿，各隨方色。又於後宫，與皇后等列坐，用宗廟禮器樽彝珪瓚之屬，[1]以次食焉。[2]又令群臣朝天臺者，致齋三日，清身一日。車旗章服，倍於前王之數。既自比上帝，不欲令人同已。常自帶綬及冠通天冠，加金附蟬，顧見侍臣武弁上有金蟬，及王公有綬者，並令去之。

[1]樽彝：盛酒的器具。　珪：玉器名。古代貴族朝聘、祭祀、喪葬時以爲禮器。依其大小，以别尊卑。　瓚：祭祀時用的玉勺。

[2]以次食焉：源氏校勘記云："'次'《周書》作'飲'。"中華本校勘記云："《周書》"次"作"飲"，是。"

又不聽人有高者大者之稱，諸姓高者改爲姜，九族稱高祖者爲長祖，曾祖爲次長祖。[1]官稱名位，凡謂上及大者，改爲長，有天者，亦改之。又令天下車皆渾成爲輪，禁天下婦人皆不得施粉黛，唯宫人得乘有輻車，加粉黛焉。

[1]曾祖：底本作"曾"，中華本校勘記云："諸本'曾'下脱'祖'字，據《周書》補。"今從改。

西陽公温，[1]杞公亮之子，即帝從祖兄子也。[2]其妻尉遲氏有容色，因入朝，帝遂飲以酒，逼而淫之。亮聞之懼，謀反。纔誅温，即追尉遲氏入宫，初爲妃，尋立爲皇后。

[1]西陽公：封爵名。西陽，郡名。北周時治西陽縣，在今湖北黄岡市東南。

[2]兄子也：底本作“兄”，源氏校勘記云：“‘兄’下，《周書》有‘子也’二字。”中華本校勘記云：“諸本‘兄’下無‘子也’兩字，《周書》有。按《周書》卷一〇《邵惠公顥傳》，亮祖顥爲文帝長兄，即宣帝從祖。亮爲帝從祖兄，則温是帝從祖兄之子。這裏脱‘子也’二字，今據補。”今從改。

每左右侍臣論議，唯欲興造革易，未嘗言及政事。其後遊戲無恒，出入不節，羽儀仗衛，晨出夜還，或幸天興宫，或游道會苑，陪侍之官，皆不堪命。散樂雜戲，魚龍爛漫之伎，[1]常在目前。好令京城少年爲婦人服飾，入殿歌舞，與後宫觀之，以爲喜樂。

[1]魚龍爛漫：古代的雜耍百戲名，有幻化情節。

擯斥近臣，多所猜怨。[1]又吝於財，略無賜與。恐群臣規諫，不得行己之志，常遣左右密伺察之，動止所爲，莫不抄録，小有乖違，輒加其罪。自公卿以下，皆被楚撻，[2]其間誅戮黜免者，不可勝言。每捶人皆以百二十爲度，名曰天杖。宫人内職亦如之。后妃嬪御，雖被寵嬖，亦多被杖背。於是内外恐懼，人不自安，皆求苟免，莫有固志，重足累息，以逮於終矣。

[1]多所猜怨：源氏校勘記改“怨”作“忌”。

[2]楚撻：杖打。

静皇帝諱衍，[1]後改名闡，宣帝之長子也。母曰朱皇后。建德二年六月，生于東宫。大象元年正月癸卯，封魯王。戊午，立爲皇太子。二月辛巳，宣帝於鄴宫傳位授帝，居正陽宫。

[1]静：北周皇帝宇文衍的謚號。

二年五月乙未，宣帝寢疾，詔帝入宿路門學。己酉，宣帝崩，帝入居天臺，廢正陽宫。大赦，停洛陽宫作。庚戌，上天元上皇太后尊號爲太皇太后，天元聖皇太后李氏爲大帝太后，[1]天元太皇后爲皇太后，[2]天太皇后朱氏爲帝太后。[3]其天中大皇后陳氏、天右大皇后元氏、天左大皇后尉遲氏並出俗爲尼。以柱國、漢王贊爲上柱國、右大丞相，上柱國、揚州總管、隋公楊堅爲假黄鉞左大丞相，[4]柱國、秦王贄爲上柱國。帝居諒闇，百官總己以聽於左大丞相。壬子，以上柱國、鄖公韋孝寬爲相州總管。罷入市税錢。

[1]大帝：中華本作“太帝”.

[2]太皇后：殿本、四部備要本作“太皇后”。中華本作“大皇后”。

［3］太皇后：殿本、四部備要本作“太皇后”。中華本作“大皇后”。

［4］假黄鉞：官制用語。特賜予出征的重臣，以示威重，令其專主征伐。所加者多爲最高軍事長官。黄鉞即飾以黄金的鉞，本用於皇帝儀仗。　左大丞相：官名。多爲權臣所擔任，操縱軍國政務。

六月戊午，以柱國許公宇文善、神武公竇毅、脩武公侯莫陳瓊、大安公閻慶並爲上柱國。[1]趙王招、陳王純、越王盛、代王達、滕王逌來朝。庚申，復佛、道二教。辛酉，以柱國杞公椿、燕公于寔、郜公賀拔伏恩並爲上柱國。[2]

［1］脩武公：封爵名。脩武，郡名。北周時治北脩武縣，在今河南修武縣東北。　大安公：封爵名。大安，郡名。北周時治長澤縣，在今内蒙古鄂托克前旗城川鎮一帶。底本作“天安公”，毛本、殿本、四庫本、局本、四部備要本、中華本作“大安公”。按：北周無“天安郡”，底本誤，今改之。

［2］椿：底本作“贊”，殿本、四庫本、四部備要本、中華本作“椿”。中華本校勘記云：“各本‘椿’作‘贊’，殿本從《周書》改作‘椿’。張元濟云：‘“椿”是。椿紹杞簡公，見《周書》傳二（《周書》卷一〇）。’按下文即見杞公椿，張説是，今從殿本。”今從改。　于寔：人名。字賓實，河南洛陽（今河南洛陽市東北）人。西魏、北周將領。見《北史》卷二三《于栗磾附于寔傳》。　賀拔伏恩：人名。亦作“賀拔佛恩”，鮮卑族。北齊官吏。初爲中領軍，後遷開府儀同三司。北齊後主武平七年降周，周武帝攻晉陽，爲安德王高延宗擊潰，其力保武帝免於難，爲武帝所寵重，拜上柱國，封郜國公。

甲子，相州總管尉遲迥舉兵不受代，詔發關中兵，即以韋孝寬爲行軍元帥，討之。上柱國、畢王賢以謀執政，[1]被誅。以上柱國、秦王贇爲大冢宰，杞公椿爲大司徒。己巳，詔南定、北光、衡、巴四州人爲宇文亮抑爲奴婢者，[2]並免之。甲戌，有赤氣起西方，漸東行，遍天。庚辰，罷諸魚池及山澤公禁者，與百姓共之。以柱國、蔣公梁睿爲益州總管。[3]

[1]柱國：中華本校勘記云："諸本無'上'字，《周書》有。按《宣帝紀》，大象元年四月，賢進上柱國，此脱文，今據補。"今從改。

[2]南定：州名。北周時治蒙籠城，在今湖北麻城市東北。北光：北周時治掖城，在今山東萊州市。按：顯然有誤。疑當爲北江州，與其餘三州位置相近。北江州，北周時治鹿城關，在今湖北武漢市黄陂區北木蘭山附近。　衡：州名。北周時治南安縣，在今湖北武漢市新洲區。　巴：州名。北周時治西陽縣，在今湖北黄岡市東南。

[3]梁睿：人名。字恃德，安定烏氏（今甘肅涇川縣東）人。北周、隋朝將領。見《北史》卷五九《梁禦附梁睿傳》。　益州：北周時治成都縣，在今四川成都市。

秋七月甲申，突厥送齊范陽王高紹義。庚寅，申州刺史李惠起兵。[1]庚子，詔趙、陳、越、代、滕五王，入朝不趨，劍履上殿。滎州刺史、邵公宇文胄舉兵，[2]遣大將軍楊素討之。[3]青州總管尉遲勤舉兵。[4]丁未，隋公楊堅都督内外諸軍事。[5]己酉，鄖州總管司馬消難舉兵,[6]以柱國、楊公王誼爲行軍元師討之。壬子，趙王招、越王盛以謀執政，被誅。癸丑，封皇弟衎爲萊王，術爲郢王。[7]是月，豫州、襄州總管諸蠻，各帥種落反。[8]

[1]申州：北周時治平陽縣，在今河南信陽市南。　李惠：人名。隴西狄道（今甘肅臨洮縣）人。北魏、西魏、北周官吏。北魏孝武帝永熙三年，隨孝武帝奔關中，官至申州刺史。北周静帝大象二年，起兵響應尉遲迥反楊堅。《周書》卷八《静帝紀》作“李慧”。

[2]滎州：北周時治滎陽縣，在今河南滎陽市。　宇文胄：人名。代郡武川（今内蒙古武川縣西）人。北周宗室。見《北史》卷五七《邵惠公顥附宇文胄傳》。

[3]楊素：人名。字處道，弘農華陰（今陝西華陰市東南）人。隋朝大臣。見《北史》卷四一《楊敷附楊素傳》（參周錚《〈楊素墓誌初考〉補正》,《考古與文物》1993年第2期）。

[4]尉遲勤：底本作“尉遲綱”，中華本校勘記云:“諸本‘勤’作‘綱’,《周書》作‘勤’。按勤父綱已死於天和四年五月。勤大象末爲青州總管，舉兵應尉遲迥，見本書卷六〇《尉遲綱傳》。今據改。”今從改。

[5]都督内外諸軍事：官名。爲全國最高軍事統帥，權力極大。

[6]鄖州：北周時治安陸縣，在今湖北安陸市。

[7]封皇弟衎爲萊王術爲郢王：源氏校勘記改“郢”爲“鄴”。中華本校勘記云:“諸本‘衎’作‘衍’。《周書》卷八《静帝紀》作‘封皇弟術爲鄴王，衎爲郢王’。《通志》同《北史》，但‘衍’作‘衎’。按静帝初名‘衍’，不會兄弟同名，作‘衎’是，今據改。《周書》先術後衎，誤。見《周書》卷八校勘記四。‘萊’‘鄴’未知孰是。”

[8]是月豫州襄州總管諸蠻各帥種落反：中華本校勘記云："《周書》作'豫州、荆州、襄州三總管内諸蠻'。這裏脱荆州。"

八月庚申，益州總管王謙舉兵不受代，即以梁睿爲行軍元帥討之。庚午，韋孝寬破尉迥於鄴，迥自殺，相州平。移相州於安陽，[1]其鄴城及邑，毁廢之。丙子，以漢王贊爲太師，以上柱國、并州總管、申公李穆爲太傅，以宋王實爲大前疑，以秦王贄爲大右弼，以燕公于實爲大左輔。[2]己卯，以尉迥平，大赦。庚辰，司馬消難擁衆以魯山、甑山二鎮奔陳，[3]遣大將軍元景山追擊之，[4]鄖州平。[5]沙州氐帥開府楊永安聚衆反，[6]應王謙，遣大將軍達奚儒討之。楊素破宇文冑於滎陽，[7]斬之。以上柱國、神武公竇毅爲大司馬，以齊公于智爲大司空。[8]廢相、青、荆、金、晋、梁州六總管。[9]

[1]安陽：縣名。治所在今河南安陽市。

[2]于實：中華本作"于寔"。"

[3]魯山：軍鎮名。在今河南魯山縣。　軍甑山：軍鎮名。在今湖北漢川市馬鞍鄉甑山。

[4]元景山：人名。字寶岳，洛陽（今河南洛陽市東南）人。北周、隋朝將領。見《北史》卷一八《安定王休附元景山傳》。

[5]鄖州：《周書》卷八《静帝紀》作"邳州"。

[6]沙州：北周時治白水縣，在今四川青川縣東北。

[7]滎陽：縣名。治所在今河南滎陽市東北。

[8]于智：人名。代（今山西大同市東北）人，鮮卑族。北周大臣。見《北史》卷二三《于栗磾附于智傳》。

[9]金：州名。北周時治吉安縣，在今陝西安康市西北漢水

北岸。

九月丙戌，廢河陽總管爲鎮，隸洛州。以小宗伯、竟陵公楊慧爲大宗伯。[1]壬辰，廢皇后司馬氏爲庶人。[2]戊戌，以柱國、楊公王誼爲上柱國。庚戌，以柱國常山公于翼、化政公宇文忻並爲上柱國。[3]壬子，丞相去左右號，隋公楊堅爲大丞相。

[1]竟陵公：封爵名。竟陵，郡名。北周時治竟陵縣，在今湖北天門市。　楊慧：源氏校勘記云："《周書》作'陽慧'。"

[2]司馬氏：即北周静皇后司馬氏。見《北史》卷一四《静皇后司馬氏傳》。

[3]化政公：封爵名。化政，郡名。北周時治巖緑縣，在今内蒙古烏審旗南。　宇文忻：人名。字仲樂，朔方夏州（今陝西横山縣西）人。北周、隋朝將領。見《北史》卷六〇《宇文貴附宇文忻傳》。

冬十月甲寅，日有蝕之。壬戌，陳王純以怨執政被誅。大丞相、隋公楊堅加大冢宰，五府總於天官。戊寅，梁睿破王謙，斬之，傳首京師，益州平。

十一月甲辰，達奚儒破楊永安，沙州平。丁未，上柱國、鄖公韋孝寬薨。

十二月壬子，以柱國、蔣公梁睿爲上柱國。丁巳，以柱國邗公楊雄、普安公賀蘭謨、郕公梁士彦、上大將軍新寧公叱列長叉、武鄉公崔弘度、大將軍中山公宇文恩、濮陽公宇文述、渭原公和干子、任城公王景、漁陽公楊鋭、上開府廣宗公李崇、隴西公李詢並爲上柱國。[1]庚申，以柱國、楚公豆盧勣爲上柱國。[2]

[1]邗公：封爵名。中華本作“邘公”，其校勘記云：“諸本‘邘’作‘邗’。按《周書》卷二九《楊紹傳》附見楊雄，爵是‘邽國公’。《隋書》卷四二《觀德王雄傳》作‘邘國公’。本書卷六八《楊雄傳》先作‘邗國公’，後又作‘邘國公’。‘邽國公’祇見於《周書·楊紹傳》，疑誤。‘邗’‘邘’則諸書互出，未知孰是。‘邘’是古國名，今本書統一作‘邘’。” 楊雄：人名。初名惠，弘農華陰（今陝西華陰市東南）人。北周大臣、隋朝宗室。見《北史》卷六八《楊紹附楊雄傳》。 普安公：封爵名。普安，郡名。北周時治普安縣，在今四川劍閣縣。 新寧公：封爵名。新寧，郡名。北周時治三岡縣，在今四川達州市西南。 叱列長叉：底本作“叱列長文”，中華本校勘記云：“諸本‘叉’訛作‘文’，據《通志》改。”今從改。 武鄉公：封爵名。武鄉，郡名。北周時治武鄉縣，在今陝西大荔縣城關。 崔弘度：人名。字摩訶衍，博陵安平（今河北安平縣）人。北周、隋朝官吏。見《北史》卷三二《崔辯附崔弘度傳》。 宇文恩：人名。北周將領。歷位大將軍、上柱國，封中山公。 濮陽公：封爵名。濮陽，郡名。北周時治鄄城縣，在今山東鄄城縣北。 宇文述：人名。字伯通，代郡武川（今内蒙古武川縣西）人，鮮卑族。隋朝大臣。見《北史》卷七九《宇文述傳》。 渭原公：封爵名。渭原，郡名。北周時治渭源縣，在今甘肅渭源縣北。 任城公：封爵名。任城，郡名。北周時治魯縣，在今山東曲阜市。 漁陽公：封爵名。漁陽，郡名。北周時治潞縣，在今北京通州區北。 廣宗公：封爵名。廣宗，郡名。北周時治武强縣，在今河北威縣北。 李崇：人名。字永隆，隴西成紀（今甘肅秦安縣）人。北周、隋朝將領。見《北史》卷五九《李賢附李崇傳》。 隴西公：封爵名。隴西，郡名。北周時治襄武縣，在今甘肅隴西縣西南。 李詢：人名。字孝詢，隴西成

紀（今甘肅秦安縣）人。北周將領。見《北史》卷五九《李賢附李詢傳》。

[2]豆盧勣：人名。本姓慕容，字定東，昌黎徒何（今遼寧錦州市）人。北周、隋朝官吏。見《北史》卷六八《豆盧寧附豆盧勣傳》。

癸亥，詔曰："太祖受命，龍德猶潛，三分天下，志扶魏室，多所改作，冀允上玄。文武群官，賜姓者衆，本殊國邑，實乖胙土。不歆非類，異骨肉而共蒸嘗；不愛其親，嗟行路而叙昭穆。[1]且神徵革姓，本爲曆數有歸；天命在人，推讓終而弗獲。故君臨區宇，累世於兹，不可仍遵謙挹之旨，[2]久行權宜之制。諸改姓者，悉宜復舊。"

[1]嗟行路而叙昭穆：源氏校勘記云："'嗟'《周書》作'在'。"

[2]不可：中華本作"不可"，其校勘記云："諸本'不可'二字誤倒，據《周書》乙。"今從改。

甲子，大丞相、隋公楊堅進爵爲王，以十郡爲隋國。[1]己巳，以柱國、沛公鄭譯爲上柱國。辛未，代王達、滕王逌並以謀執政，被誅。壬申，以大將軍、長寧公楊勇爲上柱國、大司馬，[2]以小冢宰、始平公元孝矩爲大司寇。[3]

[1]十郡：底本作"郡"，中華本校勘記云："諸本無'十'字，《周書》有。按本書卷一一《隋文帝紀》言以隋州之崇業等二十郡爲隋國，楊堅止受十郡。這裏脱'十'字，今據補。"今從改。

［2］長寧公：封爵名。長寧，郡名。北周時治懷戎縣，在今河北涿鹿縣西南。　楊勇：人名。字睍地伐，弘農華陰（今陝西華陰市東南）人。隋朝宗室。見《北史》卷七一《房陵王勇傳》。

［3］小冢宰：官名。小冢宰上大夫的省稱。北周始置。天官府次官，輔佐大冢宰掌管宫廷供奉以及全國的財政收支、賦役收入、百官俸禄等事務。正六命。　始平公：封爵名。遥封。始平，郡名。南朝陳時僑治武當縣，在今湖北丹江口市均縣鎮西北。　元孝矩：人名。即元矩。字孝矩，河南洛陽（今河南洛陽市東北）人。北周、隋朝官吏。見《北史》卷一七《汝陰王天賜附元矩傳》。

大定元年春正月壬午，[1]改元。丙戌，詔戎秩上開府以上，職事下大夫以上，外官刺史以上，各舉賢良。

［1］大定：北周静帝的年號（581）。

二月甲子，帝遜位于隋，居于别宫。隋氏奉帝爲介國公，邑萬户，車服禮樂，一如周制，上書不稱表，答表不稱詔。有其文，事竟不行。隋開皇元年五月壬申，[1]帝崩，時年九歲。隋志也。謚曰静皇帝，葬恭陵。

［1］開皇：隋文帝的年號（581—600）。

論曰：自東西否隔，二國争强，戎馬生郊，干戈日用，兵連禍結，力敵勢均，疆埸之事，一彼一此。武皇纘業，未親萬機，慮遠謀深，以蒙養正。及英威電發，朝政惟新，内難既除，外略方始。乃苦心焦思，克己勵精，勞役爲士卒之先，居處同疋夫之儉。修富國之政，務强兵之術，[1]乘讎人之有釁，順天道而推亡。數年之間，大勳斯集。攄祖宗之宿憤，拯東夏之阽危，盛矣哉，有成功者也。若使翌日之瘳無爽，經營之志獲申，黷武窮兵，雖見譏於良史；雄圖遠略，足方駕於前王。

[1]之術：毛本、殿本、四庫本、局本、四部備要本作“之將”。按：依文意，當從底本。

而識嗣子之非才，顧宗祏之至重，[1]滯愛同於晋武，[2]則哲異於宋宣，[3]但欲威之榎楚，[4]期於懲肅，義方之教，豈若是乎。卒使昏虐君臨，奸回肆毒，迹宣后之行事，身歿已爲幸矣。

[1]宗祏：毛本、殿本、四庫本、四部備要本作“宗祊”。按：二詞意思相近，未詳孰是。

[2]晋武：即西晋皇帝司馬炎。

[3]宋宣：即春秋時期宋國君主子力。

[4]榎楚：用作鞭笞的刑具。榎，楸樹的别稱。楚，牡荆，落葉灌木。

静帝越自幼沖，紹兹衰統，内相挾孫、劉之詐，[1]戚藩無齊、代之强，隋氏因之，遂遷龜鼎。雖復岷、峨投袂，翻成凌奪之威；漳、滏勤王，無救宗周之殞。嗚呼！以文皇之經啓鴻基，武皇之克隆景業，[2]未踰二紀，不祀忽諸。斯蓋先帝之餘殃，非孺子之罪戾也。

[1]内相挾孫劉之詐：底本作“内挾有劉之詐”，中華本校勘

記云:"百衲、北、汲、殿四本無'相'字,'孫'字作'有'。南本及《周書》有'相'字,'有'字作'孫'。按孫、劉指曹魏時的孫資、劉放。二人助司馬懿篡政。這裏用以比喻鄭譯、劉昉。今從南本。"今從改。

[2]武皇:《周書》卷八《静帝紀》作"太祖"。

北史　卷一一

隋本紀上第十一

隋高祖文皇帝姓楊氏，諱堅，小名那羅延。本弘農華陰人，[1]漢太尉震之十四世孫也。[2]震八世孫，燕北平太守鉉。[3]鉉子元壽，魏初爲武川鎮司馬，[4]因家于神武樹頹焉。[5]元壽生太原太守惠嘏，[6]嘏生平原太守烈，[7]烈生寧遠將軍禎，[8]禎生皇考忠。[9]

[1]弘農：郡名。東漢時治弘農縣，在今河南靈寶市東北。　華陰：縣名。治所在今陝西華陰市東南。

[2]震：即楊震，人名。字伯起，弘農華陰縣（今陝西華陰市東南）人。東漢大臣。見《後漢書》卷五四《楊震傳》。

[3]北平：郡名。十六國前燕時治徐無縣，在今河北遵化市東。

[4]武川鎮：軍鎮名。北魏設，治所在今内蒙古武川縣與達茂旗境内的希拉穆仁城圐圙古城（參張文平、苗潤華《長城資源調查對於北魏長城及六鎮鎮戍遺址的新認識》，《陰山學刊》2014 年第 6 期）。　司馬：官名。北魏時爲軍府高級幕僚，掌管參贊軍務、管理府内武職，地位僅次於長史。諸將軍府等皆置，其品秩隨府主而定。

[5]神武：郡名。北魏時治武川鎮城，在今内蒙古達茂旗希拉

穆仁城圐圙古城。　樹頽：縣名。治所在今内蒙古清水河縣。

[6]太原：郡名。北魏時治晋陽，在今山西太原市晋源區古城營村一帶。

[7]平原：郡名。北魏孝文帝太和十一年（487）屬濟州，治聊城縣，在今山東聊城市東北。孝文帝太和年間所設燕州也領有平原郡，治所在今河北懷來縣西南。

[8]寧遠將軍：官名。北魏時爲雜號將軍之一。孝文帝太和二十三年定爲五品。

[9]皇考：對亡父的尊稱。　忠：即楊忠，人名。小名奴奴，弘農華陰（今陝西華陰市東南）人。西魏、北周名將。見《周書》卷一九《楊忠傳》。

初，禎屬魏末喪亂，避地中山，[1]結義徒以討鮮于脩禮，[2]遂死之。周保定中，[3]皇考著勳，追贈柱國大將軍、少保、興城郡公。[4]

[1]中山：郡名。北魏時治盧奴縣，在今河北定州市。

[2]鮮于脩禮：人名。敕勒族。北魏末河北起義軍首領，本爲懷朔鎮兵。

[3]保定：北周武帝的年號（561—565）。

[4]柱國大將軍：官名。北國時爲勳官。正九命。　少保：官名。太子少保的簡稱。北周時爲大臣加官，地位崇高，無實際職掌。正八命。　興城郡公：封爵名。興城，郡名。治所在今陝西境内。郡公，魏晋始置，初定爲“公”的一個等級，高於縣公。其後各朝多置。

皇考美鬚髯，身長七尺八寸，狀貌瓌偉，武藝絶倫，識量深重，有將率之略。年十八，客游泰山，會梁兵陷郡國，没江南。及北海王元顥入洛，[1]乃與俱歸。顥敗，尒朱度律召爲帳下統軍。[2]後從獨孤信，[3]屢有軍功。又與信從魏孝武西遷。[4]東魏荆州刺史辛纂據穰城，[5]皇考從信討之，與都督康洛兒、元長生乘城而入，[6]彎弓大呼，斬纂以徇，城中懾服。居半歲，以東魏之逼，與信俱歸。[7]周文帝召居帳下。[8]

[1]北海王：封爵名。北海，郡名。北魏時治平壽城，在今山東濰坊市西南。　元顥：人名。字子明。北魏宗室、大臣。見《北史》卷一九《北海王詳附元顥傳》。　洛：州名。北魏時治洛陽縣，在今河南洛陽市東北。

[2]尒朱度律：人名。北秀容（今山西朔州市）人，契胡族。北魏大臣。見《北史》卷四八《尒朱榮附尒朱度律傳》。　統軍：官名。漢晋時已有，北魏復設，爲統兵武官，位在都將（鎮將）、别將之下，軍主之上。

[3]獨孤信：人名。本名如願，雲中（今内蒙古和林格爾縣西北）人，屬鮮卑族獨孤部。北魏、北周名將。見《北史》卷六一《獨孤信傳》。

[4]魏孝武：即北魏皇帝元脩。

[5]荆州：東魏時治穰城，在今河南鄧州市。　辛纂：人名。字伯將，隴西狄道（今甘肅臨洮縣）人。北魏、東魏官吏。見《北史》卷五〇《辛雄附辛纂傳》。　穰城：在今河南鄧州市。

[6]都督：官名。北朝前期爲統率全國或地方兵馬的指揮官，有時爲州郡軍事長官者，兼理民政。至北朝後期則爲率領鄉兵、畜牧軍馬的中低級軍官（參張金龍《北朝都督制的演變與禁衛武官都督的形成》，載《北朝研究》第一輯，北京燕山出版社2002年版）。

[7]以東魏之逼與信俱歸：中華本校勘記云："李慈銘云：'《周書》（卷一九《楊忠傳》）云"以東魏之逼，與信奔梁，梁武帝深

奇之，以爲大德主帥、關外侯。大統三年，與信俱歸闕”，此有脱文。’按李説是。”

[8]周文帝：即宇文泰。文爲其謚號，北周孝閔帝所追謚。

嘗從周文狩於龍門，[1]皇考獨當一猛獸，左挾其腰，右拔其舌，周文壯之。北臺謂猛獸爲㨥于，[2]因以字之。從禽竇泰，[3]破沙苑陣，[4]封襄武縣公。[5]河橋之役，[6]皇考與壯士五人力戰守橋，敵人不敢進。又與李遠破黑水稽胡，[7]并與怡峰解玉壁圍，[8]以功歷雲、洛二州刺史。[9]芒山之戰，[10]先登陷陣，除大都督。[11]

[1]龍門：地名。一名禹門口。在今山西河津市西北黄河西岸。

[2]北臺：代指北魏遷都洛陽之前的都城平城（今山西大同市東北），與遷都之後的南臺洛陽相對而言。　㨥（yǎn）于：鮮卑語，意爲“虎”（參許福謙《“㨥于”“紇真”考》，《北京師院學報》1988年第3期）。

[3]竇泰：人名。字世寧，太安捍殊（今山西壽陽縣北）人。北魏、東魏將領。見《北史》卷五四《竇泰傳》。

[4]沙苑：地名。又名沙阜、沙海、沙窩。在今陝西大荔縣南洛、渭二河之間，東西八十里，南北三十里。公元537年，以高歡爲首的東魏軍隊與以宇文泰爲首的西魏軍隊在沙苑進行大戰。

[5]襄武縣公：封爵名。襄武，縣名。治所在今甘肅隴西縣東南。

[6]河橋：橋名。在今河南孟津縣東。公元538年，東、西魏在河橋進行大戰，史稱河橋之役。

[7]李遠：人名。字萬歲，隴西成紀（今甘肅秦安縣）人。西魏大臣。見《北史》卷五九《李賢附李遠傳》。　黑水：水名。即今甘肅舟曲縣西南白水江北源。　稽胡：亦稱山胡、步落稽。南北

朝時居於今山西、陝西北部山谷間，與漢人錯居。關於稽胡的族源，學界分歧較大。一説源於南匈奴，一説爲山戎、赤狄之後（參周偉洲《中國中世西北民族關係研究》，廣西師範大學出版社 2007 年版，第 147 頁；林梅村《稽胡史迹考——太原新出隋代虞弘墓誌的幾個問題》，《中國史研究》2002 年第 1 期）。

[8]怡峰：人名。字景阜，遼西（今河北盧龍縣西北）人。西魏、北周將領。見《北史》卷六五《怡峰傳》。　玉壁：地名。在今山西稷山縣西南。

[9]雲：州名。西魏時寄治并州界，在今山西祁縣西。

[10]芒山：在今河南洛陽市東北。公元 543 年，東、西魏在芒山對決，西魏軍大敗。

[11]大都督：官名。高級軍事長官。三國時始置。北魏後期戰事較多時置，統兵出征，有時又加以各種名號。東、西魏分裂後，授予漸濫。

及侯景度江，[1]梁氏喪敗，周文將經略，乃授皇考都督荆等十五州諸軍事，[2]鎮穰城。梁雍州刺史、岳陽王蕭詧，[3]雖曰稱藩，而尚懷貳心。[4]皇考自樊城觀兵漢濱，[5]易旗遞進，實二千騎。詧登樓望之，以爲三萬，懼而服焉。又攻梁隨郡，[6]剋之，獲其守桓和。[7]所過城戍，望風請服。進圍安陸。[8]梁司州刺史柳仲禮恐安陸不守，[9]馳歸赴援。諸將恐仲禮至則安陸難下，請急攻之。[10]皇考曰："仲禮已在近路，吾以奇兵襲之，一舉必剋，則安陸不攻自拔，諸城可傳檄而定。"於是選騎二千，銜枚夜進，遇仲禮於漴頭，[11]禽之，悉俘其衆。安陸、竟陵並降。[12]梁元帝大懼，[13]送子方略爲質，[14]并送載書，[15]請魏以石城爲限，[16]梁以安陸爲界。皇考乃旋師。進爵陳留郡公，[17]位大將軍。[18]

[1]侯景：人名。字萬景，懷朔鎮（今内蒙古固陽縣南）人。曾任東魏官吏，後叛至南朝梁。見《梁書》卷五六《侯景傳》（參李萬生《侯景的氏族及相關問題》，《北京大學學報》2000年第5期）。

[2]周文將經略乃授皇考都督荆等十五州諸軍事：中華本校勘記云:"李慈銘云:'"經略"下當從《周書》有"漢沔"二字。又《周書》云:"都督三荆、三襄、二廣、南雍、平、信、隨、江、二郢、淅十五州諸軍事。"'按《北史》不必列舉，但'荆'上應有'三'字，文氣方順。"

[3]雍州：南朝梁時治襄陽縣，在今湖北襄樊市。　岳陽王：封爵名。岳陽，郡名。南朝梁時治岳陽縣，在今湖南汨羅市東。　蕭詧：人名。字理孫。南朝梁宗室，西梁的開國皇帝。見《北史》卷九三《蕭詧傳》。

[4]尚：毛本、殿本、四庫本、局本、四部備要本作"猶"。未詳孰是。

[5]樊城：縣名。治所在今湖北襄樊市樊城區。

[6]隨郡：南朝梁時治隨縣，在今湖北隨州市。

[7]桓和：人名。南朝梁將領。爲冀州刺史，於梁武帝天監五年（506）攻南青州，敗走，繼而攻陷固城。旋又被北魏將領邢巒敗於孤山。

[8]安陸：郡名。南朝梁時治安陸縣，在今湖北安陸市。

[9]司州：南朝梁時治孝昌縣，在今湖北孝感市。　柳仲禮：人名。河東解（今山西臨猗縣）人。見《南史》卷三八《柳仲禮傳》。

[10]請：殿本、四庫本、四部備要本作"情"。按：從文意來看，當從底本。

[11]漴頭：城名。又作“漴城”，在今湖北安陸市西北。

[12]竟陵：郡名。南朝梁時治竟陵縣，在今湖北天門市。

[13]梁元帝：即蕭繹。元爲其謚號。

[14]方略：即蕭方略，人名。南蘭陵（一説在今江蘇常州市，一説在今江蘇丹陽市）人。梁元帝第十子。見《南史》卷五四《始安王方略傳》。

[15]載書：盟書。會盟時所訂的誓約。

[16]石城：地名。在今湖北鍾祥市。

[17]陳留郡公：封爵名。陳留，郡名。西魏時治浚儀縣，在今河南開封市。

[18]大將軍：官名。西魏時統兵事，或兼掌朝政，與大司馬共稱“二大”，位尊權重。一品。

十七年，梁元帝逼其兄邵陵王綸，綸送質於齊，[1]欲來寇。梁元帝密報周文。遣皇考討之，禽綸，數其罪，殺之。初，皇考禽柳仲禮，遇之甚厚。仲禮至京，反譖皇考，言在軍大取金寶。周文以皇考功重，不問。然皇考悔不殺仲禮，故至此殺綸。皇考間歲再舉，盡定漢東地，甚得新附心。魏恭帝賜姓普六茹氏，[2]行同州事。[3]

[1]邵陵王綸綸送質於齊：底本作“邵陵王綸送質於齊”，中華本作“邵陵王綸綸送質於齊”。源氏校勘記云:“《周書》本傳‘綸’下復有‘綸’字。爲是。”按:“送質於齊”的主語是“綸”，今從中華本補。

[2]魏恭帝：即西魏皇帝元廓。恭爲其謚號。

[3]同州：西魏時治武鄉縣，在今陝西大荔縣。

及于謹伐江陵,[1]皇考爲前軍，屯江津,[2]遏其走路。梁人束刃於象鼻以戰，皇考射之，二象反走。江陵平，周文立蕭詧爲梁主，令皇考鎮穰城。

[1]于謹：人名。字思敬，代（今山西大同市東北）人。西魏、北周名將。見《北史》卷二三《于栗磾附于謹傳》。　江陵：城名。在今湖北江陵縣。南朝梁承聖元年（552），蕭繹即帝位，建都於此。西梁蕭詧亦都此。

[2]江津：戍名。一名奉城。在今湖北荆州市南。

周孝閔踐阼,[1]入爲小宗伯。[2]及司馬消難請降,[3]皇考與柱國達奚武援之。[4]入齊境五百里，前後遣三使報消難，皆不反命。及去北豫州三十里,[5]武疑有變，欲還。皇考曰:“有進死，無退生。”獨以千騎，夜趣城下，候門開而入，乃馳遣召武。時齊鎮城伏敬遠勒甲士三千據東陴,[6]舉烽嚴警。武憚之，不欲保城，乃多取財寶，以消難先歸。皇考以三千騎殿，到洛南，皆解鞍而卧。齊衆來追，至於洛北，皇考謂將士曰:“但飽食，今在死地，賊必不敢度水。”食畢，齊兵陽若度水，皇考馳將擊之，齊兵不敢逼，遂徐引而還。武歎曰:“達奚武自言是天下健兒，今日服矣。”進位柱國大將軍。武成元年,[7]進封隋國公，邑萬户，别食竟陵縣一千户，收其租賦。

[1]周孝閔：即北周皇帝宇文覺。孝閔爲其謚號。

[2]小宗伯：官名。小宗伯上大夫的省稱。北周時屬春官府，

協助大宗伯卿管理禮樂、祭祀、天文曆法等方面的事務。正六命。

[3]司馬消難：人名。字道融，河内温（今河南温縣）人，司馬子如之子。北齊、北周大臣。見《北史》卷五四《司馬子如附司馬消難傳》。

[4]柱國：官名。柱國大將軍的省稱。　達奚武：人名。字成興，代（今山西大同市東北）人。見《北史》卷六五《達奚武傳》。

[5]北豫州：北齊時治虎牢城，在今河南滎陽市西北汜水鎮。

[6]東陴：《資治通鑑》卷一六七作“東城”，胡三省注云：“東城，虎牢城之東也。《北史》作‘東陴’。”

[7]武成：北周明帝的年號（559—560）。

保定二年，爲大司空。[1]時朝議與突厥伐齊，[2]公卿咸以齊兵强國富，斛律明月不易可當，[3]兵非十萬衆不可。皇考獨曰：“萬騎足矣，明月竪子，亦何能爲！”

[1]大司空：官名。《周禮》六卿之一，爲冬官之長。掌土木工程。西魏末、北周仿《周禮》建六官，復置爲冬官之長，亦稱大司空卿。北周時爲正七命。

[2]突厥：國名。廣義上包括鐵勒、突厥各部落，狹義則專指突厥汗國。公元六世紀初興起於金山（今阿爾泰山）西南麓，爲游牧部落。西魏廢帝二年（553），建突厥汗國於今鄂爾渾河流域。隋文帝開皇二年，分裂爲東西二部。見《北史》卷九九《突厥傳》。

[3]斛律明月：人名。即斛律光。字明月，朔州（今山西朔州市）敕勒部人。北齊名將。見《北史》卷五四《斛律金附斛律光傳》。

三年，乃以皇考爲元帥，大將軍楊纂、李穆、王傑、尒朱敏及開府元壽、田弘、慕容近等皆隸焉。[1]又令達奚武帥步騎三萬自南道進，期會晋陽。[2]皇考乃留敏據什賁，[3]游兵河上。皇考出武川，過故宅，祭先人，饗將士，席卷二十餘城。齊人守陘嶺之隘。[4]皇考縱奇兵大破之，留楊纂屯靈丘爲後拒。[5]突厥木杆可汗控地頭可汗、步離可汗等，[6]以十萬騎來會。

[1]楊纂：人名。廣寧（今河北涿鹿縣）人。北周將領。見《北史》卷六七《楊纂傳》。　李穆：人名。字顯慶，隴西成紀（今甘肅秦安縣）人。西魏、北周將領。見《北史》卷五九《李賢附李穆傳》。　王傑：人名。本名文達，金城直城（今陝西漢陰縣西）人。西魏、北周將領。見《北史》卷六六《王傑傳》。　開府：開府儀同三司的省稱。北周時爲勳官。正九命。　元壽：人名。北魏宗室。歷任侍中、驃騎大將軍、開府儀同三司、鄯州刺史，爵安樂縣公。　田弘：人名。字廣略，高平（今山西高平市西北）人。西魏、北周將領。見《北史》卷六五《田弘傳》。　慕容近：人名。其餘不詳。源氏校勘記云："'近'《周書》作'延'。"

[2]會：底本作"命"，毛本、殿本、四庫本、局本、四部備要本、中華本作"會"。源氏校勘記云："'命'《周書》作'會'。"按：從文意來看，當從中華本，字形相近而訛。　晋陽：縣名。治所在今山西太原市晋源區古城營村一帶。

[3]什賁：城名。今内蒙古杭錦旗西北黄河南岸什拉召古城。

[4]陘嶺：山名。即今山西代縣西北雁門山。

[5]靈丘：縣名。治所在今山西靈丘縣。

[6]木杆可汗控地頭可汗步離可汗：源氏校勘記云："《周書》'杆'作'汗'、'地'作'也'、'離'作'雖'。"木杆可汗，名俟斤，一名燕都，突厥族首領。見《北史》卷九九《突厥傳》。地頭可汗、步離可汗均爲突厥首領，其餘不詳。

四年正月朔，攻晉陽。時大雪風寒，齊人乃悉其精銳，鼓譟而出。突厥引上西山，[1]不肯戰，衆失色。皇考乃率七百人步戰，死者十四五。以武後期，乃班師。齊人亦不敢逼。突厥乃縱兵大掠，自晉陽至平城，七百餘里，人畜無遺。周武帝拜皇考爲太傅，[2]晋公護以其不附己，[3]以爲涇州總管。[4]

[1]西山：在今山西大同市西北。

[2]周武帝拜皇考爲太傅：中華本校勘記云："李慈銘云：'按《周書》作高祖將以忠爲太傅，晋公護難之，乃拜總管。是忠未爲太傅也，觀下文卒後始贈太保可證。'拜'上當脱一'將'字。'"可從。　周武帝：即北周皇帝宇文邕。武爲其謚號。　太傅：官名。北周時與太師、太保並號三師，位居太師下、太保上，爲輔弼君王的大臣。正九命。

[3]護：即宇文護，人名。字薩保，代郡武川（今内蒙古武川縣西）人，鮮卑族。北周宗室、權臣。見《北史》卷五七《邵惠公顥附宇文護傳》。

[4]涇州：北周時治安定縣，在今甘肅涇川縣北。　總管：官名。北周明帝武成元年由都督諸州軍事改名，爲地方高級軍政官員。

是歲，大軍又東伐，晋公護出洛陽，令皇考出沃野，[1]以應接突厥。時軍糧少，諸將憂之。皇考曰："當權以濟事耳。"[2]乃招誘稽胡首領，咸令在坐，使王傑盛軍容鳴鼓而出。[3]皇考陽怪問之，傑曰："大冢宰已至洛陽，[4]天子聞銀、夏間胡擾動，[5]故使傑就攻除之。"又令突厥使者馳告曰："可汗更入并州，[6]留兵馬十萬在長城下，故令問公，若有稽胡不服，欲來共破之。"坐者皆懼。皇考慰喻遣之，於是歸命，饋輸填積。屬晉公護先退，皇考亦罷兵而還鎮。又以政績稱，詔賜錢三十萬，布五百匹，穀二千斛。

[1]沃野：軍鎮名。在今內蒙古烏拉特前旗蘇獨侖鄉的根子場古城（參張文平、苗潤華《長城資源調查對於北魏長城及六鎮鎮戍遺址的新認識》）。

[2]權：底本作"獲"，中華本校勘記云："諸本'權'作'獲'，不可通，據《周書》、《通志》卷一八《隋紀》改。"今從改。

[3]使王傑盛軍容鳴鼓而出：中華本校勘記云："《周書》'出'作'至'。按下王傑語云：'天子聞銀、夏間胡擾動，使傑就攻除之。'則王傑是僞作新至，若云'鳴鼓而出'，則軍自內出，豈能欺騙稽胡？作'至'是。"可從。

[4]大冢宰：官名。亦稱大冢宰卿。西魏恭帝三年（556）置，北周沿置。掌管宮廷供奉以及全國的財政收支、賦役收入、百官俸禄等事務。正七命。

[5]銀：州名。北周時治乞銀城，在今陝西榆林市橫山縣北莊村東北。　夏：州名。北周時治巖緑縣，在今陝西靖邊縣白城子村無定河北岸的毛烏素沙漠中（靠近今內蒙古烏審旗南境）。

[6]并州：北齊時治晉陽縣，在今山西太原市晉源區古城營村一帶。

以疾還京，周武及晉公護屢臨視焉。薨，贈太保、都督同、朔等十三州軍事、同州刺史，[1]本官如故。謚曰桓公。開皇元年，[2]追尊爲武元皇帝，廟號太祖。

[1]太保：官名。北周時爲輔佐君王的重要大臣，與太師、太傅號稱三公。正九命。　朔：州名。北周時治馬邑城，在今山西朔州市城區。

[2]開皇：隋文帝的年號（581—600）。

帝，武元皇帝之長子也。皇妣曰吕氏，以周大統七年六月癸丑夜，[1]生帝於馮翊波若寺。[2]有紫氣充庭。時有尼來自河東，[3]謂皇妣曰："此兒所從來甚異，不可於俗間處之。"乃將帝舍於别館，躬自撫養。皇妣抱帝，忽見頭上出角，徧體起鱗，墜帝于地。尼自外見，曰："已驚我兒，致令晚得天下。"帝龍頷，額上有五柱入頂，目光外射，有文在手曰"王"字，長上短下，沈深嚴重。初入太學，[4]雖至親昵，不敢狎也。

[1]大統：西魏文帝的年號（535—551）。

[2]馮翊：郡名。西魏時治高陸縣，在今陝西高陵縣。

[3]河東：郡名。西魏時治蒲坂縣，在今山西永濟市西南蒲州鎮。

[4]太學：官立最高學府。其稱西周已有，爲貴族子弟而設。歷朝因之，時有興衰。西晉之前則多與國子學混稱。兩晉南北朝及隋則二學分開。北朝諸郡、州均置學校，亦稱太學。

年十四，京兆尹薛善辟爲功曹。[1]十五，以皇考勳，授散騎常侍、車騎大將軍、儀同三司，[2]封成紀縣公。[3]十六，遷驃騎大將軍，[4]加開府。周文帝見而歎曰："此兒風骨，非世間人。”明帝即位，[5]授右小宫伯，[6]進封大興郡公。[7]明帝嘗遣善相者來和視帝，[8]和詭對曰：[9]“不過柱國。”既而私謂帝曰：“公當爲天下君，必大誅殺而後定。”

[1]京兆尹：官名。爲京畿地方行政長官。職掌如同地方郡守，地位却高於郡守，位列九卿。西魏時在京師長安置，北周初改爲京兆郡守，周明帝二年（558）復爲京兆尹。八命。　薛善：人名。字仲良，河東汾陰（今山西萬榮縣西南）人。西魏、北周大臣。見《北史》卷三六《薛辯附薛善傳》。　功曹：官名。爲地方政府職事官，掌管人事。郡稱功曹，縣稱功曹掾。

[2]散騎常侍：官名。職掌侍從左右、諫諍拾遺，兼領修史，但爲閑散之職。　車騎大將軍：官名。西魏、北周實行府兵制，用爲儀同府長官軍號。九命。　儀同三司：西魏、北周府兵二十四開府所統儀同府主管將軍，軍號爲儀同三司。

[3]成紀縣公：封爵名。成紀，縣名。治所在今甘肅秦安縣北。

[4]驃騎大將軍：官名。西魏、北周時實行府兵制，主要作爲開府長官的軍號。九命。

[5]明帝：即北周皇帝宇文毓。明爲其謚號。

[6]右小宫伯：官名。右小宫伯下大夫的省稱。西魏恭帝三年設。爲天官府屬官，與左小宫伯共同助左右宫伯掌侍衛武官。正四命。北周因之。小宫伯，底本作“小宗伯”，中華本校勘記云：“諸本‘宫’作‘宗’，《隋書》卷一《高祖紀》作‘宫’。按《通典》卷三九《後周官品》，小宗伯不分左右，小宫伯分左右。且小宗伯品級很高，楊堅初仕，不得便爲小宗伯。此‘宗’乃‘宫’之訛，今據《隋書》改。”今從改。

[7]大興郡公：封爵名。大興，郡名。北周時治大興縣，在今陝西定邊縣。

[8]來和：人名。字弘順。京兆長安（今陝西西安市長安區）人。見《北史》卷八九《來和傳》。源氏校勘記云："'來和'《隋書》作'趙昭'。"按：據《北史》卷八九《來和傳》記載，此事乃來和所爲，與趙昭無關，《隋書》誤。

[9]和：《隋書》卷一《高祖紀上》作"昭"。按：從底本，詳見上文"來和"條。

周武帝即位，遷左小宫伯，[1]出爲隨州刺史，[2]進位大將軍。後徵還，遇皇妣寢疾三年，晝夜不離左右，以純孝稱。宇文護執政，尤忌帝，屢將害焉。賴大將軍侯伏侯壽等救護以免。[3]後襲爵隋國公。周武既爲皇太子娉帝長女爲妃，益加禮重。齊王憲言於周武曰：[4]"普六茹堅相貌，臣每見之，不覺自失。恐非人下，請早除之。"周武曰："此止可爲將耳。"内史王軌驟諫曰：[5]"皇太子非社稷主，普六茹堅有反相。"周武不悦，曰："必天命，將若之何？"[6]帝甚懼，深自晦匿。

[1]左小宫伯：底本作"小宗伯"，源氏校勘記云："'小宗伯'《隋書》作'左小宫伯'。"中華本校勘記云："諸本無'左'字，'宫'作'宗'，據《隋書》補正。"今從改。

[2]隨州：北周時治隨縣，在今湖北隨州市。《隋書》卷一《高祖紀上》作"隋州"。

[3]侯伏侯壽：人名。又稱"侯伏侯萬壽"，侯伏侯龍恩弟。北周將領。位大將軍，爵武平公。北周武帝建德元年（572），因宇文護被誅，以同黨罪與其兄同被處死。

[4]憲：即宇文憲，人名。字毗賀突，代郡武川（今内蒙古武川縣西）人，鮮卑族。西魏大臣、北周宗室。見《北史》卷五八

《齊煬王憲傳》。

［5］内史：官名。内史中大夫的省稱。西魏恭帝三年置，北周沿置。屬春官府，負責著書撰寫、參議刑罰以及軍國大事，並修撰國志及起居注。正五命。　王軌：人名。小名沙門，太原祁（今山西祁縣東南）人。北周將領。見《北史》卷六二《王軌傳》。

［6］必天命將若之何：中華本校勘記云："李慈銘云：'按《隋書》，"必天命"下有"有在"二字，此脱。'按《通志》卷一八作'必有天命'。"

後從周武平齊，進柱國。又與齊王憲破齊任城王湝於冀州，[1]除定州總管。[2]先是州城門久閉不行，[3]齊人白文宣時，[4]或請開之，文宣不許，曰："當有聖人啓之。"及帝至而開之，莫不驚異。遷亳州總管。[5]

［1］任城王：封爵名。任城，郡名。北齊時治魯縣，在今山東曲阜市。　湝：即高湝，人名。勃海蓨（今河北景縣）人。北齊宗室。見《北史》卷五一《任城王湝傳》。　冀州：北齊時治信都縣，在今河北冀州市。

［2］定州：北周時治安憙縣，在今河北定州市。

［3］州：《隋書》卷一《高祖紀上》作"定州"。　城門：中華本校勘記云："《隋書》'門'上有'西'字。按無'西'字則似所有城門都閉，'西'字不宜省。"

［4］齊人白文宣時：中華本校勘記云："《隋書》無'人白'二字，此衍文。"可從。齊文宣，即北齊皇帝高洋。文宣爲其謚號。

［5］亳州：北周時治小黄縣，在今安徽亳州市。

周宣帝即位，[1]以后父，徵拜上柱國、大司馬。[2]大象初，[3]遷大後丞、右司武，[4]俄轉大前疑。[5]周宣每巡幸，恒委以居守。時周宣爲《刑經聖制》，其法深刻，帝以法令滋章，非興化之道，切諫，不納。帝位望益隆，周宣頗以爲忌。時周宣四幸女並爲皇后，争寵相毁。周宣每謂后曰："必族滅爾家。"因召帝，命左右曰："若色動，即殺之。"帝容色自若，遂免。

[1]周宣帝：即北周皇帝宇文贇。宣爲其謚號。

[2]上柱國：官名。北周武帝時置爲最高級别的勳官。正九命。　大司馬：官名。北周時爲夏官府長官，職掌軍政大務、禁暴糾察、訓練軍隊、統兵作戰，權任極重。正七命。

[3]大象：北周静帝的年號（579—580）。

[4]大後丞：官名。北周宣帝大成元年（579）置，爲四輔官之一，是主要的執政大臣。　右司武：官名。右司武上大夫的省稱。北周設。總宿衛軍事，下屬有左右小司武大夫、司武上士等。正六命。

[5]大前疑：官名。北周宣帝大成元年置，爲四輔官之首，是主要的執政大臣。

大象二年五月，以帝爲揚州總管，[1]將發，暴足疾而止。乙未，周宣不悆。[2]時静帝幼沖，[3]前内史上大夫鄭譯、御正大夫劉昉以帝皇后之父，[4]衆望所集，遂矯詔引帝入侍疾，因受遺輔政，都督内外諸軍事。[5]帝恐周氏諸王在藩生變，[6]稱趙王招將嫁女於突厥爲詞以徵之。[7]己酉，周宣崩。庚戌，静帝詔假黄鉞、左大丞相，[8]百官總己而聽焉。以正陽宫爲丞相府，[9]以鄭譯爲長史，[10]劉昉爲司馬，具置僚佐。周宣時刑政峻酷者，悉更以寬大之制，天下歸心矣。

[1]揚州：北周時治壽春縣，在今安徽壽縣。

[2]不悆：《隋書》卷一《高祖紀上》作“崩”。按：據《北史》卷一〇《周本紀·宣帝》記載，宣帝是幸天興宫時病重而還的，時爲乙未日，鄭譯、劉昉等矯詔引楊堅侍疾，乃得以受遺輔政，故乙未時宣帝並未崩。悆（yù），舒適。

[3]静帝：即北周皇帝宇文衍。静爲其謚號。　幼沖：年齡幼小。

[4]前内史上大夫：《隋書》卷一《高祖紀上》作“内史上大夫”。按：據《北史》卷三五《鄭羲附鄭譯傳》，鄭譯於大象元年被封爲内史上大夫，後又被除名，直至楊堅受遺輔政後，纔矯詔復位，故此時當爲“前内史上大夫”。内史上大夫，官名。北周時置。春官府内史司長官，掌管皇帝詔書的撰寫與宣讀，參議刑罰爵賞以及軍國大事。正六命。　鄭譯：人名。字正義，滎陽開封（今河南開封市）人。北周、隋朝官吏。見《北史》卷三五《鄭羲附鄭譯傳》。　御正大夫：官名。天官府御正司長官，在皇帝左右，負責宣傳詔令，參議刑罰爵賞及軍國大事。正五命。　劉昉：人名。博陵望都（今河北唐縣東北）人。北周、隋朝官吏。北周時爲宣帝寵臣。見《北史》卷七四《劉昉傳》。

[5]都督内外諸軍事：官名。即都督中外諸軍事。總統内外諸軍。北周末楊堅任此職時，爲避其父楊忠之諱而改稱“都督内外諸軍事”。

[6]周氏：底本作“周武”，中華本校勘記云：“諸本‘氏’作‘武’，《隋書》作‘氏’。按下文所徵趙王招等五王都非周武帝子，作‘武’誤，今據改。”今從改。

[7]招：即宇文招，人名。字豆盧突，代郡武川（今内蒙古武川縣西）人，鮮卑族。北周宗室。見《北史》卷五八《趙僭王招

傳》。

[8]假黄鉞：官制用語。三國魏始置。特賜予出征的重臣，以示威重，令其專主征伐。所加者多爲最高軍事長官。黄鉞，即飾以黄金的鉞，本用於皇帝儀仗。　左大丞相：官名。多爲權臣所擔任，操縱軍國政務。北魏以來常於"丞相"上加大字以示尊崇。北周静帝大象二年置左、右大丞相。不久，去左右之號。

[9]正陽宫：爲太子居住之所。

[10]長史：官名。爲所在官署的屬官之長。總領府事，掌顧問參謀，主行營事務，置左右二員。不同名號的長史，職責不同，品秩也不相同。

六月，趙王招、陳王純、越王盛、代王達、滕王逌並至長安。[1]相州總管尉遲迥自以宿將，[2]至是不能平，遂舉兵。趙、魏之士響應，旬日間，衆至十餘萬。宇文胄以滎州，[3]石悉以建州，[4]席毗以沛郡，[5]毗弟叉羅以兖州，[6]皆應。迥遣子質於陳，以求援。帝命上柱國、鄖公韋孝寬討之。[7]雍州牧、畢王賢及趙、陳等五王謀作亂。[8]帝執賢斬之，而掩趙王等罪，因詔五王劍履上殿，入朝不趨，以安之。時五王陰謀滋甚，帝以酒肴造趙王，觀其指。趙王伏甲於卧内，帝賴元胄以免，[9]於是誅趙、越二王。

[1]純：即宇文純，人名。字堙智突，代郡武川（今内蒙古武川縣西）人。周文帝之子。見《北史》卷五八《陳惑王純傳》。越王盛代王達：底本作"越王達代王盛"，中華本校勘記云："諸本誤作'越王達、代王盛'，據《隋書》及本書卷五八《文帝十三王傳》改。"今從改。盛，即宇文盛，人名。字立久突，鮮卑族。周

文帝之子。見《北史》卷五八《越野王盛傳》。達，即宇文達，人名。字度斤突，鮮卑族。周文帝之子。見《北史》卷五八《代奰王達傳》。　逌：即宇文逌，人名。字爾固突，鮮卑族。周文帝之子。見《北史》卷五八《滕聞王逌傳》。

[2]相州：北周時原治鄴縣，在今河北臨漳縣西南。静帝大象二年八月移治安陽城，在今河南安陽市老城，亦稱鄴，而原鄴城皆毁廢。　尉遲迥：人名。字薄居羅，代（今山西大同市東北）人。西魏、北周重臣。見《北史》卷六二《尉遲迥傳》。

[3]宇文胄：人名。代郡武川（今内蒙古武川縣西）人。北周宗室。見《北史》卷五七《邵惠公顥附宇文胄傳》。　滎州：北周時治滎陽縣，在今河南滎陽市。

[4]建州：北周時治高都城，在今山西澤州縣高都鎮一帶。

[5]沛郡：北周時治沛縣，在今江蘇沛縣東。

[6]兖州：北周時治瑕丘縣，在今山東兖州市西。

[7]韋孝寬：人名。即韋叔裕。字孝寬，京兆杜陵（今陝西西安市長安區東）人。北魏、西魏、北周將領。見《北史》卷六四《韋孝寬傳》。

[8]雍州牧：官名。雍州的最高軍事行政長官。雍州，北周時治長安縣，在今陝西西安市西北。　賢：即宇文賢，人名。字乾陽，代郡武川（今内蒙古武川縣西）人，鮮卑族。周明帝之子。見《北史》卷五八《畢剌王賢傳》。

[9]元胄：人名。河南洛陽（今河南洛陽市東北）人。北魏宗室後裔，隋朝大臣。見《北史》卷七三《元胄傳》。

八月庚午，韋孝寬破尉遲迥，斬之，傳首闕下，餘黨悉平。初，迥之亂，鄖州總管司馬消難據州應迥，[1]淮南州縣多從之。襄州總管王誼討之，[2]消難奔陳。荆、郢群蠻乘釁而起，[3]命亳州總管賀若誼討平之。[4]先是，上柱國王謙爲益州總管,[5]亦擁衆巴、蜀，以匡復爲辭。帝以東夏、山南爲事，未遑致討，謙遂屯劍口,[6]陷始州。[7]至是，乃命上柱國梁睿討平之,[8]傳首闕下。隳劍閣之險,[9]以絶好亂之萌焉。

[1]鄖州：北周時治安陸縣，在今湖北安陸市。

[2]襄州：北周時治襄陽縣，在今湖北襄樊市。　王誼：人名。字宜君，武川（今内蒙古武川縣西）人。北周、隋朝將領。見《北史》卷六一《王盟附王誼傳》。

[3]荆：州名。北周時西梁蕃國領屬，治江陵縣，在今湖北江陵縣。　郢：州名。北周時治長壽縣，在今湖北鍾祥市城關。

[4]賀若誼：人名。字道機，河南洛陽（今河南洛陽市東北）人。西魏、北周、隋朝官吏。見《隋書》卷三九《賀若誼傳》。

[5]王謙：人名。字敕萬，太原（今山西太原市晋源區古城營村一帶）人。北周大臣。見《北史》卷六〇《王雄附王謙傳》。　益州：北周時治成都縣，在今四川成都市。

[6]劍口：地名。即劍門關口，在今四川劍閣縣東北。

[7]始州：北周時治普安縣，在今四川劍閣縣城關。

[8]梁睿：人名。字恃德，安定烏氏（今甘肅涇川縣東）人。北周、隋朝將領。見《北史》卷五九《梁禦附梁睿傳》。

[9]劍閣：地名。即劍門關。在今四川劍閣縣東北。

九月壬子，周帝進帝大丞相。十月，周帝詔追贈皇曾祖烈爲柱國、太保、都督十州諸軍事、徐州刺史、隋國公,[1]謚曰康。皇祖禎爲柱國、都督十三州諸軍事、同州刺史、隋國公,[2]謚曰獻。皇考忠爲上柱國、太師、大冢宰、都督十三州諸軍事、雍州牧。[3]壬戌，誅陳王純。周帝進帝大冢宰，五府總於天官。十一月辛未，[4]誅代王達、滕王逌。

[1]徐州：北周時治彭城縣，在今江蘇徐州市。

[2]皇祖禎爲柱國都督十三州諸軍事：中華本校勘記云："《隋書》《通志》'柱國'下有'太傅'二字。按堅曾祖烈贈太保，父忠贈太師，祖禎不應獨無，此脱'太傅'二字。"

[3]太師：官名。北周時多用作加官，地位尊崇，無具體職權。正九命。

[4]十一月辛未：中華本校勘記云："《隋書》同，本書卷一〇、《周書》卷八《静帝紀》在十二月辛未。按大象二年十一月癸未朔，無辛未；十二月壬子朔，辛未是二十日。《北史》從隋紀，誤。"可從。

十二月甲子，周帝授帝相國，總百揆，去都督内外諸軍事、大冢宰之號，進爵爲王。以隋州之崇業，[1]鄖州之安陸、城陽，[2]温州之宜人，[3]應州之平靖、上明，[4]順州之淮南，[5]土州之永川，[6]昌州之廣昌、安昌，[7]申州之義陽、淮安，[8]息州之新蔡、建安，[9]豫州之汝南、臨潁、廣寧、初安，[10]蔡州之蔡陽，[11]郢州之漢東二十郡爲隋國。[12]劍履上殿，入朝不趨，贊拜不名，備九錫之禮。[13]加璽紱、遠游冠，[14]相國印緑綟綬，[15]位在諸侯王上。隋國置丞相以下，一依舊式。帝再讓，乃受王爵，十郡而已。周帝詔進皇祖、皇考爵並爲王，夫人爲王妃。

[1]崇業：郡名。當在今湖北隨州市。領縣無考。

［2］城陽：郡名。北周時治應城縣，在今湖北應城市。

［3］温州：北周時治角陵縣，在今湖北京山縣新市鎮。　宜人：郡名。即宜民郡。北周時治所不詳。

［4］應州：北周時治永陽縣，在今湖北廣水市西北。　平靖：郡名。北周時治平靖縣，在今湖北廣水市北。　上明：郡名。北周時治平林縣，在今湖北隨州市東北。

［5］順州：北周時治厲城縣，在今湖北隨州市厲山鎮一帶。　淮南：郡名。北周時治安化縣，在今湖北隨州市西北。

［6］土州：北周時治左陽縣，在今湖北隨州市東北五十里。底本作“士州”，中華本校勘記云：“諸本‘土’作‘士’。按《隋書》卷三一《地理志下》，漢東郡土山縣注云：‘梁曰龍巢，置土州。’《梁書》卷三九《羊鴉仁傳》見‘土州刺史桓和之’，《陳書》卷五《宣帝紀》言周司馬消難據九州降陳，其中有土州。‘士’乃‘土’之訛，今據改。”今從改。　永川：郡名。北周時治所不詳。

［7］昌州：北周時治廣昌縣，在今湖北棗陽市城關。　廣昌：郡名。北周時治廣昌縣，在今湖北棗陽市城關。　安昌：郡名。北周時治舂陵縣，在今湖北棗陽市東南。

［8］申州：北周時治平陽縣，在今河南信陽市南。　義陽：郡名。北周時治平陽縣，在今河南信陽市南四十里。　淮安：郡名。北周時治慕化縣，在今河南信陽市西北。

［9］息州：北周時治廣陵城，即今河南息縣城郊鄉張莊東南的古息城遺址（參國家文物局編《中國文物地圖集·河南分册》，中國地圖出版社 1991 年版）。　新蔡：郡名。北周時治包信縣，在今河南息縣東北包信鎮。　建安：郡名。當在今河南南陽市。

［10］豫州：北周時治上蔡縣，在今河南汝南縣。　汝南：郡名。北周時治上蔡縣，在今河南汝南縣汝寧鎮。　臨潁：郡名。北周時治邵陵縣，在今河南漯河市郾城區。　廣寧：郡名。北周時治新蔡縣，在今河南新蔡縣。　初安：郡名。北周時治安昌縣，在今

河南確山縣西南。

[11]蔡州：北周時治蔡陽縣，在今湖北棗陽市西南蔡陽鎮。蔡陽：郡名。北周時治蔡陽縣，在今湖北棗陽市西南。

[12]漢東：郡名。北周時治藍水縣，在今湖北鍾祥市西北。

[13]九錫之禮：天子賜給有殊勳的諸侯、大臣九種器用之物，是最高禮遇的表示。

[14]璽紱（fú）：印璽上所繫的彩色絲帶。借指印璽。　遠游冠：冠名。始於秦朝，又名"秦冠"。制如通天冠。

[15]緑綟綬：黑黄而近緑色的印綬。古代三公以上用緑綟綬，表示特殊的尊貴地位。

大定元年二月壬子，[1]下令曰："以前賜姓，皆復其舊。"甲寅，帝受九錫之禮。丙辰，周帝又詔帝冕十有二旒，[2]建天子旌旗，出警入蹕，[3]乘金根車，駕六馬，備五時副車，置旄頭雲罕，[4]樂舞八佾，[5]設鐘簴宫縣，[6]王妃爲王后，世子爲太子。前後三讓，乃受。俄而下詔，依唐虞、漢魏故事。帝三讓，不許。乃遣太傅、上柱國、杞國公椿奉册曰：[7]

[1]大定：北周静帝的年號（581）。

[2]旒（liú）：古代冕冠前後懸垂的玉串。天子十二旒，皇太子九旒。

[3]出警入蹕（bì）：謂帝王出入之處，嚴加警戒，禁絶行人。

[4]雲罕：旌旗。

[5]八佾（yì）：天子用的一種樂舞。

[6]簴（jù）：挂鍾鼓支架的立柱。

[7]椿：即宇文椿，人名。字乾壽，代郡武川（今内蒙古武川

縣西）人。北周宗室。見《周書》卷一〇《邵惠公顥附宇文椿傳》。

咨爾相國隋王。粤若上古之初，爰啓清濁，降符授聖，爲天下君，事上帝而理兆庶，和百靈而利萬物，非以區宇之富，未以宸極爲尊。大庭、軒轅以前，[1]驪連、赫胥之日，[2]咸以無爲無欲，不將不迎，遐哉，其詳不可聞已。

[1]大庭：即大庭氏。傳説中的上古部落首領，與黄帝同時。一説爲神農氏的别稱。

[2]驪連：傳説中的上古帝號。相傳女媧氏至黄帝之間，凡十五世，第五世爲驪連氏。　赫胥：即赫胥氏。傳説中的帝王名。

厥有載籍，遺文可觀，聖莫逾於堯，美未過於舜。堯得太尉，已作運衡之篇。舜遇司空，便叙菁華之竭。[1]褰裳脱屣，[2]二宮設饗，百官歸禹，若帝之初。斯蓋上則天時，不敢不授；下祇天命，不敢不受。湯代於夏，武革於殷，干戈揖讓，雖復異揆，應天順人，其道靡異。自漢迄晋，有魏至周，天曆逐獄訟之歸，神鼎隨謳歌之去，道高者稱帝，禄盡者不王，與夫文祖神宗，無以别也。

[1]菁華：源氏校勘記云："'菁'《隋書》作'精'。"

[2]褰（qiān）裳：本指撩起下身的裙子，借指帝王讓位。脱屣：本指脱鞋。此喻無所顧戀。

周德將盡，禍難頻興。宗戚姦回，咸將竊發，顧瞻宮闕，將圖宗社。藩維連率，[1]逆亂相尋，摇蕩三方，不合如礪。蛇行鳥攫，投足無所。王受天明命，叡德在躬，救頹運之艱，匡墜地之業，援大川之溺，救燎原之火，除群凶於城社，廓祓氛於遠服。至德合於造化，神用洽於天壤，八極九野，[2]萬方四裔，圓首方足，莫不樂推。往歲長星夜掃，經天晝見，八風比夏后之作，[3]五緯同漢帝之聚，[4]除舊之徵，昭然在上。近者赤雀降祉，玄龜效靈，鐘石變音，蛟魚出穴，布新之貺，[5]焕焉在下。九區歸往，百靈協贊，人神屬望，我不獨知。仰祇皇靈，俯順人願，敬以帝位，禪於爾躬。天祚告窮，天禄永終。

[1]連率：亦作“連帥”。即盟主、統帥之别稱。

[2]八極九野：謂四面八方。

[3]八風：八方之風。《吕氏春秋·有始覽》：“東北曰炎風，東方曰滔風，東南曰熏風，南方曰巨風，西南曰淒風，西方曰飂風，西北曰厲風，北方曰寒風。”　夏后：即夏代國君啓。見《史記》卷二《夏本紀》。

[4]五緯：指金、木、水、火、土五星。

[5]布新：底本作“有新”，源氏校勘記云：“《隋書》作‘布新’。”中華本校勘記云：“諸本‘布’作‘有’，《隋書》作‘布’。按‘布新’與上‘除舊’對文，作‘有’誤，今據改。”今從改。

於戲！王其允執厥和，儀刑典訓，升圓丘而敬蒼昊，御皇極而撫黔黎，副率土之心，恢無疆之祚，可不盛歟！

遣大宗伯、大將軍、金城公趙煚奉皇帝璽紱。[1]百官勸進，帝乃受焉。

[1]大宗伯：官名。掌管禮樂、祭祀、天文曆法、著作等方面事務。原爲《周禮》六卿之一，爲春官之長。西魏末、北周仿《周禮》建六官，復置爲春官之長，亦稱大宗伯卿。北周時爲正七命。　金城公：封爵名。金城，郡名。北周時治子城縣，在今甘肅蘭州市西北。　趙煚：人名。字通賢，天水西（今陝西勉縣）人。隋朝官吏。見《北史》卷七五《趙煚傳》。

開皇元年春二月甲子，自相府常服入宫，備禮即皇帝位於臨光殿。[1]設壇於南郊，遣兼太傅、上柱國、鄧公竇熾柴燎告天。[2]是日，告廟，大赦，改元。京師慶雲見。改周官，依漢、魏之舊制。以相國司馬高熲爲尚書左僕射兼納言，[3]相國司録虞慶則爲内史監兼吏部尚書，[4]相國内郎李德林爲内史令，[5]上開府韋世康爲禮部尚書，[6]上開府元暉爲都官尚書，[7]開府、户部尚書元巖爲兵部尚書，[8]上儀同、司宗長孫毗爲工部尚書，[9]上儀同、司會楊尚希爲度支尚書，[10]雍州牧楊惠爲左衛大將軍。[11]

[1]臨光殿：在今陝西西安市。

[2]竇熾：人名。字光成，扶風平陵（今陝西咸陽市西北）人。西魏、北周將領，隋朝官吏。見《北史》卷六一《竇熾傳》。

[3]相國司馬：官名。相府的高級幕僚，掌管參贊軍務、府内武職，地位僅次於長史。　高熲：人名。一名敏，字昭玄，勃海蓨

（今河北景縣）人。北周、隋朝大臣。見《北史》卷七二《高熲傳》。　尚書左僕射：官名。左僕射居右僕射之上。隋朝時僕射爲正宰相，從二品，與門下省、内史省長官共秉國政。隋文帝開皇三年令左僕射掌管吏部、禮部、兵部三部事，兼管御史彈劾不當之事。從二品。　納言：官名。亦作“内言”。隋文帝爲避其父楊忠之諱，改侍中爲納言。門下省長官，主要職責是承上啓下、宣傳上命、受奏納言。正三品。

［4］相國司録：官名。西魏、北周時置。爲相府屬僚，職能與歷朝録事參軍略同，掌隸一府之事。　虞慶則：人名。京兆櫟陽（今陝西西安市臨潼區）人。北周、隋朝將領。見《北史》卷七三《虞慶則傳》。　内史監：官名。隋初避楊堅父諱而改中書省爲内史省，置監、令各一人。與内史令同爲内史省長官，掌納奏出令之事。正三品。　吏部尚書：官名。隋朝時爲吏部最高長官，掌官吏銓選、封爵、考課之政。正三品。

［5］相國内郎：官名。相府屬僚。　李德林：人名。字公輔，博陵安平（今河北安平縣）人。北周、隋朝官吏。見《北史》卷七二《李德林傳》。

［6］上開府：上開府儀同大將軍的省稱。北周武帝建德四年置，位在開府儀同大將軍之上。主要授予有軍功的勳官和北齊的降官，無具體職掌。九命。　韋世康：人名。京兆杜陵（今陝西西安市長安區東）人。北周、隋朝將領。見《北史》卷六四《韋孝寬附韋世康傳》。　禮部尚書：官名。隋設。爲尚書省禮部主官，統禮部、祠部、主客、膳部四曹，掌朝廷禮儀、國之祭祀等。正三品。

［7］都官尚書：官名。南北朝設，爲尚書省諸尚書之一。隋初沿置，職掌以法律刑獄爲主。正三品。隋文帝開皇三年改名爲刑部尚書。

［8］户部尚書：官名。即民部尚書。掌尚書省民部曹。隋文帝開皇三年由度支尚書改名，爲尚書省六部長官之一，負責管理全國的財賦户籍。正三品。《隋書》卷一《高祖紀上》作“民部尚書”，

《北史》避唐太宗李世民諱改。　元巖：人名。字君山，洛陽（今河南洛陽市）人。北周、隋朝大臣。見《北史》卷七五《元巖傳》。　兵部尚書：官名。魏晋南北朝時期置五兵尚書、七兵尚書，掌管軍事庶務。西魏末、北周時改置爲兵部中大夫，爲夏官府屬官。隋朝時置爲尚書省兵部長官。正三品。

[9]上儀同：上儀同大將軍、上儀同三司的省稱。多爲大臣、勳臣的加官。從四品。　司宗：官名。司宗中大夫的省稱。北周武帝保定四年改禮部爲此稱。掌總轄禮府、修訂禮律等。下屬有司宗上士、司宗中士等。正五命。　長孫毗：人名。其餘不詳。　工部尚書：官名。隋朝始設，爲尚書省工部長官，負責百工、屯田、山澤之政令。正三品。

[10]司會：官名。司會中大夫的省稱。西魏恭帝三年置，北周沿置。天官府司會司長官，職掌全國財政收支，協助大冢宰管理六府之事。員一人，下設司會上士、中士、旅下士等職。正五命。楊尚希：人名。弘農華陰（今陝西華陰市東南）人。隋朝宗室。見《北史》卷七五《楊尚希傳》。　度支尚書：官名。魏晋南北朝時爲尚書省度支曹長官，統管度支、户部、金部、倉部四曹，掌軍國財賦的收支會計及漕運物價屯田之政令。隋初正三品，後改名爲民部尚書。

[11]楊惠：人名。即楊雄。初名惠，楊紹之子，弘農華陰（今陝西華陰市東南）人。見《北史》卷六八《楊紹附楊雄傳》。　左衛大將軍：官名。隋朝時爲左衛長官，掌管宫掖禁衛，隋煬帝大業三年（607）改爲左翊衛大將軍。正三品。

乙丑，追尊皇考爲武元皇帝，廟號太祖；皇妣吕氏爲元明皇后。改周氏左社右廟制爲右社左廟。遣八使巡省風俗。丙寅，修廟社。立王后獨孤氏爲皇后，[1]王太子勇爲皇太子。[2]丁卯，以大將軍趙煚爲尚書右僕射，[3]

以上開府伊婁彦恭爲右武候大將軍。[4]己巳，以五千户封周帝介國公爲隋室賓，[5]旌旗車服禮樂，一如其舊，上書不爲表，答表不稱詔。周氏諸王，盡降爲公。辛未，以皇弟同安郡公爽爲雍州牧。[6]乙亥，封皇弟邵國公慧爲滕王，[7]同安公爽爲衛王，皇子雁門公廣爲晋王，[8]俊爲秦王，[9]秀爲越王，[10]諒爲漢王。[11]并州總管李穆爲太師，上柱國竇熾爲太傅，幽州總管于翼爲太尉，[12]觀國公田仁恭爲太子太師，[13]武德郡公柳敏爲太子太保。[14]丁丑，以晋王廣爲并州總管，封陳留郡公智積爲蔡王，[15]興城郡公静爲道王。戊寅，改東京府爲尚書省，[16]發官牛五千頭，分賜貧人。

[1]獨孤氏：人名。隋朝文獻皇后。見《北史》卷一四《隋文獻皇后獨孤氏傳》。

[2]勇：即楊勇，人名。字睍地伐，隋文帝長子。見《北史》卷七一《房陵王勇傳》。

[3]尚書右僕射：官名。掌判都官、度支、工部三部事，兼管開支用度。隋初爲從二品。

[4]伊婁彦恭：人名。即伊婁謙。字彦恭，本鮮卑人。見《北史》卷七五《伊婁謙傳》。　右武候大將軍：官名。隋朝十二衛大將軍之一。掌管車駕營衛，領府兵。隋煬帝大業三年改爲右候衛大將軍。正三品。《隋書》卷一《高祖紀上》作“左武候大將軍”。中華本校勘記云:“《隋書》‘右’作‘左’。按彦恭即伊婁謙，本書卷七五及《隋書》卷五四謙本傳都作‘左’，作‘右’誤。”

[5]介國公：封爵名。北周静帝大定元年（581）二月，周静帝遜位於隋王楊堅，被奉爲介國公。

[6]同安郡公：封爵名。同安，郡名。隋朝時治懷寧縣，在今

安徽潛山縣梅城鎮。　爽：即楊爽，人名。字師仁，小字明達，弘農華陰（今陝西華陰市東南）人。隋朝宗室。見《北史》卷七一《衛昭王爽傳》。

［7］慧：即楊瓚，人名。字恒生，一名慧。見《北史》卷七一《滕穆王瓚傳》。

［8］雁門公廣：底本作“雁門公”，中華本校勘記云：“諸本脱‘廣’字，據《隋書》補。”今從改。雁門公，封爵名。雁門，郡名。隋朝時治廣武縣，在今山西代縣西南。廣，即楊廣，人名。隋文帝次子。見《北史》卷一二《隋本紀・煬帝》。

［9］俊：即楊俊，人名。字阿祇。隋文帝第三子。見《北史》卷七一《秦王俊傳》。

［10］秀：即楊秀，人名。隋文帝第四子。見《北史》卷七一《庶人秀傳》。

［11］諒：即楊諒，人名。一名傑，字德章。隋文帝第五子。見《北史》卷七一《庶人諒傳》。

［12］幽州：隋朝時治薊縣，在今北京西南。　于翼：人名。字文若，代（今山西大同市東北）人。西魏、北周、隋朝大臣。見《北史》卷二三《于栗磾附于翼傳》。

［13］田仁恭：人名。字長貴，高平（今寧夏固原市）人。北周、隋朝大臣。見《北史》卷六五《田弘附田仁恭傳》。　太子太師：官名。爲東宫三師之首，負責訓導輔佐太子，無具體職掌。隋朝時多用來安置退免大臣或用爲大臣的加官、贈官。正二品。

［14］武德郡公：封爵名。武德，郡名。隋朝時治州縣，在今河南温縣北。　柳敏：人名。字白澤，河東解（今山西臨猗縣）人。西魏、北周、隋朝大臣。見《北史》卷六七《柳敏傳》。　太子太保：官名。掌以道德輔教太子。隋朝時爲三品。

［15］智積：即楊智積，人名。隋朝宗室。見《北史》卷七一《蔡景王整附楊智積傳》。

［16］東京府：指東京六府。北周於東京（今河南洛陽市）設

天官府、地官府、春官府、夏官府、秋官府、冬官府，合稱東京六府。　尚書省：官署名。北周仿照《周禮》建官，廢尚書省。隋朝復置，與内史、門下並稱三省，共同執掌軍國大事。尚書省爲政務中樞，職權尤重。置左右丞以及都事八人，下設六部，各設尚書爲長官。

三月，宣仁門槐樹連理，[1]衆枝内附。壬午，白狼國獻方物。[2]丁亥，詔犬馬器翫口味，不得獻上。戊子，弛山澤禁。己丑，移盩厔連理樹植于宮庭。[3]戊戌，以太子少保蘇威兼納言、吏部尚書。[4]庚子，詔前代品爵，悉依舊定。丁未，梁蕭巋使其太宰蕭巖來賀。[5]

[1]宣仁門：爲隋朝洛陽城東城東垣上的城門。在今河南洛陽市老城區西大街上。

[2]白狼國：國名。確址不詳。疑在今遼寧凌源市一帶。

[3]盩厔：縣名。治所在今陝西周至縣。

[4]蘇威：人名。字無畏，京兆武功（今陝西武功縣西北）人。北周、隋朝官吏。見《北史》卷六三《蘇綽附蘇威傳》。　吏部尚書：中華本校勘記云："《隋書》同，《通鑑》卷一七五'吏部'作'度支'。按《隋書》卷四一《蘇威傳》，言威以太子少保兼納言、民部尚書。又言威父綽在西魏時，爲徵税法頗重，歎爲非平世法，至是，威奏減賦役，務從輕典。則威此時當是官爲民部而非吏部。《通典》卷三三户部尚書條云：'隋初有度支尚書，則并後周民部之職，開皇三年改度支爲民部。'此在開皇元年，故《通鑑》改作'度支'。"

[5]蕭巋：人名。字仁遠，蘭陵（一説在今江蘇常州市，一説在今江蘇丹陽市）人。西梁的第二位君主。見《北史》卷九三《蕭詧附蕭巋傳》。　太宰：官名。多爲元老重臣之加官。　蕭巖：

人名。字義遠，蘭陵（一説在今江蘇常州市，一説在今江蘇丹陽市）人。西梁宗室。見《北史》卷九三《蕭詧附蕭巖傳》。

夏四月辛巳，大赦。戊戌，太常散樂並免爲編户。[1]禁雜樂百戲。辛丑，陳人來聘于周，至而上已受禪，致之介國。是月，發稽胡修築長城，二旬而罷。

[1]太常散樂：太常寺表演雜樂百戲之家。　編户：編入户籍的平民，爲國家徵收賦税的對象。

五月戊午，[1]封邘國公楊雄爲廣平王，[2]永康郡公楊弘爲河間王。[3]辛未，介公薨，上舉哀於朝堂，謚曰周静帝。

[1]戊午：《隋書》卷一《高祖紀上》作“戊子”。按：據干支表，隋文帝開皇元年五月己酉朔，戊子不在此月，戊午是十日，從底本。

[2]廣平王：封爵名。廣平，郡名。隋朝時治曲梁縣，在今河北永年縣東南。

[3]永康郡公：封爵名。按：《隋書·地理志》不見永康郡。《資治通鑑》卷一七五載“永康公弘爲河間王”，胡三省注云：“永康縣公也。《五代志》：‘清化郡永穆縣，梁置，曰永康。’”這是説永康縣爲南朝梁置，治所在今四川達州市西北，隋文帝開皇十八年改名永穆縣。還有一説認爲其爲北周置，治所在今四川安岳縣東南，開皇十八年改名爲隆康縣（參王仲犖《北周地理志》下，中華書局1990年版，第187頁）。　楊弘：人名。字辟惡。隋朝宗室。見《北史》卷七一《河間王弘傳》。　河間王：封爵名。河間，郡名。隋朝時治河間縣，在今河北河間市。

六月癸未，詔以初受命，赤雀降祥，推五德相生，[1]爲火色。其郊及社、廟，依服冕之儀；而朝會之服、旗幟、犧牲盡尚赤，戎服尚黄。

[1]五德相生：古代陰陽家將金木水火土五行視爲五德，謂歷代王朝各代表一德，按五行相生的關係，交互更替。

秋七月乙卯，上始服黄，百僚畢賀。

八月壬午，廢東京官。甲午，遣樂安公元諧擊吐谷渾於青海，[1]破而降之。

[1]樂安公：封爵名。樂安，郡名。隋朝時治千乘縣，在今山東高青縣東南。　元諧：人名。河南洛陽（今河南洛陽市東北）人，鮮卑族。北周、隋朝大臣。見《北史》卷七三《元諧傳》。　吐谷渾：族名。又稱吐渾、退渾。原爲鮮卑族慕容部的一支，先祖游牧於徒河青山（今遼寧義縣東）。西晋時，遷徙於今甘肅、青海一帶。十六國時，先後受到前凉、西秦等追逐，幾乎亡國。後再度崛起，北魏太武帝時達到最强盛。在北魏打擊下，一度退到今新疆一帶。以游牧爲生。見《北史》卷九六《吐谷渾傳》。　青海：即青海湖。在今青海東北部。

九月戊申，遣使振給戰亡者家。庚午，陳將周羅睺攻陷胡墅，[1]蕭摩訶寇江北。[2]辛未，以越王秀爲益州總管，改封蜀王。壬申，以薛公長孫覽、宋安公元景山並爲行軍元帥，[3]伐陳，仍令尚書左僕射高熲節度諸軍。是月，行五銖錢。

[1]周羅睺：人名。字公布，九江尋陽（今江西九江市）人。南朝陳、隋朝將領。見《北史》卷七六《周羅睺傳》。　胡墅：地名。在今江蘇南京市六合區西南。

[2]蕭摩訶：人名。字元胤，蘭陵（一説在今江蘇常州市，一説在今江蘇丹陽市）人。南朝陳官吏。見《陳書》卷三一《蕭摩訶傳》。

[3]長孫覽：人名。字休因，代（今山西大同市東北）人，鮮卑族。北周、隋朝大臣。見《北史》卷二二《長孫道生附長孫覽傳》。　宋安公：封爵名。宋安，郡名。隋朝時治樂寧縣，在今湖北廣水市東北。　元景山：人名。字寶岳。北周、隋朝將領。見《北史》卷一八《安定王休附元景山傳》。　行軍元帥：官名。北周於戰時依春秋戰國時制所設。總掌一方征伐及軍政事務，多以親王任之，位在行軍總管之上。隋因之。

冬十月乙酉，百濟王扶餘昌遣使來賀，[1]授昌上開府儀同三司、帶方郡公。[2]戊子，行新律。壬辰，行幸岐州。[3]

[1]百濟：國名。約公元一世紀興起於朝鮮半島漢江流域，都於今朝鮮漢江南岸慰禮城。漸征服鄰近部落，成爲半島西南部之强國，繼而與新羅、高句麗鼎足而立。與東晋南北朝聯繫密切，常遣使往來。後統一於新羅。見《北史》卷九四《百濟傳》。　扶餘昌：人名。百濟的第二十七代王。

[2]上開府儀同三司：北周武帝建德五年置。隋朝時爲三品勳官。隋煬帝大業三年置。　帶方郡公：封爵名。帶方，郡名。治所不詳。

[3]岐州：隋朝時治雍縣，在今陝西鳳翔縣。

十一月乙卯，以永富郡公竇榮定爲右武候大將軍。[1]遣兼散騎侍郎鄭撝使於陳。[2]己巳，有流星如墜牆，[3]光照于地。

[1]永富郡公：《隋書》卷一《高祖紀上》作“永昌郡公”。按：據《北史》卷六一《竇熾附竇榮定傳》，竇榮定襲爵永富縣公，拜封右武候大將軍，後封安豐郡公。未詳孰是。　竇榮定：人名。扶風平陵（今陝西咸陽市西北）人。北周、隋朝將領。見《北史》卷六一《竇熾附竇榮定傳》。

[2]散騎侍郎：官名。隋朝初屬門下省，掌值朝陪從，正五品上。隋煬帝大業三年廢。

[3]有流星如墜牆：源氏校勘記云：“‘如’上《隋書》有‘聲’字。”

十二月甲申，以禮部尚書韋世康爲吏部尚書。庚子，至自岐州。壬寅，高麗王高陽遣使朝貢，[1]授陽大將軍、遼東郡公。[2]太子太保柳敏卒。

[1]高麗：國名。又作“高句麗”等，其先出自夫餘，地爲漢之玄菟郡，高句麗爲其三縣之一，因以爲國名。都名丸都，故治在今吉林集安市，南北朝時遷都於今朝鮮平壤。見《北史》卷九四《高麗傳》。　高陽：中華本校勘記云：“《隋書》同。按本書卷九四、《隋書》卷八一、《周書》卷四九《高麗傳》都作‘高湯’。作‘陽’疑誤。”

[2]遼東郡公：封爵名。遼東，郡名。隋朝時治襄平縣，在今遼寧義縣東。

是歲，靺鞨、突厥阿波可汗、沙鉢略可汗並遣使朝貢。[1]

[1]靺鞨：國名。即勿吉，隋朝起改稱“靺鞨”。分布在今吉林長白山、松花江一帶。其人善射獵。見《北史》卷九四《勿吉傳》。　阿波可汗：即大邏便。後因附隋，牙帳爲沙鉢略襲破，乃西奔達頭可汗。　沙鉢略可汗：爲突厥可汗，名攝國。號伊利俱盧設莫何始波羅可汗，又號沙鉢略可汗。北周時，娶千金公主。

二年春正月庚申，陳宣帝殂。[1]辛酉，置河北道行臺尚書省於并州，[2]以晋王廣爲尚書令；[3]置河南道行臺尚書省於洛州，[4]以秦王俊爲尚書令；置西南道行臺尚書省於益州，以蜀王秀爲尚書令。戊辰，陳人遣使請和，求歸胡墅。甲戌，詔舉賢良。

[1]陳宣帝：即南朝陳皇帝陳頊。宣爲其謚號。

[2]行臺尚書省：官署名。相當於中央尚書省在地方的派出機構。總統某方面的軍政事務，凡管轄内的州縣皆受其節制。

[3]尚書令：官名。此指行臺尚書令。隋朝爲行臺尚書省長官，正二品。

[4]洛州：隋朝時治洛陽縣，在今河南洛陽市東北。

二月己丑，詔以陳有喪，命高熲等班師。庚寅，加晋王廣左武衛大將軍，[1]秦王俊右武衛大將軍。庚子，京師雨土。

[1]左武衛大將軍：官名。隋朝十二衛大將軍之一。總管府事，

統管鷹揚府。正三品。

三月，初命入宫殿門通籍。[1]戊申，開渠引杜陽水於三畤原。[2]

[1]通籍：記名於宫門纔可以進出。

[2]杜陽水：一名杜水，源出今陝西麟游縣西北杜山下。南流折東經縣南，至今乾縣西會武水。　三畤原：地名。確址不詳，當在今陝西麟游縣、乾縣一帶。

夏四月丁丑，以寧州刺史竇榮定爲左武候大將軍。[1]庚寅，大將軍韓僧壽破突厥於雞頭山，[2]上柱國李充破突厥於河北山。[3]

[1]寧州：隋朝時治定安縣，在今甘肅寧縣。　左武候大將軍：官名。隋朝十二衛大將軍之一。正三品。

[2]韓僧壽：人名。字玄慶，河南東垣（今河南新安縣東）人。北周、隋朝大臣。見《北史》卷六八《韓雄附韓僧壽傳》。　雞頭山：又名頭山、牽屯山、薄洛山，即今寧夏涇源縣六盤山。

[3]李充：人名。隴西成紀（今甘肅秦安縣）人。隋朝官吏。見《隋書》卷五三《劉方附李充傳》。　河北山：即今内蒙古狼山與陰山的合稱。

五月戊申，以上開府長孫平爲度支尚書。[1]己酉，以旱故，上親省囚徒，其日大雨。己未，高寶寧寇平州，[2]突厥入長城。庚申，以豫州刺史皇甫績爲都官尚書。[3]甲子，改傳國璽曰受命璽。丁卯，制人年六十以上免課。

［1］上開府：《隋書》卷一《高祖紀上》作“上柱國開府”。長孫平：人名。字處均，河南洛陽（今河南洛陽市東北）人。北周、隋朝官吏。見《北史》卷二二《長孫嵩附長孫平傳》。

［2］高寶寧：人名。亦作“高保寧”，代（今山西大同市東北）人。見《北史》卷五三《傅伏附高寶寧傳》。　平州：隋朝時治肥如縣，在今河北盧龍縣西北。

［3］皇甫績：人名。字功明，安定朝那（今寧夏固原市東南）人。北周、隋朝官吏。見《北史》卷七四《皇甫績傳》。

六月壬午，以太府卿蘇孝慈爲兵部尚書。[1]甲申，使使弔於陳。乙酉，上柱國李充破突厥于馬邑。[2]丙申詔曰：

［1］太府卿：官名。隋朝時掌庫藏出納、貿易商税事務。隋初爲正三品，隋煬帝時改爲從三品。　蘇孝慈：人名。扶風（今陝西鳳翔縣）人。北周、隋朝官吏。見《北史》卷七五《蘇孝慈傳》。

［2］馬邑：縣名。治所在今山西朔州市。

朕祗奉上玄，君臨萬國，屬生靈之弊，處前代之宫，以爲作之者勞，居之者逸，改創之事，心未遑也。而王公大臣，陳謀獻策，咸云：羲、農以降，[1]至于姬、劉，[2]有當世而屢遷，無革命而不徙。曹、馬之後，[3]時見因循，乃末世之宴安，非往聖之宏義。此城從漢，彫殘日久，屢爲戰場，舊經喪亂。今之宫室，近代權宜，又非謀筮從龜，瞻星揆日，不足建皇王之邑，合大衆所聚。論變通之數，具幽顯之情，同心固請，詞情深切。

[1]羲：即伏羲氏。　農：即神農氏。
[2]姬：指西周。　劉：指漢朝。
[3]曹：指曹魏。　馬：指西晋。

然則京師百官之府，四海歸向，非朕一人之所獨有，苟利於物，其可違乎。且殷之五遷，恐人盡怨，是則以吉凶之土，制長短之命，謀新去故，如農望秋，雖則劬勞，[1]其究安宅。今區宇寧一，陰陽順序，安安以遷，勿懷胥怨。

[1]劬（qú）勞：勞苦、勞累。

龍首山川原秀麗，[1]卉物滋阜，卜食相土，宜建都邑。定鼎之基永固，無窮之業在斯。公私府宅，規模遠近，營構資須，隨事修葺。[2]

[1]龍首山：又作“龍首原”。在今陝西西安市舊城西北。起於渭水南岸漢長安故城，止於樊川（今陝西西安市長安城南郊），長六十餘里。首高二十丈，尾高五六丈。漢築長安城於北坡，未央宮等依山而建。後世多在此營建城郭。

[2]營構資須隨事修葺：源氏校勘記云：“《隋書》‘須’作‘費’，‘修葺’作‘條奏’。”中華本校勘記云：“《隋書》‘修葺’作‘條奏’。按《隋書》原意是建築所需，隨事奏請，此作‘修葺’不通。疑‘修’是‘條’之訛，後人又改‘奏’爲‘葺’。”

仍詔左僕射高熲、將作大匠劉龍、鉅鹿郡公賀婁子幹、太府少卿高龍叉等創造新都。[1]

[1]將作大匠：官名。隋朝時爲將作寺長官。負責修建宫殿、陵寢、宗廟以及其他土木工程，植樹於道路兩旁。從三品。　劉龍：人名。河間（今河北河間市）人。北齊、隋朝官吏、著名建築師。見《北史》卷九〇《何稠附劉龍傳》。　鉅鹿郡公：封爵名。鉅鹿，郡名。隋朝時治藁城縣，在今河北藁城市西南。　賀婁子幹：人名。字萬壽，本爲代（今山西大同市東北）人，後南遷，世居關右。隋朝將領。見《北史》卷七三《賀婁子幹傳》。　太府少卿：官名。北魏孝文帝時置。協助太府卿掌倉儲出納，兩京諸市，通判各署事務。隋初正四品上。隋煬帝時改爲從四品。　高龍叉：人名。隋朝官吏。爲太府少卿、副將作大匠。爲太子楊勇所親信，開皇二十年勇被廢，其獲罪被處死。

秋七月癸巳，詔新置都處墳墓，令悉遷葬設祭，仍給人功，無主者，命官爲殯葬。甲午，行新令。

冬十月，以撤毁故，徙居東宫。給内外官人禄。癸酉，皇太子勇屯兵咸陽，[1]以備胡虜。庚寅，上疾愈，享百僚於觀德殿，[2]賜錢帛，皆任自取，盡力以出。辛卯，以營新都副監賀婁子幹爲工部尚書。

[1]咸陽：郡名。隋朝時治石安縣，在今陝西涇陽縣。隋文帝開皇三年廢。

[2]觀德殿：爲射殿，在皇宫西部宜春門北。

十一月丙午，初命爲方陣戰法，及制軍營圖樣，下諸軍府，以擬征突厥。十二月辛未，上講武于後園。甲戌，上柱國竇毅卒。[1]丙子，名新都曰大興城。[2]乙酉，遣彭城公虞慶則屯弘化以備胡。[3]突厥寇周槃，[4]行軍總管達奚長儒爲虜所敗。[5]丙戌，賜國子生經明者束帛。丁亥，親録囚徒。

[1]竇毅：人名。字天武，扶風平陵（今陝西咸陽市西北）人。西魏、北周、隋朝官吏。見《北史》卷六一《竇熾附竇毅傳》。

[2]大興城：都城名。在今陝西西安市。

[3]彭城公：封爵名。彭城，郡名。隋朝時治彭城縣，在今江蘇徐州市。《隋書》卷一《高祖紀上》作“沁源公”。按：據《北史》卷七三《虞慶則傳》，虞慶則仕周時襲爵沁源公，於開皇元年被封爲彭城公，此時已開皇三年，當從底本。　弘化：郡名。西魏文帝大統十二年（546）改化政郡置，屬夏州，治巖緑縣，在今陝西靖邊縣白城子村無定河北岸毛烏素沙漠中（靠近今内蒙古烏審旗南境）。隋文帝開皇三年廢。

[4]周槃：地名。在今甘肅慶陽市。

[5]達奚長儒：人名。字富仁，代（今山西大同市東北）人，鮮卑族。北周、隋朝將領。見《北史》卷七三《達奚長儒傳》。

是歲，高麗、百濟並遣使朝貢。

三年春正月庚子，將遷新都，大赦。禁大刀長矟。始令人以二十一成丁，[1]歲役功不過二十日，不役者收庸。廢遠近酒坊，罷鹽井禁。

[1]始令人以二十一成丁：中華本校勘記云："《隋書》卷二四《食貨志》、《册府》卷四八六作'初令軍人以二十一成丁'。軍人即軍民，當時軍民異籍，故並稱，此疑脱'軍'字。"

二月己巳朔，日有蝕之。癸酉，陳人來聘。突厥犯邊。癸未，以左武衛大將軍李禮成爲右武衛大將軍。[1]

[1]李禮成：人名。字孝諧，隴西狄道（今甘肅臨洮縣）人。北周、隋朝將領。見《北史》卷一〇〇《涼武昭王李暠附李禮成傳》。

三月丁未，上柱國、鮮虞縣公謝慶恩卒。[1]丙辰，以雨故，常服入新都。京師承明里醴泉出。丁巳，詔購遺書於天下。癸亥，城榆關。[2]

[1]鮮虞縣公：封爵名。鮮虞，縣名。治所在今河北定州市。

[2]榆關：關隘名。又作"渝關""臨渝關""臨榆關""臨閭關"。隋文帝開皇三年置。一説在今河北撫寧縣東，一説即今河北山海關。

夏四月己巳，衛王爽大破突厥於白道山，[1]停築原陽、雲内、紫河等鎮而還。[2]上柱國、建平郡公于義卒。[3]庚午，吐谷渾寇臨洮，[4]洮州刺史皮子信死之。[5]壬申，以尚書右僕射趙煚兼内史令。丁丑，以滕王瓚爲雍州牧。庚辰，行軍總管陰壽大破高寶寧于黄龍。[6]甲申，以旱故，上親祀雨師。丙戌，詔天下勸學行禮。己丑，陳郢州城主張子譏遣使請降，[7]上以和好不納。辛卯，遣兼散騎常侍薛舒聘於陳。[8]癸巳，上親雩。[9]

[1]白道山：亦名白道嶺，在今内蒙古呼和浩特市西北，扼河套東北地區通往陰山以北的交通要道。

[2]原陽：鎮名。在今内蒙古呼和浩特市西北。　雲内：鎮名。在今内蒙古和林格爾縣。　紫河：鎮名。在今内蒙古呼和浩特市西南。

[3]建平郡公：封爵名。建平，郡名。隋朝時治巫縣，在今重慶巫山縣。　于義：人名。字慈恭，河南洛陽（今河南洛陽市東北）人。北周、隋朝大臣。見《北史》卷二三《于栗磾附于義傳》。

[4]臨洮：郡名。隋朝時治臨洮縣，在今甘肅岷縣。

[5]洮州：隋朝時治美相縣，在今甘肅臨潭縣。　皮子信：人名。琅邪下邳（今江蘇睢寧縣）人。北周、隋朝官吏。見《北史》卷五三《皮景和傳》。

[6]陰壽：人名。字羅雲，武威（今甘肅武威市）人。北周、隋朝大臣。見《北史》卷七三《陰壽傳》。　黄龍：城名。又名和龍、龍城。在今遼寧朝陽市。

[7]郢州：南朝陳時治江夏縣，在今湖北武漢市武昌區。

[8]薛舒：人名。河東汾陰（今山西萬榮縣西南）人。西魏、北周、隋朝官吏。官至禮部下大夫、儀同大將軍、聘陳副使。見《北史》卷三六《薛憕傳》。

[9]雩：古代求雨的祭祀。

五月癸卯，太尉、任城公于翼薨。[1]行軍總管李晃破突厥於摩那渡口。[2]乙巳，梁太子蕭琮來賀遷都。[3]辛酉，親祀方澤。[4]壬戌，行軍元帥竇榮定破突厥及吐谷渾於凉州。[5]赦黄龍死罪以下。

［1］太尉任城公于翼薨：中華本校勘記云："張森楷云：'《隋書》無此文。據《翼傳》（本書卷二三），周大象末，封任國公，初無降爵之文，何以忽稱"任城"，疑"城"是"國"之訛。'"

［2］摩那渡口：地名。《讀史方輿紀要》卷六五《陝西十四·諸夷附考》云："摩那渡，在廢庭州北。隋文帝開皇三年，行軍總管李晃破突厥于摩那渡口，是也。"庭州，隋朝時治金滿縣，在今新疆吉木薩爾縣北破城子。

［3］蕭琮：人名。字温文。西梁後主。見《北史》卷九三《蕭詧附蕭琮傳》。

［4］方澤：即方丘。古代夏至祭地祇的方壇，因壇設於澤中，故稱。

［5］涼州：隋朝時治姑臧縣，在今甘肅武威市。

六月庚午，封衛王爽子集爲遂安郡王。[1]戊寅，突厥遣使求和。庚辰，行軍總管梁遠破吐谷渾於尒汗山，[2]斬其名王。[3]

［1］集：即楊集，人名。字文會，弘農華陰（今陝西華陰市東南）人。隋朝宗室。見《北史》卷七一《衛昭王爽附楊集傳》。遂安郡王：封爵名。遂安，郡名。隋朝時治梁安縣，在今湖北隨州市西南。

［2］梁遠：人名。隋朝官吏。曾任汶州總管，封濟北郡公。尒汗山：在今青海湖東。

［3］名王：此指吐谷渾中聲名顯赫的王。

秋七月壬戌，詔曰："往者山東河表，經此妖亂，孤城遠守，多不自全。濟陰太守杜猷身陷賊徒，[1]命懸寇手，郡省事范臺玫傾産營護，[2]免其戮辱。眷言誠節，實有可嘉，宜超恒賞，用明沮勸。臺玫可大都督，假湘州刺史。"[3]丁卯，日有蝕之。

[1]濟陰：郡名。隋朝時治濟陰縣，在今山東曹縣西北。

[2]省事：官名。州郡長官屬吏。隋朝時地位較重。

[3]湘州：隋朝時治臨湘縣，在今湖南長沙市。

八月壬午，遣尚書左僕射高熲出寧州道，[1]吏部尚書虞慶則出原州道，[2]並爲行軍元帥以擊胡。戊子，親祀太社。[3]九月壬子，幸城東觀穀稼。癸丑，大赦。

[1]左僕射：底本作"右僕射"，中華本校勘記云："諸本'左'作'右'，《隋書》作'左'。按高熲開皇元年爲左僕射，十九年免官，見本紀及熲本傳（《隋書》卷四一、本書卷七二），中間未嘗轉官。作'右'誤，今據改。"今從改。

[2]原州：隋朝時治高平縣，在今寧夏固原市城區。

[3]太社：天子爲群姓祈福、報功而設立的祭祀土神、穀神的場所。

冬十月甲戌，廢河南道行臺省。十一月，發使巡省風俗。庚辰，陳人來聘。陳主知帝貌異世人，使副使袁彦圖像而去。[1]甲午，罷天下諸郡。十二月乙卯，[2]遣兼散騎常侍唐令則使於陳。[3]戊午，以刑部尚書蘇威爲户部尚書。[4]

[1]袁彦：人名。南朝陳官吏。位通直散騎侍郎。陳後主至德

元年（583），曾出使隋朝。

[2]十二月：中華本作“閏十二月”，源氏校勘記云:“‘十二’上，《隋書》有‘閏’字。按《陳書》，彼似非。”中華本校勘記云:“諸本無‘閏’字，《隋書》有。按是年閏十二月，乙未朔，乙卯是二十一日，今據補。”按：《資治通鑑》卷一七五亦作“十二月”，據陳垣《二十史朔閏表》開皇三年閏十二，乙丑朔，無乙卯及戊午日，十二月甲午朔，乙卯是二十二日，戊午是二十五日，中華本誤。

[3]唐令則：人名。唐瑾次子。好文學，兼通音律。楊勇廢，其被誅。見《北史》卷六七《唐永附唐令則傳》。《隋書》卷一《高祖紀上》作“曹令則”。按:《資治通鑑》卷一七五亦作“曹令則”，均誤。

[4]刑部尚書：官名。隋朝始設。隋文帝開皇三年由都官尚書改名而置。負責制定律法、糾察違法。正三品。　户部尚書：官名。《隋書》卷一《高祖紀上》作“民部尚書”，《北史》避唐太宗李世民諱改。

是歲，高麗、突厥、靺鞨並遣使朝貢。

四年春正月甲子朔，[1]日有蝕之。祀太廟。辛未，祀南郊。壬申，梁主蕭巋來朝。甲戌，大射於北苑，十日而罷。壬午，齊州水。[2]辛卯，渝州獲獸，[3]似麇，一角同蹄。壬辰，班新曆。

[1]甲子朔:《隋書》卷一《高祖紀上》作“甲子”。

[2]齊州：隋朝時治歷城縣，在今山東濟南市。

[3]渝州：隋朝時治巴縣，在今重慶。

二月乙巳，上餞梁主于霸上。[1]庚戌，行幸隴州。[2]

突厥可汗阿史那玷厥率其屬來降。[3]

[1]霸上：地名。又名霸頭，在今陝西西安市東白鹿原北首。

[2]隴州：隋朝時治汧源縣，在今陝西隴縣。

[3]阿史那玷厥：即達頭可汗。《隋書》卷一《高祖紀上》作“阿史那玷”。

夏四月己亥，敕總管、刺史，父母及子年十五以上，不得將之官。庚子，以吏部尚書虞慶則爲尚書右僕射，瀛州刺史楊尚希爲兵部尚書，[1]毛州刺史劉仁恩爲刑部尚書。[2]五月癸酉，契丹主莫賀弗遣使請降，[3]拜大將軍。

[1]瀛州：隋朝時治趙都軍城，在今河北河間市。

[2]毛州：隋朝時治館陶縣，在今河北館陶縣。　劉仁恩：人名。隋朝官吏。政績號稱天下第一。見《隋書》卷四六《張煚附劉仁恩傳》。

[3]契丹：族名。見《北史》卷九四《契丹傳》。　莫賀弗：人名。其餘不詳。

六月庚子，降囚徒。壬子，開廣通渠，[1]自渭達河，[2]以通運漕。甲寅，制官人非戰功不授上柱國以下戎官。以雍、同、華、岐、宜五州旱，[3]命無出今年租調。戊午，秦王俊來朝。

[1]開廣通渠：底本作“開通濟渠”，中華本校勘記云：“《隋書》無‘通濟’二字。按：通濟渠乃隋煬帝大業元年所開，引洛

達河，引河通淮，見卷一二《煬帝紀》。《隋書》卷二四《食貨志》，開皇四年命宇文愷率水工鑿渠，引渭水自大興城東至潼關，三百餘里，名曰廣通渠。此‘通濟’乃‘廣通’之誤。”今從改。廣通渠，古渠名。隋文帝開皇元年由郭衍主持開鑿，起自今陝西西安市西北，引渭水東絶灞水，略循西漢漕渠故道，至今潼關北達黄河。

[2]渭：水名。發源於甘肅渭源縣鳥鼠山，流經陝西與涇河、北洛河匯合，至潼關入黄河。

[3]華：州名。隋朝時治鄭縣，在今陝西華縣西南。　宜：州名。隋朝時治泥陽縣，在今陝西富平縣西北。

秋七月丙寅，陳人來聘。八月甲午，遣十使巡省天下。戊戌，衛王爽來朝。壬寅，上柱國、太傅、鄧公竇熾薨。[1]乙卯，陳將夏侯苗請降，上以通和不納。九月己巳，上親録囚徒。庚午，契丹内附。甲戌，以關中饑，行幸洛陽。

[1]鄧公：《隋書》卷一《高祖紀上》作“鄧國公”。

冬十一月壬戌，遣兼散騎常侍薛道衡使於陳。[1]甲戌，改周十二月爲臘蜡。[2]

[1]薛道衡：人名。字玄卿，河東汾陰（今山西萬榮縣西南）人。北齊、隋朝官吏，見《北史》卷三六《薛辯附薛道衡傳》。

[2]臘蜡：祭名。西周時臘與大蜡各爲一祭，臘祭祖先，蜡祭百神。秦漢時改爲蜡，即歲終祭衆神。

是歲，靺鞨及女國並遣使朝貢。[1]

[1]女國：國名。在葱嶺（今帕米爾高原）以南的地區，以女子爲首領的政權。見《北史》卷九七《女國傳》。

五年春正月戊辰，詔行新禮。壬申，詔罷江陵總管。其後，梁主請依舊，許之。三月戊午，以尚書左僕射高熲爲左領軍大將軍，[1]以上柱國宇文忻爲右領軍大將軍。[2]

[1]左領軍大將軍：官名。北齊時設領軍大將軍。隋因之，分左、右，掌禁衛。正三品。

[2]宇文忻：人名。字仲樂，其先昌黎大棘（今遼寧北票市章吉營子鄉三官營子村）人，徙居夏州（今陝西靖邊縣東北）人。北周、隋朝將領。見《北史》卷六〇《宇文貴附宇文忻傳》。按：《隋書》卷四〇《宇文忻傳》云："宇文忻，字仲樂，本朔方人，徙京兆。"夏州，隋煬帝大業三年改爲朔方郡，故曰朔方人。

夏四月甲午，契丹遣使朝貢。壬寅，上柱國王誼謀反，誅。乙巳，[1]詔徵山東大儒馬榮伯等。[2]戊申，車駕至自洛陽。五月甲申，初置義倉。梁主蕭巋殂。遣上大將軍元契使于突厥阿波可汗。[3]

[1]乙巳：底本作"乙卯"，中華本、《隋書》卷一《高祖紀上》作"乙巳"。中華本校勘記云："諸本'巳'作'卯'，《隋書》作'巳'。按上有壬寅、下有戊申，其間不得有乙卯；是年四月丁亥朔，乙巳是十九日。今據改。"今從改。

[2]大儒馬榮伯等:《隋書》卷一《高祖紀上》作“馬榮伯等六儒”。

[3]上大將軍：官名。隋朝時爲勳官，從二品。　元契：人名。北周、隋朝將領。北周初歷任開府、上大將軍。

秋七月庚申，陳人來聘。壬午，突厥沙鉢略可汗上表稱臣。八月甲辰，河南諸州水，遣户部尚書蘇威振給之。戊申，有流星數百，四散而下。九月乙丑，改鮑陂曰杜陂,[1]霸水曰滋水。[2]丙子，遣兼散騎常侍李若使於陳。[3]

[1]鮑陂：在今陝西西安市長安區東南。

[2]霸水：又作灞水，即今陝西渭河支流灞河。

[3]李若：人名。頓丘（今河南清豐縣西南）人。北齊、隋朝官吏。見《北史》卷四三《李崇附李若傳》。

冬十一月丁卯，晋王廣來朝。十二月丁未，降囚徒。

六年春正月甲子，党項羌内附。[1]庚午,[2]班曆於突厥。壬申，使户部尚書蘇威巡省山東。

[1]党項羌：族名。羌族的一支，以游牧爲生。見《北史》卷九六《党項傳》。

[2]庚午：底本作“庚子”，殿本、四庫本、四部備要本、中華本作“庚午”。中華本校勘記云:“各本‘午’作‘子’，殿本據上文甲子、下文壬申改作‘午’。按《隋書》作‘午’。是年正月癸丑朔，無庚子，庚午是十八日。今從殿本。”按：據陳垣《二十

史朔閏表》，隋文帝開皇六年正月壬子朔，無庚子，庚午是十九日，今從中華本改。

二月乙酉，山南荆淅七州水，[1]遣前工部尚書長孫毗振恤之。丙戌，制刺史上佐，每歲暮，更入朝上考課。[2]丁亥，發丁男十一萬修築長城，二旬而罷。庚子，大赦。

[1]荆淅：底本作“荆浙”，中華本校勘記云：“諸本‘淅’作‘浙’。錢氏《考異》卷三八云：‘“浙”當作“淅”，周、隋置淅州於淅陽郡，即後魏之析州也。“浙”非州名，此轉寫之訛。’按錢説是，今據改。”今從改。

[2]考課：考核官吏的功過、優劣、爲政之得失，並評定等第，以決定賞罰升降。

三月己未，洛陽男子高德上書，請帝爲太上皇，傳位皇太子。帝曰：“朕承天命，撫育蒼生，日旰孜孜，[1]猶恐不逮。豈學近代帝王，事不師古，傳位於子，自求逸樂哉。”癸亥，突厥沙鉢略可汗遣使朝貢。

[1]旰（gàn）：夜晚。

夏四月己亥，陳人來聘。

秋七月辛亥，河南諸州水。乙丑，京師雨毛如馬尾，長者二尺餘，短者有六七寸。八月辛卯，關内七州旱，蠲其賦税。遣散騎常侍裴世豪使于陳。[1]戊申，上柱國、太師、申公李穆薨。閏月丁卯，皇太子鎮洛陽。

辛未，晋王廣、秦王俊並來朝。丙子，上柱國郕公梁士彥、上柱國杞公宇文忻、柱國舒公劉昉謀反，[2]伏誅。上柱國、許公宇文善有罪，[3]除名。九月辛巳，帝素服御射殿，詔百僚射梁士彥三家資物。[4]丙戌，上柱國、宋安公元景山卒。辛丑，詔振恤大象以來死事之家。

[1]裴世豪：人名。其餘不詳。《隋書》卷一《高祖紀上》作“裴豪”。按：《資治通鑑》卷一七六亦作“裴豪”，未詳孰是。

[2]梁士彥：人名。字相如，安定烏氏（今甘肅涇川縣東）人。見《北史》卷七三《梁士彥傳》。

[3]宇文善：人名。宇文忻之兄長。北周、隋朝將領。見《北史》卷六〇《宇文貴附宇文善傳》。

[4]詔百僚射梁士彥三家資物：《隋書》卷一《高祖紀上》作“詔百僚射，賜梁士彥三家資物”。按：從文意來看，此“射”指以射箭决定賞賜分配。當從《北史》。

冬十月己酉，以河北道行臺尚書令、并州總管、晋王廣爲雍州牧，餘官如故。以兵部尚書楊尚希爲禮部尚書。癸丑，置山南道行臺尚書省於襄州，以秦王俊爲尚書令。

七年春正月癸巳，祀太廟。乙未，制諸州歲貢三人。

二月丁巳，祀朝日於東郊。[1]己巳，陳人來聘。壬申，幸醴泉宫。[2]是月，發丁男十萬修築長城，二旬而罷。

[1]祀朝日於東郊：中華本校勘記云：“按‘朝日’即祭祀日

神，不須再著‘祀’字，此衍文。《隋書》《通志》同衍。”可從。

［2］醴泉宫：在今陕西禮泉縣。

夏四月庚戌，於揚州開山陽瀆，[1]以通運漕。突厥沙鉢略可汗卒。癸亥，頒青龍符於東方總管、刺史，[2]西方以白武，[3]南方以朱雀，北方以玄武。甲戌，遣兼散騎常侍楊周使于陳。[4]以户部尚書蘇威爲吏部尚書。五月乙亥朔，日有蝕之。己卯，隕石於武安、滏陽間，[5]十餘里。

［1］山陽瀆：隋文帝開皇七年鑿，自今江蘇淮安市通向淮水，東南經射陽湖，再折西南至今江蘇揚州市南入長江。

［2］青龍符：隋朝時頒發給東方諸州的傳信符。

［3］白武：即白虎。《北史》避唐高祖祖父李虎諱改。《隋書》卷一《高祖紀上》作“騶虞”。按：《詩·召南·騶虞》毛傳：“騶虞，義獸也。白虎，黑文，不食生物，有至信之德，則應之。”

［4］楊周：人名。《隋書》卷一《高祖紀上》作“楊同”。源氏校勘記云：“《隋書》作‘楊同’。”按：《資治通鑑》卷一七六亦作“楊同”，未詳孰是。

［5］武安：縣名。治所在今河北武安市南。　滏陽：縣名。治所在今河北磁縣。

秋七月己丑，衛王爽薨。八月庚申，梁主蕭琮來朝。九月乙酉，梁安平王蕭巖掠於其國以奔陳。[1]辛卯，廢梁國，曲赦江陵。[2]以梁主蕭琮爲柱國，封莒國公。

［1］安平王：封爵名。遥封。安平，郡名。隋朝時治端氏縣，

在今山西沁水縣東北西城。

[2]曲赦：特赦。

冬十月庚申，行幸同州。以先帝所居故，曲降囚徒。癸亥，幸蒲州。[1]丙寅，宴父老，上極歡，曰："此間人物，衣服鮮麗，容止閑雅。良由仕宦之鄉，陶染成俗也。"十一月甲午，幸馮翊，祭故社。父老對詔失旨，上大怒，免其縣官而去。戊戌，車駕至自馮翊。

[1]蒲州：隋朝時治蒲坂縣，在今山西永濟市西南蒲州鎮。

八年春正月乙亥，陳人來聘。二月辛酉，陳人寇硤州。[1]三月辛未，上柱國、隴西公李詢卒。[2]甲戌，遣兼散騎常侍程尚賢使于陳。戊寅，詔大舉伐陳。

[1]硤州：隋朝初治石鼻城，在今湖北宜昌市西北。

[2]隴西公：封爵名。隴西，郡名。隋朝時治襄武縣，在今甘肅隴西縣東南。　李詢：人名。字孝詢，隴西成紀（今甘肅秦安縣）人。北周、隋朝將領。見《北史》卷五九《李賢附李詢傳》。

秋八月丁未，河北諸州飢，遣吏部尚書蘇威振恤之。九月癸巳，嘉州言龍見。[1]

[1]嘉州：隋朝時治平羌縣，在今四川樂山市市中區。

冬十月己未，置淮南行臺省於壽春，[1]以晋王廣爲尚書令。辛酉，陳人來聘，拘留不遣。

[1]壽春：縣名。治所在今安徽壽縣。

甲子，有星孛于牽牛。[1]享太廟，授律，令晋王廣、秦王俊、清河公楊素並爲行軍元帥以伐陳。[2]於是晋王出六合，[3]秦王出襄陽，[4]清河公楊素出信州，[5]荆州刺史劉仁恩出江陵，宜陽公王世積出蘄春，[6]新義公韓擒出廬江，[7]襄邑公賀若弼出吴州，[8]落叢公燕榮出東海，[9]合總管九十，兵五十一萬八千，皆受晋王節度。東接滄海，西拒巴蜀，旌旃舟檝，横亘數千里。仍曲赦陳國。

[1]星孛：即彗星。又作“孛星”。　牽牛：即牽牛星。

[2]清河公：封爵名。清河，郡名。隋朝時治清河縣，在今河北清河縣西北。　楊素：人名。字處道，弘農華陰（今陝西華陰市東南）人。見《北史》卷四一《楊素傳》。

[3]六合：地名。在今江蘇南京市六合區。

[4]襄陽：郡名。隋朝時治襄陽縣，在今湖北襄樊市。

[5]信州：隋朝時治白帝城，在今重慶奉節縣東。

[6]宜陽公：封爵名。宜陽，郡名。隋朝時治宜陽縣，在今河南宜陽縣西。　王世積：人名。闡熙新囶（今陝西靖邊縣西）人。北周、隋朝官吏。見《隋書》卷四〇《王世積傳》。　蘄春：縣名。治所在今湖北蘄春縣西南。

[7]新義公：封爵名。新義，郡名。治所不詳。　韓擒：人名。一作“韓擒虎”。《北史》避唐高祖祖父李虎諱改。本名豹，字子通，河南東垣（今河南新安縣東）人。北周、隋朝將領。見《北史》卷六八《韓雄附韓擒傳》。　廬江：縣名。治所在今安徽廬

江縣。

[8]襄邑公：封爵名。襄邑，縣名。治所在今河南杞縣西。　賀若弼：人名。字輔伯，河南洛陽（今河南洛陽市東北）人，賀若敦子。北周、隋朝將領。見《北史》卷六八《賀若敦附賀若弼傳》。　吴州：陳宣帝太建十一年（579），南兗州入北周，改名吴州。隋文帝開皇九年（589）改名揚州。故此吴州爲北周時吴州，隋初沿置，治廣陵縣，在今江蘇揚州市城區。

[9]落叢公：封爵名。落叢，郡名。隋朝時治落叢縣，在今陝西略陽縣西北。　燕榮：人名。字貴公，弘農華陰（今陝西華陰市東南）人。北周、隋朝官吏。見《北史》卷八七《燕榮傳》。　東海：郡名。隋朝時治朐山縣，在今江蘇連雲港市海州區。

十一月丁卯，車駕餞師。詔購陳叔寶，[1]位上柱國、萬户公。乙亥，行幸定城，[2]陳師誓衆。丙子，幸河東。十二月，車駕至自河東。

[1]陳叔寶：人名。字元秀，小字黄奴，吴興長城（今浙江長興縣）人。南朝陳最後一位皇帝。見《陳書》卷六《後主紀》。

[2]定城：地名。在今陝西潼關縣西北。

九年春正月癸酉，以尚書右僕射虞慶則爲右衛大將軍。[1]丙子，賀若弼敗陳師於蔣山，[2]獲其將蕭摩訶；韓擒進師入建鄴，[3]獲陳主叔寶，陳國平。合州四十，[4]郡一百，縣四百，户五十萬，口二百萬。癸巳，遣使持節巡撫之。

[1]右僕射：底本作“左僕射”，中華本作“右僕射”，源氏校

勘記云:"'左'《隋書》作'右'。按本傳無爲左僕射之事。"按:本卷記載隋文帝開皇四年"庚子,以吏部尚書虞慶則爲尚書右僕射",此處當從中華本。今改。　右衛大將軍:官名。隋朝時置。爲右衛府主官。掌宫掖禁禦,督攝仗衛。正三品。

[2]蔣山:即今江蘇南京市中山門外鐘山。

[3]建鄴:都城名。曾改名爲建康。在今江蘇南京市。東晋、南朝皆建都於此。

[4]四十:《隋書》卷二《高祖紀下》作"三十"。源氏校勘記云:"'四十'《隋書》作'三十'。"未詳孰是。

二月乙未,廢淮南尚書省。[1]丙申,制五百家爲鄉,正一人;百家爲里,長一人。

[1]淮南尚書省:《隋書》卷二《高祖紀下》作"淮南行臺省"。按:《資治通鑑》卷一七七亦作"淮南行臺省"。

夏四月己亥,幸驪山,[1]親勞旋師。乙巳,三軍凱入,獻俘於太廟。以晋王廣爲太尉。庚戌,帝御廣陽門,[2]宴將士,頒賜各有差。辛亥,大赦。以陳都官尚書孔範、散騎常侍王瑳、王儀、御史中丞沈觀等邪佞於其主,[3]以致亡滅,皆投之邊裔。陳人普給復十年。軍人畢世免徭役。擢陳之文武衆才而用之。宫奴數千,可歸者歸之,其餘盡以分賜將士及王公貴臣。其資物,皆於五垛賜王公以下大射。[4]毁所得秦漢三大鐘,越二大鼓。又設亡陳女樂,謂公卿等曰:"此聲似啼,朕聞之甚不喜,故與公等一聽亡國之音,俱爲永鑒焉。"辛酉,以吏部侍郎宇文弢爲刑部尚書,[5]宗正少卿楊异爲工部尚書。[6]

[1]驪山：又名酈山。在今陝西西安市臨潼區東南。

[2]廣陽門：指大興城的正南門，隋文帝仁壽元年（601）改名昭陽門。

[3]孔範：人名。字法言，會稽山陰（今浙江紹興市）人。南朝陳官吏。見《南史》卷七七《孔範傳》。　王瑳：人名。南朝陳官吏。常與陳後主宴游，寫作詩歌，爲後主"狎客"之一。　王儀：人名。南朝陳官吏。常與陳後主宴游，寫作詩歌，爲後主"狎客"之一。　御史中丞：官名。南朝亦稱南司，其職雖重，世族名士多不樂爲之。南朝陳時爲三品、二千石。　沈觀：人名。其餘不詳。《南史》《資治通鑑》作"沈瓘"。

[4]大射：原爲祭祀擇士而舉行的射禮。後成爲選拔官吏的一種方式，演練射箭講求交往之禮儀和騎射之技藝。

[5]吏部侍郎：官名。隋初爲吏部司長官，隸屬吏部尚書。初爲六品上，文帝開皇三年爲從五品。　宇文㢸：人名。字公輔，河南洛陽（今河南洛陽市東北）人。北周、隋朝官吏。見《北史》卷七五《宇文㢸傳》。

[6]宗正少卿：官名。掌宗室親族事務，屬宗正寺。隋朝從四品上。底本作"宗正卿"，《隋書》卷二《高祖紀下》作"宗正少卿"。按：《隋書》及《北史》楊异本傳均載其爲宗正少卿，當從《隋書》改。　楊异：人名。字文殊，弘農華陰（今陝西華陰市東南）人。北周、隋朝大臣。見《北史》卷四一《楊敷附楊异傳》。

壬戌，詔曰："今率土大同，含生遂性。兵可立威，不可不戢；刑可助化，不可專行。禁衛九重之餘，鎮守四方之外，戎旅軍器，皆宜停罷。武力之子，俱可學文。人間甲仗，悉皆除毀。"

閏月丁丑，頒木魚符於總管、刺史，雌一雄一。[1]己卯，以吏部尚書蘇威爲尚書右僕射。

[1]雄一：底本作“雄三”，《隋書》卷二《高祖紀下》作“雄一”。按：木魚符爲木質的魚形符信，雌一雄一相合，以此驗證真僞，故以《隋書》爲是。今從改。

六月乙丑，以荆州總管楊素爲納言。丁卯，[1]以吏部侍郎盧愷爲禮部尚書。[2]時群臣咸請封禪，詔不許，曰:“豈可命一將軍除一小國，以薄德而封名山，用虚言而干上帝邪。”八月壬戌，以廣平王雄爲司空。

[1]丁卯：《隋書》卷二《高祖紀下》作“丁丑”，源氏校勘記云:“‘卯’《隋書》作‘丑’。”按：據干支表，隋文帝開皇九年壬戌朔，丁卯、丁丑均在此月，未詳孰是。

[2]盧愷：人名。字長仁，范陽涿（今河北涿州市）人。北周、隋朝官吏。見《北史》卷三〇《盧玄附盧愷傳》。

冬十一月壬辰，考使定州刺史豆盧通等上表請封禪，[1]上不許。庚子，以右衛大將軍虞慶則爲右武候大將軍，右領軍將軍李安爲右領軍大將軍。[2]甲寅，降囚徒。

[1]豆盧通：人名。一名會，字平東，昌黎徒何（今遼寧錦州市）人。北周、隋朝官吏。見《北史》卷六八《豆盧寧附豆盧通傳》。

[2]右領軍將軍：官名。隋朝時掌禁衛皇宫。　李安：人名。

字玄德，隴西狄道（今甘肅臨洮縣）人。北周、隋朝大臣。見《北史》卷七五《李安傳》。

十二月甲子，詔太常卿牛弘、通直散騎常侍許善心、秘書丞姚察、通直郎虞世基等議定樂。[1]

[1]太常卿：太常的尊稱。北齊置，爲太常寺長官，掌管宗廟祭祀禮樂。以其掌禮樂祭祀，或稱樂卿。隋朝時爲正三品。　牛弘：人名。字里仁，安定鶉觚（今陝西長武縣）人。見《北史》卷七二《牛弘傳》。　通直散騎常侍：官名。隋初屬門下省，掌值朝陪從，員四人，正四品。隋煬帝大業三年罷。　許善心：人名。字務本，高陽北新城（今河北徐水縣）人。隋朝學者。見《北史》卷八三《許善心傳》。　秘書丞：官名。主掌典籍圖書的管理、整理，兼修撰國史及起居注。隋朝時爲正五品上。隋煬帝大業三年增置秘書少監，位其上，遂降爲佐官。　姚察：人名。字伯審，吴興武康（今浙江德清縣西）人。見《陳書》卷二七《姚察傳》。　通直郎：官名。通直散騎侍郎的簡稱。隋初屬門下省，掌陪從值朝，員四人，從五品上。　虞世基：人名。字懋世，會稽餘姚（今浙江餘姚市）人。見《北史》卷八三《虞世基傳》。

十年春正月乙未，以皇孫昭爲河南王，[1]楷爲華陽王。[2]二月庚申，行幸并州。

[1]昭：即楊昭，人名。隋煬帝長子。見《北史》卷七一《元德太子昭傳》。　河南王：封爵名。河南，郡名。隋朝時治河南縣，在今河南洛陽市。

[2]楷：即楊楷，人名。隋煬帝之子。　華陽王：封爵名。華陽，郡名。隋朝時治華陽縣，在今陝西勉縣東北。

夏五月乙未，詔曰:“魏末喪亂，宇縣瓜分，役軍歲動，未遑休息。兵士軍人，權置坊府，南征北伐，居處無定，家無完堵，地罕苞桑，恒爲流寓之人，竟無鄉里之號，朕甚愍之。凡是軍人，可悉屬州縣，墾田籍帳，[1]一同編户。軍府統領，宜依舊式。”罷山東、河南及北方緣邊之地新置軍府。

[1]籍帳：謂登記户口、田地、賦税等的簿册。

六月辛酉，制人年五十，免役折庸。[1]

[1]免役折庸：源氏校勘記云:“‘折’《隋書》作‘收’。”按：意爲以庸功抵償徭役，故作“折”或“收”皆通。

秋七月癸卯，以納言楊素爲内史令。庚戌，上親録囚徒。辛亥，高麗遼東郡公高陽卒。

八月壬申，遣柱國韋洸、上開府王景並持節巡撫嶺南，[1]百越皆服。[2]九月丁酉，至自并州。[3]

[1]韋洸：人名。字世穆，京兆杜陵（今陝西西安市長安區東）人。見《北史》卷六四《韋孝寬附韋洸傳》。

[2]百越：亦作“百粵”，南方越人的總稱。分布在今浙、閩、粤、桂等地。因部落衆多，故總稱百越。

[3]九月丁酉至自并州：中華本校勘記云:“《隋書》繫於四月辛酉。按上文二月庚申幸并州，至七月庚戌，親録囚徒，則七月應已在長安，不得至九月始返。疑《隋書》繫於四月是。”

冬十月甲子，頒木魚符於京官五品以上。

十一月辛卯，幸國學，頒賜各有差。辛丑，祀南郊。

是月，婺州人汪文進、會稽人高智慧、蘇州人沈玄懀皆舉兵反，[1]自稱天子。樂安蔡道人、饒州吴世華、永嘉沈孝徹、泉州王國慶、餘杭楊寶英、交阯李春等，[2]皆自稱大都督。詔内史令楊素討平之。

[1]婺州：隋朝時治金華縣，在今浙江金華市。　會稽：郡名。隋朝時治會稽縣，在今浙江紹興市。　高智慧：人名。一作“高智惠”。隋文帝開皇十年，舉兵反隋，自號東揚州刺史，曾攻陷泉州。先後與隋將楊素交戰多次，敗後轉戰到閩越一帶。　蘇州：隋朝時治吴縣，在今江蘇蘇州市。

[2]樂安：縣名。《資治通鑑》卷一七七胡三省注云：“蓋台州之樂安。”治所在今浙江仙居縣。　饒州：隋朝時治鄱陽縣，在今江西鄱陽縣。　吴世華：人名。又名“吴代華”，江南反隋首領之一。後被楊素平定，處死。　永嘉：郡名。隋朝時治括蒼縣，在今浙江麗水市。　沈孝徹：源氏校勘記云：“‘徹’《隋書》作‘澈’。”　泉州：隋朝時治閩縣，在今福建福州市。　餘杭：郡名。隋朝時治錢塘縣，在今浙江杭州市。　交阯：郡名。隋朝時治龍編縣，在今越南河内市西南。

是歲，吐谷渾、契丹並遣使朝貢。

十一年春正月丁酉，以平陳所得古器，多爲祅變，[1]悉命毁之。丙午，皇太子妃元氏薨，上舉哀於東宫文思殿。二月戊午，以大將軍蘇孝慈爲工部尚書。丙子，以臨潁令劉曠政績尤異，[2]擢爲莒州刺史。[3]辛巳晦，日有蝕之。

[1]祅變：毛本、殿本、四庫本、局本、四部備要本作“禍變”。

[2]臨潁：縣名。治所在今河南臨潁縣西北。　劉曠：人名。隋朝官吏。見《北史》卷八六《劉曠傳》。

[3]莒州：隋朝時治東莞縣，在今山東沂水縣。

夏五月乙巳，以右衛將軍元旻爲左衛大將軍。[1]

[1]右衛將軍：官名。隋初爲十二衛中的右衛副長官，協助右衛大將軍掌管宫掖禁衛。隋煬帝大業初改左右衛爲左右翊衛，此職改爲右翊衛大將軍。從三品。　元旻：人名。隋朝將領。爲太子楊勇寵信，因阻止隋文帝廢太子勇而被殺。

秋八月壬申，滕王瓚薨。乙亥，上柱國沛國公鄭譯卒。

是歲，高麗、靺鞨並遣使朝貢。突厥獻七寶盌。[1]

[1]七寶盌：以多種寶物裝飾的碗。

十二年春二月己巳，以蜀王秀爲内史令，兼右領軍大將軍；以漢王諒爲雍州牧、右衛大將軍。

秋七月乙巳，尚書右僕射邳公蘇威、禮部尚書容城侯盧愷並坐事除名。[1]壬申晦，日有蝕之。

[1]容城侯：封爵名。容城，縣名。治所在今河北容城縣西北。

八月甲戌，制天下死罪，諸州不得便決，皆令大理覆之。癸巳，制宿衛者不得輒離所守。丁酉，上柱國、楚公豆盧勣卒。[1]戊戌，上親録囚徒。

[1]豆盧勣：人名。字定東，昌黎徒何（今遼寧錦州市）人。見《北史》卷六八《豆盧寧附豆盧勣傳》。

冬十月丁丑，以遂安王集爲衛王。壬午，祀太廟。至太祖神主前，帝流涕嗚咽，不自勝。十一月辛亥，祀南郊。己未，上柱國、新義公韓擒卒。甲子，百僚大射於武德殿。[1]十二月乙酉，以内史令楊素爲尚書右僕射。

[1]武德殿：隋大興城宫殿之一，與東宫鄰近。

是歲，突厥、吐谷渾、靺鞨並遣使朝貢。

十三年春正月乙巳，上柱國、郇公韓建業卒。[1]壬子，祀感帝。[2]己未，以信州總管韋世康爲吏部尚書。壬戌，行幸岐州。二月丙子，詔營仁壽宫。[3]丁亥，至自岐州。己卯，立皇孫暕爲豫章王。[4]戊子，晋州刺史、南陽郡公賈悉達，[5]隰州總管、撫寧郡公韓延等，[6]以賄伏誅。己丑，制坐事去官者，配防一年。[7]丁酉，制私家不得隱藏緯候圖讖。[8]

[1]韓建業：人名。北齊、北周、隋朝官吏。官至領軍大將軍。

見《北史》卷五三《張保洛附韓建業傳》。

［2］感帝：古代認爲王者之先祖皆感太微五帝之精以生，因稱其祖所感生之帝爲“感生帝”，亦省作“感帝”“感生”。

［3］仁壽宫：在今陝西麟游縣。

［4］暕：即楊暕，人名。字世朏，小字阿孩。隋煬帝之子。見《北史》卷七一《齊王暕傳》。　豫章王：封爵名。豫章，郡名。隋朝時治南昌縣，在今江西南昌市。

［5］晉州：隋朝時治白馬城，在今山西臨汾市城區。　南陽郡公：封爵名。南陽，郡名。隋朝時治上宛縣，在今河南南陽市。

［6］隰州：隋朝時治隰川縣，在今山西隰縣。　撫寧郡公：封爵名。撫寧，郡名。隋朝時治開疆縣，在今陝西米脂縣西。　韓延：人名。北周、隋朝官吏。位開府。

［7］配防：源氏校勘記云:“《隋書》作‘配流’。”

［8］緯候圖讖：記載讖語、占卜之類書的統稱。

夏五月癸亥，詔禁人間撰集國史，臧否人物。

秋七月戊辰晦，日有蝕之。九月丙辰，降囚徒。庚申，封邵公楊綸爲滕王。[1]

［1］楊綸：人名。字斌籀，弘農華陰（今陝西華陰市東南）人。隋朝宗室。見《北史》卷七一《滕穆王瓚附楊綸傳》。

冬十一月乙卯，[1]上柱國、華陽公梁彦光卒。[2]

［1］十一月：《隋書》卷二《高祖紀下》作“十月”。按：據干支表，十月戊辰朔，無乙卯，十一月丁酉朔，乙卯是十七日，《隋書》誤。

［2］華陽公：底本作“華陰公”，中華本校勘記云:“諸本‘陽’

作‘陰’，《隋書》作‘陽’。按本書卷八六、《隋書》卷七三《梁彦光傳》作‘陽’，今據改。”今從改。　梁彦光：人名。字脩芝，安定烏氏（今甘肅涇川縣東）人。北周、隋朝官吏。見《北史》卷八六《梁彦光傳》。

是歲，契丹、霫、室韋、靺鞨並遣使朝貢。[1]

[1]霫（xí）：族名。隋朝時居於潢水（今西拉木倫河）以北，東接靺鞨，西至突厥，南鄰契丹，北比烏洛侯。以射獵爲生，習俗與契丹相近。後遷潢水以南，併入奚。　室韋：族名。一作“失韋”。北魏時始見於史書記載。或以爲和契丹同族。北魏時分爲北室韋、南室韋等五部，不相統屬。分居於嫩江及黑龍江南北岸地區，以漁獵爲主。自北朝以來，與中原地區關係密切，後曾服屬突厥。見《北史》卷九四《室韋傳》。

十四年夏四月乙丑，詔曰：“比命有司，總令研究，正樂雅聲，詳定已訖，宜即施用，見行者停。人間音樂，流僻日久，[1]棄其舊體，競造繁聲，流宕不歸，遂以成俗。宜加禁約，務存其本。”五月辛酉，京師地震。關内諸州旱。

[1]流僻日久：源氏校勘記云：“‘流’《隋書》作‘浮’。”

六月丁卯，詔省、府、州、縣皆給廨田，[1]不得興生，與人争利。

[1]廨田：即公廨田。隋唐時給各官署的田，所收地租充辦公

經費。

秋七月乙未，以邳公蘇威爲納言。八月辛未，關中大旱，人飢。行幸洛陽，并命百姓山東就食。[1]

[1]并命百姓山東就食：《隋書》卷二《高祖紀下》作“上率户口就食於洛陽”。

冬閏十月甲寅，詔曰：“梁、齊、陳往皆創業一方，[1]綿歷年代。既宗祀廢絶，祭奠無主，興言矜念，良以愴然。莒國公蕭琮及高仁英、陳叔寶等，[2]宜令以時世修祭祀，所須器物，有司給之。乙卯，制外官九品以上，父母及子年十五不得從之官。十一月壬戌，制州縣佐史，三年一代，不得重任。癸未，有星孛于角、亢。[3]十二月乙未，東巡狩。

[1]梁齊：《隋書》卷二《高祖紀下》作“齊、梁”。此“齊”指北齊，“梁齊”順序無誤。

[2]高仁英：人名。勃海蓨（今河北景縣）人。北齊宗室。見《北史》卷五二《高平王仁英傳》。

[3]角亢：角宿與亢宿的並稱。二十八宿中東方蒼龍七宿中的第一、第二宿。

十五年春正月壬戌，車駕次齊州，親問疾苦。丙寅，旅王符山。[1]庚午，以歲旱，祀太山以謝愆咎，[2]大赦。二月丙辰，禁私家畜兵器，關中、緣邊不在其例。

禁河以東無得乘馬。丁巳，上柱國、蔣公梁睿卒。三月己未，車駕至自東巡。望祭五嶽海瀆。[3]丁亥，幸仁壽宮。

[1]王符山：即今山東泰山西北麓十二支脉之一，又名靈巖山、方山。《魏書·地形志》"奉高縣"條下有"王符山"，而《隋書·地理志》"魯郡博城縣"條下作"玉符山"。《資治通鑑》《水經注》並作"玉符山"。疑是。

[2]太山：在今山東泰安市東南。

[3]望祭：遥望而致祭。

夏四月己丑朔，大赦。甲辰，以趙州刺史楊達爲工部尚書。[1]五月丁亥，制京官五品以上佩銅魚符。六月戊子，詔鑿砥柱。[2]庚寅，相州刺史豆盧通貢綾文布，[3]命焚之于朝堂。辛丑，詔名山未在祀典者，悉命祀之。

[1]趙州：隋朝時治廣阿縣，在今河北隆堯縣東。　楊達：人名。字士達，弘農華陰（今陝西華陰市東南）人。北周、隋朝官吏。見《北史》卷六八《楊紹附楊達傳》。

[2]砥柱：山名。亦作"三門山"，在今河南陝縣東北黄河中。《隋書》卷二《高祖紀下》作"底柱"。

[3]綾文布：一種紋如冰凌的布。

秋七月甲戌，遣邳公蘇威巡省江南。戊寅，至自仁壽宮。辛巳，制九品以上官，以理去官者，並聽執笏。[1]

[1]笏（hù）：古代大臣朝見時所執的狹長板子，亦稱手板。有事則書於其上，以備遺忘。

冬十二月戊子，敕盜邊糧一升以上，皆斬，籍没其家。己丑，詔文武官以四考更代。

是歲，吐谷渾、林邑等國並遣使朝貢。[1]

[1]林邑：國名。故址在今越南中南部。

十六年春二月丁亥，[1]封皇孫裕爲平原王，[2]筠爲安成王，[3]嶷爲安平王，恪爲襄城王，[4]該爲高陽王，[5]韶爲建安王，[6]煚爲潁川王。[7]

[1]二月：《隋書》卷二《高祖紀下》作“正月”。源氏校勘記云:“‘二月’《隋書》作‘正月’。”按：據干支表，隋文帝開皇十六年正月甲寅朔，無丁亥，二月甲申朔，丁亥是四日，《隋書》誤。

[2]平原王：封爵名。平原，郡名。治所不詳。

[3]安成王：封爵名。安成，郡名。隋朝時治平都縣，在今江西安福縣。

[4]襄城王：封爵名。襄城，郡名。隋朝時治襄城縣，在今河南襄城縣。

[5]高陽王：封爵名。高陽，郡名。隋朝時治高陽縣，在今河北高陽縣東。

[6]建安王：封爵名。建安，郡名。隋朝時治建安縣，在今福建建甌市。隋煬帝大業三年改閩州置，治閩縣，在今福建福州市。

[7]潁川王：封爵名。潁川，郡名。隋朝時治潁川縣，在今河南許昌市。

夏六月甲午，制工商不得進仕。并州大蝗。辛丑，詔九品以上妻、五品以上妾，夫亡不得改嫁。

秋八月庚戌，[1]詔决死罪者，三奏而後行刑。

[1]庚戌：《隋書》卷二《高祖紀下》作“丙戌”。按：隋文帝開皇十六年八月辛巳朔，庚戌、丙戌均在此月，未詳孰是。

冬十月己丑，幸長春宫。[1]十一月壬子，至自長春宫。

[1]長春宫：在今陝西大荔縣朝邑鎮西北。

十七年春二月癸未，太平公史萬歲伐西寧，剋之。[1]庚寅，行幸仁壽宫。庚子，上柱國王世積討桂州賊李光仕，[2]平之。三月丙辰，詔諸司屬官有犯，聽於律令外斟酌决杖。辛酉，上親録囚徒。癸亥，上柱國、彭國公劉昶以罪伏誅。[3]庚午，遣御史柳彧、皇甫誕巡省河南北。[4]

[1]太平公史萬歲伐西寧剋之：中華本校勘記云：“《隋書》作‘擊西寧羗，平之’。《通鑑》卷一七八‘擊南寧羌平之’。胡注云：‘南寧之地，漢屬牂柯，蜀漢屬南中，晋屬寧州，梁爲南寧州。其後爲爨氏所據。西爨，蠻也，非羌也。《通鑑》因隋紀成文。’按本書卷七三、《隋書》卷五三《史萬歲傳》但云萬歲擊南寧夷爨翫，不云擊西寧羌。”可從。南寧，州名。南朝梁時治味縣，在今雲南曲靖市西。太平公，封爵名。太平，縣名。治所在今山西襄汾縣古城鎮。史萬歲，人名。京兆杜陵（今陝西西安市長安區東）

人。隋朝名將。見《北史》卷七三《史萬歲傳》。

[2]桂州：隋朝時治始安縣，在今廣西桂林市。　李光仕：人名。桂州（今廣西桂林市）人。俚族首領。

[3]彭國公：底本作“彭城公”，毛本、四庫本、局本、四部備要本亦作“彭城公”。中華本校勘記云：“諸本作‘彭城公’，《隋書》作‘彭國公’。按本書卷六五、《周書》卷一七《劉亮傳》，昶以亮功封彭國公。《隋書》卷八〇《劉昶女傳》、卷八四《突厥傳》都作‘彭國’。作‘城’誤，今據改。”今從改。　劉昶：人名。北周、隋朝官吏。見《北史》卷六五《劉亮附劉昶傳》。

[4]御史：官名。侍御史的省稱。西漢始置。隋初沿置，由吏部選用，入值禁中。從七品。隋煬帝大業三年後，掌侍從糾察，升爲正七品。　柳彧：人名。字幼文，河東解（今山西臨猗縣）人。北周、隋朝官吏。見《北史》卷七七《柳彧傳》。　皇甫誕：人名。字玄慮，安定三水（今陝西彬縣）人。北周、隋朝官吏。見《北史》卷七〇《皇甫璠附皇甫誕傳》。

夏四月戊寅，頒新曆。五月庚申，宴百僚於玉女泉，[1]班賜各有差。己巳，蜀王秀來朝。閏月己卯，群鹿入殿門，馴擾侍衛之内。

[1]玉女泉：地名。在今陝西周至縣。

秋七月丁丑，桂州人李世賢反，[1]遣右武候大將軍虞慶則討平之。丁亥，并州總管、秦王俊坐事免，以王就第。九月甲申，車駕至自仁壽宫。庚寅，上謂侍臣曰：“廟庭設樂，本以迎神。齋祭之日，觸目多感，當此之際，何可爲心？在路奏樂，禮爲未允。公卿宜更詳之。”

[1]李世賢：《隋書》卷二《高祖紀下》作“李代賢”。按：《北史》卷七三《虞慶則傳》、卷七八《權武傳》亦作“李世賢”，今從底本。

冬十月丁未，頒銅武符於驃騎、車騎府。[1]戊申，道王静薨。庚午，詔曰：“五帝異樂，三王殊禮，皆隨事而有損益，因情而立節文。仰惟祭享宗廟，瞻敬如在，罔極之感，情深兹日。而禮畢升路，鼓吹發音，還入宫門，金石振響，斯則哀樂同日，心事相違，情所不安，理寔未允。宜改兹往式，用弘禮教。自今享廟日，不須備鼓吹，殿庭勿設樂縣。”辛未，京下大索。十二月壬子，上柱國、右武候大將軍、魯公虞慶則以罪伏誅。

[1]銅武符：《隋書》卷二《高祖紀下》作“銅獸符”。中華本校勘記云：“《隋書》‘武’作‘獸’，都是避李虎諱改。”

是歲，高麗、突厥並遣使朝貢。

十八年春正月辛丑，詔曰：“吴、越之人，往承弊俗，所在之處，私造大船，因相聚結，致有侵害。江南諸州，人間有船長三丈以上，悉括入官。”二月甲辰，幸仁壽宫。乙巳，以漢王諒爲行軍元帥，水陸三十萬，伐高麗。

夏五月辛亥，詔畜猫鬼、蠱毒、厭魅、野道之家，[1]投于四裔。六月丙寅，詔黜高麗王高元官爵。[2]

[1]猫鬼：古代行巫術者蓄養的猫。謂有鬼物附着其身，可以咒語、驅使害人，因稱猫鬼。　蠱毒：以毒藥藥人，令人不自知者，謂之蠱毒。　厭（yā）魅：古代的一種方術，謂能以詛咒制勝。　野道：指邪道。謂民間流傳的不正規的道教。

[2]高元：人名。高句麗國王高湯之子。初即位，隋文帝遣使拜其爲上開府，儀同三司，襲遼東郡公，繼又册封爲高麗王。尋率靺鞨之衆攻遼西，開皇十八年文帝命漢王楊諒總水陸大軍討伐，並下詔黜其官爵。高元懼，遣使謝罪。隋煬帝即位，以多次拒徵不入朝而親征之，無功而還。

秋七月丙子，[1]詔京官五品以上、總管、刺史舉志行修謹、清平幹濟之士。九月己丑，漢王諒師遇疾疫而旋，死者十二三。[2]庚寅，敕舍客無公驗者，[3]坐及刺史、縣令。辛卯，車駕至自仁壽宫。

[1]七月：底本作“八月”，中華本校勘記云：“諸本‘七’作‘八’，《隋書》作‘七’。按是年八月己亥朔，無丙子；七月庚午朔，丙子是七日。今據改。”今從改。

[2]十二三：《隋書》卷二《高祖紀下》作“十八九”。源氏校勘記云：“‘二三’《隋書》作‘八九’。”按：未詳孰是。

[3]舍客：旅客。　公驗：官府開具的證件。

冬十一月甲戌，帝親録囚徒。癸未，祀南郊。十二月庚子，上柱國、夏州總管、任城郡公王景以罪伏誅。[1]

[1]夏州：隋朝時治巖緑縣，在今陝西靖邊縣白城子村無定河北岸的毛烏素沙漠中（靠近今内蒙古烏審旗南境）。　任城郡公：封爵名。任城，郡名。隋朝時治魯縣，在今山東曲阜市。底本作“東萊公”，《隋書》卷二《高祖紀下》作“任城郡公”。源氏校勘記云:“‘東萊’《隋書》作‘任城’。”中華本校勘記云:“《隋書》‘東萊公’作‘任城郡公’。按本書卷一〇、《周書》卷八《静帝紀》大象二年，《隋書》卷五四《田仁恭傳》末，並見任城公王景（《田仁恭傳》‘任’訛作‘玉’），官爲上柱國。但《隋書·高祖紀》於開皇十年八月又見‘上開府東萊公王景’（本書但作上開府王景），岑仲勉《隋書求是·州鎮年表》一二四《夏州條》，以爲任城公王景在大象末已位上柱國，東萊公王景在開皇十年纔位上開府，二者不是一人。則此處作‘東萊公’是誤合二人爲一。《隋書》作‘任城郡公’是。”今從改。

是歲，自京師至仁壽宮，置行宮十所。[1]杞、宋、陳、亳、曹、戴、潁等州水，[2]詔並免庸調。

[1]是歲自京師至仁壽宮置行宮十所：《隋書》卷二《高祖紀下》作“十有二所”。源氏校勘記云:“《隋書》‘歲’作‘月’，‘十’下有‘二’字。”未詳孰是。

[2]杞：州名。隋朝時治雍丘縣，在今河南杞縣。　宋：州名。隋朝時治睢陽縣，在今河南商丘市南。　陳：州名。隋朝時治宛丘縣，在今河南淮陽縣。　曹：州名。隋朝時治左城縣，在今山東定陶縣西北。　戴：州名。隋朝時治成武縣，在今山東成武縣。　潁：州名。隋朝時治汝陰縣，在今安徽阜陽市。

十九年春正月癸酉，大赦。戊寅，大射于武德殿。二月己亥，晋王廣來朝。甲寅，幸仁壽宮。

夏四月丁酉，突厥突利可汗内附。[1]達頭可汗犯塞，[2]行軍總管史萬歲擊破之。[3]六月丁酉，以豫章王暕爲内史令。

[1]突利可汗：底本作"利可汗"，中華本校勘記云："按本書卷九九、《隋書》卷六四《突厥傳》，開皇十九年突利可汗降隋，這裏'利'上脱'突'字。下文十月甲午條同脱。"今從改。

[2]達頭可汗：名玷厥，沙鉢略叔父。北方突厥族首領。與沙鉢略一直互相攻伐，後隋助沙鉢略將其攻滅。

[3]行軍總管：官名。北周於戰時設置。總領一路兵馬及軍政事務，位次於行軍元帥。隋因之。

秋八月癸卯，上柱國、尚書左僕射、齊公高熲坐事免。辛亥，上柱國、皖城公張威卒。[1]甲寅，上柱國、城陽公李徹卒。[2]九月乙丑，以太常卿牛弘爲吏部尚書。

[1]皖城公：封爵名。皖城，郡名。治所不詳。　張威：人名。北周、隋朝將領。見《北史》卷七三《張威傳》。

[2]城陽公：封爵名。城陽，郡名。隋朝時治城陽縣，在今河南信陽市東北。　李徹：人名。字廣達，朔方巖緑（今陝西靖邊縣白城子村北）人。北周、隋朝官吏。見《北史》卷六六《李和附李徹傳》。

冬十月甲午，以突厥利可汗爲啓人可汗，築大利城，[1]處其部落。十一月，有司言元年已來，日漸長。十二月乙未，突厥都藍可汗爲部下所殺，[2]國大亂。星隕於勃海。[3]

[1]大利城：隋朝定襄郡郡治所在，其故址爲今内蒙古和林格爾縣土城子古城（參馬長壽《烏桓與鮮卑》，上海人民出版社 1962 年版，第 244 頁；陳永志、李强、劉剛《和林格爾縣土城子古城考古發掘主要收獲》，《内蒙古文物考古》2006 年第 1 期）。

[2]都藍可汗：即雍虞閭。東突厥可汗。見《北史》卷九九《都藍可汗傳》。

[3]勃海：郡名。隋朝時治陽信縣，在今山東陽信縣西南。

二十年春正月辛酉朔，突厥、高麗、契丹並遣使朝貢。二月丁丑，無雲而雷。三月辛卯，熙州人李英林反，[1]遣行軍總管張衡討之。[2]

[1]熙州：隋朝時治懷寧縣，在今安徽潛山縣。

[2]張衡：人名。字建平，河内（今河南沁陽市）人。北周、隋朝官吏。見《北史》卷七四《張衡傳》。

夏四月壬戌，突厥犯塞，以晋王廣爲行軍元帥，擊破之。乙亥，天有聲如寫水，[1]自南而北。六月丁丑，秦王俊薨。

[1]寫：同“瀉”。

秋九月丁未，車駕至自仁壽宫。

冬十月乙丑，廢皇太子勇及其諸子並爲庶人。殺柱國、太平公史萬歲。己巳，殺左衛大將軍、五原公元旻。[1]十一月戊子，以晋王廣爲皇太子。天下地震，京城大風雪。十二月戊午，詔東宫官屬於皇太子不得稱臣。辛巳，詔毁壞偷盗佛及天尊像、嶽鎮海瀆神形者，以不道論。沙門壞佛像，道士壞天尊像，以惡逆論。

[1]五原公：封爵名。五原，郡名。隋朝時治九原縣，在今内蒙古包頭市西。

仁壽元年春正月乙酉朔，[1]大赦，改元。以尚書右僕射楊素爲左僕射，以納言蘇威爲右僕射。丁酉，徙河南王昭爲晋王。突厥寇恒安，[2]遣柱國韓洪擊之，[3]敗焉。以晋王昭爲内史令。辛丑，詔曰："投生殉節，[4]自古稱難，殞身王事，禮加二等。而世俗之徒，不達大義，致命戎旅，不入兆域。興言念此，每深愍歎。且入廟祭祀，並不廢闕，何止墳塋，獨在其外？自今戰亡之徒，宜入墓域。"二月乙卯朔，日有蝕之。

[1]仁壽：隋文帝的年號（601—604）。

[2]恒安：鎮名。在今山西大同市東北。

[3]韓洪：人名。字叔明，河南東垣（今河南新安縣東）人。北周、隋朝將領。見《北史》卷六八《韓雄附韓洪傳》。

[4]投生：源氏校勘記云："《隋書》作'投主'。"

夏五月己丑，突厥男女九萬餘口來降。壬辰，驟雨震雷，大風拔木，宜君湫水移於始平。[1]六月乙卯，遣十六使巡省風俗。乙丑，廢太學及州縣學，唯留國子一學，[2]取正三品以上子七十二人充生。[3]頒舍利於諸州。[4]

[1]宜君：縣名。治所在今陝西宜君縣西南。　湫水：潭水。　始平：縣名。治所在今陝西興平市東北。

[2]國子學：自漢武帝設立太學，即爲其别稱。晋武帝時在太學外别立此學，隸太常。專收五品以上官員子弟。歷朝因之，規模人數不一。

[3]七十二：《隋書》卷二《高祖紀下》作“七十”。源氏校勘記云：“《隋書》無‘二’字。”按：後世常仿孔子七十二賢弟子之數，疑此處亦當從底本。

[4]舍利：釋迦牟尼遺體火化後形成的珠狀物。傳説有三種顔色，白色骨舍利、黑色髮舍利、赤色肉舍利。

秋七月戊戌，改國子爲太學。十一月己丑，祀南郊。十二月，楊素擊突厥，大破之。

二年春三月己亥，幸仁壽宫。

夏四月庚戌，岐、雍二州地震。

秋七月丙戌，詔内外官各舉所知。八月己巳，皇后獨孤氏崩。九月丙戌，車駕至自仁壽宫。壬辰，河南北諸州大水，遣工部尚書楊達振恤之。乙未，上柱國、襄州總管、金水公周摇卒。[1]隴西地震。

[1]襄州：隋朝時治襄陽縣，在今湖北襄樊市。底本作“袁州”，《隋書》卷二《高祖紀下》作“襄州”。中華本校勘記云：“《隋書》《通志》‘袁’作‘襄’。按《隋書·文帝紀》開皇十二年稱以壽州總管周摇爲襄州總管。本書卷七三摇本傳云：‘徙壽、襄二州總管，俱有能名，進上柱國，以老乞骸骨。’則襄州是其最終

官。傳不言其曾官袁州，此‘袁’當爲‘襄’之誤。”今從改。　金水公：封爵名。金水，郡名。即金淵郡，《北史》避唐高祖李淵諱改。隋朝時治金淵縣，在今四川金堂縣。　周摇：人名。字世安，河南洛陽（今河南洛陽市東北）人，鮮卑族。北周、隋朝大臣。見《北史》卷七三《周摇傳》。

冬十月壬子，曲赦益州管内。癸丑，以工部尚書楊達爲納言。閏月甲申，詔尚書左僕射楊素與諸術者刊定陰陽舛謬。己丑，詔楊素、右僕射蘇威、吏部尚書牛弘、内史侍郎薛道衡、秘書丞許善心、内史舍人虞世基、著作郎王劭等修定五禮。[1]壬寅，葬獻皇后於太陵。

[1]内史侍郎：官名。隋朝時爲内史省次官，置四員，正四品。隋煬帝大業三年減爲二員，十二年改爲内書侍郎。　内史舍人：官名。隋朝時爲内史省屬官，文帝開皇三年爲從五品，煬帝大業三年置四人，十二年改名内書舍人。八員，正六品。　著作郎：官名。掌修國史及爲皇帝修撰碑誌、祝文、祭文等。隋朝時置二人，從五品。　王劭：人名。亦作“王邵”。字君懋，太原晋陽（今山西太原市晋源區古城營村一帶）人。北齊、隋朝官吏。見《北史》卷三五《王慧龍附王劭傳》。

十二月癸巳，益州總管、蜀王秀有罪，廢爲庶人。交州人李佛子舉兵反，[1]遣行軍總管劉方討平之。[2]

[1]交州：治所不詳，待考。　李佛子：人名。俚族首領。

[2]劉方：人名。京兆長安（今陝西西安市長安區）人。北周、隋朝名將。見《北史》卷七三《劉方傳》。

三年春二月戊子，以大將軍、蔡陽郡公姚辯爲左武候大將軍。[1]

[1]蔡陽郡公：封爵名。蔡陽，郡名。隋朝時治蔡陽縣，在今湖北棗陽市西南。　姚辯：人名。字思辯，武威（今甘肅武威市）人。隋朝大將（參嚴可均《全上古三代秦漢三國六朝文·全隋文》卷一四《姚辯墓誌》）。底本作“姚辨”。按：《隋書》、《資治通鑑》、《北史》卷一二及九九均作“姚辯”。今從改。

夏五月癸卯，詔曰：“六月十三日是朕生日，其日令海内爲武元皇帝、元明皇后斷屠。”

六月甲午，詔曰：

《禮》云：親以朞斷。蓋以四時之變易，萬物之更始，故聖人象之。其有三年，加隆爾也。但家無二尊，母爲厭降，是以父在喪母，還服于朞者，服之正也。豈容朞内而更小祥？[1]然三年之喪而有小祥者，《禮》云：“朞祭，禮也，朞而除喪，道也。”以是之故，雖未再朞，而天地一變，不可不祭，不可不除，故有練焉，[2]以存喪祭之本。然朞喪有練，於理未安。雖云十一月而練，乃無所法象，非朞非時，豈可除祭？而儒者徒擬三年之喪，立練禫之節，[3]可謂苟存其變，而失其本；欲漸於奪，乃薄於喪。致使子則冠練去絰，[4]黄裏縓緣；[5]絰則布葛在躬，粗服未改。豈非絰哀尚存，子情已奪，[6]親疏失倫，輕重顛倒，乃不順人情，豈聖人之意也？故非先聖之禮，[7]廢於人邪！三年之喪，尚有不行之者，至於祥練之節，安能不墜者乎！

[1]小祥：父母喪後周年的祭名。祭後可稍改善生活及解除喪服的一部分。

[2]練：祭禮名。父母去世第十一個月祭於家廟，穿練過的布帛，故以爲名。

[3]禫（dàn）：祭禮名。除服之祭。父母去世後二十七個月喪家除服稱禫。

[4]冠練：厚繒或粗布之冠。古禮親喪一周年祭禮時著練冠。絰：古代喪服上的麻帶子。

[5]縓緣：淺紅色的邊。

[6]絰則布葛在躬粗服未改豈非絰哀尚存子情已奪：中華本校勘記云："張元濟云：'二"絰"字皆"姪"之誤，上"絰"（姪）字對"子則冠練去絰"之"子"字。下"絰"（姪）對"子情已奪"之"子"字。下文"親疏失倫"，親指子，疏指姪。'按張説是，但諸本及《隋書》並同，今不改。"

[7]非：源氏校勘記云："'非'《隋書》作'知'。"中華本校勘記云："《隋書》'非'作'知'。"

《禮》云：父母之喪，無貴賤一也。而大夫士之喪父母，乃貴賤異服。然則禮壞樂崩，由來漸矣。所以晏平仲之斬粗縗，[1]其老謂之非禮。滕文公之服三年，[2]其臣咸所不欲。蓋由王道既衰，諸侯異政，將踰越於法度，惡禮制之害己，乃滅去篇籍，自制其宜。遂至骨肉之恩，輕重從俗，無易之道，隆殺任情。[3]

[1]晏平仲：人名。即晏嬰。字仲，謚平，又稱晏子，夷濰（今山東高密市）人。春秋後期重要的政治家、思想家、外交家。晏嬰爲父親守喪，其家臣認爲晏嬰所行喪禮不符合身份。見《史記》卷六二《管晏列傳》。 粗縗：苴麻，此指粗布喪服。

[2]滕文公：人名。戰國初滕國國君。初爲太子，路經宋國，曾見孟子，受其仁政思想影響。其父定公死後，派人向孟子請教喪禮；還曾向孟子請教爲國之道與古代井田制度。孟子教以"制民以恒産"的方針。

[3]隆殺任情：底本作"降殺任情"，源氏校勘記云："《隋書》作'隆殺'。"中華本校勘記云："《隋書》'降'作'隆'。按'隆殺任情'，正對'輕重從俗'，又下文'故恩厚者其禮隆，情輕者其禮殺'，亦'隆''殺'對文，作'隆'是。"今從改。

夫禮不從天降，不從地出，乃人心而已者，謂情緣於恩也。故恩厚者其禮隆，情輕者其禮殺。聖人以是稱情立文，別親疏貴賤之節。自臣子道消，上下失序，莫大之恩，逐情而薄，莫重之禮，[1]與時而殺。此乃服不稱喪，容不稱服，非所謂聖人緣恩表情制禮之義也。然喪與其易也，寧在於戚，則禮之本也。禮有其餘，未若於哀，則情之實也。今十一月而練者，非禮之本，非情之實。由是言之，父在喪母，不宜有練。但依《禮》十三月而祥，中月而禫，庶以合聖人之意，達人子之心。

[1]禮：底本作"化"，中華本校勘記云："諸本'禮'訛作'化'，據《隋書》改。"今從改。

秋七月丁卯，詔州縣搜揚賢哲，皆取明知古今，通識安危，究政教之本，達禮樂之源。[1]不限多少，不得不舉。徵召將送，必須以禮。八月壬申，上柱國、檢校幽州總管、落藂公燕榮以罪伏誅。[2]九月壬戌，置常平官。[3]甲子，以營州總管韋沖爲户部尚書。[4]

[1]源：四庫本作“原”。

[2]檢校：官制用語。謂代理。

[3]常平官：官名。即常平監。隋文帝開皇三年設，掌平糴倉儲，以備災荒。

[4]營州：隋朝時治龍城縣，在今遼寧朝陽市。　韋沖：人名。字世沖，京兆杜陵（今陜西西安市長安區東）人。北周、隋朝官吏。見《北史》卷六四《韋孝寬附韋沖傳》。

十二月癸酉，河南諸州水，遣納言楊達振恤之。

四年春正月丙辰，大赦。甲子，幸仁壽宫。

夏四月乙卯，上不豫。六月庚午，[1]大赦。有星入月中，數日而退。長人見於雁門。

[1]庚午：《隋書》卷二《高祖紀下》作“庚辰”。按：據干支表，隋文帝仁壽四年六月乙丑朔，庚午、庚辰均在此月，未詳孰是。

秋七月乙未，日青無光，八日乃復。甲辰，帝疾甚，卧於仁壽宫，與百僚辭訣，上握手歔欷。丁未，崩于大寶殿，[1]時年六十四。詔曰：

[1]大寶殿：位於仁壽宫内。

嗟乎！自昔晋室播遷，天下喪亂，四海不一，以至周、齊，戰争相尋，年將三百。故割疆土者非一所，稱帝王者非一人，書軌不同，生靈塗炭。上天降監，受命于朕，[1]用登大位，豈關人力？故得撥亂反正，偃武修文，天下大同，聲教遠被，此又是天意欲寧區夏。所以昧旦臨朝，不敢逸豫，一日萬機，留心親覽，晦明寒暑，不憚劬勞，匪曰朕躬，蓋爲百姓故也。王公卿士，每日闕庭，[2]刺史以下，歲時朝集，[3]何嘗不罄竭心府，誡敕殷勤。義乃君臣，情兼父子，庶藉百僚之智，萬國歡心，欲令率土之人，永得安樂。不謂遘疾彌留，[4]至於大漸。此乃人生常分，何足言及。但四海百姓，衣食不豐，教化政刑，猶未盡洽，興言念此，唯以留恨。朕今踰六十，不復稱夭，但筋力精神，一時勞竭，如此之事，本非爲身，止欲安養百姓，所以致此。

[1]受命：《隋書》卷二《高祖紀下》作“爰命”。中華本校勘記云：“《隋書》‘受’作‘爰’，是。但‘受’亦可通‘授’，今不改。”

[2]闕庭：朝廷。亦借指京城。

[3]歲時：《隋書》卷二《高祖紀下》作“三時”。按：從文意來看，當從底本。

[4]遘（gòu）疾：生病。

人生子孫，誰不念愛，既爲天下，事須割情。勇及秀等，並懷悖惡，既無臣子之心，所以黜廢。古人有云："知臣莫若君，知子莫若父。"令勇、秀得志，共理家國，亦當戮辱遍於公卿，酷毒流於人庶。今惡子孫已爲百姓黜屏，好子孫足堪負荷大業。此雖朕家事，理不容隱，前對文武侍衛，具已論述。皇太子廣，地居上嗣，仁孝著聞，以其行業，堪成朕志。但念内外群官，[1]同心勠力，以此共安天下。朕雖瞑目，何所復恨？

[1]但念内外群官：源氏校勘記云："'念'《隋書》作'令'。"

國家大事，不可限以常禮，既葬公除，行之自昔，今宜遵用，不勞改定。凶禮所須，纔令周事，務從節儉，不得勞人。諸州總管、刺史以下，宜率其職，不須奔赴。自古哲王，因人作法，前帝後帝，沿革隨時。律令格式有不便於事者，宜依前修改，務當政要。嗚呼！敬之哉，無墜朕命。

乙卯，發喪。河間楊柳四株，無故黄落，既而花葉復生。八月丁卯，梓宫至自仁壽宫。[1]丙子，殯於大興前殿。[2]十月己卯，[3]葬於太陵，[4]同墳而異穴。士庶赴葬者，皆聽入視陵内。

[1]梓宫：指用梓木做的棺槨，一般衹有皇帝或特許的貴族、大臣纔可享有。

[2]大興前殿：大興宫的正殿。

[3]十月己卯：底本作“十月乙卯”，毛本作“冬十月乙卯”，源氏校勘記云:“《隋書》作‘己卯’。”中華本校勘記云:“諸本‘己’作‘乙’，《隋書》作‘己’。按是年十月甲子朔，無乙卯；己卯是十六日。今據改。”今從改。

[4]葬於太陵：中華本校勘記云:“《隋書》‘葬’上有‘合’字，與下‘同墳而異穴’語相應，不宜省。”

帝性嚴重有威容，外質木而内明敏有大略。初得政之始，群情不附，諸子幼弱，内有六王之謀，外致三方之亂，握强兵、居重鎮者，皆周之舊臣。上推以赤心，各盡其用，不踰期月，剋定三邊，未及十年，平一四海。薄賦斂，輕刑罰，内修制度，外撫戎夷。每旦聽朝，日仄忘倦，居處服玩，務存節儉，令行禁止，上下化之。開皇、仁壽之間，丈夫不衣綾綺而無金玉之飾。常服率多布帛，裝帶不過以銅鐵骨角而已。雖嗇於財，至於賞賜有功，亦無所愛惜。

每乘輿四出，路逢上表者，駐馬親自臨問。或潛遣行人，采聽風俗，吏政得失，人間疾苦，無不留意。嘗遇關中飢，遣左右視百姓所食，有得豆屑雜糠而奏之者，上流涕以示群臣，深自咎責，爲之損膳而不御酒肉者，殆將一期。[1]及東拜太山，關中户口就食洛陽者，道路相屬。帝敕斥候，[2]不得輒有驅逼，男女參廁於仗衛之間。[3]遇逢扶老攜幼者，輒引馬避之，慰勉而去。至艱嶮之處，見負擔者，遽令左右扶助之。其有將士戰殁，必加優賞，仍令使者，就家勞問。自强不息，朝夕孜孜。人庶殷繁，帑藏充實，[4]雖未能臻於至道，[5]亦足稱近代之良主。

[1]一期：一整月。

[2]斥候：偵察、候望的人。

[3]參厠：置身。　仗衛：衛隊。

[4]帑（tǎng）藏（cáng）：國庫。

[5]臻於至道：底本作“致臻於至道”。中華本校勘記云：“諸本‘臻’上衍‘致’字，語意重複，據《隋書》删。”今從改。

然雅性沈猜，素無學術，好爲小數。[1]言神燭聖杖，堪能療病。又信王劭解石文以爲己瑞焉。不達大體如是。故忠臣義士，莫得盡心竭辭。其草創元勳，及有功諸將，誅夷獲罪，罕有存者。又不悦詩書，楊素由之希旨，遂奏除學校。唯婦言是用，廢黜諸子。逮于暮年，持法尤峻，喜怒失常，果於殺勠。嘗令左右送西域朝貢使出關，其人所經之處，受牧宰小物，饋鸚鵡、麖皮、馬鞭之屬，[2]聞而大怒；又詣武庫，見署中蕪穢不理。於是執武庫令及諸受遺者，出開遠門外，[3]親自臨决，死者數十人。又往往潛令賂遺令史、府史，受者必死，無所寬貸，議者以此少之。

[1]小數：小的技藝。

[2]麖：即馬鹿。源氏校勘記云：“‘麖’又作‘麠’，音‘京’，《山海經注》‘似鹿而小，黑色。’”

[3]開遠門：長安城北門。

論曰：隋文帝樹基立本，積德累仁，[1]徒以外戚之尊，受託孤之任，與能之議，未爲所許。[2]是以周室舊臣，咸懷憤惋。既而王謙固三蜀之阻，不踰期月；尉遲迥舉全齊之衆，[3]一戰而亡。斯乃非止人謀，抑亦天之所贊。乘兹機運，遂遷周鼎。

[1]隋文帝樹基立本積德累仁：中華本校勘記云："《隋書》無'樹基立本積德累仁'八字。按此八字與下文語意不連貫，疑'樹'上有脱文。"

[2]未爲所許：中華本校勘記云："《隋書》作'未爲當時所許'，疑此脱'當時'二字。"

[3]尉遲迥：《隋書》卷二《高祖紀下》作"尉迥"。按："尉遲"乃當時複姓，從底本。

于時蠻夷猾夏，荆、揚未一，劬勞日仄，經營四方。樓船南邁，則金陵失險；[1]驃騎北指，則單于款塞。《職方》所載，[2]並入疆理，《禹貢》所圖，[3]咸受正朔。[4]雖晋武之克平吴會，[5]漢宣之推亡固存，[6]比義論功，不能尚也。七德既敷，[7]九歌已洽，[8]尉候無警，[9]遐邇肅清。於是躬節儉，平徭賦，倉廩實，法令行，君子咸樂其生，小人各安其業，强不陵弱，衆不暴寡，人物殷阜，朝野歡娱。自開皇二十年間，天下無事，區宇之内，晏如也。[10]考之前王，足以參蹤盛烈。[11]

[1]金陵：城名。在今江蘇南京市清涼山。

[2]職方：《周禮》中的一篇，述天下之疆域地理，以辨别狄夷。

[3]禹貢：《尚書》中的一篇。戰國時魏國的人士託名大禹而

作，因以《禹貢》爲篇名。

[4]正朔：正即正月，爲一年的第一月；朔即初一，爲一月的第一天，所以也用正朔來代表曆法或皇帝的年號。受正朔即遵從王朝的年號和曆法，表示對王朝的效忠和擁戴。

[5]晋武：即西晋皇帝司馬炎。　吴會：東漢分會稽郡爲吴、會稽二郡，並稱吴會。後亦泛稱此兩郡故地。亦借指孫吴政權。

[6]漢宣：即西漢皇帝劉詢。　推亡固存：典故，出自《尚書》。《漢書》卷八《宣帝紀》贊曰："遭匈奴乖亂，推亡固存，信威北夷，單于慕義，稽首稱藩。"李奇注曰："推亡者，若紂爲無道，天下苦之，有滅亡之形，周武遂推而弊之。固存者，譬如鄰國以道涖民，上下一心，勢必能存，因就而堅固之。今匈奴内自奪争有事，故宣帝能朝呼韓邪而固存之，走郅支單于使遠遁，是謂推亡也。"顔師古注曰："《尚書·仲虺之誥》曰：'推亡固存，邦乃其昌。'言有亡道者則推而滅之，有存道者則輔而固之。王者如此，國乃昌盛，故此贊引之。"

[7]七德：語出《左傳》宣公十二年，指禁暴、戢兵、保大、定功、安民、和衆、豐財等七件事。

[8]九歌：《楚辭》名篇，原爲傳説中的遠古歌曲的名稱，後泛指各種樂章。

[9]尉候：官名。秦漢時爲邊防上掌烽堠的軍官。另據居延漢簡，此當爲候與尉之合稱。他們都是候官（哨所）上的官吏。

[10]晏如：安定，安寧。

[11]參蹤：不相上下。

而素無術業，不能盡下，無寬仁之度，有刻薄之資，暨乎暮年，此風愈扇。又雅好瑞符，暗於大道。建彼維城，權侔京室，皆同帝制，靡所適從。聽妬婦之言，惑邪臣之説，溺寵廢嫡，託付失所。滅父子之道，開昆弟之隙，縱其尋斧，翦伐本根。墳土未幹，子孫繼踵爲戮，松檟纔列，[1]天下已非隋有。惜哉！迹其衰怠之源，稽其亂亡之兆，起自文皇，成於煬帝。所由來遠矣，非一朝一夕。其不祀忽諸，未爲不幸也。

[1]松檟：因松、檟二樹常被栽植墓前，故用作墓地的代稱。

北史　卷一二

隋本紀下第十二[1]

[1]中華本校勘記云："錢氏《考異》卷三八引王懋竑云：'此紀全是《隋書》之文，略無增減。詔令載於南、北《史》者，較本書不過什之二三，獨此紀皆載全文。大業八年《征遼詔》千有餘言，亦備載不遺一字。疑《北史》闕此卷，後人以《隋書》補之耳。《北史》本紀例稱帝，此篇獨稱上，亦一證也。'錢氏又按云：'《北史》紀傳後皆有論曰，獨此篇稱史臣曰。'按王、錢二人所舉證據外，本卷不避'民'字，有數處不避'治'字，也與《北史》他卷不同。雖有易'治'爲'理'處，當是後人所改。其中《煬帝紀》與《隋書》略無差異，《恭帝紀》則節刪字句頗多，或補者所爲。"

煬皇帝諱廣，一名英，小字阿㦸，高祖第二子也。[1]母曰文獻獨孤皇后。[2]上美姿儀，少敏慧，高祖及后於諸子中，特所鍾愛。在周以高祖勳，封雁門郡公。[3]

[1]高祖：即隋文帝楊堅。高祖爲其廟號。

[2]文獻獨孤皇后：即隋文帝皇后獨孤氏。文獻爲其謚號。見

《北史》卷一四《隋文獻皇后獨孤氏傳》。

[3]雁門郡公：封爵名。雁門，郡名。北周時治廣武縣，治所在今山西代縣西南。

開皇元年，[1]立爲晋王，拜柱國、并州總管，[2]時年十三。尋授武衛大將軍，[3]進上柱國、河北道行臺尚書令，[4]大將軍如故。高祖令項城公王韶、安道公李徹輔導之。[5]上好學，[6]善屬文，沈深嚴重，朝野屬望。高祖密令善相者來和遍視諸子。[7]和曰："晋王眉上雙骨隆起，貴不可言。"既而高祖幸上所居第，見樂器弦多斷絶，又有塵埃，若不用者，以爲不好聲妓之玩。上尤自矯飾，當時稱爲仁孝。嘗觀獵遇雨，左右進油衣，上曰："士卒皆沾濕，我獨衣此乎！"乃令持去。六年，轉淮南道行臺尚書令。其年，徵拜雍州牧、内史令。[8]

[1]開皇：隋文帝的年號（581—600）。

[2]柱國：官名。隋朝時爲正二品散官。煬帝大業三年（607）罷。　并州：隋朝初治龍山縣，隋文帝開皇十年廢龍山縣爲晋陽縣，在今山西太原市晋源區古城營村一帶。煬帝大業三年廢并州，改置太原郡。　總管：官名。管理轄區軍政、民政，爲地方高級行政官員。

[3]武衛大將軍：官名。即武衛將軍加"大"者。北魏置，掌宿衛禁軍，權任很重。孝文帝太和十七年（493）定爲二品。隋朝沿置，後分左、右。

[4]上柱國：官名。北周武帝置爲最高級别的勳官。正九命。隋朝時爲從一品散實官，煬帝大業三年罷。　行臺尚書令：官名。隋朝時爲行臺省長官，員一人，總管所轄地區的軍政、民政。視正

二品。

［5］項城公王詔安道公李徹：底本作“項城公歆安道公才李徹”，毛本、殿本、四庫本、局本、四部備要本作“項城公歆安道公才李徹”，中華本校勘記云：“諸本及《隋書》‘詔’作‘歆’，‘安道公’下有‘才’字。《御覽》卷一〇六‘歆’作‘詔’。按王詔封項城郡公，李徹封安道郡公，二人受命輔楊廣，各見本書卷七五、卷六六本傳。‘歆’乃‘詔’之訛，今據《御覽》改。又‘詔’上應有‘王’字。‘才’或是‘王’之訛，誤移於‘安道公’之下；或是緣‘李’字上半形似而誤衍，今删去。”今從改。項城公，封爵名。項城，郡名。隋朝時治項城縣，在今河南項城市。王詔，人名。字子相，自稱太原晋陽（今山西太原市晋源區古城營村一帶）人。北周、隋朝官吏。見《北史》卷七五《王詔傳》。安道公，封爵名。安道，郡名。治所不詳。李徹，人名。字廣達，朔方巖緑（今陜西靖邊縣白城子村北）人。北周、隋朝官吏。見《北史》卷六六《李和附李徹傳》。

［6］上：四庫本校勘記認爲凡本紀皆稱帝，此獨稱上，前後不一，殆仍《隋書》史臣之舊未及改也。

［7］來和：人名。字弘順，京兆長安（今陜西西安市長安區）人。善於占卜。見《北史》卷八九《來和傳》。

［8］其年徵拜雍州牧：中華本校勘記云：“按卷一一《隋文帝紀》，開皇六年十月，書‘以河北道行臺尚書令、并州總管、晋王廣爲雍州牧’。八年十月，又書‘置淮南行臺省於壽春，以晋王廣爲尚書令’。（《隋書》同）此作六年轉淮南行臺，在爲雍州牧前，疑誤。”雍州牧，官名。雍州的最高行政長官。雍州，隋朝時治長安縣，在今陜西西安市西北。　内史令：官名。隋朝時爲内史省長官，掌納奏出令之事，員二人。正三品。

八年冬，大舉伐陳，以上爲行軍元帥。及陳平，執陳湘州刺史施文慶、散騎常侍沈客卿、市令湯慧朗、刑法監徐析、尚書都令史暨慧，[1]以其邪佞，有害於民，斬之石闕下以謝三吴。[2]於是封府庫，資財無所取，天下稱賢。進位太尉，[3]賜路車、乘馬、衮冕之服，[4]玄珪、白璧各一雙。[5]復拜并州總管。俄而江南高智慧等相聚作亂，徙上爲揚州總管，[6]鎮江都，[7]每歲一朝。高祖之祠太山也，[8]領武候大將軍。[9]明年，歸藩。後數載，突厥寇邊，[10]復爲行軍元帥，出靈武。[11]無虜而旋。

[1]湘州：南朝陳時治臨湘縣，在今湖南長沙市。　施文慶：人名。吴興烏程（今浙江湖州市）人。南朝陳官吏。見《南史》卷七七《施文慶傳》。　散騎常侍：官名。掌侍從皇帝左右，諫諍得失，顧問應對，與侍中等共同評斷尚書的奏事。亦常用作宰相、諸公等的加官，得入宫禁議政。　沈客卿：人名。吴興武康（今浙江德清縣西）人。南朝陳官吏。見《南史》卷七七《沈客卿傳》。　市令：官名。掌收市税及有關行市的政令。　湯慧朗：源氏校勘記云："'湯'《隋書》作'陽'。"中華本校勘記云："《隋書》卷三《煬帝紀》、《通鑑》卷一七七、《南史》卷七七《沈客卿傳》'湯'作'陽'。疑'湯'誤。"　刑法監：官名。掌刑法、監獄以及審判案件。　徐析：人名。亦作"徐哲"。南朝陳官吏。　尚書都令史：官名。兩晉南北朝皆置，位在令史上，屬尚書省。協助尚書左右丞管理都省事務，監督諸曹尚書、尚書郎。　暨慧：人名。又名暨慧景。南朝陳官吏。

[2]石闕：源氏校勘記云："《隋書》作'右闕'。"按：當從底本。石闕，即石築的闕。多立於宫廟陵墓之前，作銘記官爵、功績或裝飾用。　三吴：地區名。《水經注》以吴郡（治所在今江蘇常州市）、吴興（治所在今浙江湖州市）、會稽（治所在今浙江紹興

市）三郡爲三吴，相當於今江蘇太湖以東、以南和浙江紹興市、寧波市一帶。

[3]太尉：官名。列三公之首。北魏時爲名譽宰相，多爲大臣加官。隋朝時爲正一品。

[4]路車：即輅車。古代天子或諸侯貴族所乘的車。

[5]玄珪：黑色的玉器，上尖下方。古代用以賞賜建立特殊功績的人。

[6]揚州：隋朝時治江陽縣，在今江蘇揚州市。

[7]江都：縣名。治所在今江蘇揚州市西南。

[8]太山：即泰山。在今山東泰安市東南。

[9]武候大將軍：官名。隋朝時分左右，爲十二衛大將軍之一。掌管車駕營衛，領府兵。正三品。

[10]突厥：族名。公元六世紀初興起於金山（今阿爾泰山）西南，爲游牧部落。隋文帝開皇二年，分裂爲東西二部。見《北史》卷九九《突厥傳》。

[11]靈武：郡名。隋朝時治迴樂縣，在今寧夏靈武市西南。

及太子勇廢，[1]立上爲皇太子。是月，當受册。高祖曰："吾以大興公成帝業。"[2]令上出舍大興。[3]其夜，烈風大雪，地震山崩，民舍多壞，壓死者百餘口。

[1]勇：即楊勇，人名。小名晛地伐。楊堅長子，曾被立爲太子。見《北史》卷七一《房陵王勇傳》。

[2]大興公：封爵名。大興，郡名。北周時治大興縣，在今陝西定邊縣。

[3]大興：即隋大興城。始建於文帝開皇二年，位於龍首原南坡，在今陝西西安市内。

仁壽初，[1]奉詔巡撫東南。是後，高祖每避暑仁壽宮，[2]恒令上監國。

［1］仁壽：隋文帝的年號（601—604）。

［2］仁壽宮：在今陝西麟游縣。

四年七月，高祖崩，上即皇帝位於仁壽宮。八月，奉梓宫還京師。[1]并州總管、漢王諒舉兵反，[2]詔尚書左僕射楊素討平之。[3]九月乙巳，以備身將軍崔彭爲左領軍大將軍。[4]

［1］梓宫：指用梓木做的棺槨。一般衹有皇帝或特許的貴族、大臣纔可享有。

［2］諒：即楊諒，人名。字德章，一名傑，弘農華陰（今陝西華陰市東南）人。見《北史》卷七一《庶人諒傳》。

［3］尚書左僕射：官名。隋文帝開皇三年令左僕射掌管吏部、禮部、兵部三部事。從二品。　楊素：人名。字處道，弘農華陰（今陝西華陰市東南）人。北周、隋朝大臣。見《北史》卷四一《楊敷附楊素傳》（參周錚《〈楊素墓誌初考〉補正》，《考古與文物》1993年第2期；王慶衛、王煊《隋朝華陰楊氏考述——以墓誌銘爲中心》，載《碑林集刊》第十八輯，陝西人民美術出版社2005年版）。

［4］備身將軍：官名。隋朝時掌宿衛侍從。從八品。　崔彭：人名。字子彭，博陵安平（今河北安平縣）人。北周、隋朝將領。見《北史》卷三二《崔辯附崔彭傳》。　左領軍大將軍：官名。中領軍之資望深者則獲此稱，統掌中軍禁兵。正三品。

十一月乙未，幸洛陽。丙申，發丁男十數萬掘塹，自龍門東接長平、汲郡，[1]抵臨清關，[2]度河，至浚儀、襄城，[3]達于上洛，[4]以置關防。癸丑，詔曰：

[1]龍門：地名。一名禹門口。在今山西河津市西北黄河西岸。長平：郡名。隋煬帝大業三年改澤州爲長平郡，治丹川縣，在今山西晋城市東北。 汲郡：隋朝時治衛縣，在今河南浚縣西南。

[2]臨清關：在今河南新鄉市東北。

[3]浚儀：縣名。治所在今河南開封市西北。 襄城：縣名。治所在今河南襄城縣。

[4]上洛：郡名。隋朝時治上洛縣，在今陝西商洛市商州區。

乾道變化，陰陽所以消息；沿創不同，生靈所以順序。若使天意不變，施化何以成四時？人事不易，爲政何以利萬姓？《易》不云乎，通其變，使民不倦。變則通，通則久。有德則可久，有功則可大。朕又聞之，安安而能遷，民用丕變。是故姬邑兩周，如武王之意；殷人五徙，成湯后之業。若不因民順天，功業見乎變，愛民治國者，可不謂歟。

然雒邑自古之都，王畿之内，天地之所合，陰陽之所和，控以三河，固以四塞，水陸通，貢賦等。故漢祖曰："吾行天下多矣，唯見雒陽。"自古皇王，何嘗不留意，所不都者，蓋有由焉。或以九州未一，或以困其府庫，作雒之制，所以未暇也。我有隋之始，便欲創兹懷、雒，[1]日復一日，越暨于今。念兹在兹，興言感哽。朕肅膺寶曆，[2]纂臨萬邦，遵而不失，心奉先志。今者，漢王諒悖逆，毒被山東，遂令州縣，或淪非所。由關河懸遠，兵不赴急。加以并州移户，復在河南，周遷殷民，意在於此。况復南服遐遠，[3]東夏殷大，因機順動，今也其時。群司百辟，僉諧厥議。但成周墟堉，弗堪胥宇。[4]今可於伊雒營建東京，便即設官分職，以爲民極也。

[1]懷：州名。隋朝初治河内縣，在今河南沁陽市。煬帝大業三年改懷州爲河内郡。

[2]肅膺：敬受。　寶曆：指帝位。

[3]南服：指南方。本爲王畿以外地區“五服”之一。

[4]胥宇：察看可築房屋的地基和方向。源氏校勘記云：“《隋書》作‘葺宇’。”

夫宫室之制，本以便生人，[1]上棟下宇，足以避風露。高臺廣厦，豈曰適形？故《傳》云：“儉，德之恭；[2]侈，惡之大。”宣尼有云：[3]“與其不遜也，寧儉。”豈謂瑶臺瓊室，方爲宫殿者乎？土堦采椽，而非帝王者乎？是知非天下以奉一人，乃一人以主天下也。民惟國本，本固邦寧。百姓足，孰與不足。今所營構，務從節儉。無令雕墻峻宇，復起於當今。欲使卑宫菲食，將貽於後世。有司明爲條格，稱朕意焉。

[1]生人：即生民。《北史》避唐太宗李世民諱改。

[2]德之恭：《隋書》卷三《煬帝紀上》作“德之共”。

[3]宣尼：指孔子。漢平帝時追謚孔子爲褒成宣尼公，後因稱其爲宣尼。

十二月乙丑，以右武衛將軍來護兒爲右驍衛大將軍。[1]戊辰，以柱國李景爲右武衛大將軍，[2]以右衛率周羅睺爲右武候大將軍。[3]

[1]右武衛將軍：官名。隋置。十二衛將軍之一，佐大將軍總府事，並統諸鷹揚府事，員二人。從三品。　來護兒：人名。又稱來護，字崇善，廣陵（今江蘇揚州市西北）人。隋朝將領。見《北史》卷七六《來護兒傳》。　右驍衛大將軍：官名。隋煬帝大業三年改右備身府爲右驍衛。爲十二大將軍之一，總管府事，統轄諸鷹揚府。正三品。

[2]李景：人名。字道興，天水休官（今甘肅天水市）人。北周、隋朝將領。見《北史》卷七六《李景傳》。　右武衛大將軍：官名。爲隋朝十二衛大將軍之一，總管府事，並統管諸鷹揚府。正三品。

[3]右衛率：官名。隋朝時爲左右衛，各置率一人，副率二人，掌宫中禁衛，有長史、司馬及諸曹參軍等屬官。正四品。　周羅睺：人名。字公布，九江尋陽（今江西九江市）人。南朝陳、隋朝將領。見《北史》卷七六《周羅睺傳》。　右武候大將軍：官名。爲隋朝十二衛大將軍之一，掌管車駕營衛，領府兵。正三品。

大業元年春正月壬辰朔，[1]大赦，改元。立妃蕭氏爲皇后。[2]改豫州爲溱州，[3]洛州爲豫州。[4]廢諸州總管府。丙申，立晋王昭爲皇太子。[5]丁酉，以上柱國宇文述爲左衛大將軍，[6]上柱國郭衍爲左武衛大將軍，[7]延壽公于仲文爲右衛大將軍。[8]己亥，以豫章王暕爲豫州牧。[9]

[1]大業：隋煬帝的年號（605—617）。

[2]蕭氏：即隋煬帝皇后蕭氏。見《北史》卷一四《煬愍皇后蕭氏傳》。

[3]豫州：隋文帝時治上蔡縣，在今河南汝南縣。煬帝大業元年改爲溱州，治所不改。

[4]洛州：隋文帝時治洛陽，在今河南洛陽市東北。煬帝大業元年改爲豫州，治所不改。

[5]昭：即楊昭，人名。弘農華陰（今陝西華陰市東南）人。煬帝長子。見《北史》卷七一《元德太子昭傳》。

[6]宇文述：人名。字伯通，代郡武川（今内蒙古武川縣西）人，鮮卑族。隋朝大臣。見《北史》卷七九《宇文述傳》。　左衛大將軍：官名。隋朝時爲左衛長官，掌管宫掖禁衛，煬帝大業三年改爲左翊衛大將軍。正三品。

[7]郭衍：人名。字彦文，太原介休（今山西介休市）人。北周、隋朝將領。見《北史》卷七四《郭衍傳》。　左武衛大將軍：官名。爲隋朝十二衛大將軍之一，總管府事，統管鷹揚府。正三品。

[8]延壽公：封爵名。延壽，郡名。隋朝時治下邽縣，在今陝西渭南市臨渭區下吉鎮。　于仲文：人名。字次武，洛陽（今河南洛陽市東北）人。北周、隋朝官吏。見《北史》卷二三《于栗磾附于仲文傳》。　右衛大將軍：官名。隋置。爲右衛府主官，掌宫掖禁禦，督攝仗衛。正三品。隋煬帝時改稱右禦衛大將軍。

[9]豫章王：封爵名。豫章，郡名。隋朝時治南昌縣，在今江

西南昌市。　暕：即楊暕，人名。字世朏，小字阿孩，弘農華陰（今陝西華陰市東南）人。隋朝宗室。見《北史》卷七一《齊王暕傳》。　豫州牧：官名。豫州的最高行政長官。

戊申，發八使巡省風俗。下詔曰：

昔者哲王之理天下也，其在愛民乎？既富而教，家給人足，故能風教淳厚，遠至邇安，理定功成，率由斯道。朕恭嗣寶位，[1]撫育黎獻，[2]夙夜戰兢，若臨川谷。雖則聿遵先緒，弗敢失墜，永言政術，多有缺然。況以四海之遠，兆民之衆，未獲親臨，問其疾苦。每慮幽仄莫舉，冤屈不申，一物失所，用傷和氣。萬方有罪，責在朕躬。所以興寤增嘆，而夕惕載懷者也。

[1]朕恭嗣寶位：源氏校勘記云："《隋書》作'朕嗣膺寶曆'。"
[2]黎獻：黎民中的賢者。

今既布政惟始，宜存寬大。可分遣使人，巡省方俗，宣揚風化，薦拔淹滯，申達幽枉。孝悌力田，給以優復。鰥寡孤獨不能自存者，量加振濟。義夫節婦，旌表門閭。高年之老，加其板授，[1]並依別條，賜以粟帛。篤疾之徒給侍丁者，雖有侍養之名，曾無賙贍之實，明加檢校，使得存養。若有名行顯著，操履修潔，及學業才能，一藝可取，咸宜訪采，將身入朝。所在州縣，以禮發遣。其蠹政害人，不便於時者，使還之日，具録奏聞。

[1]板授：授予高齡老人榮譽職銜。

己酉，以吴州總管宇文弼爲刑部尚書。[1]

[1]吴州：南朝梁時置南兖州，齊時改爲東廣州，陳時復稱南兖州，北周時改爲吴州，隋初沿置，治廣陵縣，在今江蘇揚州市城區。隋文帝開皇九年改爲揚州，煬帝大業三年改屬江都郡，吴州廢。　宇文弼：人名。字公輔，河南洛陽（今河南洛陽市東北）人，鮮卑族。北周、隋朝官吏。見《北史》卷七五《宇文弼傳》。　刑部尚書：官名。隋朝始設。文帝開皇三年由都官尚書改名而置。負責制定律法、糾察違法。正三品。

二月己卯，以尚書左僕射楊素爲尚書令。[1]

[1]尚書令：官名。爲尚書省長官，隨著尚書省職權漸重，尚書令負責監察百官，實爲宰相。隋朝時爲正二品。

三月丁未，詔尚書令楊素、納言楊達、將作大匠宇文愷營建東京，[1]徙豫州郭下居民以實之。戊申，詔曰："聽采輿頌，謀及黎庶，故能審政刑之得失。是知昧旦思治，欲使幽枉必達，彝倫有章。而牧宰任稱朝委，苟爲僥倖，以求考課，虚立殿最，不存理實。綱紀於是不理，寃屈所以莫申。關河重阻，無由自達。朕故建立東京，躬親存問。今將巡歷淮海，觀省風俗。眷求讜言，[2]徒繁詞翰，而鄉校之内，[3]闕爾無聞，恇然夕惕，[4]用勞興寢。其民下有知州縣官人政理苛刻，侵害百姓，背公徇私，不便於民者，聽詣朝堂封奏。庶乎四聰以達，天下無冤。”又於皂澗營顯仁宫，[5]採海内奇禽異獸草木之類，以實園苑。徙天下富商大賈數萬家於東京。

[1]納言：官名。亦作“内言”，隋文帝時爲避其父楊忠諱，改侍中爲納言。爲門下省長官，宣傳上命，受奏納言。正三品。　楊達：人名。字士達，弘農華陰（今陝西華陰市東南）人。隋朝宗室。見《北史》卷六八《楊紹附楊達傳》。　將作大匠：官名。隋朝時爲將作寺長官，負責修建宫殿、陵寢、宗廟等。從三品。　宇文愷：人名。字安樂，朔方夏州（今陝西橫山縣西）人，遷居長安。隋朝大臣。見《北史》卷六〇《宇文貴附宇文愷傳》。

[2]讜言：正直之言。

[3]鄉校：鄉學。

[4]恇然夕惕：憂懼不安，至夜晚仍工作不懈。

[5]皂澗：地名。在今河南宜陽縣。

辛亥，發河南諸郡男女七百萬開通濟渠，[1]自西苑引穀、洛水達于河，[2]自板渚引河通于淮。[3]庚申，遣黄門侍郎王弘、上儀同于士澄往江南採木，[4]造龍舟、鳳艒、黄龍、赤艦樓船等數萬艘。[5]

[1]七百萬：源氏校勘記云：“《隋書》作‘百餘萬’。”中華本校勘記云：“《隋書》七百萬作‘百餘萬’。《通鑑》卷一八〇據《大業略記》也作‘百餘萬’。疑《北史》誤。”　通濟渠：運河名。隋煬帝大業元年開鑿，分東西兩段。西段自今河南洛陽市西由洛水入黄河，東段自板渚引黄河東南行，經今開封、永城等縣市，復東

南經安徽宿州市、靈璧縣、泗縣和江蘇泗洪縣至盱眙縣入淮河，共歷經今三省十八縣市。

[2]西苑：皇家園林。又稱會通苑，在隋東都洛陽宮城以西，北背邙山，東北隅與東周王城爲界，周一百二十里。　穀：水名。今河南澠池縣南澠水及其下游澗水，東流至洛陽市西注入洛河。　洛：水名。亦作“雒水”。即今河南洛河。

[3]板渚：津渡名。在今河南滎陽市汜水鎮高村西北。

[4]黄門侍郎：官名。爲給事黄門侍郎的省稱。隋朝時爲門下省次官。正四品上。　上儀同：上儀同大將軍、上儀同三司的省稱。多爲大臣、勳臣的加官。隋朝時爲從四品。

[5]鳳艒：《隋書》卷三《煬帝紀上》作“鳳艒”。

夏四月癸亥，大將軍劉仲方擊林邑破之。[1]

[1]大將軍：官名。統兵事，或兼掌朝政。正三品。　劉仲方：源氏校勘記云：“《隋書》無‘仲’字。”按：事與《北史》卷七三《劉方傳》合。劉方，人名。京兆長安（今陝西西安市長安區）人。北周、隋朝大將。　林邑：國名。故地在今越南中南部。見《北史》卷九五《林邑傳》。

五月庚戌，户部尚書、義豐侯韋沖卒。[1]

[1]户部尚書：官名。隋文帝開皇三年置，爲尚書省六部長官之一，負責管理全國的財賦户籍。正三品。　義豐侯：封爵名。義豐，縣名。治所在今山西祁縣。　韋沖：人名。字世沖，京兆杜陵（今陝西西安市長安區東）人。北周、隋朝官吏。見《北史》卷六四《韋孝寬附韋沖傳》。

六月甲子，熒惑入太微。[1]

[1]六月甲子：底本作“甲子”，中華本校勘記云：“諸本無‘六月’二字，《隋書》有。按是年五月庚寅朔，無甲子；六月庚申朔，甲子是五日，《隋書》卷二一《天文志》也作‘六月甲子’。今據補。”今從改。　熒惑：即火星。因隱現不定，令人迷惑，故名。　太微：星官名。三垣之一。位於北斗之南，軫、翼之北，大角之西，軒轅之東。諸星以五帝座爲中心，作屏藩狀。

秋七月丁酉，制戰亡之家，給復十年。丙午，滕王綸、衛王集並奪爵徙邊。[1]

[1]滕王綸：即楊綸。字斌籀，弘農華陰（今陝西華陰市東南）人。隋朝宗室。見《北史》卷七一《滕穆王瓚附楊綸傳》。　衛王集：即楊集。字文會，弘農華陰（今陝西華陰市東南）人。隋朝宗室。見《北史》卷七一《衛昭王爽附楊集傳》。

閏七月甲子，以尚書令楊素爲太子太師，[1]安德王雄爲太子太傅，[2]河間王弘爲太子太保。[3]丙子，詔曰：

[1]太子太師：官名。爲東宫三師之首，負責訓導輔佐太子，無具體職掌。隋朝時多用爲安置退免大臣，或作爲大臣的加官、贈官。正二品。

[2]安德王：封爵名。安德，郡名。隋文帝時治安德縣，在今山東德州市，煬帝大業三年併入平原郡。　雄：即楊雄，人名。初名惠，弘農華陰（今陝西華陰市東南）人。北周大臣、隋朝宗室。見《北史》卷六八《楊紹附楊雄傳》。　太子太傅：官名。隋朝時

爲安置退免大臣的閑職，或用作加官、贈官，無官屬。正二品。

[3]河間王：封爵名。河間，郡名。隋朝時治河間縣，在今河北河間市。　弘：即楊弘，人名。字辟惡，弘農華陰（今陝西華陰市東南）人。隋朝宗室。見《北史》卷七一《河間王弘傳》。　太子太保：官名。隋朝時爲安置退免大臣的閑散之職或用作加官、贈官，無官屬。正二品。

君民建國，教學爲先，移風易俗，必自兹始。而言絶義乖，多歷年代，進德修業，其道浸微。漢采坑焚之餘，不絶如線；晋承板蕩之運，[1]掃地將盡。自時厥後，軍國多虞，雖復黌宇時建，[2]示同愛禮，函丈或陳，[3]殆爲虚器。遂使紆青拖紫，[4]非以學優；制錦操刀，類多墻面。上陵下替，綱維不立，雅缺道消，實由於此。

[1]板蕩：《詩·大雅》有《板》《蕩》詩二篇，譏諷周厲王無道，國家敗壞。後以“板蕩”指政局混亂、社會動蕩不安。又作“版蕩”。

[2]黌（hóng）宇：校舍。借指學校。

[3]函丈：本謂講學者之席與聽講者間有一丈之距（語見《禮記·曲禮上》），後指爲講學者所設之座席。

[4]紆青拖紫：謂任高官，形容地位尊顯。青、紫，指高官所佩印綬。

朕纂承洪緒，思弘大訓，[1]將欲尊師重道，用闡厥繇，講信脩睦，敦奬名教。方今區宇平壹，文軌攸同，十步之内，必有芳草；四海之中，豈無孝、秀。[2]諸在家及見入學者，若有篤志好古，耽典悦禮，學行優敏，堪膺時務，所在采訪，具以名聞。即當隨其器能，擢以不次。若研精經術，未願進仕，可依其藝業深淺，門蔭高卑，雖未升朝，並量準給禄。庶夫恂恂善誘，[3]不日成器，濟濟盈朝，何遠之有。其國子等學，亦宜申明舊制，教習生徒，具爲課試之法，以盡砥礪之道。

[1]思弘大訓：毛本、殿本、四庫本、局本、四部備要本作“思演大訓”。按：依文意，當從底本。

[2]豈無：毛本、殿本、四庫本、局本、四部備要本作“豈乏”。按：二詞意相近，未詳孰是。　孝秀：《隋書》卷三《煬帝紀上》作“奇秀”。按：未詳孰是。

[3]善誘：底本作“誘善”，中華本校勘記云：“諸本‘善誘’誤倒，據《隋書》乙。”今從改。

八月壬寅，上御龍舟幸江都，以左武衛大將軍郭衍爲前軍，右武衛大將軍李景爲後軍。文武官五品以上給樓船，九品以上給黄篾，[1]舳艫相接，[2]二百餘里。

[1]黄篾：隋煬帝下江南時船名之一。船上無樓。

[2]舳（zhú）艫（lú）：船頭和船尾的並稱。多泛指前後首尾相接的船。

冬十月己丑，赦江、淮已南，揚州給復五年，舊總管内給復三年。

十一月己未，以大將軍崔仲方爲禮部尚書。[1]

[1]崔仲方：人名。字不齊，博陵安平（今河北安平縣）人。北周、隋朝官吏。見《北史》卷三二《崔挺附崔仲方傳》。

二年春正月辛酉，東京成，賜監督者有差。以大理卿梁毗爲刑部尚書。[1]丁卯，遣十使，併省州縣。

[1]大理卿：官名。亦稱大理寺卿。北齊時改廷尉置，爲大理寺長官，位列九卿。掌管國家刑獄審判的事務。隋朝時爲三品。　梁毗：人名。字景和，安定烏氏（今甘肅涇川縣東）人。北周、隋朝官吏。見《北史》卷七七《梁毗傳》。

二月丙戌，詔尚書令楊素、吏部尚書牛弘、大將軍宇文愷、内史侍郎虞世基、禮部侍郎許善心制定輿服。[1]始備輦輅及五時副車。[2]上常服皮弁，[3]十有二琪。文官弁服，[4]佩玉，五品已上，給犢車通幰，[5]三公、親王加油絡。[6]武官平巾幘，袴褶，[7]三品已上，給瓟槊。[8]下至胥吏，服色各有差。非庶人不得戎服。戊戌，置都尉官。

[1]吏部尚書：官名。隋朝時爲尚書省六部長官之首。正三品。　牛弘：人名。字里仁，安定鶉觚（今陝西長武縣）人。隋朝大臣。見《北史》卷七二《牛弘傳》。　内史侍郎：官名。隋朝時爲内史省次官，置四員，正四品。煬帝大業三年減爲二員，十二年改爲内書侍郎。　虞世基：人名。字懋世，會稽餘姚（今浙江餘姚市）人。隋朝官吏。見《北史》卷八三《虞世基傳》。　禮部侍郎：官名。隋朝時爲禮部部司禮部司長官，掌管禮部司事務。正六

品上。煬帝大業三年後爲禮部次官，輔助禮部尚書掌管部事。正四品。　許善心：人名。字務本，高陽北新城（今河北徐水縣）人。隋朝學者。見《北史》卷八三《許善心傳》。

[2]輦輅（lù）：皇帝的車輿。　五時副車：隨從帝王車駕的五色副車。亦稱五時車、五帝車，省稱副車。分爲五色立車、五色安車兩種，各五乘。見《晋書·輿服志》。

[3]常服：通常之服。　皮弁：冠名。用白鹿皮製成。爲天子視朝的常服。其縫合處名會，會有結飾，綴以五彩玉，名琪。

[4]弁（biàn）服：帶弁的常禮服。弁，古代貴族穿禮服時所載之冠。吉禮之服用冕，通常禮服用弁。

[5]通幰（xiǎn）：遍覆帷幔的車子。

[6]油絡：絲質網狀的車飾。

[7]袴（kù）褶（zhě）：上穿褶，下著褲，外不加裘裳，故稱。名起於漢末，始爲騎服。盛行於南北朝，亦用作常服、朝服。

[8]爮（bó）槊（shuò）：儀仗中的金瓜槌。

三月庚午，車駕發江都。先是，太府少卿何稠、太府丞雲定興盛修儀仗，[1]於是課州縣送羽毛。百姓求捕之，網羅被水陸，禽獸有堪氅毦之用者，[2]殆無遺類。至是而成。

[1]太府少卿：官名。北魏時置。掌倉儲出納，通判各署事務。隋朝時爲正四品。　何稠：人名。字桂林，西城（今廣東陽春市）人。隋朝官吏。見《北史》卷九〇《何稠傳》。　太府丞：官名。掌倉儲出納，通判各署事務。隋朝時爲正七品下。　雲定興：人名。籍貫不詳。楊勇寵妾雲昭訓之父。隋朝官吏。見《北史》卷七九《宇文述附雲定興傳》。

[2]氅（chǎng）毦（ěr）：羽毛飾物。

夏四月庚戌，上自伊闕，[1]陳法駕，備千乘萬騎，入於東京。辛亥，上御端門，[2]大赦天下，免今年租賦。癸丑，以冀州刺史楊文思爲民部尚書。[3]

[1]伊闕：地名。在今河南洛陽市。

[2]端門：宮殿的正門。

[3]冀州：隋朝初治信都縣，在今河北冀州市。煬帝大業三年改爲信都郡，州廢。　楊文思：人名。字温才，弘農華陰（今陝西華陰市東南）人。北周、隋朝官吏。見《北史》卷四一《楊敷附楊文思傳》。　民部尚書：官名。爲尚書省民部長官，掌管全國的賦税、户籍、軍需、糧餉等。隋朝時爲正三品。

五月甲寅，金紫光禄大夫、兵部尚書李通坐事免。[1]乙卯，詔曰："旌表先哲，式在饗祀，所以優禮賢能，顯彰遺愛。朕永鑒前脩，尚想名德，何嘗不興嘆九原，[2]屬懷千載。其自古以來賢人君子，有能樹聲立德，佐世匡時，博利殊功，有益於人者，並宜營立祠宇，以時致祭。墳壟之處，不得侵踐。有司量爲條式，稱朕意焉。"

[1]金紫光禄大夫：官名。西晋初始設光禄大夫，加賜金章紫綬者爲金紫光禄大夫。禄賜、班位、冠幘、車服、佩玉、置吏卒羽林等，諸所賜給與特進同。如作爲加官，衹是授予章綬、禄賜、班位，不給予車服、吏卒。隋初爲從二品散官，煬帝時改爲正三品。　兵部尚書：官名。魏晋南北朝時期置五兵尚書、七兵尚書，掌管軍事庶務。西魏末、北周時改置爲兵部中大夫，爲夏官府屬官。隋

朝時置爲尚書省兵部長官。正三品。

[2]九原：墳墓的泛稱。春秋時晋國卿大夫墓地在九原（今山西新絳縣北），後世因泛指墓地。

六月壬子，以尚書令、太子太師楊素爲司徒。[1]進封豫章王暕爲齊王。

[1]司徒：官名。爲三公之一，分掌宰相職權。隋朝時爲正一品。

秋七月癸丑，以衛尉卿衛玄爲工部尚書。[1]庚申，制百官不得計考增級。必有德行功能，灼然顯著者，擢之。壬戌，擢藩邸舊臣鮮于羅等二十七人，官爵有差。甲戌，皇太子昭薨。乙亥，上柱國、司徒、楚國公楊素薨。

[1]衛尉卿：官名。北魏時定爲正式官名。隋文帝開皇十二年復置，掌管儀仗帷幕供應，武器庫藏等事務。正三品。煬帝大業三年改爲從三品。　衛玄：人名。字文昇，河南洛陽（今河南洛陽市東北）人。北周、隋朝將領。見《北史》卷七六《衛玄傳》。　工部尚書：官名。隋朝時始置。爲尚書省工部長官，負責百工、屯田、山澤政令。正三品。

八月辛卯，封皇孫倓爲燕王，[1]侗爲越王，[2]侑爲代王。

[1]倓：即楊倓，人名。字仁安，弘農華陰（今陝西華陰市東

南）人。隋朝宗室。被宇文化及所殺。見《北史》卷七一《元德太子昭附楊倓傳》。

[2]侗：即楊侗，人名。字仁謹，弘農華陰（今陝西華陰市東南）人。隋煬帝爲宇文化及弑後，隋東都留守段達、王世充等人奉其爲帝，即隋泰帝。見《北史》卷七一《元德太子昭附越王侗傳》。

九月乙丑，立秦王俊子浩爲秦王。[1]

[1]秦王俊：即楊俊。字阿祇，弘農華陰（今陝西華陰市東南）人。隋文帝第三子，母獨孤皇后。見《北史》卷七一《秦王俊傳》。　浩：即楊浩，人名。隋煬帝在江都被弑，宇文化及擁立其爲皇帝，半年後被宇文化及廢黜。

冬十月戊子，以靈州刺史段文振爲兵部尚書。[1]

[1]靈州：隋朝時治回樂縣，在今寧夏靈武市。　段文振：人名。北海期原（今山東青州市）人。北周、隋朝將領。見《北史》卷七六《段文振傳》。

十二月庚寅，詔曰："前代帝王，因時創業，君民建國，禮尊南面。而歷運推移，年代永久，丘壟殘毁，樵牧相趨，塋兆堙蕪，封樹莫辨。興言淪滅，有愴于懷。自古以來帝王陵墓，可給隨近十户，蠲其雜役，以供守視。"

三年春正月癸亥，敕并州逆人已流配而逃亡者，所獲之處，即宜斬決。丙子，長星竟天，[1]出於東壁，[2]二旬而止。是月，武陽郡上言河水清。[3]

[1]長星：星名。類似彗星，有長形光芒。

[2]東壁：星宿名。即壁宿。因在天門之東，故稱。

[3]武陽：郡名。隋朝時治貴鄉縣，在今河北大名縣東。

二月己丑，彗星見於東井、文昌，[1]歷大陵、五車、北河，[2]入太微，掃帝座，前後百餘日而止。

[1]東井：《隋書》卷三《煬帝紀上》作“奎”。按：未詳孰是。　文昌：星官名。在三台星的上台之北，北斗斗魁前，由六星組成。屬大熊座。

[2]大陵：星官名。亦作“太陵”，屬胃宿，共八星。　五車：星官名。亦稱五潢，屬畢宿，共五星。　北河：星官名。屬井宿，共三星。

三月辛亥，車駕還京師。壬子，以大將軍姚辯爲左屯衛大將軍。[1]癸丑，遣羽騎尉朱寬使於流求國。[2]乙卯，河間王弘薨。

[1]姚辯：人名。字思辯，武威（今甘肅武威市）人。隋朝大將。守邊境，屢有戰功（參嚴可均《全上古三代秦漢三國六朝文·全隋文》卷一四《姚辯墓誌》）。底本作“姚辨”，按:《隋書》、《資治通鑑》、《北史》卷一二及卷九九均作“姚辯”。今從改。左屯衛大將軍：官名。隋煬帝時設，爲十二衛大將軍之一。與右屯衛大將軍共掌羽林衛士，員一人。正三品。底本作“左衛將軍”，源氏校勘記云:“‘左’下，《隋書》有‘屯’。”中華本校勘記云:

"《隋書》'左'下有'屯'字。按大業七年三月稱'左屯衛大將軍姚辯卒'，有'屯'字是。又'衛'下當有'大'字。"今從改。

[2]羽騎尉：官名。隋朝武散官。文帝時置，八尉之一，煬帝時廢。底本作"羽騎"，中華本校勘記云："諸本脱'尉'字，據《隋書·煬帝紀》、《隋書》卷八一及本書卷九四《流求傳》補。羽騎尉見《隋書》卷二八《百官志下》。"今從改。　流求國：國名。隋朝時東海上的島國，在今琉球群島。見《北史》卷九四《流求傳》。

夏四月庚辰，詔曰："古者帝王觀風俗，皆所以憂勤兆庶，安集遐荒。自蕃夷内附，未遑親撫，山東經亂，須加存恤。[1]今欲安輯河北，巡省趙、魏，所司依式。"甲申，頒律令，大赦天下，關内給復三年。壬辰，改州爲郡。改度量衡，並依古式。改上柱國以下官爲大夫。甲午，詔曰：

[1]須：底本作"復"，中華本作"須"。源氏校勘記云："'復'《隋書》作'須'。"按：從文意來看，當從中華本，今從改。

天下之重，非獨理所安；[1]帝王之功，豈一士之略。自古明君哲后，立政經邦，何嘗不選賢與能，振拔淹滯。[2]周稱多士，漢號得人，尚想前風，載懷欽佇。朕負扆夙興，冕旒待旦，引領巖谷，置以周行，冀與群才，共康庶績。而彙茅寂漠，投竿罕至。豈美璞韜采，未值良工；將介石在懷，確乎難拔？永鑒前哲，[3]憮然興嘆。凡厥在位，譬諸股肱，若濟巨川，義同舟檝。豈得保兹寵禄，晦爾所知，優游卒歲，甚非謂也。祁大夫之舉善，良史以爲至公；[4]臧文仲之蔽賢，尼父譏其竊位。[5]求諸往古，非無褒貶。宜思進善，用匡寡薄。

[1]非獨理所安：源氏校勘記“理”旁紅筆小字夾批“治也”。

[2]振拔淹滯：源氏校勘記云：“‘振拔’《隋書》作‘收採’。”

[3]前哲：底本作“則哲”，《隋書》卷三《煬帝紀上》作“前哲”。按：依文意，當從《隋書》，今從改。

[4]祁大夫之舉善良史以爲至公：典出《左傳》襄公三年。晋國大夫祁奚薦賢、護賢，“外舉不避仇，内舉不避子”，受到稱贊。

[5]臧文仲之蔽賢尼父譏其竊位：典出《論語·衛靈公》。臧文仲明知柳下惠之賢而不舉薦，爲孔子所譏。

夫孝悌有聞，人倫之本；德行敦厚，立身之基。或節義可稱，或操履清絜，所以激貪厲俗，有益風化。强毅正直，執憲不撓，學業優敏，文才美秀，並爲廊廟之用，[1]實乃瑚璉之資。[2]才堪將略，則拔之以禦侮；力有驍壯，則任之以爪牙。爰及一藝可取，亦宜采録；若衆善畢舉，與時無棄。以此求理，庶幾非遠。文武有職事者，五品已上，宜依令十科舉人。有一於此，不必求備。朕當待以不次，隨才升用。其見任九品已上官者，不在舉送之限。

[1]廊廟：廊，大殿四周的廊廡；廟，太廟。皆爲古代帝王和大臣議論政事的地方。後代指朝廷。

［2］瑚璉（liǎn）：皆宗廟禮器。比喻治國安邦之才。

丙申，車駕北巡狩。丁酉，以刑部尚書宇文弢爲禮部尚書。戊戌，敕百司不得踐暴禾稼。其有須開爲路者，有司計地所收，即以近倉酬賜，務從優厚。己亥，至赤岸澤，[1]以太牢祭故太師李穆。[2]

［1］赤岸澤：地名。在今陝西大荔縣西南。

［2］太牢：祭祀品中牛、羊、猪三牲齊備，稱爲太牢。　太師：官名。爲輔政大臣。後多用作贈官，無具體職掌，但地位尊崇。　李穆：人名。字顯慶，隴西成紀（今甘肅秦安縣）人。北魏、北周將領，隋朝時爲太師。見《北史》卷五九《李賢附李穆傳》。

五月丁巳，突厥啓民可汗遣子拓特勤來朝。[1]戊午，發河北十餘郡丁男，自太行山達于并州，以通馳道。丙寅，啓民可汗遣其兄子毗黎伽特勤來朝。辛未，[2]啓民可汗使請自入塞奉迎輿駕，上不許。癸酉，有星孛于文昌，[3]上將星常皆動摇。[4]

［1］啓民可汗：隋朝時東突厥首領，號突利可汗。沙鉢略可汗子。因受都蘭與達頭夾擊而降隋，拜爲意利珍豆啓民可汗，省稱啓民可汗。唐時避太宗李世民諱，又稱“啓人可汗”。　拓特勤：底本作“拓特勒”，中華本校勘記云：“諸本‘勤’作‘勒’。按清人及近人考證，‘特勒’皆‘特勤’之訛，今改正。以後凡‘特勒’皆逕改，不另出校記。”今從改。

［2］辛未：底本作“辛酉”，源氏校勘記云：“《隋書》作‘辛未’。”中華本校勘記云：“諸本‘未’作‘酉’，《隋書》作‘未’。

按上有丙寅下有癸酉，其間無辛酉。作‘辛未’是，今據改。”今從改。

[3]孛：即慧星。或指芒氣四出的彗星。

[4]常：中華本校勘記云:“《隋書》無‘常’字，此疑衍”。

六月辛巳，獵於連谷。[1]丁亥，詔曰：

[1]連谷：地名。在今陝西神木縣西北。

聿追孝饗，德莫至焉；崇建寢廟，禮之大者。然則質文異代，損益殊時。學滅坑焚，經典散逸，憲章湮墜，廟堂制度，師説不同。所以世數多少，莫能是正，連室異宫，亦無定準。

朕獲奉祖宗，欽承景業，永惟嚴配，冀隆大典。於是詢謀在位，博訪儒術。咸以爲高祖文皇帝受天明命，奄有區夏，拯群飛於四海，革彫弊於百王。[1]恤獄緩刑，生靈皆遂其性；輕徭薄賦，比屋各安其業。[2]芟夷宇宙，混壹車書。東漸西被，無思不服；南征北怨，俱荷來蘇。駕毳乘風，歷代所弗至；辮髮左衽，聲教所罕及。莫不厥角關塞，頓顙闕庭，譯靡絶時，書無虚月。韜戈偃伯，天下晏如；嘉瑞休徵，表裏禔福。猗歟偉歟，無得而名者也。

[1]百王：底本作“百五”，中華本作“百王”。按：依文意，應爲“百王”，從中華本改。

[2]比屋：家家户户。謂廣大百姓。

朕又聞之，德厚者流光，理辨者禮縟。是以周之文、武，[1]漢之高、光，[2]其典章特立，謚號斯重。豈非緣情稱述，即崇顯之義乎。高祖文皇帝宜别建廟宇，以彰巍巍之德；仍遵月祭，用表蒸蒸之懷。有司以時創造，務合典制。又名位既殊，禮亦異等。天子七廟，事著前經；諸侯二昭，[3]義有差降。故知以多爲貴，王者之禮，今可依用，貽厥後昆。

[1]文：指周文王。　武：指周武王。

[2]高：指漢高祖。　光：指漢光武帝。

[3]昭：古代宗廟制度，位於始祖廟左列者，稱“昭”。昭穆是中國古代重要的宗廟制度。天子七廟，三昭三穆，以始祖居中，以下遞爲昭、穆，左昭右穆，依次序排列。

戊子，次榆林郡。[1]丁酉，啓民可汗來朝。己亥，吐谷渾、高昌並遣使貢方物。[2]甲辰，上御北樓，[3]觀漁于河，以宴百僚。

[1]榆林：郡名。隋朝時治榆林縣，在今内蒙古准格爾旗東北。

[2]吐谷渾：族名。又稱吐渾、退渾。原爲鮮卑族慕容部的一支，先祖游牧於徒河青山（今遼寧義縣東）。西晋時，遷徙於今甘肅、青海一帶。十六國時，先後受到前凉、西秦等追逐，幾乎亡國。後再度崛起，北魏太武帝時達到最强盛。在北魏打擊下，一度退到今新疆一帶。以游牧爲生。見《北史》卷九六《吐谷渾傳》。

高昌：國名。都於高昌城，在今新疆吐魯番市東南高昌舊址。見《北史》卷九七《高昌傳》。

[3]北樓：地名。確址不詳。疑在今内蒙古托克托縣西南黄河南岸。

秋七月辛亥，啓民可汗上表請變服，襲冠帶。詔啓民贊拜不名，在諸侯王上。[1]甲寅，上於郡城東御大帳，其下備儀衛，建旌旗，宴啓民及其部落三千五百人。奏百戲之樂，賜啓民及其部落各有差。丙子，殺光禄大夫賀若弼、禮部尚書宇文弢、太常卿高熲。[2]尚書左僕射蘇威坐事免。[3]發丁男百餘萬築長城，西距榆林，東至紫河，[4]二旬而罷，死者十五六。

[1]在諸侯王上：中華本校勘記云："《隋書》'在'上有'位'字，《通志》卷一八'在'作'位'，是。"可從。

[2]光禄大夫：官名。掌議論，爲文職散官之首。隋朝時爲從一品。　賀若弼：人名。字輔伯，河南洛陽（今河南洛陽市東北）人。北周、隋朝將領。見《北史》卷六八《賀若敦附賀若弼傳》。　太常卿：官名。太常的尊稱。爲太常寺長官，掌管宗廟祭祀禮樂。隋朝時爲正三品。　高熲：人名。一名敏，字昭玄，勃海蓨（今河北景縣）人。北周、隋朝大臣。見《北史》卷七二《高熲傳》。

[3]蘇威：人名。字無畏，京兆武功（今陝西武功縣西北）人。北周、隋朝官吏。見《北史》卷六三《蘇綽附蘇威傳》。

[4]紫河：河名。即今内蒙古和林格爾縣南、清水河縣西北之渾河，爲黄河支流。

八月壬午，車駕發榆林。乙酉，啓民飾廬清道以候乘輿，[1]帝幸其帳。啓民奉觴上壽，宴賜極厚。上謂高麗使者曰：[2]"歸語爾王，當早來朝見。不然者，吾與啓民巡彼土矣。"皇后亦幸義城公主帳。[3]己丑，啓民可汗歸蕃。癸巳，入樓煩關。[4]壬寅，次太原，[5]詔營晉陽宮。[6]

[1]廬：沿途迎候賓客的房舍。

[2]高麗：國名。又作"高句麗"等，其先出自夫餘，地爲漢之玄菟郡，高句麗爲其三縣之一，因以爲國名。都名丸都，故治在今吉林集安市，南北朝時遷都於今朝鮮平壤市。見《北史》卷九四《高麗傳》。

[3]義城公主：封號。亦作"義成公主"。隋朝宗室女。文帝開皇十八年嫁與突厥啓民可汗。義城，郡名。隋朝時治緜谷縣，在今四川廣元市。

[4]樓煩關：在今山西寧武縣東北。

[5]太原：郡名。隋初屬并州，文帝開皇三年廢太原郡，屬縣直屬并州，煬帝大業三年廢并州，改爲太原郡。原治所在龍山縣，文帝開皇十年廢龍山縣，改治晉陽縣，在今山西太原市晉源區古城營村一帶。

[6]晉陽宮：故址在今山西太原市。

九月己未，次濟源，[1]幸御史大夫張衡宅，[2]宴享極歡。[3]己巳，至于東都。壬申，以齊王暕爲河南尹、開府儀同三司。[4]癸酉，以户部尚書楊文思爲納言。

[1]濟源：縣名。治所在今河南濟源市。

[2]御史大夫：官名。隋朝時置。爲御史臺長官，掌管監察彈劾百官，地位尊顯。從四品。　張衡：人名。字建平，河内（今河南沁陽市）人。北周、隋朝官吏。見《北史》卷七四《張衡傳》。

[3]宴享：毛本、殿本、四庫本、局本、四部備要本作“宴飲”。按：二詞意相近，未詳孰是。

[4]河南尹：官名。漢光武帝時置，爲京都洛陽所在河南郡長官，地位高於一般郡守，主管京都事務。隋朝沿置。三品。　開府儀同三司：隋朝時爲散官名號，初爲正四品上，煬帝大業三年改爲從一品，僅次於王、公。

四年春正月乙巳，詔發河北諸郡男女百餘萬開永濟渠，[1]引沁水南達于河，[2]北通涿郡。[3]庚戌，百僚大射於允武殿。[4]丁卯，賜城内居民米各十石。壬申，以太府卿元壽爲内史令，[5]鴻臚卿楊玄感爲禮部尚書。[6]癸酉，以工部尚書衛玄爲右武候大將軍，[7]大理卿長孫熾爲户部尚書。[8]

[1]永濟渠：繼隋煬帝開通濟渠、邗溝之後開鑿的又一條運河，是溝通黄河與海河流域的航運水道。

[2]沁水：在今山西、河南兩省境内，爲黄河下游的支流。

[3]涿郡：隋煬帝大業三年幽州廢，改涿郡，治薊縣，在今北京西南。

[4]允武殿：在今陝西西安市。

[5]太府卿：官名。隋朝時掌庫藏出納、貿易關税等事務，接受尚書户部政令。從三品。　元壽：人名。字長壽，河南洛陽（今河南洛陽市東北）人。西魏宗室、隋朝官吏。見《北史》卷七五《元壽傳》。

[6]鴻臚卿：官名。亦稱大鴻臚，掌管接待少數民族賓客、朝

會以及吉凶禮儀等。隋初爲正三品，煬帝時改爲從三品。　楊玄感：人名。弘農華陰（今陝西華陰市東南）人。隋朝官吏。見《北史》卷四一《楊敷附楊玄感傳》。

[7]右武候大將軍：官名。《隋書》卷三《煬帝紀上》作"右候衛大將軍"。源氏校勘記云："'右武候'《隋書》作'右候衛'，與本傳合。"按：《北史》卷七六《衛玄傳》稱其"拜右候衛大將軍"，《隋書》卷六三《衛玄傳》亦如此，疑底本誤。

[8]長孫熾：人名。字仲光，代（今山西大同市東北）人。北周、隋朝官吏。見《北史》卷二二《長孫道生附長孫熾傳》。

二月己卯，遣司朝謁者崔毅使突厥處羅，[1]致汗血馬。

[1]司朝謁者：官名。隋煬帝大業三年增設謁者臺，對皇帝直接負責。後增設此職，爲謁者臺次官，協助謁者臺大夫掌管朝會大典、宣傳詔命、巡視監察等。從五品。　處羅：人名。亦稱處羅多利可汗。西突厥首領，隋煬帝大業中歸附隋朝。見《北史》卷九九《突厥附西突厥傳》。

三月辛酉，以將作大匠宇文愷爲工部尚書。壬戌，百濟、倭、赤土、迦羅舍國並遣使貢方物。[1]乙丑，車駕幸五原，[2]因出塞，巡長城。丙寅，遣屯田主事常駿使赤土，[3]致羅刹。[4]

[1]百濟：國名。約公元一世紀興起於漢江流域，都於今漢江南岸慰禮城。漸征服鄰近各部落，成爲朝鮮半島西南部强國。繼而與新羅、高句麗鼎足而立。與東晋南北朝聯繫密切，常遣使往來。

後統一於新羅。見《北史》卷九四《百濟傳》。　倭：國名。古時對日本的稱呼。都邪摩堆（今日本奈良縣）。見《北史》卷九四《倭傳》。　赤土：國名。在今柬埔寨境内，確址不詳。據説其國土色多赤，故以爲名。見《北史》卷九五《赤土傳》。　迦羅舍國：《隋書》卷三《煬帝紀上》作"伽羅舍國"。源氏校勘記云："'含'《隋書》作'舍'。"中華本校勘記云："《隋書》、《通志》、《册府》卷九七〇'含'作'舍'。"

[2]五原：郡名。隋朝時治九原縣，在今内蒙古包頭市西。

[3]屯田主事：官名。掌工部屯田司文案。底本作"屯田上事"，元大德本、毛本、殿本、四庫本、局本、四部備要本、中華本均作"屯田主事"。按：底本誤，今從改。

[4]羅刹：國名。在今印度尼西亞境内。底本作"羅𠪚"，《隋書·煬帝紀上》作"羅刹"。按：羅𠪚，典籍未見。疑底本誤，今從《隋書》改。

夏四月丙午，以離石之汾源、臨泉，[1]雁門之秀容爲樓煩郡。[2]起汾陽宫。[3]癸丑，以河内太守張定和爲左屯衛大將軍。[4]乙卯，詔曰："突厥意利珍豆啓民可汗率領部落，保附關塞，遵奉朝禮，思改戎俗。頻入謁覲，屢有陳請，以氈墻毳幕，事窮荒陋，上棟下宇，願同比屋。[5]誠心懇切，朕之所重。宜於萬壽戍置城造屋，[6]其帷帳床褥以上，隨事量給，務從優厚，稱朕意焉。"

[1]離石：郡名。隋朝時治離石縣，在今山西吕梁市離石區。　汾源：縣名。治所在今山西静樂縣。　臨泉：縣名。治所在今山西興縣西北。

[2]雁門：郡名。隋朝時治雁門縣，在今山西代縣。　秀容：縣名。治所在今山西忻州市西北。　樓煩：郡名。隋朝時治静樂

縣，在今山西静樂縣。

[3]汾陽宫：在今山西寧武縣。

[4]河内：郡名。隋朝時治河内縣，在今河南沁陽市。　張定和：人名。字處謐，京兆萬年（今陝西西安市）人。隋朝將領。見《北史》卷七八《張定和傳》。

[5]此：中華本作“比”。從文意看，應從中華本。

[6]萬壽戍：戍名。約在今山西北境。

五月壬申，蜀郡獲三足烏，[1]張掖獲玄狐，各一。[2]

[1]蜀郡：隋朝時治成都縣，在今四川成都市。

[2]張掖：郡名。隋朝時治張掖縣，在今甘肅張掖市。

秋七月辛巳，發丁男二十餘萬築長城，自榆林谷而東。[1]乙未，左翊衛大將軍宇文述破吐谷渾於曼頭、赤水。[2]

[1]榆林谷：地名。在今陝西榆林市。

[2]左翊衛大將軍：官名。爲隋朝十二衛大將軍之一，由左衛大將軍改置，爲左翊衛長官。正三品。　曼頭：城名。在今青海共和縣西南。　赤水：城名。在今青海興海縣東南（參秦裕江《赤水與赤水戍——吐谷渾地理考察之二》，《青海社會科學》1996年第1期）。

八月辛酉，親祠恒岳，[1]河北道郡守畢集。大赦天下，車駕所經郡縣，免一年租調。

[1]恒岳：山名。亦作“恒山”。在今河北曲陽縣西北與山西接壤處。

九月辛未，徵天下鷹師，[1]悉集東京，至者萬餘人。戊寅，彗星出五車，掃文昌，至房而滅。[2]辛巳，詔免長城役者一年租賦。

[1]鷹師：訓鷹的人。

[2]房：即房宿。又稱天駟，二十八宿之一，由四顆星組成。

冬十月丙午，詔曰："先師尼父，聖德在躬，誕發天縱之姿，憲章文武之道，命世膺期，藴兹素王。而頽山之嘆，忽踰於千祀；盛德之美，不在於百代。永惟懿範，宜有優崇。可立孔子後爲紹聖侯，有司求其苗裔，録以申上。"辛亥，詔曰："昔周王下車，首封唐虞之胤；漢帝承曆，亦命殷周之後。皆所以褒立先代，憲章在昔。朕嗣膺景業，傍求雅訓，有一弘益，欽若令典。以爲周兼夏殷，文質大備；漢有天下，車書混一；魏晋沿襲，風流未遠。並宜立後，以存繼絶之義。有司可求其胄緒，列聞。"乙卯，頒新式於天下。

五年春正月丙子，改東京爲東都。癸未，詔天下均田。戊子，上自東都還京師。己丑，制民間鐵叉搭鈎穳刃之類，[1]皆禁絶之。太守每歲密上屬官景迹。

[1]穳（zuǎn）刃：矛及刀劍一類利器。

二月戊戌，次于閿鄉。[1]詔祭古帝王陵及開皇功臣墓。庚子，制魏、周官，[2]不得爲蔭。辛丑，赤土國遣使貢方物。戊申，車駕至京師。丙辰，宴耆舊四百人於武德殿，[3]頒賜各有差。己未，上御崇德殿之西院，[4]愀然不悦，顧謂左右曰："此先帝所居，實用增感，情所未安。於此院之西，[5]别營一殿。"壬戌，制父母聽隨子之官。

[1]閿（wén）鄉：縣名。治所在今河南靈寶市西故縣鎮西南。

[2]魏周官：底本作"漢魏、周官"，源氏校勘記云："《隋書》無'漢'字。"中華本校勘記云："諸本'魏'上有'漢'字，《隋書》《通志》無。按'魏'指西魏，'周'指北周。'漢'字衍文，今據删。"今從改。

[3]武德殿：位於宫城的中部，與東宫相鄰。

[4]崇德殿：位於宫城中部的北面。

[5]於此院之西：中華本校勘記云："《隋書》'於'上有'宜'字，此疑脱。"

三月己巳，車駕西巡河右。[1]庚午，有司言武功男子史永遵與從父昆弟同居，[2]上嘉之，賜物一百段，米二百石，表其門閭。[3]乙亥，幸扶風舊宅。[4]

[1]河右：地區名。亦作"河西"，今山西吕梁山以西的黄河兩岸地區。

[2]武功：縣名。治所在今陝西武功縣西北。

[3]門閭：鄉里。

[4]扶風：郡名。隋朝時治雍縣，在今陝西鳳翔縣。

夏四月己亥，大獵於隴西。[1]壬寅，高麗、吐谷渾、伊吾並遣使來朝。[2]乙巳，次狄道。[3]党項羌來貢方物。[4]癸亥，出臨津關，[5]度黄河，至西平，[6]陳兵講武。

[1]隴西：郡名。隋朝時治襄武縣，在今甘肅隴西縣東南。

[2]高麗：源氏校勘記云："'高麗'《隋書》作'高昌'。爲是。按本紀高昌今年來朝。"中華本校勘記云："《隋書》'高麗'作'高昌'。按高昌與伊吾、吐谷渾相鄰，疑是。但《册府》卷九七〇亦作'高麗'。" 伊吾：部族名。伊吾盧的省稱。治所在今新疆哈密市。原附屬於鐵勒。隋末内屬，置伊吾郡。後又臣屬突厥。

[3]狄道：縣名。治所在今甘肅臨洮縣。

[4]党項：族名。西羌的一支。南北朝時分布在今青海、甘肅、四川一帶。唐時移居於今甘肅、寧夏、陝北一帶。見《北史》卷九六《党項傳》。

[5]臨津關：在今甘肅積石山保安族東鄉族撒拉族自治縣大河家鎮大河村。

[6]西平：郡名。隋朝時治湟水縣，在今青海樂都縣。

五月乙亥，上大獵於拔延山，[1]長圍周亘二千里。庚辰，入長寧谷。[2]壬午，度星嶺。[3]甲申，宴群臣於金山之上。[4]丙戌，梁浩亹，[5]御馬度而橋壞，斬朝散大夫黄亘及督役者九人。[6]吐谷渾主率衆保覆袁川。[7]帝分命内史元壽南屯金山，[8]兵部尚書段文振北屯雪山，[9]太僕卿楊義臣東屯琵琶峽，[10]將軍張壽西屯泥嶺，[11]四面圍之。吐谷渾主伏允以數十騎遁出，[12]遣其名王詐稱伏允，保車我真山。[13]壬辰，詔右屯衛大將軍張定和往捕之，[14]定和挺身挑戰，爲賊所殺。亞將柳武建擊破之，[15]斬首數百級。甲午，其仙頭王窮蹙，[16]率男女十餘萬口來降。

[1]拔延山：在今青海化隆回族自治縣。底本作“延山”，源氏校勘記云：“‘延山’《隋書》有‘拔’字。”中華本校勘記云：“諸本無‘拔’字，《隋書》、《通鑑》卷一八一有。胡注云：‘隋志（《隋書》卷二九）西平郡化隆縣有拔延山。杜佑（《通典》卷一七四）曰：拔延山在廓州廣威縣，隋煬帝征吐渾經此山。’今據補。”今從改。

[2]長寧谷：今青海西寧市北川河谷。

[3]星嶺：山名。在今青海西寧市南。

[4]金山：即今托賴山，在今青海祁連縣。

[5]浩亹（mén）：水名。亦名閤門河，今名大通河。

[6]朝散大夫：官名。隋文帝時始置。爲文散官，正四品。煬帝大業三年改爲從五品。　黄亘：人名。隋朝官吏。見《北史》卷九〇《何稠附黄亘傳》。

[7]覆袁川：地名。在今青海湖東北一帶。

[8]内史：官名。隋煬帝在諸郡設通守，爲太守之副，在京兆、河南者稱内史。

[9]雪山：即祁連山。在今青海東北部與甘肅西部邊境。

[10]太僕卿：官名。掌管皇帝車馬以及全國畜牧政令。隋初爲正三品，煬帝時改爲從三品。　楊義臣：人名。本姓尉遲氏，代（今山西大同市東北）人。隋朝將領。見《北史》卷七三《楊義臣傳》。　琵琶峽：地名。在今甘肅張掖市西南。

[11]張壽：人名。北周、隋朝官吏。初爲承御上士，隨周武帝攻齊。隋朝建立，遷大將軍，歷位光禄大夫、右禦衛大將軍。　泥嶺：山名。在今青海剛察縣西北，爲今大通山的南支。

[12]伏允：人名。又作“慕容伏允”“慕容佛允”。吐谷渾之主。見《北史》卷九六《吐谷渾傳》。

[13]車我真山：在今青海祁連縣東南一帶。

[14]右屯衛大將軍：官名。隋煬帝大業三年改右領軍府爲右屯衛，置大將軍一人。總府事，領諸鷹揚府。正三品。

[15]亞將：副將、副手。

[16]窮蹙：窘迫，困厄。

六月丁酉，遣左光禄大夫梁默、右翊衛將軍李瓊等追吐谷渾主，[1]皆遇賊，死之。癸卯，經大斗拔谷，[2]山路隘險，魚貫而出，風霰晦暝，與後宫相失。[3]士卒凍死者太半。丙午，次張掖。辛亥，詔諸郡學業該通，才藝優洽；膂力驍壯，超絶等倫；在官勤奮，堪理政事；立性正直，不避强禦：四科舉人。壬子，高昌王麴伯雅來朝。[4]伊吾吐屯設等獻西域數千里之地，[5]上大悦。癸丑，置西海、河源、鄯善、且末等四郡。[6]丙辰，上御觀風行殿，[7]盛陳文物，奏九部樂，設魚龍曼延，[8]宴高昌王、吐屯設於殿上，以寵異之。其蠻夷陪列者，三十餘國。戊午，大赦天下。開皇已來流配，悉放還鄉。晋陽逆黨，不在此例。隴右諸郡，[9]給復三年。[10]

[1]左光禄大夫：官名。爲在朝元老重臣的加官，以示恩寵，或授予年老有病者爲致仕之官，亦常用於卒後贈官，無具體職掌。隋朝時爲正二品。　梁默：人名。北周、隋朝將領。見《北史》卷七三《梁士彦附梁默傳》。　右翊衛將軍：官名。隋初爲十二衛中的右衛副長官，協助右衛大將軍掌管宫掖禁衛，煬帝大業初改左右衛爲左右翊衛，從三品。

[2]大斗拔谷：關隘名。在今甘肅民樂縣東南扁都口隘口。

[3]後宫：源氏校勘記云："'後宫'《隋書》作'從官'。"按：依文意，當從《隋書》。

[4]麴伯雅：人名。金城榆中（今甘肅榆中縣西北）人。高昌國君主。見《北史》卷九七《高昌傳》。

[5]吐屯：官名。爲突厥、鐵勒等部族的官號。突厥語音譯。監察之官，職司相當於御史。　設：人名。其餘不詳。

[6]西海：郡名。隋煬帝大業五年平定吐谷渾，置西海郡，治伏俟城，在今青海共和縣石乃亥鄉鐵卡加村西南。　河源：郡名。隋煬帝大業五年平定吐谷渾，置河源郡，治赤水城，在今青海興海縣東南桑當鄉夏塘古城。　鄯善：郡名。隋煬帝大業五年平定吐谷渾，置鄯善郡，治鄯善城，在今新疆若羌縣。　且末：郡名。隋朝時治且末城，在今新疆且末縣（參吕建福《青海湖流域的人文生態——吐谷渾人對青海湖流域的經營》，《中國歷史地理論叢》2009年第4輯）。

[7]觀風行殿：一種活動性建築，上面爲宫殿式木構建築，可以拆卸和拼裝。

[8]魚龍曼延：一種百戲雜耍。由藝人執珍異動物模型表演，有幻化的情節。

[9]隴右：地區名。泛指隴山以西地區，約當今甘肅隴山、六盤山以西和黄河以東一帶。

[10]給復三年：源氏校勘記云："'三年'《隋書》作'一年'。下有'行經之所，給復二年'八字。"中華本校勘記云："《隋書》作'隴右諸郡給復一年，行經之所，給復二年'。疑此誤。"

秋七月丁卯，置馬牧於青海渚中，[1]以求龍種，無效而止。

[1]青海：湖名。在今青海東北部。　渚：水中小塊陸地。

九月癸未，車駕入長安。

冬十月癸亥，詔曰："優德尚齒，載之典訓；尊事乞言，義彰膠序。鬻熊爲師，[1]無取筋力；方叔元老，[2]克壯其猷。朕永言稽古，用求至理，是以龐眉黄髮，更令收叙，務簡秩優，無虧藥餌，庶等卧理，佇其弘益。今歲耆老赴集者，可於近郡處置。年七十已上，疾患沈滯不堪居職，即給賜帛，送還本郡。其官至七品以上者，量給廪以終厥身。"

[1]鬻（yù）熊：人名。周文王師，爲春秋楚國之先祖。
[2]方叔：人名。周宣王卿士。

十一月丙子，車駕幸東都。

六年春正月癸亥朔，旦，有盗數十人，皆素冠練衣，焚香持華，自稱彌勒佛，入自建國門，[1]監門者皆稽首。既而奪衛士仗，將爲亂，齊王暕遇而斬之。於是都下大索，與相連坐者千餘家。丁丑，角觝大戲於端門街，[2]天下奇伎異藝畢集，終月而罷。帝數微服往觀之。己丑，倭國遣使貢方物。

[1]建國門：隋朝東都洛陽外郭城的南門之一。
[2]角觝大戲：包括角抵在内的雜技百戲。角觝，中國古代體育活動項目之一。起源於戰國，晋以後亦稱争交。類似現代的摔跤。　端門街：在今河南洛陽市。

二月乙巳，武賁郎將陳稜、朝請大夫張鎮州擊流求破之，[1]獻俘萬七千口，頒賜百官。乙卯，詔曰："夫帝圖草創，王業艱難，咸依股肱，叶同心德，用能救厥頽運，克膺大寶。然後疇庸茂賞，開國承家，誓以山河，傳之不朽。近代凋喪，四海未壹，茅土妄假，名實相乖，歷兹永久，莫能懲革。皇運之初，百度伊始，猶循舊貫，未暇改作。今天下交泰，文軌攸同，宜率遵先典，永垂大訓。自今已後，唯有功勳，乃得賜封，仍令子孫承襲。"丙辰，改封安德王雄爲觀王，[2]河間王子慶爲郇王。[3]庚申，徵魏、齊、周、陳樂人，悉配太常。[4]

[1]武賁郎將：官名。即虎賁郎將。《北史》避唐高祖祖父李虎諱改。隋煬帝大業三年改十二衛護軍置，每衛員四人，掌護衛，副貳於將軍。正四品。　陳稜：人名。字長威，廬江襄安（今安徽巢湖市）人。隋朝將領。見《北史》卷七八《陳稜傳》。　朝請大夫：官名。隋煬帝大業三年始設。正五品。　張鎮州：人名。一作"張鎮周"。隋朝將領。

[2]觀王：封爵名。觀，州名。隋朝時治東光縣，在今河北東光縣。

[3]慶：即楊慶，人名。弘農華陰（今陝西華陰市東南）人。隋朝宗室。見《北史》卷七一《河間王弘附楊慶傳》。

[4]太常：官署名。即太常寺。北齊始置，掌管宗廟陵寢祭祀、禮樂等，隋朝時爲管理郊廟禮樂祭祀事務的機關。

三月癸亥，幸江都宫。[1]甲子，以鴻臚卿史祥爲左驍衛大將軍。[2]

[1]江都宫：在今江蘇揚州市西南。

[2]史祥：人名。字世休，建康表氏（今甘肅高臺縣西）人。隋朝官吏。見《北史》卷六一《史寧附史祥傳》。　左驍衛大將軍：官名。隋煬帝大業三年改左備身府爲左驍衛，置爲十二衛大將軍之一，總府事，並統諸鷹揚府事。正三品。

夏四月丁未，宴江、淮已南父老，頒賜各有差。

六月辛卯，室韋、赤土並遣使貢方物。[1]壬辰，雁門賊帥尉文通，聚衆三千，保於莫璧谷，[2]遣鷹揚楊伯泉擊破之。[3]甲寅，制江都太守，秩同京尹。[4]

[1]室韋：北魏時分爲南室韋、北室韋等五部，不相統屬，分居於今嫩江及黑龍江南北岸地區，以漁獵爲生。後曾服屬突厥。見《北史》卷九四《室韋傳》。

[2]莫璧谷：地名。在今山西渾源縣。中華本“璧”作“壁”。

[3]鷹揚：官名。即鷹揚郎將。隋煬帝大業三年改府兵制後，以驃騎府爲鷹揚府，主官驃騎將軍改稱鷹揚郎將。員一人，正五品。分屬十二衛，掌宿衛，佐屬有鷹揚副郎將、越騎校尉、步兵校尉等。　楊伯泉：人名。四庫本作“楊百泉”。

[4]秩：底本作“秋”，元大德本、毛本、殿本、四庫本、局本、四部備要本、中華本作“秩”。按：依文意，底本誤，今從諸本改。

冬十月壬申，[1]刑部尚書梁毗卒。壬子，户部尚書、銀青光禄大夫長孫熾卒。[2]

[1]壬申：中華本校勘記云：“按是年十月己丑朔，無‘壬申’，

疑誤。"

[2]銀青光禄大夫：官名。隋朝時爲元老重臣之加官或贈致仕之官，亦爲死者之贈官。隋初爲正三品散官，煬帝時改爲從三品。

十二月己未，左光禄大夫、吏部尚書牛弘卒。辛酉，朱崖人王萬昌舉兵作亂，[1]遣隴西太守韓洪討平之。[2]

[1]朱崖：郡名。隋煬帝大業三年廢崖州，改爲朱崖郡，治義倫縣，在今海南儋州市西北。《隋書·地理志下》作"珠崖"。

[2]韓洪：人名。字叔明，河南東垣（今河南新安縣東）人。北周、隋朝將領。見《北史》卷六八《韓雄附韓洪傳》。

七年春正月壬寅，左武衛大將軍、光禄大夫、真定侯郭衍卒。[1]

[1]真定侯：封爵名。真定，縣名。治所在今河北正定縣南。

二月己未，上升釣臺，[1]臨楊子津，[2]大宴百僚，頒賜各有差。庚申，百濟遣使朝貢。乙亥，上自江都御龍舟入通濟渠，遂幸于涿郡。壬午，詔曰："武有七德，先之以安民；政有六本，興之以教義。高麗高元虧失藩禮，將欲問罪遼左，[3]恢宣勝略。雖懷伐國，仍事省方。今往涿郡，巡撫民俗。其河北諸郡及山西、山東年九十已上，版授太守；八十者，授縣令。

[1]釣臺：隋煬帝垂釣觀濤之處。在今江蘇揚州市。

[2]楊子津：渡口名。在今江蘇揚州市南二十里長江江畔。四庫本作“揚子津”。

[3]遼左：地區名。遼東的别稱。其地相當於今遼河以東地區。此代指高麗。

三月丁亥，右光禄大夫、左屯衛大將軍姚辯卒。[1]

[1]右光禄大夫：官名。爲在朝元老重臣的加官，或授予年老有病者爲致仕之官，亦作爲大臣卒後贈官，以示尊崇。隋初爲正二品，煬帝大業三年改爲從二品。

夏四月庚午，幸涿郡之臨朔宫。[1]

[1]臨朔宫：隋煬帝大業五年在薊城（今北京西南）建。

五月戊子，以武威太守樊子蓋爲民部尚書。[1]

[1]武威：郡名。隋文帝時廢，煬帝大業三年復置，治姑臧縣，在今甘肅武威市。　樊子蓋：人名。字華宗，廬江（今安徽合肥市）人。北齊、北周、隋朝大臣。見《北史》卷七六《樊子蓋傳》。

秋，大水，山東、河南漂没三十餘郡，民相賣爲奴婢。

冬十月乙卯，底柱山崩，[1]偃水逆流數十里。[2]戊午，以東平太守吐萬緒爲左屯衛大將軍。[3]

[1]底柱山：又作“三門山”，在今山西平陸縣東五十里，南與河南陝縣接界。

[2]水：底本作“木”，中華本校勘記云：“諸本‘水’作‘木’，《隋書》作‘河’，《通志》作‘水’。按‘木’乃‘水’之訛，今據改。”今從改。

[3]東平：郡名。隋朝時治鄆城縣，在今山東鄆城縣東。　吐萬緒：人名。字長緒，代郡（今山西大同市東北）人，鮮卑族。北周、隋朝將領。見《北史》卷七八《吐萬緒傳》。

十二月己未，[1]突厥處羅多利可汗來朝，[2]帝大悅，接以殊禮。于時，遼東戰士及饋運者填咽於道，晝夜不絕。苦役者，始爲群盜。甲子，敕都尉、鷹揚與郡縣相知追捕，[3]隨獲斬决之。

[1]己未：底本作“己酉”，源氏校勘記云：“‘酉’《隋書》作‘未’，下有‘西面’二字。”中華本校勘記云：“諸本‘未’作‘酉’，《隋書》作‘未’。按是年十二月壬子朔，無己酉，己未是八日，今據改。”今從改。

[2]突厥處羅多利可汗來朝：中華本校勘記云：“《隋書》‘突’上有‘西面’二字，此脱。”

[3]都尉：官名。郡的軍事長官，協助太守典掌軍事，維護治安，統率本郡兵士，職權頗重。隋煬帝大業三年定爲正四品。

八年春正月辛巳，大軍集于涿郡。以兵部尚書段文振爲左候衛大將軍。[1]壬午，下詔曰：

[1]左候衛大將軍：官名。隋朝十二衛大將軍之一。煬帝大業

三年改左武候爲左候衛而置，員一人，總管府事，並統諸鷹揚府。正三品。

天地大德，降繁霜於秋令；聖哲至仁，著兵甲於刑典。故知造化之有肅殺，義在無私；帝王之用干戈，蓋非獲已。版泉、丹浦，[1]莫匪龔行；取亂覆昏，咸由順動。況乎甘野誓師，[2]夏開承大禹之業；[3]商郊問罪，[4]周發成文王之志。[5]永監載籍，屬當朕躬。

[1]版泉：地名。在今河北涿鹿縣東南。黄帝曾與炎帝戰於此。丹浦：地名。丹水之濱。丹水在今河南南陽市。堯曾與有苗戰於此。

[2]甘野誓師：指夏啓征伐有扈氏而進行的誓師大會。見《尚書·夏書·甘誓》。甘，地名。關於其地望，有陜西户縣説和河南原陽縣説。從當時地理形勢判斷，原陽縣説較爲妥當，具體當在今河南嵩山與原陽縣之間的滎陽市一帶（參肖華忠、陳晨、祝進《有扈氏地望變遷考辨》，《江西師範大學學報》2016 年第 6 期）。

[3]夏開：毛本、殿本、四庫本、局本、四部備要本作“夏啓”。按：當爲夏啓，底本或誤。

[4]商郊問罪：指周武王伐商之牧野誓師。見《尚書·周書·牧誓》。商郊，即牧野。在殷都朝歌（今河南淇縣）南。

[5]周發：即周武王。

粤我有隋，誕膺靈命。兼三才而建極，一六合而爲家。提封所漸，[1]細柳、蟠桃之外；[2]聲教爰暨，紫舌、黄枝之域。[3]遠至邇安，罔弗和會，功成理定，於是乎在。而高麗小醜，迷昏不恭，崇聚勃、碣之間，[4]薦食遼、濊之境。[5]雖復漢、魏誅夷，巢窟暫擾，亂離多阻，種落還集。萃川藪於前代，播實繁以迄今。睠彼華壤，[6]翦爲夷類。歷年永久，惡稔既盈；天道禍淫，亡徵已兆。亂常敗德，非可勝圖；掩慝懷奸，唯日不足。移告之嚴，未嘗面受；朝覲之禮，莫肯躬親。誘納亡叛，不知紀極，充斥邊垂，亟勞烽候。關柝以之不静，生人爲之廢業。[7]在昔薄伐，已漏天網。既緩前禽之戮，未即後服之誅。曾不懷恩，翻其長惡。[8]乃兼契丹之黨，虔劉海戍；[9]習靺鞨之服，[10]侵軼遼西。[11]又青丘之表，[12]咸修職貢，碧海之濱，同稟正朔，遂復寇攘琛賮，[13]遏絶往來，虐及弗辜，誠而遇禍。輶軒奉使，爰暨海東，旌節所次，途經藩境，而擁塞道路，拒絶王人。無事君之心，豈爲臣之禮？此而可忍，孰不可容！且法令苛酷，賦斂煩重。强臣豪族，咸執國均，朋黨比周，以之成俗。賄貨如市，冤枉莫申。重以仍歲災凶，比屋饑饉，兵戈不息，徭役無期。力竭轉輸，身填溝壑。百姓愁苦，爰誰適從。境内哀惶，不勝其弊。回面内向，各懷性命之圖；黄髮稚齒，咸興酷毒之嘆。省俗觀風，爰届幽朔，弔人問罪，無俟再駕。親總六師，用申九伐。拯厥阽危，協從天意；殄兹逋穢，克嗣先謨。

[1]提封：疆土。

[2]細柳：地名。在今陝西咸陽市西南渭河北岸。　蟠桃：傳説中的山名。確址不詳。

[3]紫舌：形容語言不同於中原，即邊遠之地。殿本、四庫本、四部備要本作“紫杏”。按:“紫杏”典籍不見，當從底本。　黄枝：國名。亦作“黄支”。在日南之南，即今越南中南部地區。一説在今印度南境。

[4]勃：指勃海。　碣：山名。在今河北昌黎縣城北。

[5]遼：指遼東。　濊：地名和民族名。在今朝鮮境内。毛本、四庫本、局本作“獩”。

[6]彼：毛本、四庫本、四部備要本作“兹”。按：未詳孰是。

[7]生人：底本作“三人”，殿本、四庫本、局本、四部備要本、中華本作“生人”。源氏校勘記云:“‘三’《隋書》作‘生’。爲是。”中華本校勘記云:“各本‘生’作‘三’，殿本及《隋書》作‘生’，今從之。”今從改。

[8]翻其：源氏校勘記云:“《隋書》作‘翻爲’。”

[9]虔劉：劫掠，殺戮。

[10]靺鞨：族名。即勿吉。隋朝時改稱靺鞨。分布在今吉林長白山、松花江一帶。其人善射獵。見《北史》卷九四《勿吉傳》。

[11]遼西：指今遼河以西一帶。

[12]青丘：地名。確址不詳。疑在今山東東北部一帶。

[13]琛賮：獻貢的財貨。

今宜授律啓行，分麾屆路，掩勃澥而雷震，[1]及夫餘以電掃。[2]比戈按甲，俟誓而後行；三令五申，[3]必勝而後戰。左第一軍可鏤方道，[4]第二軍可長岑道，[5]第三軍可海冥道，[6]第四軍可蓋馬道，[7]第五軍可建安道，[8]第六軍可南蘇道，[9]第七軍可遼東道，第八軍可玄菟道，[10]第九軍可扶餘道，第十軍可朝鮮道，[11]第十一軍可沃沮道，[12]第十二軍可樂浪道；[13]右第一軍可黏蟬道，[14]第二軍可含資道，[15]第三軍可渾彌道，[16]第四軍可臨屯道，[17]第五軍可候城道，[18]第六軍可提奚道，[19]第七軍可踏頓道，[20]第八軍可肅慎道，[21]第九軍可碣石道，[22]第十軍可東暆道，[23]第十一軍可帶方道，[24]第十二軍可襄平道。[25]凡此衆軍，先奉廟略，駱驛引途，[26]總集平壤。[27]莫非如豺如貔之勇，百戰百勝之雄。顧眄則山岳傾頹，[28]叱咤則風雲騰鬱。腹心攸同，爪牙斯在。朕躬馭元戎，爲其節度。涉遼而東，循海之右。解倒懸於遐裔，問疾苦於遺黎。其外輕齎游闕，隨機赴響，卷甲銜枚，出其不意。又滄海道軍，舟艫千里，高颿電逝，巨艦雲飛。横斷浿江，[29]逕造平壤。島嶼之望斯絶，坎井之路已窮。其餘被髮左衽之人，控弦待發；微、盧、彭、濮之旅，[30]不謀同辭。杖順臨逆，人百其勇，以此衆戰，勢等摧枯。

[1]勃澥：今勃海以及東海部分海域。

[2]夫餘：族名、地名。在今松花江中游平原上。毛本、殿本、四庫本、局本、四部備要本作"扶餘"。

[3]三令五申：底本作"先令五申"，殿本、四庫本、局本、四部備要本、中華本作"三令五申"。按：底本誤，今從諸本改。

[4]鏤方：縣名。治所在今朝鮮平安南道成川、陽德二郡之間。

[5]長岑：縣名。治所在今朝鮮黄海南道松禾郡。

[6]海冥：縣名。治所在今朝鮮黄海南道海州市一帶。

［7］蓋馬：山名。在今朝鮮咸鏡南道咸興市。

［8］建安：城名。在今遼寧蓋州市東北。

［9］南蘇：城名。在今遼寧撫順市東。

［10］玄菟：郡名。隋朝時治沃沮縣，在今朝鮮咸興市。

［11］朝鮮：國名。都於今朝鮮慰禮城。

［12］沃沮：縣名。治所在今朝鮮咸鏡道及兩江道。

［13］樂浪：郡名。隋朝時治朝鮮縣，在今朝鮮平壤市西南。

［14］黏蟬：縣名。治所在今朝鮮平安南道龍岡郡西。

［15］含資：縣名。治所在今朝鮮黄海北道瑞興郡。

［16］渾彌：縣名。治所在今朝鮮平安南道安州市東南。

［17］臨屯：郡名。隋朝時治東暆縣，在今韓國江原道境内。

［18］候城：縣名。治所在今遼寧沈陽市東南。

［19］提奚：縣名。治所在今朝鮮黄海北道平山郡一帶。

［20］踏頓：縣名。確址不詳。

［21］肅慎：族名、地名。古代居於中國東北地區。

［22］碣石：山名。其地望有諸多説法，一説在今河北昌黎縣城北，更爲可信（參任乃宏《"碣石"新考》，《文物春秋》2014年第2期）。

［23］東暆：縣名，治所在今韓國江原道境内。源氏校勘記云："'暆'，萬曆二十二年刊《隋書》從日，一本從目。"

［24］帶方：郡名。治所不詳。

［25］襄平：縣名。治所在今遼寧遼陽市。

［26］駱驛：中華本作"絡繹"。按：二詞相通。

［27］平壤：城名。在今朝鮮首都平壤。

［28］顧眄（miǎn）：左顧右盼。

［29］沮江：水名。確址不詳。

［30］微盧彭濮：指周武王牧野誓師的庸、蜀、羌、髳、微、盧、彭、濮八族中的四個民族。微，在今陝西眉縣。盧，在今湖北南漳縣。彭，在今甘肅鎮原縣東。濮，在今湖北境内，確址不詳。

然則王者之師，義存止殺；聖人之教，必也勝殘。天罰有罪，本在元惡；人之多辟，脅從罔理。若高元泥首轅門，[1]自歸司寇，[2]即解縛焚櫬，弘之以恩。其餘臣人，願歸朝奉化，咸加慰撫，各安生業，隨才任用，無隔夷夏。營壘所次，務在整肅，芻蕘有禁，[3]秋毫勿犯。以布恩宥，以喻禍福。若其同惡相濟，抗拒官軍，國有常刑，俾無遺類。明加曉示，稱朕意焉。

[1]高元：人名。高句麗君主高湯之子。初即位，隋文帝遣使拜其爲上開府、儀同三司，襲遼東郡公，繼又册封爲高麗王。後率靺鞨之衆攻遼西，開皇十八年文帝命漢王楊諒總水陸大軍討伐，並下詔黜其官爵。高元懼，遣使謝罪。煬帝即位，以多次拒徵不入朝而親征之，無功而還。　泥首轅門：以泥塗首立於轅門之前。指前來請罪。

[2]司寇：官名。位次三公，掌刑獄之政，糾察邦國。

[3]芻蕘：割草采薪。

總一百一十三萬三千八百，[1]號二百萬，其饋運者倍之。癸未，第一軍發，終四十日，引師乃盡。旌旗亘千里，近古出師之盛，未之有也。乙未，以右候衛大將軍衛玄爲刑部尚書。甲辰，内史令元壽卒。

[1]八百：毛本、殿本、四庫本、局本、四部備要本作“六百”。按：未詳孰是。

二月甲寅，詔曰:“朕觀風燕裔，問罪遼濱，文武叶力，爪牙思奮，莫不執鋭勤王，舍家從役。罕蓄倉廩之資，兼損播殖之務。[1]朕所以夕愓愀然，慮其匱乏。雖復素飽之衆，情在忘私；悦使之徒，宜從其厚。諸行從一品以下佽飛募人以上家口，[2]郡縣宜數存問。若有糧食乏少，皆賑給之。或雖有田疇，貧弱不能自耕種，可於多丁富室，勸課相助。使夫居者有斂積之豐，行役無顧後之慮。”壬戌，司空、京兆尹、光禄大夫、觀王雄薨。[3]

[1]損：底本作“捐”，《隋書》卷四《煬帝紀下》作“損”。按：依文意，當從《隋書》。今從改。

[2]佽飛：官名。少府屬下左弋，自漢武帝改名爲佽飛，掌弋射。後泛指武官。

[3]司空：官名。列三公之末。爲名譽宰相，多爲大臣加官。隋朝時爲正一品。

三月辛卯，兵部尚書、左候衛大將軍段文振卒。癸巳，上御師。甲午，[1]臨戎于遼水橋。戊戌，大軍爲賊所拒，[2]不果濟。右屯衛大將軍左光禄大夫麥鐵杖、武賁郎將錢士雄、孟金叉等皆死之。[3]甲午，車駕度遼，大戰于東岸，擊賊破之，進圍遼東。乙未，大頓。[4]見二大鳥，高丈餘，皜身朱足，游泳自若，上異之，命工圖寫，並立銘頌。

[1]甲午：底本作“甲子”，殿本、四庫本、四部備要本、中

華本作“甲午”。中華本校勘記云:“各本‘午’作‘子’，殿本從上癸巳，下戊戌，改作‘甲午’。按《隋書》作‘甲午’。是年三月庚辰朔，無甲子，甲午是十五日。今從殿本。”今從改。

[2]賊:《隋書》卷四《煬帝紀下》作“盜”。

[3]麥鐵杖：人名。始興（今廣東始興縣）人。隋朝將領。見《北史》卷七八《麥鐵杖傳》。

[4]“甲午車駕度遼”至“乙未大頓”：中華本校勘記云:“《通鑑》卷一八一《考異》云:‘《隋帝紀》：癸巳，上御師。甲子，臨遼水橋。戊戌，麥鐵杖死。甲午，車駕渡遼。乙未，大頓。丙申，大赦。按《長歷》是月庚辰朔，不容有甲子。又戊戌之下，不容有甲午、乙未、丙申。此必誤也，今並除之。’按此處日干必有誤，無從是正。又《考異》謂有丙申大赦事，今《隋書》《北史》皆無，疑尚有脱文。”

五月壬午,[1]納言楊達卒。于時，諸將各奉旨，不敢赴機。[2]既而高麗各固城守，攻之不下。

[1]壬午：底本作“戊午”，源氏校勘記云:“‘戊’《隋書》作‘壬’。”中華本校勘記云:“諸本‘壬’作‘戊’,《隋書》作‘壬’。按是年五月己卯朔，無戊午，壬午是四日，今據改。”今從改。

[2]赴機：參與戰事。底本作“越機”，中華本校勘記云:“諸本‘赴’作‘越’,《御覽》卷一〇六、《通鑑》卷一八一作‘赴’。按本書卷九四、《隋書》卷八一《高麗傳》也作‘赴’。‘越機’無義，今據改。”今從改。

六月己未，幸遼東，責怒諸將，止城西數里，御六合城。

七月壬午,[1]宇文述等敗績于薩水,[2]右屯衛將軍辛世雄死之。[3]九軍並陷，師奔還，亡者千餘騎。[4]癸卯，班師。

[1]壬午：源氏校勘記云："《隋書》作'壬寅'。"中華本校勘記云："《隋書》及《通鑑》'午'作'寅'。按是年七月己卯朔，壬午是四日，壬寅是二十四日。下云'癸卯班師'，即二十五日。當是薩水敗後，次日即退，不得四日敗績，猶延宕二十日之久。疑'壬寅'是。"

[2]薩水：即今朝鮮清川江（參劉永智《薩水考略》，《社會科學戰綫》1987年第4期）。

[3]右屯衛將軍：官名。隋煬帝大業三年改右領軍府爲右屯衛，置將軍二人，協助右屯衛大將軍總府事，領諸鷹揚府。從三品。辛世雄：底本作"薛世雄"，中華本校勘記云："諸本'辛'作'薛'。張森楷云：'《隋書》"薛"作"辛"，《通鑑》同。按薛世雄從伐遼東，敗還除名，後爲竇建德所襲，慚恚而死，具見本傳(本書卷七六)，未曾死是役也。《隋書》爲是。'按張説是，今據改。"今從改。

[4]師奔還亡者千餘騎：源氏校勘記云："'師'《隋書》作'將帥'二字；'千'上有'二'字。"中華本校勘記云："《隋書》'師'作'將帥'，'千'上有'二'字。《通志》'亡'字作'至'。按本書卷七八、《隋書》卷六一《宇文述傳》云：'初度遼，九軍三十萬五千人。及還至遼東城，唯二千七百人。'則是士卒潰散，唯將帥奔還。此脱'將'字，'帥'訛爲'師'。又'亡'字不通，疑作'至'是。'千'上當有'二'字，與《宇文述傳》合。"可從。

九月庚辰，上至東都。己丑，詔："軍國異容，文武殊用，匡危拯難，則霸德攸興；化人成俗，則王道斯貴。時當撥亂，屠販可以登朝；世屬隆平，經術然後升仕。豐都爰肇，[1]儒服無預於周行；建武之朝，[2]功臣不參於吏職。自三方未一，四海交争，不遑文教，唯尚武功。設官分職，罕以才授，班朝理人，乃由勳敘。莫非拔足行陣，出自勇夫。學斆之道，既所不習；政事之方，故亦無取。是非暗於在己，威福專於下吏。貪冒貨賄，不知紀極，蠹政害民，實由於此。自今已後，諸授勳官者，並不得回授文武職事。庶遵彼更張，取類於調瑟；求諸名製，不傷於美錦。若吏部輒擬用者，御史即宜糾彈。”

[1]豐都：地名。在今陝西西安市西南，爲西周國都。代指西周政權。

[2]建武之朝：指東漢光武政權。建武，漢光武帝的年號(25—56)。

冬十月甲寅，[1]工部尚書宇文愷卒。

[1]甲寅：底本作“戊寅”，源氏校勘記云：“《隋書》作‘甲寅’。”中華本校勘記云：“諸本‘甲’作‘戊’，《隋書》、《通鑑》卷一八一作‘甲’。按是年十月丁未朔，無戊寅，甲寅是八日。今據改。”今從改。

十一月己卯，以宗女華容公主嫁于高昌王。[1]辛巳，光禄大夫韓壽卒。甲申，敗將宇文述、于仲文等除名爲民，斬尚書右丞劉士龍以謝天下。[2]

[1]華容公主：封號。華容，縣名。治所在今湖南岳陽市。

[2]尚書右丞：官名。北魏時爲尚書省佐官，位次尚書，與左丞共掌尚書省庶務，凡士兵百工名籍、内外庫藏穀帛、刑獄訴訟、户籍、行政區劃等文書奏事皆屬之。隋朝時爲從四品。　劉士龍：人名。弘農（今陝西華陰市）人。隋朝官吏。征伐高麗不利，被隋煬帝賜死。

是歲，大旱疫，人多死，山東尤甚。密詔江、淮南諸郡，閲視民間童女姿質端麗者，每歲貢之。

九年春正月丁丑，徵天下兵，募民爲驍果，[1]集于涿郡。壬午，賊帥杜彦永、王潤等陷平原郡，[2]大掠而去。辛卯，置折衝、果毅、武勇、雄武等郎將官，[3]以領驍果。乙未，平原李德逸聚衆數萬，稱阿舅賊，劫掠山東。靈武白榆妄稱奴賊，劫掠牧馬，北連突厥，隴右多被其患。遣將軍范貴討之，連年不能克。戊戌，大赦。己亥，遣代王侑、刑部尚書衛玄鎮京師。辛丑，以右驍衛將軍李渾爲右驍衛大將軍。[4]

[1]驍果：勇猛敢死之士。

[2]杜彦永：源氏校勘記云："'永'《隋書》作'冰'。"　平原：郡名。隋煬帝大業初改德州置，治安德縣，在今山東陵縣。

[3]折衝：官名。隋煬帝時，於左右備身府設折衝郎將三人，統領驍果兵。從四品。　果毅：官名。隋煬帝時，於左右備身府設果毅郎將三人，爲折衝郎將之副，協助折衝郎將統領驍果兵。從四品。　武勇：官名。隋煬帝時置，爲雄武郎將之副。　雄武：官名。隋煬帝時置，將招募所得新兵，按府兵制的辦法，分屬軍府，建立左右雄武府以領之。以雄武郎將爲主官，相當於一般軍府（鷹

揚府）的鷹揚郎將。

［4］右驍衛將軍：官名。隋文帝開皇十八年，置左右備身府。煬帝大業三年，改左右備身府爲左右驍騎衛，以左右驍衛將軍爲主官。　李渾：人名。字金才，隴西成紀（今甘肅秦安縣）人。隋朝將領。見《北史》卷五九《李賢附李渾傳》。

二月己未，濟北人韓進洛聚衆數萬爲群盜。[1]壬午，[2]復宇文述等官爵，又徵兵討高麗。

［1］濟北：郡名。隋朝時治盧縣，在今山東茌平縣西南。

［2］壬午：中華本校勘記云："按是年二月乙巳朔，無壬午，此必有誤。"

三月丙子，濟陰人孟海公起兵爲盜，[1]衆至數萬。丁丑，發丁男十萬城大興。[2]戊寅，幸遼東。以越王侗、民部尚書樊子蓋鎮東都。[3]庚子，北海人郭方預聚徒爲賊，[4]自號盧公，衆至三萬，攻陷郡城，大掠而去。

［1］濟陰：郡名。隋朝時治濟陰縣，在今山東曹縣西北。底本作"濟北"，中華本校勘記云："《隋書》'北'作'陰'。按《舊唐書》卷五四《竇建德傳》作'曹州濟陰人孟海公'。《太平寰宇記》卷一三曹州條云：隋大業初改爲濟陰郡，武德四年平孟海公，復爲曹州。作'濟陰'是。"今從改。

［2］大興：城名。隋於漢長安城東南所築新城，在今陝西西安市。底本作"太興"，中華本作"大興"。按：當從中華本。今從改。

［3］民部尚書：底本作"工部尚書"，源氏校勘記改"工"作

“户”。中華本校勘記云:“《隋書》‘工’作‘民’。按本卷大業七年五月:‘以武威太守樊子蓋爲民部尚書。’本書卷七六《樊子蓋傳》作‘户部尚書’，則是避唐諱所改。本卷是用《隋書》補，不避‘民’字，這裏‘工’當是‘民’之訛。”今從改。

[4]北海：郡名。隋朝時治益都縣，在今山東青州市。　郭方預：源氏校勘記云:“‘預’《隋書》作‘頂’。”

夏四月庚午，車駕度遼。壬申，遣宇文述、楊義臣趣平壤城。

五月丁丑，熒惑入南斗。[1]己卯，濟北人甄寶車聚衆萬餘，寇掠城邑。

[1]南斗：星名。即斗宿，有星六顆。在北斗星以南，形似斗，故稱。

六月乙巳，禮部尚書楊玄感反於黎陽。[1]丙辰，[2]玄感逼東都。河南贊理裴弘策拒之，[3]反爲賊所敗。戊辰，兵部侍郎斛斯政奔于高麗。[4]庚午，上班師。高麗犯後軍，敕右武衛大將軍李景爲後拒，[5]遣左翊衛大將軍宇文述、左候衛將軍屈突通等馳傳發兵，[6]以討玄感。

[1]黎陽：郡名。隋朝時治黎陽城，在今河南浚縣東北。

[2]丙辰：源氏校勘記在“丙”旁紅筆小字夾批“景”字。

[3]河南：郡名。隋朝時治河南縣，在今河南洛陽市。　贊理：官名。州郡長官的行政助理。中華本校勘記云:“《隋書》‘理’作‘務’。按此官本名‘贊治’，作‘務’作‘理’都是避唐諱改。”　裴弘策：人名。隋朝官吏。煬帝大業九年楊玄感反，裴弘策奉東

都留守樊子蓋之命抵拒楊玄感，兵敗，被處斬。

[4]兵部侍郎：官名。隋初爲兵部司長官，六品上，文帝開皇六年升爲五品。　斛斯政：人名。廣牧富昌（今内蒙古准格爾旗東南）人。隋朝官吏。見《北史》卷四九《斛斯椿附斛斯政傳》。

[5]敕：底本作“教”，毛本、殿本、四庫本、局本、四部備要本、中華本作“敕”。按：今從諸本改。

[6]左候衛將軍：官名。隋朝十二衛將軍之一。掌領衛士巡警宫中及京城。從三品。　屈突通：人名。長安徒何（今陝西西安市）人。隋末唐初大將。見《新唐書》卷八九《屈突通傳》。

秋七月己卯，令所在發人城縣府驛。癸未，餘杭人劉元進舉兵反，[1]衆至數萬。

[1]餘杭：郡名。隋朝時治錢塘縣，在今浙江杭州市。

八月壬寅，左翊衛大將軍宇文述等破楊玄感於閿鄉，斬之，餘黨悉平。癸卯，吴人朱燮、晋陵人管崇擁衆十萬餘，[1]自稱將軍，寇江左。[2]甲辰，制驍果之家，蠲免賦役。丁未，詔郡縣城去道過五里已上者，徙就之。戊申，制盜賊籍没其家。乙卯，賊帥陳瑱等三萬，攻陷信安郡。[3]辛酉，司農卿、光禄大夫、葛國公趙元淑以罪伏誅。[4]

[1]吴：郡名。隋朝時治吴縣，在今江蘇蘇州市。　晋陵：郡名。隋朝時治晋陵縣，在今江蘇常州市。

[2]江左：地區名。一名江東。其地本指今安徽、江蘇南京市長江河段以東地區。因三國吴、東晋及南朝皆建都建康（今江蘇南

京市），故時人又稱其統治下的全部地區爲江左。

[3]信安：郡名。隋朝時治信安縣，在今浙江衢州市。

[4]司農卿：官名。職掌勸農、倉儲、園苑、供應宫廷膳食等。隋初爲正三品，煬帝時改爲從三品。　趙元淑：人名。博陵（今河北安平縣）人。北周、隋朝官吏。見《北史》卷四一《楊敷附趙元淑傳》。

九月己卯，濟陰人吴海流、東海人彭孝才並舉兵爲盜，[1]衆數萬。庚辰，賊帥梁慧尚聚衆四萬，陷蒼梧郡。[2]甲午，車駕次上谷。[3]以供費不給，上大怒，免太守虞荷等官。丁酉，東陽人李三兒、向但子舉兵作亂，[4]衆至萬餘。閏月己巳，幸博陵。[5]庚午，上謂侍臣曰："朕昔從先朝，周旋於此，年甫八歲。日月不居，倏經三紀，[6]追惟曩昔，不可復希。"言未卒，流涕嗚咽。侍衛者皆泣下沾襟。

[1]東海：郡名。隋朝時治朐山縣，在今江蘇連雲港市海州區。　彭孝才：人名。隋末反隋首領之一。後爲隋將董純所俘，被車裂。

[2]蒼梧：郡名。隋朝時治封川縣，在今廣東封開縣東南賀江口。

[3]上谷：郡名。隋朝時治易縣，在今河北易縣。

[4]東陽：郡名。隋朝時治金華縣，在今浙江金華市。

[5]博陵：郡名。隋朝時治鮮虞縣，在今河北定州市。

[6]三紀：古以十二年爲一紀，三紀合三十六年。

冬十月丁丑，賊帥吕明星率衆數千圍東郡，[1]武賁郎將費青奴擊斬之。[2]乙酉，詔曰："博陵昔爲定州，[3]地居衝要，先王歷試所基，王化斯遠。故以道冠《豳風》，[4]義高姚邑。朕巡撫氓庶，爰届兹邦，瞻望郊廛，緬懷敬止。思所以宣播慶澤，覃被下人，崇紀顯號，式光令緒。可改博陵爲高陽郡，赦境内死罪以下，給復一年。"於是召高祖時故吏，皆量才授職。壬辰，以納言蘇威爲開府儀同三司。

[1]東郡：隋朝時治白馬縣，在今河南滑縣東南。

[2]費青奴：人名。隋朝將領。後爲李密軍所殺。

[3]定州：隋朝時治盧奴縣，在今河北定州市。

[4]豳風：《詩經》篇名。《詩經·國風》之一，共七篇二十七章，爲西周時的詩歌。

朱燮、管崇推劉元進爲天子，[1]遣將軍吐萬緒、魚俱羅討之，[2]連年不能克。齊人孟讓、王薄等衆十餘萬，[3]據長白山，[4]攻剽諸郡。清河賊張金稱衆各數萬，[5]勃海賊帥格謙，自號燕王，孫宣雅自號齊王，衆各十萬，山東苦之。丁亥，以右候衛將軍郭榮爲右候衛大將軍。[6]

[1]劉元進：人名。餘杭（今浙江杭州市）人。隋末江南起義軍首領。見《隋書》卷七〇《劉元進傳》。

[2]魚俱羅：人名。馮翊下邽（今陝西大荔縣）人。隋朝將領。見《北史》卷七八《魚俱羅傳》。

[3]齊：郡名。隋朝時治歷城縣，在今山東濟南市歷城區。孟讓：人名。齊郡（今山東濟南市）人。隋末起義軍首領。煬帝大

業七年與王薄起兵。　王薄：人名。齊郡鄒平（今山東鄒平縣西北）人。隋末起義軍首領。煬帝大業七年，發動起義，以長白山爲據點，自稱“知世郎”。

[4]長白山：在今山東鄒平縣西南會仙山。以山中雲氣長白，故名。北屬今山東鄒平縣，西屬今山東章丘市，南屬今山東淄博市，盤繞三地之境。最高處名會仙峰。

[5]清河賊張金稱衆各數萬：中華本校勘記云：“《隋書》無‘各’字。按此祇敘張金稱一支，‘各’字衍。”清河，郡名。隋朝時治清河縣，在今河北清河縣西北。

[6]右候衛將軍：官名。隋朝十二衛將軍之一。從三品。　郭榮：人名。字長榮，太原（今山西太原市晋源區古城營村一帶）人。隋朝將領。見《北史》卷七五《郭榮傳》。　右候衛大將軍：官名。隋煬帝大業三年改右武候爲右候衛而置，爲十二衛大將軍之一。總管府事，並統管各鷹揚府。正三品。

十一月己酉，右候衛將軍馮孝慈討張金稱於清河，[1]反爲所敗，孝慈死之。

[1]馮孝慈：人名。隋朝將領。文帝仁壽中爲司馬，驍勇善戰，參與平定漢王楊諒之亂。

十二月甲申，[1]車裂楊玄感弟朝散大夫積善及黨與十餘人，[2]仍焚而揚之。丁亥，扶風人向海明舉兵作亂，稱皇帝，建元白烏。遣太僕卿楊義臣擊破之。

[1]甲申：底本作“甲辰”，源氏校勘記改“辰”作“申”。中華本校勘記云：“諸本‘申’作‘辰’，《隋書》作‘申’。按是年十二月庚午朔，無甲辰，甲申是十五日。今據改。”今從改。

[2]朝散大夫：源氏校勘記云："'散'《隋書》作'請'。"按：未詳孰是。

十年春正月甲寅，以宗女爲信義公主，嫁於突厥曷娑那可汗。[1]

[1]曷娑那可汗：即處羅可汗。

二月辛未，詔百僚議伐高麗，數日無敢言者。[1]戊子，詔曰："竭力王役，致身戎事，咸由徇義，莫匪勤誠。委命草莽，暴骸原野，興言念之，每懷愍惻。往年問罪，將届遼濱，廟算勝略，具有進止。而諒惛凶，[2]罔識成敗；高熲愎狠，本無智謀。臨三軍猶兒戲，視人命如草芥，不遵成規，坐貽撓退。遂令死亡者衆，不及埋藏。今宜遣使人，分道收葬。設祭於遼西郡，立道場一所。恩加泉壤，庶弭窮魂之冤；澤及枯骨，用弘仁者之惠。"辛卯，詔曰：

[1]無敢言者：毛本、殿本作"無故言者"。按：依文意，當從底本。

[2]諒：人名。指漢王楊諒。　惛：同"昏"。

黄帝五十二戰，成湯二十七征，方乃德施諸侯，令行天下。盧芳小盜，漢祖尚且親戎；[1]隗囂餘燼，[2]光武猶自登隴。[3]豈不欲除暴止戈，勞而後逸者哉。

[1]盧芳：人名。字君期，安定三水（今陝西彬縣）人。東漢初割據者。見《後漢書》卷一二《盧芳傳》。　漢祖：即西漢皇帝劉邦。按：此處把盧芳與漢祖相對應，顯然是誤載。或盧芳非東漢初割據者盧芳，另指他人。

[2]隗囂：人名。字季孟，天水成紀（今甘肅秦安縣）人。東漢初隴右一帶割據者。見《後漢書》卷一三《隗囂傳》。

[3]光武：即東漢皇帝劉秀。光武爲其謚號。　隴：指隴右。

朕纂承寶業，君臨天下，日月所照，風雨所沾，孰非我臣，獨隔聲教。蕞爾高麗，僻居荒裔，鴟張狼噬，侮慢不恭，抄竊我邊垂，侵逼我城鎮。是以去歲出軍，問罪遼、碣，殪長蛇於玄菟，[1]戮封豕於襄平。[2]扶餘衆軍，風馳電逝，追奔逐北，徑踰涀水。[3]滄海舟艤，衝賊腹心，焚其城郭，污其宫室。高元伏鑕泥首，[4]送款軍門。[5]尋請入朝，歸罪司寇。朕以許其改過，乃詔班師。

[1]殪：殺死。　長蛇：喻指貪殘凶暴者。

[2]封豕：大豬。比喻貪婪殘暴之人。

[3]涀水：水名。今朝鮮平安道之大同江。源氏校勘記云：“《隋書》作‘沮水’。”

[4]伏鑕：古代有腰斬的死刑，施刑時罪犯裸身俯伏砧上，故稱“伏鑕”。

[5]送款：投誠，歸降。

而長惡靡悛，宴安鴆毒。此而可忍，孰不可容。便可分命六師，[1]百道俱進。朕當親執武節，臨御諸軍，秣馬丸都，[2]觀兵遼水，[3]順天誅於海外，拯窮民於倒懸。征伐以正之，明德以誅之，止除元惡，餘無所問。若有識存亡之分，悟安危之機，翻然北首，自求多福。必其同惡相濟，抗拒王師，若火燎原，刑兹無赦。有司便宜宣布，咸使知聞。

[1]六師：源氏校勘記云："《隋書》作'六帥'。"

[2]丸都：底本作"九都"，源氏校勘記云："《隋書》作'丸都'。"中華本校勘記云："諸本'丸'訛作'九'，據《隋書》改。丸都見本書卷九四、《隋書》卷八一《高麗傳》。"今從改。

[3]遼水：指遼河。

丁酉，扶風人唐弼舉兵反，衆十萬，推李弘爲天子，自稱唐王。

三月壬子，行幸涿郡。癸亥，次臨渝宫，[1]親御戎服，禡祭黄帝，[2]斬叛軍者以釁鼓。

[1]臨渝宫：又作臨榆宫，在今河北撫寧縣。

[2]禡祭：祭祀名。出兵時於軍隊所止處舉行的祭禮。

夏四月辛未，彭城賊張大彪聚衆數萬，[1]保縣薄山爲盗，[2]遣榆林太守董純擊破斬之。[3]甲午，車駕次北平。[4]

[1]彭城：郡名。隋文帝開皇三年廢，屬縣直屬徐州，煬帝大業三年廢徐州，改爲彭城郡，治彭城縣，在今江蘇徐州市。　張大

彪：中華本校勘記云："《通鑑》卷一八二'彪'作'虎'。按此是避唐諱改。"

[2]縣薄山：確址不詳。

[3]董純：人名。字德厚，隴西成紀（今甘肅秦安縣）人。北周、隋朝官吏。見《北史》卷七八《董純傳》。

[4]北平：郡名。隋朝時治盧龍縣，在今河北盧龍縣。

五月庚子，詔舉郡孝悌廉潔各十人。壬寅，賊帥宋世謨陷琅邪。[1]庚申，延安人劉迦論舉兵反，[2]自稱皇王，建元大世。

[1]琅邪：郡名。隋朝時治臨沂縣，在今山東臨沂市。

[2]延安：郡名。隋朝時治膚施縣，在今陝西延安市西南。

六月辛未，賊帥鄭文雅、林寶護等衆三萬，陷建安郡，[1]太守楊景祥死之。

[1]建安：郡名。隋朝時治建安縣，在今福建建甌市。

秋七月癸丑，車駕次懷遠鎮。[1]乙卯，曹國遣使貢方物。[2]甲子，高麗遣使請降，囚送斛斯政。上大悦。

[1]懷遠鎮：爲懷遠縣治。治所在今遼寧遼中縣。

[2]曹國：國名。在今中亞撒馬爾罕西北。由康居統領。隋煬帝大業中，遣使通好。見《北史》卷九七《曹國傳》。

八月己巳，班師。右候衛大將軍、左光禄大夫郭榮卒。[1]

[1]右候衛大將軍左光禄大夫郭榮卒：底本作“右衛大將軍左光禄大夫鄭榮卒”，中華本校勘記云:“張森楷云:‘時未聞有“鄭榮”其人，而郭榮官名卒年皆與此合，疑“鄭”是“郭”之訛。’按張説是。《郭榮傳》見本書卷七五、《隋書》卷五〇。傳言榮官右候衛大將軍，又見上年十月丁亥條，此當脱‘候’字。”今從改。

冬十月丁卯，上至東都。己丑，還京師。

十一月丙申，支解斛斯政於金光門外。[1]乙巳，有事於南郊。己酉，賊帥司馬長安破長平郡。乙卯，離石胡劉苗王舉兵反，自稱天子，以其第六兒爲永安王，[2]衆至數萬。將軍潘長文討之，不能克。是月，賊帥王德仁擁衆數萬，保林慮山爲盜。[3]

[1]金光門：隋東都洛陽西城中門。

[2]第：《隋書》卷四《煬帝紀下》作“弟”。　永安王：封爵名。永安，郡名。隋朝時治黄岡縣，在今湖北武漢市新洲區。

[3]林慮山：亦名隆慮山，在今河南林州市西南。

十二月壬申，上如東都，其日大赦天下。戊子，入東都。庚寅，賊帥孟讓衆十餘萬，據都梁宫。[1]遣江都丞王世充擊破之，[2]盡虜其衆。

[1]都梁宫：在今江蘇盱眙縣東南都梁山上。

[2]王世充：人名。字行滿，新豐（今陝西潼關縣東北）人。隋朝官吏。見《北史》卷七九《王世充傳》。

十一年春正月甲午朔，宴百僚。突厥、新羅、靺鞨、畢大辭、訶咄、傳越、烏那曷、波臘、吐火羅、俱慮建、忽論、靺鞨、訶多、沛汗、龜兹、疏勒、于闐、安國、曹國、何國、穆國、畢、衣密、失範延、伽折、契丹等國，[1]並遣使朝貢。戊戌，武賁郎將高建毗破賊帥顔宣政於齊郡，虜男女數千口。乙卯，大會蠻夷，設魚龍曼延之樂，頒賜各有差。

[1]新羅：國名。又稱斯盧。祖先爲生活於朝鮮半島南部的辰韓部落，公元四世紀後逐漸强大，與高麗、百濟鼎足而立，公元七世紀中葉滅高麗、百濟，統一朝鮮半島大部分地區。後爲王氏高麗（王建）所滅。見《北史》卷九四《新羅傳》。　烏那曷：國名。爲昭武諸國之一。都烏滸水（今阿姆河）西，在今中亞布哈拉西南。　吐火羅：國名。地處今阿富汗北部興都庫什山與阿姆河上游之間。　靺鞨：中華本校勘記云："張森楷云：'上文已見，此似重出。'按此處國名，不能完全確定，姑且以意標斷。"　沛汗：國名。都渴賽城，今烏兹别克斯坦塔什干市東南卡散賽。　龜兹：國名。漢西域三十六國之一，國都在延城（今新疆庫車縣東），魏晋時遷都於今新疆沙雅縣北，仍名延城。見《北史》卷九七《龜兹傳》。　疏勒：國名。漢西域三十六國之一，都疏勒城，在今新疆喀什市一帶。見《北史》卷九七《疏勒傳》。　于闐：國名。一作"于寘"。漢西域三十六國之一，國都在西城（一作"西山城"，在今新疆和田市境内），轄境相當於今新疆和田地區。居民從事農牧，多桑麻，産美玉，俗重佛教，寺塔僧尼甚衆。見《北史》卷九七《于闐傳》。　安國：國名。亦作"忸密""安息"。王姓昭武氏，爲昭武諸國之一。都城在那密水（今中亞澤拉夫尚河）南。在今中亞布哈拉一帶。　何國：國名。在今中亞撒馬爾罕西北。　穆國：

國名。又作“木鹿”“馬魯”“末禄”等。約在今土庫曼斯坦馬里一帶。

二月戊辰，賊帥楊仲緒等率衆萬餘攻北平，[1]滑公李景破斬之。庚午，詔曰：“設險守國，著自前經；重門禦暴，事彰往策。所以宅土寧邦，禁邪固本。而近代戰争，居人散逸，田疇無伍，郛郭不修。[2]遂使游惰實繁，寇攘未息。今天下平一，海内晏如，宜令人悉城居，田隨近給。使强弱相容，力役兼濟，穿窬無所厝其奸宄，[3]萑蒲不得聚其逋逃。[4]有司具爲事條，務令得所。”丙子，王須拔反，自稱漫天王，國號燕，賊帥魏刀兒自稱歷山飛，[5]衆各十餘萬，北連突厥，南寇趙。[6]

[1]楊仲緒：《隋書》卷四《煬帝紀下》作“揚仲緒”。按：未詳孰是。

[2]郛郭：泛指城郭。

[3]厝：安置。

[4]萑（huán）蒲：即蘆葦和蒲草。亦泛指水草。

[5]魏刀兒：人名。隋末河北起義軍首領。唐高祖武德元年(618)，爲竇建德襲擊，後被殺。《隋書·煬帝紀下》作“魏刁兒”。

[6]趙：郡名。隋朝時治平棘縣，在今河北趙縣。

三月丁酉，[1]殺右驍衛大將軍光禄大夫郕公李渾、將作監光禄大夫李敏，[2]並族滅其家。癸卯，賊帥司馬長安破西河。[3]己酉，幸太原，避暑汾陽宫。

[1]三月：《隋書》卷四《煬帝紀下》作“五月”。按：隋煬帝大業十一年三月癸巳朔，五月壬辰朔，此兩月均有丁酉、癸卯、己酉日，未詳孰是。

[2]將作監：官名。將作大監的省稱。爲將作監長官。掌營繕宮室等土木工程。正四品。

[3]西河：郡名。隋朝時治隰城，在今山西汾陽市。

秋七月己亥，淮南人張起緒舉兵爲盜，[1]衆至三萬。辛丑，光禄大夫、右禦衛大將軍張壽卒。[2]

[1]淮南：郡名。隋朝時治壽春縣，在今安徽壽縣。

[2]右禦衛大將軍：官名。隋朝十二衛大將軍之一。煬帝大業三年置，員一人，總管府事，並統諸鷹揚府。正三品。

八月乙丑，[1]巡北塞。戊辰，突厥始畢可汗率騎數十萬，[2]謀襲乘輿，義成公主遣使告變。壬申，車駕馳幸雁門。癸酉，突厥圍城，官軍頻戰不利。上大懼，欲率精騎潰圍而出，民部尚書樊子蓋固諫，乃止。齊王暕以後軍保于崞縣。[3]甲申，詔天下諸郡募兵，於是守令各來赴難。九月甲辰，突厥解圍而去。丁未，曲赦太原、雁門死罪已下。

[1]乙丑：底本作“乙卯”，源氏校勘記云：“《隋書》作‘乙丑’。”中華本校勘記云：“諸本‘丑’作‘卯’,《隋書》作‘丑’。按是年八月辛酉朔，乙丑是五日，無乙卯。今據改。”今從改。

[2]始畢可汗：隋朝時突厥可汗。見《北史》卷九九《突厥傳》。

[3]崞縣：治所在今山西渾源縣。

冬十月壬戌，上至于東都。丁卯，彭城人魏騏驎聚衆萬餘爲盜，寇魯郡。[1]壬申，賊帥盧明月聚衆十餘萬，寇陳、汝間。[2]東海賊李子通擁衆度淮，[3]自號楚王，建元明政，寇江都。

[1]魯郡：隋朝時治瑕丘縣，在今山東兖州市。

[2]陳：州名。隋朝時治宛丘縣，在今河南淮陽縣。　汝：州名。隋朝時治承休縣，在今河南汝州市東。

[3]李子通：人名。東海丞（今山東棗莊市南）人。隋末起義軍首領。見《舊唐書》卷五六《李子通傳》。

十一月乙卯，賊帥王須拔破高陽郡。[1]

[1]高陽：郡名。隋煬帝大業九年由博陵郡改置，治鮮虞縣，在今河北定州市。

十二月戊寅，有大流星如斛，墜明月營，破其衝車。庚辰，詔民部尚書樊子蓋發關中兵，[1]討絳郡賊敬盤陁、柴保昌等，[2]經年不能剋。譙郡人朱粲擁衆數十萬寇荆、襄，[3]僭稱楚帝，建元昌達。[4]漢南諸郡，多爲所陷焉。

[1]民部尚書：源氏校勘記於“民”旁紅筆小字夾批“當作‘户’”。

[2]絳郡：隋朝時治正平縣，在今山西新絳縣。

[3]譙郡：隋朝時治譙縣，在今安徽亳州市。　朱粲：人名。譙郡城父（今安徽亳州市東南）人。隋末起義軍首領。見《舊唐書》卷五六《李子通附朱粲傳》。　荆：州名。隋朝時治江陵縣，在今湖北江陵縣。　襄：州名。隋朝時治襄陽縣，在今湖北襄樊市。

[4]昌達：隋末起義軍首領朱粲的年號（615—619）。

十二年春正月甲午，雁門人翟松柏起兵於靈丘，[1]衆至數萬，轉攻傍縣。

[1]靈丘：縣名。治所在今山西靈丘縣。

二月己未，真臘遣使貢方物。[1]甲子夜，有二大鳥似鵰，飛入大業殿，[2]止于御幄，至明而去。癸亥，[3]東海賊盧公暹率衆萬餘，保于蒼山。[4]

[1]真臘：國名。在今柬埔寨。見《北史》卷九五《真臘傳》。

[2]大業殿：皇帝内寢宫殿之一。

[3]癸亥：中華本校勘記云："按癸亥應在甲子前，日序倒誤。"

[4]蒼山：在今山東臨沂市東。

夏四月丁巳，顯陽門災。[1]癸亥，魏刀兒所部將甄翟兒號歷山飛，衆十萬，轉寇太原。將軍潘長文討之，反爲所敗，長文死之。

[1]顯陽門：在大業殿西院。

五月丙戌朔，日有蝕之，既。癸巳，大流星隕於吴郡，爲石。閏五月壬午，[1]上於景華宫徵求螢火，[2]得數斛，夜出游山而放之，光遍巖谷。

[1]閏五月壬午：底本作“壬午”，中華本校勘記云：“按本月丙戌朔，無壬午；閏五月丙辰朔，壬午爲二十七日。非‘壬午’誤，則‘壬午’上當脱‘閏五月’三字。”今從改。

[2]景華宫：在隋朝洛陽宫西苑内。

秋七月壬戌，民部尚書、光禄大夫、濟北公樊子蓋卒。[1]甲子，幸江都宫，以越王侗、光禄大夫段達、太府卿元文都、檢校民部尚書韋津、右武衛將軍皇甫無逸、右司郎盧楚等總留守事。[2]奉信郎崔民象以盗賊充斥，[3]於建國門表諫不宜巡幸，上大怒，先解其頤，[4]乃斬之。戊辰，馮翊人孫華自號總管，[5]舉兵爲盗。高涼通守洗珤徹舉兵作亂，[6]嶺南溪洞多應之。[7]己巳，熒惑守羽林，[8]月餘乃退。車駕次汜水，[9]奉信郎王愛仁以盗賊日盛，諫上，請還西京，上怒，斬之而行。

[1]濟北公：中華本校勘記云：“《通鑑》卷一八三作‘濟景公’。胡注云：‘《樊子蓋傳》（《隋書》卷六三）：帝以子蓋守東都、平玄感之功，進爵濟公，謂其功濟天下，封以嘉名，無此郡國也。’按‘景’乃謚號，《北史》當衍‘北’字。”可從。

[2]段達：人名。武威姑臧（今甘肅武威市）人。北周、隋朝官吏。見《北史》卷七九《段達傳》。　元文都：人名。洛陽（今河南洛陽市）人。北周、隋朝官吏。爲王世充所殺。見《隋書》卷七一《元文都傳》。　檢校：南北朝時以他官派辦某事，加“檢

校”，非正式官名。凡帶此字樣者均係詔除的加官。　韋津：人名。京兆杜陵（今陝西西安市長安區東）人。韋叔裕之子，隋朝官吏。見《北史》卷六四《韋孝寬傳》。　皇甫無逸：人名。安定三水（今陝西杉縣）人。隋朝官吏。見《北史》卷七〇《皇甫璠附皇甫無逸傳》。　右司郎：官名。隋煬帝大業三年，置尚書左、右司郎於尚書都省，輔助尚書左、右丞處理省内各司事務，簡稱都司。　盧楚：人名。涿郡范陽（今河北定興縣西南）人。隋朝官吏。見《北史》卷八五《盧楚傳》。

[3]奉信郎：官名。隋煬帝大業三年設。爲謁者臺散官，備出使。從九品。

[4]頤：下頷。

[5]馮翊：郡名。隋朝時治馮翊縣，在今陝西大荔縣。

[6]高凉：郡名。隋朝時治高凉縣，在今廣東陽西縣。　通守：官名。隋煬帝時設。爲郡守之副職，每郡一人，助太守掌郡之行政事務。

[7]溪洞：亦作“溪峒”。指今南方部分苗族、侗族、壯族。

[8]羽林：星名。共四十五顆星。在室宿南黄道之南。

[9]汜水：縣名。治所在今河南滎陽市西北汜水鎮。

八月乙巳，賊帥趙萬海衆數十萬，[1]自恒山寇高陽。[2]壬子，有大流星如斗，出王良、閣道，[3]聲如壞墻。癸丑，大流星如甕，出羽林。

[1]賊帥：毛本、殿本、四部備要本作“賊率”。　衆：底本作“泉”，毛本、殿本、四庫本、局本、四部備要本、中華本作“衆”。按：底本誤，今從諸本改。

[2]恒山：郡名。隋朝時治真定縣，在今河北正定縣。

[3]王良：星官名。又名王梁、天馬。在奎宿北銀河中，共五

星，屬仙后座。　閣道：星名。屬奎宿。

九月丁酉，東海人杜揚州、沈覓敵等作亂，[1]衆至數萬，右禦衛將軍陳稜擊破之。[2]戊午，有二枉矢，[3]出北斗魁，委曲蛇形，注於南斗。壬戌，安定人茘非世雄殺臨涇令，[4]舉兵作亂，自號將軍。

[1]杜揚州：底本作“杜伏威揚州”，《隋書》卷四《煬帝紀下》作“杜揚州”。中華本校勘記云：“《隋書》無‘伏威’二字。按《舊唐書》卷五六《杜伏威傳》，伏威齊州章丘人，並不起於東海。下十三年，又記‘齊郡賊杜伏威率衆渡淮’，與此顯是兩支。疑‘伏威’二字衍文，‘杜揚州’乃人名。”今從改。

[2]右禦衛將軍：官名。隋朝十二衛將軍之一。隋煬帝大業三年置，員一人，佐右禦衛大將軍總其府事。正三品。

[3]枉矢：星名。《史記・天官書》：“枉矢，類大流星，蛇行而倉黑，望之如有毛羽然。”

[4]安定：郡名。隋朝時治安定縣，在今甘肅涇川縣北。　茘非世雄：人名。其餘不詳。　臨涇：縣名。治所在今甘肅鎮原縣東南。

冬十月己丑，開府儀同三司、左翊衛大將軍、光禄大夫、許公宇文述薨。

十二月癸未，鄱陽賊操天成舉兵反，[1]自號元興王，建元始興，[2]攻陷豫章郡。[3]乙酉，以右翊衛大將軍來護爲開府儀同三司，[4]行左翊衛大將軍。壬辰，鄱陽人林士弘自稱皇帝，國號楚，建元太平，[5]攻陷九江、廬陵郡。[6]唐公破甄翟兒於西河，[7]虜男女千口。[8]

［1］鄱陽：郡名。隋朝時治鄱陽縣，在今江西鄱陽縣。　操天成：人名。一名師乞，鄱陽（今江西鄱陽縣）人。隋末江西起義軍首領。後在與隋軍作戰中陣亡。

［2］始興：隋末鄱陽起義軍首領操天成的年號（616）。

［3］豫章：郡名。隋朝時治南昌縣，在今江西南昌市。

［4］右翊衛大將軍：官名。隋朝十二衛大將軍之一。隋煬帝大業三年由右衛大將軍改置，爲右翊衛長官，員一人，總府事，並統諸鷹揚府事。正三品。　來護：《隋書》卷四《煬帝紀下》作“來護兒”。

［5］太平：隋末鄱陽起義軍首領林士弘的年號（616—622）。

［6］九江：郡名。隋朝時治湓城，在今江西九江市。　廬陵：郡名。隋朝時治廬陵縣，在今江西吉安市。

［7］唐公：即唐高祖李淵。

［8］千口：源氏校勘記云：“‘千’上《隋書》有‘數’字。”

十三年春正月壬子，齊郡賊杜伏威率衆度淮，攻陷歷陽郡。[1]丙辰，勃海賊竇建德設壇於河間之樂壽，[2]自稱長樂王，建元丁丑。[3]辛巳，賊帥徐圓朗率衆數千破東平郡。弘化人劉企成聚衆萬餘人爲盜，[4]傍郡苦之。

［1］歷陽：郡名。隋文帝開皇三年廢，屬縣直屬和州。煬帝大業三年廢和州，復爲歷陽郡，治歷陽縣，在今安徽和縣。

［2］竇建德：人名。貝州漳南（今山東武城縣東北）人。隋末起義軍首領之一。見《舊唐書》卷五四《竇建德傳》。　樂壽：縣名。治所在今河北獻縣。

［3］丁丑：隋末起義軍首領竇建德的年號（617—618）。

［4］弘化：郡名。隋煬帝大業三年改慶州置，治合水縣，在今

甘肅慶陽縣。　劉㑃成：底本作“到㑃成”，《隋書》卷四《煬帝紀下》作“劉㑃成”。中華本校勘記云:“按《通鑑》卷一八八、《舊唐書》卷五六《梁師都傳》、卷六四《隱太子建成傳》見‘稽胡帥劉㑃成’，當即此人。‘到’當爲‘劉’之訛，劉乃稽胡著姓。”今從改。

二月壬午，朔方人梁師都殺郡丞唐世宗，[1]據郡反，自稱大丞相。遣銀青光禄大夫張世隆擊之，反爲所敗。戊子，賊率王子英破上谷郡。己丑，馬邑校尉劉武周殺太守王仁恭，[2]舉兵作亂，北連突厥，自稱定楊可汗。庚寅，賊帥李密、翟讓等陷興洛倉。[3]越王侗遣武賁郎將劉長恭、光禄少卿房崱擊之，[4]反爲所敗，死者十五六。庚子，李密自號魏公，稱元年，開倉以賑群盜，衆至數十萬。河南諸郡，相繼皆陷焉。壬寅，劉武周破武賁郎將王智辯於桑乾鎮，[5]智辯死之。

[1]朔方：郡名。隋煬帝大業三年改夏州置，治巖緑縣，在今陝西靖邊縣白城子村無定河北岸的毛烏素沙漠中（靠近今内蒙古烏審旗南境）。　梁師都：人名。朔方（今陝西靖邊縣東北）人。隋末起義軍首領之一，曾任隋鷹揚郎將。　郡丞：官名。秦漢時始設。爲郡守的副職，輔助郡守掌管郡縣政事民務。隋朝時亦置，從八品。　唐世宗：人名。其餘不詳。源氏校勘記於“世”旁紅筆小字夾批“‘世’字可疑”。

[2]馬邑：郡名。隋朝時治善陽縣，在今山西朔州市。　校尉：官名。西漢時設，掌統一部（營）之兵，秩二千石。歷朝因之，名號較雜，品秩不一，所統兵多寡不一。隋朝以後又爲武散官。　劉武周：人名。河間景城（今河北滄州市）人。隋末北疆起義軍首

領。見《舊唐書》卷五五《劉武周傳》。　王仁恭：人名。字元實，天水上邽（今甘肅天水市）人。隋朝將領。見《北史》卷七八《王仁恭傳》。

[3]李密：人名。字法主，隴西成紀（今甘肅静安縣）人。隋末起義軍首領之一。見《北史》卷六〇《李弼附李密傳》。　翟讓：人名。東郡韋城（今河南滑縣東南）人。隋末起義軍首領之一。　興洛倉：倉名。又作"洛口倉"。隋煬帝大業二年築，在今河南鞏義市東南。

[4]光禄少卿：官名。光禄寺副職。隋初爲正四品上，煬帝增置爲二人，從四品。

[5]桑乾鎮：在今山西山陰縣東。

三月戊午，廬江人張子路舉兵反，[1]遣右禦衛將軍陳稜討平之。丁丑，賊帥李通德衆十萬寇廬江，左屯衛將軍張鎮州擊破之。[2]

[1]廬江：郡名。隋朝時治合肥縣，在今安徽合肥市。

[2]左屯衛將軍：官名。隋煬帝大業三年改左領軍府爲左屯衛，置將軍二人，協助左屯衛大將軍總府事，領諸鷹揚府。從三品。

夏四月癸未，金城校尉薛舉率衆反，[1]自稱西秦霸王，建元秦興，[2]攻陷隴右諸郡。己丑，賊帥孟讓夜入東都外郭，燒豐都市而去。[3]癸巳，李密陷迴洛東倉。[4]丁酉，賊帥房憲伯陷汝陰郡。[5]是月，光禄大夫武賁郎將裴仁基、淮陽太守趙佗等，[6]並以衆叛歸李密。

[1]金城：郡名。隋朝時治子城縣，在今甘肅蘭州市。　薛舉：

人名。河東汾陰（今山西萬榮縣西南）人，遷居金城（今甘肅蘭州市東）。隋末起義軍首領之一。見《舊唐書》卷五五《薛舉傳》。

[2]秦興：隋末起義軍首領薛舉的年號（617—618）。

[3]豐都市：隋朝於東都洛陽内設數市爲經商買賣之處，此爲東市。

[4]迴洛：城名。在今河南孟津縣東。

[5]汝陰：郡名。隋朝時治汝陰縣，在今安徽阜陽市。

[6]裴仁基：人名。字德本，河東（今山西永濟市）人。隋朝將領。見《北史》卷三八《裴仁基傳》。　淮陽：郡名。隋朝時治宛丘縣，在今河南淮陽縣。

五月辛卯夜，[1]有流星如甕，墜於江都。甲子，唐公起義師於太原。丙寅，突厥數千寇太原，唐公擊破之。

[1]辛卯：殿本、四庫本、局本、四部備要本、中華本作“辛酉”，中華本校勘記云:“各本‘酉’作‘卯’，殿本及《隋書》作‘酉’。張元濟云:‘《天文志》（《隋書》卷二一）作辛亥。’按是年五月庚戌朔，無辛卯。辛亥是二日，辛酉十二日。‘卯’必誤，‘酉’‘亥’未知孰是。今姑從殿本。”

秋七月壬子，熒惑守積屍。[1]丙辰，武威人李軌舉兵反，攻陷河西諸郡，[2]自稱涼王，建元安樂。[3]

[1]積屍：星名。即鬼宿中央一星。《晋書·天文志下》:“熒惑入輿鬼，犯積尸。”《周書》卷五《武帝紀上》:“太白入輿鬼，犯積尸。”

[2]河西：底本作“河曲”，中華本校勘記云:“諸本‘西’作

‘曲’，《隋書》《通志》作‘西’。按《舊唐書》卷五五《李軌傳》云：‘攻陷張掖、燉煌、西平、枹罕，盡有河西五郡。’五郡還包括武威，都在黄河以西。作‘曲’誤，今據改。”今從改。

[3]安樂：隋末起義軍首領李軌的年號（618—619）。

八月辛巳，唐公破武牙郎將宋老生於霍邑，斬之。[1]

[1]武牙郎將：官名。即虎牙郎將。《北史》避唐高祖祖父李虎諱改。隋煬帝時設。爲虎賁郎將副職，助掌一衛之衛士，員六人。從四品。　霍邑：縣名。治所在今山西霍州市。

九月己丑，帝括江都人女、寡婦以配從兵。是月，武陽郡丞元寶藏以郡叛歸李密，[1]與賊帥李文相攻陷黎陽倉。[2]彗星見於營室。

[1]武陽：郡名。隋朝時治貴鄉縣，在今河北大名縣東。

[2]黎陽倉：在今河南浚縣東北。

冬十月丁亥，太原陽世洛聚衆萬餘人，[1]寇掠城邑。丙申，羅令蕭銑以縣反，[2]鄱陽人董景珍以郡反，迎銑於羅縣，號爲梁王，攻陷傍郡。戊戌，武賁郎將高毗敗濟北郡賊甄寶車於嶧山。[3]

[1]陽世洛：毛本、殿本、四庫本、《隋書》卷四《煬帝紀下》作“楊世洛”。按：未詳孰是。

[2]羅令：新、舊《唐書》蕭銑本傳均作“羅川令”，《新唐書》

卷一《高祖紀》作“羅山令”。羅，縣名。治所在今湖南汨羅市。蕭銑：人名。西梁宗室、隋朝官吏。隋末唐初地方割據者之一。見《舊唐書》卷五六《蕭銑傳》。

[3]巉山：在今山東聊城市。

十一月丙辰，唐公入京師，辛酉，遥尊帝爲太上皇，立代王侑爲帝，改元義寧。[1]

[1]義寧：隋恭帝的年號（617—618）。

上起宫丹楊，[1]將遜于江左。有烏鵲來巢幄帳，驅不能止，熒惑犯太微，有石自江浮入于楊子，[2]日光四散如流血，上甚惡之。二年三月，[3]右屯衛將軍宇文化及、武賁郎將司馬德戡、元禮、監門直閤裴虔通、將作少監宇文智及、武勇郎將趙行樞、鷹揚郎將孟景、内史舍人元敏、符璽郎李覆、牛方裕、千牛左右李孝本、弟孝質、直長許弘仁、薛世良、城門郎唐奉義、醫正張愷等，[4]以驍果作亂，入犯宫闈，上崩于温室，時年五十。蕭后令宫人撤床簀爲棺，[5]以埋之。化及發後，右禦衛將軍陳稜奉梓宫於成象殿，[6]葬吴公臺下。[7]發斂之始，容貌若生，衆咸異之。大唐平江南之後，改葬雷塘。[8]

[1]丹楊：毛本、殿本、四庫本作“丹陽”。

[2]楊子：即揚子江。隋唐以來别稱今江蘇儀徵、揚州市一帶長江爲揚子江。

[3]二年：四庫本校勘記認爲當爲“次年”。

[4]宇文化及：人名。代郡武川（今内蒙古武川縣西）人。隋朝官吏，煬帝近臣。見《北史》卷七九《宇文述附宇文化及傳》。　司馬德戡：人名。扶風雍（今陝西鳳翔縣南）人。隋朝官吏。見《北史》卷七九《宇文述附司馬德戡傳》。　監門直閤：官名。左右監門府屬官，掌侍衛太子。　裴虔通：人名。河東（今山西永濟市）人。隋朝將領。見《北史》卷七九《宇文述附裴虔通傳》。　將作少監：官名。隋煬帝大業五年由將作少匠改名，爲將作監次官。五品。　宇文智及：人名。代郡武川（今内蒙古武川縣西）人。隋朝官吏。見《北史》卷七九《宇文述附宇文智及傳》。　武勇郎將：官名。雄武郎將之副，掌統驍果。　趙行樞：人名。隋朝將領。本太常樂户，以賄得官，任武勇郎將。隋末，策劃謀殺煬帝，兵變後與宇文化及衝突，被殺。　孟景：人名。即孟秉。隋朝將領。恭帝義寧二年（618）從宇文化及反隋，翌年被竇建德所斬。中華本校勘記云："《隋書》卷八五《宇文化及傳》作'孟秉'，此避唐諱改（李淵父名昞，因避'昞'同音字，如'秉''丙'等）。"　内史舍人：官名。隋朝内史省屬官，置八人。正六品上。　元敏：人名。河南洛陽（今河南洛陽市東北）人。隋朝官吏。見《北史》卷七五《元壽附元敏傳》。　符璽郎：官名。隋煬帝大業三年改符璽監爲符璽郎，員二人，從六品，爲門下省符璽局長官。　千牛左右：宿衛武官名。隋煬帝大業三年改左右領左右府爲左右備身府後，各置十六員，正六品。掌執千牛刀宿衛。　直長：官名。北魏時設。掌供奉皇帝。隋朝屬殿中省，於各局皆設。　城門郎：官名。隋煬帝改城門校尉爲城門郎，掌京城、皇城、宫殿諸門啓閉等事。從四品上。　醫正：官名。隋煬帝大業三年始置，爲太常寺太醫署屬官，員十人。品秩不詳。

[5]床簀（zé）：泛指床鋪。簀，墊在床上的竹席。

[6]陳稜：底本作"陣稜"，元大德本、毛本、殿本、四庫本、局本、四部備要本、中華本作"陳稜"。按：底本誤，今從諸本改。　成象殿：隋煬帝大業中建，故址在今江蘇揚州市西。

［7］吴公臺：臺名。在今江蘇揚州市北。
［8］雷塘：地名。在今江蘇揚州市北。

初，上自以蕃王，次不當立，每矯情飾行，以釣虚名，陰有奪宗之計。時高祖雅重文獻皇后，而性忌妾媵，皇太子勇内多嬖幸，以此失愛。帝後庭有子皆不育之，示無私寵，取媚於后。大臣用事者，傾心與交。中使至第，[1]無貴賤，皆曲承顔色，申以厚禮。婢僕往來者，無不稱其仁孝。又常私入宫掖，密謀於文獻后。楊素等因機構扇，[2]遂成廢立。

［1］中使：皇帝特使。多由宦官充任。
［2］構扇：挑撥煽動。

自高祖大漸暨諒闇之中，[1]蒸淫無度。山陵始就，即事巡游。以天下承平日久，士馬全盛，慨然慕秦皇、漢武之事。乃盛理宫室，窮極侈靡。召募行人，分使絶域，諸蕃至者，厚加禮賜；有不恭命，以兵擊之。盛興屯田於玉門、柳城之外。[2]課天下富室分道市武馬，疋直十餘萬，富强坐是而凍餒者，十家而九。性多詭譎，所幸之處，不欲人知，每幸之所，輒數道置頓。四海珍羞殊味，水陸必備焉。求市者無遠不至。郡縣官人，競爲獻食，豐厚者進擢，疏儉者獲罪。姦吏侵漁，内外虚竭，頭會箕斂，人不聊生。

［1］諒闇：借指居喪。多用於皇帝。

[2]玉門：即玉門關。在今甘肅敦煌市西北。　柳城：在今新疆鄯善縣西南。

于時，軍國多務，日不暇給。帝方驕怠，惡聞政事，冤屈不理，奏請罕決。又猜忌臣下，無所專任，朝臣有不合意者，必構其罪而族滅之。高熲、賀若弼先皇心膂，參謀帷幄；張衡、李金才藩邸惟舊，績著經綸。惡其直道，忌其正議，求其無形之罪，加以丹頸之戮。其餘事君盡禮，謇謇匪躬，[1]無辜無罪，橫受夷戮者，不可勝紀。政刑弛紊，賄貨公行，莫敢有言，道路以目。六軍不息，百役繁興，行者不歸，居者失業，人饑相食，邑落爲墟，上弗之恤也。

[1]謇謇：忠貞，正直。　匪躬：謂忠心耿耿，不顧自身。

東西行幸，靡有定居，每以供費不給，逆收數年之賦。所至，唯與後宮流連耽湎，惟日不足。招迎姥媪，[1]朝夕共肆醜言。又引少年，令與宮人穢亂。不軌不遜，以爲娱樂。

[1]姥媪：老年婦女。

區宇之内，盜賊蜂起，劫掠從官，屠陷城邑。近臣互相掩蔽，皆隱賊數，不以實對。或有言賊多者，輒大被詰責。各求苟免，上下相蒙。每出師徒，敗亡相繼。戰士盡力，不加賞賜；百姓無辜，咸受屠戮。蒸庶積怨，天下土崩，至於就禽，而猶未之寤也。

恭皇帝諱侑，元德太子之子也。[1]母曰韋妃。[2]性聰敏，有氣度。大業三年，立爲陳王。後數載，徙爲代王。[3]及煬帝親征遼東，令於京師總留事。十一年，從幸晋陽，拜太原太守，尋鎮京師。義兵入長安，尊煬帝爲太上皇，奉帝纂業。

[1]元德太子：即楊昭。元德爲其謚號。

[2]韋妃：即元德太子妃。韋壽之女。

[3]大業三年立爲陳王後數載徙爲代王：中華本校勘記云："按《煬帝紀》，大業二年封侑爲代王，與此不同，必有一誤。"

義寧元年，十一月壬戌，上即皇帝位於大興殿。[1]詔曰："王道喪亂，天步不康，屬之於朕，逢此百罹。襁褓之歲，夙遭憫凶；孺子之辰，太上播越。[2]興言感動，實疚于懷。太尉唐公，膺期作宰，糾合義兵，翼戴皇室。爰奉明詔，弼予幼沖，顯命光臨，天威咫尺。對揚尊號，悼心失圖，一人在遠，三讓不遂，僶俛南面，[3]厝身無所。苟利社稷，莫敢或違，俯從群議，奉遵聖旨。可大赦天下。改大業十三年爲義寧元年。十一月十六日昧爽以前，大辟罪已下，皆赦除之；常赦所不免者，不在赦限。"

[1]大興殿：隋大興宫城主殿，爲皇帝朔望（初一、十五兩日）聽政之處。

[2]播越：離散，逃亡。

[3]僶（mǐn）俛（miǎn）：努力，勤奮。

甲子，以光禄大夫、大將軍、太尉唐公爲假黄鉞、使持節、大都督内外諸軍事、尚書令、大丞相，進封唐王。[1]丙寅，詔曰："朕惟孺子，未出深宫，太上遠巡，追蹤穆滿。[2]時逢多難，委當尊極，辭不獲免，恭己臨朝。若涉大川，罔知所濟，民之情僞，曾未之聞。賴股肱戮力，上宰賢良，匡佐沖人，輔其不逮。軍國機務，事無大小，文武設官，位無貴賤，憲章賞罰，咸歸相府。庶績其凝，責成斯屬。"己巳，以唐王子隴西公建成爲唐國世子；[3]敦煌公爲京兆尹，[4]改封秦公；元吉爲齊公。[5]太原置鎮北府。乙亥，張掖康老和舉兵反。

[1]假黄鉞：黄鉞即飾以黄金的鉞，本用於皇帝儀仗。後特賜予出征的重臣，以示威重，令其專主征伐。所加者多爲最高軍事長官。　使持節：魏晋南北朝及隋朝，凡重要軍事長官出征或出鎮時，加使持節，可誅殺二千石以下官員。皇帝派遣大臣出巡或參加祭吊等事務時，亦使持節，以示權力和尊崇。　大都督内外諸軍事：官名。爲全國最高軍事統帥。　大丞相：官名。隋朝時得授此官者皆爲操縱軍國政事的權臣，權任極重。

[2]穆滿：指西周穆王。本名姬滿。曾出巡西征。後世借指出游的帝王。

[3]建成：即李建成，人名。隴西狄道（今甘肅臨洮縣）人。唐朝宗室。見《舊唐書》卷六四《隱太子建成傳》。

[4]敦煌公：指唐太宗李世民。敦煌，郡名。隋朝時治敦煌縣，在今甘肅敦煌市。

[5]元吉：即李元吉，人名。小字三胡，隴西狄道（今甘肅臨

洮縣）人。唐朝宗室。見《舊唐書》卷六四《巢王元吉傳》。

十二月癸未，薛舉自稱天子，寇扶風，秦公爲元帥擊破之。丁亥，桂陽人曹武徹舉兵反，[1]建元通聖。[2]丁酉，義師禽驍衛大將軍屈突通於閿鄉。[3]乙巳，賊帥張善安陷廬江郡。

[1]桂陽：郡名。隋朝時治郴縣，在今湖南郴州市。

[2]通聖：隋末起義軍首領曹武徹的年號（617）。

[3]驍衛大將軍：官名。隋煬帝大業三年改左右備身府爲左右驍衛，各置大將軍一員，總府事，並統諸鷹揚府事。正三品。

二年春正月丁未，詔唐王劍履上殿，入朝不趨，贊拜不名，加前後羽葆鼓吹。[1]壬戌，將軍王世充爲李密所敗，河内通守孟善誼、武賁郎將王辨、楊威、劉長恭、梁德、董智通皆死之。庚戌，[2]河陽都尉獨孤武都降於李密。[3]

[1]羽葆：古時葬禮儀仗的一種。後遂成爲皇帝賜予臣下的一種禮遇。　鼓吹：演奏鼓吹樂的樂隊。本用於軍中，後賜予有功大臣，遂成爲皇帝賜予臣下的一種禮遇。

[2]庚戌：中華本校勘記云："按是月丁未朔，庚戌爲四日，不應在壬戌（十六日）後。日干必有誤。"

[3]河陽都尉：底本作"河陽郡尉"。按：《資治通鑑》卷一八四胡三省注云："河陽非郡也。隋制，舊有兵處，州刺史帶諸軍事以統之。煬帝罷州置郡，别置都尉領兵，與郡不相知。'郡尉'，當作'都尉'。"《北史》卷六一《獨孤信附獨孤武都傳》亦作"河陽都

尉”。今從改。河陽，縣名。治所在今河南孟州市西南。　獨孤武都：人名。雲中（今内蒙古和林格爾縣西北）人。隋朝官吏。見《北史》卷六一《獨孤信傳》。

三月丙辰，右屯衛將軍宇文化及弒太上皇於江都宫，右禦衛將軍獨孤盛死之，[1]齊王暕、趙王杲、燕王倓、右翊衛大將軍宇文協、内史侍郎虞世基、御史大夫裴藴、給事郎許善心皆遇害。[2]化及立秦王浩爲帝，自稱大丞相，朝士文武，皆受其官爵。光禄大夫宿公麥才、折衝郎將朝請大夫沈光同謀討賊，[3]夜襲化及營，反爲所害。戊辰，詔唐王備九錫之禮，[4]加璽紱、遠游冠、緑綟綬，[5]位在諸侯王上。唐國置丞相已下，一依舊式。

[1]獨孤盛：人名。隋朝將領。宇文化及發動兵變，攻隋煬帝，其與左右十餘人拒戰，爲亂兵所殺。見《北史》卷七三《獨孤楷附獨孤盛傳》。

[2]趙王杲：即楊杲。小字季子，弘農華陰（今陝西華陰市東南）人。煬帝少子。見《北史》卷七一《趙王杲傳》。　宇文協：人名。河南洛陽（今河南洛陽市東北）人。隋朝將領。　裴藴：人名。河東聞喜（今山西聞喜縣）人。隋朝官吏。初仕南朝陳，陳亡入隋。見《北史》卷七四《裴藴傳》。　給事郎：官名。隋煬帝大業三年於門下省置給事郎，位僅次於黄門侍郎，負責宣讀奏案，出使勞問。從六品。《隋書》卷五《恭帝紀》作“行給事郎”。

[3]宿公麥才折衝郎將朝請大夫沈光：底本作“宿公麥木折衝郎將朝請大夫沈”，中華本校勘記云：“諸本‘才’訛作‘木’，脱‘光’字，據《隋書》卷五《恭帝紀》及《通志》補。麥才即麥孟

才，與沈光同見本書卷七八《麥鐵杖傳》。”今從改。麥才，即麥孟才，人名。字智稜，始興（今廣東韶關市南）人。見《北史》卷七八《麥鐵杖附麥孟才傳》。折衝郎將，官名。隋煬帝大業三年置，爲左右備身府屬官，各三員，掌領驍果禁兵。正四品。

[4]九錫之禮：天子賜給諸侯、大臣的九種器物，是最高禮遇。

[5]璽紱：印璽上所繫的彩色絲帶。借指印璽。　遠游冠：冠名。制如通天冠，有展筒橫於前而無山述。　緑綟綬：一種黑黄而近緑色的絲帶，古代丞相以上官吏用作印綬。

五月乙巳朔，詔唐王冕十有二旒，建天子旌旗，出警入蹕，[1]金根車駕，備五時副車，[2]置旄頭雲罕車，[3]舞八佾，[4]設鍾虡宫縣。[5]王后、王子、王女爵命之號，一遵舊典。

[1]出警入蹕：帝王出入時肅清道路，警戒清道，禁止行人。

[2]五時副車：亦稱五時車、五帝車。隨從帝王車駕的五色副車。

[3]旄頭：用牦牛尾裝飾的旗子。　雲罕：用羽毛裝飾的旗子。

[4]八佾：天子用的樂舞。佾，舞列，縱横都是八人，共六十四人。

[5]虡：懸挂編鐘的木架。

戊午，詔曰："天禍隋國，大行太上皇遇盜江都。憫予小子，哀號永感，仰惟荼毒，仇復靡申。相國唐王膺期命世，扶危拯溺，自北徂南，東征西怨。總九合於一匡，決百勝於千里。糾率夷夏，大庇氓黎，保乂朕躬，繄王是賴。[1]德侔造化，功格蒼旻，[2]兆庶歸心，歷數斯在，屈爲人臣，載違天命。當今九服崩離，[3]三靈改卜，大運去矣，請避賢路。私僮命駕，須歸藩國。予本代王，及予而代，天之所廢，豈期如是。庶憑稽古之聖，以誅四凶；幸值惟新之恩，預充三恪。雪冤恥於皇祖，守禋祀爲孝孫，[4]朝聞夕殞，及泉無恨。今遵故事，遜於舊邸。庶官群辟，改事唐朝。宜依前典，趣上尊號。若釋重負，感泰兼懷。假手真人，俾除醜逆。”仍敕有司，凡有表奏，皆不得以聞。是日，上遜位於大唐。以爲酅國公。[5]武德二年夏五月崩，[6]時年十五。

[1]繄（yī）：唯。

[2]功格蒼旻：功高可與上天相匹敵。

[3]九服：王畿以外的九等地區。

[4]禋祀：祭天的禮儀。先燔柴升烟，再加牲體或玉帛於柴上焚燒。

[5]酅：音 xī。

[6]武德：唐高祖的年號（618—626）。

史臣曰：煬帝爰在弱齡，早有志尚，南平吴會，北却匈奴，昆弟之中，獨著聲績。於是矯情飾貌，肆厥姦回，故得獻后鍾心，文皇革慮。天方肇亂，遂升儲兩。[1]踐峻極之崇基，[2]承丕顯之休命。[3]地廣三代，威振八紘。[4]單于頓顙，[5]越常重譯。[6]赤仄之泉，[7]流溢于都内；紅腐之粟，[8]充積於塞下。

[1]儲兩：太子的别稱。

[2]崇基：底本作“榮基”，中華本校勘記云:“《隋書》‘榮’作‘崇’，是。”今從改。

[3]丕顯：英明。　休命：美好的命令、意志。

[4]八紘：八方極遠處，亦泛指天下。

[5]頓顙（sǎng）：屈膝下拜，以額角觸地。多表示請罪或投降。

[6]越常重譯：指南海古國越常（亦作“越裳”）經輾轉翻譯而來朝覲。四庫本、《隋書》卷五《恭帝紀》作“越裳”。

[7]赤仄之泉：即赤仄錢。亦稱赤側。一種外沿爲赤銅的錢幣。漢武帝時始鑄。後也泛指錢幣。

[8]紅腐之粟：陳米。

負其富强之資，思逞無厭之欲。狹殷周之制度，尚秦漢之規摹。恃才矜己，傲佷明德。内懷險躁，外示凝簡。盛冠服以塞其姦，除諫官以掩其過。淫荒無度，法令滋彰，教絶四維，刑參五虐。誅鋤骨肉，屠剿忠良。受賞者莫見其功，爲戮者莫聞其罪。驕怒之兵屢動，土木之功不息。頻出朔方，三駕遼左。旌旗萬里，徵税百端。猾吏侵漁，人弗堪命。乃急令暴賦以擾之，嚴刑峻法以臨之，甲兵威武以董之，自是海内騷然，無聊生矣。

俄而玄感肇黎陽之亂，匈奴有雁門之圍，天子方棄中土，遠之楊、越。姦宄乘釁，强弱相陵，關梁閉而不通，皇輿往而莫返。加之以師旅，因之以饑饉，流離道路，轉死溝壑，十七八焉。[1]於是相聚萑蒲，蝟毛而起，[2]大則跨州連郡，稱帝稱王；小則千百爲群，攻城剽邑。流血成川澤，死人如亂麻，炊者不及析骸，食者不遑易子。茫茫九土，並爲麋鹿之場；慄慄黔黎，[3]俱充蛇豕之餌。四方萬里，簡書相續。猶謂鼠竊狗盜，不足爲虞，上下相蒙，莫肯念亂。振蜉蝣之羽，窮長夜之樂。土崩魚爛，貫盈惡稔。普天之下，莫匪仇讎；左右之人，皆爲敵國。

[1]十七八：《隋書》卷五《恭帝紀》作“十八九”。按：未詳孰是。

[2]蝟毛：刺猬的毛。形容衆多。

[3]慄：源氏校勘記云：“‘慄’同‘慄’，他協反，《周書》注曰：‘慄，恐懼也’。”

終然不悟，同彼望夷，[1]遂以萬乘之尊，死於疋夫之手。億兆靡感恩之士，九牧無勤王之師。[2]子弟同就誅夷，骸骨棄而莫掩。[3]社稷顛隕，本枝殄絶。自肇有書契，以迄于兹，宇宙崩離，生靈塗炭，喪身滅國，未有若斯之甚也。《書》曰：“天作孽，猶可違；自作孽，不可逭。”《傳》曰：“吉凶由人，祆不妄作。”又曰：“兵猶火也，不戢將自焚。”觀隋室之存亡，斯言有徵矣。

[1]同彼望夷：指秦末趙高迫殺秦二世一事。望夷：秦宫名。因東北臨涇水以望北夷，故名。故地在今陝西涇陽縣東南。

[2]九牧：九州。

[3]骸骨：底本作“體骨”，中華本校勘記云：“諸本‘骸’訛作‘體’，據《隋書》改。”今從改。

恭帝年在幼沖，遭家多難。一人失德，四海土崩，群盜蜂起，豺狼塞路，南巢遂往，[1]流彘不歸。[2]既鍾百六之期，[3]躬踐數終之運，謳歌有屬，笙鐘變響，雖欲不遵堯、舜之迹，庸可得乎。

[1]南巢遂往：指成湯流放夏桀。南巢，在今安徽巢湖市西南。

[2]流彘不歸：指周厲王被流放於彘。彘，在今山西霍州市東北。

[3]百六：厄運。

今注本二十四史

北史

四

傳〔一〕

唐 李延壽 撰

李憑 靳寶 主持校注

中国社会科学出版社

北史　卷一三

列傳第一

后妃上

魏神元皇后竇氏　文帝皇后封氏　桓皇后惟氏　平文皇后王氏　昭成皇后慕容氏　獻明皇后賀氏　道武皇后慕容氏　道武宣穆皇后劉氏　明元昭哀皇后姚氏　明元密皇后杜氏 太武惠皇后竇氏　太武皇后赫連氏　太武敬哀皇后賀氏　景穆恭皇后郁久閭氏 文成昭太后常氏　文成文明皇后馮氏　文成元皇后李氏　獻文思皇后李氏　孝文貞皇后林氏　孝文廢皇后馮氏　孝文幽皇后馮氏　孝文文昭皇后高氏　宣武順皇后于氏　宣武皇后高氏　宣武靈皇后胡氏　孝明皇后胡氏　孝武皇后高氏　文帝文皇后乙弗氏　文帝悼皇后郁久閭氏　廢帝皇后宇文氏　恭帝皇后若干氏　孝静皇后高氏

漢因秦制，帝之祖母曰太皇太后，母曰皇太后，妃曰皇后，餘則多稱夫人，隨世增損，非如《周禮》有夫人、嬪婦、御妻之數焉。[1]魏、晋相因，時有升降，前史言之具矣。

[1]御妻：妃嬪名。《禮記·昏義》："古者天子后立六宫、三夫人、九嬪、二十七世婦、八十一御妻。"後世不常設。或有將御女等同此稱。如北魏孝文帝時位比元士，北齊設八十一員，比正四品。隋煬帝時設二十四員，視正六品，爲女御之一種。

魏氏王業之兆，雖始於神元，[1]然自昭成之前，[2]未具言六宫之典，[3]而章、平、思、昭、穆、惠、煬、烈八帝妃后無聞。[4]道武追尊祖妣，[5]皆從帝謚爲皇后。始立中宫，[6]餘妾或稱夫人，多少無限，然皆有品次。太武稍增左右昭儀及貴人、椒房等，[7]後庭漸已多矣。[8]又魏故事，將立皇后，必令手鑄金人，以成者爲吉，不則不得立也。又太武、文成，[9]保母劬勞之恩，[10]並極尊崇之義，雖事乖典禮，而觀過知仁。

[1]神元：即拓跋力微。神元爲其謚號，北魏道武帝所追謚。

[2]昭成：即拓跋什翼犍。昭成爲其謚號，北魏道武帝所追謚。

[3]六宫：古代皇后的寢宫有正寢一、燕寢五，合爲六宫，後用以稱謂后、妃或其住地。

[4]章：即拓跋悉鹿。章爲其謚號。　平：即拓跋綽。平爲其謚號。　思：即拓跋弗。思爲其謚號。　昭：即拓跋禄官。昭爲其謚號。　穆：即拓跋猗盧。穆爲其謚號。　惠：即拓跋賀傉。惠爲其謚號。　煬：即拓跋紇那。煬爲其謚號。　烈：即拓跋翳槐。烈爲其謚號。以上謚號均爲北魏道武帝所追謚。

[5]道武：即北魏皇帝拓跋珪。道武爲其謚號。

[6]中宫：皇后所居之處，亦借指皇后。

[7]太武：即北魏皇帝拓跋燾。太武爲其謚號。　昭儀：漢元帝設，妃嬪中的第一級，地位僅次於皇后。南朝宋孝武帝設爲九嬪之一，梁、陳等朝因之。北魏時則分左右。北齊因之，位比丞相。　貴人：漢光武帝始置，無禄秩，地位次於皇后和昭儀。晋武帝設爲三夫人之一，位視三公。歷朝或置或省，地位高低不一。　椒房：北魏太武帝拓跋燾設置，地位在貴人之後。後以此爲后妃的代稱。

[8]後庭：後宫。

[9]文成：即北魏皇帝拓跋濬。文成爲其謚號。

[10]保母：宫廷或貴族之家負責撫養子女的女妾。　劬（qú）勞：勞苦。

孝文改定内官：[1]左右昭儀位視大司馬，[2]三夫人視三公，三嬪視三卿，六嬪視六卿，世婦視中大夫，[3]御女視元士。[4]後置女職，以典内事：内司視尚書令、僕；[5]作司、大監、女侍中三官視二品；監、女尚書、美人、女史、女賢人、女書史、書女、小書女五官視三品；[6]中才人、供人、中使、女生才人、恭使宫人視四品；[7]青衣、女酒、女饗、女食、奚官女奴視五品。[8]

[1]孝文：即北魏皇帝元宏。孝文爲其謚號。　内官：宫中女官。宫中凡有具體職掌或品階之妃嬪宫女，皆可以此稱之。

[2]大司馬：官名。居三公之上，三師之下。常典軍事，地位尊顯。一品。

[3]世婦：女官名。掌管祭祀事務。　中大夫：官名。《周禮》中已有，秦以後多不設。北魏時爲從三品上。

[4]元士：官名。《禮記》中已有。北魏依周制設此職，七品。孝文帝太和十七年（493）升爲從四品上，二十三年後取消。

[5]以典内事内司視尚書令：底本作“以典内司視尚書令”，中華本校勘記云：“諸本脱‘内事’二字，據《魏書》卷一三《后妃傳》序補。”今從改。内司，女官名。北魏孝文帝始置。爲女官之長，掌宫内諸事，地位與外官的尚書令、尚書僕射相當，官品第一。尚書令，官名。北魏孝文帝改制後，尚書省職權漸重，以録尚書事爲長官，尚書令爲副職，兼掌監察百官，皆爲宰相。孝文帝太和二十三年定爲正二品。　僕：官名。即尚書僕射。北魏時位列宰相，掌管省曹事務，典選舉，左僕射還負責彈劾百官。孝文帝太和二十三年之後改爲從二品。

[6]女尚書：女官名。批閲宫外奏章、文書等。　女史：女官名。以知書婦女充任，掌管有關王后禮儀等事。或爲世婦下屬，掌管書寫檔案等事。　女書史：女官名。《魏書》卷一三《后妃傳》作“書史”。

[7]中才人：晋武帝時設置，位於九嬪之下。北魏時爲女職官名，相當於外廷四品官。恭使宫人：女官名。一作“恭信宫人”。

[8]青衣：侍女、宫女。《魏書·后妃傳》作“春衣”。源氏校勘記云：“‘青’《魏書》作‘春’。”按：當從底本。　女酒：女官名。北魏孝文帝始置。掌管宫中酒食的人員，相當於外廷五品官。　女饗：女官名。北魏孝文帝始置。掌管宫中饗宴的人員，相當於外廷五品官。　女食：女官名。北魏孝文帝始置。掌管宫中飲食的人員，相當於外廷五品官。

及齊神武、文襄，[1]俱未踐尊極。神武嫡妻稱妃，其所娉蠕蠕女稱爲蠕蠕公主。[2]文襄既尚魏朝公主，故無别號。兩宫自餘姬侍，並稱娘而已。文宣後庭雖有夫人、嬪、御之稱，[3]然未具員數。孝昭内職甚少，[4]唯楊嬪才貌兼美，復是貴家，[5]襄城王母桑氏有德行，[6]並蒙恩禮，其餘無聞焉。

[1]神武：即高歡。神武爲其謚號，北齊後主所追謚。　文襄：即高澄。文襄爲其謚號，爲北齊文宣帝所追謚。

[2]蠕蠕：族名。亦稱柔然，本爲東胡族的一支。南北朝時始强大，活動於今蒙古國南部地區。以游牧爲生。見《北史》卷九八《蠕蠕傳》。底本作"茹茹"，中華本校勘記云："諸本'蠕蠕'作'茹茹'，據本書卷一四本傳改。"

[3]文宣：即北齊皇帝高洋。文宣爲其謚號。

[4]孝昭：即北齊皇帝高演。孝昭爲其謚號。

[5]貴家：高門大族之家。

[6]襄城王：即高亮。高演之子。襄城，郡名。北齊時治襄城縣，在今河南襄城縣。

河清新令：[1]内命婦依古制有三夫人、九嬪、二十七世婦、八十一御女。又準漢制置昭儀，有左右二人，比丞相；其弘德、正德、崇德爲三夫人，比三公；光猷、昭訓、隆徽爲上嬪，比三卿；宣徽、凝暉、宣明、順華、凝華、光訓爲下嬪，比六卿；正華、令則、脩訓、曜儀、明淑、芳華、敬婉、昭華、光正、昭寧、貞範、弘徽、和德、弘猷、茂光、明信、静訓、曜德、廣訓、暉範、敬訓、芳猷、婉華、明範、豔儀、暉則、敬信爲二十七世婦，比從三品；穆光、茂德、貞懿、曜光、貞凝、光範、令儀、内範、穆閨、婉德、明婉、豔婉、妙範、暉章、敬茂、静肅、瓊章、穆華、慎儀、妙儀、明懿、崇明、麗則、婉儀、彭媛、脩閑、脩静、弘慎、豔光、漪容、徽淑、秀儀、芳婉、貞慎、明豔、貞穆、脩範、肅容、茂儀、英淑、弘豔、正信、凝婉、英範、懷順、脩媛、良則、瑶章、訓成、潤儀、寧訓、淑懿、柔則、穆儀、脩禮、昭慎、貞媛、肅閨、敬順、柔華、昭順、敬寧、明訓、弘儀、崇敬、脩敬、承閑、昭容、麗儀、閑華、思柔、媛光、懷德、良媛、淑猗、茂範、良信、豔華、徽娥、肅儀、妙則爲八十一御女，[2]比正四品。武成好内，[3]並具其員，自外又置才人、采女，[4]以爲散號。

[1]河清：北齊武成帝的年號（562—565）。

[2]豔婉：宋本缺。　瓊章：底本無“瓊”字，‘章’前空一字，宋本作“肅章”，毛本、殿本、四庫本、局本、四部備要本、中華本作“瓊章”。按：據中華本補。　彭媛：底本無“媛”字，‘彭’後空一字，毛本、殿本、四庫本、局本、四部備要本、中華本作“彭媛”。按：據中華本補。　貞穆：底本無“貞”字，‘穆’前空一字，毛本、殿本、四庫本、局本、四部備要本作“真穆”，中華本作“貞穆”。按：據中華本補。

[3]武成：即北齊皇帝高湛。武成爲其謚號。

[4]采女：原爲漢代六宫的一種稱號，因其選自民家，故曰采女。後用作宫女的通稱。

後主既立二后，[1]昭儀以下皆倍其數。又置左右娥英，比左右丞相，降昭儀比二大夫。尋又置淑妃一人，[2]比相國。[3]

[1]後主：即北齊皇帝高緯。

［2］淑妃：三國魏明帝置，晋時爲九嬪之一，北齊後主置一人。

［3］相國：官名。魏晋南北朝時不常設，位尊於丞相，職權品秩略同，非尋常人臣之職。

周氏率由姬制，内職有序。文帝創基，[1]修衽席以儉約；[2]武皇嗣歷，[3]節情欲於矯枉。宫闈有貫魚之美，[4]戚里無私溺之尤，[5]可謂得君人之體也。

［1］文帝：即宇文泰。文爲其謚號，北周明帝所追謚。

［2］衽席：卧席，泛指寢居之所。

［3］武皇：即北周皇帝宇文邕。武爲其謚號。

［4］貫魚：語出《易·剥卦》："六五，貫魚以宫人，寵，无不利。"王弼注："貫魚，謂此衆陰也，駢頭相次，似貫魚也。"高亨注："貫，穿也。貫魚者個個相次，不得相越，以喻人有排定之順序。"後因指以次進御，不偏愛。

［5］戚里：指外戚。

宣皇外行其志，[1]内逞其欲，溪壑難滿，采擇無厭，恩之所加，莫限厮皂；[2]榮之所及，無隔險詖。[3]於是升蘭殿以正位，[4]踐椒庭而齊體者，[5]非一人焉；階房帷而拖青紫，[6]緣恩倖而擁玉帛，非一族焉。雖辛、癸之荒淫，[7]趙、李之傾惑，[8]曾未足比其髣髴也。[9]人厭苛政，弊事實多，文帝之祀忽諸，[10]特由於此。

［1］宣皇：即北周皇帝宇文贇。宣爲其謚號。

［2］厮皂：僕從。

［3］險詖（bì）：陰險邪僻。

[4]蘭殿：皇宫。

[5]椒庭：指后妃居住的宫室。

[6]房帷：指宫中。　青紫：原指公卿所配綬帶的顔色，因借指高官顯爵。

[7]辛癸：指夏桀王履癸和商紂王子辛。

[8]趙李：指漢成帝時趙飛燕姐妹、漢武帝時李夫人。

[9]髣髴：仿佛。

[10]忽諸：忽然而亡。

隋文思革前弊，[1]大矯其違，唯皇后當室，傍無私寵，婦官位號，未詳備焉。開皇二年著内官之式，[2]略依《周禮》，省減其數。嬪三員，掌教四德，視正三品；世婦九員，掌賓客祭祀，視正五品；女御三十八員，掌女功絲枲，[3]視正七品。

[1]隋文：即隋朝皇帝楊堅。文爲其謚號。

[2]開皇：隋文帝的年號（581—600）。

[3]枲（xǐ）：麻類植物的纖維。

又采漢、晋舊儀，置六尚、六司、六典，遞相統攝，以掌宫掖之政。一曰尚宫，掌導引皇后及閨閤禀賜。[1]管：司令三人，掌圖籍法式，糾察宣奏；典琮三人，掌琮璽器玩。二曰尚儀，[2]掌禮儀教學。管：司樂三人，掌音律之事；典贊三人，掌導引内外命婦朝見。三曰尚服，掌服章寶藏。管：司飾三人，掌簪珥花嚴；[3]典櫛三人，掌巾櫛膏沐。[4]四曰尚食，掌進饍先嘗。管：司醫三人，掌方藥卜筮；典器三人，掌樽彝器皿。五曰尚寢，掌帷帳床褥。管：司筵三人，掌鋪設灑掃；典執三人，掌扇傘燈燭。六曰尚工，掌營造百役。管：司製三人，掌衣服裁縫；典會三人，掌財帛出入。六尚各三員視從九品，六司視勳品，六典視流外二品。

[1]閨閤：内室，借指後宫。

[2]尚儀：毛本、殿本作“掌儀”。按：當從底本。

[3]簪珥花嚴：後宫妝容首飾。簪珥，髮簪和耳飾，多爲貴婦的首飾。

[4]巾櫛（zhì）：巾與梳篦。泛指盥洗梳理用具。

初，文獻皇后功參曆試，[1]外預朝政，内擅宫闈，懷嫉妬之心，虚嬪妾之位，不設三妃，防其上逼。自嬪以下，置六十員。加又抑損服章，降其品秩。至文獻崩後，始置貴人三員，增嬪至九員，世婦二十七員，御女八十一員。貴人等關掌宫闈之務，六尚以下皆分隸焉。

[1]文獻：隋文帝皇后獨孤氏的謚號。　功參曆試：參與官吏選拔任免。

煬帝時，后妃嬪御無釐婦職，[1]唯端容麗飾，陪從宴游而已。帝又參詳典故，自製嘉名，著之於令。貴妃、淑妃、德妃，是爲三夫人，品正第一。順儀、順容、順華、脩儀、脩容、脩華、充儀、充容、充華，是爲九嬪，品正第二。婕妤一十二員，品正第三；美人、才人一十五員，品正第四，是爲世婦。寶林二十員，品正第五；御女二十四員，品正第六；采女三十七員，品正第七，是爲女御。總一百二十，以叙於宴寢。又有承衣刀人，[2]皆趨侍左右，並無員數，視六品以下。

[1]釐（lí）：指從事。
[2]承衣刀人：侍妾名。隋煬帝時設。

時又增置女官，準尚書省，[1]以六局管二十四司。一曰尚宫局，管：司言，掌宣傳奏啓；司簿，掌名録計度；司正，掌格式推罰；司闈，掌門閤管籥。二曰尚儀局，管：司籍，掌經史教學，紙筆几案；司樂，掌音律；司賓，掌賓客；司贊，掌禮儀贊相導引。三曰尚服局，管：司璽，掌琮璽符節；司衣，掌衣服；司飾，掌湯沐巾櫛玩弄；司仗，掌仗衛戎器。四曰尚食局，管：司膳，掌膳羞；[2]司醖，[3]掌酒醴醓醢；[4]司藥，掌醫巫藥劑；司饎，掌廪餼柴炭。[5]五曰尚寢局，管：司設，掌床席帷帳，鋪設灑掃；司輿，掌輿輦傘扇，執持羽儀；司苑，掌園籞種植，[6]蔬菜瓜果；司燈，掌火燭。六曰尚工局，管：司製，掌營造裁縫；司寶，掌金玉珠璣錢貨；司綵，掌繒帛；司織，掌織染。六尚二十二司，員各二人，唯司樂、司膳員各四人。每司又置典及掌，以貳其職。六尚十人，品從第五；司二十八人，品從第六；典二十八人，品從第七；掌二十八人，[7]品從第九。女史流外，量局閑劇，多者十人以下，無定員數。聯事分職，各有司存焉。

[1]準：依照、依據。

[2]膳羞：膳食。

[3]醞（yùn）：釀酒。

[4]醢（hǎi）：用肉、魚等製成的醬。

[5]廩餼（xì）柴炭：泛指糧食、柴薪等生活必需品。

[6]園籞（yù）：帝王的禁苑。

[7]“六尚二十二司”至“掌二十八人”：中華本校勘記云：“按此段叙各司員數與總數不合，疑有訛誤。”

魏神元皇后竇氏，没鹿回部大人賓之女也。[1]賓臨終，誡其二子速侯、回題，令善事帝。及賓卒，速侯等欲因帝會喪爲變。語泄，帝聞之，晨起以佩刀殺后，馳使告速侯等，言后暴崩。速侯等來赴，因執殺之。

[1]没鹿回部：部落名。居住在今山西、内蒙古一帶，以游牧爲生。　大人：部落首領。

文帝皇后封氏，生桓、穆二帝，[1]早崩。桓帝立，乃葬焉。文成初，穿天泉池，[2]獲一石銘，稱桓帝葬母氏，遠近赴會二十餘萬。有司以聞，命藏之太廟。[3]次妃蘭氏，是生思帝。

[1]桓：即拓跋猗㐌。桓爲其謚號，北魏道武帝所追謚。

[2]天泉池：池名。在今山西寧武縣西南。中華本校勘記云：“《魏書》、《御覽》卷一三九‘泉’作‘淵’，《北史》避唐諱改。”

[3]太廟：皇帝爲祭拜祖先而營建的廟宇。

桓皇后惟氏，[1]生三子，長曰普根，[2]次惠帝，次煬帝。平文崩，[3]后攝國事，時人謂之曰“女國”。后性猛忌，平文之崩，后所爲也。

[1]惟氏：《魏書》卷一三《桓帝皇后祁氏傳》作“祁氏”。源氏校勘記云：“‘惟’《魏書》作‘祈’。”按：未詳孰是。

[2]普根：即拓跋普根，人名。十六國時鮮卑拓跋部貴族。猗盧時，位左賢王，率衆擊退慕容廆。

[3]平文：即拓跋鬱律。平文爲其謚號，北魏道武帝所追謚。

平文皇后王氏，廣寧人也。[1]年十三，因事入宫，得幸於平文，生昭成帝。平文崩，昭成在襁褓，時國有内難，將害帝子。后匿帝於袴中，呪曰：“若天祚未終者，汝無聲。”遂良久不啼，得免於難。昭成初欲定都於灅源川，[2]築城郭，起宫室，議不決。后聞之曰：“國自上世，遷徙爲業。今事難之後，基業未固，若郭而居，一旦寇來，難卒遷動。”乃止。烈帝之崩，國祚殆危，興復大業，后之力也。崩，葬雲中金陵。[3]道武即位，配饗太廟。

[1]廣寧：郡名。十六國時治下洛縣，在今河北涿鹿縣西。

[2]灅源川：地名。在今山西山陰縣桑乾河之南。

[3]雲中：郡名。西漢時治成樂，在今内蒙古和林格爾縣盛樂鎮土城子古城。拓跋部遷都於此遂改稱盛樂（參馬長壽《烏桓與鮮卑》，上海人民出版社 1962 年版，第 244 頁；陳永志、李强、劉剛《和林格爾縣土城子古城考古發掘主要收獲》，《内蒙古文物考古》2006 年第 1 期）。 金陵：北魏遷都洛陽以前埋葬皇帝和皇后的陵

區，在今内蒙古和林格爾縣西北。

昭成皇后慕容氏，慕容皝之女也。[1]初，帝納皝妹爲妃，未幾而崩。皝後請繼好。遣大人長孫秩逆后，[2]皝送于境上。后至，有寵，生獻明帝及秦明王。[3]后性聰敏多智，專夕理内，每事多從。初，昭成遣衛辰兄悉勿祈還部落也。[4]后誡之曰："汝還，必深防衛辰。辰姦猾，終當滅汝。"悉勿祈死，其子果爲衛辰所殺，卒如后言。建國二十三年，[5]崩。道武即位，配饗太廟。

[1]慕容皝：人名。字元真，昌黎棘城（今遼寧北票市章吉營子鄉三官營子村）人，鮮卑族。十六國時前燕首領。見《北史》卷九三《慕容廆附慕容皝傳》。

[2]逆：迎接。

[3]獻明帝：即拓跋寔。獻明爲其謚號，爲北魏道武帝所追謚。　秦明王：即拓跋翰。爵名秦王，謚曰明。

[4]衛辰：即劉衛辰，人名。十六國時匈奴鐵弗部首領。見《北史》卷九三《劉衛辰傳》。　悉勿祈：人名。十六國時匈奴南單于後裔，鐵弗部首領。

[5]建國：十六國時拓跋什翼犍的年號（338—376）。

獻明皇后賀氏，東部大人野干女也。少以容儀選入東宫，生道武。苻洛之内侮也，[1]后與道武及故臣吏避難北徙。俄而高車來抄掠，[2]后乘車避賊而南，中路失轄，[3]乃仰天曰："國家胤胄豈正爾絶滅也！[4]惟神靈扶助。"遂馳，輪正不傾。行百餘里，至七介山南而免難。[5]

[1]苻洛：人名。十六國時前秦將領。苻堅從弟。隨苻堅征伐，後爲堅所忌，常爲邊牧。後舉兵自稱大都督、大將軍、秦王。兵敗，爲前秦中書令梁熙所殺。四庫本、四部備要本作“符洛”。

[2]高車：族名。初號狄歷，也稱敕勒、鐵勒、丁零，因所乘車輪高大，故名。北魏時活動於今蒙古高原，以游牧爲生。見《北史》卷九八《高車傳》。

[3]轄：底本作“道”，中華本校勘記云：“諸本‘轄’作‘道’，《魏書》《御覽》作‘轄’。按轄是車鍵，用以束輪，‘失轄’與下‘輪正不傾’相應。今據改。”今從改。

[4]胤胄：後代，後裔。

[5]七介山：在今山西右玉縣西南。底本作“七个山”，毛本、殿本、四庫本作“七箇山”，《魏書》卷一三《獻明皇后賀氏傳》作“七介山”。按：字形相近而訛，底本誤，今從《魏書》改。

後劉顯使人將害帝，[1]帝姑爲顯弟亢埿妻，[2]知之，密以告后。梁眷亦來告難。[3]后乃令帝去之。后夜飲，顯使醉，[4]向晨，故驚厩中群馬，顯使起視馬，[5]后泣謂曰：“吾諸子始皆在此，今盡亡失，汝等誰殺之?”故顯使不急追。[6]道武得至賀蘭部，[7]群情未甚歸附，后從弟外朝大人悦舉部隨從，[8]供奉盡禮。顯怒，將害后，后奔亢埿家，匿神車中三日。[9]亢埿舉室請救，乃得免。會劉顯部亂，始得亡歸。

[1]劉顯：人名。本名醜伐，代（今山西大同市東北）人。見《魏書》卷二三《劉庫仁附劉顯傳》。

[2]亢埿：人名。匈奴族。十六國時後燕官吏，官至廣寧太守。

[3]梁眷：人名。又作“梁六眷”，鮮卑族。十六國時代國官吏。

[4]使醉：底本作“醉”，中華本校勘記云：“諸本脱‘使’字，據《魏書》《御覽》補。‘顯使’謂劉顯之使，下文‘故顯使不急追’，可證。”今從改。

[5]顯使起：底本作“使起”，《魏書》卷一三《獻明皇后賀氏傳》作“顯使起”。按：同上，亦從改。

[6]使不：底本作“使不”，《魏書·獻明皇后賀氏傳》作“不使”。按：當從底本。

[7]賀蘭部：鮮卑族部落之一，與拓跋部有姻親關係。

[8]外朝大人：官名。北魏道武帝登國元年（386），拓跋珪設外官系統，置外朝大人官，參與軍國大事。　悦：即賀悦，人名。見《北史》卷八〇《賀訥附賀悦傳》。

[9]神車：放置神像的車子。

後后弟染干忌道武之得人心，舉兵圍逼行宫。后出謂染干曰：“汝等今安所置我，而欲殺吾子也?”染干慚而去。後后少子秦王觚使于燕，[1]慕容垂止之。[2]后以觚不反，憂念寢疾。皇始元年，[3]崩，祔葬于盛樂金陵。[4]後追加尊謚，配饗焉。

[1]秦王觚：即拓跋觚。北魏宗室。見《北史》卷一五《秦王翰附秦王觚傳》。

[2]慕容垂：人名。字道明，昌黎棘城（今遼寧北票市章吉營子鄉三官營子村）人，鮮卑族。十六國時後燕君主。見《北史》卷九三《慕容垂傳》。

[3]皇始：北魏道武帝的年號（396—398）。

[4]祔葬：合葬。亦謂葬於先塋之旁。　盛樂：城名。又稱成

樂，在今内蒙古和林格爾縣西北土城子。

道武皇后慕容氏，寶之季女也。[1]中山平，[2]入充掖庭，[3]得幸。左丞相、衛王儀等奏請立皇后，[4]帝從儀，令后鑄金人成，[5]乃立之。封后母孟爲溧陽君。[6]後崩。

[1]寶：即慕容寶，人名。字道裕，昌黎棘城（今遼寧北票市章吉營子鄉三官營子村）人，鮮卑族。十六國時後燕君主。見《北史》卷九三《慕容垂附慕容寶傳》。

[2]中山平：指道武帝皇始二年十月北魏攻入後燕國都中山城事件，後燕滅亡。中山，城名。十六國時後燕國都，在今河北定州市。

[3]掖庭：宮廷。

[4]金人：金或銅鑄的佛像。

[5]左丞相：官名。即尚書左丞相。北魏或置或省，皆特爲權臣專設之名號，並非處理實際政務的宰相。一品。　衛王儀：即拓跋儀。北魏宗室、大臣。見《北史》卷一五《秦王翰附衛王儀傳》。

[6]溧陽君：封爵名。遥封。溧陽，縣名。治所在今江蘇溧陽市西北。底本作“漂陽君”，毛本、殿本、局本作“溧陽君”。中華本校勘記云：“各本及《魏書》‘溧’作‘漂’，汲本及《御覽》、《册府》卷一四一作‘溧’。按‘漂陽’無此地名，今從汲本。”今從改。

道武宣穆皇后劉氏，劉眷女也。[1]登國初，[2]納爲夫人，生華陰公主，後生明元。[3]后專理内事，寵待有加，以鑄金人不成，故不登后位。魏故事，後宫産子，將爲儲貳，其母皆賜死。道武末年，后以舊法薨。明元即位，追尊謚位，配饗太廟。自此後宮人爲帝母，皆正位配饗焉。[4]

[1]劉眷：人名。獨孤部首領。見《北史》卷二〇《劉庫仁附劉眷傳》。

[2]登國：北魏道武帝的年號（386—396）。

[3]明元：即北魏皇帝拓跋嗣。明元爲其謚號。

[4]正位：底本作“正”，中華本校勘記云：“諸本脱‘位’字，據《魏書》《御覽》補。”今從改。

明元昭哀皇后姚氏，姚興女西平長公主也。[1]明元以后禮納之，[2]後爲夫人。后以鑄金人不成，未升尊位，然帝寵禮如后。是後猶欲正位，后謙不當。泰常五年，[3]薨，帝追恨之，贈皇后璽綬而加謚焉。葬雲中金陵。

[1]姚興：人名。字子略，南安赤亭（今甘肅隴西縣西）羌人。十六國時後秦君主。見《北史》卷九三《姚萇附姚興傳》。

[2]以后禮納之：底本作“以后納之”，中華本校勘記云：“諸本脱‘禮’字，據《魏書》《御覽》補。”今從補。

[3]泰常：北魏明元帝的年號（416—423）。

明元密皇后杜氏，魏郡鄴人，[1]陽平王超之妹也。[2]初以良家子選入太子宫，有寵，生太武。及明元即位，拜貴嬪。泰常五年，薨，謚曰密貴嬪，[3]葬雲中金陵。太武即位，追尊號謚，配饗太廟。又立廟于鄴，刺史四時薦祀。以魏郡，太后所生之邑，復其調役。後甘露降于廟庭。孝文時，[4]相州刺史高閭表脩后廟，[5]詔曰："婦人外成，理無獨祀，陰必配陽，以成天地，未聞有莘之國立大姒之饗。[6]此乃先皇所立，一時之至感，非經世之遠制，便可罷祀。"

[1]魏郡：北魏時治鄴縣，在今河北臨漳縣西南。　鄴：縣名。治所在今河北臨漳縣西南鄴鎮。

[2]陽平王：封爵名。陽平，郡名。北魏時治館陶縣，在今河北館陶縣。　超：即杜超，人名。字祖仁，魏郡鄴（今河北臨漳縣西南鄴鎮）人。見《北史》卷八〇《杜超傳》。

[3]謚曰密貴嬪：底本作"謚曰貴嬪"，源氏校勘記云："'曰'下，《魏書》有'密'字。"中華本校勘記云："諸本脱'密'字，據《魏書》《御覽》補。"今從改。

[4]孝文：底本作"文成"，中華本《魏書》卷一三《明元密皇后杜氏傳》作"高祖"，即孝文帝。校勘記指出此事又見於《魏書·禮志一》孝文帝太和十九年六月。底本誤，當作"孝文"。今改。

[5]相州：北魏時治鄴城，在今河北臨漳縣西南鄴鎮。　高閭：人名。字閻士，漁陽雍奴（今天津武清區西北）人。見《北史》卷三四《高閭傳》。

[6]有莘：國名。姒姓，夏禹之後。在今陝西合陽縣東南。　大姒：有莘氏之女，周文王妻，周武王母。

先是，太武保母竇氏，初以夫家坐事誅，與二女俱入宫，操行純備，進退以禮，明元命爲太武保母。性仁慈，帝感其恩訓，奉養不異所生。及即位，尊爲皇太后，[1]封其弟漏頭爲遼東王。[2]太后訓釐内外，甚有聲稱。性恬素寡欲，喜怒不形於色，好揚人之善，隱人之過。帝征凉州，[3]蠕蠕吴提入寇，[4]太后命諸將擊走之。真君元年，[5]崩。詔天下大臨三日，太保盧魯元監護喪事，[6]謚曰"惠"。葬崞山，[7]從后意也。初，后嘗登崞山，顧謂左右曰："吾母養帝躬，敬神而愛人，若死而不滅，必不爲賤鬼。然於先朝，本無位次，不可違禮以從園陵。此山之上，可以終託。"故葬焉。别立后寢廟於崞山，建碑頌德。

[1]皇太后：《魏書》卷一三《太武惠太后竇氏傳》作"保太后"。中華本校勘記云："《魏書》《御覽》作：'及即位，尊爲保太后，後尊爲皇太后。'按本書卷二《太武紀》，始光二年尊保母竇氏爲保太后。延和元年，復尊爲皇太后。此當脱'尊爲保太后後'六字。"

[2]遼東王：封爵名。遼東，郡名。北魏時治襄平縣，在今遼寧義縣東。

[3]凉州：北魏時治林中縣，在今甘肅武威市。

[4]吴提：人名。北魏時柔然可汗，號敕連可汗。見《魏書》卷一〇三《蠕蠕傳》。

[5]真君：即太平真君，北魏太武帝的年號（440—451）。

[6]太保：官名。北魏時爲三師之一，是輔佐君王的重要大臣，位在太師、太傅下。一品。　盧魯元：人名。昌黎徒河（今遼寧錦州市）人。北魏官吏。見《北史》卷二五《盧魯元傳》。

[7]崞山：俗稱横山。在今山西渾源縣西南。

太武皇后赫連氏，屈丐女也。[1]太武平統萬，[2]納后及二妹，俱爲貴人，後立爲皇后。文成初，崩，祔葬金陵。

［1］屈丐：人名。本名勃勃，北魏明元帝時改爲屈丐，匈奴鐵弗部人。十六國時夏君主。見《北史》卷九三《赫連屈丐傳》。

［2］統萬：城名。在今陜西靖邊縣東北白城子。

太武敬哀皇后賀氏，代人也。[1]初爲夫人，生景穆。[2]神䴥元年，[3]薨，追贈貴嬪，葬雲中金陵。後追號尊謚，配饗太廟。

［1］代：指平城。在今山西大同市東北。

［2］景穆：即北魏太武帝太子拓拔晃。景穆爲其謚號，北魏文成帝所追謚。

［3］神䴥：北魏太武帝的年號（428—431）。

景穆恭皇后郁久閭氏，河東王毗妹也。[1]少以才，[2]選入東宫。有寵，生文成皇帝而薨。文成即位，追尊號謚，葬雲中金陵，配饗太廟。

［1］河東王：封爵名。河東，郡名。北魏時治蒲坂縣，在今山西永濟市西南蒲州鎮。　毗：即閭毗，人名。柔然人。北魏外戚。見《北史》卷八〇《閭毗傳》。

［2］少以才：《魏書》卷一三《景穆恭皇后郁久閭氏傳》作"少以"。按：當從底本。

又文成乳母常氏，本遼西人，[1]因事入宫，乳帝，有劬勞保護之功。文成即位，尊爲保太后，尋尊爲皇太后，告於郊廟。和平元年，[2]崩。詔天下大臨三日，謚曰昭。葬於廣寧磨笄山，[3]俗謂之鳴雞山，太后遺志也。依惠太后故事，別立寢廟，置守陵二百家，樹碑頌德。

[1]遼西：郡名。北魏時治肥如縣，在今河北盧龍縣西北。

[2]和平：北魏文成帝的年號（460—465）。

[3]磨笄山：今河北蔚縣雞鳴山。

文成文明皇后馮氏，長樂信都人也。[1]父朗，[2]秦、雍二州刺史、西郡公。[3]母樂浪王氏。[4]后生於長安，有神光之異。朗坐事誅，后遂入宫。太武左昭儀，后之姑也，雅有母德，撫養教訓。年十四，文成踐極，以選爲貴人，後立爲皇后。文成崩，故事，國有大喪，三日後御服器物一以燒焚，百官及中宫皆號泣而臨之。后悲叫自投火，左右救之，良久乃蘇。獻文即位，[5]尊爲皇太后。丞相乙渾謀逆，[6]獻文年十二，居于諒闇，[7]太后密定大策，誅渾，遂臨朝聽政。及孝文生，太后躬親撫養。是後罷令不聽政事。太后行不正，内寵李弈，[8]獻文因事誅之。太后不得意，遂害帝。

[1]長樂：郡名。北魏時治信都縣，在今河北冀州市。　信都：縣名。治所在今河北冀州市。

[2]朗：即馮朗，人名。長樂信都（今河北冀州市）人。十六國時北燕宗室、北魏外戚。見《北史》卷八〇《馮熙傳》。

[3]秦：州名。北魏時治上封城，在今甘肅天水市。　雍：州名。北魏時治長安，在今陝西西安市西北。　西郡公：封爵名。西

郡，北魏時治永寧縣，在今甘肅山丹縣東南。底本作“西城郡公”，中華本校勘記云：“本書卷八〇《馮熙傳》作‘遼西郡公’，《御覽》作‘西郡公’。按《墓誌集釋・馮季華墓誌》言朗封西郡公。西郡，晋屬凉州，《魏志》不載。據《御覽》《墓誌》，則‘西城’‘遼西’皆當爲‘西郡’之誤。”今從改。

[4]樂浪：郡名。北魏時治連城縣，在今遼寧北票市東南大凌河西岸。

[5]獻文：即北魏皇帝拓跋弘。獻文爲其謚號。

[6]乙渾：人名。北魏大臣。位居諸王之上，圖謀擅權，以謀反罪伏誅。

[7]諒闇：借指居喪，多用於皇帝。

[8]李弈：人名。字景世，趙郡平棘（今河北趙縣）人。北魏官吏。見《北史》卷三三《李順附李弈傳》。

承明元年，[1]尊曰太皇太后，復臨朝聽政。后性聰達，自入宮掖，粗學書計，及登尊極，省决萬機。孝文詔罷鷹師曹，[2]以其地爲太后立報德佛寺。[3]太后與孝文游于方山，[4]顧川阜有終焉之志。因謂群臣曰：“舜葬蒼梧，[5]二妃不從，豈必遠祔山陵，然後爲貴哉？吾百歲後，神其安此。”孝文乃詔有司營建壽陵於方山，又起永固石室，[6]將終爲清廟焉。太和五年起作，[7]八年而成，刊石立碑，頌太后功德。

[1]承明：北魏孝文帝的年號（476）。

[2]鷹師曹：管理訓鷹師的機構。

[3]報德佛寺：在今山西大同市。

[4]方山：今山西大同市東北方山。

[5]蒼梧：地名。今湖南醴陵市九嶷山。

[6]永固石室：馮太后之墓室，在今山西大同市方山。

[7]太和：北魏孝文帝的年號（477—499）。

太后以帝富於春秋，乃作《勸戒歌》三百餘章，又作《皇誥》十八篇，文多不載。太后立燕宣王廟於長安，[1]又立思燕佛圖於龍城，[2]皆刊石立碑。太后又制，内屬五廟之孫、外戚六親緦麻，[3]皆是復除。[4]性儉素，不好華飾，躬御縵繒而已。宰人上膳，案裁徑尺，羞膳滋味，減於故事十分之八。太后嘗以體不安，服菴閭子，[5]宰人昏而進粥，有蝘蜓在焉，[6]后舉匕得之。帝時侍側，大怒，將加極罰，太后笑而釋之。

[1]太后立燕宣王廟於長安：底本作“太后立文宣王廟於長安”，中華本校勘記云：“錢氏《考異》云：‘按《外戚傳》，馮朗追贈燕宣王，立廟長安。“文宣”當爲“燕宣”之訛。’按錢説是。《墓誌集釋·馮季華墓誌》《馮令華墓誌》《元誘妻馮氏墓誌》《馮會萇墓誌》都稱朗爲燕宣王，無作‘文宣王’者。”今從改。

[2]思燕佛圖：塔名。　龍城：在今遼寧朝陽市。

[3]五廟：古代諸侯立五廟，包括父、祖、曾祖、高祖、始祖之廟。　六親：父、母、兄、弟、妻、子。也泛指親戚、親人。宋本作“太親”。按：宋本誤，從底本。　緦麻：五服中之最輕者，孝服用細麻布製成，服期三個月。

[4]是：毛本、殿本、四庫本、局本、四部備要本、中華本作“受”。

[5]菴閭子：菊科植物菴閭的果實。

[6]蝘蜓：守宫。俗稱壁虎。

自太后臨朝專政，孝文雅性孝謹，不欲參決，事無巨細，一禀於太后。太后多智，猜忍，能行大事，殺戮賞罰，决之俄頃，多有不關帝者。是以威福兼作，震動内外。故杞道德、王遇、張祐、苻承祖等拔自微閹，[1]歲中而至王公。王叡出入卧内，[2]數年便爲宰輔，賞賚千萬億計，金書鐵券，許以不死之詔。李沖以器能受任，[3]亦由見寵幃幄，密加錫賚，不可勝數。后性嚴明，假有寵侍，亦無所縱。左右纖介之愆，[4]動加棰楚，多至百餘，少亦數十。然性不宿憾，尋亦待之如初，或因此更加富貴，是以人人懷於利欲，至死而不思退。

[1]杞道德：人名。即抱嶷。字道德，安定石唐（今甘肅涇川縣）人。自言其先姓杞。北魏宦官、寵臣。見《北史》卷九二《抱嶷傳》。　王遇：人名。字慶時，本名他惡，馮翊李潤鎮（今陝西大荔縣北）人，羌族。北魏宦官、寵臣。見《北史》卷九二《王遇傳》。　張祐：人名。字安福，安定石唐（今甘肅涇川縣）人。北魏宦官。見《北史》卷九二《張祐傳》。　苻承祖：人名。略陽（今甘肅秦安縣東北）人，氐族。北魏宦官。見《北史》卷九二《苻承祖傳》。毛本、殿本、四庫本、四部備要本作“符承祖”。

[2]王叡：人名。字洛誠，太原晋陽（今山西太原市晋源區古城營村一帶）人。北魏官吏。見《北史》卷九二《王叡傳》。

[3]李沖：人名。原名思沖，字思順，隴西狄道（今甘肅臨洮縣）人。北魏官吏。見《北史》卷一〇〇《凉武昭王李暠附李沖傳》。

[4]纖介：細小的嫌隙。

太后曾與孝文幸靈泉池，[1]宴群臣及蕃國使人、諸方渠帥，[2]各令爲其方舞。孝文上壽，太后忻然作歌，帝亦和歌，遂命群臣各言其志，於是和歌者九十人。太后外禮人望，元丕、游明根等頒賜金帛輿馬，[3]每至褒美叡等，皆引丕參之，以示無私。又自以過失，懼人議己，小有疑忌，便見誅戮。迄后之崩，孝文不知所生。至如李訢、李惠之徒，[4]猜嫌覆滅者十餘家，死者數百人，率多枉濫，天下冤之。

[1]靈泉池：在今山西大同市方山正南的黍地溝村與青羊嶺村之間（參殷憲《北魏靈泉宮池尋訪記》，《中國文物報》2007年2月23日）。

[2]渠帥：少數民族的首領或部落酋長。

[3]元丕：人名。北魏宗室。見《北史》卷一五《武衛將軍謂附東陽王丕傳》。　游明根：人名。字志遠，廣平任（今河北任縣東）人。北魏官吏、學者。見《北史》卷三四《游雅附游明根傳》。

[4]李訢：人名。字元盛，范陽（今河北涿州市）人。北魏官吏。見《北史》卷二七《李訢傳》。　李惠：人名。中山（今河北定州市）人。北魏大臣、外戚。見《北史》卷八〇《李惠傳》。

十四年，崩於太和殿，[1]年四十九。其日有雄雉集于太華殿。[2]帝酌飲不入口五日，毀慕過禮。謚曰文明太皇太后。葬于永固陵，[3]日中而反，[4]虞於鑒玄殿。[5]詔曰："尊旨從儉，不申罔極之痛；稱情允禮，仰損儉訓之德，進退思惟，倍用崩感。又山陵之節，亦有成命，内則方丈，外裁奄坎。[6]脱於孝子之心有所不盡者，室中可二丈，墳不得過三十步。今以陵萬世所仰，復廣爲六十步。孤負遺旨，[7]益以痛絶！其幽房大小，棺椁質約，不設明器，至於素帳縵茵瓷瓦之物，亦皆不置。此則遵先志，從册令。俱奉遺事，而有從有違，未達者或以致怪。梓宫之裏，[8]玄堂之内，[9]聖靈所長，[10]已一一奉遵，仰昭儉德；其餘外事，有所不從，以盡痛慕之情。其宣示遠近，著告群司，上明儉誨之美，下彰違命之失。”及卒哭，孝文服衰，[11]近臣從服；三司以下外臣衰服者，變服就練；[12]七品以下，盡除即吉。設祔祭於太和殿，[13]公卿以下始親公事。帝毁瘠，絶酒肉不御者三年。[14]

[1]太和殿：北魏孝文帝太和元年建，是位於宫城中部的主殿。

[2]太華殿：位於宫城中部，曾爲文明太后居處之地。

[3]永固陵：即上文永固石室。

[4]日中而反：底本作“中而反”，毛本、殿本、四庫本、局本、四部備要本、中華本作“日中而反”。今從中華本改。

[5]虞：既葬而祭稱虞，有安神之意。　鑒玄殿：在今山西大同市方山。

[6]外裁奄坎：源氏校勘記於“奄”旁紅筆小字夾批“同‘揜’”。奄，覆蓋。

[7]孤負：《魏書》卷一三《文成文明皇后馮氏傳》作“辜負”。

[8]梓宫：指用梓木做的棺槨，一般衹有皇帝或特許的貴族、大臣纔可享有。

[9]玄堂：墓室。

[10]聖靈所長：毛本、殿本、四庫本、局本、四部備要本、中

華本作“聖靈所憑”。

[11]衰：用粗麻布製成的毛邊喪服。

[12]練：把生絲、麻或布帛煮熟，使柔軟潔白。此處指祭名。父母去世第十一個月祭於家廟，穿練過的布帛，故以爲名。

[13]祔祭：在祠廟中配享、附祭。

[14]不御者：《魏書·文成文明皇后馮氏傳》作“不内御者”。

初，帝孝於太后，乃於永固陵東北里餘營壽宮，遂有終焉瞻望之志。及遷洛陽，乃自表瀍西以爲山園之所，[1]而方山虚宮號曰萬年堂云。[2]

[1]瀍：水名。在今河南省北部，向東流入洛河。

[2]萬年堂：北魏孝文帝爲自己修建的壽陵，因遷都洛陽，未能最終入葬，僅存這座衣冠冢，故稱虚宮。

文成元皇后李氏，梁國蒙縣人，[1]頓丘王峻之妹也。[2]后之生也，有異於常。父方叔，恒言此女當大貴。及長，姿質美麗。太武南征，永昌王仁出壽春，[3]軍至后宅，因得后。及仁鎮長安，遇事誅，后與其家人送平城宮。[4]高祖登白樓望見，[5]美之。乃下臺，后得幸於齋庫中，[6]遂有娠。常太后後問后，知之，時守庫者亦私書於壁記之，[7]別加驗問，皆符同。及生獻文，拜貴人。太安二年，[8]太后令依故事。令后具條記在南兄弟，及引所結宗兄洪之，[9]悉以付託。臨決，每一稱兄弟，拊胸慟泣，遂薨。後謚曰元皇后，葬金陵，配饗太廟。

[1]梁國：國名。即梁郡地。據《水經注疏》卷二三“汳水”

條："太和六年，元城王悌改封梁王，是魏自太和以後，亦爲梁國。"梁郡，北魏時治睢陽縣，在今河南商丘市南。　蒙縣：治所在今河南商丘市東北。

[2]頓丘王：底本作"母頓丘王"，中華本校勘記云："諸本'頓'上有'母'字。錢氏《考異》云：'母字衍。'按《御覽》引《後魏書》無'母'字。《魏書》卷八三上《李峻傳》云：'元皇后兄也。'錢説是，今據删。"今從改。頓丘，郡名。北魏時治頓丘縣，在今河南清豐縣西南。

[3]永昌王：封爵名。遥封。永昌，郡名。南朝宋時治不韋縣，在今雲南保山市北。　仁：即拓跋仁，人名。北魏宗室。見《北史》卷一六《永昌王健附拓跋仁傳》。　壽春：縣名。治所在今安徽壽縣。

[4]平城宫：在今山西大同市。

[5]高祖：中華本校勘記云："《魏書》'高祖'作'高宗'。張森楷云：當作'文成'。按高祖乃孝文，高宗即文成，此作'高祖'誤。且《北史》例稱謚號，張説是。但《御覽》《通志》都作'高祖'，今不改。"

[6]齋庫：底本作"齊庫"，殿本、局本、中華本作"齋庫"。按：齋庫，收藏財物之庫。應是字形相近而訛，今從中華本改。

[7]時：南監本、毛本、殿本、四庫本、局本、四部備要本作"持"，源氏校勘記改"持"作"時"。按：從文意來看，當從底本。

[8]太安：北魏文成帝的年號（455—459）。

[9]洪之：即李洪之，人名。本名文通，恒農（今河南陜縣東南）人。北魏大臣。見《北史》卷八七《李洪之傳》。

獻文思皇后李氏，中山安喜人，[1]南郡王惠之女也。[2]姿德婉淑。年十八。以選入東宫。獻文即位，爲夫人，生孝文帝。皇興三年，[3]薨，葬金陵。承明元年，追崇號謚，配饗太廟。

[1]安喜：縣名。治所在今河北定州市。

[2]南郡王：封爵名。遥封。南郡，南朝宋時治江陵縣，在今湖北江陵縣。

[3]皇興：北魏獻文帝的年號（467—471）。

孝文貞皇后林氏，平凉人也。[1]父勝，位平凉太守。叔父金閭，[2]起自閹官。獻文初，爲定州刺史，[3]爲乙渾所誅。[4]及勝兄弟皆死，勝無子，有二女入掖庭。后容色美麗，得幸於孝文，生皇子恂。[5]以恂將爲儲貳，太和七年，后依舊制。薨。帝仁恕不欲襲前事，而稟文明太后意，故不果行。謚曰貞皇后，葬金陵。及恂以罪賜死，有司奏追廢后爲庶人。

[1]平凉：郡名。北魏時治鶉陰縣，在今甘肅平凉市西北。毛本、殿本、四庫本、局本、四部備要本、《魏書》卷一三《孝文貞皇后林氏傳》作“平原”。源氏校勘記改“凉”作“原”。按：未詳孰是。

[2]金閭：人名。保太后常氏的親信閹官，官至尚書。

[3]定州：北魏時治盧奴縣，在今河北定州市。

[4]乙渾：宋本作“乙弗渾”。

[5]恂：即拓跋恂，人名。字元道，孝文帝嫡長子。見《北史》卷一九《廢太子恂傳》。

孝文廢皇后馮氏，太師熙之女也。[1]太和十七年，孝文既終喪，太尉元丕等表以長秋未建，[2]六宫無主，請正内位。孝文從之，立后爲皇后，恩遇甚厚。孝文後重引后姊昭儀至洛，稍有寵，后禮愛漸衰。昭儀自以年長，且前入宫掖，素見待念，輕后而不率妾禮。后雖性不妬忌，時有愧恨之色。昭儀規爲内主，譖構百端，尋廢后爲庶人。后貞謹有德操，遂爲練行尼，後終於瑶光佛寺。[3]

[1]太師：官名。北魏時爲三師之一，是輔佐君王的重要大臣，位在太傅、太保上。一品。　熙：即馮熙，人名。字晋國，長樂信都（今河北冀州市）人。北魏大臣、外戚。見《北史》卷八〇《馮熙傳》。

[2]太尉：官名。北魏時與司徒、司空並稱三公，列三公之首，多爲大臣加官。孝文帝太和二十三年定爲一品。　長秋：即長秋宫，漢宫皇后的居所，後常作爲皇后的代稱。

[3]瑶光佛寺：在今河南洛陽市。

孝文幽皇后亦馮熙女。母曰常氏，本賤微，得幸於熙，熙元妃公主薨後，遂主家事。生后與北平公夙。[1]文明太皇太后欲家世貴寵，乃簡熙二女，俱入掖庭，時年十四。其一早卒。后有姿媚，偏見愛幸。未幾，疾病，太后乃遣還家爲尼，帝猶留念焉。歲餘而太后崩，帝服終，頗存訪之。又聞后素疹痊除，遣閹官雙三念璽書勞問，遂迎赴洛陽。及至，寵愛過本初。當夕，宫人稀復進見。拜爲左昭儀，後立爲皇后。

[1]北平公：封爵名。北平，郡名。北魏時治新昌縣，在今河北盧龍縣。

帝頻歲南征，后遂與中官高菩薩私亂。[1]及帝在汝南不豫，[2]后便公然醜恣，中常侍雙蒙等爲其心腹。[3]是時彭城公主，[4]宋王劉昶子婦也，[5]年少嫠居。[6]北平公馮夙，后之同母弟也，后求婚於孝文，孝文許之。公主志不願，后欲强之，婚有日矣。公主密與侍婢及僮從十餘人，乘輕車，冒霖雨，赴懸瓠，[7]奉謁孝文，自陳本意，因言后與菩薩亂狀。帝聞，因駭愕，未之信，而秘匿之。此後后漸憂懼，與母常氏求託女巫，禱厭孝文疾不起，[8]一旦得如文明太后輔少主稱命者，賞報不貲。[9]又取三牲，宮中祆祠，假言祈福，專爲左道。母常或自詣宮中，或遣侍婢與相報答。

[1]中官：官名。宦官之别稱。

[2]汝南：郡名。北魏時治上蔡縣懸瓠城，在今河南汝南縣。

[3]中常侍：官名。北魏時地位與諸少卿相等，侍從帝、后左右，傳達詔命，職權甚重。孝文帝太和十七年定爲三品上，二十三年改爲四品上。

[4]彭城公主：孝文帝妹，又稱陳留公主，爲劉昶子劉承緒夫人。

[5]劉昶：人名。字休道，彭城（今江蘇徐州市）人。南朝宋宗室、北魏官吏。見《北史》卷二九《劉昶傳》。

[6]嫠（lí）居：寡居。

[7]懸瓠：城名。又作“懸壺城”。在今河南汝南縣。

[8]禱厭（yā）：以巫術祈求。

[9]貲（zī）：計量。

帝至洛，執問菩薩、雙蒙等，具得情狀。帝以疾卧含温室，[1]夜引后，并列菩薩等於户外。后臨入，令搜衣中，稱有寸刃便斬。后頓首泣謝，乃賜坐東楹，[2]去御筵二丈餘。孝文令菩薩等陳狀，又讓后曰："汝有祆術，[3]可具言之。"后乞屏左右，有所密狀。孝文敕中常侍悉出，唯令長秋卿白整在側，[4]取衛直刀拄之，后猶不言。孝文乃以綿堅塞整耳，自小語再三呼整，無所應，乃令后言。事隱，人莫知之。高祖乃唤彭城、北海二王令入坐，[5]言："昔是汝嫂，今便他人，但入勿避。"又曰："此老嫗欲白刃插我肋上，可窮問本末，勿有所難。"又云："馮家女不能復相廢逐，且使在宫中空坐，有心乃能自死，汝等勿謂吾猶有情也。"帝素至孝，猶以文明太后故，未行廢。二王出，乃賜后辭死訣，再拜稽首涕泣。及入宫後，帝命中官有問於后，后罵曰："我天子婦，當面對，豈令汝傳也！"帝怒，敕后母常入，[6]示與后狀，常撻之百餘乃止。

[1]含温室：宫室名。在今河南洛陽市。

[2]東楹：廳堂東側的柱子。

[3]汝有祆術：源氏校勘記云："'汝'下，《魏書》有'母'字。"按：今從中華本改。

[4]長秋卿：官名。漢景帝時置。負責宣達皇后旨意，領受皇帝命令，職位尊顯，爲管理後宫事務的最高官員。北魏時爲大長秋之尊稱。孝文帝太和十七年定爲從二品上，二十三年改爲從三品。

白整：人名。北魏宦官。見《魏書》卷九四《白整傳》。

[5]彭城北海二王：即彭城王元勰、北海王元詳。元勰，字彦和。北魏宗室、大臣。見《北史》卷一九《彭城王勰傳》。元詳，字季豫。北魏宗室。見《北史》卷一九《北海王詳傳》。北海，郡名。北魏時治平壽城，在今山東昌樂縣東南。

[6]敕：底本作"刺"，殿本、四庫本、局本、四部備要本作"敕"。中華本校勘記云："諸本'敕'訛作'刺'，《魏書》百衲本作'敕'是，今據改。"今從改。

帝尋南伐，后留京師，雖以罪失寵，而夫人嬪妾奉之如法。唯令世宗在東宫，[1]無朝謁之事。帝疾甚，謂彭城王勰曰："後宫久乖陰德，自絶於天，吾死後可賜自盡别宫，葬以后禮，庶掩馮門之大過。"帝崩，梓宫達魯陽，[2]乃行遺詔。北海王詳奉宣遺旨，長秋卿白整等入授后藥。后走呼，不肯引决，曰："官豈有此也！是此諸王輩殺我耳。"整等執持强之，乃含椒而盡。梓宫次洛南，咸陽王禧等知審死，[3]相視曰："若無遺詔，我兄弟亦當作計去之。豈可令失行婦人宰制天下，殺我輩也？"謚曰幽皇后，葬長陵塋内。[4]

[1]世宗：即北魏宣武帝元恪。世宗爲其廟號。

[2]魯陽：郡名。北魏時治北山縣，在今河南魯山縣。

[3]咸陽王：封爵名。咸陽，郡名。北魏時治池陽縣，在今陝西涇陽縣。　禧：即拓跋禧，人名。字思永。北魏宗室。見《北史》卷一九《咸陽王禧傳》。

[4]長陵：北魏孝文帝元宏之墓，在今河南洛陽市。

孝文文昭皇后高氏，[1]司徒公肇之妹也。[2]父颺，[3]母蓋氏，[4]凡四男三女，皆生於東裔。[5]孝文初，乃舉室西歸。近龍城鎮，[6]鎮表后德色婉豔。及至，文明太后親幸北部曹見后，[7]奇之，入掖庭，時年十三。初，后幼曾夢在堂内立，而日光自窗中照之，灼灼而熱，后東西避之，光猶斜照不已。如是數夕，怪之，以白其父颺。颺以問遼東人閔宗。宗曰："此奇徵也。昔有夢月入懷，猶生天子，况日照之徵！此女將被帝命，誕育人君之象也。"後生宣武及廣平王懷、長樂公主。[8]馮昭儀寵盛，密有母養帝心。后自代如洛陽，暴薨於汲郡之共縣，[9]或云昭儀所賊也。宣武之爲皇太子，二日一朝幽后，[10]后拊念慈愛有加。孝文出征，宣武入朝，必久留后宫，親視櫛沐，母道隆備。

[1]文昭皇后：《魏書》卷一三《孝文昭皇后高氏傳》作"昭皇后"。又據《文昭皇后高氏墓誌》，"皇太后高氏，諱照容，冀州勃海條人"，卒於北魏孝文帝太和二十年（參羅新、葉煒《新出魏晋南北朝墓誌疏證（修訂本）》，中華書局2016年版，第86—87頁）。按："條"應作"蓨"。高氏謚號文昭，今從底本。

[2]司徒公肇之妹也：宋本缺。司徒公，官名。司徒的尊稱。分掌宰相職能。北魏初曾令州郡公文先上司徒府，後改上丞相府。一品。肇，即高肇，人名。字首文，勃海蓨（今河北景縣）人。北魏外戚。見《北史》卷八〇《高肇傳》。

[3]颺：即高颺，人名。字法脩，勃海蓨（今河北景縣）人。北魏孝文帝時自高麗入魏。見《北史・高肇傳》。

[4]蓋氏：或作"袁氏"。據《高琨墓誌》："父颺，左光禄大夫、勃海郡開國公。母汝南袁氏。"（參羅新、葉煒《新出魏晋南

北朝墓誌疏證（修訂本）》，第71頁）

［5］東裔：指東方邊遠之地。此指高麗。

［6］近：源氏校勘記改“近”作“達”。按：《魏書》作“達”。據文意，似更合。　龍城鎮：地名。在今遼寧朝陽市。

［7］北部曹：宋本作“比部曹”。按：未詳孰是。

［8］宣武：即北魏皇帝元恪。宣武爲其謚號。　廣平王：封爵名。廣平，郡名。北魏時治曲梁城，在今河北永年縣東南。　懷：即元懷，人名。北魏宗室。見《北史》卷一九《廣平王懷傳》。　長樂公主：底本作“樂安公主”，源氏校勘記云：“‘樂安’《魏書》作‘長樂’。”中華本校勘記云：“諸本‘長樂’作‘樂安’，《魏書》《御覽》作‘長樂’。按本書卷八〇《高肇傳》，言肇兄子猛，‘尚長樂公主，即世宗同母妹也’。又見《高猛墓誌》。今據改。”今從改。另據《高猛夫人長樂公主墓誌銘》：“主諱瑛，高祖孝文皇帝之季女，世宗宣武皇帝之母妹……春秋年三十有七，孝昌元年十二月廿日，薨於洛陽之壽安里。”（參羅新、葉煒《新出魏晋南北朝墓誌疏證（修訂本）》，第114頁）

［9］汲郡：北魏時治枋頭，在今河南浚縣西南。　共縣：治所在今河南輝縣市東。

［10］二日：宋本、《魏書·孝文昭皇后高氏傳》作“三日”。按：未詳孰是。

其後有司奏請加號，[1]謚曰文昭貴人，孝文從之。宣武踐阼，追尊配饗。后先葬在長陵東南，陵制卑局，因就起山陵，號終寧陵，[2]置邑户五百家。明帝時，更上尊號太后，以同漢、晋之典，正姑婦之禮，廟號如舊文昭。[3]遷靈櫬於長陵兆内西北六十步。[4]初，開終寧陵數丈，於梓宫上獲大蛇，長丈餘，黑色，頭有王字，蟄而不動。靈櫬既遷，還置蛇舊處。

［1］加號：中華本校勘記云："《魏書》'加'下有'昭儀'二字，是。"

［2］終寧陵：北魏孝文帝文昭皇后高氏的陵墓，在今河南洛陽市。

［3］明帝時更上尊號太后以同漢晋之典正姑婦之禮：中華本校勘記云："按《魏書》載詔文云：'自終及始，太后當主，可上尊號太皇太后，以同漢、晋之典，正姑婦之禮。''太后'指靈太后，文昭皇后於靈太后爲姑，故云上尊號爲太皇太后，正姑婦之禮。此'太后'上當脱'太皇'二字。"明帝，即北魏皇帝元詡。明爲其謚號。

［4］靈櫬：指靈柩。

宣武順皇后于氏，太尉烈弟勁之女也。[1]宣武始親政事，烈時爲領軍，[2]總心膂之任。以嬪御未備，因左右諷諭，[3]稱后有容德，帝乃迎入爲貴人。時年十四，甚見寵愛，立爲皇后。后静默寬容，性不妬忌。生皇子昌，[4]三歲夭没。其後暴崩，宫禁事祕，莫能知悉，而世議歸咎于高夫人。葬永泰陵，謚曰順皇后。

［1］烈：即于烈，人名。代（今山西大同市東北）人，鮮卑族。北魏大將、官吏。見《北史》卷二三《于栗磾附于烈傳》。勁：即于勁，人名。字鍾葵，代（今山西大同市東北）人。北魏官吏。見《北史·于栗磾附于勁傳》。

［2］領軍：官名。漢獻帝設，統領禁衛軍，屬丞相府。魏晋南北朝時，資深者稱領軍將軍，資輕者稱中領軍，職掌同，多由中領軍遷領軍將軍，一般不並置。祇有北魏孝文帝太和十七年職員令中專設有領軍，二品中。

［3］因左右諷諭：底本無“因”字，中華本校勘記云：“諸本脱‘因’字，據《魏書》《御覽》補。”今從改。

［4］生皇子昌：底本作“生皇子”，中華本校勘記云：“諸本無‘昌’字。李慈銘云：‘按《魏書》作皇子昌，此脱“昌”字。’按《御覽》卷一四〇亦有‘昌’字，本書卷三《魏宣武紀》，正始元年正月‘皇子昌生’，永平元年三月‘皇子昌薨’，與《魏書》合。李説是，今據改。”今從改。

宣武皇后高氏，文昭皇后兄偃之女也。[1]宣武納爲貴嬪，[2]生皇子，早夭，又生建德公主。後拜爲皇后，甚見禮重。性妬忌，宫人希得進御。及明帝即位，上尊號曰皇太后。尋爲尼，居瑶光寺，非大節慶不入宫中。建德公主始五六歲，靈太后恒置左右，撫愛之。神龜元年，太后出覲母武邑君，[3]時天文有變，靈太后欲以當禍，是夜恒置左右，撫愛之，神龜元年，太后暴崩，天下冤之。喪還瑶光佛寺，殯葬皆以尼禮。[4]初，孝文幽后之寵也，欲專其愛，後宫接御，多見阻遏。孝文時言于近臣，稱婦人妬防，雖王者亦不能免，况士庶乎。宣武高后悍忌，嬪御有至帝崩不蒙侍接者。由是在洛二十餘年，皇子全育者唯明帝而已。[5]

［1］文昭皇后兄偃：底本作“文昭皇后弟優”，殿本、四庫本、《魏書》卷一三《宣武皇后高氏傳》作“文昭皇后弟偃”，中華本校勘記云：“各本‘偃’作‘優’，殿本從《魏書》改作‘偃’。按《御覽》亦作‘偃’。偃女爲后，又見本書卷八〇《高肇傳》。今從殿本。又諸本‘兄’作‘弟’。按《墓誌集釋·世宗后高英墓誌》云：‘文昭皇太后之兄女也。’據《高肇傳》，偃爲肇次兄，肇又爲

文昭皇后兄。此作‘弟’誤，今據《墓誌》改。”今從改。

[2]貴嬪：皇帝妃封號。

[3]靈太后恒置左右撫愛之神龜元年太后出覲母武邑君：底本無“恒置左右撫愛之神龜元年太后”十三字，中華本校勘記云：“諸本無‘靈太后’下十三字。李慈銘云：‘靈太后下脱“恒置左右，撫愛之，神龜元年，太后”十三字，當據《魏書》增。此因兩“太后”相涉而誤脱耳。偃妻封武邑郡君，見《魏書·外戚傳》。“出覲”者，由瑶光寺出也，故下云“還寺”。’按《御覽》亦有此十三字。《高英墓誌》云后死於神龜元年九月，與《魏書》合。李説是，今據補。”今從改。

[4]殯葬：底本作“殯”，中華本校勘記云：“諸本脱‘葬’字，據《魏書》補。《御覽》作‘葬殯’。”今從改。

[5]由是在洛二十餘年：中華本校勘記云：“《魏書》《御覽》‘洛’下有‘二世’二字。按‘二世’指孝文、宣武。自太和十八年孝文遷洛，至延昌四年宣武死，共二十一年。此脱‘二世’二字。”

宣武靈皇后胡氏，安定臨涇人，[1]司徒國珍女也。[2]母皇甫氏，産后之日，赤光四照。京兆山北縣有趙胡者，[3]善於卜相。國珍問之，胡云：“賢女有大貴之表，方爲天地母，生天地主，[4]勿過三人知也。”后姑爲尼，頗能講道。[5]宣武初，入講禁中，積歲，諷左右稱后有姿行。[6]帝聞之，乃召入掖庭，爲充華世婦。[7]而椒庭之中，以國舊制，相與祈祝，皆願生諸王、公主，不願生太子。唯后每稱：[8]“夫人等言，何緣畏一身之死而令皇家不育冢嫡也?”明帝在孕，同列猶以故事相恐，勸爲諸計。后固意確然，幽夜獨誓，但使所懷是男，次第當長子，子生，身死不辭。既誕明帝，進爲充華嬪。先是，宣武頻喪皇子，自以年長，深加慎護，爲擇乳保，皆取良家宜子者，養於别宮，皇后及充華皆莫得而撫視焉。

[1]安定：郡名。北魏時治安定縣，在今甘肅涇川縣北。　臨涇：縣名。治所在今甘肅鎮原縣東南。

[2]國珍：即胡國珍，人名。字世玉，安定臨涇（今甘肅鎮原縣東南）人。北魏外戚。見《北史》卷八〇《胡國珍傳》。

[3]京兆：郡名。北魏時治霸城縣，在今陝西西安市東北。　山北縣：治所在今陝西西安市東南。

[4]生天地主：底本作“生”，局本、中華本作“生天地主”。按：從文意來看，當從中華本，今改。

[5]頗能講道：底本作“頗能講”，局本、中華本作“頗能講道”。今從中華本改。

[6]稱后有姿行：底本作“后有姿行”，局本、中華本作“稱后有姿行”。按：從文意來看，當從中華本，今改。

[7]充華：《魏書》卷一三《宣武靈皇后胡氏傳》作“承華”。按：充華乃後宮女官名。承華指太子宮室或太子，與文意不符。今從底本。

[8]稱：宋本缺，四庫本、局本作“謂”。按：從底本。

及明帝踐阼，尊后爲皇太妃，後尊爲皇太后。臨朝聽政，猶曰殿下下令行事，[1]後改令稱詔，群臣上書曰陛下，自稱曰朕。太后以明帝沖幼，未堪親祭，欲傍《周禮》夫人與君交獻之義，代行祭禮。禮官博議以爲不可，[2]而太后欲以幃幔自鄣，觀三公行事。重問侍中崔光，[3]光便據漢和熹鄧后薦祭故事。[4]太后大悦，遂攝行初祀。太后性聰悟，多才藝。姑既爲尼，幼相依託，略得佛經大義。親覽萬機，手筆斷决。幸西林園法流堂，[5]命侍臣射，不能者罰之。又自射針孔，中之，大悦，賜左右布帛有差。先是，太后敕造申訟車，時御焉。出自雲龍大司馬門，[6]從宮西北，入自千秋門，[7]以納冤訟。又親策孝、秀、州郡計吏於朝堂。太后與明帝幸華林園，[8]宴群臣于都亭曲水，令王公以下賦七言詩。太后詩曰："化光造物含氣貞。"明帝詩曰："恭己無爲賴慈英。"王公以下賜帛有差。太后父薨，百僚表請公除，[9]太后不許。尋幸永寧寺，[10]觀建刹於九級之基，[11]僧尼士女赴者數萬人。及改葬文昭高后，太后不欲令明帝主事，乃自爲喪主。出至終寧陵，親奠遣事，還哭於太極殿，[12]至於訖事，皆自主焉。後幸嵩高山，[13]夫人、九嬪、公主以下從者數百人，[14]升于頂中。廢諸淫祀，而胡天神不在其例。[15]尋幸闕口温水，[16]登雞頭山，[17]自射象牙簪，一發中之，敕示文武。

[1]殿下下令行事：中華本校勘記云："'下令行事'四字，諸本無，《魏書》有，《通志》卷二〇作'下令施事'，《御覽》作'下令以行事'。按無此四字則'改令稱詔'無所承，今據《魏書》補。"今從改。

[2]禮官博議：《魏書》卷一三《宣武靈皇后胡氏傳》作"門下召禮官、博士議"。

[3]侍中：官名。北朝時常總典機密，受遺詔輔政，權任尤重，時號"小宰相"。北魏初置四員，孝文帝太和十七年定爲從一品中。

崔光：人名。本名孝伯，字長仁，孝文帝賜名光，東清河鄃（今山東淄博市）人。北魏大臣。見《北史》卷四四《崔光傳》。

[4]和熹鄧后：漢和帝的皇后鄧綏，謚曰熹。見《後漢書》卷一〇上《和熹鄧皇后紀》。

[5]西林園：園名。在今河南洛陽市。

[6]雲龍大司馬門：爲宮城南門之一。

[7]千秋門：爲宮城西門之一。

[8]華林園：宮苑名。在今河南洛陽市魏洛陽故城内。

[9]公除：帝王身負國事之重，因公權宜而除喪服。

[10]永寧寺：在今河南洛陽市。

[11]覲：《魏書·宣武靈皇后胡氏傳》作"親"，源氏校勘記云："'覲'《魏書》作'親'。"按：從文意來看，當從底本。

[12]太極殿：位於北魏洛陽城南宮中軸綫的南部，爲皇帝登基和處理政務的地方。

[13]嵩高山：又名外方山，即今河南登封市北嵩山。

[14]公主：底本作"公王"，毛本、殿本、四庫本、局本、四部備要本、中華本作"公主"。按：字形相近而訛，底本誤，今從諸本改。

[15]胡天神：神名。拜火教信奉的神。

[16]闕口：地名。俗名龍門，在今河南洛陽市北四十里。

[17]雞頭山：在今河南魯山縣。

時太后逼幸清河王懌，[1]淫亂肆情，爲天下所惡。領軍元叉、長秋卿劉騰等奉明帝於顯陽殿，[2]幽太后於北宮，於禁中殺懌。其後太后從子都統僧敬與備身左右張車渠等數十人謀殺叉，[3]復奉太后臨朝。事不克，僧敬坐徙邊，車渠等死，胡氏多免黜。後明帝朝太后於西林園，宴文武侍臣，飲至日夕，叉乃起至太后前自陳，外云太后欲害己及騰。太后答云："無此語。"遂至于極昏。太后乃起執明帝手下堂，言："母子不聚久，今暮共一宿，諸大臣送我入。"太后與帝向東北小閤，左衛將軍奚康生謀殺叉不果。[4]

[1]清河王：封爵名。清河，郡名。北魏時治清河縣，在今山東臨清市東北。　懌：即元懌，人名。字宣仁。北魏宗室。見《北史》卷一九《清河王懌傳》。

[2]元叉：人名。字伯儁，小字夜叉。北魏宗室、大臣。曾權傾一時。見《北史》卷一六《京兆王黎附元叉傳》。　劉騰：人名。字青龍，平原城（今山東平原縣）人。北魏宦官。見《北史》卷九二《劉騰傳》。　顯陽殿：位於南宫的中軸綫上，爲北魏統治者進行禮儀教化的地方。

[3]都統：官名。統率禁衛軍羽林郎。　僧敬：即胡虔，人名。字僧敬。北魏官吏。見《北史》卷八〇《胡國珍傳》。　備身左右：官名。北魏置，皇帝之禁衛人員，掌宿衛侍從。

[4]左衛將軍：官名。負責宫禁宿衛。北魏孝文帝太和十七年定爲從二品下，二十三年改爲三品。孝明帝正光元年（520）改爲員二人。　奚康生：人名。本姓達奚，河南洛陽（今河南洛陽市）人。北魏將領、官吏。見《北史》卷三七《奚康生傳》。

自劉騰死，叉又寬怠，太后與明帝及高陽王雍爲計，[1]解叉領軍。太后復臨朝，大赦改元。自是朝政疏緩，威恩不立，天下牧守，所在貪惏。[2]鄭儼汙亂宫掖，[3]勢傾海内，李神軌、徐紇並見親侍，[4]一二年中，位總禁要。手握王爵，輕重在心，宣謡於朝，爲四方之所穢。文武解體，所在亂逆，土崩魚爛，由於此矣。僧敬又因聚集親族，遂涕泣諫曰："陛下母儀海内，豈宜輕脱如此！"太后大怒，[5]自是不召僧敬。

[1]高陽王：封爵名。高陽，郡名。北魏時治高陽縣，在今河北高陽縣東舊城。　雍：即元雍，人名。字思穆。北魏宗室、大臣。見《北史》卷一九《高陽王雍傳》。

[2]貪惏（lán）：貪婪。

[3]鄭儼：人名。字季然，滎陽開封（今河南開封市南）人。北魏官吏。爲胡太后所寵愛。見《北史》卷三五《鄭羲附鄭儼傳》。

[4]李神軌：人名。頓丘（今河南清豐縣西南）人。北魏官吏。見《北史》卷四三《李崇附李神軌傳》。　徐紇：人名。字武伯，樂安博昌（今山東博興縣東南）人。北魏大臣。見《北史》卷九二《徐紇傳》。

[5]太后大怒：四庫本、局本、《魏書》卷一三《宣武靈皇后胡氏傳》作"后大怒"，中華本校勘記云："諸本脱'太后'二字，據《通志》卷二〇補。《魏書》作'后'一字。"按：今從中華本改。

内爲朋黨，防蔽耳目，明帝所親幸者，太后多以事害焉。有蜜多道人，[1]能胡語，帝置於左右。太后慮其傳致消息，三月三日，於城南大巷中殺之，方懸賞募賊。又於禁中殺領左右、鴻臚少卿谷會、紹達，[2]並帝所親也。母子之間，嫌隙屢起。鄭儼慮禍，乃與太后計，因潘嬪生女，妄言皇子，便大赦，改年爲武泰元年，[3]復陰行鴆毒。其年二月，明帝暴崩，乃奉潘嬪女，言太子即位。經數日，見人心已安，始言潘嬪本實生女，今宜更擇嗣君，遂立臨洮王子釗爲主，[4]年始二、三歲，[5]天下愕然。

[1]蜜多道人：毛本、殿本、四庫本、局本、四部備要本作“密多道人”。

[2]領左右：領左右府屬員。領左右府，掌宿衛。　鴻臚少卿：官名。亦稱鴻臚寺少卿。爲鴻臚寺次官，掌少數民族賓客接待、朝會及吉凶禮儀，兼管佛教、祆教寺廟，領典客、典寺、司儀等署。四品上。　紹達：即谷士恢，人名。字紹達，昌黎（今遼寧朝陽市）人。北魏官吏。見《北史》卷二七《谷渾附谷士恢傳》。

[3]改年爲武泰元年：底本作“爲武泰元年”，中華本校勘記云：“諸本無‘改年’二字。《魏書》作‘便大赦改年’，無‘爲武泰元年’五字。按‘改年’二字不可少。今據《魏書》補。”今從改。

[4]臨洮王：封爵名。臨洮，郡名。北魏時治龍城縣，在今甘肅卓尼縣新堡附近。　釗：即元釗，人名。北魏宗室，幼主。

[5]二三歲：四庫本、局本、《魏書》卷一三《宣武靈皇后胡氏傳》作“三歲”。

及尒朱榮稱兵度河，[1]太后盡召明帝六宮，皆令入道，太后亦自落髮。榮遣騎拘送太后及幼主於河陰。[2]太后對榮多所陳説，榮拂衣而起。太后及幼主並沈於河。太后妹馮翊君收瘞於雙靈寺。[3]武帝時，[4]始葬以后禮，而追加謚曰靈。

[1]尒朱榮：人名。字天寶，北秀容（今山西朔州市）人，契胡族。北魏大臣。見《北史》卷四八《尒朱榮傳》。

[2]河陰：縣名。治所在今河南孟津縣東。

[3]雙靈寺：在今河南洛陽市。

[4]武帝：源氏校勘記在"武"旁紅筆小字夾批"孝武"。孝武，即北魏皇帝元脩。孝武爲其謚號。

孝明皇后胡氏，靈太后從兄冀州刺史盛之女。[1]靈太后欲榮重門族，故立爲皇后。明帝頗有酒德，專嬖充華潘氏，[2]后及嬪御並無過寵。太后爲帝選納，抑屈人流。時博陵崔孝芬、范陽盧道約、隴西李瓚等女，[3]俱爲世婦。諸人訴訟，[4]咸見忿責。武泰初，[5]后既入道，遂居於瑶光寺。

[1]冀州：北魏時治信都縣，在今河北冀州市。

[2]嬖（bì）：寵幸。

[3]博陵：郡名。北魏時治魯口城，在今河北饒陽縣。　崔孝芬：人名。字恭梓，博陵安平（今河北安平縣）人。見《北史》卷三二《崔挺附崔孝芬傳》。　范陽：郡名。北魏時治涿縣，在今河北涿州市。　隴西：郡名。北魏時治襄武縣，在今甘肅隴西縣東南。

[4]諸人：底本作"人"，毛本、殿本、四庫本、局本、四部備要本、中華本作"諸人"。今從諸本補。

[5]武泰：北魏孝明帝的年號（528）。

孝武皇后高氏，齊神武長女也。帝見立，乃納爲后。及帝西幸關中，降爲彭城王韶妃。[1]

[1]韶：即元韶，人名。字世冑。北魏宗室。見《北史》卷一

九《彭城王勰附元韶傳》。

文帝文皇后乙弗氏，河南洛陽人也。[1]其先世爲吐谷渾渠帥，[2]居青海，[3]號青海王。涼州平，后之高祖莫瓌擁部落入附，[4]拜定州刺史，封西平公。[5]自莫瓌後，三世尚公主，女乃多爲王妃，甚見貴重。父瑗，[6]儀同三司、西兖州刺史。[7]母淮陽長公主，[8]孝文之第四女也。后美容儀，少言笑，年數歲，父母異之，指示諸親曰："生女何妨也。若此者，實勝男。"年十六，文帝納爲妃。及帝即位，以大統元年册爲皇后。[9]后性好節儉，蔬食故衣，珠玉羅綺絶於服玩。又仁恕不爲嫉妬之心，帝益重之。生男女十二人，多早夭，唯太子及武都王戊存焉。[10]

[1]河南：郡名。北魏時治洛陽縣，在今河南洛陽市東北。

[2]吐谷（yù）渾：族名。又稱吐渾、退渾。原爲鮮卑族慕容部的一支，先祖游牧於徒河青山（今遼寧義縣東）。西晋時，遷徙於今甘肅、青海一帶。十六國時，先後受到前涼、西秦等追逐，幾乎亡國。後再度崛起，北魏太武帝時達到最强盛。在北魏打擊下，一度退到今新疆一帶。以游牧爲生。見《北史》卷九六《吐谷渾傳》。

[3]青海：湖名。在今青海東北部。

[4]莫瓌：人名。即乙瓌。代（今山西大同市東北）人。見《北史》卷二五《乙瓌傳》。

[5]西平公：封爵名。西平，郡名。北魏時治西都縣，在今青海西寧市。

[6]瑗：即乙瑗，人名。字雅珍，代（今山西大同市東北）

人。北魏官吏。見《北史》卷二五《乙瓌附乙瑗傳》。

[7]儀同三司：初謂非三公而儀制待遇同於三公。魏晋時，授予開府位從三公之文武官，南北朝時授予範圍不斷擴大，逐漸成爲官號。北魏孝文帝太和十七年定爲一品下，二十三年以後改爲從一品，位開府上。　西兖州：北魏時治定陶，在今山東定陶縣西。底本作“兖州”，中華本校勘記云：“按本書卷二五《乙瓌（即莫瓌）傳》，孫瑗‘累遷西兖州刺史，天平元年，舉兵應樊子鵠，戰敗死’。據《魏書》卷十二《孝静紀》（天平元年）及卷八〇《樊子鵠傳》，子鵠起兵時，官兖州刺史，則乙瑗當是西兖州。兖州治瑕丘，西兖州治定陶，二州相去不遠，故乙瑗得舉兵應樊子鵠。此當脱‘西’字。”今從改。

[8]淮陽長公主：封號。淮陽，郡名。北魏時治角城，在今江蘇淮安市西古泗水西岸。

[9]大統：西魏文帝的年號（535—551）。

[10]武都王：封爵名。武都，郡名。西魏時治石門縣，在今甘肅隴南市武都區東南。

時新都關中，務欲東討，蠕蠕寇邊，未遑北伐，故帝結婚以撫之。於是更納悼后，命后遜居别宫，出家爲尼。悼后猶懷猜忌，復徙后居秦州，[1]依子秦州刺史武都王。帝雖限大計，恩好不忘，後密令養髮，有追還之意。然事祕禁，外無知者。

[1]秦州：西魏時治上邽縣，在今甘肅天水市。

六年春，蠕蠕舉國度河，前驅已過夏，頗有言虜爲悼后之故興此役。帝曰：“豈有百萬之衆爲一女子舉也？

雖然，致此物論，朕亦何顔以見將帥邪！”乃遣中常侍曹寵賫手敕令后自盡。[1]后奉敕，揮淚謂寵曰：“願至尊享千萬歲，天下康寧，死無恨也。”因命武都王前，與之决。遺語皇太子，辭皆悽愴，因慟哭久之。侍御咸垂涕失聲，莫能仰視。召僧設供，令侍婢數十人出家，手爲落髮。事畢，乃入室，引被自覆而崩，年三十一。鑿麥積崖爲龕而葬，[2]神柩將入，有二叢雲先入龕中，頃之一滅一出，後號寂陵。[3]及文帝山陵畢，手書云“萬歲後欲令后配饗”。公卿乃議追謚曰文皇后，祔於太廟。廢帝時，[4]合葬於永陵。[5]

[1]賫（jī）：帶著。

[2]麥積崖：山名。亦作“麥積山”。在今甘肅天水市東南。

[3]寂陵：在今甘肅天水市。

[4]廢帝：即西魏皇帝元欽。

[5]永陵：在今陝西富平縣劉集。

文帝悼皇后郁久閭氏，蠕蠕主阿那瓌之長女也。[1]容貌端嚴，夙有成智。大統初，蠕蠕屢犯北邊，文帝乃與約，通好結婚，扶風王孚受使奉迎。[2]蠕蠕俗以東爲貴，后之來，營幕户席，一皆東向。車七百乘，馬萬疋，駝千頭。[3]到黑鹽池，[4]魏朝鹵簿文物始至。[5]孚奏請正南面，后曰：“我未見魏主，[6]故蠕蠕女也。魏仗向南，我自東面。”孚無以辭。

[1]阿那瓌：人名。北魏時柔然可汗。見《北史》卷九八《蠕

蠕傳》。四庫本作“阿那懷”。按：四庫本誤，從底本。

[2]扶風王：封爵名。扶風，郡名。西魏時治好畤縣，在今陝西乾縣東。　孚：即元孚，人名。字秀和。北魏宗室。見《北史》卷一六《臨淮王譚附元孚傳》。

[3]千頭：四庫本作“十頭”。按：四庫本誤，從底本。

[4]黑鹽池：在今陝西定邊縣西北。

[5]鹵簿：帝王出行時扈從的儀仗隊。鹵，即櫓，甲楯之別名。凡兵衛以甲楯居外爲前導，捍蔽其前後，皆著之簿籍，故名鹵簿。

[6]我未見魏主：底本作“我見魏主”，四庫本作“我未見魏主”，中華本校勘記云：“諸本脱‘未’字，據《通志》、《御覽》、《通鑑》卷一五八補。”今從改。

四年正月，至京師，立爲皇后，時年十四。六年，后懷孕將產，居於瑶華殿，[1]聞上有狗吠聲，[2]心甚惡之。又見婦人盛飾來至后所，后謂左右：“此爲何人?”醫巫傍侍，悉無見者，時以爲文后之靈。產訖而崩，年十六，葬於少陵原。[3]十七年，合葬永陵。當會横橋北，后梓宫先至鹿苑，[4]帝轀輬後來，[5]將就次所，軌折不進。[6]

[1]瑶華殿：在今陝西西安市。

[2]聞：毛本、殿本、局本、四部備要本作“閭”。按：從文意來看，當從底本。

[3]少陵原：地名。在今陝西西安市。

[4]鹿苑：林苑名。在今陝西西安市。

[5]轀輬：喪車。

[6]軌折不進：宋本作“軸折不進”。中華本校勘記云：“宋本及《通志》《御覽》‘軌’作‘軸’，疑是。”

廢帝皇后宇文氏，[1]周文帝女也。后初産之日，有雲氣滿室，芬氳久之。幼有風神，好陳列女圖，置之左右。周文曰："每見此女，良慰人意。"廢帝之爲太子，納爲妃。及即位，立爲皇后。志操明秀，帝深重之，專寵後宮，不置嬪御。帝既廢崩，后亦以忠於魏室罹禍。

［1］廢帝：宋本作"少帝"。

恭帝皇后若干氏，[1]司空長樂正公惠之女也。[2]有容色，恭帝納之爲妃。及即位，立爲皇后。後出家爲尼，在佛寺薨，竟無謚。

［1］恭帝：即西魏皇帝元廓。恭爲其謚號。

［2］司空：官名。三公之一。魏晋南北朝時爲名譽宰相，多爲大臣加官。北魏時爲正一品。　長樂正公：中華本校勘記云："張森楷云：'案《周書·若干惠傳》，封長樂郡公，卒謚"武烈"，不云"正"，"正"字疑誤。'"　惠：即若干惠，人名。字惠保，代郡武川（今内蒙古武川縣西）人。西魏、北周將領。見《北史》卷六五《若干惠傳》、《周書》卷一七《若干惠傳》。

孝静皇后高氏，[1]齊神武之第二女也。天平四年，[2]詔娉以爲皇后，神武前後固辭，帝不許。興和初，[3]詔司徒孫騰、司空襄城王旭等奉詔致禮，[4]以后駕迎於晋陽之丞相第。[5]五月，立爲皇后，大赦。齊受禪，降爲中山王妃。[6]後降于尚書左僕射楊遵彦。[7]

[1]孝静：即東魏皇帝元善見。孝静爲其謚號。

[2]天平：東魏孝静帝的年號（534—537）。

[3]興和：東魏孝静帝的年號（539—542）。

[4]孫騰：人名。字龍雀，咸陽石安（今陝西咸陽市東北）人。東魏大臣。見《北史》卷五四《孫騰傳》。　旭：即元旭，人名。字顯和。北魏宗室。見《魏書》卷一九下《城陽王長壽傳》。底本作“昶”，中華本校勘記云：“諸本‘旭’作‘昶’，《魏書》《御覽》作‘旭’。按襄城王旭見《魏書》卷一九下《城陽王長壽傳》。旭爲司空，見本書卷五《孝静紀》天平二年九月。作‘昶’誤，今據改。”今從改。

[5]晋陽：縣名。治所在今山西太原市晋源區古城營村一帶。

[6]中山王：封爵名。中山，郡名。北齊時治盧奴縣，在今河北定州市。

[7]尚書左僕射：官名。職掌都省庶務及執法，或典選舉，左僕射權力大於右僕射，兼掌糾彈百官。北魏孝文帝太和十七年定爲從一品中，二十三年改爲從二品。北齊沿置。　楊遵彦：人名。即楊愔。字遵彦，小名秦王，弘農華陰（今陝西華陰市東南）人。東魏、北齊官吏。見《北史》卷四一《楊播附楊愔傳》。

北史　卷一四

列傳第二

后妃下

齊武明皇后婁氏　蠕蠕公主郁久閭氏　彭城太妃尒朱氏 小尒朱氏　上黨太妃韓氏　馮翊太妃鄭氏　高陽太妃游氏 馮娘 李娘　文襄敬皇后元氏 琅邪公主　文宣皇后李氏 段昭儀 王嬪 薛嬪　孝昭皇后元氏　武成皇后胡氏 弘德李夫人　後主皇后斛律氏　後主皇后胡氏　後主皇后穆氏 馮淑妃　周文皇后元氏　文宣皇后叱奴氏　孝閔皇后元氏　明敬皇后獨孤氏　武成皇后阿史那氏　武皇后李氏　宣皇后楊氏　宣皇后朱氏　宣皇后陳氏　宣皇后元氏　宣皇后尉遲氏　静皇后司馬氏　隋文獻皇后獨孤氏　宣華夫人陳氏　容華夫人蔡氏　煬愍皇后蕭氏

齊武明皇后婁氏，諱昭君，贈司徒内干之女也。[1]少明悟，强族多娉之，並不肯行。及見神武城上執役，[2]驚曰："此真吾夫也。"乃使婢通意，又數致私財，使以娉己，父母不得已而許焉。神武既有澄清之志，傾産以結英豪，密謀祕策，后恒參預。及拜勃海王妃，[3]閫闈之事悉决焉。[4]

[1]司徒：官名。與太尉、司空並稱三公，分掌宰相職能。北魏初曾令州郡公文先上司徒府，後改上丞相府。一品。　内干：人名。代郡平城（今山西大同市東北）人。見《北史》卷五四《婁昭傳》。毛本、殿本作“内千”，誤。

[2]神武：即高歡。神武爲其謚號，北齊後主所追謚。

[3]勃海王：封爵名。指高歡。勃海，郡名。北魏時屬冀州，初治南皮縣，在今河北南皮縣東北，後移治東光縣，在今河北東光縣。

[4]閫（kǔn）闈（wéi）：婦女所居内室。多指内宫。

后高明嚴斷，雅遵儉約，往來外舍，侍從不過十人。性寬厚，不妒忌，神武姬侍咸加恩待。神武嘗將西討出師，后夜孿生一男一女，左右以危急，請追告神武。后弗聽，曰：“王出統大兵，何得以我故輕離軍幕？死生，命也。來復何爲。”神武聞之，嗟嘆良久。沙苑敗後，[1]侯景屢言請精騎二萬，[2]必能取之。神武悦，以告於后。后曰：“若如其言，豈有還理？得獺失景，[3]亦有何利。”乃止。神武逼於蠕蠕，[4]欲娶其女而未决。后曰：“國家大計，願不疑也。”及蠕蠕公主至，[5]后避正室處之，神武愧而拜謝焉，曰：“彼將有覺，願絶勿顧。”慈愛諸子，不異己出，躬自紡績，人賜一袍一褲。手縫戎服，以帥左右。弟昭以功名自達，[6]其餘親屬，未嘗爲請爵位。每言有材當用，義不以私亂公。

[1]沙苑：地名。又名沙阜、沙海、沙窩。在今陝西大荔縣南洛、渭二河之間，東西八十里，南北三十里。此處指沙苑之戰。西魏文帝大統三年（537），以高歡爲首的東魏軍隊與以宇文泰爲首的西魏軍隊進行的第二次大戰。

[2]侯景：人名。字萬景，懷朔鎮（今内蒙古固陽縣南）人。曾任北魏官吏，後叛至南朝（參李萬生《侯景的氏族及相關問題》，《北京大學學報》2000 年第 5 期）。

[3]獺：人名。即宇文泰，字黑獺。

[4]蠕蠕：亦稱柔然，本爲東胡的一支，屬拓跋部。南北朝時始强大，活動於今蒙古草原南部地區。以游牧爲生。見《北史》卷九八《蠕蠕傳》。

[5]蠕蠕公主：底本作“茹茹公主”，中華本校勘記云：“諸本作‘茹茹’。錢氏《考異》云：‘上文即云神武逼于蠕蠕，欲娶其女，此後仍書蠕蠕公主，一卷之中，不相檢照。’按此《北史》改《北齊書》未盡，今改歸一致。”今從改。

[6]昭：即婁昭，人名。字菩薩，代郡平城（今山西大同市東北）人。東魏大臣。北魏末跟隨高歡，深受高歡信重。見《北史》卷五四《婁昭傳》。

文襄嗣位，[1]進爲太妃。[2]文宣將受魏禪，[3]后固執不許，帝所以中止。天保初，[4]尊爲皇太后，宮曰宣訓。濟南即位，[5]尊爲太皇太后。尚書令楊愔等受遺詔輔政，[6]疏忌諸王。太皇太后密與孝昭及諸大將定策誅之，[7]下令廢立。孝昭即位，復爲皇太后。孝昭崩，太后又下詔立武成帝。[8]大寧二年春，[9]太后寢疾，衣忽自舉，用巫媪言，[10]改姓石氏。四月辛丑，崩於北宫，時年六十二。五月甲申，合葬義平陵。[11]

[1]文襄：即高澄。文襄爲其謚號，北齊文宣帝所追謚。

[2]太妃：繼位者尊封前朝嬪妃的位號。

[3]文宣：即北齊皇帝高洋。文宣爲其謚號。

[4]天保：北齊文宣帝的年號（550—559）。

[5]濟南：指濟南王高殷。濟南，郡名。北齊時治歷城縣，在今山東濟南市。

[6]尚書令：官名。北魏初不常置，亦不掌實際政務，孝文帝改制後，尚書省權任頗重，以録尚書事爲長官，尚書令爲副貳，兼掌監察百官，皆爲宰相。孝文帝太和十七年（493）定爲從一品上，二十三年定爲二品。北齊因之。　楊愔：人名。字遵彦，弘農華陰（今陝西華陰市東南）人。東魏、北齊官吏。見《北史》卷四一《楊播附楊愔傳》。

[7]孝昭：即北齊皇帝高演。孝昭爲其謚號。

[8]武成帝：即北齊皇帝高湛。武成爲其謚號。

[9]大寧：北齊武成帝的年號（561—562）。

[10]巫媪：巫女。

[11]義平陵：高歡的陵墓，在今河北臨漳縣西南。

太后凡孕六男二女，皆感夢。孕文襄則夢一斷龍；孕文宣則夢大龍，首尾屬天地，張口動目，勢狀驚人；孕孝昭則夢蠕龍於地；孕武成則夢龍浴於海；孕魏二后，[1]並夢月入懷；孕襄城、博陵二王，[2]夢鼠入衣下。后未崩，有童謡曰：“九龍母死不作孝。”及后崩，武成不改服，緋袍如故。未幾，登三臺，[3]置酒作樂，宫女進白袍，帝怒，投諸臺下。和士開請止樂，[4]帝大怒，撾之。帝於昆季，次實九，蓋其徵驗也。

[1]魏二后：指永熙皇后與太原長公主。永熙皇后，高歡長女，北魏孝武帝皇后，再嫁元韶。太原長公主，高歡第二女，東魏孝静帝皇后，再嫁楊愔。

[2]襄城：指襄城王高淯。襄城，郡名。北齊時治武陽縣，在今河南西平縣西南。　博陵：指博陵王高濟。博陵，郡名。北齊時治魯口城，在今河北饒陽縣。

[3]三臺：曹魏築銅雀臺、冰井臺、金虎臺三臺，北齊時增築。在今河北臨漳縣西南。

[4]和士開：人名。字彦通，清都臨漳（今河北臨漳縣西南）人。北齊佞臣。見《北史》卷九二《和士開傳》。

蠕蠕公主者，蠕蠕主郁久閭阿那瓌女也。[1]蠕蠕强盛，與西魏通和，欲連兵東伐。神武病之，令杜弼使蠕蠕，[2]爲世子求婚。阿那瓌曰："高王自娶則可。"神武猶豫，尉景與武明皇后及文襄並勸請，[3]乃從之。武定三年，[4]使慕容儼往娉之，[5]號曰蠕蠕公主。八月，神武迎於下館，[6]阿那瓌使其弟秃突佳來送女，且報聘，仍戒曰："待見外孫，然後返國。"公主性嚴毅，一生不肯華言。神武嘗有病，不得往公主所，秃突佳怨恚，神武自射堂輿疾就公主。[7]其見將護如此。神武崩，文襄從蠕蠕國法，蒸公主，[8]産一女焉。

[1]蠕蠕公主者：據高歡妻閭氏墓誌載"夫人姓閭，茹茹主第二女也"，先嫁高歡，後由高澄收繼，産下一女（參葉煒、劉秀峰

《墨香閣藏北朝墓誌》，上海古籍出版社 2016 年版，第 70—71 頁）。

郁久閭阿那瓌：人名。北魏時柔然可汗。見《北史》卷九八《蠕蠕傳》。

[2]杜弼：人名。字輔玄，中山曲陽（今河北曲陽縣）人。東魏、北齊將領。見《北史》卷五五《杜弼傳》。

[3]尉景：人名。字士真，善無（今山西右玉縣東南）人。東魏、北齊將領。見《北史》卷五四《尉景傳》。

[4]武定：東魏孝静帝的年號（543—550）。

[5]慕容儼：人名。字恃德，清都（今河北臨漳縣西南鄴鎮）人，鮮卑族。東魏、北齊將領。見《北史》卷五三《慕容儼傳》。

[6]下館：地名。確址待考。疑在今山西陽曲縣境，又説在今山西朔州市、代縣境。

[7]射堂：練習射箭的場所。

[8]蒸：上淫曰蒸，此指續娶。

彭城太妃尒朱氏，[1]榮之女，[2]魏孝莊后也。[3]神武納爲别室，[4]敬重踰於婁妃，見必束帶，自稱下官。神武迎蠕蠕公主還，尒朱氏迎於木井北，[5]與蠕蠕公主前後别行，不相見。公主引角弓仰射翔鴟，[6]應弦而落；妃引長弓斜射飛鳥，亦一發而中。神武喜曰："我此二婦，並堪擊賊。"後爲尼，神武爲起佛寺。天保初，爲太妃。及文宣狂酒，將無禮於太妃。太妃不從，遂遇禍。

[1]彭城太妃：封號。彭城，郡名。北魏時治彭城縣，在今江蘇徐州市。

[2]榮：即尒朱榮，人名。北秀容（今山西朔州市）人，契胡

族。北魏大臣。見《北史》卷四八《尒朱榮傳》。

[3]孝莊：即北魏皇帝元子攸。孝莊爲其謚號。

[4]别室：側室，借指妾。

[5]木井：地名。在今河北涉縣木井鄉。

[6]鴟：鷂鷹。

小尒朱者，兆之女也。[1]初爲建明皇后。[2]神武納之，生任城王。[3]未幾，與趙郡公琛私通，[4]徙於靈州。[5]後適范陽盧景璋。[6]

[1]兆：即尒朱兆，人名。字萬仁，北秀容（今山西朔州市）人，契胡族。北魏將領。見《北史》卷四八《尒朱榮附尒朱兆傳》。

[2]建明：指北魏皇帝元曄。孝莊帝永安三年（530）十月，元曄被尒朱兆與尒朱世隆擁立爲帝，年號建明。

[3]任城王：指高湝。見《北史》卷五一《任城王湝傳》。

[4]趙郡公：封爵名。趙郡，東魏時治平棘縣，在今河北趙縣。琛：即高琛，人名。字永寶（一作"元寶"），勃海蓨（今河北景縣）人。高歡弟，東魏大臣。見《北史》卷五一《趙郡王琛傳》。

[5]靈州：東魏時寄治汾州隰城縣，在今山西汾陽市。

[6]范陽：郡名。東魏時治涿縣，在今河北涿州市。

上黨太妃韓氏，[1]軌之妹也。[2]神武微時欲娉之，軌母不許。及神武貴，韓氏夫已死，乃納之。

[1]韓氏：據北齊上黨國太妃韓氏墓誌所記"太妃字智輝，昌黎棘城人"，北齊文宣帝天保元年"有詔爲上黨王國太妃"，二年

“薨於冀州之府舍，春秋卅八”（參王連龍《新見北朝墓誌集釋》，中國書籍出版社2015年版，第122—125頁）。

［2］軌：即韓軌，人名。字伯年（《北齊書》卷一五《韓軌傳》作“百年”），太安狄那（今山西壽陽縣西）人。東魏、北齊官吏。見《北史》卷五四《韓軌傳》。

馮翊太妃鄭氏，名大車，嚴祖妹也。[1]初爲魏廣平王妃。[2]遷鄴後，[3]神武納之，寵冠後庭，生馮翊王潤。[4]神武之征劉蠡升，[5]文襄蒸於大車。神武還，一婢告之，二婢爲證。神武杖文襄一百而幽之，武明后亦見隔絶。時彭城尒朱太妃有寵，[6]生王子澈，[7]神武將有廢立意。文襄求救於司馬子如。[8]子如來朝，僞爲不知者，請武明后。神武告其故。子如曰：“消難亦奸子如妾，[9]如此事，正可覆蓋。妃是王結髮婦，常以父母家財奉王。王在懷朔被杖，[10]背無完皮，妃晝夜供給看瘡。後避葛賊，[11]同走并州。[12]貧困，然馬屎，[13]自作靴，恩義何可忘？夫婦相宜，女配至尊，男承大業，又婁領軍勳，[14]何宜摇動？一女子如草芥，况婢言不必信。”神武因使子如鞫之。[15]子如見文襄，尤之曰：“男兒何意畏威自誣？”因教二婢反辭，[16]脅告者自縊。乃啓神武曰：“果虚言。”神武大悦，召后及文襄。武明后遥見神武，一步一叩頭，文襄且拜且進，父子夫妻相泣，乃如初。神武乃置酒曰：“全我父子者，司馬子如。”賜之黄金百三十斤，文襄贈良馬五十匹。

［1］嚴祖妹也：中華本校勘記云：“按本書卷三五《鄭羲傳》，

大車是嚴祖女，此誤。”

[2]廣平王：指元悌。北魏宗室。

[3]鄴：東魏之都，在今河北臨漳縣西南。

[4]潤：即高潤，人名。字子澤，勃海蓨（今河北景縣）人。北齊宗室，高歡第十四子。見《北史》卷五一《馮翊王潤傳》。

[5]劉蠡升：人名。稽胡人。東魏時山胡起義首領。北魏孝明帝孝昌年間起義，自稱天子，年號神嘉，居雲陽谷。東魏孝静帝天平二年（535），被高歡鎮壓。

[6]尒朱：宋本作“尒朱氏”。

[7]潋：即高潋，人名。字子深，勃海蓨（今河北景縣）人。北齊宗室，高歡第五子。見《北史》卷五一《彭城王潋傳》。

[8]司馬子如：人名。字遵業，河内温（今河南温縣）人。北魏、東魏、北齊官吏。見《北史》卷五四《司馬子如傳》。

[9]消難：即司馬消難，人名。字道融，河内温（今河南温縣）人，司馬子如之子。北齊、北周官吏。見《北史》卷五四《司馬子如附司馬消難傳》。

[10]懷朔：軍鎮名。北魏六鎮之一，在今内蒙古固陽縣百靈淖城圐圙古城。

[11]葛賊：即葛榮。北魏河北起義軍首領。孝明帝孝昌元年（525）起義。孝莊帝建義元年（528）八月，圍攻相州，戰敗，爲尒朱榮所捕。十月，送入京師，被殺。

[12]并州：北魏時治晋陽縣，在今山西太原市晋源區古城營村一帶。

[13]然：通“燃”。

[14]婁領軍：指婁昭。

[15]鞫（jū）：審問。

[16]因教：元大德本、毛本、殿本、四庫本、局本、四部備要本作“因告”。按：從文意來看，當從底本。

高陽太妃游氏，父京之，爲相州長史。[1]神武剋鄴，欲納之。京之不許，遂牽曳。取之，京之尋死。游氏於諸太妃中最有德訓，諸王、公主婚嫁，常令主之。

[1]相州：北魏時治鄴城，在今河北臨漳縣西南鄴鎮。　長史：官名。掌顧問參謀。

馮娘者，子昂妹也，初爲魏任城王妃，[1]適尒朱世隆。[2]神武納之，生浮陽公主。李娘者，延寔從妹也，[3]初爲魏城陽王妃。[4]又王娘生永安王浚，[5]穆娘生平陽王淹。[6]並早卒，不爲太妃。

[1]任城王：指北魏任城王元澄。字道鏡。北魏宗室。見《北史》卷一八《任城王雲附元澄傳》。

[2]尒朱世隆：人名。字榮宗，北秀容（今山西朔州市）人，契胡族。北魏官吏。見《北史》卷四八《尒朱榮附尒朱世隆傳》。

[3]延寔從妹也：中華本校勘記云："張森楷云：'按《魏書》（卷一九下）《城陽王徽傳》，徽後妻李氏，孝莊帝以其爲舅女，特親任徽，即此李娘也。然延寔是莊帝舅，李娘是莊帝舅女，即不得爲延寔從妹也。"妹"字疑誤。'"延寔，即李延寔，人名。字禧，隴西狄道（今甘肅臨洮縣）人。北魏官吏。見《北史》卷一〇〇《涼武昭王李暠附李延寔傳》。

[4]城陽王：指北魏城陽王元徽。字顯順。北魏宗室。見《北史》卷一八《城陽王長壽附元徽傳》。

[5]永安王：封爵名。永安，郡名。北齊時治永安縣，在今山西霍州市。　浚：即高浚，人名。字定樂，勃海蓨（今河北景縣）人。北齊宗室，高歡第三子。見《北史》卷五一《永安王浚傳》。

［6］平陽王：封爵名。平陽，郡名。北齊時治平陽縣，在今山西臨汾市西南。底本作"陽平王"，中華本校勘記云："諸本'平陽'倒作'陽平'，據本書卷五一《齊宗室諸王》上《神武諸子傳》乙。"今從改。　淹：即高淹，人名。字子邃，勃海蓨（今河北景縣）人。北齊宗室，高歡第四子。見《北史》卷五一《平陽王淹傳》。

文襄敬皇后元氏，魏孝静帝之姊也。[1]孝武帝時，[2]封馮翊公主，而歸於文襄。容德兼美，曲盡和敬。初生河間王孝琬，[3]時文襄爲世子，三日而孝静幸世子第，贈錦彩及布帛萬匹。世子辭，求通受諸貴禮遺，於是十屋皆滿。次生兩公主。

［1］孝静帝：即東魏皇帝元善見。孝静爲其謚號。　姊：元大德本、毛本、殿本、四庫本、局本、四部備要本作"妹"。

［2］孝武帝：即北魏皇帝元脩。孝武爲其謚號。

［3］河間王：封爵名。河間，郡名。北齊時治河間縣，在今河北河間市。　孝琬：即高孝琬，人名。勃海蓨（今河北景縣）人。北齊宗室，文襄帝第三子。見《北史》卷五二《河間王孝琬傳》。

文宣受禪，尊爲文襄皇后，居静德宫。[1]及天保六年，文宣漸致昏狂，乃移居於高陽之宅而取其府庫，[2]曰："吾兄昔奸我婦，我今須報。"乃淫於后。其高氏女婦，無親疏皆使左右亂交之於前。以葛爲絙，[3]令魏安德主騎上，[4]使人推引之。又命胡人苦辱之。帝又自呈露，以示群下。武平中，[5]后崩，祔葬義平陵。[6]

[1]静德宫：爲皇后寢宫，在今河北臨漳縣西南。

[2]高陽：指高陽王元斌。字善集。北魏宗室、東魏大臣、北齊官吏。見《北史》卷一九《高陽王雍附元斌傳》。

[3]絚（gēng）：粗繩。

[4]安德主：指東魏孝静帝與文襄皇后的姑母。

[5]武平：北齊後主的年號（570—576）。

[6]祔葬：合葬。

琅邪公主名玉儀，魏高陽王斌庶生妹也。[1]初不見齒，爲孫騰妓，[2]騰又放棄。文襄遇諸途，悦而納之，遂被殊寵，奏魏帝封焉。文襄謂崔季舒曰：[3]“爾由來爲我求色，不如我自得一絶異者。崔暹必當造直諫，[4]我亦有以待之。”及暹諮事，文襄不復假以顔色。居三日，暹懷刺，墜之於前。文襄問：“何用此爲?”暹悚然曰：“未得通公主。”文襄大悦，把暹臂入見焉。季舒語人曰：“崔暹常忿吾佞，在大將軍前，每言叔父合殺。及其自作體佞，乃體過於吾。”玉儀同産姊静儀，先適黄門郎崔括，[5]文襄亦幸之，皆封公主。括父子由是超授，賞賜甚厚焉。

[1]庶生：非正妻所生。

[2]孫騰：人名。字龍雀，咸陽石安（今陝西咸陽市東北）人。東魏大臣。見《北史》卷五四《孫騰傳》。

[3]崔季舒：人名。字叔正，博陵安平（今河北安平縣）人。東魏、北齊官吏。見《北史》卷三二《崔挺附崔季舒傳》。

[4]崔暹：人名。字季倫，博陵安平（今河北安平縣）人。東魏、北齊官吏。見《北史》卷三二《崔挺附崔暹傳》。

[5]黄門郎：官名。魏晋南北朝置爲侍中省或門下省次官，與侍中俱掌門下衆事，職掌略同，地位隨皇帝旨意或侍中地位而上下。北魏一度重之。孝文帝太和十七年定爲三品中，二十三年改爲四品上。北齊時爲四品。

文宣皇后李氏諱祖娥，趙郡李希宗女也。[1]容德甚美。初爲太原公夫人。[2]及帝將建中宫，高隆之、高德正言漢婦人不可爲天下母，[3]宜更擇美配。楊愔固請依漢、魏故事，不改元妃。而德正猶固請廢后而立段昭儀，欲以結勳貴之援。帝竟不從而立后焉。帝好捶撻嬪御，乃至有殺戮者，唯后獨蒙禮敬。天保十年，改爲可賀敦皇后。

[1]趙郡：北齊時治平棘縣，在今河北趙縣。　李希宗：人名。字景玄，趙郡平棘（今河北趙縣）人。北齊官吏。見《北史》卷三三《李順附李希宗傳》。

[2]太原公：封爵名。指高洋。太原，郡名。北齊時治龍山縣，在今山西太原市晋源區古城營村一帶。

[3]高隆之：人名。字延興，洛陽（今河南洛陽市）人。《北齊書》卷一八《高隆之傳》則作“出自高平金鄉（今山東濟寧市東南）人”。後被高歡認作從弟，乃稱勃海蓨（今河北景縣）人。東魏、北齊大臣。見《北史》卷五四《高隆之傳》。　高德正：人名。勃海蓨（今河北景縣）人。北魏、北齊官吏。見《北史》卷三一《高祐附高德正傳》。

孝昭即位，降居昭信宫，[1]號昭信皇后。武成踐阼，逼后淫亂，云：“若不許我，當殺爾兒。”后懼，從之。

後有娠，太原王紹德至閤，[2]不得見，愠曰："兒豈不知邪？姊姊腹大，故不見兒。"后聞之大慚，由是生女不舉。帝横刀詬曰："爾殺我女，我何不殺爾兒？"對后前築殺紹德。后大哭，帝愈怒，裸后亂撾撻之，號天不已。盛以絹囊，流血淋漉，投諸渠水，良久乃蘇，犢車載送妙勝尼寺。[3]后性愛佛法，因此爲尼。齊亡，入關。隋時得還趙郡。

[1]昭信宫：北齊孝昭帝皇建元年（560）以晋陽宫改名，故址在今山西太原市。

[2]紹德：即高紹德，人名。勃海蓨（今河北景縣）人。北齊宗室。見《北史》卷五二《太原王紹德傳》。　閤：指内室。

[3]犢車：一牛所拉之車。原爲漢時諸侯貧者乘之，後轉爲貴者乘用。　妙勝尼寺：在今河北臨漳縣西北。

段昭儀，韶妹也。[1]婚夕，韶妻元氏爲俗弄女婿法戲文宣，文宣銜之。後因發怒，謂韶曰："我會殺爾婦！"元氏懼，匿婁太后家，終文宣世不敢出。昭儀才色兼美，禮遇殆同正嫡。後主時，[2]改適録尚書唐邕。[3]

[1]韶：即段韶，人名。字孝先，小名鐵伐，姑臧武威（今甘肅武威市）人。東魏、北齊將領。見《北史》卷五四《段榮附段韶傳》。

[2]後主：即北齊皇帝高緯。

[3]録尚書：官名。即録尚書事。東漢章帝設，爲三公等重臣總領，總領尚書臺政務之加職。歷朝因之。魏晋以降，權愈重，位在尚書令之上，不常設。南齊、北朝爲正式官稱。隋省。　唐邕：

人名。字道和，太原晋陽（今山西太原市晋源區古城營村一帶）人。東魏、北齊官吏。見《北史》卷五五《唐邕傳》。

王嬪者，琅邪人也。[1]嬪姊先適崔脩，文宣並幸之，數數降其夫家，超用脩爲尚書郎。[2]

[1]琅邪：郡名。北齊時治即丘縣，在今山東臨沂市。

[2]尚書郎：官名。掌收發文書章奏庶務，後漸成定制，成爲中朝常設官職。凡尚書曹郎、郎中、侍郎皆可簡爲此稱。按資歷深淺有不同稱呼。初上尚書臺任職稱守尚書郎中，滿一年稱尚書郎，三年稱侍郎。歷朝因之。北齊時爲六品上。

薛嬪者，本倡家女也。[1]年十四五時，爲清河王岳所好。[2]其父求内宫中，大被嬖寵。其姊亦俱進御。文宣後知先與岳通，又爲其父乞司徒公，[3]帝大怒，先鋸殺其姊。薛嬪當時有娠，過産亦從戮。

[1]倡家：從事音樂歌舞的樂人。

[2]清河王：封爵名。清河，郡名。北齊時治清河縣，在今河北清河縣西北。　岳：即高岳，人名。字洪略，勃海蓨（今河北景縣）人。北齊宗室。見《北史》卷五一《清河王岳傳》。

[3]司徒公：官名。司徒的尊稱。北齊時爲三公之一，名譽宰相，其位多曠，遇有典禮，以他官攝行其事。一品。

孝昭皇后元氏，開府元蠻女也。[1]初爲常山王妃。[2]天保末，賜姓步六孤。孝昭即位，立爲皇后。帝崩，從梓宫之鄴。[3]始度汾橋，[4]武成聞后有奇藥，追索之不得，使閹人就車頓辱。降居順成宫。[5]武成既殺樂陵王，[6]元被閟隔，不得與家相知。宫闈内忽有飛語，帝令檢推，得后父兄書信，元蠻由是坐免官。后以齊亡，入周氏宫中。隋文帝作相，放還山東。

[1]開府：官制用語。成立府署，選置僚屬，爲對高級官員的寵遇。　元蠻：人名。代（今山西大同市東北）人。北齊大臣。見《北史》卷一六《京兆王黎附元蠻傳》。

[2]常山王：封爵名。指高演。常山，郡名。北齊時治安樂壘，在今河北正定縣南。

[3]從梓宫之鄴：《北齊書》卷九《孝昭元后傳》作“梓宫之鄴”。按：從文意來看，當從底本。梓宫，指用梓木做的棺椁。一般衹有皇帝或特許的貴族、大臣纔可享有。

[4]汾橋：在汾水之上，故址在今山西陽曲縣東。

[5]順成宫：在今河北臨漳縣。

[6]樂陵王：封爵名。指高百年，北齊孝昭帝的嫡子。孝昭帝傳位弟高湛後，高湛封高百年爲樂陵王，後遭高湛擊殺。樂陵，郡名。北齊時治樂陵縣，在今山東樂陵市。

武成皇后胡氏，安定胡延之女。[1]其母范陽盧道約女，初懷孕，有胡僧詣門曰：“此宅瓠蘆中有月。”既而生后。天保初，選爲長廣王妃。[2]産後主日，有鴞鳴於産帳上。武成崩，尊爲皇太后。陸媪及和士開密謀殺趙郡王叡，[3]出婁定遠、高文遥爲刺史。[4]和、陸諂事太后，無所不至。初，武成時，后與諸閹人褻狎。武成寵幸和士開，每與后握槊，[5]因此與后奸通。自武成崩後，數出詣佛寺，又與沙門曇獻通。[6]布金錢於獻席下，又挂寶裝胡牀於獻屋壁，[7]武成平生之所御也。乃置百僧於内殿，託以聽講，日夜與曇獻寢處。以獻爲昭玄統。[8]僧徒遥指太后以弄曇獻，乃至謂之爲太上者。帝聞太后不謹，而未之信。後朝太后，見二少尼，悦而召之，乃男子也。於是曇獻事亦發，皆伏法。並殺元、山、王三郡君，[9]皆太后之所昵也。

[1]安定：郡名。北齊時治安定縣，在今甘肅涇川縣北。

[2]長廣王：封爵名。指高湛。長廣，郡名。北齊時治黄縣中郎城，在今山東龍口市東。

[3]陸媪：人名。鮮卑族，北齊皇帝高緯的奶媽。在後宫操持國政八年，使得朝廷混亂。　叡：即高叡，人名。小名須拔，勃海蓨（今河北景縣）人。北齊宗室、大臣。見《北史》卷五一《趙郡王琛附高叡傳》。

[4]婁定遠：人名。代郡平城（今山西大同市東北）人。北齊官吏。見《北史》卷五四《婁昭附婁定遠傳》。　高文遥：人名。原名元文遥，字德遠，河南洛陽（今河南洛陽市）人，鮮卑族。北齊大臣。見《北史》卷五五《元文遥傳》。

[5]握槊：博戲名。與雙陸類似，一説即雙陸。傳自天竺（今印度），盛於南北朝、隋、唐。雙陸的玩法是：下鋪一特製盤，雙方各用十六枚（一説十五枚）棒槌形的"馬"立於己方，按擲骰子的點數各占步數，先走到對方者爲勝。宋本作"掘槊"，誤。

[6]沙門：佛教徒的總稱。

[7]寶裝胡牀：裝飾華美的胡床。胡牀，一種可以折叠的輕便坐具。

[8]昭玄統：僧官名。北齊文宣帝天保二年設立十統之職，任命法上爲十統之首，稱爲昭玄大統，又稱昭玄統。其餘九人稱爲通統，合稱昭玄十統。

[9]元山王：中華本標點爲“元山王”，中華本《北齊書》卷九《武成胡后傳》作“元、山、王”。按：據文意，爲三人。

帝自晋陽奉太后還鄴，[1]至紫陌，[2]卒遇大風。兼舍人魏僧伽明風角，[3]奏言：“即時當有暴逆事。”帝詐云鄴中有急，彎弓纏弰，馳入南城，令鄧長顒幽太后北宫。[4]仍有敕，内外諸親一不得與太后相見。久之，帝迎復太后。太后初聞使者至，大驚，慮有不測。每太后設食，帝亦不敢嘗。周使元偉來聘，[5]作《述行賦》，叙鄭莊公剋段而遷姜氏。[6]文雖不工，當時深以爲愧。齊亡，入周，恣行奸穢。開皇中殂。[7]

[1]晋陽：縣名。治所在今山西太原市晋源區古城營村一帶。

[2]紫陌：地名。在今河北臨漳縣西南。

[3]舍人：官名。掌詔命及呈奏案章等事。　風角：占卜之法。以五音占四方之風而定吉凶。

[4]鄧長顒：人名。《北史》卷八《齊本紀·武成帝》作“鄧顒”。初從高歡。武成帝時，拜儀同三司。後主武平中任宰相，始參朝政，爲後主所寵重。

[5]元偉：人名。字子猷。北魏宗室。見《北史》卷一五《常山王遵附元偉傳》。

[6]鄭莊公剋段而遷姜氏：典出《左傳》隱公元年：“遂寘姜氏于城潁，而誓之曰：‘不及黄泉，無相見也。’既而悔之。”暗喻北齊後主應原諒其母親。

[7]開皇：隋文帝的年號（581—600）。

弘德夫人李氏，趙郡李叔讓女也。初爲魏静帝嬪，[1]武成納焉。生南陽王仁盛，[2]爲太妃。姊爲南安王思好妃，[3]坐夫反，以燒死。太妃聞之，發狂而薨。

［1］魏静帝：即東魏皇帝元善見。静爲其謚號。

［2］南陽王：封爵名。南陽，郡名。北齊時治南陽縣，在今河南郟縣西南。　仁盛：中華本校勘記云："張森楷云：'案《武成諸子傳》（本書卷五二），南陽王綽字仁通，疑"盛"字誤。'"高綽，人名。字仁通，勃海蓨（今河北景縣）人。北齊宗室，武成帝長子。見《北史》卷五二《南陽王綽傳》。

［3］南安王：封爵名。南安，郡名。北齊時治南安縣，在今河南葉縣東北。　思好妃：底本作"思妃"，中華本校勘記云："諸本無'好'字，《通志》卷二〇有。按南安王高思好，本書卷五一有傳，今據補。"今從改。思好，即高思好，人名。本名思孝，文宣帝時改名思好。北齊將領。見《北史》卷五一《上洛王思宗附高思好傳》。

文宣王嬪及中人盧勒叉妹，[1]武成並以爲嬪。武成崩後，胡后令二嬪自殺。二嬪悲哭，後主爲之惻愴，[2]私遺衣物，令出外避焉。盧養淮南王，[3]後爲太妃。

［1］盧勒叉：毛本、殿本作"盧勒又"。按：今從底本。

［2］惻愴：悲傷。

［3］淮南王：封爵名。指高仁光。淮南，郡名。北齊時治壽春縣，在今安徽壽縣境。

又有馬嬪，亦得幸，[1]爲后所妒，自縊死。

[1]得幸：宋本作“幸”。按：從文意來看，當從底本。

彭樂、任祥並有女，[1]因坐父兄事，皆入宫，爲文宣所幸。武成以彭爲夫人，養齊安王，[2]任生丹楊王，[3]並爲太妃。

[1]彭樂：人名。字興，安定（今甘肅涇川縣北）人。北魏、東魏將領。見《北史》卷五三《彭樂傳》。　任祥：人名。字延敬，廣寧（今河北涿鹿縣）人。北魏、東魏官吏。見《北史》卷五三《任祥傳》。

[2]齊安王：封爵名。指高廓。齊安，郡名。北齊時治齊安縣，在今河南信陽市東南。

[3]丹楊王：封爵名。指高仁直。毛本、殿本、四庫本作“丹陽王”。

後主皇后斛律氏，左丞相光之女也。[1]初爲皇太子妃，後主受禪，立爲皇后。武平三年正月，生女，帝欲悦光，詐稱生男，爲之大赦。光誅，后廢在别宫，後令爲尼。齊滅，嫁爲開府元仁妻。

[1]左丞相：官名。北齊時爲權臣專設之名號，並非處理實際政務的宰相。一品。　光：即斛律光，人名。字明月，朔州（今山西朔州市）敕勒部人。北齊名將。見《北史》卷五四《斛律金附斛律光傳》。

後主皇后胡氏，隴東王長仁女也。[1]胡太后失母儀之道，深以爲愧，欲求悦後主，故飾后於宫中，令帝見之。帝果悦，立爲弘德夫人，進左昭儀，[2]大被寵愛。斛律后廢，陸媪欲以穆夫人代之，太后不許。祖孝徵請立胡昭儀，[3]遂登爲皇后。陸媪既非勸立，又意在穆夫人，其後於太后前作色而言曰："何物親侄女，作如此語言！"太后問有何言。曰："不可道。"固問之，乃曰："語大家云，太后行多非法，不可以訓。"太后大怒，唤后出，立剃其髮，送令還家。帝思之，每致詩以通意。後與斛律廢后俱召入内。數日而鄴不守，後亦改嫁云。[4]

[1]隴東王：封爵名。遥封。隴東，郡名。北周時治汧陰縣，在今陝西隴縣。　長仁：即胡長仁，人名。字孝隆，安定臨涇（今甘肅鎮原縣東南）人。北齊官吏。見《北史》卷八〇《胡長仁傳》。

[2]左昭儀：漢元帝設，南朝宋孝武帝使爲九嬪之一，梁、陳等朝因之，北魏時則分左右，北齊因之，位比丞相。

[3]祖孝徵：人名。即祖珽。字孝徵，范陽遒（今河北淶水縣北）人。北齊官吏。見《北史》卷四七《祖瑩附祖珽傳》。

[4]後：毛本、殿本、四庫本作"后"。按：文意均通，未詳孰是。

後主皇后穆氏，名邪利，本斛律后從婢也。[1]母名輕霄，本穆子倫婢也。轉入侍中宋欽道家，[2]奸私而生后。莫知氏族，或云后即欽道女也。[3]小字黄花，後字舍利。欽道婦妒，輕霄面黥爲宋字。欽道伏誅，黄花因此入宫。有幸於後主，宫内稱爲"舍利大監"。[4]女侍中陸大姬知其寵，[5]養以爲女，薦爲弘德夫人。武平元年六月，生皇子恒。[6]於時後主未有儲嗣，陸陰結待，以監撫之任不可無主。時皇后斛律氏，丞相光之女也，慮其懷恨，先令母養之，立爲皇太子。陸以國姓之重，穆、陸相對，又奏賜姓穆氏。胡庶人之廢也，陸有助焉，故遂立爲皇后，大赦。初，有折衝將軍元正烈，[7]於鄴城東水中得璽以獻，文曰“天王后璽”，[8]蓋石氏所作。詔書頒告，以爲穆后之瑞焉。

[1]斛律后：宋本作“斛律氏”。

[2]侍中：官名。北齊時掌侍皇帝左右，贊導衆事，顧問應對。因此職親近皇帝，掌權便利，時有宰相之實。三品。　宋欽道：人名。西河介休（今山西介休市）人。北齊官吏。見《北史》卷二六《宋隱附宋欽道傳》。

[3]或云后即欽道女也：底本作“或云后即欽道女子也”，中華本校勘記云：“《通志》無‘子’字，此衍文。”今從改。

[4]大監：女官名。掌宫内諸事，次於内司，與作司、女侍中同，相當於外廷二品官。毛本、殿本、四庫本、局本、四部備要本、《北齊書》卷九《後主穆后傳》作“太監”。

[5]陸大姬：即前文“陸媪”。本名陸令萱，封號大姬，位在長公主上。中華本作“陸太姬”。

[6]恒：即高恒，人名。北齊幼主。見《北史》卷八《齊本紀·幼主》。

[7]折衝將軍：官名。新莽時始置，爲武官名號。北魏亦置，在諸雜號將軍中地位較高，五品上。北齊沿置。

[8]天王后璽：底本作“天皇后璽”，中華本其校勘記云：“諸本‘王’作‘皇’，《北齊書》三朝本作‘王’。按石虎自稱‘大趙天王’，見《魏書》卷九五《石勒傳》。作‘王’是，今據改。”今從改。

武成爲胡后造真珠裙褲，所費不可稱計，被火燒。後主既立穆皇后，復爲營之。屬周武遭太后喪，[1]詔侍中薛孤康買等爲弔使，[2]又遣商胡齎錦綵三萬匹與弔使同往，欲市真珠，爲皇后造七寶車。周人不與交易，然而竟造焉。先是，童謡曰："黄花勢欲落，清觴滿杯酌。"言黄花不久也。後主自立穆后以後，昏飲無度，故云"清觴滿杯酌"。陸息駱提婆，[3]詔改姓爲穆；陸，大姬。[4]皆以皇后故也。后既以陸爲母，提婆爲家，更不采輕霄。輕霄後自療面，欲求見，爲大姬陸媪使禁掌之，竟不得見。

[1]遭：底本作"曹"，殿本、四庫本、四部備要本、中華本作"遭"。按：周文帝並無曹姓夫人，故武帝亦無曹太后，底本誤，今改。

[2]薛孤康買：人名。中華本"薛孤""康買"之間有頓號。按：《資治通鑑》卷一七一胡三省注云："薛孤，虜複姓。"中華本誤。

[3]陸：即陸大姬。　息：兒子。　駱提婆：人名。陸大姬之子。本姓駱，後爲親近穆皇后，改姓穆，即穆提婆，漢陽（今甘肅天水市南）人。北齊官吏。見《北史》卷九二《穆提婆傳》。

[4]陸大姬：中華本校勘記云："按《北齊書》卷五〇（補）《穆提婆傳》，'是以提婆改姓穆氏，及穆后立，令萱號曰太姬'。此處'陸'下疑脱'號'字。"

馮淑妃名小憐，大穆后從婢也。[1]穆后愛衰，以五月五日進之，號曰"續命"。慧黠能彈琵琶，[2]工歌舞。

後主惑之，坐則同席，出則並馬，願得生死一處。命淑妃處隆基堂，[3]淑妃惡曹昭儀所常居也，[4]悉令反换其地。

[1]大穆后從婢也：中華本校勘記云："張森楷云：'齊無小穆后，何以得稱大？疑"大"是"本"之訛。'"

[2]慧黠：聰慧。宋本作"慧點"。按：從文意來看，當從底本。

[3]隆基堂：在今河北臨漳縣西南。

[4]曹昭儀：指北齊後主的昭儀曹氏。其父曹僧奴是當時有名的音樂家。

周師之取平陽，[1]帝獵於三堆，[2]晋州亟告急。[3]帝將還，淑妃請更殺一圍，帝從其言。識者以爲後主名緯，殺圍言非吉徵。及帝至晋州，城已欲没矣。作地道攻之，城陷十餘步，將士乘勢欲入。帝敕且止，召淑妃共觀之。淑妃粧點，不獲時至。周人以木拒塞，城遂不下。舊俗相傳，晋州城西石上有聖人迹，淑妃欲往觀之。帝恐弩矢及橋，故抽攻城木造遠橋，監作舍人以不速成受罰。帝與淑妃度橋，橋壞，至夜乃還。稱妃有功勳，將立爲左皇后，即令使馳取褘翟等皇后服御。[4]仍與之並騎觀戰，東偏少却，淑妃怖曰："軍敗矣！"帝遂以淑妃奔還。至洪洞戍，[5]淑妃方以粉鏡自玩，後聲亂唱賊至，於是復走。内參自晋陽以皇后衣至，[6]帝爲按轡，命淑妃著之，然後去。帝奔鄴，太后後至，帝不出迎；淑妃將至，鑿城北門出十里迎之。[7]復以淑妃奔青州。[8]後主至長安，請周武帝乞淑妃。[9]帝曰："朕視天下如脱屣，一老嫗豈與公惜也！"仍以賜之。

[1]平陽：郡名。北齊時治平陽縣，在今山西臨汾市。

[2]三堆：地名。在今山西静樂縣。

[3]晋州：北齊時治白馬城，在今山西臨汾市。

[4]褘（huī）翟（dí）：指褘衣和翟衣。古代皇后、貴婦服裝之一。褘衣，指上繪野雞圖紋。服色視場合而定。翟衣，指用翟羽爲飾或織以翟羽紋樣的衣服。

[5]洪洞戍：地名。在今山西洪洞縣。

[6]内參：宦官。

[7]北門：宋本作"北二"。按：今從底本。

[8]青州：北齊時治東陽城，在今山東青州市。

[9]周武帝：即北周皇帝宇文邕。武爲其謚號。

及帝遇害，以淑妃賜代王達，[1]甚嬖之。[2]淑妃彈琵琶，因絃斷，作詩曰："雖蒙今日寵，猶憶昔時憐。欲知心斷絶，應看膠上弦。"[3]達妃爲淑妃所譖，幾致於死。隋文帝將賜達妃兄李詢，[4]令著布裙配舂。詢母逼令自殺。

[1]代王達：即宇文達，人名。字度斤突，代郡武川（今内蒙古武川縣西）人，鮮卑族。北周宗室，宇文泰之子。見《北史》卷五八《代奰王達傳》。

[2]嬖（bì）：寵愛。

[3]應看膠上弦：中華本校勘記云："宋本及《通志》'膠'作'膝'。按琵琶弦斷，落於膝上，疑'膝'是。膠祇是續弦之物，作'膠上弦'，疑非。"可從。

[4]李詢：人名。字孝詢，隴西成紀（今甘肅秦安縣）人。北周將領。見《北史》卷五九《李賢附李詢傳》。

後主以李祖欽女爲左昭儀，[1]進爲左娥英。[2]裴氏爲右娥英。娥英者，兼取舜妃娥皇、女英名，陽休之所制。[3]

[1]李祖欽：人名。趙郡平棘（今河北趙縣）人。北齊外戚。見《北史》卷三三《李順附李祖勳傳》。

[2]左娥英：女官名。北齊後主置，設左右二員，位比左右丞相。

[3]陽休之：人名。字子烈，北平無終（今天津薊縣）人。北朝官吏。見《北史》卷四七《陽尼附陽休之傳》。

樂人曹僧奴進二女，[1]大者忤旨，剥面皮；少者彈琵琶，爲昭儀。以僧奴爲日南王。[2]僧奴死後，又貴其兄弟妙達等二人，[3]同日皆爲郡王。爲昭儀别起隆基堂，極爲綺麗。陸媪誣以左道，遂殺之。

[1]樂人：宋本作“樂丈”。按：宋本誤，從底本。

[2]日南王：封爵名。遥封。日南，郡名。南朝陳時治比景縣，在今越南廣平省境内。

[3]等二人：宋本作“等人”。

又有董昭儀、毛夫人、彭夫人、王夫人、小王夫人、二李夫人，皆嬖寵之。毛能彈箏，本和士開薦入。帝所幸彭夫人，亦音妓進，死於晋陽，造佛寺，與總持相埒。[1]一李是隸户女，[2]以五弦進；一李即孝貞之女也。小王生一男，諸閹人在傍，皆蒙賜給。毛兄思安，超登武衛。董父賢義，爲作軍主，由昭儀亦超登開府。[3]自餘姻屬，多至大官。

[1]埒（liè）：等同。

[2]隸户：北朝時的一種國家依附民，屬雜户的一種。來源於俘掠人口，皇帝可以將其作爲賞賜品。從事各種雜役，地位與奴婢相當。

[3]爲作軍主：中華本校勘記云："'作軍主'之'作'，或是衍文，或是管理作役之軍主。" 由昭儀：底本作"田昭儀"，'儀'下空一字，中華本校勘記云："諸本'由'字作'田'，'儀'下空一格，宋本無空格。《通志》作'董父賢義由軍主超登開府'。按上列祇有董昭儀，無田昭儀，'田'顯是'由'之訛。又空缺處不像有脱字。今從宋本，並從《通志》改'田'爲'由'。"今從改。

周文皇后元氏，[1]魏孝武之妹也。初封平原公主，[2]適開府張歡。[3]歡性貪殘，遇后無禮。帝殺歡，改封后爲馮翊公主，以配周文帝。生孝閔帝。[4]魏大統十七年，[5]薨。恭帝三年十二月，[6]合葬成陵。[7]孝閔踐阼，追尊爲王后。武成初，又追尊爲皇后。

[1]周文：即宇文泰。文爲其謚號，北周孝閔帝所追謚。

[2]平原公主：封號。平原，郡名。北魏時治聊城縣，在今山東聊城市東北。

[3]張歡：人名。"歡"避高歡諱亦作"勸""忻""欣"，代

（今山西大同市東北）人。北魏官吏。見《北史》卷五三《張瓊附張欣傳》。

[4]孝閔帝：即北周皇帝宇文覺。孝閔爲其謚號。

[5]大統：西魏文帝的年號（535—551）。　十七年：《周書》卷九《文帝元皇后傳》作“七年”。

[6]恭帝：即西魏皇帝元廓。恭爲其謚號。

[7]成陵：宇文泰與元氏的合葬墓，在今陝西富平縣北。

文宣皇后叱奴氏，代人也。[1]周文帝爲丞相，納爲姬，生武帝。天和二年六月，[2]尊爲皇太后。建德三年三月，[3]崩。五月，[4]葬永固陵。[5]

[1]代：郡名。北魏時治平城，在今山西大同市東北。

[2]天和：北周武帝的年號（566—572）。　二年：底本作“三年”，中華本校勘記云：“諸本‘二’作‘三’，《通志》作‘二’。按本書卷一〇《周武帝紀》，事在天和二年，今據改。”今從改。

[3]建德：北周武帝的年號（572—578）。

[4]五月：《周書》卷九《文宣叱奴皇后傳》作“四月丁巳”。按：未詳孰是。

[5]永固陵：在今陝西咸陽市郊。

孝閔皇后元氏，名胡摩，魏文帝第五女也。[1]初封晋安公主。帝之爲略陽公也，[2]尚焉。及踐阼，立爲王后。帝被廢，后出俗爲尼。建德初，武帝誅晋公護，[3]上帝尊號，以后爲孝閔皇后，居崇義宫。[4]隋革命，后出居里第。大業十二年，[5]殂。

[1]魏文帝：即西魏皇帝元寶炬。文爲其謚號。

[2]略陽公：封爵名。略陽，郡名。西魏時治隴城縣，在今甘肅秦安縣東北。

[3]晋公護：即宇文護。字薩保，代郡武川（今内蒙古武川縣西）人，鮮卑族。北周宗室、權臣。見《北史》卷五七《邵惠公顥附宇文護傳》。

[4]崇義宫：在今陝西西安市。

[5]大業：隋煬帝的年號（605—617）。

明敬皇后獨孤氏，太保、衛公信之長女也。[1]帝之在藩，納爲夫人。二年正月，立爲王后。四月，崩，葬昭陵。武成初，追崇爲皇后。明帝崩，與后合葬焉。

[1]太保：官名。爲輔佐君王的重要大臣，與太師、太傅號稱三師。北周時爲正九命。　衛公信：即獨孤信。雲中（今内蒙古和林格爾縣西北）人，鮮卑族。北魏、北周名將。西魏八柱國之一。見《北史》卷六一《獨孤信傳》。

武成皇后阿史那氏，[1]突厥木杆可汗俟斤之女也。[2]突厥滅蠕蠕後，[3]盡有塞表之地，志陵中夏。周文方與齊人爭衡，結以爲援。俟斤初欲以女配帝，既而悔之。武帝即位，前後累遣使焉。保定五年二月，[4]詔陳公純、許公宇文貴、神武公竇毅、南安公楊荐等，[5]備皇后文物及行殿，並六宫以下一百二十人，至俟斤牙所迎后。[6]俟斤又許齊婚，將有異志，純等累請，不得反命。會雷風大起，飄壞其穹廬，[7]俟斤大懼，以爲天譴，乃禮送后，純等奉之以歸。天和三年三月至，武帝接以親迎之禮。后有姿貌，善容止，帝深敬禮焉。宣帝即位，[8]尊后爲皇太后。大象元年二月，[9]改爲天元皇太后。二年二月，又尊曰天元上皇太后。宣帝崩，静帝尊爲太皇太后。[10]隋開皇二年，殂，年三十二。隋文詔有司備禮，[11]祔葬后於孝陵。[12]

[1]武成皇后阿史那氏：據其墓誌載："大隋開皇二年，歲次壬寅，四月甲戌朔廿三日乙未，周武帝皇后阿史那氏徂，謚曰武德皇后，其月廿九日壬寅，合葬於孝陵。"據此《北史》所稱"武成皇后"當誤（參羅新、葉煒《新出魏晋南北朝墓誌疏證（修訂本）》，中華書局2016年版，第307—308頁）。

[2]木杆可汗：名俟斤，一名燕都，突厥族首領。見《北史》卷九九《突厥傳》。

[3]蠕蠕：《周書》卷九《武成阿史那皇后傳》作"茹茹"。

[4]保定：北周武帝的年號（561—565）。

[5]陳公純：即宇文純。字堙智突，代郡武川（今内蒙古武川縣西）人。北周宗室，周文帝之子。見《北史》卷五八《陳惑王純傳》。　宇文貴：人名。字永貴，昌黎大棘（今遼寧北票市章吉營子鄉三官營子村）人，鮮卑族。西魏、北周將領。見《北史》卷六〇《宇文貴傳》。　神武公：封爵名。遥封。神武，郡名。北齊時治神武縣，在今山西神池縣東北。　竇毅：人名。字天武，扶風平陵（今陝西咸陽市西北）人。北周八柱國之一。見《北史》卷六一《竇熾附竇毅傳》。　南安公：封爵名。南安，郡名。北周時治桓道縣，在今甘肅隴西縣東南。　楊荐：人名。字承略，秦郡寧夷（今陝西醴泉縣東北）人。西魏、北周官吏。見《北史》卷六九《楊荐傳》。底本作"楊符"，中華本校勘記云："諸本'荐'訛作'符'，據《周書》卷九《皇后傳》改。《楊荐傳》見本書卷

六九。”今從改。

［6］牙所：將帥所居的營帳。

［7］穹廬：古代游牧民族居住的氈帳。以毛氈製成，其形穹隆，故名。

［8］宣帝：即北周皇帝宇文贇。宣爲其謚號。

［9］大象：北周静帝的年號（579—580）。

［10］静帝：即北周皇帝宇文衍。静爲其謚號。　太皇太后：底本“太后”二字前標注“闕”，殿本、四庫本作“大帝太后”，局本“皇太后”上標注“闕”，毛本作“皇太后”，宋本作“太后”，四部備要本、中華本作“太皇太后”。中華本校勘記云：“百衲、南、汲三本‘太皇’二字缺，北、殿二本作‘大帝’，《周書·皇后傳》作‘太皇’。張森楷云：‘案《静帝紀》（本書卷一〇）尊天元上皇太后爲太皇太后，聖皇太后爲大帝太后，則此作“大帝”非也。’按張説是，今從《周書·皇后傳》。”今從改。

［11］隋文：即隋朝皇帝楊堅。文爲其謚號。

［12］孝陵：北周皇帝宇文邕的陵墓，在今陝西咸陽市。

武皇后李氏，名娥姿，楚人也。[1]于謹平江陵，[2]后家被籍没。至長安，周文以后賜武帝。後得親幸，[3]生宣帝。宣政元年七月，[4]尊爲帝太后。大象元年二月，改爲天元帝太后。七月，又尊爲天皇太后。二年二月，尊爲天元聖皇太后。宣帝崩，静帝尊爲大帝太后。隋開皇元年三月，出俗爲尼，改名常悲。八年，殂，以尼禮葬于京城南。

［1］楚：州名。北周時治巴縣，在今重慶巴南區。

［2］于謹：人名。字思敬，代（今山西大同市東北）人。北魏至北周名將。見《北史》卷二三《于栗磾附于謹傳》。　江陵：府

名。西魏置江陵總管府，治所在今湖北江陵縣。

[3]後：宋本作“后”。按：二者文意均通，未詳孰是。

[4]宣政：北周武帝的年號（578）。

宣皇后楊氏名麗華，隋文帝之長女也。帝在東宮，武帝爲帝納后爲皇太子妃。宣政元年閏六月，立爲皇后。帝後自稱天元皇帝，號后爲天元皇后。尋又立天皇后及左右皇后，與后爲四皇后。[1]二年二月，詔取象四星，於是后及三皇后並加大焉。册授后爲天元大皇后，又立天中大皇后，與后爲五皇后焉。后性柔婉，不妒忌，四皇后及嬪御等咸愛而仰之。帝後昏暴滋甚，喜怒乖度。嘗譴后，欲加之罪，后進止詳閑，辭色不撓。帝大怒，遂賜后死，逼令自引決。后母獨孤氏聞之，詣閤陳謝，叩頭流血，然後得免。帝崩，静帝尊后爲皇太后，居弘聖宫。[2]

[1]與后：底本作“與”，中華本校勘記云：“諸本‘與’下脱‘后’字，據《周書》《通志》補。”今從改。

[2]弘聖宫：皇太后的寢宫，在今陝西西安市。

初，宣帝不豫，[1]詔隋文帝入禁中侍疾，及大漸，劉昉、鄭譯等因矯詔以隋文帝受遺輔政。[2]后初雖不預謀，[3]然以嗣主幼沖，[4]恐權在他族，不利於己，聞昉、譯已行此詔，心甚悦。後知隋文有異圖，意頗不平。及行禪代，憤惋愈甚。隋文内甚愧之。開皇初，封后爲樂平公主。[5]後又議奪其志，后誓不許，乃止。大業五年，從煬帝幸張掖，[6]殂於河西。[7]詔還京，所司備禮，祔葬后於定陵。[8]

[1]不豫：身體不適。

[2]劉昉：人名。博陵望都（今河北唐縣東北）人。北周、隋朝官吏。見《北史》卷七四《劉昉傳》。　鄭譯：人名。字正義，滎陽開封（今河南開封市南）人。北周、隋朝官吏。見《北史》卷三五《鄭羲附鄭譯傳》。

[3]預謀：毛本、殿本作"豫謀"。

[4]嗣主：宋本作"嗣王"。按：當從底本。

[5]樂平公主：封號。樂平，郡名。隋朝時治樂平縣，在今山西昔陽縣西南。

[6]張掖：郡名。隋朝時治張掖縣，在今甘肅張掖市。

[7]河西：在今甘肅、青海二省黄河以西，即河西走廊與湟水流域一帶。

[8]定陵：北周宣帝之墓，在今陝西咸陽市渭城區一帶。

宣帝后朱氏，名滿月，吴人也。[1]其家坐事，没入東宫。宣帝之爲太子，后被選掌衣服，帝召幸之，遂生静帝。大象元年四月，立爲天元帝后。七月，改爲天皇后。二年二月，又改爲天大皇后。后本非良家子，又年長於帝十餘歲，疵賤無寵。以静帝故，特尊崇之，班亞楊皇后焉。宣帝崩，静帝尊后爲帝太后。隋開皇元年二月，出俗爲尼，改名法浄。六年，殂，以尼禮葬于京城西。

[1]吴：州名。北周時治廣陵縣，在今江蘇揚州市東北。

宣帝后陳氏，名月儀，自云潁川人，[1]大將軍山提之第八女也。大象元年六月，以選入宫，拜爲德妃。月餘日，立爲天左皇后。二年二月，改爲天左大皇后。三月，[2]又詔以坤儀比德，土數惟五，四大皇后外，增置天中大皇后一人。於是以后爲天中大皇后。帝崩，后出俗爲尼，改名華光。后永徽初終。[3]父山提，本尒朱兆之隸。[4]仕齊，位特進、開府、東兗州刺史、謝陽王。[5]武帝平齊，拜大將軍，[6]封淅陽公。[7]大象元年，以后父超授上柱國，[8]進鄅國公，除大宗伯。[9]

[1]潁川：郡名。北周時治長社縣，在今河南許昌市。

[2]三月：底本作“二月”，源氏改“二”作“三”，中華本校勘記云：“諸本‘三’作‘二’，《周書》作‘三’。按上已見‘二月’，又本書卷一〇《周宣帝紀》繫於大象二年三月，今據改。”今從改。

[3]永徽：唐高宗的年號（650—655）。

[4]尒朱兆：《周書》卷九《宣帝陳皇后傳》作“高氏”。按：據記載，陳山提初爲尒朱兆僕從，後爲高歡僕從，二者均可。

[5]特進：官名。西漢置，後作爲加官贈給致仕大臣。北魏孝文帝太和二十三年定爲第二品。北齊沿置。　東兗州：北齊時治瑕丘城，在今山東兗州市。　謝陽王：封爵名。謝陽，即射陽。郡名。北齊時治鹽城縣，在今江蘇鹽城市。

[6]大將軍：官名。北周時統兵事，或兼掌朝政。與大司馬共稱“二大”，位尊權重。正九命。

[7]淅陽公：封爵名。淅陽，郡名。北周時治南鄉縣，在今河南淅川縣南。

［8］上柱國：官名。北周武帝置爲最高級别的勳官。正九命。

［9］大宗伯：官名。掌管禮樂、祭祀、天文曆法、著作等方面事務。原爲《周禮》六卿之一，爲春官之長。西魏末、北周仿《周禮》建六官，復置爲春官之長，亦稱大宗伯卿。北周時爲正七命。

宣帝皇后元氏，名樂尚，[1]河南洛陽人，開府晟之第二女也。年十五，被選入宫，拜貴妃。[2]大象元年七月，立爲天右皇后。二年二月，改爲天右大皇后。帝崩，后出家爲尼，改名華勝。初，后與陳皇后同時被選入宫，俱拜爲妃；及升后，又同日受册。帝寵遇二后，禮數均等，年齒復同，特相親愛。及爲尼後，李、朱及尉遲后並相繼殞殁，而二后貞觀中尚存。[3]

［1］樂尚：源氏校勘記云："《周書》作'藥尚'。"

［2］貴妃：女官名。僅次於皇后。

［3］貞觀：唐太宗的年號（627—649）。

后父晟，少以元氏宗室拜開府。大象元年七月，[1]以后父進位上柱國，封翼國公。

［1］七月：中華本校勘記云："按《宣帝紀》繫於八月，此作'七月'誤。"

宣帝皇后尉遲氏名繁熾，[1]蜀公迥之孫女也。[2]有美色。初適杞公亮子西陽公温，[3]以宗婦例入朝，[4]帝逼幸之。及亮謀逆，帝誅温，追后入宫，拜長貴妃。[5]大象二年三月，立爲天左大皇后。[6]帝崩，后出俗爲尼，改名華道。[7]隋開皇十五年，殂。

[1]繁熾：源氏校勘記云："《周書》作'熾繁'。"按：未詳孰是。

[2]蜀公迥：即尉遲迥。字薄居羅，代（今山西大同市東北）人。西魏、北周重臣。見《北史》卷六二《尉遲迥傳》。

[3]杞公亮：即宇文亮。字乾德，代郡武川（今内蒙古武川縣西）人。北周宗室。見《北史》卷五七《杞簡公連附宇文亮傳》。西陽公：封爵名。西陽，郡名。北周時治西陽縣，在今湖北黄岡市東南。

[4]宗婦：同姓族人之妻。

[5]長貴妃：妃嬪名。北周僅尉遲氏曾受封長貴妃。

[6]天左大皇后：底本作"天右大皇后"，中華本校勘記云："諸本'左'作'右'，《周書》作'左'。張森楷云：'按上文，元后已爲天右，此不當復爲右，作"左"是也。'按《宣帝紀》也作'左'，今據改。"今從改。

[7]華道：《周書》卷九《宣帝尉遲皇后傳》作"華首"。源氏校勘記云："'道'《周書》作'首'。"按：疑當從底本。

静帝司馬皇后名令姬，柱國、滎陽公消難之女也。[1]大象元年二月，宣帝傳位於帝，七月，爲帝納后爲皇后。二年九月，隋文帝以后父奔陳，廢后爲庶人。後嫁爲隋司隸刺史李丹妻，[2]貞觀初猶存。

[1]滎陽公：封爵名。遥封。滎陽，郡名。北齊時治滎陽縣，在今河南滎陽市。

[2]司隸刺史：官名。司隸臺屬官，負責分部巡察、監察京畿、

東都及郡縣官吏。底本作“司州刺史”，中華本校勘記云：“諸本‘隸’作‘州’，《周書》作‘隸’。按隋無司州。司隸刺史，煬帝時置，見《隋書》卷二九《地理志序》及卷二八《百官志》。今據改。”今從改。

隋文獻皇后獨孤氏，諱伽羅，河南洛陽人，周大司馬、衛公信之女也。[1]信見文帝有奇表，故以后妻焉，時年十四。帝與后相得，誓無異生之子。后姊爲周明帝后，長女爲周宣帝后，貴戚之盛，莫與爲比，而后每謙卑自守。及周宣帝崩，隋文居禁中，總百揆。后使李圓通謂文帝曰：[2]“騎獸之勢，必不得下，勉之！”及帝受禪，立爲皇后。

[1]大司馬：官名。北周時夏官府長官，職掌軍政大務、禁暴糾察、訓練軍隊、統兵作戰，權任極重。正七命。　衛公：《隋書》卷三六《文獻獨孤皇后傳》作“河内公”。按：據《北史》卷六一《獨孤信傳》，獨孤信先後被封河内公、衛國公，二者均可。

[2]李圓通：人名。京兆涇陽（今陝西咸陽市東北）人。隋朝將領。見《北史》卷七五《李圓通傳》。

突厥嘗與中國交市，有明珠一篋，價直八百萬，幽州總管陰壽白后市之。[1]后曰：“當今戎狄屢寇，將士罷勞，未若以八百萬分賞有功者。”百僚聞而畢賀。文帝甚寵憚之。帝每臨朝，后輒與上方輦而進，至閤乃止。使宫官伺帝，[2]政有所失，隨則匡諫，多所弘益。候帝退朝而同反宴寢，相顧欣然。后早失二親，常懷感慕。見公卿有父母者，每爲致禮焉。有司奏曰：“《周禮》，百官之妻，命於王后。憲章在昔，請依古制。”后曰：“以婦人與政，或從此漸，不可開其源也。”不許。后每謂諸公主曰：“周家公主類無婦德，失禮於舅姑，離薄人骨肉，此不順事，爾等當誡之。”后姑子都督崔長仁犯法當斬，[3]文帝以后故免之。后曰：“國家之事，焉可顧私！”長仁竟坐死。異母弟陁以貓鬼巫蠱咒詛於后，[4]坐當死。后三日不食，爲之請命曰：“陁若蠹政害民者，不敢言。今坐爲妾身，請其命。”陁於是減死一等。

[1]幽州：隋朝時治薊縣，在今北京西南。　總管：官名。北周明帝武成元年（559）由都督諸州軍事改名，爲地方高級軍政官員。加使持節，管理轄區軍政民政。所轄區域增減無常，一般轄數州，多者可達數十州。隋因之。　陰壽：人名。字羅雲，武威（今甘肅武威市）人。隋朝大臣。見《北史》卷七三《陰壽傳》。

[2]至閤乃止使宮官伺帝：源氏校勘記云：“《隋書》‘閤’作‘閣’，‘宮’作‘宦’。”

[3]姑子：中華本校勘記云：“按獨孤皇后母崔氏，見《隋書》卷七九《獨孤羅傳》，長仁當是后之舅子而非姑子。《隋書》卷三六《后妃傳》本作‘后之中外兄弟’，《北史》誤改。”　都督：官名。北朝前期爲統率全國或地方兵馬的指揮官，有時爲州郡軍事長官，兼理民政。至北朝後期則爲率領鄉兵、畜牧軍馬的中低級軍官（參張金龍《北朝都督制的演變與禁衛武官都督的形成》，載《北朝研究》第一輯，北京燕山出版社2000年版）。

[4]陁：《隋書》卷三六《文獻獨孤皇后傳》作“陀”。

后雅性儉約，帝常合止利藥，[1]須胡粉一兩，宮内不用，求之竟不得。又欲賜柱國劉嵩妻織成衣領，宮内亦無。上以后不好華麗，時齊七寶車及鏡臺絶巧麗，使毁車而以鏡臺賜后。后雅好讀書，識達今古，凡言事皆與上意合，宫中稱爲二聖。嘗夢周阿史那后，[2]言受罪辛苦，求營功德。明日言之，上爲立寺追福焉。后兄女，夫死於并州，后嫂以女有娠，請不赴葬。后曰："婦人事夫，何容不往！其姑在，宜自諮之。"姑不許，女遂行。

[1]合止利藥：配製止瀉的藥。

[2]阿史那后：宋本作"阿史那"。按：當從底本。

后頗仁愛，每聞大理決囚，未嘗不流涕。然性尤妒忌，後宫莫敢進御。尉遲迥女孫有美色，先在宫中，帝於仁壽宫見而悦之，[1]因得幸。后伺帝聽朝，陰殺之。上大怒，單騎從苑中出，不由徑路，入山谷間三十餘里。[2]高熲、楊素等追及，[3]扣馬諫。帝太息曰：[4]"吾貴爲天子，不得自由！"高熲曰："陛下豈以一婦人而輕天下？"帝意少解，駐馬良久，夜方還宫。后候上於閤内，及帝至，流涕拜謝。熲、素等和解之，上置酒極歡。后自此意頗折。

[1]仁壽宫：在今陝西麟游縣。

[2]三十：《隋書》卷三六《文獻獨孤皇后傳》作"二十"。源氏校勘記云："'三'《隋書》作'二'。"按：未詳孰是。

[3]高熲：人名。一作"獨孤熲"，字昭玄，一名敏，勃海蓨（今河北景縣）人。隋朝大臣。見《北史》卷七二《高熲傳》。

楊素：人名。字處道，弘農華陰（今陝西華陰市東南）人。北周、隋朝大臣。見《北史》卷四一《楊敷附楊素傳》（參周錚《〈楊素墓誌初考〉補正》，《考古與文物》1993 年第 2 期；王慶衛、王煊《隋代華陰楊氏考述——以墓誌銘爲中心》，載《碑林集刊》第十一輯，陝西人民美術出版社 2005 年版）。

[4]帝太息：宋本作“太息”。按：從文意來看，當從底本。

初，后以高熲是父之家客，甚見親禮。至是，聞熲謂己爲一婦人，因以銜恨。又以熲夫人死，其妾生男，益不善之，漸加譖毀。[1]帝亦每事唯后言是用。后見諸王及朝士有妾孕者，必勸帝斥之。時皇太子多内寵，妃元氏暴薨，后意太子愛妾雲氏害之。由是諷帝，黜高熲，竟廢太子立晋王廣，[2]皆后之謀也。

[1]譖（zèn）毁：誣陷。

[2]廣：即楊廣，人名。隋煬帝。見《北史》卷一二《隋本紀·煬帝》。

仁壽二年八月甲子，[1]日暈四重。己巳，太白犯軒轅。[2]其夜，后崩於永安宫，[3]時年五十九，[4]葬於太陵。[5]其後宣華夫人陳氏、容華夫人蔡氏俱有寵，帝頗惑之，由是發疾。及危篤，謂侍者曰“使皇后在，吾不及此”云。

[1]仁壽：隋文帝的年號（601—604）。

[2]太白：即金星。早晨出現在東方時叫啓明，晚上出現在西方時叫長庚。　軒轅：星官名。由十七顆恒星組成。

[3]永安宫：在今河南洛陽市。

[4]五十九：《隋書》卷三六《文獻獨孤皇后傳》作“五十”。按：未詳孰是。

[5]太陵：在今陝西咸陽市。

宣華夫人陳氏，陳宣帝女也。[1]性聰慧，姿貌無雙。及陳滅，配掖庭，[2]後選入宫爲嬪。時獨孤皇后性妬，後宫罕得進御，唯陳氏有寵。煬帝之在藩也，陰有奪宗之計，規爲内助，每致禮焉。進金蛇、金駝等物，[3]以取媚於陳氏。皇太子廢立之際，頗有力焉。及文獻皇后崩，進位爲貴人，專房擅寵，主斷内事，六宫莫與爲比。及帝大漸，遺詔拜爲宣華夫人。

[1]陳宣帝：即南朝陳皇帝陳頊。宣爲其謚號。

[2]掖庭：宫中官署名。掌後宫貴人采女事。

[3]金蛇金駝：毛本、殿本、四庫本作“金駝金虵”。

初，帝寢疾於仁壽宫，夫人與皇太子同侍疾。平旦更衣，爲太子所逼，夫人拒之得免。歸於上所，上怪其神色有異，問之，夫人泣以實對。帝恚曰：“畜生何堪付大事，獨孤誠誤我！”意謂獻皇后也。因呼兵部尚書柳述、黄門侍郎元巖曰：[1]“呼我兒！”述等呼太子。帝曰：“勇也。”述、巖出閤爲敕書訖，示左僕射楊素。[2]素以白太子，太子遣張衡入寢殿，[3]遂令夫人及後宫同侍疾者並就别室。俄聞上崩，而未發喪也。夫人與諸後宫相顧曰：“事變矣！”皆色動股慄。晡後，太子遣使者齎金合，帖紙於際，親署封字，以賜夫人。夫人見，惶懼，以爲鴆毒，不敢發。使者促之，乃發，見合中有同心結數枚。諸宫人相謂曰："得免死矣!"陳氏恚而却坐，不肯致謝。諸宫人共逼之，乃拜使者。其夜，太子烝焉。

[1]兵部尚書：官名。隋朝時爲尚書省兵部長官。正三品。　柳述：人名。字業隆，河東解（今山西臨猗縣）人。隋朝大臣。見《北史》卷六四《柳虯附柳述傳》。　黄門侍郎：官名。爲給事黄門侍郎的省稱。隋朝時爲門下省次官。正四品上。　元巖：人名。河南洛陽（今河南洛陽市）人。隋朝官吏。隋文帝臨死前託他與柳述廢掉楊廣。事不成。

[2]左僕射：官名。隋朝時與内史省、門下省長官共同執掌國政，位列丞相。文帝開皇三年令左僕射掌管吏部、禮部、兵部三部事，兼管御史彈劾不當之事。從二品。

[3]寢殿：底本作"寢"，中華本校勘記云："諸本脱'殿'字，據《隋書》卷三六補。"今從補。

煬帝即位，出居仙都宫。[1]尋召入，歲餘而終，時年二十九。帝深悼之，爲製《神傷賦》。

[1]仙都宫：隋文帝别廟。在今河南洛陽市光德坊内。

容華夫人蔡氏，丹楊人也。[1]陳滅，以選入宫，爲世婦。[2]容儀婉嫕，[3]帝甚悦之。以文獻后故，希得進幸。后崩後，漸見寵遇，拜爲貴人，參斷宫掖，[4]亞於陳氏。帝寢疾，加號容華夫人。帝崩後，亦爲煬帝所蒸。

[1]丹楊：郡名。南朝陳時治建康縣，在今江蘇南京市。四庫本作“丹陽”。

[2]世婦：女官名。後宮每設此官，掌管賓客祭祀事務。宋本作“世嬪”。按：時無“世嬪”一稱，從底本。

[3]婉嫕（yì）：柔順和美。

[4]宮掖：後宮。

煬帝愍皇后蕭氏，梁明帝巋之女也。[1]江南風俗，二月生子者不舉。后以二月生，由是季父岌收養之。未幾，岌夫妻俱死，轉養舅張軻家。軻甚貧窶，后躬親勞苦。煬帝爲晋王，文帝爲選妃於梁，卜諸女皆不吉。巋乃迎后於舅氏，令使者占之，曰：“吉。”遂册爲妃。

[1]梁明帝：即西梁皇帝蕭巋。字仁遠，蘭陵（一説在今江蘇常州市，一説在今江蘇丹陽市）人。西梁的第二位君主。謚明。見《北史》卷九三《蕭詧附蕭巋傳》。

后性婉順，有智識，好學解屬文，[1]頗知占候，文帝大善之。煬帝甚寵敬焉。及帝嗣位，立爲皇后。帝每游幸，未嘗不隨從。時后見帝失德，心知不可，不敢措言，因爲《述志賦》以自寄焉。其詞曰：

[1]解：宋本作“善”。按：二者文意均通，未詳孰是。

承積善之餘慶，備箕箒於皇庭。恐脩名之不

立，[1]將負累於先靈。迺夙夜而匪懈，實夤懼於玄冥。[2]雖自强而不息，亮愚蒙之多滯。[3]思竭節於天衢，才追心而弗逮。實庸薄之多幸，荷隆寵之嘉惠。賴天高而地厚，屬王道之升平。均二儀之覆載，與日月而齊明。迺春生而夏長，等品物而同榮。願立志於恭儉，私自兢於誡盈。孰有念於知足，苟無希於濫名。惟至德之弘深，情弗邇於聲色。感懷舊之餘恩，求故劍於宸極。叨不世之殊眄，[4]謬非才而奉職。何寵禄之踰分，撫胸襟而未識。雖沐浴於恩光，内慚惶而累息。顧微躬之寡昧，思令淑之良難。實不遑於啓處，將有情而自安！[5]若臨深而履薄，心戰慄其如寒。

[1]不立：毛本、殿本作"不空"。按：從文意來看，當從底本。

[2]夤（yín）：恭敬，敬畏。

[3]亮愚蒙之多滯：源氏校勘記云："'多'《隋書》作'所'。"

[4]殊眄（miǎn）：欣賞。

[5]將有情而自安：中華本校勘記云："《隋書》'有'作'何'，是。"可從。

夫居高而必危，每處滿而防溢。知恣夸之非道，乃攝生於冲謐。[1]嗟寵辱之易驚，尚無爲而抱一。履謙光而守志，且願安乎容膝。珠簾玉箔之奇，金屋瑶臺之美，雖時俗之崇麗，蓋哲人之所鄙。愧絺綌之不工，[2]豈絲竹而喧耳。知道德之可尊，明善惡之由己。蕩囂煩之俗慮，乃伏膺於經史。[3]綜箴誡以訓心，觀女圖而作軌。遵古賢之令範，冀福禄之能綏。時循躬而三省，覺今是而昨非。嗤黄、老之損思，信爲善之可歸。慕周姒之遺風，[4]美虞妃之聖則。[5]仰先哲之高才，慕至人之休德。質非薄而難蹤，心恬愉而去惑。乃平生之耿介，實禮義之所遵。雖生知之不敏，庶積行以成仁。懼達人之蓋寡，謂何求而自陳。誠素志之難寫，同絶筆於獲麟。[6]

[1]沖謐（mì）：淡泊名利，寧静自守。

[2]絺（chī）綌（xì）：葛布衣服。

[3]伏膺：意爲從學。毛本、殿本、四庫本、局本、四部備要本作“服膺”。源氏校勘記云：“‘服’《隋書》作‘伏’。”

[4]周姒：西周武王之母，文王正妃。旦夕勤勞，以盡婦道。

[5]虞妃：傳説中上古虞舜之妃，即娥皇、女英。相傳舜南巡死於蒼梧之野，二妃悲哭而死。

[6]獲麟：指春秋時魯哀公十四年（前481）獵獲麒麟一事。相傳孔子作《春秋》至此而輟筆。麒麟爲瑞獸，却在末世出現，孔子有感於大道不行，致使《春秋》輟筆。

及帝幸江都，臣下離貳。有宫人白后曰：“外聞人人欲反。”后曰：“任汝奏之。”宫人言於帝，帝大怒曰：“非汝宜言！”乃斬之。後宫人復白后曰：“宿衛者往往偶語謀反。”后曰：“天下事一朝至此，勢去已然，無可救也。何用言，徒令帝憂煩耳！”自是無復言者。

及宇文化及之亂，隨軍至聊城。[1]化及敗，没於竇建德。建德妻曹氏妒悍，煬帝妃嬪美人並使出家，並后置於武强縣。[2]是時突厥處羅可汗方盛，[3]其可賀敦即隋義城公主也，[4]遣使迎后。建德不敢留，遂攜其孫正道及諸女入於虜庭。大唐貞觀四年，破突厥，皆以禮致之，歸于京師，賜宅於興道里。[5]二十一年，殂。[6]詔以皇后禮於揚州合葬於煬帝陵，[7]謚曰愍。

[1]聊城：縣名。治所在今山東聊城市東北。

[2]武强：縣名。治所在今河北武强縣西南舊城。

[3]處羅可汗：東突厥啓民可汗子，始畢可汗弟，公元619年至620年在位。

[4]可賀敦：回紇、蒙古等民族對可汗之妻的稱呼。

[5]興道里：地名。在今陝西西安市。

[6]殂：宋本缺。

[7]揚州：隋朝時治江陽縣，在今江蘇揚州市。

論曰：男女正位，人倫大綱。三代已還，逮於漢、晋，何嘗不敗於嬌詖而興於聖淑。[1]至如后稷稟靈巨迹，神元生自天女，[2]克昌來葉，[3]異世同符。魏諸后婦人之識，無足論者。文明邪險，[4]幸不墜國。靈后淫恣，[5]卒亡天下。傾城之誡，其在兹乎。乙后迫於畏逼，[6]有足傷矣。昔鉤弋年少子幼，[7]漢武所以行權，魏世遂爲常制，子貴而其母必死。矯枉之義，不亦過乎！孝文終革其失，[8]良有以也。

[1]嬌詖：驕横偏頗。　聖淑：賢達。

[2]神元：即拓跋力微。神元爲其謚號，北魏道武帝所追謚。

[3]克昌來葉：後代子孫昌盛。

[4]文明：即北魏文成帝皇后馮氏。文明爲其謚號。

[5]靈后：即北魏宣武帝皇后胡氏。靈爲其謚號。

[6]乙后：即西魏文帝皇后乙弗氏。

[7]鉤弋：即鉤弋夫人。河間（今河北河間市）人。漢武帝夫人，生子劉弗陵，是爲漢昭帝。漢武帝爲防止“子少母壯”，出現漢初吕后專權的局面，遂賜死鉤弋夫人。見《漢書》卷九七上《外戚傳上》。

[8]孝文：即北魏皇帝元宏。孝文爲其謚號。

神武肇興齊業，武明追蹤周亂；温公之敗邦家，[1]馮妃比迹褒后。[2]然則汙隆之義，[3]蓋有係焉。其餘作孽爲眚，[4]外平内蠹，鑒之近代，於齊爲甚。

[1]温公：即北齊後主高緯。

[2]褒后：周幽王的寵妃褒姒。見《史記》卷四《周本紀》。

[3]汙隆：升與降。常指世道的盛衰或政治的興替。

[4]眚：底本作“責”，四庫本、局本、中華本作“眚”。按：從文意來看，當從中華本，今改。

周氏粤自文皇，[1]逮乎武帝，[2]年踰二紀，[3]世歷四君。業非草昧之辰，事殊權宜之日，乃棄同即異，以夷亂華，汩婚姻之彝序，[4]求豺狼之外利。既而報者倦矣，施者無厭，向之所謂和親，未幾已成讎敵。奇正之道，有異於斯。于時武皇雖受制於人，未親庶政，而謀士韞奇，[5]直臣鉗口，過矣哉！而歷觀前載，[6]以外戚而居宰輔者多矣，而傾漢室者王族，[7]喪周家者楊氏，何滅亡之禍，若合契焉。

[1]文皇：即宇文泰。

[2]武帝：即北周皇帝宇文邕。底本作“宣帝”，中華本校勘記云：“諸本‘武帝’作‘宣帝’。《周書》卷九史臣論作‘自周氏受命，逮乎高祖’。按下文所指是周武帝（即高祖）結婚突厥事。自宇文泰於永熙三年（534年）執政，至武帝即位（武成二年、560年），共二十六年，故云：‘年踰二紀，世歷四君。’作‘宣帝’誤。今據《周書》改。”今從改。

[3]二紀：宋本作“三紀”。當從底本。

[4]汩：亂，擾亂。

[5]韞（yùn）奇：隱藏奇謀。

[6]而歷觀前載：中華本校勘記云：“《周書》無‘而’字，此衍文。”可從。

[7]傾漢室者王族：指西漢末年王莽代漢之事，爲外戚篡權之例。

隋文取鑒於已遠，大革前失，故母后之家不罹禍敗。獨孤權無吕、霍，[1]獲全仁壽之前；蕭氏勢異梁、竇，[2]不傾大業之後。至或不隕舊基，或更隆克構，豈非處之以道，其所致然乎？

[1]吕霍：指西漢初年吕氏家族、西漢中期霍氏家族。

[2]梁竇：即東漢梁冀家族與竇憲家族。皆以外戚專權，驕奢横暴，壓制帝族。

北史　卷一五

列傳第三

魏諸宗室

上谷公紇羅，[1]神元皇帝之曾孫也。[2]初從道武皇帝自獨孤如賀蘭部，[3]與弟建勸賀蘭訥推道武爲主。[4]及道武即帝位，以援立功，與建同日賜爵爲公。卒。

[1]上谷公：封爵名。上谷，郡名。北魏時治居庸，在今北京延慶縣。

[2]神元：即拓跋力微。神元爲其謚號，北魏道武帝所追謚。

［3］道武：北魏皇帝拓跋珪的謚號。　獨孤：匈奴族部落，以游牧爲生。　賀蘭部：十六國時與拓跋部有姻親關係。

［4］賀蘭訥：人名。代（今山西大同市東北）人。屬賀蘭部。北魏道武帝舅。見《北史》卷八〇《賀訥傳》。《魏書》卷一四《上谷公紇羅傳》作“賀訥”。

子題，賜爵襄城公，[1]後進爵爲王。擊慕容驎於義臺，[2]中流矢薨。帝以太醫令陰光爲視療，[3]不盡術，伏法。子悉襲，降爵爲襄城公。[4]卒，贈襄城王。

［1］襄城公：封爵名。襄城，郡名。北魏時治襄城縣，在今河南襄城縣。

［2］慕容驎：人名。本作“慕容麟”，小字賀驎。十六國時後燕宗室。多次背叛父、兄，並一度稱燕帝。　義臺：地名。在今河北新樂市西南。

［3］太醫令：官名。掌宮廷醫藥。

［4］襄城公：底本作“襄陽公”，中華本校勘記云：“諸本‘城’作‘陽’，《魏書》卷一四（補）《神元平文諸帝子孫傳》及《通志》卷八四上《後魏宗室傳》作‘城’。按悉襲爵是襄城王，卒贈亦是襄城王，其間降爵自應是襄城公。今據改。”今從改。

神元後又有建德公嬰文、真定侯陸，[1]並仕太武，[2]特獲封爵。

［1］建德公：封爵名。建德，郡名。北魏時治白狼城，在今遼寧喀喇沁左翼蒙古族自治縣平房子鎮附近。　嬰文：即拓跋嬰文，人名。北魏宗室。見《魏書》卷一四《建德公嬰文傳》。　真定侯：封爵名。真定，縣名。治所在今河北正定縣南。　陸：即拓跋

陸，人名。北魏宗室。見《魏書》卷一四《真定侯陸傳》。

[2]太武：即北魏皇帝拓跋燾。太武爲其謚號。

武陵侯因、長樂王壽樂，[1]並章帝之後也。[2]

[1]武陵侯：封爵名。遥封。武陵，郡名。南朝宋時治武陵縣，在今湖南常德市。　長樂王：封爵名。長樂，郡名。北魏時治信都縣，在今河北冀州市。

[2]章帝：即拓跋悉鹿。章爲其謚號，北魏道武帝所追謚。

因從道武平中原，以功封曲逆侯。[1]太武時，改爵武陵。

[1]曲逆侯：封爵名。曲逆，縣名。治所在今河北順平縣東南。

壽樂位選部尚書、南安王，[1]改封長樂王。文成即位，[2]壽樂有援立功，拜太宰、大都督中外諸軍、録尚書事。[3]矜功，與尚書令長孫渴侯争權，[4]並伏法。

[1]選部尚書：官名。漢靈帝末由吏曹尚書改名，職掌選任官吏，隸尚書臺。魏晋時改名吏部尚書。北魏前期，或置選部尚書，或置吏部尚書。孝文帝時定置爲吏部尚書。　南安王：封爵名。南安，郡名。北魏時治桓道縣，在今甘肅隴西縣東南。

[2]文成：即北魏皇帝拓跋濬。文成爲其謚號。

[3]太宰：官名。即大宰、冢宰。北魏時在太師、太傅、太保之上别置太宰。一品。　大都督：官名。北魏曾設京畿大都督以總攝軍人。　録尚書事：官名。北魏時爲尚書省長官，總領尚書省政

務，尚書令、僕射爲其副貳，職權甚重，多以公卿權重者居之，負責綜理政務，總知國事。

[4]尚書令：官名。北魏初不常置，亦不掌實際政務，孝文帝改制後，尚書省權任頗重，以録尚書事爲長官，尚書令爲副貳，兼掌監察百官，皆爲宰相。孝文帝太和十七年（493）定爲從一品上，二十三年定爲二品。　長孫渴侯：人名。北魏官吏。太武帝時爲殿中尚書，太武帝正平二年（452），迎立拓跋濬。後爲尚書令，加儀同三司。

望都公頹，[1]昭帝之後也。[2]隨道武平中原，賜爵望都侯。太武以頹美儀容，進止可觀，使迎左昭儀於蠕蠕，[3]進爵爲公。卒。

[1]望都公：封爵名。望都，縣名。治所在今河北望都縣西北。

[2]昭帝：即拓跋禄官。昭爲其謚號，北魏道武帝所追謚。

[3]左昭儀：妃嬪名。漢元帝時設，南朝宋武帝時爲九嬪之一，梁、陳等因之，北魏則分左、右，位比丞相。此指蠕蠕敕連可汗的妹妹。　蠕蠕：族名。亦稱柔然，本爲東胡的一支，屬拓跋部。南北朝時始强大，活動於今蒙古國南部地區。以游牧爲生。見《北史》卷九八《蠕蠕傳》。

曲陽侯素延、順陽公郁、宜都王目辰，[1]並桓帝之後也。[2]

[1]曲陽侯：封爵名。曲陽，縣名。治所在今河北晋州市西。　順陽公：封爵名。遥封。順陽，郡名。東晋時治南鄉縣，在今河南淅川縣西南。　宜都王：封爵名。遥封。宜都，郡名。東晋時治夷道縣，在今湖北宜都市。

[2]桓帝：即拓跋猗㐌。桓爲其謚號，北魏道武帝所追謚。

素延以小統從道武征討諸部，[1]初定并州，[2]爲刺史。[3]道武之驚於栢肆也，[4]并州守將封寳真爲逆，素延斬之。時道武意欲撫悦新附，悔參合之誅。[5]而素延殺戮過多，坐免官。中山平，[6]拜幽州刺史，[7]豪奢放逸，左遷上谷太守。後賜爵曲陽侯。時道武留心黄老，[8]欲以純風化俗，雖乘輿服御，皆去雕飾。素延奢侈過度，帝深銜之，[9]積其過，因徵，坐賜死。

[1]小統：官名。統步兵、屯騎、長水、越騎、射聲五校尉。

[2]并州：北魏時治晋陽縣，在今山西太原市晋源區古城營村一帶。

[3]刺史：官名。漢武帝時始設，初爲十三人，無治所，秩六百石，以六條問事巡視監察諸州。自東漢後期起演變爲比郡高一級之地方行政長官。魏晋以降刺史多領兵開府，加將軍號，别稱州將。不領兵者稱單車刺史，仍加督或都督。除北魏每州設三刺史外，歷朝每州均設一刺史。

[4]栢肆：地名。在今河北藁城市境内。

[5]參合之誅：是指十六國後期北魏在參合陂大敗後燕，在大臣王建的建議下，坑殺所有投降的燕軍。參合，即參合陂，地名。在今内蒙古凉城縣東北。

[6]中山：郡名。北魏時治盧奴縣，在今河北定州市。

[7]幽州：北魏時治薊縣，在今北京西南。

[8]黄老：戰國後期開始形成的學術流派。繼承道家早期基本理論，並對其加以改造和發展。漢初，人們稱道家爲“黄老”。黄，是託名黄帝的主張。老，是指老子思想。

［9］深銜：十分痛恨。

郁少忠正允直。[1]文成時，位殿中尚書，[2]賜爵順陽公。文成崩，乙渾專權，[3]郁從順德門入，[4]欲誅渾。渾窘怖，遂奉獻文臨朝。[5]後復謀殺渾，[6]爲渾所誅。獻文録郁忠正，追贈順陽王，謚曰簡。

［1］允直：中華本作“亢直”。按：詞義均通，未詳孰是。

［2］殿中尚書：官名。晋武帝時始置，爲尚書省六曹尚書之一，職掌不詳。北魏復置，領宫中兵馬，典宫禁宿衛及倉庫，或説領殿中、直事、三公、駕部四郎曹。孝文帝太和十七年定爲二品中（參張金龍《北魏前期禁衛武官制度考論——以史籍記載爲中心》，《歷史研究》2003年第3期）。

［3］乙渾：人名。北魏大臣。圖謀擅權，位居諸王之上，後以謀反罪伏誅。

［4］順德門：故址在今山西大同市東北。

［5］獻文：即北魏皇帝拓跋弘。獻文爲其謚號。

［6］謀殺渾：宋本作“謀殺”。按：從文意來看，當從底本。

目辰，文成即位，歷侍中、尚書左僕射，[1]封南平公。[2]乙渾謀亂，目辰、順陽公謀殺之。[3]事發，目辰逃免。獻文傳位，有定策勳。孝文即位，[4]進爵宜都王，除雍州刺史，[5]鎮長安。有罪，伏法，爵除。

［1］侍中：官名。北朝常總典機密，受遺詔輔政，權任尤重，時號“小宰相”。北魏初置四員。孝文帝太和十七年定爲從一品中，二十三年改爲三品。　尚書左僕射：官名。職掌都省庶務及執法，

或典選舉，左僕射權力大於右僕射，兼掌糾彈百官。北魏孝文帝太和十七年定爲從一品中，二十三年改爲從二品。

[2]南平公：封爵名。遥封。南平，郡名。南朝宋時治江安縣，在今湖北公安縣東北。

[3]謀殺：底本作“誅殺”，毛本、殿本、四庫本、局本、四部備要本、中華本作“謀殺”。按：從文意來看，底本誤，今從改。

[4]孝文：即北魏皇帝元宏。孝文爲其謚號。

[5]雍州：北魏時治長安縣，在今陝西西安市西北。

六修，穆帝長子也。[1]少凶悖。穆帝五年，遣六修與輔相衛雄、范班及姬澹等救劉琨，[2]帝躬統大兵爲後繼。劉粲懼，[3]突圍而走，殺傷甚衆。帝因大獵壽陽山，[4]陳閲皮肉，[5]山爲變赤。

[1]穆帝：即拓跋猗盧。穆爲其謚號，北魏道武帝所追謚。

[2]輔相：即宰相，也泛指大臣。　衛雄：人名。字世遠，代（今山西大同市東北）人。十六國時代國大將。見《北史》卷二〇《衛操附衛雄傳》。　姬澹：人名。《資治通鑑》卷八八作“箕澹”胡三省注云：“《考異》又曰：‘箕澹’，《十六國春秋》《後魏書》作‘姬澹’。今從《劉琨傳》。”　劉琨：人名。字越石，中山魏昌（今河北定州市）人。西晋將領。見《晋書》卷六二《劉琨傳》。

[3]劉粲：人名。字士光，新興（今山西忻州市）人，匈奴族。十六國時漢君主。見《晋書》卷一〇二《劉聰附劉粲載記》。

[4]壽陽山：在今山西壽陽縣。

[5]陳閲皮肉：將狩獵所得獵物的皮肉陳列擺放。

穆帝少子比延有寵，欲以爲後。六修出居新平城，[1]而黜其母。六修有驊騮駿馬，[2]日行五百里，穆帝欲取以給比延。後六修來朝，穆帝又命拜比延，六修不從。穆帝乃坐比延於己所乘步輦，使人導從出游。六修望見，以爲穆帝，謁伏路左。及至，乃是比延，慚怒而去。穆帝怒，伐之。帝軍不利，六修殺比延。帝改服微行人間，有賤婦人識帝，遂暴崩。桓帝子普根先守于外，[3]聞難來赴，滅之。

[1]新平城：在今山西山陰縣岱岳鎮。

[2]驊騮：本指西周穆王的八駿馬之一，後代指駿馬。

[3]普根：人名。十六國時鮮卑族拓跋部貴族。猗盧時，位左賢王，率衆擊退慕容廆。

吉陽男比干、江夏公吕，[1]並道武族弟也。

[1]吉陽男：封爵名。遥封。吉陽，縣名。治所在今湖北竹溪縣西。　江夏公：封爵名。遥封。江夏，郡名。東晋時治安陸縣，在今湖北安陸市北。

比干以司衛監討白澗丁零有功，[1]賜爵吉陽男。後爲南道都將，[2]戰没。

[1]司衛監：官名。總督禁旅，掌宫禁秩序，權任很重，由宗室或鮮卑著姓擔任。北魏孝文帝太和十七年定爲三品上。　白澗丁零：白澗即白澗山，又作白澗嶺。在今山西陽城縣西北。東晋時丁零人翟猛雀入白澗山爲亂，故稱其白澗丁零。丁零，族名。漢代主要分布在今貝加爾湖以南地區，東漢時部分南遷進入内地。兩晋南

北朝時期，在今山西、河北境内有定州丁零、中山丁零、北地丁零等部，漸與内地民族融合。留在漠北的大部分丁零，《晉書》稱爲敕勒，《隋書》稱爲鐵勒。

[2]都將：官名。北魏所置武職之一，統禁軍侍衛皇帝左右或出征、鎮守在外。地位很高，多自鎮將或三都大官遷此，亦有三公任此職者。孝文帝太和十七年職員令及二十三年復次職員令皆未載。

吕以軍功封江夏公，位外都大官，[1]大見尊重。卒，贈江夏王，陪葬金陵。[2]

[1]外都大官：官名。爲外都坐大官的省稱，北魏前期設，掌畿外刑獄及監評官吏。與中都大官、内都大官合稱三都大官。多由宗室諸王、外戚及重臣擔任，祭吊時位在三公及尚書令上。孝文帝改制時罷（參周兆望《北魏“三都大官”若干問題考辨》，《文史哲》2002 年第 1 期）。

[2]金陵：北魏遷都洛陽以前埋葬皇帝和皇后的陵區，在今内蒙古和林格爾縣西北。

高凉王孤，[1]平文皇帝之第四子也。[2]多才藝，有志略。烈帝之前元年，[3]國有内難，昭成如襄國。[4]後烈帝臨崩，顧命迎立昭成。及崩，群臣咸以新有大故，昭成來未可果，宜立長君。次弟屈剛猛多變，不如孤之寬和柔順。於是大人梁蓋等殺屈，共推孤。不肯，乃自詣鄴奉迎，[5]請身留爲質，石季龍義而從之。[6]昭成即王位，乃分國半部以與之。薨。

[1]高涼王：封爵名。高涼，郡名。十六國時治高涼縣，在今山西稷山縣東南。

[2]平文：即拓跋鬱律。平文爲其謚號，北魏道武帝所追謚。

[3]烈帝：即拓跋翳槐。烈爲其謚號，北魏道武帝所追謚。

[4]昭成：即拓跋什翼犍。昭成爲其謚號，北魏道武帝所追謚。襄國：地名。在今河北邢臺市。

[5]鄴：城名。在今河北臨漳縣西南。

[6]石季龍：人名。即石虎。字季龍，羯族。《北史》避唐高祖祖父李虎諱，以字行。十六國時後趙第三位君主。見《晋書》卷一〇六、一〇七《石季龍載記》。

子斤，失職懷怒，構寔君爲逆，[1]死於長安。道武時，以孤勳高，追封高涼王，謚曰神武。

[1]寔君：人名。昭成帝什翼犍庶長子。

斤子真樂，[1]頻有戰功，後襲祖封。明元初，[2]改封平陽王。[3]薨。

[1]真樂：中華本校勘記云："按本書卷一《道武紀》、《魏書》卷二《太祖紀》天興二年，本書卷一《明元紀》、《魏書》卷三《太宗紀》永興元年，'真樂'並作'樂真'。下文'高祖真樂'，《魏書》卷一四也作'樂真'。疑'樂真'是。"

[2]明元：即北魏皇帝拓跋嗣。明元爲其謚號。

[3]平陽王：封爵名。平陽，郡名。北魏時治平陽縣，在今山西臨汾市西南。

子禮，襲本爵高涼王。薨，謚懿王。

子那，襲爵，拜中都大官，[1]驍猛善攻戰。正平初，[2]坐事伏法。

[1]中都大官：官名。即中都坐大官。北魏前期設，與外都坐大官、內都坐大官合稱三都大官。掌畿中刑獄、聽理民訴訟。任此職者多爲宗室諸王、外戚及重臣，權勢極大。祭吊時位在三公及尚書令之上。孝文帝改制時罷。

[2]正平：北魏太武帝的年號（451—452）。

獻文即位，追那功，命子紇紹封。薨。

子大曹，性愿直。孝文時，諸王非道武子孫者，例降爵爲公。以大曹先世讓國功重，高祖真樂勳著前朝，改封太原郡公。[1]卒，無子，國除。

[1]太原郡公：封爵名。太原，郡名。北魏時治晉陽縣，在今山西太原市晉源區古城營村一帶。

宣武又以大曹從兄子洪威紹。[1]恭謙好學，爲潁川太守，[2]有政績。孝静初，[3]在潁川聚衆應西魏，齊神武遣將討平之。[4]

[1]宣武：即北魏皇帝元恪。宣武爲其謚號。

[2]潁川：郡名。北魏時治長社縣，在今河南長葛市東北。

[3]孝静：即東魏皇帝元善見。孝静爲其謚號。

[4]齊神武：《魏書》卷一四《高涼王孤傳》作“齊獻武王”。按：二者均指高歡。神武爲其謚號，北齊後主所追謚。

禮弟陵，太武賜爵襄邑男，[1]進爵爲子。卒。

[1]襄邑男：封爵名。襄邑，縣名。治所在今河南杞縣西。

子瓌，位柔玄鎮司馬。[1]

[1]柔玄鎮：軍鎮名。一説位於今河北尚義縣三工地鎮的土城子古城（參魏雋如、張智海《北魏柔玄鎮地望考述》，《北方文物》2009年第1期）。一説位於今內蒙古察哈爾右翼後旗韓勿拉蘇木克里孟村北谷地之中克里孟古城（參張文平、苗潤華《長城資源調查對於北魏長城及六鎮鎮戍遺址的新認識》，《陰山學刊》2014年第6期）。　司馬：官名。軍府高級幕僚，掌參贊軍務，管理府內武職，位僅次於長史，其品秩隨府主而定，高低不等。

瓌子鷙，字孔雀。孝文末，以軍功賜爵晋陽男。武泰元年，[1]尒朱榮至河陰，[2]殺戮朝士。時鷙與榮共登高冢，俯而觀之。自此後，與榮合。永安初，[3]封華山王。[4]莊帝既殺尒朱榮，[5]從子兆爲亂。[6]帝欲率諸軍親討，而鷙與兆陰通，乃勸帝曰："黄河萬仞，寧可卒度？"帝遂自安。及兆入殿，鷙又約止衛兵。帝見逼，京邑破，皆由鷙之謀。孝靜初，入爲大司馬，[7]加侍中。

[1]武泰：北魏孝明帝的年號（528）。

[2]尒朱榮：人名。字天寶，北秀容（今山西朔州市）人，契胡族。北魏大臣。見《北史》卷四八《尒朱榮傳》。　河陰：縣名。治所在今河南孟津縣東。

[3]永安：北魏孝莊帝的年號（528—530）。

[4]華山王：封爵名。華山，郡名。北魏時治鄭縣，在今陝西華縣東南。

[5]莊帝：即北魏皇帝元子攸。莊爲其謚號。

[6]兆：即尒朱兆，人名。字萬仁，北秀容（今山西朔州市）人，契胡族。北魏大臣。見《北史》卷四八《尒朱榮附尒朱兆傳》。

[7]大司馬：官名。居三公之上、三師之下，開府置僚屬，然無具體職司。北魏時與大將軍並稱“二大”，仍爲加官，常典軍事，地位尊顯，皆一品。

鷙容貌魁壯，腰帶十圍，有武藝。木訥少言，性方厚。每息直省闥，[1]雖暑月不解衣冠。曾於侍中高岳之席，[2]咸陽王坦恃力使酒，[3]衆皆下之。坦謂鷙曰：“孔雀老武官，何因得王？”鷙答曰：“斬反人元禧首，[4]是以得之。”衆皆失色，鷙怡然如故。興和三年，[5]薨，贈假黄鉞、尚書令、司徒公。[6]

[1]息直省闥：在禁中執勤。

[2]高岳：人名。字洪略，勃海蓨（今河北景縣）人。北齊宗室。見《北史》卷五一《清河王岳傳》。

[3]咸陽王：封爵名。咸陽，郡名。北魏時治池陽縣，在今陝西涇陽縣。　坦：即元坦，人名。一名穆，字延和。北魏宗室、東魏大臣。見《北史》卷一九《咸陽王禧附元坦傳》。

[4]元禧：人名。字思永。北魏宗室。見《北史》卷一九《咸陽王禧傳》。底本作“元憘”，局本作“元禧”。中華本校勘記云：“諸本‘禧’訛‘憘’，據《魏書》《通志》改。錢氏《考異》云：‘按鷙封王在孝莊時，距咸陽王禧之誅已二十八九年矣。本傳及禧傳俱不載斬禧事，恐未可信。’”今從改。

[5]興和：東魏孝静帝的年號（539—542）。

[6]贈假黄鉞：宋本無“贈”。按：此乃死後贈官，宋本誤。假黄鉞，官制用語。黄鉞即飾以黄金的鉞，本用於皇帝儀仗。所加者多爲最高軍事長官。　司徒公：官名。司徒的尊稱。分掌宰相職能。北魏初曾令州郡公文先上司徒府，後改上丞相府。一品。

子大器，襲爵。後與元瑾謀害齊文襄，[1]見害。

[1]元瑾：人名。北魏宗室。見《北史》卷一六《廣陽王建附元瑾傳》。　齊文襄：即高澄。文襄爲其謚號，北齊文宣帝所追謚。

孤孫度，道武初，賜爵松滋侯，[1]位比部尚書。[2]卒。

[1]松滋侯：封爵名。遥封。松滋，縣名。治所在今安徽霍邱縣。

[2]比部尚書：官名。分掌尚書比部曹事，職掌稽核簿籍。

子乙斤，襲爵襄陽侯。[1]獻文崇舊齒，拜外都大官，甚優重。卒。

[1]襄陽侯：封爵名。遥封。襄陽，縣名。治所在今湖北襄樊市。

子平，字楚國，襲世爵松滋侯，以軍功賜艾陵男。[1]卒。

[1]艾陵男：封爵名。艾陵，古邑名。在今山東泰安市岱岳區。

子萇，孝文時，襲爵松滋侯，例降侯，賜艾陵伯。萇性剛毅，雖有吉慶事，未嘗開口而笑。孝文遷都，萇以代尹留鎮，[1]除懷朔鎮都大將。[2]因別，賜萇酒，雖拜飲而顏色不泰。帝曰："聞公一生不笑，今方隔山，當爲朕笑。"竟不能得。帝曰："五行之氣，偏有所不入，六合之間，亦何事不有！"左右見者，無不把腕大笑。[3]

[1]代尹：官名。代郡軍事行政長官。代，郡名。北魏時治平城，在今山西大同市東北。

[2]懷朔：軍鎮名。北魏六鎮之一，在今内蒙古固陽縣百靈淖城圐圙古城。 鎮都大將：官名。北魏在邊緣之地設置鎮都大將，統兵作戰，抵禦外來侵略，與刺史品秩同。城隍、倉庫等皆由鎮將管理，但不治理地方，權力重於刺史。

[3]把腕：四庫本作"扼腕"。按：把腕，握住手腕，表示親密；扼腕，自己一手握住另一手腕部，表示焦慮、憤怒、激動等心理活動。疑當從底本。

宣武時，爲北中郎將，[1]帶河内太守。[2]萇以河橋船絙路狹，[3]不便行旅，又秋水泛漲，年常破壞，乃爲船路，遂廣募空車從京出者，[4]率令輸石一雙，累以爲岸。橋闊，來往便利。近橋諸郡，無復勞擾，公私賴之。歷位度支尚書、侍中、雍州刺史。[5]卒，謚曰成。萇中年以後，官位微達，乃自尊倨，閨門無禮，昆季不穆，性又貪虐，論者鄙之。

[1]北中郎將：官名。東漢末年置，與東、西、南中郎將並稱四中郎將。魏晋南北朝沿置，多帥師征戰，職權頗重。

[2]河内：郡名。北魏時治野王縣，在今河南沁陽市。

[3]綄（huán）：緩。

[4]廣募空車：底本作“廣空車”，中華本校勘記云：“各本脱‘募’字，南本及《魏書》注‘疑’字。今據《册府》卷六七八補。”今從改。

[5]度支尚書：官名。尚書省度支曹長官，統管度支、户部、金部、倉部四曹。掌軍國財賦的收支會計及漕運物價屯田之政令。北魏孝文帝太和十七年定爲二品中，二十三年改爲三品。

萇子子華，字伏榮，襲爵。孝莊初，[1]除齊州刺史。[2]先是，州境數經反逆，邢杲之亂，[3]人不自保。而子華撫集豪右，委之管籥。[4]衆皆感悦，境内帖然。而性甚褊急。當其急也，口不擇言，手自捶擊。長史鄭子湛，[5]子華親友也。見侮罵，[6]遂即去之。子華雖自悔厲，終不能改。在官不爲矯潔之行，凡有餽贈者，辭多受少，故人不厭其取。鞫獄訊囚，務加仁恕，齊人樹碑頌德。後除濟州刺史。[7]尒朱兆之入洛也，[8]齊州城人趙洛周逐刺史，丹楊王蕭贊表濟南太守房士達攝行州事。[9]洛周子元顯先隨子華在濟州，邀路改表，請子華復爲齊州刺史。子華母房氏曾就親人飲食，夜還，大吐，人以爲中毒，母甚憂懼。子華遂掬吐盡噉之，其母乃安。尋以母憂還都。

[1]孝莊：即北魏皇帝元子攸。孝莊爲其謚號。

[2]齊州：北魏時治歷城縣，在今山東濟南市。

[3]邢杲：人名。河間（今河北河間市）人。北魏末年山東起義軍首領。

[4]管籥：鎖鑰，比喻事情的關鍵。

[5]長史：官名。掌顧問參謀。

[6]見：底本作“湛”，中華本作“見”，按：據文意，當從中華本改。

[7]濟州：北魏時治碻磝城，在今山東茌平縣西南。

[8]洛：指北魏都城洛陽。在今河南洛陽市東北。

[9]丹楊王：封爵名。遥封。丹楊，郡名。南朝宋時治建業縣，在今江蘇南京市。毛本、四庫本、局本作“丹陽王”。　蕭贊：人名。即蕭綜，或作“蕭琮”。字世謙，南蘭陵（一説在今江蘇常州市，一説在今江蘇丹陽市）人。南朝梁宗室，後降北魏。見《梁書》卷五五《豫章王綜傳》。　濟南：郡名。北魏時屬齊州，治歷城縣，在今山東濟南市。　攝行：代理。

孝静初，除南兖州刺史。[1]弟子思通使關西，[2]朝廷使右衛將軍郭瓊收之。[3]子思謂瓊僕曰：[4]“速可見殺，何爲久執國士?”子華謂子思曰：“由汝粗疏，令我如此!”頭叩床，涕泣不自勝。子思以手捋鬚，[5]顧謂子華曰：“君惡體氣。”[6]尋與子思俱賜死於門下外省。[7]

[1]南兖州：東魏時治譙城，在今安徽亳州市。

[2]關西：指西魏。

[3]右衛將軍：官名。晉武帝分中衛將軍爲左、右衛將軍，共掌宿衛營兵。北魏孝文帝太和十七年定爲從二品下，二十三年改爲三品。　郭瓊：人名。東魏官吏。歷任右衛將軍、瀛州刺史。後以罪被高歡處死。

[4]瓊僕：底本作“令僕”，毛本、殿本、四庫本、局本、四

部備要本、中華本作“瓊僕”。按：今從中華本改。

[5]捋鬚：宋本作“埒鬚”。按：從文意來看，宋本誤。

[6]體氣：骨氣。

[7]門下外省：官署名。即門下省。北魏時成爲中央政權機構的重心。

子思字衆念，性剛暴，恒以忠烈自許。元天穆當朝權，以親從薦爲御史中尉。[1]先是，兼尚書僕射元順奏，[2]以尚書百揆之本，[3]至於公事，不應爲送御史。[4]至子思，奏曰：

[1]御史中尉：官名。北魏時爲御史中丞改稱，主御史臺，糾彈百官，參治刑獄。頗重其選。孝文帝太和十七年定爲三品上，二十三年定爲從三品。

[2]尚書僕射：官名。北魏時列位宰相，典選舉、執法等事務。從二品。　元順：人名。字子和，北魏宗室。見《北史》卷一八《任城王雲附元順傳》。

[3]尚書：官名。北魏時出爲朝官，分掌尚書諸曹，品秩提高，不再直接向皇帝奏事、承受詔命，成爲行政官員。三品。　百揆(kuí)：百官。

[4]不應爲送御史：《魏書》卷一四《高凉王孤附元子思傳》作“不應送御史”。

案《御史令》文：[1]“中尉督司百僚，[2]書侍御史糾察禁内。”[3]又云：“中尉出行，車輻前驅，除道一里，王公百辟避路。”時經四帝，前後中尉二十許人，奉以周旋，未曾暫廢，府寺臺省並從此令。唯肅宗之世爲臨洮舉哀，[4]故兼尚書左僕射臣順不肯與名，又不送簿。故中尉臣酈道元舉而奏之，[5]而順復啓云："尚書百揆之本，令僕納言之貴，[6]不宜下隸中尉，送名御史。"尋亦蒙敕，聽如其奏。從此迄今，使無準一。[7]臣初上臺，[8]具見其事，意欲申請決議，但以權兼斯，[9]未宜便爾。日復一日，遂歷炎凉。

[1]御史令：北魏律令名。述御史職責。

[2]中尉：官名。御史中尉的簡稱。

[3]書侍御史：官名。治書侍御史的省稱。魏晋南北朝時爲御史中丞佐貳，御史臺要職，置二至四員，分領侍御史諸曹，監察、彈劾較高級官員，亦奉命出使，收捕犯官等。北魏時爲從五品。

[4]肅宗：即北魏孝明帝元詡。肅宗爲其廟號。　臨洮：指臨洮王元愉。字宣德。北魏宗室。後謀反，絶氣而死。靈太后追封其爲臨洮王。見《北史》卷一九《京兆王愉傳》。

[5]酈道元：人名。一作"酈元"。字善長，范陽涿鹿（今河北涿鹿縣東南）人。北魏官吏、地理學家。見《北史》卷二七《酈範附酈道元傳》。

[6]令僕：指尚書令與僕射。亦泛指股肱重臣。　貴：毛本、四庫本、四部備要本作"責"。按：從文意來看，當從底本。

[7]使無準一：源氏校勘記云："'使'《魏書》作'便'。"

[8]上臺：宋本作"尚臺"。按：臺，指御史臺。

[9]以權兼斯：中華本校勘記云："《魏書》《通志》無'斯'字。按疑'斯'下脱'職'字。"大意爲暫代御史一職。

去月朔旦，臺移尚書，索應朝名帳，而省稽留不送。[1]尋復移催并主吏，[2]忽爲尚書郎中裴獻伯後注云：[3]“案舊事，御史中尉逢臺郎於複道，[4]中尉下車執板，郎中車上舉手禮之。以此而言，明非敵體。”[5]臣既見此，深爲怪愕，旅省二三，未解所以。正謂都省别被新式，改易高祖舊命，[6]即遣移問，事何所依。又獲尚書郎中王元旭報：[7]“出蔡氏《漢官》，[8]似非穿鑿。”始知裴、王亦規壞典謨，[9]兩人心欲自矯。

[1]省：指尚書省。爲全國政務中心。以尚書令爲主官，或以權臣録尚書事總攝省務。以左右僕射、左右丞爲副職，下設數位尚書，每位尚書各領數曹，分掌有關政務。歷朝因之，尚書與曹數不一。

[2]尋復移催并主吏：中華本校勘記云：“《通志》無‘并’字，此疑衍。”

[3]尚書郎中：官名。凡尚書曹郎、郎中、侍郎皆可簡爲此稱。西漢置。掌收發文書奏章庶務，可直接向皇帝奏報本職政務。六品上。　裴獻伯：人名。河東聞喜（今山西聞喜縣）人。東魏官吏。見《北史》卷三八《裴駿附裴獻伯傳》。

[4]臺郎：這裏指尚書郎中等尚書省屬官。

[5]敵體：職位高低相當。敵，匹敵。

[6]高祖：即北魏孝文帝元宏。高祖爲其廟號。

[7]尚書郎中：底本作“尚書中郎”，中華本校勘記云：“諸本‘郎中’倒作‘中郎’，據《魏書》及下文‘尚書郎中臣裴獻伯、王元旭’語乙。”今從改。

[8]蔡氏漢官：指東漢蔡質所撰《漢官典職儀式選用》，内容爲上書謁見等禮儀。

[9]規壞典謨：破壞、曲解經典、制度。典謨，《尚書》中《堯典》《舜典》和《大禹謨》《皋陶謨》等篇的並稱，指代經典或成文的制度等。

臣案《漢書・宣秉傳》云，[1]詔徵秉爲御史中丞，[2]與司隸校尉、尚書令俱會殿廷，[3]並專席而坐，京師號之爲三獨坐。又尋《魏書・崔琰傳》、晋文陽《傅嘏傳》，[4]皆云既爲中丞，百僚震悚。以此而言，則中丞不揖省郎，[5]蓋已久矣，憲臺不屬都坐，[6]亦非今日。又尋《職令》云：[7]"朝會失時，即加彈糾。"則百官簿帳應送尚臺，[8]灼然明矣。又皇太子以下違犯憲制，皆得糾察，則令僕朝名宜付御史，又亦彰矣。不付名至，否臧何驗？臣順專執，未爲平通，先朝曲遂，[9]豈是正法！謹案尚書郎中臣裴獻伯、王元旭等望班士流，早參清宦，輕弄短札，[10]斐然若斯，苟執異端，忽焉至此。此而不綱，將隳朝令。請以見事免獻伯等所居官，付法科處。尚書納言之本，令僕百揆之要，同彼浮虛，助茲乖失，[11]宜明首從，節級其罪。

[1]宣秉傳：宋本作"宣秉"。按：從文意來看，當從底本。

[2]御史中丞：官名。西漢始置，爲御史大夫副貳，秩千石。掌監察、執法等。

[3]司隸校尉：官名。漢武帝時設。初掌管理、使役在中央諸官府服役的徒隸，亦捕治罪犯，後職掌糾察京都百官及京師附近三輔（京兆、左馮翊、右扶風）、三河（河東、河内、河南）、弘農

七郡的犯法者。　尚書令：官名。秦、西漢爲尚書署長官，掌收發文書，隸少府。西漢武帝以後，職權稍重。

[4]魏書崔琰傳晋文陽傅嘏傳：中華本校勘記云："錢氏《考異》云：'按《三國志》崔琰、傅嘏二傳並不云爲御史中丞。"晋文陽"或疑《晋陽秋》之訛。然嘏魏人，非晋人也。'按此有疑問。今不標。"今從之。

[5]省郎：官名。尚書省郎（郎中）的簡稱。

[6]憲臺：指御史臺。　都坐：北魏時尚書省的議事場所。

[7]職令：北魏孝文帝制定，於官品中置"從品"，從第四品起，每品又分上、下階。

[8]尚臺：中華本作"上臺"。按：上臺，上司也。臺，指御史臺。從文意來看，當從中華本。

[9]曲遂：曲意順從。

[10]短札：宋本作"短禮"。按：從文意來看，當從底本。

[11]乖失：過失。

詔曰："國異政，不可據之古事。付司檢高祖舊格，推處得失以聞。"尋從子思奏。仍爲元天穆所忿，遂停。元顥之敗，[1]封安定縣子。[2]孝静時，位侍中而死。

[1]元顥：人名。字子明。北魏宗室、大臣。見《北史》卷一九《北海王詳附元顥傳》。

[2]安定縣子：封爵名。安定，縣名。治所在今甘肅涇川縣北。

萇弟珍，字金雀，[1]襲爵艾陵男。宣武時，曲事高肇，[2]遂爲帝寵昵。彭城王勰之死，[3]珍率壯士害之。後卒於尚書左僕射。

[1]金雀：底本作“金省”，中華本校勘記云：“諸本‘雀’訛作‘省’，據《墓誌集釋·元珍墓誌》改。珍族兄鷙字孔雀，可爲旁證。”今從改。

[2]曲事：曲意逢迎。　高肇：人名。字首文，勃海蓨（今河北景縣）人。北魏大臣、外戚。見《北史》卷八〇《高肇傳》。

[3]彭城王：封爵名。彭城，郡名。北魏時治彭城縣，在今江蘇徐州市。　勰：即元勰，人名。字彦和。北魏宗室、大臣。見《北史》卷一九《彭城王勰傳》。

平弟長生，位游擊將軍，[1]卒。孝莊時，以子天穆貴盛，贈司空。[2]

[1]游擊將軍：官名。北魏置爲侍衛武職。孝文帝太和二十三年定爲四品上。《魏書》卷一四《高凉王孤傳》作“游騎擊將軍”。

[2]司空：官名。列三公之末。北魏時爲名譽宰相，多爲大臣加官。一品。

天穆性和厚，美形貌，射有能名。六鎮之亂，[1]尚書令李崇、廣陽王深北討。[2]天穆以太尉使勞諸軍，[3]路出秀容，[4]見尒朱榮，深相結託，約爲兄弟。未幾，改授別將，[5]赴秀容，爲榮腹心，除并州刺史。及榮赴洛，天穆參其始謀。莊帝踐阼，除太尉，[6]封上黨王，[7]徵赴京師。後增封，通前三萬户。尋監國史、録尚書事、開府，[8]世襲并州刺史。

[1]六鎮之亂：北魏末年，六鎮軍在杜洛周、葛榮等率領下，反抗北魏的統治。六鎮，包括沃野、懷朔、武川、撫冥、柔玄、

懷荒。

［2］李崇：人名。字繼長，小名繼伯，頓丘（今河南清豐縣西南）人。北魏官吏。見《北史》卷四三《李崇傳》。　廣陽王：封爵名。廣陽，郡名。北魏時治燕樂縣，在今河北隆化縣。　深：即元深，人名。字智遠，本名淵，《北史》避唐高祖李淵諱改。北魏宗室。見《北史》卷一六《廣陽王建附元深傳》。

［3］天穆以太尉使勞諸軍：源氏校勘記云："'太尉使'《魏書》作'奉使慰'。似是。"中華本校勘記云："《魏書》作'天穆奉使慰勞諸軍'。張森楷云：'天穆是時未嘗爲太尉，《魏書》是。'按《墓誌集釋·元天穆墓誌》言天穆曾爲太尉掾，疑此'太尉'下脱'掾'字。"

［4］秀容：縣名。治所在今山西忻州市西北。

［5］别將：官名。秦漢時泛指率領部分兵力與主力分道而進的别部將領。後遂沿用此稱，逐漸成爲一級統兵武官名稱，或冠以擬戍地名，如三關别將。品級自七品至八品不等。

［6］太尉：官名。魏晋南北朝時列三公之首，爲名譽宰相，位居一品，多爲大臣加官，無實際職掌。

［7］上黨王：封爵名。上黨，郡名。北魏時先治安民城（今山西襄垣縣東北），後復還壺關（今陝西長治市北）。

［8］録尚書事：官名。北魏時爲尚書省長官，職權甚重。多以公卿權重者居之，總領尚書省政務，位在三公上。　開府：指開設府署，辟置僚屬。魏晋南北朝時期，常以此作爲對高級官員的寵遇。

初，杜洛周、鮮于脩禮爲寇，[1]瀛、冀諸州人多避亂南向。[2]幽州前平北府主簿河間邢杲擁率部曲，[3]屯據鄚城，[4]以拒洛周、葛榮，[5]垂將三載。及廣陽王深等敗後，杲南度，居青州北海界。[6]靈太后詔流人所在皆置,[7]命屬郡縣，選豪右爲守令以撫鎮之。時青州刺史元世儁表置新安郡,[8]以杲爲太守，未報。會臺申休簡授郡縣,[9]以杲從子子瑶資蔭居前，乃授河間太守。杲深耻恨，於是遂反。所在流人，先爲土人陵忽,[10]聞杲起逆，率來從之，旬朔之間，衆踰十萬。先是，河南人常笑河北人好食榆葉，故齊人號之爲“諂榆賊”。[11]杲東掠光州,[12]盡海而還，又破都督李叔仁軍。[13]詔天穆與齊神武討，大破之。杲乃請降，傳送京師斬之。

[1]杜洛周：人名。北魏末六鎮起義軍首領。後爲葛榮所害。　鮮于脩禮：人名。敕勒族。北魏末河北起義軍首領。

[2]瀛：州名。北魏時治趙都軍城，在今河北河間市。　冀：州名。北魏時治信都縣，在今河北冀州市。

[3]平北府：底本作“北平府”，中華本校勘記云：“諸本‘平北’誤倒，據本書卷三、《魏書》卷一〇《孝莊紀》永安元年六月條及《通鑑》卷一五二改。‘平北府’即平北將軍府。”今從改。　主簿：官名。漢朝中央及州郡官府均置，典領文書簿籍，經辦事務。歷代沿置。　河間：郡名。北魏初治樂城縣，在今河北獻縣東南；孝文帝太和十一年移治武垣縣，在今河北河間市南。　部曲：本爲軍隊編制之稱。東漢末，演變爲私人武裝之稱。魏晋南北朝時，世族、豪族普遍擁有部曲，平時耕田從役，戰時隨主人作戰。父死子繼，地位低下。南北朝後期，地位稍有上升，有一些經主人放免爲平民。

[4]鄚城：在今河北任丘市東北南陵城。

[5]葛榮：人名。北魏末河北起義軍首領。戰敗，爲尒朱榮所捕，後被殺。

[6]青州：北魏時治東陽城，在今山東青州市。　北海：郡名。北魏時治平壽城，在今山東昌樂縣東南。

[7]靈太后：即北魏宣武帝皇后胡氏。靈爲其謚號。

[8]元世儁：人名。亦稱元儁。北魏宗室、官吏。見《北史》卷一八《任城王雲附元世儁傳》。　新安：郡名。北魏時治新安縣，在今河南新安縣。

[9]臺：漢朝時尚書治事之地爲中臺，在禁省中，故稱臺禁。晋、宋間謂朝廷禁省爲臺，引申爲朝廷。　休簡授郡縣：《魏書》卷一四《高凉王孤附上黨王天穆傳》作“汰簡所授郡縣”。中華本《北史》本傳校勘記云：“南本及《魏書》‘休’下注‘疑’。《通志》‘休’字作‘汰’，‘簡’下有‘所’字。按文義不明，當有訛誤。”中華本《魏書》校勘記云：“諸本及《北史》卷一五此句作‘會臺申休簡授郡縣’。諸本下並注‘疑’字。《通志》卷八〇如上摘句。按‘休簡授郡縣’不可解，‘汰簡所授郡縣’即指汰簡以河北流民設置的僑置郡縣，其中就有原擬以邢杲充任太守的新安郡。没有簡去的河間郡又給了杲的從子子瑶，因此‘杲深耻恨’。觀前後文，《通志》是對的，今據改。”可從。

[10]陵忽：欺凌。

[11]嗒（tà）：吞没。

[12]光州：北魏時治掖縣，在今山東萊州市。

[13]都督：官名。地方軍政長官，分使持節、持節、假節三種，職權各有不同。　李叔仁：人名。隴西（今甘肅隴西縣東南）人。北魏、西魏將領。見《北史》卷三七《李叔仁傳》。

時元顥乘虚陷滎陽。[1]天穆聞莊帝北巡，自畢公壘北度，[2]會車駕於河内。尒朱榮以天時炎熱，欲還師，天穆苦執不可，榮乃從之。莊帝還宫，加太宰、羽葆、鼓吹，[3]增邑通前七萬户。

[1]滎陽：郡名。北魏時治滎陽縣，在今河南滎陽市。

[2]畢公壘：塢壁名。確址不詳。

[3]羽葆：古時一種儀仗。以鳥羽聚於柄頭如蓋。漢晋南北朝時，諸王及重要大臣有功則賜，大臣喪，亦或賜。以示尊崇。　鼓吹：演奏鼓吹樂的樂隊。本用於軍中，後賜予有功大臣，遂成爲皇帝賜予臣下的一種禮遇。

天穆以疏屬，本無德望，憑藉尒朱，爵位隆極當時，熏灼朝野。王公已下每旦盈門，受納財貨，珍寶充積。而寬柔容物，不甚見忌於時。[1]莊帝以其榮黨，外示優寵，詔天穆乘車馬出入大司馬門。[2]天穆與榮相倚，榮常以兄禮事之。世隆等雖榮子侄，[3]位遇已重。天穆曾言其失，榮即加杖，其相親任如此。莊帝内畏惡之，與榮同時見殺。節閔初，[4]贈丞相、柱國大將軍、雍州刺史、假黄鉞，[5]謚曰武昭。

[1]忌：《魏書》卷一四《高涼王孤附上黨王天穆傳》作“疾”。按：從文意來看，當從底本。

[2]大司馬門：爲守衛、傳達重地，漢以後即有此稱，漸帶有機構性質。北魏時胡太后敕造申訟車，時常親自乘車出自雲龍大司馬門，從宫西北，入自千秋門，以納冤訟。據此，大司馬門似爲北魏都城洛陽雲龍宫之南門。

[3]世隆：即尒朱世隆，人名。字榮宗，北秀容（今山西朔州市）人，契胡族。北魏末官吏。見《北史》卷四八《尒朱榮附尒朱世隆傳》。

[4]節閔：即北魏皇帝元恭。節閔爲其謚號。

[5]丞相：官名。魏晋南北朝時丞相、相國不常置，皆非尋常人臣之位，多用來安置權位極高的重臣。　柱國大將軍：官名。十

六國時後燕慕容垂燕元元年（384）始置。北魏初置，後罷。北魏末復置，位在丞相之上，授予權臣。

子儼襲，美才貌，位都官尚書。[1]及齊受禪，聞敕召，假病，遂怖而卒。

[1]都官尚書：官名。尚書省都官曹長官。掌制定律令法制、糾劾違法、水利工程、官吏考課等。北魏孝文帝太和十七年定爲二品中，二十三年改爲三品。

西河公敦，[1]平文帝之曾孫也。道武初，從征，名冠諸將。[2]後從征中山，所向無前。明元時，拜中都大官。太武時，進爵西河公，寵遇彌篤。卒，子撥襲。

[1]西河公：封爵名。西河，郡名。北魏時治兹氏城，在今山西汾陽市城區。

[2]名冠諸將：底本作“名居諸將”，毛本、殿本、四庫本、局本、四部備要本、中華本作“名冠諸將”。按：從文意來看，底本誤，今改。

司徒石，[1]平文帝之玄孫也。有膽略。從太武南討，至瓜步山。[2]位尚書令、雍州刺史，歷北部侍郎、華州刺史。[3]

[1]司徒：官名。北魏時與丞相通職，一般不並置。爲名譽宰相，大臣的加官。孝文帝太和二十三年定爲一品。

[2]瓜步山：今江蘇南京市六合區東南瓜埠山。

[3]北部侍郎：宋本作“比部侍郎”。按：未詳孰是。　華州：北魏獻文帝皇興二年（468）置，治定安縣，在今甘肅寧縣。孝文帝延興二年（472）改置三縣鎮。太和十一年又置華州，治李潤堡，在今陝西蒲城縣東北。宣武帝永平三年（510）移治華陰縣，在今陝西大荔縣。

武衛將軍謂，[1]烈帝之第四子也。寬雅有將略，常從道武征討，有功，除武衛將軍。

[1]武衛將軍：官名。三國魏文帝改武衛中郎爲此稱。掌宿衛禁軍。北魏孝文帝太和十七年定爲從二品下，二十三年改爲從三品。

子烏真，膂力絶人，[1]隨道武征伐，屢有戰功，官至鉅鹿太守。[2]

[1]膂（lǚ）力：體力。

[2]鉅鹿：郡名。北魏時屬定州，治曲陽縣，在今河北晋州市西。北魏孝莊帝永安二年（529）時分定州鉅鹿郡置，屬殷州，治瘿遥縣，在今河北寧晋縣西南。

子興都，聰敏剛毅。文成時，爲河間太守，賜爵樂城子。[1]爲政嚴猛，百姓憚之。獻文初，以子丕貴重，進爵樂城侯。謝老歸家，帝益禮之，賜几杖服物，[2]致膳於第。其妻婁氏，爲東陽王太妃。[3]卒，追贈定州刺史、河間公，[4]謚曰宣。

[1]樂城子：封爵名。樂城，縣名。治所在今河北獻縣西南。

[2]几杖：坐几和手杖。皆老者所用，常用爲敬老之物。几，矮而小的桌子，用於擱置物件。古代設於座側，便於倚靠。

[3]東陽王：封爵名。遥封。指元丕。東陽，郡名。南朝宋時治長山縣，在今浙江金華市婺城區。

[4]定州：北魏時治盧奴縣，在今河北定州市。

子提，襲父侯爵。

提弟丕，太武時從駕臨江，賜爵興平子。[1]獻文即位，累遷侍中、丞相。乙渾謀反，丕以奏聞，詔收渾誅之。遷尚書令，改封東陽公。

[1]興平子：封爵名。興平，縣名。治所在今江西永豐縣東北。

孝文時，封東陽王，拜侍中、司徒公。丕子超生，車駕親幸其第。以執心不二，詔賜丕入八議，[1]傳示子孫，犯至百，聽責數恕之。[2]放其同籍丁口雜使役調，永受復除。[3]若有奸邪人方便讒毁者，即加斬戮。尋遷太尉、録尚書事。

[1]八議：古代規定八種人犯罪須經特殊審議並可享受減免刑罰特權的一種司法制度。周時稱八闢，漢改爲八議，三國魏時正式規定於法典中，沿用至清代。此八議是：議親、議故、議賢、議能、議功、議貴、議勤、議賓。

[2]聽責數恕之：底本作“聽斬戮責數恕之”，中華本校勘記云：“諸本‘聽’下衍‘斬戮’二字，文不可通，據《魏書》删。”今從改。

[3]永：底本作“求”，中華本校勘記云：“諸本‘永’訛作‘求’。按本書卷九二《王叡傳》云：‘詔叡與東陽王丕同入八議，永受復除。’今據改。”今從改。

時淮南王佗、淮陽王尉元、河東王苟頹並以舊老見禮，[1]每有大事，引入禁中，乘步挽，[2]杖于朝，[3]進退相隨。丕、佗、元三人皆容貌壯偉，腰帶十圍，大耳秀眉，鬚鬢斑白，百僚觀瞻，莫不祗聳。唯苟頹小爲短劣，姿望亦不逮之。孝文、文明太后重年敬舊，[4]存問周渥。[5]丕聲氣高朗，博記國事，饗宴之際，恒居坐端，必抗音大言，叙列既往成敗，帝后敬納焉。

[1]淮南王：封爵名。遥封。淮南，郡名。南朝齊時治壽春縣，在今安徽壽縣。　淮陽王：封爵名。淮陽，郡名。北魏時治角城縣，在今江蘇淮安市西古泗水西岸。　尉元：人名。字苟仁，代（今山西大同市東北）人，鮮卑族。見《北史》卷二五《尉元傳》。　河東王：封爵名。河東，郡名。北魏時治蒲坂縣，在今山西永濟市西南蒲州鎮。　苟頹：人名。本姓若干，代（今山西大同市東北）人。北魏官吏。見《北史》卷二五《苟頹傳》。

[2]步挽：車名。亦作“步輓”。不用牛馬等畜力，而以人步而挽之。

[3]杖于朝：拄杖上殿堂。皇帝賜予的特殊禮遇。

[4]文明太后：即北魏文成帝皇后馮氏。文明爲其謚號。

[5]周渥：豐厚。

然諂事要人，[1]驕侮輕賤，每見王叡、苻承祖，[2]常傾身下之。時文明太后爲王叡造宅，故亦爲造甲第。[3]

第成，帝、后幸之，率百官文武饗宴焉。使尚書令王叡宣詔，賜丕金印一紐。太后親造《勸戒歌辭》以賜群官，[4]丕上疏贊謝。太后令曰："臣才鄰才！鄰才臣才！[5]君則亡逸於上，臣則履冰於下，若能如此，太平豈難致乎！"及丕妻段氏卒，謚曰恭妃，又特賜丕金券。後例降王爵，封平陽郡公。求致仕，詔不許。

[1]謟（tāo）：諂媚。

[2]王叡：人名。字洛誠，自言太原晋陽（今山西太原市晋源區古城營村一帶）人。北魏官吏。見《北史》卷九二《王叡傳》。苻承祖：人名。略陽（今甘肅秦安縣東北）人，氐族。北魏宦官。見《北史》卷九二《苻承祖傳》。底本作"符承祖"，毛本、殿本、四庫本、局本、四部備要本、中華本作"苻承祖"。按：據《北史》本傳，應爲"苻"，今從改。

[3]甲第：豪門貴族的宅第。

[4]親造：宋本作"新造"。按：從文意來看，當從底本。

[5]臣才鄰才鄰才臣才：元大德本、毛本、殿本、四庫本、局本、四部備要本、中華本作"臣哉鄰哉！鄰哉臣哉"。

及車駕南伐，丕與廣陵王羽留守京師，[1]並加使持節。[2]詔丕、羽曰："留守非賢莫可。太尉年尊德重，位總阿衡。[3]羽，朕之懿弟，温柔明斷。故使二人留守京邑，授以二節，賞罰在手。其祗允成憲，[4]以稱朕心。"丕對曰："謹以死奉詔。"羽對曰："太尉宜專節度，臣但可副貳而已。"帝曰："老者之智，少者之决，汝何得辭也？"

[1]廣陵王：封爵名。遥封。廣陵，郡名。南朝齊時治廣陵縣，在今江蘇揚州市西北。　羽：即元羽，人名。字叔翻。北魏宗室。見《北史》卷一九《廣陵王羽傳》。

[2]使持節：漢代官吏奉使外出時，由皇帝授予節杖，來提高其威權。魏晋之後，凡重要軍事長官出征或出鎮時，加使持節，可誅殺二千石以下官員。皇帝派遣大臣出巡或祭吊等事務時，亦使持節，以示權力和尊崇。次一等的稱持節，再次一等的稱假節。

[3]阿衡：指商代師保之官。引申爲任國家輔弼之任，宰相之職。

[4]祗（zhī）允成憲：遵守法令、制度。祗，恭敬。

及帝還代，丕請作歌，詔許之。歌訖，帝曰："公傾朕還車，故親歌述志。今經構已有次第，[1]故暫還舊京，願後時亦同茲適。"乃詔丕等以移都之事，使各陳志。燕州刺史穆羆進曰：[2]"今四方未平，謂可不移。臣聞黄帝都涿鹿，古昔聖王不必悉居中原。"帝曰："黄帝以天下未定，故居于涿鹿。[3]既定，亦遷于河南。"廣陵王羽曰："臣思奉神規，光崇丕業，請決之卜筮。"帝曰："昔軒轅請卜兆，龜焦，乃問天老，謂爲善，遂從其言，終致昌吉。然則至人之量未然，審於龜矣。"帝又詔群臣曰："昔平文皇帝棄背，昭成營居盛樂。[4]道武神武應天，遷居平城。[5]朕幸屬勝殘之運，故移宅中原。[6]北人比及十年，使其徐移。朕自多積倉儲，不令窘乏。"前懷州刺史青龍、前秦州刺史吕受恩等仍守愚固，[7]帝皆撫而答之，辭屈，退。

[1]經構：建築、營造。引申爲對政事的經營規劃和治理。

[2]燕州：北魏時治下洛城，在今河北涿鹿縣涿鹿鎮。穆羆：人名。見《北史》卷二〇《穆崇附穆羆傳》。

[3]“臣聞黄帝”至“黄帝以天下”：宋本、毛本、殿本、四庫本、局本、四部備要本缺。　涿鹿：縣名。治所在今河北涿鹿縣東南。

[4]盛樂：都城名。西漢時稱成樂，拓跋部遷都於此，遂改稱盛樂，即今内蒙古和林格爾縣盛樂鎮土城子古城。

[5]平城：都城名。在今山西大同市。

[6]移宅：宋本、毛本、殿本、四庫本、局本、四部備要本作“宅”。按：從文意來看，當從底本。

[7]懷州：北魏時治野王縣，在今河南沁陽市。　秦州：北魏時治上封城，在今甘肅天水市。

帝又將北巡，丕遷太傅、録尚書事，[1]頻表固讓，詔斷表啓，就家拜授。丕留守，[2]詔在代之事，一委太傅，賜上所乘車馬，往來府省。

[1]太傅：官名。北魏時與太師、太保並號三師，位居太師下、太保上，爲輔弼君王的大臣。一品。

[2]丕留守：中華本於“丕留守”前補“及車駕發代”，校勘記云：“諸本脱‘及車駕發代’五字，據《魏書》補。”

丕雅愛本風，不達新式，至於變俗遷洛，改官制服，禁絶舊言，皆所不願。帝亦不逼之，但誘示大理，令其不生同異。至於衣冕已行，朱服列位，而丕猶常服，列在坐隅。晚乃稍加弁帶，而不能修飾容儀。帝以丕年衰體重，亦不强責。及罷降非道武子孫及異姓王者，雖駁於公爵，而利享封邑，亦不快。

帝南征，丕表乞少留，思更圖後舉。會司徒馮誕薨，[1]詔六軍反旆。[2]丕又以熙薨于代都，[3]表求鑾駕親臨。詔曰："今洛邑肇構，跂望成勞。開闢暨今，豈有以天子之重遠赴舅國之喪？朕縱欲爲孝，其如大孝何！縱欲爲義，其如大義何！天下至重，君臣道懸，豈宜苟相誘引，陷君不德。令僕已下，可付法官貶之。"又詔以丕爲都督、領并州刺史。後詔以平陽畿甸，改封新興公。[4]

[1]馮誕：人名。字思正，長樂信都（今河北冀州市）人。北魏大臣、外戚。馮熙之子。見《北史》卷八〇《馮熙附馮誕傳》。

[2]反旆（pèi）：謂師旅返回。

[3]熙：即馮熙，人名。字晋國，長樂信都（今河北冀州市）人。北魏大臣、外戚。妹即文成帝后。見《北史》卷八〇《馮熙傳》。

[4]新興公：封爵名。新興，郡名。北魏時治定襄縣，在今山西定襄縣。

初，李沖文德望所屬，[1]既當時貴要。有杖情，[2]遂與了超娶沖兄女，即伯尚妹也。[3]丕前妻子隆，同産數人，皆與别居；後得宫人，所生同宅共産。父子情因此偏。

[1]李沖：人名。字思順，隴西狄道（今甘肅臨洮縣）人。北魏官吏。見《北史》卷一〇〇《凉武昭王李暠附李沖傳》。　文德：宋本作"又德"，毛本、殿本作"德"。源氏校勘記云："'文'

《魏書》作‘又’。”中華本校勘記云：“北、殿二本無‘文’字，宋本及《魏書》作‘又’。按疑‘文’是指文明太后，下有脱文。李沖爲文明太后所寵，見本書卷一〇〇《叙傳》。”

［2］有杖情：中華本校勘記云：“李慈銘云：‘“有”上當脱一“丕”字。’按疑‘有’是‘丕’之誤。”

［3］伯尚：即李伯尚，人名。隴西狄道（今甘肅臨洮縣）人。北魏孝文帝時曾任秘書郎、通直散騎侍郎等職，奉敕撰《太和起居注》，坐與咸陽王元禧謀反，被誅。

丕父子大意不樂遷洛。帝之發平城，太子恂留於舊京。[1]及將還洛，隆與穆泰等密謀留恂，[2]因舉兵據陘北。[3]丕時以老居并州，雖不預始計，而隆、超咸以告丕。丕外慮不成，口乃致難，心頗然之。及帝幸平城，推穆泰等首謀，隆兄弟並是黨。丕亦隨駕至平城，每於測問，令丕坐觀。與元業等兄弟並以謀逆，[4]有司奏處孥戮。[5]詔以丕應連坐，但以先許不死之詔，躬非染逆之身，聽免死，仍爲太原百姓，其後妻二子聽隨。隆、超母弟及餘庶兄弟皆徙敦煌。[6]丕時年垂八十，猶自平城力載隨駕至洛，留洛陽。帝每遣左右慰勉之，乃還晋陽。

［1］恂：即元恂，人名。字元道，小字宣道，北魏孝文帝嫡長子，太和十七年被立爲太子，二十年叛逃至平城。見《北史》卷一九《廢太子恂傳》。

［2］穆泰：人名。本名石洛，孝文帝賜名泰，鮮卑族。北魏大臣。見《北史》卷二〇《穆崇附穆泰傳》。《魏書》卷一四《武衛將軍謂傳》作“超”。按：二人均參與過此次謀反，均可。

[3]陘北：底本作“涇北”，中華本校勘記云：“諸本‘陘’訛作‘涇’，據《魏書》改。陘北即句注陘之北。”今從改。

[4]元業：人名。北魏將領。因參預穆泰、陸叡的叛亂而被處死。

[5]孥戮：因罪而誅殺妻子兒女後輩。

[6]敦煌：鎮名。在今甘肅敦煌市西。

孝文崩，丕自并來赴，[1]宣武引見之，以丕舊老，禮有加焉。尋敕留洛陽。後宴于華林都亭，[2]特令二子扶侍坐起。丕仕歷六世，垂七十年，位極公輔，[3]而還爲庶人，然猶心戀京邑，不能自絶人事。詔以丕爲三老。[4]景明四年，[5]薨，年八十二。詔贈左光禄大夫、冀州刺史，[6]謚曰平。

[1]并：指并州。

[2]華林：指華林園。在今河南洛陽市魏洛陽故城内。　都亭：此處指華林園中聚會之處。

[3]公輔：指三公等位高權重之職。

[4]三老：古代設三老之位，天子以父兄之禮養之。《禮記》鄭玄注：“三老五更各一人也，皆年老更事致仕者也，天子以父兄養之，示天下之孝悌也。名以三五者，取象三辰五星，天所因以照明天下者。”

[5]景明：北魏宣武帝的年號（500—503）。

[6]左光禄大夫：官名。作爲在朝顯職的加官，以示優待，或授予年老有病者爲致仕之官，亦常用作卒後贈官。無職掌。北魏孝文帝太和十七年定爲從一品下。

長子隆，先以反誅。隆弟乙升、超，亦同誅。超弟儁、邕，並以軍功，儁封新安縣男，[1]邕封涇縣男。[2]

[1]新安縣男：封爵名。新安，縣名。治所在今河南新安縣。

[2]涇縣男：封爵名。遥封。涇，縣名。治所在今安徽涇縣西北。

淮陵侯大頭，[1]烈帝之曾孫也。善騎射，擢爲内三郎。[2]文成初，封淮陵。性謹密，帝甚重之，位寧北將軍。[3]卒，贈高平公，[4]謚曰烈。

[1]淮陵侯：封爵名。淮陵，縣名。治所在今安徽明光市女山湖鎮。

[2]内三郎：官名。北魏前期置。爲皇帝身邊的護衛侍從，亦稱三郎或三郎衛士。除直宿宫禁中外，也隨皇帝外出征伐，一般選用宗室或代人功臣子弟中善於騎射者充任，也可作爲起家官。孝文帝改制時罷，但此稱謂沿至北齊。

[3]寧北將軍：西晋置，多兼并州、青州等州刺史，或都督并州、冀州諸軍事，位在東中郎將之上。十六國後趙及北魏沿置。

[4]高平公：封爵名。高平，郡名。北魏時治高平縣，在今山東鄒城市西南。

河間公齊，烈帝之玄孫也。少雄傑魁岸。太武征赫連昌，[1]太武馬蹶，賊逼帝，齊以身蔽捍，决死力戰，賊乃退，帝得上馬。是日微齊，[2]帝幾至危殆。帝以微服入其城，齊固諫不許，乃與數人從帝入。城内既覺，諸門悉閉，帝及齊等因入其宫中，得婦人裙，繫之槊上，[3]帝乘而上，因此得拔，於齊有力焉。賜爵浮陽侯。[4]從征和龍，[5]以功拜尚書，進爵爲公。後與新興王俊討禿髮保周，[6]坐事免官爵。

[1]赫連昌：人名。字還國，屬匈奴族鐵弗部。十六國時夏君主。見《北史》卷九三《赫連屈丐附赫連昌傳》。

[2]微：如果没有。

[3]槊（shuò）：即長矛。

[4]浮陽侯：爵名。浮陽，郡名。北魏時治浮陽縣，在今河北滄州市東南。

[5]和龍：城名。又名黄龍城、龍城。在今遼寧朝陽市。

[6]俊：即拓跋俊，人名。北魏宗室。見《北史》卷一六《新興王俊傳》。　禿髮保周：人名。南凉景王禿髮傉檀子。禿髮傉檀嘉平七年（414）質於北凉。北魏太武帝延和元年（432），棄北凉而入魏，封張掖公。後叛魏自立，爲魏將拓跋健所攻，兵敗自殺。

宋將裴方明陷仇池。[1]太武復授齊前將軍，[2]與建興公古弼討之。[3]遂剋仇池，威振羌、氐。[4]復賜爵河間公，與武都王楊保宗對鎮駱谷。[5]時保宗弟文德説保宗閉險自固，[6]有期矣。秦州主簿邊因知之，密告齊。齊晨詣保宗，[7]呼曰："古弼至，欲宣詔。"保宗出，齊叱左右扶保宗上馬，馳驛送臺。諸氐遂推文德爲主，求援於宋。宋遣將房亮之、苻昭、啖龍等率衆助文德。[8]齊擊斬殺龍，禽亮之，氐遂平。以功拜内都大官。[9]卒，謚敬王。

[1]裴方明：人名。河東（今山西永濟市）人。南朝宋名將。

後被宋文帝以貪污罪名下獄處死。　仇池：國名。在今甘肅西和縣西南。

［2］前將軍：官名。晋與南北朝時，前後左右將軍作爲優禮大臣的虛號。晋與南朝宋秩第三品，南朝齊時亦有開府置僚屬者。南朝梁、陳不置。北魏時爲三品，北齊時爲從四品上，北周時爲正七命，均用以褒賞勳庸。

［3］建興公：封爵名。建興，郡名。北魏時治陽阿縣，在今山西晋城市西北陽鎮。　古弼：人名。代（今山西大同市東北）人。北魏官吏。見《北史》卷二五《古弼傳》。

［4］羌：亦稱羌戎。商周時，已廣泛分布於今甘肅、青海、新疆南部和四川西部一帶，部分曾入中原定居。魏晋南北朝時，居處分散，均以游牧爲主，其中與漢人雜居者，則逐漸定居農耕。　氐：族名。分布於今甘肅、陝西、四川等省的臨接地帶，以畜牧業、農業爲生。西晋末曾建立過仇池、前秦、後凉等政權。見《北史》卷九六《氐傳》。

［5］武都王：封爵名。武都，郡名。北魏時治石門縣，在今甘肅隴南市武都區東南。　楊保宗：人名。仇池（今甘肅西和縣）人。氐族首領。見《北史·氐傳》。　駱谷：地名。在今陝西周至縣西南。谷長二百餘公里，爲關中通往漢中的交通要道。

［6］文德：即楊文德，人名。仇池（今甘肅西和縣）人。氐族首領。見《北史·氐傳》。　説保宗：底本作“説”。中華本校勘記云：“諸本‘説’下脱‘保宗’二字，據《魏書》及《通志》補。”今從改。

［7］齊晨詣保宗：底本作“晨詣保宗”，中華本校勘記云：“諸本脱‘齊’字，據《魏書》《通志》補。”今從改。

［8］苻昭：毛本、殿本、四庫本、四部備要本作“符昭”。　啖龍：人名。南朝宋將領。南朝宋文帝元嘉二十年（443），助氐王楊文德攻魏，兵敗被殺。

［9］内都大官：官名。爲内都坐大官的省稱，簡稱内都。北魏

前期設，掌畿内析獄及監評官吏。與外都大官、中都大官合稱三都大官。多由宗室諸王、外戚及重臣擔任，祭吊時位在三公及尚書令上。

長子陵襲爵。陵性抗直，天安初，[1]爲乙渾所害。

[1]天安：北魏獻文帝的年號（466—467）。

陵弟蘭，以忠謹見寵。孝文初，賜爵建陽子，[1]卒於武川鎮將。[2]

[1]建陽子：封爵名。遥封。建陽，縣名。治所在今安徽滁州市東。

[2]武川：軍鎮名。在今内蒙古武川縣西。　鎮將：官名。北魏置。爲鎮之主官，掌一鎮兵馬及鎮之守衛。品秩按所帶將軍名號而定。

子志，字猛略，少清辯强幹，歷覽書傳，頗有文才。爲洛陽令，[1]不避强禦，與御史中尉李彪争路，[2]俱入見，面陳得失。彪言："御史中尉辟承華車蓋，[3]駐論道劍鼓，[4]安有洛陽令與臣抗衡？"志言："神鄉縣主。[5]普天之下，誰不編户？豈有俯同衆官，趨避中尉？"孝文曰："洛陽，我之豐、沛，[6]自應分路揚鑣。自今以後，可分路而行。"及出，與彪折尺量道，各取其半。帝謂邢巒曰：[7]"此兒竟可，所謂王孫公子，不鏤自彫。"巒曰："露竹霜條，故多勁節，非鸞則鳳，其在本枝也。”

［1］洛陽令：洛陽的地方長官。

［2］李彪：人名。字道固，頓丘衛國（今河南清豐縣東南）人。北魏官吏。見《北史》卷四〇《李彪傳》。

［3］承華車蓋：底本作“承華蓋”，中華本校勘記云：“各本無‘車’字，南本從《魏書》補。按‘承華’太子宮名，‘車蓋’指儀仗。有‘車’字是，今從南本。”今從改。

［4］論道劍鼓：指駐用三公儀仗。論道，研究治國之道。古代立太師、太傅、太保三公，佐王論道。故以論道代指三公。劍鼓，執劍與鼓吹，即儀仗。

［5］神鄉：指帝都或京畿地區。　縣主：縣令。

［6］豐沛：本爲漢高祖劉邦的故鄉，後借指帝王故鄉。

［7］邢巒：人名。字洪賓，河間鄚（今河北任丘市北）人。北魏將領。見《北史》卷四三《邢巒傳》。

員外郎馮俊，[1]昭儀之弟，[2]恃勢恣撾所部里正，[3]志令主吏收繫，[4]處刑除官。由此忤旨，左遷太尉主簿。[5]俄爲從事中郎。[6]車駕南征，帝微服觀戰所，有箭欲犯帝，志以身鄣之，帝便得免。矢中志目，因此一目喪明。以志行恒州事。[7]

［1］員外郎：官名。尚書省六部所屬各司之副主官，助各司郎中掌司内事務。　馮俊：人名。長樂信都（今河北冀州市）人，馮熙之子。北魏官吏。

［2］昭儀：指馮昭儀，即孝文幽皇后馮氏。見《北史》卷一三《孝文幽皇后馮氏傳》。

［3］里正：鄉吏或職役名。戰國時里爲鄉以下的基層組織，秦

置里正。其職權爲派徭役，管理里内治安，監督里内户口，組織、領導生産。秦統一六國後沿置。漢、晋及南朝稱爲里魁，亦稱里吏，北魏稱里長。北齊以後歷代多置里正，唯制度有所不同。

［4］主吏：底本作“主史”，中華本作“主吏”。按：據文意，從中華本改。

［5］太尉主簿：官名。太尉府的主簿，典領文書以及賬簿圖籍等，經辦事務。

［6］從事中郎：官名。爲諸公府、軍府開府的僚屬，與長史共主府中吏事。北魏孝文帝太和二十三年定爲第五品。

［7］恒州：北魏孝文帝太和十七年以司州改名，治平城，在今山西大同市東北。

宣武時，除荆州刺史。[1]還朝，御史中尉王顯奏志於在州日抑買良人爲婢，[2]兼乘請供朝，[3]會赦免。

［1］荆州：北魏時治穰縣，在今河南鄧州市。

［2］王顯：人名。字世榮，陽平樂平（今山西昔陽縣）人。北魏官吏。見《北史》卷九〇《王顯傳》。

［3］乘請供朝：《魏書》卷一四《河間公齊附元志傳》作“剩請供”。

明帝初，[1]兼廷尉卿。[2]後除揚州刺史，[3]賜爵建忠伯。[4]志在州，威名雖减李崇，亦爲荆楚所憚。尋爲雍州刺史。晚年耽好聲伎，在揚州日，侍側將百人，器服珍麗，冠於一時。及在雍州，逾尚華侈，聚斂無極，聲名遂損。

［1］明帝：即北魏皇帝元詡。明爲其謚號。

［2］廷尉卿：官名。北魏時爲國家最高司法審判機構主官，負責詔獄，修訂法律，覆審御史所檢劾案件，審核州郡疑案，有封駁丞相、御史之權。後增少卿爲副職。孝文帝太和二十三年定爲第三品。

［3］揚州刺史：底本作"楊州刺史"，毛本、殿本、四庫本、局本、四部備要本、中華本作"揚州刺史"。按：今統一作"揚州"。揚州，郡名。北魏時治壽春縣，在今安徽壽縣。

［4］建忠伯：封爵名。建忠，郡名。北魏時治三原縣，在今陝西三原縣東北。

及莫折念生反，[1]詔志爲西征都督討之。念生遣其弟天生屯隴口，[2]與志相持，爲賊所乘，遂棄大衆奔還岐州。[3]賊遂攻城，州刺史裴芬之疑城人與賊潛通，[4]將盡出之，志不聽。城人果開門引賊，鏁志及芬之送念生，[5]見害。節閔初，贈尚書僕射、太保。[6]

［1］莫折念生：人名。秦州（今甘肅天水市）人，羌族。北魏末關隴義軍首領。

［2］隴口：地名。在今陝西隴縣、寶雞市與甘肅清水縣、張家川回族自治縣之間。底本作"龍口"，中華本校勘記云："諸本'隴'作'龍'，《通志》作'隴'。按《通鑑》卷一五〇作'隴'。胡注云：'隴口，隴坻之口也。'今據改。"今從改。

［3］岐州：北魏時治雍城縣，在今陝西鳳翔縣東。

［4］裴芬之：人名。字文馥，河東聞喜（今山西聞喜縣）人。北魏官吏。見《北史》卷四五《裴叔業附裴芬之傳》。

［5］鏁（suǒ）：通"鎖"。

［6］太保：官名。爲輔佐君王的重要大臣，與太師、太傅號稱

三公。北魏孝文帝太和二十三年定爲一品。

扶風公處真,[1]烈帝之後也。少以壯烈聞，位殿中尚書，賜爵扶風公，委以大政，甚見尊禮。吐京胡曹僕渾等叛,[2]招引朔方胡爲援，處真與高凉王那等討滅之。[3]性貪婪，在軍烈暴，坐事伏法。

[1]扶風公：封爵名。扶風，郡名。北魏時治好畤縣，在今陝西乾縣東。

[2]吐京：郡名。北魏時治吐京縣，在今山西石樓縣西北。曹僕渾：人名。北魏山胡首領。太武帝太平真君八年（447），率衆叛魏，兵敗被殺。

[3]那：即拓跋那，人名。北魏宗室、將領。見《北史》卷一五《高凉王孤附拓跋那傳》。

文安公泥,[1]魏之疏族也。性忠直，有智畫。道武厚遇之，賜爵文安公，拜安東將軍。[2]卒。

[1]文安公：封爵名。文安，縣名。治所在今河北文安縣東北。

[2]安東將軍：官名。北魏時爲出鎮某一地區的軍事長官，或作爲州刺史兼理軍務時的加官。三品。

子屈襲爵。明元時，居門下,[1]出納詔命。性明敏，善奏事，每合上旨。賜爵元城侯,[2]加功勞將軍,[3]與南平公長孫嵩、白馬侯崔宏等並决獄訟。[4]明元東巡，命屈行右丞相,[5]山陽侯奚斤行左丞相,[6]命掌軍國，甚有聲譽。

[1]門下：官署名。北魏時爲門下諸省的泛稱。官署設於禁中。其官員可以出入宮禁，是皇帝的親近侍從官員。

[2]元城侯：封爵名。元城，縣名。治所在今河北大名縣東。

[3]功勞將軍：官名。北魏置。孝文帝太和十七年及二十三年職員令皆未見記載。

[4]長孫嵩：人名。鮮卑族。北魏官吏。見《北史》卷二二《長孫嵩傳》。　白馬侯：封爵名。白馬，縣名。治所在今河南滑縣東。　崔宏：人名。字玄伯，清河東武城（今山東武城縣西北）人。北魏大臣。見《北史》卷二一《崔宏傳》。底本作“崔密”，《魏書》卷一四《文安公泥附拓跋屈傳》作“崔玄伯”。中華本校勘記云：“諸本‘宏’作‘密’，《魏書》作‘玄伯’，《通志》作‘宏’。按崔宏字玄伯，封白馬侯，見本書卷二一《崔宏傳》，今據改。”今從改。

[5]右丞相：官名。北魏時爲權臣專設之名號，並非處理實際政務的宰相。一品。

[6]山陽侯：封爵名。山陽，郡名。北魏時治山陽縣，在今江蘇淮安市。　奚斤：人名。北魏初大臣。見《北史》卷二〇《奚斤傳》。　左丞相：官名。北魏時爲權臣專設之名號，並非處理實際政務的宰相。一品。

後吐京胡與離石胡出以兵等叛，[1]置立將校，外引赫連屈丐。[2]屈督會稽公劉潔、永安侯魏勤捍之。[3]勤没於陣，潔墜馬，胡執送屈丐，唯屈衆猶存。明元以屈没失二將，欲斬之。時并州刺史元六頭荒淫怠事，[4]乃赦屈，令攝州事。屈嗜酒，頗廢政事。帝積其前後失，檻車徵還，[5]斬於市。

[1]離石：縣名。治所在今山西吕梁市離石區。　出以兵：中華本校勘記云："按《魏書》卷二八《劉潔傳》，'出以兵'作'出以眷'。疑此作'兵'誤。"

[2]赫連屈丐：人名。本名勃勃，北魏明元帝時改爲屈丐，匈奴鐵族弗部人。十六國時夏君主。見《北史》卷九三《赫連屈丐傳》。

[3]會稽公：封爵名。會稽，郡名。北魏時治會稽縣，在今甘肅玉門市西北。底本作"會稽"，源氏校勘記云："《魏書》'稽'下有'公'字。"中華本校勘記云："諸本脱'公'字，據《魏書》及本書卷二五《劉潔傳》補。"今從改。　劉潔：人名。長樂信都（今河北冀州市）人。北魏官吏。見《北史》卷二五《劉潔傳》。　永安侯：封爵名。永安，郡名。北魏時治永安縣，在今山西霍州市。

[4]元六頭：人名。北魏宗室。明元帝時任并州刺史，荒淫怠事。後被元泥、安同劾奏處死。

[5]檻車：用栅欄封閉的車，用於囚禁犯人。

子磨渾，少爲明元所知。元紹之逆也，[1]明元潛隱於外，磨渾與叔孫俊詐云明元所在，[2]紹使帳下二人隨磨渾往，規爲逆。磨渾既得出，便縛帳下，詣明元斬之。帝得磨渾，大喜，因爲羽翼。以勳，賜爵長沙公，[3]拜尚書，出爲定州刺史。卒。

[1]元紹：人名。字受洛拔，道武帝子。見《北史》卷一六《清河王紹傳》。

[2]叔孫俊：人名。字醜歸，代（今山西大同市東北）人，鮮卑族。北魏將領。見《北史》卷二〇《叔孫建附叔孫俊傳》。底本作"叔孫"，中華本校勘記云："各本脱'俊'字，南本據《魏書》

補，今從之。事見本書卷二〇《叔孫建傳》。”今從改。

[3]長沙公：封爵名。遥封。長沙，郡名。南朝宋時治臨湘縣，在今湖南長沙市南。

昭成皇帝九子：庶長曰寔君，次曰獻明帝，[1]次曰秦王翰，次曰閼婆，次曰壽鳩，次曰紇根，次曰地干，次曰力真，次曰窟咄。

[1]獻明帝：底本作“明元帝”，中華本校勘記云：“諸本‘獻明’作‘明元’。錢氏《考異》云：‘“明元”當作“獻明”。’按《通志》正作‘獻明’。拓拔寔追謚‘獻明’，見本書卷一《昭成紀》建國三十四年。今據改。”今從改。

寔君性愚，多不仁。昭成季年，苻堅遣其行唐公苻洛等來寇南境，[1]昭成遣劉庫仁逆戰於石子嶺。[2]昭成時不豫，[3]不能親勒衆軍，[4]乃率諸部避難陰山，[5]度漠北。[6]高車四面寇抄，[7]復度漠南。[8]苻洛軍退，乃還雲中。[9]

[1]苻堅：人名。字永固，略陽臨渭（今甘肅天水市東北）人，氐族。十六國時前秦君主。見《晋書》卷一一三、一一四《苻堅載記》。　行唐公：封爵名。行唐，縣名。治所在今河北行唐縣北。　苻洛：人名。十六國時前秦宗室、將領。初爲幽州刺史，封行唐公。隨苻堅征伐，以功加征北將軍。後爲堅所忌，常爲邊牧。任益州牧時，舉兵自稱大都督、大將軍、秦王。兵敗，徙於西海，爲前秦中書令梁熙所殺。

[2]劉庫仁：人名。字没根，一名洛垂。見《北史》卷二

○《劉庫仁傳》。 石子嶺：山嶺名。在今内蒙古鄂托克旗東北。

[3]不勝：毛本、殿本、局本作“不豫”。中華本校勘記云：“《魏書》卷一五（補）《昭成子孫傳》及《通志》‘勝’作‘豫’。按本書卷一《昭成紀》、《魏書》卷一《序紀》都作‘豫’。此作‘勝’，疑誤。”

[4]親勒：宋本作“親勤”。按：從文意來看，當從底本。

[5]陰山：横亘於内蒙古高原。

[6]漠北：指今蒙古高原大沙漠以北地區。

[7]高車：初號狄歷，也稱敕勒、鐵勒、丁零。因所乘車輪高大，故名。北魏時活動於今蒙古高原，以游牧爲生。見《北史》卷九八《高車傳》。

[8]漠南：一作“幕南”。指今蒙古高原大沙漠以南地區。

[9]雲中：郡名。十六國時代國治前漢定襄郡之成樂故城，在今内蒙古和林格爾縣西北土城子。

初，昭成以弟孤讓國，乃以半部授孤。孤子斤失職懷怨，欲伺隙爲亂。獻明皇帝及秦明王翰皆先終，[1]道武年甫五歲，[2]慕容后子閼婆等雖長，[3]而國統未定。斤因是説寔君曰：“帝將立慕容所生，欲先殺汝，是以頃來諸子戎服，夜以兵仗遶廬舍，伺便將發。”時苻洛等軍猶在君子津，[4]夜常警備，諸皇子挾仗彷徨廬舍，寔君以斤言爲信，乃盡殺諸皇子，昭成亦暴崩。其夜，諸皇子婦及宫人奔告洛軍。堅將李柔、張蚝勒兵内逼，[5]部衆離散。苻堅聞之，召燕鳳問其故，[6]以狀對。堅曰：“天下之惡一也！”乃執寔君及斤，轘之長安。

[1]獻明皇帝：即拓跋寔。獻明爲其謚號，北魏道武帝所追謚。

[2]五歲：《魏書》卷一五《寔君傳》作“六歲”。源氏校勘記云：“《魏書》作‘六歲’。”

[3]慕容后：即拓跋什翼犍的妻子慕容氏。見《北史》卷一三《昭成皇后慕容氏傳》。

[4]君子津：在今内蒙古清水河縣喇嘛灣鎮 。

[5]李柔：人名。字德遠，隴西狄道（今甘肅臨洮縣）人。十六國時前秦將領。　張蚝：人名。本姓弓，上黨泫氏（今山西高平市）人。十六國時前秦將領。毛本、四庫本作“張虬”

[6]燕鳳：人名。字子章，代（今山西大同市東北）人。代國大臣。見《北史》卷二一《燕鳳傳》。

寔君孫勿期，位定州刺史，賜爵林慮侯。[1]卒。子六狀，真定侯。

[1]林慮侯：封爵名。林慮，縣名。治所在今河南林州市東。

秦王翰，[1]少有高氣。年十五，便請征伐，昭成壯之，使領騎二千。長統兵，號令嚴信，多有剋捷。建國十五年，[2]卒。道武即位，追贈秦王，謚曰明。

[1]秦王：封爵名。秦，州名。北魏時治上封城，在今甘肅天水市。

[2]建國：十六國時代拓跋什翼犍的年號（338—376）。　十五：中華本校勘記云：“《魏書》作‘十年’。”源氏校勘記云：“《魏書》作‘十年’。”

子儀，長七尺五寸，容貌甚偉，美髯，有算略。少能舞劍，騎射絶人。道武幸賀蘭部，侍從出入。登國初，[1]賜爵九原公。從破諸部，有謀戰功。

[1]登國：北魏道武帝的年號（386—396）。

及帝將圖慕容垂，[1]遣儀觀釁。[2]垂問儀道武不自來之意。儀曰："先人以來，世據北土，子孫相承，不失其舊。乃祖受晋正朔，[3]爵稱代王，東與燕世爲兄弟。儀之奉命，理謂非失。"垂壯其對，因戲曰："吾威加四海，卿主不自見吾，云何非失？"儀曰："燕若不修文德，欲以兵威自强，此乃本朝將帥之事，非儀所知也。"及還，報曰："垂死乃可圖，今則未可。"帝作色問之，儀曰："垂年已暮，其子寶弱而無威，[4]謀不能決。慕容德自負才氣，[5]非弱主之臣，釁將内起，[6]是可計之。"帝以爲然。後改封平原公。[7]

[1]慕容垂：人名。字道明，昌黎棘城（今遼寧北票市章吉營子鄉三官營子村）人，鮮卑族。十六國時後燕君主。見《北史》卷九三《慕容垂傳》。

[2]觀釁：窺伺敵人的間隙。

[3]乃：中華本校勘記云："'乃'疑是'及'之訛。" 正朔：底本作"正"，毛本、殿本、四庫本、局本、四部備要本、中華本作"正朔"。按：從文意來看，當從中華本，今改。

[4]寶：即慕容寶，人名。字道祐，小字庫勾，昌黎棘城（今遼寧北票市章吉營子鄉三官營子村）人，鮮卑族。十六國時後燕君主。見《北史》卷九三《慕容垂附慕容寶傳》。

[5]慕容德：人名。昌黎棘城（在今遼寧北票市章吉營子鄉三

官營子村）人，鮮卑族。十六國時南燕君主。見《晉書》卷一二七《慕容德載記》。

[6]釁（xìn）：嫌隙。

[7]平原公：封爵名。平原，郡名。北魏時治平原縣，在今山東平原縣南。

道武征衛辰，[1]儀出別道，獲衛辰尸，傳首行宮。帝大喜，徙封東平公。[2]命督屯田於河北，自五原至棝陽塞外，[3]分農稼，大得人心。慕容寶之寇五原，儀躡據朔方，要其還路。及并州平，儀功多，遷尚書令。從圍中山。慕容德敗也，帝以普驎妻周氏賜儀，[4]并其僮僕財物。尋遷都督中外諸軍事、左丞相，[5]進封衛王。中山平，復遣儀討鄴，平之。道武將還代都，置中山行臺，[6]詔儀守尚書令以鎮之，遠近懷附。尋徵儀以丞相入輔。又從征高車，儀別從西北破其别部。又從討姚平有功，[7]賜以絹布綿牛馬羊等。

[1]衛辰：即劉衛辰，人名。十六國時匈奴族鐵弗部首領。代兄悉勿祈統領部落。見《北史》卷九三《劉衛辰傳》。

[2]徙封：宋本作“封”。　東平公：封爵名。東平，郡名。北魏時治無鹽縣，在今山東東平縣東里須城。

[3]五原：縣名。治所在今内蒙古包頭市西。　棝陽塞：約在今内蒙古包頭市東。

[4]普驎：人名。十六國時後燕官吏，爲上谷太守。魏軍兵臨中山城下，燕主慕容寶出走，普驎被推爲主帥。後被寶弟慕容賀驎所殺。

[5]都督中外諸軍事：官名。亦稱都督中外諸軍、中外都督等。

魏晋南北朝始置。總統内外諸軍，爲全國最高軍事統帥，權力極大，不常置。初多爲他官兼任，無品階。北魏孝文帝太和二十三年定爲從一品。

[6]行臺：官署名。三國魏置，爲皇帝出征時隨侍身邊臨時執行尚書臺職權的機構。北魏初曾於鄴及中山置行臺，以尚書爲長官，執掌當地軍政事務。孝明帝正光末，因各地戰亂，在各地陸續設立行臺主管當地軍務，成爲常設的地方行政機構。北魏末期，漸理民事。

[7]姚平：人名。南安赤亭（今甘肅隴西縣西）羌人。後秦將領。

儀膂力過人，弓力將十石，陳留公虔稍大稱異，[1]時人云："衛王弓，桓王稍。"太武之初育也，道武喜，夜召儀入，曰："卿聞夜喚，乃不怪懼乎?"儀曰："怪則有之，懼實無也。"帝告以太武生，賜儀御馬、御帶、縑錦等。[2]

[1]陳留公：封爵名。陳留，郡名。北魏初治陳留縣，在今河南開封市東南陳留城。　虔：即拓跋虔，人名。北魏宗室。見《北史》卷一五《陳留王虔傳》。

[2]縑錦：宋本作"縑綿"。

先是，上谷侯岌、張袞、代郡許謙等有名于時，[1]初來入軍，[2]聞儀待士，先就儀，儀並禮之，共談當世之務。謙等三人曰："平原公有大才，不世之略，吾等宜附其尾。"道武以儀器望，待之尤重，數幸其第，如家人禮。儀矜功恃寵，遂與宜都公穆崇伏甲謀亂。[3]崇子逐留在伏士中，[4]道武召之，將有所使。逐留聞召，恐發，踰牆告狀，帝秘而恕之。天賜六年，[5]天文多變。占者云：“當有逆臣，伏尸流血。”帝惡之，頗殺公卿，欲以厭當天災。儀内不自安，單騎遁走。帝使人追執之，遂賜死，葬以百姓禮。儀十五子。

[1]張衮：人名。字洪龍，上谷沮陽（今河北懷來縣東南）人。北魏官吏。見《北史》卷二一《張衮傳》。　許謙：人名。字元遜，鮮卑族。北魏官吏。見《北史》卷二一《許謙傳》。

[2]入軍：源氏校勘記云：“《魏書》作‘入國’。”

[3]宜都公：封爵名。遥封。宜都，郡名。東晋時治夷道縣，在今湖北宜都市。　穆崇：人名。代（今山西大同市東北）人，鮮卑族。北魏將領。見《北史》卷二〇《穆崇傳》。

[4]逐留：即穆逐留，人名。一作“穆遂留”，代（今山西大同市東北）人，鮮卑族。北魏將領。見《北史·穆崇傳》。

[5]天賜：北魏道武帝的年號（404—409）。

纂，五歲，道武命養於宫中，恩與諸皇子同。太武踐阼，除定州刺史，封中山公，進爵爲王，賜步挽几以優異之。纂好酒愛佞，[1]政以賄成。太武殺其親嬖人。後悔過修謹，拜内大將軍。居官清約簡慎，更稱廉平。纂於宗屬最長，宗室有事，咸就諮焉。薨，謚曰簡。

[1]佞：四庫本、四部備要本作“妓”。按：從文意來看，當從底本。

纂弟良，性忠篤。明元追録儀功，封南陽王，[1]以紹儀後。

[1]南陽王：封爵名。南陽，郡名。北魏時治南陽縣，在今河南郟縣西南。

良弟幹，善弓馬。以騎從明元於白登之東北，[1]有雙鴟飛鳴於上，帝命左右射之，莫能中。鴟游飛稍高，[2]幹以二箭下雙鴟。帝賜之御馬、弓矢、金帶一，以旌其能，軍中於是號幹爲射鴟都將。從太武南巡，進爵新蔡公。[3]文成即位，拜宰官尚書。[4]卒，謚曰昭。

[1]白登：山名。在今山西大同市東。

[2]游飛：毛本、殿本、四庫本、局本、四部備要本作“旋飛”。

[3]新蔡公：封爵名。新蔡，郡名。北魏時治新蔡縣，在今河南新蔡縣。

[4]宰官尚書：《魏書》卷一五《秦王翰傳》作“都官尚書”。中華本校勘記云：“各本及《魏書》《通志》‘宰’作‘都’，百衲本及宋本作‘宰’。按‘宰官尚書’又見下文《遼西公意烈傳》，各本及《魏書》無異文。疑是魏初官名，非後來尚書省之都官尚書。今從百衲本。”

子禎，膽氣過人。太武時，爲司衛監。[1]從征蠕蠕，忽遇賊别部，多少不敵。禎乃就山解鞍放馬，以示有伏，賊果疑而避之。孝文初，賜爵沛郡公，[2]後拜南豫州刺史。[3]大胡山蠻時鈔掠，[4]前後守牧多羈縻而已。[5]禎乃召新蔡、襄城蠻首，[6]使之觀射。先選左右能射者二十餘人，禎自發數箭皆中，然後命左右以次而射。先出一囚犯死罪者，使參射限，命不中，禎即責而斬之。蠻魁等伏伎畏威，相視股慄。又預教左右取死囚十人，[7]皆著蠻衣，云是鈔賊。禎乃臨坐，僞舉目瞻天，微有風動，禎謂蠻曰："風氣少暴，似有鈔賊入境，不過十人，當在西南五十里許。"即命騎追掩，果縛送十人。禎告諸蠻曰："爾鄉里作賊如此，合死以不？"[8]蠻等皆叩頭曰："合萬死。"禎即斬之。因慰喻遣還，自是境無暴掠。淮南人相率投附者三千餘家，置之城東汝水之側，[9]名曰歸義坊。

[1]司衛監：官名。北魏設，掌監察宫禁宿衛。三品上。

[2]沛郡公：封爵名。沛，郡名。北魏時治蕭縣，在今安徽蕭縣西北。

[3]南豫州：北魏時治懸瓠城，在今河南汝南縣。

[4]大胡山：在今河南駐馬店市境内。

[5]羈縻：籠絡，懷柔。

[6]襄城：郡名。北魏時治襄城縣，在今河南襄城縣。

[7]十人：宋本作"十四"。按：下文云"不過十人"，此處亦當爲"十人"，從底本。

[8]以不：毛本、殿本、四庫本作"矣不"。

[9]汝水：上游即今河南汝河，下游即今洪河。

初，豫州城豪胡丘生數與外交通，[1]及禎爲刺史，丘生嘗有犯懷恨，圖爲不軌，詐以婚集城人，[2]告云："刺史欲遷城中大家，送之向代。"共謀翻城。城人石道起以事密告禎，速掩丘生，[3]並諸預謀者。禎曰："吾不負人，人何以叛？但丘生誑誤。若即收掩，衆必大懼，吾静以待之，不久自當悔服。”語未訖而城中三百人自縛詣州門，陳丘生譎誑之罪。而丘生單騎逃走，禎恕而不問。後徵爲都牧尚書。[4]卒，贈侍中、儀同三司，[5]謚簡公。有八子。

[1]胡丘生：毛本、殿本、四庫本作“胡邱生”。

[2]集：底本作“進”，中華本校勘記云：“諸本‘集’訛作‘進’，據《册府》卷八六〇改。”今從改。

[3]掩：乘人不備而襲擊捉拿。

[4]都牧尚書：官名。北魏置。尚書省都牧曹長官，掌馬、牛等牲畜的牧養事務。孝文帝改制時罷。

[5]儀同三司：初謂非三公而儀制待遇同於三公。魏晋時期，授予開府位從三公之文武官。南北朝時授予範圍不斷擴大，逐漸成爲官號。北魏孝文帝太和十七年定爲一品下，二十三年改爲從一品，位開府上。

第五子瑞。初，瑞母尹氏有娠致傷，後晝寢，夢一老翁具衣冠告之曰：“吾賜汝一子，汝勿憂也。”寤而私喜，又問筮者，筮者曰：“大吉。”未幾而生瑞。禎以爲協夢，故名瑞，字天賜。位太中大夫。[1]卒，贈太常卿。[2]

[1]太中大夫：官名。秦漢初位居諸大夫之首，侍從皇帝左右，掌管顧問應對、參政議政，奉詔出使，多由寵臣貴戚擔任。北魏至隋朝品秩與卿相近，多用以安置年老退免的九卿大臣，無具體職掌。北魏孝文帝太和十七年定爲三品下，二十三年改爲從三品。

[2]太常卿：官名。爲太常的尊稱。主管祭祀社稷、宗廟和朝會、喪葬禮儀，管理皇帝陵墓、寢廟所在縣邑，每月巡視諸陵，兼管文化教育，博士和博士弟子的考核、薦舉、補吏。北魏孝文帝太和十七年定爲從一品下，二十三年改爲三品。

儀弟烈，剛武有智略。元紹之逆，百僚莫敢有聲，唯烈行出外，詐附紹，募執明元，[1]紹信之，自延秋門出。[2]遂迎立明元。以功進爵陰平王。[3]薨，謚曰熹。子求襲。[4]弟道子，位下大夫。[5]道子子洛，位羽林幢將。[6]洛子乞，中散大夫。[7]

[1]詐附紹募執明元：宋本作“詐附募紹執明元”。按：從文意來看，當從底本。

[2]延秋門：皇宫的西門。

[3]陰平王：封爵名。陰平，郡名。北魏時治陰平縣，在今甘肅文縣西北。

[4]求：《魏書》卷一五《秦王翰傳》作“裘”。源氏校勘記云：“‘求’《魏書》作‘裘’。”按：未詳孰是。

[5]下大夫：官名。北魏置。尚書諸曹及内部、外部等曹皆置，位在諸曹令之上，多由此遷本部尚書。孝文帝太和十七年定爲四品上，二十三年未見置。

[6]羽林幢將：官名。掌禁衛，也隨從皇帝出征。

[7]中散大夫：官名。北魏時曾置爲職事官之加官。孝文帝太和十七年定爲四品上，二十三年改爲四品下。

乞子晏。孝静初，累遷吏部尚書。[1]平心不撓，時論稱之。出爲瀛州刺史。[2]在任未幾，百姓欣賴。蔣天樂之逆，[3]見引，詔録送定州賜死。晏好集圖籍，家書多秘閣，諸有假借，咸不逆其意，亦以此見稱。

[1]吏部尚書：官名。尚書省吏部曹長官。職掌官吏銓選、考課、奬懲，其實權或大於尚書僕射。然重要官職的任免須與諸執政大臣合議，由皇帝、宰相裁定，亦常命尚書僕射領吏部事務，或任命大臣參掌選事以分其權任。北魏孝文帝太和十七年定爲二品下，二十三年改爲三品。

[2]瀛州：東魏時治趙都軍城，在今河北河間市。

[3]蔣天樂：人名。北魏官吏。爲衛將軍、右光禄大夫。東魏孝静帝天平四年（537）因謀反被誅。

烈弟觚，勇烈有膽氣。少與兄儀從道武，侍衛左右。使於慕容垂，垂末年政在群下，遂止觚以求賂，道武絶之。觚率左右馳還，爲垂子寶所執，垂待之更厚。因留心學業，誦讀經書數十萬言，垂國人咸稱重之。道武之討中山，慕容普驎遂害觚以固衆心，帝聞之哀慟。及平中山，發普驎冢，斬其尸，收議害觚者傅高霸、程同等，皆夷五族，以大刃剉殺之。乃葬觚，追謚秦愍王，封子夔爲豫章王以紹觚。[1]

[1]豫章王：封爵名。遥封。豫章，郡名。東晋時治南昌縣，在今江西南昌市。

常山王遵，[1]壽鳩之子也。[2]少而壯勇，不拘小節。道武初，有佐命勳，賜爵略陽公。[3]慕容寶之敗也，别率騎七百，[4]邀其歸路，由是有參合之捷。及平中山，拜尚書左僕射，加侍中，鎮勃海之合口。[5]及博陵、勃海群盗起，[6]遵討平之，遷州牧，封常山王。遵好酒色。天賜四年，坐醉亂，失禮於太原公主，[7]賜死，葬以百姓禮。

[1]常山王：封爵名。常山，郡名。北魏時治安樂壘，在今河北正定縣南。　遵：即拓跋遵，人名。據《元侔墓誌》，遵字勃兜（參趙超《漢魏南北朝墓誌彙編》，天津古籍出版社 2008 年版，第 60 頁）。

[2]壽鳩：即拓跋壽鳩，人名。據《元侔墓誌》，壽鳩又作“受久”（參趙超《漢魏南北朝墓誌彙編》，第 60 頁）。

[3]略陽公：封爵名。略陽，郡名。北魏時治隴城縣，在今甘肅秦安縣東北。

[4]七百：中華本校勘記云：“按《魏書》卷二《太祖紀》登國十年九月云：‘略陽公元遵七萬騎，塞其中山之路。’此‘百’字當爲‘万’之訛。”

[5]鎮：底本作“領”，中華本校勘記云：“諸本‘鎮’作‘領’。按《魏書》卷二《太祖紀》天興元年正月稱：‘略陽公元遵鎮勃海之合口。’‘領’字是‘鎮’之訛，今據改。”今從改。　勃海：郡名。北魏時屬冀州，初治南皮縣，在今河北南皮縣東北，後移治東光縣，在今河北東光縣。　合口：鎮名。在今河北滄州市西南。

[6]博陵：郡名。北魏時治魯口城，在今河北饒陽縣。

[7]太原公主：封號。北魏宗室女。

子素，明元從母所生，特見親寵。太武初，復襲爵。休屠郁原等叛，[1]素討之，斬渠率，[2]徙千餘家於涿鹿之陽，立平原郡以處之。及平統萬，[3]以素有威懷之略，拜假節、征西大將軍以鎮之。[4]後拜内都大官。文成即位，務崇寬政，罷諸雜調。有司奏國用不足，固請復之，唯素曰："臣聞百姓不足，君孰與足？"帝善而從之。素，宗屬之懿，又年老，帝每引入，訪以政事，固辭疾歸第。雅性方正，居官五十載，終始若一，時論賢之。薨，謚曰康，陪葬金陵，配饗廟廷。

[1]休屠：亦作"徒各""休屠各"。匈奴族部落之一。

[2]渠率：即首領。一般作爲對敵方首領，尤其是少數民族首領的蔑稱。

[3]統萬：城名。在今陝西靖邊縣東北白城子。

[4]征西大將軍：官名。北魏時爲將軍名號，多授統兵出鎮在外、都督數州諸軍事者。二品。

長子可悉陵，年十七，從太武獵，逐一猛獸，陵遂空手搏之以獻。帝曰："汝才力絶人，當爲國立功立事，勿如此也！"[1]即拜内行阿干。[2]又從平凉州，[3]沮渠茂虔令一驍將與陵相擊，[4]兩槊皆折，陵抽箭射之墜馬。陵恐其救至，未及拔劍，以刀子戾其頸，使身首異處。帝壯之，即日拜都幢將，[5]封暨陽子。[6]卒于中軍都將。[7]

[1]勿：宋本作"亦"。按：從文意來看，當從底本。

[2]内行阿干：官名。北魏初置。爲皇帝身邊的親信侍從，隨其出獵、征伐。鮮卑語稱兄爲阿干，故此職帶有部落聯盟時期遺留下來的痕迹。

[3]凉州：北魏時治林中縣，在今甘肅武威市。

[4]沮渠茂虔：人名。一作“沮渠牧犍”，張掖臨松（今甘肅張掖市南）人。見《北史》卷九三《沮渠蒙遜附沮渠牧犍傳》。中華本校勘記云：“錢氏《考異》云：‘茂虔，紀傳皆作牧犍。’按‘茂虔’‘牧犍’乃譯音之異，但自不統一。”宋本、元大德本作“沮渠茂處”。按：宋本等誤，“虔”“處”字形相近而訛。

[5]都幢將：官名。禁衛軍將領。

[6]暨陽子：封爵名。遥封。暨陽，縣名。治所在今江蘇江陰市。

[7]中軍都將：官名。禁衛軍統領。

弟陪斤襲爵，坐事國除。

陪斤子昭，小字阿倪，尚書張彝引兼殿中郎。[1]孝文將爲齊郡王簡舉哀，[2]而昭乃作宫懸。[3]帝大怒，詔曰：“阿倪愚騃，誰引爲郎？”於是黜彝白衣守尚書，[4]昭遂停廢。宣武時，昭從弟暉親寵用事，稍遷左丞。[5]宣武崩，于忠執政，[6]昭爲黄門郎，[7]又曲事之。忠專權擅威，枉陷忠賢，多昭所指導也。靈太后臨朝，爲尚書、河南尹，[8]聾而狠戾，理務峭急，所在患之。尋出爲雍州刺史，在州貪虐，大爲人害。後入爲尚書，諂事劉騰，[9]進號征西將軍，[10]卒，贈尚書左僕射。納貨元叉，[11]所以贈禮優越。

[1]張彝：人名。字慶賓，清河東武城（今山東武城縣西北）人。北魏官吏。見《北史》卷四三《張彝傳》。　殿中郎：官名。十六國時前秦置，爲殿中侍衛武官，掌管宫殿禁衛、倉庫。北魏孝文帝太和二十三年改爲六品。

[2]齊郡王：封爵名。齊郡，北魏時治臨淄縣，在今山東淄博

市東北。 簡：底本作“蘭”，中華本校勘記云：“諸本‘簡’作‘蘭’。按本書卷一九《文成五王傳》、卷三《孝文紀》太和二十三年正月條並作‘簡’（《魏書》卷七、卷二〇同）。‘蘭’乃‘簡’之訛，今據改。”今從改。

[3]宫懸：鐘磬等樂器懸挂在架上，其形制因用樂者身份地位不同而有别。帝王懸挂四面，象徵宫室四面的墻壁，故名“宫懸”。

[4]白衣：指受處分官員的身份。

[5]左丞：官名。北魏時掌臺内庶務、文吏及文案奏章，兼掌監察百官。

[6]于忠：人名。字思賢，本字千年，代（今山西大同市東北）人，鮮卑族。見《北史》卷二三《于栗磾附于忠傳》。

[7]黄門郎：官名。亦簡稱黄門、黄門侍郎、給事黄門侍郎。魏晋南北朝置爲侍中省或門下省次官，與侍中俱掌門下衆事，職掌略同，地位隨皇帝旨意或侍中地位而上下。北魏一度重之。孝明帝時與侍中一起被稱爲“小宰相”。孝文帝太和十七年定爲三品中，二十三年改爲四品上。

[8]河南尹：官名。河南郡行政長官。河南，郡名。北魏時治洛陽縣，在今河南洛陽市東北。

[9]劉騰：人名。字青龍，平原城（今山東平原縣）人。北魏宦官。見《北史》卷九二《劉騰傳》。

[10]征西將軍：官名。多授予出鎮的持節都督。北魏孝文帝太和十七年定爲從一品中，二十三年改爲二品。

[11]元叉：人名。字伯儁，小字夜叉。北魏宗室、大臣。見《北史》卷一六《京兆王黎附元叉傳》。

子玄，[1]字彦道，以節儉知名。孝莊時，爲洛陽令。及節閔即位，玄上表乞葬莊帝，時議善之。後除尚書左丞。[2]孝武帝即位，以孫騰爲左僕射。[3]騰即齊神武心膂，[4]仗入省，玄依法舉劾，當時咸爲玄懼。孝武重其强正，封臨淄縣子。[5]及從入關，封陳郡王，[6]位儀同三司，加開府。薨，謚曰平。

[1]子玄：四部備要本作“子元”。

[2]尚書左丞：官名。魏晋南北朝時爲尚書省佐官，位次尚書，與尚書右丞共掌尚書省庶務，職權甚重。北魏略同。孝文帝太和十七年定爲四品上，二十三年改爲從四品上。

[3]左僕射：官名。職掌都省庶務及執法，或典選舉，左僕射權力大於右僕射，兼掌糾彈百官。北魏孝文帝太和十七年定爲從一品中，二十三年定爲從二品。

[4]心膂：心與脊骨，比喻心腹親信之人。

[5]臨淄縣子：封爵名。臨淄，縣名。治所在今山東淄博市東北。

[6]陳郡王：封爵名。陳郡，北魏時治陳縣，在今河南淮陽縣。

昭弟紹，字醜倫，少聰慧。遷尚書右丞。[1]紹斷决不避强禦。宣武詔令檢趙修獄，[2]以修佞幸，因此遂加杖罰，令其致死。帝責紹不重聞，紹曰：“修奸佞甚於董賢，[3]臣若不因釁除之，[4]恐陛下復被哀帝之名。”[5]以其言正，遂不罪焉。及出，廣平王懷拜紹，[6]賀曰：“阿翁乃皇家之正直，雖朱雲、汲黯何以仰過！”[7]紹曰：“但恨戮之稍晚，以爲愧耳。”卒於凉州刺史。

[1]尚書右丞：官名。魏晋南北朝時爲尚書省佐官，位次尚書，與左丞共掌尚書省庶務。居左丞下。北魏孝文帝太和十七年定爲四品中，二十三年改爲從四品。

[2]趙修：人名。字景業，趙郡房子（今河北高邑縣）人。北魏官吏。見《北史》卷九二《趙修傳》。

[3]董賢：人名。西漢大臣。見《漢書》卷九三《董賢傳》。

[4]釁：過失。

[5]被：底本標注"闕"，宋本缺，毛本、殿本、四庫本、局本、四部備要本、中華本作"被"。今從改。

[6]懷：即元懷，人名。孝文帝之子，孝文帝太和二十一年，立爲廣平王。

[7]朱雲：人名。西漢大臣。爲人狂直，多次上書抨擊朝廷大臣。見《漢書》卷六七《朱雲傳》。　汲黯：人名。西漢大臣。爲人耿直，好直諫廷諍，漢武帝稱其爲社稷之臣。見《漢書》卷五〇《汲黯傳》。

陪斤弟忠，字仙德，以忠謹聞。孝文時，累遷右僕射，[1]賜爵城陽公，[2]加侍中、鎮西將軍，[3]有翼贊之勤，百僚咸敬之。太和四年，[4]病篤辭退，養疾於高柳，[5]輿駕親送都門之外，群僚侍臣執別者莫不涕泣。及卒，皆悼惜之，謚曰宣，命有司爲立碑銘。[6]

[1]右僕射：官名。即尚書右僕射。北魏時職掌全國政務，兼掌儀曹事。從二品。源氏校勘記云："（'右'）《周書》作'左'。"

[2]城陽公：封爵名。城陽，郡名。北魏時治所不詳，當在今河南境内。

[3]鎮西將軍：官名。與鎮東、鎮南、鎮北將軍合稱四鎮將軍。多授持節都督，出鎮方面。位在征西將軍下，一般不與征西將軍並置。二品。

[4]太和：宋本作"泰和"。按："太和"乃北魏孝文帝年號，從底本。

[5]高柳：縣名。治所在今山西陽高縣西北。

[6]“陪斤弟忠”至“命有司爲立碑銘”：據元忠暨妻司馬妙玉墓誌載：“侍中，征西大將軍、尚書僕射、城陽宣王諱忠，字仙德。昭成皇帝之曾孫，丞相、常山王之孫，征西大將軍、三都坐大官、常山康王之中子……春秋卌有五，太和四年歲次七月乙未朔十日甲辰，薨於外弟……暨景明五年歲次甲申正月戊申朔十四日辛酉，妃河内司馬氏，晋譙王之孫也，字妙玉，春秋五十有六，薨於洛陽清明里第……追贈温縣君。”（參葉煒、劉秀峰《墨香閣藏北朝墓誌》，上海古籍出版社2016年版，第4—5頁）。

子盛，字始興，襲爵，位謁者僕射。[1]卒。

[1]謁者僕射：官名。謁者臺長官，掌大拜授及百官朝會班次，或奉命出使。北魏孝文帝太和十七年定爲從四品上，二十三年改爲六品上。

子懋，字伯邕，襲爵，降爲侯。從駕入關，封北平王。[1]薨，贈尚書左僕射，謚曰貞慧。

[1]北平王：封爵名。北平，郡名。北魏時治新昌縣，在今河北盧龍縣。

子陟，字景升，開府儀同三司。[1]

[1]開府儀同三司：多爲大臣的加號，意爲與三司的禮制待遇相同，且允許開府，自辟僚屬。

懋弟順，[1]字敬叔，從孝武入關，封濮陽王，[2]位侍中。及武帝崩，秘未發喪，諸人多舉廣平王爲嗣。順於別室垂涕謂周文曰："廣平雖親，年德並茂，不宜居大寶。"周文深然之，因宣國諱，上南陽王尊號。以順爲中尉，行雍州事，[3]又加開府儀同三司、秦州刺史。順善射。初，孝武在洛，於華林園戲射，以銀酒卮容二升許，懸於百步外，命善射者十餘人共射，中者即以賜之。順發矢即中，帝大悦，并賞金帛。順仍於箭孔處鑄一銀童，足蹈金蓮，手持劾炙，[4]遂勒背上，序其射工。

[1]懋弟順：底本作"弟順"，中華本校勘記云："按'弟'上當脱'懋'字。《周書》卷三十八《元偉傳》云：曾祖忠，祖盛，父順。順爲盛之子，即當爲懋之弟。此文則似爲陟之弟，誤。"今從改。

[2]濮陽王：封爵名。濮陽，郡名。北魏時治甄城縣，在今山東鄄城縣北。

[3]行雍州事：指以中尉代行雍州刺史之職權。行，指以他官代行某官職權，多以將軍等武職兼行州郡民事。雍州，北魏時治長安縣，在今陝西西安市西北。

[4]劾炙：器物名。用途不詳。

子偉，字子猷，[1]有清才。大統十六年，[2]封南安郡王。[3]及尉遲迥伐蜀，[4]以偉爲司録，[5]書檄文言，[6]皆偉所爲。六官建，拜師氏下大夫，[7]改淮南縣公。[8]周明帝初，拜師氏中大夫，受詔於麟趾殿刊正經籍。[9]建德中，[10]累遷小司寇，[11]爲使主，報聘於齊。是秋，武帝親戎東討，偉遂爲齊所留。齊平，偉方見釋，加授上開府。[12]後除襄州刺史，[13]位大將軍。[14]偉性温柔，好虚静，篤學愛文。[15]初自鄴還，[16]庾信贈其詩曰：[17]“梁亡垂棘反，[18]齊平寶鼎歸。”爲辭人所重如此。後疾卒。

[1]子猷：宋本作“猷”，毛本、殿本、四庫本、局本、四部備要本作“大猷”。源氏校勘記云：“《周書》作‘字猷道’。”按：未詳孰是。

[2]大統：西魏文帝的年號（535—551）。

[3]南安郡王：封爵名。南安，郡名。西魏時治桓道縣，在今甘肅隴西縣東南。

[4]尉遲迥：人名。字薄居羅，代（今山西大同市東北）人。西魏、北周重臣。見《北史》卷六二《尉遲迥傳》。

[5]司録：官名。西魏、北周時隨府而設。掌録一府之事。

[6]文言：源氏校勘記云：“《周書》作‘文記’。”

[7]師氏下大夫：官名。西魏時置。屬地官府，掌教育帝王、王公子弟。

[8]淮南縣公：封爵名。遥封。淮南，縣名。治所在今安徽霍山縣。

[9]麟趾殿：底本作“騏驎殿”，源氏校勘記云：“《周書》作‘麟趾殿’。”中華本校勘記云：“諸本‘麟趾’作‘騏驎’，《周書》卷三八《元偉傳》作‘麟趾’。按本書卷九、《周書》卷一〇《周明帝紀》云：‘及即位，集公卿已下有文學者八十餘人，於麟趾殿刊校經史。’又見《周書》卷四二《蕭撝傳》。作‘騏驎’誤，今據改。”今從改。

[10]建德：北周武帝的年號（572—578）。

[11]小司寇：官名。小司寇上大夫的省稱。西魏恭帝三年置，北周因之，爲秋官府次官。輔助大司寇掌管刑政，主持刑法的制定

以及執行，員二人。正六命。

［12］上開府：上開府儀同大將軍的省稱。北周武帝建德四年置，位在開府儀同大將軍之上。主要授予有軍功的大臣或北齊的降官，無具體職掌。九命。

［13］襄州：北周時治襄陽縣，在今湖北襄樊市。

［14］大將軍：官名。北魏時與大司馬共稱“二大”，位尊權重，掌管全國軍政，皆一品。北周時爲府兵專職統帥，十二人，各領一軍，分屬六柱國大將軍，下統開府、儀同諸將軍。正九命。

［15］篤學愛文：宋本作“篤愛文”。按：疑當從底本。

［16］還：底本作“遠”，毛本、殿本、四庫本、局本、四部備要本、中華本作“還”。按：據文意，從中華本改。

［17］庾信：人名。字子山，南陽新野（今河南新野縣）人。文學家。初仕南朝梁，爲散騎常侍等，後出使西魏，被扣長安。北周明帝時，任洛州刺史等。見《北史》卷八三《庾信傳》。

［18］梁亡垂棘反：源氏校勘記云：“（‘梁’）《周書》作‘虢’。”中華本校勘記云：“‘梁’《周書·元偉傳》及《文苑英華》卷二四七庾信《贈司寇淮南公詩》並作‘虢’。按《左傳》僖公二年，晋以屈産之乘與垂棘之璧假道於虞以伐虢。虢亡，遂滅虞，二物復反。《公羊》《穀梁》二傳亦載其事。作‘梁’疑誤。”

盛弟壽興，少聰慧好學。宣武初，爲徐州刺史，[1]在官貪虐，失於人心。其從兄侍中暉深害其能，因譖之於帝，詔尚書崔亮馳馹檢覈。[2]亮發日，受暉旨，遂鞭撻三寡婦，令其自誣，稱壽興壓己爲婢。壽興終恐不免，乃令其外弟中兵參軍薛脩義將車十乘，[3]運小麥，經其禁之旁。壽興因踰牆出，脩義以大木函盛壽興，其上加麥，載之而出，遂至河東，[4]匿脩義家。逢赦乃出，見帝，自陳爲暉所譖，帝亦更無所責。

[1]徐州：北魏時治彭城縣，在今江蘇徐州市。

[2]崔亮：人名。字敬儒，清河東武城（今山東武城縣西北）人。北魏官吏。見《北史》卷四四《崔亮傳》。

[3]中兵參軍：官名。亦稱中兵參軍事。魏晋南北朝時諸公、軍府僚屬之一。掌管本府中兵曹事務，兼負參謀咨詢之責。其品秩隨府主地位的高低而不同。北周後常置。　薛脩義：人名。字公讓，河東汾陰（今山西萬榮縣西南）人。北魏、東魏、北齊將領。見《北史》卷五三《薛脩義傳》。中華本"修"作"脩"。

[4]河東：郡名。北魏時治蒲坂縣，在今山西永濟市西南蒲州鎮。

初，壽興爲中庶子時，[1]王顯在東宫，賤，因公事，壽興杖之四十。[2]及顯有寵，爲御史中尉，[3]奏壽興在家每有怨言，誹謗朝廷，因帝極飲，無所覺悟，遂奏其事，命帝注可，直付壽興賜死。帝書半不成字，當時見者亦知非本心，但懼暉等威，不敢申拔。及行刑日，顯自往看之。壽興命筆自作墓誌銘曰："洛陽男子，姓元名景，[4]有道無時，其年不永。"餘文多不載。顧謂其子曰："我棺中可著百張紙，筆兩枚，吾欲訟顯於地下。若高祖之靈有知，百日内必取顯。如遂無知，亦何足戀！"及宣武崩，顯尋被殺。壽興之死，時論亦以爲前任中尉彈高闕讒諷所致。[5]靈太后臨朝，三公郎中崔鴻上疏理壽興，[6]詔書追雪，贈豫州刺史，謚曰莊。

[1]中庶子：官名。太子中庶子的省稱。北魏時掌侍從、奏事、

諫議等。孝文帝太和十七年定爲三品中，二十三年改爲四品上。

［2］四十：《魏書》卷一五《常山王遵傳》作“三十”。源氏校勘記云：“（‘四十’）《魏書》作‘三十’。”按：未詳孰是。

［3］御史中尉：毛本、殿本、四庫本、局本、四部備要本作“御史中丞”。按：北魏時改御史中丞爲御史中尉，當從底本。

［4］洛陽男子姓元名景：中華本校勘記云：“按《魏書》卷六六、本書卷四四《崔亮傳》見‘徐州刺史元昞’，《墓誌集釋·元智墓誌》，智祖名‘昺’，皆指此人。《北史》避唐諱，前改稱其字，此處又改爲‘景’。”

［5］闕：係避諱而删。

［6］三公郎中：官名。北魏時屬殿中尚書，三公曹長官。孝文帝太和十七年定郎爲從五品中，郎中五品上。二十三年皆稱郎中，六品，仍可通稱爲郎。　崔鴻：人名。字彦鸞，東清河鄃（今山東淄博市）人。北魏官吏、史學家，撰有《十六國春秋》。見《北史》卷四四《崔光附崔鴻傳》。

子最，字幹，從孝武入關，封樂平王，[1]位侍中，兼尚書左僕射，加特進。[2]

［1］樂平王：封爵名。樂平，郡名。北魏時治樂平縣，在今山西昔陽縣西南。

［2］特進：北魏時爲加官名號，贈致仕大臣。二品。

壽興弟益生，少亡。

子毗，字休弼。武帝之在藩邸，少親之。及即位，出必陪乘，入於卧内。及帝與齊神武有隙，時議者各有異同。或勸天子入夷，或言與齊神武决戰，或云奔梁。

唯毗數人以關中帝王桑梓,[1]慇懃叩頭請西入。[2]策功論賞,毗與領軍斛斯椿等十三人爲首,[3]封魏郡王。[4]時王者邑止一千户,唯毗邑一千五百。齊神武宣告關東云:"將天子西入,事起元毗,雖百赦不在原限。"薨,謚曰景。子綽。

[1]桑梓:家鄉。

[2]慇懃:情意懇切。

[3]領軍:官名。領軍將軍的省稱。禁衛軍最高統帥,權勢極重。從二品。　斛斯椿:人名。字法壽,廣牧富昌(今内蒙古准格爾旗東南)人。北魏官吏。見《北史》卷四九《斛斯椿傳》。

[4]魏郡王:封爵名。魏郡,北魏時治鄴縣,在今河北臨漳縣西南。

忠弟德,封河間公,卒於鎮南將軍,[1]贈曹州刺史。[2]

[1]鎮南將軍:官名。多爲持節都督,出鎮方面,後漸爲褒賞軍功的閑職。北魏時爲從二品。

[2]曹州:北周時治左城縣,在今山東曹縣西北。

德子悝,潁川太守,卒於光州刺史,[1]謚曰恭。

[1]光州:北周時治掖縣,在今山東萊州市。

子嶷,字子仲。孝武初,授兗州刺史。[1]于時城人王奉伯等相扇謀逆,棄城出走,懸門發,斷嶷要而出。[2]詔齊州刺史尉景、濟州刺史蔡儁各部在州士往討之，[3]嶷返復任。封濮陽縣伯。[4]孝静時，轉尚書令，攝選部。嶷雖居重任，隨時而已。薨於瀛州刺史，贈司徒公，謚曰靖懿。

[1]兗州：北魏孝文帝太和十八年改東兗州置，治瑕丘城，在今山東兗州市新驛鎮東頓村南。

[2]斷嶷要而出：中華本校勘記云："錢氏《考異》云：'"要"下有闕文，當是腰帶之類。'"

[3]濟州刺史：底本作"本州刺史"，中華本校勘記云："按《魏書》卷一一《出帝紀》太昌元年七月稱：'夏州徙民郭遷據宥州（兗州之訛）反，刺史元嶷棄城走，詔行臺侯景率齊州刺史尉景、濟州刺史蔡儁等攻討之。'《北齊書》卷一九《蔡儁傳》亦言其時蔡儁官濟州刺史。此'本州'當作'濟州'。"今從改。 尉景：人名。字士真，善無（今山西右玉縣東南）人。東魏、北齊將領。見《北史》卷五四《尉景傳》。 蔡儁：人名。字景彦，廣寧石門（今山西朔州市）人。東魏將領。先爲尒朱榮平遠將軍、諫議大夫。見《北史》卷五三《蔡儁傳》。

[4]濮陽縣伯：封爵名。濮陽，縣名。治所在今河南濮陽市西南。

悝弟暉，字景襲。少沉敏，頗涉文史。宣武即位，爲給事黄門侍郎。[1]

[1]給事黄門侍郎：官名。侍從皇帝，顧問應對，出則陪乘。與皇帝關係密切，多以重臣、外戚子弟、公主婿爲之。北魏孝文帝太和二十三年爲四品上。

初，孝文遷洛，舊貴皆難移，時欲和衆情，遂許冬則居南，夏便居北。宣武頗惑左右之言，外人遂有還北之問，至乃牓賣田宅，[1]不安其居。暉乃請間言事，具奏所聞，曰："先皇移都，以百姓戀土，故發冬夏二居之詔，權寧物意耳。乃是當時之言，實非先皇深意。[2]且北來遷人，[3]安居歲久，公私計立，無復還情。伏願陛下終高祖既定之業，勿信邪臣不然之説。"帝納之。

[1]牓賣：張榜出售。

[2]實非先皇深意：底本作"先皇深意"。中華本校勘記云："諸本脱'實非'二字，據《魏書》卷一五補。"今從改。

[3]北來：底本作"比來"，《魏書》卷一五《常山王遵傳》作"北來"。按：從文意來看，當從《魏書》改。

再遷侍中，領右衛將軍。雖無補益，深被親寵。凡在禁中要密之事，暉别奉旨，藏之於櫃，唯暉入乃開，其餘侍中、黄門莫有知者。侍中盧昶亦蒙恩眄，[1]故時人號曰"餓彪將軍，飢鷹侍中"。遷吏部尚書。納貨用官，皆有定價，大郡二千匹，次郡一千匹，下郡五百匹，其餘官職各有差，天下號曰市曹。出爲冀州刺史。[2]下州之日，連車載物，發信都至湯陰間，[3]首尾相屬，道路不斷。其車少脂角，即於道上所逢之牛，生截取角，以充其用。暉檢括丁户，[4]聽其歸首，出調絹五萬匹。[5]然聚斂無極，百姓患之。

[1]盧昶：人名。字叔達，小字師顔，范陽涿（今河北涿州

市）人。北魏官吏。見《北史》卷三〇《盧玄附盧昶傳》。

[2]冀州刺史：底本作“萬州刺史”，殿本、四庫本、四部備要本、中華本作“冀州刺史”。按：北魏時無萬州，今從中華本改。

[3]信都：縣名。治所在今河北冀州市。　湯陰：縣名。治所在今河南湯陰縣西南。

[4]檢括丁户：檢查、清理隱匿的户口。

[5]調絹：以户調形式徵收的布匹。自三國魏起，户調徵收多爲紡織品，或絹、或棉、或布，稱爲調絹、調棉、調布。

明帝初，徵拜尚書左僕射，詔攝吏部選事。後詔暉與任城王澄、京兆王愉、東平王匡共決門下大事。[1]

[1]任城王：封爵名。任城，郡名。北魏時治任城縣，在今山東曲阜市。　澄：即元澄，人名。字道鏡（《魏書》作“道鎮”），北魏宗室。見《北史》卷一八《任城王雲附元澄傳》。　京兆王：封爵名。京兆，郡名。北魏時治霸城縣，在今陝西西安市東北。　愉：即元愉，人名。字宣德。北魏宗室。見《北史》卷一九《京兆王愉傳》。　匡：即元匡，人名。北魏宗室。見《北史》卷一七《廣平王洛侯附東平王匡傳》。

暉又上書論政要：

其一曰：御史之職，務使得賢。必得其人，不拘階秩，久於其事，責其成功。

其二曰：安人寧邊，觀時而動。頃來邊將亡遠大之略，[1]貪萬一之功，楚、梁之好未聞，[2]而蠶婦之怨屢結，[3]斯乃庸人所爲，鋭於奸利之所致也。平吴之計，自有良圖，不在於一城一戍也。又河北數州，國之基本，飢荒多年，户口流散，方今境上，兵復徵發，即如此日，何易舉動？愚謂數年以來，唯宜静邊，以息召役，[4]安人勸農，惠此中夏。請嚴敕邊將，自今有賊戍求内附者，[5]不聽輒遣援接，皆須表聞。違者雖有功，請以違詔書論。

[1]觀時而動頃來邊：宋本缺。

[2]楚梁之好：典出劉向《新序·雜事》。春秋時，楚、梁兩國相鄰。梁國大夫宋就心胸寬廣，以德報怨，使兩國和睦交好。

[3]蠶婦之怨：指因小事結怨。典出《史記》卷三一《吴太伯世家》："初，楚邊邑卑梁氏之處女與吴邊邑之女爭桑，二女家怒相滅，兩國邊邑長聞之，怒而相攻，滅吴之邊邑。吴王怒，故遂伐楚，取兩都而去。"

[4]以息召役：《魏書》卷一五《常山王遵傳》作"以息占役"。按：從文意來看，當從底本。

[5]賊戍：中華本作"戍賊"。

三曰：國之資儲，唯籍河北。飢饉積年，户口逃散，生長奸詐，因生隱藏，出縮老小，妄注死失，收人租調，割入於己。人困於下，官損於上。[1]自非更立權制，善加檢括，損耗之來，方在未已。請求其議，明宣條格。

[1]官損：宋本作"宦損"。按：從文意來看，當從底本。

帝納之。

暉雅好文學，招集儒士崔鴻等撰録百家要事，以類相從，名爲《科録》，凡二百七十卷，上起伏羲，迄於晋，[1]凡十四代。暉疾篤，表上之。卒，賜東園秘器，[2]贈使持節、都督中外諸軍事、司空公，謚曰文憲。將葬，給羽葆班劍鼓吹二十人，[3]羽林百二十人。[4]

[1]晋：《魏書》卷一五《常山王遵傳》作“晋宋”。

[2]東園秘器：皇室、顯宦死後所用的棺木。東園，掌製作王公貴族喪葬器具的機構。

[3]班劍：本指有紋飾的劍。後用作儀仗，由武士配持，天子以賜功臣。此指持班劍的武士。

[4]羽林：禁衛軍名。北魏孝文帝太和十九年，選天下武勇之士十五萬爲羽林、虎賁，以充侍衛。掌禁衛皇宫，亦奉命出征。

子弼，字宗輔，性和厚，美容儀。以莊帝舅子婿，特封廣川縣子。[1]天平初，[2]累遷尚書令。弼妹爲孝武所納，[3]以親情見委，禮遇特隆。歷中書監、録尚書事，[4]位特進、宗師。[5]齊受禪，除左光禄大夫。[6]天保三年，[7]卒。十年，諸子與諸兄同誅死。[8]

[1]廣川縣子：封爵名。廣川，縣名。治所在今河北景縣西南。

[2]天平：東魏孝静帝的年號（534—537）。

[3]孝武：宋本作“太武”。中華本校勘記云：“按天平是東魏静帝年號，其時孝武已入關，疑‘孝武’是‘神武’之訛。”

[4]中書監：官名。北魏時爲中書省長官之一，掌納奏、擬詔、出令，然權歸中書舍人，監、令名爲長官，實爲閑職。孝文帝太和十七年定爲從一品中，二十三年改爲從二品。

[5]宗師：官名。掌宗室事務。

[6]左光禄大夫：官名。作爲在朝顯職的加官，以示優待，或授予年老有病者爲致仕之官，亦常用作卒後贈官。無職掌。

[7]天保：北齊文宣帝的年號（550—559）。

[8]諸兄：底本作“諸元”，毛本、殿本、四庫本、局本、四部備要本、中華本均作“諸兄”。按：從文意來看，底本誤，從中華本改。

弼弟子士將，有巧思。至齊武成時，位將作大匠。[1]

[1]將作大匠：官名。漢景帝時由將作少府改名。掌領徒隸修建宫室、宗廟、陵寢及其他土木工程，植樹於道旁。北魏仍置，領將作都將、將作監等官，孝文帝太和十七年定爲從二品下，二十三年改爲從三品。

德弟贊，頗有名譽，好陳軍國事宜。初置司州，[1]以贊爲刺史，賜爵上谷侯。孝文戒贊化畿甸，[2]可宣孝道，必令風教洽和，文禮大備。自今有不孝不悌者，比其門標，以刻其柱。又詔曰：“司州刺史，官尊位重，職總京畿，選屬懿親，以允具瞻之望。但諸王年少，未閑政體，故以授贊，庶能助暉道化。今司州始立，郡縣初置，公卿已下皆有本屬，可人率子弟，用相展敬。”於是賜名曰“贊”。詔贊乘步挽入殿門，加太子少師，[3]遷左僕射。孝文將謀遷洛，諸公多異同，唯贊贊成大策。帝每歲南伐，執手寄以後事。卒，贈衛將軍，[4]僕射如故。後以留守贊輔之功，進封晋陽縣伯。

[1]司州：北魏孝文帝太和十七年改洛州爲司州，治洛陽縣，在今河南洛陽市東北。

[2]戒：宋本作“式”。按：從文意來看，當從底本。

[3]太子少師：官名。爲東宫三少之首，負責訓導輔佐太子，無具體職司。北魏孝文帝太和二十三年改爲三品。

[4]衛將軍：官名。北魏時位在諸名號大將軍上，多作爲軍府名號以加大臣、重要州郡長官，無具體職掌。孝文帝太和十七年定爲一品下，二十三年改爲二品。

贇弟淑，[1]字買仁。彎弓三百斤，善騎射。孝文時，爲河東太守。河東俗多商賈，罕事農桑，人至有年三十不識耒耜。[2]淑下車勸課，[3]躬往教示，二年間，家給人足，爲之謡曰：“泰州河東，[4]杼柚代舂。[5]元公至止，田疇始理。”卒於平城鎮將，[6]謚曰静。有七子。

[1]淑：即元淑，人名。據元淑墓誌，其爲“司州河南洛陽人也”，娶相州刺史、趙郡吕金安之女爲妻，官平北將軍、肆朔燕三州刺史、平城鎮將等職，卒於北魏宣武帝正始四年（507），終年六十一歲，“嘉謚靖”。（參羅新、葉煒《新出魏晋南北朝墓誌疏證（修訂本）》，中華書局2016年版，第60—62頁）

[2]耒（lěi）耜（sì）：一種農具，用於翻鬆土地。

[3]下車：官吏到任。

[4]泰州：宋本作“秦州”。中華本校勘記云：“宋本、南本‘泰’作‘秦’。錢氏《考異》云：‘按魏初置泰州於河東，故有泰州河東之謡。監本“泰”作“秦”，蓋據《魏書·地形志》校改。然其時自有秦州，治天水，不應有兩秦州，當以“泰”爲正。’”

[5]杼柚：借指工商之事。

[6]平城鎮將：官名。平城鎮的長官，主要掌軍政，其下設副

將、監軍及長史、司馬等佐僚。

季海字元泉，兄弟中最有名譽，位洛州刺史。[1]季海妻，司空李沖之女，[2]莊帝從母也，賜爵唐郡君。[3]政在尒朱，禍難方始，勸季海爲外官以避纖介。[4]及孝莊之難，季海果以在藩得免。從孝武入關，封馮翊王，[5]位中書令、雍州刺史，[6]遷司空。病薨，謚曰穆。

[1]洛州：北魏時治上洛城，在今陝西商洛市商州區。

[2]李沖：宋本作“季沖”。按：“李”“季”字形相近而訛，從底本。

[3]唐郡君：中華本校勘記云：“按《魏書·地形志》無‘唐郡’，疑有訛脱。”

[4]纖介：指細小的嫌隙。

[5]馮翊王：封爵名。馮翊，郡名。西魏時治高陸縣，在今陝西高陵縣。

[6]中書令：官名。漢武帝時置，掌管機要，處理國務。東晋、南北朝時逐漸脱離機務，成爲閑職，多用作重臣加官。北魏孝文帝太和十七年定爲二品中，二十三年改爲三品。西魏沿置。

子亨，字德良，[1]一名孝才。遇周、齊分隔，時年數歲，與母李氏在洛陽。齊神武以亨父在關中，禁固之。其母遂稱凍餒，得就食湯陰，[2]託大豪李長壽，攜亨及孤姪數人，得至長安。周文以功臣子，甚禮之。大統末，襲爵馮翊王，累遷勳州刺史，[3]改封平凉王。[4]周受禪，例降爲公。隋文帝受禪，自洛州刺史徵拜太常卿。[5]尋出爲衛州刺史，[6]在職八年，風化大洽。以老病乞骸骨，吏人詣闕上表請留，上嗟嘆者久之。其年，亨以篤疾，重請還京，上令使者致醫藥，問動静，相望於道。卒于家，謚曰宣。

[1]字：宋本作“亨字”。按：“亨”字衍。

[2]湯陰：源氏校勘記云：“‘湯陰’《隋書》作‘滎陽’。”中華本校勘記云：“《隋書》卷五四《元亨傳》‘湯陰’作‘滎陽’。按《周書》卷四三《李延孫傳》，其父長壽於孝武西遷後，曾任廣州刺史。廣州治魯陽，疑‘滎陽’是‘魯陽’之訛。湯陰在洛陽東北甚遠，非李長壽勢力所能及，疑誤。”

[3]勳州：西魏時治高涼縣，在今山西稷山縣南。

[4]平涼王：封爵名。平涼，郡名。西魏時治鶉陰縣，在今甘肅平涼市西北。

[5]太常卿：官名。爲太常的尊稱。北齊置爲太常寺長官，掌管宗廟祭祀禮樂。三品。隋朝時爲正三品。

[6]衛州：隋朝時治枋頭城，在今河南滑縣西南淇門渡。

陳留王虔，[1]紇根之子也。登國初，賜爵陳留公。與衛王儀破黜弗部，[2]從攻衛辰。[3]慕容寶來寇，虔絶其左翼，寶敗。垂恚憤來桑乾，[4]虔勇而輕敵，於陳戰没。

[1]陳留王：封爵名。陳留，郡名。北魏初治陳留縣，在今河南開封市東南陳留城。

[2]黜弗部：北魏時活動於陰山地區。

[3]從攻衛辰：底本作“從衛辰”，毛本、殿本、四庫本、四部備要本、中華本作“從攻衛辰”。按：底本誤，今補。

[4]桑乾：縣名。治所在今山西山陰縣東南。

虔姿氣魁傑，[1]武力絶倫，每以矛細短，大作之，猶患其輕，復綴鈴於刃下。其弓力倍加常人。以其殊異，代京武庫常存而志之。[2]虔常以稍刺人，遂貫而高舉。又嘗以一手頓稍於地，馳馬僞退，敵人争取，引不能出。虔引弓射之，一箭殺二三人，摇稍之徒，亡魂而散，徐乃令人取稍而去。每從征討，及爲偏將，常先登陷陣，勇冠當時，敵無衆寡，莫敢抗其前者。及薨，舉國悲嘆，爲之流涕，道武追惜傷慟者數焉。追謚陳留桓王，配饗廟廷，封其子悦爲朱提王。[3]

[1]姿氣：毛本、殿本、四庫本、局本、四部備要本、中華本作“姿貌”。

[2]常存：宋本作“常在”。按：從文意來看，當從底本。

[3]朱提王：封爵名。遥封。朱提，郡名。東晋時治朱提，在今雲南昭通市。

悦外和内狠。道武常以桓王死王事，特加親寵，爲左將軍，[1]襲封，後爲宗師。悦恃寵驕矜，每謂所親王洛生之徒言曰：“一旦宫車晏駕，吾止避衛公。除此，誰在吾前！”衛王儀美髯，爲内外所重，悦故云。初，姚興之贖狄伯支，[2]悦送之，路由雁門，[3]悦因背誘奸豪，以取其意。後遇事譴逃亡，投雁門，規收豪傑，欲爲不軌，爲土人執送。帝恕而不罪。明元即位，引悦入侍，仍懷奸計，説帝云：“京師雜人不可保信，宜誅其非類者。”又云：“雁門人多詐，并可誅之。”欲以雪其私忿，帝不從。悦内自疑懼，懷刃入侍，謀爲大逆。叔孫俊疑之，竊視其懷有刃，[4]執而賜死。

[1]左將軍：官名。軍府名號，用作加官，常不載官品。北魏孝文帝太和十七年定爲從二品上，二十三年改爲三品。

[2]姚興：人名。字子略，南安赤亭（今甘肅隴西縣西）羌人。十六國時後秦君主。　狄伯支：人名。天水（今甘肅天水市）人。十六國時後秦大臣。

[3]雁門：郡名。北魏時治廣武縣，在今山西代縣西南。

[4]有刃：宋本、《魏書》卷一五《常山王遵附朱提王悦傳》作“有刀”。

弟崇，太武詔令襲桓王爵。崇性沉厚。初，衛王死後，道武欲敦宗親之義，詔引諸王子弟入宴。常山王素等三十餘人咸謂與衛王相坐，疑懼，皆出逃遁，將奔蠕蠕，唯崇獨至。道武見之，甚悦，厚加禮賜，遂寵敬之，素等於是亦安。久之，拜并州刺史，有政績。從征蠕蠕，别督諸軍出大澤，越涿耶山，[1]威懾漠北。薨，謚曰景王。

[1]涿耶山：在今蒙古阿爾泰山東南部一帶。

子建襲，降爵爲公，位鎮北將軍、懷荒鎮大將。[1]卒。建子琛，位恒、肆二州刺史。[2]琛子翌，尚書左僕射。翌子暉。

[1]鎮北將軍：官名。與鎮東、鎮西、鎮南將軍合稱四鎮，多爲持節都督，出鎮方面。從二品。　懷荒鎮大將：毛本、殿本、四

庫本、局本、四部備要本作“懷荒鎮軍大將”。按：毛本等衍“軍”字，從底本。懷荒鎮，軍鎮名。在今河北張北縣。

[2]恒肆：《魏書》卷一五《陳留王虔傳》作“恒朔”。源氏校勘記云：“《魏書》作‘恒朔’。”按：未詳孰是。恒，州名。北魏孝文帝太和十七年以司州改名，治平城，在今山西大同市東北。肆，州名。北魏時治九原縣，在今山西忻州市西北。

暉字叔平，鬚眉如畫，進止可觀。好涉獵書記，少得美名於京下。周文禮之，命與諸子游處。每同硯席，情契甚厚。再遷武伯下大夫。[1]時突厥屢爲寇患，[2]朝廷將結和親，令暉賫錦綵十萬，[3]使突厥。暉説以利害，可汗大悦，遣其名王隨獻方物。俄拜儀同三司。周武帝之娉突厥后，令暉致禮。授開府，轉司憲大夫。[4]及平關東，使暉安集河北，封義寧子。[5]隋文帝總百揆，加上開府，進爵爲公。開皇初，拜都官尚書，兼領太僕。[6]奉詔決杜陽水灌三畤原，[7]溉舄鹵之地數千頃，[8]人賴其利。再遷兵部尚書，[9]監漕渠之役。未幾，坐事免。頃之，拜魏州刺史，[10]頗有惠政。後以疾去職，卒于京師。帝嗟悼久之，敕鴻臚監護喪事，[11]謚曰元。子肅嗣，位光禄少卿。[12]肅弟仁，器性明敏，位日南郡丞。[13]

[1]武伯下大夫：官名。即左右小武伯下大夫的省稱。北周時以武伯爲禁衛軍六率之長，設左右小武伯下大夫。員二人。掌管具體事務。正四命。

[2]突厥：廣義上包括鐵勒、突厥各部落，狹義上指突厥汗國。公元六世紀初興起於金山（今阿爾泰山）西南麓，爲游牧部落。公

元552年，建政權於今鄂爾渾河流域。與中原交流頻繁。隋文帝開皇二年（582），分裂爲東、西二部。見《北史》卷九九《突厥傳》。

[3]買：源氏校勘記改“買”作“齎”。中華本校勘記云：“《隋書》卷四六《元暉傳》‘買’作‘齎’。按‘買’當是‘賫’之訛，‘賫’即‘齎’別體。”

[4]司憲大夫：官名。西魏恭帝三年設。爲秋官府屬官，掌撰定法律、察獄訟之辭等。員二人，正五命。北周因之。

[5]義寧子：封爵名。義寧，縣名。治所在今山西安澤縣北。

[6]太僕：官名。掌皇家輿馬及畜牧之政。

[7]杜陽水：源出今陝西麟游縣西北杜山下。　三時原：地名。確址不詳，當在今陝西麟游縣、乾縣一帶。

[8]舄鹵之地：含有鹽鹼的瘠土。

[9]兵部尚書：官名。隋朝時置爲尚書省兵部長官。正三品。

[10]魏州：隋朝時治貴鄉縣，在今河北大名縣東北。

[11]鴻臚：官名。即大鴻臚卿，亦稱鴻臚寺卿。掌接待少數民族賓客、朝會以及吉凶禮儀等。

[12]光禄少卿：官名。北魏始設，歷代沿置。爲光禄寺副職，負責膳食和帳幕。隋初爲正四品上。

[13]日南：郡名。隋朝時治九德縣，在今越南義静省榮市。　郡丞：官名。郡守之副職，助掌郡之行政。隋朝時京兆郡丞從五品，他州郡丞從七品至從八品。

建弟嫡子祚，字龍壽。宣武校藝，每於歲暮，詔令教習講武。初，建以子罪失爵，祚欲求本封。有司奏聽祚襲公，其王爵不輕，共求更議，詔從之。卒於河州刺史。[1]節閔時，贈侍中、尚書僕射。

[1]河州：北魏時治枹罕縣，在今甘肅臨夏市。

虔兄顗，性嚴重少言，道武常敬之，雅有謀策。從平中山，以功賜爵蒲城侯，[1]特見寵厚，給鼓吹羽儀，[2]禮同岳牧。[3]莅政以威信著稱，居官七年，乃以元易干代顗爲郡。時易干子萬言得寵於道武，易干恃其子，[4]輕忽於顗，不告其狀，輕騎卒至，排顗墜床，而據其坐。顗不知代己，謂以罪見捕，既而知之，耻其侮慢，謂易干曰："我更滿被代，常也。汝無禮見辱，豈可容哉！"遂搏而殺之。以狀具聞，道武壯之。萬言累以訴請，[5]乃詔顗輸贖。顗乃自請罪，道武赦之，復免其贖。病卒。

[1]蒲城侯：封爵名。蒲城，縣名。治所在今陝西蒲城縣。

[2]羽儀：儀仗中以羽毛裝飾的旌旗之類。

[3]岳牧：相傳堯舜時有四岳十二牧，分管内政與諸侯國，後因以岳牧喻指封疆大吏。

[4]易干：宋本作"易千"。按："干""千"字形相近而訛，宋本誤。

[5]訴請：源氏校勘記改"請"作"情"。

子崘，太武時襲父爵，以功除統萬鎮將。[1]後從永昌王仁南征，[2]别出汝陰、濟淮。[3]宋將劉康祖屯於慰武亭以邀軍路，[4]師人患之。崘曰："今大風既勁，若令推草車，方軌並進，乘風縱煙火，以精兵自後乘之，破之必矣。"從之，斬康祖，傳首行宫。文成即位，除秦州刺史，進爵隴西公。[5]卒，謚曰定公。子琛襲爵。

[1]統萬鎮：鎮名。北魏太武帝始光四年（427）置，在今陝西靖邊縣東北。

[2]永昌王：封爵名。遥封。永昌，郡名。南朝宋時治不韋縣，在今雲南保山市北。　仁：即拓跋仁，人名。北魏宗室。見《北史》卷一六《永昌王健附拓跋仁傳》。

[3]汝陰：郡名。北魏時治社亭城，在今安徽潁上縣南。

[4]劉康祖：人名。彭城吕（今江蘇徐州市）人。南朝宋將領。見《宋書》卷五〇《劉康祖傳》。

[5]隴西公：封爵名。隴西，郡名。北魏時治襄武縣，在今甘肅隴西縣東南。

毗陵王順，[1]地干之子也。性疏狠。登國初，賜爵南安公。及道武討中山，留順守京師。[2]栢肆之敗，軍人有亡歸者，言大軍奔散，不知帝所在。順聞之，欲自立，納莫題諫，[3]乃止。時賀力眷等聚衆作亂於陰館，[4]順討之不剋，乃從留官自白登南入繁時故城，[5]阻灅水爲固，[6]以寧人心。道武善之，進封爲王，位司隸校尉。

[1]毗陵王：封爵名。遥封。毗陵，郡名。東晋時治晋陵縣，在今江蘇常州市。

[2]順：宋本作“順等”。

[3]莫題：人名。代（今山西大同市東北）人。北魏官吏。見《北史》卷二〇《莫含附莫題傳》。

[4]陰館：縣名。治所在今山西朔州市東南夏官城（參李憑《北魏時期雁北的城邑》，載河東兩京歷史考察隊編《晋秦豫訪古》

山西人民出版社 1986 年版，第 80 頁)。

[5]繁畤：縣名。治所在今山西渾源縣西南。

[6]灅水：即桑乾河。發源於今山西朔州市一帶。

道武好黄老，數召諸王及朝臣親爲説之，在坐莫不祇肅，唯順獨坐寐，不顧而唾。帝怒廢之。以王薨於家。

遼西公意烈，[1]力真之子也。先没於慕容垂。道武征中山，棄妻子迎於井陘。[2]及平中原，有戰獲勳，賜爵遼西公，[3]除廣平太守。[4]時和跋爲鄴行臺，[5]意烈性雄耿，自以帝屬，恥居跋下，遂陰結徒黨，將襲鄴。發覺，賜死。

[1]遼西公：封爵名。遼西，郡名。北魏時治肥如縣，在今河北盧龍縣西北。

[2]棄：宋本作“垂”。按：從文意來看，當從底本。　井陘：縣名。治所在今河北井陘縣西北。

[3]賜爵：宋本作“爵”。按：從文意來看，當從底本。

[4]廣平：郡名。北魏時治曲梁城，在今河北永年縣東南。

[5]和跋：人名。鮮卑族。北魏將領。見《北史》卷二〇《和跋傳》。

子拔干，博知古今。父雖有罪，道武以拔干宗親，委之心腹。有計略，屢效忠勤。明元踐阼，除勃海太守，吏人樂之。賜爵武遂子，[1]轉平原鎮將，得將士心。卒，謚曰靈公。

[1]武遂子：封爵名。武遂，縣名。治所在今河北武强縣西北。

子受洛襲，進爵武邑公。[1]卒。

[1]武邑公：封爵名。武邑，郡名。北魏時治武强縣，在今河北武强縣西南舊城。

子叱奴，武川鎮將。

叱奴子洪超，頗有學涉，大乘賊亂之後，[1]詔洪超持節兼黄門侍郎，[2]綏慰冀部。還，上言冀土寬廣，界去州六七百里，負海險遠，宜分置一州，鎮遏海曲，朝議從之，後遂立滄州。[3]卒於北軍將、光禄大夫。[4]

[1]大乘：冀州僧法慶與李歸伯起義的國號。

[2]持節：自漢起，節爲皇帝號令賞罰的信物，故持節者比不持節者位高權重。歷朝因之，自西晋起，實際成爲一種加職。持節在使持節之下、假節之上，督軍時與使持節同，有權殺二千石以下官吏，平時衹能殺無官位之人。

[3]滄州：北魏時治饒安縣，在今河北鹽山縣西南。

[4]北軍將：中華本校勘記云："按當有訛脱。" 光禄大夫：官名。爲在朝顯職的加官，以示恩寵，或授予年老有病者爲致仕之官，亦常用作卒後贈官，無具體職掌。孝文帝太和二十三年爲第三品。

意烈弟勃，善射御，以勳賜爵彭城公。[1]卒，謚曰□謚□。[2]陪葬金陵。

[1]彭城公：封爵名。彭城，郡名。北魏時治彭城縣，在今江蘇徐州市。

[2]□謚□：底本“謚”字前後各空一格，中華本作“謚曰闕”。按：疑有脱誤。

長子粟襲。太武時，督諸軍屯漠南。蠕蠕表聞。粟亮直，善馭衆，撫恤將士，必與之同勞逸。征和龍，以功進封爲王。薨，陪葬金陵。

粟弟渾，少善弓馬，太武嘉之。會有諸方使，命渾射獸三頭，發皆中，時舉坐咸以爲善。及爲宰官尚書，[1]頗以驕縱爲失，坐事免，徙長社，[2]爲人所害。

[1]宰官尚書：毛本、殿本、四庫本、局本、四部備要本作“都官尚書”。按：未詳孰是。

[2]長社：縣名。治所在今河南長葛市東北。

子庫汗，爲羽林中郎將。[1]從北巡，有兔起乘輿前，命庫汗射之，應弦而斃。太武悦，賜一金兔，[2]以旌其能。文成起景穆廟，[3]賜爵陽豐侯。[4]獻文即位，復造文成廟，[5]拜殿中給事，[6]進爵爲公。庫汗明於斷決，每奉使察行州鎮，[7]折獄以情，所歷皆稱之。秦州父老詣闕乞庫汗爲刺史者，前後千餘人，朝廷許之，未及遣，遇病卒。子古辰襲。

[1]羽林中郎將：官名。漢宣帝始以中郎將監羽林，東漢置羽林中郎將，秩比二千石，掌宿衛侍從。北魏時爲第五品，秩比二千

石，主羽林郎。

[2]一金兔：宋本作“金兔”。

[3]景穆廟：在今山西大同市。景穆，即北魏太武帝太子拓跋晃。景穆爲其謚號，北魏文成帝所追謚。

[4]陽豐侯：封爵名。陽豐，縣名。治所在今江西永豐縣西。

[5]文成廟：在今山西大同市。文成，即北魏皇帝拓跋濬。文成爲其謚號。

[6]殿中給事：官名。北魏早期官職，具體職掌不詳。

[7]州鎮：宋本作“司鎮”。按：從文意來看，宋本誤。

窟咄，昭成崩後，苻洛以其年長，逼徙長安。苻堅禮之，教以書學。因亂，隨慕容永東遷，[1]永以爲新興太守。[2]劉顯之敗，[3]遣弟亢埿等迎窟咄，[4]遂逼南界，於是諸部騷動。道武左右于桓等謀應之，[5]同謀人單烏干以告帝。帝慮駭人心，沉吟未發。後三日，桓以謀白其舅穆崇，又告之，帝乃誅桓等五人，餘莫題等七姓悉原不問。帝慮内難，乃北踰陰山，幸賀蘭部，遣安同及長孫㵗徵兵於慕容垂。[6]賀曼亡奔窟咄；[7]安同間行，遂達中山。慕容垂遣子賀驎步騎六千以隨之。[8]安同與垂使人蘭紇俱還，達牛川，[9]窟咄兄子意烈捍之。安同乃隱藏於商賈囊中，至暮，乃入空井得免，仍奔賀驎。軍既不至，而稍前逼賀染干。[10]賀染干陰懷異端，乃爲窟咄來侵北部。人皆驚駭，莫有固志，於是北部大人叔孫普洛節及諸烏丸亡奔衛辰。[11]賀驎聞之，遽遣安同、朱譚等來。既知賀驎軍近，衆乃少定。道武自弩山幸牛川，[12]窟咄進屯高柳。道武復使安同詣賀驎，因剋會期。安同還，帝踰參合，出代北，與賀驎會於高柳。窟咄窮迫，望旗奔走，遂爲衛辰殺之。帝悉收其衆，賀驎執帝別歸中山。[13]

[1]慕容永：人名。字叔明，昌黎棘城（今遼寧北票市章吉營子鄉三官營子村）人，鮮卑族。十六國時西燕君主。見《北史》卷九三《慕容永傳》。

[2]新興：郡名。十六國前秦時治定襄縣，在今内蒙古清水河縣。

[3]劉顯：人名。本名醜伐，代（今山西大同市東北）人。見《魏書》卷二三《劉庫仁附劉顯傳》。

[4]亢埿：即劉亢埿，人名。匈奴族。十六國時後燕官吏。官至廣寧太守。

[5]左右于桓：底本作“右于桓”，毛本、殿本、四庫本、局本、四部備要本、中華本作“左右于桓”。按：今從中華本補。于桓，人名。一作“于植”，代（今山西大同市東北）人，鮮卑族，穆崇外甥。

[6]安同：人名。遼東（今遼寧遼陽市）人。北魏官吏。見《北史》卷二〇《安同傳》。　長孫漫：《魏書》卷一五《窟咄傳》作“長孫賀”。按：《北史》及《魏書》之《道武帝紀》均作“長孫賀”。詳見下“賀曼”條。

[7]賀曼：《魏書·窟咄傳》作“賀”。中華本校勘記云：“《魏書》卷十五‘漫’作‘賀’，無‘曼’字。本書卷一《道武紀》登國元年，作‘長孫賀’。按本名當作‘賀曼’，單稱或作‘賀’，或作‘漫’，遂似兩人。”

[8]賀驎：人名。昌黎棘城（今遼寧北票市章吉營子鄉三官營子村）人，鮮卑族。十六國時後燕宗室。被魏軍敗於義臺塢，單騎逃鄴，爲慕容德所殺。

［9］牛川：地名。在今内蒙古凉城縣境内（參毋有江《拓跋鮮卑政治發展的地理空間》，載武漢大學中國三至九世紀研究所編《魏晉南北朝隋唐史資料》第28輯，上海古籍出版社2012年版）。

［10］賀染干：人名。代（今山西大同市東北）人，鮮卑族。北魏外戚。見《北史》卷八〇《賀訥傳》。中華本校勘記云："《魏書》不重'賀染干'。按《魏書》卷二《太祖紀》云：'賀麟軍未至而寇已前逼。'此'而'下當脱'寇'字，指劉亢埿之軍。'賀染干'三字誤重出，受逼者是拓拔珪，非賀染干。"

［11］北部大人：北魏前期曾將鮮卑族人及四方來歸之衆分爲四部、五部、六部、八部等，其中都有北部。北部大人即爲統率該部之首領。　烏丸：東胡别支，秦末匈奴冒頓滅其國，遂避徙至烏桓山以自保，故又稱烏桓。漢獻帝時曹操破烏桓，徙萬餘落至中原，餘衆於那河之北自稱烏丸國。以游牧爲生。見《三國志》卷三〇《魏書·烏丸傳》。

［12］弩山：約在今内蒙古興和縣附近。

［13］賀驎執帝别歸中山：中華本校勘記云："《魏書》作'賀驎别帝，歸于中山'，《通志》作'賀驎還歸中山'。按《北史》文不可通，疑《魏書》是。"

論曰：魏氏始自幽都，[1]肇基帝業。上谷公等分枝若木，疏派天潢。[2]或績預經綸，大開土宇，或迹同凶悖，自致殲夷，其禍福之來，唯人所召。至如神武之不事黄屋，[3]高揖萬乘，義感鄰國，[4]祚隆帝統，太伯、延陵未足多也。[5]高凉讓國之胤，子那猛壯之風，或大位未加，或功不贖罪，[6]褒德圖勞，其義爲闕。松滋氣幹相承，聲迹俱顯。天穆得不以道，任過其量，持盈必悔，殺身爲幸。武衛父子兼將，丕略始見器重，終以奸棄，[7]不足觀矣。河間、扶風，武烈宣著，宗子之可稱乎！衛王英風猛概，折衝見重，[8]謀之不臧，卒以自喪。秦王體度恢偉，陳留膽氣絶倫，亡身强寇，志力不展，惜哉！常山勇冠戚屬，與魏升降，亦以優乎！陰平忠烈，蒲陰器宇，[9]榮寵兼萃，蓋有由焉。毗陵疏狠，遼西狷介，全身保位，固亦難矣。苻堅之轘寔君，[10]衛辰之誅窟咄，逆子賊臣，蓋亦天下之惡一焉。[11]

[1]幽都：地名。除古之燕地幽州外，還常被用來泛指相對於中原地區而言的北方極遠之地。

[2]疏派：宋本、元大德本作“疏泒”。　天潢：皇族。

[3]黄屋：指帝王權位。

[4]鄰國：宋本作“鄰”。按：宋本遺“國”字，從底本。

[5]太伯：即吴太伯。先秦時期吴國第一代君主，姬姓，周太王長子。爲成全父親傳位給其弟季歷的願望，特跑到偏遠吴地，斷髮紋身。　延陵：代指延陵季子，即季札。春秋時吴王壽夢之子。多次讓位，爲後世所敬仰。因其被封於延陵（約今江蘇常州市、丹陽市等吴地沿江一帶），故稱延陵季子。

[6]或大位未加或功：宋本缺。

[7]武衛父子兼將丕略始見器重終以奸棄：中華本校勘記云：“按此處文意不明，疑原文當作‘武衛父子，兼有將略。丕始見器重，終以奸棄’。脱‘有’字，‘略丕’誤倒。”

[8]折衝：使敵方戰車後撤，謂克敵制勝。

[9]蒲陰器宇：中華本校勘記云：“按上文無人封蒲陰者，唯拓拔顗封蒲城侯，疑‘陰’是‘城’之誤。”

[10]轘（huàn）：用車馬分裂人肢體的酷刑。

[11]惡一：宋本作“一惡”。按：從文意來看，當從底本。

北史　卷一六

列傳第四

道武七王　明元六王　太武五王

道武皇帝十男：[1]宣穆劉后生明元皇帝。[2]賀夫人生清河王紹。大王夫人生陽平王熙。王夫人生河南王曜。河間王脩、長樂王處文二王母氏闕。叚夫人生廣平王連、京兆王黎。皇子渾及聰母氏並闕，皆早薨，無傳。[3]

[1]道武皇帝：即北魏皇帝拓跋珪。道武爲其謚號。

[2]宣穆劉后：即道武帝拓跋珪的皇后劉氏。宣穆爲其謚號。見《北史》卷一三《道武宣穆皇后劉氏傳》。　明元皇帝：即北魏皇帝拓跋嗣。明元爲其謚號。

[3]無傳：《魏書》卷一六《道武七王傳》作“無後”。

清河王紹，字受洛拔，天興六年封。[1]性凶佷險悖，好劫剥行人，斫射犬豕，以爲戲樂。有孕婦，紹剖觀其胎。道武嘗怒之，倒懸井中，垂死乃出。明元常以義方責之，由此不協。而紹母賀夫人有譴，[2]帝將殺之。會日暮，未決。賀氏密告急於紹，紹乃與帳下及宦者數人踰宮犯禁。帝驚起，求弓刃不及，[3]暴崩。明日，宮門至日中不開，紹稱詔召百僚於西宮端門前北面，[4]紹從門扇間謂曰："我有父，亦有兄，公卿欲從誰也？"王公以下皆失色，莫有對者。良久，南平公長孫嵩曰："臣等不審登遐狀。"[5]唯陰平公元烈哭泣而去。[6]於是朝野凶凶，人懷異志。肥如侯賀護舉烽於安陽城北，[7]故賀蘭部人皆往赴之，[8]其餘舊部，亦率子弟，招集故人，往往相聚。紹聞人情不安，乃出布帛班賜王公以下。

[1]天興：北魏道武帝的年號（398—404）。

[2]譴：罪過。

[3]弓刃：元大德本、毛本、殿本、四庫本、局本、四部備要本、中華本作"弓刀"。

[4]端門：宮殿正門。

[5]南平公：封爵名。遥封。南平，郡名。東晋時治江安縣，在今湖北公安縣東北。　長孫嵩：人名。代（今山西大同市東北）人，鮮卑族。北魏官吏。見《北史》卷二二《長孫嵩傳》。　登遐：對帝王去世的諱稱。

[6]陰平公：封爵名。陰平，郡名。北魏時治陰平縣，在今甘肅文縣西北。　元烈：人名。北魏宗室。昭成帝拓拔什翼健之孫，秦王翰之子。見《北史》卷一五《秦王翰附元烈傳》。

[7]肥如侯：封爵名。肥如，縣名。治所在今河北盧龍縣西北。　賀護：人名。代（今山西大同市東北）人，鮮卑族。北魏貴族。明元帝拓跋嗣即位，封肥如侯。　安陽城：在今河北陽原縣東南。

[8]賀蘭部：鮮卑族部落之一，十六國時與拓跋部有姻親關係。

先是，明元在外，聞變乃還，潛于山中，使人夜告北新侯安同，[1]衆皆響應。衛士執送紹，於是賜紹母子死，誅帳下閹官、宫人爲内應者十數人。其先犯乘輿者，群臣於城南都街生臠食之。[2]紹時年十六。

[1]北新侯：封爵名。北新，縣名。治所在今河北徐水縣西南。安同：人名。遼東（今遼寧遼陽市）人。北魏官吏。見《北史》卷二〇《安同傳》。

[2]都街：都市，鬧市。　臠（luán）：切成小塊的肉。

紹母即獻明皇后妹也，[1]美而豔。道武如賀蘭部，見而悦之，告獻明后請納焉。后曰："不可。此過美，不善，且已有夫。"帝密令人殺其夫而納之，生紹，終致大逆焉。

[1]獻明皇后：即北魏道武帝拓跋珪的生母。

陽平王熙，[1]天興六年封。聰達有雅操。明元練兵於東部，詔熙督十二軍校閲，甚得軍儀，賞賜隆厚。泰常六年，[2]薨，帝哀慟不已。長子佗襲爵。

[1]陽平王：封爵名。陽平，郡名。北魏時治館陶縣，在今河北館陶縣。宋本作"平陽王"。按：各書均作"陽平王"，宋本誤。

[2]泰常：北魏明元帝的年號（416—423）。

佗性忠厚，武藝無過者。後改封淮南王，[1]鎮武牢，[2]威名甚著。孝文時，[3]位司徒，[4]賜安車几杖，[5]入朝不趨。太和十二年，[6]薨。時孝文有事太廟，[7]始薦，聞之，廢祭，輿駕親臨哀慟，禮賵有加，[8]謚曰靖王。

[1]淮南王：封爵名。遥封。淮南，郡名。南朝齊時治壽春縣，在今安徽壽縣。

[2]武牢：即虎牢。《北史》避唐高祖祖父李虎諱改。在今河南滎陽市汜水鎮。

[3]孝文：即北魏皇帝元宏。孝文爲其謚號。

[4]司徒：官名。北魏時爲名譽宰相、大臣加官。孝文帝太和二十三年定爲一品。

[5]安車：車名。古車立乘，此爲坐乘，故稱安車。供年老高級官員或貴族婦女乘用。多用一馬，禮尊者則用四馬。　几杖：坐几和手杖，爲敬老之物。

[6]太和：北魏孝文帝的年號（477—499）。

[7]太廟：皇帝爲祭拜祖先而營建的廟宇。

[8]賵：贈予喪家辦喪事的物品。

世子吐万，早卒。

子僖王顯襲祖爵，薨。

子世遵襲。孝明時，[1]爲荆州刺史。[2]在邊境，前代以來，互相抄掠，世遵到州，不聽侵擾。其弟均時在荆州，爲朝陽戍主。[3]有南戍主妻，三月三日游戲沔水側，[4]均輒遣部曲掠取。[5]世遵聞之，責均，遂移還本戍，吴人感荷。後頗行貨賄，散費邊儲，是以聲名有損。薨於定州刺史，[6]謚曰康王。

[1]孝明：即北魏皇帝元詡。孝明爲其謚號。

[2]荆州：北魏時治穰城，在今河南鄧州市。

[3]朝陽：戍名。在今湖北荆州市。　戍主：官名。南北朝始置，爲戍的主將，掌守防捍禦之事。除管理軍政外，兼理民政、財政。多以郡守、縣令、州參軍及雜號將軍等官兼領。

[4]沔水：水名。即今漢水。北源自今陝西留壩縣，西源出自今陝西寧强縣。又沔水入長江後，今湖北武漢市以下部分，亦通稱爲沔水。

[5]部曲：本爲部隊編制。東漢末，演變爲私人武裝。魏晋南北朝時，世族、豪族普遍擁有部曲，平時耕田從役，戰時隨主人作戰。父死子繼，地位低下。南北朝後期，地位稍有上升，有一些經主人放免成爲平民。

[6]定州：北魏時治盧奴縣，在今河北定州市。

吐万弟鍾葵，早卒。

長子法壽，累遷安州刺史。[1]法壽先令所親，微服入境，觀察風俗，下車便大行賞罰，[2]於是境内肅然。後於河陰遇害。[3]

[1]安州：北魏時治方城縣，在今河北隆化縣隆化鎮。

[2]下車：官吏到任。

[3]河陰：指河陰之難。北魏孝明帝武泰元年（528）權臣尒朱榮策劃並實施的一起針對皇族和百官公卿的屠殺事件，因事件發生在河陰縣（今河南孟津縣東）而得名。

子慶智，性貪鄙。爲太尉主簿，[1]事無大小，得物然後判，或十數錢，或二十錢，得便取之，府中號爲

“十錢主簿”。

[1]太尉主簿：官名。即太尉府主簿。典領文書以及賬簿圖籍等。雖非掾史之首，然地位較高。

法壽弟法僧，位益州刺史，[1]殺戮自任，威怒無恒。王、賈諸姓，州内人士，法僧皆召爲卒伍，無所假縱，於是合境皆反，招引外寇。後拜徐州刺史。[2]法僧本附元乂，[3]以驕恣，恐禍及己，將謀爲逆。時領主書兼舍人張文伯奉使徐州，[4]法僧謂曰：“我欲與卿去危就安，能從我否?”文伯曰：“安能棄孝義而從叛逆也!”法僧將殺之，文伯駡曰：“僕寧死見文陵松柏，[5]不能生作背國之虜!”法僧殺之。孝昌元年，[6]法僧殺行臺高諒，[7]反於彭城，[8]自稱尊號，改元天啓。大軍致討，法僧奔梁，其武官三千餘人戍彭城者，法僧皆印額爲奴，逼將南度。梁武帝授法僧司空，[9]封始安郡王，[10]尋改封宋王，[11]甚見優寵。又進位太尉，[12]仍立爲魏主。不行，授開府儀同三司、郢州刺史，[13]乃徵爲太尉。卒於梁，謚曰襄厲王。子景隆、景仲。[14]

[1]益州：北魏時治晋壽縣，在今四川廣元市利州區。

[2]徐州：北魏時治彭城縣，在今江蘇徐州市。

[3]本附：宋本作“本院”。按：依文意，當從底本。

[4]主書：官名。掌文書，位在正、書令史之上。八品。　舍人：官名。中書舍人的省稱。中書省屬官。北朝專掌草擬詔令，出納之職由門下省分任。北魏孝文帝太和十七年定爲六品上，二十三

年定爲六品下。

[5]寧死見文陵松柏：指寧死也要忠於北魏朝廷。文陵，指孝文帝的陵墓。

[6]孝昌：北魏孝明帝的年號（525—527）。

[7]行臺：官名。即行臺尚書。執掌當地的軍政事務，爲最高地方行政長官。　高諒：人名。字脩賢，勃海蓨（今河北景縣）人。北魏官吏。見《北史》卷三一《高祐附高諒傳》。

[8]彭城：縣名。治所在今江蘇徐州市。

[9]梁武帝：即南朝梁皇帝蕭衍。武爲其謚號。　司空：官名。魏晋南北朝時爲名譽宰相，多爲大臣加官。梁時位居十八班。

[10]始安郡王：封爵名。始安，郡名。南朝梁時治始安縣，在今廣西桂林市。

[11]尋改封：宋本作“改封”。

[12]太尉：官名。魏晋南北朝時列三公之首，爲名譽宰相，多爲大臣加官。梁時位居十八班。

[13]開府儀同三司：爲大臣加號，謂與三司即太尉、司徒、司空的禮制待遇相同，許開設府署，自辟僚屬。　郢州：南朝梁時治夏口縣，在今湖北武漢市。

[14]景隆景仲：底本無“景隆”，中華本校勘記云：“諸本無‘景隆’二字。按《梁書》卷三九《元法僧傳》云：‘二子，景隆、景仲。’此傳下文亦分叙景隆、景仲事迹，今據補。”今從改。

景隆初封丹楊公，[1]位廣州刺史，[2]徙徐州，改封彭城王。[3]丁父憂，[4]襲封宋王，又爲廣州刺史。卒。

[1]丹楊公：封爵名。丹楊，郡名。南朝梁時治建鄴縣，在今江蘇南京市。四庫本、局本、四部備要本作“丹陽”。

[2]廣州：南朝梁時治番禺縣，在今廣東省廣州市。

[3]彭城王：封爵名。遥封。彭城，郡名。北魏時治彭城縣，在今江蘇徐州市。

[4]丁父憂：遭逢父親喪事。舊制，父母死後，子女需守喪，三年内不做官，不婚娶，不赴宴，不應考。

梁復以景仲爲廣州刺史，封枝江縣公。[1]侯景作亂，[2]遣誘召之，許奉爲主。[3]景仲將應之，爲西江督護陳霸先所攻，[4]乃縊而死。

[1]枝江縣公：封爵名。枝江，縣名。治所在今湖北枝江市。

[2]侯景：人名。字萬景，懷朔鎮（今内蒙古固陽縣南）人。南朝梁武帝末叛將。見《梁書》卷五六《侯景傳》（參李萬生《侯景的氏族及相關問題》，《北京大學學報》2000 年第 5 期）。

[3]許：元大德本、毛本、殿本、四庫本、局本、四部備要本作“詐”。按：文意均通，未詳孰是。

[4]西江督護：官名。西江地區的都護，有軍事指揮權，直接統領作戰。　陳霸先：人名。字興國，小字法生，吴興長城（今浙江長興縣）人。南朝陳武帝。見《陳書》卷一、二《高祖紀》。

河南王曜，[1]天興六年封。五歲，嘗射雀於道武前，中之，帝驚歎焉。及長，武藝絶人，與陽平王熙等並督諸軍講武，[2]衆咸服其勇。薨。

[1]河南王：封爵名。河南，郡名。北魏時治洛陽縣，在今河南洛陽市東北。

[2]講武：講習武事。

长子提襲。驍烈有父風，改封潁川王。[1]迎昭儀于塞北，[2]時年十六，有夙成之量，殊域敬焉。後改封武昌，[3]累遷統萬鎮都大將，[4]甚見寵待。薨，謚曰成王。

[1]潁川王：封爵名。潁川，郡名。北魏時治長社縣，在今河南長葛市東北。

[2]昭儀：指太武帝妃蠕蠕公主郁久閭氏。本爲妃嬪名號。位比丞相。

[3]武昌：郡名。南朝宋時治武昌縣，在今湖北鄂州市鄂城區。此封爲遥封。

[4]統萬：鎮名。在今陝西靖邊縣北白城子。　鎮都大將：官名。北魏在邊緣之地設置鎮都大將，統兵作戰，抵禦外來侵略，與刺史品秩等同。

長子平原襲爵。忠果有智略。爲齊州刺史，[1]善於懷撫。孝文時，祆賊司馬小君自稱晋後，屯聚平陵，[2]年號聖君。平原身自討擊，禽小君，送京師斬之。又有祆人劉舉，自稱天子，復討斬之。時歲頻不登，齊人飢饉，平原以私米三千餘斛爲粥，以全人命。北州戍卒一千餘人，還者皆給路糧，百姓咸稱詠之。遷征南大將軍、開府、雍州刺史，[3]鎮長安。[4]薨，謚曰簡王。

[1]齊州：北魏時治歷城縣，在今山東濟南市。

[2]平陵：地名。在今陝西咸陽市西北。

[3]征南大將軍：官名。將軍名號，多授予統兵出鎮在外、都督數州諸軍事者。在武職中地位很高，在四征將軍之上。　開府：指開府儀同三司。　雍州：北魏時治長安縣，在今陝西西安市

西北。

[4]長安：縣名。治所在今陝西西安市西北。

長子和，字善意，襲爵。初，和聘乙氏公主女爲妃，生子顯，薄之，以公主故，不得遣出。因忿，遂自落髮爲沙門。既不幸其母，乃捨顯，以爵讓其次弟鑒，鑒固辭。公主以其外孫不得襲爵，訴於孝文。孝文詔鑒終之後，[1]令顯襲爵，鑒乃受之。

[1]孝文：宋本缺。

鑒字紹達，沉重少言，寬和好士。爲齊州刺史。時革變之始，鑒上書遵孝文之旨，采齊之舊風，軌制粲然，皆合規矩。孝文下詔褒美，班之天下，一如鑒所上。齊人愛詠，咸曰耳目更新。

孝文崩後，和罷沙門歸俗，棄其妻子，納一寡婦曹氏爲妻。曹氏年長，大和十五歲，攜男女五人，隨鑒至歷城，[1]干亂政事。和與曹及五子七處受納，鑒皆順其意，言無不從。於是獄以賄成，取受狼籍，齊人苦之，鑒名大損。轉徐州刺史。屬徐、兖大水，[2]人多飢餓，鑒表加賑恤，人賴以濟。先是，京兆王愉爲徐州，[3]王既年少，長史盧陽烏寬以馭下，[4]郡縣多不奉法。鑒表梁郡太守程靈虯虐政殘人，[5]盜寇並起。詔免靈虯，於是徐境肅然。薨，謚悼王。

[1]歷城：縣名。治所在今山東濟南市歷城區。

[2]兖：州名。北魏孝文帝太和十八年改東兖州置，治瑕丘城，在今山東兖州市新驛鎮東頓村南。

[3]京兆王：封爵名。京兆，郡名。北魏時治霸城縣，在今陝西西安市東北。　愉：即元愉，人名。字宣德。北魏宗室。見《北史》卷一九《京兆王愉傳》。

[4]長史：官名。掌顧問參謀。爲所在官署掾屬之長。　盧陽烏：人名。即盧淵。字伯源，小名陽烏，范陽涿（今河北涿州市）人。北魏官吏。見《北史》卷三〇《盧玄附盧伯源傳》。源氏校勘記於"盧陽烏"旁紅筆小字夾批"名淵"。

[5]梁郡：北魏時治梁國城，在今河南商丘市南。　程靈虬：人名。廣平曲安（今河北南皮縣北）人。北魏官吏。好酒，常因酒廢事。

和與鑒子伯崇競求承襲，詔聽和襲，位東郡太守。[1]先是，郡人孫天恩家豪富，嘗與和争地，遣奴客打和垂死。至此，和誣天恩與北賊來往，父子兄弟一時俱戮，資財田宅皆没於官。天恩宗從欲詣闕訴冤，以和元叉之親，不敢告列。和語其郡人曰："我覓一州，亦應可得。念此小人，痛入骨髓，故乞此郡，以報宿怨，此後更不求富貴。"識者曰："王當没於此矣。"薨，贈相州刺史。[2]

[1]東郡：北魏時治滑臺城，在今河南滑縣東舊城。

[2]相州：北魏時治鄴城，在今河北臨漳縣西南鄴鎮。

河間王脩，[1]天賜四年封。[2]薨，無子，太武詔河南王曜子羯兒襲，[3]改封略陽王。[4]正平初，[5]有罪賜死，爵除。

[1]河間王：封爵名。河間，郡名。北魏初治樂城縣，在今河北獻縣東南；孝文帝太和十一年移治武垣縣，在今河北河間市南。

[2]天賜：北魏道武帝的年號（404—409）。

[3]太武：即北魏皇帝拓跋燾。太武爲其謚號。　羯兒：即拓跋羯兒，人名。拓跋曜之子。北魏宗室、將領。

[4]略陽王：封爵名。略陽，郡名。北魏時治隴城縣，在今甘肅秦安縣東北。

[5]正平：北魏太武帝的年號（451—452）。

長樂王處文，[1]天賜四年封。聰辯夙成。年十四，薨。明元悼傷之，自小斂至葬，[2]常親臨哀慟。陪葬金陵。[3]無子，爵除。

[1]長樂王：封爵名。長樂，郡名。北魏時治信都縣，在今河北冀州市。

[2]小斂：給尸體穿衣服。

[3]金陵：爲北魏遷都洛陽以前埋葬皇帝和皇后的陵區，在今内蒙古和林格爾縣西北。

廣平王連，[1]天賜四年封。薨，無子，太武以陽平王熙第二子渾爲南平王，[2]以繼連後。

[1]廣平王：封爵名。廣平，郡名。北魏時治曲梁城，在今河北永年縣東南。

[2]南平王：封爵名。遥封。南平，郡名。南朝宋時治江安縣，

在今湖北公安縣東北。

渾好弓馬，射鳥輒歷飛而中之，日射兔得五十頭。太武嘗命左右分射，勝者中的籌滿，詔渾解之，三發皆中。帝大悦，器其藝能，常引侍左右。累遷涼州鎮將、都督西戎諸軍事、領護西域校尉，[1]恩著涼土。更滿還京，父老皆涕泣追送，如違所親。薨。

[1]涼州：北魏時治林中縣，在今甘肅武威市。　鎮將：官名。北魏時置。爲鎮之主官，掌一鎮兵馬及鎮之守衛。在不設州郡的地區，兼統軍民；在設州郡的内地，主要掌軍政，但兼任駐在州刺史時，亦兼理民政。其下設副將、監軍及長史、司馬等佐僚。品秩按所帶將軍名號而定。　領護西域校尉：官名。北魏時設於敦煌、仇池等鎮，負責西域事務。孝文帝太和十七年定爲三品下，二十三年定爲從三品。

子飛襲。[1]後賜名霄。身長九尺，腰帶十圍，容皃魁偉，雅有風則。貞白卓然，好直言正諫，朝臣憚之。孝文特垂欽重，除宗正卿。[2]詔曰："自今奏事，諸臣相稱，可云姓名，唯南平王一人，可直言其封。"遷左光禄大夫。[3]薨，賜東園第一秘器，[4]孝文緦衰臨霄喪，[5]宴不舉樂，謚曰安王。子纂襲。

[1]飛：源氏校勘記云："'飛'《魏書》作'飛龍'。"按：疑"龍"涉後面的"襲"字而衍。

[2]宗正卿：官名。北魏時又稱大宗正卿。管理君主宗室親族事務。多以宗室擔任，亦任外姓。孝文帝太和二十三年定爲三品。

[3]左光禄大夫：官名。作爲在朝顯職的加官，以示優待，或授予年老有病者爲致仕之官，亦常用作卒後贈官。無具體職掌。北魏孝文帝太和十七年定爲從一品下。

[4]東園：掌製作喪葬器具。　秘器：指皇室、顯宦死後用的棺材。

[5]緦衰：喪服名。五服中最輕的一種。用疏織細麻布製成孝服，服喪三個月。

京兆王黎，天賜四年封。薨。

子吐根襲，[1]改封江陽王。[2]薨，無子。

[1]吐根：《魏書》卷一六《京兆王黎傳》作"根"。按：未詳孰是。

[2]江陽王：封爵名。遥封。江陽，郡名。南朝宋時治江陽縣，在今四川瀘州市江陽區。

獻文以南平王霄第二子繼字世仁爲後，[1]襲封江陽王。宣武時，[2]爲青州刺史，[3]爲家僮取人女爲婦妾，又以良人爲婢，爲御史所彈，[4]坐免官爵。及靈太后臨朝，[5]繼子叉先納太后妹，復繼本封。後徙封京兆王，歷司徒，加侍中。[6]繼，孝文時已歷内外顯任，靈太后臨朝，入居心膂，歷轉臺司。[7]頻表遜位，轉太保，[8]侍中如故，加前後部鼓吹。[9]詔以至節，禮有朝慶，繼位高年宿，可依齊郡王簡故事，[10]朝訖引坐，免其拜伏。[11]轉太傅，[12]侍中如故。時叉執殺生之權，拜受之日，送者傾朝，有識者爲之致懼。又詔令乘步挽至殿廷，[13]兩人扶侍，禮與丞相高陽王埒。[14]後除使持節、侍中、太師、大將軍、録尚書事、大都督、節度西道諸軍事。[15]及出師，車駕臨餞，傾朝祖送。尋加太尉公。[16]及班師，繼啓求還復封江陽，詔從之。

[1]獻文：即北魏皇帝拓跋弘。獻文爲其謚號。

[2]宣武：即北魏皇帝元恪。宣武爲其謚號。

[3]青州：北魏時治東陽城，在今山東青州市。

[4]御史：官名。即侍御史。北魏時除分曹治事外，亦奉命監國，督察巡視州郡，收捕官吏，宣示詔命等。頗重其選，必以對策高第者補之，置八人。孝文帝太和十七年定爲從五品中，二十三年定爲八品。

[5]靈太后：即北魏宣武帝皇后胡氏。靈爲其謚號。

[6]侍中：官名。北魏時掌侍皇帝左右，贊導衆事，顧問應對。此職親近皇帝，掌權便利，時有宰相之實。三品。

[7]臺司：指三公等輔政大臣。

[8]太保：官名。北魏時爲三師之一，是輔佐君王的重要大臣，位在太傅、太師下。一品。

[9]鼓吹：演奏鼓吹樂的樂隊。本用於軍中，後賜予有功大臣，遂成爲皇帝賜予臣下的一種禮遇。

[10]齊郡王：封爵名。齊郡，北魏時治臨淄縣，在今山東淄博市東北。　簡：即拓跋簡，人名。字叔亮。北魏宗室。見《北史》卷一九《齊郡王簡傳》。

[11]免：宋本作“甄”。按：依文意，當從底本。

[12]太傅：官名。北魏時與太師、太保並號三師，位居太師下、太保上，爲輔弼君王的大臣。一品。

[13]步挽：車名。亦作“步輓”。不用牛馬等畜力，而以人步而挽之。

[14]丞相：官名。北魏時多用來安置權位極高的重臣。一品。

高陽王：即元雍。字思穆，獻文帝子，孝文帝弟。孝文帝太和九年封潁川王，後改封高陽王。孝明帝初，進位丞相，與任城王元澄同秉政。見《北史》卷一九《高陽王雍傳》。　埒：相等。

[15]使持節：漢代官吏奉使外出時，或由皇帝授予節杖，以提高其威權。魏晋以後，凡重要軍事長官出征或出鎮時，加使持節，可誅殺二千石以下官員。皇帝派遣大臣出巡或參與祭吊等事務時，亦使持節，以表示權力和尊崇。　太師：官名。北魏時爲三師之一，是輔佐君王的重要大臣，位在太傅、太保上。一品。　大將軍：官名。北魏時統兵事，或兼掌朝政，與大司馬共稱"二大"，位尊權重。孝文帝太和二十三年定爲一品。　録尚書事：官名。北魏時爲尚書省長官，總領尚書省政務，尚書令、僕射爲其副貳，職權甚重，多以公卿權重者居之，負責綜理政務，總知國事。　大都督：官名。北魏沿置，亦有在戰事時臨時加置的情況，或以此銜都督某一地區軍事。

[16]太尉公：官名。北魏時爲名譽宰相，多爲大臣加官。孝文帝太和二十三年定爲一品。

繼晚更貪惏，牧守令長新除赴官，無不受納貨賄，以相託付。妻子各别請屬，[1]至乃郡縣微吏，亦不獲平心選舉。憑乂威勢，法官不敢糾擿，天下患之。乂黜，繼廢於家。

[1]各别請屬：各自分别請託。

初，尒朱榮之爲直寢，[1]數以名馬奉乂，乂接以恩意，榮甚德之。建義初，[2]復以繼爲太師、司州牧。永安元年，[3]薨，贈假黄鉞、都督九州諸軍，[4]録尚書事、大丞相如故，[5]謚曰武烈。

[1]尒朱榮：人名。字天寶，北秀容（今山西朔州市）人，契胡族。見《北史》卷四八《尒朱榮傳》。　直寢：官名。北魏置。爲皇帝左右的侍衛武官，多由功臣子弟擔任。

[2]建義：北魏孝莊帝的年號（528）。

[3]永安：北魏孝莊帝的年號（528—530）。　元年：底本作"二年"，中華本校勘記云："諸本'元'作'二'。按《墓誌集釋·元繼墓誌》作'元年'，本書及《魏書·孝莊紀》繫於永安元年十月。作'二'誤，今據改。"今從改。

[4]假黄鉞：黄鉞即飾以黄金的鉞，本用於皇帝儀仗。後特賜予出征的重臣，以示威重，令其專主征伐。所加者多爲最高軍事長官。

[5]大丞相：官名。多用來安置權位極高的重臣。

叉字伯儁，小字夜叉。靈太后臨朝，以叉妹夫，除通直郎。[1]叉妻封新平君，[2]後遷馮翊君，[3]拜女侍中。[4]叉女夭，靈太后詔贈鄉主。叉累加侍中、領軍將軍。[5]既在門下，[6]兼總禁兵，[7]深爲靈太后所信委。

[1]通直郎：官名。即通直散騎侍郎。屬散騎省，職同散騎侍郎，參平尚書奏事，兼掌侍從、諷諫，地位較高。北魏時爲從六品。《魏書》卷一六《京兆王黎附元叉傳》作"通直散騎常侍"。

[2]新平君：封號。新平，郡名。北魏時治新平城，在今陝西彬縣城關。

[3]馮翊君：封號。馮翊，郡名。北魏時治高陸縣，在今陝西高陵縣。

[4]女侍中：女官名。宫人及大臣妻母皆可拜授此職。視爲

二品。

[5]領軍將軍：官名。爲禁衛軍之最高統帥，權勢極重。北魏孝文帝太和十七年定爲二品上，二十三年定爲從二品（參張金龍《北魏後期禁衛武官制度考論》，《蘭州大學學報》2001年第6期）。

[6]門下：官署名。北魏時爲門下諸省的泛稱。其官署設於禁中，官員可以出入宮禁，是皇帝的親近侍從。

[7]禁兵：保衛京城或宮廷的軍隊。

太傅、清河王懌以親賢輔政，[1]每欲斥黜之。叉遂令通直郎宋維，[2]告司染都尉韓文殊欲謀逆立懌，[3]懌坐禁止。[4]後窮案無實，懌雖得免，猶以兵衛守於宮西別館。久之，叉恐懌終爲己害，乃與侍中劉騰密謀，[5]詐取主食中黄門胡度、胡定列，[6]誣懌云："貨度等金帛，[7]令以毒藥置御食中以害帝。"騰以具奏。明帝信之，乃御顯陽殿。[8]騰閉永巷門，[9]靈太后不得出。懌入，遇叉於含章殿後，[10]命宗士及直齋執懌衣袂，[11]將入含章東省。[12]騰稱詔集公卿議，以大逆論。咸畏叉，無敢異者。唯僕射游肇執意不同。[13]叉、騰持公卿議入奏，夜中殺懌。

[1]清河王：封爵名。清河，郡名。北魏時治清河縣，在今山東臨清市東北。　懌：即元懌，人名。字宣仁。北魏宗室。見《北史》卷一九《清河王懌傳》。

[2]宋維：人名。字伯緒，西河介休（今山西介休市）人。北魏官吏。見《北史》卷二六《宋隱附宋維傳》。

[3]司染都尉：官名。北魏時置。掌造作宮廷衣物。

[4]禁止：限制行動。

［5］劉騰：人名。字青龍，平原城（今山東平原縣）人。北魏宦官。見《北史》卷九二《劉騰傳》。

［6］中黄門：官名。北魏時隸中黄門令，位在小黄門上。孝文帝太和十七年定爲五品中，二十三年定爲九品上。　胡度：《魏書》卷一六《京兆王黎附元叉傳》作"胡玄度"。按：未詳孰是。

［7］貨度等金帛：源氏校勘記云："'貨'《魏書》作'許'。"

［8］顯陽殿：在南宫中軸綫上，爲北魏皇室進行禮儀教化的地方。

［9］永巷門：北宫宫門，聯接前殿與後宫。

［10］含章殿：在今河南洛陽市。

［11］宗士：官名。北魏時置。宗師的僚屬。　直齋：官名。北魏孝文帝太和十九年置。掌侍衛皇帝與太子。

［12］含章東省：即含章殿東閣。

［13］僕射：官名。即尚書僕射。北魏時位列宰相，掌管省曹事務，典選舉，左僕射負責彈劾百官。孝文帝太和二十三年定爲從二品。　游肇：人名。字伯始，廣平任（今河北任縣東）人。北魏官吏。見《北史》卷三四《游雅附游肇傳》。

於是假爲靈太后辭遜詔，叉遂與太師、高陽王雍等輔政。常直禁中，明帝呼爲姨父。自後百僚重迹。[1]後帝徙御徽音殿，[2]叉亦入居殿右，曲盡佞媚，遂出入禁中，恒令勇士持刀劍以自先後。叉於千秋門外廠下施木闌檻，[3]有時出入，止息其中，腹心防守，以備竊發。

［1］重迹：叠足不前。形容非常恐懼。

［2］徽音殿：位於宫城中軸綫的西部。

［3］千秋門：宫城西門。

初，乂之專政，矯情自飾，勞謙待士。得志之後，便自驕愎，耽酒好色，與奪任情。乃於禁中自作别庫掌握之，珍寶充牣其中。[1]乂曾卧婦人於食輿，[2]以帊覆之，[3]輿入禁内，出亦如之，直衛雖知，[4]莫敢言者。姑姊婦女，朋淫無别。政事怠墮，綱紀不舉，州鎮多非其人，於是天下遂亂矣。乂自知不法，[5]恐被廢黜，乃陰遣從弟洪業召武州人姬庫根等與之聚宴，[6]遂爲誓盟，欲令爲亂，朝廷必以己爲大將軍往伐，因以共爲表裏，如此可得自立。根等然其言，乃厚遺根等，遣還州，與洪業買馬。

[1]珍寶：底本作"寶"，中華本校勘記云："諸本脱'珍'字，據《御覽》卷七〇四補。"今從改。

[2]乂：《魏書》卷一六《京兆王黎附元叉傳》作"叉"。按：當從底本。

[3]帊：巾帕，手巾。

[4]直衛：官名。北魏時爲皇帝左右侍衛之官，地位顯要，大多以宗室任此職。孝文帝太和十七年定爲從三品中（參張金龍《北魏後期的直閤將軍與"直衛"諸職》，《文史哲》1999年第1期）。

[5]乂自知不法：底本作"乂知自不法"，殿本、四部備要本、中華本作"乂自知不法"。今從諸本改。源氏校勘記在"乂知"旁紅筆小字夾批"以下至'買馬'，《魏書》缺。"

[6]從弟：底本作"弟"，中華本校勘記云："諸本脱'從'字，據下文及《通志》卷八四上《後魏宗室傳》補。"今從改。　洪業：即元洪業，人名。元乂從弟。乂欲謀反，先遣洪業率六鎮降户反於定州（今河北定州市），孝明帝孝昌二年爲葛榮所殺。　武州：北魏時治繁畤縣，在今山西渾源縣西南。

從劉騰死後，防衛微緩，叉頗亦自寬，時宿於外，每日出游，留連他邑，靈太后微察知之。正光五年秋，[1]靈太后對明帝謂群臣，求出家於嵩山閑居寺，[2]欲自下髮。帝與群臣大懼，叩頭泣涕。遂與太后密謀圖之。乃對叉流涕，叙太后欲出家憂怖之心。叉乃勸帝從太后意。於是太后數御顯陽，二宫無復禁礙。叉舉其親元法僧爲徐州刺史，[3]法僧據州反叛。靈太后數以爲言，叉深愧悔。丞相、高陽王雍雖位重於叉，而甚畏憚。會太后與帝游洛水，[4]遂幸雍第，定圖叉之計。後雍從帝朝太后，乃進言叉父子權重。太后曰："然。元郎若忠於朝廷，何故不去領軍，以餘官輔政？"叉聞之甚懼，免冠求解。乃以叉爲儀同三司、尚書令、侍中、領左右。[5]

[1]正光：北魏孝明帝的年號（520—525）。

[2]嵩山：即今河南登封市嵩山。　閑居寺：即今嵩岳寺。

[3]叉舉其親：底本無"叉"字，中華本校勘記云："諸本脱'叉'字，據《魏書》卷一六《元叉傳》及《通志》補。"今從改。

[4]洛水：河流名。一作雒水，即今河南洛河。

[5]儀同三司：初謂非三公而儀制、待遇同於三公。魏晋時授予開府位從三公之文武官，南北朝時授予範圍不斷擴大，逐漸成爲官號。北魏孝文帝太和十七年定爲一品下，二十三年定爲從一品，位開府上。　尚書令：官名。北魏初不常置，亦不掌實際政務，孝文帝改制後，尚書省權任頗重，以録尚書事爲長官，尚書令爲副貳，兼掌監察百官，皆爲宰相。孝文帝太和十七年定爲從一品上，

二十三年定爲二品。　領左右：官名。北魏時置。爲皇帝身邊的親信侍臣，掌禁中事務，權力很大。北魏後期的權臣元叉、尒朱榮等都兼任此職。孝文帝太和十七年及二十三年職員令皆未載。

叉雖去兵權，然總任内外，不慮黜廢。又有閹人張景嵩、劉思逸、屯弘昶、伏景謀廢叉。[1]嵩以帝嬪潘外憐有幸，[2]説云，元叉欲害之。嬪泣訴於帝云："叉非直欲殺妾，亦將害陛下。"帝信之。後叉出宿，遂解其侍中。旦欲入宫，門者不納。尋除名。

[1]又有：四庫本、局本作"叉有"。按：四庫本等誤，從底本。　劉思逸：人名。平原（今山東聊城市）人。北魏、東魏宦官。見《北史》卷九二《劉思逸傳》。

[2]潘外憐：人名。即潘充華。北魏孝明帝嬪妃。孝明帝武泰元年，生一女，因孝明帝無子，遂密稱皇子。是年二月，胡太后毒殺孝明帝，奉潘女即位。數日後，始改立元釗。

初，咸陽王禧以逆見誅，[1]其子樹奔梁，梁封爲鄴王。[2]及法僧反叛後，樹遺公卿百僚書，暴叉過惡，言："叉本名夜叉，弟羅實名羅刹。夜叉、羅刹，此鬼食人，非遇黑風，事同飄墯。嗚呼魏境！離此二災。惡木盜泉，不息不飲，勝名梟稱，不入不爲，况昆季此名，表能噬物，日露久矣，始信斯言"。叉爲遠近所惡如此。[3]

[1]咸陽王：封爵名。咸陽，郡名。北魏時治池陽縣，在今陝西涇陽縣。　禧：即元禧，人名。字思永，别字永壽。北魏宗室、大臣。見《北史》卷一九《咸陽王禧傳》。

［2］其子樹奔梁梁封爲鄴王：底本作“其子樹梁封爲鄴王”，中華本校勘記云：“諸本脱‘奔梁’二字，據《通志》補。《魏書》卷一六作‘其子樹奔蕭衍，衍封爲鄴王’。”今從改。

［3］所惡：宋本作“悪”。按：依文意，當從底本。

其後靈太后顧謂侍臣曰：“劉騰、元叉昔邀朕索鐵券，[1]望得不死，朕賴不與。”中書舍人韓子熙對曰：[2]“臣聞殺活，豈計與否。陛下昔雖不與，何解今日不殺？”靈太后憮然。未幾，有人告叉及其弟爪謀反，先遣其從弟洪業率六鎮降户反定州，叉令勾魯陽諸蠻侵擾伊闕，[3]叉兄弟爲内應，起有日矣，得其手書。靈太后以妹婿故，未忍便決。群臣固執不已，明帝又以爲言，太后乃從之，於是叉及弟爪並賜死於家。太后猶以妹故，復追贈尚書令、冀州刺史。[4]

［1］昔：宋本作“背”。按：依文意，當從底本。

［2］中書舍人：官名。即中書通事舍人。北魏時掌呈奏表，因此職原品秩較低，一般由寒庶之士擔任，史稱“寒人掌機要”。　韓子熙：人名。字元雍，昌黎棘城（今遼寧北票市章吉營子鄉三官營子村）人。北魏、東魏官吏。見《北史》卷四〇《韓麒麟附韓子熙傳》。底本作“韓子順”，中華本校勘記云：“諸本‘熙’訛作‘順’，據《魏書》卷一六改。韓子熙傳見本書卷四〇、《魏書》卷六〇。”今從改。

［3］魯陽：郡名。北魏時治山北縣，在今河南魯山縣。　伊闕：地名。在今河南伊川縣西南。

［4］冀州：北魏時治信都縣，在今河北冀州市。

叉子舒，[1]秘書郎。[2]叉死後，亡奔梁，官至征北大將軍、青冀二州刺史。[3]

[1]舒：中華本校勘記云："《魏書》'舒'作'稚'。按《墓誌集釋·元叉墓誌》云：'息穎，字稚舒。'其人蓋以字行，《北史》避'稚'字，單稱'舒'。（唐時'稚'與'治'同音，犯唐高宗李治諱，故《北史》避'稚'字。）"

[2]秘書郎：官名。掌管圖書經籍，負責整理典籍、考核舊文。北魏孝文帝太和十七年定爲從五品上。

[3]征北大將軍：官名。多授予統兵在外、都督諸州軍事者。北魏孝文帝太和十七年定爲一品下，二十三年定爲二品。

子善，亦名善住。少隨父至江南，性好學，通涉《五經》，尤明《左氏傳》。侯景之亂，善歸周，武帝甚禮之，以爲太子宮尹，[1]賜爵江陽縣公，[2]每執經以授太子。

[1]太子宮尹：官名。西魏恭帝三年置。掌太子府政務，輔佐太子。北周因之。正四命。

[2]江陽縣公：封爵名。江陽，縣名。治所在今四川瀘州市江陽區。

隋開皇初，[1]拜內史侍郎，[2]凡有敷奏，詞氣抑揚，觀者屬目。陳使袁雅來聘，[3]上令善就館受書。雅出門不拜，善論舊事有拜之儀，雅未能對，遂拜，成禮而去。後遷國子祭酒。[4]上嘗親臨釋奠，[5]令善講《孝經》，於是敷陳義理，兼之以諫，上大悅曰："聞江陽之說，更起朕心。”賚絹一百匹，衣一襲。善之通博，在何妥之下，[6]然以風流醞藉，[7]俯仰可觀，音韻清朗，由是爲後進所歸。妥每懷不平，心欲屈善，因講《春秋》，初發題，諸儒畢集，善私謂妥曰：“名望已定，幸無相苦。”妥然之。及就講肆，妥遂引古今滯義以難，善多不能對，二人由是有隙。

[1]開皇：隋文帝的年號（581—600）。

[2]内史侍郎：官名。隋時爲内史省次官，置四員，正四品。隋煬帝大業三年（607）減爲二員，十二年改爲内書侍郎。

[3]袁雅：人名。南朝陳官吏。位散騎常侍。陳後主禎明二年(588)，奉命出使隋朝。

[4]國子祭酒：官名。西晋時立國子學，置一員爲長官，掌教授生徒儒學，主管國子學，參議禮制，隸太常。隋朝沿置，一員，初隸太常，統國子、太學、四門、書算學，文帝開皇十三年不隸太常，改爲國子學長官，文帝仁壽元年（601）罷，唯置太學，以博士領之。煬帝大業三年改置國子監，仍置一員。

[5]釋奠：在學校設置酒食以奠祭先聖先師的一種典禮。

[6]何妥：人名。字栖鳳，西城（今陝西安康市西北）人。隋朝官吏、學者。見《北史》卷八二《何妥傳》。

[7]醞藉：寬和有涵容。

善以高熲有宰相之具，[1]嘗言於上曰：“楊素粗疏，[2]蘇威怯懦，[3]元冑、元旻正似鴨耳。[4]可以付社稷者，唯獨高熲。”上初然之。及熲得罪，上以善言爲熲游説，深責望之。善憂懼，先患消渴，於是病頓而卒。

[1]高熲：人名。一名敏，字昭玄，勃海蓨（今河北景縣）人。北周、隋朝大臣。見《北史》卷七二《高熲傳》。

[2]楊素：人名。字處道，弘農華陰（今陝西華陰市東南）人。北周、隋朝大臣。見《北史》卷四一《楊敷附楊素傳》（參周錚《〈楊素墓誌初考〉補正》，《考古與文物》1993 年第 2 期）。

[3]蘇威：人名。字無畏，京兆武功（今陝西武功縣西北）人。北周、隋朝官吏。見《北史》卷六三《蘇綽附蘇威傳》。

[4]元冑：人名。河南洛陽（今河南洛陽市）人。北魏宗室後裔，隋朝大臣。見《北史》卷七三《元冑傳》。　元旻：人名。隋朝將領。曾任右衛將軍、左衛將軍，封五原郡公。爲太子楊勇所寵信，後楊勇被廢，旻以離間君親罪被處斬。

叉弟羅，字仲綱。雖父兄貴盛，而虛己接物。累遷青州刺史。叉當朝專政，羅望傾四海，於時才名之士王元景、邢子才、李獎等咸爲其賓客，[1]從游青土。罷州，入爲宗正卿。叉死後，羅通叉妻，[2]時人穢之，或云其救命之計也。[3]孝武時，[4]位尚書令、開府儀同三司、梁州刺史。[5]孝静初，[6]梁遣將圍逼，羅以州降，封南郡王。[7]及侯景自立，以羅爲開府儀同三司、尚書令，改封江陽王。梁元帝滅景，[8]周文帝求羅，[9]遂得還。除開府儀同三司、侍中、少師，[10]襲爵江陽王。舒子善住，在後從南入關，羅乃以爵還善住，改封羅爲固道郡公。[11]

[1]王元景：人名。太原晋陽（今山西太原市晋源區古城營村一帶）人。北魏官吏。見《魏書》卷九三《王叡傳》。　邢子才：人名。即邢卲。字子才，小字吉，河間鄚（今河北任丘市北）人。

北魏、東魏、北齊官吏。博學能文。見《北史》卷四三《邢巒附邢卲傳》。 李獎：人名。字遵穆，頓丘（今河南清豐縣西南）人。北魏大臣。見《北史》卷四三《李崇附李獎傳》。中華本校勘記云："諸本'李'作'季'，《魏書》《通志》作'李'。按魏末有兩李獎，一爲李思穆子，見本書卷一〇〇《序傳》。一爲李平子，見本書卷四三《李平傳》。傳云：'元叉擅朝，獎爲其親待。'爲元羅之賓客者，當即此人。別無'季獎'，今據改。"今從改。

[2]通：《魏書》卷一六《京兆王黎附元羅傳》作"逼"。按：未詳孰是。

[3]或云：毛本、殿本、四庫本作"或疑"。按：未詳孰是。

[4]孝武：即北魏皇帝元脩。孝武爲其謚號。

[5]梁州：北魏時治南鄭縣，在今陝西漢中市。

[6]孝静：即東魏皇帝元善見。孝静爲其謚號。

[7]南郡王：封爵名。南郡，南朝梁時治江陵，在今湖北江陵縣。

[8]梁元帝：即南朝梁皇帝蕭繹。元爲其謚號。

[9]周文帝：即宇文泰。文爲其謚號，北周孝閔帝宇文覺所追謚。

[10]少師：官名。爲大臣加官，地位崇高，無具體職掌。宋本作"少卿"。今從底本。

[11]固道郡公：封爵名。固道，郡名。西魏時治兩當縣，在今甘肅兩當縣東北。

羅弟爽，字景哲。[1]少而機警，位給事黄門侍郎、金紫光禄大夫。[2]卒，謚曰懿。

[1]景哲：《魏書》卷一六《京兆王黎附元爽傳》作"景喆"。

[2]給事黄門侍郎：官名。侍從皇帝、顧問應對，出則陪乘。

與皇帝關係密切，多以重臣、外戚子弟、公主婿爲之。爲門下省次官，位頗重要。北魏孝文帝太和二十三年定爲四品上。　金紫光禄大夫：官名。西晋初有光禄大夫，授銀章青綬，如加賜金章紫綬，則爲金紫光禄大夫，二品，禄賜、班位、冠幘、車服、吏卒、羽林，諸所賜給皆與特進同。其以爲加官者，唯假章綬、禄賜、班位，不別給車服吏卒。北魏孝文帝太和十七年定爲從一品下，二十三年定爲從二品。

爽弟鑾，仕齊，歷位兼度支尚書，[1]行潁州事。[2]坐不爲繼母服，爲左丞所彈。[3]後除開府儀同三司。齊天保十年，[4]大誅元氏。昭帝元后，[5]鑾之女也，爲苦請，自市追免之，賜姓步六孤氏。[6]卒，贈司空。

[1]度支尚書：官名。尚書省度支曹長官，統管度支、户部、金部、倉部四曹。掌軍國財賦的收支會計及漕運物價屯田之政令。北魏孝文帝太和十七年定爲二品中，二十三年定爲三品。北齊時爲三品。

[2]潁州：北齊時治汝陰縣，在今安徽阜陽市。

[3]左丞：官名。即尚書左丞。北魏時爲尚書省佐官，位次尚書，與右丞共掌尚書省庶務，職權甚重。孝文帝太和十七年定爲四品上，二十三年改爲從四品上。北齊時爲從四品上。

[4]天保：北齊文宣帝的年號（550—559）。

[5]昭帝元后：即北齊孝昭帝高演皇后。見《北史》卷一四《孝昭皇后元氏傳》。

[6]步六孤氏：底本作“步孤氏”，中華本校勘記云：“諸本無‘六’字，《北齊書》卷四八《元鑾傳》有。按《魏書》卷一一三《官氏志》云：‘步六孤氏後改爲陸氏。’今據補。”今從改。

爔弟爪，字景邕，位給事中，[1]與兄叉同時誅。

［1］給事中：官名。北魏時爲加官，所加者以其能給事殿中，平决奏事，列皇帝左右爲顧問。從六品上。

繼弟羅侯，遷洛之際，以墳陵在北，遂家於燕州之昌平郡。[1]内豐資産，唯以意得爲適，不入京師，有賓客往來者，必厚相禮遺，[2]豪據北方，甚有聲稱。以叉執權，尤不樂入仕，就拜昌平太守。

［1］燕州：北魏時治下洛城，在今河北涿鹿縣涿鹿鎮。　昌平：郡名。北魏時治昌平縣，在今河北陽原縣東南。

［2］禮遺：毛本、四庫本作“禮遣”。源氏校勘記云：“‘遺’《魏書》作‘遣’。”按：依文意，當從底本。

明元皇帝七男：杜密皇后生太武皇帝。[1]大慕容夫人生樂平戾王丕。[2]安定殤王彌闕母氏。[3]慕容夫人生樂安宣王範。[4]尹夫人生永昌莊王健。[5]建寧王崇、新興王俊二王並闕母氏。[6]

［1］杜密皇后：即北魏明元帝拓跋嗣的杜皇后。密爲其謚號。見《北史》卷一三《明元密皇后杜氏傳》。

［2］樂平戾王：樂平王，封爵名。戾，謚號。樂平，郡名。北魏時治樂平縣，在今山西昔陽縣西南。

［3］安定殤王：安定王，封爵名。殤，謚號。安定，郡名。北魏時治安定縣，在今甘肅涇川縣北。

［4］樂安宣王：樂安王，封爵名。宣，謚號。樂安，郡名。北

魏時治千乘縣，在今山東廣饒縣北。

[5]永昌莊王：永昌王，封爵名。莊，謚號。永昌，郡名。北魏時治不韋縣，在今雲南保山市北。

[6]建寧王：封爵名。遥封。建寧，郡名。南朝宋時治建寧縣，在今湖北麻城市北。　新興王：封爵名。新興，郡名。北魏時治定襄縣，在今山西定襄縣。

樂平王丕，少有才幹。泰常七年封，拜車騎大將軍。[1]後督河西、高平諸軍討南秦王楊難當。[2]軍至略陽，[3]禁令齊肅，所過無私，百姓争致牛酒。難當懼，還仇池。[4]而諸將議曰："若不誅豪帥，軍還之後，必聚而爲寇。"又以大衆遠出，不有所掠，則無以充軍實，賞將士。將從之。時中書侍郎高允參丕軍事，[5]諫曰："今若誅之，是傷其向化之心，恐大軍一還，爲亂必速。"丕以爲然，於是綏懷初附，[6]秋毫無犯。

[1]車騎大將軍：官名。北魏時爲重要將軍名號，多爲元老重臣加官。

[2]河西：郡名。北魏時治夏陽縣，在今山西臨汾市。　高平：郡名。北魏時治高平縣，在今山東鄒城市西南。　南秦王：封爵名。南秦，州名。北魏時治洛谷城，在今甘肅西和縣洛峪鎮。　楊難當：人名。仇池（今甘肅西和縣）人。北魏時氐族首領。見《北史》卷九六《氐傳》。

[3]略陽：郡名。北魏時治隴城縣，在今甘肅秦安縣東北。

[4]仇池：國名。氐族建，故址在今甘肅西和縣西南。

[5]中書侍郎：官名。北魏時多選用文學之士，掌草擬詔令，職位機要。孝文帝太和十七年定爲四品上，二十三年定爲從四品

上。　高允：人名。字伯恭，勃海蓨（今河北景縣）人。北魏官吏。見《北史》卷三一《高允傳》。底本作“高元”，四庫本作“高允”。中華本校勘記云：“諸本‘允’訛作‘元’，據《魏書》卷一七（補）《樂平王丕傳》及本書卷三一《高允傳》補。”今從改。

[6]綏懷：安撫。

初，馮弘之奔高麗，[1]太武詔遣送之，高麗不遣。太武怒，將討之，丕上疏以爲和龍新定，[2]宜復之，使廣修農殖，以饒軍實，然後進圖，可一舉而滅。帝納之，乃止。後坐劉潔事，[3]以憂薨，事在《潔傳》，謚曰戾王。子拔襲爵。後坐事賜死，國除。

[1]馮弘：人名。字文通，長樂信都（今河北冀州市）人。十六國時北燕君主。見《北史》卷九三《馮跋附馮弘傳》。　高麗：國名。又作“高句麗”，其先出自夫餘，地爲漢之玄菟郡，高句麗爲其三縣之一，因以爲國名。都名丸都，故治在今吉林集安市，南北朝時遷都於今朝鮮的平壤市。見《北史》卷九四《高麗傳》。

[2]和龍：城名。又名黄龍城、龍城。在今遼寧朝陽市。

[3]劉潔：人名。長樂信都（今河北冀州市）人。北魏官吏。反對太武帝伐柔然，且矯詔延誤軍期，爲太武帝所殺。見《北史》卷二五《劉潔傳》。

丕之薨及日者董道秀之死也，[1]高允遂著《筮論》曰：[2]“昔明元末，起白臺，[3]其高二十餘丈。樂平王嘗夢登其上，四望無所見。王以問日者董道秀。筮之，曰：‘大吉。’王默而有喜色。後事發，王遂憂死，而道秀棄市。道秀若推六爻以對王曰：‘《易》稱亢龍有悔。窮高曰亢，高而無人，[4]不爲善也。’夫如是，則上寧於王，下保於己，福祿方至，豈有禍哉？今舍於本而從其末，咎釁之至，[5]不亦宜乎！”

[1]日者：長於占卜的人。

[2]箴論：雜論篇名。《魏書》卷一七《樂平王丕傳》略記其文。

[3]白臺：在今山西大同市南。

[4]高而無人：底本作“龍而無人”，四庫本作“高無而人”，毛本、局本、四部備要本、中華本作“高而無人”。按：依文意，當從中華本，今改。

[5]咎釁：罪過。

安定王彌，泰常七年封。薨，謚曰殤王。無子，國除。

樂安王範，泰常七年封。雅性沈厚。太武以長安形勝之地，乃拜範爲衛大將軍、開府儀同三司、長安鎮都大將。[1]範謙恭惠下，推心撫納，百姓稱之。時秦土新離寇賊，流亡者相繼，請崇易簡之禮，帝納之。於是遂寬徭，與人休息。後劉潔之謀，範聞而不告。事發，因疾暴薨。

[1]衛大將軍：官名。爲高級武官，地位在衛將軍之上。北魏孝文帝太和十七年定爲一品下，二十三年定爲二品。

長子良，太武未有子，嘗曰：“兄弟之子猶子。”親撫養之。長而壯勇多知，嘗參軍國大計。文成時，[1]襲王，拜長安鎮都大將、雍州刺史，爲内都大官。[2]薨，謚曰簡王。

[1]文成：即北魏皇帝拓跋濬。文成爲其謚號。

[2]内都大官：官名。即内都坐大官，簡稱内都。北魏前期設，掌析畿内獄及監評官吏。與外都大官、中都大官合稱三都大官。多由宗室諸王、外戚及重臣擔任，祭吊時位在三公及尚書令上（參周兆望《北魏“三都大官”若干問題考辨》，《文史哲》2002 年第 1 期）。

永昌王健，泰常七年封。健姿貌魁壯，所在征戰，常有大功。才藝比陳留桓王而智略過之。[1]從太武破赫連昌，[2]遂西略至木根山。[3]討和龍，健别攻拔建德。[4]後平叛胡白龍餘黨于西河。[5]太武襲蠕蠕，[6]越涿邪山，[7]詔健殿後。矢不虚發，所中皆應弦而斃，威震漠北。尋從平凉州，健功居多。又討破秃髮保周，[8]自殺，傳首京師。復降沮渠無諱。[9]薨，謚曰莊王。子仁襲。

[1]陳留桓王：陳留王，封爵名。桓，謚號。陳留，郡名。北魏初治陳留縣，在今河南開封市東南陳留城。

[2]赫連昌：人名。一名折，字還國，匈奴族鐵弗部人。十六國時夏君主。見《北史》卷九三《赫連屈丐附赫連昌傳》。

[3]木根山：即今内蒙古烏海市附近的桌子山（參莫久愚《〈魏書〉木根山地望疏證》，《内蒙古社會科學（漢文版）》2011 年第 4 期）。底本作“木根上”，毛本、四庫本、局本、中華本作“木根山”。按：底本誤，今從諸本改。

[4]建德：縣名。治所在今遼寧喀喇沁左翼蒙古族自治縣西南。

[5]胡白龍：人名。山胡首領。太武帝延和三年（434），於西河（今山西吕梁市離石區）聚衆反魏，爲魏將娥清所敗，被斬。西河：郡名。北魏時治兹氏城，在今山西汾陽市城區。底本作“西海”，中華本校勘記云：“諸本‘河’作‘海’，《魏書》卷一七《永昌王健傳》作‘河’。按事見本書卷二《太武紀》延和三年七月及太延三年七月（《魏紀》同），今據改。”今從改。

[6]蠕蠕：族名。爲北魏統治者對柔然的蔑稱。本爲東胡族的一支，屬拓拔部。南北朝時始强大，活動於今蒙古國南部地區。以游牧爲生。見《北史》卷九八《蠕蠕傳》。

[7]涿邪山：在今蒙古滿達勒戈壁一帶。

[8]秃髪保周：人名。南凉景王秃髪傉檀子。晋安帝義熙七年（411），質於北凉。北魏太武帝延和元年，棄北凉而入魏，封張掖公。後叛魏自立，爲魏將拓跋健所攻，兵敗自殺。

[9]沮渠無諱：人名。張掖臨松盧水（今甘肅張掖市南）人。十六國時北凉宗室。見《北史》卷九三《沮渠蒙遜附沮渠無諱傳》。底本作“沮渠無疾”，中華本校勘記云：“諸本‘諱’作‘疾’，《通志》作‘諱’。《魏書》‘無疾’上有‘無諱’二字。按永昌王健降下沮渠無諱，見本書卷二《太武紀》太平真君元年。健爲拓拔燾弟，死於太平真君二年，並非高年老死，不得云‘無疾薨’，今據《通志》改。”今從改。

仁亦驍勇有父風，太武奇之。後與濮陽王閭著文謀爲不軌，[1]發覺，賜死，國除。

[1]濮陽王：封爵名。濮陽，郡名。北魏時治甄城縣，在今山東鄄城縣北。　閭著文：人名。局本、中華本作“閭若文”。按：未詳孰是。

建寧王崇，泰常七年封。文成時，封崇子麗濟南王。[1]後與京兆王杜元寶謀逆，[2]父子並賜死。

[1]濟南王：封爵名。濟南，郡名。北魏時治歷城縣，在今山東濟南市。

[2]杜元寶：人名。魏郡鄴（今河北臨漳縣西南鄴鎮）人。北魏官吏、外戚。見《北史》卷八〇《杜超附杜元寶傳》。

新興王俊，泰常七年封。少善騎射，多藝。坐法，削爵爲公。俊好酒色，多越法度。又以母先遇罪死，而己被貶削，恒懷怨望，頗有悖心。後事發，賜死，國除。

太武皇帝十一男：賀皇后生景穆帝。[1]越椒房生晋王伏羅。舒椒房生東平王翰。[2]弗椒房生臨淮王譚。[3]伏椒房生廣陽王建。[4]閭左昭儀生吴王余。[5]其小兒、貓兒、真、虎頭、龍頭並闕母氏，[6]皆早薨，無傳。

[1]賀皇后：北魏太武帝拓跋燾的皇后賀氏。見《北史》卷一三《太武敬哀皇后賀氏傳》。　景穆帝：即北魏太武帝太子拓拔晃。景穆爲其謚號，北魏文成帝所追謚。

[2]東平王：封爵名。東平，郡名。北魏時治無鹽縣，在今山東東平縣東。

[3]臨淮王：封爵名。臨淮，郡名。北魏時治己吾縣，在今安徽懷遠縣西北。

[4]廣陽王：封爵名。廣陽，郡名。北魏時治燕樂縣，在今河北隆化縣。宋本作“廣陽”。

[5]左昭儀：底本作"石昭儀"，中華本校勘記云："諸本'左'作'石'。按本書卷九八《蠕蠕傳》，言拓拔燾取蠕蠕主吴提妹爲左昭儀。本書卷一五《元頹傳》稱：'使迎左昭儀於蠕蠕。'蠕蠕姓郁久閭氏，後改爲閭氏。此'石'字乃'左'之訛，今據改。"今從改。　吴王：源氏校勘記云："'吴'《魏書》作'南安'。"

[6]彪頭：《魏書》卷一八《太武五王傳》作"虎頭"。源氏校勘記云："彪，'虎'字諱，唐諱。"中華本校勘記云："《魏書》卷一八（補）《太武五王傳序》作'虎頭'，此避唐諱改。本書卷二《文成紀》又改作'武頭'。"

晋王伏羅，真君三年封，[1]加車騎大將軍。後督高平、凉州諸軍討吐谷渾慕利延。[2]軍至樂都，[3]謂諸將曰："若從正道，恐軍聲先振，必當遠遁；潛軍出其非意，此鄧艾禽蜀之計也。"[4]諸將咸難之。伏羅曰："夫將軍制勝，萬里擇利，專之可也。"遂間道行。至大母橋，[5]慕利延衆驚，奔白蘭，[6]慕利延兄子拾寅走河西，[7]降其一萬餘落。[8]八年，薨，無子，國除。

[1]真君：即太平真君。北魏太武帝的年號（440—451）。

[2]吐谷（yù）渾：族名。又稱吐渾、退渾。原爲鮮卑族慕容部的一支，先祖游牧於徒河青山（今遼寧義縣東）。西晋時，遷徙於今甘肅、青海一帶。十六國時，先後受到前凉、西秦等追逐，幾乎亡國。後再度崛起，北魏太武帝時達到最强盛。在北魏打擊下，一度退到今新疆一帶。以游牧爲生。見《北史》卷九六《吐谷渾傳》。　慕利延：人名。吐谷渾君主。見《北史·吐谷渾傳》。

[3]樂都：城名。在今青海樂都縣。

[4]鄧艾禽蜀之計：典出《三國志》卷二八《魏書·鄧艾傳》，

指鄧艾偷渡陰平道之事。意爲出其不意攻其不備。

[5]大母橋：亦稱河歷橋。確址不詳。約在今青海樂都縣與都蘭縣之間。

[6]白蘭：族名。羌人的一支，分布於今青海南部及四川西部地區，以其地有白蘭山而名。以游牧爲生。見《北史》卷九六《白蘭傳》。

[7]慕利延兄子拾寅走河西：底本無“兄”字，“河西”作“阿曲”，中華本校勘記云：“諸本脱‘兄’字，‘河西’訛作‘阿曲’。據本書卷九六《吐谷渾傳》補改。拾寅乃慕利延兄樹洛干之子，見《吐谷渾傳》。”今從改。

[8]落：底本作“部落”，中華本校勘記云：“諸本‘落’上有‘部’字，《魏書》卷一八無。按《吐谷渾傳》云：‘慕利延從弟伏念、長史鶡鳩黎、部大崇娥等率衆一萬三千落歸降。’又見《魏書》卷四下《世祖紀》太平真君五年。‘部’字衍，今據删。”今從改。

東平王翰，真君三年封秦王，拜侍中、中軍大將軍，[1]參典都曹事。[2]忠貞雅正，百僚憚之。太傅高允以翰年少，作《諸侯箴》以遺之，翰覽之大悦。後鎮枹罕，[3]羌戎敬服。改封東平王。太武崩，諸大臣等議欲立翰，而中常侍宗愛與翰不協，[4]矯太后令立南安王余，[5]遂殺翰。

[1]中軍大將軍：官名。主管京師以及宫廷禁衛。北魏孝文帝太和十七年定爲從一品中，二十三年定爲二品。

[2]參典：參與掌管。　都曹：官署名。北魏前期置，屬尚書省。設尚書爲長官，協助尚書令、僕射綜理尚書省各曹事務。多以侍中、殿中尚書、吏部尚書等官參、治、録其事。孝文帝改制時廢。

[3]枹罕：城名。在今甘肅臨夏市。

[4]中常侍：官名。北魏時爲高級宦官，地位與諸少卿相等，侍從帝、后左右，傳達詔命，受理尚書、門下奏事，職權甚重。孝文帝太和十七年定爲三品上，二十三年定爲四品上。　宗愛：人名。北魏宦官。見《北史》卷九二《宗愛傳》。

[5]南安王：封爵名。南安，郡名。北魏時治桓道縣，在今甘肅隴西縣東南。

子道符襲爵，拜長安鎮都大將。皇興元年，[1]謀反，司馬段太陽斬之，[2]傳首京師。

[1]皇興：北魏獻文帝的年號（467—471）。

[2]司馬：官名。軍府的高級幕僚，掌參贊軍務、管理府内武職，地位僅次於長史。其品秩隨府主而定。

臨淮王譚，真君三年封燕王，拜侍中，參都曹事。後改封臨淮王。薨，謚宣王。

子提襲，爲梁州刺史，以貪縱削除，加罰，徙配北鎮。久之，提子員外郎穎免冠請解所居官，[1]代父邊戍，孝文不許。後詔提從駕南伐，至洛陽，參定遷都之議。尋卒，以預參遷都功，追封長鄉縣侯。[2]宣武時，贈雍州刺史，謚曰“懿”。

[1]員外郎：爲員外散騎侍郎的簡稱。北魏時屬散騎省，多以公族、功臣子充任，爲閑散之職。孝文帝太和十七年定爲從四品下，二十三年改爲七品上。

[2]長鄉縣侯：封爵名。長鄉，縣名。治所在今河北固安縣

西北。

提子昌，字法顯。好文學。居父母喪，哀號孺慕，悲感行人。宣武時，復封臨淮王，未拜而薨，贈齊州刺史，謚曰康王，追改封濟南王。[1]子彧，字文若，紹封。

[1]濟南王：《魏書》卷一八《臨淮王譚附元提傳》作“濟南”。

彧少有才學，當時甚美。侍中崔光見而謂人曰：[1]“黑頭三公，當此人也。”少與從兄安豐王延明、中山王熙，[2]並以宗室博古文學齊名，時人莫能定其優劣。尚書郎范陽盧道將謂吏部清河崔休曰：[3]“三人才學雖並優美，然安豐少於造次，中山皂白太多，未若濟南風流寬雅。”時人謂之語曰：“三王楚琳琅，未若濟南備員方。”彧姿制閑裕，吐發流美。琅邪王誦，[4]有名人也，見之未嘗不心醉忘疲。奏郊廟歌詞，時稱其美。除給事黄門侍郎。彧本名亮，字仕明，時侍中穆紹與彧同署，[5]避紹父諱，啓求改名。詔曰：“仕明風神運吐，常自以比荀文若，[6]可名彧，以取定體相倫之美。”彧求復本封，詔許復封臨淮，寄食相州魏郡。[7]又長兼御史中尉。[8]彧以爲倫叙得之，不謝。領軍于忠忿，[9]言之朝廷曰：“臨淮雖復風流可觀，而無骨鯁之操，中尉之任，恐非所堪。”遂去威儀，單車而還，朝流爲之歎息。累遷侍中、衛將軍、左光禄大夫，[10]兼尚書左僕射，[11]攝選。[12]

［1］崔光：人名。本名孝伯，字長仁，孝文帝賜名光，東清河鄃（今山東淄博市）人。北魏大臣。見《北史》卷四四《崔光傳》。

［2］安豐王：封爵名。安豐，郡名。北魏時治安豐縣，在今安徽霍邱縣西南。　延明：即元延明，人名。北魏宗室、大臣。見《北史》卷一九《安豐王猛附元延明傳》。　中山王：封爵名。中山，郡名。北魏時治盧奴縣，在今河北定州市。

［3］尚書郎：官名。北魏時凡尚書曹郎、郎中、侍郎皆可省爲此稱，掌收發文書奏章庶務，可直接向皇帝奏報本職政務。六品。　范陽：郡名。北魏時治涿縣，在今河北涿州市。　盧道將：人名。字祖業，范陽涿（今河北涿州市）人。北魏官吏。見《北史》卷三〇《盧玄附盧道將傳》。毛本、殿本、四庫本、局本、四部備要本作“盧思道”。　清河：郡名。北魏時治清河縣，在今山東臨清市東北。　崔休：人名。字惠盛，清河東武城（今山東武城縣西北）人。北魏官吏。見《北史》卷二四《崔逞附崔休傳》。

［4］琅邪：郡名。北魏時治即丘縣，在今山東臨沂市東南。　王誦：人名。字國章，琅邪臨沂（今山東臨沂市）人。北魏官吏。見《北史》卷四二《王肅附王誦傳》。

［5］穆紹：人名。字永業，代（今山西大同市東北）人，鮮卑族。北魏官吏。見《北史》卷二〇《穆崇附穆紹傳》。

［6］荀文若：人名。即荀彧。字文若，潁川潁陰（今河南臨潁縣西北）人。東漢末曹操帳下謀臣。見《後漢書》卷七〇《荀彧傳》。

［7］魏郡：北魏時治鄴縣，在今河北臨漳縣西南鄴鎮。

［8］長兼：官制用語。南北朝時多見。原指長期兼任某職，後發展爲一種任官形式。秩位低於正員，可由此升爲正員，亦可由正員降此。自太尉、侍中、御史中尉至行參軍皆可設。　御史中尉：

官名。北魏時爲御史中丞改稱，主御史臺，糾彈百官，參治刑獄。頗重其選。孝文帝太和十七年定爲三品上，二十三年定爲從三品。

[9]領軍：官名。即領軍將軍。　于忠：人名。字思賢，本字千年，代（今山西大同市東北）人，鮮卑族。北魏官吏。見《北史》卷二三《于栗磾附于忠傳》。

[10]衛將軍：官名。北魏時位在諸名號大將軍上，多作爲軍府名號以加大臣及重要州郡長官，無具體職掌。孝文帝太和十七年定爲一品下，二十三年定爲二品。

[11]尚書左僕射：官名。職掌都省庶務及執法，或典選舉，左僕射權力大於右僕射，兼掌糾彈百官。北魏孝文帝太和十七年定爲從一品中，二十三年定爲從二品。

[12]攝選：指兼任吏部尚書。

後以本官爲東道行臺。[1]會尒朱榮入洛，殺害元氏，彧撫膺慟哭，遂奔梁。梁武遣其舍人陳建孫迎接，並觀彧爲人。建孫稱彧風神閑俊。梁武亦先聞名，深相器待。見彧於樂游園，因設宴樂，彧聞聲歔欷，涕淚交下，梁武爲之不樂。自前後奔叛，皆偁旨稱魏爲僞，唯彧表啓常云魏臨淮王。梁武體彧雅性，不以爲責。及知莊帝踐阼，[2]彧以母老請還，辭旨懇切。梁武惜其人才，又難違其意，遣其僕射徐勉私勸彧留。[3]彧曰："死猶願北，况於生也？"梁武乃以禮遣。彧性至孝，自經違離，不進酒肉，憔悴容貌，[4]見者傷之。歷位尚書令、大司馬，[5]兼録尚書。[6]

[1]東道行臺：官名。爲中央派駐東道負責當地事務的官員。

[2]莊帝：即北魏皇帝元子攸。莊爲其謚號。

[3]僕射：宋本作"僕"。按：據《梁書》卷二五《徐勉傳》可知，其爲梁尚書右僕射，宋本誤。　徐勉：人名。字脩仁，東海郯（今山東郯城縣）人。南朝陳、齊、梁官吏。見《梁書》卷二五《徐勉傳》。

[4]憔悴：宋本作"惟悴"。按：依文意，宋本誤。

[5]大司馬：官名。北魏時與大將軍並稱爲"二大"，仍爲加官，常典軍事，地位顯貴。正一品。

[6]録尚書：官名。爲尚書省長官，尚書令、僕射爲其副貳，職權甚重。

莊帝追崇武宣王爲文穆皇帝，[1]廟號肅祖，母李妃爲文穆皇后，將遷神主於太廟，[2]以孝文爲伯考。彧表諫，以爲："漢祖創業，香街有太上之廟，[3]光武中興，南頓立舂陵之寢。[4]元帝之於光武，[5]疏爲絶服，猶尚身奉子道，入繼大宗。[6]高祖之於聖躬，[7]親實猶子，陛下既纂洪緒，豈宜加伯考之名？且漢宣之繼孝昭，[8]斯乃上後叔祖，豈忘宗承考妣？[9]蓋以大義斯奪。及金德將興，[10]宣王受寄，景王意在毁冕，文王心規裂冠，雖祭則魏主，而權歸晋室。[11]昆之與季，實傾曹氏。且子元宣王冢胤，文王成其大業，故晋武繼文祖宣，景王有伯考之稱。[12]以今類古，恐或非儔。[13]高祖德溢寰中，道超無外。肅祖雖勳格宇宙，猶曾奉贄稱臣。穆后禀德巛元，[14]復將配享乾位。此乃君臣並筵，嫂叔同室，歷觀墳籍，未有其事。"

[1]武宣王：即彭城王元勰。武宣爲其謚號。

[2]神主：已死君主的牌位。

［3］香街：地名。在漢長安故城内，左馮翊府東北。爲漢高祖劉邦爲其父立祭祀之所。

［4］南頓：指劉欽。字元伯，南陽郡蔡陽縣（今湖北棗陽市西南）人。漢光武帝劉秀之父。因曾任南頓令，故尊稱爲南頓君。　春陵：縣名。治所在今河南項城市北。

［5］元帝：即西漢皇帝劉奭。元爲其謚號。

［6］大宗：毛本、四庫本、局本、四部備要本作“太宗”。按：依文意，當從底本。

［7］高祖：即北魏孝文帝元宏。高祖爲其廟號

［8］漢宣：即西漢皇帝劉詢。宣爲其謚號。　孝昭：即西漢皇帝劉弗陵。孝昭爲其謚號。

［9］宗承：宋本作“志宗承”。

［10］金德：古代王朝常以五行配德運，晋爲金德。金德將興，指司馬氏西晋興起。

［11］宣王：指司馬懿。宣爲其謚號，晋武帝司馬炎追謚。　景王：指司馬師。景爲其謚號，晋武帝司馬炎追謚。　文王：指司馬昭。文爲其謚號，晋武帝司馬炎追謚。　權：毛本、殿本、四庫本作“勸”。按：依文意，當從底本。

［12］故晋武繼文祖宣景王有伯考之稱：底本作“故晋武繼文祖武宣有伯考之稱”，中華本校勘記云：“諸本‘宣’上有‘武’字，下無‘景王’二字。張森楷云：‘《魏書》（卷一八）作“繼文祖宣，景王有伯考之稱”，謂繼文帝，祖宣帝，以景帝爲伯也。’按張説是。《通志》亦無‘武’字。‘文’指司馬昭，‘宣’指司馬懿，‘景’指司馬師。見《晋書》本紀。此‘武宣’或蒙上文元勰之謚號而誤。今據《魏書》删補。”今從改。

［13］非儔：不能相比。

［14］巛（kūn）：‘坤’的古字。

時莊帝意鋭，朝臣無敢言者，[1]唯彧與吏部尚書李神儁並有表聞。[2]

[1]朝臣：宋本作“朝廷”。按：依文意，當從底本。

[2]吏部尚書：官名。北魏時爲尚書吏部曹主官，掌官吏銓選、封爵、考課之政。孝文帝太和二十三年定爲三品。　李神儁：人名。即李挺。字神儁，小名提，隴西狄道（今甘肅臨洮縣）人。北魏、東魏官吏。見《北史》卷一〇〇《涼武昭王李暠附李神儁傳》。

詔報曰：“文穆皇帝勳格四表，道邁百王，是用考循舊範，恭上尊號。王表云漢太上於香街，南頓於舂陵。[1]漢高不因瓜瓞之緒，[2]光武又無世及之德，皆身受符命，不由父祖，别廟異寢，於理何差？文穆皇帝天睠人宅，曆數有歸。朕忝承下武，遂主神器。既帝業有統，漢氏非倫。若以昔况今，不當移寢，則魏太祖、晋景帝雖王迹已顯，[3]皆以人臣而終，豈得與餘帝别廟，有闕倫序？[4]漢郡國立廟者，欲尊高祖之德，使饗遍天下，非關太廟神主，獨在外祠薦。漢宣之父，亦非勳德所出，雖不追尊，不亦可乎？伯考之名，自是尊卑之稱，何必準古而言非類也。復云君臣同列，嫂叔共室。當以文穆皇帝昔遂臣道，以此爲疑。《禮》‘天子元子猶士’，[5]禘祫豈不得同室乎？[6]且晋文、景共爲一代，議者云世限七，主無定數。昭穆既同，明有共室之理。禮既有祔，[7]嫂叔何嫌？《禮》，大祖、禰一廟，[8]豈無婦舅共室也？若專以共室爲疑，容可更議遷毁。”

[1]春陵：毛本、殿本、四庫本作“舂陵”。按：毛本等誤，從底本。

[2]瓜瓞：喻子孫繁衍，相繼不絶。

[3]魏太祖：即曹操。太祖爲其廟號，魏文帝曹丕追謚。

[4]倫序：底本作“餘序”，中華本校勘記云：“諸本‘倫’作‘餘’，《通志》作‘倫’。按《通志》是。謂若如元彧之説，則曹操、司馬師皆不當入太廟，便是‘有闕倫序’。今從《通志》改。”今從改。

[5]天子元子猶士：天子之子雖早冠，亦用士禮而冠。元子，天子和諸侯的嫡長子。

[6]禘祫：帝王祭祀始祖的隆重儀禮。

[7]祔：指附祭後死者於先祖之廟。

[8]大祖：《魏書》卷一八《臨淮王譚附元彧傳》作“士祖”。按：依文意，當從底本。

莊帝既逼諸妹之請，此詞意黄門侍郎常景、中書侍郎邢子才所贊成也。[1]

[1]黄門侍郎：官名。爲侍中省或門下省次官，與侍中俱掌門下衆事，職掌略同，地位隨皇帝旨意或侍中地位而上下。北魏孝文帝太和十七年定爲三品中，二十三年定爲四品上。 常景：人名。字永昌，河内温（今河南温縣）人。北魏、東魏官吏。見《北史》卷四二《常爽附常景傳》。

又追尊兄彭城王爲孝宣帝。[1]彧又面諫曰：“陛下作而不法，後世何觀？歷尋書籍，未有其事。”帝不從。及神主入廟，復敕百官悉陪從，一依乘輿之式。彧上表以爲："爰自中古，迄於下葉，崇尚君親，褒明功懿，乃有皇號，[2]終無帝名。[3]今若去帝，直留皇名，求之古義，少有依準。"又不納。

[1]孝宣帝：即元劭。孝宣爲其謚號，北魏孝莊帝元子攸所追謚。

[2]乃有：宋本、元大德本作"乃自"。按：依文意，當從底本。

[3]帝名：宋本作"常名"。按：依文意，當從底本。

尒朱榮死，除彧司徒公。及尒朱兆率衆奄至，[1]出東掖門，[2]爲賊所獲。見兆，辭色不屈，爲群胡所毆，薨。孝武帝末，贈大將軍、太師、太尉公、録尚書事，謚曰文穆。

[1]尒朱兆：人名。字萬仁，北秀容（今山西朔州市）人，契胡族。北魏將領。見《北史》卷四八《尒朱榮附尒朱兆傳》。

[2]東掖門：宫中東側的旁門。代指太子所居的東宫。在今河南洛陽市。

彧美風韻，善進止，衣冠之下，雅有容則。博覽群書，不爲章句，所制文藻，雖多亡失，猶有傳於世者。然居官不能清白，所進舉止於親婭，[1]爲識者所譏。無子。

[1]親婭：姻親。

弟孝友，少有時譽，襲爵臨淮王，[1]累遷滄州刺史。[2]爲政温和，好行小惠，不能清白，而無所侵犯，百姓亦以此便之。魏静帝宴齊文襄於華林園，[3]孝友因醉自譽，又云："陛下許賜臣能。"帝笑曰："朕恒聞王自道清。"文襄曰："臨淮王雅旨舍罪。"[4]於是君臣俱笑而不罪。孝友明於政理，嘗奏表曰：

[1]臨淮王：封爵名。臨淮，郡名。東魏時治己吾縣，在今安徽懷遠縣西北。底本作"淮陽王"，中華本校勘記云："諸本'臨淮'作'淮陽'。洪頤煊《諸史考異》云：'"淮陽"當作"臨淮"，《魏書》本傳、《北齊書》（卷二八）《元孝友傳》俱作臨淮王。'按洪説是。下文即有'臨淮王雅旨舍罪'語，可證。今據改。"今從改。

[2]滄州：東魏時治饒安縣，在今河北鹽山縣西南。

[3]齊文襄：即高澄。文襄爲其謚號，北齊文宣帝高洋所追謚。華林園：宫苑名。在今河南洛陽市魏洛陽故城内。

[4]雅旨舍罪：源氏校勘記云："'雅'《北齊》作'奉'。"

令制百家爲黨族，二十家爲閭，五家爲比鄰。百家之内，有帥二十五，徵發皆免，苦樂不均。羊少狼多，復有蠶食。此之爲弊久矣。京邑諸坊，或七八百家，唯一里正、二史，[1]庶事無闕，而况外州乎？請依舊置，三正之名不改，而百家爲族四閭，[2]閭二比，計族少十二丁，得十二匹貲絹。略計見管之户，應二萬餘族，一歲出貲絹二十四萬匹。十五丁出一番兵，計得一萬六千兵。此富國安人之道也。

［1］唯一：毛本、殿本、四庫本、局本、四部備要本作“雖一”。按：依文意，當從底本。

［2］爲族四閭：底本作“爲於四閭”，《魏書》卷一八作“爲四閭”。中華本校勘記云：“諸本‘族’作‘於’。李慈銘云：‘“於”疑當作“族”。’按李説是，上文明言‘百家爲黨、族’。今據改。”今從改。閭，古代二十五家爲一閭。

古諸侯娶九女，士有一妻二妾。[1]晉令：諸王置妾八人；郡公、侯，[2]妾六人。官品令：第一、第二品有四妾，第三、第四有三妾，第五、第六有二妾，第七、第八有一妾。所以陰教聿脩，繼嗣有廣。廣繼嗣，孝也。修陰教，禮也。而聖朝忽棄此數，由來漸久，將相多尚公主，王侯娶后族，故無妾媵，習以爲常。婦人多幸，生逢今世，舉朝略是無妾，天下殆皆一妻。[3]設令人疆志廣娶，[4]則家道離索，身事迍邅，[5]内外親知共相嗤怪。凡今之人，通無準節。父母嫁女，則教之以妒；姑姊逢迎，必相勸以忌。持制夫爲婦德，以能妒爲女工。自云不受人欺，[6]畏他笑我。王公猶自一心，以下何敢二意！夫妒忌之心生，則妻妾之禮廢；妻妾之禮廢，則姦淫之兆興，斯臣之所以毒恨者也。請以王、公、第一品娶八，通妻以備九女；稱事二品備七；三品、四品備五；五品、六品則一妻二妾。限以一周，悉令充數。若不充數，及待妾非禮，使妻妒加捶撻，免所居官。其妻無子而不娶妾，斯則自絶，無以血食祖父，請科不孝之罪，離遣其妻。

[1]二妾：源氏校勘記云："'二'《北齊》作'一'。"

[2]郡公：底本作"郡君"，源氏校勘記云："'君'《魏書》作'公'。"按：郡君乃女子之封，底本誤，今從《魏書》改。

[3]殆皆：宋本作"始皆"。按：依文意，當從底本。

[4]疆志：中華本作"强志"。

[5]迍邅：處境不利，困頓。

[6]不受人欺：底本作"受人欺"，《魏書》卷一八《臨淮王譚附元孝友傳》作"不受人欺"。今從補。

臣之赤心，義唯家國，欲使吉凶無不合禮，貴賤各有其宜，省人帥以出兵丁，立倉儲以豐穀食，設賞格以禽姦盜，行典令以示朝章。[1]庶使足食足兵，人信之矣。又冒申妻妾之數，正欲使王侯將相，功臣子弟，苗胤滿朝，傳祚無窮，此臣之志也。

[1]省人帥以出兵丁立倉儲以豐穀食設賞格以禽姦盜行典令以示朝章：中華本校勘記云："按此乃總結上文。但《北史》既删去'豐穀食''禽姦盜'兩事，此處'立倉儲以豐穀食，設賞格以禽奸盜'二語便上無所承。"以豐穀食，宋本作"以豐設食"。按：依文意，當從底本。

詔付有司，議奏不同。

孝友又言："今人生爲皂隸，[1]葬擬王侯，存没異途，無復節制。崇壯丘隴，盛飾祭儀，鄰里相榮，稱爲至孝。又夫婦之始，王化所先，共食合瓢，足以成禮。而今之富者彌奢，同牢之設，[2]甚於祭槃。累魚成山，山有林木，林木之上，鸞鳳斯存。徒有煩勞，終成委棄，仰惟天意，其或不然。請自茲以後，若婚葬過禮者，以違旨論。官司不加糾劾，即與同罪。”

［1］皂隸：賤役。後專以稱衙門裏的差役。

［2］同牢：古代婚禮中，新婚夫婦共食一牲的儀式。

孝友在尹積年，以法自守，甚著聲稱。然性無骨鯁，善事權勢，[1]爲正直者所譏。齊天保初，準例降爵，封臨淮縣公，[2]拜光禄大夫。[3]二年冬，被詔入晉陽宫，[4]出與元暉業同被害。[5]

［1］善事：宋本作“看事”。按：依文意，當從底本。

［2］臨淮縣公：封爵名。臨淮，縣名。治所在今安徽固鎮縣東南。

［3］光禄大夫：官名。爲在朝顯職的加官，以示恩寵，或授予年老有病者爲致仕之官，亦常用於卒後贈官，無具體職掌。北魏孝文帝太和二十三年定爲三品。北齊因之，爲三品。

［4］晉陽宫：在今山西太原市晉源區古城營村一帶。

［5］元暉業：人名。字紹遠。東魏、北齊大臣。見《北史》卷一七《濟陰王小新成附元暉業傳》。

昌弟孚，字秀和，少有令譽。侍中游肇、并州刺史高聰、司徒崔光等見孚，[1]咸曰：“此子當準的人物，恨吾徒衰暮，不及見耳。”累遷兼尚書右丞。[2]靈太后臨朝，宦者干政，孚乃總括古今名妃賢后，凡爲四卷，奏之。遷左丞。

[1]并州：北魏時治晋陽縣，在今山西太原市晋源區古城營村一帶。　高聰：人名。字僧智，勃海蓨（今河北景縣）人。北魏官吏。見《北史》卷四〇《高聰傳》。

[2]尚書右丞：官名。北魏時爲尚書省佐官，位次尚書，與左丞共掌尚書省庶務。孝文帝太和十七年定爲四品中，二十三年定爲從四品。

蠕蠕主阿那瓌既得反國，[1]其人大飢，相率入塞，阿那瓌上表請臺振給。詔孚爲北道行臺，[2]詣彼振恤，孚陳便宜表曰：

[1]蠕蠕主：《魏書》卷一八《臨淮王譚附元孚傳》作"蠕蠕王"。按：未詳孰是。　阿那瓌：人名。北魏時柔然可汗。見《北史》卷九八《蠕蠕傳》。

[2]北道行臺：官名。總管北道區域的軍政事務。

皮服之人，未嘗粒食，宜從俗因利，拯其所無。昔漢建武中，[1]單于款塞，時轉河東米𥻨二萬五千斛、牛羊三萬六千頭以給之。[2]斯則前代和戎，撫新柔遠之長策也。乞以牸牛産羊，[3]餬其口食。且畜牧繁息，是其所便，毛血之利，惠兼衣食。

[1]建武：漢光武帝的年號（25—56）。

[2]米𥻨：米糧。

[3]牸（zì）牛：母牛。

又尚書奏云：如其仍住七州，隨寬置之。臣謂人情戀本，寧肯徙内？若依臣請，給振雜畜，愛本重鄉，必還舊土。如其不然，禁留益損。假令逼徙，事非久計。何者？人面獸心，去留難測。既易水草，痾恙將多，[1]憂愁致困，死亡必甚。兼其餘類，尚在沙磧，[2]脱出狂勃，翻歸舊巢，必殘掠邑里，遺毒百姓。亂而方塞，未若杜其未萌。

[1]痾恙：疾病。
[2]沙磧：沙漠。

又貿遷起於上古，交易行於中世。漢與胡通，亦立關市。今北人阻飢，命懸溝壑，公給之外，必求市易。彼若願求，宜見聽許。

又云：

營大者不計小名，[1]圖遠者弗拘近利。雖戎狄衰盛，歷代不同，叛服之情，略可論討。周之北伐，僅獲中規；漢氏外攘，裁收下策。昔在代京，[2]恒爲重備，將帥勞止，甲士疲力，計前世苦之，力未能致。今天祚大魏，亂亡在彼。朝廷垂天覆之恩，廓大造之德，鳩其散亡，禮送令反，宜因此時，善思遠策。

[1]不計：宋本作“不許”。按：依文意，當從底本。

[2]代京：指平城。

竊以理雖萬變，可以一觀；來事雖懸，易以往卜。昔漢宣之世，呼韓款塞，[1]漢遣董忠、韓昌領邊郡士馬，[2]送出朔方，[3]因留衛助。又光武時，亦令中郎將段彬置安集掾史，[4]隨單于所在，參察動静。斯皆守吉之元龜，安邊之勝策。計今朝廷成功，不減曩時，蠕蠕國弊，亦同疇日。[5]宜準昔成謀，略依舊事，借其所閑地，聽使田牧。粗置官屬，示相慰撫。嚴戒邊兵，以見保衛。馭以仁寬，縻以久策，使親不至矯詐，疏不容叛反。今北鎮諸將，舊常云一人代外邏，[6]因令防察。所謂天子有道，守在四夷者也。

[1]呼韓：即匈奴單于呼韓邪，名稽侯珊。漢宣帝時歸附漢朝。

[2]董忠：人名。陽翟（今河南禹州市）人，西漢時封高昌侯。　韓昌：人名。西漢時爲車騎都尉。

[3]朔方：郡名。西漢時治朔方縣，在今内蒙古杭錦旗北。

[4]中郎將：官名。秦置中郎，西漢時分五官、左、右三中郎署，各置中郎將以統領皇帝的侍衛。東漢時中郎將的名號被各割據勢力廣泛加於武官，不再限於禁衛統領等職，成爲一個大致介於將軍和校尉之間的階層，其職位、品秩、權力差異很大，統兵將領亦多用此名，其上再加稱號。　安集掾史：官名。負責内政、審判。率領衙役（由免刑犯人充當）五十人，持兵弩，跟隨單于左右，參與處理辭訟和内部事務。

[5]疇日：往日，以前。

[6]舊常云代外邏：宋本作“舊常云代外還”。中華本校勘記

云：“按此語意義不明。疑當作‘舊常一人，雲、代外邏’。‘云’是‘雲’之訛，又誤移於‘常’下。”

又云：

先人有奪人之心，待降如受彊敵。武非專外，[1]亦以防内。若從處分割配，諸州鎮遼遠，非轉輸可到，悔叛之情，變起難測。又居人畜業，布在原野，戎夷性貪，見則思盜，防彼肅此，少兵不堪，渾流之際，易相干犯。驅之還本，未必樂去，配州内徙，復不肯從。既其如此，爲費必大。

朝廷不許。

[1]專外：底本作“尋外”，中華本校勘記云：“諸本‘專’訛作‘尋’，據《魏書》卷一八《元孚傳》及《通志》改。”今從改。

孚持白武幡勞阿那瓌於柔玄、懷荒二鎮間。[1]阿那瓌衆號三十萬，陰有異意，遂拘留孚。載以轀車，日給酪一升、肉一段。每集其衆，坐孚東廂，稱爲行臺，甚加禮敬。阿那瓌遂南過，至舊京。後遣孚等還，因上表謝罪。有司以孚事下廷尉，丞高謙之云孚辱命，[2]處孚流罪。

[1]白武幡：即白虎幡。《北史》避唐高祖祖父李虎諱改。有白虎圖像的旗。古代用作傳布朝廷政令或軍令的符信。　柔玄：軍鎮名。一説在今河北尚義縣三工地鎮的土城子古城（參魏雋如、張智海《北魏柔玄鎮地望考述》，《北方文物》2009年第1期）。一説

位於今内蒙古察哈爾右翼後旗克里孟古城（參張文平、苗潤華《長城資源調查對於北魏長城及六鎮鎮戍遺址的新認識》，《陰山學刊》2014年第6期）。　懷荒：軍鎮名。在今河北張北縣。

[2]高謙之：人名。字道讓，遼東（今遼寧遼陽市）人。北魏官吏。見《北史》卷五〇《高道穆附高謙之傳》。

後拜冀州刺史。孚勸課農桑，境内稱慈父，鄰州號曰神君。先是，州人張孟都、張洪建、馬潘、崔獨憐、張叔緒、崔醜、張天宜、崔思哲等八人，[1]皆屯保林野，不臣王命，州郡號曰八王。孚至，皆請入城，願致死效力。後爲葛榮所陷，[2]爲榮所執。兄祐爲防城都督，[3]兄子禮爲録事參軍。[4]榮欲先害子禮，孚請先死以贖子禮，叩頭流血，榮乃捨之。又大集將士，議其死事。孚兄弟各誣己引過，争相爲死。又孟都、潘紹等數百人皆叩頭就法，[5]請活使君。榮曰："此魏之誠臣義士也。"凡同禁五百人，皆得免。榮平，[6]還除冀州刺史。元顥入洛，[7]授孚東道行臺、彭城郡王。[8]孚封顥逆書送朝廷，天子嘉之。顥平，[9]封孚萬年鄉男。[10]

[1]八人：《魏書》卷一八《臨淮王譚附元孚傳》作"八家"。

[2]葛榮：人名。北魏末河北義軍首領。

[3]防城都督：官名。北魏末諸州置，負責城防事務，位在長史、司馬下。

[4]録事參軍：官名。北魏時爲録事曹長官，掌總録衆曹文簿，舉彈善惡，位在列曹參軍上。六品上至八品。

[5]孟都：底本作"都"，中華本校勘記云："各本無'孟'字，南本及《魏書》有。《通鑑》卷一五一作'都督潘紹'。按本

書卷四五《潘永基傳》云：永基字紹業，爲長樂太守。時葛榮攻下信都，欲殺刺史元孚，永基請以身代孚死。則‘潘紹’即潘紹業，雙名單稱。‘孟都’即張孟都。今從南本。”今從改。

[6]平：底本作“卒”，中華本校勘記云：“諸本‘平’訛作‘卒’，據《魏書》殿本改。‘榮平’指葛榮被鎮壓之後。葛榮是被殺害，不能稱‘卒’。”今從改。

[7]元顥：人名。字子明。北魏宗室、大臣。見《北史》卷一九《北海王詳附元顥傳》。

[8]彭城郡王：封爵名。彭城，郡名。北魏時治彭城縣，在今江蘇徐州市。

[9]平：底本作“卒”，中華本校勘記云：“諸本‘平’訛作‘卒’，據《魏書》改。”今從改。

[10]萬年鄉男：封爵名。萬年，縣名。治所在今陝西西安市臨潼區。

永安末，樂器殘缺，莊帝命孚監儀注。孚上表曰：

昔太和中，中書監高閭、太樂令公孫崇脩造金石，[1]數十年間，乃奏成功。時大集儒生，考其得失。太常卿劉芳請別營造，[2]久而方就。復召公卿量校合否，論者沸騰，莫有適從。登被旨敕，並見施用。往歲大軍入洛，戎馬交馳，所有樂器，亡失垂盡。臣至太樂署，[3]問太樂令張乾龜等，[4]云承前以來，置宮懸四箱，[5]栒簴六架，[6]東北架編黄鍾之磬十四。雖器名黄鍾，而聲實夷則，考之音制，不甚諧韻。沽洗懸於東北，[7]太蔟編於西北，[8]蕤賓列於西南，[9]並皆器象差位，調律不和。又有儀鍾十四，[10]虛懸架首，[11]初不叩擊，今便删廢，以從正則。

[1]中書監：官名。北魏時中書省掌納奏、擬詔、出令，然權歸中書舍人，中書監、令名爲長官，實爲閑職。孝文帝太和十七年定爲從一品中。　高閭：人名。字閻士，漁陽雍奴（今天津武清區西北）人。北魏大臣。見《北史》卷三四《高閭傳》。　太樂令：官名。北魏時隸太常，領太樂祭酒、太樂博士、太樂典事等官。九品上。毛本、殿本、四庫本作“大樂令”。　公孫崇：人名。北魏官吏。孝文帝太和年間，任太樂令，造八音器及五度五量。

[2]太常卿：官名。爲太常的尊稱。主管祭祀社稷、宗廟和朝會、喪葬禮儀，管理皇帝陵墓、寢廟所在縣邑，每月巡視諸陵，兼管文化教育，博士和博士弟子的考核、薦舉、補吏。北魏孝文帝太和十七年定爲從一品下，二十三年定爲三品。　劉芳：人名。字伯支，彭城叢亭里（今江蘇徐州市）人。北魏官吏。見《北史》卷四二《劉芳傳》。

[3]太樂署：官署名。主管音樂歌舞的官署。

[5]宫懸：古代鐘磬等樂器懸挂在架上，其形制因用樂者身份地位不同而有别。帝王懸挂四面，象徵宫室四面的墻壁，故名“宫懸”。

[6]栒（xún）簴（jù）：古代懸挂鐘磬的木架。源氏校勘記云：“‘栒’《魏書》作‘簨’。”

[7]沽洗：古樂十二律之一。毛本、殿本、四庫本、局本、四部備要本、中華本作“姑洗”。

[8]太蔟：亦作“太簇”。古樂十二律之一。

[9]蕤（ruí）賓：古樂十二律之一。律分陰陽，奇數六爲陽律，名曰六律；偶數六爲陰律，名曰六吕，合稱律吕。

[10]儀鍾：指音制標準的樂鐘。

[11]虡：底本作“簴”，源氏校勘記云：“‘簴’《魏書》作

‘虡’。”中華本校勘記云：“諸本‘虡’作‘簴’，《魏書》作‘虡’。按下云‘初不叩擊’，即虡懸之意，今據改。”今從改。

　　臣今據《周禮·鳧氏》修廣之規，磬氏倨句之法，吹律求聲，叩鍾求音，損除繁雜，討論實録。依十二月爲十二宫，各準辰次，當位懸設。月聲既備，隨用擊奏。則會還相爲宫之義，又得律吕相生之體。今量鍾磬之數，各以十二架爲定。

奏可。于時搢紳之士咸往觀聽，靡不咨嗟歎服而反。太傅、録尚書長孫承業妙解聲律，[1]特復稱善。

[1]長孫承業：人名。本名冀歸，孝文帝賜名幼稚，《北史》避唐高宗李治諱改爲幼，字承業，鮮卑族。北魏官吏。見《北史》卷二二《長孫道生附長孫承業傳》。

復從孝武帝入關，[1]除尚書左僕射、扶風郡王。[2]尋監國史。歷位司空、兼尚書令、太保。時蠕蠕主與孚相識，[3]先請見孚，然後遣女。於是乃使孚行。蠕蠕君臣見孚，莫不懽悦，[4]奉皇后來歸。

[1]復從孝武帝入關：源氏校勘記改“復”作“後”。

[2]扶風郡王：封爵名。扶風，郡名。西魏時治好畤縣，在今陝西乾縣東。

[3]蠕蠕主：宋本作“蠕蠕王”。按：未詳孰是。

[4]懽悦：底本作“懼悦”，中華本校勘記云：“諸本‘懽’訛作‘懼’，據《通志》改。”今從改。

孚性機辯，好酒，貌短而禿。周文帝偏所眷顧，嘗於室内置酒十瓨，[1]瓨餘一斛，上皆加帽，欲戲孚。孚適入室，見即驚喜，曰："吾兄弟輩甚無禮，何爲竊入王家，匡坐相對？宜早還宅也。"因持酒歸。周文撫手大笑。後遇風患，手足不隨，口不能言，乃左手畫地作字，乞解所任。三奏不許。遷太傅。薨，帝親臨，百官赴弔。贈大司馬、録尚書事，謚曰文簡。

[1]瓨（xiáng）：長頸的甕罎類容器。

子端嗣，位大行臺尚書、華州刺史。[1]性疏佷，[2]頗以基地驕物，[3]時論鄙之。

[1]大行臺尚書：官名。爲大行臺屬官，分理各曹事。北魏孝文帝太和二十三年定爲四品。　華州：北魏獻文帝皇興二年（468）置，治定安縣，在今甘肅寧縣。孝文帝延興二年（472）改置三縣鎮。太和十一年又置華州，治李潤堡，在今陝西蒲城縣東北。宣武帝永平三年（510）移治華陰縣，在今陝西大荔縣。

[2]疏佷（hěn）：狂放，殘忍。

[3]基地：門第，地位。

廣陽王建，[1]真君三年封楚王，後改封廣陽。薨，謚曰簡王。

[1]建：源氏校勘記云："《魏書》作'建閭'。"

子石侯襲，薨，謚曰哀王。

子遺興襲，薨，謚曰定王。無子。

石侯弟嘉，少沉敏，喜愠不形於色，兼有武略。孝文初，拜徐州刺史，甚有威惠。後封廣陽王，以紹建後。孝文南伐，詔嘉斷均口。[1]嘉違失指授，令賊得免。帝怒責之曰："叔祖定非世孫，何太不上類也！"及將大漸，遺詔以嘉爲尚書左僕射，與咸陽王禧等輔政。[2]遷司州牧。嘉表請於京四面築坊三百二十，各周一千二百步，乞發三正復丁，以充兹役。雖有暫勞，奸盗永止。詔從之。拜衛大將軍、尚書令，除儀同三司。

[1]均口：地名。在今湖北丹江口市均縣鎮。

[2]禧：即元禧，人名。字思永。北魏宗室、大臣。見《北史》卷一九《咸陽王禧傳》。

嘉好飲酒，或沉醉，在宣武前言笑自得，無所顧忌。帝尊年老，常優容之。[1]與彭城、北海、高陽諸王，[2]每入宴集，極懽彌夜，數加賞賜。帝亦時幸其第。性好儀飾，車服鮮華。既居儀同，又任端首，出入容衛，道路榮之。後遷司空，轉司徒。嘉好立功名，有益公私，多所敷奏，帝雅委付之。愛敬人物，後來才俊未爲時知者，侍坐之次，轉加談引，時人以此稱之。薨，遺命薄葬。宣武悼惜之，贈侍中、太保，謚曰懿烈。

[1]優：宋本作"復"。按：依文意，當從底本。

[2]彭城：指彭城王元勰。字彦和。北魏宗室。見《北史》卷一九《彭城王勰傳》。　北海：郡名。北魏時治平壽城，在今山東

昌樂縣東南。此指北海王元詳。字季豫。北魏宗室。見《北史》卷一九《北海王詳傳》。　高陽：郡名。北魏時治高陽縣，在今河北高陽縣東舊城。此指高陽王元雍。字思穆。北魏宗室。見《北史》卷一九《高陽王雍傳》。

嘉後妃宜都王穆壽孫女，[1]司空從妹也。[2]聰明婦人。及爲嘉妃，多所匡贊，光益家道。

[1]宜都王：封爵名。遥封。宜都，郡名。南朝宋時治夷道縣，在今湖北宜都市。　穆壽：人名。代（今山西大同市東北）人，鮮卑族。北魏官吏。見《北史》卷二〇《穆崇附穆壽傳》。

[2]司空：指穆亮。字幼輔。北魏官吏。見《北史》卷二〇《穆崇附穆亮傳》。

子深，[1]字智遠，[2]襲爵。孝明初，拜肆州刺史。[3]預行恩信，胡人便之，劫盜止息。後爲恒州刺史，[4]在州多所受納，政以賄成。私家有馬千匹者，必取百匹，以此爲恒。累遷殿中尚書，[5]未拜。坐淫城陽王徽妃于氏，[6]爲徽表訟。詔付丞相、高陽王雍等宗室議決其罪，以王還第。

[1]深：中華本校勘記云："按深本名淵，見《墓誌集釋·元湛墓誌》，《北史》避唐諱改。"

[2]智遠：毛本、殿本、四庫本作"知遠"。

[3]肆州：北魏時治九原縣，在今山西忻州市西北。

[4]恒州：北魏孝文帝太和十七年以司州改名，治平城，在今山西大同市東北。

［5］殿中尚書：官名。北魏時領宫中兵馬，典宫禁宿衛及倉庫。三品。

［6］城陽王：封爵名。城陽，郡名。北魏時治所不詳，當在今河南境内。　徽：即元徽，人名。字顯順。北魏宗室、大臣。見《北史》卷一八《城陽王長壽附元徽傳》。

及沃野鎮人破六韓拔陵反叛，[1]臨淮王彧討之失利，詔深爲北道大都督，受尚書令李崇節度。[2]時東道都督崔暹敗於白道，[3]深等諸軍退還朔州。[4]深上書曰：

［1］沃野鎮：軍鎮名。在今内蒙古烏拉特中旗南烏加河北（參國家文物局主編《中國文物地圖集・内蒙古自治區分册》（下册），西安地圖出版社2003年版，第623頁；張文平、苗潤華《長城資源調查對於北魏長城及六鎮鎮戍遺址的新認識》，《陰山學刊》2014年第6期）。　破六韓拔陵：人名。亦作"破落汗拔陵""破六汗拔陵"。北魏末六鎮起義軍首領。兵敗，爲柔然黨族所殺。

［2］李崇：人名。字繼長，小名繼伯，頓丘（今河南清豐縣西南）人。北魏官吏。見《北史》卷四三《李崇傳》。

［3］崔暹：人名。字季倫，博陵安平（今河北安平縣）人。東魏、北齊官吏。見《北史》卷三二《崔挺附崔暹傳》。　白道：地名。在今内蒙古呼和浩特市西北，爲河套東北地區通往陰山以北的交通要道。

［4］朔州：北魏末寄治并州壽陽縣，在今山西壽陽縣。

邊竪構逆，以成紛梗，其所由來，非一朝也。昔皇始以移防爲重，[1]盛簡親賢，擁麾作鎮，配以高門子弟，以死防遏。不但不廢仕宦，至乃偏得復除，當時人物，忻慕爲之。及太和在歷，僕射李沖當官任事,[2]凉州土人，悉免斯役；豐沛舊門,[3]仍防邊戍。自非得罪當世，莫肯與之爲伍。[4]征鎮驅使爲虞候、白直，一生推遷，不過軍主。然其往世房分，留居京者，得上品通官；在鎮者，便爲清途所隔。或投彼有北，以御魑魅，多復逃胡鄉。乃峻邊兵之格，鎮人浮游在外，皆聽流兵捉之。[5]於是少年不得從師，長者不得游宦。獨爲匪人，言者流涕。

[1]皇始：北魏道武帝的年號（396—398）。此處代指道武帝。宋本作“皇后”。按：依文意，當從底本。

[2]李沖：人名。字思順，本名思沖，隴西狄道（今甘肅臨洮縣）人。北魏大臣。見《北史》卷一〇〇《凉武昭王李暠附李沖傳》。

[3]豐沛：本指漢高祖劉邦的故鄉，後亦借指帝王故鄉。

[4]與之爲伍：底本作“與之爲”，中華本作“與之爲伍”。今從中華本改。

[5]捉之：宋本作“投之”。按：依文意，當從底本。

自定鼎伊洛,[1]邊任益輕，唯底滯凡才，出爲鎮將。轉相模習,[2]專事聚斂。或有諸方奸吏，犯罪配邊，爲之指蹤，過弄官府，政以賄立，莫能自改。咸言奸吏爲此，無不切齒增怒。及阿那瓌背恩，縱掠竊奔，命師追之，十五萬衆度沙漠，不日而還。邊人見此援師，便自意輕中國。尚書令臣崇時即申聞，求改鎮爲州，將允其願，抑亦先覺，朝廷未許。而高闕戍主，[3]率下失和，拔陵殺之爲逆命，[4]攻城掠地，所見必誅。王師屢北，賊黨日盛。此段之舉，指望銷平。其崔暹隻輪不反，臣崇與臣，逡巡復路。今者相與，還次雲中。[5]馬首是瞻，未便西邁。將士之情，莫不解體。今日所慮，非止西北，將恐諸鎮尋亦如此。天下之事何易可量！

[1]定鼎伊洛：指北魏孝文帝遷都洛陽。

[2]模習：毛本、殿本、四庫本、局本、四部備要本作“摸習”。按：依文意，當從底本。

[3]高闕：地名。在今内蒙古杭錦後旗東北。北魏時置戍，隸沃野鎮。

[4]拔陵：即破六韓拔陵。

[5]雲中：郡名。北魏時治盛樂，在今内蒙古和林格爾縣西北。

時不納其策。東西部敕勒之叛，[1]朝議更思深言，遣兼黄門侍郎酈道元爲大使，[2]欲復鎮爲州，以順人望。會六鎮盡叛，[3]不得施行。深後上言：[4]“今六鎮俱叛，二部高車亦同惡黨，以疲兵討之，必不制敵。請簡選兵，或留守恒州要處，更爲後圖。”

[1]敕勒：族名。又稱高車。北魏時活動於今蒙古高原，以游牧爲主。見《北史》卷九八《高車傳》。

[2]酈道元：人名。字善長，范陽涿鹿（今河北涿鹿縣東南）人。北魏官吏、地理學家。見《北史》卷二七《酈範附酈道元傳》。　大使：指受帝王特遣之官員。南北朝時職責範圍很廣，多以貴臣高官臨時任之。

[3]六鎮：北魏時防衛北邊的六個軍鎮，爲沃野鎮、懷朔鎮、武川鎮、撫冥鎮、柔玄鎮、懷荒鎮。

[4]後：毛本、殿本、四庫本作“復”。按：文意均通，未詳孰是。

及李崇徵還，深專總戎政。拔陵避蠕蠕，南移度河。先是，別將李叔仁以拔陵來逼，[1]請求迎援，深赴之，前後降附二十萬人。深與行臺元纂表求恒州北别立郡縣，[2]安置降户，隨宜振賚，息其亂心。不從。詔遣黄門侍郎楊昱分散之於冀、定、瀛三州就食。[3]深謂纂曰：“此輩復爲乞活矣。禍亂當由此作。”

[1]别將：官名。秦、漢時泛指率領部分兵力與主力分道而進的别部將領。後遂沿用此稱，逐漸成爲一級統兵武官名稱，或冠以擬戍地名，如三關别將。品級自七品至八品不等。　李叔仁：人名。隴西（今甘肅隴西縣東南）人。北魏、西魏將領。見《北史》卷三七《李叔仁傳》。

[2]元纂：人名。字紹興，鮮卑族。北魏將領。見《北史》卷一五《秦王翰附中山王纂傳》。宋本、元大德本作“六纂”。按：宋本等誤，從底本。

[3]楊昱：人名。字元略，一作元晷，弘農華陰（今陝西華陰市東南）人。北魏官史。見《北史》卷四一《楊播附楊昱傳》。底本作“楊置”，中華本校勘記云：“諸本‘昱’作‘置’，《通鑑》卷一五〇作‘昱’。張森楷云：‘當作“昱”，事見《楊昱傳》（《魏書》卷五八）。’今據改。”今從改。　於：宋本作“於是”。按：宋本衍，從底本。　瀛：州名。北魏孝文帝太和十一年分定、冀二州置，治趙都軍城，在今河北河間市。

既而鮮于脩禮叛於定州，[1]杜洛周反於幽州，[2]其餘降户，猶在恒州，遂欲推深爲主。深乃上書乞還京師。[3]令左衛將軍楊津代深爲都督，[4]以深爲侍中、右衛將軍、定州刺史。[5]時中山太守趙叔隆、别駕崔融討賊失利，[6]臺使劉審考覈未訖，[7]會賊逼中山，深乃令叔隆防境。審馳驛還京，[8]云深擅相放縱。城陽王徽與深有隙，因此構之。乃徵深爲吏部尚書、兼中領軍。[9]及深至都，明帝不欲使徽、深相憾，敕因宴會，令相和解。徽銜不已。

[1]鮮于脩禮：人名。敕勒族。北魏末河北起義軍首領。

[2]杜洛周：人名。北魏末六鎮起義軍首領。後爲葛榮所害。　幽州：北魏時治薊縣，在今北京西南。

[3]乞還：底本作“還”，中華本校勘記云：“諸本脱‘乞’字，據《魏書》卷一八補。《通志》‘乞’作‘求’。”今從改。

[4]左衛將軍：官名。北魏時與右衛將軍共掌宿衛營兵。三品。　楊津：人名。字羅漢，本字延祚，孝文帝賜名津，弘農華陰（今陝西華陰市東南）人。北魏官吏。見《北史》卷四一《楊播附楊津傳》。　都督：官名。北魏時爲統率全國或地方兵馬的指揮官職名。其爲州郡軍事長官者，兼理民政，或作爲大臣的加官和贈官。

[5]右衛將軍：官名。北魏時掌宫禁宿衛。三品。

[6]别駕：官名。又作“别駕從事”“别駕從事史”。漢朝時置。爲州刺史僚屬，録衆事。北魏後期漸由朝廷任命。其品秩依州品不同，自正五品至正七品不等。

[7]考覈：底本作“覈”，中華本作“考覈”。今從中華本改。

[8]馳驛：毛本、殿本作“馳驅”。按：文意均可，未詳孰是。

[9]中領軍：官名。北魏時侍臣帶“領軍”者，稱中領軍。與

中護軍共同掌管禁軍。孝文帝太和十七年定爲二品中，二十三年定爲三品。

後河間王琛等爲鮮于脩禮所敗，[1]乃除深儀同三司、大都督，章武王融爲左都督，[2]裴衍爲右都督，[3]並受深節度。徽因奏靈太后構深曰："廣陽以愛子握兵在外，不可測也。"乃敕章武王等潛相防備。融遂以敕示深。深懼，事無大小，不敢自決。靈太后聞之，乃使問深意狀，乃具言曰：

[1]琛：即元琛，人名。字曇寶。北魏宗室。見《北史》卷一九《河間王若附元琛傳》。

[2]章武王：封爵名。章武，郡名。北魏時治平舒縣，在今河北大城縣。　融：即元融，人名。字永興。北魏宗室、將領。見《北史》卷一八《章武王太洛附元融傳》。

[3]裴衍：人名。字文舒，河東聞喜（今山西聞喜縣）人。北魏官吏。見《北史》卷四五《裴叔業附裴衍傳》。

往者元乂執權，移天徙日，而徽託附，無翼而飛。今大明反政，任寄唯重，以徽褊心，銜臣次骨。臣以疏滯，遠離京輦，被其構阻，無所不爲。然臣昔不在其後，自此以來，翻成陵谷。徽遂一歲八遷，位居宰相；臣乃積年淹滯，有功不録。

自徽執政以來，非但抑臣而已，北征之勳，皆被擁塞。將士告捷，終無片賞，雖爲表請，多不蒙遂。前留元摽據乎盛樂，[1]後被重圍，析骸易子，倒懸一隅，嬰城二載，賊散之後，依階乞官，徽乃盤退，不允所請。而徐州下邳戍主賈勳，[2]法僧叛後，暫被圍逼，固守之勳，比之未重，乃立得州，[3]即授開國。[4]天下之事，其流一也，功同賞異，不平謂何！又驃騎李崇北征之日，[5]啓募八州之人，聽用關西之格。[6]及臣在後，依此科賞。復言北道征者，不得同於關西。定襄陵廟之至重，[7]平城守國之要鎮，[8]若計此而論功，亦何負於秦楚？但以嫉臣之故，便欲望風排抑。

[1]元摽：中華本作“元標”。按：未詳孰是。　據乎：中華本校勘記云：“《魏書》‘乎’作‘于’。按疑並是‘守’之訛。”盛樂：城名。又稱成樂，在今内蒙古和林格爾縣盛樂鎮土城子。

[2]下邳：城名。在今江蘇睢寧縣西北。

[3]乃立得州：底本作“乃得立州”，中華本校勘記云：“諸本‘立得’誤倒，據《魏書》乙。”今從改。

[4]開國：晋以後在五等封爵前所加的稱號。

[5]驃騎：官名。即驃騎將軍。爲重號將軍，位在各名號將軍之上，僅次於驃騎大將軍。多爲軍府名或作爲大臣的加官。孝文帝太和二十三年定爲二品。

[6]格：條例，制度。

[7]定襄：郡名。西漢時治成樂城，在今内蒙古和林格爾縣盛樂鎮土城子古城。拓跋部遷都於此，遂改成樂爲盛樂（參馬長壽《烏桓與鮮卑》，上海人民出版社 1962 年版，第 244 頁；陳永志、李强、劉剛《和林格爾縣土城子古城考古發掘主要收獲》，《内蒙古文物考古》2006 年第 1 期）。

[8]平城：在今山西大同市東北。

然其當途以來，何直退勳而已，但是隨臣征者，即便爲所嫉。統軍袁叔和曾經省訴，[1]徽初言有理，又聞北征隸臣爲統，應時變色。復令臣兄子仲顯異端訟臣，緝緝偏偏，[2]謀相誹謗。言臣惡者，接以恩顔；稱臣善者，即被嫌責。甄琛曾理臣屈，[3]乃視之若仇讎；徐紇頗言臣短，[4]即待之如親戚。又驃騎長史祖瑩，[5]昔在軍中，妄增首級，矯亂戎行，蠹害軍府，獲罪有司，避命山澤，直以謗臣之故，徽乃還雪其罪。臣府司馬劉敬，比送降人，既到定州，翻然背叛，賊如決河，豈其能擁，且以臣府參僚，不免身首異處。徽既怒遷，捨其元惡，及胥徒。[6]從臣行者，莫不悚懼。頃恒州之人，乞臣爲刺史，徽乃斐然言不可測。及降户結謀，臣頻表啓，徽乃因執言此事。及向定州，遠彼奸惡，又復論臣將有異志。翻覆如此，欲相陷没。致令國朝，遽賜遷代。賊起之由，誰使然也？

[1]統軍：官名。北魏時爲統兵武官，位在都將（鎮將）、别將之下，軍主之上。

[2]偏偏：毛本、殿本、四庫本、局本、四部備要本、中華本作“翩翩”。按：依文意，形容交頭接耳，當從諸本。

[3]甄琛：人名。字思伯，中山毋極（今河北無極縣）人。北魏官吏。見《北史》卷四〇《甄琛傳》。

[4]徐紇：人名。字武伯，樂安博昌（今山東博興縣東南）人。北魏官吏。見《北史》卷九二《徐紇傳》。

[5]驃騎長史：官名。驃騎將軍府屬官，負責處理政務。北魏

孝文帝太和二十三年定爲四品。 祖瑩：人名。字元珍，范陽遒（今河北淶水縣北）人。北魏、東魏官吏。見《北史》卷四七《祖瑩傳》。

[6]及胥徒：中華本校勘記云："《魏書》'及'上注'闕'。"胥徒，本爲服徭役者。後泛指官府衙役。

徽既優幸，任隆一世，慕勢之徒，於臣何有！是故餘人攝選，車馬填門；及臣居邊，賓游罕至。臣近比爲慮其爲梗，是以孜孜乞赴京闕。屬流人舉斧，元戎垂翅，復從後命，自安無所，僶俛先驅，[1]不敢辭事。及臣出都，行塵未滅，已聞在後，復生異議。言臣將兒自隨，證爲可疑之兆。忽稱此以構亂。悠悠之人，復傳音響，言左軍臣融、右軍臣衍皆受密敕，伺察臣事。徽既用心如此，臣將何以自安？竊以天步未夷，國難猶梗，方伯之任，於斯爲急。徽昔臨藩，乃有人譽，及居端右，無聞焉爾。今求出之爲州，使得申其利用。徽若外從所長，臣無内慮之切。[2]脱蒙。[3]公私幸甚。

[1]僶（mǐn）俛（miǎn）：勤勉，努力。

[2]内慮之切：毛本、殿本、四庫本、局本、四部備要本作"内慮之功"。按：依文意，當從底本。

[3]脱蒙：中華本校勘記云："《魏書》下注'闕'字，當有脱文。"

深以兵士頻經退散，人無鬬情，連營轉栅，日行十里。行達交津，[1]隔水而陣。賊脩禮常與葛榮謀，後稍信朔州人毛普賢，[2]榮常銜之。普賢昔爲深統軍，及在交津，深傳人諭之，[3]普賢乃有降意。又使録事參軍元晏説賊程殺鬼。果相猜貳。葛榮遂殺普賢、脩禮而自立。榮以新得大衆，上下未安，[4]遂北度瀛州，深便率衆北轉。榮東攻章武王融，融戰敗於白牛邏。[5]深遂退走，趣定州。聞刺史楊津疑其有異志，乃止於州南佛寺。停二日夜，[6]乃召都督毛謚等六七人，[7]臂肩爲約，危難之際，期相拯恤。謚疑深意異，乃密告津，云深謀不軌。津遣謚討深，深走出，謚叫譟追躡。深與左右行至博陵郡界，[8]逢賊游騎，乃引詣葛榮。[9]賊徒見深，頗有喜者。榮新自立，内惡之，乃害深。莊帝追復王爵，贈司徒公，謚曰忠武。

[1]交津：渡口名。在今河北磁縣西清漳河與漳河合流處。

[2]毛普賢：人名。朔州（今山西朔州市）人。北魏末葛榮起義軍將領。初仕北魏，任統軍。後參加河北起義軍，死於内訌。

[3]傳人：宋本作“使人”。按：文意均通，未詳孰是。

[4]未安：宋本作“未定”。按：文意均通，未詳孰是。

[5]融戰敗於白牛邏：底本作“戰敗於白牛還”。中華本校勘記云：“諸本脱‘融’字，‘邏’字作‘還’。《通志》有‘融’字，‘還’作‘邏’。按《魏書》卷九《肅宗紀》孝昌二年九月：‘葛榮敗都督廣陽王淵、章武王融於博野白牛邏，融没於陣。’（本書卷四《孝明紀》同。）《通志》是，今據補。”今從改。

[6]二日：源氏校勘記云：“《魏書》作‘三日’。”按：未詳孰是。

[7]毛謚：人名。四庫本作“毛謐”。

[8]博陵：郡名。北魏時治安平縣，在今河北安平縣。

[9]乃：底本作“仍”，中華本作“乃”。按：依文意，從中華本改。

子湛，字士深，[1]少有風尚。孝莊初，襲封。孝静初，累遷冀州刺史。所在聚斂，風政不立。入爲侍中，後行司州牧。時齊神武作相，[2]以湛頗有器望，啓超拜太尉公。薨，贈假黄鉞、大司馬、尚書令，謚曰文獻。初，湛名位漸重，留連聲色，始以婢紫光遺尚書郎中宋遊道，[3]後乃私耽，出爲冀州，竊而攜去。遊道大致紛紜，乃云紫光湛父所寵，湛母遺己。將致公文，久乃停息。論者兩非之。

[1]士深：底本作“士淵”，中華本校勘記云：“諸本‘深’訛作‘淵’，據《元湛墓誌》改。此後人回改致誤。”今從改。

[2]齊神武：即高歡。其子高洋代東魏建立北齊後，追尊爲神武帝，廟號高祖。

[3]遺：底本作“遣”，中華本作“遺”。按：依文意，從中華本改。　尚書郎中：官名。掌收發文書奏章庶務，可直接向皇帝奏報本職政務。　宋遊道：人名。燉煌（今甘肅敦煌市）人。東魏、北齊官吏。見《北史》卷三四《宋繇附宋遊道傳》。

湛弟瑾，尚書祠部郎。[1]後謀殺齊文襄，事泄，合門伏法。

[1]尚書祠部郎：官名。亦稱祠部郎。爲祠部曹主官，掌祭祀禮儀。北魏孝文帝太和二十三年定爲六品。

湛子法輪，紫光所生也。齊王矜湛覆滅，乃啓原之，復其爵土。

南安王余，真君三年，封吴王，後改封南安王。太武暴崩，中常侍宗愛矯皇太后令迎立之，然後發喪。大赦，改年爲永平。[1]余自以非次而立，厚遺群下，取悦於衆。爲長夜之飲，聲樂不絶。旬月之間，帑藏空罄。尤好弋獵，出入無度。邊方告難，余不恤之，百姓憤惋，而余晏如也。宗愛權恣日甚，内外憚之。余疑愛變，謀奪其權，愛因余祭廟，夜殺余。文成葬以王禮，[2]謚曰隱。

[1]永平：應爲“承平”，南安王余的年號（452）。

[2]文成：元大德本作“文盛”。按：元大德本誤，從底本。

論曰：梟獍爲物，[1]天實生之。觀夫元紹所懷，蓋亦特鍾沴氣。[2]陽平以降，[3]並多夭促，英才武略，未顯高年。靖、簡二王，爲時稱首。鑒既有聲，渾亦見器。霄、繼荷遇太和之日，名位豈妄及哉！乂階緣寵私，[4]遂亂天下，殺身全祀，固爲幸焉。

[1]梟獍爲物：底本作“梟鏡爲物”，源氏校勘記改“鏡”作“獍”。按：梟獍，舊説梟爲惡鳥，生而食母；獍爲惡獸，生而食父。比喻忘恩負義之徒或狠毒的人。今從改。

[2]沴（lì）氣：災害不祥之氣。

[3]陽平：底本作“平陽”，中華本校勘記云：“諸本‘陽平’誤倒，據《魏書》卷一六史臣論乙。‘陽平’指陽平王熙。”今

從改。

［4］叉：元大德本、毛本、殿本、四庫本、局本、四部備要本作“叉”。按：諸本誤，從底本。

欒平、欒安俱以將領自效，竟以憂迫而逝，驗克終之爲鮮。莊王才力智謀，一時之傑，與夫建寧、新興，不同日也。

太武之子，秦、晋才賢。而翰之遇酷，倚伏豈可量矣。臨淮之後，或爲盛德。廣陽之世，嘉實爲美。深之惡於元徽，[1]所謂盜憎之義。余之見殺，不其晚歟！

［1］深之惡於元徽：底本“之”字後空一字，中華本校勘記云：“按疑是闕‘見’字。”

北史　卷一七

列傳第五

景穆十二王上

景穆皇帝十四男：[1]恭皇后生文成皇帝。[2]袁椒房生陽平幽王新成。[3]尉椒房生京兆康王子推、濟陰王小新成。[4]陽椒房生汝陰靈王天賜。[5]樂良厲王萬壽、廣平殤王洛侯母並闕。[6]孟椒房生任城康王雲。[7]劉椒房生南安惠王楨、城陽康王長壽。[8]慕容椒房生章武敬王太洛。[9]尉椒房生樂陵康王胡兒。[10]孟椒房生安定靖王休。[11]趙王深早薨，無傳，母闕。魏舊太子後庭未有位號，文成即位，景穆宮人有子者，並號爲椒房。

[1]景穆皇帝：即拓跋晃。景穆爲其謚號，北魏文成帝所追謚。

[2]恭皇后：即北魏景穆皇后郁久閭氏。恭爲其謚號。　文成皇帝：即北魏皇帝拓跋濬。文成爲其謚號。

[3]椒房：妃嬪名。北魏太武帝拓跋燾時置，地位在貴人之下。　陽平幽王：陽平王，封爵名。陽平，郡名。北魏時治館陶縣，在

今河北館陶縣。幽，謚號。

[4]京兆康王：京兆王，封爵名。京兆，郡名。北魏時治霸城縣，在今陝西西安市東北。康，謚號。　濟陰王：封爵名。濟陰，郡名。西漢時治定陶，北魏時治左城，在今山東曹縣西北。

[5]陽椒房生汝陰靈王天賜：毛本、局本"天"訛作"大"。汝陰王，封爵名。汝陰，郡名。北魏時治社亭城，在今安徽潁上縣南。靈，謚號。

[6]樂良厲王：樂良王，封爵名。樂良，郡名。北魏時治連城縣，在今遼寧義縣。厲，謚號。　廣平殤王：廣平王，封爵名。廣平，郡名。北魏時治曲梁城，在今河北永年縣東南。殤，謚號。

[7]任城康王：任城王，封爵名。任城，郡名。北魏時治任城縣，在今山東濟寧市。康，謚號。

[8]南安惠王：南安王，封爵名。南安，郡名。北魏時治桓道縣，在今甘肅隴西縣東南。惠，謚號。　城陽康王：城陽王，封爵名。城陽，郡名。北魏時治所不詳，當在今河南境内。康，謚號。

[9]章武敬王：章武王，封爵名。章武，郡名。北魏時治平舒縣，在今河北大城縣。敬，謚號。

[10]樂陵康王：樂陵王，封爵名。樂陵，郡名。北魏時治樂陵縣，在今山東樂陵市。康，謚號。　胡兒：底本、宋本、元大德本作"胡仁"。《魏書》卷一九上《景穆十二王傳上》作"胡兒"。今從《魏書》改。

[11]安定靖王：安定王，封爵名。安定，郡名。北魏時治安定縣，在今甘肅涇川縣北。靖，謚號。

陽平王新成，太安三年封，[1]後爲内都大官。[2]薨，謚曰幽。

[1]太安：北魏文成帝的年號（455—459）。

[2]内都大官：官名。即内都坐大官，簡稱内都。北魏前期設，掌畿内析獄及監評官吏。與外都大官、中都大官合稱三都大官。多由宗室諸王、外戚及重臣擔任，祭吊時位在三公及尚書令上（參周兆望《北魏“三都大官”若干問題考辨》，《文史哲》2002 年第 1 期）。

長子安壽襲爵，孝文後賜名頤。累遷懷朔鎮大將。[1]都督三道諸軍事北討，詔徵赴京，勗以戰伐之事。[2]對曰："當仰杖廟算，[3]使呼韓同渭橋之禮。"[4]帝歎曰："壯哉王言，朕所望也。"未發，遭母憂，詔遣侍臣以金革敦喻，[5]既殯而發。與陸叡集三道諸將議軍途所詣。[6]於是中道出黑山，[7]東道趣士盧河，[8]西道向侯延河。[9]軍過大磧，[10]大破蠕蠕。[11]頤入朝，詔曰："王之前言，果不虚也。"後除朔州刺史。[12]及恒州刺史穆泰謀反，[13]遣使推頤爲主，頤密以狀聞，泰等伏誅，帝甚嘉之。宣武景明元年，[14]薨于青州刺史，[15]謚曰莊王。傳國至孫宗胤，明帝時，[16]坐殺叔父賜死，爵除。

[1]懷朔：軍鎮名。北魏六鎮之一，在今内蒙古固陽縣百靈淖城圐圙古城。　鎮大將：官名。北魏時在邊緣之地設置鎮大將，統兵作戰，與刺史品秩等同。城隍、倉庫等皆由鎮將管理，但不治理地方。

[2]勗（xù）：勉勵。

[3]廟算：朝廷制定的克敵謀略。

[4]呼韓：人名。即匈奴呼韓邪單于。漢宣帝時歸附漢朝。見《漢書》卷九四上《匈奴傳上》。　渭橋之禮：謂朝拜漢室。因渭橋在漢宫之前，是朝拜皇帝的必經之所。渭橋，橋名。又作“中渭

橋”“横門橋”“秦横橋”等。在今陝西咸陽市東北秦咸陽城南渭河上。

[5]金革：兵器和盔甲。此處代指戰事。

[6]陸叡：人名。字思弼，代（今山西大同市東北）人。北魏大臣。孝文帝太和末，以謀反被誅。見《北史》卷二八《陸俟附陸叡傳》。

[7]黑山：又作“殺胡山”。在今内蒙古四子王旗。

[8]趣：通“趨”。奔赴。　士盧河：約位於今内蒙古二連浩特市一帶。

[9]俟延河：約位於今内蒙古烏拉特中旗一帶。

[10]大磧：指大漠。即今内蒙古烏拉特前旗西南的庫布齊沙漠。

[11]蠕蠕：族名。亦稱柔然，本爲東胡的一支，屬拓跋部。南北朝時始强大，活動於今蒙古國南部地區。以游牧爲生。見《北史》卷九八《蠕蠕傳》。

[12]朔州：北魏時治盛樂縣，在今内蒙古和林格爾縣西北。

[13]恒州：北魏孝文帝太和十七年（493）以司州改名，治平城，在今山西大同市東北。　穆泰：人名。本名石洛，孝文帝賜名泰，鮮卑族。北魏大臣。見《北史》卷二〇《穆崇附穆泰傳》。

[14]宣武景明元年：底本、宋本、元大德本、殿本、四庫本、四部備要本脱“元”字，毛本、局本“元”作“六”。中華本校勘記云：“百納、北、殿三本脱‘元’字，南、汲二本作‘六’，《魏書》卷一九上（補）殿本作‘元’。按本書卷四《宣武紀》繫於景明元年十一月。《魏書》是，今從之。”今從改。宣武，即北魏皇帝元恪。宣武爲其謚號。景明，北魏宣武帝的年號（500—503）。

[15]青州：北魏時治東陽城，在今山東青州市。

[16]明帝：即北魏孝明帝元詡。明爲其謚號。

頤弟衍，字安樂，賜爵廣陵侯，[1]位梁州刺史。[2]表請假王，[3]以崇威重。詔曰："可謂無厭求也，所請不合。"轉徐州刺史。[4]至州病重，帝敕徐成伯乘傳療疾。[5]差，[6]成伯還。帝曰："卿定名醫。"賚絹三千疋。成伯辭，請受一千。帝曰："《詩》云：'人之云亡，邦國殄瘁。'[7]以是而言，豈惟三千疋乎？"其爲帝所重如此。後所生母雷氏卒，表請解州。[8]詔曰："先君餘尊之所厭，[9]《禮》之明文。季末陵遲，[10]斯典或廢。侯既親王之子，宜從餘尊之義，便可大功。"[11]後卒于雍州刺史，[12]謚曰康侯。衍性清慎，所在廉潔，又不營産業，歷牧四州，皆有稱績，亡日無斂尸具。

[1]廣陵侯：封爵名。遥封。廣陵，郡名。南朝宋時治廣陵縣，在今江蘇揚州市西北。

[2]梁州：北魏時治南鄭縣，在今陝西漢中市。

[3]假：官制用語。原是代理、兼攝之意。北魏孝文帝時假官成爲制度，但僅爲虚職，無代理攝職之意。

[4]徐州：北魏時治彭城縣，在今江蘇徐州市。

[5]傳：指驛站車馬。

[6]差：通"瘥"。病愈。

[7]人之云亡邦國殄（tiǎn）瘁（cuì）：語出《詩·大雅·瞻卬》。邦國殄瘁，形容國家困頓，陷於絶境。

[8]解（xiè）：離職。

[9]厭（yàn）：指厭冠，古代的一種喪冠。

[10]季末：底本、宋本、元大德本作"季宋"，餘本作"季末"。按："季末"意爲末世，"季宋"不可解。今從改。　陵遲：衰落。

［11］大功：喪服名。五服之一，服期九個月。其服用熟麻布製成。

［12］雍州：北魏時治長安縣，在今陝西西安市西北。

子暢，字叔暢，從孝武帝入關，[1]拜鴻臚，[2]封博陵王。[3]大統三年東討，[4]没于陣。

［1］孝武：即北魏皇帝元脩。孝武爲其謚號。　關：即潼關。在今陝西潼關縣東北黄河南岸。

［2］鴻臚：官名。即大鴻臚卿，亦稱鴻臚寺卿。掌管接待少數民族賓客、朝會以及吉凶禮儀等。北魏孝文帝太和十七年定爲二品上，二十三年定爲三品。

［3］博陵：郡名。北魏時治安平縣，在今河北安平縣。

［4］大統：西魏文帝的年號（535—551）。

子敏，嗜酒多費，家爲之貧。其婿柱國乙弗貴、大將軍大利稽祐家貲皆千萬，[1]每營給之。敏隨即散盡，而帝不之責。貴、祐後遂絶之。位儀同三司，[2]改封南武縣公。[3]

［1］柱國：官名。北魏初，一度爲功臣元勳之加官。北魏末孝莊帝時復設此官，爲國之執政。西魏時爲最高軍事長官。北周因之，爲勳官第二等。正九命。　乙弗貴：人名。原名趙貴，字元寶，天水南安（今甘肅天水市）人。北魏末將領。因軍功，賜姓乙弗氏。後參與謀殺宇文護，事敗被殺。見《北史》卷五九《趙貴傳》。　大將軍：官名。北魏、北齊時與大司馬並稱“二大”，共典軍政，常由權臣兼任。一品。　大利稽祐：人名。即蔡祐，賜姓大利稽氏。字承先，陳留圉（今河南商城縣東）人。北魏末官吏。

見《北史》卷六五《蔡祐傳》。

[2]儀同三司：東漢初臨時設置，謂官非三公而儀制待遇同於三公。魏晉時期，授予開府位從三公之文武官。南北朝時授予範圍不斷擴大，逐漸成爲官號。北魏孝文帝太和十七年定爲一品下，二十三年定爲從一品，位開府上。北齊時爲二品，位三公下。

[3]南武縣公：封爵名。南武，縣名。治所在今山東費縣西南。

暢弟融，字叔融，貌甚短陋，驍武過人。莊帝謀殺尒朱榮，[1]以融爲直閤將軍。[2]及尒朱兆入洛，[3]融逃人間。[4]後從孝武入關，封魏興王，[5]位侍郎、殿中尚書。[6]

[1]莊帝：即北魏皇帝元子攸。莊爲其謚號。　尒朱榮：人名。北秀容（今山西朔州市）人，契胡族。北魏大臣。見《北史》卷四八《尒朱榮傳》。

[2]直閤將軍：官名。爲皇帝左右侍衛之官，地位顯要。北魏時多以宗室任此職。孝文帝太和十七年定爲從三品中（參張金龍《北魏後期的直閤將軍與"直衛"諸職》，《文史哲》1999年第1期）。

[3]尒朱兆：人名。字萬仁，北秀容（今山西朔州市）人，契胡族。北魏將領。見《北史》卷四八《尒朱榮附尒朱兆傳》。　洛：城名。在今河南洛陽市東北。

[4]人間：即民間。《北史》避唐太宗李世民諱改"民"爲"人"。

[5]魏興王：封爵名。魏興，郡名。西魏時治吉安縣，在今陝西安康市西北漢水北岸。

[6]侍郎：官名。尚書臺（省）郎曹長官。初入臺稱郎（郎中），任職滿三年（一説滿一年）者始得此稱。亦統稱爲尚書郎。

魏晋南北朝時資深尚書郎可轉侍郎。　殿中尚書：官名。北魏時領宮中兵馬，典宮禁宿衛及倉庫，或説領殿中、直事、三公、駕部四郎曹。孝文帝太和十七年定爲二品中，二十三年定爲三品。北齊沿置，爲尚書省六曹尚書之一。管理宮殿禁衛、禮制、宮廷車馬及倉庫等事，領殿中、儀曹、三公、駕部四郎曹。三品（參張金龍《北魏前期禁衛武官制度考論——以史籍記載爲中心》，《歷史研究》2003 年第 3 期）。

衍弟欽，字思若，位中書監、尚書右僕射、儀同三司。[1]欽色尤黑，故時人號爲黑面僕射。欽淫從兄麗妻崔氏，爲御史中尉封回劾奏，[2]遇赦免。尋除司州牧。[3]欽少好學，早有令譽。時人語曰："皇宗略略，[4]壽安、思若。"及晚年貴重，不能有所匡益，論者輕之。欽曾託青州人高僧壽爲子求師，師至，未幾逃去。欽以讓僧壽。僧壽性滑稽，反謂欽曰："凡人絶粒七日乃死，始經五朝，便爾逃遁，去食就信，[5]實有所闕。"欽乃大慚，于是待客稍厚。後除司空公，[6]封鉅平縣公。[7]于河陰遇害，[8]贈假黄鉞、太師、太尉公。[9]

[1]尚書右僕射：官名。掌都省庶務及執法，或典選舉。北魏孝文帝太和十七年定爲從一品中，二十三年定爲從二品。

[2]御史中尉：官名。北魏時爲御史中丞改稱。主御史臺，糾彈百官，參治刑獄。頗重其選。孝文帝太和十七年定爲三品上，二十三年定爲從三品。　封回：人名。字叔念，勃海蓨（今河北景縣）人。北魏官吏。見《北史》卷二四《封懿附封回傳》。

[3]司州牧：官名。北魏京畿行政長官，治洛陽縣。孝文帝太和二十三年由司州刺史改名。從二品。司州，北魏孝文帝太和十七

年改洛州爲司州，治洛陽縣，在今河南洛陽市東北。

[4]略略：氣宇軒昂。

[5]去食就信：捨去飲食而取信義。

[6]司空公：官名。司空的尊稱。北魏時爲名譽宰相，多爲大臣加官。一品。

[7]鉅平縣公：封爵名。鉅平，縣名。治所在今山東泰安市南。

[8]河陰：縣名。治所在今河南孟津縣東。孝明帝武泰元年(528) 北魏權臣尒朱榮策劃並實施的一起針對皇族和百官公卿的屠殺事件，史稱河陰之難。

[9]假黃鉞：官制用語。黃鉞即飾以黃金的鉞，本用於皇帝儀仗。後特賜予出征的重臣，以示威重，令其專主征伐。所加者多爲最高軍事長官。　太師：官名。爲輔弼君王的重要大臣。三師之一，位在太傅、太保之上。一品。　太尉公：官名。太尉的尊稱。北魏時爲名譽宰相，多爲大臣加官。一品。

子子孝，字季業，早有令譽。年八歲，司徒崔光見而異之，[1]曰："後生領袖，必此人也。"孝武帝入關，不及從駕。後赴長安，封義陽王。[2]子孝美容儀，善笑謔，好酒愛士，縉紳歸之，賓客常滿，終日無倦。性又寬慈，敦穆親族。乃置學館于私第，集群從子弟，晝夜講讀。并給衣食，與諸子同。後歷尚書令、柱國大將軍。[3]子孝以國運漸移，深自貶晦，日夜縱酒。後例降爲公，復姓拓拔氏。未幾，卒。子贇襲。

[1]司徒：官名。北魏時三公之一，分掌丞相職能，多爲大臣加官。孝文帝太和二十三年定爲一品。　崔光：人名。本名孝伯，字長仁，東清河鄃（今山東淄博市）人。北魏大臣。見《北史》

卷四四《崔光傳》。

[2]義陽王：封爵名。義陽，郡名。北魏時治平陽縣，在今河南信陽市西北。

[3]尚書令：官名。總掌全國行政。如設有録尚書事，則尚書令職權往往在其下。品秩不一，雖位多低於三公，但多數情況下爲實際上的丞相。　柱國大將軍：官名。位在丞相之上，授予權臣。

京兆王子推，太安五年封，位侍中、征南大將軍、長安鎮大將。[1]子推性沈雅，善于綏接，[2]秦、雍之人服其威惠。[3]入爲中都大官，[4]察獄有稱。獻文將禪位于子推，以大臣固諫，乃傳孝文。孝文即位，拜侍中、本將軍、開府儀同三司、青州刺史。[5]未至，道薨。

[1]侍中：官名。北朝常總典機密，受遺詔輔政，權任尤重，時號“小宰相”。北魏孝文帝太和十七年定爲從一品中，二十三年定爲三品。　征南大將軍：官名。爲將軍名號，多授予統兵出鎮在外、都督數州諸軍事者。在武職中地位很高，位四征將軍之上。北魏孝文帝太和十七年定爲一品下，二十三年定爲二品。　長安鎮大將：《魏書》卷一九上《京兆王子推傳》作“長安鎮都大將”。按：未詳孰是。長安鎮，鎮名。在今陝西西北渭水南岸。

[2]綏接：安撫接待。

[3]秦：州名。北魏時治上封城，在今甘肅天水市。

[4]中都大官：官名。即中都坐大官。北魏時置。掌刑獄、主司品官，多由宗室諸王、外戚及重臣擔任。祭吊時位在三公及尚書令上。與内都坐大官、外都坐大官合稱三都大官（參周兆望《北魏“三都大官”若干問題考辨》）。

[5]拜侍中本將軍開府儀同三司青州刺史：毛本、殿本、四庫本、局本、四部備要本“本將軍”訛作“大將軍”。開府儀同三

司，爲大臣加號，謂與三司即太尉、司徒、司空的禮制待遇相同，許開設府署，自辟僚屬。北魏孝文帝太和二十三年定爲從一品。

子太興襲，拜長安鎮大將。以黷貨削除官爵。[1]後除秘書監，[2]還復前爵，改封西河。[3]轉守衛尉卿。[4]初，太興遇患，請諸沙門行道，[5]所有資財，一時布施，乞求病愈，名曰散生齋。[6]及齋後，僧皆四散，有一沙門方云乞齋餘食。太興戲之曰："齋食既盡，唯有酒肉。"沙門曰："亦能食之。"因出酒一斗，羊脚一隻。食盡，猶言不飽。及辭出後，酒肉俱在。出門追之，無所見。太興遂佛前乞願："向者之師，當非俗人。若此病得差，即捨王爵入道。"未幾便愈，遂請爲沙門。表十餘上，乃見許。時孝文南討在軍，詔皇太子于四月八日爲之下髮，施帛二千疋。既爲沙門，名僧懿，居嵩山。太和二十二年終。[7]

[1]黷貨：貪污。

[2]秘書監：官名。南北朝時爲秘書省長官，掌圖書經籍之事，領著作省。北魏孝文帝太和十七年定爲從二品中，二十三年改爲三品。

[3]西河：縣名。治所在今山西汾水縣西。

[4]衛尉卿：官名。掌宫門禁衛、武器庫藏等。北魏孝文帝太和二十三年定爲三品。

[5]沙門：佛教僧侣。

[6]散生齋：指通過布施而求得病愈。

[7]太和：北魏孝文帝的年號（477—499）。

子昻，字伯暉，襲，薨。

昻子悰，字魏慶，襲。孝静時，[1]累遷太尉、録尚書事、司州牧、青州刺史。[2]薨于州，贈假黄鉞、太傅、司徒公，[3]謚曰文。悰寬和有度量，美容貌，風望儼然，[4]得喪之間，不見于色。性清儉，不營産業，身死之日，家無餘財。

[1]孝静：即東魏皇帝元善見。孝静爲其謚號。

[2]太尉：官名。多爲大臣加官，無實際職掌。一品。　録尚書事：官名。北魏時爲尚書省長官，總領尚書省政務，尚書令、僕射爲其副貳，職權甚重。多以公卿權重者居之。

[3]太傅：官名。北魏時爲三公之一。一品。

[4]風望：風度儀容。　儼然：威嚴。

昻弟仲景，性嚴峭。孝莊時，兼御史中尉，京師肅然。每向臺，[1]恒駕赤牛，時人號“赤牛中尉”。太昌初，[2]爲河南尹，[3]奉法無私。時吏部尚書樊子鵠部下縱横，[4]又爲盗竊。仲景密加收捕，悉獲之，咸即行决。于是豪貴寒心。孝武帝將入關，授仲景中軍大都督，[5]留京師。齊神武欲至洛陽，[6]仲景遂棄妻子，追駕至長安，仍除尚書右僕射，封順陽王。[7]

[1]臺：即御史臺。國家最高監察機構。北魏時其長官爲御史中尉，權威甚重。

[2]太昌：北魏孝武帝的年號（532）。

[3]河南尹：官名。東漢時始置，掌京都洛陽地區行政，地位高於一般郡守。以洛陽爲京都的朝代大多因襲不改。北魏孝文帝太

和十七年遷都洛陽，置河南郡，設爲長官。二十三年定爲三品。

[4]吏部尚書：官名。位居列曹尚書之上。主管官吏銓選、考課、奬懲，其實權甚或過於尚書僕射。然重要官職的任免須與諸執政大臣合議，由皇帝、宰相裁定，亦常命尚書僕射領吏部事務，或任命大臣參掌選事以分其權任。北魏孝文帝太和十七年定爲二品下，二十三年定爲三品。　樊子鵠：人名。代郡平城（今山西大同市）人。北魏官吏。見《北史》卷四九《樊子鵠傳》。

[5]中軍大都督：官名。北魏末置。統率中軍，權任很重，地位很高。

[6]齊神武：即高歡。神武爲其謚號，北齊後主所追謚。

[7]順陽王：封爵名。順陽，郡名。北魏時治南鄉縣，在今河南淅川縣西南。

仲景既失妻子，乃娶故尒朱天光妻也列氏。[1]本倡女，有美色，仲景甚重之。經數年，前妻叔袁紇氏自洛陽間行至。也列遂徙居異宅。久之，有姦。事露，詔仲景殺之。仲景寵情愈至，謬殺一婢，[2]蒙其屍而厚葬以代焉。列徙于密處，人莫知其詐。仲景三子濟、鍾、奉，叔袁紇氏生也，皆以宗室，早歷清官。[3]仲景以列尚在，恐妻子漏之，乃謀殺袁紇。紇先覺，復欲陰害列。列謂從奴曰："若袁紇殺我，必投我厠中；我告丞相，冀或不死。若不理首愬，[4]猶埋我好地，爾爲我告之。"奴遂告周文帝。[5]周文依奏，詔笞仲景一百，免右僕射，以王歸第。也列以自告而逐之。仲景猶私不已。又有告者，詔重笞一百，付宗正，[6]官爵盡除。仲景仍通焉。後周文帝以其歷任有令名，[7]且杖策追駕，乃奏復官爵。也列、袁紇于是同居。大統五年，除幽州刺史。[8]仲景多内亂，後就州賜死。

[1]尒朱天光：人名。北秀容（今山西朔州市）人，契胡族。北魏官吏。見《北史》卷四八《尒朱榮附尒朱天光傳》。

[2]謬：詐僞。

[3]清官：魏晋南北朝時，士大夫以門閥自居，高門與寒素有天壤之别，故官品分爲清濁二途。以位顯職閑爲清官，位卑職繁爲濁官。

[4]首愆（qiān）：首先犯過失的人的罪過。

[5]周文帝：即宇文泰。文爲其謚號，北周孝閔帝宇文覺所追謚。

[6]宗正：官名。掌君主宗師親族事務。正三命。

[7]令名：美好名聲。

[8]幽州：西魏時治薊縣，在今北京西南。

仲景弟暹，[1]字叔照。孝莊初，除南兖州刺史。[2]在州猛暴，多所殺害。元顥入洛，[3]暹據州不屈。莊帝還宫，封汝陽王，[4]累遷秦州刺史。先秦州城人屢爲反覆，暹盡誅之，存者十一二。普泰元年，[5]除凉州刺史，[6]貪暴無極。欲規府人及商胡富人財物，詐一臺符，[7]誑諸豪等，[8]云欲加賞。一時屠戮，所有資財生口，悉没自入。孝静時，位侍中、録尚書事。薨，贈太師、録尚書。子沖襲。無子，國絶。

[1]暹：底本、宋本、元大德本作"退"，毛本、殿本、四庫本、局本、四部備要本、中華本作"暹"。按：暹，日照之意，其字"叔照"。以意推，當爲"暹"字。今據《魏書》卷一九上《京

兆王子推附元暹傳》改。

[2]南兗州：北魏時治小黄縣，在今安徽亳州市。

[3]元顥：人名。字子明。北魏宗室、大臣。見《北史》卷一九《北海王詳附元顥傳》。

[4]汝陽王：封爵名。汝陽，郡名。北魏時治汝陽縣，在今河南商水縣西北。

[5]普泰：北魏節閔帝的年號（531—532）。

[6]凉州：北魏時治林中縣，在今甘肅武威市。

[7]臺符：朝廷文件。

[8]誑：底本作"誣"，《魏書》卷一九上作"誑"。中華本校勘記云："諸本'誑'訛作'誣'，據《魏書》改。"今從改。

太興弟遥，字太原，有器望。以左衛將軍從孝文南征，[1]賜爵饒陽男。[2]宣武初，遭所生母憂，表請解任。詔以餘尊所厭，不許。明帝初，累遷左光禄大夫，[3]仍領護軍。[4]

[1]左衛將軍：官名。爲禁衛軍主要統帥之一，權任很重，多由皇帝親信之人擔任。北魏孝文帝太和十七年定爲從二品下，二十三年定爲三品。

[2]饒陽男：封爵名。饒陽，縣名。治所在今河北饒陽縣東北。

[3]左光禄大夫：官名。作爲在朝顯職的加官，以示優待，或授予年老有病者爲致仕之官，亦常用作卒後贈官。北魏孝文帝太和十七年定爲從一品下，二十三年定爲二品。

[4]領：官制用語。即已有本職本官，又暫行他官他職，而不居其位，不任其官。北魏時多爲暫攝之意。　護軍：官名。統兵武職，職如將軍，而地位稍遜於同號將軍，常授資歷稍淺的統帥。

時冀州沙門法慶既爲祆幻，[1]遂説勃海人李歸伯。[2]歸伯合家從之，招率鄉人，推法慶爲主。法慶以歸伯爲十住菩薩、平魔軍司、定漢王；自號大乘。殺一人者爲一住菩薩，殺十人者爲十住菩薩。又合狂藥，令人服之，父子兄弟不相知識，唯以殺害爲事。[3]刺史蕭寶夤遣兼長史崔伯驎討之，[4]敗于煮棗城，[5]伯驎戰没。凶衆遂盛，所在屠滅寺舍，斬戮僧尼，焚燒經像，云："新佛出世，除去衆魔。"詔以遥爲使持節、都督北征諸軍事，討破之。[6]禽法慶，并其妻尼惠暉等。斬法慶，傳首京師。後禽歸伯，戮於都市。[7]

[1]冀州：北魏時治信都縣，在今河北冀州市。

[2]勃海：郡名。北魏時屬冀州，初治南皮縣，在今河北南皮縣東北，後移治東光縣，在今河北東光縣。　李歸伯：人名。從法慶爲亂，法慶失敗遇害後亦被殺。

[3]唯以殺害爲事：中華本校勘記云："《魏書》'事'下有'於是聚衆殺阜城令，破勃海郡，殺害吏人'十六字。《御覽》卷三二六引《北史》亦有。按《魏書》此卷本是以《北史》補，此十六字當是《北史》脱文。但不補可通，今仍之。"可從。

[4]蕭寶夤：人名。字智亮，南蘭陵（一説在今江蘇常州市，一説在今江蘇丹陽市）人。南朝齊宗室，後投北魏。見《北史》卷二九《蕭寶夤傳》。　長史：官名。掌顧問參謀。爲所在官署掾屬之長。　崔伯驎：人名。清河東武城（今山東武城縣西北）人。北魏官吏。見《魏書》卷二四《崔玄伯附崔伯驎傳》。

[5]煮棗城：在今河北棗强縣東南。

[6]詔以遥爲使持節都督北征諸軍事討破之：中華本校勘記云："《魏書》於'諸軍事'下有'帥步騎十萬以討之。法慶相率攻遥，

遥並擊破之。遥遣輔國將軍張虯等率騎追掩’三十二字，《御覽》引《北史》唯無‘率騎追掩’四字，餘同《魏書》。按此亦是《北史》脱文。”可從。使持節，漢代官吏奉使外出時，或由皇帝授予節杖，以提高其威權。魏晋以後，凡重要軍事長官出征或出鎮，加使持節，可誅殺二千石以下官員。皇帝派遣大臣出巡或參加祭吊等事務時，亦使持節，以表示權力和尊崇。

[7]斬法慶傳首京師後禽歸伯戮於都市：底本、宋本、毛本、殿本、四部備要本缺“後禽歸伯”，局本、中華本有。中華本校勘記云：“各本無‘後禽歸伯’四字，文義不通，南本從《魏書》挖補。按《御覽》引《北史》亦有此四字。今從南本。”今從改。

初，遥大功昆弟皆是景穆之孫，[1]至明帝而本服絶，[2]故除遥等屬籍。[3]遥表曰：

[1]大功昆弟：堂兄弟。以堂兄弟之服爲大功，故稱。昆弟，兄弟。

[2]本服：按禮制規定的本等喪服之親屬。

[3]屬籍：宗室譜籍。

竊聞聖人所以南面而聽天下，[1]其不可得變革者，[2]則親也尊也。四世而緦服窮，五世而袒免，六世而親屬竭矣。[3]去兹以往，猶繫之以姓而弗別，綴之以食而弗殊。[4]又律云議親者，[5]非唯當世之屬親，歷謂先帝之五世。謹尋斯旨，[6]將以廣帝宗，重盤石。先皇所以變兹事條，爲此別制者，太和之季，方有意于吴、蜀，[7]經始之費，[8]慮深在初，割减之起，[9]暫出當時也。且臨淮王提分屬籍之始，[10]高祖賜帛三千疋，[11]所以重分離；樂良王長命亦賜縑二千疋，所以存慈眷。此皆先朝殷勤克念，不得已而然者也。

[1]竊聞聖人所以南面而聽天下：元大德本缺“聖”字。南面，面向南。國君聽治之位居北而面向南，故稱人君爲南面。聽，治理。

[2]不可得：底本、元大德本、毛本作“不有得”，意不通。其餘諸本作“不可得”。

[3]四世而緦服窮五世而袒免六世而親屬竭矣：語出《禮記·大傳》。緦服，喪服名。五服之一。服期三個月，是五服中最輕者。袒免，喪服名。喪服中之輕者。喪禮露左臂曰袒，去冠括髮曰免。

[4]猶繫之以姓而弗别綴之以食而弗殊：語出《禮記·大傳》。綴，相繫。食，血食，受享祭品。

[5]議親：語出《周禮·秋官司寇》。《漢書·刑法志》顔師古注：“王之親族也。”

[6]尋：探究。

[7]吴蜀：此處借指南朝。

[8]經始：開始營建。

[9]割減：削減。

[10]臨淮王：封爵名。臨淮，郡名。北魏時治己吾縣，在今安徽懷遠縣西北。　提：即元提，人名。北魏宗室。見《北史》卷一六《臨淮王譚附元提傳》。

[11]高祖：即北魏孝文帝元宏。高祖爲其廟號。

古人有言，“百足之蟲，至死不僵”者，以其輔己者衆。臣誠不欲妄親太階，[1]苟求潤屋，[2]但傷大宗一分，則天子屬籍不過十數人而已。在漢諸王之子，不限多少，皆列土而封，謂之曰侯；至于魏、晋，莫不廣胙河山，[3]稱之曰公者：蓋惡其大宗之不固，[4]骨肉之恩疏矣。

[1]太階：宫殿、廟堂的臺階。
[2]潤屋：使居室華麗生輝。
[3]胙（zuò）：賜予；分封。
[4]惡：擔心。

臣去皇上雖是五世之遠，于先帝便是天子之孫。高祖所以國秩禄賦，復給衣食，后族唯給其賦，不與衣食者，欲以别外内，限異同也。今諸廟之感，在心未忘，行道之悲，[1]倏然已及。其諸封者，身亡之日，三年服終，然後改奪。[2]今朝廷猶在諒密之中，[3]便議此事，實用未安。

[1]行道：路人。
[2]改奪：更改。
[3]諒密：謂皇帝居喪期間。

詔付尚書博議以聞。尚書令任城王澄、尚書左僕射元暉奏同遥表，[1]靈太后不從。[2]卒，謚曰宣公。

[1]澄：即元澄，人名。字道鏡。北魏宗室。見《北史》卷一八《任城王雲附元澄傳》。　尚書左僕射：官名。左僕射居右僕射上。輔助尚書令執行政務，參議大政，諫諍得失，監察百官。北魏孝文帝太和二十三年定爲從二品。　元暉：人名。字景襲。北魏宗

室、大臣。見《北史》卷一五《常山王遵附元暉傳》。

[2]靈太后：即北魏宣武帝皇后胡氏。靈爲其謚號。

遥弟恒，字景安，粗涉書史。恒以《春秋》之義，爲名不以山川，表求改名芝。[1]歷位太常卿、中書監、侍中。[2]後于河陰遇害，贈太傅、司徒公，謚曰宣穆公。

[1]表求改名芝：中華本校勘記云："按《魏書》卷九《肅宗紀》孝昌二年六月、三年正月、卷一〇《孝莊紀》武泰元年四月、卷五八《楊椿傳》都見元恒芝，疑即此人，此處疑脱'恒'字。"可從。

[2]太常卿：官名。爲太常的尊稱。掌宗廟祭祀、禮樂、賓客、車輿、天文、學校、陵園等事。

濟陰王小新成，[1]和平二年封，[2]頗有武略。庫莫奚侵擾，[3]詔新成討之。新成乃多爲毒酒，賊逼，便棄營而去。賊至，競飲，遂簡輕騎縱擊，俘馘甚多。[4]後位外都大官。薨，贈大將軍，[5]謚曰惠公。[6]

[1]小新成：據其子《元鬱墓誌》載，其歷任使持節、征西大將軍、五軍鎮都大將、征東大將軍、都督冀相濟三州諸軍事、平原鎮都大將等職（參王連龍《新見北朝墓誌集釋》，中國書籍出版社 2015 年版，第 1—10 頁）。

[2]和平：北魏文成帝的年號（460—465）。

[3]庫莫奚：族名。分布在饒樂水（今西拉木倫河）流域。東接契丹，西至突厥，南拒白狼河，北鄰霫。初臣屬於突厥，後稍强盛，分爲辱紇主（一作"辱紇王"）、莫賀弗、契個、木昆、室得

等五部。習俗與突厥相似，以游牧爲主，兼以射獵。

[4]馘（guó）：戰爭中割取敵人的左耳以計數獻功。

[5]大將軍：官名。北魏時統兵事，或兼掌朝政，與大司馬共稱“二大”，位尊權重。孝文帝太和二十三年定爲一品。

[6]謚曰惠公：中華本校勘記云：“張森楷云：‘“公”當是“王”之誤。’”可從。

子鬱，[1]字伏生，襲。位開府，[2]爲徐州刺史。以黷貨賜死，國除。

[1]鬱：即元鬱，人名。據其墓誌，“元王諱鬱，字伏生，河南洛陽綏武里人也”。歷任使持節、征北都大將、沃野鎮都大將、懷朔鎮都大將、徐州諸軍事、開府、徐州刺史等職（參王連龍《新見北朝墓誌集釋》，第1—10頁）。

[2]開府：即“開府儀同三司”的省稱。

長子弼，字邕明，[1]剛正有文學，位中散大夫。[2]以世嫡，應襲先爵。爲季父尚書僕射麗因于氏親寵，遂奪弼王爵，横授同母兄子誕。[3]于是弼絶棄人事，託疾還私第。宣武徵爲侍中，弼上表固讓。入嵩山，以穴爲室，布衣蔬食。卒。建義元年，[4]子暉業訴復王爵。[5]永安三年，[6]追贈尚書令、司徒公，謚曰“文獻”。初，弼嘗夢人謂之曰：“君身不得傳世封，其紹先爵者，君長子紹遠也。”弼覺，即語暉業，[7]終如其言。

[1]字邕明：源氏校勘記云：“‘邕明’《北齊》作‘輔宗’。”

[2]中散大夫：官名。多授養老、病退的官吏，無具體職掌。

北魏時曾爲職事官之加官。孝文帝太和十七年定爲四品上，二十三年定爲四品下。

[3]橫授：超秩拔擢。

[4]建義：北魏孝莊帝的年號（528）。

[5]訴：局本訛作"訢"。

[6]永安：北魏孝莊帝的年號（528—530）。

[7]即語暉業：底本、宋本、元大德本、毛本、局本、四部備要本作"即加暉業"，意不通。從《魏書》卷一九上《濟陰王小新成傳》作"即語暉業"，今從改。

暉業少險薄，多與寇盜交通。[1]長乃變節，涉子史，亦頗屬文，而慷慨有志節。歷位司空、太尉，[2]加特進，[3]領中書監，録尚書事。齊文襄嘗問之曰："比何所披覽？"[4]對曰："數尋伊、霍之傳，不讀曹、馬之書。"[5]暉業以時運漸謝，不復圖全，唯事飲啗，一日三羊，三日一犢。又嘗賦詩云："昔居王道泰，濟濟富群英。今逢世路阻，狐兔鬱縱横。"齊初，降封美陽縣公，[6]開府儀同三司、特進。

[1]多與寇盜交通：元大德本缺"與"字。

[2]歷位司空太尉：元大德本缺"歷"字。

[3]特進：官名。南北朝時爲加官名號，用以安置閑退大臣。北魏孝文帝太和十七年定爲一品下，二十三年定爲二品。

[4]比：先前。

[5]伊：即伊尹。商初賢臣。輔佐成湯建立商朝。　霍：即霍光。字子孟。西漢大臣、外戚。先後輔佐武帝、昭帝，迎立昌邑王劉賀，立宣帝，前後秉政二十年。見《漢書》卷六八《霍光傳》。

曹：即曹操。字孟德，沛國譙（今安徽亳州市）人。見《三國志》卷一《魏書·武帝紀》。　馬：即司馬懿。字仲達，河内温縣（今河南温縣）人。見《晋書》卷一《宣帝紀》。

［6］美陽縣公：封爵名。美陽，縣名。治所在今陝西扶風縣東南。

暉業之在晋陽也，[1]無所交通，居常閑暇，乃撰魏藩王家世，號爲《辨宗録》四十卷，行于世。位望隆重，又以性氣不倫，每被猜忌。

［1］晋陽：縣名。治所在今山西太原市晋源區營西古城營村一帶。

天保二年，[1]從駕至晋陽，于宫門外罵元韶曰：[2]"爾不及一老嫗，背負璽與人，何不打碎之！我出此言，知即死，然爾亦詎得幾時！"文宣聞而殺之，[3]并斬臨淮公孝友。[4]孝友臨刑，驚惶失措，暉業神色自若。仍鑿冰沈其屍。

［1］天保：北齊文宣帝的年號（550—559）。

［2］元韶：人名。字世胄。北魏宗室。見《北史》卷一九《彭城王勰附元韶傳》。

［3］文宣：即北齊皇帝高洋。文宣爲其謚號。

［4］臨淮公：封爵名。臨淮，郡名。北魏時治己吾縣，在今安徽懷遠縣西北。　孝友：即元孝友，人名。北魏宗室。見《北史》卷一六《臨淮王譚附元孝友傳》。

暉業弟昭業，頗有學尚，位諫議大夫。[1]莊帝將幸洛南，[2]昭業立于閶闔門外，[3]叩馬諫，帝避之而過。後勞勉之。位給事黄門侍郎、衛將軍、右光禄大夫。[4]卒，謚曰文侯。

[1]諫議大夫：官名。北魏時隸集書省，掌諫諍議論。孝文帝太和十七年定爲四品下，二十三年定爲從四品下。

[2]莊帝將幸洛南：元大德本缺“幸”字。

[3]閶闔門：洛陽都城正南門。在今河南洛陽市東北（參錢國祥、劉瑞、郭曉濤《河南洛陽漢魏故城北魏宫城閶闔門遺址》，《考古》2003年第7期）。

[4]給事黄門侍郎：官名。侍從皇帝，顧問應對，出則陪乘。與皇帝關係密切，多以重臣、外戚子弟、公主婿爲之。爲門下省次官，位頗重要。北魏孝文帝太和二十三年定爲四品上。　衛將軍：官名。位在諸名號大將軍上，多作爲軍府名號以加大臣、重要州郡長官，無具體職掌。北魏孝文帝太和十七年定爲一品下，二十三年定爲二品。　右光禄大夫：官名。作爲在朝顯職的加官，以示優崇，或授予年老有病者爲致仕之官，亦常用作卒後贈官。無職掌。北魏孝文帝太和十七年定爲從一品中，二十三年定爲二品。

鬱弟偃，位太中大夫。[1]

[1]太中大夫：官名。多用以安置年老退免的九卿大臣，無具體職掌。北魏孝文帝太和十七年定爲三品下，二十三年定爲從三品。底本、元大德本、毛本、殿本、四庫本、局本、四部備要本作“大中大夫”。

子誕，字曇首。初，誕伯父鬱以貪汙賜死，爵除。

詔以誕偃正妃子，立爲嫡孫，特聽紹封。累遷齊州刺史。[1]在州貪暴，大爲人患。牛馬騾驢，無不逼奪，家之奴隸，悉迫取良人爲婦。有沙門爲誕採藥，還見誕，問外消息，對曰："唯聞王貪，願王早代。"誕曰："齊州七萬家，吾至來，一家未得三十錢，何得言貪?"後爲御史中尉元纂所糾，[2]會赦免。薨，謚静王。

[1]齊州：北魏時治歷城縣，在今山東濟南市。

[2]元纂：人名。北魏官吏。孝明帝時兼尚書。正光四年(523)，爲御史中尉兼尚書右僕射，後爲行臺。

子撫，字伯懿，襲。莊帝初，爲從兄暉業訴奪王爵。

偃弟麗，字寶掌，位兼宗正卿、右衛將軍。[1]遷光禄勳，[2]宗正、右衛如故。時秦州屠各王法智推州主簿吕苟兒爲主，[3]號建明元年，置立百官，攻逼州郡。涇州人陳瞻亦聚衆自稱王，[4]號聖明元年。以麗爲使持節、都督，與楊椿討之。[5]苟兒率衆十餘萬，屯孤山，[6]别據諸險，圍逼州城。麗出擊，大破之，便進軍水洛。[7]賊徒逆戰，麗夜擊走之。行秦州事李韶破苟兒于孤山，[8]乘勝追掩，獲其父母妻子。諸城之圍，亦悉奔散。苟兒率其王公三十餘人詣麗請罪。麗因平賊之勢，枉掠良善七百餘人。宣武嘉其功，詔有司不聽追檢。

[1]宗正卿：官名。北魏時又稱大宗正卿。管理皇族事務。多以宗室擔任，亦任外姓。孝文帝太和二十三年定爲三品。　右衛將

軍：官名。掌宿衛營兵，負責宫禁宿衛。北魏孝文帝太和十七年定爲從二品下，二十三年定爲三品。

[2]光禄勳：官名。掌宫廷門户名籍。北魏時兼掌供應百官膳食。孝文帝太和十七年定爲從一品下，二十三年定爲三品。

[3]屠各：族名。又作“休屠”“休屠各”“休屠各胡”“休屠屠各”。原爲西漢時匈奴休屠王屬部降漢者。　王法智：人名。秦州（今甘肅天水市）人。北魏宣武帝正始三年（506）起義軍首領。《魏書》卷八作“王智”。　主簿：官名。典領文書簿籍，經辦事務。其品秩隨府長官地位高下而異。州郡縣亦置。雖非掾史之首，然地位較高，縣之主簿較州之主簿更甚。　吕苟兒：人名。秦州（今甘肅天水市）人，羌族。北魏起義軍首領。

[4]涇州：北魏時治安定縣，在今甘肅涇川縣北。

[5]楊椿：人名。本字仲考，孝文帝賜字延壽，弘農華陰（今陜西華陰市東南）人。北魏官吏。見《北史》卷四一《楊播附楊椿傳》。

[6]孤山：當在今甘肅天水市附近。元大德本、局本訛作“狐山”。

[7]水洛：城名。在今甘肅莊浪縣東南。底本作“永洛”，中華本作“水洛”。《魏書》卷一九上《濟陰王小新成附元麗傳》作“水洛”。按：永洛，北魏孝明帝正光末置，屬樂良（浪）郡，在今朝鮮或遼寧地區。此次起義在今甘肅地區，當爲“水洛”。今從改。

[8]行秦州：指以他官代行秦州刺史職權。　李韶：人名。字元伯，隴西狄道（今甘肅臨洮縣）人。北魏官吏。見《北史》卷一〇〇《凉武昭王李暠附李韶傳》。

拜雍州刺史，爲政嚴酷，吏人患之。其妻崔氏誕一男，麗遂出州獄囚，死及徒、流案未申臺者，一時放免。遷冀州刺史，入爲尚書左僕射。帝問曰："聞公在州殺戮無理，枉濫非一，又大殺道人。"對曰："臣在冀州可殺道人二百許人，亦復何多?"帝曰："一物不得其所，若納諸隍，[1]况殺道人二百，而言不多!"麗脱冠謝，賜坐。卒，謚曰威。

[1]若納諸隍：形容心急如焚。

子顯和，少有節操，歷司徒記室參軍。[1]司徒崔光每見之，曰："元參軍風流清秀，容止閑雅，乃宰相之器。"除徐州安東府長史。[2]刺史元法僧叛，[3]顯和與戰被禽。執手命與連坐。顯和曰："顯和與阿翁同源别派，皆是盤石之宗，一朝以地外叛，若遇董狐，[4]能無慚德?"遂不肯坐。法僧猶欲慰喻。顯和曰："乃可死作惡鬼，不能生爲叛臣!"及將殺之，神色自若。建義初，贈秦州刺史。

[1]司徒記室參軍：官名。即司徒府記室參軍。掌司徒府文書表奏。

[2]安東府長史：官名。即安東將軍府長史。

[3]元法僧：人名。北魏宗室。見《北史》卷一六《陽平王熙附元法僧傳》。

[4]董狐：人名。春秋晋國太史，因秉筆直書而聞名。孔子稱其爲"古之良史"。

汝陰王天賜，和平二年封，[1]後爲内都大官。孝文初，殿中尚書胡莫寒簡西部敕勒豪富兼丁者，[2]爲殿中武士，而大納財貨。[3]衆怒，殺莫寒及高平假鎮將奚陵。[4]于是諸部敕勒悉叛。詔天賜與給事中羅雲討之。[5]前鋒敕勒詐降，雲信之。副將元伏曰："敕勒色動，恐有變，今不設備，將爲所圖。"雲不從。敕勒襲殺雲，天賜僅得自全。累遷懷朔鎮大將。坐貪殘，恕死，削除官爵。卒，孝文哭于思政觀，[6]贈本爵，葬從王禮，謚曰靈王。

[1]和平二年：底本作"和平三年"，中華本校勘記云："諸本'二'作'三'。按本書卷二《文成紀》，天賜封汝陰王在和平二年七月（《魏紀》同），今據改。"今從改。

[2]敕勒：族名。又稱高車、丁零。最早生活在貝加爾湖一帶，北魏時稱其爲高車，主要生活在大漠南北和西北地區。見《北史》卷九八《高車傳》。

[3]而大納財貨：殿本、四庫本、四部備要本"納"訛作"治"。

[4]高平：軍鎮名。在今寧夏固原市。　鎮將：官名。北魏時置。爲鎮之主官，掌一鎮兵馬及鎮之守衛。在不設州郡的地區，兼統軍民；在設州郡的内地，主要掌軍政，但兼任駐在州刺史時，亦兼理民政。北魏前期多以宗室或鮮卑勳貴爲之，地位高於刺史。孝文帝改制後，地位漸低。其下設副將、監軍及長史、司馬等佐僚。品秩按所帶將軍名號而定。

[5]給事中：官名。北魏時爲内朝官，常派往尚書省諸曹，參領政務，並負責監察之責。孝文帝太和十七年定爲從三品，二十三年定爲六品上。

[6]思政觀：北魏平城宮觀，在今山西大同市附近。

子逞，字萬安，卒于齊州刺史，謚曰威。

逞子慶和，東豫州刺史，[1]爲梁將所攻，舉城降之。梁武以爲北道總督、魏王。[2]至項城，[3]朝廷出師討之，望風退走。梁武責之曰："言同百舌，膽若鼷鼠。"[4]遂徙合浦。[5]

[1]東豫州：北魏時治廣陵城，在今河南息縣城關。

[2]梁武：即南朝梁皇帝蕭衍。武爲其謚號。

[3]項城：在今河南項城市。

[4]鼷（xī）鼠：一種小鼠，常用於形容人膽小畏縮。

[5]合浦：地名。在今廣西合浦縣東北。

逞弟汎，字普安，自元士稍遷營州刺史。[1]性貪殘，人不堪命，相率逐之，汎走平州。[2]後除光禄大夫、宗正卿，[3]封東燕縣男。[4]于河陰遇害。

[1]元士：官名。爲大夫屬官。孝文帝太和十七年定爲從四品上。二十三年後無此職。　營州：北魏時治龍城，在今遼寧朝陽市。

[2]平州：北魏時治肥如縣，在今河北盧龍縣北。

[3]光禄大夫：官名。北魏時爲加官、散官。北魏孝文帝太和十七年定爲從二品中，二十三年定爲三品。

[4]東燕縣男：封爵名。東燕，縣名。治所在今河南延津縣東北。

汎弟脩義，字壽安，頗有文才。自元士稍遷齊州刺史。脩義以齊州頻喪刺史，累表固辭，詔不許，聽隨便立解宇。[1]脩義乃移東城。爲政寬和。遷秦州刺史。明帝初，表陳庶人禧、庶人愉等，[2]請宥前愆，賜葬陵域。靈太后詔曰："收葬之恩，事由上旨，藩岳何得越職干陳!"

[1]解宇：即廨宇。官舍。

[2]禧：即元禧，人名。字思永。北魏宗室。見《北史》卷一九《咸陽王禧傳》。　愉：即元愉，人名。字宣德。北魏宗室。見《北史》卷一九《京兆王愉傳》。

在州多受納。累遷吏部尚書。及在銓衡，唯事貨賄，授官大小，皆有定價。時中散大夫高居者，有旨先叙。上黨郡缺，[1]居遂求之。脩義私已許人，抑居不與。居大言不遜，脩義命左右牽曳之，居對大衆呼天唱賊。人問居曰："白日公庭，安得有賊?"居指脩義曰："此坐上者，違天子明詔，物多者得官，京師白劫，此非大賊乎?"脩義失色。居行罵而出，後欲邀車駕論脩義罪狀，左僕射蕭寶夤喻之乃止。

[1]上黨：郡名。北魏時治壺關城，在今山西長治市北。

二秦反，[1]假脩義兼尚書右僕射、西道行臺、行秦州事，[2]爲諸軍節度。脩義性好酒，每飲連日，遂遇風病，神明昏喪，雖至長安，竟無部分之益。元志敗没，[3]賊東至黑水，[4]更遣蕭寶夤討之，以脩義爲雍州刺史。卒于州，[5]贈司空，謚曰文。

[1]二秦：南秦州和秦州。南秦州，北魏時治洛谷城，在今甘肅西和縣洛峪鎮。

[2]西道行臺：管理西道轄區内的軍政事務。

[3]元志：人名。字猛略。北魏宗室。見《北史》卷一五《河間公齊附元志傳》。

[4]黑水：水名。即今陝西横山縣無定河上游，源出内蒙古南。

[5]卒于州：中華本《魏書》卷一九校勘記云："按《墓誌集釋·元壽安墓誌》於官雍州刺史後，稱：'復以本官加開府儀同三司、秦州都督，加尚書左僕射、西道行臺、行秦州事……軍次汧城，彌留寢疾，薨於軍所。'《元和郡縣志》卷二"隴州條"云'後魏置東秦州'，《太平寰宇記》卷三二云'正光三年置東秦州於汧城。'《誌》所云'秦州'，即東秦州，當時秦州爲起義軍占領，故移治汧城，後來纔加'東'字。據《誌》元脩義死在秦州任上。傳節去他由雍州刺史遷秦州一段，遂似死於長安。此恐是《北史》删略《魏書》之失。"可從。

子均，位給事黄門侍郎。後入西魏，封安昌王，[1]位開府儀同三司。薨，贈司空，謚曰平。

[1]安昌王：封爵名。安昌，郡名。西魏時治舂陵縣，在今湖北棗陽市東南。

子則，[1]字孝規，襲爵，位義州刺史。[2]仕周爲小冢宰、江陵總管。[3]

[1]則：源氏校勘記云："'則'《隋書》作'孝則'。"

[2]義州：北魏時僑置，在今河南衛輝市西南。

[3]小冢宰：官名。又稱小冢宰上大夫。西魏恭帝三年置，北周沿置。爲天官府次官，輔佐大冢宰的行政事務。員二人，正六命。殿本、四庫本、四部備要本作“少冢宰”。　江陵：府名。西魏、北周置。在今湖北江陵縣。　總管：官名。北周明帝武成元年（559）由都督諸州軍事改爲此稱。掌一州或數州軍務，兼理民政。品秩分三等，上總管從二品，中總管正三品，下總管從三品。

子文都，性梗直，仕周爲右侍上士。[1]隋開皇初，[2]授内史舍人。[3]煬帝即位，[4]累遷御史大夫，[5]坐事免。未幾，授太府卿，[6]甚有當時譽。大業十二年，[7]帝幸江都宫，[8]詔文都與段達、皇甫無逸、韋津等同爲東都留守。[9]帝崩，文都與達、津等共推越王侗爲帝。[10]侗署文都爲内史令、開府儀同三司、光禄大夫、左驍衛大將軍、攝右翊衛將軍、魯國公。[11]

[1]右侍上士：官名。北周時置。天官府宫伯中大夫屬官。與左侍上士共同負責皇帝寢宫安全，皇帝臨朝及出行時亦隨侍左右。亦多用作起家官。正三命。

[2]開皇：隋文帝的年號（581—600）。

[3]内史舍人：官名。隋朝時爲内史省屬官。文帝開皇三年爲從五品。煬帝大業十二年（616）改名内書舍人。

[4]煬帝：即隋朝皇帝楊廣。煬爲其謚號。

[5]御史大夫：官名。御史臺長官。隋朝時因避太祖楊忠諱，由御史中丞改名。專掌監察彈劾百官。從四品。

[6]太府卿：官名。隋朝時掌庫藏出納、貿易商税事務，仰承尚書省户部政令。隋初爲正三品，煬帝時改爲從三品。

[7]大業十二年：底本作“大業十三年”。中華本校勘記云：“諸本‘二’作‘三’。按本書卷一二《煬帝紀》，煬帝以元文都等

五人爲東都留守在十二年七月（《隋書》本紀同）。作‘三’誤，今據改。”今從改。大業，隋煬帝的年號（605—617）。

[8]江都宫：隋煬帝時建。在今江蘇揚州市西。

[9]段達：人名。武威姑臧（今甘肅武威市）人。隋朝將領。見《北史》卷七九《段達傳》。　皇甫無逸：人名。安定三水（今陝西彬縣）人。隋朝官吏。見《北史》卷七〇《皇甫璠附皇甫無逸傳》。　韋津：人名。京兆杜陵（今陝西西安市長安區東）人。隋朝官吏。見《北史》卷六四《韋孝寬傳》。　東都：即洛陽。隋煬帝大業元年，命重修洛陽，次年竣工。五年，改稱東都。

[10]侗：即楊侗，人名。字仁謹，弘農華陰（今陝西華陰市東南）人。隋朝宗室。見《北史》卷七一《元德太子昭附越王侗傳》。

[11]内史令：官名。隋朝時爲内史省長官，掌納奏出令之事。員二人，正三品。煬帝大業十二年又改名内書令。　開府儀同三司：隋時爲散官名號。從一品。　光禄大夫：官名。隋煬帝大業三年加置，位在左右光禄大夫之上，爲文散官之首。從一品。　左驍衛大將軍：官名。隋煬帝大業三年改左備身府爲左驍衛，置爲十二衛大將軍之一，總管府事，並統諸鷹揚府。正三品。　魯國公：封爵名。國公，隋朝時始置，爲九等爵之第三等，位在郡王下、郡公上。從一品。

既而宇文化及立秦王浩爲帝，[1]擁兵至彭城，[2]所在響震。文都諷侗遣使通于李密。[3]密乃請降，因授官爵，禮其使甚厚。王世充不悦，[4]文都知之，陰有誅世充計。侗以文都領御史大夫，世充固執而止。盧楚説文都誅之，[5]文都遂懷奏入殿。有人以告世充，世充馳還含嘉城。[6]至夜難作，攻東太陽門而入，[7]拜于紫微觀下，[8]曰：“請斬文都，歸罪司寇。”[9]侗見兵勢盛，遣其所署將軍黄桃樹執文都以出。文都顧謂侗曰："臣今朝亡，陛下亦當夕及。"侗慟哭遣之，左右莫不憫默。出至興教門，[10]世充令左右亂斬之，諸子並見害。

[1]宇文化及：人名。代郡武川（今内蒙古武川縣西）人。隋朝官吏，煬帝近臣。見《北史》卷七九《宇文述附宇文化及傳》。浩：即楊浩，人名。弘農華陰（今陝西華陰市東南）人。隋朝宗室。見《北史》卷七一《秦王俊附楊浩傳》。

[2]彭城：郡名。隋朝時治彭城縣，在今江蘇徐州市。

[3]李密：人名。字玄邃，《隋書》卷七〇《李密傳》又作"法主"。自言隴西成紀（今甘肅秦安縣）人。隋末起義軍首領。見《北史》卷六〇《李弼附李密傳》。

[4]王世充：人名。字行滿，新豐（今陝西潼關縣東北）人。隋朝官吏。見《北史》卷七九《王世充傳》。

[5]盧楚：人名。涿郡范陽（今河北定興縣西南）人。隋朝官吏。見《北史》卷八五《盧楚傳》。

[6]有人以告世充世充馳還含嘉城：元大德本缺"以告世充世充"六字。含嘉城，在今河南洛陽市東北。

[7]東太陽門：指通往東都洛陽宫城東面的賓耀門。在今河南洛陽市東。

[8]紫微觀：又作"紫薇宫""紫宫"。在今河南洛陽市。

[9]司寇：官名。掌刑獄，糾察邦國。

[10]興教門：位於洛陽城皇宫南面左側。

則弟矩，字孝矩，西魏時，襲祖爵始平縣公，[1]拜南豐州刺史。[2]時見元氏將危，陰謂昆季曰：[3]"宇文之心，路人所見。顛而不扶，焉用宗子！"爲兄則所遏，乃止。後周文爲兄子晋公護娶其妹爲妻，[4]情好甚密。

及護誅，坐徙蜀。後拜司憲大夫。[5]隋文帝重其門地，[6]娶其女爲房陵王妃。[7]及爲丞相，拜少冢宰，[8]位柱國，賜爵洵陽郡公。[9]及房陵立爲皇太子，立其女爲皇太子妃，親禮彌厚，拜壽州總管。[10]時陳將任蠻奴等屢寇江北，[11]復以孝矩領行軍總管，[12]屯兵江上。後以年老，上表乞骸骨。轉涇州刺史。[13]卒官，謚曰簡。子無竭嗣。

[1]始平縣公：封爵名。始平，縣名。治所在今陝西興平市。

[2]南豐州：西魏時治武當縣，在今湖北丹江口市。

[3]昆季：兄弟。長者爲昆，幼者爲季。

[4]護：即宇文護，人名。字薩保，代郡武川（今内蒙古武川縣西）人，鮮卑族。北周宗室、權臣。見《北史》卷五七《邵惠公顥附宇文護傳》。

[5]司憲大夫：官名。爲司憲中大夫的省稱。西魏恭帝三年始置。北周時爲秋官府屬官。掌制定律法，糾察獄訟之辭。屬官有司憲上士、司憲中士等。員二人，正五命。

[6]隋文帝：即隋朝皇帝楊堅。文爲其謚號。

[7]房陵王：封爵名。房陵，郡名。隋朝時治光遷縣，在今湖北房縣城關。

[8]少冢宰：官名。小冢宰上大夫的省稱。西魏恭帝三年置，北周沿置。爲天官府次官，輔佐大冢宰的行政事務。員二人，正六命。

[9]洵陽郡公：封爵名。洵陽，郡名。隋朝初治洵陽縣，在今陝西旬陽縣北。

[10]壽州：隋朝時治壽春縣，在今安徽壽縣。

[11]任蠻奴：人名。即任忠。字奉誠，小名蠻奴，汝陰（今安徽阜陽市）人。南朝陳將領，後降於隋。見《陳書》卷三一《任

忠傳》。

［12］行軍總管：官名。北周時設有行軍大總管、行軍總管等職位，爲軍隊出征臨時委派的統帥。

［13］涇州：隋朝時治安定縣，在今甘肅涇川縣北。

矩次弟雅，字孝方，有文武幹用。開皇中，歷左領左右將軍、集沁二州刺史，[1]封順陽郡公。[2]

［1］左領左右將軍：官名。隋朝時置。爲左領左右府次官，員二人。輔助大將軍掌領侍衛左右，供御兵仗。煬帝大業三年罷。從三品。　集：州名。隋朝時治難江縣，在今四川南江縣。　沁：州名。隋朝時治沁源縣，在今山西沁源縣。

［2］順陽郡公：封爵名。順陽，郡名。隋朝時治龍山縣，在今河南郟縣東南。

雅弟褒，字孝整，少有成人量。年十歲而孤，爲諸兄所愛養。善事諸兄。諸兄議欲别居，褒泣諫，不從。家素富，多金寶，褒一無所受，脱身而出。仕周，位開府、北平縣公、趙州刺史。[1]從韋孝寬平尉遲迥，[2]以功拜柱國，進封河間郡公。[3]

［1］北平縣公：封爵名。北平，縣名。治所在今河北順平縣東北。　趙州：北周時治廣阿縣，在今河北隆堯縣東。

［2］韋孝寬：人名。名叔裕，字孝寬，京兆杜陵（今陝西西安市長安區東）人。見《北史》卷六四《韋孝寬傳》。　尉遲迥：人名。字薄居羅，代（今山西大同市東北）人。北周重臣。見《北史》卷六二《尉遲迥傳》。

[3]河間郡公：封爵名。河間，郡名。北周時治武垣縣，在今河北河間市南。

隋開皇中，拜原州總管。[1]有商人爲賊劫，其人疑同宿者而執之。褒察其色冤而辭正，遂捨之。商人詣闕訟褒受金縱賊。隋文帝遣窮之，使者簿責褒何故利金而捨盜。[2]褒引咎無異辭。使者與褒俱詣京師，遂坐免官。其盜尋發他所。上謂曰："何至自誣？"[3]褒曰："臣受委一州，不能息盜，臣罪一也；百姓爲人所謗，不付法司，懸即放免，臣罪二也；無顧形迹，至令爲物所疑，[4]臣罪三也。臣有三罪，何所逃責！臣又不言受賂，使者復將有所窮究，然則縲紲横及良善，[5]重臣之罪，是以自誣。"上歎異之，稱爲長者。

[1]原州：隋朝時治平高縣，在今寧夏固原市。

[2]簿責：依據文書所列罪狀逐一責問。　捨：釋放。

[3]自誣：自行承認妄加於己的不實之詞。

[4]令：底本作"今"。源氏校勘記云："'今'《隋書》作'令'。"中華本校勘記云："諸本'令'訛'今'，據《隋書》卷五〇《元孝矩傳》、《通志》卷八四下《後魏宗室傳》改。"今從改。

[5]縲（léi）紲（xiè）：原指捆綁犯人的繩索。借指囚禁。

煬帝即位，拜齊郡太守。[1]及遼東之役，[2]郡官督事者前後相屬。有西曹掾當行，[3]詐疾，褒杖之。掾大言曰："我將詣行在所，[4]欲有所告。"褒大怒，因杖百餘，數日死。坐免官，卒于家。

[1]齊郡：隋朝時治歷城縣，在今山東濟南市。　太守：官名。漢景帝時改郡守置。隋初定上郡太守爲從四品上，中郡從五品上，下郡正六品上。文帝仁壽三年（603）罷郡爲州，省太守置刺史。煬帝大業三年罷州置郡，復置。上郡從三品，中郡正四品，下郡從四品。

[2]遼東之役：隋煬帝大業八年三月辛卯，煬帝親帥大軍伐高麗。見《隋書》卷四《煬帝紀下》。

[3]西曹掾：官名。隋朝時爲公府僚屬，爲西曹長官，掌府吏署用事。

[4]行在所：皇帝所在之地，後專指皇帝行幸之地。

樂良王萬壽，[1]和平二年封，[2]拜征東大將軍，[3]鎮和龍。[4]性貪暴，徵還，道憂薨，謚曰厲王。

[1]樂良王萬壽：《魏書》卷五《高宗文成帝紀》、卷一九上《樂浪王萬壽傳》均作萬壽封“樂浪王”。按《魏書·地形志上》曰：“樂良郡前漢武帝置，二漢、晋曰樂浪，後改，罷。正光末復。治連城。”兩地實爲一地，僅稱呼之别。

[2]和平二年：底本作“和平三年”。中華本校勘記云：“諸本‘二’作‘三’。按本書卷二《文成紀》，萬壽封樂良王在和平二年七月（《魏紀》同），今據改。”今從改。

[3]征東大將軍：官名。北魏時多持節出鎮地方、都督數州諸軍事。孝文帝太和十七年定爲一品下，二十三年定爲二品。中華本校勘記云：“按《魏書》卷五《高宗紀》，和平二年七月作‘征北大將軍’，同時受封的濟陰王小新成纔是征東大將軍。此‘東’字誤。”可從。

[4]和龍：城名。在今遼寧朝陽市。

子康王樂平襲。薨。

子長命襲。坐殺人賜死，國除。

子忠，明帝時，復前爵，位太常少卿。[1]孝武帝汎舟天泉池，[2]命宗室諸王陪宴。忠愚而無智，性好衣服，遂著紅羅襦，繡作領，碧紬袴，錦爲緣。帝謂曰：“朝廷衣冠，應有常式，何爲著百戲衣？”忠曰：“臣少來所愛，情存綺羅，歌衣儛服，是臣所願。”帝曰：“人之無良，乃至此乎！”

[1]太常少卿：官名。北魏時始置，爲太常副貳，位在丞上，孝文帝太和十七年定爲三品上，二十三年定爲四品上。北齊時置爲太常寺次官，位列諸寺少卿之首。四品上。

[2]天泉池：即天淵池。《北史》避唐高祖李淵諱改，在今河南洛陽市漢魏洛陽古城北華林園内。

廣平王洛侯，和平二年封。薨，謚曰殤。無子，後以陽平幽王第五子匡後之。

匡字建扶，性耿介，有氣節。孝文器之，謂曰：“叔父必能儀形社稷，[1]匡輔朕躬，今可改名爲匡，以成克終之美。”[2]宣武即位，累遷給事黄門侍郎。茹皓始有寵，[3]百僚微憚之。帝曾於山陵還，詔匡陪乘，又命皓登車。皓褰裳將上，[4]匡諫，帝推之令下，皓恨匡失色。當時壯其忠謇。宣武親政，除肆州刺史。[5]匡既忤皓，懼爲所害，廉慎自修，甚有聲績。還恒州刺史。徵爲大宗正卿、河南邑中正。[6]

[1]儀形：楷模。形，四庫本訛作“刑”。

[2]克終：善終。

[3]茹皓：人名。字禽奇，舊吴（今江蘇蘇州市）人。南朝宋、北魏官吏。見《北史》卷九二《茹皓傳》。

[4]褰（qiān）：把衣服提起。

[5]肆州：北魏時治九原縣，在今山西忻州市西北。

[6]河南邑：地名。在今河南洛陽市東北。　中正：官名。魏晉南北朝隋時負責評定士族内部品第的官員。

匡奏親王及始藩、二藩王妻，[1]悉有妃號；而三藩以下，[2]皆謂之妻。上不得同爲妃名，而下不及五品以上有命婦之號，[3]竊以爲疑。詔曰："夫貴于朝，妻榮於室，婦女無定，升從其夫。三藩既啓王封，妃名亦宜同等。妻者齊也，理與己齊，可從妃例。"自是三藩王妻，名號始定。後除度支尚書。[4]匡表引樂陵、章武之例，[5]求紹洛侯封。[6]詔付尚書議。尚書奏聽襲封，以明興絶之義。

[1]始藩：封爵名。北魏王爵的第二等。　二藩：封爵名。北魏王爵的第三等。在始藩王之下，三藩王之上。

[2]三藩：封爵名。北魏王爵的第四等。

[3]命婦：受帝王封號的婦女。有内命婦和外命婦之分。

[4]度支尚書：官名。尚書省度支曹長官，統管度支、户部、金部、倉部四曹。掌軍國財賦的收支會計及漕運物價屯田之政令。北魏孝文帝太和十七年定爲二品中，二十三年定爲三品。

[5]匡表引樂陵章武之例：按：樂陵王胡兒，無子而薨，獻文帝以其兄汝陰王天賜第二子永全後之，並襲其封；章武王太洛，無

子而薨。孝文初以南安王楨第二子彬後之。

[6]紹：繼承。

時宣武委政於高肇，[1]宗室傾憚，唯匡與肇抗衡。先自造棺，置于聽事，[2]意欲輿棺詣闕，論肇罪惡，自殺切諫。肇聞而惡之。後因與太常卿劉芳議争權量，[3]遂與肇聲色。御史中尉王顯奏匡曰：[4]

[1]高肇：人名。字首文，勃海蓨（今河北景縣）人。北魏大臣、外戚。見《北史》卷八〇《高肇傳》。

[2]聽事：官府治事之所。

[3]劉芳：人名。字伯支，彭城叢亭里（今江蘇徐州市）人。北魏官吏。見《北史》卷四二《劉芳傳》。

[4]王顯：人名。字世榮，陽平樂平（今山東莘縣）人。北魏官吏、醫學家。見《北史》卷九〇《王顯傳》。

自金行失御，[1]群僞競興，禮壞樂崩，彝倫攸斁。[2]高祖孝文皇帝以睿聖統天，克復舊典。乃命故中書監高閭，[3]廣旌儒林，[4]推尋樂府，以黍裁寸，將均周、漢舊章。[5]屬雲構中遷，[6]尚未云就。高祖睿思玄深，參考經、紀，以一黍之大，用成分體，準之爲尺，宣布施行。

[1]金行失御：指晋朝滅亡。古人以五行之説附會王朝，晋以金行德，因以代指晋朝。

[2]彝倫攸斁（dù）：倫理常道松弛終止。

[3]高閭：人名。字閻士，漁陽雍奴（今天津武清區西北）

人。北魏大臣。見《北史》卷三四《高閭傳》。

[4]旌：徵詢。

[5]均：調和。

[6]雲構：喻指帝王的基業。

暨正始中，[1]故太樂令公孫崇輒自立意，[2]以黍十二爲寸，别造尺度，定律刊鍾。[3]皆向成訖，表求觀試。時敕太常卿臣芳，以崇造既成，請集朝英，議其得否。芳疑崇尺度與先朝不同，察其作者，于經史復異，推造鮮據，非所宜行。時尚書令臣肇、清河王懌等，[4]以崇造乖謬，與周禮不同，遂奏臣芳依周禮更造，成訖量校，從其善者。而芳以先朝尺度，事合古典，乃依前詔書，以黍刊寸，並呈朝廷，用裁金石。于時議者多云芳是。唯黄門侍郎臣孫惠蔚與崇扶同。[5]二途參差，頻經考議。而尚書令臣肇以芳造。崇物故之後，而惠蔚亦造一尺，仍云扶。[6]以比崇尺，自相乖背。量省二三，謂芳一尺爲得。[7]而尚書臣匡表云，劉、孫二尺，長短相傾，稽考兩律，[8]所容殊異，言取中黍，校彼二家，云並參差，折中無所，[9]自立一途，請求議判。當時議者，或是於匡，兩途舛駁，未即時定。肇又云："權斛斗尺，[10]班行已久，今者所論，豈踰先旨，宜仰依先朝故尺爲定。"

[1]正始：北魏宣武帝的年號（504—508）。

[2]太樂令：官名。北魏時隸太常，領太樂祭酒、太樂博士、

太樂典事等官。孝文帝太和二十三年定爲九品上。　公孫崇：人名。北魏官吏。孝文帝太和年間，任太樂令，造八音器及五度五量。

[3]律：舊時調制樂律之尺。相傳黄帝時以一黍之縱長，命爲一分，九分爲一寸，共計八十一分爲一尺，是爲律尺。　刊：確定。　鍾：計量單位。春秋陳氏以四升爲豆，五豆爲區，五區爲釜，十釜爲鍾。田氏代齊後，遂成標準量器。

[4]清河王：封爵名。清河，郡名。北魏時治清河縣，在今山東臨清市東北。　懌：即元懌，人名。字宣仁。北魏宗室。見《北史》卷一九《清河王懌傳》。

[5]黄門侍郎：官名。魏晋南北朝時爲侍中省或門下省次官，與侍中俱掌門下衆事，職掌略同，地位隨皇帝旨意或侍中地位而上下。北魏孝文帝太和十七年定爲三品中，二十三年定爲四品上。　孫惠蔚：人名。初單名蔚，“惠”爲宣武帝所賜，武邑武遂（今河北武强縣西北）人。北魏官吏。見《北史》卷八一《孫惠蔚傳》。　扶同：附和。

[6]而尚書令臣肇以芳造崇物故之後而惠蔚亦造一尺仍云扶：中華本校勘記云：“按‘芳造’下、‘扶’下並有脱文。”

[7]謂芳一尺爲得：中華本校勘記云：“《魏書》卷一九《元匡傳》無‘一尺’二字。按疑衍‘一’字。”可從。

[8]兩律：三國魏律令與兩晋律令。

[9]折：底本作“抑”。中華本校勘記云：“諸本‘折’訛作‘抑’，據《通志》改。”今從改。

[10]權斛斗尺：代指衡器和量器。權，衡器。即秤。斛，量器。舊時一斛爲十斗。斗，量器。舊時十升爲一斗，十斗爲一石。尺，衡器。長度單位。各代制度皆不一。多以十寸爲一尺。

自爾以後，而匡與肇厲言都坐，[1]聲色相加，高下失其常倫，噂競無復彝序。[2]匡更表列，據己十是，云芳十非。又云："肇前被敕旨，共芳營督，規立鍾石之名，希播制作之譽。乃憑樞衡之尊，[3]藉舅氏之勢，與奪任心，臧否自己，阿黨劉芳，遏絶臣事。[4]望勢雷同者，[5]接以恩言；[6]依經案古者，即被怒責。雖未指鹿化馬，移天徙日，實使蘊藉之士，[7]聳氣坐端；[8]懷道之夫，[9]結舌筵次。"[10]又言："芳昔與崇競，恒言自作，今共臣論，忽稱先朝。豈不前謂可行，輒欲自取；後知錯謬，便推先朝。殊非大臣之體，深失爲下之義。復考校勢臣之前，量度偏頗之手，臣必刖足内朝，抱璞人外。"[11]嚣言肆意，彰于朝野。

[1]都坐：亦作"都座"。自晋起，此爲尚書省長官議政辦公處，亦爲尚書令之别稱。

[2]噂：攻擊詆毁。　彝序：常道。

[3]樞衡：宰輔之位。

[4]遏絶臣事：止絶以臣事奉道。

[5]雷同：隨聲附和。

[6]接：對待。

[7]藴藉：含蓄寬容。

[8]聳氣坐端：謂噤聲屏氣坐在席位上。形容驚恐的樣子。

[9]懷道：胸懷治國安邦之道。

[10]結舌：懼於言辭。

[11]刖（yuē）足内朝抱璞人外：指和氏獻璧之事。楚人和氏於山中得璞玉，先後兩次上獻，均被誣誆騙，且被刖去雙足。和氏抱璧哭於山中，後楚文王得知，使玉人治之，果得玉璧，後名和氏

璧。刖，古時酷刑，即斷足。

然匡職當出納，[1]獻替所在，[2]斗尺權度，正是所司。若己有所見，能練臧否，宜應首唱義端，早辨諸惑，何故嘿心隨從，[3]不關一言，見芳成事，方出此語？計芳才學，與匡殊懸，所見淺深，不應相匹。今乃始發，恐此由心，借智於人，規成虚譽。[4]况匡表云：“所據銅權，[5]形如古誌，[6]明是漢作，非莽别造。”[7]及案權銘，“黄帝始祖，德布於虞，[8]虞帝始祖，德布于新”。[9]若莽佐漢時事，寧有銘僞新之號哉？又尋莽傳，云莽居攝，即變漢制度。考校二證，非漢權明矣。復云“芳之所造，又短先朝之尺”。臣既比之，權然相合。[10]更云“芳尺與千金堰不同”。[11]臣復量比，因見其異，二三浮濫，[12]難可據準。又云“共構虚端，[13]妄爲疑似，託以先朝，云非己製”。臣案此欺詐，乃在於匡，不在於芳。何以言之？芳先被敕，專造鍾律，管籥優劣，[14]是其所裁，權斛尺度，本非其事。比前門下索芳尺度，[15]而芳牒報云“依先朝所班新尺，復應下黍，更不增損，爲造鍾律，調正分寸而已”。檢匡造時，在牒後一歲，芳十爾日，匡未共争，已有此牒，豈爲詐也？計崇造寸，積黍十二，群情共知。而芳造寸，唯止十黍，亦俱見。[16]先朝詔書，以黍成寸，首尾歷然，[17]寧有輒欲自取之理？肇任居端右，[18]百僚是望，言行動静，必副具瞻。若恃權阿黨，詐託先詔，將指鹿化馬，徙日移天，即是魏之趙高，[19]何以宰物？肇若無此，匡既誣毀宰相，訕謗時政，阻惑朝聽，不敬至甚。請以肇、匡並禁尚書，推窮其原，付廷尉定罪。

[1]出納：政令的上傳下達。

[2]獻替：諍言進諫。

[3]嘿（mò）：静。

[4]規：謀取。

[5]銅權：銅製的秤錘。

[6]誌：標誌，記號。

[7]莽：即王莽，人名。字巨君，魏郡元城（今河北大名縣東）人。見《漢書》卷九九上、中、下《王莽傳》。

[8]虞：上古帝王。見《史記》卷一《五帝本紀》。

[9]新：朝代名。王莽於西漢末主初始元年（8）稱帝，建新朝。更始帝更始元年（23）隨莽亡而滅。史稱“新莽”。

[10]權然相合：中華本校勘記云：“按‘權’疑是‘榷’之訛。‘榷’與‘確’同音，故借作‘確’。謂劉芳所造尺與孝文所定者，長短無異，故云‘確然相合’。”可從。

[11]千金堰：堰名。一作千金堨。在今河南洛陽市北。此代指一種尺度，即當時丈量千金堰的數據。

[12]浮濫：多出。

[13]共構虛端：底本、元大德本脱“構”字，意不通。宋本、毛本、殿本、四庫本、局本、四部備要、中華本有。今從諸本補。

[14]管籥（yuè）：代指樂器。籥，管樂器名。像編管之形，似爲排簫前身。

[15]比：從前。　門下：官署名。北魏時爲門下諸省的泛稱。其官署設於禁中，官員可以出入宫禁，是皇帝的親近侍從。

[16]亦俱見：中華本校勘記云：“《魏書》無‘見’字。按疑

是‘亦’上脱‘衆’字。‘衆亦俱見’，與上文‘群情共知’對文。”可從。

[17]歷然：條理清晰。

[18]端右：尚書省長官。北朝時以右爲尊，故稱尚書令爲端右。

[19]趙高：人名。秦宦官，受秦始皇信任。矯詔立秦二世，獨攬朝政。後劉邦入關，懼二世之責，旋立公子嬰，後爲子嬰誅殺，夷三族。見《史記》卷八八《蒙恬傳》。

詔曰可。有司奏匡誣肇，處匡死刑。宣武恕死，降爲光禄大夫。又兼宗正卿。

出爲兖州刺史。[1]匡臨發，帝引見於東堂，[2]勞勉之。匡猶以尺度金石之事，國之大經，前雖爲南臺所彈，[3]然猶許更議，若議之日，願聽臣暫赴。帝曰：“劉芳學高一時，深明典故。其所據者，與先朝尺乃寸過一黍，[4]何得復云先朝之意也？兖州既所執不經，後議之日，何待赴都也。”

[1]兖州：北魏孝文帝太和十八年改東兖州置，治瑕丘城，在今山東兖州市新驛鎮東頓村南。

[2]東堂：太極東堂的省稱。太極殿有四厢，東堂即其東厢。太極殿爲皇宫中的西内正殿，每月朔望皇帝視朝之所。東晋南朝、北魏等均在皇宫内建有太極殿。

[3]南臺：即御史臺。以其位於宫廷之南而名。

[4]其所據者與先朝尺乃寸過一黍：中華本校勘記云：“張森楷云：‘此文不甚可解，疑有訛誤。’按此句承上文，似指劉芳之尺，但據下文‘兖州既所執不經’語，則明是指元匡所造之尺。據

《魏書》卷一〇七《律曆志》云：‘永平中，崇更造新尺，以一黍之長，累爲寸法。尋太常卿劉芳受詔修樂，以秬黍中者，一黍之廣，即爲一分。而中尉元匡以一黍之廣，度黍二縫，以取一分。三家紛競，久不能決。（先是）太和十九年，高祖詔以一黍之廣，用成分體；九十黍之長，以定銅尺。有司奏從前詔，而芳尺同高祖所制，故遂典修金石。’黍之長與廣有區别。公孫崇以一黍之長爲一分，故一寸有十二黍之廣。劉芳與孝文並以一黍之廣爲一分，不至‘與先朝尺（相比），乃寸過一黍。’元匡折中於公孫崇、劉芳兩家之間，‘寸過一黍’，較爲近情。疑此‘與’字上有脱文。”可從。

明帝初，入爲御史中尉。匡嚴於彈糾，始奏于忠，[1]次彈高聰等免官，[2]靈太后並不許。違其糾惡之心，[3]又慮匡辭解，欲獎安之，進號安南將軍，[4]後加鎮東將軍。[5]

[1]于忠：人名。字思賢，本字千年，代（今山西大同市東北）人。北魏大臣。見《北史》卷二三《于栗磾附于忠傳》。

[2]高聰：人名。字僧智，勃海蓨（今河北景縣）人。北魏大臣。見《北史》卷四〇《高聰傳》。

[3]違其糾惡之心：中華本校勘記云：“《魏書》‘違’上有‘以’字，《通志》‘違’上有‘又重’二字。按疑脱‘重’字。”可從。

[4]安南將軍：官名。出鎮南方地區的軍事長官，或作爲刺史等地方官兼理軍務時的加官。北魏孝文帝太和十七年定爲二品下，二十三年定爲三品。

[5]鎮東將軍：官名。與鎮西、鎮南、鎮北將軍合稱四鎮將軍。多授持節都督，出鎮方面。北魏孝文帝太和十七年定爲從一品下，二十三年定爲從二品。

匡屢請更權衡不已，於是詔曰："謹權審度，自昔令典，定章革曆，往代良規。匡宗室賢亮，留心既久，[1]可令更集儒貴，以時驗決，必務權衡得衷，令寸籥不舛。"[2]又詔曰："故廣平殤王洛侯體自恭宗，[3]茂年薨殞，國除祀廢，不祀忽諸。匡親同若子，私繼歲久，[4]宜樹維城，[5]永兹盤石，可特襲王爵，封東平郡王。"[6]匡所制尺度訖，請集朝士議定是非，詔付門下、尚書、三府、九列議定以聞。[7]太師、高陽王雍等議，[8]以爲"晋中書監荀勗所造之尺，[9]與高祖所定，毫釐略同。侍中崔光得古象尺，于時亦準議令施用。仰惟孝文皇帝德邁前王，叡明下燭，[10]不刊之式，事難變改。臣等參論，請停匡議，永遵先皇之制。"詔從之。

[1]留心既久：四部備要本"久"訛作"入"。

[2]寸籥不舛：指度量衡準確無誤。

[3]恭宗：即北魏皇帝拓跋晃。恭宗爲其廟號，北魏文成帝拓跋濬所追封。

[4]私繼歲久：底本、宋本、元大德本、毛本、四庫本、四部備要本"歲久"二字誤倒，今據《魏書》卷一九上《廣平王洛侯附濟南王匡傳》改。

[5]維城：連城以衛國。此指維繫北魏宗室之制。

[6]東平郡王：封爵名。東平，郡名。北魏時治無鹽縣，在今山東東平縣東。

[7]三府：三公府。　九列：九卿。

[8]高陽王：封爵名。高陽，郡名。北魏時治高陽縣，在今河北高陽縣東舊城。　雍：即元雍，人名。字思穆。北魏宗室、大

臣。見《北史》卷一九《高陽王雍傳》。

[9]荀勗：人名。字公曾，潁川潁陰（今河南許昌市）人。西晉官吏。見《晉書》卷三九《荀勗傳》。

[10]叡明下燭：喻智周萬物，光照後世。

匡每有奏請，尚書令、任城王澄時致執奪。匡剛隘，内遂不平。先所造棺，猶在僧寺，乃復修事，將與澄相攻。澄頗知之，後將赴省，與匡逢遇，騶卒相撾，[1]朝野駭愕。澄因是奏匡罪狀三十餘條，廷尉處以死刑。詔付八議，[2]特加原宥，削爵除官。三公郎中辛雄奏理之。[3]後特除平州刺史，徙青州刺史。尋爲關右都督、兼尚書行臺。遇疾，還京。孝昌初，[4]卒，謚曰文貞。後追復本爵，改封濟南王。[5]

[1]騶卒：隸役。　撾（zhuā）：擊打。

[2]八議：古代規定八種人犯罪須經特殊審議並享受減免刑罰權利的一種司法制度。周朝時稱八闢，漢朝時改爲八議。三國魏時正式規定於法典中，以後沿用至清朝。此八議是：議親、議故、議賢、議能、議功、議貴、議勤、議賓。

[3]三公郎中：官名。魏晉南北朝時與三公郎互稱，爲尚書省三公曹長官。北魏時屬殿中尚書，掌刑獄訴訟，擬定法律之政。孝文帝太和十七年定郎爲從五品中，郎中五品上。二十三年皆稱郎中，六品，仍可通稱爲郎。　辛雄：人名。字世賓，隴西狄道（今甘肅臨洮縣）人。北魏官吏。見《北史》卷五〇《辛雄傳》。

[4]孝昌：北魏孝明帝的年號（525—527）。

[5]濟南王：封爵名。濟南，郡名。北魏時治歷城縣，在今山東濟南市。

第四子獻襲，薨。子祖育襲。武定初，[1]墜馬薨。子勤又襲。[2]齊受禪，爵例降。

[1]武定：東魏孝静帝的年號（543—550）。

[2]勤又：殿本、四庫本、局本、四部備要本作“勤又”，宋本、元大德本、中華本作“勒叉”，毛本作“勤叉”。按：未詳孰是。

北史　卷三〇

列傳第十八

盧玄 玄孫思道 昌衡 元明 潛[1]　盧柔 子愷　盧觀 弟仲宣 叔彪 從子文偉[2]　盧同 子斐 兄子景裕 景裕弟辯 光 兄子賁[3] 光從弟勇　盧誕

[1]元明：中華本作“曾孫元明”。　潛：中華本作“玄孫潛”。按：從文中敘述來看，應從中華本。

[2]從子文偉：中華本作“從叔文偉”。按：從文中敘述來看，應從中華本。

[3]兄子賁：中華本作“光子賁”。按：從文中敘述來看，應從中華本。

盧玄字子真，范陽涿人也。[1]曾祖諶，[2]晉司空劉琨從事中郎。[3]祖偃、父邈，並仕慕容氏。偃爲營丘太守，[4]邈爲范陽太守，皆以儒雅稱。

[1]范陽：郡名。北魏時治涿縣，在今河北涿州市。　涿：縣名。治所在今河北涿州市。

[2]諶：即盧諶，人名。字子諒，范陽涿（今河北涿州市）

人。東晋文學家。見《晋書》卷四四《盧欽附盧諶傳》。毛本、殿本、四庫本、四部備要本作“湛”。按：《通志》卷一四八、《魏書》卷四七《盧玄傳》作“諶”。

[3]司空：官名。三公之一。魏晋南北朝時爲名譽宰相，多爲大臣加官。　劉琨：人名。字越石，中山魏昌（今河北定州市）人。晋朝官吏。見《晋書》卷六二《劉琨傳》。　從事中郎：官名。東漢大將軍府、東騎將軍府屬官。魏晋南北朝皆置，晋朝領兵之公府及位從公以上加兵者設。其職依時依府而異，或主吏，或分掌諸曹，或掌機密，或參謀議，地位較高。

[4]營丘：郡名。西晋末慕容廆以青州人治，治所在武寧縣，在今遼寧凌海市東。

神䴥四年，[1]太武辟召天下儒儁，[2]以玄爲首。授中書博士，[3]遷侍郎，[4]本州大中正。[5]使馮弘，[6]稱臣請附。外兄司徒崔浩每與言輒歎曰：[7]“對子真，使我懷古之情更深。”浩大欲齊整人倫，分明姓族。玄曰：“創制立事，各有其時，樂爲此者，詎幾人也？宜三思。”浩當時雖無以異之，竟於不納。浩敗，頗亦由此。[8]

[1]神䴥：北魏太武帝的年號（428—431）。

[2]太武：即北魏皇帝拓跋燾。太武爲其謚號。

[3]中書博士：官名。北魏置。中書教授博士、中書教學博士的省稱。屬中書學。選用博學之士擔任，教授中書學生。任職者升遷容易，多升爲中書省、門下省要職。

[4]遷：官制用語。指官吏調動職務，有平遷、超遷之分。侍郎：官名。西漢置。皇帝侍從官，爲郎官之一，隸光禄勳，宿衛宫禁，侍奉皇帝。北魏初亦置於禁中，掌侍衛。

[5]大中正：官名。魏晋南北朝時負責評定士族内部品第。漢

獻帝時置中正，評定士族品第。三國魏齊王曹芳時在郡中正之上設州大中正，兩晋、南北朝沿襲此制。北魏後期，恩幸、閹宦亦有任此職者。北魏時無品、無禄，但有罪時可當刑。

[6]馮弘：人名。字文通，長樂信都（今河北冀州市）人。十六國時北燕君主。見《北史》卷九三《馮跋附馮弘傳》。

[7]司徒：官名。與太尉、司空並稱三公，分掌宰相職能。北魏初曾令州郡公文先上司徒府，後改上丞相府。一品。　崔浩：人名。字伯淵，《北史》避唐高祖李淵諱改爲伯深，清河東武城（今山東武城縣西北）人。北魏官吏。見《北史》卷二一《崔宏附崔浩傳》。

[8]由：毛本作“田”。按：“由”“田”形近而訛，毛本誤，從底本。

後賜爵固安子，[1]散騎常侍，[2]使宋。宋文帝與之言，[3]嘉歎良久，曰：“中郎，[4]卿曾祖也！”還，遇疾，歸鄉卒，贈平東將軍、幽州刺史、固安侯，[5]謚曰宣。

[1]固安子：封爵名。固安，縣名。治所在今河北易縣東南。

[2]散騎常侍：官名。掌侍從皇帝左右，諫諍得失，顧問應對等。北朝時兼領修史，實際地位略高於南朝，但仍爲閑散之職。北魏初一度掌出令，位在中書令之上。孝文帝太和十七年（493）定爲二品下，二十三年定爲從三品。

[3]宋文帝：即南宋皇帝劉義隆。文爲其謚號。

[4]中郎：此指從事中郎盧諶。

[5]平東將軍：官名。多持節都督或兼理某一地區的軍事，有時也作爲地方刺史兼理地方軍事的加官。北魏孝文帝太和十七年定爲從二品上，二十三年定爲三品。　幽州：北魏時治薊縣，在今北京西南。

子度世，字子遷。幼聰達，有計數。爲中書學生，[1]應選東宫。弱冠，[2]與從兄遐俱以學行爲時流所重。遐特爲崔浩所敬，位至尚書、光禄大夫、范陽子。[3]

[1]中書學生：官名。北魏明元帝時置。多選漢人官員子弟爲之。除學習外，還參與中書省的一些事務。

[2]弱冠：男子二十歲行冠禮，表示已經成人。後來泛指男子二十歲左右的年紀。

[3]尚書：官名。北魏時分掌尚書省諸曹，品秩提高。孝文帝太和十七年定吏部從一品下，列曹二品中，二十三年定爲三品。光禄大夫：官名。掌議論，爲加官。北魏孝文帝太和十七年定爲從二品中，二十三年定爲三品。

度世後以崔浩事，[1]棄官逃於高陽鄭羆家，[2]羆匿之。使者囚羆長子，將加捶楚。羆誡之曰："君子殺身以成仁，汝雖死勿言。"子奉父命，遂被拷掠，乃至火爇其體，因以物故，卒無所言。度世後令弟娶羆妹，以報其恩。太武臨江，[3]宋文使其殿上將軍黄延年至。[4]帝問曰："盧度世坐與崔浩親通，逃命江表，應已至彼。"延年對曰："都下無聞，當必不至。"帝詔東宫赦度世宗族逃亡籍没者，度世乃出。拜中書侍郎，[5]襲爵。

[1]崔浩事：指崔浩因國史之獄而被夷九族之事。

[2]高陽：郡名。北魏時治高陽縣，在今河北高陽縣東。

[3]太武：宋本、元大德本、毛本、殿本、四庫本、四部備要

本作“大武”。

[4]宋文使其殿上將軍黄延年至：源氏校勘記云：“《魏書》作‘殿中’。”中華本校勘記云：“《魏書》卷四七《盧玄傳》‘上’作‘中’。按《宋書》卷四〇《百官志下》有殿中將軍，無殿上將軍。但《通志》卷一四八《盧元傳》，此句文同《魏書》而字作‘殿上’，今不改。”

[5]中書侍郎：官名。北魏時擬詔出令之職仍歸中書省，侍郎職閑官清，成爲諸王起家官。孝文帝太和十七年定爲四品上，二十三年定爲從四品上。

興安初，[1]兼太常卿，[2]立保太后父遼西獻王廟，[3]進爵爲侯。後除散騎侍郎，[4]使宋，應對宋侍中柳元景失衷。[5]還，被禁劾，經年乃釋。除濟州刺史，[6]州接邊境，將士數相侵掠，度世乃禁勒所統，還其俘虜，二境以寧。後坐事免。尋除青州刺史，[7]未拜，卒，謚曰惠。四子，伯源、敏、昶、尚之。[8]

[1]興安初：《魏書》卷四七《盧玄傳》作“興安中”。《通志》卷一四八同《北史》。興安，北魏文成帝的年號（452—454）。

[2]兼：官制用語。即以本官兼任、兼行或兼領其他官職。太常卿：官名。北魏時爲太常的尊稱。掌禮樂祭祀，位尊而職閑。三品。

[3]保太后：中國古代皇帝在登基之後册封乳母的一種封號，始於北魏太武帝封乳母竇氏爲保太后。此處指常氏。　遼西獻王：遼西王，封爵名。遼西，郡名。北魏時治肥如縣，在今河北盧龍縣北。獻，謚號。

[4]散騎侍郎：官名。侍從皇帝左右，顧問應對。北魏時兼修史。孝文帝太和十七年定爲四品上，二十三年定爲五品上。

[5]柳元景：人名。字孝仁，河東解（今山西臨猗縣）人。南朝宋官吏。見《宋書》卷七七《柳元景傳》。

[6]濟州：北魏時治碻磝城，在今山東茌平縣西南。源氏校勘記云："《魏書》作'齊州'。"中華本《魏書·盧玄傳》作"齊州"。《通志》卷一四八同《北史》。未詳孰是。

[7]青州：北魏時治東陽城，在今山東青州市。

[8]四子伯源敏昶尚之：源氏校勘記於"伯源"旁紅筆小字夾批"名淵"，並云："'尚之'，《魏書》無'之'字。"中華本校勘記云："《魏書》'伯源'作'淵'。按本名淵，字伯源，《北史》避唐諱，改稱其字。"

初，玄有五子，唯度世嫡，餘皆别生。崔浩之難，其庶兄弟恒欲害之，[1]度世常深忿恨。及度世有子，每誡絶妾孽，以防後患。至伯源兄弟，婢妾生子，雖形貌相類，皆不舉接。爲識者所非。

[1]恒：毛本、殿本、四庫本、四部備要本作"桓"。未詳孰是。

伯源小名陽烏，性温雅寡欲，有祖父風。敦尚學業，閨門和睦。襲侯爵，降爲伯。累加秘書監、本州大中正。[1]時孝文帝將立馮后，[2]先問伯源。請更簡卜。帝曰："以先后之姪，朕意已定。"伯源曰："雖奉敕如此，然臣心實有未盡。"及朝臣集議，執意如前。馮誕有盛寵，[3]深以爲恨，伯源不以介懷。及孝文議伐齊，伯源表以爲萬乘親戎，轉運難繼。詔雖不從，而優答之。尋以齊武帝殂，[4]停師。

［1］秘書監：官名。北魏時爲秘書省長官，掌圖書經籍之事，領著作省。孝文帝太和十七年定爲從二品中，二十三年定爲三品。

［2］馮后：指北魏孝文皇后馮氏，馮熙之女。見《北史》卷一三《文成文明皇后馮氏》。

［3］馮誕：人名。字思正，長樂信都（今河北冀州市）人。北魏外戚。見《北史》卷八〇《馮熙附馮誕傳》。

［4］齊武帝：即南朝齊皇帝蕭賾。武爲其謚號。

時涇州羌叛，[1]殘破城邑。伯源以步騎六千號三萬，徐行而進。未經三旬，賊衆逃散。降者數萬口，唯梟首惡，餘悉不問。詔兼侍中。[2]初，伯源年十四，嘗詣長安。將還，餞送者五十餘人，别於渭北。[3]有相者扶風人王逵曰：[4]"諸君皆不如此盧郎，雖位不副實，然得聲名甚盛，望踰公輔。[5]後二十餘年，當制命關右，願不相忘此行也。"相者年過八十，詣軍門請見，言叙平生。未幾，守儀曹尚書。[6]

［1］涇州：北魏時治安定縣，在今甘肅涇川縣北。

［2］侍中：官名。北魏時常總典機密，受遺詔輔政，權任尤重，時號"小宰相"。孝文帝太和十七年定爲從一品中，二十三年定爲三品。

［3］渭：源出今甘肅省，流入陝西省，會涇川水入黄河。

［4］扶風：郡名。北魏時治好畤縣，在今陝西乾縣東。　王逵：人名。《魏書》卷四七《盧玄附盧淵傳》作"王伯達"。

［5］公輔：天子之佐的三公、四輔。亦指宰相之類的大臣。

［6］儀曹尚書：官名。北魏置。爲尚書省儀曹長官，掌車服、

羽儀、朝覲、郊廟、饗宴等吉凶禮制。孝文帝太和十七年定爲二品中，二十三年定爲三品。

及齊雍州刺史曹武請降，[1]乃以伯源爲使持節、安南將軍，[2]督前鋒諸軍，徑赴樊、鄧。[3]辭以儒生不行軍事，帝不許。伯源曰："臣恐曹武爲周魴耳。[4]陛下宜審之。"武果僞降。伯源乃進攻赭陽，[5]師敗，坐免官爵。尋遭母憂。[6]服闋，[7]兼太尉長史。[8]

[1]雍州：南朝齊時治襄陽縣，在今湖北襄樊市。　曹武：中華本校勘記云："《魏書》'武'作'虎'，《北史》避唐諱改。"

[2]使持節：漢朝官吏奉命外出時，由皇帝授予節杖，來提高其權威。魏晉之後，重要的軍事長官出征或出鎮，通常加以使持節。可以誅殺二千石以下的官員。皇帝派遣大臣參與重要事情時，也加此職以示尊崇。次一等的稱持節，再次一等的稱假節。　安南將軍：官名。爲出鎮南方地區的軍事長官，或作爲刺史等地方官兼理軍務時的加官。北魏孝文帝太和十七年定爲二品下，二十三年定爲三品。

[3]樊：城名。在今湖北襄樊市。　鄧：城名。在今湖北襄樊市樊城區西北。

[4]周魴：人名。字子魚，吴郡陽羡（今江蘇宜興市南）人。三國吴官吏。曾以僞降之策，誘騙曹魏將領曹休率軍攻吴而遭致重創。見《三國志》卷六〇《吴書·周魴傳》。

[5]赭陽：城名。在今河南方城縣東。

[6]母憂：母親的喪事。

[7]服闋：守喪期滿除服。

[8]太尉：官名。北魏時爲名譽宰相，多爲大臣加官。孝文帝太和二十三年後爲一品。　長史：官名。爲所在官署的屬官之長。

北魏時相府長史總領丞相府事務，置左右二員。不同名號的長史所負職責不同。

後爲徐州京兆王愉兼長史。[1]愉時年少，事無巨細，多決於伯源。伯源以誠信御物，甚得東南人和。南徐州刺史沈陵密謀叛，[2]伯源屢有表聞，朝廷不納，陵果逃叛。陵之餘黨，伯源皆撫而赦之，唯歸罪於陵，由是衆心乃安。

[1]徐州：北魏時治彭城縣，在今江蘇徐州市。　京兆王：封爵名。京兆，郡名。北魏時治霸城縣，在今陝西西安市東北。　愉：即元愉，人名。字宣德。北魏宗室。見《北史》卷一九《京兆王愉傳》。

[2]南徐州：北魏時治宿豫縣，在今江蘇宿遷市東南。　沈陵：人名。字道通，吴興武康（今浙江德清縣）人。北魏官吏。見《魏書》卷六一《沈文秀附沈陵傳》。

景明初，[1]卒於秘書監，年四十八，贈幽州刺史，復本爵固安伯。謚曰懿。

[1]景明：北魏宣武帝的年號（500—503）。

初，諶父志，[1]法鍾繇書，[2]子孫傳業，累世有能名。至邈以上，[3]兼善草跡。伯源習家法，代京宫殿，[4]多其所題。白馬公崔宏亦善書，[5]世傳衛瓘體。[6]魏初工書者，崔、盧二門。伯源與李沖特相友善，[7]沖重伯源門風，伯源私沖才官，故結爲婚姻，往來親密。至於伯

源荷孝文意遇，頗亦由沖。伯源有八子。

［1］諶父志：殿本、四庫本、四部備要本作“湛父志”。

［2］鍾繇：人名。字元常，潁川長社（今河南長葛市東北）人。三國魏書法家、政治家。見《三國志》卷一三《魏書·鍾繇傳》。

［3］至邈以上：局本作“之邈以上”。按：《魏書》卷四七、《通志》卷一四八、《册府元龜》卷八六一均作“至邈以上”，今從底本。

［4］代京：指平城。在今山西大同市。

［5］白馬公：封爵名。白馬，縣名。治所在今河南滑縣舊縣東。崔宏：人名。字玄伯，清河東武城（今山東武城縣西北）人。北魏大臣。見《北史》卷二一《崔宏傳》。《魏書》爲避北魏孝文帝諱稱其字，作“崔玄伯”。

［6］衛瓘：人名。字伯玉，河東安邑（今山西夏縣）人。三國魏至西晋初書法家、大臣。見《晋書》卷三六《衛瓘傳》。

［7］李沖：人名。字思順，隴西狄道（今甘肅臨洮縣）人。北魏大臣。見《北史》卷一〇〇《凉武昭王李暠附李沖傳》。

長子道將，字祖業。應襲父爵而讓第八弟道舒，詔不許。道將引清河王國常侍韓子熙讓弟采魯陽男之例，[1]詔乃許之。道將涉獵經史，風氣謇諤，[2]頗有文才，爲　家後來之冠，諸父並敬憚之。彭城王勰、任城王澄皆虚衿相待。[3]勰爲中軍大將軍，[4]辟行參軍。[5]累遷燕郡太守。[6]道將下車表樂毅、霍原之墓，[7]爲之立祠。優禮儒生，厲勸學業，敦課農桑，墾田歲倍。卒於司徒司馬，[8]贈太常卿，[9]謚曰獻。所爲文筆數十篇。

[1]清河王：封爵名。清河，郡名。北魏時治清河縣，在今山東臨清市東北。　常侍：官名。魏晋南北朝時王、公等國置爲屬官。掌侍從左右、贊相禮儀、獻替諫諍。　韓子熙：人名。字元雍，昌黎棘城（今遼寧北票市章吉營子鄉三官營子村）人。北魏、東魏官吏。見《北史》卷四〇《韓麒麟附韓子熙傳》。　采：即韓采，人名。字仲穆，昌黎棘城（今遼寧北票市章吉營子鄉三官營子村）人。北魏官吏。見《北史·韓麒麟附韓子熙傳》。　魯陽男：封爵名。魯陽，郡名。北魏時治山北縣，在今河南魯山縣。

[2]謇諤：正直敢言。

[3]彭城王：封爵名。彭城，郡名。北魏時治彭城縣，在今江蘇徐州市。　勰：即元勰，人名。字延和。北魏宗室、大臣。見《北史》卷一九《彭城王勰傳》。　任城王：封爵名。任城，郡名。北魏時治任城縣，在今山東濟寧市南。　澄：即元澄，人名。字道鏡。北魏宗室。見《北史》卷一八《任城王雲附元澄傳》。

[4]中軍大將軍：官名。北魏時主要職責爲統管左右衛、前、後、左、右、驍騎等宿衛七營禁軍，主管京師以及宫廷禁衛。孝文帝太和十七年定爲從一品中，二十三年爲二品。

[5]行參軍：官名。三國蜀置。晋時中央除拜者爲參軍，諸府自辟者爲行參軍。晋以後行參軍亦可除拜，唯品階低於參軍。分掌府内各曹事務，官秩隨府主地位高低不等，歷朝不一。北魏時爲從七品上至流外。

[6]燕郡：北魏時治薊縣，在今北京西南。

[7]樂毅：人名。子姓，樂氏，字永霸，中山靈壽（今河北靈壽縣西北）人。戰國時燕國名將。見《史記》卷八〇《樂毅傳》。　霍原：人名。字休明，燕國廣陽（今北京房山區）人。晋朝學者。見《晋書》卷九四《霍原傳》。

[8]司徒司馬：官名。漢置。司徒府屬吏，爲領兵武職，掌營兵。北魏因之。

[9]太常卿：《魏書》卷四七《盧玄傳》作“龍驤將軍、太常

少卿”。

子懷祖，太學博士、員外散騎侍郎，[1]卒。子莊，[2]少有美名，位都水使者，[3]卒官。

[1]太學博士：官名。北魏時負責教授學生。孝文帝太和二十三年後定爲從七品。　員外散騎侍郎：官名。北魏時屬散騎省，初多以公族、功臣子充任，爲閑散之職，常用以安置閑退官員、衰老人士。孝文帝太和十七年定爲從四品下，二十三年定爲七品上。

[2]莊：源氏校勘記云：“《北齊》作‘莊之’。”《北齊書》卷四二《盧潛傳》作“莊之”。《通志》卷一四八同《北史》。未詳孰是。

[3]都水使者：官名。北魏時管理全國河渠灌溉水運事務。孝文帝太和十七年定爲四品中，二十三年定爲從五品上。

懷祖弟懷仁，字子友，涉學有辭。性恬静，蕭然有閑雅致。歷太尉記室、弘農郡守，[1]不之任，卜居陳留界。[2]所著詩賦銘頌二萬餘言，撰《中表實録》二十卷。[3]懷仁有行檢，善與人交。與琅邪王衍、隴西李壽之情好相得。[4]常語衍云：“昔太丘道廣，[5]許劭知而不顧；[6]嵇生峭立，鍾會遇而絶言。[7]吾處季、孟之間，去其太甚。”衍以爲然。

[1]記室：官名。記室掾、記室令史、記室督、記室參軍等的省稱。自漢起，皆於諸王府、公府、軍府、州郡府中掌上章報表書記。　弘農：郡名。北魏時治陝城，在今河南三門峽市。

[2]陳留：郡名。北魏初治陳留縣，在今河南開封市東南陳

留城。

[3]中表實録：内容不詳。已佚。

[4]琅邪：郡名。北魏時治即丘縣，在今山東臨沂市西。　王衍：人名。字文舒，琅邪臨沂（今山東臨沂市）人。北魏官吏。見《北史》卷四二《王肅附王衍傳》。　隴西：郡名。北魏時治襄武縣，在今甘肅隴西縣東南。

[5]太丘：即陳寔，人名。字仲躬，潁川許縣（今河南許昌市）人。東漢官員，名士。曾任太丘縣長。後世稱爲“陳太丘”。

[6]許劭：人名。字子將，汝南平輿（今河南平輿縣西北）人。東漢末名士。見《後漢書》卷六八《許劭傳》。

[7]嵇生峭立鍾會遇而絶言：源氏校勘記云：“‘遇’《北齊》作‘過’。”中華本校勘記云：“《北齊書》卷四二《盧潛傳》‘遇’作‘過’。按《晋書》卷四九《嵇康傳》云：‘潁川鍾會，貴公子也，精練有才辯，故往造焉，康不爲之禮。’‘故往造焉’即‘過’之意。作‘遇’誤。”嵇生，即嵇康，字叔夜，譙郡銍（今安徽宿州市西南）人。三國魏文學家。官至中散大夫。見《晋書》卷四九《嵇康傳》。鍾會，人名。字士季，潁川長社（今河南長葛市東北）人。三國魏大臣。見《三國志》卷二八《魏書·鍾會傳》。

子彦卿，有學尚，仕隋位御史。[1]撰《後魏紀》三十卷。[2]貞觀中位石門令、東宫學士。[3]

[1]御史：官名。隋朝時爲侍御史、治書侍御史、殿中侍御史、監察御史等的通稱。

[2]後魏紀：記北魏史事。久佚。

[3]貞觀：唐太宗的年號（627—649）。　石門：縣名。治所在今甘肅隴南市武都區東南。　東宫學士：官名。爲東宫文學侍從，以才學之士擔任。掌典禮、編纂、撰述、修史之事。

道將弟道亮，字仲業，[1]隱居不仕。子思道。

[1]道將弟道亮字仲業：中華本《魏書》卷四七《盧玄附盧道將傳》作“道將弟亮字仁業”。其校勘記云：“張森楷云：‘道將兄弟八人並以“道”字爲次，不應亮獨無之，疑此當誤脱文。“仲”“仁”二字，未知孰是。’按《北齊書》卷四二《盧潛傳》、《隋書》卷五七《盧思道傳》並作‘道亮’。這裏‘亮’上當脱‘道’字。下‘亮弟道裕’同脱。”

思道字子行，聰爽俊辯，通侻不羈。年十六，中山劉松爲人作碑銘，[1]以示思道，思道讀之，多所不解。乃感激讀書，師事河間邢子才。[2]後復爲文示松，松不能甚解。乃喟然歎曰：“學之有益，豈徒然哉！”因就魏收借異書。[3]數年間，才學兼著。然不持操行，好輕侮人物。齊天保中，[4]《魏史》成，[5]思道多所非毁，由是前後再被笞辱，[6]因而落泊不調。

[1]中山：郡名。北魏時治盧奴縣，在今河北定州市。

[2]河間：郡名。北魏初治樂城縣，在今河北獻縣東南；孝文帝太和十一年移治武垣縣，在今河北河間市南。　邢子才：即邢卲，人名。字子才，小字吉，河間鄚（今河北任丘市北）人。北魏、東魏、北齊官吏。見《北史》卷四三《邢巒附邢卲傳》。

[3]魏收：人名。字伯起，小字佛助，鉅鹿下曲陽（今河北晋州市西）人。北齊學者。見《北齊書》卷三七《魏收傳》。

[4]天保：北齊文宣帝的年號（550—559）。

[5]魏史成：《隋書》卷五七《盧思道傳》作“魏史未出”。

《通志》卷一四六、《册府元龜》卷九四四同《魏書》。據“思道多所非毁”可推斷當是“魏史成”，今從《北史》。此處所謂《魏史》成書於北齊天保年間，應是魏收所撰《魏書》。

[6]笞辱：拷打而使受辱。

後左僕射楊遵彦薦之於朝，[1]解褐司空行參軍、長兼員外散騎侍郎，[2]直中書省。[3]文宣帝崩，[4]當朝文士各作挽歌十首，擇其善者而用之。魏收、陽休之、祖孝徵等不過得一二首，[5]唯思道獨有八篇。故時人稱爲“八米盧郎”。後漏泄省中語，出爲丞相西閤祭酒。[6]歷太子舍人、司徒録事參軍。[7]每居官，多被譴辱。後以擅用庫錢，免歸家。嘗於薊北，[8]悵然感慨，爲五言詩見意，世以爲工。後爲給事黄門侍郎，[9]待詔文林館。[10]

[1]左僕射：官名。北齊時列位宰相，職掌都省庶務及執法，或典選舉，兼掌糾彈百官。從二品。　楊遵彦：人名。即楊愔。字遵彦，小名秦王，弘農華陰（今陝西華陰市東南）人。東魏、北齊官吏。見《北史》卷四一《楊播附楊愔傳》。

[2]司空行參軍：官名。司空府屬吏，分掌府内各曹事，爲正參軍之副職。北齊時爲從七品。

[3]中書省：官署名。北齊時掌擬詔出令及宫廷音樂，設監、令各一員，侍郎四員。

[4]文宣帝：即北齊皇帝高洋。文宣爲其謚號。

[5]陽休之：人名。字子烈，右北平無終（今天津薊縣）人。北魏、東魏、北齊官吏。見《北齊書》卷四二《陽休之傳》。　祖孝徵：人名。即祖珽。字孝徵，范陽遒（今河北淶水縣北）人。東

魏、北齊官吏。見《北史》卷四七《祖瑩附祖珽傳》。

[6]西閤祭酒：官名。北齊時三師、二大、三公府皆置，七品上，諸開府所置爲七品下。

[7]太子舍人：官名。北齊時爲太子府屬官，掌文章書記，隸詹事府典書坊，二十八員，從六品下。　司徒録事參軍：官名。西晋時丞相府始置。爲録事曹長官，掌總録衆曹文簿，舉彈善惡，位在列曹參軍上。北齊時爲六品上。

[8]薊：城名。在今北京西南。

[9]給事黄門侍郎：官名。魏晋南北朝時爲侍中省或門下省次官，與侍中俱掌門下衆事。北齊時爲四品。

[10]文林館：官署名。北齊後主時置，引文學之士充之，稱待詔。

周武帝平齊，[1]授儀同三司，[2]追赴長安。與同輩陽休之等數人作《聽蟬鳴篇》。思道所爲，詞意清切，爲時人所重。新野庾信徧覽諸同作者，[3]而深歎美之。未幾，母疾，還鄉。遇同郡祖英伯及從兄昌期等舉兵作亂，思道預焉。柱國宇文神舉討平之。[4]思道罪當斬，已在死中。神舉素聞其名，引出，令作露布。[5]援筆立成，文不加點。神舉嘉而宥之。後除掌教上士。[6]

[1]周武帝：即北周皇帝宇文邕。武爲其謚號。

[2]儀同三司：西魏、北周時儀同府的主管將軍，亦稱儀同將軍。主要授予有軍功的大臣及北齊的降官，無具體職掌。北周時爲九命。

[3]新野：郡名。北周時治新野縣，在今河南新野縣。　庾信：人名。字子山，南陽新野（今河南新野縣）人。南朝梁官吏。見《北史》卷八三《庾信傳》。

[4]柱國：官名。北魏初，一度爲功臣元勳之加官。孝莊帝時復設此官，爲國之執政。西魏時爲最高軍事長官。北周因之，正九命。　宇文神舉：人名。代郡武川（今内蒙古武川縣西）人，鮮卑族。北周宗室。見《周書》卷四〇《宇文神舉傳》。

[5]露布：軍旅公告文書。

[6]掌教上士：官名。西魏恭帝時置。爲春官府屬官，掌文案制式。有掌教中士爲副佐。北周因之，正三命（參王仲犖《北周六典》，中華書局 1979 年版，第 498 頁）。

隋文帝爲丞相，遷武陽太守。[1]位下，不得志，爲《孤鴻賦》以寄其情。其序曰：

[1]武陽：郡名。北周時治樂平縣，在今山東莘縣。

余志學之歲，自鄉里遊京師，便見識知音，歷受群公之眷。年登弱冠，甫就朝列，談者過誤，遂竊虚名。通人楊令君、邢特進以下，[1]皆分庭致敬，倒屣相接，[2]翦拂吹嘘，[3]長其光價。而才本駑拙，性實疏嬾，[4]勢利貨殖，淡然不營，雖籠絆朝市，[5]且三十載，而獨往之心，未始去懷抱也。

[1]楊令君：即楊愔。　邢特進：即邢卲。

[2]倒屣：急於出迎，把鞋倒穿。

[3]翦拂：比喻對人才的讚揚、提攜。

[4]疏嬾：懶散。

[5]籠絆：羈絆，受牽制。

攝生舛和，[1]有少氣疾。分符坐嘯，作守東原。[2]洪河之湄，沃野彌望，[3]囂務既屏，魚鳥爲鄰。[4]有離群之鴻，爲羅者所獲，[5]野人馴養，貢之於余。置諸池庭，朝夕賞翫，既用銷憂，兼以輕疾。《大易》稱“鴻漸於陸”，[6]羽儀盛也。揚子曰“鴻飛冥冥”，騫翥高也。[7]《淮南子》云“東歸碣石”，違溽暑也。[8]平子賦“南翔衡陽”，避祁寒也。[9]若其雅步清音，遠心高韻，鵷鸞已降，[10]罕見其儔。而鎩翮墻陰，[11]偶影獨立，唼喋粃稗，[12]雞鶩爲伍，[13]不亦傷乎。

余五十之年，忽焉已至，永言身事，慨然多緒，乃爲之賦，聊以自慰云。

[1]攝生舛和：由於生理失調而生病。

[2]分符坐嘯作守東原：指在武陽做太守，通過屬下處理公務，自己不理政事。分符，帝王封官授爵，分與符節的一半作爲信物。坐嘯，爲官清閑或不理政事。東原，地區名。相當於今山東運河以西，汶水下游一帶。

[3]洪河之湄沃野彌望：在黄河岸邊，向西方看。洪河，大河。古時多指黄河。沃野，古代對西方的稱呼。《淮南子》卷四《墬形訓》：“西方曰金邱，曰沃野。”高誘注：“沃，猶白也。西方白，故曰沃野。”

[4]囂務既屏魚鳥爲鄰：不理俗務，過著隱逸的生活。囂務，煩雜的俗務。魚鳥爲鄰，與魚和鳥爲伴。指隱逸。

[5]羅者：獵人。

[6]大易：《周易》的別稱。

[7]揚子：即揚雄。字子雲，蜀郡成都（今四川成都市）人。

西漢辭賦家。見《漢書》卷八七上《揚雄傳》。　騫翥（zhù）：地位上升。

[8]淮南子云東歸碣石違溽暑也：今本《淮南子》不見。淮南子，西漢淮南王劉安及其門客撰。二十一卷。碣石，山名。在今河北昌黎縣城北。溽暑，潮濕悶熱。

[9]平子：即張衡，人名。字平子，南陽西鄂（今河南南陽市東北）人。東漢文學家、科學家。見《後漢書》卷五九《張衡傳》。　衡陽：地名。衡山之南。在今湖南衡陽市。　祁寒：嚴寒。《尚書·君牙》："冬祁寒，小民亦惟曰怨咨。"蔡沈《集傳》："祁，大也。"

[10]鵷（yuān）鸞：鳳凰一類的鳥。比喻賢者。

[11]鎩翮（hé）：摧落羽毛。

[12]唼喋：形容魚或水鳥吃食的聲音，也指魚或水鳥吃食。

[13]雞鶩：雞和鴨。指庸人。

開皇初，[1]以母老，表請解職，優詔許之。思道恃才地，多所陵轢，[2]由是官途淪滯。既而又著《勞生論》，指切當世。歲餘，奉詔郊勞陳使。頃之，遭母憂。未幾，起爲散騎侍郎，[3]參内史侍郎事。[4]于時，議置六卿，[5]將除大理。[6]思道上奏曰："省有駕部，[7]寺留太僕；[8]省有刑部，[9]寺除大理。斯則重畜産而賤刑名，誠爲不可。"又陳殿庭非杖罰之所，朝臣犯笞罪，[10]請以贖論。上悉嘉納之。是歲，卒于京師。上甚惜之，遣使吊祭焉。集二十卷，[11]行於世。子赤松，大業中，[12]位河東縣長。[13]

[1]開皇：隋文帝的年號（581—600）。

[2]陵轢（lì）：輕侮。

[3]散騎侍郎：官名。隋初並屬門下省，掌值朝陪從，正五品上。煬帝大業三年（607）廢。

[4]内史侍郎：官名。隋朝置。爲内史省次官。四員，正四品。煬帝大業三年減爲二員，十二年改爲内書侍郎。

[5]六卿：太僕、廷尉、大鴻臚、宗正、大司農、少府之合稱。地位次於太常等三卿。

[6]大理：官名。大理卿的省稱。爲大理寺長官，列位九卿。掌刑獄、司法。隋煬帝大業三年定爲從三品。

[7]駕部：官署名。隋朝時爲兵部四司之一，初置侍郎、員外郎爲長貳，煬帝改置郎、承務郎。

[8]太僕：官名。隋朝時管理宫廷車馬及全國畜牧事務。隋初爲正三品，煬帝時改爲從三品。

[9]刑部：官署名。西魏恭帝置。隋文帝開皇元年罷，置都官部，爲尚書省六部之一。

[10]笞罪：應受笞刑的罪行。

[11]集二十卷：源氏校勘記云："《隋書》（'二十'）作'三十'，'縣長'作'長史'。"《隋書》卷五七《盧思道傳》作"有集三十卷"。《通志》卷一六四同《北史》。

[12]大業：隋煬帝的年號（605—617）。

[13]河東：郡名。隋朝時治蒲坂縣，在今山西永濟市西南蒲州鎮。

道亮弟道裕，字寧祖。少以學尚知名，風儀兼美。尚獻文女樂浪長公主，拜駙馬都尉。[1]歷位中書侍郎、太子中庶子、幽州大中正，[2]卒於涇州刺史，[3]謚曰文。[4]

[1]駙馬都尉：官名。北魏時無定員，無實職，尚公主者亦多加此號。孝文帝太和十七年定爲從四品上，二十三年定爲六品。

[2]太子中庶子：官名。北魏時掌侍從、奏事、諫議等。孝文帝太和十七年定爲三品中，二十三年定爲四品上。

[3]涇州：北魏時治安定縣，在今甘肅涇川縣北。

[4]謚曰文：《魏書》卷四七《盧玄附盧道將傳》作"謚曰文侯"。《通志》卷一四八同《北史》。

道裕弟道虔，字慶祖。粗閑經史，兼通算術。尚孝文女濟南長公主，拜駙馬都尉。公主驕淫，聲穢遐邇，[1]無疾暴薨，時云道虔所害。宣武秘其事，不苦窮之。後靈太后追主薨事，[2]黜道虔，令終身不仕。道虔外生李彧，[3]尚莊帝姊豐亭公主，因相藉託，永安中，[4]除輔國將軍、通直常侍。[5]以議曆勳，賜爵臨淄伯。[6]天平中，[7]歷都官尚書、本州大中正，[8]幽州刺史，加衛大將軍。[9]卒官，贈尚書右僕射、司空公、瀛州刺史，[10]謚曰文恭。[11]

[1]聲穢遐邇：名聲醜惡，遠近聞名。

[2]靈太后：即北魏宣武帝皇后胡氏。靈爲其謚號。

[3]外生：即外甥。　李彧：人名。字子文，隴西狄道（今甘肅臨洮縣）人。北朝官吏。見《北史》卷一〇〇《凉武昭王李暠附李彧傳》。

[4]永安：北魏孝莊帝的年號（528—530）。

[5]輔國將軍：官名。將軍名號。北魏孝文帝太和十七年定爲三品上，二十三年定爲從三品。　通直常侍：官名。北魏時掌侍從、諷諫，屬集書省，六員。四品。

[6]臨淄伯：封爵名。臨淄，縣名。治所在今山東淄博市。

[7]天平中：《魏書》卷四七《盧玄附盧道虔傳》作“天平初”。《通志》卷一四八同《北史》。天平，東魏孝静帝的年號(534—537)。

[8]都官尚書：官名。爲尚書省都官曹長官。東魏時掌制定律令法制，糾劾違法，水利工程，宫廷百官膳食等。三品。

[9]衛大將軍：官名。東魏時爲高級武職，位在儀同三司下，後不統兵，爲安排有軍勳人員的閑職。二品。

[10]尚書右僕射：官名。東魏時列位宰相，掌都省庶務、執法及選舉。從二品。　司空公：官名。爲司空的尊稱。東魏時爲名譽宰相，多爲大臣加官。一品。　瀛州：東魏時治趙都軍城，在今河北河間市。

[11]文恭：源氏校勘記云：“《魏書》作‘恭文’。”中華本《魏書·盧玄附盧道虔傳》作“恭文公”。《通志》卷一四八同《北史》。

道虔好禮學，難齊尚書令王儉《喪服集記》七十餘條。[1]爲尚書同僚於草屋下設雞黍之膳，談者以爲高。昧旦將上省，[2]必見其弟然後去。奴在馬上彈琵琶，道虔聞之，杖奴一百。公主二子，昌寓、昌仁，[3]昌寓不慧，昌仁早卒。道虔又娶司馬氏，有子昌裕。後司馬氏見出，[4]更娉元氏，甚聰悟，常升高座講《老子》。道虔從弟元明隔紗帷以聽焉。元氏生二子，昌期、昌衡，昌衡最知名。

[1]尚書令：官名。兩晋南朝宋時爲尚書省長官，總理全國政務，實權有如宰相。南朝齊時爲尚書省副職。　王儉：人名。字仲

賓，琅邪臨沂（今山東臨沂市）人。南朝齊官吏、學者。見《南齊書》卷二三《王檢傳》。

[2]昧旦將上省：宋本作“妹旦將上省”。按：宋本誤，從底本。

[3]昌寓：《魏書》卷四七《盧玄附盧道虔傳》作“昌宇”。《通志》卷一四八同《北史》。

[4]後司馬氏見出：《魏書·盧玄附盧道虔傳》作“及司馬見出之後”。《通志》卷一四八同《北史》。未詳孰是。

昌衡字子均，小字龍子。沈靖有才識，風神澹雅，容止可法。[1]博涉經史，工草行書。從弟思道，小字釋奴，宗中稱英妙，昌衡與之俱被推重。故幽州語曰：“盧家千里，釋奴、龍子。”

[1]容止：儀容舉止。

仕魏，兼太尉外兵參軍。[1]齊受禪，歷平恩令。[2]右僕射祖孝徵薦爲尚書金部郎。[3]孝徵每曰：“吾用盧子均爲尚書郎，自謂無愧幽州。”[4]始天保中，尚書王昕以雅談獲罪，[5]諸弟尚守而不墜。自兹以後，此道浸微。昌衡與頓丘李若、彭城劉珉、河南陸彦師、隴西辛德源、太原王循並爲後進風流之士。[6]後兼散騎侍郎，迎勞周使。周武平齊，授司玉中士，[7]與大宗伯斛斯徵脩《禮令》。[8]

[1]太尉外兵參軍：官名。太尉府僚屬。掌本府外兵曹事務，兼備參謀咨詢。

[2]平恩：縣名。治所在今河北曲周縣東南。

[3]右僕射：官名。即尚書右僕射。北魏時列位宰相，地位稍遜南朝，職掌都省庶務及執法，或典選舉，左僕射兼掌糾彈百官。孝文帝太和十七年定爲從一品中，二十三年定爲從二品。北齊因之。　尚書金部郎：官名。魏晋南北朝時爲尚書省金部曹長官通稱，亦稱金部郎中，資深勤能者可轉侍郎。北齊時爲六品。

[4]吾用盧子均爲尚書郎自謂無愧幽州：底本“幽州”作“幽明”，源氏校勘記云：“《隋書》（‘幽明’）作‘幽州’。”中華本校勘記云：“洪頤煊云：‘《隋書》（卷五七）本傳作“自謂無愧幽州矣”，昌衡祖盧淵贈幽州刺史，父道虔天平中歷幽州刺史，猶言無愧於其祖、父。此改作“無愧幽明”，非是。’按盧、祖都是幽州大族，‘無愧幽州’，即無愧於鄉里之意，《隋書》是。”今從改。尚書郎，官名。北齊時凡尚書曹郎、郎中、侍郎皆可簡爲此稱，掌收發文書奏章庶務，可直接向皇帝奏報本職政務。六品。

[5]王昕：人名。字元景，北海劇（今山東壽光市東南）人。北魏、東魏、北齊官吏。見《北齊書》卷三一《王昕傳》。

[6]頓丘：郡名。北齊時治頓丘縣，在今河南清豐縣西南。李若：人名。頓丘（今河南清豐縣西南）人。北齊官吏。見《北史》卷四三《李崇附李若傳》。　彭城：縣名。治所在今江蘇徐州市。　劉珉：人名。彭城（今江蘇徐州市）人。北齊書法家，歷任三公郎中、文林館待詔、散騎常侍、睢陽太守等職。　陸彦師：人名。字雲房，代（今山西大同市東北）人。北齊官吏。見《北史》卷二八《陸俟附陸彦師傳》。　辛德源：人名。字孝基，隴西狄道（今甘肅臨洮縣）人。北齊、北周、隋朝學者。見《北史》卷五〇《辛雄附辛德源傳》。　太原王循：底本無“太原”，中華本校勘記云：“李慈銘云：‘《北齊書》（卷四七《盧潛傳》）作太原王脩，此脱“太原”二字。“脩”“循”字古多混。’”今從補“太原”二字。王循，人名。太原（今山西太原市晋源區古城營村一帶）人。北齊名士。

[7]司玉中士：官名。西魏恭帝時置。北周沿置。冬官府司玉下大夫屬官，佐司玉下大夫掌本司事務。正二命。隋文帝開皇元年罷。

[8]大宗伯：官名。掌管禮樂、祭祀、天文曆法、著作等方面事務。原爲《周禮》六卿之一，爲春官之長。西魏末、北周仿《周禮》建六官，復置爲春官之長，亦稱大宗伯卿。北周時爲正七命。殿本、四部備要本作"太宗伯"。按：古"大""太"可通。 斛斯徵：人名。字士亮，河南洛陽（今河南洛陽市）人。西魏、北周大臣。見《周書》卷二六《斛斯徵傳》。

隋開皇初，拜尚書祠部侍郎。[1]文帝嘗大集群下，令自陳功，人皆競進，昌衡獨無所言。左僕射高熲目而異之。[2]陳使賀徹、周濆相繼來聘，朝廷每令昌衡接對之。未幾，出爲徐州總管長史，[3]甚有能名。吏部尚書蘇威考之曰：[4]"德爲世表，行爲士則。"論之者以爲美談。常行至浚儀，[5]所乘馬爲人牛所觸致死。牛主陳謝，求還價直。昌衡謂曰："六畜相觸，自關常理，此豈人情也，君何謝焉？"拒而不受。性寬厚不校，皆此類也。轉壽州總管長史，[6]宇文述甚敬之，[7]委以州務。歲餘，遷金州刺史。[8]

[1]尚書祠部侍郎：官名。魏晋南北朝爲尚書祠部曹長官通稱，亦稱祠部郎中，其資深者可轉侍郎。掌祭祀禮儀。隋初改名祠部侍郎，煬帝大業三年改祠部侍郎爲此名，爲禮部祠部司長官，從五品。

[2]高熲：人名。一名敏，字昭玄，勃海蓨（今河北景縣）人。見《北史》卷七二《高熲傳》。底本作"高潁"，中華本作

“高熲”。今從中華本改。

[3]總管：官名。地方高級軍政官員。北周明帝武成元年（559）由都督諸州軍事改名，加使持節，管理轄區軍政民務。所轄區域增減無常，一般轄數州，多者可達數十州。隋因之，領一州或數州、十數州軍政，刺史以下官得承制補授。其品秩分三等，上總管視從二品，中總管視正三品，下總管視從三品。邊鎮大州或置大總管。　長史：官名。隋朝時掌顧問參謀，爲幕僚之長。員額、品秩各不相同。

[4]吏部尚書：官名。隋朝時爲尚書省六部長官之首，與二侍郎分掌六品以下文官選授、勳封、考課之政。正三品。　蘇威：人名。字無畏，京兆武功（今陝西武功縣西北）人。北周、隋朝官吏。見《北史》卷六三《蘇綽附蘇威傳》。

[5]浚儀：縣名。治所在今河南開封市。

[6]壽州：隋朝時治壽春縣，在今安徽壽縣。

[7]宇文述：人名。字伯通，代郡武川（今内蒙古武川縣西）人。北周官吏。見《北史》卷七九《宇文述傳》。

[8]金州：隋朝時治西城縣，在今陝西安康市。

仁壽中，[1]奉詔持節爲河南道巡省大使。[2]及還，以奉使稱旨，授儀同三司，[3]賜物二百段。昌衡自以年在縣車，[4]上表乞骸骨，優詔不許。大業初，徵爲太子左庶子，[5]行詣洛陽，道卒。子寶素、寶胤。

[1]仁壽：隋文帝的年號（601—604）。

[2]持節：自漢起，節爲皇帝號令賞罰的信物，故持節比不持節位高權重。歷朝因之。自西晋起，實際成爲一種加職。持節在使持節之下、假節之上，督軍時與使持節同，有權殺二千石以下，平時祇能殺無官位之人。　巡省大使：官名。掌奉皇命視察各地。非

常任官。

[3]儀同三司：西魏、北周府兵二十四開府府所統儀同府主管將軍，軍號爲車騎大將軍、儀同三司，簡稱儀同將軍，北周武帝改爲儀同大將軍。隋初沿用，全稱爲車騎將軍、儀同三司，勳級雖同，但已有領兵不領兵之分。

[4]縣（xuán）車：指致仕。一般七十歲辭官家居，廢車不用，故稱。

[5]太子左庶子：官名。隋朝時爲太子門下坊長官，二員，正四品上。

道虔弟道侃，字希祖，沈雅有學尚，位州主簿，[1]卒。以弟道約子正達爲後。

[1]主簿：官名。典領文書簿籍，經辦事務。北魏、北齊時諸將軍、五校尉等軍府、列卿寺監、光禄大夫等皆置，其品位秩級隨府長官品秩高低而不等。州、郡、縣亦置。雖非掾史之首，然地位較高，縣之主簿較州之主簿更甚。

道侃弟道和，字叔雍，[1]兄弟之中，人望最下。位冀州中軍府中兵參軍，[2]卒。子景猷，弘農太守。景猷子士彦，有風概，隋開皇中，爲蜀王秀屬。[3]以秀所爲不軌，辭疾，終於家。

[1]字叔雍：源氏校勘記云："'雍'《魏書》作'維'。"《魏書》卷四七《盧玄附盧道虔傳》作"字叔維"。《通志》卷一四八作"字叔庸"。中華本《魏書》卷四七校勘記云："張森楷云：'"雍"與"和"義洽，此形近而訛。'"

[2]冀州：北魏時治信都縣，在今河北冀州市。　中兵參軍：

官名。亦稱爲中兵參軍事。魏晋南北朝時諸公、軍府僚屬之一。掌管本府中兵曹事務，兼任參謀咨詢之責。其品秩隨著府主地位的高低而不同。北周以後常置。

[3]蜀王秀：即楊秀。隋文帝第四子。文帝開皇元年封爲越王，後徙封蜀王，拜柱國、益州刺史。見《北史》卷七一《庶人秀傳》。

道和弟道約，字季恭，位司徒屬、幽州大中正。[1]興和末，[2]除衛大將軍、兖州刺史，[3]在州頗得人和。卒，贈儀同三司、幽州刺史。

[1]司徒屬：官名。西漢置。掌司徒府内諸曹庶務。歷朝因之，品秩不一。

[2]興和：東魏孝静帝的年號（539—542）。

[3]兖州：東魏時治瑕丘縣，在今山東兖州市東北。

子正通，少有令譽，位開府諮議，[1]卒。妻謝氏，[2]與正通弟正思淫亂，爲御史所劾，[3]人士疾之。正思弟正山子公順，[4]早以文學見知，爲符璽郎，[5]待詔文林館。正思兄弟以齊太后舅氏，[6]武平中，[7]並得優贈。

[1]開府：北魏置。孝文帝太和十七年定爲一品下，二十三年定爲從一品。北齊沿置，地位漸低。北周時置爲府兵組織統兵官，統兵二千人左右。　諮議：官名。北魏時諸王府、丞相府、公府、軍府等皆設，總管府内軍政事務。品秩不一。孝文帝太和二十三年定爲正四品至正六品上。北齊時三師、二大、三公府置。從四品上。

［2］妻謝氏：源氏校勘記云："'謝'《魏書》作'鄭'。"《魏書》卷四七《盧玄附盧道約傳》作"妻鄭氏"。《通志》卷一四八同《北史》。

［3］御史：官名。西周時爲侍從屬官。秦朝御史監郡成爲定制。西漢時爲御史大夫屬官，執行專項監察任務。監察考課百官政務。魏晋南北朝時則爲侍御史、治書侍御史、殿中侍御史等的簡稱。

［4］正思弟正山子公順：底本"子"作"字"，源氏校勘記云："'正山字公順'，按《北齊》以公順爲正山之子，似是。《北齊書》曰'正達、正思、正山'。"中華本校勘記云："諸本'子'作'字'，《北齊書》卷四二《盧潛傳》作'子'，又云：正山官永昌太守。公順武平中官符璽郎，待詔文林館。父子分明。此作'字'是形訛，今據改。"今從改。

［5］符璽郎：官名。漢朝時有尚符璽郎，爲符節令屬官，掌保管璽印符節，三國魏時稱符璽郎中，七品。北魏復置，仍隸符節令。北齊沿置，員四人，從六品上。

［6］齊太后：四庫本作"齊大后"。按：古"大""太"可通。

［7］武平：北齊後主的年號（570—576）。

道約弟道舒，字幼安，襲父爵，位中書侍郎，卒。子熙裕襲。熙裕清虚守道，[1]有古人風，爲親表所敬。

［1］子熙裕襲熙裕清虚守道：殿本、四庫本、四部備要本作"子熙裕清虚守道"。《通志》卷一四八同底本。

伯源弟敏，字仲通，小字洪崖，[1]少有大量。孝文器之，納其女爲嬪。位儀曹郎，[2]早卒，贈威遠將軍、范陽太守，[3]謚曰靖。五子。

[1]洪崖：毛本、局本作“洪崕”。源氏校勘記云：“《魏書》作‘紅崖’。”《魏書》卷四七《盧玄附盧淵傳》作“紅崖”。按：據《通志》卷一四八作“洪崖”。今從底本。

[2]儀曹郎：官名。爲尚書省儀曹長官通稱，亦稱郎中，資深者可轉侍郎。北魏孝文帝太和十七年定郎中爲五品上，郎從五品中，二十三年皆稱郎中，六品。

[3]威遠將軍：官名。三國吴置。將軍名號，權任很重。北魏孝文帝太和十七年定爲五品中，二十三年定爲從五品。

長義僖，字遠慶，早有學尚，識度沈雅。年九歲喪父，便有至性，[1]少爲僕射李沖所歎美。起家秘書郎，累遷冠軍將軍、中散大夫，[2]以母憂去職。幽州刺史王誦與之交款，[3]每與故舊李神儁等書曰：[4]“盧冠軍在此，時復惠存，[5]輒連數日，得以諮詢政道。”其見重若此。後拜征虜將軍、太中大夫，[6]散秩多年，澹然自得。李神儁勸其干謁當途，[7]義僖曰：“既學先王之道，貴行先王之志，何得苟求富貴也?”

[1]至性：天賦卓絶的品性。

[2]冠軍將軍：官名。北魏時爲將軍名號，位在輔國將軍之上。孝文帝太和二十二年定爲從二品。　中散大夫：官名。北魏時曾爲加官。孝文帝太和十七年定爲四品上，二十三年定爲四品下。

[3]王誦：人名。字國章，琅邪臨沂（今山東臨沂市）人。北魏官吏。見《北史》卷四二《王肅附王誦傳》。

[4]李神儁：人名。即李挺。字神儁（一作“神儁”），小名提，隴西狄道（今甘肅臨洮縣）人。北魏、東魏官吏。見《北史》卷一〇〇《涼武昭王李暠附李神儁傳》。

[5]時復惠存：《魏書》卷四七《盧玄附盧義僖傳》作“時復惠好”。源氏校勘記云：“‘存’《魏書》作‘好’。”中華本《魏書》卷四七校勘記云：“《册府》卷六八七作‘來’。疑作‘存’是。”可從。

[6]征虜將軍：官名。武官名號。北魏時亦作爲高級文職官員的加官。孝文帝太和十七年定爲三品上，二十三年定爲從三品。　太中大夫：官名。掌顧問應對，參謀議政，奉詔出使，多以寵臣貴戚充任。北魏時多用於安置年老病退免官的九卿等大臣，亦用作加官、兼官，或供朝廷臨時差遣。孝文帝太和十七年定爲三品下，二十三年定爲從三品。

[7]干謁：爲某種目的而求見。

孝昌中，[1]除散騎常侍。時靈太后臨朝，黄門侍郎李神軌勢傾朝野，[2]求結婚姻。義僖慮其必敗，拒而不許。王誦謂義僖曰：“昔人不以一女易五男，卿易之也？”義僖曰：“所以不從，正爲此耳。[3]從，恐禍大而連速。”誦乃握義僖手曰：“我聞有命，不敢以告人。”遂適他族。臨婚之夕，靈太后遣中常侍服景就家敕停，内外惶怖，義僖夷然自若。普泰中，[4]除都官尚書、驃騎大將軍、左光禄大夫。[5]

[1]孝昌：北魏孝明帝的年號（525—527）。

[2]黄門侍郎：官名。北魏時爲郎官的加官，與侍中俱掌門下事，侍從皇帝於宫門之内。孝文帝太和十七年定爲三品中，二十三年爲四品上。　李神軌：人名。小名青肫，頓丘（今河南清豐縣西南）人。北魏官吏。見《北史》卷四三《李崇附李神軌傳》。

[3]正爲此耳：毛本、殿本、四庫本、四部備要本“爲”作

"謂"。按：據《魏書》卷四七《盧玄附盧義僖傳》、《通志》卷一四八、《册府元龜》卷七八一，今從底本。

［4］普泰：北魏節閔帝的年號（531—532）。

［5］驃騎大將軍：官名。北魏時多加於權臣元老，以示尊崇，開府置僚屬，不領兵。孝文帝太和十七年定爲一品中，二十三年爲從一品。　左光禄大夫：官名。爲在朝顯職的加官，以示恩寵，或授予年老有病者爲致仕之官，亦常用於卒後贈官，無具體職掌。北魏孝文帝太和十七年定爲從一品中，二十三年後爲二品。

義僖寬和畏慎，不妄交款。性清儉，不營財利。少時，幽州頻遭水旱，先有數萬石穀貸人，義僖以年穀不熟，乃燔其契，州閭悦其恩德。雖居顯位，每至困乏，麥飯蔬食，怡然甘之。卒，贈大將軍、儀同三司、瀛州刺史，[1]謚曰孝簡。

［1］大將軍：官名。將軍名號。爲加授給大臣、重要州郡長官的戎號。《魏書》卷四七《盧玄附盧義僖傳》作"本將軍"。《通志》卷一四八同《北史》。

子遜之，清靖寡欲，位太尉記室參軍。[1]義僖四弟，並遠不逮兄也。

［1］太尉記室參軍：官名。太尉府僚屬，記室曹長官，掌文書表奏。北魏、北齊時爲七品。

敏弟昶，字叔達，小字師顔，學涉經史，早有時譽。太和中，[1]兼員外散騎常侍，[2]使於齊。孝文詔昶

曰："密邇江揚，[3]不早當晚，會是朕物。卿等欲言便言，無相疑難。"又敕副使王清石曰："卿莫以南人語致疑盧昶。[4]若彼先有知識，欲見但見，須論即論。昶正寬柔君子，無多文才，或主客命卿作詩，莫以昶不作便罷也。凡使人以和爲貴，勿相矜夸，見於色貌。"及至彼，遇齊明立，[5]孝文南討，昶兄伯源爲別道將。而齊明以朝廷加兵，遂酷遇之。昶等本非骨鯁，大怖，淚汗橫流。齊明以腐米臭魚莝豆供之。而謁者張思寧，辭氣謇愕，遂以壯烈死於館中。昶還，孝文責之曰："銜命之禮，有死無辱，雖流放海隅，猶宜抱節致殞。卿不能長纓羈首，已是可恨。乃俛眉飲啄，[6]自同犬馬。有生必死，脩短幾何？卿若殺身成名，貽之竹素，[7]何如甘彼芻菽，以辱君父。縱不能遠慚蘇武，[8]寧不近愧思寧！"遂見罷黜。

[1]太和中：《魏書》卷四七《盧玄附盧昶傳》作"太和初"，《通志》卷一四八同《魏書》。太和，北魏孝文帝的年號（477—499）。

[2]員外散騎常侍：官名。三國魏末始置。初爲正員之外添差之散騎常侍，無員數，後爲散騎省屬官。北魏時置六員。孝文帝太和十七年定爲從三品上，二十三年定爲五品上。

[3]江揚：指南朝政權。

[4]卿莫以南人語致疑盧昶：中華本校勘記云："《魏書》卷四七《盧昶傳》作'卿莫以本是南人，言語致慮'，無'盧昶'二字。疑'盧'是'慮'之訛，因衍'昶'字。"可從。

[5]齊明：即南朝齊明帝蕭鸞。明爲其謚號。

[6]俛眉：低眉。表示謙卑、恭順、沉痛等情狀。

[7]竹素：指史册、書籍。

[8]蘇武：人名。字子卿，杜陵（今陝西西安市東南）人。西漢官吏。漢武帝時蘇武出使匈奴，被扣留長達數年，後歷經艱辛回到漢朝。見《漢書》卷五四《蘇建附蘇武傳》。

景明初，除中書侍郎，遷給事黄門侍郎、本州大中正、散騎常侍，兼尚書。時洛陽縣獲白鼠，[1]昶奏，以爲案《瑞典》，[2]外鎮刺史二千石令長不祗上命，刻暴，百姓怨嗟，則白鼠至。因陳時政，多所勸誡。詔書褒美其意。轉侍中，又兼吏部尚書，尋即正，仍侍中。[3]昶守職而已，無所激揚，與侍中元暉等更相朋附，[4]爲宣武所寵，[5]時人鄙之。

[1]洛陽：縣名。治所在今河南洛陽市東北。

[2]瑞典：讖緯書。一作《瑞圖》。撰者不詳。述君王和官吏臨政的好壞與自然界的反映。

[3]仍侍中：宋本作“仍侍史”。《魏書》卷四七《盧玄附盧昶傳》、《通志》卷一四八作“仍侍中”。按：據前文“轉侍中”，可知“仍侍中”是。從底本。

[4]元暉：人名。字景襲。北魏宗室。見《北史》卷一五《常山工遵附元暉傳》。

[5]宣武：即北魏皇帝元恪。宣武爲其謚號。

出爲徐州刺史。[1]昶既儒生，本少將略，又羊祉子燮爲昶司馬，[2]專任戎事，掩昶耳目，將士怨之。朐山戍主傅文驥糧樵俱罄，[3]以城降梁。昶見城降，先走退，諸軍相尋奔遁。遇大寒，軍人凍死及落手足者太半。自

魏經略江右，唯中山王英敗於鍾離，[4]昶於朐山失利，最爲甚焉。宣武遣黄門甄琛馳駟鎖昶，[5]窮其敗狀，詔以免官論。自餘將統以下，[6]悉聽依赦復任。未幾，拜太常卿，仍除雍州刺史，進號鎮西將軍，[7]加散騎常侍。卒官，謚曰穆。

[1]出爲徐州刺史：中華本校勘記云："《通志》卷一四八《盧昶傳》此下有'經略淮南'四字。按《魏書》此下叙梁人殺朐山戍主降魏，魏遣盧昶率兵經略淮南，事甚詳悉。《北史》並删去，而下文直叙昶之敗於朐山，使人不明原委，殊爲疏漏。"

[2]羊祉：人名。字靈祐，太山鉅平（今山東泰安市）人。北魏官吏。見《北史》卷三九《羊祉傳》。底本作"羊社"，宋本作"羊祉"，源氏校勘記改"社"作"祉"，中華本校勘記云："諸本'祉'訛作'社'，據《魏書》《通志》改。羊祉見本書卷三九。"按：羊燮不見《羊祉傳》。

[3]朐山：戍名。在今江蘇連雲港市西南海州鎮。

[4]英：即元英，人名。字虎兒。北魏宗室、將領。見《北史》卷一八《南安王楨附中山王英傳》。 鍾離：城名。在今安徽鳳陽縣東北。

[5]甄琛：人名。字思伯，中山毋極（今河北無極縣）人。北魏官吏。見《北史》卷四〇《甄琛傳》。

[6]自餘將統以下：毛本、殿本、四庫本、局本、四部備要本"自"作"月"，元大德本作"目"。《魏書》卷四七《盧玄附盧昶傳》、《通志》卷一四八作"自"。按：據語意，當是"自……以下"，今從底本。

[7]鎮西將軍：官名。將軍名號，四鎮將軍之一。北魏孝文帝太和十七年定爲從一品中，二十三年後爲從二品。

昶寬和矜恕，善於綏懷。[1]其在徐州，戍兵有疾，親自檢恤，至番兵年滿不歸，[2]容充後役，終昶一政，然後始還，人庶稱之。

［1］綏懷：安撫關切。

［2］番兵：服役的士兵。

子元聿，字仲訓，無他才能。尚孝文女義陽長公主，拜駙馬都尉。位太尉司馬、光禄大夫。[1]卒，贈中書監。[2]子士晟，儀同開府掾。[3]

［1］太尉司馬：官名。北魏時爲領兵武職，掌營兵。

［2］中書監：官名。北魏時負責草擬詔令。孝文帝太和十七年定爲四品上，二十三年之後爲從四品上。

［3］儀同開府掾：儀同，指儀制待遇同三公。開府，指開設府署。魏晋南北朝時期，常以此作爲對高級官員的寵待。掾，官名。魏晋南北朝公、府皆置，爲一曹之長。疑此處儀同開府爲加官，以示優待特權（參張鶴泉《論北魏時期的開府儀同三司》，《人文雜志》2018年第7期）。

元聿第五弟元明，字幼章。涉歷群書，兼有文義，風彩閑潤，進退可觀。永安初，長兼尚書令、臨淮王彧欽愛之。[1]及彧開府，引爲兼屬，仍領部曲。[2]孝武登阼，[3]以郎任行禮，封城陽縣子，[4]遷中書侍郎。永熙末，[5]居洛東緱山，[6]乃作《幽居賦》焉。於時，元明友人王由居潁川。[7]忽夢由攜酒就之言别，賦詩爲贈。及明，憶其詩十字，云："自兹一去後，市朝不復遊。"

元明歎曰："由性不狎俗，[8]旅寄人間，乃有今夢，詩復如此，必有他故。"[9]經三日，果聞由爲亂兵所害。尋其亡日，乃是發夢之夜。[10]

[1]臨淮王：封爵名。臨淮，郡名。北魏時治赤坎城，在今安徽懷遠縣西北。　彧：即元彧，人名。本名亮，字仕明。北魏宗室。見《北史》卷一六《臨淮王譚附元彧傳》。

[2]部曲：世族、豪族的私人武裝。平時耕田從役，戰時隨主人作戰。父死子繼，地位低下。南北朝後期，地位稍有上升，有些經主人放免成爲平民。

[3]孝武：即北魏皇帝元脩。孝武爲其謚號。　登阼：即位、登上皇位。

[4]城陽縣子：封爵名。城陽，縣名。治所在今河南信陽市北楚王城。

[5]永熙：北魏孝武帝的年號（532—534）。

[6]緱（gōu）山：又作"緱氏山"，在今河南偃師市南。

[7]王由：人名。字茂道，京兆霸城（今陝西西安市東北）人。北魏官吏。見《北史》卷四五《王世弼附王由傳》。　潁川：郡名。北魏時治長社縣，在今河南長葛市東北。

[8]狎俗：迎合流俗。

[9]詩復如此：《魏書》卷四七《盧玄附盧元明傳》作"又復如此"，《通志》卷一四八、《天中記》卷二〇、《廣博物志》卷二〇、《太平廣記》卷二七七同《北史》，中華本《魏書》卷四七校勘記云："李慈銘云：'"又"上脱"詩"字。'"

[10]乃是發夢之夜：毛本、殿本、四庫本、局本、四部備要本"乃"作"即"。按：《通志》卷一四八、《太平御覽》卷三九九作"乃"。今從底本。

天平中，兼吏部郎中，[1]副李諧使梁，[2]南人稱之。還，拜尚書右丞，[3]轉散騎常侍，監起居。積年在史館，了不措意。又兼黄門郎、本州大中正。[4]

[1]吏部郎中：官名。魏晋南北朝時與吏部郎互稱，爲尚書省吏部曹長官，資深者可轉侍郎。屬吏部尚書，主管官吏選任、調動等事務，對五品以下官吏的任免有建議權。孝文帝太和十七年定爲從四品上，二十三年定爲四品上。東魏沿之。

[2]李諧：人名。字虔和，頓丘（今河南清豐縣西南）人。北魏、東魏官吏。見《魏書》卷六五《李平附李諧傳》。

[3]尚書右丞：官名。北魏時爲尚書省佐官，位次尚書，與左丞共掌尚書省庶務。孝文帝太和十七年定爲四品中，二十三年定爲從四品。底本“丞”下有“相”字，源氏校勘記云：“《魏書》無‘相’字。”中華本校勘記云：“諸本‘右丞’下有‘相’字，《魏書》《通志》無。按當東魏天平時，高歡爲大丞相專政，無右丞相。且盧元明亦不得居此高位，‘相’字衍文，今據《魏書》删。”今從改。

[4]黄門郎：官名。北魏時爲郎官之加官，侍從皇帝於宫門之内，與侍中俱掌門下事。孝文帝太和十七年定爲三品中，二十三年後定爲四品上。

元明善自摽置，[1]不妄交遊，飲酒賦詩，遇興忘返。性好玄理，作史子雜論數十篇，諸文别有集録。少時，常從鄉還洛，途遇相州刺史、中山王熙。[2]熙，博識之士，見而歎曰：“盧郎有如此風神，唯須誦《離騷》，飲美酒，自爲佳器。”遂留之數日，贈帛及馬而别。元明凡三娶，次妻鄭氏與元明兄子士啓淫汙，元明不能離

絶。又好以世地自矜，時論以此貶之。

[1]摽置：局本、四部備要本、中華本作“標置”。

[2]相州：北魏時治鄴城，在今河北臨漳縣西南鄴鎮。 熙：即元熙，人名。字真興。北魏宗室。見《北史》卷一八《南安王楨附元熙傳》。

元明弟元緝，字幼緒，凶粗好酒，曾於婦氏飲宴，小有不平，手刃其客。位輔國將軍、司徒司馬，贈驃騎大將軍、吏部尚書、幽州刺史，謚曰宣。

昶弟尚之，字季儒，小字羨夏。亦以儒素見重，位司徒左長史、前將軍、濟州刺史、光禄大夫。[1]

[1]司徒左長史：官名。位在司徒右長史上。北魏孝文帝太和十七年定爲四品上，二十三年定爲從三品。 前將軍：官名。北魏時常作爲軍府名號，用作加官。孝文帝太和十七年定爲從二品上，二十三年爲三品。

長子文甫，字元祐，涉歷文史，有名譽於時。位司空行參軍。[1]

[1]司空行參軍：《魏書》卷四七《盧玄附盧昶傳》作“司空參軍”。《通志》卷一四八同《北史》。未詳孰是。

文甫弟文翼，字仲祐，少甚輕躁，晚頗改節。以軍功賜爵范陽子，[1]位太中大夫。

［1］范陽子：封爵名。范陽，縣名。治所在今河北定興縣西南固城鎮。

文翼弟文符，字叔偉，[1]性通率，位通直散騎侍郎。[2]子潛。[3]

［1］字叔偉：《魏書》卷四七《盧玄附盧昶傳》作“字叔僖”。《通志》卷一四八同《北史》。

［2］通直散騎侍郎：官名。晋元帝時置，屬散騎省，職同散騎侍郎。北魏孝文帝太和十五年亦置，掌參平尚書奏事，兼掌侍從、諷諫。屬集書省，員六人。二十三年定爲從五品上。

［3］子潛：《魏書·盧玄附盧昶傳》作“子子潛”。中華本《魏書》卷四七校勘記云：“按盧潛，《北齊書》卷四二有傳。這裏‘潛’上當衍一‘子’字。”可從。

潛容貌瓌偉，善言談，少有成人志尚。累遷大將軍府中兵參軍，[1]機事强濟，爲文襄所知，[2]言其終可大用。王思政見獲於潁川，[3]文襄重其才識。潛常從容白文襄：“思政不能死節，何足可重？”文襄謂左右曰：[4]“我有盧潛，便是更得一王思政。”

［1］大將軍府：官署名。爲大將軍直屬之辦事機構。自大將軍爲常官起，即置佐屬。歷朝人數不一。

［2］文襄：即高澄。文襄爲其謚號，北齊文宣帝高洋所追謚。

［3］王思政：人名。太原祁（今山西祁縣東南）人。北魏官吏、將領。見《北史》卷六二《王思政傳》。

［4］謂：殿本、四庫本、四部備要本作“計”。《通志》卷一五

四、《册府元龜》卷二〇〇作“謂”。按：今從底本。

天保中，除左户郎中。[1]坐譏議《魏書》，與王松年、李庶等俱被禁止。[2]會清河王岳救江陵，[3]特赦潛爲岳行臺郎。[4]還，歷中書、黄門侍郎。爲奴誣告謀反，文宣明之，以奴付潛，潛不之責。黄門鄭子默奏潛從清河王岳南討，[5]岳令潛説梁將侯瑱，[6]大納瑱賂遺，還不奏聞。文宣杖潛一百，仍截其鬚，潛顔色不變。歷魏尹丞、司州别駕、江州刺史，[7]所在有善政。

[1]天保中除左户郎中：《北齊書》卷四二《盧潛傳》作“天保初，尋除左民郎中”，《册府元龜》卷二〇九同《北齊書》。《通志》卷一五四同底本。按：《北史》避唐太宗李世民諱改。左户郎中，官名。北魏、北齊置。爲尚書省左户曹長官。六品上。

[2]王松年：人名。太原晋陽（今山西太原市晋源區古城營村一帶）人。北齊官吏。見《北史》卷三五《王慧龍附王松年傳》。　李庶：人名。頓丘（今河南清豐縣西南）人。北齊官吏。見《北史》卷四三《李崇附李庶傳》。

[3]清河王：封爵名。清河，郡名。北齊時治清河縣，在今河北清河縣西北。　岳：即高岳，人名。字洪略，勃海蓨（今河北景縣）人。東魏、北齊宗室、大臣。見《北史》卷五一《清河王岳傳》。　江陵：府名。在今湖北江陵縣。　特赦：宋本作“持赦”。按：宋本誤，從底本。

[4]行臺郎：官名。亦稱行臺郎中。北魏置。爲行臺諸曹郎中的泛稱，各曹冠以曹名。有時亦稱不理具體曹務的官員。

[5]鄭子默：人名。即鄭頤。字子默，彭城（今江蘇徐州市）人。北齊官吏。見《北史》卷四一《楊播附鄭頤傳》。

[6]侯瑱：人名。字伯玉，巴西充國（今四川西充縣）人。南

朝梁、陳將領。見《陳書》卷九《侯瑱傳》。

[7]魏尹：官名。京都長官。三品。　司州：北齊時治鄴縣，在今河北臨漳縣西南。　别駕：官名。漢置。又作“别駕從事”“别駕從事史”。爲州刺史僚屬，録衆事。北齊時司州别駕爲從四品上。　江州：北齊時治懷寧縣，在今安徽潛山縣。

孝昭作相，[1]以潛爲楊州道行臺左丞。[2]先是，梁將王琳擁其主蕭莊歸壽陽，[3]朝廷以琳爲揚州刺史，敕潛與琳爲南討經略。[4]後除行臺尚書、儀同三司。[5]王琳鋭意圖南，潛以爲時事未可，由是與琳有隙，更相表列。武成追琳入鄴，[6]除潛揚州刺史，[7]領行臺尚書。潛在淮南十三年，大樹風績，爲陳人所憚。陳主與其邊將書云：“盧潛猶在，卿宜深備之。”文宣初平淮南，給復十年。年滿後，逮天統、武平中，[8]徵税頗雜。又高元海執政，[9]斷漁獵，人家無以自資；諸商胡負官責息者，宦者陳德信縱其妄注淮南富家，[10]令州縣徵責；又敕送突厥馬數千匹於揚州管内，[11]令土豪貴買之，錢直始入，便出敕括江、淮間馬並送官厩。由是百姓騷擾，切齒嗟怨。潛隨事撫慰，兼行權略，故得寧靖。

[1]孝昭：即北齊皇帝高演。孝昭爲其謚號。

[2]楊州道行臺：官署名。三國魏晋，爲皇帝出征時於駐地臨時設立執行尚書臺職權的機構。北齊時兼理民政，成爲地方最高行政機構。北齊及州劃分行臺楊州道行臺，駐壽春，在今安徽壽縣。宋本、殿本、四庫本、局本、四部備要本、中華本作“揚州”。按：“楊”“揚”通假。　左丞：官名。即行臺尚書左丞。北魏後期置。職責同於尚書左丞，爲行臺尚書省官員，輔省内左三部十二司。孝

文帝太和二十三年後爲從四品。北齊沿置。

[3]王琳：人名。字子珩，會稽山陰（今浙江紹興市）人。南朝梁將帥、北齊官吏。見《南史》卷六四《王琳傳》。　蕭莊：人名。南蘭陵（一説在今江蘇常州市，一説在今江蘇丹陽市）人。南朝梁宗室。見《南史》卷五四《武烈世子方等附蕭莊傳》。　壽陽：縣名。治所在今安徽壽縣。

[4]南討經略：官名。品秩不詳。

[5]行臺尚書：官名。北魏置，爲行臺長官。主管各地軍務，兼理民事。北魏末期爲行臺屬官，分曹理事。在未設行臺尚書或行臺僕射時，仍爲行臺長官。東魏、北齊、隋朝沿置。

[6]武成：即北齊皇帝高湛。武成爲其謚號。

[7]除潛楊州刺史：元大德本、毛本、殿本、四庫本、局本、四部備要本、中華本作“除潛揚州刺史”，宋本作“徐潛揚州刺史”。按：據語意，當爲“除”，從底本。

[8]天統：北齊後主的年號（565—569）。　武平：北齊後主的年號（570—576）。

[9]高元海：人名。勃海蓨（今河北景縣）人。北齊官吏。見《北史》卷五一《上洛王思宗附高元海傳》。

[10]陳德信：人名。北齊宦官。後主即位，寵用宦官，與鄧長顒並至開府，封王，俱爲侍中、左右光禄大夫。

[11]突厥：國名、族名。見《北史》卷九九《突厥傳》。

武平三年，徵爲五兵尚書。[1]楊州吏人以潛斷酒肉，篤信釋氏，[2]大設僧會，以香花緣道流涕送之。潛歎曰：“正恐不久復來耳！”至鄴未幾，復爲揚州道行臺尚書。

[1]五兵尚書：官名。三國魏置。主管全國軍事行政，領中兵、外兵、騎兵、别兵、都兵五曹郎。北魏時外兵、中兵分左右，改稱

七兵尚書。北齊初沿北魏制，後復稱五兵尚書，三品。

[2]釋氏：代指佛教。

四年，陳將吴明徹來寇，[1]領軍封輔相赴援。[2]陳兵及峴，[3]輔相不從，潛固争不得，憂憤發病，[4]卧幕下，果敗。陳人遂圍壽陽，壅芍陂，[5]以水灌之。詔王長春爲南討都督。長春軍次河南，多給兵士糧，便鳴角欲引，而賤糴其米；及頓兵，更貴糶其米。乃與皮景和擁衆十萬於淮北，[6]不進。壽陽城中青黑龍升天，城尋陷。潛及行臺僕射王貴顯、特進巴陵王王琳、扶風王可朱渾孝裕、武衛將軍奚永樂、儀同索景和、仁州刺史酈伯偉、霍州刺史封子繡、秦州刺史高子植、行臺左丞李騊駼等督將五十八，[7]軍士一萬，皆没焉。陳人殺王琳，餘皆囚於東冶。[8]陳主欲知齊之虚實，乃出潛，曰："囚本屬幽州，於河北最小，口有五十萬，落陳者，唯與酈伯偉二人耳。"[9]

[1]吴明徹：人名。字通昭，秦郡（今江蘇南京市六合區）人。南朝陳將領。見《陳書》卷九《吴明徹傳》。

[2]封輔相：人名。北齊將領。歷任儀同三司、武衛大將軍。後主武平七年，北周武帝率軍攻齊晋州，其與賀拔伏恩等投周，拜上柱國、封郡公，武帝平并州，以其爲朔州總管。

[3]峴：地名。即小峴城。亦稱小峴戍。在今安徽含山縣西北。

[4]憂憤：殿本、四庫本、四部備要本作"憂情"。按：據"陳兵及峴，輔相不從，潛固争不得"，當爲"憂憤"，從底本。

[5]芍陂：淮河流域的灌溉工程。在今安徽壽縣南部，以沘水（今淠河）、肥水（今山東淝河）爲主要水源及泄水道。因在白芍

亭東而得名。

[6]乃與皮景和擁衆十萬於淮北不進：底本“與皮”作“之虔”，殿本作“與皮”，中華本校勘記云：“諸本‘與皮’二字作‘之虔’，《通志》卷一五四《盧潛傳》作‘與皮’。按《北齊書》卷四一《皮景和傳》、卷三二《王琳傳》都説皮景和屯兵不進。《通志》是，今據改。”今從改。皮景和，人名。琅邪下邳（今江蘇睢寧縣）人。北齊將領。見《北史》卷五三《皮景和傳》。

[7]特進：官名。西漢置，後作爲加官贈給致仕大臣。北魏孝文帝太和二十三年定爲二品。北齊同。　巴陵王：封爵名。遥封。巴陵，郡名。南朝梁時治巴陵縣，在今湖南岳陽市。　扶風王：封爵名。遥封。扶風，郡名。北周時治好時縣，在今陝西乾縣東。　可朱渾孝裕：人名。懷朔鎮（今内蒙古固陽縣南）人。北齊後主武平四年，陳將吴明徹北伐時被俘。　武衛將軍：官名。北齊時爲左、右衛府次官，二員，佐左、右衛將軍掌宫禁宿衛。從三品。　奚永樂：人名。北齊官吏。北齊後主武平四年，陳將吴明徹攻壽陽，城陷，卒於陣。　索景和：局本作“素景和”，《通志》卷一五四作“索景和”。按：“索”“素”字形相近而訛，從底本。　仁州：北齊時治赤坎城，在今安徽懷遠縣西北。　霍州：北齊時治岳安縣，在今安徽霍山縣。　封子繡：人名。勃海蓨（今河北景縣）人。北齊官吏。見《北史》卷二四《封懿附封子繡傳》。　秦州刺史高子植：底本“秦州”作“泰州”，中華本校勘記云：“諸本‘秦’作‘泰’。按《北齊書》卷八《後主紀》武平四年五月，謂吴明徹破齊軍後，‘遂陷秦、涇二州’。《隋書》卷三一《地理志下》江都郡六合縣注云：‘舊曰尉氏，置秦郡，後齊置秦州。’又《北齊書》卷四三《源彪傳》言彪於後主天統年間爲秦州刺史，即此秦州。作‘泰’是形近致訛，今據改。”今從改。秦州，北齊時治六合縣，在今江蘇南京市。　李騊（táo）駼（tú）：人名。趙郡高邑（今河北高邑縣）人。北齊官吏。見《北史》卷三三《李騊駼傳》。

[8]東冶：南朝陳鑄造兵器之所。

[9]酈伯偉：人名。東魏、北齊官吏。初爲東魏御史。北齊後主武平時，遷仁州刺史。與盧潛等鎮壽陽，爲陳將吴明徹所俘。

時李騊駼將逃歸，并要潛。潛曰："我此頭面，何可誑人？吾少時，相者云：没在吴越地。[1]死生已定，弟其行也。"因寄書與弟士邃曰："吾夢汝以某月某日得患，某月某日漸損。"皆如其言。既而歎曰："壽陽陷，吾欲以頸血濺城而死，[2]佛教不聽自殺，故荏苒偷生，[3]今可死矣！"於是閉氣而絶。其家購屍歸葬，贈開府儀同三司、尚書左僕射、兖州刺史。[4]無子，以弟士邃子元孝嗣。

[1]吴越：地區名。指今江蘇、安徽、浙江一帶地區。

[2]吾欲以頸血濺城而死：底本無"欲"字，中華本校勘記云："諸本脱'欲'字，據《通志》補。"今從改。

[3]荏苒：時間在不知不覺中漸漸過去。

[4]開府儀同三司：北齊時多爲大臣的加號，意爲與三司（太尉、司徒、司空）的禮制待遇相同。允許開府，自辟僚屬。　尚書左僕射：官名。北齊時列位宰相，掌都省庶務、執法，典選舉，兼掌糾彈百官。從二品。

潛雅性貞固。祖珽常要潛陷仁州刺史劉逖，[1]許以高位。潛曰"如此事，吾不爲也。"行臺慕容恃德常所推重，[2]有疾，謂其子曰："盧尚書教我爲人，有如昆弟。[3]我死，持上騂馬與之。"[4]其子以他馬往。恃德柩出門自停，不可動，巫祝以爲恃德聲怒曰："何不與盧

尚書我所騎騂馬?”其子遽奉命，柩乃行。潛以馬價爲營福事。其爲時重如此。

[1]劉逖：人名。字子長，彭城叢亭里（今江蘇徐州市）人。北齊官吏。見《北齊書》卷四五《劉逖傳》。

[2]慕容恃德：人名。即慕容儼。字恃德，清都成安（今河北成安縣）人，鮮卑族。東魏、北齊將領。見《北齊書》卷二〇《慕容儼傳》。

[3]昆弟：兄弟，比喻親密友好。

[4]騂：赤黄色良馬。

士邃字子淹，少爲崔昂所知。[1]昂云："此昆季足爲後生之俊，但恨其俱不讀書耳。"位尚書左右丞、吏部郎中、中山太守帶定州長史。[2]齊亡後卒。[3]

[1]崔昂：人名。字懷遠，博陵安平（今河北安平縣）人。北魏、東魏、北齊官吏。見《北史》卷三二《崔挺附崔昂傳》。

[2]尚書左右丞：尚書左丞和尚書右丞的合稱。尚書左丞，北魏時掌臺内庶務、文吏及文案奏章，兼掌監察百官。孝文帝太和十七年定爲四品上，二十三年定爲從四品上。北齊從四品上，凡三師以下百官皆得彈劾。尚書右丞，北魏時爲尚書省佐官，位次尚書，與左丞共掌尚書省庶務。北齊沿置，從四品，不掌彈糾。　定州：北魏時治盧奴縣，在今河北定州市。

[3]齊亡後卒：宋本作"齊亡後李"。按：宋本誤，從底本。

度世之爲濟州也，魏初平升城。[1]無鹽房崇吉母傅，[2]度世繼外祖母兄之子婦也，兖州刺史申纂妻賈

氏，[3]崇吉之姑女也，皆亡破，[4]老病憔悴。而度世推計中表，致其供恤。每覲見傅氏，跪問起居，隨時奉送衣被食物；亦存賑賈氏，供其服膳。青州既陷，諸崔墜落，多所收贖。及伯源、昶等，並循父風。遠親疏屬，叙爲尊行長者，莫不畢拜致敬。閨門之禮，爲世所推。謙退簡約，不與世競。父母亡後，同居共財，自祖至孫，家内百口。在洛時，有飢年，無以自贍，然尊卑怡穆，[5]豐儉同之。親從昆季，[6]常旦省諸父，出坐别室，暮乃入内。朝府之外，不妄交遊。其相勗以禮，如此。又一門三主，[7]當世以爲榮。伯源兄弟亡，及道將卒後，家風衰損。子孫多有非法，幃薄混穢，爲時所鄙。

［1］升城：在今山東濟南市長清區西南。

［2］無鹽：城名。在今山東東平縣。　房崇吉：人名。清河繹幕（今山東平原縣西北）人。南朝宋官吏。少驍勇，爲青州刺史沈文秀中兵參軍。　母傅：《魏書》卷四七《盧玄附盧度世傳》作“母傅氏”，《通志》卷一四八、《資治通鑑》卷一三二、《册府元龜》卷八〇三同《魏書》。按：據下文中提及“每覲見傅氏”，當從《魏書》。

［3］申纂：人名。魏郡（今河北臨漳縣西南）人。南朝宋官吏。見《北史》卷三九《畢衆敬附申纂傳》。

［4］皆亡破：毛本、殿本、四庫本、局本、四部備要本作“皆亡被”。按：從底本。

［5］怡穆：愉悦和睦。

［6］昆季：兄弟。長爲昆，幼爲季。

［7］又一門三主：毛本、殿本、四庫本、局本、四部備要本作“又一門二主”。《魏書·盧玄附盧度世傳》、《通志》卷一四八作

"又一門三主"。

度世從祖弟神寶，位中書博士。孝文爲弟高陽王雍納其女爲妃。[1]

[1]高陽王：封爵名。高陽，郡名。北魏時治高陽縣，在今河北高陽縣東。　雍：即元雍，人名。字思穆。北魏宗室、大臣。見《北史》卷一九《高陽王雍傳》。

初，玄從祖兄溥，慕容寶之末，[1]統攝鄉部屯海濱，殺其鄉姻諸祖十餘人，稱征北大將軍、幽州刺史，[2]攻掠郡縣。天興中，[3]討禽之。

[1]慕容寶：人名。字道祐，昌黎棘城（今遼寧北票市章吉營子鄉三官營子村）人，鮮卑族。十六國時後燕君主。見《北史》卷九三《慕容垂附慕容寶傳》。

[2]征北大將軍：官名。三國吴始置。十六國後燕時亦置。多統兵出鎮方面，都督數州諸軍事。二品。如開府，則位從公，進爲一品。

[3]天興：北魏道武帝的年號（398—404）。

溥玄孫洪，字曾孫，太和中，位中書博士，樂陵、陽平二郡太守，[1]幽州中正。洪三子。

[1]樂陵：郡名。北魏時治樂陵縣，在今山東樂陵市東南。　陽平：郡名。北魏時治館陶城，在今河北館陶縣。

長子崇，少立美名，有識者許之以遠大，卒於驃騎府法曹參軍。[1]崇子柔。

[1]驃騎府法曹參軍：殿本、四庫本、四部備要本作“驃騎府曹參軍”，《通志》卷一四八、《魏書》卷四七《盧玄附盧溥傳》作“驃騎府法曹參軍”。按：據《通志》《魏書》，從底本。法曹參軍，官名。西晉末丞相府置。爲法曹長官，主管郵所驛站、執行法律和糾察治安。北魏孝文帝太和二十三年定爲七品上至九品。

柔字子剛。少孤，爲叔母所養，撫視甚於其子。柔盡心溫清，亦同己親，親族歎重之。性聰敏好學，未冠解屬文，但口吃，不能持論。頗使酒誕節，爲世所譏。司徒、臨淮王彧見而器之，以女妻焉。

及魏孝武與齊神武有隙，[1]詔賀拔勝出牧荊州，[2]柔謂因此可著功績，遂從勝之荊州。以柔爲大行臺郎中，[3]掌書記，[4]軍之機務，柔多預之。及勝爲太保，[5]以柔爲掾。孝武後召勝引兵赴洛，勝以問柔。柔曰：“高歡託晉陽之甲，[6]意實難知。公宜席卷赴都，與決勝負，存没以之，此忠之上策也。若北阻魯陽，[7]南并舊楚，[8]東連兖、豫，[9]西接關中，帶甲十萬，觀釁而動，亦中策也。舉三荊之地，通款梁國，可以庇身，功名去矣，策之下者。”勝輕柔年少，笑而不應。

[1]魏孝武：即北魏皇帝元脩。孝武爲其謚號。　齊神武：即高歡。神武爲其謚號，北齊後主所追謚。

[2]賀拔勝：人名。字破胡，神武尖山（今山西神池縣）人。

北魏、西魏名將。見《北史》卷四九《賀拔允附賀拔勝傳》。　荆州：北魏時治穰縣，在今河南鄧州市。

［3］大行臺郎中：官名。北魏後期始置。爲大行臺屬官，分掌諸曹事。北魏末、東魏、西魏時權力極大，常兼任或加以其他高級官職。毛本、局本作“太行臺郎中”。按：“大”“太”古通。

［4］書記：指公文、書信。

［5］太保：官名。北魏時三師之一，位在太傅、太師下，爲輔佐君王的重要大臣。孝文帝太和二十三年後定爲一品。

［6］晋陽：縣名。治所在今山西太原市晋源區古城營村一帶。

［7］魯陽：郡名。北魏時治山北縣，在今河南魯山縣。

［8］舊楚：舊楚國之地，即今湖南長沙市及其周邊地區。

［9］豫：州名。北魏時治懸瓠城，在今河南汝南縣。殿本、四部備要本作“預”。按：豫，通“預”。

及孝武西遷，東魏遣侯景襲穰。[1]勝敗，遂南奔梁，柔亦從之。勝頻表梁武帝，求歸關中。梁武帝覽表，嘉其辭彩，既知柔所製，因遣舍人勞問，并遺縑錦。後與勝俱還，行至襄陽。[2]齊神武懼勝西入，遣侯景以輕騎邀之。勝及柔懼，乃棄船山行，贏粮冒險，經數百里。時屬秋霖，徒侶凍餒者，太半至於死。[3]

［1］侯景：人名。字萬景，懷朔鎮（今内蒙古固陽縣南）人。曾任北魏官吏，後叛至南朝（參李萬生《侯景的氏族及相關問題》，《北京大學學報》2000年第5期）。

［2］襄陽：郡名。西魏時治襄陽縣，在今湖北襄樊市。

［3］太半：殿本、四庫本、四部備要本作“大半”。源氏校勘記云：“‘太半’下，《周書》有‘至豐陽界，柔迷失道，獨宿僵木之下，寒雨衣濕，’殆二十一字。”可從。

大統二年，[1]至長安，封容城縣男。[2]周文帝引爲行臺郎中，[3]除從事中郎，[4]與郎中蘇綽掌機密。[5]時沙苑之役，[6]大軍屢捷，汝、潁之間，[7]多舉義來附，書翰往反，日百餘牒，柔隨機報答，皆合事宜。進爵爲子。累遷中書侍郎，兼著作，撰起居注。[8]後爲黄門侍郎。周文知其貧，解衣賜之。後遷中書監。

[1]大統：西魏文帝的年號（535—551）。

[2]容城縣男：封爵名。容城，縣名。治所在今河北容城縣北。

[3]周文帝：即宇文泰。文爲其謚號，北周孝閔帝所追謚。　行臺郎中：官名。北魏置。爲行臺諸曹郎中的泛稱，各曹皆冠以曹名。西魏沿置，有時以稱不理具體曹務的官員。

[4]從事中郎：官名。西魏時公府、皇子開府、庶姓開府俱置。五品。

[5]郎中：官名。尚書郎中的省稱。分掌尚書各曹。按資歷深淺有不同的稱呼，大體上初任稱郎中。西魏時可直接向皇帝奏報本職政務，置尚書十二部，各設郎中爲長官。六品。　蘇綽：人名。字令綽，武功（今陝西武功縣西北）人。西魏、北周大臣。見《北史》卷六三《蘇綽傳》。

[6]沙苑之役：指西魏文帝大統三年，以高歡爲首的東魏軍隊與以宇文泰爲首的西魏軍隊進行的第二次大戰。

[7]汝：即汝水。今河南境内北汝河。　潁：即潁河。淮河支流，流經河南、安徽。毛本作“頴”。按：從底本。

[8]起居注：皇帝的言行録。

周孝閔帝踐阼，[1]拜小内史大夫，[2]進位開府儀同三

司，卒於位。所作詩、頌、碑、銘、檄、表、啓行於世者數十篇。[3]子愷嗣。

[1]孝閔帝：即北周皇帝宇文覺。孝閔爲其謚號。

[2]小内史大夫：官名。西魏恭帝時置。協助内史上大夫掌起草詔令，宣達王命等。二員。正四命。北周因之，此稱有時亦可爲小内史上士、小内史中士、小内史下士的省稱，皆内史上大夫的屬官，分别爲正三命、正二命、正一命。

[3]銘：鑄、刻或寫在器物上的記述生平、事迹或警誡自己的文字。　檄：官府用以徵召或聲討的文書。　啓：書信。

愷字長仁。性孝友，神情穎悟，[1]涉獵經史，有當世幹能，頗解屬文。周齊王憲引爲記室。[2]從憲伐齊，説齊栢社鎮下之。[3]遷小吏部大夫。[4]時染工王神歡者，以賂自進，冢宰宇文護擢爲計部下大夫。[5]愷諫曰："古者，登高能賦，可爲大夫。求賢審官，理須詳慎。今神歡出自染工，更無殊異，徒以家富自通，遂與搢紳並列。[6]實恐鵜翼之刺，[7]聞之外境。"護竟寢其事。轉内史下大夫。[8]武帝在雲陽宫，[9]敕諸屯簡老牛，欲以享士。愷諫曰："昔田子方贖老馬，[10]君子以爲美談。向奉明敕，欲以老牛享士，有虧仁政。"帝美其言而止。轉禮部大夫，[11]爲聘陳使副。先是，行人多從其國禮，[12]及愷爲使，一依本朝，陳人莫能屈。建德四年，[13]李穆攻拔軹關、栢崖二鎮，[14]命愷作露布。帝讀大悦曰："盧愷文章大進，荀景蒨故是令君之子。"[15]大象元年，[16]拜東都吏部大夫。[17]

［1］神情穎悟：毛本、殿本、四庫本、四部備要本作“神清穎悟”。

［2］齊王憲：即宇文憲。字毗賀突，代郡武川（今内蒙古武川縣西）人，鮮卑族。西魏、北周大臣。見《周書》卷一二《齊煬王憲傳》。

［3］栢社鎮：軍鎮名。今地不詳，疑在河北威縣東南。《隋書》卷五六《盧愷傳》作“柏杜鎮”。《通志》卷一六四同《北史》。

［4］小吏部大夫：官名。西魏恭帝時置。爲吏部中大夫之副職，助掌官吏的選拔考察和頒勳頒禄等。一員，正四命。北周因之。有時亦爲小吏部上士的簡稱，吏部中大夫屬官。正三命。

［5］宇文護：人名。字薩保，代郡武川（今内蒙古武川縣西）人，鮮卑族。北周宗室、權臣。見《北史》卷五七《邵惠公顥附宇文護傳》。　計部下大夫：官名。西魏恭帝時置。小計部下大夫的省稱。北周沿置。天官府計部次官，亦稱計部下大夫。佐計部中大夫掌國家收入、支出的賬簿。北周武帝建德二年（573），省六府諸司中大夫，遂成爲計部長官，稱計部下大夫。宣帝即位，仍爲次官。正四命。

［6］搢紳：毛本、殿本、四庫本、局本、四部備要本作“縉紳”。

［7］鵜（tí）：水鳥，喜群居，捕食魚類。

［8］内史下大夫：官名。即小内史下大夫。西魏置。北周時掌綸誥，並參議刑罰爵賞及軍國大事。正四命。

［9］雲陽宫：在今陝西涇陽縣西北。

［10］田子方贖老馬：田子方見老馬於道，詢問趕車的人後，認爲年少時貪用馬的力氣，年老時就把馬拋棄，是仁義之人所不能做的，故用帛贖買了這匹老馬。出自《淮南子·人間訓》。

［11］禮部大夫：官名。西魏恭帝時置。北周沿置。掌内外九族及玉帛衣服的禮制規格，並管理全國的僧道等宗教事務。正四命。

［12］行人多從其國禮：殿本、四庫本、四部備要本“從”作

"行"。《隋書·盧愷傳》、《通志》卷一六四、《册府元龜》卷六六一作"從"。

[13]建德：北周武帝的年號（572—578）。

[14]李穆：人名。字顯慶，隴西成紀（今甘肅秦安縣）人。西魏、北周將領。見《北史》卷五九《李賢附李穆傳》。　軹關：關隘名。因關當軹道之險，故名。在今河南濟源市西北。　栢崖：軍鎮名。在今河南孟津縣西，爲南北朝軍事重地。

[15]荀景蒨：《隋書·盧愷傳》作"荀景倩"，《通志》卷一六四、《册府元龜》卷九七同《隋書》。

[16]大象：北周静帝的年號（579—580）。

[17]拜東都吏部大夫：《隋書·盧愷傳》作"徵拜東京吏部大夫"。《通志》卷一六四同《北史》。未詳孰是。

隋開皇初，加上儀同三司，[1]除尚書吏部侍郎。[2]進爵爲侯，仍攝尚書左丞。[3]每有敷奏，侃然正色，雖逢喜怒，不改其常。加散騎常侍。八年，上親考百僚，以愷爲上，固讓不敢受。文帝曰："當仁不讓，何愧之有？皆在朕心，無勞飾讓。"[4]

[1]上儀同三司：北周置。位居開府儀同三司之下儀同三司之上。多爲大臣勳臣的加官。隋朝時爲從四品。

[2]尚書吏部侍郎：官名。隋朝初爲吏部司長官。文帝開皇三年爲從五品。煬帝大業三年改名選部郎。

[3]尚書左丞：官名。隋朝時通判都省事，監察省内，領内司郎中、員外郎，監督稽核吏、户、禮三部十二司。從四品。

[4]飾讓：假意推讓。

歲餘，拜禮部尚書，[1]攝吏部尚書事。會國子博士

何妥與右僕射蘇威不平，[2]奏威陰事，愷坐與相連。憲司奏愷曰："房恭懿者，[3]尉遲迥之黨，[4]不當仕進，威、愷二人，[5]曲相薦達，累轉海州刺史。[6]吏部預選者甚多，愷不即授官，皆注色而遣。[7]威之從父弟徹、肅二人，[8]並以鄉正徵詣吏部。[9]徹文狀後至，而先任用。肅左足攣蹇，[10]才用無算，愷以威故，授朝請郎。愷之朋黨，事甚明白。"上大怒曰："愷敢將天官以爲私惠！"愷免冠頓首曰："皇太子將以通事舍人蘇夔爲舍人。[11]夔，威之子，臣以夔未當遷，固啓而止。臣若與威有私，豈當如此？"上曰："威子，朝廷共知，卿乃固執，以徼身幸；至所不知，便行朋附。奸臣之行也。"於是除名，卒於家。

[1]禮部尚書：官名。隋朝時屬尚書省，爲中央行政機構六部之一禮部的最高長官，掌管禮儀、祭祀、宴享以及學校政令，總判部屬各司事。一員，正三品。

[2]國子博士：官名。負責教授生徒儒學，取品行淳厚清明並通曉經典義理者擔任。隋朝時置員五人，正五品上。文帝仁壽元年罷，僅置太學博士。煬帝大業三年改國子監置博士一人，正五品。　何妥：人名。字栖鳳。按，《隋書》卷七五、《北史》卷八二《何妥傳》皆作"西城人"，《通志》卷一七四"城"作"域"。何妥先世當爲西域何國人，疑《通志》是。隋朝官吏、學者。見《北史》卷八二《何妥傳》。　右僕射：官名。即尚書右僕射。隋朝時僕射成爲正宰相，右僕射掌判都官、度支、工部三部事，兼管開支用度。從二品。

[3]房恭懿：人名。字慎言，河南洛陽（今河南洛陽市）人。隋朝官吏。見《隋書》卷七三《房恭懿傳》。

［4］尉遲迥：人名。字薄居羅，代（今山西大同市東北）人。西魏、北周重臣。見《北史》卷六二《尉遲迥傳》。

［5］二人：底本作“一人”，源氏校勘記云：“《隋書》（‘一人’）作‘二人’。”中華本校勘記云：“各本‘二’訛作‘一’，據宋本及《隋書》卷五六、《通志》卷一六四《盧愷傳》改。”今從改。

［6］海州：隋朝時治朐山縣，在今江蘇連雲港市海州鎮。

［7］注色：填寫履歷。

［8］徹：即蘇徹，人名。京兆武功（今陝西武功縣西北）人，蘇威從父弟。隋朝官吏。以鄉正徵詣吏部，文狀後至，而先任用爲朝請郎，爲國子博士何妥所揭發。　肅：即蘇肅，人名。京兆武功（今陝西武功縣西北）人。隋朝官吏。

［9］詣：殿本、四部備要本作“諸”。按：據《隋書》卷五六《盧愷傳》、《通志》卷一六四、《隋文紀》卷八，今從底本。

［10］攣（luán）蹇：因攣縮而致跛。

［11］蘇夔：人名。字伯尼，京兆武功（今陝西武功縣西北）人。隋朝官吏。見《北史》卷六三《蘇綽附蘇夔傳》。

自周氏以降，選無清濁。及愷攝吏部，與薛道衡、陸彦師等甄别士流，［1］故涉黨固之譖，［2］遂及於此。

［1］薛道衡：人名。字玄卿，河東汾陰（今山西萬榮縣西南）人。隋朝官吏。見《北史》卷三六《薛辯附薛道衡傳》。　陸彦師：人名。字雲房，魏郡臨漳（今河北臨漳縣）人。北齊、北周、隋朝官吏。見《北史》卷八四《陸彦師傳》。

［2］黨固：中華本作“党錮”。按：“黨錮”亦作“黨固”，指禁止朋黨參政的現象。

崇弟仲義，字小黑，知名於世，位員外散騎侍郎、幽州刺史。崇兄弟官雖不達，婚姻常與玄家齊等。

洪弟光宗，位尚書郎。光宗子觀。

觀字伯舉。少好學，有儁才，舉秀才，射策甲科。除太學博士、著作佐郎。[1]與太常少卿李神儁、光禄大夫王誦等在尚書上省，[2]撰定朝儀。遷尚書儀曹郎中。[3]孝昌元年卒。

[1]著作佐郎：官名。三國魏明帝時置。協助著作郎修撰國史及起居注。北魏時置四員，職務清閑，成爲世族高門子弟的起家之官。孝文帝太和十七年定爲從五品上，二十三年定爲七品。

[2]太常少卿：官名。北魏始置，爲太常副貳，位在丞上。北魏孝文帝太和十七年定爲三品上，二十三年改爲四品上。　李神儁：人名。即李挺，字神儁，隴西狄道（今甘肅臨洮縣）人。北魏官吏。見《北史》卷一〇〇《凉武昭王李暠附李神儁傳》。　王誦：人名。字國章，琅邪臨沂（今山東臨沂市）人。北魏官吏。見《北史》卷四二《王肅附王誦傳》。

[3]儀曹郎中：官名。魏晋南北朝時與儀曹郎互稱，爲尚書省儀曹長官。北魏孝文帝太和十七年定郎中爲五品上，郎爲從五品中，二十三年皆稱郎中，六品，仍可通稱爲郎，隋初罷。

觀弟仲宣，小名金。才學優洽，乃踰於觀，但文體頗細。兄弟俱以文章顯，論者美之。位太尉屬。魏孝莊帝初，[1]遇害河陰。[2]及兄觀並無子，[3]文集莫爲撰次，罕有存者。仲宣弟叔彪。[4]

[1]孝莊帝：即北魏皇帝元子攸。孝莊爲其謚號。

[2]河陰：此指河陰之難。北魏孝明帝武泰元年（528），權臣尒朱榮策劃並實施的一起針對皇族和百官公卿的屠殺事件，因事件發生在河陰縣（今河南孟津縣東）而得名。

[3]及：底本作“乃”，中華本校勘記云：“諸本‘及’訛‘乃’，據《通志》卷一七六《文苑·盧觀傳》改。”今從改。

[4]仲宣弟叔彪：中華本校勘記云：“《魏書》卷四七《盧玄傳》‘彪’作‘虔’，《北齊書》卷四二作‘武’。按本名當作‘虎’，‘虔’是‘虎’之訛，‘彪’‘武’都是避唐諱改。”

叔彪少機悟，豪率輕俠，好奇策，慕諸葛亮之爲人。爲賀拔勝荆州開府長史，勝不用其計，棄城奔梁。叔彪歸本縣，築室臨陂，優遊自適。齊文襄降辟書，[1]辭疾不到。天保初，復徵，不得已，布裙露車至鄴。[2]楊愔往候之，以爲司徒諮議，[3]辭疾不受。孝昭即位，召爲中庶子，[4]問以世事。叔彪勸討關西，畫地陳兵勢，請立重鎮於平陽，[5]與彼蒲州相對，[6]深溝高壘，運粮實之。帝深納之。又願自居平陽，成此謀略。帝命元文遥與叔彪參謀，[7]撰《平西策》一卷。未幾，帝崩，事寢。武成即位，拜儀同三司，判都官尚書，出爲合州刺史，[8]遷太子詹事。[9]

[1]辟書：徵召的文書。

[2]布裙露車至鄴：源氏校勘記云：“‘裙’《北齊》作‘裘’。”

[3]司徒諮議：官名。即司徒府諮議參軍事。東晋設。於司徒府諷議軍務。北齊三師、二大、三公府置，三公府所置者從四品上。

[4]中庶子：官名。北齊時爲太子中庶子的省稱。掌侍從、奏

事、諫議等。屬門下坊，四員。四品。

[5]平陽：郡名。北齊時治平陽縣，在今山西臨汾市。

[6]蒲州：北齊時治蒲坂縣，在今山西永濟市西南蒲州鎮。

[7]元文遥：人名。字德遠，河南洛陽（今河南洛陽市東南）人，鮮卑族。北齊大臣。見《北史》卷五五《元文遥傳》。

[8]合州：北齊時治合肥城，在今安徽合肥市。底本作“金州”，源氏校勘記云：“《北齊書》（‘金州’）作‘合州’。”中華本校勘記云：“諸本‘合’作‘金’，《北齊書》卷四二《盧叔武傳》作‘合’。按合州見《魏書》卷一〇六《地形志中》。《隋書·地理志下》廬江郡注云：‘梁置南豫州，又改爲合州。開皇初，改爲廬州。’此州在北齊境内。金州乃西魏改東梁州置，見《隋書·地理志上》西城郡，不在齊境。作‘金’誤，今據改。”今從改。

[9]太子詹事：官名。北齊時掌管東宫一切事務、官屬。領東宫三寺及左右衛坊、門下坊、典書坊。三品。

叔彪在鄉時，有粟千石，每至春夏，鄉人無食者，令自載取；至秋，任還其價而不計。歲歲常得倍餘。既在朝通貴，自以年老，兒子又多，遂營一大屋，曰：“歌於斯，哭於斯。”魏收常來詣之，訪以洛京舊事，不待食而起，云：“難爲子費。”叔彪留之，良久食至，但有粟餐葵菜，木碗盛之，片脯而已。所將僕從，亦盡設食，一與此同。

齊滅，歸范陽。遭亂城陷，與族弟士邃皆以寒餒斃。周將宇文神舉以二人有名德，收而葬之。

洪從弟附伯，附伯弟侍伯，並有學識。附伯位滄州平東府長史，[1]侍伯南岐州刺史。[2]侍伯從弟文偉。

［1］滄州：北魏時治饒安縣，在今河北鹽山縣西南。　平東府長史：官名。平東將軍府屬官之長。長史，官名。爲所在官署屬官之長。總領府事，置左右二員。不同名號的長史所負職責不同，品秩也不相同。

［2］南岐州：北魏時治梁泉縣，在今陝西鳳縣東北。

文偉字休族。父敞，位議郎，[1]後以文偉勳，贈幽州刺史。文偉少孤，有志尚，頗涉經史。州辟主簿。年三十八，始舉秀才，除本州平北府長流參軍。[2]説刺史裴儁案舊迹脩督亢陂，[3]溉田萬餘頃，人賴其利。儁脩立之功，多以委之。文偉既善於營理，兼展私力，家素貧儉，因此致富。及北方將亂，文偉積稻穀於范陽城，時經荒儉，多所振贍，彌爲鄉里所歸。及韓樓據薊城，文偉率鄉閭守范陽。樓平，以功封大夏縣男，[4]除范陽太守。

［1］議郎：官名。爲高級郎官，職責爲顧問應對，參政議政，指責皇帝得失，爲皇帝近臣。多由儒學名士、高級官吏擔任。

［2］平北府長流參軍：官名。平北府，指平北將軍府。平北將軍，官名。北魏時漸成爲無職掌的散官。孝文帝太和十七年定爲從二品上，二十三年定爲三品。長流參軍，官名。北魏時於諸府内掌捕盜賊及治安等事。

［3］裴儁：人名。即裴延儁。字平子，河東聞喜（今山西聞喜縣）人。北魏官吏。見《北史》卷三八《裴延儁傳》。　督亢陂：陂名。在今河北涿州市東南。

［4］大夏縣男：封爵名。大夏，縣名。治所在今内蒙古烏審旗南白城子。

莊帝崩，文偉與幽州刺史劉靈助同謀起義。[1]靈助克瀛州，留文偉行州事，自率兵赴定州，爲尒朱榮將侯深所敗。[2]文偉走還本郡，仍與高乾兄弟相影響。[3]屬神武至信都，[4]文偉遣子懷道奉啓陳謝。[5]中興初，[6]除安州刺史，[7]不之官，尋轉幽州刺史。安州刺史盧曹亦從靈助舉兵，[8]靈助敗，因據幽州降尒朱兆，[9]兆仍以爲刺史，據城不下，[10]文偉不得入。後除青州刺史。

[1]劉靈助：人名。燕郡（今北京西南）人。北魏將領。見《北史》卷八九《劉靈助傳》。

[2]尒朱榮：人名。字天寶，北秀容（今山西朔州市）人，契胡族。北魏將領。見《北史》卷四八《尒朱榮傳》。

[3]高乾：人名。字乾邕，勃海蓨（今河北景縣）人。北魏末大臣。見《北史》卷三一《高祐附高乾傳》。

[4]信都：縣名。治所在今河北冀州市。

[5]懷道：即盧懷道，人名。范陽涿（今河北涿州市）人。東魏官吏。初以守范陽勳，拜員外散騎侍郎，後奉父命詣高歡，加平西將軍、光禄大夫。

[6]中興：北魏安定王的年號（531—532）。

[7]安州：北魏時治方城，在今河北隆化縣隆化鎮。

[8]盧曹：人名。范陽涿（今河北涿州市）人。北魏官吏。見《北史·高祐附盧曹傳》。底本“曹”作“胄”，源氏校勘記云：“《北齊》‘盧胄’作‘盧曹’。”中華本校勘記云：“諸本‘曹’作‘胄’，《北齊書》卷二二《盧文偉傳》作‘曹’。按《北齊書》卷二一《李元忠附李愍傳》亦見‘安州刺史盧曹’。本書卷三一《高季式傳》後附盧曹事迹云：‘神武初起兵，范陽盧曹亦以勇力稱，爲尒朱氏守薊（即幽州治），神武厚禮召之，以昂相擬曰：“宜來，

與從叔爲二曹。"' 高昂字敖曹，故高歡云云。作'曹'是，今據改。" 今從改。

[9]尒朱兆：人名。字萬仁，北秀容（今山西朔州市）人，契胡族。北魏官吏。見《北史·尒朱榮附尒朱兆傳》。

[10]據城不下：宋本、元大德本、毛本、四庫本、局本、中華本作"據城步下"，殿本、四部備要本作"儀城不下"。按：據《北齊書·盧文偉傳》、《通志》卷一四八，今從底本。

文偉輕財愛客，善於撫接，好爲小惠，是以所在頗得人情。經紀生資，常若不足，[1]致財積聚，承候寵要，餉遺不絶。卒，贈司徒公、尚書右僕射，[2]謚曰孝威。

[1]常若不足：殿本、四庫本、四部備要本作"常若不遺"。按：據《北齊書》卷二二《盧文偉傳》、《通志》卷一四八，今從底本。

[2]司徒公：官名。北魏時爲三公之一，分掌丞相職能，多爲大臣加官。

子恭道，性溫良，頗有文學。位范陽郡太守，有德惠。先文偉卒。贈度支尚書，[1]謚曰定。

[1]度支尚書：官名。統管度支、户部、金部、倉部四曹。掌軍國財賦的收支會計及漕運物價屯田之政令。北齊時爲三品。

子詢祖，襲祖爵大夏男。有術學，文辭華美，爲後生之俊。舉秀才，至鄴。趙郡李祖勳嘗宴諸文士，[1]齊文宣使小黄門敕祖勳母曰：[2]"蠕蠕既破，[3]何無賀

表?”使者待之。[4]諸賓皆爲表，詢祖俄頃便成。其詞云：“昔十萬横行，樊將軍請而受屈；五千深入，李都尉降而不歸。”時重其工。後朝廷大遷除，同日催拜。詢祖立於東止車門外，[5]爲二十餘人作表，文不加點，辭理可觀。詢祖初襲爵，有宿德朝士謂曰：“大夏初成”，詢祖應聲曰：“且得燕雀相賀。”

[1]趙郡：北齊時治平棘縣，在今河北趙縣。　李祖勳：人名。趙郡平棘（今河北趙縣）人。北齊外戚。見《北史》卷三三《李順附李祖勳傳》。

[2]齊文宣使小黄門敕祖勳母曰：源氏校勘記云：“按《北齊書》卷二二《盧文偉附盧詢祖傳》，‘母’字似衍。”可從。小黄門，官名。東漢始置。初參用士人，後爲閹人專職。侍從皇帝出入，收受奏書。歷朝因之，品秩不一。北齊時爲從九品。

[3]蠕蠕：族名。亦稱柔然，本爲東胡的一支，屬拓跋部。南北朝時始强大，活動於今蒙古國南部地區。以游牧爲生。見《北史》卷九八《蠕蠕傳》。《北齊書》卷二二《盧文偉傳》作“茹茹”。

[4]待：殿本、四庫本、四部備要本作“時”。按：據《通志》卷一五四，今從底本。

[5]止車門：按朝見禮儀，文臣至此下車，武將下馬，步行上朝進殿。

天保末，[1]爲築長城子使。[2]自負其才，内懷鬱怏，遂毁容服如賤役者以見楊愔。愔曰：“故舊皆有所縻，唯大夏未加處分。”[3]詢祖厲聲曰：“是誰之咎?”既至役所，作《築長城賦》以寄其意。[4]其略曰：“板則紫柏，

杵則木瓜，何斯材而斯用也？草則離離靡靡，緣岡而殖。但使十步而有一芳，余亦何辭間於荆棘。”

[1]天保末：局本作“天保未”。按：二字形近而訛，從底本。

[2]子使：官名。北魏末孝莊帝時置。子猶言小，即級别較低的小使者，可以爲大使之副，也可以承辦某事，如築長城，負責小規模屯田等。北齊等朝因之。

[3]處分：安排，處理。

[4]築長城賦：《北齊書》卷二二《盧文偉附盧詢祖傳》略録其詞。

邢卲常戲曰：[1]“卿小年才學富盛，戴角者無上齒，恐卿不壽。”[2]對曰：“詢祖初聞此言，實懷惕懼；見丈人蒼蒼在鬢，差以自安。”卲甚重其敏贍。[3]既有口辯，好臧否人物。衆共嫉之，言其淫於從妹。宗人思道謂曰：“大夏何爲招四海議？”詢祖曰：“骨肉還相殘，何况執玉帛者萬國。”與思道俱爲北州人俊，魏收揚譽思道而以詢祖爲不及。詢祖謂人曰：“見未能高飛者，借其羽毛；知逸勢沖天者，翦其翅翮。”既諸謗毁日至，素論皆薄其爲人。長廣太守邢子廣曰：[4]“詢祖有規檢禰衡，[5]思道無冰稜文舉。”[6]後頗折節。歷太子舍人、司徒記室，[7]卒。有文集十卷，皆遺逸。

[1]邢卲：人名。字子才，河間鄚（今河北任丘市北）人。北魏、東魏、北齊官吏。見《北史》卷四三《邢巒附邢卲傳》。

[2]戴角：指頭頂上生角。亦指兒童的髮飾。角，頭頂兩側束髮爲髻，形如牛角。故稱。《淮南子·墜形訓》：“四足者無羽翼，

戴角者無上齒。”

[3]敏贍：機靈多智。

[4]長廣：郡名。北齊時治黄縣，在今山東龍口市。

[5]禰衡：人名。字正平，平原般（今山東寧津縣東南）人。東漢末名士。見《後漢書》卷八〇下《禰衡傳》。

[6]文舉：即孔融，人名。字文舉，魯國（今山東曲阜市）人。東漢學者。見《後漢書》卷七〇《孔融傳》。

[7]司徒記室：官名。北魏時主文書報表。

恭道弟懷道，性輕率好酒，頗有慕尚。既家預義舉，神武親待之。卒於烏蘇鎮城都督。[1]

[1]烏蘇：地名。在今山西沁縣西南。　都督：官名。三國魏文帝黄初三年（222）置，領駐在州刺史，兼理民政。無固定品級，多帶將軍號。晋、南北朝沿置，爲地府軍政長官。

懷道弟宗道，性粗率，動作狂俠，位南營州刺史。[1]嘗於晋陽置酒，賓遊滿座，中書舍人馬士達目其彈箜篌女妓，[2]云手甚纖素，宗道即以遺之。士達固辭，宗道便命其家人，將解其腕，士達不得已而受之。將赴營州，[3]於督亢城坡，[4]大集鄉人，殺牛聚會。有一舊門生，[5]醉言疏失，宗道令沈之於水。後坐酷濫除名。

[1]南營州：北魏孝昌中營州陷，永熙二年置，寄治英雄城，在今河北徐水縣西。

[2]中書舍人：官名。北魏時專掌草擬詔令，出納之職由門下省分任。孝文帝太和十七年定爲六品上，二十三年定爲六品下。北

齊六品。

[3]營州：北魏時治龍城縣，在今遼寧朝陽市。

[4]督亢城坡：《北齊書》卷二二《盧文偉傳》作“督亢陂”。《通志》卷一四八作“督亢城”。

[5]有一舊門生：底本“生”作“人”，中華本校勘記云：“李慈銘云：‘門人，《北齊書》作“門生”，是。’”今從改。

玄族子輔，字顯光，本州别駕。子同。

同字叔倫，身長八尺，容貌魁偉，善於處世。太和中，起家北海王詳國常侍。[1]熙平初，[2]累遷尚書左丞。時相州刺史奚康生徵百姓歲調，[3]皆長七八十尺，以邀憂公之譽，部内患之。同於歲禄，官給長絹。同乃舉案康生度外徵調。[4]書奏，詔科康生罪，兼褒同在公之績。明帝世，[5]朝政稍稀，[6]人多竊冒軍功。同閲吏部勳書，因加檢覈，得竊階者三百餘人。乃表言：

[1]北海王：封爵名。北海，郡名。北魏時治平壽城，在今山東昌樂縣東南。　詳：即元詳，人名。字季豫。北魏宗室。見《北史》卷一九《北海王詳傳》。

[2]熙平：北魏孝明帝的年號（516—518）。

[3]奚康生：人名。河南陽翟（今河南禹州市）人。北魏將領。見《北史》卷三七《奚康生傳》。

[4]度外徵調：宋本作“度外徵朝”。按：據《魏書》卷七六、《通志》卷一四八、《册府元龜》卷四五九，今從底本。

[5]明帝：即北魏皇帝元詡。明爲其謚號。

[6]朝政稍稀：殿本、四庫本、四部備要本作“朝政稍衰”，源氏校勘記云：“‘稀’《魏書》作‘衰’。”按：據《通志》卷一四

八，今從底本。

竊見吏部勳簿，[1]多皆改换，乃校中兵奏案，[2]並復乖舛。愚謂罪雖恩免，猶須刊定。請遣一都令史，與令僕省事各一人，總集吏部、中兵二局勳簿，對句奏案。若名級相應者，即於黄素楷書大字，[3]具件階級數，令本曹尚書以朱印印之。明造兩通，一關吏部，一留兵局，與奏案對掌。進則防揩洗之僞，退則無改易之理。

[1]勳簿：官職制度文書。又稱勳書、勳案。北魏時記載將士軍功勳勞的文簿。由主將在每次戰事結束後將部屬的勳勞記於黄素之上，注明所立戰功應授的階數。

[2]中兵：官名。中兵參軍的省稱。兩晋南北朝時諸公、軍府僚屬之一，亦作中兵參軍事。掌本府中兵曹事務，兼備參謀咨詢。北魏時唯置中兵參軍。其品位隨府主地位高低不等。

[3]黄素：黄色的絹。

從前以來，勳書上省，唯列姓名，[1]不載本屬。[2]致令竊濫之徒，輕爲苟且。今請征職白身，[3]具列本州郡縣三長之所；[4]其實官正職者，亦列官名曹别録曆。[5]皆仰本軍印記其上，然後印縫，各上所司。統將、都督，[6]並皆印記，然後列上行臺。[7]行臺關太尉。太尉檢練精實，乃始關刺。省重究括，然後奏申。奏出之日，黄素朱印，關付吏部。

[1]唯列姓名：底本“列”作“别”，源氏校勘記云：“‘别’《魏書》作‘列’。”中華本校勘記云：“諸本‘列’訛作‘别’，據《魏書》卷七六《盧同傳》改。”今從改。

[2]本屬：本族的世系。

[3]白身：《魏書》卷七六《盧同傳》作“白民”。

[4]三長：北魏時鄰長、里長、黨長的合稱。孝文帝太和十年制五家爲鄰、五鄰爲里、五里爲黨，各置長以統率之，掌檢正户籍、均平賦税力役，兼及教化等事。

[5]官名曹别録曆：列有官職、部門與俸禄的履歷。

[6]統將：即統率主將。

[7]行臺：官署名。三國魏始置。爲皇帝出征時隨侍身邊臨時執行尚書臺職權的機構。北魏孝明帝正光末，在各地設行臺主管當地軍務，成爲常設的地方行政機構，兼理民事，行臺尚書令爲長官，以尚書僕射、左僕射、尚書主管行臺事務。

頃來，非但偷階冒名，改换勳簿而已，或一階再取，或易名受級，凡如此者，其人不少。良由吏部無法，防塞失方。何者？吏部加階之後，簿不注記，緣此之故，易生僥倖。自今叙階之後，名簿具注，加補日月，尚書印記，然後付曹，郎中别作抄目，遷代相付。此制一行，差止奸罔。

詔從之。同又奏曰：

臣伏思黄素勳簿，政可粗止姦僞，然在軍虚詐，猶未可盡。請自今在軍閲簿之日，行臺、軍司、監軍、都督各明立文案，[1]處處記之。斬首成一階以上，即令給券。[2]其券，一紙之上，當中大書，起行臺、統軍位號，勳人甲乙。斬三賊及被傷

成階以上，亦具書於券，各盡一行，當行竪裂。其券，前後皆起年號日月，破某處陣，某官某勳，印記爲驗。一支付勳人，一支付行臺。[3]記至京，即送門下，[4]別函守録。

[1]軍司：官名。即軍師，西晋時因避司馬師諱改。東晋、南朝、北魏、北齊沿置。爲諸軍府主要僚屬，佐主帥統帶軍隊，負有匡正監察主師之責。　監軍：官名。魏晋南北朝時諸州不置都督時，則設此職，掌一州或數州軍事爲地方軍政長官。

[2]即令給券：局本作“即令級券”。按：從底本。

[3]一支付行臺：底本“行”上無“付”字，源氏校勘記云：“‘行’上《魏書》有‘付’字。”中華本校勘記云：“諸本脱‘付’字，據《魏書》補。”今從改。

[4]即送門下：毛本、殿本、四庫本、局本、四部備要本作“師送門下”。按：從底本。

又自遷都以來，戎車屢捷，所以征勳轉多，叙不可盡者，良由歲久生姦，積年長僞，[1]巧吏階緣，偷增遂甚。請自今爲始，諸有勳簿已經奏賞者，即廣下遠近，云某處勳判，咸令知聞。立格酬叙，以三年爲斷。其職人及出身，限内悉令銓除；實官及外號，隨才加授。庶使酬勤速申，立効者勸，事不經久，僥倖易息。或遭窮難，州無中正者，不在此限。

[1]積年長僞：殿本、四部備要本作“積年長爲”。按：據《魏書》卷七六《盧同傳》作“積年長僞”，從底本。

又勳簿之法，征還之日，即應申送。然頃來，行臺、督將至京始造，或一年二歲，方上勳書。姦僞之原，實自由此。於今以後，軍還之日，便通勳簿，不聽隔月。

詔復依行。

元叉之廢靈太后也，相州刺史、中山王熙起兵於鄴。敗之。[1]叉以同爲持節兼黄門侍郎慰勞使，乃就州刑熙。還，授正黄門。[2]同善事在位，爲叉所親，戮熙之日，深窮黨與，以希叉旨，論者非之。同兄琇，少多大言，常云公侯可致。至此，始爲都水使者。同啓求回身二階以加琇。琇遂除安州刺史，論者稱之。

[1]敗之：中華本校勘記云："《魏書》'敗之'作'熙敗'，《通志》卷一四八《盧同傳》作'兵敗被執'。按本書卷十八、《魏書》卷十九下《南安王楨傳》，熙起兵甫十日，爲其長史柳元章等所執，元叉遣盧同斬之。此作'敗之'，文意不明，當有訛誤。"

[2]正黄門：官名。正式的黄門，非員外。掌侍從左右、關通内外，與侍中平省尚書奏事。因出入禁中，故職任顯要。魏晋南北朝時置爲侍中省或門下省次官，與侍中俱掌門下衆事，職掌略同，地位隨皇帝旨意或侍中地位而上下。北魏時一度甚重之，孝文帝太和十七年定爲三品中，二十三年定爲四品上。

營州城人就德興謀反，[1]除同度支尚書，持節使營州慰勞，聽以便宜從事。同乃遣賊家口三十人，并免家奴爲良，齎書喻之。德興乃降，安輯其人而還。德興復反，詔同爲幽州刺史，兼尚書行臺，慰勞之。同慮德興

難信，勒衆而往，爲德興所擊，大敗而還。

[1]就德興：人名。營州（今遼寧朝陽市）人。北魏孝明帝正光五年（524）據城反魏，自稱燕王。孝明帝孝昌二年攻陷平州，殺刺史王買奴。孝莊帝永安二年遣使請降。《魏書》卷七四《尒朱榮傳》又作“就德”。

靈太后反政，以同叉黨，除名。莊帝踐祚，詔復本秩，除都官尚書，復兼七兵。[1]以前慰勞德興功，封章武縣伯，[2]正除七兵。轉殿中。[3]普泰初，除侍中，進號驃騎將軍、左光禄大夫。[4]同時久病，牽强启乞儀同。[5]初同之爲黄門也，與節閔帝俱在門下，[6]同異其爲人，素相款託。帝以恩舊，許之，除儀同三司。永熙初，薨，贈尚書右僕射。四子，長子斐嗣。

[1]七兵：官名。即七兵尚書。

[2]章武縣伯：封爵名。章武，縣名。治所在今河北滄縣東北。

[3]殿中：官名。北魏時領宫中兵馬，典宫禁宿衛及倉庫。三品。

[4]驃騎將軍：官名。北魏時居諸名號將軍之首，僅作爲將軍名號，加授大臣、重要州郡長官。孝文帝太和十七年定爲一品下，二十三年定爲二品。

[5]牽强启乞儀同：中華本校勘記云：“《魏書》‘牽强’作‘强牽從務’四字，即‘力疾視事’之意，此疑脱‘從務’二字。”可從。

[6]節閔帝：即北魏皇帝元恭。節閔爲其謚號。《魏書》卷七六《盧同傳》作“前廢帝”。《通志》卷一四八同《北史》。按：據

後文，永熙是北魏孝武帝元脩的年號，據此推測，《魏書》誤，今從《北史》。

斐字子章，性殘忍，以彊斷知名。齊文襄引爲大將軍府刑獄參軍，[1]謂云：“狂簡，斐然成章，非嘉名字也。”天保中，稍遷尚書左丞，[2]別典京畿詔獄。[3]酷濫非人情所爲，無問事之大小，拷掠過度，於大棒車輻下死者非一。或嚴冬至寒，置囚於冰雪之上；或盛夏酷熱，暴之日下。枉陷人致死者，前後百數人。伺察官人罪失，動即奏聞。朝士見之，莫不重跡屏氣，皆目之爲校事。[4]斐揚揚得志，言必自矜。後以謗史事，與李庶俱病鞭杖，[5]死獄中。斐弟筠，青州中從事。[6]

[1]刑獄參軍：官名。刑獄賊曹長官。北魏、北齊時又稱爲刑獄賊曹參軍，自七品上至八品上不等。

[2]尚書左丞：官名。北齊時掌臺内庶務、文吏及文案奏章，兼掌監察百官。從四品上。

[3]典：官制用語。即以其他官職掌管某官署事務，稱典某官署。　京畿：國都和國都周圍的地方。

[4]校事：官名。三國時魏國與吴國有校事官，職掌刺探，所獲情報可以直接報告君主，因而令群臣恐懼。此處將盧斐比作魏、吴的校事官，以見其任職酷濫。

[5]李庶：人名。頓丘（今河南清豐縣西南）人。北齊官吏。歷位尚書郎、司徒掾等職，以清辯知名。後因評擊《魏書》不公正，被鞭杖而死於獄中。見《通志》卷一五五《李庶傳》。

[6]中從事：官名。州刺史屬官，位在别駕從事下。官品依州等級不同而異。

同兄静，好學有風度，飲酒至數斗不亂。終於太常丞。[1]大統初，[2]贈太僕卿、平州刺史。[3]静子景裕。

[1]太常丞：官名。掌管宗廟祭祀禮儀的具體事務。北魏孝文帝太和十七年定爲五品下，二十三年定爲從六品。

[2]大統初：毛本、四庫本作“太統初”。按：二字通假。

[3]太僕卿：官名。太僕的尊稱。管理全國畜牧事務、宫廷車馬。北魏孝文帝太和十七年定爲二品上，二十三年改爲三品。北齊置爲太僕寺長官，三品。　平州：西魏時治肥如城，在今河北盧龍縣北。

景裕字仲孺，小字白頭。少敏，專經爲學。居拒馬河，[1]將一老婢作食，妻子不自隨從。又避地大寧山，[2]不營世事。居無二業，唯在注解。其叔父同職居顯要，而景裕止於園舍，情均郊野。謙恭守道，貞素自得，由是世號居士。

[1]拒馬河：源出今河北淶源縣。西晋末劉琨拒石勒於此水，故稱拒馬，又作巨馬。

[2]大寧山：今地不詳。

節閔初，除國子博士，參議正聲，甚見親遇，[1]待以不臣之禮。永熙初，以例解。天平中，還鄉里。與邢子才、魏季景、魏收、邢昕等同徵赴鄴，[2]景裕寓託僧寺，講聽不已。未幾，歸本郡。

[1]甚見親遇：底本“甚”作“其”，中華本校勘記云：“諸本

‘甚’訛‘其’，據《魏書》卷八四《盧景裕傳》、《通志》卷一四八《盧元傳》改。”今從改。

[2]魏季景：人名。鉅鹿下曲陽（今河北晉州市西）人。博學有文才，弱冠時與魏收齊名。見《北史》卷五六《魏季景傳》。邢昕：人名。字子明，河間鄚（今河北任丘市北）人。北魏、東魏官吏。見《北史》卷四三《邢巒附邢昕傳》。

河間邢摩納與景裕從兄仲禮據鄉作逆，[1]逼其同反，以應西魏。齊神武命都督賀拔仁討平之。[2]聞景裕經明行著，驛馬特徵。既而舍之，使教諸子，在館十日一歸家，隨以鼎食。景裕風儀言行，雅見嗟賞。

[1]邢摩納：人名。河間（今河北河間市）人。東魏孝静帝天平四年，與盧仲禮反。次年，爲賀拔仁鎮壓。

[2]賀拔仁：人名。字天惠，善無（今山西右玉縣東南）人。北齊官吏。見《北史》卷五三《張保洛附賀拔仁傳》。

先是，景裕注《周易》《尚書》《孝經》《論語》《禮記》《老子》，其《毛詩》《春秋左氏》未訖。齊文襄入相，於第開講，招延時儁，令景裕解所注易。景裕理義精微，吐發閑雅。時有問難，或相詆訶，大聲厲色，言至不遜。而景裕神彩儼然，風誦如一，[1]從容往復，無際可尋，由是士君子嗟美之。

[1]風誦如一：源氏校勘記云：“‘誦’《魏書》作‘調’。”中華本校勘記云：“《魏書》《通志》‘誦’作‘調’，疑是。”可從。

初，元顥入洛，以爲中書郎。[1]普泰中，復除國子博士。進退其間，未曾有得失之色。性清静，淡於榮利，弊衣粗食，恬然自安，終日端嚴，如對賓客。

[1]中書郎：官名。北魏時負責草擬詔令。孝文帝太和十七年定爲四品上，二十三年之後爲從四品上。

興和中，補齊王開府屬，卒於晋陽。神武悼惜之。

景裕雖不聚徒教授，所注《易》大行於世。又好釋氏，通其大義。天竺胡沙門道悕，[1]每譯諸經論，輒託景裕爲之序。景裕之敗也，繫晋陽獄，至心誦經，枷鎖自脱。是時，又有人負罪當死，夢沙門教講經，覺時如所夢，謂誦千遍，[2]臨刑刀折。主者以聞，赦之。此經遂行，號曰《高王觀世音》。景裕弟辯。

[1]天竺：古印度别稱。漢時又稱身毒。分爲東、西、南、北、中五天竺。　沙門：梵語的音譯。出家的佛教徒的總稱。也指佛門。

[2]謂誦千遍：四庫本、局本作“謂誦十遍”。源氏校勘記云：“‘謂’《魏書》作‘嘿’。”按：據《通志》卷一四八，今從底本。

辯字景宣，少好學，博通經籍。正光初，[1]舉秀才，爲太學博士。以《大戴禮》未有解詁，[2]辯乃注之。其兄景裕爲當時碩儒，謂辯曰：“昔侍中注《小戴》，今汝注《大戴》，庶纂前修矣。”

[1]正光：北魏孝明帝的年號（520—525）。

[2]大戴禮：儒家經典之一。又作《大戴禮記》。傳西漢戴德編，共八十五篇。今存三十九篇，爲十三卷。

節閔帝立，除中書舍人。屬齊神武起兵信都，既破尒朱氏，遂鼓行指洛。節閔遣辯持節勞之於鄴。神武令辯見其所奉中興主，[1]辯抗節不從。神武怒曰："我舉大義，誅群醜，車駕在此，誰遣爾來？"辯抗言酬答，守節不撓。神武異之，捨而不逼。

[1]中興主：即東魏孝静帝元善見。河南洛陽（今河南洛陽市東南）人。見《北史》卷五《魏本紀·東魏孝静帝》。

孝武即位，以辯爲廣平王贊師。[1]永熙二年，平等浮屠成，[2]孝武會萬僧於寺。石佛低舉其頭，終日乃止。帝禮拜之。辯曰："石立社移，自古有此，陛下何怪。"

[1]廣平王：封爵名。廣平，郡名。東魏時治曲梁城，在今河北永年縣東南。　贊：即元贊，人名。北魏宗室、西魏大臣。

[2]平等浮屠：平等寺，位於今河南洛陽市（參《洛陽伽藍記》，上海古籍出版社 1978 年版，第 104 頁）。

及帝入關，事起倉卒，辯不及至家，單馬而從。或問辯曰："得辭家不？"辯曰："門外之道，以義斷恩，復何辭也。"孝武至長安，封范陽縣公。[1]歷位給事黄門侍郎，領著作，加本州大中正。[2]周文帝以辯有儒術，甚禮之，朝廷大議，常召顧問。[3]遷太子少保，[4]領國子

祭酒。[5]趙青雀之亂，[6]魏太子出居渭北，辯時隨從，亦不告家人。其執志敢決，皆此類也。尋除太常卿、太子少傅，[7]轉少師，[8]魏太子及諸王等皆行束脩之禮，受業於辯，進爵范陽郡公。

[1]范陽縣公：封爵名。范陽，縣名。治所在今河北定興縣西南固城鎮。

[2]加本州大中正：宋本作“加太州大中正”。按：據《通志》卷一五七作“本州大中正”，今從底本。

[3]常召顧問：中華本《周書》卷二四校勘記云：“宋本、南本、北本、汲本和《册府》卷七五八‘常召’都作‘當日’，殿本當依《北史》改，居本從殿本。按‘常召’較長，但‘當日’也可通，猶言立即顧問。”

[4]太子少保：官名。東宫三少之一，位居太子少師、少傅之下。掌教導輔助太子。北魏孝文帝太和十七年定爲二品上，二十三年定爲三品。北齊沿置，三品。

[5]國子祭酒：官名。掌教授生徒儒學，主管國子學，參議禮制。北魏孝文帝太和十七年定爲四品上，二十三年定爲從三品。北齊改國子寺爲專管國子學的官署，主官稱國子寺祭酒。

[6]趙青雀：人名。東魏將領。西魏文帝大統三年，宇文泰大敗東魏於沙苑，趙青雀等被俘，後在長安乘機作亂。

[7]太子少傅：官名。與太子太傅並稱二傅，主要職責爲輔教太子，兼領太子官屬。北魏孝文帝太和十七年定爲從一品上，二十三年定爲二品。北齊沿置，三品。

[8]少師：官名。爲輔政大臣，三少之一。北周時爲加官，無實際職掌。正八命。

自孝武西遷，朝儀湮墜，于時朝廷憲章、乘輿法

服、金石律吕、晷刻渾儀，[1]皆令辯因時制宜。皆合軌度，多依古禮。性彊記默識，能斷大事，凡所創制，處之不疑。加驃騎大將軍、開府儀同三司，累遷尚書令。[2]及建六官，[3]爲師氏中大夫。[4]

[1]憲章：典章制度。　乘輿：皇帝所乘的車子。　法服：根據禮制規定而顯示不同等級的服飾。　金石：以金石爲質的鐘、磬類樂器。　律吕：校正樂律的器具。　晷刻：指日晷與刻漏，爲古代的兩種計時儀器。　渾儀：古代測量天體在天球上坐標值的儀器。

[2]累遷尚書令：《周書》卷二四《盧辯傳》作“累遷尚書右僕射”。源氏校勘記云：“‘令’《周書》作‘右僕射’。”中華本校勘記云：“疑各自删節《周書》，但書令而略僕射是可以的，書僕射而略令，乃是删節失當。”

[3]六官：北周依據《周禮》名稱所建官制，分爲天官、地官、春官、夏官、秋官、冬官等六官。

[4]師氏中大夫：官名。西魏恭帝三年（556）置。地官府師氏司長官，掌以前代美善之事曉諭帝王，使其能行善道，還負有教育太子以下王公子弟的使命。周武帝建德二年省，宣帝即位後復置。正五命。

明帝即位，遷小宗伯，[1]進位大將軍。帝嘗與諸公幸其第，儒者榮之。出爲宜州刺史，[2]以患不之部。卒，謚曰獻，配食文帝廟庭。[3]子慎嗣，位復州刺史。[4]慎弟詮，性趫捷，善騎射，位儀同三司。隋開皇初，以辯前代名德，追封沈國公。

[1]小宗伯：官名。西魏置。小宗伯上大夫的省稱。北周時掌宫室、車旗、服飾等禮儀禁令及次要的祭祀。正六命。

[2]宜州：北周時治泥陽縣，在今陝西富平縣東北。

[3]廟庭：宗廟。

[4]復州：北周時治建興縣，在今湖北沔陽縣西南。

初，周文欲行《周官》，[1]命蘇綽專掌其事。未幾而綽卒，乃令辯成之。於是依《周禮》建六官，[2]革漢、魏之法。以魏恭帝三年，[3]始命行之。六卿之外，置太師、太傅、太保各一人，是曰三孤。[4]時未建東宫，其太子官員，改創未畢。尋又改典命爲大司禮，[5]置中大夫。[6]自兹厥後，世有損益。武成元年，增御正四人，[7]位上大夫。保定四年，[8]改宗伯爲納言，[9]禮部爲司宗，[10]大司禮爲禮部，大司樂爲樂部。[11]五年，左右武伯各置大夫一人。以建德元年，改置宿衛官員。[12]二年，省六府諸司中大夫以下官，府置四司，以下大夫爲官之長，[13]上士貳之。[14]是歲，又增改東宫官員。三年，初置太子諫議，[15]員四人，文學十人；[16]皇弟、皇子友，員各二人，學士六人。[17]四年，又改置宿衛官員。其司武、司衛之類，[18]皆後所增改。太子正宫尹之屬，[19]亦後所創置。而典章散滅，弗可復知。宣帝嗣位，事不師古，官員班品，隨情變革。至如初置四輔官，及六府諸司復置中大夫，并御正、内史增置上大夫等，[20]則今載於外史。餘則朝出夕改，莫能詳録。

[1]周官：亦稱《周禮》或《周官經》，三禮之一，爲儒家經

典。古文經學家認爲是周公所作，今文經學家認爲是西漢末年劉歆僞作。

［2］於是依周禮建六官：中華本《周書》校勘記云："按此下至'魏恭帝三年始命行之'凡一百二十六字。《北史》本傳删略祇二十三字。由此知今本《盧辯傳》非據《北史》删節。（在'始命行之'下《北史》略叙官制四十五字，今本《周書》無。）"

［3］魏恭帝：即西魏皇帝元廓。恭爲其謚號。

［4］六卿之外置太師太傅太保各一人是曰三孤：中華本校勘記云："按《隋書》卷二七《百官志》中叙後周官制云：'命尚書令盧辯遠師周之建職，置三公、三孤，以爲論道之官。'又云：'三公九命，三孤八命。'《通典》卷三九《後周官品》，其正九命有太師、太傅、太保，正八命有少師、少傅、少保。又據《尚書·周官》云：'立太師、太傅、太保，兹惟三公。''少師、少傅、少保曰三孤，貳公弘化。'北周模仿周制，不得以太師、太傅、太保爲三孤。此'三孤'上必有脱文。"六卿，《周禮》六官之長冢宰、司徒、宗伯、司馬、司寇、司空的合稱。西魏、北周時亦置，爲六官府長官合稱。太師，官名。西周始置。爲輔佐君王的重要大臣。爲三公之一。魏晋南北朝時沿置，多用作贈官，地位尊崇，無具體的職權。北周時改號三公，時爲正九命。太傅，官名。西周置。爲輔弼君王的大臣。北齊時，太傅、太師、太保並號三師，位居太師下、太保上，爲輔弼君王的大臣，一品。北周時改號三公，正九命。

［5］典命：官名。《周禮》春官之屬。掌諸侯群臣封遷爵秩命數等級之文書。　大司禮：官署名。西魏於春官府置典命司，掌内外九族及玉帛衣服的禮制規格，並管理全國的僧道事務。北周初改置爲大司禮，武帝保定四年（564）又改爲禮部。

［6］中大夫：官名。北魏時爲職事官員，如典命中大夫等，各有分職，從三品上。後罷。西魏恭帝三年行周禮，建六官，天官、地官等六府皆置。北周沿置，爲六府所轄諸司長官。武帝建德二年罷，宣帝復置。正五命。

[7]御正：官名。西魏恭帝三年置。西魏、北周時御正中大夫的省稱。正五命。北周明帝武成元年於其上置上大夫，遂降爲副職。在皇帝左右，負責宣傳詔令，參議刑罰爵賞及軍國大事。

[8]保定：北周武帝的年號（561—565）。

[9]改宗伯爲納言：按，《周書》卷五《武帝紀上》保定四年“六月庚寅，改御伯爲納言”；《北史》卷一〇《武帝紀》所記同《周書》，可知此處“宗伯”應爲“御伯”。宗伯，官名。周朝始置。又稱宗人，禮官之長，卿爵。掌宗室禮法及宗廟社稷祭祀禮儀。西魏、北周時設爲春官府長官。納言，官名。北周武帝時由御伯改名，設中大夫、下大夫、上士、中士，掌出納帝命，爲樞要近侍之臣。隸天官府。

[10]禮部：官署名。北魏始置。掌管五禮之儀制及學校貢舉之法。北周沿置，屬春官府。掌内外九族之差等。　司宗：官署名。北周武帝保定四年改禮部爲此稱。掌總轄禮府、修訂禮律等。正五命。

[11]大司樂：官名。《周禮》春官大家伯之屬，爲衆樂官之長，掌管樂舞教育，主持國家各種禮儀中的音樂演奏。西魏恭帝三年復置，爲春官府屬官，正五命。　樂部：官名。樂部中大夫的省稱。北周武帝保定四年改大司樂爲此稱。掌教樂人調和鐘律，以供國之祭祀慶宴。正五命。

[12]宿衛：泛稱宮廷禁衛及任禁衛之士。

[13]下大夫：官名。此稱《周禮》已有，爲大夫中最低者。秦以後多不設。新莽時爲秩千石之官。北魏時爲府署中級屬官，位在諸曹令之上，官階爲第四品上。西魏、北周官制中多爲朝廷府署各司之次官，官階通常爲正四命。

[14]上士貳之：底本“上士”作“士”，中華本校勘記云：“諸本無‘上’字。按本書卷一〇、《周書》卷五《武帝紀》（建德二年三月）云：‘以下大夫爲之官長，上士貳之。’今據補。”今從改。

[15]太子諫議：官名。北周武帝時置。掌規諫太子，選用飽學之士充任。底本“諫議”下有“大夫”二字，中華本校勘記云：“本書卷一〇、《周書》卷五《武帝紀》，建德三年五月，記此事無‘大夫’二字。按《通典》卷三十叙東宫官制云：‘後周加置太子諫議，員四人。’則‘大夫’二字衍文。”今從改。

[16]文學：官名。西漢置。或稱文學掾、文學員、文學從事。爲諸王府、公府、州郡府屬吏。北周時掌侍從文章記事及典籍校讎等。

[17]學士：官名。魏晋南北朝皆置。以文學之士充任，掌典禮、編纂、撰述、修史之事。北周時爲文學侍從之臣。各朝皆有館所爲其供職處。

[18]司武：官名。北周置。左右司武上大夫的省稱。總宿衛軍事，下屬有左右小司武大夫、司武上士等。正六命。　司衛：官名。西魏恭帝三年置。左右司衛上大夫的省稱。總掌東宫宿衛，下屬有左右司衛中大夫、左右司衛上士等。北周因之，正六命。

[19]太子正宫尹：官名。北周置。職同太子詹事，掌東宫内外衆務，有太子宫尹下大夫、太子小宫尹上士、太子宫尹中士三級。

[20]内史：官名。西魏、北周時内史上大夫的省稱。西魏恭帝三年設内史，爲春官府主官，掌起草詔命，參議國事。一員，正六命。下屬有内史中大夫等。北周因之。　上大夫：此稱《周禮》已有，爲大夫中最高者。在西魏、北周官制中多爲六府之副主官，爲正六命。

于時，雖行《周禮》，内外衆職，又兼用秦、漢等官，今略舉其名號及命數，附之於左。[1]其紀傳内更有餘官而於此不載者，亦史之闕文也。

[1]今略舉其名號及命數附之於左：中華本《周書》卷二四校

勘記云:“按下所載官名命數大致和《北史》同，各有訛脱。《通典》卷三九載周官品最詳備,《周書》《北史》衹舉六官以外的官,《通典》並舉無遺。《通志》卷一五七《盧辯傳》末也可參考。以下但舉顯然訛脱之處。”可從。

柱國、大將軍，建德四年增置上柱國、上大將軍也：正九命。[1]

[1]上柱國：官名。掌軍政，主征戰。北周武帝置爲最高級勳官，正九命。　上大將軍：官名。三國吴始置，位在大將軍之上。十六國時漢、前燕、北燕亦置。北周武帝建德四年置，正九命，爲高級武官名號。中華本校勘記云:“諸本脱‘大’字，據本書卷一〇、《周書》卷五《武帝紀》建德四年十月條補。”今從改。　正九命：官吏品階。西魏廢帝三年定制，北周因之。

驃騎大將軍、開府儀同三司，建德四年改爲開府儀同大將軍,[1]仍增上開府儀同大將軍;[2]車騎大將軍、儀同三司,[3]建德四年改爲儀同大將軍,[4]仍增上儀同大將軍;[5]雍州牧：九命。[6]

[1]開府儀同大將軍：官名。北周置。位在儀同大將軍之上，主要授予有軍功的大臣及北齊的降官，無具體職掌。九命。

[2]上開府儀同大將軍：官名。北周武帝建德四年置。位在開府儀同大將軍之上，主要授予有軍功的大臣或北齊的降官，無具體職掌。九命。

[3]車騎大將軍：官名。多加權臣元老，以示尊崇。開府置僚屬，不領兵。北魏孝文帝太和十七年定爲一品中，二十三年定爲從一品。　儀同三司：謂官非三公而儀制待遇同於三公。南北朝時逐

漸成爲官號。北魏孝文帝太和十七年定爲一品下，二十六年後爲從一品，位開府上。

［4］儀同大將軍：官名。北周武帝建德四年，改車騎大將軍、儀同三司爲此稱。主要授予有軍功的大臣和北齊的降官。九命。

［5］上儀同大將軍：官名。北周武帝建德四年置，位在儀同大將軍上。授予有軍勳的功臣及其子弟，無具體職掌，九命。

［6］雍州：北周時治長安縣，在今陝西西安市西北。　九命：西魏、北周官制中官吏的階位。西魏廢帝三年正月，太師宇文泰作九命之典，以從一品爲九命。北周因之。

驃騎將軍、右光禄大夫，[1]車騎將軍、左光禄大夫，户三萬以上州刺史：正八命。

［1］驃騎將軍：底本作“驃騎大將軍”，中華本校勘記云：“諸本‘驃騎’下有‘大’字。按上文已見驃騎大將軍，今據《周書》卷二四《盧辯傳》刪。又《通典》以左光禄大夫配驃騎，右光禄大夫配車騎，下文各官也是先左後右與本書不同。《周書》《通志》敘述次序，也是先左後右。”今從改。　右光禄大夫：官名。三國魏始置。北魏時作爲在朝顯職官員的加官，以示優崇。或授予年老有病的致仕之官，亦常用於卒後贈官。無具體職掌。二品。

征東、征南、征西、征北等將軍，[1]右金紫光禄大夫；中軍、鎮軍、撫軍等將軍，[2]左金紫光禄大夫；[3]大都督；[4]户二萬以上州刺史；[5]京兆尹：[6]八命。[7]

［1］征東征南征西征北等將軍：合稱四征將軍，北周時多持節都督，出鎮地方。

［2］中軍鎮軍撫軍：均爲安置罷任武官的間職。

[3]左金紫光禄大夫：官名。爲官員的加官，無具體職掌。

[4]大都督：官名。加以各種名號，負責統兵作戰或爲地區的軍事統帥。

[5]二萬：宋本作“二萬户”。按：《通志》卷一五七作“二萬”。

[6]京兆：郡名。北周時治霸城縣，在今陝西西安市東北。

[7]八命：西魏、北周官制中官吏的階位。西魏廢帝三年正月，太師宇文泰作九命之典，以從二品爲八命。北周因之。

平東、平西、平南、平北等將軍，[1]右銀青光禄大夫；[2]前、右、左、後等將軍，[3]左銀青光禄大夫；帥都督；[4]柱國大將軍府長史、司馬、司録；[5]户一萬以上州刺史：正七命。

[1]平東平西平南平北等將軍：合稱四平將軍。北周時多持節都督或監理地區軍事，有時也作爲刺史兼管地方軍務的加官。

[2]右銀青光禄大夫：官名。凡光禄大夫皆授銀章青綬，故有此稱。爲元老重臣之加官或致仕之官，亦爲死者之贈官。南北朝時有左、右之分，位在金紫光禄大夫之下。

[3]前右左後等將軍：北周時成爲軍府名號，常不載官品，用作加官。

[4]帥都督：官名。西魏文帝大統中始置。多授予地方豪族、鄉望，以統率鄉兵。北周武帝天和五年（570）廢，武帝建德二年復置。

[5]柱國大將軍：官名。十六國時後燕慕容垂燕元元年（384）置。西魏文帝大統三年，以宇文泰任此職，省稱柱國。大統十六年以前共任命八人，稱八柱國。北周授除漸多，成爲無具體職掌的勳官，正九命。　司録：官名。西魏、北周時置。爲諸府僚屬。職能

與歷朝録事参軍略同，掌一府之事。品秩隨府主地位高低而定。

冠軍將軍、太中大夫，輔國將軍、中散大夫，都督，户五千以上州刺史，户一萬五千以上郡守：七命。[1]

[1]七命：西魏、北周官制中官吏的階位。西魏廢帝三年正月，太師宇文泰作九命之典，以從三品爲七命。北周因之。

鎮遠將軍、諫議大夫，[1]建忠將軍、誠議大夫，[2]别將，開府長史、司馬、司録，户不滿五千以下州刺史，户一萬以上郡守：[3]正六命。

[1]鎮遠將軍：官名。新莽始置。北周沿置。　諫議大夫：官名。秦置。專掌論議。北周時掌侍從顧問、参謀諷議、諫諍議論。

[2]建忠將軍：官名。三國魏置。北魏時爲雜號將軍，五品。北周沿置。　誠議大夫：官名。西魏恭帝三年設，爲散官。北周沿置。

[3]户一萬以上郡守：中華本校勘記云："《周書》、《通志》卷一五七《盧辯傳》'郡守'下有'大呼藥'三字。《通典》正六命無'大呼藥'。"

中堅將軍、右中郎將；[1]寧朔將軍、左中郎將；[2]儀同府、正八命州，長史、司馬、司録；[3]户五千以上郡守；大呼藥：[4]六命。[5]

[1]中堅將軍：官名。漢獻帝建安初置。北周時負責侍衛之事。

右中郎將：官名。西漢置。隸光禄勳，居宫禁中，與五官、左中郎將分領中郎，更直宿衛，協助光禄勳考核管理郎官、謁者等從官。秩比二千石。北周時爲散官。

[2]寧朔將軍：官名。三國魏置。雜號將軍之一。北周沿置。左中郎將：官名。西漢置。協助光禄勳考核管理郎官、謁者等從官。北周時爲散官。

[3]儀同府：官署名。魏晋以降，凡爲儀同三司、儀同將軍、儀同大將軍者皆開府。依北周制，上儀同大將軍府、儀同大將軍府皆可以此爲省稱，其屬吏有長史、司馬、司録、中郎、掾、屬、參軍等。

[4]大呼藥：官名。西魏恭帝三年置，北周沿置。雍州牧主要僚屬之一，位在長史、司馬、司録下。其下設有小呼藥。正六命。源氏校勘記云："'大'《周書》作'小'。"中華本校勘記云："《周書》《通志》'大'作'小'，《通典》正六命也作'大呼藥'。按北周官制，常大小並置，不應有大無小，疑當如《周書》《通志》。"可從。

[5]六命：西魏、北周官制中官吏的階位。西魏廢帝三年正月，太師宇文泰作九命之典，以從四品爲六命。北周因之。

寧遠將軍、右員外常侍，[1]揚烈將軍、左員外常侍；[2]統軍；[3]驃騎車騎將軍府、八命州，長史、司馬、司録；[4]柱國大將軍府中郎、掾、屬；[5]户一千以上郡守；長安、萬年縣令：[6]正五命。

[1]寧遠將軍：官名。三國魏置。將軍名號。北周沿置。　右員外常侍：官名。西魏恭帝三年將員外散騎常侍改爲此稱，分左、右，爲散官。北周因之。

[2]揚烈將軍：官名。北周時的名號將軍。

［3］統軍：官名。漢晋時已有。北魏復設，爲統兵武官，位在都將（鎮將）、別將之下，軍主之上。

［4］驃騎車騎將軍府：《周書》卷二四《盧辯傳》作“驃騎車騎府”。按：據《通志》卷一五七、《通典》卷三九、《文獻通考》卷六六作“驃騎車騎將軍府”，疑《周書》脱“將軍”二字。

［5］掾：屬官統稱。　屬：西漢置。爲公府、郡國府、軍府等官署屬官。於府中掌諸曹事，位次於掾史。歷朝因之。後諸王府中亦設。品秩不一。

［6］萬年：縣名。治所在今陝西西安市。

伏波將軍、奉車都尉；［1］輕車將軍、奉騎都尉；［2］四征中鎮撫將軍府、正七命州，長史、司馬、司録；開府府中郎、掾、屬；户不滿一千以下郡守；户七千以上縣令；正八命州呼藥：［3］五命。［4］

［1］伏波將軍：官名。漢武帝時始置。爲統兵武官名號，後漸成爲官名。北周時爲將軍名號。　奉車都尉：官名。漢武帝時始置。掌管皇帝車輿，入侍左右。北周沿置。

［2］輕車將軍：官名。西漢始置。東漢一度位在九卿以及衛將軍之上，後來成爲將軍的名號，地位有所降低。北周沿置。

［3］呼藥：官名。西魏、北周置。爲州府屬官。

［4］五命：西魏、北周官制中官吏的階位。西魏廢帝三年正月，太師宇文泰作九命之典，以從五品爲五命。北周因之。底本作“七命”，源氏校勘記云：“‘一（當作七，源氏筆誤）命’，《周書》作‘五命’。”中華本校勘記云：“諸本‘五’訛‘七’，據上下文及《周書》《通志》《通典》改。”今從改。

宣威將軍、武賁給事；［1］明威將軍、冗從給事；［2］儀

同府中郎、掾、屬；柱國大將軍府列曹參軍；[3]四平前右左後將軍府、七命州。長史、司馬、司録；正八命州別駕；户四千以上縣令；八命州呼藥：正四命。

[1]宣威將軍：官名。三國魏置。爲雜號將軍。北魏孝文帝太和二十三年定爲第六品上。北周沿置。　武賁給事：官名。即虎賁給事。西魏恭帝三年設，爲武散官。北周因之。中華本校勘記云："《通典》《通志》'武'作'虎'。按本當作'虎'，《周書》《北史》避唐諱改。《通典》也當避諱，作'虎'當是後人回改。下文'武騎''武威''武牙'等名同此。"可從。

[2]明威將軍：官名。西漢末置。北周置爲雜號將軍名號。　冗從給事：官名。北周置。散官。

[3]列曹參軍：官名。三國之後，參軍於諸府内分掌各曹事，爲各曹主官。此爲其合稱，北周沿置。

襄威將軍、給事中；[1]厲威將軍、奉朝請；[2]軍主；[3]開府列曹參軍；冠軍輔國將軍府、正六命州，長史、司馬、司録；正七命州別駕；正八命州中從事；[4]七命郡丞；[5]户二千以上縣令；正七命州呼藥：四命。[6]

[1]襄威將軍：官名。北魏置。將軍名號。北周沿置。　給事中：官名。秦始置。爲加官，位次中常侍。加此號者給事宫禁中，掌平決奏事，列爲皇帝左右顧問。北周時爲内朝官，常派往尚書省諸曹，參領政務，並負有監察之責。

[2]厲威將軍：官名。北魏置。北周沿置。　奉朝請：官名。西漢始置。給予退休大臣、列侯、宗室、外戚等的政治優待。北周時列爲散官。

[3]軍主：官名。南北朝始置。爲軍的主將，下屬軍副。所統帥的兵員無定數，同時根據所統帥軍隊的性質和任務的不同冠以各種名稱，例如水軍主、游蕩軍主等。北周沿置。

[4]中從事：官名。漢朝始置。爲州之佐吏。北魏孝文帝太和二十三年定司州治中爲從四品下，他州治中自正五品至正七品不等。每州置一至三人不等。二者均可。《周書》卷二四《盧辯傳》作"治中"，《通典》卷三九同《周書》。《通志》卷一五七同《北史》。按：中從事，常省稱治中。

[5]郡丞：官名。秦漢始置。爲郡守的副職，輔助郡守掌管郡縣政事民務。

[6]四命：西魏、北周官制中官吏的階位。西魏廢帝三年正月，太師宇文泰作九命之典，以從六品爲四命。北周因之。

威烈將軍、右員外侍郎；[1]討寇將軍、左員外侍郎；[2]幢主；[3]儀同府、正八命州列曹參軍；柱國大將軍府參軍；鎮遠建忠中堅寧朔將軍府長史、司馬；正六命州別駕；正七命州中從事；正六命郡丞；户五百以上縣令；七命州呼藥：正三命。

[1]威烈將軍：官名。三國吴置。北周沿置。　右員外侍郎：官名。西魏恭帝三年將員外散騎侍郎改爲員外侍郎，並分左右二職，爲散官。北周因之。

[2]討寇將軍：官名。三國魏、蜀置。北周時統兵出征或作爲太守等地方長官的加官。

[3]幢主：官名。南北朝置，爲幢的主將，所領人數與隊主相近，主要用於儀衛，必要時也參加作戰。多以它職兼領。

蕩寇將軍、武騎常侍，[1]蕩難將軍、武騎侍郎，[2]開

府參軍，[3]驃騎車騎將軍府、八命州列曹參軍，寧遠、揚烈、伏波、輕車將軍府長史，正六命州中從事，六命郡丞，户不滿五百以下縣令，戍主，[4]正六命州呼藥：三命。[5]

[1]蕩寇將軍：官名。東漢末置。北周時爲雜號將軍，統兵出征。　武騎常侍：官名。西漢置爲加官。又稱常侍武騎，爲皇帝的近侍護衛之一，常侍從左右。北魏時，隸屬中領軍，爲從七品。北周時列爲散官。

[2]蕩難將軍：官名。東漢末及三國魏置。將軍名號。北周時爲三命。　武騎侍郎：官名。北魏置。北周時置爲散官。

[3]開府參軍：官名。開府的僚屬。參軍，官名。亦作“參軍事”。東漢末車騎將軍幕府置爲僚屬，掌參謀軍務。南北朝時王、公、將軍府、都水臺以及諸州多置爲僚屬，品級自六品至九品不等，皆由朝廷除授。

[4]戍主：官名。南北朝置。爲戍的主將，掌守防捍禦之事，除管理軍政外，還干預民政和財政。多以郡太守、縣令、州參軍及雜號將軍等官兼領。

[5]三命：西魏、北周官制中官吏的階位。西魏廢帝三年正月，太師宇文泰作九命之典，以從七品爲三命。北周因之。

殄寇將軍、强弩司馬，[1]殄難將軍、積弩司馬，[2]四征中鎮撫將軍府、正七命州列曹參軍，正五命郡丞：正二命。

[1]殄寇將軍：官名。東漢置。晋、南朝宋沿置，爲雜號將軍中地位較低者，八品。北周沿置。　强弩司馬：官名。西晋置。爲

宿衛禁軍將領之一，侍衛皇帝。北周時亦置，爲無職掌的散官，亦可作爲起家官。

[2]殄難將軍：官名。東漢末及三國魏置。兩晋、南朝宋省置無常，八品，爲雜號將軍中地位較低者。北周沿置。　積弩司馬：官名。西魏恭帝三年置。爲武散官之一。北周因之。

掃寇將軍、武騎司馬，[1]掃難將軍、武威司馬，[2]四平前右左後將軍府、七命州列曹參軍，五命郡丞，戍副：[3]二命。[4]

[1]掃寇將軍：官名。三國魏置。將軍名號。北周沿置。　武騎司馬：官名。西魏恭帝時置。爲武散官之一。北周因之。

[2]掃難將軍：官名。三國魏置。將軍名號。北周沿置。　武威司馬：官名。西魏恭帝時置。爲武散官之一。北周因之。

[3]戍副：官名。南北朝置。是戍的副主將，協助戍主將管理軍政等事務。北齊時爲從八品。北周沿置。

[4]二命：西魏、北周官制中官吏的階位。西魏廢帝三年正月，太師宇文泰作九命之典，以從八品爲二命。北周因之。

曠野將軍、殿中司馬，[1]横野將軍、員外司馬，[2]冠軍輔國將軍府、正六命州列曹參軍：正一命。

[1]曠野將軍：官名。北魏置爲雜號將軍，位較低。北周沿置。　殿中司馬：官名。西晋置。本爲殿中司馬都督的省稱。北周時統領禁軍，負責宫殿内的宿衛。

[2]横野將軍：官名。東漢置。北周時爲雜號將軍。　員外司馬：官名。南朝宋以來有殿中司馬督，掌宿衛，其在正員之外者稱爲員外司馬督。北周置員外司馬爲散官，秩正一命。

武威將軍、淮海都尉，武牙將軍、山林都尉，[1]鎮遠、建忠、中堅、寧朔、寧遠、揚烈、伏波、輕車將軍府列曹參軍：一命。[2]

[1]武威將軍淮海都尉武牙將軍山林都尉：中華本校勘記云："《通典》作：'山林都尉，武威將軍；淮海都尉，武牙將軍。'與此不同。"武威將軍，官名。漢獻帝時置。南朝時階列十二班，陳因之，擬六品。淮海都尉，官名。晋置。即淮海津都尉。掌監淮海津，七品。北魏時稱監淮海津都尉，從九品上。北周因之。武牙將軍，官名。西漢置。即虎牙將軍。北周時爲雜號將軍之一。山林都尉，官名。北魏置。從九品上。北周因之，與淮海都尉並稱二都尉。

[2]一命：西魏、北周官制中官吏的階位。西魏廢帝三年正月，太師宇文泰作九命之典，以從九品爲一命。北周因之。

周制：封郡縣五等爵者，皆加開國；授柱國大將軍、開府、儀同者，並加使持節、大都督；其開府又加驃騎大將軍、侍中；其儀同又加車騎大將軍、散騎常侍；[1]其授總管、刺史，則加使持節、諸軍事。以此爲常。大象元年，詔總管、刺史及行兵者，加持節，餘悉罷之。辯所制定之後，又有改革。[2]今粗附之云。

[1]其開府又加驃騎大將軍侍中其儀同又加車騎大將軍散騎常侍：源氏校勘記云："《周書》無'驃騎'以下十二字。恐脱文。"可從。

[2]又有改革：毛本作"又有士革"。按：據文意，從底本。

辯弟光。

光字景仁。性温謹，博覽群書，精於《三禮》，[1]善陰陽，解鍾律，又好玄言。孝昌初，釋褐司空府參軍事。[2]及魏孝武西遷，光於山東立義，遥授晋州刺史。[3]大統六年，攜家西入，除丞相府記室參軍，賜爵范陽縣伯。俄拜行臺郎中，專掌書記，改封安息縣伯。[4]歷位京兆郡守、侍中、開府儀同三司、匠師中大夫，[5]進爵燕郡公、虞州刺史，[6]行陝州總管府長史，[7]卒官。周武帝少嘗受業於光，故贈賻有加恒典，贈少傅，謚曰簡。

[1]三禮：《儀禮》《周禮》《禮記》三書的合稱。

[2]釋：局本作"擇"。按：據《周書》卷四五《盧光傳》、《通志》卷一五七作"釋"，今從底本。

[3]晋州：北魏建義元年（528）改唐州置，治白馬城，在今山西臨汾市。

[4]安息縣伯：封爵名。安息，縣名。今地不詳。

[5]匠師中大夫：官名。西魏恭帝時置。爲冬官府下屬，掌城郭宫殿之制及諸器物度量等。一員。北周因之，正五命。

[6]燕郡公：封爵名。燕郡，北周時治薊縣，在今北京西南。虞州：北周時治大陽城，在今山西運城市平陸縣張店鎮古城村一帶。

[7]陝州：北周時治陝縣，在今河南三門峽市西舊陝縣。

光性崇佛道，至誠信敬。常從周文狩於檀臺山，[1]時獵圍既合，[2]帝遥指山上謂群公曰："公等有所見不？"咸曰："無所見。"光獨曰："見一桑門。"[3]帝曰："是

也。”即解圍而還。令光於桑門立處造浮圖。[4]掘基一丈，得瓦鉢錫杖各一，帝稱歎，因立寺焉。及爲京兆，而郡舍先是數有妖怪，前後郡將，無敢居者。光曰：“吉凶由人，妖不妄作。”遂入居之。未幾，光所乘馬忽升廳事，[5]登牀，南首而立；食器無故自破。光並不以介懷，其精誠守正如此。注《道德經》章句行於世。子賁。

[1]檀臺山：約在今陝西。

[2]獵圍：打獵時形成的包圍圈。

[3]桑門：又作“沙門”，佛教寺廟或僧徒。此處指僧徒。

[4]浮圖：佛塔。

[5]升廳：登上廳堂。

賁字子徵。略涉書記，頗解鍾律。在周，襲爵燕郡公，歷位魯陽太守、太子少宫尹、儀同三司、司武上士。[1]時隋文帝爲大司馬，[2]賁知帝非常人，深自推結。宣帝嗣位，加開府。及文帝被顧託，群情未一，引賁置左右。帝將之東第，[3]百官皆不知所去，帝潛令賁部伍仗衛，[4]因召公卿而謂曰：“欲富貴者當相隨來！”往往偶語，欲有去就。賁嚴兵而至，[5]衆莫敢動。出崇陽門至東宫，[6]門者拒不内，賁諭之不去，瞋目叱之，門者遂却。既而帝得入，賁恒典宿衛，[7]承間進説以應天順人之事，帝從之。及受禪，命賁清宫，因典宿衛。賁乃奏改周旗幟，更爲嘉名，其青龍、騶虞、朱雀、玄武、千秋、萬歲之旗，皆賁所創也。尋拜散騎常侍，兼太子

左庶子、左領軍將軍。[8]

[1]太子少宮尹：官名。西魏恭帝時置。太子小宮尹上士的省稱。爲太子宮尹下大夫之副職，助掌太子府政務。北周因之。正三命。有時亦爲太子小宮尹中士的省稱，太子宮尹下大夫屬官。正二命。《隋書》卷三八《盧賁傳》作“太子小宮尹”。《通志》卷一六四同《北史》。　司武上士：官名。北周置。司武上大夫屬官，佐其總宿衛軍事，分置左、右。正三命。

[2]大司馬：《隋書·盧賁傳》作“大司武”，《册府元龜》卷七六六同《隋書》。《通志》卷一六四作“太司馬”。

[3]東第：此處指北周宮城的東區。

[4]部伍：軍隊的編制單位；部曲行伍。　仗衛：手持兵仗的侍衛。

[5]嚴兵：陳兵，部署軍隊。

[6]崇陽門：北周宮城之東門。在今陝西西安市西北。

[7]恒典：常典，常制。

[8]左領軍將軍：源氏校勘記云：“‘將’上《隋書》有‘右’字。”按：《隋書·盧賁傳》作“左領軍、右將軍”。《通志》卷一六四同《北史》。

及高熲、蘇威共掌朝政，[1]賁甚不平。時柱國劉昉被疏忌，[2]賁諷昉及上柱國元諧、李詢、華州刺史張賓等謀黜熲、威，[3]五人相與輔政。又以晋王上之愛子，[4]謀行廢立。復私謂皇太子曰：“賁將數謁殿下，恐爲上譴，願察區區之心。”謀泄，昉等委罪於賓、賁。公卿奏二人坐當死，帝以龍潛之舊，不忍加誅，並除名。賓未幾卒。

[1]高熲：殿本、四部備要本作“高頻”。按：據《通志》卷一六四作“高熲”，從底本。

[2]劉昉：人名。博陵望都（今河北唐縣東北）人。北周、隋朝官吏。見《北史》卷七四《劉昉傳》。

[3]元諧：人名。河南洛陽（今河南洛陽市）人，鮮卑族。北周、隋朝大臣。見《北史》卷七三《元諧傳》。　李詢：人名。字孝詢，隴西成紀（今甘肅秦安縣）人。北周、隋朝將領。見《北史》卷五九《李賢附李詢傳》。　華州：北周時治鄭縣，在今陝西華縣西南。　張賓：人名。隋朝官吏。曾任華州刺史，參與制定《開皇曆》。

[4]晉王：即楊廣。

歲餘，賁復爵位，檢校太常卿。以古樂宮縣七八，[1]損益不同，歷代通儒，議無定準，乃上表曰：“殷人以上，通用五音。周武克殷，得鶉火天駟之應，[2]其音用七。漢興，加應鍾，[3]故十六枚而在一簴。[4]鄭玄注《周禮》，[5]‘二八十六爲簴’，此則七八之義，其來遠矣。然世有沿革，用捨不同。至周武帝復改縣七，以林鍾爲宮。[6]夫樂者，政之本也，故移風易俗，莫善於樂，是以吴札觀而辯興亡。[7]然則樂也者，所以動天地，感鬼神，情發於聲，安危斯應。周武以林鍾爲宮，蓋將亡之徵也。且林鍾之管，即黄鍾下生之義。[8]黄鍾，君也，而生於臣，明於皇朝九五之應。[9]又陰者臣也，而居君位，更顯國家登極之祥。斯實冥數相符，[10]非關人事。臣聞五帝不相沿樂，三王不相襲禮，此蓋隨時改制而不失雅正者也。”帝竟從之，改七縣八，黄鍾爲宮。詔賁與儀同楊慶和刊定周、齊音律。[11]

[1]宫縣：鐘磬等樂器懸挂在架上，其形制因用樂者身份地位不同而有别。帝王懸挂四面，象徵宫室四面的墻壁，故名“宫縣”。縣，“懸”的古字。

[2]天駟：星宿名。二十八宿之一，蒼龍七宿之第四宿。有星四顆。古時以爲主車馬，故稱之爲天駟、房駟。

[3]應鍾：樂律名。十二律之一。十二律與十二月相配，每月以一律應之。應鐘與十月相應。

[4]簴（jù）：挂鐘磬的架子上的立柱。

[5]鄭玄：人名。字康成，北海高密（今山東高密市）人。東漢末經學家。見《後漢書》卷三五《鄭玄傳》。

[6]林鍾：十二律之一。

[7]吴札：即春秋吴公子季札。春秋時吴國貴族。品德高尚，廣交當世賢士，以博聞多識而著稱，爲春秋時賢者。

[8]黄鍾：樂律名。樂律十二律中的第一律。

[9]明於皇朝九五之應：《通志》卷一六四同底本。《隋書》卷三八《盧賁傳》、《隋文紀》卷三作“明爲皇家九五之應”。

[10]冥數：上天所定的氣數或命運。

[11]楊慶和：人名。隋朝官吏。文帝初，任儀同。曉音樂，與盧賁共同删定周、齊音律。

未幾，歷郢、虢、懷三州刺史。[1]在懷州决沁水東注，[2]名曰利人渠；[3]又派入温縣，[4]名曰温潤渠，[5]以溉舄鹹，人賴其利。後爲齊州刺史，[6]糴官米而自糶，坐除名。

[1]郢：州名。隋朝時治長壽縣，在今湖北鍾祥市。　虢：州名。隋朝時治盧氏縣，在今河南盧氏縣。　懷：州名。隋朝時治野

王縣，在今河南沁陽市。

［2］沁水：源出今山西沁源縣北綿山諸谷。

［3］利人渠：在今河南沁陽市。決沁水東行，以灌溉田地。其支渠東南流入温縣，稱温潤渠。源氏校勘記在"人"旁紅筆小字夾批"民"字。《隋書》卷三八《盧賁傳》作"利民渠"。《通志》卷一六四、《河南通志》卷五四、《山西通志》卷三二同《北史》。按：《北史》避唐太宗李世民諱改。

［4］温縣：治所在今河南温縣。

［5］温潤渠：在今河南温縣北。隋文帝開皇中，盧賁於河内引沁水東注，入温縣以行灌溉。

［6］齊州刺史：州名。隋朝時治歷城縣，在今山東濟南市。毛本作"齊州刺"。按：從底本。

後從幸洛陽，帝從容謂曰："我始爲大司馬，及總百揆，頻繁左右，與卿足爲恩舊。[1]卿若無過，位與高熲齊。坐與凶人交構，由是廢黜。言念疇昔之恩，[2]復處牧伯之位，[3]何乃不思報効，以至於此！吾不忍殺卿，是屈法申私耳。"賁俯伏陳謝。詔復本官。後數日，對詔失旨，又自叙功績，有怨言。帝大怒，謂群臣曰："吾將與賁一州，觀此，不可復用。"

［1］恩舊：舊交。

［2］疇昔：往昔，以前。

［3］牧伯：州郡長官。

後皇太子爲其言曰："此輩並有佐命功，[1]雖性行輕險，誠不可棄。"帝曰："我抑屈之，全其命也。微劉

昉、鄭譯及賁、柳裘、皇甫績等，[2]則我不至此。然此等皆反覆子也。當周宣帝時，以無賴得幸。及帝大漸，顔之儀等請以趙王輔政，[3]此輩行詐，顧命於我。我將爲政，又欲亂之，故昉謀大逆於前，譯爲巫蠱於後。[4]如賁之例，皆不滿志，任之則不遜，致之則怨，自難信也，非我棄之。衆人見此，或有竊議，謂我薄於功臣，斯不然矣。”蘇威進曰：“漢光武欲全功臣，皆以列侯奉朝請，至尊仁育，復用此道以安之。”上曰：“然。”遂廢，卒於家。

[1]佐命：輔助帝王創業。

[2]鄭譯：人名。字正義，滎陽開封（今河南開封市）人。北周、隋朝官吏。見《北史》卷三五《鄭羲附鄭譯傳》。　柳裘：人名。字茂和，河東解（今山西臨猗縣）人。北周、隋朝官吏。見《北史》卷七四《柳裘傳》。　皇甫績：人名。字功明，安定朝那（今寧夏固原市東南）人。北周、隋朝官吏。見《北史》卷七四《皇甫績傳》。

[3]顔之儀等請以趙王輔政：毛本“趙王”作“趙玉”，源氏校勘記云：“‘趙王’《隋書》作‘宗正’。”中華本校勘記云：“《隋書》卷三八《盧賁傳》，‘趙’作‘宗’。按本書卷三五、《隋書》卷三八《鄭譯傳》云：‘時御正中大夫顔之儀與宦者謀引大將軍宇文仲輔政。’則非趙王招。疑當從《隋書》作‘宗’。”可從。顔之儀，人名。字子升，琅邪臨沂（今山東費縣東）人。北周、隋朝官吏。見《周書》卷四〇《顔之儀傳》。

[4]巫蠱：古時謂巫師施用魔法以加禍於人的一種法術。

勇字季禮，景裕從弟也。父璧，[1]魏下邳太守。[2]勇

初與景裕俱在學，其叔同曰："白頭必以文通，[3]季禮當以武達。興吾門者，二子也。"幽州反者僕骨邢以勇爲本郡范陽王，[4]時年十八。後葛榮又以勇爲燕王。[5]齊神武起兵，盧文偉召之，不應。

[1]父璧：元大德本、毛本、四庫本作"父壁"。按：據《北齊書》卷二二《盧文偉傳》、《通志》卷一四八、《册府元龜》卷八一九，今從底本。

[2]下邳：郡名。北魏時治下邳城，在今江蘇睢寧縣西北。

[3]白頭：人名。即盧景裕。

[4]僕骨邢：人名。一作"僕骨刑"。北魏末曾率幽州民反魏。

[5]葛榮：人名。北魏末河北義軍首領。

尒朱氏滅，乃赴晋陽。神武署丞相主簿。屬山西霜儉，運山東租輸，皆令實載，違者罪之，令勇典其事。鄉郡公主虚僦千餘車，[1]勇劾之。公主訴於神武，而勇守法不虧。神武謂郭秀曰：[2]"盧勇懔懔，有不可犯色，真公直人也。[3]方當委之大事，豈止納租而已。"

[1]鄉郡公主：封號。鄉郡，北魏時治鄉縣，在今山西武鄉縣東故城。

[2]郭秀：人名。范陽涿（今河北涿州市）人。東魏官吏。見《北齊書》卷五〇《郭秀傳》。

[3]真公直人也：底本無"直"字，中華本校勘記云："諸本脱'直'字，據《北齊書》卷二二《盧文偉傳》、《通志》卷一四八《盧元傳》補。"今從改。

後行洛州事。[1]元象初,[2]官軍圍廣州,[3]未拔，行臺侯景聞西魏救兵將至，集諸將議之。勇請進觀形勢，於是率百騎，各攏一馬，至大騩山,[4]知西魏將李景和將至,[5]勇乃多置旛旗於樹頭，分騎爲數十隊，鳴角直前，禽西魏儀同程華，斬儀同王征蠻而還。

[1]洛州：東魏時治洛陽城，在今河南洛陽市東北。

[2]元象：東魏孝静帝年號（538—539）。

[3]廣州：東魏時治襄城縣，在今河南襄城縣。

[4]大騩山：在今河南新密市。

[5]李景和：人名。即李弼。字景和，遼東襄平（今遼寧遼陽市）人。西魏、北周將領。見《周書》卷一五《李弼傳》。

再遷陽州刺史,[1]鎮宜陽。叛人韓木蘭、陳忻等常爲邊患,[2]勇大破之。啓求入朝，神武賜勇書曰："吾委卿揚州，安枕高卧，無西南之慮矣。表啓宜停，當使漢兒之中，無在卿前者。"[3]卒，年三十二。勇有馬五百匹，私造甲仗，遺啓盡獻之。贈司空、冀州刺史，謚武貞。

[1]陽州：北魏時治宜陽，在今河南宜陽縣西。底本作"揚州"，中華本校勘記云："諸本'陽州'作'揚州'。錢氏《考異》卷三九云：'"揚州"當作"陽州"，下同。'按《魏書》卷一〇六《地形志中》：'陽州，治宜陽。'《隋書》卷三〇《地理志中》河南郡宜陽縣注云：'後魏置宜陽郡，東魏置陽州。'錢説是，今據改。"今從改。

[2]韓木蘭：人名。即韓雄。字木蘭，河南東垣（今河南新安

縣）人。西魏、北周將領。見《北史》卷六八《韓雄傳》。　陳忻：人名。字永怡，宜陽（今河南宜陽縣）人。北魏、西魏、北周將領。見《周書》卷四三《陳忻傳》。

[3]當使漢兒之中無在卿前者：中華本校勘記云："《北齊書》上有'卿之妻子，任在州住'八字。按當時漢族將領外任，要留妻子在京爲質。高歡許盧勇妻子同住，是特别優待。《北史》删去，此意不明。"

誕本名恭祖。曾祖晏，博學，善隸書，有名於世，仕慕容氏，位給事黄門侍郎，營丘、成周二郡守。[1]祖壽，太子洗馬，[2]慕容氏滅，入魏爲魯郡守。[3]

[1]營丘：郡名。十六國時治富平縣，在今遼寧凌海市東。　成周：郡名。西晋末慕容廆置，治所確址不詳，約在今遼寧西南部一帶。

[2]太子洗馬：官名。東宫屬官。掌賓贊受事，太子出行則爲前導。魏晋南北朝沿置。

[3]魯郡：北魏時治瑕丘縣，在今山東兗州市。

父叔仁，年十八，州辟主簿，舉秀才，除員外郎。[1]以親老，乃辭歸就養。父母既没，哀毁六年，躬營墳壟，遂有終焉之志。景明中，被徵入洛，授武賁中郎將，[2]非其好也。尋除鎮遠將軍、通直散騎常侍，[3]並稱疾不朝。乃出爲幽州司馬，又辭歸鄉里。當時咸稱其高尚焉。

[1]員外郎：官名。北魏初沿例授予南朝北奔之士，班比吏部

郎，六員。孝文帝太和十七年定爲從四品下，二十三年定爲七品上。

[2]武賁中郎將：官名。即虎賁中郎將。《北史》避唐高祖祖父李虎諱改。掌宿衛侍從，比二千石。北魏孝文帝太和二十三年定爲六品。

[3]通直散騎常侍：官名。參平尚書奏事，並掌諷諫、侍從，位頗重。屬集書省，員六人。北魏孝文帝太和十七年定爲三品下，二十三年定爲四品。

誕於度世爲族弟。幼而通亮，博學，有詞彩。郡辟功曹，[1]州舉秀才，不行。起家侍御史，[2]累遷輔國大將軍、太中大夫、幽州別駕、北豫州都督府長史。[3]時刺史高仲密以州歸西魏，[4]遣大將軍李遠率軍赴援，[5]誕與文武二千餘人奉候大軍。以功授鎮東將軍、金紫光禄大夫，[6]封固安縣伯。尋加散騎侍郎，拜給事黄門侍郎。

[1]功曹：官名。爲地方政府職事官，掌管人事。郡稱功曹，縣稱功曹掾。北魏孝文帝太和二十三年後定爲六品至從九品。

[2]侍御史：官名。亦簡稱御史、侍御。北魏時於分曹治事外，亦奉命監國，督察巡視州郡，收捕官吏，宣示詔命。孝文帝太和十七年定爲從五品中，二十三年定爲八品。

[3]輔國大將軍：官名。新莽末置。北魏孝文帝太和二十三年定爲二品。　北豫州：北魏時治虎牢城，在今河南滎陽市西北。

[4]高仲密：人名。即高慎。字仲密，勃海蓨（今河北景縣）人。東魏官吏。見《北史》卷三一《高祐附高慎傳》。

[5]李遠：人名。字萬歲，隴西成紀（今甘肅秦安縣）人。西魏大臣。見《北史》卷五九《李賢附李遠傳》。

[6]鎮東將軍：官名。與鎮西、鎮南、鎮北將軍合稱四鎮將軍。

北魏初多授持節都督，出鎮方面。孝文帝太和十七年定爲從一品下，二十三年定爲從二品。　金紫光禄大夫：官名。北魏時其禄賜、班位、車服等，所賜皆與特進同。孝文帝太和十七年定爲從一品下，二十三年定爲從二品。

魏帝詔曰："經師易求，人師難得。朕諸兒稍長，欲令卿爲師。"於是親幸晋王第，敕晋王以下皆拜之於帝前，因賜名曰誕。加征東將軍、散騎常侍。周文帝又以誕儒宗學府，爲當世所推，乃拜國子祭酒，進車騎大將軍、儀同三司。恭帝二年，除秘書監，後以疾卒。

論曰：盧玄緒業著聞，[1]首應旌命，[2]子孫繼迹，爲世盛門。其文武功烈殆無足紀，而見重於時，聲高冠帶，[3]蓋德業儒素有過人者。[4]伯源兄弟亦有二方之風流，雅道家聲，諸子不逮。思道一代俊偉，而宦途寥落，雖曰窮通有命，[5]抑亦不護細行之所致乎！潛及昌衡，雅素之紀，家風克嗣，堂構無虧。[6]子剛使酒誕節，蓋亦明珠之纇。長仁諫説可重，一簣而傾，惜矣！伯舉、仲宣，文雅俱劭。叔彪志尚宏遠，任俠好謀。文偉望重地華，早有志尚，間關夷險之際，[7]終遇英雄之主，雖禮秩未弘，[8]亦爲佐命之一也。詢祖辭情艷發，[9]早著聲名，負其才地，肆情矜矯，位遇未聞，[10]弱年夭逝。若得終介眉壽，[11]通塞未可量焉。[12]叔倫質器洪厚，卷舒兼濟。[13]子章殘忍爲志，咎之徒也。景裕兄弟，雅業可宗，雖擇木異邦，而立名俱劭。辯損益成務，其殆優乎。勇雖文武異趣，各其美也。賁二三其德，雖取悦於報己，而移之在我，亦安能其罵人。[14]見遺末路，尚何

足怪？誕不殖儒業，亦足稱云。

[1]緒業：事業，遺業。

[2]旌命：表彰徵召。

[3]冠帶：官吏，士紳。

[4]儒素：儒家思想的品格德行。

[5]雖曰窮通有命：底本作“雖曰窮通”，中華本校勘記云：“諸本脱‘有命’二字，據《隋書》卷五七史臣論補。”今從改。

[6]堂構：比喻繼承祖先的遺業。

[7]夷險：國運的平順與艱險。

[8]禮秩：禮儀等第和爵禄品級。

[9]辭情艷發：話語和文辭的情感鮮明。

[10]位遇未聞：源氏校勘記云：“《北齊》作‘任遇’。”地位未得聞達於世。

[11]眉壽：長壽。

[12]通塞：境遇之順逆。

[13]卷舒：進退。

[14]責二三其德雖取悦於報己而移之在我亦安能其罵人：中華本校勘記云：“按此語文意不明。《隋書》卷三八史臣論作：‘斯固在人欲其悦己，在我欲其罵人，理自然也。’文意明白。這裏疑有訛誤。”可從。

北史　卷三一

列傳第十九

高允 從祖弟祐 祐曾孫德正 祐從子乾 昂 季式

高允字伯恭，勃海蓨人，[1]漢太傅裒之後也。[2]曾祖慶，慕容垂司空。[3]祖父泰，吏部尚書。[4]父韜，少以英朗知名，同郡封懿雅相推敬。[5]亦仕慕容垂，爲太尉從事中郎。[6]道武平中山，[7]以爲丞相參軍，[8]早卒。

[1]勃海：郡名。北魏時屬冀州，初治南皮縣，在今河北南皮縣東北，後移治東光縣，在今河北東光縣。　蓨：縣名。治所在今河北景縣。

[2]裒（póu）：即高裒，人名。字宣仁，勃海蓨（今河北景縣）人。東漢官吏。見《新唐書·宰相世系表一下》“高氏條”。

[3]慕容垂：人名。字道明，昌黎棘城（今遼寧北票市章吉營子鄉三官營子村）人，鮮卑族。十六國時後燕的建立者。見《晋書》卷一二三《慕容垂載記》。　司空：官名。西周始置，職掌水利土木等工程。此官歷代名稱與職掌多有變更。漢成帝時改御史大夫爲大司空，漢光武帝時改名司空，與太尉、司徒並稱三公，爲三公之末。歷代沿置。魏晋南北朝時，多爲大臣加官。位居一品，無

實際職掌。

[4]吏部尚書：官名。三國魏置。爲尚書吏部曹主官。居尚書省諸尚書之首，稱大尚書。掌官吏選拔、封爵、考課之政。歷朝因之，官秩不一。

[5]封懿：人名。字處德。十六國時後燕、北魏官吏。見《北史》卷二四《封懿傳》。　雅相：平素互相。

[6]從事中郎：官名。東漢大將軍府、車騎將軍府屬官。魏晋南北朝皆置，其職依時依府而異，或主吏，或分掌諸曹，或掌機密，或參謀議，地位較高。

[7]道武：即北魏皇帝拓跋珪。道武爲其謚號。　中山：時爲後燕國都，在今河北定州市。

[8]參軍：官名。亦作“參軍事”。東漢末年車騎將軍府置爲僚屬，掌參謀軍務。曹操爲丞相時，總攬軍政，其僚屬常有參丞相軍事之名，職任頗重。西晋時公以上領兵持節都督者置參軍六人，協助治理府事。北魏沿置。

允少孤夙成，有奇度，清河崔宏見而異之，[1]歎曰：“高子黄中内潤，[2]文明外照，必爲一代偉器，但吾恐不見耳。”年十餘歲，[3]祖父泰喪，還本郡。允推財與二弟而爲沙門，名法净，未久而罷。性好文學，擔笈負書，千里就業。博通經史、天文、術數，尤好《春秋公羊》。[4]曾作《塞上公詩》，[5]有混欣戚、遺得喪之致。[6]

[1]清河：郡名。北魏時治清河縣，在今山東臨清市東北。　崔宏：人名。字玄伯，清河東武城（今山東武城縣西北）人。北魏官吏。見《北史》卷二一《崔宏傳》。

[2]黄中内潤：指德才深藏不外露。

[3]年十餘歲：源氏校勘記云：“‘歲’《魏書》作‘奉’。”

[4]春秋公羊：亦稱《公羊春秋》《公羊傳》。

[5]塞上公詩：源氏校勘記改“公”作“翁”。

[6]混欣戚：混合摻雜欣喜與憂愁。　遺得喪：捨棄得失。

神䴥三年，[1]太武舅陽平王杜超行征南大將軍，[2]鎮鄴，[3]以允爲從事中郎，年四十餘矣。超以方春而諸州囚不決，表允與中郎吕熙等分詣諸州，[4]共評獄事。熙等皆以貪穢得罪，唯允以清平獲賞。府解，還家教授，受業者千餘人。

[1]神䴥：北魏太武帝的年號（428—431）。

[2]太武：即北魏皇帝拓跋燾。太武爲其謚號。　陽平王：封爵名。陽平，郡名。北魏時治館陶城，在今河北館陶縣。局本作“陽平玉”，當爲形近而訛。　杜超：人名。字祖仁，魏郡鄴（今河北臨漳縣西南）人。北魏外戚、官吏。見《北史》卷八〇《杜超傳》。　征南大將軍：官名。魏晋南北朝時爲將軍名號，多授予統兵出鎮在外、都督數州諸軍事者。在武職中地位很高，位四征將軍之上，歷代皆不常置。北魏孝文帝太和十七年（493）定爲一品下，二十三年改爲二品。

[3]鄴：城名。在今河北臨漳縣西南。

[4]中郎：官名。從事中郎的省稱。

四年，與盧玄等俱被徵，[1]拜中書博士，[2]遷侍郎。[3]與太原張偉並以本官領衛大將軍樂安王範從事中郎。[4]範，太武寵弟，西鎮長安，允甚有匡益，秦人稱之。尋被徵還。樂平王丕西討上邽，[5]復以本官參丕軍事。以謀平涼州之勳，[6]賜爵汶陽子。[7]

[1]盧玄：人名。字子真，范陽涿（今河北涿州市）人。北魏官吏。見《北史》卷三〇《盧玄傳》。

[2]中書博士：官名。北魏置，屬中書學。選用博學之士擔任，教授中書學生，任職者升遷較易，多升爲中書省、門下省要職。

[3]遷：官制用語。指官吏調動職務，有平遷、超遷之分。侍郎：官名。西漢置。皇帝侍從官，爲郎官之一，隸光禄勳，宿衛宫禁，侍奉皇帝。北魏初亦置於禁中，掌侍衛。

[4]太原：郡名。北魏時治晋陽縣，在今山西太原市晋源區古城營村西。　張偉：人名。字仲業，太原中都（今山西平遥縣西南）人。北魏學者。見《北史》卷八一《張偉傳》。　衛大將軍：官名。十六國時燕置。爲高級武官，位在衛將軍之上。北魏孝文帝太和十七年定爲一品下，位在儀同三司之下，二十三年定爲二品。　樂安王：封爵名。樂安，郡名。北魏時治千乘縣，在今山東廣饒縣北。　範：即拔跋範，人名。北魏宗室。見《北史》卷一六《樂安王範傳》。

[5]樂平王：封爵名。樂平，郡名。北魏時治樂平縣，在今山西昔陽縣西南。　丕：即元丕，人名。北魏宗室。見《北史》卷一六《樂平王丕傳》。　上邽（guī）：縣名。北魏時因避道武帝諱，改名上封，治所在今甘肅天水市。

[6]凉州：北魏時治林中縣，在今甘肅武威市。

[7]汶陽子：封爵名。汶陽，縣名。治所在今山東寧陽縣東北。

後奉詔領著作郎，[1]與司徒崔浩述成國記。[2]時浩集諸術士，考校漢元以來，日月薄蝕，五星行度，并譏前史之失，[3]别爲魏歷以示允。允曰："言遠者，必先驗於近。且漢元年冬十月，五星聚於東井，[4]此乃歷術之淺事。[5]今譏漢史而不覺此謬，恐後之譏今，猶今之譏

古。”浩曰：“所謬云何？”允曰：“案《星傳》，金、水二星，常附日而行，冬十月，日在尾、箕，[6]昏没於申南，而東井方出於寅北，二星何因背日而行？是史官欲神其事，不復推之於理。”浩曰：“欲爲變者，何所不可？君獨不疑三星之聚，而怪二星之來。”允曰：“不可以空言争，宜更審之。”時坐者咸怪，唯東宫少傅游雅曰：[7]“高君長於歷，當不虚言也。”後歲餘，浩謂允曰：“先所論者，本不經心，[8]及更考究，果如君語。以前三月聚於東井，并非十月也。”又謂雅曰：“高允之術，陽元之射也。”[9]衆乃歎服。允雖明於歷數，初不推步有所論説。惟游雅數以灾異問允。允曰：“昔人有言，知之甚難；既知，復恐漏泄，不如不知也。天下妙理至多，何遽問此。”雅乃止。尋以本官爲秦王翰傅。[10]後敕以經授景穆，[11]甚見禮待。又詔允與侍郎公孫質、李靈、胡方回共定律令。[12]

[1]著作郎：官名。三國魏明帝時置，爲著作局長官，隸中書省，掌編修國史。晋時改屬秘書省，號稱大著作。歷代沿置，職掌不同。北魏中期於秘書省置著作局，設員二人，孝文帝太和十七年定爲五品上，二十三年改爲從五品上。

[2]司徒：官名。漢哀帝時改丞相爲大司徒，漢光武帝時改爲司徒，與太尉、司空並稱三公，分掌宰相職能。北魏初曾令州郡公文先上司徒府，後改上丞相府。一品。　崔浩：人名。字伯淵，《北史》避唐高祖李淵諱改作“伯深”，清河東武城（今山東武城縣西北）人。北魏官吏。見《魏書》卷三五《崔浩傳》、《北史》卷二一《崔宏附崔浩傳》。

[3]譏前史之失：源氏校勘記云：“‘譏’《魏書》作‘識’。”

[4]東井：星宿名。即井宿。二十八宿南方朱鳥七宿的第一宿。由八顆星組成，位於雙子座内。又爲天區。

[5]此乃歷術之淺事：中華本校勘記云："《魏書》卷四八《高允傳》無'事'字。按'歷術之淺'猶言'歷術之疏失'。下文高允語，即駁其疏失。疑'事'字衍。"

[6]日在尾箕：底本作"日旦在尾箕"，源氏校勘記云："《魏書》無'旦'字。"中華本校勘記云："《魏書》無'旦'字。按'日在尾、箕'，是指日在黄道上處於尾、箕二宿之間，並非旦在尾、箕，昏則不是。'旦'字衍。"今從改。

[7]少傅：官名。即太子少傅。與太子太傅並稱太子二傅，協助太子太傅監護、輔翼、教導太子。歷朝沿置。　游雅：人名。字伯度，小名黄頭，廣平任（今河北任縣東）人。北魏官吏。見《北史》卷三四《游雅傳》。

[8]本不經心：源氏校勘記云："'經'《魏書》作'注'。"

[9]陽元之射也：底本作"陽源之射也"，中華本校勘記云："諸本'元'作'源'，《魏書》作'元'。按《晋書》卷四一《魏舒傳》：'舒字陽元，累遷後將軍鍾毓長史。毓每與參佐射，舒常爲畫籌而已。後遇朋人不足，以舒滿數。毓初不知其善射，舒容範閑雅，發無不中，舉座愕然，莫有敵者。毓歎而謝曰："吾之不足以盡卿才，有如此射矣。"'崔浩以高允善曆而己不之知，故以陽元之射爲喻。今據改。"今從改。

[10]秦王：封爵名。秦，州名。北魏時治上封城，在今甘肅天水市。　翰：即拓跋翰，人名。北魏宗室。見《北史》卷一六《東平王翰傳》。

[11]景穆：即北魏太武帝太子拓跋晃。景穆爲其謚號，北魏文成帝所追謚。見《北史》卷二《魏本紀·景穆帝》。

[12]公孫質：人名。字元直，燕郡廣陽（今北京房山區）人。北魏官吏。見《北史》卷二七《公孫表附公孫質傳》。　李靈：源氏校勘記云："《魏書》作'李虚'。"中華本《魏書》卷三四《高

允傳》作“李虚”,其校勘記云:“按卷四九《李靈傳》不載此事。卷五二《胡方回傳》、卷五四《游雅傳》、卷一一一《刑罰志》都不載李靈或李虚參加這次律令的修定。但李靈這時是中書侍郎,同時未見有侍郎‘李虚’其人,疑‘虚’是‘靈’之訛。”可從。胡方回:人名。安定臨涇(今甘肅鎮原縣)人。初仕於赫連屈丐,夏滅後歸於北魏,爲北鎮司馬,以文章見知。見《北史》卷三四《胡方回傳》。

太武引允與論刑政,言甚稱旨。因問允“萬機何者爲先?”時多禁封良田,又京師游食衆。允因曰:“臣少也賤,所知唯田,請言農事。古人云:方一里則爲田三頃七十畝,方百里則田三萬七千頃。若勸之,則畝益三斗;不勸,則畝損三斗。[1]方百里損益之率,爲粟二百二十二萬斛,[2]况以天下之廣乎?若公私有儲,雖遇飢年,復何憂乎?”帝善之,遂除田禁,悉以授百姓。

[1]若勸之則畝益三斗不勸則畝損三斗:底本“斗”作“升”,源氏校勘記云:“‘勸’《魏書》作‘勒’。下同。”中華本校勘記云:“諸本‘斗’作‘升’,《御覽》卷四五四引《後魏書》作‘斗’。按下云:‘方百里,損益之率爲粟二百二十二萬斛。’百里三萬七千頃,以每畝損益共六斗計,則每頃六十斛,三萬七千頃正得二百二十二萬斛。作‘升’則不符此數。《御覽》是,今據改。又《魏書》‘勸’作‘勤’。”今從改。

[2]斛(hú):中國古代量器名,亦是容量單位。一斛本爲十斗,後來改爲五斗。

初,崔浩薦冀、定、相、幽、并五州士數十人,[1]

各起家爲郡守。[2]景穆謂浩曰："先召之人，亦州郡選也，在職已久，勤勞未答。今可先補前召，外任郡縣；以新召者代爲郎吏。[3]又守令宰人，[4]宜使更事者。"浩固争而遣之。允聞之，謂東宫博士管恬曰："崔其不免乎！苟逞其非而校勝於上，何以能濟？"

[1]冀：州名。北魏時治信都縣，在今河北冀州市。　定：州名。北魏時治盧奴縣，在今河北定州市。　相：州名。北魏時治鄴城，在今河北臨漳縣西南鄴鎮。　幽：州名。北魏時治薊縣，在今北京西南。　并：州名。北魏時治晋陽縣，在今山西太原市晋源區古城營村一帶。

[2]郡守：官名。春秋戰國時置，初爲武職，用以防守邊郡。秦統一後實行郡縣兩級地方行政區劃制度，每郡置守，爲郡的最高行政長官，總掌郡内之行政、司法、税收、軍事等。北魏時分上、中、下郡三等，各爲四、五、六品。

[3]郎吏：官名。即郎官。南北朝時對尚書郎中、侍郎的統稱。

[4]守令：官名合稱。指郡守及縣令。　宰人：官名。冢宰的屬官。同"宰官"，爲古代一邑之長。後泛指官員。

遼東公翟黑子有寵於太武，[1]奉使并州，受布千疋。事發，黑子問允："主上問我，首乎？諱乎？"允曰："公幃幄寵臣，答詔宜實。"中書侍郎崔鑒、公孫質等咸言宜諱之。[2]黑子以鑒等爲親己，怒而絶允，而不以實對，終獲罪戮。

[1]遼東公：封爵名。遼東，郡名。北魏時治襄平縣，在今遼寧遼陽市。

[2]中書侍郎：官名。北魏時多選用文學之士，掌草擬詔令，職位機要，置四人。孝文帝太和十七年定爲四品上，二十三年改爲從四品上。　崔鑒：中華本校勘記云："《魏書》'鑒'作'覽'。按崔覽崔浩之弟，曾官中書侍郎。其人仕宦在太武之世，見本書卷二一《崔宏傳》。崔鑒見《魏書》卷四九，其人延興（孝文年號）中曾使於齊州，其官中書侍郎，不得早在太武時。疑作'覽'是。"可從。

時著作令史閔湛、郄檦性巧佞，[1]爲崔浩信待。見浩所注《詩》《書》《論語》及《易》，遂上疏言馬、鄭、王、賈不如浩之精微，[2]請收藏境内諸書，班浩所注。并求敕浩注《禮》《傳》。[3]浩亦表薦湛有著述才。湛等又勸浩刊所撰國史于石，以彰直筆。[4]允聞之，謂著作郎宗欽曰：[5]"閔湛所營分寸之間，恐爲崔門萬世之禍，吾徒無類矣。"未幾而難作。

[1]著作令史：官名。三國魏始置，著作局屬官，協助著作郎、著作佐郎修撰國史。北魏沿置。

[2]馬：即馬融。字季長，右扶風茂陵（今陝西興平市東北）人。東漢經學家。見《後漢書》卷六〇上《馬融傳》。　鄭：即鄭玄。字康成，北海高密（今山東高密市）人。東漢經學大師。見《後漢書》卷三五《鄭玄傳》。　王：即王肅。字子雍，東海郡郯（今山東郯城市西南）人。三國魏經學家。見《三國志》卷一三《魏書·王朗附王肅傳》。　賈：即賈逵。字景伯，扶風平陵（今陝西咸陽市西北）人。東漢經學家。見《後漢書》卷三六《賈逵傳》。

[3]禮：《禮記》的簡稱。　傳：《左傳》的簡稱。

[4]直筆：根據事實如實記載。

[5]宗欽：人名。字景若，金城（今甘肅蘭州市）人。北魏官吏。見《魏書》卷五二《宗欽傳》。

初，浩之被收，允直中書省。[1]景穆使召允，留宿宮内。翌日，命驂乘至宮門，[2]謂曰："入當見至尊，吾自導卿，脱至尊有問，但依吾説。"既入見，景穆言允小心慎密，且微賤，制由於浩，請赦之。帝召允，謂曰："國書皆浩作不？"允曰："《太祖記》，前著作郎鄧彦海所撰；[3]《先帝記》及《今記》，臣與浩同作，然而臣多於浩。"帝大怒曰："此甚於浩，安有生路？"景穆曰："天威嚴重，允迷亂失次耳。臣向問，皆云浩作。"帝問："如東宮言不？"[4]允曰："臣罪應滅族，不敢虚妄。殿下以臣侍講日久，哀臣乞命耳。實不問臣，不敢迷亂。"帝謂景穆曰："直哉！此亦人情所難，而能臨死不移。且對君以實，貞臣也，寧失一有罪，宜宥之。"允竟得免。於是召浩前，使人詰，惶惑不能對。允事事申明，皆有條理。時帝怒甚，敕允爲詔，自浩以下，僮吏以上，[5]一百二十八人皆夷五族。允持疑不爲，頻詔催切，允乞更一見，然後爲詔。詔引前，允曰："浩之所坐，若更有餘釁，[6]非臣敢知。直以犯觸，罪不至死。"帝怒，命介士執允。[7]景穆拜請，帝曰："無此人忿朕，當有數千口死矣！"浩竟族滅，餘皆身死。宗欽臨刑歎曰："高允其殆聖乎！"

[1]直：當值、輪班。　中書省：官署名。三國魏始置，爲掌管機要、出納政令掌奏的宫廷政治機構，收納群臣奏書，兼領修

史、記録起居，權任頗重。北魏前期，職任不定，或兼掌侍從、出納，孝文帝改制，始專掌出令、納奏之職。

[2]驂乘：又作“參乘”。乘車時，尊者在左，禦者在中，又一人在右，稱車右或驂乘。由武士充任，負責警衛。

[3]鄧彦海：人名。安定（今甘肅涇川縣北）人。十六國時前秦將領、北魏官吏。見《北史》卷二一《鄧彦海傳》。《魏書》卷四八《高允傳》作“鄧淵”，《資治通鑑》卷一二五、《通志》卷一四八、《册府元龜》卷四六〇同《魏書》。按：《北史》避唐高祖李淵諱，稱其字。

[4]如東宫言不：底本無“言”字，中華本校勘記云：“諸本脱‘言’字，據《魏書》補。”今從改。

[5]僮吏：亦稱僮幹。南朝宋置。爲各官署中執雜役之小吏，有的淪爲官役勞動力。南北各朝因之。

[6]餘釁（xìn）：其他罪行。

[7]介士：武士。

景穆後讓允，以不同己所導之言而令帝怒。允曰：“夫史籍，帝王之實録，將來之炯誡，[1]今之所以觀往，後之所以知今。是以言行舉動，莫不備載，故人君慎焉。然浩世受殊遇，榮曜當時，私欲没其公廉，愛憎蔽其直理，此浩之責也。至於書朝廷起動之跡，言國家得失之事，此爲史之本體，未爲多違。然臣與浩實同其事，死生義無獨殊。誠荷殿下再造之慈，違心苟免，非臣之意。”景穆動容稱歎。允後與人言曰：“我不奉東宫導旨者，恐負翟黑子也。”

[1]炯誡：明顯的鑑戒或警戒。

景穆季年，[1]頗親近左右，營立田園，以收其利。允諫曰："殿下，國之儲貳，[2]四海屬心，言行舉動，萬方所則。而營立私田，畜養雞犬，乃至販酤市廛，[3]與人争利，議聲流布，不可追掩。夫天下者，殿下之天下，富有四海，何求而不獲？何欲而弗從？而與販夫販婦競此尺寸？願殿下少察過言，斥出佞邪，所在田園，分給貧下。如此，則休聲日至，[4]謗議可除。"景穆不納。景穆之崩也，允久不進見。後見，升階歔欷，[5]悲不能止。帝流淚，命允使出。[6]左右莫知其故，相謂曰："允無何悲泣，令至尊哀傷，何也？"帝聞之，召而謂曰："汝不知高允悲乎？崔浩誅時，允亦應死。東宫苦請，是以得免。今無東宫，允見朕悲耳。"

[1]季年：末年。

[2]儲貳：太子。

[3]販酤（gū）：販賣。　市廛（chán）：店鋪集中的市區。

[4]休聲：贊美聲。

[5]歔（xū）欷（xī）：哀嘆抽泣。

[6]命允使出：毛本、局本作"命允便出"。

先是，敕允集天文災異，使事類相從，約而可觀。允依《洪範傳》《天文志》，[1]撮其事要，略其文辭，凡爲八篇。帝覽而善之，[2]曰："高允之明災異，亦豈減崔浩乎？"

[1]洪範傳：一説爲北魏高允所撰。述天文災異。　天文志：

《隋書·經籍志》題吴雲撰。十二卷。久佚。

［2］帝覽而善之：毛本"善"作"告"。《通志》卷一四八作"善"。按：據文意，從底本。

及文成即位，[1]允頗有謀焉。司徒陸麗等皆受重賞，[2]允既不蒙褒異，又終身不言。其忠而不伐，[3]皆此類也。

［1］文成：即北魏皇帝拓跋濬。文成爲其謚號。

［2］陸麗：人名。代（今山西大同市東北）人。北魏官吏。見《北史》卷二八《陸俟附陸麗傳》。

［3］伐：自吹自擂，誇耀自己。

給事中郭善明，[1]性多機巧，欲逞其能，勸文成大起宫室。允諫曰："臣聞太祖道武皇帝既定天下，[2]始建都邑。其所營立，必因農隙。今建國已久，宫室已備，永安前殿，[3]足以朝會萬國；西堂温室，[4]足以安御聖躬；紫樓臨望，可以周視遠近。若廣修壯麗爲異觀者，宜漸致之，不可倉卒。計斫材運土及諸雜役須二萬，[5]丁夫充作，老小供餉，合四萬人，半年可訖。古人有言：'一夫不耕，或受其飢，一婦不織，或受其寒。'况數萬之衆，其所損費，亦已多矣！"帝納之。

［1］給事中：官名。秦始設。爲加官，位次中常侍，無定員。加此號得給事宫禁中，常侍皇帝左右，備顧問應對。晋始爲正官。北魏時爲内朝官，常派往尚書省諸曹，參領政務，並負監察之責。孝文帝太和十七年定爲從三品，二十三年爲六品上。

[2]太祖：北魏皇帝拓跋珪的廟號。

[3]永安前殿：在今山西大同市。

[4]西堂温室：局本作“西堂温定”。按：“室”“定”字形相近而訛。

[5]計斫材運土及諸雜役須二萬：底本“運土”作“軍士”，《通志》卷一四八亦作“軍士”，中華本校勘記云：“《魏書》‘軍士’作‘運土’，此當是形似致訛。”今從改。

允以文成纂承平之業，而風俗仍舊，婚娶喪葬，不依古式，乃諫曰：

前朝之世，屢發明詔，禁諸婚娶，不得作樂。及葬送之日，歌謡鼓舞，殺牲燒葬，一切禁絶。雖條旨久班，而不革變，將由居上者未能悛改，[1]爲下者習以成俗，教化陵遲，[2]一至於此。《詩》云：‘爾之教矣，人胥效矣。’[3]人君舉動，不可不慎。

[1]悛（quān）改：悔改。

[2]陵遲：漸趨衰敗。

[3]人胥效矣：即民胥效矣，《北史》避唐太宗李世民諱改“民”爲“人”。意爲百姓效法。

《禮》云：嫁女之家，三日不息火；娶妻之家，三日不舉樂。今諸王納室，皆樂部給伎以爲嬉戲，而獨禁細人不得作樂，[1]此一異也。

[1]細人：地位低下的人。

古之婚者，皆采德義之門，妙簡貞閑之女，先之以媒娉，繼之以禮物，集僚友以重其別，親御輪以崇其敬。[1]今諸王十五便賜妻別居。然所配者，或長少差舛，或罪入掖庭，[2]而以作合宗王，[3]妃嬪藩懿，[4]失禮之甚，無復此過。今皇子娶妻多出宮掖，令天下小人必依禮限，[5]此二異也。

[1]御輪：駕駛車子。

[2]掖庭：即永巷。漢武帝太初元年改稱“掖廷”。宮中旁舍，宮女居住的地方。《後漢書》卷四〇上《班彪附班固傳》：“後宮則掖庭、椒房，后妃之室。”李賢注引《漢官儀》：“婕妤以下皆居掖庭。”

[3]作合：男女結爲夫妻。

[4]藩：遮蔽，遮掩。　懿：美好，多指有美好的德行。

[5]小人：小民。《北史》避唐太宗李世民諱改。

凡萬物之生，靡不有死。然葬者藏也，死者不可再見，故深藏之。昔堯葬穀林，[1]農不易畝。舜葬蒼梧，[2]市不改肆。秦始皇作爲地市，下錮三泉，死不旋踵，尸焚墓掘。由此推之，堯舜之儉，始皇之奢，是非可見。今國家營葬，費損巨億。一旦焚之，[3]以爲灰燼。上爲之而不輟，而禁下人之必止，此三異也。

[1]穀林：地名。在今山東菏澤市東北。

[2]蒼梧：地名。在今湖南九嶷山以南。

[3]一旦焚之：局本“旦”作“三”。

古者，祭必立尸，[1]序其昭穆，[2]使亡者有馮，[3]致食饗之禮。[4]今葬之魂，[5]人直求貌類者，[6]事之如父母，宴好如夫妻，損敗風化，黷亂情禮，莫此之甚。上未禁之，下不改絶，此四異也。

[1]立尸：以活人充當所祭先人的神像。

[2]昭穆：宗廟制度，天子七廟，三昭三穆，以始祖居中，以下遞爲昭穆，左昭右穆，依次排列。

[3]馮：同“憑”。憑借、依靠。

[4]饗（xiǎng）：祭祀祖先的酒食。

[5]今葬之魂：中華本作“今已葬之魂”。

[6]直求：宋本作“真求”。

夫大饗者，[1]所以定禮儀，訓萬國，故聖王重之。至乃爵盈而不飲，肴乾而不食，樂非雅聲則不奏，物非正色則不列。今之大會，内外相混，酒醉喧嘵，罔有儀式，又俳優鄙褻，[2]汙辱視聽。朝廷積習以爲美，而責風俗之清純，此五異也。

[1]大饗：天子宴飲諸侯來朝者。

[2]又俳（pái）優鄙褻：《魏書》卷四八《高允傳》作“又俳優鄙藝”。中華本《魏書》校勘記云：“‘藝’字當是形訛，但也可通，今不改。”俳優，古代演滑稽雜戲的藝人。鄙褻，粗俗不體面。

今陛下當百王之末，[1]踵晋亂之弊，[2]而不矯然釐改，[3]以厲頹俗，臣恐天下蒼生，永不聞見禮

教矣。

[1]百王：歷代帝王。
[2]晋：指西晋。
[3]釐（lí）改：改革，改正。

允如此非一，帝從容聽之。或有觸迕，[1]帝所不忍聞者，命左右扶出。事有不便，允輒求見，帝知允意，逆屏左右以待之。禮敬甚重，晨入暮出，或積日居中，[2]朝臣莫知所論。或有上事陳得失者，帝省而謂群臣曰："君父一也，父有是非，子何爲不作書於人中諫之，使人知惡，而於家内隱處也？豈不以父親，恐惡彰於外也。今國家善惡，不能面陳，而上表顯諫，[3]以此，豈不彰君之短，明己之美。至如高允者，真忠臣矣。朕有是非，恒正言面論，至朕所不忍聞者，皆侃侃論説，無所避就。朕聞其過，而天下不知其諫，豈不忠乎！汝等在左右，不曾聞一正言，但伺朕喜以求官。汝等以弓刀侍朕，徒立勞耳，皆至公、王。此人執筆匡我，不過著作郎。[4]汝等不亦愧乎！"於是拜允中書令，[5]著作如故。司徒陸麗曰："高允雖蒙寵待，而家貧布衣，妻子不立。"帝怒曰："何不先言？今見朕用之，方言其貧！"是日，幸允第，唯草屋數間，布被緼袍，[6]厨中鹽菜而已。帝歎息曰："古人之清貧，豈有此乎！"即賜帛五百疋，粟千斛，拜長子忱爲長樂太守。[7]允頻表固讓，帝不許。

[1]觸迕：冒犯。

[2]積日：累日、連日。

[3]顯諫：公開諫諍。

[4]不過著作郎：《魏書》卷四八《高允傳》作“不過作郎”。《通志》卷一四八、《册府元龜》卷五四九同《北史》。按：從底本。

[5]中書令：官名。南北朝時，爲中書省實際長官，常用有文學才望者任職。北魏孝文帝太和十七年定爲二品中，二十三年定爲三品。

[6]緼袍：麻袍。

[7]長樂：郡名。北魏時治信都縣，在今河北冀州市。

初與允同徵游雅等，多至通官，[1]封侯。及允部下吏百數十人，亦至刺史、二千石。而允爲郎二十七年不徙官。時百官無禄，允恒使諸子樵採自給。初，尚書竇瑾坐事誅，[2]瑾子遵亡在山澤，[3]遵母焦没入縣官。後焦以老得免，瑾之親故，莫有恤者。允愍焦年老，[4]保護在家，積六年，遵始蒙赦。其篤行如此。

[1]通官：高官、顯官。

[2]竇瑾：人名。字道瑜，頓丘衛國（今河南清豐縣東南）人。北魏官吏。見《北史》卷二七《竇瑾傳》。

[3]遵：即竇遵，人名。頓丘衛國（今河南清豐縣東南）人。北魏官吏。見《北史·竇瑾附竇遵傳》。

[4]愍：同“憫”。憐憫、哀憐。

轉太常卿，[1]本官如故。允上《代都賦》，因以規

諷，亦《二京》之流也。[2]時中書博士索敞與侍郎傅默、梁祚論名字貴賤，[3]著議紛紜。允遂著《名字論》以釋其惑，[4]甚有典證。復以本官領秘書監，[5]解太常卿，進爵梁城侯。[6]

[1]太常卿：官名。爲太常的尊稱。秦漢時爲九卿之首，官居清要，職務繁重，多由列侯充任。東漢時期，除掌管禮儀、祭祀外，還兼管博士和博士弟子的考核、薦舉、補吏。後世沿置，却僅管禮樂祭祀諸事。北魏孝文帝太和十七年定爲從一品下，二十三年改爲三品。

[2]二京：東漢張衡的代表作，包括《西京賦》《東京賦》兩篇。

[3]索敞：人名。字巨振，敦煌（今甘肅敦煌市西）人。北魏官吏、學者。見《北史》卷三四《索敞傳》。　梁祚：人名。北地泥陽（今甘肅成縣東）人。北魏官吏、學者。見《北史》卷八一《梁祚傳》。

[4]著：毛本、局本作“作”。《魏書》卷四八、《通志》卷一四八、《册府元龜》卷八三〇作“著”。

[5]秘書監：官名。南北朝時爲秘書省長官，掌圖書經籍之事，領著作省。北魏孝文帝太和十七年定爲從二品中，二十三年改爲三品。

[6]梁城侯：封爵名。梁城，縣名。治所在今安徽阜陽市。

初，允與游雅及太原張偉同業相友。雅嘗論允曰：“夫喜怒者，有生所不能無也。而前史載卓公寬中，[1]文饒洪量，[2]褊心者或之弗信。[3]余與高子游處四十餘年，未見是非慍喜之色，[4]不亦信哉。高子内文明而外柔弱，

其言吶吶不能出口，余常呼爲‘文子’。崔公謂余云：‘高生豐才博學，一代佳士，所乏者矯矯風節耳。’余亦然之。司徒之譴，起於纖微，及於詔責，崔公聲嘶股戰，不能一言。宗欽以下，伏地流汗，都無人色。高子敷陳事理，申釋是非，辭義清辯，音韻高亮。明主爲之動容，聽者無不稱善。仁及僚友，保兹元吉，[5]向之所謂矯矯者，更在斯乎！宗愛之任勢也，威振四海，嘗召百司於都坐，[6]王公以下，望庭畢拜，高子獨升階長揖。由此觀之，汲長孺可卧見衛青，[7]何抗禮之有！向之所謂風節者，得不謂此乎！知人故不易，人亦不易知。吾既失之於心内，崔亦漏之於形外。鍾期止聽於伯牙，[8]夷吾見明於鮑叔，[9]良有以也。”其爲人物所推如此。

[1]卓公：即卓茂。字子康，南陽宛（今河南南陽市）人。漢代官吏。見《後漢書》卷二五《卓茂傳》。

[2]文饒：即劉寬，人名。字文饒，弘農華陰（今陝西華陰市東南）人。東漢宗室、大臣。爲政以寬恕爲主，被稱爲“長者”。見《後漢書》卷二五《劉寬傳》。

[3]褊心者或之弗信：中華本校勘記云：“《魏書》同，《通志》卷一四八《高允傳》作‘或弗之信’。疑當從《通志》。”可從。

[4]愠直：局本作“直愠”，《通志》卷 四七作“喜愠”。

[5]元吉：大吉、洪福。

[6]都坐：殿本、四庫本、四部備要本作“都堂”。按：都坐，大臣商議政事的地方。

[7]汲長孺可卧見衛青：汲黯躺著會見衛青。見《史記》卷一二〇《汲鄭列傳》。汲長孺，人名。即汲黯。字長孺，濮陽（今河南濮陽市西南）人。西漢官吏。見《史記·汲鄭列傳》。衛青，人

名。字仲卿，河東平陽（今山西臨汾市）人。西漢名將。見《史記》卷一一一《衛將軍驃騎列傳》。

[8]鍾期止聽於伯牙：典出《列子·湯問》。比喻知音難覓。鍾期，人名。亦稱鐘子期。春秋時楚國人。遇伯牙彈琴，聽之。伯牙，即俞伯牙，人名。春秋時音樂家。傳説以精於琴藝而著名。好友鐘子期知其琴藝，後子期死，痛世無知音，終身不再鼓琴。

[9]夷吾見明於鮑叔：鮑叔牙與管仲相知的故事。夷吾，即管仲，人名。名夷吾，字仲，潁上（今安徽潁上縣）人。春秋初期政治家。由鮑叔牙推薦，被齊桓公任命爲卿，進行了各項改革，使齊國力大振。幫助齊桓公以“尊王攘夷”相號召，使其成爲春秋時第一個霸主。見《史記》卷六二《管晏列傳》。鮑叔，人名。即鮑叔牙。春秋時齊國大夫。以知人著稱。見《史記·管晏列傳》。

文成重允，常不名之，恒呼爲“令公”。令公之號，播於四遠矣。

文成崩，獻文居諒闇，[1]乙弗渾專擅朝命，[2]謀危社稷。文明太后誅之，[3]引允禁中，參決大政。又詔允曰：“朕稽之舊典，欲置學官於郡國。[4]卿儒宗元老，宜與中秘二省，[5]參議以聞。”允表：請制大郡立博士二人、助教四人、學生一百人，[6]次郡立博士二人、助教二人、學生八十人，中郡立博士一人、助教二人、學生六十人，下郡立博士一人、助教一人、學生四十人。其博士取博關經典，[7]履行忠清，[8]堪爲人師者，年限四十以上。助教亦與博士同，年限三十以上。[9]若道業夙成，才任教授，不拘年齒。學生取郡中清望，[10]人行脩謹，堪循名教者，[11]先盡高門，次及中等。[12]帝從之，郡國立學，自此始也。

[1]獻文：即北魏皇帝拓跋弘。獻文爲其謚號。見《北史》卷二《魏本紀·文成帝》。　諒闇：亦作“諒陰”。居喪時所住的房子，借指居喪。

[2]乙弗渾：人名。北魏官吏。和平六年（465），文成帝死，圖謀擅權，被殺。源氏校勘記云：“《魏書》無弗。”

[3]文明太后：即北魏文成帝皇后馮氏。文明爲其謚號。

[4]學官：源氏校勘記云：“‘官’《魏書》作‘宫’。”泛指官學（包括國子學及地方州郡學等）中任教及任職者，如祭酒、博士、助教等。　於：殿本、四庫本、四部備要本作“與”。按：據語意，從底本。

[5]中秘二省：即中書省和秘書省。秘書省，官署名。晋朝置。設秘書監爲長官，領著作省，掌管國史的修撰及管理中外三閣圖書。其官屬有秘書丞、秘書郎、著作郎、著作佐郎、校書郎等。北魏又設秘書令，位在監下，還設有秘書鍾律郎。當時，秘書省長官經常參議制度，因設有“内秘書”，亦稱秘書省爲外秘書。

[6]博士：官名。魏晋南北朝時專設五經博士、國子博士、太學博士等學官，掌經學教授，設太常博士專掌議定禮制，地位漸輕。北朝郡國學或置博士爲學官，又設律學博士、醫學博士等，專精本行技藝，教授學生及服務於宫廷官府。　助教：官名。國子監諸學置，協助博士教授生徒。晋武帝咸寧中初立國子學置。歷代沿置。

[7]博關經典：毛本、殿本、四庫本、四部備要本作“博聞經典”。按：據《魏書》卷四八、《通志》卷一四八，今從底本。

[8]忠清：忠誠廉正。

[9]年限三十以上：底本“三十”作“四十”，源氏校勘記云：“下‘四十’，《魏書》作‘三十’。”中華本校勘記云：“諸本‘三’作‘四’，《魏書》作‘三’。按若博士、助教年齡並限四十以上，則不必另書。作‘三’是，今據改。”今從改。

［10］清望：指有清白名望的人或清白的望族。

［11］堪循名教者：底本"循"作"東脩"，宋本作"東循"，中華本校勘記云："諸本'循'字訛作'東脩'二字，文義不通，據《魏書》刪改。"今從改。

［12］中等：源氏校勘記云："'等'《魏書》作'第'。"

後允以老疾，頻上表乞骸骨，詔不許，於是乃著《告老詩》。又以昔歲同徵，零落將盡，感逝懷人，作《徵士頌》。蓋止於應命，其有命而不至，則闕焉。

其著《頌》者：中書侍郎、固安侯范陽盧玄子真，[1]郡功曹史博陵崔綽茂祖，[2]河内太守、下樂侯廣甯燕崇玄略，[3]上黨太守、高邑侯廣甯常陟公山，[4]征南大將軍從事中郎勃海高毗子翼，征南大將軍從事中郎勃海李金道賜，[5]河西太守、饒陽子博陵許堪祖根，[6]中書郎、新豐侯京兆杜銓士衡，[7]征西大將軍從事中郎京兆韋閬友規，[8]京兆太守趙郡李詵令孫，[9]太常博士、鉅鹿公趙郡李靈武符，[10]中書郎中、即丘子趙郡李遐仲熙，[11]營州刺史、建安公太原張偉仲業，[12]輔國大將軍從事中郎范陽祖邁，[13]征東大將軍從事中郎范陽祖侃士倫，東郡太守、蒲陰子中山劉策，[14]濮陽太守、真定子常山許琛，[15]行司隸校尉、中都侯西河宋宣道茂，[16]中書郎燕郡劉遐彥鑒，[17]中書郎、武恒子河間邢穎宗敬，[18]滄水太守、浮陽侯勃海高濟叔仁，[19]太平太守、原平子雁門李熙士元，[20]秘書監、梁郡公廣平游雅伯度，[21]廷尉正、安平子博陵崔建興祖，[22]廣平太守、列人侯西河宋愔，[23]州主簿長樂潘符，[24]郡功曹長樂杜

熙，[25]征東大將軍從事中郎中山張綱，[26]中書郎上谷張誕叔術，[27]秘書郎雁門王道雅，[28]秘書郎雁門閔弼，[29]衛大將軍從事中郎中山郎苗，[30]大司馬從事中郎上谷侯辯，[31]陳郡太守、高邑子趙郡吕季才，[32]合三十四人。

[1]固安侯：封爵名。固安，縣名。治所在今河北易縣東南。《魏書》卷四八《高允傳》作"固安伯"。《通志》卷一四八同《北史》。源氏校勘記云："'侯'《魏書》作'伯'。"按：《北史》卷三〇《盧玄傳》記載爲"固安侯"。今從《北史》。　范陽：郡名。北魏時治涿縣，在今河北涿州市。　盧玄：人名。字子真，范陽涿（今河北涿州市）人。北魏官吏。見《北史·盧玄傳》。

[2]功曹史：官名。西漢始置，爲郡守、縣令的主要佐吏，亦職掌吏員賞罰任免事宜。東漢各州亦有功曹，而名稱略有變更。北魏亦置。自六品至從九品。　博陵：郡名。北魏時治魯口城，在今河北饒陽縣。　崔綽：人名。博陵安平（今河北安平縣）人。少孤，學行修明，有名於世。北魏太武帝時與盧玄、高允等被徵，以母老固辭，後爲郡功曹。

[3]河内：郡名。北魏時治野王縣，在今河南沁陽市。　下樂侯：南監本作"下洛侯"。按：疑是。下洛，縣名。治所在今河北涿鹿縣西。　廣甯：郡名。北魏時治廣寧縣，在今河北涿鹿縣。

[4]上黨：郡名。北魏時治壺關城，在今山西長治市北。　高邑侯：封爵名。高邑，縣名。治所在今河北柏鄉縣北。

[5]李金：宋本、毛本、殿本、四庫本、局本、四部備要本作"李欽"。中華本《魏書》卷四八《高允傳》校勘記云："按下文説允與'同郡李金同被徵'，卷七二《李叔虎傳》也説'從祖金，世祖神䴥中與高允俱被徵'，疑作'金'是。"可從。

[6]河西：郡名。北魏時治夏陽，在今山西臨汾市。　饒陽子：封爵名。饒陽，縣名。治所在今河北饒陽縣東北。

［7］中書郎：官名。魏晋南北朝時常用作中書侍郎、中書通事郎的省稱。南朝時爲閑職，成爲諸王起家官。北魏時負責草擬詔令。孝文帝太和十七年定爲四品上，二十三年之後爲從四品上。　新豐侯：封爵名。新豐，縣名。治所在今陝西西安市臨潼區東南。　杜銓：人名。字士衡，京兆（今陝西西安市）人。北魏官吏。見《北史》卷二六《杜銓傳》。

［8］征西大將軍：官名。兩晋南北朝時爲將軍名號，多授統兵出鎮在外、都督數州諸軍事者。在武職中地位很高，位居四征將軍之上。歷代皆不常置。北魏孝文帝太和十七年定爲從一品下。　韋閬（làng）：人名。字友觀，京兆杜陵（今陝西西安市長安區東）人。北魏官吏。見《北史》卷二六《韋閬傳》。按，《北史·韋閬傳》、《魏書》卷四五《韋閬傳》皆作"字友觀"。《魏書》卷四八《高允傳》與《北史》同。疑《北史·高允傳》有誤，從《北史·韋閬傳》。

［9］趙郡：北魏時治平棘縣，在今河北趙縣。　李詵：人名。字令孫，趙郡平棘（今河北趙縣）人。北魏官吏。見《魏書》卷三六《李順附李騫傳》。

［10］太常博士：官名。北魏時掌祭祀，職位較輕。從七品。　鉅鹿公：封爵名。鉅鹿，郡名。北魏時屬定州，治曲陽縣，在今河北晋州市西。北魏孝莊帝永安二年（529）時分定州鉅鹿郡置，屬殷州，治癭遥縣，在今河北寧晋縣西南。　李靈：人名。字虎符，趙郡平棘（今河北趙縣）人。見《北史》卷三三《李靈傳》。　武符：中華本校勘記云："《魏書》'武'作'虎'，《北史》避唐諱改。"

［11］中書郎中：中華本校勘記云："按'中書郎中'無此官名。《魏書》卷三六《李順傳》附見李熙云：'熙字仲熙，神䴥中，與高允等俱被徵，拜中書博士，轉侍郎。'此處'郎'下'中'字當衍。'中書郎'即'中書侍郎'。又'遐'疑當作'熙'，下頌文云：'熙雖中夭，迹階郎署。'稱'熙'而不稱'遐'，可證。但下

又有雁門李熙，同時同名。”　即丘子：封爵名。即丘，縣名。治所在今山東臨沂市西。　李遐：人名。字仲熙，趙郡平棘（今河北趙縣）人。北魏官吏。見《魏書·李順附李熙傳》。

[12]營州：北魏時治和龍城，在今遼寧朝陽市。　建安公：封爵名。建安，郡名。北魏時治永定縣，確址不詳。當在今内蒙古境内。

[13]輔國大將軍：官名。位在四鎮將軍之上。北魏孝文帝太和十七年定爲二品下，二十三年定爲二品。

[14]東郡：北魏時治滑臺城，在今河南滑縣東。　蒲陰子：封爵名。蒲陰，縣名。治所在今河北順平縣東南。　中山：郡名。北魏時治盧奴縣，在今河北定州市。　劉策：人名。中山（今河北定州市）人。北魏官吏。文成帝時任東郡太守。

[15]濮陽：郡名。北魏時治甄城縣，在今山東鄄城縣北。　真定子：封爵名。真定，縣名。治所在今河北正定縣南。　常山：郡名。北魏時治安樂壘，在今河北藁城市西北。　許琛：人名。常山（今河北正定縣西南）人。北魏官吏。

[16]司隸校尉：官名。漢武帝始置，初掌管理使役在中央諸官府服役的徒隸。北魏初曾置，旋罷，其職歸司州牧、司州刺史。　中都侯：封爵名。中都，縣名。治所在今山西平遥縣西南。局本作“中諸侯”。據《魏書》卷四八、《通志》卷一四八作“中都侯”，從底本。　西河：郡名。北魏時治兹氏城，在今山西汾陽市城區。　宋宣：人名。字道茂，西河介休（今山西介休市）人。北魏官吏。見《魏書》卷三三《宋隱附宋宣傳》。

[17]燕郡：北魏時治薊縣，在今北京西南。　劉遐：人名。字彦鑒，燕郡（今北京西南）人。北魏官吏。文帝時任中書郎。爲高允賞識。

[18]武恒子：中華本校勘記云：“張森楷云：‘地志無“武恒縣”，或“武垣”之誤也。’”武垣，縣名。治所在今河北肅寧縣東南。　河間：郡名。北魏初治樂城縣，在今河北獻縣東南；孝文帝

太和十一年移治武垣縣，在今河北河間市南。　邢穎：人名。字宗敬，河間鄚（今河北任丘市北）人。北魏官吏。見《北史》卷四三《邢巒傳》。

［19］滄水：郡名。北魏時治南皮縣，在今河北南皮縣東北。　浮陽侯：封爵名。浮陽，郡名。北魏時治浮陽縣，在今河北滄州市東南。　高濟：人名。字叔民，勃海蓨（今河北景縣）人。北魏官吏。見《魏書》卷四八《高允傳》。　叔仁：中華本校勘記云："《魏書》'仁'作'民'，《北史》避唐諱改。"源氏校勘記紅筆小字夾批云："仁，'民'也。"

［20］太平：郡名。北魏時治太平縣，在今山西壽陽縣北。　原平子：封爵名。原平，縣名。治所在今山西原平市東。《魏書·高允傳》作"平原子"。《通志》卷一四八同《北史》。中華本《魏書》校勘記云："按當時封邑，往往取本郡地名，雁門有原平縣，疑作'原平'是。"　雁門：郡名。北魏時治廣武縣，在今山西代縣西南。　李熙：人名。字士元，雁門（今山西代縣西南）人。北魏官吏。

［21］梁郡公：封爵名。梁郡，北魏時治睢陽縣，在今河南商丘市南。　廣平：郡名。北魏時治曲梁城，在今河北永年縣東南。

［22］廷尉正：官名。北魏時爲廷尉之副職，掌審理疑難重大案件。孝文帝太和十七年定爲五品中，二十三年定爲六品。　安平子：封爵名。安平，縣名。治所在今河北安平縣。　崔建：人名。字興祖，博陵安平（今河北安平縣）人。北魏官吏。

［23］列人侯：封爵名。列人，縣名。治所在今河北肥鄉縣東北。　宋愔：人名。西河介休（今山西介休市）人。北魏官吏。見《北史》卷二六《宋隱附宋愔傳》。

［24］主簿：官名。漢朝中央及州郡官府均置，典領文書簿籍，經辦事務。魏晋以後，漸爲統兵開府之大臣幕府中重要僚屬，參與機要，總理府事。其品秩隨府長官地位高低而不等。　潘符：人名。長樂（今河北冀州市）人。北魏官吏。源氏校勘記云："'潘'

下《魏書》有‘天’字。”

[25]杜熙：人名。長樂（今河北冀州市）人。北魏官吏。

[26]張綱：人名。中山（今河北定州市）人。北魏官吏。

[27]上谷：郡名。北魏時治沮陽縣，在今河北懷來縣東南。　張誕：人名。字叔術，上谷沮陽（今河北懷來縣東南）人。北魏官吏。

[28]秘書郎：官名。北魏時掌經書校閱，兼參掌文書機要。孝文帝太和十七年定爲從五品上，二十三年後稱秘書郎中。　王道雅：人名。雁門（今山西代縣西南）人。北魏官吏。

[29]閔弼：人名。雁門（今山西代縣西南）人。北魏官吏。

[30]衛大將軍：官名。十六國時後燕置。爲高級武職，位在儀同三司下。後不統兵，爲有軍勳人員的閑職。北魏孝文帝太和十七年定爲一品下，位在儀同三司之下，二十三年定爲二品。　郎苗：人名。中山（今河北定州市）人。北魏官吏。

[31]大司馬：官名。北魏時爲加官，常典軍事，地位尊顯。一品。　侯辯：人名。上谷沮陽（今河北懷來縣東南）人。北魏官吏。

[32]陳郡：北魏時治陳縣，在今河南淮陽縣。　高邑子：封爵名。高邑，縣名。治所在今河北柏鄉縣北。　吕季才：人名。北魏官吏。

其詞曰：

紫氣干天，[1]群雄亂夏，王襲徂征，[2]戎車屢駕。掃盪遊氛，克揃袄霸，[3]四海從風，八垠漸化。[4]政教無外，既寧且壹，偃武櫜兵，[5]唯文是恤。帝乃虚求，搜賢採逸，巖隱投竿，異人並出。

[1]紫氣干天：紫色的霞氣高懸或高聳入天。

[2]徂征：出征。

[3]克揃祅霸：源氏校勘記云："'揃'《魏書》作'剪'。爲是。"中華本作"克剪妖霸"。按："揃""剪"均有剪除、消滅之意。

[4]八垠：八方的界限。

[5]櫜（gāo）：收藏盔甲弓矢的器具。這裏借指休兵。

亹亹盧生，[1]量遠思純，鑽道據德，遊藝依仁，[2]旌弓既招，[3]釋褐投巾，[4]攝齋升堂，嘉謀日陳，自東徂南，躍馬馳輪，僭馮影附，[5]劉以和親。[6]茂祖煢單，[7]夙離不造，[8]克己勉躬，聿隆家道，[9]敦心《六經》，[10]遊思文藻，終辭寵命，以之自保。燕、常篤信，[11]百行靡遺，[12]仕不苟進，任理栖遲，[13]居沖守約，好讓善推，思賢樂古，如渴如飢。子翼致遠，[14]道賜悟深，[15]相期以義，和若瑟琴，並參幕府，[16]俱發德音，優遊卒歲，聊以寄心。祖根運會，[17]克光厥猷，[18]仰緣朝恩，俯因德友，功雖後建，爵寔先受，[19]班同舊臣，位並群后。士衡孤立，[20]内省靡疚，言不崇華，[21]交不遺舊，以産則貧，論道則富，所謂伊人，[22]寔邦之秀。卓矣友規，[23]稟兹淑量，[24]存彼大方，擯此細讓，神與理冥，形隨流浪，雖屈王侯，莫廢其尚。趙寔名區，世多奇士，山岳所鍾，挺生三李，[25]矯矯清風，抑抑容止，初九而潛，望雲而起，詵尹西都，[26]靈惟作傅，[27]載訓皇宮，載理雲霧，熙雖中夭，[28]迹階郎署，[29]餘塵可挹，終亦顯著。仲業深

長，[30]雅性清到，憲章古式，綢繆典誥，[31]時逢嶮艱，當一其操，納衆以仁，訓下以孝，化洽龍川，[32]人歸其教。邁則英賢，[33]侃亦稱選，[34]聞達邦家，名行素顯，志在兼濟，豈伊獨善，繩匠弗顧，功不獲展。劉、許履忠，[35]竭力致躬，出則騁説，入獻其功，輶軒一舉，[36]橈燕下崇，[37]名彰魏世，享業亦隆。道茂夙成，[38]弱冠播名，與朋以信，行物以誠，怡怡昆弟，穆穆家庭，發響九皋，[39]翰飛紫冥，[40]頻煩省闥，[41]亦司于京，刑以之中，政以之平。猗歟彦鑒，[42]思參文雅，率性任真，器成非假，靡矜于高，莫恥于下，乃謝朱門，歸迹林野。宗敬延譽，[43]號爲四儁，華藻雲飛，金聲夙振，中遇沈痾，[44]賦詩以訊，忠顯于辭，理出于韻。高滄朗達，[45]默識該通，領新悟異，發自心胸，質侔和璧，[46]文照雕龍，燿姿天邑，[47]衣錦舊邦。士元先覺，[48]介焉不惑，振袂來庭，始賓王國，蹈方履正，好是繩墨，[49]淑人君子，其儀不忒。孔稱游、夏，[50]漢美卿、雲，[51]越哉伯度，[52]出類踰群，司言秘閣，作牧河、汾，[53]移風易俗，理亂解紛，融彼滯義，渙此潛文，儒道以析，九流以分。崔、宋二賢，[54]誕性英偉，擢穎閭閻，[55]聞名象魏，謇謇儀形，[56]邈邈風氣，[57]達而不矜，素而能貴。潘符懈尚，杜熙好和，清不潔流，渾不同波，絶希龍津，[58]止分常科，幽而逾顯，損而逾多。張綱柔謙，叔術正直，[59]道雅洽聞，[60]弼爲兼

識，[61]拔萃衡門，[62]俱漸鴻翼，[63]發憤忘飧，豈要斗食，率禮從仁，罔愆于式，失不繫心，得不形色。郎苗始舉，用均已試，智足周身，言足爲誌，性協於時，情敏於事，與今而同，與古而異。物以利移，人以酒昏，侯生潔己，[64]唯義是敦，日縱醇醪，[65]逾敬逾温，其在私室，如涉公門。季才之性，[66]柔而執競，屆彼南秦，[67]申威致命，誘之以權，矯之以正，帝道用光，邊王内慶。[68]

[1]亹亹（wěi）：勤勉不倦的樣子。　盧生：即盧玄。

[2]遊藝：游憩於六藝之中，後泛指學藝的修養。

[3]旌弓：徵聘賢士的旌旗和弓。

[4]釋褐：脱去平民衣服。喻始任官職。

[5]僭馮：指馮弘。字文通，長樂信都（今河北冀州市）人，十六國時北燕君主。見《晋書》卷一二五《馮跋載記》。中華本《魏書》卷四八《高允傳》校勘記云："諸本'馮'作'憑'，《北史》卷三一作'馮'。按這幾句是説盧玄出使事。玄出使劉宋，見本書卷四七、《北史》卷三〇《盧玄傳》，又曾出使北燕馮弘，則《魏書》不載，衹見《北史》《玄傳》。'僭憑'指馮弘，與下'劉以和親'句相對。'憑'字訛，今據《北史》改。"　影附：如影附形。

[6]劉：指南朝劉宋政權。

[7]茂祖：即崔綽。　煢（qióng）單：孤獨無依的樣子。

[8]夙（sù）：早年。　離：同"罹"。遭受。　不造：不幸。

[9]聿（yù）：古漢語助詞，用在句首或句中。

[10]六經：六部儒家經典的合稱。即《詩》《書》《易》《禮》《樂》《春秋》。

[11]燕常：即燕崇和常陟。

[12]靡遺：毫不遺漏。

[13]任理：任職期間治理得很好。　栖遲：游息。

[14]子翼：即高毗。

[15]道賜：即李金。

[16]幕府：本指將帥在外的營帳。後泛指軍政大吏的府署。

[17]祖根：即許堪。　運會：時勢。

[18]猷：計謀，打算，謀劃。

[19]爵寔先受：源氏校勘記云："'寔'《魏書》作'實'。下同。"

[20]士衡：即杜銓。

[21]言不崇華：宋本作"言崇華"。按：文中都是四字一句，又"言崇華"語意不通，宋本誤，從底本。

[22]伊人：此人、這個人。

[23]友規：即韋閬。

[24]稟：天生的、先天的。　淑量：美好的器量。

[25]三李：指李熙、李詵、李靈。

[26]詵：即李詵。　尹：治理。　西都：東漢遷都洛陽城，因稱西漢舊都長安爲西都。

[27]靈：即李靈。

[28]熙：即李熙。

[29]郎署：代稱皇帝的宿衛、侍從官。

[30]仲業：即張偉。

[31]典誥：指典章詔令一類文字。

[32]龍川：地名。在今安徽績溪縣。

[33]邁：即祖邁。

[34]侃：即祖侃。

[35]劉許：指劉策和許琛。

[36]輶軒：使臣乘坐的輕車。

[37]橈燕下崇：依託權勢、居高臨下之意。毛本作“樵燕下崇”。《通志》卷一四八同底本。

[38]道茂：即宋宣。

[39]九皋：原義爲曲折深遠的沼澤，《詩經》有“鶴鳴九皋”語，用來稱美隱士或賢人。

[40]紫冥：天空。

[41]省闥（tà）：宮中，禁中。又稱禁闥。中央政府諸省設於禁中，後代稱中央政府。

[42]猗歟（yú）：嘆詞，表示贊美。

[43]宗敬：即邢穎。

[44]沈痾（kē）：久治不愈的病。

[45]高滄：即高濟。人名。字叔民，勃海蓨（今河北景縣）人。北魏官吏。曾任滄水太守，故稱高滄。見《魏書》卷四八《高允傳》。按，《魏書·高允傳》作：“滄水太守、浮陽侯勃海高濟叔民”，《北史》卷三一《高允傳》作“叔仁”，疑《北史》避諱。

[46]侔（móu）：等同。

[47]天邑：帝王之都。

[48]士元：即李熙。

[49]繩墨：規矩或法度。

[50]孔：即孔子。見《史記》卷四七《孔子世家》。　游夏：即言偃和卜商。言偃，字子游，春秋末吴國人。孔子的弟子之一。卜商，字子夏，春秋末晋國温人。孔子的弟子之一。

[51]卿雲：即司馬相如和揚雄。司馬相如，字長卿，蜀郡（今四川成都市）人。西漢辭賦家。見《漢書》卷五七上《司馬相如傳上》、卷五七下《司馬相如傳下》。揚雄，字子雲，蜀郡成都（今四川成都市）人。西漢辭賦家。見《漢書》卷八七上《揚雄傳》。

[52]伯度：即游雅。

[53]河汾：黄河與汾水的並稱。亦指山西西南部地區。

[54]崔宋：即崔建和宋愔。

[55]頴：局本作“潁”，宋本、元大德本、毛本、殿本、四庫本、四部備要本作“頴”。

[56]謇（jiǎn）謇：忠貞，正直。

[57]邈邈：遥遠的樣子。

[58]龍津：比喻仕宦騰達之路。

[59]叔術：即張誕。

[60]道雅：即王道雅。

[61]弼：即閔弼。

[62]衡門：簡陋的房屋。此處意爲寒微的家境。

[63]鴻翼：俊逸之才。

[64]侯生：即侯辯。

[65]醇醪（láo）：味厚的美酒。

[66]季才：即吕季才。

[67]南秦：州名。此處泛指西南邊陲。

[68]邊王内慶：源氏校勘記云：“《魏書》作‘邊土納慶’。”中華本校勘記云：“《魏書》作‘邊土納慶’。”

群賢遭世，顯名有代。志竭其忠，才盡其概。體襲朱裳，[1]腰紉雙佩，榮曜當時，風高千載，君臣相遇，理實難階。[2]昔因朝命，舉之克諧，[3]披衿散想，[4]解帶舒懷。此昕猶昨，存亡奄乖，静言思之，衷心九摧。[5]揮毫頌德，潸爾增哀。

[1]朱裳：紅色的下衣。

[2]理實難階：源氏校勘記云：“《魏書》‘階’作‘偕’。”

[3]舉之克諧：底本作“與之克諧”，《魏書》作“舉之克諧”。

中華本《魏書》校勘記云："諸本及《北史》'舉'作'與'，獨百衲本作'舉'。按李慈銘云：'"與"，宋本作"舉"。'則李所見宋本同百衲本。這句上文云'君臣相遇，理實難偕'，接以'昔因朝命，舉之克諧'，'舉'即指徵舉，不誤。今從百衲本。"

[4]披衿：敞開衣襟。　散想：舒散心懷。

[5]衷心：源氏校勘記云："《魏書》'衷'作'中'。"

皇興中，[1]詔允兼太常至兖州祭孔子廟，[2]謂允曰："此簡德而行，勿有辭也。"後允從獻文北伐，大捷而還，至武川鎮，[3]上《北伐頌》，帝覽而善之。帝時有不豫，以孝文沖幼，欲立京兆王子推，[4]集諸大臣，以次召問。允進跪上前，涕泣曰："臣不敢多言以勞神聽。願陛下上思宗廟託附之重，追念周公抱成王之事。"帝於是傳位於孝文，賜允帛百疋，以摽忠亮。[5]

[1]皇興：北魏獻文帝的年號（467—471）。

[2]兖州：北魏孝文帝太和十八年改東兖州置，治瑕丘城，在今山東兖州市新驛鎮東頓村南。　孔子廟：即孔廟。歷代祭祀孔子的處所。在今山東曲阜市。

[3]武川鎮：軍鎮名。在今内蒙古武川縣西。

[4]京兆王：封爵名。京兆，郡名。北魏時治霸城縣，在今陝西西安市東北。　子推：即元子推，人名。北魏宗室。見《北史》卷一七《京兆王子推傳》。

[5]以摽忠亮：局本、四庫本、中華本"摽"作"標"。

又遷中書監，[1]加散騎常侍。[2]雖久典史事，然不能專勤屬述。時與校書郎劉模有所緝綴，[3]大較依續崔浩

故事，準《春秋》之體而時有刊正。自文成迄于獻文，軍國書檄，多允作也。末乃薦高閭以自代。[4]以定議之勳，進爵咸陽公。[5]

[1]中書監：官署名。魏晋南北朝時爲中書省長官之一。北魏時掌納奏、擬詔、出令，然權歸中書舍人，監、令名爲長官，品秩升高，多用作重臣加官，時人視爲閑地。孝文帝太和十七年定爲從一品中，二十三年定爲從二品。

[2]散騎常侍：官名。三國魏文帝時置，掌侍從皇帝左右，諫諍得失，顧問應對等。北朝時以兼領修史，實際地位略高於南朝，但仍爲閑散之職。北魏初一度掌出令，位在中書令之上。孝文帝太和十七年定爲二品下，二十三年定爲從三品。

[3]校書郎：官名。東漢置，即以郎官典校皇家秘籍圖書。北魏孝文帝太和十七年定爲從六品上，二十三年定爲九品上。　劉模：人名。長樂信都（今河北冀州市）人。北魏官吏。孝文帝時，歷中書博士、潁州刺史、新蔡太守、陳留太守。在州寬猛並濟，頗有治績。　緝綴：編輯綴合。

[4]高閭：人名。字閻士，漁陽雍奴（今天津武清區）人。北魏大臣。見《北史》卷三四《高閭傳》。

[5]咸陽公：封爵名。咸陽，郡名。北魏時治池陽縣，在今陝西涇陽縣。

尋授懷州刺史。[1]允秋月巡境，問人疾苦。至邵縣，[2]見邵公廟廢毁不立，[3]乃歎曰："邵公之德，闕而不祀，爲善者何望！"乃表脩葺之。允於時年將九十矣，勸人學業，風化頗行。然儒者優遊，不以斷決爲事。後正光中，[4]中書舍人河内常景追思允，[5]率郡中故老，爲

允立祠於野王之南,[6]樹碑紀德焉。

[1]懷州：北魏時治野王縣，在今河南沁陽市。

[2]邵縣：治所在今山西垣曲縣。

[3]邵公：西周宗室、名臣。輔佐周武王滅商後，受封於薊（今北京西南），建立燕國。因采邑於召（今陝西岐山縣西南），故稱召公或召伯、召公奭。邵，一作“召”。

[4]正光：北魏孝明帝的年號（520—525）。

[5]中書舍人：官名。三國魏於中書省置中書通事舍人，掌宣傳詔命。晋及南朝沿置，梁除通事二字，直稱中書舍人，掌起草詔令，参預機密，權勢日重，甚至專斷朝政。北魏孝文帝太和十七年定爲六品上，二十三年定爲六品下。　常景：人名。字永昌，河内温（今河南温縣）人。北魏、東魏官吏。見《北史》卷四二《常爽附常景傳》。

[6]野王：縣名。治所在今河南沁陽市。

太和二年,[1]又以老乞還鄉，章十餘上，卒不聽許，遂以疾告歸。其年，詔以安車徵允,[2]敕州郡發遣。[3]至都，復拜鎮軍大將軍,[4]領中秘書事。[5]固辭，不許。扶引就内，改定皇誥；又被敕，論集往世酒之敗德，以爲《酒訓》。孝文覽而悦之，常置左右。詔允乘車上殿，朝賀不拜。明年，詔允議定律令。雖年漸期頤,[6]而志識無損，猶心存舊職披考史書。又詔曰：“允年涉危境，而家貧養薄，可令樂部絲竹十人，五日一詣允，以娱其志。”特賜允蜀牛一頭、四望蜀車一乘、素几杖各一、蜀刀一口。[7]又賜珍味，每春秋致之。尋詔朝晡給御膳，朔望致牛酒,[8]衣服綿絹，每月送給。允皆分之親故。

是時貴臣之門，並羅列顯官，而允子弟，皆無官爵，其廉退若此。遷尚書、散騎常侍。[9]時延入，備几杖，詢以政事。

[1]太和：北魏孝文帝的年號（477—499）。

[2]安車：古代可以坐乘的小車，供年老的高級官員及貴婦人乘用。高官告老還鄉或徵召有聲望的人，往往賜乘安車。多用一馬，禮尊者則用四馬。

[3]發遣：派遣，差遣。

[4]鎮軍大將軍：官名。三國魏置，權任很重。兩晋南北朝沿置。北魏孝文帝太和十七年定爲從一品中，在四征將軍之下。二十三年改爲二品，在四征將軍之上。

[5]中秘書事：《魏書》卷四八《高允傳》作“領中書監”。《通志》卷一四八、《册府元龜》卷八九九同《北史》。

[6]期頤：一百歲。

[7]四望：四面有窗可供觀望的車。　几杖：坐几和手杖，皆老者所用，古代常用爲敬老者之物。

[8]牛酒：牛和酒。古代用作饋贈、犒勞、祭祀的物品。

[9]尚書：官名。戰國秦、齊等國始置，專爲君主保管文書。至漢代設尚書臺或中臺，下設四曹理事，東漢設六曹理事，每曹置尚書一人，分掌國家政務。魏晋南北朝時尚書省之尚書令爲六曹尚書之總管。北魏孝文帝太和二十二年定爲三品。　散騎常侍：官名。西漢有散騎，爲皇帝侍從，又有中常侍，性質同。東漢省散騎，改以宦官任中常侍。三國魏文帝併散騎與中常侍爲一官，如稱散騎常侍，以士人任職。入則規諫過失，備皇帝顧問，出則騎馬散從。散騎常侍本隸門下，南北朝時屬集書省。

十年，加光禄大夫，[1]金章紫綬，[2]朝之大議，皆諮

訪焉。其年四月，有事西郊，詔御馬車迎允就郊所板殿觀矚。[3]馬忽驚奔，車覆，傷眉三處。孝文、文明太后遣醫藥護療，存問相望。司駕將處重坐，[4]允啓陳無恙，乞免其罪。先是，命中黄門蘇興壽扶侍允，[5]曾雪中遇犬驚倒，扶者大懼，允慰勉之，不令聞徹。興壽稱共允接事三年，不嘗見其忿色。[6]恂恂善誘，誨人不倦，晝夜手常執書，吟詠尋覽。篤親念故，虚己存納，雖處貴重，志同貧素。性好音樂，每至伶人弦歌鼓舞，常擊節稱善。又雅信佛道，時設齋講，好生惡殺。

[1]光禄大夫：官名。漢武帝時設，掌議論。無定員，秩比二千石。歷朝因之，官秩不一。晋武帝泰始年間始有左、右之分，並稱加金章紫綬者爲金紫光禄大夫，加銀章青綬者爲銀青光禄大夫。北魏孝文帝太和十七年定爲從二品中，二十三年改爲三品。

[2]金章紫綬：黄金印章和繫印的紫色綬帶。後代指高官顯爵。

[3]板殿：亦作“版殿”，以木板築成的宫殿。古代帝王郊祀所居。

[4]司駕：官名。北魏置。掌駕馭御馬車。品秩不詳。

[5]蘇興壽：人名。北魏孝文帝時宦官。爲小黄門、中黄門。

[6]不嘗見其忿色：殿本、四庫本、四部備要本“不”作“未”。《魏書》卷四八《高允傳》、《册府元龜》卷七六作“未嘗見其忿色”。《通志》卷一四八作“不曾見其忿色”。

魏初法嚴，朝士多見杖罰。允歷事五帝，出入三省五十餘年，初無譴咎。始真君中，[1]以獄訟留滯，始令中書以經義斷諸疑事。[2]允據律評刑，三十餘載，[3]内外稱平。允以獄者人命所係，常歎曰：“臯陶至德也，[4]其

後英蓼先亡；[5]劉、項之際，[6]英布黥而王。[7]經世雖久，猶有刑之餘釁。況凡人能無咎乎？”性簡至，不妄交遊。獻文之平青、齊，[8]徙其族望於代。[9]時諸士人，流移遠至，率皆飢寒。徙人之中，多允姻媾，皆徒步造門，允散財竭産，以相贍振，慰問周至，無不感其仁厚。又隨其才能，表奏申用。時議者皆以新附致異，允謂取材任能，無宜抑屈。

[1]真君：太平真君的省稱。北魏太武帝的年號（440—451）。

[2]中書：官署名。北魏時爲中書省或中書門下省簡稱。北魏時爲中書省官員省稱，多指中書侍郎、中書舍人。

[3]三十餘載：毛本“載”作“年”。《魏書》卷四八《高允傳》、《通志》卷一四八、《太平御覽》卷六四〇作“載”。

[4]皋陶：人名。又作“高堯”。偃姓。傳説中上古少皋氏支裔，東夷部族首領之一。舜時被任爲職掌刑法的官，民皆服其公正。曾協助大禹治水，禹欲傳位與他，未繼位而先卒。

[5]英蓼：中華本作“英、蓼”。按：《史記》卷四〇《楚世家》：“二十六年，滅英。”《正義》云：“英國在淮南，蓋蓼國也，不知改名時也。”楚成王二十六年（前646）被楚所滅。而《楚世家》又云：楚穆王四年（前622）“滅六、蓼。六、蓼，皋陶之後”。《集解》引杜預云：“六國，今廬江六縣。蓼國，今安豐蓼縣。”此處按上下文意，可理解英、蓼爲皋陶之後。

[6]劉：即漢高祖劉邦。見《史記》卷八《高祖本紀》。　項：即項羽。見《史記》卷七《項羽本紀》。

[7]英布：人名。六縣（今安徽六安市北）人。西漢初諸侯王。見《漢書》卷三四《英布傳》。　黥：古代在人臉上刺字並塗墨之刑，後亦施於士兵以防逃跑。

[8]青：州名。北魏時治東陽城，在今山東青州市。　齊：州

名。北魏時治歷城縣，在今山東濟南市。

［9］代：郡名。北魏時治平城，在今山西大同市東北。

先是，允被召在方山作頌，[1]志氣猶不多損，談説舊事，了無所遺。十一年正月卒，年九十八。初，允每謂人曰："吾在中書時有陰德，濟救人命，若陽報不差，吾壽應享百年矣。"先卒旬外，微有不適，猶不寢卧，呼醫請藥，出入行止，吟咏如常。孝文、文明太后聞而遣醫李脩往脉視之，[2]告以無恙。脩入，[3]密陳允榮衛有異，[4]懼其不久。於是遣使備賜御膳珍羞，自酒米至于鹽醢，[5]百有餘品，皆盡時味；及牀帳衣服，茵被几杖，羅列於庭。王官往還，慰問相屬。允喜形於色，語人曰："天恩以我篤老，大有所賚，[6]得以贍客矣。"表謝而已，不有他慮。如是數日，夜中卒，家人莫覺。詔給絹一千疋、布二千疋、綿五百斤、錦五十疋、雜綵百疋、穀千斛，以周喪用。魏初以來，存亡蒙賚者莫及，朝廷榮之。將葬，贈侍中、司空公、冀州刺史，[7]將軍、公如故。謚曰文，賜命服一襲。[8]

［1］方山：即今山西大同市東北方山。

［2］李脩：人名。字思祖，陽平館陶（今河北館陶縣）人。北魏醫學家。見《北史》卷九〇《李脩傳》。

［3］脩入：殿本、四庫本、四部備要本作"李脩"。按：《魏書》卷四八《高允傳》、《通志》卷一四八、《册府元龜》卷四六一同底本。另，前文已經説明主語是李脩，此處根據語意當爲"脩入"，從底本。

[4]榮衛：氣血、身體。

[5]鹽醢（hǎi）：鹽和醬之類。

[6]賚（lài）：賜予，給予。

[7]侍中：官名。北魏時常總典機密，受遺詔輔政，權任尤重，時號"小宰相"。北魏初置四員。孝文帝太和十七年定爲從一品中。司空公：官名。司空的尊稱。漢光武帝時始設，位在三公之末。北魏、北齊時爲名譽宰相，多爲大臣加官。一品。

[8]命服：指官員及其配偶按等級所穿的制服。

允所製詩賦詠頌箴論表讚誄、《左氏釋》、《公羊釋》、《毛詩拾遺》、《論雜解》、《議何鄭膏肓事》凡百餘篇，[1]别有集，行於世。允尤明算法，爲《算術》三卷。[2]

[1]論雜解：底本作"雜解"，中華本校勘記云："《魏書》'雜解'上有'論'字。按'論雜解'疑即'論語雜解'之省稱。此當脱'論'字。"今從改。

[2]算術：書名。言數學曆象之術。

子忱，字士和，位長樂太守，[1]爲政寬惠，百姓安之。後例降爵爲侯，卒，子貴賓襲。

[1]位長樂太守：底本"長樂"作"長安"，源氏校勘記云："'安'《魏書》作'樂'。"中華本校勘記云："諸本'樂'作'安'。《魏書》作'樂'。按《地形志》無'長安郡'，又上文云：'拜長子忱爲長樂太守。'《魏書》是，今據改。"今從改。

忱弟懷，字士仁，恬淡退静，位太尉、東陽王丕諮議參軍。[1]

[1]東陽王：封爵名。遥封。東陽，郡名。南朝宋時治長山縣，在今浙江金華市婺城區。　諮議參軍：官名。西晋末司馬睿鎮東大將軍丞相府始置爲僚屬，掌顧問諫議。東晋、南朝皆置，無定員，亦不常置，職掌不定。北朝時多稱諮議參軍事。北魏孝和帝太和二十三年定爲正四品至正六品上。

子綽，字僧裕。少孤，恭敏自立。身長八尺，腰帶十圍。沈雅有度量，博涉經史。稍遷洛陽令，爲政强直，不避豪右，京邑憚之。延昌初，[1]尚書右丞。[2]後爲御史中尉元匡奏高聰及綽朋附高肇，[3]詔並原罪。歷豫、并二州刺史，[4]卒，謚文簡。

[1]延昌：北魏宣武帝的年號（512—515）。

[2]尚書右丞：官名。東漢時尚書臺置左右丞各一人，掌録文書期會。北魏時爲尚書省佐官，位次尚書，與左丞共掌尚書省庶務。孝文帝太和十七年定爲四品中，二十三年改爲從四品。

[3]御史中尉：官名。北魏時由御史中丞改稱，主御史臺，糾彈百官，參治刑獄。頗重其選。孝文帝太和十七年定爲三品上，二十三年定爲從三品。　元匡：人名。字建扶。北魏、東魏宗室。見《北史》卷一七《廣平王洛侯附東平王匡傳》。　高聰：人名。字僧智，祖籍勃海蓨（今河北景縣）。北魏官吏。見《北史》卷四〇《高聰傳》。　高肇：人名。字首文，勃海蓨（今河北景縣）人。北魏大臣、外戚。見《北史》卷八〇《高肇傳》。

[4]并：州名。北魏時治晋陽縣，在今山西太原市晋源區古城

營村一帶。

允弟推，字仲讓，早有名譽。太延中，[1]以前後南使不稱，妙簡行人，[2]游雅薦推應選。詔兼散騎常侍使宋，南人稱其才辯。卒於建業，[3]贈臨邑子，[4]謚曰恭。

[1]太延：北魏太武帝的年號（435—440）。元大德本、毛本、局本作“大延”。按：古“大”“太”可通。

[2]妙簡：精心選擇。　行人：使者的通稱。

[3]建業：地名。在今江蘇南京市。

[4]臨邑子：封爵名。臨邑，縣名。治所在今山東東阿縣。

推弟燮，字季和，亦有文才。太武每詔徵，辭疾不應，恒笑允屈折久官，[1]棲泊京邑，常從容於家。州辟主簿，卒。孫市賓，永熙中，[2]開府從事中郎。[3]

[1]恒笑允屈折久官：中華本校勘記云：“《魏書》《通志》‘官’作‘宦’。”

[2]永熙：北魏孝武帝的年號（532—534）。

[3]開府：建立府署並自選僚屬之意。漢朝時三公、大將軍可以開府。魏、晋時放寬開府資格，晋諸州刺史兼管軍事帶將軍銜者即可開府。　從事中郎：官名。東漢置，職掌謀議。北魏公府、皇子開府、庶姓開府俱置，其品位秩級隨府長官不同。

始神䴥中，允與從叔濟、族兄毗及同郡李金俱被徵。[1]濟位滄水太守、浮陽子。卒，贈冀州刺史，謚曰宣。子矯襲。

[1]從叔：堂叔父，父親的堂弟。

矯弟遵，字世禮。賤出，其兄矯等常欺侮之，及父亡，不令在喪位。遵遂馳赴平城，[1]歸允。允爲作計，乃爲遵父舉哀，以遵爲喪主，京邑無不吊集，朝貴咸識之。徐歸奔赴。免喪後，爲營宦路。遵感成益之恩，事允如諸父。涉歷文史，頗有筆札。[2]隨都將長廣公侯窮奇等平定三齊。[3]以功賜爵高昌男，[4]補安定王相。[5]撰太和、安昌二殿畫圖。[6]後與中書令高閭增改律令，進中書侍郎。假中書令，詣長安，刊燕宣王廟碑，[7]進爵安昌子。[8]使濟、兖、徐三州，[9]觀風理訟。進中都令。[10]及新制衣冠，孝文恭薦宗廟，遵形貌莊潔，音氣雄暢，常兼太祝令，[11]跪贊禮事，爲俯仰之節，粗合儀矩，由是帝頗識待之。後與游明根、高閭、李沖等入議律令，[12]親對御坐，時有陳奏。出爲齊州刺史。建節歷本州，宗鄉改觀，而矯等彌妬毁之。

[1]平城：在今山西大同市區。

[2]筆札：底本作“筆扎”，元大德本、毛本、殿本、四庫本、四部備要本作“筆札”。按：筆札，指文章、書信。底本誤。

[3]都將：官名。北魏時所置武職之一，統禁軍侍衛皇帝左右或出征、鎮守在外。出外時多作爲一路主將。隨皇帝出征時，有的主管前鋒或中軍。地位很高，多自鎮將或三大都官遷此，亦有三公任此職者。孝文帝太和十七年及二十三年職員令皆未載。　長廣公：封爵名。長廣，郡名。北魏時治膠東城，在今山東平度市。《魏書》卷六《獻文帝紀》作“廣陵公”。　侯窮奇：人名。北魏

將領。獻文帝時，南朝宋將崔道固降魏，受命領軍赴引。

[4]高昌男：封爵名。高昌，縣名。治所在今山東博興縣。

[5]安定王：封爵名。安定，郡名。北魏時治安定縣，在今甘肅涇川縣北。

[6]太和：在今山西大同市東北古城。北魏孝文帝太和元年建。　安昌：在今山西大同市。

[7]燕宣王：即十六國北燕宗室、北魏外戚馮朗。宣爲其謚號。

[8]安昌子：封爵名。安昌，縣名。治所在今河南確山縣西南。

[9]濟：州名。北魏時治碻磝城，在今山東茌平縣西南。　徐：州名。北魏時治彭城縣，在今江蘇徐州市。

[10]中都：縣名。治所在今山西平遥縣西南。

[11]太祝令：官名。秦朝置。掌祭祀祝文及迎送神等。北魏孝文帝太和十五年定爲從五品上，二十三年定爲九品上。

[12]游明根：人名。字志遠，廣平任（今河北任縣東）人。北魏官吏、學者。見《北史》卷三四《游雅附游明根傳》。　李沖：人名。原名思沖，字思順，隴西狄道（今甘肅臨洮縣）人。北魏官吏。主持修建洛陽城。見《北史》卷一〇〇《涼武昭王李暠附李沖傳》。

遵性不廉清。在中書時，每假歸山東，必借備騾馬，將從百餘，屯逼人家，不得絲縑滿意，[1]則詬詈不去。旬月之間，縑布千數，郡邑苦之。既莅方岳，本意未弭，選召僚吏，多所取納。又其妻明氏，家在齊州，母弟舅甥，共相憑屬，争取貨利。嚴暴非理，殺害甚多。貪酷之響，帝頗聞之。及車駕幸鄴，遵自州來朝。會有赦宥，遵臨還州，[2]請辭。帝於行宫引見誚讓之。遵自陳無負。帝厲聲曰："若無遷都赦，必無高遵矣！

又卿非唯貪惏，[3]又虐於刑法。”謂：“何如濟陰王，[4]猶不免於法；卿何人，而爲此行！自今宜自謹約。”還州，仍不悛革。[5]齊州人孟僧振至洛訟遵，詔廷尉少卿鄧述窮鞫，[6]皆如所訴。先，沙門道登過遵。[7]遵以道登荷眷於孝文，[8]多奉以貨，深託仗之。道登屢因言次，申啓救遵，帝不納，遂詔述賜遵死。時遵子元榮詣洛訟冤，猶恃道登，不時還赴。道登知事決，方乃遣之。遵恨其妻，不與訣，别處沐浴，引椒而死。

[1]縑（jiān）：雙絲的細絹。

[2]遵臨還州：局本作“遵令還州”。

[3]貪惏：貪婪，不知足。

[4]濟陰王：封爵名。濟陰，郡名。北魏時治定陶縣，在今安徽宿州市北。

[5]悛革：改過。

[6]廷尉少卿：官名。北魏始置。爲廷尉卿次官。孝文帝太和十七年定爲三品上，二十三年改爲四品上。　鄧述：人名。本名侍，孝文帝賜名述，安定（今甘肅涇川縣北）人。北魏官吏。見《北史》卷二一《鄧彦海傳》。源氏校勘記云：“《魏書》作‘劉述’。”按：《北史·鄧彦海傳》，未見鄧述有任廷尉少卿記載。

[7]道登：人名。北魏僧人。甚得孝文帝寵賞，稱之爲“登法師”，常令其侍講佛理。

[8]荷眷：承受恩寵。

元榮學尚有文才，長於几案。位兼尚書右丞，爲西道行臺，[1]至高平鎮，[2]遇城翻，被害。

[1]西道：指西部。北魏後期國家根據不同方位，對大使、征伐都督和行臺活動範圍的一種區域規定（參張鶴泉《北魏後期的“道”考略》，《古代文明》2008 年第 1 期）。　行臺：官署名。三國魏始置。爲皇帝出征時隨侍身邊臨時執行尚書臺職權的機構。北魏孝明帝正光末，在各地設行臺主管當地軍務，成爲常設的地方行政機構，兼理民事，行臺尚書令爲長官，以尚書僕射、左僕射、尚書主管行臺事務。

[2]高平鎮：軍鎮名。在今寧夏固原市。

遵弟次文，雖無位宦，而貲産巨萬。遵每責其財，又結憾於遵，吉凶不相往反。時論責之。[1]

[1]時論責之：毛本作“時論貴之”。按：據文意，毛本誤。二字形近而訛，從底本。

毗字子翼，鄉邑稱爲長者，位征南從事中郎。[1]

[1]征南從事中郎：官名。即征南將軍府從事中郎。

初，允所引劉模者，長樂信都人，[1]頗涉經籍。允撰脩國記，選爲校書郎，與其緝著。常令模帶持管籥，[2]每日同入史閣，接膝對筵，屬述時事。允年已九十，手目稍衰，多遣模執筆而占授裁斷之，如此者五六歲。允所成篇卷，[3]模預有功。

[1]信都：縣名。治所在今河北冀州市。

[2]管籥：鎖匙。

[3]允所成篇卷：毛本“允”作“九”，《魏書》卷四八《高允傳》、《通志》卷一四八、《天中記》卷三九作“允”。按：據文意，從底本。

太和中，除南潁川太守。[1]王肅之歸闕，[2]路經縣瓠，[3]羇旅窮悴，時人莫識。模獨經給所須，弔待以禮，肅深感其意。及肅臨豫州，[4]模猶在郡，微報復之，[5]由是爲新蔡太守。[6]在二郡積十年，寬猛相濟，頗有聲稱。遷陳留太守。[7]時年七十餘矣，而飾老隱年，昧禁自効。遂家於南潁川，不復歸其舊鄉矣。

[1]南潁川：郡名。治所不詳，當在今安徽境。

[2]王肅：人名。字恭懿，琅邪臨沂（今山東臨沂市）人。北魏官吏。東晋丞相王導後人，初仕南朝齊，其父兄被齊武帝所殺後投奔北魏。見《北史》卷四二《王肅傳》。

[3]縣瓠：城名。在今河南汝南縣。

[4]豫州：北魏時治懸瓠城，在今河南汝南縣。宋本作“預州”。二者通假。

[5]微報復之：底本作“徵報復之”，中華本校勘記云：“諸本‘微’訛作‘徵’，據《魏書》卷四八《高允附劉模傳》改。”今從改。

[6]新蔡：郡名。北魏時治新蔡縣，在今河南新蔡縣。

[7]陳留：郡名。北魏初治陳留縣，在今河南開封市東南陳留鎮。

祐字子集，允之從祖弟也。本名禧，以與咸陽王同名，[1]孝文賜名焉。祖展，慕容寶黄門郎。[2]道武平中

山，徙京師。卒於三都大官。[3]父讜，從太武滅赫連昌，[4]以功賜爵南皮子。[5]與崔浩共參著作，位中書侍郎、給事中、冀青二州中正。假散騎常侍、蓚縣侯，使高麗。[6]卒，贈冀州刺史，假滄水公，謚曰康。祐兄祚襲爵，位東青州刺史。[7]

[1]咸陽王：封爵名。咸陽，郡名。北魏時治池陽縣，在今陝西涇陽縣。

[2]慕容寶：人名。字道祐，昌黎棘城（今遼寧北票市章吉營子鄉三官營子村）人，鮮卑族。十六國時後燕君主。見《北史》卷九三《慕容垂附慕容寶傳》。

[3]三都大官：北魏時中都坐大官、内都坐大官、外都坐大官的合稱。掌刑訟司法。

[4]赫連昌：人名。一名折，字還國，匈奴鐵弗部人。十六國時夏君主。見《北史》卷九三《赫連屈丐附赫連昌傳》。

[5]南皮子：封爵名。南皮，縣名。治所在今河北南皮縣東北。

[6]高麗：國名。又作“高句麗”等，其先出自夫餘，地爲漢之玄菟郡，高句麗爲其三縣之一，因以爲國名。都名丸都，故治在今吉林集安市，南北朝時遷都於今朝鮮平壤市。見《北史》卷九四《高麗傳》。

[7]東青州：北魏時治平原縣，在今山東平原縣西南。北魏文成帝時以黄河以南尚未歸附，權立此州。旋廢。

祐博涉書史，好文字雜説，性通放，不拘小節。自中書學生再遷中書侍郎，賜爵建康子。[1]文成末，兖州東郡吏獲一異獸，送之京師，時無識者，詔以問祐。祐曰：“此是三吴所出，厥名鯪鯉。[2]餘域率無，今我獲

之，吴、楚之地，其有歸國乎?”又有人於靈丘得玉印一以獻，[3]詔以示祐。祐曰：“印上有籀書二字，[4]文曰‘宋壽’，壽者命也，我獲其命，亦是歸我之徵。”獻文初，宋義陽王昶來奔，[5]薛安都等以五州降附，[6]時謂祐言有驗。

[1]建康子：封爵名。遥封。建康，縣名。治所在今江蘇南京市。

[2]鯪鯉：源氏校勘記云：“《臨海風土記》曰，鯪鯉，魚名，四足如獺，腹脊有刺如三角菱，穴居食蟻，皮曰川山甲。”

[3]靈丘：縣名。治所在今山西靈丘縣。

[4]籀（zhòu）書：漢字的一種文體。一名大篆。

[5]義陽王：封爵名。義陽，郡名。南朝宋時治平陽縣，在今河南信陽市南。　昶：即劉昶，人名。字休道，彭城（今江蘇徐州市）人。南朝宋宗室、北魏官吏。見《北史》卷二九《劉昶傳》。

[6]薛安都：人名。字休達，河東汾陰（今山西萬榮縣西南）人。初仕北魏，後投奔南朝宋，後又投奔北魏，軍事才能突出。見《北史》卷三九《薛安都傳》。

孝文初，拜秘書令。[1]後與丞李彪等奏曰：[2]“《尚書》者，記言之體；《春秋》者，録事之辭。尋覽前志，斯皆言動之實録也。[3]惟聖朝創制上古，開基《長發》，[4]自始均以後，至於成帝，[5]其間世數久遠，是以史弗能傳。臣等疏漏，忝當史職，披覽國記，竊有志焉。愚謂自王業始基，庶事草創，皇始以降，[6]光宅中土。[7]宜依遷、固大體，[8]令事類相從，紀傳區別，表志殊貫，如此脩綴，事可備書。著作郎已下，請取有才用

者，參造國書。如得其人，三年有成矣。”帝從之。

[1]秘書令：官名。漢獻帝置，典上書奏事，兼掌圖書秘記，爲親近機要之職。北魏孝文帝亦置，爲秘書省次官。掌奏章文書，兼掌圖籍。孝文帝太和十七年定爲從三品上。

[2]李彪：人名。字道固，頓丘衛國（今河南清豐縣東南）人。北魏官吏。見《北史》卷四〇《李彪傳》。

[3]斯皆言動之實録也：底本、宋本、元大德本、南監本、毛本、殿本、四庫本、局本、四部備要本“言動”作“司勳”。源氏校勘記云：“‘司勳’，《魏書》作‘動’一字。”中華本校勘記云：“諸本‘言動’訛作‘司勳’，據《魏書》卷五七《高祐傳》改。上文言‘記言’‘録事’二體，‘言動之實録’，即指此二體而言。”今從改。

[4]長發：《詩·商頌》篇名。詩中歌頌商的祖先契、相土以及建立商朝的成湯及其相伊尹，並謂自契以來已有受天命的禎祥。

[5]自始均以後至於成帝：底本“始均”作“始祖”，“成帝”作“文成”，中華本校勘記云：“諸本‘始均’作‘始祖’，‘成帝’作‘文成’。《魏書》作‘始均’‘成帝’。按本書及《魏書》卷一《序紀》，謂拓跋氏遠祖始均仕堯時，積六七十世至成皇帝，‘不交南夏，是以載籍無聞’。若作‘始祖’（即神元）、‘文成’，則《魏書》《北史》所紀世次甚詳，與下文‘世數久遠，史弗能傳’語不符。知《魏書》是，今據改。”今從改。

[6]皇始：北魏道武帝的年號（396—398）。

[7]中土：中原地帶，泛指中國。

[8]遷：即司馬遷，人名。字子長，夏陽（今陝西韓城市）人。西漢史學家、思想家、文學家。著中國古代第一部紀傳體通史《史記》。見《史記》卷一三〇《太史公自序》。　固：即班固，人名。字孟堅，扶風安陵（今陝西咸陽市東北）人。東漢史學家、文

學家。著中國古代第一部紀傳體斷代史《漢書》。見《後漢書》卷四〇《班彪附班固傳》。

孝文嘗問祐："比水旱不調，何以止灾而致豐稔?"[1]祐曰："堯湯之運，不能去陽九之會。[2]陛下道同前聖，其如小旱何？但當旌賢佐政，則灾消穰至矣。"[3]又問止盜之方。祐曰："苟訓之有方，寧不易息？當須宰守貞良，則盜賊止矣。"祐又上疏云："今選舉不采職政之優劣，專簡年勞之多少，斯非盡才之謂。宜棄彼朽勞，唯才是舉。又勳舊之臣，年勤可録而才非撫人者，則可加以爵賞，不宜委以方任。所謂王者可私人以財，不私人以官者也。"帝皆善之。加給事中、冀州大中正。[4]時李彪專統著作，祐爲令，時關豫而已。[5]

[1]豐稔（rěn）：農作物豐收。

[2]陽九：災荒年景和厄運。

[3]穰：莊稼豐熟。

[4]大中正：官名。魏晋南北朝時負責評定士族内部品第的官員。漢獻帝時置中正，評定士族品第。三國魏齊王曹芳時在郡中正之上設州大中正，兩晋、南北朝沿襲此制。北魏後期，恩幸、閹宦亦有任此職者。北魏時無品、無禄，但有罪時可當刑。

[5]關豫：關心，過問。

出爲西兖州刺史，[1]假東光侯，[2]鎮滑臺。[3]祐以郡國雖有太學，[4]縣黨宜有黌序，[5]乃縣立講學，[6]黨立教學，[7]村立小學。[8]又令一家之中，自立一碓，[9]五家之外，共造一井，以給行客，不聽婦人寄舂取水。又設禁

賊之方，令五五相保，若盜發，則連其坐。初似煩碎，後風化大行，寇盜止息。

[1]西兖州：北魏時治定陶城，在今山東定陶縣定陶鎮；後徙治左城，在今山東曹縣韓集鎮堤上范村。

[2]東光侯：封爵名。東光，縣名。治所在今河北東光縣東。

[3]滑臺：城名。在今河南滑縣舊城。

[4]太學：官立學校。周始置，爲王公貴族子弟學府。北魏時與國子學、舊門學並置，地位低於國子學。

[5]黨：古代地方户籍編制單位。五百家爲黨。　黌（hóng）序：學校。

[6]講學：官立學校。高祐仿郡國太學，於所屬縣設立。

[7]教學：官立學校。

[8]村立小學：《魏書》作“黨立小學”。中華本《魏書》卷五七《高祐傳》校勘記云：“按《通鑑》卷一三六叙高祐語全本《魏書》，却和百衲本同，知司馬光所見《魏書》舊本即如此，南本以下諸本當即據《北史》改補。且上文祇説‘縣黨宜有黌序’，没有提到村，北魏鄉閭組織也没有村的一級。雖《北史》或有所本，却未必是《魏書》脱誤，今從百衲本。”小學，官立初級學校。

[9]碓（duì）：木石做成的搗米器具。

轉宋王劉昶傅，以參定律令，賜帛粟馬等。昶以其舊官年耆，雅相祇重。拜光禄大夫，傅如故。昶薨，徵爲宗正卿，[1]而祐留連彭城，[2]久不赴。僕射李沖奏祐無事稽命，[3]處刑三歲，以贖論，免卿任。復爲光禄，卒。太常謚曰煬侯。詔曰：“不遵上命曰靈，可謚爲靈。”

[1]宗正卿：官名。北魏時又稱大宗正卿。管理君主宗室親族

事務。多以宗室擔任，亦任外姓。孝文帝太和二十三年定爲三品。

[2]彭城：郡名。北魏時治彭城縣，在今江蘇徐州市。

[3]僕射：官名。爲尚書僕射的簡稱。北魏時位列宰相，掌管省曹事務，典選舉，左僕射還負責彈劾百官。孝文帝太和二十三年之後改爲從二品。　稽命：不及時聽從命令。

子和璧，字僧壽，有學尚，位中書博士，早卒。

和璧子顥，字門賢，學涉有時譽。襲爵建康子，仕輔國將軍、朝散大夫，[1]贈滄州刺史，[2]謚曰惠。子德正襲。

[1]輔國將軍：官名。將軍名號。北魏孝文帝太和十七年定爲三品上，二十三年改爲從三品。　朝散大夫：《魏書》卷五七《高祐傳》作"中散大夫"。《通志》卷一四八同《北史》。源氏校勘記云："'朝'《魏書》作'中'。"按：朝散大夫，官名。隋朝始置。爲正四品文散官，煬帝大業三年（607）降爲從五品。疑當從《魏書》。中散大夫，漢平帝始置，歷代因之。多爲官吏養老、病退所任，無具體職權。北魏時曾置爲職事官之加官。孝文帝太和十七年定爲四品上，二十三年改爲四品下。

[2]滄州：北魏時治饒安城，在今河北鹽山縣西南。

德正幼而敏慧，[1]有風神儀表。初爲齊文宣儀同開府參軍，尋知管記事，[2]甚相親狎。累遷相府掾，[3]神武委以腹心。[4]徙給事黄門侍郎，[5]方雅周慎，動見稱述。文襄嗣業，如晋陽，[6]文宣在鄴居守，令德正參機密，彌見親重。文襄之崩，勳將等以纘戎事重，勸文宣早赴晋陽。文宣不决，夜中召楊愔、杜弼、崔季舒及德正

等,[7]策始定。以愔從，令德正居守。[8]以爲相府司馬,[9]專知門下事。

[1]德正：源氏校勘記云："'正'《北齊》作'政'。"另，"德正"旁紅筆小字夾批"字士貞"。

[2]知管：主管、負責。　記事：直陳其事諮請裁答的官場文書。

[3]相府：官署名。戰國時秦始置，後沿爲丞相的官署。　掾：屬官統稱。漢朝三公府及其他重要官府皆置掾史、屬，分曹治事。掾爲曹長，史、屬爲副貳。魏晉南北朝時公府皆置，品級自五品至七品不等。

[4]神武：即高歡。神武爲其謚號，北齊後主所追謚。

[5]給事黄門侍郎：官名。秦、西漢時給郎官加以給事黄門的稱呼，給事於宫門之内，侍從皇帝、顧問應對，出則陪乘。與皇帝關係密切，多以重臣、外戚子弟、公主婿爲之。魏晉至隋初因之，爲門下省次官，位頗重要。北魏孝文帝太和二十三年爲四品上。北齊四品。

[6]晋陽：城名。在今山西太原市晋源區古城營村一帶。

[7]召：毛本作"石"。據文意，從底本。　楊愔：人名。字遵彦，弘農華陰（今陝西華陰市東南）人。東魏、北齊官吏。見《北史》卷四一《楊播附楊愔傳》。　杜弼：人名。字輔玄，中山曲陽（今河北曲陽縣）人。東魏、北齊將領。見《北史》卷五五《杜弼傳》。　崔季舒：人名。字叔正，博陵安平（今河北安平縣）人。東魏、北齊官吏。見《北史》卷三二《崔挺附崔季舒傳》。

[8]以愔從令德正居守：源氏校勘記云："《北齊》無'從令德正'四字。"中華本校勘記云："《北齊書》卷三〇《高德政傳》，作'以楊愔居守'。按下文謂德正勸高洋受禪，'恐愔不決，自請赴鄴與愔言，乃定'。則是楊愔在鄴留守，德正從至晋陽。這裏

‘從令德正’四字疑衍。”可從。

[9]司馬：官名。王國、王府屬官。兩晋南北朝時置於王國者隷中衛，其王帶將軍號者軍府亦置，爲高級幕僚。品秩隨王地位而定。

德正與文宣舊昵愛，言無不盡。散騎常侍徐之才館客宋景業，[1]先爲天文圖讖學，[2]又陳山提家客楊子術有所援引，[3]並因德正勸文宣行禪代事。[4]德正又固請。文宣恐愔不決。自請赴鄴與愔言，乃定。還，未至而文宣便發晋陽。至平城都，[5]召諸勳將入，告以禪讓事，諸將莫敢答者。時杜弼爲長史，[6]密啓文宣：恐關西因此自稱義兵，挾天子而東向，將何以待？之才云：“今若先受魏禪，關西自應息心。縱欲屈强，止當逐我稱帝。”弼無以答。文宣以衆意未叶，又先得太后旨云：“汝父如龍，汝兄如猛獸，皆以帝王之重，不敢妄據，尚以人臣終。何欲行舜禹事？此正是高德正教汝。”又説者以爲昔周武王再駕盟津，[7]然始革命。於是乃旋晋陽。

[1]徐之才：人名。丹陽（今江蘇南京市）人。北魏、東魏、北齊官吏。見《北史》卷九〇《徐謇附徐之才傳》。　館客：官名。東魏置。以備咨詢。非正式官職。北齊後主時置爲官，以文士爲之，在京撰著。　宋景業：人名。廣宗（今河北威縣東）人。北齊官吏、學者。見《北史》卷八九《宋景業傳》。

[2]圖讖（chèn）：古代方士或儒生宣揚符命占驗的書。多爲隱語、預言。始於秦，盛於東漢。

[3]陳山提：人名。潁川（今河南許昌市）人。北周外戚。見《北史》卷一四《宣皇后陳氏傳》。

［4］德正：殿本、四庫本、四部備要本作“德政”。《通志》卷一五三作“正”。按：“正”“政”古通。

［5］平城都：古城名。即今山西和順縣西儀城。中華本校勘記云：“《北齊書》三朝本作‘平都城’，他本同此。按《通鑑》卷一六三作‘平都城’。胡注云：‘《九域志》：遼州遼山縣有平城鎮。宋白曰：遼州平城縣本漢涅縣地。晉置武鄉縣，此地屬焉。隋開皇十六年，於趙簡子所立平都故城立平城縣。’宋白説本之《元和郡縣志》。《太平寰宇記》卷四四遼州平城縣條略同。平城鎮及縣之得名由於‘平都故城’。其地在開皇十六年立縣前，當仍名‘平都’。《北齊書》卷一四《高思好傳》云‘叱奴世安自晉陽送露布於平都’，即指此地。則作‘平都城’是。但《北齊書》及本書有關各傳多作‘平城都’，今不改。”

［6］長史：官名。爲所在官署掾屬之長。南北朝帶將軍號開府的刺史，屬官也有長史，且多兼任首郡（刺史駐地）太守。王府也有長史，諸王幼年出就藩國，州府之事即由長史代行。

［7］盟津：渡口。又作“孟津”“富平津”。在今河南孟州市西南黄河上。爲歷代兵爭要地。

自是居常不悦。徐之才、宋景業等每言卜筮雜占陰陽緯候，[1]必宜以五月應天命。德正亦敦勸不已，仍白文宣追魏收。[2]收至，令撰禪讓詔册、九錫、建臺及勸進文表。[3]至五月初，文宣發晉陽。德正又録在鄴諸事條進於文宣。文宣令陳山提馳驛齎事條并密書與楊愔。山提以五月至鄴，[4]楊愔即召太常卿邢卲、七兵尚書崔㥄、度支尚書陸操、太子詹事王昕、給事黄門侍郎陽休之、中書侍郎裴讓之等議撰儀注。[5]六日，要魏太傅咸陽王坦、録尚書事濟陰王暉業等總集，[6]引入北宫，留

于東齋，受禪後乃放還宅。文宣發至前亭，[7]所乘馬忽倒，意甚惡之。至平城都，便不復肯進。德正與徐之才苦請曰："山提先去，恐其漏泄，不果。"即命司馬子如、杜弼馳驛續入，[8]觀察物情。七日，子如等至鄴，衆人以事勢已决，無敢異言。九日，文宣至城南頓所。[9]時既未行詔敕，諸公文書唯云奉約束，德正及楊愔宣署而已。

[1]卜筮：古時預測吉凶，用龜甲稱卜，用蓍草稱筮，合稱卜筮。　雜占：古時稱卜筮之外的占卜術。　緯候：讖緯之學。多指天象符瑞、占驗災異之術。

[2]追：召回。　魏收：人名。字伯起，鉅鹿下曲陽（今河北晋州市西）人。北齊史學家、文學家。著《魏書》。見《北史》卷五六《魏收傳》。

[3]詔册：皇帝的文告。　九錫：天子賜給諸侯、大臣的九種器物，是一種最高禮遇。

[4]山提以五月至鄴：中華本校勘記云："按上文已見'五月初'，此不應重出'五月'，下文有'六日''七日''九日'，則此'五月'乃'五日'之訛。但《北齊書》也作'五月'，今不改。"可從。

[5]邢卲：人名。字子才，小字吉，河間鄚（今河北任丘市北）人。北魏、東魏、北齊官吏。見《北史》卷四三《邢巒附邢卲傳》。　七兵尚書：官名。尚書省七兵曹長官。三國魏始置五兵尚書，掌管中兵、外兵、騎兵、别兵、都兵五曹。晋分中兵、外兵爲左、右曹，實際是七曹，其長官仍沿稱五兵尚書。十六國後燕始改此名。北魏時定爲官名，孝文帝太和十七年定爲從二品中。北齊初沿置，後改爲五兵尚書。　崔㥄：人名。字長儒，清河東武城（今山東武城縣西北）人。北魏、東魏、北齊官吏。見《北史》卷

二四《崔逞附崔㥄傳》。　度支尚書：官名。魏晋南北朝時爲尚書省度支曹長官，統管度支、户部、金部、倉部四曹，掌軍國財賦的收支會計及漕運物價屯田之政令。北齊三品。　陸操：人名。字仲志，代（今山西大同市東北）人，鮮卑族。東魏、北齊官吏。見《北史》卷二八《陸俟附陸操傳》。　太子詹事：官名。魏晋以來，太子宫設，掌太子宫内庶務及領諸侍奉之臣，故有此稱。北魏初分置左右，孝文帝太和十七年定爲二品下，二十三年改爲三品。　王昕：人名。字元景，北海劇（今山東壽光市東南）人。北魏、東魏、北齊官吏。見《北史》卷二四《王昕傳》。　陽休之：人名。字子烈，北平無終（今天津薊縣）人。歷仕北魏、北齊、隋朝。見《北史》卷四七《陽尼附陽休之傳》。殿本、四部備要本作“楊休之”。按：“楊”“陽”古通。　裴讓之：人名。字士禮，河東聞喜（今山西聞喜縣）人。東魏、北齊官吏。見《北史》卷三八《裴佗附裴讓之傳》。

[6]坦：即元坦，人名。字延和。北魏宗室、東魏大臣。見《北史》卷一九《咸陽王禧附元坦傳》。　録尚書事：官名。北魏時爲尚書省長官，職權甚重。多以公卿權重者居之，總領尚書省政務，位在三公上。　暉業：即元暉業，人名。字紹遠。東魏、北齊大臣。見《北齊書》卷二八《元暉業傳》。

[7]前亭：地名。在今山西晋中市榆次區。

[8]司馬子如：人名。字遵業，河内温（今河南温縣）人。北魏、北齊官吏。見《北齊書》卷一八《司馬子如傳》。

[9]頓所：營房。

受禪日，堯難宗染赤雀以獻。帝尋知之，亦弗責也。是日，即除德正爲侍中，又領宗正卿。尋遷吏部尚書，侍中如故，封藍田縣公。[1]天保十年，[2]遷尚書右僕射，兼侍中，食勃海郡幹。[3]德正與尚書令楊愔，[4]綱紀

朝政，多有弘益。

[1]藍田縣公：封爵名。藍田，縣名。治所在今陝西藍田縣西。

[2]天保十年：底本作“天保七年”，《通志》卷一五三作“天保七年”，中華本校勘記云：“諸本‘十’作‘七’。張森楷云：‘當作十。’按本書卷七、《北齊書》卷四《文宣紀》天保十年三月稱：‘以侍中高德正爲尚書右僕射。’張説是，今據改。”今從改。天保，北齊文宣帝的年號（550—559）。

[3]尚書右僕射：官名。北魏時列位宰相，在録尚書事、尚書令下，職掌都省庶務及執法，或典選舉。職在左僕射下。孝文帝太和十七年定爲從一品中，二十三年改爲從二品。　勃海：郡名。北齊時治陶氏城，在今河北東光縣東南。

[4]尚書令：官名。北魏初不常置，亦不掌實際政務，孝文帝改制後，尚書省權任頗重，以録尚書事爲長官，尚書令爲副貳，兼掌監察百官，皆爲宰相。孝文帝太和十七年定爲從一品上，二十三年定爲二品。北齊因之。

文宣末年，縱酒酣醉，德正屢進忠言，帝不悦。又謂左右云：“高德正恒以精神陵逼人。”德正甚憂懼，乃移疾，屏居佛寺，兼學坐禪，爲退身之計。帝謂楊愔曰：“我大憂高德正，其疾何似?”愔知帝内忌之，由是答云：“陛下若用作冀州刺史，病即自差。”[1]帝從之，德正見除書而起。[2]帝大怒，謂曰：“聞爾病，我爲爾針!”親以刀子刺之，血流霑地。又使曳下，斬去其趾。劉桃枝捉刀不敢下，[3]帝起臨陛，切責桃枝，桃枝乃斬足之三指。帝怒不解，禁德正於門下省。其夜，開城門，以氈輿送還家。[4]旦日，德正妻出寶物滿四牀，欲

以寄人。帝奄至其宅，見而怒曰：“我府藏猶無此物。”詰其所從得，皆諸元賂之也。遂曳出斬之，妻出拜謝，又斬之。并其子司徒東閤祭酒伯堅亦見害。[5]

[1]差（chài）：病愈。

[2]除書：拜官授職的文書。

[3]劉桃枝：人名。北齊官吏。初爲高歡驅使，甚受寵信。齊建，位至領軍、開府，封王。上黨王渙、琅邪王儼、平秦王歸彦、斛律光等皆其親手所殺。

[4]氈（zhān）輿：用獸毛作爲墊襯材料做的車。

[5]東閤祭酒：官名。王府、公府、丞相府、將軍府僚屬。東漢末置，北齊時三師、二大、三公府皆置，七品上。

後文宣謂群臣曰：“高德正常言，宜用漢除鮮卑，此即合死。又教我誅諸元，我今殺之，爲諸元報讎也。”帝後悔，贈太保、冀州刺史，[1]謚曰康。嫡孫王臣，襲爵藍田縣公，給事中、通直散騎侍郎。[2]德正次子仲武，京畿司馬、平原郡守。[3]

[1]太保：官名。北魏時三師之一，爲輔佐君王的重要大臣，位在太傅、太師下。孝文帝太和二十三年後定爲一品。北齊時爲一品。

[2]通直散騎侍郎：官名。晋武帝時使員外散騎常侍二人與散騎常侍通員當值，故名。東晋增至四員，屬散騎省，職同散騎常侍，參平尚書奏事，並掌諷諫、侍從，地位頗重。南朝時屬集書省，多以衰老之士擔任，地位漸低。北齊沿置，除集書省置六員外，集書省所轄起居省亦設一員，皆四品。

[3]平原：郡名。北齊時治聊城縣，在今山東聊城市東北。

顗弟雅，字興賢，有風度，位定州撫軍府長史。[1]天平中，[2]追贈冀州刺史。子德範，[3]早有令問，位任城太守，[4]卒。

[1]撫軍府長史：官名。三國時置。爲撫軍將軍或撫軍大將軍府屬官，掌府事及府中吏屬。歷朝因之。

[2]天平：東魏孝静帝的年號（534—537）。

[3]德範：《魏書》卷五七《高祐傳》作“德乾”。未詳孰是。

[4]任城：郡名。北魏時治任城縣，在今山東濟寧市南。

雅弟諒，字脩賢，少好學，多識强記，居喪以孝聞。太和末，京兆王愉開府辟召，[1]孝文妙簡僚佐，諒與隴西李仲尚、趙郡李鳳起等同時應選。[2]正光中，加驍騎將軍，[3]爲徐州行臺。至彭城，屬元法僧反，[4]逼諒同之，不從見害。贈滄州刺史。又詔以諒臨危受命，[5]復贈使持節、平北將軍、幽州刺史，[6]優授一子出身，謚曰忠侯。

[1]愉：即元愉，人名。字宣德。北魏宗室。見《北史》卷一九《京兆王愉傳》。

[2]隴西：郡名。北魏時治襄武縣，在今甘肅隴西縣東南。李仲尚：人名。字季凱，隴西狄道（今甘肅臨洮縣）人。北魏官吏。見《北史》卷一〇〇《涼武昭王李暠附李仲尚傳》。局本作“李沖尚”。按：據《通志》卷一四八、《册府元龜》卷七〇八，今從底本。　李鳳起：人名。即李秀之。字鳳起，趙郡平棘（今河北

趙縣）人。北魏官吏。見《北史》卷三三《李靈附李璨傳》。

[3]驍騎將軍：官名。兩晋時與領軍、護軍、左右衛、游擊諸將軍合稱六軍，擔任宿衛之任，是護衛皇帝宫廷的主要將領之一。北魏孝文帝太和十七年定爲從三品上，二十三年改爲四品上。

[4]元法僧：人名。北魏宗室。見《梁書》卷三九《元法僧傳》。

[5]受命：四庫本、中華本作"授命"。按："受"通"授"。

[6]使持節：漢代官吏奉使外出時，或由皇帝授予節杖，以提高其威權。魏晋以後，凡重要軍事長官出征或出鎮時，加使持節，可誅殺二千石以下官員。皇帝派遣大臣出巡或參加祭吊等事務時，亦使持節，以表示權力和尊崇。　平北將軍：官名。漢獻帝建安中曹操置。魏晋時多兼鎮守地區的刺史，統管軍政事務，與平南、平東、平西將軍合稱四平將軍。南北朝及北朝前期地位仍較高，北朝後期漸成無職掌的散官。北魏孝文帝太和十七年定爲從二品上，二十三年改爲三品。

諒造《親表譜録》四十餘卷，自五世以下，内外曲盡，覽者服其博記。

祐從父弟翼，[1]字次同，豪俠有風神。孝昌末，[2]葛榮作亂，[3]朝廷以翼山東豪右，即家拜勃海太守。翼率合境，徙居河、濟間，[4]魏朝因置東冀州，[5]以翼爲刺史，封樂城縣侯。俄除定州刺史，以賊亂不行。及尒朱兆弑莊帝，[6]翼保境自守，卒。中興初，[7]贈使持節、侍中、太保、録尚書、六州諸軍事、冀州刺史，謚曰文宣。子乾。

[1]翼：即高翼，人名。據高翼孫高潭墓誌載："祖翼，魏使持

节、太保、太尉、録尚書事、都督冀定瀛相滄殷幽七州諸軍事、冀州刺史、欒城文宣公。”較《北史》所載略詳，或爲死後追封所致（參羅新、葉煒《新出魏晋南北朝墓誌疏證（修訂本）》，中華書局2016年版，第303—305頁）。

[2]孝昌：北魏孝明帝的年號（525—527）。

[3]葛榮：人名。北魏末河北起義軍首領。

[4]河：指黄河。　濟：指濟水。

[5]東冀州：北魏時僑置歷城縣，在今山東濟南市。旋改爲齊州。

[6]尒朱兆：人名。字萬仁，北秀容（今山西朔州市）人，契胡族。北魏將領。見《北史》卷四八《尒朱榮附尒朱兆傳》。　莊帝：即北魏皇帝元子攸。莊爲其謚號。

[7]中興：北魏安定王元朗的年號（531—532）。

乾字乾邕。性明悟俊偉，有智略，美音容，進止都雅。少時輕俠，長而脩改，輕財重義，多所交結。起家拜員外散騎侍郎，[1]稍遷員外散騎常侍。[2]魏孝莊之居藩也，乾潛相託附。及尒朱榮入洛，[3]乾東奔於冀。乾兄弟本有從横志，見榮殺害人士，謂天下遂亂，乃率河北流人反於河、濟間，[4]受葛榮官爵。莊帝遣右僕射元羅巡撫三齊，[5]乾兄弟相率出降。朝廷以乾爲給事黄門侍郎，兼武衛將軍。[6]尒朱榮以乾前罪，不應復居近要，莊帝聽乾解官歸鄉里。於是招納驍勇，以射獵自娱。

[1]員外散騎侍郎：官名。初爲正員之外添差之散騎侍郎，無員數，後成定員官。晋武帝始置，南北朝沿置，屬散騎省（東省、集書省），初多以公族、功臣子充任，爲閑散之職，常用以安置閑

退官員、衰老人士。北魏初沿例授予南朝北奔之士，班比吏部郎，員六人。孝文帝太和十七年定爲從四品下，二十三年改爲七品上。

[2]員外散騎常侍：官名。初爲正員之外添差之散騎常侍，無員數，後成定員官。三國魏末、兩晋、南朝、北魏、北齊沿置。屬散騎省（東省、集書省），初多以公族、宗室充任，雖是閑職，仍爲顯官。北魏孝文帝太和十七年定爲從三品上，二十三年改爲五品上。

[3]尒朱榮：人名。字天寶，北秀容（今山西朔州市）人，契胡族。北魏大臣。見《北史》卷四八《尒朱榮傳》。

[4]反於河濟間：底本無“反”字，中華本校勘記云：“諸本脱‘反’字，據《北齊書》卷二一《高乾傳》補。”今從改。

[5]元羅：人名。字仲綱。北魏宗室。見《北史》卷一六《京兆王黎附元羅傳》。

[6]武衛將軍：官名。三國魏文帝將武衛中郎改爲此稱，掌宿衛禁軍。北魏孝文帝太和十七年定爲從二品下，二十三年改爲從三品。

及榮死，乃馳赴洛陽。莊帝見之大喜，以乾兼侍中，加撫軍將軍、金紫光禄大夫，[1]鎮河北。又以弟昂爲通直散騎常侍、平北將軍。令俱歸，招集鄉閭，爲表裏形援。帝親送於河橋上，[2]舉酒指水曰：“卿兄弟冀部豪傑，能令士卒致死。京城儻有變，可爲朕河上一揚塵。”乾垂涕受詔，昂援劍起儛，誓以死繼之。

[1]撫軍將軍：官名。北魏時爲將軍名號，地位較高。孝文帝太和十七年定爲從一品下，二十三年降爲從二品。　金紫光禄大夫：官名。西晋初有光禄大夫，授銀章青綬，如加賜金章紫綬，則爲金紫光禄大夫，二品。禄賜、班位、車服等諸所賜給皆與特進

同。其以爲加官者，唯假章綬、禄賜、班位，不別給車服、吏卒。北魏孝文帝太和十七年定爲從一品下，二十三年改爲從二品。

[2]河橋：橋名。在今河南孟州市西南、孟津縣東北黄河上。

及尒朱氏既弑害，遣其監軍孫白雞率百餘騎至冀州。[1]託言括馬，其實欲因乾兄弟送馬收之。乾既宿有報復之心，而白雞忽至，知欲見圖。將先發，以告前河内太守封隆之。[2]隆之父先爲尒朱榮所殺，聞之喜曰："國耻家怨，痛入骨髓，乘機而發，今正其時。謹聞命矣。"二月，乾與昂潛勒壯士，夜襲州城，執刺史元嶷，[3]射白雞殺之。於葛榮殿爲莊帝舉哀，素服，乾升壇誓衆，詞氣激揚，涕泗交集，將士莫不感憤。欲奉次同爲主。[4]次同曰："和鄉里，我不及封皮。"[5]乃推隆之爲大都督，[6]行州事。[7]隆之欲逃，昂勃然作色，拔刀將斫隆之，隆之懼，乃受命。北受幽州刺史劉靈助節度，[8]俄而靈助被尒朱氏禽。

[1]監軍：官名。爲監某州軍事的簡稱，北朝時諸州不置都督時，則設此職，掌一州或數州軍事。　孫白雞：人名。其餘不詳。源氏校勘記云："'雞'《北齊》作'鷂'。"

[2]封隆之：人名。字祖裔，小名皮，勃海蓨（今河北景縣）人。東魏、北齊官吏。見《北史》卷二四《封懿附封隆之傳》。

[3]元嶷：中華本校勘記云："《北齊書》'元嶷'作'元仲宗'。按本書下文《高昂傳》云：'密令刺史元仲宗誘執昂。'此刺史即指冀州刺史，前後不一，遂若兩人。元嶷見本書卷十五《常山王遵傳》。但遵傳説他字子仲，可能是訛誤。"可從。

[4]欲奉次同爲主：底本"主"作"王"，宋本、局本作

“主”，中華本校勘記云：“諸本‘主’訛作‘王’，據《通志》卷一五二《高乾傳》改。”今從改。

[5]封皮：人名。即封隆之。

[6]大都督：官名。高級軍事長官。三國吴、魏初於戰争時臨時設置，作爲加官。後漸成爲常設官職，地位極高。晋、南朝沿用，在有戰事時亦臨時加置。北魏前、中期未見，孝文帝太和十七年職員令及二十三年復次職員令時皆未載。後期戰事較多時置，統兵出征，有時又加以各種名號。

[7]行州事：官制用語。亦稱行某州或某府事、行某戍或某州軍事等。指以他官代行某官職權，多以將軍等武職兼行州郡民事。

[8]劉靈助：人名。燕郡（今北京西南）人。北魏將領。見《魏書》卷九一《劉靈助傳》。　節度：部署，節制調度。

屬齊神武出山東，[1]揚聲以討乾爲辭，衆情惶懼。乾謂之曰：“高晋州雄材蓋世，不居人下。且尒朱弑主肆虐，[2]正是英雄效節之時，今者之來，必有深計。勿憂，吾將爲諸君見之。”[3]乃間行，與封隆之子子繪，[4]俱迎於滏陽。[5]因説神武曰：“尒朱氏酷逆，痛結人神，凡厥生靈，莫不思奮。明公威德素著，天下傾心，若兵以忠立，[6]則屈强之徒不足爲明公敵矣。鄗州雖小，户口不減十萬，穀秸之税，足濟軍資。願公熟詳其計。”神武大咲曰：“吾事諧矣！”遂與乾同帳而寢，呼乾爲叔父。乾旦日受命而去。

[1]屬（zhǔ）：恰好遇到。

[2]弑主：殿本、四庫本、四部備要本作“氏主”。《通志》卷一五二同底本。據文意，從底本。

[3]吾將爲諸君見之：底本無“爲”字，中華本校勘記云：“按‘將’下當脱‘爲’字。”今從改。

[4]子繪：即封子繪，人名。字仲藻，勃海蓨（今河北景縣）人。東魏、北齊官吏。見《北史》卷二四《封懿附封子繪傳》。

[5]滏陽：縣名。治所在今河北磁縣。

[6]若兵以忠立：底本“立”作“亡”，宋本作“立”，中華本校勘記云：“諸本‘立’訛作‘亡’，據宋本及《通志》改。”今從改。

時神武雖内有遠圖，而外迹未見。尒朱羽生爲殷州刺史，[1]神武密遣李元忠於封龍山舉兵逼其城，[2]令乾率衆僞往救之。乾遂輕騎入見羽生，僞爲之計。羽生出勞軍，彭樂側從馬上禽斬之，[3]遂平殷州。又共定策，推立中興主。[4]拜侍中、司空公。是時，軍國草創，乾父喪，不得終制。及孝武立，[5]天下初定，乾乃表請解職，行三年之禮。詔聽解侍中，司空如故，封長樂郡公。

[1]尒朱羽生：人名。北秀容（今山西朔州市）人，尒朱榮的叔叔，契胡族。北魏孝明帝孝昌二年，尒朱榮破肆州，以羽生統州事。　殷州：北魏時治廣阿縣，在今河北隆堯縣東。

[2]李元忠：人名。趙郡平棘（今河北趙縣）人。北魏、東魏官吏。見《北史》卷三三《李靈附李元忠傳》。　封龍山：在今河北鹿泉市南。山勢如伏龍欲飛，故名。山上原有封龍書院，傳爲漢朝李躬授業之處。

[3]彭樂：人名。字興，安定（今甘肅涇川縣北）人。北魏、東魏將領。見《北史》卷五三《彭樂傳》。

[4]中興主：即北魏廢帝元朗。見《北史》卷五《魏本紀·廢帝》。

[5]及孝武立：《北齊書》卷二一《高乾傳》作“及孝武帝立”，《通志》卷一五二同《北史》。孝武，即北魏皇帝元脩。孝武爲其謚號。

乾雖求退，不謂便見從許，既去内侍，[1]朝政罕關，[2]居常怏怏。孝武將貳於神武，欲乘此撫之，於華林園宴罷，[3]獨留乾，謂曰：“司空奕世忠良，今日復建殊效。相與雖則君臣，實義同兄弟，宜共立盟約。”勤逼之。乾曰：“臣以身許國，何敢有二？”乾雖有此對，然非其本心，事出倉卒，又不謂孝武便有異志，遂不固辭，亦不啓神武。帝以乾爲誠己。

[1]内侍：官名。北魏時爲内官，侍從宫禁的親近官員，多由親貴子弟充任。

[2]朝政罕關：底本“罕”作“空”，源氏校勘記云：“‘空關’，《北齊》作‘罕所關知’。”中華本校勘記云：“諸本‘罕’作‘空’。張森楷云：‘《北齊書》作“朝廷罕所關知”，此節其語，當是“朝政罕關”，“空”字形近而訛。’按《通志》正作‘罕’，今據改。”今從改。

[3]華林園：宫苑名。在今河南洛陽市魏洛陽故城内。

時禁園養部曲稍至千人，[1]驟令元士弼、王思政詣賀拔岳計，[2]又以岳兄勝爲荆州刺史。[3]乾謂所親曰：“難將作矣，禍必及吾。”乃密以啓神武。神武召乾問之，乾因勸神武受禪。神武以袖掩其口曰：“勿復言。今啓叔復爲侍中，門下之事，一以仰委。”及頻請而帝不答，乾懼變，啓神武，求爲徐州。乃以乾爲開府儀同

三司、徐州刺史。[4]將行，帝聞其與神武言，怒，使謂神武曰："高乾與朕私盟，今復反覆。"神武聞其與帝盟，亦惡之，乃封其前後密啓以聞。帝對神武使詰乾。乾曰："臣以身奉國，義盡忠貞。陛下既有異圖，更言臣反覆。以匹夫加諸，尚或難免，況人主推惡，何以逃命？所謂欲加之罪，其無辭乎！功大身危，自昔然也。若死而有知，差無負莊帝。"詔遂賜死於門下省，年三十七。臨死時，武衛將軍元整監刑，[5]謂曰："頗有書及家人乎？"乾曰："吾諸弟分張，各在異處，今日之事，想無全者。兒子既小，未有所識，亦恐巢傾卵破，[6]夫欲何言！"

[1]部曲：古代軍隊編製單位。借指軍隊。

[2]元士弼：人名。北魏官吏。曾奏高歡受敕不敬而爲歡忌恨，後被殺。　王思政：人名。太原祁（今山西祁縣東南）人。北魏、西魏名將。見《北史》卷六二《王思政傳》。　詣：毛本、局本作"請"，《通志》卷一五二作"詣"。　賀拔岳：人名。神武尖山縣（今山西神池縣）人，敕勒族。北魏將領。見《北史》卷四九《賀拔允附賀拔岳傳》。

[3]勝：即賀拔勝，人名。字破胡，神武尖山（今山西神池縣）人。北魏、西魏名將。見《北史·賀拔允附賀拔勝傳》。　荆州：北魏時治穰縣，在今河南鄧州市。

[4]開府儀同三司：三國魏始置。爲大臣加號，謂與三司即太尉、司徒、司空的禮制待遇相同，許開設府署，自辟僚屬。北魏孝文帝太和二十三年定爲從一品。

[5]元整：人名。東魏將領。曾任大都督。

[6]卵破：毛本作"卯破"。按：毛本誤，從底本。

後神武討斛斯椿等，[1]謂高昂曰："若早用司空策，豈有今日之舉?"天平初，贈太師、録尚書事、冀州刺史，[2]謚曰文昭。以長子繼叔襲祖次同樂城縣侯，[3]令第二子呂兒襲乾爵。

[1]斛斯椿：人名。字法壽，廣牧富昌（今内蒙古准格爾旗東南）人。北魏官吏。見《北史》卷四九《斛斯椿傳》。

[2]太師：官名。北魏時爲三師之一，是輔佐君王的重要大臣，位在太傅、太保上。一品。

[3]樂城縣侯：毛本、殿本、四庫本、局本、四部備要本作"樂成縣侯"。《通志》卷一五二、《北齊書》卷二一同底本。按："成""城"古通。樂成，縣名。治所在今河北獻縣東南。

乾弟慎，字仲密，頗涉文史，與兄弟志尚不同，偏爲父所愛。歷位滄州刺史、東南道行臺尚書、光州刺史，[1]加驃騎大將軍、儀同三司。[2]時天下初定，聽慎以本鄉部曲數千自隨。爲政嚴酷，又縱左右，吏人苦之。乾死，仲密棄州，將歸神武。武帝敕青州斷其歸路，慎間行至晋陽。神武以爲大行臺左丞，[3]轉尚書，當官無所迴避。累遷御史中尉，選用御史，[4]多其親戚鄉閭，不稱朝望，文襄奏令改選焉。[5]

[1]行臺尚書：官名。北魏置，爲行臺長官。北魏末爲行臺屬官，分曹理事。在未設行臺尚書令或行臺僕射時，仍爲行臺長官。東魏、北齊、隋、唐初沿置。　光州：北魏時治掖縣，在今山東萊州市。

[2]驃騎大將軍：官名。魏晋制度，驃騎將軍爲重號將軍，僅次大將軍，本不須加“大”，然兩晋將軍名號愈來愈濫，遂又增此號，居諸名號將軍之首。多加於權臣元老，以示尊崇，開府置僚屬，不領兵。南北朝因之。北魏孝文帝太和十七年定爲一品中，二十三年改爲從一品。　儀同三司：初謂非三公而儀制待遇同於三公。魏晋時，授予開府位從三公之文武官，南北朝時授予範圍不斷擴大，逐漸成爲官號。北魏孝文帝太和十七年定爲一品下，二十三年以後改爲從一品，位開府上。

[3]大行臺左丞：官名。爲大行臺尚書左丞的簡稱。北魏、西魏、東魏皆置。職掌同尚書左丞，掌選授官吏、文書奏事等事務，職權甚重。

[4]御史：官名。侍御史的簡稱。北魏時除分曹治事外，亦奉命監國，督察巡視州郡，收捕官吏，宣示詔命等。北魏頗重其選，必以對策高第者補之。置侍御史八人。孝文帝太和十七年定爲從五品中，二十三年改爲八品。

[5]文襄：即高澄。文襄爲其謚號，北齊文宣帝所追謚。

慎前妻，吏部郎中崔暹妹，[1]爲慎棄。暹時爲文襄委任，乃爲暹高嫁其妹，禮夕，親臨之。慎後妻趙郡李徽伯女也，[2]豔且慧，兼善書記，工騎乘。慎之爲滄州，甚重沙門顯公。[3]夜常語，久不寢。李氏患之，構之於慎，遂被拉殺。文襄聞其美，挑之，不從，衣盡破裂。李以告慎，慎由是積憾，且謂暹構己，遂罕所糾劾，多行縱捨。神武嫌責之，彌不自安。出爲北豫州刺史，[4]遂據武牢降西魏。[5]

[1]吏部郎中：官名。尚書省吏部曹長官通稱。北齊時主管官

吏選任、銓叙、調動事務，對五品以下官吏的任免有建議權。四品上。　崔暹：人名。字季倫，博陵安平（今河北安平縣）人。東魏、北齊官吏。見《北史》卷三二《崔挺附崔暹傳》。

［2］李徽伯：人名。即李裔。字徽伯，趙郡平棘（今河北趙縣）人。北魏官吏。見《北史》卷三三《李裔傳》。

［3］慎之爲滄州甚重沙門顯公：中華本校勘記云："按下云顯公爲慎妻李氏所構，被殺。李氏爲慎後妻，必在崔氏被出之後。據本書卷三二《崔暹傳》云：'避地渤海，依高乾，以妹妻其弟慎。慎後爲滄、光二州，啓暹爲長史，委以職事。'則當慎爲滄州刺史時，與暹相處甚洽，豈得遽棄其妹？且慎爲滄州，在中興初（見《北齊書》卷二一《高慎傳》），爲時甚早。此'滄州'當爲'兖州'之誤。據《北齊書》，慎於元象初出爲兖州刺史，後方入爲御史中尉。與崔暹受高澄重用之時間，正相符合。"可從。

［4］北豫州：東魏孝静帝天平初復置，治虎牢城，在今河南滎陽市西北。

［5］武牢：關隘名。即虎牢，《北史》避唐高祖祖父李虎諱改。在今河南滎陽市西北。

慎先入關，周文率衆東出，[1]敗於芒山，[2]慎妻子盡見禽。神武以其家勳，啓慎一房配没而已。仲密妻逆口行中，文襄盛服見之，乃從焉。西魏以慎爲侍中、司徒，遷太尉。慎弟昂。

［1］周文：即宇文泰。文爲其謚號，北周孝閔帝所追謚。

［2］芒山：在今河南洛陽市北。《北齊書》卷二一、《册府元龜》卷二〇九作"邙山"，《通志》卷一五二同底本。

昂字敖曹。其母張氏，始生一男，二歲，令婢爲

湯，將浴之。婢置而去，養猿繫解，以兒投鼎中，爓而死。[1]張使積薪於村外，縛婢及猿焚殺之，揚其灰於漳水，[2]然後哭之。

[1]爓（yàn）：煮熟。

[2]揚：元大德本、四部備要本作"楊"。按：二字可通。漳水：即今漳河。在今河北、河南兩省邊境，有清漳河、濁漳河兩源。

昂性似其母，幼時便有壯氣。及長，俶儻，膽力過人，龍犀豹頸，[1]姿體雄異。其父爲求嚴師，令加捶撻。昂不遵師訓，專事馳騁，每言："男兒當橫行天下，自取富貴，誰能端坐讀書，作老博士也？"其父曰："此兒不滅吾族，當大吾門。"以其昂藏敖曹，故以名字之。

[1]龍犀豹頸：殿本、四庫本、四部備要本"犀"作"眉"，宋本作"脣"。按：據《通志》卷一五二，從底本。

少與兄乾數爲劫掠，鄉閭畏之，無敢違忤。兄乾求博陵崔聖念女爲婚，崔氏不許。昂與兄往劫之，置女村外，謂兄曰："何不行禮？"於是野合而歸。乾及昂等並劫掠，父次同常繫獄中，唯遇赦乃出。次同語人曰："吾四子皆五眼，我死後豈有人與我一鍬土邪？"及次同死，昂大起冢。對之曰："老公！子生平畏不得一鍬土，今被壓，竟知爲人不？"

昂以建義初，[1]兄弟共舉兵，既而奉魏莊帝旨散衆。

仍除通直散騎侍郎，封武城縣伯。[2]與兄乾俱爲尒朱榮所黜，免歸鄉里。陰養壯士，又行抄掠。榮聞惡之，密令刺史元仲宗誘執昂，即送晋陽。及入洛，將昂自隨，禁於駝牛署。[3]既而榮死，莊帝即引見勞勉之。時尒朱世隆還逼宫闕，[4]帝親臨大夏門指麾處分。[5]昂既免縲紲，[6]被甲橫戈，與其從子長命，推鋒徑進，所向披靡。帝及觀者，莫不壯之，即除直閤將軍，[7]賜帛千疋。昂以寇難尚繁，乃請還本鄉招集部曲，仍除通直散騎常侍，[8]加平北將軍。[9]

[1]建義：北魏孝莊帝的年號（528）。

[2]武城縣伯：封爵名。武城，縣名。治所在今河北清河縣西北。

[3]駝牛署：官署名。北魏置。飼養駝、騾、驢、牛。北齊沿置，設令、丞，隸太僕寺。亦常作爲囚禁官員之所。

[4]尒朱世隆：人名。字榮宗，北秀容（今山西朔州市）人，契胡族。北魏末年官吏。見《北史》卷四八《尒朱榮附尒朱世隆傳》。

[5]大夏門：城門名。在北魏故都洛陽市城北。

[6]縲（léi）紲（xiè）：捆綁犯人的黑繩索。借指監獄、囚禁。

[7]直閤將軍：官名。南朝及北魏、北齊置。爲皇帝左右侍衛之官，地位顯要。北魏時多以宗室任此職，孝文帝太和十七年定爲從三品中。

[8]通直散騎常侍：官名。晋武帝時置。參平尚書奏事，並掌諷諫、侍從，位頗重。北魏時屬集書省，員六人。孝文帝太和十七年定爲三品下，二十三年定爲四品。《北齊書》卷二一作“通直常侍”，源氏校勘記云：“‘散騎’《北齊》作‘郎’一字。”中華本

《北齊書》卷二一《高昂傳》校勘記云："諸本'通直'下有'郎'字,《册府》卷七六二無。《北史》卷三一《高昂傳》作'除通直散騎常侍'。按'通直散騎常侍'省稱'通直常侍','郎'字衍,今據《册府》删。"

[9]加平北將軍：底本作"加北平將軍",中華本校勘記云："諸本'平北'倒作'北平',據《北齊書》卷二一、《通志》卷一五二《高昂傳》乙。"今從改。

及聞莊帝見害,京師不守,遂與父兄據信都起兵。尒朱世隆從叔殷州刺史羽生,率五千人掩至龍尾坂。[1]昂將十餘騎,不擐甲而馳之。乾城守,繩下五百人追救,未及而昂已交兵,羽生敗走。昂馬矟絶世,左右無不一當百,時人比之項籍。[2]神武至信都,開門奉迎。昂時在外略地,聞之,以乾爲婦人,遺以布裙。神武使世子澄以子孫禮見之,昂乃與俱來。後廢帝立,[3]除冀州刺史以終其身。

[1]龍尾坂：地名。即龍尾坡。在今陝西岐山縣東。

[2]項籍：人名。即項羽。見《史記》卷七《項羽本紀》。

[3]廢帝：即北魏廢帝元朗。

仍爲大都督,率衆從神武破尒朱兆於廣阿。[1]又討四胡於韓陵。[2]昂自領鄉人部曲王桃湯、東方老等三千人,神武將割鮮卑兵千餘人共相參合。對曰："敖曹所將部曲,練習已久,不煩更配。"神武從之。及戰,神武軍小却,[3]兆等方乘之。昂與蔡儁以千騎自栗園出,[4]横擊,兆軍大敗。是日,微昂等,神武幾殆。[5]

[1]廣阿：縣名。治所在今河北隆堯縣東。

[2]韓陵：地名。在今河南安陽市東北。

[3]小却：稍稍後退。

[4]蔡儁：人名。字景彦，廣寧石門（今山西朔州市）人。東魏將領。見《北史》卷五三《蔡儁傳》。　栗園：地名。在今河北固安縣。

[5]微：無，非。　幾殆：危險。

太昌初，[1]始之冀州。尋加侍中、開府，進爵爲侯。及兄乾被殺，乃將十餘騎奔晋陽。神武向洛陽，令昂爲前驅。武帝入關中，昂率五百騎倍道兼行，至崤、陝，不及而還。尋行豫州刺史。天平初，除侍中、司空公。昂以兄乾薨此位，固辭不拜，轉司徒公。好著小帽，世因稱司徒帽。

[1]太昌：北魏孝武帝的年號（532）。

神武以昂爲西南道大都督，徑趣商、洛。昂度河，祭河伯曰："河伯，水中之神；高敖曹，地上之虎。行經君所，故相决醉。"[1]時山道峻阻，巴寇守險，昂轉鬬而進，莫有當鋒。遂克上洛，[2]獲西魏洛州刺史泉企并將帥數十人，[3]欲入藍田關。[4]會竇泰失利，[5]神武召昂。昂不忍棄衆，力戰全軍而還。時昂爲流矢所中，創甚，顧左右曰："吾死無恨，恨不見季式作刺史耳！"神武聞之，馳驛啓季式爲濟州刺史。[6]

[1]醉：宋本作“酎”，元大德本、殿本、四庫本、局本作“酹”，四部備要本作“酔”。未詳孰是。

[2]上洛：郡名。西魏時治上洛縣，在今陝西商洛市商州區。

[3]洛州：西魏時治洛陽城，在今河南洛陽市東北。　泉企：人名。字思道，上洛豐陽（今陝西山陽縣）人。北魏、西魏將領。見《北史》卷六六《泉企傳》。　將帥數十人：底本無“帥”字，中華本校勘記云：“《北齊書》‘將’下有‘帥’字。”今從改。

[4]藍田關：關隘名。又作“藍關”。北周武帝建德二年（573）以青泥關改名，在今陝西藍田縣。

[5]竇泰：人名。字世寧，大安捍殊（今山西壽陽縣北）人。北魏、東魏將領。見《北齊書》卷一五《竇泰傳》。

[6]濟州：北齊時治碻磝城，在今山東茌平縣西南。

昂還，復爲軍司、大都督，[1]統七十六都督，與行臺侯景練兵於武牢。[2]御史中尉劉貴時亦率衆在焉。[3]昂與北豫州刺史鄭嚴祖握槊，[4]貴召嚴祖，昂不時遣，枷其使。使者曰：[5]“枷時易，脱時難。”昂使以刀就枷刎之，曰：“何難之有？”貴不敢校。[6]明日，貴與昂坐，外白河役夫多溺死。貴曰：“頭錢價漢，[7]隨之死。”昂怒，拔刀斫貴。貴走出還營，昂便鳴鼓會兵攻之。侯景與冀州刺史万俟受洛解之乃止。[8]時鮮卑共輕中華朝士，唯憚昂。神武每申令三軍，常爲鮮卑言；昂若在列時，則爲華言。昂嘗詣相府，欲直入，門者不聽，昂怒，引弓射之。神武知而不責。性好爲詩，言甚陋鄙，神武每容之。

[1]軍司：官名。西晉時避司馬師諱，改軍師爲此稱。北齊時

掌軍中監察、匡扶主帥之職。

[2]侯景：人名。字萬景，懷朔鎮（今内蒙古固陽縣南）人。曾任北魏官吏，後叛至南朝。見《梁書》卷五六《侯景傳》（參李萬生《侯景的氏族及相關問題》，《北京大學學報》2000年第5期）。

[3]劉貴：人名。秀容陽曲（今山西太原市北）人。見《北齊書》卷一九《劉貴傳》。

[4]鄭嚴祖：人名。滎陽開封（今河南開封市）人。北魏官吏。見《北史》卷三五《鄭羲附鄭嚴祖傳》。　握槊：一種博戲。

[5]使者曰：毛本、局本作“使者”。按：從底本。

[6]貴不敢校：毛本、殿本、四庫本、四部備要本作“貴不敢較”。按：據《資治通鑑》卷一五七、《通志》卷一五二，從底本。

[7]頭錢價漢：《資治通鑑》改爲“一錢漢”，爲北朝鮮卑人對漢人的蔑稱。頭錢猶一錢（參周一良《魏晋南北朝史論集·讀書雜識》，北京大學出版社2010年版）。

[8]万俟受洛：人名。即万俟洛。字受洛干，太平（今山西山陰縣東南）人，鮮卑族。見《北齊書》卷二七《万俟普附万俟洛傳》。

元象元年，[1]進封京兆郡公，與侯景等同攻獨孤信於金墉。[2]與周文帝戰，敗於芒陰，[3]死之。

[1]元象元年：底本作“元年”，源氏校勘記“元年”前補“元象”，中華本校勘記云：“諸本脱‘元象’二字，據《北齊書》及《通志》補。”今從改。

[2]獨孤信：人名。雲中（今内蒙古和林格爾縣西北）人，鮮卑族。北魏、北周名將。西魏八柱國之一。見《北史》卷六一《獨孤信傳》。　金墉：城名。在今河南洛陽市西北。

［3］芒陰：邙山之北。

是役也，昂使奴京兆候西軍。京兆於傅婢强取昂佩刀以行，[1]昂執殺之。京兆曰："三度救公大急，何忍以小事賜殺？"其夜，夢京兆以血塗己。寤而怒，使折其二脛。時劉桃棒在勃海，亦夢京兆言訴得理，將公付賊。桃棒知昂必死，遽奔焉。昂心輕敵，建旗蓋以陵陣，[2]西人盡鋭攻之，一軍皆没。昂輕騎東走河陽城，[3]太守高永洛先與昂隙，[4]閉門不受。昂仰呼求繩，又不得，拔刀穿闔，未徹，而追兵至。伏於橋下。追者見其從奴持金帶，問昂所在，奴示之。昂奮頭曰："來，與爾開國公！"[5]追者斬之以去。先是，昂夢爲此奴所殺，以告盧武，將殺之，武諫乃止，果及難。時年四十八。[6]桃棒會喪於路。神武聞之，如喪肝膽，杖永洛二百。西魏賞斬昂首者布絹萬段，歲歲稍與之，周亡猶未充。贈太師、大司馬、太尉公、録尚書事、冀州刺史，[7]謚曰忠武。

［1］傅婢：侍奉衣著寢席的親信女奴。

［2］旗蓋：儀仗中的旗與傘。

［3］河陽城：在今河南孟州市西南。有三城，北城、中潬城、南城。三城以河橋相連，自北朝起，當洛陽北面津要，黄河兩脉流貫其間，常爲軍事重鎮。

［4］高永洛：人名。東魏將領。

［5］開國公：封爵名。晋南北朝時爲開國郡公、開國縣公的省稱。

［6］時年四十八：中華本校勘記云："按昂兄乾死於永熙二年（533），時年三十七。昂弟季式死於天保四年（553），時年三十八（俱見《北齊書》）。若昂死於元象元年（538），年四十八，則大於其兄六歲，決無此理，大於其弟二十五歲，也嫌過多。疑'四十八'是'三十八'之訛。"可從。

［7］太尉公：官名。對太尉的尊稱。魏晋南北朝時列位三公之首，並無實際職掌。爲名譽宰相，位居一品，多爲大臣加官。

西魏尋歸敖曹首，猶可識。先是，有鵲巢於庭中地上，家人怪之，及其首函至，置正當巢處。葬後，其妻張氏常見敖曹夜來旦去，有若生平。傍人莫見，唯犬隨而吠之，歲餘乃絶。其故吏東方老爲南兗州刺史，[1]追慕其恩，爲立祠廟。靈像既成，頭上坼裂；改而更作，裂如初，見者咸稱神異。

［1］南兗州：北魏宣武帝正始四年（507）僑置，治所在今安徽亳州市。南朝梁武帝中大通四年（532）改爲譙州。北魏時復改南兗州。

子突騎嗣，早卒。文襄復親簡昂諸子，以第三子道額嗣。[1]皇建初，[2]追封昂永昌王，[3]以道額襲。武平末，[4]開府儀同三司。[5]入周，爲儀同大將軍。[6]隋開皇中，[7]卒於黄州刺史。[8]

［1］道額：源氏校勘記云："'額'《北齊》作'豁'。"

［2］皇建：北齊孝昭帝的年號（560—561）。

［3］永昌王：封爵名。永昌，郡名。北齊時治成武城，在今山

東成武縣。

［4］武平：北齊後主的年號（570—576）。

［5］開府儀同三司：殿本、四部備要本作“開皇儀同三司”。按：據《北齊書》卷二一《高乾附高昂傳》、《通志》卷一五二作“開府儀同三司”，從底本。

［6］儀同大將軍：官名。北周武帝建德四年（575），改車騎大將軍、儀同三司爲此稱。正九命。

［7］開皇：隋文帝的年號（581—600）。

［8］黄州：隋朝時治黄陂東，在今湖北武漢市黄陂區東。

昂弟季式，[1]字子通，亦有膽氣。太昌初，累遷尚食典御，[2]尋加驃騎大將軍。天平中，爲濟州刺史。季式兄弟貴盛，並有勳於時，自領部曲千餘人，馬八百疋，衣甲器仗皆備，故能追督境内賊盜，多致克捷。時濮陽人杜靈椿等，[3]又陽平路叔文徒黨各爲亂，[4]季式並討平之。有客嘗謂季式曰：“濮陽、陽平乃是畿内，何忽遣私軍遠戰？”季式曰：“我與國家同安危，豈有見賊不討之理？若以此獲罪，吾亦無恨。”

［1］季式：即高季式，人名。據高季式子高潭墓誌載：“父季式，齊使持節、都督冀滄二州諸軍事、驃騎大將軍、開府儀同三司、太常卿、冀州刺史，乘氏恭穆公。”較《北史》所載略詳，或爲死後追封（參羅新、葉煒《新出魏晋南北朝墓誌疏證（修訂本）》，第303—305頁）。

［2］尚食典御：官名。北魏置，掌御膳之事。北齊時爲門下省尚食局長官。二員，五品。總知御膳事。隋朝時門下省善食局沿置，煬帝大業三年（607）改名尚食奉御，隸殿内省。

［3］濮陽：郡名。北魏時治甄城縣，在今山東鄄城縣北。　杜靈椿：人名。東魏起義軍領袖。

［4］陽平：郡名。東魏時治館陶城，在今河北館陶縣。

芒山之敗，所親部曲請季式奔梁。季式曰："吾兄弟受國厚恩，與高王共定天下，[1]一旦傾危而亡之，不義。"是役也，兄昂歿焉。興和中，[2]行晋州事。[3]解州，仍鎮永安。[4]季式兄慎以武牢叛，遣信報季式。季式奔告神武，神武待之如初。武定中，[5]除侍中，尋加冀州大中正、都督。[6]以前後功，加儀同三司。

［1］高王：指高歡。

［2］興和：東魏孝静帝的年號（539—542）。

［3］晋州：東魏時治白馬城，在今山西臨汾市。

［4］永安：郡名。東魏時治永安縣，在今山西霍州市。

［5］武定：東魏孝静帝的年號（543—550）。

［6］都督：官名。三國魏置，稱都督諸州軍事。領駐在州刺史，兼理民政。無固定品級，多帶將軍名號。兩晋南北朝沿置，爲地方軍政長官。

天保初，封乘氏縣子。[1]尋遷太常卿。仍爲都督，[2]隨司徒潘樂征江、淮間。[3]爲私使樂人於邊境交易，[4]還京，坐被禁止。尋赦之。四年夏，發疽卒。贈侍中、開府儀同三司、冀州刺史，謚曰恭穆。

［1］乘氏縣子：封爵名。乘氏，縣名。治所在今山東菏澤市。

［2］都督：殿本、四部備要本作"都都"。《北齊書》卷二一

《高乾附高季式傳》、《通志》卷一五二作“都督”。按：從底本。

[3]潘樂：人名。又名潘相樂，字相貴，廣寧石門（今山西朔州市）人。東魏、北齊官吏。見《北史》卷五三《潘樂傳》。征：毛本、局本作“正”。按：據《通志》卷一五二，今從底本。

[4]樂人：以演奏音樂或歌唱、舞蹈爲業的藝人。

季式豪率好酒，又恃舉家勳功，不拘檢節。與光州刺史李元忠生平遊款。在濟州夜飲，憶元忠，開城門，令左右乘驛馬持一壺酒往光州勸之。朝廷知而容之。兄慎叛後，少時解職。黄門郎司馬消難，[1]左僕射子如之子，[2]又是神武婿，勢盛當時。因退食暇，尋季式，酣歌留宿。[3]旦日，重門並關，消難固請去。季式曰：“君以地勢脅我邪？”消難拜謝請出，終不見許。酒至，不肯飲。季式索車輪括消難頸，又更索一車輪自括頸，引滿相勸。消難不得已，笑而從之。方俱脱車輪，更留一宿。及消難出，方具言之。文襄輔政，白魏帝，賜消難美酒數石，珍羞十轝，[4]并令朝士與季式親狎者，就季式宅宴集。其被優遇如此。

[1]司馬消難：人名。字道融，河内温（今河南温縣）人。歷仕北齊、北周、南朝陳、隋朝。見《北史》卷五四《司馬子如附司馬消難傳》。

[2]左僕射：官名。尚書僕射分左右自漢獻帝時始。自此以後，或二或一，置二人則分左右。職掌都省庶務及執法，或典選舉，左僕射權力大於右僕射，兼掌糾彈百官。北魏孝文帝太和十七年定爲從一品中，二十三年改爲從二品，北齊沿之。　子如：即司馬子如，人名。字遵業，河内温（今河南温縣）人。見《北史》卷五

四《司馬子如傳》。

［3］酣歌留宿：中華本校勘記云："張森楷云：'《北齊書》作"尋季式與之酣飲"，當是。此"歌"字誤。'"

［4］珍羞：珍奇美味的食物。　十罍：宋本作"一舉"。罍，稱量酒或食物的器皿。

自昂起兵，爲羽翼者，有呼延族、劉貴珍、劉長秋、東方老、劉士榮、成五彪、韓願生、劉桃棒；[1]隨其建義者，有李希光、劉叔宗、劉孟和等。名顯可知者，列之後云。

［1］劉長秋：源氏校勘記云："《北齊》作'長狄'。"

東方老，安德鬲人，[1]與昂爲部曲。文宣受禪，封陽平縣伯，[2]位南兗州刺史。後與蕭軌等度江，[3]没。

［1］安德：郡名。北魏時治安德縣，在今山東平原縣東北。　鬲：縣名。治所在今山東平原縣西北。

［2］陽平縣伯：封爵名。陽平，縣名。治所在今山東莘縣。

［3］蕭軌：人名。北齊官吏。文宣帝天保七年與梁師戰於鍾山之西，遇雨失利，與都督李希光等陣亡。

李希光，勃海蓨人，初隨高乾起兵，後位儀同三司、楊州刺史。[1]文宣責陳武帝廢蕭明，[2]命儀同蕭軌率希光、東方老、裴英起、王敬寶步騎數萬，[3]以天保七年三月度江，襲克石頭城。[4]五將名位相侔，英起以侍中爲軍司，蕭軌與希光並爲都督。軍中抗禮，動必乖

張。頓軍丹楊城下,[5]遇霖雨五十餘日，故致敗。將帥俱死,[6]軍士得還者十二三。

[1]楊州：北魏時治壽春縣，在今安徽壽縣。

[2]陳武帝：即南朝陳皇帝陳霸先。武爲其謚號。　蕭明：即蕭淵明，人名。南朝梁宗室。《北史》避唐高祖李淵諱改。見《北齊書》卷三三《蕭明傳》。

[3]裴英起：人名。河東聞喜（今山西聞喜縣）人。東魏、北齊官吏。見《北齊書》卷二一《高乾附裴英起傳》。　王敬寶：人名。太原（今山西太原市晋源區古城營村一帶）人。北齊官吏。

[4]石頭城：在今江蘇南京市清涼山。

[5]丹楊：即丹陽郡城。在今江蘇南京市。

[6]將帥俱死：底本“帥”作“卒”，中華本校勘記云：“諸本‘帥’作‘卒’，《北齊書》作‘帥’。按‘卒’乃‘率’之訛。‘率’通‘帥’。當時南征五將並没，故云‘俱死’。至於士卒，則傳文明言‘還者十二三’，並非‘俱死’。今據改。”今從改。

劉叔宗名纂，樂陵平昌人,[1]歸昂，位車騎將軍、左光禄大夫。[2]

[1]名纂：源氏校勘記云：“‘名纂’《北齊》作字‘元纂’。”　樂陵：郡名。北魏時治樂陵縣，在今山東樂陵市東南。　平昌：縣名。治所在今山東臨邑縣東北。

[2]車騎將軍：官名。魏晋南北朝時多爲加官，位在驃騎將軍之下、各名號將軍之上。北魏孝文帝太和二十三年之後定爲二品。　左光禄大夫：官名。三國魏始置。爲在朝顯職的加官，以示恩寵，或授予年老有病者爲致仕之官，亦常用於卒後贈官，無具體職掌。北魏孝文帝太和十七年定爲從一品中，二十三年後定爲第

二品。

劉孟和名協，浮陽饒安人，[1]聚衆附昂兄弟，位終大丞相司馬，[2]坐事死。

其餘並不知所終云。

[1]饒安：縣名。治所在今河北鹽山縣西南。

[2]大丞相司馬：官名。大丞相府僚屬，負責武事。魏晉南北朝時丞相、相國不常置，多授予權位極高的重臣。

神武初起兵，范陽盧曹亦以勇力稱，爲尒朱氏守，據薊。[1]神武厚禮召之，以昂相擬，曰："宜來，與從叔爲二曹。"曹愠曰：[2]"將田舍兒比國士。"[3]遂率其徒自薊入海島。得長人骨，以髑髏爲馬皂；[4]脛長丈六尺，以爲二稍。[5]送其一於神武，諸將莫能用，唯彭樂强舉之。未幾，曹遇疾，恫聲聞於外。巫言海神爲祟，遂卒。其徒五百人皆服斬衰，葬畢潛散。

[1]薊：縣名。治所在今北京西南。

[2]曹愠曰：底本作"曹愠田"，宋本、四庫本、局本、中華本作"曹愠曰"，《通志》卷一五二亦作"曹愠曰"。今從改。

[3]將田：底本作"將曰"，宋本、四庫本、局本、中華本作"將田"，《通志》卷一五二亦作"將田"。今從改。

[4]馬皂：餵馬的飼槽。

[5]二稍（shuò）：局本作"二稍"，《通志》卷一五二、《天中記》卷二一作"二矟"。矟，古同"槊"。長矛。

曹身長九尺，鬢面甚雄，臂毛逆如豬鬣，[1]力能拔樹。性弘毅方重，常從容雅服，北州敬仰之。嘗卧疾，猶申足以舉二人。蠕蠕寇范陽，[2]曹登城射之，矢出三百步，投弓於外，群虜莫能彎，乃去之。時有沙門曇讚，號爲神力，唯曹與之角焉。曇讚聞叫聲則勝。

[1]豬鬣（liè）：猪鬃。鬣，馬脖子上的長毛，泛指一切獸類的比較剛勁的毛。

[2]蠕蠕：亦稱柔然，本爲東胡的一支，屬拓跋部。南北朝時始强大，活動於今蒙古國南部地區。以游牧爲生。見《北史》卷九八《蠕蠕傳》。

論曰：高允踐危禍之機，抗雷電之氣，處死夷然，忘身濟難，卒悟明主，保己全名。自非體鄰知命，[1]鑒昭窮達，[2]亦何能若此。宜光寵四世，終享百齡。有魏以來，斯人而已。僧裕藝用有聞，聿脩之義。世禮貪而無道，能無及乎？子集學業優通，[3]知名前世，儒俊之風，門舊不殞。德正受終之際，契叶亂臣，雖鍾淫虐，而名亦茂矣！乾邕兄弟，不階尺土之資，奮臂河朔，[4]自致勤王之舉，神武因之，以成霸業。但以非潁川元從，[5]異豐沛故人，[6]腹心之寄，有所未允。露其啓疏，假手天誅，枉濫之極，莫或過此。昂之膽力，氣冠萬夫，韓陵之下，風飛電擊。然則齊氏元功，一門而已。其餘託而唱義，[7]亦足稱云。

[1]體：設身處地爲人著想。

［2］鑒昭：明察。

［3］優通：底本作“優道”，局本作“優通”，中華本校勘記云：“諸本‘通’訛‘道’，據《魏書》卷五七史臣論改。”今從改。

［4］河朔：地區名。泛指黄河以北的地區。

［5］潁川：郡名。北魏時治長社縣，在今河南長葛市東北。

［6］豐沛：漢高祖爲沛縣之豐邑人，後人因以借指帝王的故鄉。

［7］其餘託而唱義：底本“唱義”作“義唱”，中華本校勘記云：“按‘義唱’當作‘唱義’。”今從改。

北史　卷三二

列傳第二十

崔鑒 兄孫伯謙　崔辯 孫士謙 士謙子彭 士謙弟說 說子弘度
崔挺 子孝芬 孫宣猷 曾孫仲方 仲方從叔昂 挺從子季舒 挺族孫暹

崔鑒字神具，博陵安平人也。[1]六世祖贊，魏尚書僕射。[2]五世祖洪，晉吏部尚書。[3]曾祖懿，字世茂，仕燕，[4]位秘書監。[5]祖遭，字景遇，位鉅鹿令。[6]父綽，少孤，學行脩明，有名於世。與范陽盧玄、勃海高允、趙郡李靈等俱被徵，[7]尋以母老固辭。後爲郡功曹，[8]卒。

[1]博陵：郡名。北魏時治魯口城，在今河北饒陽縣。　安平：縣名。治所在今河北安平縣。

[2]尚書僕射：官名。魏晉時爲尚書省次官，職掌拆閱章奏文章，參議政事，監察百官。三品。

[3]吏部尚書：官名。又稱大尚書。晉時爲尚書省吏部曹長官，職掌官吏任免、升降、調動等事務。位居列曹尚書之上。

[4]燕：指十六國時前燕政權。《新唐書》卷九五《高儉傳》

云："前燕博陵崔懿。"

[5]秘書監：官名。晋惠帝永平元年（291）復置後，爲秘書寺長官，統著作局，掌三閣圖書。十六國時前燕、前秦等亦置。

[6]鉅鹿：郡名。北魏時屬定州，治曲陽縣，在今河北晋州市西。北魏孝莊帝永安二年（529）時分定州鉅鹿郡置，屬殷州，治癭遥縣，在今河北寧晋縣西南。

[7]范陽：郡名。北魏時治涿縣，在今河北涿州市。　盧玄：人名。字子真，范陽涿（今河北涿州市）人。北魏官吏。見《北史》卷三〇《盧玄傳》。　勃海：郡名。北魏時屬冀州，初治南皮縣，在今河北南皮縣東北，後移治東光縣，在今河北東光縣。　高允：人名。字伯恭，勃海蓨（今河北景縣）人。北魏官吏。見《北史》卷三一《高允傳》。　趙郡：北魏時治平棘縣，在今河北趙縣。　李靈：人名。趙郡平棘（今河北趙縣）人。北魏官吏。見《北史》卷三三《李靈傳》。

[8]郡功曹：官名。職掌吏員賞罰任免事宜。北魏時凡皇子、不開府將軍、太常光禄衛尉、郡皆置。凡郡功曹多用本地大族，權重，郡守常委事於功曹。六品至從九品。

鑒頗有文學，自中書博士轉侍郎，[1]賜爵桐廬縣子。[2]出爲東徐州刺史。[3]鑒欲安新附，人有年老者，表求假以守令，詔從之。又於州内銅冶爲農具，兵人獲利。卒，贈青州刺史、安平侯，[4]謚曰康。

[1]中書博士：官名。中書教授博士、中書教學博士的省稱。北魏置，屬中書學。選用博學之士擔任，教授中書學生，任職者升遷較易，多升爲中書省、門下省要職。　侍郎：官名。西漢置。皇帝侍從官，爲郎官之一，隸光禄勳，宿衛宫禁，侍奉皇帝。北魏初亦置於禁中，掌侍衛。

[2]桐廬縣子：封爵名。桐廬，縣名。治所在今浙江桐廬縣西。

[3]東徐州：北魏時治下邳城，在今江蘇睢寧縣北。

[4]青州：北魏時治東陽城，在今山東青州市。　安平侯：封爵名。安平，縣名。治所在今河北安平縣。

子合，字貴和，少有時譽，襲爵桐廬子，位終常山太守。[1]

[1]常山：郡名。北魏時治安樂壘，在今河北藁城市西北。　太守：官名。原稱郡守，漢景帝時改郡守爲太守。魏、晋、南北朝唯北周稱郡守，餘均以太守爲郡長官。總管一郡的行政、財賦、刑獄。東漢末設州牧後，太守受州牧管轄，權力縮小。南北朝時設州漸多，郡的轄境隨之縮小。北魏時分上、中、下三等，各爲四、五、六品。

合弟康，[1]少有志氣，陽平王頤之爲定州，[2]康爲衛軍府録事，[3]帶毋極令。[4]時甄琛爲長史，[5]曾因公事，言競之間，以拳擊琛墜牀。琛以本縣長，笑而不論。其豪率若此。彭城王勰征壽春，[6]康從行，招致壯俠，以爲部下。勰目之，謂左右曰："吾當寄膽氣於此人。"累遷廣平内史，[7]大納財貨，爲清論所鄙。後爲燕州刺史，[8]爲杜洛周攻圍，[9]堅守歷年。朝廷遣都督元譚赴救，[10]譚敗，康奔定州，坐免官。太昌中，[11]除驃騎大將軍、儀同三司。[12]頻以老病求解。永熙三年，[13]去職。薨，贈尚書令、司徒公，[14]謚曰靖穆。

[1]康：毛本、殿本、四庫本、局本、四部備要本作"秉"。

中華本校勘記云："南、北、汲、殿四本及《魏書》卷四九《崔鑒傳》'康'作'秉'，百衲本及《通志》卷一四八《崔鑒傳》作'康'。按《北史》避李昞嫌名，人名作'秉'者，每改作'康'。例如：《周書》卷一八《王思政傳》，思政子名'秉'，《北史》卷六二《王思政傳》作'康'。《魏書》卷九九《沮渠蒙遜傳》，蒙遜子秉，《北史》卷三九《薛安都傳》作沮渠康。《魏書》卷六三《王肅傳》，肅弟秉，《北史》卷四二《王肅傳》也改作'康'。這裏'秉'是本名，但《北史》原文却是作'康'，本傳下文也都作'康'。故從百衲本。"

[2]陽平王：封爵名。陽平，郡名。北魏時治館陶城，在今河北館陶縣。　頤：即元頤，人名。北魏宗室。見《北史》卷一七《陽平王新成附元頤傳》。底本作"順"，源氏校勘記云："'順'《魏書》作'顯'。"中華本校勘記云："諸本'頤'作'順'，《魏書》作'顯'。按魏無'陽平王順'，也無'陽平王顯'。'順''顯'都是'頤'之訛。《陽平王頤傳》見本書卷十七、《魏書》卷十九上。本傳未言其曾官定州。但《魏書》卷六八《甄琛傳》云：'後爲本州陽平王頤衛軍府長史。'琛，中山人，本州即定州。又《墓誌集釋·元新成妃李氏墓誌》云：'使持節、衛大將軍、青、定二州刺史、陽平惠王之母。'此陽平惠王即頤。知頤曾爲定州刺史。今據改。"今從改。　定州：北魏時治盧奴縣，在今河北定州市。

[3]衛軍府：官署名。即衛將軍府。衛將軍，官名。魏晋南北朝時位在諸名號大將軍之上，多作爲軍府名號，以加大臣、重要州郡長官。若開府置官屬，則位從公，品秩俸賜亦與諸公同。北魏孝文帝太和十七年（493）定爲一品下，二十三年改爲二品。　録事：官名。三國諸將軍府始置，掌管文書、勾稽缺失。北魏時五品以上將軍及藩王府多置録事參軍，司州及都水臺置録事。孝文帝太和十七年定爲七品上。

[4]帶：兼管。　毋極：縣名。治所在今河北無極縣。

[5]甄琛：人名。字思伯，中山毋極（今河北無極縣）人。北

魏官吏。見《北史》卷四〇《甄琛傳》。　長史：官名。爲所在官署掾屬之長。南北朝時帶將軍號開府的刺史，屬官也有長史，且多兼任首郡（刺史駐地）太守。王府也有長史，諸王幼年出就藩國，州府之事即由長史代行。

［6］彭城王：封爵名。彭城，郡名。北魏時治彭城縣，在今江蘇徐州市。　勰：即元勰，人名。字彦和。北魏宗室、大臣。見《北史》卷一九《彭城王勰傳》。　征壽春：底本作“行壽春”，中華本校勘記云：“諸本‘征’作‘行’，《魏書》作‘征’。按本書卷十九《彭城王勰傳》：‘景明初，齊豫州刺史裴叔業以壽春内屬，詔勰都督南征諸軍事，與尚書令王肅迎接壽春。’又見《魏書》卷八《世宗紀》景明元年。作‘征’是，今據改。”今從改。壽春，縣名。治所在今安徽壽縣。

［7］廣平：郡名。北魏時治曲梁城，在今河北永年縣東南。　内史：官名。三國魏置，職如郡丞。晋武帝時改諸王國相爲内史，掌管民政。東晋、南北朝沿之。北魏孝文帝太和二十三年官品令上郡内史爲四品，中郡内史爲五品，下郡内史爲六品。

［8］燕州：北魏時治下洛城，在今河北涿鹿縣涿鹿鎮。

［9］杜洛周：人名。北魏末六鎮起義軍首領。後爲葛榮所害。

［10］都督：官名。北魏前期爲統率全國或地方兵馬的指揮官。後期則爲率領鄉兵、畜牧軍馬的中低級軍官，或者作爲大臣的加官和贈官。　元譚：人名。北魏宗室、將領。見《北史》卷一九《獻文六王傳》。

［11］太昌：北魏孝武帝的年號（532）。

［12］驃騎大將軍：官名。魏晋制度，驃騎將軍爲重號將軍，僅次大將軍，本不須加“大”，然兩晋將軍名號愈來愈濫，遂又增此號，居諸名號將軍之首。多加於權臣元老，以示尊崇，開府置僚屬，不領兵。南北朝因之。北魏孝文帝太和十七年定爲一品中，二十三年改爲從一品。　儀同三司：初謂非三公而儀制待遇同於三公。魏晋時授予開府位從三公之文武官。南北朝時授予範圍不斷擴

大，逐漸成爲官號。北魏孝文帝太和十七年定爲一品下，二十三年以後改爲從一品，位開府上。

[13]永熙：北魏孝武帝的年號（532—534）。

[14]尚書令：官名。北魏初不常置，亦不掌實際政務，孝文帝改制後，尚書省權任頗重，以録尚書事爲長官，尚書令爲副貳，兼掌監察百官，皆爲宰相。太和十七年定爲從一品上，二十三年定爲二品。

長子忻，字伯悦，有世幹。[1]以鄭儼之甥，[2]累遷兼尚書左丞。[3]莊帝初，[4]遇害河陰。[5]追贈殿中尚書、冀州刺史。[6]

[1]世幹：經世之才。

[2]鄭儼：人名。字季然，滎陽（今河南滎陽市）人。北魏宦官。見《北史》卷三五《鄭羲附鄭儼傳》。

[3]尚書左丞：官名。魏晋南朝爲尚書省佐官，位次尚書，與右丞共掌尚書省庶務。北魏略同。孝文帝太和十七年定爲四品上，二十三年改從四品上。

[4]莊帝：即北魏皇帝元子攸。莊爲其謚號。

[5]河陰：縣名。治所在今河南孟津縣東。

[6]殿中尚書：官名。北魏時領宫中兵馬，典宫禁宿衛及倉庫，或説領殿中、直事、三公、駕部四郎曹。孝文帝太和十七年定爲二品中（參張金龍《北魏前期禁衛武官制度考論——以史籍記載爲中心》，《歷史研究》2003 年第 3 期）。　冀州：北魏時治信都縣，在今河北冀州市。

忻弟仲哲，早喪所生，爲祖母宋氏所養。六歲，宋亡，啼慕不止，見者悲之。性恢達，[1]常以將略自許。

以軍功賜爵安平縣男。及父康於燕被圍，泣訴朝廷，遂除別將，[2]與都督元譚赴援，戰歿。

[1]恢達：寬宏豁達。

[2]別將：官名。北魏太武帝時，出兵時與主力傳翼由別道而進的將領爲別道將領。後省稱別將，始爲官名，與統軍合稱“將統”。多隸於行軍主帥都督，亦有爲專征之主將者。初期其權任較重，除征討之外，或受詔參決軍機戎政。後期戰亂頻繁，地位漸漸降低，衹要能够招募三千人就可以作爲別將。

子長瑜，位至開府中兵參軍。[1]

[1]開府：指開設府署，辟置僚屬。魏晋南北朝時，常以此作爲對高級官員的寵遇。　中兵參軍：官名。亦稱中兵參軍事。魏晋南北朝時期諸公、軍府僚屬之一。掌管本府中兵曹事務，兼任參謀咨詢之責。其品秩隨府主地位的高低而不同。

長瑜子子樞，學涉好文詞，强辯有才幹。仕齊，位考功郎中，[1]參議五禮，[2]待詔文林館。[3]兼散騎常侍，[4]聘周。[5]使還，除通直散騎常侍，[6]兼知度支。[7]子樞明解世務，所居稱職。[8]因度支有受納風聞，爲御史劾，[9]遇赦免。仕周，位至上士。[10]預尉遲迥事，[11]被誅。

[1]考功郎中：官名。三國魏曾置尚書考功郎，掌尚書考功曹，以考課官吏。其資淺者爲郎中，資深者可轉侍郎，皆稱郎。晋及南朝不置。北魏復置，孝文帝太和十七年定爲五品上，二十三年改爲六品。北齊沿置，爲尚書省吏部考功曹長官，掌百官考課及秀才、

孝廉的貢舉等。

[2]五禮：指吉禮、凶禮、賓禮、軍禮、嘉禮五種禮制。

[3]文林館：官署名。北齊置。引文學之士充之，稱待詔。

[4]散騎常侍：官名。南朝屬集書省，職掌侍從左右、主掌圖書文翰、文章、撰述、諫諍拾遺，收納轉呈文書奏事爲主。北朝兼領修史，實際地位略高於南朝，但仍爲閑散之職。北魏初一度掌出令，位在中書令之上。孝文帝太和十七年定爲二品下，二十三年定爲從三品。北齊沿置，三品。

[5]聘：訪問。

[6]通直散騎常侍：官名。北魏時掌侍從、諷諫，屬集書省，員六人。孝文帝太和十七年定爲三品下，二十三年定爲四品。北齊略同（參黄惠賢《西晋散騎建省及其所領諸官》，載《魏晋南北朝隋唐史資料》第17輯，武漢大學出版社2000年版）。

[7]知：主管。　度支：官署名。魏晋南北朝時尚書省諸曹之一，設尚書爲長官。掌軍國財賦的收支會計及事役漕運物價屯田之政令。

[8]居：擔任。

[9]御史：官名。侍御史的簡稱。北魏時除分曹治事外，亦奉命監國，督察巡視州郡，收捕官吏，宣示詔命等。孝文帝太和十七年定爲從五品中，二十三年改八品。北齊沿置。

[10]位至上士：毛本、局本作“仕至上士”。《通志》卷一五四作“齊亡，入周，位至上士”。上士，官名。西魏、北周官制中多爲諸司之副職，或具體掌一署。正三命。

[11]尉遲迥：人名。字薄居羅，代（今山西大同市東北）人。西魏、北周重臣。見《北史》卷六二《尉遲迥傳》。

子樞次弟子端，亦有才幹，而文藝爲優。[1]歷殿中侍御史，[2]卒於通直散騎侍郎。

[1]文藝：指經術。

[2]殿中侍御史：官名。亦稱殿中御史。三國魏始置，居殿中糾察非法，隸御史臺。魏晋南北朝沿置。北魏時或掌宿衛禁兵。孝文帝太和十七年定爲從五品中，二十三年改爲從八品上。北齊時員十二人。八品。

子端弟子博，武平末，[1]爲河陽道行臺郎。[2]隋開皇末，[3]卒於泗州刺史。[4]

[1]武平：北齊後主的年號（570—576）。

[2]行臺郎：官名。北魏置。爲行臺各曹郎中的泛稱。各曹皆冠以曹名。有時以稱呼不理具體曹務的官員。北齊沿置。

[3]開皇：隋文帝的年號（581—600）。

[4]泗州：隋朝時治宿豫縣，在今江蘇宿遷市東南。

子博弟子發，有文才，武平末，秘書郎，[1]脩起居注。[2]仕隋爲秦王文學，[3]卒於國子博士。[4]

[1]秘書郎：官名。北魏時掌經書校閲，兼參掌文書機要。孝文帝太和十七年定爲從五品上，二十三年後稱秘書郎中。北齊仍稱秘書郎中。

[2]起居注：帝王言行的記録。

[3]秦王：即楊俊。隋文帝第三子。見《隋書》卷四五《文四子傳》。　文學：官名。隋朝親王府置，掌校勘典籍，備顧問侍從。

[4]國子博士：官名。晋武帝咸寧中置。負責教授生徒儒學，取品行淳厚清明，並通曉經典義理者擔任。北魏孝文帝太和十七年定爲從五品上，二十三年升爲五品上。隋朝時員五人，正五品上。

文帝仁壽元年（601）罷，僅置太學博士。煬帝大業三年（607）改國子監，置博士一人，正五品。

長瑜弟叔瓚，頗有學識，性好直言。其妻即齊昭信皇后姊也，[1]文宣擢爲魏尹丞。[2]屬蝗蟲爲災，[3]帝以問叔瓚。對曰："案《漢書·五行志》：'土功不時，蝗蟲作厲。'當今外築長城，内興三臺，[4]故致此災。"帝大怒，令左右毆之，又擢其髮，以溷汁沃其頭，[5]曳以出，由是廢頓久之。[6]後卒於陽平太守，[7]贈本州刺史。

[1]昭信皇后：即北齊文宣皇后李祖娥。因居住在昭信宫而得名。見《北史》卷一四《齊文宣皇后李氏傳》。

[2]文宣：即北齊皇帝高洋。文宣爲其謚號。　魏尹丞：官名。爲魏尹屬官。北魏孝文帝太和中遷都洛陽，置河南尹，爲京師長官。東魏時改稱魏尹。

[3]屬：恰好遇到。

[4]三臺：臺閣名。在鄴城（今河北臨漳縣西南）西北隅。

[5]溷（hùn）汁：污水，糞汁。

[6]廢頓：僵卧不起。

[7]陽平：郡名。北齊時治館陶城，在今河北館陶縣。毛本、局本作"平陽"。《通志》卷一五四作"平陽"。未詳孰是。

仲哲弟叔彦，[1]位撫軍。[2]

[1]仲哲弟叔彦：底本作"仲弟叔彦"。源氏校勘記"仲"後補"哲"字。《通志》卷一四八、《魏書》卷四九《崔鑒傳》作"仲哲弟"。中華本校勘記云："諸本脱'哲'字，據《魏書》、《通

志》補。”今從改。

[2]撫軍：《魏書·崔鑒傳》作“撫軍將軍”，《通志》卷一四八同《魏書》。按：撫軍，即撫軍將軍、撫軍大將軍、中撫軍的省稱。因此，《魏書》《北史》均可。撫軍將軍，北魏時爲將軍名號，地位較高，從二品。北齊沿置。

叔彦弟季通，位司農少卿。[1]季通子德立，好學，愛屬文，[2]預撰《御覽》，位濟州別駕。[3]

[1]司農少卿：官名。北魏時爲大司農少卿的省稱，協助大司農管理租稅、園苑、倉儲。北齊時爲司農寺次官。四品上。

[2]屬文：連綴字句而成文，指寫文章。

[3]濟州：北齊時治碻磝城，在今山東茌平縣西南。　別駕：官名。即別駕從事、別駕從事史。爲州部佐吏。因刺史行部，別乘傳車，故謂之“別駕”。北齊時除司州外，他州依州品不同，自正六品至正七品不等。

季通弟季良，風望閑雅，[1]位太學博士，[2]以征討功，賜爵蒲陰縣子，[3]累遷太尉長史。[4]及康東還鄉，[5]季良亦去職歸養。後位中軍將軍、光禄大夫，[6]先康卒於家，贈尚書右僕射，[7]謚曰簡。

[1]風望：風度、風采。

[2]太學博士：官名。漢魏置五經博士，分經教授弟子生員。東晋不復分經，統稱太學博士，置十六員，六品，掌教授太學生。亦備咨詢，參議禮儀，隸太常。北齊時太學隸國子寺，置博士十員，從七品。諸郡亦置，教授郡學生徒。

[3]蒲陰縣子：封爵名。蒲陰，縣名。治所在今河北順平縣東南。《魏書》卷四九《崔鑒傳》作“賜爵蒲陰縣男”。《通志》卷一四八同《北史》。源氏校勘記云：“‘子’《魏書》作‘男’。”

[4]太尉長史：官品。爲太尉的屬官，掌諸曹事。

[5]康東：源氏校勘記改“康東”作“秉”，並云：“‘康東’《魏書》作‘秉’一字。”

[6]中軍將軍：官名。北齊時用以安置罷任武官，成爲無實權的閑職。從二品。　光禄大夫：官名。漢武帝時設，掌議論。歷朝因之，官秩不一。晋武帝泰始年間始有左、右之分，並稱加金章紫綬者爲金紫光禄大夫，加銀章青綬者爲銀青光禄大夫。北魏孝文帝太和十七年定爲從二品中，二十三年改三品。北齊因之，爲元老重臣之加官。

[7]尚書右僕射：官名。北魏時列位宰相，在録尚書事、尚書令下，職掌都省庶務及執法，或典選舉。職在左僕射下。孝文帝太和十七年定爲從一品中，二十三年改從二品。北齊時爲從二品。

康弟習，字貴禮，有世用，[1]卒於河東太守，[2]贈并州刺史。[3]

[1]世用：源氏校勘記云：“‘用’《魏書》作‘譽’。”

[2]河東：郡名。北齊時治蒲坂縣，在今山西永濟市西南蒲州鎮。

[3]并州：北齊時治龍山縣（改晋陽縣爲此稱），在今山西太原市晋源區古城營村一帶。

鑒兄欑，字洛祖，行博陵太守。[1]欑子文業，中書郎、鉅鹿太守。[2]文業子伯謙。

[1]博陵：郡名。北齊時治安平縣，在今河北安平縣。

[2]中書郎：官名。魏晋南北朝時常用作中書侍郎、中書通事郎的省稱。北魏時負責草擬詔令。孝文帝太和十七年定爲四品上，二十三年之後爲從四品上。北齊沿置。從四品。

伯謙字士遜，貧居養母。齊神武召補相府兼功曹，[1]稱之曰："崔伯謙清直奉公，真良佐也。"轉七兵、殿中、左户三曹郎中。[2]弟仲讓爲北豫州司馬，[3]與高慎同叛。[4]坐免官。後歷瀛州别駕、京畿司馬。[5]文襄將之晋陽，[6]勞之曰："卿騁足瀛部，已著康歌。[7]督府務總，[8]是用相授。"臨别，又馬上執手曰："執子之手，與子偕老。卿宜深體此情。"族弟暹當時寵要，[9]伯謙與之舊僚同門，非吉凶未嘗造請，以雅道自居。

[1]齊神武：即高歡。神武爲其謚號，北齊後主所追謚。

[2]七兵：官名。此處指七兵郎中。北魏置。協掌軍事，屬七兵尚書。孝文帝太和十七年定爲從五品中。　殿中：官名。此處指殿中郎中。爲尚書省殿中曹長官通稱。資深者可轉侍郎。北魏時爲六品上。　左户：官名。此處指左户郎中。又稱左户郎。北魏置，爲尚書省左户曹長官，隸度支尚書，掌户籍等事。六品上。

[3]北豫州：北魏時治虎牢城，在今河南滎陽市西北。　司馬：官名。王國、王府屬官，爲高級幕僚。掌參贊軍務，管理府内武職，位僅次於長史。其品秩隨府主而定，高低不等。

[4]高慎：人名。字仲密，勃海蓨（今河北景縣）人。東魏官吏。見《北齊書》卷二一《高乾附高慎傳》。

[5]瀛州：北魏時治趙都軍城，在今河北河間市。

[6]文襄：即高澄。文襄爲其謚號，北齊文宣帝所追謚。　晋

陽：縣名。治所在今山西太原市晋源區古城營村一帶。

[7]康歌：古歌謠。歌詞出於《尚書·益稷》。後泛指頌太平之歌。

[8]督府務總：源氏校勘記云："'總'《北齊》作'殷'。似是。"中華本校勘記云："《北齊書》卷四六《崔伯謙傳》'總'作'殷'，《通志》卷一七〇《循吏傳》作'繁'。按'總'疑是'繁'之訛。"

[9]暹（xiān）：即崔暹，人名。字季倫，博陵安平（今河北安平縣）人。東魏、北齊官吏。見《北史》卷三二《崔挺附崔暹傳》。

天保初，[1]除濟北太守，[2]恩信大行，富者禁其奢侈，[3]貧者勸課周給。[4]縣公田多沃壤，伯謙咸易之以給人。又改鞭，用熟皮爲之，不忍見血，示耻而已。朝貴行過郡境，問人太守政何似？對曰："府君恩化，古者所無。"誦人爲歌曰：[5]"崔府君，能臨政。退田易鞭布威德，人無争。"客曰："既稱恩化，何因復威？"對曰："長吏憚其威嚴，人庶蒙其恩惠，故兼言之。"以相府舊僚，例有加授，徵赴鄴。百姓號泣遮道，數日不得前。

[1]天保：北齊文宣帝的年號（550—559）。

[2]濟北：郡名。北齊時治盧縣，在今山東茌平縣西南。

[3]富者禁其奢侈：宋本作"富者禁奢侈"。按：據《通志》卷一七〇、《册府元龜》卷六七五作"富者禁其奢侈"。今從底本。

[4]勸課：鼓勵與督責。

[5]誦：通"頌"。頌揚。

以弟仲讓在關中，不復居内任，除南鉅鹿太守。[1]下車導以禮讓，豪族皆改心整肅。事無巨細，必自親覽。在縣有貧弱未理者，皆曰："我自告白鬚公，不慮不決。"在郡七年，獄無停囚。每有大使巡察，恒處上第。[2]徵拜銀青光禄大夫。

[1]南鉅鹿：郡名。北齊時治廣阿縣，在今河北隆堯縣東。
[2]上第：第一，上等。

伯謙少時讀經、史，晚年好老、莊，容止儼然無愠色，[1]親賓至，則置酒相娱，清言不及俗事，士大夫以爲儀表。卒，贈南兗州刺史，[2]謚曰懿。

[1]愠（yùn）色：怨怒的神色。
[2]南兗州：北齊時治譙城，在今安徽亳州市。

伯謙弟仲讓，仕西魏，位至鴻臚少卿。[1]

[1]鴻臚少卿：官名。掌外國、少數民族賓客接待，朝會及吉凶禮儀。

崔辯字神通，鑒之從祖弟也。祖瑻，字景龍，行本郡太守。父經，贈兗州刺史。[1]

[1]兗州：北魏孝文帝太和十八年改東兗州置，治瑕丘城，在今山東兗州市新驛鎮東頓村南。

辯學涉經史，風儀整峻，[1]獻文徵拜中書博士、武邑太守。[2]政事之餘，專以勸學。卒，贈安南將軍、定州刺史，[3]謚曰恭。

[1]整峻：端莊嚴正。

[2]獻文：即北魏皇帝拓跋弘。獻文爲其謚號。　武邑：郡名。北魏時治武强縣，在今河北武强縣西南舊城。

[3]安南將軍：官名。東漢始置，三國魏蜀吴沿置，爲出鎮南方地區的軍事長官，或作爲刺史等地方官兼理軍務時的加官。魏晋以後與安東、安西、安北將軍合稱四安將軍。北魏孝文帝太和十七年定爲二品下，二十三年降爲三品。北齊時仍爲三品。

長子景儁，鯁正有高風，[1]好古博涉，以經明行脩，徵拜中書博士。歷侍御史、主文中散。[2]孝文賜名爲逸。後爲員外散騎侍郎，[3]與著作郎韓興宗參定朝儀。[4]雅爲孝文所知重，遷國子博士。每有公事，逸常被詔獨進，博士特命自逸始。轉通直散騎常侍、廷尉少卿，[5]卒。

[1]鯁正：剛正、正直。

[2]主文中散：官名。爲北魏中期由中散官分化出來的專門掌管文書事務的中散官。任職於秘書省，侍御曹的稱秘書主文中散、侍御主文中散。五品中。孝文帝改制罷。

[3]員外散騎侍郎：官名。晋武帝始置，南朝、北魏、北齊沿置，屬散騎省（東省、集書省），初多以公族、功臣子充任，爲閑散之職，常用以安置閑退官員、衰老人士。北魏初沿例授予南朝北奔之士，班比吏部郎，員六人。孝文帝太和十七年定爲從四品下，二十三年改爲七品上。

[4]著作郎：官名。三國魏明帝時置，爲著作局長官，隸中書省，掌編修國史。歷代沿置，職掌不同。南北朝時爲清要之官，出任者皆爲有名望的文學之士，亦有以司空、尚書等職領者。北魏孝文帝太和十七年定爲五品上，二十三年改爲從五品上。　韓興宗：人名。字茂先，昌黎棘城（今遼寧北票市章吉營子鄉三官營子村）人。北魏官吏。見《北史》卷四〇《韓麒麟附韓興宗傳》。

[5]廷尉少卿：官名。北魏始置，爲廷尉卿次官。孝文帝太和十七年定爲三品上，二十三年改爲四品上。

子巨倫，字孝宗，幼孤。及長，歷涉經史，有文學武藝。叔楷爲殷州，[1]巨倫仍爲長史、北道別將。在州陷賊，斂恤存亡，爲賊所義。葛榮聞其才名，欲用爲黄門郎，[2]巨倫心惡之。至五月五日，會集官僚，令巨倫贈詩。巨倫乃曰："五月五日時，天氣已大熱，狗便呀欲死，牛復喘吐舌。"以此自晦，[3]獲免。結死士，夜中南走，逢賊，俱恐不濟。巨倫曰："寧南死一寸，豈北生一尺！"[4]便欺賊曰："吾受敕而行。"賊爇火觀敕，[5]火未然。巨倫手刃賊十餘人，賊乃四潰，得馬數匹。夜陰失道，唯看佛塔户而行。到洛陽，持節別將北討。初，楷喪之始，巨倫收殯倉卒，事不周固；至是遂偷路改殯，并竊家口以歸。尋授國子博士。

[1]殷州：北魏時治廣阿縣，在今河北隆堯縣。此指殷州刺史。

[2]黄門郎：官名。北魏時爲郎官之加官，侍從皇帝於宫門之内，與侍中俱掌門下事。孝文帝太和二十三年定爲四品上。《魏書》卷五六《崔辯傳》作"黄門侍郎"。《册府元龜》卷八三六同《魏書》。按：黄門郎，爲黄門侍郎、給事黄門侍郎的省稱。二者均可。

[3]自晦：自隱才能，不使聲名彰著。

[4]豈北生一尺：底本“生”作“死”，中華本校勘記云：“諸本‘生’訛作‘死’，據《魏書》卷五六《崔辯傳》改。”今從改。

[5]爇（ruò）火：點火。

莊帝即位，除東郡、濮陽太守。[1]時河北紛梗，[2]人避賊，多入郡界，歲儉饑乏，巨倫傾資贍恤，務相全濟。時類高之。元顥入洛，[3]據郡不從，莊帝還宮，封漁陽縣男。[4]後除光禄大夫。卒，子子武襲。[5]

[1]東郡：北魏時治滑臺城，在今河南滑縣東。　濮陽：郡名。北魏時治甄城縣，在今山東甄城縣北。底本作“東濮陽”。按：《北史》卷五《魏本紀·孝静帝》“東郡濮陽”校勘記已有詳解，故從改。

[2]紛梗：紛亂梗阻。

[3]元顥：人名。字子明。北魏宗室、大臣。見《北史》卷一九《北海王詳附元顥傳》。

[4]漁陽縣男：封爵名。漁陽，縣名。治所在今北京密雲縣西南。

[5]子子武襲：《魏書》卷五六《崔辯傳》作“子武襲”。《通志》卷一四八同《魏書》。源氏校勘記云：“《魏書》無一‘子’字。”按：前文中說到“子巨倫”，按照古人命名習慣，此處當爲“子子武襲”，今從《北史》。

初，巨倫有姊，明慧有才行，因患眇一目，[1]内外親族，莫有求者。其家議欲下嫁之。巨倫姑，趙國李叔

胤之妻，[2]聞而悲感曰：“吾兄盛德，不幸早世，豈令此女，屈事卑族！”乃爲子翼納之。[3]時人歎其義識。

[1]眇（miǎo）：眼睛失明。

[2]趙國李叔胤：《北史》卷三三《李靈傳》云李靈一族爲趙郡平棘（今河北趙縣）人，《北史》卷九一《貞孝女宗傳》云李叔胤之女爲趙郡柏（今河北隆堯縣西南）人，《魏書》卷四九《李靈傳》云李靈爲趙郡人。並無“趙國人”一説。或許是因趙郡李氏爲戰國時趙國名將李牧之後，故稱“趙國李叔胤”。李叔胤，北魏官吏。見《魏書》卷四九《李靈傳》。

[3]翼：即李翼，人名。字景業。北魏官吏。見《魏書》卷四九《李靈傳》。

逸弟模，字叔軌。身長八尺，圍亦如之。出後其叔，雅有志度。蕭寶夤討關、隴，[1]引爲西征別將，屢有戰功，封槐里縣伯。[2]後行岐州事，[3]擊賊，歿於陣。[4]永熙中，[5]贈驃騎大將軍、儀同三司、都督、相州刺史。[6]模弟楷。

[1]蕭寶夤：人名。字智亮，南朝齊宗室。見《北史》卷二九《蕭寶夤傳》。　關：即函谷關，在今河南靈寶市東北。　隴：即隴山，在今河南省信陽市東北。

[2]槐里縣伯：封爵名。槐里，縣名。治所在今陝西興平市西。

[3]岐州：北魏時治雍縣，在今陝西鳳翔縣東南。

[4]歿於陣：《魏書》卷五六《崔辯傳》作“没於陳”。《通志》卷一四八同《北史》。按：從《北史》。

[5]永熙：北魏孝武帝年號（532—534）。

[6]相州：北魏時治鄴縣，在今河北臨漳縣西南鄴鎮。

楷字季則，爲廣平王懷文學。[1]正始中，[2]以王國官非其人，多被戮，唯楷與楊昱以數諫諍獲免。[3]後爲太子中舍人、左中郎將。[4]以黨附高肇，[5]爲中尉所劾。[6]事在《高聰傳》。[7]楷性嚴烈，能摧挫豪强，時人語曰："莫䳰郁買反㒷孤楷反，[8]付崔楷。"時冀、定數州頻遭水害，楷上疏導之便宜，事遂施行。

[1]懷：即元懷，人名。北魏宗室。見《北史》卷一九《廣平王懷傳》。

[2]正始：北魏宣武帝的年號（504—508）。

[3]楊昱：人名。字元略（《魏書》作"元晷"），弘農華陰（今陝西華陰市東南）人。北魏官吏。見《北史》卷四一《楊播附楊昱傳》。

[4]太子中舍人：官名。亦簡稱太子舍人、中舍人。秦漢有太子舍人，在東宫更直宿衛。晋武帝置中舍人四員，六品，選舍人中才學俱佳者爲之，與太子中庶子共掌文翰，侍從規諫太子，綜典奏事文書，監督醫藥，檢奏更直名册等，位在中庶子下、洗馬上。東晋南北朝沿置。北魏孝文帝太和十七年定爲四品中，二十三年改爲五品上。　左中郎將：官名。北魏時置五員，爲冗職，用以安置閑散武臣，隸領軍府所轄左右衛府。從四品。

[5]高肇：人名。字首文，勃海蓨（今河北景縣）人。北魏大臣、外戚。見《北史》卷八〇《高肇傳》。

[6]中尉：官名。十六國時前燕始置。北魏時由御史中尉改稱。主管御史臺，頗重其選。孝文帝太和十七年定爲三品上，二十三年改爲從三品。

[7]高聰：人名。字僧智，祖籍勃海蓨（今河北景縣）。北魏

官吏。見《北史》卷四〇《高聰傳》。

[8]郁買：源氏校勘記云："《魏書》作'都買'。按《字書》'側買反'。" 鷄㒓：逞强。

孝昌初，[1]置殷州，[2]以楷爲刺史，加後將軍。[3]楷將之州，人咸勸單身述職。楷曰："單身赴任，朝廷謂吾有進退之計，將士又誰肯固志？"遂闔家赴州。賊勢已逼，或勸減小弱以避之，乃遣第四女、第三男夜出。[4]既而曰："一朝送免兒女，將謂吾心不固。"遂命追還。及賊來攻，楷率力拒抗，莫不争奮，咸稱崔公尚不惜百口，吾等何愛一身？[5]力竭城陷，楷執節不屈，賊遂害之。楷兄弟父子並死王事，朝野傷歎焉。贈侍中、鎮軍將軍、定州刺史。[6]永熙中，又特贈驃騎大將軍、儀同三司、都督、冀州刺史。

[1]孝昌：北魏孝明帝的年號（525—527）。

[2]置：毛本作"口"。按：毛本誤，從底本。

[3]後將軍：官名。南北朝時爲軍府名號，用作加官，常不載官品。北魏孝文帝太和十七年定爲從二品上，二十三年改爲三品。

[4]第：毛本、殿本、四庫本、局本、四部備要本作"弟"。按："弟""第"古通。

[5]吾等何愛一身：中華本《魏書》校勘記云："諸本無'一'字，《北史》卷三二《崔辯附崔楷傳》、《册府》卷三七二有。按'一身'與上'百口'相對。《册府》採《魏書》而與《北史》同，知傳本《魏書》脱去，今據補。"

[6]侍中：官名。北魏時常總典機密，受遺詔輔政，權任尤重，時號"小宰相"。北魏初置四員，孝文帝太和十七年定爲從一品中。

鎮軍將軍：官名。位在鎮軍大將軍下，與中軍、撫軍爲三號將軍，位比四鎮將軍。主要爲中央軍職，但亦可出任地方軍事長官，並領刺史等地方官，兼理民政。北魏孝文帝太和十七年定爲從一品下，二十三年改爲從二品。

長子士元，沈雅有學尚，州陷，戰没，贈平州刺史。[1]子育王，少以器幹稱，仕齊至起部郎。[2]子文豹，字蔚，少有文才，本州大中正。[3]士元弟士謙。

[1]平州：北魏時治肥如城，在今河北盧龍縣北。

[2]起部郎：官名。尚書起部曹長官的通稱。

[3]大中正：官名。負責評定士族内部品第的官員。有州大中正、州中正、郡國大中正和小中正。北魏前、中期此職權力頗重，後期權力稍輕，且選授漸濫，恩幸、閹宦皆有出任者。北魏末期戰亂時，行臺亦可權立此職，評定品第以便授予官職。

士謙，孝昌初解褐著作佐郎。[1]後賀拔勝出鎮荆州，[2]以士謙爲行臺左丞。[3]孝武西遷，[4]士謙勸勝倍道兼行，謁帝關右，[5]勝不能用。州人鄧誕引侯景軍奄至，[6]勝與戰敗績，遂奔梁，士謙與俱行。及至梁，每乞師赴援。梁武雖不爲出軍，[7]而嘉勝等志節，並許其還國。乃令士謙先，且通鄰好。周文素聞其名，[8]甚禮之，賜爵千乘縣男。[9]及勝至，拜太師長史，[10]以功進爵爲子，拜尚書右丞。[11]從周文解洛陽圍，經河橋戰，[12]加定州大中正、瀛州刺史。又破柳仲禮於隨郡，[13]討李遷哲於魏興，[14]並有功，進驃騎大將軍、開

府儀同三司、直州刺史，[15]賜姓宇文氏。恭帝初，[16]轉利州刺史。[17]士謙性明悟，深曉政術，吏人畏而愛之。

[1]著作佐郎：官名。三國魏明帝時置佐著作郎，協助著作郎修撰國史及起居注。東晋改此名（一説南朝宋改稱），屬著作省（局），掌搜集史料，供著作郎撰史。本用文學之士，但在南北朝後期，因其職務清閑，成爲士族高門子弟的起家之官。北魏時秘書省著作局置四員，孝文帝太和十七年定爲從五品上，二十三年改爲七品。

[2]賀拔勝：人名。字破胡，神武尖山（今山西神池縣）人。北魏末、西魏名將。見《北史》卷四九《賀拔允附賀拔勝傳》。荆州：北魏時治穰縣，在今河南鄧州市。

[3]行臺左丞：官名。爲行臺尚書左丞的簡稱，職責同於尚書左丞。北魏後期設立。爲行臺尚書省官員，一員。孝文帝太和二十三年後爲從四品。

[4]孝武：即北魏皇帝元脩。孝武爲其謚號。

[5]關右：地區名。亦稱關西。泛指函谷關以西地區。

[6]鄧誕：底本作“劉誕”，源氏校勘記云：“《周書》作‘鄧誕’。”中華本校勘記云：“諸本‘鄧’作‘劉’，《周書》卷三五《崔謙傳》作‘鄧’。按本書卷四九、《周書》卷十四《賀拔勝傳》都作‘鄧’。作‘劉’是形訛，今據改。”今從改。　侯景：人名。字萬景，懷朔鎮（今内蒙古固陽縣南）人。曾任北魏官吏，後叛至南朝。見《梁書》卷五六《侯景傳》（參李萬生《侯景的氏族及相關問題》，《北京大學學報》2000年第5期）。

[7]梁武：即南朝梁皇帝蕭衍。武爲其謚號。

[8]周文：即宇文泰。文爲其謚號，北周孝閔帝所追謚。

[9]千乘縣男：封爵名。千乘，縣名。治所在今山東廣饒縣北。

[10]太師：官名。北魏時爲三師之一，是輔佐君王的重要大

臣，位在太傅、太保上。一品。

[11]尚書右丞：官名。北魏時爲尚書省佐官，位次尚書，與左丞共掌尚書省庶務，孝文帝太和十七年定爲四品中，二十三年改爲從四品。北周沿置。

[12]河橋戰：西魏文帝大統四年（538），東、西魏之間的一場大戰。西魏占據東魏蒲坂。河橋，橋名。在今河南孟津縣東。

[13]柳仲禮：人名。河東解（今山西臨猗縣）人。南朝梁大都督，後降北周。見《南史》卷三八《柳元景附柳仲禮傳》。　隨郡：南朝梁時治隨縣，在今湖北隨州市。

[14]李遷哲：人名。字孝彦，安康（今陝西安康市）人。仕梁爲東梁州刺史，戰敗被俘後，降於西魏。見《北史》卷六六《李遷哲傳》。　魏興：郡名。西魏時治吉安縣，在今陝西安康市西北漢水北岸。

[15]開府儀同三司：三國魏始置。爲大臣加號，謂與三司即太尉、司徒、司空禮制待遇相同，許開設府署，自辟僚屬。北魏孝文帝太和二十三年定爲從一品。北周置之爲勳官，爲九命。　直州：西魏時治康縣，在今陝西石泉縣南。

[16]恭帝：即西魏皇帝元廓。恭爲其謚號。

[17]利州：西魏時治興安縣，在今四川廣元市。

周保定二年，[1]遷總管、安州刺史，[2]加大將軍，[3]進爵武康郡公。[4]天和中，[5]授江陵總管、荆州刺史。[6]州既統攝遐長，俗兼夷夏，又南接陳境，東鄰齊寇。士謙外禦强敵，内撫軍人，風化大行，號稱良牧。[7]每年考績，常爲天下之最，屢有詔褒美焉。士謙隨賀拔勝之在荆州也，雖被親遇，而名位未顯；及踐其位，朝野以爲榮。卒於州，闔境痛惜之，立祠堂，四時祭饗。子

曠嗣。

［1］保定：北周武帝的年號（561—565）。

［2］總管：官名。北周時改都督諸軍事爲此稱，加使持節，掌一州或數州軍務，兼理民事。　安州：北周時治安陸縣，在今湖北安陸市。

［3］大將軍：官名。北周時統兵事，或兼掌朝政。以此職爲勳官。正九命。

［4］武康郡公：封爵名。武康，郡名。北周時治陽安縣，在今四川簡陽市西北。

［5］天和：北周武帝的年號（566—572）。

［6］授江陵總管荆州刺史：中華本校勘記云："按《周書》云：'天和元年，授江陵總管。三年，遷荆州總管、荆淅等十四州南陽平陽等八防諸軍事、荆州刺史。'則士謙爲荆州刺史，是在其作荆州總管時。周之江陵總管在江陵，當時爲後梁國都。周之荆州在穰城（南陽郡治），亦即荆州總管所在。《北史》删節，似士謙以江陵總管兼荆州刺史，誤。"江陵，縣名。治所在今湖北江陵縣。南朝梁元帝承聖元年（552），蕭繹即帝位，建都於此。西梁蕭詧亦都此。

［7］良牧：賢能的州郡長官。

士謙性至孝，與弟説特相友愛，[1]雖復年位並高，資産皆無私焉。居家嚴肅，曠及説子弘度並奉其遺訓云。

［1］與弟説特相友愛：源氏校勘記云："'説'《周書》作'訦'。"

曠少温雅，大象末，位開府儀同大將軍、淅州刺史。[1]曠弟彭。

［1］大象末位開府儀同大將軍淅州刺史：底本作“大業末位開府儀同三司大將軍淅州刺史”，毛本作“太業末位開府儀同三司大將軍淅州刺史”，源氏校勘記改“業”作“象”。中華本校勘記云：“諸本‘象’作‘業’，‘儀同’下有‘三司’二字。按周武帝建德四年，改開府儀同三司爲開府儀同大將軍。至隋初已廢，大業末不得有此官。且隋煬帝改州爲郡，大業末亦不得有淅州刺史。‘業’乃‘象’之訛，‘三司’衍文。今據《周書·崔謙傳》改刪。”今從改。開府儀同大將軍，官名。北周置。位在儀同大將軍之上，主要授予有軍功的大臣及北齊的降官，無具體職掌，九命。淅州，北周時治修陽縣，在今河南西峽縣北。

彭，字子彭，少孤，事母以孝聞。性剛毅，有武略，工騎射，善《周官》《尚書》，[1]並略通大義。仕周，累遷門正上士。[2]隋文帝爲相，周陳王純鎮齊州，[3]帝恐其爲變，遣彭以兩騎徵純入朝。彭未至齊州三十里，因詐病止傳舍，[4]遣人召純。純疑有變，多將從騎至彭所。彭請間，因顧騎士執而鏁之。乃大言曰：“陳王有罪，詔徵入朝，左右不得輒動。”左右愕然而去。至，拜上儀同。[5]

［1］周官：書名。即《周禮》，又名《周官經》。儒家經典。

［2］門正上士：官名。北周置。屬地官府。正三命。

［3］陳王純：即宇文純。字堙智突，代郡武川（今内蒙古武川縣西）人。北周宗室。見《北史》卷五八《陳惑王純傳》。　齊

州：北周時治歷城縣，在今山東濟南市。

[4]傳舍：設於交通綫上的旅舍、客舍，供官員和行人休息住宿。

[5]上儀同：北周置，位居開府儀同三司之下、儀同三司之上。多爲大臣勳臣的加官。隋朝時爲從四品散實官。

及踐祚，[1]遷監門郎將，[2]兼領右衛長史，[3]賜爵安陽縣男。[4]再遷驃騎將軍，恒典宿衛。[5]性謹密，在省闥二十餘年，[6]當上，在仗危坐終日，未嘗有惰容。[7]上每謂曰："卿當上日，[8]我寢處自安。"又嘗曰："卿弓馬固以絶人，頗知學不?"彭曰："臣少愛《周禮》《尚書》，休沐之暇，[9]不敢廢也。"上曰："試爲我言之。"彭因説君臣戒慎之義，上稱善。觀者以爲知言。後加上開府，[10]遷備身將軍。[11]

[1]踐祚：指皇帝登基。

[2]監門郎將：官名。隋初置左、右監門郎將，爲左、右監門府次官，員二人，正四品。煬帝大業三年廢，另改左、右監門府將軍爲左、右監門府郎將，爲左、右監門府長官，員一人，掌門禁守衛，正四品。

[3]右衛：官名。即右衛大將軍。隋朝時爲右衛之長，員一人，掌宫掖禁禦，督攝仗衛。煬帝大業三年改名爲右翊衛大將軍，總府事，並統諸鷹揚府事。正三品。

[4]安陽縣男：封爵名。安陽，縣名。治所在今河南安陽市。

[5]宿衛：皇帝的警衛人員，即禁軍。

[6]省闥（tà）：又稱禁闥。中央政府諸省設於禁中，後因作中央政府的代稱。

[7]惶容：宋本、四庫本、中華本作“隍容”。《通志》卷一六三作“惰容”。

[8]上日：源氏校勘記云：“‘上日’萬曆廿年刊本《隋書》作‘侍側’。”

[9]休沐：官員休假制度。漢代規定，吏五日得一休沐，冬、夏至之日不省官事。沿用至隋。

[10]上開府：上開府儀同大將軍的省稱。北周武帝建德四年(575)置，位在開府儀同大將軍上，主要授予有軍勳的功臣及北齊降官，無具體職掌，爲勳官之第五等，九命。隋文帝改稱上開府儀同三司，爲從三品散實官，煬帝大業三年罷。

[11]備身將軍：官名。北魏置，掌侍衛左右，供御兵仗，領千牛備身十二人，掌執千牛刀。分左右府。隋朝沿置。

上嘗宴達頭可汗使者於武德殿，[1]有鴿鳴於梁上。命彭射之，中，上大悦，賜錢一萬。及使者反，可汗復遣使請崔將軍一與相見。[2]上曰：“此必善射聞於虜庭。”遂遣之。及至，可汗召善射者數十人，因擲肉於野，以集飛鳶，遣其善射者射之，多不中。彭連發數矢，皆應弦而落。突厥莫不歎服。[3]仁壽末，[4]進爵安陽縣公。

[1]達頭可汗：隋朝時西突厥首領。與都藍可汗有隙，數相攻戰，隋和解之。後國亂，奔吐谷渾，不知所終。見《北史》卷九九《突厥傳》。

[2]可汗：底本作“可江”，宋本、元大德本、毛本、殿本、四庫本、局本、四部備要本、中華本作“可汗”。《通志》卷一六三作“可汗”。按：據文意，從中華本改。

[3]突厥：族名、國名。廣義包括突厥、鐵勒諸部落，狹義專指突厥汗國。見《北史·突厥傳》。此處指達頭可汗等在場突厥人。

［4］仁壽：隋文帝的年號（601—604）。

煬帝即位，遷左領軍大將軍。[1]時漢王諒初平，[2]令彭鎮遏山東，復領慈州事。[3]卒，贈大將軍，謚曰肅。子寶德嗣。

［1］左領軍大將軍：官名。據《隋書・百官志下》，隋朝時領軍府分置左右，不置將軍。然《隋書》《北史》中多次出現左領軍大將軍。

［2］漢王諒：即楊諒。字德章，一名傑，小字益錢。隋朝宗室。見《北史》卷七一《楊諒傳》。

［3］慈州：隋朝時治滏陽縣，在今河北磁縣。

士謙弟説。説本名士約。少有氣概，旅力過人，尤工騎射。[1]賀拔勝牧荆州，[2]以爲假節、冠軍將軍、防城都督。[3]又隨奔梁。復自梁歸西魏。授武衛將軍、都督，[4]封安昌縣子。[5]從周文復弘農，[6]戰沙苑，[7]皆有功，進爵爲侯，除京兆郡守。[8]累遷都官尚書、定州大中正，[9]改封安固縣侯，[10]賜姓宇文，并賜名説焉。進驃騎大將軍、開府儀同三司，加侍中，進爵萬年縣公。[11]再遷總管、凉州刺史。[12]説莅政强毅，百姓畏之。後除使持節，熊和中三州、崇德等十三防諸軍事，[13]加授大將軍，改封安平縣公。建德四年，[14]卒，贈鄜、延等五州刺史，[15]謚曰壯。子弘度。

［1］旅力：即體力。中華本作“膂力”。“旅”古同“膂”。

[2]賀拔勝牧荆州：底本“牧”作“攻”，中華本校勘記云：“諸本‘牧’作‘攻’，《周書》卷三五《崔説傳》作‘出牧’二字。按賀拔勝作荆州刺史見本書卷四九《賀拔勝傳》。説兄士謙傳也説：‘後賀拔勝出鎮荆州。’‘攻’乃‘牧’之訛，今據改。”今從改。

[3]假節：自漢起，節爲皇帝號令賞罰的信物，故持節者位高權重。西晋起，成爲一種加官。持節在使持節之下、假節之上。　冠軍將軍：官名。北魏時爲將軍名號，位在輔國將軍之上。孝文帝太和二十三定爲從三品。北周時爲七命。　防城都督：官名。北魏末諸州置，負責城防事務，位在長史、司馬下。

[4]武衛將軍：官名。北魏時掌宿衛禁軍，孝文帝太和十七年定爲從二品下，二十三年改爲從三品。西魏沿置。源氏校勘記云：“《周書》無‘武’字。”

[5]安昌縣子：封爵名。安昌，縣名。治所在今河南確山縣西南。

[6]弘農：郡名。西魏時治陜城，在今河南三門峽市。

[7]沙苑：地名。又名沙阜、沙海、沙窩。在今陜西大荔縣南洛、渭二河之間。

[8]京兆：郡名。西魏時治霸城縣，在今陜西西安市東北。

[9]都官尚書：官名。十六國時夏始置。爲尚書省都官曹長官。北魏時掌制定律令法制，糾劾違法，水利工程，宫廷百官膳食等。孝文帝太和十七年定爲二品中，二十三年定爲三品。西魏沿置。

[10]安固縣侯：中華本校勘記云：“《文苑英華》卷九〇《崔説神道碑》作‘安國’。按《魏書》卷一〇六《地形志上》定州博陵郡有安國縣。崔氏以博陵爲郡望，故以本郡一縣爲封號，疑作‘安國’是。”可從。安國，縣名。治所在今河北辛集市西南。

[11]萬年縣公：封爵名。萬年，縣名。治所在今陜西西安市。

[12]凉州：西魏時治姑臧縣，在今甘肅武威市。

[13]熊和中三州：底本作“能和忠三州”，宋本、元大德本、

毛本、殿本、四庫本、局本、四部備要本作“能和忠三周”，源氏校勘記云：“‘能’《周書》作‘熊’。”中華本校勘記云：“諸本‘熊’作‘能’，《周書》作‘熊’。按《隋書》卷三〇《地理志》中河南郡宜陽縣下注云：‘東魏置陽州，後周改曰熊州。’今據改。又諸本‘中’作‘忠’，錢氏《考異》卷三二云：‘“忠”當作“中”，《隋志》（卷三〇河南郡）新安縣，後周置中州。’按《崔説碑》正作‘中’，今據改。”今從改。熊，州名。北周時治宜陽縣，在今河南宜陽縣西。和，州名。北周時治歷陽縣，在今安徽和縣。中，州名。北周時治新安縣，在今河南新安縣城關。　崇德：縣名。治所在今廣東高要市東南。

[14]建德：北周武帝的年號（572—578）。

[15]贈鄜（fū）延等五州刺史：底本“鄜”作“廓”，中華本校勘記云：“諸本‘鄜’作‘廓’，《周書》作‘鄜’，《崔説碑》作‘敷’。按《隋書》卷二九《地理志》上：上郡，‘後魏置東秦州，後改爲北華州，西魏改爲敷州’。又《周書》卷二《文帝紀》，魏廢帝元年，改北華爲鄜州。是‘敷’即‘鄜’。此州與延州相鄰。廓州見《隋書》同卷澆河郡，其地與延州相隔懸遠。作‘鄜’是，今據改。”今從改。鄜，州名。北周時治中部縣，在今陝西黄陵縣西南。延，州名。北周時治廣武縣，在今陝西延安市東。

弘度字摩訶衍。旅力絶人，儀貌魁岸，鬚面甚偉，性嚴酷。年十七，周大冢宰宇文護引爲親信，[1]累轉大都督。[2]時護子中山公訓爲蒲州刺史，[3]令弘度從焉。嘗與訓登樓，至上層，去地四五丈，俯臨之。訓曰：“可畏也！”弘度曰：“此何足畏？”欻擲下，[4]至地無所損，訓大奇之。後以戰功授儀同。[5]從平齊，進上開府、鄴縣公。[6]尋從汝南公宇文神舉破盧昌期於范陽，[7]從鄖公

韋孝寬經略淮南。[8]以前後勳進位上大將軍。[9]襲父爵安平縣公。

[1]大冢宰：官名。北周時仿照《周禮》，設大冢宰卿爲天官府的長官。大冢宰統領百官，掌理修立治政六典，以輔佐王統治天下。　宇文護：人名。字薩保，代郡武川（今内蒙古武川縣西）人。北周宗室、權臣。見《北史》卷五七《邵惠公顥附宇文護傳》。

[2]大都督：官名。高級軍事長官。三國吴、魏初於戰争時臨時設置，作爲加官。後漸成爲常設官職，地位極高。北周初規定授柱國大將軍、開府、儀同等官號者，並加使持節、大都督名義，後改都督諸州軍事爲總管，大都督與都督遂成爲没有實際職權的勳官。

[3]中山公：封爵名。中山，郡名。北周時治盧奴縣，在今河北定州市。　訓：即宇文訓，人名。代郡武川（今内蒙古武川縣西）人。北周宗室。見《周書》卷一一《晋蕩公護傳》。　蒲州：北周時治蒲坂縣，在今山西永濟市西南蒲州鎮。

[4]欻（xū）：忽然。

[5]儀同：北周時爲儀同大將軍、儀同將軍的省稱，位開府大將軍下。九命。

[6]鄴縣公：封爵名。鄴，縣名。治所在今河北臨漳縣西南鄴鎮。

[7]汝南公：封爵名。汝南，郡名。北周時治汝南縣，在今河南汝南縣。　宇文神舉：人名。代郡武川（今内蒙古武川縣西）人。北周將領。見《周書》卷四〇《宇文神舉傳》。　盧昌期：人名。范陽涿（今河北涿州市）人。北齊將領。北周平齊後，屯據范陽，旋被周兵攻破。見《北史》卷三〇《盧玄附盧昌衡傳》。　范陽：郡名。北周時治涿縣，在今河北涿州市。

[8]從鄖公韋孝寬經略淮南：底本“鄖”上無“從”字，源氏校勘記於“鄖”上補“從”字。中華本校勘記云：“《隋書》卷七四《崔弘度傳》，‘鄖’上有‘從’字。”今從補。韋孝寬，人名。名叔裕，字孝寬，京兆杜陵（今陝西西安市長安區東）人。北魏、西魏、北周將領。見《北史》卷六四《韋孝寬傳》。

[9]上大將軍：官名。北周武帝時置，位大將軍上，爲高級武官名號。正九命。

及尉遲迥反，弘度以行軍總管從韋孝寬討之，[1]所當無不披靡。弘度妹先適迥子爲妻。及破鄴城，迥窘迫升樓，弘度直上龍尾追之。[2]迥將射弘度，弘度脱兜鍪謂曰：[3]“今日各圖國事，不得顧私。事既如此，早爲身計，何所待也？”迥擲弓於地，罵大丞相極口，[4]自殺。弘度顧弟弘昇，使取迥頭。進位上柱國。[5]時行軍總管例封國公，以弘度不時殺迥，[6]縱致惡言，由是降爵一等爲武鄉郡公。[7]

[1]行軍總管：官名。北周置。爲戰時臨時任命的大臣擔任此職，統兵出征，戰事結束則任職完成。在重大的軍事行動中，隸屬於行軍元帥。

[2]龍尾：盤旋而上的甬道。

[3]兜鍪（móu）：作戰的頭盔。

[4]極口：竭盡口舌。

[5]上柱國：官名。北周武帝建德四年置爲最高級勳官，正九命。隋朝時爲從一品散實官。煬帝大業三年罷。

[6]不時：不適時。

[7]武鄉郡公：封爵名。武鄉，郡名。北周時治武鄉縣，在今

陝西大荔縣城關。

開皇初，以行軍總管拒突厥於原州。[1]還，拜華州刺史。[2]納妹爲秦孝王妃。[3]尋遷襄州總管。[4]弘度素貴，御下嚴急，所在令行禁止，盜賊屏跡。梁主蕭琮來朝被止，[5]以弘度爲江陵總管，鎮荆州。陳人憚之，不敢窺境。以行軍總管從秦孝王平陳，賜物五千段。高智慧等作亂，[6]復以行軍總管隸楊素。[7]弘度與素品同，而年長於素。素每屈下之，一旦隸素，意甚不平。素亦優容之。及還，以行軍總管檢校原州事，以備胡。無虜而還。上甚禮之，復以其弟弘昇女爲河南王妃。[8]仁壽中，檢校太府卿。[9]

[1]原州：隋朝時治高平縣，在今寧夏固原市。

[2]華州：隋朝時治鄭縣，在今陝西華縣西南。

[3]秦孝王：指秦王楊俊。謚曰孝，故又稱秦孝王。隋文帝第三子。見《隋書》卷四五《楊俊傳》。

[4]襄州：隋朝時治襄陽縣，在今湖北襄樊市。

[5]蕭琮：人名。字温文，南蘭陵（一説在今江蘇常州市，一説在今江蘇丹陽市）人。西梁君主。見《北史》卷九三《蕭詧附蕭琮傳》。　止：宋本、毛本、殿本、四庫本、局本、四部備要本作“旨”。《通志》卷一七一作“止”，今從底本。

[6]高智慧：人名。一作“高智惠”，會稽（今浙江紹興市）人。隋文帝開皇十年，舉兵反隋。

[7]楊素：人名。字處道，弘農華陰（今陝西華陰市東南）人。隋朝大臣。見《北史》卷四一《楊素傳》。

[8]河南王：此指隋煬帝太子楊昭。見《隋書》卷五九《煬三

子傳》。

[9]太府卿：官名。隋朝時掌庫藏出納、貿易關税等事務，接受尚書户部政令。從三品。

自以一門二妃，無所降下。每誡其僚吏曰："人當誠恕，無得欺誑。"皆曰："諾。"後嘗食鼈，侍者八九人，弘度問之曰："鼈美乎？"人懼之，皆曰："美。"弘度大罵曰："傭奴！何敢誑我？汝初未食鼈，安知其美？"俱杖之八十。官屬百工見之，莫不汗流，無敢欺隱。時有屈突蓋爲武候車騎，[1]亦嚴刻。長安爲之語曰："寧飲三斗醋，[2]不見崔弘度；寧灸三斗艾，[3]不逢屈突蓋。"然弘度居家，子弟班白，[4]動行捶楚，[5]閨門整肅，爲當世所稱。

[1]屈突蓋：人名。隋朝將領。見《舊唐書》卷五九《屈突通傳》。　武候車騎：源氏校勘記云："（'車騎'）《隋書》作'驃騎'。"《隋書》卷七四《崔弘度傳》作"爲武候驃騎"，《通志》卷一七一同《北史》。未詳孰是。

[2]寧飲三斗醋：《隋書·崔弘度傳》作"寧飲三升酢"。《通志》卷一七一、《册府元龜》卷九四一同《北史》。《太平御覽》卷四九二作"寧飲三升醋"。源氏校勘記云："《隋書》'斗'作'升'。下同。"中華本《隋書》校勘記云："'升'《册府元龜》四四八作'斗'，下文'三升艾'同。"未詳孰是。

[3]寧灸三斗艾：《隋書·崔弘度傳》、《太平御覽》卷四九二作"寧茹三升艾"。《册府元龜》卷九四一作"寧茹三斗艾"。未詳孰是。

[4]班白：鬚髮花白。局本作"班曰"。按：據《隋書》卷七

四、《册府元龜》卷七九四，今從底本。

[5]動行：施行。　捶楚：杖擊、鞭打。亦爲古代刑罰之一。

未幾秦王妃以罪誅，河南王妃復被廢，弘度憂恚，[1]謝病於家。諸弟乃與之别居，[2]彌不得志。煬帝即位，河南王爲太子。帝將復立崔妃，遣中使就第宣旨。使者詣弘昇家，弘度不之知。使者反，帝曰："弘度有何言？"使者曰："弘度稱疾不起。"[3]帝默然，[4]其事竟寢。[5]弘度憂憤，未幾卒。

[1]憂恚（huì）：憂愁憤恨。

[2]别居：各立門户。

[3]稱疾不起：宋本作"稱不起"。按：據語意，宋本誤，從底本。

[4]帝默然：宋本作"帝默"。按：據語意，"帝默'不通，從底本。

[5]寢：停止，平息。

弘昇字上客，在周爲右侍上士。[1]從平尉遲迥，以功拜上儀同。尋加上開府，封黄臺縣侯。[2]隋文受禪，進爵爲公，授驃騎將軍。歷慈、鄭二州刺史、襄州總管。[3]以戚屬故，待遇隆重。及河南王妃罪廢，弘昇亦免官。煬帝即位，歷冀州刺史、信都太守，[4]位金紫光禄大夫，[5]轉涿郡太守。[6]遼東之役，[7]檢校左武衛大將軍事，[8]指平壤。[9]與宇文述等同敗，[10]奔還，發病卒。

［1］右侍上士：官名。西魏、北周時置。天官府宫伯中大夫屬官。與左侍上士共同負責皇帝寢宫安全，皇帝臨朝及出行時亦隨侍左右。亦多用作起家官。正三命。

［2］黄臺縣侯：封爵名。黄臺，縣名。治所在今河南禹州市東北。

［3］鄭：州名。隋朝初治汜水縣，在今河南滎陽市西北。

［4］信都：縣名。治所在今河北冀州市。

［5］金紫光禄大夫：官名。北魏時其禄賜、班位、車服等所賜皆與特進同。孝文帝太和十七年定爲從一品下，二十三年定爲從二品。隋初爲從二品散官，煬帝定爲正三品。

［6］涿郡：隋朝時治薊縣，在今北京西南。

［7］遼東之役：隋煬帝大業七年下詔征討高句麗，隋軍於大業八年包圍遼東城，久攻不下，最終以失敗告終。遼東城，在今遼寧遼陽市。

［8］左武衛大將軍：官名。隋朝時爲十二衛大將軍之一。總管府事，統管鷹揚府。正三品。

［9］平壤：城名。即今朝鮮首都平壤。

［10］宇文述：人名。字伯通，代郡武川（今内蒙古武川縣西）人。隋朝大臣。見《北史》卷七九《宇文述傳》。

崔挺字雙根，辯之從父弟也。父鬱，位濮陽太守。

挺幼孤，居喪盡禮，少敦學。五代同居，[1]後頻年饑，家始分析。挺與弟振推讓田宅舊資，惟守墓田而已。家徒壁立，兄弟怡然，手不釋卷。鄉人有贍遺，挺辭而後受，仍亦散之。舉秀才，射策高第。拜中書博士，轉侍郎。[2]以工書，受敕於長安書文明太后父燕宣王碑，[3]賜爵秦昌子。[4]轉登聞令，[5]遷典屬國下大夫。[6]

以參議律令，賜帛、穀、馬、牛等。尚書李沖甚重之。[7]孝文以挺女爲嬪。宋王劉昶南鎮彭城，[8]詔挺爲長史，以疾辭免，乃以王肅爲長史，[9]其被遇如此。

[1]五代同居：《魏書》卷五七《崔挺傳》作“三世同居”。《通志》卷一四八作“五世同居”。源氏校勘記云：“‘五代’《魏書》作‘三世’。辟世民之字。”

[2]侍郎：《魏書·崔挺傳》作“中書侍郎”。《通志》卷一四八同《北史》。未詳孰是。

[3]文明太后：即北魏文成帝皇后馮氏。文明爲其謚號。

[4]賜爵秦昌子：中華本校勘記云：“張森楷云：‘《魏書》（卷五七《崔挺傳》）“秦”作“泰”，據《周書》（卷三五）《崔猷傳》作“泰”，疑“泰”是。’”可從。泰昌，縣名。治所在今重慶巫山縣西北大昌鎮。

[5]登聞：官署名。北魏太武帝延和元年，於闕門懸登聞鼓，許人鳴冤。

[6]典屬國下大夫：官名。北魏置。掌管與少數民族交往的事務。孝文帝太和十七年職員令未載。

[7]李沖：人名。原名思沖，字思順，隴西狄道（今甘肅臨洮縣）人。北魏官吏。見《北史》卷一〇〇《李沖傳》。

[8]劉昶：人名。字休道，彭城（今江蘇徐州市）人。南朝宋宗室、北魏官吏。見《北史》卷二九《劉昶傳》。

[9]王肅：人名。字恭懿，琅邪臨沂（今山東臨沂市）人。北魏官吏。見《北史》卷四二《王肅傳》。

後拜昭武將軍、光州刺史，[1]風化大行。及車駕幸兖州，召挺赴行在所，[2]問以臨邊之略，因及文章。帝甚悦，謂曰：“别卿以來，倏焉二載。吾所綴文，以成

一集，今當給卿副本。”顧謂侍臣曰：“擁旄者皆如此，[3]何憂哉！”復還州。及散騎常侍張彝巡行風俗，[4]謂曰：“彝受使巡方，採察謠訟，入境觀政，寔愧清使之名。”州舊掖城西北數里，[5]有斧山，[6]峰嶺高峻，北臨滄海，南望岱岳。[7]挺於頂上欲營觀宇，故老曰：“此嶺上，秋夏之際，常有暴雨。相傳云是龍道，恐此觀不可久立。”挺曰：“人龍相去，[8]何遠之有？虯龍倏忽，豈一路乎？”遂營之。數年間，果無風雨之異。挺既代，即爲風雨所毁，遂莫能立。衆以爲善化所感。時以犯罪配邊者多有逃越，遂立重制，一人犯罪逋亡，闔門充役。挺上書，以爲《周書》父子罪不相及，[9]以一人犯罪，延及闔門，豈不哀哉！辭甚雅切，帝納之。

[1]昭武將軍：官名。三國魏置。爲雜號將軍中權任較重者。北魏孝文帝太和十七年定爲從三品下，二十三年定爲四品。　光州：北魏時治掖縣，在今山東萊州市。

[2]行在所：古代帝王巡幸所居之地。

[3]擁旄（máo）：武官持旄節，專制一方。

[4]張彝：人名。字洪讓，上谷沮陽（今河北懷來縣東南）人。北魏官吏。見《北史》卷二一《張衮附張惘傳》。

[5]掖城：在今山東萊州市。

[6]斧山：在今山東萊州市。

[7]岱岳：即泰山。在今山東泰安市北。

[8]人龍相去：《魏書》卷五七《崔挺傳》作“人神相去”。《太平御覽》卷五四、《册府元龜》卷六八一同《魏書》。《通志》卷一四八、《天中記》卷五六、《廣博物志》卷一七同《北史》。按：據文中“相傳云是龍道”，今從《北史》。

[9]周書：書名。《逸周書》簡稱。古人認爲係《尚書·周書》的逸篇，故名。

先是州内少鐵，器用皆求之他境，挺表復鐵官，公私有賴。孝文將辨天下氏族，[1]仍亦訪定，乃遥授挺本州大中正。掖縣有人年踰九十，板輿造州。[2]自稱少曾充使林邑，[3]得一美玉，方尺四寸，甚有光采，藏之海島，垂六十歲，忻逢明政，[4]今願奉之。挺曰："吾雖德謝古人，未能以玉爲寶。"遣船隨取，光潤果然，迄不肯受，乃表送都。景明初，[5]見代，老幼泣涕追隨，縑帛送贈，悉不納。

[1]孝文：殿本、四部備要本作"李文"。誤。

[2]板輿：古代木製的交通工具。多爲老人所乘坐。

[3]林邑：國名。故地在今越南中南部。公元192年（一説137）區連建國。見《北史》卷九五《林邑傳》。

[4]忻：同"欣"。欣喜。

[5]景明：北魏宣武帝的年號（500—503）。

散騎常侍趙脩得幸宣武，[1]挺雖同州壤，未嘗詣門。北海王詳爲司徒、録尚書事，[2]以挺爲司馬，固辭不免。世人皆歎其屈，而挺處之夷然。詳攝選，衆人競稱考弟，[3]以求遷叙，挺終無言。詳曰："崔光州考級並未加授，[4]宜投一牒，當爲申請。蘧伯玉恥獨爲君子，[5]亦何故嘿然？"[6]挺曰："階級是聖朝大例，考課亦國之恒典，至於自衒求進，竊以羞之。"詳大相稱歎。其爲司馬，

詳未曾呼名，常稱州號，以示優禮。卒，贈輔國將軍、幽州刺史，[7]謚曰景。光州故吏聞凶問，莫不悲感，共鑄八尺銅像，於城東廣固寺赴八關齋，[8]追奉冥福。

[1]趙脩：人名。字景業，趙郡房子（今河北高邑縣）人。北魏官吏。見《北史》卷九二《趙脩傳》。　宣武：即北魏皇帝元恪。宣武爲其謚號。

[2]北海王：封爵名。北海，郡名。北魏時治平壽城，在今山東昌樂縣東南。　詳：即元詳，人名。字季豫。北魏宗室、大臣。見《北史》卷一九《北海王詳傳》。　司徒：官名。北魏時爲三公之一，分掌丞相職能，多爲大臣加官。孝文帝太和二十三年定爲一品。　録尚書事：官名。北魏時爲尚書省長官，職權甚重。多以公卿權重者居之，總領尚書省政務，位在三公上。

[3]考弟：宋本、殿本、四庫本、局本、四部備要本、中華本作“考第”。按：“弟”“第”古通。

[4]崔光州：即崔挺。

[5]蘧（qú）伯玉：人名。即蘧瑗。字伯玉，春秋末衛國大夫。有賢名，勇於改過，能進能退。

[6]嘿然：中華本作“默然”。按：“默”“嘿”古通。

[7]輔國將軍：官名。將軍名號。北魏孝文帝太和十七年定爲三品上，二十三年改爲從三品。　幽州：北魏時治薊縣，在今北京西南。

[8]廣固寺：《魏書》卷五七《崔挺傳》作“廣因寺”。《通志》卷一四八、《册府元龜》卷六八三同《北史》。源氏校勘記云：“《魏書》作廣因。”未詳孰是。　赴：殿本、四庫本、四部備要本作“起”。《魏書》卷五七、《通志》卷一四八、《册府元龜》卷六八三作“起”。按：據文意，應爲“起”。　八關齋：佛陀爲在家弟子制定的修行戒律與齋法。共有八條戒律，故又稱爲八戒。

初，崔光貧賤，[1]挺贍遺衣食，常親敬焉。又識邢巒、宋弁於童幼，[2]世稱其知人。歷官三十餘年，[3]家資不益，食不重味，[4]室無綺羅，閨門之内，雍雍如也。[5]欲諸子恭敬廉讓，因以孝爲字。及葬，親故多有贈賵，諸子推挺素志，一無所受。有子六人，長子孝芬。

[1]崔光：人名。本名孝伯，字長仁，東清河鄃（今山東淄博市）人。北魏官吏。見《北史》卷四四《崔光傳》。

[2]邢巒：人名。字洪賓，河間鄚（今河北任丘市北）人。北魏官吏。見《北史》卷四三《邢巒傳》。　宋弁：人名。字義和，西河介休（今山西介休市）人。北魏官吏。見《北史》卷二六《宋隱附宋弁傳》。

[3]歷官三十餘年：源氏校勘記云："《魏書》作'二十'。"《魏書》卷五七《崔挺傳》作"二十餘年"。《通志》卷一四八同《北史》。未詳孰是。

[4]重味：兩種以上菜餚。

[5]雍雍：和諧的樣子。

孝芬字恭梓。早有才識，博學好文章。孝文召見，甚嗟賞之。李彪謂挺曰：[1]"比見賢子謁帝，旨喻殊優，今當爲群拜紀。"[2]挺曰："卿自欲善處人父子之間，然斯言吾不敢聞也。"後襲父爵，累遷司空屬、定州大中正。[3]長於剖判，甚有能名，府主任城王澄雅重之。[4]澄奏地制八條，孝芬所參定也。遷廷尉少卿。

[1]李彪：人名。字道固，頓丘衛國（今河南清豐縣東南）

人。北魏官吏。見《北史》卷四〇《李彪傳》。

[2]今當爲群拜紀：底本作"今當爲絶群耳"，中華本校勘記云："張森楷云：'《魏書》作"今當爲群拜紀"。據下"卿自欲善處人父子之間"一語，則當以《魏書》爲是。'按爲群拜紀故事，見《三國志》卷二二《陳群傳》。張説是。"今從改。爲群拜紀，指因爲兒子的關係而尊敬父親。

[3]司空屬：官名。司空府屬僚，掌府衙庶務。

[4]任城王：封爵名。任城，郡名。北魏時治任城縣，在今山東濟寧市南。　澄：即元澄，人名。字道鏡（《魏書》作"道鎮"）。北魏宗室。見《北史》卷一八《任城王雲附元澄傳》。

孝昌初，梁將裴邃等寇淮南，[1]詔行臺酈道元、都督河間王琛討之，[2]敕孝芬持節催令赴接，賊退而還。遷荆州刺史，[3]兼尚書、南道行臺，[4]領軍司，[5]率諸將以援神儁，[6]因代焉。孝芬遂從恒農道南入，[7]敵便奔散，人還安堵。[8]明帝嘉勞之。[9]後以元叉之黨，[10]與盧同、李奬等並除名，[11]徵還。又除孝芬爲廷尉。[12]章武王融以贓貨被劾，[13]孝芬案以重法。及融爲都督，北討鮮于脩禮，[14]時孝芬弟孝演率宗從在博陵，爲賊攻陷，遇害。融密啓云孝演入賊爲逆，遂見收捕。全家投梁，遇赦乃還。

[1]裴邃：人名。字淵明，河東聞喜（今山西聞喜縣）人。南朝梁名將。見《梁書》卷二八《裴邃傳》。

[2]行臺：官署名。三國魏始置。爲皇帝出征時隨侍身邊臨時執行尚書臺職權的機構。北魏孝明帝正光末，在各地設行臺，主管當地軍務，成爲常設的地方行政機構，兼理民事，行臺尚書令爲長

官，以尚書僕射、左僕射、尚書主管行臺事務。　酈道元：人名。一作“酈元”，字善長，范陽涿鹿（今河北涿鹿縣東南）人。北魏官吏、地理學家。見《北史》卷二七《酈範附酈道元傳》。　河間王：封爵名。河間，郡名。北魏初治樂城縣，在今河北獻縣東南；孝文帝太和十一年移治武垣縣，在今河北河間市南。　琛：即元琛，人名。字曇寶，北魏宗室。見《北史》卷一九《河間王若附元琛傳》。底本作“榮”，源氏校勘記改“榮”作“琛”。中華本校勘記云：“諸本‘琛’作‘榮’，《魏書》卷五七《崔孝芬傳》作‘琛’。按《魏書》卷九《肅宗紀》正光五年九月，‘蕭衍遣將裴邃、虞鴻襲據壽春外城，刺史長孫稚擊走之。詔河間王琛總衆援之’。本紀作正光五年九月，是裴邃襲壽春之始，此傳作孝昌初，是元琛出兵之時。本書卷二七《酈道元傳》記其事也作孝昌初。作‘榮’誤，今據改。”今從改。

[3]遷荆州刺史：中華本校勘記云：“《魏書》無‘遷’字，另有‘荆州刺史李神儁爲蕭衍遣將攻圍，詔加孝芬通直散騎常侍，以將軍爲’二十八字，然後下接‘荆州刺史’。按‘遷’當是涉上文‘還’字形似而衍。此二十八字當是因前後並有‘荆州刺史’而抄脱。因此文義不明，且不知神儁何姓。”

[4]尚書：官名。魏晋南北朝出爲朝官，分掌尚書省諸曹，品秩提高，但不再直接向皇帝奏事、承受詔命，成爲行政官員。北魏孝文帝太和十七年定吏部從一品下，列曹二品中，二十三年定爲三品。

[5]軍司：官名。即軍師。西晋時因避世宗司馬師諱改。北魏沿置，爲諸軍府主要僚屬，佐主帥統帶軍隊，負有匡正監察主帥之責，地位很高，常繼任主帥。

[6]神儁：人名。即李挺，字神儁（一作“神雋”），小名提，隴西狄道（今甘肅臨洮縣）人。北魏、東魏官吏。見《北史》卷一〇〇《凉武昭王李暠附李神儁傳》。

[7]恒農：郡名。源氏校勘記云：“‘恒’《魏書》作‘弘’。”

按：北魏避孝文帝“元宏”諱改爲“恒”。

[8]安堵：相安，安定。

[9]明帝：即北魏皇帝元詡。明爲其謚號。

[10]元叉：人名。字伯儁，小字夜叉。北魏宗室、大臣。見《北史》卷一六《京兆王黎附元叉傳》。

[11]盧同：人名。字叔倫，范陽涿（今河北涿州市）人。北魏官吏。見《北史》卷三〇《盧同傳》。　李獎：人名。字遵穆，頓丘（今河南清豐縣西南）人。北魏官吏。見《北史》卷四三《李崇附李獎傳》。

[12]又除孝芬爲廷尉：中華本校勘記云：“《魏書》作‘又孝芬爲廷尉之日’。按《魏書》是。此乃追叙孝芬爲廷尉少卿之時，治章武王融贓罪，與融結恨，以説明元融報復原委。據《魏書》卷九《肅宗紀》，元融以貪污削爵除名，事在正光四年二月。《北史》此傳於孝昌後書‘又除孝芬爲廷尉’，案元融以重法，與紀不合。”可從。

[13]章武王：封爵名。章武，郡名。北魏時治平舒縣，在今河北大城縣。　融：即元融，人名。字永興。北魏宗室、將領。見《北史》卷一八《章武王太洛附元融傳》。

[14]鮮于脩禮：人名。北魏末河北起義軍首領。

後梁將成景儁逼彭城，[1]孝芬兼尚書右丞，爲徐州行臺。[2]孝芬將發，入辭。靈太后謂曰：[3]“卿女今事我兒，與卿是親。曾何相負，而内頭元叉車内，[4]稱此嫗須了却！”[5]孝芬曰：“臣蒙國厚恩，義無斯語；假有斯語，誰能得聞？若有此聞，即此人於元叉親密過臣遠矣。乞對之，足辨虚實。”太后乃有愧色。孝芬既至，景儁等力屈退走。以孝芬兼尚書，爲徐、兖二州行臺。

[1]成景儁：人名。字超，范陽（今河北定州市）人。南朝梁官吏。見《南史》卷七四《成景儁傳》。

[2]徐州：北魏時治彭城縣，在今江蘇徐州市。

[3]靈太后：即北魏宣武帝皇后胡氏。靈爲其謚號。

[4]元叉：宋本、元大德本、殿本、四部備要本作“元乂”。按：字形相近而訛，從底本。

[5]了却：《魏書》卷五七《崔挺附崔孝芬傳》作“却之”。按：二者詞意不同，今從底本。

建義初，[1]太山太守羊侃據郡反，[2]引南賊圍兗州。[3]除孝芬散騎常侍、鎮東將軍、金紫光禄大夫，[4]仍兼尚書、東道行臺，[5]與大都督刁宣往救援。[6]與行臺于暉時相接。[7]至便圍之，侃突圍奔梁。永安中，[8]授西兗州刺史，[9]孝芬倦外役，固辭不行，仍爲太常卿。[10]太昌初，兼殿中尚書，後加儀同三司，兼吏部尚書。

[1]建義：北魏孝莊帝的年號（528）。

[2]太山：郡名。北魏時治博平縣，在今山東泰安市東南。羊侃：人名。字祖忻，泰山梁甫（今山東新泰市）人。南朝梁官吏。見《梁書》卷三九《羊侃傳》。

[3]引南賊圍兗州：底本作“引南賊圍兗州行臺”，中華本校勘記云：“《魏書》無‘行臺’二字。按上文説孝芬爲徐兗二州行臺，‘圍兗州行臺’，便當是孝芬被圍。下文又説命孝芬往救援，自相矛盾。此‘行臺’二字衍文。”今從改。

[4]鎮東將軍：官名。北魏初多授持節都督，出鎮方面。孝文帝太和十七年定爲從一品下，二十三年定爲從二品。

[5]東道行臺：官名。總管東部軍事區域的行政事務。

[6]刁宣：底本作“刀宣”，中華本作“刁宣”。按：據《魏

書》卷五七、《通志》卷一四八、《册府元龜》卷四一四，今從中華本改。

［7］于暉：人名。字宣明，代（今山西大同市東北）人，鮮卑族。北魏官吏。見《北史》卷二三《于栗磾附于暉傳》。底本作“于侃”，中華本作“于暉”。源氏校勘記改“侃”作“暉”。中華本校勘記云：“諸本‘暉’作‘侃’，《魏書》作‘暉’。按《魏書》卷一〇《孝莊紀》永安元年（即建義元年）十月及十一月，並作‘于暉’，于暉見《魏書》卷三一《于栗磾傳》。今據改。”今從改。

［8］永安：北魏孝莊帝的年號（528—530）。

［9］西兖州：北魏時治定陶城，在今山東定陶縣定陶鎮；後徙治左城，在今山東曹縣韓集鎮堤上范村。

［10］太常卿：官名。爲太常的尊稱。職掌禮樂祭祀諸事。北魏孝文帝太和十七年定爲從一品下，二十三年改爲三品。

孝武帝入關，[1]齊神武至洛，與尚書辛雄、劉廞等並被誅。[2]没其家口，天平中乃免之。[3]

［1］孝武帝：即北魏皇帝元脩。孝武爲其謚號。

［2］辛雄：人名。字世賓，隴西狄道（今甘肅臨洮縣）人。北魏官吏。見《北史》卷五〇《辛雄傳》。　劉廞：人名。字景興，彭城（今江蘇徐州市）人。北魏官吏。見《北史》卷四二《劉芳附劉廞傳》。

［3］天平：東魏孝静帝的年號（534—537）。

孝芬博聞口辯，[1]善談論，愛好後進，終日忻然。商榷古今，間以嘲謔，聽者忘疲。文筆數十篇。[2]有子八人。

[1]博聞口辯：毛本、殿本、局本、四部備要本“辯”作“辨”。按：“辯”“辨”古通。

[2]文筆數十篇：《魏書》卷五七《崔挺傳》作“所著文章數十篇”。《通志》卷一四八同《北史》。中華本《魏書》校勘記云：“《北史》卷三二《崔挺附崔孝芬傳》‘文章’作‘文筆’。按當時以無韻之文爲筆，疑《北史》是。”

長子勉，字宣祖，頗涉史傳。普泰中，[1]兼尚書右丞。[2]勉善附會，世論以浮競譏之。[3]爲尚書令尒朱世隆所親待，[4]而尚書郎魏季景尤爲世隆所知，[5]勉與季景内頗不睦。季景於世隆求右丞，[6]奪勉所兼，世隆啓用季景，勉遂悵怏自失。太昌初，除散騎常侍、征東將軍、金紫光禄大夫、定州大中正，[7]敕左右廂出入。其家被收之際，逃免。後見齊神武，[8]勞撫之。天平末，[9]遣勉送勳貴妻子赴定州，因得還。屬母李氏喪亡，勉哀號過性，遇病卒。無子，弟宣度以子龍子爲後。[10]勉弟猷。

[1]普泰：北魏節閔帝的年號（531—532）。

[2]尚書右丞：《魏書》卷五七《崔挺附崔孝芬傳》作“尚書左丞”。《通志》卷一四八同《北史》。源氏校勘記云：“《魏書》作‘左丞’。”按：後文中提及“季景於世隆求右丞，奪勉所兼”，可知勉當爲“尚書右丞”，今從《北史》。

[3]浮競：争名奪利。

[4]尒朱世隆：人名。字榮宗，北秀容（今山西朔州市）人，契胡族。北魏末年官吏。見《北史》卷四八《尒朱榮附尒朱世隆傳》。

［5］尚書郎：官名。北魏時凡尚書曹郎、郎中、侍郎皆可簡爲此稱，掌收發文書奏章庶務，可直接向皇帝奏報本職政務。孝文帝太和二十三年定爲六品。　魏季景：人名。鉅鹿下曲陽（今河北晋州市西）人。北魏學者、官吏。見《北史》卷五六《魏季景傳》。

［6］於：殿本、四庫本、四部備要本作“與”。《通志》卷一四八作“於”。按：據文中“世隆啓用季景”，可知“季景於世隆求右丞”，從底本。

［7］征東將軍：官名。北魏時爲四征將軍之一，多爲持節都督，出鎮地方，地位顯要。孝文帝太和十七年定爲從一品中，二十三年改爲二品。

［8］齊神武：《魏書·崔挺附崔孝芬傳》作“齊獻武王”。《通志》卷一四八同《北史》。按：神武，北齊後主天統元年所改高歡的謚號。獻武王，高歡的謚號。二者均可。

［9］天平末：底本作“天平初”，源氏校勘記云：“‘初’《魏書》作‘末’。”中華本校勘記云：“《魏書》‘初’作‘末’。按上文云孝芬被誅，‘没其家口，天平中乃免之’。則作‘末’是。”今從改。

［10］弟宣度以子龍子爲後：《魏書·崔挺附崔孝芬傳》作“以子龍後之”。《通志》卷一四八同底本。按：宣度爲崔勉之弟，龍子爲宣度之子。《魏書》不如《北史》明晰。

猷字宣猷。少好學，風度閑雅。性鯁正，有軍國籌略。普泰初，累遷司徒從事中郎。[1]既遭家難，遂間行入關。及謁魏孝武，哀動左右。帝爲之改容，目送曰：“忠孝之道，萃此一門。”即以本官奏門下事。

［1］司徒從事中郎：宋本作“司徒事中郎”。《魏書》卷五七《崔挺附崔孝芬傳》作“司徒中郎”。《通志》卷一五七同《北史》。

從事中郎，官名。東漢始置。魏晋南北朝因之，其職權根據時間和府屬所定。或爲主吏，或分掌諸曹，或掌機密。地位較高。北魏時公府、皇子開府、庶姓開府俱置。

大統初兼給事黄門郎、平原縣伯。[1]二年，正黄門。[2]行軍禽竇泰，[3]復弘農，破沙苑，猷常以本官從軍典文翰。五年，除司徒左長史，[4]加驃騎將軍。[5]時太廟初成，四時祭祀猶設俳優角抵之戲；[6]其郊廟祭官，多有假兼。猷上疏諫，書奏，並納焉。遷京兆尹。[7]時婚姻禮嫁聚會之辰，[8]多舉音樂；又廛里富室，衣服奢淫，乃有織成文繡者。猷請禁斷，事並施行。與盧辯等創脩六官。[9]十二年，除淅州刺史。[10]

[1]大統：西魏文帝的年號（535—551）。　給事黄門郎：官名。給事黄門侍郎的簡稱。西魏時五品。　平原縣伯：封爵名。平原，縣名。治所在今甘肅隴西縣境内。

[2]正：官制用語。即一官之長。　黄門：即黄門郎，官名。西魏時管理宦者、宫人。

[3]行軍禽竇泰：源氏校勘記云："'行軍'《周書》作加'中央將軍'。"竇泰，人名。字世寧，太安捍殊（今山西壽陽縣北）人。東魏孝静帝天平四年（537），與宇文泰戰於小關，全軍覆没而自殺。見《北史》卷五四《竇泰傳》。

[4]司徒左長史：官名。東漢末，丞相長史有左右之分。三國魏初廢丞相爲司徒，此職襲相府左長史之任，與司徒右長史並爲司徒府僚屬之長，佐司徒總管府内諸曹，位在右長史之上。北魏孝文帝太和二十三年爲三品。北齊沿置，從三品。

[5]驃騎將軍：官名。魏晋制度，驃騎將軍爲重號將軍，僅次

大將軍，本不須加“大”，然兩晋將軍名號愈來愈濫，遂又增此號，居諸名號將軍之首。多加於權臣元老，以示尊崇，開府置僚屬，不領兵。南北朝因之。北魏孝文帝太和十七年定爲一品中，二十三年改爲從一品。

[6]俳優：演滑稽戲雜耍的藝人。　角抵：兩人相抵較量氣力的一種技藝表演。

[7]京兆尹：官名。西漢始置。爲京畿地方行政長官之一。職掌如同地方郡守，但地位高於郡守，位列九卿。西魏時在京師長安置此職，北周初改爲京兆郡守，明帝二年（558）復爲京兆尹。

[8]時婚姻禮嫁聚會之辰：源氏校勘記云：“《周書》作‘婚姻禮瘞嫁娶之辰’。似是。”

[9]盧辯：人名。字景宣，范陽涿（今河北涿州市）人。西魏官吏。見《北史》卷三〇《盧同附盧辯傳》。　六官：《周禮》按天地四時分設六卿，亦稱六官。即天官冢宰、地官司徒、春官宗伯、夏官司馬、秋官司寇、冬官司空。隋之後，稱六部尚書爲六官。

[10]淅州：毛本、殿本、四庫本、局本、四部備要本作“浙州”。按：據《通志》卷一五七，今從底本。

十四年，侯景據河南歸款，遣行臺王思政赴之。[1]周文與思政書曰：“崔宣猷智略明贍，有應變之才，若有所疑，宜與量其可不。”思政初頓兵襄城，[2]後於潁川爲行臺，[3]并致書於猷。猷書曰：“襄城控帶京洛，[4]寔當今之要地，如有動静，易相應接。潁川既鄰寇境，又無山川之固，賊若潛來，徑至城下。莫若頓兵襄城，爲行臺所；潁川置州，遣郭賢守。[5]則表裏膠固，人心易安，縱有不虞，豈能爲患。”使人見周文，具以啓聞。

周文令依猷策。思政重啓，求與朝廷立約，賊若水攻，乞一周爲斷；陸攻，請三歲爲期。限内有事，不煩赴援。過此以往，惟朝廷所裁。乃許之。及潁川没，周文深追悔焉。以疾去職，屬大軍東征，周文賜以馬，隨軍與之籌略。十七年，進侍中、驃騎大將軍、開府儀同三司、本州大中正，賜姓宇文氏。

[1]王思政：人名。太原祁（今山西祁縣東南）人。北魏、西魏名將。見《北史》卷六二《王思政傳》。

[2]襄城：郡名。西魏時治襄城縣，在今河南襄城縣。

[3]潁川：郡名。西魏時治長社縣，在今河南長葛市東北。

[4]京洛：漢魏洛陽城的别稱。

[5]郭賢：人名。字道因，趙興陽州（今甘肅寧縣）人。西魏、北周官吏。見《周書》卷二八《權景宣附郭賢傳》。

恭帝元年，[1]周文欲開梁、漢舊路，[2]乃命猷督儀同劉道通等五人開通車路，[3]鑿山堙谷五百餘里，至于梁州。即以猷爲都督、梁州刺史。及周文崩，始、利、沙、興等諸州阻兵爲逆，[4]信、合、開、楚四州亦叛，[5]唯梁州境内，人無二心。利州刺史崔士謙請援，[6]猷遣兵六千赴之；信州糧盡，猷爲送米四千斛。於是一鎮獲全。猷第二女，[7]帝養爲己女，封富平公主。[8]

[1]恭帝：即西魏皇帝元廓。恭爲其謚號。

[2]梁：州名。西魏時治光義縣，在今陝西漢中市。　漢：即漢水。長江最大的支流。發源於陝西寧强縣米倉山，流經陝西南部，湖北的中部、西部，在武漢匯入長江。漢武帝時爲把漢江下游

物産，溯漢江而上運至長安，派張湯父子率領數萬軍民修築褒斜道，工程包括褒水、斜水等河流航道的整治和褒斜道陸路車道的開鑿。

[3]儀同：儀同大將軍、儀同將軍的省稱。西魏、北周府兵二十四開府府所統儀同府主管將軍，軍號爲車騎大將軍、儀同三司。北周武帝建德四年改爲儀同大將軍。位開府大將軍下。

[4]始：州名。西魏時治普安縣，在今四川劍閣縣城關。　利：州名。西魏時治興安縣，在今四川廣元市。　沙：州名。西魏時治白沙關，在今湖北紅安縣東北。底本作“涉”，宋本、元大德本、毛本、殿本、四庫本、局本、四部備要本、中華本作“沙”。按：字形相近而訛，從中華本改。　興：州名。西魏時治武興城，在今陝西略陽縣。

[5]信：州名。西魏時治白帝城，在今重慶奉節縣。　合：州名。西魏時治汝陰縣，在今安徽合肥市。　開：州名。西魏時治開州城，在今重慶開縣西北。　楚：州名。西魏時治巴縣，在今重慶。

[6]崔士謙：人名。字士遜，博陵安平（今河北安平縣）人。北魏、西魏、北周將領。見《周書》卷三五《崔士謙傳》。

[7]二女：源氏校勘記云：“《周書》作‘三女’。”

[8]富平公主：封號。富平，縣名。治所在今甘肅慶陽市西南。

周明帝即位，[1]徵拜御正中大夫。[2]時依《周禮》稱天王，又不建年號。猷以爲世有澆淳，[3]故帝王因以沿革。今天子稱王，不足以威天下。請遵秦漢，稱皇帝，建年號。朝議從之。除司會中大夫，[4]御正如故。明帝崩，遺詔立武帝。晉公護謂猷曰：[5]“今奉遵遺旨，君以爲何如？”對曰：“殷道尊尊，周道親親，今朝廷既遵周禮，無容輒違此義。”雖不行，時稱其守正。

[1]周明帝：即北周皇帝宇文毓。明爲其謚號。

[2]御正中大夫：官名。西魏恭帝三年（556）置，北周沿置。天官府御正司長官，正五命。北周明帝武成元年於其上置上大夫，遂降爲副職。武帝建德二年省，以下大夫主司務，静帝大象元年（579）復，仍在上大夫下。在皇帝左右，負責宣傳詔命，参議刑罰爵賞及軍國大事。頒發詔書時須其連署。隋文帝開皇元年廢。

[3]澆淳：浮薄的風氣破壞了淳厚的風氣。

[4]司會中大夫：官名。西魏恭帝三年置，北周沿置。爲天官府司會司長官，掌管全國財政收支計劃，協助大冢宰管理六府之事。員一人，正九命。隋文帝開皇元年罷。

[5]晋公護：即宇文護。

及陳將華皎來附，[1]晋公護議欲南伐，公卿莫敢言。猷獨進曰："前歲東征，死傷過半，比雖加撫循，而創痍未復。近者長星爲災，[2]乃上玄所以垂鑒誡也，豈可窮兵極武，而重其譴負哉？"[3]議不從。後水軍果敗，而裨將元定等遂没江南。[4]

[1]華皎：人名。晋陵暨陽（今江蘇江陰市）人。南朝梁、陳官吏。見《陳書》卷二〇《華皎傳》。底本作"蔡皎"，源氏校勘記改"蔡"作"華"。中華本校勘記云："諸本'華'訛作'蔡'，據《周書》卷三五、《通志》卷一五七《崔猷傳》改。事見本書卷一〇《周武帝紀》天和二年閏六月。"今從改。

[2]長星：星名。類似彗星，有長形光芒。

[3]負哉：毛本、殿本、四庫本、局本、四部備要本作"責哉"。《周書》卷三五、《册府元龜》卷四六五同底本。《通志》卷一五七作"責"。未詳孰是。

[4]元定：人名。字願安，河南洛陽（今河南洛陽市）人。北魏、西魏、北周將領。見《北史》卷六九《元定傳》。

建德六年，[1]拜少司徒，[2]加上開府儀同大將軍。[3]隋文帝受禪，以猷前代舊齒，授大將軍，進爵汲郡公。[4]開皇四年，卒，謚曰明。子仲方嗣。

[1]建德：北周武帝的年號（572—578）。

[2]少司徒：官名。又稱小司徒，爲小司徒上大夫的省稱。西魏恭帝三年置，北周沿置。地官府次官，佐大司徒卿掌民户、土地、賦役、教育、倉廩、關市及山澤漁獵等方面的事務。正六命。

[3]上開府儀同大將軍：官名。北周武帝建德四年置，位在開府儀同大將軍上。主要授予有軍勳的功臣及北齊降官，無具體職掌。爲勳官之第五等，九命。

[4]汲郡公：封爵名。汲郡，北周時治衛縣，在今河南浚縣西南。

仲方字不齊。少好讀書，有文武才略。年十五，周文帝見而異之，[1]令與諸子同就學。隋文帝亦在其中，由是與帝少相款密。[2]後以明經爲晋公宇文護參軍，轉記室，[3]遷司玉大夫，[4]與斛斯徵、柳敏等同脩禮律。[5]後以軍功授平東將軍、銀青光禄大夫，[6]賜爵石城縣男。[7]時武帝陰有滅齊志，仲方獻二十策，帝大奇之。復與少内史趙芬删定格式。[8]尋從帝攻下晋州，[9]又令仲方説下翼城等四城，[10]授儀同，進爵范陽縣侯。[11]後以行軍長史從郯國公王軌禽陳將吴明徹於吕梁，[12]仲方策居多。

[1]周文帝：即宇文泰。文爲其謚號，北周明帝所追謚。

[2]款密：親密。

[3]記室：官署名。西晋於丞相府置，爲諸曹之一，設參軍爲長官，專掌文疏表奏。

[4]遷司玉大夫：底本“司玉”作“司正”，宋本、元大德本作“司王”。中華本校勘記云：“大德本、南本‘玉’作‘王’，百衲本據殿本修改作‘正’。《周書》卷三五《崔猷傳》、《隋書》卷六〇、《通志》卷一六三《崔仲方傳》作‘玉’。按《通典》卷三九《後周官品》正四命見司玉下大夫。‘王’‘正’都訛，今據改。”今從改。

[5]斛斯徵：人名。字士亮，廣牧富昌（今内蒙古准格爾旗東南）（《周書》作“河南洛陽”）人，鮮卑族。西魏、北周、隋朝官吏。見《北史》卷四九《斛斯椿附斛斯徵傳》。　柳敏：人名。字白澤，河東解（今山西臨猗縣）人。西魏、北周官吏。見《北史》卷六七《柳敏傳》。

[6]平東將軍：官名。爲四平將軍之一。權任很重，多持節都督或兼理某一地區的軍事，有時也作爲刺史兼理地方軍事的加官。北周時爲正七命。

[7]石城縣男：封爵名。石城，縣名。治所在今山西原平市北。

[8]趙芬：人名。字士茂，天水西（今甘肅天水市西）人。北周、隋朝官吏。見《隋書》卷四六《趙芬傳》。

[9]晋州：北周時治白馬城，在今山西臨汾市。

[10]翼城：在今山西翼城縣東南。

[11]范陽縣侯：封爵名。范陽，縣名。治所在今河北定興縣西南固城鎮。

[12]行軍長史：官名。東漢末曹操丞相府高級僚屬。出征則置，掌管行營事務。歷代多沿置。　王軌：人名。小名沙門，太原祁（今山西祁縣東南）人。北周將領。見《北史》卷六二《王軌

傳》。 吴明徹：人名。字通昭，秦郡（今江蘇南京市六合區）人。南朝陳將領。見《陳書》卷九《吴明徹傳》。

宣帝嗣位，[1]爲少内史。[2]會帝崩，隋文帝爲丞相，與仲方相見，握手極歡，仲方亦歸心焉。其夜上便宜十八事，帝並嘉納之。又勸帝應天受命，從之。及受禪，上召仲方與高熲議正朔服色事。[3]仲方曰："晋爲金行，[4]後魏爲水，周爲木，皇家以火承木德之統；[5]又聖躬載誕之初，有赤光之瑞。車服旗牲，並宜用赤。"又勸上除六官，依漢魏之舊。並從之。進位上開府，授司農少卿，進爵固安縣公。[6]令發丁三萬於朔方、靈武築長城，[7]東至黄河，西拒綏州，[8]南至勃出嶺，[9]綿歷七百里。明年，復令仲方發丁十萬，[10]於朔方已東，緣邊險要，築數十城，以遏胡寇。

[1]宣帝：即北周皇帝宇文贇。宣爲其謚號。

[2]少内史：官名。小内史異稱。《資治通鑑》南朝陳宣帝大建十二年七月胡三省注："以杜佑《通典》考之，'少内史'當作'小内史'。"小内史，即小内史中下大夫的省稱。西魏恭帝三年置，北周沿置。春官府内史司次官，佐内史中大夫掌綸誥，並參議刑罰爵賞以及軍國大事。北周宣帝時置内史上大夫爲内史司長官，其地位下降，正四命。

[3]高熲：人名。字昭玄，勃海蓨（今河北景縣）人。北周、隋朝大臣。見《北史》卷七二《高熲傳》。殿本、局本、四部備要本作"高潁"。按：據《隋書》卷六〇、《通志》卷一六三，今從底本。

[4]金行：局本作"金後"。按：據《隋書》卷六〇、《北史》

卷一六三、《册府元龜》卷四，今從底本。

[5]皇家以火承木德之統：源氏校勘記云："'德之'《隋書》作'得天之'。"

[6]固安縣公：源氏校勘記云："《隋書》作'安固'。"中華本校勘記云："《隋書》'固安'作'安固'。按《崔説傳》，説封安固縣侯。'安固'當爲'安國'之訛，（見前校記。）這裏的'固安'亦疑是'安國'的倒訛。"

[7]朔方：郡名。北周時治所在今内蒙古杭錦旗北。　靈武：縣名，治所在今寧夏銀川市北。

[8]綏州：北周時治安寧縣，在今陝西綏德縣東南。

[9]勃出嶺：山名。在今陝西吴旗縣東北。

[10]發丁十萬：《隋書》卷六〇《崔仲方傳》作"發丁十五萬"。

丁父艱，去職。未朞，起爲虢州刺史。[1]上書論取陳之策曰：

[1]虢州：隋朝時治盧氏縣，在今河南盧氏縣。

臣謹案：晋太康元年，[1]歲在庚子，晋武帝平吴。[2]至今開皇六年，歲次丙午，[3]合三百七載。《春秋寶乾圖》云：[4]"王者三百年一蠲法。"[5]今三百之期，可謂至矣。陳氏草竊，起於丙子，[6]至今丙午，又子午爲衝，陰陽之忌。昔史趙有言曰："陳，顓頊之族，爲水，故歲在鶉火以滅。"[7]又云："周武王克商，封胡公滿於陳。"[8]至魯昭九年，陳災，裨竈曰："歲五及鶉火而後陳亡，楚克之。"[9]

楚，祝融後也，[10]爲火正，故復滅陳。陳承舜後，舜承顓頊。太歲左行，歲星右轉，鶉火之歲，陳族再亡，戊午之年，嬀虞運盡。[11]語跡雖殊，考事無別。皇朝五運相承感火德；而國號爲隋，[12]隋與楚同分，楚是火正。午爲鶉火，未爲鶉首，申爲實沈，[13]酉爲大梁。[14]既當周、秦、晉、趙之分，若當此分發兵，將得歲之助。以今量古，陳滅不疑。臣謂午、未、申、酉並其數極。蓋聞天時不如地利，地利不如人和。況主聖臣良，兵强國富，陳既主昏於上，人讟於下，[15]險無百二之固，[16]衆非九國之師，[17]獨此島夷，而稽天討！

[1]太康：西晉武帝的年號（280—289）。

[2]晉武帝：即西晉皇帝司馬炎。武爲其謚號。

[3]丙午：局本作“庚子”，毛本、殿本、四庫本、四部備要本作“庚午”。《通志》卷一六三、《太平御覽》卷三〇四、《隋文紀》卷四作“丙午”。按：開皇六年，歲在丙午。從底本。

[4]春秋寶乾圖：緯書名。撰者不詳，三國魏宋均注。已佚。

[5]蠲（juān）法：除却法令。

[6]丙子：毛本、殿本、四庫本、四部備要本作“庚子”。《通志》卷一六三作“丙子”，《太平御覽》卷三〇四作“庚子”，《隋文紀》卷四作“丙子”。按：南朝梁將領陳霸先扶持梁敬帝繼位，時爲太平元年（556），爲丙子年。第二年梁敬帝禪位，而陳氏在此之前稱帝。從底本。

[7]“昔史趙有言”至“鶉火以滅”：見《左傳》昭公八年。此爲五行相勝之説。史趙，人名。春秋時晉太史。晉君常向他咨詢國家大事。鶉火，星次名。南方有井、鬼、柳、星、張、翼、軫七

宿，稱朱鳥七宿。首位者稱鶉首，中部者（柳、星、張）稱鶉火（亦稱“鶉心”），末位者稱鶉尾。

[8]胡公滿：人名。西周時陳國開國君主。傳説是虞舜的後代，胡姓、陳姓的始祖。見《史記》卷三六《陳杞世家》。　陳：春秋時期諸侯國之一，都城在今河南淮陽縣，領地大致包括今河南東部、安徽的一部分。

[9]魯昭：即魯國國君姬裯。昭爲其謚號。　裨竈：人名。春秋時鄭國大夫。明天文占候之術。曾預料周王、晋君、楚子之將卒，陳國之將亡。見《左傳》昭公九年。

[10]祝融：古帝顓頊（高陽氏）的後裔。見《史記》卷四〇《楚世家》。

[11]嬀虞：姓氏。爲上古時期原始姓氏之一，源於有虞氏，出自上古高辛氏後裔堯帝的封地。

[12]而國號爲隋：源氏校勘記云：“‘國’上《隋書》有‘王’字。”

[13]實沈：星次名。大致相當於二十八宿的觜、參和畢、井的一部分。

[14]大梁：星次名。在二十八宿爲胃、昴、畢三星。

[15]讟（dú）：怨恨。

[16]百二之固：《史記》卷八《高祖紀》：“秦，形勝之國，帶河山之險，縣隔千里，持戟百萬，秦得百二焉。”裴駰注引蘇林云：“秦地險固，二萬人足當諸侯百萬人也。”後用來形容秦隴地勢險要。

[17]九國之師：賈誼《過秦論》：“秦人開關延敵，九國之師，逡巡不敢進。”

伏度朝廷，自有宏謨，芻蕘所見，冀申螢爝。[1]今唯須武昌以下，[2]蘄、和、滁、方、吴、海

等州，[3]更帖精兵，密營渡計；益、信、襄、荆、基、郢等州，[4]速造舟楫，多張形勢，爲水戰之具。蜀、漢二江，[5]是其上流，水路衝要，必争之所。賊雖於流頭、荆門、延洲、公安、巴陵、隱磯、夏首、蘄口、湓城置船，[6]然終聚漢口、峽口，[7]以水戰大決。[8]若賊必以上流有軍，令精兵赴援者，下流諸將，即須擇便横度；如擁衆自衛，上江水軍，鼓行以前。雖恃九江五湖之險，非德無以爲固；徒有三吴百越之兵，無恩不能自立。

[1]芻（chú）蕘（ráo）：割草打柴的人。認爲自己的意見很淺陋的謙虚説法。　爝：弱火。

[2]武昌：城名。在今湖北鄂州市鄂城區。

[3]蘄和滁方吴海等州：底本“滁”作“徐”，源氏校勘記云：“《隋書》作‘滁方’。”中華本校勘記云：“諸本‘滁’作‘徐’，《隋書》卷六〇《崔仲方傳》作‘滁’。按滁州見《隋書》卷三一《地理志》下江都郡清流縣注，其地鄰近長江。徐州在後方，非渡江之處。作‘滁’是，今據改。”今從改。蘄，州名。隋朝初治齊昌縣，在今湖北蘄春縣西南。滁，州名。隋朝時治清江縣，在今安徽滁州市。方，州名。隋朝初治尉氏縣，在今江蘇南京市六合區。吴，州名。陳宣帝太建十一年（579），南兖州入北周，改名吴州。隋文帝開皇九年（589）改名揚州。故此吴州爲北周時吴州，隋初沿置，治廣陵縣，在今江蘇揚州市城區。海，州名。隋朝時治朐山縣，在今江蘇連雲港市海州鎮。

[4]益：州名。隋朝時治成都縣，在今四川成都市。　襄：州名。隋朝時治襄陽縣，在今湖北襄樊市。　荆：州名。隋朝初治穰城，在今河南鄧州市西南。　基：州名。隋朝初治豐鄉，在今湖北

荆門市東南馬良鎮。隋煬帝初廢。　郢：州名。隋朝初治長壽縣，在今湖北鍾祥市。

[5]蜀：長江在四川境内的别稱。　漢：即漢水。

[6]流頭：地名。又名虎頭灘，在今湖北宜昌市。　荆門：山名。在今湖北宜都市西北長江西南岸，東北與虎牙山隔江相望。爲兵家必争之要地。　延洲：洲名。在今湖北宜都市附近長江中。　公安：縣名。治所在今湖北公安縣西北。　巴陵：地名。在今湖南岳陽市。　隱磯：地名。在今湖南臨湘市西北長江北岸，與彭城磯隔江相對。　夏首蕲口：底本作"夏口"，源氏校勘記云："《隋書》'首'下有'蕲口'。"中華本校勘記云："諸本脱'首蕲'二字，據《隋書》補。"今從補。夏首，地名。即夏口。在今湖北武漢市。蕲口，地名。長江水與蕲水匯合的地方，在今湖北蕲春縣。　盆城：縣名。即湓城。治所在今江西九江市。

[7]峽口：地名。在今湖北宜昌市西長江西陵峽口。

[8]以水戰大決：底本作"以水戰火決"，源氏校勘記云："《隋書》'火'作'大'。"中華本校勘記云："諸本'大'訛作'火'，據《隋書》《通志》改。"今從改。

上覽，大悦。轉基州刺史，徵入朝。仲方因陳經略，上善之，賜以御袍袴并羅雜綵五百段，進位開府。及大舉伐陳，以仲方爲行軍總管，與秦王會。及陳平，坐事免。未幾，復位。

後數載，授會州總管。[1]時諸羌猶未賓附，[2]詔仲方擊之，與賊三十餘戰，紫祖、四鄰、望方、涉題、干碉、小鐵圍山、白男、弱水等赭都諸賊悉平。[3]賜奴婢一百二十口、黄金三十斤。[4]遷代州總管。[5]後被徵入朝。

[1]會州：隋朝時治汶山縣，在今四川汶川縣威州鎮。

[2]羌：族名。十六國時曾建立後秦政權，漸與漢族融合。隋時分布於今陝西、甘肅、四川地區。

[3]紫祖：部落名。居住在今甘肅靖遠縣西。　四鄰：部落名。居住於今四川茂縣一帶。　望方：部落名。居住於今甘肅靖遠縣一帶。　涉題：部落名。約滋息於今蔥嶺以南、以東地區。局本、毛本作"題"。按：從底本。　干碉：部落名。居住於今四川茂縣一帶。以游牧爲主，後漸從事農耕。　小鐵圍山：部落名。居住於今四川茂縣一帶。　白男：部落名。亦稱白男王。居住於今四川茂縣一帶。以游牧爲主，後漸從事農耕。源氏校勘記云："《隋書》作'白男王、若水等郡悉平'。"　弱水等緒都諸賊悉平：中華本校勘記云："《隋書》'緒都諸賊'作'諸部'二字，張森楷云：'"緒都"二字無誼，疑即"諸部"之誤。'"可從。弱水，部落名。居住於今甘肅永昌縣西。

[4]一百二十口：源氏校勘記云："《隋書》作'三十口'。"

[5]代州：隋朝時治廣武縣，在今山西代縣。

會文帝崩，漢王餘黨據吕州不下。[1]煬帝遣周羅睺攻之，[2]中流矢卒。及令仲方代總其衆，拔之，進位大將軍。歷户部、禮部尚書，[3]坐事免。尋爲國子祭酒，[4]轉太常卿。朝廷以其衰老，出拜上郡太守。[5]以母憂去職，歲餘起爲信都太守。[6]後乞骸骨，優詔許之，卒於家。子燾，[7]位定陶令。[8]宣猷弟宣度，位齊王開府司馬、恒農太守。[9]宣度弟宣軌，頗有才學，位尚書考功郎中，[10]與弟宣質、宣静、宣略並早卒。

[1]漢王：指隋文帝第五子楊諒。見《北史》卷七一《庶人諒

傳》。　吕州：隋朝時治霍邑縣，在今山西霍州市。

［2］周羅睺：人名。字公布，九江尋陽（今江西九江市）人。隋朝將領。見《北史》卷七六《周羅睺傳》。

［3］户部尚書：官名。隋文帝開皇三年置，由度支尚書改名。爲六部中户部的最高長官，掌管國家户口、税收等。正三品。　禮部尚書：官名。北魏始置，爲禮部的長官。隋時屬尚書省，爲六部之一禮部的最高長官，掌管禮儀、祭祀、宴享以及學校政令，總判部屬各司事。地位得到較大的提升。員一人，正三品。

［4］國子祭酒：官名。晋武帝咸寧間置。隋初隸屬太常寺，統國子太學、四門、書算學。文帝開皇十三年時改爲國子學長官，不再隸屬太常寺。仁壽元年廢置。

［5］上郡：隋朝時治鄜城縣，在今陝西洛川縣東南。

［6］信都：郡名。隋朝時治信都縣，在今河北冀州市。

［7］子燾：源氏校勘記云："'燾'《隋書》作'壽'。"

［8］定陶：縣名。治所在今山東定陶縣西北。

［9］齊王：指隋煬帝第二子楊暕。見《北史》卷七一《齊王暕傳》。　司馬：官名。王國、王府屬官。其品秩隨府主而定，掌参贊軍務，管理府内武職。

［10］尚書考功郎中：官名。尚書省吏部考功曹長官中的資深者，掌考課官吏。從五品。

孝芬弟孝偉，[1]趙郡太守。郡經葛榮離亂後，[2]人皆賣鬻兒女，夏椹人熟，[3]孝偉勸户人多收之，郡内乃安。教其人種殖，[4]招撫遺散，先恩後威，一周之後，流户大至。興立學校，親加勸厲，[5]百姓賴之。卒郡，贈瀛州刺史，謚曰簡。朝議謂爲未申，復贈安北將軍、定州刺史。[6]一子昂。

[1]孝偉：源氏校勘記云："《魏書》作'孝暐'。"

[2]葛榮：人名。北魏末河北義軍首領。

[3]椹（shèn）：同"葚"。桑樹的果實。

[4]種殖：《魏書》卷五七《崔挺附崔孝偉傳》"種"字下無"殖"字。

[5]勸厲：《魏書·崔挺附崔孝偉傳》作"勸篤"。

[6]安北將軍：官名。三國魏文帝時始置。與安東、安西、安南將軍合稱四安將軍。北魏時爲北方某一地區的軍事長官，或作爲刺史等地方官兼理軍務時的加官，權任重。孝文帝太和十七年定爲二品下，二十三年定爲三品。

昂字懷遠，七歲而孤，事母以孝聞。伯父吏部尚書孝芬嘗謂親友曰：[1]"此兒終當遠至，是吾家千里駒也。"昂性端直，頗綜文詞。

[1]伯父：底本作"祖父"，中華本校勘記云："諸本'伯'訛'祖'，據《北齊書》卷三〇、《通志》卷一五三《崔昂傳》改。"今從改。

天平二年，文襄引爲記室參軍，[1]委以腹心之任；及輔國政，[2]召爲開府長史，并攝京畿長史事。時勳將親族賓客，多行不軌，孫騰、司馬子如之門尤劇。[3]昂受文襄密旨，以法繩之，未幾間，内外齊肅。尋遷司徒右長史。[4]時左府有陽平人吴賓爲妄認繼嗣事，[5]披訴經久。長史王昕、郎中鄭憑、掾盧斐、屬王敬寶等窮其獄，[6]始末積年，鞫掠不獲實。[7]司徒婁昭付昂推問，[8]即日詰根緒，獲其真狀。昭歎曰："左府都官數人，[9]不

如右府一長史。”昕、憑甚以爲愧。

[1]記室參軍：官名。又稱記室參軍事。爲記室曹長官，掌文書表奏。皇弟皇子府、嗣王藩王府、公府、持節都督府皆置，自七品至九品不等。

[2]國政：宋本作“國朝”。按：據文意，從底本。

[3]孫騰：人名。字龍雀，咸陽石安（今陝西咸陽市東北）人。東魏大臣。見《北史》卷五四《孫騰傳》。　司馬子如：人名。字遵業，河内温（今河南温縣）人。北魏、東魏、北齊官吏。見《北齊書》卷一八《司馬子如傳》。

[4]司徒右長史：官名。三國魏始置，爲司徒府僚屬之長，位次左長史，掌佐司徒主各曹事等。兩晋南北朝及隋初沿置。

[5]左府：官署名。東魏設，爲司徒左長史屬下機構之别稱。　陽平：郡名。北魏時治館陶城，在今河北館陶縣。

[6]王昕：人名。字元景，北海劇（今山東壽光市東南）人。北魏、東魏、北齊官吏。見《北史》卷二四《王昕傳》。　掾：屬官統稱。漢朝三公府及其他重要官府皆置掾史、屬，分曹治事。掾爲曹長，故掾史多冠以曹名，如户曹掾、户曹史等。三國晋南北朝公府皆置。　盧斐：人名。字子章，范陽涿（今河北涿州市）人。北齊酷吏。見《北齊書》卷四七《盧斐傳》。　屬：屬吏。漢朝三公府及其他重要官府皆置掾史、屬，分曹治事。掾爲曹長，屬爲副貳。故有掾屬、令史屬、御史屬等名目。三國晋南朝北朝公府皆置。　王敬寶：人名。太原（今山西太原市晋源區古城營村一帶）人。北齊官吏。

[7]鞫（jū）掠：審問拷打犯人。

[8]婁昭：人名。字菩薩，代郡平城（今山西大同市東北）人。東魏官吏。見《北齊書》卷一五《婁昭傳》。

[9]都官：官名。掌刑獄等事務。

武定中，[1]文襄普令内外極言得失。昂上書曰："屯田之設，其來尚矣。曹魏破蜀，業以興師；馬晋平吴，[2]兵因取給。朝廷頃以懷、洛兩邑，[3]鄰接邊境，薄屯豐稔，糧儲已贍。準此而論，龜鏡非遠。其幽、安二州，[4]控帶奚賊、蠕蠕；[5]徐、揚、兖、豫，[6]連接吴越强鄰。實藉轉輸之資，常勞和糴之費。[7]諸道别遣使營之，每考其勤惰，則人加勸勵，倉廩充實，供軍濟國，寔謂在兹。其次，法獄之重，人命所懸。頃者官司糾察，[8]多不審練，乃聞緣淺入深，未有雪大爲小，咸以畏避嫌疑，共相殘刻。至如錢絹粟麥，其狀難分，徑指爲贓，罪從此定。乞勒群司，務存獲實。如此則有息將來，必無枉濫。"文襄納之。

[1]武定：東魏孝静帝的年號（543—550）。

[2]馬晋平吴：指晋武帝司馬炎滅三國吴。

[3]懷：州名。東魏時治野王縣，在今河南沁陽市。　洛：州名。東魏時治洛陽城，在今河南洛陽市東北。

[4]幽：州名。東魏時治薊縣，在今北京西南。　安：州名。東魏時寄治幽州北界，在今北京密雲縣東北。

[5]奚：族名。南北朝時又稱庫莫奚。源於東胡，分布在饒樂水（今西拉木倫河）流域。習俗與突厥相似，以游牧爲主，兼以射獵。北朝時，向北魏朝貢貿易。　蠕蠕：族名。亦稱柔然，本爲東胡族的一支。南北朝時始强大，活動於今蒙古國南部地區。以游牧爲生。見《北史》卷九八《蠕蠕傳》。

[6]徐：州名。東魏時治彭城縣，在今江蘇徐州市。　揚：州名。東魏時治壽春縣，在今安徽壽縣。　兖：州名。東魏時治瑕丘縣，在今山東兖州市東北。　豫：州名。東魏時治上蔡縣，在今河

南汝南縣。

[7]常勞和糴之費：底本“和”作“私”，中華本校勘記云：“按‘私’當是‘和’之訛。《隋書》卷二四《食貨志》謂東魏遷鄴後，‘常調之外，逐豐稔之處，折絹糴粟，以充國儲’。知當時有和糴。”今從改。

[8]頃者：近來。

後除尚書左丞，其年兼度支尚書。左丞之兼尚書，近代未有，朝野榮之。度支水漕陸運，昂設轉輸相入之差，付給新陳之法，有利於人，遂爲常式。右僕射崔暹奏請海沂煮鹽，[1]有利軍國。文襄以問昂。昂曰：“亦既官煮，須斷人竈，官力雖多，不及人廣。請準關市，薄爲竈税，[2]私館官給，彼此有宜。”朝廷從之。

[1]海沂煮鹽：海邊煮鹽。

[2]竈（zào）税：煮鹽户所交之税。

武定六年，甘露降宫闕，[1]文武同賀。魏帝問右僕射崔暹、尚書楊愔、崔㥄、邢卲、散騎常侍魏收、御史中丞陸操、國子祭酒李渾曰：[2]“可各言德績感致所由。”次至昂，昂曰：“吉凶兩門，不由符瑞，故桑雉之戒，[3]實啓中興；小鳥孕大，未聞福感。所願陛下，雖休勿休，允答天意。”帝爲斂容。後攝都官尚書，上勸田事七條。尋兼太府卿。[4]

[1]甘露：甘美的雨露。古人以爲天下太平的瑞徵。

[2]楊愔：人名。字遵彦，弘農華陰（今陝西華陰市東南）人。東魏、北齊官吏。見《北史》卷四一《楊播附楊愔傳》。　崔㥄：人名。字長孺，清河東武城（今山東武城縣西北）人。北魏、東魏、北齊官吏。見《北齊書》卷二三《崔㥄傳》。　邢卲：人名。字子才，河間鄚（今河北任丘市北）人。北魏、東魏、北齊官吏。見《北史》卷四三《邢巒附邢卲傳》。　魏收：人名。字伯起，鉅鹿下曲陽（今河北晋州市西）人。北齊學者。見《北史》卷五六《魏收傳》。　御史中丞：官名。掌糾彈百官，參治刑獄。從三品。　陸操：人名。字仲志，代（今山西大同市東北）人，鮮卑族。東魏、北齊官吏。見《北史》卷二八《陸俟附陸操傳》。

[3]桑雉：上古商王太戊時，祥桑朝生而暮大如拱，太戊懼，大臣伊陟勸太戊修德而祥桑枯死。商王武丁時，雉登鼎耳而鳴，武丁懼，賢臣祖己勸武丁“修政行德”，商朝復興。見《尚書·高宗肜日》、《史記》卷三《殷本紀》。後因用“桑雉”作爲帝王修德國以復興的典實。

[4]太府卿：官名。南朝梁置。掌管金帛庫藏出納、關市税收，以供國家、宫廷用度。轄左右藏、上庫、太倉、南北市諸令丞及各地關津。北魏時位列九卿，兼南朝太府、少府二卿之職，孝文帝太和二十三年定爲三品。

齊受禪，改散騎常侍，兼大司農卿。[1]二寺所掌，世號繁劇，昂校理有術，下無奸僞。又奏上横市妄費事三十四條。[2]其年，與太子少師邢卲議定國初禮式，[3]仍封華陽縣男。[4]又詔删定律令，損益禮樂，令與尚書右僕射薛琡等三人在領軍府議定。[5]帝尋幸晋陽，將發，敕遞相遵率；[6]不者，命昂以聞。昂部分科條，校正今古，手所增損，十有七八。

[1]大司農卿：官名。西漢武帝置。爲大司農的尊稱。掌管全國租賦收入和國家財政開支。東晋南北朝國家財政歸尚書省主管，大司農或置或省，所掌唯倉儲園苑及供膳之庶務。北魏孝文帝太和十七年定爲二品上，二十三年改爲三品。北齊時改名司農卿。

[2]三十四條：《通志》卷一五三同《北史》。《册府元龜》卷六二〇作"三百一十四條"。源氏校勘記云："'三'下，《北齊》有'百'字。"中華本校勘記云："《北齊書》作'三百一十四條'。"未詳孰是。

[3]太子少師：官名。西晋置。北魏、北齊仍置，掌訓導輔翊太子，無具體職司。北魏孝文帝太和十七年定爲二品上，二十三年定爲三品。北齊因之。

[4]華陽縣男：封爵名。華陽，縣名。治所在今陝西勉縣西北。

[5]令與尚書右僕射薛琡等三人在領軍府議定：底本作"令尚書右僕射琡等四十三人在領軍府議定"，源氏校勘記改"琡"作"薛琡"。中華本校勘記云："按'令'下當脱'與'字。又諸本脱'薛'字，據《北齊書》補。又《北齊書》無'四十'二字。"今從補。薛琡，人名。字曇珍，河南（今河南洛陽市）人。北魏、東魏、北齊官吏。見《北齊書》卷二六《薛琡傳》。

[6]遞相：互相。　遵率：服從、遵從。

轉廷尉卿。[1]昂號深文，[2]世論不以平恕相許。又與尚書盧斐，别典京畿詔獄，並有殘刻之聲。至於推繩大事，[3]理可明言是非，不至冤酷。有濮陽子沈子遐，[4]齎侯景鐵券，告徐州都督府長史畢義緒期舉兵應景；又衛尉卿杜弼門生郝子寬，[5]告弼誹謗，并與元子雄謀逆。帝盛怒，付昂窮鞫。昂皆執正雪免，告者引妄獲罪。天保三年，除度支尚書。[6]時有餚藏小吏，[7]因内臣投書告

事，又别有飛書告事者，並付昂窮檢。昂言笑間，咸得情，告者辭窮，並引嫌狀。於是飛書遂絶。轉都官尚書，仍兼都官事，食濟北郡幹。[8]

[1]廷尉卿：官名。北齊時爲廷尉尊稱。掌詔獄，修訂法律，審核州郡疑案，有封駁丞相、御史之權。三品。

[2]深文：制定或援用法律條文苛細嚴峻。

[3]推繩：審問處治。毛本、殿本、四庫本、局本、四部備要本作“椎”。今從底本。

[4]濮陽子：封爵名。濮陽，縣名。治所在今河南濮陽縣西南。

[5]衛尉卿：官名。北魏時定爲正式官名。位列九卿。主管宫殿、京城諸門禁衛，武器、儀仗庫藏。孝文帝太和二十三年之後爲三品。北齊因之。　杜弼：人名。字輔玄，中山曲陽（今河北曲陽縣）人。東魏、北齊將領。見《北史》卷五五《杜弼傳》。

[6]度支尚書：官名。爲尚書省度支曹長官。統管度支、户部、金部、倉部四曹。掌軍國財賦的收支會計及漕運物價屯田之政令。北齊時爲三品。

[7]餚藏：儲藏菜餚的倉庫。

[8]轉都官尚書仍兼都官事食濟北郡幹：底本“濟北”作“濟州北”，中華本校勘記云：“諸本‘濟’下衍‘州’字，據《通志》删。又張森楷云：‘都官尚書即治都官事，不得云‘仍兼’，疑此文有脱誤。’按昂先爲度支尚書，疑是‘仍兼度支事’之誤。”今從改。濟北，郡名。北齊時治盧縣，在今山東茌平縣西南。

文宣幸東山，[1]謂曰：“舊人多出爲州，當用卿爲令僕，勿望刺史。卿六十外，當與卿本州。中間，州不可得也。”後九卿以上陪集東宫，帝指昂及尉瑾、司馬子

瑞謂皇太子曰：[2]“此是國家名臣，汝宜記之。”未幾，復侍宴金鳳臺，[3]歷數諸人，咸有罪負，至昂，曰：“崔昂直臣，魏收才士，婦兄妹夫，俱省罪過。”十年，除兼右僕射，數日，即拜爲真，[4]未幾，還爲兼。楊愔少時與昂不平，文宣崩後，遂免昂右僕射，除儀同三司、光禄勳。[5]皇建元年，[6]轉太常卿。河清元年，[7]兼御史中丞，太常如故。[8]

[1]東山：在今河北臨漳縣附近。

[2]尉瑾：人名。字安仁，代（今山西大同市東北）人。北齊官吏。見《北史》卷二〇《尉古真附尉瑾傳》。　司馬子瑞：人名。河内温（今河南温縣）人。北齊官吏。見《北齊書》卷一八《司馬子如傳》。

[3]金鳳臺：臺閣名。原名銅雀。北齊文宣帝天保九年改名金鳳臺。在今河北臨漳縣境内。

[4]即拜爲真：宋本作“拜爲真”。按：據《通志》卷一五三、《册府元龜》卷四五七，今從底本。

[5]光禄勳：官名。掌宮殿門户、帳幕器物、百官朝會膳食等。三品。

[6]皇建：北齊孝昭帝的年號（560—561）。

[7]河清：北齊武成帝的年號（562—565）。

[8]太常：官名。爲太常卿的省稱。北齊時爲太常寺長官，掌管宗廟祭祀禮樂。三品。

昂從甥李公統坐高歸彦事誅。[1]依律，婦人年六十以上免配宫。[2]時公統母年始五十餘而稱六十，公統舅宣寶求吏以免其姊。昂弗知，録尚書、彭城王浟發其

事，[3]竟坐除名。三年，復爲五兵尚書，[4]遷祠部。[5]天統元年，[6]卒，贈趙州刺史。[7]

[1]高歸彦：人名。字仁英，祖籍勃海蓨（今河北景縣）。北齊宗室、大臣。見《北史》卷五一《平秦王歸彦傳》。

[2]配宫：元大德本、毛本、殿本、四庫本、局本、四部備要本作“配官”。《通志》卷一五三作“配宫”。

[3]激：即高激，人名。字子深，勃海蓨（今河北景縣）人。北齊宗室。見《北史》卷五一《彭城王激傳》。

[4]五兵尚書：官名。三國魏置。主管全國軍事行政，領中兵、外兵、騎兵、别兵、都兵五曹郎。北魏時外兵、中兵分左右，改稱七兵尚書。北齊初沿北魏制，後復稱五兵尚書。三品。

[5]祠部：官署名。北齊時爲尚書省六曹之一。掌宗廟祭祀、少數民族、疆域地圖、田獵、屯田、土木工程之政。

[6]天統：北齊後主的年號（565—569）。

[7]趙州：北齊時治廣阿縣，在今河北隆堯縣東舊城。

昂有風調才識，[1]奮立堅正剛直之名。然好揣上情，感激時主，或陳便宜闕省，[2]或列陰私罪失。深爲文宣所知賞，朝之大事，多以委之。情尚嚴猛，每行鞭撻，雖苦楚萬端，對之自若。前則崔暹、季舒爲之親援，後乃高德正是其中表，[3]常有挾恃，[4]意色矜高。以此不爲名流歸服。有五子。第三子液，[5]字君洽，頗習文藻，有學涉，風儀器局爲時論所許。以奉朝請待詔文林館。隋開皇中，爲中書侍郎。[6]

[1]風調：指人的品格情調。

[2]蠲省：廢除、免除。

[3]高德正：人名。字士貞，勃海蓨（今河北景縣）人。東魏、北齊官吏。見《北史》卷三一《高祐附高德正傳》。

[4]挾恃：底本作“俠恃”，中華本作“挾恃”。按：《北齊書》卷三〇《崔昂傳》作“挾恃”，今從改。

[5]三：元大德本、毛本、殿本、四庫本、局本、四部備要本作“二”。《通志》卷一五三同底本。

[6]中書侍郎：官名。北魏時多選用文學之士，掌草擬詔令，職位機要，員四人。孝文帝太和十七年定爲四品上，二十三年改爲從四品上。北齊時擬詔出令之職仍歸中書省，侍郎職閑官清，成爲諸王起家官，兼管伎樂。從四品。

孝偉弟孝演，字則伯，出繼伯父。性通率，美鬚髯，姿貌魁傑，少無宦情，沈浮鄉里。位瀛州安西府外兵參軍，[1]因罷歸。及鮮于脩禮起逆，遇害。無子，弟孝直以子士游爲後。

[1]安西府：即安西將軍府。安西將軍，官名。三國魏置，掌征伐。魏晉以後，爲出鎮某一地區的軍事長官，或作爲刺史等地方官兼理軍務時的加官，權任很重。與安東、安南、安北將軍合稱四安將軍，三國魏、晉皆定爲三品。北魏孝文帝太和十七年定爲二品上，二十三年改爲三品。北齊仍三品。　外兵參軍：官名。兩晉南北朝時諸公、軍府僚屬名。亦稱外兵參軍事。掌本府外兵曹事務，兼備參謀咨詢。其品位隨府主地位高低不等，有以將軍、太守兼領者。

孝直字叔廣，[1]身長八尺，眉目疏朗，早有志尚。稍遷直閤將軍、通直散騎常侍。[2]尒朱兆入洛，[3]孝直以

天下未寧，去職歸鄉里。太昌中，除衛將軍、右光禄大夫，[4]辭不赴。卒於家，誡諸子曰："吾才疏効薄，於國無功。若朝廷復加贈謚，宜循吾意，不得祇受。若致干求，[5]則非吾意。"子士順，位太府卿。

[1]孝直字叔廣：源氏校勘記改"廣"作"廉"。中華本校勘記云："《魏書》卷五七《崔挺傳》'廣'作'廉'。張森楷云：'疑廉是。'按廉、直協義，張説是。"可從。

[2]直閤將軍：官名。南朝及北魏、北齊置。爲皇帝左右侍衛之官，地位顯要。北魏時，以宗室任此職。孝文帝太和十七年定爲從三品下。北齊時爲左右衛府直閤屬官，從四品。

[3]尒朱兆：人名。字萬仁，北秀容（今山西朔州市）人，契胡族。北魏將領。見《北史》卷四八《尒朱榮附尒朱兆傳》。

[4]衛將軍：官名。北魏時位在諸號大將軍上，多作爲軍府名號，加贈大臣、重要州郡長官，無具體職掌。二品。　右光禄大夫：官名。三國魏始置。作爲朝廷大臣的加官，或授予年老有病者爲致仕之官，也作爲卒後贈官，以示尊崇。位在金紫光禄大夫之上。北魏時爲二品。

[5]干求：請求、求取。

孝直弟孝政，字季讓。十歲挺亡，號哭不絶，見者爲之悲慘。志尚貞立，博學經史，雅好辭賦。喪紀特所留情，[1]衣服制度，手能執造。位太尉汝南王悦行參軍。[2]

[1]特：毛本作"持"。按：據《通志》卷一四八，今從底本。

[2]汝南王：封爵名。汝南，郡名。北魏時治汝南縣，在今河

南汝南縣。　悦：即元悦，人名。北魏宗室。見《北史》卷一九《汝南王元悦傳》。　行參軍：官名。三國蜀置。晋時中央除拜者爲參軍，諸府自辟者爲行參軍。晋以後行參軍亦可除拜，唯品階低於參軍。分掌府内各曹事務。官秩隨府主地位高低不等，歷代不一，北魏時爲從七品上至流外。

孝芬兄弟孝義慈厚，弟孝演、孝政先亡，孝芬等哭泣哀慟，絶肉蔬食，容貌毁瘠，[1]見者傷之。孝偉等奉孝芬盡恭順之禮，坐食進退，孝芬不命則不敢也，雞鳴而起，且温顔色，一錢尺帛，不入私房，吉凶有須，聚對分給。諸婦亦相親愛，有無共之。始挺兄弟同居，孝芬叔振既亡後，孝芬等承奉叔母李氏，若事所生。旦夕温清，出入啓覲，家事巨細，一以諮决。每兄弟出行，有獲財物，尺寸以上，皆入李之庫，[2]四時分賫，李氏自裁之，如此二十餘歲。撫從弟宣伯、子朗，如同氣焉。

[1]毁瘠（jí）：因居喪過於哀傷，以致身體瘦弱。

[2]皆入李之庫：《魏書》卷五七《崔挺傳》作“皆内李氏之庫”。《册府元龜》卷七九四同《魏書》。《通志》卷一四八同《北史》。

挺弟振。振字延根。少有學行，居家孝，爲宗族所稱。爲秘書中散，[1]在内謹敕，爲孝文所知。孝文南討，自高陽内史徵兼尚書左丞，[2]留京。振既才幹被擢，當世以爲榮。遷太子庶子。[3]

[1]秘書中散：官名。北魏置。掌禁中文書事務，參預禮儀、制度的議定，亦受皇帝之命外出執行臨時任務，多由中書學生遷任。五品中。

[2]高陽：郡名。北魏時治高陽縣，在今河北高陽縣東。

[3]太子庶子：官名。東宫屬官。爲太子的親近侍從官，掌獻納規諫。北魏孝文帝太和十七年定爲從三品上，二十三年定爲從四品上。

景明初，[1]除長兼廷尉少卿。振有公斷，以明察稱。河内太守陸琇與咸陽王禧同謀爲逆，[2]禧敗事發，振窮案之。[3]時琇内外親黨及當朝貴要咸爲言之，振研覈切至，[4]終無縱緩，遂斃之於獄。其奉法如此。除肆州刺史，[5]在任有政績。卒於河東太守，贈南兖州刺史，謚曰定。

[1]景明：北魏宣武帝的年號（500—503）。

[2]河内：郡名。北魏時治野王縣，在今河南沁陽市。　陸琇：人名。字伯琳，鮮卑族。北魏官吏。見《北史》卷二八《陸俟附陸琇傳》。　咸陽王：封爵名。咸陽，郡名。北魏時治池陽縣，在今陝西涇陽縣。　禧：即元禧，人名。字思永。北魏宗室、大臣。見《北史》卷一九《咸陽王禧傳》。

[3]窮案：徹底查究。

[4]研覈（hé）：如實審核。　切至：切直盡理。

[5]肆州：北魏時治九原縣，在今山西忻州市西北。

振歷官四十餘載，考課恒爲稱職，議者善之。子子朗，美容貌，涉獵經史，少温厚，有風尚。位侍御史，

加平東將軍,[1]卒。

[1]平東將軍：源氏校勘記云："《魏書》作'平西'。"《魏書》卷五七《崔挺傳》作"平西將軍"。《通志》卷一四八同《北史》。

挺從父子瑜,[1]字仲璉，少孤，有學業，位鴻臚少卿，封高邑男,[2]贈瀛州刺史。

[1]挺從父子瑜：《魏書》卷五七《崔挺傳》作"挺從父弟瑜之"。《通志》卷一四八同《北史》。源氏校勘記云："《魏書》'父'字作'父弟'，'瑜'作'瑜之'。"

[2]高邑男：封爵名。高邑，縣名。治所在今河北柏鄉縣北。

子孟舒，字長才，襲父爵，位廣平太守，卒，贈殷州刺史、鎮東將軍,[1]謚曰康。

[1]鎮東將軍：《魏書》卷五七《崔挺傳》作"平東將軍"。《通志》卷一四八同《北史》。源氏校勘記云："'鎮'《魏書》作'平'。"中華本《魏書》校勘記云："按上云'贈中軍將軍'，下又云'贈平東將軍'，不可通。卷一一三《官氏志》太和後職令，'平東'在第三品，'中軍'與'鎮東'並在從第二品，而'四鎮'班在前。疑本云'再（或加）贈鎮東將軍'，傳本'贈'上脱'再'或'加'字，又涉上'累遷平東將軍'語，'鎮'訛作'平'。"

孟舒弟仲舒，位鄴縣令。仲舒弟季舒，最知名。

季舒字叔正。少孤，性明敏，涉獵經史，長於尺

牘，有當世才具。年十七，爲州主簿。爲大將軍、趙郡公琛所器重，言之齊神武。神武親簡丞郎，補季舒大行臺都官郎中。[1]

[1]大行臺都官郎中：官名。北魏末置。屬大行臺，職掌同尚書都官郎中，掌刑獄，亦佐督軍事。

文襄輔政，轉大將軍中兵參軍，甚見親寵。以魏帝左右，須置腹心，擢拜中書侍郎。文襄爲中書監，[1]移門下機事，總歸中書。又季舒善音樂，故内伎亦回隸焉。[2]内伎屬中書，自季舒始也。文襄每進書魏帝，有所諫請，或文詞繁雜，季舒輒修飾通之，得申勸戒而已。静帝報答霸朝，恒與季舒論之，云崔中書是我妳母。[3]轉給事黄門侍郎，領主衣都統。[4]雖迹在魏朝，而歸心霸府，密謀大計，皆得預聞。於是賓客輻湊，傾身接禮，甚得名譽，勢傾崔暹。暹嘗於朝堂屏人拜之曰：“暹若得僕射，皆叔父之恩。”其權重如此。

[1]中書監：魏晋南北朝時爲中書省長官之一。北魏時掌納奏、擬詔、出令，然權歸中書舍人，監、令名爲長官，品秩升高，然多用作重臣加官，時人視爲閑職。北魏孝文帝太和十七年定爲從一品中，二十三年定爲從二品。北齊沿置。

[2]内伎：皇家的歌舞藝人。

[3]妳（nǎi）母：保母。

[4]主衣都統：官名。北魏置。西魏、東魏、北齊沿置。掌管御用衣服器玩等事務，是皇帝左右親近之職，地位很高，多以散騎常侍兼領。北齊時爲門下省主衣局長官，員二人。五品。

時勳貴多不法，文襄無所縱捨，[1]外議以季舒及崔暹等所爲，甚被怨嫉。及文襄遇難，文宣將赴晋陽，[2]黄門郎陽休之勸季舒從，[3]曰："一日不朝，其間容刀。"季舒性愛聲色，心在閑放，遂不請行，欲恣其行樂。司馬子如緣宿憾，[4]及尚食典御陳山提等列其過狀。[5]由是季舒及暹各鞭二百，徙北邊。

[1]縱捨：縱容，少約束。

[2]晋陽：城名。在今山西太原市晋源區的古城營村一帶。北魏末期實際行政中心，東魏下都和實際行政中心，北齊别都和實際行政中心。

[3]陽休之：人名。字子烈，北平無終（今天津薊縣）人。北魏、東魏、北齊官吏。見《北齊書》卷四二《陽休之傳》。　從：源氏校勘記云："'從'下《北齊》有'行'字。"

[4]宿憾：舊日結下的仇恨。

[5]尚食典御：官名。北魏置，掌御膳之事。北齊時爲門下省尚食局長官，總知御膳事。二員，五品。

天保初，文宣知其無罪，追爲將作大匠。[1]再遷侍中，俄兼尚書左僕射、儀同三司，[2]大被恩遇。

[1]將作大匠：官名。漢景帝置。亦簡稱將作、大匠。掌領徒隸修建宫室、宗廟、陵寢等土木工程。北魏孝文帝太和十七年定爲從二品下，二十三年定爲從三品。北齊時爲將作寺長官，從三品。

[2]尚書左僕射：官名。北齊時列位宰相，掌都省庶務、執法、典選舉，兼掌糾彈百官。從二品。

乾明初，[1]楊愔以文宣遺旨，停其僕射。遭母喪解任。起服，[2]除光禄勳，兼中兵尚書。[3]出爲齊州刺史。坐遣人度淮平市，亦有贓賄事，爲御史所劾，會赦不問。武成居藩，[4]曾病，文宣令季舒療病，備盡心力。大寧初，[5]追還，引入慰勉。累遷度支尚書、開府儀同三司。營昭陽殿，[6]敕令監造，以判事式。爲胡長仁密言其短，[7]出爲西兖州刺史。[8]爲進典籤於吏部，[9]被責免官。又以詣廣寧王宅，[10]決鞫鞭數十。[11]及武成崩，不得預於哭泣。久之，除膠州刺史，[12]遷侍中、開府，食新安、河陰二郡幹。[13]加左光禄大夫，[14]待詔文林館，監撰御覽。加特進，[15]監國史。

[1]乾明：北齊廢帝的年號（560）。

[2]起服：指喪服期滿而起用。源氏校勘記云："'復'《北齊》作'服'。"源氏筆誤，"服"《北齊書》作"復"。

[3]中兵尚書：官名。三國魏置。掌軍事樞務。屬五兵尚書之一。

[4]武成：即北齊皇帝高湛。武成爲其謚號。

[5]大寧：北齊武成帝的年號（561—562）。

[6]昭陽殿：在今河北臨漳縣西南。

[7]胡長仁：人名。字孝隆，安定臨涇（今甘肅鎮原縣）人。北齊官吏。見《北史》卷八〇《胡長仁傳》。

[8]西兖州：北齊時治左城，在今山東曹縣韓集鎮堤上范村。

[9]典籤：官名。原爲州、府掌管文書的佐吏。南朝宋時，由於監視出任方鎮的宗室諸王和各州刺史的需要，常由皇帝派親信出任此職，亦稱主帥、典籤帥、籤帥，掌握州鎮全權。南朝梁中葉以後，權勢逐漸衰微。北朝各州亦置，但權任遠較南朝爲輕，掌州府

文書之事。北齊時司州及上州所置爲從八品，中州爲九品，下州爲從九品。

[10]廣寧王：封爵名。廣寧，郡名。北齊時北朔州置有廣寧郡，治所在今山西朔州市東南；豫州亦置有廣寧郡，沿東魏新蔡郡，治新蔡縣，在今河南新蔡縣。

[11]韋鞭：源氏校勘記云："'韋'《北齊》作'馬'。"

[12]膠州：北齊時治東武縣，在今山東諸城市。

[13]新安：郡名。北齊時治新安縣，在今河南新安縣城。　河陰：郡名。北齊時治河陰縣，在今河南孟津縣東。

[14]左光禄大夫：官名。爲在朝顯職的加官，以示恩寵，或授予年老有病者爲致仕之官，亦常用於卒後贈官，無具體職掌。北魏孝文帝太和十七年定爲從一品中，二十三年後定爲二品。北齊沿置。三品。

[15]特進：官名。西漢置。凡諸侯功德尤盛、朝廷敬異者賜特進，位在三公下，得自辟僚屬。東漢時爲加官，從本官車服，無吏卒，唯食其禄賜、列其班位。三國兩晋南北朝時成爲正式加官名號，用以安置閑退大臣。

季舒素好圖籍，暮年轉更精勤，兼推薦人士，獎勸文學，議聲翕然，[1]遠近稱美。祖珽受委，[2]奏季舒總監内作。珽被出，韓長鸞以爲珽黨，[3]亦欲出之。屬車駕將適晋陽，季舒與張雕議，[4]以爲壽春被圍，[5]大軍出拒，言使往還，[6]須禀節度；兼道路小人，或相驚恐，云大駕向并州，畏避南寇，若不啓諫，必動人情。遂與從駕文官，連名進諫。時貴臣趙彦深、唐邕、段孝言等初亦同心，[7]臨時疑貳，季舒與争，未决。長鸞遂奏云："漢兒文官，連名總署，聲云諫止向并州，其實未必不

反，宜加誅戮。”帝即召已署表官人集含章殿，[8]以季舒、張雕、劉逖、封孝琰、裴澤、郭遵等爲首，[9]並斬之殿庭。長鸞令棄其屍於漳水。[10]自外同署，將加鞭撻，趙彦深執諫獲免。季舒等家屬男女徙北邊，[11]妻女及子婦配奚官，[12]小男下蠶，[13]没入貲産。

[1]翕（xī）然：平息。

[2]祖珽：人名。字孝徵，范陽（今河北容城縣）人。北魏、北齊官吏。見《北史》卷四七《祖瑩附祖珽傳》。

[3]韓長鸞：人名。名鳳，字長鸞，昌黎（今遼寧義縣）郡人。北齊佞臣。見《北史》卷九二《韓鳳傳》。

[4]張雕：人名。即張雕虎。中山北平（今河北順平縣東南）人。北齊學者。《北史》避唐高祖祖父李虎諱，或改“虎”作“武”，或去“虎”。見《北史》卷八一《張雕武傳》。《北齊書》作“張雕虎”。

[5]壽春：縣名。治所在今安徽壽縣。

[6]言使往還：源氏校勘記改“使”作“信”。中華本校勘記云：“《北齊書》卷三九、《通志》卷一五三《崔季舒傳》‘言’作‘信’。”

[7]趙彦深：人名。原名趙隱，字彦深，自稱南陽宛（今河南南陽市）人。東魏、北齊官吏。見《北史》卷五五《趙彦深傳》。唐邕：人名。字道和，太原晋陽（今山西太原市晋源區古城營村一帶）人。東魏、北齊官吏。見《北史》卷五五《唐邕傳》。 段孝言：人名。姑臧武威（今甘肅武威市）人。北齊官吏。見《北史》卷五四《段榮附段孝言傳》。

[8]含章殿：在今河北臨漳縣西南古鄴縣城。

[9]劉逖：人名。字子長，彭城叢亭里（今江蘇徐州市）人。北齊官吏。見《北史》卷四二《劉芳附劉逖傳》。 封孝琰：人

名。字士光，勃海蓨（今河北景縣）人。北齊官吏。見《北史》卷二四《封懿附封孝琰傳》。　裴澤：人名。河東聞喜（今山西聞喜縣）人。北齊官吏。見《北史》卷三八《裴延儁附裴澤傳》。郭遵：人名。鉅鹿（今河北平鄉縣東）人。北齊官吏。見《北史》卷八一《張雕武附郭遵傳》。

[10]漳水：川名。在今河北、河南兩省邊境，有清漳河、濁漳河兩源。

[11]男女徙北邊：中華本校勘記云："按下云'妻女及子婦配奚官'，則此'女'字當是'子'之訛。"可從。

[12]奚官：官署名。南北朝置。掌守宫人疾病、罪罰、喪葬等。

[13]小男：泛指未成年的男孩。　蠶：即蠶室。古代執行宫刑及受宫刑者所居之獄室。

季舒本好醫術，天保中於徙所無事，更鋭意研精，遂爲名手，多所全濟。雖位望轉高，未曾懈怠，縱貧賤廝養，亦爲之療護。

庶子長君，尚書右外兵郎中。[1]次鏡玄，著作佐郎。並流於長城。[2]未幾，季舒等六人妻，以年老放出。後南安王思好更稱朝廷罪惡，[3]以季舒等見害爲詞，悉召六人兄弟子姪隨軍趣晋陽。事敗，長君等並從戮。六人之妻，又追入官。

[1]右外兵郎中：官名。亦稱右外兵郎。北魏時屬七兵尚書。孝文帝太和十七年定郎爲從五品中，郎中五品上，二十三年皆稱郎中，六品。北齊沿置，六品上，屬五兵尚書。源氏校勘記云："'外'《北齊》作'丞'。"

[2]長城：源氏校勘記云："'長城'《北齊》作'遠惡'。"

[3]南安王：封爵名。南安，郡名。北齊時治南安縣，在今河南葉縣東北。　思好：即高思好，人名。本名思孝，北齊文宣帝時改名思好，高思宗之養弟。北齊將領。見《北史》卷五一《上洛王思宗附高思好傳》。

周武帝滅齊，[1]詔斛律光與季舒等六人同被優贈，[2]季舒贈開府儀同大將軍、定州刺史。[3]

[1]周武帝：即北周皇帝宇文邕。武爲其謚號。

[2]斛律光：人名。字明月，朔州（今山西朔州市）敕勒部人。北齊將領。見《北齊書》卷一七《斛律光傳》。

[3]開府儀同大將軍：官名。北周置。位在儀同大將軍之上，主要授予有軍功的大臣及北齊的降官，無具體職掌，九命。

挺從祖弟敬邕，性長者，爲左中郎將，以軍功賜爵臨淄男，[1]位營州刺史。[2]庫莫奚國有馬數百疋，因風入境，敬邕悉令送還，於是夷人感附。卒於太中大夫，[3]贈濟州刺史，謚曰恭。

[1]臨淄男：封爵名。臨淄，縣名。治所在今山東淄博市。

[2]營州：北魏時治和龍城，在今遼寧朝陽市。源氏校勘記云："'營'《魏書》作'菅'。"

[3]太中大夫：官名。亦作"大中大夫"。秦始置。掌顧問應對，參謀議政，奉詔出使，多以寵臣貴戚充任。北魏時多用於安置年老病退免官的九卿等大臣，亦用作加官、兼官，或供朝廷臨時差遣。孝文帝太和十七年定爲三品下，二十三年定爲從三品。

敬邕從弟接，字顧賓。[1]容貌魁偉，放邁自高，不拘檢。爲中書博士、樂陵内史。[2]雅爲任城王澄所禮待，及澄爲本部，接了無人王敬，[3]王忻然容下之。後爲樂陵太守，還鄉卒。

[1]字顧賓：源氏校勘記云："'顧'《魏書》作'顯'。"

[2]樂陵：郡名。北魏時治樂陵縣，在今山東樂陵市東南。

[3]接了無人王敬：源氏校勘記云："'人王'《魏書》作'無王'。"中華本校勘記云："張森楷云：'《魏書》（卷五七《崔挺傳》）作"接了無民敬"。此諱"民"爲"人"，又添一"王"字，句便費解。'"

挺族子纂，字叔則。博學有文才，既不爲時知，乃著《無談子論》。尋爲廷尉正，[1]每有大獄，多所據明，有當官之譽。時太原王静自廷尉監遷少卿，[2]纂恥居其下，乃與静書，辭氣抑揚，無上下禮。入啓求解位。後爲洛陽令，卒，贈司徒左長史。

[1]廷尉正：官名。爲廷尉副職，掌審理疑難重大案件。北魏孝文帝太和十七年定爲五品中，二十三年定爲六品。

[2]太原：郡名。北魏時治晋陽縣，在今山西太原市晋源區古城營村西。　王静：人名。字元安，太原晋陽（今山西太原市晋源區古城營村一帶）人。北魏官吏。見《北史》卷九二《王叡傳》。　廷尉監：官名。秦置。執行具體逮捕任務，亦參議案例，審理疑獄。北魏孝文帝太和十七年定爲五品中，二十三年定爲六品。　少卿：官名。春秋時置。北魏以後九卿或諸寺（司）次官通稱。北魏時太常、光禄勳、衛尉、太僕、廷尉、大鴻臚、宗正、大司農、少

府九卿置爲副貳，孝文帝太和十七年定爲三品上，二十三年定爲四品上。

纂兄穆，字子和，雅有度量，州辟主簿，卒。穆子暹。

暹字季倫。少爲書生，避地勃海，[1]依高乾，[2]以妹妻其弟慎。慎後臨滄、光二州，[3]啓暹爲長史，委以職事。趙郡公琛鎮定州，辟爲開府諮議，[4]隨琛往晉陽。神武與語悦之，以兼丞相長史。神武舉兵將入洛，留暹佐琛，凡百後事，一以屬暹，握手殷勤，至于三四。琛後以罪被責，暹亦黜免。尉景爲并州，[5]起暹爲別駕。

[1]勃海：郡名。北齊時治陶氏城，在今河北東光縣東南。

[2]高乾：人名。字乾邕，勃海蓨（今河北景縣）人。北魏末大臣。見《北史》卷三一《高祐附高乾傳》。

[3]滄光：局本作“光滄”。《通志》卷一五三同底本。滄，州名。北魏時治饒安縣，在今河北鹽山縣西南。光，州名。北魏時治掖縣，在今山東萊州市。

[4]諮議：官名。東晋置。諮議參軍的簡稱。於丞相府諷議軍政事務。員二人。而後諸王府、公府、軍府等皆設。北魏、北齊時多稱諮議參軍事。北魏孝文帝太和二十三年定爲正四品至正六品上。初置多人，宣武帝永平二年設一人。北齊時三師、二大、三公府置。從四品上。

[5]尉景：人名。字士真，善無（今山西右玉縣東南）人。東魏、北齊將領。見《北史》卷五四《尉景傳》。

文襄代景，轉暹爲開府諮議，仍行別駕事。從文襄

鎮撫鄴都，[1]加散騎常侍，遷左丞、吏部郎，[2]領定州大中正，主議《麟趾格》。[3]暹親遇日隆，好薦人士，言邢卲宜親重。[4]言論之際，卲遂毁暹。文襄不悦，謂暹曰："卿説子才長，子才專言卿短，此癡人也。"暹曰："子才言暹短，暹説子才長，皆是實事，不爲癡也。"高慎之叛，僞與暹隙，[5]神武後知之，欲發其事而殺暹，文襄苦救得止。

[1]鄴都：漢獻帝建安九年（204），曹操平定袁紹，修繕營建鄴城，後定爲魏王王都。魏文帝曹丕在此受禪登基稱帝後移都洛陽，仍以鄴城爲五都之一，史稱鄴都。鄴城先後爲曹魏、後趙、冉魏、前燕、東魏、北齊六朝都城。

[2]左丞：官名。此爲尚書左丞的省稱。北齊時掌臺内庶務、文吏及文案奏章，兼掌監察百官。從四品上。　吏部郎：官名。三國魏、蜀始置。尚書省吏部曹長官通稱。主管官吏選任、銓叙、調動事務，對五品以下官吏之任免有建議權。北齊時爲四品上。

[3]麟趾格：東魏時的一部法典。

[4]言邢卲宜親重：中華本校勘記云："按《北齊書》卷三〇《崔暹傳》作：'言邢卲宜任府僚，兼任機密。世宗因以徵卲，甚見親重。'《通志》卷一五三《崔暹傳》作：'言邢卲宜任府僚，可以兼管機密文字。文襄因以召卲，甚見親重。'這裏'親重'上當有脱文。"

[5]高慎之叛僞與暹隙：中華本校勘記云："張森楷云：'慎實與暹有隙，非僞也。"僞"或當是"爲"字。'按高慎與暹有隙，事見卷三一慎本傳。張説當是。"高慎，人名。字仲密，勃海蓨（今河北景縣）人。東魏官吏。見《北齊書》卷二一《高乾附高慎傳》。

遷御史中尉，[1]選畢義雲、盧潛、宋欽道、李愔、崔瞻、杜蕤、嵇曄、酈伯偉、崔子武、李廣皆爲御史，[2]世稱其知人。文襄欲假暹威勢，諸公在坐，令暹後通名，[3]因待以殊禮。[4]暹乃高視徐步，兩人擎裾而入，文襄分庭對揖。暹不讓席而坐，觴再行，便辭退。文襄曰："下官薄有蔬食，公少留。"暹曰："適受敕，在臺檢校。"遂不待食而去，文襄降送之。旬日後，文襄與諸公出之東山，遇暹在道，前驅爲赤棒所擊，[5]文襄回馬避之。

[1]御史中尉：官名。十六國時前燕始置。北魏時由御史中丞改稱。主管御史臺，頗重其選。孝文帝太和十七年定階爲三品上，二十三年定爲從三品。東、西魏沿置。

[2]畢義雲：人名。小字陀兒，東平須昌（今山東東平縣）人。東魏、北齊官吏。見《北史》卷三九《畢衆敬附畢義雲傳》。 盧潛：人名。范陽涿（今河北涿州市）人。東魏、北齊官吏。見《北齊書》卷四二《盧潛傳》。 宋欽道：人名。西河介休（今山西介休市）人。東魏、北齊官吏。見《北史》卷二六《宋隱附宋欽道傳》。 李愔：人名。趙郡平棘（今河北趙縣）人。東魏、北齊官吏。 崔瞻：人名。字彦通，清河東武城（今山東武城縣西北）人。見《北史》卷二四《崔逞附崔瞻傳》。《北齊書》卷三〇《崔暹傳》作"崔瞻"。《通志》卷一五三、《册府元龜》卷五一三同《北齊書》。 杜蕤（ruí）：人名。字子美，中山曲陽（今河北曲陽縣）人。北齊官吏。見《北史》卷五五《杜弼附杜蕤傳》。 嵇曄：人名。東魏、北齊官吏。東魏孝静帝武定初，崔暹爲御史中尉，其與畢義雲等同被選爲御史。後出爲臨漳令。齊文宣帝時以罪降身爲奴，賜薛豐洛。底本無"曄"字，宋本、元大德本、毛本、

殿本、四庫本、局本、四部備要本、中華本作“嵇曄”。《北齊書·崔暹傳》、《通志》卷一五三亦作“嵇曄”。今從諸本改。　酈伯偉：人名。東魏、北齊官吏。初爲東魏御史。北齊後主武平時，遷仁州刺史。與盧潛等鎮壽陽，爲陳將吴明徹所俘。　崔子武：人名。博陵安平（今河北安平縣）人。東魏、北齊官吏。東魏時爲衛軍府録事參軍，北齊時官至御史。　李廣：人名。字弘基，范陽（今河北涿州市）人。北魏、北齊儒家學者。見《北史》卷八三《李廣傳》。

[3]令暹後通名：底本作“朝令暹後通名”，中華本校勘記云：“諸本‘令’上有‘朝’字，《北齊書》（三朝本）無‘朝’字。按‘朝’字無義，今據删。”今從改。

[4]待：毛本、殿本、四庫本、局本、四部備要本作“遇”。按：據《通志》卷一五三，今從底本。

[5]赤棒：赤色的棒子。大臣出行，前列儀仗所執。

暹前後表彈尚書令司馬子如，及尚書元羨、殷州刺史慕容獻，[1]又彈太師司州牧咸陽王坦、并州刺史可朱渾道元、冀州刺史韓軌，[2]罪狀極筆，並免官，其餘死黜者甚衆，神武書與鄴下諸貴，極言褒美，[3]且誡屬之。先是僧尼猥濫，暹奏設科條，薦沙門法上爲昭玄都以檢約之。[4]神武如鄴，群官迎於紫陌，[5]神武握暹手勞之曰：“小兒任重才輕，非中尉何有今日？榮華富貴，直是中尉自取，高歡父子無以相報。”賜暹馬，使騎之以從，且行且語。暹下拜，馬驚走，神武親爲擁之而授轡。[6]魏帝宴華林園，[7]謂神武曰：“自頃所在百司，[8]多有貪暴。朝廷中有用心公平，直言彈劾，不避親戚者，王可勸酒。”神武降階跪言：“唯御史中尉崔暹一人，謹

奉明旨，敢以酒勸，并臣所射賜物千段，乞以回賜。”帝又褒美之。於是文襄亦催暹酒，神武親爲之抃。[9]文襄退，謂暹曰：“我尚畏羡，何况餘人！”神武將還晋陽，又以所乘馬加綵物賜暹。由是威名日盛，内外莫不畏服。

[1]及：宋本作“反”。《北齊書》卷三〇《崔暹傳》、《通志》卷一五三、《册府元龜》卷五一二作“及”。按：據文意，當爲“及”，從底本。　殷州：《北齊書·崔暹傳》作“雍州”。源氏校勘記云：“‘殷’《北齊》作‘雍’。”中華本《北齊書》校勘記云：“按東魏無雍州，疑作‘殷’是。”可從。

[2]司州牧：官名。北魏京畿行政長官。孝文帝太和二十三年由司州刺史改名，從二品。　咸陽王坦：底本作“咸陽王恒”，源氏校勘記改“恒”作“坦”。中華本校勘記云：“諸本‘坦’訛‘恒’，據《北齊書》改。元坦見本書卷一九《咸陽王禧傳》。”今從改。坦，即元坦，人名。字延和。北魏宗室、東魏大臣。見《北史》卷一九《咸陽王禧附元坦傳》。　可朱渾道元：人名。又名可朱渾元，字道元，懷朔鎮（今内蒙古固陽縣南）人。北魏、東魏將領。見《北史》卷五三《可朱渾元傳》。毛本、殿本、四庫本、局本、四部備要本作“尒朱渾道元”。按：據《北齊書·崔暹傳》、《資治通鑑》卷一五八、《通志》卷一五三、《册府元龜》卷五一二，從底本。　韓軌：人名。字伯年，太安狄那（今山西壽陽縣西）人。見《北史》卷五四《韓軌傳》。

[3]“罪狀”至“極言褒美”：底本無“狀極筆並免官其餘死黜者甚衆神武書”，中華本校勘記云：“諸本無‘狀極筆，並免官，其餘死黜者甚衆，神武書’十六字。《北齊書》及《通志》有（《北齊書》‘神武’作‘高祖’）。按無此十六字，文義不通，今據補。”今從補。

[4]薦：底本作“篇”，中華本校勘記云：“按‘篇’當作‘薦’，從下讀。”今從改。

[5]紫陌：地名。在今河北臨漳縣西南。

[6]神武親爲擁之而授轡：底本“授”作“受”，源氏校勘記改“受”作“授”。中華本校勘記云：“諸本‘授’作‘受’，據《北齊書》《通志》改。”今從改。

[7]華林園：宮苑名。在今河南洛陽市魏洛陽故城内。

[8]自：殿本、四部備要本作“目”。按：字形相近而訛，從底本。

[9]抃（biàn）：拍手，鼓掌。

神武崩，未發喪，文襄以暹爲度支尚書，監國史，兼右僕射，[1]委以心腹之寄，仍爲魏帝侍讀。暹憂國如家，以天下爲己任。文襄盛寵王昭儀，[2]欲立爲正室，暹諫曰：“天命未改，魏室尚存，公主無罪，不容棄辱。”文襄意不悦，苦請乃從之。文襄車服過度，誅戮變常，言談進止，或有虧失，暹每厲色極言，文襄亦爲之止。臨淮王孝友被文襄狎愛，[3]數歌舞戲謔於前，顧見暹，輒斂容而止。有獄囚數百，文襄盡欲誅之，每催文帳，暹故緩之，不以時進，文襄意釋，竟免。司州别駕司馬仲粲、中從事陸士佩並被文襄毆擊，[4]付獄將餓殺，暹送食藥，爲致言而釋之。

[1]右僕射：《北齊書》卷三〇《崔暹傳》作“僕射”。《通志》卷一五三同《北齊書》。未詳孰是。

[2]王昭儀：中華本校勘記云：“按‘王昭儀’當是玉儀之誤，見本書卷十四《齊文襄敬皇后傳》。高澄未曾爲帝，其妾不得有昭

儀之號。”

[3]臨淮王：封爵名。臨淮，郡名。北齊時治臨淮縣，在今江蘇泗洪縣東南。　孝友：即元孝友，人名。北魏宗室。見《北史》卷一六《臨淮王譚附元孝友傳》。

[4]中從事：官名。治中從事史的省稱，《北史》避唐高宗李治諱改。主選署及文書案卷，有書佐。北齊時司州治中從四品下，上州中六品下，中州從六品下，下州無。　陸士佩：人名。字季偉，鮮卑族。東魏官吏。見《北史》卷二八《陸俟傳》。

自出身從官，常日晏乃歸。侵曉則與兄弟跪問母之起居，暮則嘗食視寢，然後至外齋，對親賓論事，或與沙門辯玄理，夜久乃還寢。一生不問家産，魏、梁通和，要貴皆遣人隨聘使交易，暹唯寄求佛經。梁武帝聞之，[1]繕寫，以幡花寶蓋贊唄送至館焉。[2]

[1]梁武帝：即南朝梁皇帝蕭衍。武爲其謚號。

[2]幡花：供佛的幢幡彩花。　寶蓋：佛道或帝王儀仗等的傘蓋。　贊唄：以短偈形式贊唱的佛教頌歌。

然好大言，調戲無節。嘗密令沙門明藏著《佛性論》而署己名，[1]傳諸江表。子達拏，[2]年十三，令儒者權會教其解《周易》兩字，[3]乃集朝貴名流，命達拏高坐開講。趙郡眭仲讓陽屈服之，[4]暹用仲讓爲司徒中郎。[5]鄴下爲之語曰：“講義兩行得中郎。”仲讓官至右丞。此皆暹之短也。

[1]佛性論：底本作“佛論”，源氏校勘記云：“‘佛’下，《北

齊》有‘性’字。”中華本校勘記云：“諸本脱‘性’字，據《北齊書》《通志》補。”今從補。

［2］達拏：即崔達拏，人名。源氏校勘記云：“‘拏’下或作‘挐’。《北齊書》亦或從‘奴’或從‘如’，參差不一。”

［3］權會：人名。字正理，河間鄚（今河北任丘市北）人。東魏、北齊儒師。東魏孝静帝武定初，爲四門博士。修國史，遷國子博士。見《北史》卷八一《權會傳》。

［4］趙郡眭仲讓陽屈服之：底本“趙郡”作“同郡”，源氏校勘記云：“‘同郡眭’，《北齊》作‘趙郡睦’。”中華本校勘記云：“張森楷云：‘《北齊書》作“趙郡眭仲讓”。據《眭豫傳》（《北齊書》卷四五），仲讓是趙郡高邑人，非博陵人，不得與暹爲同郡。“同”字誤也。’”今從改。陽，通“佯”。假裝。

［5］司徒：官名。爲三公之一，分掌宰相職能。北齊時爲一品。中郎：官名。東漢置。從事中郎的簡稱。魏晋南北朝皆置，掌機密、參謀議等。北齊時三公府置，五品。

文宣初嗣霸業，司馬子如、韓軌等挾舊怨，言暹罪重。高隆之亦言宜寬政綱，[1]去糾察法官，黜崔暹，則得遠近人意，文宣從之。及踐阼，譖毁者猶不息，帝令都督陳山提、舍人獨孤永業搜暹家。[2]甚貧匱，得神武、文襄與暹書千餘紙，多論軍國大事。帝嗟賞之。仍不免衆口，流暹於馬城，[3]晝則負土供役，夜則置諸地牢。歲餘，奴告暹謀反，鎖赴晋陽，窮驗無實。

［1］高隆之：人名。字延興，高平金鄉（今山東金鄉縣）人。後被高歡認作從弟，乃稱勃海蓨（今河北景縣）人。東魏、北齊大臣。見《北史》卷五四《高隆之傳》。

［2］舍人：官名。即中書舍人。魏置中書舍人，西晋沿置，東

晋合通事、舍人爲一，稱中書通事舍人，掌呈奏案章。南朝梁去“通事”二字，稱中書舍人，掌詔誥及呈奏之事。北魏、北齊亦名中書舍人，專掌草擬詔令，出納之職由門下省分任，故職權較南朝爲輕。　獨孤永業：人名。字世基，本姓劉，年幼時以母改適獨孤氏，爲獨孤氏養育而改姓，中山（今河北定州市）人。北齊官吏。見《北史》卷五三《獨孤永業傳》。

[3]馬城：在今甘肅武威市北。

先是，文襄疑文宣佯愚，慮其有後變，將陰圖之，以問暹。暹曰："嘗與二郎俱在行位，試以手板拍其背而不瞋，[1]乃將犀手板換暹竹者，自揩拭而翫視之，以是知其實癡。不足慮也。"帝既鎖暹，責其往昔打背。暹自陳所對文襄之言，[2]明己功以贖死。帝悟曰："我免禍，乃暹之力。"釋而勞之，使行太原郡事，[3]遷太常卿。謂群臣曰："崔暹清正，天下無雙，卿等不及也。"初，文襄欲以最小妹嫁與暹子達拏，會崩，遂寢。至是，讌於宣光殿，[4]群臣多在焉，文宣謂暹曰："賢子達拏甚有才學，亡兄長女樂安公主，[5]魏帝外甥，勝朕諸妹，思成大兄宿志，故欲作婚姻。"乃以主降達拏。

[1]瞋：同“嗔”。怒，生氣。

[2]陳所：宋本作“揩拭”。

[3]太原：郡名。北齊時治龍山縣，在今山西太原市晋源區古城營村西。

[4]讌（yàn）：同宴。

[5]亡兄長女樂安公主：《北齊書》卷三〇《崔暹傳》作“亡兄女樂安主”。按：《北齊書》語義不通，據《通志》卷一五三，

今從《北史》。樂安公主，即北齊文襄帝高澄之長女。

暹尋遷中書監，兼并省右僕射。是時法網已嚴，官司難於剖决，繫獄者千餘人。暹初上省，便大録囚，旬月間，斷雪略盡。文襄時欲封暹，神武亦欲封之，暹並固辭。文宣數出游，多至暹宅，以暹女爲皇太子妃，李后不可，乃止。天保八年，還尚書右僕射、儀同三司。時調絹以七丈爲匹，暹言之，乃依舊焉。帝謂左右曰："崔暹諫我飲酒過多，然我飲酒何所廢？"常山王私謂暹曰：[1]"至尊威嚴多醉，太后尚不能致言，吾兄弟杜口；僕射獨犯顔，内外深相感愧。"十年，卒，帝撫靈哭之，贈開府儀同三司、尚書左僕射、定州刺史，謚曰貞節。

[1]常山王：指高演。字延安，高歡第六子。見《北史》卷七《齊本紀·孝昭帝》。常山，郡名。北齊時治安樂壘，在今河北藁城市西北。

達拏温良廉謹，有識學。位儀同三司、司農卿，[1]周御府大夫。[2]大象中使鄴，[3]屬尉遲迥起兵，以爲總管司馬，迥平，伏誅。初，文宣嘗問樂安公主："達拏於汝何似？"答云："甚相敬，唯阿家憎兒。"[4]文宣令宫人召達拏母入而殺之，投漳水。齊滅，達拏殺主以復讎。

[1]司農卿：官名。兩晉時爲大司農的别稱。主要職責是勸農，掌管倉儲、園苑，供應宫廷膳食等。北魏孝文帝太和二十三年後爲三品。北齊因之。

［2］御府大夫：官名。掌管宫廷金錢、衣服、刀劍、玉器等珍玩的庫藏、出納。

［3］大象：北周静帝的年號（579—580）。

［4］阿家：婆母。

暹兄謀開。[1]

［1］暹兄謀開：中華本校勘記云："按'謀'當作'諶'，'開'下有脱文。《隋書》卷四二《李德林傳》、本書卷三〇《李繪傳》、卷四三《李庶傳》、《册府元龜》卷六七四並見崔諶。但《北齊書》卷二九《李繪傳》也誤作'崔謀'。《新唐書》卷七二《宰相世系表》以'謀開'連爲人名，實則'開'字以下當是叙諶之歷官，如開府參軍之類。《新唐書·表》當即據《北史》而作，故誤。"可從。

纂從祖弟游，[1]字延叔，少有風概。爲河東太守。[2]郡有鹽户，常供州郡爲兵，子孫見丁從役。矜其勞苦，乃爲表聞，請聽更代，郡内感之。太學舊在城内，游移置城南閑敞處，親自説經，當時學者莫不勸勉，號爲良守。正光中，除南秦州刺史。[3]先是，州人楊松柏、洛德兄弟數爲反叛，游深加招慰，兄弟俱至。松柏既郡之豪帥，感恩獎喻，郡賊咸來歸款，且以過在前政，不復自疑，游乃因宴會，一時俱斬。於是外人以其不信，合境皆反。正光五年，秦州城人殺刺史李彦爲逆。[4]數日後，游知必不安，謀欲出外，尋爲城人韓祖香等所攻。[5]游事窘登樓，慷慨悲歎，乃推下小女而殺之，義不爲群小所辱，爲祖香等害。永安中，贈散騎常侍、鎮

北將軍、定州刺史。[6]子伏護。

[1]纂從祖弟游：底本無“纂”字，源氏校勘記云：“‘游’《魏書》作‘遊’。”中華本校勘記云：“諸本無‘纂’字，《魏書》卷五七有。按據《魏書》，游乃暹之再從叔而非從祖弟。《北史》‘開’下‘從’上脱去一段，遂似游爲暹之從弟。今據《魏書》補‘纂’字。”今從補。

[2]河東：底本作“東郡”，源氏校勘記云：“‘東郡’《魏書》作‘河東’。”中華本校勘記云：“《魏書》‘東郡’作‘河東’，按下言‘郡有鹽户’，則作河東是，東郡無鹽池。”今從改。

[3]正光：北魏孝明帝的年號（520—525）。　南秦州：北魏時治洛谷城，在今甘肅西和縣洛峪鎮。

[4]秦州：北魏時治上封城，在今甘肅天水市。　李彦：人名。字次仲，隴西狄道（今甘肅臨洮縣）人。北魏官吏。見《北史》卷一〇〇《凉武昭王李暠附李彦傳》。

[5]韓祖香：四庫本作“漢香祖”。按：據《通志》卷一四八，今從底本。

[6]散騎常侍：源氏校勘記云：“‘常侍’《魏書》作‘侍郎’。”　鎮北將軍：官名。東漢置。三國魏時，與鎮東、鎮西、鎮南將軍合稱四鎮，多爲持節都督，出鎮方面。魏晋及南北朝前期權勢很重，後漸輕。從二品。

論曰：崔鑒以文業應利用之秋，世家有業，餘慶不已，人位繼軌，亦爲盛哉！辯器業著聞，位不遠到；逸德優官薄，仍世恨之。模雄壯之烈，楷忠貞之操，殺身成義，臨難如歸，非大丈夫亦何能若此矣！士謙昆弟非唯武毅見重，[1]忠公之稱，亦足嘉云。挺兄弟風操高亮，懷文抱質，歷事著聞，見重朝野，繼世承家，門族並

著，市朝可變，人焉不絶。至若宣猷之立朝贊務，[2]則嘉謀屢陳，出撫宣條，則威恩具舉；仲方之兼資文武，雅長謀算，伐陳之策，信爲深遠。弈世載德，夫豈徒然？昂智足立功，能足幹事，霸朝委遇，良有以焉。而謝彼仁心，安兹苛政，晚途遭躓，[3]理其宜也。季舒蹈龍逢之節，[4]季倫受分庭之遇，雖遭逢異日，得喪不同，考其遺迹，而榮名一也，蓋所謂彼有人焉。

[1]唯：毛本、殿本、四庫本、四部備要本作“爲”。

[2]至若宣猷之立朝贊務：底本作“至若宣猷之立入朝贊務”。中華本校勘記云：“諸本‘立’下有‘入’字，《周書》卷三五《崔猷傳》史臣論無。按‘立’‘入’二字，必有一衍，今從《周書》删。”今從改。

[3]躓（zhì）：事情不順利，受挫折。

[4]龍逢：人名。即關龍逢。夏朝之賢人，因諫而爲夏桀所殺。後爲忠臣之代稱。

今注本二十四史

北史

九

傳〔六〕

唐 李延壽 撰

李憑 靳寶 主持校注

中国社会科学出版社

北史　卷三三

列傳第二十一

李靈 曾孫元忠 渾弟子璨 璨曾孫德饒 公緒[1]　李順 玄孫元操
李孝伯 兄孫謐 謐弟子士謙　李裔 子子雄　李義深 弟幼廉

[1]璨曾孫德饒：中華本作“璨五世孫德饒”。　公緒：中華本作“璨曾孫公緒”。

李靈，字武符，[1]趙郡平棘人也。[2]父勰，字小同，恬静好學，有聲趙、魏間。道武平中原，[3]聞其已亡，哀惜之，贈宣威將軍、蘭陵太守。[4]

[1]武符：中華本校勘記云：“《魏書》卷四九《李靈傳》‘武’作‘虎’，《北史》避唐諱改。”

[2]趙郡：北魏時治平棘縣，在今河北趙縣。　平棘：縣名。治所在今河北趙縣。

[3]道武：即北魏皇帝拓跋珪。道武爲其謚號。

[4]宣威將軍：官名。三國魏置。爲雜號將軍，掌帥兵征伐。北魏孝文帝太和二十三年（499）定爲六品上。北周時爲正四命。　蘭陵：郡名。北魏時治承城，在今山東棗莊市東南。

神䴥中，[1]太武徵天下才儁，[2]靈至，拜中書博士。[3]再遷淮陽太守。[4]以學優，[5]選授文成皇帝經，[6]加中散、内博士，[7]賜爵高邑子。[8]文成踐阼，[9]卒於洛州刺史，贈定州刺史、鉅鹿公，[10]謚曰簡。

[1]神䴥：北魏太武帝的年號（428—431）。

[2]太武：即北魏皇帝拓跋燾。太武爲其謚號。

[3]中書博士：官名。北魏置，屬中書學。選用博學之士擔任，教授中書學生，任職者升遷較易，多升爲中書省、門下省要職。

[4]淮陽：郡名。北魏時治綏化縣，在今江蘇盱眙縣東北。

[5]以學優：高敏《南北史考索》（天津古籍出版社 2010 年版，第 455 頁）云：“《魏書》卷四十九同人傳‘學優’二字之後，有‘温謹’二字，意即李靈之所以被選，不單純由於‘學優’，而《北史》删之，實不妥。”可從。

[6]文成皇帝：即北魏皇帝拓跋濬。文成爲其謚號。

[7]中散：官名。北魏初置。爲内廷官，直宿禁中，隸屬幢將，無員限，無具體職掌，在皇帝左右參預機密，經常奉使出巡州鎮。中期以後分設主文中散、奏事中散等。若長期派駐某一機構，則冠其名，如秘書中散等。或作爲起家官。孝文帝太和十七年定爲五品中，二十三年復次職員令未見。　内博士：官名。北魏置。在宫内講授經書。

[8]高邑子：封爵名。西晋設子爵，多以縣爲封，其始封者以此稱之。北魏時正式列爲爵等中之一級，在縣伯之下，縣男之上，階第四品。北周、北齊因之，品秩、位次不一。高邑，縣名。治所在今河北高邑縣西南。

[9]踐阼：《魏書》卷四九《李靈傳》作“踐受”。《通志》卷一四八同《北史》。按：“踐阼”指皇帝登基，符合文意。今從《北

史》。

[10]定州：北魏時治盧奴縣，在今河北定州市。　鉅鹿公：封爵名。即鉅鹿郡公。郡公，西晋設。位在王之下，縣公之上，食邑爲郡，以始封者稱之。東晋南北朝隋皆因之，品秩、位次不一。鉅鹿，郡名。北魏時屬定州，治曲陽縣，在今河北晋州市西。北魏孝莊帝永安二年（529）時分定州鉅鹿郡置，屬殷州，治癭遥縣，在今河北寧晋縣西南。

子恢襲，以師傅子，拜長安鎮副將，[1]進爵爲侯，假鉅鹿公。後東平王道符謀反，[2]遇害，贈定州刺史、鉅鹿公，謚曰貞。恢弟綜，事見於後。

[1]長安鎮：軍鎮名。在今陝西西安市西北。

[2]東平王：封爵名。東平，郡名。北魏時治范縣，在今河南范縣東南。　道符：即元道符，人名。北魏宗室。謀反伏誅。見《北史》卷一六《東平王翰附元道符傳》。

恢長子悦祖，[1]襲爵高邑侯，[2]例降爲伯，卒。

[1]恢長子悦祖：底本無“恢”字，中華本校勘記云：“諸本脱‘恢’字，據《魏書》、《通志》卷一四八《李靈傳》補。”今從補。

[2]高邑侯：封爵名。漢時列侯以縣封者爲上等。西晋時正式列爲一級爵，在郡侯之下、伯之上，以始封者稱之。東晋南北朝因之，品秩、位次不一。高邑，縣名。治所在今河北高邑縣西南。

悦祖子瑾，字伯瓊，襲，位大司農卿。[1]瑾淳謹好學，老而不倦。卒，贈司空。[2]

[1]大司農卿：官名。爲大司農的尊稱。漢武帝置。掌管全國租賦收入和國家財政開支。東晋南北朝時國家財政歸尚書省主管，大司農或置或省，所掌唯倉儲園苑及供膳之庶務。北魏孝文帝太和十七年定爲二品上，二十三年改爲三品。北齊時改名司農卿。

[2]司空：《魏書》卷四九《李靈傳》作“司徒公”。《通志》卷一四八同《北史》。未詳孰是。

悦祖弟顯甫，豪俠知名，集諸李數千家於殷州西山，[1]開李魚川方五六十里居之，[2]顯甫爲其宗主。以軍功賜爵平棘子，位河南太守，[3]贈安州刺史，[4]謚曰安。

[1]殷州：北魏時治廣阿縣，在今河北隆堯縣。

[2]李魚川：地名。在今堯山至河北隆堯縣之山谷谷地。

[3]河南：郡名。北魏時治洛陽縣，在今河南洛陽市東北。《魏書》卷四九《李靈傳》作“河北”。《通志》卷一五三同《北史》。未詳孰是。

[4]安州：北魏時治方城，在今北京密雲縣東。源氏校勘記云：“‘安’《魏書》作‘威’。”

子元忠，少厲志操，粗覽書史及陰陽術數，有巧思，居喪以孝聞。襲爵平棘子，魏清河王懌爲營明堂大都督，[1]引爲主簿。[2]遭母憂去任，[3]歸李魚川。嘗亡二馬，既獲盜，即以與之。在母喪，哭泣哀動旁人，而飲酒騎射不廢，曰：“禮豈爲我？”初元忠以母多患，專心醫藥，遂善方技，[4]性仁恕，[5]無貴賤皆爲救療。家素富，在鄉多有出貸求利，元忠焚契免責，鄉人甚敬之。

［1］清河王：封爵名。清河，郡名。北魏時治清河縣，在今山東臨清市東北。　懌：即元懌，人名。字宣仁。北魏宗室。見《北史》卷一九《清河王懌傳》。　明堂：帝王宣明政教的地方。凡朝會、祭祀、慶賞、選仕等大典皆在此舉行。　大都督：官名。高級軍事長官。三國吴、魏初於戰争時臨時設置，作爲加官。後漸成爲常設官職，地位極高。晋、南朝沿用。在有戰事時亦臨時加置。北魏前、中期未見，孝文帝太和十七年職員令及二十三年復次職員令皆未載；後期戰事較多時置，統兵出征，有時又加以各種名號。

［2］主簿：官名。戰國時秦郡守之佐官，漢朝中央及州郡官府均置，典領文書簿籍，經辦事務。魏晋以後，漸爲統兵開府之大臣幕府中的重要僚屬，參與機要，總理府事。其品秩隨府長官地位高低而不等。

［3］母憂：母親的喪事。

［4］方技：醫藥及養生之類的技術。

［5］仁恕：局本作“仁忍”。按：據《通志》卷一五三，今從底本。

孝莊時，［1］盗賊蠭起，清河有五百人西戍，還經南趙郡，［2］以路梗，共投元忠，奉絹千餘匹。元忠唯受一匹，殺五牛以食之，［3］遣奴爲導，曰：“若逢賊，但道李元忠遣。”如言，賊皆舍避。及葛榮起，［4］元忠率宗黨作壘以自保，［5］坐於大槲樹下，前後斬違命者凡三百人。賊至，元忠輒却之。葛榮曰：“我自中山至此，［6］連爲趙李所破，則何以能成大事？”乃悉衆攻圍，執元忠以隨軍。賊平，就拜南趙郡太守。好酒，無政績。

［1］孝莊：即北魏皇帝元子攸。孝莊爲其謚號。源氏校勘記云：

"'莊'《北齊》作'明'。"

[2]南趙郡：北魏時治廣阿縣，在今河北隆堯縣東。

[3]五牛：高敏《南北史考索》（第455頁）云："《北齊書》卷二十二同人傳'牛'作'羊'，《北史》校勘記失校。"可從。

[4]葛榮：人名。北魏末河北義軍首領。

[5]壘（lěi）：軍營墻壁或防守工事。

[6]中山：郡名。北魏時治盧奴縣，在今河北定州市。

及莊帝幽崩，元忠棄官，潛圖義舉。會齊神武東出，[1]元忠便乘露車載素箏濁酒以奉迎。神武聞其酒客，未即見之。元忠下車獨坐，酌酒擘脯食之，[2]謂門者曰："本言公招延儁傑，今聞國士到門，不能吐哺輟洗，其人可知。還吾刺，[3]勿復通也。"門者以告，神武遽見之。引入，觴再行，[4]元忠車上取箏鼓之，長歌慷慨。歌闋，謂神武曰："天下形勢可見，明公猶欲事尒朱乎？"神武曰："富貴皆由他，安敢不盡節。"元忠曰："非英雄也。高乾邕兄弟曾來未？"[5]是時，高乾邕已見，神武因紿曰：[6]"從叔輩粗，何肯來？"元忠曰："雖粗，並解事。"神武曰："趙郡醉！"使人扶出，元忠不肯起。孫騰進曰：[7]"此君天遣來，不可違也。"神武乃復留與言，元忠慷慨流涕，神武亦悲不自勝。元忠進從橫之策，[8]深見嘉納。又謂神武曰："殷州小，無糧仗，不足以濟大事。冀州大藩，[9]若向冀州，高乾邕兄弟必爲明公主人。殷州便以賜委。冀、殷合，[10]滄、瀛、幽、定自然弭從。[11]唯劉誕黠胡，[12]或當乖拒，然非明公之敵。"神武急握元忠手而謝焉。

[1]齊神武：即高歡。神武爲其謚號，北齊後主所追謚。

[2]擘（bāi）：同“掰”。

[3]刺：名帖。

[4]觴：勸飲，敬酒。

[5]高乾邕：人名。即高乾。字乾邕，勃海蓨（今河北景縣）人。北魏末官吏。見《北史》卷三一《高祐附高乾傳》。

[6]紿（dài）：同“詒”。欺騙、欺詐。

[7]孫騰：人名。字龍雀，咸陽石安（今陝西咸陽市東北）人。東魏大臣。見《北史》卷五四《孫騰傳》。

[8]從横：即縱横。

[9]冀州：北魏時治信都縣，在今河北冀州市。

[10]殷：州名。北魏時治廣阿縣，在今河北隆堯縣。

[11]滄：州名。北魏時治饒安縣，在今河北鹽山縣西南。　瀛：州名。北魏時治趙都軍城，在今河北河間市。　幽：州名。北魏時治薊縣，在今北京西南。　定：州名。北魏時治盧奴縣，在今河北定州市。

[12]黠胡：奸猾的胡人。

時殷州刺史尒朱羽生阻兵據州，[1]元忠聚衆與大軍禽斬之。神武即令行殷州事。累遷太常卿、殷州大中正。[2]後以從兄瑾年長，以中正讓之。

[1]尒朱羽生：人名。北秀容（今山西朔州市）人，契胡族，尒朱榮的叔叔。北魏大臣。北魏孝明帝孝昌二年（526），尒朱榮破肆州，以羽生統州事。

[2]太常卿：官名。爲太常的尊稱。秦漢時爲九卿之首，官居清要，職務繁重，多由列侯充任。東漢時，除掌管禮儀、祭祀外，

還兼管博士和博士弟子的考核、薦舉、補吏。後世沿置，却僅管禮樂祭祀諸事。北魏孝文帝太和十七年定爲從一品下，二十三年改爲三品。　大中正：官名。魏晋南北朝隋唐時負責評定士族内部品第的官員。晋時稱州的中正爲大中正，北魏時郡中正偶亦稱大中正。北魏後期選授較濫，恩幸、閹官亦有任此職者。時無品、無禄，但有罪時可當刑。

魏孝武帝納神武女爲后，[1]詔元忠致娉於晋陽。[2]每宴席論舊事，元忠曰："昔日建義，轟轟大樂，比來寂寥無人問，更欲覓建義處。"神武撫掌笑曰："此人逼我起兵。"賜白馬一匹。元忠戲曰："若不與侍中，[3]當更覓建義處。"神武曰："建義處不慮無，[4]止畏如此老翁不可遇耳。"元忠曰："止爲此翁難遇，所以不去。"因捋神武鬚大笑。神武悉其雅意，深重之。後神武奉送皇后，[5]仍田於晋澤，[6]元忠馬倒，良久乃蘇。神武親自撫視，封晋陽縣伯。[7]後爲光州刺史，[8]時州境災儉，人皆菜色，元忠表求賑貸，被報聽用萬石。元忠以爲少，遂出十五萬石賑之。事訖，表陳，朝廷嘉而不責。徵拜侍中。

[1]孝武帝：即北魏皇帝元脩。孝武爲其謚號。

[2]晋陽：即晋陽城，在今山西太原市晋源區古城營村一帶。

[3]侍中：官名。北魏時常總典機密，受遺詔輔政，權任尤重，時號"小宰相"。北魏初置四員，孝文帝太和十七年定爲從一品中，二十三年改爲三品。

[4]建義處不慮無：底本無"處"字，中華本校勘記云："諸本脱'處'字，據《北齊書》卷二二《李元忠傳》補。"今從補。

[5]奉：宋本作“奏”。按：“奏”語義不通，當爲“奉”，從底本。

[6]晋澤：地名。在今山西太原市附近。

[7]晋陽縣伯：封爵名。晋陽，縣名。治所在今山西太原市晋源區古城營村一帶。

[8]光州：北魏時治掖縣，在今山東萊州市。

元忠雖處要任，初不以物務干懷，唯以聲酒自娱，大率常醉。家事大小，了不關心。園庭羅種果藥，親朋尋詣，必留連宴賞。每挾彈攜壺，遊遨里閈。[1]每言寧無食，不可使我無酒，阮步兵吾師也，[2]孔少府豈欺我哉。[3]後自中書令復求爲太常卿，[4]以其有音樂而多美酒故。神武欲用爲僕射，[5]文襄言其放達常醉，[6]不可委以臺閣。[7]其子搔聞之，請節酒。元忠曰：“我言作僕射不勝飲酒樂；爾愛僕射時，宜勿飲酒。”

[1]里閈（hàn）：本指里門。代指鄉里。

[2]阮步兵：即阮籍。字嗣宗，陳留尉氏（今河南開封市）人。三國魏名士、文學家。爲竹林七賢之一。曾任步兵校尉。見《三國志》卷二一《王粲附阮籍傳》。

[3]孔少府：即孔融。字文舉，魯國（今山東曲阜市）人。東漢學者。見《後漢書》卷七〇《孔融傳》。

[4]中書令：官名。漢武帝時用宦者掌管文書，並兼謁者之職，其長官稱中尚書謁者令，簡稱中書令。東漢不置。三國魏文帝改秘書爲中書，置中書令、監，同掌機密。晋沿設。南北朝時，爲中書省實際長官，常任用有文學才望者。北魏孝文帝太和十七年定爲二品中，二十三年改爲三品。

[5]僕射：官名。爲尚書僕射的簡稱。北魏時位列宰相，掌管省曹事務，典選舉，左僕射還負責彈劾百官。孝文帝太和二十三年之後改爲從二品。

[6]文襄：即高澄。文襄爲其謚號，北齊文宣帝所追謚。

[7]臺閣：尚書臺的别稱。自東漢以後，尚書臺權任漸重。魏晋時，尚書令任總機衡，無所不統。北齊時，尚書令又職掌彈糾，與御史中丞更相廉察。

每言於執事，云年漸遲暮，乞在閑冗，以養餘年，乃除驃騎大將軍、儀同三司。[1]曾貢文襄王蒲桃一盤，文襄報以百縑，其見賞重如此。孫騰、司馬子如嘗詣元忠，逢其方坐樹下，葛巾擁被，對壺獨酌。庭室蕪曠，使婢卷兩褥以質酒肉，呼妻出，衣不曳地。二公相視，歎息而去，大餉米絹，受而散之。俄復以本官領衛尉卿。[2]卒，有米三石，酒數斛，書籍藥物，充滿篋架，未及賻至，[3]金蟬質絹，乃得斂焉。贈司徒，[4]謚曰敬惠。

[1]驃騎大將軍：官名。魏晋制度，驃騎將軍爲重號將軍，僅次大將軍，本不須加“大”，然兩晋將軍名號愈來愈濫，遂又增此號，居諸名號將軍之首。多加於權臣元老，以示尊崇，開府置僚屬，不領兵。南北朝因之。北魏孝文帝太和十七年定爲一品中，二十三年改爲從一品。　儀同三司：初謂非三公而儀制待遇同於三公。魏晋時，授予開府位從三公之文武官。南北朝時授予範圍不斷擴大，逐漸成爲官號。北魏孝文帝太和十七年定爲一品下，二十三年以後改爲從一品，位開府上。

[2]衛尉卿：官名。戰國秦始設。北魏時定爲正式官名。掌宫

門禁衛，武器庫藏等。孝文帝太和二十三年之後爲三品。

[3]賻（fù）：助喪的財物。

[4]司徒：官名。漢哀帝時改丞相爲大司徒，漢光武帝時改爲司徒，與太尉、司空並稱三公，分掌宰相職能。北魏初曾令州郡公文先上司徒府，後改上丞相府。一品。

初，元忠將仕，夢手執炬入其父墓，中夜驚起，甚惡之。旦告其受業師，占云："大吉，可謂光照先人也。"竟如其占。

性甚工彈，彈桐葉常出一孔，擲棗栗而彈之，十中七八。嘗從文襄入謁魏帝，有梟鳴殿上，文襄命元忠彈之，問得幾丸而落，對曰："一丸奉至尊威靈，[1]一丸承大將軍意氣，兩丸足矣！"如其言而落之。子搔嗣。

[1]丸：元大德本作"九"。按：據文中"一丸承大將軍意氣"，當爲"丸"字，元大德本誤，今從底本。

搔字德沈，少聰敏，有才藝。曾采諸聲，别造一器，號曰八絃，時人稱有思理。武定末，[1]自丞相記室除河内太守。[2]居數載，流人盡復。代至，將還都，父老號泣，追送二百餘里，生爲立碑。終於儀曹郎。[3]

[1]武定：東魏孝静帝的年號（543—550）。

[2]記室：官名。主文書表報。兩晋南北朝以來有記室令史、記室督、記室參軍、中記室參軍等名目，省稱記室。　河内：郡名。東魏時治野王縣，在今河南沁陽市。

[3]儀曹郎：官名。魏晋南朝、北齊時爲尚書省儀曹長官通稱，

亦稱郎中，資深者可轉侍郎。協助儀曹尚書掌車服、羽儀、朝覲、郊廟、饗宴等吉凶禮制。北魏孝文帝太和十七年定郎中爲五品上，郎爲從五品中；二十三年皆稱郎中，六品，仍可通稱爲郎。東魏沿置。

搔妹曰法行，幼好道，截指自誓不嫁，遂爲尼。所居去鄴三百里，往來恒步，在路或不得食，飲水而已。逢屠牽牛，脱衣求贖，泣而隨之。雉兔馴狎，[1]入其山居房室。齊亡後，遭時大儉，[2]施糜粥於路。異母弟宗侃與族人孝衡争地相毁，尼曰："我有地，二家欲得者，任來取之，何爲輕致忿訟?"宗侃等慚，遂讓爲閑田。

[1]馴狎：親近。

[2]大儉：荒欠。

渾字季初，靈之曾孫也。祖綜，行河間郡，[1]早卒。父遵，字良軌，有業尚，爲魏冀州征東府司馬。[2]京兆王愉冀州起逆，[3]遇害。贈幽州刺史，謚曰簡。

[1]河間：郡名。北魏時治武垣縣，在今河北河間市南。

[2]征東府司馬：官名。征東將軍府的高級幕僚，掌參贊軍務、管理府内武職，地位僅次於長史。

[3]京兆王：封爵名。京兆，郡名。北魏時治霸城縣，在今陝西西安市東北。 愉：即元愉，人名。字宣德。北魏宗室。見《北史》卷一九《京兆王愉傳》。

渾以父死王事，除給事中。[1]後以四方多難，求爲

青州征東司馬,[2]與河間邢卲、北海王昕俱奉老母攜妻子,[3]同赴青、齊。[4]未幾而尒朱榮入洛,[5]衣冠殲盡,物論以爲知幾。時河北流移人聚青土,衆踰二十萬,共劫河間邢杲爲主,[6]起自北海,襲東陽。[7]青州刺史元世儁欲謀誅之,[8]府人遂猜貳。渾乃與長史崔光韶具陳禍福,[9]由是歃血而盟,上下還睦。普泰中,[10]崔社客反於海岱,[11]攻圍青州,詔渾爲都官尚書、東北道行臺,[12]赴援。社客諸城各自固保,渾以社客賊之根本,烏合易離,若銜枚夜襲,便可禽殄。如社客就禽,諸郡可傳檄而定。[13]諸將尚遲疑,渾乃決行,果禽社客,斬首送洛陽,海隅清定。

[1]給事中:官名。秦始設,爲加官,位次中常侍,無定員。加此號得給事宫禁中,常侍皇帝左右,備顧問應對,晋始爲正官。北魏時爲内朝官,常派往尚書省諸曹,參領政務,並負監察之責。孝文帝太和十七年定爲從三品,二十三年爲六品上。

[2]青州:北魏時治東陽城,在今山東青州市。

[3]邢卲:人名。字子才,河間鄚(今河北任丘市北)人。北魏、東魏、北齊官吏。見《北史》卷四三《邢巒附邢卲傳》。 北海:郡名。北魏時治平壽城,在今山東昌樂縣東南。 王昕:人名。字元景,北海劇(今山東壽光市東南)人。北魏、東魏、北齊官吏。見《北齊書》卷三一《王昕傳》。

[4]齊:州名。北魏時治歷城縣,在今山東濟南市。

[5]尒朱榮:人名。北秀容(今山西朔州市)人,契胡族。北魏末將領、權臣。見《北史》卷四八《尒朱榮傳》。

[6]邢杲(gǎo):人名。北魏末山東義軍首領。降後被殺。

[7]東陽:城名。在今山東青州市。

［8］元世儁：人名。亦稱“元儁”。見《北史》卷一八《任城王雲附元世儁傳》。

［9］長史：官名。戰國秦置，掌顧問參謀。秦漢因之，西漢時丞相、太尉、御史大夫、大將軍、車騎將軍、前後左右將軍皆置，爲所在官署掾屬之長。丞相長史職權尤重。邊郡於丞之外復置長史，佐太守掌兵馬。内郡或置之。東漢、魏晋南北朝沿置，大抵略同。底本作“長吏”，宋本、局本作“長史”，中華本校勘記云：“諸本‘史’作‘吏’，《通志》卷一五三《李渾傳》作‘史’。按光韶時爲青州長史，見《魏書》卷六六本傳。今據改。”今從改。　崔光韶：人名。清河東武城（今山東武城縣西北）人。北魏官吏。見《北史》卷四四《崔亮附崔光韶傳》。

［10］普泰：北魏節閔帝的年號（531—532）。

［11］海岱：地名。指今山東泰山以東地區。海，東海。岱，泰山。

［12］都官尚書：官名。十六國時夏始置。爲尚書省都官曹長官。北魏時掌制定律令法制，糾劾違法，水利工程，宫廷百官膳食等。孝文帝太和十七年定爲二品中，二十三年定爲三品。　東北道行臺：總管東北軍事區域的行政事務。東北道，指東北軍事區域。行臺，官署名。行臺長官的省稱。北魏初曾於鄴及中山置行臺，以尚書爲長官，執掌當地軍政事務，旋罷。孝明帝正光末，在各地陸續設立行臺主管當地軍務，遂成爲常設地方行政機構。北魏末漸理民務，以行臺尚書令爲長官，也有以尚書僕射或左右僕射及尚書主管行臺事務者，下設行臺尚書左右丞，各部尚書及郎中處理具體事務。

［13］諸郡：底本作“諸近”，宋本、元大德本、毛本、殿本、四庫本、局本、四部備要本、中華本作“諸郡”。《通志》卷一五三作“諸郡”。按：據文意，當爲“諸郡”，從中華本改。

天平初，[1]丁母憂，行喪冢側，殆將滅性。武定初，兼散騎常侍、聘梁使主。[2]梁武謂曰：[3]"伯陽之後，[4]久而彌盛，趙李人物，今實居多。"使還，爲東郡太守。[5]以贓賄徵還。齊文襄王使武士提以入，置諸庭。渾抗言曰："將軍今日猶自禮賢邪？"文襄笑而舍之。

[1]天平：東魏孝静帝的年號（534—537）。

[2]散騎常侍：官名。三國魏初置。掌侍從皇帝左右，諫諍得失，顧問應對等。南朝時屬集書省，職掌侍從左右，主掌圖書文翰、文章、撰述、諫諍拾遺、收納轉呈文書奏事。北朝時兼領修史，實際地位略高於南朝，但仍爲閑散之職。北魏初一度掌出令，位在中書令之上。孝文帝太和十七年定爲二品下，二十三年後爲從三品。

[3]梁武：即南朝梁皇帝蕭衍。武爲其謚號。

[4]伯陽：指老子。見《史記》卷六三《老子韓非列傳》。

[5]東郡：東魏時治滑臺城，在今河南滑縣東。

齊天保初，[1]除太子少保。[2]時太常邢卲爲少師，[3]吏部尚書楊愔爲少傅，[4]論者榮之。以參禪代儀注，賜爵涇陽縣男。[5]文宣以魏《麟趾格》未精，[6]詔渾與邢卲、崔㥄、魏收、王昕、李伯倫等修撰。[7]嘗謂魏收曰："彫蟲小技，我不如卿；國典朝章，卿不如我。"

[1]天保：北齊文宣帝的年號（550—559）。

[2]太子少保：官名。亦尊稱宫保。西晋始置。與太子少師、太子少傅合稱東宫三少，位居太子少師、少傅下。東晋置，南朝梁、陳皆不置，北魏復置，北齊亦置。掌奉皇太子，以觀三師之

德。三品。

［3］太常：官名。北齊時爲太常寺長官，掌管宗廟祭祀禮樂。三品。　少師：官名。即太子少師。西晋始置。與太子少保、太子少傅合稱東宫三少，位居太子少師、少傅下。東晋置，南朝梁、陳皆不置，北魏復置，北齊亦置。掌奉皇太子，以觀三師之德。三品。

［4］吏部尚書：官名。尚書省吏部長官，職掌官吏之任免升降調動等事務。北魏孝文帝太和十七年定爲從一品下，二十三年改爲三品。北齊沿置，三品。　楊愔：人名。字遵彦，弘農華陰（今陝西華陰市東南）人。東魏、北齊官吏。見《北史》卷四一《楊播附楊愔傳》。　少傅：官名。即太子少傅。漢置。與太子太傅並稱太子二傅。兩晋南北朝均沿置。位在太子太師下、太子太保上。北齊時掌師範訓導、輔翊太子，無具體職司，東宫屬官皆隸太子詹事。二品。

［5］涇陽縣男：封爵名。西晋設男爵，多以縣爲封，其始封者以此稱之。北魏時正式定爲爵級，在縣子之下、鄉男之上，五品。北齊、北周因之。涇陽，縣名。治所在今陝西咸陽市東北。

［6］麟趾格：東魏制定的法典。因在麟趾殿制定而得名。

［7］崔㥄：人名。字長孺，清河東武城（今山東武城縣西北）人。北魏、東魏、北齊官吏。見《北齊書》卷二三《崔㥄傳》。　魏收：人名。字伯起，鉅鹿下曲陽（今河北晋州市西）人。北齊學者。見《北齊書》卷三七《魏收傳》。　李伯倫：人名。即李徹。字伯倫，趙郡平棘（今河北趙縣）人。東魏、北齊官吏。見《魏書》卷四九《李靈傳》。

尋除海州刺史。[1]後土人共圍州城，城中多石無井，常食海水，賊絶其路。城内先有一池，夏旱涸竭，渾齋戒朝服而祈焉，一朝天雨，泉流涌溢。賊以爲神，應時

駭散。渾捕斬渠帥，[2]傳首鄴都。[3]渾妾郭，在州干政納貨，坐免，卒于鄴。

[1]海州：北齊時治朐山縣，在今江蘇連雲港市西南海州區。

[2]渠帥：首領。舊時統治階級對武裝反抗者的首領或部落酋長的稱呼。

[3]鄴都：都城名。在今河北臨漳縣西南。

子湛，字處元，涉獵文史，有家風。兼通直散騎常侍、聘陳使副，[1]襲爵涇陽男。渾與弟繪、緯俱爲聘梁使主，[2]湛又爲使副，是以趙郡人士，目爲四使之門。[3]

[1]通直散騎常侍：官名。晋武帝時，員外散騎常侍與散騎常侍共同當值，故設此職。北魏時掌侍從、諷諫，屬集書省，員六人。孝文帝太和十七年定爲三品下，二十三年定爲四品。北齊略同。

[2]緯：源氏校勘記云："'緯'《北齊》作'偉'。" 爲聘梁使主：底本無"梁"字，中華本校勘記云："諸本脱'梁'字，據《北齊書》卷二九、《通志·李渾傳》補。"今從補。

[3]四使之門：底本作"四使"，中華本校勘記云："諸本脱'之門'二字，據《北齊書》《通志》補。"今從補。

繪字敬文。六歲便求入學，家人以偶年俗忌，不許，遂竊其姊筆牘用之，未踰晦朔，[1]遂通《急就章》，[2]内外以爲非常兒。及長，儀貌端偉，神情朗儁。[3]第五舅河間邢晏每與言，[4]歎其高遠，[5]曰："若披煙霧，如對珠玉，宅相之寄，良在此甥。"後敕撰五

禮，[6]繪與太原王乂同掌軍禮。[7]魏静帝於顯陽殿講《孝經》《禮記》，[8]繪與從弟騫、裴伯茂、魏收、盧元明等俱爲録議，[9]簡舉可觀。歷中書侍郎、丞相司馬。[10]每霸朝文武總集，[11]對揚王庭，[12]常令繪先發言端，爲群僚之首。音詞辯正，[13]風儀都雅，聽者悚然，[14]文襄益加敬異。又掌儀注。

[1]晦朔：指農曆一個月。晦，陰曆每月的最後一天。朔，陰曆每月的第一天。

[2]急就章：又作《急就篇》。西漢史游撰。字書，今本存三十四篇。按姓名、衣服、飲食等分類編成韵語，多數爲七字句，以教兒童識字。因首句有"急就"二字而得名。宋本作"忽就章"。按：據《北齊書》卷二九《李渾附李繪傳》、《通志》卷一五三、《册府元龜》卷七七五作"急就章"。

[3]朗儁：高雅俊秀。

[4]邢晏：人名。字幼平，河間鄚（今河北任丘市北）人。北齊官吏。見《北史》卷四三《邢巒附邢晏傳》。

[5]高遠：高尚遠大。

[6]五禮：指吉禮、凶禮、賓禮、軍禮、嘉禮五種禮制。

[7]太原：郡名。北魏時治晋陽縣，在今山西太原市晋源區古城營村一帶。

[8]魏静帝：即東魏皇帝元善見。静爲其謚號。　顯陽殿：故址在今河北臨漳縣西南鄴鎮。

[9]騫：底本作"褰"，中華本校勘記云："諸本'騫'作'褰'，《北齊書》卷二九、《通志》卷一五三《李繪傳》作'騫'。按李騫見本卷《李順傳》。其人又見於《北齊書·文苑傳序》，今據改。"今從改。　裴伯茂：人名。河東聞喜（今山西聞喜縣）人。北齊官吏。見《北史》卷三八《裴延儁附裴伯茂傳》。源氏校

勘記云："《北齊》作'伯莊'。"　盧元明：人名。字幼章，范陽涿（今河北涿州市）人。北魏、東魏官吏。見《北史》卷三〇《盧玄附盧元明傳》。

[10]中書侍郎：官名。晋代始置，爲中書省長官之副職。北魏時多選用文學之士，掌草擬詔令，職位機要，置四人。孝文帝太和十七年定爲四品上，二十三年改爲從四品上。北齊時擬詔出令之職仍歸中書省，侍郎職閑官清，成爲諸王起家官，兼管伎樂。從四品。　丞相司馬：官名。公府高級幕僚，位次長史。東漢末至三國，丞相、相國多以權臣居之，總攬軍政，府置司馬，參贊軍務，地位甚高，秩千石。或分置左右。兩晋南北朝諸公府多置，管理府内武職，與長史共參府務。

[11]霸朝：指魏晋南北朝時控制朝政、做稱帝準備的權臣的官府。

[12]對揚：面君奏對。

[13]辯正：言辭華美雅正。

[14]都雅：美好閑雅。　悚（sǒng）然：肅然恭敬貌。

武定初，兼散騎常侍，爲聘梁使主。梁武問"高相今在何處？"[1]"黑獺若爲形容？"[2]"高相作何經略？"繪敷對明辯，[3]梁武稱佳。與梁人汎言氏族，袁狎曰："未若我本出自黄帝，姓在十四之限。"[4]繪曰："兄所出雖遠，當共車千秋分一字耳！"[5]一坐皆笑。前後行人皆通啓求市，繪獨守清尚，梁人重其廉潔。

[1]高相：即高歡。字賀六渾，祖籍勃海蓨（今河北景縣）人。東魏權臣，北齊的奠基人。見《北史》卷六《齊本紀·神武帝》。

[2]黑獺：即宇文泰，人名。字黑獺，代郡武川（今内蒙古武

川縣西）人。西魏權臣，北周的奠基人。見《北史》卷九《周本紀·文帝》。

[3]敷對：奏對，陳奏廷對。　明辯：明暢有條理。

[4]十四之限：相傳黄帝二十五子，其得姓者十四人。見《史記》卷一《五帝本紀》。

[5]車千秋：人名。本姓田氏，馮翊長陵（今陝西咸陽市東北）人。西漢大臣。年老時漢武帝特許乘小車入宫殿。見《漢書》卷六六《車千秋傳》。

使還，拜高陽内史。[1]郡境舊有三猛獸，人常患之，繪欲脩檻，遂因鬭俱死於郡西。咸以爲化感所致，皆勸申上。繪曰："猛獸因鬭而斃，自是偶然，貪此爲功，人將窺我。"竟不聽。高陽舊多陂淀，[2]繪至後，淀水皆涸，乃置農正，[3]專主勸課，墾田倍增，家給人足。瀛州三郡人俱詣州，請爲繪立碑于郡街。神武東巡郡國，在瀛州城西駐馬久立，使郎中陳元康喻慰之。[4]

[1]高陽：郡名。北魏時治高陽縣，在今河北高陽縣東。　内史：官名。三國魏置，職如郡丞。晋武帝又改諸王國相爲内史，掌管民政。東晋、南北朝沿之。北魏孝文帝太和二十三年官品令上郡爲四品，中郡爲五品，下郡爲六品。

[2]陂淀：池塘湖泊。

[3]農正：官名。掌農事及農祈。

[4]陳元康：人名。字長猷，廣宗（今河北威縣東）人。北魏、東魏官吏。見《北史》卷五五《陳元康傳》。

河間太守崔諶，恃其弟暹勢，[1]從繪乞麋角鴿羽。

繪答書曰："鴿有六翮，[2]飛則沖天；麋有四足，走便入海。下官膚體疏嬾，[3]手足遲鈍，不能近追飛走，遠事佞人。"時文襄使暹選司徒左長史，[4]暹薦繪，既而不果，咸謂由此書。

[1]暹：即崔暹，人名。字季倫，博陵安平（今河北安平縣）人。東魏、北齊官吏。見《北史》卷三二《崔挺附崔暹傳》。

[2]六翮（hé）：鳥類雙翅中的正羽。

[3]疏嬾（lǎn）：鬆懈、懈怠。

[4]司徒左長史：官名。東漢末，丞相長史有左右之分。三國魏初廢丞相爲司徒，此職襲相府左長史之任，與司徒右長史並爲司徒府僚屬之長，佐司徒總管府内諸曹，位在右長史之上。北齊沿置。從三品。

及文襄嗣業，[1]普代山東諸郡，其特降書徵者，唯繪與清河太守辛術二人而已。[2]至，補大將軍從事中郎，[3]遷司馬。文襄以前司徒侯景進賢冠賜繪曰："卿但直心事孤，當用卿爲三公，莫學侯景叛也。"及文宣嗣事，仍爲丞相司馬。天保初，除司徒右長史。[4]繪質性方重，未嘗趣事權門，以此久而沈屈。[5]卒，贈南青州刺史，[6]謚曰景。子君道，有父風。

[1]嗣業：繼承基業或事業。

[2]辛術：人名。字懷哲，隴西狄道（今甘肅臨洮縣）人。東魏、北齊官吏。見《北史》卷五〇《辛雄附辛術傳》。

[3]從事中郎：官名。東漢時大將軍府、車騎將軍府屬官，職參謀議。大將軍府所屬員二人。魏晋南北朝皆置，其職依時依府而

異，或主吏，或分掌諸曹，或掌機密，或參謀議，地位較高。北齊時三公府置，五品。

[4]司徒右長史：官名。三國魏始置，爲司徒府僚屬長之副，位次左長史，掌佐司徒主各曹事等。兩晋南北朝及隋初沿置。

[5]沈屈：埋没屈抑。

[6]南青州：北魏時治團城，在今山東沂水縣沂水鎮。

繪弟緯，字乾經，少聰慧，有才學。與舅子河間邢昕少相倫輩，[1]晚不逮之。位中散大夫。[2]梁使至，[3]侍中李神儁舉緯爲尚書南主客郎。[4]緯前後接對凡十八人，頗爲稱職。鄴下爲之語曰："學則渾、繪、緯，口則繪、緯、渾。"齊文襄攝選，以緯爲司徒諮議參軍，[5]謂曰："自郎署至此，所謂不次，以卿人才，故有此舉耳。"梁謝藺來聘，[6]緯勞之。藺問安平諸崔，[7]緯曰："子玉以還，[8]彫龍絶矣。"崔暹聞之怒，緯詣門謝之，暹上馬不顧。緯語人曰："雖失要人意，聘梁使不得捨我。"武定五年，兼散騎常侍，使梁。緯常逸遊放達，自號"隱君"，蕭然有絶塵之意。使還，除太子家令，[9]卒。齊初，贈北徐州刺史，[10]謚曰文。

[1]邢昕：人名。字子明，河間鄚（今河北任丘北市）人。北魏、東魏官吏。見《北史》卷四三《邢巒附邢昕傳》。　倫輩：同輩。

[2]中散大夫：官名。漢平帝始置，歷代因之。多爲官吏養老、病退所任，無具體職權。北魏時曾置爲職事官之加官。孝文帝太和十七年定爲四品上，二十三年改爲四品下。

[3]梁使至：底本作"梁使主"，宋本、元大德本、毛本、殿

本、四庫本、四部備要本、局本作“聘梁使主”，中華本校勘記云：“南、北、汲、殿四本‘梁’上有‘聘’字，百衲本無‘聘’字。又‘至’字諸本並作‘主’。按《魏書》卷四九《李靈傳附李系（即李緯）傳》云：‘蕭衍遣使朝貢，侍中李神儁舉系爲尚書南主客郎。’《北史》例改‘蕭衍’爲‘梁’，‘朝貢’爲‘至’，知‘主’是‘至’之訛。南本以後各本以緯曾爲聘梁使主，遂妄加‘聘’字。不知緯之聘梁在武定五年，非在此時。且當時聘梁使主例兼散騎常侍，未聞以中散大夫爲使主者。今據改作‘至’。”今從改。

[4]李神儁：人名。即李挺。字神儁（一作“神儁”），小名提，隴西狄道（今甘肅臨洮縣）人。北魏、東魏官吏。見《北史》卷一〇〇《凉武昭王李暠附李神儁傳》。　爲尚書南主客郎：底本無“爲”字，中華本校勘記云：“又諸本脱‘爲’字，據《通志》及《魏書》補。”今從補。南主客郎，官名。三國魏、西晋、北魏時與主客郎互稱，爲尚書省南客曹長官通稱。初屬主客尚書，後不詳。東晋省，北魏復置，或説屬吏部尚書。孝文帝太和十七年定郎爲從五品中，郎中爲五品上，二十三年皆稱郎中，仍可通稱爲郎，六品。北齊時省併主客郎。

[5]諮議參軍：官名。東晋置，於丞相府諷議軍政事務，員二人。而後諸王府、公府、軍府等皆設。北魏時諸王府、丞相府、公府、軍府等皆設，總管府内軍政事務，品秩不一。孝文帝太和二十三年定爲正四品至正六品上。初置多人，宣武帝永平二年（509）設一人。北齊時三師、二大、三公府置。從四品上。

[6]梁謝藺來聘緯勞之：底本無“緯”字，中華本校勘記云：“諸本脱‘緯’字，據《通志》卷一五三《李緯傳》補。”今從補。謝藺，人名。字希如，陳郡陽夏（今河南太康縣）人。南朝梁官吏。見《梁書》卷四七《謝藺傳》。

[7]藺問安平諸崔：底本無“問”字，中華本有。今從補。安平，縣名。治所在今河北安平縣。

[8]子玉：即崔瑗，人名。字子玉，涿郡安平（今河北安平

縣）人。東漢官吏、文學家、書法家。見《後漢書》卷五二《崔駰附崔瑗傳》。

［9］太子家令：官名。秦有家令，漢因之。掌倉穀飲食，職似司農少府，秩千石。漢代太子食湯沐邑十縣，由家令掌管。西漢屬詹事，東漢屬太子少傅。兩晋或隸太子二傅，或隸詹事，掌東宫刑獄、倉儲、飲食、奴婢。北魏亦置，孝文帝太和十七年定爲從三品上，二十三年改爲從四品上。北齊時爲太子家令寺長官，從四品上。

［10］北徐州：北齊時治臨沂城，在今山東臨沂市。

璨字世顯，靈弟趙郡太守均之子也。身長八尺五寸，容貌魁偉，受學於梁祚，[1]位中書郎，[2]雅爲高允所知。[3]天安初，宋徐州刺史薛安都舉彭城降，[4]詔鎮南大將軍博陵公尉元、鎮東將軍城陽公孔伯恭等迎之，[5]獻文復以璨參二府軍事。安都率文武出迎，元不加禮接，安都還城，遂不降。宋將張永、沈攸之等先屯下磕，[6]元令璨與中書郎高閭入彭城説安都，[7]即與俱載赴軍。元等入城，收管籥。[8]其夜，永攻南門，不剋退還。璨勸元乘永，永失據，[9]攻永米船，大破之，於是遂定淮北。加璨寧朔將軍，[10]與張讜對爲兖州刺史，[11]安帖初附。以參定徐州功，賜爵始豐侯，[12]卒，謚曰懿。子元茂襲爵。

［1］梁祚：人名。北地泥陽（今陝西銅川市耀州區）人。北魏官吏、學者。見《北史》卷八一《梁祚傳》。

［2］中書郎：官名。魏晋南北朝時常用作中書侍郎、中書通事郎的省稱。南朝時爲閑職，成爲諸王起家官。北魏時負責草擬詔

令。孝文帝太和十七年定爲四品上，二十三年之後爲從四品上。北齊沿置，從四品。

[3]高允：人名。字伯恭，勃海蓨（今河北景縣）人。北魏官吏。見《北史》卷三一《高允傳》。

[4]天安初宋徐州刺史薛安都舉彭城降：底本無“天安”二字，“州”又作“二州”，中華本校勘記云：“諸本脱‘天安’二字，‘徐’下衍‘二’字。‘天安’二字據《魏書》卷四九《李靈傳》補。‘二’字據《魏書》及《通志》卷一四八《李靈傳》删。”今從改。天安，北魏獻文帝的年號（466—467）。徐州，南朝宋時治彭城縣，在今江蘇徐州市。薛安都，人名。字休達，河東汾陰（今山西萬榮縣西南）人。初仕北魏，後投奔南朝宋，後又投奔北魏。見《北史》卷三九《薛安都傳》。彭城，郡名。南朝宋時治彭城縣，在今江蘇徐州市。

[5]鎮南大將軍：官名。三國蜀置，掌征伐或鎮守。北魏孝文帝太和十七年定爲從一品上，二十三年定爲二品。北齊時爲褒賞軍功勳臣的閑職，二品。　博陵公：封爵名。博陵，郡名。北魏時治魯口城，在今河北饒陽縣。　尉元：人名。字苟仁，代（今山西大同市東北）人，鮮卑族。北魏官吏。見《北史》卷二五《尉元傳》。　鎮東將軍：官名。漢獻帝時置。三國魏時與鎮西、鎮南、鎮北將軍合稱四鎮將軍，多授持節都督，出鎮方面。北魏孝文帝太和十七年定爲從一品下，二十三年定爲從二品。北齊時成爲褒賞軍功勳臣的閑職，從二品。　城陽公：封爵名。城陽，郡名。北魏時治所不詳，當在今河南境内。　孔伯恭：人名。魏郡鄴（今河北臨漳縣西南）人。北魏將領。見《北史》卷三七《孔伯恭傳》。

[6]張永：人名。字景雲，吴郡吴（今江蘇蘇州市）人。南朝宋將領。見《宋書》卷五三《張茂度附張永傳》。　沈攸之：人名。字仲達，吴興武康（今浙江德清縣西）人。南朝宋將領。見《宋書》卷七四《沈攸之傳》。　下磕：城名。在今江蘇徐州市東南。

[7]高閭：人名。字閻士，漁陽雍奴（今天津武清區）人。北魏官吏。見《北史》卷三四《高閭傳》。

[8]管籥（yuè）：鎖匙。

[9]永失據：殿本、四庫本、四部備要本作“之失據”，源氏校勘記改“永”作“之”。今從底本。

[10]寧朔將軍：官名。三國魏置，掌征伐或駐守。西晋時此職多駐幽州，爲幽州地區軍政長官，兼管烏丸事務。北魏孝文帝太和十七年定爲四品上，二十三年定爲從四品。

[11]張讜：人名。字處言，清河東武城（今山東武城縣西北）人。南朝宋、北齊官吏。見《北史》卷四五《張讜傳》。　兖州：北魏孝文帝太和十八年改東兖州置，治瑕丘城，在今山東兖州市新驛鎮東頓村南。

[12]始豐侯：封爵名。始豐，縣名。治所在今浙江天台縣。

元茂以寬雅著稱，位司徒司馬、彭城鎮副將，[1]人吏安之。卒，贈顯武將軍、徐州刺史，[2]謚曰順。

[1]司徒司馬：官名。漢置。司徒府屬吏，爲領兵武職，掌營兵。北魏因之。　鎮副將：官名。北魏置，鎮的副長官，佐鎮將掌鎮務。孝文帝太和十七年職員令及二十三年復次職員令時皆未載。

[2]顯武將軍：官名。北魏置，爲雜號將軍之一。孝文帝太和十七年定爲從三品下，二十三年定爲正四品。

子秀之，字鳳起，襲爵，位尚書都官郎。[1]秀之弟子雲，字鳳昇；子雲弟子羽，字鳳降；子羽弟子岳，字鳳跱。秀之等並早孤，事母孝謹，兄弟容貌並魁偉，風度審正，[2]而皆早卒。鳳昇子道宗，位直閤將軍。[3]道宗

弟德林，[4]司徒中兵參軍。[5]

[1]尚書都官郎：官名。魏晋南北朝皆置，亦稱都官郎中，爲尚書省都官曹長官。掌刑獄，亦佐督軍事。北魏孝文帝太和十七年定郎中爲五品上，郎從五品中，二十三年皆稱郎中，六品。北齊時爲六品上。

[2]審正：明察正直。

[3]直閤將軍：官名。南朝及北魏、北齊置。爲皇帝左右侍衛之官，地位顯要。北魏時，多以宗室任此職。孝文帝太和十七年定爲從三品中。北齊時爲左右衛府直閤屬官。從四品。

[4]德林：源氏校勘記云："'德'《魏書》作'道'。"

[5]中兵參軍：官名。亦稱中兵參軍事。西晋末司馬睿始置於丞相府。東晋南北朝沿置，爲諸公、軍府僚屬之一。掌管本府中兵曹事務，兼任參謀咨詢之責。其品秩隨府主地位的高低而不同。北齊時大將軍、大司馬等府屬官有中兵參軍。

元茂弟宣茂，太和初，[1]拜中書博士，後兼定州大中正，受鄉人財貨，爲御史所劾，除名。正始初，[2]除太中大夫，[3]遷光禄大夫。宣茂議明堂之制，以五室爲長，與游肇往復，[4]肇善之。卒於幽州刺史，[5]遺令薄葬，贈齊州刺史，謚曰惠。

[1]太和：北魏孝文帝的年號（477—499）。

[2]正始：北魏宣武帝的年號（504—508）。

[3]太中大夫：官名。亦作"大中大夫"。秦始置。掌顧問應對，參政議政，奉詔出使，多由寵臣貴戚擔任。北魏時多用於安置年老病退免官的九卿等大臣，亦用作加官、兼官，或供朝廷臨時差遣。孝文帝太和十七年定爲三品下，二十三年改爲從三品。

[4]遷光禄大夫宣茂議明堂之制以五室爲長與游肇往復：底本作“遷光禄勳與游肇往復”，中華本校勘記云：“《魏書》卷四九《李靈傳》‘勳’字作‘大夫’二字。又‘與’上有‘宣茂議明堂之制，以五室爲長’十二字，《北史》删去，則所謂‘往復’者不知何所指。殊爲失當。”今從改。光禄大夫，官名。漢武帝時設，掌議論。無定員，秩比二千石。歷朝因之，官秩不一。西晋武帝泰始年間始有左、右之分，並稱加金章紫綬者爲金紫光禄大夫，加銀章青綬者爲銀青光禄大夫。北魏孝文帝太和十七年定爲從二品中，二十三年改爲三品。游肇，人名。字伯始，廣平任（今河北任縣東）人。北魏官吏。見《北史》卷三四《游雅附游肇傳》。

[5]幽州：北魏時治薊縣，在今北京西南。

子籍之，[1]字脩遠，性謹正，粗涉書史。位司徒諮議參軍、太中大夫。著《忠誥》一篇，文多不載。卒，贈定州刺史。

[1]籍之：宋本作“藉之”，《魏書》卷四九《李靈傳》作“藉之”。《通志》卷一四八同《北史》。

子徹，仕齊，位尚書左丞。[1]

[1]尚書左丞：官名。漢成帝時置尚書，員五人，丞四人。漢光武帝減二人，分左右丞，爲尚書臺佐貳官。居尚書右丞上，總領尚書臺庶務，主管吏民章奏及臺内小吏。魏晋南朝時爲尚書省佐官，位次尚書，與右丞共掌尚書省庶務。北魏孝文帝太和十七年定爲四品上，二十三年改爲從四品上。北齊時爲從四品上。

徹子純，隋開皇中爲介州長史。[1]

[1]開皇：隋文帝的年號（581—600）。　介州：隋朝時治隰城縣，在今山西汾陽市。

純子德饒，字世文。少聰敏好學，有至性。弱冠仕隋爲校書郎，[1]仍直内史省，[2]參掌文翰。轉監察御史，[3]糾正不避權貴。大業三年，[4]遷司隸從事。[5]每巡四方，理冤枉，褒孝悌。雖位秩未通，德行爲當時所重，凡與交結，皆海内髦彦。[6]

[1]校書郎：官名。東漢置。即以郎官典校皇家秘籍圖書。隋時秘書省及著作局皆置，掌校讎典籍。正九品上。

[2]内史省：官署名。隋朝時五省之一。置監、令各一員，尋廢監，置令二員，侍郎四員，舍人八員，通事舍人十六員，主書十員，録事四員。煬帝改内史省爲内書省，内史令改稱内書令。

[3]監察御史：官名。秦始置。亦稱監察侍御史，簡稱御史、侍御。秦漢有監御史、監郡御史，東晋、北朝有檢校御史，皆掌出巡郡縣，監察地方行政。隋初改檢校御史爲監察御史，從八品上。煬帝大業三年爲從七品。

[4]大業：隋煬帝的年號（605—617）。

[5]司隸從事：官名。隋煬帝置。爲司隸臺屬官，員四十人，協助刺史巡察諸郡。

[6]髦彦：傑出的人才。

性至孝，父母寢疾，輒終日不食，十旬不解衣。及丁憂，[1]水漿不入口五日，哀慟，歐血數升。及送葬，

會仲冬積雪，行四十餘里，單縗徒跣，[2]號踊幾絶。會葬者千餘人，莫不爲之流涕。後甘露降於庭樹，[3]有鳩巢其廬，納言楊達巡省河北，[4]詣廬弔慰之，因改所居村名爲孝敬村，里爲和順里。

[1]丁憂：遭逢父母喪事。舊制，父母死後，子女要守喪，三年内不做官，不婚娶，不赴宴，不應考。

[2]單縗（cuī）：單薄的喪服。　徒跣（xiǎn）：赤足步行。

[3]甘露：甘美的雨露。古人以爲天下太平的瑞徵。

[4]納言：官名。北周武帝保定四年（564）改御伯爲納言。設中大夫、下大夫、上士、中士，掌出納帝命，爲樞要近侍之臣。隸天官府。隋朝時又改侍中爲納言，煬帝大業十二年又改納言爲侍内。　楊達：人名。字士達。北周、隋朝官吏。見《北史》卷六八《楊紹附楊達傳》。

後爲金河縣長，[1]未之官，屬群盜蠭起，賊帥格謙、孫宣雅等十餘頭聚衆於勃海，[2]有敕許其歸首。[3]謙等懼，不敢降，以德饒信行有聞，[4]遣奏曰："若德饒來者，即相率歸首。"帝遣德饒往勃海慰諸賊。至冠氏，[5]會他賊攻陷縣城，見害。

[1]金河：縣名。治所在今内蒙古和林格爾縣西北。

[2]格謙：人名。厭次（今山東無棣縣）人。隋末起義軍首領。　勃海：郡名。隋朝時治陽信縣，在今山東陽信縣西南。

[3]歸首：歸降，自首。

[4]信行：誠實守信的品行。

[5]冠氏：縣名。治所在今山東冠縣。

其弟德佋，性重然諾。大業末爲離石郡司法書佐，[1]太守楊子崇特禮之。[2]及義兵起，子崇遇害，棄尸城下。德佋赴哭盡哀，收瘞之。[3]至介休，[4]詣義師請葬子崇。見許，因贈子崇官，令德佋爲使者，往離石禮葬子崇。

[1]離石：郡名。隋朝時治離石縣，在今山西吕梁市離石區。司法書佐：官名。司法曹的輔助官吏。書佐，官名。主辦文書的佐吏。漢代州郡縣皆分曹治事，諸曹下各有書佐。州部書佐位次從事，軍銜書佐則比掾史，職主起草和繕寫文書。由州郡縣長官自行辟除。三國蜀州郡沿置。魏晋南北朝亦置。隋初，諸州及王府諸曹置參軍及行參軍等。煬帝大業三年更名爲行書佐。

[2]楊子崇：人名。隋朝宗室。見《隋書》卷四三《楊子崇傳》。

[3]收瘞（yì）：收殮埋葬。

[4]介休：縣名。治所在今山西介休市。

徹弟公緒。公緒字穆叔，性聰敏，博通經傳。魏末爲冀州司馬，屬疾去官，[1]絶迹贊皇山。[2]齊天保初，以侍御史徵，[3]不就。公緒沈冥樂道，又不閑時務，故誓心不仕。尤明天文，善圖緯之學，[4]嘗謂子弟曰："吾觀齊之分野，福德不多，國家祚終四七。"及齊亡歲，距天保之元二十八年矣。公緒雅好著書，撰《典言》十卷、《禮質疑》五卷、《喪服章句》一卷、《古今略記》二十卷、《玄子》五卷、《趙記》八卷、《趙語》十二卷，[5]並行於世。公緒既善陰陽之術，有秘記，傳之子孫而不好焉，臨終取以投火。子少通，有學行。

[1]屬：恰好遇到。

[2]贊皇山：在今河北贊皇縣西南。

[3]侍御史：官名。亦簡稱御史、侍御。西漢時爲御史大夫屬官。北魏時於分曹治事外，亦奉命監國，督察巡視州郡，收捕官吏，宣示詔命。北魏頗重其選，必以對策高第者補之。置侍御史八人。孝文帝太和十七年定爲從五品中，二十三年定爲八品。北齊沿置，從七品。

[4]善：局本作“學”。按：從底本。　圖：《河圖》的簡稱，讖緯之書。　緯：方士化的儒士編集起來附會儒家經典的各種著作。

[5]禮質疑：源氏校勘記云：“《北齊》無‘禮’字。”　趙語十二卷：源氏校勘記云：“（‘十二’）《北齊》作‘十三’。”

公緒弟概，字季節，少好學。然性倨傲，每對諸兄弟，露髻披服，略無少長之禮。爲齊文襄大將軍府行參軍，[1]進側集，題云“富春公主撰”。閑緩不任事，每被譏訶。除殿中侍御史，[2]修國史。後爲太子舍人，[3]爲副使聘于江南。江南多以僧寺停客，出入常袒露。還，坐事解。後卒於并州功曹參軍。[4]撰《戰國春秋》及《音譜》並行於世。

[1]行參軍：官名。三國蜀置。晋時中央除拜者爲參軍，諸府自辟者爲行參軍。晋以後行參軍亦可除拜，唯品階低於參軍。分掌府内各曹事務。官秩隨府主地位高低不等，歷代不一。北魏時爲七品上至九品。北齊時爲七品上至八品。

[2]殿中侍御史：官名。亦稱殿中御史。三國魏始置，員二人，居殿中糾察非法，隸御史臺。兩晋南北朝沿置，北魏時或掌宿衛禁

兵。孝文帝太和十七年定爲從五品中，二十三年改爲從八品上。北齊時員十二人，八品。

[3]太子舍人：官名。秦朝始置。兩漢因之，秩二百石，無員額。東漢時隸太子少傅，太子闕位則隸少府。魏晋南北朝沿置，北魏孝文帝太和十七年定爲五品中，二十三年改爲從六品下。北齊置二十八人，隸詹事府典書坊。從六品下。

[4]并州：北齊時治晋陽縣，在今山西太原市晋源區古城營村一帶。　功曹參軍：官名。即功曹參軍事。功曹長官。北齊時三師、二大、三公、護軍府、諸州置。六品上至七品下。

又自簡詩賦二十四首，謂之《達生丈人集》。其序曰："達生丈人者，[1]生於戰國之世，爵里姓名無聞焉爾，時人揆其行己，[2]彊爲之號。頗好屬文，成輒棄藁。常持論文云：古人有言，性情生於慾。又曰人之性静，慾實汨之。然則性也者，所受於天，神識是也，故爲形骸之主；情也者所受於性，嗜慾是也，故爲形骸之役。由此言之，情性之辯，斷焉殊異。故其身泰，則均齊死生，塵垢名利，縱酒恣色，所以養情；否，則屏除愛著，擯落枝體，收視反聽，所以養識。是以遇榮樂而無染，遭厄窮而不悶，或出人間，或栖物表，逍遥寄託，莫知所終。"

[1]丈人：古時對老年男子的尊稱。

[2]揆（kuí）：審度。　行己：立身行事。

李順字德正，鉅鹿公靈之從父弟也。父系，慕容垂散騎侍郎、東武城令。[1]道武定中原，以爲平棘令。卒，

贈趙郡太守、平棘男。

[1]散騎侍郎：官名。三國魏置。與散騎常侍、侍中、黄門侍郎等共平尚書奏事，侍從皇帝左右，顧問應對。兩晋沿置，三品。東武城：縣名。治所在今山東武城縣西北。

順博涉經史，有計策。神瑞中，[1]拜中書博士，轉中書侍郎。從征蠕蠕，[2]以籌略，賜爵平棘子。太武將討赫連昌，[3]謂崔浩曰：[4]"朕前北征，李順獻策數事，實合經略大謀。今欲使總前驅之事，何如?"浩曰："順智足周務，實如聖旨。但臣與之昏姻，深知其行，然性果於去就，[5]不可專委。"帝乃止。初，浩弟娶順妹，[6]又以弟子娶順女，雖昏媾，[7]而浩頗輕順，順又不伏，由是潛相猜忌，故浩毁之。至統萬，[8]大破昌軍，順謀功居多。後征統萬，昌出逆戰，順破其左軍。及剋統萬，帝賜諸將珍寶雜物，順固辭，唯取書數千卷，帝善之。遷給事黄門侍郎。[9]又從擊赫連定於平凉。[10]三秦平，[11]進爵爲侯，遷四部尚書，[12]甚見寵待。

[1]神瑞：北魏明元帝的年號（414—416）。

[2]蠕蠕：亦稱柔然，本爲東胡族的一支。南北朝時始强大，活動於今蒙古國南部地區。以游牧爲生。見《北史》卷九八《蠕蠕傳》。

[3]赫連昌：人名。字還國，匈奴族鐵弗部人。十六國時夏君主。見《北史》卷九三《赫連屈丐附赫連昌傳》。

[4]崔浩：人名。字伯淵，《北史》避唐高祖李淵諱改爲"伯深"，清河東武城（今山東武城縣西北）人。北魏官吏。見《北

史》卷二一《崔宏附崔浩傳》。

[5]去就：毛本、局本作“就去”，《魏書》卷三六《李順傳》、《通志》卷一四八《李順傳》、《册府元龜》卷四七八作“去就”。按：去就，擔任或不擔任職務。從底本。

[6]浩弟娶順妹：底本“妹”作“女”，宋本作“妹”，源氏校勘記改“女”作“妹”，中華本校勘記云：“諸本‘妹’作‘女’，《魏書》卷三六、《通志》卷一四八《李順傳》作‘妹’。按下云‘又以弟子娶順女’，則作‘妹’是，今據改。”今從改。

[7]昏媾（gòu）：有婚姻關係的親戚。

[8]統萬：軍鎮名。在今陝西靖邊縣北白城子。

[9]給事黄門侍郎：官名。東漢合併黄門侍郎與給事黄門而置。亦簡稱黄門、黄門郎、黄門侍郎。掌侍從左右、關通内外，與侍中平省尚書奏事，因出入禁中，故職任顯要。魏晋南北朝時爲侍中省或門下省次官，與侍中俱掌門下衆事，職掌略同，地位隨皇帝旨意或侍中地位而上下。北魏孝文帝太和十七年定爲三品中，二十三年改爲四品上。北齊時爲四品。

[10]赫連定：人名。小字直獖，匈奴族鐵弗部人。十六國時夏君主。見《北史·赫連屈丐附赫連定傳》。　平凉：城名。在今甘肅平凉市。

[11]三秦：地區名。泛指關中一帶。項羽占領咸陽以後，以咸陽爲中心，把關中和陝北一分爲三，封雍王（咸陽以西，甘肅以東）、塞王（咸陽以東）、翟王（陝北）。

[12]四部尚書：官名。北魏置。屬尚書省，職掌不詳。

沮渠蒙遜以河西内附，[1]帝欲簡行人，[2]崔浩曰：“宜令清德重臣，奉詔褒慰，尚書順即其人也。”帝曰：“順納言大臣，不宜方爲此使，若蒙遜身執玉帛而朝於朕，復何以加之？”浩曰：“邢貞使吴，亦魏之太常，苟

事是宜，無嫌於重。”帝從之，以順爲太常，[3]策拜蒙遜爲太傅、凉王。[4]使還，拜使持節、都督四州諸軍事、長安鎮都大將、寧西將軍、開府，[5]進爵高平公。[6]未幾，徵爲四部尚書，加散騎常侍。

[1]沮渠蒙遜：人名。張掖臨松（今甘肅張掖市南）人，盧水胡沮渠部。十六國時北凉創建者。見《北史》卷九三《沮渠蒙遜傳》。　河西：地區名。亦作“河右”。在今甘肅、青海二省黄河以西，即河西走廊與湟水流域一帶。

[2]行人：官名。春秋戰國時各國多設行人，掌朝覲聘問，常任使者。秦、西漢初有行人令，爲大行令屬官，掌接待少數民族賓客。西漢時諸侯國亦置行人，東漢省。十六國、南北朝常置，以任出使聘問。

[3]太常：毛本、局本作“太守”。按：據《魏書》卷三六《李順傳》、《資治通鑑》卷一二二、《通志》卷一四八、《册府元龜》卷四七八作“太常”。今從底本。

[4]凉王：封爵名。凉，州名。北魏時治姑臧縣，在今甘肅武威市。

[5]使持節：漢朝官吏奉命外出時，由皇帝授予節杖，來提高其權威。魏晋之後，重要的軍事長官出征或者出鎮，通常加以使持節，可誅殺二千石以下的官員。皇帝派遣大臣參與重要事情時，也加以此職，以示尊崇。次一等的稱持節，再次一等的稱假節。　都督四州諸軍事：官名。地方軍政長官，領四州刺史，兼理民政，品級不定。　鎮都大將：官名。北魏時於緣邊諸鎮置，爲鎮的長官，管理轄區内的軍務及民政，地位甚高，多任用鮮卑宗室。其下設都副將以佐之。孝文帝太和十七年職員令及二十三年復次職員令時皆未載其品秩。　寧西將軍：官名。十六國時前趙劉曜置，以授苻洪，統率氐人。後趙及北魏沿置。　開府：爲開府儀同三司的省

稱。北魏時爲大臣加號，意謂與三司禮制待遇相同，許開辟府署，自辟僚屬。孝文帝太和十七年定爲一品下，二十三年定爲從一品。

[6]高平公：封爵名。高平，郡名。北魏時治高平縣，在今山東鄒平縣西南。

延和初，[1]使凉。蒙遜辭疾，箕坐隱几，[2]無起動狀。順正色大言曰："不謂此叟無禮，乃至於是！"握節而出。蒙遜使中兵校郎楊定歸追順曰：[3]"太常既雅恕衰疾，傳云朝廷賜不拜之詔，[4]是以敢自安耳；若曰爾拜爾跽，而不承命，乃小臣之罪矣。"順曰："齊桓公九合諸侯，一匡天下，周公賜胙，[5]命曰伯舅無拜，而桓公降而拜受。今朝廷未有不拜之詔，而便偃蹇自取，[6]此乃速禍之道。"蒙遜拜伏盡禮。

[1]延和：北魏太武帝的年號（432—434）。

[2]隱（yìn）几：依靠著几案。

[3]中兵校郎：官名。爲四鎮將軍及雜號將軍之屬，位長史、司馬、門下校郎下。

[4]太常既雅恕衰疾傳云朝廷賜不拜之詔：底本作"太常云朝廷賜不拜之詔"，中華本校勘記云："《魏書》'太常'下有'既雅恕衰疾傳'六字。按'太常'即指李順，若果有此語，李順豈能反駁？'傳云'者，傳聞之言，《魏書》是，《北史》誤删。"今從改。

[5]周公賜胙：指周襄王派周公賜齊桓公胙。見《左傳》僖公九年。胙，古代祭祀時供的肉。

[6]偃蹇（jiǎn）：驕傲，傲慢。

順還，帝問與蒙遜往復辭，及其政教得失。順曰："蒙遜專威河右，三十許年，經涉艱難，粗識機變，雖不能貽厥孫謀，[1]猶足以終其一世。但前歲表許十月送曇無讖，[2]及臣往迎，便乖本意，不臣不信，於是而甚。以臣觀之，不復周矣。"帝曰："若如卿言，則效在無遠，襲世之後，早晚當滅。"對曰："臣略見其子，並非才俊。如聞燉煌太守牧犍，[3]器性粗立，[4]若繼蒙遜，必此人也。然比之於父，僉云不逮，殆天所用資聖明也。"帝曰："朕方事于東，未暇營西，如卿所言，三五年間，不足爲晚。"及蒙遜死問至，太武謂順曰："卿言蒙遜死，驗矣；又言牧犍立，何其妙哉！朕剋涼州，亦當不遠。"於是賜絹千匹、廐馬一乘，寵待彌厚，政無巨細，無所不參。崔浩惡之。

[1]貽（yí）厥孫謀：爲子孫的將來做好安排。

[2]曇無讖（chàn）：人名。中天竺（今印度）人。十六國時北凉僧人。其所傳涅槃學説，於中國佛學有重大影響。

[3]燉煌：郡名。北魏時治鳴沙縣，在今甘肅敦煌市西。　牧犍：即沮渠牧犍，人名。一名沮渠茂虔，盧水胡人。十六國時北凉君主。見《北史》卷九三《沮渠蒙遜附沮渠牧犍傳》。

[4]器性：稟性。

順凡使涼州十二回，太武稱其能。而蒙遜數與順游宴，頗有悖言，恐順泄之，以金寶納順懷中，故蒙遜罪釁得不聞。[1]又西域沙門曇無讖有方術，[2]在涼州。詔追之，順受蒙遜金，聽殺之。浩並知之，密言於帝。帝未

之信。太延三年，[3]順復使涼州，及還，帝問以將平河右計，順以人勞既久，不可頻動，帝從之。五年，議征涼州，順以涼州乏水草，不宜遠征。崔浩固以爲宜征，帝從浩議。及至姑臧，[4]甚豐水草，帝與景穆書，[5]頗嫌順。後謂浩曰："卿昔所言，今果驗矣。"克涼州後，聞受蒙遜金而聽其殺曇無讖，益嫌之。猶以寵舊，未加其罪，尚詔順差次群臣，[6]賜以爵位。順頗受納，品第不平。涼州人徐桀發其事，浩又毀之。帝大怒，刑順於城西。

[1]故蒙遜罪釁得不聞：高敏《南北史考索》（第457頁）云："《魏書》卷三十六同人傳，'聞'字下多一'徹'字，意即不能徹底明白，此字不可刪，而《北史》刪之，實不妥。《通志》卷一百四十八《後魏列傳》同人傳'回'作'返'，'聞'字下亦有'徹'字，同於《魏書》，《北史》校勘記均失校。"可從。

[2]西域：西漢以後對玉門關（今甘肅敦煌市西北）以西地區的總稱。有廣義、狹義之分，狹義專指葱嶺以東而言；廣義則指凡通過狹義的西域所能到達的地區，包括亞洲中部與西部、印度半島、歐洲東部和非洲北部。

[3]太延：北魏太武帝的年號（435—440）。

[4]姑臧：縣名。治所在今甘肅武威市。

[5]景穆：即北魏太武帝太子拓跋晃。景穆爲其謚號，北魏文成帝所追謚。

[6]差次：分别等次。

順死後數年，其從父弟孝伯爲太武知重，居中用事。及浩誅，帝怒甚，謂孝伯曰："卿從兄往雖誤國，

朕意亦未至此。由浩，遂殺卿從兄。”皇興初，[1]順子敷等貴寵，獻文追贈順侍中、鎮西大將軍、太尉公、高平王，[2]謚曰宣王。妻邢氏曰孝妃。順四子。

[1]皇興：北魏獻文帝的年號（467—471）。

[2]獻文：即北魏皇帝拓跋弘。獻文爲其謚號。　鎮西大將軍：官名。三國蜀置。職掌與鎮西將軍同，唯資歷深者得任此職。北魏孝文帝太和十七年定爲從一品上，二十三年定爲二品。北齊時爲褒賞軍功勳臣的閑職，二品。

長子敷，字景文。真君二年，[1]選入中書教學，以忠謹給侍東宫，又爲中散。與李訢、盧遐、度世等並以聰敏内參機密。[2]敷性謙恭，加有文學，文成寵遇之。[3]遷秘書下大夫，[4]賜爵平棘子。後兼録南部，遷散騎常侍、南部尚書、中書監，[5]領内外秘書，[6]襲爵高平公。朝政大議，事無不關。及宋徐州刺史薛安都、司州刺史常珍奇等以彭城、懸瓠降，[7]于時朝議謂未必可信，敷乃固執必然。乃遣師接援，淮海寧輯。敷既見待二世，兄弟親戚在朝者十餘人。弟弈又有寵於文明太后。[8]李訢列其隱罪二十餘條，獻文大怒，皇興四年，誅敷兄弟，削順位號爲庶人。敷從弟顯德、妹夫廣平宋叔珍等皆坐關亂公私，[9]同時伏法。敷兄弟敦崇孝義，家門有禮，至於居喪法度，吉凶書記，皆合典則，爲北州所稱美。既致斯禍，時人歎惜之。

[1]真君：即太平真君。北魏太武帝的年號（440—451）。

［2］李訢：人名。字元盛，范陽（今河北涿州市）人。北魏官吏。見《北史》卷二七《李訢傳》。　盧遐：人名。范陽涿（今河北涿州市）人。北魏官吏。見《北史》卷三〇《盧玄附盧遐傳》。　度世：即盧度世，人名。字子遷，范陽涿（今河北涿州市）人。北魏官吏。見《北史·盧玄附盧度世傳》。

［3］文成：即北魏皇帝拓跋濬。文成爲其謚號。

［4］秘書：官署名。東漢置。掌典籍，屬太常。北魏時別置内秘書，亦稱中秘書，掌管禁中文書機要之事。　下大夫：官名。北魏置。尚書諸曹及内部、外部等曹皆置，位在諸曹令之上，多由此遷本部尚書。孝文帝太和十七年定爲四品上，二十三年復次職員令未見置。

［5］南部尚書：官名。北魏道武帝時置，尚書省南部曹長官。初員一人，以後南方州郡數量增多，權重政繁，故設員二人或二人以上。除管理南方州郡事務外，還統兵南進。多由本部屬官遷任。孝文帝改制罷。

［6］内外秘書：内秘書、外秘書的合稱。外秘書，官署名。北魏時亦稱秘書省。晋朝置。與尚書、中書、門下、集書並稱五省。其官屬有秘書丞、秘書郎等。

［7］司州：北魏道武帝天興中置，治平城，在今山西大同市東北。　常珍奇：人名。汝南（今河南汝南縣）人。初爲南朝宋司州刺史，後降北魏，後復叛魏歸宋。見《魏書》卷六一《畢衆敬附常珍奇傳》。　懸瓠：城名。在今河南汝南縣。

［8］弈：毛本、殿本、四庫本、局本、四部備要本作“奕”。　文明太后：即北魏文成帝皇后馮氏。文明爲其謚號。

［9］廣平：郡名。北魏時治曲梁城，在今河北永年縣東南。　宋叔珍：人名。西河介休（今山西介休市）人。北魏官吏。見《北史》卷二六《宋隱附宋弁傳》。

敷弟式，字景則，學業知名。位西兖州刺史、濮陽侯。[1]式自以家據權要，心慮危禍，常敕津吏，臺有使者，必先啓然後度之。[2]既而使人卒至，始云南過，[3]既濟，突入執式赴都，與兄俱死。

[1]西兖州：北魏時治定陶城，在今山東定陶縣定陶鎮；後徙治左城，在今山東曹縣韓集鎮堤上范村。　濮陽侯：封爵名。濮陽，縣名。治所在今河南濮陽市。

[2]必先啓然後度之：高敏《南北史考索》（第457頁）云："此'度'，《魏書》卷三十六同人傳作'渡'，因係渡河，應作'渡'。《北史》誤改，《北史》校勘記失校。"可從。

[3]始云南過：源氏校勘記改"過"作"紿"。高敏《南北史考索》（第457頁）云："'始'字《魏書》卷三十六作'紿'，《北史》校勘記失校。"

子憲，字仲軌，清粹善風儀，好學有器度。太和初，襲爵，又降爲伯。拜秘書中散，[1]雅爲孝文知賞。後拜趙郡太守。趙脩與其州里，[2]脩歸葬父母也，牧守以下畏之累跡，憲不爲屈，時人高之。後以黨附高肇，[3]爲御史所劾。正光五年，[4]行雍州刺史，[5]尋除七兵尚書。[6]孝昌中，[7]除征東將軍、揚州刺史、淮南大都督。[8]及梁平北大將軍元樹等來寇，[9]憲力屈而降。因求還國。既至，敕付廷尉。[10]憲女壻安樂王鑒據相州反，[11]靈太后謂鑒心懷劫脅，[12]遂詔賜憲死。永熙中，[13]贈儀同三司、尚書令、定州刺史，[14]謚曰文靖。[15]

［1］秘書中散：官名。北魏置。爲任職於秘書省的中散官，掌禁中文書事務，參與禮儀、制度的議定。亦受皇帝之命外出執行臨時事務，或領監御等曹事務。多由中書學生遷任，五品中。

［2］趙脩：人名。字景業，趙郡房子（今河北高邑縣）人。北魏官吏。見《北史》卷九二《趙脩傳》。

［3］高肇：人名。字首文，勃海蓨（今河北景縣）人。北魏官吏、外戚。見《北史》卷八〇《高肇傳》。

［4］正光：北魏孝明帝的年號（520—525）。

［5］雍州：北魏時治長安縣，在今陝西西安市西北。

［6］七兵尚書：官名。尚書省七兵曹長官。三國魏始置五兵尚書，掌管中兵、外兵、騎兵、别兵、都兵五曹。晋分中兵、外兵爲左、右曹，實爲七曹，其長官仍沿稱五兵尚書。十六國後燕始改此名。北魏時定爲官名，孝文帝太和十七年定爲從二品中。北齊初沿置，後改爲五兵尚書。

［7］孝昌：北魏孝明帝的年號（525—527）。

［8］征東將軍：官名。爲四征將軍之一，多爲持節都督，出鎮地方，地位顯要。北魏孝文帝太和十七年定爲從一品中。　揚州：北魏時治壽春縣，在今安徽壽縣。

［9］平北大將軍：官名。西晋置。職掌同平北將軍，唯資深者得任之，二品。梁武帝天監七年改爲武職二十四班中的二十班，普通六年定爲武職三十四班中的三十班。　元樹：人名。字秀和，一字君立。北魏宗室。見《北史》卷一九《咸陽王禧附元樹傳》。

［10］廷尉：官名。爲中央最高司法審判機構長官，遵照皇帝旨意修訂法律，匯總全國斷獄數，主管詔獄。北魏時或稱廷尉卿，又增少卿爲副職。孝文帝太和十七年定爲二品上，二十三年改爲三品。北齊初沿置，後改置大理卿。

［11］安樂王：封爵名。安樂，郡名。北魏時郡治疑在三會城，在今河北承德縣東北老牛河之東。　鑒：即元鑒，人名。字長文。北魏宗室、大臣。見《北史》卷一九《安樂王長樂附元鑒傳》。底

本作“監”，殿本、四庫本、局本、四部備要本、中華本作“鑒”。按：據《魏書》卷三六《李順傳》、《通志》卷一四八作“鑒”。今從改。　相州：北魏時治鄴城，在今河北臨漳縣西南鄴鎮。毛本、局本作“湘州”，《魏書·李順傳》、《通志》卷一四八作“相州”。

[12]靈太后：即北魏宣武帝皇后胡氏。靈爲其謚號。

[13]永熙：北魏孝武帝的年號（532—534）。

[14]尚書令：官名。魏晋以後，尚書臺成爲總理全國行政事務的機構。北魏初不常置，亦不掌實際政務，孝文帝改制後，尚書省權任頗重，以録尚書事爲長官，尚書令爲副貳，兼掌監察百官，皆爲宰相。孝文帝太和十七年定爲從一品上，二十三年定爲二品。北齊因之。

[15]文靖：宋本、元大德本、毛本、殿本、四庫本、局本、四部備要本作“文静”，《魏書·李順傳》作“文静”。未詳孰是。

子希遠，字景沖，早卒。希遠子祖悛，襲祖爵。

希遠弟希宗，字景玄。[1]性寬和，儀貌雅麗，有才學。位金紫光禄大夫。[2]齊神武擢爲中外府長史。[3]文宣帝納其第二女爲皇后。位上黨太守，[4]卒。贈司空公、殷州刺史，謚曰文簡。

[1]景玄：局本作“景立”。《通志》卷一四八作“景元”。《魏書》卷三六《李順傳》作“景玄”。未詳孰是。

[2]金紫光禄大夫：官名。西晋初有光禄大夫，如加賜金章紫綬，則爲金紫光禄大夫，二品，禄賜、班位等諸所賜給皆與特進同。其以爲加官者，唯假章綬、禄賜、班位，不别給車服、吏卒。北魏孝文帝太和十七年定爲從一品下，二十三年改爲從二品。

[3]中外府：官署名。都督中外諸軍事府的簡稱。下置長史、司馬、司録等僚佐。

[4]上黨：郡名。北魏時治壺關城，在今山西長治市北。

希宗長子祖昇，儀容瓌麗，垂手過膝，文學足以自通。位齊州刺史。淫於從兵妻，見殺。

祖昇弟祖勳，位給事黄門侍郎。齊文宣以其女爲濟南王妃。[1]除侍中，封丹楊郡王，[2]尋改封公。濟南即位，除趙州刺史。[3]濟南廢，還除金紫光禄大夫。太寧中，[4]昭信后有寵於武成，[5]除齊州刺史。贓賄狼籍，坐免官。復起爲光州刺史。[6]祖勳性貪慢，兼其妻崔氏驕豪干政，時論鄙之。女侍中陸媪母元氏，[7]即祖勳妻姨，[8]爲此附會，又除西兖州刺史、殿中尚書。[9]祖勳無才幹，自少及長，居官無可稱述。卒，贈尚書右僕射。[10]武平中，[11]將封后兄君璧等爲王，[12]還復祖勳王爵。其弟祖欽封竟陵王，[13]位光禄卿。[14]

[1]濟南王：指高殷。字正道，小字道人。北齊文宣帝長子，北齊第二任皇帝，後爲高洋之弟高演所廢。見《北史》卷七《齊本紀·廢帝》。

[2]丹楊郡王：封爵名。丹楊，郡名。北齊時寄治項城縣，在今河南沈丘縣。楊，宋本、毛本、四庫本、局本作“陽”。按：“楊”“陽”古通。

[3]趙州：北齊時治廣阿縣，在今河北隆堯縣東。

[4]太寧：北齊武成帝的年號（561—562）。宋本、元大德本、毛本、局本、四部備要本、中華本作“大寧”。按：“大”“太”可通。

[5]武成：即北齊皇帝高湛。武成爲其謚號。

[6]光州：北齊時治掖縣，在今山東萊州市。

［7］陸媪：即陸令萱。鮮卑族，北齊皇帝高緯的奶媽。在後宫操持國政八年，使得北齊政治混亂。見《北史》卷九二《穆提婆附陸令萱傳》。

［8］祖勳：局本作"位勳"。按：後文提及"其弟祖欽封竟陵王"，可知此處當爲"祖勳"，局本誤，從底本。

［9］西兖州：北齊時治左城，在今山東曹縣韓集鎮堤上范村。殿中尚書：官名。晋武帝太康中始置。爲尚書省六曹尚書之一，掌殿内兵馬倉庫，三品。南朝梁、陳沿置。北魏復置，領宫中兵馬，典宫禁宿衛及倉庫，或説領殿中、直事、三公、駕部四郎曹。孝文帝太和十七年定爲二品中。北齊三品。

［10］尚書右僕射：官名。北魏時列位宰相，在録尚書事、尚書令下，職掌都省庶務及執法，或典選舉，職在左僕射下。孝文帝太和十七年定爲從一品中，二十三年改爲從二品。北齊因之。

［11］武平：北齊後主的年號（570—576）。

［12］君璧：毛本、四庫本作"君壁"。按：據《通志》卷一四八，今從底本。

［13］竟陵王：封爵名。竟陵，郡名。北齊時治石城，在今湖北鍾祥市。

［14］光禄卿：官名。北齊時爲光禄寺長官，掌宫殿門户、帳幕器物、百官朝會膳食等。三品。

祖勳第三弟祖納，兄弟中最有識尚，以經史被知，卒於散騎常侍。

希宗弟希仁，字景山，有學識。卒於侍中、太子詹事。[1]子公統，仕齊，位員外郎。[2]高歸彦之反，[3]公統爲之謀主。歸彦敗，伏法。其母崔氏當没官，其弟宣寶行賕，改籍注老。[4]事發，武成帝棓殺之，肝腦塗地。

［1］太子詹事：官名。魏晋以來，太子宫設，掌太子宫内庶務及領諸侍奉之臣。北魏初分置左右，孝文帝太和十七年定爲二品下，後併爲一員，二十三年改爲三品。

［2］員外郎：官名。爲員外散騎侍郎的省稱。晋武帝置。北齊沿置，屬散騎省，初多以公族、功臣子充任，爲閑散之職，常用以安置閑退官員、元老人士。七品上。

［3］高歸彦：人名。字仁英，勃海蓨（今河北景縣）人。北齊宗室、大臣。見《北史》卷五一《平秦王歸彦傳》。

［4］改籍注老：改寫户籍年齡，以年老免刑。

希仁弟騫，字希義，博涉經史，文藻富贍。位散騎常侍、殷州大中正、尚書左丞。以本官兼散騎常侍使梁。後坐事免，論者以爲非罪。騫嘗贈親友盧元明、魏收詩云："監河愛升水，[1]蘇子惜餘明，[2]益州達友趣，[3]廷尉辯交情。"蓋失職之志云。後除給事黄門侍郎，卒。其文筆别有集録。齊受禪，贈儀同三司，謚曰文惠。

［1］監河愛升水：典出《莊子·外物篇》，意爲幫助别人要誠心。監河，即監河侯。傳説爲戰國初西河縣令。莊周家貧，曾往貸粟。但他衹是説空話，而没有誠心幫助莊周。升水，源氏校勘記云："'升'《魏書》作'斗'。"

［2］蘇子惜餘明：典出《戰國策·秦策》，講的是蘇代幫助甘茂留在齊國的事情。蘇子，即蘇代。洛陽（今河南洛陽市東北）人，戰國縱横家。見《史記》卷六九《蘇秦列傳》。

［3］益州：北齊時治成都縣，在今四川成都市。　達友趣：源氏校勘記云："'友'《魏書》作'反'。"

騫弟希禮，字景節，性敦厚，容止樞機，[1]動遵禮度。起家著作佐郎，[2]脩起居注。[3]歷位太常少卿，[4]兼廷尉少卿，[5]行魏尹事，[6]豫州刺史。[7]仍居議曹，與邢卲等議定禮律。卒於信州刺史。[8]

[1]樞機：《易·繫辭上》："言行，君子之樞機。"後因以"樞機"喻言行。

[2]著作佐郎：官名。三國魏明帝時置佐著作郎，協助著作郎修撰國史及起居注。東晋改此名（一説南朝宋改稱），屬著作省（局），掌搜集史料，供著作郎撰史。本用文學之士，南北朝後期，因其職務清閑，成爲士族高門子弟的起家官。北魏時秘書省著作局置四員，孝文帝太和十七年定爲從五品上，二十三年改爲七品。北齊因之。

[3]起居注：帝王言行的記録。

[4]太常少卿：官名。北魏始置。爲太常副貳，位在丞上。孝文帝太和十七年定爲三品上，二十三年改爲四品上。北齊時爲太常寺次官，位列諸寺少卿之首。員一人，四品上。

[5]廷尉少卿：官名。北魏始置。爲廷尉卿次官。孝文帝太和十七年定爲三品上，二十三年定爲四品上。北齊初沿置，後設大理寺，遂改稱大理少卿，四品上。

[6]魏尹：官名。十六國後趙、前燕京都行政長官。職掌略同京兆尹。東魏孝静帝天平元年遷都於鄴，亦置。北齊時改稱清都尹。

[7]豫州：北齊時治上蔡縣，在今河南汝南縣。

[8]信州：北齊時治項城，在今河南淮陽縣。

子孝貞，字元操，好學善屬文。仕齊，釋褐司徒府參軍事。[1]與弟孝基同見吏部郎中陸昂。[2]昂戲之曰：

"弟名孝基，兄其替矣！"孝貞對曰："札雖不肖，請附子臧。"[3]昂握手曰：[4]"士固不妄有名，吾賢必當遠至。"簡静，不妄通接賓客。射策甲科，拜給事中。稍遷兼通直散騎常侍，副李翥使陳。[5]

[1]參軍事：官名。亦作"參軍"。東漢末車騎將軍幕府置爲僚屬，掌參謀軍務。曹操爲丞相時，總攬軍政，其僚屬常有參丞相軍事之名，職任頗重。西晋時公以上領兵持節都督者，置參軍六人，協助治理府事。南北朝王、公、將軍府，都水臺及諸州多置爲僚屬，品級自六品至九品不等。

[2]吏部郎中：官名。尚書省吏部曹長官通稱。北齊時主管官吏選任、銓叙、調動事務，對五品以下官吏的任免有建議權。四品上。　陸昂：人名。字雲駒。東魏、北齊官吏。見《北史》卷二八《陸俟附陸昂傳》。

[3]札雖不肖請附子臧：底本"札"作"禮"，中華本校勘記云："諸本'札'作'禮'，《通志》卷一六三《李孝貞傳》作'僕'。按《左傳》襄公十四年記吴季札讓國事，略云：曹宣公之卒也，諸侯將立子臧，子臧去之。札雖不才，願附於子臧，以無失節。此乃'札'訛爲'礼'，又轉鈔作'禮'也，今據回改。《通志》是以意改，非。"今從改。

[4]握手：宋本作"握乎"。

[5]李翥：人名。字彦鴻，柏仁（今河北隆堯縣西南）人。北齊官吏。見《北史》卷三三《李義深附李翥傳》。

孝貞從姊則昭信皇后，[1]從兄祖勳女爲廢帝濟南王妃，祖欽女一爲後主娥英，[2]一爲琅邪王儼妃，[3]祖勳叔騫女爲安德王延宗妃。[4]諸房子女，多有才貌，又因昭

信后，所以與帝室姻媾重疊。兄弟並以文學自達，恥爲外戚家。于時黄門侍郎高乾和親要用事，[5]求昏於孝貞，孝貞拒之。由是有隙，陰譖之，出爲太尉府外兵參軍。[6]後歷中書舍人。[7]

[1]昭信皇后：即北齊文宣皇后李祖娥。因居住在昭信宮而得名。

[2]娥英：北齊後宮嬪妃品位。

[3]琅邪王：封爵名。琅邪，郡名。北齊時治即丘縣，在今山東臨沂市東南。　儼：即高儼，人名。勃海蓨（今河北景縣）人。北齊宗室。見《北史》卷五二《琅邪王儼傳》。

[4]安德王：封爵名。安德，郡名。北齊時治安德縣，在今山東平原縣東北。　延宗：即高延宗，人名。勃海蓨（今河北景縣）人。北齊宗室。見《北齊書》卷一一《安德王延宗傳》。

[5]黄門侍郎：官名。北齊時爲郎官的加官，與侍中俱掌門下事，侍從皇帝於宫門之内，置六員。四品。　高乾和：人名。冀州（今河北冀州市）人。東魏、北齊官吏。曾任黄門郎，與高元海、畢義雲向皇帝進讒言迫害高歸彦。後因和士開而被皇帝疏遠。宋本作“高朝和”。按：《北史》都作“高乾和”，無一處提到“高朝和”，另據《隋書》卷五七《李孝貞傳》、《通志》卷一六三，今從底本。

[6]太尉：官名。與太師、司徒並稱三公，列三公之首。北魏時爲名譽宰相，多爲大臣加官。隋朝時爲正一品。　外兵參軍：官名。亦稱外兵參軍事。兩晋南北朝諸公、軍府僚屬名。掌本府外兵曹事務，兼備參謀咨詢。西晋末司馬睿始置於丞相府，東晋南北朝沿置。其品位隨府主地位高低不等，有以將軍、太守兼領者。

[7]中書舍人：官名。三國魏時於中書省置中書通事舍人，掌宣傳詔命。晋、南朝沿置，南朝梁時稱中書舍人，掌起草詔令，參

預機密，權勢日重，甚至專斷朝政。北魏孝文帝太和十七年定爲六品上，二十三年定爲六品下。北齊時專掌草擬詔令，出納之職由門下省分任。六品。

武平中，出爲博陵太守，[1]不得志。尋爲司州別駕。[2]後復兼散騎常侍，聘周使副。還，除給事黄門侍郎，待詔文林館，[3]假儀同三司。以美於詞令，敕與中書侍郎李若、李德林别掌宣傳詔敕。[4]周武帝平齊，[5]授儀同三司、小典祀下大夫。[6]宣帝即位，[7]轉吏部下大夫。[8]隋文帝爲丞相，孝貞從韋孝寬討尉遲迥，[9]以功授上儀同三司。[10]

[1]博陵：郡名。北齊時治安平縣，在今河北安平縣。

[2]别駕：官名。又稱别駕從事、别駕從事史。漢置。爲州刺史僚屬，録衆事。北魏後期漸由朝廷任命。其品秩依州品不同，自正五品至正七品不等。

[3]文林館：官署名。北齊置。引文學之士充之，稱待詔。

[4]李若：人名。頓丘（今河南清豐縣西南）人。北齊、隋朝官吏。見《北史》卷四三《李崇附李若傳》。　李德林：人名。字公輔，博陵安平（今河北安平縣）人。北齊、隋朝官吏。見《北史》卷七二《李德林傳》。

[5]周武帝：即北周皇帝宇文邕。武爲其謚號。

[6]小典祀下大夫：官名。西魏恭帝置。爲春官府典祀司次官，助典祀中大夫掌祭祀禮儀，正四命。北周因之。

[7]宣帝：即北周皇帝宇文贇。宣爲其謚號。

[8]吏部下大夫：官名。亦稱小吏部下大夫、小吏部。西魏恭帝三年（556）置，北周沿置。爲夏官府吏部司次官，佐吏部中大

夫管理官員的選舉與遷轉。北周武帝建德二年（573），省六府諸司中大夫，遂爲吏部長官。宣帝即位，復置六府諸司中大夫後，仍爲次官，正四命。隋文帝開皇元年罷。

[9]韋孝寬：人名。即韋叔裕。字孝寬，京兆杜陵（今陝西西安市長安區東）人。西魏、北周將領。見《北史》卷六四《韋孝寬傳》。　尉遲迥：人名。字薄居羅，代（今山西大同市東北）人。西魏、北周重臣。見《北史》卷六二《尉遲迥傳》。

[10]以功授上儀同三司：中華本校勘記云："《隋書》卷五七《李孝貞傳》同。《通志》無'三司'二字。按周武帝改儀同三司爲儀同大將軍，'上儀同'即上儀同大將軍（見《周書》卷六《武帝紀》建德四年十月）。《通志》是。但《隋書》於周末所改官，多復其舊名，《北史》是沿襲《隋書》。"

開皇初，拜馮翊太守，[1]爲犯廟諱，於是稱字元操。後數歲，遷蒙州刺史，[2]吏人安之。[3]自此不復留意文筆。人問其故，[4]慨然嘆曰："五十之年，倏焉已過，鬢垂素髮，筋力已衰，宦意文情，一時盡矣，悲夫！"然每暇日，輒引賓客，絃歌對酒，終日爲歡。後徵拜内史侍郎，[5]與内史令李德林參典文翰。元操無幹劇之用，頗稱不理。上譴怒之，敕御史劾其事。由是出爲金州刺史，[6]卒官。所著文集三十卷行於世，[7]子允玉。[8]

[1]馮翊：郡名。隋朝時治高陸縣，在今陝西高陵縣。

[2]蒙州：隋朝時治武川縣，在今河南南召縣東南。

[3]吏人安之：《隋書》卷五七《李孝貞傳》作"吏民安之"，《通志》卷一六三同《隋書》。按：《北史》避唐太宗李世民諱改。

[4]問：局本作"間"。按：形近而訛，從底本。

[5]内史侍郎：官名。隋朝時爲内史省次官，置四員，正四品。煬帝大業三年減爲二員，十二年改爲内書侍郎。

[6]金州：隋朝時治吉安縣，在今陝西安康市西北。

[7]文集三十卷：《隋書·李孝貞傳》作"文集二十卷"。源氏校勘記云："《隋書》作'二十'。"《通志》卷一六三同《隋書》。未詳孰是。

[8]子允玉：底本作"子元玉"，源氏校勘記云："《隋書》'元玉'作'允玉'。"中華本校勘記云："《隋書》《通志》作'允玉'。張森楷云：'孝貞字元操，似不得名子"元玉"，《隋書》是。'"今從改。

元操弟孝基，亦有才學，風詞甚美。以衛尉丞待詔文林館，[1]位儀曹郎中。[2]孝基弟孝俊，太子洗馬。[3]孝俊弟孝威，字季重，涉學有器幹，兄弟之中，最爲敦篤。位太尉外兵參軍，修起居注。仕隋，禮部侍郎、大理少卿。[4]

[1]衛尉丞：官名。爲衛尉副貳，協掌宫門禁衛。北齊時置衛尉寺，以卿、少卿爲長貳，以丞管理本寺日常事務，從六品。

[2]儀曹郎中：官名。時爲尚書省儀曹長官通稱，亦稱郎中，資深者可轉侍郎。協助儀曹尚書掌車服、羽儀、朝覲、郊廟、饗宴等吉凶禮制。北魏孝文帝太和十七年定郎中爲五品上，二十三年皆稱郎中，六品。北齊因之。

[3]太子洗馬：官名。北魏時爲太子詹事屬官，掌太子圖籍經書，太子出行則前導威儀，從五品上。北齊因之。

[4]禮部侍郎：官名。隋置。爲禮部司長官，掌禮部司事。隋文帝開皇三年爲從五品。煬帝大業三年，升爲禮部副長官，以佐尚書掌部事。禮部司長官改稱儀曹郎。　大理少卿：官名。北齊置。

大理寺次官，掌决正刑獄，員一人，四品。隋朝沿置，正四品上，煬帝大業三年改爲從三品，尋廢。

式弟弈，字景世，美容貌，有才藝。位都官尚書、安平侯，[1]與兄敷同死。太和初，文明太后追念弈兄弟，及誅李訢，存問憲等一二家，歲時賜以布帛。

[1]安平侯：封爵名。安平，縣名。治所在今河北安平縣。

弈弟冏，字道度，少爲中散，逃避得免。後歷位度支尚書。[1]太和二十一年，孝文幸長安，冏以咸陽山河險固，秦、漢舊都，勸帝去洛陽都之。後孝文引見冏，笑謂曰："昔婁敬一説，[2]漢祖即日西駕；尚書令以西京説朕，[3]使朕不廢東轅。當是獻可理殊，所以今古相反耳。"冏曰："昔漢祖起於布衣，欲藉險以自固，婁敬之言，符於本旨；今陛下德洽四海，事同隆周，是以愚臣獻説，不能上動。"帝大悦。冏性鯁烈，[4]敢直言，常面折孝文，彈駁公卿，無所迴避，百僚皆憚之。孝文常加優禮，每車駕巡幸，恒兼尚書右僕射，雖才學不及諸兄，然公彊當世，堪濟過之。卒。

[1]度支尚書：官名。魏晉南北朝至隋初爲尚書省度支曹長官。統管度支、户部、金部、倉部四曹，掌軍國財賦的收支會計及漕運物價屯田之政令。北魏孝文帝太和二十三年定爲三品。隋初爲正三品，後改名爲民部尚書。

[2]婁敬：人名。西漢初謀士。以戍卒求見劉邦，建議入都關中，有功，賜姓劉。見《漢書》卷四三《婁敬傳》。

［3］西京：指長安（今陝西西安市）。西漢都長安，東漢改都洛陽，因稱長安爲西京，洛陽爲東京或東都。

［4］鯁烈：剛烈。

子祐，字長禧，篤穆友于，[1]見稱於世。歷位給事中，累遷博陵太守，所在亦以清幹著。

［1］穆：和睦。　友于：出自《尚書·君陳》："惟孝友于兄弟。"後割裂用典，以"友于"代"兄弟"。

順弟脩基，陳留太守，[1]卒。子探幽，高平太守。探幽兄子洪鸞，河間太守。

［1］陳留：郡名。北魏時治俊儀縣，在今河南開封市。

李孝伯，高平公順從父弟也。父曾，少以鄭氏《禮》、《左氏春秋》教授爲業。[1]郡三辟功曹，[2]並不就，曰："功曹之職，雖曰鄉選高第，猶是郡吏耳，北面事人，亦何容易。"州辟主簿，到官月餘，乃歎曰："梁叔敬云'州郡之職，徒勞人耳'。[3]道之不行，身之憂也。"遂還家講授。道武時，爲趙郡太守，令行禁止。并州丁零數爲山東害，[4]知曾能得百姓死力，憚不入境。賊於常山界得一死鹿，[5]賊長謂趙郡地也，[6]責之，還令送鹿故處。郡謠曰：[7]"詐作趙郡鹿，猶勝常山粟。"其見憚如此。卒，贈荆州刺史、栢仁子，[8]謚曰懿。

［1］少以鄭氏禮：源氏校勘記云："'以'《魏書》作'治'。"鄭氏，指東漢經學家鄭玄。

［2］功曹：官名。亦稱功曹史。西漢始置，爲郡守、縣令的主要佐吏，職掌吏員賞罰任免事宜。東漢各州亦有功曹，而名稱略有變更。歷代沿置。北魏時凡皇子、不開府將軍、太常光禄衛尉、郡皆置，職掌吏事或主選舉。六品至從九品。

［3］梁叔敬：人名。即梁竦。字叔敬，安定烏氏（今寧夏固原市東南）人。東漢學者。見《後漢書》卷三四《梁統附梁竦傳》。底本作"梁敬叔"，中華本校勘記云："諸本'叔敬'倒作'敬叔'，據《魏書》卷五三《李孝伯傳》乙。梁竦字叔敬，見《後漢書》卷三四本傳。"今從改。

［4］并州：北魏時治晋陽縣，在今山西太原市西南。　丁零：族名。漢代主要分布在今貝加爾湖以南地區。東漢時丁零部分南遷進入内地。兩晋南北朝時，在今山西、河北境内有定州丁零、中山丁零、北地丁零等部，漸與内地民族融合。留在漠北的大部分丁零，《晋書》稱爲敕勒，《隋書》稱爲鐵勒。

［5］常山：郡名。北魏時治真定縣，在今河北正定縣南。

［6］地也：殿本、四部備要本作"地上"。按：據文意，當從底本。

［7］郡謡曰：高敏《南北史考索》（第457頁）云："《魏書》卷五十三同人傳作'鄴郡爲之謡曰'，《北史》校勘記失校。"可從。

［8］荆州：北魏太武帝太延五年置，治上洛城，在今陝西商洛市。孝文帝太和二十二年遷至穰城，在今河南鄧州市。　栢仁子：封爵名。栢仁，縣名。治所在今河北隆堯縣。

孝伯少傳父業，博綜群言，美風儀，動有法度。從兄順言之太武，徵爲中散，謂順曰"真卿家千里駒

也”。[1]遷秘書，奏事中散，[2]轉散騎侍郎、光禄大夫，[3]賜爵魏昌子。[4]委以軍國機密，[5]甚見親寵，謀謨切秘，[6]時人莫能知。遷北部尚書。[7]以頻從征伐規略之功，進爵壽光侯。[8]

[1]謂順曰：底本無“順”字，中華本校勘記云：“諸本脱‘順’字，據《魏書》卷五三、《通志》卷一四八《李孝伯傳》補。”今從補。

[2]奏事中散：官名。北魏中期由中散官分化而來，專司奏案，地位略高於中散。長期任職於某一曹署者，冠以機構名，如龍牧曹奏事中散、秘書奏事中散等。孝文帝太和後期改官制時罷。

[3]散騎侍郎：《魏書·李孝伯傳》作“侍郎”。《通志》卷一四八同《北史》。

[4]魏昌子：封爵名。魏昌，縣名。治所在今河北無極縣東北。《魏書·李孝伯傳》作“南昌子”。《通志》卷一四八同《北史》。源氏校勘記云：“‘魏’《魏書》作‘南’。”按：今從《北史》。

[5]委以軍國機密：底本無“委”字，中華本校勘記云：“諸本脱‘委’字，據《魏書》《通志》補。”今從補。

[6]謀謨：謀劃、制定謀略。

[7]北部尚書：官名。北魏道武帝置。爲尚書省北部曹長官，權任很重，略低於南部尚書。

[8]壽光侯：封爵名。壽光，縣名。治所在今山東壽光市。

真君末，宋文帝聞車駕南伐，[1]遣其弟太尉、江夏王義恭率衆赴彭城。[2]太武至彭城，登亞父冢以望城内，[3]遣送其俘蒯應至小市門，宣詔勞問。義恭等問應士馬數，曰：“中軍四十餘萬。”[4]宋徐州刺史武陵王駿

遣人獻酒二器、甘蔗百挺，[5]并請駱駝。

[1]宋文帝：即南朝宋皇帝劉義隆。文爲其謚號。

[2]江夏王：封爵名。江夏，郡名。南朝宋時治武昌縣，在今湖北鄂州市。　義恭：即劉義恭，人名。南朝宋宗室。因謀反被殺。見《宋書》卷六一《江夏文獻王義恭傳》。

[3]亞父冢：在今江蘇徐州市。亞父，即范增。居鄛（今安徽桐城市南）人。秦末項羽謀士，被尊稱爲“亞父”。

[4]中軍：底本作“將軍”，宋本、元大德本、毛本、殿本、四庫本、局本、四部備要本、中華本作“中軍”。《通志》卷一四八作“中軍”。按：據文意，此處當爲“中軍”，今從中華本改。

[5]武陵王：封爵名。武陵，郡名。南朝宋時治武陵縣，在今湖南常德市。　駿：即劉駿，人名。字休龍，小字道民。南朝宋皇帝。見《宋書》卷六《孝武帝紀》。　挺：量詞。用於條狀物。

帝明旦復登亞父冢，遣孝伯至小市門，駿亦使其長史張暢對。[1]孝伯曰：“主上有詔詔太尉、安北，[2]可暫出門，欲與相見。今遣賜駱駝及貂裘雜物。”暢曰：“有詔之言，何得稱之於此？”孝伯曰：“卿家太尉、安北是人臣不？縱爲鄰國之君，何爲不稱詔於鄰國之臣？又何至杜門絶橋？”[3]暢曰：“二王以魏帝營壘未立，此精甲十萬，恐輕相陵踐，故且閉城。待彼休息兵士，然後共修戰場，剋日交戲。”[4]孝伯曰：“令行禁止，主將常事，何用廢橋杜門？復何以十萬誇大？我亦有良馬百萬，復可以此相矜。”既開門，暢屏人却仗，出受賜物。孝伯曰：“詔以貂裘賜太尉，駱駝騾馬賜安北。”義恭獻皮褲褶一具，[5]駿奉酒二器、甘蔗百挺。帝又遣賜義恭、駿

等氈各一領，鹽各九種，并胡豉。孝伯曰：“有後詔：凡此諸鹽，各有所宜。白鹽食鹽，主上自所食；黑鹽療腹脹氣滿，末之六銖，以酒而服；胡鹽療目痛；戎鹽療諸瘡；[6]赤鹽、駮鹽、臭鹽、馬齒鹽四種，並非食鹽。太尉、安北，何不遣人來至朕間，見朕小大，知朕老少，觀朕爲人？”暢曰：“魏帝爲人，久爲往來所具，[7]故不復遣信。”義恭獻蠟燭十挺，駿獻錦一匹。

[1]張暢：人名。字少微，吴郡吴（今江蘇蘇州市）人。南朝宋官吏。見《南史》卷三二《張邵附張暢傳》。

[2]安北：代指劉駿。南朝宋文帝元嘉二十五年（448），劉駿任都督南兖徐兖青冀幽六州豫州之梁郡諸軍事、安北將軍、徐州刺史，鎮守彭城。

[3]杜門絶傳橋：關閉城門，斷絶橋梁。

[4]剋日：約定日期。

[5]褲褶：上穿褶，下著褲，外不加裘裳，故稱。名起於漢末，始爲騎服。盛行於南北朝，亦用作常服、朝服。

[6]戎鹽療諸瘡：源氏校勘記云：“‘戎’《魏書》作‘柔’。”

[7]久爲往來所具：源氏校勘記云：“‘具’《宋書》作‘見’。”

孝伯風容閑雅，應答如流，暢及左右甚相嗟歎。帝大喜，進爵宣城公。[1]爲使持節、散騎常侍、秦州刺史，[2]卒。贈征南大將軍、定州刺史，[3]謚曰文昭公。

[1]宣城公：封爵名。宣城，郡名。北魏時治宛陵縣，在今安徽宣城市。

[2]秦州：北魏時治上封縣，在今甘肅天水市。

［3］征南大將軍：《魏書》卷五三《李孝伯傳》作“鎮南大將軍”。《通志》卷一四八同《北史》。源氏校勘記云：“‘征’《魏書》作‘鎮’。”未詳孰是。

孝伯體度恢雅，明達政事，朝野貴賤，咸推重之。景穆曾啓太武，廣徵俊秀。帝曰：“朕有一孝伯，足理天下，何用多爲？假復求訪，此人輩亦何可得？”其見貴如此。性方慎忠厚，[1]每朝廷事有所不足，必手自書表，切言陳諫，或不從者，至於再三，削滅藁草，家人不見。公廷論議，常引綱紀。或有言事者，孝伯恣其所陳，假有是非，終不抑折；及見帝，言其所長，初不隱人姓名，以爲已善。故衣冠之士，服其雅正。自崔浩誅後，軍國謀謨，咸出孝伯。太武寵眷，有亞於浩，亦以宰輔遇之。獻替補闕，其迹不見，時人莫得而知。卒之日，遠近哀傷焉。孝伯美名，聞於遐邇，李彪使江南，[2]齊武帝謂曰：[3]“北有李孝伯，於卿遠近？”其爲遠人所知若此。

［1］方慎：方正而謹慎。

［2］李彪：人名。字道固，頓丘衛國（今河南清豐縣東南）人。北魏官吏。見《北史》卷四〇《李彪傳》。

［3］齊武帝：即南朝齊皇帝蕭賾。武爲其謚號。

其妻崔賾女，[1]高明婦人，生一子元顯。崔氏卒後納翟氏，不以爲妻，憎忌元顯。後遇劫，元顯見害，世云翟氏所爲也。元顯志氣甚高，爲時人所傷惜。翟氏二

子，安人、安上，[2]並有風度。安人襲爵壽光侯，司徒司馬。無子，爵除。安上鉅鹿太守，亦早卒。安人弟豹子後追理先封，卒不得襲。

[1]崔賾（zé）：人名。字太沖，清河東武城（今山東武城縣西北）人。北魏官吏。見《北史》卷二四《崔逞附崔賾傳》。

[2]安人：源氏校勘記在“人”旁紅筆小字夾批“民”字。中華本校勘記云：“《魏書》《通志》‘人’作‘民’。《北史》避唐諱改。”

孝伯兄祥，字元善。學傳家業，鄉黨宗之。位中書博士。時尚書韓元興率衆出青州，[1]以祥爲軍司。略地至陳、汝，[2]淮北之人詣軍降者七千餘户，遷之兖、豫之南，[3]置淮陽郡以撫之。[4]拜祥太守，流人歸者萬餘家，百姓安業。遷河間太守，有威恩之稱。徵拜中書侍郎，人有千餘上書，[5]乞留數年，朝廷不許。卒官，追贈定州刺史、平棘子，謚曰憲。

[1]韓元興：人名。北魏官吏。太武帝時，歷征南將軍、尚書，賜爵安定公。

[2]陳：州名。南朝梁時治安昌縣，在今河南確山縣。　汝：州名。北魏時治承修縣，在今河南汝州市東。

[3]兖：州名。北魏孝文帝太和十八年改東兖州置，治瑕丘城，在今山東兖州市新驛鎮東頓村南。　豫：州名。北魏時治上蔡縣，在今河南汝南縣。

[4]淮陽：郡名。北魏時治綏化縣，在今江蘇盱眙縣東北。

[5]人有千餘上書：源氏校勘記在“人”旁紅筆小字夾批

“民”字。

子安世，幼聰悟。興安二年，[1]文成帝引見侍郎、博士子，[2]簡其秀儁，欲以爲中書學生。安世年十一，帝見其尚小，引問之。安世陳説父祖，甚有次第，即以爲生。帝每幸國學，恒獨被引問。詔曰：“汝但守此至大，不慮不富貴。”天安初，[3]拜中散，以謹慎，帝親愛之。

[1]興安：北魏文成帝的年號（452—454）。

[2]侍郎：官名。西漢置。皇帝侍從官，爲郎官之一，隸光禄勳，宿衛宮禁，侍奉皇帝。北魏初亦置於禁中，掌侍衛，隸屬不詳。　博士子：《魏書》卷五三《李孝伯附李安世傳》作“博士之子”。《通志》卷一四八、《册府元龜》卷七七五同《魏書》。按：無博士子這個官職。未詳孰是。

[3]天安：北魏獻文帝的年號（466—467）。

累遷主客令。[1]齊使劉纘朝貢，[2]安世奉詔勞之。安世美容貌，善舉止，纘等自相謂曰：“不有君子，其能國乎！”纘等呼安世爲典客。[3]安世曰：“何以亡秦之官，稱於上國？”纘曰：“世異之號，凡有幾也？”安世曰：“周謂掌客，秦改典客，漢名鴻臚，今曰主客。君等不欲影響文、武，而殷勤亡秦。”纘又指方山曰：[4]“此山去燕然遠近？”[5]安世曰：“亦石頭之與番禺耳。”[6]

[1]主客令：官名。北魏置。協掌尚書省主客曹事務，隸主客尚書。

[2]劉纘：人名。彭城（今江蘇徐州市）人。南朝齊官吏。

[3]典客：官名。秦朝始設，掌管接待少數民族等事務。漢景帝時改名大行令，漢武帝時又改名大鴻臚。晋復設典客，屬大鴻臚。北魏時稱大鴻臚卿。

[4]方山：今山西大同市東北方山。

[5]燕然：今蒙古境内杭愛山脉。

[6]石頭：石頭城的簡稱。在今江蘇南京市西清凉山上。　番禺：縣名。治所在今廣東廣州市。

時每有江南使至，多出藏内珍物，令都下富室好容服者貨之，令使任情交易。使至金玉肆問價，纘曰："北方金玉大賤，當是山川所出?"安世曰："聖朝不貴金玉，所以同於瓦礫；又皇上德通神明，山不愛寶，故川無金，山無玉。"[1]纘初將大市，得安世言，慚而罷。遷主客給事中。[2]

[1]山不愛寶故川無金山無玉：中華本校勘記云："《魏書》卷五三、《通志》卷一四八《李安世傳》作'無川無金，無山無玉'，按上文劉纘言'北方金玉大賤，當是山川所出'，安世因是，誇耀其多，疑《魏書》《通志》是。"可從。

[2]主客給事中：官名。北魏置。爲派駐尚書省主客曹監察政務、兼理曹事的内廷官員。位在主客給事上。孝文帝太和十七年定爲從三品上。

時人困飢流散，豪右多有占奪，安世乃上疏陳均量之制，孝文深納之。後均田之制，起於此矣。

出爲相州刺史，假趙郡公。郭農桑，斷淫祀。[1]西

門豹、史起有功於人者，[2]爲之修飾廟堂。表薦廣平宋翻、陽平路恃慶，[3]皆爲朝廷善士。初，廣平人李波宗族强盛，殘掠不已，前刺史薛道㯳親往討之，[4]大爲波敗，遂爲逋逃之藪，公私成患。百姓語曰："李波小妹字雍容，褰裙逐馬如卷蓬。左射右射必疊雙，婦女尚如此，男子那可逢！"安世設方略，誘波及諸子姪三十餘人，斬于鄴市，州内肅然。病卒于家。

[1]淫祀：指不合禮制的祭祀，不當祭的妄濫之祭。

[2]西門豹：人名。戰國時魏國官吏。魏文侯時爲鄴令，引漳水灌溉，使當地農業生産得以發展。見《史記》卷一二六《滑稽列傳》。　史起：人名。戰國時魏國官吏。魏襄王時任鄴令，繼續引漳水以灌鄴田，使民富裕，民歌頌之。

[3]宋翻：人名。字飛烏，西河介休（今山西介休市）人。北魏官吏。見《北史》卷二六《宋隱附宋翻傳》。　陽平：郡名。北魏時治館陶縣，在今河北館陶縣。　路恃慶：人名。字伯瑞，陽平清淵（今山東冠縣）人。北魏官吏。見《北史》卷四五《路恃慶傳》。

[4]薛道㯳：人名。河東汾陰（今山西萬榮縣西南）人。北魏官吏。

安世妻博陵崔氏，生一子瑒。崔氏以妬悍見出。又尚滄水公主，[1]生二子，謐、郁。

[1]滄水公主：封號。滄水，郡名。北魏時治南皮縣，在今河北南皮縣東北。

瑒字琚羅，涉歷史傳，頗有文才，氣尚豪爽，公彊當世。太師、高陽王雍表薦瑒爲友。[1]時人多絶户爲沙門，瑒上言："三千之罪，莫大於不孝，不孝之大，無過於絶祀。安得輕縱背禮之情，而肆其向法之意；缺當世之禮，而求將來之益；棄堂堂之政，而從鬼教乎？"沙門都統僧暹等忿瑒鬼教之言，[2]以瑒爲謗毁佛法，泣訴靈太后。責之，[3]瑒自理曰："鬼神之名皆是通靈達稱。佛非天非地，[4]本出於人，名之爲鬼，愚謂非謗。"靈太后雖以瑒言爲允，然不免暹等意，猶罰瑒金一兩。

[1]太師：官名。北魏時爲三師之一，是輔佐君王的重要大臣，位在太傅、太保上。一品。　雍：即元雍。字思穆。北魏宗室、大臣。見《北史》卷一九《高陽王雍傳》。

[2]沙門都統：全國最高僧官。北魏道武帝皇始中設道人統。文成帝和平初，改道人統爲沙門統。主持昭玄事務，管理全國僧衆，分掌州郡縣之僧尼、寺産、宗教活動等。又按級分稱沙門都統、州統、郡統等。一般皆以僧人任之。北齊沿置。

[3]泣訴靈太后責之：源氏校勘記云："'太后'《魏書》下復有'太后'。"

[4]非地：局本作"非性"，誤。

轉尚書郎，[1]隨蕭寶夤西征，[2]以瑒爲統軍。瑒德洽鄉閭，招募雄勇，其樂從者數百騎。瑒傾家賑恤，率之西討。寶夤見瑒至，拊其肩曰："子遠來，吾事辦矣。"故其下每有戰功，軍中號曰李公騎。寶夤啓瑒爲左丞，[3]仍爲别將，[4]軍機戎政，皆與參決。寶夤又啓爲中書侍郎。還朝，除岐州刺史，[5]坐辭不赴任，免官。建

義初，[6]河陰遇害。初贈尚書右僕射、殷州刺史，後又贈散騎常侍、驃騎大將軍、儀同三司、冀州刺史。

[1]尚書郎：官名。北魏時凡尚書曹郎、郎中、侍郎皆可簡爲此稱，掌收發文書奏章庶務，可直接向皇帝奏報本職政務。孝文帝太和十七年定郎中爲五品上，郎爲從五品中，二十三年皆稱郎中，六品，仍可通稱爲郎。

[2]蕭寶夤：人名。字智亮。南朝齊宗室。見《北史》卷二九《蕭寶夤傳》。

[3]左丞：官名。此爲尚書左丞的省稱。北魏時掌臺内庶務、文吏及文案奏章，兼掌監察百官。孝文帝太和十七年定爲四品上，二十三年定爲從四品上。

[4]别將：官名。北魏太武帝時，出兵時與主力傅翼由别道而進的將領爲别道將領。後省稱“别將”，始爲官名，與率軍合稱將統。多隸於行軍之主帥都督，亦有爲專征之主將者。其權任較重，除征討之外，或受詔共參略，參决軍機戎政。初期的地位與刺史相類似，隨著後期戰亂頻繁，地位漸漸降低，祇要能够招募三千人就可以作爲别將。

[5]岐州：北魏時治雍城鎮，在今陝西鳳翔縣東。

[6]建義：北魏孝莊帝的年號（528）。

瑒俶儻有大志，好飲酒，篤於親知。每謂弟郁曰：“士大夫學問，稽博古今而罷，何用專經爲老博士也?”與弟謐特相友愛。謐在鄉物故，[1]瑒慟哭絶氣，久而方蘇，不食數日，期年形骸毀悴，人倫哀歎之。

[1]物故：亡故、去世。

謐字永和，少好學，周覽百氏。初師事小學博士孔璠，[1]數年後，璠還就謐請業。同門生爲之語曰："青成藍，藍謝青，師何常，在明經。"謐以公子徵拜著作佐郎，辭以授弟郁，詔許之。州再舉秀才，公府二辟，[2]並不就。唯以琴書爲業，有絶世之心。覽《考工記》《大戴禮·盛德篇》，[3]以明堂之制不同，遂著《明堂制度論》，曰：

[1]小學博士：官名。十六國後趙及北魏設。掌教授八歲以上貴族及文武七品官以上子弟（庶子子弟特别優秀者亦收）經義。北魏孝文帝太和十八年遷都洛陽，立四門小學，置四門小學博士，亦稱四門博士或小學博士。九品上。北齊、隋朝因之。

[2]辟：徵召來授予官職。

[3]考工記：撰者不詳。二卷。分攻木、攻金、攻皮、設色、刮摩、摶埴六部分。對製車、兵器、樂器、練絲、染色、皮革加工等均有記述，是研究先秦科技的重要文獻。　大戴禮：又作《大戴禮》《大戴記》。西漢戴德編，共八十五篇，今存三十九篇，是研究上古社會和儒家思想的重要資料。

余謂論事辯物，當取正於經典之真文，援證定疑，必有驗於周、孔之遺訓，然後可以稱準的矣。今禮文殘缺，聖言靡存，明堂之制，誰使正之？是以後人紛糾，競興異論，五九之説，各信其習，是非無準，得失相半，故歷代紛紜，靡所取正。乃使裴頠云：[1]"今群儒紛糾，互相掎摭，[2]就令其象可得而圖，其所以居用之禮莫能通也，爲設虚器耳。況漢氏所作，四維之个，復不能令各處其辰。愚以

爲尊祖配天，[3]其義明著，廟宇之制，理據未分，直可爲殿屋以崇嚴父之祀。其餘雜碎，一皆除之。”斯豈不以群儒舛互，並乖其實，據義求衷，莫適可從哉？但恨典文殘滅，求之靡據而已矣，乃復遂去室牖諸制。施之於教，未知其所隆政，求之於情，未可喻其所以必須，惜哉言乎！仲尼有言曰：“賜也，爾愛其羊，我愛其禮。”[4]余以爲隆政必須其禮，豈彼一羊哉？推此而論，則聖人之於禮，殷勤而重之，裴頠之於禮，任意而忽之，是則頠賢於仲尼矣！以斯觀之，裴氏子以不達失禮之旨也。

[1]裴頠（wěi）：人名。字逸民，河東聞喜（今山西運城市）人。西晋官吏、思想家。見《晋書》卷三五《裴頠傳》。

[2]掎（jǐ）摭（zhí）：指責。

[3]配天：帝王祭天時以先祖配祭。

[4]賜也爾愛其羊我愛其禮：語出《論語·八佾》：“子貢欲去告朔之餼羊，子曰：‘賜也，爾愛其羊，我愛其禮。’”賜，即端木賜。告朔，周代制度，天子每年季冬把第二年的曆書頒發給諸侯，告知每個月的初一日。餼羊，祭祀用的活羊。

余竊不自量，頗有鄙意，據理尋義，以求其真，貴合雅衷，不苟偏信。乃藉之以《禮傳》，[1]考之以訓注，博採先賢之言，廣搜通儒之説，量其當否，參其同異，棄其所短，收其所長，推義察圖，以折厥衷，豈敢必善，聊亦合其言志矣。[2]

[1]禮傳：即《禮記》。儒家經典之一，爲秦漢以前各種禮儀論著的選集。

[2]聊亦合其言志矣：中華本校勘記云："李慈銘云：'合其言志'當作'各言其志'，《魏書》亦誤。'按《魏書》此卷是後人以《北史》補，故同《北史》之誤。"

凡論明堂之制者雖衆，然校其大略，則二途而已。[1]言五室者，則據《周禮·考工》之記以爲本，[2]是康成之徒所執；[3]言九室者則案《大戴·盛德》之篇以爲源，是伯喈之倫所持。[4]此二書雖非聖言，然是先賢之中博見洽通者也。但各記所聞，未能全正，可謂既盡美矣，未盡善也。而先儒不能考其當否，便各是所習，卒相非毁，豈達士之確論哉？[5]小戴氏傳禮事四十九篇，[6]號曰《禮記》，雖未能全當，然多得其衷，方之前賢，亦無愧矣。而《月令》《玉藻》《明堂》三篇，[7]頗有明堂之義，余故採掇二家，參之《月令》。以爲明堂五室，古今通則。其室居中者，謂之太室；[8]太室之東者，謂之青陽；當太室之南者，謂之明堂；太室之西者，謂之總章；當太室之北者，謂之玄堂。四面之室，各有夾房，謂之左右个，[9]三十六户七十二牖矣。室个之形，今之殿前是其遺像耳。个者，即寢之房也。但明堂與寢，施用既殊，故房个之名，亦隨事而遷耳。今粗書其像，以見鄙意，案圖察義，略可驗矣。故檢之五室，則義明於《考工》；校之户牖，則數協於《盛德》；考之施用，則事著於

《月令》；求之閏也，合《周禮》與《玉藻》。既同夏、殷，又符周、秦，雖乖衆儒，儻或在斯矣。

[1]二途：殿本、四庫本、四部備要本作“一途”。按：據文中“言五室者”“言九室者”，可知當爲“二途”。另，《魏書》卷九〇《李謐傳》、《通志》卷一七八、《册府元龜》卷五七二、《廣博物志》卷三六作“二途”。今從底本。

[2]周禮：亦稱《周官》《周官經》《周官禮》。儒家經典。全書共有《天官冢宰》《地官司徒》《春官宗伯》《夏官司馬》《秋官司寇》《冬官司空》等六篇。

[3]康成：即鄭玄，人名。字康成，北海高密（今山東高密市）人。東漢經學家。見《後漢書》卷三五《鄭玄傳》。

[4]伯喈：即蔡邕，人名。字伯喈，陳留圉（今河南杞縣西南）人。東漢文學家、書法家。見《後漢書》卷六〇下《蔡邕傳》。

[5]達士：明智達理之士。

[6]小戴氏：指戴聖。字次君，梁（今河南商丘市）人。西漢學者。與叔父戴德同學《禮》於后倉，立爲博士，世稱“小戴”。編成《小戴禮記》四十九篇，即今本《禮記》。

[7]月令：《禮記》篇名。記每年夏曆十二個月的時令及其相關事務，並把各類事務歸納在五行相生的系統中，比最早的行事月曆《夏小正》豐富而系統。　玉藻：《禮記》篇名。記天子諸侯衣服、飲食、居住之制，兼記禮節容貌稱謂。

[8]謂之太室：底本無“室”字，中華本作“謂之太室”，毛本、殿本、四庫本、局本、四部備要本作“謂之太廟”。《魏書·李謐傳》作“謂之太廟”，《通志》卷一七八、《册府元龜》卷五七二作“謂之太室”。按：據後文“太室之東”“太室之南”“太室之西”“太室之北”，可知當爲“太室”。今從中華本補。

［9］左右：毛本作“右左”。按：下文提及“左右房”“明其左右”“闕其左右”；另，《魏書·李謐傳》、《通志》卷一七八、《册府元龜》卷五七二作“左右”。今從底本。

《考工記》曰：“周人明堂，度以九尺之筵，[1]東西九筵，南北七筵，堂崇一筵。五室，凡室二筵。室中度以几，堂上度以筵。”余謂《記》得之於五室，而謬於堂之脩廣。何者？當以理推之，令愜古今之情也。夫明堂者，蓋所以告月朔，布時令，宗文王，[2]祀五帝者也。然營構之範，自當因宜刱制耳。故五室者，合於五帝各居一室之義。且四時之祀，皆據其方之正，又聽朔布令，咸得其月之辰，可謂施政及祀，二三俱允。[3]求之古義，竊爲當矣。鄭康成漢末之通儒，後學所取正。釋五室之位，謂土居中，木火金水各居四維。然四維之室既乖其正，施令聽朔各失厥衷，左右之个棄而不顧；乃反文之以美説，飾之以巧辭，言水木用事交於東北，木火用事交於東南，[4]火土用事交於西南，金水用事交於西北。既依五行，當從其方，[5]用事之交，出何經典？可謂攻於異端，[6]言非而博，疑誤後學，非所望於先儒也。《禮記·玉藻》曰：“天子聽朔於南門之外，閏月則闔門左扉，立於其中。”鄭玄注曰：“天子之廟及路寢皆如明堂制。明堂在國之陽，每月就其時之堂而聽朔焉。卒事反宿路寢，亦如之。閏月非常月，聽其朔於明堂門下，[7]還處路寢門，終月也。”而《考工記》“周人明

堂”，玄注曰：“或舉王寢，或舉明堂，互言之以明其制同也。”[8]其同制之言，皆出鄭注，然則明堂與寢，不得異矣。而《尚書·顧命篇》曰：[9]“迎子釗南門之外，延入翼室。”此之翼室，即路寢矣。其下曰：“大貝賁鼓在西房，[10]垂之竹矢在東房。”此則路寢有左右房，見於經史者也。《禮記·喪服大記》曰：[11]“君夫人卒於路寢。小斂，婦人髽，帶麻於房中。”鄭玄注曰：“此蓋諸侯禮。帶麻於房中，則西南。天子諸侯。”左右房，見於注者也。[12]論路寢則明其左右，言明堂則闕其左右个，同制之説還相矛楯，通儒之注，何其能乎？[13]使九室之徒奮筆而争鋒者，豈不由處室之不當哉？

[1]筵（yán）：古時鋪在地上的竹席。古人席地而坐，設席每每不止一層。緊靠地面的一層稱“筵”，筵上面的稱“席”。

[2]文王：即西周王姬昌。

[3]可謂施政及祀二三俱允：底本作“可謂施政及俱二三但允”，中華本校勘記云：“諸本作‘可謂施政及俱二三但允’，文不可通，據《通志》改。《册府》卷五七二惟‘祀’訛作‘記’，餘同《通志》，可證。”今從改。

[4]東南：局本作“南南”，《魏書》卷九〇《李謐傳》、《通志》卷一七八、《册府元龜》卷五七二作“東南”。按：文中依次提及“東北”“西南”“西北”，可知當爲“東南”，“南南”語義不通。從底本。

[5]當從其方：底本無“方”字，中華本校勘記云：“諸本脱‘方’字，據《通志》補。”今從補。

[6]攻於異端：底本“攻”作“工”，中華本校勘記云：“諸本

‘攻’作‘工’，據《魏書》《册府》改。‘攻乎異端’，語見《論語·爲政》。”今從改。

［7］門下：源氏校勘記云：“《禮記》元文作‘門中’。”

［8］制同：源氏校勘記云：“《周禮》元文作‘同制’。”

［9］顧命篇：記周成王歿、康王立之事，可考古代大喪及即位之禮。所述陳列器物，亦可考古代重器。

［10］大貝：毛本、局本作“大員”。據《魏書·李謐傳》、《通志》卷一七八、《册府元龜》卷五七二、《廣博物志》卷三六作“大貝”。按：形近而訛，從底本。　賁：源氏校勘記云：“《尚書》元文作‘鼖’。”

［11］喪服大記：又作《喪大記》。

［12］鄭玄注曰此蓋諸侯禮帶麻於房中則西南天子諸侯左右房見於注者也：源氏校勘記云：“《禮記》元文‘南’作‘房’，‘左’上有‘有’字。”中華本校勘記云：“諸本‘西房也’作‘西南’，又無‘有’字，文不可通。按《禮記·喪大記》鄭玄注云：‘此云小斂，蓋諸侯禮也。士之既殯，諸侯之小斂，於死者俱三日也。婦人之髽，帶麻於房中，則西房也。天子諸侯有左右房。’此處李謐引鄭注有省略。疑《北史》原文當作：‘鄭玄注曰：“此蓋諸侯禮，帶麻於房中，則西房也，天子諸侯有左右房。”此則路寢有左右房，見於注者也。’故下文云：‘論路寢則明其左右，言明堂則闕其左右個，同制之説，還相矛盾。’但《北史》《魏書》《通志》並脱，唯《册府》差可通讀，今姑從《册府》補改。‘諸侯’下斷句，以示有脱文。”可從。

［13］何其能乎：毛本、殿本、四庫本、局本、四部備要本、中華本作“何其然乎”。按：據《魏書·李謐傳》、《通志》卷一七八、《册府元龜》卷五七二、《廣博物志》卷三六，今從底本。

《記》云：東西九筵，南北七筵。五室，凡室

二筵。置五室於斯堂，雖使班、倕構思，[1]王爾營度，[2]則不能令三室不居其南北也。然則三室之間，便居六筵之地，而室壁之外，裁有四尺五寸之堂焉。豈有天子布政施令之所，宗祀文王以配上帝之堂，周公負扆以朝諸侯之處，[3]而室户之外，僅餘四尺而已哉？假在儉約，爲陋過矣。論其堂宇，則偏而非制，求之道理，則未愜人情，其不然一也。[4]余恐爲鄭學者，苟求必勝，競生異端，以相訾抑，云二筵者乃室之東西耳，南北則狹焉。余故備論之曰：若東西二筵，則室户之外爲丈三尺五寸矣。南北户外復如此，則三室之中南北裁各丈二尺耳。[5]《記》云："四旁兩夾窗。"若爲三尺之户，二尺之窗，[6]窗户之間，裁盈一尺。繩樞甕牖之室，[7]蓽門圭窬之堂，[8]尚不然矣。假令復欲小廣之，則四面之外，闊狹不齊，東西既深，南北更淺，屋宇之制，不爲通矣。驗之衆塗，略無算焉。且凡室二筵，丈八地耳，然則户牖之間，不踰二尺也。[9]《禮記·明堂》："天子負斧扆南向而立。"鄭玄注曰："設斧於户牖之間。"而鄭氏《禮圖》説扆制曰：[10]"從廣八尺，畫斧文於其上，今之屏風也。"以八尺扆置二尺之間，此之叵通，不待智者，較然可見矣。且若二筵之室爲四尺之户，則户之兩頰裁各七尺耳，全以置之，猶自不容，矧復户牖之間哉？其不然二也。又復以世代驗之，即虞、夏尚朴，殷、周稍文，制造之差，每加崇飾。而夏后世

室，堂脩二七，周人之制，反更促狹，豈是夏禹卑宫之意，周監郁郁之美哉？以斯察之，其不然三也。又云“堂崇一筵”，便基高九尺，[11]而壁户之外裁四尺五寸，於營制之法自不相稱，其不然四也。又云“室中度以几，堂上度以筵”，而復云“凡室二筵”，[12]而不以几，還自相違，其不然五也。以此驗之，記者之謬，抑可見矣。

[1]班倕：分别指古代能工巧匠春秋時魯國人公輸班和舜時共工之官倕，後泛指巧匠。

[2]王爾：古巧匠名。見戰國楚人宋玉《笛賦》：“乃使王爾、公輸之徒，合妙意，角較手，遂以爲笛。”

[3]負扆：宋本作“負表”。按：據《魏書》卷九〇《李謐傳》、《通志》卷一七八、《册府元龜》卷五七二，今從底本。

[4]其不然一也：底本作“其不然也”，毛本、殿本、四庫本、局本、四部備要本、中華本作“其不然一也”。按：後文中提及“其不然二也”“其不然三也”“其不然四也”“其不然五也”，可知此處當爲“其不然一也”，今從中華本補。

[5]各丈二尺耳：底本、中華本作“各丈二耳”，毛本、殿本、四庫本、局本、四部備要本作“各丈二尺耳”。《通志》卷一七八同底本。按：根據語意，當爲“各丈二尺耳”。從四庫本補。

[6]二尺之窗：底本無“之”字，中華本校勘記云：“諸本‘窗’上脱‘之’字，據《魏書》《通志》《册府》補。”今從補。

[7]繩樞甕牖：用繩子繫門樞，以破瓮作窗户。形容貧苦人家住屋簡陋。

[8]篳門圭窬：荆竹爲門，穿壁爲户。形容窮人的住處。

[9]二尺也：毛本作“二人也”。按：據《通志》卷一七八，今從底本。

[10]禮圖：書名。東漢鄭玄所撰《三禮圖》。

[11]高九尺：毛本、局本作"高九人"。《魏書·李謐傳》、《通志》卷一七八作"高九尺"。按：當爲"高九尺"，從底本。

[12]凡室：毛本作"九室"，局本作"幾室"。按：據《魏書·李謐傳》、《通志》卷一七八、《册府元龜》卷五七二、《廣博物志》卷三六，今從底本。

《盛德篇》云：明堂凡九室、三十六户、七十二牖，上員下方，東西九仞，南北七筵，[1]堂高三尺也。余謂《盛德篇》得之於户牖，失之於九室。何者？五室之制，傍有夾房，面各有户，户有兩牖，此乃因事立則，非拘異術，户牖之數，固自然矣。九室者，論之五帝，事既不合，施之時令，又失其辰，左右之个，重置一隅，兩辰同處，參差出入，斯乃義無所據，未足稱也。且又堂之脩廣，裁六十三尺耳，假使四尺五寸爲外之基，其中五十四尺便是五室之地，計其一室之中，僅可一丈，置其户牖，則於何容之哉？若必小而爲之，以容其數，則令帝王側身出入，斯爲怪矣！此匪直不合典制，抑亦可哂之甚也。余謂其九室之言，誠亦有由。然竊以爲戴氏聞三十六户七十二牖，弗見其制，靡知所置，便謂一室有四户之窗，計其户牖之數，即以爲九室耳，或未之思也。蔡伯喈，漢末之時學士，而見重於當時，即識其脩廣之不當，而必未思其九室之爲謬。更脩而廣之，假其法象。可謂因僞飾辭，順非而澤，諒可歎矣。

[1]南北七筵：底本“七筵”作“十筵”，中華本校勘記云：“諸本‘七’作‘十’。《魏書》《通志》《册府》作‘七’。按下文云：‘堂之脩廣裁六十三尺耳。’九尺爲筵，七筵正得六十三尺。作‘七’是，今據改。”今從改。

余今省彼衆家，委心從善，庶探其衷，不爲苟異。但是古非今，俗間之常情；愛遠惡近，世中之恒事。而千載之下，獨論古制，驚俗之談，固延多誚。脱有深賞君子者，覽而揣之，儻或存焉。

謐不飲酒，好音律，愛樂山水，高尚之情，長而彌固，一遇其賞，悠爾忘歸，乃作《神士賦》。延昌四年卒，[1]年三十二，遐邇悼惜之。其年，四門小學博士孔璠等學官四十五人上書曰：

[1]延昌：北魏宣武帝的年號（512—515）。

竊見故處士趙郡李謐，十歲喪父，哀號罷鄰人之相；幼事兄瑒，恭順盡友于之誠。十三通《孝經》《論語》《毛詩》《尚書》，歷數之術，尤盡其長。州閭鄉黨，有神童之號。年十八，詣學受業。時博士即孔璠也。覽始要終，論端究緒，授者無不欣其言矣。於是鳩集諸經，廣校同異，比《三傳》事例，[1]名《春秋叢林》十有二卷。[2]爲璠等判析隱伏，垂盈百條。滯無常滯，纖豪必舉；[3]通不長通，有枉斯屈。不苟言以違經，弗飾辭而背理，辭

氣磊落，觀者忘疲。每曰："丈夫擁書萬卷，何假南面百城。"遂絶跡下帷，杜門却掃，棄産營書，手自删削，卷無重復者四千有餘矣。猶括次專家，搜比黨議，隆冬達曙，盛暑通宵。雖仲舒不闚園，[4]君伯之閉户，[5]高氏之遺漂，[6]張生之忘食，[7]方之斯人，未足爲喻。[8]

[1]三傳：指《春秋左氏傳》《春秋穀梁傳》《春秋公羊傳》。

[2]十有二卷：毛本、局本作"有十二卷"。

[3]纖豪：極其細微。

[4]仲舒不闚園：指西漢董仲舒學習刻苦。仲舒，即董仲舒，人名。廣川（今河北棗强縣）人。西漢思想家。少專心篤學，三年不窺園。見《史記》卷一二一《董仲舒列傳》。

[5]君伯之閉户：指東漢魏應刻苦讀書。君伯，人名。即魏應。字君伯，任城（今山東濟寧市南）人。東漢學者。少閉門讀書，不交僚黨，京師稱之。見《後漢書》卷七九下《魏應傳》。

[6]高氏之遺漂：東漢人高鳳，因爲專心讀書，致使大雨把麥子漂走。高氏，即高鳳。字文通，南陽葉（今河南葉縣）人。東漢名儒。見《後漢書》卷八三《高鳳傳》。

[7]張生之忘食：指西晋張駿刻苦讀書。張生，即張駿。字公庭，十六國時前凉君主。爲了報仇發奮讀書。見《晋書》卷八六《張軌附張駿傳》。

[8]未足爲喻：殿本、四庫本、四部備要本作"未足爲踰"。按：據《魏書》卷九〇《李謐傳》、《通志》卷一七八、《天中記》卷二〇，今從底本。

謐嘗詣故太常卿劉芳，[1]推問音義，語及中代

興廢之由。芳乃歎曰："君若遇高祖，侍中、太常非僕有也。"前河南尹、黄門侍郎甄琛，[2]内贊近機，朝野傾目，于時親識有求官者，答云："趙郡李謐，耽學守道，不悶于時，常欲致言，但未有次耳。諸君何爲輕自媒衒？"[3]謂其子曰："昔鄭玄、盧植不遠數千里詣扶風馬融，[4]今汝明師甚邇，何不就業也？"又謂朝士曰："甄琛行不媿時，但未薦李謐，以此負朝廷耳。"又結宇依巖，憑崖鑿室，方欲訓彼青衿，宣揚墳典，[5]冀西河之教重興，[6]北海之風不墜。[7]而祐善空聞，暴疾而卒。邦國銜殄悴之哀，儒生結摧梁之慕，況瑶等或服議下風，或親承音旨，師儒之義，其可默乎？

[1]劉芳：人名。字伯支，彭城叢亭里（今江蘇徐州市）人。北魏官吏。見《北史》卷四二《劉芳傳》。

[2]河南尹：官名。漢光武帝時置，爲京都洛陽所在河南郡長官，地位高於一般郡守，主管京都事務。北魏孝文帝太和十七年遷都洛陽，置河南郡，設河南尹，三品。　甄琛：人名。字思伯，中山毋極（今河北無極縣）人。北魏官吏。見《北史》卷四〇《甄琛傳》。

[3]媒衒：求取進身。

[4]盧植：人名。字子幹，涿郡涿（今河北涿州市）人。東漢學者。師從馬融，通古今學。見《後漢書》卷六四《盧植傳》。　扶風：郡名。北魏時治好畤縣，在今陝西乾縣東。　馬融：人名。字季長，扶風茂陵（今陝西興平市東北）人。東漢官吏、學者。見《後漢書》卷六〇上《馬融傳》。

[5]墳典：毛本、局本作"文典"。按：據《魏書》卷九

〇《李謐傳》、《通志》卷一七八、《天中記》卷二〇，今從底本。

[6]西河之教：指子夏居西河教授。語出《史記》卷六七《仲尼弟子列傳》："孔子既没，子夏居西河教授，爲魏文侯師。"西河，指衛國西河，在今河南浚縣、内黄縣一帶。

[7]北海之風：指漢代北海人鄭玄不遠千里向馬融問學。見《後漢書·馬融傳》。

事奏，詔曰："謐屢辭徵辟，志守沖素，儒隱之操，深可嘉美。可遠傍惠、康，[1]近準玄晏，[2]謚曰貞静處士，并表其門閭，以旌高節。"於是表其門曰文德，里曰孝義云。

[1]惠：即柳下惠。姬姓，展氏，名獲，字子禽，一字季，食采柳下，謚"惠"。《論語·微子》稱其爲"逸民"。　康：即韓康，人名。字伯休。東漢隱士。見《後漢書》卷八三《韓康傳》。

[2]玄晏：即皇甫謐。幼名静，字士安，自號"玄晏先生"。西晋學者。見《晋書》卷五一《皇甫謐傳》。

郁字永穆，好學沈靖，博通經史。爲廣平王懷友，[1]深見禮遇。時學士徐遵明教授山東，[2]生徒甚盛，懷徵遵明在館，令郁問其《五經》義例十餘條，遵明所答數條而已。稍遷國子博士。[3]自國學之建，諸博士率不講説，[4]其朝夕教授，唯郁而已。謙虚寬雅，甚有儒者之風。再遷通直散騎常侍。建義中，以兄瑒卒，遂撫育孤姪，歸於鄉里。永熙初，除散騎常侍、衛大將軍、左光禄大夫，[5]兼都官尚書，尋領給事黄門侍郎。三年，於顯陽殿講《禮記》，詔郁執經。郁解説不窮，群難鋒

起，無廢談笑。孝武及諸王凡預聽者，莫不嗟善。尋病卒，贈散騎常侍、驃騎大將軍、尚書左僕射、儀同三司、都督、定州刺史。[6]

[1]懷：即元懷，人名。北魏宗室。見《北史》卷一九《廣平王懷傳》。

[2]徐遵明：人名。字子判，華陰（今陝西華陰市東南）人。北魏學者。見《北史》卷八一《徐遵明傳》。

[3]國子博士：官名。晋武帝咸寧中置。負責教授生徒儒學，取品行淳厚清明、通曉經典義理者擔任。北魏孝文帝太和十七年定爲從五品上，二十三年升爲五品上。

[4]率：底本作“卒”，中華本作“率”。按：據文意，從中華本改。

[5]衛大將軍：官名。十六國時後燕置。爲高級武職，位在儀同三司下。後不統兵，爲有軍勳人員的閑職。北魏孝文帝太和十七年定爲一品下，位在儀同三司之下，二十三年定爲二品。源氏校勘記云：“《魏書》無‘衛’字。”　左光禄大夫：官名。三國魏始置。爲在朝顯職的加官，以示恩寵，或授予年老有病者爲致仕之官。亦常用於卒後贈官，無具體職掌。北魏沿置，孝文帝太和二十三年後定爲第二品。

[6]尚書左僕射：官名。秦、西漢置。爲尚書令副貳，掌拆閱封緘章奏文書，參議政事。北魏孝文帝太和十七年定爲從一品中，二十三年改爲從二品。北齊時列位宰相，掌都省庶務、執法、典選舉，兼掌糾彈百官。從二品。　都督：官名。三國魏文帝時置。領駐在州刺史，兼理民政。無固定品級，多帶將軍名號。北魏時爲統率全國或地方兵馬的指揮官，有時爲州郡軍事長官者，兼理民政。

謐子士謙，字子約，一名容郎，髫齔喪父，[1]事母

以孝聞。母曾歐吐，疑中毒，因跪嘗之。伯父瑒深所嗟尚，每稱："此兒吾家顏子也。"[2]年十二，魏廣平王贊辟開府參軍事。後丁母憂，居喪骨立。有姊適宋氏，不勝哀而死。士謙服闋，捨宅爲伽藍。脱身而出，詣學請業，研精不倦，遂博覽群籍，善天文術數。齊吏部尚書辛術召署員外郎，趙郡王叡舉德行，[3]皆稱疾不就。和士開亦重其名，[4]將諷朝廷，擢爲國子祭酒，[5]固辭得免。刺史高元海以禮再致之，[6]稱爲菩薩。隋有天下，畢志不仕。自以少孤，未嘗飲酒食肉，口無殺害之言。親賓至，輒陳罇俎，對之危坐，終日不倦。

[1]髫（tiáo）齔（chèn）：幼年。

[2]顏子：即顏回，孔子最器重的弟子。

[3]叡：即高叡，人名。勃海蓨（今河北景縣）人。東魏、北齊大臣。見《北齊書》卷一三《趙郡王琛附高叡傳》。

[4]和士開：人名。字彦通，清都臨漳（今河北臨漳縣）人。東魏、北齊佞臣。見《北史》卷九二《和士開傳》。

[5]國子祭酒：官名。晋武帝咸寧中立國子學，置一員爲長官，掌教授生徒儒學，主管國子學，參議禮制，隸太常。南北朝沿置。北魏孝文帝太和十七年定爲四品上，二十三年改爲從三品。北齊時設國子寺爲專管國子學的官署，主官稱國子寺祭酒。

[6]高元海：人名。勃海蓨（今河北景縣）人。北齊宗室、大臣。見《北史》卷五一《上洛王思宗附高元海傳》。

李氏宗黨豪盛，每春秋二社，必高會極宴，無不沈醉諠亂。嘗集士謙所，盛饌盈前，而先爲設黍。謂群從曰："孔子稱黍爲五穀之長，荀卿亦云食先黍稷，古人

所尚，寧可違乎！”少長肅然，無敢弛惰，退而相謂曰：“既見君子，方覺吾徒之不德也。”士謙聞而自責曰：“何乃爲人疏，頓至於此！”

家富於財，躬處節儉，每以振施爲務。州里有喪事。不辦者，士謙輒奔走赴之，隨乏供濟。有兄弟分財不均，至相鬩訟。[1]士謙聞而出財補其少者，令與多者相埒。兄弟媿懼，更相推讓，卒爲善士。有牛犯其田者，士謙牽置涼處，飼之過於本主。望見盜刈禾黍者，默而避之。其家僮嘗執盜粟者，士謙慰喻之曰：“窮困所致，義無相責。”遽令放之。其奴嘗與鄉人董震因醉角力，震扼其喉，斃於手下。震懼請罪，士謙謂曰：“卿本無殺心，何爲相謝？然可速去，無爲吏拘。”性寬厚皆此類也。後出粟萬石以貸鄉人，[2]屬年穀不登，責家無以償，皆來致謝。士謙曰：“吾家餘粟，本圖賑贍，豈求利哉！”於是悉召責家，[3]爲設酒食，對之燔契，曰：“責了矣，幸勿爲念也。”各令罷去。明年大熟，責家爭來償，士謙拒之，一無所受。他年饑，多有死者，士謙罄家資爲之糜粥，賴以全活者萬計；收埋骸骨，所見無遺；至春，又出田糧種子，分給貧乏。趙郡農人德之，撫其子孫曰：“此李參軍遺惠也。”仁心感物，群犬生子，[4]交共相乳。凶年散穀至萬餘石，合諸藥以救疾癘，如此積三十年。或謂士謙：“子多陰德。”士謙曰：“夫言陰德，其猶耳鳴，[5]己獨知之，人無知者；今吾所作，吾子皆知，何陰德之有？”

[1]“不辦者”至“至相鬩訟”：底本無“不辦者”至“有兄

弟分財”十九字，中華本校勘記云：“《隋書》卷七七《李士謙傳》，‘喪事’下有‘不辦者，士謙輒奔走赴之，隨乏供濟。有兄弟分財’十九字。《北史》有脱文。”今從補。

[2]後出粟萬石以貸鄉人：《隋書·李士謙傳》作“其後出粟數千石”。《通志》卷一七八同《北史》。源氏校勘記云：“《隋書》作‘數千石’。”

[3]責家：“責”同“債”。源氏校勘記在“責”旁紅筆小字夾批“‘債’同”，中華本作“債家”。

[4]群犬：毛本作“群大”。按：據《通志》卷一七八，今從底本。

[5]猶：局本作“由”。按：據《通志》卷一七八，今從底本。

士謙善談玄理，嘗有客在坐，[1]不信佛家應報義。士謙喻之曰：“積善餘慶，積惡餘殃，豈非休咎邪？佛經云‘轉輪五道，無復窮已’，此則賈誼所言‘千變萬化，[2]未始有極，忽然爲人’之謂也。佛道未來，而賢者已知其然矣。至若鮌爲黄熊，[3]杜宇爲鶗鴂，[4]褒君爲龍，牛哀爲猛獸，[5]君子爲鵠，小人爲沐，彭生爲豕，[6]如意爲犬，[7]黄母爲黿，[8]宣武爲鱉，鄧艾爲牛，[9]徐伯爲魚，[10]鈴下爲烏，書生爲蛇，羊祜前身李氏之子，[11]此非佛家變受異形之謂邪？”客曰：“邢子才云‘豈有松栢後身化爲樗櫟’，[12]僕以爲然。”士謙曰：“此不類之談也，變化皆由心作，木豈有心乎？”客又問三教優劣，士謙曰：“佛，日也；道，月也；儒，五星也。”客亦不能難而止。

[1]嘗有客在坐：底本作“嘗有客坐”，中華本校勘記云：“諸

本脱'在'字，據《隋書》及《通志》卷一七八《李士謙傳》補。"今從改。

[2]賈誼：人名。雒陽（今河南洛陽市東北）人。西漢初年政論家、文學家。見《史記》卷八四《屈原賈生列傳》。

[3]鮌（gǔn）：同"鯀"。夏禹之父。傳説，古時洪水泛濫，鯀由四岳推舉，奉堯命治水。用堵塞方法，九年未治成，被殺死在羽山。神話謂其化爲黄熊。

[4]杜宇：一作"杜主"。傳説中古代蜀國君主。相傳自天而降，稱望帝。好稼穡，教民務農，使蜀地大治。死後，其魂化爲鳥，名杜鵑。 鶗（tí）鴂（jué）：鳥名。即杜鵑鳥。

[5]牛哀：傳説中魯人。相傳其病七日，轉化成虎。

[6]彭生：即公子彭生。春秋初齊國大夫。奉齊襄公命殺魯桓公，引起魯國不滿。齊襄公殺之以謝罪魯國。傳説他死後，化爲豕。

[7]如意：即劉如意，人名。沛郡豐邑（今江蘇豐縣）人，漢高祖劉邦第三子，母戚夫人。母有寵，漢高祖欲立爲太子，因大臣與吕后反對而罷。漢惠帝即位，吕后專政。惠帝元年（前194），吕后派人毒死劉如意。傳説他死後，化爲犬。

[8]黄母：指傳説中化爲黿的江夏黄氏之母。見干寶《搜神記》卷一四："漢靈帝時，江夏黄氏之母浴盤水中，久而不起，變爲黿矣。"

[9]鄧艾：人名。字士載，義陽棘陽（今河南新野縣東北）人。三國魏將領。三國魏元帝時與鍾會率軍分道滅蜀，功拜太尉。後遭鍾會誣告，被殺。見《三國志》卷二八《魏書·鄧艾傳》。

[10]徐伯：人名。齊郡（今山東淄博市臨淄區）人。西漢水工。武帝曾派他率數萬人挖漕渠，引渭水至長安。傳説，他死後化爲魚。

[11]羊祜：人名。字叔子，泰山南城（今山東費縣西南）人。西晋開國元勳。見《晋書》卷三四《羊祜傳》。

[12]邢子才：即邢卲。　樗櫟：兩種劣質木材。

士謙平生時時爲詠懷詩，[1]輒毁其本，不示人。又嘗論刑罰，遺文不具。其略曰："帝王制法，[2]沿革不同，自可損益，無爲頓改。今之贓重者死，是酷而不懲也。語曰：'人不畏死，不可以死恐之。'愚謂此罪，宜從肉刑，刖其一趾，[3]再犯者，斷其左腕。[4]流刑刖去右手三指，又犯者，下其腕。小盜宜黥，又犯，刖落其所用三指；又不悛，則下其腕。無不止也。無賴之人，竄之邊裔，職爲亂階，適所以召戎矣，非求安之道也。博弈淫遊，盜之萌也，禁而不止，黥之則可。"有識者頗以爲得政體。

[1]平生時時爲詠懷詩：源氏校勘記云："'時時'《隋書》萬曆本作'喜'一字，正德本作'時'一字。"

[2]帝王制法：局本作"帝王制王"。按：從底本。

[3]刖（yuè）：古代的一種酷刑，把脚砍掉。此處意爲砍掉。

[4]再犯者斷其左腕：《隋書》卷七七《李士謙傳》作"再犯者，斷其右腕"。《通志》卷一七八同《北史》。源氏校勘記云："《隋書》作'右腕'。"

隋開皇八年，終於家。趙州士女聞之，[1]莫不流淚曰：[2]"我曹不死而令李參軍死乎！"會葬者萬餘人。李景伯等以士謙道著丘園，條其行狀，詣尚書省請先生之謚，事寢不行，遂相與樹碑於墓。其妻范陽盧氏，[3]亦有婦德。及夫終，所有賻贈，[4]一無所受。謂州里父老

曰："參軍平生好施，今雖殞歿，安可奪其志哉！"乃散粟五百石以賑窮乏，免奴婢六十人。

[1]士女：宋本、殿本、四部備要本作"之士女"。

[2]流淚：毛本、局本作"流涕"。按：據《通志》卷一七八、《册府元龜》卷七八七作"流淚"。今從底本。

[3]范陽：郡名。北魏時治涿縣，在今河北涿州市。

[4]賻（fù）贈：指贈送給喪家的財物。

案趙郡李氏，出自趙將武安君牧。[1]當楚、漢之際，廣武君左車則其先也。[2]左車十四世孫恢，字仲興，漢桓、靈間，[3]高尚不仕，號有道大夫。恢生定，字文義，仕魏，位漁陽太守。[4]有子四人，並仕晋。平字伯括，爲樂平太守；[5]機字仲括，位國子博士；隱字叔括，保字季括，位並尚書郎。兄弟皆以儒素著名，時謂之四括。

[1]武安君：封爵名。武安，戰國趙邑。在今河北武安市西南。　牧：即李牧，人名。戰國時趙國將領。見《史記》卷八一《廉頗藺相如列傳》。

[2]廣武君：封爵名。廣武，邑名。在今河南通許縣李左村。　左車：即李左車，人名。楚漢之際謀士。韓信曾向其問計。有"智者千慮必有一失，愚者千慮亦有一得"的名言。

[3]桓：即東漢皇帝劉志。桓爲其謚號。　靈：即東漢皇帝劉宏。靈爲其謚號。

[4]漁陽：郡名。三國魏時治漁陽縣，在今北京密雲縣西南。

[5]樂平：郡名。西晋時治樂平縣，在今山西昔陽縣西南。

機子楷，字雄方，位書侍御史，[1]家于平棘南。有男子五人，輯、晃、茉、勁、叡。輯字護宗，晃字仲黄，茉字季黄，[2]勁字少黄，叡字幼黄，並以友悌著美，爲當世所宗，時所謂四黄者也。輯位高密郡守，[3]二子，慎、敦。晃位鎮南府長史，[4]一子，義。勁位書侍御史，四子，盛、敏、隆、喜。叡位高平太守，二子，勗、充。其後，慎、敦居栢仁，[5]子孫甚微。義南徙故壘，世謂之南祖。勗兄弟居巷東，盛兄弟居巷西，世人指其所居，因以爲目，蓋自此也。義字敬仲，位司空長史。[6]生東宫舍人吉，字彦同。吉生尚書郎聰，字小時。聰生真，字。[7]義深事列于後。勗字景賢，位頓丘太守。[8]勗生趙郡太守頤，字彦祖。頤生緦、系、曾，各有令子，事並列于前。盛位中書郎。三子，纘、襲、閣。纘字緯業，位太尉祭酒。[9]生四子，誕、休、重、苞。誕字紹元，假趙郡太守。生四子，建、追、確、黿。黿字神黿，[10]位州主簿。生二子，鳳林、秀林。

[1]書侍御史：官名。治書侍御史的省稱。漢宣帝時領侍御史二人管理圖籍文書，遂有其名。魏晋南北朝時爲御史中丞佐貳，御史臺要職，置二至四員，分領侍御史諸曹，監察、彈劾較高級官員，亦奉命出使，收捕犯官等。北魏孝文帝太和十七年定爲五品上，二十三年改爲六品上。北齊時爲從五品。

[2]季黄：局本作“奉黄”。《通志》卷一四八作“季黄”。按：根據文中“仲黄”“少黄”“幼黄”，結合古人命名的習慣，今從底本。

[3]高密：郡名。北魏時治高密縣，在今山東高密市西南。

[4]鎮南府長史：官名。鎮南將軍府屬吏。鎮南將軍，官名。漢獻帝和平中始置。三國魏時，與鎮東、鎮西、鎮北將軍合稱四鎮，多爲持節都督，出鎮方面。魏晋及南北朝前期權勢很重，後漸輕，成爲褒賞軍功勳臣的閑職。

[5]栢仁：縣名。治所在今河北隆堯縣。

[6]司空長史：官名。司空府屬吏，掌參司空府政務，主管屬吏。

[7]聰生真字：中華本校勘記云："按下文《李義深傳》云：'祖真，字令才，位中書郎。父紹，字嗣宗，殷州别駕。'此'字'下有脱文。"

[8]頓丘：郡名。北魏時治頓丘縣，在今河南清豐縣西南。

[9]太尉祭酒：官名。北魏時爲王府、公府屬官。稱東閤祭酒、西閤祭酒。

[10]龜字神龜：殿本、四部備要本作"字神龜"。按：前文提及"建、追、確、龜"四人，如果此處衹説"字神龜"，主語會出現歧義，當從底本。

李裔字徽伯。[1]父秀林，小名榼，性彊直。[2]太和中，中書博士，爲頓丘相，豪右畏之。景明初，[3]試守博陵郡，抑彊扶弱，政以嚴威爲名。以母憂去職。後爲司徒司馬、定州大中正、大中大夫。[4]卒，贈齊州刺史。

[1]李裔字徽伯：底本"字徽伯"作"字伯徽伯"，中華本校勘記云："諸本'字'下衍'伯'字，據《魏書》卷三六《李順傳》删。李徽伯見《周書》卷二、本書卷九《周文帝紀》大統三年八月，及本書卷三一《高慎傳》。"今從改。

[2]性彊直：底本作"性温直"，源氏校勘記云："《魏書》作'强直'。"中華本校勘記云："《魏書》'温'作'彊'。按下云

‘豪右畏之’，作‘彊直’是。”今從改。

[3]景明：北魏宣武帝的年號（500—503）。

[4]大中大夫：宋本、元大德本、毛本、殿本、四庫本、局本、四部備要本、中華本作“太中大夫”。按：“大”“太”可通。

裔出後伯父鳳林。孝昌中，爲定州鎮軍長史，帶博陵太守。于時逆賊杜洛周侵亂州界，[1]裔潛引洛周，州遂陷没。洛周特無綱紀，至于市令、驛帥咸以爲王，呼曰市王、驛王，乃封裔定州王。洛周尋爲葛榮所滅，裔仍事榮。尒朱榮禽葛榮，遂縶裔及高昂、薛脩義、李無爲等於晋陽。[2]從榮至洛，榮死乃免。

[1]杜洛周：人名。北魏末六鎮起義軍首領，後爲葛榮所害。

[2]高昂：人名。字敖曹，以字行，勃海蓨（今河北景縣）人。東魏大將。見《北史》卷三一《高祐附高昂傳》。　薛脩義：人名。字公讓，河東汾陰（今山西萬榮縣西南）人。東魏、北齊將領。見《北史》卷五三《薛脩義傳》。

天平初，以齊神武大丞相諮議參軍，參定策功，封固安縣伯，爲候衛大將軍、陝州刺史。[1]及周文帝攻剋州城，見害。東魏贈尚書令、司徒、定州刺史。

[1]候衛大將軍：中華本校勘記云：“《魏書》卷三六無‘候衛’二字，此疑是衍文。隋煬帝大業三年始改左右武衛爲左右候衛，在此以前似無候衛之名。”可從。　陝州：北魏時治陜縣，在今河南三門峽市陜縣。

子子旦襲。[1]子旦弟子雄。[2]

[1]子子旦襲：《魏書》卷三六《李順附李秀林傳》作“子直，襲”。中華本《魏書》校勘記云：“按《隋書》卷四六《李雄傳》也作‘子旦’，這裏當脱‘子’字，‘旦’訛‘直’。”

[2]子旦弟子雄：中華本校勘記云：“按《隋書》卷四六作李雄，卷七〇《楊玄感傳》另見李子雄。（本書卷七四則作李雄，二人易名）。”

子雄少慷慨有大志，陝州破，因隨周軍入長安。家世並以學業自通，子雄獨習騎射。其兄子旦讓之曰：“棄文尚武，非士大夫素業。”[1]子雄曰：“自古誠臣貴仕，文武不備而能濟功業者鮮矣。既文且武，兄何病焉。”子旦無以應。

[1]素業：本業。

仕周，累遷小賓部。[1]後從達奚武與齊人戰於芒山，[2]諸軍大破，子雄所領獨全。累遷涼州總管長史，[3]從滕王逌破吐谷渾於青海，[4]以功加上儀同。[5]宣帝即位，從行軍總管韋孝寬略定淮南，[6]拜亳州刺史。[7]隋文帝總百揆，徵爲司會中大夫，[8]以淮南功，加位上開府。[9]及受禪，拜鴻臚卿，[10]進爵高都郡公。[11]

[1]小賓部：官名。小賓部下大夫的簡稱。西魏恭帝置，爲賓部中大夫之副職，協掌接待外邦敵國使者，員一人。正四命。北周因之。

［2］達奚武：人名。字成興，代（今山西大同市東北）人，鮮卑族。西魏、北周將領。見《北史》卷六五《達奚武傳》。　芒山：在今河南洛陽市北。

［3］凉州：北周時治姑臧縣，在今甘肅武威市。　總管：官名。地方高級軍政官員。北周明帝武成元年（559），以都督諸州軍事改名。加使持節，管理轄區軍政民政。

［4］滕王：封爵名。北周時以荆州新野郡爲滕國，在今河南新野縣南。　逌：即宇文逌，人名。字爾固突，代郡武川（今内蒙古武川縣西）人。北周宗室。見《北史》卷五八《滕聞王逌傳》。　吐谷（yù）渾：族名。又稱吐渾、退渾。原爲鮮卑族慕容部的一支，先祖游牧於徒河青山（今遼寧義縣東）。西晋時，遷徙於今甘肅、青海一帶。十六國時，先後受到前凉、西秦等追逐，幾乎亡國。後再度崛起，北魏太武帝時達到最强盛。在北魏打擊下，一度退到今新疆一帶。以游牧爲生。見《北史》卷九六《吐谷渾傳》。

［5］上儀同：上儀同大將軍、上儀同三司的簡稱。上儀同大將軍，北周武帝建德四年置，位在儀同大將軍上。授予有軍勳的功臣及其子弟，無具體職掌，九命。隋文帝開皇元年罷。上儀同三司，北周置。隋朝時爲從四品散實官。

［6］從行軍總管：底本無“從”字，源氏校勘記云：“‘行’《隋書》作‘從’。”中華本校勘記云：“諸本脱‘從’字，據《隋書》卷四六、《通志》卷一六一《李雄傳》補。”今從補。行軍總管，官名。北周置。戰時臨時任命大臣爲之，統兵出征，事訖即罷。在重大軍事行動中，隸屬於行軍元帥。

［7］亳州：毛本、殿本、四庫本、局本、四部備要本、中華本作“亳州”，宋本、元大德本作“豪州”。《通志》卷一六一作“濠州”，《册府元龜》卷三八三作“亳州”。未詳孰是。

［8］司會中大夫：官名。西魏恭帝置，北周沿置。主管全國財政收支計劃，下設司會上士、中士、旅下士以佐其職。正五命。

［9］上開府：爲上開府儀同大將軍的省稱。北周武帝置。位在

開府儀同大將軍之上，主要授予有軍功的勳官和北齊的降官，無具體職掌，九命。初任此職者加使持節、大都督、驃騎大將軍、侍中等職，北周静帝大象元年（579）罷此制，下設僚屬。隋文帝開皇元年廢止。

[10]鴻臚卿：官名。晋、南朝宋時爲大鴻臚的别稱。北齊時爲鴻臚寺長官，三品。隋初正三品，隋煬帝改從三品。

[11]高都郡公：封爵名。高都，郡名。北周時治高都縣，在今山西晋城市。

及晋王廣出鎮并州，[1]以子雄爲河北行臺兵部尚書。[2]上謂曰："吾兒既少，卿兼文武之才，今者推誠相委，吾無北顧憂矣。"子雄頓首流涕，誓以效命。子雄當官正直，侃然有不可犯色，[3]王甚敬憚，吏人稱焉。歲餘，卒官。子公挺嗣。

[1]晋王廣：即楊廣。隋煬帝。見《北史》卷一二《隋本紀·煬帝》。

[2]行臺兵部尚書：官名。北魏置，爲行臺兵部長官。東魏、北齊、隋、唐初沿置。隋正三品

[3]侃然：剛直的樣子。

裔從祖詵字令世，[1]誕弟休之子也。休字紹則，散騎常侍。詵與族兄靈、族弟熙等俱被徵，事在高允《徵士頌》。[2]詵位中書侍郎、京兆太守。

[1]裔從祖詵字令世：源氏校勘記云："'世'《隋書》作'孫'。"中華本校勘記云："《魏書》卷三六《李順傳》'世'作

'孫'。按本書卷三一高允《徵士頌》亦作'孫'。疑'孫'是。"可從。

[2]高允：人名。字伯恭，勃海蓨（今河北景縣）人。北魏大臣。見《北史》卷三一《高允傳》。

誅從祖弟善見，位趙郡太守。

善見子顯進，[1]位州主簿、濮陽太守。[2]

[1]善見子顯進：源氏校勘記云："《魏書》無'見'字。"

[2]濮陽：郡名。北魏時治甄城縣，在今山東鄄城縣北。

顯進子映，字暉道，位相州中從事、步兵校尉，[1]贈殷州刺史。

[1]相州：隋朝時治安陽城，在今河南安陽市。　中從事：官名。南朝梁、陳置。州刺史屬官，位在别駕從事下。官品依州等級不同而異，梁自九班至一班，陳自六品至九品。北魏、北齊皆置。　步兵校尉：官名。北魏初領營兵，位次列卿，後罷其兵，成爲武臣散官，無職掌，定員二十人。北齊時員二十人，隸領軍府所轄左、右衛府。從四品。

映子普濟，學涉有名，性和韻，位濟北太守，[1]時人語曰"入粗入細李普濟"。武定中，位北海太守。[2]

[1]濟北：郡名。北齊時治盧縣，在今山東茌平縣。

[2]北海：郡名。北齊時治平壽城，在今山東昌樂縣東南。

映弟育，字仲遠，位相州防城别將，以拒葛榮之勳，賜爵趙郡公。後除金紫光禄大夫，卒，贈都官尚書，謚曰貞。

子愔襲，[1]與從父兄普濟並應秀才舉，時人謂其所居爲秀才村。愔位太子舍人。

[1]子愔襲：源氏校勘記云："'惜'（當是'愔'，源氏筆誤），《魏書》作'惜'。"

愔族叔肅，字彦邕，位員外常侍。[1]初諂附侍中元暉。[2]後以左道事侍中穆紹。[3]常裸身被髪，畫腹銜刀，於隱屏處爲紹求福。故紹愛之，薦爲黄門郎。性酒狂，從靈太后幸江陽王繼第，[4]侍飲頗醉，言辭不遜，抗辱太傅、清河王懌。爲有司彈劾，太后恕之。[5]卒於夏州刺史。[6]

[1]員外常侍：官名。員外散騎常侍的省稱。初爲正員之外添差之散騎常侍，無員數，後爲定員官。三國魏末置，兩晋、南朝、北魏、北齊沿置。屬散騎省（東省、集書省）。初多授公族、宗室，雖是閑職，仍爲顯官，南朝宋以後常用以安置閑退官員、衰老之士，地位漸低。北魏時置六員，孝文帝太和十七年定爲從三品上，二十三年改爲五品上。北齊時置二十員，五品。

[2]元暉：人名。字景襲，北魏宗室。見《北史》卷一五《常山王遵附元暉傳》。

[3]穆紹：人名。字永業，代（今山西大同市東北）人，鮮卑族。北魏官吏。見《北史》卷二〇《穆崇附穆紹傳》。

[4]江陽王：封爵名。遥封。江陽，郡名。南朝宋時治江陽縣，

在今四川彭山縣。　繼：即元繼，人名。北魏宗室。見《北史》卷一六《京兆王黎附江陽王繼傳》。

[5]太后恕之：源氏校勘記云："'恕'《魏書》作'怒'。"中華本校勘記云："《魏書·李順傳》作：'靈太后怒之，出爲章武内史。'此作'恕'，誤。"

[6]夏州：北魏時治巖緑縣，在今陝西靖邊縣白城子村無定河北岸的毛烏素沙漠中（靠近今内蒙古烏審旗南境）。

太肅從弟皦，字景林，有學識，位廷尉少卿，贈齊州刺史，謚曰宣。子慎，武定中，位東平太守。[1]

[1]東平：郡名。東魏時治范縣，在今河南范縣東南。

皦從弟仲琁，[1]司徒左長史、恒農太守。[2]先是宫、牛二姓阻險爲害，仲琁示以威惠，即並歸伏。累遷左光禄大夫。[3]天平初，遷都於鄴，以仲琁爲營構都將，[4]進號衛大將軍。出爲兖州刺史，還除將作大匠，[5]所歷並著聲績。卒，贈驃騎大將軍、儀同三司、青州刺史。子希良，[6]侍御史。

[1]仲琁：底本作"仲旋"，源氏校勘記云："《魏書》作'仲琁'。"中華本校勘記云："諸本'琁'作'旋'。李慈銘云：'《魏書》作"仲琁"。曲阜孔廟有魏興和三年十二月所立仲琁修孔子廟碑，云"君姓李字仲琁"，則當依《魏書》爲是。'按李説是，碑見《金石萃編》卷三一，今據改。"今從改。

[2]恒農：郡名。東魏時治弘農縣，在今河南靈寶市。

[3]左光禄大夫：宋本、元大德本、毛本、殿本、四庫本、局

本、四部備要本作“右光禄大夫”。未詳孰是。

［4］營構都將：官名。北魏、東魏置，掌營建事務。底本“都將”作“將”，中華本校勘記云：“諸本無‘都’字，《魏書》‘都將’作‘將作’。按碑作‘都將’，今據補。”今從補。

［5］將作大匠：官名。亦簡稱將作、大匠。漢景帝置。掌領徒隸修建宫室、宗廟、陵寢等土木工程。北魏孝文帝太和十七年定爲從二品下，二十三年定爲從三品。北齊時爲從三品。

［6］希良：局本作“希長”。《魏書》卷三六《李順傳》、《通志》卷一四八作“希良”，今作“希良”從底本。

焕字仲文，小字醜瓌，中書侍郎盛弟隆之後也。隆字太彝，位阜城令。[1]隆生幕縣令謀。[2]謀生始平太守景，名犯太祖元皇帝諱。[3]景生東郡太守伯應。[4]伯應生焕。

［1］阜城：縣名。治所在今河北阜城縣。

［2］幕縣：具體位置不詳。

［3］謀生始平太守景名犯太祖元皇帝諱：中華本校勘記云：“按唐之太祖元皇帝即李昞，‘景’是避唐諱改。”始平，郡名。北魏時治始平縣，在今陝西興平市東北。

［4］東郡：北魏時治滑臺城，在今河南滑縣東。

焕有幹用，與酈道元俱爲李彪所知。[1]恒州刺史穆泰據代都謀反，[2]焕以書侍御史與任城王澄推究之。[3]焕先驅至州，宣旨曉喻，乃執泰等。景明初，齊豫州刺史裴叔業以壽春歸附，[4]焕以司空從事中郎爲軍司馬，[5]與楊大眼、奚康生等迎接，[6]仍行揚州事，[7]賜爵容城伯。[8]及荆蠻擾動，敕焕兼通直散騎常侍慰勞之，降者萬餘家。

除梁州刺史。時武興氐楊集起舉兵作逆，[9]敕假焕平西將軍，[10]督别將大破集起軍。又破秦州賊吕苟兒，及斬氐王楊定。[11]還朝，遇患卒，贈幽州刺史，謚曰昭。

[1]酈道元：人名。字善長，范陽涿鹿（今河北涿鹿縣東南）人。一作“酈元”。北魏官吏、地理學家。見《北史》卷二七《酈範附酈道元傳》。

[2]恒州：北魏時治平城，在今山西大同市東北。　穆泰：人名。本名石洛，孝文帝賜名泰，鮮卑族。北魏大臣。見《北史》卷二〇《穆崇附穆泰傳》。　代都：即平城，在今山西大同市。

[3]任城王：封爵名。任城，郡名。北魏時治任城縣，在今山東濟寧市南。　澄：即元澄，人名。字道鏡（《魏書》作“道鎮”）。北魏宗室。見《北史》卷一八《任城王雲附元澄傳》。

[4]裴叔業：人名。河東聞喜（今山西聞喜縣）人。南朝齊大將，後降北魏。見《北史》卷四五《裴叔業傳》。　壽春：縣名。治所在今安徽壽縣。

[5]司空從事中郎：官名。司空府屬吏，職掌謀議。從事中郎，官名。東漢置，職掌謀議。北魏時公府、皇子開府、庶姓開府俱置，其品位秩級隨府長官地位高低而不同。　軍司馬：官名。西魏末、北周時爲軍司馬中大夫、上士、中士、旅下士簡稱，隸夏官府，掌兵事。正五命。

[6]楊大眼：人名。仇池（今甘肅西和縣）人。北魏將領。見《北史》卷三七《楊大眼傳》。　奚康生：人名。本姓達奚，河南洛陽（今河南洛陽市東北）人。北魏武將、官吏。見《北史》卷三七《奚康生傳》。

[7]揚州：北魏時治壽春縣，在今安徽壽縣。

[8]容城伯：封爵名。容城，縣名。治所在今河北容城縣北。

[9]武興：今陝西略陽縣。南北朝時爲氐王楊文弘之都，向北

魏稱臣，史稱武興國。見《北史》卷九六《氐傳》。　楊集起：人名。北魏時氐族首領。

[10]平西將軍：官名。與平東、平南、平北將軍合稱四平將軍。多持節都督或監某一地區的軍事，有時亦作爲刺史等地方官兼理軍務時的加官。北魏孝文帝太和十七年定爲從二品上，二十三年改爲三品。

[11]楊定：人名。北魏時氐族首領。

子密，字希邕，少有節操。母患積年，名醫療之不愈，乃精習經方，洞閑針藥，[1]母疾得除。由是以醫術知名。屬尒朱兆弒逆，[2]與勃海高昂爲報復計。後從神武，封容城縣侯，位襄州刺史。[3]

[1]閑：古同"嫻"。熟習。

[2]尒朱兆：人名。字萬仁，北秀容（今山西朔州市）人，契胡族。北魏將領。見《北史》卷四八《尒朱榮附尒朱兆傳》。

[3]襄州：北魏末年置，治北平縣，在今河南方城縣東南。

李義深，趙郡高邑人也。[1]祖真，字令才，位中書侍郎。父紹，字嗣宗，[2]殷州別駕。

[1]高邑：縣名。治所在今河北高邑縣西南。

[2]字嗣宗：源氏校勘記云："《北齊》無'字嗣'二字。"

義深有當世才用，[1]而心胸險峭，時人語曰："劍戟森森李義深。"[2]初以殷州別駕歸齊神武，再遷鴻臚少卿。[3]見尒朱兆兵盛，叛歸之。兆平，神武恕其罪。遷

齊州刺史，好利，多所受納。轉行梁州刺史，[4]爲陽夏太守段業告其在州聚斂，[5]被禁止。卒於禁所。

[1]世：底本作“出”，中華本作“世”。按：據文意，今從中華本改。

[2]劍戟森森：比喻人心機多。

[3]鴻臚少卿：即大鴻臚少卿，官名。北魏置。爲大鴻臚副貳，協助典禮司儀、爵位封授削除等事務。北魏孝文帝太和二十三年定爲四品上。

[4]梁州：東魏時治大梁城，在今河南開封市。

[5]陽夏：郡名。東魏時治雍丘縣，在今河南杞縣。

子騊駼，有才辯，位兼通直散騎常侍，聘陳。陳人稱之。後爲壽陽道行臺左丞，[1]與王琳同陷陳。[2]周末逃歸。隋開皇中爲永安郡太守、絳州長史，[3]卒。

[1]行臺左丞：官名。北齊時爲行臺尚書省官員，負責監察臺内諸官，選授官吏、文書奏事等，職權甚重。從四品。

[2]王琳：人名。字子珩，會稽山陰（今浙江紹興市）人。南朝梁將領，梁末被陳霸先打敗，逃往北齊。見《南史》卷六四《王琳傳》。

[3]永安：郡名。隋朝時治永安縣，在今山西霍州市。　絳州：隋朝時治正平縣，在今山西新絳縣。

子政藻，[1]明敏有才幹。騊駼没陳，政藻時爲開府行參軍，判集書省事，[2]便謝病解職，居處若在喪禮，人士稱之。開皇中，歷尚書工部員外郎，[3]卒於宜州

長史。[4]

[1]子政藻：源氏校勘記云："'政'《北齊》作'正'。"

[2]集書省：官署名。南朝宋改散騎省爲此稱，與中書、尚書、門下、秘書並稱五省，掌侍從左右、獻納得失及圖書文翰等，以散騎常侍爲主官。南朝齊、梁、陳因之。北魏後期亦設，爲門下三省之一，兼修起居注。北齊因之。

[3]工部員外郎：官名。工部曹次官。隋文帝開皇六年置，掌城池土木工程之事。煬帝大業三年改名爲起部承務郎。

[4]宜州：隋朝時治泥陽縣，在今陝西富平縣西北。局本作"宣州"。按：據《北齊書》卷二二《李義深傳》、《通志》卷一六三，今從底本。

騊駼弟文師，歷中書舍人，齊郡太守。[1]

[1]齊郡：隋朝時治臨淄縣，在今山東淄博市東北。

義深弟同軌，體貌魁岸，腰帶十圍，學綜諸經，兼該釋氏，又好醫術。年二十，[1]舉秀才，再遷著作郎，[2]典儀注，脩國史，遷國子博士。[3]興和中，[4]兼通直散騎常侍，使梁。梁武深耽釋學，遂集名僧於其愛敬、同泰二寺，[5]講《涅槃大品經》，引同軌豫席，兼遣其朝士並共觀聽，[6]同軌論難久之，道俗咸以爲善。

[1]年二十：《魏書》卷三六《李順傳》作"年二十二"。《通志》卷一四八同《北史》。源氏校勘記云："《魏書》作'二十二'。"未詳孰是。

[2]著作郎：官名。三國魏明帝太和中置，爲著作局長官，隸中書省，掌編修國史。晋改屬秘書省，號稱“大著作”，歷代沿置，職掌不同。北魏中期於秘書省置著作局，設員二人，孝文帝太和十七年定爲五品上，二十三年改爲從五品上。

[3]脩國史遷國子博士：底本作“修國子博士”，中華本校勘記云：“諸本脱‘國史遷’三字，據《魏書》卷三六《李順傳附同軌傳》補。”今從補。

[4]興和：東魏孝静帝的年號（539—542）。

[5]愛敬：在今江蘇南京市鐘山上。　同泰：在今江蘇南京市江寧區東北。南朝梁武帝時建，其曾捨身此寺中。

[6]兼遣其朝士並共觀聽：底本“並”作“義”，中華本校勘記云：“南、北、汲、殿四本‘並’作‘議’，百衲本作‘義’，《魏書》作‘並’。按作‘議’‘義’皆不可通，今據《魏書》改。”今從改。

盧景裕卒，[1]齊神武引同軌在館教諸公子，甚嘉禮之。每旦入授，日暮始歸，緇素請業者，[2]同軌夜爲解説，四時恒爾，不以爲倦。卒，時人傷惜之，神武亦嗟悼之。贈瀛州刺史，謚曰康。

[1]盧景裕：人名。字仲孺，小字白頭，范陽涿（今河北涿州市）人。北魏、東魏官吏。見《北史》卷三〇《盧同附盧景裕傳》。

[2]緇（zī）素：指僧俗。僧徒衣緇，俗衆服素，故稱。緇，黑色。

同軌弟幼舉，安德太守，[1]以貪污棄市。

[1]安德：郡名。北魏時治安德縣，在今山東平原縣東北。

幼舉弟之良，有幹用，位金部郎中。[1]

[1]金部郎中：官名。魏晋南北朝時與金部郎互稱，爲尚書省金部曹長官。掌審核全國庫藏錢帛及有關度量衡的政令。北魏孝文帝太和十七年定郎中爲五品中，郎爲從五品中。二十三年皆稱郎中，六品。《魏書》卷三六《李順傳》作“尚書金部郎”。《通志》卷一四八同《北史》。未詳孰是。

之良弟幼廉，[1]少寡欲，爲兒童時，初不從人家有所求請。嘗故以金寶授之，終不取，彊付，輒擲之地。州牧以其蒙幼而廉，故以名焉。性聰敏，累遷齊文襄驃騎府長史。[2]文襄薦爲濟州儀同府長史，[3]又遷瀛州長史。齊神武行經冀部，總合河北六州文籍，商榷户口增損，親自部分，多在馬上徵責文簿，指影取備，事非一緒。幼廉應機立成，恒先期會，爲諸州準的。神武深加慰勉，仍責諸人曰：“碎卿等諸人，作得李長史一脚指不！”是時諸人並謝罪，幼廉獨前拜恩，觀者咸歎美之。神武還并州，以告文襄，文襄喜，謂人曰：“吾足知人矣！”[4]

[1]之良弟幼廉：源氏校勘記在“幼”旁紅筆小字夾批“稚”，中華本校勘記云：“《魏書·李順傳》、《北齊書》卷四三《李稚廉傳》‘幼’作‘稚’，《北史》避唐諱改。下文‘蒙幼而廉’之幼，本亦作‘稚’。”可從。

[2]驃騎府：官署名。北魏、北齊時驃騎將軍爲重號將軍，多

開府置僚屬，故稱驃騎府。

［3］儀同府：官署名。魏晋以降，凡爲儀同三司、儀同將軍、儀同大將軍者，皆開府。此爲簡稱，其屬吏有長史、司馬、司録、中郎、掾、屬、參軍等。

［4］吾足知人矣：底本"足"作"是"，中華本校勘記云："諸本'足'訛'是'，據《北齊書》及《通志》卷一五三《李稚廉傳》改。"今從改。

文襄嗣事，除霸州掾。[1]時以并州王政所基，求好長史，舉者多不見納。後因大集，謂陳元康曰：[2]"我教你好長史處，李幼廉即其人也。"遂命爲并州長史。常在文襄第内，與隴西辛術等六人，[3]號爲館客。天保初，除太原郡太守。文宣嘗與語及楊愔，誤稱爲楊公，以應對失宜，除濟陰郡守。[4]累遷太僕大司農二卿、趙州大中正、大理卿，[5]所在稱職。

［1］霸州：宋本、元大德本、毛本、殿本、四庫本、局本、四部備要本、中華本作"霸府"。《北齊書》卷四三《李稚廉傳》、《通志》卷一五三、《册府元龜》卷七二八作"霸府"。未詳孰是。

［2］陳元康：人名。字長猷，廣宗（今河北威縣東）人。北魏、東魏官吏。見《北史》卷五五《陳元康傳》。

［3］隴西：郡名。北魏時治襄武縣，在今甘肅隴西縣東南。

［4］濟陰：郡名。北齊時治定陶縣，在今山東定陶縣西北。

［5］太僕：官名。西周置。爲夏官司馬屬官，掌供天子輿馬，傳達王命。北齊時改爲太僕卿，爲太僕寺長官。三品。　大司農：官名。漢武帝時置。掌管全國租賦收入和國家財政開支。北齊時改稱司農卿，掌倉廪及農桑水利的政令等。三品。　大理卿：官名。

北齊置。亦稱大理寺卿，爲大理寺長官，列位九卿，員一人。三品。

後主時，和士開權重，百僚盡傾，幼廉高揖而已，[1]由是出爲南青州刺史。主簿徐乾富而暴橫，歷政不能禁。幼廉初至，因其有犯，收繫之。乾密通疏，奉黄金百錠、妓婢二十人，[2]幼廉不受，遂殺之。罷還鄴。祖孝徵執政，[3]求紫石英於幼廉，以其南青州所出。幼廉辭無好者，固請，乃與二兩。孝徵有不平之言，或以告幼廉。幼廉抗聲曰："李幼廉結髮從宦，誓不曲意求人。天生德于予，孝徵其如予何？假欲挫頓，不過遣向并州耳。"時已授并省都官尚書，辭而未報，遂發敕遣之。齊末官至三品已上，悉加儀同，獨不霑此例，語人曰："我不作儀同，更覺爲榮。"卒，贈吏部尚書。

[1]高揖：古代作爲辭别時的禮節，雙手抱拳高舉過頭作揖。後亦指辭謝告退。

[2]黄金百錠：中華本作"黄金百挺"。按：從底本。

[3]祖孝徵：人名。即祖珽。字孝徵，范陽遒（今河北淶水縣北）人。北齊官吏。見《北史》卷四七《祖瑩附祖珽傳》。

義深族弟神威，幼有風裁，家業《禮》學，又善音樂，撰集樂書近百卷，卒於尚書左丞。

又有李翥，字彦鴻，[1]世居栢仁，弱冠以文章知名。[2]仕齊，位東平太守。[3]後待詔文林館，除通直散騎常侍，聘于陳。[4]晚節頗以貪酒爲累。貧無居宅，寄止

佛寺中。嘗著巾帔，終日對酒，招致賓客，風調詳雅。

[1]彥鴻：局本作“彥海”。《通志》卷一五三同底本。未詳孰是。

[2]弱冠以文章知名：底本“知名”作“知”，中華本校勘記云：“諸本脱‘名’字，據《通志·李稚廉傳》附《李翥傳》補。”今從補。

[3]東平：郡名。北齊時治博平縣，在今山東泰安市東南。

[4]聘于陳：底本“陳”作“梁”，中華本校勘記云：“‘諸本‘陳’作‘梁’。張森楷云：‘《北齊帝紀》‘梁’作‘陳’是。時梁已亡，後梁不與齊通。’按本卷《李孝貞傳》云：‘兼通直散騎常侍，副李翥使陳。’張説是，今據改。”今從改。

翥從兄子朗，才辭翥之亞，兼有吏能，位中書舍人。

論曰：古人云“燕、趙多奇士”，觀夫李靈兄弟，並有焉。靈則首應弓旌，道光師傅；順則器標棟幹，[1]一時推重；孝伯風範鑒略，[2]蓋亦過人。各能克廣門業，[3]道風不殞，餘慶之美，豈非此之謂乎。至如元忠之倜儻從横，功名自卒；季初之家風素業，昆季兼舉。[4]有齊之日，雅道方振。憲之子弟，特盛衣纓，豈唯戚里是憑，固亦文雅所得。安世識具通雅，時幹之良。瑒以豪俊達，郁則儒博顯，謐之高逸，固可謂世有人焉。義深弟兄，[5]人位兼美，子雄才官，不替門緒，[6]茂矣。

[1]棟幹：比喻擔當國家重任的人。

[2]鑒略：識見才略。

[3]各能克廣門業：殿本、四庫本、四部備要本“克”作“充”。

[4]昆季：兄弟。

[5]弟兄：局本作“兄弟”。

[6]門緒：家門的功業。

北史　卷三四

列傳第二十二

游雅 從祖弟明根　高閭　趙逸 兄子琰　胡叟　胡方回　張湛　段承根 宗欽[1]　闞駰　劉延明　趙柔　索敞　宋繇 曾孫遊道[2]　江式

[1]宗欽：底本作“宗胡”，中華本作“宗欽”。

[2]曾孫：底本作“曾孫”，中華本作“玄孫”。

游雅字伯度，小名黄頭，廣平任人也。[1]太武時，[2]與勃海高允等俱知名，[3]徵拜中書博士。[4]後使宋，授散騎侍郎，[5]賜爵廣平子。[6]稍遷太子少傅，[7]領禁兵，進爵爲侯。受詔與中書侍郎胡方回等改定律制。[8]出爲東雍州刺史，[9]假梁郡公。[10]在任廉白，甚有惠政。徵爲秘書監，[11]委以國史之任，竟無所成。

[1]廣平：郡名。北魏時治曲梁城，在今河北永年縣東南。任：縣名。治所在今河北任縣東南。

[2]太武：即北魏皇帝拓跋燾。太武爲其謚號。

[3]勃海：郡名。北魏時屬冀州，初治南皮縣，在今河北南皮

縣東北，後移治東光縣，在今河北東光縣。　高允：人名。字伯恭，勃海蓨（今河北景縣）人。北魏大臣。見《北史》卷三一《高允傳》。

[4]中書博士：官名。北魏始置，爲中書教授博士、中書教學博士的省稱。選用博學之士擔任，教授中書學生。任職者升遷較易，多升爲中書省、門下省要職。

[5]散騎侍郎：官名。三國魏置。與散騎常侍、侍中、黄門侍郎等共平尚書奏事，侍從皇帝左右，顧問應對。北魏時兼修史，孝文帝太和十七年（493）定爲四品上，二十三年改爲五品上。

[6]廣平子：封爵名。西晋設子爵，多以縣爲封，其始封者以此稱之。北魏正式列爲爵等中之一級，在縣伯之下，縣男之上，四品。廣平，縣名。治所在今河北廣平縣西北。

[7]太子少傅：官名。掌訓導輔教太子，無具體職司，位太子少師下、太子少保上。北魏孝文帝太和十七年定爲從二品上，二十三年改爲三品。

[8]中書侍郎：官名。北魏時多選用文學之士，掌草擬詔令，職位機要。孝文帝太和十七年定爲四品上，二十三年改爲從四品上。

[9]東雍州：北魏太武帝太平真君四年置，治所在今山西新絳縣。後廢。孝明帝孝昌二年又置，治鄭縣，在今陝西華縣。

[10]假：官制用語。代理、兼攝之意。北魏有假爵之制，授予假職者，或爲臨時性，借以提高官員地位。實際上僅享有名義、禄賜。　梁郡公：封爵名。西晋設郡公，位在王之下、縣公之上，食邑爲郡，以始封者稱之。東晋、南北朝、隋皆因之，品秩位次不一。梁郡，北魏時治梁國城，在今河南商丘市南。

[11]秘書監：官名。南北朝時爲秘書省長官，掌圖書經籍之事，領著作省。北魏孝文帝太和十七年定爲從二品中，二十三年改爲三品。

雅性剛戇，[1]好自矜誕，[2]凌獵人物。[3]高允重雅文學，而雅輕允才，允性柔寬，不以爲恨。允將婚于邢氏，雅勸允娶其族，允不從。雅曰：“人貴河間邢，[4]不勝廣平游。人自棄伯度，我自敬黄頭。”其貴己賤人，皆此類也。允著《徵士頌》，殊重雅。雅因議論長短，忿儒者陳奇，[5]遂陷奇至族。議者深責之。卒，贈相州刺史，[6]謚曰宣侯。

［1］戇（gàng）：憨厚而剛直。

［2］矜誕：自大狂妄。

［3］凌獵：凌駕、冒犯。

［4］河間：郡名。北魏時治武垣縣，在今河北河間市南。

［5］陳奇：人名。字脩奇，河北（今山西芮城縣）人。北魏儒生。見《北史》卷八一《陳奇傳》。

［6］相州：北魏時治鄴城，在今河北臨漳縣西南鄴鎮。

明根字志遠，雅從祖弟也。祖鱓，慕容熙樂浪太守。[1]父幼，馮跋假廣平太守。[2]

［1］慕容熙：代指慕容熙，人名。字道文，小字長生，昌黎棘城（今遼寧北票市章吉營子鄉三官營子村）人，鮮卑族。十六國時後燕君主。見《北史》卷九三《慕容垂附慕容熙傳》。　樂浪：郡名。十六國後燕時治棘城，在今遼寧北票市章吉營子鄉三官營子村北。

［2］馮跋：代指十六國時北燕政權。馮跋，人名。字文起，小字乞直代，長樂信都（今河北冀州市）人。十六國時北燕君主。見《北史》卷九三《馮跋傳》。

明根幼年遭亂，爲櫟陽王氏奴。[1]主使牧羊，明根以漿壺倩人書字路邊，[2]書地學之。長安鎮將竇瑾見之，[3]呼問，知其姓名，乃告游雅。雅使人贖之，教書。年十六，辭雅歸鄉里，於白渠坎爲窟，[4]讀書積歲。雅稱薦之，太武擢爲中書學生。性寡欲，綜習經史。

[1]櫟陽：縣名。治所在今陝西西安市臨潼區。

[2]漿壺：水壺。　倩：央求。

[3]長安：軍鎮名。北魏置，治所在今陝西西安市西北渭水南岸。　鎮將：官名。北魏置。爲鎮之主官，掌一鎮兵馬及鎮之守衛。　竇瑾：人名。字道瑜，頓丘衛國（今河南清豐縣東南）人。北魏官吏。見《北史》卷二七《竇瑾傳》。

[4]白渠：西漢由白公建議開鑿，故名白渠。自今陝西禮泉縣西北東南流，經今高陵縣及西安市臨潼區東北櫟陽鎮附近，至渭南市臨渭區下邽鎮注入渭水。渠長二百里。

文成踐阼，[1]爲都曹主書。[2]帝以其敬慎，每嗟美之。假員外散騎常侍、安樂侯，[3]使宋。宋孝武稱其長者，[4]迎送禮加常使。獻文時，[5]累遷東兖州刺史，[6]封新泰侯，[7]爲政清平。孝文時爲儀曹長，[8]清約恭謹，號爲稱職。歷儀曹尚書，[9]加散騎常侍。[10]遷大鴻臚卿、河南王幹師，[11]尚書如故，隨例降侯爲伯。又參定律令，屢進讜言。[12]

[1]文成：即北魏皇帝拓跋濬。文成爲其謚號。　踐阼：皇帝即位、登基。

［2］都曹：官署名。北魏前期置。屬尚書省。　主書：官名。爲主書令史的簡稱。掌簿書文案。

［3］員外散騎常侍：官名。北魏時雖是閑職，仍爲顯官。孝文帝太和十七年定爲從三品上，二十三年改爲五品上。　安樂侯：封爵名。安樂，郡名。北魏時郡治疑在三會城，在今河北承德縣東北老牛河之東。

［4］孝武：即南朝宋皇帝劉駿。孝武爲其謚號。

［5］獻文：即北魏皇帝拓跋弘。獻文爲其謚號。

［6］東兗州：北魏時治瑕丘縣，在今山東兗州市。

［7］新泰侯：封爵名。新泰，縣名。治所在今山東新泰市。

［8］孝文：即北魏皇帝元宏。孝文爲其謚號。　儀曹長：官名。北魏置。協掌尚書省儀曹事務。隸儀曹尚書。

［9］儀曹尚書：官名。北魏置。爲尚書省儀曹長官，掌車服、羽儀、朝覲、郊廟、饗宴等吉凶禮制。孝文帝太和十七年定爲二品中，二十三年改爲三品。

［10］散騎常侍：官名。三國魏文帝置。掌侍從皇帝左右，諫諍得失，顧問應對等。北朝時兼領修史，實際地位略高於南朝，但仍爲閑散之職。北魏初一度掌出令，位在中書令之上。孝文帝太和十七年定爲二品下，二十三年定爲從三品。

［11］大鴻臚卿：官名。北魏時稱大鴻臚爲大鴻臚卿，專司朝會禮儀。孝文帝太和十七年定爲二品上，二十三年改爲三品。　河南王：封爵名。河南，郡名。北魏時治洛陽縣，在今河南洛陽市東北。　幹：即元幹，人名。北魏宗室。見《北史》卷一九《趙郡王幹傳》。

［12］讜（dǎng）言：正直之言。

明根以年踰七十，表求致仕，優詔許之。引入陳謝，悲不自勝，帝言別殷勤，仍爲流涕，賜青紗單衣、

委貌冠、被褥、錦袍等物。[1]其年，以司徒尉元爲三老，[2]明根爲五更，[3]行禮辟雍，[4]賜步挽一乘，[5]給上卿禄，[6]供食之味，太官就第月送。[7]以定律令，賜布帛等。歸本郡，又賜安車、兩馬、幄帳、被褥。[8]車駕幸鄴，[9]明根朝于行宫，優詔賜以穀帛，敕太官備送珍羞，爲造甲第。國有大事，恒璽書訪之。舊疾發動，手詔問疾，太醫送藥。卒於家，宣武弔祭贈賵甚厚，[10]贈光禄大夫，[11]金章紫綬，[12]謚靖侯。

[1]委貌冠：亦稱玄冠、元冠。上小下大，形如覆杯，以皂色絹製之，與玄端素裳相配。公卿諸侯、大夫於辟雍行大射禮時所服。

[2]司徒：官名。北魏時爲三公之一，分掌丞相職能，多爲大臣加官。　尉元：人名。字荀仁，代（今山西大同市東北）人，鮮卑族。北魏官吏。見《北史》卷二五《尉元傳》。　三老：掌教化者。古時天子設三老五更，以父兄之禮養之，示天下之孝悌。春秋戰國時地方已有三老之設。漢沿置，又有縣三老。東漢又有郡三老、國三老。魏晋後多沿置。三老有印無禄，並非正式官吏。

[3]五更：年老更事致仕者的榮譽職位，以示禮尊長者。

[4]辟雍：本爲西周天子所設大學，校址圓形，圍以水池，前門外有便橋。東漢以後，歷代皆有辟雍，均爲行鄉飲、大射或祭祀之禮的地方。

[5]步挽：供乘坐的、用人力拉的車子。

[6]上卿：官名。北魏時爲諸卿之長，國之首輔。

[7]太官：官名。亦爲官署名。或作“大官”。北魏時，掌百官膳食，屬光禄卿。

[8]又賜安車兩馬幄帳被褥：源氏校勘記云：“《魏書》‘兩’

作‘一’，‘乘’下有‘馬二匹’三字。”安車，古代可以坐乘的小車。供年老的高級官員及貴婦人乘用。高官告老還鄉或徵召有聲望的人，往往賜乘安車。多用一馬拉，禮尊者則用四馬拉。

[9]鄴：城名。在今河北臨漳縣西南。

[10]宣武：即北魏皇帝元恪。宣武爲其謚號。

[11]光禄大夫：官名。掌議論。北魏孝文帝太和十七年定爲從二品中，二十三年改爲三品。

[12]金章紫綬：黄金印章和繫印的紫色綬帶。後代指高官顯爵。

明根歷官内外五十餘年，處身以仁和，[1]接物以禮讓，時論貴之。孝文初，明根與高閭以儒老學業，[2]特被禮遇，公私出入，每相追隨。而閭以才筆，時侮明根。世號高、游焉。

[1]處身：立身處世。

[2]學業：學問。

子肇襲，字伯始，孝文賜名焉。博綜經史。孝文初，爲内秘書侍御中散，[1]稍遷典命中大夫。[2]車駕南伐，肇表諫，不納。尋遷太子中庶子。[3]肇謙素敦重，文雅見任。以父老，求解官扶侍。孝文欲令禄養，出爲本州南安王楨鎮北府長史，[4]帶魏郡太守。[5]王薨，復爲高陽王雍鎮北府長史，[6]太守如故。爲政清簡，加以匡贊，歷佐二王，甚有聲績。以父憂解任。復授黄門侍郎，[7]兼侍中，[8]爲畿内大使，[9]黜陟善惡，賞罰分明。歷太府、廷尉卿，[10]兼御史中尉，[11]黄門如故。肇，儒

者，動存名教，直繩所舉，莫非傷風敗俗。持法仁平，斷獄務於矜恕。尚書令高肇，[12]宣武之舅，百僚懾憚，以肇名與己同，欲令改易。肇以孝文所賜，執志不許，高肇甚銜之，宣武嘉其剛梗。

[1]内秘書：官署名。北魏置。掌管禁中文書事務以及詔命的書寫等。初以中散、中書監、尚書等官領之，後設内秘書令爲長官。屬官有内秘書中散、内秘書侍御中散等。孝文帝改制罷。　侍御中散：官名。北魏中期由中散官分化出來，屬侍御曹，地位較中散略高，也更親近皇帝。多選用功臣子弟，尤其是鮮卑等胡人功臣子弟，可作爲起家官。任職於其他機構，則冠以機構名，如殿内侍御中散、内秘書侍御中散等。孝文帝太和十七年定爲五品上，二十三年復次職員令未見。

[2]典命中大夫：官名。北魏置。孝文帝太和中有此職，負責制定禮儀。十七年定爲從三品上，二十三年復次職員令未見。

[3]太子中庶子：官名。漢置，爲東宫屬官，太子侍從之臣。三國魏沿置，掌侍從、奏事、諫議等。南朝置，掌東宫管記。北魏亦置，孝文帝太和十七年定爲三品中，二十三年改爲四品上。

[4]南安王：封爵名。南安，郡名。北魏時治南安縣，在今河南葉縣東北。　楨：即元楨，人名。北魏宗室。見《北史》卷一八《南安王楨傳》。　鎮北府長史：官名。鎮北將軍府屬吏。

[5]魏郡：北魏時治鄴縣，在今河北臨漳縣西南鄴鎮。

[6]高陽王：封爵名。高陽，郡名。北魏時治高陽縣，在今河北高陽縣東。　雍：即元雍，人名。字思穆。北魏宗室、大臣。見《北史》卷一九《高陽王雍傳》。

[7]黄門侍郎：官名。秦、西漢爲郎官加“給事黄門”省稱。亦稱黄門郎。爲中朝官員，給事於宫門之内，侍從皇帝、顧問應對，出則陪乘。與皇帝關係密切，多以重臣、外戚子弟、公主婿爲

之。北魏時爲侍中省或門下省次官。孝文帝太和十七年定爲三品中，二十三年爲四品上。

[8]侍中：官名。北魏時常總典機密，受遺詔輔政，權任尤重，時號“小宰相”。孝文帝太和十七年定爲從一品中，二十三年改爲三品。

[9]大使：代表皇帝出行的特派使臣或執行特殊任務的正使。

[10]太府：官名。即太府卿。南朝梁武帝始置。掌管金帛庫藏出納、關市税收，以供國家、宫廷用度。北魏孝文帝時改少府置，二十三年定爲三品。　廷尉卿：官名。北魏時爲國家最高司法審判機構主官，負責刑獄，修訂法律，覆審御史所檢劾案件，審核州郡疑案，有封駁丞相、御史之權。後增少卿爲副職。孝文帝太和十七年定爲二品上，二十三年改爲三品。

[11]御史中尉：官名。北魏時由御史中丞改稱，主御史臺，糾彈百官，參治刑獄。頗重其選。孝文帝太和十七年定爲三品上，二十三年定爲從三品。

[12]尚書令：官名。北魏初不常置，亦不掌實際政務，孝文帝改制後，尚書省權任頗重，以録尚書事爲長官，尚書令爲副貳，兼掌監察百官，皆爲宰相。太和十七年定爲從一品上，二十三年定爲二品。　高肇：人名。字首文，勃海蓨（今河北景縣）人。北魏外戚、權臣。見《北史》卷八〇《高肇傳》。

盧昶之在朐山也，[1]肇諫曰：“朐山蕞爾，僻在海濱，於我非急，於賊爲利。如聞賊將屢以宿豫求易朐山，[2]持此無用之地，復彼舊有之疆，[3]兵役時解，其利爲大。”帝將從之，尋而昶敗。還侍中。梁軍主徐玄明斬其青、冀二州刺史張稷首，[4]以郁州内附。[5]朝議遣兵赴援，肇表以爲不宜勞師争海島之地，帝不納。及大將軍高肇伐蜀，肇又陳願俟後圖，又不納。

[1]盧昶：人名。字叔達，小字師顔，范陽涿（今河北涿州市）人。北魏官吏。見《北史》卷三〇《盧玄附盧昶傳》。　朐（qú）山：即朐山城，在今江蘇連雲港市西南海洲鎮。

[2]宿豫：郡名。北魏時治宿豫縣，在今江蘇宿遷市東南。

[3]疆：底本作“彊”，今從中華本改。

[4]徐玄明：《梁書》卷一八《康絢傳》作“徐道角”。《資治通鑑》卷一四七同。胡三省引《考異》云：“《魏帝紀》作‘郁州人徐玄明’，今從《梁·康絢傳》。”　青冀：即南朝梁青州和冀州，同治郁洲，在今江蘇連雲港市東雲臺山一帶。　張稷：人名。字公喬，吴郡（今江蘇蘇州市）人。南朝梁將領。見《梁書》卷一六《張稷傳》。

[5]郁州：地名。一名田橫島。在今江蘇連雲港市東雲臺山一帶。

明帝即位，[1]遷中書令、相州刺史，[2]有惠政。再遷尚書右僕射。[3]肇於吏事斷決不速，主者諮呈反覆，至於再三，必窮其理，然後下筆。雖寵勢干請，終無迴撓，[4]方正之操，時人服之。及元叉廢靈太后，[5]將害太傅、清河王懌，[6]乃集公卿會議其事。於時，群官莫不失色順旨，肇獨抗言，以爲不可，終不下署。卒，謚文貞公。[7]

[1]明帝：即北魏皇帝元詡。明爲其謚號。

[2]中書令：官名。南北朝時爲中書省實際長官，常用有文學才望者任職。北魏孝文帝太和十七年定爲二品中，二十三年改爲三品。

[3]尚書右僕射：官名。北魏時列位宰相，在録尚書事、尚書令下，職掌都省庶務及執法，或典選舉。職在左僕射下。孝文帝太和十七年定爲從一品中，二十三年改爲從二品。

[4]迴撓：屈服。

[5]元叉：人名。字伯儁。北魏宗室、大臣。見《北史》卷一六《京兆王黎附元叉傳》。　靈太后：即北魏宣武帝皇后胡氏。靈爲其謚號。

[6]清河王：封爵名。　懌：即元懌，人名。字宣仁。北魏宗室。見《北史》卷一九《清河王懌傳》。

[7]文貞公：殿本、四庫本、四部備要本作"文真公"。《魏書》卷五五《游明根傳》、《通志》卷一四八同底本。未詳孰是。

肇外寬柔，内剛直，耽好經傳，手不釋書。善《周易》《毛詩》，[1]尤精《三禮》。[2]爲《易集解》，撰《冠婚儀》《白珪論》，諸賦表啓凡七十五篇。謙廉不競，曾撰《儒碁》，以表其志。清貧寡欲，資仰俸禄而已。爲廷尉時，宣武嘗敕肇有所降恕，執而不從，曰："陛下自能恕之，豈可令臣曲筆也。"其執意如此。及明帝初，近侍群官預在奉迎者，自侍中崔光以下並加封，[3]封肇文安縣侯。[4]肇獨曰："子襲父位，今古之常，因此獲封，何以自處?"固辭不應。論者高之。

[1]毛詩：指西漢毛亨和毛萇所輯注的古文《詩經》。

[2]三禮：《儀禮》《周禮》《禮記》三書的合稱。

[3]崔光：人名。本名孝伯，孝文帝賜名光，字長仁，東清河鄃（今山東淄博市）人。北魏大臣。見《北史》卷四四《崔光傳》。

[4]文安縣侯：封爵名。文安，縣名。治所在今河北文安縣東北。

子祥，字宗良，頗有才學。襲爵新泰伯，[1]位國子博士，[2]領尚書郎中。[3]明帝以肇昔辭文安之封，復欲封祥，祥守其父志，卒不受。又追論肇前議清河，守正不屈，乃封祥高邑縣侯。[4]卒，贈給事黄門侍郎、幽州刺史，[5]謚曰文。

[1]新泰伯：封爵名。新泰，縣名。治所在今山東新泰市。

[2]國子博士：官名。西晋武帝時立國子學，置一員，教授生徒儒學，並應對殿堂，備咨詢顧問，隸國子祭酒，地位高於太學博士。北魏孝文帝太和十七年定爲從五品上，二十三年升爲五品上。

[3]尚書郎中：官名。凡尚書曹郎、郎中、侍郎皆可簡爲此稱。掌收發文書奏章庶務，可直接向皇帝奏報本職政務。六品上。

[4]高邑縣侯：封爵名。高邑，縣名。治所在今河北高邑縣西南。

[5]給事黄門侍郎：官名。亦簡稱黄門、黄門郎、黄門侍郎。北魏時兼有黄門侍郎之職掌，與侍中俱掌門下省事。爲侍中省或門下省次官。孝文帝太和十七年定爲三品中，二十三年定爲四品上。幽州：北魏時治薊縣，在今北京西南。

高閭字閻士，漁陽雍奴人也。[1]五世祖原，晋安北將軍、上谷太守、關中侯，[2]有碑在薊中。[3]祖雅，少有令名，位州别駕。[4]父洪，字季願，位陳留王從事中郎。[5]閭貴，乃贈幽州刺史、固安貞子。[6]

［1］漁陽：郡名。北魏時治潞縣，在今北京通州區東。　雍奴：縣名。治所在今天津武清區西北。

［2］安北將軍：官名。三國魏文帝黄初始置。與安東、安西、安南將軍合稱四安將軍。北魏時爲北方某一地區的軍事長官，或作爲刺史等地方官員兼理軍務時的加官，權任重。孝文帝太和十七年定爲二品下，二十三定爲三品。《魏書》卷五四《高閭傳》作“安北軍司”。《通志》卷一四八同《北史》。源氏校勘記云：“將軍，《魏書》作軍司。”未詳孰是。軍司，官名。即軍師，西晋時因避世宗司馬師諱改。爲諸軍府主要僚屬，佐主帥統帶軍隊，負有匡正監察主帥之責，地位很高，常繼任主帥。　上谷：郡名。西晋時治沮陽縣，在今河北懷來縣東南。　關中侯：封爵名。三國曹魏置，有爵未有邑，猶秦、漢之關内侯爵，級在列侯下。

［3］薊：縣名。治所在今北京西南。

［4］别駕：官名。又作“别駕從事”“别駕從事史”。爲州刺史的佐官。刺史巡視轄境時，其别乘驛車隨行，故稱别駕。北魏前期，别駕例用本州人，由刺史自辟，後期漸由朝廷任命。其品秩依州品不同，自正五品至正七品不等。

［5］陳留王：封爵名。陳留，郡名。北魏時治俊儀縣，在今河南開封市。　從事中郎：官名。爲諸公府、軍府開府的僚屬。北魏孝文帝太和二十三年定爲五品。

［6］固安貞子：固安子，封爵名。固安，縣名。治所在今河北易縣東南西固安。貞，謚號。

閭早孤，少好學，博綜經史，下筆成章。少爲車子，[1]送租至平城，[2]脩刺詣崔浩。[3]浩與語奇之，使爲謝中書監表。明日，浩歷租車過，駐馬呼閭，諸車子皆驚。閭本名驢，浩乃改爲閭，而字焉，由是知名。和平末，[4]爲中書侍郎。文成崩，乙渾擅權，[5]内外危懼，文

明太后臨朝誅渾,[6]引閭與中書令高允入禁中參決大政,賜爵安樂子。[7]與鎮南大將軍尉元南赴徐州,[8]以功進爵爲侯。獻文傳位,徙御崇光宫,[9]閭表上《至德頌》。高允以閭文章富逸,舉以自代,遂爲獻文所知,參論政事。

[1]車子:以車從事運輸業的人。

[2]平城:北魏道武帝天興元年至孝文帝太和十八年爲北魏都城,在今山西大同市東北。

[3]崔浩:人名。字伯淵,《北史》避唐高這高祖李淵諱改爲伯深,清河東武城(今山東武城縣西北)人。北魏大臣。見《北史》卷二一《崔宏附崔浩傳》。

[4]和平:北魏文成帝的年號(460—465)。

[5]乙渾:人名。鮮卑姓乙弗。北魏大臣。圖謀擅權,以謀反罪伏誅。

[6]文明太后:即北魏文成帝皇后馮氏。文明爲其謚號。

[7]安樂子:封爵名。安樂,縣名。治所在今江蘇灌雲縣。

[8]鎮南大將軍:官名。職掌與鎮南將軍同,資歷深者得任此職。多爲持節都督,出鎮方面。北魏孝文帝太和二十三年定爲二品。　徐州:北魏時治彭城縣,在今江蘇徐州市。

[9]獻文傳位徙御崇光宫:中華本校勘記云:"諸本'傳'作'即',《魏書》卷五四《高閭傳》作'傳'。又各本無'御'字,宋本及《魏書》有。按本書卷二《獻文紀》,皇興五年八月,獻文傳位於其子孝文,'徙御崇光宫'。作'傳',有'御'字,是。今據改補。"今從改。

承明初,[1]爲中書令、給事中,[2]委以機密。文明太后甚重閭,詔令書檄碑銘贊頌皆其文也。太和三年,[3]

出師討淮北，閭表諫，陳四疑，請時速返旆。[4]文明太后曰：“六軍電發，有若摧朽，何慮四難也。”遷尚書、中書監。[5]淮南王他奏求依舊斷禄，[6]閭表以爲若不班禄，則貪者肆其姦情，清者不能自保，詔從閭議。

[1]承明初：底本“承”作“永”，源氏校勘記改“永”作“承”，中華本校勘記云：“諸本‘承’訛作‘永’，據《魏書》百衲本改。魏無‘永明’，承明乃孝文年號。”今從改。承明，北魏孝文帝的年號（476）。

[2]給事中：官名。北魏時爲内朝官，常派往尚書省諸曹，參領政務，並負有監察之責。孝文帝太和十七年定爲從三品上，二十三年定爲從六品上。

[3]太和：北魏孝文帝的年號（477—499）。

[4]返旆（pèi）：回師。

[5]尚書：官名。魏晋南北朝時出爲朝官，分掌尚書省諸曹，品秩提高，但不再直接向皇帝奏事、承受詔命。北魏孝文帝太和十七年定吏部爲從一品下，列曹二品中，二十三年改爲三品。　中書監：官名。北魏時爲中書省長官之一，掌納奏、擬詔、出令，然權歸中書舍人，監、令名爲長官，實爲閑職。孝文帝太和十七年定爲從一品中，二十三年改爲從二品。

[6]淮南王：封爵名。遥封。淮南，郡名。南朝齊時治壽春縣，在今安徽壽縣。　他：即元他，人名。北魏宗室、將領。按：《魏書》卷一六《陽平王熙附臨淮王佗傳》作“熙有七子。長子他”，《北史》卷一六《陽平王熙附淮南王佗傳》作“長子佗襲爵”，《北史》卷三《魏本紀·孝文帝》孝文帝太和十二年記“淮南王他薨”與《北史·淮南王佗傳》同，《北史》誤將“他”作“佗”。

孝文又引見王公以下於皇信堂，[1]令辯忠佞。閭曰：

"佞者飾知以行事，忠者發心以附道，譬如玉石，皦然可知。"帝曰："玉石同體而異名，忠佞異名而同理。求之於同，則得其所以異；尋之於異，則失其所以同。出處同異之間，交换忠佞之境，豈是皦然易明哉？或有託佞以成忠，或有假忠以飾佞，如楚之子綦，[2]後事雖忠，初非佞也？"閭曰："子綦諫楚，初雖隨述，終致忠言，此適欲幾諫，非爲佞也。子綦若不設初權，後忠無由得顯。"帝善閭對。

[1]皇信堂：在今山西大同市。

[2]楚之子綦：《魏書》卷五四《高閭傳》作"楚子綦"。《通志》卷一四八同《北史》。未詳孰是。子綦，春秋時楚國人。楚昭王七年（前509），吴伐楚，子綦從昭王出奔至隨。吴擊隨，子綦匿昭王而自代。後昭王卒，子綦與子西謀，立其子爲楚惠王。

後上表曰：

臣聞爲國之道，其要有五：一曰文德，二曰武功，三曰法度，四曰防固，五曰刑賞。故遠人不服，則脩文德以來之；荒狡放命，[1]則播武功以威之；人未知戰，則制法度以齊之；暴敵輕侵，則設防固以禦之；臨事制勝，則明賞罰以勸之。用能闢國寧方，征伐四剋。北狄悍愚，同於禽獸，所長者野戰，所短者攻城，若以狄之所短，奪其所長，則雖衆不能成患，雖來不能内逼。又狄散居野澤，隨逐水草，戰則與室家並至，奔則與畜牧俱逃。是以古人伐北方，攘其侵掠而已。歷代爲邊患者，良以

倏忽無常故也。六鎮勢分，倍衆不鬬，互相圍逼，難以制之。昔周命南仲，[2]城彼朔方；[3]趙靈、秦始，[4]長城是築；漢之孝武，[5]踵其前事。此四代之君，皆帝王之雄傑，所以同此役者，非智術之不長，兵衆之不足，乃防狄之要事，理宜然也。

[1]荒狡：邊遠狡猾之人。　放命：違命。

[2]南仲：人名。西周大臣。周宣王時，奉命在朔方（今内蒙古、陝西一帶）築城，抵禦北狄。

[3]朔方：指周都城之北方。即今内蒙古、陝西一帶。

[4]趙靈：即趙武靈王。戰國時趙國國君。見《史記》卷四三《趙世家》。　秦始：即秦始皇。

[5]孝武：即漢朝皇帝劉徹。孝武爲其謚號。

今故宜於六鎮之北築長城，以禦北虜，雖有暫勞之勤，乃有永逸之益。即於要害，往往開門，造小城於其側，因施却敵，[1]多置弓弩。狄來，有城可守，有兵可捍。既不攻城，野掠無獲，草盡則走，終始必懲。[2]又宜發近州武勇四萬人，及京師二萬人，合六萬人，爲武士，於苑内立征北大將軍府，[3]選忠勇有志幹者以充其選。[4]下置官屬，分爲三軍：二萬人專習弓射，二萬人專習刀楯，二萬人專習騎。修立戰場，十日一習。採諸葛亮八陣之法，爲平地禦寇之方，[5]使其解兵革之宜，識旍旗之節。兵器精堅，必堪禦寇。使將有定兵，兵有常主，上下相信，晝夜如一。七月，發六郡兵萬

人，[6]各備戎作之具，敕臺北諸屯倉庫，隨近作米，[7]俱送北鎮。[8]至八月，征北部率所領，[9]與六鎮之兵，直至磧南，揚威漠北。狄若來拒，與決戰，若其不來，然後散分其地，以築長城。計六鎮，東西不過千里，若一夫一月之功當三步之地，[10]三百人三里，三千人三十里，三萬人三百里，則千里之地，强弱相兼，計十萬人一月必就。軍糧一月，不足爲多，人懷永逸，勞而無怨。

[1]因施却敵：中華本《魏書》校勘記云："按《南齊書》卷一六《百官志》衛尉條云：'宫城諸却敵樓上本施鼓，持夜者以應更唱。'則'却敵'即城上守衛之樓，疑作'施'是。但作'地'亦可通，今不改。"

[2]終始必懲：源氏校勘記云："《魏書》無'始'字。"

[3]征北大將軍：官名。北魏時多統兵出鎮地方，都督數州諸軍事。孝文帝太和十七年定爲一品下，二十三年定爲二品。

[4]志幹：器識才具。

[5]禦寇：底本作"禦敵"，宋本作"禦寇"。《魏書》卷五四《高閭傳》、《通志》卷一四八、《通典》卷一九六、《文獻通考》卷三四二、《册府元龜》卷五三〇作"禦寇"。按：後文中提及"兵器精堅，必堪禦寇"，作"禦寇"是，今從宋本改。

[6]七月發六郡兵萬人：《魏書·高閭傳》作"七月，發六部兵六萬人"。《通志》卷一四八、《文獻通考》卷三四二同底本。《通典》卷一九六作"七月發六部兵萬人"，《太平寰宇記》卷一九三作"七月發六部萬人"，《册府元龜》卷五三〇作"七月發六軍兵萬人"。未詳孰是。

[7]隨近作米：底本"作米"作"往來"，中華本校勘記云：

“諸本‘作米’訛作‘往來’，據《魏書》改。”今從改。

[8]北鎮：毛本、局本作“鎮北”。《魏書·高閭傳》、《通志》卷一四八、《山西通志》卷一八四、《册府元龜》卷五三〇作“北鎮”。按：毛本、局本誤。

[9]征北部率所領：底本“所領”作“所鎮”，源氏校勘記云：“‘所鎮’《魏書》作‘所領’。”中華本校勘記云：“各本‘領’訛‘鎮’，據宋本及《魏書》、《通志》卷一四八《高閭傳》改。”今從改。

[10]若一夫一月之功當三步之地：底本“三步”作“二步”，中華本校勘記云：“各本‘三步’作‘二步’，宋本及《魏書》、《通志》作‘三’。按《正韻》：‘路程今以三百六十步爲里。’每人三步則百人三百步，與三百六十步之數較近。今從宋本。”今從改。

計築長城，其利有五：罷游防之苦，其利一也；北部放牧，無抄掠之患，其利二也；發城觀敵，以逸待勞，其利三也；省境防之虞，息無時之備，其利四也；歲常游運，[1]永得不匱，[2]其利五也。

[1]歲常游運：中華本《魏書》校勘記云：“《通典》卷一九六邊防十二誤作刁雍表，‘遊’作‘遞’，疑是。”可從。

[2]不匱：底本作“不遣”，中華本作“不匱”。按：《魏書》卷五四《高閭傳》、《資治通鑑》卷一三六、《通志》卷一四八、《太平寰宇記》卷一九三、《山西通志》卷一八四、《陝西通志》卷三五作“不匱”。今從中華本改。

孝文詔曰：“比當與卿面論。”

又詔閭爲書問蠕蠕。[1]時蠕蠕國有喪而書不叙凶事。

帝曰："卿職典文辭，不論彼之凶事，若知而不作，罪在灼然，若情思不至，應謝所任。"對曰："昔蠕蠕主敦崇和親，其子屢犯邊境，如臣愚見，謂不宜弔。"帝曰："敬其父則子悦，敬其君則臣悦，卿云不合弔慰，是何言歟？"閭遂免冠謝罪。帝曰："蠕蠕使牟提，[2]小心恭慎，同行疾其敦厚，恐其還北，必被謗誣。昔劉凖使殷靈誕，[3]每禁下人不爲非禮事，及還，果被譖愬，[4]以致極刑。今書可明牟提忠於其國，使蠕蠕主知之。"

[1]蠕蠕：族名。亦稱柔然，本爲東胡族的一支。南北朝時始强大，活動於今蒙古國南部地區。以游牧爲生。見《北史》卷九八《蠕蠕傳》。

[2]牟提：人名。其餘不詳。

[3]劉凖：人名。字仲謀。南朝宋皇帝。爲蕭道成逼令禪位，廢爲汝陰郡王。見《宋書》卷一〇《順帝紀》。

[4]譖（zèn）愬（shuò）：讒毁攻訐。

是年冬至，大饗群官，[1]孝文親舞於太后前，群臣皆舞。帝乃長歌，仍率群臣再拜上壽。閭進曰："臣聞大夫行孝，行合一家；諸侯行孝，聲著一國；天子行孝，德被四海。今陛下躬行孝道，臣等不勝慶踊，謹上千萬歲壽。"帝大悦。又議政於皇信堂，閭曰："伏思太皇太后十八條之令，及仰尋聖朝所行，事周於百揆，[2]願終成其事。"帝曰："刑法者，王道所用。何者爲法？何者爲刑？施行之日，何先何後？"對曰："創制立會，[3]軌物齊衆，謂之法；犯違制約，致之於憲，謂之

刑。然則法必先施，刑必後著。”帝曰：“《論語》稱：冉子退朝，孔子曰：‘何晏也？’[4]曰：‘有政。’子曰：‘其事也，如其有政，雖不吾以，吾其與聞之。’何者爲政？何者爲事？”對曰：“政者，上之所行；事者，下之所綜。”

[1]大饗（xiǎng）：指上級以酒食慰勞下級。

[2]百揆（kuí）：指各種政務。

[3]創制立會：底本作“刑制之會”，中華本校勘記云：“諸本‘創’訛‘刑’，‘立’訛‘之’。‘創’據《通志》改，‘立’據《魏書》及《通志》改。‘創’亦作‘剏’，‘刑’乃‘剏’之訛。”今從改。

[4]晏：遲，晚。

後詔閭與太常採雅樂以營金石。[1]又領廣陵王師，[2]出除鎮南將軍、相州刺史。[3]以參定律令之勤，賜布帛粟牛馬等。遷都洛陽，閭表諫，言遷有十損，必不獲已，[4]請遷於鄴。帝頗嫌之。

[1]太常：官名。北魏時尊稱爲太常卿。掌禮樂祭祀，其位尊而職閑。北魏孝文帝太和二十三年定爲三品。　雅樂：古代帝王祭祀天地、祖先及朝賀、宴饗時所用的舞樂。周代所用宗廟之樂的六舞，儒家奉爲雅樂的典範。　金石：指鐘磬發出的樂聲。

[2]廣陵王：封爵名。遥封。廣陵，郡名。南朝齊時治廣陵縣，在今江蘇揚州市西北。

[3]鎮南將軍：官名。多爲持節都督，出鎮方面，後漸爲褒賞軍功勳臣的閑職。北魏孝文帝太和十七年定爲從一品下，二十三定

爲從二品。

[4]不獲已：不得已。

雍州刺史曹武據襄陽請降，[1]車駕親幸懸瓠。[2]閭表諫：洛陽草創，武既不遣質任，必非誠心，帝不納。武果虚詐，諸將皆無功而還。車駕還幸石濟，[3]閭朝於行宫。帝謂曰："朕往年之意，不欲决征。但兵士已集，恐爲幽王之失，[4]不容中止，遂至淮南。而彼諸將並列州鎮，至無所獲，實由晚一月日故耳。"[5]閭曰："古攻戰法，倍則攻之，十則圍之，聖駕親征，誠應大捷，所以無大獲，良由兵少故也。今京邑甫爾，[6]庶事造㓄，願陛下當從容伊、瀍，[7]使德被四海。"帝曰："願從容伊、瀍，實亦不少，但未獲耳。"閭曰："司馬相如臨終，恨不封禪。[8]今雖江介不賓，然中州地略以盡平，豈可聖明之辰，而闕盛禮？"帝曰："荆揚未一，豈得如卿言也？"閭以江南非中國，且三代之境，亦不能遠。帝曰："淮海惟揚州，荆及衡陽惟荆州，[9]此非近中國乎？"

[1]雍州刺史曹武據襄陽請降：中華本校勘記云："《魏書》'雍'上有'蕭鸞'二字，此當有'齊'字。又'武'《魏書》作'虎'，《北史》避唐諱改。"雍州，北魏時治長安縣，在今陝西西安市西北。曹武，人名。本名曹虎，字士威，下邳（今江蘇睢寧縣西北）人。南朝宋、齊將領。見《南史》卷四六《曹武傳》。襄陽，地名。在今湖北襄樊市。

[2]懸瓠：城名。在今河南汝南縣。

[3]石濟：津渡名。在今河南滑縣西南古黄河上。

[4]幽王之失：指周幽王烽火戲諸侯，即周幽王爲博褒姒一笑，而三次燃起烽火，戲弄諸侯，最後導致衆叛親離。見《史記》卷四《周本紀》。

[5]實由晚一月日故耳：源氏校勘記云："'實'《魏書》作'定'。"按：據文意，《魏書》似更合。

[6]甫爾：初始。

[7]伊瀍：指河南洛陽附近地區。伊水與瀍水並稱，均在河南，流入洛水。

[8]司馬相如臨終恨不封禪：司馬相如臨終的遺札，是關於封禪的。司馬相如，人名。字長卿，蜀郡成都（今四川成都市）人。西漢文學家。見《史記》卷一一七《司馬相如列傳》。

[9]淮海惟揚州荆及衡陽惟荆州：出自《尚書·禹貢》，意思是北從淮河，南至東海的地區都是揚州；北據荆山，南到衡山之陽，都是荆州。荆，山名。在今湖北南漳縣。衡，山名。在今湖南衡陽市。

及車駕至鄴，孝文頻幸其州館，下詔褒揚之。閭每請本州以自效，詔曰："閭以懸車之年，[1]方求衣錦，知進忘退，有塵謙德，可降號平北將軍。[2]朝之老成，[3]宜遂情願，徙授幽州刺史，令存勸兼行，恩法並舉。"閭以諸州罷從事，依府置參軍，於政體不便，表宜復舊。帝不悦。歲餘，表求致仕，優答不許。徵爲太常卿，頻表陳遜，不聽。又車駕南討漢陽，[4]閭上表諫求迴師，帝不納。漢陽平，賜閭璽書，閭上表陳謝。

[1]懸車之年：指七十歲。古人一般到七十歲的時候辭官居家，廢車不用。

[2]平北將軍：官名。魏晋時多兼鎮守地區的刺史，統管軍政事務，與平南、平東、平西將軍合稱四平將軍。在南朝及北朝前期地位較高，北朝後期漸成無職掌的散官。北魏孝文帝太和十七年定爲從二品上，二十三年改爲三品。

[3]老成：指舊臣、老臣。

[4]漢陽：漢水以北地區。

宣武踐阼，閭累表遜位，優詔授光禄大夫，金章紫綬，使吏部尚書邢巒就家拜授。[1]及辭，引見東堂，賜以肴羞，訪之大政。以其先朝儒舊，告老求歸，帝爲之流涕。優詔賜安車、几杖、輿馬、繒綵、衣服、布帛，[2]事從豐厚。百僚餞之，猶群公之祖二疏也。[3]閭進陟北芒，[4]上《望闕表》以示戀慕之誠。卒于家，謚文貞。[5]

[1]吏部尚書：官名。三國魏改選部爲吏部，置吏部尚書，位在諸曹尚書之上。北魏孝文帝太和十七年定爲二品下，二十三年改爲三品。　邢巒：人名。字洪賓，河間鄚（今河北任丘市北）人。北魏官吏。見《北史》卷四三《邢巒傳》。

[2]繒（zēng）綵：彩色繒帛。

[3]二疏：即疏廣和疏受。西漢宣帝時，疏廣任太子少傅，旋遷太傅，在任五年，與其侄疏受俱稱病返鄉。見《漢書》卷七一《疏廣傳》。

[4]北芒：山名。在今河南洛陽市北。《魏書》卷五四《高閭傳》作“北邙”，《册府元龜》卷八九九同《魏書》。《通志》卷一四八同《北史》。

[5]謚文貞：《魏書·高閭傳》作“謚曰文侯”。《通志》卷一四八同《北史》。源氏校勘記云：“‘貞’《魏書》作‘侯’。”

閭好爲文章，集四十卷。[1]其文亦高允之流，後稱二高，爲當時所服。閭强果敢直諫，其在私室，言裁聞耳；及於朝廷廣衆之中，則談論鋒起，人莫能敵。孝文以其文雅之美，每優禮之。然貪褊矜慢。[2]初在中書，好詈辱諸博士。[3]學生百餘人，有所干求者，無不受其賄。及老爲二州，乃更廉儉自謹，有良牧之譽。

[1]集四十卷：《魏書》卷五四《高閭傳》作“集爲三十卷”。《通志》卷一四八同《北史》。源氏校勘記云：“《魏書》‘四’作‘三’。”未詳孰是。

[2]貪褊（biǎn）：貪婪狹隘。　矜慢：倨傲輕慢。

[3]詈（lì）辱：責罵侮辱。

子元昌襲爵，位遼西、博陵二郡太守。[1]

[1]遼西：郡名。北魏時治肥如縣，在今河北盧龍縣西北。博陵：郡名。北魏時治魯口城，在今河北饒陽縣。

閭弟悦，篤志好學，有美於閭，早卒。

趙逸字思群，天水人也。[1]父昌，石勒黄門郎。[2]逸好學夙成，仕姚興，[3]歷中書侍郎。後爲赫連屈丐所虜，[4]拜著作郎。[5]太武平統萬，[6]見逸所著，曰：“此豎無道，安得爲此言乎！作者誰也？速推之。”司徒崔浩進曰：“彼之謬述，亦子雲美新，[7]固宜容之。”帝乃止。歷中書侍郎、赤城鎮將，[8]頻表乞免，久乃見許。性好

墳典，白首彌勤，年踰七十，手不釋卷，凡所著述，詩賦銘頌五十餘篇。

[1]天水：郡名。北魏時治上封縣，在今甘肅天水市。

[2]石勒：人名。字世龍，小字匐勒，羯族。十六國時後趙君主。見《晉書》卷一〇四、一〇五《石勒載記》。局本作“右勒”。當爲二字形近而訛。　黄門郎：官名。爲黄門侍郎、給事黄門侍郎的省稱。魏晋南北朝時置爲侍中省或門下省次官，侍從皇帝、顧問應對，與侍中俱掌門下事。地位隨皇帝旨意或侍中地位而上下。

[3]姚興：人名。字子略，南安赤亭（今甘肅隴西縣西）人，羌族。十六國時後秦君主。見《北史》卷九三《姚萇附姚興傳》。

[4]赫連屈丐：人名。本名勃勃，北魏明元帝時改爲屈丐，匈奴鐵弗部人。十六國時夏君主。見《北史》卷九三《赫連屈丐傳》。

[5]著作郎：官名。北魏中期於秘書省置著作局，設員二人，孝文帝太和十七年定爲五品上，二十三年改爲從五品上。

[6]統萬：城名。在今陝西靖邊縣東北白城子。

[7]子雲：即揚雄，人名。字子雲，蜀郡成都（今四川成都市）人。西漢文學家。見《漢書》卷八七《楊雄傳》。　美新：贊美王莽的新朝。

[8]赤城：軍鎮名。在今内蒙古托克托縣東南黄河西岸。

逸兄温，字思恭，博學有高名，爲姚泓天水太守。[1]劉裕滅泓，[2]遂没於氐。[3]氐王楊難當稱藩，[4]太武以温爲難當府司馬，[5]卒于仇池令。[6]

[1]姚泓：人名。字元子，南安赤亭（今甘肅隴西縣西）人，羌族。十六國後秦的最後一位君主。見《晉書》卷一一九《姚泓

載記》。

[2]劉裕：人名。字德輿，祖居彭城（今江蘇徐州市），後遷居京口（今江蘇鎮江市）。南朝宋的創立者。見《宋書》卷一、二、三《武帝紀》。

[3]遂没於氐：底本“没”作“殁”，中華本校勘記云：“諸本‘没’訛‘殁’，據《魏書》卷五二《趙逸傳》改。”今從改。氐，族名。分布於今甘肅、陝西、四川等省的臨接地帶，以畜牧業、農業爲生。西晋末曾建立過仇池、前秦、後凉等政權。見《北史》卷九六《氐傳》。

[4]楊難當：人名。仇池（今甘肅西和縣）人。北魏時氐族首領。見《北史·氐傳》。

[5]司馬：官名。北魏時爲軍府的高級幕僚，掌參贊軍務、管理府内武職，地位僅次於長史。諸將軍府等皆置，其品秩隨府主地位而定。

[6]卒于仇池令：《魏書·趙逸傳》作“卒于仇池”。《通志》卷一六七同《北史》。仇池，縣名。治所在今甘肅西和縣西南。

温子琰，字叔起。[1]初，苻氏亂，琰爲乳母攜奔壽春，[2]年十四乃歸。孝心色養，[3]飪熟之節，[4]必親調之。皇興中，[5]京師儉，婢簡粟糶之，[6]琰遇見，切責，敕留輕粃。常送子應冀州娉室，[7]從者於路遇得一羊，[8]行三十里而琰知之，令送於本處。又過路旁，主人設羊羹，琰訪知盜殺，卒辭不食。遣人買耜刃，[9]得剩六耜，即命送還刃主。刃主高之，義而不受，琰命委之而去。

[1]温子琰字叔起：宋本作“温子琰，琰字叔起”。

[2]壽春：縣名。治所在今安徽壽縣。

[3]色養：指人子和顔悦色奉養父母或承順父母顔色。

[4]飪熟：烹調。

[5]皇興：北魏獻文帝的年號（467—471）。

[6]簡粟糶（tiào）之：擇粟出售。糶，賣糧食。

[7]娉室：娶妻。

[8]從者於路遇得一羊：高敏《南北史考索》（天津古籍出版社2010年版，第460頁）云：“《魏書》卷八十六本傳，‘遇’作‘偶’，唐長孺《魏書》校勘記以爲作‘偶’是，《北史》校勘記失校。”可從。

[9]耜（sì）刃：耒耜的下端，形狀像今天的鐵鍬和鏵，最早是木製的，後用金屬製。

初爲兗州司馬，[1]轉團城鎮副將。[2]還京，爲淮南王他府長史。時禁制甚嚴，不聽越關葬於舊兆，[3]琰積四十餘年不得葬二親。及蒸嘗拜獻，未曾不嬰慕卒事。[4]每於時節，不受子孫慶賀。年餘耳順，[5]而孝思彌篤，慨歲月推移，遷窆無冀，乃絶鹽粟，斷諸餚味，食麥而已。年八十卒。遷都洛陽，子應等乃還鄉葬焉。

[1]兗州：北魏孝文帝太和十八年改東兗州置，治瑕丘城，在今山東兗州市新驛鎮東頓村南。

[2]團城：鎮名。在今山東沂水縣。

[3]兆：墓地。

[4]嬰慕：牽挂思念。

[5]耳順：代指六十歲。出自《論語·爲政》：“六十而耳順。”

應弟煦，字賓育，好音律，以善歌聞於世，位秦州刺史。[1]

[1]秦州：北魏時治上封縣，在今甘肅天水市。

胡叟字倫許，安定臨涇人也，[1]世爲西夏著姓。叟少聰慧，年十三，辯疑釋理，鮮有屈焉。學不師受，披讀群籍，再閲於目，皆誦焉。好屬文，既善典雅之詞，又工鄙俗之句。

[1]安定：郡名。北魏時治安定縣，在今甘肅涇川縣北。　臨涇：縣名。治所在今甘肅鎮原縣東南。

以姚氏將衰，遂入長安觀風化。隱匿名行，懼人見知。時京兆韋祖思少閲典墳，[1]多蔑時彦，待叟不足。叟拂衣而出，祖思固留之曰："當與君論天人之際，何遽返乎?"叟曰："論天人者其亡久矣，與君相知，何夸言若是。"遂歸主人，賦韋、杜二族，一宿而成。時年十八矣。其述前載，無違舊美；叙中世，有協時事；而末及鄙黷。[2]人皆奇其才，畏其筆。

[1]京兆：郡名。北魏時治霸城縣，在今陝西西安市東北。　韋祖思：人名。京兆（今陝西西安市東北）人。十六國時隱士。因不拜姚興而聲名大噪，後被赫連勃勃所徵，因恭懼過甚而被殺。

[2]鄙黷：輕賤侮慢。

叟孤飄坎壈，未有仕路，遂入漢中。[1]宋梁、秦二州刺史馮翊吉翰頗相禮接。[2]授叟末佐，不稱其懷。未幾，翰遷益州，[3]叟隨入蜀。時蜀沙門法成率僧數千人

鑄丈六金像，宋文帝惡其聚衆，[4]將加大辟。[5]叟聞之，即赴丹楊，[6]啓申其美，遂免。復還蜀，法成遺其珍物，價直千餘匹，叟一無所受。

[1]漢中：郡名。北魏時治南鄭縣，在今陝西漢中市。

[2]梁秦二州刺史：《資治通鑑》卷一二〇胡三省注："晋泰始之初，立梁州於漢中，至安帝之世，秦州又治漢中。自是鎮漢中者帶梁、南秦二州刺史。"　馮翊：郡名。西晋時治高陸縣，在今陝西高陵縣。殿本、四部備要本作"馬翊"。按：《通志》卷一四八同底本。當爲二字形近而訛。

[3]益州：南朝宋時治成都縣，在今四川成都市。

[4]宋文帝：即南朝宋皇帝劉義隆。文爲其謚號。

[5]大辟：死刑，古代五刑之一。

[6]丹楊：郡名。南朝宋時治建康縣，在今江蘇南京市。

後入沮渠牧犍，[1]牧犍遇之不重，叟乃爲詩，示所知廣平程伯達。[2]其略曰："群犬吠新客，佞暗排疏賓，直途既已塞，曲路非所遵。望衛惋祝鮀，[3]眄楚悼靈均。[4]何用宣憂懷，託翰寄輔仁。"伯達見詩，謂曰："凉州雖地居戎域，[5]然自張氏以來，號有華風。今則憲章無虧，何祝鮀之有？"叟曰："貴主奉正朔而弗淳，慕仁義而未允。吾之擇木，夙在大魏，與子暫違，非久闊也。"歲餘，牧犍破降。

[1]沮渠牧犍：人名。一名茂虔，盧水胡人。十六國時北凉君主。見《北史》卷九三《沮渠蒙遜附沮渠牧犍傳》。

[2]程伯達：人名。毛本、殿本、四庫本、局本、四部備要本

作“程伯逵”。按：據《魏書》卷五二《胡叟傳》、《通志》卷一四八、《十六國春秋》卷九七、《册府元龜》卷七九〇，從底本。

[3]望衛惋祝鮀：比喻被小人離間，而不被重用。《論語·雍也》：“不有祝鮀之佞，而有宋朝之美，難乎免於今之世矣。”祝鮀，人名。春秋時期衛國人，能言善辯，或謂其善以巧言媚人。後爲佞人的典型。

[4]眄楚悼靈均：比喻懷才不遇。靈均，即屈原。

[5]凉州：晋時治姑臧縣，在今甘肅武威市。

叟既先歸魏，朝廷以其識機，賜爵始復男。[1]家於密雲，[2]蓬室草筵，唯以酒自適。謂友人金城宗舒曰：[3]“我此生活，似勝焦先，[4]志意所栖，謝其高矣。”文成時，召叟及舒，並使作檄，檄宋、蠕蠕。舒文劣於叟。尋歸家，不事産業，[5]常苦飢貧，然不以爲恥。養子字螟蛉，以自給養，每至貴勝門，恒乘一牸牛，[6]弊韋褶袴而已。[7]作布囊，容三四斛，[8]飲噉醉飽，盛餘肉餅以付螟蛉。[9]見車馬榮華者，視之蔑如也。尚書李敷嘗遺以財，[10]都無所取。

[1]始復男：封爵名。始復，不見記載。《資治通鑑》卷一二三胡三省注云：“按地名無始復。《漢書·地理志》，越巂郡有姑復現。或者‘始’字其‘姑’字之誤乎。”可從。

[2]密雲：郡名。北魏時治提攜城，在今北京密雲縣東北。

[3]金城：郡名。北魏時治子城縣，在今甘肅蘭州市西北。宗舒：人名。金城（今甘肅蘭州市西北）人。北魏官吏。

[4]焦先：人名。字孝然，河東（今山西夏縣）人。東漢末隱者。見《三國志》卷一一《魏書·胡昭傳》裴注。

[5]尋歸家不事産業：中華本校勘記云："《魏書》作'舒尋歸家，叟不事産業。'則歸家者是宗舒，非叟。"

[6]牸（zì）牛：母牛。

[7]弊韋褶袴：破衣爛衫。

[8]容三四斛：源氏校勘記云："'斛'《魏書》作'斗'。"

[9]螟蛉：即義子。

[10]李敷：人名。字景文，趙郡平棘（今河北趙縣）人。北魏官吏。見《北史》卷三三《李順附李敷傳》。

初，叟一見高允曰："吴、鄭之交，以紵縞爲美談，[1]吾之於子，以弦韋爲幽贄，[2]以此言之，彼可無愧也。"於允館見中書侍郎趙郡李璨，[3]被服華靡，叟貧老衣褐，璨頗忽之。叟謂曰："李子，今若相脱體上袴褶衣帽，君欲作何許也？"[4]譏其惟假盛服。[5]璨惕然失色。[6]

[1]吴鄭之交以紵縞爲美談：《左傳》襄公二十九年："（吴季札）聘於鄭，見子産，如舊相識。與之縞帶，子産獻紵衣焉。"後因以"紵縞"爲朋友交誼之典。

[2]弦韋：隨身攜帶的物品。典出《韓非子·觀行》："西門豹之性急，故佩韋以自緩；董安于之心緩，故佩弦以自急。"　贄：古人初次求見時所送的見面禮。

[3]李璨：人名。字世顯，趙郡平棘（今河北趙縣）人。北魏官吏。見《北史》卷三三《李靈附李璨傳》。

[4]李子今若相脱體上袴褶衣帽君欲作何許也：源氏校勘記"李子"旁紅筆小字夾批云："老子也。"中華本校勘記云："《魏書》'李'作'老'，'相'下有'許'字，'許'作'計'。疑《北史》訛脱。"可從。

[5]惟：宋本、元大德本、毛本、殿本、四庫本、局本、四部備要本作“唯”。按：“唯”“惟”通假。

[6]惕（tì）然：惶恐貌。

叟少孤，每言及父母，則淚下若孺子號。春秋當祭之前，則先求旨酒美膳，將其所知廣寧常順陽、馮翊田文宗、上谷侯法儁，[1]提壺執俎，[2]至郭外空静處，設坐奠拜，盡孝思之敬。時敦煌氾潛家善釀酒，每節送一壺與叟。著作佐郎博陵許赤武、河東裴定宗等謂潛曰：[3]“再三之惠，以爲過厚，子惠於叟，何其恒也？”潛曰：“我恒給祭者，以其恒於孝思也。”論者以潛爲君子矣。順陽等數子，稟叟獎示，頗涉文流。

[1]廣寧：郡名。北魏時治廣寧縣，在今河北涿鹿縣。　上谷：郡名。北魏時治居庸縣，在今北京延慶縣。

[2]提壺執俎：提着酒壺，端着肉食。源氏校勘記云：“‘俎’《魏書》作‘榼’。”

[3]著作佐郎：官名。協助著作郎修撰國史及起居注。本用文學之士，南北朝後期，因其職務清閑，成爲士族高門子弟的起家之官。北魏時屬秘書省著作局，置四員，孝文帝太和十七年定爲從五品上，二十三年改爲七品。　許赤武：人名。又作“許赤虎”“許叡”，博陵（今河北安平縣）人。北魏官吏。源氏校勘記於“武”旁小字夾批云：“諱字”。中華本校勘記云：“《魏書》卷五二《胡叟傳》‘武’作‘虎’，《北史》避唐諱改。”　河東：郡名。北魏時治蒲坂縣，在今山西永濟市西南蒲州鎮。

高閭曾造其家，遇叟短褐曳柴，[1]從田歸舍，爲閭

設濁酒蔬食，皆手自辦。然案其館宇卑陋，園疇褊局，而飯菜精潔，醢醬調美。[2]見其二妾，並年衰跛眇，衣布穿弊。閭見其貧，以衣物直十餘匹贈之，亦無辭免。閭作《宣命賦》，叟爲之序。密雲左右皆祇仰其德，歲時奉以布麻穀麥，叟隨分散之，[3]家無餘財。卒，無子，無家人營主凶事，胡始昌迎殯之于家，葬於墓次。即令弟繼之，襲其爵始復男、武威將軍。[4]叟與始昌雖宗室，性氣殊詭，不相附，其存，往來乃簡；及亡，而收恤至厚。議者以爲非必敦哀疏宗，或緣求利品秩也。

[1]短褐：粗布短衣。古代貧賤者或僮豎之服。

[2]醢（hǎi）醬：肉醬。

[3]叟隨分散之：中華本作“叟分散之”。按：據《魏書》卷五二《胡叟傳》、《通志》卷一四八、《册府元龜》卷八一二，今從底本。

[4]襲其爵始復男：底本作“復始”，源氏校勘記云：“《魏書》作‘始復’。”中華本校勘記云：“諸本‘始復’誤倒，據《魏書》《通志》及上文乙。”今從改。　武威將軍：《魏書·胡叟傳》作“虎威將軍”，《通志》卷一四八同《北史》。按：《北史》避唐高祖祖父李虎諱改。

胡方回，安定臨涇人也。父義周，姚泓黄門侍郎。方回仕赫連屈丐爲中書侍郎。涉獵史籍，辭彩可觀，爲屈丐《統萬城銘》《蛇祠碑》諸文，頗行於世。太武破赫連昌，方回入魏，未爲時知。後爲北鎮司馬，爲鎮修表，有所稱薦，帝覽之嗟美，問知方回，召爲中書博士，賜爵臨涇子。遷侍郎，[1]與太子少傅游雅等改定律

制。司徒崔浩及當時朝賢，並愛重之。清貧守道，以壽終。

[1]侍郎：官名。北魏初置於禁中，掌侍衛。

張湛字子然，一字仲玄，燉煌深泉人也。[1]魏執金吾恭九葉孫，[2]爲河西著姓。祖質，仕涼，位金城太守。父顯，有遠量，武昭王據有西夏，[3]引爲功曹，[4]甚器異之。嘗稱曰："吾之臧子原也。"[5]位酒泉太守。[6]

[1]燉煌深泉人也：中華本校勘記云："按'深泉'本作'淵泉'，見《漢書》卷二八下《地理志》燉煌郡。《北史》避唐諱改。"燉煌，郡名。西涼時治燉煌縣，在今甘肅敦煌市。淵泉，縣名。治所在今甘肅安西縣東南三道溝附近。

[2]執金吾：官名。北魏初曾置，職掌京師治安、督捕盗賊、護衛皇帝出行等。

[3]武昭王：即西涼皇帝李暠。　西夏：河西之地。

[4]功曹：官名。職掌吏事或主選舉，凡郡功曹多用本地大族，權重，郡守常委事於功曹。北魏時爲六品至從九品。

[5]吾之臧子原也：中華本校勘記云："張森楷云：'原'當作'源'謂臧洪也。見《後漢書》卷五八。"按：顧炎武《金石文字記》引《唐臧懷恪碑》作"子原"，認爲三點水乃後人所加。臧洪，人名。字子源，廣陵射陽（今江蘇寶應縣）人。漢末董卓亂後，曾策動張超等五人結盟反卓。後任袁紹屬官，因袁紹不肯出兵救張超，與袁紹决裂。兵敗被俘，不屈而死。見《後漢書·臧洪傳》。

[6]酒泉：郡名。西涼時治福禄縣，在今甘肅酒泉市東南。

湛弱冠知名凉土，好學能屬文，沖素有大志。[1]仕沮渠蒙遜，[2]位兵部尚書。[3]凉州平，拜寧遠將軍，[4]賜爵南浦男。[5]司徒崔浩識而禮之。浩注《易》，叙曰："燉煌張湛、金城宗欽、武威段承根三人皆儒者，並有儁才，見稱西州。每與余論《易》，余以《左氏傳》卦解之，遂相勸爲解注，故爲之解。"其見稱如此。湛至京師，家貧不立，[6]操尚無虧。浩常給其衣食，薦爲中書侍郎，湛知浩必敗，固辭。每贈浩詩頌，多箴規之言。[7]浩亦欽敬其志，每常報答，極推崇之美。浩誅，湛懼，悉燒之，閉門却掃，慶弔皆絶，[8]以壽終。

[1]沖素：沖淡純樸。

[2]沮渠蒙遜：人名。張掖臨松盧水（今甘肅張掖市南）人。十六國北凉政權的建立者。見《北史》卷九三《沮渠蒙遜傳》。

[3]兵部尚書：官名。爲尚書省兵部曹長官。

[4]寧遠將軍：官名。將軍名號。北魏孝文帝太和十七年定爲五品上。

[5]南浦男：封爵名。南浦，縣名。治所在今重慶萬州區。

[6]不立：源氏校勘記云："'立'《魏書》作'粒'。"

[7]箴（zhēn）規：勸戒規諫。

[8]慶弔：慶賀與吊慰。亦指喜事與喪事。

兄銑，字懷義，閑粹有才幹，[1]仕沮渠蒙遜，位建昌令。[2]性至孝，母憂，哀毁過人，服制雖除，而蔬糲弗改。崔浩禮之與湛等。卒於征西參軍。[3]

[1]閑粹：文雅純正。

[2]建昌：郡名。北魏時治榆中縣，在今甘肅蘭州市。

[3]征西參軍：官名。征西將軍府屬吏。征西將軍，官名。四征將軍之一，多授予出鎮方面的持節都督。北魏孝文帝太和十七年定爲從一品中，二十三年定爲二品。參軍，官名。亦作“參軍事”。掌參謀軍務。

懷義孫通，字彦綽，博通經史，沈冥不預時事。頓丘李彪欽其學行，[1]與之游款。[2]及彪用事，言於中書令李沖，[3]沖召見，甚器重之。太和中，徵中書博士、中書侍郎，永平中，[4]又徵汾州刺史，[5]皆不赴，終於家。

[1]頓丘：郡名。北魏時治頓丘縣，在今河南清豐縣西南。李彪：人名。字道固，頓丘衛國（今河南清豐縣東南）人。北魏官吏。見《北史》卷四〇《李彪傳》。

[2]游款：交好。

[3]李沖：人名。原名思沖，字思順，隴西狄道（今甘肅臨洮縣）人。北魏官吏。見《北史》卷一〇〇《涼武昭王李暠附李沖傳》。

[4]永平：北魏宣武帝的年號（508—512）。

[5]汾州：北魏時治蒲子城，在今山西隰縣。

通四子，徹、麟、儉、鳳，皆傳家業，知名於世。徹字方明，位侍中、衛尉卿，[1]封西平縣公。[2]子敢之襲，位太中大夫、樂陵郡守。[3]麟字嘉應，位廣平太守。儉字元慎，位涼州刺史。鳳字孔鸞，位國子博士、散騎常侍，著《五經異同評》十卷，爲儒者所稱。

[1]衛尉卿：官名。北魏時定爲正式官名，位列九卿。主管宫殿、京城諸門禁衛，武器、儀仗庫藏。孝文帝太和二十三年之後爲三品。

[2]西平縣公：封爵名。西平，縣名。治所在今河南西平縣西北。

[3]太中大夫：官名。北魏時多用於安置年老病退免官的九卿等大臣，亦用作加官、兼官，或供朝廷臨時差遣。孝文帝太和十七年定爲三品下，二十三年改爲從三品。　樂陵：郡名。北魏時治樂陵縣，在今山東樂陵市南。　郡守：毛本、局本作“太守”。《通志》卷一四八作“郡守”。未詳孰是。

段承根，武威姑臧人，[1]自云漢太尉熲九世孫也。[2]父暉，字長祚，身八尺餘，師事歐陽湯，湯甚器愛之。有一童子與暉同志。後二年，童子辭歸，從暉請馬。暉戲作木馬與童子。甚悦，謝暉曰：“吾太山府君子，[3]奉敕游學，今將歸，損子厚贈，無以報德。子後至常伯封侯，非報也，且以爲好。”言終，乘馬騰虚而去。暉乃自知必將貴。仕乞伏熾盤，爲輔國大將軍、凉州刺史、御史大夫、西海侯。[4]熾盤子慕末襲位，[5]政亂，暉父子奔吐谷渾。[6]慕璝内附，[7]暉與承根歸魏。太武至長安，[8]人告暉欲南奔，云置金於馬韉中。[9]帝密遣視之，[10]果如告者言，斬之於市，暴尸數日。時有儒生京兆林白奴，欽暉德音，夜竊其尸，置之枯井。女爲燉煌張氏婦，聞之，乃向長安收葬。

[1]姑臧：縣名。治所在今甘肅武威市。

[2]熲：即段熲，人名。字紀明，武威姑臧（今甘肅武威市）

人。東漢官吏。見《後漢書》卷六五《段熲傳》。

[3]太山府君：傳説中泰山上的仙人。

[4]乞伏熾盤：人名。隴西（今甘肅隴西縣東南）人，鮮卑族。十六國時西秦君主。見《北史》卷九三《乞伏國仁附乞伏熾盤傳》。《魏書》卷五二《段承根傳》作"乞伏熾磐"。《通志》卷一四八同《北史》。　輔國大將軍：官名。新莽末劉永割據政權置。十六國時西秦、後凉亦置，二品。位在四鎮將軍之上。　御史大夫：官名。輔佐丞相處理全國政務。西秦亦置。位次丞相，名同漢制，實權仍歸尚書。　西海侯：封爵名。西海，郡名。十六國西秦時治居延縣，在今内蒙古額濟納旗東南。

[5]慕末：人名。字安石跋。十六國時西秦君主。見《北史·乞伏國仁附乞伏慕末傳》。《魏書·段承根傳》作"暮末"。按：據《通志》卷一四八，今從《北史》。

[6]吐谷（yù）渾：族名。又稱吐渾、退渾。原爲鮮卑族慕容部的一支，先祖游牧於徒河青山（今遼寧義縣東）。西晋時，遷徙於今甘肅、青海一帶。十六國時，先後受到前凉、西秦等追逐，幾乎亡國。後再度崛起，北魏太武帝時達到最强盛。在北魏打擊下，一度退到今新疆一帶。以游牧爲生。見《北史》卷九六《吐谷渾傳》。

[7]慕璝内附：底本作"慕容璝内附"，源氏校勘記云："《魏書》作'暮璝'。璝下當有'慕容璝'三字。《魏書》然。"中華本校勘記云："諸本'慕'下衍'容'字，據《魏書》卷五二《段承根傳》及本書卷九六《吐谷渾傳》删。"今從改。

[8]太武至長安：源氏校勘記云："按《魏書》'太'上當有'從'字。"

[9]韉：襯托馬鞍的坐墊。

[10]帝密遣視之：毛本、局本"視"作"示"。《通志》卷一四八同底本。按：當爲帝派人去觀察，"視"符合文意。從底本。

承根好學機辯，有文思，而性行疏薄，有始無終。司徒崔浩見而奇之，與同郡陰仲達俱被浩引，[1]以爲俱涼土文華，才堪注述，[2]言之太武，並請爲著作郎，引與同事。[3]世咸重承根文而薄其行。甚爲燉煌公李寶所敬待。[4]浩誅，承根與宗欽等俱死。

[1]陰仲達：人名。武威姑臧（今甘肅武威市）人。北魏官吏。見《魏書》卷五二《陰仲達傳》。

[2]注述：毛本、局本作"著述"。按：據《通志》卷一四八作"著述"。可從。

[3]引與同事：局本作"與引同事"。按：據《魏書》卷五二《段承根傳》、《通志》卷一四八作"引與同事"。從底本。

[4]燉煌公：封爵名。燉煌，郡名。北魏時治鳴沙縣，在今甘肅敦煌市西。　李寶：人名。字懷素，小字衍孫。十六國時後涼宗室。見《北史》卷一〇〇《涼武昭王李暠附李寶傳》。

宗欽字景若，金城人。少好學，有儒者風。仕沮渠蒙遜爲中書郎、世子洗馬，[1]上《東宮侍臣箴》。太武平涼州，入魏，賜爵卧樹男，[2]拜著作郎。與高允書，贈詩，允答書并詩，甚相褒美。在河西撰《蒙遜記》十卷，無足可稱。

[1]中書郎：官名。掌起草書疏表檄，有時被派出執行重要使命。品位雖不很高，但權任甚重。　世子洗馬：官名。世子宫屬官，掌賓贊受事，世子出行爲前導。

[2]卧樹男：封爵名。卧樹，位置不詳。

闞駰字玄陰，燉煌人也。祖倞，父玖，[1]並有名於西土，玖位會稽令。[2]駰博通經傳，聰敏過人，三史群言，經目則誦，時人謂之宿讀。注王朗《易傳》，[3]撰《十三州志》。沮渠蒙遜甚重之，常侍左右，訪以政事損益，拜秘書、考課郎中，[4]給文吏三十人，典校經籍，刊定諸子三千餘卷。牧犍待之彌重，拜大行臺，[5]遷尚書。及姑臧平，樂平王丕鎮凉州，[6]引爲從事中郎。王薨，還京師。家甚貧，不免飢寒。性能多食，一飯至三升乃飽。卒，無後。

[1]父玖：《魏書》卷五二《闞駰傳》作“父玟”。按：據《十六國春秋》卷九七、《通志》卷一四八作“父玖”，今從《北史》。

[2]會稽：縣名。治所在今甘肅玉門市西北赤金堡附近。

[3]王朗：人名。本名王嚴，字景興，東海郯（今山東郯城縣西北）人。三國魏官吏、名士。見《三國志》卷一三《魏書·王朗傳》。

[4]秘書：官名。爲秘書郎的省稱，以郎中任，稱秘書郎中。三國魏文帝黄初初置。秘書署屬官，掌圖書典校。　考課郎中：官名。十六國北凉置，掌經籍的校對刊定。宋本作“考功郎中”。《魏書·闞駰傳》、《通志》卷一四八、《十六國春秋》卷九七同底本。

[5]拜大行臺：中華本校勘記云：“《魏書》卷五二《闞駰傳》無‘臺’字。”

[6]樂平王丕鎮凉州：底本“樂平王”作“樂安王”，中華本校勘記云：“諸本‘平’訛作‘安’，據《魏書》改。丕傳見本書卷一六。其鎮凉州事，見《魏書》卷四上《世祖紀》太延五年十

月。”今從改。樂平王，封爵名。樂平，郡名。北魏時治樂平縣，在今山西昔陽縣西南。丕，即元丕，人名。北魏宗室、大將。見《北史》卷一六《樂平王丕傳》。

劉延明，[1]燉煌人也。父寶，字子玉，以儒學稱。延明年十四，就博士郭瑀。[2]瑀弟子五百餘人，通經業者八十餘人。瑀有女始笄，[3]妙選良偶，有心於延明。遂別設一席，謂弟子曰："吾有一女，欲覓一快女婿，誰坐此席者，吾當婚焉。"延明遂奮衣坐，[4]神志湛然曰：[5]"延明其人也。"瑀遂以女妻之。延明後隱居酒泉，不應州郡命，弟子受業者五百餘人。

[1]劉延明：源氏校勘記於"延明"旁紅筆小字夾批"名昞"，中華本校勘記云："《魏書》卷五二《劉昞傳》云：'劉昞字延明。'《北史》避唐諱稱字。"

[2]郭瑀：人名。字元瑜，敦煌（今甘肅敦煌市）人。晉末學者。見《晉書》卷九四《郭瑀傳》。源氏校勘記云："'郭瑀'下，《魏書》有'學'字。"

[3]始笄：女子十五虛歲成年。殿本、四庫本、四部備要本作"給笄"。按：據《魏書·劉昞傳》、《通志》卷一四八、《十六國春秋》卷九三、《册府元龜》卷八五三作"始笄"。今從底本。

[4]奮衣：振衣去塵。

[5]湛然：安然。

凉武昭王徵爲儒林祭酒、從事中郎。[1]昭王好尚文典，書史穿落者，親自補葺。延明時侍側，請代其事。王曰："躬自執者，欲人重此典籍。吾與卿相遇，何異

孔明之會玄德。”[2]遷撫夷護軍，[3]雖有政務，手不釋卷。昭王曰：“卿注記篇籍，以燭繼晝，白日且然，夜可休息。”延明曰：“朝聞道，夕死可矣，不知老之將至，孔聖稱焉。延明何人斯，敢不如此。”延明以三史文繁，著《略記》百三十篇、八十四卷，《燉煌實録》二十卷，《方言》三卷，《靖恭堂銘》一卷，注《周易》《韓子》《人物志》《黄石公三略》行於世。

[1]凉武昭王：毛本作“梁武昭王”。　儒林祭酒：官名。掌講授儒經。

[2]孔明：人名。即諸葛亮，字孔明。見《三國志》卷三五《蜀書·諸葛亮傳》。　玄德：人名。即劉備，字玄德。見《三國志》卷三二《蜀書·先主備傳》。

[3]撫夷護軍：官名。三國魏置，管理自武都徙來的氐族降人。西晋惠帝元康初罷。十六國漢、後趙、前秦、後秦、西凉皆置。

蒙遜平酒泉，拜秘書郎，[1]專管注記。築陸沈觀於西苑，[2]躬往禮焉，號玄處先生。學徒數百，月致羊酒。[3]牧犍尊爲國師，親自致拜，命官屬以下，皆北面受業。時同郡索敞、陰興爲助教，並以文學見稱，每巾衣而入。

[1]秘書郎：官名。三國魏始置。屬秘書省，爲秘書監、丞之屬官。掌管文書機要，職任重。十六國北凉沿置。宋本作“秘書”。按：從底本。

[2]陸沈觀：樓觀名。在今甘肅武威市。《魏書》卷五二《劉昞傳》、《太平御覽》卷四七四作“陸沉觀”，《通志》卷一四八、

《十六國春秋》卷九三同底本。按：“沈”“沉”二字通假。

［3］羊酒：羊和酒。亦泛指賞賜或饋贈的物品。

太武平涼州，士庶東遷，夙聞其名，拜樂平王從事中郎。太武詔諸年七十已上，[1]聽留本鄉，一子扶養。延明時老矣，在姑臧歲餘，思鄉而返，至涼州西四百里韭谷窟，[2]疾卒。

［1］已上：毛本、殿本、四庫本、局本、四部備要本作“以上”，《通志》卷一四八同底本。按：“已”“以”二字通假。

［2］韭谷窟：在今甘肅肅南裕固族自治縣東南。

太和十四年，尚書李沖奏：延明河右碩儒，今子孫沈屈，未有禄潤，賢者子孫，宜蒙顯異。於是除其一子爲郢州雲陽令。[1]正光三年，[2]太保崔光奏曰：[3]“故樂平王從事中郎燉煌劉延明，著業涼城，遺文在兹。如或愆釁，[4]當蒙數世之宥，况乃維祖逮孫，[5]相去未遠，而令久淪皁隸，[6]不獲收異，儒學之士，所爲竊歎。乞敕尚書，推檢所屬，甄免碎役，敦化厲俗，於是乎在。”詔曰：“太保啓陳，深合勸善，其孫等三家，特可聽免。”河西人以爲榮。

［1］郢州：北魏孝文帝太和八年已有，而《魏書·地形志》言孝文帝太和十三年改南安郡置，十八年改爲南中府。南安郡，治豲道縣，在今甘肅隴西縣東南。　雲陽：縣名。治所在今陝西涇陽縣西北。

［2］正光：北魏孝明帝的年號（520—525）。

[3]太保：官名。爲輔佐君王的重要大臣。北魏時爲三師之一，位在太傅、太師下。一品。

[4]愆（qiān）釁（xìn）：過錯。

[5]維：表示判斷，相當於“是”。

[6]皁隸：古代賤役。後指舊時衙門裏的差役。

趙柔字元順，金城人也，少以德行才學，知名河右。沮渠牧犍時，爲金部郎。[1]太武平凉州，内徙京師。歷著作郎、河内太守，[2]甚著信惠。[3]柔嘗在路，得人所遺金珠一貫，價直數百縑，柔呼主還之。後有人遺柔鏵數百枚者，[4]柔與子善明鬻之市。有人從柔買，柔索絹二十疋。有商人知其賤，與柔三十匹，善明欲取之。柔曰：“與人交易，一言便定，豈可以利動心？”遂與之。搢紳之流，聞而敬服。隴西王源賀采佛經幽旨作《祇洹精舍圖偈》六卷，[5]柔爲之注解，爲當時俊僧所欽味。又憑立銘讚，頗行於世。

[1]金部郎：官名。爲尚書省金部曹長官通稱，亦稱金部郎中。三國魏置，晋時掌審核全國庫藏錢帛及有關度量衡的政令。十六國時北凉沿置。

[2]河内：郡名。北魏時治野王縣，在今河南沁陽市。

[3]信惠：信用和恩惠。

[4]鏵：犁地翻土用的農具所鑲的鐵片。

[5]隴西王：封爵名。隴西，郡名。北魏時治襄武縣，在今甘肅隴西縣東南。　源賀：人名。原名秃髮破羌，西平樂都（今青海樂都縣）人，鮮卑族。北魏大臣。見《北史》卷二八《源賀傳》。

子默，字沖明，武威太守。

索敞字巨振，燉煌人也。爲劉延明助教，專心經籍，盡能傳延明業。涼州平，入魏，以儒學爲中書博士。京師貴游之子，皆敬憚威嚴，多所成益，前後顯達位至尚書、牧、守者數十人，皆受業於敞。敞以喪服散在衆篇，遂撰比爲《喪服要記》。出補扶風太守，[1]在位清貧，卒官。時舊同學生等爲請謚，[2]詔贈涼州刺史，謚曰獻。

[1]扶風：郡名。北魏時治好畤縣，在今陝西乾縣東。

[2]時舊同學生等爲請謚：《魏書》卷五二《索敞傳》作"時舊同學生等爲請"，中華本《魏書》校勘記云："疑此傳脱去。"《通志》卷一四八、《册府元龜》卷五九五同底本。

初，敞之在涼州，與鄉人陰世隆，文才相友。世隆至京師，被罪，徙和龍，[1]屆上谷，困不前達，土人徐能抑掠爲奴。敞因行至上谷，遇見世隆，對泣而別。敞爲訴理，得免。世隆子孟貴，性至孝，每向田芸耨，[2]早朝拜父，來亦如之，鄉人欽焉。

[1]和龍：又名黄龍城、龍城。在今遼寧朝陽市。

[2]芸耨（nòu）：耕種、除草。

宋繇字體業，燉煌人也，世仕張氏。父僚，[1]張玄靚武興太守。[2]繇生而僚爲張邕所誅。[3]五歲喪母，事伯母張氏以孝聞。八歲而張氏卒，居喪過禮。喟然謂妹夫

張彦曰：[4]“門户傾覆，負荷在繇，不銜膽自厲，何以繼承先業。”遂隨彦至酒泉，追師就學，閉室讀書，晝夜不倦，博通經史。吕光時，[5]舉秀才，除郎中。後奔段業，[6]爲中散騎常侍。[7]以業無遠略，西奔涼武昭王。歷位通顯，家無餘財，雖兵革間，講誦不廢。每聞儒士在門，常倒屣出迎，引談經籍。尤明斷決，時事亦無滯也。

[1]父僚：《魏書》卷五二《宋繇傳》作“父寮”。《通志》卷一四八、《十六國春秋》卷九三同《北史》。

[2]張玄靚：人名。字元安，安定烏氐（今寧夏固原市東南）人。十六國時前涼國主。見《晉書》卷八六《張軌附張玄靚傳》。武興：郡名。十六國前涼時治武興縣，在今陝西略陽縣。

[3]張邕：人名。安定烏氐（今寧夏固原市東南）人。十六國前涼官吏。見《晉書·張軌傳》。

[4]張彦：人名。據張彦墓誌載：“君諱彦，字副儁，燉煌人也。……釋褐威例將軍、員外奉朝請，後爲尉州刑獄参軍。幕府既榮，狴犴蒙理，輕重無怨，小大以情。遷北防迁城鎮民都督，部臨胡界，南望漠關。既等細柳之營，還同朔方之都。至如戍卒赴於龍城，追兵出於馬邑，應軍發役，逐北威邊。刁斗鳴而莫侵，神矢沸而皆懼。將欲肅静一方，攘地千里，立充國之屯田，斷匈奴之右臂。……春秋五十有四，以大寧元年二月十二日卒於治所。”

[5]吕光：人名。字世明，略陽（今甘肅秦安縣東北）人，氐族。十六國時後涼建立者。見《晉書》卷一二二《吕光載記》。

[6]段業：人名。京兆（今陝西西安市東北）人。十六國北涼君主。見《晉書》卷一二九《沮渠蒙遜傳》。

[7]爲中散騎常侍：中華本校勘記云：“《魏書》卷五二《宋繇傳》無‘騎’字。按‘中散騎常侍’無此官名，疑有訛誤。”

可從。

沮渠蒙遜平酒泉，於繇室得書數千卷、鹽米數十斛而已。蒙遜歎曰："孤不喜克李氏，[1]欣得宋繇耳。"拜尚書吏部郎中，[2]委以銓衡。蒙遜將死，以子牧犍託之。牧犍以爲左丞，[3]送其妹興平公主於京師。[4]太武拜繇河西王右丞相，[5]錫爵清水公。[6]及平涼州，從牧犍至京師，卒，謚恭公。[7]

[1]孤不喜克李氏：《魏書》卷五二《宋繇傳》作"孤不喜克李歆"，《通志》卷一四八、《太平御覽》卷二一六、《册府元龜》卷二二七同《魏書》。

[2]吏部郎中：官名。爲尚書省吏部曹長官通稱，資深者可轉侍郎。主管官吏選任、銓叙、調動事務，對五品以下官吏的任免有建議權。十六國前涼沿置。

[3]左丞：官名。在此爲尚書左丞的省稱。東漢置。十六國北涼沿置，掌臺内庶務、文吏及文案奏章，兼掌監察百官。

[4]興平公主：封號。遥封。興平，郡名。北魏時治興平縣，在今陝西興平市。

[5]河西王：封爵名。河西，地區名。在今甘肅、青海二省黄河以西，即河西走廊與湟水流域一帶。　右丞相：官名。北魏時爲權臣專設之名號，並非處理實際政務的宰相。在此爲虚封。

[6]清水公：封爵名。清水，郡名。北魏時治清水縣，在今甘肅清水縣西北。

[7]謚恭公：《魏書·宋繇傳》作"謚曰恭"。《通志》卷一四八作"謚曰恭公"。

長子巖襲爵，改爲西平侯。[1]巖子蔭，中書議郎、

樂安王範從事中郎，[2]卒，贈咸陽太守。[3]蔭子季預，[4]性清嚴，居家如官，位勃海太守。子遊道。

[1]西平侯：封爵名。西平，郡名。北魏時治西都縣，在今青海西寧市。

[2]中書議郎：官名。北魏置。屬中書省，參議朝政、禮儀、刑獄，選用博學之士。孝文帝太和十七年定爲五品中，二十三年復次職員令未載。　樂安王：封爵名。樂安，郡名。北魏時治千乘縣，在今山東饒陽縣北。　範：即元範，人名。北魏宗室。見《北史》卷一六《樂安王範傳》。

[3]咸陽：郡名。北魏時治池陽縣，在今陝西涇陽縣。

[4]蔭子季預：源氏校勘記於“季預”旁紅筆小字夾批“名稚”。

遊道弱冠隨父在郡，父亡，吏人贈遺無所受，[1]事母以孝聞。與叔父別居，叔父爲奴誣以構逆，遊道誘令返，雪而殺之。魏廣陽王深北伐，[2]請爲鎧曹，[3]及爲定州刺史，[4]又以爲府佐。[5]廣陽爲葛榮所殺，[6]元徽誣其降賊，[7]收録妻子，遊道爲訴得釋，[8]與廣陽子迎喪返葬。中尉酈善長嘉其氣節，[9]引爲殿中侍御史。[10]臺中語曰：“見惡能討宋遊道。”[11]

[1]吏人贈遺無所受：底本、中華本作“吏人贈遺無所受”，宋本、元大德本、毛本、殿本、四庫本、局本、四部備要本作“吏人贈遺一無所受”。從底本。

[2]廣陽王：封爵名。廣陽，郡名。北魏時治燕樂縣，在今河北隆化縣。　深：即元深，人名。字智遠。北魏宗室、大臣。見

《北史》卷一六《廣陽王建附元深傳》。

[3]鎧曹：官名。東漢末曹操丞相府僚屬諸曹之一，設掾、屬各一人。兩晋、南朝、北魏、北齊公府、將軍府並置，長官爲參軍或行參軍。掌管鎧甲庫藏等。

[4]定州：北魏時治盧奴縣，在今河北定州市。

[5]府佐：官名。魏晋南北朝時期諸公、軍府幕僚佐吏通稱。後世亦指知府之佐官，如同知、通判之類。

[6]葛榮：人名。北魏末河北義軍首領。

[7]元徽：人名。字顯順。北魏宗室、大臣。見《北史》卷一八《城陽王長壽附元徽傳》。

[8]訴：毛本作"訢"。按：據《北齊書》卷四七、《通志》卷一七一、《册府元龜》卷八百四作"訴"。今從底本。

[9]酈善長：人名。即酈道元。字善長，范陽涿鹿（今河北涿鹿縣東南）人。北魏官吏、地理學家。見《北史》卷二七《酈範附酈道元傳》。

[10]殿中侍御史：官名。北魏時或掌宿衛禁兵，孝文帝太和十七年定爲從五品中，二十三年改爲從八品上。

[11]見惡能討：源氏校勘記云："'惡'《北齊》作'賊'。"

孝莊即位，[1]除左中兵郎中。[2]爲尚書令臨淮王彧譴責，[3]遊道乃執版長揖曰："下官謝王瞋，不謝王理。"即日詣闕上書曰："徐州刺史元孚頻有表，[4]云僞梁廣發士卒，圖彭城，[5]乞增羽林二千。以孚宗室重臣，告請應實，所以量奏給武官千人。孚今代下，以路阻自防，遂納在防羽林八百人，辭云疆境無事，乞將還家。臣忝局司，深知不可。尚書令臨淮王彧，即孚之兄子，遣省事謝遠，三日之中，八度逼迫，云宜依判許。臣不敢附

下罔上，孤負聖明。但孚身在任，乞師相繼；及其代下，便請放還。進退爲身，無憂國之意。所請不合，其罪下科。彧乃召臣於尚書都堂云：‘卿一小郎，憂國之心，豈厚於我？’醜罵溢口，不顧朝章。右僕射臣世隆、吏部郎中臣薛琡已下百餘人，[6]並皆聞見。臣實獻直言云：‘忠臣奉國，事在其心，亦復何簡貴賤？比自北海入洛，[7]王不能致身死難，方清宫以迎篡賊；鄭先護立義廣州，[8]王復建旗往討。趣惡如流，伐善何速？今得冠冕百僚，乃欲爲私害政！’爲臣此言，彧賜怒更甚。臣既不佞，干犯貴臣，乞解郎中。”[9]帝召見遊道，嘉勞之。彧亦奏言：“臣忝冠百僚，遂使一郎攘袂高聲，肆言頓挫，乞解尚書令。”帝乃下敕，聽解臺郎。[10]

[1]孝莊：即北魏皇帝元子攸。孝莊爲其謚號。

[2]左中兵郎中：官名。與左中郎互稱，爲尚書省左中兵曹長官。北魏孝文帝太和十七年定郎爲從五品中，郎中爲五品上，二十三年皆稱郎中，六品。底本作“左兵中軍”，源氏校勘記云：“《北齊》作‘左中兵郎中’。”中華本校勘記云：“諸本訛誤作‘左兵中軍’，據《北齊書》卷四七（補）《宋遊道傳》改。‘左中兵郎中’見《隋書·百官志中》。”今從改。

[3]臨淮王：封爵名。臨淮，郡名。北魏時治己吾縣赤坎城，在今安徽懷遠縣西北。　彧：即元彧，人名。字仕明。北魏宗室。見《北史》卷一六《臨淮王譚附元彧傳》。

[4]元孚：人名。字秀和。西魏大臣。見《北史·臨淮王譚附元孚傳》。

[5]彭城：郡名。北魏時治彭城縣，在今江蘇徐州市。

[6]薛琡：人名。字曇珍，河南（今河南洛陽市東北）人。北

魏、北齊官吏。見《北齊書》卷二六《薛琡傳》。

［7］北海：郡名。北魏時治平壽城，在今山東昌樂縣東南。此處指北海王元顥。見《北史》卷一九《北海王詳附元顥傳》。

［8］鄭先護：人名。滎陽開封（今河南開封市）人。北魏官吏。見《北史》卷三五《鄭羲附鄭先護傳》。　廣州：北魏時治襄城縣，在今河南襄城縣。

［9］郎中：官名。即左中兵郎中。

［10］臺郎：官名。尚書郎别稱。北魏時凡尚書曹郎、郎中、侍郎皆可簡爲此稱，掌收發文書奏章庶務，可直接向皇帝奏報本職政務。孝文帝太和二十三年定爲六品。

後除司州中從事。[1]時將還鄴，會霖雨，行旅擁於河橋。[2]遊道於幕下朝夕宴歌。行者曰："何時節作此聲也？固大癡！"遊道應曰："何時節而不作此聲也？亦大癡！"後齊神武自太原來朝，[3]見之曰："此人是遊道邪？常聞其名，今日始識其面。"遷遊道别駕。後日，神武之司州，饗朝士，舉觴屬遊道曰："飲高歡手中酒者大丈夫，卿之爲人，合飲此酒。"

［1］司州：東魏時治鄴縣，在今河北臨漳縣西南。　中從事：官名。州刺史屬官，位在别駕從事下。南朝梁、陳置。官品依州等級不同而異，北魏、北齊亦置。

［2］河橋：位於今河南孟津縣東、孟州市西南黄河上。

［3］神武：即高歡。一名賀六渾，勃海蓨（今河北景縣）人，世居懷朔鎮（今内蒙古包頭市東北），北魏末、東魏權臣。見《北史》卷六《齊本紀·神武帝》。神武爲其謚號，北齊後主所追謚。　太原：郡名。東魏時治晋陽，在今山西太原市晋源區古城營村一帶。

及還晉陽，百官辭於紫陌，[1]神武執遊道手曰："甚知朝貴中有憎忌卿者。但用心，莫懷畏慮，當使卿位與之相似。"於是啓以遊道爲中尉。文襄執請，乃以吏部郎中崔暹爲御史中尉，[2]以遊道爲尚書左丞。文襄謂暹、遊道曰："卿一人處南臺，一人處北省，當使天下肅然。"

[1]紫陌：地名。在今河北臨漳縣西南。

[2]崔暹：人名。字季倫，博陵安平（今河北安平縣）人。東魏、北齊官吏。見《北史》卷三二《崔挺附崔暹傳》。

遊道入省，劾太師咸陽王坦、太保孫騰、司徒高隆之、司空侯景、録尚書元弼、尚書令司馬子如官貸金銀，[1]催徵酬價。雖非指事贓賄，終是不避權豪。又奏駁尚書違失數百條，省中豪吏王儒之徒，並鞭斥之。始依故事，於尚書省立門名，以記出入早晚。令僕已下皆側目。

[1]坦：即元坦，人名。字延和，北魏宗室、東魏大臣。見《北史》卷一九《咸陽王禧附元坦傳》。底本作"但"，局本本作"坦"，源氏校勘記改"但"作"坦"。中華本校勘記云："諸本'坦'訛'但'，據《北齊書》及《通志》卷一七一《宋遊道傳》改。《元坦傳》見本書卷一五。"今從改。　孫騰：人名。字龍雀，咸陽石安（今陝西咸陽市東北）人。東魏官吏。見《北史》卷五四《孫騰傳》。　高隆之：人名。字延興，洛陽（今河南洛陽市東北）人。東魏、北齊大臣。見《北史》卷五四《高隆之傳》。　司

空：官名。魏晋南北朝時爲名譽宰相，多爲大臣加官，無實際職掌。北魏時爲一品。　録尚書：官名。東魏時爲尚書省長官，總領尚書省政務，尚書令、僕射爲其副貳，職權甚重，多以公卿權重者居之，負責綜理政務，總知國事。　元弼：人名。字宗輔。東魏、北齊大臣。見《北齊書》卷二八《元弼傳》。

魏安平王坐事亡，[1]章武二王及諸王妃、太妃是其近親者，[2]皆被徵責。都官郎中畢義雲主其事，[3]有奏而禁，有不奏輒禁者。遊道判下廷尉科罪。高隆之不同，於是反誣遊道厲色挫辱己，遂枉拷群令史證成之。與左僕射襄城王旭、尚書鄭述祖等上言曰：[4]

[1]安平王：封爵名。指元黄頭。北魏宗室，爲高洋所殺。見《魏書》卷一九下《章武王太洛傳》。　坐事：因事獲罪。

[2]章武二王：指元太洛和元彬。章武王，初爲北魏皇族拓跋太洛的封號。太洛死後無子，以南安惠王拓跋楨第二子元彬爲後，嗣其爵位。見《魏書·章武王太洛傳》。

[3]畢義雲：人名。小字陁兒，東平須昌（今山東東平縣）人。東魏、北齊官吏。見《北史》卷三九《畢衆敬附畢義雲傳》。

[4]左僕射：官名。職掌都省庶務及執法，或典選舉，左僕射權力大於右僕射，兼掌糾彈百官。北魏孝文帝太和十七年定爲從一品中，二十三年改爲從二品。　襄城王：封爵名。襄城，郡名。北魏時治襄城縣，在今河南襄城縣。　旭：即元旭，人名。字顯和。北魏宗室。見《魏書》卷一九下《城陽王長壽傳》。　鄭述祖：人名。字恭文，滎陽開封（今河南開封市）人。東魏、北齊官吏。見《北史》卷三五《鄭羲附鄭述祖傳》。

飾僞亂真，國法所必去；附下罔上，王政所不

容。謹案：尚書左丞宋遊道，名望本闕，功績何紀？屬永安之始，[1]朝士亡散，乏人之際，叨竊臺郎。躁行諂言，肆其姦詐，罕識名義，[2]不顧典文。人鄙其心，衆畏其口。出州入省，歷忝清資，而長惡不悛，曾無忌諱，毁譽由己，憎惡任情。比因安平王事，遂肆其褊心，因公報隙，與郎中畢義雲遞相糾舉。

［1］永安：北魏孝莊帝的年號（528—530）。

［2］罕識名義：底本作“空識名義”，宋本作“罕識名義”，源氏校勘記云：“‘空’《北齊》作‘罕’。爲是。”中華本校勘記云：“各本‘罕’訛‘空’。據宋本及《北齊書》《通志》改。”今從改。

又左外兵郎中魏叔道牒云：[1]“局内降人左澤等爲京畿送省，令取保放出。”大將軍在省日，判聽。遊道發怒曰：“往日官府成何物官府？將此爲例！”又云：“乘前旨格，成何物旨格？”依事請問，遊道並皆承引。案律：“對捍詔使，無人臣之禮大不敬者死。”對捍使者尚得死坐，況遊道吐不臣之言，犯慢上之罪？口稱夷、齊，[2]心懷盜跖，[3]欺公賣法，受納苞苴，產隨官厚，財與位積。雖贓污未露，而姦詐如是，舉此一隅，餘詐可驗。今依禮據律，處遊道死罪。

［1］左外兵郎中：官名。北魏時屬七兵尚書。孝文帝太和十七年定郎爲從五品中，郎中爲五品上，二十三年皆稱郎中，六品，仍

可通稱爲郎。北齊沿置，六品上，屬五兵尚書。

[2]夷齊：即伯夷和叔齊。兩人都是商末孤竹君的兒子，伯夷是長子，與叔齊二人互讓王位，共逃往周。周滅商之後，二人不食周粟，餓死於首陽山，成爲後人高風亮節的榜樣。見《史記》卷六一《伯夷列傳》。

[3]盜跖：人名。齊、魯之間的柳下邑（今山東平陰縣孝直鎮）人。被視爲反叛者的代表。見《莊子·盜跖》。

是時朝士皆分爲遊道不濟。[1]而文襄聞其與隆之相抗之言，[2]謂楊遵彦曰：[3]“此真是鯁直大剛惡人。”遵彦曰：“譬之畜狗，本取其吠，今以數吠殺之，恐將來無復吠狗。”詔付廷尉，遊道坐除名。

[1]是時朝士皆分爲遊道不濟：底本作“忿”，中華本校勘記云：“諸本‘分’作‘忿’。《北齊書》作‘分’。按‘分爲’意即‘判斷’，作‘忿’誤，今據改。”今從改。不濟，無救。

[2]文襄：即高澄。文襄爲其謚號，北齊文宣帝所追謚。

[3]楊遵彦：人名。即楊愔。字遵彦，小名秦王，弘農華陰（今陝西華陰市東南）人。東魏、北齊官吏。見《北史》卷四一《楊播附楊愔傳》。

文襄使元景康謂曰：“卿早逐我向并州他經略，不忍殺卿。”[1]遊道從至晉陽，以爲大行臺吏部，[2]又以爲太原公開府諮議。[3]及平陽公爲中尉，[4]遊道以諮議領書侍御史。[5]尋以本官兼司徒左長史。[6]

[1]卿早逐我向并州他經略不忍殺卿：源氏校勘記云：“‘他經

略不忍'，《北齊》作'不爾他經略'。"中華本校勘記云："《北齊書》作'卿早逐我向并州，不爾，他經略殺卿'，疑是。"可從。

[2]大行臺：官署名。北魏置。爲尚書省設在各主要地區的派出機構，代行尚書省的權力，依所轄區域名稱稱關西大行臺、東北道大行臺、三徐州大行臺等，管理轄區内的軍政事務，是地方最高行政機構。

[3]太原公：封爵名。太原，郡名。北魏時治晋陽縣，在今山西太原市晋源區古城營村一帶。　諮議：官名。爲諮議參軍的簡稱。東晋始置。初在丞相府負責諷議軍政事務。後諸王府、公府、軍府等皆設。北魏孝文帝太和二十三年定二蕃王諮議參軍爲從五品上。東魏沿置。

[4]平陽公：封爵名。平陽，郡名。北魏時治白馬城，在今山西臨汾市。　中尉：官名。北魏時爲御史中尉的省稱。主管御史臺，頗重其選。從三品。

[5]書侍御史：官名。治書侍御史的省稱。爲御史中丞佐貳，御史臺要職，分領侍御史諸曹，監察、彈劾較高級官員，亦奉命出使，收捕犯官等。北魏孝文帝太和十七年定爲五品上，二十三年改爲六品上，北齊時爲從五品。

[6]司徒左長史：官名。與司徒右長史並爲司徒府僚屬之長，佐司徒總管府内諸曹，位在右長史之上。北魏時爲從三品。北齊沿置，從三品。

及文襄疑黄門郎温子昇知元瑾之謀，[1]繫諸獄而餓之，食弊襦而死，[2]棄屍路隅，遊道收而葬之。文襄謂曰："吾近書與京師諸貴，論及朝士，云卿僻於朋黨，將爲一病。今卿真是重舊節義人，此情不可奪。子昇吾本不殺之，卿葬之何所憚？天下人代卿怖者，是不知吾心也。"

[1]温子昇：人名。字鵬舉，濟陰冤句（今山東菏澤市西南）人。北魏、東魏官吏、文學家。見《北史》卷八三《温子昇傳》。元瑾：人名。北魏宗室、北齊官吏。後謀殺齊文襄，事泄，合門伏法。見《北史》卷一六《廣陽王建附元瑾傳》。

[2]弊襦（rú）：破舊的短衣。

尋除御史中尉。東萊王道習参御史選，[1]限外投狀，道習與遊道有舊，使令史受之。文襄怒，收遊道，辯而判之曰：[2]"遊道禀性獷悍，是非肆己，[3]吹毛洗垢，創疵人物。[4]往與郎中蘭景雲忿競，列事十條，及加推窮，便是虚妄。方共道習，陵侮朝典。法官而犯，特是難原，宜付省科。"遊道被禁，獄吏欲爲脱枷，遊道不肯曰："此令公命所著，不可輒脱。"文襄聞而免之。遊道抗志不改。

[1]東萊：郡名。北魏時治掖縣，在今山東萊州市。

[2]文襄怒收遊道辯而判之曰：中華本校勘記云："《北齊書》'收'作'杖'，無'辯'字。按疑'辯'字衍。"可從。

[3]是非肆己：源氏校勘記云："《北齊》'己'作'口'。"

[4]創疵（cī）：損害非議。

天保元年，[1]以遊道兼太府卿，乃於少府覆檢主司盗截，得鉅萬計。姦吏反誣奏之，下獄。尋得出，不歸家，徑之府理事。卒，遺令薄葬，不立碑表，不求贈謚。贈瓜州刺史。[2]武平中，[3]以子士素久典機密，[4]重贈儀同三司，[5]謚曰貞惠。

［1］天保：北齊文宣帝的年號（550—559）。

［2］瓜州：北魏時治鳴沙縣，在今甘肅敦煌市西南。

［3］武平：北齊後主的年號（570—576）。

［4］久典機密：毛本、局本作“又典機密”。按：據《北齊書》卷四七《宋遊道傳》、《通志》卷一七一作“久”，今從底本。

［5］儀同三司：初謂非三公而儀制待遇同於三公。魏晋時期，授予開府位從三公之文武官。南北朝時授予範圍不斷擴大，逐漸成爲官號。北齊時爲二品。

遊道剛直，疾惡如讎，見人犯罪，皆欲致之極法。彈糾見事，又好察陰私，問獄察情，捶撻嚴酷。兖州刺史李子貞在州貪暴，遊道案之。文襄以子貞預建義勳，意將含忍。遊道疑陳元康爲其内助，[1]密啓云：“子貞、元康交游，恐其别有請屬。”文襄怒，於尚書都堂集百僚，[2]撲殺子貞。又兖州人爲遊道生立祠堂，像題曰“忠清君”。遊道别劾吉寧等五人同死，有欣悦色。朝士甚鄙之。

［1］陳元康：人名。字長猷，廣宗（今河北威縣東）人。北魏、東魏官吏。見《北史》卷五五《陳元康傳》。

［2］尚書都堂：官署名。亦稱都堂、都座，晋以後爲尚書省辦公之地别稱。

然重交游，存然諾之分。歷官嚴整，而時大納賄，分及親故之艱匱者，其男女孤弱，爲嫁娶之，臨喪必哀，躬親營視。爲司州綱紀，與牧昌樂、西河二王乖

忤，[1]及二王薨，每事經恤之。與頓丘李獎，[2]一面便定死交。獎曰：“我年位已高，會用弟爲佐史，[3]令弟北面於我足矣。”遊道曰：“不能。”既而獎爲河南尹，[4]辟遊道爲中正，[5]使者相屬，以衣帢待之，握手歡謔。元顥入洛，[6]獎受其命，出使徐州。都督元孚與城人趙紹兵殺之。[7]遊道爲獎訟冤，得雪。又表爲請贈，回己考一汎階以益之。又與劉廞結交，[8]託廞弟粹於徐州殺趙紹。[9]後劉廞伏法於洛陽，粹以徐州叛，官軍討平之，梟粹首於鄴市。孫騰使客告市司，得五百匹後聽收。[10]遊道時爲司州中從事，令家人作劉粹所親，於州陳訴，依律判許，而奏之。敕至，市司猶不許，遊道杖市司，勒使速付。騰聞大怒，遊道立理以抗之。既收粹尸，厚加贈遺。李獎二子構、訓居貧，[11]遊道後令其求三富人死事判免之，凡得錢百五十萬，盡以入構、訓。其使氣黨俠如此。時人語曰：“遊道獼猴面，陸操科斗形，[12]意識不關貌，[13]何謂醜者必無情。”

[1]爲司州綱紀與牧昌樂西河二王乖忤：底本“昌樂”作“樂昌”，中華本校勘記云：“諸本‘昌樂’作‘樂昌’。張森楷云：‘當作昌樂。’按《魏書》卷二一上《高陽王雍傳》，雍子誕封昌樂王，孝静初爲司州牧，天平三年死。其時宋遊道正官司州中從事，即‘司州綱紀’。張説是，今據乙。”今從改。昌樂王，封爵名。昌樂，郡名。北魏時治昌樂縣，在今河南南樂縣西北。西河王，封爵名。西河，郡名。北魏時治兹氏城，在今山西汾陽市城區。乖忤，抵觸，違逆。

[2]李獎：人名。字遵穆，頓丘（今河南清豐縣西南）人。北

魏大臣。見《北史》卷四三《李崇附李獎傳》。

[3]佐史：官名。輔佐官員統稱。

[4]河南尹：官名。掌京都事務。北魏孝文帝太和十七年遷都洛陽，置河南郡，設爲長官。三品。

[5]中正：官名。由各郡長官推選本郡任職於中央的有德行之士人兼任，負責品評本郡士人，劃分等級，以爲吏部委任官員的依據。北魏前、中期此職權任頗重，後期選任漸濫。

[6]元顥：人名。字子明。北魏宗室、大臣。見《北史》卷一九《北海王詳附元顥傳》。

[7]都督：官名。北魏時爲統率全國或地方兵馬的指揮官，有時爲州郡軍事長官者，兼理民政。東魏沿置。北周時改總管。　兵殺之：中華本校勘記云："《通志》'兵'作'共'，疑是。"可從。

[8]劉廞：人名。字景興，彭城（今江蘇徐州市）人。北魏官吏。見《北史》卷四二《劉芳附劉廞傳》。

[9]粹：即劉粹，人名。彭城（今江蘇徐州市）人。北魏官吏。見《魏書》卷五五《劉芳附劉粹傳》。

[10]得五百匹後：源氏校勘記云："《北齊》作'錢五百萬'。"

[11]構：即李構，人名。字祖基，頓丘（今河南清豐縣西南）人。東魏、北齊官吏。見《北史》卷四三《李崇附李構傳》。　訓：即李訓，人名。頓丘（今河南清豐縣西南）人。東魏官吏。見《魏書》卷六五《李平傳》。

[12]陸操：人名。字仲志，代（今山西大同市東北）人，鮮卑族。東魏、北齊官吏。見《北史》卷二八《陸俟附陸操傳》。

[13]意識不關貌：底本"貌"作"見"，源氏校勘記改"見"作"貌"，中華本校勘記云："諸本'貌'作'見'，《北齊書》作'貌'。按'貌'本作'皃'，與'見'形似致訛，今據改。"今從改。

構嘗因遊道會客，因戲之曰：“賢從在門外，大好人，宜自迎接。”爲通名，稱族弟游山。遊道出見之，乃獼猴而衣帽也。將與構絶，構謝之，豁然如舊。遊道死後，構爲定州長史，遊道第三子士遜爲墨曹、博陵王管記，[1]與典籤共誣奏構。構於禁所祭遊道而訴焉。士遜晝卧如夢者，見遊道怒己曰：“我與構恩義，汝豈不知？何共小人謀陷清直之士！”士遜驚跪曰：“不敢！不敢！”旬日而卒。

[1]墨曹：官名。即墨曹參軍。南朝宋置。爲墨曹長官，掌文翰。北齊時爲七品。　博陵王：封爵名。博陵，郡名。北齊時治安平縣，在今河北安平縣。　管記：官名。北齊時掌文書。多置於東宫、相府、王府等，常以文學之士擔任，亦有以中書侍郎兼掌者。一説即記室參軍之職。

遊道每戒其子士素、士約、士慎等曰：“吾執法大剛，[1]數遭屯蹇，[2]性自如此，子孫不足以師之。”諸子奉父言，柔和謙遜。

[1]大剛：中華本作“太剛”。按：“大”“太”可通。
[2]屯蹇：艱難困苦，不順利。

士素沉密少言，有才識，稍遷中書舍人。[1]趙彦深引入内省，[2]參典機密。歷中書、黄門侍郎，遷儀同三司、散騎常侍，恒領黄門侍郎。自處機要，近二十年，周慎温恭，甚爲彦深所重。初，祖珽知朝政，[3]出彦深

爲刺史。珽奏以士素爲東郡守，[4]中書侍郎李德林白珽留之，[5]由是還除黄門侍郎，共典機密。

[1]中書舍人：官名。亦稱中書通事舍人。北魏末、北齊時爲中書省屬官，掌呈奏表。北齊時爲六品上。

[2]趙彦深：人名。原名隱，字彦深，以字行，自稱南陽宛（今河南南陽市）人。東魏、北齊大臣。見《北史》卷五五《趙彦深傳》。

[3]祖珽：人名。字孝徵，范陽遒（今河北容城縣）人。北魏、北齊官吏。見《北史》卷四七《祖瑩附祖珽傳》。

[4]東郡：北齊時治滑臺城，在今河南滑縣東。

[5]李德林：人名。字公輔，博陵安平（今河北安平縣）人。北齊、北周、隋朝官吏。見《隋書》卷四二《李德林傳》。

士約亦重善士，官尚書左丞。

江式字法安，陳留濟陽人也。[1]六世祖瓊，字孟琚，晋馮翊太守，[2]善蟲篆詁訓。永嘉大亂，[3]瓊棄官投張軌，[4]子孫因居凉土，世傳家業。祖强，字文威，凉州平，内徙代京。[5]上書三十餘法，各有體例，又獻經史諸子千餘卷，由是拜中書博士。卒，贈敦煌太守。父韶興，高允奏爲秘書郎，掌國史二十餘年，以謹厚稱。卒於趙郡太守。

[1]陳留：郡名。西晋時治倉垣城，在今河南開封市西北。濟陽：郡名。西晋時治濟陽縣，在今河南蘭考縣東北。

[2]馮翊：郡名。西晋時治高陸縣，在今陝西高陵縣。

[3]永嘉：西晋懷帝的年號（307—313）。

［4］張軌：人名。字士彦，安定烏氏（今寧夏固原市東南）人。晋朝凉州刺史、前凉奠基人，家世儒學。見《晋書》卷八六《張軌傳》。

［5］代京：指平城，在今山西大同市。北魏前期都城。

式少專家學，數年中，常夢兩人時相教授，及寤，每有記識。初拜司徒長兼行參軍，[1]檢校御史，尋除符節令。[2]以書文昭太后尊號謚册，[3]除奉朝請，仍符節令。篆體尤工，洛京宫殿諸門板題，[4]皆式書也。延昌三年三月，[5]式表曰：

［1］初拜司徒長兼行參軍：底本"司徒長"作"司徒長史"，源氏校勘記云："《魏書》無'史'字。"中華本校勘記云："諸本'長'下有'史'字，《魏書》卷九一《江式傳》無。按《魏書》卷一一三《官氏志》，公府長史班在第四品上，公府行參軍班在第六品上，長史爲公府首僚，决無下兼行參軍之理。'史'字衍文，今據《魏書》删。"今從改。

［2］檢校御史：官名。東晋始置，掌監察宫外百官，隸御史臺。南朝省。北魏孝文帝太和末復置，九品上。北齊沿置，員十二人，從八品上。　符節令：官名。北魏時隸御史臺，領符璽郎中。孝文帝太和十七年定爲從四品中，二十三定爲從八品上。

［3］文昭太后：即北魏孝文帝皇后高氏。文昭爲其謚號。

［4］洛京：即洛陽。

［5］延昌：北魏宣武帝的年號（512—515）。

臣聞伏犧氏作而八卦形其畫，[1]軒轅氏興而靈龜彰其彩。古史倉頡覽二象之爻，[2]觀鳥獸之迹，

别刱文字，以代結繩，用書契以維事。宣之王迹，則百工以叙；載之方册，則萬品以明。迄於三代，厥體頗異，雖依類取制，未能殊倉氏矣。故《周禮》：八歲入小學，保氏教國子以六書：一曰指事，二曰象形，三曰形聲，[3]四曰會意，五曰轉注，六曰假借。蓋是史頡之遺法。[4]及宣王太史史籀著大篆十五篇，[5]與古文或同或異，時人即謂之籀書。孔子修《六經》，左丘明述《春秋》，皆以古文，厥意可得而言。

[1]八卦形其畫：源氏校勘記云："'形'《魏書》作'創'。'靈龜'《魏書》作'龜策'。"

[2]倉頡：人名。相傳爲黄帝史官。黄帝令其作書造字，傳爲中國文字和史學之開端。

[3]形聲：宋本、元大德本、毛本、殿本、四庫本、局本、四部備要本作"諧聲"。《魏書》卷九一《江式傳》、《通志》卷一四八、《廣博物志》卷三〇作"諧聲"。

[4]史頡：即倉頡。

[5]宣王：即西周王姬靖。宣爲其謚號。　太史：即太史令，官名。秦置。掌天文律令、瑞災變化的記載等。　大篆：漢字字體之一種。相傳爲周宣王時史籀所作。故又稱籀文或籀書。與小篆相對。

其後七國殊軌，文字乖别。暨秦兼天下，丞相李斯乃奏蠲罷不合秦文者。[1]斯作《倉頡篇》，中車府令趙高作《爰歷篇》，[2]太史令胡毋敬作《博學篇》，[3]皆取史籀，或頗有省改，[4]所謂小篆者也。

於是秦燒經書，滌除舊典，官獄繁多，以趣約易，始用隸書，古文由此息矣。隸書者，始皇使下杜人程邈附於小篆所作也。[5]世人以邈徒隸，即謂之隸書。故秦有八體：一曰大篆，二曰小篆，三曰符書，[6]四曰蟲書，五曰摹印，六曰署書，七曰殳書，八曰隸書。

[1]李斯：人名。楚上蔡（今河南上蔡縣西南）人。秦朝大臣。見《史記》卷八七《李斯列傳》。

[2]中車府令趙高作爰歷篇：底本"車"上無"中"字，源氏校勘記云："'車'上《魏書》有'中'字。"中華本校勘記云："《魏書》'車'上有'中'字。按趙高宦者，當有'中'字。《史記》卷六《秦始皇本紀》三十七年，見'中車府令趙高'。"今從改。趙高，人名。秦朝宦者。見《史記》卷八八《蒙恬列傳》。

[3]胡毋敬：人名。秦朝官吏。嘗取《史籀》中大篆，加以省改，形成文字，稱小篆。

[4]皆取史籀或頗有省改：底本"或"作"式"，源氏校勘記云："'式'《魏書》作'或'。"中華本校勘記云："《魏書》作'皆取史籀大篆，或頗有省改'。'式'當是'或'之訛。"今從改。

[5]下杜：地名。在今陝西西安市南。　程邈：人名。下杜（今陝西西安市南）人。秦時曾爲徒隸，在獄中增減大篆，去其繁複，創成隸書，爲八體之一。後被始皇任爲御史。

[6]三曰符書：源氏校勘記云："'符'上，《魏書》有'刻'字。"

漢興，有尉律學，復教以籀書，又習八體，試之課最，以爲尚書史。吏人上書，省字不正，輒舉

劾焉。[1]又有草書，莫知誰始，考其書形雖無厥誼，[2]亦是一時之變通也。孝宣時，[3]召通倉頡讀者，獨張敞從受之。[4]凉州刺史杜鄴、沛人爰禮講學，[5]大夫秦近亦能言之。[6]孝平時，[7]徵禮等百餘人説文字於未央宫中，[8]以禮爲小學元士。黄門侍郎楊雄採以作《訓纂篇》。[9]及亡新居攝，自以應運制作，[10]大司馬甄豐校文字之部，[11]頗改定古文。時有六書：一曰古文，孔子壁中書也；二曰奇字，即古文而異者；三曰篆書，云小篆也；四曰佐書，秦隸書也；五曰繆篆，所以摹印也；六曰鳥蟲，所以幡信也。壁中書者，魯恭王壞孔子宅而得《禮》《尚書》《春秋》《論語》《孝經》也。[12]又北平侯張倉獻《春秋左氏傳》，[13]書體與孔氏相類，即前代之古文矣。

[1]吏人上書省字不正輒舉劾焉：底本無“吏人上”三字，中華本校勘記云：“諸本脱‘吏人上’三字，據《魏書》補。”今從改。

[2]考其書形雖無厥誼：底本作“其形書雖無厥誼”，中華本校勘記云：“諸本‘書形’倒作‘形書’，據《魏書》乙。又《魏書》‘其’上有‘考’字。”今從改。

[3]孝宣：即西漢皇帝劉詢。孝宣爲其謚號。

[4]張敞：人名。字子高，本河東平陽（今山西臨汾市西南）人。西漢官吏。見《漢書》卷七六《張敞傳》。　受之：源氏校勘記云：“《魏書》作‘之受’。”

[5]杜鄴：底本作“杜業”，源氏校勘記云：“《魏書》‘葉’作‘鄴’。”按：後漢有杜鄴和杜業。杜鄴，人名。字子夏，本魏郡繁陽

（今河南内黄縣）人，其祖遷至茂陵（今陝西興平市東北）。其母爲張敞之女，故從張敞之子學習文字。漢哀帝時遷爲凉州刺史，因爲居職寬舒，少威嚴，數年被免。見《漢書》卷八五《杜鄴傳》。杜業，人名。南陽杜衍（今河南南陽市西南）人。爲酷吏杜周曾孫。曾上書直言外戚王氏專權，得罪王莽。見《漢書》卷六〇《杜周傳》。故當作“杜鄴”。今從《魏書》改。　爰禮：人名。沛（今江蘇沛縣）人。西漢文字學家。精通古文字，章帝時被封爲“小學元士”。

［6］秦近：人名。西漢官吏。宣帝時任講學大夫。精通古文字，能言《倉頡篇》。

［7］孝平：即西漢皇帝劉衎。孝平爲其謚號。

［8］未央宫：在今陝西西安市西北郊漢長安故城内西南隅。

［9］楊雄：殿本、四庫本、四部備要本、中華本作“揚雄”。揚雄，人名。西漢蜀郡（今四川成都市）人。少好學，博覽群書，長於辭賦。見《漢書》卷八七上《楊雄傳》。

［10］自以應運制作：底本“應運”作“運應”，《通志》卷一四八、《册府元龜》卷六百八同底本。中華本校勘記云：“諸本‘應運’誤倒，據《魏書》乙。”今從改。

［11］大司馬：官名。漢武帝始置。居三公之上、三師之下，開府置僚屬，多爲大臣加官，然無具體職司。《魏書》卷九一《江式傳》作“大司空”。《通志》卷一四八、《册府元龜》卷六〇八同《北史》。源氏校勘記云：“《魏書》作‘大司空’。”未詳孰是。　甄豐：人名。漢平帝時以定策功拜少傅。附王莽，及莽稱帝，拜更始將軍，封廣新公。善古文。參《説文解字序》。

［12］魯恭王：即西漢諸侯王劉餘。見《漢書》卷五三《景十三王傳》。　禮尚書春秋論語孝經也：底本無“禮”字，中華本校勘記云：“《魏書》‘尚書’上有‘禮’字。《北史》脱。”今從改。

［13］北平侯：封爵名。北平，縣名。治所在今河北滿城縣北眺山下。　張倉：人名。陽武（今河南原陽縣東南）人。西漢大臣。見《漢書》卷四二《張倉傳》。

後漢郎中扶風曹喜號曰工篆，[1]小異斯法，而甚精巧，自是後學，皆其法也。又詔侍中賈逵脩理舊文，[2]殊藝異術，王教一端，苟有可以加於國者，靡不悉集。逵即汝南許慎古學之師也。[3]後慎嗟時人之好奇，歎俗儒之穿鑿，故撰《説文解字》十五篇，首一終亥，各有部屬，可謂類聚群分，雜而不越，文質彬彬，最可得而論也。左中郎將陳留蔡邕採李斯、曹喜之法，[4]爲古今雜形，詔於太學立石碑，[5]刊載《五經》，題書楷法，多是邕書也。後開鴻都，[6]書畫奇能，莫不雲集。時諸方獻篆，無出邕者。

[1]曹喜：人名。扶風（今陕西興平市東南）人。東漢章帝時爲秘書郎，善篆書，形體略異於李斯所書。

[2]賈逵：人名。字景伯，扶風平陵（今陕西咸陽市西北）人。東漢經學家。尤其擅長古文經學。見《後漢書》卷三六《賈逵傳》。

[3]汝南：郡名。東漢時治平輿縣，在今河南平輿縣北射橋村。　許慎：人名。字叔重，汝南召陵（今河南漯河市）人。東漢學者。著有《説文解字》《五經異義》。見《後漢書》卷七九下《許慎傳》。

[4]左中郎將：官名。西漢置，隸光禄勳。居宫禁中，與五官、右中郎將分領中郎，更直宿衛，協助光禄勳考核管理郎官謁者從官。　蔡邕：人名。字伯喈，陳留圉（今河南杞縣西南）人。東漢文學家、書法家。見《後漢書》卷六〇下《蔡邕傳》。

[5]太學：爲王公貴族子弟之學府。周朝置。歷代沿置。

[6]鴻都：東漢時皇家藏書之所。

魏初，博士清河張揖著《埤倉》《廣雅》《古今字詁》。[1]究諸《埤》《廣》，綴拾遺漏，增長事類，抑亦於文爲益者。然其《字詁》，方之許篇，[2]古今體用，或得或失。陳留邯鄲淳亦與揖同時，[3]博開古藝，[4]特善倉、雅，許氏字指、八體、六書，[5]精究閑理，有名於揖。以書教諸皇子。又建《三字石經》於漢碑西，其文蔚焕，三體復宣。校之《説文》，篆、隸大同，而古字少異。又有京兆韋誕、河東衛覬二家，[6]並號能篆。當時臺觀牓題，寶器之銘，悉是誕書。咸傳之子孫，世稱其妙。

[1]清河：郡名。三國魏時治清河縣，在今山東臨清市東北。　張揖：人名。字稚讓，清河（今山東臨清市東北）人。三國魏訓詁學家。見《魏書》卷九一《江式傳》。

[2]方之許篇：源氏校勘記云："'許'下，《魏書》有'慎'字。"方，通"仿"。

[3]陳留：郡名。三國魏時治陳留縣，在今河南開封市陳留鎮。　邯鄲淳：人名。字子叔，潁川（今河南禹州市）人。三國魏官吏。見《三國志》卷二一《魏書·王粲傳》。　亦與揖同時：底本"同"下無"時"字，源氏校勘記云："《魏書》'同'下有'時'字。"中華本校勘記云："諸本脱'時'字，據《魏書》補。"今從改。

[4]博開古藝：源氏校勘記云："《魏書》'開古'作'古開'。"中華本校勘記云："《魏書》作'博古開藝'。按《册府》卷六〇八作'博聞古藝'，疑是。"可從。

[5]六書：指漢字的造字方法，即象形、指事、會意、形聲、

轉注、假借。

[6]韋誕：人名。子仲將，京兆（今陝西西安市東北）人。三國魏官吏、書法家。見《三國志》卷二一《魏書·劉劭傳》。　河東：郡名。三國魏時治安邑縣，在今山西夏縣西北。　衛覬：人名。字伯儒，河東安邑（今山西夏縣西北）人。三國魏官吏、書法家、文學家。見《三國志》卷二一《魏書·衛覬傳》。

晋世義陽王典祠令任城吕忱表上《字林》六卷，[1]尋其況趣，附託許慎説文，而按偶章句，隱別古籒奇惑之字，文得正隸，不差篆意也。忱弟静別放故左校令李登聲類之法，[2]作《韻集》五卷，使宫、商、䚗、徵、羽各爲一篇；而文字與兄便是魯、衛，音讀楚、夏，時有不同。

[1]義陽王：封爵名。義陽，郡名。西晋時治新野縣，在今河南新野縣。　典祠令：官名。三國魏置。爲諸王、公、侯、伯、子國屬官。西晋沿置。八品。　任城：郡名。西晋時治任城縣，在今山東濟寧市。　吕忱：人名。任城（今山東濟寧市南）人。西晋官吏、文字學家。

[2]左校令：官品。東漢置左、右校令，掌營構、木作、采材等事，屬將作監。三國魏時併左、右校於村官署。西晋復置左、右校，隸少府。　李登：人名。三國魏時音韻學家。著《聲類》十卷，以宫、商、角、徵、羽五聲區別字音，尚未分立韻部，是最早的一部韻書。

皇魏承百王之季，紹五運之緒。世易風移，文字改變，篆形謬錯，隸體失真。俗學鄙習，復加虚

造，巧談辯士，以意爲疑，炫惑於時，難以釐改。[1]乃曰：追來爲歸，巧言爲辯，小免爲𪊷，[2]神虫爲蠶。如斯甚衆，皆不合孔氏古書、史籀《大篆》、許氏《説文》《石經》三字也。凡所關古，莫不惆悵焉。嗟夫！文字者六籍之宗，王教之始，前人所以垂今，今人所以識古。

［1］復加虚造巧談辯士以意爲疑：源氏校勘記云："《魏書》作'復加虚巧，談辯之士，又以意説'。"

［2］小免爲𪊷：源氏校勘記云："'免'作'兒'。按：《魏書》'免'作'兒'。"中華本《魏書》據《北史》《資治通鑑》改"兒"作"兔"。

臣六世祖瓊，家世陳留，往晋之初，與從父兄俱受學於衛覬，古篆之法，《倉》《雅》《方言》《説文》之誼，當時並收善譽。而祖遇洛陽之亂，避地河西，數世傳習，斯業所以不墜也。世祖太延中，[1]牧犍内附，臣亡祖文威杖策歸國，奉獻五世傳掌之書，古篆八體之法。時蒙褒録，敘列於儒林，官班文省，家號世業。

［1］世祖：即北魏皇帝拓跋燾。世祖爲其廟號。　太延：北魏太武帝的年號（435—440）。

暨臣闇短，識學庸薄，漸漬家風，有忝無顯。是藉六世之資，奉遵祖考之訓，竊慕古人之軌，企

踐儒門之轍。求撰集古來文字，以許慎《說文》爲主，及《孔氏尚書》《五經音注》《籀篇》《爾雅》《三倉》《凡將》《方言》《通俗文》《祖文宗》《埤倉》《廣雅》《古今字詁》《三字石經》《字林》《韻集》諸賦文字有六書之誼者，[1]以類編聯，文無復重，統爲一部。其古籀、奇惑、俗隸諸體，咸使班於篆下，各有區別。詁訓假借之誼，僉隨文而解；音讀楚、夏之聲，並逐字而注。其所不知者，則闕如也。脱蒙遂許，冀省百氏之觀，而同文字之域。典書秘書所須之書，乞垂敕給；并學士五人嘗習文字者，助臣披覽；書生各五人，[2]專令抄寫。侍中、黄門、國子祭酒一月一監，[3]評議疑隱，[4]庶無紕繆。所撰名目，伏聽明旨。

[1]孔氏尚書：舊題西漢孔安國撰，東晋時豫章太守梅賾奏獻朝廷。經後人考證，是魏晋時人僞造。　五經音注：東晋徐邈撰。十卷。經書音注，分《周易音》《古文尚書音》《毛詩音》《三禮音》《左氏音》《論語音》。　籀篇：春秋戰國間秦人所作。　爾雅：由漢初學者綴輯周漢諸書舊文，相增而成。今本十九篇。中國最早解釋詞義的專著。　三倉：秦朝李斯撰《倉頡篇》、趙高撰《爰歷篇》、胡毋敬撰《博學篇》，是爲三倉。漢朝揚雄撰《訓纂篇》，東漢賈魴撰《滂喜篇》與前《倉頡篇》合稱三倉。大抵四字一句，兩句一韻，便於誦讀。　凡將：西漢司馬相如撰。一卷。字書。取六言、七言韻語，以利誦讀。　方言：西漢揚雄撰。十三卷。　通俗文：東漢服虔撰。一卷。訓詁書。　祖文宗：《魏書》卷九一《江式傳》、《通志》卷一四八、《册府元龜》卷六〇八、《廣博物志》卷三〇同《北史》。中華本校勘記云：“疑有訛誤。”可從。　埤倉：三國張揖撰。三卷。

字書。大抵依《説文》體例，雜取漢魏間俗字。　廣雅：三國魏張揖撰。十卷。訓詁書。　古今字詁：三國魏張揖撰。三卷。字詁。取古今字體不同者而詁之。　三字石經：石刻之經書。　字林：西晋吕忱撰。七卷。字書。　韻集：西晋吕静撰。六卷。韻書。

[2]書生各五人：中華本校勘記云："《魏書》無'各'字，當是衍文。"

[3]國子祭酒：官名。西晋武帝時立國子學，置祭酒一員，教授生徒儒學，主管國子學，參議禮制，隸太常。北魏孝文帝太和十七年定爲四品上，二十三年定爲從三品。

[4]評議疑隱：底本作"誣議疑隱"，中華本校勘記云："諸本'評'訛作'誣'，據《魏書》改。"今從改。

詔曰："可如所請，并就太常，[1]冀兼教八書史也。其有所須，依請給之。名目待書成重聞。"式於是撰集字書，號曰《古今文字》，凡四十卷，大體依許氏說文爲本，上篆下隸。正光中，兼著作郎。[2]卒官，贈巴州刺史。[3]其書竟未能成。

[1]并就：毛本、殿本、四庫本、局本、四部備要本作"併就"。

[2]著作郎：《魏書》卷九一《江式傳》作"著作佐郎"。《通志》卷一四八同《北史》。

[3]巴州：北魏時治所不詳，當在今四川巴中市。

式兄子征虜將軍順和，[1]亦工篆書。

[1]征虜將軍：官名。三國魏、晋、南朝宋、齊、梁及北魏時爲武官，亦作爲高級文職官員的加官。北魏孝文帝太和十七年定爲

三品上，二十三年定爲從三品。

先是，太和中，兖州人沈法會能隸書。宣武之在東宫，敕法會侍書。[1]後以隸迹見知於閭里者甚衆，未有如崔浩之妙。

[1]侍書：官名。東宫官，掌侍書法，以善書者任。

論曰：游雅才業，亦高允之亞，至於陷族陳奇，斯所以絶世而莫祀。明根雅道儒風，終受非常之遇，以太和之盛，有乞言之重，抑乃曠世一時。肇既聿脩，克隆堂構，正情梗概，[1]顛沛不渝，辭爵主幼之年，抗節臣權之日，顧視群公，[2]其風固已遠矣。高閭發言有章句，下筆富文詞，故能受遇累朝，見重明主，挂冠謝事，禮備懸輿。美矣！趙逸文雅自業，琰加之孝義，可謂世有人焉。胡叟顯晦之間，優游無悶，亦一代之異人歟！胡方回、張湛、段承根、闞駰、劉延明、趙柔、索敞皆通涉經史，才志不群，價重西州，有聞東國，故流播之中，自拔泥滓。人之不可以無能，信也。宋繇處屈能申，終致顯達。遊道剛直自立，任使爲累。江式能世其業，亦足稱云。

[1]正情梗概：底本作“正清梗概”，中華本校勘記云：“《魏書》‘清’作‘情’，是。”今從改。

[2]群公：宋本、元大德本、殿本、四庫本、局本、四部備要本、中華本作“群公”，毛本作“群臣”。

北史　卷三五

列傳第二十三

王慧龍 玄孫松年 五世孫劭　鄭羲 孫述祖 從曾孫道邕 道邕子譯 譯叔孫儼 儼族孫偉

王慧龍，太原晉陽人，[1]晉尚書僕射愉之孫，[2]散騎侍郎緝之子也。[3]幼聰慧，愉以爲諸孫之龍，故名焉。初，宋武微時，[4]愉不爲之禮，及得志，愉合家見誅。慧龍年十四，爲沙門僧彬所匿，[5]因將過江。津人見其行意匆匆，疑爲王氏子孫。彬稱爲受業者，乃免。既濟，遂西上江陵，[6]依叔祖忱故吏荆州前中從事習辟强。[7]時刺史魏詠之卒，[8]辟强與江陵令羅脩、前别駕劉期公、土人王騰等謀舉兵，[9]推慧龍爲盟主，剋日襲州城。而宋武聞詠之卒，亦懼江陵有變，遣其弟道規爲荆州，[10]衆遂不果。羅脩等將慧龍又與僧彬北詣襄陽。[11]晉雍州刺史魯宗之資給慧龍，[12]送度江，遂奔姚興。[13]自言也如此。

[1]太原：郡名。北魏時治晉陽縣，在今山西太原市晉源區古

城營村一帶。　晋陽：縣名。治所在今山西太原市晋源區古城營村一帶。

［2］尚書僕射：官名。魏晋時爲尚書省次官，三品。或單置，或並置左右。左僕射居右僕射上。輔助尚書令執行政務，參議大政，諫諍得失，監察百官。

［3］散騎侍郎：官名。三國魏置，五品。隸散騎省，吴國亦置。西晋因魏制，與散騎常侍、侍中、黄門侍郎等侍從皇帝左右，顧問應對，諫諍拾遺，共平尚書奏事。東晋罷。底本作“散騎常侍郎”，源氏校勘記云：“《魏書》無‘常’字。”中華本校勘記云：“諸本‘騎’下衍‘常’字，據《魏書》卷三八《王慧龍傳》删。”今從改。

［4］宋武：即南朝宋皇帝劉裕。武爲其謚號。

［5］沙門：出家的佛教徒的總稱。

［6］江陵：地名。在今湖北江陵縣。

［7］忱：即王忱，人名。字元達，太原晋陽（今山西太原市晋源區古城營村一帶）人。東晋官吏。見《晋書》卷七五《王湛附王忱傳》。　故吏：舊日部屬。東漢時多指貴戚官僚薦舉、辟用的官吏。舉主或長官與故吏之間形成一種形同君臣的從屬關係。一些大官僚擁有衆多故吏，形成社會政治勢力。兩晋南北朝亦有此狀況。　荆州：《魏書》卷八八《裴佗傳》作“東荆州刺史”。未詳孰是。　中從事：官名。治中從事史的省稱，避唐高宗李治諱改。州郡佐吏，主選署及文書案卷。《魏書·王慧龍傳》作“治中”。《通志》卷一四九同《北史》。《山西通志》卷一百三作“治中從事”。

［8］魏詠之：人名。字長道，任城（今山東濟寧市南）人。東晋官吏。見《晋書》卷八五《魏詠之傳》。

［9］别駕：官名。即别駕從事、别駕從事史。漢朝州部佐吏。因從刺史行部，别乘傳車，故謂之“别駕”。魏晋南北朝皆置。其品秩依州品不同，自正五品至正七品不等。

［10］道規：即劉道規，人名。字道則，南朝宋宗室。見《宋書》卷五一《臨川烈武王道規傳》。

［11］羅脩等將慧龍：《魏書·王慧龍傳》作“羅脩將慧龍”。《通志》卷一四八同《北史》。　襄陽：縣名。治所在今湖北襄樊市。

［12］雍州：東晋時治襄陽縣，在今湖北襄樊市。　魯宗之：人名。字彦仁，扶風郿（今陝西眉縣東）人。東晋官吏。見《南史》卷四〇《魯爽傳》。

［13］姚興：人名。字子略，南安赤亭（今甘肅隴西縣西）人，羌族。十六國時後秦君主。見《北史》卷九三《姚萇附姚興傳》。

姚泓滅，[1]慧龍歸魏。明元引見與言，[2]慧龍請效力南討，言終，俯而流涕，天子爲之動容。謂曰：“朕方混一車書，[3]席卷吴會，[4]卿情計如此，豈不能相資以衆乎？”然亦未之用。後拜洛城鎮將，[5]鎮金墉。[6]會明元崩，太武初即位，[7]咸謂南人不宜委以師旅之任，[8]遂停前授。

［1］姚泓：人名。字元子，南安赤亭（今甘肅隴西縣西）人，羌族。十六國後秦的最後一位君主。見《晋書》卷一一九《姚泓載記》。

［2］明元：即北魏皇帝拓跋嗣。明元爲其謚號。

［3］朕方混一車書：毛本“混”作“渾”。按：據《魏書》卷三八《王慧龍傳》、《通志》卷一四九，今從底本。車書，“車同軌”與“書同文”的省稱。

［4］吴會：指東漢所置吴郡、會稽郡故地。吴，郡名。東漢時治吴縣，在今江蘇蘇州市。會稽，郡名。東漢時治山陰縣，在今浙江紹興市。

[5]洛城：即洛陽城，在今河南洛陽市東北白馬寺東。　鎮將：官名。北魏置。爲鎮之主官，掌一鎮兵馬及鎮之守衛。在不設州郡的地區，兼統軍民；在設州郡的内地，主要掌軍政，但兼任駐在州刺史時，亦兼理民政。北魏前期多以宗室或鮮卑勳貴爲之，地位高於刺史。孝文帝改制後，地位漸低。其下設副將、監軍及長史、司馬等佐僚。品秩按所帶將軍號而定。

[6]金墉：即金墉城。在今河南洛陽市東北漢魏故城西北隅。三國魏明帝時築，十六國時洛陽城荒殘，金墉城遂成爲戍守攻戰要地。

[7]太武：即北魏皇帝拓跋燾。太武爲其謚號。

[8]師旅：師、旅爲古代軍隊編制，後指軍隊。

初，崔浩弟恬聞慧龍王氏子，[1]以女妻之。浩既昏姻，[2]及見慧龍，曰："信王家兒也。"王氏世齇鼻，[3]江東謂之"齇王"。慧龍鼻漸大，浩曰："真貴種矣！"數向諸公稱其美。司徒長孫嵩聞之不悦，[4]言於太武，以其嗟服南人則有訕鄙國化之意。[5]太武怒，召浩責之。浩免冠陳謝得釋。慧龍由是不調。久之，除樂安王範傅，[6]領并、荆、楊三州大中正。[7]慧龍抗表，願得南垂自效，[8]崔浩固言之，乃授南蠻校尉、安南大將軍左長史。[9]

[1]崔浩：人名。字伯淵，《北史》避唐高祖李淵諱改爲伯深，清河東武城（今山東武城縣西北）人。北魏大臣。見《北史》卷二一《崔宏附崔浩傳》。　恬：即崔恬，人名。字叔玄，小名白。北魏官吏。見《北史·崔宏附崔恬傳》。

[2]昏姻：中華本作"婚姻"。按："昏""婚"可通。

[3]齇（zhā）鼻：紅鼻子，即酒糟鼻。

[4]司徒：官名。北魏時爲三公之一，分掌丞相職能，多爲大臣加官。孝文帝太和二十三年（499）定爲一品。　長孫嵩：人名。代（今山西大同市東北）人，鮮卑族。北魏大臣。見《北史》卷二二《長孫嵩傳》。

[5]嗟服：嘆服。　訕鄙國化：譏笑鄙視國家的風尚教化。

[6]樂安王：封爵名。樂安，郡名。北魏時治千乘縣，在今山東饒陽縣北。　範：即元範，人名。北魏宗室。見《北史》卷一六《樂安王範傳》。

[7]并：州名。北魏時治晉陽縣，在今山西太原市晋源區古城營村一帶。　荆：州名。北魏太武帝太延五年置，治上洛城，在今陝西商洛市。孝文帝太和二十二年遷至穰城，在今河南鄧州市。　楊：通"揚"。州名。北魏時治江都縣，在今江蘇揚州市。　大中正：官名。魏晋南北朝時負責評定士族内部品第的官員。州大中正由司徒選授，本州内鄉品二品的士族高門可以參與其推舉，出任者皆爲鄉品二品的士族高門，許多家族世代相襲。北魏後期選授較濫，恩幸、閹官亦有任此職者。北魏時無品、無禄，但有罪時可當刑。

[8]南垂：南方邊境。

[9]南蠻校尉：官名。西晋武帝置。亦稱護南蠻校尉，治襄陽。四品。東晋改治江陵。南朝宋四品。掌荆州及江州少數民族事務，統兵。在東晋、南朝地位很重要，多由地位較高之將軍如車騎、安西、右將軍等及南中郎將兼領，且多兼任荆州刺史或都督周圍數州諸軍事。立府，有長史、司馬、參軍等僚佐。　安南大將軍：官名。職掌同安南將軍。北魏孝文帝太和十七年定爲二品上。　左長史：官名。魏晋南北朝時相國、丞相府例置。當時司徒府諸曹辦理日常事務，司徒或置或缺，其左、右長史常置，統領諸曹。其餘諸公唯置長史一員，加崇者方置左、右。

及宋荆州刺史謝晦起兵江陵，[1]引慧龍爲援。慧龍督司馬靈壽等一萬人，[2]拔其思陵戍，[3]進圍項城。[4]晦敗，乃班師。後宋將王玄謨寇滑臺，[5]詔假慧龍楚兵將軍，[6]與安頡等同討之。[7]相持五十餘日，諸將以賊盛，莫敢先，慧龍設奇兵大破之。太武賜以劍馬錢帛，授龍驤將軍，[8]賜爵長社侯，[9]拜滎陽太守，[10]仍領長史。[11]在任十年，農戰並脩，大著聲績，招攜邊遠，歸附者萬餘家，號爲善政。

[1]謝晦：人名。字宣明，陳郡陽夏（今河南太康縣）人。南朝宋大臣。見《宋書》卷四四《謝晦傳》。

[2]司馬靈壽：人名。河内温（今河南温縣）人。東晋宗室、北魏將領。見《魏書》卷三七《司馬叔璠附司馬靈壽傳》。

[3]思陵戍：城戍名。在今河南淮陽縣南。

[4]項城：縣名。治所在今河南項城市南。

[5]王玄謨：人名。字彦德，太原祁（今山西祁縣東南）人。南朝宋將領。見《宋書》卷七六《王玄謨傳》。　滑臺：城名。在今河南滑縣東。

[6]假：代理。　楚兵將軍：官名。北魏置。職掌不詳。

[7]安頡：人名。遼東（今遼寧遼陽市）胡人。北魏官吏。見《北史》卷二〇《安同附安頡傳》。

[8]龍驤將軍：官名。西晋置。三國魏晋南朝宋皆三品。北魏孝文帝太和十七年定爲三品上，二十三年定爲從三品。

[9]長社侯：封爵名。長社，縣名。治所在今河南長葛市東北。

[10]滎陽：郡名。北魏時治滎陽縣，在今河南滎陽市。

[11]長史：官名。爲所在官署掾屬之長，掌顧問參謀。丞相長史職權尤重。邊郡於丞之外復置長史，佐太守掌兵馬。内郡或置

之。南北朝帶將軍號開府的刺史，屬官也有長史，且多兼任首郡（刺史駐地）太守。王府也有長史，諸王幼年出就藩國，州府之事即由長史代行。

其後宋將到彦之、檀道濟頻頓淮、潁，[1]大相侵掠，慧龍力戰，屢摧其鋒。彦之與友人蕭斌書曰：[2]"魯軌頑鈍，[3]馬楚粗狂，[4]亡人之中，唯王慧龍及韓延之可爲深憚。[5]不意儒生懦夫，乃令老子訝之。"宋文縱反間，[6]云慧龍自以功高而位不至，欲引寇入邊，因執安南大將軍司馬楚之以叛。太武聞曰："此必不然，是齊人忌樂毅耳。"[7]乃賜慧龍璽書曰：[8]"義隆畏將軍如虎，[9]欲相中害，朕自知之。風塵之言，想不足介意也。"宋文計既不行，復遣刺客吕玄伯，購慧龍首二百户男、絹一千匹。玄伯爲反間來，[10]屏人有所論。慧龍疑之，使人探其懷有尺刀。玄伯叩頭請死。慧龍曰："各爲其主也，吾不忍害此人。"左右皆言義隆賊心未已，不殺玄伯，無以創將來。慧龍曰："死生有命，彼亦安能害我。且吾方以仁義爲干鹵，[11]又何憂乎刺客。"[12]遂捨之。時人服其寬恕。

[1]到彦之：人名。字道豫，彭城武原（今江蘇邳州市西北）人。南朝宋將領。見《南史》卷二五《到彦之傳》。　檀道濟：人名。高平金鄉（今山東金鄉縣）人，世居京口（今江蘇鎮江市）。南朝宋將領。見《南史》卷一五《檀道濟傳》。　淮：即今淮河。　潁：今淮河最大支流潁河。

[2]蕭斌：人名。南朝宋將領。多次與魏軍交戰。

[3]魯軌：人名。扶風郿（今陝西眉縣東）人。初仕東晋爲竟

陵太守。隨父入北魏，爲北魏官吏。

[4]馬楚：即司馬楚之，人名。字德秀，河内温（今河南温縣）人。西晋宗室後裔、北魏官吏。見《北史》卷二九《司馬楚之傳》。

[5]韓延之：人名。字顯宗，南陽堵陽（今河南方城縣）人。東晋、北魏官吏。見《北史》卷二七《韓延之傳》。

[6]宋文：即南朝宋皇帝劉義隆。文爲其謚號。

[7]齊人忌樂毅：戰國時期，燕昭王重用名將樂毅，運用合縱之計，使用五國聯軍打敗了齊國。燕昭王去世後，齊國用反間計迫害樂毅，使得樂毅遠走趙國，齊國實現了反攻。見《史記》卷八〇《樂毅列傳》。

[8]璽書：皇帝的詔書。

[9]虎：宋本、元大德本作“武”。按：避唐高祖祖父李虎諱改。

[10]反間來：局本作“反間求”。

[11]干鹵：護身的東西。

[12]乎：毛本作“于”，殿本、四庫本、四部備要本作“於”。按：據《魏書》卷三八《王慧龍傳》、《通志》卷一四九，今從底本。

慧龍自以遭難流離，常懷憂悴，乃作《祭伍子胥》文以寄意焉。[1]生一男一女，遂絶房室，布衣蔬食，不參吉事，舉動必以禮。太子少傅游雅言於朝曰：[2]“慧龍，古之遺孝也。”撰《帝王制度》十八篇，號曰國典。真君元年，[3]拜使持節、寧南將軍、武牢鎮都副將，[4]未至鎮而卒。

[1]伍子胥：人名。春秋末期吴國大夫、將領。其父兄被楚王

殺害，逃亡吴國，輔佐吴王闔閭攻破楚國，入楚都郢。見《史記》卷四〇《楚世家》。

［2］太子少傅：官名。掌訓導輔教太子。位太子少師下、太子少保上。北魏孝文帝太和十七年定爲從二品上，二十三年改爲三品。　游雅：人名。字伯度，小名黄頭，廣平任（今河北任縣東）人。北魏官吏。見《北史》卷三四《游雅傳》。

［3］真君：即太平真君。北魏太武帝的年號（440—451）。

［4］使持節：漢朝官吏奉命外出時，由皇帝授予節杖，來提高其權威。魏晋之後，當重要的軍事長官出征或者出鎮時，加使持節，可以憑此誅殺二千石以下的官員。皇帝派遣大臣出巡或祭吊等事務時，亦使持節，以示權力與尊崇。次一等的稱持節，再次一等的稱假節。　寧南將軍：官名。南朝梁武帝置。四寧將軍之一，爲適用武職的二十四班中的二十二班，相當於鎮南將軍。北魏略同。　武牢：關隘名。即虎牢。《北史》避唐高祖祖父李虎諱改。在今河南滎陽市汜水鎮西。　鎮都副將：官名。北魏時於緣邊諸鎮置，鎮的副長官，佐鎮都大將掌鎮務。孝文帝太和十七年職員令及二十三年復次職員令皆未載其品秩。

臨没，謂功曹鄭曄曰：[1]“吾羈旅南人，恩非舊結，蒙聖朝殊特之慈，得在疆埸效命，誓願鞭屍吴市，戮墳江陰。[2]不謂嬰此重疾，有心莫遂，非唯仰愧國靈，實亦俯慚后土。脩短命也，夫復何言！身殁後，乞葬河内州縣之東鄉，[3]依古墓而不墳，[4]足藏髮齒而已。庶其魂而有知，猶希結草之報。”[5]時制，南人入國者，皆葬桑乾。[6]曄等申遺意，詔許之。贈安南將軍、荆州刺史，[7]謚穆侯。吏人及將士共於墓所起佛寺，圖慧龍及僧彬像而讚之。吕玄伯感全宥之恩，留守墓側，終身不去。子

寶興襲爵。

[1]功曹：官名。職掌吏事或主選舉。凡郡功曹多用本地大族，權重，郡守常委事於功曹。北魏時自六品至從九品。

[2]鞭屍吴市戮墳江陰：伍子胥帥兵攻入楚都後，掘殺死父兄的仇人楚平王的墓，並鞭尸。見《史記》卷四〇《楚世家》。王慧龍以此表示不得復仇的遺憾。江陰，長江以南。

[3]河内：郡名。西晋時治野王縣，在今河南沁陽市。　州：縣名。治所在今河南温縣北。　東鄉：地名。疑即王慧龍的祖籍。

[4]依古墓而不墳：《禮記·檀弓上》："古也，墓而不墳。"凡掘穴葬棺木，蓋土與堆平，不植樹者稱墓。墳是埋葬死人後築起的土堆。

[5]庶其魂而有知猶希結草之報：典出《左傳》宣公十五年。比喻感恩報德，至死不渝。

[6]桑乾：縣名。治所在今山西山陰縣東。

[7]安南將軍：官名。爲出鎮南方地區的軍事長官，或作爲刺史等地方官員兼理軍務時的加官。與安東、安西、安北將軍合稱四安將軍。北魏孝文帝太和十七年定爲二品下，二十三年定爲三品。

寶興少孤，[1]事母至孝。尚書盧遐妻，[2]崔浩女也。初，寶興母及遐妻俱孕，浩謂曰："汝等將來所生，皆我之自出，可指腹爲親。"及昏，浩爲撰儀，躬自監視，謂諸客曰："此家禮事，宜盡其美。"及浩被誅，盧遐後妻寶興從母也，緣坐没官。寶興亦逃避，未幾得出。盧遐妻時官賜度斤鎮高車滑骨，[3]寶興盡賣貨産，自出塞贖之以歸。州辟中從事、别駕，[4]舉秀才，皆不就。閉門不交人事。襲爵長社侯、龍驤將軍。[5]卒，子瓊襲爵。

[1]竇興少孤：宋本作“竇興少”。按：根據文意，從底本。

[2]盧遐：人名。范陽涿（今河北涿州市）人。北魏官吏。見《北史》卷三〇《盧玄傳》。

[3]度斤鎮：地名。在今蒙古杭愛山東部北麓地帶。《資治通鑑》卷一七八胡三省注云：“度斤舊鎮，蓋即都斤山。”源氏校勘記云：“‘斤’《魏書》作‘河’。” 高車：族名。初號狄歷，也稱敕勒、鐵勒、丁零，因所乘車輪高大，故名。北魏時活動於今蒙古高原，以游牧爲生。見《北史》卷九八《高車傳》。

[4]中從事：《魏書》卷三八《王慧龍傳》作“治中從事”。《通志》卷一四九同底本。按：《北史》避唐高宗李治諱改。

[5]襲爵長社侯：底本作“襲爵封長社侯”，中華本校勘記云：“《魏書》無‘封’字，此衍文。”今從改。

瓊字世珍，孝文賜名焉。[1]太和九年，[2]爲典寺令。[3]十六年，[4]降侯爲伯。帝納其長女爲嬪，拜前將軍、并州大中正。[5]正始中，[6]爲光州刺史，[7]有受納響，爲中尉王顯所劾，[8]終得雪免。神龜中，[9]除左將軍、兖州刺史。[10]去州歸京，多年沈滯。所居在司空劉騰宅西，[11]騰雖勢傾朝野，初不候之。騰既權重，吞并鄰宅，增廣舊居，唯瓊終不肯與，以此久見屈抑。

[1]孝文：即北魏皇帝元宏。孝文爲其謚號。

[2]太和：北魏孝文帝的年號（477—499）。

[3]典寺令：官名。北魏置，管理佛教寺廟僧侣。

[4]十六年：殿本、四部備要本作“六十年”。按：前文有“太和九年”，此處應爲“太和十六年”。

[5]拜前將軍：中華本校勘記云：“《魏書》作‘前軍將軍’。”前將軍，官名。北魏時成爲軍府名號，用作加官。孝文帝太和十七

年定爲二品上，二十三年改爲三品。

[6]正始：北魏宣武帝的年號（504—508）。

[7]光州：北魏時治掖縣，在今山東萊州市。

[8]中尉：官名。北魏時爲御史中尉的省稱。主管御史臺，頗重其選。孝文帝太和十七年定爲三品上，二十三年定爲從三品。　王顯：人名。字世榮，陽平樂平（今山東莘縣）人。北魏官吏。見《北史》卷九〇《王顯傳》。

[9]神龜：北魏孝明帝的年號（518—520）。

[10]左將軍：官名。爲軍府名號，用作加官，常不載官品。孝文帝太和十七年定爲從二品上，二十三年定爲三品。　兗州：北魏孝文帝太和十八年改東兗州置，治瑕丘城，在今山東兗州市新驛鎮東頓村南。

[11]司空：官名。三公之一。爲名譽宰相，多爲大臣加官，無實際職掌。北魏孝文帝太和二十三年後定爲一品。　劉騰：人名。字青龍，平原城（今山東平原縣）人。北魏宦官。見《北史》卷九二《劉騰傳》。

瓊女適范陽盧道亮，[1]不聽歸其夫家。女卒，哀慟無已，瓊仍葬之别所，冢不即塞，常於壙内哭泣，[2]久之乃掩，當時深怪之。加以聾疾，每見道俗，乞丐無已，[3]造次見之，[4]令人笑愕。道逢太保、廣平王懷，[5]據鞍抗禮，自言馬瘦，懷即以誕馬并乘具與之。[6]嘗詣尚書令李崇，[7]騎馬至其黄合閣，[8]見崇子世哲，[9]直問繼伯在否，崇趨出，瓊乃下。崇儉而好以紙帖衣領，瓊哂而掣去之。崇小子青肫嘗盛服，寵勢亦不足恨。[10]領軍元叉使奴遺瓊馬，[11]瓊并留奴。王誦聞之笑曰：[12]“東海之風，於兹墜矣。”

［1］范陽：郡名。北魏時治涿縣，在今河北涿州市。　盧道亮：人名。字仁業，范陽涿（今河北涿州市）人。北魏名士。見《魏書》卷四七《盧玄傳》。

［2］壙：墳墓。

［3］乞丐：索取。

［4］造次：慌忙，倉促。

［5］太保：官名。北魏時爲三師之一，位居太師、太傅之下。一品。　廣平王：封爵名。廣平，郡名。北魏時治曲梁城，在今河北永年縣東南。　懷：即元懷，人名。字宣義。北魏宗室。見《北史》卷一九《廣平王懷傳》。

［6］誕：局本作“乘”。《魏書》卷三八《王慧龍附王瓊傳》、《文獻通考》卷一一八同底本。

［7］尚書令：官名。北魏初不常置，亦不掌實際政務，孝文帝改制後，尚書省權任頗重，以録尚書事爲長官，尚書令爲副貳，兼掌監察百官，皆爲宰相。孝文帝太和十七年定爲從一品上，二十三年定爲二品。　李崇：人名。字繼長，小名繼伯，頓丘（今河南清豐縣西南）人。北魏官吏。見《北史》卷四三《李崇傳》。

［8］黄合閤：源氏校勘記云：“《魏書》作‘黄閤’。”今從改。黄閤，指漢代丞相及以後的三公官署。因其官署廳門塗黄色，故名。

［9］世哲：即李世哲，人名。頓丘（今河南清豐縣西南）人。北魏官吏。見《北史·李崇附李世哲傳》。

［10］崇小子青肫嘗盛服寵勢亦不足恨：殿本、四庫本、局本、四部備要本作“崇小子青肫嘗盛服就褫之崇亦不恨”，中華本校勘記云：“李慈銘云：‘“盛服”下有脱文，《魏書》亦同，下注“闕”字。’按南、殿二本此句作‘崇小子青肫嘗盛服，就褫之，崇亦不恨’。疑本有脱文，南本以意改，殿本承之。”可從。青肫，即李神軌，人名。一名軌，小名青肫，頓丘（今河南清豐縣西南）人。北魏官吏。見《北史·李崇附李神軌傳》。

[11]元乂：人名。字伯儁，小字夜叉。北魏宗室、大臣。見《北史》卷一六《京兆王黎附元乂傳》。

[12]王誦：人名。字國章，琅邪臨沂（今山東臨沂市）人。北魏官吏。見《北史》卷四二《王肅附王誦傳》。

孝昌三年，[1]除鎮東將軍、金紫光禄大夫、中書令。[2]時瓊子遵業爲黄門郎，[3]故有此授。卒，贈征北將軍、中書監、并州刺史。[4]自慧龍入國，三世一身，至瓊始有四子。

[1]孝昌：北魏孝明帝的年號（525—527）。

[2]鎮東將軍：官名。多授持節都督，出鎮方面。北魏孝文帝太和十七年定爲從一品下，二十三年改爲從二品。　金紫光禄大夫：官名。西晋初有光禄大夫，加賜金章紫綬者爲金紫光禄大夫。禄賜、班位、冠幘、車服、佩玉、置吏卒羽林等，諸所賜給皆與特進同。作爲加官，僅授予章綬、禄賜班位，不别給車服吏卒。北魏孝文帝太和十七年定爲從一品下，二十三年改爲從二品。　中書令：官名。魏晋南北朝時中書省長官之一。南北朝時因逐漸脱離機務，隨名位增高而成爲閑職，多用作重臣加官。北魏孝文帝太和十七年定爲二品中，二十三年改爲三品。

[3]黄門郎：官名。黄門侍郎、給事黄門侍郎的省稱。爲侍中省或門下省次官，與侍中俱掌門下衆事，地位隨皇帝旨意或侍中地位而上下。北魏孝文帝太和十七年定爲三品中，二十三年改爲四品上。

[4]征北將軍：官名。爲四征將軍之一，多爲持節都督，出鎮地方，地位顯要。北魏孝文帝太和十七年定爲從一品中，二十三年改爲二品。　中書監：官名。魏晋南北朝時爲中書省長官之一。北魏孝文帝太和十七年定爲從一品中，二十三年改爲從二品。

長子遵業，風儀清秀，涉歷經史。位著作佐郎，[1]與司徒左長史崔鴻同撰起居注。[2]遷右軍將軍、兼散騎常侍，[3]慰勞蠕蠕。[4]乃詣代京，[5]采拾遺文，以補起居所闕。與崔光、安豐王延明等參定服章。[6]及光爲孝明講《孝經》，[7]遵業預講，延業録義，並應詔作釋奠侍宴詩。時人語曰："英英濟濟，王家兄弟。"轉司徒左長史、黄門郎，監典儀注。[8]

[1]著作佐郎：官名。協助著作郎修撰國史及起居注。本用文學之士，但在南北朝後期，因其職務清閑，成爲士族高門子弟的起家之官。北魏時屬秘書省著作局，置四員，孝文帝太和十七年定爲從五品上，二十三年改爲七品。

[2]司徒左長史：官名。位在司徒右長史上。北魏孝文帝太和十七年定爲四品上，二十三年改爲從三品。　崔鴻：人名。字彦鸞，東清河鄃（今山東淄博市）人。北魏官吏、史學家。見《北史》卷四四《崔光附崔鴻傳》。　起居注：皇帝的言行録。兩漢時由宫内修撰，魏晋以後設官專修。

[3]右軍將軍：官名。與前軍、後軍、左軍將軍合稱四軍將軍，掌宿衛，是護衛皇帝宫廷的主要禁軍將領之一。北魏孝文帝太和十七年定爲從三品上，二十三年定爲從四品上。　散騎常侍：官名。主掌圖書文翰、文章、撰述、諫諍拾遺，收納轉呈文書奏事。北朝時兼領修史，實際地位略高於南朝，仍爲閑散之職。北魏初一度掌出令，位在中書令之上。孝文帝太和十七年定爲二品下，二十三年定爲從三品。

[4]蠕蠕：族名。亦稱柔然，本爲東胡族的一支。南北朝時始强大，活動於今蒙古國南部地區。以游牧爲生。見《北史》卷九八《蠕蠕傳》。

[5]代京：指平城。在今山西大同市。

[6]崔光：人名。本名孝伯，字長仁，東清河鄃（今山東淄博市）人。北魏大臣。見《北史·崔光傳》。　安豐王：封爵名。安豐，郡名。北魏時治安豐縣，在今安徽霍邱縣西南。　延明：即元延明，人名。北魏宗室、大臣。見《北史》卷一九《安豐王猛附元延明傳》。　服章：表示官階身份的服飾。

[7]孝明：即北魏皇帝元詡。孝明爲其謚號。

[8]儀注：制度、禮節。

遵業有譽當時，與中書令陳郡袁翻、尚書琅邪王誦並領黄門郎，[1]號曰三哲。時政歸門下，世謂侍中、黄門爲小宰相，[2]而遵業從容恬素，若處丘園。[3]嘗著穿角履，好事者多毁新履以學之。以胡太后臨朝，[4]天下方亂，謀避地，自求徐州。[5]太后曰："王誦罷幽州始作黄門，[6]卿何乃欲徐州也？更待一二年，當有好處分。"遵業兄弟並交游時俊，乃爲當時所美。及尒朱榮入洛，[7]兄弟在父喪中，以於莊帝有從姨兄弟之親，[8]相率奉迎，俱見害河陰。[9]議者惜其人才，而譏其躁競。贈并州刺史。著《三晋記》十卷。

[1]陳郡：西晋時治陳縣，在今河南淮陽縣附近。　袁翻：人名。字景翔，陳郡項（今河南淮陽縣南）人。北魏官吏。見《北史》卷四七《袁翻傳》。　琅邪：郡名。北魏時治即丘縣，在今山東臨沂市東南。

[2]侍中：官名。北魏時常總典機密，受遺詔輔政，權任尤重，時號"小宰相"。孝文帝太和十七年定爲從一品中，二十三年定爲三品。　黄門：官名。黄門侍郎、給事黄門侍郎的簡稱。

[3]丘園：家園，鄉村。

[4]胡太后：指北魏宣武帝皇后胡氏。

[5]徐州：北魏時治彭城縣，在今江蘇徐州市。

[6]幽州：北魏時治薊縣，在今北京西南。

[7]尒朱榮：人名。北秀容（今山西朔州市）人，契胡族。北魏大臣。見《北史》卷四八《尒朱榮傳》。

[8]莊帝：即北魏皇帝元子攸。莊爲其謚號。

[9]河陰：指河陰之難。

子松年，少知名，齊文襄臨并州，[1]辟爲主簿。[2]累遷通直散騎常侍，[3]副李緯使梁。[4]使還，歷位尚書郎中。[5]魏收撰《魏書》成，[6]松年有謗言，文宣怒，禁止之，仍加杖罰。歲餘得免，除臨漳令。[7]遷司馬、别駕、本州大中正。[8]孝昭擢拜給事黄門侍郎。[9]帝每賜坐，與論政事，甚善之。

[1]文襄：即高澄。文襄爲其謚號，北齊文宣帝所追謚。

[2]主簿：官名。北齊時雖非掾史之首，然地位較高，縣之主簿較州之主簿更甚。

[3]通直散騎常侍：官名。晋武帝時使員外散騎常侍二人與散騎常侍通員當值，故名。東晋時增至四員，屬散騎省。參平尚書奏事，並掌諷諫、侍從，位頗重。南朝時屬集書省，多以衰老之士擔任，地位漸低。北魏孝文帝太和十五年亦置，初定爲三品下，二十三年改爲四品。

[4]李緯：人名。字乾經，趙郡平棘（今河北趙縣）人。東魏官吏。見《北史》卷三三《李靈附李緯傳》。

[5]尚書郎中：官名。凡尚書曹郎、郎中、侍郎皆可簡爲此稱。北魏前期尚書省諸曹皆置尚書爲長官，孝文帝改制後，復以尚書郎

爲諸郎曹長官，分隸六曹尚書。掌收發文書奏章庶務，可直接向皇帝奏報本職政務。孝文帝太和十七年定郎中爲五品上，郎爲從五品中，二十三年皆稱郎中，六品。

[6]魏收：人名。字伯起，鉅鹿下曲陽（今河北晋州市西）人。北齊官吏、史學家、文學家。見《北史》卷五六《魏收傳》。

[7]臨漳：縣名。治所在今河北臨漳縣西南。

[8]司馬：官名。魏晋南北朝時爲東宫、王府、公府及軍府之僚屬，主府内兵將事，位僅次於長史，名額不等，官品亦依府主之地位，由五品遞減至八品。南北朝時士族子弟多爲此官。

[9]孝昭：即北齊皇帝高演。孝昭爲其謚號。　給事黄門侍郎：官名。亦簡稱黄門、黄門郎、黄門侍郎。魏晋南北朝置爲侍中省或門下省次官，與侍中俱掌門下衆事，地位隨皇帝旨意或侍中地位而上下。北齊時置六員，四品。

孝昭崩，松年馳驛至鄴都宣遺詔，發言涕泗，迄於宣罷，容色無改，辭吐諧韻，宣訖號慟，自絶於地，百官莫不感慟。還晋陽，[1]兼侍中，護梓宫還鄴。[2]諸舊臣避形迹，無敢盡哀，唯松年哭必流涕，朝士咸恐。武成雖忿松年戀舊情切，[3]亦雅重之。以本官加散騎常侍，食高邑縣幹。[4]參定律令，前後大獄多委焉。兼御史中丞。[5]發晋陽之鄴，在道遇疾卒。贈吏部尚書，[6]并州刺史，謚曰平。第二子劭最知名。

[1]晋陽：縣名。治所在今山西太原市晋源區古城營村一帶。

[2]梓宫：皇帝的棺材。　鄴：城名。在今河北臨漳縣西南。

[3]武成：即北齊皇帝高湛。武成爲其謚號。

[4]高邑：縣名。治所在今河北高邑縣西南。　幹：東魏、北

齊授予官員以勞役人口的權益。

[5]御史中丞：官名。專掌監察、執法，領治書侍御史、侍御史，常受命領兵，出督軍旅，職權甚重。北魏中後期改爲御史中尉，從三品。北齊復舊，從三品。

[6]吏部尚書：官名。主管官吏銓選、考課、獎懲，其實權甚或過於尚書僕射。然重要官職的任免須與諸執政大臣合議，由皇帝、宰相裁定，亦常命尚書僕射領吏部事務或任命大臣參掌選事以分其權任。北齊時爲三品。

劭字君懋，少沈默，好讀書。仕齊，累遷太子舍人，[1]待詔文林館。[2]時祖孝徵、魏收、陽休之等嘗論古事，[3]有所遺忘，[4]討閱不能得。問劭，[5]劭具論所出，取書驗之，一無舛誤。自是大爲時人所許，稱其博物。後遷中書舍人。[6]齊滅入周，不得調。隋文帝受禪，[7]授著作佐郎，以母憂去職。在家著《齊書》，時制禁私撰史，爲内史侍郎李元操所奏。[8]上怒，遣收其書，覽而悦之，於是起爲員外散騎侍郎，[9]修起居注。

[1]太子舍人：官名。北齊時隸屬詹事府典書坊，從六品下。

[2]文林館：官署名。北齊後主武平四年置。引文學之士充之，稱待詔。

[3]祖孝徵：人名。即祖珽。字孝徵，范陽遒（今河北淶水縣北）人。北齊官吏。見《北史》卷四七《祖瑩附祖珽傳》。　陽休之：人名。字子烈，北平無終（今天津薊縣）人。歷仕北魏、北齊、北周、隋。見《北史》卷四七《陽尼附陽休之傳》。

[4]有所遺忘：毛本作“有所遺亡”。按：“亡”“忘”古通。

[5]問劭：中華本作“問劭”。按：由上文都作“劭”，從

底本。

[6]中書舍人：官名。中書省屬官。北朝時專掌草擬詔令，出納之職由門下省分任，故職權較南朝爲輕。孝文帝太和十七年定爲六品上，二十三年改爲六品下。北齊時爲六品。

[7]隋文帝：即隋朝皇帝楊堅。文爲其謚號。

[8]内史侍郎：官名。隋朝時爲内史省次官，置四員，正四品。掌管機密，草擬詔令。煬帝大業三年（607）減爲二員，十二年改爲内書侍郎。殿本、四部備要本作“内史持郎”。按：字形相近而訛，從底本。　李元操：人名。即李孝貞，字元操，避隋文帝祖父楊禎諱以字行，趙郡平棘（今河北趙縣）人。歷仕北齊、北周、隋。見《北史》卷三三《李順附李孝貞傳》。

[9]員外散騎侍郎：官名。隋初爲門下省屬官，職掌同散騎常侍，兼掌出使勞問。從五品。

劭以上古有鑽燧改火之義，近代廢絶，於是上表請變火曰：[1]“臣謹案《周官》：‘四時變火，以救時疾。’明火不數變，時疾必興。聖人作法，豈徒然也？在晋時，有人以洛陽火度江者，世世事之，相續不滅，火色變青。昔師曠食飯，云是勞薪所爨，晋平公使視之，果然車輞。[2]今温酒及炙肉，用石炭、木炭火、竹火、草火、麻荄火，[3]氣味各不同。以此推之，新火舊火，理應有異。伏願遠遵先聖，於五時取五木以變火。用功甚少，救益方大。縱使百姓習久，未能頓同，尚食内厨及東宫諸王食厨，[4]不可不依古法。”上從之。

[1]變火：相傳古代鑽木取火，一年之中，隨著季節的變换，取火的木材也相應變换，稱變火。

[2]昔師曠食飯云是勞薪所爨（cuàn）晋平公使視之果然車輞：源氏校勘記云："《餘冬序録》云：'師曠知勞薪事，今不見何書。劭言當必有所本。劭不近舉荀勖知勞薪而遠引師曠，是知炊爨氣味，古人有辨之者矣。'"源氏校勘記於"輞"旁紅筆小字夾批"一作車輪"。師曠，人名。字子野，晋國楊邑（今山西洪洞縣）人，春秋著名樂師。爨，燒火。晋平公，即春秋時晋國國君姬彪。輞，車輪周圍的框子。

[3]麻荄（gāi）：麻根。

[4]東宫諸王食厨：源氏校勘記云："'王'《隋書》作'主'。"

劭又言上有龍顔戴干之表，[1]指示群臣。上大悦，賜物數百段，拜著作郎。[2]上表言符命曰：

[1]龍顔戴干：相書上講的一種帝王之相。劉孝標《辯命論》："龍犀日角，帝王之表。"李善注引朱建平《相書》云："額有龍犀入髮，左角日，右角月，王天下也。"龍犀指囟門下骨頭隱藏起，下連鼻梁不斷。戴干，頭部有肉突起，如干戈對立。干，武器。

[2]著作郎：官名。掌修國史及起居注的修撰。隋朝時爲著作曹長官，員二人，隸秘書省。初爲從五品上，後復降爲從五品。

昔周保定二年，[1]歲在壬午，五月五日，青州黄河變清，[2]十里鏡澈。齊氏以爲己瑞，改元，年曰河清。[3]是月，至尊以大興公始作隨州刺史。[4]歷年二十，隋果大興。臣謹案《易坤靈圖》曰：[5]"聖人受命，瑞必先見於河。"河者取濁，[6]未能清也。竊以靈貺休祥，[7]理無虚發，河清啓聖，實屬大隋。午爲鶉火，[8]以明火德；仲夏火王，[9]亦明火

德。月五日五，合天地數，既得受命之辰，允當先見之兆。

[1]保定：北周武帝的年號（561—565）。

[2]青州：北周時治東陽城，在今山東青州市。

[3]河清：北齊武成帝的年號（562—565）。

[4]至尊：用爲皇帝的代稱。　大興公：封爵名。大興，郡名。北周時治大興縣，在今陝西定邊縣城關。　隨州：北周時治隨縣，在今湖北隨州市。

[5]易坤靈圖：即《易緯靈坤圖》。撰者不詳，東漢鄭玄注。書中提出太易、太極、太始、太素等概念，闡述天象人事、政治興衰、人體疾病等關係。

[6]河者取濁：殿本、四庫本、局本、四部備要本、中華本作“河者最濁”。《通志》卷一六二同底本。

[7]靈貺（kuàng）：神靈賜福。　休祥：吉祥。

[8]鶉（chún）火：星次名。南方有井、鬼、柳、星、張、翼、軫七宿，稱朱鳥七宿。首位井、鬼稱鶉首，中部柳、星、張稱鶉火，也叫鶉心，末位翼、軫稱鶉尾。

[9]仲夏：夏季的第二個月，即農曆五月。　火王：謂五行中之火德旺盛。

開皇初，[1]邵州人楊令悊近河得青石圖一、紫石圖一，[2]皆隱起成文，有至尊名，下云“八方天心”。永州又得石圖，[3]剖爲兩段，有楊樹之形，黄根青葉。汝水得神龜，[4]腹下有文曰“天卜楊興”。安邑掘地得古鐵板，[5]文曰“皇始天年，賫楊鐵券，王興”。同州得石龜，[6]文曰“天子延千年，大

吉”。臣以前之三石，不異《龍圖》。[7]何以用石？石體久固，義與上名符合。龜腹七字何以著龜？龜亦久固，兼是神靈之物。孔子歎河不出圖，洛不出書；今於大隋聖世，圖書屢出。[8]

[1]開皇：隋文帝的年號（581—600）。

[2]邵州：隋朝時治亳城縣，在今山西垣曲縣東南。　石圖：有圖文的石頭。古代迷信，以其爲祥瑞。

[3]永州：隋朝時治楚城，在今河南信陽市北。

[4]汝水：上游即今河南汝河，自漯河市郾城區以下，故道南流至今洪河，又南經今沙河。

[5]安邑：縣名。治所在今山西夏縣西北。

[6]同州：隋朝初治武鄉縣，在今陝西大荔縣。　石龜：石琢的龜。古代或用作瑞物。

[7]龍圖：即河圖。爲帝王聖者受命之瑞兆。《易·繫辭上》：“河出圖，洛出書，聖人則之。”

[8]圖書：讖緯符命之類。

建德六年，[1]亳州大周村有龍鬭，[2]白者勝，黑者死。大象元年夏，[3]滎陽汴水北有龍鬭，[4]初見白氣屬天，自東方歷陽武而來，[5]及至，白龍也，長十許丈。有黑龍乘雲而至，雲雨相薄，乍合乍離，自午至申，白龍昇天，黑龍墜地。謹案：龍，君象也。前鬭于亳州周村者，蓋象至尊以龍鬭之歲爲亳州總管，[6]遂代周有天下。後鬭于滎陽者，滎字三火，明火德之盛也。白龍從東方來，歷陽武者，蓋象至尊將登帝位，從東第入自崇陽門也。[7]西北昇

天者，當乾位天門。

[1]建德：北周武帝的年號（572—578）。

[2]亳州：北周時治小黄縣，在今安徽亳州市。

[3]大象：北周静帝的年號（579—580）。

[4]熒陽：縣名。治所在今河南滎陽市。　汴水：始於今河南滎陽市汴渠，東循狼湯渠，流至今江蘇徐州市，注入泗水的水運幹道。

[5]陽武：縣名。治所在今河南原陽縣東南。

[6]總管：官名。地方高級行政官員。北周明帝武成元年（559）由都督諸州軍事改名，加使持節，管理轄區軍事民政。所轄區域增減不定，多者可達數十州。品秩分三等，上總管爲從二品，中總管爲正三品，下總管爲從三品。

[7]自崇陽門：毛本作“至崇陽門”。《隋書》卷六九《王劭傳》、《通志》卷一六二、《隋文紀》卷六同底本。崇陽門，北周宫城之東門。在今陝西西安市西北。

《坤靈圖》曰：[1]“聖人殺龍，龍不可得而殺，皆感氣也。”又曰：“泰，姓商名宫，黄色，長八尺，六十世，河龍以正月辰見，白龍與五黑龍鬬，白龍陵，故泰人有命。”謹案此言，皆爲大隋而發也。“聖人殺龍”者，前後龍死是也。“姓商”者，皇家於五姓爲商也。“名宫”者，武元皇帝諱於五聲爲宫。[2]“黄色”者，隋色尚黄。“長八尺”者，武元皇帝身長八尺。“河龍以正月辰見”者，泰，正月卦，龍見之所於京師爲辰地。“白龍與黑龍鬬”者，亳州、熒陽龍鬬是也。勝龍所以白者，楊姓納

音爲商，至尊又辛酉歲生，[3]位皆在西方，西方白色也。死龍所以黑者，周色黑。所以稱五者，周閔、明、武、宣、靖凡五帝；[4]趙、陳、代、越、滕五王一時伏法，[5]亦當五數。“白龍陵”者，陵猶勝也。鄭玄説“陵”當爲“除”，[6]凡鬬能去敵曰除。臣以“泰人有命”者，泰之爲言，通也，大也，明其人道通德大，有天命也。《乾鑿度》曰：[7]“泰表戴干。”鄭玄注云：“表者，人形體之彰識也。干，盾也。泰人之表，戴干。”臣伏見至尊有戴干之表，益知泰人之表，不爽毫釐。《坤靈圖》所云，字字皆驗。緯書又稱漢四百年，終如其言，則知六十世亦必然矣。昔宗周卜世三十，[8]今則倍之。

[1]坤靈圖：即《易緯靈坤圖》。

[2]武元：即楊忠。武元爲其謚號，隋文帝所追謚。

[3]至尊又辛酉歲生：局本“又”作“以”。

[4]閔：即北周皇帝宇文覺。閔爲其謚號。　明：即北周皇帝宇文毓。明爲其謚號。　武：即北周皇帝宇文邕。武爲其謚號。　宣：即北周皇帝宇文贇。宣爲其謚號。　靖：即北周皇帝宇文衍。靖爲其謚號。

[5]趙陳代越滕五王：被隋朝鎮壓的北周五位宗室王。趙，國名。北周以洺州襄國郡爲趙國，在今河北邢臺市。陳，國名。北周以齊郡爲陳國，在今山東濟南市。王：代，國名。北周以潞州上黨郡爲代國，在今山西潞城市東北。越，國名。北周以豐州武當、安富二郡爲越國，在今湖北丹江口市西北、鄖縣東南。滕，國名。北周以荆州新野郡爲滕國，在今河南新野縣。

[6]鄭玄：人名。字康成，北海高密（今山東高密市）人。東

漢經學家。見《後漢書》卷三五《鄭玄傳》。

[7]乾鑿度：緯書，撰者不詳，三國魏宋均注。

[8]昔宗周卜世三十：《漢書·諸侯王表》應劭注云："武王克商，卜世三十，卜年七百。"

《稽覽圖》曰：[1]"太平時，陰陽和合，風雨會同，[2]海内不偏。地有阻險，[3]故風有遲疾。雖太平之政猶有不能均，[4]惟平均乃不鳴條，[5]故欲風於亳。亳者陳留也。"[6]謹案此言，蓋明至尊昔爲陳留公世子，[7]亳州總管，遂受天命，海内均同，不偏不黨，以成太平之風化也。在大統十六年，武元皇帝改封陳留公。是時，齊國有祕記云"天王陳留入并州"，齊主高洋爲是誅陳留王彭樂。[8]其後，武元皇帝果將兵入并州。周武帝時，望氣者云"亳州有天子氣"，於是殺亳州刺史紇豆陵恭。[9]至尊代爲之。又陳留老子祠有枯栢，世傳云老子將度世，云："待枯栢生東南枝，迴指，當有聖人出，吾道復行。"至齊，枯栢從下生枝，東南上指，夜有三童子相與歌曰："老子廟前古枯樹，[10]東南枝如繖，[11]聖主從此去。"及至尊牧亳州，親至祠樹之下，自是栢枝回抱，其枯枝漸指西北，道教果行。考校衆事，太平主出於亳州陳留之地，皆如所言。《稽覽圖》又云："政道得，則陰物變爲陽物。"鄭玄注云："葱變爲韭，亦是。"謹案自六年以來，遠近山石多變爲玉。石爲陰，玉爲陽。又左衛園中，葱皆變爲韭。

[1]稽覽圖：緯書，撰者不詳，東漢鄭玄注。

[2]風雨會同：源氏校勘記云："'會'《隋書》作'咸'。按，《稽覽圖》同。"

[3]地有阻險：源氏校勘記云："'險阻'《稽覽圖》作'險易'。"

[4]雖太平之政猶有不能均：源氏校勘記云："《稽覽圖》'均'下有'同'字。"

[5]鳴條：風吹樹枝發聲。《古文苑》卷一一引董仲舒《雨雹對》："太平之世，則風不鳴條，開甲散萌而已。"

[6]亳：州名。北周時治小黄縣，在今安徽亳州市。

[7]蓋明至尊昔爲陳留公世子：源氏校勘記云："'昔'《隋書》作'者'。"按：據下文文意，當從底本。陳留公，封爵名。陳留，郡名。北周時治俊儀縣，在今河南開封市。

[8]高洋：人名。字子進，勃海蓨（今河北景縣）人。北齊皇帝。見《北史》卷七《齊本紀·文宣帝》。　陳留王：封爵名。陳留，郡名。北齊時治俊儀縣，在今河南開封市。　彭樂：人名。字興，安定（今甘肅涇川縣北）人。北魏、東魏將領。見《北史》卷五三《彭樂傳》。

[9]紇豆陵恭：人名。其餘不詳。

[10]老子廟：在今河南鹿邑縣東。

[11]東南枝：源氏校勘記云："'枝'《隋書》作'狀'。"

上覽之大悦，賜物五百段。未幾，劭復上書曰：

《易·乾鑿度》曰："《隨》，上六，拘係之，[1]乃從維之，王用亨於西山。[2]《隨》者，二月卦。陽德施行，蕃决難解，萬物隨陽而出，故上六欲九五拘係之，維持之，明被陽化而欲陰隨從之也。"

《易·稽覽圖》:“《坤》，六月，有子女任政，一年傳爲《復》。五月，貧之從東北來立，大起土邑，西北地動星墜，陽衛。《屯》，十一月，神人從中山出，[3]趙地動，北方三十日，千里馬數至。”謹案:凡此《易緯》所言，[4]皆是大隋符命。《隨》者，二月之卦，明大隋以二月即皇帝位也。“陽德施行”者，明楊氏之德教施行於天下也。“蕃决難解”者，明當時蕃鄣皆通决，[5]險難皆解散也。“萬物隨陽而出”者，明天地間萬物盡隨楊氏而出見也。“上六欲九五拘係之”者，五爲王，六爲宗廟，明宗廟神靈欲命登九五之位，[6]帝王拘人以禮，係人以義也。“拘人以禮，係人以義”，此二句，亦是《乾鑿度》之言。“維持之”者，明能以綱維持正天下也。“被陽化而欲陰隨從之”者，明諸陰類被服楊氏之風化，莫不隨從。陰，謂臣下也。“王用亨于西山”者，蓋明至尊常以歲二月幸西山仁壽宫也。[7]凡四稱“隨”，三稱“陽”，欲美隨楊，丁寧之至也。“《坤》六月”者，坤位在未，六月建未，言至尊以六月生也。“有子女任政”者，言樂平公主是皇帝子女，[8]而爲周后，任理内政也。“一年傳爲《復》”者，《復》是《坤》之一世卦，陽氣初起，言周宣帝崩後一年，傳位與楊氏也。“五月，貧之從東北來立”，“貧之”當爲“真人”，字之誤也。言周宣帝以五月崩，真人革命，當在此時。至尊謙讓而逆天意，故踰年乃立。昔爲定州總管，[9]在京

師東北，本而言之，故曰“真人從東北來立”。“大起土邑”者，大起，即大興城邑也。“西北地動星墜”者，蓋天意去周授隋，故變動也。“陽衛”者，言楊氏得天衛助也。“《屯》，十一月，神人從中山出”者，此卦動而大亨作，故至尊以十一月被授亳州總管，將從中山而出也。“趙地動”者，中山爲趙地，以神人將去，故變動也。“北方三十日”者，蓋至尊從北方將往亳州之時，停留三十日也。“千里馬”者，蓋至尊舊所乘騧騮馬也。《屯》卦，震下坎上，震於馬爲作足，坎於馬爲美脊，是故騧馬脊有肉鞍，行則先作弄四足也。“數至”者，言歷數至也。

［1］拘係：拘禁。

［2］亨：中華本作“享”。按：作‘亨’是。

［3］中山：郡名。北周時治盧奴縣，在今河北定州市。

［4］易緯：撰者不詳，東漢鄭玄注。包括《易緯乾坤鑿度》《易緯乾鑿度》《易緯稽覽圖》《易緯辨終備》《易緯通卦驗》《易緯乾元序制記》《易緯是類謀》《易緯靈坤圖》等八種。

［5］明當時蕃鄣皆通決：底本“鄣”作“彰”，局本作“明宫時蕃彰皆通決”，宋本作“明當時蕃鄣皆通決”，中華本校勘記云：“各本‘鄣’訛‘彰’，據宋本及《隋書》卷六九、《通志》卷一六二《王劭傳》改。”今從改。

［6］明宗廟神靈欲命登九五之位：源氏校勘記云：“‘命’《隋書》作‘令’。”

［7］西山：在今陝西麟游縣。

［8］樂平公主：封號。樂平，郡名。北周時治樂平縣，在今山

西昔陽縣西南。

[9]定州：北周時治盧奴縣，在今河北定州市。

《河圖帝通紀》曰：[1]“形瑞出，變矩衡，赤應隨，叶靈皇。”《河圖皇參持》曰：“皇辟出，承元訖，道無爲，安率，被遂矩，戲作術，開皇色，握神日，投輔提，象不絶，立皇後，翼不格，道終始，德優劣，帝任政，河典出，叶輔嬉，爛可述。”[2]謹案：凡此《河圖》所言，亦是大隋符命。“形瑞出，變矩衡”者，矩，法也；衡，北斗星名，所謂璿璣玉衡者也。大隋受命，形兆之瑞始出，天象則爲之變動。北斗主天之法度，[3]故曰矩衡。《易緯》：“伏戲，[4]矩衡神。”鄭玄注，以爲法玉衡之神。與此《河圖》矩衡義同。“赤應隨”者，言赤帝降精，感應而生隋也。故隋以火德爲赤帝天子。“叶靈皇”者，叶，合也，言大隋德合上靈天皇大帝也。又年號開皇，與《靈寶經》之開皇年相合，[5]故曰叶靈皇。“皇辟出”者，皇，大也，辟，君也，大君出，蓋謂至尊受命出爲天子也。“承元訖”者，言承周天元終訖之運也。[6]“道無爲，安率”者，“安”下脱一字，言大道無爲，安定，天下率從。“被遂矩，戲作術”者，矩，法也，昔遂皇握機矩，[7]伏戲作八卦之術，言大隋被服彼二皇之法術也。“遂皇機矩”，語見易緯。“開皇色”者，言開皇年易服色也。“握神日”者，言握持群神，明照如日也。又開皇以來日漸長，亦其義也。

“投輔提”者，言投授政事於輔佐，使之提挈也。[8]“象不絶”者，法象不廢絶也。“立皇後，翼不格”者，格，至也，言本立太子以爲皇家後嗣，而其輔翼之人不能至於善也。“道終始，德優劣”者，言前東宫道終而德劣，今皇太子道始而德優也。“帝任政，河典出”者，言皇帝親任政事，而邵州河濱得石圖也。[9]“叶輔嬉，爛可述”者，叶，合也；嬉，興也，言群臣合心輔佐，以興政教，爛然可紀述也。所以於《皇参持》《帝通紀》二篇，大陳符命者，明皇道帝德盡在於隋也。

[1]河圖：撰者不詳。記古代儒家關於《周易》和《洪範》兩書來源的傳説。《隋書·經籍志》著録《河圖》二十卷，《河圖洛書》二十四卷、目録一卷。

[2]爛（làn）：光明、顯著。

[3]北斗：亦稱梨星、杓星、斧頭星。北天中排列成杓斗形的七顆亮星。

[4]伏戲：傳説中的三皇之一。風姓，號“羲皇”。

[5]靈寶經：道教經典。

[6]周天元：即周宣帝宇文贇。北周静帝大象元年禪位於長子宇文衍，自稱天元皇帝。

[7]遂皇：即燧人氏的首領。傳説中人工取火的發明者。

[8]使之提挈也：局本作“絜”。《隋書》卷六九《王劭傳》、《通志》卷一六二、《隋文紀》卷六同底本。

[9]邵州：北周時治陽胡城，在今山西垣曲縣古城鎮。

上大悦，以劭至誠，寵錫日隆。[1]

[1]寵錫：皇帝的恩賜。

時有人于黄鳳泉浴，得二白石，頗有文理。遂附其文以爲字，復言有諸物象，而上奏曰："其大玉有日月、星辰、八卦、五岳及二麟、雙鳳、青龍、朱雀、騶虞、玄武，[1]各當其方位。又有五行、十日、十二辰之名，凡二十七字。又有'天門、地户、人門、鬼門閉'九字。又有却非及二鳥。[2]其鳥皆人面，則《抱朴子》所謂千秋萬歲者也。[3]其小玉亦有五岳、却非、虬、犀之象。二玉俱有仙人玉女乘雲控鶴之象。别有異狀諸神，不可盡識，蓋是風伯、雨師、山精、海若之類。[4]又有天皇大帝、皇帝及四帝坐，鉤陳、北斗、三公、天將軍、土司空、老人、天倉、南河、北河、五星、二十八宿凡四十五官。[5]諸字本無行伍，皆往往偶對。於大玉則有皇帝姓名，[6]並臨南面，與日字正鼎足，復有老人星，蓋明南面象日，[7]而長壽也。皇后二字在西，上有月形，蓋明象月也。於次玉，則皇帝名與九千字次比，兩楊字與萬年字次比，隋與吉字正並，蓋明長久吉慶也。"劭復迴互其字，[8]作詩二百八十篇奏之。上以爲誠，賜帛千匹。

[1]青龍：二十八宿中東方七宿的合稱。　朱雀：二十八宿中南方七宿的合稱。　騶（zōu）虞：義獸名。一説即白虎。二十八宿中的西方七宿的合稱。　玄武：二十八宿中北方七宿的合稱。

[2]却非：即却非冠，古冠名。《後漢書·輿服志下》："却非

冠，制似長冠，下促。宮殿門吏僕射冠之。”《隋書·禮儀志六》：“却非冠，高五寸，制似長冠。”

[3]抱朴子：東晋葛洪撰。七十卷。

[4]風伯：主司颳風的天神。　雨師：司雨的神。　山精：山間怪獸。　海若：海神。

[5]鉤陳：《文選》揚雄《甘泉賦》李善注引服虔曰：“鉤陳，神名也。紫微宮外營陳星也。”　三公：在五諸侯星官中，屬井宿。五諸侯共五星，其中第三顆稱三公。　天將軍：又名天大將軍。在婁宿北，由十一顆恒星組成。位於三角座、英仙座内。　土司空：在室宿西南，由二星組成，屬飛馬座。　老人：又稱南極老人、壽星。全天第二亮星，白色。　天倉：在婁宿南。由六顆恒星組成，位於鯨魚座内。　南河：又名南戍、南宮、陽門、越門、奴星，在東井之南，與東井之北的北河相對，由三星組成。　北河：又名北戍、北宮、陰門、胡門、衡星，在井宿東北，由三星組成，位於雙子座。　五星：水、木、金、火、土五大行星。

[6]皇帝姓名：底本作“皇帝日名”，宋本作“皇帝姓名”，源氏校勘記云：“‘日’《隋書》作‘姓名’。”中華本校勘記云：“各本‘姓’作‘日’，宋本及《隋書》《通志》作‘姓’，今從宋本。”今從改。

[7]蓋明南面象日：元大德本、毛本“日”作“月”。按：後文提及皇后“蓋明象月”，此處應爲“蓋明南面象日”，從底本。

[8]迴互：回環交錯。

劭於是採人間歌謡，引圖書讖緯，依約符命，捃摭佛經，[1]撰爲《皇隋靈感誌》合三十卷，奏之。上令宣示天下。劭集諸州朝集使，[2]洗手焚香，閉目讀之，曲折其聲，有如歌詠，經涉旬朔，[3]徧而後罷。上益喜，賞賜優洽。

[1]捃（jùn）摭（zhí）：搜集，采集。

[2]朝集使：官名。諸州都督、刺史每年派遣使者至京師朝覲皇帝並謁見宰相報告政務及歲計出入，稱爲朝集使。參加朝會時可向皇帝提建議。

[3]旬朔：十天或一個月。亦泛指不長的時日。

及文獻皇后崩，[1]劭復上言："佛經説人應生天上及上品上生無量壽國之時，天佛放大光明，以香花妓樂來迎之。如來以明星出時入涅盤。[2]伏惟大行皇后，聖德仁慈，福善禎符，備諸祕記，皆云是妙善菩薩。[3]臣謹案：八月二十二日，仁壽宫内再雨金銀之花；二十三日，大寶殿後，[4]夜有神光；二十四日卯時，永安宫北，[5]有自然種種音樂，震滿虚空。至五更中，奄然如寐，便即升遐。與經文所説，事皆符驗。臣又以愚意思之，皇后遷化不在仁壽大興宫者，[6]蓋避至尊常居正處也。在永安宫者，象京師永安門，[7]平生所出入也。后升遐後二日，苑内夜有鍾聲二百餘處，此則生天之應，[8]顯然也。"上覽之，且悲且喜。

[1]文獻：即隋文帝獨孤皇后。文獻爲其謚號。

[2]如來：佛教釋迦摩尼佛十大名號之一。

[3]妙善菩薩：即佛教觀音菩薩。

[4]大寶殿：位於隋仁壽宫内，在今陝西麟游縣西。

[5]永安宫：宫殿名。在今陝西西安市西南。

[6]大興宫：宫殿名。在今陝西西安市北。

[7]永安門：城門名。在今陝西西安市。

[8]苑内夜有鍾聲二百餘處此則生天之應：毛本、殿本、四庫本、四部備要本“處”作“響”，“此”作“者”，源氏校勘記云：“萬曆本《隋書》作‘三百’。”

時蜀王秀以罪廢，[1]上謂劭曰：“嗟乎！吾有五子，三子不才。”劭進曰：“自古聖帝明王，皆不能移不肖之子。黄帝二十五子，同姓者二，餘各異德。堯十子，舜九子，皆不肖。夏有五觀，[2]周有三監。”[3]上然其言。後上夢欲上高山而不能得，崔彭捧脚，[4]李盛扶肘，乃得上。因謂彭曰：“死生當與爾俱。”劭曰：“此夢大吉。上高山者，明高崇大安，永如山也。彭猶彭祖，李猶李老，二人扶侍，實爲長壽之徵。”上聞之，喜見容色。其年，上崩，未幾，崔彭亦卒。

[1]秀：即楊秀，人名。弘農華陰（今陝西華陰市東南）人。隋朝宗室。見《北史》卷七一《庶人秀傳》。

[2]五觀：也作“武觀”，帝啓的少子。夏啓十五年，武觀叛亂。

[3]三監：周武王滅商後，封紂之子武庚於殷都，並安排弟弟管叔、蔡叔、霍叔分别在殷都的東、西、北三個方位加以監視。但在武庚的挑撥下，管叔、蔡叔和霍叔却發動了叛亂。見《史記》卷四《周本紀》。

[4]崔彭：人名。字子彭，博陵安平（今河北安平縣）人。北周、隋朝將領。見《北史》卷三二《崔辯附崔彭傳》。

煬帝嗣位，漢王諒作亂，[1]帝不忍誅。劭上書曰：“臣聞黄帝滅炎，蓋云母弟；[2]周公誅管，信亦天倫；[3]

叔向戮叔魚，仲尼謂之遺直；[4]石碏殺石厚，[5]丘明以爲大義。[6]此皆經籍明文，帝王常法。今陛下置此逆賊，度越前聖。謹案：賊諒毒被生靈者也。古者同德則同姓，德不同則異姓，故黄帝有二十五子，其得姓者十有四人，唯青陽、夷鼓與黄帝同爲姬姓。諒既自絶，請改其氏。”劭以此求媚，帝依違不從。後遷秘書少監，[7]卒於官。

[1]諒：即楊諒，人名。字德章，小字益錢，隋文帝第五子。隋文帝開皇元年封爲漢王。見《北史》卷七一《庶人諒傳》。

[2]黄帝滅炎：指黄帝於坂泉打敗炎帝。見《史記》卷一《五帝本紀》。　母弟：同母之弟。見《國語·晋語》：“昔少典娶於有蟜氏，生黄帝、炎帝。”

[3]周公誅管信亦天倫：周公殺死管叔，亦是天道。見《史記》卷三五《管蔡世家》。

[4]叔向戮叔魚仲尼謂之遺直：《左傳》昭公十四年：“叔向，古之遺直也，治國制刑，不隱於親，三數叔魚之惡，不爲末減。曰義也夫，可謂直矣。”杜預注：“言叔向之直，有古人遺風。”叔向，即羊舌肸，人名。字叔向。春秋時晋國大臣。博聞强識，是春秋時期有名的賢人。叔魚，即羊舌鮒，人名。字叔魚。春秋時晋國大臣，叔向的異母弟。因爲徇私枉法而被殺。

[5]石碏（què）殺石厚：底本、元大德本、毛本、殿本、四庫本、局本、四部備要本“碏”作“蜡”。中華本校勘記云：“諸本‘碏’作‘蜡’，據《隋書》《通志》改。石碏見《左傳》隱公三年。”今從改。石碏，人名。春秋時衛國大夫。莊公愛庶子州吁，他勸諫莊公，不聽。桓公立，州吁與碏子石厚謀殺桓公而自立，他與陳侯合謀襲殺州吁，迎立公子晋，即衛宣公。

[6]丘明：即左丘明，人名。魯國人。春秋時著名史學家。相

傳著有《左傳》《國語》。

[7]秘書少監：官名。隋煬帝大業三年置，爲秘書省次官，佐秘書監掌圖書典籍，員一人。從四品。後改稱秘書少令。

劭在著作將二十年，事典國史，撰《隋書》八十卷，多録口敕。[1]又採迂怪不經之語，[2]及委巷之言，[3]以類相從，爲其題目。詞義繁雜，無足稱者。遂使隋代文武名臣善惡之迹，堙滅無聞。初撰《齊志》爲編年體二十卷，復爲《齊書》紀傳一百卷，及《平賊記》三卷，或文詞鄙野，或不軌不物，[4]駭人視聽，大爲有識嗤鄙。然其指摘經史謬誤，爲《讀書記》三十卷，時人服其精博。爰自志學，暨于暮齒，[5]篤好經史，遺略世事。用思既專，性頗恍忽，每至對食，閉目凝思，盤中之肉，輒爲僕從所噉。劭弗之覺，唯責肉少，數罰厨人。厨人以情白劭，劭依前閉目，伺而獲之。厨人方免笞辱。其專固如此。

[1]口敕：帝王口頭的詔令。

[2]迂怪：迂闊怪誕。

[3]委巷：僻陋曲折的小巷。借指民間。

[4]不軌：越出常軌，不合法度。　不物：違禁的事物。後用以謂不如常法，不合法度。

[5]暮齒：晚年。

遵業弟廣業，性沈雅，涉歷書傳，位太尉祭酒，[1]遷屬。卒於太中大夫，[2]贈徐州刺史。子乂，有儀望，以幹用見稱，卒於南鉅鹿太守。[3]

[1]太尉祭酒：官名。北魏時王府、公府屬官。

[2]太中大夫：官名。亦作“大中大夫”。北魏時多用以安置年老退免的九卿大臣，無具體職掌。孝文帝太和十七年定爲三品下，二十三年定爲從三品。

[3]南鉅鹿：郡名。北魏時治廣阿縣，在今河北隆堯縣東。

廣業弟延業，博學多聞，頗有才藻，位中書郎。[1]河陰之役，遂亡骸骨。又無子，[2]贈齊州刺史。[3]

[1]中書郎：官名。魏晋南北朝時常用作中書侍郎、中書通事郎的省稱。南朝時爲閑職，成爲諸王起家官。北魏時負責草擬詔令。孝文帝太和十七年定爲四品上，二十三年之後爲從四品上。

[2]又無子：底本作“乂”，中華本校勘記云：“諸本‘又’訛‘乂’，據《通志》卷一四九《王慧龍傳》改。”今從改。

[3]齊州刺史：殿本、四部備要本作“齊州御史”。《通志》卷一四九同底本。齊州，北魏時治歷城縣，在今山東濟南市。

延業弟季和，位書侍御史、并州大中正，[1]贈華州刺史。[2]

[1]書侍御史：官名。即治書侍御史。亦稱治書御史，簡稱御史、侍御。魏晋南北朝時爲御史中丞佐貳，御史臺要職，分領侍御史諸曹，監察、彈劾較高級官員，亦奉命出使，收捕犯官等。南朝時不爲世族所重，而北朝時威權甚重。北魏孝文帝太和十七年定爲五品上，二十三年改爲六品上。

[2]華州：北魏獻文帝皇興二年（468）置，治定安縣，在今甘肅寧縣。孝文帝延興二年（472）改置三縣鎮。太和十一年又置

華州，治李潤堡，在今陝西蒲城縣東北。宣武帝永平三年（510）移治華陰縣，在今陝西大荔縣。

鄭羲字幼麟，[1]滎陽開封人，[2]魏將作大匠渾之八世孫也。[3]曾祖豁，慕容垂太常卿。[4]父曄，不仕。娶長樂潘氏，[5]生六子，粗有志氣，而羲第六，文學爲優。弱冠舉秀才，[6]尚書李孝伯以女妻之。[7]文成末，[8]拜中書博士。[9]

[1]幼麟：高敏《南北史考索》（天津古籍出版社2010年版，第461頁）云："《魏書》卷五十六本傳'麟'作'驎'，《北史》校勘記失校。"可從。

[2]滎陽：郡名。北魏時治滎陽縣，在今河南滎陽市。　開封：縣名。治所在今河南開封市南。

[3]將作大匠：官名。亦簡稱將作、大匠。漢景帝時由將作少府改名。掌領徒隸修建宫室、宗廟、陵寢及其他土木工程，植樹於道旁。　渾：即鄭渾，人名。字文公，河南開封（今河南開封市）人。三國魏官吏。見《三國志》卷一六《魏書·鄭渾傳》。

[4]慕容垂：人名。字道明，昌黎棘城（今遼寧北票市章吉營子鄉三官營子村）人，鮮卑族。十六國時後燕君主。見《北史》卷九三《慕容垂傳》。　太常卿：官名。爲太常的尊稱。掌宗廟、祭祀、禮樂、賓客、車輿、天文、學校、陵園等事。

[5]長樂：郡名。北魏時治信都縣，在今河北冀州市。

[6]弱冠：古代貴族男子二十歲行冠禮，表示成人。初加冠時，體力未壯，故稱弱冠。後泛指男子二十歲左右的年紀。

[7]李孝伯：人名。趙郡平棘（今河北趙縣）人。北魏官吏。見《北史》卷三三《李孝伯傳》。

[8]文成：即北魏皇帝拓跋濬。文成爲其謚號。

[9]中書博士：官名。中書教授博士、中書教學博士的省稱。北魏置，屬中書學。選用博學之士擔任，教授中書學生。任職者升遷容易，多升爲中書省、門下省要職。

天安初，[1]宋司州刺史常珍奇據汝南來降，[2]獻文詔殿中尚書元石爲都將赴之，[3]遣羲参石軍事。到上蔡，[4]珍奇率文武三百人來迎。既相見，議欲頓軍汝北，[5]未即入城。羲謂石曰："機事尚速，今珍奇雖來，意未可量。不如直入其城，奪其管籥，[6]據有府庫。雖出珍奇非意，要以全制爲勝。"石從羲言，遂策馬徑入其城。城中尚有珍奇親兵數百人，在珍奇宅内。石既克城，意益憍怠，置酒嬉戲，無警防之虞。羲勸嚴兵設備，以待非常。其夜，珍奇果使人燒府，欲因救火作難，以石有備，乃止。明旦，羲賫白武幡安慰郭邑，[7]衆心乃定。

[1]天安：局本作"大安"。按：天安，爲北魏獻文帝的年號（466—467），又北魏無"大安"年號。今從底本。

[2]司州：南朝宋時治義陽，在今河南信陽市。　常珍奇：人名。汝南（今河南汝南縣）人。初爲南朝宋司州刺史，後降北魏，復叛魏歸宋。見《魏書》卷六一《畢衆敬附常珍奇傳》。　汝南：郡名。南朝宋時治上蔡縣懸瓠城，在今河南汝南縣。

[3]殿中尚書：官名。領宫中兵馬，典宫禁宿衛及倉庫。或説領殿中、直事、三公、駕部四郎曹。北魏孝文帝太和十七年定爲二品中，二十三年定爲三品。　元石：人名。北魏宗室、將領。襲爵西河公。位尚書令、雍州刺史。歷北部侍郎、華州刺史。累遷征南大將軍。　都將：官名。北魏置。統禁軍侍衛皇帝左右或出征、鎮守在外。出外時多作爲一路主將，地位很高。孝文帝太和十七年及

二十三年職員令皆未載。

[4]上蔡：縣名。治所在今河南汝南縣。

[5]汝北：郡名。北魏孝明帝孝昌三年置，治陽仁城，在今河南汝州市西南。

[6]管籥（yuè）：鑰匙。

[7]齎（jī）：帶著。　白武幡：指有白虎圖像的旗。古代用作傳布朝廷政令或軍令的符信。　郭邑：城邑。

明年，又引軍東討汝陰。[1]宋汝陰太守張超城守不下，石攻之不克，議欲還軍長社，[2]待秋擊之。羲曰："今超驅市人，命不延月，宜安心守之。超食已盡，不降當走。而欲棄還長社，超必脩城深塹，多積薪穀，將來恐難圖矣。"石不納，遂旋師長社。至冬，復往攻超，超果設備，無功而還。歷年，超死，楊文長代戍，食盡城潰，乃克之，竟如羲策。淮北平，遷中書侍郎。[3]

[1]汝陰：郡名。北魏時治社亭城，在今安徽潁上縣南。

[2]長社：縣名。治所在今河南長葛市東北。

[3]中書侍郎：官名。草擬詔令。北魏孝文帝太和十七年定爲四品上，二十三年改爲從四品上。

延興初，[1]陽武人田智度年十五，妖惑動衆，擾亂京索。[2]以羲河南人望，[3]爲州郡所信，遣乘傳慰喻。[4]羲到，宣示禍福，衆皆散，智度尋見禽斬。以功賜爵泰昌男。[5]

[1]延興：北魏孝文帝的年號（471—476）。

[2]京索：地區名。京，即京縣，在今河南滎陽市東南京襄城村。索，即索亭，又名大索城，在今河南滎陽市北四里。

[3]人望：爲衆人所仰望的人。

[4]乘傳：乘坐驛車。傳，驛站的馬車。

[5]泰昌男：封爵名。《魏書》卷五六《鄭羲傳》作“平昌男”。《通志》卷一四九同《北史》。源氏校勘記云：“‘泰’《魏書》作‘平’。”泰昌，縣名。治所在今重慶巫山縣西北大昌鎮。平昌，縣名。治所在今山西蒲縣西北。未詳孰是。

孝文初，兼員外散騎常侍、寧朔將軍、陽武子，[1]使於宋。中山王叡寵倖當世，[2]並置王官，羲爲其傅。是後歷年不轉，資産亦乏，因請假歸，遂盤桓不返。及李沖貴寵，[3]與羲昏姻，乃就家徵爲中書令。文明太后爲父燕宣王立廟於長安，[4]初成，以羲兼太常卿，假滎陽侯，[5]具官屬，詣長安拜廟，建碑於廟門。還，以使功，仍賜侯爵。

[1]員外散騎常侍：官名。初多以公族、宗室充任，雖是閑職，仍爲顯官。北魏孝文帝太和十七年定爲從三品上，二十三年改爲五品上。　寧朔將軍：官名。地區軍政長官。北魏孝文帝太和十七年定爲四品上，二十三年定爲從四品。

[2]中山王叡寵倖當世：中華本校勘記云：“按本書卷九二《恩幸傳》，王叡封中山王。此應重‘王’字。”中山王，封爵名。中山，郡名。北魏時治盧奴縣，在今河北定州市。叡，即王叡，人名。字洛誠，自言太原晋陽（今山西太原市晋源區古城營村一帶）人。北魏官吏。見《北史》卷九二《王叡傳》。

[3]李沖：人名。原名思沖，字思順，隴西狄道（今甘肅臨洮縣）人。北魏官吏。見《北史》卷一〇〇《凉武昭王李暠附李沖

傳》。

[4]燕宣王：即北魏外戚、北燕宗室馮朗。

[5]滎陽侯：封爵名。滎陽，郡名。北魏時治滎陽縣，在今河南滎陽市。

出爲西兖州刺史，[1]假南陽公。[2]羲多所受納，政以賄成。性又嗇悋，人有禮餉者，不與杯酒臠肉，[3]而西門受羊酒，[4]東門沽賣之。以李沖之親，法官不之糾也。酸棗令鄭伯孫、鄄城令董騰、别駕賈懷德、中從事申靈度並在任廉貞，[5]勤恤百姓，羲皆申表稱薦，時論多之。文明太后爲孝文納其女爲嬪，徵爲秘書監。[6]

[1]西兖州：北魏時治定陶城，在今山東定陶縣定陶鎮；後徙治左城，在今山東曹縣韓集鎮堤上范村。

[2]南陽公：封爵名。南陽，郡名。北魏時治南陽縣，在今河南郟縣西南。

[3]臠（luán）肉：一塊肉，謂其量少。

[4]羊酒：羊和酒。泛指賞賜或饋贈的物品。

[5]酸棗：縣名。治所在今河南延津縣。　鄄城：縣名。治所在今山東鄄城縣北。　賈懷德：《魏書》卷五六《鄭羲傳》作“賈德”。源氏校勘記云：“《魏書》無‘懷’字。”

[6]秘書監：官名。北魏時爲秘書省長官，掌圖書經籍之事，領著作省。孝文帝太和十七年定爲從二品中，二十三年定爲三品。

太和十六年卒，尚書奏謚曰宣。詔曰：“蓋棺定謚，先典成式；激揚清濁，政道明範。[1]羲雖宿有文業，[2]而政闕廉清。尚書何乃情遺至公，愆違明典？依謚法，博

聞多見曰文，不勤成名曰靈，可贈以本官，加謚文靈。”

[1]政道：施政的方略。　明範：光輝的典範。

[2]文業：文事。

長子懿，字景伯，涉歷經史。位太子中庶子，[1]襲爵滎陽伯。[2]懿閑雅有政事才，爲孝文所器遇，拜長兼給事黄門侍郎、司徒左長史。宣武初，[3]以從弟思和同咸陽王禧逆，[4]與弟通直常侍道昭俱坐緦親出禁。[5]拜太常少卿，[6]出爲齊州刺史。懿好勸課，善斷决，雖不清潔，義然後取，百姓猶思之。卒，贈兗州刺史，謚曰穆。

[1]太子中庶子：官名。爲東宫屬官，太子侍從之臣。掌侍從、奏事、諫議等。北魏孝文帝太和十七年定爲三品中，二十三年改爲四品上。宋本作“太守中庶子”。按：查遍史料，無“太守中庶子”此官職，當從底本。

[2]滎陽伯：封爵名。滎陽，縣名。治所在今河南滎陽市東北。

[3]宣武：即北魏皇帝元恪。宣武爲其謚號。

[4]咸陽王：封爵名。咸陽，郡名。北魏時治池陽縣，在今陝西涇陽縣。　禧：即元禧，人名。字思永。北魏宗室。見《北史》卷一九《咸陽王禧傳》。

[5]緦（sī）親：較爲疏遠的親屬關係。

[6]太常少卿：官名。北魏置，爲太常副職，位在太常丞上。協助太常卿管理禮樂、宗廟祭祀事務。孝文帝太和十七年定爲三品上，二十三年改爲四品上。

子恭業襲爵，武定三年，[1]坐與房子遠謀害齊神武，[2]伏誅。

[1]武定：東魏孝静帝的年號（543—550）。

[2]神武：即高歡。神武爲其諡號，北齊後主所追諡。

懿弟道昭，字僖伯，少好學，綜覽群言。兼中書侍郎，從征沔北。[1]孝文饗侍臣於縣瓠方丈竹堂，[2]道昭與兄懿俱侍坐。樂作酒酣，孝文歌曰："白日光天兮無不曜，江左一隅獨未照。"彭城王勰續曰：[3]"願從聖明兮登衡、會，[4]萬國馳誠混日外。"[5]鄭懿歌曰："雲雷大振兮天門闢，率土來賓一正歷。"邢巒歌曰：[6]"舜舞干戚兮天下歸，[7]文德遠被莫不思。"道昭歌曰："皇風一鼓兮九地匝，戴日依天清六合。"孝文又歌曰："遵彼汝墳兮昔化貞，[8]未若今日道風明。"宋弁歌曰：[9]"文王政教兮暉江沼，寧如大化光四表。"孝文謂道昭曰："自比遷務雖猥，[10]與諸才儁不廢詠綴，未若今日。"遂命邢巒總集叙記。"當爾之年，卿頻丁艱私，每眷文席，常用慨然。"[11]

[1]沔北：《魏書》卷五六《鄭羲附鄭道昭傳》作"沔漢"。《通志》卷一四九同《北史》。沔，即今漢江及其北源陝西留壩縣西沮水。

[2]縣瓠：城名。在今河南汝南縣。

[3]彭城王：封爵名。彭城，郡名。北魏時治彭城縣，在今江蘇徐州市。　勰：即元勰，人名。字彦和。北魏宗室、大臣。見

《北史》卷一九《彭城王勰傳》。

［4］衡：山名。五岳之一。　會：山名。今浙江紹興市東南會稽山。

［5］混日外：宋本、局本作“混日内”。《魏書·鄭羲附鄭道昭傳》作“混江外”。《通志》卷一四九、《册府元龜》卷一〇九同《北史》。

［6］邢巒：人名。字洪賓，河間鄚（今河北任丘市北）人。北魏官吏。見《北史》卷四三《邢巒傳》。

［7］干戚：盾與斧。古代的兩種兵器，亦爲武舞所執的舞具。

［8］汝：即汝河，在今河南東南部。　墳（fén）：大堤。

［9］宋弁：人名。字義和，西河介休（今山西介休市）人。北魏官吏。見《北史》卷二六《宋隱附宋弁傳》。

［10］自比遷務雖猥：底本“務”作“豫”，中華本校勘記云：“百衲、北、殿三本‘務’作‘豫’，南、汲二本及《魏書》卷五六《鄭道昭傳》作‘務’。按‘遷務雖猥’指遷都洛陽，事務繁雜。與下‘不廢詠綴’相應。今從南本。”今從改。

［11］與諸才儁不廢詠綴未若今日遂命邢巒總集叙記當爾之年卿頻丁艱私每眷文席常用慨然：局本“艱私”作“艱禍”。中華本校勘記云：“《魏書》無‘未若今日’四字，《通志》‘叙記’下有‘又曰’二字。按疑原文當如《魏書》，此整段皆孝文對鄭道昭語。言當日詠綴，已命邢巒總集，彼時鄭道昭以家有喪事，未得參預，故云：‘每眷文席，常用慨然。’後人增‘未若今日’四字，遂使此文從中截斷。《通志》又以‘當爾之年’以下十六字，突兀出現，因增‘又曰’二字。今姑依舊文標點。”可從。

尋正除中書郎，累遷國子祭酒。[1]廣平王懷爲司州牧，[2]以道昭與宗正卿元匡爲州都。[3]道昭上表曰：“臣聞唐、虞啓運，以文德爲本；殷、周創業，以道藝爲

先。[4]然則禮樂者，爲國之基，不可斯須廢也。伏惟大魏，定鼎伊、瀍，[5]惟新寶歷。九服感至德之和，[6]四垠懷擊壤之慶。[7]而蠢爾閩吴，阻化江湫，先帝爰震武怒，戎車不息。而停鑾駐蹕，留心典墳，命故御史中尉臣李彪，[8]與吏部尚書任城王臣澄等，[9]妙選英儒，以崇學斆。[10]澄等依旨，置四門博士四十人。其國子博士、太學博士及國子助教，[11]宿已簡置。伏尋先旨，意在速就，但軍國多事，未遑營立。自爾迄今，垂將一紀，學官彫落，四術寢廢。[12]遂使碩儒耆德，卷經而不談；俗學後生，遺本而逐末。進競之風，[13]寔由於此矣。伏惟陛下，欽明文思，[14]玄鑒洞遠，垂心經素，優柔墳籍。[15]屢發中旨，敦營學館，房宇既脩，生徒未立。臣往年删定律令，謬預議筵。謹依準前脩，尋訪舊事，參定學令，事訖封呈。請早敕施行，使選授有依，生徒可準。”詔褒美之，而尚未允遂。道昭又表曰：“臣自往年以來，頻請學令，並置生員，前後累上，未蒙一報。當以臣識淺濫官，無能有所感悟者也。館宇既脩，生房粗構，博士見員，足可講習。雖新令未班，請依舊權置國子學生，漸開訓業，使播教有章，儒風不墜。至若孔廟既成，釋奠告始，揖讓之容，請俟令出。”不報。

[1]國子祭酒：官名。晋武帝咸寧中置。掌教授生徒儒學，主管國子學，参議禮制，隸太常。南北朝沿置。北魏孝文帝太和十七年定爲四品上，二十三年定爲從三品。

[2]司州牧：官名。北魏時京畿行政長官，治洛陽。孝文帝太和二十三年由司州刺史改名，從二品。

［3］宗正卿：官名。爲宗正的尊稱，掌管皇族事務。北魏時又稱大宗正卿。多以宗室擔任，亦任外姓。孝文帝太和十七年定爲二品上，二十三年定爲三品。　元匡：人名。字建扶。北魏宗室。見《北史》卷一七《廣平王洛侯附東平王匡傳》。　州都：底本作“州都督”，中華本校勘記云：“諸本‘都’下有‘督’字，《魏書》無。按‘州都’即州中正。見本書卷二〇《穆崇傳》校記。《八瓊室金石補正》卷二二鄭述祖《天柱山銘》稱道昭曾爲北豫州大中正。據《魏書·地形志》中：‘北豫州，太和十九年罷，置東中府，天平初（府）罷，改復。’蓋遷洛之後，北豫州併入司州，故罷。天平初，東魏遷鄴，又復爲北豫。故本傳稱道昭爲司州州都，鄭述祖《天柱山銘》刻於北齊時，故又稱之爲北豫州大中正。實即一官。今據《魏書》删‘督’字。”今從改。

［4］道藝：學問和技能。

［5］伊：即伊水。洛水支流。源出今河南欒川縣伏牛山麓，東北流至偃師市南入洛水。　瀍（chán）：即瀍水。源出今河南洛陽市西北，東南流經洛陽市入洛水。

［6］九服：王畿以外的九等地區。見《周禮·夏官·職方氏》。

［7］四垠：毛本作“邪垠”。按：四垠，指天下。與“九服”相對應。毛本誤，從底本。

［8］御史中尉：官名。北魏時由御史中丞改稱。主管御史臺，頗重其選。孝文帝太和十七年定階三品上，二十三年定爲從三品。　李彪：人名。字道固，頓丘衛國（今河南清豐縣東南）人。北魏官吏。見《北史》卷四〇《李彪傳》。

［9］任城王：封爵名。任城，郡名。北魏時治任城縣，在今山東濟寧市南。　澄：即元澄，人名。北魏宗室。見《北史》卷一八《任城王雲附元澄傳》。

［10］學斅：中華本作“學校”。

［11］國子博士：官名。職掌除教授國子學生學業，並備政治咨詢及參與祭典的顧問。北魏孝文帝太和十七年定爲從五品上，二十

三年升爲五品上。　太學博士：官名。掌教授太學生，亦備咨詢，參議禮儀，隸太常。北魏孝文帝太和二十三年後定爲從七品。　國子助教：官名。國子監諸學置，協助博士教授生徒。北魏孝文帝太和二十三年定爲從七品。

[12]四術：詩、書、禮、樂四種經術。

[13]進競：局本作“競進”。《魏書》卷五六《鄭羲附鄭道昭傳》、《通志》卷一四九、《册府元龜》卷六〇三同底本，疑從底本。

[14]欽明：敬肅明察。　文思：指才智與道德。古代專用以稱頌帝王。

[15]優柔：從容探索、品味。

遷秘書監，滎陽邑中正，[1]出歷光、青二州刺史，[2]復入爲秘書監。卒，謚曰文恭。道昭好爲詩賦，凡數十篇。其在二州，政務寬厚，不任威刑，爲吏人所愛。

[1]中正：官名。由各郡長官推選本郡任職於中央的有德行之士人兼任，負責品評本郡士人，劃分等級，以爲吏部委任官員的依據。北魏前、中期此職權任頗重，後期選任漸濫。

[2]青：州名。北魏時治東陽城，在今山東青州市。

子嚴祖，頗有風儀，粗觀文史，輕躁薄行，[1]不脩士業。孝武時，[2]御史中尉綦儁劾嚴祖與宋氏從姊姦通，[3]人士咸恥言之，而嚴祖聊無愧色。孝静初，[4]除驃騎將軍、左光禄大夫、鴻臚卿，[5]出爲北豫州刺史，[6]還除鴻臚卿。卒，贈司空公。

[1]輕躁：輕率浮躁。　薄行：品行不端。

[2]孝武：即北魏皇帝元脩。孝武爲其謚號。

[3]綦儁：人名。字欄顯，河南洛陽（今河南洛陽市東北）人。北魏、東魏官吏。見《北史》卷五〇《綦儁傳》。　宋氏：高敏《南北史考索》（第461頁）云："《魏書》卷五十六同人傳'宋氏'作'宗氏'，《北史》校勘記失校。"可從。

[4]孝静：即東魏皇帝元善見。孝静爲其謚號。

[5]驃騎將軍：官名。居諸名號將軍之首，僅作爲軍府名號加授大臣、重要州郡長官，無具體職掌。北魏孝文帝太和十七年定爲一品下，二十三年改爲二品。　左光禄大夫：官名。爲在朝顯職的加官，以示恩寵，或授予年老有病者爲致仕之官，亦常用於卒後贈官，無具體職掌。北魏孝文帝太和十七年定爲從一品中，二十三年後定爲二品。　鴻臚卿：官名。掌朝會時贊導禮儀。北魏孝文帝太和十七年定爲二品上，二十三年改爲三品。

[6]北豫州：北魏明元帝泰常中復置，治虎牢城，在今河南滎陽市西北。孝文帝太和十九年罷。

庶子仲禮，少輕險，[1]有膂力。齊神武嬖寵其姊火車，[2]以親戚被昵，擢爲帳内都督。[3]掌神武弓矢，[4]出入隨從。與任胄俱好酒，[5]不憂公事，神武責之。胄懼，潛通西魏，爲人糾告，懼，遂謀逆。事發，火車欲乞哀，神武避不見。賴武明皇后及文襄爭爲言，[6]故仲禮死而不及其家。

[1]輕險：輕躁奸險。

[2]火車：按《北史》卷一四《齊武明皇后婁氏附馮翊太妃鄭氏傳》、《資治通鑑》卷一五九均作"大車"。

[3]帳内都督：官名。統領主帥左右的侍衛軍士。

［4］掌神武弓矢：源氏校勘記云："《北齊》'掌'作'嘗執'二字，'矢'作'刀'。"

［5］與任胄俱好酒：源氏校勘記云："《北齊》無'與'字，'俱'作'爲'。"任胄，人名。廣寧（今河北涿鹿縣）人。東魏官吏。歷仕東郡太守、清河公行臺。孝静帝興和末，因鎮守晋州時疏於防務，爲人所糾，密圖反魏，事泄被殺。

［6］武明皇后：即高歡妻子婁昭君。武明爲其謚號。　文襄：即高澄。文襄爲其謚號，北齊文宣帝所追謚。

嚴祖更無子，[1]弟敬祖以子紹元嗣。紹元小字安都，位太尉諮議、趙郡太守，[2]卒。

［1］更：表示出乎意料和常情之外，相當於"反而""竟然"。

［2］太尉：官名。北魏時與司徒、司空並稱三公，列三公之首，多爲大臣加官。孝文帝太和二十三年定爲一品。北齊因之。　諮議：官名。諮議參軍的簡稱。

子子翻，字靈雀。少有器識，學涉，[1]好文章。齊武平末，[2]位司徒記室參軍。[3]尋遇齊亡，歷周、隋，遂不仕，隱居滎陽三窟山。[4]傲誕不自羈束，或有所之造，乘驢衣韝，[5]破弊而往。[6]遠近欽其高名，皆謂有異狀，觀者如堵。及見，形乃短陋，不副所聞。然風神俊發，無貴賤並敬服之。納言楊素聞其名，[7]因使過滎陽，迎與相見，言談彌日，深加禮重。及歸，言之朝廷，累徵不至。終於家。

［1］學涉：廣學博聞。

[2]武平：北齊後主的年號（570—576）。

[3]記室參軍：官名。又稱記室參軍事。西晋始設，爲記室曹長官，掌文書表奏。南北朝時皇弟皇子府、嗣王藩王府、公府、持節都督府皆置，品級自七品至九品不等。

[4]三窟山：在今河南滎陽市境内。

[5]韉（jiān）：同“韀”。墊馬鞍的東西。

[6]破弊：破舊、破爛。

[7]楊素：人名。字處道，弘農華陰（今陝西華陰市東南）人。隋朝大臣。見《北史》卷四一《楊敷附楊素傳》。

子龢二弟子騰、天壽，俱仕隋。子騰位蔣州司馬，[1]天壽開府參軍，[2]並以雅素稱。

[1]蔣州：隋朝時治石頭城，在今江蘇南京市清凉山。

[2]開府：北魏置。隋朝時左右衛、武衛、武候、領軍府及東宫領府兵率府所統親衛、左勳衛及左翊四府皆置一人，領本府府兵；東宫左右虞候府各置一人，領斥候事，煬帝大業三年改左右虞候開府爲左右虞候率。　參軍：官名。亦作“參軍事”。掌參謀軍務。

嚴祖弟敬祖，起家著作郎。[1]鄭儼之敗也，爲鄉人所害。

[1]著作郎：《魏書》卷五六《鄭羲傳》作“著作佐郎”。《通志》卷一四九同《北史》。

子元禮，字文規。[1]少好學，愛文藻，有名望。齊文襄引爲館客，歷兼中書舍人、南主客郎中、太尉諮議

參軍、長廣樂陵二郡守，[2]待詔文林館，太子中舍人。[3]崔昂後妻，[4]元禮姊也，魏收又昂之妹夫。昂嘗持元禮數篇詩示盧思道，[5]乃曰："看元禮比來詩詠，亦曾不減魏收。"[6]思道答云："未覺元禮賢於魏收，且知妹夫疏於婦弟。"元禮，大象中卒於始州別駕。[7]

[1]字文規：宋本作"子文規"。《通志》卷一五五、《册府元龜》卷八三九、《山西通志》卷七五同底本。按："子元禮，子文規"不合文意，當從底本。

[2]南主客郎中：官名。爲尚書省南客曹長官通稱。北魏孝文帝太和十七年定郎爲從五品中，郎中爲五品上；二十三年皆稱郎中，仍可通稱爲郎，六品。北齊時省稱主客郎。　諮議參軍：官名。北齊時多稱諮議參軍事，掌顧問諫議，三師、二大、三公府置。從四品上。　長廣：郡名。北齊時治黄縣中郎城，在今山東龍口市東。　樂陵：郡名。北齊時治樂陵縣，在今山東樂陵市南。

[3]太子中舍人：官名。東宫屬官。北齊時隸太子門下坊，五品。

[4]崔昂：人名。字懷遠，博陵安平（今河北安平縣）人。北魏、東魏、北齊官吏。見《北史》卷三二《崔挺附崔昂傳》。

[5]盧思道：人名。字子行，小字釋奴，范陽涿（今河北涿州市）人。北齊、北周、隋朝官吏。見《北史》卷三〇《盧玄附盧思道傳》。

[6]曾不減魏收：高敏《南北史考索》（第462頁）云："《北齊書》卷二十九本傳'曾'作'當'，應是，《北史》校勘記失校。"可從。

[7]大象中卒於始州別駕：高敏《南北史考索》（第462頁）云："鄭元禮爲北齊官吏，何以突然卒於北周皇帝大象中呢？查《北齊書》卷二十九本傳，此處有'元禮入周'四字，《北史》删

之，因而使‘大象中卒於始州别駕’無根，《北史》因删致誤也。《北史》校勘記失校。”可從。始州，北周時治普安縣，在今四川劍閣縣。

敬祖弟述祖，字恭文。少聰敏，好屬文，有風檢，爲先達所稱譽。歷位司徒左長史、尚書、侍中、太常卿、丞相右長史。[1]齊天保中，[2]歷太子少保、左光禄大夫、儀同三司、兖州刺史。[3]時穆子容爲巡省使，[4]歎曰：“古人有言，聞伯夷之風貪夫廉，[5]懦夫有立志，今於鄭兖州見之矣。”

[1]丞相右長史：官名。北魏時爲丞相府屬官，掌顧問參謀，主行營事務。

[2]天保：北齊文宣帝的年號（550—559）。

[3]太子少保：官名。北齊時掌奉皇太子，以觀三師之德。三品。源氏校勘記云：“‘保’《北齊》作‘師’。”　儀同三司：謂官非三公而儀制待遇同於三公。北齊時爲二品，位三公下。

[4]穆子容：人名。一作“穆容”，代（今山西大同市東北）人，鮮卑族。東魏、北齊官吏。見《北史》卷二〇《穆崇附穆子容傳》。

[5]伯夷：人名。商末孤竹君之長子，相傳其父遺命立其弟叔齊爲君，叔齊讓伯夷，伯夷遁去。叔齊亦不立，兩人同奔西周。周武王伐紂，兩人叩馬諫，以爲不仁。及周滅商，夷、齊耻食周粟而隱於首陽山，采薇而食，遂餓死。見《史記》卷六一《伯夷列傳》。

遷光州刺史。初，述祖父爲光州，於城南小山起齋

亭，[1]刻石爲記。述祖時年九歲。及爲刺史，往尋舊迹，得一破石，有銘云："中岳先生鄭道昭之白雲堂。"[2]述祖對之嗚咽，悲動群僚。有人入市盜布，其父怒曰："何負吾君?"執之以歸首。述祖特原之，自是境内無盜。百姓歌曰："大鄭公，小鄭公，相去五十載，風教猶尚同。"

［1］初述祖父爲光州於城南小山起齋亭：底本"光"作"兖"，"於"後有"鄭"字，中華本校勘記云："諸本'光'作'兖'，錢氏《考異》云：'按述祖之父道昭，歷光青二州刺史，未嘗爲兖州。疑"兖"當作"光"，字之誤也。'按《金石補正》卷一四鄭道昭《雲峰山石刻》題銜爲光州刺史。又卷二一有光州刺史鄭述祖《重登雲峰山題記》，所敘即本傳下文'往尋舊迹'事。刻石在今山東掖縣，即光州治所。知'兖'確是'光'之訛。錢説是，今據改。又諸本'城'上有'鄭'字，《北齊書》卷二九（補）、《通志》卷一五五《鄭述祖傳》無。按光州無'鄭城'，掖縣也不名'鄭城'，'鄭'乃涉上文'鄭兖州'而衍。今據删。"今從改。

［2］白雲堂：在今山東萊州市雲峰山。

述祖能鼓琴，自造《龍吟十弄》，云嘗夢人彈琴，寤而寫得。當時以爲絶妙。所在好爲山池，松竹交植，盛餚饌以待賓客，將迎不倦。少時在鄉，單馬出行，忽有騎者數百，見述祖皆下馬，曰"公在此"，行列而拜。述祖顧問從人，皆不見，心甚異之。未幾被徵，終歷顯位。及病篤，乃自言之。且曰："吾老矣，一生富貴足矣，以清白之名遺子孫，死無所恨。"

前後行瀛、殷、冀、滄、趙、定六州事，[1]正除懷、

兗、光三州刺史，[2]又重行殷、懷、趙三州刺史，所在皆有惠政。天統元年卒，[3]年八十一，贈開府、中書監、北豫州刺史，謚曰平簡公。

[1]瀛：州名。北齊時治趙都軍城，在今河北河間市。　殷：州名。北齊時治廣阿縣，在今河北隆堯縣。　冀：州名。北齊時治信都縣，在今河北冀州市。　滄：州名。北齊時治饒安縣，在今河北鹽山縣西南。　趙：州名。北齊時治廣阿縣，在今河北隆堯縣東。　定：州名。北齊時治安喜縣，在今河北定州市。

[2]懷：州名。北齊時治野王縣，在今河南沁陽市。　兗：州名。北齊時治瑕丘城，在今山東兗州市新驛鎮東頓村南。　光：州名。北齊時治掖縣，在今山東萊州市。

[3]天統：北齊後主的年號（565—569）。

述祖女爲趙郡王叡妃，[1]述祖常坐受王拜，命坐，王乃坐。妃薨後，王更娶鄭道蔭女，[2]王坐受道蔭拜，王命坐，乃敢坐。王謂道蔭曰："鄭尚書風德如此，又貴重宿舊，君不得並之。"述祖子元德，多藝術，官琅邪太守。[3]

[1]趙郡王：封爵名。趙郡，北齊時治平棘縣，在今河北趙縣。　叡：即高叡，人名。小名須拔，勃海蓨（今河北景縣）人。東魏、北齊宗室、大臣。見《北史》卷五一《趙郡王琛附高叡傳》。

[2]鄭道蔭：人名。滎陽開封（今河南開封市）人。東魏、北齊官吏。見《魏書》卷五六《鄭羲傳》。

[3]琅邪：郡名。北齊時治即丘，在今山東臨沂市東南。

述祖弟遵祖，祕書郎，贈光州刺史。

遵祖弟順祖，[1]卒於太常丞。[2]

［1］遵祖弟順祖：《魏書》卷五六《鄭羲傳》作“遵祖弟順”。源氏校勘記云：“‘順社’（當作‘祖’，源氏筆誤），《魏書》無‘祖’字。”中華本《魏書》校勘記云：“按鄭道昭五子都以‘祖’字排行，不應順獨單名，當脱‘祖’字。”今從底本。

［2］太常丞：官名。太常副貳，掌管宗廟祭祀禮儀的具體事務，總管本府諸曹，參議禮制。北魏孝文帝太和十七年定爲五品下，二十三年改爲從六品。北齊時置太常寺，以卿、少卿爲長貳，領寺務，從六品。

自靈太后豫政，[1]淫風稍行，及元叉擅權，公爲奸穢，自此素族名家，[2]遂多亂雜。法官不加糾正，昏宦無貶，[3]於時有識，咸以歎息矣。

［1］靈太后：即北魏宣武帝皇后胡氏。靈爲其謚號。

［2］素族：累代世族。

［3］昏宦無貶：中華本作“婚宦無貶”。按：“昏”“婚”可通。

羲長兄白驎，次小白，次洞林，次叔夜，次連山，並恃豪門，多行無禮，鄉黨之内，疾之若讎。

小白位中書博士。

子胤伯，有當世器幹，孝文納其女爲嬪，位東徐州刺史，[1]卒於鴻臚少卿，[2]謚曰簡。

［1］東徐州：北齊時治下邳城，在今江蘇睢寧縣北。

[2]鴻臚少卿：官名。亦稱鴻臚寺少卿。北齊置，爲鴻臚寺次官。掌外國、少數民族賓客接待，朝會及吉凶禮儀，兼管佛教、祆教寺廟，領典客、典寺、司儀等署。四品上。

子希儁，未官而卒。子道育，武定中，開封太守。[1]

[1]開封：郡名。東魏時治開封縣，在今河南開封市。

希儁弟幼儒，好學脩謹，丞相、高陽王雍以女妻之。[1]位司州別駕，有當官稱。[2]卒，贈散騎常侍、兖州刺史，謚曰肅。[3]幼儒亡後，妻淫蕩凶悖，肆行無禮。幼儒時望甚優，其從兄伯猷每謂所親曰："從弟人才，足爲令德，不幸得如此婦。今死復重死，可爲悲歎。"

[1]高陽王：封爵名。高陽，郡名。北魏時治高陽縣，在今河北高陽縣東。　雍：即元雍，人名。字思穆。北魏宗室、大臣。見《北史》卷一九《高陽王雍傳》。

[2]當官：居官稱職。

[3]謚曰肅：《魏書》卷五六《鄭羲附鄭幼儒傳》作"謚景"，《通志》卷一四九同《北史》。源氏校勘記云："'肅'《魏書》作'景'。"

幼儒子敬道、敬德，俱仕西魏。敬道位巴、開、新三州刺史。[1]敬道子正則仕周，復州刺史。[2]

[1]巴：州名。西魏時治化成縣，在今四川巴中市巴州區化城

鎮。　開：州名。西魏時治開州城，在今重慶開縣西北。　新：州名。西魏時治昌城縣，在今四川三台縣南。

［2］復州：北周時治建興縣，在今湖北仙桃市西南。

胤伯弟平城，廣陵王羽納其女爲妃，[1]位東平原太守。[2]性猜狂使酒，[3]爲政貪殘。卒，贈南青州刺史。[4]

［1］廣陵王：封爵名。遥封。廣陵，郡名。南朝齊時治廣陵縣，在今江蘇揚州市西北。　羽：即元羽，人名。北魏宗室。見《北史》卷一九《廣陵王羽傳》。

［2］東平原：郡名。北魏時治梁鄒城，在今山東鄒平縣。

［3］猜狂：源氏校勘記云："《魏書》作'清狂'。"

［4］南青州：北魏時治團城，在今山東沂水縣沂水鎮。

長子伯猷，博學有文才，早知名。舉司州秀才，歷太學博士，領殿中御史。[1]與當時名勝，咸申遊款。[2]明帝釋奠，[3]詔伯猷録義。後爲尚書外兵郎中，[4]典起居注，以軍功賜爵陽武子。節閔帝初，[5]以舅氏超授征東將軍、金紫光禄大夫，[6]領國子祭酒。轉護軍將軍，[7]賜爵武城子。[8]

［1］殿中御史：官名。又名殿中侍御史。北魏時或掌宿衛禁兵。孝文帝太和十七年定爲從五品中，二十三年改爲從八品上。

［2］遊款：交往親近。

［3］釋奠：在學校設置酒食以祭奠先聖先師的一種典禮。

［4］尚書外兵郎中：官名。北魏時與左右外兵郎並置，屬七兵尚書。掌京畿以外各地的軍隊政令及軍務。

[5]節閔帝：即北魏皇帝元恭。節閔爲其謚號。

[6]征東將軍：官名。爲四征將軍之一，多爲持節都督，地位顯要。北魏孝文帝太和十七年定爲從一品中，二十三年改爲二品。

[7]護軍將軍：官名。掌督護京師以外諸軍，權任頗重。北魏孝文帝太和十七年定爲二品上，二十三年改爲從二品。

[8]武城子：封爵名。武城，縣名。治所在今山東武城縣西。

元象初，[1]以本官兼散騎常侍使梁。前後使人，梁武令其侯王於馬射之日宴對申禮；[2]伯猷之行，梁武令其領軍將軍臧盾與之接。[3]議者以此貶之。使還，除南青州刺史。在官貪惏，妻安豐王元延明女，專爲聚斂，貨賄公行，潤及親戚。户口逃散，邑落空虚。乃誣陷良善，云欲反叛，籍其資財，盡以入己，誅其丈夫，婦女配没。百姓冤苦，聲聞四方。爲御史糾劾，死罪數十條，遇赦免，因以頓廢。齊文襄作相，每誡厲朝士，常以伯猷及崔叔仁爲喻。[4]武定七年，除太常卿。卒，贈驃騎大將軍、中書監、兖州刺史。[5]子蘊，太子舍人、陽夏太守。[6]

[1]元象：東魏孝静帝的年號（538—539）。

[2]梁武：即南朝梁皇帝蕭衍。武爲其謚號。　馬射：騎射。

[3]領軍將軍：官名。爲禁衛軍之最高統帥，權勢極重。南朝梁時掌禁衛軍及京都諸軍。梁武帝天監七年（508）定爲十五班。　臧盾：人名。字宣卿，東莞莒（今山東莒縣）人。南朝梁將領。見《梁書》卷四二《臧盾傳》。

[4]崔叔仁：人名。清河東武城（今山東臨清市東北）人。北魏、東魏官吏。見《北史》卷二四《崔逞附崔叔仁傳》。

[5]驃騎大將軍：官名。諸名號將軍之首，一品。多加於權臣元老，以示尊崇。

[6]陽夏：郡名。北齊時治雍丘縣，在今河南杞縣。

伯猷弟仲衡，武定中，儀同開府中郎。[1]

[1]儀同：即儀同三司。勳官、散官號。　開府：指開設府署，辟置僚屬。爲對高級官員的寵遇。　中郎：官名。魏晋南北朝時諸王府、公府、軍府等皆有各種中郎爲其僚屬，總稱從事中郎。

仲衡弟輯之，司徒諮議。齊大寧中，以軍功賜爵成皋男，[1]位金紫光禄大夫，東濟北太守、肥城戍主。[2]卒，贈度支尚書、北豫州刺史。[3]

[1]仲衡弟輯之司徒諮議齊大寧中以軍功賜爵成皋男：中華本校勘記云："《魏書》卷五六《鄭羲傳》言輯之死於天平四年，無爲'司徒諮議'語。張森楷云：'天平四年卒，則安得及齊世乎？此"齊大寧"三字蓋謬。'按'司徒諮議齊大寧中'八字，應是涉下文其弟懷孝之歷官而衍。"大寧，北齊武成帝的年號（561—562）。

[2]東濟北太守肥城戍主：高敏《南北史考索》（第462頁）云："《魏書》本傳'孝静初，除征南將軍、東濟北太守、帶肥城戍主'，《北史》既删時間，又删'帶'字。故《北史》此傳不及《魏書》卷五十六本傳準確，閲時不可不察！"可從。東濟北，郡名。北齊時治肥城縣，在今山東肥城市西。肥城，縣名。治所在今山東肥城市西。戍主，官名。南北朝置，爲戍的主將，掌邊疆防衛守禦。除管理軍政外，還干預民政和財政。多以郡太守、縣令、州參軍及雜號將軍等官兼領。北齊時定爲從七品。

[3]度支尚書：官名。爲尚書省度支曹長官。統管度支、户部、

金部、倉部四曹。掌軍國財賦的收支會計及漕運、物價、屯田之政令。北齊時爲三品。　北豫州：北齊時治虎牢城，在今河南滎陽市西北。

輯之弟懷孝，[1]司徒諮議。齊大寧中，仁州刺史。[2]

[1]懷孝：源氏校勘記云："'孝'《魏書》作'考'。"

[2]仁州：北齊時治赤坎城，在今安徽懷遠縣西北。

洞林字敬叔，[1]滎陽邑中正、濮陽太守，[2]坐貪穢除名。

[1]洞林字敬叔：底本作"洞林子敬叔"，源氏校勘記改"子"作"字"。按：《魏書》作"字"。今從改。

[2]濮陽：郡名。北齊時治甄城縣，在今山東鄄城縣北。

子籍，字承宗，徐州平東府長史。

籍弟瓊，字祖珍，有强幹稱，位范陽太守，頗有聲，卒。孝昌中，弟儼寵要，重贈青州刺史。瓊兄弟雍睦，其諸娣姒亦咸相親愛，[1]閨門之内，有無相通，爲時人所稱美。子道邕。

[1]娣（dì）姒（sì）：妯娌。兄妻爲姒，弟妻爲娣。

道邕字孝穆。[1]幼謹厚，以清約自居，[2]年未弱冠，涉歷經史。父叔四人並早殁，昆季之中，[3]道邕居長，撫訓諸弟，有如同生，閨庭之中，怡怡如也。[4]魏孝昌

初，解褐太尉行參軍，[5]累以戰功進至左光禄大夫、太師咸陽王長史。及孝武西遷，[6]從入關，除司徒左長史，領臨洮王友，[7]賜爵永寧縣侯。[8]

[1]道邕字孝穆：源氏校勘記云："《周書》作'孝穆，字道和'。"按：中華本《周書》卷三五《鄭孝穆傳》校勘記云："《北史》卷三五《鄭羲附從曾孫道邕傳》作'道邕字孝穆'，《魏書》卷五六《鄭羲傳》亦作'道邕'，未舉字。按道邕當是本名，晚年避周武帝諱，以字行。北周舊史又改'邕'爲'和'，以之爲字。"可從。

[2]清約：清静自守。

[3]昆季之中：局本作"昆弟之中"。《通志》卷一五七、《周書・鄭孝穆傳》同底本。

[4]怡怡：特指兄弟和睦的樣子。《論語・子路》："朋友切切偲偲，兄弟怡怡。"

[5]行參軍：官名。分掌府内各曹事務。北魏從七品上至九品。

[6]及孝武西遷：底本作"反孝武西遷"，宋本、元大德本、毛本、殿本、四庫本、局本、四部備要本、中華本作"及孝武西遷"。《周書・鄭孝穆傳》、《通志》卷一五七作"及孝武西遷"。據文意，今從中華本改。

[7]臨洮王：封爵名。臨洮，郡名。北魏時治龍城縣，在今甘肅卓尼縣東北飛地洮水東岸新堡附近。

[8]永寧縣侯：封爵名。永寧，縣名。治所在今河北滿城縣。

大統中，[1]行岐州刺史，[2]在任未幾，有能名。王羆時爲雍州刺史，[3]欽其善政，貽書盛相稱述。[4]先是，所部百姓，久遭離亂，逃散殆盡。道邕下車之日，户止三千，留情綏撫，[5]遠近咸至，數年之内，有四萬家。歲

考績爲天下最，周文帝賜書歎美之。徵拜京兆尹。及梁岳陽王蕭詧稱藩，[6]乃假道邕散騎常侍，持節拜詧爲梁王。使還，稱旨，進儀同三司，加散騎常侍。

[1]大統：西魏文帝的年號（535—551）。

[2]岐州：西魏時治雍城鎮，在今陝西鳳翔縣東。

[3]王羆：人名。字熊羆，京兆霸城（今陝西西安市）人。西魏將領。見《北史》卷六二《王羆傳》。

[4]稱述：稱揚述説。

[5]綏撫：安定撫慰。

[6]岳陽王：封爵名。岳陽，郡名。南朝梁時治岳陽縣，在今湖南汨羅市東長樂鎮。　蕭詧：人名。字理孫。南朝梁宗室、西梁的開國皇帝。見《北史》卷九三《蕭詧傳》。

時周文東討，除大丞相府右長史，[1]封金鄉縣男。[2]軍次潼關，[3]命道邕與左長史長孫儉、司馬楊寬、尚書蘇亮、諮議劉孟良等分掌衆務。[4]仍令道邕引接關東歸附人士，并品藻才行而任用之，撫納銓叙，咸得其宜。後拜中書令，賜姓宇文氏，尋以疾免。

[1]大丞相府右長史：官名。戰國秦置。爲丞相府屬官。北魏時相府長史總領丞相府事務，置左右二員。不同名號的長史所負職責不同，品秩也不相同。西魏沿置。

[2]金鄉縣男：封爵名。金鄉，縣名。治所在今山東金鄉縣。

[3]次：臨時駐扎和住宿。　潼關：關隘名。在今陝西潼關縣東北、黄河南岸。

[4]命道邕與左長史長孫儉：底本“孫”前無“長”字，源氏

校勘記云："'孫'上《周書》有'長'字。爲是。"中華本校勘記云："諸本'長孫儉'作'孫儉'，《周書》卷三五《鄭孝穆傳》作'長孫儉'。按《文苑英華》卷九〇五《拓跋儉（即長孫儉）碑》言儉於大統十六年爲宇文泰丞相府長史，與鄭道邕爲右長史之時間（見《周書》）正合。此脱'長'字，今據補。"今從改。長孫儉，人名。本名慶明，河南洛陽（今河南洛陽市東北）人。西魏、北周名將。見《北史》卷二二《長孫嵩附長孫儉傳》。　楊寬：人名。字景仁，弘農華陰（今陝西華陰市東南）人。北魏、西魏、北周官吏。見《周書》卷二二《楊寬傳》。　蘇亮：人名。字景順，武功（今陝西武功縣西北）人。西魏官吏。見《北史》卷六三《蘇綽附蘇亮傳》。　劉孟良：人名。博陵望都（今河北唐縣東北）人。北魏、西魏官吏。見《北史》卷七四《劉昉傳》。

周孝閔帝踐阼，加驃騎大將軍、開府儀同三司，[1]進爵爲子。歷御伯中大夫、御正、宜華虞陝四州刺史。[2]頻歷數州，皆有政績。入爲少司空，卒。贈本官，加鄭、梁、北豫三州刺史，[3]謚曰貞。

[1]開府儀同三司：北周時爲勳官，九命。

[2]御伯中大夫：官名。西魏恭帝三年（556）置。天官府屬官，掌侍從皇帝，拾遺應對，員二人，正五命。北周武帝保定四年改爲納言中大夫。　御正：官名。御正中大夫的簡稱。西魏恭帝時置，北周沿置。天官府御正司長官，在皇帝左右，負責宣傳詔命，參議刑罰爵賞及軍國大事，皇帝詔書須由其連署。正五命。北周明帝武成元年設御正上大夫，降爲副職。隋文帝開皇元年罷。　宜：州名。北周時治泥陽縣，在今陝西富平縣西北。　華：州名。北周時治鄭縣，在今陝西華縣。　虞：州名。北周時治大陽城，在今山西平陸縣張店鎮古城村一帶。　陝：州名。北周時治陝縣，在今河

南三門峽市陝縣。

[3]鄭：州名。北周時治長社縣，在今河南臨潁縣西北。　梁：州名。北周時治光義縣，在今陝西漢中市。

子詡嗣，歷位納言，[1]爲聘陳使。後至開府儀同大將軍、邵州刺史。[2]詡弟譯於隋文帝有翊贊功，開皇初，又追贈道邕大將軍、徐兖等六州刺史，[3]改謚曰文。

[1]納言：官名。北周武帝時由御伯改名，設中大夫、下大夫、上士、中士，掌出納帝命，爲樞要近侍之臣，隸天官府。正五命。

[2]開府儀同大將軍：官名。北周時改開府儀同三司置，位在儀同大將軍之上，主要授予有軍功的大臣及北齊的降官，無具體職掌。九命。

[3]大將軍：名譽職銜。北周置勳官十一等，大將軍居第四等。正九命。隋初因之，隋煬帝廢。

譯字正義。幼聰敏，涉獵群書，工騎射，尤善音樂，有名於世。譯從祖文寬，[1]尚周文帝元后妹魏平陽公主，[2]無子，周文命譯後之。由是譯少爲周文所親，恒令與諸子遊集。年十餘歲，嘗詣相府司録李長宗，[3]長宗於衆中戲之，譯斂容謂曰："明公位望不輕，瞻仰斯屬，輒相訛狎，無乃喪德也。"長宗甚異之。文寬後誕二子，譯復歸本生。

[1]譯從祖文寬：中華本校勘記云："殿本《考證》云：'據上文瓊子道邕，道邕子譯，下文瓊弟儼，儼子文寬，則文寬乃譯從父也。"祖"字誤。'按《隋書》卷三八《鄭譯傳》已誤，《北史》

承之。”

[2]周文帝：即宇文泰。文爲其謚號，北周孝閔帝所追謚。

[3]嘗詣相府司録李長宗：底本無“相”字，中華本校勘記云：“諸本脱‘相’字，據《隋書·鄭譯傳》補。”今從改。

周明帝時，詔令事輔城公，[1]是爲武帝。及帝即位，爲左侍上士，[2]與儀同劉昉，[3]恒侍帝側。譯時喪妻，帝令譯尚梁安固公主。[4]及帝親總萬機，以爲御正下大夫，[5]頗被顧遇。

[1]輔城公：封爵名。輔城，郡名。北周時治輔城縣，在今河南臨汝縣東。

[2]左侍上士：官名。西魏、北周時置。天官府宫伯中大夫屬官，與右侍上士共同負責皇帝寢宫安全，皇帝臨朝及出行時亦隨侍左右。北周時多作爲起家官。正三命。

[3]劉昉：人名。博陵望都（今河北唐縣東北）人。北周、隋朝官吏。見《北史》卷七四《劉昉傳》。

[4]安固公主：封號。安固，縣名。治所在今四川營山縣東北安固場。

[5]御正下大夫：官名。亦作“小御正下大夫”。西魏恭帝三年置，北周沿置。天官府御正司次官，佐御正中大夫，掌本司事務，正四命。

東宫建，轉太子宫尹下大夫，[1]特被太子親待。時太子多失德，内史中大夫烏丸軌每勸帝廢太子立秦王，[2]由是太子恒不自安。建德二年，爲聘齊使副。後詔太子西征吐谷渾，[3]太子陰謂譯曰：“秦王，上愛子

也；烏丸軌，上信臣也。今吾此行，得無扶蘇之事乎？”[4]譯曰：“願殿下勉著仁孝，無失子道而已。”太子然之。既破賊，譯以功最，賜爵開國子。[5]後坐褻狎皇太子，烏丸軌、宇文孝伯等以聞。[6]帝大怒，除譯名。宮臣親幸者咸被譴。太子復召譯，戲狎如初。因曰：“殿下何時可得據天下？”太子悅而益昵之。例復官，仍拜吏部下大夫。[7]

[1]太子宮尹下大夫：官名。亦稱太子宮尹、宮尹下大夫。北周置。掌管東宮内外事務。正四命。

[2]内史中大夫：官名。亦作“内史”“大内史”。西魏恭帝三年置，北周因之。爲春官府内史司長官，掌管皇帝詔書的撰寫與宣讀，參議刑罰爵賞及軍國大事。静帝大象元年設内史上大夫，成爲内史司次官。正六命。　烏丸軌：人名。即王軌。小名沙門，太原祁（今山西祁縣東南）人，北周、隋朝太祖宇文泰賜姓烏丸氏。見《北史》卷六二《王軌傳》。　秦王：封爵名。指北周武帝第三子宇文贇。見《周書》卷一三《武帝諸子傳》。

[3]吐谷渾：族名。又稱吐渾、退渾。原爲鮮卑族慕容部的一支，先祖游牧於徒河青山（今遼寧義縣東）。西晋時，遷徙於今甘肅、青海一帶。十六國時，先後受到前凉、西秦等追逐，幾乎亡國。後再度崛起，北魏太武帝時達到最强盛。在北魏打擊下，一度退到今新疆一帶。以游牧爲生。見《北史》卷九六《吐谷渾傳》。

[4]扶蘇：人名。秦始皇長子。始皇死，其弟胡亥與中車府令趙高、丞相李斯合謀，矯詔立胡亥爲太子，令其自殺而死。見《史記》卷六《秦始皇本紀》。

[5]開國子：封爵名。亦稱開國縣子。北魏中期置，北周沿置。食邑五分食一。四品。

[6]宇文孝伯：人名。字胡王（《周書》作“胡三”），代郡武

川（今内蒙古武川縣西）人，鮮卑族。北周宗室、將領。見《北史》卷五七《廣川公測附宇文孝伯傳》。

[7]吏部下大夫：官名。亦稱小吏部下大夫、小吏部。西魏恭帝三年置。助掌官吏的選拔考察和頒勳頒禄等。北周因之。爲夏官府吏部司次官，員一人，佐吏部中大夫管理官員的選舉與遷轉。武帝建德二年省中大夫，遂爲吏部司長官。宣帝即位，復置六府諸司中大夫後，仍爲次官。正四命。

及武帝崩，宣帝嗣位，超拜開府儀同大將軍、内史中大夫，[1]封歸昌縣公。[2]既以恩舊，任遇甚重，委以朝政。遷内史上大夫，[3]進封沛國公。[4]上大夫之官，自譯始也。以其子善願爲歸昌公，元琮爲永安縣男。[5]又監國史。譯頗專權，時帝幸東京，譯擅取官材，自營私第，坐除名。劉昉數言於帝，帝復召之，顧待如初，詔領内史事。

[1]超拜開府儀同大將軍内史中大夫：《隋書》卷三八《鄭譯傳》作“超拜開府、内史下大夫”。《通志》卷一六二同《北史》。

[2]歸昌縣公：封爵名。歸昌，縣名。治所在今山東郯城縣歸昌鄉。

[3]内史上大夫：官名。西魏置。春官府内史司長官，掌管皇帝詔書的撰寫與宣讀，參議刑罰爵賞及軍國大事。員一人，正五命。北周沿置。

[4]沛國公：封爵名。沛國，郡名。北周時治相縣，在今安徽濉溪縣西北。

[5]永安縣男：封爵名。永安，縣名。治所在今山西霍州市。

初，隋文帝與譯有同學之舊，譯又素知隋文相表有奇，傾心相結。至是，隋文爲宣帝所忌，情不自安，嘗在永巷，[1]私於譯曰："久願出藩，公所悉也，敢布心腹，少留意焉。"譯曰："以公德望，天下歸心，欲求多福，豈敢忘也？謹即言之。"時將遣譯南征。譯曰："若定江東，自非懿戚重臣，[2]無以鎮撫。可令隋公行，且爲壽陽總管，[3]以督軍事。"帝從之，乃下詔，以隋文爲揚州總管，譯發兵俱會壽陽以伐陳。行有日矣，帝不悆，[4]譯遂與御正下大夫劉昉謀，引隋文入受顧託。既而譯宣詔，文武百官，皆受隋文節度。時御正中大夫顏之儀與宦者謀，[5]引大將軍宇文仲輔政。[6]仲已至御坐，譯知之，遽率開府楊惠及劉昉、皇甫績、柳裘俱入。[7]仲與之儀見譯等，愕然，逡巡欲出。隋文因執之。於是矯詔，復以譯爲內史上大夫。明日，隋文爲丞相，拜譯柱國、相府長史，[8]行內史上大夫事。

[1]永巷：深巷、長巷。

[2]懿戚：指皇親國戚。

[3]壽陽：縣名。治所在今安徽壽縣。

[4]不悆（yù）：帝王病重的諱稱。

[5]顏之儀：人名。字子升，琅邪臨沂（今山東費縣東）人。北周、隋朝官吏。見《周書》卷四〇《顏之儀傳》。

[6]宇文仲：人名。代郡武川（今内蒙古武川縣西）人，鮮卑族。北周宗室。見《周書》卷一〇《虞國公仲傳》。

[7]楊惠：人名。弘農華陰（今陝西華陰市東南）人。北周、隋朝官吏。　皇甫績：人名。字功明，安定朝那（今寧夏固原市東南）人。北周、隋朝官吏。見《北史》卷七四《皇甫績傳》。　柳

裘：人名。字茂和，河東解（今山西臨猗縣）人。北周、隋朝官吏。見《北史》卷七四《柳裘傳》。

[8]拜譯柱國相府長史：底本無“相”字，中華本校勘記云：“諸本脱‘相’字，據《隋書·鄭譯傳》補。”今從改。柱國，官名。柱國大將軍的省稱。十六國後燕慕容垂燕元元年（384）始置。北魏初置，位在太尉之上，後罷。北魏末復置，位在丞相之上，授予權臣。西魏文帝大統三年，省稱柱國。大統十六年前共任命八人，稱八柱國，是西魏的最高官職。其中六人分掌全國府兵。北周時爲無具體職掌的勳官，正九命。

及隋文爲大冢宰，[1]總百揆，以譯兼領天官都府司會，[2]總六府事。出入卧内，言無不從，賞賜玉帛，不可勝計，每出入以甲士從。拜其子元璹爲儀同。[3]時尉遲迥、王謙、司馬消難等作亂，[4]隋文逾加親禮，進上柱國，[5]恕以十死。

[1]大冢宰：官名。亦稱大冢宰卿。居六官之首的天官府長官。西魏恭帝三年置，北周沿置。掌管宫廷供奉以及全國的財政收支、賦役收入、百官俸禄等事務。正七命。隋文帝開皇元年罷。

[2]天官都府司會：官名。爲司會中大夫或天官都司會的簡稱。西魏恭帝三年置，北周沿置。天官府司會司長官，職掌全國財政收支，協助大冢宰管理六府之事。員一人，下設司會上士、中士、旅下士等職。正五命。隋文帝開皇元年罷。

[3]元璹：人名。滎陽開封（今河南開封市）人。隋朝、唐朝官吏。見《舊唐書》卷六二《鄭善果附鄭元璹傳》。　儀同：爲儀同三司的省稱。勳官、散官號。北周時爲九命。隋朝時爲十一等之第八等，正五品上。煬帝大業三年罷。

[4]尉遲迥：人名。字薄居羅，代（今山西大同市東北）人。

西魏、北周重臣。見《北史》卷六二《尉遲迥傳》。《隋書》卷三八《鄭譯傳》作"尉迥"。　王謙：人名。字敕萬，太原（今山西太原市晋源區古城營村一帶）人。北周官吏。見《北史》卷六〇《王雄附王謙傳》。　司馬消難：人名。字道融，河内温（今河南温縣）人。北齊、北周官吏。見《北史》卷五四《司馬子如附司馬消難傳》。

[5]上柱國：官名。北周時爲最高級勳官。正九命。隋朝置爲從一品散實官，隋煬帝大業三年罷。

譯性輕險，不親職務，而贓貨狼籍。隋文陰疏之，然以其有定册功，[1]不忍廢放，[2]陰敕官屬不得白事於譯。譯猶坐廳事，無所關預，懼，頓首求解職。隋文寬喻之，接以恩禮。及帝受禪，譯以上柱國歸第。[3]賞賜豐厚，進子元璹成皋郡公，[4]元珣永安男，追贈其父及亡兄二人並爲刺史。

[1]定册功：《隋書》卷三八《鄭譯傳》作"定策功"，《通志》卷一六二、《册府元龜》卷一三四同《隋書》。

[2]不忍廢放：局本作"不忍廢故"。《隋書·鄭譯傳》、《通志》卷一六二、《册府元龜》卷一三四同底本。

[3]以上柱國歸第：《隋書·鄭譯傳》作"以上柱國公歸第"，《通志》卷一六二同《北史》。

[4]成皋郡公：封爵名。成皋，郡名。隋朝時治滎陽縣，在今河南滎陽市北。《隋書·鄭譯傳》作"城皋郡公"。《通志》卷一六二同《北史》。按："成""城"古通。

譯自以被疏，陰呼道士章醮，[1]以祈福助。其婢奏

譯厭蠱左道。[2]帝謂譯曰："我不負公，此何意也？"譯無以對。譯又與母别居，爲憲司所劾，[3]由是除名。下詔云："譯嘉謀良策，寂爾無聞；鬻獄賣官，沸騰盈耳。若留之於世，在人爲不道之臣；戮之於朝，入地爲不孝之鬼。有累幽顯，[4]無以置之。宜賜以《孝經》，令其熟讀，仍遣與母共居。"

[1]章醮（jiào）：拜表設祭。道教的一種祈禱形式。

[2]厭蠱：以巫術致灾禍於人。　左道：邪門旁道。多指非正統的巫蠱、方術等。

[3]憲司：魏晋以來御史的别稱。

[4]幽顯：陰陽。亦指陰間與陽間。

未幾，詔譯參撰律令。復授開府、隆州刺史。[1]請還療疾，有詔徵之，見於醴泉宫，[2]賜宴甚歡。因謂譯曰："貶退已久，情相矜愍。"[3]於是顧謂侍臣曰："鄭譯與朕同生共死，間關危難，興言念此，何日忘之。"譯因奉觴上壽。帝令内史李德林立作詔書，[4]復爵沛國公，位上柱國。高熲戲謂譯曰：[5]"筆乾。"答曰："出爲方岳，杖策言歸，不得一錢，何以潤筆！"上大笑。

[1]隆州：隋朝時治閬中縣，在今四川閬中市。

[2]醴泉宫：位於今陕西禮泉縣。

[3]矜愍：憐憫。

[4]李德林：人名。字公輔，博陵安平（今河北安平縣）人。北齊、隋朝官吏。見《北史》卷七二《李德林傳》。

[5]高熲：人名。一作"獨孤熲"，字昭玄，一名敏，勃海蓨

（今河北景縣）人。隋朝大臣。見《北史》卷七二《高熲傳》。

未幾，詔譯參議樂事。譯以周代七聲廢缺，自大隋受命，禮樂宜新。更脩七始之義，名曰《樂府聲調》，凡八篇，奏之。帝嘉美焉。俄拜岐州刺史。[1]歲餘，復奉詔定樂於太常。[2]帝勞譯曰："律、令，則公定之；音樂，則公正之。禮、樂、律、令，公居其三，良足美也。"尋還岐州。開皇十一年卒，年五十二，謚曰達。子元璹嗣。煬帝初立，五等悉除，以譯佐命元功，詔追改封譯莘公，[3]以元璹襲。

[1]岐州：隋朝時治雍縣，在今陝西鳳翔縣。

[2]太常：官名。南北朝時禮儀郊廟制度由尚書八座及儀曹裁定，太常位尊職閑。北魏孝文帝太和二十三年定爲從一品下，二十三年改爲三品。南朝梁、北齊時改稱太常卿，亦常省稱太常。隋朝時爲正三品。

[3]莘公：封爵名。莘，縣名。治所在今山東莘縣。

元璹歷位右光禄大夫、右衛將軍。[1]大業末，[2]爲文城太守，[3]以城歸國。

[1]右光禄大夫：官名。作爲朝廷大臣的加官，或授予年老有病者爲致仕之官，也作爲大臣卒後的贈官，以示尊崇，位在金紫光禄大夫之上。隋初爲正二品，煬帝大業三年改爲從二品。　右衛將軍：官名。隋初爲十二衛中的左衛副長官，員二人，從三品。協助左衛大將軍掌宫掖禁禦，督攝仗衛。煬帝大業初改左右衛爲左右翊衛，此職改爲右翊衛將軍。《隋書》卷三八作"右候衛將軍"。《通

志》卷一六二同底本。

[2]大業：隋煬帝的年號（605—617）。

[3]文城：郡名。隋朝時治吉昌縣，在今山西吉縣。

瓊弟儼。儼字季然，容貌壯麗。初爲司徒胡國珍行參軍，[1]因爲靈太后所幸，時人未知之。後太后廢，蕭寶夤西征，[2]以儼爲友。及太后反政，儼請使還朝，復見寵待。拜諫議大夫、中書舍人，[3]領尚食典御，[4]晝夜禁中，寵愛尤甚。儼每休沐，太后常遣閹童隨侍。儼見其妻，唯得言家事而已。

[1]胡國珍：人名。字世玉，安定臨涇（今甘肅鎮原縣）人。北魏外戚。見《北史》卷八〇《胡國珍傳》。

[2]蕭寶夤：人名。字智亮。南朝齊宗室。見《北史》卷二九《蕭寶夤傳》。

[3]諫議大夫：官名。北魏時置七十人，隸集書省，掌諫諍議論。孝文帝太和十七年定爲四品下，二十三年改爲從四品下。

[4]尚食典御：官名。北魏置。爲尚食局長官，掌御膳之事，總知御膳事，二員。五品。源氏校勘記云："《魏書》'尚'作'嘗'。"

與徐紇俱爲舍人，[1]儼以紇有智數，仗爲謀主；紇以儼寵倖既盛，傾身承接。共相表裏，勢傾內外。城陽王徽亦與之合，[2]當時政令，歸於儼等。遷散騎常侍、車騎將軍，[3]舍人、常侍如故。明帝崩，事出倉卒，天下咸言儼計。尒朱榮舉兵向洛陽，以儼、紇爲辭。榮逼京師，儼走歸鄉里。儼從兄仲明欲據郡起衆，尋爲其部

下所殺，與仲明俱傳首洛陽。子文寬從武帝入關西。[4]

[1]徐紇：人名。字武伯，樂安博昌（今山東博興縣東南）人。北魏大臣。見《北史》卷九二《徐紇傳》。

[2]城陽王：封爵名。城陽，郡名。北魏時治所不詳，當在今河南境内。　徽：即元徽，人名。字顯順。北魏宗室、大臣。見《北史》卷一八《城陽王長壽附元徽傳》。

[3]車騎將軍：官名。多作爲軍府名號，以加授大臣、重要州郡長官，無具體職掌。

[4]子文寬從武帝入關西：高敏《南北史考索》（第463頁）云："《魏書》卷九十三本傳'入'作'歿'，《北史》校勘記失校。"可從。入關西，即到長安。

敬叔弟子恭，[1]燕郡太守。[2]孝昌中，因儼勢，除衛尉少卿，[3]遷衛將軍、左光禄大夫。[4]卒後，贈尚書右僕射，[5]謚曰貞。

[1]子恭：源氏校勘記云："《魏書》作'士恭'。"

[2]燕郡：北魏時治薊縣，在今北京西南。

[3]衛尉少卿：官名。北魏置。爲衛尉寺次官，協助衛尉卿通判本寺事務，位在丞上。四品上。

[4]衛將軍：官名。爲將軍名號之一，加大臣、重要州郡長官，無具體職掌。北魏孝文帝太和十七年定爲一品下，二十三年改爲二品。　左光禄大夫：《魏書》卷五六《鄭羲傳》作"右光禄大夫"。《通志》卷一四九同《北史》。源氏校勘記云："《魏書》作'右光禄'。"未詳孰是。

[5]尚書右僕射：《魏書·鄭羲傳》作"尚書左僕射"。《通志》卷一四九同《北史》。源氏校勘記云："《魏書》'右僕'作'左

僕’。”未詳孰是。

叔夜子伯夏，位東萊太守。[1]卒，贈青州刺史。伯夏弟謹，字仲恭，琅邪太守。

[1]東萊：郡名。北魏時治掖縣，在今山東萊州市。

連山性嚴暴，撾撻僮僕，酷過人理。父子一時爲奴所害，斷首投馬槽下，乘馬北逃。其第二子思明，驍勇善騎射，被髮率衆義馳追之。[1]及河，奴乘馬投水。思明止將從，自射之，一發而中，落馬墮流，禽至家，臠殺之。[2]

[1]率衆：底本作“率村”，毛本、殿本、四庫本、局本、四部備要本作“率材”。《魏書》卷五六《鄭羲傳》作“率衆”，《通志》卷一四九同《魏書》。按：今從《魏書》改。

[2]臠殺：割肉使碎而殺之。

思明弟思和，並以武力自效。思明位直閤將軍，[1]坐弟思和同元禧逆，徙邊。會赦，免。卒後，贈濟州刺史。[2]

[1]直閤將軍：官名。南朝及北魏、北齊置。爲皇帝左右侍衛之官，地位顯要。北魏時多以宗室任此職。孝文帝太和十七年定爲從三品中（參張金龍《北魏後期的直閤將軍與“直衛”諸職》，《文史哲》1999 年第 1 期）。

[2]濟州：北魏時治碻磝城，在今山東茌平縣西南。

子先護，少有武幹。莊帝居藩也，先護得自結託。及尒朱榮稱兵向洛，靈太后令先護與鄭季明等守河梁。[1]先護聞莊帝即位於河北，遂開門納榮。以功封平昌縣侯，[2]廣州刺史。[3]元顥入洛，[4]莊帝北巡，先護據州起義兵，不受命。莊帝還京，進爵郡公。歷東雍、豫二州刺史，[5]兼尚書右僕射。及尒朱榮死，徐州刺史尒朱仲遠擁兵向洛。[6]詔先護與都督賀拔勝、行臺楊昱同討之。[7]聞京師不守，先護部衆逃散，因奔梁。尋歸，爲仲遠所害。孝武初，贈使持節、都督、四州刺史。[8]子偉。

[1]河梁：橋名。在今河南孟州市西南黄河上。

[2]平昌縣侯：封爵名。平昌，縣名。治所在今山西蒲縣西北。

[3]廣州：北魏時治襄城縣，在今河南襄城縣。

[4]元顥：人名。字子明。北魏宗室、大臣。見《北史》卷一九《北海王詳附元顥傳》。

[5]東雍：州名。北魏太武帝太平真君四年置，治所在今山西新絳縣。後廢。孝明帝孝昌二年又置，治鄭縣，在今陝西華縣。

[6]尒朱仲遠：人名。北秀容（今山西朔州市）人，契胡族。北魏、北齊大臣。見《北史》卷四八《尒朱榮附尒朱仲遠傳》。

[7]賀拔勝：人名。字破胡，神武尖山（今山西神池縣）人。北魏末、西魏名將。見《北史》卷四九《賀拔允附賀拔勝傳》。行臺：官名。行臺長官的省稱。北魏初曾於鄴及中山置行臺，以尚書爲長官，職掌當地軍政事務，旋罷。孝明帝正光末，在各地陸續設立行臺主管當地軍務，遂成爲常設地方行政機構。北魏末期漸理民務，以行臺尚書令爲長官，也有以尚書僕射或左右僕射及尚書來主管行臺事務者，下設行臺尚書左右丞，各部尚書及郎中處理具體

事務。　楊昱：人名。字元略（《魏書》作“元晷”），弘農華陰（今陝西華陰市東南）人。北魏官吏。見《北史》卷四一《楊播附楊昱傳》。

[8]都督：官名。地方軍政長官。三國魏文帝黄初年間置，稱都督諸州軍事，領駐在州刺史，兼理民政。無固定品級，多帶將軍名號。晋、南北朝沿置，位地方軍政長官，分使持節、持節、假節三種，職權各有不同。或作爲大臣的加官和贈官。

偉字子直，少倜儻有大志，每以功名自許，善騎射，膽力過人。尒朱氏滅後，自梁歸魏。及武帝西遷，偉亦歸鄉里，不求仕進。

大統三年，河內公獨孤信既復洛陽，[1]偉乃與宗人榮業，[2]糾合州里舉兵於陳留，信宿間，[3]衆有萬人。[4]遂拔梁州，[5]禽東魏刺史鹿永，[6]及鎮城守將令狐德，并獲陳留郡守趙季和。乃率衆西附。因是，梁、陳間相次降款。偉馳入關西，周文帝與語，歎美之，拜北徐州刺史，[7]封武陽縣伯。從戰河橋及解玉壁圍，[8]偉常先鋒陷陣。侯景歸款，[9]周文命偉率所部應接。及景叛，偉亦全軍而還。除滎陽郡守，進爵襄城郡公，[10]侍中、驃騎大將軍、開府儀同三司。[11]

[1]河內公：封爵名。河內，郡名。北魏時治野王縣，在今河南沁陽市。　獨孤信：人名。雲中（今內蒙古和林格爾縣東北）人，鮮卑族。北魏、北周名將，西魏八柱國之一。《北史》卷六一《獨孤信傳》。

[2]宗人：同族之人。

[3]信宿：兩三日。

[4]衆有萬人：高敏《南北史考索》（第463頁）云："《周書》卷三十六同人傳，'萬人'作'萬餘人'，《北史》校勘記失校。"可從。

[5]梁州：東魏時治大梁城，在今河南開封市。

[6]禽東魏刺史鹿永：源氏校勘記云："'永'下，《周書》有'吉'字。"中華本校勘記云："《周書》卷三六《鄭偉傳》作'鹿永吉'。按鹿悆字永吉，見本書卷四六本傳，此單稱'永'。"鹿永吉，人名。即鹿悆。字永吉，濟陰乘氏（今山東菏澤市南）人。北魏官吏。見《北史》卷四六《鹿悆傳》。

[7]北徐州：西魏時治即丘縣，在今山東臨沂市。

[8]玉壁：城名。在今山西稷山縣西南。

[9]侯景：人名。字萬景，懷朔鎮（今內蒙古固陽縣南）人。曾任北魏官吏，後叛至南朝。見《梁書》卷五六《侯景傳》（參李萬生《侯景的氏族及相關問題》，《北京大學學報》2000年第5期）。

[10]襄城郡公：封爵名。襄城，郡名。東魏時治襄城縣，在今河南襄城縣。

[11]驃騎大將軍：中華本《周書》校勘記云："《文苑英華》卷九四七庾信《鄭偉墓誌銘》云：'仍除使持節、車騎大將軍、儀同三司，餘如故，遷驃騎大將軍、開府'，升遷有序。《北史》略去車騎一官可也，《周書》以車騎合於開府，實誤。"

魏恭帝二年，[1]進位大將軍、江陵防主、都督十五州諸軍事。[2]偉性粗獷，不遵法度，睚眥之間，便行殺戮。朝廷以其有立義之效，每優容之。及在江陵，乃專戮副防主杞賓王，[3]坐除名。保定元年，[4]詔復官爵。天和六年，[5]爲華州刺史。偉前後莅職，皆以威猛爲政，吏人莫敢犯禁，盜賊亦爲之休止，雖非仁政，然頗以此

見稱。卒於州，贈本官，加少傅、都督、司州刺史，[6]謚曰肅。

[1]魏恭帝：即西魏皇帝元廓。恭爲其謚號。

[2]防主：官名。西魏、北周置，爲防區的主將，管理所轄區域的軍政事務。多以刺史、郡守或都督數州及數防諸軍事兼領此職，下設長史。江陵曾設副防主，餘防不詳。　都督十五州諸軍事：官名。地方軍政長官，領十五州刺史，監理民政，品級不定。

[3]杞賓王：人名。其餘不詳。

[4]保定元年：局本作“保定九年”。《周書》卷三六《鄭偉傳》、《通志》卷一五七同底本。按：保定，北周武帝的年號（561—565）。無保定九年。

[5]天和六年：毛本、殿本、四庫本、四部備要本作“天保六年”。《通志》卷一五七同底本。按：天和，北周武帝的年號（566—572）。天保，北齊文宣帝的年號（550—559）。又前文提及北周武帝年號保定元年，此處“天保”不符合文意，當從底本。

[6]少傅：官名。西周始設。與少師、少保並稱三少或三孤，居少師之下、少保之上。北周復置，與三公並爲大臣加官，地位崇高，無具體職掌。正八命。

偉性吃，少時嘗逐鹿於野，失之，遇牧豎，問焉。牧豎答之，其言亦吃。偉怒，謂其效己，遂射殺之。其忍暴如此。子大士嗣。

述祖族子雛，有識尚，操行清整，仕至膠州刺史。[1]初，齊文宣爲皇太子納其女爲良娣，[2]雛時爲尚書郎。[3]趙郡李祖昇兄弟微相敬憚。[4]楊愔奏授雛趙郡太守，[5]祖昇兄弟具服至雛門，投刺拜謁。文宣聞之喜，

笑曰："足得殺李家兒矣。"

［1］膠州：北齊時治東武縣，在今山東諸城市。

［2］齊文宣：即北齊皇帝高洋。文宣爲其謚號。　良娣：太子妃的名位。

［3］尚書郎：官名。北魏前期尚書省諸曹皆置尚書爲長官，孝文帝改制後，復以尚書郎爲諸郎曹長官，分隸六曹尚書。掌收發文書奏章庶務，可直接向皇帝奏報本職政務。孝文帝太和十七年定郎中爲五品上，郎爲從五品中，二十三年皆稱郎中，六品。北齊因之，六品上。

［4］李祖昇：人名。趙郡平棘（今河北趙縣）人。東魏、北齊官吏。見《北史》卷三三《李順附李祖昇傳》。

［5］楊愔：人名。字遵彦，弘農華陰（今陝西華陰市東南）人。東魏、北齊官吏。見《北史》卷四一《楊播附楊愔傳》。

論曰：王慧龍拔難自歸，間關夷嶮，撫人督衆，見憚嚴敵。世珍寔有令子，克播家聲。松年之送終戀舊，有古人風矣。劭爰自幼童，訖于白首，好學不倦，究極群書，搢紳洽聞之士，無不推其博物。雅好著述，久在史官，既撰《齊書》，兼脩隋典，好詭怪之説，尚委曲之談，文詞鄙穢，體統煩雜，直愧南、董，[1]才無遷、固，[2]徒煩翰墨，不足觀采。[3]經營符瑞，雜以妖訛。爲河朔清流而乾没榮利，[4]得不以道而頽其家聲。惜矣！

［1］南董：春秋時期齊國史官南史、晋國史官董狐的合稱。兩人皆以秉筆直書而著稱。

［2］遷：即司馬遷，人名。字子長，西漢夏陽（今陝西韓城

市）人。西漢史學家、思想家、文學家。撰中國第一部紀傳體通史《史記》。見《史記》卷一三〇《太史公自序》。　固：即班固，人名。字孟堅，扶風安陵（今陝西咸陽市東北）人。東漢史學家、文學家。撰《漢書》。見《後漢書》卷四〇《班彪附班固傳》。

[3]采：中華本作“採”。《隋書》卷六九《王劭傳》同底本。

[4]河朔：古代泛指黄河以北地區。　乾没：投機圖利。　榮利：功名利禄。

鄭羲機識明悟，爲時所許。懿兄弟風尚，俱有可觀，故能並當榮遇，共濟其美。述祖德業，足嗣家聲。嚴祖、仲禮，大虧門素。幼儒令問促年。[1]伯猷以賄敗德。道邕撫寧離散，仁惠克舉。譯實受顧託，適足爲敗。及帝遷明德，[2]義非簡在，鹽梅之寄，[3]固有攸歸。言追昔款，内懷觖望，恥居吴、耿之末，[4]羞與絳、灌爲伍。[5]事君盡禮，既闕於夙心；不愛其親，遽彰於物議。格之名教，君子所深尤也。儼名編恩倖，取辱前載。偉翻然豹變，[6]蓋知機之士乎。

[1]問：宋本、元大德本、局本、中華本作“問”，毛本、殿本、四庫本、四部備要本作“聞”。按：“問”“聞”通假。

[2]帝遷明德：上帝遷來明德之君。出自《詩·大雅·皇矣》。

[3]鹽梅：鹽和梅子。鹽味咸，梅味酸，均爲調味所需。亦喻指國家所需的賢才。

[4]吴耿：東漢吴漢、耿弇的合稱。兩人助漢光武帝中興，後用以指良臣、良將。吴漢，人名。字子顔，南陽宛（今河南南陽市）人。東漢名將。見《後漢書》卷一八《吴漢傳》。耿弇，人名。字伯昭，扶風茂陵（今陝西興平市東北）人。東漢名將。見

《後漢書》卷一九《耿弇傳》。

[5]絳灌：西漢絳侯周勃和潁陰侯灌嬰的並稱。周勃，人名。沛（今江蘇沛縣）人。秦末漢初名將，西漢開國功臣。見《史記》卷五七《絳侯周勃世家》。灌嬰，人名。睢陽（今河南商丘市南）人。秦末漢初名將，西漢開國功臣。見《史記》卷九五《樊酈滕灌列傳》。

[6]豹變：喻人的行爲變好或勢位顯貴。

北史　卷三六

列傳第二十四

薛辯 五世孫端 端子胄 端從子濬 辯孫湖[1] 湖子聰 聰子孝通 孝通子道衡 聰弟子善 善弟慎 薛寘 薛憕

[1]辯孫湖：底本作“端從祖弟湖”，中華本作“辯孫湖”。按本卷記載，“薛辯子謹”，謹“長子初古拔”，“本名洪祚”，“拔弟洪隆”，“洪隆弟湖”，知“湖”是薛辯孫。今從改。

薛辯字允白，河東汾陰人也。[1]曾祖興，晋尚書右僕射、冀州刺史、安邑公，[2]謚曰莊。祖濤襲爵，[3]位梁州刺史，[4]謚曰忠惠。京都傾覆，皆以義烈著聞。

[1]河東：郡名。西晋時治安邑縣，在今山西夏縣北。　汾陰：縣名。治所在今山西萬榮縣西南。

[2]尚書右僕射：官名。爲尚書省次官，左僕射居右僕射上。輔助尚書令執行政務，參議大政，諫諍得失，監察百官，常受命主管官吏選舉。三品。　冀州：西晋時治房子縣，在今河北高邑縣西南。　安邑公：封爵名。安邑，縣名。治所在今山西夏縣西北。

[3]濤：《通志》卷一四九《薛辯傳》同底本。《魏書》卷四二

《薛辯傳》作“陶”。未詳孰是。

[4]梁州：西晋時治南鄭縣，在今陝西漢中市東。

父强，字威明，幼有大志，懷軍國籌略。與北海王猛同志友善。[1]及桓温入關中，[2]猛以巾褐謁之。[3]温曰：“江東無卿比也，秦國定多奇士，如生輩尚有幾人？吾欲與之俱南。”猛曰：“公求可與撥亂濟時者，友人薛威明其人也。”温曰：“聞之久矣。”方致朝命。强聞之，自商山來謁，[4]與猛皆署軍謀祭酒。[5]强察温有大志而無成功，乃勸猛止。俄而温敗。及苻堅立，[6]猛見委任。其平陽公融爲書，[7]將以車馬聘强。猛以爲不可屈。乃止。及堅如河東伐張平，自與數百騎馳至强壘下，求與相見。强使主簿責之，[8]因慷慨宣言曰：“此城終無生降之臣，但有死節之將耳。”堅諸將請攻之，堅曰：“須吾平晋，自當面縛。捨之以勸事君者。”後堅伐晋，軍敗。强遂總宗室强兵，威振河輔，[9]破慕容永於陳川。[10]姚興聞而憚之，[11]遣使重加禮命，徵拜右光禄大夫、七兵尚書，[12]封馮翊郡公，[13]轉左户尚書。[14]年九十八，卒。贈輔國大將軍、司徒公，[15]謚曰宣。

[1]北海：郡名。西晋時治劇縣，在今山東昌樂縣西。　王猛：人名。字景略，北海劇（今山東壽光市東南）人。十六國時前秦丞相、大將軍。見《晋書》卷一一四《苻堅載記附王猛傳》。

[2]桓温：人名。字元子，譙國龍亢（今安徽懷遠縣）人。東晋將領、權臣。見《晋書》卷九八《桓温傳》。

[3]巾褐：頭巾和褐衣，平民的服裝。代指未入仕途的平民。

［4］商山：在今陝西丹鳳縣。

［5］軍謀祭酒：官名。漢獻帝建安三年（198），曹操置軍師祭酒，爲丞相府僚屬，參掌軍律，位在左右軍師之下。晋朝修史避晋世宗司馬師諱，改稱軍謀祭酒。

［6］苻堅：人名。字永固，又字文玉，小名堅頭，氐族。十六國時前秦君主。見《晋書》卷一一三、一一四《苻堅載記》。

［7］平陽公：封爵名。平陽，郡名。十六國前秦時治平陽縣，在今山西臨汾市西南。　融：即苻融，人名。字博休，氐族。十六國時前秦宗室、將領。見《晋書·苻堅載記附苻融傳》。

［8］主簿：官名。典領文書簿籍，經辦事務。品秩隨府長官地位高下而不等。

［9］河輔：泛指河東與長安京畿一帶。

［10］慕容永：人名。字叔明，昌黎棘城（今遼寧北票市章吉營子鄉三官營子村）人，鮮卑族。十六國時西燕君主。見《北史》卷九三《慕容永傳》。　陳川：地名。在今山西長子縣附近。

［11］姚興：人名。字子略，南安赤亭（今甘肅隴西縣西）人，羌族。十六國時後秦君主。見《晋書》卷一一七、一一八《姚興載記》。

［12］右光禄大夫：官名。作爲在朝顯職的加官，以示優崇；或授予年老有病者爲致仕之官，亦常用爲卒後贈官。無具體職掌。　七兵尚書：官名。尚書省七兵曹長官。三國魏始設五兵尚書，掌管軍事行政，領中兵、外兵、騎兵、別兵、都兵五曹。晋分中兵、外兵爲左、右曹，實領七曹，其長官仍沿稱五兵尚書。十六國時後燕改名爲七兵尚書。

［13］馮翊郡公：封爵名。馮翊，郡名。東晋時治臨晋縣，在今陝西大荔縣東。

［14］左户尚書：官名。即左民尚書，《北史》避唐太宗李世民諱改。爲尚書省左民曹長官，掌户籍和土木工程之事。

［15］輔國大將軍：官名。位在四鎮將軍之上。　司徒公：官

名。司徒的尊稱。與丞相通職，爲名譽宰相，亦常參録朝政。然僅掌事務，政務仍歸尚書。一品。

辯幼而儁爽，俶儻多大略，[1]由是豪傑多歸慕之。强卒，復襲統其營。仕姚興，歷太子中庶子、河北太守。[2]辯知姚氏運衰，遂棄歸家保鄉邑。及晋將劉裕平姚泓，[3]即署相國掾。[4]尋除平陽太守，[5]委以北道鎮捍。及長安失守，[6]辯遂歸魏。仍立功於河際，位平西將軍、雍州刺史，[7]賜爵汾陰侯。[8]其年詣闕，[9]明元深加器重，明年方得旋鎮。帝謂之曰："朕委卿西蕃，志在關右，卿宜克終良算，與朕爲長安主人。"辯既還任，務農教戰，恒以數千之衆，摧抗赫連氏。[10]帝甚褒奬之。又除并州刺史，[11]徵授大羽真。[12]太常七年，[13]卒於官。帝以所圖未遂，深悼惜之。贈并、雍二州刺史。

[1]俶（tì）儻（tǎng）：灑脱豪爽。

[2]太子中庶子：官名。爲太子侍從。掌侍從、奏事、諫議等。　河北：郡名。十六國後秦時治河北縣，在今山西芮城縣北。

[3]劉裕：人名。字德輿，小字寄奴，彭城（今江蘇徐州市）人。南朝宋開國皇帝。見《宋書》卷一、二、三《武帝紀》。　姚泓：人名。字元子，南安赤亭（今甘肅隴西縣西）人，羌族。十六國時後秦的最後一位君主。見《晋書》卷一一九《姚泓載記》。

[4]相國掾：官名。相國府的屬官，主掌諸曹。

[5]平陽：郡名。東晋時治白馬城，在今山西臨汾市。

[6]長安：後秦國都。在今陝西西安市西北。

[7]平西將軍：官名。多持節都督或監某一地區的軍事，有時亦作爲刺史等地方官員兼理軍務時的加官。北魏孝文帝太和十七年

（493）定爲從二品上，二十三年改爲三品。　雍州：北魏時治長安縣，在今陝西西安市西北。底本作“東雍州”。《魏書》卷四二《薛辯傳》作“雍州”。按：《魏書·地形志》“平陽郡”條稱，北魏太武帝太平真君四年（443）置東雍州。世祖置，太和中罷，大平初復。東雍州太和十八年廢。薛辯卒於北魏明元帝泰常七年（422），根據東雍州始置時間判斷，“東雍州”誤。今從《魏書》改。

[8]汾陰侯：封爵名。汾陰，縣名。治所在今山西萬榮縣西南。

[9]闕：殿本、四庫本、局本作“闕”。

[10]赫連氏：指十六國時期赫連勃勃建立的夏國。

[11]并州：北魏時治晋陽，在今山西太原市晋源區古城營村一帶。

[12]大羽真：官名。北魏始置。爲皇帝身邊侍從近臣。職掌不詳。局本作“大羽鎮將”，據史書記載，無此官職，誤。

[13]太常：北魏明元帝的年號（416—423）。

子謹，字法順。容貌魁偉，高才博學。隨劉裕度江，位府記室參軍。[1]辯將歸魏，密報謹，謹遂亦來奔。授河東太守，後襲爵汾陰侯。始光三年，[2]與宜都王奚斤共討赫連昌，[3]禽其東平公乙兜，剋蒲坂。[4]遂以新舊百姓并爲一郡，除平西將軍，復爲太守。神䴥三年，[5]除使持節、秦州刺史。[6]山胡白龍憑險作逆，[7]太武詔南陽公奚眷與謹並爲都將，[8]討平之，封涪陵郡公。[9]太延初，[10]征吐没骨，[11]平之。謹自郡遷州，威恩兼被，風化大行。時兵荒之後，儒雅道息，謹命立庠序，[12]教以詩書，三農之暇，[13]悉令受業，[14]躬巡邑里，親加考試，河汾之地，[15]儒道更興。

[1]位府記室參軍：中華本校勘記云："《魏書》卷四二《薛謹傳》云'劉裕擒泓，辟相府行參軍。隨裕渡江，尋轉記室參軍。'這裏'府'上當脱'相'字，不然不知是何府。"可從。記室參軍，官名。又稱記室參軍事。西晋始置，爲記室曹長官，掌文書表奏。南北朝時皇弟皇子府、嗣王藩王府、公府、持節都督府皆置。品級自七品至九品不等。

[2]始光：北魏太武帝的年號（424—428）。

[3]宜都王：封爵名。宜都，郡名。北魏時治夷道縣，在今湖北宜都市。　奚斤：人名。代（今山西大同市東北）人，鮮卑族。北魏官吏。見《北史》卷二〇《奚斤傳》。　赫連昌：人名。字還國，匈奴鐵弗部人。十六國時夏國君主。見《北史》卷九三《赫連屈丐附赫連昌傳》。

[4]蒲坂：縣名。治所在今山西永濟市西南蒲州鎮。

[5]神䴥（jiā）：北魏太武帝的年號（428—431）。

[6]使持節：漢朝官吏奉命外出時，由皇帝授予節杖，來提高其權威。魏晋之後，凡重要軍事長官出征或者出鎮時，加使持節，可誅殺二千石以下官員。皇帝派遣大臣出巡或祭吊等事務時，亦使持節，以示權力與尊崇。次一等的稱持節，再次一等的稱假節。　秦州：北魏時治上封縣，在今甘肅天水市。

[7]山胡：族名。亦稱稽胡、步落稽，屬匈奴别種。主要活動於今山西、陝西北部山谷間。見《北史》卷九六《稽胡傳》。　白龍：人名。山胡首領。太武帝延和三年（434），於西河（今山西吕梁市離石區）聚衆反魏，爲魏將娥清擊敗，被斬。

[8]太武：即北魏皇帝拓跋燾。太武爲其謚號。　南陽公：封爵名。南陽，郡名。北魏時治南陽縣，在今河南郟縣西南。　奚眷：人名。代（今山西大同市東北）人。北魏將領。見《北史》卷二〇《奚眷傳》。　都將：官名。北魏時所置武職之一，統禁軍

侍衛皇帝左右或出征、鎮守在外。出外時多作爲一路主將，如西道都將、南征都將等。隨皇帝出征時，有的主管前鋒或中軍，爲前鋒都將、中軍都將。地位很高，多自鎮將或三大都官遷此，亦有三公任此職者。孝文帝太和十七年及二十三年職員令皆未載。

[9]涪陵郡公：封爵名。遥封。涪陵，郡名。南朝宋治涪陵縣，在今重慶彭水苗族土家族自治縣。

[10]太延：北魏太武帝的年號（435—440）。

[11]吐没骨：北魏時西北少數民族部落名。

[12]庠（xiáng）序：地方學校。

[13]三農：指春、夏、秋三個農時。

[14]悉令受業：局本作“悉命受業”。兩者意皆可。

[15]河：州名。北魏時治枹罕鎮，在今甘肅臨夏市。　汾：州名。北魏時治蒲子城，在今山西隰縣。

真君元年，[1]徵授内都坐大官，[2]輔政。深見賞重，每訪以政道，車駕臨幸者前後數四。後從駕北討，與中山王辰等後期，[3]見殺。尋贈鎮西將軍、秦雍二州刺史，[4]謚曰元公。

[1]真君：即太平真君。北魏太武帝的年號（440—451）。

[2]徵授：宋本作“徵掖”。按：“徵掖”義不通，字形訛誤。　内都坐大官：官名。北魏前期設，掌畿内析獄及監評官吏。與外都大官、中都大官合稱三都大官。多由宗室諸王、外戚及重臣擔任，祭吊時位在三公及尚書令上。

[3]中山王：封爵名。中山，郡名。北魏時治盧奴縣，在今河北定州市。　辰：即拓跋辰，人名。北魏宗室。太武帝時氐人楊難當領千餘騎奔上邽，帝遣辰迎之赴行宫。太武帝太平真君四年，隨太武帝北伐柔然，領十五將爲中軍後繼。　後期：遲誤期限。

[4]鎮西將軍：官名。多授持節都督，出鎮方面。北魏孝文帝太和十七年定爲從一品下，二十三年改爲從二品。

長子初古拔，一曰車轂拔，[1]本名洪祚，太武賜名焉。沈毅有器識，弱冠，[2]司徒崔浩見而奇之。[3]真君中，蓋吴擾動關右，[4]薛永宗屯據河側，[5]太武親討之。詔拔糾合宗鄉，壁於河際，斷二寇往來之路。事平，除中散，[6]賜爵永康侯。[7]太武南討，以拔爲都將，從駕臨江而還。又共陸真討反氐仇檀、强免生，[8]平之。

[1]長子初古拔一曰車轂拔：高敏《南北史考索》（天津古籍出版社2010年版，第465頁）云："《魏書》卷四十二同人傳'初古拔'作'車輅拔'，《北史》校勘記失校。"可從。

[2]弱冠：古代貴族男子二十歲行冠禮表示成人，初加冠時，體力未壯，故稱弱冠。後來泛指男子二十歲左右的年紀。

[3]崔浩：人名。小名桃簡，字伯淵，《北史》避唐高祖李淵諱改爲伯深，清河東武城（今山東武城縣西北）人。北魏官吏。見《北史》卷二一《崔宏附崔浩傳》。

[4]蓋吴：人名。北地（今甘肅慶陽市西南）盧水胡人。北魏關中起義軍首領之一。後被部下殺死。

[5]薛永宗：人名。河東汾陰（今山西萬榮縣西南）人。北魏起義軍首領之一。

[6]中散：官名。北魏初置。爲内廷官，直宿禁中，隸屬幢將，無員限，無具體職掌，經常出使地方考察地方官員政績。北魏中期以後分設主文中散、奏事中散等，若長期派駐某一機構，則冠其名，如秘書中散、外都曹奏事中散等，或作爲起家官。孝文帝太和十七年定爲五品中。

[7]永康侯：封爵名。永康，縣名。治所在今浙江永康市。

[8]陸真：人名。代（今山西大同市東北）人，鮮卑族。北魏將領。見《北史》卷二五《陸真傳》。　氐：族名。分布於今甘肅、陝西、四川等省的臨接地帶，以畜牧業、農業爲生。西晉末曾建立過仇池、前秦、後涼等政權。見《北史》卷九六《氐傳》。

皇興三年，[1]除散騎常侍，[2]尚文成女西河長公主，[3]拜駙馬都尉。[4]其年，拔族叔徐州刺史安都據城歸順，[5]敕拔詣彭城勞迎，[6]除南豫州刺史。[7]延興二年，[8]除鎮西大將軍、開府儀同，[9]進爵平陽公。三年，拔與南兗州刺史游明根、南平太守許含等，[10]以善政徵詣京師。獻文親自勞勉，[11]復令還州。太和六年，[12]改爵河東公。[13]卒，贈左光禄大夫，[14]謚曰康。

[1]皇興：北魏獻文帝的年號（467—471）。

[2]散騎常侍：官名。職侍從左右，主掌圖書文翰、文章、撰述、諫諍拾遺，收納轉呈文書奏事爲主。北朝時兼領修史，實際地位略高於南朝，仍爲閑散之職。北魏初一度掌出令，位在中書令之上。孝文帝太和十七年定爲二品下，二十三年改爲從三品。

[3]尚：娶帝王之女爲妻。　文成：即北魏皇帝拓拔濬。文成爲其謚號。　西河長公主：封號。西河，郡名。北魏時治兹氏城，在今山西汾陽市城區。

[4]駙馬都尉：官名。漢武帝始置，皇帝出行時掌副車。爲侍從近臣，常用作加官。魏晋沿置，與奉車都尉、騎都尉並號三都尉，多用作宗室、外戚、功臣子、貴族、親近之臣的加官，或亦加於尚公主者。東晋、南朝隸集書省，無實職。南朝梁、陳時成定制，專加尚公主者。北朝略同，雖位至卿尹，此號不去。北魏孝文帝太和十七年定爲從四品上，二十三年改爲六品。

[5]徐州：南朝宋時治彭城縣，在今江蘇徐州市。　安都：即

薛安都，人名。字休達，河東汾陰（今山西萬榮縣西南）人。南朝宋、北魏官吏。見《北史》卷三九《薛安都傳》。

[6]彭城：郡名。北魏時治彭城縣，在今江蘇徐州市。

[7]南豫州：北魏時治懸瓠城，在今河南汝南縣。

[8]延興：北魏孝文帝的年號（471—476）。

[9]鎮西大將軍：官名。職掌與鎮西將軍同，唯資歷深者得任此職。北魏孝文帝太和十七年定爲從一品上，二十三年改爲二品。開府儀同：即開府儀同三司。三國魏始置。爲大臣加號，謂與三司的禮制待遇相同，許開設府署，自辟僚屬。北魏孝文帝太和二十三年定爲從一品。

[10]南兗州：北魏時治小黄縣，在今安徽亳州市。　游明根：人名。字志遠，廣平任（今河北任縣東）人。北魏官吏。見《北史》卷三四《游雅附游明根傳》。　南平：中華本《魏書》卷四二《薛辯附初古拔傳》作“南陽平”。按：《隋書·地理志下》“湖陽”條稱：北魏時改南襄州置，南平州西魏改爲昇州。《魏書·地形志中》“南陽平”條稱：南陽平郡，治沛南界，後寄治彭城，領襄邑、陽平、濮陽三縣。南平州與南陽平郡皆在北魏境内。未詳孰是。南平，州名。北魏時治湖陽縣，在今河南唐河縣湖陽鎮。

[11]獻文：即北魏皇帝拓拔弘。獻文爲其謚號。

[12]太和：北魏孝文帝的年號（477—499）。

[13]河東公：封爵名。河東，郡名。北魏時治蒲坂縣，在今山西永濟市西南蒲州鎮。

[14]左光禄大夫：官名。三國魏置。爲在朝顯職的加官，以示恩寵，或授予年老有病者爲致仕之官，亦常用於卒後贈官，無具體職掌。北魏孝文帝太和十七年定爲從一品中，二十三年後改爲二品。

長子胤，字寧宗。少有父風。弱冠，拜中散。襲爵

鎮西大將軍、河東公，除懸瓠鎮將。[1]尋授持節、義陽道都將。[2]後除立忠將軍、河北太守。[3]郡帶山河，俗多盜賊。有韓、馬兩姓各二千餘家，恃强憑險，最爲狡害，劫掠道路，侵暴鄉閭。胤至郡，即收其姦魁二十餘人，一時戮之。於是群盜懾氣，郡中清肅。卒於郡，謚曰敬。

[1]懸瓠：又作“懸壺城”。在今河南汝南縣。　鎮將：官名。北魏置。爲鎮之主官，掌一鎮兵馬及鎮之守衛。在不設州郡的地區，兼統軍民；在設州郡的内地，主要掌軍政，但兼任駐在州刺史時，亦兼理民政。北魏前期多以宗室或鮮卑勳貴爲之，地位高於刺史。孝文帝改制後，地位漸低。其下設副將、監軍及長史、司馬等佐僚。品秩按所帶將軍號而定。

[2]義陽：郡名。北魏時治平陽縣，在今河南信陽市。　道：即活動區域劃分。北魏後期以“道”的設置來限定一些軍事武職的活動及權力行使範圍（參張鶴泉《北魏後期的“道”考略》，《古代文明》2008 年第 1 期）。

[3]立忠將軍：官名。北魏置。爲雜號將軍之一，用以褒獎勳庸。孝文帝太和十七年定爲從三品下，二十三年降爲四品。

子裔，字豫孫，襲爵。性豪爽，盛營園宅，賓客聲伎，以恣嬉游。卒於洛州刺史。[1]子孝紳襲爵，位太中大夫。[2]孝紳立行險薄，[3]坐事爲河南尹元世儁所劾，[4]死。後贈華州刺史。[5]

[1]洛州：北魏時治洛陽，在今河南洛陽市東北。

[2]太中大夫：官名。亦作“大中大夫”。北魏至隋朝品秩與

卿相近，多用以安置年老退免的九卿大臣，無具體職掌。北魏孝文帝太和十七年定爲三品下，二十三年改爲從三品。

[3]立行：行爲舉動。　險薄：輕薄無行。

[4]河南尹：官名。掌京都洛陽地區行政，地位高於一般郡守。北魏孝文帝太和十七年遷都洛陽，置河南郡，設爲長官，三品。元世儁：人名。亦稱元儁。北魏宗室。見《北史》卷一八《任城王雲附元世儁傳》。

[5]華州：北魏獻文帝皇興二年（468）置，治定安縣，在今甘肅寧縣。孝文帝延興二年（472）改置三縣鎮。太和十一年又置華州，治李潤堡，在今陝西蒲城縣東北。宣武帝永平三年（510）移治華陰縣，在今陝西大荔縣。

拔弟洪隆，字菩提，位河東太守。

長子驎駒，好讀書，舉秀才，除中書博士。[1]齊使至，詔驎駒兼主客郎以接之。[2]卒，贈河東太守，謚曰宣。始拔尚西河主，有賜田在馮翊，驎駒徙居之，遂家於馮翊之夏陽。[3]

[1]中書博士：官名。中書教授博士、中書教學博士的省稱。北魏置。屬中書學，選用博學之士擔任，教授中書學生。任職者升遷較易，多升爲中書省、門下省要職。

[2]主客郎：官名。尚書省主客曹長官通稱。掌接待諸蕃雜客等事。北魏孝文帝太和十七年定爲從五品中。

[3]夏陽：縣名。治所在今山西韓城市南。

長子慶之，字慶集。頗有學業，閑解几案，[1]位廷尉丞。[2]廷尉寺鄰北城，曾夏日寺傍得一狐。慶之與廷

尉正博陵崔纂，[3]或以城狐狡害，宜速殺之；或以長育之月，宜待秋分。二卿裴延儁、袁翻，[4]互有同異。雖曰戲謔，詞義可觀，事傳於世。後兼左丞，[5]爲并、肆行臺，[6]賜爵龍丘子，[7]行滄州刺史。[8]爲葛榮攻圍，[9]城陷，尋患，卒，贈華州刺史。

[1]閑解几案：熟悉文案事務。源氏校勘記云："'閑解几案'，《魏書》作'聞解裼奉朝謁'。似是。"閑，通"嫻"。熟悉。

[2]廷尉丞：官名。屬廷尉。掌参議刑獄，分任審判事務，地位低於正、監、平三官。北魏孝文帝太和十七年定爲從五品中，二十三年改爲七品。

[3]廷尉正：官名。北魏時爲廷尉之副職，掌審理疑難重大案件。孝文帝太和十七年定爲五品中，二十三年改爲六品。　博陵：郡名。北魏時治魯口城，在今河北饒陽縣。　崔纂：人名。字叔則，博陵安平（今河北安平縣）人。北魏官吏。見《北史》卷三二《崔挺附崔纂傳》。

[4]裴延儁：人名。字平子，河東聞喜（今山西聞喜縣）人。北魏官吏。見《北史》卷三八《裴延儁傳》。　袁翻：人名。字景翔，陳郡項（今河南沈丘縣）人。北魏官吏。見《北史》卷四七《袁翻傳》。

[5]左丞：官名。即尚書左丞。爲尚書省佐官，位次尚書，與右丞共掌尚書省庶務，職權甚重。北魏孝文帝太和十七年定爲四品上，二十三年改爲從四品上。

[6]肆：州名。北魏時治九原城，在今山西忻州市西北。　行臺：官名。爲行臺尚書的省稱。北魏置，爲行臺長官。主管當地軍務，兼理民事。北魏末期爲行臺屬官，分曹理事。在未設行臺尚書令或行臺僕射時，仍爲行臺長官。東魏、北齊、隋朝沿置。

[7]龍丘子：封爵名。龍丘，縣名。治所在今湖北黄岡市黄州

區北。

[8]滄州：北魏時治饒安縣，在今河北鹽山縣西南。

[9]葛榮：人名。北魏河北起義軍首領。

慶之弟英集，性通率。[1]隨舅李崇在揚州，[2]以軍功累至書侍御史、通直散騎常侍，[3]卒。英集子端。

[1]通率：曠達坦率。

[2]李崇：人名。字繼長，小名繼伯，頓丘（今河南清豐縣西南）人。北魏官吏。見《北史》卷四三《李崇傳》。　揚州：北魏時治壽春縣，在今安徽壽縣。

[3]書侍御史：官名。即治書侍御史。《北史》避唐高宗李治諱改。亦稱治書御史，簡稱御史、侍御。魏晉南北朝時爲御史中丞佐貳，御史臺要職，分領侍御史諸曹，監察、彈劾較高級官員，亦奉命出使，收捕犯官等。南朝不爲世族所重，而北朝威權甚重。北魏孝文帝太和十七年定爲五品上，二十三年改爲六品上。　通直散騎常侍：官名。又稱通直常侍。晉武帝時員外散騎常侍與散騎常侍共同當值，故名。東晉時增至四員，屬散騎省。參平尚書奏事，並掌諷諫、侍從，位頗重。南朝時屬集書省，多以衰老之士擔任，地位漸低。北魏孝文帝太和十五年亦置，初定爲三品下，二十三年改爲四品。

端字仁直，本名沙陁。有志操，遭父憂，[1]居喪合禮。與弟裕勵精篤學，不交人事。年十七，司空高乾邕辟爲參軍，[2]賜爵汾陰男。[3]端以天下擾亂，遂棄官歸鄉里。

[1]父憂：父喪。中國古代禮制規定，父母死後，子女要守喪

三年，期間不做官，不婚娶，不赴宴，不應考。

［2］高乾邕：人名。即高乾。字乾邕，勃海蓨（今河北景縣）人。北魏官吏。見《北史》卷三一《高祐附高乾傳》。　參軍：官名。亦作“參軍事”。掌參謀軍務。南北朝時王、公、將軍府、都水臺以及諸州多置爲僚屬，品級自六品至九品不等。

［3］汾陰男：封爵名。汾陰，縣名。治所在今山西萬榮縣西南。底本作“平陰男”，源氏校勘記云：“《周書》（‘平’）作‘汾’。”中華本校勘記云：“諸本‘汾’作‘平’，《周書》卷三五《薛端傳》作‘汾’。按‘汾陰’爲薛氏鄉望，當時慣例，以本郡、本縣爲封號以籠絡各地大族。作‘汾’是，今據改。”今從改。

魏孝武西遷，[1]周文令大都督薛崇禮據龍門，[2]引端同行。崇禮尋失守，[3]降東魏。東魏遣行臺薛脩義督乙干貴西度，[4]據楊氏壁。[5]端與宗親及家僮等先在壁中，[6]脩義乃令其兵逼端等東度。方欲濟河，會日暮，端密與宗室及家僮等叛之。脩義亦遣騎追，端且戰且馳，遂入石城柵，[7]得免。柵中先有百家，端與并力固守。貴等數來慰喻，知端無降意，遂拔還河東。東魏又遣其將賀蘭懿、南汾州刺史薛琰達守楊氏壁。[8]端率其屬，并招喻村人，多設奇兵以臨之。懿等疑有大軍，便東遁，赴船溺死者數千人。端收其器械，復還楊氏壁。周文遣南汾州刺史蘇景恕鎮之。[9]降書勞問，徵端赴闕，以爲大丞相府户曹參軍。[10]

［1］孝武：即北魏皇帝元脩。孝武爲其謚號。

［2］周文：即宇文泰。文爲其謚號，北周孝閔帝所追謚。　大都督：官名。高級軍事長官。北魏前、中期未見，後期戰事較多時

置，統兵出征，有時又加以各種名號，如南道大都督、徐州大都督等。　龍門：地名。一名禹門口。在今山西河津市東南。

[3]崇禮尋失守：毛本作“崇禮因失守”。未詳孰是。

[4]行臺薛脩義督乙干貴：源氏校勘記云：“《周書》‘脩’作‘循’，下同。”《周書》卷三五《薛端傳》作“行臺薛循義、都督乙干貴”。按：史書記載中，“薛脩義”與“薛循義”都多次出現，皆爲東魏初人，事迹相同。疑爲一人。從《周書》。薛脩義，人名。字公讓，河東汾陰（今山西萬榮縣西南）人。北魏官吏。見《北史》卷五三《薛脩義傳》。

[5]楊氏壁：地名。在今陝西韓城市內黄河西岸。

[6]端與宗親及家僮等先在壁：底本無“端”字，中華本校勘記云：“諸本脱‘端’字，據《周書》、《通志》卷一五七《薛端傳》補。”今從改。

[7]石城栅：地名。在今河南漯河市郾城區。

[8]南汾州：東魏時治定陽，在今山西吉縣。

[9]蘇景恕：人名。即蘇讓。字景恕，武功（今陝西武功縣西北）人。西魏、北周官吏。見《北史》卷六三《蘇綽附蘇讓傳》。

[10]户曹參軍：官名。爲户曹參軍事的簡稱。户曹長官，北魏時公府、將軍府置。依府主等級不同，自從六品至從八品。

從禽竇泰，[1]復弘農，[2]戰沙苑，[3]並有功，進爵爲伯。後改封文城縣伯，[4]累遷吏部郎中。[5]端性强直，每有奏請，不避權貴。周文嘉之，故賜名端，欲令名質相副。自居選曹，先盡賢能，雖貴游子弟，才劣行薄者，未嘗升擢之。每啓周文云：“設官分職，本康時務，苟非其人，不如曠職。”周文深然之。大統十六年，[6]大軍東討，[7]柱國李弼爲别道元帥，[8]妙簡英僚，數日不定。周文謂弼曰：“爲公思得一長史，無過薛端。”弼對曰：

"真才也。"乃遣之。轉尚書右丞,[9]仍掌選事。

[1]竇泰：人名。字世寧，太安捍殊（今山西壽陽縣北）人。北魏、東魏將領。見《北史》卷五四《竇泰傳》。

[2]弘農：郡名。北魏時治北陝縣，在今河南三門峽市。

[3]沙苑：地名。又名沙阜、沙海、沙窩。在今陝西大荔縣南洛、渭二河之間，東西八十里，南北三十里。

[4]文城縣伯：封爵名。文城，縣名。治所在今山西吉縣西北。底本作"交城縣伯"，中華本校勘記云："諸本'文'作'交'，《周書》作'文'。按文城縣屬文城郡，後魏置，地鄰汾陰（見《隋書》卷三〇《地理志中》）。交城縣屬太原郡，隋開皇十六年置（見同上）。薛端不得於西魏時封交城伯。今據《周書》改。"今從改。

[5]吏部郎中：官名。北魏時與吏部郎互稱，爲尚書省吏部曹長官，資深者可轉侍郎。屬吏部尚書，主管官吏選任、調動事務，對五品以下官吏的任免有建議權。孝文帝太和十七年定爲從四品上，二十三年後爲六品。

[6]大統：西魏文帝的年號（535—551）。

[7]大軍東討：底本無"大"字，中華本校勘記云："諸本'軍'上脱'大'字，據《周書》補。"今從改。

[8]柱國：官名。柱國大將軍的省稱。十六國時後燕慕容垂燕元元年（384）始置。西魏文帝大統十六年置八柱國，其中六人分掌全國府兵。授此職者並加使持節、大都督，位在丞相上，爲西魏的最高官職。北周因之，正九命。毛本作"相國"。按：李弼曾任柱國大將軍，但不曾任相國。　李弼：人名。字景和，隴西成紀（今甘肅秦安縣）人，祖籍遼東襄平（今遼寧遼陽市）。西魏八柱國之一、北周功臣。見《北史》卷六〇《李弼傳》。　别道元帥：官名。泛指率領部分兵力與主兵力分道而進的次要將領。

[9]尚書右丞：官名。爲尚書省佐官，位次尚書，與左丞共掌尚書省庶務。北魏孝文帝太和十七年定爲四品中，二十三年爲從四品。北周因之。源氏校勘記云："《周書》（'右丞'）作'左丞'。"

梁主蕭詧曾獻馬瑙鍾，[1]周文帝執之顧丞郎曰："能擲摴蒱頭得盧者，[2]便與鍾。"已經數人不得。頃至端，乃執摴蒱頭而言曰：[3]"非爲此鍾可貴，但思露其誠耳。"便擲之，五子皆黑。文帝大悦，即以賜之。

[1]蕭詧：人名。字理孫，蘭陵（一説在今江蘇常州市，一説在今江蘇丹陽市）人。西梁皇帝。見《周書》卷四八《蕭詧傳》。元大德本作"蕭察"。　馬瑙鍾：瑪瑙做的酒器。鍾，古代盛酒器。殿本、四庫本、四部備要本作"瑪瑙鍾"。按："馬"通"瑪"。

[2]摴（chū）蒱：博戲名。以擲骰决勝負，視擲出的骰色而定。　盧：古時摴蒱戲中一擲五子俱黑稱盧，是最勝之采。

[3]乃執摴蒱頭而言曰：中華本校勘記云："《通志》無'頭'字。按疑是涉上文而衍。上文'頭'字意爲'第一個'，這裏着'頭'字無義。"可從。

魏帝廢，[1]近臣有勸文帝踐極，文帝召端告之。端以爲三方未一，遽正名號，示天下以不廣。[2]請待龕翦僭僞，[3]然後俯順樂推。文帝撫端背曰："成我者卿也。卿心既與我同，身豈與我異。"遂脱所著冠帶袍袴並以賜之。[4]進授吏部尚書，[5]賜姓宇文氏。端久處選曹，雅有人倫之鑒，其所擢用，咸得其才。六官建，[6]拜軍司馬，[7]加侍中、驃騎大將軍、開府儀同三司，[8]進爵爲侯。

[1]魏帝：指西魏廢帝元欽。

[2]不廣：氣度不大。

[3]龕（kān）翦：平定翦除。

[4]袍袴（kù）：袍子和套褲。

[5]吏部尚書：官名。位居列曹尚書之上。主管官吏銓選、考課、奬懲，其實權甚或過於尚書僕射。然重要官職的任免須與諸執政大臣合議，由皇帝、宰相裁定，亦常命尚書僕射領吏部事務或任命大臣參掌選事以分其權任。北魏孝文帝太和十七年定爲二品下，二十三年改爲三品。

[6]六官：又稱“六府”。原指《周禮》中所記載的天官冢宰、地官司徒、春官宗伯、夏官司馬、秋官司寇、冬官司空六個官府系統。北周仿行《周禮》，重置六官。

[7]軍司馬：官名。爲軍司馬中大夫的省稱。西魏恭帝三年（556）置，北周沿置。爲夏官府軍司馬司長官，掌管軍隊，職權極重。下設軍司馬上士、軍司馬中士、軍司馬旅下士。正五命。

[8]侍中：官名。北朝時常總典機密，受遺詔輔政，權任尤重，時號“小宰相”。北魏孝文帝太和十七年定爲從一品中，二十三年改爲三品。北齊因之。北周時則僅爲加官。　驃騎大將軍：官名。多加於權臣元老，以示尊崇，開府置僚屬，不領兵。北魏孝文帝太和十七年定爲一品中，二十三年改爲從一品。西魏、北周實行府兵制，用作開府府長官軍號，九命。

周孝閔帝踐阼，[1]再遷户部中大夫，[2]進爵爲公。晋公護將廢帝，[3]召群臣議之。端頗具同異，[4]護不悦，出爲蔡州刺史。[5]爲政寬惠，人吏愛之。轉基州刺史。[6]基州地接梁、陳，事藉鎮撫，總管史寧遣司馬梁榮催令赴任。[7]蔡州父老訴榮，請留端者千餘人。至基州未幾，

卒。遺誡薄葬，府州贈遺，勿有所受。贈本官，加大將軍，[8]進封文城郡公，[9]謚曰質。子胄嗣。

[1]周孝閔帝：即北周皇帝宇文覺。孝閔爲其謚號。

[2]户部中大夫：官名。西魏恭帝三年始置，北周沿置。爲地官府民部司長官，掌管民户數額。正五命。

[3]護：即宇文護，人名。字薩保，代郡武川（今内蒙古武川縣西）人，鮮卑族。北周宗室、權臣。見《北史》卷五七《邵惠公顥附宇文護傳》。

[4]同異：異議。

[5]蔡州：北周時治蔡陽縣，在今湖北棗陽市西南。

[6]基州：北周時治豐鄉縣，在今湖北鍾祥市南。

[7]總管：官名。北周明帝武成元年改都督諸州軍事爲此稱，爲地方高級軍政官員。加使持節，管理轄區軍政民政。所轄區域增減不定，多者可達數十州。品秩分三等，上總管爲從二品，中總管爲正三品，下總管爲從三品。　史寧：人名。字永和，建康表氏（今甘肅高臺縣）。北魏、西魏、北周將領。見《北史》卷六一《史寧傳》。　司馬：官名。爲東宫、王府、公府及軍府之僚屬，主府内兵將事，位僅次於長史，名額不等，官品亦依府主之地位，由五品遞減至八品。南北朝時士族子弟多爲此官。

[8]大將軍：官名。北周時爲府兵專職統帥，十二人，各領一軍，分屬六柱國大將軍，下統開府、儀同諸將軍。正九命。

[9]文城郡公：封爵名。文城，郡名。北周時治吉昌縣，在今山西吉縣。

胄字紹玄，少聰明，每覽異書，便曉其義。常歎訓注者不會聖人深旨，輒以意辯之，諸儒莫不稱善。性慷慨，志立功名。周明帝時，[1]襲爵文城郡公。累遷上儀

同，[2]尋拜司金大夫，[3]後加開府。[4]

[1]周明帝：即北周皇帝宇文毓。明爲其謚號。

[2]上儀同：上儀同大將軍的簡稱。北周武帝建德四年（575）置，在儀同大將軍上，授予有軍勳的功臣及其子弟，無具體職掌。九命。

[3]司金大夫：官名。西魏恭帝三年置。掌金屬礦藏的開發、冶煉。《周書》卷三五《薛胄傳》作“司金中大夫”，《隋書》卷五六《薛胄傳》作“司金大夫”。未詳孰是。

[4]開府：開府儀同三司的省稱。

隋文帝受禪，[1]三遷爲兖州刺史。[2]到官，繫囚數百，胄剖斷旬日便了，囹圄空虛。有陳州人向道力僞作高平郡守，[3]將之官。胄遇諸塗，察其有異，將留詰之。司馬王君馥固諫，乃聽詣郡。既而悔之，即遣主簿追道力。有部人徐俱羅嘗任海陵郡守，[4]先是已爲道力僞代之。比至秩滿，公私不悟。俱羅遂語君馥曰：“向道力經賜代爲郡，使君豈容疑之。”君馥以俱羅所陳，又固請胄。胄呵，君馥乃止。遂收之，道力懼而引僞。其發姦擿伏，皆此類也。時人謂爲神明。先是，兖州城東沂、泗二水合而南流，[5]汎濫大澤中。胄遂積石堰之，决令西注，陂澤盡爲良田，又通轉運，利盡淮海，[6]百姓賴之，號爲薛公豐兖渠。

[1]隋文帝：即隋朝皇帝楊堅。文爲其謚號。

[2]兖州：隋朝時治瑕丘縣，在今山東兖州市新驛鎮東頓村南。

[3]陳州：隋朝時治宛丘縣，在今河南淮陽縣。　高平：郡名。

隋朝時治高平縣，在今寧夏固原市。

[4]海陵：郡名。隋朝時治海陵縣，在今江蘇泰州市。

[5]沂（yí）：即沂水，又名大沂河。源自今山東沂源縣西。泗：即泗水，又名清水、清泗。源自今山東泗水縣東蒙山南麓。

[6]淮海：地區名。指以今江蘇徐州市爲中心，包括江蘇北部、河南東南部、安徽東北部在内的地區。

胄以天下太平，遂遣博士登泰山觀古跡，[1]撰封禪圖及儀上之。帝謙讓不許。轉郢州刺史，[2]有惠政。徵拜衛尉卿，[3]轉大理卿，[4]持法寬平，名爲稱職。遷刑部尚書。[5]時左僕射高熲稍被疏忌，[6]及王世積誅，[7]熲事與相連，上因此欲成熲罪。胄明雪之，正議其獄。由是忤旨，械繫之，久而得免。檢校相州事，[8]甚有能名。

[1]博士：官名。隋朝時太常寺屬官，專掌議定禮制。從七品。泰山：在今山東泰安市。

[2]郢州：隋朝時治夏口城，在今湖北武漢市武昌區。

[3]衛尉卿：官名。漢置，東漢魏晋常作衛尉的尊稱。掌宫門宿衛屯兵，巡行宫外，管理武器庫藏。隋初罷，文帝開皇十二年（592）復置，正三品。唯掌儀仗帷幕供應、武器庫藏等事，政令則仰承兵部。煬帝時改爲從三品。

[4]大理卿：官名。亦稱大理寺卿。北齊時改廷尉爲大理而置，爲大理寺長官，列位九卿，員一人，二品。掌管國家刑獄審判執行法律的事務。隋朝沿置，煬帝大業三年改爲從三品。

[5]刑部尚書：官名。隋朝始設。文帝開皇三年由都官尚書改置。負責制定律法、糾察違法。正三品。

[6]左僕射：官名。尚書左僕射的簡稱。隋朝時僕射爲正宰相，從二品，與門下省、内史省長官共秉國政。文帝開皇三年令左僕射

掌判吏、禮、兵三部事，兼糾彈御史所糾不當者。　高熲：人名。字昭玄，勃海蓨（今河北景縣）人。隋朝官吏。見《北史》卷七二《高熲傳》。

[7]王世積：人名。闡熙新囶（今陝西靖邊縣西）人。隋朝官吏。見《隋書》卷四〇《王世積傳》。

[8]相州：隋朝時治安陽城，在今河南安陽市。

漢王諒作亂并州，[1]遣其將綦良東略地，攻逼慈州。[2]刺史上官政請援於冑，[3]冑畏諒兵鋒，不敢拒。良又引兵攻冑，冑欲以計却之，遣親人魯世範説良曰："天下事未可知。冑爲人臣，去就須得其所，何遽相攻也？"良乃釋去，進圍黎陽。[4]及良爲史祥所攻，[5]棄軍歸冑。朝廷以冑懷貳心，鎖詣大理。[6]相州吏人素懷其恩，詣闕理冑者百餘人。冑竟坐除名，配防嶺南，[7]道卒。子筠、獻知名。

[1]諒：即楊諒，人名。别名楊傑，字德章，小字益錢，隋文帝第五子。見《北史》卷七一《庶人諒傳》。

[2]慈州：隋朝時治滏陽縣，在今河北磁縣。

[3]上官政：人名。北周、隋朝官吏。戰功卓著。曾西征吐谷渾，病卒。

[4]黎陽：縣名。治所在今河南浚縣東北。

[5]史祥：人名。字世休，朔方（今内蒙古河套西北）人。隋朝官吏。見《北史》卷六一《史寧附史祥傳》。

[6]大理：官署名。即大理寺。北齊始置。隋朝沿置，爲國家最高的審判機構，掌管决正刑獄。

[7]嶺南：地域名。指五嶺以南地區，相當於今廣東、廣西二

省及越南北部一帶。

端弟裕，字仁友。少以孝悌聞於州里。[1]弱冠，丞相參軍事。時京兆韋敻志安放逸，[2]不干世務。裕慕其恬静，數載酒肴候之，談宴終日。敻遂以從孫女妻之。裕嘗謂親友曰："大丈夫當聖明之運，而無灼然文武之用爲世所知，[3]雖復栖遑，[4]徒爲勞苦耳。至如韋居士，[5]退不丘壑，進不市朝，怡然守道，榮辱弗及，何其樂也。"

[1]州里：殿本訛作"州理"。

[2]京兆：郡名。北魏時治霸城縣，在今陕西西安市東北。韋敻（xiòng）：人名。字敬遠，京兆杜陵（今陕西西安市長安區東）人。北周官吏。見《周書》卷三一《韋敻傳》。

[3]灼然：突出。

[4]栖（xī）遑：匆忙。

[5]至如韋居士：局本作"至若韋居士"。

裕曾宿宴於敻之廬，後庭有井，裕夜出户，若有人欲牽其手，裕便却行，[1]遂落井。同坐共出之，因勸裕酒曰："向慮卿不測憂，幸得無他，宜盡此爵。"裕曰："墜井蓋小小耳，方當逾於此也。"[2]人問其故，裕曰："近夢，恐有兩楹之憂。"[3]尋卒，文章之士誄之者數人。周文傷惜之，追贈洛州刺史。

[1]却行：倒退而行。

[2]方當逾於此也：局本作"萬當逾於此也"。按："萬"在此

義不通，誤。

[3]兩楹之憂：人將壽盡。

胄從祖弟濬，字道賾。父琰，周渭南太守。[1]濬少孤，養母以孝聞。幼好學，有志行。周天和中，[2]襲爵虞城侯，[3]位新豐令。[4]隋開皇中，[5]歷尚書虞部、考功侍郎。[6]帝聞濬事母孝，以其母老，賜輿服几杖、四時珍味，[7]當世榮之。後其母疾病，濬貌甚憂瘁，[8]親故弗之識。暨丁母艱，[9]詔鴻臚監護喪事，[10]歸葬夏陽。時隆冬極寒，[11]濬衰絰徒跣，[12]冒犯霜雪，自京及鄉，五百餘里，足凍墮指，創血流離，朝野爲之傷痛。州里賵助，[13]一無所受。尋起令視事，上見其毀瘠過甚，[14]爲之改容，顧群臣曰："吾見薛濬哀毀，不覺悲感傷懷。"嗟異久之。

[1]渭南：郡名。北周時治渭南縣，在今陝西渭南市東南。

[2]天和：北周武帝的年號（566—572）。

[3]虞城侯：封爵名。虞城，縣名。治所在今山西平陸縣東。

[4]新豐：縣名。治所在今陝西西安市臨潼區東北。

[5]開皇：隋文帝的年號（581—600）。

[6]虞部：官署名。西魏始置。隋朝沿置，隸尚書省工部。掌山澤、園囿的出産、供應等，兼掌京都街巷種植和菜蔬、木炭、馬料等的供應。　考功侍郎：官名。隋始置。尚書省吏部考功司長官，置一人，掌考第。正六品上，文帝開皇三年升爲從五品。煬帝大業三年改名爲考功郎。

[7]輿服：車輿冠服的總稱。　几杖：坐几和手杖，敬老者之物。

[8]瘁（cuì）：面色黄瘦。

[9]丁母艱：居母親之喪。

[10]鴻臚：官署名。即鴻臚寺。北齊始置。掌外國、少數民族賓客接待、朝會及吉凶禮儀，兼管佛教、祆教寺廟，領典客、典寺、司儀等署。隋朝沿置，初省典寺署，增崇玄署掌佛道寺觀。文帝開皇三年併入太常寺。十二年復置，煬帝大業三年少卿增爲兩人，改典客署爲典蕃署，置四方館。

[11]時隆冬極寒：宋本作“次隆冬極寒”。按：“次”在此義不通。誤。

[12]衰（cuī）絰（dié）：喪服。衰，指喪服胸前所繫的麻布。絰，指圍在頭上或纏在腰間的麻繩。

[13]賵（fèng）助：爲助辦喪事而贈送的財物。

[14]毀瘠：亦作“毀呰”“毀胔”。因居喪過哀而極度瘦弱。

濬竟不勝喪，病且卒。其弟謨時爲晋王府兵曹參軍事，[1]在揚州。濬遺書於謨曰：

[1]兵曹参軍事：官名。隋朝時諸衛、諸率、諸王府、諸州皆置爲僚屬。正七品上至正九品下、視正八品至視正九品不等。文帝開皇三年改名司兵參軍事，十二年雍州復改兵曹從事。煬帝大業三年改名司兵書佐。

吾以不造，[1]幼丁艱酷，[2]窮游約處，屢絕簞瓢。[3]晚生早孤，不聞詩禮。賴奉先人貽厥之訓，[4]獲稟母氏聖善之規。負笈裹糧，[5]不憚艱遠，從師就業，欲罷不能。砥行礪心，困而彌篤，服膺教義，爰至長成。自釋耒登朝，[6]于兹二十三年矣。

雖官非聞達，而禄喜逮親，庶保期頤，得終色養。何圖精誠無感，禍酷薦臻，[7]兄弟俱被奪情，苫廬靡申哀訴，[8]是用叩心泣血，霣氣摧魂者也。[9]既而創鉅釁深，[10]不勝荼毒，啓手啓足，幸及全歸。使夫死而有知，得從先人於地下矣，豈非至願哉？但念爾伶俜孤宦，[11]遠在邊服，顧此悢悢，[12]如何可言！適已有書，冀得與汝面訣，忍死待汝，已歷一旬。汝既未來，便成今古，緬然永别，爲恨何言！勉之哉！勉之哉！

[1]不造：不幸。

[2]艱酷：指其父喪。親亡爲慘痛之事，故稱。

[3]箪（dān）瓢：盛飯的箪和舀水的瓢。借指飲食。

[4]貽厥：遺留下來給子孫。

[5]負笈（jí）：背著書箱。指游學外地。

[6]釋耒（lěi）：放下農具，停止耕作。比喻脱離農事，開始做官。

[7]薦臻：屢次到來，接連降臨。

[8]苫（shān）廬：居父母喪時住的房子。

[9]霣（yǔn）氣：損傷元氣。

[10]釁深：形容程度很深。

[11]伶俜（pīng）：形容孤獨。

[12]悢（liàng）悢：惆悵。

書成而絶。有司以聞，文帝爲之屑涕，降使齎册書弔祭。[1]濬性清儉，死日家無遺財。

[1]齎（jī）：帶著。　册書：古代帝王用於册立、封贈的詔書。

濬初爲兒時，與宗中兒戲澗濱，見一黄蛇，有角及足。召群童共視，了無見者。以爲不祥，歸大憂悴。母問之，以實對。時有胡僧詣宅乞食，母以告之。僧曰："此兒之吉應。且此兒早有名位，然壽不過六七耳。"言終而出，忽然不見。後終於四十二，六七之言驗矣。

子乾福，武安郡司倉書佐。[1]

[1]武安：郡名。隋朝時治永年縣，在今河北永年縣。　司倉書佐：官名。隋文帝開皇三年罷郡，以州統縣，州置司倉參軍事。煬帝大業三年改州爲郡，改司倉參軍事爲司倉書佐，主倉廩出納。

洪隆弟湖，字破胡。少有節操，篤志於學，專精講習，不干時務，與物無競，好以德義服人。或有兄弟忿鬩，[1]鄰里争訟者，恐湖聞之，皆内自改悔。鄉閭化其風教，咸以敬讓爲先。三召州都，[2]再辟主簿，州將傾心致禮，並不獲已而應之。爲本州中從事、别駕，[3]除河東太守。兄弟並爲本郡，當世榮之。復受詔爲仇池都將。[4]後罷郡，終於家。有八子，[5]長子聰知名。

[1]忿鬩（xì）：怒而争執。

[2]州都：官名。魏、晋、南朝州大中正的别稱，一説爲州都大中正的省稱，亦稱都士。北魏時爲州牧的屬官。負責評定士族内部品第，職似中正。北齊時爲州刺史屬官，視八品，地位遠低於州大中正。隋文帝初仍置，雍州所屬視正八品，諸州所屬視從八品。

文帝開皇三年始不理事，稱爲鄉官。十五年罷。

[3]中從事：官名。治中從事史的省稱，《北史》避唐高宗李治諱改。漢代始置的州郡佐吏，例用本地人，主選署及文書案卷，有書佐。歷代沿置。官品依州等級不同而異，北魏、北齊皆置。北齊司州治中從四品下，上州正六品下，中州從六品下，下州無。別駕：官名。即別駕從事、別駕從事史。漢朝州部佐吏。因從刺史行部，別乘傳車，故謂之別駕。魏晋南北朝皆置。其品秩依州品不同，自正五品至正七品不等。

[4]仇池：郡名。北魏時治洛谷城，在今甘肅西和縣洛峪鎮。

[5]有八子：《魏書》卷四二《薛辯傳》作“有六子”，《通志》卷一四九《薛辯傳》與《北史》同。未詳孰是。

聰字延智。方正有理識，善自標致，[1]不妄游處。雖在闇室，終日矜莊，[2]見者莫不懔然加敬。博覽墳籍，精力過人，至於前言往行，多所究悉。詞辯占對，尤是所長。遭父憂，廬於墓側，哭泣之聲，酸感行路。[3]友於篤睦，而家教甚嚴，諸弟雖昏宦，恒不免杖罸，對之肅如也。[4]未弱冠，州辟主簿。

[1]標致：標置。謂標舉品第，評定位置。多指自高位置。

[2]矜莊：嚴肅莊敬。

[3]酸感：悲傷感動。

[4]肅如：肅然。恭敬整飭貌。

太和十五年，釋褐著作佐郎。[1]于時，孝文留心氏族，正定官品，士大夫解巾，[2]優者不過奉朝請，[3]聰起家便佐著作，時論美之。後遷書侍御史，[4]凡所彈劾，

不避强禦，孝文或欲寬貸者，聰輒争之。帝每云：[5]“朕見薛聰，不能不憚，何況諸人也？”自是貴戚斂手。累遷直閤將軍，[6]兼給事黄門侍郎、散騎常侍，[7]直閤如故。

[1]釋褐：喻指入仕做官。　著作佐郎：官名。本用文學之士，南北朝後期，因其職務清閑，成爲士族高門子弟的起家之官。北魏時屬秘書省著作局，置四員，孝文帝太和十七年定爲從五品上，二十三年改爲七品。

[2]解巾：除去頭巾。謂出仕官職。

[3]奉朝請：官名。本是兩漢時給予退休大臣、權貴的一種政治優待。西晋時成爲加官名號。東晋時獨立爲官，亦作加官。南朝列爲散騎（集書）省屬官，安置閑散，所施亦濫。北魏時亦爲冗散官，有俸無職。孝文帝太和十七年定爲六品下，二十三年改爲從七品。

[4]書侍御史：《魏書》卷四二《薛辯傳》作“治書侍御史”。《北史》避唐高宗李治諱，省“治”字。

[5]帝每云：毛本、四部備要本作“帝每言”。

[6]直閤（gé）將軍：官名。南朝及北魏、北齊置。爲皇帝左右侍衛之官，地位顯要。北魏時大多以宗室任此職。孝文帝太和十七年定爲從三品中，二十三定爲從四品。

[7]給事黄門侍郎：官名。東漢時併黄門侍郎與給事黄門而置。魏晋南北朝因之，爲侍中省或門下省次官，與侍中俱掌門下衆事，職掌略同，地位隨皇帝旨意或侍中地位而上下。孝文帝太和十七年定爲三品中，二十三年改爲四品上。

聰深爲孝文所知，外以德器遇之，内以心膂爲寄。親衛禁兵，委總管領，[1]故終太和之世，恒帶直閤將軍。

群臣罷朝之後，聰恒陪侍帷幄，言兼晝夜，時政得失，預以謀謨，動輒匡諫，事多聽允，而重厚沈密，外莫窺其際。帝欲進以名位，輒苦讓不受。帝亦雅相體悉，謂之曰："卿天爵自高，[2]固非人爵之所榮也。"又除羽林監。[3]

[1]委總管領：中華本校勘記云："《通志》卷一四九《薛聰傳》'總'作'聰'，疑是。"可從。

[2]天爵：天然的爵位。指高尚的道德修養。因德高而受人尊敬，勝於有爵位，故稱。

[3]羽林監：官名。掌扈從御駕。北魏孝文帝太和二十三年定爲六品。

帝曾與朝臣論海内姓地人物，戲謂聰曰："世人謂卿諸薛是蜀人，定是蜀人不?"聰對曰："臣遠祖廣德，世仕漢朝，時人呼爲漢。臣九世祖永，隨劉備入蜀，時人呼爲蜀。臣今事陛下，是虜非蜀也。"帝撫掌笑曰："卿幸可自明非蜀，何乃遂復苦朕。"聰因投戟而出。帝曰："薛監醉耳。"其見知如此。

二十三年，從駕南征，兼御史中尉。[1]及宣武即位，[2]除都督、齊州刺史，[3]政存簡静。卒於州，吏人追思，留其所坐榻以存遺愛。贈征虜將軍、華州刺史，[4]謚曰簡懿侯。魏前二年，[5]重贈車騎大將軍、儀同三司、延州刺史。[6]子孝通最知名。

[1]御史中尉：官名。北魏時爲御史中丞改稱，主御史臺，頗

重其選。孝文帝太和十七年定爲三品上，二十三年定爲從三品。

[2]宣武：即北魏皇帝元恪。宣武爲其謚號。

[3]都督：官名。地方軍政長官。分使持節、持節、假節三種，職權各有不同。　齊州：北魏時治歷城縣，在今山東濟南市。

[4]征虜將軍：官名。爲武官，亦作爲高級文職官員的加官。北魏孝文帝太和十七年定爲第三品上，二十三年改爲從三品。

[5]魏前二年：指西魏滅亡前二年，即西魏恭帝二年。

[6]車騎大將軍：官名。多加元老重臣，以示尊崇，開府置僚屬，不領兵。北魏孝文帝太和十七年定爲一品中，二十三年改爲從一品。局本作"重車騎大將軍"，脱"贈"字。　延州：北魏時治廣武縣，在今陝西延安市東。

孝通字士達。博學有俊才，蕭寶夤征關中，[1]引參驃騎大將軍府事，禮遇甚隆。及寶夤將有異志，孝通悟其萌，託以拜埽求歸，乃見許。同僚咸怪，止之，但笑而不答，遽還鄉里。寶夤後果逆命。

[1]蕭寶夤：人名。字智亮，南蘭陵（一説在今江蘇常州市，一説在今江蘇丹陽市）人。南朝齊宗室、北魏官吏。見《北史》卷二九《蕭寶夤傳》。

北海王元顥入洛，[1]宗人薛永宗、脩義等又聚徒作亂，欲以應之。孝通與所親計曰："北海乘虚遠入，吴兵不能久住，事必無成。今若與永宗等同舉，滅族道也。"乃率其近親，與河東太守元襲嬰城固守。[2]及寶夤平定，元顥退走，預其事者咸罹禍，唯同孝通者皆免。事寧，入洛，除員外散騎侍郎。[3]尒朱天光鎮關右，[4]表

爲關西大行臺郎中，[5]深見任遇。關中平定，預有其力，以功賜爵汾陰侯。

[1]北海王：封爵名。北海，郡名。北魏時治平壽城，在今山東昌樂縣東南。　元顥：人名。字子明。北魏宗室。見《北史》卷一九《北海王詳附元顥傳》。

[2]元襲：人名。北魏宗室。元顥入洛，任河東太守，後被尒朱榮攻殺。

[3]員外散騎侍郎：官名。初多以公族、功臣子充任，爲閑散之職，常用以安置閑退官員、衰老人士。北魏初沿例授予南朝北奔之士，班比吏部郎。孝文帝太和十七年定爲從四品下，二十三年改爲七品上。

[4]尒朱天光：人名。北秀容（今山西朔州市）人，契胡族。北魏官吏。見《北史》卷四八《尒朱榮附尒朱天光傳》。

[5]大行臺郎中：官名。北魏後期始置。爲大行臺屬官，分掌諸曹事。在北魏末及東、西魏時權力極大，常兼任或加以其他高級官職。

莊帝既幽崩，元曄地又疏遠，[1]更議主社稷。孝通以廣陵王恭，[2]高祖猶子，[3]又在茂親，[4]夙有令望。不言多載，理必陽瘖。[5]奉以爲主，天人允叶。世隆等並以爲疑。[6]孝通密贊天光察之。廣陵王曰："天何言哉？"於是定册，即節閔帝也。[7]以首創大議，拜銀青光禄大夫、散騎常侍，[8]兼中書舍人，[9]封藍田縣子。[10]孝通求以官贈亡兄景懋，又言己有侯爵，請轉授兄息子舒。[11]節閔覽啓傷感，以侯爵既重，不容轉授，乃下詔褒美。特贈景懋撫軍、北雍州刺史。[12]

［1］元曄（yè）：人名。字華興，小字盆子。北魏宗室。見《北史》卷一八《南安王楨附長廣王曄傳》。

［2］廣陵王：封爵名。廣陵，郡名。北魏時治廣陵縣，在今江蘇揚州市西北。　恭：即前廢帝元恭，人名。見《魏書》卷一一《前廢帝紀》。

［3］猶（yáo）子：侄子。《禮記·檀弓》："兄弟之子猶子也。"

［4］茂親：皇室宗親。

［5］陽瘖（yīn）：裝啞。

［6］世隆：即尒朱世隆，人名。字榮宗，北秀容（今山西朔州市）人，契胡族。北魏官吏。見《北史》卷四八《尒朱榮附尒朱世隆傳》。

［7］節閔帝：即北魏皇帝元恭。節閔爲其謚號。

［8］銀青光禄大夫：官名。北魏時爲元老重臣之加官或致仕之官，亦爲死者之贈官。位在金紫光禄大夫之下。

［9］中書舍人：官名。中書省屬官。北朝時專掌草擬詔令，出納之職由門下省分任，故職權較南朝爲輕。北魏孝文帝太和十七年定爲六品上，二十三年改爲六品下。

［10］藍田縣子：封爵名。藍田，縣名。治所在今陝西藍田縣西。

［11］息子：親生兒子。

［12］撫軍：官名。即撫軍將軍。北魏時爲將軍名號，地位較高。孝文帝太和十七年定爲從一品下，二十三年降爲從二品。　北雍州：北魏時治華原縣，在今陝西銅川市耀州區。

孝通尋遷中書郎，[1]深爲節閔所知重。普泰二年正月乙酉，[2]中書舍人元翽獻酒肴，[3]帝因與元翌及孝通等宴，[4]兼奏絃管，命翽吹笛，帝亦親以和之。因使元翌

等嘲，[5]以酒爲韻。孝通曰：“既逢堯舜君，願上萬年壽。”帝曰：“平生好玄默，[6]慚爲萬國首。”帝曰：“卿所謂壽，豈容徒然！”便命酌酒賜孝通，仍命更嘲，不得中絶。孝通即竪忠爲韻。帝曰：“卿不忘忠臣之心。”翽曰：“聖主臨萬機，享世永無窮。”孝通曰：“豈唯被草木，方亦及昆蟲。”翌曰：“朝賢既濟濟，野苗又芃芃。”[7]帝曰：“君臣體魚水，書軌一華戎。”孝通曰：“微臣信慶渥，[8]何以答華嵩？”[9]于時，孝通内典機密，外參朝政，軍國動静，預以謀謨。[10]加以汲引人物，知名之士，多見推薦。

[1]中書郎：官名。魏晋南北朝時常用作中書侍郎、中書通事郎的省稱。南朝爲閑職，成爲諸王起家官。北魏時負責草擬詔令。孝文帝太和十七年定爲四品上，二十三年之後爲從四品上。北齊沿置，從四品。

[2]普泰：北魏節閔帝的年號（531—532）。

[3]元翽（huì）：人名。其餘不詳。

[4]元翌：人名。北魏宗室。見《北史》卷一六《廣陽王建傳》。

[5]嘲：歌唱、吟咏。

[6]玄默：清静無爲。

[7]芃（péng）芃：茂盛。

[8]慶渥：恩澤。

[9]華嵩：亦作“華崧”。華山和嵩山的並稱。

[10]預以謀謨：局本作“預於謀謨”。按：“於”爲介詞，義不通。字形訛誤。謀謨，謀略、謀慮。

外兄裴伯茂性豪俊，[1]多所輕忽，唯欽賞孝通，每有著述，共參同異。孝通以裴宏放過甚，[2]每謂之曰："兄以阮籍、嵇康何如管仲、樂毅？"[3]蓋自許經綸，抑裴傲也。裴笑而不答，宏放自若。

[1]裴伯茂：人名。河東聞喜（今山西聞喜縣）人。北魏末、北齊官吏。見《北史》卷三八《裴延儁附裴伯茂傳》。　性豪俊：底本、宋本、元大德本、毛本、殿本、四庫本、四部備要本作"性俊"。按："俊"可單字形容人的外貌，但不能單字形容人的性格。此處當爲"性豪俊"。

[2]宏放：宏偉曠達。

[3]阮籍：人名。字嗣宗，陳留尉氏（今河南尉氏縣）人。三國魏文學家。竹林七賢之一。見《晋書》卷四九《阮籍傳》。　嵇康：人名。字叔夜，譙郡（今安徽宿州市）人。三國魏文學家。竹林七賢之一。見《三國志》卷二一《魏書·王粲附嵇康傳》。　管仲：人名。名夷吾，字仲，一字敬仲，齊國潁上（今安徽潁上縣）人。春秋時齊國大臣，輔助齊桓公成爲春秋時第一個霸主。見《史記》卷六二《管晏列傳》。　樂毅：人名。子姓，樂氏，字永霸，中山靈壽（今河北靈壽縣西北）人。戰國時燕國著名將領。見《史記》卷八〇《樂毅列傳》。

屬齊神武起兵河朔，[1]攻陷相州刺史劉誕。[2]尒朱天光自關中討之。孝通以關中險固，[3]秦、漢舊都，須預謀鎮遏，以爲後計。縱河北失利，猶足據之。節閔深以爲然，問誰可任者。孝通與賀拔岳同事天光，[4]又與周文帝有舊，二人並先在關右，因並推薦之。乃超授岳岐、華、秦、雍諸軍事，[5]關西大行臺，[6]雍州牧；[7]周

文帝爲左丞，孝通爲右丞。齎詔書馳驛入關授岳等，同鎮長安。岳深相器重，待以師友之禮。與周文帝結爲兄弟，情寄特隆。後天光敗於韓陵，[8]節閔遂不得入關，爲齊神武幽廢。

[1]神武：即高歡。神武爲其謚號，北齊後主所追謚。　河朔：地名。泛指黄河以北地區。

[2]劉誕：人名。北魏官吏。安定王時曾爲相州刺史，後爲高歡所俘。

[3]孝通：毛本作“孝武”。按：此處爲孝通的傳，不應爲“孝武”。毛本誤。

[4]賀拔岳：人名。字阿斗泥，神武尖山（今山西神池縣）人。北魏末名將。見《北史》卷四九《賀拔允附賀拔岳傳》。

[5]岐：州名。北魏時治雍城鎮，在今陝西鳳翔縣東。

[6]大行臺：官名。南朝梁、北魏、東魏、西魏、北齊時多作爲大行臺長官的省稱。

[7]雍州牧：官名。雍州地區最高行政長官。

[8]韓陵：地名。在今河南安陽市東北。

孝武帝即位後，[1]神武方得志，徵賀拔岳爲冀州刺史。岳懼，欲單馬入朝。孝通乃謂岳曰：“高王以數千鮮卑破尒朱百萬之衆，其鋒誠亦難敵。然公兩兄太師、領軍，宿在其上。侯深、樊子鵠、賈智、斛斯椿、大野胡也杖、吒吕延慶之徒，[2]於尒朱之世，皆其夷等。韓陵之役，此輩前後降附，皆由事勢危逼，非其本心。在於高王，[3]曹操之孔融，[4]馬懿之葛誕。[5]今或在京師，或據州鎮，除之又失人望，留之腹心之疾。雖令孫騰在

闕下，[6]婁昭處鉤陳，[7]必不能如建安之時，[8]明矣。以今觀之，隙難未已。吐萬仁雖復退逸，[9]猶在并州，高王之計，先須平殄。今方綏撫群雄，安置内外，何能去其巢穴，與公事關中地也？且六郡良家之子，[10]三輔禮義之人，[11]踰幽、并之驍騎，[12]勝汝、潁之奇士，[13]皆係仰於公，效其智力。據華山以爲城雉，[14]因黄河而爲池壍，[15]退守不失封泥，進兵同於建水。乃欲束手受制於人，不亦鄙乎？"[16]言未卒，岳執孝通手曰："君言是也。"乃遜辭爲啓，而不就徵。

[1]孝武帝：即北魏皇帝元脩。孝武爲其謚號。

[2]侯深：人名。一作"侯淵"，《北史》避唐高祖李淵諱改。神武尖山（今山西神池縣）人。北魏末年曾隨杜洛周起義，後追隨尒朱榮。見《北史》卷四九《侯深傳》。　樊子鵠：人名。代郡平城（今山西大同市東北）人。北魏官吏。見《北史》卷四九《樊子鵠傳》。　賈智：人名。字顯智，中山無極（今河北無極縣）人。北魏末官吏。見《北史》卷四九《賈顯度附賈智傳》。底本作"賈知"，中華本校勘記云："諸本作'知'，據本書卷四九本傳改。"今從改。　斛斯椿：人名。字法壽，廣牧富昌（今内蒙古准格爾旗東南）人。北魏末將領。見《北史》卷四九《斛斯椿傳》。　大野胡也杖：中華本校勘記云："按其時有大野拔，見《魏書》卷一二《孝静紀》天平二年二月，及本書卷四九《樊子鵠傳》。疑'杖'是'拔'之訛。'胡也拔'是其本名，單作'拔'是省稱，或漢名。"可從。　吒吕延慶：中華本校勘記云："按本書卷四九作'叱列延慶'。"可從。

[3]高王：即北齊神武帝高歡。

[4]孔融：人名。字文舉，魯國（今山東曲阜市）人。東漢末

官吏。見《後漢書》卷七〇《孔融傳》。

[5]馬懿：即司馬懿，人名。字仲達，河内温縣（今河南温縣）人。三國魏官吏，西晋的奠基人。見《晋書》卷一《宣帝紀》。　葛誕：即諸葛誕，人名。字公休，琅邪陽都（今山東臨沂市）人。三國魏將領。見《三國志》卷二八《魏書·諸葛誕傳》。

[6]孫騰：人名。字龍雀，咸陽石安（今陝西咸陽市東北）人。東魏大臣。見《北史》卷五四《孫騰傳》。　闕下：借指宫廷或京城。

[7]婁昭：人名。字菩薩，代郡平城（今山西大同市東北）人。北魏大臣。見《北齊書》卷一五《婁昭傳》。　鉤陳：用於防衛的儀仗。此處借指戰場。

[8]建安：漢獻帝的年號（196—220）。

[9]吐萬仁：人名。即尒朱兆。字萬仁，北秀容（今山西朔州市）人，契胡族。北魏官吏。見《北史》卷四八《尒朱榮附尒朱兆傳》。《北史》卷九《周本紀·文帝》又作"吐萬兒"。

[10]六郡：一説即金城、隴西、天水、安定、北地、上郡。一説無金城郡而另增西河郡。大抵在今甘肅東部、寧夏南部、陝西北部及内蒙古西南一帶。

[11]三輔：泛稱京城附近地區。原爲西漢時在京畿所設京兆伊、左馮翊、右扶風的合稱，在今陝西關中地區。

[12]幽：州名。北魏時治薊縣，在今北京西南。

[13]汝：州名。北魏時治承修縣，在今河南汝州市東。　潁：州名。北魏時治汝陰縣，在今安徽阜陽市。

[14]華山：在今陝西華陰市。　城雉：城上短墻。亦泛指城墻。

[15]池壍：護城河。

[16]不亦鄙乎：毛本作"不亦難乎"。"難"在此義不通，誤。

太昌元年,[1]孝通因使入朝，仍被留京師，重除中書侍郎。[2]永熙三年三月,[3]出爲常山太守,[4]仍以經節閔任遇故也。及孝武西遷，或稱孝通與周文友密，及樹置賀拔岳鎮關中之計，遂見拘執，將赴晋陽。[5]及引見，咸爲之憂。孝通神氣從容，辭理切正，齊神武更相欽歎，即日原免。然猶致疑忌，不加位秩，但引爲坐客，時訪文典大事而已。齊神武讓劍履上殿表，猶使爲文。曾與諸人同詣晋祠,[6]皆屈膝盡禮，孝通獨捧手不拜，顧而言曰："此乃諸侯之國，去吾何遠，恭而非禮，將爲神笑。"拜者慚焉。

[1]太昌：北魏孝武帝的年號（532）。

[2]中書侍郎：官名。草擬詔令。北魏孝文帝太和十七年定爲四品上，二十三年改爲從四品上。

[3]永熙：北魏孝武帝的年號（532—534）。

[4]常山：郡名。北魏時治真定縣，在今河北正定縣南。

[5]晋陽：縣名。治所在今山西太原市晋源區古城營村一帶。

[6]晋祠：在今山西太原市西南懸瓮山下晋水發源地。

興和二年,[1]卒於鄴。[2]魏前二年，周文帝追軫舊好,[3]奏贈車騎將軍、儀同三司、青州刺史。[4]齊武平初,[5]又贈鄭州刺史。[6]文集八十卷，行於時。

[1]興和二年：局本作"興和三年"，宋本、毛本、殿本、四庫本、四部備要本、中華本作"興和二年"。未詳孰是。興和，東魏孝静帝的年號（539—542）。

[2]鄴：城名。故址在今河北臨漳縣西南。

［3］軫：顧念，憫惜。

［4］青州：北周時治東陽城，在今山東青州市。

［5］齊武平初：底本作“齊神武武平初”，中華本校勘記云：“諸本‘齊’下有‘神武’二字，《通志》卷一四九《薛孝通傳》無。按高歡死於東魏武定中，張森楷因以爲‘武平’是‘武定’之誤。但高歡未曾稱帝，武定是魏孝静帝年號，作‘神武武定’也不對。武平是齊後主年號。其時孝通子道衡‘漸見親用’，追贈其父，情事正符。今從《通志》删‘神武’二字。”今從改。武平，北齊後主的年號（570—576）。

［6］鄭州：北齊時治潁陰縣，在今河南許昌縣。

子道衡，字玄卿。六歲而孤，專精好學。年十歲，[1]講左傳，見子産相鄭之功，[2]作國僑贊，頗有詞致，見者奇之。其後才名益著。齊司州牧、彭城王浟引爲兵曹從事。[3]尚書左僕射楊愔見而嗟賞，[4]授奉朝請。吏部尚書隴西辛術與語，[5]歎曰：“鄭公業不亡矣！”河東裴讞目之曰：[6]“鼎遷河朔，吾謂‘關西孔子’，罕遇其人，今復遇薛君矣！”

［1］年十歲：《隋書》卷五七《薛道衡傳》作“年十三”。未詳孰是。

［2］子産：人名。即公孫僑。字子産，又字子美，名僑（喬），又稱國僑、東里子産。春秋時鄭國人，鄭簡公二十三年執掌國政。

［3］彭城王：封爵名。彭城，郡名。北齊時治彭城縣，在今江蘇徐州市。　浟：即高浟，人名。字子深，勃海蓨（今河北景縣）人。北齊宗室。見《北史》卷五一《彭城王浟傳》。　兵曹從事：官名。即兵曹從事史。東漢始置。司隸校尉及州部屬吏，均由所部長官自行辟除。掌兵事。

[4]尚書左僕射：官名。北朝時亦列位宰相，但地位稍遜於南朝，職掌都省庶務及執法，或典選舉。左僕射兼掌糾彈百官。北魏孝文帝太和十七年定爲從一品中，二十三年定爲從二品。北齊因之。　楊愔：人名。字遵彥，弘農華陰（今陕西華陰市東南）人。東魏、北齊官吏。見《北史》卷四一《楊播附楊愔傳》。

[5]吏部尚書：官名。位居列曹尚書之上。主管官吏銓選、考課、獎懲，其實權甚或過於尚書僕射。然重要官職的任免須與諸執政大臣合議，由皇帝、宰相裁定，亦常命尚書僕射領吏部事務或任命大臣參掌選事以分其權任。北齊時爲三品。　隴西：郡名。北齊時治襄武縣，在今甘肅隴西縣東南。　辛術：人名。字懷哲，隴西狄道（今甘肅臨洮縣）人。北齊將領。見《北齊書》卷三八《辛術傳》。

[6]裴讞（yàn）：人名。一作“裴讞之”，字士平，河東聞喜（今山西聞喜縣）人。北齊官吏，齊亡仕周。見《北史》卷三八《裴佗附裴讞之傳》。

武成即位，[1]兼散騎常侍，接對周、陳二使。武平初，詔與諸儒修定五禮，[2]除尚書左外兵郎。[3]陳使傅縡聘齊，[4]以道衡兼主客郎接對之。縡贈詩五十韻，[5]道衡和之，南北稱美。魏收曰：[6]“傅縡所謂以蚓投魚耳。”[7]待詔文林館，[8]與范陽盧思道、安平李德林齊名友善。[9]復以本官直中書省，尋拜中書侍郎，仍參太子侍讀。[10]齊後主之世，[11]漸見親用，與侍中斛律孝卿參預政事。[12]道衡具陳備周之策，孝卿不能用。

[1]武成：即北齊皇帝高湛。武成爲其謚號。

[2]五禮：局本作“三禮”。按：三禮爲《儀禮》《周禮》《禮

記》三書的合稱，局本誤。五禮，古代的五種禮制。即吉禮、凶禮、軍禮、賓禮、嘉禮。《隋書·禮儀志一》："以吉禮敬鬼神，以凶禮哀邦國，以賓禮親賓客，以軍禮誅不虔，以嘉禮合姻好，謂之五禮。"

[3]尚書左外兵郎：官名。西晉時分外兵郎置，亦稱郎中，爲尚書省左外兵曹長官通稱，六品。屬五兵尚書。北魏時屬七兵尚書，掌京畿以外各地的軍隊、軍務、政令。孝文帝太和十七年定郎爲從五品中，郎中爲五品上。二十三年皆稱郎中，仍可通稱爲郎，六品。北齊沿置，屬五兵尚書，六品上。

[4]傅縡：人名。字宜事，北地靈州（今寧夏靈武市西南）人。南朝陳官吏。見《陳書》卷三〇《傅縡傳》。

[5]五十韻：毛本作"五百韻"。《隋書》卷五七《薛道衡傳》作"五十韻"。按："五百韻"數量過多，不合實際。毛本誤。

[6]魏收：人名。字伯起，小字佛助，鉅鹿下曲陽（今河北晉州市西）人。北齊官吏、史學家。見《北史》卷五六《魏收傳》。

[7]以蚓投魚：用蚯蚓做魚餌釣魚。比喻用較小的代價換得較大的收獲。

[8]文林館：官署名。北齊後主武平四年置。引文學之士充之，稱待詔。

[9]范陽：郡名。北齊時治涿縣，在今河北涿州市。　盧思道：人名。字子行，小字釋奴，范陽（今河北涿州市）人。歷仕北齊、北周、隋。見《隋書》卷五七《盧思道傳》。　安平：縣名。治所在今河北安平縣。　李德林：人名。字公輔，博陵安平（今河北安平縣）人。歷仕北齊、北周、隋。見《北史》卷七二《李德林傳》。

[10]太子侍讀：官名。東宮屬官，選用文學之士，侍奉太子讀書。

[11]齊後主：即北齊皇帝高緯。

[12]斛律孝卿：人名。太安（今山西壽陽縣）人。北齊、隋

朝大臣。見《北史》卷五三《斛律羌舉附斛律孝卿傳》。

及齊亡，周武帝引爲御史二命士。[1]後歸鄉里，自州主簿入爲司禄上士。[2]隋文作相，從元帥梁睿擊王謙，[3]攝陵州刺史。[4]大定中，[5]授儀同，守邛州刺史。[6]

[1]周武帝：即北周皇帝宇文邕。武爲其謚號。　御史二命士：官名。具體職掌未詳。

[2]司禄上士：官名。西魏恭帝三年仿《周禮》司禄置。北周沿置。爲地官府司倉下大夫屬官，掌百官禄秩的頒發。正三命。

[3]元帥：官名。春秋晋國始置。北周沿置，爲行軍元帥的簡稱，總轄軍務，皆以宗室或重臣出任，行軍出征方置爲大軍統帥，並非常設職官。行軍元帥開府，設監軍、司馬、長史、列曹參軍等僚佐。　梁睿：人名。字恃德，安定（今甘肅涇川縣北）人。歷仕北周、隋。見《北史》卷五九《梁禦附梁睿傳》。　王謙：人名。字敕萬，太原（今山西太原市晋源區古城營村一帶）人。歷仕北周、隋。見《北史》卷六〇《王雄附王謙傳》。

[4]陵州：北周時治普寧縣，在今四川仁壽縣東。

[5]大定：北周静帝的年號（581）。

[6]邛（qióng）州：北周時治依政縣，在今四川邛崍市東南。

文帝受禪，坐事除名。河間王弘北征突厥，[1]召典軍書。還，除内史舍人。[2]其年，兼散騎常侍，聘陳使主。[3]道衡因奏曰："陛下比隆三代，[4]平一九州，豈容區區之陳，久在天網之外？臣今奉使，請責以稱蕃。"帝曰："朕且含養，致之度外，勿以言辭相折。"江東雅好篇什，[5]陳主尤愛彫蟲，[6]道衡每有所作，南人無不吟

誦焉。

[1]河間王：封爵名。河間，郡名。北周時治武垣縣，在今河北河間市南。隋文帝開皇初廢。　弘：即楊弘，人名。字辟惡。隋朝宗室。見《北史》卷七一《河間王弘傳》。　突厥：族名。廣義上包括鐵勒、突厥各部落，狹義上則專指突厥汗國。公元六世紀初興起於金山（今阿爾泰山）西南麓，爲游牧部落。西魏廢帝二年(552)，建突厥汗國於今鄂爾渾河流域，隋文帝開皇二年，分裂爲東西二部。見《北史》卷九九《突厥傳》。

[2]内史舍人：官名。隋朝時爲内史省屬官，正六品上。文帝開皇三年加爲從五品。煬帝大業十二年改名内書舍人。

[3]聘陳使主：《隋書》卷五七《薛道衡傳》作“聘陳主使”。

[4]比隆：同等興盛。

[5]篇什：《詩經》的《雅》和《頌》以十篇爲一什。所以詩章又稱“篇什”。

[6]彫蟲：指寫作的詩文辭賦。

及八年伐陳，拜淮南道行臺尚書吏部郎，[1]兼掌文翰。王師臨江，高熲夜坐幕中，謂曰：“今段定克江東以不？[2]君試言之。”道衡答曰：“凡論大事成敗，先須以至理斷之。禹貢所載九州，[3]本是王者封域。郭璞有云：[4]‘江東偏王三百年，還與中國合。’今數將滿矣。以運數而言，其必剋一也。有德者昌，無德者亡，自古興滅，皆由此道。主上躬履恭儉，憂勞庶政；叔寶峻宇彫牆，[5]酣酒荒色。其必剋二也。爲國之體，在於任寄。彼之公卿，備員而已。拔小人施文慶，[6]委以政事，尚書令江總唯事詩酒，[7]本非經略之才，蕭摩訶、任蠻奴

是其大將，[8]一夫之用耳。其必尅三也。我有道而大，彼無德而小。量其甲士，不過十萬，西自巫峽，[9]東極滄海，[10]分之則勢懸而力弱；聚之則守此而失彼。其必尅四也。席卷之勢，其在不疑。”熲忻然曰：“君言成敗，理甚分明。本以才學相期，不意籌略乃耳。”[11]還除吏部侍郎。

[1]淮南：郡名。隋朝時治壽春縣，在今安徽壽縣。　尚書吏部郎：官名。尚書省吏部曹長官通稱。主管官吏選任調動事務，對五品以下官吏任免有建議權。北魏孝文帝太和十七年定爲從四品上，二十三年改爲四品上，北齊時爲四品上。隋初爲六品，文帝開皇三年升爲從五品。

[2]今段定克江東以不：源氏校勘記云：“‘以’《隋書》作‘已’。”

[3]禹貢所載九州：局本作“禹貢所在九州”。“在”字在此義不通，誤。禹貢，爲《尚書》中的一篇。戰國時魏國人士託名大禹而作。用自然分區的方法記述中國當時的地理情況。

[4]郭璞：人名。字景純，河東聞喜（今山西聞喜縣）人。東晉文學家、訓詁學家。見《晋書》卷七二《郭璞傳》。

[5]叔寶：即陳叔寶，人名。字元秀，小字黄奴，吴興長城（今浙江長興縣）人。南朝陳最後一位皇帝。見《陳書》卷六《後主紀》。　峻宇彫牆：高大的屋宇和彩繪的墻壁。形容居處豪華奢侈。

[6]施文慶：人名。吴興烏程（今浙江湖州市）人。南朝陳大臣。見《南史》卷七七《施文慶傳》。

[7]江總：人名。字總持，濟陽考城（今河南民權縣）人。南朝陳官吏。見《陳書》卷二七《江總傳》。

[8]蕭摩訶（hē）：人名。字元胤，蘭陵（一説在今江蘇常州

市，一説在今江蘇丹陽市）人。南朝陳將領，後降隋。見《陳書》卷三一《蕭摩訶傳》。 任蠻奴：人名。字奉誠，原名任忠，避隋文帝之父楊忠諱改，汝陰（今安徽阜陽市）人。南朝陳將領，後降隋。見《陳書》卷三一《任忠傳》。

[9]巫峽：西起今重慶巫山縣東，東接今湖北巴東縣，因巫山而得名。與西陵峽、瞿塘峽並稱長江三峽。

[10]滄海：海名。在今黄海北部一帶。

[11]耳：宋本、毛本、殿本、四庫本、局本、四部備要本、中華本作“爾”。耳，通“爾”。

後坐抽擢人物，[1]有言其黨蘇威，[2]任人有意，故除名，配防嶺表。[3]晋王廣時在揚州，[4]陰令人諷道衡，遣從揚州路，將奏留之。道衡不樂王府，用漢王諒之計，遂出江陵道而去。[5]尋詔徵還，直内史省。[6]晋王由是銜之。然愛其才，猶頗見禮。

[1]抽擢：提拔，拔擢。

[2]蘇威：人名。字無畏，武功（今陝西武功縣西北）人。歷仕北周、隋。見《北史》卷六三《蘇綽附蘇威傳》。

[3]嶺表：即嶺外。指南方地區。

[4]廣：即楊廣，人名。弘農華陰（今陝西華陰市東南）人。隋朝第二任皇帝。見《北史》卷一二《隋本紀·煬帝》。

[5]江陵：府名。西魏置江陵總管府，在今湖北江陵縣。

[6]内史省：官署名。隋初爲避隋文帝之父楊忠諱而改中書省爲内史省，負責起草並宣行皇帝的制詔，屬機要之司。

後數歲，授内史侍郎，[1]加上儀同三司。[2]道衡每搆文，必隱坐空齋，蹋壁而卧，聞户外有人便怒，其沈思

如此。帝每曰："道衡作文書稱我意。"然誡之以迂誕。[3]後帝謂楊素、牛弘曰：[4]"道衡老矣，驅使勤勞，宜使朱門陳戟。"[5]於是進上開府，[6]賜物百段。道衡辭以無功。帝曰："爾久勞階陛，[7]國家大事，皆爾宣行，豈非爾功也?"

[1]内史侍郎：官名。隋朝時内史省次官，正四品。煬帝大業十二年改名内書侍郎。

[2]上儀同三司：隋朝時爲從四品散實官，煬帝大業三年罷。

[3]迂誕：迂闊荒誕。

[4]楊素：人名。字處道，弘農華陰（今陝西華陰市東南）人。隋朝大臣。見《北史》卷四一《楊敷附楊素傳》。　牛弘：人名。字里仁，安定鶉觚（今甘肅涇川縣東南）人。隋朝大臣。見《北史》卷七二《牛弘傳》。

[5]朱門陳戟：在官宦之家設置儀仗，以示表彰。

[6]上開府：上開府儀同大將軍的省稱。北周武帝建德四年置，位在開府儀同大將軍上。主要授予有軍功的勳官及北齊的降官，無具體職掌。九命。隋朝時置爲從三品散實官，煬帝大業三年罷。

[7]階陛：宫殿的臺階。喻朝政。

道衡久當樞要，才名益顯。太子、諸王争與交好，高熲、楊素雅相推重，聲名籍甚，無競一時。仁壽中，[1]楊素專掌朝政。道衡既與素善，上不欲道衡久知機密，因出檢校襄州總管。[2]道衡一旦見出，不勝悲戀，言之哽咽。帝愴然改容曰："爾光陰晚暮，侍奉誠勞，朕欲令爾將攝。今爾之去，朕如斷一臂。"於是賚物三百段，九環金帶并時服一襲，馬十匹，慰勉遣之。在任

清簡，吏人懷其惠。

[1]仁壽：隋文帝的年號（601—604）。

[2]檢校：官制用語。隋朝時意爲代理，即尚未實授其官，但已掌其職事。　襄州：隋朝初治襄陽縣，在今湖北襄樊市。

煬帝嗣位，轉潘州刺史。[1]歲餘，上表求致仕。帝謂内史侍郎虞世基曰：[2]"道衡將至，當以秘書監待之。"[3]道衡既至，上高祖文皇帝頌。[4]帝覽之不悦，顧謂蘇威曰："道衡致美先朝，此魚藻之義也。"[5]於是拜司隸大夫，[6]將置之罪。道衡不悟，司隸刺史房彦謙素與相善，[7]知必及禍，勸之杜絶賓客，卑辭下氣，而道衡不能用。會議新令，久不能決，道衡謂朝士曰："向使高熲不死，令當久行。"有人奏之。帝怒曰："汝憶熲乎？"付執法者推之。道衡自以非大過，促憲司早解。[8]奏日，冀帝赦之，敕家人具饌以備客來候者。及奏，帝令自盡。道衡殊不意，未能引訣。憲司重奏，縊而殺之。妻子徙且末。[9]時年七十。天下冤之。有集七十卷，行於世。

[1]潘州：中華本校勘記云："洪頤煊云：'《房彦謙傳》（本書卷三九），煬帝嗣位，道衡轉牧番州。《隋書·地理志》南海郡，仁壽元年置番州。'按岑仲勉《隋書求是》亦以爲'潘'當作'番'。"可從。番州，隋朝時治南海縣，在今廣東廣州市。

[2]虞世基：人名。字懋世，會稽餘姚（今浙江餘姚市）人。隋朝官吏。見《北史》卷八三《虞世基傳》。

[3]秘書監：官名。後改名秘書令。掌典圖書秘記，校定文字。

隋朝初爲正三品，煬帝大業三年改爲從三品。

[4]高祖：隋文帝楊堅的廟號。

[5]魚藻之義：謂頌古諷今。魚藻，《詩·小雅·魚藻之什》的一篇。其内容爲贊頌周武王飲酒的平和安樂，有頌古諷今之意。

[6]司隸大夫：官名。隋朝置，爲司隸臺主官，掌諸巡察。正四品。

[7]司隸刺史：官名。隋朝始置。煬帝大業三年置司隸臺，下設刺史十四人，負責巡查畿外。正六品。　房彦謙：人名。字孝沖，齊州臨淄（今山東淄博市）人。先仕北齊，北齊亡後歸隱。後出仕隋。見《隋書》卷六六《房彦謙傳》。

[8]憲司：官署名。御史臺的别稱。

[9]且末：郡名。隋朝時治且末城，在今新疆且末縣。

有子五人，收最知名，出後族父孺。[1]

[1]出後：出繼，過繼給他人爲後代。

孺清貞孤介，不交流俗。涉歷經史，有才思，雖不爲大文，所有詩詠，大致清遠。開皇中，爲侍御史、揚州總管司功參軍。[1]每以方直自處，府僚多不便之。卒於襄城郡掾。[2]所涖官皆有能名。道衡偏相友愛，收初生，即與孺爲後。養於孺宅，至於成長，殆不識本生。太常丞胡仲操曾在朝堂就孺借刀子割爪甲。[3]孺以仲操非雅士，竟不與之。其不肯妄交，清介獨行，皆此類也。

[1]侍御史：官名。亦簡稱御史、侍御。西漢時爲御史大夫屬

官，在御史大夫之下。掌受公卿奏事，舉劾非法，出討奸猾，治大獄等。歷代沿置。隋初沿置，由吏部選用，入值禁中，從七品。煬帝大業三年罷直宿之制，唯掌侍從糾察，資位稍减，正七品。　司功參軍：官名。即司功參軍事。隋文帝開皇三年改諸衛、太子諸率、諸王府、諸州功曹參軍事而置，煬帝大業三年均改爲司功書佐。掌官吏考課、祭祀、禮樂、選舉、喪葬等。

[2]襄城：郡名。隋朝時治襄城縣，在今河南襄城縣。　掾：官府中輔佐官吏的通稱。

[3]太常丞：官名。兩漢魏晋南北朝時爲太常副職。掌管宗廟祭祀禮儀的具體事務，總管本府諸曹，參議禮制。北齊時置太常寺，以卿、少卿爲副職，丞參領寺務。隋朝因之，員二人，管理本寺日常事務，初從六品，煬帝時定爲從五品。

道衡兄温，字尼卿。沈敏有器局。博覽墳典，尤善隸書。仕周爲上黄郡守。[1]周平齊，徙燕郡太守，[2]以簡惠稱。宣政元年，[3]賜爵齊安縣子。[4]卒於郡。子邁嗣。

[1]上黄：郡名。北周時治禄麻縣，在今湖北荆門市東。

[2]燕郡：北周時治薊縣，在今北京西南。

[3]宣政：北周武帝的年號（578）。

[4]齊安縣子：封爵名。齊安，縣名。治所在今河南信陽市東北。

邁字弘仁。性寡言，長於詞辯。開皇初，襲爵齊安子，改封鍾山。[1]歷位太子舍人。[2]大業中，[3]爲刑部、選部二侍郎。[4]

[1]鍾山：縣名。治所在今河南信陽市東北。

［2］太子舍人：官名。隋朝時屬典書坊，掌管屬令表啓之事。置八人，從六品。煬帝大業三年改爲管記舍人，置四人。

［3］大業：隋煬帝的年號（605—617）。

［4］刑部侍郎：官名。隋初始置。爲尚書省都官曹下刑部曹長官，從五品。文帝開皇三年改都官曹爲刑部，以尚書爲長官。煬帝大業三年置侍郎一人，爲刑部副長官，協尚書同掌部務，正四品。　選部侍郎：官名。隋煬帝置。掌官吏銓選。正六品。

道衡從父弟道實，位禮部侍郎、離石郡太守，[1]知名於世。

［1］禮部侍郎：官名。隋朝置。禮部頭司禮部司之長官，掌禮部司事，正六品上。文帝開皇三年升爲從五品。煬帝大業三年，升爲禮部副長官，正四品。以佐尚書掌部事。禮部司長官改稱儀曹郎。　離石：郡名。隋朝時治離石縣，在今山西吕梁市離石區。局本作“歷石”。

從子德音，有儁才，起家游騎尉。[1]佐魏澹修魏史，[2]史成，遷著作佐郎。及越王侗稱制東都，[3]王世充之僭號，[4]軍書羽檄，[5]皆出其手。世充平，以罪誅。其文筆多行於世。

［1］游騎尉：官名。隋文帝開皇六年置，爲吏部所置散官八尉之一。從七品下。煬帝大業三年罷。

［2］魏澹：人名。字彦深，鉅鹿下曲陽（今河北晋州市西）人。北齊、北周、隋朝官吏。見《隋書》卷五八《魏澹傳》。

［3］越王侗：即楊侗。字仁謹，弘農華陰（今陝西華陰市東南）人。隋朝宗室。見《北史》卷七一《元德太子昭附越王侗

傳》。　東都：都城名。隋時以洛陽（今河南洛陽市東北）爲東都。

[4]王世充：人名。字行滿，新豐（今陝西潼關縣東北）人。隋朝官吏。後自立，國號大鄭。見《舊唐書》卷五四《王世充傳》。

[5]羽檄：古代軍事文書。插鳥羽以示緊急，必須快速傳遞。

聰弟和，南青州刺史。[1]和子善。

[1]南青州：北周時治團城，在今山東沂水縣沂水鎮。

善字仲良。少爲司空府參軍，再遷鹽池都將。[1]孝武西遷，魏改河東爲秦州，以善爲别駕。善家素富，僮僕數百人。兄元信，仗氣豪侈，每食方丈，[2]坐客恒滿，絃歌不絶；而善獨恭己率素，[3]愛樂閑静。

[1]鹽池都將：官名。北魏末、西魏置。主管鹽池事務，統兵守衛，有時加將軍號。

[2]方丈：指方丈之食。形容餚饌之豐盛。

[3]恭己：高敏《南北史考索》（第465頁）云："《周書》卷三十五同人傳，'恭'作'供'，《北史》校勘記失校。"可從。率素：簡樸。

大統三年，齊神武敗於沙苑，留善族兄崇禮守河東。周文帝遣李弼圍之，崇禮固守不下。善密説崇禮，猶持疑不決。會善從弟馥妹夫高子信爲防城都督，[1]守城南面，遣馥來詣善，云："意欲應接西軍，但恐力所不制。"善即令弟濟將門生數十人，與信、馥等斬關引

弼軍入。時預謀者並賞五等爵。善以背逆歸順，臣子常情，豈容闔門大小俱叨封邑，[2]遂與弟慎並固辭不受。周文嘉之，以善爲汾陰令。善幹用强明，一郡稱最。太守王羆美之，[3]令善兼督六縣事。尋爲行臺郎中。[4]

[1]高子信：人名。東魏武將。位河東牙門將、蒲坂鎮將。防城都督：官名。北魏末諸州置，負責城防事務，位在長史、司馬之下。

[2]叨（tāo）：表示承受之意，常用作謙辭。

[3]王羆（pí）：人名。字熊羆，京兆霸城（今陝西西安市東北）人。北魏、西魏將領。見《北史》卷六二《王羆傳》。

[4]行臺郎中：官名。亦稱行臺郎。北魏置。爲行臺諸曹郎中的泛稱，各曹皆冠以曹名。有時稱不理具體曹務的官員。東魏、西魏、北齊沿置。

時欲廣置屯田以供軍費，乃除司農少卿，[1]領同州夏陽縣二十屯監。[2]又於夏陽諸山置鐵冶，復令善爲監，每月役八千人，營造軍器。善自督課，兼加慰撫，甲兵精利而皆忘其苦焉。遷大丞相府從事中郎。[3]追論屯田功，賜爵龍門縣子。[4]遷黄門侍郎，[5]除河東郡守，進驃騎大將軍、開府儀同三司，賜姓宇文氏。六官建，拜工部中大夫，[6]進爵博平縣公。[7]再遷户部中大夫。

[1]司農少卿：官名。北魏時大司農少卿的省稱，協助大司農管理租税園苑倉儲。北齊時爲司農寺次官。四品上。隋朝初爲正四品上，後改爲四品。

[2]同州：北周時治武鄉縣，在今陝西大荔縣。

［3］從事中郎：官名。魏晋南北朝皆置，其職依時依府而異，或主吏，或分掌諸曹，或掌機密，或參謀議，地位較高。北魏時公府、皇子開府、庶姓開府俱置，五品。北齊時三公府置，五品。北周時丞相府置。北周末避楊忠諱，改稱從事内郎。

［4］龍門縣子：封爵名。龍門，縣名。治所在今山西河津市西。

［5］黄門侍郎：官名。亦稱黄門郎。爲侍中省或門下省次官，與侍中俱掌門下衆事，地位隨皇帝旨意或侍中地位而上下。

［6］工部中大夫：官名。西魏恭帝三年置，北周初沿置。冬官府工部司長官，員二人，承司空之事，掌百工之籍，而理其禁令，下設工部上士、工部中士、工部旅下士以佐其職。正五命。北周武帝建德二年省，宣帝時復置。

［7］博平縣公：封爵名。博平，縣名。治所在今山東泰安市東南。

時晋公護執政，儀同齊軌語善云：“兵馬萬機，須歸天子，何因猶在權門？”善白之，護乃殺軌。以善忠於己，引爲中外府司馬，[1]遷司會中大夫，[2]副總六府事。加授京兆尹，[3]仍行司會。出爲隆州刺史，[4]兼益州總管府長史。[5]徵拜武威少府。[6]卒，贈三州刺史。帝以善告齊軌事，謚曰繆公。

［1］引爲中外府司馬：殿本、四庫本作“爲中外府司馬”，脱“引”字，意思變成宇文護爲“中外府司馬”。誤。中外府司馬，官名。爲都督中外諸軍事府司馬的簡稱。東魏高歡父子、西魏宇文泰、北周宇文護等皆以“都督中外諸軍事”身份控制朝政，其屬官實際地位很高。司馬作爲屬官，掌管理武官，參與軍務。

［2］司會中大夫：官名。西魏恭帝三年設。爲秋官府司憲司長官。佐大司寇卿制定刑法，並依據刑法決定罪犯刑罰輕重。北周武

帝建德二年省，宣帝時復置。正五命。隋文帝開皇元年罷。

[3]京兆尹：官名。爲京畿地方行政長官之一。職掌如同地方郡守，地位却高於郡守。十六國時前秦、後秦，西魏亦於京師長安置之，北周初改爲京兆郡守，明帝二年（558）復爲京兆尹。八命。

[4]隆州：北周時治閬中縣，在今四川閬中市。

[5]益州：北周時治成都縣，在今四川成都市。　總管府：官署名。北周明帝始置。管理轄區的軍政民政，是地方高級行政機構。轄區增減無常，一般轄數州，多者可達數十州。設總管爲長官，江陵總管府又設副總管。隋初因之，分上、中、下三等，煬帝大業元年罷。　長史：官名。爲所在官署掾屬之長，掌顧問參謀。丞相長史職權尤重。邊郡於丞之外復置長史，佐太守掌兵馬。内郡或置之。南北朝時帶將軍號開府的刺史，屬官也有長史，且多兼任首郡（刺史駐地）太守。王府也有長史，諸王幼年出就藩國，州府之事即由長史代行。

[6]武威少府：中華本校勘記云："《周書》卷三五《薛善傳》，'武威少府'作'少傅'二字。按周行六官，無少府官名。疑作'少傅'是。但'武威'二字不知從何衍出，疑尚有訛脱，今不改。"可從。

子褒嗣，官至高陽郡守。[1]

[1]高陽：郡名。北周時治高陽縣，在今河北高陽縣東。

善弟愼，字伯護。[1]好學，能屬文，善草書。與同郡裴叔逸、裴諏之、柳虯、范陽盧柔、隴西李璨並友善。[2]起家丞相府墨曹參軍。[3]周文於行臺省置學，取丞郎及府佐德行明敏者充生。[4]悉令旦理公務，晚就講習，先六經，[5]後子史。又於諸生中簡德行淳懿者侍讀書。

慎與李璨及隴西李伯良、辛韶、武功蘇衡、譙郡夏侯裕、安定梁曠、梁禮、河南長孫璋、河東裴舉、薛同、滎陽鄭朝等十二人，[6]並應其選。又以慎爲學師，以知諸生課業。周文雅好談論，并簡名僧深識玄宗者一百人，於第内講説，又命慎等十二人兼學佛義，使内外俱通。由是四方競爲大乘學。在學數年，復以慎爲宜都公侍讀。[7]累遷禮部郎中。[8]六官建，拜膳部下大夫。[9]慎兄善又任工部，並居清顯，時人榮之。

[1]伯護：高敏《南北史考索》（第465頁）云："《周書》卷三十五'伯'作'佛'，《北史》校勘記失校。"可從。

[2]裴諏（zōu）之：人名。字士正，河東聞喜（今山西聞喜縣）人。西魏官吏。見《北史》卷三八《裴佗附裴諏之傳》。　柳虯：人名。字仲盤，河東解（今山西臨猗縣）人。西魏官吏。見《北史》卷六四《柳虯傳》。　盧柔：人名。字子剛，范陽涿（今河北涿州市）人。西魏、北周官吏。見《北史》卷三〇《盧柔傳》。　李璨：底本、中華本作"李璨"，元大德本作"李際"，毛本作"李祭"。按：《周書》卷三五《薛善附薛慎傳》載"隴西李璨"，可知元大德本、毛本字形訛誤。從底本。

[3]墨曹參軍：官名。東晋設。掌刑獄。屬丞相府屬官。後來諸公府、軍府、州都府等皆設。歷朝因之，品秩不一。

[4]丞郎：官名。尚書左右丞及六部侍郎、郎中通稱。　府佐：官名。魏晋南北朝時諸公、軍府幕僚佐吏的通稱。

[5]六經：即《詩》《書》《禮》《易》《樂》《春秋》。

[6]辛韶：人名。隴西（今甘肅隴西縣東南）人。仕齊，封涼國公。入隋後，爲柱國。　武功：縣名。治所在今陝西武功縣西北。　譙郡：三國魏時治譙縣，在今安徽亳州市。　安定：郡名。

北周時治安定縣，在今甘肅涇川縣北。　梁曠：人名。西魏、北周名士。　滎陽：郡名。北周時治滎陽縣，在今河南滎陽市。

[7]宜都公：封爵名。宜都，郡名。西魏時治夷陵縣下牢戍，在今湖北宜昌市西北。

[8]累遷禮部郎中：局本作“累遷禮部郎中中”，衍“中”字。禮部郎中，官名。尚書禮部曹屬官，協助禮儀的制定與修訂，以及部分國家儀式的主持。

[9]膳部下大夫：官名。西魏恭帝三年置，北周沿置。爲天官府膳部司長官膳部中大夫的屬官。掌皇帝飲食。正一命。

周孝閔帝踐阼，除御正下大夫，[1]封淮南縣子。[2]歷師氏、御伯中大夫。[3]保定初，[4]出爲湖州刺史。[5]界既雜蠻夷，恒以劫掠爲務。慎乃集諸豪帥，具宣朝旨，仍令首領每月一參，或須言事者，不限時節。慎每見，必殷勤勸誡，及賜酒食。一年之間，翕然從化。[6]諸蠻乃相謂曰：“今日始知刺史真人父母也。”莫不欣悦。自是襁負而至者千餘户。[7]蠻俗，昏娶之後，[8]父母雖在，即與别居。慎謂守令曰：“牧守令長是化人者也，[9]豈有其子娶妻，便與父母離析？非唯萌俗之失，[10]亦是牧守之罪。”慎乃親自誘導，示以孝慈，並遣守令，各喻所部。有數户蠻，别居數年，遂還侍養，及行得果膳，歸奉父母。慎以其從善之速，[11]具以狀聞，有詔蠲其賦役。於是風化大行，有同華俗。尋爲蕃部中大夫。[12]以疾去職，卒於家。有文集，頗爲世所傳。

[1]御正下大夫：官名。亦作“小御正下大夫”。西魏恭帝三年置，北周沿置。天官府御正司次官，佐御正中大夫，掌本司事

務，正四命。隋文帝開皇元年罷。

［2］淮南縣子：封爵名。淮南，縣名。治所在今安徽霍山縣。

［3］師氏中大夫：官名。西魏恭帝三年置。地官府師氏司長官，掌教育帝王、王公子弟。北周武帝建德二年省，宣帝時復置。正五命。　御伯中大夫：官名。西魏恭帝三年置。天官府屬官，掌侍從皇帝，拾遺應對。員二人，正五命。北周武帝保定四年（564）改爲納言中大夫。

［4］保定：北周武帝的年號（561—565）。

［5］湖州：北周時治湖陽縣，在今河南唐河縣西南。

［6］翕（xī）然：一致。

［7］繈負：用繈褓背負。

［8］昏娶：宋本、毛本、殿本、四庫本、局本、四部備要本、中華本作“婚娶”。按：“婚”通“昏”。

［9］化人：教化别人的人。

［10］非唯萌俗之失：局本作“非唯蠻俗之失”。按：萌俗即民俗，蠻俗指當地蠻夷的習俗，此處當爲“萌俗”。局本誤。

［11］慎以其從善之速：高敏《南北史考索》（第465頁）云：“《周書》卷三十五本傳‘以’作‘感’，疑作‘感’是，《北史》校勘記均失校。”可從。

［12］蕃部中大夫：官名。西魏恭帝三年置。北周沿置，爲秋官府蕃部司長官，員一人，掌諸侯朝覲禮儀。正五命。武帝建德二年省，宣帝時復置。隋文帝開皇元年罷。

薛寘，河東汾陰人也。祖遵顔，[1]魏河東郡守、安邑侯。[2]父乂，清河、廣平二郡守。[3]

［1］祖遵顔：高敏《南北史考索》（第465頁）云：“《周書》卷三十八‘顔’作‘彦’，《北史》校勘記失校。”可從。

［2］安邑侯：封爵名。安邑，縣名。治所在今山西夏縣西北。

［3］清河：郡名。北魏時治清河縣，在今山東臨清市東北。廣平：郡名。北魏時治曲梁城，在今河北永年縣東南。

寘幼覽篇籍，好屬文，起家奉朝請。從魏孝武西遷，封郃陽縣子。[1]廢帝元年，領著作佐郎，修國史。尋拜中書侍郎，修起居注。遷中書令。燕公于謹征江陵，[2]以寘爲司録，[3]軍中謀略，寘並參之。江陵平，進爵爲伯。朝廷方改物創制，欲行周禮，乃令寘與小宗伯盧辯斟酌古今，[4]共詳定之。六官建，授内史下大夫。[5]

［1］郃陽縣子：封爵名。郃陽，縣名。治所在今陝西合陽縣東南。

［2］于謹：人名。字思敬，河南洛陽（今河南洛陽市東北）人。北魏、西魏、北周名將。見《北史》卷二三《于栗磾附于謹傳》。

［3］司録：官名。西魏、北周時置。爲大丞相府、中外府、諸開府、州府屬僚。職能與歷朝録事參軍略同，掌隸一府之事。位在長史、司馬下，命品隨府主地位高低而定。

［4］小宗伯：官名。西魏、北周置。春官府小宗伯上大夫的省稱。協助大宗伯卿管理禮儀、祭祀等方面的事。正六命。隋文帝開皇元年罷。　盧辯：人名。字景宣，范陽涿（今河北涿州市）人。北周官吏。見《北史》卷三〇《盧同附盧辯傳》。

［5］内史下大夫：官名。又稱小内史下大夫、内史次大夫。西魏恭帝三年置，北周沿置。爲春官府内史司次官。輔助内史中大夫掌管綸誥，並參議刑罰爵賞以及軍國大事。正四命。隋文帝開皇元年罷。

周孝閔帝踐阼，進爵爲侯，轉御正中大夫。[1]時前中書監盧柔，[2]學業優深，文藻華贍，而寘與之方駕，故世號曰盧、薛焉。久之，進位驃騎大將軍、開府儀同三司，出爲淅州刺史。[3]卒於位，吏人哀惜之。贈虞州刺史，[4]謚曰理。

[1]御正中大夫：官名。西魏恭帝三年置，北周沿置。天官府御正司長官。在皇帝左右，負責宣傳詔命，參議刑罰爵賞及軍國大事。頒發詔書時須其連署。正五命。明帝武成元年置上大夫，遂降爲副職。武帝建德二年省，以下大夫主司務，静帝大象元年復，仍在上大夫下。隋文帝開皇元年廢。

[2]中書監：官名。魏晋南北朝時中書省長官之一。三國魏文帝時分秘書置中書省，下設中書監、中書令，掌收納章奏、草擬及發布詔令。唯入朝時，中書監班次略高於中書令。東晋南北朝時因逐漸脱離機務，隨名位增高而成爲閑職。北魏孝文帝太和十七年定爲從一品中，二十三年改爲從二品。北齊因之。北周置内史中大夫二人，即中書監之任。

[3]淅州：北周時治修陽縣，在今河南西陝縣北。局本作“浙州”。按：《舊唐書·地理志四》“淅州”條稱，“唐儀鳳二年置”。《隋書·地理志中》“淅陽郡”條稱，“西魏置淅州”。《隋書》卷二《高祖紀下》記載，隋文帝開皇十年六月癸亥，以“淅州刺史元胄爲靈州總管”。下有注“西魏置淅州，隋初未改郡，當仍其稱，此‘浙’字必‘淅’字之訛”。局本誤。

[4]虞州：北周時治大陽城，在今山西平陸縣張店鎮古城村一帶。

所著文筆二十餘卷，[1]行於世。又撰《西京記》三卷，引據該洽，世稱其博聞焉。寘性至孝，雖年齒已

衰，職務繁廣，至於温清之禮，[2]朝夕無違。當時以此稱之。

[1]二十餘卷：毛本、殿本、四庫本、局本作“三十卷”，元大德本作“二千餘卷”，《周書》卷三八《薛寘傳》作“二十餘卷”。未詳孰是。

[2]温清之禮：形容對父母盡心侍奉。出自《禮記·曲禮上》：“凡爲人子之禮，冬温而夏清，昏定而晨省。”

子明嗣。大象末，[1]儀同大將軍、清水郡守。[2]

[1]大象：北周静帝的年號（579—580）。

[2]儀同大將軍：官名。北周武帝建德四年改儀同三司爲此稱。主要授予有軍勳的功臣及北齊降官，無具體職掌。正九命。　清水：郡名。北周時治清水縣，在今甘肅清水縣西北。

薛憕字景猷，河東汾陰人也。曾祖弘敞，逢赫連之亂，[1]率宗人避地襄陽。[2]

[1]赫連之亂：指匈奴赫連部首領赫連勃勃率部衆建立夏國。

[2]襄陽：郡名。北魏時治襄陽縣，在今湖北襄樊市。

憕早喪父，家貧，躬耕以養祖母，有暇則覽文籍。疏宕不拘，[1]時人未之奇也。江表取人，[2]多以世族。憕世無貴仕，解褐不過侍郎。[3]既羈旅，[4]不被擢用。常歎曰：“豈能五十年戴幘，[5]死一校尉，[6]低頭傾首，俯仰而向人也！”常鬱鬱不得志，每在人間，輒陵架勝達，

負才使氣，未嘗趨世禄之門。左中郎將京兆韋潛度謂曰：[7]“君門地非下，身材不劣，何不襒裾數參吏部？”[8]愷曰：“‘世胄躡高位，英俊沈下僚’，[9]古人以爲歎息，竊所未能也。”潛度告人曰：“此年少實慷慨，但不遭時耳。”

[1]疏宕：放縱，不受拘束。

[2]江表：長江以南的地區。從中原來説，地處長江以外，因此稱爲江表。

[3]侍郎：官名。漢朝置爲諸侯王國屬官，掌侍從左右，隸郎中令，魏晋南北朝亦置，魏晋南朝宋八品，梁一班至流外二班不等，南朝陳九品至流外不等。

[4]羇旅：客居異鄉。

[5]戴幘（zé）：喻卑賤。幘，古代民間所戴的包頭巾。

[6]校尉：官名。魏晋南北朝時名號較雜，品秩不一。

[7]左中郎將：官名。北魏時爲冗職，用以安置閑散武臣，隸領軍府所轄左右衛府。從四品。

[8]襒裾：用衣裾撣拂，以示恭敬。

[9]世胄（zhòu）：貴族的後裔，世家子弟。

孝昌中，[1]杖策還洛陽。[2]先是愷從祖真度與族祖安都擁徐、兖歸魏，其子懷儁見愷，甚相親善。屬尒朱榮廢立，[3]愷遂還河東，止懷儁家。不交人物，終日讀書，手自抄略，將二百卷。唯郡守元襲時相要屈，[4]與之抗禮。懷儁每謂曰：“汝還鄉里，不營産業，不肯取妻，豈復欲南乎？”愷亦不介意。普泰中，拜給事中，[5]加伏波將軍。[6]

[1]孝昌：北魏孝明帝的年號（525—527）。

[2]杖策：策馬前行。

[3]尒朱榮：人名。字天寶，北秀容（今山西朔州市）人，契胡族。北魏官吏。見《北史》卷四八《尒朱榮傳》。

[4]要屈：簡約儀仗，屈尊同衆。

[5]給事中：官名。北魏時爲内朝官，常派往尚書省諸曹，參領政務，並負有監察之責。孝文帝太和十七年定爲從三品上，二十三年爲從六品上。

[6]伏波將軍：官名。北魏時爲雜號將軍之一。孝文帝太和二十三年改爲從五品上。

及齊神武起兵，憕乃東游陳、梁間，謂族人孝通曰："高歡阻兵陵上，[1]喪亂方始。關中形勝之地，必有霸王據之。"乃與孝通俱游長安。侯莫陳悦聞之，[2]召爲行臺郎，[3]除鎮遠將軍、步兵校尉。[4]及悦害賀拔岳，軍人咸相慶慰。憕獨謂軍司傅長高曰：[5]"悦才略本寡，輒害良將，敗亡之事，其則不遠。吾屬今即爲人所虜，何慶之有乎？"長高以憕言爲然，並有憂色。尋而周文平悦，引憕爲記室參軍。武帝西遷，授征虜將軍、中散大夫，[6]封夏陽縣男。[7]文帝即位，拜中書侍郎，加安東將軍，[8]進爵爲伯。[9]

[1]高歡：人名。字賀六渾，原籍勃海蓨（今河北景縣），世居懷朔鎮（今内蒙古包頭市東北），爲鮮卑化漢人。北齊代魏之後被追封爲神武帝，廟號太祖。見《北史》卷六《齊本紀·神武帝》。

[2]侯莫陳悦：人名。代（今山西大同市東北）人。北魏將領。見《北史》卷四九《侯莫陳悦傳》。

[3]行臺郎：官名。爲行臺郎中的省稱。北魏置。爲行臺各曹郎中的泛稱，各曹皆冠以曹名。有時以稱呼不理具體曹務的官員。北齊沿置。

[4]鎮遠將軍：官名。北魏時爲雜號將軍之一。孝文帝太和二十三年定爲四品。北齊因之。　步兵校尉：官名。北魏初領營兵，位次列卿，後罷其兵，成爲武臣散官，無職掌。孝文帝太和十七年定爲從三品上，二十三年改爲五品。北齊時隸領軍府所轄左、右衛府。從四品。

[5]憕獨謂軍司傅長高曰：底本作“憕獨謂所親曰”，中華本校勘記云：“各本‘軍司傅長高’五字作‘所親’二字，與《周書》卷三八《薛憕傳》同，獨宋本作‘司傅長高’四字，《通志》卷一五七作‘軍司傅長高’五字。按下文云：‘長高以憕言爲然。’則《北史》本有‘軍司傅長高’五字，後‘軍’字脱，大德本以下遂改從《周書》。今據宋本及《通志》補改。”今從改。軍司，官名。即軍師，西晋時因避晋世宗司馬師諱改。東晋、南朝、北魏、北齊沿置。爲諸軍府主要僚屬，佐主帥統帶軍隊，負有匡正監察主帥之責，地位很高，常繼任主帥。長高，源氏校勘記云：“‘長高’，《周書》作‘聞者’。似是。”可從。

[6]中散大夫：官名。多爲官吏養老、病退所任，無具體職權。北魏時曾置爲職事官之加官。孝文帝太和十七年定爲四品上，二十三年改爲四品下。北周時爲七命。

[7]夏陽縣男：封爵名。夏陽，縣名。治所在今山西韓城市南。

[8]安東將軍：官名。爲出鎮某一地區的軍事長官，或作爲州刺史兼理軍務時的加官。北魏孝文帝太和十七年定爲二品下，二十三年降爲三品。北齊時爲褒賞軍功勳臣的閑職，三品。

[9]進爵爲伯：宋本、元大德本作“進爵爲子”。未詳孰是。

大統四年，宣光、清徽殿初成，[1]憕爲之頌。文帝又造二欹器。[2]一爲二仙人共持一鉢，同處一盤，鉢蓋有山，山有香氣；一仙人又持金缾以臨器上，[3]傾水灌山，則出於缾而注乎器，[4]煙氣通發山中，謂之仙人欹器。一爲二荷同處一盤，相去盈尺，中有蓮，下垂器上；以水注荷，則出於蓮而盈乎器，爲鳧雁蟾蜍以飾之：[5]謂之水芝欹器。二盤各處一牀，鉢圓而牀方，中有人，三才之象也。皆置清徽殿前。器形似觥而方，[6]滿而平，[7]溢則傾。憕各爲頌。

[1]宣光清徽殿：位於北齊京都鄴城，今河北臨漳縣西南。

[2]欹（qī）器：古代一種盛水器。水少則傾，中則正，水滿則覆。

[3]一仙人又持金缾以臨器上：毛本、局本作“一仙人又持一金缾以臨器上”。未詳孰是。

[4]則出於缾而注乎器：底本作“而注乎器”，中華本校勘記云：“諸本脱‘則出於缾’四字，據《周書》《通志》補。”今從改。

[5]爲鳧（fú）雁蟾蜍以飾之：底本無“蜍”字，源氏校勘記云：“‘蟾’下，《周書》有‘蜍’字。”中華本校勘記云：“諸本脱‘蜍’字，據《周書》《通志》補。”今從改。鳧雁，一種野鴨。

[6]器形似觥而方：底本無“器”字，中華本校勘記云：“諸本脱‘器’字，據《周書》《通志》補。”今從改。

[7]滿而平：高敏《南北史考索》（第466頁）云：“《周書》卷三十八‘滿而平’句之‘而’字作‘則’。從上下文意看，疑作‘則’是。《北史》校勘記失校。”可從。

大統初，儀制多闕，周文令憕與盧辯、檀翥等參定之。[1]以流離世故，不聽音樂，雖幽室獨處，常有戚容。後坐事死。

[1]檀翥（zhù）：人名。字鳳翔，高平金鄉（今山東金鄉縣）人。西魏官吏。見《北史》卷七〇《檀翥傳》。

子舒嗣，官至禮部下大夫、儀同大將軍、聘陳使副。[1]

[1]禮部下大夫：官名。北周武帝保定四年，改春官府大司禮爲禮部，置爲長官。掌内外九族以及玉帛衣服的禮制規格，並管理全國的僧、道等宗教事務。正四命。隋文帝開皇元年罷。

論曰：薛辯有魏之初，功業早樹，門膺人爵，無替榮名。端以謙直見知。胄以公平自命。濬之孝悌，素緒之所得也。道衡雅道弈葉，[1]世擅文宗，令望攸歸，豈徒然矣，[2]而運逢季叔，卒蹈誅戮，痛乎！仲良任惟繁劇，弘益流譽，而陷齊諂譿，以要權寵，易名爲繆，斯豈虛哉！寘、憕並學稱該博，文擅彫龍，或揮翰鳳池，或著書麟閣，咸居禄位，各逞琳琅。[3]擬彼徐、陳，[4]慚後生之可畏；論其任遇，實當時之良選也。

[1]弈葉：弈世，累世。
[2]豈徒然矣：宋本作“豈徒然哉”。未詳孰是。
[3]琳琅：指優美詩文、珍貴書籍。
[4]徐陳：徐幹和陳琳的並稱。徐幹，人名。字偉長。東漢末

文學家。建安七子之一。見《三國志》卷二一《魏書·王粲附徐幹傳》。陳琳，人名。字孔璋。東漢末文學家。建安七子之一。見《三國志·魏書·王粲附陳琳傳》。

今注本二十四史

北史

一〇

傳〔七〕

唐 李延壽 撰

李憑 靳寶 主持校注

中国社会科学出版社

北史　卷三七

列傳第二十五

韓茂　皮豹子　封敕文　吕羅漢　孔伯恭　田益宗　孟表　奚康生　楊大眼　崔延伯　李叔仁

韓茂字元興，安定安武人也。[1]父耆字黄耇，[2]永興中，[3]自赫連屈丐來降，[4]位常山太守，[5]假安武侯，[6]仍居常山之九門。[7]卒，贈涇州刺史，[8]謚曰成。

[1]安定：郡名。北魏時治安定縣，在今甘肅涇川縣北。　安武：縣名。治所在今甘肅鎮原縣西南。源氏校勘記云："《魏書》作'武安'。"

[2]黄耇：源氏校勘記云："（《魏書》）'耇'作'老'。"按：《魏書》卷五一《韓茂傳》作"黄老"。《通志》卷一四九作"黄耇"。耇，同"耇"。

[3]永興：北魏明元帝的年號（409—413）。

[4]赫連屈丐：人名。本名勃勃，北魏明元帝改爲屈丐，匈奴鐵弗部人。十六國時夏君主。見《北史》卷九三《赫連屈丐傳》。

[5]常山：郡名。北魏時治真定縣，在今河北正定縣南。

[6]安武侯：局本作"武安侯"。《魏書·韓茂傳》與《北史》

同。按：韓茂是安武人，此處當爲“安武侯”。局本倒誤。

[7]九門：縣名。治所在今河北藁城市西北。

[8]涇州：北魏時治安定縣，在今甘肅涇川縣北。

茂年十七，膂力過人，尤善騎射。明元曾親征丁零翟猛，[1]茂爲中軍執幢。[2]時大風，諸軍旌旗皆偃仆，茂於馬上持幢，初不傾倒。帝異而問之，謂左右曰：“記之。”尋徵詣行在所，[3]以爲武賁郎將。[4]

[1]明元：即北魏皇帝拓拔嗣。明元爲其謚號。　丁零：《晋書》作“敕勒”，《隋書》作“鐵勒”。兩晋南北朝時，在今山西、河北境内有定州丁零、中山丁零、北地丁零等部，漸與内地民族融合。

[2]中軍執幢：官名。即中軍旗手。北魏置。

[3]行在所：皇帝出巡的臨時駐所。

[4]武賁郎將：官名。即虎賁郎將。《北史》避唐高祖祖父李虎諱改。北魏置。統率虎賁郎侍衛皇帝。孝文帝太和十七年（493）定爲從五品上，二十三年復次職員令未載。《魏書》卷五一《韓茂傳》作“虎賁中郎將”。《通志》卷一四九與《北史》同。

後從太武討赫連昌，[1]大破之，以功賜爵蒲陰子，[2]遷侍輦郎。[3]又從破統萬，[4]平平凉，[5]當茂所衝，莫不應弦而殪。拜内侍長，[6]進爵九門侯。後從征蠕蠕，[7]頻戰大捷。與樂平王丕等伐和龍，[8]茂爲前鋒都將，[9]戰功居多。遷司衛監，[10]録前後功，拜散騎常侍、殿中尚書，[11]進爵安定公。[12]從破薛永宗、蓋吴，[13]轉都官尚書。[14]從車駕南征，拜徐州刺史。[15]還，拜侍中、尚書

左僕射。[16]

[1]太武：即北魏皇帝拓拔燾。太武爲其謚號。　赫連昌：人名。字還國，匈奴族鐵弗部。十六國時夏君主。見《北史》卷九三《赫連屈丐附赫連昌傳》。

[2]蒲陰子：封爵名。蒲陰，縣名。治所在今河北順平縣東南。

[3]侍輦郎：官名。北魏置。屬乘黄車府令，掌爲皇帝舉輦。

[4]統萬：城名。在今陝西靖邊縣東北白城子。

[5]平涼：城名。在今甘肅平涼市。

[6]内侍長：官名。十六國時置，北魏沿之。北魏初主顧問，拾遺應對，還負有察舉百僚之責。後與散騎常侍並置。孝文帝改制罷。

[7]蠕蠕：北魏統治者對柔然的蔑稱。本爲東胡族的一支，屬拓跋部。南北朝時始强大，活動於今蒙古國南部地區。以游牧爲生。見《北史》卷九八《蠕蠕傳》。

[8]樂平王：封爵名。樂平，郡名。北魏時治沾縣，在今山西昔陽縣西南。　丕：即拓跋丕，人名。北魏宗室。見《北史》卷一六《樂平王丕傳》。中華本校勘記云："《魏書》卷五一《韓茂傳》，'和龍'下有'徙其居民。從平涼州'八字。按《北史》删節失當，混二事爲一。"可從。　和龍：城名。又名黄龍城、龍城。在今遼寧朝陽市。

[9]都將：官名。北魏時所置武職之一，統禁軍侍衛皇帝左右或出征、鎮守在外。出外時多作爲一路主將，如西道都將、南征都將等。隨皇帝出征時，有的主管前鋒或中軍，爲前鋒都將、中軍都將。地位很高，多自鎮將或三大都官遷此，亦有三公任此職者。孝文帝太和十七年、二十三年職員令皆未載。

[10]司衛監：官名。北魏置。總督禁旅，掌宫禁秩序，權任很重，由宗室和鮮卑著姓充任。孝文帝太和十七年定爲三品上。

[11]散騎常侍：官名。三國時魏文帝置散騎，合於中常侍，謂之散騎常侍。西晋沿置，爲門下重職，散騎省長官。至東晋，參掌機密，選望甚重。南朝時屬集書省，職掌侍從左右、主掌圖書文翰、文章撰述、諫諍拾遺，收納轉呈文書奏事，地位驟降。北朝時兼領修史，實際地位略高於南朝，仍爲閑散之職。北魏初一度掌出令，位在中書令之上。北魏孝文帝太和十七年定爲二品下，二十三年改爲從三品。　殿中尚書：官名。北魏時領宫中兵馬，典宫禁宿衛及倉庫，或説領殿中、直事、三公、駕部四郎曹。孝文帝太和十七年定爲二品中，二十三年定爲三品。

[12]安定公：封爵名。安定，縣名。治所在今甘肅涇川縣北。

[13]薛永宗：人名。河東汾陰（今山西萬榮縣西南）人。北魏太武帝太平真君六年（445）反魏。

[14]都官尚書：官名。尚書省都官曹長官。掌制定律令法制、糾劾違法、水利工程、官吏考課等。北魏孝文帝太和十七年定爲二品中，二十三年改爲三品。

[15]徐州：北魏時治彭城縣，在今江蘇徐州市。

[16]侍中：官名。北朝時常總典機密，受遺詔輔政，權任尤重，時號“小宰相”。北魏孝文帝太和十七年定爲從一品中，二十三年改爲三品。　尚書左僕射：官名。北朝時亦列爲宰相，但地位稍遜於南朝，職掌都省庶務及執法，或典選舉。左僕射兼掌糾彈百官，居右僕射上。孝文帝太和十七年定爲從一品中，二十三年定爲從二品。

文成踐阼，[1]拜尚書令，加侍中、征南大將軍。[2]茂沈毅篤實，雖無文學，每議論合理，爲將善於撫衆，勇冠當世，爲朝廷所稱。太安二年，[3]領太子少師。[4]卒，贈涇州刺史，安定王，謚曰桓。

[1]文成：即北魏皇帝拓跋濬。文成爲其謚號。

[2]尚書令：官名。北魏初不常置，亦不掌實際政務，孝文帝改制後，尚書省權任頗重，以録尚書事爲長官，尚書令爲副貳，兼掌監察百官，皆爲宰相。孝文帝太和十七年定爲從一品上，二十三年定爲二品。　征南大將軍：官名。爲將軍名號，多授予統兵出鎮在外、都督數州諸軍事者。在武職中地位很高，在四征將軍之上。北魏孝文帝太和十七年定爲一品下，二十三年改爲二品。

[3]太安：北魏文成帝的年號（455—459）。

[4]太子少師：官名。東宫屬官，隸太子詹事。掌訓導輔翊太子，無具體職司。北魏孝文帝太和十七年定爲二品上，二十三年定爲三品。

長子備，字延德，賜爵行唐侯，[1]歷太子庶子、寧西將軍，[2]典遊獵曹，[3]加散騎常侍。襲爵安定公、征南大將軍。卒，贈雍州刺史，[4]謚曰簡。

[1]行唐侯：封爵名。行唐，縣名。治所在今河北行唐縣東北。

[2]太子庶子：官名。東宫屬官。爲太子的親近侍從，掌獻納規諫。北魏孝文帝太和十七年定爲從三品上，二十三年改爲從四品上。　寧西將軍：官名。掌統率氐人。多爲統率邊疆少數民族的官員，相當於鎮西將軍。

[3]典：主持、主管。

[4]雍州：北魏時治長安縣，在今陝西西安市西北。

備弟均，字天德，少善射，有將略。初爲中散，[1]賜爵范陽子，[2]遷金部尚書，[3]加散騎常侍。兄備卒，無子，均襲爵安定公、征南大將軍，歷定、青、冀三州刺史，[4]甚有譽。

[1]中散：官名。北魏初置。爲内廷官，直宿禁中，隸屬幢將，無員限，無具體職掌，在皇帝左右參預機密，經常奉使出巡州鎮，考察地方官政績。皇帝出征時，隨從左右，管理御用兵器。中期以後，分設主文中散、奏事中散等。若長期派駐某一機構，則冠其名，如秘書中散等。或作爲起家官。孝文帝太和十七年定爲五品中，二十三年復次職員令未見。

[2]范陽子：封爵名。范陽，郡名。北魏時治涿縣，在今河北涿州市。

[3]金部尚書：官名。北魏前期置。爲尚書省金部曹長官。掌審核全國財帛庫藏、錢幣鑄造及有關度量衡的政令。

[4]定：州名。北魏時治盧奴縣，在今河北定州市。　青：州名。北魏時治東陽城，在今山東青州市。　冀：州名。北魏時治信都縣，在今河北冀州市。

廣阿澤在定、冀、相三州界,[1]土曠人稀，多有寇盜，乃置鎮以静之。以均在冀州，劫盜止息，除大將軍、廣阿鎮大將,[2]加都督三州諸軍事。[3]均清身率下,[4]禁斷奸邪，於是趙郡屠各、西山丁零聚黨山澤以劫害爲業者,[5]均皆誘慰追捕，遠近震跼。[6]先是，河外未賓，人多去就，故權立東青州,[7]爲招懷之本。新附人咸受優復，然舊人奸逃者，多往投焉。均表陳非便，朝議罷之。

[1]廣阿澤：又作“大陸澤”“巨鹿澤”。在今河北隆堯、巨鹿、任縣三縣之間，匯聚太行山區之水，流入漳水。今已淤爲平地。　相：州名。北魏時治鄴縣，在今河北臨漳縣西南鄴鎮。

[2]除大將軍：中華本校勘記云："'除'下'大'字《魏書》作'本'。按本將軍指征南大將軍，《魏書》上文言韓均爲定州刺史也是以本將軍兼。這裏'大'字當爲'本'之訛。"可從。大將軍，官名。名譽職銜。魏晋南北朝有諸名號大將軍，作爲加授給大臣、重要州郡長官的戎號。

[3]都督三州諸軍事：總管三州軍事事務。都督諸軍事，官名。地方軍政長官，可領一州或數州刺史，多帶將軍名號，兼理民政。品級不定，分使持節、持節、假節三種，各有不同職責。

[4]清身：清廉公正，以身作則。

[5]趙郡：北魏時治平棘縣，在今河北趙縣。　屠各：又作"休屠""休屠各""休屠各胡""休屠屠各"。兩晋、北魏時生活在中國西部邊陲諸郡。游牧爲生。　西山：在今河北定州市西北。

[6]震跼（jú）：恐懼窘迫。

[7]東青州：北魏文成帝時以黄河以南尚未歸附，權立此州。轄境大致在今河南、山東兩省黄河以南地區。

後均所統，劫盜頗起，獻文詔書讓之。[1]又以五州人户殷多，編籍不實，詔均檢括，[2]出十餘萬户。復授定州刺史，百姓安之。卒，謚康公。

[1]讓：責備，譴責。

[2]檢括：清查。

皮豹子，漁陽人也。[1]少有武略。太常中，[2]爲中散。太武時，爲散騎常侍，賜爵新安侯，[3]又拜選部尚書。[4]後除開府儀同三司，[5]進爵淮陽公，[6]鎮長安，坐盜官財，徙於統萬。

[1]漁陽：郡名。北魏時治漁陽縣，在今北京密雲縣西南。

[2]太常：北魏明元帝的年號（416—423）。

[3]新安侯：封爵名。新安，縣名。治所在今河南新安縣。

[4]選部尚書：官名。漢靈帝末由吏曹尚書改名，職掌選任官吏，隸尚書臺。魏晋時改名吏部尚書。北魏前期，或置選部尚書，或置吏部尚書。孝文帝時定置爲吏部尚書。

[5]開府儀同三司：三國魏始置，爲大臣加號，意謂與三司即太尉、司徒、司空的禮制待遇相同，許開設府署，自辟屬僚。兩晋南北朝因之。北魏孝文帝太和二十三年定爲從一品。

[6]淮陽公：封爵名。淮陽，郡名。北魏時治角城，在今江蘇淮安市清浦區西古泗水西岸。

真君三年，[1]宋將裴方明等侵南秦王楊難當，[2]遂陷仇池。[3]太武徵豹子，復其爵位，尋拜使持節、仇池鎮將，[4]督關中諸軍與建興公古弼等分命諸將，[5]十道並進。四年正月，豹子進擊樂鄉，[6]大破之。宋使其秦州刺史胡崇之鎮仇池，至漢中，[7]聞官軍已西，懼不敢進。豹子與司馬楚之至濁水，[8]擊禽崇之，盡虜其衆。仇池平。

[1]真君：即太平真君。北魏太武帝的年號（440—451）。

[2]裴方明：人名。河東（今山西永濟市）人。南朝宋官吏。見《宋書》卷四七《劉懷肅附裴方明傳》。　南秦王：封爵名。南秦，州名。北魏時治洛谷城，在今甘肅西和縣洛峪鎮。　楊難當：人名。略陽清水（今甘肅清水縣）人。北魏時氐族首領。見《北史》卷九六《氐傳》。

[3]仇池：國名。在今甘肅西和縣西南。

[4]使持節：漢朝官吏奉命外出時，由皇帝授予節杖，來提高

其權威。魏晋之後，當重要的軍事長官出征或者出鎮時，通常加以使持節，可以憑此誅殺二千石以下的官員。皇帝派遣大臣出巡或參與祭吊等事務時，亦使持節，以示權力與尊崇。次一等的稱持節，再次一等的稱假節。　鎮將：官名。北魏置。爲鎮之主官，掌一鎮兵馬及鎮之守衛。在不設州郡的地區，兼統軍民；在設州郡的内地，主要掌軍政，但兼任駐在州刺史時，亦兼理民政。北魏前期多以宗室或鮮卑勳貴爲之，地位高於刺史。孝文帝改制後，地位漸低。其下設副將、監軍及長史、司馬等佐僚。品秩按所帶將軍名號而定。

[5]建興公：封爵名。建興，郡名。北魏時治陽河縣，在今山西晋城市西北大陽鎮。　古弼：人名。代（今山西大同市東北）人。北魏明元帝賜名筆，後改名弼。北魏官吏。見《北史》卷二五《古弼傳》。

[6]樂鄉：縣名。治所在今河北清苑縣東。

[7]漢中：郡名。北魏時治南鄭縣，在今陝西漢中市。

[8]司馬楚之：人名。字德秀，河内温（今河南温縣）人。東晋宗室，後歸於北魏。見《北史》卷二九《司馬楚之傳》。　濁水：又作“濁水戍”。在今甘肅成縣西南。

未幾，諸氐復推楊文德爲主，以圍仇池。[1]古弼討平之。時豹子次下辯，[2]聞圍解，欲還。弼使謂豹子曰：“賊恥其負敗，必求報復，不如陳兵以待之。”豹子以爲然。尋除都督秦、雍、荆、梁、益五州諸軍事，[3]進號征西大將軍、開府，[4]仇池鎮將、持節、公如故。宋復遣楊文德、姜道盛寇濁水，[5]別遣將青陽顯伯守斧山，[6]以拒豹子。濁水城兵射殺道盛。豹子至斧山，斬顯伯，悉俘其衆。初，南秦王楊難當歸命，詔送楊氏子弟詣京

師，文德以行賂得留，出奔漢中。宋以文德爲武都王，守葭蘆城，[7]招誘氐羌。於是武都陰平五部氐人叛應文德，[8]詔豹子討之。文德阻兵固險，以拒豹子。文德將楊高來降，文德棄城南走，收其妻子僚屬及故武都王保宗妻公主送京師。[9]宋白水太守郭啓玄率衆救文德，[10]豹子大破之，啓玄、文德走還漢中。

[1]氐：族名。分布於今甘肅、陝西、四川等省的臨接地帶，以畜牧業、農業爲生。西晋末曾建立過仇池、前秦、後涼等政權。見《北史》卷九六《氐傳》。　楊文德：人名。仇池（今甘肅西和縣）人。北魏時氐族首領。後附於南朝宋，爲武都王。後被宋將劉義宣所殺。見《北史·氐傳》。

[2]下辯：縣名。治所在今甘肅成縣西。

[3]荆：州名。北魏時治穰縣，在今河南鄧州市。　梁：州名。北魏時治南鄭縣，在今陝西漢中市。　益：州名。北魏時治晋壽縣，在今四川廣元市。

[4]征西大將軍：官名。爲將軍名號，多授統兵出鎮在外、都督數州諸軍事者。在武職中地位很高，位居四征將軍之上。北魏孝文帝太和十七年定爲一品下，二十三年改爲第二品。

[5]姜道盛：人名。南朝宋官吏。曾任建武將軍、晋壽太守。

[6]青陽：縣名。治所在今四川彭州市。　顯伯：人名。其餘不詳。

[7]葭（jiā）蘆城：在今甘肅隴南市武都區東南白龍江東岸。

[8]陰平：縣名。治所在今甘肅文縣西北。　五部：毛本、殿本、四庫本、四部備要本作“五郡”，意不通。字形訛誤。

[9]保宗：即楊保宗，人名。仇池（今甘肅西和縣）人，楊玄子。北魏時氐族首領。見《北史·氐傳》。

[10]白水：郡名。南朝宋時治白水縣，在今四川廣元市元

壩區。

興安二年，[1]宋遣蕭道成等入漢中，[2]別令楊文德、楊頭等率氐、羌圍武都。[3]豹子分兵將救之，聞宋人增兵益將，表狀求助。詔高平鎮將苟莫干率突騎二千以赴之，[4]道成等乃退。徵豹子爲尚書，出爲内都大官。[5]宋遣其將殷孝祖修兩當城於清東，[6]以逼南境。天水公封敕文擊之，[7]不剋。詔豹子與給事中周丘等助擊之。[8]宋瑕丘鎮遣步卒五千助戍兩當，[9]豹子大破之，追至城下，其免者千餘人而已。[10]既而班師。先是河西諸胡亡匿避命，[11]豹子討之，不捷而還，又坐免官。尋以前後戰功復擢爲内都大官。卒，文成追惜之，贈淮陽王，謚曰襄。子道明襲。

[1]興安：北魏文成帝的年號（452—454）。

[2]蕭道成：人名。字紹伯，南蘭陵蘭陵（一説在今江蘇常州市，一説在今江蘇丹陽市）人。南朝齊的建立者。見《南齊書》卷一、二《高帝紀》。

[3]羌：亦稱羌戎。商周時，已廣泛分布於今甘肅、青海、新疆南部和四川西部一帶，部分曾入中原定居。魏晋南北朝時，居處分散，均以游牧爲主，其中與漢人雜居者，則逐漸定居農耕。

[4]高平：鎮名。在今寧夏固原市。　苟莫干：《魏書》卷五一《皮豹子傳》、《資治通鑑》卷一二七均作“苟莫于”。未詳孰是。

[5]内都大官：官名。爲内都坐大官的省稱，簡稱内都。北魏前期設，掌畿内析獄及監評官吏。與外都大官、中都大官合稱三都大官。多由宗室諸王、外戚及重臣擔任，祭吊時位在三公及尚書令

上。孝文帝改制後罷。

[6]殷孝祖：人名。陳郡長平（今河南西華縣東北）人。南朝宋將領。見《南史》卷三九《殷孝祖傳》。　兩當城：在今甘肅兩當縣東。　清：水名。在今甘肅兩當縣。

[7]天水公：封爵名。天水，北魏時治上封，在今甘肅天水市。

[8]給事中：官名。北魏時爲内朝官，常派往尚書省諸曹，參領政務，並負有監察之責。孝文帝太和十七年定爲從三品上，二十三年爲從六品上。

[9]瑕丘鎮：四庫本作“瑕邱鎮”。

[10]千餘人：《魏書·皮豹子傳》作“十餘人”。《册府元龜》卷三五三亦作“十餘人”。

[11]河西：地區名。泛指今山西吕梁山以西黄河沿岸。

道明第八弟歡喜，[1]文成以其名臣子，擢爲侍御中散，[2]遷侍御長。[3]孝文初，吐谷渾拾寅部落飢窘，[4]侵掠澆河，[5]詔假平西將軍、廣川公，[6]與上黨王長孫觀討拾寅。[7]又以其父豹子昔鎮仇池，有威信，拜使持節、侍中、都督秦雍荆梁益五州諸軍事、本將軍、開府、仇池鎮將，假公如故。歡喜至，申布恩惠，夷人大悦，酋帥率户歸附，置廣業、固道二郡以居之。[8]徵爲南部尚書，[9]賜爵南康侯。

[1]歡喜：底本“歡”作“懷”，源氏校勘記云：“《魏書》無‘懷’字。”中華本校勘記云：“諸本‘歡’作‘懷’，《魏書》卷五一《皮豹子傳》無‘懷’字。卷七《高祖紀》太和元年十二月作‘皮懽喜’（本書卷三《孝文紀》作皮喜）。本書卷九六《氐傳》、《吐谷渾傳》、《通鑑》卷一三四作‘皮歡喜’。按其人本名‘歡

喜’，《魏書》避高歡諱，故單作‘喜’。《高祖紀》作‘懽喜’，當是後人所增。‘懽’即‘歡’字，‘懷’爲‘懽’之訛。今據改作‘歡’。”今從改。

[2]侍御中散：官名。北魏中期從中散官中分化出來，屬侍御曹。地位較中散高，侍從皇帝左右。多選用功臣子弟，也可作爲起家官。任職於其他機構，則冠以機構名，如殿内侍御中散、内秘書侍御中散等。孝文帝太和十七年定爲五品上，二十三年復次職員令未見載。

[3]侍御長：官名。北魏置。統轄侍御郎等皇帝左右的武職侍從，多選用功臣子弟，地位高於侍御中散。孝文帝太和十七年職員令未載。

[4]吐谷渾：族名。又稱吐渾、退渾。原爲鮮卑族慕容部的一支，先祖游牧於徒河青山（今遼寧義縣東）。西晋時，遷徙於今甘肅、青海一帶。十六國時，先後受到前凉、西秦等追逐，幾乎亡國。後再度崛起，北魏太武帝時達到最强盛。在北魏打擊下，一度退到今新疆一帶。以游牧爲生。見《北史》卷九六《吐谷渾傳》。　拾夤：人名。北朝時吐谷渾可汗。曾受南朝封爵，號河南王。後又受北魏官爵，爲鎮西大將軍、沙洲刺史、西平王。數遭北魏攻擊。四庫本、局本作“什寅”，殿本作“拾寅”，宋本、毛本、四部備要本、中華本作“拾夤”。皆可。

[5]澆河：地名。在今青海貴德縣南。

[6]假：原是代理、兼攝之意。孝文帝時假官成爲制度，但僅爲虚職。　平西將軍：官名。多持節都督或監某一地區的軍事，有時亦作爲刺史等地方官員兼理軍務時的加官。十六國時漢亦置。北魏孝文帝太和十七年定爲從二品上，二十三年改爲三品。　廣川公：封爵名。廣川，郡名。此時有兩個廣川郡：一屬冀州，治廣川縣，在今河北景縣西南。一屬齊州，治武强縣，在今山東鄒平縣。

[7]上黨王：封爵名。上黨，郡名。北魏時治壺關城，在今山西長治市北。　長孫觀：人名。代（今山西大同市東北）人，鮮卑

族。北魏大臣。見《北史》卷二二《長孫道生附長孫觀傳》。

[8]廣業：郡名。北魏時治白石縣，在今甘肅成縣。　固道：郡名。北魏時治兩當縣，在今甘肅兩當縣東。

[9]南部尚書：官名。北魏道武帝皇始元年（396）置。爲尚書省南部曹長官，初置一人。後以南部州郡數多，政繁權重，增員二人或二人以上。除管理南方州郡事務外，還統兵南進，多由本部屬官遷任。孝文帝改制罷。

太和元年，[1]宋葭蘆戍主楊文度遣弟鼠據仇池，[2]詔歡喜討鼠，鼠棄城南走。進次濁水，遂軍於覆津。[3]文度將强大黑固守津道，歡喜部分將士，擊大黑走之。追奔，攻拔葭蘆城，斬文度，傳首京師。詔慰勉之。又詔於駱谷築城，[4]歡喜表求待來年築城。詔責之曰："若不時築，築而不成，成而不固，以軍法繩之。"南天水人柳旍據險不順，[5]歡喜討滅之。後爲豫州刺史，[6]詔讓其在州寬怠，以飲酒廢事，威不禁下，遣使就州，决以杖罰。[7]卒，謚曰恭公。子承宗襲。

[1]太和：北魏孝文帝的年號（477—499）。

[2]戍主：官名。南北朝始置，爲戍的主將，掌守防捍禦之事，除管理軍政外，兼理民政、財政。多以郡守、縣令、州參軍及雜號將軍等官兼領。元大德本、毛本、殿本、四部備要本作"戍生"，字形訛誤。　楊文度：人名。仇池（今甘肅西和縣）人。北魏時氐族首領。自立爲武興王，太武帝時降北魏，受封爲武興鎮將，尋復反。孝文帝時，爲魏將皮歡喜所破，被斬首。　鼠：即楊鼠，人名。北魏時氐族首領。孝文帝時，自立爲武興王，遣使稱臣於魏，孝文帝以其爲都督、南秦州刺史、武都王。

[3]覆津：縣名。治所在今甘肅武威市東。

[4]駱谷：地名。在今陝西周至縣西南。

[5]南天水：郡名。北魏時治水南縣，在今甘肅禮縣東北長道鎮。

[6]豫州：北魏時治懸瓠城，在今河南汝南縣。

[7]决以杖罰：殿本、四庫本、四部備要本作“訣杖罰”，脱“以”字，意不通。

封敕文，代人也，本姓是賁。祖豆，位開府、冀青二州刺史、關内侯。[1]父涅，侍御長，贈定州刺史、章武侯，[2]謚曰隱。

[1]關内侯：封爵名。關内，地區名。泛指函谷關或潼關以西地區。

[2]章武侯：封爵名。章武，郡名。北魏時治平舒縣，在今河北大城縣。

敕文始光初爲中散，[1]稍遷西部尚書，[2]出爲使持節、開府，領護西夷校尉、秦益二州刺史，賜爵天水公，鎮上邽。[3]詔敕文征吐谷渾慕利延兄子拾歸於枹罕，[4]衆少不制，詔廣川公乙烏頭等二軍與敕文會隴右。[5]軍次武始，[6]拾歸夜遁，敕文引軍入枹罕，虜拾歸妻子及其人户，分徙千家於上邽，留烏頭守枹罕。

[1]始光：北魏太武帝的年號（424—428）。

[2]西部尚書：官名。北魏時尚書省西部曹長官。權任輕於南、北部尚書，且存在時間較短。

［3］領：北魏時多爲暫攝之意。即已有本職本官，又暫行他職他官，而不居其位。　護西夷校尉：官名。十六國前秦及北凉皆置。北魏沿置。掌西部地區少數民族事務。　上邽：縣名。北魏時避道武帝拓跋珪諱作“上封”。治所在今甘肅天水市。治所在今甘肅天水市。

［4］慕利延：人名。吐谷渾君主。見《北史》卷九六《吐谷渾傳》。　枹罕：城名。在今甘肅臨夏市。

［5］隴右：地區名。陝西、甘肅交接的隴山以西地區。

［6］武始：郡名。北魏時治勇田縣，在今甘肅臨洮縣北。

金城邊冏、天水梁會謀反，據上邽東城、南城，攻逼西城。敕文先已設備，賊乃退。冏、會復攻城，氐、羌一萬屯南嶺，休官、屠各及雜户二萬餘人屯北嶺，[1]爲冏等形援。敕文設奇兵大破之，斬冏。衆復推梁會爲主。安豐公閭根率軍助敕文，[2]敕文又表求助，未及報。梁會欲謀逃遁。先是敕文掘重塹於東城之外，斷賊走路。夜半，會乃飛梯騰塹而走。敕文先嚴兵於塹外，拒鬭，從夜至旦。敕文謀於衆曰：“困獸猶鬭，而况於人。”乃以白武幡宣告賊衆，[3]若能歸降，原其生命，應時降者六百餘人。會知人心沮壞，於是分遁。敕文縱騎騰躡，死者太半。

［1］“金城邊冏”至“二萬餘人屯北嶺”：高敏《南北史考索》（天津古籍出版社2010年版，第468頁）云：“《魏書》卷五十一同人傳，在‘謀反’二字之後，有‘扇動秦益二州雜人萬餘户’句。此云‘雜户’，可見‘秦益二州雜人’即雜户，《北史》删前一句，致使‘雜户’之來源不明！且此條涉及雜户起義，故删之不當。”

可從。金城，郡名。北魏時治金城縣，在今甘肅蘭州市西北。休官，十六國、南北朝時隴西雜夷部落。居今甘肅清水縣、秦安縣及天水市一帶。

[2]安豐公：封爵名。安豐，郡名。北魏時治安豐縣，在今安徽霍邱縣東南。

[3]白武幡：即白虎幡。有白虎圖像的旗。古代用作傳布朝廷政令或軍令的符信。《北史》避唐高祖祖父李虎諱，稱白武幡或白獸幡。

略陽王元達因梁會之亂，[1]聚黨攻城，招引休官、屠各之衆，推天水休官王官興爲秦地王。敕文與臨淮公莫真討破之。[2]

[1]略陽王：封爵名。略陽，郡名。北魏時治隴城縣，在今甘肅秦安縣東北隴城鎮。

[2]臨淮公：封爵名。臨淮，縣名。治所在今江蘇盱眙縣西北。

天安元年卒，[1]長子萬護讓爵於弟翰。于時讓者唯萬護及元氏侯趙辟惡子元伯讓其弟次興，[2]朝廷義而許之。

[1]天安：北魏獻文帝的年號（466—467）。

[2]元氏侯：封爵名。元氏，縣名。治所在今河北元氏縣西。

呂羅漢，本東平壽張人也，[1]其先石勒時徙居幽州。[2]

［1］東平：郡國名。西晋時治須昌縣，在今山東東平縣西北。壽張：縣名。治所在今山東東平縣西南。

［2］其先石勒時徙居幽州：《魏書》卷五一《吕羅漢傳》作“其先，石勒時徙居幽州”。按：根據《北史》文意，吕羅漢原本是東平壽張人，其祖先在石勒的時候徙居幽州。《魏書》在“其先”後加逗號，變成時間副詞，語句不通。石勒，人名。字世龍，小字匐勒，羯族。十六國時後趙君主。見《晋書》卷一〇四、一〇五《石勒載記》。幽州，十六國後趙時治薊縣，在今北京西南。

祖顯，字子明，少好學，性廉直，鄉人有忿争者皆就質焉。慕容垂以爲河間太守。[1]皇始初，[2]以郡降，道武賜爵魏昌男。[3]拜鉅鹿太守。[4]清身奉公，妻子不免飢寒，百姓頌之曰：“時惟府君，克清克明，緝我荒土，人胥樂生，願壽無疆，以享長齡。”卒官。

［1］慕容垂：人名。字道明，昌黎棘城（今遼寧北票市章吉營子鄉三官營子村）人，鮮卑族。十六國時後燕君主，見《北史》卷九三《慕容垂傳》。　河間：郡名。北魏時治武垣縣，在今河北河間市南。

［2］皇始：北魏道武帝的年號（396—398）。

［3］魏昌男：封爵名。魏昌，縣名。治所在今河北定州市西南。

［4］鉅鹿：郡名。北魏時屬定州，治曲陽縣，在今河北晋州市西。北魏孝莊帝永安二年（529）時分定州鉅鹿郡置，屬殷州，治癭遥縣，在今河北寧晋縣西南。

父温，字晞陽，善書，好施，有文武才略。位上黨太守，有能名。卒，贈豫州刺史、野王侯，[1]謚曰敬。

[1]野王侯：封爵名。野王，縣名。治所在今河南沁陽市。

羅漢仁厚篤慎，弱冠以武幹知名。父温之爲秦州司馬，[1]羅漢隨侍。隴右氐楊難當寇上邽，鎮將元意頭知羅漢善射，共登西城樓令射，難當隊將及兵二十三人應弦而殪。[2]賊衆轉盛，羅漢曰："今不出戰，示敵以弱。"意頭善之，即簡千餘人，令羅漢出戰，衆皆披靡。難當大驚，會太武賜難當璽書，責其跋扈，難當還仇池。意頭具以狀聞，徵爲羽林郎。[3]

[1]司馬：官名。三國蜀時置爲州郡佐官。兩晋南北朝時州郡長官多帶將軍名號，開軍府，皆置爲幕僚，主軍務，屬武職。品秩隨州郡的高低而不同。

[2]殪（yì）：死。

[3]羽林郎：官名。亦簡稱羽林。北魏孝文帝太和十九年，選天下武勇之士十五萬爲羽林、虎賁，以充侍衛。掌禁衛皇宫，擔任宿衛，亦奉命出征。《魏書》卷五一《吕羅漢傳》作"羽林中郎"。未詳孰是。

上邽休官吕豐、屠各王飛鹿等據險爲逆，[1]詔羅漢討禽之。後從征懸瓠，[2]以功遷羽林中郎、幢將，[3]賜爵烏程子。[4]及南安王余立，[5]羅漢猶典宿衛，文成之立，羅漢有力焉。加龍驤將軍，[6]仍幢將，進爵野王侯，拜司衛監。遷散騎常侍、殿中尚書，進爵山陽公。[7]

[1]上邽：縣名。北魏時避道武帝拓跋珪諱作"上封"。治所在今甘肅天水市。　王飛鹿：高敏《南北史考索》（第 468 頁）

云："《魏書》卷五十一同人傳'鹿'作'廉'，《魏書》校勘記引《册府元龜》卷四百二十六亦作'鹿'，故疑'鹿'是。《北史》校勘記失校。"可從。

[2]懸瓠（hù）：城名。又作"懸壺城"。在今河南汝南縣。

[3]羽林中郎：官名。北魏置。負責皇帝的禁衛。多由宗室或鮮卑拓跋族人充任，是皇帝左右的親信之職。孝文帝太和十七年定爲從四品上。二十三年罷此職。　幢將：官名。北魏道武帝登國元年（386）置。宿衛軍中的幢主稱爲幢將。除領禁兵宿衛外，有時也外出作戰。孝文帝太和十七年定宿衛幢將爲從七品，二十三年復次職員令未載。

[4]烏程子：封爵名。烏程，縣名。治所在今浙江湖州市。

[5]南安王：封爵名。南安，郡名。北魏時治桓道縣，在今甘肅隴西縣東南。　余：即拓跋余，人名。北魏宗室。見《北史》卷一六《南安王余傳》。

[6]龍驤將軍：官名。西晋置爲將軍號。三國魏、晋、南朝宋時皆三品。十六國時前凉、後趙、前秦、西秦亦置。南朝後期地位漸低。北魏孝文帝太和十七年定爲三品上，二十三年改爲從三品。

[7]山陽公：封爵名。山陽，縣名。治所在今河南焦作市東南。

後爲鎮西將軍、秦、益二州刺史。[1]時仇池氐、羌反，逼駱谷，鎮將吴保元走登百頃，[2]請援於羅漢。羅漢帥步騎隨長孫觀，掩擊氐、羌大破之，賊衆退散。詔書慰勉之。涇州人張羌郎聚衆千人，州軍討之，不能制，羅漢擊禽之。仇池氐、羌叛逆，其賊帥蛩廉、苻忻等皆受宋官爵鐵券。[3]略陽公伏阿奴爲都將，與羅漢赴討，所在破之，禽廉、忻等。

[1]鎮西將軍：官名。多授持節都督，出鎮方面，位在征西將

軍下，一般不與征西將軍並置。北魏孝文帝太和十七年定爲從一品下，二十三年改爲從二品。

[2]百頃：山名。在今甘肅西和縣西南。

[3]苻忻：源氏校勘記云："'忻'《魏書》作'祈'。下同。"

秦、益阻遠，南連仇池，西接赤水，[1]諸羌恃險，數爲叛逆，自羅漢莅州，撫以威惠，西戎懷德，土境怗然。[2]孝文下詔褒美之。徵拜内都大官，聽察多得其情。卒官，謚莊公。

[1]赤水：地名。在今青海興海縣東南。

[2]怗（tiē）然：平静。

長子興祖襲爵山陽公，後例降爲侯。

孔伯恭，魏郡鄴人也。[1]父昭，位侍中、幽州刺史、魯郡公。卒，謚曰康。

[1]魏郡：北魏時治鄴縣，在今河北臨漳縣西南鄴鎮。　鄴：縣名。治所在今河北臨漳縣西南鄴鎮。

伯恭以父任拜給事中，後賜爵濟陽男，[1]進城陽公。[2]獻文初，[3]宋徐州刺史薛安都以彭城内附，[4]宋遣將張永、沈攸之等擊安都。[5]安都請援，獻文進伯恭號鎮東將軍，[6]副尚書尉元救之。[7]永與攸之棄船而走。伯恭以書喻下邳、宿豫城内。[8]時攸之、吴喜公等率衆來援下邳，[9]屯軍焦墟曲，[10]去下邳五十餘里。伯恭密造火車攻其營，水陸俱進。攸之等既聞將戰，引軍退保樊

階城。[11]宋寧朔將軍陳顯達領衆泝清而上，[12]以迎攸之，屯于睢、清合口。[13]伯恭率衆度水，大破顯達。攸之聞顯達軍敗，順流退下，伯恭從清西與攸之合戰，大破之，[14]吴喜公輕騎遁走。乘勝追奔八十餘里，軍資器械虜獲萬計。進攻宿豫，宋戍將魯僧遵棄城夜遁。又遣將孔大恒等南討淮陽，宋太守崔武仲焚城南走，遂據淮陽。

[1]濟陽男：封爵名。濟陽，縣名。治所在今河南蘭考縣東北。

[2]城陽公：封爵名。城陽，郡名。北魏時治所不詳，當在今河南境內。底本作"彭城公"，中華本校勘記云："諸本'城陽'作'彭城'，《魏書》卷五一《孔伯恭傳》作'城陽'。按《魏書》卷六《顯祖紀》天安元年九月，《魏書》卷五〇、本書卷二五《尉元傳》，並見'城陽公孔伯恭'。作'彭城'是涉下文而誤，今據改。"今從改。

[3]獻文：即北魏皇帝拓拔弘。獻文爲其謚號。

[4]薛安都：人名。字休達，河東汾陰（今山西萬榮縣西南）人。初仕北魏，後投奔南朝宋，後又投奔北魏，軍事才能突出。見《北史》卷三九《薛安都傳》。

[5]張永：人名。字景雲，吴郡吴（今江蘇蘇州市）人。南朝宋將領。見《宋書》卷五三《張茂度附張永傳》。　沈攸之：人名。字仲達，吴興武康（今浙江德清縣西）人。南朝宋將領。見《宋書》卷七四《沈攸之傳》。

[6]鎮東將軍：官名。多授持節都督，出鎮方面。北魏孝文帝太和十七年定爲從一品下，二十三年定爲從二品。

[7]尉元：人名。字荀仁，代（今山西大同市東北）人，鮮卑族。北魏官吏。見《北史》卷二五《尉元傳》。

[8]下邳：郡名。南朝宋時治下邳縣，在今江蘇睢寧縣西北。

宿豫：郡名。北魏時治宿豫縣，在今江蘇宿遷市東南。

[9]吴喜公：人名。臨安（今浙江臨安市）人。南朝宋將領。隨沈慶之征伐，以功升河東太守、建武將軍，封東封縣侯。後被宋明帝賜死。《魏書·孔伯恭傳》作“吴憘公”。

[10]焦墟曲：地名。在今江蘇睢寧縣。

[11]樊階城：在今江蘇宿遷市西北。

[12]寧朔將軍：官名。三國魏置。西晋時此職多駐幽州，爲幽州地區軍政長官，兼管烏丸事務。魏晋、南朝宋皆定爲四品。　陳顯達：人名。南彭城（今安徽蕪湖市至江蘇南京市長江以東）人。南朝宋、齊將領。見《南齊書》卷二六《陳顯達傳》。　清：水名。又名泗水、清泗。源自今山東泗水縣東蒙山南麓。

[13]睢：水名。源自今河南開封市，至江蘇宿遷市南注入泗水。

[14]大破之：中華本校勘記云：“《魏書》‘破之’下作‘斬其將姜産之、高遵世及丘幼弼、丘隆先、沈榮宗、陸道景等首。攸之、憘公等輕騎遁走’。攸之乃宋軍主將，《北史》删節並‘攸之’二字删去，殊爲失當。”可從。

皇興二年，[1]以伯恭爲散騎常侍、彭城鎮將、都督徐南北兖州諸軍事，[2]假東海公。[3]卒，贈鎮東大將軍、東海王，[4]謚曰桓。

[1]皇興：北魏獻文帝的年號（467—471）。

[2]南北兖州：《魏書》卷五一《孔伯恭傳》作“南兖州”。《册府元龜》卷三五三與《北史》同。未詳孰是。南兖州，北魏時治廣陵，在今江蘇揚州市西北。北兖州，即兖州。北魏太和十八年改東兖州置，治瑕丘城，在今山東兖州市新驛鎮東頓村南。

[3]假東海公：《魏書·孔伯恭傳》作“東海公”，無“假”

字。《通志》卷一四九與《北史》同。未詳孰是。東海公，封爵名。東海，郡名。北魏時治廣饒縣，在今江蘇連雲港市東北。

[4]鎮東大將軍：官名。三國魏始置。職掌同鎮東將軍，唯資歷深者得任此職。多授持節都督，出鎮四方。北魏孝文帝太和十七年定階爲從一品上，二十三年改爲二品。

伯恭弟伯遜，襲父爵魯郡公，[1]位東萊鎮將、東徐州刺史。[2]坐事免官，卒于家。

[1]魯郡公：封爵名。魯郡，北魏時治魯縣，在今山東曲阜市。高敏《南北史考索》（第468頁）云："《魏書》卷五十一同人傳云：'伯恭弟伯孫''襲父爵魯郡公'，顯係一人，而有'遜''孫'之異，《北史》校勘記失校。"可從。

[2]東萊：郡名。北魏時治掖縣，在今山東萊州市。　東徐州：北魏時治下邳城，在今江蘇睢寧縣古邳鎮北側。

田益宗，光城蠻也。[1]身長八尺，雄果有將略，貌狀舉止，有異常蠻。世爲四山蠻帥，受制於齊。太和十七年，遣使張超奉表歸魏。十九年，拜員外散騎常侍、都督、南司州刺史、光城縣伯，[2]食蠻邑一千户，所統守宰，任其銓置。後以益宗既度淮北，不可仍爲司州，乃於新蔡立東豫州，[3]以益宗爲刺史。尋改封安昌縣伯。[4]

[1]光城：縣名。治所在今河南潢川縣南。

[2]員外散騎常侍：官名。三國魏末始置。初爲正員之外添差之散騎常侍，無員數，後成定員官。三國魏末、兩晋、南朝、北

魏、北齊沿置。屬散騎省（東省、集書省），初多以公族、宗室任之，雖是閑職，仍爲顯官。北魏孝文帝太和十七年定爲從三品上，二十三年改爲五品上。　都督：官名。地方軍政長官，又稱都督諸州軍事。可領一州或數州刺史，多帶將軍名號，兼理民政。品級不定，分使持節、持節、假節三種，各有不同職責。　南司州：北魏時治平陽縣，在今河南信陽市南。

[3]新蔡：郡名。北魏時治新蔡縣，在今河南新蔡縣。　東豫州：北魏時治廣陵城，在今河南息縣。

[4]安昌縣伯：封爵名。安昌，縣名。治所在今河南確山縣西南。

景明初，[1]梁師寇三關，[2]益宗遣光城太守梅興之進至陰山關，[3]南據長風城，[4]逆擊大破之。梁建寧太守黄天賜築城赤亭，[5]復遣其將黄公賞屯於漴城，[6]與長風相持。益宗命安蠻太守梅景秀與興之掎角擊討，[7]破之，獲其二城。上表陳攻取之術，宣武納之，遣鎮南將軍元英攻義陽。益宗遣其息魯生斷梁人糧運，破梁戍主趙文興，倉米運舟，焚燒蕩盡。時樂口已南，郢、豫二州諸縣皆没於梁，唯有義陽而已。[8]梁招益宗以車騎大將軍、開府儀同三司、五千户郡公，當時安危在益宗去就，而益宗守節不移，郢、豫克平，益宗力也。[9]

[1]景明：北魏宣武帝的年號（500—503）。

[2]三關：即平靖關（西關）、武勝關（東關）、黄峴關（百雁關），都在今河南信陽市南。

[3]光城：郡名。北魏時治光城縣，在今河南潢川縣南。　梅興之：底本作“楊興之”，中華本校勘記云：“各本‘梅’作

‘楊’，宋本及《魏書》卷六一、《通志》卷一四九《田益宗傳》作‘梅’。按梅爲蠻族著姓，今從宋本。”今從改。　陰山關：在今湖北麻城市東北。

［4］長風城：在陰山關南八十餘里，今江西弋陽縣南。

［5］梁建寧太守黃天賜築城赤亭：底本“梁”前有“二十二年”四字，中華本校勘記云：“諸本‘梁’上有‘二十二年’四字，《魏書》無。按景明祇四年，無二十二年。此緣《魏書》上文在‘景明’前有‘二十二年進號征虜將軍’語，本指太和二十二年，《北史》誤移四字於此，遂似景明有二十二年，且將同一戰役，分截爲二，非。今删去四字。”今從改。建寧，郡名。南朝梁時治建寧縣，在今湖北麻城市北。赤亭，地名。在今湖北麻城市西南。

［6］漴城：又作“漴頭”，在今湖北安陸市西北。

［7］安蠻：郡名。北魏時以安蠻左郡改置。治所在今湖北紅安縣。　掎（jǐ）角：分兵牽制或夾擊敵人。

［8］“宣武納之”至“唯有義陽而已”：《魏書·田益宗傳》“趙文興”作“趙文舉”，“二州諸縣”作“二州諸城”。《通志》卷一四九與《北史》同。中華本校勘記云：“按《魏書》叙元英攻佔義陽之後，又叙白早生叛魏降梁事，然後云‘時自樂口已南，郢、豫二州諸城皆没於賊，唯有義陽而已’。據《魏書》卷八《世宗紀》，元英攻義陽在景明四年（公元503年），白早生叛魏在永平元年（公元508年），本非一事。《北史》删節，誤合爲一。遂致上云‘元英攻義陽’，下云‘唯有義陽而已’，義陽究屬誰有，亦不明不白。此删節之失。”可從。鎮南將軍，官名。多爲持節都督，出鎮方面。魏晉及南北朝前期權勢很重，後漸輕，成爲褒賞軍功勳臣的閑職。北魏孝文帝太和十七年定爲從一品下，二十三年改爲從二品。元英，人名。字虎兒。北魏宗室。見《北史》卷一八《南安王楨附中山王英傳》。義陽，郡名。北魏時治平陽縣，在今河南信陽市。樂口，地名。在今河南漯河市郾城區東南沱口鎮。郢，州名。北魏時治義陽縣，在今河南信陽市。

［9］益宗力也：宋本脱“益宗力也”四字。

益宗年稍衰老，聚歛無厭，兵人患其侵擾，諸子及孫，競規賄貨，部内苦之，咸言欲叛。宣武深亦慮焉，乃遣中書舍人劉桃符宣旨慰喻，[1]庶以安之。桃符還，啓益宗侵掠之狀。詔之曰：“聞卿息魯生在淮南貪暴，[2]横殺梅伏生，爲爾不已，損卿誠效，可令魯生與使赴闕，當加任使。”魯生久未至。延昌中，[3]詔以益宗爲使持節、鎮東將軍、濟州刺史，[4]常侍如故。帝慮其不受代，遣後將軍李世哲與桃符率衆襲之，[5]奄入廣陵。[6]益宗子魯生、魯賢等奔於關南，招引梁兵，光城已南，皆爲梁所保。世哲擊破之，復置郡戍，以益宗還。授征南將軍、金紫光禄大夫，[7]加散騎常侍，改封曲陽縣伯。[8]

［1］中書舍人：官名。即中書通事舍人。中書省屬官。北朝時專掌草擬詔令，出納之職由門下省分任，故職權較南朝爲輕。北魏孝文帝太和十七年定爲六品上，二十三年改爲六品下。　劉桃符：人名。中山盧奴（今河北定州市）人。北魏官吏。見《北史》卷四六《劉桃符傳》。

［2］聞卿息魯生在淮南貪暴：《魏書》卷六一《田益宗傳》作“風聞卿息魯生淮南貪暴”。《資治通鑑》卷一四七與《北史》同。皆可。

［3］延昌：北魏宣武帝的年號（512—515）。

［4］濟州：北魏時治碻磝城，在今山東茌平縣西南。

［5］李世哲：人名。頓丘（今河南清豐縣西南）人。北魏官吏。見《北史》卷四三《李崇附李世哲傳》。

［6］廣陵：郡名。北魏時治廣陵縣，在今江蘇揚州市西北。

[7]征南將軍：官名。兩晋南北朝多授持節都督，出鎮方面，地位顯要。北魏孝文帝太和十七年定爲從一品中，二十三年改爲二品。北齊時漸成爲褒賞軍功勳臣的閑職。　金紫光禄大夫：官名。西晋初始設光禄大夫，加賜金章紫綬者爲金紫光禄大夫。禄賜、班位、冠幘、車服、佩玉、置吏卒羽林等，諸所賜給與特進同。作爲加官，僅授予章綬、禄賜班位，不給予車服吏卒。北魏孝文帝太和十七年定爲從一品下，二十三年定爲從二品。

[8]曲陽縣伯：封爵名。曲陽，縣名。治所在今河北晋州市西。

益宗生長邊地，不願内榮，雖位秩崇重，猶以爲恨，表陳桃符讒毁之狀。詔曰："既經大宥，不容方更爲獄。"熙平初，[1]益宗又表乞東豫，[2]以招二子。靈太后令答不許。[3]卒，贈征東大將軍、郢州刺史，[4]謚曰莊。

[1]熙平：北魏孝明帝的年號（516—518）。

[2]東豫：州名。北魏時治廣陵城，在今河南息縣。

[3]靈太后：即北魏宣武帝皇后胡氏。靈爲其謚號。

[4]征東大將軍：官名。多統兵出鎮方面，都督數州諸軍事。北魏孝文帝太和十七年定爲一品下，二十三年改爲二品。

少子纂襲，位中散大夫，[1]卒，贈東豫州刺史。

[1]中散大夫：官名。多爲官吏養老、病退所任，無具體職權。北魏時曾置爲職事官之加官。孝文帝太和二十三年定爲四品下。

益宗長子隨興，位弋陽、東汝南二郡太守。[1]

[1]弋陽：郡名。北魏時治弋陽縣，在今河南潢川縣西。　東汝南：按：《魏書·地形志》中衹有“東汝南縣”。

益宗兄興祖，位江州刺史。[1]

[1]江州：北魏時治鹿關城，在今湖北武漢市黄陂區。

孟表字武達，濟北蛇丘人也，[1]自云本屬北地，號索里諸孟。青、徐内屬後，表因事南度，仕齊爲馬頭太守。[2]

[1]濟北：郡名。北魏時治盧子城，在今山東平陰縣。　蛇丘：縣名。治所在今山東肥城市東南。

[2]馬頭：郡名。南朝齊時治塗山縣，在今安徽當塗縣。

太和十八年，表據郡歸魏，除南兗州刺史，領馬頭太守，賜爵譙縣侯，[1]鎮渦陽。[2]後齊遣其豫州刺史裴叔業攻圍六十餘日，[3]城中食盡，唯以朽革及草木皮葉爲糧。表撫循將士，戮力固守。會鎮南將軍王肅救之，[4]叔業乃退。初，有一南人，自云姓邊字叔珍，攜妻息從壽春投表，[5]未及送闕，會叔業圍城。表後察叔珍言色頗有異，即推覈，[6]乃是叔業姑兒，規爲内應，所攜妻子，並亦假妄，於北門外斬之，人情乃安。孝文嘉其誠，封汶陽縣伯，[7]歷濟州刺史、散騎常侍、光禄大夫、齊州刺史。[8]卒，贈兗州刺史，謚曰恭。

[1]譙縣侯：封爵名。譙縣，治所在今安徽亳州市。

[2]渦陽：縣名。治所在今安徽蒙城縣。

[3]豫州：南朝齊時治合肥縣，在今安徽合肥市。　裴叔業：人名。河東聞喜（今山西聞喜縣）人。南朝齊官吏，後降北魏。見《北史》卷四五《裴叔業傳》。

[4]王肅：人名。字恭懿，琅邪臨沂（今山東臨沂市）人。北魏官吏。見《北史》卷四二《王肅傳》。

[5]壽春：縣名。治所在今安徽壽縣。

[6]推覈（hé）：推斷核實。

[7]汶陽縣伯：封爵名。汶陽，縣名。治所在今山東寧陽縣東北。

[8]光禄大夫：官名。漢武帝太初年間始置，掌議論。無定員，秩比二千石。歷朝因之，官秩不一。西漢後期漸成散官、加官。晋武帝泰始年間始有左、右之分，並稱加金章紫綬者爲金紫光禄大夫，加銀章青綬者爲銀青光禄大夫。爲在朝顯職的加官，以示恩寵，或授予年老有病者爲致仕之官，亦常用於卒後贈官，無具體職掌。北魏孝文帝太和十七年定爲從二品中，二十三年定爲三品。　齊州：北魏時治歷城縣，在今山東濟南市。

奚康生，河南陽翟人也。[1]本姓達奚，其先居代，世爲部落大人。祖真，[2]柔玄鎮將、内外三都大官，[3]賜爵長進侯，卒，贈幽州刺史，謚曰簡。

[1]河南：郡名。北魏時治洛陽縣，在今河南洛陽市東北。　陽翟人：源氏校勘記云："《魏書》作'洛陽人'。"中華本校勘記云："《魏書》卷七三《奚康生傳》'陽翟'作'洛陽'。按《魏書》卷七下《高祖紀》，太和十九年六月，'詔遷洛之民，死葬河南，不得還北。於是代人南遷者，悉爲河南洛陽人'。奚康生本姓

達奚，其先居代，則亦屬代人南遷者，自當籍屬河南洛陽。《周書》卷二九達奚寔作河南洛陽人，可證。此作‘陽翟’，當誤。”可從。陽翟，縣名。治所在今河南禹州市。

［2］祖真：局本作“祖直”，《魏書·奚康生傳》亦作“祖直”，《通志》卷一四九作“祖真”。未詳孰是。

［3］柔玄：軍鎮名。北魏置。治所在今内蒙古興和縣西北。内外三都大官：内都坐大官、中都坐大官、外都坐大官。

康生少驍武，彎弓十石，矢異常箭，[1]爲當時所服。太和初，蠕蠕頻寇，康生爲前驅軍主，壯氣有聞，由是爲宗子隊主。[2]從駕征鍾離，[3]駕旋濟淮，[4]五將未度，齊將據渚斷津路。孝文募破中渚賊者，[5]以爲直閤將軍。[6]康生應募，縛筏積柴，因風放火，燒其船艦，依煙直過，飛刀亂斫，投河溺死者甚衆。乃假康生直閤將軍。後以勳除太子三校、西臺直後。[7]

［1］矢異常箭：宋本作“大異常箭”，字形訛誤。

［2］太和初蠕蠕頻寇康生爲前驅軍主壯氣有聞由是爲宗子隊主：高敏《南北史考索》（第468—469頁）云：“《魏書》卷七十三《奚康生傳》作‘太和十一年，蠕蠕頻來寇邊，柔玄鎮都將李兜討擊之’。然後載奚康生亦參加之事。考《魏書·高祖本紀》，太和元年（477年）九月，蠕蠕‘遣使朝貢’；太和二年（478年）二月蠕蠕‘遣使朝獻’；太和三年（479年）四月，蠕蠕‘遣使朝獻’；十月‘蠕蠕率騎十餘萬南寇，至塞而還’；太和五年（481年）七月，蠕蠕別帥他稽率衆内附；同年十月，蠕蠕‘遣使朝貢’；太和六年（482年）六月，蠕蠕‘遣使朝貢’；太和九年（485年）十二月，‘蠕蠕犯塞’；太和十年（486年）十二月，‘蠕蠕犯塞’；太和十一年（487年）八月，‘蠕蠕犯塞’，‘遣平原王

陸睿討之’。以此言之，‘太和初’不能説‘蠕蠕頻寇’，説太和十一年（487 年）起‘蠕蠕頻寇邊’，倒是事實。《魏書·蠕蠕傳》缺，係以《北史》補之，何以有此差異，實屬可疑。又《北史·蠕蠕傳》載太和初年，蠕蠕朝貢、請婚，‘歲貢不絶’，直至太和九年（485 年），蠕蠕豆崘立，反對與魏通婚。因此，《北史》所云‘太和初，蠕蠕頻寇’，實與事實不符；《魏書·奚康生傳》所云‘太和十一年，蠕蠕頻來寇邊’，確是事實。故《北史》實誤‘太和十一年’爲‘太和初’，此因删而致誤也。《北史》校勘記失校。”可從。

[3]鍾離：縣名。治所在今安徽鳳陽縣東北。

[4]濟：水名。又作“兖水”。包括黄河南、北兩部分。河北部分今仍名濟水，源出河南濟源市王屋山；河南部分原是黄河分支，分流處在今河南滎陽市北。　淮：水名。即淮水，今淮河。源出今河南桐柏山。

[5]孝文：即北魏皇帝元宏。孝文爲其謚號。

[6]直閤將軍：官名。南朝及北魏、北齊置。爲皇帝左右侍衛之官，地位顯要。北魏時多以宗室任此職。孝文帝太和十七年定爲從三品中，二十三定爲從四品。

[7]太子三校：官名。太子親衛軍，屯騎、步兵、翊軍三校尉之合稱，又稱東宫三校。四品上。　西臺直後：官名。北魏置。爲侍衛之官。

叶京胡反，[1]自號辛支工，康生爲軍主，從章武王彬討之。[2]分爲五軍，四軍俱敗，康生軍獨全。率精騎一千追胡至車突谷，[3]詐爲墜馬，胡皆謂死，争欲取之。康生騰騎奮矛，殺傷數十人，射殺辛支。

[1]吐京：縣名。治所在今山西石樓縣。

[2]彬：即元彬，人名。字豹皃。北魏宗室。見《北史》卷一八《章武王太洛附元彬傳》。

[3]車突谷：在今山西臨縣北。

齊置義陽，招誘邊人，康生復爲統軍，[1]從王肅討之。齊將張伏護自昇城樓，言辭不遜。肅令康生射之，望樓射窗，扉開即入，應箭而斃。彼人見箭，皆以爲狂弩。齊將裴叔業率衆圍渦陽，欲解義陽之急，詔遣高聰、元衍等援之，[2]並敗退。帝乃遣康生馳往，一戰大破之。及壽春來降，遣康生領羽林千人，[3]給龍廄馬兩匹，馳赴之。破走其將桓和、陳伯之。[4]以功除征虜將軍，[5]封安武縣男。

[1]統軍：官名。北魏時爲統兵武官。位在都將（鎮將）之下、軍主之上。孝文帝太和二十三年定爲從八品。

[2]高聰：人名。字僧智，勃海（今河北景縣）人。北魏官吏。見《北史》卷四〇《高聰傳》。　元衍：人名。字安樂。北魏宗室。見《北史》卷一七《陽平王新成附元衍傳》。

[3]羽林：官名。即羽林郎的省稱。

[4]桓和：人名。南朝梁將領。爲冀州刺史，於梁武帝天監五年（506）攻南青州，敗走，繼而攻陷固城。後在楚州被侯景俘虜。　陳伯之：人名。濟陰睢陵（今江蘇睢寧縣）人。南朝齊、梁將領。見《梁書》卷二〇《陳伯之傳》。

[5]征虜將軍：官名。三國魏、晋、南朝宋、齊、梁及北魏時爲武官，亦作爲高級文職官員的加官。北魏孝文帝太和十七年定爲第三品上，二十三年改爲從三品。

出爲南青州刺史。[1]後梁郁州遣軍主徐濟寇邊，[2]康生破禽之。時梁聞康生能引强弓，故特作大弓兩張，長八尺，把中圍尺有二寸，[3]箭粗殆如今之長笛，送與康生。康生便集文武，用之平射，猶有餘力。觀者以爲絶倫。弓即表送，置之武庫。後梁遣都督臨川王蕭宏勒甲十萬規寇徐州，[4]詔授康生武衛將軍，[5]一戰敗之。還京，召見宴會，賞帛千匹，賜驊騮御胡馬一匹。[6]出爲華州刺史，[7]頗有聲績。轉涇州刺史，以輒用官炭瓦，爲御史所劾，削除官爵。尋復之。梁直閤將軍徐玄明戍郁州，[8]殺其刺史張稷，[9]以城内附，詔康生迎接，賜細御銀纏槊一張，[10]并棗柰果。面敕曰："果者果如朕心，棗者早遂朕意。"未發間，郁州刺史復叛。[11]及大舉征蜀，假康生安西將軍，[12]邪趣綿竹。[13]至隴右，宣武崩，班師。

[1]南青州：北魏時治團城，在今山東沂水縣沂水鎮。

[2]郁州：即鬱洲，一名田横島。在今江蘇連雲港市東雲臺山一帶。　軍主：官名。南北朝置，爲軍的主將，其下設有軍副。所統兵力無定員，自數百人至萬人以上不等。除統率步兵的軍主外，還有馬軍主、水軍主。因任務不同又有各種名目。以官署名則有臺軍主、左厢軍主等。當時除作戰、警衛外，亦有掌管營造事務者，則屬將作大匠。在南朝，無固定品階，最高者爲三品。北朝地位稍低。品秩不詳。

[3]二寸：殿本、四庫本、四部備要本作"二十"，意不通。字形訛誤。

[4]臨川王：封爵名。臨川，郡名。南朝梁時治臨汝縣，在今江西撫州市。　蕭宏：人名。字宣達，南蘭陵（一説在今江蘇常州

市，一説在今江蘇丹陽市）人。南朝梁宗室。見《梁書》卷二二《臨川王宏傳》。

[5]武衛將軍：官名。三國魏文帝改武衛中郎爲此稱。北魏時掌宿衛禁軍。孝文帝太和十七年定爲從二品下，二十三年改爲從三品。

[6]騂騮：泛指駿馬。

[7]華州：北魏獻文帝皇興二年（468）置，治定安縣，在今甘肅寧縣。孝文帝延興二年（472）改置三縣鎮。太和十一年又置華州，治李潤堡，在今陝西蒲城縣東北。宣武帝永平三年（510）移治華陰縣，在今陝西大荔縣。

[8]徐玄明：人名。郁洲（今江蘇連雲港市東）人。南朝梁將領。位直閤將軍。梁武帝天監十二年，殺鎮北將軍張稷後降魏。

[9]張稷：人名。字公喬，吴郡（今江蘇蘇州市）人。南朝梁將領。見《梁書》卷一六《張稷傳》。

[10]槊（shuò）：長矛。

[11]郁州刺史復叛：中華本校勘記云："《魏書》無'刺史'二字。張森楷云：'此誤衍文。'按'郁州'，《魏書》卷九八《蕭衍傳》作'郁洲'，《宋書》卷三六《州郡志》青州條作'鬱洲'，是地名而非州名。宋、齊、梁於此僑置青州，上文被殺之張稷，其官即爲青、冀二州刺史（見《蕭衍傳》）。'郁州'既非州名，自不可能有'郁州刺史'。張説是。"可從。

[12]安西將軍：官名。爲出鎮某一地區的軍事長官，或作爲州刺史等地方官兼理軍務時的加官，權任很重。與安東、安南、安北將軍合稱四安將軍。北魏孝文帝太和十七年定爲二品下，二十三改爲三品。

[13]綿竹：縣名。治所在今四川德陽市北。

後除相州刺史，在州，以天旱令人鞭石季龍畫

像，[1]復就西門豹祠祈雨，[2]不獲，令吏取豹舌。未幾，二兒暴喪，身亦遇疾，巫以爲季龍、豹之祟。

[1]石季龍：人名。即石虎。字季龍，《北史》避唐高祖祖父李虎諱稱其字，羯族。十六國時後趙第三位皇帝。見《晉書》卷一〇六、卷一〇七《石季龍載記》。

[2]西門豹祠：在今河北臨漳縣西南。西門豹，人名。戰國時魏國官吏。魏文侯時爲鄴（今河北臨漳縣西南）令。破“河伯娶婦”迷信，引漳水灌溉，使當地農業生産得以發展。

徵拜光禄勳，[1]領右衛將軍，[2]與元叉同謀廢靈太后。[3]遷河南尹，[4]仍右衛、領左右。與子難娶左衛將軍侯剛女，[5]即元叉妹夫也。叉以其通姻，深相委託，三人多宿禁内，或迭出入。叉以康生子難爲千牛備身。[6]

[1]光禄勳：官名。掌宫廷門户名籍。北魏時兼掌供應百官膳食。孝文帝太和十七年定爲從一品下，二十三年改爲三品。

[2]右衛將軍：官名。掌宿衛營兵。北魏孝文帝太和十七年定爲從二品下，二十三年定爲三品。

[3]元叉：人名。字伯儁，小字夜叉。北魏宗室。見《北史》卷一六《京兆王黎附元叉傳》。

[4]河南尹：官名。北魏孝文帝太和十七年遷都洛陽，置河南郡，設河南尹，主管京都事務，地位高於一般郡守。三品。

[5]左衛將軍：官名。負責宫禁宿衛。北魏孝文帝太和十七年定爲從二品下，二十三年改爲三品。　侯剛：人名。字乾之，河南洛陽（今河南洛陽市東北）人。北魏官吏。見《北史》卷九二《侯剛傳》。

[6]千牛備身：官名。亦稱千牛備身左右。北魏置，掌禁衛皇

帝左右。孝文帝太和二十三年後爲六品。千牛，刀名。意云其鋒利能殺千牛。

康生性粗武，言氣高下，叉稍憚之，見于顔色，康生亦微懼不安。正光二年三月，[1]明帝朝靈太后于西林園，[2]文武侍坐，酒酣迭舞。次至康生，乃爲力士舞，及於折旋，每顧視太后，舉手蹈足，嗔目頷首，爲殺縛之勢。太后解其意而不敢言。日暮，太后欲攜帝宿宣光殿。[3]侯剛曰："至尊已朝訖，嬪御在南，何勞留宿？"康生曰："至尊陛下兒，隨陛下將東西，更復訪問誰！"群臣莫敢應。靈太后自起援帝臂，下堂而去，康生大呼唱萬歲於後，近侍皆唱萬歲。明帝引前入閤，左右競相排，閤不得閉。康生奪其子難千牛刀，斫直後元思輔，[4]乃得定。

[1]正光二年三月：底本"三月"作"二月"，中華本校勘記云："諸本'三'作'二'，《魏書》作'三'。按《魏書》卷九《肅宗紀》、本書卷四《孝明紀》，事在三月，今據改。"今從改。正光，北魏孝明帝的年號（520—525）。

[2]明帝：即北魏皇帝元詡。明爲其謚號。　西林園：在今河南洛陽市。

[3]宣光殿：位於洛陽北宮，在今河南洛陽市東北。

[4]直後：官名。北魏始置。皇帝左右的侍衛武官，或以給事中、宣威將軍等領之。

明帝既上殿，康生時有酒勢，將出處分，[1]遂爲叉所執，鎖於門下。至曉，叉不出，令侍中、黄門、僕

射、尚書等十餘人就康生所，[2]訊其事，處康生斬刑，難處絞刑。叉與剛並在内矯詔决之，康生如奏，難恕死從流。[3]難哭拜辭父，康生忻子免死，慷慨了不悲泣。語其子云："我不反，死，汝何爲哭也？"有司驅逼，奔走赴市，時已昏闇，行刑人注刀數下，不死，於地刻截。咸言稟叉意旨，過至苦痛。嘗食典御奚混與康生同執刀入内，[4]亦就市絞刑。

[1]處分：調度，指揮。

[2]黄門：官名。爲黄門侍郎、給事黄門侍郎的省稱。爲侍中省或門下省次官，與侍中俱掌門下衆事，職掌略同，地位隨皇帝旨意或侍中地位而上下。北魏孝文帝太和十七年定爲三品中，二十三年改爲四品上。　僕射：官名。尚書僕射的簡稱。北魏時職掌都省庶務及執法，或典選舉，輔助尚書令執行政務，參議大政，諫諍得失。左僕射兼掌糾彈百官，居右僕射上。孝文帝太和十七年定爲從一品中，二十三年定爲從二品。

[3]難恕死從流：宋本作"難處死從流"，不符合文意。字形訛誤。

[4]嘗食典御：官名。北魏置，負責帝、后御膳的烹製及進奉，在帝、后進食前要先嘗。爲皇帝左右親近之職。其下設丞。

康生久爲將，及臨州，[1]多所殺戮。而乃信向佛道，每捨居宅立寺塔，凡歷四州，皆有建置。死時年五十四。子難年十八，以侯剛壻，得停百日，竟徙安州。[2]後尚書盧同爲行臺，[3]叉令殺之。康生於南山立佛圖三層，先死，忽夢崩壞。沙門有爲解云："檀越當不吉利，[4]無人供養佛圖，故崩耳。"康生稱然，竟及於禍。

[1]及臨州：《魏書》卷七三《奚康生傳》作“及臨州尹”。《通志》卷一四九與《北史》同。按：康生曾爲河南尹，作“及臨州尹”亦可。

[2]安州：北魏時治方城，在今河北隆化縣隆化鎮。

[3]盧同：人名。字叔倫，范陽涿（今河北涿州市）人。北魏大臣。見《北史》卷三〇《盧同傳》。　行臺：官名。爲行臺尚書的省稱。北魏置，爲行臺長官。主管當地軍務，兼理民事。北魏末期爲行臺屬官，分曹理事。在未設行臺尚書令或行臺僕射時，仍爲行臺長官。孝文帝太和二十三年後爲正四品。

[4]檀越：指施主。

靈太后反政，贈都督冀瀛滄三州諸軍事、驃騎大將軍、司空、冀州刺史，[1]謚曰武貞，又追封壽張縣侯。[2]子剛襲。

[1]瀛：州名。北魏時治趙都軍城，在今河北河間市。　滄：州名。北魏時治饒安縣，在今河北鹽山縣西南。　驃騎大將軍：官名。多加於權臣元老，以示尊崇，開府置僚屬，不領兵。北魏孝文帝太和十七年定爲一品中，二十三年改爲從一品。

[2]壽張縣侯：封爵名。壽張，縣名。治所在今山東東平縣西南。

楊大眼，武都氐難當之孫也。少驍捷，跳走如飛。然庶孽，[1]不爲宗親顧待，不免飢寒。太和中，起家奉朝請。[2]時將南伐，尚書李沖典選征官，[3]大眼往求焉，沖弗許。[4]大眼曰：“尚書不見知，聽下官出一技。”便

出長繩三丈許，繫髻而走，繩直如矢，馬馳不及。見者無不驚歎。沖因曰："千載以來，未有逸材若此者也。"遂用爲軍主。大眼顧謂同僚曰："吾之今日，所謂蛟龍得水之秋，自此一舉，不復與諸君齊列矣。"未幾，遷統軍，從車駕征宛、葉、穰、鄧、九江、鍾離之間，所經戰陣，莫不勇冠六軍。

[1]庶孽：妃妾所生之子。猶樹有孽生，故稱。

[2]奉朝請：官名。本是兩漢給予退休大臣、權貴的一種政治優待。西晋時成爲加官名號。東晋時獨立爲官，亦作加官。南朝時列爲散騎（集書）省屬官，安置閑散，所施亦濫。北魏時亦爲冗散官，有俸無職。孝文帝太和十七年定爲六品下，二十三年改爲從七品。

[3]李沖：人名。一名思沖，字思順。隴西狄道（今甘肅臨洮縣）人。北魏官吏。見《北史》卷一〇〇《凉武昭王李暠附李沖傳》。

[4]沖弗許：宋本作"沖不許"。

宣武初，裴叔業以壽春内附，大眼與奚康生等率衆先入，以功封安成縣子。除直閤將軍，出爲東荆州刺史。[1]時蠻酋樊秀安等反，詔大眼爲别將，[2]隸都督李崇討平之，大眼功尤多。妻潘氏，善騎射，自詣軍省大眼，至攻戰遊獵之際，潘亦戎裝，齊鑣並驅。[3]及至還營，同坐幕下，對諸僚佐，言笑自得。大眼時指謂諸人曰："此潘將軍也。"

[1]以功封安成縣子除直閤將軍出爲東荆州刺史：高敏《南北

史考索》（第469頁）云："《魏書》卷七十三同人傳，作'除直閤將軍，尋加輔國將軍、游擊將軍。出爲征虜將軍，東荆州刺史'。《金石萃編》卷二十八《楊大昭造像記》書楊大眼之官銜爲'輔國將軍、直閤將軍、□□□□、梁州大中正、安戍縣開國子'。以此與《魏書》《北史》校之，知造像記誤'安成'爲'安戍'，缺四字可能爲'游擊將軍'或'征虜將軍'；亦知正史漏載'梁州大中正'，《北史》删'輔國將軍''游擊將軍'與'征虜將軍'。《北史》校勘記失校。"可從。安成縣子，封爵名。安成，縣名。治所在今河南汝南縣東南。東荆州，北魏時治沘陽縣，在今河南泌陽縣。

[2]别將：官名。北魏中葉以後，出兵之制，軍之統帥爲都督，與主力分道而行爲之輔翼的將領，初稱别道都將，後遂沿用此稱，逐漸成爲一級統兵武官名稱，或冠以擬戍地名，如三關别將。開始權任較重，約相當於刺史，位在統軍之上。後期戰亂，地位漸低。

[3]鑣（biāo）：原指馬嚼子，這裏指騎的馬。

梁武遣其將張惠紹總率衆軍，[1]竊據宿豫。又假大眼平東將軍爲别將，[2]與都督邢巒討破之。[3]遂與中山王英同圍鍾離。[4]大眼軍城東，守淮橋東西道。屬水汎長，[5]大眼所綰統軍劉神符、公孫祉兩軍夜中争橋奔退，大眼不能禁，相尋而走。坐徙營州爲兵。[6]

[1]梁武：即南朝梁皇帝蕭衍。武爲其謚號。　張惠紹：人名。仕南朝梁爲冠軍將軍，賜爵邵陽縣開國侯。北魏宣武帝正始元年(504)，揚州統軍劉思祖大破梁軍於邵陽（今湖南邵東縣），惠紹等被擒。

[2]平東將軍：官名。多持節都督或監某一地區的軍事，有時亦作爲刺史等地方官員兼理軍務時的加官。北魏孝文帝太和十七年

定爲從二品上，二十三年改爲三品。

[3]邢巒：人名。字洪賓，河間鄚（今河北任丘市北）人。北魏官吏。見《北史》卷四三《邢巒傳》。

[4]中山王：封爵名。中山，郡名。北魏時治盧奴縣，在今河北定州市。

[5]汎（fàn）：通“泛”。泛濫。

[6]營州：北魏時治和龍城，在今遼寧朝陽市城區。

永平中，[1]追其前勳，起爲試守中山内史。[2]時高肇征蜀，[3]宣武慮梁人侵軼，乃徵大眼爲太尉長史、持節、假平南將軍、東征别將，[4]隸都督元遥，[5]遏禦淮、肥。[6]大眼至京師，時人思其雄勇，喜於更用，臺省門巷，觀者如市。後梁將康絢於浮山遏淮，[7]規浸壽春。明帝加大眼光禄大夫，率諸軍鎮荆山，[8]復其封邑。後與蕭寶夤俱征淮堰，不能克，遂於堰上流鑿渠決水而還。加平東將軍。

[1]永平：北魏宣武帝的年號（508—512）。

[2]試守：臨時攝其職、掌其事。多以低位就高位、副職領正職而言。　内史：官名。西漢諸侯王國置，掌民政。東晋、南北朝沿置。北魏孝文帝太和二十三年後定上郡爲四品，中郡爲五品，下郡爲六品。

[3]高肇：人名。字首文，勃海蓨（今河北景縣）人。北魏官吏、外戚。見《北史》卷八〇《高肇傳》。

[4]太尉長史：即太尉府長史。　平南將軍：官名。多爲持節都督或監某一地區的軍事，有時亦作爲地方官員兼理軍務時的加官。孝文帝太和十七年定爲從二品上，二十三年改爲三品。

[5]元遥：人名。字太原。北魏宗室。見《北史》卷一七《京兆王子推附元遥傳》。

[6]肥：即肥水。在今安徽中部。

[7]康絢：人名。字長明，華山藍田（今陜西藍田縣）人。南朝梁官吏。見《南史》卷五五《康絢傳》。　浮山：在今江蘇泗洪縣四河鄉。

[8]荆山：城名。在今安徽懷遠縣西南。

大眼撫循士卒，呼爲兒子，及見傷痍，爲之流泣。自爲將帥，恒身先兵士，當其鋒者，莫不摧拉。南賊所遣督將，皆懷畏懼。時傳言淮、泗、荆、沔之間童兒啼者，[1]恐之云“楊大眼至”，無不即止。王肅弟康之初歸國也，[2]謂大眼曰：“在南聞君之名，以爲眼如車輪。及見，乃不異於人。”大眼曰：“旗鼓相望，瞋眸奮發，足使君目不能視，何必大如車輪。”當世推其驍果，以爲關、張弗之過也。[3]然征淮堰之役，[4]喜怒無常，捶撻過度，軍士頗憾焉。識者以爲性移所致。

[1]淮泗：即淮水、泗水流域，在今山東南部、江蘇北部一帶。　荆沔：即荆江、沔水流域。

[2]王肅弟康之初歸國也：中華本校勘記云：“《魏書》卷七三《楊大眼傳》‘康’作‘秉’，《北史》避唐諱改。参卷三二《崔鑒傳》校記。”可從。

[3]關：即關羽。字雲長，河東解（今山西臨猗縣）人。三國時蜀國名將。見《三國志》卷三六《蜀書·關羽傳》。　張：即張飛。字益德，幽州涿郡（今河北涿州市）人。三國時蜀國名將。見《三國志》卷三六《蜀書·張飛傳》。

［4］然征淮堰之役：宋本作“然征堰之役”。按：上文提到楊大眼“後與蕭寶夤俱征淮堰”。宋本脱“淮”字。

又爲荆州刺史，常縛藁爲人，衣以青布而射之。召諸蠻渠，指示之曰：“卿等若作賊，吾政如此相殺也。”又北淯郡嘗有武害，[1]大眼搏而獲之，斬其頭縣於穰市。[2]自是荆蠻相謂曰：“楊公悪人，常作我蠻形以射之。又深山之武，尚所不免。”遂不敢復爲寇盜。在州二年，卒。

［1］北淯：郡名。北魏時治武川縣，在今河南南召縣。　武害：宋本、毛本、殿本、四庫本、局本、四部備要本作“虎害”。中華本校勘記云：“各本及《魏書》‘武’作‘虎’，百衲本作‘武’。按此《北史》避唐諱改，今仍從百衲本。”可從。

［2］穰市：農貿市場。

大眼雖不學，恒遣人讀書而坐聽之，悉皆記識。令作露布，[1]皆口授之，而竟不多識字也。

［1］露布：一種寫有文字用以通報四方的帛製旗子，多用來傳遞軍事捷報。露，不加檢封，公開宣布之意。

有三子，長甑生，次領軍，次征南，皆潘氏所生，咸有父風。初，大眼徙營州，潘在洛陽，頗有失行。及爲中山，大眼側生女夫趙延寶告之於大眼，大眼怒，幽潘而殺之。後娶繼室元氏。大眼之死也，甑生等問印綬所在。時元始懷孕，自指其腹謂甑生等曰：“開國當我

兒襲之，汝等婢子，勿有所望。”甑生等深以爲恨。及大眼喪將還京，出於城東七里，營車而宿。夜二更，甑生等開大眼棺，延寶怪而問焉，征南射殺之。元怖，走入水，征南又彎弓將射之。甑生曰：“天下豈有害母之人。”乃止。遂取大眼屍，令人馬上抱之，左右扶挾以叛。荆人畏甑生等驍武，不敢苦追，遂奔梁。

崔延伯，博陵人也。[1]祖壽，於彭城陷入江南。延伯少以武壯聞，仕齊爲緣淮遊軍，帶濠口戍主。[2]太和中入魏。常爲統帥，膽氣絶人，兼有謀略，積勞稍進，除征虜將軍、荆州刺史，賜爵定陵男。[3]荆州土險，蠻左爲寇，[4]每有聚結，延伯輒自討之，莫不摧殄。由是穰土怗然，[5]無敢爲患。永平中，轉幽州刺史。

[1]博陵：郡名。北魏時治安平縣，在今河北安平縣。

[2]濠口：戍名。在今安徽鳳陽縣北。

[3]定陵男：封爵名。定陵，縣名。治所在今河南舞陽縣北。

[4]蠻左：指南方的少數民族。

[5]怗然：宋本、毛本、四庫本、局本、四部備要本、中華本作“帖然”。按：怗然，平静的様子。帖然，妥當。兩者義皆可。

梁遣左遊擊將軍趙祖悦率衆偷據硤石，[1]詔延伯爲别將，與都督崔亮討之。[2]亮令延伯守下蔡。[3]延伯與别將伊瓫生挾淮爲營。[4]延伯遂取車輪，去輞，削鋭其輻，兩兩接對，揉竹爲絙，[5]貫連相屬，並十餘道，横水爲橋，兩頭施大鹿盧，出没任情，不可燒斫，既斷祖悦走路，又令舟舸不通。由是梁軍不能赴救，祖悦合軍咸見

俘虜。於軍拜征南將軍、光禄大夫。[6]

[1]左遊擊將軍：官名。南朝梁武帝天監六年置，充當侍衛之任，有時亦率衆出征。七年定爲十一班。　趙祖悦：人名。南朝齊、梁將領。在齊爲後軍將軍。入梁，爲豫州刺史，屢領兵攻魏。南朝梁武帝天監末，爲魏軍所敗，被殺。　硤石：地名。在今河南孟津縣。

[2]崔亮：人名。字敬儒，清河東武城（今山東武城縣西北）人。北魏官吏。見《北史》卷四四《崔亮傳》。

[3]下蔡：縣名。治所在今安徽鳳臺縣北。

[4]伊甕生：人名。代（今山西大同市東北）人。北魏孝明帝時，歷驍騎將軍、安西將軍、撫軍將軍等。後在征討巴州獠時戰死。

[5]緪（gēng）：粗繩子。

[6]征南將軍：源氏校勘記云："《魏書》（'征南'）作'平南'。"中華本校勘記云："《魏書》卷七三、《通志》卷一四九《崔延伯傳》'征'作'平'。按下文'出爲鎮南將軍'。征南班在鎮南上，延伯不得反降一等。平南班在鎮南之下，延伯以平南升鎮南正合。《魏書》《通志》是。"可從。

延伯與楊大眼等至自淮陽，靈太后幸西林園引見，謂曰："卿等志尚雄猛，皆國之名將。比平硤石，公私慶快，此乃卿等之功也。但淮堰仍在，宜須預謀，故引卿等，親共量算，各出一圖，以爲後計。"大眼對曰："臣輒謂水陸二道一時俱下，往無不剋。"延伯曰："既對聖顔，答旨宜實。[1]水南水北，各有溝瀆，陸地之計，如何可前。愚臣短見，願聖心思水兵之勤，若給復一

年，專習水戰，脱有不虞，召便可用。”靈太后曰：“卿之所言，深是宜要，當敕如請。”二年，除并州刺史，[2]在州貪汙，聞於遠近。[3]還爲金紫光禄大夫，出爲鎮南將軍，行岐州刺史，[4]假征西將軍，[5]賜驊騮馬一匹。

[1]答旨宜實：底本作“瘩旨宜實”，宋本、元大德本、毛本、殿本、四庫本、局本、四部備要本、中華本作“答旨宜實”。按：瘩，意爲疙瘩或生在背部的癰，不符合文意。今從改。

[2]并州：北魏時治晋陽縣，在今山西太原市晋源區古城營村一帶。

[3]聞於遠近：宋本作“聞之於遠近”。兩者皆可。

[4]岐州：北魏時治雍城鎮，在今陝西鳳翔縣東。

[5]征西將軍：官名。北魏孝文帝太和十七年定爲從一品中，二十三年改爲二品。

正光五年秋，以往在揚州建淮橋之勳，[1]封當利縣男，[2]改封新豐子。[3]時莫折念生兄天生下隴東寇，[4]征西將軍元志爲天生所禽，[5]賊衆甚盛，進屯黑水。[6]詔延伯爲使持節、征西將軍、西道都督。行臺蕭寶夤與延伯結壘馬嵬，[7]南北相去百餘步。延伯曰：“今當仰爲明公參賊勇怯。”延伯選精兵數千，下度黑水，列陣而進，以向賊營。寶夤率騎於水東尋原西北，以示後繼。於時賊衆大盛，水西一里，營營連接。延伯徑至賊壘，揚威脅之，徐而還退。[8]賊以延伯衆少，開營競追，衆過十倍，臨水逼蹙。寶夤親觀之，懼有虧損。延伯不與其戰，身自殿後，抽衆東度，轉運如神，須臾濟盡，徐乃

自度。賊徒奪氣，相率還營。寶夤大悦，謂官屬曰：[9]“崔公，古之關、張也，今年何患不制賊。”延伯馳見寶夤曰：“此賊非老奴敵，公但坐看。”後日，延伯勒衆而出，寶夤爲後拒。天生悉衆來戰，延伯身先士卒，陷其前鋒，於是驍鋭競進，大破之，俘斬十餘萬，追奔及於小隴。[10]秦賊勁强，諸將所憚，初議遣將，咸云非延伯無以定之，果能克敵。詔授左衛將軍，[11]餘如故。

[1]揚州：北魏時治壽春縣，在今安徽壽縣。

[2]當利縣男：封爵名。當利，縣名。治所在今山東萊州市西南。

[3]新豐子：封爵名。新豐，縣名。治所在今陝西西安市臨潼區東北。

[4]莫折念生：人名。秦州（今甘肅天水市）人，羌族。北魏末關隴起義軍首領。孝明帝正光五年，爲義軍主帥，自稱天子。孝明帝孝昌二年（526），戰敗降魏，尋又反抗。次年，爲部將杜粲所殺，全家遇害。

[5]元志：人名。字猛略。北魏宗室。見《北史》卷一五《河間公齊附元志傳》。

[6]黑水：即今甘肅舟曲縣西南白水江北源。羌人曾居於此，號黑水羌。

[7]馬嵬（wéi）：地名。在今甘肅文縣。

[8]徐而還退：宋本作“徐而逐退”。未詳孰是。

[9]謂官屬曰：底本“官”作“宫”，源氏校勘記改“宫”作“官”。中華本校勘記云：“諸本‘官’訛‘宫’，據宋本及《魏書》《通志》改。”今從改。

[10]小隴：山名。一名隴坻。在今甘肅清水縣。

[11]左衛將軍：源氏校勘記云：“《魏書》（‘左衛’）作‘右

衛'。"《魏書》卷七三《崔延伯傳》作"右衛將軍"。《通志》卷一四九與《北史》同。按:《魏書·官氏志》稱:"左衛將軍爲右第二品上,右衛將軍爲右第二品下。"未詳孰是。

於時万俟醜奴、宿勤明達等寇掠涇州。[1]先是盧祖遷、伊瓮生數將,[2]皆以元志前行之始,同時發雍,從六陌道將取高平。[3]志敗,仍停涇部。延伯既破秦賊,乃與寶夤率衆會於安定,甲卒十二萬,[4]鐵馬八千匹,軍威甚盛。時醜奴置營涇州西北七十里當原城,[5]時或輕騎暫來挑戰,大兵未交,便示奔北。延伯矜功負勝,遂唱議先驅。伐木别造大排,内爲鎖柱,教習强兵,負而趨走,號爲排城,戰士在外,輜重居中,[6]自涇州緣原北上。衆軍將出討賊,未戰之間,有賊數百騎詐持文書,云是降簿,乞緩師。寶夤、延伯謂其事實,[7]逡巡未闞。[8]俄而宿勤明達率衆自東北而至,乞降之賊從西競下,諸軍前後受敵。延伯上馬突陣,賊勢摧挫,便爾逐北,徑造其營。賊本輕騎,延伯軍兼步卒,兵力疲怠,賊乃乘間得入排城。延伯軍大敗,死傷者將有二萬。寶夤斂軍退保涇州。延伯修繕器械,購募驍勇,復從涇州西進,[9]去賊彭阬谷栅七里結營。[10]延伯恥前挫辱,不報寶夤,獨出襲賊,大破之,俄頃間平其數栅。賊皆逃迸,見兵人采掠,散亂不整,還來衝突,遂大奔敗。延伯中流矢,爲賊所害,士卒死者萬餘人。

[1]万俟醜奴:人名。鮮卑族。北魏末關隴起義軍首領。孝明帝孝昌元年攻涇州,孝莊帝建義元年(528)稱帝。後兵敗,解送

洛陽被殺。　宿勤明達：人名。夏州（今陝西靖邊縣白城子村北）人。北魏末關隴起義軍首領。節閔帝普泰元年夏，爲尒朱天光敗，於京師問斬。

[2]盧祖遷：人名。范陽涿（今河北涿州市）人。北魏將領。魏末領兵會同崔延伯征剿莫折天生。

[3]六陌：地名。亦作“陸陌”。在今陝西乾縣東。　高平：郡名。北魏時治高平縣，在今寧夏固原市。

[4]甲卒十二萬：宋本作“甲率十二萬”，意不通。字形訛誤。

[5]當原城：在今甘肅涇川縣西北。

[6]輜重：指軍用物資。

[7]謂其事實：局本作“請其事實”，意不通。字形訛誤。

[8]逡巡未鬬：局本作“逡巡未開”，毛本、殿本、四庫本、四部備要本作“逡巡未閱”，“開”“閱”在此意不通。字形訛誤。

[9]涇州：局本作“涇川”。按：上文提到崔延伯“自涇州緣原北上”，後戰敗，“寶夤斂軍退保涇州。延伯修繕器械，購募驍勇，復從涇州西進”。此處當爲“涇州”，局本字形訛誤。

[10]彭阬谷：在今甘肅鎮原縣東南。

延伯善將撫，能得衆心，與康生、大眼爲諸將之冠。延伯末路功名尤重，時大寇未平而延伯死，朝野歎懼焉。贈使持節、車騎大將軍、儀同三司、定州刺史，[1]謚曰武烈。

[1]儀同三司：東漢初臨時設置，謂官非三公而儀制待遇同於三公。魏晉時期，授予開府位從三公之文武官。南北朝時授予範圍不斷擴大，逐漸成爲官號。北魏孝文帝太和十七年定爲一品下，二十三年以後定爲從一品。

李叔仁，隴西人也。[1]驍健有武力，前後數從征討，以功賜爵獲城鄉男。[2]梁豫州刺史王超宗内侵，叔仁時爲兼統軍，隸揚州刺史薛真度。[3]真度遣叔仁討超宗，大破之。以功累遷洛州刺史，假撫軍將軍。[4]後以軍功封陳郡公，[5]又除光禄大夫、朔州刺史。[6]齊州廣川人劉鈞執清河太守邵懷，[7]聚衆反，自署大行臺。[8]詔叔仁爲都督，討平之。除鎮西將軍、金紫光禄大夫，轉車騎大將軍、儀同三司。邢杲反於青州，[9]叔仁爲大都督，[10]出討於濰，[11]失利而還。永安三年，[12]坐事除名，尋復官爵。節閔帝初，[13]加散騎常侍、開府。後除涼州刺史，[14]遣使密通款於東魏，事覺見殺。叔仁所用之槊，長大異於常槊，時人壯之。

[1]隴西人：源氏校勘記云："《魏書》作'冀州人'。"莫知孰是。隴西，郡名。北魏時治襄武縣，在今甘肅隴西縣東南。

[2]獲城鄉男：封爵名。獲城，地名。今址不詳。

[3]薛真度：人名。河東汾陰（今山西萬榮縣西南）人。北魏官吏。見《北史》卷三九《薛安都附薛真度傳》。

[4]撫軍將軍：官名。北魏時爲將軍名號，地位較高。孝文帝太和十七年定爲從一品下，二十三年降爲從二品。

[5]陳郡公：封爵名。陳郡，北魏時治項縣，在今河南沈丘縣一帶。

[6]又除光禄大夫：宋本作"又徐光禄大夫"，意不通。字形訛誤。　朔州：北魏孝明帝孝昌中改懷朔鎮爲朔州，治盛樂城，在今内蒙古和林格爾縣西北。

[7]劉鈞：底本無"鈞"字，中華本校勘記云："諸本脱'鈞'字。按事見《魏書》卷九《肅宗紀》孝昌三年三月，今據補。"今

從改。

［8］大行臺：官名。北魏置。爲尚書省在各主要地區派出機構的長官，管理轄區内的軍政事務。北魏、南朝梁、東魏、西魏、北齊時多作爲大行臺長官的省稱。

［9］邢杲（gǎo）：人名。河間鄚（今河北任丘市北）人。北魏末山東起義軍首領。底本"杲"作"果"，中華本校勘記云："諸本'杲'訛'果'，據宋本及《通志》卷一四九《李叔仁傳》改。"今從改。

［10］大都督：官名。高級軍事長官。三國吴、魏初於戰爭時臨時設置，作爲加官。後漸成爲常設官職，地位極高。晋、南朝沿之。在有戰事時亦臨時加置，冠以名號。還有以次銜都督某一地區軍事者。北魏前、中期未見，孝文帝太和十七年、二十三年皆未載。後期戰事較多時置，統兵出征，有時又加以各種名號，如南道大都督、徐州大都督等。東、西魏分裂後，授予漸濫。東魏、北齊時所置京畿大都督，權勢極重。

［11］出討於濰：底本"濰"作"淮"，中華本校勘記云："諸本'濰'作'淮'。按青州不濱淮水。據《魏書》卷一〇《孝莊紀》永安元年十月條，云'李叔仁討邢杲於濰水，失利而還'。'淮'乃'濰'之訛，今據改。"今從改。濰，水名。今山東濰河，在今山東濰坊市。

［12］永安：北魏孝莊帝的年號（528—530）。殿本、四部備要本作"永平"。未詳孰是。

［13］節閔帝：即北魏皇帝元恭。節閔爲其謚號。

［14］凉州：《魏書》卷七二《崔延伯附李叔仁傳》作"梁州"。按：《北史》卷五《魏本紀·文成帝》稱"三月，以凉州刺史李叔仁爲司徒"。《周書》卷一《文帝紀上》稱"時凉州刺史李叔仁爲其民所執"。《資治通鑑》卷一五六載"凉州刺史李叔仁爲其民所執"。《資治通鑑》卷一五七載"魏以凉州刺史李叔仁爲司徒"。據史書記載，李叔仁未做過梁州刺史，凡出現的都是凉州刺史。疑

《魏書》誤。凉州，北魏時治姑臧縣，在今甘肅武威市。

論曰：韓茂、皮豹子、封敕文、吕羅漢、孔伯恭之爲將也，皆以沈勇篤實，仁厚撫衆，功成事立，不徒然矣。與夫苟要一戰之利，僥倖暫勝之名，豈同年而語也。田益宗蠻夷荒帥，翻然效款，終於懷金曳紫，[1]不其美歟。孟表之致名位，不徒然也。夫人主聞鞞鼓之響，[2]則思將帥之臣，何則？夷難平暴，折衝禦侮，爲國之所繫也。奚康生等俱以熊武之姿，[3]奮征伐之氣，亦一時之驍猛，壯士之功名乎。[4]

[1]懷金曳紫：形容顯貴。金，金印。紫，紫色綬帶。

[2]鞞（pí）鼓：古代軍中所用的樂鼓。這裏喻指戰事。

[3]武：中華本校勘記云："《魏書》卷七三史臣論'武'作'虎'，《北史》避唐諱改。"可從。

[4]壯士之功名乎：宋本作"壯士之名乎"，脱"功"字。

北史　卷三八

列傳第二十六

裴駿 從孫敬憲[1] 莊伯 從弟安祖 裴延儁 裴佗 子讓之 孫矩 皇甫和 裴果 裴寬 裴俠 子祥 肅 裴文舉 裴仁基

[1]孫敬憲：底本作“從孫敬憲”，中華本作“孫敬憲”。按：據《裴駿傳》記載，裴駿‘子脩’，‘脩弟宣’，宣‘子敬憲嗣’。即敬憲是裴駿的孫子。今從改。

裴駿字神駒，小名皮，河東聞喜人也。[1]父雙碩，位恒農太守、安邑子，[2]贈東雍州刺史、聞喜侯。[3]

[1]河東：郡名。北魏時治蒲坂縣，在今山西永濟市西南蒲州鎮。　聞喜：縣名。治所在今山西聞喜縣。

[2]恒農：郡名。北魏時治陝城，在今河南三門峽市。　安邑子：封爵名。安邑，縣名。治所在今山西夏縣西北。

[3]東雍州：北魏太武帝太平真君四年（443）置，治所在今山西新絳縣。後廢。孝明帝孝昌二年（526）又置，治鄭縣，在今陝西華縣。

駿幼而聰慧，親表稱爲神駒，因以爲字。弱冠，通涉經史，方檢有禮度，鄉里宗敬焉。蓋吴作亂於關中，[1]汾陰人薛永宗聚衆應之，[2]來襲聞喜，縣令憂惶，計無所出。駿在家聞之，便率厲鄉豪奔赴之。賊退，刺史以狀聞。會太武親討蓋吴，[3]引見駿。駿陳叙事宜，帝大悦，謂崔浩曰：[4]"裴駿有當世才，其忠義可嘉。"補中書博士。[5]浩亦深器駿，目爲三河領袖。[6]轉中書侍郎。[7]宋使明僧暠來聘，[8]以駿有才學，假給事中、散騎常侍，[9]於境上勞接。卒，贈秦州刺史、聞喜侯，[10]謚曰康。

[1]蓋吴：人名。北地（今陝西銅川市耀州區東南）盧水胡人。北魏關中起義軍領。太武帝太平真君六年率衆於杏城（今陝西黄陵縣）起義，自稱天臺王。後再聚兵於杏城，改稱秦地王。不久被部下殺死。

[2]汾陰：縣名。治所在今山西萬榮縣西南。　薛永宗：人名。河東汾陰（今山西萬榮縣西南）人。北魏太武帝太平真君六年反魏，與蓋吴相通。

[3]太武：即北魏皇帝拓跋燾。太武爲其謚號。

[4]崔浩：人名。小名桃簡，字伯淵，清河東武城（今山東武城縣西北）人。北魏官吏。見《北史》卷二一《崔宏附崔浩傳》。

[5]中書博士：官名。中書教授博士、中書教學博士的省稱。北魏置。屬中書學，選用博學之士擔任，教授中書學生。任職者升遷較易，多升爲中書省、門下省要職。

[6]三河：地區名。漢代稱河東（今山西運城市西南）、河内（今河南沁陽市）、河南（今河南洛陽市）三郡爲三河。相當於今河南北部、中部及山西南部地區。

[7]中書侍郎：官名。三國魏文帝黄初年間置。掌草擬詔令。職任機要，地位不高，但頗清貴，多用文學之士。東晋一度改稱中書通事郎。十六國時多有設置，其中北凉、前秦權任頗重，掌管機密。北魏孝文帝太和十七年（493）定爲四品上，二十三年改爲從四品上。

[8]明僧暠：人名。南朝宋孝武帝時，位散騎常侍，數次出使北魏。

[9]假：原是代理、兼攝之意。北魏孝文帝時假官成爲制度，但僅爲虚職。　給事中：官名。北魏時爲内朝官，常派往尚書省諸曹，參領政務，並負有監察之責。孝文帝太和十七年定爲從三品上，二十三年爲從六品上。　散騎常侍：官名。南朝屬集書省，職掌侍從左右、主掌圖書文翰、文章撰述、諫諍拾遺，收納轉呈文書奏事。北朝時兼領修史，實際地位略高於南朝，仍爲閑散之職。北魏初一度掌出令，位在中書令之上。孝文帝太和十七年定爲二品下，二十三年改爲從三品。

[10]秦州：北魏時治上封城，在今甘肅天水市。

子脩，字元寄，清辯好學，歷位秘書中散、主客令。[1]累遷中大夫，[2]兼祠部曹事，[3]職主禮樂，每有疑議，脩斟酌故實，咸有條貫。卒，謚曰恭伯，宣武時追贈東秦州刺史。[4]脩早孤，居喪以孝聞。二弟三妹，並在幼弱，撫養訓誨，甚有義方。次弟務早喪，脩哀傷之，感於行路。愛育孤姪，同於己子，及將異居，奴婢田宅悉推與之，時人以此稱焉。

[1]秘書中散：官名。北魏置。掌禁中文書事務，參預禮儀制度的議定，亦受皇帝之命外出執行臨時任務，多由中書學生遷任。五品中。　主客令：官名。北魏置。協掌尚書省主客曹事務，隸屬

主客尚書。

[2]中大夫：官名。北魏時置爲職事官員，如典命中大夫等，各有分職，後罷。從三品上。

[3]祠部曹：官署名。尚書省諸郎曹之一。掌參議、制定郊祀宗廟的禮儀制度。

[4]宣武：即北魏皇帝元恪。宣武爲其謚號。　東秦州：北魏時治杏城，在今陝西黄陵縣西南。

子詢，字敬叔，美儀貌，多藝能，音律博弈，咸所閑解。[1]位平昌太守。[2]時太原長公主寡居，[3]與詢私姦，明帝仍詔詢尚焉。[4]尋以主壻，特除散騎常侍。時本邑中正闕，[5]司徒召詢爲之。[6]詢族叔景，[7]自陳情願此官，詢遂讓焉。時論善之。尋監起居事，遷秘書監，[8]出爲郢州刺史。[9]詢以凡司戍主蠻酋田朴特，[10]地居要險，衆踰數萬，足爲邊捍，遂表朴特爲西郢州刺史。[11]朝議許之。梁將李國興寇邊，朴特與部曲爲表裏聲援，[12]郢州獲全，朴特頗有力焉。徵爲七兵尚書。[13]武泰中，[14]以本官兼侍中爲關中大使，[15]未及發，於河陰遇害。[16]贈司空公，[17]謚曰貞烈。無子。

[1]咸所閑解：局本、《魏書》卷四五《裴駿傳》作“咸所開解”。《通志》卷一四九與《北史》同。按：“閑”通“嫻”，熟練、熟習。“咸所開解”意不通，誤。

[2]平昌：郡名。北魏時治昌安縣，在今山東安丘市東南。

[3]太原長公主：封號。太原，郡名。北魏時治晋陽縣，在今山西太原市晋源區古城營村一帶。

[4]明帝：即北魏皇帝元詡。明爲其謚號。

［5］中正：官名。漢獻帝始置。負責品評本郡士人，劃分等級，以此作爲吏部委任官員的依據。北魏前、中期此職權任頗重，後期選任漸濫。

［6］司徒：官名。分掌丞相職能，多爲大臣加官。北魏孝文帝太和二十三年定爲一品。

［7］景：宋本、毛本、殿本、四庫本、局本、四部備要本作“眪”，中華本校勘記云：“各本及《魏書》卷四五《裴駿傳》‘景’作‘眪’，百衲本及《通志》卷一四九《裴駿傳》作‘景’。按‘景’是《北史》避唐諱改，今從百衲本。”可從。

［8］秘書監：官名。掌典圖書秘記，校定文字。南北朝時爲秘書省長官，掌圖書經籍之事，領著作省。北魏孝文帝太和十七年定爲從二品中，二十三年改爲三品。

［9］郢州：北魏時治義陽縣，在今河南信陽市。

［10］凡司：戍所名。在今河南沁陽市附近。　戍主：官名。南北朝始置，爲戍的主將，掌守防捍禦之事，除管理軍政外，還兼理民政、財政。多以郡守、縣令、州參軍及雜號將軍等官兼領。　田朴特：人名。南朝梁武帝時，任郢州刺史。南朝梁武帝中大同元年(546)，與司州刺史陳慶之等攻北魏邊境，爲北魏豫州刺史堯雄擊敗。

［11］西郢州：北魏時治陽平縣，在今河南泌陽縣。

［12］部曲：本爲部隊編制之稱。東漢末，演變爲私人武裝之稱。魏晋南北朝時，世族、豪族普遍擁有部曲，平時耕田從役，戰時隨主人作戰。父死子繼，地位低下。南北朝後期，地位稍有上升，有一些經主人放免成爲平民。

［13］七兵尚書：官名。尚書省七兵曹長官，掌管軍事行政。北魏孝文帝太和十七年定爲從二品中，二十三年改爲三品。

［14］武泰：北魏孝明帝的年號（528）。

［15］侍中：官名。北朝常總典機密，受遺詔輔政，權任尤重，時號“小宰相”。北魏孝文帝太和十七年定爲從一品中，二十三年

改爲三品。　關中大使：官名。代表皇帝到關中地區視察、慰問。

［16］河陰：縣名。治所在今河南孟津縣東。

［17］司空公：官名。爲司空的尊稱，三公之一。爲名譽宰相，多爲大臣加官，無實際職掌。一品。

脩弟宣，字叔令，通辯博物，早有聲譽。少孤，事母兄以孝友稱。司空李沖有人倫鑒，[1]見而重之。孝文初，[2]徵爲尚書主客郎，[3]累遷太尉長史。[4]宣上言：自遷都以來，凡戰陣之處及軍罷兵還之道，所有骸骼無人覆藏者，請悉令州郡戍邏檢行埋掩；并符出兵之鄉，其家有死於戎役者，皆使招魂復魄，祔祭先靈，復其年租調；身被傷痍者，免其兵役。朝廷從之。出爲益州刺史，[5]宣至州綏撫，甚得戎羌之心。後晉壽更置益州，[6]改宣所莅爲南秦州。[7]

［1］李沖：人名。一名思沖，字思順，隴西狄道（今甘肅臨洮縣）人。北魏官吏。見《北史》卷一〇〇《涼武昭王李暠附李沖傳》。

［2］孝文：即北魏皇帝元宏。孝文爲其謚號。

［3］尚書主客郎：官名。尚書省主客曹長官的通稱。三國魏置南主客郎，西晋有南、北、左、右主客郎，東晋省併，唯置一主客郎，亦稱主客郎中。掌接待賓客和少數民族事務。北魏孝文帝太和十七年定爲從五品中。

［4］太尉長史：官名。即太尉府長史。長史，掌顧問參謀，爲所在官署掾屬之長。

［5］益州：北魏收復晋壽郡前治洛谷城，在今甘肅西和縣洛峪鎮。

［6］後晋壽更置益州：《魏書》卷四五《裴駿傳》作“復晋壽，更置益州”。未詳孰是。晋壽，郡名。北魏時治興安縣，在今四川廣元市。

［7］南秦州：北魏時治洛谷城，在今甘肅西和縣洛峪鎮。

宣家世以儒學爲業，常慕廉退，[1]每歎曰：“以賈誼之才，漢文之世，而不歷公卿，[2]將非運也？”乃謂親賓曰：“吾本無當世之志，直隨牒至此，禄後養親，[3]效不光國，[4]可以言歸矣。”因奉表求解，宣武不許，乃作懷田賦以叙心焉。宣素明陰陽之書，自始患便剋亡日，果如其言。贈豫州刺史，[5]謚曰定，尋改爲穆。子敬憲嗣。

［1］廉退：清廉遜讓。

［2］賈誼：人名。洛陽（今河南洛陽市東北）人。西漢官吏、政論家。見《漢書》卷四八《賈誼傳》。　漢文：即漢朝皇帝劉恒。文爲其謚號。

［3］禄後養親：底本作“禄厚養親”，中華本校勘記云：“諸本‘後’作‘厚’，《魏書·裴駿傳》作‘後’。按‘禄後養親’，謂作官得禄時，父母已亡，不及養親。‘厚’乃音同致訛，今據改。”今從改。

［4］效不光國：《魏書》卷四五《裴駿傳》作“道不光國”。

［5］豫州：北魏時治懸瓠城，在今河南汝南縣。

敬憲字孝虞，少有志行，學博才清，撫訓諸弟，專以讀誦爲業。澹於榮利，風氣俊遠。郡徵功曹不就，諸府辟命，先進其弟，世人歎美之。司州牧、高陽王雍舉秀才，[1]射策高第，[2]除太學博士。[3]性和雅，未嘗失色

於人，工隸草，解音律，五言之作，獨擅於時，名聲甚重，後進咸共宗慕之。中山王將之部，[4]朝賢送於河梁，[5]賦詩言别，皆以敬憲爲最。其文不能贍逸，而有清麗之美。少有氣病，年三十三卒，人物甚悼之。

[1]司州牧：官名。北魏時京畿行政長官，治洛陽。孝文帝太和二十三年由司州刺史改名，從二品。東魏遷都於鄴，改原相州刺史爲司州牧。　高陽王：封爵名。高陽，郡名。北魏時治高陽縣，在今河北高陽縣東。　雍：即元雍，人名。字思穆。北魏宗室、大臣。見《北史》卷一九《高陽王雍傳》。

[2]射策高第：宋本脱"高第"二字。射策，漢代選士的一種以經術爲内容的考試方法。主試者提出問題，書之於策，覆置案頭，受試人拈取其一（稱作射），按所射的策上的題目作答。

[3]太學博士：官名。漢魏置五經博士，分經教授弟子生員。東晋不復分經，統稱太學博士，掌教授太學生，亦備咨詢，參議禮儀，隸太常，置十六員，六品。北魏孝文帝太和二十三年定爲從七品。

[4]中山王將之部：底本無"王"字，源氏校勘記云："'中山'下《魏書》分注'闕'字。"中華本校勘記云："諸本脱"王"字，《魏書》注闕，《通志》卷一七六《裴敬憲傳》有'王'字。按中山王指元熙。《魏書》卷十九《南安王楨傳》云：'始熙之鎮鄴也，知友才學之士袁翻、李琰、李神儁、王誦兄弟、裴敬憲等咸餞於河梁，賦詩告别。'熙父英封中山王，熙襲其爵。《通志》是，今據補。"今從改。中山王，封爵名。指元熙。北魏宗室。見《北史》卷一八《南安王楨附元熙傳》。中山，郡名。北魏時治盧奴縣，在今河北定州市。

[5]河梁：又名河橋。晋武帝泰始年間建，故址在今河南孟州市西南黄河上。

敬憲世有仁義於鄉里。孝昌中，[1]蜀賊陳雙熾所過殘暴，[2]至敬憲宅，輒相約束，不得焚燒，爲物所伏如此。永安三年，[3]贈中書侍郎，謚曰文。

[1]孝昌：北魏孝明帝的年號（525—527）。

[2]陳雙熾：人名。蜀（今四川成都市）人。北魏起義軍首領。孝明帝孝昌二年於南絳（今山西絳縣）率衆起義。自號始建王，後降於北魏。

[3]永安三年：底本作“永興三年”，中華本校勘記云：“諸本‘永安’作‘永興’。按北魏有兩永興：一爲明元帝年號，裴敬憲不可能於此永興中獲得贈官；一爲孝武帝年號（太昌元年十二月改元永興）。但不久就改爲永熙，無三年。下文說敬憲弟莊伯與其同年死，而在永安三年贈通直散騎侍郎，則敬憲必是同時獲得贈官。‘永興’爲‘永安’之誤，今據改。”今從改。永安，北魏孝莊帝的年號（528—530）。

敬憲弟莊伯，字孝夏，亦有文才，器度閑雅，喜愠不形於色，博識多聞，善以約言辯物。司空、任城王澄辟爲行參軍，[1]甚加知賞。年二十一，上神龜頌，時人異之。文筆與敬憲相亞。臨淮王彧北討，[2]引爲記室參軍，[3]委以章奏之事。及聞敬憲寢疾，求假不許，遂徑自還，亦矜而不問。扶侍兄病，晝夜不離於側，形容憔悴。因葬敬憲於鄉，遇病卒，[4]年二十八。兄弟才學知名，同年俱喪，世共嗟惜之。永安三年，贈通直散騎侍郎，[5]謚曰獻。兄弟並無子，所著詞藻，莫爲集録。

[1]任城王：封爵名。任城，郡名。北魏時治任城縣，在今山東濟寧市。　澄：即元澄，人名。字道鏡。北魏宗室。見《北史》卷一八《任城王雲附元澄傳》。　行參軍：官名。三國蜀置。晋時中央除拜者爲參軍，諸府自辟者爲行參軍。晋以後行參軍亦可除拜，唯品階低於參軍。分掌府内各曹事務。北魏時爲七品上至九品。

[2]臨淮王：封爵名。臨淮，郡名。北魏時治己吾縣赤坎城，在今安徽懷遠縣西北。　彧：即元彧，人名。本名亮，字仕明，後改名彧，字文若。北魏宗室。見《北史》卷一六《臨淮王譚附元彧傳》。

[3]記室參軍：官名。又稱記室參軍事。西晋始設，爲記室曹長官，掌文書表奏。南北朝時皇弟皇子府、嗣王藩王府、公府、持節都督府皆置，品級自七品至九品不等。

[4]遇病卒：毛本、殿本、四庫本、四部備要本作“遇疾卒”。

[5]通直散騎侍郎：官名。晋武帝時使員外散騎常侍二人與散騎常侍通員當值，故名。東晋增至四員，屬散騎省，職同散騎常侍，參平尚書奏事，並掌諷諫、侍從，地位頗重。南朝屬集書省，多以衰老之士擔任，地位漸低。北魏孝文帝太和十五年亦置，屬集書省，初定爲四品中，二十三年改爲從五品上。

莊伯弟獻伯，廷尉卿、濟州刺史，[1]少以學尚風流，[2]有名京洛。[3]爲政嚴酷，不得吏人之和，但以清白流譽。卒於殿中尚書。[4]

[1]廷尉卿：官名。爲廷尉尊稱，中央最高司法審判機構長官。北魏時又增少卿爲副職。孝莊帝永安二年，增司直十人，覆審御史檢劾案件。孝文帝太和十七年定爲二品上，二十三年改爲三品。　濟州：北魏時治碻磝城，在今山東茌平縣西南。

[2]學尚：學問、學識。

[3]京洛：指洛陽城。

[4]殿中尚書：官名。北魏時領宫中兵馬，典宫禁宿衛及倉庫，或説領殿中、直事、三公、駕部四郎曹。孝文帝太和十七年定爲二品中，二十三年定爲三品。

駿從弟安祖，少聰慧，年八九歲，就師講《詩》，至《鹿鳴篇》，語諸兄云："鹿得食相呼，而况人乎。"自此未曾獨食。弱冠，州辟主簿。[1]人有兄弟争財，詣州相訟，安祖召其兄弟，以禮義責讓之，此人兄弟明日相率謝罪。州内欽服之。後有人勸其仕進，安祖曰："高尚之事，非敢庶幾，但京師遼遠，實憚於棲屑耳。"[2]於是閑居養志，不出城邑。曾天熱，舍於樹下。有鷙鳥逐雉，[3]雉急投之，遂觸樹而死。安祖愍之，乃取置陰地，徐徐護視，良久得蘇，喜而放之。後夜忽夢一丈夫，衣冠甚偉，著繡衣曲領，向安祖再拜。安祖怪問之，此人云："感君前日見放，故來謝德。"聞者異焉。

[1]主簿：官名。漢朝中央及州郡官府均置，典領文書簿籍，經辦事務。歷代沿置。品秩隨府長官地位高下而不等。北魏時爲四品上至八品。

[2]棲（xī）屑：奔忙不安。

[3]鷙（zhì）鳥：一種猛禽。　雉：野雞。

後孝文幸長安，至河東，存訪故老，安祖朝於蒲坂。[1]帝與語甚悦，仍拜安邑令，以老病固辭，詔給一

時俸以供湯藥焉。[2]年八十三，卒於家。

[1]蒲坂：縣名。治所在今山西永濟市西南蒲州鎮。

[2]一時俸：特定時期的俸禄。

裴延儁字平子，河東聞喜人也，魏冀州刺史徽之八世孫也。[1]曾祖奣，[2]諮議參軍、并州别駕。[3]祖雙彪，河東太守，贈雍州刺史，[4]謚曰順。父山松，[5]州主簿，行平陽郡事，[6]以平蜀賊丁虫功，[7]贈東雍州刺史。

[1]冀州：三國魏時治信都縣，在今河北冀州市。

[2]曾祖奣（wěng）：《魏書》卷六九《裴延儁傳》作“曾祖天明”。《通志》卷一四九與《北史》同。

[3]諮議參軍：官名。北朝多稱諮議參軍事。北魏孝文帝太和二十三年定爲正四品至正六品上。　并州：三國魏時治晋陽縣，在今山西太原市西南。　别駕：官名。漢置。又作别駕從事、别駕從事史，爲州刺史的佐官。刺史巡視轄境時，其别乘驛車隨行，故稱别駕。北魏前期，例用本州人，由刺史自辟，後期漸由朝廷任命。其品秩依州品不同，自正五品至正七品不等。

[4]雍州：北魏時治長安縣，在今陝西西安市西北。

[5]父山松：《魏書·裴延儁傳》、《通志》卷一四九均作“父崧”。未詳孰是。高敏《南北史考索》（天津古籍出版社2010年版，第470頁）云：“《魏書》卷六十九同人傳‘奣’作‘天明’；‘山松’作‘崧’。疑《北史》誤。《北史》校勘記均失校。”可從。

[6]平陽：郡名。北魏時治白馬城，在今山西臨汾市。

[7]丁虫：人名。蜀（今四川成都市）人。北魏孝文帝時，聚衆反抗，爲裴崧鎮壓。

延儁少孤，事後母以孝聞，涉獵墳史，[1]頗有才筆。舉秀才，射策高第，除著作佐郎，[2]累遷太子洗馬，[3]又領本邑中正。及太子恂廢，[4]以宫官例免。宣武即位，爲中書侍郎。時帝專心釋典，[5]不事墳籍，延儁上疏致諫。後除司州別駕。及詔立明堂，[6]群官博議，延儁獨著一堂之論。太傅、清河王懌時典衆議，[7]讀而笑曰："子故欲遠符僕射也。"[8]

[1]墳史：猶言經史書籍。

[2]著作佐郎：官名。三國魏明帝太和年間置佐著作郎，協助著作郎修撰國史及起居注。東晋改此名（一説南朝宋改稱），屬著作省（局），掌搜集史料，供著作郎撰史。本用文學之士，但在南北朝後期，因其職務清閑，成爲士族高門子弟的起家之官。北魏時秘書省著作局置四員，孝文帝太和十七年定爲從五品上，二十三年改爲七品。

[3]太子洗馬：官名。東宫屬官。秦始置，漢因之。掌賓贊受事，太子出行時爲前導。晋時爲太子詹事屬官，掌太子圖籍，太子出行則前導威儀。南朝因之。北魏孝文帝太和十七年定爲從四品上，二十三年改爲從五品上。

[4]恂：即元恂，人名。字元道。孝文帝長子。見《北史》卷一九《廢太子恂傳》。

[5]釋典：佛教經論。

[6]明堂：古代帝王宣明政教、祭祀祖先神靈舉行朝會、祭祀、慶賞、選士、養老、教學等大典的建築。

[7]太傅：官名。爲輔弼君王的大臣。與太師、太保並號三師。位居太師下、太保上。一品。　清河王：封爵名。清河，郡名。北魏時治清河縣，在今山東臨清市東北。　懌：即元懌，人名。字宣仁。北魏宗室，孝文帝子。見《北史》卷一九《清河王懌傳》。

[8]欲遠符僕射：想要遠遵孝文帝時僕射李沖。僕射，官名。尚書僕射的簡稱。左僕射居右僕射上。輔助尚書令執行政務，參議大政，諫諍得失，監察百官。常受命主管官吏選舉。南朝尚書令爲宰相之任，尚書省日常政務常由僕射主持。諸曹奏事由左右僕射審議連署。北朝亦列爲宰相，但地位稍遜於南朝，職掌都省庶務及執法，或典選舉。左僕射兼掌糾彈百官。北魏孝文帝太和十七年定爲從一品中，二十三年定爲從二品。

明帝時，累遷幽州刺史。[1]范陽郡有舊督亢渠，[2]徑五十里；漁陽、燕郡有故戾陵諸堨，[3]廣袤三十里，皆廢毀多時，莫能修復。時水旱不調，延儁乃表求營造，遂躬自履行，相度形勢，[4]隨力分督，未幾而就，溉田百萬餘畝，爲利十倍，百姓賴之。又命主簿酈惲修起學校，[5]禮教大行，人歌謡之。在州五年，考績爲天下最。拜太常卿，[6]歷七兵殿中二尚書、散騎常侍、中書令、御史中尉，[7]又以本官兼侍中、吏部尚書。[8]延儁在臺閣，守職而已，不能有所裁斷直繩也。

[1]幽州：北魏時治薊縣，在今北京西南。

[2]范陽：郡名。北魏時治涿縣，在今河北涿州市。　督亢渠：在今河北涿州市東南。今已涸廢。

[3]漁陽：郡名。北魏時治漁陽縣，在今北京密雲縣西南。　燕郡：北魏時治薊縣，在今北京西南。　戾陵：即戾陵陂。三國魏齊王嘉平二年（250）修。故址在今北京西郊石景山南永定河上。　堨（è）：擋水的土堰。

[4]相度形勢：高敏《南北史考索》（天津古籍出版社2010年版，第470頁）云："《魏書》卷六十九同人傳作'相度形勢'，據

上下文意，應爲‘相度水形’。《北史》有誤改之嫌，《北史》校勘記失校。”可參考。

[5]酈（lì）惲（yùn）：人名。字幼和，范陽涿鹿（今河北涿鹿縣東南）人。北魏官吏。歷征虜將軍、安州刺史，以功封魏昌縣開國子。後因不從尒朱榮赴洛，被殺。

[6]太常卿：官名。爲太常的尊稱。主管祭祀社稷、宗廟和朝會、喪葬禮儀，管理皇帝陵墓、寢廟所在縣邑，每月巡視諸陵，兼管文化教育。南北朝時禮儀郊廟制度由尚書八座及儀曹裁定，太常位尊職閑。北魏孝文帝太和二十三年定爲從一品下，二十三年改爲三品。

[7]七兵殿中二尚書：官名。即七兵尚書、殿中尚書。七兵尚書，尚書省七兵曹長官。北魏孝文帝太和十七年定爲從二品中，二十三年改爲三品。　中書令：官名。魏晋南北朝時中書省長官之一。三國魏文帝時分秘書置中書省，下設中書監、中書令，掌收納章奏、草擬及發布詔令。唯入朝時，中書令班次略低於中書監。西晋承魏制，傳宣皇帝政令，雖資位遜尚書令，實權則過之。東晋南北朝時因逐漸脱離機務，隨名位增高而成爲閑職。北魏孝文帝太和十七年定爲二品中，二十三年定爲三品。　御史中尉：官名。北魏時由御史中丞改稱，主御史臺，糾彈百官，參治刑獄。頗重其選。孝文帝太和十七年定爲三品上，二十三年定爲從三品。

[8]吏部尚書：官名。位居列曹尚書之上。主管官吏銓選、考課、奬懲，其實權甚或過於尚書僕射。然重要官職的任免須與諸執政大臣合議，由皇帝、宰相裁定，亦常命尚書僕射領吏部事務，或任命大臣參掌選事以分其權任。北魏孝文帝太和十七年定爲二品下，二十三年改爲三品。

莊帝初，[1]於河陰遇害，贈儀同三司、都督、雍州刺史。[2]子元直、敬猷，並有學尚，與父同時遇害。元

直贈光州刺史。[3]敬猷妻丞相、高陽王雍外孫，超贈尚書僕射。

[1]莊帝：即北魏皇帝元子攸。莊爲其謚號。

[2]儀同三司：東漢初臨時設置，謂官非三公而儀制待遇同於三公。魏晋時期，授予開府位從三公之文武官。南北朝時授予範圍不斷擴大，逐漸成爲官號。北魏孝文帝太和十七年定爲一品下，二十三年以後改爲從一品，位開府上。　都督：官名。地方軍政長官，又稱都督諸州軍事。可領一州或數州刺史，多帶將軍名號，兼理民政。品級不定，分使持節、持節、假節三種，各有不同職責。

[3]光州：北魏時治掖縣，在今山東萊州市。

延儁從叔愛醜、桃弓並見稱於鄉里。[1]

[1]延儁從叔愛醜、桃弓並見稱於鄉里：中華本校勘記云："《魏書》卷六九《裴延儁傳》無'愛醜'二字，'並'字作'亦'。按若據《魏書》，則下云'子夙'，即桃弓之子。《北史》並列兩人，則夙爲誰子不明。疑誤。"可從。

子夙，字買興，沈雅有器識，儀望甚偉，[1]孝文見而異之。吏部尚書、任城王澄有知人鑒，每歎美夙，[2]以遠大許之。位河北太守，[3]以忠恕接下，百姓感而懷之。卒於郡。三子，範、昇之、鑒。

[1]儀望：儀容、外表。

[2]歎美：贊美。

[3]河北：郡名。北魏時治大陽縣，在今山西平陸縣西南。

鑒字道徽，性强正，有學涉，[1]卒於廷尉卿。鑒居官清苦，時論稱之。贈東雍州刺史。

[1]學涉：學識修養。

子澤，頗有文學。齊孝昭初，[1]爲齋帥，[2]奏舍人。[3]孝昭崩，魏收議爲恭烈皇帝，[4]澤正色抗論曰："魏收死後，亦不肯爲恭烈之謚，何容以擬大行。且比皇太后不豫，先帝飡寢失常，[5]聖躬貶損，今者易名，必須加孝。"遂改爲孝昭。因此忤旨，出爲廣州司馬。[6]尋歷位中書侍郎，兼給事黄門侍郎，[7]以漏泄免。後爲散騎侍郎，尋爲誹毁大臣趙彦深等，[8]兼詠石榴詩，微以託意，有人以奏武成，[9]武成决杖六十，髡頭除名。[10]後主即位，[11]爲清河郡守。與祖珽有舊，[12]珽奏除尚書左丞，[13]又引爲兼黄門。執政疾其祖珽之黨，與崔季舒等同見誅。[14]

[1]孝昭：即北齊皇帝高演。孝昭爲其謚號。

[2]齋帥：官名。南朝宋、梁始置。在皇帝、諸王及州郡長官左右擔任侍衛、灑掃等職，地位較低。北朝時在皇帝左右的齋帥地位較高，常兼任其他重要的官職。北齊時門下省設齋帥局，有齋帥四員，從七品。北齊時此職還起到過伺察百官的作用。諸王國皆設齋帥四員。

[3]舍人：官名。即中書舍人。中書省屬官。三國魏、西晋中書省置，七品。與通事共掌收納、轉呈文書章奏。或説三國魏唯置通事，西晋增設舍人。東晋合爲一官，後省"通事"二字。北魏、北齊專掌草擬詔令，出納之職由門下省分任，故職權較南朝爲輕。

北魏孝文帝太和十七年定爲六品上，二十三年改爲六品下。北齊時爲六品。

[4]魏收：人名。字伯起，小字佛助，鉅鹿下曲陽（今河北晋州市西）人。北魏官吏、史學家。見《北史》卷五六《魏收傳》。

[5]飧（sūn）：原指晚飯。這裏泛指飯食。

[6]廣州：北齊時治襄城縣，在今河南襄城縣。　司馬：官名。三國蜀置爲州郡佐官。兩晋南北朝時州郡長官多帶將軍名號，開軍府，皆置爲幕僚，主軍務，屬武職。品秩隨州郡的高低而不同。

[7]給事黄門侍郎：官名。東漢置。亦簡稱黄門、黄門郎、黄門侍郎。北魏時兼有黄門侍郎之職掌，與侍中俱管門下省之事。爲侍中省或門下省次官。孝文帝太和十七年定爲三品中，二十三年定爲四品上。北齊時置六員，四品。

[8]趙彦深：人名。原名隱，字彦深，以字行。自稱南陽宛（今河南南陽市）人。東魏、北齊官吏。見《北史》卷五五《趙彦深傳》。

[9]武成：即北齊皇帝高湛。武成爲其謚號。

[10]髡（kūn）頭：古代一種削去頭髮的刑罰。

[11]後主：即北齊皇帝高緯。

[12]祖珽：人名。字孝徵，范陽遒（今河北淶水縣）人。北魏、北齊官吏。見《北史》卷四七《祖瑩附祖珽傳》。

[13]尚書左丞：官名。東漢始置，爲尚書臺佐官，居尚書右丞上，總領尚書臺庶務，主管吏民章奏及臺内小吏。魏晋南朝時爲尚書省佐官，位次尚書，與右丞共掌尚書省庶務，職權甚重。北魏略同。孝文帝太和十七年定爲四品上，二十三年定爲從四品上。北齊時爲從四品上，凡三師以下百官皆得彈劾，監察本省諸官，監督諸郎曹政務。

[14]崔季舒：人名。字叔正，博陵安平（今河北安平縣）人。東魏、北齊官吏。見《北史》卷三二《崔挺附崔季舒傳》。

澤本勁直，[1]無所回避，及被出追還，折節和光。[2]然好戲笑，無規檢，故頻敗。妻鉅鹿魏氏，[3]恩好甚隆，不能暫相離。澤每從駕，其妻不宿。亦至性强立，時人以爲健婦夫半。[4]

[1]勁直：剛强正直。

[2]和光：不露鋒芒。

[3]鉅鹿：郡名。北齊時治藁城縣，在今河北藁城市西南。

[4]健婦：健壯精幹的婦女。

延儁從祖弟良，字元賓，[1]稍遷尚書考功郎中。[2]時汾州吐京胡薛羽等作逆，[3]以良兼尚書左丞，爲西北道行臺。[4]時有五城郡山胡馮宜都、賀悦回成等，[5]以妖妄惑衆，假稱帝號，服素衣，持白傘白幡，率諸逆衆，於雲臺郊抗王師。[6]良大破之。又山胡劉蠡升，[7]自云聖術，胡人信之，咸相影附，旬日之間，逆徒還振。以良爲汾州刺史，加輔國將軍，[8]行臺如故。良以城人飢窘，夜率衆奔西河。[9]汾州之居西河，[10]自良始也。

[1]延儁從祖弟良字元賓：據裴良墓誌載："君諱良，字元賓，河東聞喜桐鄉高陽里人也。"嘗任北中郎府功曹參軍、并州安北府長史、尚書考功郎中等職，在汾州刺史任上時，"固城三年，終以拔難催敵"，後又官太中大夫、平東將軍、驃騎將軍、汲郡太守、御史中丞、太府卿等職，東魏孝静帝天平二年（535）薨於位，年六十一。（羅新、葉煒《新出魏晋南北朝墓誌疏證（修訂本）》，中華書局2016年版，第190—197頁。）

[2]尚書考功郎中：官名。三國魏曾置尚書考功郎，掌尚書考

功曹，以考課官吏。其資歷淺者爲郎中，深者可轉侍郎，皆稱郎。晉及南朝不置。北魏復置，北齊沿置，爲尚書省吏部屬下考功曹長官，掌考第及秀、孝貢上等。六品。

［3］汾州：北魏時治蒲子城，在今山西隰縣。　吐京：縣名。治所在今山西石樓縣。

［4］行臺：官名。爲行臺尚書的省稱。北魏置，爲行臺長官。主管當地軍務，兼理民事。北魏末期爲行臺屬官，分曹理事。在未設行臺尚書令或行臺僕射時，仍爲行臺長官。東魏、北齊、隋朝沿置。

［5］五城：郡名。北魏時治五城縣，在今山西吉縣東北。

［6］雲臺郊：地名。在今山西吉縣。

［7］劉蠡升：人名。稽胡人。北魏孝明帝孝昌中起義，自稱天子，年號神嘉。東魏孝静帝天平二年，被高歡鎮壓。

［8］輔國將軍：官名。將軍名號。漢獻帝建安元年（196）置，儀比三司。魏晋沿置，皆三品。十六國時前燕、後秦、後凉、北凉皆置。北魏亦置，孝文帝太和十七年定爲三品上，二十三年改爲從三品。北齊時爲從三品，北周時爲七命。

［9］西河：郡名。北魏時治兹氏城，在今山西汾陽市城區。

［10］汾州之居西河：《魏書》卷六九《裴延儁傳》作“汾州之治西河”。用字不同，但兩種都表示“西河”是汾州的治所，皆可。

孝静初，[1]爲衛大將軍、太府卿，[2]卒於官。贈吏部尚書，謚曰貞，又重贈侍中、尚書僕射。子叔祉，[3]粗涉文學，居官甚著聲績，位終司空右長史。[4]

［1］孝静：即東魏皇帝元善見。孝静爲其謚號。

［2］衛大將軍：官名。十六國時後燕置，爲高級武官，地位在衛將軍之上。北魏孝文帝太和十七年定爲一品下，位在儀同三司

下；二十三年改爲二品，位在太子太師上。北齊沿置，仍爲二品，但已不統兵，爲有軍勳人員的閑職。　太府卿：官名。南朝梁武帝天監七年（508）始置，掌管金帛庫藏出納、關市税收，以供國家、宫廷用度。北朝位列九卿，兼南朝太府、少府二卿之職。北魏孝文帝太和中改少府置，亦省稱太府，二十三年定爲三品。北齊時置爲太府寺長官，三品。

［3］子叔祉：即裴良第五子裴子祥。裴良墓誌誌蓋盝頂補刻有家庭成員情况，共有八子三女，述及第五子時曰："第五子子祥，字叔祉，釋褐員外郎，廣平王開府録事參軍，諫議大夫，典儀注。年廿五。"又曰："第五子後爲尚書郎，太子中舍，驃騎大將軍，鉅鹿、浮陽、長樂三郡太守，冀州長史，司空長史，太府卿，使持節都督南光州諸軍事，南光州刺史。年六十一。"（羅新、葉煒《新出魏晋南北朝墓誌疏證（修訂本）》，第190—197頁。）

［4］司空右長史：官名。司空府僚屬之長，佐司空總管府内諸曹，亦參預政務。

良從父兄子慶孫，字紹遠，少孤，性倜儻，[1]重然諾。正光末，[2]汾州吐京群胡薛悉公、馬牒騰並自立爲王，衆至數萬。詔慶孫爲募人别將，[3]招率鄉豪以討之。慶孫每摧其鋒，進軍深入，至雲臺郊，大戰郊西，賊衆大潰。徵赴都，除直後。[4]於是賊復鳩集，北連蠡升，南通絳蜀，[5]凶徒轉盛。以慶孫爲别將，[6]從軹關入討，[7]深入二百餘里，至陽胡城。[8]朝廷以此地被山帶河，衿要之所，明帝末，遂立邵郡，[9]因以慶孫爲太守。慶孫務安緝之，咸來歸業。尒朱榮之死也，[10]世隆擁衆北度，[11]詔慶孫爲大都督，[12]與行臺源子恭率衆追擊。[13]慶孫與世隆密通，事洩，追還河内斬之。[14]

［1］倜儻：豪爽灑脱，不受拘束。

［2］正光：北魏孝明帝的年號（520—525）。

［3］募人别將：官名。北魏末置。朝廷授予士族的武職名號，令其回鄉招募軍隊鎮壓各地義軍。

［4］直後：官名。北魏始置。是皇帝左右的侍衛武官，或以給事中、宣威將軍等領之。原爲比視官，有罪不得加刑。北魏孝明帝時胡太后聽任城王元澄之議，依照中正例當刑。北齊時爲左右衛府直閤屬官，從六品上。

［5］絳蜀：從蜀地（今四川部分地區）遷移到絳地（今山西絳縣一帶）的人。

［6］别將：官名。秦漢時泛指次要的將領。北魏太武帝時，出兵時與主力傅翼由别道而進的將領爲别道將領。後省稱别將，始爲官名，與統軍合稱將統。多隸於行軍之主帥都督，亦有爲專征之主將者。其權任較重，除征討之外，或受詔共參略，參決軍機戎政。初期的地位與刺史類似，隨著後期戰亂頻繁，地位漸漸降低，衹要能够招募三千人就可以作爲别將。

［7］軹（zhǐ）關：在今河南濟源市西北。

［8］陽胡城：在今山西垣曲縣西南。

［9］邵郡：北魏時治白水縣，在今山西垣曲縣東南古城鎮。

［10］尒朱榮：人名。字天寶，北秀容（今山西朔州市）人，契胡族。北魏官吏。見《北史》卷四八《尒朱榮傳》。

［11］世隆：即尒朱世隆，人名。字榮宗，北秀容（今山西朔州市）人，契胡族。北魏官吏。見《北史》卷四八《尒朱榮附尒朱世隆傳》。

［12］大都督：官名。高級軍事長官。三國吴、魏初於戰爭時臨時設置，作爲加官。後漸成爲常設官職，地位極高。晉、南朝沿之。在有戰事時亦臨時加置，冠以名號，還有以次銜都督某一地區

軍事者。北魏前、中期未見，孝文帝太和十七年職員令及二十三年復次職員令皆未載。後期戰事較多時置，統兵出征，有時又加以各種名號，如南道大都督、徐州大都督等。東、西魏分裂後，授予漸濫。東魏、北齊時所置京畿大都督，權勢極重。

[13]源子恭：人名。字靈順，西平樂都（今青海樂都縣）人。北魏、東魏官吏。見《北史》卷二八《源賀附源子恭傳》。

[14]河内：郡名。北魏時治野王縣，在今河南沁陽市。

慶孫任俠有氣，鄉曲壯士及好事者多相依附，撫養咸有恩紀。[1]在郡日，逢歲飢凶，四方遊客恒有百餘，慶孫自以家粮贍之。性雖粗武，愛好文流，[2]與諸才學之士咸相交結，輕財重義，坐客恒滿，是以爲時所稱。

[1]恩紀：恩情。

[2]文流：文士之流。

延儁從祖弟仲規，少好經史，頗有志節。咸陽王禧爲司州牧，[1]辟爲主簿，仍表行建興郡事。[2]車駕自代還洛，[3]次於郡境，仲規備供帳，朝於路側。詔仲規曰："畿郡望重，卿何能自致此也？"仲規曰："陛下棄彼玄壤，來宅紫縣，臣方躍馬吴會，[4]冀功銘帝籍，豈一郡而已。"孝文笑曰："冀卿必副此言。"駕還，見咸陽王曰："昨得汝主簿爲南道主人，六軍豐贍。[5]元弟之寄，殊副所望。"除司徒主簿。[6]

[1]咸陽王：封爵名。咸陽，郡名。北魏時治池陽縣，在今陝西涇陽縣西北。　禧：即元禧，人名。字思永。北魏宗室。見《北

史》卷一九《咸陽王禧傳》。

[2]建興：郡名。北魏時治陽河縣，在今山西晋城市西北大陽鎮。

[3]代：指代都，即平城。在今山西大同市東北。　洛：指洛陽。

[4]吴會：地名。東漢時分會稽郡爲吴、會稽二郡，合稱“吴會”。

[5]六軍：這裏泛指國家的軍隊。

[6]司徒主簿：官名。即司徒府主簿。典領文書簿籍，經辦事務。

仲規父在鄉疾病，棄官奔赴，以違制免。久之，中山王英征義陽，[1]引爲統軍，[2]奏復本資。於陣戰没。贈河東太守，謚曰貞。無子，弟叔義以第二子伯茂後之。

[1]英：即元英，人名。字虎兒。北魏宗室。見《北史》卷一八《南安王楨附中山王英傳》。　義陽：郡名。北魏時治平陽縣，在今河南信陽市。

[2]統軍：官名。漢晋時已有。北魏復設，爲統兵武官，位在都將（鎮將）、别將之下，軍主之上。

伯茂少有風望，學涉群書，文藻富贍，釋褐奉朝請。[1]大將軍、京兆王繼西討，[2]引爲鎧曹參軍。[3]南征絳蜀陳雙熾，[4]爲行臺長孫承業行臺郎中。[5]承業還京師，留伯茂仍知行臺事。以平薛鳳賢等，[6]賞平陽伯。[7]再遷散騎常侍，典起居注。太昌初，[8]爲中書侍郎。永熙中，[9]孝武帝兄子廣平王贊盛選賓僚，[10]以伯茂爲文

學。[11]後加中軍大將軍。[12]

[1]釋褐：指出仕。　奉朝請：官名。本是兩漢給予退休大臣、權貴的一種政治優待。西晉時成爲加官名號。東晉時獨立爲官，亦作加官。南朝時列爲散騎（集書）省屬官，安置閑散，所施亦濫。北魏時亦爲冗散官，有俸無職。孝文帝太和十七年定爲六品下，二十三年改爲從七品。北齊時改爲職事官，員二百四十人，掌獻納諍，隸集書省，從七品。

[2]大將軍：官名。高級軍政官員。漢武帝以後，大將軍常冠大司馬之號，領尚書事，執掌朝政。東漢時成爲獨立官職，多授予貴戚，開府置僚屬，與太傅、太尉等共同主持政務。三國時成爲外朝職官，西晉時爲八公之一，位居三師、大司馬下，三公上，開府置僚屬。東晉、十六國時頗重其任，常專擅軍政事務。南朝時不常授，或以爲贈官。北魏、北齊時與大司馬並號“二大”，共典軍政，常由權臣兼任，皆一品。元大德本作“大將”，脱“軍”字。　京兆王：封爵名。京兆，郡名。北魏時治霸城縣，在今陝西西安市東北。　繼：即元繼，人名。字世仁。北魏宗室。見《北史》卷一六《京兆王黎附江陽王繼傳》。

[3]鎧曹參軍：官名。爲鎧曹長官。北魏時公府、將軍府皆置。掌鎧甲庫藏等。品秩自七品上至九品不等。

[4]南征：中華本校勘記云：“《通志》卷一七六《裴伯茂傳》‘南’字作‘及’。按陳雙熾起義在河東。由洛陽出兵，當是北向，不當云‘南征’。《通志》作‘及’是。”可從。

[5]長孫承業：人名。本名冀歸，孝文帝賜名稚，字承業。鮮卑族。北魏官吏。見《北史》卷二二《長孫道生附長孫承業傳》。行臺郎中：官名。北魏置。爲行臺諸曹郎中的泛稱，各曹皆冠以曹名。有時稱不理具體曹務的官員。

[6]薛鳳賢：人名。河東汾陰（今山西萬榮縣西南）人。北魏

末年反魏，後歸附。

[7]平陽伯：封爵名。平陽，縣名。治所在今山西臨汾市。

[8]太昌：北魏孝武帝的年號（532）。

[9]永熙：北魏孝武帝的年號（532—534）。

[10]孝武：即北魏皇帝元脩。孝武爲其謚號。　廣平王：封爵名。廣平，郡名。北魏時治曲梁城，在今河北永年縣東南。　贊：即元贊，人名。北魏宗室。

[11]文學：官名。漢朝州郡和王國皆置，或稱文學掾、文學史。以明經者爲之，職掌地方教育。北魏時王國置，多以博學俊才擔任，又有皇子文學，六品上。

[12]中軍大將軍：官名。三國魏文帝黄初年間置。統管左右衛、前、後、左、右、驍騎等宿衛七營禁軍，主管京師以及宫廷禁衛。北魏孝文帝太和十七年定爲從一品中，二十三年改爲從二品。

伯茂好飲酒，頗涉疏傲。[1]久不徙官，曾爲《豁情賦》。天平初遷鄴，[2]又爲《遷都賦》。二年，因内宴，伯茂侮慢殿中尚書、章武王景哲。[3]景哲遂申啓，[4]稱伯茂棄其本列，與監同行，[5]以犁擊案，傍汙冠服，禁庭之内，令人挈衣。詔付所司，後竟無坐。

[1]疏傲：粗疏傲慢。

[2]天平：東魏孝静帝的年號（534—537）。　鄴：城名。在今河北臨漳縣西南。

[3]章武王：封爵名。章武，郡名。東魏時治平舒縣，在今河北大城縣。　景哲：即元景哲，人名。東魏孝静帝武定中任開府儀同三司。

[4]景哲遂申啓：局本作“景哲遂中啓”。“中啓”在此意不通，字形訛誤。

[5]監：宦官。

伯茂既出後其伯仲規，[1]與兄景融别居。景融貧窘，伯茂了無賑恤，殆同行路，世以此貶薄之。卒，年三十九，知舊歎惜焉。

[1]伯茂既出後其伯仲規：底本作“伯茂既出後其伯伯茂”，毛本、殿本、四庫本、局本、四部備要本、中華本、《通志》卷一七六作“伯茂既出後其伯仲規”。《魏書》卷八五《裴伯茂傳》作“伯茂先出後其伯仲規”。今從諸本改。

伯茂末年，劇飲不已，乃至傷性，多有愆失。未亡前數日，忽云吾得密信，將被收掩，乃與婦乘車西逃避。後因顧指壁中，言有官人追逐，其妻方知其病。卒後，殯於家園。友人常景、李渾、王元景、盧元明、魏季景、李騫等十許人於墓傍置酒設祭，[1]哀哭涕泣，一飲一酹，[2]曰：“裴中書魂而有靈，知吾曹也。”乃各賦詩一篇。李騫以魏收亦與之友，寄以示收。收時在晉陽，[3]乃同其作，論叙伯茂，其十字云：“臨風想玄度，[4]對酒思公榮。”[5]時人以伯茂性侮傲，謂收詩頗得事實。贈散騎常侍、衛將軍、度支尚書、雍州刺史，[6]重贈吏部尚書，謚曰文。伯茂曾撰晉書，竟未能成。

[1]常景：人名。字永昌，河内温（今河南温縣）人。北魏、東魏官吏。見《北史》卷四二《常爽附常景傳》。　李渾：人名。字季初，趙郡平棘（今河北趙縣）人。北魏、東魏官吏。見《北史》卷三三《李靈附李渾傳》。　王元景：人名。即王昕。字元

景，北海劇（今山東昌樂縣西，一説爲山東壽光市東南）人。北魏、東魏、北齊官吏。見《北史》卷二四《王憲附王昕傳》。　盧元明：人名。字幼章，范陽涿（今河北涿州市）人。北魏、東魏官吏。見《北史》卷三〇《盧玄附盧元明傳》。　魏季景：人名。鉅鹿下曲陽（今河北晋州市西）人。北魏、東魏官吏。見《北史》卷五六《魏季景傳》。　李騫：人名。字希義，趙郡平棘（今河北趙縣）人。北魏、北齊官吏。見《北史》卷三三《李順附李騫傳》。

[2]酹（lèi）：把酒灑在地上表示祭奠。

[3]晋陽：縣名。治所在今山西太原市晋源區古城營村一帶。

[4]玄度：即許詢，人名。字玄度，會稽山陰（今浙江紹興市）人。東晋名士，文學家。見《世説新語·棲逸篇》。

[5]公榮：人名。即劉昶。字公榮，沛國濟陽（今河南蘭考縣）人。西晋名士。見《晋書》卷四三《王戎傳》。

[6]衛將軍：官名。漢文帝時置，爲將軍名號之一，統兵征戰，事訖即罷。魏晋南北朝沿置，位在諸名號大將軍上，多作爲軍府名號，加大臣、重要州郡長官，無具體職掌。北魏孝文帝太和十七年定爲一品下，二十三年改爲二品。北齊時爲二品。　度支尚書：官名。魏晋南北朝時爲尚書省度支曹長官。統管度支、户部、金部、倉部四曹。掌軍國財賦的收支會計及漕運物價屯田之政令。北魏孝文帝太和十七年定爲二品中，二十三年改爲三品。北齊時爲三品。

無子，兄景融以第二子孝才繼。齊武平末，[1]位中書舍人。

[1]武平：北齊後主的年號（570—576）。

叔義亦有學行，累遷太山太守，[1]爲政清静，吏人

安之。遷司徒從事中郎。[2]卒，贈東秦州刺史，謚曰宣。

[1]太山：郡名。即泰山郡。北魏時治博平縣，在今山東泰安市東南。

[2]司徒從事中郎：官名。即司徒府從事中郎。從事中郎，東漢時大將軍府、車騎將軍府屬官，職参謀議。魏晋南北朝時皆置，其職依時依府而異，或主吏，或分掌諸曹，或掌機密，或参謀議，地位較高。北魏時公府、皇子開府、庶姓開府俱置，五品。北齊時三公府置，五品。北周時丞相府置。北周末避楊忠諱，改稱從事内郎。

子景融，字孔明，篤學好屬文。舉秀才，射策高第，除太學博士，稍遷諫議大夫，[1]領著作。元象中，[2]儀同高岳以爲録事参軍。[3]弟景龍、景顔被劾廷尉獄，景融入選，吏部擬郡，爲御史中尉崔暹所彈，[4]云其貪榮昧進，遂坐免官。病卒。景融卑退廉謹，無競於時，雖才不稱學，而緝綴無倦，文詞汎濫，理會處寡。所作文章，别有集録。

[1]諫議大夫：官名。秦置。掌諫諍議論。北魏時隸集書省，孝文帝太和十七年定爲四品下，二十三年改爲從四品下。北齊沿置，從四品。

[2]元象：東魏孝静帝的年號（538—539）。

[3]儀同：開府儀同三司的省稱。三國魏始置，爲大臣加號，意謂與三司即太尉、司徒、司空的禮制待遇相同，許開設府署，自辟屬僚。兩晋南北朝因之。北魏孝文帝太和二十三年定爲從一品。

高岳：人名。字洪略，勃海蓨（今河北景縣）人。東魏、北齊大

臣。見《北史》卷五一《清河王岳傳》。　録事參軍：官名。晋丞相府始置，爲録事曹長官，掌總録衆曹文簿，舉彈善惡，位在列曹參軍上。東晋、南北朝沿置。北魏時又稱録事參軍事，仍高於列曹參軍。公府、將軍府所置，六品上至八品。北齊時諸公府、將軍府、諸州府所置，六品上至七品上。

[4]崔暹：人名。字季倫，博陵安平（今河北安平縣）人。東魏、北齊官吏。見《北史》卷三二《崔挺附崔暹傳》。

景顔頗有學尚，孝静初，爲司空長史，[1]在官貪穢，爲中尉崔暹所劾，遇病死獄中。

[1]司空長史：官名。即司空府長史。掌參政務，主管屬吏。

延儁族兄聿，字外興，以操尚貞立，[1]被孝文所知。爲北中府長史。[2]時帝以聿與中書侍郎崔亮清貧，[3]欲以幹禄優之，[4]乃以亮帶野王縣事，[5]聿帶温縣，[6]時人榮之。卒於平秦郡太守，[7]贈洛州刺史。[8]子子袖入關西。

[1]貞立：端方正直。

[2]北中府長史：官名。北中郎將府幕僚之長，負責處理政務。北中郎將府，北魏時設在今河南孟州市黄河北岸。地處南北交通要衝，是防守重地。

[3]崔亮：人名。字敬儒，清河東武城（今山東武城縣西北）人。北魏官吏。見《北史》卷四四《崔亮傳》。

[4]幹禄：授予官員以勞役人口的權益，這樣的權益也可以轉换成免役絹，成爲額外的俸禄。

[5]野王：縣名。治所在今河南沁陽市。

[6]温縣：治所在今河南温縣。

［7］平秦：郡名。北魏時治雍縣，在今陝西鳳翔縣東南。

［8］洛州：北魏明元帝泰常八年（423）置，治洛陽，在今河南洛陽市東北。孝文帝太和十八年改荆州而置，治上洛城，在今陝西商洛市城區。

延儁族人瑗，字珍寶，太和中析屬河北郡。[1]少孤貧，清苦自立。爲汝南王悦郎中令。[2]孝静初，卒於雍州刺史。

［1］太和：北魏孝文帝的年號（477—499）。

［2］汝南王：封爵名。汝南，郡名。北魏時治上蔡縣，在今河南息縣。　悦：即元悦，人名。北魏宗室。見《北史》卷一九《汝南王悦傳》。　郎中令：官名。諸侯王國屬官。侍從左右，戍衛王宫，領諸大夫、郎官等。三國魏、晋、南朝時爲王國三卿之一，地位頗重。其品秩隨國主地位高低不等。北朝諸王、公、侯、伯、子、男國皆置，品秩低於南朝。

延儁從父兄宣明，位華州刺史，[1]有惠政，謚曰簡。二子景鸞、景鴻，並有逸才，河東呼景鸞爲驥子，[2]景鴻爲龍文。[3]

［1］華州：北魏獻文帝皇興二年（468）置，治定安縣，在今甘肅寧縣。孝文帝延興二年（472）改置三縣鎮。太和十一年又置華州，治李潤堡，在今陝西蒲城縣東北。宣武帝永平三年（510）移治華陰縣，在今陝西大荔縣。

［2］驥子：駿馬名。借指才華出衆者。

［3］龍文：駿馬名。借指才華出衆者。

景鸞位華州刺史。子文端，齊行臺郎。[1]四子，顒、安志、弘、振。

[1]行臺郎：官名。爲行臺郎中的省稱。

景鴻，齊和夷郡守。子叔卿，博涉有孝行，時人號曰"裴曾子"。隋貝丘令。[1]子神舉、神符，而神舉最知名。

[1]貝丘：縣名。治所在今山東臨清市東南。

裴佗字元化，河東聞喜人也。[1]六世祖詵，仕晋位太常卿。因晋亂，避地凉州。[2]苻堅平河西，[3]東歸，因居解縣。[4]世以文學顯，五舉秀才，再舉孝廉，時人美之。父景惠，州别駕。[5]

[1]河東聞喜人也：局本作"河南聞喜人也"。按：聞喜縣屬於河東郡。局本誤。

[2]凉州：晋朝時治姑臧縣，在今甘肅武威市。

[3]苻堅：人名。字永固，又字文玉，小名堅頭，氐族。十六國時前秦君主。見《晋書》卷一一三、一一四《苻堅載記》。　河西：郡名。東晋時治夏陽，在今山西臨汾市。

[4]解縣：治所在今山西臨猗縣。

[5]父景惠州别駕：中華本《魏書》卷八八《裴佗傳》作"父景，惠州别駕"。按：《新唐書·地理志三》條稱："惠州，上。本磁州，武德元年以相州之滏陽、臨水、成安置。"可知，惠州是唐朝始置。此處不可能爲"惠州别駕"，中華本《魏書》標點錯誤。

佗容貌魁偉，隤然有器望。[1]舉秀才，以高第除中書博士。累遷趙郡太守，[2]爲政有方，威惠甚著，狡吏姦人，莫不改貫，所得俸禄，分恤貧窮。轉前將軍、荆州刺史，[3]郡人戀仰，傾境餞送。蠻酋田盤石、田敬宗等部落萬餘家，恃衆阻險，不賓王命，前後牧守，未能降款。佗至州，單使宣慰，示以禍福，敬宗聞風歸附，於是合境清晏，繦負至者千餘家。[4]後加中軍將軍，[5]以老乞還。卒，遺令不聽請贈，不受賵襚，[6]諸子皆遵行之。

[1]隤（tuí）然：柔順的樣子。

[2]趙郡：北魏時治平棘縣，在今河北趙縣。

[3]前將軍：官名。漢代爲重號將軍之一。北魏時常作爲軍府名號，用作加官。孝文帝太和十七年定爲二品上，二十三年改爲三品。　荆州：北魏時治穰縣，在今河南鄧州市。源氏校勘記云："'荆'上《魏書》有'東'字。"《魏書》卷八八《裴佗傳》作"東荆州"。未詳孰是。

[4]繦負：以帶繫物負於背。

[5]中軍將軍：官名。漢武帝設，爲雜號將軍。西晉時主管京師及宫廷警衛。十六國前秦時與鎮軍、撫軍、冠軍將軍合稱四軍將軍。南燕亦置。南朝置爲重號將軍，南朝宋時位比四鎮將軍，三品。北魏時位在四鎮將軍下，孝文帝太和十七年定爲從一品下，二十三年改爲從二品。

[6]賵（fèng）襚：贈與喪家的車馬、衣物。

佗性剛直，不好與俗人交游，其投分者必當時名

勝。清白任真，[1]不事家産，宅不過三十步，又無田園，暑不張蓋，寒不衣裘，其貞儉若此。子讓之。

[1]任真：率真任情，不加修飾。

讓之字士禮，年十六喪父，殆不勝哀。其母辛氏泣撫之曰："棄我滅性，得爲孝子乎！"由是自勉。辛氏高明婦人，又閑禮度，夫喪，諸子多幼弱，廣延師友，或親自教授，内外親屬有吉凶禮制，多取則焉。

讓之少好學，有文情，清明俊辯，早得聲譽。魏天平中，舉秀才，對策高第。累遷屯田、主客郎中，[1]省中語曰"能賦詩，裴讓之"。爲太原公開府記室。[2]與楊愔友善，[3]相遇則清談竟日。愔每云：[4]"此人風流警拔，裴文季爲不亡矣。"梁使至，常令讓之攝主客郎。

[1]屯田：即屯田郎中，官名。尚書省屯田曹長官，與屯田郎互稱。北魏孝文帝太和十七年定郎爲從五品中，郎中爲五品上。二十三年皆稱郎中，六品。　主客郎中：官名。亦稱主客郎。三國魏始置。爲尚書省主客曹長官。北魏孝文帝太和十七年定郎中爲五品上，郎爲五品中。二十三年皆稱郎，六品。

[2]太原公：封爵名。太原，郡名。北魏時治晋陽縣，在今山西太原市晋源區古城營村一帶。　開府：爲開府儀同三司的省稱。記室：官名。漢朝自三公府至郡縣皆置爲佐吏，具體名稱不一。太尉屬吏有記室令史，郡府有主記室史，縣府有記室史，皆主文書表報。三國魏定諸府記室官七品。兩晋南北朝以來有記室令史、記室督、記室參軍、中記室參軍等名目，省稱記室。品秩自七品至九品不等。

[3]楊愔：人名。字遵彦，弘農華陰（今陝西華陰市東南）人。東魏、北齊官吏。見《北史》卷四一《楊播附楊愔傳》。

[4]愔每云：宋本作"愔云"。按："每"在此表示多次。

第二弟諏之奔關右，兄弟五人皆拘繫。齊神武問云：[1]"諏之何在？"答曰："昔吴、蜀二國，諸葛兄弟各得盡心，况讓之老母在此，君臣分定，失忠與孝，愚夫不爲。伏願明公以誠信待物。若以不信處物，物亦安能自信？以此定霸，猶卻行而求道耳。"[2]神武善其言，兄弟俱釋。

[1]齊神武：即高歡。神武爲其謚號，北齊後主所追謚。

[2]卻行：倒退而行。

歷文襄大將軍主簿，[1]兼中書舍人。後兼散騎常侍聘梁。文襄嘗入朝，讓之導引，容儀醞籍，[2]文襄目之曰："士禮，佳舍人也。"遷長兼中書侍郎，[3]領舍人。齊受禪，静帝遜居别宫，[4]與諸臣别，讓之流涕歔欷。[5]以參掌儀注，封寧都縣男。[6]帝欲以爲黄門侍郎，或言其體重不堪趨侍，乃除清河太守。至郡未幾，楊愔謂讓之諸弟曰：[7]"我與賢兄交款，[8]企聞善政，適有人從清河來，云姦吏斂迹，盗賊清靖。朞月之期，翻更非速。"

[1]文襄：即高澄。文襄爲其謚號，北齊文宣帝所追謚。

[2]醞（yùn）籍：指爲人温雅。

[3]長兼：官制用語。加在官職名稱前，表示非正式任命。

[4]静帝：即東魏皇帝元善見。静爲其謚號。

［5］歔（xū）欷（xī）：哭泣時抽噎、哽咽。

［6］寧都縣男：封爵名。寧都，縣名。治所在今陝西紫陽縣西北。

［7］楊愔：宋本無“楊”字。

［8］交款：交好。

清河有二豪吏田轉貴、孫舍興，久吏奸猾，多有侵削，因事遂脅人取財，計贓依律不至死，讓之以其亂法，殺之。時清河王岳爲司州牧，遣部從事案之。侍中高德政舊與讓之不協，[1]密奏言：“當陛下受禪之時，讓之眷戀魏朝，嗚咽流涕，比爲内官，情非所願。”既而楊愔請救之，云罪不合死。文宣大怒，[2]謂愔曰：“欲得與裴讓之同冢邪!”於是無敢言者，事奏，竟賜死於家。

［1］高德政：人名。字士貞，勃海蓨（今河北景縣）人。北齊官吏。見《北史》卷三一《高祐附高德正傳》。

［2］文宣：即北齊皇帝高洋。文宣爲其謚號。

讓之次弟諏之，字士正，少好儒學，釋褐太學博士。嘗從常景借書百卷，十許日便返。景疑其不能讀，每卷策問，應答無遺。景歎曰：“應奉五行俱下，[1]禰衡一覽便記，[2]今復見之於裴生矣。”楊愔闔門改葬，託諏之頓作十餘墓誌，文皆可觀。讓之、諏之及皇甫和、和弟亮，並知名於洛下，時人語曰：“諏勝於讓，和不如亮。”司空高乾致書曰：[3]“相屈爲户曹參軍。”[4]諏之復書不受署。沛王開大司馬府，[5]辟爲記室。遷鄴後，

諏之留在河南。西魏領軍獨孤信入據金墉，[6]以諏之爲開府屬，號曰“洛陽遺彦”。信敗，諏之居南山，[7]洛州刺史王元軌召爲中從事，[8]西師忽至，尋退，遂隨西師入關。周文帝以爲大行臺倉曹郎中。[9]卒，贈徐州刺史。[10]

[1]應奉：人名。字世叔，汝南南頓（今河南項城市）人。東漢官吏。見《後漢書》卷四八《應奉傳》。

[2]禰衡：人名。字正平，平原般（今山東寧津縣）人。東漢末名士。見《後漢書》卷八〇下《禰衡傳》。

[3]高乾：人名。字乾邕，勃海蓨（今河北景縣）人。北齊官吏。見《北史》卷三一《高祐附高乾傳》。

[4]户曹參軍：官名。亦稱户曹參軍事。西晋始置，爲户曹長官，主户曹事。北魏時公府、將軍府置，依府主等級不同，自六品上至八品。北齊時公府、州府置，自六品上至七品。

[5]沛王：即高洋，字子進，勃海蓨（今河北景縣）人。北齊皇帝。見《北史》卷七《齊本紀·文宣帝》。　大司馬：官名。楚漢戰争期間，項羽曾置爲武將名號。漢武帝元狩四年（前119）置爲加官號，以冠大將軍、車騎將軍、驃騎將軍等。授此號者皆爲功勳卓著的將帥，後多授顯貴外戚，成爲執掌中樞政務的中朝領袖之官號。漢光武帝建武二十七年（51）改名太尉。東漢末與太尉並置，位在三公之上。兩晋十六國時多爲大臣加官，八公之一，居三公之上、三師之下，開府置僚屬，然無具體職司。北魏、北齊時與大將軍並稱“二大”，仍爲加官，常典軍事，地位尊顯，皆一品。北齊後主增員而授，遂至冗濫。

[6]獨孤信：人名。雲中（今内蒙古和林格爾縣西北）人，鮮卑族獨孤部。北魏、西魏、北周名將。見《北史》卷六一《獨孤信傳》。　金墉：故址在今河南洛陽市東北。

[7]南山：即嵩山。在今河南登封市西北。

[8]王元軌：人名。即王則。字元軌，太原（今山西太原市晋源區古城營村一帶）人。北魏、東魏將領。見《北史》卷五三《王則傳》。　中從事：官名。治中從事史的省稱，《北史》避唐高宗李治諱改。漢代始置的州郡佐吏，例用本地人。歷代沿置。主選署及文書案卷，有書佐。北齊時司州治中從四品下，上州中六品下，中州從六品下，下州無。

[9]周文帝：即宇文泰。文爲其謚號，北周孝閔帝所追謚。　大行臺倉曹郎中：官名。西魏置，大行臺屬官。掌倉廩事務。

[10]徐州：東魏時治彭城縣，在今江蘇徐州市。

次讞之，字士平，七歲便勤學，早知名。累遷司徒主簿。楊愔每稱歎曰："河東士族，京官不少，唯此家兄弟，全無鄉音。"讞之雖年少，不妄交游，唯與隴西辛術、趙郡李繪、頓丘李構、清河崔贍爲忘年友。[1]昭帝梓宫將還鄴，[2]轉儀曹郎，[3]尤悉歷代故事，儀注、喪禮皆能裁正。爲許昌太守，[4]客旅過郡，皆出私財供給，人間無所預。代下日，[5]爲吏人所懷。仕周，卒伊川太守。[6]

[1]隴西：郡名。北魏時治襄武縣，在今甘肅隴西縣東南。　辛術：人名。字懷哲，隴西狄道（今甘肅臨洮縣）人。東魏、北齊官吏。見《北齊書》卷三八《辛術傳》。　李繪：人名。字敬文，趙郡平棘（今河北趙縣）人。東魏、北齊官吏。見《北史》卷三三《李靈附李繪傳》。　頓丘：郡名。北魏時治頓丘縣，在今河南清豐縣西南。　李構：人名。字祖基，頓丘（今河南清豐縣西南）人。北齊官吏。見《北史》卷四三《李崇附李構傳》。　崔贍：人

名。字彦通，清河東武城（今山東武城縣西北）人。北齊官吏。見《北史》卷二四《崔逞附崔贍傳》。

[2]昭帝：即北齊孝昭帝高演。孝昭爲其謚號。　梓宫：指皇帝、皇后的棺材。

[3]儀曹郎：官名。魏晋南朝及北齊時爲尚書省儀曹長官通稱，亦稱郎中，資深者可轉侍郎。北魏時爲儀曹尚書屬官，協助儀曹尚書掌車服、羽儀、朝覲、郊廟、饗宴等吉凶禮制。孝文帝太和十七年定郎中爲五品上，郎從五品中；二十三年皆稱郎中，六品，仍可通稱爲郎。東魏沿置。北齊六品上。

[4]許昌：郡名。東魏時治許昌縣，在今河南許昌市東北。

[5]代下：離任。

[6]伊川：郡名。東魏時治南陸渾縣，在今河南嵩縣東北。

次謀之，字士令，少有風格，邢卲[1]每云“我裴四”。武成爲開府，辟爲參軍，掌書記。

[1]邢卲：人名。字子才，小字吉，河間鄚（今河北任丘市北）人。北魏、東魏、北齊官吏。見《北史》卷四三《邢巒附邢卲傳》。

次訥之，字士言，純謹有局量。弱冠爲平原公開府墨曹，[1]掌書記，從至并州。其母在鄴，忽得心痛，訥之是日不勝思慕，心亦驚痛，乃請急而還。當時以爲孝感。文宣踐阼，幸晋陽，皇太子監國，留訥之與杜臺卿並爲齋帥，[2]領東宫管記。[3]轉太子舍人，[4]奏中書舍人事。衛尉杜弼被其家客誣云“有怨言，誹訕時政”。[5]并稱訥之與弼交好，亦知之。坐免官。卒，天統中追贈平

州刺史。[6]

[1]平原公：封爵名。平原，郡名。北齊時治梁鄒城，在今山東鄒中縣東北。　墨曹：官名。南朝宋公府僚屬諸曹之一，掌文翰，長官爲參軍。北齊時公府、護軍府、諸州府亦置，長官爲行參軍。

[2]杜臺卿：人名。字少山，博陵曲陽（今河北曲陽縣）人。初仕北齊。齊亡，歸鄉里講學。後仕隋。見《隋書》卷五八《杜臺卿傳》。

[3]東宫管記：官名。北齊時爲東宫屬吏，掌文書。常以文學之士擔任，亦有以中書侍郎兼掌者。一説即記室參軍之職。

[4]太子舍人：官名。秦始置。掌東宫宿衛。兩漢因之。晋時，掌文章書記。北魏亦置，孝文帝太和十七年定爲五品中，二十三年改爲從六品下。北齊時爲從六品下，隸屬詹事府典書坊。

[5]衛尉：官名。戰國秦始置。掌宫門衛屯兵。東晋省，南朝宋復置，三品。專掌宫禁及京城防衛。南朝梁、陳及北魏時亦稱衛尉卿，至北齊時改稱衛尉寺卿。　杜弼：人名。字輔玄，中山曲陽（今河北曲陽縣）人。東魏、北齊將領。見《北史》卷五五《杜弼傳》。

[6]天統：北齊後主的年號（565—569）。　平州：北齊時治肥如縣，在今河北盧龍縣北。

長子曰樊，出後讓之。次子矩，最知名。

矩字弘大，[1]繦褓而孤，及長，好學，頗愛文藻，有智數。世父讓之謂曰："觀汝神識，足成才士，欲求宦達，當資幹世之務。"矩由是始留情世事。仕齊，爲高平王文學。[2]齊亡，不得調。隋文帝爲定州總管，[3]補記室，甚親敬之。以母憂去職。[4]及帝作相，遣使馳召

之，參相府記室事。[5]受禪，遷給事郎，[6]奏舍人事。伐陳之役，領元帥記室。[7]既破丹陽，[8]晋王廣令矩與高熲收陳圖籍。[9]

[1]矩字弘大：源氏校勘記云："《唐書》卷一百有傳。"

[2]高平王：即高仁英，勃海蓨（今河北景縣）人。北齊宗室。見《北史》卷五二《齊安王廓等十王傳》。高平，郡名。北齊時治任城縣，在今山東濟寧市南。

[3]隋文帝：即隋朝皇帝楊堅。文爲其謚號。　定州：北周時治盧奴縣，在今河北定州市。　總管：官名。地方高級行政官員。北周明帝武成元年（559）由都督諸州軍事改名，加使持節，管理轄區軍事民政。所轄區域增減不定，多者可達數十州。品秩分三等，上總管從二品，中總管正三品，下總管從三品。

[4]憂：居父母之喪。按禮制規定，父母喪必須辭官回家守喪三年。

[5]記室：官名。記室參軍的省稱。西晋始置。北周沿置，爲諸開府、公府、軍府的記室曹長官，掌文書表奏。皇弟皇子府、嗣王藩王府、公府、持節都督府皆置。品級自七品至九品不等。

[6]給事郎：官名。晋及南朝梁曾置，職掌不詳。一説即給事黄門侍郎的省稱。隋文帝開皇六年（586）尚書省吏部置，八郎之一，正八品上，爲散官，常出使監察。隋煬帝時改隸門下省，掌省讀奏案，員四人，從五品。

[7]元帥記室：官名。即元帥府記室參軍事。爲元帥府屬吏，主文書表報。

[8]丹陽：郡名。南朝陳時治江寧縣，在今江蘇南京市。

[9]廣：即楊廣，人名。一名英，小字阿麼，弘農華陰（今陝西華陰市東南）人。隋朝皇帝。見《北史》卷一二《隋本紀·煬帝》。　高熲（jiǒng）：人名。字昭玄，勃海蓨（今河北景縣）人。

隋朝官吏。見《北史》卷七二《高熲傳》。

明年，奉詔巡撫嶺南，未行而高智慧、汪文進等作亂，[1]吴、越道閉。上難遣矩行，矩請速進，上許之。行至南康，[2]得兵數千人。時俚帥王仲宣逼廣州，[3]遣其部將周師舉圍東衡州，[4]矩與大將軍鹿愿赴之。[5]賊立九栅，屯大庾嶺，[6]共爲聲援，矩進擊破之。賊懼，釋東衡州，據原長嶺，[7]又擊敗之，遂斬師舉，進軍自南海援廣州，[8]仲宣懼而潰散。矩所綏集者二十餘州，又承制署渠帥爲刺史縣令。及還，上大悦，命升殿勞苦之，謂高熲、楊素曰："韋洸將二萬兵，[9]不能早度嶺，每患其兵少。裴矩以三千弊卒徑至南海，[10]有臣若此，朕亦何憂。"以功拜開府，賜爵聞喜縣公，賚物二千段。除户部侍郎，[11]遷内史侍郎。[12]

[1]高智慧：人名。一作"高智惠"，會稽（今浙江紹興市）人。隋文帝開皇十年，舉兵反隋，自號東揚州刺史，曾攻陷泉州。先後與隋將楊素交戰多次，敗後轉戰到閩越一帶。　汪文進：人名。婺州（今浙江金華市）人。原爲陳朝官吏，隋滅陳後，起兵反隋。

[2]南康：縣名。治所在今江西南康市西南。

[3]王仲宣：人名。番禺（今廣東廣州市番禺區）人。隋朝嶺南地區豪族。文帝開皇九年發動叛亂，圍廣州。翌年被隋將慕容三藏擊敗。　廣州：隋朝時治南海，在今廣東廣州市。

[4]東衡州：隋朝時治曲江縣，在今廣東韶關市南武水西。

[5]鹿愿：人名。隋朝將領。見《北史》卷七八《王辯附鹿愿傳》。

[6]大庾嶺：又名臺嶺、梅嶺等，爲五嶺之一。在今江西大餘縣、廣東南雄市之間。

[7]原長嶺：在今廣東韶關市南。源氏校勘記云："'原'《隋書》作'愿'。"

[8]進軍自南海援廣州：底本作"進軍自南海拔廣州"。源氏校勘記云："'拔'《隋書》作'援'。"中華本校勘記云："諸本'援'作'拔'，《隋書》卷六七《裴矩傳》作'援'。按上云王仲宣逼廣州，則廣州是爲隋守。本書卷六四《韋洸傳》，言洸守廣州，並未失陷。作'援'是，今據改。"今從改。南海，郡名。隋朝時治大庾縣，在今廣東始興縣。

[9]韋洸（guāng）：人名。字世穆，京兆杜陵（今陝西西安市長安區東）人。北周、隋朝將領。見《北史》卷六四《韋孝寬附韋洸傳》。

[10]南海：源氏校勘記云："'海'《隋書》作'康'。"按：《隋書》卷六七《裴矩傳》作"南康"，《資治通鑑》卷一七七與《北史》同。《北史》是。

[11]户部侍郎：官名。隋文帝置。度支部户部司長官，初置二人，掌管户部之事。正六品上，隋文帝開皇三年升爲從五品。隋煬帝時改稱爲民部郎。

[12]内史侍郎：官名。隋朝内史省次官，正四品。隋煬帝大業十二年（616）改名内書侍郎。

時突厥强盛，[1]都藍可汗妻大義公主即宇文氏女，[2]由是數爲邊患。後因公主與從胡私通，長孫晟先發其事，[3]矩請出使説都藍，顯戮宇文。[4]上從之，竟如其言。公主見殺後，都藍與突利可汗構難，[5]屢犯亭鄣。[6]詔太平公史萬歲爲行軍總管，[7]出定襄道，[8]以矩爲行軍長史，[9]破達頭可汗於塞外。[10]萬歲被誅，功竟不録。

上以啓人可汗初附，令矩撫慰之。還，爲尚書左丞。

[1]突厥：廣義包括突厥、鐵勒諸部，狹義專指突厥汗國。公元六世紀時游牧於阿爾泰山以南，初臣於柔然。西魏時發展强盛，首領阿史那土門打敗柔然，建立突厥汗國。見《北史》卷九九《突厥傳》。

[2]都藍可汗：即雍虞閭。東突厥可汗。隋文帝開皇七年嗣父沙鉢略可汗位。後因向隋求婚不成，攻啓民可汗。十九年冬被部下殺死。見《北史·突厥傳》。

[3]長孫晟：人名。字季晟，代（今山西大同市東北）人。北周、隋朝將領。見《北史》卷二二《長孫道生附長孫晟傳》。

[4]顯戮：處死。

[5]突利可汗：隋朝時東突厥可汗。遣使向隋求婚，隋以宗室女妻之。後因受都藍與達頭夾擊而降唐，拜爲啓民可汗。《北史》避唐太宗李世民諱，稱啓人可汗。見《北史·突厥傳》。

[6]亭鄣：指在邊疆險要處所築的堡壘，以供防守。

[7]太平公：封爵名。太平，縣名。治所在今山西寧武縣東北。　史萬歲：人名。京兆杜陵（今陝西西安市長安區東）人。北周、隋朝將領。見《北史》卷七三《史萬歲傳》。　行軍總管：官名。北周置。由戰時臨時任命的大臣擔任此職，統兵出征，戰事結束則罷。在重大軍事行動中，隸屬於行軍元帥。隋沿置，漸漸過渡爲地方軍政長官。

[8]定襄：郡名。隋朝時治大利城，在今内蒙古和林格爾縣。

[9]行軍長史：官名。東漢末曹操丞相府高級僚屬，出征則置，掌管行營事務。隋朝沿置。

[10]達頭可汗：隋朝時西突厥首領。與隋常有争戰，後因國内叛亂，逃往吐谷渾。見《北史》卷九九《突厥附西突厥傳》。

其年，文獻皇后崩，[1]太常舊無儀注，矩與牛弘、李百藥等據齊禮參定。[2]轉吏部侍郎，名爲稱職。煬帝即位，[3]營建東都，[4]矩職修府省，九旬功就。

[1]文獻皇后：隋文帝皇后獨孤氏。見《北史》卷一四《隋文獻皇后獨孤氏傳》。

[2]牛弘：人名。字里仁，安定鶉觚（今甘肅涇川縣東南）人。隋朝官吏。見《北史》卷七二《牛弘傳》。　李百藥：人名。字重規，定州安平（今河北安平縣）人。隋末唐初官吏、史學家，奉詔撰《北齊書》。見《舊唐書》卷七二《李百藥傳》。

[3]煬帝：即隋朝皇帝楊廣。煬爲其謚號。

[4]東都：都城名。即洛陽。

時西域諸蕃多至張掖與中國交市，[1]帝令矩掌其事。矩知帝方勤遠略，諸胡至者，矩誘令言其國俗山川險易，撰《西域圖記》三卷，入朝奏之。其序曰：

[1]張掖：郡名。隋朝時治張掖縣，在今甘肅張掖市。

臣聞禹定九州，導河不踰積石；[1]秦兼六國，設防止於臨洮。[2]故知西胡雜種，僻居遐裔，禮教之所不及，書典之所罕傳。自漢氏興基，開拓河右，始稱名號者有三十六國。[3]其後分立，乃五十五王。[4]仍置校尉、都護，[5]以存招撫。然叛服不恒，屢經征戰。後漢之世，頻廢此官，雖大宛以來，[6]略知户數，而諸國山川，未有名目。至如姓氏、風土、服章、物産，全無纂録，世所弗聞。復

以春秋遞謝，年代久遠，兼并誅討，互有興亡，或地是故邦，改從今號，或人非舊類，同襲昔名。兼復部人交錯，封疆移改，戎狄音殊，事難窮驗。于闐之北，[7]葱嶺以東，[8]考于前史，三十餘國。其後更相屠滅，僅有十存，自餘淪没，掃地俱盡，空有丘墟，不可記識。

[1]積石：即大積石山。在今青海東南部阿尼瑪卿山。

[2]臨洮：縣名。治所在今甘肅岷縣。

[3]三十六國：底本作“四十六國”，源氏校勘記云：“‘四’《隋書》作‘三’。”中華本校勘記云：“諸本‘三’作‘四’，《隋書》作‘三’。按《漢書》卷九六上《西域傳》序作‘三十六國’。今據改。”今從改。

[4]乃五十五王：宋本作“乃五王”。按：其先有三十六國，其後分立，不可能變成五王。宋本脱“十五”二字。

[5]校尉：官名。秦漢爲統兵武官，略次於將軍，高於都尉。魏晋南北朝名號較雜，品秩不一。隋朝以後又爲武散官。　都護：官名。亦稱都護西域、使西域都護。西漢始置，爲駐守西域地區的最高長官，負責管理西域地區的軍政事務。

[6]大宛：國名。在今烏兹别克斯坦境内。屬邑大小七十餘城，居民從事畜牧業，尤以出産汗血馬著名。

[7]于闐：國名。漢西域三十六國之一，國都西城，一作“西山城”，在今新疆和田縣。居民從事農牧，多桑麻，産美玉，俗重佛教，寺塔僧尼甚衆。見《北史》卷九七《于闐傳》。

[8]葱嶺：位於今帕米爾高原，爲中國通往西方的交通要道。

皇上應天育物，無隔華夷，率土黔黎，[1]莫不

慕化，風行所及，日入以來，職貢皆通，無遠不至。臣既因撫納，監知關市，尋討書籍，訪采胡人，或有所疑，即詳衆口，依其本國服飾儀形，[2]王及庶人各顯容止，即丹青摸寫爲西域圖記，共成三卷，合四十五國。[3]仍别造地圖，窮其要害，從西頃以去，[4]北海之南，[5]縱横所亘，將二萬里。諒由富商大賈，周游經涉，故諸國之事，罔不徧知。復有幽荒遠地，卒訪難曉，不可憑虚，是以致闕。而二漢相踵，西域爲傳，户人數十，即稱國王，徒有名號，有乖其實。今者所編，皆餘千户，利盡西海，[6]多産珍異。見山居之屬，非有國名及部落小者，多亦不載。

[1]黔黎：即黔首黎民。指平民百姓。

[2]依其本國服飾儀形：局本作“依其本國服飾儀刑”，“形”訛作“刑”。

[3]四十五國：中華本校勘記云：“《隋書》作‘四十四國’。按本書卷九七《西域傳》序，言裴矩引致西域，‘其有君長者四十四國’。則《隋書》是。”可從。

[4]西頃：山名。在今青海東部、甘肅西南部。綿亘數千里，山勢東高西低，故名。

[5]北海：即今俄羅斯境内貝加爾湖。

[6]西海：指今地中海。

發自燉煌，[1]至于西海，凡爲三道，各有襟帶。北道從伊吾經蒲類海、鐵勒部、突厥可汗庭，[2]度北流河水、至拂菻國，[3]達于西海。其中道從高昌、

焉耆、龜兹、疏勒，[4]度葱嶺，又經䥽汗、蘇勒沙那國、康國、曹國、何國、大小安國、穆國，[5]至波斯，[6]達于西海。其南道從鄯善、于闐、朱俱波、喝盤陁，[7]度葱嶺，又經護密、吐火羅、挹怛、忛延、漕國，[8]至北婆羅門，達于西海。其三道諸國，亦各自有路，南北交通。其東女國、南婆羅門國等，[9]並隨其所往，諸處得達。故知伊吾、高昌、鄯善並西域之門户也，總凑燉煌，是其咽喉之地。

[1]燉煌：郡名。隋朝時治敦煌縣，在今甘肅敦煌市西。

[2]伊吾：地名。在今新疆哈密市。　蒲類海：一名婆悉海。即今新疆巴里坤哈薩克自治縣西北巴里坤湖。　鐵勒部：漢朝時稱丁零，北魏時稱敕勒或鐵勒，也稱高車。隋時鐵勒各部分屬東西突厥。見《北史》卷九九《鐵勒傳》。

[3]拂菻國：國名。指大秦國，中國古代史書對羅馬帝國的稱呼。

[4]高昌：國名。國都高昌城，在今新疆吐魯番市東南。　焉耆：國名。又作“烏纏國”“烏邑國”“烏耆國”“烏萇國”。本西域城國，國都員渠城，在今新疆焉耆回族自治縣西南。　龜兹：國名。國都延城，在今新疆沙雅縣北。　疏勒：國名。又作“沙勒國”“竭叉國”“竭石國”“佉沙國”。本西域城國，國都疏勒城，在今新疆喀什市。

[5]䥽汗：國名。亦作“沛汗”等。在今烏克兹别克斯坦費爾干納。　蘇勒沙那國：國名。中華本校勘記云：“《隋書》‘勒’作‘對’，《通志》卷一六一《裴矩傳》作‘勒’。按《隋書》卷八三、本書卷九七《西域傳》䥽汗國及米國都見‘蘇對沙那’。《通志》卷一九六《西域傳》米國及撥汗國條同。疑作‘對’是。”可

從。 康國：國名。在今烏兹别克斯坦撒馬爾罕。 曹國：國名。都城那密川南，在今烏兹别克斯坦撒馬爾罕。 何國：國名。在今烏兹别克斯坦撒馬爾罕。 安國：國名。亦作“忸密”“安息”。在今烏兹别克斯坦布哈拉。 穆國：國名。亦作“木鹿”“馬魯”“末禄”等。在今土庫曼斯坦馬雷。

[6]波斯：國名。即今伊朗。

[7]鄯善：國名。國都依循城，在今新疆若羌縣。 朱俱波：國名。亦作“朱駒波”“悉居半”等。在今新疆英吉沙縣、塔什庫爾干塔吉克自治縣。 喝盤陁：國名。亦作“漢陁”“渴館檀”“渴羅陁”。在今新疆塔什庫爾干塔吉克自治縣石城。

[8]護密：國名。國都塞迦審城，在今阿富汗東北境儻赤河西岸。 吐火羅：國名。在蔥嶺以西，阿姆河南一帶。 挹怛：國名。底本作“挹怛”，中華本校勘記云：“諸本‘怛’訛作‘怛’，據《隋書》《通志》改。挹怛即嚈噠，見《隋書》卷八三及本書卷九七《西域傳》。”今從改。 漕國：國名。又作“漕矩”“訶達羅支”“葛達羅支”等。都城伽色尼，在今阿富汗加兹尼。

[9]女國：國名。在今四川西北、青海東南一帶。世代以女子爲王。盛産鹽、麝香、犛牛、駿馬等。底本作“安國”，源氏校勘記云：“（‘東安’）《隋書》作‘東女’。”中華本校勘記云：“諸本‘女’作‘安’，《隋書》作‘女’。按女國與南婆羅門都不在三道上，故以‘其東’區别之。大小安國已見前，此不應重出，今據《隋書》改。”今從改。

以國家威德，將士驍雄，汎濛汜而揚旌，[1]越崑崙而躍馬，[2]易如反掌，何往不至。但突厥、吐谷渾分領羌胡之國，[3]爲其擁遏，故朝貢不通。今並因商人，密送誠款，引領翹首，願爲臣妾。聖情含養，澤及普天，服而撫之，務在安輯。故皇華遣

使，弗動兵車。諸蕃既從，突厥可滅。[4]混一戎夏，其在兹乎。不有所記，無以表威化之遠也。

[1]濛汜：傳説中日落之處。《通鑑》卷一八〇胡三省注："蒙谷之水也，日所入處。"

[2]崑崙：即今新疆、西藏之間崑崙山脉。

[3]羌：族名。十六國時曾建立後秦政權，漸與漢族融合。隋朝時分布於今陝西、甘肅、四川地區。　胡：即稽胡，又名步落稽，屬匈奴别種。主要活動在今山西、陝西北部山谷間。見《北史》卷九六《稽胡傳》。

[4]突厥可滅：《隋書》卷六七《裴矩傳》作"渾厥可滅"。按：這裏説的是如何滅突厥、吐谷渾。與上文呼應，當爲"渾厥可滅"。"突厥可滅"不全面，疑《北史》誤。

帝大悦，賜物五百段，每日引矩至御坐，親問西方之事。矩盛言胡中多諸寶物，吐谷渾易可并吞。帝由是甘心將通西域，西夷經略，咸以委之。

後遷黄門侍郎，復令往張掖，引致西蕃，至者十餘國。大業三年，[1]帝有事於恒嶽，[2]咸來助祭。帝將巡河右，復令矩往敦煌，矩遣使説高昌王麴伯雅及伊吾吐屯設等，[3]啗以厚利，導之使入朝。及帝西巡，次燕支山，[4]高昌王、伊吾設等及西蕃胡二十七國謁於道左，皆令佩金玉，被錦罽，[5]焚香奏樂，歌舞喧噪。復令張掖、武威士女盛飾縱觀，[6]填咽周亘數十里，以示中國之盛。帝見而大悦。竟破吐谷渾，拓地數千里，並遣兵戍之，每歲委輸巨億萬計。諸蕃懼懾，朝貢相續。帝謂矩有綏懷略，進位銀青光禄大夫。[7]

[1]大業三年：中華本校勘記云："《通志》'三'作'二'。按本書卷十二、《隋書》卷三《煬帝紀》，大業四年八月，'親祠恒岳'，則事在四年。作'三'作'二'都誤。"可從。大業，隋煬帝的年號（605—617）。

[2]恒嶽：亦作"恒山""恒嶺"。在今河北曲陽縣。

[3]麴伯雅：人名。金城榆中（今甘肅榆中縣西北）人。隋唐時西域高昌國君主。見《北史》卷九七《高昌傳》。　吐屯設：即吐屯發。突厥汗國官職。監察之官，職司相當於中原的御史，分遣各部以監視國政。

[4]燕支山：在今甘肅永昌縣、民樂縣之間。

[5]錦罽（jì）：色彩絢爛的毛織品。

[6]武威：郡名。隋朝時治姑臧縣，在今甘肅武威市。

[7]銀青光禄大夫：官名。東晋置。即光禄大夫被授予銀章青綬者。隋朝時爲元老重臣之加官或致仕之官，亦爲死者贈官。隋初爲正三品散官，煬帝時定爲從三品。

其年冬，帝至東都。矩以蠻夷朝貢者多，諷帝令都下大戲，徵四方奇伎異藝陳於端門街，衣錦綺、珥金翠者以十萬數。又勒百官及百姓士女列坐棚閣而縱觀焉，皆被服鮮麗，終月而罷。又令交市店肆皆設帷帳，盛酒食，遣掌蕃率蠻夷與人貿易，所至處悉令邀延就坐，醉飽而散。蠻夷嗟歎，謂中國爲神仙。帝稱矩至誠，謂宇文述、牛弘曰：[1]"裴矩凡所陳奏，皆朕之成算，朕未發，矩輒以聞。自非奉國，孰能若是。"

[1]宇文述：人名。字伯通，代郡武川（今内蒙古武川縣西）

人。隋朝官吏。見《北史》卷七九《宇文述傳》。

帝遣將軍薛世雄城伊吾，[1]令矩共往經略。矩諷諭西域諸國曰："天子爲蕃人交易縣遠，所以城耳。"咸以爲然，不復來競。及還，賜錢四十萬。矩又白狀，令反間射匱，[2]潛攻處羅。[3]後處羅爲射匱所迫，竟隨使者入朝。帝大悦，賜矩貂裘及西域珍器。

[1]薛世雄：人名。字世英，河東汾陰（今山西萬榮縣西南）人。隋朝官吏。見《北史》卷七六《薛世雄傳》。

[2]射匱：人名。隋朝時西突厥可汗。初與處羅可汗争，遣使赴隋請婚。隋用裴矩計，封其爲可汗，令攻處羅，迫處羅降隋。煬帝大業七年自立爲射匱可汗，征服薛延陁、契苾二部。見《北史》卷九九《突厥附西突厥傳》。

[3]處羅：人名。隋朝時西突厥可汗。後歸附隋朝，從征高麗，娶隋信義公主。宇文化及殺隋煬帝後，其隨化及至河北，爲東突厥所殺。見《北史》卷九九《突厥附西突厥傳》。

從帝巡塞北，幸啓人帳。時高麗遣使先通于突厥，[1]啓人不敢隱，引之見帝。矩因奏曰："高麗地本孤竹國，[2]周代以之封箕子，[3]漢世分爲三郡，晋氏亦統遼東。[4]今乃不臣，列爲外域，故先帝欲征之久矣。但以楊諒不肖，[5]師出無功。當陛下時，安得不事，使此冠帶之境仍爲蠻貊之鄉乎？[6]今其使朝於突厥，親見啓人合國從化，必懼皇靈之遠暢，慮後服之先亡，脅令入朝，當可致也。"帝曰："如何？"矩曰："請面詔其使，放還本國，遣語其王，令速朝覲。不然者，當率突厥，

即日誅之。”帝納焉。高元不用命，[7]始建征遼之策。

[1]高麗：國名。又作“高句麗”等，其先出自夫餘，爲漢之玄菟郡。高句麗爲其三縣之一，因以爲國名。都名丸都，故治在今吉林集安市，南北朝時遷都於今朝鮮平壤市。見《北史》卷九四《高麗傳》。

[2]孤竹國：商周時北方國名。在今河北盧龍縣南。

[3]箕子：即胥餘。商朝宗室、貴族，曾在商紂王時任太師輔政。因封國於箕（今山西太谷縣東北），爵爲子，故稱箕子。

[4]遼東：郡名。隋朝時治通定鎮，在今遼寧新民市東北遼濱塔。

[5]楊諒：人名。一名傑，字德章。隋文帝第五子。見《北史》卷七一《庶人諒傳》。

[6]蠻貊（mò）：泛指四方落後民族。

[7]高元：人名。隋朝時高句麗國王。見《北史·高麗傳》。

王師臨遼，以本官領武賁郎將。[1]明年，復從至遼東。兵部侍郎斛斯政亡入高麗，[2]帝令矩兼掌兵事。以前後度遼功，進位右光禄大夫。[3]

[1]武賁郎將：官名。即虎賁郎將。《北史》避唐高祖祖父李虎諱改。北魏置。統率虎賁郎擔當侍衛皇帝之任。孝文帝太和十七年定爲從五品上。隋朝時除擔任侍衛外，亦奉命出征，或賜予大臣充作儀仗，作爲特殊禮遇。

[2]兵部侍郎：官名。隋初爲兵部頭司兵部司長官，六品上，文帝開皇六年升爲五品。煬帝時改爲兵曹郎。　斛斯政：人名。廣牧富昌（今内蒙古准格爾旗東南）人。隋朝官吏。見《北史》卷四九《斛斯椿附斛斯政傳》。

［3］右光禄大夫：官名。三國魏始置。作爲在朝顯職官員的加官，以示優崇，或授予年老有病的致仕之官，亦常用於卒後贈官。無具體職掌。北魏孝文帝太和十七年定爲從一品中，二十三年定爲二品。北齊仍爲二品，北周爲正八命。隋初爲正二品，煬帝大業三年改爲從二品。

時皇綱不振，人皆變節，左翊衛大將軍宇文述、内史侍郎虞世基等用事，[1]文武多以賄聞。唯矩守常，無贓穢之響，以是爲世所稱。後以楊玄感初平，[2]帝令矩安集隴右，[3]因之會寧，[4]存問曷薩那部落，[5]遣闕達度設寇吐谷渾，[6]頻有虜獲，部落致富。還而奏狀，帝大賞之。後從至懷遠鎮，[7]詔護北蕃軍事。

［1］左翊衛大將軍：官名。隋朝十二衛大將軍之一。煬帝大業三年由左衛大將軍改置，爲左翊衛長官，員一人，總府事，並統諸鷹揚府事。正三品。　虞世基：人名。字懋世，會稽餘姚（今浙江餘姚市）人。隋朝官吏。見《北史》卷八三《虞世基傳》。

［2］楊玄感：人名。弘農華陰（今陝西華陰市東南）人。隋朝官吏。見《北史》卷四一《楊敷附楊玄感傳》。

［3］隴右：地區名。陝西、甘肅交界的隴山以西地區。

［4］會寧：縣名。治所在今甘肅永登縣。

［5］曷薩那部落：突厥部落。隋朝時活動在今甘肅地區，以游牧爲主。

［6］闕達度設：人名。一作“達度闕”。隋朝時西突厥將領。西突厥處羅可汗弟。

［7］懷遠鎮：鎮名。在今遼寧遼中縣。

矩以始畢可汗部衆漸盛，[1]獻策分其勢，將以宗女

嫁其弟叱吉設，[2]拜爲南面可汗。[3]叱吉不敢受，始畢聞而漸怨。矩又曰："突厥本淳，易可離間，由其内多有群胡，盡皆桀黠，教導之耳。臣聞史蜀胡悉尤多奸計，[4]幸於始畢，請誘殺之。"帝曰："善。"矩因遣人告胡悉曰："天子大出珍物，今在馬邑，[5]欲共蕃内多作交關，若前來者，即得好物。"胡悉信之，不告始畢，率其部落，盡驅六畜争進，冀先互市。矩伏兵馬邑，誘而斬之。詔報始畢曰："史蜀胡悉忽領部落，走來至此，云背可汗，請我容納。今已斬之，故令往報。"始畢亦知其狀，由是不朝。

[1]始畢可汗：隋朝時突厥可汗。煬帝大業十一年朝煬帝於東都，其年又圍煬帝於雁門，後退去。隋末逐漸强盛。見《北史》卷九九《突厥傳》。

[2]叱吉設：人名。隋朝時突厥貴族。始畢可汗弟。見《北史·突厥傳》。

[3]南面可汗：中央王朝封予少數民族首領的封號。見《北史·突厥傳》。

[4]史蜀胡悉：人名。隋朝時突厥部落首領。屢犯隋，煬帝大業十年，爲裴矩誘殺。見《北史·突厥傳》。

[5]馬邑：郡名。隋朝時治善陽縣，在今山西朔州市。

十一年，帝北巡狩，始畢率騎數十萬圍帝於雁門，[1]詔矩與虞世基宿朝堂以待顧問。及圍解，從至東都。屬射匱可汗遣其猶子率西蕃諸胡朝貢，詔矩宴接之。[2]

[1]雁門：即雁門關。在今山西代縣西北。

[2]詔矩宴接之：局本作“詔知宴接之”。“矩”訛作“知”。

尋從幸江都宮。[1]時四方盜賊蜂起，郡縣上奏者不可勝計。矩言之，帝怒，遣矩詣京師接蕃客。以疾不行。及義兵入關，帝遣虞世基就宅問矩方略。矩曰：“太原有變，京畿不静，遥爲處分，恐失事機，唯願鑾輿早還。”俄而驍衛大將軍屈突通敗問至，[2]矩以聞，帝失色。矩素勤謹，未嘗忤物，又見天下方亂，恐爲身禍，其待遇人，多過其所望，故雖厮役，[3]皆得其歡心。

[1]江都宮：隋煬帝大業中建。故址在今江蘇揚州市西。

[2]驍衛大將軍：官名。隋煬帝大業三年改左右備身府爲左右驍衛，各置大將軍一員，總府事，並統諸鷹揚府事。正三品。　屈突通：人名。雍州長安（今陝西西安市）人。隋末唐初大將。見《舊唐書》卷五九《屈突通傳》。

[3]厮役：指服雜役的人。

時從駕驍果數有逃散，[1]帝憂之，以問矩。矩曰：“今車駕留此，已經二年。驍果之徒，盡無家口，人無匹合，則不能久安。臣請聽兵士於此納室。”帝大喜曰：“公定多智，此奇計也。”因令矩檢校爲將士等娶妻。[2]矩召江都境内寡婦及未嫁女皆集宮監，[3]又召諸將帥及兵等恣其所取。因聽自首，先有奸通婦女及尼、女官等，並即配之。由是驍果等悦，咸相謂曰：“裴公之惠也。”

[1]驍果：軍士名。隋朝置。隋煬帝大業八年募民爲之，以折衝郎將、果毅郎將領之。

[2]檢校：勾稽查核。

[3]江都：縣名。治所在今江蘇揚州市西南。

宇文化及反，[1]矩晨起將朝，至坊門，遇逆黨數人，控矩馬詣孟景所。[2]賊皆曰："不關裴黄門。"既而化及從百餘騎至，矩迎拜，化及慰諭之，令矩參定儀注，推秦王子浩爲帝。[3]以矩爲侍内，隨化及至河北。化及僭帝號，以矩爲尚書右僕射，[4]加光禄大夫，[5]封蔡國公，爲河北道宣撫大使。[6]

[1]宇文化及：人名。代郡武川（今内蒙古武川縣西）人。隋朝官吏。見《北史》卷七九《宇文述附宇文化及傳》。

[2]孟景：人名。一作"孟秉"。隋朝將領。恭帝義寧二年(618)從宇文化及反隋。翌年被竇建德所斬。

[3]秦王：即楊俊。字阿祇，弘農華陰（今陝西華陰市東南）人。隋文帝第三子。見《北史》卷七一《秦王俊傳》。

[4]尚書右僕射：官名。秦、西漢爲尚書令副貳。東漢爲尚書臺次官，漢獻帝時分設左、右。歷代沿置。魏晋置爲尚書省次官，三品。或單置，或並置左右。左僕射居右僕射上。輔助尚書令執行政務，參議大政，諫諍得失，監察百官。常受命主管官吏選舉。隋朝時僕射爲正宰相，從二品，與門下省、内史省長官共秉國政。文帝開皇三年令右僕射掌判都官、度支、工部三部事，兼知用度。

[5]光禄大夫：官名。漢武帝時改中大夫置，掌議論，在大夫中地位最爲尊顯。歷朝因之，官秩不一。自西漢後期起逐漸演變爲加官、散官。至晋武帝泰始年間始有左、右之分，並稱加金章紫綬者爲金紫光禄大夫，加銀章青綬者爲銀青光禄大夫。隋朝時爲從

一品。

[6]宣撫大使：官名。中央派到地方負責巡察的官員。源氏校勘記云："《唐書》作'安撫'，《隋書》同。"

及宇文氏敗，爲竇建德所獲，[1]以矩隋代舊臣，遇之甚厚，復以爲吏部尚書，轉尚書右僕射。建德起自群盜，未有節文，矩爲之制定朝儀，旬月之間，憲章頗擬於王者。建德大悦。

[1]竇建德：人名。貝州漳南（今山東武城縣漳南鎮）人。隋末起義軍首領。見《舊唐書》卷五四《竇建德傳》。

及建德敗時，矩與其將曹旦等於洺州留守。[1]旦長史李公淹及大唐使人魏徵等説旦及齊善行，[2]令矩歸順，旦等從之，乃令矩與徵、公淹領旦及八璽，舉山東之地歸降。授左庶子，[3]轉詹事、户部尚事，[4]卒。

[1]曹旦：人名。隋末起義軍首領。屬竇建德部，及建德失敗，率餘部舉山東之地降於唐。　洺州：隋朝時治廣年縣，在今河北永年縣東南。底本作"洛州"，中華本校勘記云："諸本'洺'作'洛'，《隋書》作'洺'。按竇建德都洺州，見《舊唐書》卷五四《竇建德傳》。作'洛'誤，今據改。"今從改。

[2]長史：官名。戰國秦置，掌顧問參謀。秦漢因之，爲所在官署掾屬之長。邊郡於丞之外復置長史，佐太守掌兵馬。東漢、魏晋南北朝沿置，大抵略同。隋唐長史員額、品秩各有不同，皆爲幕僚之長，故有元僚之稱。　魏徵：人名。字玄成，鉅鹿曲城（今河北巨鹿縣）人。隋末爲武陽郡丞，後隨李密降唐。見《舊唐書》

卷七一《魏徵傳》。　齊善行：人名。隋末唐初人。初隨竇建德起兵，建德敗，經魏徵等説服降唐。

[3]左庶子：官名。即太子左庶子。秦漢時置太子庶子，西晋時始分左右，掌侍從贊相，駁正啓奏。隋朝沿置，爲太子門下坊長官，正四品上。唐朝時正四品上。

[4]詹事：官名。太子詹事的簡稱。魏晋以來，太子宫設，掌太子宫内庶務及領諸侍奉之臣，故有此稱。北魏初分置左右，孝文帝太和十七年定爲二品下，後併爲一員，二十三年改爲三品。北齊時爲三品。隋初復置，旋省。唐朝時復置爲詹事府長官，正三品，掌東宫三寺十率府之政。位高職閑，多用以安置退罷大臣。

讓之第六弟諤之，字士敬，少有志節，好直言。文宣末年昏縱，朝臣罕有言者，諤之上書正諫，言甚切直。文宣將殺之，白刃臨頸，諤之辭色不變。帝曰："癡漢何敢如此！"楊愔曰："望陛下放以取後世名。"帝投刀歎曰："小子望我殺爾以取後世名，我終不成爾名。"[1]遣人送出。齊亡，卒於壺關令。[2]

[1]"帝曰"至"我終不成爾名"：中華本校勘記云："《通志》卷一五四《裴讓之傳》作：'帝曰："癡漢何敢爾？"楊愔曰："此子望陛下殺之以取後世名。"帝投刀曰："小子望我殺爾以取名，我終不成爾名也。"'按《通志》文字略異，當是改寫。但'放'字疑當從《通志》作'殺'，方與上下文相應。"可從。

[2]壺關：縣名。治所在今山西壺關縣東南。

皇甫和者，字長諧，安定朝那人。[1]其先因官，寓居漢中。[2]祖澄，南齊秦、梁二州刺史。[3]

[1]朝那：縣名。治所在今甘肅靈臺縣西北。

[2]漢中：郡名。北魏時治南鄭縣，在今陝西漢中市。

[3]秦州：南朝齊時爲僑置州，治南鄭縣，在今四川德陽市。梁州：南朝齊時治南鄭縣，在今四川德陽市。

父徽，字子玄，梁安定、略陽二郡守。[1]魏正始二年，[2]隨其妻父夏侯道遷入魏。[3]道遷別上勳書，欲以徽爲元謀。徽曰："創謀之始，本不關預，雖貪榮賞，内愧於心。"遂拒而不許。梁州刺史羊靈祐重其敦實，[4]表爲征虜府司馬，[5]卒。

[1]安定：郡名。南朝梁時治新化縣，在今湖北南漳縣西北。略陽：郡名。南朝梁時改爲德廣郡，治略陽縣，在今湖北宜城市東。

[2]正始：北魏宣武帝的年號（504—508）。

[3]夏侯道遷：人名。譙國（今安徽亳州市）人。初仕南朝齊，後附北魏。見《北史》卷四五《夏侯道遷傳》。中華本校勘記云："按《魏書》卷七一《江悦之傳附皇甫徽傳》云：'徽妻即道遷之兄女。'則道遷是徽之妻叔。"可從。

[4]羊靈祐：人名。即羊祉。字靈祐，太山鉅平（今山東泰安市）人。北魏官吏。見《北史》卷三九《羊祉傳》。

[5]征虜府司馬：官名。征虜將軍府屬吏，武職，負責軍務。征虜將軍，漢光武帝置。北魏時爲雜號將軍之一，亦作爲高級文職官員的加官。孝文帝太和二十三年定爲從三品。

和十一而孤，母夏侯氏才明有禮則，親授以經書。及長，深沈有雅量，尤明禮儀，宗親吉凶，多相諮訪。

卒於濟陰太守。[1]

[1]濟陰：郡名。北魏時治古城，在今山東曹縣西北。

子聿道，以幹局知名，位廣平令。[1]隋大業初，比部郎。[2]

[1]廣平：郡名。隋朝時治曲梁縣，在今河北永年縣東南。

[2]比部郎：官名。魏晋南北朝時尚書省比部曹長官通稱，亦稱比部郎中，其資深者可稱比部侍郎。魏、晋及南朝宋六品，梁五班，陳四品、秩六百石。北魏孝文帝太和十七年定郎爲從五品中，郎中五品上，二十三年皆稱郎中，六品，仍可通稱爲郎。北齊時爲六品。隋文帝時改名比部侍郎，煬帝時復名比部郎，從五品。

和弟亮，字君翼，九歲喪父，哀毁有若成人。齊神武起義，爲大行臺郎中。[1]亮率性任真，不樂劇職，除司徒東閤祭酒，[2]思還鄉里，啓乞梁州褒中，[3]即本郡也。[4]後降梁，以母兄在北，求還，梁武不奪也。[5]至鄴，無復宦情，遂入白鹿山，[6]恣泉石之賞，縱酒賦詩，超然自樂。復爲尚書殿中郎，[7]攝儀曹事。以參撰禪代儀注，封榆中男。[8]亮疏慢自任，無幹務才，每有禮儀大事，常令餘司攝焉。

[1]大行臺郎中：官名。北魏後期始置。爲大行臺屬官，分掌諸曹事。在北魏末期權力極大，常兼任或者加以其他高級官職。

[2]司徒東閤祭酒：官名。司徒府屬吏，掌閤内文翰。北魏孝文帝太和二十三年定爲七品上。

[3]褒中：縣名。治所在今陝西漢中市西北。

[4]即本郡也：局本作“郎本郡也”。“即”訛作“郎”。

[5]梁武：即南朝梁皇帝蕭衍。武爲其謚號。

[6]白鹿山：在今河南輝縣市西。

[7]尚書殿中郎：官名。十六國時前秦置，爲殿中侍衛武官，掌管宫殿禁衛、倉庫。北齊時爲六品上。

[8]榆中男：封爵名。榆中，縣名。治所在今甘肅榆中縣西北。

性質朴純厚，終無片言矯飾。屬有敕下司，各列勤惰。亮三日不上省，文宣親詰其故。亮曰：“一日雨，一日醉，一日病酒。”文宣以其恕實，優容之。杖脛，三十而已。[1]所居宅洿下，[2]標牓賣之，將買者或問其故，亮每答云：“爲宅中水淹不泄，雨即流入牀下。”由此宅終不售。其淳實如此。

[1]脛（jìng）：小腿。

[2]洿（wū）下：低窪。

以兼散騎常侍，聘陳使主，以不稱免官。後除任城太守，[1]病不之官，卒於鄴。贈驃騎大將軍、安州刺史。[2]

[1]任城：郡名。北齊時治魯縣，在今山東曲阜市。

[2]驃騎大將軍：官名。東漢初臨時設置，統兵征戰，事訖則罷。魏晋驃騎將軍爲重號將軍，僅次大將軍，高於諸名號大將軍，本不須加“大”，然兩晋將軍名號愈來愈濫，遂又增此號，居諸名號將軍之首，一品。多加於權臣元老，以示尊崇，開府置僚屬，不

領兵。北魏孝文帝太和十七年定爲一品中，二十三年改爲從一品。北齊因之。　安州：北齊時治密雲縣，在今北京密雲縣東。

裴果字戎昭，河東聞喜人也。祖思賢，魏青州刺史。[1]父遵，齊州刺史。[2]

[1]青州：北魏時治東陽城，在今山東青州市。

[2]齊州：北魏時治歷城縣，在今山東濟南市。

果少慷慨有志略。魏太昌中，爲陽平郡丞。[1]周文帝曾使并州，與果遇，果知非常人，密託附焉。永安末，盗賊蜂起，果從軍征討，乘黄驄馬，衣青袍，[2]每先登陷陣，時人號爲“黄驄年少”。永熙中，授河北郡守。

[1]陽平：郡名。北魏時治館陶縣，在今河北館陶縣。

[2]衣青袍：局本作“青衣袍”。倒誤。

及齊神武敗於沙苑，[1]果乃率其宗黨歸闕。周文嘉之，賜田宅奴婢牛馬什物等。從戰河橋，[2]解玉壁圍，[3]摧鋒奮擊，所向披靡。大統九年，[4]又從戰芒山，[5]於周文前挺身陷陣，禽東魏都督賀婁焉邏蘭，[6]勇冠當時，衆人莫不歎服。以此周文愈親待之。補帳内都督，[7]遷帥都督、平東將軍。[8]後從開府楊忠平隨、安陸，[9]以功加大都督，除正平郡守。[10]正平，果本郡也，以威猛爲政，百姓畏之，盗賊亦爲之屏息。遷司農卿。[11]又從大

將軍尉遲迴伐蜀，[12]果率所部爲前軍，開劍閣，[13]破季慶堡，[14]降楊乾運，[15]皆有功。廢帝三年，[16]授龍州刺史，[17]封冠軍縣侯。[18]俄而州人張遁、李拓驅率百姓，[19]圍逼州城，時糧仗皆闕，兵士又寡，果設方略以拒之，賊便退走。於是出兵追擊，累戰破之，旬日之間，州境清晏。轉陵州刺史。[20]

[1]沙苑：地名。又名沙阜、沙海、沙窩。在今陝西大荔縣南洛、渭二河之間。

[2]河橋：在今河南孟津縣東、孟州市西南黄河上。

[3]玉壁：城名。在今山西稷山縣西南。

[4]大統：西魏文帝的年號（535—551）。

[5]芒山：即邙山。在今河南洛陽市東北。

[6]都督：官名。三國魏文帝時始置。北魏沿置。地方軍政長官，又稱都督諸州軍事。可領一州或數州刺史，多帶將軍名號，兼理民政。品級不定，分使持節、持節、假節三種，各有不同職責。　賀婁焉邏蘭：人名。其餘不詳。源氏校勘記云："'焉'《周書》作'烏'。"

[7]帳内都督：官名。北魏末及東、西魏置。統領主帥左右的侍衛軍士，東魏中外府、西魏大丞相府皆設。

[8]帥都督：官名。西魏文帝大統初置，北周武帝天和二年（567）省，建德二年（573）復置，多授各地豪望，以統鄉兵。刺史、鎮將多加此號。正七命。　平東將軍：官名。漢獻帝建安初置。三國魏時與平西、平南、平北將軍合稱四平將軍，權任很重，多持節都督或監某一地區的軍事，有時亦作爲刺史等地方官員兼理軍務時的加官。北周沿置，正七命。

[9]楊忠：人名。小名奴奴，弘農華陰（今陝西華陰市東南）人。隋文帝之父。見《周書》卷一九《楊忠傳》。　隨：州名。西

魏時治隨縣，在今湖北隨州市。　安陸：郡名。西魏時治安陸縣，在今湖北安陸市。

[10]正平：郡名。西魏時治臨汾縣，在今山西新絳縣。

[11]司農卿：官名。兩晋時爲大司農别稱。南朝梁時改大司農爲司農卿，職掌勸農、倉儲、園苑、供應宫廷膳食等。北魏孝文帝太和二十三年後爲三品。北齊置爲司農寺長官，三品。隋初爲正三品，煬帝時改爲從三品。

[12]尉遲迥：人名。字薄居羅，代（今山西大同市東北）人。西魏、北周名將。見《北史》卷六二《尉遲迥傳》。

[13]劍閣：即劍門關。在今四川劍閣縣東北。

[14]季慶堡：地名。今地不詳。源氏校勘記云："《周書》作'李慶保'。似非。"

[15]楊乾運：人名。字玄邈，儻城興勢（今陝西洋縣東北）人。初仕北魏，後入南朝梁，梁末降西魏。見《北史》卷六六《楊乾運傳》。

[16]廢帝：即西魏皇帝元欽。

[17]龍州：西魏時治江油縣，在今四川平武縣東南。

[18]冠軍縣侯：封爵名。冠軍，縣名。治所在今河南鄧州市張村鎮冠軍村。

[19]張遁：源氏校勘記云："'遁'《周書》作'道'。"

[20]陵州：西魏時治普寧縣，在今四川仁壽縣東。

周孝閔帝踐阼，[1]除隆州刺史，[2]加持節、驃騎大將軍、開府儀同三司，[3]進爵爲公。歷眉、復二州刺史。[4]果性嚴猛能斷決，抑挫豪右，申理屈滯，歷牧數州，號爲稱職。卒於位。贈本官，加絳、晋、建州刺史，[5]謚曰質。子孝仁嗣。

［1］周孝閔帝：即北周皇帝宇文覺。孝閔爲其謚號。

［2］隆州：北周時治閬中縣，在今四川閬中市。

［3］持節：漢朝官吏奉命外出時，由皇帝授予節杖，來提高其權威。魏晋之後，凡重要軍事長官出征或者出鎮時，加使持節，可誅殺二千石以下官員。皇帝派遣大臣出巡或祭吊時，亦使持節，以示權力與尊崇。次一等的稱持節，再次一等的稱假節。

［4］眉：州名。北周時治齊通縣，在今四川眉山市。　復：州名。北周時治建興縣，在今湖北仙桃市西南。

［5］絳：州名。北周時治玉壁城，在今山西稷山縣西南。　晋：州名。北周時治白馬城，在今山西臨汾市。　建：州名。北周時治高都縣，在今山西晋城市東北。

孝仁幼聰敏，涉獵經史，有譽於時。起家舍人上士，[1]累遷長寧鎮將，[2]扞禦齊人，甚有威邊之略。歷建、譙、亳三州刺史。[3]

［1］舍人上士：官名。西魏恭帝時置。北周沿置，地官府司倉中大夫屬官，掌宫内米粟出入。正三命。隋文帝開皇元年罷。

［2］長寧：縣名。北周時治所在今湖北秭歸縣西北歸州鎮。　鎮將：官名。北魏置。爲鎮之主官，掌一鎮兵馬及鎮之守衛。在不設州郡的地區，兼統軍民；在設州郡的内地，主要掌軍政，但兼任駐在州刺史時，亦兼理民政。北魏前期多以宗室或鮮卑勳貴爲之，地位高於刺史。孝文帝改制後，地位漸低。其下設副將、監軍及長史、司馬等佐僚。品秩按所帶將軍號而定。

［3］譙：州名。北周時治渦陽縣，在今安徽蒙城縣。　亳：州名。北周時治小黄縣，在今安徽亳州市。

裴寬字長寬，河東聞喜人也。祖德歡，魏中書侍

郎、河内郡守。父静慮，銀青光禄大夫，贈汾州刺史。

寬儀貌瓌偉，博涉群書，弱冠爲州里所稱。親歿，[1]撫諸弟以篤友聞，滎陽鄭孝穆嘗謂其從弟文直曰：[2]"裴長寬兄弟，天倫篤睦，人之師表，吾愛之重之，汝可與之游處。"年十三，以選爲魏孝明帝挽郎，[3]釋褐員外散騎侍郎。[4]

[1]親歿：殿本、四庫本、四部備要本作"親没"。

[2]滎（xíng）陽：郡名。北魏時治滎陽縣，在今河南滎陽市。

[3]挽郎：官名。執事於皇帝、皇后等喪禮之儀仗隊員。銓選品官子弟擔任，爲入仕途徑之一。北魏制，被選挽郎後，可除奉朝請或將軍府參軍等官。

[4]員外散騎侍郎：官名。晋武帝置，初爲正員之外添差之散騎侍郎，無員數，後成定員官。南北朝沿置，屬散騎省（東省、集書省），初多以公族、功臣子充任，爲閑散之職，常用以安置閑退官員、衰老人士。北魏初沿例授予南朝北奔之士，班比吏部郎，孝文帝太和十七年定爲從四品下，二十三年改爲七品上。

及孝武西遷，寬謂其諸弟曰："君臣逆順，大義昭然，今天子西幸，理無東面以虧臣節。"乃將家屬避難於大石嶺。[1]獨孤信鎮洛陽，始出見焉。時汾州刺史韋子粲降於東魏，[2]子粲兄弟在關中者咸已從坐。其季弟子爽先在洛，窘急乃投寬，寬開懷納之。遇有大赦，或傳子爽合免，因爾遂出，子爽卒以伏法。獨孤信知而責之，寬曰："窮來見歸，義無執送，今日獲罪，是所甘心。"以經赦宥，遂得不坐。

［1］大石嶺：在今河南伊川縣境内。源氏校勘記云："《周書》作'大石巖'。"

［2］韋子粲：人名。字暉茂，京兆杜陵（今陝西西安市長安區東）人。初仕西魏，兵敗降東魏。見《北史》卷二六《韋閬附韋子粲傳》。

大統五年，授都督、同軌防長史，[1]加征虜將軍。十三年，從防主韋法保向潁川，[2]解侯景圍。[3]景密謀南叛，僞親狎於法保。[4]寬謂法保曰："侯景狡猾，必不肯入關，雖託款於公，[5]恐未可信，若伏兵以斬之，亦一時之功也。如曰不然，便須深加嚴警，不得信其誑誘，自貽後悔。"法保納之，然不能圖景，但自固而已。

［1］同軌防：邊地轄區。約在今河南宜陽縣西北一帶。

［2］防主：官名。西魏、北周置。爲防的主將，管理所轄區域的軍政事務。多以刺史、郡守或都督數州及數防諸軍事兼領此職，下設長史。　韋法保：人名。即韋祐。字法保，京兆山北（今陝西西安市）人。西魏將領。見《北史》卷六六《韋祐傳》。　潁川：郡名。西魏時治許昌縣，在今河南許昌市東。

［3］侯景：人名。字萬景，懷朔鎮（今内蒙古固陽縣南）人。曾任北魏官吏，後叛至南朝（參李萬生《侯景的氏族及相關問題》，《北京大學學報》2000年長5期）。

［4］僞親狎於法保：毛本作"僞親狎與法保"。按："於"表示對象。"與"表示並列關係，不符合文意。毛本字形訛誤。

［5］雖託款於公：宋本作"雖誠款於公"。按："託款"意爲假託誠意。"誠款"没有假裝的意思，不符合文意。宋本字形訛誤。

十四年，與東魏將彭樂、樂恂戰於新城，[1]因傷被

禽。至河陰，見齊文襄。[2]寬舉止詳雅，善於占對，文襄甚賞異之，解鏁付館，厚加禮遇。寬乃裁所卧氈，夜縋而出，[3]因得遁還，見於周文帝。帝顧謂諸公曰："被堅執鋭，或有其人，疾風勁草，歲寒方驗。裴長寬爲高澄如此厚遇，乃能冒死歸我，雖古之竹帛所載，何以加之。"乃手書署寬名下，授持節、帥都督，封夏陽縣男，[4]即除孔城城主。[5]

[1]彭樂：人名。字興，安定（今甘肅涇川縣北）人。東魏將領。見《北史》卷五三《彭樂傳》。 新城：郡名。東魏時治新城縣，在今河南伊川縣西南。

[2]齊文襄：即高澄。文襄爲其謚號，北齊文宣帝所追謚。

[3]縋（zhuì）：用繩子拴住人或物從上往下送。

[4]夏陽縣男：封爵名。夏陽，縣名。治所在今山西韓城市南。

[5]孔城：在今河南伊川縣西南。

十六年，遷河南郡守，[1]仍鎮孔城。廢帝元年，進使持節、車騎大將軍、儀同三司、散騎常侍。周孝閔帝踐阼，進爵爲子。寬在孔城十三年，與齊洛州刺史獨孤永業相對。[2]永業有計謀，多譎詐，或聲言春發，秋乃出兵，或掩蔽消息，倏忽而至，寬每揣知其情，出兵邀擊，[3]無不剋之。

[1]河南：郡名。西魏時治洛陽縣，在今河南洛陽市東北。

[2]獨孤永業：人名。字世基，中山（今河北定州市）人。本姓劉，以母改適獨孤氏，時年幼隨母，爲獨孤氏所養育，故更姓獨孤。北齊官吏。見《北史》卷五三《獨孤永業傳》。

[3]邀擊：攔擊、截擊。

天和三年，[1]除温州刺史。[2]初，陳氏與周通和，每修聘好，自華皎附後，[3]乃圖寇掠，沔州既接敵境，[4]於是以寬爲沔州刺史。陳將程靈洗攻之，[5]力屈城陷。陳人乃執寬至揚州，[6]尋被送嶺外，經數載，復還建鄴，[7]遂卒於江左。子義宣後從御正杜杲使於陳，[8]始得將寬柩還。隋開皇元年，[9]文帝詔贈襄、郢二州刺史。[10]

[1]天和：北周武帝的年號（566—572）。

[2]温州：北周時治角陵縣，在今湖北京山縣。

[3]華皎：人名。晋陵暨陽（今江蘇江陰市東南）人。南朝梁、陳官吏。見《陳書》卷二〇《華皎傳》。

[4]沔（miǎn）州：北周時治甑山，在今湖北漢川市東南。

[5]程靈洗：人名。字玄滌，新安海寧（今浙江海寧市）人。南朝梁、陳將領。見《南史》卷六七《程靈洗傳》。

[6]揚州：南朝陳時治建業，在今江蘇南京市。

[7]建鄴：縣名。治所在今江蘇南京市。

[8]御正：官名。御正中大夫的簡稱。西魏恭帝三年（556）置。北周沿置，天官府御正司長官，正五命。在皇帝左右，負責宣傳詔命，參議刑罰爵賞及軍國大事。頒發詔書時須其連署。隋文帝開皇元年廢。　杜杲：人名。字子暉，京兆杜陵（今陝西西安市長安區東）人。北周、隋朝官吏。見《北史》卷七〇《杜杲傳》。底本作“杜果”。源氏校勘記云：“《周書》作‘杜杲’。爲是。”中華本校勘記云：“諸本‘杲’訛作‘果’，據《周書》卷三四《裴寬傳》及卷三九《杜杲傳》改。”今從改。

[9]開皇：隋文帝的年號（581—600）。

[10]襄：州名。隋朝時治襄陽縣，在今湖北襄樊市。

義宣，位司金二命士、合江令。[1]

[1]司金二命士：官名。即小司金中士。西魏恭帝三年始置。因此職官階爲二命，故以此稱之。爲司金中大夫屬官，協助掌兵器及其他官用器物的冶製。北周因之。　合江：縣名。治所在今四川合江縣。

寬弟漢，字仲霄，[1]操尚弘雅，聰敏好學，嘗見人作百字詩，一覽便誦。魏孝武初，解褐員外散騎侍郎。大統五年，除大丞相府士曹行參軍，[2]轉墨曹。漢善尺牘，尤便簿領，理識明贍，斷割如流，相府爲之語曰"日下粲爛有裴漢"。武成中，[3]爲司車路下大夫，[4]與工部郭彦、太府高賓等參議格令，[5]每較量時事，必有條理。天和五年，加車騎大將軍、儀同三司。

[1]字仲霄：源氏校勘記云："《周書》作'仲賈'。似是。"

[2]士曹行參軍：官名。士曹長官。北魏置，初設若干員，宣武帝永平二年（509）併爲一員，依所隸府的地位高低，自七品上至九品。

[3]武成：北周明帝的年號（559—560）。

[4]司車路下大夫：官名。西魏恭帝三年置。春官府司車路司長官，掌公車之正。正四命。北周沿置。

[5]工部：官署名。西魏始置，北周沿置，掌管營造工程事項。　郭彦：人名。太原曲陽（今河北曲陽縣）人。西魏、北周官吏。見《北史》卷七〇《郭彦傳》。　太府：官名。亦作"大府"。西魏、北周爲天官府太府中大夫的省稱。　高賓：人名。勃海蓨（今

河北景縣）人。東魏官吏。畏讒言奔西魏，仕北周。見《周書》卷三七《裴文舉附高賓傳》。

漢少有宿疾，恒帶虚羸，劇職煩官，非其好也。時晋公護擅權，[1]搢紳等多諂附之以圖仕進。漢直道自守，故八年不徙職。性不飲酒，而雅好賓游，每良辰美景，必招引時彦，宴賞留連，間以篇什，當時人物，以此重之。自寬没後，遂斷絶游從，不聽琴瑟，歲時伏臘，[2]哀慟而已。撫養兄弟子，情甚篤至。借人異書，必躬自録本，至于疾疹彌年，亦未嘗釋卷。卒，贈晋州刺史。

[1]護：即宇文護，人名。字薩保，代郡武川（今内蒙古武川縣西）人。北周宗室、權臣。見《北史》卷五七《邵惠公顥附宇文護傳》。

[2]伏臘：古代的伏祭之日與臘祭之日。

子鏡人，[1]少聰敏，涉獵經史。爲大將軍、譚公會記室參軍，[2]累遷春官府都上士。[3]仕隋，位兵曹郎。[4]

[1]鏡人：源氏校勘記於“人”旁紅筆小字夾批“民”字。中華本校勘記云：“《周書》卷三四《裴漢傳》‘人’作‘民’，《北史》避唐諱改。”可從。

[2]會：即宇文會，人名。字乾仁，代郡武川（今内蒙古武川縣西）人，宇文護之子。見《北史》卷五七《邵惠公顥附宇文會傳》。

[3]春官府都上士：官名。西魏恭帝時置，北周沿置。春官府屬官，助太宗伯卿掌春官府事務。正三命。

[4]兵曹郎：官名。隋朝時爲兵部曹主官，掌武官銓選、考核、階位、勳禄等。從五品。

漢弟尼，字景尼，性弘雅，有器局，位御正下大夫。[1]卒，贈隨州刺史。

[1]御正下大夫：官名。亦作“小御正下大夫”。西魏恭帝三年置，北周沿置。天官府御正司次官，佐御正中大夫，掌本司事務，正四命。

子之隱，趙王招府記室參軍。[1]

[1]招：即宇文招，人名。字豆盧突，代郡武川（今内蒙古武川縣西）人。北周宗室。見《北史》卷五八《趙僭王招傳》。

之隱弟師人，[1]好學有識度，見稱於時。起家秦王贄府記室參軍，[2]仍兼侍讀。[3]

[1]師人：源氏校勘記於“人”旁紅筆小字夾批“民”字。中華本校勘記云：“《周書》‘人’作‘民’，《北史》避唐諱改。”可從。

[2]贄：即宇文贄，人名。字乾信，代郡武川（今内蒙古武川縣西）人。北周宗室。源氏校勘記改“贄”作“贇”。

[3]侍讀：官名。北魏始置，侍從皇帝讀經。西魏時亦置爲王公官屬。北周時太子、王公皆置。

寬族弟鴻，少恭謹，有幹略。歷官内外。周天和

初，拜郢州刺史，轉襄州總管府長史，[1]賜爵高邑縣侯。[2]從衛公直南征，[3]軍敗遂没，尋卒於陳。朝廷哀之，贈豐、資、遂三州刺史。[4]

[1]總管府：官署名。北周明帝始置。爲地方最高行政機構，管理所屬地區的軍事民政，職權甚重。轄區增減無常，一般轄數州，多者可達數十州。設總管爲長官。

[2]高邑縣侯：封爵名。高邑，縣名。治所在今河北高邑縣。

[3]直：即宇文直，人名。字豆羅突，代郡武川（今内蒙古武川縣西）人。北周宗室。見《北史》卷五八《衛剌王直傳》。

[4]豐：州名。北周時治武當縣，在今湖北丹江口市。　資：州名。北周時治資陽縣，在今四川資陽市。　遂：州名。北周時治方義縣，在今四川遂寧市。

裴俠字嵩和，河東解人也。[1]祖思齊，舉秀才，拜議郎。[2]父欣，西河郡守，贈晋州刺史。

[1]解：縣名。治所在今山西臨猗縣。

[2]議郎：官名。西漢置。掌顧問應對，參與議政。北魏仍置，作爲後備官員，不再以參議諫諍爲職。

俠年七歲，猶不能言，後於洛城見群烏蔽天從西來，[1]舉手指之而言，遂志識聰慧，有異常童。年十三，遭父憂，哀毁有若成人。將擇葬地而行，空中有人曰："童子何悲，葬於桑東，封公侯。"俠懼，以告其母。母曰："神也，吾聞鬼神福善，爾家未嘗有惡，當以吉祥告汝耳。"時俠宅側有大桑林，因葬焉。州辟主簿，舉

秀才。

[1]洛城：即洛陽城，在今河南洛陽市。

魏正光中，解巾奉朝請，稍遷義陽郡守。元顥入洛，[1]俠執其使人，[2]焚其赦書。孝莊嘉之，[3]授東郡太守，[4]帶防城別將。[5]及孝武與齊神武有隙，徵兵，俠率所部赴洛陽。武衛將軍王思政謂曰：[6]"當今權臣擅命，王室日卑，若何？"俠曰："宇文泰爲三軍所推，[7]居百二之地，所謂己操戈矛，寧肯授人以柄，雖欲撫之，恐是'據於蒺藜'也。"[8]思政曰："奈何？"俠曰："圖歡有立至之憂，西巡有將來之慮。且至關右，[9]日慎一日，徐思其宜耳。"思政然之，乃進俠於帝，授左中郎將。[10]及帝西遷，俠將行而妻子猶在東郡。滎陽鄭偉謂俠曰：[11]"天下方亂，未知烏之所集，[12]何如東就妻子，徐擇木焉。"俠曰："既食人禄，寧以妻子易圖也？"遂從入關。賜爵清河縣伯，[13]除丞相府士曹參軍。

[1]元顥：人名。字子明。北魏宗室。見《北史》卷一九《北海王詳附元顥傳》。

[2]俠執其使人：底本作"使執其使人"，源氏校勘記改"使"作"俠"。中華本校勘記云："諸本'俠'訛作'使'，據《周書》卷三五、《通志》卷一五七《裴俠傳》改。"今從改。

[3]孝莊：即北魏皇帝元子攸。孝莊爲其謚號。

[4]東郡：北魏時治滑臺城，在今河南滑縣東。

[5]防城別將：官名。北魏孝明帝孝昌年間始置，爲州軍府督將之一，專城防之任。西魏沿置。

[6]武衛將軍：官名。三國魏置。北魏沿置，掌宿衛禁軍，孝文帝太和十七年定爲從二品下，二十三年定爲從三品。　王思政：人名。太原祁（今山西祁縣東南）人。西魏兵敗降東魏，後仕北齊將領。見《北史》卷六二《王思政傳》。

[7]宇文泰：人名。字黑獺，代郡武川（今内蒙古武川縣西）人。西魏權臣，北周的奠基者。見《北史》卷九《周本紀·文帝》。

[8]蒺藜：一種長刺的野生植物。這裏指一種禦敵的器具，有尖刺像蒺藜。

[9]且至關右：局本作“日至關右”，不符合文意。字形訛誤。

[10]左中郎將：官名。西漢置，隸光禄勳。居宫禁中，與五官中郎將、右中郎將分領三署諸郎，宿衛宫殿掖門。其後歷朝因之。北魏、北齊時置五員，爲冗職，用以安置閑散武臣，隸領軍府所轄左右衛府，從四品。北周時爲散官，六命。

[11]鄭偉：人名。字子直，小名闍提，滎陽開封（今河南開封市）人。西魏、北周官吏。見《周書》卷三六《鄭偉傳》。

[12]未知烏之所集：源氏校勘記云：“‘烏’　《周書》作‘鳥’。”

[13]清河縣伯：封爵名。清河，縣名。治所在今河南商城縣東。

大統三年，領鄉兵從戰沙苑，先鋒陷陣。俠本名協，至是周文帝嘉其勇決，乃曰：“仁者必勇。”因命名俠焉。以功進爵爲侯。王思政鎮玉壁，[1]以俠爲長史。齊神武以書招思政，思政令俠草報書甚壯烈。周文善之曰：“雖魯仲連無以加也。”[2]

[1]玉壁：底本、元大德本作“王壁”，宋本、毛本、殿本、

四庫本、局本、四部備要本、中華本作“玉璧”。按：“玉璧”是地名，底本、元大德本“玉”訛作“王”。今從改。

[2]魯仲連：人名。戰國時齊國著名辯士。

除河北郡守，俠躬履儉素，愛人如子，所食唯菽麥鹽菜而已，吏人莫不懷之。此郡舊制，有漁獵夫三十人以供郡守，俠曰：“以口腹役人，吾所不爲也。”乃悉罷之。又有丁三十人，供郡守役，俠亦不以入私，並收庸爲市官馬。[1]歲時既積，馬遂成群。去職之日，一無所取。人歌曰：“肥鮮不食，丁庸不取，裴公貞惠，爲世規矩。”俠嘗與諸牧守俱謁周文，周文命俠别立，謂諸牧守曰：“裴俠清慎奉公，爲天下之最。”令衆中有如俠者，可與之俱立。衆皆默然，無敢應者。周文乃厚賜俠，朝野服焉，號爲“獨立使君”。

[1]供郡守役俠亦不以入私並收庸爲市官馬：高敏《南北史考索》（第471頁）云：“《周書》卷三十五同人傳，‘供郡守役’下有‘使’字，‘庸’作‘直’，《北史》校勘記失校。據此，亦可見以‘庸’代役之制，北周時已有萌芽也。”可參。庸，一種賦税法。即納絹代役。

又撰九世伯祖《貞侯潛傳》，述裴氏清公，欲使後生奉而行之，宗室中知名者，咸付一通。從弟伯鳳、世彦時並爲丞相府佐，[1]笑曰：“人生仕進，須身名並裕，清苦若此，竟欲何爲？”俠曰：“夫清者莅職之本，儉者持身之基，況我大宗，世濟其美，故能存見稱於朝廷，

没流芳於典策。今吾幸以凡庸，濫蒙殊遇，固其窮困，非慕名也，志在自修，懼辱先也，翻被嗤笑，知復何言！”伯鳳等慚而退。

[1]府佐：官名。魏晋南北朝時諸公、軍府幕僚佐吏的通稱。

再遷郢州刺史，加儀同三司。梁竟陵守孫暠、酇城守張建並以郡來附。[1]俠見之，密謂人曰：“暠目動言肆，輕於去就者也；[2]建神情審定，當無異心。”乃馳啓其狀。周文曰：“裴俠有鑒，深得之矣。”遣大都督苻貴鎮竟陵，而酇城竟不遣監統。及柳仲禮軍至，[3]暠還以郢叛，卒如俠言。尋轉大將軍、拓州刺史，[4]徵拜雍州别駕。

[1]竟陵：郡名。南朝梁時治石城縣，在今湖北鍾祥市。　酇城：郡名。南朝梁時治陰城縣，在今湖北老河口市。

[2]輕於去就者也：宋本作“輕於去就武也”，“者”訛作“武”。

[3]柳仲禮：人名。河東解（今山西臨猗縣）人。南朝梁官吏。見《南史》卷三八《柳元景附柳仲禮傳》。

[4]尋轉大將軍：毛本作“轉大將軍”，脱“尋”字，不符合文意。　拓州：西魏時治夷陵縣，在今湖北宜昌市西北。

周孝閔帝踐阼，除司邑下大夫，[1]加驃騎大將軍、開府儀同三司，進爵爲公。遷户部中大夫。[2]時有姦吏主守倉儲，積年隱没至千萬者，及俠在官，勵精發擿，數旬之内，姦盗略盡。轉工部中大夫。[3]有大司空掌錢

物典李貴乃於府中悲泣，[4]或問其故，對曰："所掌官物，多有費用，裴公清嚴有名，懼遭罪責，所以泣耳。"俠聞之，許其自首。貴自言隱費錢五百萬。

[1]司邑下大夫：官名。西魏恭帝置，北周沿置。冬官府司色司長官，掌各種器物、衣料的着色。正四命。

[2]户部中大夫：官名。即民部中大夫，《北史》避唐太宗李世民諱改。西魏時置，北周沿置。地官府民部司長官，員二人，掌管民户數額。正五命。北周武帝建德二年省，宣帝時復置。隋文帝開皇元年罷。

[3]工部中大夫：官名。西魏恭帝三年置，北周初沿置。爲冬官府工部司長官，員二人，承司空之事，掌百工之籍，而理其禁令，下設工部上士、工部中士、工部旅下士以佐其職。正五命。北周武帝建德二年省，宣帝時復置。隋文帝開皇元年罷。

[4]大司空：官名。《周禮》六卿之一，爲冬官之長。掌土木工程。西魏末、北周仿《周禮》建六官，復置爲冬官之長，亦稱大司空卿。北周時爲正七命。

俠嘗遇疾沈頓，士友憂之，忽聞五鼓，便即驚起，顧左右曰"可向府耶。"所苦因此而瘳。[1]晋公護聞之曰："裴俠危篤若此而不廢憂公，因聞鼓聲，疾病遂愈，此豈非天祐其勤恪也?"又司空許國公宇文貴、小司空北海公申徽並來候俠疾，[2]所居第屋，不免霜露，貴等還，言之於帝。帝矜其貧苦，乃爲起宅，并賜良田十頃，奴隸耕耒糧粟莫不備足。[3]搢紳咸以爲榮。卒於位，贈太子少師、蒲州刺史，[4]謚曰貞。河北郡前功曹張回及吏人等感俠遺愛，[5]乃作頌紀其清德焉。

[1]瘳（chōu）：病愈。

[2]宇文貴：人名。字永貴，昌黎大棘（今遼寧義縣）人，鮮卑族。北周官吏。見《北史》卷六〇《宇文貴傳》。　小司空：官名。西魏恭帝三年置，北周沿置。冬官府次官，員二人，多省稱爲小司空或少司空，佐大司空卿掌國家各種工匠，負責建築興造事務。正六命。　北海公：封爵名。虚封。北海，郡名。北齊時治平壽城，在今山東昌樂縣東南。　申徽：人名。字世儀，魏郡（今河北臨漳縣西南）人。西魏、北周名臣。見《北史》卷六九《申徽傳》。底本作“申徵”，源氏校勘記改“徵”作“徽”字。中華本校勘記云：“諸本‘徽’訛作‘徵’，據《周書》《通志·裴俠傳》及《周書》卷三二《申徽傳》改。徽傳不言其封北海公，但《元和姓纂》輯本卷三申氏條稱：‘裔孫徽，後周北海公。’知是此人。”今從改。

[3]耕耒：中華本校勘記云：“《周書》‘耒’作‘牛’，此作‘耒’，當是形訛。”可從。

[4]太子少師：官名。西晋置，北魏、北齊沿置。東宫屬官，皆隸太子詹事。掌訓導輔佐太子。北魏孝文帝太和十七年定爲二品上，二十三年定爲三品。西魏因之。北周正八命。　蒲州：北周時治蒲坂縣，在今山西永濟市西南蒲州鎮。

[5]功曹：官名。漢朝郡縣置功曹史，省稱功曹，職掌人事，並參與一郡政務。北魏時凡皇子、不開府將軍、太常、光禄、衛尉、郡，北齊時九寺、郡縣，北周時郡皆置。職掌吏事或主選舉。凡郡功曹多用本地大族，權重，郡守常委事於功曹。

子祥，性忠謹，有理劇才。[1]少爲城都令，清不及俠，斷決過之。後除長安令，爲權貴所憚。遷司倉下大夫。[2]俠之終也，以毁卒。祥弟肅。

[1]理劇：治理繁難事務。

[2]司倉下大夫：官名。西魏恭帝三年置。地官府屬官，助司倉中大夫掌國家倉庫及常平政令。正四命。北周因之。

肅字神封，貞亮有才藝，少與安定梁毗同志友善。[1]天和中，舉秀才。累遷御正下大夫，以行軍長史從韋孝寬征淮南。[2]屬隋文帝爲丞相，肅聞而歎曰："武帝以雄才定六合，[3]墳土未乾而一朝遷革，豈天道歟！"文帝聞之，甚不悦，由是廢于家。開皇五年，授膳部侍郎。[4]歷朔州總管長史、貝州長史，[5]俱有能名。

[1]梁毗（pí）：人名。字景和，安定烏氏（今甘肅涇川縣東）人。北周、隋朝官吏。見《北史》卷七七《梁毗傳》。

[2]行軍長史：官名。東漢末曹操丞相府高級僚屬，出征則置，掌管行營事務。隋朝沿置。　韋孝寬：人名。即韋叔裕。字孝寬，京兆杜陵（今陝西西安市長安區東）人。歷仕北魏、西魏、北周。見《北史》卷六四《韋孝寬傳》。

[3]武帝：即北周皇帝宇文邕。武爲其謚號。

[4]膳部侍郎：官名。隋始置。尚書省禮部膳部司主官，掌宫廷飲食及食器、祭器等。員二人，正六品。

[5]朔州：隋朝時治善陽縣，在今山西朔州市朔城區。　貝州：隋朝時治武城縣，在今河北清河縣西北。源氏校勘記云："'貝'萬曆本《隋書》作'夏'。"

仁壽中，[1]肅見皇太子勇、蜀王秀、左僕射高熲俱廢黜，[2]遣使上書，言："高熲天挺良才，元勳佐命，願

録其大功，忘其小過。二庶人得罪已久，寧無革心，願各封小國，觀其所爲，若得遷善，[3]漸更增益，如或不悛，[4]貶削非晚。”書奏，上謂楊素曰：[5]“肅憂我家事如此，亦至誠也。”於是徵肅入朝。皇太子聞之，謂左庶子張衡曰：[6]“使勇自新，欲何爲也?”衡曰：“觀肅意欲令如吴太伯、漢東海王耳。”[7]太子甚不悦。肅至京，見上於含章殿。上謂曰：“貴爲天子，富有四海，後宫寵幸，不過數人，自勇以下，並皆同母，非爲愛憎，輕事廢立。”因言勇不可復收之意。既已，罷遣之。未幾，上崩，煬帝嗣位，不得調者久之，肅亦杜門不出。

[1]仁壽：隋文帝的年號（601—604）。

[2]勇：即楊勇，人名。小名睍地伐，隋文帝長子，初封爲皇太子，後被廢。見《北史》卷七一《房陵王勇傳》。　秀：即楊秀，人名。弘農華陰（今陝西華陰市東南）人，隋文帝第四子。見《北史》卷七一《庶人諒傳》。　左僕射：官名。尚書左僕射的省稱。隋朝時與内史省、門下省長官共同執掌國政。文帝開皇三年掌管吏部、禮部、兵部三部事，兼管御史彈劾不當之事。從二品。

[3]若得遷善：宋本作“若能遷善”。未詳孰是。

[4]悛（quān）：悔改。

[5]楊素：人名。字處道，弘農華陰（今陝西華陰市東南）人。北周、隋朝官吏。見《北史》卷四一《楊敷附楊素傳》。

[6]左庶子：官名。秦漢時置太子庶子，西晋時始分左右，掌侍從贊相，駁正啓奏。隋朝沿置，爲太子門下坊長官。員二人，正四品上。　張衡：人名。字建平，河内（今河南沁陽市）人。歷仕北周、隋。見《北史》卷七四《張衡傳》。

[7]吴太伯：人名。周太王長子。爲成全父親傳位給其弟季歷的願望，避至偏遠吴地，斷髮紋身。見《史記》卷三一《吴太伯世家》。　漢東海王：指漢光武帝嫡長子劉彊。初被封爲皇太子，後因母親郭太后被廢，心中不安，請求改封爲藩王。見《後漢書》卷四二《東海恭王彊傳》。

後執政者以嶺表遐遠，希旨授肅永平郡丞。[1]甚得夷人心。歲餘卒，夷獠思之，爲立廟於鄣江之浦。[2]有子尚賢。

[1]永平：郡名。隋朝時治永平縣，在今廣西藤縣北。

[2]鄣江：柳江支系龍江的上游水名。

裴文舉字道裕，河東聞喜人也。祖秀業，魏天水郡守，[1]贈平州刺史。父邃，性方嚴，爲州里所推挹。大統三年，東魏來寇，邃乃糾合鄉人，分據險要以自固。及李弼略地東境，[2]邃爲之鄉導，多所降下。周文帝嘉之，特賞衣物，封澄城縣子。[3]卒於正平郡守，贈儀同三司、定州刺史。

[1]天水：郡名。北魏時治上封縣，在今甘肅天水市。

[2]李弼：人名。字景和，隴西成紀（今甘肅秦安縣）人。西魏八柱國之一，北周功臣。見《北史》卷六〇《李弼傳》。

[3]澄城縣子：封爵名。澄城，縣名。治所在今陝西澄城縣。

文舉少忠謹，涉獵經史。大統十年，起家奉朝請。時周文帝諸子年幼，盛簡賓友，文舉以選與諸公子游，

雅相欽敬，未嘗戲狎。遷著作郎、中外府參軍。[1]恭帝二年，[2]賜姓賀蘭氏。周孝閔帝踐阼，襲爵澄城縣子。

[1]著作郎：官名。三國魏明帝太和中置，爲著作局長官，掌修國史及起居注。隸中書省，六品。歷代沿置，職掌不同。北魏孝文帝太和十七年定爲五品上，二十三年改爲從五品上。北齊時從五品。北周時春官府設著作上士，職掌同此。　中外府參軍：官名。即都督中外諸軍事府參軍。中外府，官署名。北周置，下設長史、司馬、司録、從事中郎、掾、屬、諸曹參軍、行參軍等府佐，實際地位很高。參軍，官名。亦作“參軍事”。南北朝時王、公、將軍府、都水臺以及諸州多置爲僚屬，品秩自六品至九品不等，皆由朝廷除授。

[2]恭帝：即西魏皇帝元廓。恭爲其謚號。

齊公憲初開幕府，[1]以文舉爲司録，[2]及憲出鎮劍南，[3]復以文舉爲總管府中郎。[4]武成二年，就加使持節、車騎大將軍、儀同三司。蜀土沃饒，商販百倍，或有勸文舉以利者，文舉答之曰：“利之爲貴，莫若安身，身安則道隆，非貨之謂，是以不爲，非惡財也。”憲矜其貧寠，每欲資給之，文舉恒自謙遜，辭多受少。

[1]憲：即宇文憲，人名。字毗賀突，代郡武川（今内蒙古武川縣西）人。北周宗室。見《北史》卷五八《齊煬王憲傳》。

[2]司録：官名。西魏、北周時置。爲諸府僚屬，職能與歷朝録事參軍略同，掌一府之事。位在長史、司馬下，命、品隨府主高低而定。

[3]劍南：地區名。指今四川劍閣縣以南、成都市以北地區。

［4］總管府中郎：官名。總管府僚屬。總管府，官署名。北周明帝時始置。管理轄區的軍政民政，是地方高級行政機構。

保定三年，[1]遷絳州刺史。邃之任正平也，以廉約自守，[2]每行春省俗，[3]單車而已。及文舉臨州，一遵其法，百姓美而化之。總管韋孝寬特相欽重，每與談論，不覺膝前於席。天和初，進驃騎大將軍、開府儀同三司，尋爲孝寬柱國府司馬。[4]六年，入爲司憲中大夫，[5]進爵爲伯，轉軍司馬。[6]

［1］保定：北周武帝的年號（561—565）。

［2］以廉約自守：宋本作“以廉給自守”。按：“約”訛作“給”。

［3］行春：官吏春日出巡。

［4］柱國府司馬：官名。即柱國大將軍府司馬。司馬，西漢始置。北周時爲軍府高級幕僚，掌參軍贊務，管理府内武職，位僅次於長史。

［5］司憲中大夫：官名。西魏恭帝三年置。北周因之，爲秋官府司憲司長官，輔助大司寇制定刑法，並依據刑法決定罪犯刑罰輕重。武帝建德二年省，宣帝即位後復置。正五命。

［6］軍司馬：官名。爲軍司馬中大夫的省稱。西魏恭帝三年置。北周沿置，爲夏官府軍司馬司長官，掌管軍隊，職權極重。武帝建德二年省，宣帝即位後復置。正五命。

文舉少喪父，[1]其兄又在山東，唯與弟璣幼相訓養，友愛甚篤。璣又早亡，文舉撫視遺孤，逾於己子，時人以此稱之。初，文舉叔父季和爲曲沃令，[2]終於聞喜

川，[3]而叔母韋氏卒於正平縣，[4]屬東西分隔，韋氏墳隴，遂在齊境。及文舉在本州，每加賞募。齊人感其孝義，潛相要結，以韋柩西歸，竟得合葬。六年，除南青州刺史。[5]宣政元年，[6]卒於位。

[1]文舉少喪父：毛本、殿本、四庫本、四部備要本作"文舉早喪父"。未詳孰是。

[2]曲沃：縣名。治所在今山西臨汾市。

[3]聞喜川：在今山西曲沃縣。

[4]正平：縣名。治所在今山西新絳縣。

[5]南青州：北周時治團城，在今山東沂水縣沂水鎮。

[6]宣政：北周武帝的年號（578）。

子胄嗣，位至大都督。子神，安邑通守。[1]有子知禮。

[1]通守：官名。隋煬帝始置。爲郡守副職，助太守掌郡的行政事務。

裴仁基字德本，河東人也。祖伯鳳，周汾州刺史。父定，上儀同。[1]

[1]上儀同：北周置，位居開府儀同三司與儀同三司之間。多爲大臣、勳臣的加官。隋朝沿置，從四品。

仁基少驍武，便弓馬。平陳之役，以親衛從征，先登陷陣，拜儀同，賜物千段。以本官領漢王諒府親信。

諒反，仁基苦諫見囚。諒敗，超拜護軍。[1]後改授武賁郎將，從將軍李景討叛蠻向思多於黔安，[2]以功進銀青光禄大夫。擊破吐谷渾，加授金紫光禄大夫。斬獲寇掠靺鞨，[3]拜左光禄大夫。[4]從征高麗，進位光禄大夫。

[1]護軍：官名。爲護軍將軍省稱。南北朝時掌督護京師以外諸軍，權任頗重。隋煬帝大業三年置爲十二衛的屬官，爲將軍的副職，正四品。後改爲武賁郎將。

[2]李景：人名。字道興，天水休官（今甘肅天水市）人。歷仕北周、隋。見《北史》卷七六《李景傳》。　黔安：郡名。隋朝時治彭水縣，在今重慶彭水苗族土家族自治縣。

[3]靺鞨：西周時稱肅慎，漢魏時稱挹婁，北魏時稱勿吉，隋朝始稱靺鞨。分布在今吉林長白山、松花江一帶。其人善射獵。見《北史》卷九四《勿吉傳》。

[4]左光禄大夫：官名。三國魏始置。爲在朝顯職的加官，以示恩寵，或授予年老有病者爲致仕之官，亦常用於卒後贈官，無具體職掌。隋朝沿置。初爲正二品，煬帝大業三年降爲從二品。

李密據洛口，[1]帝令仁基爲河南道討捕大使，據武牢拒密。[2]仁基見强寇在前，[3]士卒勞弊，[4]所得軍資，即用分賞。監軍御史蕭懷静止之，[5]衆咸怒懷静。懷静又陰持仁基長短，欲有奏劾。仁基懼，殺懷静，以其衆歸密。密以爲河東郡公。[6]其子行儼，驍勇善戰，密復以爲絳郡公，[7]甚相委昵。

[1]李密：人名。字玄邃，又字法主，祖籍遼東襄平（今遼寧遼陽市），後家於京兆長安（今陝西西安市）。隋末起義軍首領。

見《北史》卷六〇《李弼附李密傳》。　洛口：地名。在今河南鞏義市東北，爲洛水入黄河之口。

[2]武牢：即虎牢關。《北史》避唐高祖祖父李虎諱改。在今河南滎陽市汜水鎮西北。

[3]强寇在前：毛本作“超寇在前”。“强”訛作“超”。

[4]士卒勞弊：宋本作“士卒牢弊”。“勞”訛作“牢”。

[5]監軍御史：官名。漢始置。負責監察及監領軍隊。

[6]河東郡公：封爵名。河東，郡名。隋朝時治河東縣，在今山西永濟市西南。

[7]絳郡公：封爵名。絳郡，隋朝時治正平縣，在今山西新絳縣。

王世充以東都食盡，[1]悉衆詣偃師，[2]求決戰。密與諸將計。仁基曰：“世充盡鋭而至，洛下必虚，可分兵守其要路，令不得東，簡精兵三萬，傍河西出，以逼東都。世充卻還，我且按甲；世充重出，[3]我又逼之。如此，則我有餘力，彼勞奔命。兵法所謂彼出我歸，彼歸我出，數戰以疲之，多方以誤之者也。”密曰：“公知其一，不知其二。東都兵馬有三不可當，器械精一也，決計而來二也，食盡求鬬三也。我按兵蓄力以觀其弊，彼求鬬不得，欲走無路，不過十日，世充之首可懸於麾下。”單雄信等諸將輕世充，[4]皆請戰。仁基苦争不得。密難違諸將言，戰遂大敗。仁基爲世充所虜。

[1]王世充：人名。字行滿，新豐（今陝西潼關縣東北）人。隋朝官吏。後自立，國號大鄭。見《舊唐書》卷五四《王世充傳》。

［2］偃師：縣名。治所在今河南偃師市東。

［3］世充重出：毛本、局本作“世充軍出”。“重”訛作“軍”。

［4］單雄信：人名。曹州濟陰（今山東曹縣）人。初爲李密將，軍中號爲飛將，後降王世充。見《新唐書》卷八四《李密附單雄信傳》。

世充以仁基父子並驍勇，深禮之，以兄女妻行儼。及僭尊號，署仁基爲禮部尚書，[1]行儼爲左輔大將軍。[2]行儼每戰，所當皆披靡，號萬人敵。世充憚其威名，頗加猜防。仁基知之，甚不自安，遂與世充所署尚書左丞宇文儒童、尚食直長陳謙、祕書丞崔德本等謀，[3]令陳謙於上食之際，持匕首劫世充，行儼以兵應之，事定，然後輔越王侗。[4]事臨發，將軍張童兒告之，[5]俱爲世充所殺。

［1］禮部尚書：官名。北魏始置，爲禮部的長官。西魏初爲尚書省十二部尚書之一。隋朝時屬尚書省，爲中央行政機構六部之一禮部的最高長官，掌管禮儀、祭祀、宴享以及學校政令，總判部屬各司事。正三品。

［2］左輔大將軍：官名。十六國時始置。爲統兵武職。

［3］宇文儒童：人名。本朔方（今内蒙古杭錦後旗）人，徙京兆（今陝西西安市東北）。初爲游騎郎，後歸王世充，爲尚書左丞。與裴基、裴行儼等謀誅世充，事泄被殺。　尚食直長：官名。隋朝置。隸門下省膳食局。員四人，正七品。　祕書丞：官名。北魏時多參領著作事，主修撰國史及起居注，並參與議定禮儀制度。孝文帝太和十七年定爲四品下，二十三年改爲五品上。北齊時爲五品上。隋朝時爲正五品上。煬帝大業三年增置祕書少監，位其上，遂

降爲佐官。

[4]侗：即楊侗，人名。字仁謹，弘農華陰（今陝西華陰市東南）人。隋朝宗室。見《北史》卷七一《越王侗傳》。

[5]張童兒：人名。初事宇文化及，繼投李密，後降王世充。源氏校勘記云："'兒'《隋書》作'仁'。"

論曰：裴駿雅業有資，器行仍世，所以布於列位，不替其美。延儁器能位望，有可稱乎。伯茂才名，亦時之良也。元化以文學傳業，而又脩史著美。[1]讓之弟兄，修身厲行，觀夫出處之跡，良足稱乎。[2]矩學涉經史，頗有幹局，至於恪勤匪懈，夙夜在公，求之古人，殆未之有。與聞政事，多歷歲年，雖處危亂之中，未虧廉謹之節。然與時消息，承望風旨，使高昌入朝，伊吾獻地，聚糧且末，[3]師出玉門，[4]關右騷然，頗亦矩之由矣。果及長寬，早知去就，而寬淪跡異域，蓋乃命乎。嵩和廉約居身，忠勤奉上，人懷其惠，吏畏其威，雖古之良吏，何以加此。肅歷官周、隋，志存鯁正，竟而忠誠慷慨，犯忤龍鱗，固知嫠婦憂宗周之亡，[5]處女悲太子之少，非徒語也。文舉之在絳州，世載清德，辭多受少，有廉讓之風焉。仁基以武略見知，自升顯級，竟而蹈履非所，身名隳壞，時也。

[1]脩史：中華本校勘記云："按《裴佗傳》無一語及脩史事。其在《魏書》，本列《良吏傳》，'脩史'當是'循吏'（即良吏）之訛。"可從。

[2]良足稱乎：宋本作"足良稱乎"，倒誤。

[3]且（jū）末：國名。又作"左末國""沮末國"。在今新

疆且末縣西南。西漢時屬西域都護府。東漢、三國時，併於鄯善。後復立。北魏時屬吐谷渾。隋煬帝大業五年置且末郡於此。

[4]玉門：底本作“王門”，宋本、毛本、殿本、四庫本、局本、四部備要本、中華本作“玉門”。今從改。

[5]嫠（lí）婦：寡婦。

北史　卷三九

列傳第二十七

薛安都　劉休賓　房法壽 曾孫豹 玄孫彥謙 族子景伯　畢衆敬 曾孫義雲　羊祉 子深 孫肅 弟子敦 烈

薛安都字休達，河東汾陰人也。[1]父廣，晋上黨太守。[2]安都少驍勇，善騎射，[3]頗結輕俠，[4]諸兄患之。安都乃求以一身分出，不取片資，兄許之，居於別厩。遠近交遊者争有送遺，馬牛衣服什物充滿其庭。[5]真君五年，[6]與東雍州刺史沮渠康謀逆，[7]事發奔宋。

[1]河東：郡名。北魏時治蒲坂縣，在今山西永濟市西南蒲州鎮。　汾陰：縣名。治所在今山西萬榮縣西南。

[2]上黨：郡名。西晋治潞縣，在今山西潞城縣東北。

[3]善騎射：局本作“善驍射”。“騎”訛作“驍”。

[4]輕俠：指輕生重義而勇於急人之難的人。

[5]充滿其庭：高敏《南北史考索》（天津古籍出版社 2010 年版，第 472 頁）云：“《魏書》卷六十一‘滿’作‘牣’，《北史》校勘記失校。”可從。

[6]真君：即太平真君。北魏太武帝的年號（440—451）。

[7]東雍州：北魏太武帝太平真君四年置，治所在今山西新絳縣。後廢。孝明帝孝昌二年（526）又置，治鄭縣，在今陝西華縣。　沮渠康：人名。字季義，臨松（今甘肅張掖市南）人，盧水胡沮渠部。世爲部落領袖，因謀反被殺。見《魏書》卷九九《沮渠蒙遜附沮渠秉傳》。中華本校勘記云："《魏書》卷四下《世祖紀》太平真君五年七月條及《魏書》卷九九《沮渠蒙遜傳》作沮渠秉。這裏作'康'是《北史》避唐諱改。本書卷九三《沮渠氏傳》作'季義'，則是改稱其字。參卷三二《崔鑒傳》校記。"可從。

在南以武力見叙，遇宋孝武起江州，[1]遂以爲將。和平六年，[2]宋湘東王殺其主子業而自立，[3]是爲明帝。群情不協，共立子業弟晋安王子勛。[4]安都與沈文秀、崔道固、常珍奇等舉兵應之。[5]宋明帝遣將張永討安都，[6]安都遣使降魏，請兵救援，遣第四子道次爲質。獻文乃遣鎮東大將軍尉元等赴之，[7]拜安都鎮南大將軍、徐州刺史，[8]賜爵河東公。元等既入彭城，[9]安都中悔，謀圖元等。元知之，遂不果發。安都因重貨元等，委罪於女壻裴祖隆。元乃殺祖隆而隱安都謀。

[1]宋孝武：即南朝宋皇帝劉駿。孝武爲其謚號。　江州：南朝宋時治尋陽縣，在今江西九江市。

[2]和平：北魏文成帝的年號（460—465）。

[3]湘東王：指劉彧，字休炳，小字榮期，祖籍彭城（今江蘇徐州市），後遷居京口（今江蘇鎮江市）。南朝宋文帝第十一子，後殺前廢帝劉子業稱帝。見《宋書》卷八《明帝紀》。　殺其主子業而自立：殿本、四庫本、四部備要本作"殺其主子業五自立"，"而"訛作"五"。子業，即劉子業，人名。小字法師，祖籍彭城

（今江蘇徐州市），後遷居京口（今江蘇鎮江市）。南朝宋孝武帝長子，後即位稱帝。見《宋書》卷七《前廢帝紀》。

[4]晉安王：封爵名。晉安，郡名。南朝宋時治侯官縣，在今福建福州市。　子勛：即劉子勛，人名。字孝德，祖籍彭城（今江蘇徐州市），後遷居京口（今江蘇鎮江市）。南朝宋孝武帝第三子。見《宋書》卷八〇《晉安王子勛傳》。

[5]沈文秀：人名。字仲遠，吴興武康（今浙江德清縣西）人。南朝宋官吏，後降北魏。見《北史》卷四五《沈文秀傳》。　崔道固：人名。字季堅，清河東武城（今山東武城縣西北）人。南朝宋官吏，後降北魏。見《北史》卷四四《崔亮附崔道固傳》。　常珍奇：人名。汝南（今河南汝南縣）人。初爲南朝宋司州刺史，降北魏，後復叛魏歸宋。見《魏書》卷六一《畢衆敬附常珍奇傳》。

[6]張永：人名。字景雲，吴郡吴（今江蘇蘇州市）人。南朝宋將領。見《宋書》卷五三《張茂度附張永傳》。

[7]獻文：即北魏皇帝拓拔弘。獻文爲其謚號。　鎮東大將軍：官名。三國魏始置。職掌同鎮東將軍，唯資歷深者得任此職。大多授持節都督，出鎮四方。北魏孝文帝太和十七年（493）定爲從一品上，二十三年改爲二品。　尉元：人名。字荀仁，代（今山西大同市東北）人。北魏官吏。見《北史》卷二五《尉元傳》。

[8]鎮南大將軍：官名。三國蜀置。職掌與鎮南將軍同，唯資深者得任此職。北魏孝文帝太和十七年定爲從一品上，二十三年定爲二品。　徐州：北魏時治彭城縣，在今江蘇徐州市。

[9]彭城：縣名。治所在今江蘇徐州市。

皇興二年，[1]與畢衆敬朝于京師，甚見禮重。子姪群從並處上客，皆封侯，至於門生，無不收叙。又爲起第宅，館宇崇麗，資給甚厚。卒，贈假黄鉞、秦州刺

史、河東王，[2]謚曰康。

[1]皇興：北魏獻文帝的年號（467—471）。

[2]贈假黄鉞（yuè）秦州刺史河東王謚曰康：《魏書》卷六一《薛安都傳》作“贈本將軍、秦州刺史、河東王，謚曰康”。未詳孰是。假黄鉞，特賜予出征的重臣，以示威重，令其專主征伐。所加者多爲最高軍事長官。秦州，北魏時治上封城，在今甘肅天水市。

子道㯹襲爵，位平州刺史，[1]政有聲稱。歷相、秦二州刺史，[2]卒。

[1]平州：北魏時治肥如縣，在今河北盧龍縣北。

[2]相、秦二州刺史：局本作“相、義二州刺史”。按：道㯹父安都死後贈秦州刺史，此處道㯹當爲秦州刺史。“秦”訛作“義”。相，州名。北魏時治鄴城，在今河北臨漳縣西南鄴鎮。

道㯹弟道異，亦以勳爲第一客。[1]早卒，贈秦州刺史、安邑侯。[2]

[1]第一客：指最重要的降將。客，謂他國在本國做官者。

[2]安邑侯：封爵名。安邑，縣名。治所在今山西夏縣西北。

道異弟道次，既質京師，賜爵安邑侯，位秦州刺史，進河南公。[1]

[1]河南公：封爵名。河南，郡名。北魏時治洛陽縣，在今河

南洛陽市東北。

安都從祖弟真度，初亦與安都南奔，及從安都來降，爲上客。[1]太和初，[2]賜爵河北侯，[3]出爲平州刺史，假陽平公，[4]後降爲伯。歷荆州、東荆州刺史。[5]初遷洛後，[6]真度每獻計勸先取樊、鄧，[7]後攻南陽，[8]故大爲帝所賞，改封臨晋縣伯，[9]轉豫州刺史。[10]景明初，[11]豫州大饑，真度表輒日别出倉米五十斛爲粥，救其甚者。詔曰："真度所表，甚有憂濟百姓之意，宜在拯卹。"歷華、荆二州刺史，[12]入爲大司農卿。[13]正始初，[14]除揚州刺史。[15]還朝，除金紫光禄大夫，[16]加散騎常侍，[17]改封敷西。[18]卒，贈左光禄大夫，[19]謚曰莊。有子十二人，嫡子懷徹襲封。

[1]上客：戰國時貴族招致賓客，一般分上、中、下三等，其尊貴者爲上客。北魏對歸附其政權者的最高待遇。主動降附或立有功勳者，初來時一般享受這種待遇。其後再酌情安排官職。

[2]太和：北魏孝文帝的年號（477—499）。

[3]河北侯：封爵名。河北，郡名。北魏時治大陽縣，在今山西平陸縣西南。

[4]陽平公：封爵名。陽平，郡名。北魏時治館陶縣，在今河北館陶縣。

[5]荆州：北魏時治穰縣，在今河南鄧州市。　東荆州：北魏時治泚陽縣，在今河南泌陽縣。

[6]洛：指洛陽，在今河南洛陽市東北。

[7]樊：城名。在今湖北襄樊市。　鄧：城名。在今湖北襄樊市西北。

[8]南陽：郡名。北魏時治南陽縣，在今河南郟縣西南。

[9]臨晋縣伯：封爵名。臨晋，縣名。治所在今陝西大荔縣。源氏校勘記云："'伯'《魏書》作'開國公'。"按：中華本《魏書》卷六一《薛真度傳》作"臨晋縣開國公"。《通志》一四九與《北史》同。未詳孰是。

[10]豫州：北魏時治懸瓠城，在今河南汝南縣。

[11]景明：北魏宣武帝的年號（500—503）。

[12]華：州名。北魏獻文帝皇興二年（468）置，治定安縣，在今甘肅寧縣。孝文帝延興二年（472）改置三縣鎮。太和十一年又置華州，治李潤堡，在今陝西蒲城縣東北。宣武帝永平三年（510）移治華陰縣，在今陝西大荔縣。

[13]大司農卿：官名。爲大司農的尊稱。西漢時大司農位列九卿，掌全國租賦收入和國家財政開支，管理各地倉儲、水利，官府農業、手工業、商業的經營等。東晋南北朝時國家財政歸尚書省主管，大司農或省或置，所掌唯倉儲園苑及供膳之庶務。北魏仍置，孝文帝太和十七年定爲二品上，二十三年改爲三品。

[14]正始：北魏宣武帝的年號（504—508）。

[15]揚州：北魏時治壽春縣，在今安徽壽縣。

[16]金紫光禄大夫：官名。西晋初有光禄大夫，授銀章青綬，如加賜金章紫綬，則爲金紫光禄大夫，二品。禄賜、班位、冠幘、車服、佩玉、置吏卒羽林，諸所賜給皆與特進同。其以爲加官者，唯假章綬、禄賜、班位，不别給車服、吏卒。北魏孝文帝太和十七年定爲從一品下，二十三年改爲從二品。

[17]散騎常侍：官名。三國時魏文帝黄初年間置散騎，合於中常侍，謂之散騎常侍。西晋沿置，爲門下重職，散騎省長官。至東晋，參掌機密，選望甚重。北魏初一度掌出令，位在中書令之上。孝文帝太和十七年定爲二品下，二十三年改爲從三品。

[18]敷西：縣名。治所在今陝西華陰市西夫水鎮。

[19]左光禄大夫：官名。三國魏始置。爲在朝顯職的加官，以

示恩寵，或授予年老有病者爲致仕之官，亦常用於卒後贈官。無具體職掌。北魏沿置，孝文帝太和二十三年定爲二品。

初，真度有女妓數十人，每集賓客，輒命之絲竹歌舞，不輟於前，盡聲色之適。庶長子懷吉，居喪過周，以父妓十餘人并樂器獻之，宣武納焉。[1]

[1]宣武：即北魏皇帝元恪。宣武爲其謚號。

懷吉好勇，有膂力，雖不善書學，[1]亦解達時事，卒於汾州刺史。[2]懷吉本不厲清節，及爲汾州，偏有聚納之響。[3]自以支庶，餌誘勝己，共爲婚姻。多攜親戚，悉令同行，兼爲之彌縫，恣其取受。而將勞賓客，曲盡物情，送去迎來，不避寒熱。性少言，每有接對，但嘿然而返。既指授先期明人馬之數，[4]左右密已記録。俄而酒饌相尋，芻粟繼至，[5]逮于將别，贈以錢縑，下及厮傭，咸過本望。

[1]書學：典籍。

[2]汾州：北魏時治蒲子城，在今山西隰縣。

[3]聚納：聚斂納賄。

[4]既指授先期明人馬之數：《魏書》卷六一《薛真度傳》作“既指授先期，人馬之數”。《通志》卷一四九與《北史》同。未詳孰是。

[5]芻粟：喂牲口的草料。

真度諸子既多，其母非一，同産相朋，因有憎愛。

興和中，[1]遂致訴列，云以毒藥相害，顯在公府，[2]發揚疵釁，[3]時人恥焉。

[1]興和：東魏孝静帝的年號（539—542）。

[2]顯在公府：局本作"顯在公所"。在此意不通，"府"訛作"所"。

[3]疵：小毛病。　釁：罪過。

劉休賓字處幹，本平原人也。[1]祖昶，從慕容德度河，[2]家于北海都昌縣。[3]父奉伯，宋北海太守。

[1]平原：郡名。治聊城縣，在今山東聊城市。

[2]慕容德：人名。字玄明，昌黎棘城（今遼寧北票市章吉營子鄉三官營子村）人，鮮卑族。十六國時南燕君主。見《北史》卷九三《慕容德傳》。元大德本、局本作"慕容南"。按：據史書記載，魏晋南北朝時無慕容南，"德"訛作"南"。

[3]北海：郡名。西晋時治劇縣，在今山東昌樂縣西。　都昌：縣名。治所在今山東昌邑市西。

休賓少好學，有文才，仕宋爲兖州刺史。[1]娶崔邪利女，[2]生子文曄。崔氏先歸寧在魯郡，[3]邪利之降，文曄母子與俱入魏。及慕容白曜軍至，[4]休賓不降。白曜請崔氏與文曄至，以報休賓，又執休賓兄延和妻子巡視城下。休賓答白曜，許待歷城降，[5]當即歸順。密遣主簿尹文達向歷城，[6]觀魏軍形勢。文達詣白曜，詐祇候。白曜令文達往升城，[7]見其妻子。文曄哭泣，以爪髮爲信。文達回，復經白曜，誓約而還，見休賓。休賓撫爪

髪泣，復遣文達與白曜期。白曜喜，以酒灌地，啓告山河，誓不負休賓。文達還謂休賓，可早決計。休賓於是告兄子聞慰，聞慰固執不可，遂差本契。白曜尋遣著作佐郎許赤彪夜至梁鄒南門，[8]告城上人曰："休賓遣文達頻造僕射許降，[9]何得無信！"於是城内遂相維持，欲降不得。歷城降，休賓乃出請命。及立平齊郡，[10]乃以梁鄒人爲懷寧縣，[11]以休賓爲令。延興二年卒。[12]

[1]兖州：南朝宋時治瑕丘城，在今山東兖州市西。

[2]崔邪利：人名。清河東武城（今山東武城縣西北）人。初仕南朝宋，爲魯郡太守。北魏太武帝太平真君末，以郡降魏，賜爵臨淄子，任廣寧太守。見《北史》卷二四《崔逞附崔邪利傳》。

[3]魯郡：南朝宋時治魯縣，在今山東曲阜市。

[4]慕容白曜：人名。昌黎棘城（今遼寧北票市章吉營子鄉三官營子村）人。北魏名將。見《北史》卷二五《慕容白曜傳》。

[5]歷城：縣名。治所在今山東濟南市。

[6]主簿：官名。漢朝中央及州郡官府均置，典領文書簿籍，經辦事務。歷代沿置，品秩隨府長官地位高下而不等。

[7]升城：在今山東濟南市長清區。

[8]著作佐郎：官名。三國魏明帝太和中置佐著作郎，協助著作郎修撰國史及起居注。東晋時改稱著作佐郎（一説南朝宋改稱），屬著作省（局），掌搜集史料，供著作郎撰史。本用文學之士，但在南北朝後期，因其職務清閑，成爲士族高門子弟的起家之官。北魏時秘書省著作局置四員，孝文帝太和十七年定爲從五品上，二十三年改爲七品。　許赤彪：人名。博陵（今河北蠡縣南）人。初爲著作郎，北魏孝文帝時，奉命出使南朝齊，應對敏捷，使還，爲東郡太守。中華本校勘記云："《魏書》卷四三《劉休賓傳》'彪'作'虎'。按許赤虎附見《魏書》卷四六《許彦傳》。《北史》作

‘彪’是避唐諱改。但卷三四《胡叟傳》又改作‘武’，自不統一。”可從。　梁鄒：城名。在今山東鄒平縣。

[9]僕射：代指慕容白曜。

[10]平齊：郡名。北魏時治雲内縣，在今山西大同市西。

[11]懷寧：縣名。治所在今安徽潛山縣梅城鎮。

[12]延興：北魏孝文帝的年號（471—476）。

文曄有志尚，綜覽群書，輕財重義。太和中，坐從兄聞慰南叛，被徙北邊，孝文特聽還代。[1]帝曾幸方山，[2]文曄大言求見，[3]申父功厚賞屈。於是賜爵都昌子，[4]深見待遇，拜協律中郎。[5]卒於高陽太守，[6]贈兖州刺史，[7]謚曰貞。

[1]孝文：即北魏皇帝元宏。孝文爲其謚號。　代：亦稱代都，即平城。在今山西大同市東北。

[2]方山：在今山西大同市東北。

[3]大言：高聲地説。

[4]都昌子：封爵名。都昌，縣名。治所在今山東昌樂縣東北。

[5]協律中郎：官名。北魏時改協律校尉爲此稱。隸太常，掌調和律吕。從四品下。孝文帝太和二十三年省。

[6]高陽：郡名。北魏時治高陽縣，在今河北高陽縣東。

[7]贈兖州刺史：源氏校勘記云：“《魏書》（‘兖州’）作‘光州’。”未詳孰是。

休賓叔父旋之，其妻許氏生二子法鳳、法武，而旋之早卒。東陽平，[1]許氏攜二子入魏，孤貧不自立，母子並出家爲尼僧。既而反俗，俱奔江南。法武後改名

峻，字孝標，《南史》有傳。

[1]東陽：城名。在今山東青州市。

房法壽，小名烏頭，清河東武城人也。[1]曾祖諶，仕燕，位太尉掾，[2]隨慕容氏遷于齊，[3]子孫因家之，遂爲東清河繹幕人焉。[4]

[1]清河：郡名。北魏時治清河縣，在今山東臨清市東北。東武城：縣名。治所在今山東武城縣西北。源氏校勘記云："'東武城'《魏書》作'繹幕'。"

[2]太尉掾：官名。屬太尉，爲一曹之長，總領曹事。

[3]齊：州名。東晋時治歷城縣，在今山東濟南市。

[4]東清河：郡名。北魏時治盤陽城，在今山東淄博市淄川區。繹幕：縣名。治所在今山東平原縣西北。

法壽幼孤，少好射獵，輕率勇果，結諸群小爲劫盜，宗族患之。弱冠，州迎主簿。後以母老，不復應州郡命，常盜殺猪羊以供母。招集壯士，恒有數百。仕宋爲魏郡太守。[1]法壽從祖弟崇吉，母妻爲慕容白曜所獲，託法壽爲計，法壽與崇吉歸款於白曜。詔以法壽爲平遠將軍，[2]與韓騏驎對爲冀州刺史。[3]

[1]魏郡：南朝宋時治鄴縣，在今河北臨漳縣西南。

[2]平遠將軍：官名。十六國時前秦始置，十六國西秦，南朝梁、北魏亦置。北魏孝文帝太和二十三年定爲四品，用以褒賞勳庸。

[3]韓騏驎：人名。昌黎（今遼寧北票市章吉營子鄉三官營子村）人。北魏官吏。見《北史》卷四〇《韓麒驎傳》。　冀州：北魏時治信都縣，在今河北冀州市。

及歷城、梁鄒降，法壽、崇吉等與崔道固、劉休賓俱至京師，以法壽爲上客，崇吉爲次客，[1]崔、劉爲下客。[2]法壽供給亞於薛安都等，以功賜爵壯武侯，給以田宅奴婢。性愛酒，好施，親舊賓客率同飢飽，坎壈常不豐足。[3]畢衆敬等皆尚其通愛。卒，贈青州刺史，[4]謚敬侯。

[1]次客：北魏對歸附其政權者的一種待遇。歸附人的名望及所立功勳較小者，初來時享受此待遇，以後再酌情安排官職。

[2]下客：北魏對降附其政權者的一種待遇。被圍而後降的敵國官員，初來時享受此待遇，以後再酌情安排官職。

[3]坎壈（lǎn）：困頓。

[4]青州：北魏時治東陽城，在今山東青州市。

子伯祖襲，例降爲伯，歷齊郡内史。[1]伯祖闇弱，委事於功曹張僧皓，[2]大有受納，伯祖衣食不充。後遷幽州輔國府長史，[3]免官，卒。

[1]齊郡：北魏時治臨淄縣，在今山東淄博市東北。　内史：官名。北魏時爲執掌民政的官員，地位相當於郡太守。孝文帝太和二十三年後定上郡爲四品，中郡爲五品，下郡爲六品。

[2]功曹：官名。漢朝時郡縣置功曹史，省稱功曹，職掌人事，並參與一郡政務。北魏時凡皇子、不開府將軍、太常、光禄、衛

尉、郡，北齊九寺、郡、縣，北周時郡皆置。職掌吏事或主選舉。凡郡功曹多用本地大族，權重，郡守常委事於功曹。北魏時自六品至從九品不等。　張僧皓：人名。字山客，清河東武城（今山東武城縣西北）人。北魏官吏。見《魏書》卷七六《張烈附張僧皓傳》。毛本、殿本、四庫本、局本、四部備要本作“張僧浩”。據史書記載，無“張僧浩”。“皓”訛作“浩”。

[3]後卒於幽州輔國府長史：底本“卒於”作“還”，中華本校勘記云：“諸本‘還’作‘卒於’二字，《魏書》卷四三《房法壽傳》作‘轉’，《通志》卷一四九《房法壽傳》作‘還’。按下文有‘免官卒’，這裏作‘卒於’重複，今據《通志》改。”今從改。幽州，北魏時治薊縣，在今北京西南。輔國府長史，官名。輔國將軍府屬吏，掌參政務，主管屬吏。爲府中掾屬之長。

子翼，大城戍主，[1]帶宋安太守，[2]襲爵壯武侯。

[1]子翼大城戍主：源氏校勘記云：“‘翼’下《北齊》有‘宗’字。”大城，故址在今湖北大悟縣北。戍主，官名。南北朝始置。爲戍的主將。掌守防捍禦之事，除管理軍政外，兼理民政、財政。多以郡守、縣令、州參軍及雜號將軍等官兼領。

[2]宋安：郡名。北魏時治大城，在今河南光山縣西南。底本作“宗安”，中華本校勘記云：“諸本‘宋’作‘宗’。按《隋書》卷六六《房彥謙傳》稱：‘祖翼，宋安太守。’《魏書》卷一〇六《地形志中》光州有宋安郡，治大城。《隋書》是，今據改。”今從改。

翼子豹，字仲幹。體貌魁岸，美音儀。年十七，州辟主簿。王思政入據潁川，[1]慕容紹宗出討，[2]豹爲紹宗開府主簿兼行臺郎中。[3]紹宗自云有水厄，遂於戰艦中

浴，并自投於水，冀以厭當之。豹白紹宗曰："夫命也在天，豈人理所能延保。[4]公若實有水厄，非禳辟所能卻，若其實無，何禳之有。今三軍之事，在於明公，唯應達命任理，以保元吉。方乃乘船入水，云以防災，豈如岸上指麾，以保萬全也。"紹宗笑曰："不能免俗，爲復爾耳。"未幾而紹宗遇溺，時論以爲知微。

[1]王思政：人名。太原祁（今山西祁縣東南）人。北魏、西魏名將。見《北史》卷六二《王思政傳》。　潁川：郡名。北魏時治長社縣，在今河南長葛市東北。

[2]慕容紹宗：人名。北魏、東魏、北齊名將。見《北史》卷五三《慕容紹宗傳》。

[3]開府：指開設府署，辟置僚屬。魏晋南北朝時期，常以此作爲對高級官員的寵遇。　主簿：官名。漢置，州府官吏，掌典領文書簿籍，經辦事務。在州府屬官中地位較高，品級隨州的大小不同而不同。　行臺郎中：官名。北魏後期始置。爲大行臺屬官，分掌諸曹事。在北魏末、東、西魏時權力極大，常兼任或者加以其他高級官職。

[4]豈人理所能延保：源氏校勘記云："《北齊》作'延促'。亦通。"

河清中，[1]除謁者僕射，[2]拜西河太守。[3]地接周境，俗雜稽胡，豹政貴清静，甚著聲績。遷博陵太守，[4]亦有能名。又遷樂陵太守，[5]風教修理，稱爲美政。郡瀕海，水味多鹹苦。豹命鑿一井，遂得甘泉，遐邇以爲政化所致。豹罷歸後，井味復鹹。齊滅，遂還本鄉，丘園自養，頻被徵命，固辭以疾。每牧守初臨，必遣致禮，

官佐邑宰皆投刺申敬。終於家，無子，以兄熊子彦詡嗣。

[1]河清：北齊武成帝的年號（562—565）。底本作“清河”，中華本校勘記云：“諸本倒作‘清河’。按‘河清’齊武成帝年號，今乙正。”今從改。

[2]謁者僕射：官名。南北朝時置爲謁者臺長官，掌大拜授及百官朝會班次，或奉命出使。北魏孝文帝太和十七年定爲從四品上，二十三年改爲六品上。北齊因之，六品上。

[3]西河：郡名。北齊時治隰城縣，在今山西汾陽市城區。

[4]博陵：郡名。北齊時治安平縣，在今河北安平縣。

[5]樂陵：郡名。北齊時治樂陵縣，在今山東樂陵市。

彦詡明辯有學識，位殿中侍御史，[1]千乘、益都二縣令，[2]有惠政。

[1]殿中侍御史：官名。亦稱殿中御史。三國魏始置，七品。兩晋南北朝沿置，北魏時掌宿衛禁兵。孝文帝太和十七年定爲從五品中，二十三年改爲從八品上。北齊爲八品。

[2]千乘：縣名。治所在今山東高青縣東南高苑城之北。　益都：縣名。治所在今山東壽光市南。

熊字子威，性至孝，聰朗有節概。州辟主簿，行清河、廣川二郡事。[1]七子。

[1]廣川：郡名。北齊時治武强縣，在今山東鄒平縣東。

長子彦詢最知名，以魏勳門嫡孫，賜爵永始縣子，[1]特爲叔豹所愛重。病卒，豹取急，[2]親送柩還鄉，悲痛傷惜，以爲喪當家之寶。初，彦詢少時爲監館，[3]嘗接陳使江總。[4]及陳滅，總入關，見彦詢弟彦謙曰："公是監館弟邪?"因慘然曰："昔因將命，得申言款。"彦詢所贈總詩，今見載總集。

[1]永始縣子：封爵名。永始，縣名。今地不詳。

[2]取急：古代在職官員以趕辦私事而請假。

[3]監館：官名。殿中監屬員。

[4]江總：人名。字總持，濟陽考城（今河南民權縣東北）人。南朝梁、陳官吏。見《陳書》卷二七《江總傳》。

彦謙早孤，不識父，爲母兄鞠養。長兄彦詢，雅有清鑒，以彦謙天性穎悟，每奇之，親教讀書。年七歲，誦數萬言，爲宗黨所異。十五出後叔父子貞，事所繼有踰本生。[1]子貞哀之，撫養甚厚。後丁繼母憂，[2]勺飲不入口者五日。事伯父豹，[3]竭盡心力，每四時珍果，弗敢先嘗。遇朞功之戚，[4]必蔬食終禮，宗從取則焉。其後受學于博士尹琳，[5]手不釋卷，遂通涉五經。解屬文，雅有詞辯，風概高人。

[1]事所繼有踰本生：源氏校勘記云："'繼'下《隋書》有'母'字。"

[2]憂：居父母之喪。

[3]伯父：中華本校勘記云："張森楷云：'"伯"當作"叔"。'按見上文。"可從。

[4]朞（jī）功：古代喪服的名稱。朞，服喪一年。功，按親疏關係分爲大功和小功。大功服喪九月，小功服喪五月。亦指五服之内的宗親。

[5]博士：官名。魏晋南北朝時專設五經博士、國子博士、太學博士等學官，掌經學教授，設太常博士專掌議定禮制。北朝郡國學或置博士爲學官，又設律學博士、醫學博士等，專精本行技藝，教授學生及服務於宫廷官府。北魏明元帝時將國子學改稱中書學，國子博士改爲博士，轉隸於中書省。除掌教中書學生外，還處理中書省機要，議政議禮，出使敵國等。人無定員，全以漢人任之。北齊因之。

年十八，屬齊廣寧王孝珩爲齊州刺史，[1]辟爲主簿。時禁網疏闊，州郡之職，尤多縱弛。及彦謙在職，清簡守法，州境肅然，莫不敬憚。及周師入鄴，[2]齊主東奔，[3]以彦謙爲齊州中從事。[4]彦謙痛本朝傾覆，將糾率忠義，潛謀匡輔，事不果而止。齊亡，歸于家。周武帝遣柱國辛遵爲齊州刺史，[5]爲賊帥輔帶劍所執。彦謙以書諭之，帶劍慚懼，送遵還州，諸賊並各歸首。及隋文受禪之後，[6]遂優游鄉曲，誓無仕心。開皇七年，[7]刺史韋藝固薦之，[8]不得已而應命。吏部尚書盧愷一見重之，[9]擢授承奉郎，[10]俄遷監察御史。[11]後屬陳平，奉詔安撫泉、括等十州。[12]以銜命稱旨，賜物百段、米百石、衣一襲、奴婢七口。

[1]廣寧王：封爵名。廣寧，郡名。北齊改新蔡郡置，治新蔡縣，在今河南焦作市東。　孝珩（héng）：即高孝珩，人名。勃海蓨（今河北景縣）人。北齊宗室。見《北史》卷五二《廣寧王孝

珩傳》。

[2]鄴：城名。在今河北臨漳縣西南。

[3]齊主：即北齊後主高緯。字仁綱，勃海蓨（今河北景縣）人。見《北史》卷八《齊本紀·後主》。

[4]中從事：官名。治中從事史的省稱，避唐高宗李治諱改。漢代始置，爲州郡佐吏，例用本地人。歷代沿置。主選署及文書案卷，有書佐。北齊時司州治中從四品下，上州中六品下，中州從六品下，下州無。

[5]周武帝：即北周皇帝宇文邕。武爲其謚號。　柱國：官名。柱國大將軍的省稱。十六國時後燕慕容垂始置。北魏初置，位在太尉之上，後罷。北魏末復置，位在丞相之上，授予權臣。西魏文帝大統三年（537），省稱柱國。在十六年前共任命八人，稱八柱國，是西魏的最高官職。其中六人分掌全國府兵。北周時成爲没有具體職掌的勳官，正九命。殿本、四庫本、四部備要本作“住國”，意不通。“柱”訛作“住”。　辛遵：人名。隴西狄道（今甘肅臨洮縣）人。北周、隋朝官吏。見《北史》卷六五《田弘附辛遵傳》。

[6]隋文：即隋朝皇帝楊堅。文爲其謚號。

[7]開皇：隋文帝的年號（581—600）。

[8]韋藝：人名。字世文，京兆杜陵（今陝西西安市長安區東）人。北周、隋朝官吏。見《北史》卷六四《韋孝寬附韋藝傳》。

[9]吏部尚書：官名。東漢置吏曹尚書，後改名選部尚書。三國魏改選部尚書爲吏部尚書，爲尚書臺（省）吏部曹長官，三品。兩晋南北朝沿置，位居列曹尚書之上。北魏孝文帝太和十七年定爲二品下，二十三年改爲三品。北齊時爲三品。主管官吏銓選、考課、奬懲，其實權甚至超過尚書僕射。然重要官職的任免須與諸執政大臣合議，由皇帝、宰相裁定，亦常命尚書僕射領吏部事務，或任命大臣參掌選事以分其權任。南朝宋孝武帝大明二年（458）故置二尚書以輕其任。西魏末、北周時改置吏部中大夫，屬夏官府。

隋朝時復爲尚書省六部長官之首，正三品。　盧愷：人名。字長仁，范陽涿（今河北涿州市）人。北周、隋朝官吏。見《北史》卷三〇《盧柔附盧愷傳》。

[10]承奉郎：官名。隋文帝開皇六年吏部置，八郎之一。爲散官，出使監察。從八品上。煬帝大業三年（607）廢。

[11]監察御史：官名。秦始置。亦稱監察侍御史，簡稱御史、侍御。秦、漢有監御史、監郡御史，東晋、北朝有檢校御史，皆掌出巡郡縣，監察地方行政。隋初改檢校御史爲監察御史，從八品上。煬帝大業三年，從七品。

[12]奉詔：局本作“奏詔”。“奉”訛作“奏”。　泉：州名。隋朝時治原豐縣，在今福建福州市。　括：州名。隋朝時治括蒼縣，在今浙江麗水市。

遷秦州總管録事參軍。[1]因朝集時，左僕射高熲定考課。[2]彦謙謂熲曰：“《書》稱三載考績，黜陟幽明。[3]唐、虞以降，代有其法，黜陟合理，褒貶無虧，便是進必得賢，退皆不肖。如或舛謬，法乃虚設。比見諸州考校，執見不同，進退多少，參差不類。况復愛憎肆意，致乖平坦。[4]清介孤直，未必高第；卑諂巧官，翻居上等。真僞混淆，是非瞀亂。[5]宰貴既不精練，斟酌取捨，曾經驅使者，多以蒙識獲成；未歷臺省者，[6]皆爲不知被退。又四方懸遠，難可詳悉，唯準量人數，半破半成，徒計官員之少多，莫顧善惡之衆寡。欲求允當，其道無由。明公鑒達幽微，平心遇物，今所考校，必無阿枉，脱有前件數事，[7]未審何以裁之？唯願遠布耳目，精加采訪，褒秋毫之善，貶纖介之惡，非直有光至道，亦足標獎賢能。”詞氣侃然，觀者屬目。熲爲之動容，

深見嗟賞。因歷問河西、隴右官人景行，[8]彦謙對之如響。熲謂諸州總管、刺史曰："與公言，不如獨共秦州考使語。"後數日，熲言於帝，帝弗能用。

[1]總管：官名。北周明帝武成元年（559）由都督諸州軍事改名，爲地方高級軍政官員。管理轄區軍政民政。隋因之。其品秩分三等，上總管視從二品，中總管視正三品，下總管視從三品。録事參軍：官名。又稱録事參軍事。西晋丞相府始置，爲録事曹長官，掌總録衆曹文簿，舉彈善惡，位在列曹參軍上。隋朝時諸衛、太子衛率、王府、諸州所置。從六品上至流外，諸州所置者與州主簿合爲一職。煬帝改制，以諸州所置仍爲主簿，其他改司録書佐。

[2]左僕射：官名。尚書左僕射的簡稱。秦置，漢因之。尚書僕射分左右自漢獻帝時始。職掌都省庶務及執法，或典選舉，左僕射權力大於右僕射，兼掌糾彈百官。隋朝時罷録尚書，又常缺令，僕射成爲正宰相，從二品，與門下省、内史省長官共秉國政。文帝開皇三年令左僕射掌判吏、禮、兵三部事，兼糾彈御史所糾不當者。行臺尚書省亦置，視從二品。

[3]黜陟幽明：黜退昏愚的官員，晋升賢明的官員。

[4]平坦：公平。

[5]瞀（mào）亂：錯亂。

[6]臺省：指政府的中央機構。

[7]脱：倘若，或許。

[8]景行：高尚的德行。

以秩滿，遷長葛縣令，[1]甚有惠化，百姓號爲慈父。仁壽中，[2]帝令持節使者巡行州縣，[3]察長吏能不，以彦謙爲天下第一，超授鄀州司馬。[4]吏人號哭相謂曰："房明府今去，吾屬何用生爲！"其後百姓思之，立碑頌德。

都州久無刺史，州務皆歸彦謙，名有異政。内史侍郎薛道衡，[5]一代文宗，位望清顯，所與交結，皆海内名賢。重彦謙爲人，深加友敬。及爲襄州總管，[6]辭翰往來，交錯道路。煬帝嗣位，[7]道衡轉牧番州，[8]路經彦謙所，留連數日，屑涕而别。

[1]長葛：縣名。治所在今河南長葛市東北。

[2]仁壽：隋文帝的年號（601—604）。

[3]持節：漢代官員或使臣外出時持有皇帝授予的節杖，以示其威權。魏晋以後，軍事長官出征或出鎮時，加持節即可殺無官位之人，在軍事行動中享有誅殺二千石以下官員的權力。大臣出使、出巡或代表皇帝參加祭吊時，亦持節，以示權位與尊崇。後遂演變爲一種官號。

[4]鄀（ruò）州：隋朝時治樂鄉縣，在今湖北鍾祥市西北。 司馬：官名。州郡佐官。三國蜀於益州置前、後、左、右四部司馬，非常制。兩晋南北朝州郡長官多帶將軍名號開軍府，皆置爲幕僚，主軍務，武職。隋朝時廢州郡軍府，文帝開皇三年改州郡佐官治中爲司馬，協助刺史治理州事，位次長史。煬帝改州爲郡，省併長史、司馬爲贊治。

[5]内史侍郎：官名。隋朝時内史省次官。正四品。煬帝大業十二年改名内書侍郎。 薛道衡：人名。字玄卿，河東汾陰（今山西萬榮縣西南）人。歷仕北齊、北周、隋。見《北史》卷三六《薛辯附薛道衡傳》。

[6]襄州：隋朝時治襄陽縣，在今湖北襄樊市。

[7]煬帝：即隋朝皇帝楊廣。煬爲其謚號。

[8]番州：隋朝時治南海縣，在今廣東廣州市。

黄門侍郎張衡亦與彦謙相善。[1]于時帝營東都，[2]窮

極侈麗，天下失望。又漢王構逆，[3]罹罪者多。彦謙見衡當塗而不能匡救，書諭之曰：

[1]黄門侍郎：官名。秦、西漢時給郎官加以給事黄門的省稱。亦稱黄門郎。爲中朝官員，給事於宫門之内，侍從皇帝，顧問應對，出則陪乘。隋初置爲門下省次官，員二人，位頗重要。正四品上。煬帝大業三年去“給事”二字，稱黄門侍郎。　張衡：人名。字建平，河内（今河南沁陽市）人。北周、隋朝官吏。見《北史》卷七四《張衡傳》。

[2]東都：都城名。即洛陽。隋煬帝大業元年，煬帝命重修洛陽，次年竣工。五年，改稱東都。

[3]漢王：即楊諒，一名傑，字德章。隋文帝第五子。見《北史》卷七一《庶人諒傳》。

竊聞賞者所以勸善，刑者所以懲惡。故疏賤之人，有善必賞；尊賢之戚，犯惡必刑。未有罰則避親，賞則遺賤者也。今國家祇承靈命，作人父母，刑賞曲直，升聞於天，夤畏照臨，亦宜謹肅。故文王云：“我其夙夜畏天之威。”以此而論，雖州、國有殊，高下懸邈，憂人慎法，其理一也。

至如并州釁逆，須有甄明，若楊諒實以詔命不通，慮宗社危逼，徵兵聚衆，非爲干紀，則當原其本情，議其刑罰，上副聖主友于之意，下曉愚人疑惑之心。若審知外内無虞，嗣后纂統，而好亂樂禍，妄有覬覦，則管、蔡之誅，[1]當在於諒。同惡相濟，無所逃罪，梟縣孥戮，[2]國有常刑。[3]遂使籍没流移，恐爲寃濫。恢恢天網，豈其然乎！罪疑從

輕，斯義安在！昔叔向置鬻獄之死，[4]晉國所嘉；釋之斷犯蹕之刑，[5]漢文稱善。羊舌寧不愛弟，廷尉非苟違君。[6]俱以執法無私，不容輕重。

[1]管：即管叔。姓姬，名鮮。周武王弟。武王滅商後，封於管。周成王年幼繼位，周公旦攝政。管叔與蔡叔、武庚聯合東夷作亂。後周公東征，平定叛亂，其被處死。見《史記》卷三五《管蔡世家》。　蔡：即蔡叔。姓姬，名度。周武王弟。武王滅商後，封於蔡。與管叔、武庚聯合東夷作亂。後周公東征，平定叛亂，其被放逐。見《史記·管蔡世家》。

[2]梟縣：即梟懸。斬首懸以示衆。　孥（nú）戮：誅及子孫。

[3]國有常刑：中華本校勘記云："《隋書》卷六六《房彦謙傳》'國有常刑'下有'其間有情非協同，力不自固，或被擁逼，淪陷凶威'數語。錢氏《考異》卷三九云：'蓋彦謙之意，以同惡者罪無可逃，被逼者自從輕典。所謂'籍没流移，恐爲冤濫'，乃指'情非協同'者而言。《北史》删此數言，失其旨矣。'"可從。

[4]叔向：人名。即羊舌肸。字叔向，一名叔肸。春秋時晉國大夫。曾因弟羊舌虎黨欒盈而受到牽連，被囚禁，後得釋。　鬻獄：受賄而枉斷官司。

[5]釋之：即張釋之，人名。字季，南陽堵陽（今河南方城縣東）人。西漢官吏，執法嚴格。見《史記》卷一〇二《張釋之傳》。　犯蹕（bì）：衝犯皇帝出行。

[6]廷尉：官名。亦稱廷尉卿。戰國秦始置。秦、西漢沿置。列位九卿，爲中央最高司法審判機構長官。

且聖人大寶，是曰神器，苟非天命，不可妄得。故蚩尤、項籍之驍勇，[1]伊尹、霍光之權勢，[2]

李老、孔丘之才智，[3]吕望、孫武之兵術，[4]吴、楚連盤石之據，[5]産、禄承母弟之基，[6]不應歷運之兆，終無帝主之位。况乎蕞爾一隅，[7]蜂扇蟻聚，楊諒之愚鄙，群小之凶慝，而欲憑陵畿甸，[8]覬幸非望者哉。

[1]蚩尤：人名。傳説中黄帝時東方九黎族首領。其活動區域在今山東、河南、河北三省交界地帶。　項籍：即項羽，人名。名籍，字羽，下相（今江蘇宿遷市）人。秦末起義軍將領，自立爲西楚霸王。見《史記》卷七《項羽本紀》。

[2]伊尹：人名。名摯、伊摯。商初賢臣。輔佐成湯建立商朝，後又歷佐數帝。見《史記》卷三《殷本紀》。　霍光：人名。字子孟，河東平陽（今山西臨汾市西南）人。霍去病異母弟，受漢武帝遺詔輔政，前後秉政二十年。見《漢書》卷六八《霍光傳》。

[3]才智：局本作“才德”。

[4]吕望：人名。字子牙。後世稱之爲姜太公。受到周文王的賞識，幫助文王、武王成就大業。見《史記》卷三二《齊世家》。　孫武：人名。字長卿，齊國樂安（今山東惠民縣）人。春秋末吴國將領、軍事家。後世稱孫子。見《史記》卷六五《孫子吴起列傳》。

[5]吴楚：指漢景帝年間吴楚七國之亂。

[6]産禄：《魏書》卷六六《房彦謙傳》作“産、禄承母后之基”。未詳孰是。指漢高祖吕后的兄弟吕産和吕禄。見《史記》卷九《吕太后本紀》。

[7]蕞（zuì）爾：形容小。

[8]畿甸：指京城地區。

開闢以降，書契云及，帝皇之跡，可得而詳。

自非積德累仁，豐功厚利，孰能道洽幽顯，義感靈祇？是以古之哲王，昧旦丕顯，[1]履冰在念，御朽兢懷。[2]逮叔世驕荒，[3]曾無戒懼，肆於人上，騁嗜奔欲，不可具載，請略陳之。

[1]昧旦：天將明未明之時，破曉。　丕顯：大顯。
[2]御朽：謂以朽索御馬，喻指危險。　兢懷：憂念。
[3]叔世：末世，衰亂的年代。

曩者，[1]齊、陳二國，並居大位，自謂與天地合德，日月齊明，罔念憂虞，不恤刑政。近臣懷寵，稱善而隱惡；史官曲筆，掩瑕而録美。是以人庶呼嗟，終閉塞於視聽；[2]公卿虚譽，日敷陳於左右。法網嚴密，刑辟日多，賦役煩興，老幼疲苦。昔鄭有子産，[3]齊有晏嬰，[4]楚有叔敖，[5]晋有士會，[6]凡此小國，尚足名臣，齊、陳之强，豈無良佐？但以執政壅蔽，懷私殉軀，忘國憂家，外同内忌。設有正直之士，才堪幹時，於己非宜，即加擯棄；儻遇諂佞之輩，行多穢慝，於我有益，遽蒙薦舉。以此求賢，何從而至。夫賢材者，非尚膂力，豈繫文華，唯須正身負戴，確乎不動，譬棟之處屋，如骨之在身，所謂棟梁骨鯁之材也。齊、陳不任骨鯁，信近讒諛，天高聽卑，監其淫僻，故總收神器，歸我大隋。向使二國祇敬上玄，惠恤鰥寡，委任方直，斥遠浮華，卑菲爲心，惻隱是務，河朔强富，江湖險隔，各保其業，人不思亂，泰山之

固，弗可動也。然而寢卧積薪，宴安鴆毒，[7]遂使禾黍生廟，[8]霧露沾衣，弔影撫心，[9]何嗟及矣！故《詩》云："殷之未喪師，克配上帝，宜鑒于殷，駿命不易。"[10]萬機之事，何者不須熟慮哉。

[1]曩（nǎng）者：以前。

[2]終閉塞於視聽：元大德本作"終閑塞於視聽"，"閉"訛作"閑"。

[3]子産：人名。即公孫僑。字子産，又字子美，又稱國僑、東里子産。春秋時鄭國賢臣。

[4]晏嬰：人名。字仲，夷維（今山東高密市）人。春秋時齊國賢臣。見《史記》卷六二《管晏列傳》。

[5]叔敖：人名。字孫叔，期思（今河南淮濱東南）人。春秋時楚國賢臣。見《史記》卷一一九《循吏列傳》。

[6]士會：人名。祁姓，士氏，字季，春秋時晋國正卿。

[7]宴安鴆毒：比喻耽於逸樂而殺身。鴆，一種毒鳥。相傳以鴆毛或鴆糞置酒内有劇毒。

[8]禾黍生廟：典出《詩·王風·黍離》，爲悲憫故國破敗。

[9]弔影：對影自憐。

[10]"故詩云"至"駿命不易"：出自《詩·大雅·文王》，是周文王告誡臣子，要借鑒商朝滅亡的教訓，不要重蹈覆轍。

伏惟皇帝望雲就日，仁孝夙彰，錫社分珪，[1]大成規矩。及總統淮海，盛德日新，當璧之符，遐邇僉屬。纘曆甫爾，[2]寬仁已布，率土蒼生，翹足而喜。并州之亂，變起倉卒，職由楊諒詭惑，詿誤吏人，[3]非有構怨本朝，棄德從賊者也。而有司將

帥，稱其顧反，非止誣陷良善，亦恐大玷皇猷。[4]

[1]分珪：亦作“分圭”。帝王以圭分授受封者。指帝王封賜官爵。

[2]纘（zuǎn）曆：指帝王繼位。　甫爾：初始。

[3]詿（guà）誤：貽誤、連累。

[4]皇猷（yóu）：帝王的謀略或教化。

足下宿當重寄，早預心膂，粤自藩邸，柱石見知，方當書名竹帛，傳芳萬古，稷、契、伊、吕，彼獨何人。既屬明時，須存謇諤，[1]立當世之大誡，作將來之憲範，豈容曲順人主，以愛虧刑，又使脅從之徒，橫貽罪譴。忝蒙眷遇，輒寫微誠，野人愚瞽，[2]不知忌諱。

[1]謇諤：正直敢言。

[2]愚瞽（gǔ）：愚鈍而昧於事理。多用於自謙。

衡得書，歎息而不敢奏聞。

彦謙知王綱不振，遂去官，隱居不仕，將結構蒙山之下，[1]以求其志。會置司隸官，盛選天下知名之士。朝廷以彦謙公方宿著，時望所歸，徵授司隸刺史。[2]彦謙亦慨然有澄清天下之志，凡所薦舉，皆人倫表式。其有彈射，當之者曾無怨言。司隸别駕劉炷陵上侮下，[3]訐以爲直，[4]刺史憚之，皆爲之拜。唯彦謙執志不撓，抗禮長揖。有識嘉之，炷亦不恨。

[1]結構：連結構架，指建造屋舍。　蒙山：又名車蒙山，在今山東蒙陰縣西南。

[2]司隸刺史：官名。隋煬帝大業三年置，屬司隸臺，巡察畿外，員十四人。

[3]司隸別駕：官名。隋煬帝大業三年置司隸臺，有大夫一人，掌諸巡察。別駕二人，分察畿内，一人按東都，一人按京師。

[4]訐（jié）：攻擊他人。

大業九年，[1]從駕度遼，[2]監扶餘道軍事。[3]其後隋政漸亂，莫不變節，彥謙直道守常，頗爲執政者所嫉，出爲涇陽令，[4]終於官。

[1]大業：隋煬帝的年號（605—617）。

[2]遼：即今遼河。

[3]扶餘道：隋煬帝征句麗時的軍事區域。扶餘，國名。亦作夫餘，在今吉林農安縣爲中心的松花江中游平原。

[4]涇陽：縣名。治所在今陝西咸陽市東北。

彥謙居家，每子姪定省，常爲講説督勉之，亹亹不倦。[1]家有舊業，資産素殷，又前後居官所得俸禄，皆以周恤親友，家無餘財，車服器用，務存素儉。自少及長，一言一行，未嘗涉私，雖致屢空，怡然自得。嘗從容獨笑，顧謂其子玄齡曰："人皆因禄富，我獨以官貧，所遺子孫，在於清白耳。"所有文筆，恢廓閑雅，有古人之深致。又善草隸，人有得其尺牘者，皆寶翫之。太原王劭、北海高構、蓨縣李綱、中山郎茂、郎穎、河東柳彧、薛孺，[2]皆一時知名雅澹之士，彥謙並與爲友。

雖冠蓋成列，而門無雜賓。體資文雅，深達政務，有識者咸以遠大許之。

[1]亹（wěi）亹：勤勉不倦的樣子。

[2]太原：郡名。隋朝時治晉陽縣，在今山西太原市西南古城。　王劭：人名。字君懋，太原晉陽（今山西太原市晉源區古城營村一帶）人。歷仕北齊、北周、隋朝。見《北史》卷三五《王慧龍附王劭傳》。　高構：人名。字孝基，北海（今山東高密市）人。歷仕北齊、北周、隋朝。見《北史》卷七七《高構傳》。　蓨縣：治所在今河北景縣南。　李綱：人名。字文紀，觀州蓨（今河北景縣）人。歷仕北齊、北周、隋朝。見《舊唐書》卷六二《李綱傳》。　中山：郡名。隋朝時治盧奴縣，在今河北定州市。　郎茂：人名。字蔚之，恒山新市（今河北新樂市）人。歷仕北齊、北周、隋朝。見《隋書》卷六六《郎茂傳》。　郎穎：人名。字楚之，中山新樂（今河北新樂市）人。隋朝官吏。　柳彧：人名。字幼文，河東解（今山西臨猗縣）人。歷仕北周、隋朝。見《北史》卷七七《柳彧傳》。　薛孺：人名。薛道衡族弟。隋朝官吏。

初，開皇中平陳之後，天下一統，論者咸云將致太平。彥謙私謂所親趙郡李少通曰：[1]“主上性多忌剋，[2]不納諫諍。太子卑弱，諸王擅威。在朝惟行苛酷之政，未弘遠大之體，天下雖安，方憂危亂。”少通初謂不然。及仁壽、大業之際，其言皆驗。貞觀初，[3]以子玄齡著勳庸，贈徐州都督、臨淄縣公，[4]謚曰定。

[1]趙郡：隋朝時治平棘縣，在今河北趙縣。

[2]忌剋：心存妒忌而欲凌駕於人。

[3]貞觀：唐太宗的年號（627—649）。

[4]都督：官名。地方軍政長官，稱都督諸州軍事。可領一州或數州刺史，多帶將軍名號，兼理民政。品級不定，分使持節、持節、假節三種，各有不同職責。北周、隋時改稱總管，唐朝又稱都督。唐太宗貞觀中分上、中、下都督府，大都督府從二品，中都督府正三品，下都督府從三品。　臨淄縣公：封爵名。臨淄，縣名。治所在今山東淄博市。

伯祖弟幼愍，安豐、新蔡二郡太守，[1]坐事奪官。居家，忽聞門有客聲，出無所見，還至庭中，爲家群犬所噬，卒。

[1]安豐：郡名。隋朝時治安豐縣，在今安徽霍邱縣東南。新蔡：郡名。隋朝時治新蔡縣，在今河南新蔡縣。

景伯字良暉，[1]法壽族子也。祖元慶，仕宋，歷七郡太守，後爲沈文秀青州建威府司馬。[2]宋明帝之殺廢帝子業，子業弟子勛起兵。文秀後歸子勛，元慶不同，爲文秀所害。父愛親，獻文時，三齊平，隨例内徙，爲平齊人。以父非命，疏服終身。[3]

[1]字良暉：《魏書》卷四二《房景伯傳》作"字長暉"。《通志》卷一四九與《北史》同。未詳孰是。

[2]建威府司馬：官名。建威將軍府屬吏，主武事。

[3]疏服：白色的喪服。

景伯生於桑乾，[1]少喪父，以孝聞。家貧，傭書自

給，[2]養母甚謹。尚書盧陽烏稱之於李沖，[3]沖時典選，拔爲奉朝請。[4]累遷齊州輔國長史，[5]會刺史亡，敕行州事。政存寬簡，百姓安之。後除清河太守。郡人劉簡武曾失禮於景伯，[6]聞其臨郡，闔家逃亡。景伯督切屬縣，追捕禽之，即署其子爲西曹掾，[7]令喻山賊。賊以景伯不念舊惡，一時俱下。論者稱之。舊制，守令六年爲限。[8]限滿將代，郡人韓靈和等三百餘人表訴乞留，復加二載。後爲司空長史，以母疾去官。[9]

[1]桑乾：縣名。治所在今山西山陰縣東。

[2]傭書：受雇爲人抄書。泛指爲人做筆札工作。

[3]盧陽烏：人名。即盧淵。字伯源，小名陽烏，范陽涿（今河北涿州市）人。北魏官吏。見《北史》卷三〇《盧玄附盧伯源傳》。　李沖：人名。一名思沖，字思順。隴西狄道（今甘肅臨洮縣）人。北魏官吏。見《北史》卷一〇〇《涼武昭王李暠附李沖傳》。

[4]奉朝請：官名。本是兩漢給予退休大臣、權貴的一種政治優待。西晋時成爲加官名號。東晋時獨立爲官，亦作加官。南朝列爲散騎（集書）省屬官，安置閑散，所施亦濫。北魏時亦爲冗散官，有俸無職。孝文帝太和十七年定爲六品下，二十三年改爲從七品。

[5]輔國長史：官名。輔國將軍府僚屬，掌參政務，主管屬吏，爲府中掾屬之長。

[6]劉簡武：源氏校勘記於“武”旁紅筆小字夾批“諱”字。中華本校勘記云：“《魏書》卷四三《房法壽傳》‘武’作‘虎’，《北史》避唐諱改。”可從。

[7]西曹掾：官名。東漢、三國魏、晋朝諸公、位從公府僚屬，

爲西曹長官，掌府吏署用事。北魏沿置，七品。北齊時司州、諸縣亦置，置於司州者位在西曹書佐下，非西曹長官。

[8]守令：局本倒作“令守”，誤。

[9]司空長史：官名。即司空府長史。掌參政務，主管屬吏。

景伯性復淳和，涉獵經史，諸弟宗之，如事嚴親。及弟亡，蔬食終喪，期不内御，憂毀之容，有如居重。[1]其次弟景先亡，其幼弟景遠期年哭臨，亦不内寢。鄉里爲之語曰：“有義有禮，房家兄弟。”廷尉卿崔光韶好標牓人物，[2]無所推尚，每云景伯有士大夫之行業。及母亡，景伯居喪，不食鹽菜，因此遂爲水病，積年不愈。卒於家，贈左將軍、齊州刺史。[3]

[1]居重：居父母喪。

[2]崔光韶：人名。清河東武城（今山東武城縣西北）人。北魏官吏。見《北史》卷四四《崔亮附崔光韶傳》。

[3]左將軍：官名。漢朝時爲重號將軍之一，平時無具體職務，有兵事則典掌禁兵，戍衛京師，或任征伐，一般兼任他官。魏晋時常設，權位漸低，僅爲武官名號，略高於一般雜號將軍，不典禁兵，不與朝政。東晋、南北朝時成爲軍府名號，用作加官，常不載官品。北魏孝文帝太和十七年定爲從二品上，二十三年改爲三品。

景伯子文烈，位司徒左長史，[1]與從父弟延祐並有名。[2]文烈性温柔，未嘗嗔怒。爲吏部郎時，[3]經霖雨絶糧，遣婢糴米，[4]因爾逃竄，三四日方還。文烈徐謂曰：“舉家無食，汝何處來？”竟無捶撻。[5]子山基，仕隋，歷户部、考功侍郎，[6]並著能名，見稱於時。

[1]司徒左長史：官名。魏晋南北朝置，位在司徒右長史之上。魏、晋、南朝宋六品，陳四品。北魏孝文帝太和十七年定爲四品上，二十三年改爲從三品。北齊沿置。從三品。

[2]延祐：底本作"逸祐"，中華本校勘記云："諸本'延'作'逸'。張森楷云：'"逸"當作"延"。房延祐見《北齊書·魏收傳》（卷三七）、《李鉉傳》（卷四四）、《蘇瓊傳》（卷四六）等傳；未聞有"逸祐"其人，疑是形近而訛。'按本卷下文即云景先子延祐，後隸魏收修史。'逸'爲'延'之訛無疑，今據改。"今從改。

[3]吏部郎：官名。尚書省吏部曹長官通稱。三國魏、蜀始置。兩晋南北朝沿置，亦稱吏部郎中，資深者可轉侍郎。屬吏部尚書，主管官吏選任調動事務，對五品以下官吏之任免有建議權。北魏孝文帝太和十七年定爲從四品上，二十三年改爲四品上。北齊時爲四品上。隋初稱吏部侍郎。

[4]糴（dí）：買進糧食。

[5]捶撻（tà）：杖擊、鞭打。

[6]考功侍郎：官名。隋始置。尚書省吏部考功司長官，置一人，掌考第。正六品上。隋文帝開皇三年升爲從五品。隋煬帝大業三年改名爲考功郎。

景先字光胄，幼孤貧，無資從師，其母自授《毛詩》《曲禮》。[1]年十二，請其母曰："豈可使兄傭賃以供景先也？請自求衣，然後就學。"母哀其小，不許，苦請乃從之。遂得一羊裘，忻然自足。晝則樵蘇，[2]夜誦經史，遂大通贍。

[1]毛詩：書名。即今本《詩經》，相傳爲漢初學者毛亨和毛萇所傳，故稱。　曲禮：《禮記》篇名。雜記春秋前後貴族飲食、

起居、喪葬等各種禮制的具體細節。

［2］樵蘇：砍柴刈草。

太和中，例得還鄉，解褐太學博士。[1]時太常劉芳、侍中崔光當世儒宗，[2]歎其精博，奏兼著作佐郎，修國史。侍中穆紹又啓景先撰《宣武起居注》。[3]累遷步兵校尉，[4]領尚書郎、齊州中正，[5]所歷皆有當官稱。[6]景先沈敏方正，[7]事兄恭謹，出告反面，晨昏參省，側立移時，兄亦危坐，相敬如賓。兄曾寢疾，景先侍湯藥，衣冠不解，形容毁瘁，親友見者，莫不哀之。卒，特贈洛州刺史，[8]謚曰文。景先作《五經疑問》百餘篇，[9]其語典詣。[10]符璽郎王神貴益之，[11]名爲《辯疑》，合成十卷，亦有可觀。節閔帝時，[12]奏上之。帝親自執卷，與神貴往復，嘉其用心。

［1］太學博士：官名。漢魏置五經博士，分經教授弟子生員。東晋不復分經，統稱太學博士，置十六員，掌教授太學生，亦備咨詢，參議禮儀，隸太常，六品。北魏孝文帝太和二十三年定爲從七品。

［2］太常：官名。秦置奉常，漢景帝時改名，秩二千石，位列九卿之首。主管祭祀社稷、宗廟朝會、喪葬禮儀，管理皇帝陵墓、寢廟所在縣邑，每月巡視諸陵，兼管文化教育。南北朝時禮儀郊廟制度由尚書八座及儀曹裁定，太常位尊職閑。北魏孝文帝太和十七年定爲從一品下，二十三年改爲三品。　劉芳：人名。字伯支，彭城叢亭里（今江蘇徐州市）人。北魏官吏。見《北史》卷四二《劉芳傳》。　侍中：官名。秦朝始置。原丞相史，往來殿中奏事，故名。西漢爲加官。東漢爲正式職官。職掌殿内門下衆事，侍從左

右，顧問應對，諫諍糾察，向公卿傳諭御旨，皇帝出行則參乘騎從，名義上隸少府。地位尊貴親近。東晋、南朝宋沿置，兼統宮廷内侍諸署，皆三品。北朝常總典機密，受遺詔輔政，權任尤重，時號“小宰相”。北魏孝文帝太和十七年定爲從一品中，二十三年改爲三品。　崔光：人名。字長仁。東清河鄃（今山東淄博市）人。北魏官吏。見《北史》卷四四《崔光傳》。

[3]穆紹：人名。字永業，代（今山西大同市東北）人。北魏官吏。見《北史》卷二〇《穆崇附穆紹傳》。

[4]步兵校尉：官名。北魏初領營兵，後罷其兵，成爲武臣散官，無具體職掌。孝文帝太和十七年定階爲從三品中，二十三年改爲五品。

[5]尚書郎：官名。漢武帝時常以郎官供尚書署差遣，掌收發文書章奏庶務，後漸成定制，成爲中朝常設官職。歷朝因之，品秩不一。北魏前期尚書省諸曹皆置尚書爲長官，孝文帝改制後，復以尚書郎爲諸郎曹長官，分隸六曹尚書。掌收發文書奏章庶務，可直接向皇帝奏報本職政務。孝文帝太和十七年定郎中五品上，郎從五品中，二十三年皆稱郎中，六品。　中正：官名。漢獻帝時始置。由各郡長官推選本郡任職於中央的有德行之士人兼任，負責品評本郡士人，劃分等級，以爲吏部委任官員的依據。北魏前、中期此職權任頗重，後期選任漸濫。

[6]所歷皆有當官稱：殿本、四部備要本脱“皆”字。

[7]景先沈敏方正：局本作“景先景敏方正”，“沈”訛作“景”。

[8]洛州：北魏明元帝泰常八年（423）置，治洛陽，在今河南洛陽市東北。孝文帝太和十八年改荆州而置，治上洛城，在今陝西商洛市城區。

[9]謚曰文景先作五經疑問百餘篇：《魏書》卷四三《景先傳》作“謚曰文景。景先作《五經疑問》百餘篇”。按：《魏書》句讀有誤。

［10］其語典詣：殿本、四庫本、局本、四部備要本作“其言典該”。

［11］符璽郎王神貴益之：源氏校勘記云：“‘益’《魏書》作‘答’。”中華本校勘記云：“張森楷云：‘《魏書》（卷四三）‘益’作‘答’，於義較晰。’按景先所作名‘五經疑問’，王神貴答其疑問，故名‘辯疑’，並非增益，作‘答’是。”可從。符璽郎，官名。漢朝有尚符璽郎（尚符璽郎中），爲符節令屬官，掌保管璽印符節。三國魏稱符璽郎（符璽郎中），七品。西晋省。北魏復置，仍隸符節令。孝文帝太和十七年定爲從四品中，二十三年改爲從六品上。

［12］節閔：即北魏皇帝元恭。節閔爲其謚號。

子延祐，武定末太子家令，[1]後隸魏收脩史。[2]

［1］武定：東魏孝静帝的年號（543—550）。　太子家令：官名。秦有家令，漢因之。兩晋或隸太子二傅，或隸詹事，掌東宫刑獄、倉儲、飲食、奴婢，五品。北魏亦置。孝文帝太和十七年定爲從三品上，二十三年改爲從四品上。北齊時爲太子家令寺長官，從四品上。

［2］魏收：人名。字伯起，小字佛助，鉅鹿下曲陽（今河北晋州市西）人。北齊官吏、史學家。見《北史》卷五六《魏收傳》。

景遠字叔遐。重然諾，好施與，頻歲凶儉，分贍宗親，又於通衢以飼餓者，存濟甚衆。平原劉郁行經齊、兗之境，忽遇劫賊，已殺十餘人。次至郁，呼曰：“與君鄉近，何忍見殺。”賊曰：“若言鄉里，親親是誰？”郁曰：“齊州主簿房陽是我姨兄。”陽是景遠小字。賊曰：“我食其粥得活，何得殺其親。”遂還衣物，蒙活者

二十餘人。

景遠好史傳，不爲章句。天性小急，不類家風，然事二兄至謹，撫養兄孤，恩訓甚篤。益州刺史傅豎眼慕其名義，[1]啓爲昭武府功曹參軍，[2]以母老不應，豎眼頗恨之。卒于家。

[1]益州：北魏時治晋壽縣，在今四川廣元市。　傅豎眼：人名。清河（今山東臨清市東北）人。北魏官吏。見《北史》卷四五《傅豎眼傳》。

[2]昭武府功曹參軍：官名。昭武將軍府屬吏，掌糾駁獻替。

子敬道，永熙中開府參軍。[1]

[1]永熙：北魏孝武帝的年號（532—534）。

畢衆敬，小名奈，[1]東平須昌人也。[2]少好弓馬射獵，交結輕果，[3]常於疆境盜掠爲業。仕宋，位太山太守。[4]湘東王彧殺其主子業而自立，是爲明帝，遣衆敬詣兖州募人。到彭城，刺史薛安都召與密謀，云："晋安有上流之名，[5]且孝武第三子，當共卿西從晋安。"衆敬從之。東平太守申纂據無鹽城，[6]不與之同。及宋明平子勛，授纂兖州刺史。會有人發衆敬父墓，令其母骸首散落。衆敬發喪行服，疑纂所爲。弟衆愛，爲薛安都長史，亦遣人密至濟陰，[7]掘纂父墓，以相報答。

[1]小名奈：高敏《南北史考索》（第472頁）云："《魏書》

卷六十一同人傳‘小名奈’作‘小名捺’,《北史》校勘記失校。”

[2]東平：郡名。南朝宋時治秦城，在山東東平縣西北。　須昌：縣名。治所在今山東東平縣西北。

[3]輕果：輕捷果敢的人。

[4]太山：郡名。南朝宋時治博平縣，在今山東泰安市東南。

[5]晋安：即劉子勛。字孝德，宋孝武帝第三子，封晋安王。孝武帝死後，湘東王劉彧殺前廢帝，即位爲明帝。明帝泰始二年（466）長史鄧琬奉子勛爲帝，改元義嘉，後兵敗被殺。見《宋書》卷八〇《晋安王子勛傳》。

[6]無鹽城：在今山東東平縣。

[7]濟陰：郡名。東漢時治定陶，在今山東定陶縣西北。

及安都以城入魏，衆敬不同其謀。子元賓以母并百口悉在彭城，恐交致禍，日夜啼泣，遣請衆敬，衆敬猶未從之。衆敬先已遣表謝宋，宋明授衆敬兖州刺史，而以元賓有他罪，獨不捨之。衆敬拔刀破柱曰：“皓首之年，唯有此子，今不原貸，何用獨全！”及尉元至，乃以城降。元遣將入城，事定，衆敬悔恚，數日不食。皇興初，就拜散騎常侍、兖州刺史，賜爵東平公，與中書侍郎李璨對爲刺史。[1]慕容白曜攻剋無鹽，獲申纂，無殺纂意，而城中火起，纂爲所燒死。衆敬聞剋無鹽，懼不殺纂，乃與白曜書，并表朝廷，云家酷由纂。聞纂死，乃悦。二年，與薛安都朝京師，賜甲第一區。後復爲兖州刺史，徵還京師。

[1]中書侍郎：官名。三國魏文帝時置。草擬詔令，職任機要，地位不高，但頗清貴，多用文學之士。東晋一度改稱中書通事郎。

十六國時多有設置，其中北涼、前秦權任頗重，掌管機密。北魏孝文帝太和十七年定爲四品上，二十三年改爲從四品上。　李璨：人名。字世顯，趙郡平棘（今河北趙縣）人。北魏官吏。見《北史》卷三三《李靈附李璨傳》。

衆敬善自奉養，食膳豐華，必致他方遠味。年已七十，髮鬚皓白，而氣力未衰，跨鞍馳騁，有若少壯。篤於姻類，深有國士之風。張讜之亡，[1]躬往營視，有若至親。太和中，孝文賓禮舊老，衆敬與高允引至方山，[2]雖文武奢儉，好尚不同，然亦與允甚相愛敬，接膝談款，有若平生。後以篤老，乞還桑梓，[3]朝廷許之。衆敬臨還，獻真珠璫四具、銀裝劍一口、刺彪矛一枚、仙人文綾一百疋。[4]文明太后與帝引見於皇信堂，[5]賜以酒饌車馬絹等，勞遣之。卒於兖州。

[1]張讜：人名。字處言，清河東武城（今山東武城縣西北）人。北魏官吏。見《北史》卷四五《張讜傳》。

[2]高允：人名。字伯恭，勃海蓨（今河北景縣）人。北魏官吏。見《北史》卷三一《高允傳》。

[3]桑梓：指故鄉。

[4]刺彪矛一枚：源氏校勘記於“彪”旁紅筆小字夾批“諱”字。中華本校勘記云：“《魏書》卷六一《畢衆敬傳》‘彪’作‘虎’，《北史》避唐諱改。”可從。

[5]文明太后：即北魏文成帝皇后馮氏。文明爲其謚號。　皇信堂：在今山西大同市東北古城。

子元賓，少豪俠有武幹，[1]涉獵書史。與父同建勳

誠，至京師，俱爲上賓，[2]賜爵須昌侯。[3]後拜兗州刺史，假彭城公。[4]父子相代爲本州，當世榮之。時衆敬以老還鄉，常呼元賓爲使君。每元賓聽政時，乘板輿出至元賓所，先遣左右敕不聽起，觀其斷決，忻忻然喜見顔色。衆敬善持家業，猶能督課田産，大致儲積。元賓爲政清平，善撫人物，百姓愛樂之。以父憂解任，喪中，遥授長兼殿中尚書。[5]卒，贈衛尉卿，[6]謚曰平。

[1]武幹：軍事才能。

[2]上賓：中華本校勘記云："《魏書》'賓'作'客'。按上客、次客、下客是當時專辭，見本卷《房法壽傳》及《魏書》卷四三、卷六一諸降將傳。《北史》改作'賓'，以爲泛稱，誤。"可從。

[3]須昌侯：封爵名。須昌，縣名。治所在今山東東平縣西北。

[4]彭城公：封爵名。虚封。彭城，郡名。南朝宋時治彭城縣，在今江蘇徐州市。

[5]殿中尚書：官名。晋武帝時始置，爲尚書省六曹尚書之一。東晋、南朝省，唯設殿中郎領尚書省殿中曹。梁末，侯景曾改左民尚書爲殿中尚書。北魏復置，領宫中兵馬，典宫禁宿衛及倉庫，或説領殿中、直事、三公、駕部四郎曹。孝文帝太和十七年定爲二品中，二十三年定爲三品。

[6]衛尉卿：官名。戰國秦始置。秦漢以後爲衛尉的尊稱。北魏時定爲正式官名，掌宫門禁衛、武器庫藏等。孝文帝太和十七年定爲右第二品下，二十三年降爲右三品。

元賓入魏，初娶東平劉氏，有四子，祖杇、祖髦、祖歸、祖旋。賜妻元氏，生二子，祖榮、祖暉。祖杇最

長，祖暉次祖髦。故事，前妻雖先有子，後賜之妻子皆承嫡。所以劉氏先亡，祖暉不服重。元氏後卒，祖朽等三年終禮。

祖榮早卒，子義允襲祖爵東平公，例降爲侯。卒，子僧安襲。

祖朽身長八尺，腰帶十圍，涉獵經史，好爲文詠，善與人交。襲父爵須昌侯，例降爲伯。以本州中正爲統軍，[1]隸邢巒討梁師，[2]以功封南城縣男。[3]歷散騎侍郎、中書侍郎。神龜末，[4]除東豫州刺史。[5]祖朽善撫邊，清平有信，百姓稱之。後爲瀛州刺史，[6]卒。贈吏部尚書、兖州刺史。無子，以弟祖歸子義暢爲後，襲爵。

[1]統軍：官名。漢、晋時始置。北魏時爲統兵武官。位在都將（鎮將）之下、軍主之上。孝文帝太和二十三年定爲從八品。

[2]邢巒：人名。字洪賓。河間鄚（今河北任丘市北）人。北魏官吏。見《北史》卷四三《邢巒傳》。

[3]南城縣男：封爵名。南城，縣名。治所在今陝西洋縣。

[4]神龜：北魏孝明帝的年號（518—520）。

[5]東豫州：北魏時治廣陵城，在今河南息縣。

[6]瀛州：北魏時治趙都軍城，在今河北河間市。

義暢傾巧無士業，[1]善通時要，[2]位中書侍郎、兖州大中正。[3]後除散騎常侍，坐事伏法。

[1]傾巧：狡詐。

[2]時要：當時有權勢的人。

[3]位中書侍郎兖州大中正：《魏書》卷六一《畢衆敬傳》作

“歷尚書郎中、侍郎、兖州刺史、大中正”。《通志》卷一四九與《北史》同。未詳孰是。大中正，官名。魏晋南北朝時負責評定士族内部品第的官員。漢獻帝時置中正，評定士族品第。三國魏齊王時在郡中正之上設州大中正，核實郡中正所報的品、狀，主管州内士族品第的評定，並有推舉和罷免郡中正的權力（須經司徒府通過）。兩晋南北朝沿置。州大中正由司徒選授，本州内鄉品二品的士族高門可以參預其推舉，出任者皆爲鄉品二品的士族高門，許多家族世代相襲。北魏後期選任漸濫，恩幸、閹官亦有任此職者。北魏時無品、無禄，但有罪時可當刑。

祖髦以兄祖朽别封南城，以須昌伯回授之，[1]位東平太守，卒於本州别駕。

[1]以須昌伯回授之：《魏書》卷六一《畢衆敬傳》作“以須昌侯回授之”。按：祖朽例降爲須昌伯，應以須昌伯回授之。從《北史》。

祖暉早有事幹，[1]爲豳州刺史，[2]以全守勳，封新昌縣子。[3]逢蕭寶夤退敗，[4]祖暉拔城，[5]東趣華陰，[6]坐免官爵。尋行豳州事。建義中，[7]詔復州、爵。後爲賊宿勤明達所攻没。[8]

[1]事幹：宋本、毛本、殿本、四庫本、局本、四部備要本、中華本作“器幹”。未詳孰是。

[2]豳（bīn）州：北魏時治趙興郡城，在今甘肅寧縣。

[3]新昌縣子：封爵名。新昌，縣名。治所在今河北盧龍縣。

[4]蕭寶夤：人名。字智亮，南蘭陵（一説在今江蘇常州市，一説在今江蘇丹陽市）人。南朝齊宗室、北魏官吏。見《北史》

卷二九《蕭寶夤傳》。

[5]拔城：棄城。

[6]華陰：縣名。治所在今陝西大荔縣。

[7]建義：北魏孝莊帝的年號（528）。

[8]宿勤明達：人名。夏州（今陝西靖邊縣白城子村北）人。北魏末關隴起義軍首領。後爲尒朱天光敗，於京師問斬。

長子義總襲爵，齊受禪，例降。義總弟義雲。

義雲小字陁兒。少粗俠，家在兖州北境，常劫掠行旅，州里患之。晚方折節從官，累遷尚書都官郎中。[1]性嚴酷，事多幹了。[2]齊文襄作相，[3]以爲稱職，令普勾僞官，專以車輻考掠，所獲甚多，然大起怨謗。曾爲司州吏所訟，[4]云其有所減截，并改换文書。文襄以其推僞，衆人怨望，並無所問。乃拘吏，數而斬之。因此鋭情訊鞫，[5]威名日盛。

[1]尚書都官郎中：官名。爲尚書省都官曹長官。魏晋南北朝時與都官郎互稱。執掌刑獄，亦佐督軍事。北魏孝文帝太和十七年定郎中階爲五品上，郎從五品中。二十三年皆稱郎中，六品。

[2]幹了：果决乾脆。

[3]齊文襄：即高澄。文襄爲其謚號，北齊文宣帝時所追謚。

[4]司州：北魏孝文帝太和十七年改洛州爲司州，治洛陽縣，在今河南洛陽市東北。

[5]訊鞫：審訊。

文宣受禪，除書侍御史，[1]彈射不避勳親。累遷御史中丞，[2]繩劾更切。然豪横不平，頻被怨訟。前爲汲

郡太守翟嵩啓列：[3]義雲從父兄僧明負官債，先任京畿長史，[4]不受其屬，立限切徵，由此挾嫌，數遣御史過郡訪察，欲相推繩。又坐私藏工匠，家有十餘機織錦，并造金銀器物，乃被禁止。尋見釋，以爲司徒左長史。

［1］書侍御史：官名。即治書侍御史。亦稱治書御史，簡稱御史、侍御。或説漢宣帝時令侍御史二人治書，管理圖籍文書，遂有其名。魏晋南北朝時爲御史中丞佐貳，御史臺要職，分領侍御史諸曹，監察、彈劾較高級官員，亦奉命出使，收捕犯官等。南朝不爲世族所重，而北朝威權甚重。北魏孝文帝太和十七年定爲五品上，二十三年改爲六品上。北齊時爲從五品。

［2］御史中丞：官名。西漢始置，爲御史大夫副貳，秩千石。掌監察、執法等。魏晋南北朝及十六國皆置。專掌監察、執法，領治書侍御史、侍御史。常受命領兵，出督軍旅，職權甚重。北魏中後期改爲御史中尉，從三品。糾彈百官，參治刑獄。北齊復舊，從三品。

［3］汲郡：北齊時治枋頭，在今河南浚縣西南。

［4］先任京畿長史：《北齊書》卷四七《畢義雲傳》作“先任京畿長吏”。按：“長史”是一官名，掌顧問參謀，丞相府、王府、將軍府皆設；“長吏”泛指上級長官及地位較高官員。此處當爲“長吏”。

尚書左丞司馬子瑞奏彈義雲，[1]稱：“天保元年四月，[2]竇氏皇姨祖載日，[3]内外百官赴第弔省，義雲唯遣御史投名，身遂不赴。又義雲啓云：‘喪婦孤貧。後娶李世安女爲妻。世安身雖父服未終，其女爲祖已就平吉，[4]特乞闇迎，不敢備禮。’及義雲成婚之夕，衆禮備

設，剋日拜閤，[5]鳴騶清路，[6]盛列羽儀，兼差臺吏二十人，[7]責其鮮服，侍從車後。直是苟求成婚，誣罔干上。義雲資産宅宇，足稱豪室，忽通孤貧，[8]亦爲矯詐。又駕幸晉陽，[9]都坐判：[10]‘拜起居表，四品以下五品以上，令預前一日赴南都署表；三品以上，臨日署訖。’義雲乃乖例，署表之日，索表就家先署，臨日遂稱私忌不來。”於是詔付廷尉科罪。尋敕免推。子瑞又奏彈義雲事十餘條，多煩碎，罪止罰金，不至除免。

[1]尚書左丞：官名。東漢始置，爲尚書臺佐官，居尚書右丞上，總領尚書臺庶務，主管吏民章奏及臺内小吏。魏晋南朝時爲尚書省佐官，位次尚書，與右丞共掌尚書省庶務，職權甚重。北魏略同。孝文帝太和十七年定爲四品上，二十三年定爲從四品上。北齊時爲從四品上。　司馬子瑞：人名。河内温（今河南温縣）人。北齊官吏。見《北齊書》卷一八《司馬子如傳》。

[2]天保：北齊文宣帝的年號（550—559）。

[3]皇姨祖載日：毛本、殿本、四庫本、局本作“皇姨殂載日”。未詳孰是。祖載，將葬之際，以柩載車上行祖祭之禮。

[4]平吉：平安太吉。

[5]剋日：約定或限定日期。

[6]鳴騶（zōu）：古代隨從顯貴出行并傳呼喝道的騎卒。

[7]臺吏：指在尚書臺執役的小吏。

[8]忽通孤貧：高敏《南北史考索》（第472頁）云：“《北齊書》卷四十七同人傳‘忽通孤貧’句之‘通’作‘道’。依上下文意，疑應作‘道’。《北史》校勘記失校。”可從。

[9]晋陽：縣名。治所在今山西太原市晋源區古城營村一帶。

[10]都坐：官名。亦作“都座”。自晋起，爲尚書省長官議政

辦公處，因而作爲尚書令別稱。

子瑞從兄消難爲北豫州刺史，[1]義雲遣御史張子階詣州采風聞，先禁其典籤家客等。[2]消難危懼，遂叛入周。時論歸罪義雲，云其規報子瑞。事亦上聞。爾前讌賞，義雲常預，從此後集見稍疏，聲望大損。乾明初，[3]子瑞遷御史中丞。鄭子默正被任用，[4]義雲之姑即子默祖母，遂除度支尚書，[5]攝左丞。[6]子默誅後，左丞便解。

[1]消難：即司馬消難，人名。字道融，河内温（今河南温縣）人。歷仕北齊、北周、南朝陳。見《北史》卷五四《司馬子如附司馬消難傳》。　北豫州：北齊時治成皋縣，在今河南滎陽市西北汜水鎮。

[2]典籤：官名。原爲州、府掌管文書的佐吏。南朝自宋中期以後，由於監視出任方鎮的宗室諸王和各州刺史的需要，常由皇帝派親信出任，亦稱主帥、典籤帥、籤帥，掌握州鎮全權。南朝梁中期以後，典籤權勢逐漸衰微。北朝各州亦置，但權任遠較南朝爲輕，掌州府文書之事。北齊時司州及上州所置爲從八品，中州爲九品，下州爲從九品。

[3]乾明：北齊廢帝的年號（560）。

[4]鄭子默：人名。即鄭頤。字子默，彭城（今江蘇徐州市）人。北齊官吏。見《北史》卷四一《楊播附鄭頤傳》。

[5]度支尚書：官名。魏晉南北朝至隋初爲尚書省度支曹長官。統管度支、户部、金部、倉部四曹，掌軍國財賦的收支會計及漕運物價屯田之政令。北魏孝文帝太和十七年定爲二品中，二十三年改爲三品。北齊時爲三品。

[6]左丞：官名。尚書左丞的省稱。

孝昭赴晉陽，[1]高元海留鄴，[2]義雲深相依附。知其信向釋氏，常隨之聽講，爲此款密，無所不至。及孝昭大漸，顧命武成。[3]高歸彦至都，[4]武成猶致疑惑。元海遣犢車迎義雲入北宫參審，[5]遂與元海等勸進。仍從幸晉陽，參預時政。尋除兖州刺史，給後部鼓吹，[6]即本州也。軒昂自得，意望銓衡之舉，見諸人自陳，逆許引接。又言離别暫時，非久在州。先有鐃吹，[7]至於按部行游，[8]兩部並用。猶作書與元海，論叙時事。元海入内，不覺遺落，給事中李孝貞得而奏之。[9]爲此，元海漸疏，孝貞因是兼中書舍人。[10]又高歸彦起逆，義雲在州私集人馬，并聚甲仗，將以自防，實無他意，爲人密啓。及歸彦被擒，又列其朋黨專擅，爲此追還。武成猶録其往誠，竟不加罪，除兼七兵尚書。[11]

[1]孝昭：即北齊皇帝高演。孝昭爲其謚號。

[2]高元海：人名。勃海蓨（今河北景縣）人。北齊官吏。見《北史》卷五一《上洛王思宗附高元海傳》。

[3]武成：即北齊皇帝高湛。武成爲其謚號。

[4]高歸彦：人名。字仁英，勃海蓨（今河北景縣）人。北齊官吏。見《北史》卷五一《平秦王歸彦傳》。

[5]犢車：牛車，爲貴者乘用。

[6]後部鼓吹：演奏鼓吹樂的樂隊。本用於軍中，後賜予有功大臣，遂成爲皇帝賜予臣下的一種禮遇。（參梁滿倉《魏晉南北朝軍禮鼓吹芻議》，《中國史研究》2006年第3期）。

[7]鐃吹：演奏鐃歌的樂隊。

[8]按部：底本、元大德本作“桉部”，宋本、毛本、殿本、

四庫本、局本、四部備要本、中華本作“按部”。底本、元大德本“按”訛作“桉”，今從改。

[9]給事中：官名。北魏時爲内朝官，常派往尚書省諸曹，參領政務，並負有監察之責。孝文帝太和十七年定爲從三品上，二十三年爲從六品上。北齊時隸集書省，掌諫議獻納，從六品上。　李孝貞：人名。字元操，趙郡平棘（今河北趙縣）人。歷仕北齊、北周、隋朝。見《北史》卷三三《李順附李孝貞傳》。

[10]中書舍人：官名。即中書通事舍人。中書省屬官。專掌草擬詔令，出納之職由門下省分任。北魏孝文帝太和十七年定爲六品上，二十三年改爲六品下。北齊時爲六品。毛本、殿本、四庫本、局本、四部備要本作“中舍人”。按：中舍人是太子屬官，中書舍人是中書省屬官。“中舍人”在此不合文意，脱“書”字。

[11]七兵尚書：官名。尚書省七兵曹長官。三國魏始置五兵尚書，掌管軍事行政，領中兵、外兵、騎兵、别兵、都兵五曹。北魏時定爲官稱，孝文帝太和十七年定爲從二品中，二十三年改爲三品。北齊初沿置，後改爲五兵尚書。

義雲性豪縱，[1]頗以施惠爲心，累世本州刺史，家富於財，士之匱乏者，多有拯濟。及貴，恣情驕侈，營造第宅宏壯，未幾而成。閨門穢雜，聲遍朝野。爲郎時，與左丞宋遊道因公事忿競。[2]遊道廷辱之，云：“《雄狐》之詩，[3]千載爲汝。”義雲一無所答。然酷暴殘忍，非人理所及。爲家尤甚，子姓僕隸，恒瘡痍遍體。

[1]義雲性豪縱：底本、元大德本無“雲”字，宋本、毛本、殿本、四庫本、局本、四部備要本、中華本作“義雲性豪縱”。底本、元大德本脱“雲”字，今從改。

[2]宋遊道：人名。燉煌（今甘肅敦煌市）人。歷仕北魏、東魏、北齊。見《北史》卷三四《宋繇附宋遊道傳》。

[3]雄狐：詩名。指《詩·齊風·南山》。

有孽子善昭，性至凶頑，與義雲侍婢姦通。搒掠無數，爲其著籠頭，[1]繫之庭樹，食以芻秣，[2]十餘日乃釋之。夜中，義雲被賊害，即善昭所佩刀也，遺之於善昭庭中。[3]善昭聞難奔哭，家人得佩刀，善昭怖，便走出，投平恩墅舍。[4]旦日，武成令舍人是蘭子暢就宅推之。[5]爾前，義雲新納少室范陽盧氏，[6]有色貌。子暢疑盧姦人所爲，將加栲掠。盧具列善昭云爾。[7]乃收捕，繫臨漳獄，將斬之。邢卲上言，[8]此乃大逆，義雲又是朝貴，不可發。乃斬之於獄，棄尸漳水。[9]

[1]籠頭：套在牛馬等頭上用來繫韁繩、挂嚼子的用具。也叫絡頭。

[2]芻秣：牛馬等牲口的飼料。

[3]即善昭所佩刀也遺之於善昭庭中：高敏《南北史考索》（第473頁）云："按：善昭之佩刀，遺之於自己庭中，甚不合理。查《北齊書》卷四十七作'遺義雲庭中'，甚爲合理。《北史》有誤改之嫌，《北史》校勘記失校。"可從。

[4]平恩：縣名。治所在今河北曲周縣東南。

[5]是蘭子暢：源氏校勘記删去"是"字。《北齊書》卷四七《畢義雲傳》作"蘭子暢"。未詳孰是。

[6]范陽：郡名。北齊時治涿縣，在今河北涿州市。

[7]盧具列善昭云爾：毛本作"盧乃具列善昭云爾"。按：後句有"乃"字，此處加"乃"字重複。

[8]邢卲：人名。字子才，小字吉，河間鄚（今河北任丘市北）人。北魏、北齊官吏。見《北史》卷四三《邢巒附邢卲傳》。

[9]漳水：即今漳河。在今河北、河南兩省邊境。有清漳河、濁漳河兩源，均出山西東南部，在河北南部邊境匯合後稱漳河，東南流入衛河。

祖歸位建寧太守。[1]子義遠，位平原太守。義遠弟義顯、義攜，[2]性並豪率。天平以後，[3]梁使人還往，經歷兖城。前後州將以義攜兄弟善營鮭膳，器物鮮華，常兼長史，接宴賓客。

[1]建寧：郡名。北魏時治建寧縣，在今湖北麻城市北。

[2]義攜：中華本校勘記云："《魏書》'攜'作'儁'，疑是。"可從。

[3]天平：東魏孝静帝的年號（534—537）。

祖旋，太尉行參軍。[1]卒，贈都官尚書、齊兖二州刺史。[2]

[1]太尉行參軍：官名。即太尉府行參軍。掌參謀軍務。晋時中央除拜者爲參軍，諸府自辟者爲行參軍。晋以後行參軍亦可除拜，唯品階低於參軍。北魏時爲五品。

[2]都官尚書：官名。尚書省都官曹長官。十六國時夏始置。南北朝沿置。掌制定律令法制、糾劾違法、水利工程、官吏考課等。北魏孝文帝太和十七年定爲二品中，二十三年改爲三品。北齊時爲三品。

衆敬弟衆愛，隨兄歸魏，以勳爲第一客，賜爵鉅平侯。[1]卒，贈徐州刺史，謚曰康。

[1]鉅平侯：封爵名。鉅平，縣名。治所在今山東泰安市南。

子聞慰，字子安。有器幹，襲爵，例降爲伯。延昌初，[1]累遷清河内史，固以疾辭。後試守廣平内史。[2]正光初，[3]相州刺史中山王熙起兵，[4]謀誅元叉，[5]聞慰斬其使，發兵拒之。叉以爲忠於己，遷滄州刺史，[6]甚有政績。後除散騎常侍、東道行臺，[7]尋爲都督、安樂王鑒軍司馬，[8]攻元法僧，[9]敗，奔還京師，被劾，遇赦免。卒，贈散騎常侍、兖州刺史，伯如故，謚曰恭。

[1]延昌：北魏宣武帝的年號（512—515）。

[2]試守：泛指臨時攝職、掌事。多指低位就高位，副職領正職。　廣平：郡名。北魏時治曲梁城，在今河北永年縣東南。

[3]正光：北魏孝明帝的年號（520—525）。

[4]中山王：封爵名。中山，郡名。北魏時治盧奴縣，在今河北定州市。　熙：即元熙，人名。字真興。北魏宗室。見《北史》卷一八《南安王楨附元熙傳》。

[5]元叉：人名。字伯儁，小字夜叉。北魏宗室、權臣。見《北史》卷一六《京兆王黎附元叉傳》。

[6]滄州：北魏時治饒安縣，在今河北鹽山縣西南。

[7]行臺：官名。爲行臺尚書的省稱。北魏置，爲行臺長官。主管當地軍務，兼理民事。北魏末爲行臺屬官，分曹理事。在未設行臺尚書令或行臺僕射時，仍爲行臺長官。東魏、北齊、隋朝沿置。

[8]安樂王：封爵名。安樂，郡名。北魏時郡治疑在三會城，在今河北承德市東北老牛河之東。　鑒：即元鑒，人名。字長文。北魏宗室。見《北史》卷一九《安樂王長樂附元鑒傳》。　軍司馬：源氏校勘記云："《魏書》無'馬'字。"中華本校勘記云："《魏書》卷六一《畢衆敬傳附聞慰傳》無'馬'字。按'軍司'本即'軍師'，避司馬師諱改。這裏疑當作'軍司'。"可從。軍司，官名。即軍師。西晉時因避世宗司馬師諱改。東晉、南朝、北魏、北齊沿置。爲諸軍府主要僚屬，佐主帥統帶軍隊，負有匡正監察主帥之責，地位很高，常繼任主帥。

[9]元法僧：人名。北魏官吏。後歸降南朝梁。見《北史》卷一六《陽平王熙附元法僧傳》。

子祖彦，字脩賢。涉獵書傳，風度閑雅，[1]爲時所知。以侍御史爲元法僧監軍，[2]法僧反，被逼南入。後還，歷中書侍郎，襲爵鉅平伯。卒，贈尚書右僕射、兖州刺史。[3]祖彦弟祖哲，秘書郎。[4]諸畢當朝，不乏榮貴，但幃薄不脩，[5]爲時所鄙。

[1]風度閑雅：局本作"風度賢雅"。按："賢"字不形容風度，局本"閑"訛作"賢"。

[2]以侍御史：毛本作"爲侍御史"。按：此處是指以侍御史身份擔任元法僧的監軍，毛本"以"訛作"爲"。侍御史，官名。亦省稱御史、侍御。北魏時於分曹治事外，亦奉命監國，督察巡視州郡，收捕官吏，宣示詔命。頗重其選，必以對策高第者補之。置侍御史八人，孝文帝太和十七年定爲從五品中，二十三年定爲八品。北齊沿置，從七品。　監軍：官名。三國始置。爲監某州軍事的簡稱。北朝時諸州不置都督時，則設此職，掌一州或數州軍事。

[3]尚書右僕射：官名。秦、西漢爲尚書令副貳。東漢爲尚書

臺次官，漢獻帝時分設左、右。歷代沿置。魏晋置爲尚書省次官，三品。或單置，或並置左、右。左僕射居右僕射上。輔助尚書令執行政務，參議大政，諫諍得失，監察百官。常受命主管官吏選舉。北魏孝文帝太和十七年定爲從一品中，二十三年定爲從二品。北齊時爲從二品。源氏校勘記云："'右'《魏書》作'左'。"按：《魏書》卷六一《畢衆敬傳》作"尚書左僕射"。《通志》卷一四九與《北史》同。未詳孰是。

[4]祖彦弟祖哲秘書郎：源氏校勘記云："(《魏書》)'祖哲'無'祖'字。"秘書郎，官名。東漢置。掌管文書機要，職任重。三國魏文帝初置中書典機要，而以秘書專管藝文圖籍。亦稱秘書郎中，隸秘書監，六品。自三國魏以來多爲世族起家之官。北魏孝文帝太和十七年定爲從五品上，二十三年以後稱秘書郎中。北齊時仍稱秘書郎中。

[5]幃薄：帷幕和簾子。借指内室。

申纂者，本魏郡人，申鍾曾孫也。皇始初，[1]道武平中山，[2]纂舉室南奔，[3]家于濟陰。及在無鹽，仕宋爲兖州刺史。既敗，子景義入魏。

[1]皇始：北魏道武帝的年號（396—398）。

[2]中山：十六國時後燕國都。在今河北定州市。

[3]纂舉室南奔：中華本校勘記云："《魏書》卷六一《畢衆敬傳附申纂傳》'舉'作'宗'。按作'舉'，似在道武平中山之時，由申纂本人攜帶家口南奔。魏平中山在道武皇始二年（397），其取青、齊在獻文皇興元年（467），相去七十年。申纂絶不可能在魏初'舉室南奔'，到七十年後尚爲宋之兖州刺史。作'宗'是。"可從。

羊祉字靈祐，太山鉅平人，[1]晋太僕卿琇之六世孫也。[2]父規之，宋任城令。[3]太武南討，[4]至鄒山，[5]規之與魯郡太守崔邪利及其屬縣徐遜、愛猛之等俱降，[6]賜爵鉅平子，拜雁門太守。[7]

[1]羊祉字靈祐太山鉅平人：據羊祉墓誌載："使君諱祉，字靈祐，泰山梁父人也。"又曰："十六而孤。……春秋五十九，熙平元年正月二日己巳遘疾，暨二月十二日己酉，薨於洛陽徽文里舍。"由此可知，羊祉生於北魏文成帝太安四年（458），卒於孝明帝熙平元年（516），享年五十九歲。其父羊規之卒於北魏孝文帝延興三年（473），故謂"十六而孤"（參羅新、葉煒《新出魏晋南北朝墓誌疏證（修訂本）》，中華書局2016年版，第77—80頁）。

[2]太僕卿：官名。魏晋南北朝時常作爲太僕的尊稱。西周始置。秦爲九卿之一，掌皇家輿馬及畜牧之政，秩中二千石。歷朝因之，官秩不一。東晋或置或省。北魏仍置，孝文帝太和十七年定爲二品上，二十三年改爲三品。

[3]任城：縣名。治所在今山東微山縣西北。

[4]太武：即北魏皇帝拓跋燾。太武爲其謚號。

[5]鄒山：即鄒嶧山。在今山東鄒城市東南。

[6]徐遜：《魏書》卷八九《羊祉傳》作"徐通"。《通志》卷一四九與《北史》同。未詳孰是。

[7]雁門：郡名。北魏時治廣武縣，在今山西代縣西南。

祉性剛愎，好刑名。[1]爲司空令、輔國長史，[2]襲爵鉅平子。侵盜公資，私營居宅，有司按之，抵死，孝文特恕遠徙。後還。景明初，爲將作都將，[3]加左軍將軍。[4]四年，持節爲梁州軍司，討叛氐。正始二年，王

師伐蜀，以祉假節龍驤將軍、益州刺史，[5]出劍閣而還。[6]又以本將軍爲秦、梁二州刺史，加征虜將軍。[7]天性酷忍，又不清潔，坐掠人爲奴婢，爲御史中尉王顯所彈，[8]免。高肇執政，[9]祉復被起爲光禄大夫，[10]假平南將軍、持節，[11]領步騎三萬，先驅趣涪。[12]未至，宣武崩，班師。夜中引軍，山有二徑，軍人迷而失路，祉便斬隊副楊明達，梟首路側。爲中尉元昭所劾，[13]會赦免。後加平北將軍，[14]未拜而卒，贈安東將軍、兖州刺史。[15]

[1]刑名：戰國時以申不害爲代表的學派，主張循名責實，慎賞明罰。後人稱爲刑名之學，亦省稱爲刑名。

[2]司空令：中華本校勘記云："按司空屬官無令，疑有訛脱。"可從。

[3]將作都將：官名。北魏置。管理將作大匠所屬工徒。

[4]左軍將軍：官名。三國魏置，西晋時與前軍、後軍、右軍將軍合稱四將軍，掌宿衛。北魏沿置，孝文帝太和十七年定爲從三品上，二十三年降爲從四品。

[5]假節：即假以節杖。漢代始設，後代因之，成爲一種象徵性的政治待遇。有使持節、持節、假節之分。　龍驤將軍：官名。北魏時爲雜號將軍之一。孝文帝太和十七年定爲第三品上，二十三年改爲從三品。

[6]劍閣：即劍門關。在今四川劍閣縣東北。

[7]征虜將軍：官名。北魏時爲雜號將軍之一，孝文帝太和二十三年定爲從三品。

[8]御史中尉：官名。十六國時前燕置。北魏時由御史中丞改稱，主管御史臺，糾彈百官，參治刑獄。孝文帝太和二十三年定爲

從三品。　王顯：人名。字世榮，陽平樂平（今山西昔陽縣）人。北魏官吏。見《北史》卷九〇《王顯傳》。

［9］執政：中華本校勘記云："《魏書》卷八九《羊祉傳》'執政'作'南征'。按高肇在景明初即已當權執政，此於正始之後方用此語，於史事不合。疑當作'西征'，指延昌三年高肇伐蜀事（見《魏書》卷八《世宗紀》）。下云'先驅趣涪'，可證。"可從。　高肇：人名。字首文，勃海蓨（今河北景縣）人。北魏官吏、外戚。見《北史》卷八〇《高肇傳》。

［10］光禄大夫：官名。漢武帝時改中大夫置，掌議論，在大夫中地位最爲尊顯。歷朝因之，官秩不一。自西漢後期起逐漸演變爲加官、散官。至晋武帝時始有左、右之分，並稱加金章紫綬者爲金紫光禄大夫，加銀章青綬者爲銀青光禄大夫。北魏孝文帝太和十七年定爲從二品中，二十三年改爲三品。北齊因之。

［11］平南將軍：官名。三國魏時與平西、平南、平北將軍合稱四平將軍，權任很重，多持節都督或監某一地區的軍事，有時亦作爲刺史等地方官員兼理軍務時的加官。十六國時前秦亦置。北魏孝文帝太和十七年定爲從二品上，二十三年改爲三品。北齊時爲褒賞軍功勳臣的閑職，三品。

［12］涪（fú）：縣名。治所在今四川綿陽市東。

［13］中尉：官名。北魏時爲御史中尉的省稱。　元昭：人名。小字阿倪。北魏宗室。見《北史》卷一五《常山王遵附元昭傳》。

［14］平北將軍：官名。魏晋時多兼鎮守地區的刺史，統管軍政事務。北魏前期地位較高，後期漸成爲無職掌的散官。孝文帝太和十七年定爲二品上，二十三年改爲三品。

［15］安東將軍：官名。漢獻帝始置，爲出鎮某一地區的軍事長官，或作爲州刺史兼理軍務時的加官。魏晋以後，與安東、安西、安北將軍合稱四安將軍。北魏孝文帝太和十七年定爲二品下，二十三年降爲三品。北齊時爲褒賞軍功勳臣的閑職，三品。

太常少卿元端、博士劉臺龍議謚曰：[1]“祉志存埋輪，[2]不避强禦；及贊戎律，熊武斯裁；仗節撫藩，邊夷識德，化沾殊類，繦負懷仁。謹依謚法，布德行剛曰景，宜謚爲景。”侍中侯剛、給事黄門侍郎元纂等駁曰：[3]“臣聞唯名與器，弗可妄假，定謚準行，必當其跡。按祉志性急酷，所在過威，布德罕聞，暴聲屢發，而禮官虚述，謚之爲景，非直失於一人，實毁朝則。請還付外，準行更量虚實。”靈太后令曰：“依駁更議。”元端、臺龍上言：“竊惟謚者行之迹，狀者迹之稱。然尚書銓衡是司，釐品庶物，若狀與迹乖，應抑而不受，録其實狀，然後下寺，依謚法準狀科上。豈有捨其行迹，外有所求，去狀去稱，將何所準。檢祉以母老辭藩，乃降手詔云：‘卿綏撫有年，聲實兼著，安邊寧境，實稱朝望。’及其没也，又加顯贈，言祉誠著累朝，效彰出内，作牧岷區，[4]字萌之績驟聞。詔册褒美，無替倫望。然君子使人，器之，義無求備。德有數德，優劣不同，剛而能克，亦爲德焉。謹依謚法，布德行剛曰景，謂前議爲允。”司徒右長史張烈、主簿李瑒刺稱：[5]“按祉歷官累朝，[6]當官允稱，委捍西南，邊隅靖遏，準行易名，獎誡攸在，竊謂無虧體例。”尚書李韶又述奏以府寺爲允，[7]靈太后可其奏。[8]

[1]太常少卿：官名。北魏始置。爲太常副職，位在丞上。協助太常卿管理禮樂、宗廟祭祀事務。孝文帝太和十七年定爲三品上，二十三年定爲四品上。　元端：人名。字宣雅。北魏宗室。見《魏書》卷二一上《高陽王雍附元端傳》。　博士：官名。北魏時

掌通古今，以備應對顧問。又爲太學教官，掌教諸生。人無定員，全以漢人任之。孝文帝太和中，改稱國子博士。

[2]埋輪：將車輪埋起來，以示堅持不離職守。

[3]侯剛：人名。字乾之，河南洛陽（今河南洛陽市東北）人。北魏官吏。見《北史》卷九二《侯剛傳》。

[4]岷：州名。北魏時治溢樂縣，在今甘肅岷縣。

[5]司徒右長史：官名。三國魏分司徒長史置，與司徒左長史並爲司徒府僚屬之長，佐司徒總管府内諸曹，位次左長史。兩晋南北朝及隋初沿置。管理州郡農桑户籍、官吏考課等。北魏沿置，四品上。　張烈：人名。字徽之（一作“徽仙”），清河東武城（今山東武城縣西北）人。北魏官吏。見《北史》卷四五《張烈傳》。　李瑒（yáng）：人名。字琚羅，趙郡平棘（今河北趙縣）人。北魏官吏。見《北史》卷三三《李孝伯附李瑒傳》。

[6]按祉歷官累朝：中華本校勘記云：“《魏書》‘官’作‘宦’。張森楷云：‘下云“當官允稱”，詎不得複施“官”字，疑作“宦”是。’”可從。

[7]李韶：人名。字元伯，隴西狄道（今甘肅臨洮縣）人。北魏官吏。見《北史》卷一〇〇《凉武昭王李暠附李韶傳》。底本作“李詔”，源氏校勘記改“詔”作“韶”。中華本校勘記云：“諸本‘韶’作‘詔’，《魏書》作‘韶’。張森楷云：‘據《李寶傳》（《魏書》卷三九），寶孫韶，歷殿中、吏部尚書，適當其時。作‘詔’誤也。’按張説是。李韶亦見本書卷一〇〇叙傳，今據改。”今從改。

[8]靈太后：即北魏宣武帝皇后胡氏。靈爲其謚號。

祉自當官，不憚彊禦，朝廷以爲剛斷，時有檢覆，每令出使。然好慕刑名，頗爲深文，所經之處，人號天狗下。及出將臨州，並無恩潤，兵人患其嚴虐。子深。

深字文泉，[1]早有風尚，學涉經史，兼長几案。少與隴西李神儁同志相友。[2]自司空記室參軍，[3]再遷尚書駕部郎中。[4]于時沙汰郎官，務精才實，深以才堪見留。在公明斷，尚書僕射崔亮、吏部尚書甄琛咸敬重之。[5]明帝行釋奠之禮，講《孝經》，深儕輩中獨蒙引聽，時論美之。

[1]文泉：中華本校勘記云："《魏書》卷七七《羊深傳》'泉'作'淵'，《北史》避唐諱改。"可從。

[2]隴西：郡名。北魏時治襄武縣，在今甘肅隴西縣東南。　李神儁：人名。即李挺。字神儁，小名提，隴西狄道（今甘肅臨洮縣）人。北魏官吏。《北史》卷一〇〇《涼武昭王李暠附李神儁傳》。

[3]司空記室參軍：官名。即司空府記室參軍。記室參軍，官名。又稱記室參軍事。西晋始設，爲記室曹長官，掌文書表奏。南北朝時皇弟皇子府、嗣王藩王府、公府、持節都督府皆置，品級自七品至九品不等。

[4]尚書駕部郎中：官名。亦稱駕部郎。爲尚書省駕部曹長官，掌管車輿畜牧事務。北魏孝文帝太和二十三年定爲六品。北齊時爲六品上。

[5]崔亮：人名。字敬儒，清河東武城（今山東武城縣西北）人。北魏官吏。見《北史》卷四四《崔亮傳》。　甄琛：人名。字思伯，中山毋極（今河北無極縣）人。北魏官吏。見《北史》卷四〇《甄琛傳》。

正光末，北地人車金雀等率羌、胡反叛，[1]高平賊宿勤明達寇豳、夏諸州，[2]北海王顥爲都督、行臺討

之，[3]以深爲行臺右丞、軍司，[4]仍領郎中。顥敗，還京。頃之，遷尚書左丞。蕭寶夤反，攻圍華州，正平薛鳳賢等作逆。[5]敕深兼給事黄門侍郎，與大行臺、僕射長孫承業共會潼關，[6]規模進止。事平，以功賜爵新泰男。[7]靈太后曾幸芒山，[8]集僧尼齋會，公卿盡在坐，太后引見深，欣然勞問之。顧謂左右曰："羊深真忠臣也。"舉坐傾心。

[1]羌：南北朝時分布在今青海、甘肅、四川邊緣地帶。族衆以姓氏結成部落，互不統屬，以游牧爲生。　胡：即稽胡。又名步落稽，屬匈奴别種。主要活動在今山西、陝西北部山谷間。見《北史》卷九六《稽胡傳》。

[2]高平：郡名。北魏時治高平縣，在今寧夏固原市。　夏：州名。北魏時治巖緑縣，在今陝西靖邊縣白城子村無定河北岸的毛烏素沙漠中（靠近今内蒙古烏審旗南境）。

[3]顥：即元顥，人名。字子明。北魏宗室、官吏。見《北史》卷一九《北海王詳附元顥傳》。

[4]行臺右丞：官名。行臺尚書右丞的省稱。北魏置，爲大行臺屬官，職掌同尚書右丞。與左丞共掌行臺内庶務，又掌本臺内庫藏廬舍，督録遠道州郡文書章奏等。孝文帝太和二十三年後爲從四品。源氏校勘記云："《魏書》（'右丞'）作'左丞'。"

[5]正平：郡名。北魏時治臨汾縣，在今山西新絳縣。底本作"王平"，元大德本、中華本作"正平"。中華本校勘記云："各本'正'作'王'，大德本作'正'。張元濟云：'時薛鳳賢反於正平，見《長孫道生傳》（本書卷二二，《魏書》卷二五）。'按《通志》卷一四九《羊深傳》也作'正'。百衲本誤從各本改'正'爲'王'，今從大德本。"今從改。　薛鳳賢：人名。河東汾陰（今山西萬榮縣西南）人。初反魏，後歸附。

[6]長孫承業：人名。即長孫稚。字承業，本名冀歸，孝文帝賜名稚，代（今山西大同市東北）人。北魏官吏。見《北史》卷二二《長孫道生附長孫承業傳》。　潼關：在今陝西潼關縣東北黄河南岸。

[7]新泰男：封爵名。新泰，縣名。治所在今山東蒙陰縣東。

[8]芒山：即邙山，在今河南洛陽市北。

莊帝踐阼，[1]除太府卿，[2]又爲二兗行臺。[3]深處分軍國，損益隨機，亦有時譽。初，尒朱榮殺害朝士，[4]深第七弟侃爲太山太守，性粗武，遂率鄉人外招梁寇。深在彭城，忽得侃書，招深同逆。深慨然流涕，斬使人，并書表聞。莊帝乃下詔褒其忠烈，令還朝受敕，乃歸京師，除名。久之，除金紫光禄大夫。元顥入洛，以深兼黄門侍郎。顥平，免官。

[1]莊帝：即北魏皇帝元子攸。莊爲其謚號。

[2]太府卿：官名。南朝梁武帝時始置，掌管金帛庫藏出納、關市税收，以供國家、宫廷用度。北朝位列九卿，兼南朝太府、少府二卿之職。北魏孝文帝太和中改少府置，亦省稱太府。二十三年定爲三品。

[3]二兗：南兗州和兗州的合稱。南兗州，北魏時治小黄縣，在今安徽亳州市。兗州，北魏孝文帝太和十八年改東兗州置，治瑕丘城，在今山東兗州市新驛鎮東頓村南。

[4]尒朱榮：人名。字天寶，《北史》卷九《周本紀·文帝》又作“吐萬兒”。北秀容（今山西朔州市）人，契胡族。北魏官吏。見《北史》卷四八《尒朱榮傳》。

普泰初，[1]爲散騎常侍、衛將軍、右光禄大夫，[2]監起居注。自天下多事，東西二省，官員委積，節閔帝敕深與常侍盧道虔、元晏、元法壽選人補定，[3]自奉朝請以上，各有沙汰。尋兼侍中。節閔帝甚親待之。時膠序廢替，[4]名教陵遲，深乃上疏，請脩立國學，廣延胄子，帝善之。

[1]普泰：北魏節閔帝的年號（531—532）。

[2]衛將軍：官名。漢文帝時置，爲將軍名號之一，統兵征戰，事訖即罷。魏晋南北朝沿置，位在諸名號大將軍上，多作爲軍府名號，加大臣、重要州郡長官，無具體職掌。北魏孝文帝太和十七年定爲一品下，二十三年改爲二品。　右光禄大夫：官名。三國魏始置。北魏時作爲在朝顯職的加官，以示優崇，或授予年老有病的致仕之官，亦常用於卒後贈官。無具體職掌。孝文帝太和二十三年後爲二品。

[3]盧道虔：人名。字慶祖，范陽涿（今河北涿州市）人。北魏官吏。見《北史》卷三〇《盧玄附盧道虔傳》。　元晏：人名。北魏宗室，東魏官吏。見《北史》卷一五《秦王翰附元晏傳》。　元法壽：人名。北魏宗室、官吏。見《北史》卷一六《陽平王熙附元法壽傳》。

[4]膠序：指學校。

孝武初，[1]除中書令。[2]永熙三年，以深兼御史中尉、東道軍司。及帝入關，深與樊子鵠不從齊神武，[3]起兵於兖州，子鵠署深爲齊州刺史。天平二年正月，東魏軍討破之，斬於陣。

[1]孝武：即北魏皇帝元脩。孝武爲其謚號。

[2]中書令：官名。魏晋南北朝時中書省長官之一。三國魏文帝時，分秘書置中書省，下設中書監、中書令，掌收納章奏、草擬及發布詔令。唯入朝時，中書令班次略低於中書監。北魏孝文帝太和十七年定爲二品中，二十三年定爲三品。

[3]神武：即高歡。神武爲其謚號，北齊後主所追謚。　樊子鵠：人名。代郡平城（今山西大同市東北）人。北魏官吏。見《北史》卷四九《樊子鵠傳》。

深子肅，武定末儀同、開府、東閤祭酒，[1]以學尚知名。乾明初，爲冀州中從事。趙郡王爲巡省大使，[2]肅以遲緩不任職解。朝議以肅無罪，尋復之。武平中，[3]入文林館撰書。[4]尋爲武德郡守。[5]

[1]儀同：爲儀同三司的省稱。北魏時爲大臣加號，意謂與三司禮制待遇相同，許開府，自辟僚屬。從一品上。　開府：指開府置僚屬。始於漢，通常祇許三公開府。常以此作爲對高級官員的寵侍。　東閤祭酒：官名。東漢末曹操爲司空時始置，歷代沿置。爲王府、公府、丞相府、將軍府僚屬。北齊時三師、二大、三公府皆置，主要職責爲掌管文書。七品上。

[2]趙郡王：即高琛，字元寶，勃海蓨（今河北景縣）人，世居懷朔鎮（今内蒙古包頭市東北），高歡弟。東魏大臣。見《北史》卷五一《趙郡王琛傳》。　巡省大使：官名。北朝置。非常任官，掌奉皇命視察各地。

[3]武平：北齊後主的年號（570—576）。

[4]文林館：官署名。北齊後主武平四年置。引文學之士充之，稱待詔。

[5]武德：郡名。北齊時治温縣，在今河南温縣東北武德鎮。

祉弟靈引，好法律。李彪爲中丞，[1]以爲書侍御史，固辭，彪頗銜之。及爲三公郎，[2]坐兄祉事知而不糾，彪劾奏免官。甚爲尚書令高肇所昵。[3]京兆王愉與肇深相嫌忌，[4]及愉出鎮冀州，肇舉靈引爲愉長史，[5]以相間伺。靈引私恃肇勢，每折於愉。及愉作逆，先斬靈引於門。時論云：非直愉自不臣，抑亦由肇及靈引所致。事平，贈平東將軍、兖州刺史，謚曰威。

[1]李彪：人名。字道固，頓丘衛國（今河南清豐縣東南）人。北魏官吏。見《北史》卷四〇《李彪傳》。　中丞：官名。爲御史中丞的省稱。

[2]三公郎：官名。尚書省三公曹長官通稱。三國魏始置，亦稱三公郎中，資深者可轉侍郎。六品。兩晋南北朝沿置。南朝時屬吏部尚書，南朝宋六品，梁六班，陳四品。北魏時屬殿中尚書，孝文帝太和十七年定郎爲從五品中，郎中五品上。二十三年皆稱郎中，六品，仍可通稱爲郎。

[3]尚書令：官名。秦、西漢爲尚書署長官，掌收發文書，隸少府。漢武帝以後，職權稍重。歷代沿置。北魏初不常置，亦不掌實際政務，孝文帝改制後，尚書省權任頗重，以録尚書事爲長官，尚書令爲副貳，兼掌監察百官，皆爲宰相。孝文帝太和十七年定爲從一品上，二十三年定爲二品。

[4]京兆王：封爵名。京兆，郡名。北魏時治霸城縣，在今陝西西安市東北。　愉：即元愉，人名。字宣德。北魏宗室，孝文帝子。見《北史》卷一九《京兆王愉傳》。

[5]肇舉靈引：底本作“肇與靈引”，中華本校勘記云：“諸本‘舉’作‘與’，《通志》卷一四九《羊深傳》作‘舉’。按高肇未嘗爲愉長史，作‘與’誤，今據改。”今從改。

子敦，字元禮，性尚閑素，學涉書史。以父死王事，除給事中。出爲本州别駕，公平正直，見非法，終不判署。後爲衛將軍、廣平太守，甚有能名，姦吏跼蹐，[1]秋毫無犯。雅性清儉，屬歲饑，家餽未至，[2]使人外尋陂澤，採藕根食之。遇有疾苦，家人解衣質米以供之。然政尚威嚴。朝廷以其清白，賜穀一千斛，絹一百匹。卒官，吏人奔哭，莫不悲慟。贈衛大將軍、吏部尚書、兖州刺史，[3]謚曰貞。武定初，齊神武以敦及中山太守蘇淑在官奉法，[4]清約自居，宜見追褒，乃上言請加旌録。詔各賞帛一百匹，粟五百斛，下郡國，咸使聞知。

[1]跼（jú）蹐（jí）：謹慎小心。

[2]餽（kuì）：糧餉。

[3]衛大將軍：官名。十六國時後燕置，爲高級武官，地位在衛將軍之上。北魏孝文帝太和十七年定爲一品下，位在儀同三司下；二十三年改爲二品，位在太子太師上。北齊沿置，仍爲二品，但已不統兵，爲有軍勳人員的閑職。

[4]蘇淑：人名。字仲和，武邑（今河北武强縣）人。北魏、東魏官吏。見《北史》卷八六《蘇淑傳》。

靈引弟瑩，字靈珍，兖州别駕從事。[1]子烈。

[1]别駕從事：官名。漢置。又作“别駕”“别駕從事史”。爲州刺史的佐官。刺史巡視轄境時，其别乘驛車隨行，故稱别駕。北魏前期，别駕例用本州人，由刺史自辟，後期漸由朝廷任命。其品

秩依州品不同，自正五品至正七品不等。

烈字信卿，[1]少通敏，頗自脩立，有成人風。好讀書，能言名理，以玄學知名。魏孝昌末，[2]烈從兄侃爲太山太守，據郡起兵外叛，烈潛知其謀，深懼家禍，與從兄廣平太守敦馳赴洛陽告難。朝廷將加厚賞，烈告人云："譬如斬手全軀，所存者大故爾，豈有幸從兄之敗，以爲己利乎。"卒無所受。

［1］烈字信卿：羊烈墓誌云："公諱烈，字儒卿，泰山梁父人也。"（參羅新、葉煒《新出魏晋南北朝墓誌疏證（修訂本）》，第373—375頁）

［2］孝昌：北魏孝明帝的年號（525—527）。

天保中，累遷尚書祠部、左右户郎中，[1]在官咸爲稱職。除陽平太守，[2]有能名。時頻有災蝗，犬牙不入陽平境，敕書褒美焉。遷光禄少卿、兖州大中正。[3]武平初，[4]除義州刺史，[5]以老還鄉，卒于家。[6]

［1］尚書祠部郎中：官名。省稱爲祠部郎。北魏、北齊時爲祠部曹主官，掌祭祀禮儀。北魏孝文帝太和二十三年定爲六品，北齊因之。　左右户郎中：即左户郎中和右户郎中，官名。北齊置。爲尚書省左右户曹長官，隸度支尚書，掌全國記賬、户籍等事。六品上。

［2］陽平：郡名。北齊時治館陶縣，在今河北館陶縣。

［3］光禄少卿：官名。北魏始置，歷代沿置。爲光禄寺副職，負責膳食和帳幕。北魏孝文帝太和十七年定爲三品上，二十三年改

爲四品上。北齊置爲光禄寺次官，四品上。

[4]武平：底本作“天平”，源氏校勘記改“天”作“武”。中華本校勘記云：“諸本‘武’作‘天’。按‘天平’乃東魏年號，顯誤。《北齊書》卷四三《羊烈傳》云：‘武平初，除驃騎將軍、義州刺史。’今據改。”今從改。

[5]義州：北齊時治陳城縣，在今河南衛輝市西南。

[6]卒于家：據羊烈墓誌載：“開皇六年二月壬午朔十六日丁酉，薨於沙丘里舍，春秋七十有四。”可知，羊烈卒於隋文帝開皇六年，享年七十四歲（參羅新、葉煒《新出魏晋南北朝墓誌疏證（修訂本）》，第373—375頁）。

烈家傳素業，閨門修飭，[1]爲世所稱。一門女不再醮。[2]魏太和中，於兖州造一尼寺，女寡居無子者，並出家爲尼，咸存戒行。烈天統中與尚書畢義雲争兖州大中正。[3]義雲盛稱門閥累世，[4]本州刺史，卿世爲我家故吏。[5]烈云：“自畢軌被誅以還，[6]寂無人物。近日刺史，皆疆埸之上，彼此而得，何足爲言。豈若我之漢河南尹、晋朝太傅，[7]名德學行，百世傳美。且男清女貞，足以相冠，自外多可稱也。”蓋譏義雲之帷薄焉。

[1]閨門修飭：殿本、四庫本、四部備要本作“閨門修飾”。“飭”通“飾”。

[2]再醮（jiào）：再嫁。

[3]天統：北齊後主的年號（565—569）。

[4]門閥：殿本、四庫本、局本、四部備要本作“門代”。毛本作“門伐”。按：“‘閥’訛作‘代’‘伐’。

[5]故吏：底本作“故史”，源氏校勘記改“史”作“吏”。中

華本校勘記云：“諸本‘吏’訛‘史’，據《北齊書》改。”今從改。

[6]畢軌：人名。字昭先，東平（今山東省東平縣東）人。三國魏官吏，後爲司馬懿所殺。見《三國志》卷九《魏書·曹真附畢軌傳》。

[7]河南尹：官名。漢光武帝時置，爲京都洛陽所在河南郡長官，地位高於一般郡守，主管京都事務。　太傅：官名。西周始置，春秋戰國沿置，輔導君王，執掌軍政。西漢時不常置，東漢時不置太師、太保，上公唯置太傅一人，秩萬石，居百官之首，以授元老重臣，位尊而無常職。魏晋沿置，位上公，在三司上，一品。

烈弟脩，有才幹，卒於尚書左丞。[1]

[1]尚書左丞：毛本、局本作“尚書右丞”。未詳孰是。

子玄正。武平末，將作丞。[1]隋開皇中，户部侍郎。[2]卒於隴西郡贊務。[3]

[1]將作丞：官名。西漢始置。爲將作大匠副貳，掌判本監日常公務。北齊時爲從七品上。

[2]户部侍郎：官名。隋朝時度支部所屬户部司長官。掌户部事。初正六品上，文帝開皇三年加爲從五品，煬帝大業三年改稱民部郎。

[3]贊務：官名。隋朝置。初爲雍州屬官，居别駕下，從四品。煬帝時罷長史、司馬，置贊務爲郡太守副職，員一人。上郡贊務爲正五品，中郡爲從五品，下郡爲正六品。河南贊務爲從四品。

論曰：薛安都一武夫耳，雖輕於去就，實啓東南。

事窘圖變，而竟保寵禄，優矣。休賓窮而委質。孝標名重東南。法壽拓落不羈，克昌厥後。景伯兄弟儒素，良可稱乎。[1]衆敬舉地納誠，榮曜朝國，人位並列，無乏於時。羊祉剛酷之風，得死爲幸。深以才幹從事，聲迹可稱。敦、烈持己所遵，殆時彦也。

[1]乎：源氏校勘記於“乎”旁紅筆小字夾批：“‘乎’《魏書》作‘焉’。”

北史　卷四〇

列傳第二十八

韓麒麟　程駿　李彪 孫昶　高道悦　甄琛　高聰

韓麒麟，昌黎棘城人，[1]自云漢大司馬增之後也。[2]父瑚，秀容、平原二郡太守。[3]

[1]昌黎：郡名。北魏時治昌黎縣，在今遼寧朝陽市。　棘城：地名。在今遼寧北票市章吉營子鄉三官營子村（參王立坤《棘城新考》，《遼海文物學刊》1996年第2期）。

[2]大司馬：官名。楚漢戰爭時項羽曾置爲武將名號。漢武帝時爲加官號，以冠大將軍、車騎將軍、驃騎將軍等。授此號者皆爲功勳卓著的將帥，後多授顯貴外戚，成爲執掌中樞政務的中朝領袖之官。漢光武帝時改名太尉。東漢末與太尉並置，位在三公之上。

[3]秀容：郡名。北魏時治秀容縣，在今山西忻州市西北。　平原：郡名。北魏道武帝皇始二年（397）占，屬冀州，治平原縣，在今山東平原縣西南。同時，太武帝時涇州亦置有平原郡，治陰槃縣，在今甘肅平涼市東。

麒麟幼而好學，美姿容，善騎射。景穆監國，[1]爲

東曹主書。[2]文成即位，[3]賜爵漁陽男。[4]父亡，在喪有禮。後參征南慕容白曜軍事。[5]進攻升城，[6]師人多傷，及城潰，白曜將坑之。麒麟諫曰："今方圖進趣，宜示寬厚，勍敵在前，而便坑其衆，恐三齊未易圖也。"白曜從之，皆令復業，齊人大悦。後白曜表麒麟與房法壽對爲冀州刺史。[7]白曜攻東陽，[8]麒麟上義租六十萬斛，並攻戰器械，於是軍須無乏。[9]及白曜被誅，麒麟停滯多年。

[1]景穆：即北魏太武帝太子拓拔晃。景穆爲其謚號，北魏文成帝所追謚。

[2]東曹：官署名。西漢丞相府所屬諸曹之一。東漢時三公府皆置，以曹掾主之，掌二千石長吏的任命、調動及軍吏事。西晋時公府和開府位從公者置。北魏沿置。　主書：官名。爲主書令史的省稱。三國魏始置。爲秘書監屬官，掌管書簿文案。北魏孝文帝太和二十三年（499）定爲從八品。

[3]文成：即北魏皇帝拓拔濬。文成爲其謚號。

[4]漁陽男：封爵名。漁陽，縣名。治所在今北京密雲縣西南。源氏校勘記云："《魏書》（'漁陽'）作'魯陽'。"

[5]慕容白曜：人名。昌黎棘城（今遼寧北票市章吉營子鄉三官營子村）人。北魏將領。見《北史》卷二五《慕容白曜傳》。

[6]升城：在今山東濟南市長清區。

[7]房法壽：人名。小名烏頭，清河繹幕（今山東平原縣西北）人。北魏官吏。見《北史》卷三九《房法壽傳》。按：《魏書》卷四三《房法壽傳》作"清河繹幕人"，《北史》卷三九《房法壽傳》作"清河武城人也"，今從《北史》。　冀州：北魏時治信都縣，在今河北冀州市。

［8］東陽：城名。在今山東青州市。

［9］軍須無乏：毛本作“軍無乏”，脱“須”字。

孝文時，[1]拜齊州刺史，[2]假魏昌侯。[3]在官寡於刑罰，從事劉普慶説麒麟曰：[4]“明公仗節方夏，[5]無所斬戮，何以示威？”麒麟曰：“人不犯法，何所戮乎？若必須斬斷以立威名，當以卿應之。”普慶慚懼而退。麒麟以新附之人，未階臺官，[6]士人沈抑，乃表請守宰有闕，宜推用豪望，增置吏員，廣延賢哲，則華族蒙榮，良才獲叙，懷德安土，庶或在兹。朝議從之。

［1］孝文：即北魏皇帝元宏。孝文爲其謚號。

［2］齊州：北魏時治歷城縣，在今山東濟南市。

［3］魏昌侯：封爵名。魏昌，縣名。治所在今河北定州市西南。

［4］從事：官名。漢元帝初始置。東漢因之，稱從事史，皆爲州部長官自辟。三國、晋、南北朝沿置，名目不一。北魏從四品至八品。

［5］仗節：手執符節。大臣出使或大將出師，皇帝授予符節，作爲憑證或權力象徵。底本、元大德本作“杖節”，宋本、毛本、殿本、四庫本、局本、四部備要本作“仗節”。按：作“杖節”，意不通。今從宋本等改。

［6］未階臺官：毛本、殿本、四庫本、局本、四部備要本作“未階臺宦”。按：“未階臺官”意爲没有官銜。“未階臺宦”意不通，“官”訛作“宦”。

太和十一年，[1]京都大饑，麒麟表陳時務曰：

[1]太和：北魏孝文帝的年號（477—499）。

古先哲王，經國立政，積儲九稔，[1]謂之太平。故躬藉千畝，以率百姓。用能衣食滋茂，禮教興行。逮於中代，亦崇斯業，入粟者與斬敵同爵，力田者與孝悌均賞。寔百王之常軌，爲政之所先。今京師人庶，不田者多，游食之口，三分居二。蓋一夫不耕，或受其饑，況於今者，動以萬計？故頃年山東遭水，而人有餧終，今秋京都遇旱，穀價踊貴，實由農人不勸，素無儲積故也。

[1]稔（rěn）：穀熟。此處代指年，穀一熟爲一年。

伏惟陛下天縱欽明，道高三五，[1]上垂覆載之澤，下有凍餒之人，皆由有司不爲其制，長吏不恤其本。自承平日久，豐穰積年，[2]競相矜夸，浸成侈俗。故令耕者日少，田者日荒，穀帛罄於府庫，寶貨盈於市里，衣食匱於室，麗服溢於路，饑寒之本，實在於斯。愚謂凡珍玩之物，皆宜禁斷。吉凶之禮，備爲格式，令貴賤有別，人歸朴素。制天下男女，計口受田，宰司四時巡行，臺使歲一案檢，勤相勸課，嚴加賞罰。數年之中，必有盈贍，雖遇凶災，免於流亡矣。

[1]三五：三皇五帝。三皇，一般指伏羲、神農、黄帝。五帝，一般指少昊、顓頊、帝嚳、堯、舜。

［2］穰（ráng）：莊稼豐收。

往年校比户貫，[1]租賦輕少。臣所統齊州，租粟纔可給俸，略無入倉。雖於人爲利，而不可長久。脱有戎役，[2]或遭天災，恐供給之方，無所取濟。請減絹布，增益穀租，年豐多積，歲儉出振。所謂私人之穀，寄積於官，官有宿積，則人無荒年矣。

［1］户貫：户籍。因其上列籍貫，故稱。
［2］脱：倘若，或許。

卒官，遺敕其子，殯以素棺，事從儉約。

麒麟立性恭慎，恒置律令於坐傍。臨終之日，唯有俸絹數十疋，其清貧如此。贈散騎常侍、燕郡公，[1]謚曰康。

［1］散騎常侍：官名。三國魏文帝時，將秦漢官制中的散騎與中常侍二職合併爲此職。北魏時掌規諫，顧問應對，與侍中等共平尚書奏事，有異議得駁奏。亦常用作宰相、諸公等加官，得入宫禁議政。北朝時兼領修史，實際地位略高於南朝，但仍爲閑散之職。北魏孝文帝太和十七年定爲第二品。　燕郡公：封爵名。燕郡，北魏時治薊縣，在今北京西南。

長子興宗，字茂先。好學有文才，位秘書中散。[1]卒，贈漁陽太守。

[1]秘書中散：官名。北魏置，掌禁中文書事務，參預禮儀、制度的議定，亦受皇帝之命外出執行臨時任務，多由中書學生遷任。五品中。

子子熙，字元雍。少自脩整，頗有學識，爲清河王懌郎中令。[1]初，子熙父以爵讓弟顯宗，不受，子熙成父素懷，卒亦不襲。及顯宗卒，子熙別蒙賜爵，乃以先爵讓弟仲穆。兄弟友愛如此。母亡，居喪有禮。子熙爲懌所眷遇，遂闕位，待其畢喪後，復引用。及元叉害懌，[2]久不得葬。子熙爲之憂悴，屏居田野，每言王若不得復封，以禮還葬，誓以終身不仕。後靈太后反政，[3]以叉爲尚書令，[4]解其領軍。子熙與懌中大夫劉定興、學官令傅靈檦、賓客張子慎伏闕上書，[5]理懌之冤，極言元叉、劉騰誣諂。[6]書奏，靈太后義之，乃引子熙爲中書舍人。[7]後遂剖騰棺，賜叉死。尋脩國史。建義初，[8]兼黄門，[9]尋爲正。

[1]清河王：封爵名。清河，郡名。北魏時治清河縣，在今山東臨清市東北。　懌：即元懌，人名。字宣仁，北魏宗室。見《北史》卷一九《清河王懌傳》。局本訛作“睪”。　郎中令：官名。漢朝時爲諸侯王國屬官。掌侍從左右，戍衛王宫，領諸大夫、郎官等。魏、晋、南朝時爲王國三卿之一，地位頗重，公侯等國亦或置，其品秩隨國主地位高低不等。北朝時諸王、公、侯、伯、子、男國皆置，品秩較低，非南朝可比。

[2]元叉：人名。字伯儁。北魏宗室。見《北史》卷一六《京兆王黎附元叉傳》。

[3]靈太后：即北魏宣武帝元恪皇后胡氏。靈爲其謚號。

[4]尚書令：官名。秦、西漢時爲尚書署長官，掌收發文書，隸少府。歷代沿置。北魏初不常置，亦不掌實際政務，孝文帝改制後，尚書省權任頗重，以録尚書事爲長官，尚書令爲副貳，兼掌監察百官，皆爲宰相。孝文帝太和十七年定爲從一品上，二十三年定爲二品。

[5]中大夫：官名。十六國時後趙、後秦均置。北魏時爲職事官員，各有分職，從三品上，後罷。　學官令：官名。西晋置，掌管學校教育。北魏沿置，從九品上。

[6]劉騰：人名。字青龍，平原城（今山東平原縣）人。北魏宦官。見《北史》卷九二《劉騰傳》。

[7]中書舍人：官名。即中書通事舍人。中書省屬官。三國魏、西晋時中書省置，七品。與通事共掌收納、轉呈章奏。或説魏唯置通事，西晋增設舍人。東晋時合爲一官，後省“通事”二字。北魏時亦名中書舍人，專掌草擬詔令，出納之職由門下省分任，故職權較南朝爲輕。孝文帝太和十七年定爲六品上，二十三年定爲六品下。

[8]建義：北魏孝莊帝的年號（528）。

[9]黄門：官名。即黄門侍郎。秦、西漢時給郎官加以給事黄門的省稱，東漢時與給事黄門合爲一官，遂成爲給事黄門侍郎的省稱。北魏時爲郎官之加官，侍從皇帝於宫門之内，與侍中俱掌門下事。地位隨皇帝旨意或侍中地位而上下。孝文帝太和十七年定爲三品中，二十三年定爲四品上。

子熙清白自守，不交人事。又少孤，爲叔顯宗所撫養。及顯宗卒，顯宗子伯華又幼，子熙愛友等於同生，長猶共居，車馬資財，隨其費用，未嘗見於言色。又上書求析階與伯華，於是除伯華東太原太守。[1]及伯華在郡，爲刺史元弼所辱，[2]子熙乃泣訴朝廷。明帝詔遣案

檢，[3]弼遂大見詰讓。

[1]東太原：郡名。北魏時治長清縣，在今山東濟南市長清區東北。

[2]元弼：人名。字宗輔。北魏宗室。見《北史》卷一五《常山王遵附元弼傳》。

[3]明帝：即北魏皇帝元詡。明爲其謚號。

介朱榮之禽葛榮，[1]送至京師。莊帝欲面數之，子熙以爲榮既元兇，自知必死，恐或不遜，[2]無宜見之。介朱榮聞而大怒，請罪子熙。莊帝恕而不責。及邢杲起逆，[3]詔子熙慰勞，杲詐降，子熙信之。還至樂陵，[4]杲復反。子熙還，坐付廷尉，[5]論以大辟，[6]恕死免官。孝武初，[7]領著作，[8]以奉册勳，封歷城縣子。[9]

[1]介朱榮：人名。字天寶，北秀容（今山西朔州市）人，契胡族。北魏官吏。見《北史》卷四八《介朱榮傳》。　葛榮：人名。北魏末河北義軍首領。

[2]恐或不遜：毛本作“思或不遜”，“恐”訛作“思”，不符文意。

[3]邢杲（gǎo）：人名。河間（今河北河間市）人。北魏末山東起義軍首領。降後被殺。

[4]樂陵：郡名。北魏時治樂陵縣，在今山東樂陵市。

[5]廷尉：官名。戰國秦始置，秦、西漢沿置。列位九卿，爲中央最高司法審判機構長官，遵照皇帝旨意修訂法律，匯總全國斷獄數，主管詔獄。魏晋南朝沿置。北魏時或稱廷尉卿，又增少卿爲副職。孝莊帝永安二年，又增司直十人，覆審御史檢劾案件。孝文

帝太和十七年定爲二品上，二十三年定爲三品。

[6]大辟：即死刑。

[7]孝武：即北魏皇帝元脩。孝武爲其謚號。

[8]著作：官名。亦稱著作郎。三國魏明帝時置，爲著作局長官，六品，隸中書省。掌修國史及起居注的修撰。歷代沿置，職掌不同。南北朝時爲清要之官，出任者皆爲有名望的文學之士，亦有以司空、尚書等職領者。北魏孝文帝太和十七年定爲五品上，二十三年定爲從五品上。

[9]歷城縣子：封爵名。歷城，縣名。治所在今山東濟南市。

天平初，[1]爲侍讀，[2]除國子祭酒。[3]子熙儉素安貧，常好退静。遷鄴之始，[4]百司並給兵力，[5]時以祭酒閑務，止給二人。或有令其陳請者，子熙曰："朝廷自不與祭酒兵，何關韓子熙事。"論者高之。元象中，[6]加衛大將軍。[7]

[1]天平：東魏孝静帝的年號（534—537）。

[2]侍讀：官名。北魏置。掌爲皇帝或太子讀解經義。一般爲加官。

[3]國子祭酒：官名。晋武帝時立國子學，置祭酒一員爲長官，掌教授生徒儒學，主管國子學，參議禮制，隸太常。南北朝沿置。北魏孝文帝太和十七年定爲第四品上，二十三年定爲從三品。

[4]鄴：城名。故址在今河北臨漳縣西南。

[5]百司並給兵力：源氏校勘記云："《魏書》作'兵刀'。似非。"

[6]元象：東魏孝静帝的年號（538—539）。

[7]衛大將軍：官名。十六國時後燕置，爲高級武官，地位在衛將軍之上。北魏孝文帝太和十七年定爲一品下，位在儀同三司

下；二十三年定爲二品，位在太子太師上。

先是子熙與弟娉王氏爲妻，姑之女也，生二子。子熙尚未婚，後遂與寡嫗李氏姦合而生三子。王、李不穆，迭相告言，子熙因此慚恨，遂以發疾。卒，遺戒不求贈謚，其子不能遵奉，遂至干謁。武定初，[1]贈驃騎大將軍、儀同三司、幽州刺史。[2]

[1]武定：東魏孝静帝的年號（543—550）。

[2]驃騎大將軍：官名。東漢初置，統兵征戰，事訖則罷。魏晋時驃騎將軍爲重號將軍，位僅次於大將軍，高於諸名號大將軍，本不須加“大”，然兩晋將軍名號愈來愈濫，遂又增此號，居諸名號將軍之首，一品。多加於權臣元老，以示尊崇，開府置僚屬，不領兵。北魏孝文帝太和十七年定爲一品中，太和二十三年定爲從一品。　儀同三司：東漢初置，謂官非三公而儀制待遇同於三公。魏晋時期，授予開府位從三公的文武官。南北朝時授予範圍不斷擴大，逐漸成爲官號。北魏孝文帝太和十七年定爲一品下，二十三年定爲從一品，位在開府上。　幽州：東魏時治薊縣，在今北京西南。

興宗弟顯宗，字茂親。剛直，能面折廷諍，亦有才學。沙門法撫，三齊稱其聰悟，[1]嘗與顯宗校試，抄百餘人名，各讀一遍，隨即覆呼，法撫猶有一二舛謬，顯宗了無誤錯。法撫歎曰：“貧道生平以來，唯服郎耳。”

[1]三齊：地區名。秦亡後，項羽以齊國故地分立齊、膠東、濟北三國，皆在今山東東部。後泛稱這一地區爲“三齊”。

太和初，舉秀才，對策甲科，除著作佐郎。[1]後兼中書侍郎。[2]既定遷都，顯宗上書：

[1]著作佐郎：官名。三國魏明帝時置佐著作郎，協助著作郎修撰國史及起居注。東晋時改此名（一説南朝宋改稱），屬著作省（局），掌搜集史料，供著作郎撰史。本用文學之士，但在南北朝後期，因其職務清閑，成爲士族高門子弟的起家之官。北魏時秘書省著作局置四員，孝文帝太和十七年定爲從五品上，二十三年定爲七品。

[2]中書侍郎：官名。三國魏文帝時置。草擬詔令，職任機要，地位不高，但頗清貴，多用文學之士。東晋時一度改稱中書通事郎。北魏孝文帝太和十七年定爲四品上，二十三年定爲從四品上。

一曰：竊聞輿駕今夏若不巡三齊，當幸中山，[1]竊以爲非計也。何者？當今徭役宜早息，洛京宜速成，[2]省費則徭役可簡，并功則洛京易就。願早還北京，[3]以省諸州供帳之費，則南州免雜徭之煩，北都息分析之歎，洛京可以時就，遷者僉爾如歸。[4]

[1]中山：郡名。北魏時治盧奴縣，在今河北定州市。

[2]洛京：即洛陽。在今河南洛陽市東北。

[3]北京：北魏孝文帝自平城遷都洛陽後，以舊都平城爲北京。在今山西大同市東北。

[4]僉（qiān）：都，皆。

二曰：自古聖帝必以儉約爲美，亂主必以奢侈貽患。仰惟先朝，皆卑宫室而致力於經略，故能基宇開廣，業祚隆泰。今洛陽基趾，魏明所營，[1]取譏前代。伏惟陛下損之又損之。頃來北都富室，競以第宅相尚，今因遷徙，宜申禁約，令貴賤有檢，無得踰制。端廣衢路，通利溝洫，使寺署有别，士庶異居，永垂百世不刊之範。

[1]魏明：即三國魏皇帝曹叡。明爲其謚號。

三曰：竊聞輿駕還洛陽，輕將數千騎，臣甚爲陛下不取也。夫千金之子，猶坐不垂堂，[1]况萬乘之尊，富有四海乎。清道而行，尚恐銜橛之失，[2]况履涉山河而不加三思哉。

[1]猶坐不垂堂：源氏校勘記改“坐不”爲“不坐”。按：垂堂，靠近堂屋檐下。因檐瓦墜落可能傷人，故以喻危險的境地。源氏似是。

[2]銜橛之失：車馬傾覆的危險。比喻意外的發生。

四曰：竊惟陛下耳聽法音，目翫墳典，口對百辟，心慮萬機，晷昃而食，[1]夜分而寢，加以孝思之至，與時而深，文章之業，日成篇卷。雖叡明所用，未足爲煩，然非所以嗇神養性，熙無疆之祚。[2]莊周有言：“形有待而智無崖，以有待之形，役無崖之智，殆矣。”[3]此愚臣所不安也。

[1]晷（guǐ）昃（zè）：指日影偏西，謂天晚。

[2]熙無疆之祚：源氏校勘記云：“‘熙’《魏書》作‘頤’。”

[3]莊周：即莊子，宋國蒙（今河南商丘市東北）人。戰國時思想家，道家思想代表人物。　崖：宋本、毛本、殿本、四庫本、局本、四部備要本作“涯”。按：“涯”通“崖”（參高華平《〈魏書〉〈北史〉之〈韓麒麟傳〉附〈顯宗傳〉所引〈莊子〉文字考辨》，《古籍整理研究學刊》2002年第6期）。

孝文頗納之。顯宗又上言：

前代取士，必先正名，故有賢良方正之稱。今州郡貢察，徒有秀、孝之名，而無秀、孝之實。而朝廷但檢其門望，不復彈坐。[1]如此則可令别貢門望以叙士人，何假冒秀、孝之名也？夫門望者，是其父祖之遺烈，[2]亦何益於皇家。益於時者，賢才而已。苟有其才，雖屠釣奴虜之賤，聖皇不耻以爲臣；苟非其才，雖三后之胤，[3]自墜於皂隸矣。議者或云：今世等無奇才，不若取士於門。此亦失矣。豈可以世無周、邵，[4]便廢宰相而不置哉。但當校其有寸長銖重者，即先叙之，則賢才無遺矣。

[1]彈坐：彈劾並坐之以罪。

[2]父祖：毛本作“祖父”。按：“父祖”指的是父輩和祖輩，即祖先。根據文意，當爲“父祖”，毛本倒誤。

[3]三后：指夏禹、商湯、周文王。

[4]周邵：指周公和邵公。周公，姓姬名旦，亦稱叔旦，周文王第四子。西周初政治家、軍事家和思想家。邵公，姓姬名奭，亦

稱召公、召康公。周厲王時政治家和思想家。見《史記》卷四《周本紀》。

又曰：夫帝皇所以居尊以御下者，威也；兆庶所以徙惡以從善者，法也。是以有國有家，必以刑法爲政，[1]生人之命，於是而在。有罪必罰，罰必當辜，則雖以捶撻薄刑，而人莫敢犯。有制不行，人得僥倖，則雖參夷之誅，[2]不足以肅。自太和以來，未多坐盜棄市，[3]而遠近肅清。由此言之，止姦在於防檢，不在嚴刑。今州郡牧守，邀當時之名，行一切之法；臺閣百官，亦咸以深酷爲無私，以仁恕爲容盜。迭相敦厲，遂成風俗。陛下居九重之內，視人如赤子；百司分萬務之要，遇下如仇讎。是則堯、舜止一人，而桀、紂以千百，和氣不至，蓋由於此。宜敕示百官，以惠元元之命。[4]

[1]刑法：毛本作“刑罰”，“法”訛作“罰”。

[2]參（sān）夷之誅：誅夷三族。

[3]棄市：將罪犯於鬧市處死，並拋尸示衆。四庫本作“棄世”，“市”訛作“世”。

[4]元元：指百姓、庶民。

又曰：昔周王爲犬戎所逐，東遷河洛，鎬京猶稱宗周，以存本也。[1]光武雖曰中興，寔自草創，西京尚置京尹，亦不廢舊。[2]今陛下光隆先業，遷宅中土，稽古復禮，於斯爲盛。按春秋之義，有宗

廟謂之都，無謂之邑，此不刊之典也。况北代，[3]宗廟在焉，山陵託焉，王業所基，[4]聖躬所載，其爲神鄉福地，實亦遠矣。今便同之郡國，臣竊不安。愚謂代京宜建畿置尹，一如故事。崇本重舊，以光萬葉。

[1]“昔周王”至“以存本也”：西周因爲犬戎入侵而被迫遷都洛陽，但是，還是留著原來的都城鎬京。見《史記》卷四《周本紀》。犬戎，族名。也稱西戎，活動於今陝西、甘肅一帶，西周時很强盛，不時入侵西周，後殺死周幽王，使西周滅亡。春秋戰國時期被秦國所滅。河洛，中原洛陽地區。鎬京，都名。又作鎬邑。在今陝西西安市長安區西北。

[2]“光武雖曰中興”至“亦不廢舊”：漢光武帝承續西漢，建立王城，但是還是在長安建立京邑。光武，即東漢皇帝劉秀。光武爲其謚號。

[3]代：即平城。在今山西大同市東北。

[4]王業所基：毛本、殿本、四部備要本作“主業所基”，“王”訛作“主”。

又曰：伏見洛京之制，居人以官位相從，不依族類。然官位非常，有朝榮而夕悴，則衣冠淪於厮竪之邑，臧獲顯於膏腴之里，[1]物之顛倒，或至於斯。古之聖王，必令四人異居者，[2]欲其業定而志專。業定則不僞，志專則不淫，故耳目所習，不督而就，父兄之教，不肅而成。仰惟太祖道武皇帝，[3]創基撥亂，日不暇給，然猶分别士庶，不令雜居，伎作屠沽，各有攸處。但不設科禁，買賣任

情，販貴易賤，錯居渾雜。假令一處彈箏吹笛，緩舞長歌，一處嚴師苦訓，誦詩講禮，宣令童齔，任意所從，其走赴舞堂者萬數，往就學館者無一。此則伎作不可雜居，士人不宜異處之明驗也。故孔父云里仁之美，[4]孟母弘三徙之訓，[5]賢聖明誨，若此之重。今令伎作之家習士人風禮，則百年難成；令士人兒童效伎作容態，則一朝可得。以士人同處，[6]則禮教易興；伎作雜居，則風俗難改。朝廷每選舉人士，則校其一婚一官，[7]以爲升降，何其密也。至於伎作官塗，[8]得與膏粱華望接閈連甍，[9]何其略也。今稽古建極，光宅中區，凡所徙居，皆是公地，分別伎作，在於一言，有何爲疑，而虧盛美？

[1]臧獲：古時對奴僕的賤稱。　膏腴：指富貴人家。

[2]四人：即四民。指士農工商。《北史》避唐太宗李世民諱，改“民”爲“人”。

[3]太祖：北魏皇帝拓跋珪的廟號。　道武：北魏皇帝拓跋珪的謚號。

[4]孔父云里仁之美：孔子説，居住在仁者所居之里，與仁人爲鄰。語出《論語·里仁》：“里仁爲美。”

[5]孟母弘三徙之訓：孟子的母親爲了讓他得到更好的教育，三次搬家。

[6]以士人同處：中華本校勘記云：“《魏書》卷六〇《韓顯宗傳》‘以’上有‘是’字，不宜省。”可從。

[7]一婚一官：毛本、殿本、四庫本、局本作“一婚一宦”。

[8]官塗：四庫本、殿本作“宦塗”。

[9]接閈（hàn）連甍（méng）：屋棟相接。喻地位、財富相敵。

又曰：自南僞相承，竊有淮北，欲擅中華之稱，且以招誘邊人，故僑置中州郡縣。自皇風南被，仍而不改，凡有重名，其數甚衆，非所以疆域物土，必也正名之謂也。愚以爲可依地理舊名，一皆釐革，小者并合，大者分置。及中州郡縣，昔以户少并省，今人口既多，亦可復舊。君人者，以天下爲家，不得有所私也。故倉庫儲貯，以俟水旱之災，供軍國之用，至於有功德者，然後加賜。爰及末代，乃寵之所隆，賜賚無限。[1]自比以來，亦爲太過。在朝諸貴，受禄不輕，土木被綺羅，僕妾厭粱肉，而復厚賚屢加，動以千計。若分賜鰥寡，贍濟寔多。如不悛革，豈"周急不繼富"之謂也？[2]

[1]賚（lài）：賞賜。

[2]周急不繼富：意謂品德高尚的人，周濟需救助的人，而不周濟富人。典出《論語·雍也》："吾聞之也，君子周急不繼富。"

又曰：諸宿衛内直者，宜令武官習弓矢，文官諷書傳。無令繕其蒲博之具，[1]以成褻狎之容，徒損朝儀，無益事實。如此之類，一宜禁止。

[1]無令繕其蒲博之具：源氏校勘記云："'無令繕'，《魏書》作'而今給'。"中華本校勘記云："《魏書》作'而今給其蒲博之

具'。疑'無令繕'是'而令給'之訛。"可從。蒲博，古代的一種博戲。亦泛稱賭博。

帝善之。

孝文曾謂顯宗及程靈虯曰：[1]"著作之任，國書是司。卿等之文，朕自委悉，中省之品，卿等所聞。若欲取況古人，班、馬之徒，[2]固自遼闊。若求之當世，文學之能，卿等應推崔孝伯。"[3]又謂顯宗曰："校卿才能，可居中第。"謂程靈虯曰："卿與顯宗，復有差降，可居下上。"顯宗曰："臣才第短淺，比於崔光，實爲隆渥。然臣竊謂陛下貴古而賤今。昔揚雄著《太玄經》，當時不免覆甕之譚，[4]二百年外，則越諸子。今臣所撰，雖未足光述帝載，然萬祀之後，仰觀祖宗巍巍之功，上睹陛下明明之德，亦何謝欽明於《唐典》，慎徽於《虞書》。"[5]帝曰："假使朕無愧於虞舜，卿復何如堯臣？"顯宗曰："陛下齊蹤堯、舜，公卿寧非二八之儔。"[6]帝曰："卿爲著作，僅名奉職，未是良史也。"顯宗曰："臣仰遭明時，直筆無懼，又不受金，[7]安眠美食，此優於遷、固也。"帝哂之。後與員外郎崔逸等參定朝儀。[8]

[1]程靈虯：人名。廣平曲安（今河北曲周縣）人。北魏孝文帝時，任羽林監、梁郡太守、著作佐郎等職。好酒，常因酒廢事。

[2]班馬：指班固與司馬遷。班固，字孟堅，扶風安陵（今陝西咸陽市東北）人。東漢史學家、文學家，著中國古代第一部紀傳體斷代史《漢書》。見《後漢書》卷四〇《班彪附班固傳》。司馬遷，字子長，夏陽（今陝西韓城市）人。西漢史學家、思想家、文

學家，著中國古代第一部紀傳體通史《史記》。見《史記》卷一三〇《太史公自序》。

[3]崔孝伯：人名。本名孝伯，北魏孝文帝賜名光，字長仁，東清河鄃（今山東淄博市）人。北魏官吏。見《北史》卷四四《崔光傳》。

[4]揚雄著《太玄經》當時不免覆甕之譚：典出《漢書》卷八七下《揚雄傳下》："劉歆亦嘗觀之，謂雄曰：'空自苦！今學者有禄利，然尚不能明《易》，又如《玄》何？吾恐後人用覆醬瓿也。'雄笑而不應。"揚雄，人名。字子雲，蜀郡（今四川成都市）人。少好學，博覽群書，長於辭賦。見《漢書》卷八七《揚雄傳》。覆甕之譚，喻著作無價值或不受重視。覆甕，源氏校勘記云："《魏書》作'覆盎'。"

[5]欽明於唐典慎徽於虞書：形容文章非常有價值。唐典，指《尚書》中的《堯典》。局本作"帝典"。

[6]二八之儔：八元、八愷的合稱，均爲上古時期的名臣。八元爲伯奮、仲堪、叔獻、季仲、伯虎、仲熊、叔豹、季貍。八愷爲蒼舒、隤敳、檮戭、大臨、尨降、庭堅、仲容、叔達。見《左傳》文公十八年。

[7]又不受金：傳説班固在寫作《漢書》的時候曾收受賄賂。

[8]員外郎：官名。員外散騎侍郎的省稱。晋武帝時始置。北魏初沿例授予南朝北奔之士，掌規諫，爲清閑之官，亦爲高門子弟起家官。七品。　崔逸：人名。博陵安平（今河北安平縣）人。博學通經，初拜中書博士，歷任侍御史、國子博士、通直散騎常侍等職。

帝曾詔諸官曰："近代已來，高卑出身，恒有常分。朕意所爲可，復以爲不可，宜校量之。"李沖曰：[1]"未審上古已來，置官列位，爲欲爲膏粱兒地，[2]爲欲益政

贊時？”帝曰：“俱欲爲人。”[3]沖曰：“若欲爲人，陛下今日何爲專崇門品，不有拔才之詔？”帝曰：“苟有殊人之技，不患不知。然君子之門，假使無當世之用者，要自德行純篤，朕是以用之。”沖曰：“傅巖、吕望，豈可以門見舉？”[4]帝曰：“如此濟世者希，曠代有一兩耳。”沖謂諸卿士曰：“適欲請救諸賢。”秘書令李彪曰：[5]“師旅寡少，未足爲援，意有所懷，敢不盡言於聖日。陛下若專以地望，不審魯之三卿，[6]孰若四科？”[7]帝曰：“猶如向解。”顯宗進曰：“陛下光宅洛邑，百禮惟新，國之興否，指此一選。且以國事論之，不審中秘監、令之子，[8]必爲秘書郎，[9]頃來爲監、令者，子皆可爲不？”帝曰：“卿何不論當世膏腴爲監、令者？”顯宗曰：“陛下以物不可類，不應以貴承貴，以賤襲賤。”帝曰：“若有高明卓爾，才具儁出者，朕亦不拘此例。”後爲本州中正。[10]

[1]李沖：人名。一名思沖，字思順，隴西狄道（今甘肅臨洮縣）人。北魏官吏。見《北史》卷一〇〇《涼武昭王李暠附李沖傳》。

[2]膏粱兒地：底本作“膏粱兒弟”，宋本、元大德本、毛本、殿本、四庫本、局本、四部備要本作“膏粱兒地”。按：底本誤，今從改。

[3]俱欲爲人：底本、元大德本作“俱然爲人”。宋本、毛本、殿本、四庫本、局本、四部備要本作“俱欲爲人”。按：底本誤，今從改。《魏書》卷六〇《韓麒麟傳》作“俱欲爲治”，《通志》卷一四九作“俱欲爲人”。

[4]傅巖：人名。因在傅巖（今山西平陸縣）從事版築，被商

王武丁起用，故以傅爲姓。見《史記》卷三《殷本紀》。　吕望：人名。姜姓，吕氏，名尚，字子牙。後世稱之爲姜太公。七十歲時受到周文王的賞識，幫助文王、武王成就大業。見《史記》卷三二《齊太公世家》。　豈可以門見舉：毛本作“豈可以門第舉”。

[5]秘書令：官名。漢獻帝時曹操爲魏公後置，典尚書奏事，兼掌圖書秘記，爲親近機要之職。魏文帝時罷，改設秘書監，掌藝文圖籍，另置中書令典尚書奏事。北魏孝文帝時亦置，爲秘書省次官，位在秘書監下。孝文帝太和十七年定爲從三品上。　李彪：人名。字道固，頓丘衛國（今河南清豐縣東南）人。北魏官吏。見《北史》卷四〇《李彪傳》。

[6]魯之三卿：指春秋末魯國的司徒季孫、司馬叔孫、司空孟孫。

[7]孰若四科：漢代舉士的四種科目。《通典·選舉一》：“（漢武帝）令郡國舉孝廉各一人……限以四科：一曰德行高妙，志節清白；二曰學通行修，經中博士；三曰明習法令，足以决疑，能按章覆問，文中御史；四曰剛毅多略，遭事不惑，明足决斷，材任三輔縣令。”

[8]不審中秘監令之子：《魏書·韓麒麟傳》作“不審中、秘書監令之子”。按：未詳孰是。

[9]秘書郎：官名。東漢置。掌管文書機要，職任重。三國魏文帝時置中書典機要，而以秘書專管藝文圖籍。亦稱秘書郎中，隸秘書監，六品。自三國魏以來多爲世族起家之官。北魏孝文帝太和十七年定爲從五品上，二十三年以後稱秘書郎中。

[10]中正：官名。漢獻帝時始置。負責品評本郡士人，劃分等級，以爲吏部委任官員的依據。北魏前、中期此職權任頗重，後期選任漸濫。

二十一年，車駕南征，以顯宗爲右軍府長史、統

軍。[1]次赭陽，[2]齊戍主成公期遣其軍主胡松、高法援等并引蠻賊，[3]來擊軍營。顯宗拒戰，斬法援首。顯宗至新野，[4]帝曰："何不作露布也？"[5]顯宗曰："臣頃見鎮南將軍王肅獲賊二三，[6]驢馬數匹，皆爲露布。臣在東觀，[7]私每哂之。近雖仰憑威靈，得摧醜虜，兵寡力弱，禽斬不多。脱復高曳長縑，[8]虚張功捷，尤而效之，其罪彌甚。所以斂毫卷帛，解上而已。"帝笑曰："如卿此勳，誠合茅社，[9]須赭陽平定，檢審相酬。"新野平，以顯宗爲鎮南廣陽王嘉諮議參軍。[10]顯宗上表，頗自矜伐，[11]訴前征勳。詔曰："顯宗進退無檢，虧我清風，付尚書推列以聞。"兼尚書張彝奏免顯宗官。[12]詔以白衣守諮議，[13]展其後效。

[1]右軍府長史：官名。即右軍將軍府屬吏。爲府中掾屬之長，掌顧問參謀。　統軍：官名。北魏時爲統兵武官，位在都將（鎮將）之下，軍主之上。孝文帝太和二十三年定爲從八品。

[2]赭陽：城名。在今河南方城縣東。

[3]戍主：官名。南北朝始置。爲戍的主將，掌守防捍禦之事，除管理軍政外，兼理民政、財政。多以郡守、縣令、州參軍及雜號將軍等官兼領。　胡松：人名。初爲龍驤將軍、直閤將軍。南朝齊明帝永泰元年（498）以功封沙陽縣男。後與張欣泰等密謀廢東昏侯以應蕭衍，事敗被殺。

[4]新野：郡名。北魏時治新野縣，在今河南新野縣。

[5]露布：一種寫有文字、並用以通報四方的帛製旗子，多用來傳遞軍事捷報。露，不加檢封，公開宣布之意。

[6]鎮南將軍：官名。漢獻帝時始置。三國魏時與鎮東、鎮西、鎮北將軍合稱四鎮將軍，多爲持節都督，出鎮方面。魏晋南北朝前

期權勢很重，後漸輕，成爲褒賞軍功勳臣的閑職。北魏孝文帝太和十七年定爲從一品下，二十三年定爲從二品。　王肅：人名。字恭懿，琅邪臨沂（今山東臨沂市）人。北魏官吏。見《北史》卷四二《王肅傳》。

[7]東觀：原指漢明帝時宫廷藏書、校書及著述處所。泛指宫中著書和藏書處所。

[8]縑（jiān）：雙絲的細絹。

[9]茅社：亦作"茆社"。天子分封諸侯，授之茅土，使之歸國立社。

[10]廣陽王：封爵名。廣陽，郡名。北魏時治燕樂縣，在今河北隆化縣。　嘉：即元嘉，人名。北魏宗室、大臣。見《北史》卷一六《廣陽王建附元嘉傳》。　諮議參軍：官名。西晋末司馬睿鎮東大將軍丞相府始置爲僚屬，掌顧問諫議。北朝時多稱諮議參軍事。北魏孝文帝太和二十三年定爲正四品至正六品上。

[11]矜伐：恃才誇功。

[12]張彝：人名。字慶賓，清河東武城（今山東武城縣西北）人。北魏官吏。見《北史》卷四三《張彝傳》。

[13]以白衣守諮議：以平民身份留任咨詢。

顯宗既失意，遇信向洛，乃爲五言詩贈御史中尉李彪，[1]以申憤結。二十三年卒。顯宗撰馮氏《燕志》《孝友傳》各十卷。景明初，[2]追赭陽勳，賜爵章武男。[3]子伯華襲。

[1]御史中尉：官名。十六國時前燕置。北魏時爲御史中丞改稱，主御史臺，頗重其選。孝文帝太和十七年定爲三品上，二十三年定爲從三品。

[2]景明：北魏宣武帝的年號（500—503）。

[3]章武男：封爵名。章武，縣名。治所在今河北黄驊市。

程駿字驎駒，本廣平曲安人也。[1]六世祖良，晋都水使者，[2]坐事流凉州。[3]祖父肇，吕光人部尚書。[4]

[1]廣平：郡名。北魏時治曲梁城，在今河北永年縣東南。曲安：縣名。治所在今河北曲周縣西北。

[2]都水使者：官名。西漢始設。掌管池沼灌溉，保守河渠，爲都水官之長。晋朝時爲四品。

[3]凉州：東晋時治姑臧縣，在今甘肅武威市。

[4]吕光：人名。字世明，略陽（今甘肅秦安縣東北）人，氐族。十六國時後凉建立者。見《晋書》卷一二二《吕光載記》。人部尚書：官名。即户部尚書。十六國後凉、後燕皆置，掌財賦户籍等。中華本校勘記云："《魏書》卷六〇《程駿傳》'人'作'民'。《北史》避唐諱改。"可從。

駿少孤貧，居喪以孝稱。師事劉延明，[1]性機敏好學，晝夜無倦。延明謂門人曰："舉一隅而以三隅反者，此子亞之也。"駿白延明曰："今名教之儒，咸謂老莊其言虚誕，不切實要，不可以經世。駿爲不然。[2]夫老子著抱一之言，莊生申性本之旨，若斯者，可謂至順矣。人若乖一，則煩僞生；爽性，則沖真喪。"延明曰："卿年尚幼，言若老成，美哉。"由是聲譽益播。沮渠牧犍擢爲東宫侍講。[3]

[1]劉延明：人名。即劉昞。字延明，燉煌（今甘肅敦煌市）人。十六國時北凉、北魏官吏。博通經史，善著作。見《北史》卷

三四《劉延明傳》。《魏書》卷四三《程駿傳》作“劉昞”。《北史》避唐高祖李昞諱，以字行。

[2]駿爲不然：中華本校勘記云：“《魏書》‘爲’上有‘意以’二字。不當删。”可從。

[3]沮渠牧犍：人名。一名茂虔，張掖臨松（今甘肅張掖市南）人。盧水胡人。十六國時北凉君主。見《北史》卷九三《沮渠蒙遜附沮渠牧犍傳》。

太延五年，[1]凉州平，遷于京師。爲司徒崔浩所知。[2]文成踐阼，爲著作郎。皇興中，[3]除高密太守。[4]尚書李敷奏駿實史才，[5]方申直筆，請留之。書奏，從之。獻文屢引駿與論《易》《老》義，[6]顧謂群臣曰："朕與此人言，意甚開暢。"問駿年，對曰："六十一。"帝曰："昔太公老而遭文王，卿今遇朕，豈非早也。"駿曰："臣雖才謝吕望，陛下尊過西伯。[7]覬天假餘年，竭《六韜》之效。"[8]

[1]太延：北魏太武帝的年號（435—440）。

[2]司徒：官名。漢哀帝時改丞相爲大司徒，漢光武帝時改名司徒，與太尉、司空並爲三公，分掌宰相職能，開府辟僚屬，有長史、令史等屬官。東漢末罷，改置丞相。三國魏時恢復三公制，改相國爲司徒，管理民政，一品。兩晋沿魏制，與丞相通職，爲名譽宰相，亦常參録朝政，然僅掌事務，政務仍歸尚書。北魏初曾令州郡公文先上司徒府，後改上丞相府。一品。　崔浩：人名。小名桃簡，字伯淵，《北史》避唐高祖李淵諱改爲伯深，清河東武城（今山東武城縣西北）人。北魏官吏。見《北史》卷二一《崔宏附崔浩傳》。

[3]皇興：北魏獻文帝的年號（467—471）。

[4]高密：郡名。北魏時治高密縣，在今山東高密市。

[5]李敷：人名。字景文，趙郡平棘（今河北定州市）人。北魏官吏。見《北史》卷三三《李順附李敷傳》。

[6]獻文：即北魏皇帝拓拔弘。獻文爲其謚號。

[7]西伯：即周文王姬昌。

[8]六韜：舊題西周吕望撰，應爲戰國時人託其名而輯。六卷。以問答形式論述先秦軍隊的編制、管理、訓練及軍事理論等。這裏指謀略。

延興末，[1]高麗王璉求納女於掖庭，[2]假駿散騎常侍，賜爵安豐男，[3]持節如高麗迎女。[4]駿至平壤城。[5]或勸璉曰："魏昔與燕婚，既而伐之，由行人具其夷嶮故也。今若送女，恐不異於馮氏。"[6]璉遂謬言女喪。駿與璉往復經年，責璉以義方。璉不勝其忿，遂斷駿從者酒食，欲逼辱之，憚而不敢害。會獻文崩，乃還。拜秘書令。

[1]延興：北魏孝文帝的年號（471—476）。

[2]高麗王：封爵名。高麗，國名。又作高句麗，其先出自夫餘，爲漢之玄菟郡，高句麗爲其三縣之一，因以爲國名。南北朝時遷都於今朝鮮平壤市。見《北史》卷九四《高麗傳》。　璉：即高璉，人名。高句麗第二十代國王。

[3]安豐男：封爵名。安豐，縣名。治所在今安徽霍邱縣東南。

[4]持節：自漢代起，節爲皇帝號令賞罰的信物，故持節比不持節位高權重，歷朝因之。西晉時，實際成爲一種加職，在使持節之下，假節之上。督軍時與使持節同，有權殺二千石以下，平時衹能殺無官位之人。

[5]平壤城：亦名長安城。在今朝鮮首都平壤市。

[6]馮氏：指北燕國。

初，遷神主于太廟，[1]有司奏：舊事，廟中執事官例皆賜爵，今宜依舊。詔百僚評議，群臣咸以爲宜依舊事。駿獨以爲不可，表曰："臣聞名器爲帝王所貴，[2]山河爲區夏之重，是以漢祖有約，非功不侯。未見預事於宗廟，而獲賞於疆土。雖復帝王制作，弗相沿襲，然一時恩澤，豈足爲長世之軌乎。"書奏，從之。文明太后謂群臣曰：[3]"言事，固當正直而準古典，安可依附暫時舊事乎！"賜駿衣一襲，帛二百匹。又詔曰："駿歷官清慎，言事每愜。門無挾貨之賓，室有懷道之士。可賜帛六百匹，旌其儉德。"駿悉散之親舊。

[1]神主：古代爲已死的君主、諸侯做的牌位，用木或石製成。

[2]名器：名號與車服儀制。

[3]文明太后：即文成帝拓跋濬皇后馮氏。文明爲其謚號。

性介直，不競時榮。太和九年正月病篤，遺命曰："吾存尚儉薄，豈可没爲奢厚哉。昔王孫裸葬，有感而然；[1]士安籧篨，頗亦矯厲。[2]可斂以時服，明器從古。"初駿病甚，孝文、文明太后遣使者更問其疾，敕侍御師徐謇診視，[3]賜以湯藥。臨終，詔以小子公稱爲中散，[4]從子靈虯爲著作佐郎。及卒，孝文、文明太后傷惜之。賜東園秘器、朝服一稱、帛三百匹，贈兖州刺史、曲安侯，[5]謚曰憲。所作文章，自有集録。

[1]王孫裸葬有感而然：西漢時楊王孫要求裸葬。王孫，即楊王孫，人名。漢武帝時人。學黄老之術，病終，令其子將其裸葬，具言要反樸歸真，厚葬無益。見《漢書》卷六七《楊王孫傳》。

[2]士安籧（qú）篨（chú）頗亦矯厲：西晋時皇甫謐用粗席子下葬。士安，即皇甫謐，人名。字士安，安定朝那（今甘肅靈臺縣）人。西晋文士。見《晋書》卷五一《皇甫謐傳》。籧篨，粗竹席。

[3]侍御師：官名。即御醫。皇帝的醫官。　徐謇：人名。字成伯，東莞縣祖籍（今山東沂水縣），後遷至丹陽（今安徽當塗縣東北）。北魏官吏。見《北史》卷九〇《徐謇傳》。

[4]小子：毛本、局本、四部備要本作“少子”。　中散：官名。北魏初置。爲内廷官，直宿禁中，隸屬幢將，無員限，無具體職掌，在皇帝左右參預機密，經常奉使出巡州鎮，考察地方官政績。皇帝出征時，隨從左右，管理御用兵器。中期以後，分設主文中散、奏事中散等。孝文帝太和十七年定爲五品中。

[5]東園秘器：官府制作的棺梓之類葬具。除皇室喪葬時使用外，亦賜與寵臣。　兖州：北魏孝文帝太和十八年改東兖州置，治瑕丘城，在今山東兖州市新驛鎮東頓村南。　曲安侯：封爵名。曲安，縣名。治所在今河北曲周縣西北。

李彪字道固，頓丘衛國人也，[1]孝文賜名焉。家寒微，少孤貧，有大志，好學不倦，初受業於長樂監伯陽，[2]伯陽稱美之。晚與漁陽高悦、北平陽尼等將隱名山，[3]不果而罷。悦兄閭博學高才，[4]家富典籍，彪遂於悦家手抄口誦，不暇寢食。既而還鄉里。平原王陸叡年將弱冠，[5]雅有志業。娶東徐州刺史博陵崔鑒女，[6]路由冀、相，[7]聞彪名而詣之，修師友之禮，稱之州郡，遂

舉孝廉，至京師，館而受業焉。高閭稱之朝貴，李沖禮之甚厚，彪深宗附之。

［1］頓丘：郡名。北魏時治頓丘縣，在今河南清豐縣西南。　衛國：縣名。治所在今河南清豐縣東南。

［2］長樂：郡名。北魏時治信都縣，在今河北冀州市。

［3］高悦：人名。高閭弟，學行名聲高於閭，早卒。見《北史》卷三四《高閭傳》。　北平：郡名。北魏時治新昌縣，在今河北盧龍縣。　陽尼：人名。字景文，北平無終（今天津薊縣）人。北魏官吏。見《北史》卷四七《陽尼傳》。

［4］閭：即高閭，人名。字閻士，漁陽雍奴（今天津武清區西北）人。北魏官吏。見《北史·高閭傳》。

［5］平原王：封爵名。平原，郡名。北魏道武帝皇始二年（397）占，屬冀州，治平原縣，在今山東平原縣西南。同時，太武帝時涇州亦置有平原郡，治陰槃縣，在今甘肅平涼市東。　陸叡：人名。字思弼，代（今山西大同市東北）人。北魏官吏。見《北史》卷二八《陸俟附陸叡傳》。

［6］東徐州：北魏時治下邳城，在今江蘇睢寧縣古邳鎮北側。　博陵：郡名。北魏時治安平縣，在今河北安平縣。　崔鑒：人名。字神具，博陵安平（今河北安平縣）人。北魏官吏。見《北史》卷三二《崔鑒傳》。

［7］相：州名。北魏時治鄴城，在今河北臨漳縣西南鄴鎮。

孝文初，爲中書教學博士。[1]後假散騎常侍、衛國子，[2]使於齊。遷秘書丞，[3]奏著作事。[4]自成帝已來，[5]至於太和，崔浩、高允著述國書，[6]編年序録爲《春秋》體，遺落時事。彪與祕書令高祐始奏從遷、固體，[7]創爲記、傳、表、誌之目焉。

[1]中書教學博士：官名。亦稱中書博士。北魏始置。選用博學之士擔任，教授中書學生。任職者升遷較易，多升爲中書省、門下省要職。

[2]假：官制用語。原是代理、兼攝之意。北魏孝文帝時假官成爲制度，但僅爲虛職。

[3]秘書丞：官名。漢獻帝時曹操爲魏公後置，員二人，輔佐秘書令典尚書奏事，職權甚重。三國魏文帝時，秘書長官改稱秘書監，專掌圖書典籍，設丞一員，負責典籍圖書的管理和整理校訂。兩晋南北朝時出任者多爲士族高門或僑姓高門，當時成爲“天下清官”，亦稱作“第一官”。北魏時多參領著作事，主修撰國史及起居注，並參與議定禮儀制度。孝文帝太和十七年定爲四品下，二十三年定爲五品上。

[4]奏：中華本校勘記云：“諸本‘参’作‘奏’，《魏書》卷六二、《通志》卷一四九《李彪傳》作‘参’。按‘奏’乃形似致訛，今據改”。今從改。

[5]成帝：即代國國君拓跋什翼犍。成爲其謚號，北魏道武帝拓跋珪所追謚。

[6]高允：人名。字伯恭，勃海蓨（今河北景縣）人。北魏官吏。見《北史》卷三一《高允傳》。

[7]高祐：人名。字子集，勃海蓨（今河北景縣）人。北魏官吏。見《北史》卷三一《高祐傳》。

彪又表上封事七條，曰：

古先哲王之爲制也，自天子以至公卿，下及抱關擊柝，[1]其宫室車服，各有差品，小不得僭大，賤不得踰貴。夫然，故上下序而人志定。今時浮華相競，情無常守，大爲消功之物，巨制費力之事，

豈不謬哉。夫消功者，錦繡彫文是也；費力者，廣宅高宇，壯制麗飾是也。其妨男業害女工者，可勝言哉！漢文時，賈誼上疏，[2]云今之王政可爲長太息者六，此即是其一也。

[1]柝（tuò）：巡夜打更用的梆子。底本、元大德本作“㭬”，宋本、毛本、四庫本、殿本、局本、四部備要本作“柝”。按：底本誤，今從改。

[2]賈誼：人名。雒陽（今河南洛陽市東北）人。西漢政論家、文學家。見《史記》卷八四《屈原賈生列傳》。

夫上之所好，下必從之。故越王好勇而士多輕死，楚王好瘠而國有飢人。今二聖躬行儉素，詔令殷勤，而百姓之奢猶未革者，豈楚、越之人易變如彼，大魏之士難化如此？此蓋朝制不宣，人未見德，使之然耳。臣愚以爲第宅車服，自百官以下至於庶人，宜爲其等制。使貴不逼賤，卑不僭高，不可以稱其侈意，用違經典。

其二曰：

《易》稱“主器者莫若長子”，[1]《傳》曰“太子奉冢嫡之粢盛”。[2]然則祭無主則宗廟無所饗，冢嫡廢則神器無所傳。聖賢知其如此，故垂誥以爲長世之法。[3]昔姬王得斯道也，[4]故恢崇儒術以訓世嫡，世嫡於是乎習成懿德，用大協於黎蒸。[5]是以世統黎元，載祀八百。逮嬴氏之君於秦也，弗以義方教厥冢子，冢子於是習成凶德，肆虐以臨黔首。

是以饗年不永，二世而亡。亡之與興，道在於師傅。故《禮》云：“冢子生，因舉以禮，使士負之，有司齊肅端冕，見于南郊。”[6]明冢嫡之重，見乎天也。“過闕則下，過廟則趨”，[7]明孝敬之道也。然古之太子，自爲赤子而教固以行矣。此則遠世之鏡也。高宗文成皇帝慨少時師不勤教，[8]嘗謂群臣曰：“朕始學之日，年尚幼沖，情未能專。既臨萬機，不遑温習。今而思之，豈非唯予之咎，抑亦師傅之不勤。”[9]尚書李訢免冠而謝。[10]此則近日之可鑒也。

[1]主器：古代國君的長子主宗廟祭器，因以稱太子爲主器。

[2]粢（zì）盛（chéng）：祭品。指盛在祭器内的黍稷等。

[3]垂誥：垂示告誡。

[4]姬王：指周文王姬昌。

[5]黎蒸：黎民，衆民。

[6]“故禮云”至“見于南郊”：源氏校勘記云：“《禮記大戴·保傅篇》‘冢’作‘太’。”

[7]過闕則下過廟則趨：過宫闕則恭謹而下之，過廟則碎步疾行之。語出賈誼《治安策》。

[8]高宗：即北魏皇帝拓拔濬。高宗爲其廟號。

[9]豈非唯予之咎抑亦師傅之不勤：南監本馮夢禎校勘記云：“‘豈非惟予之咎’《魏書》云‘豈惟予咎’。此增一字，文遂不通。”按《魏書》卷四六、本書卷二七《李訢傳》亦作‘豈惟予咎’。‘非’字衍文。”可從。毛本、局本作“抑師傅之不勤”，脱“亦”字。

[10]李訢：人名。字元盛，小名真奴，范陽（今河北涿州市）

人。北魏官吏。見《北史》卷二七《李訢傳》。

伏惟太皇太后翼贊高宗，訓成顯祖，[1]使巍巍之功，邈乎前王。陛下幼蒙鞠誨，聖敬日躋，及儲宫誕育，復親撫誥，日省月課，實勞神慮。今誠宜準古立師傅，以詔導太子。詔導正則太子正，太子正則皇家慶，皇家慶則人事幸甚矣。

[1]顯祖：即北魏皇帝拓拔弘。顯祖爲其廟號。

其三曰：

《記》云："國無三年之儲，謂國非其國。"光武以一畝不實，罪及牧守。[1]聖人之憂世重穀，殷勤如彼；明君之恤人勸農，相切若此。頃年山東饑，去歲京師儉，内外人庶，出入就豐，既廢營産，疲困乃加，又於國體，實有虚損。若先多積穀，安而給之，豈有驅督老弱，餬口千里之外。以今况古，誠可懼也。

[1]牧守：州郡的長官。

臣以爲宜析州郡常調九分之二，京都度支歲用之餘，各立官司。年豐糴積於倉，[1]時儉則加私之二，糶之於人。[2]如此，人必事田以買官絹，又務貯財以取官粟。年登則常積，歲凶則直給。又别立農官，取州郡户十分之一以爲屯人。相水陸之宜，

料頃畝之數，以贓贖雜物餘財市牛科給，令其肆力。[3]一夫之田，歲責六十斛，甄其正課并征戍雜役。行此二事，數年之中，則穀積而人足，雖災不害。

[1]糴（dí）：買進糧食。
[2]糶（tiào）：賣出糧食。
[3]令其肆力：局本作“又其肆力”，“令”訛作“又”。

臣又聞前代明王皆務懷遠人，禮賢引滯。故漢高過趙，[1]求樂毅之胄；[2]晋武廓定，[3]旌吴、蜀之彦。[4]臣謂宜於河表七州人中，擢其門才，引令赴闕，依中州官比，隨能序之。一可以廣聖朝均新舊之義，二可以懷江、漢歸有道之情。

[1]漢高：即漢高祖劉邦。高爲其謚號。
[2]樂毅：人名。子姓，樂氏，中山靈壽（今河北靈壽縣西北）人。戰國時期燕國名將。見《史記》卷八〇《樂毅列傳》。
[3]晋武：即西晋皇帝司馬炎。武爲其謚號。
[4]彦：有才德的人。

其四曰：

漢制，舊斷獄報重盡季冬，至孝章時改盡十月，[1]以育三微。[2]後歲旱，論者以十月斷獄，[3]陰氣微，陽氣泄，以故致旱。[4]事下公卿。尚書陳寵曰：[5]“冬至陽氣始萌，故十一月有射干芸荔之

應，[6]周以爲春。十二月陽氣上通，雉雊雞乳，殷以爲春。十三月陽氣已至，蟄蟲皆震，夏以爲春。三微成著，以通三統，[7]三統之月斷獄流血，是不稽天意也。”章帝善其言，卒以十月斷。

[1]孝章：即東漢皇帝劉炟。孝章爲其謚號。

[2]三微：即三正。夏以寅月爲正月，殷以丑月爲正月，周以子月爲正月，合稱三正。三正之始，萬物皆微，故又稱三微。

[3]以十月斷獄：底本作“以不十月斷獄”，中華本校勘記云：“諸本‘以’下有‘不’字，《魏書·李彪傳》無。按《漢書》卷七六《陳寵傳》，當時長水校尉賈宗等反對的是十月斷獄。‘不’字衍，今據删。”今從改。

[4]以故致旱：毛本作“之故致旱”，“以”訛作“之”。

[5]陳寵：人名。字昭公，沛國洨（今安徽固鎮）人。東漢官吏。見《後漢書》卷四六《陳寵傳》。

[6]射干：多年生草本植物，爲清熱解毒中藥。　芸：草本植物，可入藥。　荔：多年生草本植物，花種子可入藥。

[7]三統：夏、商、周三代的正朔。古時改朝换代，新王朝常重定正朔。正和朔分别爲一年和一月的開始。

今京都及四方斷獄報重，常竟季冬，不推三正以育三微。寬宥之情，每過於昔，遵之典憲，猶或闕然。今豈所謂助陽發生，垂奉微之仁也？誠宜遠稽周典，近採漢制，[1]天下斷獄起自初秋，盡於孟冬。不於三統之春，行斬絞之刑。如此則道協幽顯，仁垂後昆矣。

[1]近採漢制：毛本作“近採漢志”，“制”訛作“志”。

其五曰：

古者大臣有坐不廉而廢者，不謂之不廉，乃曰簠簋不飾。[1]此君之所以禮貴臣，不明言其過也。臣有大譴，則白冠氂纓盤水加劍，[2]造室而請死，[3]此臣之所以知罪而不敢逃刑也。聖朝賓遇大臣，禮崇古典，自太和以降，[4]有負罪當陷大辟者，多得歸第自盡。遣之日，深垂隱愍，言發悽淚，百官莫不見，四海莫不聞，誠足以感將死之心，慰戚屬之情。然恩發於衷，未著永制，此愚臣所以敢陳末見。

[1]簠（fǔ）簋（guǐ）不飾：盛放黍稷稻麥的兩種禮器不整潔，代指爲官不清正廉潔。

[2]白冠氂（máo）纓：用獸毛做纓的白帽。古代大夫犯五刑之罪，戴之以示有罪。　盤水加劍：漢代以後大臣自請處死的一種表示。後代亦演變爲皇帝賜有罪大臣的一種方式。元大德本作“盤水如劍”，“加”訛作“如”。

[3]造室而請死：《魏書》卷六二《李彪傳》作“造請室而請死”。按：未詳孰是。

[4]自太和以降：底本作“自太和降”，中華本校勘記云：“諸本脱‘以’字，據《魏書》《通志》補。”今從改。

昔漢文時，人有告丞相勃謀反者，[1]逮繫長安獄，頓辱之與皂隸同。賈誼乃上書，極陳君臣之義，不宜如是。夫貴臣者，天子爲其改容而體貌

之，吏人爲其俯伏而敬貴之。其有罪過，廢之可也，賜之死可也；若束縛之，輸之司寇，搒笞之，小吏詈罵之，殆非所以令衆庶見也。及將刑也，臣則北面再拜，跪而自裁。天子曰：子大夫自有過耳，吾遇子有禮矣。上不使人抑而刑之也。孝文深納其言。是後大臣有罪，皆自殺不受刑。至孝武時，稍復下獄。良由孝文行之當時，不爲永制故耳。今天下有道，庶人不議之時，安可陳瞽言於朝？且恐萬世之後，繼體之主有若漢武之事。焉得行恩當時，不著長世之制乎。

[1]勃：即周勃，人名。沛（今江蘇沛縣）人。秦末漢初的軍事家和政治家、西漢開國功臣。見《史記》卷五七《絳侯周勃世家》。

其六曰：

《孝經》稱父子之道天性，[1]蓋明一體而同氣，可共而不可離者也。及其有罪不相及者，乃君上之厚恩也。而無情之人，父兄繫獄，子弟無慘惕之容；子弟即刑，[2]父兄無愧恧之色。[3]宴安榮位，游從自若，車馬仍華，衣冠猶飾。寧是同體共氣，分憂均戚之理也？臣愚以爲父兄有犯，宜令子弟素服肉袒，[4]詣闕請罪；子弟有坐，宜令父兄露板引咎，[5]乞解所司。若職任必要，不宜許者，慰勉留之。如此，足以敦厲凡薄，使人知有所耻矣。

［1］孝經稱父子之道天性：中華本校勘記云："《魏書》此句下有'《書》云："孝乎，唯孝友于兄弟。"二經之旨'十四字。按下文皆父子兄弟並言，故引《書經》，兼及兄弟。《北史》删去，非。"可從。

［2］子弟即刑：《魏書》卷六二《李彪傳》作"子弟逃刑"。按：未詳孰是。

［3］愿：慚愧。

［4］肉袒：脱去上衣，裸露肢體。古人在祭祀或謝罪時以此表示恭敬或惶恐。

［5］露板：亦作"露版"，指奏章。因其不緘封，故稱。

其七曰：

《禮》云：臣有大喪，君三年不呼其門。此聖人緣情制禮，以終孝子之情也。周季陵夷，[1]喪禮稍亡，是以要絰即戎，[2]素冠作刺。逮乎虐秦，殆皆泯矣。[3]漢初，軍旅屢興，未能遵古。至宣帝時，[4]人當從軍屯者，遭大父母、父母死，未滿三月，皆弗徭役。其朝臣喪制，未有定聞。至後漢元初中，[5]大臣有重憂，始得去官終服。暨魏武、孫、劉之世，日尋干戈，前世禮制，復廢不行。晉時鴻臚鄭默喪親，[6]固請終服，武帝感其孝誠，遂著令以爲常。

［1］陵夷：由盛到衰。

［2］要（yāo）絰（dié）：腰繫麻帶。指服喪禮期間。

［3］殆皆泯矣：毛本作"始皆泯矣"，"殆"訛作"始"。

［4］宣帝：即西漢皇帝劉詢。宣爲其謚號。

[5]元初：東漢安帝的年號（114—120）。

[6]鴻臚：官名。即大鴻臚卿，亦稱鴻臚寺卿。秦朝時稱典客，爲九卿之一。漢景帝時改名大行令，武帝時始稱大鴻臚。掌少數民族君長、諸侯王、列侯的迎送、接待、安排朝會、封授、襲爵及奪爵削土之典禮；諸侯王去世，則奉詔護理喪事；兼管京師之郡國邸舍及郡國上計吏之接待。西晉沿置，職掌略同，三品。 鄭默：人名。字思元，滎陽開封（今河南開封市）人。三國魏、西晉官吏。見《晉書》卷四四《鄭袤附鄭默傳》。

聖魏之初，撥亂反正，未遑建終喪之制。今四方無虞，百姓安逸，誠是孝慈道洽，禮教興行之日也。然愚臣所懷，竊有未盡。伏見朝臣丁大憂者，[1]假滿赴職，衣錦乘軒，從郊廟之祀；鳴玉垂緌，同節慶之醮。傷人子之道，虧天地之經。愚謂如有遭父母喪者，[2]皆得終服。若無其人有曠官者，[3]則優旨慰喻，起令視事。但綜理所司，出納敷奏而已，國之吉慶，一令無預。其軍戎之警，墨縗從役，[4]雖愆於禮，事所宜行也。

[1]丁大憂：遭遇父母的喪事。

[2]父母：中華本校勘記云："《魏書》'父母'上有'大父母'。按上文云：'遭大父母、父母死，未滿三月，皆弗徭役。'這裏當脱'大父母'三字。"可從。

[3]若無其人有曠官者：《魏書》卷六二《李彪傳》作"若無其人有曠庶官者"。按：未詳孰是。

[4]墨縗（cuī）：黑色喪服。古禮，喪服用白，如因軍國重事不能在家服喪，則服黑以代喪服。

帝覽而善之，尋皆施行。

彪稍見禮遇。詔曰："彪雖宿非清第，[1]代闕華資，[2]然識性嚴聰，學博墳籍，剛辯之才，頗堪時用。兼優吏職，載宣朝美，若不賞庸敘績，將何以勸獎勤能。特遷秘書令。"以參議律令之勤，賜帛五百匹，馬一匹、牛二頭。

[1]清第：顯貴之家。

[2]華資：顯貴的地位或聲望。

其年，加員外散騎常侍，[1]使於齊。齊遣其主客郎劉繪接對，[2]并設讌樂。彪辭樂。及坐，彪曰："向辭樂者，卿或未相體。[3]我皇孝性自天，追慕罔極，故有今者喪除之議。去三月晦，朝臣始除縗裳，猶以素服從事。裴、謝在北，[4]固應具此。今辭樂，想卿無怪。"繪答言："請問魏朝喪禮竟何所依？"彪曰："高宗三年，孝文踰月。今聖上追鞠育之深恩，感慈訓之厚德，報於殷、漢之間，可謂得禮之變。"繪復問："若欲遵古，何不終三年？"彪曰："萬機不可久曠，故割至慕，俯從群議。服變不異三年，而限同一期，可謂失禮？"[5]繪言："汰哉叔氏，專以禮許人。"彪曰："聖朝自爲曠代之制，何關許人。"繪言："百官總己聽於冢宰，萬機何慮於曠？"彪曰："五帝之臣，臣不若君，故君親攬其事。三王君臣智等，故共理機務。主上親攬，蓋遠軌軒、唐。"

[1]員外散騎常侍：官名。三國魏末置，初爲正員之外添差之

散騎常侍，無員數，後成定員官。兩晋、南朝、北魏、北齊沿置。屬散騎省（東省、集書省），初多以公族、宗室充任，雖是閑職，仍爲顯官。北魏孝文帝太和十七年定爲從三品上，二十三年定爲五品上。

[2]主客郎：官名。尚書省主客曹長官通稱。掌接待諸蕃雜客等事務。西晋有南北左右主客郎。東晋省并爲一主客郎，六品。後世多沿置，南朝齊時六品。　劉繪：人名。字士章，彭城（今江蘇徐州市）人。南朝齊官吏。見《南齊書》卷四八《劉繪傳》。

[3]卿或未相體：殿本、局本、四部備要本作“或卿未相體”，意不通，倒誤。

[4]裴、謝：指當時名門大族裴氏和謝氏。

[5]可謂失禮：中華本校勘記云：“《魏書》《通志》作‘可謂亡禮之禮’。按李彪是説孝文知道變通，雖與禮制不合，但不違背禮的精神，故云：‘亡禮之禮。’《魏書》是。”可從。

彪將還，齊主親謂彪曰：“卿前使還日，賦阮詩云：[1]‘但願長閑暇，後歲復來游。’果如今日。卿此還也，復有來理否?”彪答：“請重賦阮詩曰：‘宴衎清都中，一去永矣哉。’”齊主憫然曰：[2]“清都可爾，一去何事！觀卿此言，似成長闊。朕當以殊禮相送。”遂親至琅邪城，[3]登山臨水，命群臣賦詩以送別。其見重如此。彪前後六度銜命，南人奇其謇博。[4]

[1]阮：即阮籍，人名。字嗣宗，陳留尉氏（今河南尉氏縣）人。三國魏名士、文學家。爲“竹林七賢”之一。見《三國志》卷二一《魏書·王粲附阮籍傳》。

[2]憫然：毛本作“謂然”，意不通，誤。

[3]琅邪城：地名。在南琅邪郡，治白下，在今江蘇南京市秦

淮區。

[4]謇（jiǎn）：剛直。

後爲御史中尉，領著作郎。彪既爲孝文所寵，性又剛直，遂多劾糾，遠近畏之，豪右屏氣。帝常呼爲李生，從容謂群臣曰："吾之有李生，猶漢之有汲黯。"[1]後除散騎常侍，領御史中尉，解著作事。帝宴群臣於流化池，[2]謂僕射李沖曰："崔光之博，李彪之直，是我國得賢之基。"

[1]汲黯：人名。字長孺，濮陽（今河南濮陽市西南）人。西漢大臣。好直諫廷争，嘗面説武帝。見《史記》卷一二〇《汲鄭列傳》。

[2]流化池：苑池名。在今河南洛陽市西。

車駕南伐，[1]彪兼度支尚書，[2]與僕射李沖、任城王澄等參理留臺事。[3]彪素性剛豪，與沖等意議乖異，遂形於聲色，殊無降下之心。沖積其前後罪過，乃於尚書省禁止彪，上表曰：

[1]車駕南伐：殿本、四庫本、四部備要本作"車駕南征"。

[2]度支尚書：官名。魏晋南北朝至隋初爲尚書省度支曹長官。統管度支、户部、金部、倉部四曹，掌軍國財賦的收支會計及漕運物價屯田之政令。北魏孝文帝太和十七年定爲二品中，二十三年定爲三品。

[3]任城王：封爵名。任城，郡名。北魏時治任城縣，在今山東濟寧市。　澄：即元澄，人名。字道鏡，鮮卑族。北魏宗室。見

《北史》卷一八《任城王雲附元澄傳》。 留臺：即留守。皇帝出巡親征時指定大臣或親信留守京城，得便宜行事。

案臣彪昔於凡品，特以才拔，等望清華，司文東觀，綢繆恩眷，繩直憲臺，左加金璫，右珥蟬冕。東省。[1]宜感恩厲節，忠以報德。而竊名忝職，身爲違傲，矜勢高亢，公行僭逸。坐與禁省，冒取官材，輒駕乘黄，無所憚懼。肆志傲然，愚聾視聽。此而可忍，誰不可懷。臣今請以見事免彪所居職，付廷尉獄。

沖又表曰：

[1]左加金璫右珥蟬冕東省：底本無“左”字，南監本馮夢禎校勘記云：“《魏書》‘東省’上注有闕文。”中華本校勘記云：“各本脱‘左’字，南本空一格，據《魏書》補。又《魏書》‘東省’上注‘闕’。按文理不可通，當有脱文。”今從改。金璫，漢朝時侍中、中常侍的冠飾。璫當冠前，以黄金爲之，故名。蟬冕，即蟬冠。古代侍從官所戴之冠。

臣與彪相識以來，垂二十載，彪始南使之時，見其色厲辭辯，臣之愚識，謂是拔萃之一人。及彪官位升達，參與言宴，聞彪平章古今，商略人物，興言於侍筵之次，啓論於衆英之中，賞忠識正，發言懇惻，惟直是語，辭無隱避。臣雖下愚，輒亦欽其正直。及其始居司直，執志徑行，其所彈劾，應弦而倒。赫赫之威，振於下國，肅肅之稱，著自京

師，天下改目，貪暴斂手。[1]然時有私於臣云其威暴者，臣以直繩之官，人所忌疾，風謗之際，易生音謡，心不承信。

[1]斂：底本、元大德本作“檢”，宋本、毛本、殿本、四庫本、局本、四部備要本作“斂”。按：底本誤，今從改。

往年以河陽事，[1]曾與彪在領軍府共太尉、司空及領軍諸卿等集閲廷尉所問囚徒。[2]時有人訴枉者，二公及臣少欲聽採。語理未盡，彪便振怒，東坐攘袂揮赫，[3]口稱賊奴，叱吒左右，高聲大呼曰：“南臺中取我木手去，[4]搭奴肋折！”雖有此言，終竟不取。即言：“南臺所問，唯恐枉活，終無枉死。”時諸人以所枉至重，有首實者多，又心難彪，遂各默爾。因緣此事，臣遂心疑有濫。知其威虐。猶謂益多損少，故不以申徹，實失爲臣知無不聞之義。

[1]河陽：城名。在今河南孟州市西南黄河北岸。

[2]領軍府：官署名。即中領軍或領軍將軍的官府。統率中軍禁兵。　太尉：官名。北魏時爲名譽宰相，多爲大臣加官。一品。

[3]語理未盡彪便振怒東坐攘袂揮赫：按：高振鐸《〈魏書〉點校商榷二十九例》（《古籍整理研究學刊》1999年第5期）第12條指出，此句標點應當爲“語理未盡，彪便振怒東坐，攘袂揮赫”。可從。攘袂，捋起衣袖。揮赫，盛怒貌。

[4]南臺：即御史臺。以其位於宫廷之南而名。

及去年大駕南行以來，彪兼尚書，日夕共事，始乃知其言與行舛，是己非人，專恣無忌，尊身忽物。臣與任城卑躬曲己，其所欲者無不屈從。[1]依事求實，悉有成驗。如臣列得實，宜亟投彪於有北，[2]以除姦矯之亂政。如臣列無證，宜放臣於四裔，以息青蠅之白黑。[3]

[1]其所欲者無不屈從：毛本作“其所爲者無不屈從”。按：“其所欲者無不屈從”意爲對李彪所要求的事無不屈從。毛本“欲”訛作“爲”。

[2]宜亟投彪於有北：毛本作“宜亟投彪於有一”，“北”訛作“一”。有北，北方寒冷荒涼的地區。

[3]青蠅：蒼蠅。喻指饞佞。典出《詩·小雅·青蠅》。

帝在懸瓠，[1]覽表歎愕曰：“何意留京如此也！”有司處彪大辟，帝恕之，除名而已。

[1]懸瓠：城名。在今河南汝南縣。

彪尋歸本鄉。帝北幸鄴，彪野服稱草茅臣，拜迎鄴南。帝曰：“朕以卿爲已死。”彪對曰：“子在，回何敢死。”[1]帝悦，因謂曰：“朕期卿每以貞松爲志，歲寒爲心，卿應報國，盡心爲用，近見彈文，殊乖所以。卿罹此譴，爲朕與卿？爲宰事？[2]爲卿自取？”彪曰：“臣愆由己至，罪自身招，實非陛下横與臣罪，又非宰事無辜濫臣。臣罪既如此，宜伏東皋之下，[3]不應遠點屬車之

清塵。但伏承聖躬不豫，臣肝膽塗地，是以敢至，非謝罪而來。”帝曰：“朕欲用卿，憶李僕射不得。”帝尋納宋弁之言，[4]將復採用。會留臺表至，言彪與御史賈尚往窮庶人恂事，[5]理有誣抑，奏請收彪。彪自言事枉，帝明彪無此，遣左右慰勉之，聽以牛車散載，送之洛陽。會赦得免。

[1]子在回何敢死：顏回對孔子説，夫子還活著，我怎麽敢死呢？表達師生之間的真摯情感。語出《論語·先進》。

[2]爲宰事：《魏書》卷六二《李彪傳》作“爲宰事與卿”。按：未詳孰是。

[3]東皋：田野的泛稱。

[4]宋弁：人名。字義和，西河介休（今山西介休市）人。北魏官吏。見《北史》卷二六《宋隱附宋弁傳》。

[5]賈尚：人名。北魏孝文帝時爲侍御史，太和二十二年以扣壓太子元恂手書事而繫廷尉，後暴病死。　恂：即元恂，人名。字元道。孝文帝太子，後被廢。見《北史》卷一九《廢太子恂傳》。

宣武踐阼，[1]彪自託於王肅，又與郭祚、崔光、劉芳、甄琛、邢巒等詩書往來，[2]迭相稱重。因論求復舊職，脩史官之事，肅等許爲左右。彪乃表曰：

[1]宣武：即北魏皇帝元恪。宣武爲其謚號。

[2]郭祚：人名。字季祐，太原晋陽（今山西太原市晋源區古城營村一帶）人。北魏官吏。見《北史》卷四三《郭祚傳》。　劉芳：人名。字伯支，彭城（今江蘇徐州市）人。北魏官吏。見《北史》卷四二《劉芳傳》。　邢巒：人名。字洪賓，河間鄚（今

河北任丘市北）人。北魏官吏。見《北史》卷四三《邢巒傳》。

惟我皇魏之奄有中華也，歲越百齡，年幾十紀，史官叙録，未充其盛。加以東觀中圮，[1]册勳有闕，美隨日落，善因月稀。故諺曰："一日不書，百事荒蕪。"至于太和之十一年，[2]先帝、先后召名儒博達之士，以充麟閣之選。[3]于時忘臣衆短，采臣片志，令臣出納，授臣丞職，猥屬斯事，無所與讓。高祖時詔臣曰："平爾雅志，正爾筆端，書而不法，後世何觀。"[4]臣奉以周旋，不敢失墜。

[1]中圮（pǐ）：中途衰敗。

[2]十一年：毛本作"十六年"，殿本、四庫本、局本、四部備要本作"十一月"。按："太和"是年號，後不應直接加月份。"十六年"與"十一年"未詳孰是。

[3]麟閣：西漢時爲蕭何所造，藏圖書秘籍。後亦指儲賢才之地。

[4]後世何觀：四庫本作"後世無觀"。按："後世無觀"是否定，"後世何觀"是反問，語氣更强，在此處更符合文意。

伏惟孝文皇帝承天地之寶，崇祖宗之業，景功未就，奄焉崩殂，凡百黎萌，[1]若無天地。賴遇陛下體明叡之真，應保合之量，恢大明以燭物，履静恭以和邦，天清其氣，地樂其静，可謂重明疊聖，元首康哉。《記》曰："善迹者欲人繼其行，善歌者欲人繼其聲。"故《傳》曰："文王基之，周公成之。"然先皇之茂勳聖達，今王之懿美洞鑒，準之

前代，其德靡悔也。[2]時哉時哉，可不光昭哉！合德二儀者，先皇之陶鈞也；齊明日月者，先皇之洞照也；慮周四時者，先皇之茂功也；合契鬼神者，先皇之玄燭也；遷都改邑者，先皇之達也；變是協和者，先皇之鑒也；思同書軌者，先皇之遠也；守在四夷者，先皇之略也；海外有截者，先皇之威也；禮由岐陽者，[3]先皇之義也；張樂岱郊者，先皇之仁也；鑾幸幽漠者，先皇之智也；燮伐南荆者，[4]先皇之禮也；升中告成者，先皇之肅也；親虔宗社者，[5]先皇之敬也；衮實無闕者，先皇之德也；開物成務者，先皇之貞也；觀乎人文者，先皇之藴也；革弊創新者，先皇之志也；孝慈道洽者，先皇之衷也。先皇有大功二十，加以謙尊而光，爲而弗有者，可謂四三皇而六五帝矣。[6]誠宜功書於竹素，聲播於金石。

[1]凡百黎萌：毛本、殿本、四庫本、局本、四部備要本作“凡百黎民”。按：“黎民”與“黎萌”意義相通。

[2]其德靡悔也：《魏書》卷六二《李彪傳》作“其聽靡悔也”。按：未詳孰是。

[3]禮由岐陽者：源氏校勘記云：“‘由’《魏書》作‘田’。”岐陽，地名。在今陝西岐山縣東北岐陽村。此處代指周禮。

[4]燮伐：協同征伐。

[5]親虔宗社者：局本作“親度宗社者”，“虔”訛作“度”。

[6]四三皇：毛本、殿本、四庫本、四部備要本作“四三王”。

臣竊謂史官之達者，大則與日月齊其明，小則與四時並其茂，故能聲流無窮，義昭來裔。是以金石可滅，而風流不泯者，其唯載籍乎。諺曰："相門有相，將門有將。"斯不唯其性，蓋言習之所得也。竊謂天文之官，太史之職，如有其人，宜其世矣。是以談、遷世事而功立，彪、固世事而名成，此乃前鑒之軌轍，後鏡之蓍龜也。[1]然前代史官之不終業者，皆陵遲之世，[2]不能容善。是以平子去史而成賦，[3]伯喈違閣而就志。[4]近僭晋之世，有佐郎王隱，[5]爲著作虞預所毁，[6]亡官在家，晝則樵薪供爨，[7]夜則觀文屬綴，[8]集成《晋書》，存一代之事。司馬紹敕尚書唯給筆札而已。[9]國之大籍，成於私家，末世之弊，乃至如此。此史官之不遇時也。

[1]蓍龜：借鑒。

[2]陵遲：衰落、衰敗。

[3]平子：即張衡，人名。字平子，南陽西鄂（今河南南陽市）人。東漢天文學家、地理學家、文學家。見《後漢書》卷五九《張衡傳》。

[4]伯喈：即蔡邕，人名。字伯喈，陳留圉（今河南杞縣）人。東漢文學家、書法家。見《後漢書》卷六〇下《蔡邕傳》。

[5]佐郎：官名。即著作佐郎。　王隱：人名。字處叔，陳郡陳（今河南淮陽縣）人。西晋官吏。曾撰《晋書》。見《晋書》卷八二《王隱傳》。

[6]虞預：人名。字叔寧，會稽餘姚（今浙江餘姚市）人。東晋官吏。著有《晋書》《會稽典録》《諸虞傳》等。見《晋書》卷

八二《虞預傳》。

[7]爨（cuàn）：燒火煮飯。

[8]屬（zhǔ）綴：指編寫著作。

[9]司馬紹：人名。即晋明帝。字道畿。元帝司馬睿長子。見《晋書》卷六《明帝紀》。

今大魏之史，職則身貴，禄則親榮，優哉游哉，式穀令尒休矣！[1]而典弗恢者，其有以也。而故著作漁陽傅毗、北平陽尼、河間邢産、廣平宋弁、昌黎韓顯宗並以文才見舉，[2]注述是同，並登年不永，弗終茂績。前著作程靈虬同時應舉，[3]共掌此務，今徙他職，官非所司。唯著作崔光一人，雖不移任，然侍官兩兼，故載述致闕。

[1]式穀令：中華本校勘記云："《魏書》無'令'字，疑是涉'尒'字形似而衍。"可從。式穀，請賜以福禄。

[2]河間：郡名。北魏時治武垣縣，在今河北河間市南。　邢産：人名。字神寶，河間鄚（今河北任丘市北）人。北魏官吏。見《北史》卷四三《邢巒附邢産傳》。

[3]同時應舉：殿本、四庫本、四部備要本作"時同應舉"。

臣聞載籍之興，由於人業，雅頌垂薦，起於德美。昔史談誡其子遷曰："當世有美而不書，汝之罪也。"是以久而見美。孔明在蜀，不以史官留意，是以久而受譏。《書》稱"無曠庶官"，《詩》有"職思其憂"，臣雖今非所司，然昔忝斯任，故不以草茅自疏，敢言及於此。語曰："患爲之者不必知，

知之者不得爲。”臣誠不知，强欲爲之耳。竊尋先朝賜臣名彪者，遠則擬《漢史》之叔皮，[1]近則準《晋史》之紹統，[2]推名求義，欲罷不能。今求都下乞一静處，綜理國籍，以終前志，官給事力，以充所須。雖不能光啓大録，庶不爲飽食終日耳。近則期月可就，遠則三年有成，正本藴之麟閣，副貳藏之名山。

[1]叔皮：即班彪，人名。字叔皮，扶風安陵（今陝西咸陽市東北）人。東漢史學家。見《後漢書》卷四〇上《班彪傳》。

[2]紹統：即司馬彪，人名。字紹統，河内温（今河南温縣）人。西晋史學家。見《晋書》卷八二《司馬彪傳》。

時司空北海王詳、尚書令王肅許之。[1]肅以其無禄，頗相賑餉。遂在秘書省，同王隱故事，白衣脩史。

[1]北海王：封爵名。北海，郡名。北魏時治平壽城，在今山東昌樂縣東南。　詳：即元詳，人名。字季豫。北魏宗室。見《北史》卷一九《北海王詳傳》。

宣武親政，崔光表曰：“臣昔爲彪所致，與之同業積年，其志力貞强，考述無倦。頃來契闊，多所廢離，近蒙收起，還綜厥事。老而彌厲，史才日新。若克復舊職，專功不殆，必能昭明《春秋》，闡成皇籍。既先帝厚委，宿歷高班，纖負微愆，應從滌洗。愚謂宜申以常伯，[1]正綰著作。”宣武不許。詔彪兼通直散騎常侍、行

汾州事,[2]非彪好也,固請不行。卒於洛陽。

[1]常伯:皇帝近臣泛稱。秦漢以後,常作爲侍中的别稱。
[2]汾州:北魏時治蒲子城,在今山西隰縣。

始彪爲中尉,號爲嚴酷,以姦款難得,乃爲木手擊其脅腋,氣絶而復屬者時有焉。又慰喻汾州叛胡,[1]得其凶渠,皆鞭面殺之。及彪病,體上往往瘡潰,[2]痛毒備極。贈汾州刺史,謚曰剛憲。彪在秘書歲餘,史業竟未及就,然區分書體,皆彪之功。述《春秋三傳》,合成十卷。其餘著詩頌賦誄章表别有集。

[1]叛胡:四庫本作"叛故","胡"訛作"故"。
[2]體上往往瘡潰:殿本、四庫本、四部備要本作"體上往往創潰"。按:"瘡潰"指皮膚上腫爛潰瘍的病。"創潰"在此意不通,"瘡"訛作"創"。

彪雖與宋弁結管、鮑交,[1]弁爲大中正,與孝文私議,猶以寒地處之,殊不欲微相優假。彪亦知之,不以爲恨。弁卒,彪痛之無已,爲之哀誄,[2]備盡辛酸。郭祚爲吏部,彪爲子志求官,祚仍以舊第處之。彪以位經常伯,又兼尚書,謂祚應以貴游拔之,深用忿怨,形於言色。時論以此非祚。祚每曰:"爾與義和至友,[3]豈能饒爾而怨我乎。"任城王澄與彪先亦不穆,[4]及爲雍州,[5]彪詣澄,爲志求其府僚。澄釋然爲啓,得爲列曹行參軍,[6]時稱澄之美。

[1]管、鮑：即鮑叔牙與管仲。鮑叔牙事公子小白，管仲事公子糾。及小白立爲桓公，鮑叔牙遂進管仲相桓公，成霸業。管仲嘗説："生我者父母，知我者鮑子也"。故後世言人之相知，必稱管鮑。見《史記》卷六二《管晏列傳》。

[2]哀誄（lěi）：哀悼逝者的文章。

[3]義和：即宋弁。

[4]不穆：四庫本作"不睦"。

[5]雍州：北魏時治長安縣，在今陝西西安市西北。

[6]列曹行參軍：官名。北魏時公府、將軍府、州府僚屬，爲列曹長官，皆冠以曹名。七品上至九品。

志字鴻道。博學有才幹，年十餘，便能屬文。彪奇之，謂崔鴻曰：[1]"子宜與鴻道爲二鴻於洛陽。"鴻遂與交款往來。

[1]崔鴻：人名。字彦鸞，東清河鄃（今山東淄博市）人。撰有《十六國春秋》。見《北史》卷四四《崔光附崔鴻傳》。

彪有女，幼而聰令，彪每奇之，教之書學，讀誦經傳。嘗竊謂所親曰："此當興我家，卿曹容得其力。"[1]彪亡後，宣武聞其名，召爲婕妤。[2]在官常教帝妹書，誦授經史。始彪奇志及婕妤，特加器愛，公私坐集，必自稱詠，由是孝文所貴。[3]及彪亡後，婕妤果入掖廷，後宫咸師宗之。宣武崩後，爲比丘尼，通習經義，法座講説，[4]諸僧歎重之。

[1]卿曹：你們。

[2]婕妤：妃嬪名號。位視上卿，比列侯。

[3]由是孝文所貴：中華本校勘記云："《魏書》'貴'作'責'，疑是。"可從。

[4]法座講説：底本、元大德本脱"座"字，意不通，今從改。

志歷官所在著績。桓叔興外叛，[1]南荆荒毁，[2]領軍元叉舉其才任撫導，擢爲南荆州刺史。建義初，叛入梁。

[1]桓叔興：人名。譙國龍亢（今安徽懷遠縣西北）人。因招撫一萬餘户大陽蠻人歸附北魏有功。多次與南朝梁軍交鋒，後降梁。見《北史》卷九五《蠻傳》。

[2]南荆：州名。北魏時治安昌城，在今河南信陽市西北安昌故城。

志弟游，有才行。隨兄志在南荆州，屬尒朱之亂，與志俱奔江左。子昶。

昶小名那。性峻急，不雜交游。幼年已解屬文，有聲洛下。時洛陽初置明堂，昶年十數歲，爲《明堂賦》，雖優洽未足，才制可觀。見者咸曰有家風也。初謁周文，[1]周文深奇之，厚加資給，令入太學。周文每見學生，必問才行於昶。昶神情清悟，應對明辯，周文每稱歎之。綏德公陸通盛選僚宷，[2]請以昶爲司馬，[3]周文許之。昶雖年少，通特加接待，公私之事，咸取決焉。又兼二千石郎中，典儀注。累遷都官郎中、相州大中正。[4]昶雖處郎官，周文恒欲以書記委之，於是以爲丞

相府記室參軍、著作郎、修國史，[5]轉大行臺郎中、中書侍郎，[6]又轉黄門侍郎，封臨黄縣伯。[7]嘗謂曰："卿祖昔在中朝，爲御史中尉，卿操尚貞固，理應不墜家風。但孤以中尉彈劾之官，愛憎所在，故未即授卿耳。然此職久曠，無以易卿。"乃奏昶爲御史中尉，賜姓宇文氏。

[1]周文：即宇文泰。文爲其謚號，北周閔帝宇文覺所追謚。

[2]綏德公：封爵名。綏德，郡名。西魏時治綏德縣，在今陝西清澗縣西北。　陸通：人名。字仲明，吴郡（今江蘇蘇州市）人。北魏、西魏、北周官吏。見《北史》卷六九《陸通傳》。　僚寀（cǎi）：同僚。

[3]司馬：官名。北周時爲軍府高級幕僚，掌參軍贊務，管理府内武職，位僅次於長史，其品秩隨府主而定，高低不等。

[4]都官郎中：官名。爲尚書省都官曹長官。掌刑獄，亦佐督軍事。北魏孝文帝太和十七年定郎中爲五品上，郎從五品中；二十三年皆稱郎中，六品。西魏沿置。

[5]丞相府記室參軍：官名。丞相府僚屬，掌文書表奏。

[6]大行臺郎中：官名。北魏、東魏和西魏皆置。屬大行臺，如分曹理事，則冠以曹名。北魏末及東、西魏時權力很大，且可加或兼其他較高官職。

[7]臨黄縣伯：封爵名。臨黄，縣名。治所在今河南范縣西南。

六官建，拜内史下大夫，[1]進爵爲侯。明帝初，行御伯中大夫。[2]武成元年，[3]除中外府司録。[4]保定初，[5]進驃騎大將軍、開府儀同三司，轉御正中大夫。[6]時以近侍清要，盛選國華，乃以昶及安昌公元則、中都公陸

逞、臨淄公唐瑾等並爲納言。[7]尋進爵爲公。五年，出爲昌州刺史，[8]在州遇疾，求入朝，詔許之。未至京，卒，贈相、瀛二州刺史。[9]

[1]内史下大夫：官名。又稱小内史下大夫、内史次大夫。西魏恭帝三年（556）置。爲春官府内史司次官，輔助内史中大夫掌管綸誥，並參議刑罰爵賞及軍國大事。正四命。

[2]御伯中大夫：官名。西魏恭帝三年置。天官府屬官，掌侍從皇帝，拾遺應對。員二人，正五命。北周武帝保定四年改爲納言中大夫。

[3]武成：北周明帝的年號（559—560）。

[4]中外府司録：官名。都督中外諸軍事府司録的省稱。西魏、北周時隨府而設，掌録一府之事。

[5]保定：北周武帝的年號（561—565）。

[6]御正中大夫：官名。西魏恭帝三年置，北周沿置。天官府御正司長官，負責宣傳詔命，參議刑罰爵賞及軍國大事，皇帝詔書須由其連署。正五命。

[7]安昌公：封爵名。安昌，縣名。治所在今河南確山縣西南。　元則：人名。字孝規。北魏宗室。見《北史》卷一七《汝陰王天賜附元則傳》。　中都公：封爵名。中都，縣名。治所在今山西晋中市榆次區。　陸逞：人名。字季明，初名彦，字世雄，吴郡（今江蘇蘇州市）人。西魏、北周大臣。見《北史》卷六九《陸通附陸逞傳》。　臨淄公：封爵名。臨淄，縣名。治所在今山東淄博市。　唐瑾：人名。字附璘，北海平壽（今山東昌樂縣東南）人。北周官吏。見《北史》卷六七《唐永附唐瑾傳》。　納言：官名。北周武帝時由御伯改名，設中大夫、下大夫、上士、中士，掌出納帝命，爲樞要近侍之臣。隸天官府。

[8]昌州：北周時治棗陽縣，在今湖北棗陽市。

[9]瀛：州名。北周時治趙軍都城，在今河北河間市。

昶，周文世已當樞要，兵馬處分專以委之，詔册文筆皆昶所作也。及晋公護執政，[1]委任如舊。昶常曰："文章之事，不足流於後世，經邦致化，庶及古人。"故所作文筆，了無藁草，[2]唯留心政事而已。又以父在江南，身寓關右，自少及終不飲酒聽樂，時論以此稱焉。子丹嗣。

[1]護：即宇文護，人名。字薩保，代郡武川（今内蒙古武川縣西）人。北周宗室、權臣。見《北史》卷五七《邵惠公顥附宇文護傳》。

[2]藁草：草稿。

高道悦字文欣，遼東新昌人也。[1]曾祖策，馮跋散騎常侍、新昌侯。[2]祖育，馮弘建德令，[3]太武東討，[4]率部歸命，[5]授建忠將軍、齊郡建德二郡太守，[6]賜爵肥如子。[7]父玄起，武邑太守，[8]遂居勃海蓨縣。[9]

[1]遼東：郡名。西晋時治襄平縣，在今遼寧遼陽市。　新昌：縣名。治所在今遼寧海城市東北。

[2]馮跋：人名。字文起，小名乞直伐（一作"乞直代"），長樂信都（今河北冀州市）人。十六國時北燕君主。見《北史》卷九三《馮跋傳》。

[3]馮弘：人名。字文通，長樂信都（今河北冀州市）人，馮跋少弟。十六國時北燕君主。見《北史》卷九三《馮跋附馮弘傳》。　建德：縣名。治所在今遼寧喀喇沁左翼蒙古自治縣西南。

[4]太武：即北魏皇帝拓跋燾。太武爲其謚號。

[5]率部歸命：殿本、四部備要本作"率部歸令"。

[6]建忠將軍：官名。三國魏始置。爲獎勵功高勳重之官的加官，無具體職權。北魏孝文帝太和十七年定爲從三品下，二十三年定爲四品。　齊郡：北魏時治臨淄縣，在今山東淄博市東北。

[7]肥如子：封爵名。肥如，縣名。治所在今河北盧龍縣北。

[8]武邑：郡名。北魏時治武强縣，在今河北武强縣西南舊城。

[9]勃海：郡名。北魏時屬冀州，初治南皮縣，在今河北南皮縣東北，後移治東光縣，在今河北東光縣。　蓨縣：治所在今河北景縣南。

道悦少爲中書學生、侍御主文中散。[1]後爲諫議大夫，[2]正色當官，不憚强禦。車駕南征，徵兵秦、雍，[3]大期秋季閲集洛陽。道悦以使者書侍御史薛聰、侍御史主文中散元志等稽違期會，[4]奏舉其罪。又奏兼左僕射、吏部尚書、任城王澄，位總朝右，[5]任屬戎機，兵使會否，曾不檢奏。尚書左丞公孫良職綰樞轄，[6]蒙冒莫舉。請以見事免澄、良等所居官。時道悦兄觀爲外兵郎中，[7]澄奏道悦有黨兄之負，孝文詔責。然以事經恩宥，遂寢而不論。詔曰："道悦資性忠篤，稟操貞亮，居法樹平肅之規，處諫著必犯之節，王公憚其風鯁，朕寔嘉其一至，謇諤之誠，[8]何愧黯、鮑也。[9]其以爲主爵下大夫，[10]諫議如故。"

[1]中書學生：北魏明元帝時設，多選漢人官員子弟爲之。除學習外，還參與中書省的一些事務。　侍御主文中散：官名。北魏置。爲任職於侍御曹的主文中散，選用才學之士擔任，亦有由中書

學生遷任者。五品中。

［2］諫議大夫：官名。北魏時隸屬集書省，掌諫諍議論。孝文帝太和十七年定爲四品下，二十三年定爲從四品下。

［3］秦：州名。北魏時治上封城，在今甘肅天水市。

［4］書侍御史：官名。亦稱治書侍御史。《北史》避唐高宗李治諱省。或説漢宣帝時令侍御史二人治書，管理圖籍文書，遂有其名。魏晋南北朝時爲御史中丞佐貳，爲御史臺要職，分領侍御史諸曹，監察、彈劾較高級官員，亦奉命出使，收捕犯官等。南朝時不爲世族所重，而北朝威權甚重。北魏孝文帝太和十七年定爲五品上，二十三年定爲六品上。南監本馮夢禎校勘記云："'書侍御史'疑當作'侍書御史'。'侍御史主文中散'，《魏書》無'史'字。"　薛聰：人名。字延智，河東汾陰（今山西萬榮縣西南）人。北魏官吏。見《北史》卷三六《薛辯附薛聰傳》。　侍御史主文中散：中華本校勘記云："《魏書》卷六二《高道悦傳》無'史'字。按上文見'侍御主文中散'。《魏書》卷一一三《官氏志》《太和前令》第六品有'侍御中散'。'侍御主文中散'是一官，'史'字疑是涉上文'書侍御史'而衍。"可從。　元志：人名。字猛略。北魏宗室。見《北史》卷一五《河間公齊附元志傳》。

［5］左僕射：官名。尚書左僕射的省稱。秦、西漢時爲尚書令副貳。東漢時爲尚書臺次官。漢獻帝時分設左、右，歷代沿置。北朝時亦列爲宰相，職掌都省庶務及執法，或典選舉。左僕射兼掌糾彈百官。北魏孝文帝太和十七年定爲從一品中，二十三年定爲從二品。　吏部尚書：官名。東漢時置吏曹尚書，後改名選部尚書。三國魏時改選部尚書爲吏部尚書，爲尚書臺（省）吏部曹長官。三品。北魏時主管官吏銓選、考課、獎懲。　位總朝右：宋本、毛本、殿本、四庫本、局本、四部備要本作"位聰朝右"。按："位總朝右"意爲總攬朝廷大事。"位聰朝右"意不通，疑"總"訛作"聰"。

［6］尚書左丞：官名。東漢始置。爲尚書臺佐官，居尚書右丞

上，總領尚書臺庶務，主管吏民章奏及臺内小吏。北魏略同。孝文帝太和十七年定爲四品上，二十三年定爲從四品上。　公孫良：人名。字遵伯，燕郡廣陽（今北京房山區）人。北魏官吏。見《北史》卷二七《公孫表傳》。

[7]外兵郎中：官名。北魏時與左右外兵郎並置，屬七兵尚書。孝文帝太和十七年定郎爲五品中，郎中爲五品上；二十三年皆稱郎中，六品。

[8]謇諤：正直敢言。

[9]黯：指汲黯。　鮑：指鮑叔牙。

[10]主爵下大夫：官名。北魏置。孝文帝太和十七年定爲四品上。掌有關封爵事務。

車駕幸鄴，又兼御史中尉，留守洛京。時宫闕初基，廟庫未構，車駕將水路幸鄴，已詔都水回營構之材，以造舟楫。道悦表諫，以爲闕居宇之功，作游嬉之用，損耗殊倍。又深薄之危，[1]古今共慎。於是帝遂從陸路。轉道悦太子中庶子，[2]正色立朝，[3]儼然難犯，宫官上下，咸畏憚之。

[1]深薄：險境。典出《詩·小雅·小旻》："戰戰兢兢，如臨深淵，如履薄冰。"

[2]太子中庶子：官名。漢置，爲太子侍從。三國魏沿置，掌侍從、奏事、諫議等。北魏亦置。孝文帝太和十七年定爲三品中，二十三年定爲四品上。

[3]正色立朝：局本作"正色立廟"，"朝"訛作"廟"。

太和二十年秋，車駕幸中岳，[1]詔太子恂入居金

墉。[2]而恂潛謀還代，忿道悦前後規諫，遂於禁中殺之。帝甚加悲惜，贈散騎常侍、營州刺史，[3]並遣王人慰其妻子，又詔使者監護喪事。葬于舊塋，[4]謚曰貞侯。宣武又追録忠概，拜長子顯族給事中。[5]

[1]中岳：五岳之一。東周以後以嵩山爲中岳。

[2]金墉：城名。故址在今河南洛陽市。北魏孝文帝太和十九年建成。

[3]營州：北魏時治和龍城，在今遼寧朝陽市城區。

[4]塋（yíng）：墓地。

[5]給事中：官名。秦始置，西漢因之。爲加官，位次中常侍。魏晋時或爲加官，或爲正官。北魏時爲内朝官，常派往尚書省諸曹，參領政務，並負有監察之責。孝文帝太和十七年定爲從三品上，二十三年定爲從六品上。

顯族亦以忠厚見稱，卒於右軍將軍。[1]

[1]右軍將軍：官名。三國魏置。西晋時與前軍、後軍、左軍將軍合稱四將軍，掌宿衛。北魏孝文帝太和十七年定爲從三品上，二十三年定爲從四品。

顯族弟敬猷，有風度。蕭寶夤西征，[1]引爲驃騎司馬。[2]及寶夤謀逆，敬猷與行臺郎中封偉伯等潛圖義舉，[3]謀洩見殺。贈滄州刺史，[4]聽一子出身。

[1]蕭寶夤：人名。字智亮。南蘭陵（一説在今江蘇常州市，一説在今江蘇丹陽市）人。南朝齊宗室、北魏將領。見《北史》

卷二九《蕭寶夤傳》。

［2］驃騎司馬：官名。即驃騎將軍府的司馬。爲高級幕僚，掌參軍贊務，管理府内武職。兩漢魏晋南北朝時諸將軍府等皆置，其品秩隨府主而定，高低不等。

［3］行臺郎中：官名。北魏置，爲行臺諸曹郎中的泛稱，各曹皆冠以曹名。有時用來稱不理具體曹務的官員。　封偉伯：人名。字君良，勃海蓨（今河北景縣）人。北魏官吏。見《北史》卷二四《封懿附封偉伯傳》。

［4］滄州：北魏時治饒安縣，在今河北鹽山縣西南。

道悦長兄嵩，字崑崙，魏郡太守。[1]

［1］魏郡：北魏時治鄴縣，在今河北臨漳縣西南鄴鎮。

嵩弟雙，清河太守，坐黷貨，[1]將刑於市，遇赦免。時北海王詳爲録尚書事，[2]雙多納金寶，除司空長史。[3]後爲凉州刺史，專肆貪暴，以罪免。後貨高肇，[4]復起爲幽州刺史。以貪穢被劾，罪未判，遇赦復任。未幾而卒。

［1］黷貨：貪污納賄。

［2］録尚書事：官名。東漢始置，負責綜理政務，總知國事。北魏時多以公卿權重者居之，總領尚書省政務。

［3］司空長史：官名。即司空府長史。掌顧問參謀，爲司空府掾屬之長。

［4］高肇：人名。字首文，勃海蓨（今河北景縣）人。北魏官吏、外戚。見《北史》卷八〇《高肇傳》。

雙弟觀，尚書左外兵郎中、城陽王鸞司馬，[1]南征赭陽，先驅而歿，謚曰閔。

[1]尚書左外兵郎中：官名。又稱左外兵郎中，西晋時分外兵郎置。北魏時復置，爲尚書省左外兵曹長官，屬七兵尚書。掌京畿以外各地軍隊政令及軍務。六品。　城陽王：封爵名。城陽，郡名。北魏時治所不詳，當在今河南境内。　鸞：即元鸞，人名。字宣明。北魏宗室。見《北史》卷一八《城陽王長壽附元鸞傳》。

甄琛字思伯，中山毋極人，[1]漢太保邯之後也。[2]父凝，州主簿。[3]

[1]毋極：縣名。治所在今河北無極縣西。

[2]太保：官名。西周始置。爲三師之一，掌輔佐君王，位在太傅、太師下。

[3]主簿：官名。漢朝中央及州郡官府均置，掌典領文書簿籍，經辦事務。歷代沿置。品秩隨府長官地位高下而不等。

琛少敏悟，閨門之内，兄弟戲狎，不以禮法自居。學覽經史，稱有刀筆。而形貌短陋，尠風儀。舉秀才，入都積歲，頗以奕棋棄日，至乃通夜不止。手下倉頭，[1]常令執燭，或時睡頓，大加其杖，如此非一。奴後不勝楚痛，乃曰："郎君辭父母仕宦，若爲讀書執燭，不敢辭罪，乃以圍棋，日夜不息，豈是向京之意？而賜加杖罰，不亦非理！"琛悵然慚感，遂從許赤彪假書研習，[2]聞見日優。太和初，拜中書博士，遷諫議大夫，時有所陳，亦爲孝文知賞。

[1]倉頭：指奴僕。漢時奴僕以深青色布包頭，故稱。倉，通“蒼”。

[2]許赤彪：人名。博陵（今河北蠡縣南）人。北魏官吏。南監本馮夢禎校勘記云：“‘許赤彪’《魏書》作‘許叡、李彪’。”《通志》卷一四九與《北史》同。按：未詳孰是。

宣武踐阼，以琛爲中散大夫，[1]兼御史中尉。琛表曰：

[1]中散大夫：官名。漢平帝時始置。多爲官吏養老、病退所任，無具體職權。北魏時曾置爲職事官之加官。孝文帝太和十七年定爲四品上，二十三年定爲四品下。

《月令》稱山林藪澤，[1]有能取蔬食禽獸者，皆野虞教導之，[2]其迭相侵奪者，罪之無赦。此明導人而弗禁，通有無以相濟也。《周禮》雖有川澤之禁，正所以防其殘盡，必令取之有時。斯所謂鄣護在公，[3]更所以爲人守之耳。今者天爲黔首生鹽，國爲黔首鄣護。假獲其利，猶是富專口斷，[4]不及四體也。且天下夫婦，歲貢粟帛，四海之有，備奉一人，軍國之資，取給百姓，天子亦何患乎貧，而苟禁一池？臣每觀上古愛人之迹，時讀中葉驟税之書，未嘗不歎彼遠大，惜此近狹。今僞弊相承，仍崇關廛之税；[5]大魏宏博，唯受穀帛之輸。是使遠方聞者，莫不歌德。語稱出内之吝，有司之福；施

惠之難，人君之禍。夫以府藏之物，猶以不施而爲災，况府外之利，而可吝之於黔首？願弛鹽禁，使沛然遠及。依《周禮》置川衡之法，[6]使之監導而已。

[1]月令：《禮記》篇名。記每年夏曆十二個月的時令及其相關事物。　藪（sǒu）澤：指水草茂密的沼澤湖泊地帶。

[2]野虞：掌管山林藪澤的官。

[3]鄣護：保護。

[4]口齗（yīn）：指口、嘴。齗，通“齦”。

[5]仍崇關廛之税：底本、元大德本作“仍崇閈廛之税”，宋本、毛本、殿本、四庫本、局本、四部備要本、中華本作“仍崇關廛之税”。按：“關廛”即關市，關下所設的市。底本意不通。今從諸本改。

[6]川衡：官名。地官之屬，掌川澤之禁令。

詔付八坐議可否以聞。[1]彭城王勰、兼尚書邢巒等奏：[2]

[1]八坐：又作“八座”，爲高級官員的合稱。北魏時用以稱尚書令、左右僕射、諸曹尚書。無論人數多少，皆用此稱。

[2]彭城王：封爵名。彭城，郡名。北魏時治彭城縣，在今江蘇徐州市。　勰：即元勰，人名。字彦和。北魏宗室。見《北史》卷一九《彭城王勰傳》。

琛之所列，但恐坐談則理高，行之則事闕，是用遲回，未謂爲可。竊惟大道既往，恩惠生焉，下

奉上施，卑高理睦。恒恐財不賙國，[1]澤不厚人，故多方以達其情，立法以行其志。至乃取貨山澤，輕在人之貢；立稅關市，裨十一之儲。收此與彼，非利己也；回彼就此，非爲身也。所謂集天地之産，[2]惠天地之人，藉造物之富，賑造物之貧。禁此泉池，不專太官之御；斂此匹帛，[3]豈爲後宫之資。既潤不在己，彼我理一，積而散之，將焉所吝。然自行以來，典司多怠，出入之間，事不如法。此乃用之者無方，非興之者有謬。至使朝廷識者，聽營其間。今而罷之，懼失前旨。宜依前式。

[1]財：殿本、四部備要本作“才”。　賙：周濟，救濟。

[2]所謂集天地之産：底本作“所集天地之産”。諸本作“所謂集天地之産”。按：底本意不通。今從改。

[3]斂此匹帛：局本作“斂此縠帛”。按：未詳孰是。

詔曰：“司鹽之稅，乃自古通典，然興制利人，亦世或不同。甄琛之表，實所謂助政毗俗者也。可從其前計，尚書嚴爲禁豪强之制也。”

詔琛參八坐議事，尋正中尉。[1]遷侍中，[2]領中尉。琛俛眉畏避，[3]不能繩糾貴游，凡所劾者，率多下吏。於時趙脩寵貴，[4]琛傾身事之。琛父凝爲中散大夫，弟僧林爲本州别駕，[5]皆託脩申達。至脩姦詐事露，明當收考，今日乃舉其罪。及監决脩鞭，猶相隱惻，然告人曰：“趙脩小人，背如土牛，殊耐鞭杖。”有識以此非之。脩死之明日，琛與黄門郎李憑以朋黨被召詣尚

書。[6]兼尚書元英、邢巒窮其阿附之狀。[7]琛曾拜官，諸賓悉集，巒乃晚至。琛謂巒："何處放蛆來，今晚始顧?"雖以言戲，巒變色銜忿。及此，大相推窮。司徒、録尚書事、北海王詳等奏曰：

[1]中尉：官名。北魏時爲御史中尉的省稱。

[2]侍中：官名。秦朝始置，西漢時爲加官，東漢時爲正式職官。職掌殿内門下衆事，侍從左右，顧問應對，諫諍糾察，向公卿傳諭御旨，皇帝出行則參乘騎從。名義上隸少府，地位尊貴親近。北朝時常總典機密，受遺詔輔政，權任尤重，時號"小宰相"。北魏孝文帝太和十七年定爲從一品中，二十三年定爲三品。

[3]俛（fǔ）眉：低眉。

[4]趙脩：人名。字景業，趙郡房子（今河北高邑縣）人。北魏官吏。見《北史》卷九二《趙脩傳》。

[5]别駕：官名。又作别駕從事、别駕從事史。漢置，爲州刺史的佐官。刺史巡視轄境時，其别乘驛車隨行，故稱别駕。北魏前期例用本州人，由刺史自辟，後期漸由朝廷任命。其品秩依州品不同，自正五品至正七品不等。

[6]黄門郎：官名。黄門侍郎、給事黄門侍郎的省稱。　李憑：人名。字青龍，趙郡平棘（今河北趙縣）人。北魏官吏。見《魏書》卷四九《李靈附李憑傳》。

[7]元英：人名。字虎兒。北魏宗室。見《北史》卷一八《南安王楨附中山王英傳》。

謹案侍中、領御史中尉甄琛，身居直法，糾擿是司。[1]風邪響黷，猶宜劾糾，况趙脩侵公害私，朝野切齒。而琛嘗不陳奏，方更往來，中外影響，

致其談譽。令布衣之父，超登正四之官；七品之弟，越陟三階之禄。[2]虧先皇之選典，塵聖明之官人。又與黄門郎李憑，相爲表裏。憑兄叨封，知而不言。及脩釁彰，方加彈奏。生則附其形勢，死則就地排之。竊天之功，以爲己力，仰欺朝廷，俯罔百司，其爲鄙詐，於兹甚矣。謹依律科從，[3]請以職除。其父中散，寔爲叨越，雖皇族帝孫，未有此例，既得不以倫，請下收奪。李憑朋附趙脩，是親是仗，緇點皇風，[4]塵鄙正化，此而不糾，將何以肅整阿諛，奬厲忠概？請免所居官以肅風軌。

[1]糾擿（tī）：舉發。

[2]越陟三階之禄：殿本作“越陵三階之禄”。按：“越陟”意爲晋升。“越陵”意不通，“陟”訛作“陵”。

[3]謹依律科從：中華本校勘記云：“《魏書》卷六八《甄琛傳》‘從’作‘徒’。按‘徒’是徒刑，疑‘從’是‘徒’之訛。”可從。

[4]緇（zī）點皇風：污染敗壞良好的世風。

奏可。琛遂免歸本郡。左右相連死黜者二十餘人。[1]

[1]二十：源氏校勘記云：“《魏書》作‘三十’。”《通志》卷一四九與《北史》同。按：未詳熟是。

始琛以父母老，[1]常求解官扶侍，故孝文授以本州長史。及貴達，不復請歸，至是乃還。供養數年，遭母

憂。母鉅鹿曹氏，[2]有孝性，夫氏去家，路踰百里，每得魚肉菜果珍美口實者，必令僮僕走奉其母，乃後食焉。琛母服未闋，復喪父。琛于塋兆内手種松柏，隆冬負掘水土，鄉老哀之，咸助加力。十餘年中，墳成木茂。與弟僧林誓以同居没齒，專事産業，躬親農圃，[3]時以鷹犬馳逐自娱。朝廷有大事，猶上表陳情。

[1]始琛以父母老：毛本作“始以父母老”，脱“琛”字。

[2]鉅鹿：郡名。北魏時屬定州，治曲陽縣，在今河北晋州市西。北魏孝莊帝永安二年（529）時分定州鉅鹿郡置，屬殷州，治瘿遥縣，在今河北寧晋縣西南。

[3]躬親農圃：殿本、四部備要本作“躬覩農圃”，“親”訛作“覩”。

久之，復除散騎常侍，領給事黄門侍郎、定州大中正，[1]大見親寵，委以門下庶事，出參尚書，入厠帷幄。孝文時，琛兼主客郎，迎送齊使彭城劉纘。[2]琛欽其器貌，常歎詠之。纘子晰爲朐山戍主。[3]晰死，家屬入洛，有女年未二十，琛乃納晰女爲妻。婚日，詔給厨費。琛所好悦，宣武時調戲之。

[1]定州：北魏時治盧奴縣，在今河北定州市。

[2]劉纘：人名。南朝齊將領。南齊武帝永明元年（483），與通直郎裴昭明聘魏。

[3]晰：底本作“昕”，中華本校勘記云：“諸本‘晰’作‘昕’。張森楷爲：‘《魏書》‘昕’作‘晰’，與盧昶（《魏書》卷四七）《劉芳傳》（《魏書》卷五〇）合，是也。’按《魏書》卷八

《世宗紀》永平四年四月及卷九八《蕭衍傳》並作‘晰’。張説是，今據改。”今從改。下同。 朐（qú）山：縣名。治所在今江蘇連雲港市西南。

遷河南尹，[1]黄門、中正如故。琛表曰：

[1]河南尹：官名。東漢始置。掌京都洛陽地區行政，地位高於一般郡守。以洛陽爲京都的朝代多因之。北魏孝文帝太和十七年遷都洛陽，置河南郡，設爲長官，第三品。

國家居代，患多盗竊。世祖太武皇帝親自發憤，[1]廣置主司，里宰皆以下代令長及五等散男有經略者乃得爲之。[2]又多置吏士，爲其羽翼。崇而重之，始得禁止。今遷都已來，天下轉廣，四遠赴會，事過代都。[3]寇盗公行，劫害不絶。此由諸坊混雜，釐比不精，[4]主司闇弱，不堪檢察故也。今擇尹既非南金，[5]里尉鉛刀而割，欲望清肅都邑，不可得也。里正乃流外四品，職輕任碎，多是下才，人懷苟且，不能督察，故使盗得容姦，百賦失理。邊外小縣，所領不過百户，而令長皆以將軍居之。京邑諸坊，大者或千户、五百户，其中皆王公卿尹，貴勢姻戚，豪猾僕隸，蔭養姦徒，高門邃宇，不可干問。比之邊縣，難易不同。今難彼易此，寔爲未愜。

[1]世祖：北魏太武帝拓拔燾的廟號。

[2]下代令長：里宰以縣令長高職低配的意思。

[3]代都：即平城。北魏前期國都，在今山西大同市東北古城。

[4]釐比：分辨、審察。

[5]南金：比喻優秀的人才。

王者立法，隨時從宜，先朝立品，不必即定，施而觀之，不便則改。今閑官静任，猶聽長兼，況煩劇要務，不得簡能下領。請取武官中八品將軍以下幹用貞濟者，以本官俸恤領里尉之任，各食其禄。高者領六部尉，[1]中者領經途尉，[2]下者領里正。[3]不爾，請少高里尉之品，選下品中應遷者，進而爲之，則督責有所，輦轂可清。[4]

[1]六部尉：官名。亦稱六部都尉，東漢始置。領兵，負責京師治安。北魏遷都洛陽後復置，正九品。

[2]經途尉：官名。北魏遷都後，置於京師洛陽各處，分屬六部尉。掌管洛陽城中大道，從九品。

[3]里正：官名。戰國始置。北魏亦置，管理京師諸坊内事務，每坊内有七、八百户或千户以上，設里正一人，下有二吏。原爲流外四品，宣武帝時爲流外勳品。

[4]輦轂（gǔ）：天子的車輿。代指京師附近。

詔曰："里正可進至勳品、經途從九品、六部尉正九品諸職中簡取，何必須武人也。"琛又奏以羽林爲游軍，[1]於諸坊巷司察盗賊。於是京邑清静，後皆踵焉。

[1]羽林：官名。漢武帝時始置。北魏孝文帝太和十九年，選

天下武勇之士十五萬爲羽林、虎賁，以充侍衛。掌禁衛皇宫，擔任宿衛，亦奉命出征。　游軍：流動作戰的軍隊。

轉太子少保，[1]黄門如故。及高肇死，琛以黨不宜復參朝政，出爲營州刺史，遷凉州刺史。猶以高氏之昵，不欲處之於内。[2]久之，爲吏部尚書。未幾，除定州刺史。固辭曰："陛下在東宫，崔光爲少傅，[3]臣爲少保，今光爲車騎大將軍、儀同三司、開國公。[4]故僕射游肇時爲侍中，[5]與臣官階相似，肇在省爲僕射，死贈車騎將軍、儀同三司、冀州刺史。臣今適爲征北將軍、定州刺史。[6]生師保不如死游肇。"詔書慰遣之。琛既至鄉，衣錦晝游，大爲稱滿，政體嚴細，甚無聲譽。

[1]太子少保：官名。西晋始置。東宫三少之一，位居太子少師、少傅之下，但其設置、職掌、品秩同於太子少師，主要負責教導輔助太子。北魏孝文帝太和十七年定爲二品上，二十三年定爲三品。

[2]不欲處之於内：殿本、四庫本、四部備要本作"不欲取之於内"，"處"訛作"取"。

[3]少傅：官名。漢置。與太子太傅並稱二傅，主要職責爲以道德來輔教太子，兼領太子官屬。北魏孝文帝太和十七年定爲從一品上，二十三年定爲二品。

[4]車騎大將軍：官名。魏晋制度，驃騎、車騎、衛三將軍皆爲重號將軍，高於諸名號大將軍，本無須加"大"，其後將軍名號越授越濫，遂又增此號。多加元老重臣，以示尊崇，一品，開府置僚屬，不領兵。北魏孝文帝太和十七年定爲一品中，二十三年定爲從一品。　開國公：封爵名。食邑爲郡或縣，故爵前常冠以所封郡

名或縣名。

[5]游肇：人名。字伯始，廣平任（今河北任縣東）人。北魏官吏。見《北史》卷三四《游雅附游肇傳》。

[6]征北將軍：官名。漢獻帝時始置。曹操執政後，列爲四征將軍之一，多爲持節都督，地位顯要。北魏孝文帝太和十七年定爲從一品中，二十三年定爲二品。

崔光辭司徒之授也，琛與光書，外相抑揚，内實附會。光亦揣其意，復書以悦之。徵爲車騎將軍、特進，[1]又拜侍中。以其衰老，詔賜御府杖，朝直杖以出入。卒，詔給東園秘器，贈司徒公、尚書左僕射，[2]加後部鼓吹。

[1]特進：官名。西漢末置，以賜列侯中有特殊地位者，東漢因之。三國兩晋南北朝時成爲正式加官名號，用以安置閑退大臣。北魏孝文帝太和十七年定爲一品下，二十三年定爲二品。

[2]司徒公：官名。司徒的尊稱，與太尉、司空並稱三公。名義上參議大政，其位多曠，遇有典禮，以他官攝行其事。一品。

太常議謚文穆。[1]吏部郎袁翻奏曰：[2]

[1]太常：官名。漢景帝時由奉常改名，秩二千石，位列九卿之首。主管祭祀社稷、宗廟和朝會、喪葬禮儀，管理皇帝陵墓、寢廟所在縣邑，每月巡視諸陵，兼管文化教育。南北朝時禮儀郊廟制度由尚書八座及儀曹裁定，太常位尊職閑。北魏孝文帝太和二十三年定爲從一品下，二十三年定爲三品。

[2]吏部郎：官名。三國魏、蜀始置。北魏時與吏部郎中互稱，爲尚書省吏部曹長官，資深者可轉侍郎。主管官吏選任、調動事

務，對五品以下官吏的任免有建議權。孝文帝太和十七年定爲從四品上，二十三年定爲六品。　袁翻：人名。字景翔，陳郡項（今河南沈丘縣）人。北魏官吏。見《北史》卷四七《袁翻傳》。

案《禮》，"謚者行之迹也，號者功之表也"，[1]車服者位之章也。是以大行受大名，細行受細名。行生於己，名生於人。故闔棺然後定謚，皆累其生時美惡，所以爲將來勸戒，身雖死，使名常存也。凡薨亡者，屬所即言大鴻臚，[2]移本郡大中正，條其行迹功過，承中正移，[3]言公府，下太常部博士評議，[4]爲謚列上。謚不應法者，博士坐如選舉不以實論。若行狀失實，中正坐如博士。自古帝王，莫不殷勤重慎，以爲褒貶之實也。

[1]案禮謚者行之迹也號者功之表也：毛本、四部備要本"功"作"公"。按："行之迹"與"功之表"對應。"公之表"意不通，"功"訛作"公"。語出《逸周書·謚法解》。

[2]大鴻臚：官名。九卿之一。秦稱典客，漢景帝時改名大行令，漢武帝時始稱大鴻臚。魏晋南北朝時接待賓客、管理少數民族事務之職移歸尚書省主客曹，漸成專司朝會禮儀之官。北魏時亦稱大鴻臚卿。孝文帝太和十七年定爲二品上，二十三年定爲三品。

[3]承中正移：底本、元大德本作"丞中正移"，"承"訛作"丞"。《魏書》卷六八《甄琛傳》作"承"，今從《魏書》。

[4]博士：官名。戰國末齊、魏、秦等國置，秦朝、西漢時初充當皇帝顧問，參與議政、制禮，典守書籍，秩雖卑而位尊顯。北魏明元帝時將國子學改稱中書學，國子博士改爲此稱，轉隸於中書省。除掌教中書學生外，還處理中書省機要，議政議禮，出使敵國

等。人無定員，全以漢人任之。

今之行狀，皆出自其家，任其臣子自言君父之行，無復是非之事。臣子之欲光揚君父，但苦迹之不高，行之不美，是以極辭肆意，無復限量。觀其狀也，則周、孔聯鑣，[1]伊、顏接衽；[2]論其謚也，雖窮文盡武，無或加焉。然今之博士與古不同，唯知依其行狀，又先問其家人之意，臣子所求，便爲議上。都不復斟酌與奪，商量是非。致號謚之加，與汎階莫異，專以極美爲稱，無復貶降之名。禮官之失，一至於此。案甄司徒行狀，至德與聖人齊蹤，鴻名共大賢比迹，[3]文穆之謚，何足加焉。但比來贈謚，於例普重，如甄之流，無不複謚。[4]謂宜依謚法，慈惠愛人曰孝，宜謚曰孝穆公。

[1]聯鑣：喻相等或同進。

[2]伊：即伊尹。商代賢相，輔佐商湯建立商朝。　顏：即顏回。字子淵，春秋末魯國人。孔子最得意弟子。　接衽：接替前任職務。

[3]鴻名共大賢比迹：毛本作“名共大賢比迹”。按：“鴻名共大賢比迹”與“至德與聖人齊蹤”對應，毛本脱“鴻”字。

[4]無不複謚：底本作“復”，中華本校勘記云：“諸本‘複’作‘復’，據《魏書·甄琛傳》改。複謚，指二字謚。”今從改。

自今以後，明勒太常、司徒，有行狀如此，言辭流宕，無復節限者，悉請裁量，[1]不聽爲受。仍踵前來之失者，皆付法司科罪。

[1]悉請裁量：局本作“悉請截量”，“裁”訛作“截”。

詔從之。琛祖載，[1]明帝親送，降車就輿，弔服哭之，遣舍人慰其諸子。

[1]祖載：將葬之際，以柩載車上行祖祭之禮。

琛性輕簡，好嘲謔，故少風望。然明解有幹具，在官清白。自孝文、宣武，咸相知待。明帝以師傅之義而加禮焉。所著文章，鄙碎無大體，時有理詣。[1]《磔四聲》《姓族廢興》《會通緇素三論》及《家誨》二十篇，《篤學文》一卷，頗行於世。

[1]理詣：理政的見識。

琛長子倫，字道正，位秘書郎。性嶮薄，多與盜劫交通。隨琛在京，以酒色夜宿洛水亭舍，[1]毆擊主人，爲司州所劾，[2]淹在州獄。琛大以慚慨。廣平王懷爲牧，[3]與琛先不協，欲具案窮推。琛託左右以聞，宣武敕懷寬放。懷固執之，久乃特旨出倫。自此沈廢，卒家。

[1]洛水：今河南洛河。

[2]司州：西漢時置司隸校尉，察舉京師官民及附近各郡一切犯法者，自東漢開始，漸變爲京畿的督察官。西晉時始正式定名爲

司州，仍以司隸校尉爲長官。北魏初都平城時，亦置司州以統近畿諸郡。洛陽舊置洛州，北魏遷都洛陽後，改洛州爲司州。

[3]廣平王：封爵名。廣平，北魏時治曲梁城，在今河北永年縣東南。　懷：即元懷，人名。北魏宗室。見《北史》卷一九《廣平王懷傳》。

偘弟楷，字德方，粗有文學，頗更吏事。琛啓除秘書郎。宣武崩，未葬，楷與河南尹丞張普惠等飲戲，[1]免官。後稍遷尚書儀曹郎，[2]有當官之稱。明帝末，丁憂在鄉，定州刺史廣陽王深召楷兼長史，[3]委以州任。尋屬鮮于脩禮、毛普賢等率北鎮流人反於州西北之左人城，[4]屠村掠野，引向州城。州城内先有燕、恒、雲三州避難户，[5]脩禮等聲云，欲將此輩共爲舉動。楷見人情不安，慮有變起，乃走收三州人中粗暴者殺之，[6]以威外賊。及刺史元固、大都督揚津等至，[7]楷乃還家。後脩禮等忿楷屠害北人，遂掘其父墓，載棺巡城，示相報復。孝莊時，[8]徵爲中書侍郎。後齊文襄取爲儀同府諮議參軍。[9]卒，贈驃騎將軍、秘書監、滄州刺史。[10]

[1]張普惠：人名。字洪賑，常山九門（今河北藁城市西北）人。北魏官吏。見《北史》卷四六《張普惠傳》。

[2]尚書儀曹郎：官名。三國魏始置。北魏時爲尚書省儀曹主官，掌吉凶禮制，六品。

[3]廣陽王：封爵名。廣陽，郡名。北魏時治燕樂縣，在今河北隆化縣。　深：即元深，人名。字智遠。北魏宗室。見《北史》卷一六《廣陽王建附元深傳》。《魏書》卷六八《甄琛傳》作“淵”。《北史》避唐高祖李淵諱改。　長史：官名。戰國秦置，掌

顧問參謀。秦漢因之，西漢時丞相、太尉、御史大夫、大將軍、車騎將軍、前後左右將軍皆置，爲所在官署掾屬之長。丞相長史職權尤重。邊郡於丞之外復置長史，佐太守掌兵馬。内郡或置之。東漢、魏晋南北朝沿置，大抵略同。

［4］鮮于脩禮：人名。北魏末河北起義軍首領。本爲懷朔鎮兵，六鎮起義軍敗後，於定州左城（今河北唐縣西北）率降户起義。後被其部將所殺。　毛普賢：人名。朔州（今山西朔州市）人。北魏末葛榮起義軍將領。初仕北魏，任統軍。後參加河北起義軍，死於内訌。　左人城：城邑名。又名左人邑。在今河北唐縣西北。

［5］燕：州名。北魏時治廣寧縣，在今河北涿鹿縣。　恒：州名。北魏時治平城，在今山西大同市東北。　雲：州名。北魏孝武帝永熙中改朔州置，寄治并州界，在今山西祁縣西。

［6］乃走收三州人中粗暴者殺之：高敏《南北史考索》（天津古籍出版社 2010 年版，第 475 頁）云："《魏書》卷六十八同人傳中無'走'及'三'字，又'暴'作'豪'。據《魏書》，可知當時甄楷爲定州兼長史，由於鮮于脩禮等反於定州西北之左人城，'屠村掠野，引向州城。州城之内，先有燕、恒、雲三州避難之户……脩禮等聲云欲收此輩，共爲舉動'。因此甄楷懼其爲内應，方有'乃收州中粗豪者皆殺之'之舉。以此而言，《北史》增'三'字，與上文符合；又增'走'字，言其速也；易'豪'爲'暴'，意思更明。故《北史》之增、改是，《北史》校勘記失校。"可參考。

［7］及刺史元固：底本作"賊及刺史元冏"，元大德本作"賊及刺史元固"，衍"賊"字。元固，人名。北魏官吏。孝明帝時任定州刺史。中華本校勘記云："大德本作'元固'，百衲本據諸本及《魏書·甄琛傳》（殿本）修作'冏'。按《通志》卷一四九《甄琛傳》，《魏書》卷四六、本書卷四一《楊津傳》都作'固'。《墓誌集釋》有《元固墓誌》。誌稱固曾官定州刺史，孝昌三年九月卒。趙萬里考釋，以爲即此人。今從元大德本。"今從改。　大都

督：官名。高級軍事長官。三國吴、魏初於戰争時臨時設置，作爲加官。後漸成爲常設官職，地位極高。北魏前、中期未見，後期戰事較多時置，統兵出征，有時又加以各種名號。毛本作“都督”。按：未詳孰是。

[8]孝莊：即北魏皇帝元子攸。孝莊爲其謚號。

[9]諮議參軍：官名。西晋末司馬睿鎮東大將軍丞相府始置爲僚屬，掌顧問諫議。東晋、南朝時不常置，無定員，職掌不定，其位甚尊，在列曹參軍上。州所置者常代大郡太守，且有越次行府州事者，品秩依府主地位而定。北朝時多稱諮議參軍事，北魏孝文帝太和二十三年定爲正四品至正六品上。北齊時三師、二大、三公府置。從四品上。

[10]秘書監：官名。漢桓帝時置，掌典圖書秘記，校定文字，屬太常。後省。南北朝時爲秘書省長官，仍掌圖書經籍之事，領著作省。北魏孝文帝太和十七年定爲從二品中，二十三年定爲三品。東魏因之。北齊時仍爲三品。

琛從父弟密，字叔雍，清謹少嗜慾，頗涉書史。疾世俗貪競，乾没榮寵，曾爲風賦以見意。後參中山王英軍事。英鍾離敗退，[1]鄉人蘇良没於賊中，密盡私財以贖之。良歸，傾資報密。密一皆不受，曰：“濟君之日，本不求貨，豈相贖之意。”及葛榮侵擾河北，詔密爲相州行臺，[2]援守鄴城。莊帝以密全鄴勳，賞安市縣子。[3]孝静初，[4]爲衛尉卿，[5]在官有平直之譽。出爲北徐州刺史，[6]卒官，贈驃騎將軍、儀同三司、瀛州刺史，謚曰靖。

[1]鍾離：城名。在今安徽鳳陽縣東北。

[2]行臺：官名。行臺尚書的省稱。北魏置，爲行臺長官。主管當地軍務，兼理民事。北魏末爲行臺屬官，分曹理事。在未設行臺尚書令或行臺僕射時，仍爲行臺長官。

[3]安市縣子：封爵名。安市，縣名。治所在今北京密雲縣東北。

[4]孝静：即東魏皇帝元善見。孝静爲其謚號。

[5]衛尉卿：官名。戰國秦始置。秦漢以後視爲衛尉的尊稱。北魏時掌宫門禁衛、武器庫藏等。孝文帝太和十七年定爲右第二品下，二十三年定爲右三品。源氏校勘記云："'衛'《魏書》作'廷'。"中華本校勘記云："《魏書》'衛'作'廷'。按延尉爲執法之官，故云'有平直之譽'。《魏書》是。"可從。

[6]北徐州：北魏時治即丘縣，在今山東臨沂市西。

琛同郡張纂，字伯業。祖珍，字文表，慕容寶度支尚書。[1]道武平中山，[2]入魏，卒於涼州刺史，謚曰穆。纂頗涉經史，雅有氣尚，交結勝流。爲樂陵太守，在郡多所受納。聞御史至，棄郡逃走，於是除名，乃卒。天平初，贈定州刺史。

[1]慕容寶：人名。字道裕，昌黎棘城（今遼寧北票市章吉營子鄉三官營子村）人。十六國時後燕君主。見《北史》卷九三《慕容垂附慕容寶傳》。

[2]中山：地名。十六國後燕國都，在今河北定州市。

纂叔感，字崇仁，有器業，不應州郡之命。

子宣軌，少孤，事母以孝聞。累遷相州撫軍府司馬。[1]宣軌性通率，輕財好施。屬葛榮圍城，與刺史李

神有固守效，[2]以功賜爵中山公。後坐事死鄴。

[1]撫軍府司馬：官名。爲撫軍將軍或撫軍大將軍府屬官。掌府中武吏。

[2]李神：人名。恒農（今河南靈寶市北）人。北魏官吏。見《魏書》卷七〇《李神傳》。

纂從弟元賓，位奉朝請。[1]及外生高昂貴達，[2]啓贈瀛州刺史。

[1]奉朝請：官名。本是兩漢時給予退休大臣、權貴的一種政治優待。西晋時成爲加官名號。東晋時獨立爲官，亦作加官。南朝時列爲散騎（集書）省屬官，安置閑散，所施亦濫。北魏時亦爲冗散官，有俸無職。孝文帝太和十七年定爲六品下，二十三年定爲從七品。北齊時改爲職事官，員二百四十人，掌獻納諍，隸集書省，從七品。

[2]外生：即外甥。　高昂：人名。字敖曹，勃海蓨（今河北景縣）人。東魏將領。見《北史》卷三一《高祐附高昂傳》。

高聰字僧智，本勃海人也。曾祖軌，隨慕容德徙青州，[1]因居北海之劇縣。[2]父法昂，少隨其舅宋車騎將軍王玄謨征伐，[3]以功至員外郎，早卒。

[1]慕容德：人名。字玄明，昌黎棘城（今遼寧義縣）人。十六國時南燕君主。見《晋書》卷一二七《慕容德載記》。　青州：東晋時治東陽城，在今山東青州市。

[2]劇縣：治所在今山東壽光市南。

[3]王玄謨：人名。字彦德，太原祁（今山西祁縣東南）人。南朝宋將領。見《宋書》卷七六《王玄謨傳》。

聰生而喪母，祖母王撫育之。大軍攻剋東陽，聰徙平城，與蔣少游爲雲中兵户，[1]窘困無所不爲。族祖允視之若孫，大加賙給。聰涉獵經史，頗有文才。允嘉之，數稱其美，言之朝廷，由是與少游同拜中書博士。轉侍郎，爲高陽王雍傅，[2]稍爲孝文知賞。

[1]蔣少游：人名。樂安博昌（今山東壽光市）人。北魏官吏。見《北史》卷九〇《蔣少游傳》。　雲中：郡名。北魏時治盛樂縣，在今内蒙古和林格爾縣西北。

[2]爲高陽王雍傅：源氏校勘記云："'傅'《魏書》作'友'。"中華本校勘記云："《魏書》卷六八《高聰傳》'傅'作'友'。按《魏書》卷一一三《官氏志》無王傅，諸王師在從三品上，《通典》卷二一云東晋'王國有傅'，注云：'傅即師也，避景帝（司馬師）諱，故曰傅。'後魏既復名王師，當無王傅。且其位高，高聰初仕，疑不得爲王師或王傅。'王友'在第五品下，疑是。"可從。高陽王，封爵名。高陽，郡名。北魏時治高陽縣，在今河北高陽縣東。　雍：即元雍，人名。字思穆。北魏宗室。見《北史》卷一九《高陽王雍傳》。

太和十七年，兼員外散騎常侍，使於齊。後兼太子左率。[1]聰微習弓馬，乃以將略自許。孝文鋭意南討，專訪王肅以軍事。聰託肅，願以偏裨自効。[2]肅言之於帝，故假聰輔國將軍，[3]受肅節度，同援渦陽。[4]聰躁怯少威重，及與賊交，望風退敗。孝文恕死，徙平州。[5]

行屆瀛州，刺史王質獲白兔，[6]將獻，託聰爲表。帝見表，顧王肅曰："在下那得有此才，令朕不知。"肅曰："比高聰北徙，或其所製。"帝悟曰："必應然也。"

[1]太子左率：官名。即太子左衛率。晋武帝時分太子衛率置。宿衛東宫，亦任征伐。北魏孝文帝太和十七年定爲三品上，二十三年定爲從三品。

[2]偏裨：偏將、裨將。

[3]輔國將軍：官名。將軍名號。漢獻帝時置，儀比三司。北魏沿置。孝文帝太和十七年定爲三品上，二十三年定爲從三品。

[4]渦陽：縣名。治所在今安徽蒙城縣。

[5]平州：北魏時治肥如縣，在今河北盧龍縣北。

[6]王質：人名。字紹奴，高陽易（今河北雄縣西北）人。北魏官吏。見《魏書》卷九四《王質傳》。

宣武初，聰復竊還京師，説高肇廢六輔。[1]宣武親政，除給事黄門侍郎，後加散騎常侍。及幸鄴還，於河内懷界，[2]帝射矢一里五十餘步。侍中高顯等奏，[3]盛事奇迹必宜表述，請勒銘射宫，永彰聖藝。遂刊銘射所，聰爲之詞。趙脩嬖幸，聰深朋附。及詔追贈脩父，聰爲碑文，出入同載，觀視碑石。聰每見脩，迎送盡禮。聰又爲脩作表，陳當時便宜，教其自安之術，由是迭相親狎。脩死，甄琛、李憑皆被黜落，聰深用危慮，而先以疏宗之情，曲事高肇，竟獲自免，肇之力也。脩之任勢，聰傾身事之，及死，言必毁惡。茹皓之寵，[4]聰又媚附，每相招命，稱皓才識非脩之儔。乃因皓啓請田宅，皆被遂許。及皓見罪戮，聰以爲死之晚也。其薄於

情義皆如此。

［1］六輔：官名。北魏明元帝時始置。爲左輔、右弼各三人之合稱。爲太子監國時最高輔政官。以後遂爲定制。

［2］河内：郡名。北魏時治野王縣，在今河南沁陽市。　懷：縣名。治所在今河南武陟縣西南。

［3］高顯：人名。勃海蓨（今河北景縣）人。北魏外戚。

［4］茹皓：人名。字禽奇，祖爲吴郡（今江蘇蘇州市）人。後移居淮陽上黨（今江蘇宿遷縣）。北魏官吏。見《北史》卷九二《茹皓傳》。

侍中高顯爲護軍，[1]聰代兼其任。顯與兄肇疑聰間構而求之。聰居兼十餘旬，出入機要，言即真，無遠慮，藉貴因權，耽於聲色，賄納之音，聞於遐邇。中尉崔亮知肇微恨，[2]遂面陳聰罪，出爲并州刺史。[3]聰善於去就，知肇嫌之，側身承奉，肇遂待之如舊。聰在并州數歲，多不率法，又與太原太守王椿有隙，[4]再爲大使御史舉奏。肇每以宗私相援，事得寢緩。宣武末，拜散騎常侍、平北將軍。[5]

［1］護軍：官名。即護軍將軍。漢獻帝時曹操改丞相府護軍爲中護軍，其資重者遷護軍將軍，典武官選舉，與中領軍（領軍將軍）同掌禁軍，出征時督護諸將，隸屬領軍，四品。西晋時不典選舉，不隸領軍，自領禁衛營兵，三品。南北朝沿置，掌督護京師以外諸軍，權任頗重。北魏孝文帝太和十七年定爲二品上，二十三年定爲二品。

［2］崔亮：人名。字敬儒，清河東武城（今山東武城縣西北）

人。北魏官吏。見《北史》卷四四《崔亮傳》。

[3]并州：北魏時治晋陽縣，在今山西太原市晋源區古城營村一帶。

[4]太原：郡名。北魏時治晋陽縣，在今山西太原市晋源區古城營村一帶。

[5]平北將軍：官名。漢獻帝時始置。魏晋時多兼鎮守地區的刺史，統管軍政事務，與平西、平南、平北將軍合稱四平將軍。北魏前期地位較高，後期漸成爲無職掌的散官。孝文帝太和十七年定爲二品上，二十三年定爲三品。

明帝踐阼，以其素附高肇，出爲幽州刺史。尋以高肇之黨，與王世義、高綽、李憲、崔楷、蘭氛之爲中尉元匡所彈，[1]靈太后並特原之。聰遂廢于家，斷絶人事，唯修營園果，世稱高聰梨，以爲珍異。又唯以聲色自娛。後拜光禄大夫，卒。靈太后聞其亡，嗟惋良久。贈青州刺史，謚曰獻。

[1]高綽：人名。字僧裕，勃海蓨（今河北景縣）人。北魏官吏。見《北史》卷三一《高允附高綽傳》。　李憲：人名。字仲軌，趙郡平棘（今河北趙縣）人。北魏官吏。見《北史》卷三三《李順附李憲傳》。　崔楷：人名。字季則，博陵安平（今河北安平縣）人。北魏官吏。見《北史》卷三二《崔辯附崔楷傳》。　元匡：人名。字建扶。北魏宗室。見《北史》卷一七《廣平王洛侯附東平王匡傳》。

聰有妓十餘人，有子無子皆注籍爲妾，以悦其情。及病，欲不適他人，並令燒指吞炭，出家爲尼。聰所作

文筆二十卷。

長子雲，字彦鴻，位輔國將軍、中散大夫。河陰遇害，[1]贈兖州刺史。

[1]河陰：縣名。治所在今河南孟津縣東。

論曰：韓麒麟由才器識用，遂見紀於齊土。[1]顯宗以文學自立，而時務屢陳，至於實録之功，未之聞也。子熙清尚自守，榮過其器。程駿才業見知，蓋當時之長策。[2]李彪生自微族，見擢明世，輶軒驟指，[3]聲駭江南，執筆立言，遂爲良史。逮於繩在手，厲气明目，持堅無術，[4]末路蹉跎。行百里者半於九十，[5]彪之謂也。高道悦謇直之風，見憚於世，醜正貽禍，有可悲乎！甄琛以學尚刀筆，早樹聲名，受遇三朝，終至崇重；高聰才尚見知，[6]名位顯著。而異軌同奔，咸經於危覆之轍，惜乎！

[1]遂見紀於齊土：底本作“遂見紀於齊士”，中華本校勘記云：“諸本‘土’作‘士’，《魏書》卷六〇史臣論（百衲本）作‘土’。按韓麒麟從慕容白曜平三齊，後又爲齊州刺史。作‘土’是，今據改。”今從改。

[2]蓋當時之長策：中華本校勘記云：“《魏書》卷六〇史臣論作‘程駿才業未多，見知於世者，蓋當時之長策乎’。《北史》删去數字，意思相反。‘當時之長策’指北魏進用凉州人士的政策，言其雖才業不多，由於當時政策，故被録用而見知於世。用疑辭，明是推測。《北史》改作肯定語，亦非。”可從。

[3]輶（yóu）軒：古時天子使臣所乘的輕便車子。

[4]持堅無術：毛本作“堅持無術”。意不通，倒誤。

[5]行百里者半於九十：毛本作“行百里半於九十”，脱“者”字。意不通。

[6]才尚見知：毛本、局本、四部備要本作“才高見知”。按：“才”與“尚”爲並列名詞，“才高”在此意不通，“尚”訛作“高”。

今注本二十四史

北史

一一

傳〔八〕

唐 李延壽 撰

李憑 靳寶 主持校注

中国社会科学出版社

北史　卷四一

列傳第二十九

楊播 子侃 播弟椿 椿子昱 椿弟津 津子遁 逸 謐 謐弟愔 燕子獻 鄭頤 楊敷 子素 孫玄感 素弟約 約從叔异 敷叔父寬 寬子文思[1] 紀

[1]文思：底本、毛本、殿本、四庫本、局本、四部備要本作"文恩"。中華本校勘記云："諸本'思'作'恩'，《隋書》卷四八《楊素傳》作'文思'。按本卷上文《楊素傳》云：'從父文思、弟紀及族父异，並尚書列卿。'又寬祖名'恩'，不得名其子曰'文恩'。此形似致訛，今據改。"今從改。

楊播，字延慶，弘農華陰人也。[1]高祖結，仕慕容氏，[2]位中山相。[3]曾祖珍，道武時歸國，[4]位上谷太守。[5]祖真，河内、清河二郡太守。[6]父懿，延興末爲廣平太守，[7]有稱績。孝文南巡，[8]吏人頌之，徵爲選部給事中，[9]有公平譽。除安南將軍、洛州刺史，[10]未之任，卒，贈本官，加弘農公，謚曰簡。

[1]弘農華陰人也：據出土楊播墓誌，稱其"司州恒農郡華陰

縣潼關鄉習仙里人也”。華陰縣晋時屬司州弘農郡，誌文所用爲晋時舊稱。弘農，郡名。晋朝時治弘農縣，在今河南靈寶市東北（參陳小青《〈北魏楊播墓誌〉考釋》，《古籍整理研究學刊》2005 年第 1 期）。華陰，縣名。治所在今陝西華陰市東南。

［2］慕容氏：指慕容垂所建立的後燕政權，定都中山。

［3］中山相：官名。中山，郡名。西漢高祖時置，治盧奴縣，在今河北定州市。十六國後燕慕容垂定都於此，改爲中山尹。中山相指輔佐君王的執政大臣。

［4］道武：即北魏皇帝拓跋珪。道武爲其謚號。

［5］上谷：郡名。北魏時治居庸縣，在今北京延慶縣。

［6］祖真：據出土楊播墓誌，作“祖父仲真”。　河内：郡名。北魏時治野王縣，在今河南沁陽市。　清河：郡名。北魏時治清河縣，在今山東臨清市東北。

［7］延興：北魏孝文帝的年號（471—476）。　廣平：郡名。北魏時治曲梁城，在今河北永年縣東南。

［8］孝文：即北魏皇帝元宏。孝文爲其謚號。

［9］選部給事中：官名。北魏前期置。内廷派駐尚書省選部曹監察政務並佐理曹務的官員。

［10］安南將軍：官名。北魏時與安東、安北、安西將軍合稱四安將軍。爲出鎮南方地區的軍事長官，或作爲刺史等地方官員兼理軍務時的加官。三品。　洛州：北魏明元帝泰常八年（423）置，治洛陽，在今河南洛陽市東北。孝文帝太和十八年（494）改荆州而置，治上洛城，在今陝西商洛市城區。

播本字元休，孝文賜改焉。母王氏，文明太后之外姑。[1]播少修飭，[2]奉養盡禮。擢爲中散，[3]累遷衛尉少卿。[4]與陽平王頤等出漠北擊蠕蠕，[5]大致克獲。遷武衛將軍，[6]復征蠕蠕，至居然山而還。[7]

[1]文明太后：即北魏文成帝皇后馮氏。文明爲其謚號。

[2]修飭：毛本作"修飾"。"飭"通"飾"。

[3]中散：官名。北魏初置。爲内廷官，值宿禁中。隸屬幢將，無員限，無具體職掌，經常出使地方考察地方官員政績。孝文帝太和十七年定爲五品中（參張金龍《北魏"中散"諸職考》，《中國史研究》1993年第2期）。

[4]衛尉少卿：官名。北魏置。協助衛尉卿通判本寺事務。四品上。

[5]陽平王：封爵名。陽平，郡名。北魏時治館陶縣，在今河北館陶縣。　頤：即元頤，人名。本名安壽，孝文帝賜名頤。北魏宗室。曾參與陸叡等的謀反活動。見《北史》卷一七《陽平王新成附元頤傳》。底本作"蹟"，中華本作"頤"，《北史》卷一七本傳作"頤"。今從改。　漠北：局本、四部備要本作"漢北"。按：漠北包括外蒙古和貝加爾湖，在歷史上是匈奴、突厥等少數民族的活動中心。漢北，指湖北漢水下游北部，在此不符合文意。今從底本。　蠕蠕：族名。亦稱柔然，本爲東胡的一支，屬拓跋部。南北朝時始强大，活動於今蒙古國南部地區。以游牧爲生。見《北史》卷九八《蠕蠕傳》。

[6]武衛將軍：官名。北魏時掌宿衛禁軍。孝文帝太和十七年定爲從二品下，二十三年定爲從三品。

[7]居然山：在今内蒙古境内。

及車駕南討，假前將軍，[1]從至鍾離。[2]師迴，詔播爲圓陣禦之。相拒再宿，軍人食盡，賊圍更急。播乃領精騎三百，歷其船大呼曰："我今欲度，能戰者出。"遂擁而濟，賊莫敢動。賜爵華陰子。後從駕討破崔慧景、蕭衍於鄧城，[3]進號平東將軍。[4]時車駕耀威沔水，[5]上

已設宴，帝與中軍彭城王勰賭射，[6]左衛元遥在勰朋內，[7]而播居帝曹。遥射侯正中，籌限已滿。帝曰："左衛籌足，右衛不得不解。"對曰："仰恃聖恩，庶幾必爭"，於是箭正中。[8]帝笑曰："雖養由之妙，[9]何復過是。"遂舉巵以賜播曰："古人酒以養病，朕今賞卿之能，可謂古今殊也。"除太府卿，[10]進爵爲伯。

[1]假：官制用語。原是代理、兼攝之意。北魏孝文帝時假官成爲制度，但僅爲虛職，無代理攝職之義。　前將軍：官名。北魏時常作爲軍府名號，用作加官。孝文帝太和二十三年定爲三品。

[2]鍾離：城名。治所在今安徽鳳陽縣東北。

[3]崔慧景：人名。字君山，清河東武城（今山東武城縣西北）人。南朝宋、齊官吏。見《南齊書》卷五一《崔慧景傳》。　蕭衍：人名。字叔達，小字練兒，南蘭陵（一説在今江蘇常州市，一説在今江蘇丹陽市）人。南朝梁武帝。見《梁書》卷一、二、三《武帝紀》。　鄧城：在今湖北襄樊市樊城區西北。

[4]平東將軍：官名。爲四平將軍之一。北魏時多持節都督或兼理某一地區的軍事，有時也作爲刺史等地方官員兼理軍務時的加官。孝文帝太和十七年定爲從二品上，二十三年定爲三品。

[5]耀威沔水：底本作"耀威城沔水"，南監本馮夢禎校勘云："'耀威城沔東'，文義欠通。《魏書》無'城'字。是。"中華本校勘記云："諸本'沔'上有'城'字，《魏書》卷五八《楊播傳》無。按《魏書》卷七下《高祖紀》太和二十二年三月記此事，但云'觀兵襄沔，耀武而還'，不言在此築城。且當時魏軍攻沔北樊城不下，遂即退兵，也無在沔北築城的可能。'城'字衍文，今據删。"今從改。沔水，即今漢江及其北源陝西留壩西沮水。

[6]彭城王：封爵名。彭城，郡名。北魏時治彭城縣，在今江蘇徐州市。　勰：即元勰，人名。字彦和。北魏宗室、大臣。獻文

帝拓跋弘第六子，孝文帝元宏之弟。見《北史》卷一九《彭城王勰傳》。

[7]左衛：官名。即左衛將軍。北魏時與右衛將軍共掌宿衛營兵。孝文帝太和十七年定爲從二品下，二十三年定爲三品。　元遥：人名。字太原。北魏宗室、大臣。景穆帝拓跋晃之孫，京兆王元子推次子。見《北史》卷一七《京兆王子推附元遥傳》。

[8]正中：毛本、殿本、四庫本、局本、四部備要本作“中正”。在此意不通，倒誤。

[9]養由：《魏書》卷五八《楊播傳》作“養由基”。按：養由，《通志·氏族略》收載，《北史》以姓代指此人。養由基，人名。楚國平輿邑（今安徽臨泉縣）人，以善射聞名。

[10]太府卿：官名。北魏孝文帝太和中改少府置，亦省稱太府。掌器物營造、冶鑄織染等事。太和二十三年定爲三品。

後爲華州刺史。[1]至州，借人田，[2]爲御史王基所劾，除官爵，卒于家。子侃等停柩不葬，披訴積年。[3]至熙平中，[4]乃贈鎮西將軍、雍州刺史，[5]并復其爵，謚曰壯。

[1]華州：北魏獻文帝皇興二年（468）置，治定安縣，在今甘肅寧縣。孝文帝延興二年（472）改置三縣鎮。太和十一年又置華州，治李潤堡，在今陝西蒲城縣東北。宣武帝永平三年（510）移治華陰縣，在今陝西大荔縣。

[2]借人田：中華本校勘記云：“《魏書》‘人’作‘民’，《北史》避唐諱改。”可從。

[3]披訴積年：毛本作“被訴積年”。

[4]熙平：北魏孝明帝的年號（516—518）。

[5]鎮西將軍：官名。多授持節都督，出鎮方面，位在征西將

軍下，一般不與征西將軍並置。北魏孝文帝太和十七年定爲從一品下，二十三年定爲從二品。　雍州：北魏時治長安縣，在今陝西西安市西北。

侃字士業，[1]頗愛琴書，尤好計畫。[2]時播一門貴滿朝廷，子姪早通，而侃獨不交游，公卿罕有識者。親朋勸其出仕，侃曰："苟有良田，何憂晚歲，但恨無才具耳。"年三十一，襲爵華陰伯。

[1]侃字士業：《魏書》卷五八《楊播附楊侃傳》同《北史》，然據楊侃墓誌載："君諱侃，字榮業，弘農華陰潼關鄉習仙里人也。"與《北史》《魏書》所載不同（參羅新、葉煒《新出魏晋南北朝墓誌疏證（修訂本）》，中華書局2016年版，第139—141頁）。

[2]計：筭算。張家山漢簡《筭數書》或指此類内容。即中國早期幾何。

揚州刺史長孫承業請爲録事參軍。[1]梁豫州刺史裴邃規相掩襲，[2]密購壽春人李瓜花、袁建等令爲内應。[3]邃已纂勒兵士，慮壽春疑覺，遂謬移云："魏始於馬頭置戍，[4]如聞復欲脩白捺舊城。[5]若耳，[6]便稍相侵逼。此亦須營歐陽，[7]設交境之備。今板卒已集，唯聽信還。"佐僚咸欲以實答之，云無脩白捺意。而侃曰："白捺小城，本非形勝，邃集兵遣移，虛構是言，得無有別圖也？"承業乃云："録事可造移報。"移曰："彼之纂兵，想別有意，何爲妄構白捺？他人有心，予忖度之，勿謂秦無人也。"邃得移，謂已覺，便散兵。瓜花等以

期契不會，便相告發，伏辜者十數家。邃後竟襲壽春，入羅城而退，遂列營於黎漿、梁城，[8]日夕鈔掠。承業乃奏侃爲統軍。[9]

[1]揚州：北魏時治壽春縣，在今安徽壽縣。　長孫承業：人名。本名冀歸，北魏孝文帝賜名稚，《北史》避唐高宗李治諱改爲幼，字承業，鮮卑族。北魏官吏。見《北史》卷二二《長孫道生附長孫承業傳》。南監本馮夢禎校勘記云："'長孫承業'，《魏書》作'長孫稚'。"　録事參軍：官名。北魏時爲録事曹長官，掌總録衆曹文簿，舉彈善惡，位在列曹參軍上。六品上至八品。

[2]豫州：南朝梁時治懷寧縣，在今安徽灊山縣。　裴邃：人名。字淵明，河東聞喜（今山西聞喜縣）人。南朝梁官吏。見《梁書》卷二八《裴邃傳》。

[3]壽春：縣名。治所在今安徽壽縣。

[4]馬頭：城名。在今安徽懷遠縣南馬頭城鄉。

[5]白捺：城名。在今安徽淮南市東。

[6]若耳：宋本、毛本、殿本、四庫本、局本、四部備要本、中華本作"若爾"。按："耳"通"爾"。

[7]歐陽：垻名。在今江蘇儀徵市東古運河上。

[8]黎漿：地名。在今安徽壽縣東南。　梁城：縣名。治所在今安徽阜陽市。

[9]統軍：官名。北魏時爲統兵武官，位在都將（鎮將）之下、軍主之上。孝文帝太和二十三年定爲從八品。

後雍州刺史蕭寶夤據州反，[1]承業討之，除侃爲承業行臺左丞。[3]軍次恒農，[3]侃白承業曰："今賊守潼關，[4]全據形勝。須北取蒲坂，[5]飛棹西岸，置兵死地，

人有鬬心，華州之圍，可不戰而解，潼關之賊，必望風潰散。諸處既平，長安自克。愚計可録，請爲明公前驅。”承業從之，令其子子彦等領騎與侃於恒農北度，[6]便據石錐壁。[7]乃班告曰：“今且停軍於此，以待步卒，兼觀人情向背。若送降名者，各自還村，候臺軍舉三烽火，[8]各亦應之，以明降款。其無應烽，即是不降之村，理須殄戮。”人遂傳相告報。實未降者，亦詐舉烽，一宿之間，火光遍數百里内。圍城之寇，不測所以，各自散歸。長安平，侃頗有力焉。

[1]蕭寶夤：人名。字智亮，南蘭陵（一説在今江蘇常州市，一説在今江蘇丹陽市）人。南朝齊宗室、北魏將領。見《北史》卷二九《蕭寶夤傳》。

[2]行臺左丞：官名。行臺尚書左丞的省稱。職責同於尚書左丞。北魏後期設立。爲行臺尚書省官員，負責監察臺内諸官，選授官吏、文書奏事等，職權甚重。員一人，孝文帝太和二十三年定爲從四品。

[3]恒農：郡名。本弘農郡，北魏時避獻文帝拓跋弘諱，改稱恒農郡。源氏校勘記云：“《魏書》作‘弘農’。下皆同。”

[4]潼關：在今陝西潼關縣東北黄河南岸。

[5]蒲坂：縣名。治所在今山西永濟市西南。

[6]子彦：底本作“子産”，源氏校勘記云：“‘子産’《魏書》作‘彦’一字。”中華本校勘記云：“諸本‘彦’訛‘産’，據《魏書》卷五八《楊侃傳》及《通鑑》卷一五二、本書卷二二《長孫承業傳》改。”今從改。

[7]石錐壁：地名。在今山西永濟市東，中條山支峰石錐山上。

[8]候臺：即烽火臺。　三烽火：南監本馮夢禎校勘記云：

"'三烽火',《魏書》無'三'字。"按:《魏書·楊侃傳》作"烽火"。《通志》卷一五〇上與《北史》同。"三烽火"意不通,疑此處衍"三"字。

建義初,[1]除岐州刺史。[2]屬元顥内逼,[3]詔行北中郎將。[4]孝莊徙河北,[5]執侃手曰:"朕停卿蕃寄,移任此者,正爲今日。但卿尊卑百口,若隨朕行,所累處大。[6]卿可還洛,寄之後圖。"侃曰:"寧可以臣微族,頓廢君臣之義。"固求陪從。除度支尚書,[7]兼給事黄門侍郎,[8]敷西縣公。[9]及車駕南還,顥令梁將陳慶之守北中城,[10]自據南岸。有夏州義士爲顥守河中渚,[11]乃密信通款,求破橋立効。尒朱榮赴之。[12]及橋破,應接不果,皆爲顥屠。榮將爲還計,欲更圖後舉。侃曰:"若今即還,人情失望,未若召發人材,[13]唯多縳筏,間以舟楫,沿河廣布,令數百里中,皆爲度勢,顥知防何處?一旦得度,必立大功。"榮大笑從之。於是尒朱兆等於馬渚諸楊南度,[14]顥便南走。車駕入都,侃解尚書,正黄門。[15]以濟河功,進爵濟北郡公,[16]復除其長子師仲爲秘書郎。[17]

[1]建義:北魏孝莊帝的年號(528)。

[2]岐州:北魏時治雍縣,在今陝西鳳翔縣東。

[3]元顥:人名。字子明。北魏宗室。北海王元詳長子,孝文帝元宏之侄。孝明帝武泰初,投奔南朝梁,並借助南朝梁北伐魏,一度登基稱帝。後兵敗被殺。見《北史》卷一九《北海王詳附元顥傳》。

［4］北中郎將：官名。多帥師征戰，職權頗重。北魏初屬中護軍，宣武帝永平中隸中領軍。

［5］孝莊：即北魏皇帝元子攸。孝莊爲其謚號。

［6］所累處大：四庫本作“所累者大”。按：未詳孰是。

［7］度支尚書：官名。北魏時爲尚書省度支曹長官。統管度支、户部、金部、倉部四曹，掌軍國財賦的收支會計及漕運物價屯田之政令。孝文帝太和二十三年定爲三品。

［8］給事黄門侍郎：官名。又稱黄門侍郎。北魏時爲郎官之加官，與侍中俱掌門下事。侍從皇帝，顧問應對，位頗重要。孝文帝太和二十三年爲四品上。

［9］敷西縣公：封爵名。敷西，縣名。治所在今陜西華陰市西。

［10］陳慶之：人名。字子雲，義興國山（今江蘇宜興市西南）人。南朝梁將領。見《梁書》卷三二《陳慶之傳》。　北中城：在今河南孟州市南。

［11］夏州：北魏時治大夏（統萬城），在今陜西靖邊縣白城子村。

［12］介朱榮：人名。字天寶，北秀容（今山西朔州市）人，契胡族。北魏官吏。見《北史》卷四八《介朱榮傳》。

［13］人材：中華本校勘記云：“《魏書》‘人’作‘民’。按‘民材’指民間材木，《北史》避唐諱改，易滋誤會。”可從。

［14］介朱兆等於馬渚諸楊南度：南監本馮夢禎校勘記云：“‘馬渚諸楊’，《魏書》無‘渚’字，疑重‘渚’字，訛水作言耳。”中華本校勘記云：“按本書卷四八《介朱榮傳》云：‘屬馬渚諸楊云有小船數艘，求爲鄉導。榮乃令都督介朱兆等率精騎夜濟。’《周書》卷三四《楊撝傳》，言元顥入洛，孝莊帝‘詔撝率其宗人收船馬渚’。楊撝族人居於馬渚，故稱馬渚諸楊。這裏‘於’字疑是‘與’之訛。”可從。介朱兆，人名。字萬仁，北秀容（今山西朔州市）人，契胡族。北魏官吏。見《北史》卷四八《介朱榮附介朱兆傳》。　馬渚：渡口。在今黄河風陵渡附近。

[15]黃門：官名。黃門侍郎的省稱。

[16]濟北郡公：封爵名。濟北，郡名。北魏時治盧子城，在今山東茌平縣西南。

[17]秘書郎：官名。北魏時掌藝文圖籍、整理典籍、考核舊文等，員四人，多爲世族起家之官。孝文帝太和十七年定爲從五品上，二十三年以後稱秘書郎中。

時所用錢，人多私鑄，稍就薄小，乃至風飄水浮，米斗幾直一千。侃奏聽人與官並鑄五銖，使人樂爲，而俗弊得改。莊帝從之。後除侍中，[1]加衛將軍、右光禄大夫。[2]

[1]侍中：官名。原名丞相史，往來殿中奏事，故名。北朝常總典機密，受遺詔輔政，權任尤重，時號“小宰相”。北魏初置四員，孝文帝太和十七年定爲從一品中。

[2]衛將軍：官名。北魏時位在諸號大將軍上，多作爲軍府名號，加贈大臣、重要州郡長官，無具體職掌。孝文帝太和二十三年定爲二品。　右光禄大夫：官名。北魏時作爲在朝顯職官員的加官，以示優崇，或授予年老有病的致仕之官，亦常用於卒後贈官。無具體職掌。孝文帝太和二十三年後爲第二品。

莊帝將圖尒朱榮，侃與内弟李晞、城陽王徽、侍中李彧等咸預其謀。[1]尒朱兆入洛，侃時休沐，遂竄歸華陰。普泰初，[2]天光在關西，[3]遣侃子婦父韋義遠招慰之，[4]立盟許恕其罪。侃從兄昱恐爲家禍，令侃出應，假其食言，不過一人身没，冀全百口。侃赴之，爲天光所害。[5]太昌初，[6]贈車騎將軍、儀同三司、幽州刺

史。[7]子純陁襲。

[1]城陽王：封爵名。城陽，郡名。北魏時治所不詳，當在今河南境内。　徽：即元徽，人名。字顯順。北魏宗室。見《北史》卷一八《城陽王長壽附元徽傳》。　李彧：人名。字子文，隴西狄道（今甘肅臨洮縣）人。北魏官吏。見《北史》卷一〇〇《凉武昭王李暠附李彧傳》。

[2]普泰：北魏節閔帝的年號（531—532）。

[3]天光：即尒朱天光，人名。北秀容（今山西朔州市）人，契胡族，尒朱榮堂侄。北魏官吏。見《北史》卷四八《尒朱榮附尒朱天光傳》。

[4]韋義遠：人名。京兆杜陵（今陝西西安市長安區東）人。孝武帝時，爲岐州刺史，後入關中。

[5]侃赴之爲天光所害：據楊侃墓誌載："以普泰元年六月廿八日遇害於長安，時年卌有四。"（參羅新、葉煒《新出魏晋南北朝墓誌疏證（修訂本）》，第139—141頁）

[6]太昌：北魏孝武帝的年號（532）。

[7]贈車騎將軍儀同三司幽州刺史：《魏書》卷五八《楊侃傳》與此同，但據楊侃墓誌叙其贈官云"追贈使持節、都督秦夏二州諸軍事、車騎大將軍、開府儀同三司、秦州刺史"，頗有所異（參羅新、葉煒《新出魏晋南北朝墓誌疏證（修訂本）》，第139—141頁）。車騎將軍，官名。北魏時位次驃騎將軍，在諸名號大將軍之上。多作爲軍府名號，以加授大臣、重要州郡長官，無具體職掌。孝文帝太和二十三年定爲二品。儀同三司，開府儀同三司的省稱。北魏時爲大臣加號，意謂與三司禮制待遇相同，許開府，自辟僚屬。從一品上。幽州，北魏時治薊縣，在今北京西南。

播弟椿。[1]椿字延壽，本字仲考，孝文賜改焉。性

寬謹，爲内給事，[2]與兄播並侍禁闈。後爲中部法曹，[3]折訟公正，孝文嘉之。及文明太后崩，孝文五日不食。椿諫曰："聖人之禮，毁不滅性，縱陛下欲自賢於萬代，其若宗廟何!"帝感其言，乃一進粥。轉授宫輿曹少卿，[4]加給事中，[5]出爲豫州刺史，再遷梁州刺史。[6]

[1]播弟椿：四庫本作"弟椿"，脱"播"字。

[2]内給事：官名。北魏置，屬内朝官，多被派到尚書各曹及東宫任職，不僅處理曹務，還負有監察之責。從三品下。

[3]中部法曹：中華本校勘記云："《魏書》卷五八《楊椿傳》無'法'字。按'中部法曹'或'中部曹'都不見於《魏書·官氏志》。其時有外都、内都、中都大官，號爲三都，主折獄。見本書卷十九《咸陽王禧》《趙郡王幹》《廣陵王羽》等傳。疑'部'是'都'之誤，'中都法曹'或'中都曹'，當是中都大官屬僚。"可從。

[4]宫輿曹少卿：官名。北魏孝文帝太和十五年置。太和十七年定爲三品上。

[5]給事中：官名。北魏時爲内朝官，常派往尚書省諸曹，參領政務，並負責監察。孝文帝太和十七年定爲從三品。

[6]梁州：北魏時治南鄭縣，在今陝西漢中市。

初，武興王楊集始降於齊，[1]自漢中而北，[2]規復舊土。椿貽書集始，開以利害。集始執書對使者曰："楊使君此書，除我心腹疾。"遂來降。尋以母老解還。後兼太僕卿。[3]

[1]武興王：封爵名。武興，郡名。北魏時治武興縣，在今陝

西略陽縣。　楊集始：人名。北魏時氐族首領。仕北魏，歷位白水太守、征西將軍、鎮南將軍等。後爲仇池鎮將所敗，奔南朝。北魏宣武帝景明初，復降北魏。見《北史》卷九六《氐傳》。

[2]漢中：郡名。北魏時治南鄭縣，在今陝西漢中市。

[3]太僕卿：官名。太僕的尊稱。管理全國畜牧事務、宫廷車馬。北魏孝文帝太和二十三年定爲三品。

秦州羌吕苟兒、涇州屠各陳瞻等反，[1]詔椿爲別將，[2]隸安西將軍元麗討之。[3]賊守峽自固。或謀伏兵斷其出入，待糧盡攻之；或云斬山木，縱火焚之。椿曰："並非計也。賊深竄，正避死耳。今宜勒三軍勿更侵掠，賊必謂見嶮不前，心輕我軍，然後掩其不備，可一舉而平。"乃緩師。賊果出掠，仍以軍中驢馬餌之，銜枚夜襲，斬瞻傳首。入正太僕卿。

[1]秦州：北魏時治上封城，在今甘肅天水市。　羌：族名。亦稱羌戎。魏晋南北朝時，居處分散，均以游牧爲主，其中與漢人雜居者，逐漸定居農耕。其後漸與西北地方的漢族及其他民族融合。　涇州：北魏時治安定縣，在今甘肅涇川縣北。　屠各：又作"休屠""休屠各""休屠各胡""休屠屠各"。北魏時生活在西部邊陲諸郡。游牧爲生。

[2]別將：官名。北魏時爲別道都將的省稱，爲一級統兵武官名稱，或冠以擬戍地名，如三關別將。品級自七品至八品不等。

[3]安西將軍：官名。爲出鎮某一地區的軍事長官，或作爲州刺史等地方官兼理軍務時的加官，權任很重。北魏沿置，孝文帝太和十七年定爲二品下，二十三年定爲三品。　元麗：人名。字寶掌。北魏宗室。見《北史》卷一七《濟陰王小新成附元麗傳》。

初，獻文世有蠕蠕萬餘户降附，[1]居於高平、薄骨律二鎮。[2]太和末叛走，[3]唯有一千餘家。太中大夫王通、高平鎮將郎育等求徙置淮北，[4]防其後叛。詔椿徙焉。椿上書，以爲裔不謀夏，夷不亂華，是以先朝居之荒服之間，正欲悦近來遠。今新附者衆，若舊者見徙，新者必不安。愚謂不可。時八坐不從，[5]遂於濟州緣河居之。[6]及冀州元愉之難，[7]果悉浮河赴賊，所在鈔掠，如椿所策。

[1]獻文：即北魏皇帝拓跋弘。獻文爲其謚號。

[2]高平：鎮名。在今寧夏固原市。　薄骨律：鎮名。在今寧夏靈武市西南。

[3]太和：北魏孝文帝的年號（477—499）。

[4]太中大夫：官名。亦作“大中大夫”。北魏時多用於安置年老病退免官的大臣，亦用作加官、兼官，或供朝廷臨時差遣，無具體職掌。孝文帝太和十七年定爲三品下，二十三年定爲從三品。　鎮將：官名。北魏置，爲鎮的長官。在不設州郡的地區，兼統軍民；在設州、郡的内地，主要掌軍政，但兼任駐在州刺史時，亦兼理民政。其下設副將、監軍及長史、司馬等佐僚。孝文帝改制後，地位漸低。

[5]八坐：又作“八座”。爲高級官員的合稱。用以稱尚書令、左右僕射、諸曹尚書，無論人數多少，皆沿此稱。北魏時以八坐參議軍國大事。

[6]濟州：北魏時治碻磝城，在今山東茌平縣西南。

[7]冀州：北魏時治信都縣，在今河北冀州市。　元愉：人名。字宣德。北魏宗室。孝文帝元宏第三子，宣武帝元恪異母弟。宣武帝永平元年（508）在冀州謀反稱帝，不久兵敗被殺。見《北史》

卷一九《京兆王愉傳》。

後除朔州刺史，[1]在州爲廷尉奏椿前爲太僕卿，[2]招引百姓，盗種牧田三百四十頃，依律處刑五歲。尚書邢巒據正始别格，[3]奏罪應除名，注籍盗門，[4]同籍合門不仕。宣武以新律既班，[5]不宜雜用舊制，詔依斷，以贖論。[6]

[1]朔州：北魏孝明帝孝昌中改懷朔鎮爲朔州，治盛樂城，在今内蒙古和林格爾縣西北。

[2]廷尉：官名。北魏時又稱廷尉卿，爲國家最高司法審判機構主官，負責詔獄，修訂法律，審核州郡疑案，有封駁丞相、御史之權，後增少卿爲副職。孝文帝太和二十三年定爲三品。

[3]邢巒：人名。字洪賓，河間鄚（今河北任丘市北）人。北魏官吏。見《北史》卷四三《邢巒傳》。　正始：北魏宣武帝的年號（504—508）。

[4]注籍：記録在簿籍上。

[5]宣武：即北魏皇帝元恪。宣武爲其謚號。

[6]詔依斷以贖論：中華本校勘記云："《魏書》作'詔依寺斷，聽以贖論'。按寺指廷尉寺。'寺''聽'二字不宜省。"可從。

後除定州刺史。[1]自道武平中山，多置軍府，以相威攝。凡有八軍，軍各配兵五千，食禄主帥軍各四十六人。自中原稍定，八軍之兵漸割南戍，一軍兵纔千餘，然主帥如故，費禄不少。椿表罷四軍，減其主帥百八十四人。椿在州，因脩黑山道餘功，[2]伐木私造佛寺，役兵，爲御史所劾，除名。

[1]定州：北魏時治盧奴縣，在今河北定州市。

[2]黑山：在今河北正定縣。

後累遷爲雍州刺史，進號車騎大將軍、儀同三司。[1]尋以本官加侍中，兼尚書右僕射，[2]爲行臺，[3]節度關西諸將。遇暴疾，頻啓乞解，詔許之，以蕭寶夤代爲刺史、行臺。椿還鄉里，遇子昱將還京師，使陳寶夤賞罰云爲，不依常憲，恐有異心。昱還，面啓明帝及靈太后，[4]並不納。及寶夤邀害御史中尉酈道元，[5]猶上表自理，稱爲椿父子所謗。

[1]車騎大將軍：官名。北魏時爲將軍名號，多加元老重臣，以示尊崇。孝文帝太和十七年定爲一品中，二十三年定爲從一品。

[2]尚書右僕射：官名。北魏時列位宰相，掌都省庶務、執法及選舉。孝文帝太和十七年定爲從一品中，二十三年定爲從二品。

[3]行臺：官名。爲行臺尚書的省稱。北魏置。初爲行臺長官，執掌當地的軍政事務，北魏末爲行臺屬官，分曹理事。孝文帝太和二十三年定爲正四品。

[4]明帝：即北魏皇帝元詡。明爲其謚號。　靈太后：即北魏宣武帝皇后胡氏。靈爲其謚號。

[5]御史中尉：官名。北魏時由御史中丞改稱，主管御史臺，糾彈百官，參治刑獄。孝文帝太和二十三年定爲從三品。　酈道元：人名。字善長，范陽涿鹿（今河北涿鹿縣東南）人。北魏官吏。著《水經注》。見《北史》卷二七《酈範附酈道元傳》。

建義元年，爲司徒。[1]永安初，[2]進位太保，[3]加侍

中，給後部鼓吹。[4]元顥入洛，椿子昱爲顥禽，又椿弟順、順子仲宣、兄子侃、弟子遁並從駕河内，[5]爲顥嫌疑。以椿家世顯重，恐失人望，未及加罪。時人助其憂，或勸椿攜家避禍。椿曰："吾内外百口，何處逃竄？正當坐任運耳。"

[1]司徒：官名。北魏時爲名譽宰相，多爲大臣的加官。孝文帝太和二十三年定爲一品。

[2]永安：北魏孝莊帝的年號（528—530）。

[3]太保：官名。北魏時爲三師之一，位在太傅、太師下。爲輔佐君王的重要大臣，一品。

[4]鼓吹：演奏鼓吹樂的樂隊。本用於軍中，後賜予有功大臣，遂成爲皇帝賜予臣下的一種禮遇。

[5]兄子侃：底本作"兄子保"，源氏校勘記云："'保'《魏書》作'侃'。"中華本校勘記云："諸本'侃'作'保'，《魏書》、《通志》卷一五〇上《楊椿傳》作'侃'。按事見上文侃本傳。'保'字訛，今據改。"今從改。

莊帝還宫，椿上書頻請歸老，詔聽服侍中服，賜朝服一襲、八尺牀帳、几、杖，不朝，乘安車，[1]駕駟馬，給扶，傳詔二人，仰所在郡縣四時以禮存問安否。[2]椿奉辭於華林園，[3]帝下御座，執手流淚曰："公先帝舊臣，實爲元老。但高尚其志，决意不留，既難相違，深用悽切。"椿亦歔欷，欲拜，帝親執不聽。賜以絹布，給羽林衛送。群公百僚餞於城西張方橋，[4]行路觀者莫不稱歎。椿臨行，誡子孫曰：

[1]安車：可以坐乘的小車。古車立乘，此爲坐乘，故稱安車。供年老高級官員或貴族婦女乘用。多用一馬，禮尊者則用四馬。

[2]仰所在郡縣四時以禮存問安否：《魏書》卷五八《楊播附楊侃傳》作“仰所在郡縣，時以禮存問安否”。《通志》卷一五〇上與《北史》同。按：未詳孰是。

[3]華林園：故址在今河南洛陽市東北漢魏洛陽故城内。東魏孝静帝天平二年（535）毁。

[4]張方橋：在今河南洛陽市西。

我家入魏之始，即爲上客。自爾至今，二千石方伯不絶，[1]禄邺甚多。於親姻知故吉凶之際，必厚加贈襚，來往賓僚，必以酒肉飲食，故六姻朋友無憾焉。國家初，丈夫好服綵色。吾雖不記上谷翁時事，然記清河翁時服飾。恒見翁著布衣韋帶，常自約敕諸父曰：“汝等後世若富貴於今日者，慎勿積金一斤、綵帛百匹已上，用爲富也。”不聽興生求利，又不聽與勢家作昏姻。[2]至吾兄弟，不能遵奉。今汝等服乘漸華好，吾是以知恭儉之德，漸不如上也。[3]又吾兄弟，若在家，必同盤而食；若有近行，不至，必待其還。亦有過中不食，忍飢相待。吾兄弟八人，今存者有三，是故不忍别食也。又願畢吾兄弟，不異居異財。汝等眼見，非爲虚假。如聞汝等兄弟，時有别齋獨食者。此又不如吾等一世也。吾今日不爲貧賤，然居住舍宅，不作壯麗華飾者，正慮汝等後世不賢，不能保守之，將爲勢家所奪。

[1]二千石方伯不絶：《魏書》卷五八《楊播附楊侃傳》作“二千石、方伯不絶”。按：如不加頓號，則二千石作爲方伯的修飾詞，如加頓號，則爲並列。按：未詳孰是。

[2]昏姻：宋本、毛本、殿本、四庫本、局本、四部備要本、中華本作“婚姻”。“婚”通“昏”。

[3]漸不如上也：中華本校勘記云：“《魏書》‘上’下有‘世’字，此不宜省。”可從。

北都時，朝法嚴急。太和初，吾兄弟三人並居内職，兄在高祖左右，[1]吾與津在文明太后左右。于時口敕，責諸内官，十日仰密得一事，不列便大嗔嫌。諸人多有依敕密列者，亦有太后、高祖中間傳言構間者。吾兄弟自相誡曰：“今忝二聖近臣，居母子間難，宜深慎之。又列人事，亦何容易，縱被嗔責，勿輕言。”十餘年中，不嘗言一人罪過。時大被嫌責，答曰：“臣等非不聞人語，正恐不審，仰誤聖聽，以是不敢言。”於後終以不言。蒙責及二聖間言語，[2]終不敢輒爾傳通。太和二十一年，吾從濟州來朝，在清徽堂豫宴。[3]高祖謂諸貴曰：“北京之日，[4]太后嚴明，吾每得杖。左右因此有是非言。和朕母子者，唯楊播兄弟。”遂舉爵賜兄及我酒。[5]汝等脱若萬一蒙明主知遇，宜深慎言語，不可輕論人惡也。

[1]高祖：即北魏孝文帝元宏。高祖爲其廟號。

[2]蒙責：底本作“蒙貴”，宋本、毛本、殿本、四庫本、局

本、四部備要本、中華本作“蒙責”。中華本校勘記云：“南、北、汲、殿四本及《魏書》‘貴’字作‘賞’，百衲本作‘貴’。張元濟云：‘按“貴”疑“責”之訛，“蒙責及二聖間言語”自爲句。若作“貴”及“賞”字截句，則下“及二聖間”云云，不可解。’按《通志》卷一五〇上《楊椿傳》正作‘責’。張説是，今據改。”今從改。

[3]清徽堂：北魏孝文帝太和時建。故址在今河南洛陽市東北。

[4]北京：指舊都平城。

[5]遂舉爵賜兄及我酒：《魏書》卷五八《楊播附楊椿傳》作“遂舉賜四兄及我酒。”按：楊椿唯有一兄，即楊播。其餘皆爲弟，不可能有“四兄”。脱“爵”字文意不通，應爲“舉爵”。從《北史》。

吾自惟文武才藝、門望姻援不勝他人，一旦位登侍中、尚書，四歷九卿，十爲刺史，光禄大夫、儀同、開府、司徒、太保，[1]津今復爲司空者，[2]正由忠謹慎口，不嘗論人之過，無貴無賤，待之以禮，以是故至此耳。聞汝等學時俗人，乃有坐待客者，有驅馳勢門者，有輕論人惡者，及見貴勝則敬重之，見貧賤則慢易之，此人行之大失，立身之大病也。汝家仕皇魏以來，高祖以下乃有七郡太守、三十二州刺史，内外顯職，時流少比。汝等若能存禮節，不爲奢淫驕慢，[3]假不勝人，足免尤誚，[4]足成名家。吾今年始七十五，自惟氣力，尚堪朝覲天子，所以孜孜求退者，正欲使汝等知天下滿足之義，爲一門法耳，非是苟求千載之名。汝等能記吾言，吾百年後終無恨矣。

[1]光禄大夫：官名。北魏時爲在朝顯職的加官，以示恩寵，或授予年老有病者爲致仕之官，亦常用於卒後贈官，無具體職掌。孝文帝太和二十三年定爲三品。　儀同：儀同三司的省稱。東漢初臨時設置，謂官非三公而儀制待遇同於三公。魏晋時，授予開府位從三公之文武官。南北朝時授予範圍不斷擴大，逐漸成爲官號。北魏孝文帝太和十七年定爲一品下，二十三年定爲從一品，位開府上。　開府：開府儀同三司的省稱。北魏時爲大臣加號，意謂與三司禮制待遇相同，許開府，自辟僚屬。從一品上。

[2]司空：官名。北魏時爲名譽宰相，多爲大臣加官。孝文帝太和二十三年定爲一品。

[3]驕慢：底本、元大德本作“僑慢”，宋本、毛本、殿本、四庫本、局本、四部備要本、中華本作“驕慢”。按：底本、元大德本“驕”訛作“僑”。今從改。

[4]尤誚：過失與譴責。

椿還華陰，踰年，爲尒朱天光所害。時人莫不怨痛之。[1]太昌初，贈太師、丞相、都督、冀州刺史。[2]子昱。

[1]時人莫不怨痛之：源氏校勘記云：“‘怨’《魏書》作‘冤’。”

[2]太師：官名。北魏時爲三師之一，掌輔佐君王。孝文帝太和二十三年定爲一品。　都督：官名。地方軍政長官，稱都督諸州軍事。可領一州或數州刺史，多帶將軍名號，兼理民政。品級不定，分使持節、持節、假節三種，各有不同職責。

昱字元晷，[1]起家廣平王懷左常侍。[2]懷好武事，數

游獵，昱每規諫。正始中，以京兆、廣平二王國臣多縱恣，詔御史中尉崔亮窮案之，[3]伏法都市者三十餘人，不死者悉除名，唯昱與博陵崔楷以忠諫免。[4]後除太學博士、員外散騎侍郎。[5]

[1]元晷：底本作"元略"，源氏校勘記云："《魏書》作'元晷'。"中華本校勘記云："《魏書》卷五八《楊昱傳》'略'作'晷'。按'昱''晷'文義相應，疑作'晷'是。"另據楊昱墓誌載："公諱昱，字元晷，弘農華陰潼鄉習仙里人。"（參羅新、葉煒《新出魏晉南北朝墓誌疏證（修訂本）》，第142—143頁）故"元晷"爲是。今從改。

[2]懷：即元懷，人名。北魏宗室。孝文帝元宏第五子，宣武帝元恪同母弟。見《北史》卷一九《廣平王懷傳》。　左常侍：官名。王、公國屬官。掌侍從左右、贊相禮儀、獻替諫諍。

[3]崔亮：人名。字敬儒，清河東武城（今山東武城縣西北）人。北魏官吏。見《北史》卷四四《崔亮傳》。

[4]博陵：郡名。北魏時治安平縣，在今河北安平縣。　崔楷：人名。字季則，博陵安平（今河北安平縣）人。北魏官吏。見《北史》卷三二《崔辯附崔楷傳》。

[5]太學博士：官名。漢、魏時置五經博士，分經教授弟子員，後統稱太學博士，歷代相承。北魏沿置，孝文帝太和二十三年定爲從七品。　員外散騎侍郎：官名。北魏初沿例授予南朝北奔之士，後多以公族、功臣子充任。掌規諫等，爲閑散之職，地位等同於吏部郎。孝文帝太和二十三年定爲七品上。

初，尚書令王肅除揚州刺史，[1]出頓洛陽東亭。酣後，廣陽王嘉、北海王詳等與播論議競理，[2]播不爲屈。

北海王顧昱曰：[3]“尊伯性剛不伏理，大不如尊使君也。”昱對曰：“昱父道隆則從其隆，道洿則從其洿；[4]伯父剛則不吐，柔亦不茹。”一坐歎其能言。肅曰：“非此郎，何得申二父之美。”

[1]尚書令：官名。北魏孝文帝改制後，尚書省職權漸重，以録尚書事爲長官，尚書令爲副職，兼掌監察百官，皆爲宰相。孝文帝太和十七年定爲從一品上。　王肅：人名。字恭懿，琅邪臨沂（今山東臨沂市）人。北魏官吏。見《北史》卷四二《王肅傳》。

[2]廣陽王：封爵名。廣陽，郡名。北魏時治燕樂縣，在今河北隆化縣。　嘉：即元嘉，人名。北魏宗室、大臣。廣陽王元建之子，太武帝拓跋燾之孫。見《北史》卷一六《廣陽王建附元嘉傳》。　北海王：封爵名。北海，郡名。北魏時治平壽城，在今山東濰坊市西南。　詳：即元詳，人名。字季豫。北魏宗室。獻文帝拓跋弘之子，孝文帝元宏異母弟。見《北史》卷一九《北海王詳傳》。

[3]北海王顧昱曰：源氏校勘記於“顧”後補“謂”字。

[4]洿（wū）：污穢，不廉潔。

延昌三年，[1]以本官帶詹事丞。[2]時明帝在懷抱中，至於出入，左右、乳母而已，不令宫僚聞知。昱諫曰：“陛下不以臣等凡淺，備位宫臣，太子動止，宜令翼從。自比以來，輕爾出入，進無二傅導引之美，退闕群僚陪侍之式。非所謂示人軌儀，著君臣之義。陛下若召太子，必降手敕，令臣下咸知，爲後世法。”於是詔自今若非手敕，勿令兒輒出，宫臣在直者，從至萬歲門。[3]轉太尉掾，[4]兼中書舍人。[5]

[1]延昌：北魏宣武帝的年號（512—515）。

[2]詹事丞：官名。魏晋以來，唯置於太子東宫，管理詹事府内事務，掌文書，亦稱太子詹事丞。北魏孝文帝太和十七年定爲從五品中，二十三年改爲七品。

[3]萬歲門：在今河南洛陽市。

[4]掾：屬官統稱。

[5]中書舍人：官名。即中書通事舍人。北魏時掌呈奏表，因此職原品秩較低，一般由寒庶之士充任。孝文帝太和二十三年定爲六品下。

靈太后嘗謂昱曰：[1]“親姻在外，不稱人心，卿有所聞，慎勿諱隱。”昱奏揚州刺史李崇五車載貨，[2]恒州刺史楊鈞造銀食器十具，[3]並餉領軍元叉。[4]靈太后令召叉夫妻，泣而責之。叉深恨昱。昱第六叔舒妻，武昌王和之妹，[5]和即叉之從祖父。舒早喪，有一男六女，及終喪，元氏請别居。昱父椿集親姻泣謂曰：“我弟不幸早終，今男未婚，女未嫁，何便求别居？”不聽。遂懷憾。神龜二年，[6]瀛州人劉宣明謀反，[7]事覺逃竄。叉使和及元氏誣告昱藏宣明，云昱父椿、叔津並送甲仗三百具，謀圖不逞。叉又構成其事。乃遣夜圍昱宅收之，並無所獲。太后問狀，昱具對元氏構釁之端，言至哀切。太后乃解昱縛，[8]和及元氏並處死刑。而叉相左右，和直免官，元氏卒亦不坐。及叉之廢太后也，乃出昱爲濟陰内史。[9]中山王熙起兵於鄴，[10]叉遣黄門盧同詣鄴刑熙，[11]并窮黨與。同希叉旨，就郡鎖昱赴鄴，因訊百日

乃還任。

[1]嘗謂昱曰：殿本、四庫本作“常謂昱曰”。“嘗”訛作“常”。

[2]李崇：人名。字繼長，小名繼伯，頓丘（今河南清豐縣西南）人。北魏名臣。見《北史》卷四三《李崇傳》。

[3]恒州：北魏時治平城，在今山西大同市東北。

[4]元叉：人名。字伯儁，小字夜叉。北魏宗室。見《北史》卷一六《京兆王黎附元叉傳》。

[5]武昌王：封爵名。遥封。武昌，郡名。南朝宋時治武昌縣，在今湖北鄂州市鄂城區。　和：即拓跋和，人名。字善意。北魏宗室。見《北史》卷一六《河南王曜附拓跋和傳》。

[6]神龜：北魏孝明帝的年號（518—520）。

[7]瀛州：北魏時治趙都軍城，在今河北河間市。

[8]乃解昱縛：四庫本作“乃解晃縛”。“昱”訛作“晃”。

[9]濟陰：郡名。北魏時治定陶縣，在今山東定陶縣西北。　内史：官名。北魏時爲執掌民政的官員，地位相當於郡太守。孝文帝太和二十三年定上郡爲四品，中郡爲五品，下郡爲六品。

[10]中山王：封爵名。中山，郡名。北魏時治盧奴縣，在今河北定州市。　熙：即元熙。人名。字真興。北魏宗室。見《北史》卷一八《南安王楨附元熙傳》。　鄴：城名。在河北臨漳縣西南鄴鎮。

[11]黄門：官名。即黄門侍郎。　盧同：人名。字叔倫，范陽涿（今河北涿州市）人。北魏官吏。見《北史》卷三〇《盧同傳》。

孝昌初，[1]除中書侍郎，[2]遷給事黄門侍郎。後賊圍豳州，[3]詔昱兼侍中，持節催西北道大都督、北海王

顗，[4]仍隨軍監察。豳州圍解。雍州蜀賊張映龍、姜神達知州内虚，謀欲攻掩。刺史元脩義懼而請援，[5]一日一夜，書移九通。都督李叔仁遲疑不赴。[6]昱曰："若長安不守，大軍自然瓦散，此軍雖往，有何益也。"遂與叔仁等俱進，於陣斬神達，諸賊迸散。詔以昱受旨催督，而顗軍稽緩，遂免昱官。尋除涇州刺史。未幾，昱父椿爲雍州，徵昱除吏部郎中。[7]及蕭寶夤等敗於關中，以昱兼七兵尚書、持節、假撫軍、都督，[8]防守雍州。昱遇賊失利而返。後除鎮東將軍、假車騎將軍、東南道都督，[9]又加散騎常侍。[10]於後太山太守羊侃據郡南叛，[11]侃兄深時爲徐州行臺，[12]府州咸欲禁深。昱曰："昔叔向不以鮒也見廢，[13]奈何以侃罪深，宜聽朝旨。"不許群議。

[1]孝昌：北魏孝明帝的年號（525—527）。

[2]中書侍郎：官名。北魏時多選用文學之士，掌草擬詔令，職位機要。置四人，孝文帝太和二十三年定爲從四品上。

[3]豳（bīn）州：北魏時治趙興郡城，在今甘肅寧縣。

[4]持節：自漢起，節爲皇帝號令賞罰的信物，故持節比不持節位高權重，歷朝因之。自西晋起，實際成爲一種加職，在使持節之下、假節之上。督軍時與使持節同，有權殺二千石以下，平時衹能殺無官位之人。　大都督：官名。三國魏明帝太和中置。北魏沿置，或在戰事時加置，或以此銜都督某一地區軍事。

[5]元脩義：人名。字壽安，北魏宗室。見《北史》卷一七《汝陰王天賜附元脩義傳》。

[6]李叔仁：人名。隴西（今甘肅隴西縣東南）人。北魏官吏。見《北史》卷三七《李叔仁傳》。

［7］吏部郎中：官名。北魏時與吏部郎互稱，爲尚書省吏部曹長官，資深者可轉侍郎。屬吏部尚書，主管官吏選任、調動事務，對五品以下官吏的任免有建議權。孝文帝太和十七年定爲從四品上，二十三年定爲六品。

［8］七兵尚書：官名。北魏時領别兵、騎兵、都兵、左右中兵、左右外兵七曹。孝文帝太和二十三年定爲三品。　撫軍：官名。即撫軍將軍。北魏時爲將軍名號，地位較高。孝文帝太和十七年定爲從一品下，二十三年定爲從二品。

［9］鎮東將軍：官名。四鎮將軍之一，地位次於四征將軍。北魏初多授持節都督，出鎮方面，後爲褒賞軍功勳臣的閑職。孝文帝太和十七年定爲從一品下，二十三年定爲從二品。

［10］散騎常侍：官名。北魏時掌規諫，顧問應對，與侍中等共平尚書奏事，有異議得駁奏。亦常用作宰相、諸公等加官，得入宫禁議政。孝文帝太和二十三年定爲二品。

［11］太山太守：底本作“太山守”，《魏書》卷五八《楊播附楊昱傳》作“太山太守”。《北史》脱“太”字。今從改。太山，郡名。即泰山郡。北魏時治博平縣，在今山東泰安市東南。　羊侃：人名。字祖忻，泰山梁父（今山東新泰市）人。北魏官吏。後叛入南朝梁。見《南史》卷六三《羊侃傳》。

［12］徐州：北魏時治彭城縣，在今江蘇徐州市。

［13］昔叔向不以鮒也見廢：以前叔向不因欒王鮒的讒言而被廢。典出《左傳》襄公二年。叔向，一作“叔向”“叔譽”。春秋時晋國大夫。多次參與晋平公與諸侯會盟和作戰之策劃。主張維護舊禮制，反對政治改革，曾致書鄭國子産指責其公布“刑書”。鮒，即欒王鮒，叔向的庶弟，春秋時晋平公的大夫，口是心非。

還朝未幾，元顥侵逼大梁，［1］除昱南道大都督，鎮滎陽。［2］顥禽濟陰王暉業，［3］乘虚徑進，城陷。昱與弟息

五人在門樓上，[4]顥至，執昱下，責曰："卿今死甘心不？"答曰："分不望生，向所以不下樓，正慮亂兵耳。但恨八十老父無人供養，乞小弟一命，便是死不朽也。"顥將陳慶之、胡光等伏顥帳前曰："陛下度江三千里，無遺鏃費。昨日殺傷五百餘人，求乞楊昱以快意。"顥曰："我在江東聞梁主言，初下都，袁昂爲吴郡不降，[5]稱其忠節。奈何殺昱。"於是斬昱下統帥三十七人，皆令蜀兵刳腹取心食之。

[1]大梁：城名。在今河南開封市西北。

[2]滎陽：郡名。北魏時治滎陽縣，在今河南滎陽市。

[3]暉業：即元暉業，人名。字紹遠。北魏宗室。見《北史》卷一七《濟陰王小新成附元暉業傳》。

[4]息：兒子。

[5]袁昂：人名。字千里，陳郡陽夏（今河南太康縣）人。南朝梁官吏。見《梁書》卷三一《袁昂傳》。　吴郡：南朝梁時治吴縣，在今江蘇蘇州市。

孝莊還，復前官。[1]尒朱榮之死，昱爲東道行臺拒尒朱仲遠。[2]會尒朱兆入洛，昱還京師。後歸鄉里，亦爲天光所害。[3]太昌初，贈司空公、定州刺史。

[1]孝莊還復前官：南監本馮夢禎校勘記云："《魏書》'取心食之'下有'顥既入洛，除昱名爲民'，故可接'孝莊還，復前官'。既削除名之文，將何所復？李延壽真小兒，强作解事者，此類甚多。足供一笑。"

[2]尒朱仲遠：人名。北秀容（今山西朔州市）人，契胡族。

北魏、北齊大臣。見《北史》卷四八《尒朱榮附尒朱仲遠傳》。

[3]亦爲天光所害：楊昱墓誌載："凶羯肆暴，毒害忠良，以普泰元年六月廿九日薨於習仙里第，時年五十四。"據此可知，楊昱生於北魏孝文帝太和二年，死於節閔帝普泰元年（參羅新、葉煒《新出魏晋南北朝墓誌疏證（修訂本）》，第142—143頁）。

子孝邕，員外郎，[1]奔免，匿蠻中，潛結渠率，[2]謀報尒朱氏。微服入洛，爲尒朱世隆所殺。[3]

[1]員外郎：官名。員外散騎侍郎的省稱。

[2]渠率：即首領。一般作爲對敵方首領，尤其是少數民族首領的蔑稱。"渠"通"巨"，意爲大。

[3]尒朱世隆：人名。字榮宗，北秀容（今山西朔州市）人，契胡族。北魏官吏。見《北史》卷四八《尒朱榮附尒朱世隆傳》。

椿弟穎，字惠哲，本州别駕。[1]

[1]别駕：官名。又作"别駕從事""别駕從事史"。爲州刺史僚屬，録衆事。北魏後期漸由朝廷任命。其品秩依州品不同，自正五品至正七品不等。

穎弟順，字延和，寬裕謹厚。豫立莊帝功，封三門縣伯，位冀州刺史。[1]罷州還，遇害。[2]太昌初，[3]贈太尉公、録尚書事、相州刺史。[4]

[1]封三門縣伯位冀州刺史：據楊順墓誌載，其歷官爲："解褐員外散騎侍郎、直寢；除員外散騎常侍、鎮遠將軍、直閤將軍、輔

國將軍、驍騎將軍；除平西將軍、銀青光禄大夫、武衛將軍、北中郎將、太僕卿，以勳封三門縣開國伯，本州大中正、使持節都督冀州諸軍事、撫軍將軍、冀州刺史、天柱府長史、征東將軍、右光禄大夫、驃騎將軍、左光禄大夫。”（參羅新、葉煒《新出魏晋南北朝墓誌疏證（修訂本）》，第144—145頁）三門縣伯，封爵名。三門，縣名。治所在今陝西澄城縣西北三門村。

[2]罷州還遇害：楊順墓誌載：“羯胡亂政，毒忌忠貞，以普泰元年七月四日遇害於洛陽依仁里，時年六十有六。”據此可知，楊順生於北魏獻文帝天安元年（466），死於節閔帝普泰元年（參羅新、葉煒《新出魏晋南北朝墓誌疏證（修訂本）》，第144—145頁）。

[3]太昌初：局本作“太昌”，脱“初”字。

[4]贈太尉公録尚書事相州刺史：楊順墓誌載：“太昌革運，追贈使持節、太尉公、録尚書事、殷相二州諸軍事、相州刺史。”較《北史》爲詳（參羅新、葉煒《新出魏晋南北朝墓誌疏證（修訂本）》，第144—145頁）。太尉公，官名。太尉的尊稱。録尚書事，官名。北魏時多以公卿權重者居之，總領尚書省政務。相州，北魏時治鄴城，在今河北臨漳縣西南鄴鎮。

子辯，字僧達，位東雍州刺史。[1]

[1]東雍州：北魏時治正平郡正平縣界柏壁，在今山西臨汾市境。

辯弟仲宣，有風度才學。位正平太守，爵恒農伯，在郡有能名。[1]還京，兄弟與父同遇害。太昌初，辯贈儀同三司、恒州刺史，仲宣贈尚書右僕射、青州刺史。[2]

[1]位正平太守爵恒農伯在郡有能名：據楊仲宣墓誌，其歷官云："解褐奉朝請，轉員外郎、太尉記室，除太尉掾。尋去台翼，入司帝言，除中書舍人、通直郎。既而朱管俟才，紫泥佇彦，除征虜將軍、中書侍郎。遷持節、平西將軍、正平太守、散騎常侍、安西將軍、銀青光禄大夫，轉征東將軍、金紫光禄大夫、恒農伯。"（參羅新、葉煒《新出魏晋南北朝墓誌疏證（修訂本）》，第146—147頁）正平，郡名。北魏時治臨汾縣，在今山西新絳縣。

[2]仲宣贈尚書右僕射青州刺史：楊仲宣墓誌載："春秋卌有八，以普泰元年七月四日遇害於洛陽依仁里。太昌革運，贈使持節、青光二州諸軍事、車騎大將軍、青州刺史、尚書右僕射。"較《北史》爲詳（參羅新、葉煒《新出魏晋南北朝墓誌疏證（修訂本）》，第146—147頁）。青州，北魏時治東陽城，在今山東青州市。

仲宣子玄就，幼而儁拔。收捕時，年九歲，牽挽兵人曰："欲害諸尊，乞先就死。"兵以刀斫斷其臂，猶請死不止，遂先殺之。永熙初，[1]贈汝陰太守。[2]

[1]永熙：北魏孝武帝的年號（532—534）。

[2]汝陰：郡名。北魏時治社亭城，在今安徽潁上縣南。

順弟津。津字羅漢，本字延祚，孝文賜改焉。[1]少端謹，以器度見稱。年十一，除侍御中散。[2]時孝文幼沖，文明太后臨朝，津曾入侍左右，[3]忽咳逆失聲，遂吐血數升，藏之衣袖。太后聞聲，閲而不見，問其故，具以實言，遂以敬慎見知。賜縑百匹，遷符璽郎中。[4]

津以身在禁密，不外交游，至宗族姻表罕相參候。[5]司徒馮誕與津少結交友，[6]而津見其貴寵，每恒退避，及相招命，多辭疾不往。誕以爲恨，而津逾遠焉。人或謂之曰："司徒，君之少舊，何自外也？"津曰："爲勢家所厚，復何容易！但全吾今日，亦足矣。"轉振威將軍，[7]領監曹奏事令。[8]孝文南征，以津爲都督、征南府長史。[9]後遷長水校尉，[10]仍直閤。[11]

[1]津字羅漢本字延祚孝文賜改焉：中華本校勘記云："張森楷云：'按津兄播字延慶，椿字延壽，皆孝文賜改，不應津本字延祚而反改字羅漢。疑本字羅漢，孝文改爲延祚，方合。然《魏書》亦如是，則其誤久矣。'"可從。

[2]侍御中散：官名。北魏中期從中散官中分化出來，屬侍御曹。地位較中散高，侍從皇帝左右。多選用功臣子弟，也可作爲起家官。任職於其他機構，則冠以機構名，如殿内侍御中散、内秘書侍御中散等。孝文帝太和十七年定爲五品上。

[3]津曾入侍左右：《魏書》卷五八《楊播附楊津傳》作"津曾久侍左右"，《通志》卷一五〇上與《北史》同。按：未詳孰是。

[4]符璽郎中：官名。北魏時隸符節令。孝文帝太和二十三年定爲從六品上。

[5]罕相參候：《魏書·楊播附楊津傳》作"罕相祗候"。《通志》卷一五〇上與《北史》同。按：未詳孰是。

[6]馮誕：人名。字思正，長樂信都（今河北冀州市）人。北魏外戚，姑母爲文明太后。見《北史》卷八〇《馮熙附馮誕傳》。毛本、局本、四部備要本作"馬誕"。據史書記載，無"馬誕"此人。"馮"訛作"馬"。

[7]振威將軍：官名。北魏時爲雜號將軍之一。

[8]監曹奏事令：官名。御史臺屬員。

[9]征南府長史：官名。征南將軍府屬官之長，總領府事。

[10]長水校尉：官名。不領兵，爲散官。

[11]直閤：官名。爲皇帝左右侍衛之官，地位顯要。北魏時大多以宗室任此職。孝文帝太和十七年定爲從三品中。

景明中，[1]宣武遊於北芒，[2]津時陪從。太尉、咸陽王禧謀反，[3]帝馳入華林。時直閤中有同禧謀，皆在從限。及禧平，帝顧謂朝臣曰："直閤半爲逆黨，非至忠者安能不豫此謀。"因拜津左中郎將，[4]遷驍騎將軍，[5]仍直閤。

[1]景明：北魏宣武帝的年號（500—503）。

[2]北芒：山名。又作"北邙""芒山""北山"，在今河南洛陽市東北。

[3]咸陽王：封爵名。咸陽，郡名。北魏時治池陽縣，在今陝西涇陽縣。　禧：即元禧，人名。字思永，《魏書》卷二一上《咸陽王禧傳》又作"永壽"。孝文帝弟。孝文帝駕崩後，元禧受遺詔輔政，封咸陽王。後因驕奢賄賂，爲宣武帝所惡，陰謀舉兵反叛，事泄被殺。見《北史》卷一九《咸陽王禧傳》。

[4]左中郎將：官名。北魏時爲冗職，用以安置閑散武臣，隸領軍府所轄左右衛府。從四品。底本作"左右中郎將"，中華本校勘記云："諸本'左'下衍'右'字，據《魏書》卷五八《楊津傳》删。"今從改。

[5]驍騎將軍：官名。北魏時負責宿衛之事，是護衛皇宮的主要將領之一。孝文帝太和十七年定爲從三品上，二十三年定爲四品上。

出除岐州刺史，津巨細躬親，孜孜不倦。有武功人齎絹三匹，[1]去城十里，爲賊所劫。時有使者馳駟而至，[2]被劫人因以告之。使者到州，以狀白津。津乃下教，云有人著某色衣，乘某色馬，在城東十里被殺，不知姓名。若有家人，可速收視。有一老母行哭而出，云是己子。於是遣騎追收，并絹俱獲。自是闔境畏服。至於守令僚佐有濁貨者，未曾公言其罪，常以私書切責之。於是官屬感厲，莫有犯法者。以母憂去職。[3]

[1]武功：郡名。北魏時治美陽縣，在今陝西扶風縣東南。

[2]駟：宋本、毛本、殿本、四庫本、局本、四部備要本、中華本作“驛”。按：《説文・馬部》：“駟，驛傳也。”段玉裁注：“駟爲尊者之傳用車。……俗字用駟爲驛。”

[3]憂：居父母之喪。按當時規定，父母之喪必須辭官回家守喪三年。

延昌末，起爲華州刺史，與兄播前後牧本州，當世榮之。先是，受調絹度尺特長，在事因緣，共相進退，百姓苦之。津乃令依公尺度其輸物，尤好者賜以杯酒而出；其所輸少劣者，爲受之，但無酒以示其耻。於是競相勸厲，官調更勝。

孝昌中，北鎮擾亂，[1]侵逼舊京，乃加津安北將軍、北道大都督，[2]尋轉左衛，加撫軍將軍。津始受命，出據靈丘，[3]而賊帥鮮于脩禮起於博陵，[4]定州危急，遂回師南赴。始至城下，營壘未立，而州軍新敗。津以賊既乘勝，士衆勞疲，柵壘未安，不可擬敵，欲移軍入城，

更圖後舉。刺史元固稱賊既逼城，不可示弱，乃閉門不内。津揮刃欲斬門者，軍乃得入。賊果夜至，見栅空而去。其後，賊攻州城東面，已入羅城。[5]刺史閉小城東門，城中騷擾。津開門出戰，賊退，人心少安。

[1]北鎮擾亂：《魏書》卷五八《楊播附楊津傳》作“近鎮擾亂”，《通志》卷一五〇上與《北史》同。按：未詳孰是。

[2]安北將軍：官名。北魏時與安東、安西、安南將軍合稱四安將軍。爲北方某一地區的軍事長官，或作爲刺史等地方官員兼理軍務時的加官。孝文帝太和二十三年定爲三品。

[3]靈丘：縣名。治所在今山西靈丘縣東。

[4]鮮于脩禮：人名。敕勒族。本爲懷朔鎮兵，六鎮起義軍敗後，在定州左城（今河北唐縣西北）率降户起義。後被其部將所殺。

[5]羅城：指城外的大城。

尋除定州刺史，又兼吏部尚書、北道行臺。[1]初，津兄椿得罪此州，由鉅鹿人趙略投書所致。[2]及津至，略舉家逃走。津乃下教慰喻，令其還業。於是闔州愧服，遠近稱之。時賊帥鮮于脩禮、杜洛周殘掠州境，[3]孤城獨立，在兩寇之間。津修理戰具，更營雉堞。[4]又於城中去城十步，掘地至泉，廣作地道，潛兵涌出，置爐鑄鐵，持以灌賊。賊遂相告曰：“不畏利槊堅城，唯畏楊公鐵星。”津與賊帥元洪業等書喻之，[5]并授鐵券，許之爵位，令圖賊帥毛普賢。[6]洪業等感寤，復書云欲殺普賢，又云：“賊欲圍城，正爲取北人，城中所有北

人，必須盡殺。”津以城内北人，雖是惡黨，然掌握中物，未忍便殺，但收内子城，防禁而已。將吏無不感其仁恕。朝廷初送鐵券二十枚，委津分給，津隨賊中首領，間行送之，脩禮、普賢頗亦由此而死。

[1]吏部尚書：官名。位居列曹尚書之上。主管官吏銓選、考課、獎懲，其實權甚或過於尚書僕射。然重要官職的任免須與諸執政大臣合議，由皇帝、宰相裁定，亦常命尚書僕射領吏部事務或任命大臣參掌選事以分其權任。北魏孝文帝太和十七年定爲二品下，二十三年定爲三品。

[2]鉅鹿：郡名。北魏時屬定州，治曲陽縣，在今河北晋州市西。北魏孝莊帝永安二年（529）時分定州鉅鹿郡置，屬殷州，治癭遥縣，在今河北寧晋縣西南。

[3]杜洛周：人名。北魏末六鎮起義軍首領。後爲葛榮所害。

[4]雉堞：泛指城墻。

[5]元洪業：人名。元叉從弟。叉欲謀反，先遣洪業率六鎮降户反於定州。北魏孝明帝孝昌二年爲葛榮所殺。

[6]毛普賢：人名。朔州（今山西朔州市）人。北魏末葛榮起義軍將領。初仕北魏，任統軍。後參加河北起義軍，死於内訌。

既而杜洛周圍州城，津盡力捍守。詔加衛將軍，將士有功者任津科賞，兵人給復八年。葛榮以司徒説津，[1]津大怒，斬其使以絶之。自受攻圍，經歷三稔，[2]朝廷不能拯赴。乃遣長子遁突圍出，詣蠕蠕主阿那瓌，[3]令其討賊。遁日夜泣訴，阿那瓌遣其從祖吐豆發率精騎南出。前鋒已達廣昌，[4]賊防塞隘口，蠕蠕遂還。津長史李裔引賊入，[5]津苦戰不敵，遂見拘執。洛周脱

津衣服，置地牢下數日，將烹之。諸賊還相諫止，遂得免害。津曾與裔相見，對諸賊帥以大義責之，辭淚俱發，裔大慚。典守者以告洛周，弗之責。及葛榮併洛周，復爲榮所拘。榮破，始得還洛。

[1]葛榮：人名。北魏末河北起義軍首領。孝明帝孝昌元年，與杜洛周、鮮于脩禮等先後起義。次年，葛榮擊敗北魏主力，建國號齊。孝莊帝建義元年，攻圍相州失敗，爲尒朱榮所擒，送入京師，被斬。

[2]稔：一年。

[3]阿那瓌：人名。北魏時柔然可汗。見《北史》卷九八《蠕蠕傳》。

[4]廣昌：地名。在今河北淶源縣。

[5]李裔：人名。字徽伯，趙郡平棘（今河北趙縣）人。北魏官吏。見《北史》卷三三《李裔傳》。

永安二年，兼吏部尚書。元顥内逼，莊帝將親出討，以津爲中軍大都督，[1]兼領軍將軍。[2]未行，顥入。及顥敗，津乃入宿殿中，掃洒宮掖，遣第二子逸封閉府庫，各令防守。及帝入也，津迎於北芒，流涕謝罪。帝深嘉慰之。尋以津爲司空，加侍中。尒朱榮死，使津以本官爲兼尚書令、北道大行臺、都督、并州刺史，[3]委以討胡經略。津馳至鄴，將從滏口而入。[4]遇尒朱兆等已克洛，相州刺史李神等議欲與津舉城通款，[5]津不從。以子逸既爲光州刺史，[6]兄子昱時爲東道行臺，鳩率部曲，[7]在於梁、沛，[8]津規欲東轉，更爲方略。乃率輕騎

望於濟州度河。而尒朱仲遠已陷東郡，[9]所圖不果，遂還京師。普泰元年，亦遇害於洛。太昌初，贈大將軍、太傅、都督、雍州刺史，[10]謚曰孝穆。將葬本鄉，詔大鴻臚持節監護喪事。[11]長子遁。

[1]中軍大都督：官名。北魏末置。統率中軍。

[2]領軍將軍：人名。北魏時如以侍臣帶此職，則稱中領軍將軍。孝文帝太和十七年定爲二品上，二十三年定爲從二品。

[3]尒朱榮死使津以本官爲兼尚書令北道大行臺都督并州刺史：南監本馮夢禎校勘記云："《魏書》云以津爲都督，并肆等九州諸軍事，驃騎大將軍兼尚書令。今削頭改云'以本官兼尚書令'。文義謬甚。"大行臺，官名。北魏置。爲尚書省在各主要地區的派出機構的長官，管理轄區内的軍政事務。并州，北魏時治晋陽縣，在今山西太原市晋源區古城營村一帶。

[4]滏口：地名。在今河北磁縣西北鼓山。滏水（今滏陽河）發源於此。

[5]李神：人名。恒農（今河南三門峽市）人。北魏官吏。見《魏書》卷七〇《李神傳》。

[6]光州：北魏時治掖縣，在今山東萊州市。

[7]部曲：私人武裝。平時耕田從役，戰時隨主人作戰。

[8]梁：縣名。治所在今安徽阜陽市。　沛：縣名。治所在今江蘇沛縣東。

[9]東郡：北魏時治滑臺城，在今河南滑縣東。

[10]大將軍：官名。北魏時統兵事，或兼掌朝政，與大司馬共稱"二大"，位尊權重。孝文帝太和二十三年定爲一品。　太傅：官名。北魏時與太師、太保並號三師，位居太師下、太保上。爲輔弼君王的大臣。孝文帝太和二十三年定爲一品。

[11]大鴻臚：官名。北魏時掌接待少數民族賓客、朝會及吉凶

禮儀等事務。孝文帝太和十七年定爲二品上，二十三年定爲三品。

遁字山才。其家貴顯，諸子弱冠，咸縻王爵；而遁性静退，年近三十，方爲鎮西府主簿。[1]累遷尚書左丞、金紫光禄大夫，[2]亦被害於洛。太昌初，贈車騎大將軍、儀同三司、幽州刺史，[3]謚曰恭定。[4]

[1]鎮西府：官署名。鎮西將軍的府署。　主簿：官名。掌典領文書簿籍，經辦事務。南北朝時諸公、將軍、五校尉、列卿寺監、光禄大夫等府皆置，品位秩級隨府長官地位高低而異，州郡縣亦置。雖非屬吏之首，但地位很高。

[2]累遷尚書左丞金紫光禄大夫：楊遁墓誌載其歷官云："釋褐鎮西主簿……轉尚書郎……除尚書左丞、平南將軍、銀青光禄大夫……除征東將軍、金紫光禄大夫……"所載較《北史》詳盡（參羅新、葉煒《新出魏晋南北朝墓誌疏證（修訂本）》，第148—149頁）。尚書左丞，官名。北魏時爲尚書省佐官，位次尚書，與右丞共掌尚書省庶務、文吏及文案奏章，兼掌監察百官。孝文帝太和二十三年改爲從四品上。金紫光禄大夫，官名。西晋初始設光禄大夫，加賜金章紫綬者爲金紫光禄大夫。禄賜、班位、冠幘、車服、佩玉、置吏卒羽林等，諸所賜給與特進同。作爲加官，唯授予章綬、禄賜、班位，不給予車服、吏卒。北魏孝文帝太和二十三年定爲從二品。

[3]太昌初贈車騎大將軍儀同三司幽州刺史：據楊遁墓誌載："普泰元年七月四日，遇害於洛陽依仁里，時年卌有二。太昌革運，追贈使持節、都督幽州諸軍事、車騎大將軍、儀同三司、幽州刺史。"此處贈官亦較《北史》爲多。由此可知，楊遁生於北魏孝文帝太和十四年（參羅新、葉煒《新出魏晋南北朝墓誌疏證（修訂本）》，第148—149頁）。

[4]謚曰恭定：局本作“謚曰公定”。按：“公”字不用於謚號，“恭”訛作“公”。

遁弟逸，字遵道，有當世才。起家員外散騎侍郎，以功賜爵華陰男。建義初，莊帝猶在河陽，[1]逸獨往謁，帝特除給事黄門侍郎，領中書舍人。及朝士濫禍，帝益憂怖，詔逸晝夜陪侍，常寢御牀前。帝曾夜中謂逸曰：“昨來舉目唯見異人，賴卿差以自慰。”再遷南秦州刺史，[2]加散騎常侍，時年二十九，時方伯之少，未有先之者。仍以路阻不行，改光州刺史。

[1]河陽：縣名。治所在今河南孟州市西南。

[2]南秦州：北魏時治洛谷城，在今甘肅西和縣洛峪鎮。

時災儉連歲，逸欲以倉粟振給，而所司懼罪不敢。逸曰：“國以人爲本，人以食爲命，[1]假令以此獲戾，吾所甘心。”遂出粟，然後申表。右僕射元羅以下，[2]謂公儲難闕，並執不許；尚書令、臨淮王彧以爲宜貸二萬；[3]詔聽貸五萬。[4]逸既出粟之後，其老小殘疾不能自存活者，又於州門造粥飼之，將死而得濟者以萬數。帝聞而善之。逸爲政愛人，尤憎豪猾，廣設耳目，善惡畢聞。其兵出使下邑，皆自持糧，人或爲設食者，雖在闇室，終不敢進，咸言楊使君有千里眼，那可欺之。在州政績尤美。

[1]人以食爲命：局本作“人以食爲天”。皆可。

[2]元羅：人名。字仲綱。北魏宗室。見《北史》卷一六《京兆王黎附元羅傳》。

[3]臨淮王：封爵名。臨淮，郡名。北魏時治赤坎城，在今安徽懷遠縣西北。　彧：即元彧，人名。字文若，本名亮，字仕明。北魏宗室。見《北史》卷一六《臨淮王譚附元彧傳》。

[4]詔聽貸五萬：宋本、毛本、殿本、四庫本、局本、四部備要本作"詔聽貸二萬"。中華本校勘記云："南、北、汲、殿四本及《魏書》'五'作'二'，百衲本作'五'。按《通志》卷一五〇上《楊津傳》也作'五'。上云'尚書令、臨淮王彧以爲宜貸二萬'，若莊帝同意元彧意見，則止云'詔聽之'即可，無須重複數字。正因最後决定數字不同，所以明白標出。作'五'是，今從百衲本。"可從。

及其家禍，尒朱仲遠遣使於州害之。吏人如喪親戚，城邑村落營齋供，一月之中，所在不絶。太昌初，贈都督、豫郢二州刺史，[1]謚曰貞。

[1]郢州：北魏時治義陽縣，在今河南信陽市。

逸弟謐，字遵智，[1]歷員外散騎常侍，以功賜爵恒農伯，[2]鎮軍將軍、金紫光禄大夫、衛將軍。[3]在晋陽，[4]爲尒朱兆所害。太昌初，贈驃騎將軍、兖州刺史。[5]

[1]字遵智：底本作"字遵和"。源氏校勘記云："'和'《魏書》作'智'。"《通志》卷一五〇上與《北史》同。據楊遵智墓誌載："君諱遵智，字遵智，弘農華陰潼鄉習仙里人也。"（參毛遠明

《漢魏六朝碑刻校注》第七册，綫裝書局 2008 年版，第 22—23 頁）今從改。

[2]恒農伯：封爵名。恒農，縣名。治所在今河南靈寶市北。

[3]鎮軍將軍：官名。三國魏始置。地位僅次於驃騎將軍、車騎將軍、衛將軍。北魏孝文帝太和二十三年定爲從二品。

[4]晋陽：縣名。治所在今山西太原市晋源區古城營村一帶。

[5]兖州：北魏時治滑臺城，在今河南滑縣東。

謐弟愔，事列于後。

津弟暐，字延季，[1]弘厚，頗有文學。位武衛將軍，[2]加散騎常侍、安南將軍。[3]莊帝初，遇害河陰，[4]贈儀同三司、雍州刺史。[5]

[1]津弟暐字延季：據楊暐墓誌載："君諱暐，字延年，弘農華陰人也。"（參羅新、葉煒《新出魏晋南北朝墓誌疏證（修訂本）》，第 137—138 頁）

[2]位武衛將軍：《魏書》卷五八《楊播傳》作"正武衛將軍"。《通志》卷一五〇上與《北史》同。按：未詳孰是。

[3]加散騎常侍安南將軍：楊暐墓誌詳載其爲官經歷云："年廿有六，太和中解褐奉朝請。于時九流初判，五教攸始，槐府精選，妙盡英奇，乃辟司徒西閤祭酒，轉司空外兵參軍。延昌中，相國胡公以后父之貴，論道中台，□訪珪璋，以備僚采，於時以君爲從事中郎……尋以紫闥禁重，青瑣高華，朱襻玉劍，非賢莫可，除直閤將軍，散騎侍郎，加中堅將軍。孝昌元年，轉嘗食典御……二年，除冠軍將軍、通直散騎常侍……後除安南將軍、武衛將軍、南北二華州大中正。"（參羅新、葉煒《新出魏晋南北朝墓誌疏證（修訂本）》，第 137—138 頁）安南將軍，官名。北魏時與安東、安北、安西將軍合稱四安將軍，是出鎮南方地區的軍事長官，或作爲刺史

等地方官員兼理軍務時的加官。三品。

[4]莊帝初遇害河陰：據楊暐墓誌載："建義元年四月十三日薨於河陰……春秋五十有五。"（參羅新、葉煒《新出魏晉南北朝墓誌疏證（修訂本）》，第137—138頁）

[5]贈儀同三司雍州刺史：楊暐墓誌載："有詔追贈使持節、都督雍州軍事、衛將軍、儀同三司、雍州刺史。"（參羅新、葉煒《新出魏晉南北朝墓誌疏證（修訂本）》，第137—138頁）

播家世純厚，並敦義讓，昆季相事，[1]有如父子。播性剛毅，椿、津恭謙，兄弟旦則聚於廳堂，終日相對，未曾入内。有一美味，不集不食。廳堂間，往往幃幔隔障，爲寢息之所，時就休偃，還共談笑。椿年老，曾他處醉歸，津扶侍還室，仍假寢閤前，承候安否。椿、津年過六十，並登台鼎，[2]而津常旦暮參問，子姪羅列階下，椿不命坐，津不敢坐。椿每近出，或日斜不至，津不先飯；椿還，然後共食。食則津親授匙箸，味皆先嘗，椿命食，然後食。津爲司空，於時府主皆自引僚佐，人有就津求官者，津曰："此事須家兄裁之，何爲見問。"初，津爲肆州，[3]椿在京宅，每有四時嘉味，輒因使次附之，若或未寄，不先入口。椿每得所寄，輒對之下泣。[4]兄弟並皆有孫，唯椿有曾孫，年十五六矣，椿常欲爲之早娶，望見玄孫。自昱已下，率多學尚，時人莫不欽焉。一家之内，男女百口，緦服同爨，[5]庭無間言。魏世以來，唯有盧陽烏兄弟及播昆季，[6]當世莫逮焉。

[1]昆季：兄弟。

[2]台鼎：指三公。

[3]肆州：北魏時治九原城，在今山西忻州市西北。

[4]輒對之下泣：毛本作“輒對之下涕”。兩者意思相近，皆可。

[5]緦服：喪服名。即緦麻。五服中最輕的一種。在此指關係較遠的族親。　同爨（cuàn）：同竈。

[6]盧陽烏：人名。即盧淵。字伯源，小名陽烏，范陽涿（今河北涿州市）人。北魏官吏。見《北史》卷三〇《盧玄附盧伯源傳》。

尒朱世隆等將害椿家，誣其爲逆，奏請收之。節閔不許，[1]世隆復苦執，不得已，乃下詔。世隆遂遣步騎夜圍其宅，天光亦同日收椿於華陰，東西兩處，無少長皆遇禍，籍没其家。節閔惋悵久之。

[1]節閔：即北魏皇帝元恭。節閔爲其謚號。

愔字遵彦，小名秦王。兒童時，口若不能言，而風度深敏，出入門閭，未嘗戲弄。六歲學史書，十一受《詩》《易》，好《左氏春秋》。幼喪母，曾詣舅源子恭，[1]子恭與之飲，問讀何書。曰：“誦《詩》。”子恭曰：“誦至《渭陽》未邪？”[2]愔便號泣感噎。子恭亦對之歔欷，遂爲之罷酒。子恭後謂津曰：“常謂秦王不甚察慧，從今已後，更欲刮目視之。”

[1]源子恭：人名。字靈順，西平樂都（今青海樂都縣）人。

北魏官吏。見《北史》卷二八《源賀附源子恭傳》。

[2]渭陽：即《詩·秦風·渭陽》。是一首外甥送別舅舅的詩，表達甥舅之間的情誼。其文曰："我送舅氏，曰至渭陽。"

愔一門四世同居，家甚隆盛，昆季就學者三十餘人。學庭前有柰樹，[1]實落地，群兒咸争之，愔頹然獨坐。其季父暐適入學館，見之，大用嗟異。顧謂賓客曰："此兒恬裕，有我家風。"宅内有茂竹，遂爲愔於林邊别葺一室，命獨處其中，常銅盤具盛饌以飯之。因以督厲諸子曰："汝輩但如遵彦謹慎，自得竹林别室、銅盤重肉之食。"愔從父兄黄門侍郎昱特相器重，曾謂人曰："此兒駒齒未落，已是我家龍文，更十歲後，當求之千里外。"昱嘗與十餘人賦詩，愔一覽便誦，無所遺失。及長，能清言，美音制，風神俊悟，容止可觀，人士見之，莫不敬異，有識者多以遠大許之。

[1]柰（nài）：與沙果同類。

正光中，[1]隨父之并州，性既恬默，又好山水，遂入晋陽西縣甕山讀書。[2]孝昌初，津爲定州刺史，愔亦隨父之職。以軍功除羽林監，[3]賜爵魏昌男，[4]不拜。及中山爲杜洛周陷，全家被囚縶。未幾，洛周滅，又没葛榮。榮欲以女妻之，又逼以僞職，愔乃託疾，密含牛血數合，於衆中吐之，仍陽喑不語。[5]榮以爲信然，乃止。

[1]正光：北魏孝明帝的年號（520—525）。

[2]縣甕山：在今山西太原市西南。

[3]羽林監：官名。北魏時掌扈從御駕。孝文帝太和二十三年定爲六品。

[4]魏昌男：封爵名。魏昌，縣名。治所在今河北定州市西南。

[5]陽喑：裝啞。

永安初，還洛，拜通直散騎侍郎，[1]年十八。元顥入洛時，愔從父兄侃爲北中郎將，鎮河梁。[2]愔適至侃處，便屬乘輿失守，夜至河，侃雖奉迎車駕北度，而潛南奔，愔固諫止之，遂相與扈從達建州。[3]除通直散騎常侍。[4]愔以世故未夷，志在潛退，乃謝病，與友人中直侍郎河間邢卲隱於嵩山。[5]

[1]通直散騎侍郎：官名。北魏時屬集書省，參平尚書奏事，兼掌侍從諷諫，員六人。初定爲四品中，孝文帝太和二十三年改從五品上。

[2]河梁：橋名。又名河橋。故址在今河南孟州市西南黄河上。

[3]建州：北魏時治高都縣，在今山西晉城市東北。

[4]通直散騎常侍：官名。又稱通直常侍。北魏時屬集書省，掌侍從、諷諫，員六人。孝文帝太和二十三年定爲四品。

[5]中直侍郎：官名。具體職掌未詳。中華本校勘記云："按本書卷四三《邢卲傳》'中直'作'中書'，此疑誤。"可從。　河間：郡名。北魏時治武垣縣，在今河北河間市南。　邢卲：人名。字子才，小字吉，河間鄚（今河北任丘市北）人。北魏官吏。見《北史》卷四三《邢巒附邢卲傳》。　嵩山：今河南登封市嵩山。

及莊帝誅尒朱榮，其從兄侃參讚帷幄，朝廷以其父

津爲并州刺史、北道大行臺，愔隨之任。有邯鄲人楊寬者，[1]求義從出藩，[2]愔請津納之。俄而孝莊幽崩，愔時適欲還都，行達邯鄲，過楊寬家，爲寬所執。至相州，見刺史劉誕，[3]以愔名家盛德，甚相哀念，付長史慕容白澤禁止焉。[4]遣隊主鞏榮貴防禁送都，[5]至安陽亭，[6]愔謂榮貴曰："僕百世忠臣，輸誠魏室，家亡國破，一至於此。雖曰囚虜，復何面目見君父之讎！得自縊於一繩，傳首而去，君之惠也。"榮貴深相矜感，遂與俱逃。愔乃投高昂兄弟。[7]

[1]邯鄲：郡名。北魏時治邯鄲縣，在今河北邯鄲市。　楊寬：人名。字景仁，弘農華陰（今陝西華陰市東南）人。北魏、西魏、北周官吏。見《周書》卷二二《楊寬傳》。

[2]出藩：出任地方長官。

[3]劉誕：人名。北魏官吏。安定王時曾爲相州刺史。後爲高歡所俘。

[4]長史：官名。北魏時掌參政務，主管屬吏。爲府中掾屬之長。四庫本作"長容"。"史"訛作"容"。

[5]隊主：局本作"隊王"。"主"訛作"王"。

[6]安陽：縣名。治所在今河南安陽市。

[7]高昂：人名。字敖曹，勃海蓨（今河北景縣）人。東魏將領。見《北史》卷三一《高祐附高昂傳》。

既潛竄累載，屬齊神武至信都，[1]遂投刺轅門，[2]便蒙引見，贊揚興運，陳訴家禍，言辭哀壯，涕泗横集。神武爲之改容，即署行臺郎中。[3]南攻鄴，歷楊寬村，寬於馬前叩頭請罪。愔謂曰："人不識恩義，蓋亦常理。

我不恨卿，無假驚怖。”時鄴未下，神武命愔作祭天文，燎畢而城陷。[4]由是轉大行臺右丞。[5]于時霸圖草創，軍國務廣，文檄教令皆自愔及崔㥄出。[6]

[1]齊神武：即高歡。神武爲其謚號，北齊後主所追謚。見《北史》卷六《齊本紀·神武帝》。

[2]轅門：指領兵將帥的營門。

[3]行臺郎中：官名。北魏置。爲行臺諸曹郎中的泛稱，各曹皆冠以曹名。有時稱不理具體曹務的官員。

[4]燎：燒柴祭天。

[5]大行臺右丞：官名。大行臺尚書右丞的省稱。爲大行臺的屬官，與大行臺左丞共掌臺事，職掌同尚書右丞，多由大行臺郎中遷任。

[6]文檄教令皆自愔及崔㥄出：局本作“文檄教令皆目愔及崔㥄出”。意不通，“自”訛作“目”。崔㥄，人名。字長儒，清河東武城（今山東武城縣西北）人。見《北史》卷二四《崔逞附崔㥄傳》。

遭罹家難，常以喪禮自居，所食唯鹽米而已，哀毀骨立。神武愍之，常相開慰。及韓陵之戰，[1]愔每陣先登。朋僚咸共怪歎曰：“楊氏儒生，今遂爲武士，仁者必勇，定非虛論。”頃之，表請解職還葬，一門之內，贈太師、太傅、丞相、大將軍者二人，[2]太尉、録尚書及尚書令者三人，[3]僕射、尚書者五人，刺史、太守者二十餘人，追榮之盛，古今未之有也。及喪柩進發，吉凶儀衛亘二十餘里，會葬者將萬人。是日，隆冬盛寒，[4]風雪嚴厚，愔跣步號哭，[5]見者無不哀之。尋徵赴

晉陽，仍居本職。

[1]韓陵之戰：北魏末年尒朱氏攻鄴，高歡敗尒朱氏。韓陵，山名。在今河南安陽市東北。

[2]大將軍者二人：殿本、四庫本、局本作"大將軍者一人"。

[3]尚書令：《北齊書》卷三四《楊愔傳》作"中書令"。

[4]隆冬盛寒：毛本作"隆冬甚寒"。用字不同，皆可。

[5]跣（xiǎn）步：赤脚步行。

愔從兄幼卿爲岐州刺史，[1]以直言忤旨見誅。愔聞之悲懼，因哀感發疾，後取急就雁門温湯療疾。[2]郭秀素害其能，[3]因致書恐之曰，高王欲送卿於帝所，[4]仍勸其逃亡。愔遂棄衣冠於水濱，若自沈者。[5]變易名姓，自稱劉士安，入嵩山，與沙門曇謨徵等屏居削迹。又潛之光州，因東入田横島，[6]以講誦爲業，海隅之士謂之劉先生。太守王元景陰佑之。[7]

[1]幼卿：中華本校勘記云："《通志》卷一五三《楊愔傳》'幼'作'稚'。按《魏書》卷五八《楊播傳》，播弟順有子名稚卿，自即此人。《北史》避唐諱，改'稚'爲'幼'。"可從。

[2]雁門：郡名。北魏時治廣武縣，在今山西代縣西南。

[3]郭秀：人名。范陽涿（今河北涿州市）人。東魏官吏。初事高歡爲行臺右丞，封壽陽伯。甚得寵重。後遇疾而卒。見《北齊書》卷五〇《郭秀傳》。底本作"郭季"，中華本校勘記云："諸本'秀'作'季'，《北齊書》卷三四（補）、《通志》卷一五三《楊愔傳》作'秀'。按事見本書卷九二《郭秀傳》，今據改。"今從改。

[4]高王：指高歡。

[5]若自沈者：底本作“若見沈者”，中華本校勘記云：“諸本‘自’作‘見’，《北齊書》及《通志》作‘自’。按‘見沈’是爲人所沈，與上文‘棄衣冠’意思不合。‘見’是形似致訛，今據改。”今從改。

[6]田横島：在今山東即墨市東横門灣海域。

[7]王元景：人名。即王昕。字元景，北海劇（今山東壽光市東南）。北魏、東魏、北齊官吏。見《北史》卷二四《王憲附王昕傳》。

神武知愔存，遣愔從兄寶猗賫書慰喻，仍遣光州刺史奚思業令搜訪，以禮發遣。神武見之悦，除太原公開府司馬，[1]轉長史，復授大行臺右丞，封華陰縣侯，遷給事黄門侍郎，妻以庶女。又兼散騎常侍，爲聘梁使主。至碻磝，[2]州内有愔家舊佛寺。[3]入精廬禮拜，[4]見太傅容像，悲感慟哭，嘔血數升，遂發病不成行，輿疾還鄴。久之，以本官兼尚書吏部郎中。武定末，[5]以望實之美，超拜吏部尚書，加侍中、衛將軍，侍學典選如故。

[1]太原公：封爵名。太原，郡名。北魏時治晋陽縣，在今山西太原市晋源區古城營村一帶。　開府司馬：官名。爲開府的屬僚，掌營兵。所屬府不同，品秩也不同。

[2]至碻（qiāo）磝（áo）：《北齊書》卷三四《楊愔傳》作“至碻磝戍”。碻磝，城戍名。在今山東茌平縣西南古黄河南岸。

[3]佛寺：局本作“佛等”。意不通，“寺”訛作“等”。

[4]入精廬禮拜：底本作“精廬禮拜”，源氏校勘記於“精”

上補“入”字。中華本校勘記云：“諸本脱‘入’字，據《北齊書》《通志》補。”今從改。

［5］武定：東魏孝静帝的年號（543—550）。

天保初，[1]以本官領太子少傅，[2]别封陽夏縣男。[3]又詔監太史，[4]遷尚書右僕射。尚太原長公主，即魏孝静后也。[5]會有雉集其舍，又拜開府儀同三司、尚書左僕射，[6]改封華山郡公。[7]九年，徙尚書令，又拜特進、驃騎大將軍。[8]十年，封開封王。[9]文宣之崩，[10]百僚莫有下淚，愔悲不自勝。

［1］天保：北齊文宣帝的年號（550—559）。

［2］太子少傅：官名。與太子太傅並稱二傅，主要職責爲以道德來輔教太子，兼領太子官屬。北齊時爲二品。

［3］陽夏縣男：封爵名。陽夏，縣名。治所在今河南太康縣。

［4］監：指以他官監理某職。　太史：官名。即太史令。掌制定律曆等。歷朝因之，品秩不一。

［5］孝静：即東魏皇帝元善見。孝静爲其謚號。

［6］尚書左僕射：官名。北齊時列位宰相，爲尚書令副貳。掌都省庶務、執法、典選舉，兼掌糾彈百官。從二品。底本作“尚書右僕射”，中華本校勘記云：“諸本‘左’作‘右’。按上文已云遷右僕射，不當復遷右。《北齊書》卷四、本書卷六《齊文宣紀》，天保八年四月，並載‘以尚書右僕射楊愔爲左僕射’，可證這裏作‘右’誤，今據改。”今從改。

［7］華山郡公：封爵名。華山，郡名。北齊時治華陰縣，在今陝西華陰市東。

［8］特進：官名。北齊時作爲加官贈給致仕大臣。主要指大臣被特許在朝會越次而位於三公之下。二品。　驃騎大將軍：官名。

居諸名號將軍之首。多授予權臣元老，以示尊崇，可開府置僚屬，不領兵。戰時統兵出征，位在三公之下，多作大臣加官。北魏孝文帝太和二十三年定爲從一品。北齊因之。

［9］開封王：封爵名。開封，郡名。北齊時治開封縣，在今河南開封市。

［10］文宣：即北齊皇帝高洋。文宣爲其謚號。

濟南嗣業，[1]任遇益隆，朝章國命，一人而已。推誠體道，時無異議。乾明元年二月，[2]爲孝昭帝所誅，[3]時年五十。天統末，[4]追贈司空公。

［1］濟南：指濟南王高殷。北齊廢帝。

［2］乾明：北齊廢帝的年號（560）。

［3］孝昭：即北齊皇帝高演。孝昭爲其謚號。

［4］天統：北齊後主的年號（565—569）。

愔貴公子，早著聲譽，風表鑒裁，爲朝野所稱。家門遇禍，唯有二弟一妹及兄孫女數人，撫養孤幼，慈旨温顔，咸出仁厚。重分義，輕貨財，前後賜與，多散之親族。群從弟姪十數人，並待而舉火。頻遭迍厄，[1]冒履艱危，一湌之惠，酬答必重；性命之讎，捨而不問。

［1］迍（zhūn）：困頓。

典選二十餘年，獎擢人倫，以爲己任。然取士多以言貌，時致謗言，以爲愔之用人，似貧士市瓜，取其大者。愔聞，不以爲意。其聰記彊識，半面不忘，每有所

召，或單稱姓，或單稱名，無有誤者。後有選人魯漫漢，自言猥賤，獨不見識。愔曰："卿前在元子思坊騎禿尾草驢，[1]經見我不下，[2]以方麴鄣面，[3]我何不識卿？"漫漢驚服。又謂之曰："名以定體，[4]漫漢果自不虛。"又令吏唱人名，誤以盧士深爲士琛。士深自言，[5]愔曰："盧郎潤朗，所以比玉。"

[1]元子思：人名。字衆念。北魏宗室。見《北史》卷一五《高涼王孤附元子思傳》。　草驢：母驢。

[2]經見我不下：中華本校勘記云："《通志》無'經'字，《册府》卷七九九'經'下有'過'字。按可能《北史》原文有'過'字，今本《北史》及《北齊書》並脱，《通志》以其不順，並删'經'字。"可從。

[3]方麴：竹編方扇。　鄣面：掩面。

[4]名以定體：毛本作"名以體定"。在此意不通，倒誤。

[5]誤以盧士深爲士琛士深自言：底本作"誤以盧士琛爲士深士琛自言"。源氏校勘記云："《北齊》'琛'作'深'、'深'作'琛'。"中華本校勘記云："諸本'深''琛'二字互易，據《北齊書》《通志》改。盧士深附見《魏書》卷四七《盧玄傳》。下文楊愔云：'盧郎潤朗，所以比玉'，正是爲其錯誤辯解。可證'士深'乃是本名。"今從改。

自尚公主後，衣紫羅袍、金鏤大帶，遇李庶，[1]頗以爲耻，謂曰："我此衣服，都是内裁，既見子將，不能無愧。"

[1]李庶：人名。頓丘（今河南清豐縣西南）人。北齊官吏。

歷位尚書郎、司徒掾，以清辯知名。後因抨擊《魏書》不公正，被髡頭鞭杖，死於獄中。見《北史》卷四三《李崇附李庶傳》。

及居端揆，經綜機衡，千端萬緒，神無滯用。自天保五年已後，一人喪德，維持匡救，實有賴焉。每天子臨軒，公卿拜授，施號發令，宣揚詔册，愔辭氣温辯，神儀秀發，百僚觀聽，莫不悚動。自居大位，門絶私交。輕貨財，重仁義，前後賞賜，積累巨萬，散之九族，架篋之中，[1]唯有書數千卷。太保、平原王隆之與愔鄰宅，[2]愔嘗見其門外有富胡數人，[3]謂左右曰："我門前幸無此物。"性周密畏慎，恒若不足，每聞後命，愀然變色。[4]

[1]篋（qiè）：小箱子。

[2]太保：官名。北齊時爲三師之一，位居太師、太傅之下。一品。北齊後主時增員而授，所施頗濫。　平原王：封爵名。平原，郡名。北齊時治聊城縣，在今山東聊城市東北。　隆之：即高隆之，人名。字延興，洛陽（今河南洛陽市東北）人。北齊官吏。見《北史》卷五四《高隆之傳》。

[3]愔嘗見其門外有富胡數人：底本無"愔"字，中華本校勘記云："諸本無'愔'字，《北齊書》有。按若無'愔'字，則似高隆之見愔門外有富胡，於文意不符。今據補。"今從改。

[4]愀（qiǎo）然：容色變動的樣子。

文宣大漸，以常山、長廣二王位地親逼，[1]深以後事爲念。愔與尚書左僕射平秦王歸彦、侍中燕子獻、黄門侍郎鄭子默受遺詔輔政，[2]並以二王威望先重，咸有

猜忌之心。初在晋陽，以大行在殯，[3]天子諒闇，[4]議令常山王在東館，欲奏之事皆先諮决，二旬而止。仍欲以常山王隨梓宮之鄴，[5]留長廣鎮晋陽。[6]執政復生疑貳，兩王又俱從至于鄴。子獻立計，欲處太皇太后於北宫，政歸皇太后。又自天保八年已來，爵賞多濫，至是，愔先自表解其開封王，諸叨竊榮恩者皆從黜免。由是嬖寵失職之徒盡歸心二叔。高歸彦初雖同德，後尋反動，以疏忌之迹，盡告兩王。可朱渾天和又每云：[7]“若不誅二王，少主無自安之理。”宋欽道面奏帝，[8]稱二叔威權既重，宜速去之。帝不許曰：“可與令公共詳其事。”愔等議出二王爲刺史，以帝仁慈，恐不可所奏，乃通啓皇太后，具述安危。有宫人李昌儀者，[9]北豫州刺史高仲密之妻，[10]坐仲密事入宫。太后與昌儀宗情，甚相昵愛。太后以啓示之，昌儀密白太皇太后。愔等又議不可令二王俱出，[11]乃奏以長廣王爲大司馬、并州刺史，[12]常山王爲太師、録尚書事。

[1]常山：即常山王高演。字延安，神武帝高歡之子。後即位爲孝昭帝。見《北史》卷七《齊本紀·孝昭帝》。　長廣：即長廣王高湛。小字步落稽，神武帝高歡之子。後即位爲武成帝。見《北史》卷八《齊本紀·武成帝》。

[2]平秦王：封爵名。平秦，郡名。北齊時治雍縣，在今陝西鳳翔縣東南。　歸彦：即高歸彦，人名。字仁英，勃海蓨（今河北景縣）人。北齊官吏。見《北史》卷五一《平秦王歸彦傳》。

[3]大行：剛駕崩而尚未定謚號的皇帝或皇后。

[4]諒闇：爲天子、諸侯居喪之稱。

[5]梓宫：指用梓木做的棺椁，一般祇有皇帝或特許的貴族、大臣纔可享有。

[6]留長廣鎮晋陽：《北齊書》卷三四《楊愔傳》作“留長廣王鎮晋陽”。

[7]可朱渾天和：人名。遼東（今遼寧遼陽市）人。北齊官吏。見《北史》卷五三《可朱渾元附可朱渾天和傳》。殿本、四庫本作“可誅渾天和”。少數民族音譯名字，皆可。

[8]宋欽道：人名。西河介休（今山西介休市）人。東魏、北齊官吏。見《北史》卷二六《宋隱附宋欽道傳》。

[9]李昌儀：底本作“季昌儀”，殿本作“李昌儀”。中華本校勘記云：“各本‘李’作‘季’，殿本據《北齊書》改作‘李’。按高仲密後妻，趙郡李徽伯女，見本書卷三一《高慎傳》。殿本改是，今從之。”今從改。

[10]北豫州：北齊時治成皋縣，在今河南滎陽市西北汜水鎮。 高仲密：人名。即高慎。字仲密，勃海蓨（今河北景縣）人。北齊官吏。見《北史》卷三一《高祐附高慎傳》。

[11]愔等又議：毛本、殿本、四庫本、局本、四部備要本作“愔又議”。按：脱“等”字，意思變成“不可令二王俱出”是楊愔一人的决定。不符合文意。

[12]大司馬：官名。居三公之上、三師之下，開府置僚屬，多爲大臣加官，然無具體職司。

及二王拜職，於尚書省大會百僚，愔等並將同赴。子默止之云：“事不可量，不可輕脱。”愔云：“吾等至誠體國，豈有常山拜職，有不赴之理？何爲忽有此慮？”長廣旦伏家僮數十人於録尚書後室，仍與席上勳貴數人相知，并與諸勳胄約，行酒至愔等，我各勸雙盃，彼必致辭，我一曰“捉酒”，二曰“捉酒”，三曰“何不

捉”，爾輩即捉。及宴如之。愔大言曰：“諸王反逆，欲殺忠良邪！尊天子，削諸侯，赤心奉國，未應及此。”常山王欲緩之，長廣王曰：“不可。”於是愔及天和、欽道皆被拳杖亂毆擊，頭面血流，各十人持之。使薛孤延、康買執子默於尚藥局。[1]子默曰：“不用智者言，以至於此，豈非命也！”

[1]薛孤延康買：南監本馮夢禎校勘記云：“‘薛孤延康買’，《北齊書》作‘薩孤康買。今本皆有。”薛孤延，人名。代（今山西大同市東北）人。東魏、北齊官吏。見《北史》卷五三《薛孤延傳》。　尚藥局：官署名。北齊時門下省設。設典御、丞各二人，總知御藥事，下設侍御、尚藥監各四人。

二叔率高歸彥、賀拔仁、斛律金擁愔等唐突入雲龍門。[1]見都督叱利騷，招之不進，使騎殺之。開府成休寧拒門，[2]歸彥喻之，乃得入。送愔等於御前。長廣王及歸彥在朱華門外。[3]太皇太后臨昭陽殿，[4]太后及帝側立。常山王以塼叩頭，[5]進而言曰：“臣與陛下骨肉相連。楊遵彥等欲擅朝權，威福自己，自王公以還，皆重足屏氣，共相脣齒，以成亂階。若不早圖，必爲宗社之害。臣與湛等爲國事重，賀拔仁、斛律金等惜獻皇帝業，共執遵彥等，領入宮，未敢刑戮。專輒之失，罪合萬死。”

[1]賀拔仁：人名。字天惠，善無（今山西右玉縣東南）人。北齊官吏。見《北史》卷五三《張保洛附賀拔仁傳》。　斛律金：

人名。字阿六敦，朔州（今山西朔州市）敕勒部人。北魏、東魏、北齊將領。見《北史》卷五四《斛律金傳》。　雲龍門：指宫城的正南門。

[2]成休寧：人名。北齊將領。位至都督、開府。　拒門：底本、元大德本作“柜門”。宋本、毛本、殿本、四庫本、局本、四部備要本、中華本作“拒門”。按：“拒門”意爲使不得入，“柜門”意不通。底本誤，今從改。

[3]朱華門：故址在今河北臨漳縣西南鄴鎮。

[4]昭陽殿：故址在今河北臨漳縣西南鄴鎮。

[5]塼：宋本、毛本、殿本、四庫本、局本、四部備要本、中華本作“磚”。“磚”同“塼”。

帝時嘿然，[1]領軍劉桃枝之徒陛衛，[2]叩刀仰視，帝不睨之。太皇太后令却仗，不肯，又厲聲曰：“奴輩即今頭落！”乃却。因問楊郎何在，賀拔仁曰：“一目已出。”太皇太后愴然曰：“楊郎何所能，留使不好邪？”乃讓帝曰：“此等懷逆，欲殺我二兒，次及我耳。何縱之？”帝猶不能言。太皇太后怒且悲，王公皆泣。太皇太后曰：“豈可使我母子受漢老嫗斟酌。”太后拜謝。常山王叩頭不止。太皇太后謂帝：“何不安慰爾叔？”帝乃曰：“天子亦不敢與叔惜，豈敢惜此漢輩！但願乞兒性命，兒自下殿去，此等任叔父處分。”遂皆斬之。長廣王以子默昔譖己，作詔書，故先拔其舌，截其手。

[1]嘿（mò）：沉默。

[2]劉桃枝：人名。北齊官吏。初爲高歡驅使，甚受寵信。北齊建，位至領軍、開府，封王。上黨王渙、琅邪王儼、平秦王歸

彦、斛律光等皆被其親手所殺。　陛衛：帝王御前護衛的士兵。

太皇太后臨愔喪，哭曰："楊郎忠而獲罪。"以御金爲之一眼，親内之，曰："以表我意。"常山王亦悔殺之。

先是童謡曰："白羊頭毣秃，羖攊頭生角。"[1]又曰："羊羊喫野草，不喫野草遠我道，不遠打爾腦。"又曰："阿麼姑，禍也；道人姑夫，死也。""羊"爲愔也，"角"文爲用刀，"道人"謂廢帝小名，[2]太原公主嘗作尼，故曰"阿麼姑"，愔、子獻、天和皆尚帝姑，故曰"道人姑夫"云。

[1]毣（mù）：羽毛，此處爲頭髮。南監本、局本作"尾"。源氏校勘記云："'尾'《北齊》一本作'毣'。萬曆三十四年刊本同此本。"按："頭毣秃"指燕子獻，下文稱他"頭少髮"。　羖（gǔ）攊（lì）：黑色的公羊。此處用五羖大夫百里奚喻指楊愔。

[2]廢帝：即北齊廢帝高殷。見《北史》卷七《齊廢帝紀》。

於是乃以天子之命，下詔罪之，罪止一身，家口不問。尋復簿録五家，王晞固諫，[1]乃各没一房，孩幼盡死，兄弟皆除名。

[1]王晞：人名。字叔朗，小名沙彌，北海劇（今山東壽光市東南）人。北齊、北周官吏。見《北史》卷二四《王憲附王晞傳》。

遵彦死，仍以中書令趙彦深代總機務。[1]鴻臚少卿陽休之私謂人曰：[2]“將涉千里，殺騏驥而策蹇驢，[3]可悲之甚。”愔所著詩賦表奏書論甚多，誅後散失，門生鳩集所得者萬餘言。

[1]中書令：官名。魏晋南北朝時中書省長官之一。北魏時隨名位增高而成爲閑職。孝文帝太和二十三年定爲三品。北齊時爲三品。　趙彦深：人名。即趙隱。字彦深，南陽宛（今河南南陽市）人。東魏、北齊大臣。見《北史》卷五五《趙彦深傳》。

[2]鴻臚少卿：官名。北齊置。掌接待少數民族賓客、朝會及吉凶禮儀，兼管佛教、祆教寺廟，領典客、典寺、司儀等署。四品上。　陽休之：人名。字子烈，北平無終（今天津薊縣）人。北魏、東魏、北齊官吏。見《北史》卷四七《陽尼附陽休之傳》。

[3]騏驥：底本作“騏驎”，中華本校勘記云：“諸本‘驥’作‘驎’，《北齊書》作‘驥’。張元濟云：‘騏驎誤，騏驥千里馬。’按張説是。今據改。”今從改。騏驥，千里馬。比喻人才。　蹇驢：跛蹇駑弱的驢子。比喻駑鈍的人。

燕子獻，字季則，廣漢下洛人。[1]少時相者謂曰：“使役在胡、代，[2]富貴在齊、趙。”後遇周文於關中創業，[3]用爲典籤，[4]將命使於蠕蠕。子獻欲驗相者之言，來歸。神武見之大悦。神武舊養韓長鸞姑爲女，[5]是爲陽翟公主，[6]遂以嫁之，甚被待遇。文宣時，官至侍中。濟南即位，委任彌重，除尚書右僕射。子獻素多力，頭少髮，當狼狽之際，排衆走出省門，斛律光逐而禽之。[7]子獻嘆曰：“丈夫爲計遲，遂至此！”天統五年，追贈司空。

[1]廣漢下洛：中華本校勘記云："按《魏書·地形志》無此郡縣。《晋書》卷一四《地理志》幽州廣甯郡有下洛縣，兩漢地志並作下落，屬上谷郡。廣甯，兩漢爲縣，亦屬上谷，晋時爲郡，即自上谷分置，故下洛改屬之。《通志》卷二二《氏族略》燕氏條云：'望出上谷、范陽。'則此'廣漢'當是'廣甯'之訛。至於益州之廣漢，並無下洛縣。且地屬南朝，燕子獻當非此郡人。"可從。廣寧，郡名。北魏時治廣寧縣，在今河北涿鹿縣西。下洛，縣名。治所在今河北涿鹿縣西。

[2]使役在胡代：底本作"使役在朝大"，南監本馮夢禎校勘記云："'胡代'《北史》譌作'朝大'。今據《北齊書》改正。"按：原文意爲"將在胡地、代郡服徭役"。"朝大"在此處意不通，"胡代"訛作"朝大"。

[3]周文：即宇文泰。文爲其謚號，北周孝閔帝所追謚。

[4]典籤：官名。爲諸王府、軍府、州府屬官，掌記録言事、宣達府主教令。

[5]韓長鸞：即韓鳳。人名。字長鸞，昌黎（今遼寧朝陽市）人。北齊、北周、隋朝官吏。見《北史》卷九二《韓鳳傳》。

[6]陽翟公主：封號。陽翟，縣名。治所在今河南禹州市。

[7]斛律光：人名。字明月，朔州（今山西朔州市）敕勒部人。北齊將領。見《北史》卷五四《斛律金附斛律光傳》。

天和事見兄元傳。[1]

[1]天和：即可朱渾天和。

鄭頤，字子默，彭城人。[1]高祖據，魏彭城太守，自滎陽徙焉。頤聰敏，頗涉文義，而邪險不良。初爲太

原公東閤祭酒。[2]天保世，稍遷中書侍郎。與宋欽道特相友愛，欽道每師事之。楊愔始輕宋、鄭，不爲之禮。俄而自結人主，稍不可制。欽道舊與濟南款狎，[3]共相引致，無所不言。乾明初，拜散騎常侍，兼中書侍郎。二人權將楊愔相埒。[4]愔見害之時，邢子才流涕曰："楊令君雖其人，死日恨不得一佳伴。"

[1]彭城：郡名。北齊時治彭城縣，在今江蘇徐州市。

[2]東閤祭酒：官名。爲王府、公府、丞相府、將軍府僚屬。北齊時三師、二大、三公府皆置，主要職責爲掌管文書。七品上。

[3]濟南：即北齊廢帝高殷。

[4]相埒（liè）：相等。

頤後與愔同詔追贈殿中尚書、廣州刺史。[1]

[1]殿中尚書：官名。北齊時爲尚書省六曹尚書之一，員一人，管理宫殿禁衛、禮制、宫廷車馬及倉庫等事，領殿中、儀曹、三公、駕部四郎曹。三品。　廣州：北齊時治襄城縣，在今河南襄城縣。

頤弟抗，字子信，頗有文學。武平末，[1]兼左右郎中，待詔文林館。[2]

[1]武平：北齊後主的年號（570—576）。

[2]文林館：官署名。北齊後主武平三年置。以文學之士入館，稱待詔文林館。主要職務爲編撰供皇帝閱覽的書籍。

楊敷，字文衍，播族孫也。高祖暉，洛州刺史，贈恒農公，謚曰簡。曾祖恩，河間太守。[1]祖鈞，博學强識，頗有幹用，位七兵尚書、北道行臺、恒州刺史、懷朔鎮將，[2]贈侍中、司空公，追封臨貞縣伯，[3]謚曰恭。父暄，字宣和，[4]性通朗，强識有學。位諫議大夫，[5]以别將從廣陽王深征葛榮，遇害，贈殿中尚書、華州刺史。

[1]恩：即楊恩，人名。據其墓誌所載："君諱恩，字天恩，恒農華陰人也……不幸年卅八棄世。"曾官寧遠將軍、河間太守（參王連龍《新見北朝墓誌集釋》，中國書籍出版社2015年版，第19—24頁）。

[2]懷朔：軍鎮名。北魏六鎮之一，在今内蒙古固陽縣百靈淖城圐圙古城。

[3]追封：底本作"進封"，中華本校勘記云："諸本'追'作'進'，《周書》卷二二《楊寬傳》作'追'。按此是死後所封，當作'追'，今據改。"今從改。　臨貞縣伯：封爵名。臨貞，縣名。即臨真。治所在今陝西延安市東南。

[4]宣和：源氏校勘記云："《周書》作'景和'。"按：未詳孰是。

[5]諫議大夫：官名。北魏時隸屬集書省，掌諫諍議論。孝文帝太和十七年定爲四品下，二十三年定爲從四品下。

敷少有志操，重然諾，人景慕之。魏建義初，襲祖鈞爵臨貞縣伯。稍遷廷尉少卿，[1]斷獄以平允稱。周孝閔踐阼，[2]進爵爲侯。天和中，[3]爲汾州刺史，進爵爲公。齊將段孝先率衆來寇，[4]城陷見禽。齊人方任用之，

敷不爲屈，遂以憂憤卒於鄴。子素。

[1]廷尉少卿：官名。北魏始置，爲廷尉卿次官。孝文帝太和十七年定爲三品上，二十三年定爲四品上。

[2]孝閔：即北周皇帝宇文覺。孝閔爲其謚號。

[3]王和：北周武帝的年號（566—572）。

[4]段孝先：人名。即段韶。字孝先，姑藏武威（今甘肅武威市）人。東魏、北齊將領。見《北史》卷五四《段榮附段韶傳》。

素字處道，少落拓有大志，不拘小節。世人多未之知，唯從祖寬深異之，每謂子孫曰："處道逸群絕倫，非常之器，非汝曹所逮。"後與安定牛弘同志好學，[1]研精不倦，多所通涉。善屬文，工草隸書，頗留意風角。[2]美鬚髯，有英傑之表。

[1]安定：郡名。北周時治安定縣，在今甘肅涇川縣北。　牛弘：人名。字里仁，安定鶉觚（今甘肅涇川縣東南）人。北周、隋朝官吏。見《北史》卷七二《牛弘傳》。

[2]風角：占卜之法。以五音占四方之風而定吉凶。

周大冢宰宇文護引爲中外記室，[1]轉禮曹，加大都督。周武帝親總萬機，[2]素以其父守節陷齊，[3]未蒙朝命，上表申理，至於再三。帝大怒，命左右斬之。素又言曰：[4]"臣事無道天子，死其分也。"帝晤其言，[5]贈敷使持節、大將軍、譙廣復三州刺史，[6]謚曰忠壯。拜素車騎大將軍、儀同三司，漸見禮遇。常令爲詔，下筆

立成，詞義兼美。帝嘉之，謂曰："善相自勉，勿憂不富貴。"素應聲曰："臣但恐富貴來逼臣，臣無心圖富貴。"

[1]大冢宰：官名。亦稱爲大冢宰卿。西魏恭帝三年（556）置，北周沿置。位居六官之首的天官府長官。掌管宫廷供奉、百官俸禄以及全國的財政收支、賦役收入等事務。正七命。　宇文護：人名。字薩保，代郡武川（今内蒙古武川縣西）人，鮮卑族。北周宗室、權臣。見《北史》卷五七《邵惠公顥附宇文護傳》。　中外：官署名。即都督中外府。　記室：官名。記室參軍的省稱。爲諸開府、公府、軍府的記室曹長官，掌文書表奏。品級自七品至九品不等。

[2]周武帝：即北周皇帝宇文邕。武爲其謚號。

[3]素以其父守節陷齊：毛本作"表以其父守節陷齊"。"素"訛作"表"。

[4]素又言曰：源氏校勘記云："'又'《隋書》作'大'。爲是。"中華本校勘記云："《隋書》卷四八《楊素傳》'又'作'大'，是。"可從。

[5]帝晤其言：宋本、毛本、殿本、四庫本、局本、四部備要本、中華本作"帝悟其言"。按："晤"通"悟"。《隋書》卷四八《楊素傳》作"帝壯其言"。

[6]使持節：漢朝官吏奉命外出時，由皇帝授予節杖，來提高其權威。魏晋之後，當重要的軍事長官出征或者出鎮時，通常加以使持節，可以憑此誅殺二千石以下的官員。　譙：州名。北周時治渦陽縣，在今安徽蒙城縣。　復：州名。北周時治建興縣，在今湖北仙桃市西南。

及平齊之役，素請率麾下先驅，[1]帝從之，賜以竹

策曰：“朕方欲大相驅策，故用此物賜卿。”從齊王憲與齊人戰於河陰，[2]以功封清河縣子，[3]授司城大夫。[4]復從憲拔晋州，[5]屯兵雞棲原。[6]齊主以大軍至，憲懼，宵遁，爲齊兵躡，衆多敗散。素與驍將十餘人盡力苦戰，憲僅而獲免。齊平，加上開府，[7]改封成安縣公。[8]

[1]素請率麾下先驅：源氏校勘記云：“‘率’下，《隋書》有‘父’字。似是。”

[2]憲：即宇文憲，人名。字毗賀突，代郡武川（今内蒙古武川縣西）人，鮮卑族。北周宗室。見《北史》卷五八《齊煬王憲傳》。　河陰：縣名。治所在今河南孟津縣東。

[3]清河縣子：封爵名。清河，縣名。治所在今河南商城縣東。

[4]司城大夫：官名。即司城中大夫。西魏恭帝三年置。掌修城郭溝池。正五命。

[5]晋州：北齊時治晋陽縣，在今山西臨汾市。

[6]雞棲原：地名。在今山西霍州市東北。

[7]上開府：上開府儀同大將軍的省稱。北周武帝建德四年（575）置，位在開府儀同大將軍上。主要授予有軍功的勳官及北齊的降官，無具體職掌。九命。

[8]成安：縣名。治所在今河北臨漳縣西南鄴鎮。中華本校勘記云：“按下文‘成安’作‘安成’。”按：未詳孰是。

尋從王軌破陳將吴明徹於吕梁，[1]行東楚州事。[2]封弟慎爲義安侯。[3]陳將樊毅築城泗口，[4]素擊走之，夷毅所築城。宣帝即位，襲父爵臨貞縣公，[5]以弟約爲安成公。[6]尋從韋孝寬徇淮南。[7]

[1]王軌：人名。小名沙門，太原祁（今山西祁縣東南）人。北周將領。見《北史》卷六二《王軌傳》。　吴明徹：人名。字通昭，秦郡（今江蘇南京市六合區）人。南朝陳將領。見《陳書》卷九《吴明徹傳》。　吕梁：此指吕梁洪，在今江蘇銅山縣東南。《水經注·泗水》云："泗水之上有石梁焉，故曰吕梁也。"

[2]東楚州：北周時治宿豫縣，在今江蘇宿遷市東南。

[3]義安侯：封爵名。義安，縣名。治所在今湖北襄樊市西。

[4]樊毅：人名。字智烈，南陽湖陽（今河南唐河縣西）人。南朝陳將領。見《陳書》卷三一《樊毅傳》。　泗口：地名。泗水入淮之口，又名清口。在今江蘇淮安市。

[5]宣帝即位襲父爵臨貞縣公：據《楊素墓誌》載："大象二年，襲封臨貞公。"與本傳所記時間略有不同，宣帝即位在公元578年，静帝大象二年爲公元580年（參羅新、葉煒《新出魏晋南北朝墓誌疏證（修訂本）》，第483—488頁）。宣帝，即北周皇帝宇文贇。宣爲其謚號。

[6]安成公：封爵名。安成，縣名。治所在今河南汝南縣東南。

[7]韋孝寬：人名。即韋叔裕。字孝寬，京兆杜陵（今陝西西安市長安區東）人。北魏、西魏、北周名將。見《北史》卷六四《韋孝寬傳》。　淮南：底本作"譙南"，源氏校勘記云："《隋書》作'淮南'。"中華本校勘記云："諸本'淮'作'譙'，《隋書·楊素傳》作'淮'。按本書卷六四《韋孝寬傳》作'淮'，今據改。"今從改。

及隋文帝爲丞相，[1]素深自結納，帝甚器之，以爲汴州刺史。[2]至洛陽，會尉遲迥作亂，[3]滎州刺史宇文冑據武牢應迥，[4]素不得進。帝拜素大將軍，擊冑破之。遷徐州總管，[5]位柱國，[6]封清河郡公，[7]以弟岳爲臨貞公。及隋受禪，加上柱國，[8]拜御史大夫。[9]其妻鄭氏性

妬悍，[10]素忿之曰："我若作天子，卿定不堪爲皇后。"鄭氏奏之，由是坐免。

[1]隋文帝：即隋朝皇帝楊堅。文爲其謚號。

[2]汴州：隋朝時治浚儀縣，在今河南開封市西北。

[3]尉遲迥：人名。字薄居羅，代（今山西大同市東北）人。北周大臣。見《北史》卷六二《尉遲迥傳》。

[4]滎州：北周時治管城縣，在今河南滎陽市西北。　宇文冑：人名。代郡武川（今内蒙古武川縣西）人，鮮卑族。北周宗室。楊堅輔政，冑舉兵反，被殺。見《北史》卷五七《邵惠公顥附宇文冑傳》。　武牢：關隘名。即虎牢關。《北史》避唐高祖祖父李虎諱改。在今河南滎陽市汜水鎮西北。

[5]總管：官名。北周明帝武成元年（559）由都督諸州軍事改名，爲地方高級軍政官員。加使持節，置總管府，管理轄區軍政民政。所轄區域增減無常，一般轄數州，多者可達數十州。

[6]柱國：官名。柱國大將軍的省稱。十六國時後燕慕容垂時始置。西魏文帝大統十六年（550）置八柱國，其中六人分掌全國府兵。授此職者並加使持節、大都督，位在丞相上，爲西魏的最高官職。北周因之。正九命。

[7]清河郡公：封爵名。清河，郡名。北周時治武城縣，在今河北清河縣西北。

[8]上柱國：官名。隋朝時置爲散實官，從一品。煬帝大業三年（607）罷。

[9]御史大夫：官名。隋朝時爲御史臺長官，專管監察彈劾百官，地位尊隆。從四品。

[10]妬悍：嫉忌而凶暴。

上方圖江表。先是素數進取陳計，未幾，拜信州總

管，[1]賜錢百萬、錦千段、馬二百匹遣之。素居永安，造大艦，名曰五牙，上起樓五層，高百餘尺，左右前後置六檣竿，[2]並高百五十尺，[3]容戰士八百人，旗幟加於上。次曰黄龍，置兵百餘人。[4]自餘平乘、舴艋等各有差。[5]及大舉伐陳，以素爲行軍元帥，[6]引舟師趣三硤。[7]至流頭灘，[8]陳將戚欣以青龍百餘艘屯兵守狼尾灘，[9]以遏軍路。其地險峭，諸將患之。素曰："負勝在此一舉，[10]若晝日下船，彼則見我，灘流迅激，制不由人，則吾失其便。"乃夜掩之。素親率黄龍十艘，銜枚而下；[11]遣開府王長襲從南岸擊欣别栅；令大將軍劉仁恩趣白沙北岸。[12]比明而至，擊之，欣敗。虜其衆，勞而遣之，秋豪不犯，陳人大悦。素率水軍東下，舟艦被江，[13]旌甲曜日。素坐平乘大船，容貌雄偉，陳人望之，懼曰："清河公即江神也。"

[1]信州：隋朝時治白帝城，在今重慶奉節縣東。

[2]左右前後置六檣竿：南監本馮夢禎校勘記云："'六檣竿'，《隋書》作'六拍竿'。"《資治通鑑》卷一七六與《隋書》同，《通志》卷一六〇上與《北史》同。按：未詳孰是。

[3]並高百五十尺：《隋書·楊素傳》作"並高五十尺"。《資治通鑑》卷一七六與《隋書》同。《通志》卷一六〇上與《北史》同。按：未詳孰是。

[4]置兵百餘人：《隋書·楊素傳》作"置兵百人"。《資治通鑑》卷一七六與《隋書》同。《通志》卷一六〇上與《北史》同。按：未詳孰是。

[5]平乘：大船。又稱平乘舫。　舴（zé）艋：小船。

[6]行軍元帥：官名。北周置。隋朝前期用兵亦多沿置，皆以

宗室或重臣出任，行軍出征方置爲大軍統帥，統一道或數道行軍總管，並非常設職官。行軍元帥開府，設監軍、司馬、長史、列曹參軍等僚佐。

[7]三硤：長江上游瞿塘峽、巫峽、西陵峽的合稱。毛本、四庫本作“三峽”。“硤”古同“峽”。

[8]流頭灘：在今湖北宜昌市與秭歸縣之間的長江中。

[9]狼尾灘：在今湖北宜昌市西北長江中。

[10]負勝：四庫本作“勝負”。

[11]銜枚：橫銜枚於口中，以防喧嘩。枚，形如筷子，兩端有帶，可繫於頸上。

[12]劉仁恩：人名。隋朝官吏。見《隋書》卷四六《張煚附劉仁恩傳》。　白沙：在今湖北宜昌縣西北。

[13]舟艦被江：四庫本、局本作“舟艦蔽江”。

陳南康内史吕仲肅屯岐亭，[1]正據江峽，[2]於北岸鑱巖綴鐵鎖三條，横截上流，以遏戰船。素與仁恩登陸俱發，先攻其栅，仲肅軍夜潰，素徐去其鎖。仲肅復據荆州之延洲，[3]素遣巴蜑卒數千，[4]乘五牙四艘，以檣竿碎賊十餘艦，[5]遂大破之，仲肅僅以身免。陳主遣其信州刺史顧覺鎮安蜀城，[6]荆州刺史陳紀鎮公安，[7]皆懼而走。巴陵以東，[8]無敢守者。湘州刺史岳陽王陳叔慎請降。[9]素下至漢口，[10]與秦孝王會，[11]乃還。拜荆州總管，進爵郢國公，真食長壽縣千户；[12]以其子玄感爲儀同三司，玄奬爲清河郡公；[13]賜物萬段，粟萬石，加之金寶；又賜陳主妹、女妓十四人。素言於上曰：“里名勝母，曾子不入，[14]逆人王誼前封郢，[15]臣不願與同。”於是改封越國公。尋拜納言，[16]轉内史令。[17]

［1］南康：郡名。南朝陳時治贛縣，在今江西贛州市西南。　内史：官名。掌民政，州郡置。南朝陳時品秩不詳。　岐亭：在今湖北宜昌縣西北西陵峽口。

［2］江峽：即長江西陵峽。

［3］延洲：在今湖北宜都市附近長江中。

［4］巴蜑：底本、毛本、局本作“巴蛇”，宋本、殿本、四庫本、四部備要本、中華本作“巴蜑”。南監本馮夢禎校勘記云：“‘巴蛇’，《隋書》‘蛇’作‘蛋’。”巴蜑，南方少數民族。作“巴蛇”，意不通。今從改。　數千：《隋書》卷四八《楊素傳》作“千人”。《資治通鑑》卷一七六《隋書》同。《通志》卷一六〇上與《北史》同。按：未詳孰是。

［5］以檣竿碎賊十餘艦：《隋書·楊素傳》作“以柏檣碎賊十餘艦”。《資治通鑑》卷一七六與《隋書》同。《通志》卷一六〇上與《北史》同。按：未詳孰是。

［6］陳主：指南朝陳後主陳叔寶。　安蜀城：在今湖北宜昌市西北，長江西陵峽口南岸。

［7］陳紀：人名。即陳慧紀。字元方，吴興長城（今浙江長興縣東）人。南朝陳宗室。見《陳書》卷一五《陳慧紀傳》。　公安：縣名。治所在今湖北公安縣西北。

［8］巴陵：郡名。南朝陳時治巴陵縣，在今湖南岳陽市。

［9］湘州：南朝陳時治臨湘縣，在今湖南長沙市。　岳陽王：封爵名。岳陽，郡名。南朝陳時治岳陽縣，在今湖南汨羅市東長樂鎮。　陳叔慎：人名。字子敬，吴興長城（今浙江長興縣東）人。南朝陳宗室。見《陳書》卷二八《岳陽王叔慎傳》。

［10］漢口：一名沔口。即今湖北漢水入長江之口。

［11］秦孝王：即楊俊。小字阿祇，弘農華陰（今陝西華陰市東南）人。隋朝宗室。隋文帝楊堅第三子。見《北史》卷七一

《秦王俊傳》。

[12]長壽：縣名。治所在今山西隰縣。

[13]玄獎：即楊玄獎，人名。弘農華陰（今陝西華陰市東南）人。隋朝官吏。楊素之子。

[14]里名勝母曾子不入：曾子因爲地名不順，不去勝母這個地方。《史記》卷八三《魯仲連鄒陽列傳》："臣聞盛飾入朝者不以利汙義，砥厲名號者不以欲傷行，故縣名勝母而曾子不入，邑號朝歌而墨子回車。"司馬貞《索隱》："《淮南子》及《鹽鐵論》並云里名勝母，曾子不入。蓋以名不順故也。"勝母，地名。今地不詳。曾子，即曾參，人名。春秋末魯國人。孔子弟子。撰有《孝經》。

[15]王誼：人名。字宜君，洛陽（今河南洛陽市東北）人。北周、隋朝將領。曾進封郢國公，後有人告誼謀反，被賜死。見《北史》卷六一《王盟附王誼傳》。

[16]納言：官名。亦作"内言"。主要職責是承上啓下、宣傳上命，受奏納言。後世多作侍中的别稱。隋朝時因避隋文帝之父楊忠諱，改侍中爲納言。爲門下省長官，員二人，正三品。煬帝大業十二年改爲侍内。

[17]内史令：官名。隋朝時内史省長官，員二人。煬帝大業十二年改名内書令，掌修訂軍國法制政令。正三品。

俄而江南人李稜等爲亂，以素爲行軍總管討之。[1]帝命平定日，男子悉斬，女婦賞征人，在陣免者從賤。賊朱莫問自稱南徐州刺史，[2]以盛兵據京口。[3]素舟師入自楊子津，[4]進擊破之。晉陵顧世興自稱太守，[5]與其都督鮑遷等復來拒戰，[6]素逆擊破之，執遷，虜三千餘人。進擊無錫賊帥葉皓，[7]又平之。吴郡沈玄懀、沈傑等以兵圍蘇州，[8]刺史皇甫績頻戰不利，[9]素率衆援之。玄懀

勢迫，走投南沙賊帥陸孟孫。[10]素擊孟孫於松江，[11]大破之，禽孟孫、玄懀。黟、歙賊帥沈雪、沈能據柵自固，[12]又攻拔之。

[1]行軍總管：官名。北周時於戰時設置。爲軍隊出征臨時委派的統帥，總領一路兵馬及軍政事務，隸屬於行軍元帥。隋朝沿置，漸漸過渡爲地方軍政長官，或掌一道軍政，或領數道，時有大總管、總管之分。

[2]南徐州：隋朝時治京口城，在今江蘇鎮江市。

[3]京口：地名。在今江蘇鎮江市。

[4]楊子津：在今江蘇揚州市南二十里。

[5]晋陵：縣名。治所在今江蘇常州市。

[6]復來拒戰：殿本、四庫本、四部備要本作"復求拒戰"。意不通，"來"訛作"求"。

[7]無錫：縣名。治所在今江蘇無錫市。　葉皓：南監本馮夢禎校勘記云："'葉皓'《隋書》作'葉略'。"

[8]蘇州：隋文帝開皇九年改吴州置。治吴縣，在今江蘇蘇州市。

[9]皇甫績：人名。字功明，安定朝那（今寧夏固原市東南）人。隋朝官吏。見《北史》卷七四《皇甫績傳》。

[10]南沙：縣名。治所在今江蘇常熟市西北。

[11]松江：即今江蘇、上海境内之吴淞江。

[12]黟（yǒu）：縣名。治所在今安徽黟縣。　歙（shè）：縣名。治所在今安徽歙縣。

江浙賊高智慧自號東揚州刺史，[1]吴州總管五原公元契鎮會稽，[2]以其兵盛而降之。智慧盡屠其衆，契自殺。智慧有船艦千餘艘，[3]屯據要害，兵甚勁。素擊之，

自旦至申，[4]苦戰破之。智慧逃入海。躡之，從餘姚汎海趣永嘉。[5]智慧來拒戰，素擊走之。[6]賊帥汪文進自稱天子，[7]據東陽，[8]署其徒蔡道人爲司空，守樂安。[9]素進討，悉平之。又破永嘉賊帥沈孝徹。於是步道向天台，[10]指臨海郡，[11]逐捕遺逸，前後百餘戰，智慧遁守閩越。[12]上以素久勞於外，詔令馳傳入朝，加子玄感上開府，賜綵八千段。[13]素以餘寇未殄，恐爲後患，又自請行。詔以素爲元帥，復乘傳至會稽。

[1]江浙：中華本校勘記云："按《隋書》'江浙'作'浙江'。《隋書》卷二《高祖紀》開皇十年十一月作'會稽人高智慧'。會稽郡即在浙江（今錢塘江）之南，疑此作'江浙'是誤倒。"可從。　高智慧：人名。一作"高智惠"，會稽（今浙江紹興市）人。隋文帝開皇十年，舉兵反隋，自號東揚州刺史，曾攻陷泉州。先後與隋將楊素交戰多次，敗後轉戰到閩越一帶。　東揚州：隋朝時治山陰縣，在今浙江紹興市。

[2]吴州：陳宣帝太建十一年（579），南兖州入北周，改名吴州。隋文帝開皇九年（589）改名揚州。故此吴州爲北周時吴州，隋初沿置，治廣陵縣，在今江蘇揚州市城區。　五原公：封爵名。五原，郡名。隋朝時治五原縣，在今陝西定邊縣。　元契：人名。北周、隋朝將領。北周初歷任開府、上大將軍。隋文帝開皇間，與高智慧等激戰，兵敗自殺。　會稽：郡名。隋朝時治山陰縣，在今浙江紹興市。

[3]千餘艘：《隋書》卷四八《楊素傳》作"千艘"。《通志》卷一六〇上與《北史》同。按：未詳孰是。

[4]申：即申時。指下午三時至五時。別稱晡時、日晡。

[5]餘姚：縣名。治所在今浙江餘姚市。　永嘉：縣名。治所

在今浙江温州市。

[6]素擊走之：底本作“素擊走”，中華本校勘記云：“諸本脱‘之’字，據《隋書》、《通志》卷一六〇《楊素傳》補。”今從改。

[7]汪文進：人名。婺州（今浙江金華市）人。原爲南朝陳官吏，隋滅陳後，起兵反隋。

[8]東陽：城名。在今浙江東陽縣。

[9]樂安：城名。在今江西樂安縣。

[10]天台：縣名。治所在今浙江天台縣。

[11]臨海：郡名。隋朝時治章安縣，在今浙江臨海市東南。

[12]閩越：指今福建北部和浙江南部一帶。

[13]八千：源氏校勘記云：“《隋書》作‘三千’。”《通志》卷一六〇上與《北史》同。按：未詳孰是。

先是，泉州人王國慶，[1]南安豪族也，[2]殺刺史劉弘，[3]據州爲亂。自以海路艱阻，非北人所習，不設備伍。素汎海奄至，國慶遑遽，棄州走。素分遣諸將，水陸追捕。時南海先有五六百家，[4]居水爲亡命，號曰游艇子，智慧、國慶欲往依之。素乃密令人説國慶，令斬智慧以自效。國慶乃斬智慧於泉州。自餘支黨悉降，江南大定。上遣左領軍將軍獨孤陁至浚儀迎勞，[5]比到京師，問者日至。拜素子玄獎儀同，賜黄金四十斤，加銀缾，實以金錢，縑三千段、馬二百匹、羊三千口、田百頃、宅一區。[6]

[1]泉州：隋朝時治原豐縣，在今福建福州市。

[2]南安：縣名。治所在今福建南安市東豐州鎮。

[3]劉弘：人名。字仲遠，彭城叢亭里（今江蘇徐州市）人。隋朝官吏。見《北史》卷八五《劉弘傳》。

[4]南海：縣名。治所在今廣東廣州市。

[5]左領軍將軍：官名。按：據《隋書·百官志下》，隋初置左右領軍府，但不置將軍，唯以長史、司馬總府事，煬帝大業三年改左右領軍府爲左右屯衛，始置大將軍、將軍。　獨孤陁（tuó）：人名。字黎邪，文獻獨孤皇后異母弟。隋文帝即位，出爲郢州刺史、上大將軍，轉延州刺史。後以詛咒罪除名。　浚儀：縣名。治所在今河南開封市。

[6]羊三千口：源氏校勘記云："《隋書》（'三千'）作'二千'。"《通志》卷一六〇上與《北史》同。按：未詳孰是。

代蘇威爲尚書右僕射，[1]與高熲專掌朝政。[2]素性疏而辯，高下在心，朝貴之内，頗推高熲，敬牛弘，厚接薛道衡；[3]視蘇威蔑如也。自餘朝臣，多被陵轢。[4]其才藝風調，優於高熲；至於推誠體國，處物平當，有宰相識度，不如熲遠矣。

[1]蘇威：人名。字無畏，武功（今陝西武功縣）人。隋朝官吏。見《北史》卷六三《蘇綽附蘇威傳》。

[2]高熲（jiǒng）：人名。字昭玄，一名敏，勃海蓨（今河北景縣）人。隋朝官吏。見《北史》卷七二《高熲傳》。

[3]薛道衡：人名。字玄卿，河東汾陰（今山西萬榮縣西南）人。隋朝官吏。見《北史》卷三六《薛辯附薛道衡傳》。

[4]陵轢（lì）：欺蔑。

尋令素監營仁壽宮，[1]素遂夷山堙谷，督役嚴急，

作者多死，宫側時聞鬼哭。及宫成，上令高熲前視，奏稱頗傷綺麗，大損人丁。帝不悦。素懼，即於北門啓獨孤皇后曰：[2]“帝王法有離宫别館，今天下太平，造一宫何足損費。”后以此理諭上，上乃解。於是賜錢百萬、綿絹三千段。[3]

［1］仁壽宫：故址在今陝西麟游縣西。

［2］獨孤皇后：即隋文帝楊堅的皇后。見《北史》卷一四《隋文獻皇后獨孤氏傳》。

［3］綿絹：中華本校勘記云：“《隋書》（百衲本）‘綿’作‘緡’，從上讀。按綿不可以段計，疑是‘緡’之訛。”可從。

開皇十八年，[1]突厥達頭可汗犯塞，[2]以素爲靈州道行軍總管，[3]出塞討之，賜物二千段、黄金百斤。先是諸將與虜戰，每慮胡騎奔突，皆戎車步騎相參，與鹿角爲方陣，[4]騎在内。素曰：“此乃自固之道。”[5]於是悉除舊法，令諸軍爲騎陣。達頭聞之，大喜，以爲天賜，下馬仰天而拜，率精騎十餘萬至。素奮擊，大破之，[6]達頭被重創而遁，衆號哭而去。優詔賜縑二萬匹及萬釘寶帶，加子玄感位大將軍，玄獎、玄縱、積善並上儀同。[7]

［1］開皇：隋文帝的年號（581—600）。

［2］達頭可汗：人名。隋朝時西突厥首領。與隋常有争戰，後因國内叛亂，逃往吐谷渾。見《北史》卷九九《突厥傳》。

［3］靈州：隋朝時治回樂縣，在今寧夏靈武市西南。

[4]與鹿角爲方陣：中華本校勘記云："《隋書》'與'作'輿'。作'與'疑誤。"可從。

[5]此乃自固之道：中華本校勘記云："《隋書》此下有'非取勝之方也'，不當删。"可從。

[6]大破之：底本作"大破"，中華本校勘記云："諸本脱'之'字，據《隋書》《通志》補。"今從改。

[7]上儀同：北周置。位居開府儀同三司之下、儀同三司之上，多爲大臣勳臣的加官。隋朝沿置。從四品。

素多權略，乘機赴敵，應變無方，然大抵馭戎嚴整，有犯令者，立斬無所寬貸。每將臨寇，輒求人過失而斬之，多者百餘人，少不下數十，[1]流血盈前，言笑自若。及對陣，先令一二百人赴敵，陷陣則已，如不能陷而還，無問多少，悉斬之；又令二百人復進，[2]還如向法。將士股慄，有必死心，由是戰無不勝，稱爲名將。素時貴倖，言無不從，其從素征伐者，微功必録。至於他將，雖大功，多爲文吏所譴却。故素雖嚴忍，士亦以此願從。

[1]少不下數十：《隋書》卷四八《楊素傳》作"少不下十數"。《資治通鑑》卷一七七、《通典》卷一五九與《隋書》同。《通志》卷一六〇上與《北史》同。按：未詳孰是。

[2]又令二百人復進：《隋書·楊素傳》作"又令二三百人復進"。《資治通鑑》卷一七七、《通典》卷一五九與《隋書》同。《通志》卷一六〇上與《北史》同。按：未詳孰是。

二十年，晋王廣爲靈、朔道行軍元帥，素爲長史，

王卑躬交素。及爲太子，素之謀也。

仁壽初，[1]代高熲爲尚書左僕射，賜良馬十匹、牝馬二百匹、奴婢百口。[2]其年，以素爲行軍元帥，出雲中擊突厥，[3]連破之。突厥走，追至夜及之。將復戰，恐賊越逸，令其騎稍後，於是親將兩騎并降突厥二人與虜並行，不之覺也。候其頓舍未定，趣後騎掩擊，大破之。自是突厥遠遁，磧南無復虜庭。[4]以功進子玄感位柱國，玄縱爲淮南郡公，[5]賞物二萬段。

[1]仁壽：隋文帝的年號（601—604）。

[2]賜良馬十匹：源氏校勘記云："《隋書》'十'作'百'。似是。"《隋書》卷四八作"賜良馬百匹"。《通志》卷一六〇上與《北史》同。按：未詳孰是。　牝（pìn）馬：母馬。

[3]出雲中擊突厥：《隋書·楊素傳》作"出雲州擊突厥"。《通志》卷一六〇上與《北史》同。按：未詳孰是。雲中，郡名。隋朝時治盛樂縣，在今内蒙古和林格爾縣西北。

[4]磧（qì）：沙漠。

[5]淮南郡公：封爵名。淮南，郡名。隋朝時治壽春縣，在今安徽壽縣。

及獻皇后崩，山陵制度多出於素。上善之，下詔曰："君爲元首，臣則股肱，共理百姓，義同一體。上柱國、尚書左僕射、仁壽宫大監、越國公素，志度恢弘，機鑒明遠，懷佐時之略，包經國之才。王業初基，霸圖肇建，策名委質，受脤出師，[1]禽翦凶魁，克平虢、鄭。[2]頻承廟算，揚旍江表；[3]每稟戎律，長驅塞垣。南

指而吴越肅清，北臨而獯獫摧服。[4]自居端揆，[5]參贊機衡，當朝正色，直言無隱。論文則詞藻從横，語武則權奇間出，既文且武，唯朕所命。任使之處，夙夜無怠。獻皇后奄離六宫，遠日云及，塋兆安厝，委素經紀。然葬事依禮，唯卜泉石，至如吉凶，不由於此。[6]素義存奉上，情深體國，欲使幽明俱泰，永保無窮。以爲陰陽之書，聖人所作，禍福之理，特須審慎。乃遍歷川原，親自占擇，志圖元吉，孜孜不已。遂得神皋福壤，營建山陵。論素此心，事極誠孝，豈與平戎定寇，[7]比其功業，若不加褒賞，何以申兹勸勵。可别封一子義康郡公、邑萬户，[8]子子孫孫承襲不絶，餘如故。”并賜田三十頃、絹萬匹、米萬石；金鉢一，實以金；銀鉢一，實以珠；并綾錦五百段。

[1]脤（shèn）：祭祀用的生肉。

[2]虢（guó）鄭：本指春秋時的兩個諸侯國，此處代指北周。

[3]旍（jīng）：同“旌”。旗的一種。

[4]獯（xūn）獫（xiǎn）：族名。亦作“獯粥”“獯獫”。夏商時稱獯鬻，周時稱獫狁，秦漢時稱匈奴。此處代指突厥。

[5]端揆：指相位。宰相居百官之首，總攬國政，故稱。

[6]不由於此：底本作“不由於”，中華本校勘記云：“諸本脱‘此’字，據隋書補。”今從改。

[7]豈與平戎定寇：《隋書》卷四八《楊素傳》作“豈與夫平戎定寇”。《資治通鑑》卷一七九與《隋書》同。《通志》卷一六〇上與《北史》同。按：未詳孰是。

[8]義康郡公：封爵名。義康，郡名。隋朝初治杜原縣，在今廣東陽江市西。

時素貴寵日隆。其弟約、從父文思、弟紀及族父异並尚書、列卿，[1]諸子無汗馬勞，位柱國、刺史。家僮數千，後庭妓妾曳綺羅者以千數，第宅華侈，制擬宫禁。有鮑亨者善屬文，殷胄者工草隸，並江南士人，因高智慧没爲奴。親戚故吏，布列清顯。其盛近古未聞。煬帝初爲太子，[2]忌蜀王秀，[3]與素謀之，搆成其罪，後竟廢黜。朝臣有違忤者，雖至誠體國如賀若弼、史萬歲、李綱、柳彧等，[4]素皆陰中之。若有附會及親戚，雖無才用，必加進擢。朝廷靡然，莫不畏附。唯兵部尚書柳述，[5]以帝壻之重，數於上前面折素；大理卿梁毗，[6]抗表言素作威作福。上漸疏忌之，[7]後因出敕曰："僕射，國之宰輔，不可躬親細務，但三五日一度向省評論大事。"外示優崇，實奪之權，終仁壽之末，不復通判省事。上賜王公已下射，素箭爲第一，上手以外國所獻金精盤價直巨萬以賜之。四年，從幸仁壽宫，宴賜重疊。

[1]其弟約：源氏校勘記云："'弟'下《隋書》有'文'字。"

[2]煬帝：即隋朝皇帝楊廣。煬爲其謚號。

[3]秀：即楊秀，人名。弘農華陰（今陝西華陰市東南）人。隋朝宗室。隋煬帝楊廣同母弟。性情殘暴，爲朝臣所憚。後被貶爲庶人。見《北史》卷七一《庶人秀傳》。

[4]賀若弼：人名。字輔伯，代（今山西大同市東北）人。北周、隋朝將領。見《北史》卷六八《賀若敦附賀若弼傳》。　史萬歲：人名。京兆杜陵（今陝西西安市長安區東）人。北周、隋朝將

領。見《北史》卷七三《史萬歲傳》。　李綱：人名。字文紀，觀州蓨（今河北景縣）人。仕北周、隋、唐三朝。見《舊唐書》卷六二《李綱傳》。　柳彧：人名。字幼文，河東解（今山西臨猗縣）人。隋朝官吏。見《北史》卷七七《柳彧傳》。

[5]兵部尚書：官名。隋朝時爲尚書省兵部長官，負責兵部司事務。正三品。　柳述：人名。字業隆，河東解（今山西臨猗縣）人。隋朝官吏、外戚。娶隋文帝的小女兒蘭陵公主爲妻。見《北史》卷六四《柳虬附柳述傳》。

[6]大理卿：官名。亦稱大理寺卿。隋朝時爲大理寺長官，員一人，掌管國家刑獄審判、執行法律的事務。煬帝大業三年定爲從三品。　梁毗：人名。字景和，安定烏氏（今甘肅涇川縣東）人。北周、隋朝官吏。見《北史》卷七七《梁毗傳》。

[7]上漸疏忌之：毛本、局本作“上慚疏忌之”。“漸”訛作“慚”。

及上不豫，素與兵部尚書柳述、黄門侍郎元巖等入侍疾。[1]時皇太子入居大寶殿，[2]慮上有不諱，須豫防擬，乃手自爲書，封出問素。素條録事狀，以報太子。宫人濬送於上，上覽而大恚。[3]所寵陳貴人又言太子無禮。上遂發怒，欲召庶人勇。[4]太子謀之素，素矯詔追東宫兵士帖上臺宿衛，門禁出入，並取宇文述、郭衍節度。[5]又令張衡侍疾。[6]上以此日崩，由是頗有異論。

[1]元巖：人名。字君山，河南洛陽（今河南洛陽市東北）人。隋文帝臨死前託他與柳述廢掉楊廣。事不成。見《北史》卷七五《元巖傳》。

[2]皇太子：局本作“皇太后”。在此不符合文意，誤。　大

寶殿：位於隋仁壽宮内，故址在今陝西麟游縣西。

[3]大恚（huì）：大怒。

[4]勇：即楊勇，人名。小名睍地伐，弘農華陰（今陝西華陰市東南）人。楊堅長子，初封爲皇太子，後被廢。見《北史》卷七一《房陵王勇傳》。

[5]宇文述：人名。字伯通，代郡武川（今内蒙古武川縣西）人。隋朝官吏。見《北史》卷七九《宇文述傳》。　郭衍：人名。字彦文，太原介休（今山西介休市）人。北周、隋朝將領。見《北史》卷七四《郭衍傳》。

[6]張衡：人名。字建平，河内（今河南沁陽市）人。隋朝官吏。見《北史》卷七四《張衡傳》。

會漢王諒反，[1]遣茹茹天保往東蒲州，[2]燒斷河橋，又遣王子并力拒守。素將輕騎五千襲之，潛於渭口宵濟，[3]比明擊之，天保敗，子懼，以城降。有詔徵還。初素將行，計日破賊，皆如所量。帝於是以素爲并州道行軍總管、河北道安撫大使，[4]討諒。時晋、絳、吕三州並爲諒城守，[5]素各以二千人縻之而去。諒遣趙子開擁衆十餘萬，築絶徑路，屯據高壁，[6]布陣五十里。素令諸將以兵臨之，自以奇兵深入霍山，[7]緣崖谷而進，直指其營，一戰破之。諒所署介州刺史梁脩羅屯介休，[8]聞素至，懼，棄城而走。進至清源，[9]去并州三十里，諒率其將王世宗、趙子開、蕭摩訶等來拒戰，[10]又擊破之，禽蕭摩訶。諒退保并州，[11]素進兵圍之，諒窮而降，餘黨悉平。帝遣素弟脩武公約賫手詔勞素，[12]素上表陳謝。其月，還京師。從駕幸洛陽，以素領營東京大監。[13]以平諒功，拜其子萬石、仁行、姪玄挺皆儀同

三司，賚物五萬段、羅綺千匹、諒之妓妾二十人。

［1］諒：即楊諒，人名。字德章，一名傑，小字益錢，弘農華陰（今陝西華陰市東南）人。隋文帝楊堅第五子，母獨孤皇后。見《北史》卷七一《庶人諒傳》。

［2］茹茹天保：人名。隋朝將領。漢王諒部屬。　往東蒲州：源氏校勘記云："'往東'《隋書》作'來據'。"中華本校勘記云："《隋書》'往東'作'來據'。按地志無'東蒲州'，'東'字疑是'來'之誤。"可從。

［3］渭：即渭水。

［4］安撫大使：官名。隋朝置，負責維護地方的社會安定，爲行軍主帥的兼職，不常設。

［5］絳：州名。隋朝時治龍頭城，在今山西聞喜縣西北。　吕：州名。隋朝時治霍邑縣，在今山西霍州市。

［6］高壁：城名。在今山西介休市。

［7］霍山：在今山西霍州市。

［8］介州：隋朝時治隰城縣，在今山西汾陽市。　介休：縣名。隋文帝開皇十八年改平昌縣爲介休縣，屬介州，治所在今山西介休市。

［9］清源：縣名。治所在今山西清徐縣。源氏校勘記改"源"作"原"。

［10］蕭摩訶：人名。字元胤，蘭陵（一説在今江蘇常州市，一説在今江蘇丹陽市）人。南朝陳將領，後降隋朝。見《陳書》卷三一《蕭摩訶傳》。

［11］諒退保并州：底本作"退保并州"，源氏校勘記云："'退'上，《隋書》有'諒'字。"中華本校勘記云："諸本脱'諒'字，據《隋書》《通志》補。"今從改。

［12］脩武公：封爵名。脩武，縣名。治所在今河南修武縣。

［13］東京：都城名。隋煬帝營建洛陽爲東京，大業五年改稱東都。

大業元年，[1]遷尚書令，賜東京甲第一區、物二千段，尋拜太子太師，[2]餘官如故。前後賞錫不可勝計。明年，拜司徒，改封楚公，真食二千五百户。其年病薨，謚曰景武，贈光禄大夫、太尉公、弘農、河東、絳郡、臨汾、文城、河内、汲郡、長平、上黨、西河十郡太守，[3]給轀輬車、班劍三十人、前後部羽葆鼓吹、粟麥五千石、物五千段，[4]鴻臚監護喪事。帝又下詔立碑，以彰盛美。素嘗以五言詩七百字贈番州刺史薛道衡，[5]詞氣穎拔，風韻秀上，爲一時盛作。未幾而卒。道衡歎曰："人之將死，其言也善，若是乎！"集十卷。

［1］大業：隋煬帝的年號（605—617）。

［2］尋拜太子太師：底本作"尋拜太師"，中華本校勘記云："諸本無'太子'二字，《隋書》有。按本書卷十二、《隋書》卷三《煬帝紀》大業元年七月稱：'以尚書令楊素爲太子太師。'此誤脱，今據補。"今從改。太子太師，官名。爲東宫三師之首，負責訓導輔佐太子，無具體的職責。隋朝時多作爲安置退免大臣或用爲大臣的加官、贈官。正二品。

［3］河東：郡名。隋朝時治蒲坂縣，在今山西永濟市西南蒲州鎮。　臨汾：郡名。隋朝時治臨汾縣，在今山西臨汾市南。　文城：郡名。隋朝時治文城縣，在今山西吉縣西北。　汲郡：隋朝時治衛縣，在今河南浚縣西南。　長平：郡名。隋朝時治高平縣，在今山西晋城市東北。　上黨：郡名。隋朝時治上黨縣，在今山西長治市。　西河：郡名。隋朝時治隰城縣，在今山西汾陽市城區。

[4]給轀輬車：《隋書》卷四八《楊素傳》作“給輬車”。按：轀輬車爲古代卧車，後作喪車。“轀”“輬”常連用。《隋書》脱“轀”字。　班劍：有紋飾的劍。後用作儀仗，由武士佩持，天子以賜功臣。　三十人：局本及《隋書·楊素傳》作“二十人”。按：未詳孰是。　羽葆：古時一種儀仗。以鳥羽聚於柄頭如蓋。漢晋南北朝時，諸王及重要大臣有功則賜，大臣喪，亦或賜。以示尊崇。

[5]番州：隋朝時治南海縣，在今廣東廣州市。

素雖有建立策及平楊諒功，然特爲帝猜忌，外示殊禮，内情甚薄。太史言楚分野有大喪，[1]因改封素於楚。寢疾之日，帝每令名醫診候，賜以上藥，然密問醫人，恒恐不死。素又自知名位已極，不肯服藥，亦不將慎。每語弟約曰：“我豈須更活邪？”

[1]太史言楚分野有大喪：中華本校勘記云：“李慈銘云：‘《隋書》作“隋分野”。下云“楚與隋同分，欲以此厭當之”，情事甚顯。此省數語，改“隋”爲“楚”，便失事實。’”可從。分野，與星次相對應的區域。古以十二星次的位置劃分地面上州、國的位置與之相對應。

素貪財貨，[1]營求産業，[2]東西京居宅侈麗，朝毁夕復，營繕無已，爰及諸方都會之處，邸店水磑田宅以千百數。[3]時議以此鄙之。子玄感。

[1]素貪財貨：毛本作“素貪財”。脱“貨”字，與“營求産業”不對應。

[2]營求産業：殿本、四庫本、四部備要本作“滎求産業”。“營”訛作“滎”。

[3]邸店：古代兼具貨棧、商店、客舍性質的處所。　水磑(wèi)：水磨。

玄感少時晚成，人多謂之癡，唯素每謂所親曰：“此兒不癡也。”及長，美鬚髯，儀貌雄俊，好讀書，便騎射。弱冠，以父軍功位柱國，與其父俱爲第二品，朝會則齊列。後文帝命玄感降一等，玄感拜謝曰：“不意陛下寵臣之甚，許以公庭獲展私敬。”初拜郢州刺史，到官潛布耳目，察長吏能不，纖介必知，[1]吏人敬服，皆稱其能。後轉宋州刺史，[2]父憂去職。[3]歲餘，拜鴻臚卿，襲爵楚公，遷禮部尚書。[4]性雖驕倨，而愛重文學，四海知名之士多趨其門。

[1]纖介：細微的事。

[2]宋州：隋朝時治晋陵縣，在今安徽泗縣。

[3]憂：居父母之喪。按當時規定父母之喪必須辭官回家守喪三年。

[4]禮部尚書：官名。隋朝時屬尚書省，爲禮部最高長官，員一人，掌禮儀、祭祀、宴享及學校政令，總判部屬各司事。正三品。

後見朝綱漸紊，帝又猜忌日甚，内不自安，遂與諸弟潛謀廢帝立秦王浩。[1]及從征吐谷渾，[2]還至達斗拔谷，[3]時從官狼狽，玄感欲襲擊行宫。其叔慎曰：“士心尚一，國未有釁，不可圖也。”玄感乃止。時帝好征伐，

玄感欲立威名，陰求將領，以告兵部尚書段文振。[4]振以白帝，帝嘉之，謂群臣曰："將門有將，故不虚也。"於是賚物千段，禮遇益隆，頗預朝政。

[1]浩：即楊浩，人名。弘農華陰（今陝西華陰市東南）人。隋朝宗室。隋煬帝楊廣之侄，秦孝王楊俊長子。見《北史》卷七一《秦王俊附楊浩傳》。

[2]吐谷渾：族名。又稱吐渾、退渾。原爲鮮卑族慕容部的一支，先祖游牧於徒河青山（今遼寧義縣東）。西晋時，遷徙於今甘肅、青海一帶。十六國時，先後受到前凉、西秦等追逐，幾乎亡國。後再度崛起，北魏太武帝時達到最强盛。在北魏打擊下，一度退到今新疆一帶。以游牧爲生。見《北史》卷九六《吐谷渾傳》。

[3]達斗拔谷：關隘名。在今甘肅民樂縣東南甘肅、青海兩省交界處的扁都口隘口。底本作"達升拔谷"，中華本校勘記云："諸本'斗'作'升'，《隋書》卷七〇、《通志》卷一六〇《楊玄感傳》作'斗'。按本書卷十二、《隋書》卷三《煬帝紀》，大業五年六月作'大斗拔谷'。《通鑑》卷一八一胡注云：'《新唐志》：凉州西二百里有大斗軍，本赤水守捉，開元十六年爲軍，因大斗拔谷爲名。''升'乃'斗'之訛，今據改。"今從改。

[4]段文振：人名。北海期原（今山東青州市）人。北周、隋朝將領。見《北史》卷七六《段文振傳》。

帝征遼東，令玄感於黎陽督運，[1]遂與武賁郎將王仲伯、汲郡贊治趙懷義等謀，[2]不時進發。帝遣使者逼促，玄感揚言曰："水路多盜，不可前後而發。"[3]其弟武賁郎將玄縱、鷹揚郎將萬石並從幸遼東，[4]玄感潛遣人召之。時來護兒以舟師自東萊，[5]將入海趣平壤城，[6]

軍未發。玄感無以動衆，乃遣家奴僞爲使，從東方來，謬稱護失軍期而反。玄感遂入黎陽縣，閉城大募男夫，[7]於是取騆布爲牟甲，[8]署置官屬皆準開皇之舊。移書傍郡以討護爲名，令發兵會於倉所。以東光縣尉元務本爲黎州刺史，[9]趙懷義爲衛州刺史，[10]河内郡主簿唐禕爲懷州刺史，[11]有衆且一萬，將襲洛陽。唐禕至河内，馳往東都告之。越王侗、户部尚書樊子蓋等勒兵備禦。[12]脩武縣人相率守臨清關，[13]玄感不得濟，遂於汲郡南度河。從亂如市，數日，屯兵上春門，[14]衆至十餘萬。子蓋令河南贊務裴弘策拒之，[15]弘策戰敗。父老競致牛酒。

[1]黎陽：縣名。治所在今河南浚縣東北。

[2]武賁郎將：官名。即虎賁郎將。《北史》避唐高祖祖父李虎諱改。隋煬帝大業三年改十二衛護軍置。正四品。　王仲伯：人名。天水（今甘肅天水市）人。隋煬帝大業九年隨楊玄感反。玄感敗，歸附李密。　贊治：官名。州郡長官的行政助理。　等謀：局本作“等多謀”，殿本、四庫本、四部備要本作“等多議謀”。“等多謀”與“等多議謀”在此意不通，衍“多”字。

[3]不可前後而發：殿本、四庫本、四部備要本作“不可前後而廢”。“發”訛作“廢”。

[4]鷹揚郎將：官名。隋煬帝大業三年改驃騎將軍置。爲鷹揚府長官，分屬十二衛，掌宿衛。員一人，正五品。

[5]來護兒：人名。字崇善，廣陵（今江蘇揚州市）人。隋朝將領。見《北史》卷七六《來護兒傳》。　東萊：郡名。隋朝時治掖縣，在今山東萊州市。

[6]平壤城：即今朝鮮首都平壤市。

［7］閉城大募男夫：宋本、毛本、殿本、四庫本、局本、四部備要本作“閉城大募勇夫”。中華本校勘記云：“《隋書》‘募’作‘索’，疑是。”

［8］颿（fān）布：指挂在帆船桅杆上的布篷。　牟甲：即盔甲。

［9］東光：縣名。治所在今河北東光縣。　黎州：隋朝時治黎陽縣，在今河南浚縣東北。

［10］衛州：隋朝時治朝歌縣，在今河南淇縣。

［11］主簿：官名。掌典領文書簿籍。品位秩級隨府長官地位高低而異，州郡縣亦置。雖非屬吏之首，但地位很高。　懷州：隋朝時治野王縣，在今河南沁陽市。

［12］侗：即楊侗，人名。字仁謹，弘農華陰（今陝西華陰市東南）人。隋朝宗室。隋煬帝之孫，元德太子楊昭之子。後被王世充侄子王行本所殺。見《北史》卷七一《元德太子昭附越王侗傳》。　户部尚書：官名。即民部尚書。《北史》避唐太宗李世民諱改。隋文帝開皇三年由度支尚書改名，爲尚書省六部長官之一，統管度支、户部、金部、倉部四曹，掌軍國財賦的收支會計及漕運物價屯田之政令。正三品。　樊子蓋：人名。字華宗，廬江（今安徽合肥市）人。北齊、北周、隋朝大臣。見《北史》卷七六《樊子蓋傳》。

［13］臨清關：在今河南新鄉市東北。

［14］上春門：隋洛陽城東城的最北門。

［15］河南：郡名。隋朝時治河南縣，在今河南洛陽市。　贊務：官名。隋朝置，初爲雍州屬官，居别駕下，從四品。煬帝時罷長史、司馬，置贊務爲郡太守副職，員一人。上郡贊務爲正五品，中郡爲從五品，下郡爲正六品。河南贊務爲從四品。　裴弘策：人名。隋朝官吏。因鎮壓楊玄感失敗被殺。

玄感屯兵尚書省，每有誓衆曰：[1]“我身爲上柱國，家累巨萬金，至富貴，無所求也。今者不顧破家滅族者，爲天下解倒懸之急，救黎元之命耳。”衆皆悦，詣轅門請自效者日數千。及與樊子蓋書曰：

[1]每有誓衆曰：源氏校勘記云：“《隋書》無‘有’字。”中華本校勘記云：“《隋書》無‘有’字，疑此衍。”可從。

夫建忠立義，事有多途，見機而作，蓋非一揆。昔伊尹放太甲於桐宫，[1]霍光廢劉賀於昌邑，[2]此並公度内，不能一二披陳。高祖文皇帝誕膺天命，造兹區宇，在琁璣以齊七政，[3]握金鏡以馭六龍，[4]無爲而至化流，[5]垂拱而天下乂。[6]今上纂承寶曆，宜固洪基，乃自絶于天，殄人敗德。頻年肆眚，[7]盗賊於是滋多；所在脩營，人力爲之凋盡。荒淫酒色，子女必被其侵；耽玩鷹犬，禽獸皆離其毒。朋黨相扇，貨賄公行，納邪佞之言，杜正直之口。加以轉輸不息，徭役無期，士卒填溝壑，骸骨蔽原野，黄河之北則千里無煙，江、淮之間則鞠爲茂草。[8]

[1]伊尹放太甲於桐宫：因太甲怠於政事，伊尹把他放逐到桐宫。見《尚書·太甲上》：“予弗狎于弗順，營于桐宫。”孔傳：“經營桐墓立宫，令太甲居之。”伊尹，人名。殷商賢臣。輔佐成湯建立商朝，後又歷佐幾帝。太甲，商朝第五位君主。初立時，怠於政事，被伊尹放逐於桐。三年後悔過自責，伊尹迎歸復位。見《史

記》卷三《殷本紀》。桐宫，地名。在今河北臨漳縣。

[2]霍光廢劉賀於昌邑：西漢執政大臣霍光因劉賀不理朝政，而廢黜其爲昌邑王。霍光，人名。字子孟，河東平陽（今山西臨汾市西南）人，霍去病異母弟。西漢外戚。秉政二十年。見《漢書》卷六八《霍光傳》。劉賀，人名。漢武帝孫。初襲父爵爲昌邑王，昭帝崩，霍光迎之即位，因不理朝政，後被廢，歸昌邑。見《漢書》卷八《宣帝紀》。昌邑，侯國名。治所在昌邑縣，在今山東巨野縣南。

[3]琁璣：北斗七星的前四星。　七政：説法不一。一説指日月和金木水火土五星。一説指天地人和四時。一説指北斗七星。

[4]金鏡：銅鏡。比喻明顯的正道。　六龍：古代天子的車駕爲六馬，馬八尺爲龍。因以爲天子車駕的代稱。

[5]化流：德化傳布。

[6]乂（yì）：治理、安定。

[7]肆眚（shěng）：寬赦罪人。

[8]江淮之間：底本作“淮江之間”，中華本校勘記云：“諸本‘江淮’誤倒，據《隋書》《通志》改。”今從改。

玄感世荷國恩，位居上將。先公奉遺詔曰：“好子孫爲我輔弼之，惡子孫爲我屏黜之。”所以上禀先旨，下順人心，廢此淫昏，[1]更立明哲。今四海同心，九有咸應，士卒用命，如赴私讎，人庶相趨，義形公道。天意人事，較然可知。公獨守孤城，勢何支久？願以黔黎在念，社稷爲心，勿拘小禮，自貽伊戚。誰謂國家，一旦至此！執筆潸然，言無所具。

[1]廢此淫昏：殿本、四庫本、四部備要本作“廢其淫昏”。兩者意思相近，皆可。

遂進逼東都城。[1]

[1]東都城：即東都洛陽。

刑部尚書衛玄率衆自關中來援東都，[1]以步騎二萬度瀍、澗挑戰。[2]玄感僞北，玄逐之，伏兵發，前軍盡没。後數日，玄復與玄感戰。兵始合，玄感詐令人大呼曰：“官軍已得玄感矣。”玄軍稍怠，玄感與數千騎乘之，大潰，擁八千人而去。玄感驍勇多力，每戰，親運長矛，身先士卒，喑嗚叱咤，所當莫不震懾，論者方之項羽。又善撫馭，士樂致死。由是戰無不捷。玄軍日蹙，糧又盡，乃悉衆決戰，陣於北邙，一日間戰十餘合。玄感弟玄挺中流矢而斃，玄感稍却。樊子蓋復遣兵攻尚書省，又殺數百人。

[1]刑部尚書：官名。隋朝始設。文帝開皇三年由都官尚書改名。負責制定律法、糾察違法。正三品。　衛玄：人名。字文昇，河南洛陽（今河南洛陽市東北）人。北周、隋朝將領。見《北史》卷七六《衛玄傳》。

[2]瀍（chán）：水名。源出今河南洛陽市西北。　澗：水名。即今河南宜陽縣澗河。

帝遣武賁郎將陳稜攻元務本於黎陽，[1]武衛將軍屈

突通屯河陽，[2]左翊衛大將軍宇文述發兵繼進，[3]右驍衛大將軍來護兒復來赴援。[4]玄感與前户部尚書李子雄計曰：[5]“屈突通曉兵事，若度河則勝負難决，不如分兵拒之。通不能濟，[6]則樊、衛失援。”玄感然之，將拒通。子蓋知其謀，數擊其營，玄感不果進。通遂濟河，軍於破陵。[7]玄感爲兩軍，西拒衛玄，東拒屈突通。子蓋復出兵大戰，玄感軍頻北。復與子雄計，子雄勸之直入關中，開永豐倉振貧乏，[8]三輔可指麾而定。據有府庫，東面而争天下，此亦霸王之業。

[1]陳稜：人名。字長威，廬江襄安（今安徽巢湖市）人。隋朝官吏。見《北史》卷七八《陳稜傳》。

[2]武衛將軍：官名。隋朝十二衛將軍之一，分置左右，各二人，佐大將軍總府事，並統諸鷹揚府事。從三品。　屈突通：人名。祖籍昌黎（今遼寧朝陽市），後移居雍州長安（今陝西西安市）。隋末唐初大將。見《舊唐書》卷五九《屈突通傳》。

[3]左翊衛大將軍：官名。隋朝十二衛大將軍之一。煬帝大業三年由左衛大將軍改置，爲左翊衛長官，員一人，總府事，並統諸鷹揚府事。正三品。

[4]右驍衛大將軍：官名。隋朝十二衛大將軍之一。煬帝大業三年改右備身府爲右驍衛，置大將軍總管府事，員一人，統領諸鷹揚府。正三品。

[5]李子雄：人名。勃海蓨（今河北景縣）人。隋朝將領。見《隋書》卷七〇《李子雄傳》。源氏校勘記云：“本傳無‘李雄’。按《隋書》悉作‘子雄’。”中華本校勘記云：“按此李子雄，《隋書》卷七〇附《楊玄感傳》後。本書卷七四改作‘李雄’，自有專傳。而《隋書》卷四六之李雄，本書卷三三改作李子雄附其父

《李裔傳》後。這裏沿《隋書》原文作‘李子雄’，與本書卷三三之李子雄自相混淆。”可從。

[6]通不能濟：底本作“不能濟”，中華本校勘記云：“諸本脱‘通’字，據《隋書》《通志》補。”今從改。

[7]破陵：地名。在今河南孟津縣東。

[8]永豐倉：故址在今陝西華陰市東北渭河入黄河口處。

會華陰諸楊請爲鄉導，玄感遂釋洛陽，西圖關中。宣言已破東都，取關西。宇文述等諸軍躡之。至弘農宫，[1]父老遮説玄感曰：“宫城空虚，又多積粟，攻之易下。進可絶敵人之食，退可割宜陽之地。”[2]玄感以爲然，留攻三日，城不下，追兵遂至。玄感西至閺鄉，[3]上槃豆，[4]布陣亘五十里，與官軍且戰且行，一日三敗。復陣於董杜原，[5]諸軍大敗之。玄感獨與十餘騎竄林木間，將奔上洛。[6]追騎至，玄感叱之，皆懼而返走。至葭蘆戍，[7]窘迫，獨與弟積善步行，謂積善曰：“事敗矣，我不能受人戮辱，汝可殺我。”積善殺之，因自刺不死，爲追兵所執，與玄感首俱送行在所，[8]磔其屍於東都市，[9]三日，復臠而焚之。[10]餘黨悉平。

[1]弘農宫：在今河南陝縣。

[2]宜陽：縣名。治所在今河南宜陽縣西。

[3]閺（wén）鄉：縣名。治所在今河南靈寶市西北。

[4]槃（pán）豆：城名。在今河南靈寶市西北黄河南岸。

[5]董杜原：地名。在今陝西潼關縣東。

[6]上洛：郡名。隋朝時治上洛縣，在今陝西商洛市商州區。

[7]葭蘆：戍所名。在今甘肅隴南市武都區東南白龍江東岸。

[8]行在所：古代帝王巡幸所居之地。

[9]磔（zhé）：分解屍體的刑法。

[10]臠（luán）：切肉。

其弟玄獎爲義陽太守，[1]將歸玄感，爲郡丞周旋玉所殺。[2]玄縱弟萬石，自帝所逃歸，至高陽，[3]止傳舍，監事許華與郡兵執之，斬於涿郡。[4]萬石弟仁行，官至朝議大夫，[5]斬於長安。並具梟磔。[6]公卿請改玄感姓爲梟氏，詔可之。

[1]義陽：郡名，隋朝時治平陽縣，在今河南信陽市。

[2]郡丞：官名。爲郡守的副職，輔助郡守掌管郡縣政事民務。從八品。

[3]高陽：郡名。隋朝時治高陽縣，在今河北高陽縣東。

[4]涿郡：隋朝時治薊縣，在今北京西南。

[5]萬石弟仁行官至朝議大夫：源氏校勘記於"仁"旁紅筆小字夾批"民"字。並云"'議'《隋書》作'請'。"中華本校勘記云："《隋書》'朝議'作'朝請'。按《隋書》卷二八《百官志》，隋初文散官有朝議大夫。大業三年改革官制，省朝議大夫，新置散官有朝請大夫，班正五品。仁行被殺在大業九年，則其時已無朝議大夫，《隋書》是。"可從。朝議大夫，官名。隋始置。爲文散官，階從三級。

[6]梟磔：砍首並碎屍。

玄感之亂，有趙元淑者預謀，誅。又有劉元進，亦舉兵應之。

元淑，博陵人。父世模，初從高寶寧，[1]後以衆歸

周，授上開府，寓居京兆之雲陽。[2]隋文帝踐阼，恒典宿衛。後從晋王伐陳，力戰而死。朝廷以其身死王事，以元淑襲父本官，賜物三千段。[3]

[1]高寶寧：人名。又作“高保寧”，代（今山西大同市東北）人。北齊官吏。見《北齊書》卷四一《高保寧傳》。底本作“高寶”。源氏校勘記云：“‘寶’下，《隋書》有‘寧’字。爲是。”中華本校勘記云：“諸本脱‘寧’字，據《隋書》《通志》補。”今從改。

[2]雲陽：縣名。治所在今陝西涇陽縣西。

[3]三千段：局本作“二千段”。源氏校勘記云：“《隋書》萬曆本作‘千段’，正德本作‘二千段’。”按：未詳孰是。

元淑性疏誕，不事産業，家徒壁立。後授驃騎將軍，將之官，無以自給。時長安富人宗連家累千金，仕周爲三原令，[1]有季女，慧而有色。連每求賢夫，聞元淑，請與相見。連有風儀，美談笑，元淑亦慕之。[2]及至其家，服玩居處，擬於將相，酒酣，奏女樂，元淑所未見也。及出，連又致殷勤。元淑再三來，宴樂更侈於前。[3]因問所須，盡買與之，元淑致謝，[4]連復拜求以女妻之。元淑感而納焉，遂爲富人。

[1]三原：縣名。治所在今陝西三原縣。

[2]元淑亦慕之：《隋書》卷七〇《趙元淑傳》作“元淑亦異之”。按：未詳孰是。

[3]宴樂更侈於前：毛本作“宴樂更移於前”。“侈”訛作“移”。

[4]元淑致謝：毛本作“元淑致拜”。兩者意思相近，皆可。

從楊素平楊諒，以功進位柱國，歷德州刺史、潁川太守，[1]並有威惠。入爲司農卿。[2]玄感有異志，遂與結交。遼東之役，領將軍、典宿衛，加光禄大夫，封葛國公。明年，帝復征高麗，[3]以元淑鎮臨渝。[4]及玄感作亂，其弟玄縱自駕所逃歸，路經臨渝。元淑出其小妻魏氏見玄縱，對宴極歡，因與通謀，并受玄縱賂遺。及玄感敗，人有告其事者，帝以屬吏，元淑及魏氏俱斬於涿郡，籍没其家。

[1]德州：隋朝時治安德縣，在今山東陵縣。　潁川：郡名。隋朝時治許昌縣，在今河南許昌市東。

[2]司農卿：官名。南朝梁時改大司農爲司農卿，職掌勸農、倉儲、園苑、供應宫廷膳食等。歷代沿之。隋初爲正三品，煬帝時定爲從三品。

[3]高麗：國名。又作“高句麗”等，其先出自夫餘，爲漢之玄菟郡，高句麗爲其三縣之一，因以爲國名。都名丸都，故治在今吉林集安市，南北朝時遷都於今朝鮮的平壤市。見《北史》卷九四《高麗傳》。

[4]臨渝：縣名。治所在今河北撫寧縣東榆關鎮。

元進，餘杭人。[1]少好任俠，爲州里所宗，兩手各長尺餘，臂垂過膝。屬遼東之役，百姓騷動，元進自以相表非常，遂聚亡命。會玄感起於黎陽，元進應之。旬月，衆至數萬，將度江而玄感敗。吴郡朱燮、晋陵管崇亦舉兵，有衆七萬，共迎元進，奉以爲主，據吴郡，稱

爲天子，以燮、崇俱爲僕射，署百官。[2]帝令將軍吐萬緒、光禄大夫魚俱羅討焉。[3]爲緒所敗，朱燮戰死。俄而緒、俱羅並得罪。江都郡丞王世充發兵擊之。[4]有大流星墜於江都，未及地而南逝，磨拂竹木皆有聲，至吴郡而落于地。元進惡之，令掘地入二丈，得一石，徑丈餘。數日，失石所在。世充度江，元進遣兵人各持茅，因風縱火。世充大懼，將棄營。遇反風火轉，[5]元進衆懼燒而退，世充大破之。元進及崇俱爲世充所殺。世充坑其衆於黄亭澗，[6]死者三萬人。

[1]餘杭：郡名。隋朝時治錢塘縣，在今浙江杭州市。

[2]署百官：毛本、局本、四部備要本作“置百官”。兩者意思相同，皆可。

[3]吐萬緒：人名。字長緒，代郡（今山西大同市東北）人，鮮卑族。北周、隋朝官吏。見《北史》卷七八《吐萬緒傳》。　魚俱羅：人名。馮翊下邽（今陝西渭南市東北）人。隋朝官吏。見《北史》卷七八《魚俱羅傳》。

[4]江都：郡名。隋朝時治江陽縣，在今江蘇揚州市東北。　王世充：人名。字行滿，新豐（今陝西西安市臨潼區東北）人。隋朝官吏。見《北史》卷七九《王世充傳》。

[5]遇反風火轉：毛本作“遇返風火轉”。“返”通“反”。

[6]黄亭澗：水名。在今江蘇蘇州市附近。

其後董道沖、沈法興、李子通等並乘此而起。[1]

[1]沈法興：人名。湖州武康（今浙江德清縣西）人。隋煬帝大業末爲吴興太守。後以誅宇文化及爲名舉兵，與唐軍戰，大敗，

投長江自殺。見《舊唐書》卷五六《沈法興傳》。　李子通：人名。東海丞（今山東棗莊市南）人。隋末起義軍首領之一。見《舊唐書》卷五六《李子通傳》。

素母弟約。[1]約字惠伯。童兒時嘗登樹，墜地爲查傷，由是竟爲宦者。性如沈静，[2]内多譎詐，好學强記。素友愛之，凡有所爲，先籌於約而行。在周末，以素軍功賜爵安成縣公，拜上儀同三司。文帝受禪，歷位長秋卿、鄜州刺史、宗正、大理二少卿。[3]

[1]素母弟約：中華本校勘記云："《隋書》卷四八《楊約傳》云：'素異母弟也。'此疑脱'異'字。"可從。

[2]性如沈静：四部備要本作"性好沈静"。"如"訛作"好"。

[3]長秋卿：官名。北齊時爲長秋寺的主官。隋朝沿置，掌管皇后宫内事務及宣通外朝。從三品。　鄜（fū）州：源氏校勘記云："'鄜'《隋書》作'邵'。"中華本校勘記云："《隋書》'鄜'作'邵'。按'鄜州'即'敷州'。楊約父名'敷'，當時避諱甚謹，疑不得爲此州刺史。後周置邵州，大業初州廢（見《隋書》卷三〇《地理志》絳郡垣縣注）。楊約當是作邵州刺史。"可從。邵州，隋朝時治亳城縣，在今山西垣曲縣東南。　宗正少卿：官名。隋朝時爲宗正寺次官，亦稱宗正寺少卿。通判本寺事務。隋初置一員，正四品上。隋煬帝時增爲二員，從四品。　大理少卿：官名。掌判獄事，員一人，正四品上。隋煬帝大業三年加一人。從三品。尋廢。

時皇太子無寵，晋王廣規奪宗，以素幸於上而雅信約，乃用張衡計，遣宇文述大以金寶賂約，因通王意，

説之曰：“夫守正履道，固人臣之常致；反經合義，亦達者之令圖。自古賢人君子，莫不與時消息，以避禍患。公兄弟功名蓋世，用事有年，朝臣爲足下家所屈辱者，[1]可勝數哉？又儲宮以所欲不行，每切齒於執政。公雖自結於人主，而欲危公者亦多矣。主上一旦棄群臣，公亦何以取庇？今皇太子失愛於皇后，主上素有廢黜之心，此公所知也。今若請立晋王，在賢兄之口耳。誠能因此時建大功，王必鏤銘於骨髓，[2]斯則去累卵之危，成太山之安也。”約然之，以白素。素本凶險，聞之大喜，乃撫掌曰：“吾智慧殊不及此，賴汝起余。”[3]約知其計行，復謂素曰：“今皇后之言，上無不用，宜因機會，早自結託，則匪惟長保榮禄，傳祚子孫。又晋王傾身禮士，聲名日盛，躬履節儉，有主上之風，以約料之，必能安天下。兄若遲疑，一旦有變，令太子用事，恐禍至無日。”素遂行其策，太子果廢。

[1]朝臣爲足下家所屈辱者：毛本作“朝臣以足下家所屈辱者”。在此意不通，誤。

[2]鏤銘：底本作“鎮銘”，南監本馮夢禎校勘記云：“‘鎮銘’，‘鎮’字恐訛，或當作‘鏤銘’。”中華本校勘記云：“諸本及《隋書》‘鏤’作‘鎮’，馮夢禎云：‘鎮’字恐訛，疑當作‘鏤’。按《通志》卷一六〇正作‘鏤’。‘鎮銘’不可通，今從《通志》改。”今從改。

[3]賴汝起余：毛本作“賴汝起予”。“予”通“余”。

及晋王入東宫，引約爲左庶子，[1]封脩武公，進位

大將軍。及帝崩，遣約入京，易留守者，縊殺庶人勇，然後陳兵發凶問。煬帝聞之曰："令兄之弟，果堪大任。"即位數日，拜内史令。約有學術，兼達時務，帝甚任之。後加右光禄大夫。

[1]左庶子：官名。即太子左庶子。隋朝時爲太子門下坊長官，員二人。正四品上。

及帝在東都，令約詣京師享廟，行至華陰，見其先墓，[1]遂枉道拜哭，爲憲司所劾，[2]坐免官。尋拜淅陽太守。[3]其兄子玄感時爲禮部尚書，與約恩義甚篤，既愴分離，形於顔色。帝謂曰："公比憂瘁，得非爲叔也?"玄感再拜流涕曰："誠如聖旨。"帝亦思約廢立功，由是徵入朝。未幾卒，以素子玄挺後之。

[1]見其先墓：《隋書》卷四八《楊素附楊約傳》作"見其兄墓"。按：根據上文，此事發生在隋文帝駕崩、隋煬帝剛即位時，當在大業元年至大業二年。而楊約的兄長楊素卒於大業二年，其兄長過世不久。疑此處爲"見其兄墓"。

[2]憲司：官署名。御史臺的别稱。

[3]淅陽：郡名。隋朝時治南鄉縣，在今河南淅川縣西南。

穆字紹叔，暄弟也。仕魏，華州别駕。孝武末，[1]弟寬請以澄城縣伯讓穆，[2]詔許之。終于并州刺史，贈開府儀同三司、華州刺史。

［1］孝武：即北魏皇帝元脩。孝武爲其謚號。

［2］澄城縣伯：封爵名。澄城，縣名。治所在今陝西澄城縣。殿本、四庫本作"登城縣伯"。據史書記載，無"登城縣"。"澄"訛作"登"。

穆弟儉，字景則，偉容儀，有才行。位北雍州刺史，[1]政尚寬慧，夷夏安之。後從破齊神武於沙苑，[2]封夏陽縣侯，[3]位開府儀同三司、華州刺史。[4]卒，[5]謚静。

［1］北雍州：北魏時治華原縣，在今陝西銅川市耀州區。

［2］沙苑：又名沙阜、沙海、沙窩。在今陝西大荔縣南洛、渭二河之間。

［3］夏陽縣侯：封爵名。夏陽，縣名。治所在今陝西韓城市南。

［4］位開府儀同三司華州刺史：楊儉墓誌載其歷官甚詳："孝昌中，起拜奉朝請，領侍御史。俄轉員外散騎侍郎，領任如初。後遷鎮遠將軍、頓丘太守。永安中，入爲黄門侍郎。未幾，除左將軍、太府少卿。尋除散騎常侍、使持節都督潁州諸軍事、潁州刺史。謝任還朝，除征南大將軍、金紫光禄大夫。永熙中，除使持節散騎常侍、都督北雍州諸軍事、衛將軍、北雍州刺史。永熙三年，鸞駕西巡，除侍中、驃騎大將軍。大統元年，除使持節本將軍、當州大都督、東秦州刺史。二年，就拜儀同三司，將軍、州如故。三年還朝，從討高歡於渭陽，以功封夏陽縣開國侯。"（參王慶衛、王煊《隋代弘農楊氏續考——以墓誌銘爲中心》，《碑林集刊》2006 年年刊，第 204 頁）

［5］卒：據楊儉墓誌載："春秋卌八。大統八年遘疾薨於華州習仙里。"可見死於西魏文帝大統八年正月，約生於北魏孝文帝太和十九年（參陳花容《楊儉墓誌》，《書法報》2017 年 11 月 30 日）。

子异，字文殊，美風儀，有器局，髫齔就學，[1]日誦千言，見者奇之。九歲丁父憂，哀毁過禮，殆將滅性。及免喪之後，絶慶弔，閉户讀書，數年之間，博涉書記。周閔帝時，[2]爲寧都郡太守，[3]甚有能名，賜爵樂昌縣子，[4]後數以軍功進爵爲侯。隋文帝作相，行濟州事，及踐阼，拜宗正少卿，加上開府。蜀王秀之鎮益州也，朝廷盛選綱紀，以异方直，拜益州總管長史，[5]尋遷西南道行臺兵部尚書。後歷宗正卿、刑部尚書，[6]出爲吴州總管，甚有能名。時晋王廣鎮揚州，詔令异每歲一與王相見，評論得失，規諫疑闕。卒於官。子虔遜。

[1]髫（tiáo）齔（chèn）：童年。

[2]周閔帝：即北周皇帝宇文覺。閔爲其謚號。

[3]寧都：郡名。北周時治寧都縣，在今陝西漢陰縣。

[4]樂昌縣子：封爵名。源氏校勘記云："《隋書》（'樂昌'）作'昌樂'。"樂昌，縣名。治所在今廣東樂昌市。昌樂，縣名。治所在今河南南樂縣西北。

[5]總管長史：官名。即總管府長史。總管府，北周明帝時始置。管理轄區的軍政民政，是地方高級行政機構。

[6]宗正卿：官名。即宗正寺卿。隋朝時爲宗正寺長官。隋初爲正三品，煬帝時定爲從三品。

寬字蒙仁，[1]儉弟也。少有大志，每與諸兒童游處，必擇高大之物坐之，見者咸異焉。及長，頗解屬文，尤尚武藝。弱冠，除奉朝請。[2]父鈞出鎮恒州，[3]請隨從展効，乃授高闕戍主。[4]既而蠕蠕亂，其主阿那瓌奔魏，

魏帝詔鈞衛送，寬亦從行。時北邊賊起，攻圍鎮城。鈞卒，城人等推寬守禦。尋而城陷，寬乃北走蠕蠕，後討六鎮賊破，寬始得還朝。

[1]蒙仁：源氏校勘記云："《周書》作'景仁'。"中華本《周書》卷二二《楊寬傳》作"景仁"，並出校勘記云："《北史》卷四一《楊敷附叔父寬傳》'景'作'蒙'。"

[2]奉朝請：官名。本是兩漢給予退休大臣、權貴的一種政治優待。西晋時成爲加官名號。東晋時獨立爲官，亦作加官。北魏時爲冗散官，有俸無職。孝文帝太和十七年定爲六品下，二十三年定爲從七品。

[3]父鈞出鎮恒州：《周書·楊寬傳》作"屬鈞出鎮恒州"。皆可。

[4]高闕：在今内蒙古杭錦後旗東北。北魏時置戍，隸沃野鎮。戍主：官名。南北朝始置，爲戍的主將，掌守防捍禦之事，除管理軍政外，兼理民政、財政。多以郡守、縣令、州參軍及雜號將軍等官兼領。

廣陽王深與寬素相昵。深犯法得罪，寬被逮捕，孝莊時爲侍中，與寬有舊，藏之於宅，遇赦得免。除宗正丞。[1]北海王顥少相器重，時爲大行臺北征葛榮，欲啓寬爲左丞。寬辭以孝莊厚恩未報，義不見利而動。顥未之許，顥妹壻李神軌謂顥曰：[2]"匹夫猶不可奪志，况義士乎。"乃止。

[1]宗正丞：官名。北魏時爲大宗正丞的省稱，協助管理皇族宗室事務。七品。

[2]李神軌：人名。一名軌，小名青肫，頓丘（今河南清豐縣西南）人。北魏官吏。見《北史》卷四三《李崇附李神軌傳》。

孝莊踐阼，累遷洛陽令，以都督從太宰、上黨王元天穆討平邢杲。[1]師未還，屬元顥入洛，莊帝出居河内，天穆懼，集諸將謀之。寬勸天穆徑取成皋，[2]會兵伊洛。[3]天穆然之，乃趣成皋，令寬與尒朱兆爲後拒。[4]尋以衆議不同，乃回赴石濟。[5]寬夜行失道，遂後期，諸將咸言寬少與北海周旋，今不來矣。天穆答曰："楊寬非輕去就者也，吾當爲諸君明之。"[6]言訖，候騎白寬至。天穆撫髀而笑曰：[7]"吾固知其必來。"遽出帳迎，握其手曰："是所望也。"與天穆俱謁孝莊於太行。仍爲都督，從平河内，進圍北中。時梁陳慶之爲顥勒兵守北門，[8]天穆駐馬圍外，遣寬至城下説慶之。不答，久之乃曰："賢兄撫軍在，頗欲相見不?"寬答："僕兄既力屈凶威，迹淪逆黨，人臣之理，何煩相見。"天穆聞之，自此彌敬。

[1]太宰：官名。北魏時於太師、太傅、太保之上置太宰，用以安置元老勳舊大臣。一品。　上黨王：封爵名。上黨，郡名。北魏時治壺關城，在今山西長治市北。　元天穆：人名。亦稱元穆。北魏宗室、官吏。見《北史》卷一五《高凉王孤附上黨王天穆傳》。殿本、四庫本、四部備要本作"元天顥"。"穆"訛作"顥"。　邢杲：人名。河間（今河北河間市南）人。北魏末山東起義軍首領。曾任幽州平北府主簿，孝明帝武泰元年（528），在青州北海起兵反魏。後在濟南爲元天穆和尒朱兆的軍隊所敗，降後被殺。

[2]成皋：郡名。北魏時治成皋縣，在今河南滎陽市西北汜

水鎮。

[3]伊洛：地區名。今河南洛陽市一帶。伊，指伊水。洛水支流。源出今河南欒川縣伏牛山麓，東北流至偃師市南入洛水。洛，指洛水。一作"雒水"，今河南洛河。

[4]尒朱兆：源氏校勘記云："'兆'《周書》作'能'。似非。"

[5]石濟：津渡名。又名棘津、南津。在今河南滑縣西南古黄河上。

[6]吾當爲諸君明之：毛本、殿本、局本、四部備要本作"吾當謂諸君明之"。"爲"訛作"謂"。

[7]髀（bì）：大腿。

[8]勒兵：治軍，操練或指揮軍隊。《周書·楊寬傳》作"兵"。

孝莊反正，除太府卿、華州大中正，[1]封澄城縣伯。尒朱榮被誅，其從弟世隆等出據河橋，[2]還逼京師，進寬使持節、大都督，隨機捍禦。世隆謂寬曰："豈忘太宰相知之深也?"寬答曰："太宰見愛以禮，人臣之交耳，今日之事，事君之節。"及尒朱兆陷洛陽，囚執孝莊帝，寬還洛不可，遂自成皋奔梁。至建鄴，[3]聞莊帝弑崩，[4]寬發喪盡禮，梁武義之。[5]尋而禮送還。

[1]大中正：官名。三國魏齊王曹芳時在郡中正之上設州大中正，核實郡中正所報的品、狀，主管州内士族品第的評定，並有推舉和罷免郡中正的權力（須經司徒府通過）。兩晋南北朝沿置。北魏後期選任漸濫，恩幸、閹官亦有任此職者。北魏時無品、無禄，但有罪時可當刑。

[2]世隆：底本作"世澄"，源氏校勘記改"澄"作"隆"。中

華本校勘記云："諸本'隆'作'澄'，《周書》作'隆'。按事見本書卷四八《尒朱世隆傳》，今據改。"今從改。

[3]建鄴：都城名。在今江蘇南京市。

[4]弑：卑幼殺死尊長。此處指被臣子殺害。

[5]梁武：即南朝梁皇帝蕭衍。武爲其謚號。

孝武初，除給事黄門侍郎。孝武與齊神武有隙，遂召募驍勇，廣增宿衛，以寬爲閤内大都督，[1]專總禁旅。從孝武入關，兼吏部尚書，録從駕勳，進爵華山郡公。大統初，[2]遷太子太傅。[3]五年，除驃騎大將軍、開府儀同三司、都督、東雍州刺史，即本州也。廢帝初，[4]爲尚書左僕射、將作大監，[5]坐事免。周明帝初，[6]拜大將軍，從賀蘭祥討吐谷渾，[7]破之，别封宜陽縣公。除小冢宰，[8]轉御正中大夫。[9]武成二年，[10]詔寬與麟趾殿學士參定經籍。[11]

[1]閤内大都督：官名。北魏末置。統領皇帝左右的侍衛禁軍。

[2]大統：西魏文帝的年號（535—551）。

[3]太子太傅：官名。與太子少傅並稱太子二傅。負責訓導輔佐太子，無具體職司。北魏孝文帝太和二十三年定爲二品。西魏因之。

[4]廢帝：即西魏皇帝元欽。

[5]將作大監：官名。掌土木工程等事務。

[6]周明帝：即北周皇帝宇文毓。明爲其謚號。

[7]賀蘭祥：人名。字盛樂，一作"盛洛"，代郡武川（今内蒙古武川縣西）人，鮮卑族。西魏、北周官吏。見《北史》卷六一《賀蘭祥傳》。毛本作"賀蘭"。按："賀蘭"是一個少數民族部

落，在此意不通，脱“祥”字。

[8]小冢宰：官名。又稱小冢宰上大夫。西魏恭帝三年置，北周沿置。爲天官府次官，掌宫廷供奉、侍衛以及全國財政收支、百官俸給等。員二人，正六命。

[9]御正中大夫：西魏恭帝時置，北周沿置。天官府御正司長官，在皇帝左右，負責宣傳詔命，參議刑罰爵賞及軍國大事，皇帝詔書須由其連署。正五命。明帝武成元年於其上設御正上大夫，隨降爲副職。

[10]武成：北周明帝的年號（559—560）。

[11]麟趾殿：故址在今陝西西安市。

寬性通敏有器幹，頻牧數州，號稱清簡，歷居臺閣，有當官之譽。然與柳慶不協，[1]案成其罪，時論頗以此譏之。保定元年，[2]除總管梁興等十九州諸軍事、梁州刺史，[3]薨於州，贈華、陝、虞、上、潞五州刺史，[4]謚曰元。子文思。

[1]柳慶：人名。字更興，河東解（今山西臨猗縣）人。西魏、北周大臣。見《北史》卷六四《柳虯附柳慶傳》。底本作“柳機”，源氏校勘記云：“《周書》作‘柳慶’。爲是。按《慶傳》云‘與楊寬有隙，慶遂見疏忌’云云。”中華本校勘記云：“諸本‘慶’作‘機’，《周書》作‘慶’。按本書卷六四、《周書》卷二二《柳慶傳》云：‘又與楊寬有隙。及寬參知政事，遂見疏忌。’又言楊寬囚慶故吏，求慶罪失。《周書》作‘慶’是。柳機爲慶子，出仕較晚，與寬不相及。今據《周書》改。”今從改。

[2]保定：北周武帝的年號（561—565）。

[3]興：州名。北周時治漢曲縣，在今陝西略陽縣。

[4]陝：州名。北周時治陝縣，在今河南三門峽市西。　虞：

州名。北周時治安邑縣，在今山西運城市安邑鎮。　上：州名。北周時治上津縣，在今湖北鄖西縣西北。　潞：州名。北周時治襄垣縣，在今山西襄垣縣北。

文思字温才。[1]在周，年十一，拜車騎大將軍、儀同三司、散騎常侍。尋以父功，封新豐縣子。[2]天和初，行武都太守。[3]十姓獠反，[4]文思討平之。復行翼州事。[5]党項羌叛，[6]文思又討平之。進擊資中、武康、隆山等生獠及東山獠，[7]並破之。從陳王攻齊河陰城，[8]又從武帝攻拔晋州，授上儀同三司，改封承寧縣公。[9]壽陽劉叔仁作亂，[10]從清河公宇文神舉討之，[11]戰於塼井，[12]在陣禽叔仁。又别從王誼破賊於鯉魚栅。[13]後累以軍功遷果毅左旅下大夫。[14]

[1]温才：底本作"温仁"，宋本、毛本、殿本、四庫本、局本、四部備要本、中華本作"温才"。源氏校勘記云："《隋書》作'文思，字温才'。"中華本校勘記云："百衲本、南本、北本'才'作'仁'，《隋書》作'才'。殿本《考證》云：'上文文思父寬字蒙仁，當以"才"爲是。今從《隋書》。'"今從改。

[2]新豐縣子：封爵名。新豐，縣名。治所在今陝西西安市臨潼區東北新豐鎮東南。

[3]武都：郡名。北周時治洛邑縣，在今陝西寶雞市虢鎮。

[4]十姓獠：魏晋以來對分布在今四川、陝西、貴州、雲南、廣西、廣東等地少數民族的統稱。因其支系部落繁多，故有"十姓"之稱。

[5]翼州：北周時治翼針縣，在今四川茂縣北。

[6]党項羌：族名。南北朝時分布在今青海、甘肅、四川邊緣

地帶。族衆以姓氏結成部落，互不統屬，以游牧爲生。見《北史》卷九六《党項傳》。

［7］資中：郡名。北周時治資陽縣，在今四川資陽市。　武康：郡名。北周時治陽安縣，在今四川簡陽市西北。　隆山：郡名。北周時治隴山縣，在今四川彭山縣。　生獠：未臣服的獠人。　東山獠：指居住於今四川沱江一帶的少數民族。

［8］陳王：即宇文純。字堙智突，代郡武川（今内蒙古武川縣西）人，鮮卑族。周文帝宇文泰之子。見《北史》卷五八《陳惑王純傳》。　河陰：城名。故址在今河南孟津縣東北。

［9］承寧縣公：封爵名。承寧，縣名。今地不詳。

［10］壽陽：中華本校勘記云："按《周書》卷四〇《宇文神舉傳》云，'并州平，即授并州刺史'，'所部東壽陽縣土人相聚爲盗'，'神舉以州兵討平之'。《隋書》卷三〇《地理志中》太原郡壽陽縣下注云：'開皇十年改州南受陽縣爲文水，分州東故壽陽置壽陽。'錢氏《考異》卷三一云：'《隋志》之故壽陽，蓋即此傳（《宇文神舉傳》）之東壽陽。'據此，則周時之壽陽即受陽，同時另有東壽陽，即後來隋時之壽陽。這裏'壽陽'上應有'東'字。"可從。東壽陽，縣名。治所在今山西壽陽縣。

［11］宇文神舉：人名。代郡武川（今内蒙古武川縣西）人，鮮卑族。周文帝宇文泰族子。見《周書》卷四〇《宇文神舉傳》。

［12］塼井：地名。在今山西壽陽縣。

［13］鯉魚栅：地名。今地不詳。

［14］果毅左旅下大夫：官名。西魏恭帝三年與果毅右旅下大夫同時置。雜號將軍之一。正四命。源氏校勘記云："《隋書》'左'作'右'。"《通志》卷一六〇上與《北史》同。按：未詳孰是。

隋文帝爲丞相，從韋孝寬拒尉遲迥於武陟，[1]與行軍總管宇文述擊走其將李儁，遂解懷州圍。破尉遲惇，

平鄴城，皆有功。進授上大將軍，[2]改封洛川縣公，[3]尋拜隆州刺史。[4]開皇元年，進爵正平郡公。[5]後爲魏州刺史，[6]甚有慧政，及去職，吏人思之，爲立碑頌德。轉冀州刺史。

[1]武陟：縣名。治所在今河南武陟縣。

[2]上大將軍：官名。位大將軍上，高級武官名號，散實官，隋煬帝大業三年罷。從二品。

[3]洛川縣公：封爵名。洛川，縣名。治所在今陝西洛川縣。

[4]隆州：隋朝時治閬中縣，在今四川閬中市。

[5]正平郡公：封爵名。正平，郡名。隋朝時治臨汾縣，在今山西新絳縣。

[6]後爲魏州刺史：毛本、殿本、四庫本、四部備要本作“復爲魏州刺史”。按：楊文思在此前並未擔任過魏州刺史，“後”訛作“復”。魏州，隋朝時治貴鄉縣。在今河北大名縣東北。

煬帝嗣位，徵爲户部尚書，轉納言，改授右光禄大夫。[1]從幸江都宫，[2]以足疾，不堪趨奏，復授户部尚書，位右光禄大夫。卒官，謚曰定。初文思當襲父爵，自以非嫡，遂讓弟紀，[3]當世多之。

[1]右光禄大夫：官名。作爲在朝顯職的加官，以示優崇；或授予年老有病者爲致仕之官，亦常用爲卒後贈官。無具體職掌。隋初爲正二品，煬帝大業三年定爲從二品。源氏校勘記云：“‘右’《隋書》作‘左’。”《通志》卷一六〇上與《北史》同。按：未詳孰是。

[2]江都宫：隋煬帝大業中建。故址在今江蘇揚州市西。

[3]遂讓弟紀：源氏校勘記云："'紀'上《隋書》有'文'字。"

紀字温範，少剛正，有器局。在周，襲爵華山郡公。累遷安州總管長史，[1]將兵迎陳降將王瑗於齊安，[2]與陳將周法尚遇，[3]擊走之，以功進開府。入爲虞部下大夫。[4]文帝爲丞相，改封汾陰縣公。[5]從梁睿討王謙，[6]以功進授上大將軍。歷資州刺史、宗正少卿，[7]坐事除名。後尋復其爵位，拜熊州刺史，[8]改封上明郡公。[9]除宗正卿，兼給事黄門侍郎，判禮部尚書事。遷荆州總管。卒，謚曰恭。

[1]安州：北周時治安陸縣，在今湖北安陸市。

[2]王瑗：源氏校勘記云："《隋書》作'李瑗'。"　齊安：郡名。北周時治齊安縣，在今河南信陽市東南。

[3]周法尚：人名。字德邁，汝南安成（今河南汝南縣東南）人。南朝陳、北周、隋朝官吏。見《北史》卷七六《周法尚傳》。

[4]虞部下大夫：官名。西魏始置，北周沿置。掌魚池山澤之政令及園苑田獵等。正四命。

[5]汾陰縣公：封爵名。汾陰，縣名。治所在今山西萬榮縣西南。

[6]梁睿：人名。字恃德，安定（今甘肅涇川縣北）人。北周、隋朝官吏。見《北史》卷五九《梁禦附梁睿傳》。　王謙：人名。字敕萬，太原（今山西太原市晋源區古城營村一帶）人。北周官吏。見《北史》卷六〇《王雄附王謙傳》。

[7]資州：北周時治磐石縣，在今四川資中縣。

[8]熊州：北周時治宜陽縣，在今河南宜陽縣西。

[9]上明郡公：封爵名。上明，郡名。北周時治洛平縣，在今湖北隨州市東北。

論曰：楊播兄弟俱以忠毅謙謹，荷内外之任，公卿牧守，榮赫累朝，所謂門生故吏遍於天下。而言色恂恂，出於誠至，恭德慎行，爲世師範，漢之陳紀，[1]門法所不過焉。後魏以來，一門而已。諸子秀立，青紫盈庭，積善之慶，蓋有憑也。及逆胡擅朝，淫刑肆毒，以斯族而遇斯禍，何報施之反哉。

[1]陳紀：人名。字元方，潁川許（今河南許昌市）人。東漢名士。見《後漢書》卷六二《陳寔附陳紀傳》。

愔雅道風流，早同標致，公望人物所推。夫處亂虐之世，當機衡之重，朝有善政，是也。及寄天下之命，託六尺之孤，旬朔未幾，身亡君辱。進不能送往事居，覲幾衛主；退不能保身全名，辭寵招福。[1]朝廷之釁，[2]既已仗義斷恩；猜忌之塗，無容推心受亂。是知變通之術，非所長也。

[1]辭寵招福：局本作“解寵招福”。兩者意思相近，皆可。
[2]釁：禍亂。

處道少而輕俠，俶儻不羈，兼文武之資，包英奇之略，志懷遠大，以功名自許。屬隋文帝將清六合，委以腹心之寄。掃祆氛於牛斗，江海恬波；摧驍猛於龍庭，

匈奴遠遁。若其夷凶静亂，功臣莫居其右；覽其奇策高文，足爲一時之傑。然以智詐自立，不由仁義之道，阿諛時主，高下其心。營構離宫，陷君於奢侈；謀廢冢嫡，致國於傾危。終使宗廟丘墟，市朝霜露，究其禍敗之源，寔乃素之由也。

玄感宰相之子，荷恩二世，君之失德，當竭腹心。未議致身，先圖問鼎，假稱伊、霍之事，將肆莽、卓之心，[1]人神同疾，敗不旋踵。昆弟就葅醢之誅，[2]先人受焚如之酷，[3]不亦甚乎。

[1]莽：指西漢末王莽。　卓：指東漢末董卓。
[2]葅（zū）醢（hǎi）：肉醬。借指把人剁成肉醬的酷刑。
[3]焚如：把人燒死的酷刑。

約外示温柔，内懷狡算，爲蛇畫足，終傾國本，俾無遺育，不亦宜哉。寬閒關夷嶮，竟以功名自卒。文思能以爵讓，其殆仁乎。

北史　卷四二

列傳第三十

王肅　劉芳 孫逖 芳從子懋　常爽 孫景[1]

[1]孫景：局本脱"孫景"二字。

王肅，字恭懿，琅邪臨沂人也。[1]父奂，齊雍州刺史，[2]《南史》有傳。

[1]琅邪：郡名。北魏時治即丘縣，在今山東臨沂市西。　臨沂：縣名。治所在今山東費縣東。

[2]雍州：南朝齊時治襄陽縣，在今湖北襄樊市。

肅少聰辯，涉獵經史，頗有大志。仕齊，位秘書丞。[1]父奂及兄弟並爲齊武帝所殺。[2]太和十七年，[3]肅自建鄴來奔。[4]孝文時幸鄴，[5]聞其至，虚衿待之，引見問故。肅辭義敏切，辯而有禮，帝甚哀惻之。遂語及爲國之道，肅所陳説，深會旨，帝促席移景，不覺坐之疲也。肅因言蕭氏危亡之兆，可以乘機，帝於是圖南之規

轉鋭。器重禮遇，日有加焉，親貴舊臣莫之間也，或屏左右，談説至夜分不罷。肅亦盡忠輸誠，無所隱避，自謂君臣之際，猶孔明之遇玄德也。[6]尋除輔國、大將軍長史，[7]賜爵開陽伯。[8]肅固辭伯爵，許之。

［1］秘書丞：官名。南朝齊時負責典籍圖書的管理和整理校訂，爲清要之官，多由士族高門擔任。六品。

［2］齊武帝：即南朝齊皇帝蕭賾。武爲其謚號。

［3］太和：北魏孝文帝的年號（477—499）。

［4］建鄴：城名。南朝齊都城，在今江蘇南京市。

［5］孝文：即北魏皇帝元宏。孝文爲其謚號。　鄴：城名。在今河北臨漳縣西南。

［6］自謂君臣之際猶孔明之遇玄德也：《魏書》卷六三《王肅傳》作“自謂君臣之際，猶玄德之遇孔明也”。《通志》卷一五〇上與《魏書》同。按：按前後對應，“君臣”對“玄德之遇孔明”。疑《魏書》是。孔明，人名。即諸葛亮。字孔明，琅邪陽都（今山東沂南縣南）人。三國蜀漢丞相。見《三國志》卷三五《蜀書·諸葛亮傳》。玄德，人名。即劉備。字玄德，涿郡涿縣（今河北涿州市）人。三國蜀漢開國皇帝。見《三國志》卷三二《蜀書·先主備傳》。

［7］輔國：源氏校勘記云：“‘輔國’下《魏書》有‘將軍’二字。爲是。”中華本校勘記云：“《魏書》卷六三《王肅傳》‘輔國’下有‘將軍’二字。按‘輔國將軍’是王肅所得軍號，‘大將軍長史’是肅所任官職。《北史》省‘將軍’二字，易滋誤會。”可從。輔國，即輔國將軍。爲將軍名號。北魏孝文帝太和十七年定爲三品上，二十三年改爲從三品。　大將軍長史：官名。大將軍府僚屬之長，總署府事。

［8］開陽伯：封爵名。虚封。開陽，縣名。治所在今山東臨沂

市北。

詔肅討齊義陽，[1]聽招募壯勇以爲爪牙，其募士有功，賞加等；其從肅行者，六品已下聽先擬用，以後聞；若投化人，[2]聽五品已下先即優授。肅至義陽，頻破賊軍，[3]除持節、都督、豫州刺史、揚州大中正。[4]肅善撫接，甚有聲稱。尋徵入朝，帝手詔曰："不見君子，中心如醉，一日三歲，我勞如何。飾館華林，[5]拂席相待，卿欲以何日發汝墳也？"又詔曰："肅丁荼虓世，[6]志等伍胥，[7]窮踰再期，蔬緼不改。[8]有司依禮喻之，[9]爲裁練禫之制。"[10]

[1]義陽：郡名。南朝齊時治平陽縣，在今河南信陽市。

[2]投化：投順歸化。

[3]頻破賊軍：毛本作"平破賊軍"。"頻"訛作"平"。

[4]持節：官制術語。自漢起，節爲皇帝號令賞罰的信物，故持節比不持節位高權重，歷朝因之。自西晋起，實際成爲一種加職，在使持節之下、假節之上。督軍時與使持節同，有權殺二千石以下，平時衹能殺無官位之人。　都督：官名。地方軍政長官，稱都督諸州軍事。可領一州或數州刺史，多帶將軍名號，兼理民政。品級不定，分使持節、持節、假節三種，各有不同職責。　豫州：北魏時治懸瓠城，在今河南汝南縣。　揚州：北魏時治壽春縣，在今安徽壽縣。　大中正：官名。魏晋南北朝時期負責評定士人品第的官員。即將當地士人按才能品德，參照門第分成九品，供吏部選用。此職多由世家大族世代相襲。北魏時，大中正無品無禄，但犯罪時可當刑罰。

[5]飾館華林：毛本作"設館華林"。按：未詳孰是。華林，

園林名。故址在今河南洛陽市東北漢魏洛陽故城内。

[6]丁荼虣（bào）世：遭逢荼毒暴虐之世。

[7]伍胥：人名。即伍員。字子胥，春秋時期楚國人。因父兄都被楚平王殺死，他隻身到吴國，輔佐吴王伐楚復仇。見《史記》卷六六《伍子胥列傳》。

[8]蔬緼不改：以粗米野菜爲食、粗衣爲服的做法没有改變。喻指服喪盡孝之志不滅。

[9]有司依禮喻之：毛本、殿本、四庫本作“有司依禮喻解”。源氏校勘記云：“‘逾’《魏書》作‘諭’。”在此意不通，誤。

[10]練禫（dàn）：毛本、殿本、四庫本、四部備要本作“練祥”。練與禫，均古祭禮名。練爲小祥之祭，禫爲除服之祭。疑“練祥”誤。

二十年七月，帝以久旱不雨輟膳，百僚詣闕。[1]帝在崇虚樓，[2]遣舍人問肅。對曰：“伏承陛下輟膳，已經三旦，[3]群臣不敢自寧。臣聞堯水湯旱，自然之數，[4]須聖人以濟世，[5]不由聖以致災，[6]是以國儲九年，以禦九年之變。昨四郊之外已蒙滂澍，唯京城之内微爲少澤。蒸庶未闕一飡，[7]陛下輟膳三日，臣庶惶惶，無復情地。”帝遣答曰：“雖不食數朝，猶自無感，朕誠心未至之所致也。朕志確然，死而後已。”是夜，澍雨大降。[8]

[1]百僚詣闕：毛本、殿本、四庫本、四部備要本作“百僚效之”。按：未詳孰是。

[2]崇虚樓：故址在今河南洛陽市東北。

[3]三旦：毛本、殿本、四庫本、局本、四部備要本作“三日”。兩者皆指三天，皆可。

[4]自然之數：毛本、殿本、四庫本、四部備要本作“自定之數”。兩者意思相近，皆可。

[5]濟世：毛本、殿本、四庫本、四部備要本作“濟”。脱“世”字，意不通。

[6]不由聖以致災：毛本、殿本、四庫本、四部備要本作“未聞由聖以致災”。兩者意思相近，皆可。

[7]蒸庶：百姓。　飧（sūn）：飯食。

[8]澍雨：毛本作“霖雨”。兩者皆表示連綿大雨。

以破齊將裴叔業功，[1]進號鎮南將軍，[2]加都督四州諸軍事，封汝陽縣子。[3]肅頻表固讓，不許，詔加鼓吹一部。[4]

[1]裴叔業：人名。河東聞喜（今山西聞喜縣）人。南朝齊將領，後降北魏。見《北史》卷四五《裴叔業傳》。

[2]鎮南將軍：官名。四鎮將軍之一。北魏時多爲持節都督，出鎮地方，後漸爲褒賞軍功勳臣的閑職。孝文帝太和二十三年定爲從二品。

[3]汝陽縣子：封爵名。汝陽，縣名。治所在今河南商水縣西北。

[4]鼓吹：演奏鼓吹樂的樂隊。本用於軍中，後賜予有功大臣，遂成爲皇帝賜予臣下的一種禮遇。（參梁滿倉《魏晋南北朝軍禮鼓吹芻議》，《中國史研究》2006 年第 3 期）。

初，齊之收肅父奂也，奂司馬黄瑶起攻奂殺之。[1]二十二年平漢陽，[2]瑶起爲輔國將軍，特詔以付肅，[3]使紓泄哀情。

[1]司馬：官名。州郡佐官。主軍務，武職。

[2]漢陽：縣名。治所在今陝西漢陰縣西南。

[3]特詔以付肅：中華本校勘記云："按《魏書·王肅傳》載孝文與肅詔云：'比獲蕭鸞輔國將軍黄瑶起，乃知是卿怨也，尋當相付。'則瑶起乃齊之輔國將軍。此當云：'時瑶起爲齊輔國將軍，被獲，特詔以付肅。'《北史》删改，頗嫌含混。"可從。

孝文崩，遺詔以肅爲尚書令，[1]與咸陽王禧等同爲宰輔，[2]徵會駕魯陽。[3]肅至，遂與禧參同謀謨。自魯陽至京洛，[4]行途喪紀，委肅參量，憂勤經綜，有過舊戚。禧兄弟並敬昵之，上下稱爲和輯。唯任城王澄以其起自羇遠，[5]一旦在己之上，每謂人曰："朝廷以王肅加我上，尚可；從叔廣陽，[6]宗室尊宿，歷任内外，云何一朝令肅居其右也？"肅聞，恒降避之。尋爲澄所奏劾，稱肅謀叛，事尋申釋。[7]詔肅尚陳留長公主，[8]本劉昶子婦彭城公主也，[9]賜錢二十萬、帛三千疋。

[1]尚書令：官名。北魏孝文帝改制後，尚書省職權漸重，以録尚書事爲長官，尚書令爲副職，兼掌監察百官，皆爲宰相。孝文帝太和十七年定爲從一品上。

[2]咸陽王：封爵名。咸陽，郡名。北魏時治池陽縣，在今陝西涇陽縣。　禧：即元禧，人名。字思永，孝文帝弟。北魏宗室。孝文帝駕崩後，受遺詔輔政，封咸陽王。後因驕奢賄賂，爲宣武帝所惡，陰謀舉兵反叛，事泄被殺。見《北史》卷一九《咸陽王禧傳》。

[3]魯陽：郡名。北魏時治山北縣，在今河南魯山縣。

[4]京洛：洛陽的别稱。

[5]羇遠：謂客居他鄉的遠房。“羇”同“羈”。

[6]廣陽：郡名。北魏時治燕樂縣，在今河北隆化縣。此處指廣陽王元嘉，人名。北魏宗室。見《北史》卷一六《廣陽王建附元嘉傳》。底本作“廣陵”，中華本校勘記云：“諸本及《魏書》‘陽’作‘陵’。按當時宗室中廣陵王爲元羽，依世系乃元澄從子，非從叔。據本書卷三《孝文紀》，太和二十三年孝文遺詔，以王肅爲尚書令，廣陽王嘉爲左僕射，與右僕射任城王澄等六人同輔政。嘉爲太武孫，澄爲太武曾孫，嘉正是澄之從叔。又尚書令位在左、右僕射之上，故元澄云云。‘陵’乃‘陽’之訛，今據改。”今從改。

[7]事尋申釋：《魏書》卷六三《王肅傳》作“言尋申釋”。按：未詳孰是。

[8]陳留長公主：封號。陳留，郡名。北魏時治陳留縣，在今河南開封市東南陳留城。此指孝文帝妹。

[9]劉昶：人名。字休道，彭城（今江蘇徐州市）人。南朝宋宗室、北魏官吏。見《北史》卷二九《劉昶傳》。　彭城公主：封號。彭城，郡名。北魏時治彭城縣，在今江蘇徐州市。

肅奏：“考以顯能，陟由績著，升明退闇，於是乎在。自百僚曠察，四稔于兹，請依舊例，考檢能否。”從之。

裴叔業以壽春内附，[1]拜肅使持節、都督江西諸軍事，[2]與彭城王勰率步騎十萬以赴之。[3]齊豫州刺史蕭懿屯小峴，[4]交州刺史李叔獻屯合肥，[5]將圖壽春。肅進師討擊，大破之，禽叔獻，走蕭懿。還京師，宣武臨東堂，[6]引見勞之，進位開府儀同三司，[7]封昌國縣侯。[8]尋爲散騎常侍、都督淮南諸軍事、揚州刺史。[9]肅頻在

邊，悉心撫接，遠近歸懷，附者若市，咸得其心。清身好施，簡絶聲色，終始廉約，家無餘財。然性微輕佻，頗以功名自許，護疵稱伐，少所推下，孝文每以此爲言。

［1］壽春：縣名。治所在今安徽壽縣。

［2］使持節：漢朝官吏奉命外出時，由皇帝授予節杖，來提高其權威。魏晋之後，當重要的軍事長官出征或者出鎮時，通常加以使持節，憑此可誅殺二千石以下的官員。

［3］勰：即元勰，人名。字彦和。北魏宗室。見《北史》卷一九《彭城王勰傳》。

［4］蕭懿：人名。字元達，南蘭陵（一説在今江蘇常州市，一説在今江蘇丹陽市）人。南朝齊官吏。曾擊敗崔慧景的進攻。以屢建功勳，獨居朝右，後被東昏侯蕭寶卷毒死。見《梁書》卷二三《長沙嗣王業傳》。　小峴：城名。即小峴城。在今安徽含山縣西北。

［5］交州：治所不詳，待考。　李叔獻：人名。交趾（今越南河内市東）人。在宋歷位寧遠司馬、武平新昌二郡太守。入齊爲交州刺史。　合肥：縣名。治所在今安徽合肥市西。

［6］宣武：即北魏皇帝元恪。宣武爲其謚號。　東堂：太極東堂的省稱。太極殿有四厢，東堂即其東厢。太極殿爲皇宫中的西内正殿，每月朔望皇帝視朝之所。東晋南朝、北魏等均在皇宫内建有太極殿。

［7］開府儀同三司：北魏時爲大臣加號，禮制待遇與三司相同，許開府，辟僚屬。從一品上。

［8］昌國縣侯：封爵名。昌國，縣名。治所在今山東臨朐縣城關。

［9］散騎常侍：官名。北魏時掌規諫，顧問應對，與侍中等共

同平尚書奏事、有異議得駁奏。亦常用作宰相、諸公等加官，得入宮禁議政。孝文帝太和十七年定爲二品。

景明二年，[1]薨於壽春，年三十八。宣武爲舉哀，給東園秘器、朝服一襲、錢三十萬、帛一千疋、布五百疋、蠟三百斤，[2]并問其卜遷遠近，專遣侍御史十人監護喪事。[3]又詔曰："杜預之殁，窆於首陽，[4]司空李沖，覆舟是託，[5]顧瞻斯所，亦二代之九原也。[6]故揚州刺史肅，忠義結於二世，英惠符於李、杜。平生本意，願終京陵，既有宿心，宜遂先志。其令葬於沖、預兩墳之間，使之神游相得也。"贈侍中、司空公。[7]有司奏以肅貞心大度，宜謚匡公，詔謚宣簡。明帝初，[8]詔爲肅建碑銘。

[1]景明：北魏宣武帝的年號（500—503）。

[2]東園：官署名。掌製作喪葬器具。　秘器：皇室、顯宦死後用的棺材。

[3]侍御史：官名。北魏時除分曹治事外，亦奉命監國，督察巡視州郡，收捕官吏，宣示詔命。孝文帝太和二十三年定爲八品。　十人：宋本、毛本、殿本、四庫本、局本、四部備要本、中華本作"一人"。按：未詳孰是。

[4]杜預：人名。字元凱，京兆杜陵（今陝西西安市長安區東）人。西晉將領、儒者。著有《春秋左氏經傳集解》。見《晋書》卷三四《杜預傳》。　窆（biǎn）：埋葬。　首陽：縣名。治所在今河南偃師市。

[5]司空：官名。北魏時爲名譽宰相，多爲大臣加官。孝文帝太和二十三年定爲一品。　李沖：人名。一名思沖，字思順，隴西

（今甘肅隴西縣東南）人。見《北史》卷一〇〇《凉武昭王李暠附李沖傳》。　覆舟：山名。在今河南偃師市首陽山附近。

[6]九原：代指墓地。

[7]侍中：官名。北朝時常總典機密，受遺詔輔政，權任尤重，時號“小宰相”。北魏初置四員，孝文帝太和十七年定爲從一品中。

[8]明帝：即北魏皇帝元詡。明爲其謚號。

自晉氏喪亂，禮樂崩亡，孝文雖釐革制度，變更風俗，其間朴略，未能淳也。肅明練舊事，虚心受委，朝儀國典，咸自肅出。子紹襲。

紹字三歸，位中書侍郎。[1]卒，贈徐州刺史。[2]子遷襲，齊受禪，爵隨例降。[3]

[1]中書侍郎：官名。北魏時多選用文學之士，掌草擬詔令，職位機要。置四人，孝文帝太和二十三年定爲從四品上。

[2]徐州：北魏時治彭城縣，在今江蘇徐州市。

[3]爵隨例降：局本、四部備要本作“爵逾例降”，毛本作“爵通例降”。“隨”訛作“逾”“通”。

紹弟理，孝静初得還朝，[1]位著作佐郎。[2]紹，肅前妻謝生也。肅臨薨，謝始攜女及紹至壽春。宣武納其女爲夫人，明帝又納紹女爲嬪。

[1]孝静：即東魏皇帝元善見。孝静爲其謚號。

[2]著作佐郎：官名。掌協助著作郎修撰國史及起居注。北魏孝文帝太和二十三年定爲七品。

肅弟康，[1]字文政，涉獵書史，微有兄風。宣武初，攜兄子誦、翊、衍等入魏，拜中書侍郎。卒幽州刺史，[2]贈征虜將軍、徐州刺史。[3]

[1]肅弟康：源氏校勘記云："'康'《魏書》作'秉'。"中華本校勘記云："《魏書》'康'作'秉'，《北史》避唐諱改。"可從。

[2]幽州：北魏時治薊縣，在今北京西南。

[3]征虜將軍：官名。北魏時爲雜號將軍之一。孝文帝太和二十三年定爲從三品。

誦字國章，肅長兄融之子。學涉有文才，神氣清儁，風流甚美。歷位散騎常侍、光禄大夫、右將軍、幽州刺史、長兼秘書監、給事黄門侍郎。[1]明帝崩，靈太后之立幼主也，[2]於時大赦。誦宣讀詔書，言制抑揚，風神竦秀，百僚傾屬，莫不歎美。孝莊初，[3]於河陰遇害，[4]贈尚書左僕射、司空公，[5]謚曰文宣。

[1]光禄大夫：官名。爲在朝顯職的加官，以示恩寵，或授予年老有病者爲致仕之官，亦常用於卒後贈官，無具體職掌。北魏孝文帝太和二十三年定爲三品。　右將軍：官名。北魏時爲將軍名號，用作加官。孝文帝太和二十三年定爲三品。源氏校勘記云："'右'《魏書》作'左'。"　秘書監：官名。北魏時爲秘書省長官，掌圖書經籍之事。孝文帝太和二十三年定爲三品。　給事黄門侍郎：官名。又稱黄門侍郎。北魏時爲郎官之加官，侍從皇帝於宫門之内，與侍中俱掌門下事。孝文帝太和十七年定爲三品中。

[2]靈太后：即北魏宣武帝皇后胡氏。靈爲其謚號。

[3]孝莊：即北魏皇帝元子攸。孝莊爲其謚號。

[4]河陰：指河陰之難。北魏孝明帝武泰元年（528）權臣尒朱榮策劃並實施的一起針對皇族和百官公卿的屠殺事件，因事件發生在河陰縣（今河南孟津縣東）而得名。

[5]尚書左僕射：官名。職掌都省庶務及執法，或典選舉，左僕射權力大於右僕射，兼掌糾彈百官。北魏孝文帝太和十七年定爲從一品中，二十三年定從二品。

子孝康，尚書郎中。[1]

[1]尚書郎中：官名。分掌尚書各曹。按資歷深淺有不同的稱呼，大體上初任稱郎中。北魏孝文帝太和二十三年之後郎與郎中通稱。

孝康弟儁康，[1]性清雅，頗有文才，齊文襄王中外府祭酒。[2]

[1]儁康：底本“儁”下空缺，源氏校勘記云：“‘儁’下《魏書》有‘康’字。”中華本校勘記云：“百衲本‘儁’下‘康’字空缺，北、汲、殿三本作‘賦’，南本無，《魏書》及《通志》卷一五〇《王肅傳》作‘康’。按兄弟連名，作‘康’是，今從《魏書》《通志》。”今從改。

[2]齊文襄王：即高澄。文襄爲其謚號，北齊文宣帝所追謚。　中外府：官署名。都督中外諸軍事府的省稱。下設長史、司馬、司録、從事中郎、掾、屬、諸曹參軍、行參軍等府佐，因北魏末高歡父子、西魏宇文泰及北周時宇文護等皆以“都督中外諸軍事”身份控制朝政，故府佐的實際地位很高。　祭酒：官名。爲諸府屬僚，主掌府内事。

誦弟衍，字文舒，名行器藝亞於誦。位光禄大夫、廷尉卿、揚州刺史、大中正、度支七兵二尚書、太常卿。[1]出爲散騎常侍、西兖州刺史，[2]爲尒朱仲遠所禽，[3]以其名望，不害，令騎牛從軍，久乃見釋還洛。孝静初，位侍中。卒，敕給東園秘器，贈尚書令、司徒公，謚曰文獻。衍篤於交舊，有故人竺虢，於西兖州爲仲遠所害，其妻子飢寒，衍置於家，累年贍恤，世人稱其敦厚。

[1]廷尉卿：官名。北魏時爲國家最高司法審判機構主官，負責詔獄，修訂法律，覆審御史所檢劾案件，審核州郡疑案，有封駁丞相、御史之權。孝文帝太和二十三年定三品。　揚州刺史：中華本校勘記云："《魏書》無'刺史'二字。按刺史無兼本州中正之例。且下云'出爲散騎常侍、西兖州刺史'，則在此以前都在朝内。中正可以中央官兼，故衍得爲揚州大中正。此'刺史'二字衍文。"可從。　度支尚書：官名。北魏時爲尚書省度支曹長官。統管度支、户部、金部、倉部四曹，掌軍國財賦的收支會計及漕運物價屯田之政令。孝文帝太和二十三年定爲三品。　七兵尚書：官名。北魏時領别兵、騎兵、都兵、左右中兵、左右外兵七曹。孝文帝太和二十三年定爲三品。　太常卿：官名。北魏時爲太常的尊稱。掌禮樂祭祀，位尊而職閑。孝文帝太和二十三年定爲三品。

[2]西兖州：北魏時治定陶城，在今山東定陶縣定陶鎮；後徙治左城，在今山東曹縣韓集鎮堤上范村。

[3]尒朱仲遠：人名。北秀容（今山西朔州市）人，契胡族。北魏、北齊大臣。見《北史》卷四八《尒朱榮附尒朱仲遠傳》。

翊字士游，肅次兄琛子也。[1]風神秀立，好學有文

才，位中書侍郎。頗鋭於榮利，結婚於元叉。[2]爲濟州刺史，[3]清静有政績。入爲散騎常侍、金紫光禄大夫，[4]領國子祭酒。[5]卒，贈司空公、徐州刺史。

[1]琛：底本作“深”，源氏校勘記云：“‘深’《魏書》作‘琛’。”中華本校勘記云：“諸本‘琛’作‘深’，《魏書》作‘琛’。按《南史》卷二三、《南齊書》卷四九《王奂傳》，並言奂次子名‘琛’，今據改。”今從改。

[2]元叉：人名。字伯儁，小字夜叉。北魏宗室。見《北史》卷一六《京兆王黎附元叉傳》。

[3]濟州：北魏時治碻磝城，在今山東茌平縣西南。

[4]金紫光禄大夫：官名。西晋初始設光禄大夫，加賜金章紫綬者爲金紫光禄大夫。禄賜、班位、冠幘、車服、佩玉、置吏卒羽林等，諸所賜給與特進同。作爲加官，唯授章綬、禄賜、班位，不給予車服、吏卒。北魏孝文帝太和二十三年定爲從二品。

[5]國子祭酒：官名。晋武帝咸寧中立國子學，置國子祭酒爲長官。北魏孝文帝太和十七年定爲四品上，二十三年定爲從三品。

子深，[1]武定中，[2]儀同、開府記室參軍。[3]

[1]深：宋本、毛本、殿本、四庫本、局本、四部備要本作“琛”。‘深’訛作‘琛’。源氏校勘記於“深”旁紅筆小字夾批“淵字”。中華本校勘記云：“《魏書》‘深’作‘淵’，《北史》避唐諱改。”可從。

[2]武定：東魏孝静帝的年號（543—550）。

[3]儀同：即開府儀同三司。北魏孝文帝太和十七年定爲一品下，二十三年定爲從一品。　記室參軍：官名。又稱記室參軍事。北魏時爲諸開府、公府、軍府的記室曹長官，掌文書表奏。皇弟皇

子府、嗣王藩王府、公府、持節都督府皆置。品級自七品至九品不等。

劉芳，字伯支，[1]彭城叢亭里人，[2]漢楚元王交之後也。[3]六世祖訥，晋司隸校尉。[4]祖該，宋青、徐二州刺史。[5]父邕，宋兖州長史。[6]

[1]伯支：源氏校勘記云："《魏書》作'伯文'。"《通志》卷一五〇上與《魏書》同。按：名芳，以其字義推，其字當爲"文"。疑《北史》"文"訛作"支"。

[2]叢亭里：地名。又作"叢亭"。在今江蘇徐州市。

[3]交：即劉交，人名。字游，沛（今江蘇沛縣）人。漢高祖劉邦異母弟。見《漢書》卷三六《楚元王傳》。

[4]司隸校尉：官名。西漢武帝時設。初掌管理使役在中央諸官府服役的徒隸，亦捕治罪犯。後職掌糾察京都百官及京師附近三輔（京兆、左馮翊、右扶風）、三河（河東、河内、河南）、弘農七郡的犯法者。東晋罷。

[5]青：州名。南朝宋時治東陽城，在今浙江東陽縣。　徐：州名。南朝宋時治彭城縣，在今江蘇徐州市。

[6]兖州：南朝宋時治瑕丘城，在今山東兖州市。

芳出後宋東平太守遜之。[1]邕同劉義宣之事，[2]身死彭城，芳隨伯母房逃竄青州，會赦免。舅元慶，[3]爲宋青州刺史沈文秀建威府司馬，[4]爲文秀所殺。芳母子入梁鄒城。[5]慕容白曜南討青、齊，[6]梁鄒降，芳北徙爲平齊人，[7]時年十六。

[1]東平：郡名。南朝宋時治東平縣，在今山東東平縣西北。

[2]劉義宣：人名。彭城（今江蘇徐州市）人。南朝宋宗室。南朝宋武帝劉裕第六子，初封竟陵王。出爲荆州刺史，後改封南郡王。孝武帝孝建元年（454），受江州刺史臧質等支持，起兵争位，敗死。見《宋書》卷六八《南郡王義宣傳》。

[3]元慶：即公孫軌，人名。字元慶。燕郡廣陽（今北京房山區）人。北魏將領。見《北史》卷二七《公孫表附公孫軌傳》。

[4]沈文秀：人名。字仲遠，吴興武康（今浙江德清縣西）人。南朝宋將領。見《北史》卷四五《沈文秀傳》。　建威府司馬：官名。建威將軍府僚屬，主武事。

[5]梁鄒城：在今山東鄒平縣。

[6]慕容白曜：人名。昌黎棘城（今遼寧北票市章吉營子鄉三官營子村）人，鮮卑族。北魏官吏。見《北史》卷二五《慕容白曜傳》。

[7]平齊：郡名。在今山西山陰縣境。

南部尚書李敷妻，[1]司徒崔浩之弟女；[2]芳祖母，浩之姑也。芳至京師，詣敷門，崔耻芳流播，拒不見之。芳雖處窮窘之中，而業尚貞固。聰敏過人，篤志墳典，[3]晝則傭書以自資給，夜則誦經不寢，至有易衣併日之弊，[4]而澹然自守，不急急於榮利，不戚戚於貧賤，乃著《窮通論》以自慰。常爲諸僧傭寫經論，筆迹稱善，卷直一縑，歲中能入百餘疋，如此數年，賴以頗振。由是與德學大僧多有還往。

[1]南部尚書：官名。北魏道武帝皇始元年（396）置。爲尚書省南部曹長官，初置一人，後增至二人以上。除管理南方州郡事

務外，統兵南進，多由本部屬官遷任。孝文帝改制罷。 李敷：人名。字景文，趙郡平棘（今河北趙縣）人。北魏官吏。見《北史》卷三三《李順附李敷傳》。

[2]崔浩：人名。小名桃簡，字伯淵，《北史》避唐高祖李淵諱改爲伯深，清河東武城（今山東武城縣西北）人。北魏官吏。見《北史》卷二一《崔宏附崔浩傳》。

[3]篤志墳典：毛本作"篤志文典"。均通。

[4]易衣併日：衹有一件衣服比較體面，誰外出就换上；一天的飯食分作兩天吃。比喻非常窮困。語出《禮記·儒行》："易衣而出，并日而食。"

時有南方沙門慧度以事被責，[1]未幾暴亡。芳因緣聞知，文明太后召入禁中，鞭之一百。[2]時中官李豐主其始末，[3]知芳篤學有志行，言之於太后，微愧於心。會齊使劉纘至，[4]芳之始族兄也，擢芳兼主客郎，[5]與纘相接。拜中書博士。[6]後與崔光、宋弁、邢產等俱爲中書侍郎。[7]俄而詔芳與產入授皇太子經，遷太子庶子，[8]兼員外散騎常侍。[9]從駕洛陽，自在路及旋京師，恒侍坐講讀。芳才思深敏，特精經義，博聞强記，兼覽蒼雅，尤長音訓，辯析無疑。於是禮遇日隆，賞賚豐渥。俄兼通直常侍，[10]從駕南巡，撰述行事，尋而除正。

[1]慧度：《魏書》卷五五《劉芳傳》作"惠度"。《通志》卷一五〇上與《魏書》同。未詳孰是。

[2]芳因緣聞知：《魏書·劉芳傳》作"芳因緣關知"。《通志》卷一五〇上與《北史》同。未詳孰是。 文明：即北魏文成帝皇后馮氏。文明爲其謚號。

[3]中官：即宦官。

[4]劉續：人名。南朝齊將領。齊武帝永明元年（483），與通直郎裴昭明聘魏。

[5]主客郎：官名。尚書省主客曹長官的通稱。掌接待諸蕃雜客等事。北魏孝文帝太和十七年定爲從五品中。

[6]中書博士：官名。中書教授博士、中書教學博士的省稱。北魏置，屬中書學，選用博學之士擔任，教授中書學生。任職者升遷較易，多升爲中書省、門下省要職。

[7]崔光：人名。字長仁，東清河鄃（今山東淄博市）人。北魏官吏。見《北史》卷四四《崔光傳》。　宋弁：人名。字義和，西河介休（今山西介休市）人。北魏官吏。見《北史》卷二六《宋弁傳》。　邢產：人名。字神寶，河間鄚（今河北任丘市北）人。北魏官吏。見《北史》卷四三《邢巒附邢產傳》。

[8]太子庶子：官名。北魏時掌侍從、經書、啓奏等。孝文帝太和十七年定爲從三品上，二十三年定爲從四品上。

[9]員外散騎常侍：官名。掌規諫，不典事，員六人。北魏孝文帝太和十七年定爲從三品上，二十三年定爲五品上。

[10]通直常侍：官名。北魏孝文帝太和十五年置，員六人，屬集書省，掌侍從、諷諫。太和二十三年定爲四品。

王肅之來奔也，孝文雅相器重，朝野屬目。芳未及相見。嘗宴群臣於華林，肅語次云："古者唯婦人有笄，[1]男子則無笄。"芳曰"推經《禮》正文，古者男子婦人俱有笄。"肅曰："《喪服》稱男子免而婦人髽，[2]男子冠而婦人笄，如此則男子不應有笄。"芳曰："此專謂凶事也。《禮》，初遭喪，男子免，時則婦人髽；男子冠，時則婦人笄。言俱時變，男子婦人免髽、冠笄之不

同也。又冠尊，故奪其笄，[3]且互言也。非謂男子無笄。又《禮·内則》稱：‘子事父母，雞初鳴，櫛纚笄總。’[4]以兹而言，男子有笄明矣。”高祖稱善者久之。[5]肅亦以芳言爲然，曰：“此非劉石經也？”昔漢世造三字石經於太學，[6]學者文字不正，多往質焉。芳音義明辯，疑者皆往詢訪，故時人號爲劉石經。酒闌，芳與肅俱出。肅執芳手曰：“吾少來留意《三禮》，[7]在南諸儒，亟共討論，皆謂此義，如吾向言。今聞往釋，頓祛平生之惑。”芳理義精贍，類皆如是。

[1]笄（jī）：古代盤髮或别住帽子用的簪子。

[2]髽（zhuā）：古代婦女服喪時用麻紥成的髮髻。

[3]故奪其笄：《魏書》卷五五《劉芳傳》作“故奪其笄稱”。《通志》卷一五〇上與《魏書》同。按：未詳孰是。

[4]櫛（zhì）纚（xǐ）：櫛，梳髮。纚，古代用來束髮的帛。

[5]高祖：即北魏皇帝元宏。高祖爲其廟號。

[6]昔漢世造三字石經於太學：中華本校勘記云：“按漢時所造爲一字石經。三字石經乃曹魏時所造，見本書卷三四《江式傳》。此‘漢’字疑誤。”可從。

[7]三禮：《儀禮》《周禮》《禮記》三書的合稱。

孝文遷洛，路由朝歌，[1]見殷比干墓，[2]愴然悼懷，爲文以弔之。芳爲注解，表上之。詔曰：“覽卿注，殊爲富博。但文非屈、宋，[3]理慚張、賈。[4]既有雅致，便可付之集書。”詔以芳經學精洽，超遷國子祭酒。以母憂去官。[5]

[1]朝歌：殷商别都。在今河南淇縣。

[2]比干：人名。商朝大臣。商紂王的叔父，以死力諫，被紂王剖心而死。見《史記》卷三《殷本紀》。

[3]屈宋：指屈原和宋玉。皆戰國時楚國辭賦家。見《史記》卷八四《屈原賈生列傳》。

[4]張、賈：指張衡和賈誼。張衡，字平子，南陽西鄂（今河南南陽市）人。東漢天文學家、地理學家、文學家，以《二京賦》聞名。見《後漢書》卷五九《張衡傳》。賈誼，雒陽（今河南洛陽市東北）人。西漢初政論家、文學家。見《史記·屈原賈生列傳》。

[5]憂：居父母之喪。按當時規定，父母喪必須辭官回家守喪三年。

帝征宛、鄧，[1]起爲輔國將軍、太尉長史，[2]從太尉、咸陽王禧攻南陽。[3]齊將裴叔業入寇徐州，疆埸之人，頗懷去就。帝憂之，以芳爲散騎常侍、國子祭酒、徐州大中正，行徐州事。後兼侍中，從征馬圈。[4]孝文崩於行宫，及宣武即位，芳手加衮冕。[5]孝文襲斂，暨乎啓祖、山陵、練祭，[6]始末喪事，皆芳撰定。咸陽王禧等奉申遺旨，令芳入授宣武經。及南徐州刺史沈陵外叛，[7]徐州大水，遣芳撫慰振恤之。

[1]宛：縣名。治所在今河南南陽市。　鄧：即鄧城。在今湖北襄樊市樊城區西北。

[2]太尉：官名。北魏時爲名譽宰相，多爲大臣加官。一品。　長史：官名。掌參政務，主管屬吏。爲府中掾屬之長。

[3]南陽：郡名。北魏時治南陽縣，在今河南郟縣西南。

[4]馬圈：城名。在今河南鎮平縣南。

[5]衮冕：衮衣和冕。古代帝王和上公的禮服和禮冠。

[6]練祭：小祥祭。居喪十三個月而舉行的一種祭奠儀式，因按規定穿練服（粗服），故稱練祭。源氏校勘記云："'祭'《魏書》作'除'。"

[7]南徐州：即徐州，相對北徐州言。　沈陵：底本作"沈淩"，中華本校勘記云："諸本'陵'作'淩'，《魏書》卷五五、《通志》卷一五〇上《劉芳傳》作'陵'。按《魏書》卷八《世宗紀》太和二十三年八月作'陵'，今據改。"今從改。

尋正侍中，祭酒、中正並如故。芳表曰：

夫爲國家者罔不崇儒尊道，學斆爲先。[1]唐虞以往，典籍無據，隆周以降，任居武門。[2]蔡氏《勸學篇》云：[3]"周之師氏居武門左。"今之祭酒則周師氏。《洛陽記》：[4]"國子學官與天子宮對。[5]太學在開陽門外。"案《學記》云：[6]"古之王者，建國親人，[7]教學爲先。"鄭氏注：[8]"内則設師保以教，使國子學焉；外則有太學庠序之官。"[9]由斯而言，國學在内，太學在外，明矣。臣謂今既徙縣崧瀍，[10]皇居伊洛，[11]宮闕府寺，僉復故趾，至於國學，豈宜舛錯？[12]校量舊事，應在宮門之左。至如太學，基所見存，仍舊營構。

[1]學斆：宋本、毛本、殿本、四庫本、局本、四部備要本、中華本作"學校"。《説文·攴部》："斆，覺悟也。"似底本更合文意。

[2]武門：源氏校勘記於"武"旁紅筆小字夾批"諱"字。中華本校勘記云："《魏書》《通志》'武'作'虎'，《北史》避唐諱

改。下文‘師氏居武門左’，同。”可從。

[3]蔡氏：即蔡邕。字伯喈，陳留圉（今河南杞縣）人。東漢文學家、書法家。見《後漢書》卷六〇下《蔡邕傳》。

[4]洛陽記：書名。西晉陸機撰。一卷，久佚。今有近人葉昌熾輯本一卷，收入《榖淡盧叢稿》。

[5]學官：中華本校勘記云：“《魏書》（殿本）《通志》‘官’作‘宫’。按‘學宫’指校舍，疑當作‘宫’。”

[6]學記：《禮記》篇名。雜記秦漢以前的教育制度、教學内容和方法。

[7]建國親人：源氏校勘記於“人”旁紅筆小字夾批“民”字。《魏書》卷五五《劉芳傳》作“建國親民”。《北史》避唐太宗李世民諱改爲“人”。《册府元龜》卷六〇三作“建國君民”。錢松《〈魏書〉校勘札記》（《古籍整理研究學刊》2006年第3期）指出，“親”乃“君”之誤。可從。

[8]鄭氏：即鄭玄。字康成，北海高密（今山東高密市）人。東漢經學家。見《後漢書》卷三五《鄭玄傳》。

[9]庠序：泛指學校。

[10]崧：通“嵩”。即嵩山。　瀍（chán）：水名。源出今河南洛陽市西北，東入洛水。

[11]伊：水名。洛水支流。源出今河南欒川縣伏牛山麓，東北流至偃師市南入洛水。　洛：水名。即今河南洛河。源出今陝西洛南縣西北部。

[12]舛錯：《魏書·劉芳傳》作“舛替”。按：未詳孰是。舛，錯雜、交錯。

又去太和二十年，[1]發敕立四門博士，[2]於四門置學。臣案：自周已上，學唯以二，或尚東，或尚西，或貴在國，或貴在郊。爰暨周室，學蓋有六：

師氏居内，太學在國，四小在郊。《禮記》云：“周人養庶老於虞庠，虞庠在國之西郊。”[3]《禮》又云：“天子設四學，當入學而太子齒。”注云：“四學，周四郊之虞庠也。”《大戴·保傅篇》云：[4]“帝入東學，尚親而貴仁；帝入南學，尚齒而貴信；帝入西學；尚賢而貴德；帝入北學，尚貴而尊爵；帝入太學，承師而問道。”周之五學，於此彌彰。案鄭注《學記》，周則六學，所以然者，注云：“内則設師保以教，使國子學焉；外則有大學庠序之官。”此其證也。漢、魏已降，無復四郊。謹尋先旨，宜在四門。案王肅注云：“天子四郊有學，去都五十里。”考之鄭氏，不云遠近。今太學故坊，基趾寬曠。四郊别置，相去遼闊，檢督難周。計太學坊并作四門，猶爲太曠，以臣愚量，同處無嫌。且今時制置，多循中代，未審四學應從古不？求集儒禮官議其定所。[5]

[1]又去太和二十年：底本作“又云太初太和二十年”，源氏校勘記云：“‘云’《魏書》作‘去’。”中華本校勘記云：“諸本‘去’作‘云’，《通志》作‘去’。按《册府》卷六〇三也作‘去’，今據改。又諸本‘去’下衍‘太初’二字，據《魏書》《通志》删。”今從改。

[2]四門博士：官名。北魏孝文帝太和二十年始置。掌四門學教授之事，檢試諸郡學生成績，兼整理秘書省典籍。九品上。

[3]禮記云周人養庶老於虞庠虞庠在國之西郊：底本“西郊”作“四郊”，源氏校勘記改“四”作“西”。按：《禮記·内則》原

文："周人養國老於東膠。養庶老於虞庠。虞庠在國之西郊。"今從改。虞庠，西周學校名。

[4]大戴保傅篇：《大戴禮記》篇名。《大戴禮記》傳爲西漢戴德編，八十五篇。今存三十九篇，訂爲十三卷。

[5]求集儒禮官議其定所：中華本校勘記云："《魏書》'儒'上有'名'字，疑《北史》脱。"可從。

從之。遷中書令，[1]祭酒如故。

[1]中書令：官名。中書省長官之一。東晋南北朝時因逐漸脱離實際，隨名位增高而成爲閑職。北魏孝文帝太和二十三年定爲三品。

出除青州刺史，爲政儒緩，不能禁止姦盜；然廉清寡欲，無撓公私。還朝，議定律令，芳斟酌古今，爲大議之主，其中損益，多芳意也。宣武以朝儀多闕，其一切諸議悉委芳脩正，於是朝廷吉凶大事，皆就諮訪焉。

轉太常卿。芳以所置五郊及日月之位，去城里數於《禮》有違；又靈星、周公之祀，[1]不應隸太常。乃上疏曰：

[1]靈星：星名。主稼穡。

臣聞國之大事，莫先郊祀，郊祀之本，寔在審位。臣學謝全經，業乖通古，豈可輕薦瞽言，[1]妄陳管説。竊見所置壇祠，遠近之宜，考之典制，或

未允衷，既曰職司，請陳膚淺。

[1]瞽言：自謙之詞。指不達事理的言論。

《孟春令》云：[1]“其數八。”又云：“迎春於東郊。”盧植云：[2]“東郊，八里郊也。”賈逵云：[3]“東郊，木帝太昊，[4]八里。”許慎云：[5]“東郊，八里郊也。”鄭玄《孟春令》注云：“王居明堂。《禮》曰：‘王出十五里迎歲。’蓋殷禮也。《周禮》，近郊五十里。”鄭玄别注云“東郊去都城八里。”高誘云：[6]“迎春氣於東方，八里郊也。”王肅云：[7]“東郊八里，因木數也。”此皆同謂春郊八里之明據也。《孟夏令》云：[8]“其數七。”又云：“迎夏於南郊。”盧植云：“南郊，七里郊。”賈逵云：“南郊，火帝，七里。”[9]許慎云：“南郊，七里郊也。”鄭玄云：“南郊去都城七里。”高誘云：“南郊，七里之郊也。”王肅云：“南郊七里，因火數也。”此又南郊七里之審據也。《中央令》云：[10]“其數五。”盧植云：“中郊，五里之郊也。”賈逵云：“中兆黄帝之位，并南郊之季，故云兆五帝於四郊也。”鄭玄云：“中郊，西南未地，去都城五里。”此又中郊五里之審據也。《孟秋令》云：[11]“其數九。”又云：“以迎秋於西郊。”盧植云：“西郊，九里郊。”賈逵云：“西郊，金帝少昊，九里。”許慎云：“西郊，九里郊也。”鄭玄云：“西郊去都

城九里。”高誘云：“西郊，九里之郊也。”王肅云：“西郊九里，因金數也。”此又西郊九里之審據也。《孟冬令》云：[12]“其數六。”又云：“迎冬於北郊。”盧植云：“北郊，六里郊也。”賈逵云：“北郊，水帝顓頊，六里。”許慎云：“北郊，六里郊也。”鄭玄云：“北郊去都城六里。”高誘云：“北郊，六里之郊也。”王肅云：“北郊六里，因水數也。”此又北郊六里之審據也。宋氏《含文嘉》注云：[13]“《周禮》，王畿内千里，二十分其一，以爲近郊。近郊五十里，倍之爲遠郊。迎王氣蓋於近郊。漢不設王畿，則以其方數爲郊處，故東郊八里，南郊七里，西郊九里，北郊六里，中郊在西南未地五里。”《祭祀志》云：[14]“建武二年正月，[15]初制郊兆於雒陽城南七里，[16]依採元始中故事，[17]北郊在雒陽城北四里。”此又漢世南、北郊之明據也。今地祇準此。至如三十里郊，進乖鄭玄所引殷、周二代之據，退違漢、魏所行故事。凡邑外曰郊。今計四郊各以郭門爲限，里數依上。

[1]孟春令：見於《禮記·月令》，記一年十二月政之所行。孟爲四季的第一個月。

[2]盧植：人名。字子幹，涿郡涿（今河北涿州市）人。東漢名儒。見《後漢書》卷六四《盧植傳》。

[3]賈逵：人名。字景伯，扶風平陵（今陝西咸陽市西北）人。博通經史。見《後漢書》卷三六《賈逵傳》。

[4]太昊：即伏羲。三皇之一。

[5]許慎：人名。字叔重，汝南召陵（今河南漯河市）人。東漢學者。博通經籍，著有《説文解字》《五經異義》。見《後漢書》卷七九下《許慎傳》。

[6]高誘：人名。涿郡涿（今河北涿州市）人。東漢經學家。受學於盧植。

[7]王肅：人名。字子雍。東海郯（今山東臨沂市西南）人。三國魏經學家。

[8]孟夏令：見於《禮記·月令》，記一年十二月政之所行。

[9]火帝：源氏校勘記云："'帝'下《魏書》有'炎帝'二字。"中華本校勘記云："《魏書》'火帝'下有'炎帝'二字。按上文'木帝太昊'，下云'中兆黄帝''金帝少昊''水帝顓頊'，則此處應有'炎帝'二字。這是取五帝名以配五行，不應删。"可從。

[10]中央令：見於《禮記·月令》，記一年十二月政之所行。

[11]孟秋令：見於《禮記·月令》，記一年十二月政之所行。

[12]孟冬令：見於《禮記·月令》，記一年十二月政之所行。

[13]含文嘉：即《禮緯含文嘉》。撰者不詳，三國魏宋均注。緯書，已佚。

[14]祭祀志：撰者及卷數不詳。記祭祀制度，已佚。

[15]建武：漢光武帝的年號（25—56）。

[16]雒陽：即洛陽。

[17]元始：漢平帝的年號（1—5）。

《禮》，朝拜日月皆於東西門外。今日月之位，去城東西，路各三十，竊又未審。《禮》又云："祭日於壇，祭月於坎。"今計造如上。《禮儀志》云：[1]"立高禖祠于城南。"[2]不云里數，[3]故今仍舊。

[1]禮儀志：即《後漢書·禮儀志》。

[2]高禖：指媒神。祀以求子。

[3]里數：毛本作“數里”。在此意不通，倒誤。

靈星本非禮事，兆自漢初，專爲祈田，恒隸郡縣。《郊祀志》云：[1]“高祖五年，制詔御史，其令天下立靈星祠，牲用太牢，縣邑令、長侍祠。”[2]晋《祠令》云：“郡、縣、國祠社稷、先農，縣又祠靈星。”此靈星在天下諸縣之明據也。周公廟所以别在洛陽者，蓋緣姬旦創成洛邑，[3]故傳世洛陽，崇祠不絶，以彰厥庸。[4]夷齊廟者，[5]亦世爲洛陽界内神祠。今並移太常，恐乖其本。天下此類甚衆，皆當部郡縣脩理，公私施之禱請。竊惟太常所司，郊廟神祇自有常限，無宜臨時斟酌以意，若遂爾妄營，則不免淫祀。二祠在太常，在洛陽，於國一也，然貴在審本。

[1]郊祀志：即《漢書·郊祀志》。

[2]侍祠：毛本、殿本、四庫本、局本、四部備要本作“得祠”。“侍”訛作“得”。

[3]洛邑：城名。一作“雒邑”，在今河南洛陽市東北。

[4]庸：功勞。

[5]夷齊：即伯夷和叔齊。兩人都是商末孤竹君的兒子，伯夷是長子，因與叔齊互讓王位而出逃。周滅商之後，二人不食周粟，餓死於首陽山，成爲後人高風亮節的榜樣。見《史記》卷六一《伯夷列傳》。

臣以庸蔽，謬忝今職，考括墳籍，博采群議，既無異端，謂粗可依據。今玄冬務隙，野罄人閑，遷易郊壇，二三爲便。

詔曰："所上乃有明據，但先朝置立已久，且可從舊。"

先是，孝文於代都詔中書監高閭、太常少卿陸琇并公孫崇等十餘人脩理金石及八音之器。[1]後崇爲太樂令，[2]乃上請尚書僕射高肇，[3]更共營理。宣武詔芳共主之。芳表以禮樂事大，不容輒決，自非博延公卿，廣集儒彥，討論得失，研窮是非，無以垂之萬葉，爲不朽之式。被報聽許，數旬之間，頻煩三議。于時朝士頗以崇專綜既久，不應乖謬，各嘿然無發論者。芳乃探引經誥，搜括舊文，共相難質，皆有明據，以爲盈縮有差，不合典式。崇雖示相酬答，而不會問意，卒無以自通。尚書依事述奏，仍詔委芳別更考制。於是學者彌歸宗焉。

[1]中書監：官名。北魏時爲中書省長官之一，掌納奏、擬詔、出令，然權歸中書舍人，監、令名爲長官，實爲閑職。孝文帝太和十七年定爲從一品中，二十三年改爲從二品。　高閭：人名。本名高驢，字閻士，漁陽雍奴（今天津武清區西北）人。北魏官吏。見《北史》卷三四《高閭傳》。　太常少卿：官名。北魏始置。爲太常副職，位在丞上。協助太常卿管理禮樂、宗廟祭祀事務。孝文帝太和十七年定爲三品上，二十三年定爲四品上。　陸琇：人名。字伯琳，鮮卑族。北魏官吏。因涉嫌參與咸陽王禧謀反案，被捕，後

死於獄中。見《北史》卷二八《陸俟附陸琇傳》。　金石：指鐘磬一類樂器。　八音：樂器的統稱。通常由金、石、絲、竹等八種不同質材所製。

[2]太樂令：官名。亦作"大樂令"。北魏時隸太常，領太樂祭酒、太樂博士、太樂典事等官。九品上。

[3]尚書僕射：官名。北魏時職掌都省庶務及執法，或典選舉，輔助尚書令執行政務，參議大政，諫諍得失。左僕射兼掌糾彈百官，居右僕射上。孝文帝太和十七年定爲從一品中，二十三年定爲從二品。　高肇：人名。字首文，勃海蓨（今河北景縣）人。北魏官吏。見《北史》卷八〇《高肇傳》。

芳以社稷無樹，又上疏曰：

依《合朔儀》注：[1]日有變，以朱絲爲繩，以繞係社樹三匝。而今無樹。又《周禮·大司徒》職云："設其社稷之壝而樹之田主，[2]各以其社之所宜木。"鄭玄注云："所宜木，謂若松柏栗也。"此其一證也。又《小司徒·封人》職云：[3]"掌設王之社壝，爲畿封而樹之。"鄭玄注云："不言稷者，王主於社。稷，社之細也。"[4]此其二證也。又《論語》曰："哀公問社於宰我，宰我對曰：夏后氏以松，殷人以柏，周人以栗。"[5]是乃土地之所宜也。此其三證也。又《白武通》：[6]"社、稷所以有樹何也？尊而識之也，使人望見即敬之，[7]又所以表功也。"案此正解所以有樹之義，了不論有之與無也。此其四證也。此云"社、稷所以有樹何"，然則稷亦有樹明矣。又《五經通義》云：[8]"天子太

社、王社，諸侯國社、侯社，制度奈何？曰，社皆有垣無屋，樹其中以木。有木者，土主生萬物，[9]萬物莫善於木，故樹木也。”此其五證也。此最其丁寧備解有樹之意也。又《五經要義》云：[10]“社必樹之以木。《周禮·司徒》職曰：‘班社而樹之，各以土地所生。’《尚書·逸篇》曰：‘太社惟松，東社惟柏，南社惟梓，西社惟栗，北社惟槐。’”此其六證也。此又太社及四方皆有樹別之明據也。又見諸家《禮圖》，社稷圖皆畫爲樹，[11]唯誠社、誡稷無樹。此其七證也。

[1]合朔儀：《周禮》篇名。

[2]壝（wéi）：古代祭壇四周的矮牆。

[3]小司徒：《周禮》篇名。

[4]不言稷者王主於社稷社之細也：源氏校勘記云：“元文無‘王主於社’四字。”

[5]“又論語曰”至“周人以栗”：見《論語·八佾》。哀公，春秋時魯國國君。宰我，人名。字予我，又稱宰予。春秋末魯國人。孔子學生，善言巧辯。

[6]白武通：即《白虎通》。又作《白虎通義》《白虎通德論》。東漢班固等撰，四卷。記録漢章帝建初四年（79）在白虎觀辯論經學之事。中華本校勘記云：“《魏書》《通志》‘武’作‘虎’，《北史》避唐諱改。”可從。

[7]使人望見即敬之：源氏校勘記云：“‘即’元文作‘師’。”

[8]五經通義：九卷，已佚。《隋書·經籍志》著録八卷，清代輯本頗多。

[9]有木者土主生萬物：《魏書》卷五五《劉芳傳》標點作

“有木者土，主生萬物”。按：未詳孰是。

[10]五經要義：西漢劉向撰，經書述義。五卷，已佚。《隋書·經籍志》著録，有清代輯本。

[11]禮圖：指東漢鄭玄所撰《三禮圖》。

雖辯有樹之據，猶未正所殖之木。案《論語》稱“夏后氏以松，殷人以柏，周人以栗”，便是世代不同。而《尚書·逸篇》則云“太社惟松”，[1]如此，便以一代之中而立社各異也。愚以爲宜殖以松。[2]何以言之？《逸書》云“太社惟松”，今者植松，不慮失禮。惟稷無成證。稷乃社之細，蓋亦不離松也。

[1]太社惟松：中華本校勘記云：“《魏書》‘太社惟松’下有‘東社惟栢，南社惟梓，西社惟栗，北社惟槐’四句，又‘立’字作‘五’。《北史》删改後，文意不明。”可從。

[2]殖：宋本、四部備要本、中華本作“植”。“植”與“殖”都有表示種植的意思，皆可。

宣武從之。

芳沈雅方正，槩尚甚高，經傳多通，孝文尤器敬之，動相顧訪。太子恂之在東宫，[1]孝文欲爲納芳女，芳辭以年貌非宜，帝歎其謙慎。帝更敕芳舉其宗女，芳乃稱其族子長文之女，孝文乃爲恂娉之，與鄭懿女對爲左右孺子焉。[2]

[1]愉：即元愉，人名。字元道，孝文帝子。見《北史》卷一九《廢太子愉傳》。

[2]左右孺子：即左孺子和右孺子。皇儲妃位號。北魏置。

崔光於芳有中表之敬，每事詢仰。芳撰鄭玄所注《周官》《儀禮音》、干寶所注《周官音》、王肅所注《尚書音》、何休所注《公羊音》、范寗所注《穀梁音》、韋昭所注《國語音》、范曄《後漢書音》各一卷，[1]《辯類》三卷，《徐州人地録》二十卷，[2]《急就篇續注音義證》三卷，《毛詩箋音義證》十卷，《禮記義證》十卷，《周官》《儀禮義證》各五卷。崔光表求以中書監讓芳，宣武不許。卒，贈鎮東將軍、徐州刺史，[3]謚文貞侯。

[1]干寶：人名。字令升，新蔡（今河南新蔡縣）人。東晋學者。晋元帝時，以佐著作郎領修國史，著《晋紀》二十卷。見《晋書》卷八二《干寶傳》。　何休：人名。字邵公，任城樊（今河南淅川縣東）人。東漢學者。見《後漢書》卷七九下《何休傳》。　范寗：人名。字武子，南陽順陽（今山東兖州市西南）人。東晋官吏、學者。見《晋書》卷七五《范汪附范甯傳》。　韋昭：人名。字弘嗣，因避司馬昭諱，又作“韋曜”，吴郡雲陽（今江蘇丹陽市）人。三國吴官吏、學者。見《三國志》卷六五《吴書·韋曜傳》。　范曄：人名。字蔚宗，順陽（今山東兖州市西南）人。南朝宋官吏、史學家。見《宋書》卷六九《范曄傳》。

[2]二十卷：《魏書》卷五五《劉芳傳》作“四十卷”。《通志》卷一五〇上作“三十卷”。按：未詳孰是。

[3]鎮東將軍：官名。四鎮將軍之一，地位次於四征將軍。北

魏初多授持節都督，出鎮方面，後爲褒賞軍功勳臣的閑職。孝文帝太和十七年定爲從一品下，二十三年定爲從二品。

長子懌，字祖欣，雅有父風，頗好文翰。歷徐州別駕、兖州左軍府長史、司空諮議參軍，[1]屢爲行臺出使，[2]所歷皆有當官之稱。轉通直散騎常侍、徐州大中正，行郢州事，[3]尋遷安南將軍、大司農卿。[4]卒，贈徐州刺史，謚曰簡。

[1]别駕：官名。又作“别駕從事”“别駕從事史”。漢朝始置。爲州刺史僚屬，録衆事。北魏後期漸由朝廷任命。其品秩依州品不同，自正五品至正七品不等。　左軍府長史：官名。具體職掌不詳。　司空諮議參軍：官名。即司空府諮議參軍。諮議參軍，東晋始置。初在丞相府負責諷議軍政事務。後諸王府、公府、軍府等皆設。北魏孝文帝太和二十三年定爲正四品至正六品上。

[2]行臺：官名。爲行臺尚書的省稱。北魏置。初爲行臺長官，執掌當地的軍政事務，北魏末期爲行臺屬官，分曹理事。孝文帝太和二十三年定爲正四品。

[3]郢州：北魏時治義陽縣，在今河南信陽市。

[4]安南將軍：官名。北魏時與安東、安北、安西將軍合稱四安將軍。是出鎮南方地區的軍事長官，或作爲刺史等地方官員兼理軍務時的加官。三品。　大司農卿：官名。爲大司農的尊稱。北魏時掌倉儲園苑及供膳之庶務。孝文帝太和二十三年定爲三品。

無子，弟廞以第三子竣爲後。[1]

[1]第三子：局本作“弟三子”。“第”訛作“弟”。

廞字景興，好學强立。善事當世，高肇之盛及清河王懌爲宰輔，[1]廞皆與其子姪交游；靈太后臨朝，又與太后兄子往還相好。[2]太后令廞以詩賦授弟元吉。[3]稍遷光禄大夫。孝武帝初，[4]除散騎常侍，遷驃騎大將軍、國子祭酒。[5]孝武於顯陽殿講《孝經》，[6]廞爲執經，雖詶答論難未能精盡，[7]而風采音制，足有可觀。尋兼都官尚書，[8]又兼殿中尚書。[9]及孝武入關，齊神武至洛，[10]責廞誅之。

[1]清河王：封爵名。清河，郡名。北魏時治清河縣，在今山東臨清市東北。　懌：即元懌，人名。字宣仁。北魏宗室。見《北史》卷一九《清河王懌傳》。

[2]兄子：源氏校勘記云："'子'《魏書》作'弟'。"《通志》卷一五〇上與《北史》同。按：未詳孰是。

[3]元吉：即胡祥，人名。字元吉，安定臨涇（今甘肅鎮原縣）人。北魏胡太后異母弟。曾任殿中尚書、侍中等職，賜爵東平郡公。見《北史》卷八〇《胡國珍附胡祥傳》。

[4]孝武帝：即北魏皇帝元脩。孝武爲其謚號。

[5]驃騎大將軍：官名。北魏時居諸名號將軍之首。多授予權臣元老，以示尊崇，可開府置僚屬，不領兵。戰時統兵出征，位在三公之下，多作大臣加官。孝文帝太和二十三年定爲從一品。

[6]顯陽殿：故址在今河南洛陽市西。

[7]詶答：毛本作"訓答"。按："詶答"即應答。"訓答"在此意不通。

[8]都官尚書：官名。北魏時爲尚書省都官曹長官。職掌制定律令法制、糾劾違法、水利工程、舟船津梁、宮廷百官膳食等事務。孝文帝太和十七年定爲二品中。

［9］殿中尚書：官名。北魏時負責統領宫中兵馬，典宫禁宿衛及倉庫。孝文帝太和十七年定爲二品中。

［10］齊神武：即高歡。神武爲其謚號，北齊後主所追謚。

子鷟，字子昇，少有風氣，頗涉文史。位徐州開府從事中郎。[1]父歞之死，鷟率勒鄉部赴兖州，與刺史樊子鵠抗禦王師，[2]每戰，流涕突陣。城陷，禽送晋陽，[3]齊神武矜而赦之。文襄爲儀同開府，以鷟爲屬，本州大中正，轉中書舍人。[4]時與梁和通，鷟前後受敕對其使一十六人。爲司徒左長史，[5]卒，贈南青州刺史。[6]

［1］從事中郎：官名。東漢大將軍府、車騎將軍府屬官，職參謀議。魏晋南北朝皆置，其職依時依府而異，或主吏，或分掌諸曹，或掌機密，或參謀議，地位較高。北魏、東魏公府、皇子開府、庶姓開府俱置，五品。

［2］樊子鵠：人名。代郡平城（今山西大同市東北）人。北朝官吏。見《北史》卷四九《樊子鵠傳》。

［3］晋陽：縣名。治所在今山西太原市晋源區古城營村一帶。

［4］中書舍人：官名。掌草擬詔令。北魏孝文帝太和十七年定爲六品上，二十三年改爲六品下。東魏沿置。

［5］司徒左長史：官名。與司徒右長史並爲司徒府僚屬之長，佐司徒總管府内諸曹，位在右長史之上。

［6］南青州：東魏時治團城，在今山東沂水縣沂水鎮。

歞弟顑，位金紫光禄大夫。顑子逖。

逖字子長，少聰敏，好弋獵騎射，以行樂爲事，愛交游，善戲謔。齊文襄以爲永安公浚開府行參軍。[1]逖

遠離家鄉，倦於羈旅，發憤自勵，專精讀書。晉陽都會之所，霸朝人士攸集，咸務於宴集。逖在游宴之中，卷不離手，遇有文籍所未見者，則終日諷誦，或通夜不歸。其好學如此。亦留心文藻，頗工詩詠。

[1]永安公：封爵名。永安，縣名。治所在今山西霍州市。　浚：即高浚，人名。字定樂，勃海蓨（今河北景縣）人。北齊宗室，神武第三子。見《北史》卷五一《永安王浚傳》。　行參軍：官名。分掌府内各曹事務。官秩隨朝代及府主地位高低不一。北魏時爲七品上至九品，北齊時爲七品上至八品。

齊天保初，[1]行定陶縣令，[2]坐奸事免，十餘年不得調。其姊爲任氏婦，没入宫，敕以賜魏收。[3]收所提攜，後爲開府參軍。[4]及文宣崩，[5]文士並作挽歌，楊遵彦擇之，[6]員外郎盧思道用八首，[7]逖用二首，餘人多者不過三四。中書郎李愔戲逖曰：[8]“盧八問訊劉二。”逖銜之。乾明元年，[9]兼員外散騎常侍，使送梁主蕭莊。[10]還，兼三公郎中。[11]

[1]天保：北齊文宣帝的年號（550—559）。

[2]定陶：縣名。治所在今山東定陶縣西北。

[3]魏收：人名。字伯起，小字佛助，鉅鹿下曲陽（今河北晉州市西）人。北齊官吏、學者。著有《魏書》。見《北史》卷五六《魏收傳》。

[4]參軍：官名。即參軍事。諸軍府、王府、州郡府等皆設，分掌諸曹事。

[5]文宣：即北齊皇帝高洋。文宣爲其謚號。

[6]楊遵彦：人名。即楊愔。字遵彦，小名秦王，弘農華陰（今陝西華陰市東南）人。東魏、北齊官吏。見《北史》卷四一《楊播附楊愔傳》。

[7]員外郎：官名。員外散騎侍郎的省稱。初多以公族、功臣子充任，爲閑散之職，常用以安置閑退官員、衰老人士。北齊時爲七品上。　盧思道：人名。字子行，小字釋奴，范陽涿（今河北涿州市）人。北齊官吏。見《北史》卷三〇《盧玄附盧思道傳》。

[8]中書郎：官名。中書侍郎的省稱。北魏時多選用文學之士，掌草擬詔令，職位機要。置四人，孝文帝太和二十三年定爲從四品上。北齊因之，從四品。　李愔：人名。趙郡平棘（今河北趙縣）人。東魏、北齊官吏。

[9]乾明：北齊廢帝的年號（560）。

[10]使送梁主：底本作“使宋梁主”，源氏校勘記云：“‘宋’《北齊》作‘於’。爲是。”中華本校勘記云：“諸本‘送’作‘宋’，《北齊書》卷四五《劉逖傳》作‘於’，《通志》卷一七六《劉逖傳》作‘送’。按‘宋’乃‘送’之音訛，今從《通志》改。但齊送蕭莊爲梁主，事在天保九年，見本書卷七、《北齊書》卷四《文宣紀》。乾明元年送蕭莊事，本紀不載。《北齊書》卷三二《王琳傳》云：‘孝昭帝遣琳出合肥，鳩集義故，更圖進攻。’或即是乾明元年送莊之事。”今從改。　蕭莊：人名。南蘭陵（一説在今江蘇常州市，一説在今江蘇丹陽市）人。南朝梁宗室。見《南史》卷五四《武烈世子方等附蕭莊傳》。

[11]三公郎中：官名。尚書省三公曹長官的通稱。北魏時屬殿中尚書，孝文帝太和十七年定郎爲從五品中，郎中五品上。二十三年皆稱郎中，六品，仍可通稱爲郎。北齊沿置，六品上，下置掌故主事等官。

武成時，[1]和士開寵要，[2]逖附之。正授中書侍郎，

入典機密。時李愔獻賦，言天保中被讒。逖摘其文，奏曰："誹謗先朝，大不敬。"武成怒，大加鞭朴。逖喜復前憾，曰："高搥兩下，執鞭一百，何如呼劉二時。"尋兼散騎常侍，聘陳使主。逖欲獨擅文藻，不願與文士同行。時黄門侍郎王松年妹夫盧士游，[3]性沈密，逖求以爲副。又逖姊魏家者，收時已放出，逖因次欲嫁之士游，不許。逖恐事露，亦不逼焉。遷給事黄門侍郎，修國史。加散騎常侍，除假儀同三司，[4]聘周使副。二國始通，禮儀未定，逖與周朝議論往復，斟酌古今，事多合禮，兼文辭可觀，甚得名譽。使還，拜儀同三司。

[1]武成：即北齊皇帝高湛。武成爲其謚號。

[2]和士開：人名。字彦通，清都臨漳（今河北臨漳縣）人。北齊官吏。見《北史》卷九二《和士開傳》。

[3]王松年：人名。太原晋陽（今山西太原市晋源區古城營村一帶）人。北齊官吏。見《北史》卷三五《王慧龍附王松年傳》。

[4]假：官制用語。原是代理、兼攝之意。北魏孝文帝時假官成爲制度，但僅爲虚職。

及武成崩，和士開欲改元，議者各異。逖請爲"武平"，私謂士開曰："武平反爲明輔，逖作此以爲公。"士開悦而從之。時士開爲衆口所排，婁定遠同輔政，[1]逖遂回附之，使得西貨，悉以餉定遠。定遠外任，逖不自安，又陰結斛律明月、胡長仁以自固。[2]士開知之，未甚信，忽於明月門巷逢之，彌以爲實。初，逖名宦未達時，欲事祖珽。[3]珽未原，謂人曰："我言彭城楚子，

應有氣俠，唯將崔季舒詩示人，[4]殊乖氣望。”遜乃爲弟娶珽女，遂成密好。珽之將訴趙彦深、和士開也，先與遜謀，遜乃告二人，故二人得爲之計。珽被黜，令弟出其妻。及是，遜解士開所嫌。[5]尋出爲仁州刺史。[6]珽乃要行臺尚書盧潛陷遜，[7]許潛重遷。潛曰：“如此事，吾不爲也。”更戒遜而護之。

[1]婁定遠：人名。代郡平城（今山西大同市東北）人。北齊官吏。見《北史》卷五四《婁昭附婁定遠傳》。

[2]斛律明月：人名。即斛律光。字明月，朔州（今山西朔州市）敕勒部人。北齊將領。見《北史》卷五四《斛律金附斛律光傳》。　胡長仁：人名。字孝隆，安定臨涇（今甘肅鎮原縣）人。北齊外戚、武成胡皇后兄。見《北史》卷八〇《胡長仁傳》。

[3]祖珽：人名。字孝徵，范陽遒（今河北淶水縣北）人。北齊官吏。見《北史》卷四七《祖瑩附祖珽傳》。

[4]崔季舒：人名。字叔正，博陵安平（今河北安平縣）人。東魏、北齊官吏。見《北史》卷三二《崔挺附崔季舒傳》。

[5]遜解士開所嫌：中華本校勘記云：“《通志》‘解’上有‘始’字，似遜前以陰結斛律明月、胡長仁，爲士開所嫌，至是以遜泄祖珽密謀，其恨始解者。但據本書卷四七《祖珽傳》，珽欲訴趙彦深、和士開，爲劉遜所泄，其事在高湛（武成帝）時。而此言劉遜陰結斛律明月，其事在高緯（後主）武平初。何得結怨在後而解怨在前？此‘解’字誤。疑當作‘爲’字。‘至是’者，即指士開逢遜於明月巷中時。此上一段，乃是追叙。《通志》之‘始’字，蓋以意增補，似是而非。”可從。

[6]尋出爲仁州刺史：中華本校勘記云：“按《北齊書》卷四五《劉遜傳》云：‘世祖（即武成）崩，出爲江州刺史。祖珽執政，徙爲仁州刺史。’蓋遜先爲和士開所出，後又爲祖珽所徙，並非一出

即爲仁州。且不言祖珽執政事，則下文珽要行臺盧潛陷逖事亦覺突然。疑此‘出’下有脱文。”可從。仁州，北齊時治赤坎城，在今安徽懷遠縣西北。

[7]盧潛：人名。一作“盧子潛”，范陽涿（今河北涿州市）人。東魏、北齊官吏。見《北史》卷三〇《盧玄附盧潛傳》。

後被徵還，待詔文林館，[1]重除散騎常侍，奏門下事。未幾與崔季舒等同戮，時年四十九。所制文筆三十卷。[2]

[1]文林館：官署名。北齊後主武平三年（572）置。以文學之士入館，稱待詔文林館。主要職務爲編撰供皇帝閲覽的書籍。

[2]制：殿本、四庫本、四部備要本作“著”。制，造、作。二者均可。

子逸人，[1]開府行參軍。仕隋，終於洛陽令。

[1]逸人：源氏校勘記於“人”旁紅筆小字夾批“民”字。中華本校勘記云：“《北齊書》卷四五‘人’作‘民’，《北史》避唐諱改。”可從。

芳從子懋。懋字仲華，祖泰之，父承伯，仕宋並有名位。懋聰敏好學，博綜經史，善草隸書，識奇字。宣武初入朝，位尚書外兵郎中。[1]芳甚重之，凡所撰朝廷軌儀，皆與參量。尚書博議，懋與殿中郎袁翻常爲議主。[2]達於從政，臺中疑事，咸所訪決。尚書李平與結莫逆交。[3]遷步兵校尉，[4]領郎中，兼東宮中舍人。[5]轉

員外常侍、鎮遠將軍，[6]領考功郎中，[7]立考課之科，明黜陟之法，甚有條貫。

[1]尚書外兵郎中：官名。尚書省外兵曹長官的通稱。北魏時掌京畿以外各地的軍隊政令及軍務。與左、右外兵郎並置，屬七兵尚書。六品。

[2]殿中郎：官名。爲殿中侍衛武官，掌管宮殿禁衛、倉庫。北魏孝文帝太和二十三年定爲六品。　袁翻：人名。字景翔，陳郡項（今河南沈丘縣）人。北魏官吏。見《北史》卷四七《袁翻傳》。

[3]李平：人名。字雲定，頓丘（今河南清豐縣西南）人。北魏官吏。見《北史》卷四三《李崇附李平傳》。

[4]步兵校尉：官名。北魏初領營兵，後罷其兵，成爲武臣散官，無具體職掌。孝文帝太和二十三年定爲五品。

[5]東宮中舍人：官名。即太子中舍人。亦簡稱太子中舍、中舍人、中舍。東宮屬官，與太子中庶子共掌文翰，侍從規諫太子，糾正違闕、儐相、威儀，綜典奏事文書，監督醫藥，檢奏更直名册等。北魏孝文帝太和十七年定爲四品中，二十三年定爲五品上。

[6]員外常侍：官名。員外散騎常侍的省稱。　鎮遠將軍：官名。北魏時爲雜號將軍之一。孝文帝太和二十三年定爲四品。

[7]考功郎中：官名。尚書省吏部考功曹長官中的資深者。北魏時掌考課官吏。孝文帝太和二十三年定爲六品。

孝明初，[1]大軍攻硤石，[2]懋爲李平行臺郎中，[3]城拔，懋頗有功。太傅、清河王懌愛其風雅，[4]常目而送之曰："劉生堂堂，搢紳領袖，若天假之年，必爲魏朝宰輔。"詔懋與諸才學之士撰成儀令。懌爲宰相積年，

禮懋尤重，令諸子師之。遷太尉司馬。[5]熙平二年冬，[6]暴病卒。家甚清貧，亡之日，徒四壁而已。太傅懌及當時才儁莫不痛惜之。贈持節、前將軍、南秦州刺史，[7]謚曰宣簡。

懋詩誄賦頌及文筆見稱於時，又撰諸器物造作之始十五卷，名曰《物祖》。

[1]孝明：即北魏皇帝元詡。孝明爲其謚號。底本作“孝昭”，中華本校勘記云：“諸本‘孝明’作‘孝昭’。錢氏《考異》卷三九云：‘“孝昭”當作“孝明”。’按《魏書》卷五五《劉芳附劉懋傳》作‘肅宗’。《通志》卷一五〇上《劉芳傳》作“孝明”。錢説是，今據改。”今從改。

[2]硤石：地名。在今河南孟津縣。

[3]行臺郎中：官名。北魏置。爲行臺諸曹郎中的泛稱，各曹皆冠以曹名。有時稱不理具體曹務的官員。

[4]太傅：官名。北魏時與太師、太保並號三師，位居太師下、太保上。孝文帝太和二十三年定爲一品。

[5]太尉司馬：官名。即太尉府司馬。爲領兵武職。

[6]熙平：北魏孝明帝的年號（516—518）。

[7]前將軍：官名。北魏時常作爲軍府名號，用作加官。孝文帝太和二十三年定爲三品。　南秦州：北魏時治洛谷城，在今甘肅西和縣洛峪鎮。底本作“南泰州”，中華本校勘記云：“諸本‘秦’作‘泰’，《魏書》及《通志》作‘秦’。張森楷云：‘《地形志》有‘南秦’無‘南泰’，‘泰’乃‘秦’之訛。’按張説是，今據改。”今從改。

常爽，字仕明，河内温人，[1]魏太常卿林六世孫

也。[2]祖珍，苻堅南安太守[3]因世亂，遂居涼州。[4]父坦，乞伏世鎮遠將軍、大夏鎮將、顯美侯。[5]

[1]河内：郡名。北魏時治野王縣，在今河南沁陽市。　温：縣名。治所在今河南温縣西南。

[2]林：即常林，人名。字伯槐，河内温（今河南温縣）人。三國魏官吏。見《三國志》卷二三《魏書·常林傳》。

[3]苻堅：人名。字永固，一名文玉，略陽臨渭（今甘肅天水市東北）人，氐族。十六國時前秦君主。見《晋書》卷一一三、一一四《苻堅載記》。　南安：郡名。十六國時治?道縣，在今甘肅隴西縣東南。

[4]涼州：十六國時治姑臧縣，在今甘肅武威市。

[5]乞伏：指隴西鮮卑。此指乞伏氏所建立的西秦。　大夏：鎮名。治所在今甘肅廣河縣西北。　鎮將：官名。北魏置，鎮的長官。在不設州郡的地區，如西邊、北邊諸鎮，兼統軍民；在設州郡的内地，主要掌軍政，但兼任駐在州刺史時，亦兼理民政。其下設副將、監軍及長史、司馬等佐僚。北魏前期多以宗室或鮮卑勳貴爲之，多兼刺史，並持節、都督鄰近州鎮，地位高於刺史。孝文帝改制後，地位漸低。　顯美侯：封爵名。顯美，縣名。治所在今甘肅永昌縣東南。

爽少而聰敏，嚴正有志概，雖家人僮隸未嘗見其寬誕之容。篤志好學，博聞强識，明習緯候、《五經》、百家，[1]多所研綜。州郡禮命，皆不就。太武西征涼土，[2]爽與兄仕國歸款軍門。[3]太武嘉之，賜士國爵五品，顯美男；爽爲六品，拜宣威將軍。[4]

[1]緯候：讖緯之學。多指天象符瑞、占驗災異之術。

[2]太武：即北魏皇帝拓跋燾。太武爲其謚號。底本作“武成”，中華本校勘記云：“諸本‘太武’作‘武成’。錢氏《考異》云：‘“武成”當作“太武”。’按《魏書》卷八四《常爽傳》作‘世祖’，《通志》卷一五〇上《常爽傳》作‘太武’。錢説是，今據改。”今從改。

[3]仕國：底本作“士國”，《魏書·常爽傳》作“仕國”。按：爽字爲仕明，其兄應爲仕國。“仕”訛作“士”，今從改。

[4]宣威將軍：官名。北魏時爲雜號將軍。孝文帝太和二十三年定爲六品上。

是時，戎車屢駕，征伐爲事，貴游子弟未遑學術。爽置館温水之右，[1]教授門徒七百餘人，京師學業，翕然復興。爽立訓甚有勸罰之科，弟子之事，[2]若嚴君焉。尚書左僕射元贊、平原太守司馬真安、著作郎程靈虯皆是爽教所就。[3]崔浩、高允並稱爽之嚴教，[4]奬勵有方。允曰：“文翁柔勝，[5]先生剛克，立教雖殊，成人一也。”其爲通識歎服如此。

[1]温水：疑在今山西大同市境。

[2]弟子之事：毛本、殿本、四庫本、局本、四部備要本作“弟子之事”。中華本作“弟子事之”。按：弟子之事，在此意不通，疑倒誤。

[3]元贊：人名。北魏宗室。見《北史》卷一五《常山王遵附元贊傳》。　平原：郡名。北魏道武帝皇始二年（397）占，屬冀州，治平原縣，在今山東平原縣西南。孝文帝太和十一年（487）屬濟州，治聊城縣，在今山東聊城市東北。同時，太武帝時涇州亦

置有平原郡，治陰槃縣，在今甘肅平涼市東。孝文帝太和年間所設燕州，也領有平原郡，治所在今河北懷來縣西南。　著作郎：官名。掌修國史及爲皇帝修撰碑誌、祝文、祭文等。南北朝時爲清要之官，多由文學之士出任。北魏孝文帝太和二十三年定爲從五品上。　程靈虯：人名。廣平曲安（今河北曲周縣）人。孝文帝時，任羽林監、梁郡太守、著作佐郎等職。好酒，常因酒廢事。

[4]高允：人名。字伯恭，勃海蓨（今河北景縣）人。北魏官吏。見《北史》卷三一《高允傳》。

[5]文翁：人名。廬江舒（今安徽舒城縣）人。西漢官吏。以在蜀地興學而知名。見《漢書》卷八九《循吏傳》。

因教授之暇，述《六經略注》，以廣制作，甚有條貫。其序曰：

《傳》稱立天之道，曰陰與陽；立地之道，曰柔與剛；立人之道，曰仁與義。然則仁義者，人之性也；經典者，身之文也。皆以陶鑄神情，[1]啓悟耳目，未有不由學而能成其器，不由習而能利其業。是故季路勇士也，[2]服道以成忠烈之概；寧越庸夫也，[3]講藝以全高尚之節。蓋所由者習也，所因者本也，本立而道生，身文而德備焉。

[1]神情：毛本作“人情”。在此意不通，“神”訛作“人”。

[2]季路：即仲由，人名。字子路，一字季路。春秋末魯國卞（今山東泗水縣東）人。孔子著名弟子。

[3]寧越：人名。戰國時趙國中牟（今河南鶴壁市）人。原爲農民，後棄稼求學。與蘇秦等合縱抗秦，成爲當時著名謀士。

昔者先王之訓天下也，莫不導以《詩》《書》，教以《禮》《樂》，移其風俗，和其人民。故恭儉莊敬而不煩者，教深於《禮》也；廣博易良而不奢者，教深於《樂》也；温柔敦厚而不愚者，教深於《詩》也；疏通知遠而不誣者，教深於《書》也；潔静精微而不賊者，教深於《易》也；屬辭比事而不亂者，教深於《春秋》也。夫《樂》以和神，《詩》以正言，《禮》以明體，《書》以廣聽，《春秋》以斷事。五者，蓋五常之道，相須而備。《易》爲之源，故曰《易》不可見，則乾坤其幾乎息矣。由是言之，六經者，先王之遺烈，聖人之盛事也，安可不游心寓目習性文身哉。

頃因暇日，屬意藝林，略撰所聞，[1]討論其本，名曰《六經略注》，以訓門徒焉。

[1]略撰所聞：毛本作“略傳所聞”。“撰”與“傳”在此都表示作傳、記載，皆可。

其《略注》行於世。

爽不事王侯，獨守閑静，講肄經典二十餘年，時號爲“儒林先生”。年六十三，卒於家。

子文通，歷官至鎮西司馬、南天水太守、西翼校尉。[1]文通子景。

[1]鎮西司馬：官名。鎮西將軍府屬吏，領武事。　南天水：郡名。北魏時治水南縣，在今甘肅禮縣東北長道鎮。　西翼校尉：

官名。職掌不詳。

景字永昌，少聰敏，初讀《論語》《毛詩》，一受便覽。及長，有才思，雅好文章。廷尉公孫良舉爲律博士，[1]孝文親得其名，既而用之爲門下録事。[2]正始初，[3]詔尚書、門下於金墉中書外省考論律令，[4]敕景參議。宣武季舅護軍將軍高顯卒，[5]其兄右僕射肇託景及尚書邢巒、并州刺史高聰、通直郎徐紇各作碑銘，[6]並以呈御。帝悉付侍中崔光簡之，光奏景名位乃處諸人之下，文出諸人之上，遂以景文刊石。

[1]廷尉：官名。北魏時又稱廷尉卿。　公孫良：人名。字遵伯，燕郡廣陽（今北京房山區）人。北魏官吏。見《北史》卷二七《公孫表傳》。　律博士：官名。亦稱律學博士。掌教刑法律令並依律議案，爲廷尉或大理寺屬官。六品。底本作“協律博士”，中華本校勘記云：“諸本‘律’上有‘協’字，《魏書》卷八二《常景傳》無。按《魏書》卷一一三《官氏志》太和前令有律博士、協律中郎、協律郎，無協律博士。《隋書》卷二七《百官志中》，大理寺屬官有律博士。大理即廷尉，故爲公孫良所舉。‘協’字衍，今據删。”今從改。

[2]門下録事：官名。北魏置，爲門下省屬官，掌出納文奏。孝文帝太和二十三年定爲從八品上。

[3]正始：北魏宣武帝的年號（504—508）。

[4]詔：底本作“招”，中華本作“詔”。《魏書》亦作“詔”。據文意，今從《魏書》改。　金墉：城名。故址在今河南洛陽市東北漢魏洛陽故城西北隅。　中書外省：官署名。北魏置。中書省辦公場所之一，設於宮禁之外，尚書、門下官員常議事於此。其後

不見。

[5]護軍將軍：官名。又稱護軍。掌監護諸軍、武官選拔考核及部分中軍兵，屬大將軍府。屬官有長史、司馬、功曹、主簿等。孝文帝太和二十三年定爲從三品。　高顯：人名。勃海蓨（今河北景縣）人。北魏外戚。見《北史》卷八〇《高肇傳》。

[6]并州：北魏時治晋陽縣，在今山西太原市晋源區古城營村一帶。　高聰：人名。字僧智，勃海蓨（今河北景縣）人。北魏官吏。見《北史》卷四〇《高聰傳》。　通直郎：官名。通直散騎侍郎的省稱。掌参平尚書奏事，兼掌侍從、諷諫。屬集書，員六人。初定四品中，北魏孝文帝太和二十三年定爲從五品上。　徐紇：人名。字武伯，樂安博昌（今山東博興縣東南）人。北魏官吏。見《北史》卷九二《徐紇傳》。

肇尚平陽公主，[1]未幾主薨，肇欲使公主家令居廬制服，已付學官議正施行。尚書又以訪景，景以婦人無專國之理，家令不得有純臣之義，乃執議曰：

[1]平陽公主：封號。平陽，郡名。北魏時治白馬城，在今山西臨汾市。此指北魏宣武帝元恪姑，爲尚書令高肇妻，婚後不久去世。

喪紀之本，寔稱物以立情；輕重所因，亦緣情以制禮。雖理關盛衰，事經今古，而制作之本，降殺之宜，其實一焉。是故臣之爲君，所以資敬而崇重；爲君母妻，所以從服而制義。然而諸侯大夫之爲君者，謂其有地土、有吏屬，無服文者，言其非世爵也。今王姬降適，雖加爵命，事非君邑，理異

列土。何者？諸王開國，備立臣吏，生有趨奉之勤，死盡致喪之禮。而公主家令，唯有一人，其丞已下，命之屬官，既無接事之儀，實闕爲臣之體。原夫公主之貴，所以立家令者，蓋以主之内事，脱須關外，理無自達，必也因人。然則家令唯通内外之職及典主家之事耳，無關君臣之理，名義之分也。由是推之，家令不得爲純臣，公主不可爲正君，明矣。

且女人之爲君，男子之爲臣，古禮所不載，先朝所未議。而四門博士裴道廣、孫榮乂等，以公主爲之君，以家令爲之臣，制服以斬，乖繆彌甚。又張虚景、吾難羈等不推君臣之分，不尋致服之情，猶同其議，準母制齊，求之名實，理未爲允。竊謂公主之爵，既非食菜之君；[1]家令之官，又無純臣之式。若附如母，則情義罔施；若準小君，則從服無據。案如經《禮》，[2]事無成文，即之愚見，謂不應服。

[1]既非食菜之君：毛本、殿本作“即非食菜之君”。菜，指卿大大的封邑。

[2]案如經禮：中華本校勘記云：“《魏書》‘經禮’作‘禮經’，疑是。”可從。

朝廷從之。

景淹滯門下積歲，不至顯官，以蜀司馬相如、王褒、嚴君平、揚子雲等四賢，[1]皆有高才而無重位，乃

託意以讚之。景在樞密十有餘年，爲侍中崔光、盧昶、游肇、元暉尤所知賞。[2]累遷積射將軍、給事中。[3]延昌初，[4]東宫建，兼太子屯騎校尉，[5]録事皆如故。受敕撰門下詔書凡四十卷。尚書元萇出爲安西將軍、雍州刺史，[6]請景爲司馬。以景階次不及，除録事參軍、襄威將軍，[7]帶長安令，甚有惠政，人吏稱之。

[1]司馬相如：人名。字長卿，小名犬子，蜀郡成都（今四川成都市）人。西漢官吏、學者。見《史記》卷一一七《司馬相如列傳》。　王褒：人名。字子淵，蜀（今四川成都市）人。西漢學者，善詞賦。見《漢書》卷六四下《王褒傳》。　嚴君平：人名。即嚴遵。字君平，蜀郡成都（今四川成都市）人。西漢隱士。見《漢書》卷七二《王貢兩龔鮑傳》。　揚子雲：人名。即揚雄。字子雲，蜀郡成都（今四川成都市）人。西漢官吏、學者。少好學，博覽群書，長於辭賦。見《漢書》卷八七《楊雄傳》。

[2]盧昶：人名。字叔達，小字師顔，范陽涿（今河北涿州市）人。北魏官吏。見《北史》卷三〇《盧玄附盧昶傳》。　游肇：人名。字伯始，廣平任（今河北任縣東）人。北魏官吏。見《北史》卷三四《游雅附游肇傳》。　元暉：人名。字景襲。北魏宗室。見《北史》卷一五《常山王遵附元暉傳》。

[3]積射將軍：官名。北魏時爲雜號將軍。孝文帝太和二十三年定爲七品上。　給事中：官名。北魏時爲内朝官，常派往尚書省諸曹，參領政務，並負責監察。孝文帝太和二十三年定爲六品上。

[4]延昌：北魏宣武帝的年號（512—515）。

[5]太子屯騎校尉：官名。東宫侍從武官，太子三校之一。五品下。

[6]元萇：人名。一作“元長”。北魏宗室。見《北史》卷一五《高凉王孤附元萇傳》。　安西將軍：官名。爲出鎮某一地區的

軍事長官，或作爲州刺史等地方官兼理軍務時的加官，權任很重。北魏孝文帝太和二十三年定爲三品。

[7]録事參軍：官名。北魏時爲録事曹長官，掌總録衆曹文簿，舉彈善惡，位在列曹參軍上。六品上至八品。　襄威將軍：官名。即驤威將軍。爲雜號將軍之一。北魏孝文帝太和二十三年定爲從六品上。

先是，太常劉芳與景等撰朝令，未及班行。別典儀注，多所草創，未成。芳卒，景纂成其事。及宣武崩，召景赴京，還脩儀注。拜謁者僕射，[1]加寧遠將軍，[2]又以本官兼中書舍人。後授步兵校尉，仍舍人。又敕撰太和之後朝儀已施行者，凡五十餘卷。時靈太后詔依漢世陰、鄧二后故事，[3]親奉廟祀，與帝交獻。景乃據正以定儀注，朝廷是之。

[1]謁者僕射：官名。北魏時掌朝會、導引賓客、出使等。孝文帝太和二十三年定爲六品上。

[2]寧遠將軍：官名。北魏時爲雜號將軍之一。孝文帝太和十七年定爲五品上。

[3]陰鄧二后：指漢光烈陰皇后和和熹鄧皇后。見《後漢書》卷一〇上《光烈陰皇后紀》《和熹鄧皇后紀》。

正光初，[1]除龍驤將軍、中散大夫，[2]舍人如故。時明帝行講學之禮於國子寺，[3]司徒崔光執經，敕景與董紹、張徹、馮元興、王延業、鄭伯猷等俱爲録義。[4]事畢，又行釋奠之禮，並詔百官作釋奠詩，以景作爲美。

［1］正光：北魏孝明帝的年號（520—525）。

［2］龍驤將軍：官名。北魏時爲雜號將軍之一。孝文帝太和二十三年定爲從三品。　中散大夫：官名。北魏時爲職事官之加官，受差遣。孝文帝太和二十三年定爲四品下。

［3］國子寺：北魏時的教育管理機構和最高學府。

［4］董紹：人名。字興遠，新蔡鮦陽（今安徽桐城市）人。北魏官吏。見《北史》卷四六《董紹傳》。　張徹：人名。字方明，燉煌深泉（今甘肅安西縣）人。北魏官吏。見《北史》卷三四《張湛傳》。不過，出土張徹墓誌與此非一人。墓誌云："君諱徹，字明賨，清河東武城人。……出身奉朝請，俄轉員外散騎侍郎、給事中、步兵校尉、廷尉正。正光五年中，瀚海騰波，天山委霧，興師命將，薄伐朔方，爲征北長史、沃野別將。君輕財重氣，殉節忘軀。按釰直馳，先登致殞。雖魏主之惜儁人，晋軍之喪子隱，無以過也。爰降今詔：贈持節、平東將軍、齊州刺史、東武伯，正光六年二月甲申葬於張曲之里、洛水之陰。"（參王連龍《新見北朝墓誌集釋》，中國書籍出版社2015年版，第43—45頁）未詳孰是。　馮元興：人名。字子盛，東魏郡肥鄉（今河北肥鄉縣西南）人。北魏官吏。見《北史》卷四六《馮元興傳》。　王延業：人名。太原晋陽（今山西太原市晋源區古城營村一帶）人。北魏官吏。見《北史》卷三五《王慧龍附王延業傳》。　鄭伯猷：人名。滎陽開封（今河南開封市）人。北魏官吏。見《北史》卷三五《鄭羲附鄭伯猷傳》。

是年九月，蠕蠕主阿那瓌歸闕，[1]朝廷疑其位次。高陽王雍訪景。[2]曰："昔咸寧中，[3]南單于來朝，晋世處之王公、特進之下。[4]今日爲班，宜在蕃王、儀同三司之間。"[5]雍從之。朝廷典章，疑而不决，[6]則時訪景而行。

［1］蠕蠕：亦稱柔然，本爲東胡的一支，屬拓跋部。見《北史》卷九八《蠕蠕傳》。　阿那瓌：人名。北魏時柔然可汗。見《北史·蠕蠕傳》。

［2］高陽王：封爵名。高陽，郡名。北魏時治高陽縣，在今河北高陽縣東。　雍：即元雍，人名。字思穆。北魏宗室。獻文帝子，孝文帝弟。見《北史》卷一九《高陽王雍傳》。

［3］咸寧：晋武帝的年號（275—280）。

［4］特進：官名。西漢末置，以賜列侯中有特殊地位者。東漢因之。三國兩晋南北朝時成爲正式加官名號，用以安置閑退大臣。

［5］之間：毛本作"之門"。"間"訛作"門"。

［6］疑而不決：底本作"而不決"，宋本、毛本、殿本、四庫本、局本、四部備要本、中華本作"疑而不決"。底本脱"疑"字，意不通。今從改。

初，平齊之後，光禄大夫高聰徙於北京，[1]中書監高允爲之聘妻，給其資宅。聰後爲允立碑，每云"吾以此文報德足矣"。豫州刺史常綽以未盡其美。景尚允才器，先爲遺德頌，司徒崔光聞而觀之，尋味良久，乃云："高光禄平日每矜其文，自許報允之德，今見常生此頌，高氏不得獨擅其美也。"侍中崔光、安豐王延明受詔議定服章，[2]敕景參脩其事。尋進號冠軍將軍。[3]

［1］北京：指北魏故都平城。

［2］安豐王：封爵名。安豐，郡名。北魏時治安豐縣，在今安徽霍邱縣東南。　延明：即元延明，人名。北魏宗室。見《北史》卷一九《安豐王猛附元延明傳》。

[3]冠軍將軍：官名。北魏時爲將軍名號，位在輔國將軍之上。孝文帝太和二十三年定爲從三品。

阿那瓌之還國也，境上遷延，仍陳窘乏。遣尚書左丞元孚奉詔振恤，[1]阿那瓌執孚過柔玄，[2]奔于漠北。遣尚書令李崇、御史中尉兼右僕射元纂追討不及。[3]乃令景出塞，經瓫山，[4]臨瀚海，[5]宣敕勒衆而返。景經涉山水，悵然懷古，乃擬劉琨《扶風歌》十二首。[6]進號征虜將軍。

[1]尚書左丞：官名。北魏時爲尚書省佐官，位次尚書，與右丞共掌尚書省庶務、文吏及文案奏章，兼掌監察百官。孝文帝太和二十三年定爲從四品上。　元孚：人名。字秀和。北魏宗室。見《北史》卷一六《臨淮王譚附元孚傳》。

[2]柔玄：軍鎮名。北魏置。在今内蒙古興和縣西北。

[3]李崇：人名。字繼長，小名繼伯，頓丘（今河南清豐縣西南）人，文成元皇后第二兄誕之子。北魏官吏。見《北史》卷四三《李崇傳》。　御史中尉：官名。北魏時由御史中丞改稱。主管御史臺，頗重其選。孝文帝太和十七年定爲三品上。　元纂：人名。北魏宗室。孝明帝時兼尚書，熙平二年（517），幽、冀大飢，元纂巡撫百姓，開倉賑恤。正光四年，爲御史中尉兼尚書右僕射，出討柔然，不及而還。後爲行臺。

[4]瓫（pén）山：確址不詳。當在今内蒙古境内。

[5]瀚海：即今貝加爾湖。

[6]劉琨：人名。字越石，中山魏昌（今河北無極縣東北）人。西晉官吏。見《晉書》卷六二《劉琨傳》。

孝昌初，[1]給事黄門侍郎，尋除左將軍、太府少卿，[2]仍舍人。固辭少卿不拜，改授散騎常侍，將軍如故。徐州刺史元法僧叛入梁，[3]梁武遣其豫章王蕭綜入據彭城。[4]時安豐王延明爲大都督、大行臺，[5]率臨淮王彧等衆軍討之。[6]既而蕭綜降附，徐州清復，遣景兼尚書，持節馳與行臺都督觀機部分。[7]景經洛汭，[8]乃作銘焉。是時尚書令蕭寶夤、都督崔延伯、都督北海王顥、都督車騎將軍元恒芝等並各出討，[9]詔景詣軍宣旨勞問。還，以本將軍授徐州刺史。[10]

[1]孝昌：北魏孝明帝的年號（525—527）。

[2]左將軍：官名。北魏時爲軍府名號，用作加官。孝文帝太和二十三年定爲三品。　太府少卿：官名。北魏始置。掌倉儲出納，通判各署事務。四品上。

[3]元法僧：人名。北魏官吏。爲政貪虐，後歸梁。見《北史》卷一六《陽平王熙附元法僧傳》。

[4]梁武：即南朝梁皇帝蕭衍。武爲其謚號。　豫章王：封爵名。豫章，郡名。南朝梁時治南昌縣，在今江西南昌市。　蕭綜：人名。字世謙，南蘭陵（一説在今江蘇常州市，一説在今江蘇丹陽市）人。南朝梁宗室、北魏官吏。梁武帝第二子。見《梁書》卷五五《豫章王綜傳》。

[5]大都督：官名。高級軍事長官。北魏前、中期未見，後期戰事較多時置，統兵出征，有時又加以各種名號，如南道大都督、徐州大都督等。　大行臺：官名。北魏始置。爲尚書省在各主要地區的派出機構的長官，管理轄區内的軍政事務。

[6]臨淮王：封爵名。臨淮，郡名。北魏時治赤坎城，在今安徽懷遠縣西北。　彧：即元彧，人名。字文若，本名亮，字仕明。

北魏宗室。見《北史》卷一六《臨淮王譚附元彧傳》。

[7]覿機：猶言見機。

[8]洛汭（ruì）：指洛水入黄河處，在今河南鞏義市境。

[9]蕭寶夤：人名。字智亮，南蘭陵（一説在今江蘇常州市，一説在今江蘇丹陽市）人。南朝齊宗室、北魏官吏。見《北史》卷二九《蕭寶夤傳》。　崔延伯：人名。博陵（今河北安平縣）人。北魏名將。見《北史》卷三七《崔延伯傳》。　北海王：封爵名。北海，郡名。北魏時治平壽城，在今山東濰坊市西南。　顥：即元顥，人名。字子明。北魏宗室。見《北史》卷一九《北海王詳附元顥傳》。　車騎將軍：官名。位次驃騎將軍，在諸名號大將軍之上。多作爲軍府名號，以加授大臣、重要州郡長官，無具體職掌。北魏孝文帝太和二十三年定爲二品。　元恒芝：人名。亦稱元恒、元芝，字景安。北魏宗室。於河陰之變中遇害。見《北史》卷一七《京兆王子推附元恒傳》。

[10]以本將軍授徐州刺史：底本作"以本將軍徐州刺史"，中華本校勘記云："諸本脱'授'字，據《魏書》補。"今從改。

杜洛周反於燕州，[1]仍以景兼尚書爲行臺，與幽州都督、平北將軍元譚以禦之。[2]景表求勒幽州諸縣悉入古城，山路有通賊之處，權發兵夫，隨宜置戍，以爲防遏。又以頃來差兵，不盡强壯，今之三長，皆是豪門多丁爲之，今求權發爲兵。明帝皆從之。進號平北將軍。别敕譚西至軍都關，[3]北從盧龍塞，[4]據此二險，以杜賊出入之路。又詔景山中險路之處，悉令捍塞。景遣府録事參軍裴智成發范陽三長之兵以守白㵎，[5]都督元譚據居庸下口。[6]俄而安州石離、冗城、斛鹽三戍兵反，[7]結洛周，有衆二萬餘落，自松岍赴賊。[8]譚勒别將崔仲哲

等截軍都關以待之。[9]仲哲戰没，洛周又自外應之，腹背受敵，譚遂大敗，諸軍夜散。詔以景所部别將李琚爲都督，代譚征下口，降景爲後將軍，[10]解州任。仍詔景爲幽、安、玄、□四州行臺。[11]

[1]杜洛周：人名。北魏末率領六鎮起義。後爲葛榮所害。　燕州：北魏時治下洛城，在今河北涿鹿縣涿鹿鎮。

[2]平北將軍：官名。北魏前期地位較高，後期漸成爲無職掌的散官。孝文帝太和二十三年定爲三品。　元譚：人名。北魏宗室、將領。見《魏書》卷二一上《趙郡王幹附元譚傳》。

[3]軍都關：即居庸關。在今北京昌平區西北。

[4]盧龍塞：地名。在今河北喜峰口附近。

[5]范陽：郡名。北魏時治涿縣，在今河北涿州市。　白㵎：地名。在今河北涿州市附近。

[6]居庸：縣名。治所在今北京延慶縣。　下口：今北京昌平區西北居庸關口。

[7]安州：北魏時治方城，在今河北隆化縣隆化鎮。　石離：戍所名。在今河北灤平縣附近。　冗城：戍所名。在今河北灤平縣南。　斛鹽：戍所名。在今河北灤平縣南。

[8]松岍（qiān）：山名。在今遼寧建平縣北。

[9]别將：官名。北魏時爲别道都將的省稱，爲統兵武官，或冠以擬戍地名，品級自七品至八品不等。　崔仲哲：人名。博陵安平（今河北安平縣）人。爲寧朔將軍，鎮壓六鎮起義，賜爵安平縣男。後其父崔康爲杜洛周起義軍困於燕州，率軍援救戰死。見《北史》卷三二《崔鑒附崔仲哲傳》。

[10]後將軍：官名。北魏時爲軍府名號，用作加官。孝文帝太和二十三年定爲三品。

[11]仍詔景爲幽安玄□四州行臺：底本無缺字，中華本校勘記

云："諸本不空格。錢氏《考異》卷三九云：'幽、安、玄止三州，而云四州，疑有脱誤。'按《魏書》空一格，所脱疑是燕州。今從《魏書》。"可從。玄，州名。北魏並未置玄州，疑此有誤。

賊既南出，鈔略薊城，[1]景命統軍梁仲禮率兵士邀擊，[2]破之，獲賊將禦夷鎮軍主孫念恒。[3]都督李琚爲賊所攻薊城之北，軍敗而死。景率屬城人禦之，[4]賊不敢逼。洛周還據上谷。[5]授景平北將軍、光禄大夫，行臺如故。洛周遣其都督王曹紇真、馬叱斤等率衆薊南，以掠人穀，乃遇連雨，賊衆疲勞，景與都督于榮、刺史王延年置兵粟園，[6]邀其走路，大敗之，斬曹紇真。洛周率衆南趨范陽，景與延年及榮破之，又遣别將重破之於州西虙眼泉，[7]禽斬之及溺死者甚衆。[8]

[1]薊城：在今北京西南。

[2]統軍：官名。北魏爲統兵武官。位在都將（鎮將）之下、軍主之上。孝文帝太和二十三年定爲從八品。　梁仲禮：人名。范陽涿（今河北涿州市）人。北魏、東魏官吏。東魏孝静帝天平四年(537)，聚衆反魏。次年，爲賀拔仁擊殺。

[3]禦夷鎮：軍鎮名。在今河北赤城縣獨石口鎮東。

[4]景率屬城人禦之：底本作"率屬城人禦之"，中華本校勘記云："諸本脱'景'字，據《通志》卷一五〇上《常景傳》補。"今從改。

[5]上谷：郡名。北魏時治居庸縣，在今北京延慶縣。

[6]景與都督于榮刺史王延年置兵粟園：底本作"景與都督干榮刺史王延年置兵粟國"，中華本校勘記云："諸本'于'作'干'，汲本及《魏書》作'于'。按《通志》、《通鑑》卷一五一

並作‘于’，今從之。又諸本‘栗園’作‘粟國’，《魏書·常景傳》及卷九《肅宗紀》孝昌二年七月作‘栗園’。按《通鑑》卷一五一作‘栗園’。胡注云：‘栗園當在范陽固安縣分。固安之栗，天下稱之。’今從《通鑑》改。”今從改。栗園，地名。在今河北固安縣。

[7]彪眼泉：源氏校勘記於“彪”旁紅筆小字夾批“虎”字。中華本校勘記云：“《魏書》卷八二‘彪’作‘虎’。按虎眼泉見《水經注》卷十一易水注，又見卷十四濕餘水注。《北史》避唐諱改。”可從。

[8]禽斬之及溺死者甚衆：《魏書》卷八二《常景傳》作“擒斬及溺死者甚衆”。疑《北史》衍“之”字。

後洛周南圍范陽，城人翻降，執刺史延年及景，送於洛周。尋爲葛榮所吞，[1]景又入榮。榮破，景得還朝。

[1]葛榮：人名。北魏末河北起義軍首領。攻圍相州失敗，爲尒朱榮所擒，送入京師，被斬。

永安初，[1]詔復本官，兼黄門侍郎，又攝著作，固辭不就。二年，除中軍將軍，[2]正黄門。[3]先是參議《正光壬子曆》，[4]至是賜爵高陽子。元顥内逼，莊帝北巡，景與侍中、大司馬、安豐王延明在禁中召諸親貴，[5]乃安慰京師。顥入洛，景仍居本位。[6]莊帝還宫，解黄門。普泰初，[7]除車騎將軍、右光禄大夫、秘書監。[8]以預詔命之勤，封濮陽縣子，[9]後以例追。永熙二年，[10]監議事。[11]

[1]永安：北魏孝莊帝的年號（528—530）。

[2]中軍將軍：官名。北魏時位在四鎮將軍下，多臨時設之，爲戰役總指揮，一般由親王擔任。孝文帝太和二十三年定爲從二品。底本作“中軍將”，宋本、毛本、殿本、四庫本、局本、四部備要本、中華本作“中軍將軍”。底本脱“軍”字，意不通。今從改。

[3]黄門：官名。即黄門侍郎。又稱給事黄門侍郎。

[4]正光壬子曆：古代的一種曆法。北魏孝明帝神龜初，集張龍祥等九家曆法合爲一曆，名《正光曆》，以孝明帝正光二年辛丑爲元，從正光四年，歷經北魏、東魏、西魏，使用到北周武帝保定五年（565）。

[5]在禁中召諸親賓：底本作“在營中召諸親賓”，宋本、毛本、殿本、四庫本、局本、四部備要本、中華本作“在禁中召諸親賓”。依文意，底本誤。今從改。

[6]仍居本位：底本作“乃居本位”，中華本校勘記云：“諸本‘仍’訛‘乃’，據《魏書》《通志》改。”今從改。

[7]普泰：北魏節閔帝的年號（531—532）。

[8]右光禄大夫：官名。北魏時作爲在朝顯職的加官，以示優崇。或授予年老有病者爲致仕之官，亦常作爲卒後贈官。無職掌。孝文帝太和二十三年定爲二品。

[9]濮陽縣子：封爵名。濮陽，縣名。治所在今河南濮陽縣西南。

[10]永熙：北魏孝武帝的年號（532—534）。

[11]監議事：中華本校勘記云：“按‘議’下疑有脱字。”可從。

景自少及老，恒居事任，清儉自守，不營産業，至於衣食，取濟而已。耽好經史，愛翫文詞，若遇新異之

書，殷勤求訪，或復質買，不問價之貴賤，必以得爲期。友人刁整每謂曰：[1]“卿清德自居，不事家業，雖儉約可尚，將何以自濟也？吾恐摯太常方餧於柏谷耳。”[2]遂與衛將軍羊深矜其所乏，[3]乃率刁雙、司馬彦邕、李諧、畢祖彦、畢義顯等各出錢千文而爲買馬焉。[4]天平初遷鄴，[5]是時詔下三日，户四十萬狼狽就道，收百官馬，尚書丞、郎已下非陪從者，盡乘驢。齊神武以景清貧，特給車牛四乘，妻孥方得達鄴。[6]後除儀同三司，仍本將軍。武定六年，以老疾去官，詔特給右光禄，事力終其身。八年薨。

[1]刁整：人名。字景智，勃海饒安（今河北鹽山縣西南）人。北魏官吏。見《北史》卷二六《刁雍附刁整傳》。

[2]摯太常：指摯虞。字仲洽，京兆長安（今陝西西安市）人。西晋學者。素清貧，及洛京荒亂，飢餓而死。見《晋書》卷五一《摯虞傳》。　柏谷：城名。在今河南宜陽縣。

[3]衛將軍：官名。北魏時位在諸號大將軍上，多作爲軍府名號，加贈大臣、重要州郡長官，無具體職掌。孝文帝太和二十三年定爲二品。　羊深：人名。字文淵，一作“文泉”，太山鉅平（今山東泰安市）人。北魏官吏。見《北史》卷三九《羊祉附羊深傳》。

[4]刁雙：人名。字子山，勃海饒安（今河北鹽山縣西南）人。北魏官吏。見《北史》卷二六《刁雍附刁雙傳》。　司馬彦邕：人名。河内温（今河南温縣）人。北魏官吏。見《魏書》卷三七《司馬叔璠傳》。　李諧：人名。字虔和，頓丘（今河南清豐縣西南）人。北魏官吏。見《北史》卷四三《李崇附李諧傳》。　畢祖彦：人名。字脩賢，東平須昌（今山東東平縣）人。北魏官

吏。見《北史》卷三九《畢衆敬附畢祖彦傳》。　畢義顯：人名。東平須昌（今山東東平縣）人。北魏官吏。見《北史》卷三九《畢衆敬傳》。

[5]天平：東魏孝静帝的年號（534—537）。

[6]妻孥：妻子和兒女。

景善與人交，終始若一，其游處者皆服其深遠之度，未曾見其矜吝之心。好飲酒，澹於榮利，自得懷抱，不事權門。性和厚恭慎。每讀書，見韋弦之事、深薄之危，[1]乃圖古昔可以鑒戒，指事爲象，讚而述之曰：

[1]韋弦之事：典出《韓非子·觀行》："西門豹之性急，故佩韋以自緩，董安于之心緩，故佩弦以自急。"指能以有餘補不足，以長續短謂明主。　深薄之危：典出《詩·小雅·小旻》："戰戰兢兢，如臨深淵，如履薄冰。"後以"深薄"謂險境。

《周雅》云：[1]"謂天蓋高，不敢不跼，[2]謂地蓋厚，不敢不蹐。"[3]有朝隱大夫鑒戒斯文，[4]乃惕焉而懼曰：[5]夫道喪則性傾，[6]利重則身輕。是故乘和體遜，式銘方册；防微慎獨，載象丹青。信哉辭人之賦，文晦而理明。仰瞻高天，聽卑視諦；俯測厚地，岳峻川渟。誰其戴之，不私不畏。誰其踐之，不陷不墜。故善惡是徵，物罔同異。論亢匪久，人咸敬忌。嗟乎！唯地厚矣，尚亦兢兢。浩浩名位，孰識其親。搏之弗得，聆之無聞。故有戒於顯而急于微。[7]好爵是冒，[8]聲奢是基。[9]身陷於禄

利，言溺於是非。或求欲而未厭，或知足而不辭。是故位高而勢逾迫，正立而邪逾欺。安有位極而危不萃，邪榮而正不彫。故悔多於地厚，禍甚於天高。夫悔未結，誰肯曲躬。夫禍未加，誰肯累足。固機發而後思圖，車覆而後改躅。[10]□之無及，[11]故狡兔失穴，思之在後，故逆鱗易觸。[12]

[1]周雅：指《詩經》中的《大雅》和《小雅》。因《詩經》均爲周詩，故稱。

[2]跼：曲身。

[3]蹐：走小碎步。即後脚尖緊跟着前脚跟。

[4]朝隱：雖居位在朝，而淡泊恬退，與隱居無異。

[5]乃惕焉：毛本作“乃煬焉”。在此意不通，“惕”訛作“煬”。

[6]夫道喪則性傾：底本作“夫道喪則世傾”，宋本、毛本、殿本、四庫本、局本、四部備要本、中華本作“夫道喪則性傾”。底本“性”訛作“世”，意不通，且與“利重則身輕”不對應。今從改。

[7]急于微：毛本、殿本、四庫本、局本、四部備要本作“隱于微”。按：未詳孰是。

[8]好爵：精美的酒器。借指美酒。

[9]聲奢：華麗的風尚。

[10]躅（zhú）：足迹。

[11]□之無及：中華本作“改之無及”。按：未詳孰是。

[12]逆鱗：倒生的鱗片。語出《韓非子·説難》。古人謂龍喉下有逆鱗，人若觸犯，必被置於死地。因喻冒犯人主或權勢之威嚴爲“觸逆鱗”。

君子則不然，體舒則懷卷，視溺則思濟。原夫人闕之度，[1]邈於無階之天，[2]勢位之危，深於不測之地。餌厚而躬不競，爵降而心不係。守善於已成，懼慾於未敗。雖盈而戒沖，通而慮滯。以知命爲遐齡，以樂天爲大惠。以戢智而從時，[3]以懷愚而游世。曲躬焉，累足焉，苟行之晝已决矣，猶夜則思其計；誦之口亦明矣，故心必賞其契。故能不同不誘，而弭謗於群小；無毀無譽，而貽信於上帝。託身與金石俱固，[4]立名與天壤相弊。囂競無侵，優游獨逝。夫如是，綺閣金門，可安其宅；錦衣玉食，可頤其形。柳下三黜，不愠其色；[5]子文三陟，不憘其情。[6]

[1]原夫人闕之度：源氏校勘記云："《魏書》無'闕'字。"

[2]邈（miǎo）：通"藐"。輕視。

[3]戢智：不露聰明才識。戢，收斂。

[4]託身與金石俱固：毛本作"託身於金石俱固"。按："託身與金石俱固"與"立名與天壤相弊"對應，都用"與"字。毛本"與"訛作"於"。

[5]柳下三黜不愠其色：柳下惠三次被罷官，但都没有惱怒。語出《論語·微子》："柳下惠爲士師，三黜。人曰：'子未可以去乎？'曰：'直道而事人，焉往而不三黜？'"柳下，名展獲，字季，又字禽。春秋時魯國大夫。因食邑柳下，謚惠，故亦稱柳下惠。

[6]子文三陟不憘其情：典出《論語·公冶長》："令尹子文三仕爲令尹，無喜色；三已之，無愠色。"子文，楚成王時大夫。曾三仕三免令尹之職而無喜、愠之色。

而惑者見居高可以持勢，[1]欲乘高以據榮。見直道可以脩己，欲專道以邀聲。夫去聲然後聲可立，豈矜道之所宣。慮危然後安可固，豈假道之所全。是以君子鑒恃道不可以流聲，故去聲而懷道。鑒專道不可以守勢，故去勢以崇道。何者？履道雖高，不得無亢；求聲雖道，不得無悔。然則聲奢繁則寔儉彫，功業進則身迹退。如此則精靈遂越，憍侈自親。情與道絶，事與勢鄰。方欲役思以持勢，乘勢以求津。故利慾誘其性，禍難嬰其身。利慾交則幽顯以之變，禍難搆則智術無所陳。若然者，雖縻爵帝扃，[2]焉得而寧之？雖結珮皇庭，焉得而榮之？故身道未究，而崇邪之徑已形。成功未立，而脩正之術已生。福禄交蹇於人事，[3]屯難頓萃於時情。忠介剖心於白日，耿節沉骨於幽靈。因斯愚智之所機，倚伏之所係，全亡之所依，其在遜順而已哉。嗚呼鑒之！嗚呼鑒之！

[1]惑者：毛本、局本、四部備要本作"或者"。"惑"訛作"或"。

[2]雖縻爵帝扃（jiōng）：底本作"雖縻爵帝局"，中華本校勘記云："諸本'扃'訛'局'，據《魏書》改。"今從改。帝扃，皇帝的宫闕。指朝廷。

[3]福禄交蹇於人事：局本作"福禄交深於人事"。

景所著述數百篇見行於世。删正晋司空張華《博物志》及撰《儒林》《列女傳》各數十篇云。[1]

[1]張華：人名。字茂先，范陽方城（今河北固安縣南）人。西晋官吏、學者。見《晋書》卷三六《張華傳》。

長子昶，少學識，有文才，早卒。

昶弟彪之，永安中，司空行參軍。[1]

[1]司空行參軍：官名。即司空府行參軍。掌參謀軍務。

論曰：古人云：才未半古，功已過之。王肅流寓之士，見知一面，[1]榮任赫然，寄同舊列，雖器業自致，抑亦逢時之所致焉。劉芳矯然特立，沈深好古，博通洽識，爲世儒宗。懋才流識學，見重於世，不虚然也。常爽以儒素著稱，[2]景以文義見宗，美乎。

[1]見知一面：毛本作“見之一面”。“知”訛作“之”。

[2]儒素著稱：毛本作“儒素見著稱”。意不通，衍“見”字。

北史　卷四三

列傳第三十一

郭祚　張彝　孫晏之　曾孫乾威　邢巒　弟子昕　族弟臧[1]　邵
李崇　從弟平　平子獎　諧

[1]族弟臧：元大德本、毛本、殿本、四庫本、局本、四部備要本作“族孫臧”。按：由下文記載“巒叔祖祐”、“祐從子虯”、虯“長子臧”可知，“巒”與“臧”是同輩的，“族孫臧”誤。

郭祚字季祐，太原晉陽人，[1]魏車騎將軍淮弟亮之後也。[2]祖逸，本州别駕，[3]前後以二女妻司徒崔浩，[4]一女妻浩弟上黨太守恬。[5]太武時，[6]浩親寵用事，拜逸徐州刺史，[7]假榆次侯，[8]贈光禄大夫。[9]父洪之，坐浩事誅。祚亡竄得免。少孤貧，姿貌不偉，鄉人莫之識。有女巫相祚後當富貴。祚涉歷經史，習崔浩之書，尺牘文章見稱於世。弱冠爲州主簿，[10]刺史孫小委之書記。[11]又太原太守王希彦，[12]逸妻之姪也，共相賙恤，乃振。

［1］太原：郡名。北魏時治晋陽縣，在今山西太原市晋源區古城營村一帶。　晋陽：縣名。治所在今山西太原市晋源區古城營村一帶。

［2］魏：指三國曹魏。　車騎將軍：官名。位次驃騎將軍，在諸名號大將軍之上。多作爲軍府名號，以加授大臣、重要州郡長官，無具體職掌。　淮：即郭淮，人名。字伯濟，太原陽曲（今山西太原市北陽曲鎮）人。三國魏名將。見《三國志》卷二六《魏書·郭淮傳》。

［3］別駕：官名。又作“別駕從事”“別駕從事史”。爲州刺史僚屬，録衆事。北魏後期漸由朝廷任命。其品秩依州品不同，自正五品至正七品不等。

［4］司徒：官名。北魏時與丞相通職，一般不並置。爲名譽宰相，多爲大臣的加官。孝文帝太和二十三年（499）定爲一品。　崔浩：人名。小名桃簡，字伯淵，《北史》避唐高祖李淵諱改爲伯深，清河東武城（今山東武城縣西北）人。北魏官吏。見《北史》卷二一《崔宏附崔浩傳》。

［5］上黨：郡名。北魏時治壺關城，在今山西長治市北。　恬：即崔恬，人名。字叔玄，小名白。見《北史·崔宏附崔恬傳》。

［6］太武：即北魏皇帝拓跋燾。太武爲其謚號。

［7］徐州：北魏時治彭城縣，在今江蘇徐州市。

［8］假：原是代理、兼攝之意。北魏孝文帝時假官成爲制度，但僅爲虚職，無代理攝職之義。　榆次侯：封爵名。榆次，縣名。治所在今山西晋中市榆次區。

［9］光禄大夫：官名。爲在朝顯職的加官，以示恩寵，或授予年老有病者爲致仕之官，亦常用於卒後贈官，無具體職掌。北魏孝文帝太和二十三年定爲三品。

［10］主簿：官名。州府官吏，掌典領文書簿籍，經辦事務。在州府屬官中地位較高，品級隨州的大小而不同。

［11］孫小：人名。字茂翹，咸陽石安（今陝西咸陽市東北）

人。北魏官吏。見《北史》卷九二《孫小傳》。

[12]王希彥：《魏書》卷六四《郭祚傳》作“王希者”。《通志》卷一五〇上與《北史》同。未詳孰是。

孝文初，[1]舉秀才，對策上第，[2]拜中書博士。[3]轉中書侍郎，[4]遷尚書左丞，[5]長兼給事黄門侍郎。[6]祚清勤在公，夙夜匪懈，帝甚賞之。從南征，及還，正黄門。[7]車駕幸長安，[8]行經渭橋，[9]過郭淮廟，問祚曰：“是卿祖宗所承邪?”祚曰：“是臣七世伯祖。”帝曰：“先賢後哲，頓在一門。”祚對曰：“昔臣先人以通儒英博，[10]唯事魏文。微臣虚薄，遭奉聖明，自惟幸甚。”因敕以太牢祭淮廟，[11]令祚自撰祭文。以贊遷洛之規，賜爵東光子。[12]孝文曾幸華林園，[13]因觀故景陽山。[14]祚曰：“山以仁静，水以智流，願陛下脩之。”帝曰：“魏明以奢失於前，[15]朕何爲襲之於後?”祚曰：“高山仰止。”帝曰：“得非景行之謂?”遷散騎常侍，[16]仍領黄門。

[1]孝文：即北魏皇帝元宏。孝文爲其謚號。

[2]對策上第：古時就政事、經義等設問，由應試者對答，稱爲對策。自漢起作爲取士考試的一種形式。上第，即考試成績中的第一等。

[3]中書博士：官名。中書教授博士、中書教學博士的省稱。北魏置。屬中書學，選用博學之士擔任，教授中書學生。任職者升遷較易，多升爲中書省、門下省要職。

[4]中書侍郎：官名。北魏時多選用文學之士，掌草擬詔令，職位機要。置四人，孝文帝太和二十三年定爲從四品上。

［5］尚書左丞：官名。北魏時爲尚書省佐官，位次尚書，與右丞共掌尚書省庶務、文吏及文案奏章，兼掌監察百官。孝文帝太和二十三年改爲從四品上。

［6］給事黄門侍郎：官名。又稱黄門侍郎。北魏時爲郎官之加官，侍從皇帝於宫門之内，與侍中俱掌門下事。孝文帝太和十七年定爲三品中，二十三年改爲四品上。

［7］黄門：官名。亦稱黄門郎、黄門侍郎。

［8］長安：縣名。治所在今陝西西安市西北。

［9］渭橋：在今陝西咸陽市東北秦咸陽城南渭河上。

［10］昔臣先人以通儒英博：殿本作“皆臣先人以通儒英博”。“昔”訛作“皆”，從底本。

［11］太牢：祭祀時牛、羊、豬三牲齊備謂之太牢。

［12］東光子：封爵名。東光，縣名。治所在今河北東光縣。

［13］華林園：位於今河南洛陽市東北漢魏洛陽故城内。

［14］景陽山：三國魏明帝時修築，立於華林園中。在今河南洛陽市東北漢魏故城北部。

［15］魏明：即三國魏皇帝曹叡。明爲其謚號。

［16］散騎常侍：官名。北魏時掌規諫，顧問應對，與侍中等共平尚書奏事，有異議得駁奏。亦常用作宰相、諸公等加官，得入宫禁議政。孝文帝太和二十三年定爲二品。

是時孝文鋭意典禮，兼銓鏡九流，[1]又遷都草創，征討不息，内外規略，號爲多事。祚與黄門宋弁參謀帷幄，[2]隨其才用，各有委寄。祚承稟注疏，特成勤劇。嘗以立馮昭儀，[3]百官夕飲清徽後園，[4]孝文舉觴賜祚及崔光曰：[5]“郭祚憂勤庶事，獨不欺我。崔光温良博物，朝之儒秀。不勸此兩人，當勸誰也！”其見知若此。初，孝文以李彪爲散騎常侍，[6]祚因入見，帝謂祚曰：“朕昨

誤授一人官。”祚對曰：“豈容聖詔一行，而有差異！”帝沈吟曰：“此自應有讓，因讓，朕欲别授一官。”須臾，彪有啓云：“伯石辭卿，子産所惡。[7]臣欲之已久，不敢辭讓。”帝歎謂祚曰：“卿之忠諫，李彪正辭，使朕遲回，不能復决。”遂不换李彪官也。

[1]銓鏡：評選鑒别，量才授官。

[2]宋弁：人名。字義和，西河介休（今山西介休市）人。北魏官吏。見《北史》卷二六《宋隱附宋弁傳》。

[3]馮昭儀：即孝文幽皇后馮氏。見《北史》卷一三《孝文幽皇后馮氏傳》。昭儀，妃嬪名。漢元帝始置。妃嬪中的第一級，僅次於皇后，位視宰相，爵比諸侯王。歷朝或省或置，地位不一。

[4]清徽後園：清徽堂的後園，在今河南洛陽市東北。

[5]崔光：人名。本名孝伯，孝文帝賜名光，字長仁，東清河鄃（今山東淄博市）人。見《北史》卷四四《崔光傳》。

[6]李彪：人名。字道固，頓丘衛國（今河南清豐縣東南）人。見《北史》卷四〇《李彪傳》。

[7]伯石辭卿子産所惡：指鄭國大夫伯石幾次假意推讓不做官而後纔受命，鄭國子産對此很厭惡。伯石，人名。叔向子，春秋時鄭國大夫。子産，即公孫僑，人名。字子産，又字子美，又稱國僑、東里子産。春秋時鄭國人。鋭意改革，爲政寬猛相濟，擇賢用能，使鄭於晋、楚之間得以存立。

乘輿南討，祚以兼侍中從，[1]拜尚書，進爵爲伯。孝文崩，咸陽王禧等奏祚兼吏部尚書。[2]尋除長兼吏部尚書、并州大中正。[3]宣武詔以姦吏逃刑，[4]縣配遠戍，若永避不出，兄弟代之。祚奏曰：“若以姦吏逃竄，徙

其兄弟，罪人妻子，復應徙之，此則一人之罪，禍傾二室。愚謂罪人既逃，止徙妻子，走者之身，縣名永配，於眚不免，[5]姦途自塞。”詔從之。尋正吏部。祚持身潔清，重惜官位，至於銓授，假令得人，必徘徊久之，然後下筆，下筆即云：“此人便以貴矣。”由是事頗稽滯，當時每招怨讟。[6]然所拔用者，皆量才稱職，時又以此歸之。

[1]侍中：官名。北魏時總典機密，位重權高，時號“小宰相”。孝文帝太和十七年定爲從一品中。

[2]咸陽王：封爵名。咸陽，郡名。北魏時治池陽縣，在今陝西涇陽縣。　禧：即元禧，人名。字思永。北魏宗室。孝文帝弟。孝文帝駕崩後，元禧受遺詔輔政，封咸陽王。後因驕奢賄賂，爲宣武帝所惡，陰謀舉兵反叛，事泄被殺。見《北史》卷一九《咸陽王禧傳》。　吏部尚書：官名。位居列曹尚書之上。主管官吏銓選、考課、獎懲，其實權甚或過於尚書僕射。然重要官職的任免須與諸執政大臣合議，由皇帝、宰相裁定，亦常命尚書僕射領吏部事務或任命大臣參掌選事以分其權任。北魏孝文帝太和十七年定爲二品下，二十三年改爲三品。

[3]并州：北魏時治晋陽縣，在今山西太原市晋源區古城營村一帶。　大中正：官名。核實郡中正所報的品、狀，主管州内士族品第的評定。州大中正由司徒選授，本州内鄉品二品的士族高門可以參預其推舉，出任者皆爲鄉品二品的士族高門，許多家族世代相襲。北魏後期選任漸濫，恩幸、閹官亦有任此職者。北魏時無品、無禄，但有罪時可當刑。

[4]宣武：即北魏皇帝元恪。宣武爲其謚號。

[5]於眚（shěng）不免：元大德本作“於責不免”。眚，過錯。

[6]怨讟（dú）：怨恨。

出爲使持節、鎮北將軍、瀛州刺史。[1]及太極殿成，[2]祚朝於京師，轉鎮東將軍、青州刺史。[3]祚逢歲不稔，[4]闔境饑弊，矜傷愛下，多所振恤，雖斷決淹留，號爲煩緩，然士女懷其德澤。入爲侍中、金紫光禄大夫、并州大中正。[5]

[1]使持節：漢朝官吏奉命外出時，由皇帝授予節杖，來提高其權威。魏晋之後，當重要的軍事長官出征或者出鎮時，通常加以使持節，憑此可誅殺二千石以下的官員。　鎮北將軍：官名。多爲持節都督。北魏孝文帝太和十七年定爲從一品下，二十三年改爲從二品。　瀛州：北魏時治趙都軍城，在今河北河間市。

[2]太極殿：皇宫的西内正殿。每月朔望，皇帝視朝之所。

[3]鎮東將軍：官名。四鎮將軍之一，地位次於四征將軍。北魏初多授持節都督，出鎮方面，後爲褒賞軍功勳臣的閑職。孝文帝太和十七年定爲從一品下，二十三年後爲從二品。　青州：北魏時治東陽城，在今山東青州市。

[4]稔（rěn）：莊稼成熟。

[5]金紫光禄大夫：官名。西晋初有光禄大夫，授銀章青綬。如加賜金章紫綬，則爲金紫光禄大夫，二品，禄賜、班位等諸所賜給皆與特進同。其以爲加官者，唯假章綬、禄賜、班位，不别給車服、吏卒。北魏孝文帝太和十七年定爲從一品下，二十三年改爲從二品。

遷尚書右僕射。[1]時議定新令，詔祚與侍中、黄門參議刊正。故事，令、僕、中丞騶唱而入宫門，[2]至於

馬道。及祚爲僕射，以爲非盡敬之宜，言於帝，納之。下詔御在太極，騶唱至止車門；[3]御在朝堂，至司馬門。[4]騶唱不入宫，自此始也。詔祚本官領太子少師。[5]祚曾從幸東宫，明帝幼弱，[6]祚持一黄𤬪出奉之。[7]時應詔左右趙桃弓與御史中尉王顯迭相脣齒，[8]深爲帝所信，祚私事之，時人謗祚者，號爲桃弓僕射、黄𤬪少師。

[1]尚書右僕射：官名。北朝時列位宰相，但地位稍遜於南朝，職掌都省庶務及執法，或典選舉。北魏孝文帝太和十七年定爲從一品中，二十三年改爲從二品。

[2]令僕：指尚書令與僕射。　中丞：官名。御史中丞的簡稱。掌監察、執法，領治書侍御史、侍御史，常受命領兵，出督軍旅，職權甚重。　騶（zōu）唱：貴官出行時，其侍從在前高聲喝道。

[3]止車門：按朝見禮儀，文臣至此下車，武將下馬，步行上朝進殿。

[4]司馬門：古時宫垣之内，兵衛所在，四面皆有司馬掌武事。故皇宫外門均稱司馬門。

[5]太子少師：官名。與太子少保、少傅合稱太子三少或東宫三少。掌以道德輔教太子，無具體職司。北魏孝文帝太和十七年定爲二品上。

[6]明帝：即北魏皇帝元詡。明爲其謚號。

[7]黄𤬪（pián）：甜瓜的一種。源氏校勘記云："黄𤬪，瓜名，扶田切。"

[8]趙桃弓：人名。北魏官吏。宣武帝時任主書，備受寵信。　御史中尉：官名。北魏時由御史中丞改稱，主管御史臺，糾彈百官，參治刑獄。孝文帝太和二十三年定爲從三品。　王顯：人名。字世榮，陽平樂平（今山西昔陽縣）人。北魏官吏。見《北史》卷九〇《王顯傳》。

祚奏曰："謹案前後考格，雖班天下，如臣愚短，猶有未悟。今須定職人遷轉由狀，超越階級者即須量折。景明初考格，[1]五年者得一階半。正始中，[2]故尚書、中山王英奏考格，[3]被旨：'但可正滿三周爲限，不得計殘年之勤。'又去年中，以前二制不同，奏請裁決。旨云：'黜陟之體，自依舊來恒斷。'今未審舊來之旨，爲從景明之斷？爲從正始爲限？景明考法，東西省文武閑官悉爲三等，考同任事。而前尚書盧昶奏，[4]上等之人三年轉半階。今之考格，復分爲九等，前後不同，參差無準。"詔曰："考在上中者，得汎以前，有六年以上遷一階，三年以上遷半階，殘年悉除。考在上下者，得汎以前，六年以上遷半階，不滿者除。其得汎以後，考在上下者，三年遷一階。散官從盧昶所奏。"[5]

[1]景明：北魏宣武帝的年號（500—503）。

[2]正始：北魏宣武帝的年號（504—508）。

[3]中山王：封爵名。中山，郡名。北魏時治盧奴縣，在今河北定州市。　英：即元英，人名。字虎兒。北魏宗室。見《北史》卷一八《南安王楨附中山王英傳》。

[4]盧昶：人名。字叔達，小字師顏，范陽涿（今河北涿州市）人。北魏官吏。見《北史》卷三〇《盧玄附盧昶傳》。

[5]散官：官名。有官名而無固定職事的官。北魏道武帝天賜元年（404）置散官五等。

祚又奏言："考察令：公清獨著、德績超倫而無負

殿者爲上上，[1]一殿爲上中，二殿爲上下，累計八殿，品降至九。未審今諸曹府寺，凡考，在事公清，然才非獨著，績行稱務，而德非超倫；幹能粗可，而守平堪任；或人用小劣，處官濟事并全無負殿之徒：爲依何第？景明三年以來，至今十有一載，準限而判，三應升退。今既通考，未審爲十年之中，通其殿最，積以爲第？隨前後年斷，各自除其善惡而爲升降？且負注之章數，成殿爲差，此條以寡愆爲最，多戾爲殿。[2]未審取何行是寡愆？何坐爲多戾？結累品次，復有幾等？諸文案失衷應杖十者爲一負，罪依律次，過隨負記。十年之中，三經肆眚，[3]赦前之罪，不問輕重，皆蒙宥免。或爲御史所彈，案驗未周，遇赦復任者，未審記殿得除以不？"詔曰："獨著、超倫及才備、寡咎，皆謂文武兼上上之極言耳。自此以降，猶有八等，隨才爲次，令文已具。其積負累殿及守平得濟，皆含在其中，何容別疑也？所云通考者，[4]據總多年之言。至於黜陟之體，自依舊來年斷，何足復請。其罰贖已記之殿，[5]固非免限。遇赦免罪，準其殿者除之。"[6]

[1]負殿：指官吏考績名列最下等。

[2]負注：過失的記録。　寡愆：較少錯誤或過失。　多戾：多罪。

[3]肆眚：寬赦罪人。

[4]所云通考者：殿本、四庫本、局本、四部備要本作"所去通考者"。"云"訛作"去"。

[5]其罰贖已記之殿：中華本作"其罰贖已決之殿"。未詳

孰是。

[6]遇赦免罪準其殿者除之：源氏校勘記云："'準'《魏書》作'惟記'二字。"中華本校勘記云："《魏書》卷六四《郭祚傳》作'遇赦免罪，惟記其殿，除之'。按《魏書》文意是説遇赦已免罪，但考成還記殿的，除其記殿。《北史》文意不明，疑誤。"可從。

尋加散騎常侍。時詔營明堂、國學，[1]祚奏曰："今雲羅西舉，[2]開納岷、蜀；[3]戎旗東指，鎮靖淮、荆；[4]漢、沔之間，[5]復須防捍。徵兵發衆，所在殷廣。邊郊多壘，烽驛未息，不可於師旅之際，[6]興板築之功。[7]且獻歲云暨，[8]東作將始。臣愚量謂宜待豐靖之年，因子來之力，可不時而就。"從之。

[1]明堂：帝王宣明政教的地方。凡朝會、祭祀、慶賞、選仕等大典皆在此舉行。

[2]雲羅：喻組成包圍圈的大軍。

[3]岷：即岷山。在今四川北部。　蜀：在今四川西部。

[4]淮：指淮河。　荆：指荆山，在今安徽懷遠縣西南淮河北岸荆山。

[5]漢：即今長江中游支流漢江。　沔：指今漢水。

[6]不可於師旅之際：毛本作"不可於師旅之濟"。"際"訛作"濟"。

[7]板築：泛指土木建築。

[8]獻歲：進入新的一年。

宣武末年，每引祚入東宮，密受賞賚，多至百餘

萬，雜以錦纊。又特賜以劍杖，恩寵甚深。遷左僕射。先是，梁將康絢遏淮，[1]將灌揚、徐。[2]祚表曰："蕭衍狂狡，[3]擅斷川瀆，役苦人勞，危亡已兆。宜敕揚州選一猛將，遣當州之兵，令赴浮山，[4]表裏夾攻。"[5]朝議從之。除使持節、散騎常侍、都督、雍州刺史、征西將軍。[6]

[1]康絢：人名。字長明，華山藍田（今湖北襄陽市）人。南朝梁將領。見《南史》卷五五《康絢傳》。

[2]揚：州名。北魏時治壽春縣，在今安徽壽縣。

[3]蕭衍：人名。字叔達，南蘭陵（一説在今江蘇常州市，一説在今江蘇丹陽市）人。南朝梁建立者。見《梁書》卷一、二、三《武帝紀》。

[4]浮山：在今江蘇泗洪縣四河鄉。

[5]表裏夾攻：中華本校勘記云："按《魏書》此前有'宜命一重將，率統軍三十人，領羽林一萬五千人，並科京東七州，虎旅九萬，長驅電邁，遄令撲討'等語。《北史》删去，使'表裏夾攻'之語無着落。且郭祚原奏，重點在前，今删重留輕，甚爲失當。"可從。

[6]都督：官名。地方軍政長官，稱都督諸州軍事。可領一州或數州刺史，多帶將軍名號，兼理民政。品級不定。分使持節、持節、假節三種，各有不同職責（參張鶴泉《北魏都督諸州軍事制度試探》，《社會科學戰綫》2001 年第 6 期）。　雍州：北魏時治長安，在今陝西西安市西北。　征西將軍：官名。大多授予出鎮的持節都督。北魏孝文帝太和十七年定爲從一品中，二十三年改爲二品。

太和以前，[1]朝法尤峻，貴臣蹉跌，[2]便致誅夷。李沖之用事也，[3]欽祚識幹，薦爲左丞，又兼黄門，意便滿足。每以孤門，往經崔氏之禍，常慮危亡，苦自陳挹，[4]辭色懇然，發於誠至。沖謂之曰："人生有運，非可避也。但當明白當官，何所顧畏。"自是積十數年，[5]位秩隆重，而進趣之心，更復不息。又以東宫師傅之資，列辭尚書，志在封侯之賞，儀同之位。尚書令、任城王澄爲之奏聞。[6]及爲征西、雍州，雖喜外撫，尚以府號不優，心望加大。執政者頗怪之。

[1]太和：北魏孝文帝的年號（477—499）。

[2]蹉跌：過失、失誤。

[3]李沖：人名。字思順，隴西狄道（今甘肅臨洮縣）人。北魏官吏。本名思沖，孝文改爲思順。見《北史》卷一〇〇《涼武昭王李暠附李沖傳》、《魏書》卷五三《李沖傳》。

[4]陳挹：陳述自責。

[5]積十數年：源氏校勘記云："《魏書》（'十數年'）作'二十餘年'。"中華本校勘記云："《魏書》作'積二十餘年'。按郭祚以左丞兼黄門從孝文南征，當在太和十九年，至明帝即位，共二十一年。《魏書》是。"可從。

[6]尚書令：官名。北魏孝文帝改制後，尚書省職權漸重，以録尚書事爲長官，尚書令爲副職，兼掌監察百官，皆爲宰相。孝文帝太和十七年定爲從一品上，二十三年改爲正二品。　任城王：封爵名。任城，郡名。北魏時治任城縣，在今山東濟寧市。　澄：即元澄，人名。字道鏡。北魏宗室。見《北史》卷一八《任城王雲附元澄傳》。

於時領軍于忠恃寵憍恣，[1]崔光之徒，[2]曲躬承接。祚心惡之，乃遣子太尉從事中郎景尚説高陽王雍，[3]令出忠爲州。忠聞而大怒，矯詔殺祚。祚達於政事，凡所經履，咸爲稱職，每有斷決，多爲故事，名器既重，時望亦深，一朝非罪見害，遠近莫不惋惜。靈太后臨朝，[4]遣使弔慰，追復伯爵。正光中，[5]贈使持節、車騎將軍、儀同三司、雍州刺史，謚文貞公。初，孝文之置中正，從容謂祚曰："并州中正，卿家故應推王瓊也。"[6]祚退謂僚友曰："瓊真僞今自未辨，我家何爲減之？然主上直信李沖吹噓之説耳。"祚死後三歲而于忠死，見祚爲祟。

[1]于忠：人名。字思賢，代（今山西大同市東北）人，鮮卑族。北魏大臣。見《北史》卷二三《于栗磾附于忠傳》。

[2]崔光之徒：殿本、四庫本、四部備要本作"崔光之後"。"徒"訛作"後"。今從底本。

[3]太尉從事中郎：官名。即太尉府從事中郎。從事中郎，官名。爲軍府僚屬，職掌謀議。北魏時公府、皇子開府、庶姓開府俱置。　高陽王：封爵名。高陽，郡名。北魏時治高陽縣，在今河北高陽縣東。　雍：即元雍，人名。字思穆，獻文帝子，孝文帝弟。見《北史》卷一九《高陽王雍傳》。

[4]靈太后：即北魏宣武帝皇后胡氏。靈爲其謚號。

[5]正光：北魏孝明帝的年號（520—525）。

[6]王瓊：人名。太原晋陽（今山西太原市晋源區古城營村一帶）人。北魏官吏。見《北史》卷三五《王慧龍附王瓊傳》。

祚子景尚，字思和，涉歷書傳，曉星歷占候，言事

頗驗。初爲彭城王中軍府參軍，[1]遷員外郎、司徒主簿、太尉從事中郎。[2]公强當世，善事權寵，世號曰郭尖。位中書侍郎，未拜而卒。

[1]彭城王：封爵名。彭城，郡名。北魏時治彭城縣，在今江蘇徐州市。此指彭城王元勰。見《北史》卷一九《彭城王勰傳》。　中軍府：官署名。即中軍將軍府。中軍將軍，北魏時大多臨時設之，爲戰役總指揮，一般由親王任之，地位顯要。孝文帝太和十七年定爲從一品下，二十三年改爲從二品。

[2]員外郎：官名。員外散騎侍郎的省稱。北魏初沿例授予南朝北奔之士，掌規諫，爲清閑之官，亦爲高門子弟起家官。七品。　司徒主簿：官名。即司徒府主簿。掌文簿之事。

景尚弟慶禮，位通直郎。[1]

[1]通直郎：官名。通直散騎侍郎的簡稱。北魏時屬集書省，參平尚書奏事，兼掌侍從、諷諫。從五品上。殿本、四庫本、四部備要本作“道通直郎”。意不通，誤。

慶禮子元貞，武定末，[1]定州驃騎府長史。[2]

[1]武定：東魏孝静帝的年號（543—550）。

[2]定州：北魏時治盧奴縣，在今河北定州市。　驃騎府：官署名。北魏時驃騎將軍爲重號將軍，多開府置僚屬。故稱驃騎府。　長史：官名。掌參政務，主管屬吏。爲府中掾屬之長。

張彝，字慶賓，清河東武城人也。[1]曾祖幸，慕容

超東牟太守，[2]歸魏，賜爵平陸侯，[3]位青州刺史。祖準之襲，又爲東青州刺史。[4]父靈真，早卒。

[1]清河：郡名。北魏時治清河縣，在今山東臨清市東北。　東武城：縣名。治所在今山東武城縣西北。

[2]慕容超：人名。字祖明，昌黎棘城（今遼寧北票市章吉營子鄉三官營子村）人。十六國時南燕君主。見《晋書》卷一二八《慕容超傳》（參田立坤《棘城新考》，《遼海文物學刊》1996年第2期）。　東牟：郡名。十六國時治黄縣，在今山東龍口市東。

[3]平陸侯：封爵名。平陸，縣名。治所在今山東汶上縣西北。

[4]東青州：北魏文成帝時以黄河以南尚未歸附，權立此州。轄境大致在今河南、山東兩省黄河以南地區。

彝性公强有風氣，歷覽經史，襲祖侯爵。與盧陽烏、李安人等結爲親友，[1]往來朝會，常相追隨。陽烏爲主客令，[2]安人與彝並散令。[3]彝少而豪放，出入殿庭，步眄高上，[4]無所顧忌。文明太后雅尚恭謹，[5]因會次見其如此，遂召集百僚督責之，令其修悔，而猶無悛改。善於督察，每有所巡檢，彝常充其選，[6]清慎嚴猛，所至人皆畏伏，儔類亦以此高之。[7]遷主客令，例降侯爲伯，轉太中大夫，[8]仍行主客曹事，尋爲黄門。後從駕南征，母憂解任。[9]彝居喪過禮，送葬自平城達家，千里步從，不乘車馬，顔貌瘦瘠，當世稱之。孝文幸冀州，[10]遣使弔慰，詔以驍騎將軍起之，[11]還復本位。以參定遷都之勳，進爵爲侯。轉太常少卿，[12]遷散騎常侍，兼侍中，持節巡察陝東河南十二州，甚聲稱。使

還，以從征之勤，遷尚書。坐舉元昭爲兼郎中，[13]黜爲守尚書。[14]

[1]盧陽烏李安人：中華本校勘記云："《魏書》卷六四《張彝傳》作'盧淵、李安民'，《北史》避唐諱改。"可從。盧陽烏，人名。即盧淵。字伯源，小名陽烏，范陽涿（今河北涿州市）人。北魏官吏。見《北史》卷三〇《盧玄傳》。李安人，人名。蘭陵承人。北魏官吏。見《南史》卷四六《李安人傳》。

[2]主客令：官名。北魏中期改主客尚書爲此稱。掌接待諸蕃雜客等事。

[3]散令：官名。北魏始置。分屬朝廷各官署，不掌署曹事務，無定員。

[4]眄：斜視，不正面看。

[5]文明太后：即北魏文成帝皇后馮氏。文明爲其謚號。

[6]彝常充其選：毛本作"彝常克其選"。意不通，"充"訛作"克"。

[7]儔類：同輩的人。

[8]太中大夫：官名。亦作"大中大夫"。北魏時多用於安置年老病退免官的大臣，亦用作加官、兼官，或供朝廷臨時差遣。無具體的職責。孝文帝太和十七年定爲三品下，二十三年改爲從三品。

[9]憂：居父母之喪。按當時規定，父母喪必須辭官回家守喪三年。

[10]冀州：北魏時治信都縣，在今河北冀州市。

[11]驍騎將軍：官名。北魏時負責宿衛之事，是護衛皇宫的主要將領之一。孝文帝太和十七年定爲從三品上，二十三年改爲四品上。

[12]太常少卿：官名。北魏始置。爲太常副職，位在丞上。協

助太常卿管理禮樂、宗廟祭祀事務。孝文帝太和十七年定爲三品上，二十三年改爲四品上。

[13]元昭：人名。小字阿倪。北魏宗室。見《北史》卷一五《常山王遵附元昭傳》。　郎中：官名。北魏時諸王、公、侯、伯、子、男國皆置，品秩頗低，隨國主地位而高低不等。《北史·元昭傳》則云："殿中郎"。

[14]守：北魏時官吏試職，以低職署理高職、高職署理低職均稱守。

宣武初，除正尚書，兼侍中，尋正侍中。宣武親政，罷六輔。[1]彝與兼尚書邢巒聞處分非常，懼，出京奔走，爲御史中尉甄琛所彈，[2]云"非武非兕，[3]率彼曠野"。詔書切責之。尋除安西將軍、秦州刺史。[4]彝務尚典式，考訪故事，及臨隴右，彌引討習，[5]於是出入直衛，方伯羽儀，[6]赫然可觀。羌、夏畏伏，憚其威整，一方肅静，號爲良牧。其年冬，太極初就，彝與郭祚等俱以勤舊被徵。及還州，進號撫軍將軍。[7]彝表解州任，詔不許。

[1]六輔：官名。北魏明元帝泰常七年（422）設。爲左輔、右弼各二人之合稱。爲太子監國時最高輔政官。以後遂爲定制。此處指孝文帝臨終以六大臣輔政，後被宣武帝廢除。

[2]甄琛：人名。字思伯，中山毋極（今河北無極縣西）人。北魏官吏。見《北史》卷四〇《甄琛傳》。

[3]非武非兕（sì）：毛本作"非虎非兕"，中華本校勘記云："《魏書》'武'作'虎'，《北史》避唐諱改。"可從。兕，與犀牛相類的動物。

[4]安西將軍：官名。爲出鎮某一地區的軍事長官，或作爲州刺史等地方官兼理軍務時的加官，權任很重。北魏孝文帝太和十七年定爲二品下，二十三年改爲三品。　秦州：北魏時治上封城，在今甘肅天水市。

[5]彌弖討習：元大德本作“彌加制習”。中華本亦作“彌加制習”。未詳孰是。

[6]方伯：爵名。商設。爲一方諸侯之首。後世爲地方封疆大吏之代稱。　羽儀：輔佐。

[7]撫軍將軍：官名。北魏時爲將軍名號，地位較高。孝文帝太和十七年定爲從一品下，二十三年降爲從二品。

彝敷政隴右，多所制立，宣布新風，革其舊俗，人庶愛仰之。爲國造佛寺，名曰興皇，諸有罪咎者，隨其輕重，謫爲土木之功，[1]無復鞭杖之罰。時陳留公主寡居，[2]彝意願尚主，主亦許之。僕射高肇亦望尚主，[3]主意不可。肇怒，譖彝擅立刑法，勞役百姓。詔遣直後萬貳興馳驛檢察。[4]貳興，肇所親愛，必欲致彝深罪。彝清身奉法，求其愆過，遂無所得。見代還洛，猶停廢數年。

[1]謫爲土木之功：局本作“謫爲士水之功”。“土”訛作“士”。

[2]陳留公主：封號。北魏孝文帝妹，曾被封爲彭城公主。

[3]僕射：官名。即尚書僕射。北魏時職掌都省庶務及執法，或典選舉，輔助尚書令執行政務，參議大政，諫諍得失。左僕射兼掌糾彈百官，居右僕射上。孝文帝太和十七年定爲從一品中，二十三年定爲從二品。　高肇：人名。字首文，勃海蓨（今河北景縣）

人。北魏官吏、外戚。見《北史》卷八〇《高肇傳》。

[4]直後：官名。北魏始置。皇帝左右的侍衛武官，或以給事中、宣威將軍等領之。　萬貳興：人名。其餘不詳。

因得偏風，手脚不便，然志性不移，善自將攝，稍能朝拜。久之，除光禄大夫，加金章紫綬。彝愛好知己，輕忽下流，非其意者，視之蔑爾。雖疹疾家庭，而志氣彌高。上《歷帝圖》五卷，起元庖犧，[1]終於晉末，凡十六代，一百二十八帝，歷三千二百七十年，[2]雜事五百八十九。宣武善之。

[1]庖犧：古史傳説中的人物。《史記》中稱伏犧。

[2]歷三千二百七十年：《魏書》卷六四《張彝傳》作“歷三千二百七年”，《通志》卷一五〇上與《北史》同。未詳孰是。

明帝初，侍中崔光表：“彝及李韶，[1]朝列之中，唯此二人，出身官次，本在臣右，器能幹世，又並爲多。而近來參差，便成替後。計其階途，雖應遷陟，然恐班秩，猶未賜等。昔衛之公叔，引下同舉；[2]晉之士丐，推長伯游。[3]古人所高，當時見許。敢緣斯義，乞降臣位一階，授彼汎級。”詔加征西將軍、冀州大中正。

[1]李韶：人名。字元伯，隴西狄道（今甘肅臨洮縣）人。北魏官吏。見《北史》卷一〇〇《凉武昭王李暠附李韶傳》。

[2]昔衛之公叔引下同舉：春秋時期衛國大夫公孫發推薦他的家臣做大夫。

[3]晉之士丐推長伯游：典出《左傳》襄公十三年。范宣子推

薦年長的荀偃擔任正卿。士丐，人名。一作“士匄”，也稱范宣子。著《刑書》。伯游，即荀偃，人名。字伯游。春秋時晋國正卿。

雖年向六十，加之風疹，而自强人事，孜孜無怠。公私法集，衣冠從事，延請道俗，修營齋講。好善欽賢，愛獎人物，南北新舊，莫不多之。大起第宅，微號華侈。頗侮其疏宗舊戚，不甚存紀，時有怨憾焉。榮宦之間，未能止足，屢表在秦州豫有開援漢中之勳，[1]希加賞報，積年不已，朝廷患之。

[1]漢中：郡名。北魏時治南鄭縣，在今陝西漢中市。

第二子仲瑀上封事，求銓别選格，[1]排抑武人，不使預在清品。由是衆口喧喧，謗讟盈路，[2]立榜大巷，克期會集，屠害其家。彝殊無畏避之意，父子安然。神龜二年二月，[3]羽林武賁將幾千人，[4]相率至尚書省詬罵，求其長子尚書郎始均不獲，[5]以瓦石擊打公門。上下懾懼，莫敢討抑。遂持火虜掠道中薪蒿，以杖石爲兵器，直造其第，曳彝堂下，捶撻極意，唱呼焚其屋宇。始均、仲瑀當時踰北垣而走。始均回救其父，拜伏群小，以請父命。羽林等就加毆擊，生投之於烟火中，及得尸骸，不復可識，唯以髻中小釵爲驗。仲瑀走免。彝僅有餘命，沙門寺與其比鄰，輿致於寺。遠近聞見，莫不惋駭。乃卒。官爲收掩羽林凶强者八人斬之。不能窮誅群竪，即爲大赦，以安衆心。有識者知國紀之將墜矣。

[1]銓别：底本、殿本、四庫本、局本、四部備要本作“銓削”。中華本作“銓别”。按：“銓别”意爲衡量鑒别，“銓削”意不通，“别”訛作“削”。今從改。　選格：選拔人材的標準。

[2]謗讟（dú）：誹謗。

[3]神龜：北魏孝明帝的年號（518—520）。

[4]羽林武賁：《魏書》卷六四《張彝傳》作“羽林、虎賁幾將千人”，《通志》卷一五〇上與《北史》同。未詳孰是。羽林，官名。北魏孝文帝太和十九年，選天下武勇之士十五萬爲羽林、虎賁，以充侍衛。掌禁衛皇宫，擔任宿衛，亦奉命出征。武賁，官名。即虎賁，《北史》避唐高祖祖父李虎諱改。

[5]尚書郎：官名。凡尚書曹郎、郎中、侍郎皆可簡爲此稱。按資歷深淺有不同稱呼，初上尚書臺任職稱守尚書郎中，滿一年稱尚書郎，三年稱侍郎。掌收發文書章奏庶務，分掌尚書各曹事務。

喪還所焚宅，與始均東西分斂於小屋。仲瑀遂以創重避居滎陽，[1]至五月得漸瘳，始奔父喪，詔賜以布帛。靈太后以其累朝大臣，特垂矜惻，數月猶追言泣下，謂諸侍臣曰：“吾爲張彝飲食不御，乃至首髮微有虧落。”悲痛之若此。

[1]滎陽：郡名。北魏時治滎陽縣，在今河南滎陽市。宋本、毛本、殿本、四庫本、局本、四部備要本作“榮陽”。據史書記載，無“榮陽”此地名。“滎”訛作“榮”。

初，彝曾祖幸所招引河東人爲州，裁千餘家。後相依合，旋罷入冀州，積三十年，析别有數萬户。故孝文

比校天下人户，最爲大州。彝爲黄門，每侍坐，以爲言。孝文謂之曰："終當以卿爲刺史，酬先世誠效。"彝追孝文往旨，累乞本州，朝議未許。彝亡後，靈太后云："彝屢乞冀州，吾欲用之，有人違我此意。若從其請，或不至是，悔之無及。"乃贈使持節、衛將軍、冀州刺史，[1]謚文侯。

[1]衛將軍：官名。北魏時位在諸名號大將軍上，多作爲軍府名號，加贈大臣、重要州郡長官，無具體職掌。孝文帝太和二十三年定爲二品。

始均，字子衡，端潔好學，才幹有美於父。[1]改陳壽《魏書》爲編年之體，[2]廣益異聞爲三十卷。又著《冠帶録》及諸詩賦數十篇，並亡失。初，大乘賊起於冀、瀛之間，[3]遣都督元遥討平之，[4]多所殺戮，積尸數萬。始均以郎中爲行臺，忿軍士以首級爲功，[5]令檢集人首數千，一時焚爇，[6]至於灰燼，用息僥倖，見者莫不傷心。及始均之死也，始末在煙炭之間，有焦爛之痛，論者或亦推咎焉。贈樂陵太守，[7]謚曰孝。

[1]才幹：殿本、四庫本、四部備要本作"之幹"。"才"訛作"之"。

[2]陳壽：人名。字承祚，巴西安漢（今四川南充市北）人。西晋大臣、史學家。著有《三國志》。見《晋書》卷八二《陳壽傳》。　魏書：中華本校勘記云"《魏書》作'魏志'，是。"可從。

[3]大乘賊：指冀州僧人法慶與李歸伯等起義者。自稱奉"大

乘教”，並以“大乘”爲國號。

［4］元遥：人名。字太原。北魏宗室。見《北史》卷一七《京兆王子推附元遥傳》。

［5］忿軍士以首級爲功：《魏書》卷六四《張彝傳》作“忿軍士重以首級爲功”，《通志》卷一五〇上與《北史》同。未詳孰是。

［6］焚爇（ruò）：焚燒、燒毀。

［7］樂陵：郡名。北魏時治樂陵縣，在今山東樂陵市東南。

子暠之，襲祖爵。武定中，開府主簿，齊受禪，爵例降。暠之弟晏之。

晏之字熙德，幼孤，有至性，爲母鄭氏教誨，[1]動依禮典。從介朱榮平元顥，[2]賜爵武城子。[3]累遷尚書二千石郎中。[4]高岳征潁川，[5]復以爲都督中兵參軍，[6]兼記室。[7]晏之文士，兼有武幹，每與岳帷帳之謀，又嘗以短兵接刃，親獲首級，深爲岳所嗟賞。齊天保初，[8]文宣爲高陽王納晏之女爲妃，[9]令赴晉陽成禮。晏之後園陪讌，坐客皆賦詩。晏之詩云：“天下有道，主明臣直，雖休勿休，承貽世則。”[10]文宣咲曰：“得卿箴諷，深以慰懷。”後行北徐州事，[11]尋即真，爲吏人所愛。御史崔子武督察州郡，[12]至北徐，無所案劾，唯得百姓所制清德頌數篇，乃歎曰：“本求罪狀，遂聞頌聲。”遷兗州刺史，[13]未拜，卒。贈齊州刺史、太常卿。[14]子乾威。[15]

［1］教誨：毛本作“教訓”。在此不符合文意，“誨”訛作“訓”。

［2］尒朱榮：人名。字萬仁，又作“吐萬兒”，北秀容（今山西朔州市）人，契胡族。北魏官吏。見《北史》卷四八《尒朱榮傳》。　元顥：人名。字子明。北魏宗室。見《北史》卷一九《北海王詳附元顥傳》。

［3］武城子：封爵名。武城，縣名。治所在今山東武城縣西。

［4］尚書二千石郎中：俸禄爲二千石的尚書郎中。

［5］高岳：人名。字洪略，勃海蓨（今河北景縣）人。東魏大臣、北齊宗室。見《北史》卷五一《清河王岳傳》。　潁川：郡名。北齊時治潁陰縣，在今河南許昌市。

［6］都督中兵參軍：官名。即都督府中兵參軍。中兵參軍，官名。爲丞相府及諸王府、公府、軍府之中兵曹主官，掌有關兵事及本府親兵，兼負參謀咨詢之責。

［7］記室：官名。記室參軍的省稱。爲諸開府、公府、軍府的記室曹長官，掌文書表奏。品級自七品至九品不等。

［8］天保：北齊文宣帝的年號（550—559）。

［9］文宣：即北齊皇帝高洋。文宣爲其謚號。　高陽王：封爵名。高陽，郡名。北齊時治下密縣，在今山東濰坊市。此處指高湜。神武帝第十一子。見《北史》卷五一《高陽康穆王湜傳》。

［10］承貽世則：宋本、毛本、殿本、四庫本、局本、四部備要本、中華本作“永貽世則”。

［11］北徐州：北齊時治即丘縣，在今山東臨沂縣北。

［12］崔子武：人名。一作“崔武”，博陵安平（今河北安平縣）人。東魏時爲衛軍府録事參軍。北齊時官至御史。

［13］兖州：北齊時治滑臺城，在今河南滑縣東。

［14］齊州：北齊時治歷城縣，在今山東濟南市。　太常卿：官名。北齊時置爲太常寺長官，掌宗廟祭祀禮樂。三品。

［15］子乾威：中華本校勘記云：“《隋書》卷六六本傳作‘虔威’。”可從。

乾威，字元敬，性聰敏，涉獵群書，其世父鬻之謂人曰："吾家千里駒也。"仕齊，位太常丞，[1]仕周爲宣納中士。[2]隋開皇中，[3]累遷晋王屬。[4]王甚美其才，與河内張衡俱見禮重，[5]晋邸稱爲二張焉。及王爲太子，遷員外散騎侍郎、太子内舍人。[6]煬帝即位，[7]授内史舍人、儀同三司，[8]又以藩邸之舊，加開府。尋拜謁者大夫，[9]從幸江都，[10]以本官攝江都贊務，[11]稱爲幹理。乾威嘗在塗，見一遺囊，恐其主求失，因令左右負之而行。後數日，物主來認，悉以付之。淮南太守楊緐嘗與十餘人同來謁見，[12]帝問乾威曰："其首立者爲誰?"乾威下殿就視而答曰："淮南太守楊緐。"帝謂乾威曰："卿爲謁者大夫，而乃不識參見人，何也?"[13]乾威對曰："臣非不識楊緐，但慮不審，所以不敢輕對。石建數馬足，蓋慎之至。"[14]其廉慎皆此類也。帝甚嘉之。于時帝數巡幸，百姓疲弊，乾威因上封事以諫，帝不悦，自此見疏。未幾卒官。有子爽，仕至蘭陵令。[15]

[1]太常丞：官名。北齊時置太常寺，以卿、少卿爲副職，丞參領寺務。從六品。

[2]宣納中士：官名。西魏始置，北周沿置。爲宣納下大夫屬官。掌延納王言，出宣帝命。正二命。

[3]開皇：隋文帝的年號（581—600）。

[4]晋王：封爵名。指楊廣。

[5]河内：郡名。隋朝時治野王縣，在今河南沁陽市。　張衡：人名。字建平，河内（今河南沁陽市）人。北周、隋朝官吏。見《北史》卷七四《張衡傳》。

[6]太子内舍人：官名。爲太子典書坊屬官。掌管書令表啓之事，員八人。隋初爲從六品。

[7]煬帝：即隋朝皇帝楊廣。煬爲其謚號。

[8]内史舍人：官名。隋始置。爲内史省屬官，置八人，正六品上。文帝開皇三年爲從五品。

[9]謁者大夫：官名。隋始置。謁者臺長官，掌受詔慰撫，持節察授。從四品。

[10]江都：城名。在今江蘇揚州市西南。

[11]贊務：官名。隋煬帝始置。初爲雍州屬官，居别駕下，從四品。煬帝時罷長史、司馬，置贊務爲郡太守副職，員一人。上郡贊務爲正五品，中郡爲從五品，下郡爲正六品。河南贊務爲從四品。

[12]淮南：郡名。隋朝時治壽春縣，在今安徽壽縣。　楊綝：人名。弘農華陰（今陝西華陰市東南）人。隋朝官吏。見《北史》卷六八《楊紹附楊綝傳》。

[13]而乃不識參見人何也：殿本、四庫本、局本、四部備要本作“而乃不識參見何人也”。在此意不通，倒誤。

[14]石建數馬足蓋慎之至：典出《史記》卷一〇三《萬石張叔列傳》：“建爲郎中令，書奏事，事下，建讀之，曰：‘誤書！“馬”者與尾當五，今乃四，不足一。上譴死矣！’甚惶恐。其爲謹慎，雖他皆如是。”石建，人名。温縣（今河南温縣）人。西漢官吏。以謹慎著稱。見《史記·萬石張叔列傳》。

[15]蘭陵：縣名。治所在今山東棗莊市東南。

乾威弟乾雄，亦有才器。秦孝王俊爲秦州總管，[1]選爲法曹參軍。[2]王嘗親案囚徒，乾雄誤不持狀，口對百餘人，皆盡事情，同輩莫不歎服。後歷壽春、陽城二縣令，[3]俱有政績。

［1］俊：即楊俊，人名。字阿袛，弘農華陰（今陝西華陰市東南）人。隋文帝第三子。見《北史》卷七一《秦王俊傳》。　總管：官名。北周明帝武成元年（559）改都督諸州軍事爲此稱。爲地方高級軍政官員，加使持節，管理轄區軍政民政。所轄區域增減無常，一般轄數州，多者可達數十州。品秩分三等，上總管爲從二品，中總管爲正三品，下總管爲從三品。

［2］法曹參軍：官名。掌郵所驛站、執行法律和糾察治安。品秩隨府主不同，從七品上至九品。

［3］壽春：縣名。治所在今安徽壽縣。　陽城：縣名。治所在今河南登封市東南告成鎮。

邢巒，字洪賓，河間鄚人，[1]魏太常貞之後也。族五世祖嘏，石勒頻徵不至。嘏無子，巒高祖蓋自旁宗入後。蓋孫穎，字宗敬，以才學知名。太武時，與范陽盧玄等同徵。[2]後拜中書侍郎，假通直常侍、平城子使宋。[3]還，以病歸鄉。久之，帝曰："往憶邢穎長者，有學義，宜侍講東宫，今安在？"司徒崔浩曰："穎卧病在家。"帝遣太醫馳馹就療。[4]卒，贈定州刺史，謚曰康。子脩年，即巒父也，位州主簿。

［1］河間：郡名。北魏時治武垣縣，在今河北河間市南。　鄚（mò）人：源氏校勘記云："《魏書》作'鄚人'。"鄚，縣名。治所在今河北任丘市北。

［2］范陽：郡名。北魏時治涿縣，在今河北涿州市。　盧玄：人名。字子真，范陽涿（今河北涿州市）人。北魏官吏。見《北史》卷三〇《盧玄傳》。

[3]假通直常侍：底本作“改通直常侍”，中華本校勘記云：“諸本‘假’作‘改’，《魏書》卷六五、《通志》卷一五〇上《邢巒傳》作‘假’。按當時出使南朝者，例假（或兼）通直散騎常侍（或侍郎）。‘改’字是形似致訛，今據改。”今從改。通直常侍，官名。通直散騎常侍的省稱。西晋武帝泰始十年（274），使員外散騎常侍二人與散騎常侍通員當值，故名。東晋增至，四員。參平尚書奏事，並掌諷諫、侍從，位頗重。北魏孝文帝太和十五年亦置，初定爲三品下。二十三年定爲四品。　平城：中華本校勘記云：“又‘平城’疑當作‘城平’。下文邢祐‘賜爵城平男’，‘城平’即‘成平’，屬瀛州章武郡（見《魏書·地形志上》）。邢氏瀛州人，當是以此爲封號。”可從。

[4]馳騆：宋本、毛本、殿本、四庫本、局本、四部備要本、中華本作“馳驛”。按：“騆”與“驛”在此皆指古代供傳遞公文或傳送消息用的馬，皆可。

巒少好學，負帙尋師，[1]守貧厲節，遂博覽書傳，有文才幹略。美鬚髯，姿貌甚偉。累遷兼員外散騎常侍，[2]使齊。還，再遷中書侍郎，甚見顧遇，常參坐席。[3]孝文因行藥至司空府南，見巒宅，謂巒曰：“朝行藥至此，見卿宅乃住。東望德館，情有依然。”巒對曰：“陛下移構中京，[4]方建無窮之業。臣意在與魏升降，寧容不務永年之宅。”帝謂司空穆亮、僕射李沖曰：[5]“巒之此言，其意不小。”有司奏策秀、孝，[6]詔曰：“秀、孝殊問，經、權異策，邢巒才清，可令策秀。”

[1]帙：包書套子，用布帛製成。此處指書。

[2]員外散騎常侍：官名。初多以公族、宗室擔任，雖是閑職，

仍爲顯官。北魏孝文帝太和十七年定爲從三品上，二十三年改爲五品上。源氏校勘記云："《魏書》作'散騎侍郎'。"

［3］常參坐席：底本作"嘗參坐席"，中華本校勘記云："諸本'常'作'嘗'，《魏書》《通志》作'常'。按《魏書》卷五十六《鄭道昭傳》稱孝文謂道昭曰：'自比遷務雖猥，與諸才儁不廢詠綴，遂命邢巒總集叙記。'可見邢巒經常參預孝文坐席。且'嘗'字與上下文都不啣接，今據改。"今從改。

［4］中京：指洛陽。東晉、南朝稱西晋故都洛陽爲中京，北朝亦沿用之。

［5］穆亮：人名。字幼輔，代（今山西大同市東北）人，鮮卑族。北魏官吏。見《北史》卷二〇《穆崇附穆亮傳》。

［6］秀孝：秀才與孝廉的並稱。薦舉人才的兩種科目。州舉秀才，郡舉孝廉。

後兼黄門郎，[1]從征漢北。巒在新野，[2]後至。帝曰："伯玉天迷其心，[3]鬼惑其慮，守危邦，固逆主。至此以來，雖未禽滅，城隍已崩，想在不遠。所以緩攻者，正待中書爲露布耳。"尋除正黄門，兼御史中尉、瀛州大中正，遷散騎常侍，兼尚書。

［1］黄門郎：官名。黄門侍郎或給事黄門侍郎的簡稱。北魏時爲郎官之加官，侍從皇帝於宫門之内，與侍中俱掌門下事。侍從皇帝，顧問應對，位頗重要。孝文帝太和二十三年定爲四品上。

［2］新野：郡名。北魏時治新野縣，在今河南新野縣。

［3］伯玉：即房伯玉，人名。清河繹幕（今山東平原縣西北）人。北魏官吏。獻文帝時，爲河間太守。以弟南奔，坐徙北邊。後亦南叛，爲蕭鸞南陽太守。孝文帝克苑，房伯玉降。

宣武時，巒奏曰："先皇深觀古今，去諸奢侈，服御尚質，不貴彫鏤，所珍在素，不務奇綵，至乃以紙絹爲帳扆，[1]銅鐵爲轡勒，[2]訓朝廷以節儉，示百姓以憂矜。逮景明之初，承升平之業，四疆清晏，遠近來同。於是蕃貢繼路，商估交入，諸所獻貿，倍多於常。雖加以節約，猶歲損萬計，珍貨常有餘，國用恒不足。若不裁其分限，便恐無以支歲。自今非爲要須者，請皆不受。"帝從之。尋正尚書。

[1]帳扆（yǐ）：類似帷帳的屏障。扆，置於門窗之間的屏風。

[2]轡（pèi）：駕馭牲口的嚼子和繮繩。

梁、秦二州行事夏侯道遷以漢中內附，[1]詔加巒使持節、都督征梁漢諸軍事，進退徵攝，得以便宜從事。巒至漢中，遣兵討之，賊皆款附，乘勝追奔至關城之下。詔拜巒使持節、梁秦二州刺史。於是開地定境，東西七百，南北千里，獲郡十四，[2]二部護軍及諸縣戍，遂逼涪城。[3]

[1]梁秦二州行事：中華本校勘記云："《魏書》'梁'上有'蕭衍'二字。按夏侯道遷本是梁將，這裏應重'梁'字。" 夏侯道遷：人名。譙國（今安徽亳州市）人。見《北史》卷四五《夏侯道遷傳》。

[2]獲郡十四：毛本、殿本、四庫本、局本、四部備要本作"獲郡四十"。未詳孰是。

[3]涪（fú）城：在今四川三台縣西北。

巒表曰："揚州、成都，[1]相去萬里，陸途既絶，唯資水路。水軍西上，非周年不達。外無軍援，一可圖也。益州頃經劉季連反叛，[2]鄧元起攻圍，[3]倉庫空竭，無復固守之意，二可圖也。蕭深藻是裙屐少年，[4]未洽政務，今之所任，並非宿將重名，皆是左右少年而已，[5]三可圖也。蜀之所恃，惟阻劍閣。[6]今既克南安，[7]已奪其險，據彼界内，三分已一。從南安向涪，方軌任意，前軍累破，後衆喪魂，四可圖也。深藻是蕭衍兄子，骨肉至親，若其逃亡，當無死理。脱軍走涪城，[8]深藻何肯城中坐而受困？五可圖也。臣聞乘機而動，武之善經，未有捨干戚而康時，[9]不征伐而統一。臣以不才，屬當戎寄，上憑國威，頻有薄捷，瞻望涪、益，旦夕可屠，正以兵少糧匱，未宜前出。今若不取，後圖便難。輒率愚管，必將殄克。如其無功，分受憲坐。若朝廷未欲經略，臣便爲無事，乞歸侍養，微展烏鳥。"

[1]成都：縣名。治所在今四川成都市。

[2]益州：北魏時治成都縣，在今四川成都市。　劉季連：人名。字惠續，彭城（今江蘇徐州市）人。南朝梁官吏。見《梁書》卷二〇《劉季連傳》。

[3]鄧元起：人名。字仲居，南郡當陽（今湖北當陽市）人。南朝梁官吏。見《南史》卷五五《鄧元起傳》。

[4]蕭深藻：人名。南蘭陵（一説在今江蘇常州市，一説在今江蘇丹陽市）人。南朝梁官吏。中華本校勘記云："《魏書》'深'作'淵'，《北史》避唐諱改。"可從。　裙屐：原指六朝貴族子弟

的衣着。在此借指衣着時髦的富家子弟。

[5]皆是左右少年而已：殿本、四庫本、局本、四部備要本作“是皆左右少年而已”。在此意不通，倒誤。

[6]劍閣：地名。在今四川劍閣縣南。

[7]南安：縣名。治所在今四川劍閣縣。

[8]脱軍走涪城：中華本校勘記云：“《魏書》‘走’作‘克’。按深藻時在成都，涪城是成都外圍重鎮，克涪城則進圍成都，故料深藻必走。若作‘走涪城’，則成都尚有涪城可恃，深藻何必遽走？《魏書》作‘克’是。”可從。

[9]干戚：指征戰。　康時：匡時，使時世安定。

巒又表曰：“昔鄧艾、鍾會率十八萬衆，[1]傾中國資給，裁得平蜀。所以然者，鬬實力也。况臣才絶古人，何宜請二萬之衆而希平蜀？所以敢者，正以據得要險，士庶慕義，此往則易，彼來則難，任力而行，理有可克。今王足前進，[2]已逼涪城。脱得涪城，則益州便是成禽之物。臣誠知征戎危事，未易可爲，自軍度劍閣以來，鬚髮中白。所以勉强者，既到此地而自退不守，恐孤先皇之恩遇，[3]負陛下之爵禄。是以孜孜，頻有陳請。”宣武不從。又王足於涪城輒還，遂不定蜀。

[1]鄧艾：人名。字士載，義陽棘陽（今河南新野縣東北）人。三國魏將領。見《三國志》卷二八《魏書·鄧艾傳》。　鍾會：人名。字士季，潁川長社（今河南長葛市東北）人。三國魏大臣。見《三國志》卷二八《魏書·鍾會傳》。

[2]王足：人名。北魏將領。驍勇有謀，宣武帝時，從邢巒攻蜀，先後擊敗梁將孔陵、魯方達等，奪得梁州，以功行益州刺史。

宣武帝正始元年，攻涪城，因不滿朝廷新命羊祉爲益州刺史代己，故撤軍投梁。

[3]恐孤先皇之恩遇：源氏校勘記云："'孤'《魏書》作'辜'。"

巒既克巴西，[1]遣軍主李仲遷守之。仲遷得梁將張法養女，有美色，甚惑之，散費兵儲，專心酒色，公事諮承，無能見者。巒忿之切齒。仲遷懼，謀叛，城人斬其首以降梁將譙希遠，巴西遂没。武興氐楊集起等反，[2]巒遣統軍傅豎眼討平之。[3]巒之初至漢中，從容風雅，接豪右以禮，撫衆庶以惠。歲餘之後，頗因其去就，誅滅百姓，籍爲奴婢者二百餘口，兼商販聚斂，清論鄙之。徵授度支尚書。[4]

[1]巴西：郡名。南朝梁時治巴西縣，在今四川綿陽市東。

[2]武興：郡名。北魏時治武興縣，在今陝西略陽縣。　氐：族名。分布於今甘肅、陝西、四川等省的臨接地帶，以畜牧業、農業爲生。見《北史》卷九六《氐傳》。　楊集起：人名。北魏時氐族首領。後爲仇池鎮將所敗，奔南朝。宣武帝景明初，復降北魏。見《北史·氐傳》。

[3]統軍：官名。北魏時爲統兵武官。位在都將（鎮將）之下、軍主之上。孝文帝太和二十三年定爲從八品。　傅豎眼：人名。本清河（今山東臨清市東北）人。北魏官吏。見《北史》卷四五《傅豎眼傳》（參張光明《山東淄博市發現北魏傅豎眼墓誌》，《考古》1987年第2期）。

[4]度支尚書：官名。北魏時爲尚書省度支曹長官。統管度支、户部、金部、倉部四曹，掌軍國財賦的收支會計及漕運物價屯田之

政令。孝文帝太和二十三年爲三品。

時梁人侵軼徐、兖，朝廷乃以巒爲使持節、都督東討諸軍事、安東將軍，[1]尚書如故。宣武勞遣巒於東堂曰：[2]“知將軍旋京未久，膝下難違，然東南之寄，非將軍莫可。自古忠臣亦非無孝也。”巒曰：“願陛下勿以東南爲慮。”帝曰：“漢祖有云：[3]‘金吾擊郾，[4]吾無憂矣。’今將軍董戎，[5]朕何慮哉！”巒至，乃分遣將帥致討，兖州悉平，進圍宿豫，[6]平之。帝賜巒璽書慰勉之。

[1]安東將軍：官名。北魏時爲出鎮某一地區的軍事長官，或作爲州刺史兼理軍務時的加官。孝文帝太和二十三年後爲三品。

[2]東堂：太極東堂的省稱。太極殿有四厢，東堂即其東厢。太極殿爲皇宫中的西内正殿，每月朔望皇帝視朝之所。東晋南朝、北魏等均在皇宫内建有太極殿。

[3]漢祖：即指東漢光武帝劉秀。

[4]金吾：指執金吾賈復。執金吾，官名。西漢武帝太初元年（前104）由中尉改名。職掌京師治安、督捕盗賊、護衛皇帝出行等。賈復，字君文。南陽冠軍（今河南鄧州市西北）人。東漢官吏。見《後漢書》卷四七《賈復傳》。　郾：指更始時郾王尹尊。郾，縣名。治所在今河南郾城縣西南。

[5]董戎：統率軍事。

[6]宿豫：郡名。北魏時治宿豫縣，在今江蘇宿遷市東南。

及梁城賊走，[1]中山王英乘勝攻鍾離，[2]又詔巒率衆會之。[3]巒以爲鍾離天險，朝貴所具，若有内應，[4]則所不知，如其無也，必無克狀。且俗語云：“耕則問田奴，

絹則問織婢。”臣既謂難，何容强遣。巒既累表求還，帝許之。英果敗退，時人伏其識略。

[1]梁城：縣名。治所在今安徽阜陽市。

[2]鍾離：城名。在今安徽鳳陽縣東北。

[3]又詔巒率衆會之：底本作“又詔巒率衆會”，中華本校勘記云：“諸本無‘之’字，《魏書》有。《通志》作‘討’。今從《魏書》補。”今從改。

[4]若有内應：毛本作“乃有内應”。在此不符合文意，誤。

初，侍中盧昶與巒不平，昶與元暉俱爲宣武所寵，[1]御史中尉崔亮，[2]昶之黨也，昶、暉令亮糾巒，事成，許言於宣武，以亮爲侍中。亮奏巒在漢中掠良人爲婢。[3]巒懼，乃以漢中所得巴西太守龐景仁女化生等二十餘口與暉。[4]化生等數人，奇色也。暉大悦，乃背昶爲巒言，云巒新有大功，已經赦宥，不宜方爲此獄。[5]帝納之。高肇以巒有克敵効而爲昶等所排，[6]助巒申釋，故得不坐。

[1]元暉：人名。字景襲。北魏宗室。見《北史》卷一五《常山王遵附元暉傳》。

[2]崔亮：人名。字敬儒，清河東武城（今山東武城縣西北）人。北魏官吏。見《北史》卷四四《崔亮傳》。

[3]掠良人爲婢：中華本校勘記云：“《魏書》‘婢’上有‘奴’字，疑《北史》脱。”可從。

[4]龐景仁：中華本校勘記云：“《魏書》‘仁’作‘民’，《北史》避唐諱改。”可從。

[5]不宜方爲此獄：局本作“不宜復爲此獄”。不符合文意，誤。

[6]鑾有克敵効：局本作“鑾有克敵功”。宋本、毛本、殿本、四庫本、四部備要本、中華本作“鑾有克敵效”。未詳孰是。

豫州城人白早生殺刺史司馬悦，[1]以城南入梁，遣其將齊苟仁率衆入據縣瓠。[2]詔鑾持節率羽林精騎討之。封平舒縣伯，[3]賞宿豫之功也。宣武臨東堂勞遣鑾曰："早生走也？守也？何時平？"鑾曰："今王師若臨，士人必翻然歸順，[4]圍之窮城，奔走路絶，不度此年，必傳首京師。願陛下不足爲慮。"帝笑曰："卿言何其壯哉！知卿親老，頻勞於外，然忠孝不俱，不得辭也。"於是鑾率騎八百，[5]倍道兼行，五日次於鮑口，[6]擊賊大將胡孝智，乘勝至縣瓠，因即度汝。既而大兵繼至，遂長圍圍之。[7]詔鑾使持節、假鎮南將軍，[8]都督南討諸軍事。中山王英南討三關，[9]亦次縣瓠，以後軍未至，前寇稍多，憚不敢進，乃與鑾分兵，將掎角攻之。梁將齊苟仁等二十一人開門出降，即斬早生等同惡數十人，豫州平。鑾振旅還京師，宣武臨東堂勞之。鑾曰："此陛下聖略威靈，英等將士之力，臣何功之有？"帝笑曰："卿匪直一月三捷，[10]所足稱奇；乃存士伯，[11]讓功而弗處。"

[1]白早生：人名。縣瓠（今河南汝南縣）人。北魏宣武帝時爲縣瓠軍主。宣武帝永平元年（508）殺刺史司馬悦，降梁，自號平北將軍，梁授以司州刺史。　司馬悦：人名。字慶宗，河内温

（今河南温縣）人。北魏將領。見《北史》卷二九《司馬楚之附司馬悦傳》（參尚振明《河南省孟縣出土北魏司馬悦墓誌》，《考古》1983 年第 3 期）。

［2］齊苟仁：人名。亦作“齊苟兒”。南朝梁將領。北魏宣武帝永平元年，白早生降梁，其隨從赴援，遭北魏圍攻，降魏。後梁、北魏互换降將，歸國。　縣瓠：城名。在今河南汝南縣。

［3］平舒縣伯：封爵名。平舒，縣名。治所在今河北大城縣。

［4］士人：中華本校勘記云：“《魏書》‘人’作‘民’，泛指百姓，《北史》避唐諱改作‘士人’，與當時專以指士族之‘士人’相混。”可從。

［5］率騎八百：殿本、四部備要本作“率駒八百”。按：“駒”指少壯的馬，“騎”亦指馬。未詳孰是。

［6］鮑口：地名。在今河南汝南縣。

［7］遂長圍圍之：《魏書》卷六五《邢巒傳》作“遂長圍之”，《册府元龜》卷三五三與《魏書》同。未詳孰是。

［8］假鎮南將軍：毛本作“加鎮南將軍”。在此文意不通，“假”訛作“加”。

［9］三關：關隘名。即平靖關（西關）、武勝關（東關）、黄峴關（百雁關）。在今河南信陽市南。

［10］匪直：不祇。

［11］士伯：人名。春秋時晋國大夫先蔑。士伯爲其别稱。晋襄公卒，太子夷皋年幼，趙盾等欲立襄公弟雍。他與士會至秦迎雍，後趙盾又立太子夷襄，是爲靈公，並發兵阻止秦國送雍回國。靈公元年（前 620），晋敗秦師，他與士會遂奔秦。

巒自宿豫大捷及平縣瓠，志行脩正，不復以財賄爲懷，戎資軍實，絲毫無犯。遷殿中尚書，[1] 加撫軍將軍，卒於官。巒才兼文武，朝野瞻望，上下悼惜之。贈車騎

大將軍、瀛州刺史。[2]初，帝欲贈冀州，黄門甄琛以巒前曾劾己，乃云："瀛州巒之本郡，人情所欲。"乃從之。及琛爲詔，[3]乃云優贈車騎將軍、瀛州刺史，議者笑琛淺薄。謚曰文定。子遜。

[1]殿中尚書：官名。負責統領宫中兵馬，典宫禁宿衛及倉庫。北魏孝文帝太和十七年定爲二品中。

[2]車騎大將軍：官名。北魏時在諸名號大將軍之上。多用來加授大臣及重要州郡長官，以示尊崇，無具體職掌。孝文帝太和十七年定爲一品中，二十三年改爲從一品。

[3]及琛爲詔：毛本作"琛爲詔"。

遜字子言，貌雖陋短，頗有風氣。襲爵後，遷國子博士、本州中正。[1]因謁靈太后，自陳功名之子，久抱沈屈，"臣父屢爲大將，而臣身無軍功階級。臣父唯爲忠臣，不爲慈父"。靈太后慨然，以遜爲長兼吏部郎中。[2]後位大司農卿，[3]與少卿元慶哲至相糾訟。[4]遜鋭於財利，議者鄙之。卒，贈光禄勳、幽州刺史。[5]

[1]國子博士：官名。教授生徒儒學。北魏孝文帝太和十七年定爲從五品上，二十三年改爲五品上。

[2]吏部郎中：官名。北魏時與吏部郎互稱，爲尚書省吏部曹長官，資深者可轉侍郎。屬吏部尚書，主管官吏選任、調動事務，對五品以下官吏的任免有建議權。孝文帝太和十七年定爲從四品上，二十三年後爲六品。

[3]大司農卿：官名。爲大司農的尊稱。北魏時掌倉儲園苑及供膳之庶務。孝文帝太和二十三年定爲三品。

[4]少卿：官名。即司農少卿。北魏置。協助大司農管理租税園苑倉儲。四品上。　元慶哲：《魏書》卷六五《邢巒傳》作“馬慶哲”，《通志》卷一五〇上與《北史》同。未詳孰是。

[5]光禄勳：官名。北魏時掌管宫殿門禁宿衛，兼掌供應百官膳食。孝文帝太和十七年定爲從一品下，二十三年改爲三品。　幽州：北魏時治薊縣，在今北京西南。

子祖徵，[1]開府祭酒。[2]父喪未終，謀反，伏法。

[1]子祖徵：源氏校勘記云：“《魏書》作‘祖徵’。”

[2]開府：指開府置僚屬。常以此作爲對高級官員的寵侍。　祭酒：官名。多爲諸府屬僚，主掌府内事。

祖徵弟祖劾，貌寢，有風尚。仕齊，卒於尚書郎。

祖劾弟祖儁，開府行參軍。[1]開皇中，位尚書都官郎中。[2]

[1]行參軍：官名。分掌府内各曹事務。官秩隨朝代及府主地位高低不一。北魏時爲七品上至九品，北齊時爲七品上至八品。

[2]尚書都官郎中：官名。即都官郎中。與都官郎互稱。爲尚書省都官曹長官。掌刑獄，亦佐督軍事。北魏孝文帝太和十七年定都官郎中爲五品上，都官郎爲從五品中。二十三年皆稱都官郎中。六品。

巒弟偉，尚書郎中。偉子昕。

昕字子明，幼孤，見愛於祖母李氏。好學，早有才情，解褐盪寇將軍，[1]累遷太尉記室參軍。吏部尚書李

神儁奏昕脩起居注。[2]太昌初，[3]除中書侍郎，加平東將軍、光禄大夫。[4]時言冒竊官級，爲中尉所劾，免官，乃爲《述躬賦》。未幾，受詔與秘書監常景典儀注事。[5]武帝行釋奠禮，[6]昕與校書郎裴伯茂等俱爲録義。[7]永熙末，[8]昕入爲侍讀，[9]與温子昇、魏收參掌文詔。[10]遷鄴，乃歸河間。

[1]盪寇將軍：官名。東漢末始置。爲雜號將軍，統兵出征。北魏孝文帝太和十七年定爲七品下，二十三年改爲從七品上。

[2]李神儁：人名。即李挺。字神儁，小名提，隴西狄道（今甘肅鎮原縣）人。北魏官吏。見《北史》卷一〇〇《涼武昭王李暠附李神儁傳》。

[3]太昌：北魏孝武帝的年號（532）。

[4]平東將軍：官名。北魏時多持節都督或兼理某一地區的軍事，有時也作爲刺史兼理地方軍事的加官。孝文帝太和十七年定爲從二品上，二十三年改爲三品。

[5]秘書監：官名。東漢桓帝置。北魏時爲秘書省主官，掌古今圖書，考校其文字異同。孝文帝太和十七年定爲第三品。　常景：人名。字永昌，河内温（今河南温縣）人。北魏、東魏官吏。見《北史》卷四二《常爽附常景傳》。

[6]武帝：即北魏皇帝元脩。武爲其謚號。

[7]校書郎：官名。即以郎官典校皇家秘籍圖書。孝文帝太和十七年定爲從六品上，二十三年改爲九品上。　裴伯茂：人名。河東聞喜（今山西聞喜縣）人。北魏官吏。見《北史》卷三八《裴延儁附裴伯茂傳》。

[8]永熙：北魏孝武帝的年號（532—534）。

[9]侍讀：官名。北魏始置。掌爲皇帝或太子讀解經義，由博學通經者任之。此爲加官，非本職。

[10]温子昇：人名。字鵬舉，濟陰冤句（今山東菏澤市西南）人。北魏、東魏大臣、文學家。見《北史》卷八三《温子昇傳》。　魏收：人名。字伯起，小字佛助，鉅鹿下曲陽（今河北晋州市西）人。北齊官吏、史學家。著有《魏書》。見《北史》卷五六《魏收傳》。

天平初，[1]與侍中從叔子才、魏季景、魏收同徵赴都，[2]尋還鄉里，既而復徵。時梁使兼散騎常侍劉孝儀等來聘，[3]詔昕兼正員郎，迎於境上。司徒孫騰引爲中郎，[4]尋除通直常侍，加中軍將軍。[5]既有才藻，兼長几案。自孝昌之後，[6]天下多務，世人競以吏工取達，文學大衰。司州中從事宋遊道以公斷見知，[7]時與昕嘲謔，昕謂之曰："世事同知文學外。"遊道有慚色。興和中，[8]以本官副李象使於梁。[9]昕好忤物，人謂之牛。是行也，談者謂之牛象鬬於江南。齊文襄王攝選，[10]擬昕爲司徒右長史，[11]未奏，遇疾卒，士友悲之。贈車騎將軍、都官尚書、冀州刺史，[12]謚曰文。所著文章自有集録。

[1]天平：東魏孝静帝的年號（534—537）。

[2]魏季景：人名。鉅鹿下曲陽（今河北晋州市西）人。北魏、東魏官吏。見《北史》卷五六《魏季景傳》。

[3]劉孝儀：人名。即劉潛。字孝儀，彭城（今江蘇徐州市）人。南朝梁文士、官吏。見《梁書》卷四一《劉潛傳》。

[4]孫騰：人名。字龍雀，咸陽石安（今陝西咸陽市東北）人。東魏大臣。見《北史》卷五四《孫騰傳》。　中郎：官名。魏晋南北朝時諸王府、公府、軍府等皆置爲僚屬，總稱從事中郎。品

秩不一。

［5］中軍將軍：官名。北魏時位在四鎮將軍下，多臨時設之，爲戰役總指揮，一般由親王任之。孝文帝太和二十三年定爲從二品。

［6］孝昌：北魏孝明帝的年號（525—527）。

［7］司州：北魏孝文帝太和十七年改洛州爲司州，治洛陽縣，在今河南洛陽市東北。　中從事：官名。州刺史屬官，位在别駕從事下。　宋遊道：人名。敦煌（今甘肅敦煌市）人。東魏、北齊官吏。見《北齊書》卷四七《宋遊道傳》。

［8］興和：東魏孝静帝的年號（539—542）。

［9］李象：人名。字孟則，勃海蓨（今河北景縣）人。東魏官吏。見《北史》卷四五《李叔彪附李象傳》。

［10］齊文襄王：即高澄。文襄爲其謚號，北齊文宣帝所追謚。

［11］司徒右長史：官名。即司徒府右長史。爲所在官署的屬官之長。

［12］都官尚書：官名。北魏時爲尚書省都官曹長官。職掌制定律令法制、糾劾違法、水利工程、舟船津梁、宫廷百官膳食等事務。孝文帝太和十七年定爲二品中。

偉弟晏，字幼平，美風儀，博涉經史，善談釋老，雅好文詠。位滄州刺史，[1]爲政清静，吏人安之。卒，贈尚書左僕射、瀛州刺史，謚曰文貞。晏篤於義讓，初爲南兖州，[2]例得一子解褐，乃啓其孤弟子子慎爲朝請。[3]子慎年甫十二，而其子已弱冠矣。後爲滄州，復啓孤兄子昕爲府主簿，而其子並未從宦，世人以此多之。

[1]滄州：北魏時治饒安縣，在今河北鹽山縣西南。

[2]南兖州：北魏正始四年（507）僑置，治所在今安徽亳州市。

[3]朝請：官名。即奉朝請。本是兩漢給予退休大臣、權貴的一種政治優待。西晋時成爲加官名號。東晋時獨立爲官，亦作加官。南朝列爲散騎（集書）省屬官，安置閑散，所施亦濫。北魏時爲冗散官，有俸無職。孝文帝太和十七年定爲六品下，二十三年改爲從七品。

子亢，字子高，頗有文學。位兼通直散騎常侍，[1]使於梁，時年二十八。後爲中外府屬，[2]坐事死於晋陽。

[1]通直散騎常侍：官名。又稱通直常侍。

[2]中外府：官署名。都督中外諸軍事府的簡稱。總統内外諸軍。

巒叔祖祐，字宗祐，少有學尚，知名於時。假員外散騎常侍，使於宋。以將命之勤，除建威將軍、平原太守，[1]賜爵城平男。[2]政清刑肅，百姓安之。卒于官。

[1]建威將軍：官名。西漢元帝始置。北魏時爲雜號將軍之一。孝文帝太和十七年定爲第四品中，二十三年定爲從四品。　平原：郡名。北魏道武帝皇始二年（397）占，屬冀州，治平原縣，在今山東平原縣西南。孝文帝太和十一年（487）屬濟州，治聊城縣，在今山東聊城市東北。同時，太武帝時涇州亦置有平原郡，治陰槃縣，在今甘肅平凉市東。孝文帝太和年間所設燕州，也領有平原郡，治所在今河北懷來縣西南。

［2］城平男：封爵名。城平，縣名。亦作“成平”，治所在今河北滄州市交河鎮東北。

子産，字神寶，好學善屬文，少時作《孤蓬賦》，爲時所稱。舉秀才，除著作佐郎。[1]假常侍、鄭縣子，[2]使於齊。産仍世將命，[3]時人美之。歷中書侍郎、太子中庶子，[4]卒，朝廷嗟惜焉。贈平州刺史、樂城子，[5]謚曰定。

［1］著作佐郎：官名。掌協助著作郎修撰國史及起居注。孝文帝太和二十三年定爲七品。

［2］假常侍：《魏書》卷六五《邢巒傳》作“假員外常侍”。未詳孰是。

［3］仍世：累世，歷代。

［4］太子中庶子：官名。北魏時掌侍從、奏事、諫議等。孝文帝太和十七年定爲三品中，二十三年改爲四品上。

［5］平州：北魏時治肥如縣，在今河北盧龍縣北。　樂城子：封爵名。樂城，縣名。治所在今河北獻縣西南。

祐從子虯，字神彪，[1]著作郎敏之子也。[2]少爲《三禮》鄭氏學，[3]明經有文思。舉秀才上第，爲中書議郎、尚書殿中郎。[4]孝文因公事與語，問朝覲宴饗禮，虯以經對，大合上旨。帝崩，尚書令王肅多用新儀，[5]虯往往折以《五經》正禮。[6]爲尚書左丞，多所糾正，臺閣肅然。時雁門人有害母者，[7]八坐奏轘之而瀦其室，[8]宥其二子。虯駁奏云：“君親無將，將而必誅。謀逆者戮及朞親，害親者令不及子，[9]既逆甚梟鏡，禽獸之不若，

而使禋祀不絕，[10]遺育承傳，非所以勸忠孝之道，存三綱之義。若聖教含容，不加孥戮，使父子罪不相及，惡止於其身者，則宜投之四裔，[11]敕所在不聽配匹。《盤庚》言'無令易種新邑'，[12]漢法五月食梟羹，[13]皆欲絕其類也。"奏入，宣武從之。

［1］字神彪：中華本校勘記云："《魏書》'彪'作'虎'，《北史》避唐諱改。"可從。

［2］著作郎：官名。南北朝時爲清要之官，多由文學之士出任。北魏孝文帝太和二十三年定爲從五品上。

［3］三禮：《儀禮》《周禮》《禮記》三書的合稱。

［4］中書議郎：官名。亦稱議郎。北魏始置。爲中書省屬官。掌參議軍國大事。多爲漢族門閥子弟起家官。孝文帝太和十七年定爲五品中。　尚書殿中郎：官名。即殿中郎。爲尚書省殿中曹長官通稱。亦稱殿中郎中。北魏時屬殿中尚書，領宫内兵馬，典宫殿禁衛、倉庫。孝文帝太和十七年定尚書殿中郎中爲五品上，殿中郎從五品中，二十三年皆稱殿中郎中，六品。

［5］王肅：人名。字恭懿，琅邪臨沂（今山東臨沂市）人。北魏官吏。見《北史》卷四二《王肅傳》。

［6］虯往往折以五經正禮：毛本作"虯往往所以五經正禮"。意不通，"折"訛作"所"。

［7］雁門：郡名。北魏時治廣武縣，在今山西代縣西南。

［8］八坐：又作"八座"。爲高級官員的合稱。北魏時以八坐參議軍國大事。　轘：古代用車分裂人體的一種酷刑。　瀦（zhū）：水積聚。此處指淹没。

［9］害親者令不及子：中華本校勘記云："《魏書》'令'作'今'，疑是。"可從。

［10］禋（yīn）祀：祭祀。

[11]則宜投之四裔：《魏書》卷六五《邢巒傳》作"不則宜投之四裔"，《通志》卷一五〇上與《北史》同。根據語意理解，應從《北史》。四裔，指四方邊遠地區。

[12]盤庚言無令易種新邑：見《尚書·盤庚》。

[13]梟羹：以梟肉製作的羹湯。夏至日皇帝以之賜臣下，寓除邪惡。見《史記》卷一二《孝武本紀》："祠黄帝用一梟破鏡。"裴駰《集解》引三國魏如淳曰："漢使東郡送梟，五月五日爲梟羹以賜百官。以惡鳥，故食之。"

後爲光禄少卿，[1]母在鄉遇患，請假歸。遇秋水暴長，河梁破絶，虯得一小船而度，船漏滿不没，時人異之。母喪，哀毁過禮，爲時所稱。卒，贈幽州刺史，謚曰威。虯善與人交，清河崔亮、頓丘李平並與親善。[2]所作碑頌雜筆三十餘篇。長子臧。

[1]光禄少卿：官名。北魏始置。爲光禄勳副職。孝文帝太和十七年定爲三品上，二十三年改爲四品上。

[2]頓丘：郡名。北魏時治頓丘縣，在今河南清豐縣西南。

臧字子良，幼孤，早立操尚，[1]博學有藻思。年二十一，神龜中舉秀才，考上第，爲太學博士。[2]正光中，議立明堂，臧爲裴頠一室之議，[3]事雖不行，當時稱其理博。出爲本州中從事，雅爲鄉情所附。永安初，[4]徵爲金部郎中，[5]以疾不赴。轉除東牟太守，[6]時天下多事，在職少能廉白，臧獨清慎奉法，吏人愛之。隴西李延寔，[7]莊帝之舅，[8]以太傅出除青州，[9]啓臧爲屬。領樂安内史，[10]有惠政。後除濮陽太守，[11]尋加安東將軍。

［1］早立操尚：殿本、四庫本、四部備要本作“早立文尚”。意不通，誤。

［2］太學博士：官名。北魏時掌教授太學生，國家有事時亦議政議禮。孝文帝太和二十三年定爲從七品。

［3］裴頠：人名。字逸民，河東聞喜（今山西聞喜縣）人。西晋官吏、學者。見《晋書》卷三五《裴秀附裴頠傳》。

［4］永安：北魏孝莊帝的年號（528—530）。

［5］金部郎中：官名。爲尚書省金部曹長官。掌審核全國庫藏錢帛及有關度量衡的政令。北魏孝文帝太和十七年定郎中爲五品中，郎爲從五品中。二十三年皆稱郎中，六品。

［6］東牟：郡名。北魏時治黄縣，在今山東龍口市東。

［7］隴西：郡名。北魏時治襄武縣，在今甘肅隴西縣東南。　李延寔：人名。字禧，隴西狄道（今甘肅臨洮縣）人。北魏官吏。見《北史》卷一〇〇《凉武昭王李暠附李延寔傳》。殿本、四部備要本作“李延實”。

［8］莊帝：即北魏皇帝元子攸。莊爲其謚號。

［9］太傅：官名。北魏時與太師、太保並號三師，位居太師下、太保上。孝文帝太和二十三年定爲一品。　青州：北魏時治東陽城，在今山東青州市。

［10］樂安：郡名。北魏時治千乘縣，在今山東高青縣東南。　内史：官名。北魏時爲執掌民政的官員。地位相當於郡太守。孝文帝太和二十三年後定上郡爲四品，中郡爲五品，下郡爲六品。

［11］濮陽：郡名。北魏時治甄城縣，在今山東鄄城縣北。

臧和雅信厚，有長者之風，爲時人所愛敬。爲特進甄琛行狀，世稱其工。與裴敬憲、盧觀兄弟並結友，[1]曾共讀《回文集》，[2]臧獨先通之。撰古來文章并叙作者

氏族，號曰《文譜》，未就，病卒，時賢悼惜之。其文筆凡百餘篇。贈鎮北將軍、定州刺史，謚曰文。

[1]裴敬憲：人名。字孝虞，河東聞喜（今山西聞喜縣）人。北魏官吏。見《北史》卷三八《裴駿附裴敬憲傳》。　盧觀：人名。字伯舉，范陽涿（今河北涿州市）人。北魏官吏。見《北史》卷三〇《盧觀傳》。

[2]回文集：回文詩集，編者不詳。回文，指可以倒讀的文字。

子恕，涉學有識悟。齊武平末，[1]尚書屯田郎。[2]隋開皇中，尚書侍郎。[3]卒於沂州長史。[4]

[1]武平：北齊後主的年號（570—576）。

[2]尚書屯田郎：官名。與屯田郎中互稱，尚書省屯田曹長官。北魏孝文帝太和十七年定郎爲從五品中，郎中爲五品上。二十三年皆稱郎中，六品。

[3]尚書侍郎：官名。隋煬帝時升爲尚書各部副主官，助尚書掌部務，正四品。

[4]沂州：隋朝初治臨沂城，在今山東臨沂市北。

臧弟卲，字子才，[1]小字吉，少時有避，遂不行名。年五歲，魏吏部郎清河崔亮見而奇之曰："此子後當大成，位望通顯。"十歲便能屬文，雅有才思，聰明强記，日誦萬餘言。族兄巒有人倫鑒，謂子弟曰："宗室中有此兒，非常人也。"少在洛陽，會天下無事，與時名勝，專以山水游宴爲娱，不暇勤業。嘗霖雨，乃讀《漢書》，五日略能遍之。後因飲謔倦，[2]方廣尋經史，五行俱下，

一覽便無所遺。文章典麗，既贍且速。[3]年未二十，名動衣冠。嘗與右北平陽固、河東裴伯茂、從兄罘、河南陸道暉等至北海王昕舍宿飲，[4]相與賦詩，凡數十首，皆在主人奴處。旦日奴行，諸人求詩不得，卲皆爲誦之。諸人有不認詩者，奴還得本，不誤一字。諸人方之王粲。[5]吏部尚書隴西李神儁大相欽重，引爲忘年之交。

[1]臧弟卲字子才：殿本、四庫本、四部備要本作“弟卲，卲字子才”。皆可。

[2]謔（xuè）：盡興地游樂。

[3]贍（shàn）：豐富。

[4]右北平：郡名。西晋改爲北平郡。故疑此“右北平”爲“北平”。《北史》卷四七《陽尼附陽固傳》亦云“北平無終人”。北平郡，北魏時治新昌縣，在今河北盧龍縣。　陽固：人名。字敬安，北平無終（今天津薊縣）人。北魏官吏。見《北史》卷四七《陽尼附陽固傳》。　河東：郡名。北魏時治蒲坂縣，在今山西永濟市西南蒲州鎮。　河南：郡名。北魏時治洛陽縣，在今河南洛陽市東北。　陸道暉：人名。即陸暐。字道暉，鮮卑族。北魏官吏。見《北史》卷二八《陸俟附陸暐傳》。　北海：郡名。北魏時治平壽城，在今山東濰坊市西南。北海，局本作“比海”。據史書記載，無“比海”地名，“北”訛作“比”。　王昕：人名。字元景，北海劇（今山東壽光市東南）人。北魏官吏。見《北史》卷二四《王憲附王昕傳》。

[6]王粲：人名。字仲宣，山陽高平（今山東鄒城市）人。東漢末著名文學家，建安七子之一。見《三國志》卷二一《魏書·王粲傳》。

釋巾爲魏宣武挽郎，[1]除奉朝請，遷著作佐郎，深爲領軍元叉所禮。[2]叉新除尚書令，[3]神儁與陳郡袁翻在席，[4]叉令卲作謝表，須臾便就，以示諸賓。神儁曰："邢卲此表，足使袁公變色。"孝昌初，與黄門侍郎李琰之對典朝儀。[5]

[1]挽郎：官名。執事於皇帝、皇后等喪禮之儀仗隊員。選品官子弟擔任，爲入仕途徑之一。北魏時被選挽郎後，可除奉朝請或將軍府參軍等官。

[2]元叉：人名。字伯儁，小字夜叉。北魏宗室。見《北史》卷一六《京兆王黎附元叉傳》。

[3]叉新除尚書令：底本作"叉新除遷尚書令"，中華本校勘記云："諸本'除'下衍'遷'字，據《册府》卷八三九、《通志》卷一五五《邢卲傳》删。"今從改。

[4]陳郡：北魏時治陳縣，在今河南淮陽縣。　袁翻：人名。字景翔，陳郡項（今河南沈丘縣）人。北魏官吏。見《北史》卷四七《袁翻傳》。

[5]李琰之：人名。字景珍，隴西狄道（今甘肅臨洮縣）人。北魏官吏。見《北史》卷一〇〇《凉武昭王李暠附李琰之傳》。

自孝明之後，[1]文雅大盛，卲彫蟲之美，獨步當時，每一文初出，京師爲之紙貴，讀誦俄徧遠近。于時袁翻與范陽祖瑩位望通顯，[2]文筆之美，見稱先達，以卲藻思華贍，深共嫉之。每洛中貴人拜職，多憑卲爲謝章表。[3]嘗有一貴勝初授官，大事賓食，[4]翻與卲俱在坐，翻意主人託其爲讓表。遂命卲作之，翻甚不悦。每告人云："邢家小兒常客作章表，自買黄紙，寫而送之。"卲

恐爲翻所害，乃辭以疾。屬尚書令元羅出鎮青州，[5]啓爲府司馬，遂在青土，終日酣賞，盡山泉之致。

[1]孝明：即北魏皇帝元詡。孝明爲其謚號。

[2]祖瑩：人名。字元珍，范陽遒（今河北淶水縣北）人。北魏、東魏官吏。見《北史》卷四七《祖瑩傳》。

[3]多憑卲爲謝章表：中華本校勘記云："《北齊書》卷三六《邢卲傳》無'章'字，當是衍文。"可從。

[4]大事賓食：源氏校勘記云："'事'《北齊》作'集'。爲是。"

[5]元羅：人名。字仲綱。北魏宗室。見《北史》卷一六《京兆王黎附元羅傳》。

永安初，累遷中書侍郎，所作詔文體宏麗。及尒朱榮入洛，[1]京師擾亂，卲與弘農楊愔避地嵩高山。[2]普泰中，[3]兼給事黄門侍郎，尋爲散騎常侍。太昌初，敕令恒直内省，給御史，[4]令覆案尚書門下事，凡除大官，先問其可不，然後施行。除衛將軍、國子祭酒。[5]以親老還鄉，詔所在特給兵力五人，并令歲一入朝，以備顧問。丁母憂，哀毁過禮。後楊愔與魏收及卲請置學，[6]（奏曰：

[1]尒朱榮：底本作"尒朱兆"，中華本校勘記云："諸本'榮'作'兆'，《册府》卷九四九作'榮'。按下文言'卲與弘農楊愔避地嵩高山'。據本書卷四一《楊愔傳》，愔與邢卲隱於嵩山，在莊帝誅尒朱榮前，而尒朱兆入洛是在尒朱榮死後，則此作'兆'誤。又據本書卷四八《尒朱榮傳》，言莊帝謀殺尒朱榮前，'榮乃

暫來向京'，'京師人懷恐懼，中書侍郎邢子才之徒，已避之東出'。知作'滎'是，今據《册府》改。"今從改。

[2]弘農：指弘農華陰。弘農，郡名。北魏時治陝城，在今河南三門峽市。華陰，縣名。治所在今陝西華陰市東南。　楊愔：人名。字遵彦，弘農華陰（今陝西華陰市東南）人。東魏、北齊官吏。見《北史》卷四一《楊播附楊愔傳》。　嵩高山：又名外方山。今河南登封市北嵩山。

[3]普泰：北魏節閔帝的年號（531—532）。

[4]給御史：源氏校勘記改"史"作"食"。中華本校勘記云："李慈銘云：'"御史"當作"御食"。'按《北齊書》（南北二本）及《通志・邢邵傳》作'御食'。疑李説是。"可從。

[5]國子祭酒：官名。掌教授生徒儒學，主管國子學，參議禮制，隸太常。北魏孝文帝太和十七年定爲四品上，二十三年改爲從三品。

[6]收：底本作"元叉",源氏校勘記云："'元叉'《北齊》作'收'一字。"中華本校勘記云："諸本'收'字作'元叉'二字，《北齊書》作'收'。錢氏《考異》卷三九云：'按史叙此事於太昌之後（太昌，孝武年號），元叉死已久矣。《北齊書》以爲魏收者爲近之。然考之《魏書》卷六六《李崇傳》，此奏實出於崇，與楊愔、邢邵、魏收諸人初不相涉。其文云："伏聞朝議，以高祖大造區夏，道侔姬文，擬祀明堂，式配上帝。"蓋孝明熙平二年，太師、高陽王雍等議以高祖配明堂，故有此奏。其時靈太后臨朝攝政，元叉亦用事，故有靈太后之令也。竊意自"請置學"至"累遷尚書令加侍中"凡六百六十七字皆《李崇傳》文，錯入此篇耳。'按錢説是。楊愔與魏收、邢邵請置學事，並不見於有關諸人傳，紀亦不載，有無未可必。今姑從《北齊書》改'元叉'爲'收'，又用圓括號删'奏曰二黌兩學'以下六百六十五字。"今從之，加括號保留相應文字。

二黌兩學，[1]盛自虞、殷。所以宗配上帝，以著莫大之嚴；宣布下土，[2]以彰則天之軌。[3]養黄髪以詢哲言，[4]育青衿而敷典教。[5]用能享國長久，風徽萬祀者也。爰曁亡秦，改革其道，阬儒滅學，以蔽黔黎。故九服分崩，祚終二代。炎漢勃興，更脩儒術。故西京有六學之義，[6]東都有三本之盛。[7]逮自魏、晋，撥亂相因，兵革之中，學校不絶。仰惟高祖孝文皇帝，稟聖自天，道鏡今古，列教序於鄉黨，敦《詩》《書》於郡國。但經始事殷，戎軒屢駕，未遑多就，弓劍弗追。世宗統曆，[8]聿遵先緒，永平之中，[9]大興板築。續以水旱，戎馬生郊，雖逮爲山，還停一簣。而明堂禮樂之本，乃鬱荆棘之林；膠序德義之基，[10]空盈牧豎之跡。[11]城隍嚴固之重，闕甎石之工；墉構顯望之要，少樓榭之飾。加以風雨稍侵，漸致虧墜，非所謂追隆堂構，儀刑萬國者也。伏聞朝議以高祖大造區夏，道侔姬文，[12]擬祀明堂，式配上帝。今若基宇不脩，仍同丘畎，即使高皇神享，闕於國陽，宗事之典，有聲無實。此臣子所以匪寧，億兆所以佇望也。[13]

[1]二黌（hóng）兩學：源氏校勘記云："'二'《北齊》作'一'。"《北齊書》卷三六《薛道衡傳》作"一黌兩學"。黌，古代的學校。兩學，國學和太學的合稱。未詳孰是。

[2]宣布下土：底本"下土"作"十二"，源氏校勘記改"十二"作"下土"，中華本校勘記云："諸本'下土'訛作'十二'，據《魏書》卷六六《李崇傳》、《北齊書》卷三六（補）《邢卲傳》

改。”今從改。下土，四方、天下。

[3]則天：以天爲法，治理天下。

[4]養黄髮以詢哲言：從長壽的人那裏得到指點。語出《尚書·秦誓》：“雖則云然，尚猷詢兹黄髮，則罔所愆。”孔安國傳云：“今我庶幾以道謀此黄髮賢老，則行事無所過矣。”黄髮，長壽的人。

[5]青衿：青色交領的長衫。古代學子的常服。《詩·鄭風·子衿》：“青青子衿，悠悠我心。”毛傳：“青衿，青領也。學子之所服。” 典教：《北齊書·邢卲傳》作“教典”。未詳孰是。

[6]六學：指儒家的六經。

[7]三本：古代内府藏書，均具正本、副本、貯本，稱三本。

[8]世宗：即北魏皇帝元恪。世宗爲其廟號。

[9]永平：北魏宣武帝的年號（508—512）。

[10]膠序：殷學名序，周學名膠，後即用爲學校的通稱。

[11]牧豎：即牧童。

[12]姬文：指周文王。

[13]億兆：指庶民百姓。 佇望：等候，盼望。

臣又聞官方授能，所以任事，既任事矣，酬之以禄。如此則上無曠官之譏，[1]下絶尸素之謗。[2]今國子雖有學官之名，而無教授之實，何異兔絲燕麥，[3]南箕北斗哉。[4]

[1]曠官：空着官位。

[2]尸素：居位食禄而不盡職。

[3]兔絲燕麥：菟絲不是絲，燕麥不是麥。比喻有名無實。

[4]南箕北斗：典出《詩·小雅·大東》：“維南有箕，不可以簸揚；維北有斗，不可以挹酒漿。”比喻有名無實。箕，星宿名。

形狀像簸箕。斗，星宿名。形狀像酒斗。

昔劉向有言，[1]王者宜興辟雍、陳禮樂以風天下。[2]夫禮樂所以養人，刑法所以殺人。而有司勤勤，請定刑法，至於禮樂，則曰未敢。是敢於殺人，不敢於養人也。臣以爲當今四海清平，九服寧晏，[3]經國要重，理應先營，脱復稽延，則劉向之言徵矣。但事不兩興，須有進退，以臣愚量，宜罷尚方彫靡之作，[4]頗省永寧土木之功，[5]并減瑶光材瓦之力，[6]兼分石窟鐫琢之勞，及諸事役非世急者，三時農隙，脩此數條。[7]使辟雍之禮，蔚爾而復興；諷誦之音，焕然而更作。美榭高墉，嚴壯於外；槐宫棘寺，顯麗於中。更明古今，重遵鄉飲，郭進郡學，精課經業。如此則元、凱可得之於上序，[8]游、夏可致之於下國，[9]豈不休歟。

[1]劉向：人名。本名更生，字子政，沛（今江蘇沛縣）人。西漢學者。見《漢書》卷三六《楚元王傳》。

[2]辟（bì）雍：本指周王朝爲貴族子弟所設的太學。後泛指學校。

[3]九服：王畿以外的地區按照遠近劃分爲九等，此處指全境。

[4]尚方：官府手工業機構。

[5]永寧：即永寧寺。爲北魏洛陽城中最大的寺院。

[6]瑶光：佛寺名。故址在今河南洛陽市附近。

[7]修此數條：底本作“脩比數條”，源氏校勘記改“比”作“此”。中華本校勘記云：“諸本‘此’訛‘比’，據《魏書·李崇傳》《北齊書·邢卲傳》改。”今從改。

［8］元凱：八元八凱的省稱。傳説高辛氏與高陽氏各有才子八人，分别稱爲八元、八凱。後用以代稱賢臣。　上序：即上庠。古代國家設立的學校。

［9］游夏：指孔子學生子游與子夏。　下國：指州郡。

靈太后令曰：[1]“配饗大禮，爲國之本，比以戎馬在郊，未遑修繕，今四表晏寧，當敕有司，别議經始。”累遷尚書令，加侍中。）

［1］靈太后令曰：殿本、四庫本、四部備要本作“靈太后命曰”。皆可。

于時與梁和，妙簡聘使，卲與魏收及從子子明被徵入朝。當時文人，皆卲之下，但以不持威儀，名高難副，朝廷不令出境。南人曾問賓司：[1]“邢子才故應是北間第一才士，何爲不作聘使？”答云：“子才文辭實無所愧，但官位已高，恐非復行限。”南人曰：“鄭伯猷，[2]護軍猶得將命，[3]國子祭酒何爲不可？”[4]卲既不行，復請還故郡。

［1］賓司：掌接待外交官。

［2］鄭伯猷：人名。滎陽開封（今河南開封市）人。北魏官吏。博學有文才。見《北史》卷三五《鄭羲附鄭伯猷傳》。

［3］護軍猶得將命：宋本、局本、中華本作“護軍猶得將令”。皆可。

［4］國子祭酒：代指邢子才，因他曾任國子祭酒。

文襄在京輔政，[1]徵之，在第爲賓客。除給事黄門侍郎，與温子昇對爲侍讀。文襄富於春秋，[2]初總朝政，崔暹每勸禮接名賢，[3]詢訪得失，以卲宿有名望，故請徵焉。文襄甚親重之，多别引見。卲舊鄙崔暹無學術，言論之際，遂云暹無所知解。文襄還以卲言告暹，并道"此漢不可親近"。暹頗銜之。卲奏魏帝，發敕用妻兄李伯倫爲司徒祭酒。[4]詔書已出，暹即啓文襄，執其專擅，伯倫官事便寢。卲由是被疏。

[1]文襄在京輔政：底本作"武帝在京輔政"，中華本校勘記云："諸本'文襄'作'武帝'，《通志》作'文宣'。錢氏《考異》云：'"武帝"當作"文襄"。'按錢説是，高澄在鄴'輔政'，見本書卷六《文襄紀》。今據改。"今從改。

[2]文襄富於春秋：底本作"宣武富於春秋"，中華本校勘記云："諸本'文襄'作'宣武'，錢氏《考異》云：'"宣武"亦"文襄"之訛。'按下文言崔暹薦邢卲事，見本書卷三二《崔暹傳》。暹傳正作'文襄'，今據改。下文三處同改。"今從改。

[3]崔暹：人名。字季倫，博陵安平（今河北安平縣）人。東魏、北齊官吏。見《北史》卷三二《崔暹傳》。

[4]李伯倫：人名。即李徽。字伯倫，趙郡（今河北趙縣）人。東魏、北齊官吏。見《魏書》卷四九《李靈傳》。　司徒祭酒：官名。爲司徒府屬吏，掌府内事，分東閤、西閤等。

其後除驃騎、西兖州刺史。[1]在州有善政，桴鼓不鳴，[2]吏人姦伏，守令長短，無不知之。定陶縣去州五十里，[3]縣令妻日暮取人斗酒束脯，卲逼夜攝令，未明而去，責其取受，舉州不識其所以。在任都不營生産，

唯南兗糴粟，就濟陽食之。[4]卲繕修觀宇，頗爲壯麗，皆爲之名題，有清風觀、明月樓，而不擾公私，唯使兵力。吏民爲立生祠，并勒碑頌德。及代，吏人父老及媼嫗皆遠相攀追，號泣不絶。至都，除中書令。[5]

[1]西兗州：東魏時治定陶城，在今山東定陶縣西。

[2]桴鼓：指戰鼓或警鼓。

[3]定陶：縣名。治所在今山東定陶縣西北。

[4]濟陽：中華本校勘記云："按《魏書·地形志中》西兗州無濟陽，有濟陰郡。所屬定陶城，即西兗州治所。'濟陽'當爲'濟陰'之訛。"可從。濟陰，郡名。東魏時治定陶縣，在今山東定陶縣西北。

[5]中書令：官名。中書省長官之一。北魏時爲一閑職。孝文帝太和二十三年定爲三品。

舊格制：生兩男者，賞羊五口，不然則絹十匹。僕射崔暹奏絶之。卲云："此格不宜輒斷。句踐以區區之越，賞法：生三男者給乳母。况以天下之大而絶此條！舜藏金於山，不以爲乏，今藏之於民，復何所損。"又準舊皆訊囚取占，然後送付廷尉。卲以爲不可，乃立議曰："設官分職，各有司存，丞相不問鬬人，虞官弓招不進。豈使尸祝兼刀匕之役，[1]家長侵雞犬之功。"詔並從之。

[1]尸祝：古代祭祀時對神主掌祝的人，即主祭人。　刀匕：刀和匙。食具。

自除太常卿兼中書監,[1]攝國子祭酒。是時朝臣多守一職，帶領二官甚少；卲頓居三職，並是文學之首，當世榮之。幸晋陽,[2]路中頻有甘露之瑞，朝臣皆作《甘露頌》，尚書符令卲爲之序。及文宣崩，凶禮多見訊訪，敕撰哀策。後授特進，卒。

[1]自除太常卿兼中書監：中華本校勘記云："按上文不言卲於何時除太常卿。據《北齊書》卷四五《樊遜傳》，遜於天保七年受詔校書，請以太常卿邢子才家藏書參校。則卲爲太常卿，當在天保年間。《北史》文字兀突，疑此上有脱文。《北齊書》'自除'作'累遷'，《通志》'自'作'後'，疑是各以意改，未必原文如此。"可從。中書監，官名。北齊時爲中書省長官之一，掌納奏、擬詔、出令，然權歸中書舍人，監、令名爲長官，實爲閑職。從二品。

[2]幸晋陽：中華本校勘記云："《北齊書》上有'世宗'二字，《通志》有'文宣'二字。按《藝文類聚》卷九八有北齊邢子才《應詔甘露詩》《甘露頌》，内容都是歌頌皇帝之語。高澄（世宗）未曾爲帝，疑《通志》作'文宣'是。"可從。

卲率情簡素，内行脩謹，兄弟親姻之間，稱爲雍睦。博覽墳籍，無不通曉。晚年尤以五經章句爲意，窮其指要。吉凶禮儀，公私諮稟，質疑去惑，爲世指南。每公卿會議，事關典故，卲援筆立成，證引該洽。帝命朝章，取定俄頃，詞致宏遠，獨步當時。與濟陰温子昇爲文士之冠，世論謂之温、邢。鉅鹿魏收雖天才艷發,[1]而年事在二人之後，故子昇死後，方稱邢、魏焉。

[1]鉅鹿：郡名。北齊時治藁城縣，在今河北藁城市西南。

雖望實兼重，不以才位傲物，脱略簡易，不脩威儀，車服器用，充事而已。[1]有齋不居，坐卧恒在一小屋，果餌之屬，或置之梁上，賓至，下而共噉。天姿質素，特安異同，[2]士無賢愚，皆能傾接，對客或解衣覓虱，且與劇談。有書甚多，而不甚讎校。見人校書，笑曰："何愚之甚！天下書至死讀不可遍，焉能始復校此。日思誤書，[3]更是一適。"妻弟李季節，才學之士，謂子才曰："世間人多不聰明，思誤書何由能得？"子才曰："若思不能得，便不勞讀書。"與婦甚疏，未嘗内宿。自云嘗晝入内閤，爲狗所吠，言畢便撫掌大笑。性好談賞，又不能閑獨，公事歸休，恒須賓客自伴。

[1]充事而已：殿本、四部備要本作"克事而已"。意不通，"充"訛作"克"。

[2]特安異同：毛本作"特安同異"。皆可。

[3]日思誤書：源氏校勘記云："《北齊》'日'作'且'，'書'下有'思之'二字。"中華本校勘記云："《北齊書》作'且誤書思之'，《通志》作'且思誤書'。按'日'當是'且'之訛。"可從。

事寡嫂甚謹，養孤子恕慈愛特深。在兖州，有都信云恕疾，便憂之廢寢食，顔色貶損。及卒，[1]人士爲之傷心，痛悼雖甚，竟不再哭，賓客弔慰，抆淚而已。[2]其高情達識，開遣滯累，東門吴以還，[3]所未有也。有

集三十卷，見行於世。

［1］及卒：中華本校勘記云："此承上文，似是邢恕卒。但本卷《邢臧傳》，言恕仕隋，卒於沂州長史，則卲不得見其死。據本書卷九〇《馬嗣明傳》，言卲子大寶，少年早喪，則死者當是大寶，非邢恕。'及卒'上有脱文。"可從。

［2］抆（wěn）淚：擦淚。

［3］東門吴：人名。戰國時梁人。史稱其雖子死而不悲傷。後因以其爲喪失親人而胸懷曠達者的典型。

卲世息大寶，有文情。孽子大德、大道，略不識字焉。

李崇，字繼長，小名繼伯，頓丘人也。文成元皇后第二兄誕之子。[1]年十四，召拜主文中散，[2]襲爵陳留公，[3]鎮西大將軍。[4]孝文初，[5]爲荆州刺史，鎮上洛，[6]敕發秦、陝二州兵送崇至理。[7]崇辭曰："邊人失和，本怨刺史，奉詔代之，但須一宣詔旨而已。不勞發兵自防，使人懷懼。"孝文從之。乃輕將數十騎馳到上洛，宣詔綏慰，人即帖然。邊戍掠得齊人者，悉令還之。南人感德，仍送荆州口二百許人。兩境交和，無復烽燧之警。在州四年，甚有稱績。召還京師，賞賜隆厚。

［1］元皇后：北魏文成帝的皇后。見《北史》卷一三《文成元皇后李氏傳》。

［2］主文中散：官名。北魏中期由中散官分化出來，專掌文書事務。五品中。孝文帝改制罷。

［3］陳留公：封爵名。北魏時治浚儀縣，在今河南開封市。

[4]鎮西大將軍：官名。三國蜀置。職掌與鎮西將軍同，唯資歷深者得任此職。北魏孝文帝太和十七年定爲從一品上，二十三年改爲二品。

[5]孝文初：中華本校勘記云："按《魏書》卷六六《李崇傳》云：'高祖初，爲大使，巡察冀州。尋以本官行梁州刺史。時巴氐擾動，詔崇以本將軍爲荆州刺史。'下文又云：'尋勒邊戍，掠得蕭賾人者，悉令還之。'蕭賾（齊武帝）即位在太和六年，時孝文在位已十二年，則此作'孝文初'，非是。此乃《北史》删節致誤。"可從。

[6]上洛：郡名。北魏時治上洛縣，在今陝西商洛市商州區。

[7]陝：州名。北魏時治陝城，在今河南三門峡市西。

除兖州刺史。兖土舊多劫盜，崇乃村置一樓，樓懸一鼓，盜發之處，雙槌亂擊，四面諸村，聞鼓皆守要路。俄頃之間，聲布百里，其中險要，悉有伏人，盜竊始發，便爾禽送。諸州置樓懸鼓，自崇始也。後例降爲侯，改授安東將軍。車駕南征，詔崇副驃騎大將軍、咸陽王禧都督左翼諸軍事。[1]徐州降人郭陸聚黨作逆，人多應之。崇遣高平卜冀州詐稱犯罪，[2]逃亡歸陸，陸納之，以爲謀主。數月，冀州斬陸送之，賊徒潰散。入爲河南尹。[3]

[1]驃騎大將軍：官名。北魏時居諸名號將軍之首。多授予權臣元老，以示尊崇，可開府置僚屬，不領兵。戰時統兵出征，位在三公之下，多作大臣加官。孝文帝太和二十三年定爲從一品。

[2]高平：郡名。北魏時治高平縣，在今寧夏固原縣。　卜冀州：人名。其餘不詳。

[3]河南尹：官名。北魏孝文帝太和十七年遷都洛陽，置河南郡，設爲長官，掌京都洛陽地區行政。三品。

後車駕南討漢陽，[1]崇行梁州刺史。[2]氐楊靈珍遣弟婆羅與子雙領步騎萬餘，襲破武興，與齊相結。[3]詔崇爲使持節、都督隴右諸軍事，率衆討之。崇槎山分進，[4]出其不意，表裏以襲，群氐皆棄靈珍散歸，靈珍衆減太半。崇進據赤土。[5]靈珍又遣從弟建率五千人屯龍門，[6]躬率精勇一萬據鷩硤。[7]龍門之北數十里中，伐樹塞路。鷩硤之口，積大木，聚礌石，臨崖下之，以拒官軍。崇乃命統軍慕容拒率衆五千，從他路夜襲龍門，破之。崇自攻靈珍，靈珍連戰敗走，俘其妻子。崇多設疑兵，襲克武興。齊梁州刺史陰廣宗遣參軍鄭猷、王思考率衆援靈珍。崇大破之，并斬婆羅首，殺千餘人，俘獲猷等。靈珍走奔漢中。孝文在南陽，[8]覽表大悦曰："使朕無西顧之憂者，李崇功也。"拜梁州刺史，手詔曰："便可善思經略，去其可除，安其可育，公私所患，悉令芟夷。"及靈珍偷據白水，[9]崇擊破之，靈珍遠遁。

[1]漢陽：縣名。治所在今陝西漢陰縣西南。

[2]梁州：北魏時治南鄭縣，在今陝西漢中市。

[3]楊靈珍：人名。北魏將領。曾任平西將軍、仇池鎮將。後起兵反魏，兵敗投南朝梁，梁以其爲征虜將軍、假武都王，戍漢中。後爲夏侯道遷所殺。

[4]槎（chá）山分進：沿着山間交叉的羊腸小徑分頭前進。

[5]赤土：地名。位於今甘肅隴南市。

[6]龍門：城戍名。位於今甘肅西和縣東南。

[7]鷲硤：地名。在今甘肅西和縣東南。

[8]南陽：郡名。北魏時治南陽縣，在今河南郟縣西南。

[9]白水：郡名。北魏時治白水縣，在今陝西白水縣。

宣武初，徵爲右衛將軍，[1]兼七兵尚書，[2]轉左衛將軍、相州大中正。[3]魯陽蠻柳北喜、魯北燕等聚衆反叛，[4]諸蠻悉應之，圍逼湖陽。[5]游擊將軍李暉光鎮北城，[6]盡力捍禦。賊勢甚盛，詔以崇爲使持節、都督征蠻諸軍事以討之。蠻衆數萬，屯據形要，以拒官軍。崇累戰破之，斬北燕等，徙萬餘户於幽、并諸州。宣武追賞平氐之功，封魏昌縣伯。[7]

[1]右衛將軍：官名。北魏時與左衛將軍共掌宫禁宿衛。孝文帝太和二十三年定爲三品。

[2]七兵尚書：官名。北魏時領别兵、騎兵、都兵、左右中兵、左右外兵七曹。孝文帝太和二十三年定爲三品。

[3]左衛將軍：官名。與右衛將軍共掌宿衛。北魏孝文帝太和二十三年定爲三品。

[4]魯陽：郡名。北魏時治山北縣，在今河南魯山縣。

[5]湖陽：縣名。治所在今河南唐河縣西南。中華本校勘記云："《通典》卷一八七《板楯蠻傳》'湖'作'潁'，《魏書》卷一〇一《蠻傳》'湖陽'作'潁川'。"

[6]游擊將軍：官名。北魏時爲侍衛武職。孝文帝太和二十三年定爲四品上。　李暉光：《魏書》卷六六《李崇傳》作"李暉先"。按：據史書記載，"李暉光"與"李暉先"都僅出現一次。"光"與"先"當是字形相近訛誤。未詳孰是。　北城：《魏書·

李崇傳》作“此城”，《通志》卷一五〇上與《北史》同。“此城”在此意不通，《魏書》“北”訛作“此”。

[7]魏昌縣伯：封爵名。魏昌，縣名。治所在今河北定州市西南。

東荆州蠻樊安聚衆於龍山，[1]僭稱大號。梁武遣兵應之。諸將擊不利，乃以崇爲鎮南將軍、都督征蠻諸軍事，率步騎討之。崇分遣諸將，攻擊賊壘，連戰克捷，生禽樊安，進討西荆，[2]諸蠻悉降。尋兼侍中、東道大使，黜陟能否，著賞罰之稱。出除散騎常侍、征南將軍、揚州刺史。[3]詔曰：“應敵制變，算非一塗，救左擊右，疾雷均勢。今朐山蟻寇，[4]久結未殄，賊衍狡詐，或生詭劫，宜遣鋭兵，備其不意。崇可都督淮南諸軍事，坐敦威重，遥運聲算。”

[1]東荆州：北魏時治沘陽縣，在今河南泌陽縣。　龍山：在今河南沁陽市。

[2]西荆：州名。北魏時治穰城，在今河南鄧州市。

[3]征南將軍：官名。北魏時多授持節都督，地位顯要。孝文帝太和二十三年定爲二品。

[4]朐（qú）山：縣名。治所在今江蘇連雲港市西南。

延昌初，[1]加侍中、車騎將軍、都督江西諸軍事。先是壽春縣人苟泰有子三歲，遇賊亡失，數年不知所在，後見在同縣趙奉伯家。[2]泰以狀告，各言己子，並有鄰證，郡縣不能斷。崇令二父與兒各在别處，禁經數

旬，然後告之曰："君兒遇患，向已暴死，可出奔哀也。"苟泰聞即號咷，悲不自勝；奉伯咨嗟而已，殊無痛意。崇察知之，乃以兒還泰，詰奉伯詐狀。奉伯款引，云先亡一子，故妄認之。

[1]延昌：北魏宣武帝的年號（512—515）。

[2]後見在同縣趙奉伯家：殿本、四庫本、局本、四部備要本作"後見前同縣趙奉伯家"。意不通，"在"訛作"前"。

又定州流人解慶賓兄弟，坐事俱徙揚州。[1]弟思安背役亡歸。慶賓懼後役追責，規絶名貫，乃認城外死尸，詐稱其弟爲人所殺，迎歸殯葬。頗類思安，見者莫辨。又有女巫陽氏自云見鬼，説思安被害之苦，飢渴之意。慶賓又誣疑同軍兵蘇顯甫、李蓋等所殺，經州訟之。二人不勝楚毒，各自款引。獄將決竟，崇疑而停之。密遣二人非州内所識者，僞從外來，詣慶賓告曰："僕住在北州，[2]比有一人見過寄宿。夜中共語，疑其有異，便即詰問，乃云是流兵背役，姓解字思安。時欲送官，苦見求及，稱：'有兄慶賓，今住揚州相國城内，[3]嫂姓徐。君脱矜愍，[4]爲往告報，見申委曲，家兄聞此，必重相報。今但見質，若往不獲，送官何晚？'是故相造，指申此意。君欲見雇幾何？[5]當放賢弟。若其不信，可見隨看之。"慶賓悵然失色，求其少停。此人具以報崇，攝慶賓問之，伏引。更問蓋等，乃云自誣。數日之間，思安亦爲人縛送。崇召女巫視之，鞭笞一百。崇斷獄精審，皆此類也。

[1]揚州：底本作“楊州”，宋本、毛本、殿本、四庫本、局本、四部備要本、中華本作“揚州”。“揚”訛作“楊”。今從改。

[2]北州：源氏校勘記云：“《魏書》作‘此州’。”《魏書》卷六六《李崇傳》作“此州”。《通志》卷一五〇上與《北史》同。“此州”在此意不通，《魏書》“北”訛作“此”。

[3]相國城：在今安徽合肥市。

[4]矜愍：哀憐、憐憫。

[5]君欲見雇幾何：局本作“君欲見顧幾何”。源氏校勘記云：“‘顧’《魏書》作‘雇’。”

時有泉水湧於八公山頂，[1]壽春城中有魚數從地湧出，[2]野鴨群飛入城，與鵲争巢。五月，大霖雨十有三日，大水入城，屋宇皆没。崇與兵泊於城上，水增未已，乘船附於女墻，[3]城不没者二版而已。州府勸崇棄州保北山。[4]崇曰：“吾受國重恩，忝守藩岳，淮南萬里，繫于吾身，一旦動脚，百姓瓦解，揚州之地，恐非國物。昔王尊慷慨，[5]義感黄河，吾豈愛一軀，取愧千載。但憐兹士庶，無辜同死，可桴筏隨高，人規自脱。吾必守死此城。”時州人裴絢等受梁假豫州刺史，[6]因乘大水，謀欲爲亂，崇皆擊滅之。又以洪水爲灾，請罪解任。詔曰：“夏雨汎濫，斯非人力，何得以此辭解。今水涸路通，公私復業，便可繕甲積糧，[7]脩復城雉，勞恤士庶，務盡綏懷之略也。”崇又表解州，不聽。是時，非崇則淮南不守矣。

［1］八公山：在今安徽壽縣西北。

［2］壽春城中有魚數從地湧出：源氏校勘記云："《魏書》'數'上有'無'字。爲是。"中華本《魏書》卷六六《李崇傳》作"壽春城中有魚無數，從地湧出"。

［3］女墻：城墻上呈凹凸形的小墻。言其卑小，比之於城，故名。

［4］棄州保北山：《魏書·李崇傳》作"棄壽春保北山"。《通志》卷一五〇上爲"棄城保北山"。按："州"這裏指的是揚州，壽春是揚州的治所。各書雖表述不同，但所指相同。

［5］王尊：人名。字子贛，涿郡高陽（今河北高陽縣）人。西漢官吏。爲東郡太守時黄河决堤，欲以身填堤，吏民數千人叩首而止。見《漢書》卷七六《王尊傳》。

［6］裴絢：人名。河東聞喜（今山西聞喜縣）人。北魏官吏。見《北史》卷四五《裴叔業附裴絢傳》。

［7］便可繕甲積糧：殿本、四庫本、四部備要本作"使可繕甲積糧"。意不通，"便"訛作"使"。繕，整治軍備。

崇沈深有將略，寬厚善御衆。在州凡十年，常養壯士數千人，寇賊侵邊，所向摧破，號曰"卧彪"，[1]賊甚憚之。梁武惡其久在淮南，屢設反間，無所不至。宣武雅相委重，梁無以措謀，乃授崇車騎大將軍、開府儀同三司、萬户郡公，諸子皆爲縣侯，欲以構崇。崇表言其狀。宣武屢賜璽書慰勉之，賞賜珍異，歲至五三，親待無與爲比。梁武每歎息，服宣武之能任崇也。

［1］卧彪：中華本校勘記云："《魏書·李崇傳》'彪'作'虎'，《北史》避唐諱改。"可從。

孝明踐阼，褒賜衣馬。及梁遣其游擊將軍趙祖悦襲據西硤石，[1]更築外城，逼徙緣淮之人於城内。又遣二將昌義之、王神念率水軍泝淮而上，[2]規取壽春，田道龍寇邊城，[3]路長平寇五門，[4]胡興茂寇開、霍。[5]揚州諸戍，皆被寇逼。崇分遣諸將，與之相持，密裝船艦二百餘艘，教之水戰，以待臺軍。梁霍州司馬田休等寇建安，[6]崇遣統軍李神擊走之。[7]又命邊城戍主邵申賢要其走路，[8]破之於濡水，[9]俘斬三千餘人。靈太后璽書勞勉。許昌縣令兼紵麻戍主陳平王南引梁軍，[10]以戍歸之。崇自秋請援，表至十餘，詔遣鎮南將軍崔亮救硤石，鎮東將軍蕭寶夤於梁堰上流決淮東注。[11]朝廷以諸將不相赴，乃以尚書李平兼右僕射持節節度之。崇遣李神乘鬬艦百餘艘，沿淮與李平、崔亮合攻硤石。李神水軍剋其東北外城。祖悦力屈，乃降。朝廷嘉之，進號驃騎將軍、儀同三司，刺史、都督如故。

[1]趙祖悦：人名。南朝齊、梁將領。在齊爲後軍將軍。入梁爲豫州刺史，屢領兵攻魏。梁武帝天監末，爲北魏軍所敗，被殺。　西硤石：山名。在今安徽鳳陽縣西南。

[2]昌義之：人名。南朝梁大將。武帝初，任徐州刺史。領兵鎮淮南，爲北魏軍所敗。見《南史》卷五五《昌義之傳》。　王神念：人名。太原祁（今山西祁縣東南）人。北魏官吏。後投南朝梁。見《南史》卷六三《王神念傳》。

[3]田道龍：人名。南朝梁官吏。梁武帝初，任霍州刺史。武帝天監三年（504），歸附北魏。　邊城：戍名。確址不詳。在今安徽壽縣附近。

[4]五門：戍名。確址不詳。在今安徽壽縣附近。

[5]開：戍名。確址不詳。在今安徽壽縣附近。　霍：戍名。確址不詳。在今安徽壽縣附近。

[6]建安：戍名。在今河南固始縣東。

[7]李神：人名。恒農（今河南靈寶市北）人。見《魏書》卷七〇《李神傳》。

[8]戍主：官名。南北朝始置，爲戍的主將，掌守防捍禦之事，除管理軍政外，兼理民政、財政。多以郡守、縣令、州參軍及雜號將軍等官兼領。

[9]濡水：川名。在今河南商丘市。

[10]許昌：縣名。治所在今河南許昌市東。　紵麻：戍名。確址不詳。在今安徽阜陽市東。　陳平王：《魏書》卷六六《李崇傳》作“陳平玉”。《通志》卷一五〇上與《魏書》同。未詳孰是。

[11]蕭寶夤：人名。字智亮，南蘭陵（一説在今江蘇常州市，一説在今江蘇丹陽市）人。南朝齊宗室、北魏官吏。見《北史》卷二九《蕭寶夤傳》。

梁淮堰未破，水勢日增。崇乃於硤石戍間編舟爲橋；北更立船樓十，各高三丈；十步置一籬，至兩岸，蕃版裝庀，[1]四箱解合，賊至舉用，不戰解下。又於樓船之北，連覆大船，東西竟水，防賊火栰。[2]又於八公山之東南，[3]更起一城，以備大水，州人號曰魏昌城。崇累表解州，前後十餘上，孝明乃以元志代之。[4]尋除中書監、驃騎大將軍，儀同如故。[5]出爲使持節、侍中、都督四州諸軍事、定州刺史。徵拜尚書左僕射，遷尚書令，加侍中。

[1]蕃版裝庀：底本、元大德本作“蕃版裝它”，宋本、毛本、

殿本、四庫本、局本、四部備要本作“蕃版裝治”，中華本校勘記云：“南、北、汲、殿四本及《魏書》‘庀’作‘治’。百衲本作‘它’。張元濟云：‘“它”疑“庀”之訛。’按張説是。《北史》例避‘治’字，故改‘治’爲‘庀’。‘庀’（音庇）治也，刻誤作‘它’，南本以下遂改從《魏書》。今從張説，改‘它’爲‘庀’。”今從改。

[2]火栰：古代水戰中用以馳近並能焚毁對方戰船的着火的木筏。

[3]八公山：在今安徽壽縣西北。局本作“八路山”。

[4]元志：人名。字猛略。北魏宗室。見《北史》卷一五《河間公齊附元志傳》。

[5]尋除中書監驃騎大將軍儀同如故：中華本校勘記云：“《魏書》‘尋除’下有‘都督冀定瀛三州諸軍事、驃騎大將軍、冀州刺史，儀同如故，不行’。然後載崇請立明堂表，再接‘除中書監、驃騎大將軍，儀同如故’。按《北史》通行本崇表已羼入《邢卲傳》，此處當經後人修補，故不復見痕迹。且下文‘遷尚書令加侍中’顯與上文所删最後八字相重複，今不補。”可從。

崇在官和厚，明於决斷，然性好財賄，販肆聚斂。孝明、靈太后嘗幸左藏，[1]王公嬪主從者百餘人，皆令任力負布絹，[2]即以賜之。多者過二百匹，少者百餘。唯長樂公兩手持絹二十匹而出，[3]示不異衆而已，世稱其廉儉。崇與章武王融以所負多，[4]顛仆於地，崇乃傷腰，融至損脚。時人爲之語曰：“陳留、章武，傷腰折股，[5]貪人敗類，穢我明主。”

[1]左藏：官署名。晋置。爲藏錢、布帛、雜綵之庫。以左藏

令爲主官。北朝沿置，所屬不一。

[2]皆令任力負布絹：殿本、四庫本、四部備要本作“若令任力負布絹”。意不通，“皆”訛作“若”。

[3]長樂公：封爵名。中華本校勘記云：“《魏書·李崇傳》不載此事。《魏書》卷十三《宣武靈皇后傳》，‘長樂公’作‘長樂公主’。《通志》卷一五〇上《李崇傳》亦有‘主’字。按《洛陽伽藍記》卷四開善寺條記此事云：‘侍中崔光止取兩匹。太后問曰：“侍中何少？”對曰：“臣有兩手，唯堪兩匹。”’所記與此不同。崔光並不封長樂公，且不應不舉姓名。疑《北史》本是作‘長樂公主’（長樂公主，宣武之妹，見本書卷八〇《高肇傳》）。”可從。

[4]章武王：封爵名。章武，郡名。北魏時治平舒縣，在今河北大城縣。　融：即元融，人名。字永興。北魏宗室。見《北史》卷一八《章武王太洛附元融傳》。

[5]傷腰折股：局本作“傷腰折毀”。在此意不通，“股”訛作“毀”。

蠕蠕主阿那瓌犯塞，[1]詔崇以本官都督北討諸軍事以討之。崇辭於顯陽殿，[2]戎服武飾，志氣奮揚，時年六十九，幹力如少。孝明目而壯之，朝臣莫不稱善。遂出塞三千餘里，不及賊而還。崇請改六鎮爲州，兵編户，太后不許。

[1]蠕蠕：族名。亦稱柔然，本爲東胡的一支，屬拓跋部。南北朝時始强大，活動於今蒙古國南部地區。以游牧爲生。見《北史》卷九八《蠕蠕傳》。　阿那瓌：人名。北魏時柔然可汗。見《北史·蠕蠕傳》。

[2]顯陽殿：位於今河南洛陽市西。

後北鎮人破落汗拔陵反，[1]所在響應。征北將軍、臨淮王彧大敗於五原，[2]安北將軍李叔仁尋敗於白道，[3]賊衆日甚。詔引丞相、令、僕、尚書、侍中、黄門於顯陽殿，曰："賊勢侵淫，寇連恒、朔，[4]金陵在彼，[5]夙夜憂惶。諸人宜陳良策。"吏部尚書元脩義以爲須得重貴，[6]鎮壓恒、朔，總彼師旅，備衛金湯。[7]詔曰："去歲阿那瓌叛逆，遣李崇北征，崇遂長驅塞北，返旆榆關，[8]此一時之盛。朕以李崇國戚望重，器識英斷，意欲還遣崇行，總督三軍，揚旌恒、朔，諸人謂可爾不?"僕射蕭寳夤等曰："陛下此遣，實合群望。"於是詔崇以本官加使持節、開府、北討大都督，撫軍將軍崔暹、鎮軍將軍廣陽王深皆受崇節度。[9]又詔崇子光禄大夫神軌假平北將軍，[10]隨崇北討。崇至五原，崔暹大敗于白道之北，賊遂并力攻崇。崇與廣陽王深力戰，累破賊衆。相持至冬，乃引還平城。深表崇長史祖瑩詐增功級，盗没軍資。崇坐免官爵，徵還，以後事付深。

[1]破落汗拔陵：人名。亦作"破六韓拔陵""破六汗拔陵"。北魏末六鎮起義軍首領。

[2]征北將軍：官名。多爲持節都督。北魏孝文帝太和十七年定爲從一品中，二十三年改爲二品。　臨淮王：封爵名。臨淮，郡名。北魏時治赤坎城，在今安徽懷遠縣西北。　彧：即元彧，人名。字文若，本名亮，字仕明。北魏宗室。見《北史》卷一六《臨淮王譚附元彧傳》。　五原：郡名。北魏時治九原縣，在今内蒙古包頭市西。

[3]安北將軍：官名。北魏時爲北方某一地區的軍事長官，或

作爲刺史等地方官員兼理軍務時的加官。孝文帝太和二十三年定爲三品。　李叔仁：人名。隴西（今甘肅隴西縣東南）人。北魏官吏。見《北史》卷三七《李叔仁傳》。　白道：地名。在今内蒙古呼和浩特市西北。

[4]恒：州名。北魏時治平城，在今山西大同市東北。　朔：州名。北魏孝明帝孝昌中改懷朔鎮爲朔州，治盛樂城，在今内蒙古和林格爾縣西北。

[5]金陵：北魏前期諸帝陵區。在今内蒙古和林格爾縣西北。

[6]元脩義：人名。字壽安。北魏宗室。見《北史》卷一七《汝陰王天賜附元脩義傳》。

[7]金湯：固若金湯。

[8]旆（pèi）：泛指旌旗。　榆關：關隘名。在今河北撫寧縣東。

[9]鎮軍將軍：官名。主要爲中央軍職，亦可出任地方軍事長官，兼理民政。北魏孝文帝太和十七年定爲從一品下，二十三年定爲從二品。　廣陽王：封爵名。廣陽，郡名。北魏時治燕樂縣，在今河北隆化縣。　深：即元深，人名。字智遠。北魏宗室。見《北史》卷一六《廣陽王建附元深傳》。

[10]平北將軍：官名。北魏前期地位較高，後期漸成爲無職掌的散官。孝文帝太和十七年定爲二品上，二十三年改爲三品。

後徐州刺史元法僧以彭城南叛，[1]時除安樂王鑒爲徐州刺史以討之，[2]爲法僧所敗，單馬奔歸。乃詔復崇官爵，爲徐州大都督、節度諸軍事。會崇疾篤，乃以衛將軍、安豐王延明代之。[3]改除開府、相州刺史，侍中、將軍、儀同並如故。

[1]元法僧：人名。北魏宗室。見《北史》卷一六《陽平王熙

附元法僧傳》。

[2]安樂王：封爵名。安樂，郡名。北魏時治燕樂，在今北京密雲縣東北。　鑒：即元鑒，人名。字長文。北魏宗室。見《北史》卷一九《安樂王長樂附元鑒傳》。

[3]安豐王：封爵名。安豐，郡名。北魏時治安豐縣，在今安徽霍邱縣東南。　延明：即元延明，人名。北魏宗室。見《北史》卷一九《安豐王猛附元延明傳》。

孝昌元年，薨於位，贈侍中、驃騎大將軍、司徒公、雍州刺史，謚曰武康，後重贈太尉公，餘如故。

長子世哲，性輕率，供奉豪侈。少經征伐，頗有將用，爲三關別將，[1]討群蠻大破之。還，拜鴻臚少卿。[2]性傾巧，善事人，亦以貨賂自達。高肇、劉騰之處勢也，[3]皆與親善，故世號爲李錐。爲相州刺史，斥逐百姓，遷徙佛寺，逼買其地，部内患之。崇北征之後，徵兼太常卿。御史高道穆毁發其宅，[4]表其罪過。後除涇州刺史，[5]賜爵衛國子。[6]卒，贈吏部尚書、冀州刺史。

[1]別將：官名。北魏時爲別道都將的簡稱，逐漸成爲一級統兵武官名稱，或冠以擬戍地名，如三關別將。品級自七品至八品不等。

[2]鴻臚少卿：官名。北齊置。爲鴻臚寺次官。掌接待少數民族賓客、朝會及吉凶禮儀，兼管佛教、祆教寺廟，領典客、典寺、司儀等署。四品上。

[3]劉騰：人名。字青龍，本平原城（今山東平原縣）人。見《北史》卷九二《劉騰傳》。

[4]高道穆：人名。即高恭之。字道穆，勃海蓨（今河北景

縣）人。見《北史》卷五〇《高道穆傳》。中華本作“高道穆”。

[5]涇州：北魏時治安定縣，在今甘肅涇川縣北。

[6]衛國子：封爵名。衛國，縣名。治所在今河南清豐縣南。

世哲弟神軌，小名青肫，受父爵陳留侯。累出征伐，頗有將領之氣。孝昌中，靈太后淫縱，分遣腹心媪姬出外，[1]陰求悦人。神軌爲使者所薦，寵遇勢傾朝野，時云見幸帷幄，與鄭儼爲雙。[2]頻遷征東將軍、武衛將軍、給事黄門侍郎，[3]常領中書舍人。[4]時相州刺史、安樂王鑒據州反，詔神軌與都督源子邕等討平之。[5]後於河陰遇害。[6]建義初，[7]贈侍中、司空公、相州刺史，謚曰烈。

[1]媪（ǎo）姬：中老年宫女。

[2]鄭儼：人名。字季然，滎陽開封（今河南滎陽市）人。北魏官吏。見《北史》卷三五《鄭羲附鄭儼傳》。

[3]征東將軍：官名。北魏時爲四征將軍之一，多爲持節都督，出鎮地方，地位顯要。孝文帝太和二十三年定爲二品。　武衛將軍：官名。北魏時掌宿衛禁軍。孝文帝太和二十三年定爲從三品。

[4]中書舍人：官名。即中書通事舍人。北魏時掌呈奏表，此職原品秩較低，一般由寒庶之士充任。孝文帝太和二十三年後爲六品下。

[5]源子邕：人名。字靈和，西平樂都（今青海樂都縣）人。北魏官吏。見《北史》卷二八《源賀附源子邕傳》。《周書》作“子雍”。

[6]河陰：縣名。治所在今河南孟津縣東。

[7]建義：北魏孝莊帝的年號（528）。

崇從弟平。平字雲定，[1]少有大度，及長，涉獵群書，好《禮》《易》，頗有文才。太和初，拜通直散騎侍郎，孝文禮之甚重。頻經大憂，居喪以孝稱。後以例降，襲爵彭城公。累遷太子庶子。[2]平請自効一郡，帝曰："卿復欲以吏事自試也?"拜長樂太守，政務清静，吏人懷之。徵行河南尹，豪右權戚憚之。宣武即位，除黄門郎，遷司徒左長史，[3]行尹如故。尋正尹，長史如故。

[1]雲定：中華本校勘記云："《魏書》卷六五、《通志》卷一五〇上'雲'作'曇'。疑作'曇'是。"可從。

[2]太子庶子：官名。掌獻納規諫，隸太子詹事。北魏孝文帝太和十七年定爲從三品上。

[3]司徒左長史：官名。即司徒府左長史。與右長史共掌吏事，爲府中佐屬之首。

車駕將幸鄴，[1]平上表諫，以爲："嵩都創構，洛邑俶營，[2]雖年跨十稔，根基未就。代人至洛，始欲向盡，資産罄於遷移，牛畜斃於輦運，陵太行之險，越長津之難，辛勤備經，劣達京闕，[3]富者猶損太半，貧者可以意知。兼歷歲從戎，不遑啓處。自景明以來，差得休息，事農者未積一年之儲，[4]築室者裁有數間之屋，莫不肆力伊、瀍，[5]人急其務。實宜安静新人，勸其稼穡，令國有九載之糧，家有水旱之備。若乘之以羈紲，[6]則所廢多矣。"不從。

[1]車駕：底本作“車騎”，源氏校勘記云：“《魏書》作‘車駕’。”中華本校勘記云：“諸本‘駕’訛作‘騎’，據《魏書》《通志》改。”今從改。

[2]洛邑：城名。一作“雒邑”，在今河南洛陽市東北白馬寺東。 俶（chù）營：建造。

[3]劣達京闕：毛本、殿本、四庫本、局本、四部備要本作“得達京闕”。

[4]一年：《魏書》卷六六《李崇傳》作“二年”，《通志》卷一五〇上與《魏書》同。未詳孰是。

[5]伊：水名。洛水支流。源出今河南欒川縣伏牛山麓，東北流至偃師市南入洛水。 瀍（chán）：水名。源出今河南洛陽市西北。

[6]羈紲：馬絡頭和馬韁繩。比喻控制、束縛。

詔以本官行相州事。帝至鄴，親幸平第，見其諸子。尋正刺史。平勸課農桑，脩飾太學，簡試通儒以充博士，選五郡聰敏者以教之。圖孔子及七十二弟子於講堂，[1]親爲立贊。前來臺使，[2]頗好侵漁。平乃畫“履武尾，[3]踐薄冰”於客館，注頌其下，以示誡焉。徵拜度支尚書，領御史中尉。

[1]弟子：《魏書》卷六六《李崇傳》作“弟”，《通志》卷一五〇上《李崇傳》與《北史》同。《魏書》脱“子”字，從《北史》。

[2]臺使：朝廷的使節。

[3]履武尾：四庫本作“履虎尾”，中華本校勘記云：“《魏書》《通志》‘武’作‘虎’，《北史》避唐諱改。”可從。

冀州刺史、京兆王愉反於信都，[1]以平爲持節、都督北討諸軍事、行冀州以討之。宣武臨式乾殿勞遣平，[2]因曰："何圖今日，言及斯事！"歔欷流涕。平對曰："愉天迷其心，構此梟悖。[3]陛下不以臣不武，委以總督之任。如其稽顙軍門，[4]則送之大理；若不悛待戮，則鳴鼓釁鉦，[5]非陛下之事。"平進次經縣，[6]諸軍大集。夜有蠻兵數千斫平前壘，矢及平帳，平堅卧不動，俄而乃定。[7]遂至冀州城南十六里，大破逆衆，逐北至城門，遂圍城。愉與百餘騎突門走，平遣統軍叔孫頭追之，去信都八十里，禽愉。冀州平，以本官領相州大中正。

[1]京兆王：封爵名。京兆，郡名。北魏時治霸城縣，在今陝西西安市東北。　愉：即元愉，人名。字宣德。北魏宗室。孝文帝子。見《北史》卷一九《京兆王愉傳》。　信都：縣名。治所在今河北冀州市。

[2]式乾殿：在今河南洛陽市。

[3]構此梟悖：底本作"構此梟勃"，宋本、毛本、殿本、四庫本、局本、四部備要本、中華本作"構此梟悖"。按："梟悖"意爲叛逆。底本"悖"訛作"勃"，意不通。今從改。

[4]稽顙：跪拜賓客之禮。屈膝下拜，以額觸地，表示極度虔誠。

[5]釁鉦：古代殺牲以血塗鉦行祭。鉦，古代樂器名。形圓如銅鑼。行軍時用以節止步伐。

[6]經縣：治所在今河北威縣北經鎮。

[7]俄而乃定：毛本作"俄而仍定"。

平先爲尚書令高肇、侍御史王顯所恨，[1]後顯代平

爲中尉，平加散騎常侍。顯劾平在冀州隱截官口，肇又扶成其狀，奏除平名。延昌初，詔復官爵，除定、冀二州刺史。[2]前來良賤之訟，多有積年不决，平奏不問真僞，一以景明年前爲限，於是諍訟止息。武川鎮人飢，[3]鎮將任款請貸未許，擅開倉振恤，有司繩以費散之條，免其官爵。平奏款意在濟人，心無不善，帝原之。遷中書令，尚書如故。

[1]侍御史：官名。北魏時除分曹治事外，亦奉命監國，督察巡視州郡，收捕官吏，宣示詔命。孝文帝太和二十三年定爲八品。王顯：人名。字世榮，陽平樂平（今山西昔陽縣）人。北魏官吏。見《北史》卷九〇《王顯傳》。

[2]除定冀二州刺史：中華本校勘記云："《魏書》作'除其定冀之勳'。按《魏書》意爲削除其平定冀州之勳。觀下文'尚書令、任城王澄奏理平定冀之勳'，即知《魏書》是。且除刺史，不得同時爲兩州。《北史》誤。"可從。

[3]武川鎮：軍鎮名。治所在今内蒙古武川縣西。

孝明初，轉吏部尚書。平高明强濟，所在有聲，但以性急爲累。尚書令、任城王澄奏理平定冀之勳，[1]靈太后乃封武邑郡公，[2]賜縑二千五百匹。

[1]尚書令：殿本、四庫本、四部備要本作"尚書合"。"令"訛作"合"。

[2]武邑郡公：封爵名。武邑，郡名。北魏時治武强縣，在今河北武强縣西南。

先是，梁遣其將趙祖悦逼壽春，鎮南崔亮攻之，未剋，又與李崇乖貳。詔平以本官使持節、鎮軍大將軍，[1]兼尚書右僕射爲行臺，節度諸軍，東西州將，一以稟之，如有乖異，以軍法從事。詔平長子奬以通直郎從。於是率步騎二千赴壽春，嚴勒崇、亮，令水陸兼備，剋期齊舉。崇、亮憚之，無敢乖互。頻日交戰，破賊軍。[2]安南將軍崔延伯立橋於下蔡，[3]以拒賊之援，賊將王神念、昌義之等不得進救。祖悦守死窮城，平乃部分攻之，斬祖悦，送首於洛。以功遷尚書右僕射，加散騎常侍。平還京師，靈太后見於宣光殿，[4]賜以金裝刀仗一口。

[1]鎮軍大將軍：官名。北魏孝文帝太和十七年定爲一品中，在四征將軍之上。二十三年改爲二品，在四征將軍之下。

[2]破賊軍：源氏校勘記云："'賊軍'，推例當作'梁軍'。下仿此。"

[3]安南將軍：官名。北魏時與安東、安北、安西將軍合稱四安將軍。爲出鎮南方地區的軍事長官，或作爲刺史等地方官員兼理軍務時的加官。三品。　崔延伯：人名。博陵（今河北安平縣）人。北魏官吏。見《北史》卷三七《崔延伯傳》。　下蔡：縣名。治所在今安徽鳳臺縣北。

[4]宣光殿：在洛陽北宫，位於今河南洛陽市東北。

時南徐州表云：[1]梁堰淮水，日爲患。詔公卿議之。[2]平以爲不假兵力，終自毀壞。及淮堰破，太后大悦，引群臣入宴，敕平前，孝明手賜縑布百段。卒，遺

令薄葬。詔給東園秘器、朝服一具、衣一襲、帛七百匹。[3]靈太后爲舉哀於東堂。贈侍中、驃騎大將軍、儀同三司、冀州刺史，謚文烈公。平自在度支，至於端副，夙夜在公，孜孜匪懈，凡處機密十有餘年，有獻替之稱。所制文筆别有集録。長子獎襲。

[1]南徐州：北魏時治京口，在今江蘇鎮江市。

[2]詔公卿議之：局本作“語公卿議之”。“詔”訛作“語”。

[3]東園秘器：東園，官署名。秦漢置。掌管陵墓内器物，葬具的製造與供應。秘器，指皇室、顯宦死後用的棺材。

獎字遵穆，容貌魁偉，[1]有當世才度。位中書侍郎、吏部郎中。以本官兼尚書，出爲相州刺史。初，元叉擅朝，獎爲其親待，頻居顯職。靈太后反政，削除官爵。孝莊初，爲散騎常侍、河南尹。獎前後所歷，皆以明濟著稱。元顥入洛，顥以獎兼尚書右僕射，慰勞徐州。羽林及城人不承顥旨，害獎，傳首洛陽。孝武帝初，獎故吏宋遊道上書理獎，詔贈冀州刺史。

[1]容貌魁偉：局本作“容貌冠偉”。意不通，“魁”訛作“冠”。

子構襲。構字祖基，少以方正見稱，襲爵武邑郡公。齊天保初，降爵爲縣侯，位終太府卿，[1]贈吏部尚書。構早有名譽，歷官清顯，常以雅道自居，甚爲名流所重。

[1]太府卿：官名。北齊時置爲太府寺長官，三品。掌邦國財貨，統市、庫、關津。

子丕，有父風，位尚書祠部郎中。[1]

[1]尚書祠部郎中：官名。亦稱祠部郎。北齊時爲祠部曹主官，掌祭祀禮儀。六品。

丕弟克，通直散騎常侍。

奬弟諧。諧字虔和，幼有風采。趙郡李搔嘗過元叉門下見之，[1]歸謂其父元忠曰："領軍門下見一神人。"元忠曰："必李諧也。"問之果然。襲父先爵彭城侯。文辯爲時所稱，歷位中書侍郎。

[1]趙郡：北魏時治平棘縣，在今河北趙縣。

天平末，[1]魏欲與梁和好，朝議將以崔㥄爲使主。[2]㥄曰："文采與識，㥄不推李諧；口頰顧顧，諧乃大勝。"於是以諧兼常侍、盧元明兼吏部郎、李業興兼通直常侍聘焉。[3]梁武使朱异覘客，[4]异言諧、元明之美。諧等見，及出，梁武目送之，謂左右曰："朕今日遇勍敵，卿輩常言北間都無人物，此等何處來？"謂异曰："過卿所談。"是時鄴下言風流者，[5]以諧及隴西李神儁、范陽盧元明、北海王元景、弘農楊遵彦、清河崔贍爲首。[6]初通梁國，妙簡行人，神儁位已高，故諧等五人繼踵，

而遵彦遇疾道還，竟不行。既南北通好，務以俊乂相矜，[7]銜命接客，必盡一時之選，無才地者不得與焉。梁使每入，鄴下爲之傾動，貴勝子弟盛飾聚觀，禮贈優渥，館門成市。宴日，齊文襄使左右覘之，賓司一言制勝，文襄爲之拊掌。[8]魏使至梁，亦如梁使至魏，梁武親與談説，甚相愛重。諧使還後遷秘書監，卒於大司農。[9]

[1]天平：東魏孝静帝的年號（534—537）。

[2]崔㥄：人名。字長儒，清河東武城（今山東武城縣西北）人。北魏官吏。見《北史》卷二四《崔逞附崔㥄傳》。

[3]盧元明：人名。字幼章，范陽涿（今河北涿州市）人。北魏官吏。見《北史》卷三〇《盧玄附盧元明傳》。　李業興：人名。上黨長子（今山西長子縣西南）人。北魏官吏。見《北史》卷八一《李業興傳》。

[4]朱异：人名。字彦和，吴郡錢唐（今浙江杭州市）人。南朝梁官吏、學者。見《梁書》卷三八《朱异傳》。　覘（chān）：暗中察看。

[5]鄴：城名。故址在今河北臨漳縣西南鄴鎮。

[6]王元景：人名。即王昕。字元景，北海劇（今山東昌樂縣西，一説爲山東壽光市東南）人。北魏官吏。見《北史》卷二四《王憲附王昕傳》。　楊遵彦：人名。即楊愔。字遵彦，小名秦王，弘農華陰（今陝西華陰市東南）人。東魏、北齊官吏。見《北史》卷四一《楊播附楊愔傳》。　崔贍：人名。字彦通，清河東武城（今山東武城縣西北）人。北魏官吏。見《北史》卷二四《崔逞附崔贍傳》。

[7]俊乂：才德出衆的人。

[8]文襄爲之拊掌：毛本作"文襄爲之撫掌"。撫，通"拊"。

[9]大司農：官名。北魏時掌倉儲園苑及供膳之庶務。孝文帝太和二十三年定爲三品。

諧爲人短小，六指，因癭而舉頤，[1]因跛而緩步，因謇而徐言，[2]人言李諧善用三短。文集十餘卷。

[1]癭（yǐng）：頸瘤，俗稱大脖子。　頤：面頰，腮。
[2]謇：口吃。

諧長子岳，字祖仁，官中散大夫。[1]性純至，居朞慘，未曾聽婢過前；追思二親，言則流涕。

[1]中散大夫：官名。北魏時曾置爲職事官之加官，受差遣。孝文帝太和二十三年定爲四品下。

岳弟庶，方雅好學，甚有家風。歷位尚書郎、司徒掾，[1]以清辯知名。常攝賓司，接對梁客，梁客徐陵深歎美焉。[2]庶生而天閹，崔諶調之曰：[3]"教弟種鬚，以錐遍刺作孔，插以馬尾。"庶曰："先以此方回施貴族，藝眉有効，然後樹鬚。"世傳諶門有惡疾，以呼沲爲墓田，[4]故庶言及之。邢子才在傍大笑。除臨漳令。[5]

[1]掾：屬官統稱。
[2]徐陵：人名。字孝穆，東海郯（今山東郯城縣西南）人。南朝梁文學家。見《陳書》卷二六《徐陵傳》。
[3]崔諶（shèn）：人名。一作"崔謀"。東魏官吏。任河間太守。

[4]呼沲：即今河北西部滹沱河。　墓田：指墳塋周圍的田地或供祭祀所用的土地。殿本作“墓日”。不可解。

[5]臨漳：縣名。治所在今河北臨漳縣西南。

《魏書》之出，庶與盧斐、王松年等訟其不平。[1]魏收書王慧龍自云太原人，[2]又書王瓊不善事；[3]以盧同附盧玄傳；[4]李平爲陳留人，云其家貧賤。故斐等讙訟，[5]語楊愔云：魏收合誅。愔黨助魏，故遂白齊文宣，庶等並髡頭鞭杖二百，庶死於臨漳獄中。庶兄岳痛之，終身不歷臨漳縣門。

[1]盧斐：人名。字子章，范陽涿（今河北涿州市）人。北齊酷吏。見《北史》卷三〇《盧同附盧斐傳》。　王松年：人名。太原晋陽（今山西太原市晋源區古城營村一帶）人。北齊官吏。見《北史》卷三五《王慧龍附王松年傳》。

[2]王慧龍：人名。太原晋陽（今山西太原市晋源區古城營村一帶）人。北魏官吏。見《北史·王慧龍傳》。

[3]王瓊：人名。太原晋陽（今山西太原市晋源區古城營村一帶）人。北魏官吏。見《北史·王慧龍附王瓊傳》。

[4]盧同：人名。字叔倫，范陽涿（今河北涿州市）人。北魏大臣。見《北史》卷三〇《盧同傳》。　盧玄：人名。字子真，范陽涿（今河北涿州市）人。北魏官吏。見《北史》卷三〇《盧玄傳》。

[5]讙訟：争訟。

庶妻，元羅女也。庶亡後，岳使妻伴之寢宿。積五年，元氏更適趙起。[1]嘗夢庶謂己曰：“我薄福，託劉氏

爲女，明旦當出，彼家甚貧，恐不能見養。夫妻舊恩，故來相見告，君宜乞取我。劉家在七帝坊十字街南，東入窮巷是也。”元氏不應，庶曰：“君似懼趙公意，我自說之。”於是起亦夢焉。起寤問妻，言之符合。遂持錢帛躬往求劉氏，如所夢得之，養女長而嫁焉。

[1]趙起：人名。字興洛，廣平（今河北雞澤縣東南）人。北齊官吏。見《北史》卷五五《張亮附趙起傳》。

庶弟蔚，少清秀，有襟期倫理，[1]涉觀史傳，兼屬文詞。昆季並尚風流，長裾廣袖，[2]從容甚美，然頗涉疏放。唯蔚能自持公幹理，甚有時譽。坐兄庶事徙平州。[3]後還，位尚書左中兵郎中，[4]仍聘陳使副。江南以其父曾經將命，甚重焉。還，坐將人度江私市，除名。後卒於秘書丞，[5]士友悼惜之。

[1]襟期：胸懷、志向。

[2]長裾廣袖：四庫本、局本、四部備要本作“長裙廣袖”。按：“裾”指衣服的前後襟。“長裙廣袖”在此意不通，“裾”訛作“裙”。

[3]坐兄庶事徙平州：毛本作“坐免庶事徙平州”。“兄”訛作“免”。

[4]尚書左中兵郎中：官名。爲尚書省左中兵曹長官。孝文帝太和二十三年爲六品。北齊沿置。

[5]秘書丞：官名。北魏時多參領著作事，主修撰國史及起居注，參預禮儀制度的議定。孝文帝太和十七年定爲四品下，二十三年改爲五品上。北齊沿置，五品上。

蔚弟若，聰敏，頗傳家業，風采詞令，有聲鄴下。坐兄庶事徙臨海。[1]乾明初，[2]追還，後兼散騎常侍，大被親狎，加儀同三司。若性滑稽，善諷誦，數奉旨詠詩，并使説外間世事可笑樂者。凡所話談，每多會旨。嘗在省中，趨而前却，對答學奏事之象，和士開聞而奏之。[3]帝每狎弄之。武成以斛律金舊老，[4]每朝，賜羊車上殿。金曾使人奉啓，若爲舍人，誤奏云在闕下，詔命出羊車。若重思，知金不至，竊言："羊車、鹿車何所迎？"帝聞，亦咲而不責。又帝於後園講武，令若爲吴將，皇后皆出，引若當前，觀其進止俯仰。事罷，遣使謝之，厚加賞賜。韓長鸞等忌惡之，[5]密構其短，坐免官。未幾，詔復本官。隋開皇中，卒於秦王府諮議。[6]

[1]臨海：縣名。治所在今浙江臨海市。

[2]乾明：北齊廢帝的年號（560）。

[3]和士開：人名。字彦通，清都臨漳（今河北臨漳縣）人。北齊官吏。見《北史》卷九二《和士開傳》。

[4]武成：即北齊武成帝高湛。武成爲其謚號。　斛律金：人名。本名敦，後改名爲金，字阿六敦，朔州（今山西朔州市）敕勒部人。北齊將領。見《北史》卷五四《斛律金傳》。

[5]韓長鸞：人名。即韓鳳，字長鸞，昌黎（今遼寧朝陽市）人。北齊官吏。見《北史》卷九二《韓鳳傳》。

[6]諮議：官名。即諮議參軍。掌顧問諫議。品秩依府主地位而定。

諧弟邕，字脩穆，幼而儁爽，有逸才。位高陽王雍

友。[1]凡所交游，皆倍年儁秀。卒，贈洛州刺史，[2]謚曰文。

[1]友：官名。王府屬官，掌侍從交游，規諷道義。北魏時爲從四品下。

[2]洛州：北魏明元帝泰常八年（423）置，治洛陽，在今河南洛陽市東北。孝文帝太和十八年改荆州而置，治上洛城，在今陝西商洛市城區。

論曰：郭祚才幹敏實，有世務之長，孝文經綸之始，獨在勤勞之地，居官任事，可稱述焉。張彝風力謇謇，[1]有王臣之氣，銜命擁旄，[2]風聲克舉。俱魏氏器能之臣乎。遭隨有命，二子俱逢世亂，悲哉！晏之、乾威，可謂亡焉不絕。邢巒以文武才策，當軍國之任，内參機揆，外寄折衝，其緯世之器歟。[3]子才少有盛名，鼓動京洛，文宗學府，獨秀當年，舉必任真，情無飾智，疏通簡易，罕見其人，足爲一代之模楷也。及明崔㥄之謗言，執侯景之姦使，[4]其人稱孟軻爲勇，[5]於文簡公見之。[6]唯嘗短崔暹，頗爲累德。阮籍未嘗品藻人物，[7]斯亦良有以焉。李崇風質英重，毅然秀立，任當將相，望高朝野。平以高明幹略，効智於時，出入當官，功名剋著，贊務之材也。諧風流文辯，蓋人望乎。

[1]謇謇：正直。

[2]旄（máo）：古代用牦牛尾裝飾的旗子。

[3]緯世：猶經世。治理世事。

［4］侯景：人名。字萬景，懷朔鎮（今内蒙古固陽縣南）人。曾任北魏官吏，後叛至南朝。見《梁書》卷五六《侯景傳》（參李萬生《侯景的氏族及相關問題》，《北京大學學報》2000 年第 5 期）。

［5］其人稱孟軻爲勇：元大德本作“昔人稱孟軻爲勇”。“其”訛作“昔”。

［6］於文簡公見之：中華本校勘記云：“按《邢卲傳》本文無一語及此二事，亦不言其謚文簡。據本書卷二四《崔㥄傳》，謂崔暹告高澄，言㥄譏高澄爲黄頷小兒，引卲爲證，卲執無此言。又《通鑑》卷一六〇梁太清元年正月，稱侯景‘遣軍士二百人載仗入西兖州，欲襲取之。邢子才覺之，掩捕盡獲之，因散檄東方諸州，各爲之備，由是景不能取’。《通鑑》所本，或是《三國典略》。但《北史》原文亦當叙及此事，否則此論便是無的放矢。考《邢卲傳》叙卲歷官事跡，頗多漏略。如卲於天保初曾官太子少師，修《麟趾格》，見於本書卷三三《李渾傳》。修《麟趾格》又見於《洛陽伽藍記》卷三。又曾官殿中尚書，見本書卷八一《李鉉傳》。疑傳本《北史》之《邢卲傳》，亦非原貌。如以李崇表羼入卲傳，以高澄爲‘武帝’‘宣武’，以子大寶之死爲姪恕之死等，李延壽不應荒謬至此。必是此傳原文已佚，傳本乃後人補掇，故多脱誤。”可從。

［7］阮籍：人名。字嗣宗，陳留尉氏（今河南尉氏縣）人。三國魏文學家。竹林七賢之一。見《晋書》卷四九《阮籍傳》。

北史　卷四四

列傳第三十二

崔光　子劼　弟子鴻　崔亮　從弟光韶　叔祖道固

崔光，清河人，[1]本名孝伯，字長仁，孝文賜名焉。[2]祖曠，從慕容德南度河，[3]居青州之時水。[4]慕容氏滅，仕宋爲樂陵太守。[5]於河南立冀州，[6]置郡縣，即爲東清河鄃人。[7]縣分易，更爲南平原貝丘人也。[8]父靈延，宋長廣太守，[9]與宋冀州刺史崔道固共拒魏軍。慕容白曜之平三齊，[10]光年十七，隨父徙代。家貧好學，晝耕夜誦，傭書以養父母。[11]

[1]清河：郡國名。西晉時治清河縣，在今山東臨清市東北。

[2]孝文：即北魏皇帝元宏。孝文爲其謚號。

[3]慕容德：人名。字玄明，昌黎棘城（今遼寧北票市章吉營子鄉三官營子村）人，鮮卑族。十六國時南燕君主。見《晋書》卷一二七《慕容德載記》。

[4]青州：十六國南燕時治掖城，在今山東萊州市。　時水：又稱耏（ěr）水、如水。上游即今烏河，發源於今山東淄博市臨淄區。

[5]樂陵：郡名。南朝宋時治樂陵縣，在今山東樂陵市東南。

[6]冀州：南朝宋時於青州僑置，治歷城，在今山東濟南市城區。

[7]東清河：郡名。北魏時治盤陽城，在今山東淄博市淄川區。鄃：縣名。治所在今山東淄博市。

[8]更爲南平原貝丘人也：中華本校勘記云："按《魏書》卷六七《崔光傳》，言光爲'東清河鄃人'，無'更爲南平原貝丘人'等語。此乃《北史》據《北齊書》卷四二《崔劼傳》所增。蓋李延壽以劼爲光子，籍貫應同，故移於其父傳首，其實錯誤。崔氏本居河北冀州之清河郡。後隨慕容德南渡，居於青州。劉宋滅南燕後，於青州僑置冀州，並置郡縣，故河南遂有清河、平原等郡（見《宋書·州郡志》）。北魏獻文皇興中取青、齊，改此冀州爲齊州，並於清河、平原等郡名上各加'東'字，以區别於河北原有之清河、平原（見《魏書·地形志中》）。《魏書·崔光傳》據北魏皇興後郡縣書之，故稱'東清河鄃人'。至北齊天保七年，併東清河、平原、廣川三郡爲東平原郡（見《隋書·地理志中》齊郡長山、淄川二縣，及《太平寰宇記》卷一九淄州、長山二條），原屬東清河之鄃縣，此時當併入貝丘縣而隸於東平原（此及《北齊書》之'南平原'，當爲'東平原'之誤）。《北齊書·崔劼傳》據天保七年後郡縣言之，故云：'更爲南（東）平原貝丘人也。'《北史》移此語於《崔光傳》首，則是以北齊郡縣加於北魏時人，其誤顯然。又《北齊書》'河南'上有'宋氏'二字，疑此脱。'縣分易'上亦應有'郡'字。"可從。

[9]長廣：郡名。南朝宋時治不其縣，在今山東青島市北。

[10]慕容白曜：人名。昌黎棘城（今遼寧北票市章吉營子鄉三官營子村）人，鮮卑族。北魏將領。見《北史》卷二五《慕容白曜傳》。

[11]傭書：受雇爲人抄書。

太和六年，[1]拜中書博士、著作郎，[2]與秘書丞李彪參撰國書，[3]再遷給事黄門侍郎。[4]甚爲孝文所知待，常曰："孝伯才浩浩如黄河東注，固今日之文宗也。"以參贊遷都謀，賜爵朝陽子。[5]拜散騎常侍，[6]著作如故，兼太子少傅。[7]又以本官兼侍中、使持節爲陝西大使，[8]巡方省察。所經述叙古事，因賦詩三十八篇。還，仍兼侍中。以謀謨之功，進爵爲伯。光少有大度，喜怒不見於色，有毁惡之者，必善言以報，雖見誣謗，終不自申曲直。皇興初，[9]有同郡二人並被掠爲奴婢，後詣光求哀，光乃以二口贖免。孝文聞而嘉之。雖處機近，未曾留心文案，唯從容論議，參贊大政而已。孝文每對群臣曰："以崔光之高才大量，若無意外咎譴，二十年後當作司空。"[10]其見重如是。

[1]太和：北魏孝文帝的年號（477—499）。

[2]中書博士：官名。北魏始置。亦稱中書教授博士、中書教學博士，掌教授中書學生。任職者升遷較易，多升爲中書省、門下省要職。　著作郎：官名。南北朝時爲清要之官，多由文學之士出任。北魏孝文帝太和二十三年定爲從五品上。

[3]秘書丞：官名。北魏時多參領著作事，主修撰國史及起居注，參預禮儀制度的議定。孝文帝太和十七年定爲四品下，二十三年定爲五品上。　李彪：人名。字道固，頓丘衛國（今河南清豐縣東南）人。北魏官吏。見《北史》卷四〇《李彪傳》。

[4]給事黄門侍郎：官名。又稱黄門侍郎。北魏時爲郎官之加官，侍從皇帝於宫門之内，與侍中俱掌門下事。孝文帝太和十七年定爲三品中。

[5]朝陽子：封爵名。朝陽，縣名。治所在今山東鄒平縣西北。

［6］散騎常侍：官名。北魏時掌規諫，顧問應對，與侍中等共平尚書奏事，有異議得駁奏。亦常用作宰相、諸公等的加官，得入宮禁議政。孝文帝太和二十三年定爲二品。

［7］太子少傅：官名。北魏時掌以道德輔教太子，兼領太子官屬。孝文帝太和十七年定爲從一品上，二十三年定爲二品。

［8］侍中：官名。北朝時常總典機密，受遺詔輔政，權任尤重，時號“小宰相”。北魏初置四員，孝文帝太和二十三年定爲三品。　使持節：漢朝官吏奉命外出時，由皇帝授予節杖，來提高其權威。魏晉之後，當重要的軍事長官出征或者出鎮時，通常加以使持節，憑此可誅殺二千石以下的官員。　陝西：地區名。泛指今河南三門峽市以西及甘肅以東地區。

［9］皇興：北魏獻文帝的年號（467—471）。

［10］司空：官名。北魏時爲名譽宰相，多爲大臣加官。孝文帝太和二十三年定爲一品。

宣武即位，[1]正除侍中。初，光與李彪共撰國書，太和之末，彪解著作，專以史事任光。彪尋以罪廢。宣武居諒闇，[2]彪上表求成《魏書》，詔許之，彪遂以白衣於秘書省著述。[3]光雖領史官，以彪意在專功，表解侍中、著作以讓彪。宣武不許。遷太常卿，[4]領齊州大中正。[5]

［1］宣武：即北魏皇帝元恪。宣武爲其謚號。

［2］諒闇：指皇帝居喪。

［3］白衣：指受處分官員的身份。　秘書省：官署名。晋朝置。設秘書監爲長官，領著作省，掌管國史的修撰及管理中外三閣圖書。其官屬有秘書丞、秘書郎、著作郎、著作佐郎、校書郎等。北魏又設秘書令，位在秘書監之下。當時秘書省長官經常參議制度。

[4]太常卿：官名。北魏時爲太常的尊稱。掌禮樂祭祀，其位尊而職閑。孝文帝太和二十三年定爲三品。

[5]齊州：北魏時治歷城縣，在今山東濟南市。　大中正：官名。魏晋南北朝時負責評定士人品第的官員。即將當地士人按才能品德、參照門第分成九品，供吏部選用。此職多由世家大族世代相襲。北魏時大中正無品無禄，但犯罪時可抵刑。

正始元年夏，[1]有典事史元顯獻四足四翼雞，[2]詔散騎侍郎趙邕以問光。[3]光表曰：

[1]正始：北魏宣武帝的年號（504—508）。

[2]典事史：官名。北魏置。爲吏職，掌庶務。相當於唐代之後尚書六部的主事。

[3]散騎侍郎：官名。北魏時掌規諫，與散騎常侍、侍中、黄門侍郎等共平尚書奏事。孝文帝太和二十三年爲五品上。　趙邕：人名。字令和，南陽（今河南南陽市）人。北魏官吏。見《北史》卷九二《趙邕傳》。

臣謹案《漢書·五行志》宣帝黄龍元年，[1]未央殿路軨中雌雞化爲雄，[2]毛變而不鳴不將無距。[3]元帝初元中，[4]丞相府史家雌雞伏子，漸化爲雄，冠距鳴將。永光中，[5]有獻雄雞生角。劉向以爲雞者小畜，[6]主司時起居，小臣執事爲政之象也，言小臣將乘君之威，以害政事，猶石顯也。[7]竟寧元年，[8]石顯伏辜，此其效也。靈帝光和元年，[9]南宫寺雌雞欲化爲雄，一身皆似雄，但頭冠尚未變，[10]詔以問議郎蔡邕。[11]邕對曰："貌之不恭，則有雞

禍。臣竊推之，頭爲元首，人君之象也。今雞一身已變，未至於頭，而上知之，是將有其事而不遂成之象也。若政無所改，頭冠或成，爲患滋大。”是後張角作亂，[12]稱黄巾賊，遂破壞四方，疲於賦役，人多叛者。上不改政，遂至天下大亂。今之雞狀不同，其應頗相類矣。向、邕並博達之士，考物驗事，信而有證，誠可畏也。臣以邕言推之，翅足衆多，亦群下相扇助之象。雛而未大，脚羽差小，亦其勢尚微，易制御也。

[1]宣帝：即西漢皇帝劉詢。宣爲其謚號。　黄龍：漢宣帝的年號（前49）。

[2]未央殿：未央宫前殿。故址在今陝西西安市西北郊，漢長安故城内西南隅。

[3]將：壯大。　距：雄雞雞爪側面的短趾。

[4]元帝：即西漢皇帝劉奭。元爲其謚號。　初元：漢元帝的年號（前48—前44）。

[5]永光：漢元帝的年號（前43—前39）。

[6]劉向：人名。本名更生，字子政，沛（今江蘇沛縣）人。西漢學者。見《漢書》卷三六《楚元王附劉向傳》。

[7]石顯：人名。字君房，濟南（今山東章丘市西）人。西漢宦官。見《漢書》卷九三《石顯傳》。

[8]竟寧：漢元帝的年號（前33）。

[9]靈帝：即東漢皇帝劉宏。靈爲其謚號。　光和：漢靈帝的年號（178—184）。

[10]尚：底本作“上”，源氏校勘記改“上”作“尚”，中華本校勘記云：“諸本‘尚’作‘上’，據《魏書·崔光傳》及《漢

書》卷二七《五行志》改。”今從改。

[11]議郎：官名。西漢始置。爲光禄勳屬官，高級郎官，掌顧問應對，爲皇帝近臣。多由儒學名士、高級官吏擔任，名譽很高。蔡邕：人名。字伯喈，陳留圉（今河南杞縣）人。東漢文學家、書法家。見《後漢書》卷六〇下《蔡邕傳》。

[12]張角：人名。鉅鹿（今河北平鄉縣西南）人。東漢末黄巾軍首領。

臣聞災異之見，皆所以示吉凶。明君覩之而懼，乃能招福；闇主視之彌慢，所用致禍。《詩》、《書》、《春秋》、秦、漢之事多矣，此皆陛下所觀者。今或有自賤而貴，關預政事，殆亦前代君房之匹。比者南境死亡千計，[1]白骨横野，存有酷恨之痛，殁爲怨傷之魂。義陽屯師，[2]盛夏未反；荆蠻狡猾，[3]征人淹次。東州轉輸，多往無還，百姓困窮，絞縊以殞。北方霜降，蠶婦輟事。群生憔悴，莫甚於今。[4]此亦賈誼哭歎，[5]谷永切諫之時。[6]司寇行戮，君爲之不舉，陛下爲人父母，所宜矜恤。國重戎戰，用兵猶火，内外怨弊，易以亂離。陛下縱欲忽天下，豈不仰念太祖取之艱難，[7]先帝經營劬勞也？[8]誠願陛下留聰明之鑒，警天地之意，禮處左右，節其貴越。往者鄧通、董賢之盛，[9]愛之正所以害之。又躬饗如罕，宴宗或闕，時應親享郊廟，延敬諸父。檢訪四方，務加休息，爰發慈旨，撫振貧瘼。簡費山池，減撤聲飲，晝存政道，夜以安身。博采芻蕘，[10]進賢黜佞，則兆庶幸甚，妖弭

慶進，禎祥集矣。

[1]殆亦前代君房之匹比者南境死亡千計：《魏書》卷六七《崔光傳》作"殆亦前代君房之匹比者。南境死亡千計"。《通志》卷一五〇上與《北史》同。"比者"意爲"近來"，並非"比較"之意。此句標點應當從《北史》（參高振鐸《〈魏書〉點校商榷二十九例》，《古籍整理研究學刊》1999年第5期）。君房，指石顯，字君房，西漢時佞臣。

[2]義陽：郡名。北魏時治平陽縣，在今河南信陽市。

[3]荆蠻：中原人對楚越或南人的稱呼。

[4]莫甚於今：局本作"墓甚於今"。"莫"訛作"墓"。

[5]賈誼：人名。雒陽（今河南洛陽市東北）人。西漢官吏、政論家。見《漢書》卷四八《賈誼傳》。

[6]谷永：人名。字子雲，長安（今陝西西安市）人。西漢官吏。見《漢書》卷八五《谷永傳》。

[7]太祖：即北魏皇帝拓跋珪。太祖爲其廟號。

[8]劬勞：辛勤，勞苦。

[9]鄧通：人名。蜀郡南安（今四川樂山市）人。西漢佞臣。見《漢書》卷九三《鄧通傳》。　董賢：人名。字聖卿，雲陽（今陝西淳化縣）人。西漢佞臣。見《漢書》卷九三《董賢傳》。

[10]芻（chú）蕘（ráo）：原指割草打柴的人。後指謙虚之詞。

帝覽之大悦。後數日而茹皓等並以罪失伏法，[1]於是禮光逾重。

[1]茹皓：人名。字禽奇，吴郡（今江蘇蘇州市）人。北魏官吏。見《北史》卷九二《茹皓傳》。

二年八月，光表曰：

去二十八日，有物出于太極之西序，敕以示臣。臣案其形，即莊子所謂“蒸成菌”者也。又云“朝菌不終晦朔”。[1]雍門周所稱“磨蕭斧而伐朝菌”，[2]指言蒸氣鬱長，非有根種，柔脆之質，彫殞速易，不延旬月，無擬蕭斧。又多生墟落穢濕之地，[3]罕起殿堂高華之所。今極宇崇麗，壇築工密，糞朽弗加，沾濡不及，而兹菌欻構，厥狀扶疏，誠足異也。夫野木生朝，野鳥入廟，古人以爲敗亡之象。[4]然懼災脩德，咸致休慶，所謂家利而怪先，國興而妖豫。是故桑穀拱庭，太戊以昌；[5]雊雉集鼎，[6]武丁用熙。[7]自比鵶鵲巢于廟殿，[8]梟服鳴於宫寢，[9]菌生賓階軒坐之正，準諸往記，信可爲誡。且東南未静，兵革不息，郊甸之内，大旱跨時，人勞物悴，莫此之甚。承天子育者所宜矜恤。伏願陛下追殷二宗感變之意，側躬聳誡，惟新聖道，節夜飲之忻，强朝御之膳，養方富之年，保金玉之性，則魏祚可以永隆，皇壽等於山岳。

[1]朝菌不終晦朔：朝菌，指朝生暮死的菌類植物。借喻極短的生命。語見《莊子・逍遥游篇》：“朝菌不知晦朔，蟪蛄不知春秋。”

[2]雍門周所稱磨蕭斧而伐朝菌：語出《説苑・善説》。雍門周，人名。戰國時齊國孟嘗君門客。善鼓琴，能言辭。磨蕭斧而伐朝菌，指磨礪斧砍伐朝生暮死的菌類植物。比喻大材小用、勞而

無功。

［3］墟落：指村落。

［4］夫野木生朝野鳥入廟古人以爲敗亡之象：《孔子家語·五儀》："桑穀野木，而不合生朝，意者國亡乎！"《漢書·五行志中之下》："野木生朝，野鳥入廟，敗亡之異也。"

［5］故桑穀拱庭太戊以昌：古代認爲，桑穀生於朝爲不祥之兆，但也可以改變。《尚書·咸有一德》附《〈亡書〉序》："伊陟相大戊，亳有祥，桑穀共生於朝。"孔穎達疏："桑穀二木，共生於朝。朝非生木之處，是爲不善之徵。"太戊，即殷中宗。商朝第十位君主。重用賢臣，治國有方，使商得以中興。

［6］雊（gòu）雉集鼎：語本《尚書·高宗肜日序》："高宗祭成湯，有飛雉升鼎耳而雊。"孔傳："耳不聰之異。"孔穎達疏："雉乃野鳥，不應入室，今乃入宗廟之内，升鼎耳而鳴。孔以雉鳴在鼎耳，故以爲耳不聰之異也。"

［7］武丁用熙：《説苑·辨物》："昔者高宗成王感於雊雉、暴風之變，脩身自改，而享豐昌之福也。"武丁，商朝第二十三代王。在位時期是商朝鼎盛時期。

［8］鵋鶀：貓頭鷹一類的鳥。

［9］梟服：又名山鴞，古以爲不祥之鳥。中華本作"梟鵩"。按："服"通"鵩"。

四年，除中書舍人。[1]永平元年秋，[2]將誅元愉妾李氏，[3]群官無敢言者。敕光爲詔，光逡巡不作，[4]奏曰："伏聞當刑元愉妾李，[5]加之屠割。妖惑扇亂，誠合此罪。但外人竊云，李今懷妊，例待分産。且臣尋諸舊典，兼推近事，戮至刳胎，[6]謂之虐刑，桀、紂之主，乃行斯事。君舉必書，義無隱諱，酷而乖法，何以示後？陛下春秋已長，未有儲體，皇子襁褓，至有夭失。

臣之愚識，知無不言，乞停李獄，以俟育孕。”帝納之。

[1]中書舍人：源氏校勘記云：“‘舍人’《魏書》作‘令’一字。”中華本校勘記云：“《魏書》作‘中書令’。按光時官位已高，不得降爲第六品之中書舍人，《魏書》是。”可從。

[2]永平：北魏宣武帝的年號（508—512）。

[3]元愉：人名。字宣德。北魏宗室。孝文帝元宏第三子，宣武帝元恪異母弟。見《北史》卷一九《京兆王愉傳》。

[4]逡巡：有所顧慮而徘徊不前。

[5]伏聞當刑元愉妾李：毛本作“伏聞常刑元愉妾李”。“當”訛作“常”。

[6]刳（kū）胎：剖割孕婦胎兒。

延昌元年，[1]遷中書監，[2]侍中如故。二年，宣武幸東宫，召光與黄門甄琛、廣陽王深等並賜坐，[3]詔光曰：“卿是朕西臺大臣，[4]當令爲太子師傅。”光起拜固辭，詔不許。即令明帝出焉，[5]從者十餘人，敕以光爲傅之意，令明帝拜光。光又拜辭，不當受太子拜，復不蒙許。明帝遂南面再拜。詹事王顯啓請從太子拜，[6]於是宫臣畢拜。光北面立，不敢答拜，唯西面拜謝而出。於是賜光繡采一百匹，琛、深各有差。尋授太子少傅，遷右光禄大夫，[7]侍中、監如故。

[1]延昌：北魏宣武帝的年號（512—515）。

[2]中書監：官名。北魏時爲中書省長官之一，掌納奏、擬詔、出令，然權歸中書舍人，監、令名爲長官，實爲閑職。孝文帝太和二十三年定爲從二品。

[3]黄門：官名。即黄門侍郎，又稱給事黄門侍郎。　甄琛：人名。字思伯，中山毋極（今河北無極縣西）人。北魏官吏。見《北史》卷四〇《甄琛傳》。　廣陽王：封爵名。廣陽，郡名。北魏時治燕樂縣，在今河北隆化縣。　深：即元深，人名。字智遠。北魏宗室。見《北史》卷一六《廣陽王建附元深傳》。

[4]西臺：官署名。北魏時爲中書省的别稱。

[5]明帝：即北魏皇帝元詡。明爲其謚號。

[6]詹事：官名。魏晋以降唯太子宫設，故亦稱太子詹事。總領東宫内外事務及諸官屬。　王顯：人名。字世榮，陽平樂平（今山西昔陽縣）人。北魏官吏。見《北史》卷九〇《王顯傳》。

[7]右光禄大夫：官名。北魏時作爲在朝顯職官員的加官，以示優崇，或授予年老有病的致仕之官，亦常用於卒後贈官。無具體職掌。孝文帝太和二十三年定爲二品。

四年正月，宣武夜崩，光與侍中、領軍將軍于忠迎明帝於東宫，[1]安撫内外，光有力焉。帝崩後二日，廣平王懷扶疾入臨，[2]以母弟之親，徑至太極西廡，[3]哀慟禁内，呼侍中、黄門、領軍、二衛，云身欲上殿哭大行，[4]又須入見主上。諸人皆愕然相視，無敢抗對者。光獨攘衰振杖，引漢光武初崩，[5]太尉趙憙横劍當階，[6]推下親王故事，辭色甚厲。聞者莫不稱善，壯光理義有據。懷聲淚俱止，云："侍中以古事裁我，我不敢不服。"於是遂還，頻遣左右致謝。

[1]領軍將軍：官名。爲禁衛軍之最高統帥，權勢極重。北魏時如果侍臣任此職，則稱中領軍將軍。孝文帝太和十七年定爲二品上，二十三年改爲從二品。　于忠：人名。字思賢，本字千年，代

（今山西大同市東北）人，鮮卑族。北魏官吏。見《北史》卷二三《于栗磾附于忠傳》。

［2］廣平王：封爵名。廣平，郡名。北魏時治曲梁城，在今河北永年縣東南。　懷：即元懷，人名。北魏宗室。見《北史》卷一九《廣平王懷傳》。

［3］太極：皇宫的西内正殿，每月朔望皇帝視朝之所。

［4］大行：剛死而尚未定謚號的皇帝、皇后。

［5］光武：即東漢皇帝劉秀。光武爲其謚號。

［6］趙憙：人名。字伯陽，南陽宛（今河南南陽市）人。東漢官吏。見《後漢書》卷二六《趙憙傳》。底本、元大德本、殿本、四庫本、局本、四部備要本作“趙喜”。按：“憙”後作“喜”。

初，永平四年，以黄門郎孫惠蔚代光領著作。[1]惠蔚首尾五歲，無所厝懷。[2]至是，尚書令、任城王澄表光宜還史任，[3]於是詔光還領著作。遷特進，[4]以奉迎明帝功，封博平縣公，[5]領國子祭酒，[6]詔乘步挽於雲龍門出入。[7]尋遷車騎大將軍、儀同三司。[8]靈太后臨朝後，[9]光累表遜位。于忠擅權，光依附之，及忠稍被疏黜，光并送章綬冠服茅土，[10]表至十餘上，靈太后優答不許。有司奏追于忠及光封邑。熙平元年二月，[11]太師、高陽王雍等奏舉光授明帝經。[12]初，光有德於靈太后，四月，更封光平恩縣侯，[13]以朝陽伯轉授第二子勗。其月，敕賜羊車一乘。[14]

［1］黄門郎：官名。黄門侍郎或給事黄門侍郎的省稱。　孫惠蔚：人名。字叔炳，武邑武遂（今河北武强縣西北）人。北魏官吏。見《北史》卷八一《孫惠蔚傳》。

[2]厝懷：關心、注意。

[3]尚書令：官名。北魏孝文帝改制後，尚書省職權漸重，以録尚書事爲長官，尚書令爲副職，兼掌監察百官，皆爲宰相。孝文帝太和十七年定爲從一品上。　任城王：封爵名。任城，郡名。北魏時治任城縣，在今山東濟寧市。　澄：即元澄，人名。字道鏡，《魏書》作"道鎮"。北魏宗室。見《北史》卷一八《任城王雲附元澄傳》。

[4]特進：官名。北魏時爲加官名號，用以安置閑退大臣。孝文帝太和二十三年定爲二品。

[5]博平縣公：封爵名。博平，縣名。治所在今山東泰安市東南。

[6]國子祭酒：官名。掌教授生徒儒學，主管國子學，參議禮制，隸太常。北魏孝文帝太和十七年定爲四品上，二十三年定爲從三品。

[7]步挽：古代一種供乘坐的、用人力拉的車子。　雲龍門：北魏洛陽宫城之正南門。

[8]儀同三司：又稱開府儀同三司。北魏時爲大臣加號，意謂與三司禮制待遇相同，許開府，辟僚屬。從一品上。

[9]靈太后：即北魏宣武帝皇后胡氏。靈爲其謚號。

[10]茅土：指王、侯的封爵。天子分封王、侯時，用代表方位的五色土築壇，按封地所在方向取一色土，包以白茅而授之，作爲受封者得以有國建社的表徵。殿本、四部備要本作"茅上"。"土"訛作"上"。

[11]熙平：北魏孝明帝的年號（516—518）。

[12]太師：官名。北魏時爲三師之一，掌輔佐君王。孝文帝太和二十三年定爲一品。　高陽王：封爵名。高陽，郡名。北魏時治高陽縣，在今河北高陽縣東。　雍：即元雍，人名。字思穆。獻文帝子，孝文帝弟。見《北史》卷一九《高陽王雍傳》。

[13]平恩縣侯：封爵名。平恩，縣名。治所在今河北曲周縣

東南。

[14]羊車：一種裝飾精美的車子。其制如軺車，黄金、珠寶裝飾。常用果下馬牽引。羊，通“祥”。祥，善也。故羊車即善飾之車。

時靈太后臨朝，每於後園親執弓矢，光乃表上中古婦人文章，因以致諫。是秋，靈太后頻幸王公第宅，光表諫曰：“《禮記》云：諸侯非問疾弔喪，入諸臣之家，謂之君臣爲謔。不言王后夫人，明無適臣家之義。夫人父母在，有時歸寧；親没，使卿大夫聘。《春秋》紀陳、宋、齊之女並爲周王后，[1]無適本國之事。是制深於士大夫。許嫁唁兄，又義不得，衛女思歸，以禮自抑，《載馳》《竹竿》所爲作也。[2]漢上官皇后將廢昌邑，[3]霍光外祖也，[4]親爲宰輔，后猶御武帷以接群臣，示男女之别，國之大節。伯姬待姆，安就炎燎；[5]樊姜俟命，忍赴洪流。[6]《傳》皆綴集，以垂來訓。昨軒駕頻出，幸馮翊君、任城王第。[7]雖漸中秋，餘熱尚蒸，衡蓋往還，聖躬煩倦。左右僕侍，衆過千百，扶衛跋涉，袍鉀在身。昔人稱陛下甚樂，臣等至苦，或其事也。但帝族方衍，勳貴增遷，祇請遂多，將成彝式。[8]陛下遵酌前王，貽厥後矩，天下爲公，億兆己任。專薦郊廟，止決大政，輔神養和，簡息游幸，則率土屬賴，含生仰悦矣。”

[1]宋齊：殿本、四庫本、四部備要本作“齊宋”。

[2]載馳：《詩·鄘風》篇名。《詩序》及《左傳》皆言其爲許

穆夫人作。許穆夫人爲衛戴公之妹，嫁於許國。公元前600年，衛國都被狄人攻破，衛懿公被殺。衛戴公即位，旋即去世，其弟文公繼位。許穆夫人既悲痛衛國顛覆，哀傷許國弱小不能救援，欲歸唁其兄又不可得，故作此詩以示其傷痛。　竹竿：《詩·衛風》篇名。寫衛女嫁離衛國、思歸不得的情緒。

[3]上官皇后：漢昭帝皇后上官氏。　昌邑：指昌邑王劉賀。

[4]霍光：人名。字子孟，河東平陽（今山西臨汾市西南）人。西漢大臣。秉政二十年。見《漢書》卷六八《霍光傳》。

[5]伯姬待姆安就炎燎：指春秋時宋共公夫人伯姬堅守禮規被焚事。周景王二年（前543），寡居的伯姬之舍失火，下人勸她離去，但她堅守"婦人夜出，不見傅母不下堂"的禮規，終被大火燒死。

[6]樊姜俟命忍赴洪流：指春秋時楚昭王夫人樊姜守禮被溺事。楚昭王出游，留夫人漸臺之上。江水漲，圍漸臺，楚昭王命使者迎接夫人，但忘了帶親授符信。夫人不見楚昭王符信，不肯離開漸臺，終被淹死。俟，底本作"侯"，中華本校勘記云："各本'俟'作'侯'，南本作'候'，《魏書》及《通志》卷一五〇《崔光傳》作'俟'。按'侯''候'並'俟'之訛，今從《魏書》《通志》改。"今從改。忍赴洪流，局本作"忍起洪流"。

[7]馮翊君：指元叉妻，靈太后妹。

[8]彝式：定式、常規。

神龜元年，[1]光表曰："尋石經之作，起自炎劉，[2]昔來雖屢經戎亂，猶未大崩侵。如聞往者刺史臨州，多構圖寺，官私顯隱，漸加剥撤，由是經石彌減，文字增缺。今求遣國子博士一人堪任幹事者，[3]專主周視，驅禁田牧，制其踐穢，料閲碑牒所失次第，量厥補綴。"詔曰："此乃學者之根原，不朽之永格，便可一依公

表。”光乃令國子博士李郁與助教韓神固、劉燮等勘校石經，[4]其殘缺，計料石功，并字多少，欲補脩之。後靈太后廢，遂寢。

[1]神龜：北魏孝明帝的年號（518—520）。

[2]炎劉：指東漢王朝。漢朝皇帝劉姓，東漢時借五德終始學説，稱因火德而興起，故謂炎劉。

[3]國子博士：官名。教授生徒儒學。北魏孝文帝太和十七年定爲從五品上，二十三年定爲五品上。

[4]李郁：人名。字永穆，趙郡平棘（今河北趙縣）人。北魏官吏、學者。見《北史》卷三三《李孝伯附李郁傳》。

二年八月，靈太后幸永寧寺，[1]躬登九層佛圖。光表諫曰：“伏見親昇上級，佇蹕表刹之下，[2]祇心圖構，[3]誠爲福善，聖躬玉趾，非所踐陟。臣庶恇惶，竊謂未可。”九月，靈太后幸嵩山佛寺，光上表諫，不從。

[1]永寧寺：在今河南洛陽市。

[2]佇蹕（bì）：指帝王車駕停立。蹕，古代帝王出行時開路清道，禁止他人通行，引申爲帝王出行的車駕。

[3]祇：恭敬。

正光元年冬，[1]賜光几杖衣服。二年春，明帝親釋奠國學，光執經南面，百僚陪列。司徒、京兆王繼頻上表以位讓光，[2]四月，以光爲司徒，侍中、國子祭酒、領著作如故。光表固辭，歷年終不肯受。

[1]正光：北魏孝明帝的年號（520—525）。

[2]京兆王：封爵名。京兆，郡名。北魏時治霸城縣，在今陝西西安市東北。　繼：即元繼，人名。字世仁。北魏宗室。見《北史》卷一六《京兆王黎附江陽王繼傳》。

八月，獲秃鶖鳥於宫内，[1]詔以示光。光表曰："此即《詩》所謂'有鶖在梁'，解云'秃鶖也'。[2]貪惡之鳥，野澤所育，不應入於殿廷。昔魏氏黄初中，[3]有鵜鶘集于靈芝池，[4]文帝下詔，[5]以'曹恭公遠君子，近小人'，[6]博求賢俊，太尉華歆由此遜位而讓管寧者也。[7]臣聞野物入舍，古人以爲不善。是以張鋳惡鵩，[8]賈誼忌服。[9]鵜鶘暫集而去，前王猶爲至誡，[10]況今親入宫禁，爲人所獲，方被畜養，晏然不以爲懼。準諸往義，信有殊矣。饕餮之禽，必資魚肉，菽麥稻粱，時或飡啄，[11]一食之費，容過斤溢。[12]今春夏陽旱，穀糴稍貴，窮窘之家，時有菜色。陛下爲人父母，撫之如傷，豈可棄人養鳥，留意於醜形惡聲哉！衛侯好鶴，曹伯愛雁，身死國滅，可爲寒心。[13]願遠師殷宗，近法魏祖，脩德進賢，消災集慶，放無用之物，委之川澤，取樂琴書，頤養神性。"明帝覽表大悦，即棄之池澤。

[1]秃鶖（qiū）鳥：水鳥名。頭項無毛，狀如鶴而大，色蒼灰。

[2]此即詩所謂有鶖在梁解云秃鶖也：見《詩・小雅・白華》"有鶖在梁。"毛傳："鶖，秃鶖也。"鄭玄箋："鶖之性貪惡。"

[3]黄初：三國魏文帝的年號（220—226）。

[4]鵜鶘：水鳥名。亦作“鵜胡”。　靈芝池：在今河南洛陽市東北。

[5]文帝：即三國魏皇帝曹丕。文爲其謚號。

[6]曹恭公遠君子近小人：見《詩·曹風·候人》。曹恭公，即曹共公，名襄。春秋時曹國國君。是一位荒唐的君主。見《史記》卷三五《管蔡世家》。

[7]華歆：人名。字子魚，平原高唐（今山東禹城市）人。漢末魏初名士，曹魏重臣。見《三國志》卷一三《魏書·華歆傳》。　管寧：人名。字幼安，北海朱虛（今山東臨朐縣）人。漢末魏初名士。見《三國志》卷一一《魏書·管寧傳》。

[8]張臶（jiàn）惡鵀（rén）：見《三國志》卷一一《魏書·張臶傳》：“正始元年，戴鵀之鳥，巢臶門陰。臶告門人曰：‘夫戴鵀陽鳥，而巢門陰，此凶祥也。’乃援琴歌咏，作詩二篇，旬日而卒。”後以“栖鵀”爲死亡的預兆。張臶，人名。字子明，鉅鹿（今河北平鄉縣西南）人。東漢末隱士。見《三國志·魏書·張臶傳》。

[9]服：宋本、毛本、殿本、四庫本、局本、四部備要本、中華本作“鵩”。源氏校勘記改“服”作“鵩”。

[10]前王猶爲至誡：元大德本、毛本、局本作“前王猶爲致誡”。按：意不通，“戒”訛作“誡”。

[11]湌（cān）啄：指鳥類取食。

[12]容過斤溢：宋本、毛本、殿本、四庫本、局本、四部備要本、中華本作“容過斤鎰”。按：溢，同“鎰”。古代重量單位。

[13]衛侯好鶴曹伯愛雁身死國滅可爲寒心：衛懿公嗜好養鶴，曹廢公喜歡獵雁，導致兵敗被殺，國力衰敗。衛侯，指衛懿公。春秋時期衛國國君。見《左傳》閔公二年。曹伯，名伯陽或單名陽，春秋時期曹國的最後一位君主。見《史記·管蔡世家》。

冬，詔光與安豐王延明議定服章。[1]三年六月，詔光乘步挽至東西上閤。九月，進位太保，[2]光又固辭。光年耆多務，病疾稍增，而自强不已，常在著作，疾篤不歸。四年十月，帝親臨光疾，詔斷賓客，中使相望，爲止聲樂，罷諸游眺，拜長子勵爲齊州刺史。十一月，疾甚，敕子姪等曰："吾荷先帝厚恩，位至於此，史功不成，殁有遺恨。汝等速可送我還宅。"氣力雖微，神明不亂，至第而薨，年七十三。明帝聞而悲泣，中使相尋，詔給東園温明秘器、朝服一具、衣一襲、錢六十萬、布一千匹、蠟四百斤，大鴻臚監護喪事。[3]車駕親臨，撫屍慟哭，御輦還宫，流涕於路，爲減常膳，言則追傷，每至光坐講讀之處，未曾不改容悽悼。贈太傅，[4]領尚書令、驃騎大將軍、開府、冀州刺史，侍中如故。又敕加後部鼓吹、班劍，[5]依太保廣陽王故事，[6]謚文宣。明帝祖喪建春門外，望轜哀感，[7]儒者榮之。

[1]安豐王：封爵名。安豐，郡名。北魏時治安豐縣，在今安徽霍邱縣東南。　延明：即元延明，人名。北魏宗室。見《北史》卷一九《安豐王猛附元延明傳》。

[2]太保：官名。北魏時與太師、太傅並號三師，輔佐君王，位在太傅、太師下。孝文帝太和二十三年定爲一品。

[3]大鴻臚：官名。北魏時掌接待少數民族賓客、朝會及吉凶禮儀等事務。孝文帝太和二十三年定爲三品。

[4]太傅：官名。爲輔弼君王的大臣，位居太師下、太保上。北魏孝文帝太和二十三年定爲一品。

[5]鼓吹：演奏鼓吹樂的樂隊。本用於軍中，後賜予有功大臣，遂成爲皇帝賜予臣下的一種禮遇。（參梁滿倉《魏晋南北朝軍禮鼓

吹芻議》,《中國史研究》2006 年第 3 期)。　班劍：本指飾有花紋之劍。漢制，朝服帶劍。晋朝以木爲劍，謂之班劍，取裝飾燦爛之義。後用作儀仗，由武士佩持，天子以賜功臣。

[6]廣陽王：指廣陽王元嘉。廣陽王元建之子。見《北史》卷一六《廣陽王建附元嘉傳》。

[7]輀（ér）：載運靈柩的車。

初，光太和中依宫商角徵羽本音而爲五韻詩，以贈李彪，彪爲十二次詩以報光；光又爲百三郡國詩以答之，國别爲卷，爲百三卷焉。

光寬和慈善，不忤於物，進退沈浮，自得而已。常慕胡廣、黄瓊爲人，[1]故爲氣概者所不重。始領軍于忠，以光舊德，事之；[2]元叉於光亦深宗敬。[3]及郭祚、裴植見殺，[4]清河王懌遇禍，[5]光隨時俛仰，[6]竟不匡救，於是天下譏之。自從貴達，罕所申薦，曾啓其女壻彭城劉敬徽，[7]云敬徽爲荆州五隴戍主，[8]女隨夫行，常慮寇抄，南北分張，乞爲徐州長史兼别駕，[9]暫集京師。明帝許之。時人比之張禹。[10]光初爲黄門則讓宋弁，[11]爲中書監讓汝南王悦，[12]爲太常讓劉芳，[13]爲少傅讓元暉、穆紹、甄琛，[14]爲國子祭酒讓清河王懌、任城王澄，爲車騎、儀同讓江陽王繼，[15]又讓靈太后父胡國珍，[16]皆顧望時情，議者以爲矯飾。

[1]胡廣：人名。字伯始，南郡華容（今湖北監利縣）人。東漢官吏。見《後漢書》卷四四《胡廣傳》。　黄瓊：人名。字世英，江夏安陸（今湖北安陸市）人。東漢官吏。見《後漢書》卷

六一《黄瓊傳》。

[2]以光舊德：中華本校勘記云："《魏書》'舊德'下有'甚信重焉，每事籌决。光亦傾身'十二字。《北史》删去，頗失原意。"可從。

[3]元叉：人名。字伯儁，小字夜叉。北魏宗室。見《北史》卷一六《京兆王黎附元叉傳》。

[4]郭祚：人名。字季祐，太原晋陽（今山西太原市晋源區古城營村一帶）人。北魏官吏。見《北史》卷四三《郭祚傳》。　裴植：人名。字文遠，河東聞喜（今山西聞喜縣）人。北魏官吏。見《北史》卷四五《裴叔業附裴植傳》。

[5]懌：即元懌，人名。字宣仁。北魏宗室。見《北史》卷一九《清河王懌傳》。

[6]俛（fǔ）仰：歸心敬仰。

[7]彭城：郡名。北魏時治彭城縣，在今江蘇徐州市。

[8]荆州：北魏時治穰縣，在今河南鄧州市。　五隴：戍所名。在今陝西鳳翔縣南。　戍主：官名。南北朝始置。爲戍的主將，掌守防捍禦之事，除管理軍政外，兼理民政、財政。多以郡守、縣令、州參軍及雜號將軍等官兼領。

[9]乞爲徐州長史兼別駕：底本"長"下無"史"字。《魏書》卷六七《崔光傳》作"乞爲徐州長史兼别駕"。按：據文意，應爲"徐州長史"。《北史》脱"史"字，不通。今從改。徐州，北魏時治彭城縣，在今江蘇徐州市。長史，官名。北魏時掌參政務，主管屬吏。爲府中掾屬之長。　别駕：官名。又作"别駕從事""别駕從事史"。漢朝州部佐吏。因從刺史行部，别乘傳車，故謂之别駕。北魏亦置。孝文帝太和十七年定司州别駕爲正四品中，二十三年改爲從四品上。他州别駕依州品不同，自正五品至正七品不等。

[10]張禹：人名。字子文，河内軹（今河南濟源市東南）人。西漢大臣、經學家。見《漢書》卷八一《張禹傳》。

[11]宋弁：人名。字義和，西河介休（今山西介休市）人。

北魏官吏。見《北史》卷二六《宋隱附宋弁傳》。

[12]汝南王：封爵名。汝南，郡名。北魏時治上蔡縣，在今河南汝南縣。　悦：即元悦，人名。北魏宗室。見《北史》卷一九《汝南王悦傳》。

[13]劉芳：人名。字伯支，彭城叢亭里（今江蘇徐州市）人。北魏官吏。見《北史》卷四二《劉芳傳》。

[14]元暉：人名。字景襲。北魏宗室。見《北史》卷一五《常山王遵附元暉傳》。　穆紹：人名。字永業，代（今山西大同市東北）人。北魏官吏。見《北史》卷二〇《穆崇附穆紹傳》。

[15]江陽王：封爵名。江陽，郡名。北魏時治廣陵縣，在今江蘇揚州市西北。

[16]胡國珍：人名。字世玉，安定臨涇（今甘肅鎮原縣）人。北魏官吏。見《北史》卷八〇《胡國珍傳》。

崇信佛法，禮拜讀誦，老而逾甚。終日怡怡，未曾恚忿。曾於門下省晝坐讀經，[1]有鴿飛集膝前，遂入於懷，緣臂上肩，久之乃去。道俗讚詠詩頌者數十人。每爲沙門、朝貴請講《維摩》《十地經》，[2]聽者常數百人。即爲二經義疏三十餘卷，識者知其疏略。凡所爲詩、賦、銘、贊、誄、頌、表、啓數百篇，五十餘卷，别有集。

[1]曾於門下省晝坐讀經：毛本作“曾與門下省晝坐誦經”。

[2]維摩：即《維摩詰經》，亦稱《維摩經》。佛教典籍。描述維摩詰與文殊師利等人共論佛法。　十地經：又名《十地》《十地經論》。佛教典籍。古印度世親著，北魏菩提流支譯。十二卷。主要論釋《華嚴經·十地品》，是南北朝時地論學派依據的主要典籍。

光子勵，字彦德，器學才德，最有父風。[1]舉秀才，中軍彭城王參軍、秘書郎中，[2]以父光爲著作，固辭不拜。後除中書侍郎。[3]領軍將軍元叉爲明堂大將，[4]以勵爲長史。與從兄鴻俱有名於世。父光疾甚，拜征虜將軍、齊州刺史。[5]侍父疾，衣不解帶，及薨，孝明每加存慰。光葬本鄉，詔遣主書張文伯宣弔。[6]孝昌元年，[7]除太尉長史，[8]襲父爵。建義初，[9]遇害河陰。贈侍中、衛將軍、青州刺史。[10]勵弟劼。

[1]最有父風：局本作“殷有父風”。皆可。

[2]秘書郎中：官名。掌圖書典校。北魏孝文帝太和十七年定爲從五品上。

[3]中書侍郎：官名。北魏時多選用文學之士，掌草擬詔令，職位機要，四員。孝文帝太和二十三年定爲從四品上。

[4]明堂大將：官名。北魏置。掌營建明堂等。

[5]征虜將軍：官名。北魏時爲雜號將軍之一。孝文帝太和二十三年定爲從三品。

[6]張文伯：人名。北魏官吏。領主書兼舍人，奉使徐州。元法僧謀反，欲令文伯同參其事，不從，被殺。

[7]孝昌：北魏孝明帝的年號（525—527）。

[8]太尉長史：官名。太尉府掾屬之長，總署府事。

[9]建義：北魏孝莊帝的年號（528）。

[10]衛將軍：官名。北魏時位在諸號大將軍上，多作爲軍府名號，加贈大臣、重要州郡長官，無具體職掌。孝文帝太和二十三年定爲二品。

劼字彦玄，少清虛寡欲，好學有家風。魏末，累遷

中書侍郎。興和三年，[1]兼通直散騎常侍，[2]使于梁。天保初，[3]以議禪代，除給事黄門侍郎，加國子祭酒，直内省，典機密。清儉勤慎，甚爲齊文宣所知。[4]拜南青州刺史，[5]有政績。入爲秘書監、齊州大中正，遷并省度支尚書，[6]俄授京省。尋轉五兵尚書，[7]監國史。臺閣之中，見稱簡正。武成之將禪後主，[8]先以問劼，劼諫以爲不可，由是忤意，出爲南兖州刺史。[9]代還，重爲度支尚書、儀同三司，食文登縣幹。[10]尋除中書令，加開府，待詔文林館，[11]監修撰新書。卒，贈齊州刺史、尚書左僕射，[12]謚文貞。

[1]興和：東魏孝静帝的年號（539—542）。

[2]通直散騎常侍：官名。又稱通直常侍。西晋武帝泰始十年（274）使員外散騎常侍二人與散騎常侍通員當值，故名。參平尚書奏事，並掌諷諫、侍從。北魏孝文帝太和十五年亦置，初定爲三品下，二十三年定爲四品。

[3]天保：北齊文宣帝的年號（550—559）。

[4]文宣：即北齊皇帝高洋。文宣爲其謚號。

[5]南青州：東魏時治團城，在今山東沂水縣沂水鎮。

[6]度支尚書：官名。尚書省度支曹長官。統管度支、户部、金部、倉部四曹，掌軍國財賦的收支會計及漕運、物價、屯田之政令。北齊時爲三品。

[7]五兵尚書：官名。領中兵、外兵、騎兵、别兵、都兵五曹，故以此稱之。

[8]武成：即北齊皇帝高湛。武成爲其謚號。　後主：即北齊温公高緯。

[9]南兖州：北齊時治譙城，在今安徽亳州市。

[10]文登：縣名。治所在今山東文登市文城鎮。　幹：東魏、北齊授予官員以勞役人口的權益。

[11]文林館：官署名。北齊後主置，以文學之士入館，稱待詔文林館。主要職務爲編撰供皇帝閲覽的書籍。

[12]尚書左僕射：官名。北齊時列位宰相，掌都省庶務、執法、典選舉，兼掌糾彈百官。從二品。源氏校勘記云："'左'《北齊》作'右'。"

初，和士開擅朝，[1]曲求物譽，諸公因此頗爲子弟干禄。[2]世門之胄，[3]多處京官，而劼二子拱、撝並爲外任。弟廓之從容謂劼曰："拱幸得不凡，何不在省府中清華之所，而並出外藩？"劼曰："立身來，耻以言自達。今若進兒，與身何異！"卒無所求。[4]聞者莫不歎服。劼常恨魏收書，欲更作編年紀，而才思竟不能就。

[1]和士開：人名。字彦通，清都臨漳（今河北臨漳縣）人。北齊官吏。見《北史》卷九二《和士開傳》。

[2]干禄：求禄位，求仕進。

[3]胄：古代稱帝王或貴族的子孫。

[4]卒無所求：局本作"卒無所來"。按：意不通，"求"訛作"來"。

光弟敬友，本州從事。[1]頗有受納，御史案之，乃與守者俱逃。後除梁郡太守，[2]會遭所生憂，[3]不拜。敬友精心佛道，晝夜誦經，免喪之後，遂菜食終身。恭寬接下，脩身厲節。自景明已降，[4]頻歲不登，飢寒請丐者，[5]皆取足而去。又置逆旅於肅然山南大路之北，[6]設

食以供行者。卒于家。子鴻。[7]

[1]從事：中華本校勘記云："《魏書》卷六七'從事'作'治中'。按《北史》避唐諱，例改'治中'爲'中從事'，疑此脱'中'字。"

[2]梁郡：北魏時治睢陽縣，在今河南商丘市南。

[3]會遭所生憂：《魏書》卷六七《崔光傳》作"會遭所生母憂"。兩者表達不同，意思皆可。憂，特指父母的喪事。按當時規定父母喪必須辭官回家守喪三年。

[4]景明：北魏宣武帝的年號（500—503）。

[5]飢寒請丐者：毛本作"飢寒請乞者"。皆可。

[6]肅然山：在今山東萊蕪市西北。

[7]子鴻：底本作"弟子鴻"，中華本校勘記云："諸本'子'上有'弟'字。張森楷云：'《魏書》作"子鴻"，謂敬友子也。下鴻傳云："三年，鴻以父憂解任。"據《魏書》，敬友以延昌三年卒，與鴻傳合。知無"弟"字是。'按張説是，今據《魏書》删。"今從改。

鴻字彦鸞，少好讀書，博綜經史，稍遷尚書都兵郎中。[1]詔太師、彭城王勰以下公卿朝士儒學才明者三十人，[2]議定律令於尚書上省，鴻與光俱在其中，時論榮之。後爲三公郎中，加員外散騎常侍。[3]

[1]尚書都兵郎中：官名。爲尚書省都兵曹長官。北魏孝文帝太和十七年定郎中爲五品上，郎爲從五品中。二十三年皆稱郎中，六品。

[2]太師：毛本作"太史"。　勰：即元勰，人名。字彦和。北魏宗室。見《北史》卷一九《彭城王勰傳》。

[3]員外散騎常侍：官名。掌規諫，不典事，六員。北魏孝文帝太和十七年定爲從三品上，二十三年定爲五品上。

延昌二年，將大考百僚，鴻以考令於體例不通，乃建議曰："竊惟昔者爲官求才，[1]使人以器，黜陟幽明，揚清激濁。故績效能官，才必稱位者，朝昇夕進，豈拘一階半級者哉。二漢以降，太和以前，苟必官須此人，人稱此職，或超騰昇陟，數歲而至公卿，或長兼、試守稱允當遷進者，[2]披卷則人人而是，舉目則朝貴皆然。故能時收多士之譽，國號豐賢之美。竊見景明以來考格，三年成一考，一考轉一階。貴賤内外，萬有餘人，自非犯罪，不問賢愚，莫不上中，才與不肖，比肩同轉。雖有善政如黄、龔，[3]儒學如王、鄭，[4]才史如班、馬，[5]文章如張、蔡，[6]得一分一寸，必爲常流所攀，選曹亦抑爲一概，不曾甄別。琴瑟不調，改而更張，雖明旨已行，猶宜消息。"宣武不從。[7]

[1]竊惟昔者爲官求才：源氏校勘記云："'昔'《魏書》作'王'。"

[2]或長兼試守稱允當遷進者：源氏校勘記云："'當'《魏書》作'而'。"

[3]黄龔：指黄霸和龔遂。黄霸，字次公，淮陽陽夏（今河南太康縣）人。西漢名臣。見《漢書》卷八九《黄霸傳》。龔遂，字少卿，山陽南平陽（今山東鄒城市）人。西漢名臣。見《漢書》卷八九《龔遂傳》。

[4]王鄭：指王弼和鄭玄。王弼，字輔嗣，山陽（今河南焦作市）人。三國魏經學家。見《三國志》卷二八《魏書·王弼傳》。

鄭玄，字康成，北海高密（今山東高密市）人。東漢經學家。見《後漢書》卷三五《鄭玄傳》。

[5]班馬：指班固和司馬遷。班固，字孟堅，扶風安陵（今陝西咸陽市東北）人。東漢史學家。見《後漢書》卷四〇《班彪附班固傳》。司馬遷，字子長，夏陽（今陝西韓城市）人。西漢史學家、文學家。見《史記》卷一〇〇《太史公自序》。

[6]張蔡：指張衡和蔡邕。張衡，人名。字平子，南陽西鄂（今河南南陽市）人。東漢學者。見《後漢書》卷五九《張衡傳》。

[7]宣武不從：底本“宣武”作“武帝”，中華本校勘記云：“諸本‘宣武’作‘武帝’，《魏書》作‘世宗’，《通志》卷一五〇下《崔光傳》作‘宣武帝’。按下文即見‘宣武’，今改正。”今從改。

三年，鴻以父憂解任，甘露降其廬前樹。[1]十一月，宣武以本官徵鴻。四年，復有甘露降其京兆宅之庭樹。後遷中散大夫、高陽王友，[2]仍領郎中。正光元年，加前將軍，[3]脩孝文、宣武起居注。

[1]甘露：本指甘美的雨露。後借指天下太平的祥瑞。

[2]中散大夫：官名。北魏時曾置爲職事官之加官，受差遣。孝文帝太和二十三年定爲四品下。　高陽王：指元雍。　友：官名。王府屬官。掌侍從游處，規諷道義。北魏孝文帝太和十七年定爲四品下。

[3]前將軍：官名。北魏時常作爲軍府名號，用作加官。孝文帝太和二十三年定爲三品。

光撰魏史，徒有卷目，初未考正，闕略尤多，每

云："此史會非我世所成，但須記録時事，以待後人。"臨薨，言鴻於孝明。五年，詔鴻以本官修緝國史。孝昌初，拜給事黄門侍郎，尋加散騎常侍、齊州大中正。鴻在史甫爾，[1]未有所就。尋卒，贈鎮東將軍、度支尚書、青州刺史。[2]

[1]甫爾：初始。

[2]鎮東將軍：官名。北魏初多授持節都督，出鎮地方，後爲褒賞軍功勳臣的閑職。孝文帝太和十七年定爲從一品下，二十三年定爲從二品。

鴻弱冠便有著述志。見晋、魏前史，皆成一家，無所措意。以劉元海、石勒、慕容儁、苻健、慕容垂、姚萇、慕容德、赫連屈孑、張軌、李雄、吕光、乞伏國仁、禿髮烏孤、李暠、沮渠蒙遜、馮跋等並因世故，[1]跨僭一方，各有國書，未有統一，鴻乃撰爲《十六國春秋》，[2]勒成百卷，因其舊記，時有增損褒貶焉。鴻二世仕江左，故不録僭晋、劉、蕭之書，又恐識者責之，未敢出行於外。宣武聞其撰録，遣散騎常侍趙邕詔鴻曰："聞卿撰定諸史，甚有條貫，便可隨成者送至，朕當於機事之暇覽之。"鴻以其書有與國初相涉，言多失體，且既訖，不奏聞。[3]鴻後典起居，乃妄載其表曰：[4]

[1]劉元海：人名。即劉淵。字元海，新興（今山西忻州市）人，匈奴族。曾爲西晋匈奴左部帥，十六國時漢國的創立者。見《晋書》卷一〇一《劉元海載記》。　石勒：人名。字世龍，原名

訇，上黨武鄉（今山西榆社縣北）人，羯族。十六國時後趙的創立者。見《晉書》卷一〇四、一〇五《石勒載記》。　慕容儁：人名。字宣英，昌黎棘城（今遼寧北票市章吉營子鄉三官營子村）人，鮮卑族。十六國時前燕君主。見《晉書》卷一一〇《慕容儁載記》。　苻健：人名。字建業，略陽臨渭（今甘肅天水市東北）人，氐族。十六國時前秦君主。見《晉書》卷一一二《苻健載記》。　慕容垂：人名。字道明，初名霸，字道業，昌黎棘城（今遼寧北票市章吉營子鄉三官營子村）人，鮮卑族。十六國時後燕君主。見《北史》卷九三《慕容垂傳》。　姚萇：人名。字景茂，南安赤亭（今甘肅隴西縣西）人，羌人。十六國時後秦君主。見《北史》卷九三《姚萇傳》。　慕容德：人名。字玄明，昌黎棘城（今遼寧北票市章吉營子鄉三官營子村）人，鮮卑族。十六國時南燕君主。見《北史》卷九三《慕容德傳》。　赫連屈孑：人名。即赫連屈丐。匈奴族鐵弗部人。十六國時夏君主。見《北史》卷九三《赫連屈丐傳》。　張軌：人名。字士彥，安定烏氏（今甘肅平涼市西北）人。見《晉書》卷八六《張軌傳》。　李雄：人名。字仲儁，巴西宕渠（今四川渠縣）人，巴氐族。十六國時成漢君主。見《晉書》卷一二一《李雄載記》。　吕光：人名。字世明，略陽（今甘肅秦安縣東北）人，氐族。十六國時後涼建立者。見《晉書》卷一二二《吕光載記》。　乞伏國仁：人名。隴西（今甘肅隴西縣東南）人，鮮卑族。十六國時西秦創立者。見《北史》卷九三《乞伏國仁傳》。　禿髮烏孤：人名。十六國時南涼創立者。見《晉書》卷一二六《禿髮烏孤載記》。　李暠：人名。字玄盛，隴西狄道（今甘肅臨洮縣）人。十六國時西涼君主。見《北史》卷一〇〇《涼武昭王李暠傳》。　沮渠蒙遜：人名。張掖臨松（今甘肅張掖市南）人，盧水胡族。十六國時北涼創立者。見《北史》卷九三《沮渠蒙遜傳》。　馮跋：人名。字文起，小名乞直代，長樂信都（今河北冀州市）人。十六國時北燕君主。見《北史》卷九三《馮跋傳》。

[2]十六國春秋：北魏崔鴻撰。記十六國史事。原書亡於北宋，傳世爲明朝萬曆時屠喬孫、項琳之等所輯一百卷。另有清朝湯球《十六國春秋輯補》一百卷。

[3]且既訖不奏聞：源氏校勘記云："（《魏書》）'訖'下有'迄'字。"中華本校勘記云："《魏書》作'且既未訖，迄不奏聞'。此當脱'未''迄'二字。"可從。

[4]乃妄載其表曰：局本作"乃志載其表曰"。

臣聞帝王之興也，雖誕應圖籙，[1]然必有驅除，蓋所以翦彼厭政，成此樂推。故戰國紛紜，年過十紀，而漢祖夷殄群豪，[2]開四百之業。歷文、景之懷柔蠻夏，[3]世宗之奮揚威武，[4]始得凉、朔同文，[5]牂、越一軌。[6]於是談、遷感漢德之盛，[7]痛諸史放絶，乃鈐括舊書，著成《太史》，[8]所謂緝兹人事，光彼天時之義也。

[1]誕應：順應、接受。　圖籙：圖讖符命之書。

[2]漢祖：即西漢皇帝劉邦。

[3]文：指漢文帝劉恒。文爲其謚號。　景：指漢景帝劉啓。景爲其謚號。

[4]世宗：即西漢皇帝劉徹。世宗爲其廟號。

[5]凉：州名。西漢時治隴縣，在今陝西隴縣。　朔：郡名。即朔方郡。西漢時治魏平縣，在今陝西子長縣東南。

[6]牂：縣名。即牂柯。治所在今貴州黄平縣西北。　越：縣名。即越巂。治所在今四川西昌市。

[7]談遷：指司馬談與司馬遷父子。

[8]太史：即《史記》。

昔晉惠不競，[1]華戎亂起，三帝受制於姦臣，二皇晏駕於非所，[2]五都蕭條，[3]鞠爲煨燼。趙、燕既爲長虵，[4]遼海緬成殊域，[5]中原無主，八十餘年。遺晉僻遠，勢略孤微，人殘兵革，靡所歸控。皇魏龍潛幽、代，内修德政，外抗諸僞，并、冀之人，懷寶之士，[6]襁負而至者日月相尋。太祖道武皇帝以神武之姿，[7]接金行之運，應天順人，龍飛受命。太宗必世重光，[8]業隆玄默。世祖雄才叡略，[9]闡曜威靈，農戰兼脩，埽清氛穢。[10]歲垂四紀，而寰宇一同，百姓始得陶然蘇息，欣於堯、舜之代。

[1]惠：即西晉皇帝司馬衷。惠爲其謚號。

[2]三帝受制於姦臣二皇晏駕於非所：晉惠帝司馬衷、晉懷帝司馬熾和晉愍帝司馬鄴都不能獨自理政，且晉懷帝和晉愍帝都被殺害。

[3]五都：指長安、譙、許昌、鄴與洛陽。

[4]長虵：傳説中的一種蛇名。喻指貪殘凶暴者。見《左傳》定公四年："吴爲封豕長蛇，以薦食上國，虐始於楚。"杜預注："言吴貪害如蛇豕。"

[5]遼海：地區名。泛指今遼河流域及其以東地區，或專指今遼河上游一帶。

[6]懷寶之士：喻有才的人。

[7]太祖：北魏皇帝拓跋珪的廟號。　道武：拓跋珪的謚號。

[8]太宗：即北魏皇帝拓跋嗣。太宗爲其廟號。

[9]世祖：即北魏皇帝拓跋燾。世祖爲其廟號。

[10]埽清氛穢：中華本作"掃清氛穢"。按：掃通"埽"。

自晋永寧以後，[1]雖所在稱兵，競自尊樹，而能建邦命氏，成爲戰國者，十有六家。善惡興滅之形，用兵乖會之道，亦足以垂之將來，昭明勸戒。但諸史殘缺，體例全虧，編録紛謬，繁略失所，宜審正同異，定爲一書。誠知敏謝允南，[2]才非承祚，[3]然《國志》《史考》之美，竊亦輒所庶幾。始自景明之初，搜集諸國舊史，屬遷京甫爾，率多分散，求諸公私，驅馳數歲。又臣家貧禄微，唯任孤力，至於書寫所資，每不周接。暨正始元年，寫乃向備。謹於吏案之暇，草構此書，區分時事，各繫本録。稽以長歷，考諸舊志，删正差謬，定爲實録。商較大略，著《春秋》百篇。至三年之末，草成九十五卷。唯常璩所撰李雄父子據蜀時書，[4]尋訪不獲，所以未及繕成。[5]輟筆私求，七載于今。此書本江南撰録，恐中國所無，非臣私力所能終得。其起兵僭號，事之始末，乃亦頗有，但不得此書，懼簡略不成。久思陳奏，乞敕緣邊求採，但愚賤無因，不敢輕輒。散騎常侍、太常少卿、荆州大中正趙邕忽宣明旨，[6]敕臣送呈，不悟九皐微志，[7]乃得上聞。奉敕欣惶，慶懼兼至。今謹以所訖者附臣邕呈奏。

[1]永寧：晋惠帝的年號（301—302）。

[2]允南：即譙周，人名。字允南，巴西西充國（今四川閬中市）人。三國蜀官吏。著《古史考》，今佚，有輯本。見《三國

志》卷四二《蜀書·譙周傳》。

[3]承祚：即陳壽，人名。字承祚，巴西安漢（今四川南充市北）人。西晉史學家。撰《三國志》六十五卷。見《晉書》卷八二《陳壽傳》。

[4]常璩：人名。字道將，蜀郡江原（今四川崇州市）人。十六國時成漢官吏、學者。著《華陽國志》十二卷。

[5]繕成：底本作“善成”，源氏校勘記云：“《魏書》（‘善成’）作‘繕成’。”中華本校勘記云：“諸本‘繕’作‘善’，據《魏書》改。”今從改。

[6]太常少卿：官名。北魏始置。爲太常副職，位在丞上。協助太常卿管理禮樂、宗廟祭祀事務。孝文帝太和十七年定爲三品上，二十三年定爲四品上。

[7]九皋：指曲折深遠的沼澤。後借指隱者或賢人。見《詩·小雅·鶴鳴》：“鶴鳴于九皋，聲聞于野。”

臣又别作《序例》一卷、《年志》一卷，[1]仰表皇朝統括大義，俯明愚臣著録微體。徒竊慕古人立言美意，文致疏鄙，無一可觀，簡御之日，伏深慚悸。

[1]年志：源氏校勘記云：“《魏書》作‘年表’。”中華本校勘記云：“《魏書》‘志’作‘表’，疑是。”可從。

鴻意如此。自正光以前，不敢顯行其書。自後以其伯光貴重當朝，知時人未能發明其事，乃頗傳讀。然鴻經綜既廣，多有違謬。至道武天興二年，[1]姚興改號鴻始，[2]而鴻以爲改在元年；明元永興二年，[3]慕容超禽於

廣固，[4]鴻又以爲在元年；太常二年，[5]姚泓敗於長安，[6]而鴻亦以爲滅在元年。如此之失，多不考正。

[1]天興：北魏道武帝的年號（398—404）。

[2]姚興：人名。字子略，南安赤亭（今甘肅隴西縣西）人，羌族。十六國時後秦君主。見《北史》卷九三《姚萇附姚興傳》。

[3]明元：即北魏皇帝拓跋嗣。明元爲其謚號。　永興：北魏明元帝的年號（409—413）。

[4]慕容超：人名。字祖明，昌黎棘城（今遼寧北票市章吉營子鄉三官營子村）人，鮮卑族。十六國時南燕君主。見《晋書》卷一二八《慕容超載記》。　廣固：城名。在今山東青州市東北。

[5]太常：亦作"泰常"。北魏明元帝的年號（416—423）。

[6]姚泓：人名。字元子，南安赤亭（今甘肅隴西縣西）人，羌族。十六國時後秦君主。見《晋書》卷一一九《姚泓載記》。

子子元，秘書郎。[1]後永安中，[2]乃奏其父書，稱："臣亡考散騎常侍、黄門侍郎、前將軍、齊州大中正鴻，正始之末，任屬記言，[3]撰緝餘暇，迺刊著趙、燕、秦、夏、西涼、乞伏、西蜀等遺載，爲之贊序，褒貶評論。先朝之日，草搆悉了，唯有李雄蜀書，搜索未獲，闕兹一國，遲留未成。去正光三年，購訪始得，討論適訖，而先臣棄世。凡十六國，名爲《春秋》，一百二卷，近代之事，最爲備悉。未曾奏上，弗敢宣流。今繕寫一本，敢以仰呈，乞藏秘閣，以廣異家。"

[1]秘書郎：官名。北魏時掌藝文圖籍，整理典籍，考核舊文等，多爲世族起家之官，四員。孝文帝太和十七年定爲從五品上，

二十三年以後稱秘書郎中。

[2]永安：北魏孝莊帝的年號（528—530）。

[3]任屬記言：職責在於記載言論。

子元後謀反，事發逃竄，會赦免，尋爲其叔鷃所殺。

光從祖弟長文，字景翰，少亦徙於代都，[1]聰敏有學識。永安中，累遷平州刺史，[2]以老還家，專讀佛經，不關世事。卒，贈齊州刺史，謚曰貞。

[1]代都：即平城。在今山西大同市東北。

[2]平州：北魏時治肥如縣，在今河北盧龍縣北。

子懋，[1]字德林，徐州征東府長史。

[1]子懋：源氏校勘記云："'懋'上《魏書》有'慈'字。"中華本《魏書》卷六七《崔光傳》作"子慈懋"。《通志》卷一五〇上與《北史》同。未詳孰是。

長文從弟庠，字文序，有幹用。爲東郡太守，[1]元顥寇逼郡界，[2]庠拒不從命，棄郡走還鄉里。孝莊還宮，[3]賜爵平原伯，[4]拜潁川太守，[5]頗有政績。永熙初，[6]除東徐州刺史。[7]二年，爲城人王早、蘭寶等所害。後贈驃騎將軍、吏部尚書、齊州刺史。[8]子罕襲爵，齊受禪，例降。

[1]東郡：北魏時治滑臺城，在今河南滑縣東。

[2]元顥：人名。字子明。北魏宗室。見《北史》卷一九《北海王詳附元顥傳》。

[3]孝莊：即北魏皇帝元子攸。孝莊爲其謚號。

[4]平原伯：封爵名。平原，郡名。北魏道武帝皇始二年（397）占，屬冀州，治平原縣，在今山東平原縣西南。孝文帝太和十一年（487）屬濟州，治聊城縣，在今山東聊城市東北。同時，太武帝時涇州亦置有平原郡，治陰槃縣，在今甘肅平涼市東。孝文帝太和年間所設燕州，也領有平原郡，治所在今河北懷來縣西南。

[5]潁川：郡名。北魏時治長社縣，在今河南長葛市東北。

[6]永熙：北魏孝武帝的年號（532—534）。

[7]東徐州：北魏時治下邳城，在今江蘇徐州市睢寧縣古邳鎮北側。

[8]吏部尚書：官名。爲尚書省吏部曹主官，掌官吏銓選、封爵、考課之政。北魏孝文帝太和二十三年爲三品。

光族弟榮先，字隆祖，涉歷經史，州辟主簿。子鐸，有文才，位中散大夫。鐸弟覲，羽林監。[1]

[1]羽林監：官名。北魏時掌扈從御駕。孝文帝太和二十三年定爲六品。

崔亮，字敬儒，清河東武城人，[1]魏中尉琰之後也。[2]高祖瓊，爲慕容垂車騎屬。曾祖輯，南徙青州，因仕宋爲太山太守。[3]祖脩之，清河太守。父元孫，尚書郎。青州刺史沈文秀之叛，[4]宋明帝使元孫討之，[5]爲文秀所害。

［1］東武城：縣名。治所在今山東武城縣西北。

［2］中尉：官名。掌王國治安，督察軍吏。　琰：即崔琰，人名。字季珪。三國魏名臣。見《三國志》卷一二《魏書·崔琰傳》。

［3］太山：郡名。南朝宋時治博平縣，在今山東泰安市東南。

［4］沈文秀：人名。字仲遠，吴興武康（今浙江德清縣西）人。南朝宋官吏。見《北史》卷四五《沈文秀傳》。

［5］宋明帝：即南朝宋皇帝劉彧。明爲其謚號。

亮母房攜亮依其叔祖冀州刺史道固於歷城，[1]及慕容白曜平三齊，内徙桑乾爲平齊人。[2]時年十歲，常依季父幼孫。[3]居貧，傭書自業。

［1］歷城：縣名。治所在今山東濟南市。

［2］桑乾：縣名。治所在今山西山陰縣東南。　平齊：郡名。在今山西山陰縣境。

［3］幼孫：即崔幼孫，人名。清河東武城（今山東武城縣西北）人。北魏官吏。官居太原太守。

時隴西李沖當朝任事，[1]亮族兄光往依之，[2]謂亮曰："安能久事筆硯而不往託李氏也？彼家饒書，因可得學。"亮曰："弟妹飢寒，豈容獨飽？自可觀書於市，安能看人眉睫乎！"光言之於沖，沖召亮與語，因謂曰："比見卿先人《相命論》，使人胸中無復怵迫之念。今遂亡本，卿能記之不？"亮即爲誦之，涕淚交零，聲韻不異。沖甚奇之，迎爲館客。沖謂其兄子彦曰："大崔生寬和篤雅，汝宜友之，小崔生峭整清徹，汝宜敬之，

二人終將大至。”沖薦之爲中書博士，轉議郎，[3]尋還尚書二千石。[4]

[1]隴西：郡名。北魏時治襄武縣，在今甘肅隴西縣東南。李沖：人名。原名思沖，字思順，隴西狄道（今甘肅臨洮縣）人。見《北史》卷一〇〇《凉武昭王李暠附李沖傳》。

[2]族兄：源氏校勘記云："《魏書》作'從兄'。"

[3]議郎：官名。北魏始置。亦稱中書議郎，爲中書省屬官，掌參議軍國大事。多爲漢族門閥子弟起家官。孝文帝太和十七年定爲五品中。

[4]二千石：《魏書》卷六六《崔亮傳》作"二千石郎"。《通志》卷一五〇上與《北史》同。未詳孰是。

孝文在洛，欲創革舊制，選置百官，謂群臣曰："與朕舉一吏部郎，必使才望兼允者，給卿三日假。"又一日，孝文曰："朕已得之，不煩卿輩也。"驛徵亮兼吏部郎。俄爲太子中舍人，[1]遷中書侍郎，兼尚書左丞。[2]亮雖歷顯任，其妻不免親事舂簸，[3]孝文聞之，嘉其清貧，詔帶野王令。[4]

[1]太子中舍人：官名。北魏時掌文翰。孝文帝太和十七年定爲四品中，二十三年定爲五品上。

[2]尚書左丞：官名。北魏時爲尚書省佐官，位次尚書，與右丞共掌尚書省庶務、文吏及文案奏章，兼掌監察百官。孝文帝太和二十三年改爲從四品上。

[3]舂簸：舂穀簸糠。借指農作。

[4]野王：縣名。治所在今河南沁陽市。

宣武親政，[1]遷給事黄門侍郎，仍兼吏部郎，領青州大中正。亮自參選事，垂將十年，廉慎明決，爲尚書郭祚所委，每云“非崔郎中選事不辦”。尋除散騎常侍，仍爲黄門。遷度支尚書，領御史中尉。[2]自遷都之後，經略四方，又營洛邑，[3]費用甚廣，亮在度支，別立條格，[4]歲省億計。又議脩汴、蔡二渠以通邊運，[5]公私賴焉。

[1]宣武親政：底本作“孝明親政”，中華本校勘記云：“諸本‘宣武’作‘孝明’，《魏書》卷六六《崔亮傳》作‘世宗’。按《北史》例稱元恪（世宗）爲‘宣武’。下文‘廣平王懷以母弟之親’，懷爲元恪弟，知作‘孝明’誤。今據改，下文六處同改。”今從改。下有幾處統改。

[2]御史中尉：官名。北魏時由御史中丞改稱，主管御史臺，糾彈百官，參治刑獄。孝文帝太和二十三年定爲從三品。

[3]洛邑：城邑名。一作“雒邑”，在今河南洛陽市東北。

[4]別立條格：局本作“別立修格”。“條”訛作“修”。

[5]汴：自今河南滎陽市東北接黄河，至江蘇徐州市北入泗水。蔡：爲狼湯渠（鴻溝）之一段，在今河南開封市。

侍中、廣平王懷以母弟之親，左右不遵憲法，敕亮推究。宣武禁懷不通賓客者久之。後因宴集，懷恃親使忿，欲陵突亮。亮乃正色責之，即起於宣武前脱冠請罪，遂拜辭欲出。宣武曰：“廣平粗疏，向來又醉，卿之所悉，何乃如此也！”[1]遂詔亮復坐，令懷謝焉。亮外雖方正，内亦承候時情。宣傳左右郭神安頗被宣武識

遇，[2]以弟託亮，亮引爲御史。及神安敗後，因集禁中，宣武令兼侍中盧昶宣旨責亮曰：[3]“在法官，何故受左右囑請！”亮拜謝而已，無以上對。轉都官尚書，[4]又轉七兵，[5]領廷尉卿，[6]加散騎常侍。徐州刺史元昞撫御失和，[7]詔亮馳馹安撫。[8]亮至，劾昞處以大辟，勞賚綏慰，百姓怗然。[9]

[1]何乃如此也：毛本作“何奈如此也”。皆可。

[2]宣傳左右：官名。北魏置。爲皇帝左右的親近之職，權勢雖大，品階不高。

[3]盧昶：人名。字叔達，小字師顔，范陽涿（今河北涿州市）人。北魏官吏。見《北史》卷三〇《盧玄附盧昶傳》。

[4]都官尚書：官名。北魏時爲尚書省都官曹長官。職掌制定律令法制、糾劾違法、水利工程、舟船津梁、宫廷百官膳食等事務。孝文帝太和十七年定爲二品中。

[5]七兵：官名。即七兵尚書。北魏時領别兵、騎兵、都兵、左右中兵、左右外兵七曹。孝文帝太和二十三年定爲三品。

[6]廷尉卿：官名。北魏時爲國家最高司法審判機構主官，負責詔獄，修訂法律，覆審御史所檢劾案件，審核州郡疑案，有封駁丞相、御史之權。孝文帝太和二十三年定爲三品。

[7]元昞：人名。即元壽興。北魏宗室。見《北史》卷一五《常山王遵附元壽興傳》。中華本校勘記云：“錢氏《考異》卷三九云‘《北史》避唐諱，改‘昞’爲‘景’，此‘昞’字亦後人輒改。’按此元昞即卷十五《常山王遵傳》之元壽興。彼處改稱其字，又改名爲‘景’，可證《北史》此處之‘昞’，非李延壽原文。錢説是。”可從。

[8]馳馹：宋本、毛本、殿本、四庫本、局本、四部備要本、中華本作“馳驛”。按：馹，通“驛”。

[9]怗然：宋本、毛本、殿本、四庫本、局本、四部備要本、中華本作“貼然”。按：怗，通“貼”。

除安西將軍、雍州刺史。[1]城北渭水淺不通船，[2]行人艱阻。亮謂僚佐曰：“昔杜預乃造河梁，[3]况此有異長河，且魏、晉之日，亦自有橋。吾今决欲營之。”咸曰：“水淺，不可爲浮橋；汎長無恒，[4]又不可施柱。恐難成立。”[5]亮曰：“昔秦居咸陽，[6]横橋度渭，以像閣道，此即以柱爲橋。今唯慮長柱不可得耳。”會天大雨，山水暴至，浮出長木數百根，籍此爲用，橋遂成立。百姓利之，至今猶名崔公橋。亮性公清，敏于斷决，所在並號稱職，三輔服其德政。[7]宣武嘉之，詔賜衣馬被褥。後納其女爲九嬪，[8]徵爲太常卿，攝吏部事。

[1]安西將軍：官名。爲出鎮某一地區的軍事長官，或作爲州刺史等地方官兼理軍務時的加官，權任很重。北魏孝文帝太和二十三定爲三品。　雍州：北魏時治長安縣，在今陝西西安市西北。

[2]渭水：即今渭河。

[3]杜預：人名。字元凱，京兆杜陵（今陝西西安市長安區東）人。西晉大臣。見《晉書》卷三四《杜預傳》。

[4]汎：泛濫。

[5]恐難成立：殿本、四庫本、局本、四部備要本作“橋難成立”。皆可。

[6]昔秦居咸陽：毛本、殿本、四庫本、四部備要本作“晉秦居咸陽”。“昔”訛作“晉”。

[7]三輔：西漢時於京畿之地所設京兆尹、左馮翊、右扶風的合稱。治所皆在長安城中。轄境相當於今陝西中部。後世政區劃分

雖時有變動，習慣上仍稱這一地區爲“三輔”。

［8］九嬪：皇帝妃嬪中的一個等級。北魏及北齊時位視九卿。

孝明初，出爲定州刺史。[1]梁左游擊將軍趙祖悦率衆據硤石，[2]詔亮假鎮南將軍，[3]齊王蕭寶夤鎮東將軍，[4]章武王融安南將軍，[5]並使持節，督諸軍以討之。靈太后勞遣亮等，賜戎服雜物。亮至硤石，祖悦出城逆戰，大破之。祖悦復於城外置二栅，欲拒軍，亮焚擊破之。亮與李崇爲水陸之期，[6]日日進攻，而崇不至。及李平至，[7]崇乃進軍，共平硤石。

［1］定州：北魏時治盧奴縣，在今河北定州市。

［2］左游擊將軍：官名。南朝梁武帝始置。充當侍衛之任，有時亦率衆出征。　趙祖悦：人名。南朝齊、梁將領。在齊爲後軍將軍。入梁，爲豫州刺史，屢領兵攻魏。武帝天監末，爲魏軍所敗，被殺。　硤石：地名。在今河南孟津縣東。

［3］假：官制用語。北魏孝文帝時假官成爲制度，但僅爲虚職，無代理攝職之義。　鎮南將軍：官名。北魏時多爲持節都督後漸爲褒賞軍功勳臣的閑職。孝文帝太和二十三定爲從二品。

［4］蕭寶夤：人名。字智亮，南蘭陵（一説在今江蘇常州市，一説在今江蘇丹陽市）人。南朝齊宗室、北魏官史。見《北史》卷二九《蕭寶夤傳》。

［5］章武王：封爵名。章武，郡名。北魏時治平舒縣，在今河北大城縣。　融：即元融，人名。字永興。北魏宗室。見《北史》卷一八《章武王太洛附元融傳》。　安南將軍：官名。北魏時與安東、安北、安西將軍合稱四安將軍。爲出鎮南方地區的軍事長官，或作爲刺史等地方官員兼理軍務時的加官。三品。

[6]李崇：人名。字繼長，小名繼伯，頓丘（今河南清豐縣西南）人。北魏名臣。見《北史》卷四三《李崇傳》。

[7]李平：人名。字雲定（《魏書》作“曇定”），頓丘（今河南清豐縣西南）人。北魏官吏。見《北史》卷四三《李崇附李平傳》。

靈太后賜亮璽書曰：“硤石既平，大勢全舉，淮堰孤危，自將奔遁。若仍敢游魂，此當易以立計。禽翦蟻徒，應在旦夕。將軍推轂所馮，[1]親對其事，處分經略，宜共協齊，必令得掃盪之理，盡彼遺燼也。隨便守禦，及分度掠截，扼其咽喉，防塞走路，期之全獲，無令漏逸。若畏威降首者，自加蠲宥，[2]以仁爲本，任之雅算。”以功進號鎮北將軍。[3]

[1]推轂（gǔ）：指古代帝王任命將帥時的一種禮儀。王者跪而推轂，曰：閫之內，王制之；閫之外，將軍制之。後因稱任命將帥爲推轂。　馮：通“憑”，依靠。

[2]蠲（juān）：除去，免除。

[3]鎮北將軍：官名。多爲持節都督。北魏孝文帝太和十七年定爲從一品下，二十三年改爲從二品。

李平部分諸軍，將水陸兼進，以討堰賊。亮違平節度，以疾請還，隨表而發。平表亮輒還京，失乘勝之機，闕水陸之會，今處亮死，上議。靈太后令曰：“亮去留自擅，違我經略，雖有小捷，豈免大咎。但吾攝御萬機，庶兹惡殺，可特聽以功補過。”及平至，亮與争功於禁中，形於聲色。

尋除殿中尚書，[1]遷吏部尚書。時羽林新害張彝之後，[2]靈太后令武官得依資入選。官員既少，應選者多，前尚書李韶循常擢人，[3]百姓大爲怨。亮乃奏爲格制，不問士之賢愚，專以停解日月爲斷，雖復官須此人，停日後者終於不得；庸才下品，年月久者灼然先用。沈滯者皆稱其能。亮外甥司空諮議劉景安書規亮曰：[4]“殷、周以鄉塾貢士，兩漢由州郡薦才，魏、晋因循，又置中正。諦觀在昔，莫不審舉，雖未盡美，足應十收六七。[5]而朝廷貢才，止求其文，不取其理。察孝廉唯論章句，[6]不及治道；立中正不考人才行業，空辨氏姓高下。至於取士之途不溥，沙汰之理未精。[7]而舅屬當銓衡，宜須改張易調。如何反爲停年格以限之，[8]天下士子誰復脩厲名行哉？”亮答書曰：

[1]殿中尚書：官名。北魏時負責統領宫中兵馬，典宫禁宿衛及倉庫。孝文帝太和十七年定爲二品中。

[2]張彝：人名。字慶賓，清河東武城（今山東武城縣西北）人。北魏官吏。見《北史》卷四三《張彝傳》。

[3]李韶：人名。字元伯，隴西狄道（今甘肅臨洮縣）人。北魏官吏。見《北史》卷一〇〇《凉武昭王李暠附李韶傳》。

[4]司空諮議：官名。即司空府諮議參軍。諮議參軍，西晋末始置，爲相府僚屬，掌顧問應對、諫議。北魏時亦置。品秩依府主地位而定。孝文帝太和二十三年定爲四品至六品上。

[5]十收六七：毛本作“一收六七”，殿本、四庫本、四部備要本作“亦收六七”。按：“一收六七”　“亦收六七”在此意不通，誤。

[6]孝廉：漢代察舉官吏科目。孝，即孝悌；廉，即廉吏。規

定地方郡國每年推舉一人，至中央爲官。北魏、北周因之。　章句：剖章析句。一種解經説義的方式。

[7]沙汰：推選。

[8]停年格：北魏時崔亮所創的選官制度。即專以年資深淺爲標準，而不問人品才能。

汝所言乃有深致。吾乘時徼幸，得爲吏部尚書。當其壯也，尚不如人，況今朽老，而居帝難之任。常思同升舉直，以報明主之恩；盡忠竭力，不爲貽厥之累。昨爲此格，有由而然。今已爲汝所怪，千載之後，誰知我哉！可静念吾言，當爲汝論之。

吾兼正，六爲吏部郎，三爲尚書，銓衡所宜，頗知之矣。但古今不同，時宜須異。何者？昔有中正品其才第，上之尚書，尚書據狀，量人授職，此乃與天下群賢共爵人也。吾謂當爾之時，無遺才、無濫舉矣，而汝猶云十收六七。況今日之選，專歸尚書，以一人之鑒，照察天下，劉毅所云一吏部、兩郎中而欲究鏡人物，[1]何異以管窺天而求其博哉！今勳人甚多，又羽林入選，武夫崛起，不解書計，唯可彍弩前驅，[2]指蹤捕噬而已。[3]忽令垂組乘軒，[4]求其烹鮮之效，未曾操刀，而使專割。又武人至多，官員至少，不可周溥。[5]設令十人共一官，猶無官可授，況一人望一官，何由可不怨哉？吾近面執，不宜使武人入選，請賜其爵，厚其禄。既不見從，是以權立此格，限以停年耳。

[1]劉毅：人名。字仲雄，東萊掖（今山東萊州市）人。西晋大臣。曾主張廢除九品中正制。見《晋書》卷四五《劉毅傳》。

[2]彍弩：張弓將射。

[3]指蹤：指揮謀劃。

[4]垂組乘軒：爲官者方得垂組、乘軒。借指做官。

[5]周溥：遍及。

昔子産鑄刑書以救敝，[1]叔向譏之以正法，[2]何異汝以古禮難權宜哉？仲尼云："德我者《春秋》，罪我者亦《春秋》。"吾之此指，其由是也。但令當來君子，知吾意焉。

[1]子産：人名。即公孫僑。字子産。春秋時鄭國人，鄭簡公二十三年（前543）執掌國政。時晋、楚争霸，鄭國逼處其間。子産鋭意改革，爲政寬猛相濟，作丘賦，鑄刑書，擇賢用能，使鄭於晋、楚之間得以存立。

[2]叔向：人名。一作"叔譽"。春秋時晋大夫。多次參與晋平公與諸侯會盟和作戰之策劃。主張維護舊禮制，反對政治改革，曾致書鄭國子産指責其公布刑書。

後甄琛、元脩義、城陽王徽相繼爲吏部尚書，[1]利其便己，踵而行之。自是賢愚同貫，涇、渭無别。魏之失才，從亮始也。

[1]元脩義：人名。字壽安。北魏宗室。見《北史》卷一七《汝陰王天賜附元脩義傳》。　城陽王：封爵名。城陽，郡名。北魏

時治所不詳，當在今河南境内。　徽：即元徽，人名。字顯順。北魏宗室。見《北史》卷一八《城陽王長壽附元徽傳》。

歷侍中、太常卿、左光禄大夫、尚書右僕射。[1]時劉騰擅權，[2]亮託妻劉氏，傾身事之，故頻年之中，名位隆赫。有識者譏之。轉尚書僕射，加散騎常侍。疽發於背，[3]明帝遣舍人問疾，亮上表乞解僕射，詔不許。尋卒，詔給東園秘器，贈車騎大將軍、儀同三司，謚曰貞烈。

[1]左光禄大夫：官名。爲在朝顯職的加官，以示恩寵，或授予年老有病者爲致仕之官，亦常用於卒後贈官，無具體職掌。二品。

[2]劉騰：人名。字青龍，平原城（今山東平原縣）人。見《北史》卷九二《劉騰傳》。

[3]疽（jū）：毒瘡。

亮在雍州，讀《杜預傳》，見其爲八磨，嘉其有濟時用，遂教人爲碾。及爲僕射，奏於張方橋東堰穀水，[1]造磑磨數十區，[2]其利十倍，國用便之。亮有三子，士安、士和、士泰，並强幹，善於當世。

[1]張方橋：位於今河南洛陽市西。　穀水：今河南洛河支流澗水及其上游澠池縣南澠水。

[2]磑（wèi）磨：石磨。

士安歷尚書比部郎，[1]卒於諫議大夫，[2]贈左將軍、

光州刺史。[3]無子，弟士和以子乾亨繼。乾亨，武定中，[4]尚書都兵郎中。

[1]尚書比部郎：官名。尚書省比部曹長官的通稱，亦稱比部郎中。其資深者可轉比部侍郎。北魏孝文帝太和十七年定尚書比部郎爲從五品中，尚書比部郎中爲五品上。二十三年皆稱尚書比部郎中，六品，仍可通稱爲尚書比部郎。毛本、殿本、四庫本、局本、四部備要本作“尚書北部郎”。按：據史書記載，無“尚書北部郎”官職，“比”訛作“北”。

[2]諫議大夫：官名。北魏時隸屬集書省，掌諫諍議論。孝文帝太和十七年定爲四品下，二十三年定爲從四品下。

[3]左將軍：官名。北魏時爲軍府名號，用作加官。孝文帝太和二十三年定爲三品。　光州：北魏時治掖縣，在今山東萊州市。

[4]武定：東魏孝静帝的年號（543—550）。

士和初爲司空主簿。[1]蕭寶夤之在關中，高選僚佐，以爲都督府長史。[2]時莫折念生遣使詐降，[3]寶夤表士和兼度支尚書爲隴右行臺，[4]令入秦撫慰，爲念生所害。

[1]司空主簿：官名。即司空府主簿。典領文書簿籍，經辦事務。

[2]都督府：官署名。都督諸州軍事府的省稱。

[3]莫折念生：人名。秦州（今甘肅天水市）人，羌族。北魏末關隴義軍將領。孝明帝正光五年，爲義軍主帥，自稱天子。孝明帝孝昌二年，戰敗降魏，尋又反抗。次年，爲部將杜粲所殺，全家遇害。

[4]行臺：官名。行臺長官的省稱。北魏時爲行臺尚書，職掌當地軍政事務，亦兼理民事。

士泰歷給事中、司空從事中郎、諫議大夫、司空司馬。[1]明帝末，荆蠻侵斥，以士泰爲龍驤將軍、征蠻別將。[2]事平，以功賜爵五等男。建義初，遇害於河陰，贈都督、青州刺史，[3]謚曰文肅。子肇師襲爵。

[1]司空從事中郎：官名。即司空府從事中郎。從事中郎，爲軍府僚屬，職掌謀議。北魏時公府、皇子開府、庶姓開府俱置。　司空司馬：官名。爲司空府高級幕僚。掌參贊軍務，管理府内武職。北魏孝文帝太和二十三年定爲四品。

[2]龍驤將軍：官名。爲雜號將軍之一。北魏孝文帝太和十七年定爲三品上，二十三年定爲從三品。　別將：官名。北魏時爲別道都將的省稱，逐漸成爲一級統兵武官名稱，或冠以擬戍地名，品級自七品至八品不等。

[3]都督：官名。又稱都督諸州軍事。地方軍政長官，可領一州或數州刺史，多帶將軍名號，兼理民政。品級不定，分使持節、持節、假節三種，各有不同職責。

肇師少時疏放，長遂變節，更成謹厚。涉獵經史，頗有文思。天平初，[1]以通直散騎侍郎爲慰勞青州使，至齊州界，爲土賊崔迦葉等拘，欲逼與同事，肇師執志不動，喻以禍福，賊遂捨之。仍巡慰青部而還。[2]肇師以從弟乾亨同居，事伯母甚謹。齊文襄嘗言肇師合誅，[3]左右問其故，曰："崔鴻《十六國春秋》述諸僭僞而不及江東。"左右曰："肇師與鴻別族。"乃止。天保初，以參定禪代禮儀，[4]封襄城縣男，[5]仍兼中書侍郎，卒。始鄴下有薛生者，能相人，言趙彦深當大貴。[6]肇

師因問己，答曰："公門望雖高，爵位不及趙。"終如其言。

［1］天平：東魏孝静帝的年號（534—537）。

［2］青部：即青州。北魏時治東陽城，在今山東青州市。

［3］文襄：即北齊皇帝高澄。文襄爲其謚號，北齊文宣帝所追謚。

［4］以參定禪代禮儀：底本"禪"作"渾"，中華本校勘記云："諸本'禪'訛作'渾'，據《北齊書》卷二三《崔㥄傳》、《通志》卷一五四《崔肇師傳》改。"今從改。

［5］襄城縣男：封爵名。襄城，縣名。治所在今河南襄城縣。

［6］趙彦深：人名。即趙隱。字彦深，南陽宛（今河南南陽市）人。東魏、北齊大臣。見《北史》卷五五《趙彦深傳》。底本"深"作"琛"，中華本校勘記云："諸本'深'作'琛'，《通志》作'深'。按本書卷五五《趙隱傳》，隱字彦深，《北齊書》卷三八同。今據改。"今從改。

亮弟敬默，奉朝請，[1]卒於征虜長史，贈南陽太守。[2]子思韶，從亮征硤石，以軍功賜爵武城子，[3]爲冀州别駕。

［1］奉朝請：官名。本是西漢給予退休大臣、權貴的一種政治優待。西晋成爲加官名號。北魏亦爲冗散官，有俸無職。孝文帝太和十七年定爲六品下，二十三年改爲從七品。

［2］南陽：郡名。北魏時治南陽縣，在今河南郊縣西南。

［3］武城子：封爵名。武城，縣名。治所在今山東武城縣西。

敬默弟敬遠，以其賤出，殊不經紀，論者譏焉。

光韶，亮從父弟也。父幼孫，太原太守。[1]光韶事親以孝聞。[2]初除奉朝請，光韶與弟光伯孿生，操業相侔，[3]特相友愛，遂經吏部尚書李沖，讓官於光伯，辭色懇至。沖爲奏聞，孝文嘉而許之。太和二十年，以光韶爲司空行參軍，[4]復請讓從叔和，曰："臣誠微賤，未登讓品，屬逢皇朝，恥無讓德。"和亦謙退，辭而不當。孝文善之，遂以和爲廣陵王國常侍。[5]

[1]太原：郡名。北魏時治晉陽縣，在今山西太原市晋源區古城營村一帶。

[2]聞：底本作"悌"，源氏校勘記改"悌"作"聞"，中華本校勘記云："諸本'聞'作'悌'，《魏書》卷六六、《通志》卷一五〇下《崔光韶傳》作'聞'。按'悌'指兄弟友愛，'事親以悌'不可通。今據改。"今從改。

[3]侔：等同、相等。

[4]司空行參軍：官名。即司空府行參軍。掌參謀軍務。

[5]廣陵王：封爵名。遥封。廣陵，郡名。南朝齊時治廣陵縣，在今江蘇揚州市西北。此指元羽。北魏宗室。孝文帝弟。見《北史》卷一九《廣陵王羽傳》。　常侍：官名。爲王公等國屬官，掌侍從左右、贊相禮儀、獻替諫諍。

尋敕光韶兼秘書郎，[1]掌校華林御書。[2]累遷青州中從事。後爲司空騎兵參軍，[3]又兼司徒户曹。出爲濟州輔國府司馬，[4]刺史高植甚知之，[5]政事多委訪焉。遷青州平東府長史。[6]府解，敕知州事。光韶清直明斷，吏人畏愛之。入爲司空從事中郎，以母老解官歸養，賦詩

展意，朝士屬和者數十人。久之，徵爲司徒諮議，[7]固辭不拜。光韶性嚴，聲韻抗烈，與人平談，常若震厲。至於兄弟議論，外聞謂爲忿怒，然孔懷雍睦，人少逮之。

[1]尋敕光韶兼秘書郎：底本無“兼”字，源氏校勘記“秘”上補“兼”字，中華本校勘記云：“諸本脱‘兼’字，據《魏書》補。”今從改。

[2]華林：園林名。故址在今河南洛陽市東北，漢魏洛陽故城内。

[3]司空騎兵參軍：官名。即司空府騎兵參軍。騎兵參軍，北魏時公府、將軍府皆置，爲僚屬。自從六品上自從八品。

[4]濟州：北魏時治碻磝城，在今山東茌平縣西南。　輔國府：官署名。輔國將軍府。輔國將軍，爲將軍名號。北魏孝文帝太和十七年定爲三品上，二十三年改爲從三品。

[5]高植：人名。勃海蓨（今河北景縣）人。北魏外戚、官吏。見《北史》卷八〇《高肇附高植傳》。

[6]平東府：即平東將軍府。

[7]徵爲司徒諮議：毛本、殿本、局本、四部備要本作“欲爲司徒諮議”。按：意不通，“徵”訛作“欲”。司徒諮議，官名。即司徒府諮議參軍，負責諷議軍政事務。

孝莊初，河間邢杲率河北流人十餘萬衆攻逼州郡，[1]刺史元儁憂不自安，州人乞光韶爲長史以鎮之。時陽平路回寓居齊土，[2]與杲潛相影響，[3]引賊入郭，光韶臨機處分，在難確然。賊退之後，刺史表光韶忠毅，朝廷嘉之，發使慰勞。尋爲東道軍司。[4]及元顥入洛，

自河以南，莫不風靡。刺史廣陵王欣集文武以議所從，[5]在坐之人，莫不失色。光韶獨抗言曰："元顥受制梁國，稱兵本朝，亂臣賊子，曠代少疇。何但大王家事，所宜切齒。等荷朝眷，未敢仰從。"長史崔景茂、前瀛州刺史張烈、前郢州刺史房叔祖、徵士張僧皓咸云：[6]"軍司議是。"欣乃斬顥使。

[1]河間：郡名。北魏時治武垣縣，在今河北河間市南。　邢杲：人名。河間（今河北河間市南）人。曾任幽州平北府主簿。北魏孝明帝武泰元年（528），在青州北海起兵反魏。後在濟南爲元天穆和尒朱兆的軍隊所敗，降後被殺。　攻逼州郡：毛本、局本、四部備要本作"政逼州郡"。按：意不通，"攻"訛作"政"。

[2]陽平：郡名。北魏時治館陶縣，在今河北館陶縣。

[3]與杲潛相影響：局本作"與果潛相影響"。按：意不通，"杲"訛作"果"。

[4]軍司：官名。即軍師。西晋時爲避晋世宗司馬師諱改。北魏沿置，掌軍中監察、匡扶主帥。

[5]欣：即元欣，人名。字慶樂。北魏宗室。見《北史》卷一九《廣陵王羽附元欣傳》。

[6]瀛州：北魏時治趙都軍城，在今河北河間市。　張烈：人名。字徽之（《魏書》作"徽仙"），清河東武城（今山東武城縣西北）人。北魏官吏。見《北史》卷四五《張烈傳》。　郢州：北魏時治義陽縣，在今河南信陽市。　徵士：自漢以降，凡受朝廷徵聘者皆可以此稱之。但習慣上專指經詔書徵召而不仕者。　張僧皓：人名。字山容（《魏書》作"山客"），清河東武城（今山東武城縣西北）人。見《北史》卷四五《張烈附張僧皓傳》。

尋徵輔國將軍，[1]再遷廷尉卿。秘書監祖瑩以贓罪被劾，[2]光韶必欲致之重法，太尉城陽王徽、尚書令臨淮王彧、吏部尚書李神儁、侍中李彧並勢望當時，[3]皆爲瑩求寬。光韶正色曰："朝賢執事，於舜之功，未聞其一，如何反爲罪人言乎。"其執意不回如此。永安擾亂，遂還鄉里。

[1]輔國將軍：官名。爲將軍名號。北魏孝文帝太和十七年定爲三品上，二十三年定爲從三品。

[2]祖瑩：人名。字元珍，范陽遒（今河北淶水縣北）人。北魏官吏。見《北史》卷四七《祖瑩傳》。

[3]臨淮王：封爵名。臨淮，郡名。北魏時治赤坎城，在今安徽懷遠縣西北。　彧：即元彧，人名。字文若，本名亮，字仕明。北魏宗室。見《北史》卷一六《臨淮王譚附元彧傳》。　李神儁：人名。即李挺。字神儁，小名提，隴西狄道（今甘肅臨洮縣）人。北魏官吏。見《北史》卷一〇〇《涼武昭王李暠附李神儁傳》。　李彧：人名。字子文，隴西狄道（今甘肅臨洮縣）人。北魏官吏。見《北史·涼武昭王李暠附李彧傳》。

光韶博學强辯，尤好理論，至於人倫名教，得失之間，榷而論之，不以一毫假物。家足於財，而性儉吝，衣馬敝瘦，食味粗薄。始光韶在都，同里人王蔓於夜遇盜，害其二子。孝莊詔黄門高道穆，[1]令加撿捕，[2]一坊之内，家別搜索。至光韶宅，綾絹錢布匱篋充積。議者譏其矯索。[3]其家資産，皆光伯所營。光伯亡，悉焚其契。河間邢子才曾貸錢數萬，[4]後送還之。光韶曰："此亡弟相貸，僕不知也。"竟不納。

[1]高道穆：人名。即高恭之。字道穆，自云遼東（今遼寧遼陽市）人。北魏官吏。見《北史》卷五〇《高道穆傳》。

[2]令加撿捕：中華本作“令加檢捕”。按：撿，通“檢”。

[3]矯索：宋本、毛本、殿本、四庫本、局本、四部備要本、中華本作“矯嗇”。未詳孰是。

[4]邢子才：人名。即邢卲。字子才，河間鄚（今河北任丘市北）人。北魏、東魏、北齊官吏。見《北史》卷四三《邢巒附邢卲傳》。

刺史元弼前妻，[1]是光韶之繼室兄女。弼貪惏不法，光韶以親情亟相非責，弼銜之。時耿翔反於州界，[2]弼誣光韶子通與賊連結，囚其合家，考掠非理。而光韶與之辨争，詞色不屈。會樊子鵠爲東道大使，[3]知其見枉，理出之。時人勸令詣樊陳謝，光韶曰：“羊舌大夫已有成事，[4]何勞往也。”子鵠亦歎尚之。後刺史侯深代下，[5]疑懼，謀爲不軌，夜劫光韶，以兵脅之，[6]責以謀略。光韶曰：“凡起兵須有名義，使君今日舉動，直是作賊耳，知復何計！”深雖恨之，敬而不敢害。尋除征東將軍、金紫光禄大夫，[7]不起。

[1]元弼：人名。字宗輔（《北齊書》作“輔宗”）。北魏宗室、北齊官吏。見《北史》卷一八《常山王遵附元弼傳》。

[2]耿翔：人名。青州（今山東淄博市東北）人。北魏孝武帝永熙二年，刺殺膠州刺史裴粲，率衆起義，並受南朝梁官號。

[3]樊子鵠：人名。代郡平城（今山西大同市東北）人。北魏官吏。見《北史》卷四九《樊子鵠傳》。

[4]羊舌大夫：即叔向。因受牽連，爲范宣子所囚，由祁奚進説得釋。但並没向祁奚道謝。

[5]侯深：人名。本名侯淵，《北史》避唐高祖李淵諱改，神武尖山（今山西神池縣）人。北魏官吏。見《北史》卷四九《侯深傳》。

[6]以兵脅之：毛本作"以兵協之"。按：意不通，"脅"訛作"協"。

[7]征東將軍：官名。北魏時爲四征將軍之一，多爲持節都督，出鎮地方，地位顯要。孝文帝太和二十三年定爲第二品。　金紫光禄大夫：官名。西晋初始設光禄大夫，加賜金章紫綬者爲金紫光禄大夫。禄賜、班位、冠幘、車服、佩玉、置吏卒羽林等，諸所賜給與特進同。作爲加官，僅授予章綬、禄賜、班位，不給予車服、吏卒。北魏孝文帝太和二十三年定爲從二品。

光韶以世道屯邅，[1]朝廷屢變，閉門却掃，吉凶斷絶。誡子孫曰："吾自謂立身無慚古烈，但以禄命有限，無容希世取進。在官以來，不冒一級，官雖不達，經爲九卿。且吾平生素業，足以遺汝，官閥亦何足言也。吾既運薄，便經三娶，而汝之兄弟各不同生。合葬非古，吾百年之後，不須合也。然贈謚之及，出自君恩，豈容子孫自求之也？勿須求贈。若違吾志，如有神靈，[2]不享汝祀。吾兄弟自幼及老，衣服飲食未嘗一片不同，至於兒女官婚，[3]榮利之事，未嘗不先以推弟。弟頃横禍，權作松櫬，[4]亦可爲吾作松棺，使吾見之。"卒，年七十一。孝静初，侍中賈思同申啓，[5]稱述光韶，詔贈散騎常侍、驃騎將軍、青州刺史。

[1]屯（zhūn）邅（zhān）：艱難。

[2]神靈：毛本作"福靈"。按：意不通，"神"訛作"福"。

[3]官婚：毛本、局本、四部備要本作"冠婚"。按：冠婚，一作"官婚"，指冠禮和婚禮。

[4]櫬（chèn）：泛指棺材。

[5]賈思同：人名。字仕明（《魏書》作"士明"），齊郡益都（今山東青州市）人。北魏、東魏官吏。見《北史》卷四七《賈思伯附賈思同傳》。

光韶弟光伯。爲青州别駕，後以族弟休臨州，申牒求解。[1]尚書奏："案《禮》：始封之君，不臣諸父、昆弟；封君之子，臣昆弟，不臣諸父；封君之孫，得盡臣。計始封之君，即是世繼之祖，尚不得臣，況今刺史既非世繼，而得行臣吏之節，執笏稱名者乎？[2]檢光伯請解，率禮不愆，謂宜許遂。"靈太后令從之。尋除北海太守，[3]有司以其更滿，依例奏代。明帝詔曰："光伯自蒞海沂，清風遠著，兼其兄光韶復能辭榮侍養，兄弟忠孝，宜有甄録，可更申三年，以廣風化。"後歷太傅諮議參軍。

[1]申牒：用公文向上呈報。

[2]笏（hù）：古代朝見時大臣手上所執的板。用玉、象牙或竹片等製成，可以用於記事。

[3]北海：郡名。北魏時治平壽城，在今山東濰坊市西南。

節閔帝時，[1]崔祖螭、張僧皓起逆，攻東陽，[2]旬日間，衆十餘萬。刺史、東萊王貴平欲令光伯出城慰

勞。[3]兄光韶争之曰："以下官觀之，非可慰喻止也。"貴平逼之，不得已，光伯遂出城。未及曉喻，爲飛矢所中，卒，贈青州刺史。

[1]節閔帝：即北魏皇帝元恭。節閔爲其謚號。

[2]東陽：城名。在今山東青州市。

[3]東萊王：封爵名。東萊，郡名。北魏時治掖縣，在今山東萊州市。　貴平：即元貴平，人名。北魏宗室。見《魏書》卷一九下《安定王休附東萊王貴平傳》。

子滔，武定末殷州别駕。[1]

[1]殷州：東魏時治廣阿縣，在今河北隆堯縣東。

脩之弟道固。道固字季堅，其母卑賤，嫡母兄攸之、目連等輕侮之。父輯謂攸之曰："此兒姿識，或能興人門户，[1]汝等何以輕之?"攸之等遇之彌薄。輯乃資給道固，令其南仕。時宋孝武爲徐、兖二州刺史，[2]以道固爲從事。道固美形貌，善舉止，習武事，孝武嘉之。會青州刺史新除，過彭城，孝武謂曰："崔道固人身如此，豈可爲寒士?而世人以其偏庶侮之，可爲歎息。"刺史至州，辟爲主簿。後爲宋諸王參軍，被遣青州募人，長史以下並詣道固。道固諸兄等逼其所生自致酒炙於客前。道固驚起接取，謂客曰："家無人力，老親自執劬勞。"[3]諸客皆知其兄所作，咸拜其母。母謂道固曰："我賤，不足以報貴賓，汝宜答拜。"諸客皆歎美

道固母子，賤其諸兄。

［1］或能興人門户：毛本、殿本、局本、四部備要本作“或能興大門户”。按：意不通，“人”訛作“大”。

［2］孝武：即南朝宋皇帝劉駿。孝武爲其謚號。

［3］劬（qú）勞：辛勤，勞苦。

後爲冀州刺史，鎮歷城。宋明帝立，徐州刺史薛安都與道固等立廢帝子業弟子勛，[1]敗乃歸魏。獻文帝以爲南冀州刺史、清河公。[2]宋明帝遣説道固，以爲徐州刺史，復歸宋。

［1］薛安都：人名。字休達，河東汾陰（今山西萬榮縣西南）人。南朝宋、北魏官吏。見《北史》卷三九《薛安都傳》。

［2］獻文帝：即北魏皇帝拓跋弘。獻文爲其謚號。　南冀州：指南朝宋僑置於青州的冀州。

皇興初，獻文詔征南大將軍慕容白曜討道固，[1]道固面縛請罪。白曜送赴都，詔恕其死。乃徙齊土望共道固守城者數百家於桑乾，[2]立平齊郡於平城西北北新城，[3]以道固爲太守，賜爵臨淄子。[4]尋徙居京城西南二百餘里舊陰館之西。[5]延興中卒，[6]子景徽襲爵。

［1］征南大將軍：官名。北魏時爲將軍名號，多加授重要州郡長官，統兵出鎮、都督數州軍事者。孝文帝太和十七年定爲一品下。

［2］齊土：中華本校勘記云：“《魏書》卷二四《崔玄伯傳附崔

道固傳》，‘土’作‘士’。”可從。

［3］北新城：在今山西山陰縣北周莊鎮新岱嶽村東。

［4］臨淄子：封爵名。臨淄，縣名。治所在今山東淄博市東北。

［5］陰館：縣名。治所在今山西朔州市東南夏官城（參李憑《北魏時期雁北的城邑》，載《晋秦豫訪古》，山西人民出版社1986年版，第80頁）。底本“陰”作“除”，中華本校勘記云：“諸本‘陰’作‘除’，《魏書》卷二四作‘陰’。按《水經注》卷一三灅水注：‘（漯水）逕陰館縣故城西（中略）。魏皇興三年齊平，徙其民於縣，立平齊郡。’今據改。”今從改。

［6］延興：北魏孝文帝的年號（471—476）。

初，道固之在客邸，與薛安都、畢衆敬鄰館，[1]時以公集相見。本既同由武達，頗結僚舊。時安都志已衰朽，於道固疏略，而衆敬每盡殷勤。道固謂劉休賓、房法壽曰：[2]“古人云‘非我族類，其心必異’，安都視人，殊自蕭索，畢固依依也。”

［1］畢衆敬：人名。小名奈，東平須昌（今山東東平縣）人。南朝宋、北魏官吏。見《北史》卷三九《畢衆敬傳》。

［2］劉休賓：人名。字處幹，本平原（今山東聊城市）人，後遷於北海都昌（今山東昌邑市西）。北魏官吏。見《北史》卷三九《劉休賓傳》。　房法壽：人名。小名烏頭，清河東武城（今山東武城縣西北）人。北魏官吏。見《北史》卷三九《房法壽傳》。

景徽字文叡，卒於平州刺史，謚曰定。子休纂襲爵。

道固兄目連子僧祐、僧深。僧深坐兄僧祐與沙門法

秀謀反，[1]徙薄骨律鎮。[2]後位南青州刺史。[3]元妻房氏生子伯驎、伯驥。後薄房氏，納平原杜氏，與俱徙。生四子，伯鳳、祖龍、祖螭、祖虬。僧深得還之後，絶房氏，遂與杜氏及四子寓青州。伯驎、伯驥與母房居冀州，雖往來父間，而心存母氏，孝慈之道，頓阻一門。僧深卒，伯驎奔赴，不敢入家，寄哭寺門。祖龍剛躁，與兄伯驎訟嫡庶，並以刀劍自衛，苦怨讎焉。祖螭小字社客，普泰初反，[4]尒朱仲遠討斬之。[5]祖虬，少好學，不馳競。

[1]道固兄目連子僧祐僧深僧深坐兄僧祐與沙門法秀謀反：底本不叠"僧深"二字，中華本校勘記云："諸本不疊'僧深'二字，據《通志》卷一五〇下《崔亮傳附崔道固傳》補。又《魏書》卷二四'深'作'淵'，《北史》避唐諱改。"今從改。

[2]薄骨律鎮：軍鎮名。治所在今寧夏靈武市西南。

[3]南青州：北魏時治團城，在今山東沂水縣沂水鎮。

[4]普泰：北魏節閔帝的年號（531—532）。

[5]尒朱仲遠：人名。北秀容（今山西朔州市）人，契胡族。北魏、北齊大臣。見《北史》卷四八《尒朱榮附尒朱仲遠傳》。

僧深從弟和，位平昌太守。[1]家巨富而性吝，埋錢數百斛，其母李春思堇，[2]惜錢不買。子軌，字啓則，盜錢百萬，背和亡走。後至儀同、開府鎧曹參軍，[3]坐貪僞，[4]賜死晋陽。[5]

[1]平昌：郡名。北魏時治平昌城，在今山東安丘市東南。

[2]堇：植物名。可食用，也可入藥。

[3]鎧曹參軍：官名。北魏時公府、將軍府皆置。爲鎧曹長官，掌鎧甲庫藏等。品秩自七品上至九品不等。

[4]坐貪僞：中華本校勘記云："《魏書》卷二四'僞'作'污'，疑是。"可從。

[5]晉陽：縣名。治所在今山西太原市晉源區古城營村一帶。

論曰：崔光風素虛遠，學業深長，孝文歸其才博，許其大至，明主固知臣也。歷事三朝，[1]師訓少主，不出宫省，坐致台傅，斯亦近世之所希有。但顧懷大雅，託迹中庸，其於容身之譏，斯乃胡廣所不免也。鴻博綜古今，立言爲事，亦才志之士乎。崔亮既明達從事，動有名迹，於斷年之選，失之逾遠，救弊未聞，終爲國蠹，無苟而已，其若是乎。光韶居雅仗正，有國士之風矣。

[1]歷事三朝：底本作"歷事二朝"，宋本、元大德本、毛本、殿本、四庫本、局本、四部備要本、中華本作"歷事三朝"，源氏校勘記云："《魏書》（'二朝'）作'三朝'。"按：本卷《崔光傳》載，崔光歷事孝文、宣武、孝明三朝。底本"三"訛作"二"，今從改。

今注本二十四史

北史

唐 李延壽 撰

李憑 靳寶 主持校注

一二

傳〔九〕

中国社会科学出版社

北史　卷四五

列傳第三十三

裴叔業　夏侯道遷　李元護　席法友　江悅之　淳于誕　沈文秀　張讜　李苗　劉藻　傅永　傅豎眼　張烈　李叔彪　路恃慶　房亮　曹世表　潘永基　朱元旭

裴叔業，河東聞喜人，[1]魏冀州刺史徽之後也。[2]五世祖苞，晋秦州刺史。[3]祖邕，自河東居於襄陽。[4]父順宗，兄叔寶，仕宋、齊，並有名位。

[1]河東：郡名。北魏時治蒲坂縣，在今山西永濟市西南蒲州鎮。　聞喜：縣名。治所在今山西聞喜縣。

[2]冀州：三國魏時治信都縣，在今河北冀州市。

[3]秦州：晋武帝泰始五年（269）分雍、凉、梁三州置。初治冀縣，在今甘肅甘谷縣東。武帝太康三年（282）廢，七年復置，移治上邽，在今甘肅天水市。北魏避道武帝諱，改上邽爲上封（參周一良《魏晋南北朝史札記·秦州》，中華書局 1985 年版）。北魏時治上封城，在今甘肅天水市。

[4]襄陽：郡名。南朝宋時治襄陽縣，在今湖北襄樊市。

叔業少有氣幹，頗以將略自許。宋元徽末，[1]歷官爲羽林監、齊高帝驃騎行參軍。[2]齊受命，累遷爲寧蠻長史、廣平太守。[3]叔業早與齊明帝共事，[4]明帝輔政，以爲心腹，使領軍奄襲諸蕃鎮，盡心用命。及即位，以爲給事黄門侍郎，[5]封武昌縣伯。[6]

[1]元徽：南朝宋後廢帝的年號（473—477）。

[2]羽林監：官名。南朝宋時掌扈從御駕，從五品。　齊高帝：即南朝齊皇帝蕭道成。高爲其謚號。　驃騎行參軍：官名。驃騎將軍府行參軍。驃騎將軍，爲重號將軍，多開府置僚屬。行參軍，官名。分掌府内各曹事務。

[3]寧蠻長史：官名。寧蠻府長史。掌管雍州（今湖北襄樊市）少數民族事務。　廣平：郡名。南朝齊時僑治襄陽縣，在今湖北老河口市北。

[4]齊明帝：即南朝齊皇帝蕭鸞。明爲其謚號。　共事：毛本、殿本、四庫本、局本、四部備要本作“同事”。按：“共事”“同事”意可通。

[5]給事黄門侍郎：官名。東漢合併黄門侍郎與給事黄門而置。亦簡稱黄門、黄門郎、黄門侍郎。常侍從左右，與侍中平省尚書奏事，因出入禁中，故職任顯要。魏晋南北朝置爲侍中省或門下省次官，與侍中俱掌門下事。地位隨皇帝旨意或侍中地位而上下。北齊時爲四品。

[6]武昌縣伯：封爵名。武昌，縣名。治所在今湖北鄂州市鄂城區。

孝文南次鐘離，[1]齊拜叔業爲徐州刺史，[2]以水軍入淮。帝令郎中裴聿往與之語，[3]叔業盛飾左右服翫以夸

之。[4]聿曰："伯父儀服誠爲美麗，但恨不晝游耳。"[5]

[1]鐘離：縣名。治所在今河南唐河縣東南。

[2]齊拜叔業爲徐州刺史：底本無"齊"字，中華本校勘記云："諸本脱'齊'字，《魏書》卷七一《裴叔業傳》有'鸞'（指齊明帝）字，《通志》卷一五〇下《裴叔業傳》有'齊'字。今從《通志》補。"今從補。　徐州：南朝齊時治彭城縣，在今江蘇徐州市。

[3]郎中：官名。尚書郎中的省稱。分掌曹事。　裴聿：人名。字外興，河東聞喜（今山西聞喜縣）人。北魏官吏。見《北史》卷三八《裴延儁附裴聿傳》。

[4]服翫：服飾及玩好之物。

[5]耳：毛本、殿本、四庫本、局本、四部備要本作"爾"。按："爾""耳"通。

齊帝崩，[1]廢帝即位，[2]誅大臣，都下屢有變發。[3]叔業登壽春城，[4]北望肥水，[5]謂部下曰："卿等欲富貴乎，我言富貴亦可辦耳。"[6]未幾，見徙南兖州刺史。[7]會陳顯達圍建鄴，[8]叔業遣司馬李元護應之，[9]及顯達敗而還。叔業慮内難未已，不願爲南兖州。齊廢主嬖臣茹法珍、王咺之等疑其有異，[10]去來者並云叔業北入。叔業兄子植、颺、瑜、粲等棄母奔壽陽。[11]法珍等以其既在疆埸，且欲羈縻之，白齊主，遣中書舍人裴穆慰誘之，[12]許不須回换。叔業雖得停，而憂懼不已。時梁武帝爲雍州刺史，[13]叔業遣親人馬文範以自安之計訪之梁武帝曰："雍州若能堅據襄陽，輒當勠力自保。若不爾，回面向北，不失河南公。"梁武報曰："唯應送家還都以

安慰之，自然無患。若意外相逼，當勒馬二萬，[14]直出横江，以斷其後，則天下事一舉可定。若欲北向，彼必遣人相代，以河北一地相處，河南公寧復可得？如此則南歸望絶矣。”叔業沉疑未决，遣信詣豫州刺史薛真度，[15]訪入北之宜。真度答書，盛陳朝廷風化，叔業乃遣子芬之及兄女夫韋伯昕奉表内附。

[1]齊帝：指南朝齊明帝蕭鸞。

[2]廢帝：指南朝齊廢帝蕭寶卷。

[3]都下：指京都。今江蘇南京市。

[4]壽春：城名。治所在今安徽壽縣。

[5]肥水：即今東淝河，源出安徽肥西縣長崗店鄉西北，北流經壽縣城東，折西北入淮河。

[6]耳：殿本、四庫本、局本、四部備要本作“爾”。

[7]南兖州：南朝齊時治廣陵縣，在今江蘇揚州市西北。

[8]陳顯達：人名。南彭城（今安徽蕪湖市至江蘇南京市長江以東）人。南朝宋、齊將領。見《南齊書》卷二六《陳顯達傳》。　建鄴：縣名。治所在今江蘇南京市。

[9]司馬：官名。高級僚屬。諸王府、都督府、州府等置。公府司馬爲從三品，諸開府司馬爲四品。

[10]茹法珍：人名。會稽（今浙江紹興市）人。南朝齊官吏。東昏侯時爲制局監，甚見愛幸。見《南史》卷七七《茹法珍傳》。

[11]壽陽：郡名。南朝齊時置，當在今四川達州市。

[12]中書舍人：官名。爲中書省屬官。掌收納、轉呈章奏。南朝齊時爲七品。　裴穆：源氏校勘記云：“《南齊書》作‘裴長穆’。”

[13]梁武帝：即南朝梁皇帝蕭衍。武爲其謚號。　雍州：南朝齊時治襄陽縣，在今湖北襄樊市。

[14]當勒馬二萬：底本作“當勒馬二百”，毛本、四庫本、局本、鉛印本作“當勒馬二萬人”，殿本、中華本作“當勒馬二萬”。按：《資治通鑑》卷一四三、《魏書》卷七一《裴叔業傳》作“當勒馬步二萬”。今從諸本改作“二萬”，“勒馬”存疑。

[15]豫州：北魏時治懸瓠城，在今河南汝南縣。　薛真度：人名。河東汾陰（今山西萬榮縣西南）人。北魏官吏。後與薛安都南奔南朝宋，不久又降北魏。見《北史》卷三九《薛安都附薛真度傳》。

景明元年正月，[1]宣武詔授叔業使持節、散騎常侍、都督、豫州刺史、征南將軍，[2]封蘭陵郡公，[3]又賜叔業璽書，遣彭城王勰、尚書令王肅赴接。[4]軍未度淮，叔業病卒，李元護、席法友等推叔業兄子植監州事。詔贈叔業驃騎大將軍、開府儀同三司，[5]謚忠武公，給東園温明秘器。[6]

[1]景明：北魏宣武帝的年號（500—503）。

[2]宣武：即北魏皇帝元恪。宣武爲其謚號。　使持節：漢朝官吏奉命外出時，由皇帝授予節杖，來提高其權威。魏晋之後，凡重要軍事長官出征或出鎮時，加使持節，可誅殺二千石以下官員。皇帝派遣大臣出巡或祭吊事務時，亦使持節，以示權力與尊崇。次一等的稱持節，再次一等的稱假節。　散騎常侍：官名。掌侍從左右、圖書文翰、諫諍拾遺，收納轉呈文書奏事，兼領修史，仍爲閑散之職。北魏初一度掌出令，位在中書令上。孝文帝太和十七年定爲二品下，二十三年改爲從三品。　都督：官名。爲地方軍政長官，分使持節、持節、假節三種，職權各有不同。使持節者得殺二千石以下官員，持節者得殺無官位者，假節者得殺犯軍令者。　征南將軍：官名。北魏時多授持節都督，出鎮地方，地位顯要。

二品。

[3]蘭陵郡公：封爵名。蘭陵，郡名。北魏時治承城，在今山東棗莊市東南。

[4]彭城王：封爵名。彭城，郡名。北魏時治彭城縣，在今江蘇徐州市。　勰：即元勰，人名。字彦和。北魏宗室、大臣。獻文帝子。見《北史》卷一九《彭城王勰傳》。　尚書令：官名。北魏時總掌全國行政，雖低於三公，多爲實際上的丞相。二品。　王肅：人名。字恭懿，琅邪臨沂（今山東臨沂市）人。北魏官吏。見《北史》卷四二《王肅傳》。

[5]驃騎大將軍：官名。北魏時居諸名號將軍之首。多授予權臣元老，以示尊崇，可開府置僚屬，不領兵。孝文帝太和二十三年定爲從一品。　開府儀同三司：爲大臣加號，謂與三司即太尉、司徒、司空的禮制待遇相同，許開設府署，自辟僚屬。北魏孝文帝太和二十三年定爲從一品。

[6]温明：古代葬器。　秘器：皇室、顯宦死後所用的棺材。

子蒨之，字文德，[1]仕齊，隨郡王左常侍，[2]先卒。

[1]文德：諸本作“文德”。源氏校勘記云：“‘德’《魏書》作‘聰’。”未詳孰是。

[2]隨郡王：封爵名。隨郡，南朝齊時治隨縣，在今湖北隨州市。此指蕭子隆，字雲興，齊武帝第八子。見《南齊書》卷四〇《隨郡王子隆傳》。　左常侍：官名。王、公國屬官。掌侍從左右，贊相禮儀，獻替諫諍，員額依國之大小不等。

子譚紹封。譚粗險好殺，所乘牛馬爲小驚逸，手自殺之。然孝事諸叔，盡於子道，國禄歲入，每以分贍，世以此稱之。位輔國將軍、中散大夫。[1]卒，贈南豫州

刺史，[2]謚曰敬。

[1]輔國將軍：官名。爲將軍名號。北魏孝文帝太和二十三年定爲從三品。　中散大夫：官名。北魏時置爲職事官之加官。孝文帝太和十七年定爲四品上，二十三年定爲四品下。

[2]南豫州刺史：源氏校勘記云："《魏書》無'南'字。"未詳孰是。南豫州，北魏時治懸瓠城，在今河南汝南縣。

子測，字伯源，襲。歷通直散騎侍郎，[1]天平中，[2]走於關中。[3]

[1]通直散騎侍郎：官名。北魏孝文帝太和十五年置，屬集書省，六員。參平尚書奏事，兼掌侍從、諷諫，地位較高。初定四品中，孝文帝太和二十三年定爲從五品上。

[2]天平：東魏孝静帝的年號（534—537）。

[3]走於關中：指投奔西魏。

蒨之弟芬之，字文馥，長者好施，篤愛諸弟。仕齊，位羽林監。[1]入魏，以父勳封上蔡伯。[2]爲東秦州刺史，[3]在州有清静稱。後徙封山茌縣。[4]遷岐州刺史，[5]爲隴賊所圍，[6]城陷，賊以送上邽，[7]爲莫折念生所害，[8]贈青州刺史。[9]

[1]羽林監：官名。東漢置羽林左、右監，三國魏省其一，置羽林監。掌宿衛送從。南朝齊沿之，多以文官領此職，五品。

[2]上蔡伯：封爵名。上蔡，縣名。治所在今河南汝陽縣。

[3]東秦州：北魏時治杏城，在今陝西黄陵縣西南。

[4]山茌：縣名。治所在今山東濟南市長清區。

[5]岐州：北魏時治雍縣，在今陝西鳳翔縣東南。

[6]隴賊：對關隴起義軍的貶稱。

[7]上邽：縣名。治所在今甘肅天水市。

[8]莫折念生：人名。秦州（今甘肅天水市）人，羌族。北魏末關隴起義軍將領。

[9]青州：北魏時治東陽城，在今山東青州市。

芬之弟藹之，字幼重，性輕率。好琴書，其内弟柳諧善鼓琴，[1]藹之師而微不及也。位汝陽太守。[2]

[1]柳諧：人名。河東解（今山西臨猗縣）人。北魏官吏。曾任著作郎，後爲尒朱氏所殺。

[2]汝陽：郡名。北魏時治汝陽縣，在今河南商水縣西北。

叔業長兄子彦先，少有志尚。叔業以壽春入魏，彦先封雍丘縣子，[1]位勃海相。[2]卒，謚曰惠恭。

[1]雍丘：縣名。治所在今河南杞縣。

[2]勃海：郡名。北魏時治東光縣，在今河北東光縣。

彦先子約，字元儉，性頗剛鯁，後襲爵。冀州大乘賊起，[1]敕爲别將，[2]行勃海郡事，城陷見害。

[1]大乘賊：指冀州僧人法慶與李歸伯，借大乘教之名作亂。

[2]别將：官名。北魏時爲别道都將的省稱，掌非主要作戰方向或防地。

長子英起，武定末，[1]洛州刺史。[2]英起弟威起，卒於齊王府中兵參軍，[3]贈鴻臚少卿。[4]

[1]武定：東魏孝静帝的年號（543—550）。

[2]洛州：東魏時治洛陽城，在今河南洛陽市東北。

[3]齊王：即北齊文宣帝高洋。東魏孝静帝武定七年，孝静帝封其爲丞相、齊王。　中兵參軍：官名。爲丞相府及諸王府、公府、軍府之中兵曹主官，掌相關兵事及本府親兵。從五品。

[4]鴻臚少卿：官名。北齊置。爲鴻臚寺次官，亦稱鴻臚寺少卿。掌外國、少數民族賓客接待、朝會及吉凶禮儀，兼管佛教、祆教寺廟，領典客、典寺、司儀等署。四品上。

彦先弟絢，楊州中從事。[1]時楊州霖雨，水入城，刺史李崇居城上，[2]繫船憑焉。絢率城南人數千家汎舟南走高原，謂崇還北，遂與別駕鄭祖起等送子十四人於梁。[3]崇勒水軍討之，衆潰見獲，投水而死。

[1]楊州：北魏時治壽春縣，在今安徽壽縣。諸本作“揚州”。按：《北齊書》卷七一《裴叔業附裴絢傳》作“揚州”。　中從事：官名。常稱治中。每州置一至三人不等，常遷別駕。北魏孝文帝太和二十三年定司州治中爲從四品下，他州治中自正五品至正七品不等。

[2]李崇：人名。字繼長，小名繼伯，頓丘（今河南清豐縣西南）人。北魏名臣。見《北史》卷四三《李崇傳》。

[3]別駕：官名。又作“別駕從事”“別駕從事史”。漢朝州部佐吏。因從刺史行部，別乘傳車，故謂之“別駕”。魏晋南北朝皆

置。其品秩依州品不同，自正五品至正七品不等。

植字文遠，叔業兄叔寶子也。少而好學，覽綜經史，尤長釋典，善談理義。隨叔業在壽春。叔業卒，席法友、柳玄達等共舉植監州。秘叔業喪問，教命處分，皆出於植。於是開門納魏軍。詔以植爲兗州刺史、崇義縣侯，[1]入爲大鴻臚卿。[2]後以長子昕南叛，有司處之大辟，[3]詔特恕其罪，以表勳誠。尋除授揚州大中正，[4]出爲瀛州刺史，[5]再遷度支尚書，[6]加金紫光禄大夫。[7]

[1]兗州：北魏孝文帝太和十八年改東兗州置，治瑕丘城，在今山東兗州市新驛鎮東頓村南。　崇義縣侯：封爵名。崇義，縣名。治所在今安徽壽縣東南。

[2]大鴻臚卿：官名。北魏稱大鴻臚爲大鴻臚卿，專司朝會禮儀。孝文帝太和十七年定爲二品上，二十三年改爲三品。

[3]大辟：即死刑。適用於重大罪犯。

[4]大中正：官名。指州大中正。掌一州之人物品第，以爲吏部銓選之根據，並有委任州主簿及從事之權。

[5]瀛州：北魏時治趙都軍城，在今河北河間市。

[6]度支尚書：官名。北魏時爲尚書度支曹長官，掌全國財賦統計和調配。三品。

[7]金紫光禄大夫：官名。北魏時其禄賜、班位、車服、珮玉等所賜皆與特進同。爲加官者，唯假章綬、禄賜、班位，不别給車服、吏卒。從二品。

植性非柱石，所爲無恒。兗州之還也，表請解官，隱於嵩山，[1]宣武不許，深以爲怪。然公私集論，自言

人門不後王肅，怪朝廷處之不高。及爲尚書，[2]志意頗滿，欲以政事爲己任，謂人曰："非我須尚書，尚書亦須我。"辭氣激揚，見於言色。及入參議論，時對衆官，面有譏毀。又表毀征南將軍田益宗，[3]言華夷異類，不應在百世衣冠之上。率多侵侮，皆此類也。侍中于忠、黄門元昭覽之切齒，[4]寢而不奏。韋伯昕告植欲謀廢黜。尚書又奏羊祉告植姑子皇甫仲達，[5]云受植旨，[6]遂詐稱被詔，率合部曲，[7]欲圖領軍于忠。[8]時忠專權，既構成其禍，又矯詔殺之，朝野稱冤。臨終，神志自若，遺令子弟，命盡之後，剪落鬚髮，被以法服，以沙門禮葬於嵩高之陰。[9]

[1]嵩山：又名嵩高、外方山。在今河南登封市北。

[2]尚書：官名。魏晋南北朝出爲朝官，分掌尚書省諸曹，品秩提高，但不再直接向皇帝奏事、承受詔命，成爲行政官員。北魏孝文帝太和十七年定吏部尚書從一品下，列曹二品中，二十三年皆改三品。

[3]征南將軍：官名。北魏時多授持節都督，出鎮地方，地位顯要。　田益宗：人名。北魏官吏。本爲蠻族首領，孝文帝太和十七年，降於北魏。先後賜爵光城縣伯、安昌縣伯、曲陽縣伯等，歷南司州刺史、東豫州刺史等職。

[4]侍中：官名。北魏時掌侍皇帝左右，贊導衆事，顧問應對。此職親近皇帝，掌權便利，時有宰相之實，六員。孝文帝太和二十三年定爲三品。　于忠：人名。字思賢，本字千年，代（今山西大同市東北）人，鮮卑族。北魏官吏。見《北史》卷二三《于忠傳》。　黄門郎：官名。即黄門侍郎。爲侍中省或門下省次官，位頗重要。北魏孝文帝太和十七年定爲三品中，二十三年改爲四品

上。　元昭：人名。小字阿倪。北魏宗室。見《北史》卷一五《常山王遵附元昭傳》。

[5]羊祉：人名。字靈祐，太山鉅平（今山東泰安市）人。北魏官吏。見《北史》卷三九《羊祉傳》。毛本作“楊祉”。按：毛本誤，今從底本。

[6]云受植旨：底本“植”下有“子”字，源氏校勘記云：“《魏書》無‘子’字。”中華本校勘記云：“諸本‘植’下有‘子’字，《魏書》卷七一《裴植傳》無。按《魏書》下文載尚書奏議云：‘皆言仲達爲植所使。’‘子’字衍，今據删。”今從改。

[7]部曲：本爲軍隊編制之稱。東漢末，演變爲私人武裝之稱。魏晋南北朝時，世族、豪族普遍擁有部曲。平時耕田從役，戰時隨主人作戰。父死子繼，地位低下。南北朝後期，地位稍有上升，有些經主人放免爲平民。

[8]領軍：官名。此處爲領軍將軍的省稱。爲禁衛軍之最高統帥，權勢極重。北魏時爲從二品。

[9]沙門：佛教僧侣。

初，植與僕射郭祚、都水使者韋儁等同時見害，[1]後祚、儁事雪加贈，而植追復封爵而已。植故吏勃海刁沖上疏訟之，[2]於是贈尚書僕射、楊州刺史，乃改葬。

[1]僕射：官名。尚書僕射的省稱。北魏時列位宰相，掌都省庶務及執法，典選舉。從二品。　郭祚：人名。字季祐，太原晋陽（今山西太原市晋源區古城營村一帶）人。北魏官吏。見《北史》卷四三《郭祚傳》。　都水使者：官名。北魏時掌陂池灌溉及疏保河渠。從五品上。　韋儁：人名。字穎超，京兆杜陵（今陝西西安市長安區東）人。北魏官吏。見《北史》卷二六《韋閬附韋儁傳》。

[2]刁沖：人名。字文朗，一作“文助”，勃海饒安（今河北鹽山縣西南）人。北魏官吏。見《北史》卷二六《刁雍附刁沖傳》。底本作“刀沖”，中華本作“刁沖”。今從中華本改。

植母，夏侯道遷姊也。性甚剛峻，於諸子皆如嚴君。長成後，非衣帢不見，[1]小有罪過，必束帶伏門，經五三日乃引見之，督以嚴訓。唯少子衍得以常服見之，旦夕温凊。[2]植在瀛州也，其母年踰七十，以身爲婢，自施三寶，[3]布衣麻菲，手執箕帚於沙門寺掃洒。植弟瑜、粲、衍並亦奴僕之服，泣涕而從，有感道俗。諸子各以布帛數百贖免其母，於是出家爲比丘尼，[4]入嵩高積歲，乃還家。植既長嫡，母又年老，其在州數歲，以妻子自隨。雖自州送禄奉母及贍諸弟，而各别資財，同居異爨，一門數灶，蓋亦染江南之俗也。論者譏焉。

[1]衣帢：一種簡易的可用作禮服的衣帽。

[2]凊（qìng）：凉爽。

[3]三寶：即佛寶、法寶、僧寶之合稱。“佛”指佛教創始人釋迦牟尼，泛指一切佛；“法”即佛教教義；“僧”指繼承、宣揚佛教教義的僧衆。通常以“三寶”一詞代稱佛門、佛教或佛教徒。

[4]比丘尼：底本及其餘諸本皆作“比丘”，《魏書》卷七一作“比丘尼”。按：比丘指和尚，而比丘尼指尼姑，據上下文可知是植母出家，女性出家當爲比丘尼。今據《魏書》改。

植弟颺，壯果有謀略。在齊，以軍功位驍騎將軍。[1]入魏，爲南司州刺史，[2]封義陽縣伯，[3]詔命未至，

爲賊所殺，進爵爲侯。宣武以飇勳効未立而卒，其子烱不得襲封。明帝初，烱行貨於執事，[4]乃封城平縣伯。[5]

[1]驍騎將軍：官名。西漢置，東漢沿之，爲雜號將軍，統兵出征。三國魏置爲内軍將領，有營兵。西晋時擔當宿衛之任。北魏孝文帝太和十七年定爲從三品上，二十三年改爲四品上。

[2]南司州：北魏時治平陽，在今河南信陽市南。

[3]義陽：縣名。治所在今河南信陽市北。毛本、殿本、四庫本、局本、四部備要本作“義安”。中華本校勘記云：“南、北、汲、殿四本及《魏書》‘義陽’作‘義安’，百衲本及《通志》作‘義陽’。按《魏書·地形志中》，南司州、南朔州並有義陽郡義陽縣，西楚州汝陽郡亦有義陽縣。‘義安縣’不見《地形志》。今從百衲本。”可從。

[4]執事：指專司某一職事的隨從官員。

[5]城平：縣名。治所在今河北泊頭市交河鎮東北。

烱字休光，小字黄頭，頗有文學，善事權門。領軍元叉納其金帛，[1]除鎮遠將軍、散騎侍郎、楊州大中正，[2]進爵爲侯，改封高城。[3]尋兼尚書右丞，[4]出爲東郡太守，[5]爲城人所害。贈散騎常侍、青州刺史，謚曰簡。

[1]元叉：人名。字伯儁，小字夜叉。北魏宗室。見《北史》卷一六《京兆王黎附元叉傳》。

[2]鎮遠將軍：官名。新莽置，因事而設，事迄即罷。東漢末劉備置，權任很重。北魏沿之，孝文帝太和十七年定爲從三品下，二十三年改爲四品。　散騎侍郎：官名。南朝時隸集書省，掌文學

侍從、諫諍糾劾，收納奏章，地位漸輕。北朝時兼修史，地位略高於南朝。北魏孝文帝太和十七年定爲四品上，二十三年改爲五品上。底本作“散騎常侍”，源氏校勘記云：“‘常侍’《魏書》作‘侍郎’。”中華本《魏書》作“散騎侍郎”。

[3]高城：縣名。治所在今河北藁城市西南。

[4]尚書右丞：官名。北魏時爲尚書省佐官，位次尚書，與左丞共掌尚書省庶務。孝文帝太和十七年定爲四品中，二十三年定爲從四品。

[5]東郡：北魏時治滑臺城，在今河南滑縣東。

颺弟瑜，字文琬，封下密縣子，[1]試守滎陽郡，[2]坐虐暴殺人免官。後徙封灌津子，[3]卒於勃海太守，贈豫州刺史，謚曰定。

[1]下密縣子：封爵名。下密，縣名。治所在今山東濰坊市。

[2]滎陽：郡名。北魏時治滎陽縣，在今河南滎陽市。

[3]灌津子：封爵名。灌津，縣名。治所在今河北武邑縣東南。

瑜弟粲，字文亮，封舒縣子。[1]沉重善風儀，頗以驕豪爲失。歷正平、恒農二郡太守。[2]高陽王雍曾以事屬粲，[3]粲不從，雍甚爲恨。後因九日馬射，敕畿内太守皆赴京師，雍時爲州牧，粲脩謁，雍含怒待之。粲神情閑邁，舉止抑揚，雍目而不覺解。[4]及坐定，謂粲曰：“可更爲一行。”粲便下席爲行，從容而出。坐事免。後宣武聞粲善自擲置，欲觀其風度，令傳詔就家急召之，須臾間，使者相屬，合家恇懼，不測所以，粲更恬然，神色不變。帝歎異之。時僕射高肇以外戚之貴，[5]勢傾

一時，朝士見者，咸望塵拜謁，粲候肇，唯長揖而已。及還，家人尤責之，粲曰："何可自同凡俗也。"又曾詣清河王懌，[6]下車始進，便屬暴雨，粲容步舒雅，不以霑濡改節。[7]懌乃令人持蓋覆之，歎謂左右曰："何代無奇人！"性好釋學，親昇講座，[8]雖持義未精，而風韻可重。但不涉經史，終爲知音所輕。

[1]舒縣子：封爵名。舒，縣名。治所在今安徽廬江縣西南。

[2]正平：郡名。北魏時治臨汾縣，在今山西新絳縣。　恒農：郡名。北魏時治陝城，在今河南三門峽市。

[3]高陽王：封爵名。高陽，郡名。北魏時治高陽縣，在今河北高陽縣東。　雍：即元雍，人名。字思穆。北魏宗室。見《北史》卷一九《高陽王雍傳》。

[4]雍目而不覺解：毛本、殿本、四庫本、局本、中華本"解"下有"顔"字。四部備要本作"雍目之不覺解顔"。解顔，指開顔歡笑。從文意看，中華本等諸本可從。

[5]高肇：人名。字首文，勃海蓨（今河北景縣）人。北魏外戚、官吏。宣武帝元恪的舅父。見《北史》卷八〇《高肇傳》。

[6]清河王：封爵名。清河，郡名。北魏時治清河縣，在今山東臨清市東北。　懌：即元懌，人名。字宣仁。北魏宗室、大臣。見《北史》卷一九《清河王懌傳》。

[7]霑濡：浸濕。

[8]親昇講座：底本作"一親昇講座"，毛本、殿本、四庫本、局本、四部備要本、中華本無"一"字，今從諸本改。

後爲楊州大中正、中書令。[1]明帝釋奠，[2]以爲侍講，[3]轉金紫光禄大夫。元顥入洛，[4]以粲爲西兖州刺

史，[5]尋爲濮陽太守崔巨倫所逐，[6]棄州入嵩高山。節閔帝初，[7]復爲中書令。後正月晦，帝出臨洛濱，[8]粲起御前再拜上壽酒。帝曰："昔北海入朝，[9]暫竊神器，爾日卿戒之以酒；今欲我飲，何異於往情？"粲曰："北海志在沈湎，[10]故諫其所失，陛下齊聖温克，臣敢獻微誠。"帝曰："甚愧來譽。"仍爲命酌。

［1］中書令：官名。南北朝時因逐漸脱離機務，隨名位增高而成爲閑職，多用作重臣加官。北魏孝文帝太和十七年定爲二品中，二十三年改爲三品。

［2］明帝：即北魏皇帝元詡。明爲其謚號。　釋奠：古代學校的一種典禮。陳設酒食以祭奠先聖先師。

［3］侍講：官名。爲皇帝或太子講解經義。爲加官。

［4］元顥：人名。字子明。北魏宗室、官吏。見《北史》卷一九《北海王詳附元顥傳》。　入洛：指北魏孝莊帝永安二年（529）元顥謀反稱帝，改年號爲建元。

［5］西兖州：北魏時治定陶城，在今山東定陶縣定陶鎮；後徙治左城，在今山東曹縣韓集鎮堤上范村。

［6］濮陽：郡名。北魏時治鄄城縣，在今山東鄄城縣北。　崔巨倫：人名。字孝宗，博陵安平（今河北安平縣）人。北魏官吏。見《北史》卷三二《崔辯附崔巨倫傳》。

［7］節閔：即北魏皇帝元恭。節閔爲其謚號。

［8］洛：指洛陽。

［9］北海：指北海王元顥。

［10］沈湎：指嗜酒。

孝武初，[1]出爲驃騎大將軍、膠州刺史。[2]屬時亢

旱，土人勸令禱於海神。粲憚違衆人，乃爲祈請，直據胡床，[3]舉盃曰："僕白君。"左右云："前後例皆拜謁。"粲曰："五岳視三公，四瀆視諸侯，安有方伯致禮海神。"卒不肯拜。時青州叛賊耿翔寇亂三齊，[4]粲唯高譚虚論，不事防禦之術。翔乘其無備，掩襲州城，左右白言賊至，粲云："豈有此理！"左右又言"已入州門"。粲乃徐云："耿王可引上聽事，自餘部衆，且付城人。"不達時變如此。尋爲翔害，送首於梁。

[1]孝武：即北魏皇帝元脩。孝武爲其謚號。

[2]膠州：北魏時治東武縣，在今山東諸城市。

[3]胡床：一種可以折疊的輕便坐具。由西北胡地傳入，故名。

[4]耿翔：人名。青州（今山東青州市）人。北魏孝武帝永熙二年（533），率衆反叛，殺膠州刺史裴粲，並受南朝梁官號。後爲魏將樊子鵠、蔡儁所攻，棄城走。　三齊：地區名。秦亡，項羽以齊國故地分立齊、膠東、濟北三國，皆在今山東東部，後泛稱"三齊"。

子含，字文若，員外散騎侍郎。[1]

[1]員外散騎侍郎：官名。北魏時授予南朝北奔人士，地位等同於吏部郎。孝文帝太和二十三年定爲七品上。

粲弟衍，字文舒，學識優於諸兄，才亦過之。事親以孝聞，兼有將略。仕齊，位陰平太守。[1]歸魏，授通直郎，[2]衍堅辭朝命，上表請隱嵩高，詔從之。宣武末，

稍以出山，干禄執事。從歷建興、河内二郡太守。[3]歷二郡，廉貞寡欲，善撫百姓，人吏追思之。孝昌初，[4]梁將曹敬宗寇荆州。[5]詔衍爲别將，與恒農太守王羆救荆州。[6]衍大破之，荆州圍解。除北道都督，鎮鄴西之武城，[7]封安陽縣子。[8]時相州刺史安樂王鑒潛圖叛逆。[9]衍覺其有異，密表陳之。尋而鑒所部别將嵇宗馳驛告變，[10]乃詔衍與都督源子邕、李神軌等討鑒，[11]平之。除相州刺史、北道大都督，[12]進封臨汝縣公。[13]詔衍與子邕北討葛榮，[14]軍敗見害。贈車騎大將軍、司空、相州刺史。[15]子嵩襲。

[1]陰平：郡名。南朝齊有南陰平郡，僑治萇陽，在今四川德陽市西北。故疑此"陰平"爲"南陰平"。

[2]通直郎：官名。通直散騎侍郎的省稱。

[3]建興：郡名。北魏時治陽河縣，在今山西晋城市西北大陽鎮。　河内：郡名。北魏時治野王縣，在今河南沁陽市。

[4]孝昌：北魏孝明帝的年號（525—527）。

[5]荆州：北魏時治穰城，在今河南鄧州市。

[6]王羆：人名。字熊羆，京兆霸城（今陝西西安市東北）人。北魏將領。見《北史》卷六二《王羆傳》。

[7]鄴：城名。在今河北臨漳縣西南鄴鎮。　武城：在河北臨漳縣西南。

[8]安陽縣子：封爵名。安陽，縣名。治所在今河南安陽縣西。

[9]相州：北魏時治鄴城，在今河北臨漳縣西南鄴鎮。　安樂王：封爵名。安樂，郡名。北魏時疑治三會城，在今河北承德縣東北老牛河之東。　鑒：即元鑒，人名。字長文。北魏宗室。見《北史》卷一九《安樂王長樂附元鑒傳》。

[10]嵇宗：人名。北魏將領。因平拓跋紹叛逆有功，封大司馬、大將軍，進爵長樂王。

[11]源子邕：人名。字靈和，西平樂都（今青海樂都縣）人，鮮卑族。北魏官吏。見《北史》卷二八《源賀附源子邕傳》。　李神軌：人名。小名清肫，頓丘（今河南清豐縣西南）人。北魏官吏。見《北史》卷四三《李崇附李神軌傳》。

[12]大都督：官名。北魏前、中期未見。後期戰事較多時置，統兵出征，有時又加以各種名號，如南道大都督等。

[13]臨汝縣公：封爵名。臨汝，縣名。治所在今江西撫州市。

[14]葛榮：人名。北魏末河北義軍首領。孝明帝孝昌元年，率領河北六鎮降户與杜洛周、鮮于脩禮等先後發動起義。兵敗爲尒朱榮所擒，送京師後被斬。

[15]車騎大將軍：官名。北魏時多爲元老重臣加官以示尊崇，孝文帝太和十七年定爲一品中，二十三年改爲從一品。　司空：官名。又尊稱爲司空公。北魏時爲名譽宰相，多爲大臣加官。一品。

叔業之歸魏，又有尹挺、柳玄達、韋伯昕、皇甫光、梁祐、崔高容、閻慶胤、柳僧習並預其功。

尹挺，天水冀人，[1]仕齊，位陳郡太守。[2]與叔業參謀歸誠，歷南司州刺史。

[1]天水：郡名。魏時治上封縣，在今甘肅天水市。　冀：縣名。治所在今甘肅甘谷縣東。

[2]陳郡：南朝齊時治項縣，在今河南沈丘縣。

柳玄達，河東解人，[1]頗涉經史，仕齊，諸王參軍。[2]與叔業姻婭周旋，叔業獻款，玄達贊成其計。入

魏，除司徒諮議參軍，[3]封南頓縣子。[4]卒，改封夏陽縣，[5]子絳襲。絳弟遠，字季雲，性粗放無拘檢，時人或謂之柳癲。好彈琴耽酒，時有文詠。孝武初，除儀同、開府參軍事。[6]放情琴酒之間，每出行返，家人或問消息，答云“無所聞，縱聞亦不解”。後客遊卒。

[1]解：縣名。治所在今山西臨猗縣臨晋鎮。

[2]參軍：官名。即參軍事。南北朝諸軍府、王府、公府、州郡府等皆設爲僚屬，品秩自六品至九品不等。

[3]司徒諮議參軍：官名。即司徒府諮議參軍。東晋設。於司徒府諷議軍務。北魏孝文帝太和二十三年爲從四品上。

[4]南頓縣子：封爵名。南頓，縣名。治所在今河南項城市西南。

[5]夏陽：縣名。治所在今山西韓城市南。

[6]儀同：儀同三司的省稱。位在開府上。北魏孝文帝太和十七年定爲一品下，二十三年改爲從一品。　開府：爲開府儀同三司的省稱。北魏時爲大臣加號，意謂與三司禮制待遇相同，許開辟府署，自辟僚屬。

玄達弟玄瑜，位陰平太守，[1]卒。子諧，頗有文學，善鼓琴，以新聲手勢，京師士子翕然從學。除著作佐郎，[2]於河陰遇害。[3]

[1]位陰平太守：源氏校勘記云：“‘陰平’《魏書》作‘汝陰’。”按：《魏書》卷七一《裴叔業附柳玄達傳》：“玄達弟玄瑜，景明初……帶汝陰太守。延昌二年卒，年五十五。”景明初，陰平郡不見於《魏書·地形志》，南陰平郡屬南朝齊，玄瑜在南朝齊做

南陰平太守，後歸魏爲汝陰太守。《北史》脱節産生誤解。

［2］著作佐郎：官名。南北朝後期，因其職務清閑，成爲士族高門子弟的起家之官。北魏時屬秘書省著作局，置四員。孝文帝太和十七年定爲從五品上，二十三年定爲七品。

［3］河陰：縣名。治所在今河南孟津縣東。武泰元年（528），北魏權臣尒朱榮對皇族和百官公卿進行屠殺，因發生在河陰，故稱爲河陰之難。

韋伯昕，京兆杜陵人，[1]學尚有壯氣。自以才智優於裴植，[2]常輕之，植嫉之如讎。即彦先之妹夫也。叔業以其有大志，故遣子芬之爲質。入魏，封零陵縣男，[3]歷南陽太守，[4]坐事免。後拜員外散騎常侍，[5]加中壘將軍。[6]告裴植謀爲廢黜，植坐死。後百餘日，伯昕亦病卒。臨亡，見植爲祟，口云："裴尚書死，不獨見由，何以見怒？"

［1］京兆：郡名。北魏時治霸城縣，在今陝西西安市東北。杜陵：縣名。治所在今陝西西安市長安區東北。

［2］才智：毛本、殿本、四庫本、局本、四部備要本作"材智"。按：材，通"才"。

［3］零陵縣男：封爵名。零陵，縣名。治所在今湖南永州市北。源氏校勘記云："'零'《魏書》作'雲'。"《魏書》卷七一作"雲陵"。按：北魏無雲陵縣。疑《魏書》有誤，今從底本。

［4］南陽：郡名。北魏時治宛縣，在今河南南陽市。

［5］員外散騎常侍：官名。三國魏置，掌規諫，不典事，屬門下。北魏因之。孝文帝太和十七年定爲從三品上，二十三年改爲五品上。

[6]中壘將軍：官名。掌宿衛兵，從四品上。

皇甫光，安定人，[1]美鬚髯，善言笑。入魏，卒於勃海太守。兄椿齡，從薛安都於彭城内附，[2]除岐州刺史。椿齡子璋，鄉郡相。[3]璋弟瑒，位吏部郎。[4]性貪婪，多所受納，鬻賣吏官，皆有定價。後以丞相、高陽王雍之婿，爲豫州刺史。爲政殘暴，百姓患之。卒於安南將軍、光禄大夫，[5]贈尚書左僕射。[6]子長卿，太尉司馬。

[1]安定：郡名。北魏時治安定縣，在今甘肅涇川縣北。

[2]從薛安都於彭城内附：底本無“從”字，源氏校勘記“薛”上補“隨”字，中華本校勘記云：“諸本無‘從’字，《通志》有。按《魏書》卷七一《裴叔業附皇甫光傳》云：‘兄椿齡，薛安都婿也。隨安都於彭城内附。’今從《通志》補。”今從改。

[3]鄉郡：北魏時治鄉縣，在今山西武鄉縣東南。

[4]吏部郎：官名。北魏時與吏部郎中互稱，爲尚書省吏部曹長官。屬吏部尚書，主管官吏選任調動事務，對五品以下官吏任免有建議權。孝文帝太和十七年定爲從四品上，二十三年定爲四品上。

[5]安南將軍：官名。北魏時爲出鎮南方地區的軍事長官，或作爲刺史等地方官員兼理軍務時的加官。三品。　光禄大夫：官名。北魏時爲加官，孝文帝太和十七年定爲從二品中，二十三年改爲三品。

[6]尚書左僕射：官名。職掌都省庶務及執法，或典選舉，左僕射權力大於右僕射，兼掌糾彈百官。北魏孝文帝太和十七年定爲從一品中，二十三年定爲從二品。

梁祐，北地人，[1]叔業從姑子也。好學，便弓馬，隨叔業征伐，身被五十餘創。景明初，賜爵山桑子。[2]出爲北地太守，清身率下，甚有聲稱。歷太中大夫。[3]從容風雅，好爲談詠，常與朝廷名賢，泛舟洛水，以詩酒自娱。遷光禄大夫，端然養志，不歷權門，卒於京兆内史。[4]

[1]北地：郡名。北魏時治泥陽縣，在今陝西富平縣北。

[2]山桑子：封爵名。山桑，縣名。治所在今安徽全椒縣。

[3]太中大夫：官名。亦作“大中大夫”。北魏時多用於安置年老病退免官的九卿等大臣，亦用作加官、兼官，或供朝廷臨時差遣。從三品。

[4]内史：官名。北魏時地位相當於郡太守。孝文帝太和二十三年官品令上郡爲四品，中郡爲五品，下郡爲六品。

崔高容，清河人，博學善文辭，美風彩。景明初，位散騎侍郎，[1]出爲楊州開府掾，[2]帶陳留太守，[3]卒官。

[1]散騎侍郎：官名。北魏時掌規諫，與散騎常侍、侍中、黄門侍郎等共平尚書奏事。五品上。

[2]掾：屬官統稱。

[3]陳留：郡名。北魏時治浚儀縣，在今河南開封市。

閻慶胤，天水人，博識洽聞，善於談論，聽其言説，不覺忘疲。卒於敷城太守。[1]

[1]敷城：郡名。北魏時治敷城縣，在今陝西洛川縣東。

柳僧習見其子虯傳。

夏侯道遷，譙國人也。[1]少有志操。年十七，父母爲結婚韋氏，道遷云："欲懷四方之志，不願取婦。"家人咸謂戲言，及婚，求覓不知所在，訪問，乃云逃入益州。[2]

[1]譙國：郡國名。三國魏文帝黄初元年（220）改譙郡置，治譙縣，在今安徽亳州市。

[2]益州：南朝齊時治成都縣，在今四川成都市。

後隨裴叔業於壽春，爲南譙太守。[1]二家雖爲姻好，親情不協，遂單騎歸魏，拜驍騎將軍，隨王肅至壽春。肅薨，道遷棄戍南叛。

[1]南譙：郡名。南朝齊時治山桑縣，在今安徽全椒縣。

會梁以莊丘黑爲征虜將軍、梁秦二州刺史，[1]鎮南鄭。[2]黑請道遷爲長史，[3]帶漢中郡。[4]會黑死，而道遷陰圖歸順。先是，仇池鎮將楊靈珍反叛南奔，[5]梁以靈珍爲征虜將軍，假武都王，[6]助戍漢中。道遷乃擊靈珍，斬其父子，送首於京師。江悦之等推道遷爲梁、秦二州刺史。道遷遣表歸闕，詔璽書慰勉，授持節、散騎常侍、平南將軍、豫州刺史，封豐縣侯，[7]遣尚書邢巒指授節度。[8]道遷表受平南、常侍，而辭豫州、豐縣侯，引裴叔業公爵爲例。宣武不許。

［1］丘：四庫本作“邱”。按：《魏書》卷七一《夏侯道遷傳》、《南齊書》卷八《和帝傳》作“丘”，今從底本。　征虜將軍：官名。爲雜號將軍之一。從二品上。　梁：州名。南朝梁時治南鄭縣，在今陝西漢中市。　秦：州名。南朝梁時治秦縣，在今江蘇南京市六合區西北。

［2］南鄭：縣名。治所在今陝西漢中市。

［3］長史：官名。爲所在官署的屬官之長。掌顧問參謀，主行營事務。不同名號的長史所負職責不同，品秩也不相同。

［4］漢中：郡名。南朝梁時治南鄭縣，在今陝西漢中市。

［5］仇池：軍鎮名。治所在今甘肅西和縣西南。　鎮將：官名。北魏置，爲鎮的長官。在不設州郡的西、北諸鎮，兼統軍民；在設州郡的内地，主要掌軍政，兼任所駐州刺史時，亦兼理民政。孝文帝改制後，地位漸低。其下設副將、監軍、長史及司馬等僚佐。孝文帝太和十七年及二十三年職員令時皆未載其品階。　楊靈珍：底本“楊”作“陽”，中華本校勘記云：“諸本‘楊’訛作‘陽’，《魏書·夏侯道遷傳》、《通志》卷一五〇下《夏侯道遷傳》作‘楊’。楊靈珍見《北史》卷九六《氐傳》。”今從改。

［6］梁以靈珍爲征虜將軍假武都王：中華本校勘記云：“按《南齊書》卷五九《氐傳》，靈珍入南，是在南齊時。此官亦是南齊所授，非授於梁。”按：《魏書》卷七一《裴叔業傳》、《資治通鑑》卷一四六同底本，未詳孰是。假，原是代理、兼攝之意。北魏孝文帝時假官成爲制度，但僅爲虚職，無代理攝職之義。武都王，封爵名。虚封武都，郡名。北魏時治石門縣，在今甘肅隴南市武都區東南。

［7］豐縣侯：封爵名。豐縣，治所在今江蘇豐縣。

［8］邢巒：人名。字洪賓，河間鄚（今河北任丘市北）人。北魏將領。見《北史》卷四三《邢巒傳》。

道遷自南鄭來朝京師，引見於太極東堂，[1]免冠徒跣謝曰："比在壽春，遭韋纘之酷，[2]申控無所，致此猖狂。是段之來，[3]希酬昔遇。"宣武曰："卿建爲山之功，一簣之玷，何足謝也。"道遷以賞報爲微，逡巡不拜，尋改封濮陽縣侯。[4]歲餘，頻表解州，[5]宣武許之。除南兗州大中正，不拜。

[1]太極東堂：殿閣名。太極殿有四厢，東堂即其東厢。太極殿爲皇宫中的西内正殿，每月朔望皇帝視朝之所。東晋南朝、北魏等均在皇宫内建有太極殿。

[2]韋纘：人名。字遵彦，京兆杜陵（今陝西西安市長安區東）人。北魏官吏。見《北史》卷二六《韋閬附韋纘傳》。

[3]是段之來：底本作"是改之來"，中華本校勘記云："諸本'段'訛作'改'，據《魏書》卷七一改。"今從改。

[4]濮陽縣侯：封爵名。濮陽，縣名。治所在今河南濮陽縣西南。

[5]解：離職。

道遷雖學不深洽，而歷覽書史，閑習尺牘。好言宴，務口實，京師珍羞，罔不畢有。於京城西水次市地，大起園池，殖列蔬果，延致秀彦，時往遊適。妓妾十餘，常自娱樂，國秩歲入三千餘匹，專供酒饌，不營家産。每誦孔融語曰："坐上客恒滿，樽中酒不空，餘非吾事也。"[1]識者多之。

[1]孔融：人名。字文舉，魯國（今山東曲阜市）人。東漢官吏。常嘆曰："坐上客恒滿，尊中酒不空，吾無憂矣。"見《後漢

書》卷七〇《孔融傳》。

歷華、瀛二州刺史，[1]爲政清嚴，善禁盜賊。卒，贈雍州刺史，謚明侯。初，道遷以拔漢中歸誠本由王潁興之計，求分邑户五百封之，宣武不許。靈太后臨朝，道遷重求分封，太后大奇之，議欲更以三百户封潁興，[2]會卒，遂寢。道遷不聘正室，唯有庶子數人。[3]

[1]華：州名。北魏獻文帝皇興二年（468）置，治定安縣，在今甘肅寧縣。孝文帝延興二年（472）改置三縣鎮。太和十一年又置華州，治李潤堡，在今陝西蒲城縣東北。宣武帝永平三年（510）移治華陰縣，在今陝西大荔縣。

[2]三百户：毛本、殿本、四庫本、局本、四部備要本作“二百户”。按：《魏書》卷七一作“三百户”，今從底本。

[3]唯有庶子數人：底本作“唯有子數人”，中華本校勘記云：“諸本脱‘庶’字，據《魏書》《通志》補。”今從改。

長子夬，字元廷，歷鎮遠將軍、南兖州大中正。[1]夬性好酒，居喪不戚，醇醪肥鮮，不離於口，沽買飲噉，多所費用，父時田園，貨賣略盡，人間債猶數千餘匹。穀食至常不足，弟妹不免飢寒。

[1]鎮遠將軍：官名。爲雜號將軍之一。三品下。

初，道遷知夬好酒，不欲傳授國封。夬未亡前，忽夢見征虜將軍房世寶至其家聽事，與其父坐，屏人密

言。夬心驚懼，謂人曰："世寶至，官少間必擊我也。"[1]尋有人至，云"官呼郎"，隨召即去，遣左右杖之二百，不勝楚痛，大叫。良久乃悟，流汗徹於寢具。至明，前京城太守趙卓詣之，[2]見其衣濕，謂夬曰："卿昨夜當大飲，溺衣如此。"夬乃具陳所夢。先是旬餘，秘書監鄭道昭暴病卒，[3]夬聞，謂卓曰："人生何常，唯當縱飲。"於是昏酣遂甚。夢後，二日不能言，針之乃得語，而猶虛劣，俄而心悶而死。洗浴者視其屍體，大有杖處，青赤隱起，二百下許。贈鉅鹿太守。[4]

[1]世寶至官少間必擊我也：底本"至"作"爲"，四部備要本、中華本作"至"。源氏校勘記云："《魏書》'爲'作'至'，無'少'字。"中華本校勘記云："諸本'至'作'爲'，《魏書》《通志》作'至'。按作'爲'不可通。"今從改。

[2]京城太守：中華本校勘記云："《魏書》《通志》'京'作'涼'。按《魏書·地形志》無京城郡，司州東郡有涼城縣，但不見涼城郡。"未詳孰是。

[3]秘書監：官名。北魏時爲秘書省長官，領著作省，掌圖書經籍之事。孝文帝太和十七年定爲從二品中，二十三年改爲三品。鄭道昭：人名。字僖伯，滎陽開封（今河南開封市）人。北魏官吏。見《北史》卷三五《鄭羲附鄭道昭傳》。

[4]鉅鹿：郡名。北魏時屬定州，治曲陽縣，在今河北晋州市西。北魏孝莊帝永安二年（529）時分定州鉅鹿郡置，屬殷州，治癭遥縣，在今河北寧晋縣西南。

初，夬與南人辛諶、庾遵、江文遥等終日遊聚。[1]酣飲之際，恒相謂曰："人生局促，何殊朝露，坐上相

看，先後間耳。[2]脱有先亡者，於良辰美景，靈前飲宴，儻或有知，庶共歆饗。”及夬亡後，三月上巳，諸人相率至夬靈前，仍共酌飲。時日晚天陰，室中微闇，咸見夬在坐，衣服形容，不異平昔，時執盃酒，似若獻酬，但無語耳。夬家客雍僧明心有畏恐，披簾欲出，便即僵仆，狀若被毆。夬從兄欣宗云：“今是節日，諸人憶弟疇昔之言，故來共飲。僧明何罪，而被嗔責？”僧明便悟。而欣宗鬼語如夬平生，并怒家人，皆得其罪，又發陰私竊盜，咸有次緒。

[1]辛諶：人名。潁川陽翟（今河南禹州市）人。北魏官吏。有文學，歷任步兵校尉，濮陽、上黨二郡太守。　庾遵：人名。潁川（今河南禹州市）人。北魏官吏。博覽群書，善草隸書，淡泊名利，初仕南朝梁爲右中郎將，宣武帝時與夏侯道遷同歸北魏，孝明帝正光中除幽州左將軍府主簿、饒安令。中華本校勘記云：“《魏書》作‘庾道’。按下文見‘潁川庾道’，《魏書》作‘導’。疑‘遵’‘道’都是‘導’之訛，今不改。”可從。　江文遥：人名。濟陽考城（今河南蘭考縣）人。輕財好士，士多歸之。任北魏後將軍、安州刺史。

[2]耳：毛本、殿本、四庫本、局本、四部備要本作“爾”。按：“耳”與“爾”通。

夬妻，裴植之女也，與道遷諸妾不睦，訟閱徹於公庭。子籍，年十餘歲，襲祖封已數年，而夬弟昚等言其眇目癎疾，不任承繼，自以與夬同庶，己應紹襲。尚書奏籍承封。

道遷兄子臭，[1]位咸陽太守。[2]

[1]臭（chuò）：底本作“抱夬”，源氏校勘記云：“‘抱夬’《魏書》作‘臭’。”中華本校勘記云：“諸本‘臭’作‘抱夬’，《魏書》《通志》作‘臭’。按道遷長子名‘夬’，不應兄子又名‘抱夬’，張森楷以爲‘抱夬’是刻誤分爲二字。是。今據改。”可從改。

[2]咸陽：郡名。北魏時治池陽縣，在今陝西涇陽縣。

道遷之謀，又襄陽羅道珍、北海王安世、潁川辛諶、漢中姜永等皆參其勳末。[1]道珍爲齊州東平原相，[2]有能名。安世，苻堅丞相王猛玄孫也。[3]歷涉書傳，位北華州刺史。[4]諶，魏衛尉辛毗後也。[5]有文學，位濮陽、上黨二郡太守。[6]永善彈琴，有文學，位漢中太守。永弟漾，亦善士，性至孝。

[1]北海：郡名。北魏時治平壽城，在今山東濰坊市西南。　潁川：郡名。北魏時治長社縣，在今河南長葛市東北。

[2]齊州：北魏時治歷城縣，在今山東濟南市。　東平原：郡名。北魏時治梁鄒縣，在今山東鄒平縣。

[3]苻堅：底本作“符堅”，源氏校勘記改“符”作“苻”。今從改。

[4]北華州：北魏時治杏城，在今陝西黄陵縣西南。

[5]衛尉：官名。北魏時定爲正式官名。掌宫門禁衛，武器庫藏等。孝文帝太和二十三年後爲一品下。　辛毗：人名。字佐治，潁川陽翟（今河南禹州市）人。三國魏官吏。見《三國志》卷二五《魏書·辛毗傳》。

[6]上黨：郡名。北魏時治壺關城，在今山西長治市北。

時潁川庾道者，亦與道遷俱入國，雖不參動謀，亦爲奇士。歷覽史傳，善草隸書，輕財重義。仕梁，右中郎將。[1]及至洛陽，環堵弊廬，多與儁秀交舊，積二十餘歲，殊無宦情。後爲饒安縣令，[2]罷，卒。

[1]右中郎將：官名。爲侍從武官。南朝梁時品秩爲八班。

[2]饒安：縣名。治所在今河北鹽山縣西南。

李元護，遼東襄平人，[1]晉司徒胤之八世孫也。胤子順、璠及孫沉、志皆有名宦。沉孫根，仕慕容寶爲中書監。[2]根子後智等隨慕容德南渡河，[3]居青州。數世無名，三齊豪門多輕之。

[1]遼東：郡名。北魏時治襄平縣，治所在今遼寧遼陽市。襄平：縣名。治所在今遼寧遼陽市。

[2]慕容寶：人名。字道裕，昌黎棘城（今遼寧北票市章吉營子鄉三官營子村）人，鮮卑族。十六國時後燕君主。見《北史》卷九三《慕容垂附慕容寶傳》。　中書監：官名。爲中書省長官之一。掌收納章奏、草擬及發布詔令。

[3]慕容德：人名。字玄明，昌黎棘城（今遼寧北票市章吉營子鄉三官營子村）人，鮮卑族。十六國時南燕君主。見《晉書》卷一二七《慕容德載記》。

元護以魏平齊後隨父懷慶南奔。身長八尺，美鬚髯，少有武力。仕齊，位馬頭太守，[1]雖以將用自達，然亦頗覽文史，習於簡牘。後爲裴叔業司馬，帶汝陰太守。[2]叔業歸順，元護贊同其謀。叔業疾病，元護督率

上下以俟援軍。壽春剋定，元護頗有力焉。

［1］馬頭：郡名。南朝齊時治己吾縣，在今安徽懷遠縣南。

［2］汝陰：郡名。南朝齊時治合肥縣，在今安徽合肥市。

景明初，以元護爲齊州刺史、廣饒縣伯。[1]尋以州人柳世明圖爲不軌，[2]元護誅戮所加，微爲濫酷。州内飢儉，表請振貸，[3]蠲其賦役。但多有部曲，時爲侵擾，城邑苦之，故不得爲良刺史也。三年卒。病前月餘，京師無故傳其凶問，又城外送客亭柱有人書曰“李齊州死”，綱佐餞别者見而拭之，後復如此。元護妾伎十餘，聲色自縱，情慾既甚，支骨稍消，鬚長二尺，一時落盡。贈青州刺史。元護爲齊州，經拜舊墓，巡省故宅，饗賜村老，莫不欣暢。及將亡，謂左右曰：“吾嘗以方伯簿伍至青州，士女屬目。[4]若喪過東陽，不可不好設儀衛，哭泣盡哀，令觀者改容也。”家人遵其誡。

［1］廣饒縣伯：封爵名。廣饒，縣名。治所在今山東廣饒縣東北。

［2］柳世明：底本作“聊世明”，殿本、四庫本、四部備要本、中華本作“柳世明”，源氏校勘記云：“‘聊’《魏書》作‘柳’。”中華本校勘記云：“諸本‘柳’作‘聊’，殿本從《魏書》卷七一《李元護傳》改作‘柳’。按《魏書》卷八《世宗紀》，景明元年九月稱：‘齊州民柳世明聚衆反。’作‘柳’是，今從殿本。”今從改。

［3］振貸：四庫本、局本、四部備要本作“賑貸”。

［4］士女：殿本、四庫本、四部備要本作“仕女”。

子會襲，正始中降爵爲子。[1]會頑騃好酒，[2]其妻南陽太守清河房伯玉女也，[3]甚有姿色，會不答之。房乃通其弟機，因會醉，殺之。子景宣襲。機與房遂如夫婦，積十餘年，房氏色衰，乃更婚娶。

[1]正始：北魏宣武帝的年號（504—508）。

[2]頑騃（ái）：愚鈍呆滯。

[3]房伯玉：人名。清河繹幕（今山東平原縣西北）人。北魏官吏。

元護弟静，性貪忍，兄亡未斂，便剥妓服玩及餘物。歷齊郡内史。[1]

[1]齊郡：北魏時治臨淄縣，在今山東淄博市東北。源氏校勘記云："'郡'《魏書》作'州'。"

席法友，安定人也，祖、父南奔。法友仕齊，以膂力自効，任安豐、新蔡二郡太守、建安戍主。[1]後與裴叔業同謀歸魏，拜豫州刺史、苞信縣伯。[2]叔業卒後，法友與裴植追成業志，[3]淮南剋定，法友有力焉。歷華、并二州刺史。[4]後爲别將出淮南，欲解朐山之圍。[5]法友始渡淮而朐山敗没，遂停十年。恬静自安，不競世利。宣武末，除濟州刺史，[6]廉和著稱。又徙封乘氏。[7]後卒於光禄大夫，贈秦州刺史，謚襄侯。

[1]安豐：郡名。南朝齊時治安豐縣，在今安徽壽縣。　新蔡：

郡名。南朝齊時治新蔡縣，在今河南固始縣東。　建安：城戍名。在今河南固始縣東。　戍主：官名。爲戍的主將，掌守防捍禦之事，除管理軍政外，亦兼理民政、財政。

[2]苞信：縣名。治所在今河南息縣東北。

[3]追戍：殿本、四庫本、四部備要本作“追尋”。

[4]并州：北魏時治晋陽縣，在今山西太原市晋源區古城營村一帶。

[5]朐（qú）山：城戍名。在今江蘇連雲港市西南錦屏山側。

[7]濟州：北魏時治碻磝城，在今山東茌平縣西南。

[8]乘氏：縣名。治所在今山東菏澤市。

子景通襲，善事元叉，兼賂叉父繼。繼爲司空，[1]引景通爲掾。卒，贈衛尉少卿。[2]子鄖襲，[3]走關西。

[1]兼賂叉父繼繼爲司空：底本不重“繼”，源氏校勘記於“繼”下補“繼”字，中華本校勘記云：“諸本不重‘繼’字，《魏書》卷七一、《通志》卷一五〇下《席法友傳》補。”今從改。

[2]衛尉少卿：官名。秦漢皆置丞爲衛尉副貳，北魏始置少卿，位在丞上。四品上。

[3]子鄖襲：源氏校勘記云：“‘鄖’《魏書》作‘鷃’。”

王世弼，京兆霸城人也。[1]姚泓之滅，[2]其祖、父南遷。世弼身長七尺八寸，魁岸有壯氣，善草隸書，好愛墳典。仕齊爲軍主，助戍壽春，遂與裴叔業同謀歸誠。除南徐州刺史，[3]封慎縣伯。[4]後除東秦州刺史，[5]政任於刑，爲人所怨，有受納之響，爲御史中尉李平所彈，[6]會赦免。後爲河北太守，[7]有清稱。再遷中山内

史，[8]加平北將軍。[9]直閤元羅，[10]領軍元叉弟也，曾過中山，謂曰："二州刺史，翻復爲郡，當恨恨耳。"世弼曰："儀同之號，起自鄧騭，[11]平北爲郡，始在下官。"卒，贈豫州刺史，謚曰康。

[1]霸城：縣名。治所在今陝西西安市東北。

[2]姚泓：人名。字元子，南安赤亭（今甘肅隴西縣西）人，羌族。十六國時後秦君主。見《晋書》卷一一九《姚泓載記》。

[3]南徐州：北魏時治宿豫縣，在今江蘇宿遷市東南。

[4]慎縣伯：封爵名。慎，縣名。治所在今安徽肥東縣東北梁園鎮。

[5]東秦州：源氏校勘記云："'秦'《魏書》作'徐'。"《魏書》卷七一《王世弼傳》云："景明初……後以本將軍除東徐州刺史。"而《魏書·州郡志中》東徐州："孝昌元年置，永熙二年州郡陷，武定八年復，治下邳城。"據此知宣武帝時東徐州還未置。今從底本。

[6]御史中尉：官名。北魏時由御史中丞改稱，主御史臺，頗重其選。從三品。　李平：人名。字雲定，頓丘（今河南清豐縣西南）人。北魏官吏。見《北史》卷四三《李崇附李平傳》。

[7]河北：郡名。北魏時治大陽縣，在今山西平陸縣西南。

[8]中山：郡名。北魏時治盧奴縣，在今河北定州市。

[9]平北將軍：官名。四平將軍之一。北魏後期漸成無職掌的散官。孝文帝太和十七年定爲二品上，二十三年定爲三品。

[10]元羅：人名。字仲綱。北魏宗室。見《北史》卷一六《京兆王黎附元羅傳》。

[11]曰：毛本、殿本、四庫本、四部備要本作"白"。按：疑因形近而訛，今從底本。　鄧騭：人名。字昭伯，南陽新野（今河南新野縣）人。東漢大臣。見《後漢書》卷一六《鄧禹附鄧騭

傳》。

長子會，汝陽太守。

次子由，字茂道，好學有文才，尤善草隸書，性方厚，有名士風，又工摹書，爲時人所服。位東萊太守，[1]罷郡寓居潁川。天平初，元洪威構逆，[2]大軍攻討，爲亂兵所害。名流悼惜之。

[1]東萊：郡名。北魏時治掖縣，在今山東萊州市。

[2]元洪威：人名。北魏宗室。見《北史》卷一五《高凉王孤傳》。

江悦之，字彦和，濟陽考城人也。[1]七世祖統，晋散騎常侍，避劉、石之亂，[2]南渡。祖興之，父範之，並爲宋武所誅。

[1]濟陽：郡名。西晋時治濟陽縣，在今河南蘭考縣東北。考城：縣名。治所在今河南民權縣東北。

[2]劉石之亂：指劉淵與石勒在西晋末年起兵反叛事。

悦之少孤，仕宋，歷諸王參軍。好兵書，有將略，善待士，有部曲數百人。仕齊，爲後軍將軍，[1]部曲稱衆，千有餘人。梁初，以討滅劉季連功，[2]進號冠軍將軍。[3]武興氐攻破白馬，[4]進圖南鄭，悦之大破氐衆，還復白馬。梁、秦二州刺史莊丘黑死，[5]夏侯道遷與悦之及龐樹，軍主李忻榮、張元亮、士孫天與等謀以梁州内

附。梁華陽太守尹天寶率衆向州城，[6]遂圍南鄭。悦之晝夜督戰，會武興軍至，天寶敗。道遷克全勳款，悦之實有力焉。[7]與道遷俱至洛陽。尋卒，贈梁州刺史，追封安平縣子，[8]謚曰莊。悦之二子，文遥、文遠。

［1］後軍將軍：官名。南朝齊時掌宮禁宿衛。品秩不詳。

［2］劉季連：人名。字惠續，彭城（今江蘇徐州市）人。南朝齊官吏。梁武帝天監元年（502），據成都反。後爲益州刺史鄧元起討平。見《梁書》卷二〇《劉季連傳》。

［3］冠軍將軍：官名。南朝梁時爲將軍名號。品秩不詳。

［4］武興氐：指所居武興郡的氐族。武興，郡名。北魏時治武興縣，在今陝西略陽縣。　白馬：城戍名。在今陝西勉縣北。

［5］丘：四庫本作"邱"。按：《魏書》卷七一《夏侯道遷傳》、《南齊書》卷八《和帝傳》作"丘"，今從底本。

［6］華陽：郡名。南朝梁僑置，治華陽縣，在今陝西勉縣西。

［7］實：底本作"天寶"，中華本校勘記云："諸本'實'作'天寶'二字，《魏書》卷七一、《通志》卷一五〇下《江悦之傳》作'實'。按尹天寶是攻圍道遷、悦之的梁將，作'天寶'不通，今據改。"今從改。

［8］安平縣子：封爵名。安平，縣名。治所在今河北安平縣。局本作"安平縣伯"。按：《魏書·江悦之傳》作"安平縣子"，今從底本。

文遥少有大度，輕財好士，士多歸之。道遷之圖楊靈珍，文遥奮劍請行，遂手斬靈珍。襲父封，拜咸陽太守。勤於禮接，終日坐聽事，[1]至者見之，假以恩顔，屏人密問，於是人所疾苦，大盗姓名，奸猾吏長，無不

知悉。郡中震肅，奸劫息止，政爲雍州諸郡之最。後爲安州刺史，[2]善於綏納，甚得物情。時杜洛周、葛榮等相繼叛逆，[3]幽、燕已南悉没，[4]唯文遥介在群賊之外，孤城獨守，鳩集荒餘，且耕且戰，百姓皆樂爲用。卒官，長史許思祖等以文遥有遺愛，復推其子果行州事，既攝州事，[5]乃遣使奉表。莊帝嘉之，除果通直散騎侍郎，行安州事。[6]既而賊勢轉盛，救援不接，果乃攜諸弟并率城人東奔高麗。[7]天平中，詔高麗送果等。元象中，[8]乃得還朝。

[1]聽事：中華本作“廳事”。按：“廳事”古作“聽事”，指官署視事問案的廳堂，兩可。

[2]安州：北魏時治方城，在今河北隆化縣隆化鎮。

[3]杜洛周：人名。北魏末六鎮起義軍首領。

[4]幽：州名。北魏時治薊縣，在今北京西南。　燕：州名。北魏時治廣寧縣，在今河北涿鹿縣西。

[5]攝：代理、兼職。長官兼理部屬職責，低級官員代行較高職權，均可稱。

[6]行事：亦稱行某州或某府事、行某戍或某州軍事等。指以他官代行某官職權。多以將軍等武職兼行州郡民事。

[7]高麗：國名。又作“高句麗”。其先出自夫餘，地爲漢之玄菟郡，高句麗爲其三縣之一，因以爲國名。都名丸都，在今吉林集安市，南北朝時遷都於今朝鮮的平壤市。見《北史》卷九四《高麗傳》。

[8]元象：東魏孝静帝的年號（538—539）。

文遠善騎射，勇於攻戰，以軍功位中散大夫、龍驤

將軍。[1]

[1]龍驤將軍：官名。北魏時爲雜號將軍。三品。

淳于誕字靈遠，其先太山博人也，[1]後世居蜀漢，或家安固之桓陵縣。[2]父興宗，齊南安太守。[3]

[1]太山：郡名。即泰山郡。漢初改博陽郡置，治博縣，在今山東泰安市東南。　博：縣名。治所在今山東泰安市東南。

[2]安固：郡名。南朝時治所在今四川營山縣東北。底本作"安國"，中華本校勘記云："諸本及《魏書》卷七一《淳于誕傳》'固'作'國'。按《魏書·地形志》無'安國郡'。《宋書》卷三八《州郡志四》益州有安固郡桓陵縣。注云：'張氏於涼州立。晋哀帝時，民流入蜀，僑立此郡。本屬南秦，文帝元嘉十六年度益州。'《南齊書》卷十五《州郡志下》，益州亦有安固郡桓陵縣。淳于誕世居蜀漢，其爲益州之安固桓陵人無疑。'國'乃形似致訛，今據改。"今從改。　桓陵：縣名。治所在今四川成都市附近。

[3]南安：郡名。南朝齊時治所不詳。

誕年十二，隨父向楊州。父於路爲群盜所害，誕雖幼而哀感奮發，傾資結客，旬朔之内，遂得復讎。州里之間，無不稱嘆。

景明中，自漢中歸魏。[1]陳伐蜀計，宣武嘉納之。延昌末，[2]王旅大舉，除驃騎將軍、都督、别部司馬，領鄉導統軍。[3]誕不願先受榮爵，乃固讓實官，止參戎號。及奉辭之日，詔若剋成都，[4]即以益州許之。[5]師次晋壽，[6]蜀人大震。屬宣武晏駕，不果而還。後以客例，

起家羽林監。

[1]漢中：底本作“漢”，中華本校勘記云：“諸本‘漢’下脱‘中’字，據《魏書》卷七一、《通志》卷一五〇下《淳于誕傳》補。”今從改。

[2]延昌：北魏宣武帝的年號（512—515）。

[3]統軍：官名。北魏時爲統兵武官，在都將、别將之下，軍主之上。

[4]成都：縣名。治所在今四川成都市。

[5]益州：北魏時治晋壽縣，在今四川廣元市。

[6]晋壽：縣名。治所在今四川廣元市利州區。

正光中，[1]秦隴反叛，[2]詔誕爲西南道軍司馬，[3]與行臺魏子建共參經略。[4]時梁益州刺史蕭深猷遣將樊文熾、蕭世澄等率衆數萬圍小劍戍。[5]子建遣誕勒兵馳赴，大敗之，禽世澄等十一人，文熾先走獲免。孝昌初，子建以誕行華陽郡，[6]帶白馬戍。[7]後卒於東梁州刺史，[8]贈益州刺史，謚曰莊。

[1]正光：北魏孝明帝的年號（520—525）。

[2]秦隴：指今陜甘北部一帶。

[3]軍司馬：中華本校勘記云：“《魏書》無‘馬’字。‘馬’字疑衍。”可從。

[4]行臺：官名。即行臺尚書令。爲行臺長官。北魏孝明帝正光末，在各地設行臺主管當地軍務，遂成爲常設的地方行政機構，北魏末期兼理民事，以行臺尚書令爲長官，也有以尚書僕射或左、右僕射及尚書主管行臺事務者。　魏子建：人名。字敬忠，鉅鹿下

曲陽（今河北晉州市）人。北魏官吏。見《北史》卷五六《魏收附魏子建傳》。

[5]蕭深猷：源氏校勘記於“深”旁紅筆小字夾批“淵”字。中華本校勘記云：“《魏書》‘深’作‘淵’，《北史》避唐諱改。”可從。　小劍戍：戍名。在今四川劍閣縣劍門關鎮之北。

[6]子建：底本作“于運”，殿本、四庫本、四部備要本、中華本作“子建”。源氏校勘記改“于運”作“子建”。按：據文意應作“子建”，底本誤，今從中華本改。

[7]白馬戍：戍名。亦稱白馬城。在今陝西勉縣西北。

[8]東梁州：北魏時治安康縣，在今陝西石泉縣東南。

沈文秀字仲遠，吴興武康人也。[1]伯父慶之，[2]《南史》有傳。

[1]吴興：郡名。南朝宋時治烏程縣，在今浙江湖州市吴興區南下菰城。　武康：縣名。治所在今浙江德清縣武康鎮。

[2]伯父：底本無“伯”字，源氏校勘記於“父”上補“伯”字，並云：“‘父慶之’，慶之《南史》本傳曰‘文秀，慶之弟子也，父邵之’云云。今從《魏書》補‘伯’字。”中華本校勘記云：“諸本無‘伯’字，《魏書》卷六一《沈文秀傳》有。張森楷云：‘據《宋書》（卷八八），文秀是慶之弟劭之子。’按張説是，今據補。”今從補。

文秀仕宋，位青州刺史。和平六年，[1]宋明帝殺其主子業，[2]文秀與諸州推立子業弟子勛。子勛敗，皇興初，[3]文秀與崔道固俱以州降魏。[4]宋遣其弟文景來諭之，[5]文秀復歸宋，爲刺史如故。後慕容白曜長驅至東

陽，[6]文秀始欲降，以軍人虜掠，[7]遂有悔心，乃嬰城固守。[8]白曜既下歷城，乃并力攻討，自夏至春始剋。文秀取所持節，衣冠儼然，坐於齋内。亂兵入曰："文秀何在！"文秀厲聲曰："身是！"執而裸送於白曜。左右令拜，文秀曰："各二國大臣，無相拜禮。"白曜忿之，因至撾撻。[9]後還其衣，爲之設饌，與長史房天樂、司馬沈嵩等鎖送京師，[10]面縛數罪，宥死，待爲下客，給以粗衣蔬食。

[1]和平：北魏文成帝的年號（460—465）。

[2]宋明帝：即南朝宋皇帝劉彧。明爲其謚號。　子業：即前廢帝劉子業。

[3]皇興：北魏獻文帝的年號（467—471）。

[4]崔道固：人名。字季堅，清河東武城（今山東武城縣西北）人。北魏將領。見《北史》卷四四《崔亮附崔道固傳》。

[5]文景：源氏校勘記云："《宋書》作'文炳'。今辟唐諱。"中華本校勘記云："《魏書》《宋書》'景'並作'炳'，《北史》避唐諱改。"可從。

[6]慕容白曜：人名。昌黎棘城（今遼寧北票市章吉營子鄉三官營子村）人，鮮卑族。北魏官吏。見《北史》卷二五《慕容白曜傳》。　東陽：縣名。治所在今浙江金華市。

[7]虜掠：毛本、殿本、四庫本、局本、四部備要本作"擄掠"。按：都作"搶劫、劫奪"解，均可。

[8]嬰：環繞。

[9]撾（zhuā）撻：鞭打。

[10]沈嵩：人名。吴興武康（今浙江德清縣武康鎮）人。北魏官吏。沈文秀族子，爲文秀器重，任爲司馬。

獻文重其節義，稍亦嘉禮之，拜外都下大夫。[1]太和三年，[2]遷外都大官。[3]孝文嘉其忠於其國，賜絹綵二百匹。後爲南征都將，[4]臨發，賜以戎服。除懷州刺史，[5]假吴郡公。[6]守清貧而政寬，不能禁止盜賊。大興水田，於公私頗有利益。卒官。

[1]外都下大夫：官名。北魏前期設。爲外都坐大官的屬官，佐其審理案件。孝文帝改制罷。

[2]太和：北魏孝文帝的年號（477—499）。

[3]外都大官：官名。即外都坐大官，簡稱外都。北魏前期設，掌析畿外刑獄及監評官吏。與中都大官、内都大官爲當時最高法官。員二人，多以親貴任之。

[4]都將：官名。北魏時所置武職的一種。統禁軍侍衛皇帝左右或出征、鎮守在外。出外時多爲一路主將。

[5]懷州：北魏時治野王縣，在今河南沁陽市。

[6]吴郡公：封爵名。遥封。吴郡，南朝宋時治吴縣，在今江蘇蘇州市。

子保沖，後爲徐州冠軍長史，[1]坐據連口退敗，[2]有司處之死刑。孝文詔："保沖，文秀之子，可特原命，配洛陽作部終身。"[3]宣武時，卒於下邳太守。[4]

[1]徐州冠軍長史：《魏書》卷六一作"南徐州冠軍長史"。未詳孰是。徐州，北魏時治彭城縣，在今江蘇徐州市。冠軍長史，官名。冠軍將軍府屬吏之長，總署府事。冠軍將軍，南北朝時爲將軍名號。北魏孝文帝太和二十三年定爲從三品。

[2]據：中華本校勘記云："《魏書》'據'作'援'，'連'作

'漣'。按'據'當是'援'之訛。"可從。

[3]作部：官署名。北魏置。掌營作。

[4]下邳：郡名。北魏時治下邳城，在今江蘇睢寧縣西北。

房天樂者，清河人，滑稽多智。文秀板爲長史，[1]督齊郡，州府事一以委之。卒於京師。弟子嘉慶，漁陽太守。[2]

[1]板：諸王府、公府、軍府等府主有自行委任長史的權利，因授官之詞書於板上而得名。

[2]漁陽：郡名。北魏時治潞縣，在今北京通州區東。

張讜，字處言，清河東武城人也。[1]六世祖弘，晋長秋卿。[2]父華，慕容超左僕射。[3]

[1]東武城：縣名。治所在今山東武城縣西北。

[2]長秋卿：官名。亦稱大長秋。爲管理皇后宫闈的最高官員，其職尊顯，多由高級宦官遷任。

[3]慕容超：人名。字祖明，昌黎棘城（今遼寧北票市章吉營子鄉三官營子村）人。十六國時南燕君主。見《北史》卷九三《慕容德附慕容超傳》。

讜仕宋，位東徐州刺史。[1]及平徐、兖，讜乃歸順於尉元，[2]亦表授東徐州刺史。遣中書侍郎高閭與讜對爲刺史。[3]後至京師，禮遇亞於薛、畢，賜爵平陸侯。[4]讜性開通，[5]篤於接恤，青、齊之士，雖疏族末姻，咸相敬視。李敷、李訢等寵要勢家，[6]亦推懷陳款，無所

顧避。畢衆敬等皆敬重之，[7]高允之徒亦相器待。[8]卒，贈青州刺史，謚康侯。

[1]東徐州：南朝宋時治東莞縣，在今山東沂水縣。

[2]尉元：人名。字苟仁，代（今山西大同市東北）人，鮮卑族。北魏大臣。見《北史》卷二五《尉元傳》。

[3]高閭：人名。字閻士，漁陽雍奴（今天津武清區西北）人。北魏大臣。見《北史》卷三四《高閭傳》。　中書侍郎：官名。北魏時多選用文學之士，掌草擬詔令。權任頗重，掌管機密。孝文帝太和十七年定爲四品上，二十三年改爲從四品上。

[4]平陸侯：封爵名。平陸，縣名。治所在今山東汶上縣西北。

[5]開通：殿本、四部備要本作“稍開通”。

[6]李敷：人名。字景文，趙郡平棘（今河北趙縣）人。北魏官吏。見《北史》卷三三《李順附李敷傳》。　李訢：人名。字元盛，小名真奴，范陽涿（今河北涿州市）人。北魏官吏。見《北史》卷二七《李訢傳》。

[7]畢衆敬：人名。小名奈，東平須昌（今山東東平縣西北）人。北魏將領。見《北史》卷三九《畢衆敬傳》。

[8]高允：人名。字伯恭，勃海蓨（今河北景縣）人。北魏官吏。見《北史》卷三一《高允傳》。

子敬伯，求致父喪出葬冀州清河舊墓，久不被許，停柩在家積五六年。第四子敬叔，先在徐州，初聞父喪，不欲奔赴，而規南叛，爲徐州所勒送。至乃自理，後得襲父爵。敬伯自以隨父歸國功，賜爵昌安侯，[1]出爲樂陵太守。[2]敬叔，武邑太守。[3]父喪得葬舊墓，還屬清河。

[1]昌安侯：封爵名。昌安，縣名。治所在今山東安丘市東南。
[2]樂陵：郡名。北魏時治樂陵縣，在今山東樂陵市。
[3]武邑：郡名。北魏時治武强縣，在今河北武强縣西南。

初，讜兄弟十人，兄忠，字處順，在南爲合鄉令。[1]歸降，賜爵新昌侯。[2]卒於新興太守，[3]贈冀州刺史。

[1]合鄉：縣名。治所在今山東滕州市東北。
[2]新昌侯：封爵名。新昌，縣名。治所在今遼寧海城市東北。源氏校勘記云："'侯'《魏書》作'男'。"《魏書》卷六一作"新昌男"。未詳孰是。
[3]新興：郡名。北魏時治定襄縣，在今山西定襄縣。

讜妻皇甫氏被掠，賜中官爲婢，[1]皇甫遂詐癡，不能梳沐。後讜爲宋冀州長史，因貨千餘匹，購求皇甫。文成怪其納財之多，引見之，時皇甫年垂六十矣。文成曰："南人奇好，能重室家之義。此老母復何所任，乃能如此致費也。"皇甫氏歸，讜令諸妾境上奉迎。數年卒。後十年而讜入魏。

[1]中官：即宦官。

讜兄子安世，[1]正始中，自梁漢同夏侯道遷歸款，[2]爲客積年，出爲東河間太守。[3]卒。

［1］讜兄子：毛本無“讜”字。按：據文意應有“讜”字，今從底本。

［2］梁漢：疑指南朝梁漢中。

［3］東河間：郡名。北魏時治樂城縣，在今河北獻縣東南。

李苗，字子宣，梓潼涪人也。[1]父膺，梁太僕卿。[2]苗出後叔父畎。畎爲梁州刺史，[3]大著威名。王足之伐蜀，[4]梁武命畎拒足於涪，[5]許其益州。及足退，梁武遂改授。[6]畎怒，將有異圖，事發被害。

［1］梓潼：郡名。南朝梁時治相如縣，在今四川蓬安縣。　涪：縣名。治所在今四川三台縣西北。

［2］太僕卿：官名。管理畜牧事務。

［3］苗出後叔父畎畎爲梁州刺史：中華本校勘記云：“《魏書》卷七一《李苗傳》‘畎’作‘略’。按《魏書》卷八《世宗紀》正始二年五月作‘畋’，卷六五《邢巒傳》作‘畎’，未知孰是。又《魏書·李苗傳》作‘略爲蕭衍寧州刺史’。張森楷云：‘《北史》例改“蕭衍”爲“梁”，此“梁”下當有“寧”字。’”可從。

［4］王足：人名。北魏將領。驍勇有謀。宣武帝時，從邢巒攻蜀，以功行益州刺史。宣武帝正始元年攻涪城（今四川三台縣西北），因不滿朝廷新命羊祉爲益州刺史代己，故撤軍投梁。　蜀：郡名。南朝梁時治成都縣，在今四川成都市。

［5］梁武：即南朝梁武帝蕭衍。武爲其謚號。

［6］梁武遂改授：底本作“梁武遂改授畎”，中華本校勘記云：“諸本誤叠‘畎’字，據《魏書·李苗傳》删。”今從改。

苗年十五，有報雪志。延昌中歸魏，仍陳圖蜀計。

大將軍高肇西伐，[1]詔假苗龍驤將軍、鄉導統軍。[2]次晉壽，宣武晏駕，班師。後以客例，除員外散騎侍郎。苗有文武才幹，[3]以大功不就，家恥未雪，常懷慷慨，乃上書陳平定江南之計，其文理甚切於時。明帝幼沖，無遠略之意，竟不能納。

[1]大將軍：官名。北魏時與大司馬並稱"二大"，共典軍政，常由權臣兼任。一品。底本作"將軍"，中華本校勘記云："諸本脱'大'字，據《魏書》補。肇爲大將軍征蜀，見本書卷八〇本傳。"今從改。

[2]龍驤將軍鄉導統軍：底本、中華本作"龍驤將軍鄉導"，《魏書》卷七一、《資治通鑑》卷一四七作"龍驤將軍、鄉導統軍"，今從《魏書》改。

[3]才幹：毛本、四庫本、局本、四部備要本作"材幹"。按："才幹""材幹"均指才能，意思兩可。

正光末，三秦反叛，[1]侵及三輔。[2]時承平既久，人不習戰。苗以隴兵强悍，且群聚無資，乃上書以爲："食少兵精，利於速戰；糧多卒衆，事宜持久。今隴賊猖狂，非有素蓄，雖據兩城，本無德義，其勢在於疾攻，日有降納，遲則人情離阻，坐受崩潰。夫飆至風起，逆者求萬一之功；高壁深壘，王師有全制之策。今且宜勒大將，深溝高壘，堅守勿戰。别命偏師，精卒數千出麥積崖以襲其後，[3]則汧、岐之下，[4]群妖自散。"於是詔苗爲統軍，與别將淳于誕出梁、益，隸行臺魏子建。子建以苗爲郎中，仍領統軍，深見知待。

[1]三秦：中華本校勘記云："《魏書》'三'作'二'。按'二秦'指秦州及南秦州，'三'字疑誤。"可從。

[2]三輔：地區名。即西漢時於京畿之地所設京兆尹、左馮翊、右扶風的合稱，相當於今陝西關中地區。

[3]麥積崖：今甘肅天水市東南麥積山。

[4]汧（qiān）：軍鎮名。在今甘肅華亭縣東南。　岐：軍鎮名。在今陝西岐山縣東北。

孝昌中，兼尚書左丞，[1]爲西北道行臺，與大都督宗正珍孫討汾、絳蜀賊平之。[2]及殺尒朱榮，榮從弟世隆擁部曲還逼都邑。[3]孝莊幸大夏門，[4]集群臣博議，百僚計無所出。苗獨奮衣起曰："今朝廷有不測之危，正是忠臣烈士効節之時，請以一旅之衆，爲陛下徑斷河梁。"[5]莊帝壯而許焉。苗乃募人於馬渚上流，[6]以舟師夜下，[7]去橋數里，放火燒舡，俄然橋絶，賊没水死者甚衆。官軍不至，賊乃涉水與苗死鬥，衆寡不敵，苗浮河而没。帝聞，哀傷久之。贈都督、梁州刺史、車騎大將軍、儀同三司、河陽縣侯，[8]謚忠烈。

[1]尚書左丞：官名。北魏時爲尚書省佐官，掌尚書省庶務，監督諸尚書曹政務文書，監察糾彈百官，號稱監司。從四品上。源氏校勘記云："《魏書》（'左丞'）作'右丞'。"

[2]宗正珍孫：人名。北魏官吏。　汾蜀：部族名。指生活在今山西汾水一帶的蜀人。　絳蜀：部族名。指生活在山西侯馬、翼城一帶的蜀人。

[3]及殺尒朱榮榮從弟：底本作"及殺尒朱榮從弟"，中華本校勘記云："諸本不叠'榮'字，據《魏書》卷七一、《通志》卷

一五〇下《李苗傳》補。”今從改。　世隆：即尒朱世隆，人名。字榮宗，北秀容（今山西朔州市）人，契胡族。見《北史》卷四八《尒朱榮附尒朱世隆傳》。

[4]孝莊：即北魏皇帝元子攸。孝莊爲其謚號。　大夏門：北魏京都洛陽城北門。

[5]河梁：亦名河橋。在今河南孟州市西南、孟津縣東北黄河上。

[6]馬渚：渡口。約在今山西芮城縣西南黄河風陵渡附近。

[7]以舟師夜下：底本無“舟”字，源氏校勘記云：“‘師’上，《魏書》有‘舟’字。”中華本校勘記云：“《魏書》‘師’上有‘舟’字，不當省。”今從改。

[8]河陽縣侯：封爵名。河陽，縣名。治所在今河南孟州市西南。

苗少有節操，志尚功名，每讀《蜀書》，見魏延請出長安，[1]諸葛不許，歎息謂亮無奇計。及覽《周瑜傳》，未曾不嗟咨絶倒。太保城陽王徽、司徒臨淮王彧並重之。[2]二王頗或不穆，苗每諫責。徽寵勢隆極，猜忌彌甚，苗謂人曰：“城陽蜂目，豺聲今轉彰矣。”解鼓琴，善屬文詠，工尺牘之敏，當世罕及。[3]死之日，朝野悲壯之。及帝幽崩，世隆入洛，主者追苗贈封，以白世隆。世隆曰：“吾爾時群議，更一二日便欲大縱兵士，[4]燒燔都邑，任其採掠。賴苗，京師獲全。天下之善一也，不宜追之。”子曇襲爵。

[1]魏延：人名。字文長，義陽（今河南桐柏縣東）人。三國蜀將領。見《三國志》卷四〇《蜀書·魏延傳》。

[2]太保：官名。北魏時爲三師之一，爲輔佐君王的重要大臣，位在太傅、太師下。一品。　城陽王：封爵名。城陽，郡名。北魏時治所不詳，當在今河南境内。　徽：即元徽，人名。字顯順。北魏宗室、大臣。見《北史》卷一八《城陽王長壽附元徽傳》。　臨淮王：封爵名。臨淮，郡名。北魏時治赤坎城，在今安徽懷遠縣西北。　彧：即元彧，人名。字文若，本名亮，字仕明。北魏宗室。見《北史》卷一六《臨淮王譚附元彧傳》。

[3]善屬文詠工尺牘之敏當世罕及：中華本校勘記云："張森楷云：'《魏書》作"好文詠，尺牘之敏，當世罕及"。此改作"善屬文"，亦通。但"詠工"二字無所施，疑誤衍文。'按'工'字衍，'詠'從上讀。"可從。

[4]一二日：殿本、四庫本、局本、四部備要本作"三日"。按：《魏書》卷七一同底本，疑形近而訛，今從底本。

劉藻，字彦先，廣平易陽人也。[1]六世祖遐，從晋元帝南渡。父宗之，宋廬江太守。[2]

[1]廣平：郡名。晋時治廣平縣，在今河北雞澤縣東南。　易陽：縣名。治所在今河北永年縣東南。

[2]廬江：郡名。南朝宋時治合肥縣，在今安徽合肥市。

藻涉獵群籍，美談笑，善與人交，飲酒至一石不亂。太安中，[1]與姊夫李嶷俱來歸魏，[2]賜爵易陽子。擢拜南部主書，[3]號爲稱職。

[1]太安：北魏文成帝的年號（455—459）。毛本、局本"太"作"大"。按：古"大""太"可通。

[2]李嶷：人名。初仕南朝宋，歸魏後封繁陽侯、丹陽王。

[3]南部主書：官名。北魏置。南部尚書主官，主管部内文書往來，用文學之士。孝文帝改制時廢。

時北地諸羌，[1]恃險作亂，前後宰守不能制。[2]朝廷患之，以藻爲北地太守。藻推誠布信，諸羌咸來歸款，朝廷嘉之。雍州人王叔保等三百人表乞藻爲駮奴戍主，[3]詔曰："選曹已用人，[4]藻有惠政，自宜他叙。"在任八年，遷雍城鎮將。[5]太和中改鎮爲岐州，以藻爲岐州刺史。轉秦州刺史。秦人恃險，率多粗暴，或拒課輸，或害吏長，自前守宰，皆遥領，不入郡縣。藻開示恩信，誅戮豪横，羌、氐憚之，守宰於是始得居其舊所。遇車駕南伐，以藻爲東道都督。秦人紛擾，詔藻還州，人情乃定。仍與安南元英征漢中，[6]破賊軍，長驅至南鄭，垂平梁州，奉詔還軍，乃不克果。[7]

[1]北地：郡名。北魏時治泥陽縣，在今陝西富平縣北。

[2]宰守：指地方行政長官。

[3]駮奴：戍名。具體位置不詳。約在今陝西境。

[4]選曹：官署名。掌選拔任命官吏，其長官爲尚書。

[5]雍城：在今河南温縣東北。底本作"雍"作"離"，中華本校勘記云："諸本及《魏書》卷七〇《劉藻傳》'雍'作'離'。錢氏《考異》卷三九云：'"離"當作"雍"，字相涉而訛。'按《魏書·地形志下》岐州注云：'太和十一年置，治雍城鎮。'錢説是，今據改。"今從改。

[6]安南：官名。即安南大將軍。爲北魏孝文帝時所授。安南將軍資深者得爲此職。孝文帝太和十七年定爲二品上。　元英：人

名。字虎兒。北魏宗室、將領。見《北史》卷一八《南安王楨附中山王英傳》。

[7]克果：四庫本、四部備要本、中華本作“果克”。按：中華本誤，今從底本。

後車駕南伐，以藻爲征虜將軍，督統軍高聰等四軍爲東道别將。[1]辭於洛水之南，[2]孝文曰：“與卿石頭相見。”[3]藻對曰：“臣雖才非古人，[4]庶亦不留賊虜而遺陛下。[5]輒當釃曲阿之酒以待百官。”[6]帝大笑曰：“今未至曲阿，且以河東數石賜卿。”後與高聰等戰敗，俱徙平州。[7]景明初，宣武追録舊功，拜藻爲太尉司馬。[8]卒。

[1]高聰：人名。字僧智，勃海蓨（今河北景縣）人。北魏官吏。見《北史》卷四〇《高聰傳》。

[2]洛水：一作“雒水”，今河南洛河。

[3]石頭：城名。在今江蘇南京市清涼山。

[4]才非古人：殿本、四庫本、四部備要本作“闕才非古人”。按：疑“闕”字衍，今從底本。

[5]而遺陛下：底本作“而陛下”，中華本校勘記云：“諸本脱‘遺’字，據《魏書》卷七〇、《通志》卷一五〇下《劉藻傳》補。”今從改。

[6]釃（shī）：斟酒。　曲阿：縣名。治所在今江蘇丹陽市。

[7]平州：北魏時治肥如縣，在今河北盧龍縣北。

[8]太尉司馬：官名。太尉府司馬。司馬，兩晋南北朝諸公府多置，管理府内武職，與長史共參府務。

子紹珍，無他才用，善附會，好飲酒。結託劉

騰，[1]啓爲其國郎中令，[2]襲子爵。永安中，[3]歷河北、黎陽二郡太守，[4]所在無政績。天平中，坐子洪業入於關中，率衆侵擾，伏法。

[1]劉騰：人名。字青龍，平原城（今山東平原縣）人。北魏官吏。見《北史》卷九二《劉騰傳》。

[2]郎中令：官名。北魏時諸王、公、侯、伯、子、男國皆置，品秩頗低。

[3]永安：北魏孝莊帝的年號（528—530）。

[4]黎陽：郡名。北魏時治黎陽縣，在今河南浚縣東北。

傅永，字脩期，清河人也。幼隨叔父洪仲與張幸自青州入魏，[1]尋復南奔。有氣幹，拳勇過人，能手執鞍橋，到立馳騁。[2]年二十餘，有友人與之書而不能答，請洪仲，洪仲深讓之而不爲報。永乃發憤讀書，涉獵經史，兼有才幹。爲崔道固城局參軍，[3]與道固俱降，入爲平齊百姓。父母並老，飢寒十數年，賴其强於人事，戮力傭丐，得以存立。晚爲奉禮郎，[4]詣長安拜文明太后父燕宣王廟，[5]賜爵貝丘男，[6]除中書博士。[7]

[1]張幸：人名。清河東武城（今山東武城縣西北）人。曾先後仕南燕慕容超及南朝宋，爲東牟太守。後歸魏，太武帝嘉之，賜爵平陸侯，拜平遠將軍、青州刺史。

[2]到立：毛本、局本亦作“到立”。按：“到”通“倒”。

[3]城局參軍：官名。城局（賊曹）長官，東晉末始置。南朝沿置。南朝宋七品。

[4]奉禮郎：官名。掌設君臣版位並贊導跪拜之儀，以奉朝會

祭祀之禮。

［5］文明太后：即北魏文成帝皇后馮氏。文明爲其謚號。　燕宣王：即馮朗。長樂信都（今河北冀州市）人。十六國時北燕宗室。北燕主馮文通子。見《北史》卷八〇《馮熙傳》。

［6］貝丘男：封爵名。貝丘，縣名。治所在今山東臨清市東南。

［7］中書博士：官名。北魏明元帝時將國子學改稱中書學，國子博士改爲此稱，轉隸於中書省。平時掌教中書學生，還負責處理中書機要文件，議政議禮，出使敵國等。

王肅之爲豫州，又以永爲王肅平南長史。[1]咸陽王禧慮肅難信，[2]言於孝文。孝文曰：[3]“已選傅脩期爲其長史，雖威儀不足，而文武有餘矣。”肅以永宿士，禮之甚厚；永亦以肅爲帝眷遇，盡心事之。情義至穆。

［1］平南長史：官名。平南將軍府長史，總署府事。

［2］咸陽王：封爵名。咸陽，郡名。北魏時治池陽縣，在今陝西涇陽縣北。　禧：即元禧，人名。字思永。北魏宗室。見《北史》卷一九《咸陽王禧傳》。

［3］言於孝文孝文曰：底本不重“孝文”二字，源氏校勘記於“孝文”下補“孝文”二字，中華本校勘記云：“《魏書》卷七〇《傅永傳》‘孝文’作‘高祖’，並重文。按此亦當重‘孝文’二字，否則易致誤會。”今從改。

齊將魯康祖、趙公政侵豫州之太倉口，[1]肅令永擊之。永量吴、楚兵好以斫營爲事，[2]又賊若夜來，必於渡淮之所以火記其淺處。永既設伏，仍密令人以瓠盛火，渡南岸，當深處置之，教云：“若有火起，即亦然

之。”[3]其夜，康祖、公政等果親率領來斫營。東西二伏夾擊之，[4]康祖等奔趣淮水。火既競起，不能記其本濟，遂望永所置火争渡。水深溺死，斬首者數千級，生禽公政。康祖人馬墜淮，曉而獲其尸，斬首并公政送京師。

[1]魯康祖：源氏校勘記云："'祖'《魏書》作'祚'。" 太倉口：地名。確址不詳。

[2]斫營：偷襲兵營。

[3]然：中華本作"燃"。按："然"同"燃"。

[4]夾：底毛本、四庫本、四部備要本作"俠"。按：疑字形相近而訛，今從中華本改。

時裴叔業率王茂先、李定等東侵楚王戍，[1]肅復令永將伏兵擊其後軍破之，獲叔業傘扇鼓幕甲仗萬餘。兩月之中，遂獻再捷。帝嘉之，遣謁者就豫州策拜永安遠將軍、鎮南府長史、汝南太守、貝丘縣男。[2]帝每歎曰："上馬能擊賊，下馬作露布，[3]唯傅脩期耳。"

[1]王茂先：人名。即王茂。字休連，一字茂先，太原祁（今山西祁縣東南）人。南朝梁官吏。見《南史》卷五五《王茂傳》。 楚王戍：戍名。在今安徽臨泉縣西南。

[2]安遠將軍：官名。東漢末始置，多用以封降將或邊遠地區地方長官。北魏亦置，孝文帝太和十七年定爲從三品下，二十三年改爲四品。 汝南：郡名。北魏時治上蔡縣，在今河南汝南縣。

[3]露布：一種寫有文字、並用以通報四方的帛製旗子，多用來傳遞軍事捷報。露，不加檢封，公開宣布之意。

裴叔業又圍渦陽，[1]時帝在豫州，遣永爲統軍，與高聰、劉藻、成道益、任莫問等救之。永曰：“深溝固壘，然後圖之。”聰等不從，一戰而敗。聰等棄甲奔懸瓠，永獨收散卒徐還，賊追至，又設伏擊之，挫其鋭。藻徙邊，永免官爵而已。不經旬，詔永爲汝陰鎮將，帶汝陰太守。

[1]渦陽：縣名。治所在今安徽蒙城縣。

景明初，裴叔業將以壽春歸魏，密通於永。及將迎納，詔永爲統軍，與楊大眼、奚康生等諸軍俱入壽春。[1]同日而永在後，故康生、大眼二人並賞列土，永唯清河男。

[1]楊大眼：人名。仇池（今甘肅西和縣）人。北魏將領。見《北史》卷三七《楊大眼傳》。　奚康生：人名。河南陽翟（今河南禹州市）人。北魏將領。見《北史》卷三七《奚康生傳》。

齊將陳伯之逼壽春，[1]沿淮爲寇。時司徒彭城王勰、廣陵侯元衍同鎮壽春，[2]以九江初附，[3]人情未洽，兼臺援不至，深以爲憂。詔遣永爲統軍，領汝陰三千人先援之。永至，勰令永引軍入城。永曰：“若如教旨，便共殿下同被圍守，豈是救援之意？”遂孤軍城外，與勰并勢以擊伯之，頻有剋捷。

[1]陳伯之：人名。濟陰睢陵（今江蘇睢寧縣）人。南朝齊、

梁將領。見《梁書》卷二〇《陳伯之傳》。

[2]廣陵侯：封爵名。廣陵，縣名。治所在今江蘇揚州市東北。元衎：人名。字安樂。北魏宗室、官吏。見《北史》卷一七《陽平王新成附元衎傳》。

[3]九江：郡名。北魏時治壽春縣，在今安徽壽縣。

中山王英之征義陽，永爲寧朔將軍、統軍，[1]當長圍遏其南門。齊將馬仙琕連營稍進，[2]規解城圍。永乃分兵付長史賈思祖，令守營壘，自將馬步千人，南逆仙琕。賊俯射永，洞其左股，永出箭復入，遂大破之，仙琕燒營卷甲而遁。英曰："公傷矣！且還營。"永曰："昔漢祖捫足，不欲人知。下官雖微，[3]國家一帥，奈何使虜有傷將之名！"遂與諸軍追之，極夜而返。時年七十餘矣，三軍莫不壯之。

[1]寧朔將軍：官名。三國魏置。西晋時此職多駐幽州，爲幽州地區軍政長官，兼管烏丸事務。三國魏、晋、南朝宋時皆爲四品。北魏孝文帝太和十七年定爲四品上，二十三年定爲從四品。

[2]馬仙琕：人名。本名仙婢，字靈馥，扶風郿（今陝西眉縣東）人。南朝齊將領。見《南史》卷二六《袁湛附馬仙琕傳》。

[3]下官雖微：底本無"微"字，源氏校勘記於"雖"下補"微"字，中華本校勘記云："諸本脱'微'字，據《魏書》卷七〇、《通志》卷一五〇下《傅永傳》補。"

義陽既平，英使司馬陸希道爲露布，[1]意謂不可，令永改之。永亦不增文采，直與之改，陳列軍儀，處置形要，而英深賞之。還京，除太中大夫。

[1]陸希道：人名。字洪度，代（今山西大同市東北）人，鮮卑族。北魏將領。見《北史》卷二八《陸俟附陸希道傳》。

後除恒農太守，非心所樂。時英東征鐘離，表請永，求以爲將，朝廷不聽。永每言曰："馬援、充國，[1]竟何人哉？吾獨白首見拘此郡！"然於御人非其所長，故在任無多聲稱。後爲南兖州刺史。年踰八十，猶能馳射，盤馬奮矟，常諱言老，每自稱六十九。還京，拜光禄大夫。卒，贈齊州刺史。

[1]馬援：人名。字文淵，扶風茂陵（今陝西興平市東北）人。東漢軍事家、政治家。馬援雖年邁，仍請纓東征西討，其老當益壯的氣概爲後世所尊。見《後漢書》卷二四《馬援傳》。　充國：即趙充國，人名。字翁孫，隴西上邽（今甘肅天水市）人。西漢將領。精騎射，有謀略。見《漢書》卷六九《趙充國傳》。

永嘗登北芒，[1]於平坦處奮矛躍馬，盤旋瞻望，有終焉之志。遠慕杜預，[2]近好李沖、王肅，[3]欲葬附墓，遂買左右地數頃，遺敕子叔偉："此吾之永宅也。"永妻賈氏留本鄉，永至代都，[4]娶妾馮氏，生叔偉及數女。賈後歸平城，無男，唯一女。馮恃子，事賈無禮，叔偉亦奉賈不順，賈常忿之。[5]馮先永卒，叔偉稱父命欲葬北芒，賈疑叔偉將以馮合葬，遂求歸葬永於所封貝丘縣。事經司徒，司徒胡國珍感其所慕，[6]許叔偉葬焉。賈乃邀訴靈太后，[7]太后從賈意，乃葬於東清河。[8]又永

昔營宅兆，葬父母於舊鄉，賈於此强徙之，與永同處，[9]永宗親不能抑。葬已數十年矣，棺爲桑棗根所遶束，去地尺餘，甚爲周固，以斧斫，出之於坎，時人咸怪。

[1]北芒：地名。在今河南洛陽市北。

[2]杜預：人名。字元凱，京兆杜陵（今陝西西安市長安區東）人。西晋名將、經學家。見《晋書》卷三四《杜預傳》。

[3]李沖：人名。一名思沖，字思順，隴西狄道（今甘肅臨洮縣）人。北魏大臣。見《北史》卷一〇〇《凉武昭王李暠附李沖傳》。

[4]代都：即平城，在今山西大同市。

[5]常：底本作“不”，殿本、四庫本、四部備要本、中華本作“常”，源氏校勘記云：“‘不’《魏書》作‘常’。”據下文意當作“常”。今從諸本改。

[6]胡國珍：人名。字世玉，安定臨涇（今甘肅鎮原縣）人。北魏官吏、外戚。見《北史》卷八〇《胡國珍傳》。

[7]邀：迎候。

[8]東清河：郡名。北魏時治盤陽城，在今山東淄博市淄川區。

[9]與：毛本、局本作“於”。按：據文意應“與”，今從底本。

叔偉膂力過人，彎弓三百斤，左右馳射，能立馬上與人角騁，見者以爲得永武而不得永文。

傅豎眼，本清河人也。七世祖伷。伷子遘，石季龍太常。[1]

[1]石季龍：人名。即石虎。字季龍，上黨武鄉（今山西榆社縣）人，羯族人。十六國時後趙君主。見《魏書》卷九五《羯胡石勒附石虎傳》。　太常：官名。掌禮樂祭祀，位尊而職閑。三品。

祖父融，南徙度河，家於磐陽，[1]爲鄉閭所重。性豪俠，有三子，靈慶、靈根、靈越，並有才力。[2]融以自負，謂足爲一時之雄。嘗謂人曰："吾昨夜夢：[3]有一駿馬，無堪乘者，人曰'何由得人乘'，有一人曰'唯傅靈慶堪乘此馬'；又有弓一張，亦無人堪引，人曰'唯有傅靈根可彎此弓'；又有數紙文書，人皆讀不能解，人曰'唯有傅靈越能解此文'。"融謂其三子文武才幹足以駕馭當世，[4]常從容謂鄉人曰："汝聞之不？鬲蟲之子有三靈，此圖讖文也。"[5]好事者然之，故豪勇士多相歸附。

[1]磐陽：地名。約在今山東樂陵市西。

[2]才力：毛本、殿本、四庫本、局本、四部備要本作"材力"。按："才力""材力"均指才能、能力，均可。

[3]吾昨夜夢：殿本、四庫本、四部備要本作"吾昨夢夜"。按：據文意應爲"吾昨夜夢"，從底本。

[4]融謂其三子文武才幹足以駕馭當世：底本無"足"字，中華本校勘記云："諸本無'足'字，《魏書》卷七〇《傅豎眼傳》作'堪'，《通志》卷一五〇下《傅豎眼傳》作'足'。按文義應脱一字，今從《通志》補。"今從改。才幹，毛本、殿本、四庫本、局本、四部備要本作"材幹"。按："才幹"　"材幹"均指才能，均可。

[5]圖讖：古代方士或儒生宣揚符命占驗的書。多爲隱語、預

言。始於秦，盛於東漢。

宋將蕭斌、王玄謨寇碻磝，[1]時融始死，玄謨强引靈慶爲軍主。將攻城，攻車爲城内所燒，靈慶懼軍法，詐云傷重，令左右輿還營，遂與壯士數十騎遁還。斌、玄謨命追之。左右諫曰："靈慶兄弟並有雄才，[2]兼其部曲多是壯勇，如彭超、尸生之徒，[3]皆一當數十人，援不虛發，不可逼也。"玄謨乃止。靈慶至家，遂與二弟匿山澤間。時靈慶從叔乾愛爲斌法曹參軍，[4]斌遣乾愛誘呼之，[5]以腰刀爲信，密令壯健者隨之。而乾愛不知斌之欲圖靈慶。既至，斌所遣壯士執靈慶殺之。靈慶將死，與母崔氏訣，言："法曹殺人，不可忘也。"

[1]蕭斌：人名。南朝宋將領。曾任輔國將軍、青冀二州刺史、左軍長史等職。多次與魏軍交戰。　王玄謨：人名。字彦德，太原祁（今山西祁縣東南）人。南朝宋將領。見《宋書》卷七六《王玄謨傳》。　碻磝：城名。在今山東茌平縣西南。底本作"磝碻"，中華本校勘記云："諸本'碻磝'誤倒，據《魏書》卷七〇《傅豎眼傳》乙。'碻磝'見《魏書·地形志中》濟州。"今從改。

[2]才：毛本、殿本、四庫本、局本、四部備要本作"材"。按：才，通"材"。

[3]尸生：源氏校勘記云："《魏書》作'户生'。"

[4]法曹參軍：官名。即法曹行參軍。爲法曹長官。南朝齊時公府、將軍府置，主管郵所驛站、執行法律和糾察治安。品秩隨府主不同，從七品上至九品。

[5]乾愛：毛本作"健愛"。按：文中多次提到"乾愛"，無"健愛"此人。今從底本。

靈根、靈越奔河北。靈越至京師，因説齊人慕化，青州可平。文成大悦，[1]拜靈越青州刺史、貝丘子，鎮羊蘭城，[2]靈根爲臨齊副將，[3]鎮明潛壘。[4]靈越北入之後，母崔氏遇赦免。宋恐靈越在邊擾三齊，乃以靈越叔父琰爲冀州中從事，乾愛爲樂陵太守。樂陵與羊蘭隔河相對，命琰遣其門生與靈越婢詐爲夫婦投化以招之。靈越與母分離思積，遂與靈根南走。靈越與羊蘭奮兵相擊，乾愛出遣舡迎之，[5]得免。靈根差期，不得俱渡，臨齊人知，剉斬殺之。乾愛出郡迎靈越，問靈根愆期狀，靈越殊不應答。乾愛不以爲惡，敕左右出匣中烏皮袴褶，令靈越代所常服。靈越言"不須"。乾愛云："汝可着體上衣服見垣公也？"時垣護之爲刺史。[6]靈越奮聲言："垣公！垣公！着此當見南方國主，豈垣公也！"竟不肯着。及至丹楊，[7]宋孝武見而禮之，[8]拜兖州司馬，而乾愛亦遷青、冀司馬，帶魏郡。[9]後二人俱還建鄴。靈越意恒欲爲兄復讎，而乾愛初不疑防，知乾愛嗜雞肉葵菜食，乃爲作之，下以毒藥，乾愛飯還而卒。

[1]文成：即北魏皇帝拓拔濬。文成爲其謚號。

[2]羊蘭城：在今山東惠民縣東南。

[3]臨齊：城名。在今山東平原縣北。

[4]明潛壘：壘壁名。確址不詳，當在今山東惠民縣東南一帶。

[5]乾愛出遣舡迎之：中華本校勘記云："《魏書》卷七〇《傅豎眼傳》無'出'字。按'出''遣'二字，文義重複，疑'出'字衍。"可從。

[6]垣護之：人名。字彦宗，略陽桓道（今甘肅隴西縣東南）人。南朝宋將領。見《南史》卷二五《垣護之傳》。

[7]丹楊：郡名。南朝宋時治建業，在今江蘇南京市。毛本、殿本、四庫本、局本、四部備要本作“丹陽”，源氏校勘記云：“《魏書》作‘丹陽’。”按：“楊”“陽”古通。

[8]宋孝武：即南朝宋皇帝劉駿。孝武爲其謚號。

[9]魏郡：南朝宋時僑置，治歷城縣，在今山東濟南市。

後數年，靈越爲太原太守，[1]戍升城。[2]後舉兵同孝武子子勛，子勛以靈越爲前軍將軍。[3]子勛敗，靈越軍衆散亡，爲明帝將王廣之軍人所擒。[4]厲聲曰：“我傅靈越也，汝得賊何不即殺！”廣之生送詣宋輔國司馬劉勉，勉躬自慰勞。靈越曰：“人生歸於死，實無面求活。”勉壯其意，送詣建康。宋明帝欲加原宥，靈越辭對如一，乃殺之。

[1]太原：郡名。南朝宋時僑置。治所在今山東濟南市長清區東南。

[2]戍升城：底本無“戍”字，源氏校勘記云：“‘升’上，《魏書》有‘戍’字。”中華本校勘記云：“諸本脱‘戍’字，據《魏書》補。”今從改。升城，在今山東濟南市長清區西南。

[3]前軍將軍：官名。掌宫禁宿衛。四品。

[4]王廣之：人名。字士林，沛郡相（今安徽濉溪縣西北）人。南朝宋、齊將領。見《南史》卷四六《王廣之傳》。

豎眼即靈越子也，沉毅壯烈，少有父風。入魏，鎮南王肅見而異之，[1]且奇其父節，傾身禮敬，表爲參軍。

以軍功累遷益州刺史。高肇伐蜀，假竪眼征虜將軍、持節，領步兵三萬，先討巴北，[2]所至剋捷。竪眼性既清素，不營産業，衣食之外，俸禄粟帛皆以饗賜夷首，振恤士卒。撫蜀人以恩信爲本，保境安人，不以小利侵竊。有掠蜀人入境者，皆移送還本。檢勒部下，守宰肅然。遠近雜夷相率款謁，仰其德化，思爲魏人矣。宣武甚嘉之。

[1]鎮南：官名。此處指鎮南大將軍。三國蜀置，職掌與鎮南將軍同，唯資深者得任此職。北魏孝文帝太和十七年定爲從一品上，二十三年定爲二品，

[2]巴北：源氏校勘記云："《魏書》作'北巴'。"中華本校勘記云："《魏書》'巴北'作'北巴'。按《隋書·地理志》上巴西郡注云：'梁置南梁、北巴州。'又閬内縣注云：'梁置北巴郡。後魏平蜀，置盤龍郡。'此'巴北'當是'北巴'（州或郡）誤倒。"按：《魏書》卷八《宣武帝紀》、《資治通鑑》卷一四八作"巴北"。存疑。

明帝初，屢請解州，乃以元法僧代之，[1]益州人追隨戀泣者數百里。梁將趙祖悦逼壽春，[2]鎮南將軍崔亮討之，[3]以竪眼爲持節、鎮南軍司。

[1]元法僧：人名。北魏宗室、官吏。見《北史》卷一六《陽平王熙附元法僧傳》。

[2]趙祖悦：人名。南朝齊、梁將領。齊時，任後軍將軍。入梁，爲豫州刺史，屢領兵攻魏。兵敗被殺。

[3]鎮南將軍：官名。東漢末置，三國魏時與鎮東、鎮西、鎮

北將軍合稱四鎮將軍。多爲持節都督。南北朝前期權勢很重，後較輕。爲褒賞軍功勳臣的閑職。北魏孝文帝太和十七年定爲從一品下，二十三年改爲從二品。　崔亮：人名。字敬儒，清河東武城（今山東武城縣西北）人。北魏官吏。見《北史》卷四四《崔亮傳》。

法僧既至，大失人和。梁遣其衡州刺史張齊因人心怨入寇，[1]進圍州城。朝廷以西南爲憂，乃驛徵豎眼於淮南，以爲益州刺史。尋加散騎常侍、西征都督，率步騎三千以討齊。給銅印千餘，須有假職者，聽六品已下板之。豎眼既出梁州，梁軍所在拒塞，豎眼三日中轉戰二百餘里，甲不去身，[2]頻致九捷。蜀人聞豎眼復爲刺史，人人喜悦，迎於路者日有百數。豎眼至州，白水已東，[3]人皆寧業。張齊仍阻白水屯，寇葭萌，[4]豎眼分遣諸將水陸討之，大破其軍。齊被重創，奔而退，小劍大劍賊亦捐城西走，[5]益州平。靈太后璽書慰勞，賜驊騮馬一匹，寶劍一口。

[1]衡州：南朝梁時治含洭縣，在今廣東英德市西北。　張齊：人名。字子響，馮翊郡（今陝西大荔縣）人。南朝齊、梁官吏。見《南史》卷四六《王廣之附張齊傳》。

[2]甲不去身：底本作“甲不出身”，殿本、四庫本、四部備要本、中華本作“甲不去身”，源氏校勘記改“出”作“去”，中華本校勘記云：“各本‘去’作‘出’，殿本據《魏書》改‘去’，是，今從之。”今從改。

[3]白水：在今河南鄧州市。

[4]葭萌：城邑在今四川廣元市元壩區昭化鎮北。

［5］大劍：一名劍門山。在今四川劍閣縣北。

後轉岐州刺史，仍轉梁州刺史。梁州人既得竪眼爲牧，人咸自賀。而竪眼至州遇患，不堪綜理，[1]其子敬紹險暴不仁，聚貨耽色，甚爲人害，遠近怨望。尋假鎮南將軍，[2]都督梁、西益、巴三州諸軍事。[3]梁遣其北梁州長史錫休儒等十軍率衆三萬人寇直城，[4]竪眼遣敬紹總衆赴擊，大破之。敬紹頗覽書傳，微有膽力，而奢淫倜儻，輕爲殘害，又見天下多事，陰懷異圖，欲杜絶四方，擅據南鄭。令其妾兄唐崑崙扇攪於外，聚衆圍城，敬紹謀爲内應。賊圍既合，事泄，在城兵執敬紹，白竪眼而殺之。竪眼恚，發疾卒。永安中，贈吏部尚書、齊州刺史，[5]孝武帝初，贈司空公、相州刺史。[6]

［1］綜理：殿本、四庫本、四部備要本作“綵理”。按：“綜理”意爲管理，“綵理”意不可解，今從底本。

［2］鎮南將軍：毛本作“鎮南休軍”，殿本、四庫本、四部備要本、《魏書》作“鎮軍將軍”。按：毛本字誤，其餘諸本未詳孰是。

［3］西益：郡名。北魏時治興安縣，在今四川廣元縣。　巴州：北魏時治化成縣，在今四川巴中市。

［4］北梁州：南朝梁時治南鄭縣，在今陝西漢中市東。　直城：縣名。治所在今陝西漢陰縣西漢江北岸。

［5］吏部尚書：官名。三國魏改選部尚書置。主管官吏銓選、考課、獎懲。北魏沿置。三品。底本作“吏部尚書左”，中華本校勘記云：“諸本‘書’下衍‘左’字，據《魏書》删。”今從改。

［6］司空公：官名。司空的尊稱。北魏時爲名譽宰相，多爲大

臣加官。一品。

長子敬和，次敬仲，並好酒薄行，傾側勢家。敬和，孝莊時以其父有遺惠於益州，復爲益州刺史。至州，聚斂無已，好酒嗜色，遠近失望。仍爲梁將樊文熾攻圍，城降，送於江南。後以齊神武威德日廣，[1]令敬和還北，以申和通之意。除北徐州刺史，[2]復以耽酒爲土賊掩襲，棄城走。遂廢棄，卒於家。

[1]神武：即高歡。神武爲其謚號，北齊後主所追謚。
[2]北徐州：北魏時治臨沂城，在今山東臨沂市北。

張烈，字徽之，[1]清河東武城人也，孝文帝賜名曰烈，仍以本名爲字焉。高祖悕，爲慕容儁尚書右僕射。[2]曾祖恂，散騎常侍，隨慕容德南度，因居齊郡之臨淄縣。[3]

[1]字徽之：源氏校勘記云："《魏書》作'徽仙'。"《魏書》卷七六作"徽仙"。未詳孰是。

[2]慕容儁：人名。字宣英，昌黎棘城（今遼寧北票市章吉營子鄉三官營子村）人，鮮卑族。十六國時前燕君主。見《北史》卷九三《慕容廆附慕容儁傳》。　尚書右僕射：官名。魏晋十六國時爲尚書省次官，三品。左僕射居右僕射上。輔助尚書令執行政務，參議大政，諫諍得失，監察百官。常受命主管官吏選舉。

[3]臨淄：縣名。治所在今山東淄博市東北。

烈少孤貧，涉獵經史，有氣概。時青州有崔徽伯、

房徽叔，與烈並有令譽，時人號“三徽”。孝文時，入官代都，歷侍御、主文中散，[1]遷洛。爲太子步兵校尉。[2]

[1]侍御中散：北魏時從中散官中分化出來，屬侍御曹。地位較高，更親近皇帝。多選用鮮卑族及功臣子弟，也可作爲起家官。孝文帝太和十七年定爲五品上。　主文中散：官名。北魏置。任職於侍御曹。選用才學之士，亦有由中書學生遷任者。五品中。

[2]太子步兵校尉：官名。東宫侍從武兵，掌步兵，亦稱東宫步兵校尉。北魏孝文帝太和十七年定爲四品上，二十三年定爲從五品下。

齊將陳顯達謀將入寇，時順陽太守王青石，[1]世官江南，荆州刺史、廣陽王嘉慮其有異，[2]表請代之。詔侍臣各舉所知，互有申薦者。帝曰：“太子步兵張烈，每論軍國事，時有會人意處，朕欲用之如何？”彭城王勰稱讚之，遂除順陽太守。烈到郡二日，便爲齊將崔慧景攻，[3]圍之七十餘日，烈撫厲將士，甚得軍人之和。會車駕南討，慧景遁走。帝親勞之曰：“卿果能不負所寄。”烈謝曰：“不遇鑾輿親駕，臣不免困於犬羊。自是陛下不負臣，非臣能不負陛下。”帝善其對。

[1]順陽：郡名。北魏時治南鄉縣，在今河南淅川縣西南。　王青石：人名。北魏官吏。孝文帝時，兼員外散騎常侍，從盧昶等使南朝齊。

[2]廣陽王：封爵名。廣陽，郡名。北魏時治燕樂縣，在今河北隆化縣。　嘉：即元嘉，人名。北魏宗室、大臣。見《北史》卷

一六《廣陽王建附元嘉傳》。底本作“禧”，源氏校勘記改“禧”作“嘉”，中華本校勘記云：“諸本‘嘉’作‘禧’。錢氏《考異》卷三九云：‘“禧”當作“嘉”。’按《魏書》卷七六《張烈傳》作‘嘉’，今據改。”今從中華本改。

[3]崔慧景：人名。一作“崔惠景”，字君山，清河東武城（今山東武城縣西北）人。南朝齊官吏。見《南齊書》卷五一《崔慧景傳》。

宣武即位，追録先勳，封清河縣子。尋以母老歸養，積十餘年。頻遇凶儉，烈爲粥以食飢人，蒙濟者甚衆，鄉黨以此稱之。

明帝即位，爲司空長史。先是元叉父江陽王繼曾爲青州刺史，[1]及叉當權，烈託故義之懷，遂相諂附。歷給事黄門侍郎、光禄大夫。靈太后反政，以叉黨出爲青州刺史。時議者以烈家産畜殖，家僮甚多，慮其有異，恐不宜出爲本州，改瀛州刺史。爲政清静，吏人安之。後因辭老還鄉，兄弟同居怡然，爲親類所慕。卒於家。

[1]江陽王：封爵名。江陽，郡名。北魏時治江陽縣，在今四川瀘州市江陽區。　繼：即元繼，人名。字世仁。北魏宗室。見《北史》卷一六《京兆王黎附江陽王繼傳》。

烈先爲家誡千餘言，並自叙志行及所歷之官。臨終，敕子姪不聽求贈，但勒家誡立碣而已。其子質奉行焉。

質博學有才藝，位諫議大夫。[1]

[1]諫議大夫：官名。北魏時置七十員，隸集書省，掌諫諍議論。孝文帝太和十七年定爲四品下，二十三年定爲從四品下。

烈弟僧皓，字山容，[1]歷涉群書，工於談説，有名於當世。以諫議大夫、國子博士、散騎侍郎徵，[2]並不起，世號徵君焉。好營産業，孜孜不已，藏鏹巨萬，他資稱是。兄弟自供儉約，車馬瘦弊，身服布裳，而婢妾紈綺。僧皓尤好蒲弈，戲不擇人，是以獲譏於世。節閔帝時，崔祖螭舉兵攻東陽城，[3]僧皓與同事，事敗，死於獄中。

[1]字山容：源氏校勘記云："《魏書》作'山客'。"

[2]國子博士：官名。掌教五品以上官員子弟。五品上。

[3]崔祖螭：人名。小字社客。清河東武城（今山東武城縣西北）人。北魏官吏。見《北史》卷四四《崔亮附崔祖螭傳》。

李叔彪，[1]勃海蓨人也。[2]從祖金，神䴥中，[3]與高允俱徵，位征南從事中郎。[4]

[1]李叔彪：源氏校勘記於"彪"旁紅筆小字夾批"虎"字。中華本校勘記云："《魏書》卷七二作'李叔虎'。《北史》避唐諱改。"可從。

[2]蓨：縣名。治所在今河北景縣。

[3]神䴥：北魏太武帝的年號（428—431）。

[4]征南從事中郎：官名。即征南將軍府從事中郎。從事中郎，官名。東漢大將府、車騎將軍府屬官，職參謀議。魏晋南北朝皆置，其職依時依府而異，或主吏，或參謀議，地位較高。北魏公

府、皇子開府、庶姓開府等俱置，五品。

叔彪好學博聞，有識度，爲鄉閭所稱。太和中，拜中書博士，與清河崔亮、河間邢巒並相親友。[1]三遷國子博士、本國中正，攝樂陵中正。性清直，甚有公平之稱。歷中書侍郎。太尉、高陽王雍以其器操重之。尋除假節，[2]行華州事，爲吏人所稱。卒，贈南青州刺史，[3]謚曰穆。

[1]崔亮：源氏校勘記云："《魏書》作'崔光'。"中華本校勘記云："《魏書》卷七二《李叔虎傳》'亮'作'光'。按本書卷四四《崔光傳》，光於太和六年任中書博士，崔亮年位較晚。疑當作光。"

[2]假節：漢魏時，大臣受命出朝，持節或假節以示受權。北魏時，實爲一種加官，低於使持節及持節，僅督軍時有權殺犯軍令者。

[3]南青州：北魏時治團城，在今山東沂水縣沂水鎮。

叔彪子述，字道興，有學識，州舉秀才，拜太常博士。[1]使詣長安册祭燕宣王廟。還，除儀曹郎，[2]賜爵蓨縣男。稍遷興平太守，卒。

[1]太常博士：官名。北魏時掌祭祀。從七品。

[2]儀曹郎：官名。爲尚書儀曹主官，掌吉凶禮制事。

子象，字孟則，清簡有風概，博涉群書，初襲爵，稍遷中書侍郎、光禄大夫，兼散騎常侍，使梁。卒，贈

驃騎大將軍、儀同三司，冀州刺史。象從容風素，有名於時，喪妻無子，終竟不娶，論者非之。

路恃慶，字伯瑞，陽平清泉人也。[1]祖綽，陽平太守。

[1]陽平：郡名。北魏時治館陶縣，在今河北館陶縣。　清泉：縣名。治所在今山東冠縣東北清水堡。源氏校勘記於“泉”旁紅筆小字夾批“淵”字。中華本校勘記云：“《魏書》卷七二《路恃慶傳》‘泉’作‘淵’。按‘清淵’見《魏書·地形志上》司州陽平郡。《北史》避唐諱改。”可從。

恃慶有幹用，與廣平宋翻俱知名，[1]爲鄉閭所稱。太和中，除奉朝請，[2]恃慶以從兄文舉有才望，因推讓之，[3]孝文遂並拜焉。累遷定州河間王琛長史。[4]琛貪暴肆意，恃慶每進苦言。卒，贈左將軍、安州刺史，[5]謚曰襄。子祖璧，給事中。[6]

[1]宋翻：人名。字飛鳥，西河介休（今山西介休市）人。北魏官吏。見《北史》卷二六《宋隱附宋翻傳》。

[2]奉朝請：官名。北魏時爲冗散官，有俸無職。孝文帝太和十一年定員二百人，七品。

[3]因推讓之：底本“因”作“同”，其餘諸本作“因”。源氏校勘記改“同”作“因”。按：據文意應爲“因”。今從改。

[4]定州：北魏時治盧奴縣，在今河北定州市。　河間王：封爵名。河間，郡名。北魏初治樂城縣，在今河北獻縣東南；孝文帝太和十一年移治武垣縣，在今河北河間市南。　琛：即元琛，人名。字曇寶。北魏宗室、官吏。見《北史》卷一九《河間王若附

元琛傳》。琛，底本作“深”，源氏校勘記改“深”作“琛”，中華本校勘記云：“諸本‘琛’訛作‘深’，據《魏書》卷七二改。《河間王琛傳》見本書卷十九。”今從改。

[5]左將軍：官名。北魏時爲軍府名號，用作加官。三品。

[6]給事中：官名。北魏時爲内朝官，常派往尚書省諸曹，參領政務，並負監察之責。孝文帝太和十七年定爲從三品，二十三年定爲六品上。

侍慶弟仲信、思令，並有令名官位。

房亮，字景高，清河人也。父法延，譙郡太守。[1]

[1]譙郡：北魏時治蒙縣，在今河南商丘市東北。

亮好學有節操，太和中，舉秀才，爲奉朝請。後兼員外常侍，[1]使高麗。高麗王託疾不拜，以亮辱命，坐白衣守郎中。[2]歷濟北、平原二郡太守，[3]以清嚴稱。後爲東荆州刺史，[4]亮留心撫納，夷夏安之。時邊州刺史例得一子出身，亮不言其子而啓弟子起爲奉朝請，議者稱之。卒於光禄大夫，贈撫軍將軍、齊州刺史。

[1]員外常侍：官名。即員外散騎常侍的省稱。

[2]白衣：指受處分官員的身份。　守：官制用語。北魏時官吏試職，低職署理高職或高職署理低職，均稱守。

[3]濟北：郡名。北魏時治盧縣，在今山東茌平縣。　平原：郡名。北魏時治聊城縣，在今山東聊城市東北。

[4]東荆州：北魏時治沘陽縣，在今河南泌陽縣。

弟詮、悦等，並歷位清顯。

曹世表，字景昇，[1]魏大司馬休九世孫也。[2]祖謨，父慶，並有學問。[3]

[1]字景昇：中華本校勘云："《魏書》卷七二《曹世表傳》'昇'下有'東魏郡魏人也'。按《魏書·地形志中》，齊州有東魏郡東魏縣，《魏書》'郡'下脱'東'字。《北史》亦當有此七字。否則下文'侍中崔光，鄉里貴達'語便不知所謂。崔光東清河人，亦屬齊州，故傳文云云。且前後各傳皆書籍貫，不應此傳獨省。"可從。

[2]大司馬：官名。東漢末與太尉並置，位在三公之上。兩晋十六國時多爲大臣加官，八公之一，居三公之上、三師之下，開府置僚屬，然無具體職司。

[3]學問：源氏校勘記云："《魏書》作'學名'。"

世表性雅正，工尺牘，涉獵群書。爲司徒記室，[1]與武威賈思伯、范陽盧同、隴西辛雄並相友善。[2]侍中崔光，鄉里貴達，每稱美之。延昌中，除清河太守，臨官省約，百姓安之。孝昌中，爲尚書左丞，出行東豫州刺史，[3]還東南道行臺。卒，贈齊州刺史。

[1]司徒記室：官名。即司徒府記室。掌文書表奏。

[2]武威：郡名。北魏時治姑臧縣，在今甘肅武威市。　賈思伯：人名。字仕休（《魏書》作"士休"），齊郡益都（今山東青州市）人。北魏官吏。見《北史》卷四七《賈思伯傳》。　范陽：郡名。北魏時治涿縣，在今河北涿州市。　盧同：人名。字叔倫，范陽涿（今河北涿州市）人。北魏官吏。見《北史》卷三〇《盧同

傳》。　隴西：郡名。北魏時治襄武縣，在今甘肅隴西縣東南。　辛雄：人名。字世賓，隴西狄道（今甘肅臨洮縣）人。北魏官吏。見《北史》卷五〇《辛雄傳》。

[3]東豫州：中華本校勘記云："按《魏書》卷七二《曹世表傳》言世表行豫州刺史。時梁將湛僧珍陷東豫州，州民劉獲、鄭辯反於州界，爲之内應。所謂'州民''州界'都是指豫州，則世表是爲豫州刺史，而非東豫州。此'東'字衍文。"可從。

潘永基，字紹業，長樂廣宗人也。[1]父靈乾，中書侍郎。

[1]長樂：郡名。北魏時治信都縣，在今河北冀州市。　廣宗：縣名。治所在今河北威縣東。

永基性通率，輕財好施。爲長樂太守。時葛榮攻信都，[1]永基與刺史元孚同心防捍。[2]力窮城陷，榮欲害孚，永基請以身代孚死。永安二年，除潁川太守，遷東徐州刺史。永熙中，[3]爲車騎將軍、左光禄大夫，尋加衛大將軍。[4]復除東徐州刺史，前後在州，爲吏人所愛。卒，贈尚書右僕射、司徒公、冀州刺史。[5]

[1]信都：縣名。治所在今河北冀州市。

[2]元孚：人名。字秀和。北魏宗室、官吏，西魏大臣。見《北史》卷一六《臨淮王譚附元孚傳》。

[3]永熙：北魏孝武帝的年號（532—534）。

[4]車騎將軍：官名。北魏時位次驃騎將軍，在諸名號大將軍之上，多作爲軍府名號，以加授大臣、重要州郡長官，無具體職

掌。二品。　左光禄大夫：官名。爲在朝顯職的加官，以示恩寵，或授予年老有病者爲致仕之官，亦常用於卒後贈官，無具體職掌。北魏孝文帝太和十七年定爲從一品下，二十三年定爲二品。　衛大將軍：官名。爲高級武職，位在儀同三司下。北魏孝文帝太和十七年定爲一品下，二十三年定爲二品。

[5]司徒公：官名。司徒的尊稱。一品。

子子義、子智。子義學涉有父風，仕隋至尚書右丞。

朱元旭，字君昇，本樂陵人也。頗涉子史，開解几案。稍遷尚書度支郎中。[1]神龜末，[2]以郎選不精，大加沙汰，元旭與隴西辛雄、范陽祖瑩、太山羊深、西平源子恭並以才用見留。[3]尋兼尚書右丞，仍郎中、本州中正。時關西都督蕭寶夤啓云所統十萬，[4]食唯一月。明帝大怒，詔問所由，録、令已下皆推罪元旭。入見御坐前，屈指校計，寶夤兵糧乃踰一年，事乃得釋。後遷衛將軍、左光禄大夫。[5]天平中，復拜尚書左丞。既無風操，俛仰隨俗，性多機數，自容而已。於時朝廷分汲郡河内二界挾河之地立義州，[6]置關西歸款户，除元旭義州刺史，卒官。

[1]尚書度支郎中：官名。尚書度支曹長官的通稱，亦稱度支郎中。資深勤能者可轉侍郎，隸度支尚書。北魏孝文帝太和十七年定郎中爲五品上，郎從五品上，二十三年皆稱郎中，仍可通稱爲郎，六品。

[2]神龜：北魏孝明帝的年號（518—520）。

[3]祖瑩：人名。字元珍，范陽遒（今河北淶水縣北）人。北

魏官吏。見《北史》卷四七《祖瑩傳》。　羊深：人名。字文泉，太山鉅平（今山東泰安市）人。北魏官吏。見《北史》卷三九《羊祉附羊深傳》。　西平：郡名。北魏時治西都縣，在今青海西寧市。　源子恭：人名。字靈順，西平樂都（今青海樂都縣）人。北魏官吏。見《北史》卷二八《源賀附源子恭傳》。源子，底本作“淳于”，源氏校勘記云：“‘淳于’《魏書》作‘源子’。”中華本校勘記云：“諸本‘源子’作‘淳于’，《魏書》卷七二《朱元旭傳》作‘源子’。按源子恭，源賀之子，秃髮利鹿孤之後。利鹿孤曾都西平，故子孫稱西平人。‘淳于’乃形似致訛。今據改。”今從改。

[4]蕭寶夤：人名。字智亮，南蘭陵（一説在今江蘇常州市，一説在今江蘇丹陽市）人。南朝齊宗室、北魏將領。見《北史》卷二九《蕭寶夤傳》。

[5]衛將軍：官名。西漢文帝元年（前179）置，爲將軍名號之一，統兵征戰，事迄即罷。魏晋南北朝沿置，位在諸名號大將軍之上，多作爲軍府名號，加大臣、重要州郡長官。北魏孝文帝太和十七年定爲一品下，二十三年改爲二品。

[6]汲郡：東魏時治枋頭，在今河南浚縣西南。　河内：郡名。東魏時治野王縣，在今河南沁陽市。　挾河：底本作“扶風”，源氏校勘記云：“‘扶風’《魏書》作‘挾河’。”中華本校勘記云：“諸本‘挾河’訛作‘扶風’。按扶風與汲郡、河内遠不相及，今據《魏書·朱元旭傳》改。義州見《魏書·地形志中》。”今從改。　義州：東魏時治陳城縣，在今河南衛輝市西南。

論曰：壽春形勝，南鄭要險，乃建鄴之肩髀，成都之喉嗌。裴叔業、夏侯道遷體運知機，翻然鵲起，舉地而來，功誠兩茂，其以大啓茅賦，兼列旄旟，固其宜矣。植不恒其德，器小志大，斯所以顛覆也。衍才行將略，不遂其終，惜哉！李、席、王、江雖復因人成事，

亦爲果决之士。淳于誕好立功名，有志竟不遂也。文秀不回，有死節之氣，非直身蒙嘉禮，遂乃子免刑戮，在我欲其罵人，忠義可不勉也？張讜觀機委質，篤恤流離，亦仁智矣。李苗以文武幹局，沉毅過人，臨難慨然，奮斯大節，蹈忠履義，没而後已，仁必有勇，其斯人之謂乎！劉藻、傅永、豎眼，文武器幹，知名於時。豎眼加以撫邊導俗，風化尤美，方之二子，固已優乎，抑又魏世良牧。張烈早有氣尚，名輩見知，趣捨沉浮，俱至顯達，雅道正路，其殆病諸。[1]李、路器尚所及，俱可觀者。象風彩詞涉，亦當年之俊乂。房亮、曹世表、潘永基、朱元旭拔萃從官，咸享名器，各有由也。

[1]其殆病諸：殿本、四部備要本作“其始病殆”。

北史　卷四六

列傳第三十四

孫紹　張普惠　成淹　范紹　劉桃符　鹿悆　張燿　劉道斌　董紹　馮元興

孫紹字世慶，昌黎人也。[1]少好學，通涉經史。初爲校書郎，[2]稍遷給事中，[3]後爲門下録事，[4]好言得失，與常景共脩律令。[5]延昌中，[6]紹表曰：

[1]昌黎：郡名。北魏時治龍城縣，在今遼寧朝陽市。

[2]校書郎：官名。掌校秘籍圖書。六品上。

[3]給事中：官名。北魏時爲内朝官，常被派往尚書省諸曹，參領政務，並負有監察之責。孝文帝太和十七年（493）定爲從三品，二十三年定爲六品上。

[4]門下録事：官名。北魏時爲門下省屬官。掌整理詔書，勾檢奏章。孝文帝太和十七年定爲從五品中，二十三年定爲從八品上。

[5]常景：人名。字永昌，河内温（今河南温縣）人。北魏、東魏官吏。見《北史》卷四二《常爽附常景傳》。

[6]延昌：北魏宣武帝的年號（512—515）。

臣聞建國有計，雖危必安；施化能和，雖寡必盛；政乖人理，雖合必離；作用失機，雖成必敗。此乃古今同然，百王之定法也。今二虢京門，了無嚴防；南北二中，復闕固守。長安、鄴城，[1]股肱之寄；穰城、上黨，[2]腹背所馮。四軍、五校之軌，[3]領、護分事之式，徵兵儲粟之要，舟車水陸之資，山河要害之權，緩急去來之用，持平赴救之方，節用應時之法，特宜脩置，以固堂堂之基。持盈之體，何得而忽？

［1］鄴城：在今河北臨漳縣西南鄴鎮。

［2］穰城：在今河南鄧州市。　上黨：郡名。北魏時治壺關城，在今山西長治市北。此處代指壺關城。

［3］四軍：即前將軍、後將軍、左將軍與右將軍之合稱。　五校：漢武帝置屯騎校尉、步兵校尉、長水校尉、越騎校尉、射聲校尉，各領一營兵，作爲宿衛。東漢後合稱五校。歷朝因之。至南北朝時不領兵，成爲散官。北魏時爲五品。

且法開清濁，而清濁不平，申滯理望，而卑寒亦免，士庶同悲，兵徒懷怨。中正賣望於下里，[1]主案舞筆於上臺，真僞混淆，知而不糾，得者不欣，失者倍怨。使門齊身等而涇、渭奄殊；[2]類應同役而苦樂縣異。士人居職，不以爲榮；兵士役苦，心不忘亂。故有競棄本生，飄藏他土，或詭名託養，散没人間；或亡命山藪，漁獵爲命；或投杖

强豪，寄命衣食。又應遷之户，逐樂諸州；應留之徒，避寒歸暖。職人子弟，隨榮浮游，[3]南北東西，卜居莫定。關禁不脩，任意取適，如此之徒，不可勝數。爪牙不復爲用，百工争棄其業。混一之計，事實闕如；考課之方，責辦無日。流浪之徒，決須精校。今强敵窺時，邊黎伺隙，内人不平，[4]久戍懷怨。戰國之勢，竊謂危矣。必造禍源者，北邊鎮戍之人也。

[1]中正：官名。負責品評本郡士人，劃分等級，以爲吏部委任官員的依據。北魏前、中期權任頗重，後期選任漸濫。

[2]奄：毛本、局本作“淹”。

[3]隨榮浮游：毛本、殿本、四庫本、局本、四部備要本作“隨逐浮游”。

[4]内人：中華本校勘記云：“《魏書》卷七八《孫紹傳》‘人’作‘民’，《北史》避唐諱改。内民，指代京畿内之拓拔部民。”可從。

若夫一統之年，持平用之者，大道之計也；亂離之期，縱横作之者，行權之勢也。故道不可久，須文質以换情；權不可恒，隨污隆以牧物。文質應世，道形自安；污隆獲衷，[1]權勢亦濟。然則王者計法之趣，化物之規，圓方務得其境，人物不失其地。

[1]污隆獲衷：四庫本作“污隆隨衷”。

又先帝時，律、令並議，律尋施行，令獨不出，十餘年矣。臣以令之爲體，即帝王之身，分處百揆之儀，安置九服之節，乃是有爲之樞機，世法之大本也。然脩令之人，亦皆博古，依古撰置，大體可觀，比之前令，精粗有在。但主議之家，大用古制。若令依古，高祖之法，復須升降，誰敢措意有是非哉？以是争故，[1]久廢不理。然律、令相須，不可偏用，今律班令止，於事甚滯。若令不班，是無典法，臣下執事，何依而行？臣等脩律，非無勤止，署下之日，臣乃無名，是謂農夫盡力，他食其秋，功名之所，實懷於悒。

［1］以是争故：毛本、殿本、四庫本、局本、四部備要本作"以是令故"。

正光初，[1]兼中書侍郎。[2]紹性抗直，每上封事，常至懇切，不憚犯忤。但天性疏脱，言乍高下，時人輕之，不見採覽。紹兄世元善彈箏，早卒，紹後聞箏聲，便涕泗嗚咽，捨之而去。後爲太府少卿，[3]曾因朝見，靈太后謂曰："卿年稍老矣。"紹曰："臣年雖老，臣卿乃少。"太后笑之。遷右將軍、太中大夫。[4]

［1］正光：北魏孝明帝的年號（520—525）。

［2］中書侍郎：官名。北魏時多選用文學之士，掌草擬詔令，職位機要，四員。孝文帝太和十七年定爲四品上，二十三年定爲從四品上。

［3］太府少卿：官名。北魏置。掌倉儲出納，兩京諸市，通判各署事務。四品上。

［4］右將軍：官名。爲軍府名號，用作加官，常不載官品。太中大夫：官名。多用以安置年老退免的九卿大臣，無具體職掌。北魏孝文帝太和十七年定爲三品下，二十三年定爲從三品。

紹曾與百僚赴朝，東掖未開，[1]守門候旦。紹於衆中引吏部郎中辛雄於衆外，[2]竊謂曰："此中諸人，尋當死盡，唯吾與卿，猶享富貴。"未幾，有河陰之難。[3]紹善推禄命，事驗甚多，知者異之。

［1］東掖：城門名。在今河南洛陽市。

［2］吏部郎中：官名。與吏部郎互稱。爲尚書省吏部曹長官，掌官吏銓選。四品上。　辛雄：人名。字世賓，隴西狄道（今甘肅臨洮縣）人。北魏官吏。見《北史》卷五〇《辛雄傳》。

［3］河陰之難：指北魏孝明帝武泰元年（528）權臣尒朱榮策劃並實施的一起針對皇族和百官公卿的屠殺事件，因事件發生在河陰縣（今河南孟津縣東）而得名。

永安中，[1]拜太府卿，[2]以前參議《正光壬子曆》，[3]賜爵新昌子。[4]後卒於右光禄大夫，[5]贈尚書左僕射，[6]謚曰宣。子伯元襲爵。

［1］永安：北魏孝莊帝的年號（528—530）。

［2］太府卿：官名。北魏時改少府爲此稱，爲六卿之一。掌山海池澤之税，兼管官營手工業。三品。

［3］正光壬子曆：北魏孝明帝神龜初，集張龍祥等九家曆法合

爲一曆，名《正光曆》。以孝明帝正光二年辛丑爲元，從正光四年，歷經北魏、東魏、西魏，使用到北周武帝保定五年（565）。

[4]新昌子：封爵名。新昌，縣名。治所在今遼寧海城市東北。

[5]右光禄大夫：官名。北魏時作爲在朝顯職的加官，以示優崇，或授予年老有病者爲致仕之官，亦常用爲卒後贈官。無職掌。二品。

[6]尚書左僕射：官名。職掌都省庶務及執法，或典選舉，左僕射權力大於右僕射，兼掌糾彈百官。北魏孝文帝太和十七年定爲從一品中，二十三年定爲從二品。

張普惠，字洪賑，常山九門人也。[1]身長八尺，容貌魁偉，精於《三禮》，[2]兼善《春秋》、百家之説。太和十九年，[3]爲主書，[4]帶制局監，[5]頗爲孝文所知。[6]轉尚書都令史。[7]任城王澄重其學業，[8]爲其聲價。澄爲雍州刺史，[9]啓普惠爲府録事參軍，[10]尋行馮翊郡事。[11]

[1]常山：郡名。北魏時治安樂壘，在今河北藁城市西北。九門：縣名。治所在今河北藁城市西北。

[2]三禮：《儀禮》《周禮》《禮記》的合稱。

[3]太和：北魏孝文帝的年號（477—499）。

[4]主書：官名。三國魏設，爲主書令史的省稱，掌簿書文案。歷朝因之，或屬中書，或屬尚書，官秩不一。

[5]制局監：官名。南朝齊設，掌器仗衛兵。因接近皇帝，職階雖低，權勢却重。北魏亦設，但地位不及南朝。

[6]孝文：即北魏皇帝元宏。孝文爲其謚號。

[7]尚書都令史：官名。北魏置。位在令史上，屬尚書省，協助尚書左右丞管理都省事務，監督諸曹尚書、尚書郎。八品上。

[8]任城王：封爵名。任城，郡名。北魏時治任城縣，在今山

東濟寧市南。 澄：即元澄，人名。字道鏡，《魏書》卷一九中《任城王雲附元澄傳》作“道鎮”。北魏宗室。見《北史》卷一八《任城王雲附元澄傳》。

[9]雍州：北魏時治長安縣，在今陝西西安市西北。

[10]録事參軍：官名。又稱録事參軍事。爲録事曹長官，掌總録衆曹文簿，位在列曹參軍上。公府、將軍府所置，六品上至八品。

[11]行馮（píng）翊郡事：行事，北魏官職制度。亦稱行某州或某府事、行某戍或某州軍事等。指以他官代行某官職權，多以將軍等武職兼行州郡民事。馮翊，郡名。北魏時治高陸縣，在今陝西高陵縣。

澄功衰在身，欲七月七日集文武北園馬射。普惠奏記於澄曰：

竊聞三殺九親，[1]别疏昵之叙；五服六術，[2]等衰麻之心。皆因事飾情，不易之道者也。然則莫大之痛，深於終身之外；書策之哀，除於喪紀之内。外者不可無節，故斷之以三年；内者不可遂除，故敦之以日月。況《禮》，大練之日，[3]鼓素琴，蓋推以即吉也；小功以上，[4]非虞祔練除不沐浴，此拘之以制也。曾子問曰：“相識有喪服，可以與於祭乎？”孔子曰：“緦不祭，又何助於人。”祭既不與，疑無宴食之道。又曰：“廢喪服，可以與於饋奠之事乎？”子曰：“脱衰與奠，非禮也。”注云：“謂其忘哀疾。”愚謂除喪之始，不與饋奠，小功之内，其可觀射乎？《雜記》云：“大功以下，[5]既葬適人，人食之。其黨也食之，非其黨不食。”食猶擇人，

於馬射爲或非宜。伏見明教，立射會之限，將以二七令辰，集城中文武肄武藝於北園，行揖讓於中否。時非大閱之秋，景涉妨農之節，國家縞禫甫除，殿下功衰仍襲，釋而爲樂，以訓百姓，便是易先王之典教，忘哀戚之情，恐非所以昭令德、視子孫者也。案射儀，射者以禮樂爲本，忘而從事，不可謂禮；鐘鼓弗設，不可謂樂。捨此二事，何用射爲！

[1]三殺（shài）九親：謂上至高祖，下至玄孫，旁及兄弟的九代親屬，其服喪期依親疏之别而遞減。三殺，即上殺、下殺、旁殺。殺，降等，遞減。

[2]五服六術：指區分喪服親疏之别的五種喪服和六種不同情況。五服，指斬衰、齊衰、大功、小功、緦麻五種服制。六術，指喪服材質、使用方式、服期等六種不同情況，也用來區别服喪親屬的親疏差别。

[3]大練：指練祭。古喪禮，父母喪後周年之祭稱小祥，小祥後可穿練布衣冠，故小祥又稱練祭。

[4]小功：喪服名。五服之一，服期五個月。其服用較粗的麻布製成。爲祖之兄弟、父之從父兄弟、身之再從兄弟服小功。

[5]大功：喪服名。五服之一，服期九月。其服用熟麻布製成。舊時爲堂兄弟、未婚的堂姊妹、已婚的姑、姊妹等行喪禮及已婚女爲伯父、叔父、兄弟、未婚姑、姊妹等行喪禮時服大功。

又七日之戲，令制無之，班勞所施，慮違事體，府庫空虚，宜待新調。乞至九月，備飾盡行，然後奏《狸首》之章，[1]宣矍相之命，[2]聲軒縣，[3]

建雲鉦，[4]神人忻暢於斯時也。

[1]狸首：逸詩篇名。共二章。古代行射禮時，諸侯歌《狸首》以爲發矢之節度。

[2]矍相：地名。在今山東曲阜市古城内闕里西。相傳孔子曾射於矍相之圃。

[3]軒縣：古代諸侯陳列鐘磬等樂器，三面懸挂而缺南面，謂之軒懸。縣，通“懸”。

[4]雲鉦：一種打擊樂器。

澄意納其言，託辭自罷，乃答曰：“今雖非公制，而此州承前已有斯式。且纂文習武，人之常藝，豈可於常藝之間，要須令制乎？《禮》，兄弟内除，明哀已殺，小功，客至主不絶樂，聽樂則可，觀武豈傷？直自事緣須罷，先以令停，方獲此請，深具來意。”

澄轉揚州，[1]啓普惠以羽林監領鎮南大將軍開府主簿。[2]普惠既爲澄知，歷佐二藩，[3]甚有聲譽。還朝，仍羽林監。

[1]揚州：北魏時治壽春縣，在今安徽壽縣。

[2]羽林監：官名。漢設。分左、右監，分主羽林左、右騎，秩六百石。晋省爲一監，掌扈從御駕。北魏因之，三品。　鎮南大將軍：官名。北魏初爲持節都督，出鎮地方，後爲褒賞軍功勳臣的閑職。從二品。

[3]二藩：指上文所云歷雍州、楊州刺史佐屬事。

澄遭太妃憂，[1]臣僚爲立碑頌，題碑欲云“康王元

妃之碑”。[2]澄訪於普惠，普惠答曰：“謹尋朝典，但有王妃，而無元字。魯夫人孟子稱元妃者，[3]欲下與繼室聲子相對。[4]今烈懿太妃作配先王，更無聲子、仲子之嫌，[5]竊謂不假元字以別名位。且以氏配姓，愚以爲在生之稱，故《春秋》‘夫人姜氏至自’；齊既葬，以謚配姓，故經書‘葬我小君文姜’，又曰‘來歸夫人成風之襚’，皆以謚配姓。古者婦人從夫謚，今烈懿太妃德冠一世，故特蒙褒錫，乃萬代之高事，豈容於定名之重，而不稱‘烈懿’乎。”澄從之。

[1]太妃：元澄之母孟氏。鉅鹿（今河北寧晋縣西南）人。北魏宣武帝正始元年（504），姜慶真率兵攻揚州，孟氏帶領兵卒拼死抵抗，終保全城。見《北史》卷九一《任城國太妃孟氏傳》。《北史》卷一八《任城王雲傳》作“太妃蓋氏”。未詳孰是。

[2]康王：即任城王元雲。北魏宗室。見《北史》卷一八《任城王雲傳》。

[3]魯夫人孟子：即春秋魯惠公夫人孟氏。

[4]聲子：人名。春秋魯惠公繼室。魯惠公元妃孟子死後，爲繼室夫人。生魯隱公。

[5]仲子：即春秋時宋武公之女。魯隱公欲娶仲子，但魯惠公妻之，生魯桓公。見《史記》卷三三《魯周公世家》。

後爲步兵校尉，[1]以本官領河南尹丞。[2]宣武崩，[3]坐與甄楷等飲酒游從，[4]免官。故事，免官者，三載之後，降一階而叙，若才優擢授，不拘此限。熙平中，[5]吏部尚書李韶奏普惠有文學，[6]依才優之例，敕除寧遠將軍、司空倉曹參軍。[7]朝議以不降階爲榮。時任城王

澄爲司空，[8]表議書記多出普惠。

[1]步兵校尉：官名。北魏初領營兵，位次列卿，後罷其兵，成爲武臣散官，無具體職掌，二十八員。孝文帝太和十七年定爲從三品中，二十三年定爲五品。

[2]河南尹丞：河南尹，官名。爲京都洛陽所在河南郡長官，主管京都事務，地位高於一般郡守。三品。丞爲河南尹的輔佐官。

[3]宣武：即北魏皇帝元恪。宣武爲其謚號。

[4]甄楷：人名。字德方，中山毋極（今河北無極縣）人。北魏官吏。見《北史》卷四〇《甄琛附甄楷傳》。

[5]熙平：北魏孝明帝的年號（516—518）。

[6]吏部尚書：官名。三國魏改選部尚書置。主管官吏銓選、考課、獎懲。北魏沿置。三品。　李韶：人名。字元伯，隴西狄道（今甘肅臨洮縣）人。北魏官吏。見《北史》卷一〇〇《凉武昭王李暠附李韶傳》。

[7]寧遠將軍：官名。十六國時前趙置，後趙及北魏沿置。多爲統率邊疆少數民族的官員，相當於鎮西將軍。　倉曹參軍：官名。西晋置。倉曹長官，主管倉穀事。北魏時自六品至從八品不等。

[8]司空：官名。又尊稱爲司空公。北魏時爲名譽宰相，多爲大臣加官。一品。

廣陵王恭、北海王顥疑爲所生祖母服期與三年，[1]詔群僚會議。普惠議曰：

[1]廣陵王：封爵名。廣陵，郡名。北魏時治廣陵縣，在今江蘇揚州市西北。　恭：即元恭，人名。見《北史》卷五《節閔帝紀》。　北海王：封爵名。北海，郡名。北魏時治平壽城，在今山

東濰坊市西南。　顥：即元顥，人名。字子明。北魏宗室、大臣。見《北史》卷一九《北海王詳附元顥傳》。

謹案：二王祖母皆受命先朝，爲二國太妃，可謂受命於天子，爲始封之母矣。喪服“慈母如母”，在三年章，《傳》曰：“貴父命也。”鄭注云：“大夫之妾子，父在爲母大功，則士之妾子爲母期。[1]父卒，則皆得伸。”此大夫命其妾子，以爲母所慈，猶曰貴父命，爲之三年；况天子命其子爲列國王，命其所生母爲國太妃，反自同公子爲母練冠之與大功乎。《傳》曰：“始封之君，不臣諸父昆弟。”則當服其親服。若魯、衛列國，相爲服期，判無疑矣。何以明之？《喪服》：“君爲姑姊妹女子子嫁於國君者。”《傳》曰：“何以大功？尊同也。尊同，則得服其親服。諸侯之子稱公子，公子不得禰先君。”然則兄弟一體，位列諸侯，自以尊同，得相爲服，不可還準公子，遠厭天王。故降有四品，君、大夫以尊降，公子、大夫之子以厭降，名例不同，何可亂也。《禮》，大夫之妾子，以父命慈己，申其三年。太妃既受命先帝，光昭一國，二王胙土茅社，顯錫大邦，舍尊同之高據，附不禰之公子，雖許、蔡失位，[2]亦不是過。《服問》曰：“有從輕而重，公子之妻，爲其皇姑。”公子雖厭，妻尚獲申，况廣陵、北海，論封君則封君之子，[3]語妃則命妃之孫，承妃纂重，遠別先皇，更以先后之正統，厭其所生之祖嫡，方之皇姑，不以遥乎？今既

許其申服，而復限之以期，比之慈母，不亦爽歟？《經》曰“爲君之祖父母、父母、妻、長子”，《傳》曰：“何以期？父母長子君服斬。[4]妻則小君。父卒，然後爲祖後者，服斬。”今祖乃獻文皇帝，諸侯不得祖之。母爲太妃，蓋二王三年之證。議者近背正經，以附非類，差之毫毛，所失或遠。且天子尊則配天，莫非臣妾，何爲命之爲國母，而不聽子服其親乎？[5]《記》曰“從服者，所從亡則已。”又曰：“不爲君母之黨服，則爲其母之黨服。”今所從既亡，不以親服服其所生，則屬從之服，於何所施？若以諸王入爲公卿，便同大夫者，則當今之議皆不須以國爲言也。今之諸王，自同列國，雖不之國，别置臣僚，玉食一方，[6]得不以諸侯言之？敢據《周禮》，輒同三年。

[1]期：周年。

[2]許蔡失位：《左傳》成公二年：“蔡侯、許男不書，乘楚車也，謂之失位。”楊伯峻注：“經文不書蔡許兩國，以一國之君而乘楚王之車，爲其左、右，故云‘失位’。”

[3]論封君則封君之子：源氏校勘記云：“上‘封君’《魏書》無‘君’字。似是。”中華本校勘記云：“《魏書》卷七八《張普惠傳》無上‘君’字。按此與下句‘語妃則命妃之孫’相對，疑‘君’字衍。”可從。

[4]斬：斬衰。爲喪服中最重的一種。

[5]子：殿本、四部備要本作“于”。按：據文意應爲“子”，今從底本。

[6]玉：底本作“王”，中華本校勘記云：“諸本‘玉’訛

‘王’，據《魏書》及《通志》卷一五一《張普惠傳》改。”今從改。

當時議者，亦有同異。國子博士李郁於議罷之後，[1]書難普惠，普惠據《禮》還答，鄭重三反，郁議遂屈。

[1]國子博士：官名。以教授生徒儒學，並應對殿堂，備咨詢顧問，隸國子祭酒，地位高於太學博士。北魏孝文帝太和十七年定爲從五品，二十三年定爲五品上。　李郁：人名。字永穆，趙郡平棘（今河北趙縣）人。北魏官吏、學者。見《北史》卷三三《李孝伯附李郁傳》。

轉諫議大夫，[1]澄謂普惠曰："不喜君得諫議，唯喜諫議得君。"

[1]諫議大夫：官名。隸屬集書省，掌諫諍議論。從四品下。

時靈太后父司徒胡國珍薨，[1]贈相國、太上秦公。[2]普惠以前世后父無太上之號，詣闕上疏，陳其不可，左右畏懼，莫敢爲通。會聞胡家穿壙下墳有盤石。乃密表曰："竊見故侍中、司徒胡公，[3]懷道含靈，實誕聖后，近樞克惟允之寄，居槐體論道之明。故以功餘九錫，[4]褒假鸞纛，[5]深聖上之加隆，極慈后之至愛，憲章天下，不亦可乎！而太上之號，竊謂未衷。何者？《禮記》曰：‘天無二日，土無二王，嘗禘郊社，尊無二上。’竊謂高

祖受禪於獻文皇帝，故仰尊爲太上皇，此因上上而生名也。皇太后稱令以繫敕下，蓋取三從之道，遠同文母，列於十亂，則司徒爲太上，恐乖繫敕之意。《易》曰：'困於上者，必反於下。'比剋吉定兆，而以淺改卜，群心悲惋，亦或天地神靈所以垂至戒，啓聖情。伏願停司徒逼同之號，從卑下不踰之稱，則天下幸甚。"

[1]靈太后：即北魏宣武帝皇后胡氏。靈爲其謚號。　司徒：官名。與太尉、司空並爲三公。一品。　胡國珍：人名。字世玉，安定臨涇（今甘肅鎮原縣）人。北魏外戚。見《北史》卷八〇《胡國珍傳》。

[2]相國：官名。北魏時不常置，位尊於丞相，職權品秩略同，非尋常人臣之職。

[3]侍中：官名。北魏時掌侍皇帝左右，贊導衆事，顧問應對。此職親近皇帝，掌權便利，時有宰相之實，六員。孝文帝太和二十三年定爲三品。

[4]故：殿本、四庫本、四部備要本作"胡"。按：疑形近而訛，今從底本。　九錫：古代天子賜給諸侯的九種器物：車馬、衣服、虎賁、樂則、納陛、朱户、弓矢、鈇鉞、秬鬯。天子賜九錫是給諸侯的最高禮遇。

[5]鸞（luán）纛（duò）：指天子用的大旗。

太后覽表，親至國珍宅，召集五品已上博議其事。任城王澄、太傅清河王懌、侍中崔光、御史中尉元匡、尚書崔亮並同有難，[1]普惠並以理正之，無所屈。廷尉少卿袁翻曰：[2]"《周官》：上公九命，上大夫四命，命數雖殊，同名爲上，何必上者皆是極尊。"普惠厲聲呵

翻曰："禮有下卿、上士，何止大夫與公。但今所行，以太加上，二名雙舉，不得非極。雕虫小藝，微或相許，至於此處，豈卿所及！"翻甚有慚色，默不復言。議者咸以太后當朝，志相黨順，遂奏曰："張普惠辭雖不屈，然非臣等所同。涣汗已流，請依前詔。"太后復遣元叉、賈璨宣令謂普惠曰：[3]"朕之所行，孝子之志；卿之所陳，忠臣之道。群公已有成議，卿不得苦奪朕懷。後有所見，勿得難言。"

[1]太傅：官名。爲輔政大臣。三國魏以後多爲元老重臣加官。北魏時爲三公之一。正一品。　清河王：封爵名。清河，郡名。北魏時治清河縣，在今山東臨清市東北。　懌：即元懌，人名。字宣仁。北魏宗室。見《北史》卷一九《清河王懌傳》。　崔光：人名。本名孝伯，北魏孝文帝賜名光，字長仁，東清河鄃（今山東淄博市）人。北魏官吏。見《北史》卷四四《崔光傳》。　御史中尉：官名。十六國時前燕始置。北魏時爲御史中丞之改稱，主御史臺，頗重其選。從三品。　元匡：人名。字建扶。北魏宗室。見《北史》卷一七《廣平王洛侯附東平王匡傳》。　尚書：官名。魏晋南北朝出爲朝官，分掌尚書省諸曹，後品秩提高，但不再直接向皇帝奏事、承受詔命，成爲行政官員。北魏孝文帝太和二十三年定爲三品。　崔亮：人名。字敬儒，清河東武城（今山東武城縣西北）人。北魏官吏。見《北史》卷四四《崔亮傳》。

[2]廷尉少卿：官名。北魏始置。爲廷尉卿次官。孝文帝太和十七年定爲三品上，二十三年定爲四品上。北齊時改爲大理少卿。　袁翻：人名。字景翔，陳郡項（今河南沈丘縣）人。北魏官吏。見《北史》卷四七《袁翻傳》。

[3]元叉：人名。字伯儁，小字夜叉。北魏宗室。見《北史》

卷一六《京兆王黎附元叉傳》。　賈璨：人名。字季宣，酒泉（今甘肅酒泉市）人。北魏宦官。孝明帝時，官至中常侍。見《北史》卷九二《賈粲傳》。璨，中華本本傳又作“粲”。

初，普惠被召，傳詔馳驛騮馬來，甚迅速，佇立催去。普惠諸子憂怖涕泗。普惠謂曰：“我當休明之朝，掌諫議之任，若不言所難言，諫所難諫，便是唯唯，曠官尸禄。人生有死，死得其所，夫復何恨。然朝廷有道，汝輩勿憂。”及議罷，旨勞還宅，親故賀其幸甚。

時中山杜弼遺書普惠曰：[1]“明侯深儒碩學，身負大才，執此公方，來居諫職，謇謇如也，諤諤如也。[2]一昨承在胡司徒第，當庭面諍，雖問難鋒至，而應對響出。宋城之帶始縈，魯門之柝裁警，[3]終使群后逡巡，庶僚拱默，雖不見用於一時，固已傳美於百代。聞風快然，敬裁此白。”普惠美其此書，每爲口實。

[1]中山：郡名。北魏時治盧奴縣，在今河北定州市。

[2]謇謇如也諤諤如也：形容忠正直言。謇謇，正直，誠實。諤諤，直言敢諫。

[3]宋城之帶始縈魯門之柝（tuò）裁警：宋國都城被暴溢的濉水環抱，難以攻破，見《吕氏春秋·察今篇》。縈帶，形容城池垣環水抱，形勢險要。魯國城門響起打更的梆子，聲聞邾國，起到了警示作用。見《左傳》哀公七年。柝，巡夜打更用的梆子。

普惠以天下人調，幅度長廣，尚書計奏，復徵綿麻，恐人不堪命。上疏曰：“伏聞尚書奏復綿麻之調，

遵先皇之軌。夙宵惟度，欣戰交集。仰惟高祖廢大斗，[1]去長尺，改重秤，所以愛萬姓，從薄賦。知軍國須綿麻之用，故云幅度之間，億兆應有綿麻之利，故絹上税綿八兩，布上税麻十五斤。萬姓得廢大斗，去長尺，改重秤，荷輕賦之饒，不適於綿麻而已。故歌舞以供其賦，奔走以役其勤。夫信行於上，則億兆樂輸於下。自兹已降，漸漸長闊，百姓嗟怨，聞於朝野。伏惟皇太后未臨朝之前，陛下居諒闇之日，[2]宰輔不尋其本，[3]知天下之怨綿麻，不察其幅廣、度長、秤重、斗大，革其所弊，存其可存，而特放綿麻之調，以悦天下之心。此謂悦之不以道，愚臣所以未悦者也。”[4]

[1]高祖：即北魏皇帝元宏。高祖爲其廟號。

[2]諒闇：爲天子、諸侯居喪之稱。

[3]宰輔：輔政的重臣。

[4]此謂悦之不以道愚臣所以未悦者也：源氏校勘記云：“‘此’下《魏書》有‘所’字。”中華本校勘記云：“按《魏書》此疏下文尚有大段文字，論不改長尺、重秤、大斗而欲恢復綿麻之調之非。張普惠此疏主要是反對恢復綿麻之調，《北史》衹録前半，尚未轉入本題，删節殊爲不當。”可從。

普惠又表乞朝直之日，時聽奉見。自此之後，月一陛見。又以孝明不親視朝，[1]過崇佛法，郊廟之事，多委有司，上疏曰：“伏惟陛下重暉纂統，欽明文思，天地屬心，百神佇望。伏願躬致郊廟之虔，親紆朔望之澤，釋奠成均，竭心千畝，明發不寐，潔誠禋祼，[2]孝

弟可以通神明，德教可以光四海。然後精進三寶，信心如來。道由化深，故諸漏可盡；法隨禮積，故彼岸可登。量撤僧寺不急之華，還復百官久折之秩。[3]已興之構，務從簡成；將來之造，權令停息。但仍舊貫，亦何必改作。庶節用愛人，法俗俱賴。”尋别敕付外，議釋奠之禮。

[1]孝明：即北魏皇帝元詡。孝明爲其謚號。

[2]潔：毛本、殿本、四庫本、局本、四部備要本作“絜”。按：“絜”古同“潔”。　禋祼：禋祀時酌酒灌地以祈神。

[3]官：底本作“宫”，中華本校勘記云：“諸本‘官’訛作‘宫’，據《魏書》改。”今從改。

時史官剋日蝕，豫敕罷朝。普惠以逆廢非禮，上疏陳之。又表論時政得失：一曰審法度，平斗尺，租調務輕，賦役務省。二曰聽輿言，察怨訟，先皇舊事有不便於政者，請悉追改。三曰進忠謇，退不肖，任賢勿貳，去邪勿疑。四曰興滅國，繼絶世，勳親之胤，所宜收叙。

書奏，孝明、靈太后引普惠於宣光殿，[1]隨事難詰。延對移時，太后曰：“小小細務，一一翻動，更成煩擾。”普惠曰：“聖上之養庶物，若慈母之養赤子，今赤子幾臨危壑，將赴水火，以煩勞而不救，豈赤子所望於慈母！”太后曰：“天下蒼生，寧有如此苦事？”普惠曰：“天下之親懿，莫重於太師彭城王，[2]然遂不免枉死。微細之苦，何可得無？”太后曰：“彭城之苦，吾已封其三

子，何足復言。”普惠曰：“聖后封彭城之三子，天下莫不忻至德，知慈母之在上。臣所以重陳者，凡如此枉，乞垂聖察。”太后曰：“卿云興滅繼絶，意復誰是?”普惠曰：“昔淮南逆終，[3]漢文封其四子，[4]蓋骨肉之不可棄，親親故也。竊見咸陽、京兆，乃皇子皇孫，一德之虧，自貽悔戾，沈淪幽壤，緬焉弗收，豈是興滅繼絶之意?”[5]太后曰：“卿言有理，當命公卿博議。”

[1]宣光殿：在今河南洛陽東北。

[2]彭城王：封爵名。彭城，郡名。北魏時治彭城縣，在今江蘇徐州市。此指元勰。見《北史》卷一九《彭城王勰傳》。

[3]淮南逆終：指漢文帝之弟、淮南王劉長謀逆。

[4]漢文：即漢朝皇帝劉恒。文爲其謚號。

[5]豈是興滅繼絶之意：底本“豈”下有“不”字，中華本校勘記云：“諸本“豈”下衍“不”字，與上文文意不符，今據《魏書》刪。”今從改。

及任城王澄薨，普惠荷其恩待，朔望奔赴，至於禫除，[1]雖寒暑風雨，無不必至。初，澄嘉賞普惠，臨薨啓爲尚書右丞。[2]靈太后既深悼澄，覽啓從之。詔行之後，尚書諸郎以普惠地寒，[3]不應便居管轄，相與爲約，並欲不放上省，紛紜多日乃息。

[1]禫除：舉行祭禮除去喪服。

[2]尚書右丞：官名。東漢始置，爲尚書臺佐貳官，居尚書左丞下。魏晉南朝時爲尚書省佐官，位次尚書，與左丞共掌尚書省庶務。右丞又掌尚書省庫藏廬舍，凡兵七百工名籍、内外庫藏穀帛、

刑獄訴訟。田地、州郡縣長官免贈等文書奏事皆屬之。北魏略同。太和十七年定爲四品中，二十三年改爲從四品。

[3]地寒：門第寒微。

正光二年，詔遣楊鈞送蠕蠕主阿那瓌還國。[1]普惠謂遣之將貽後患，上疏極言其不可，表奏不從。魏子建爲益州刺史，[2]有贓罪，[3]普惠被使驗之，事遂得釋，故子建父子甚德之。時梁西豐侯正德詐稱降款，[4]朝廷頗事當迎。普惠請付楊州，移還蕭氏，不從。俄而正德果逃還。後除光禄大夫，[5]右丞如故。

[1]楊鈞：人名。弘農華陰（今陝西華陰市東南）人。北魏官吏。見《北史》卷四一《楊敷傳》。　蠕蠕：又作“芮芮”“茹茹”“柔然”。見《北史》卷九八《蠕蠕傳》。　阿那瓌：人名。北魏時柔然可汗。見《北史·蠕蠕傳》。

[2]魏子建：人名。字敬忠，鉅鹿下曲陽（今河北晋州市）人。北魏官吏。見《北史》卷五六《魏收附魏子建傳》。　益州：北魏時治晋壽縣，在今四川廣元市。

[3]贓：貪污。

[4]西豐侯：封爵名。西豐，縣名。治所在今江西臨川市西南。　正德：即蕭正德，人名。字公和，南蘭陵（一説在今江蘇常州市，一説在今江蘇丹陽市）人。南朝梁宗室，臨川王蕭宏第三子。見《梁書》卷五五《臨賀王正德傳》。

[5]光禄大夫：官名。北魏時多授予年老有病的致仕官員，無具體職掌。三品。

先是仇池武興郡氐數反，[1]西垂郡戍，租運久絶，

詔普惠以本官爲持節、西道行臺，[2]給秦、岐、涇、華、雍、豳、東秦七州兵武三萬人，[3]任其召發，送南秦、東益二州兵租，[4]分付諸戍。其所部將統，聽於關西牧守之中隨機召遣。[5]軍資板印之屬，悉以自隨。事訖還朝，賜絹布一百段。時詔訪冤屈，普惠上疏，多所陳論。

[1]仇池：代指氐人楊氏所建立的仇池國。　武興：郡名。北魏時治武興縣，在今陝西略陽縣。　氐：西晋末曾建立仇池、前秦、後凉等政權。見《北史》卷九六《氐傳》。

[2]行臺：官名。指行臺尚書，爲行臺長官。北魏初曾在鄴及中山置行臺，以尚書爲長官，執掌當地的軍政事務。旋罷。孝明帝正光末，在各地陸續設立行臺主管當地軍務，遂成爲常設的地方行政機構。

[3]秦：州名。北魏時治上封城，在今甘肅天水市。　岐：州名。北魏時治雍縣，在今陝西鳳翔縣東南。　涇：州名。北魏時治安定縣，在今甘肅涇川縣北。　華：州名。北魏獻文帝皇興二年（468）置，治定安縣，在今甘肅寧縣。孝文帝延興二年（472）改置三縣鎮。太和十一年又置華州，治李潤堡，在今陝西蒲城縣東北。宣武帝永平三年（510）移治華陰縣，在今陝西大荔縣。　豳（bīn）：州名。北魏時治定安縣，在今甘肅寧縣。　東秦：州名。北魏時治杏城，在今陝西黄陵縣西南。

[4]南秦：州名。北魏時治洛谷城，在今甘肅西和縣洛峪鎮。　東益：州名。北魏時治武興縣，在今陝西略陽縣。

[5]牧守：官名。指州牧、太守，亦爲地方官的代稱。

出除東豫州刺史。[1]淮南九戍十三郡，[2]猶因梁前

弊，别郡異縣之人錯雜居止。普惠乃依次括比，省减郡縣，上表陳狀，詔許之。宰守因此，[3]綰攝有方，奸盗不起，人以爲便。

[1]東豫州：北魏時治廣陵城，在今河南息縣。
[2]淮：即今淮河。
[3]宰守：指地方行政長官。

普惠不營財業，好有進舉，敦於故舊。冀州人侯堅固少時與其游學，[1]早終，其子長瑜，普惠每於四時請禄，無不减贍，給其衣食。及爲豫州，[2]啓長瑜解褐，[3]攝其合門拯給之。在州卒，謚曰宣恭。

[1]冀州：北魏時治信都縣，在今河北冀州市。
[2]豫州：北魏時治懸瓠城，在今河南汝南縣。
[3]解褐：脱去布衣擔任官職。猶言入仕。

成淹，字季文，上谷居庸人也。[1]好文學，有氣尚。仕宋爲員外郎，[2]領軍主，[3]援東陽、歷城。[4]皇興中，[5]降慕容白曜，[6]赴闕，授兼著作佐郎。[7]時獻文於仲冬月欲巡漠北，[8]朝臣以寒甚固諫，並不納。淹上《接輿釋游論》，帝覽之，詔尚書李訢曰：[9]"卿諸人不如成淹論，通釋人意。"乃敕停行。

[1]上谷：郡名。北魏時治居庸縣，在今北京延慶縣。　居庸：縣名。治所在今北京延慶縣。

[2]員外郎：官名。員外散騎侍郎的省稱。爲閑散之職，常用以安置閑退官員、衰老人士。

[3]軍主：官名。南北朝置。爲軍的主將，其下設有軍副。所統兵員無定數，同時根據所統率的軍隊性質和任務不同冠以各種名稱，例如水軍主、游蕩軍主等。

[4]東陽：城名。在今山東青州市。　歷城：在今山東濟南市。

[5]皇興：北魏獻文帝的年號（467—471）。

[6]慕容白曜：人名。昌黎棘城（今遼寧北票市章吉營子鄉三官營子村）人，鮮卑族。北魏官吏。見《北史》卷二五《慕容白曜傳》。

[7]著作佐郎：官名。協助著作郎修撰國史及起居注。北魏孝文帝太和十七年定爲從五品上，二十三年定爲七品。

[8]獻文：即北魏皇帝拓跋弘。獻文爲其謚號。

[9]李訢：人名。字元盛，小名真奴，范陽（今河北涿州市）人。北魏官吏。爲文明太后寵愛。見《北史》卷二七《李訢傳》。

太和中，文明太后崩，[1]齊遣其散騎常侍裴昭明、散騎侍郎謝竣等來弔，[2]欲以朝服行事。主客不許，昭明等執志不移。孝文敕尚書李沖選一學識者更與論執。[3]沖奏遣淹。昭明言："不聽朝服行禮，義出何典？"淹言："玄冠不弔，童孺共聞。昔季孫將行，[4]請遭喪之禮，千載之下，猶共稱之。卿方謂義出何典，何其異哉！"昭明言："齊高帝崩，魏遣李彪通弔，初不素服，齊朝亦不爲疑。"淹言："彪通弔之日，朝命以弔服自隨。彼不遵高宗追遠之慕，乃踰月即吉。齊之君臣，皆已鳴玉盈庭，[5]彪行人，[6]何容獨以衰服間衣冠之中？[7]我皇處諒闇以來，百官聽於冢宰，卿豈得以此方彼也？"

昭明乃摇膝而言曰：“三皇不同禮，亦安知得失所歸。”淹言：“若如來談，卿以虞舜、高宗爲非也?”昭明相顧笑曰：“非孝者，宣尼有成責，[8]行人亦弗敢言。使人唯賫袴褶，不可以弔，幸借衣帢，[9]以申國命。今爲魏朝所逼，還南日，必得罪本朝。”淹言：“彼有君子也，卿將命折中，[10]還南日，應有高賞。若無君子也，但令有光國之譽，雖非理得罪，亦復何嫌。南史、董狐，自當直筆。”[11]既而敕送衣帢給昭明等，明旦引入，皆令文武盡哀。後正佐郎。

[1]文明：即北魏文成帝皇后馮氏。文明爲其謚號。

[2]散騎常侍：官名。三國時魏置散騎，合於中常侍，謂之散騎常侍。南朝屬集書省，職掌侍從左右，圖書文翰、諫諍拾遺，收納轉呈文書奏事等。　裴昭明：人名。南朝齊官吏。歷任通直郎、散騎常侍。孝文帝太和中，數度奉命出使北魏。　散騎侍郎：官名。三國時魏置。南朝復置，屬集書省，掌文學侍從、諫諍糾劾，收納奏章，地位較輕。

[3]李沖：人名。一名思沖，字思順，隴西狄道（今甘肅臨洮縣）人。北魏官吏。見《北史》卷一〇〇《涼武昭王李暠附李沖傳》。

[4]季孫：春秋時魯國貴族。魯文公時任大夫。

[5]鳴玉盈庭：指朝堂之上布滿了身穿朝服、腰佩玉飾的文武百官。鳴玉，古代貴族、官員佩在腰間的玉飾，行走時相擊發聲。

[6]行人：官名。掌出使諸侯及屬國。

[7]衰服：指喪服。

[8]宣尼：孔子的謚號。此處代指孔子。

[9]衣帢：毛本、四庫本、局本、四部備要本作“緇衣帢”。

[10]卿將命折中：底本無“命”字，源氏校勘記云：“‘將’下《魏書》有‘命’字。”中華本校勘記云：“諸本脱‘命’字，據《魏書》卷七九《成淹傳》補。”今從改。

[11]南史：亦稱南史氏。春秋時齊國史官。齊正卿崔杼殺莊公，太史如實記載，崔杼殺之。太史之弟繼而書之，亦被殺。南史氏聞之，執簡以往，聞已書，乃歸。　董狐：人名。亦稱史狐。春秋時晉國太史。孔子稱其爲古之良史。

其後齊遣其散騎常侍庾蓽、散騎侍郎何憲、主書邢宗慶等來聘，[1]孝文敕淹接於外館。宗慶語淹言：[2]“南北連和既久，而比棄信絶好，爲利而動，豈是大國善鄰之義？”淹言：“夫爲王者不拘小節，豈得眷眷守尾生之信！[3]且齊先主歷事宋朝，當應便爾欺奪？”宗慶、庾蓽及從者皆相顧失色。何憲知淹昔從南入，以手掩目曰：“卿何不作于禁而作魯肅。”[4]淹言：“我捨逆効順，欲追蹤陳、韓，何于禁之有！”憲亦不對。

[1]庾蓽：人名。字休野，新野（今河南新野縣）人。南朝齊官吏。見《南史》卷四九《庾杲之附庾蓽傳》。　何憲：人名。字子思，廬江灊縣（今安徽霍山縣東北）人。南朝齊官吏。齊武帝永明十年（492）使於北魏。見《南史》卷四九《王諶附何憲傳》。

[2]淹：四庫本作“俺”。按：“淹”指成淹，上文已提到，四庫本誤，今從底本。

[3]尾生：尾生曾與女子相約在橋下會面，女子未到而大水却來了，他仍抱住橋柱不離開，被淹死。見《莊子·盜跖》。

[4]魯肅：底本作“王肅”，源氏校勘記改“王”作“魯”。中華本校勘記云：“諸本‘魯’作‘王’。《魏書》作‘魯’。按庾蓽、

何憲等使魏在太和十六年，王肅降魏在太和十七年，何憲豈能預知其降而爲此語？若指曹魏時之王肅，則事迹不類。三國時于禁爲魏將，降於關羽，羽敗入吴，後仍歸魏。魯肅北人，而仕於吴。故何憲以此二人爲喻。作‘王肅’當是涉下文而誤。今從《魏書》改。”今從改。

王肅之至，[1]鑾輿行幸，肅多扈從，敕淹將引，若有古迹，皆使知之。行到朝歌，[2]肅問：“此是何城？”淹言：“紂都朝歌城。”肅言：“故應有殷之頑人。”淹言：“昔武王滅紂，悉居河洛，[3]中因劉、石亂華，[4]仍隨司馬東度。”[5]肅知淹寓青州，[6]乃笑謂曰：“青州何必無其餘種。”淹以肅本隸徐州：[7]“若言青州，本非其地，徐州間今日重來，非所知也。”肅遂伏馬上掩口笑，顧謂侍御史張思寧曰：[8]“向聊因戲言，遂致辭溺。”思寧馳馬以聞，孝文大悦，謂彭城王勰曰：“淹此段足爲制勝。”輿駕至洛，肅因侍宴，帝戲肅曰：“近者行次朝歌，聞成淹共卿殊有往復，卿試重叙之。”肅言：“臣於朝歌失言，一之已甚，豈宜再説。”遂大笑。肅又言淹才詞，宜應叙進。帝言：“若因此進淹，恐辱卿轉甚。”肅言：“臣屈己達人，正可顯臣之美。”帝曰：“卿爲人所屈，欲求屈己之名，復於卿大優。”肅言：“淹既蒙進，臣得屈己申人，此所謂陛下惠而不費。”遂酣笑而止。賜淹龍廐上馬一疋，并鞍勒宛具，朝服一襲。轉謁者僕射。[9]

[1]王肅：人名。字恭懿。琅邪臨沂（今山東臨沂市）人。北

魏官吏。見《北史》卷四二《王肅傳》。

[2]朝歌：都城名。在今河南滑縣西南淇門渡。

[3]河洛：地名。在今河南洛陽市。

[4]劉石亂華：指劉淵與石勒在西晋末年起兵反叛。

[5]司馬：指西晋宗室司馬睿。西晋末年司馬睿南遷，後建立東晋政權，爲晋元帝。

[6]青州：北魏時治東陽城，在今山東青州市。

[7]徐州：北魏時治彭城縣，在今江蘇徐州市。

[8]侍御史：官名。亦簡稱御史、侍御。北魏時於分曹治事外，亦奉命監國，督察巡視州郡，收捕官吏，宣示詔命。又置監軍侍御史監察軍政。孝文帝太和十七年定爲從五品中，二十三年定爲八品。　張思寧：人名。北魏官吏。爲謁者，孝文帝太和初，隨盧昶出使南朝齊，遭酷遇，死於客館中。

[9]謁者僕射：官名。南北朝時爲謁者臺長官，掌大拜授及百官朝會班次，或奉命出使，職權較漢輕。北魏孝文帝太和十七年定爲從四品上，二十三年定爲六品上。

時遷都，帝以淹家貧，敕給事力，送至洛陽，使與家累相隨。[1]及車駕濟淮，敕徵淹，淹於路左請見，曰："敵不可小，願聖明保萬全之策。伏聞發洛已來，[2]諸有諫者，解官奪職，恐非聖明納下之義。"帝優而容之。帝幸徐州，敕淹與閭龍駒專主舟楫，將汎泗入河，泝流還洛。軍次碻磝，[3]淹以黄河浚急，慮有傾危，乃上疏陳諫。帝敕淹曰："朕以恒、代無運漕之路，[4]故京邑人貧。今移都伊、洛，[5]欲通運四方。黄河急浚，人皆難涉，我因此行乘流，所以開百姓之心。知卿誠至而不得相納。"賜驊騮馬一疋，衣冠一襲。除羽林監、主

客令。[6]

[1]家累：家眷。

[2]洛：殿本、四部備要本作“落”。按：疑字形相近而訛。今從底本。

[3]碻磝：城名。在今山東茌平縣西南。

[4]恒：州名。北魏時治平城，在今山西大同市東北。　代：郡名。北魏時治平城，在今山西大同市東北（參李憑《北魏平城時代》，上海古籍出版社 2014 年版）。

[5]伊：洛水支流。源出今河南欒川縣伏牛山麓，東北流至偃師市南入洛水。　洛：即今河南洛河。

[6]主客令：官名。北魏中期改主客尚書爲此稱，掌接待諸蕃雜客等事。

于時宫殿初構，[1]運材日有萬計，伊、洛流澌，若於厲涉。淹遂啓求敕都水造浮航。[2]帝賞納之，意欲榮淹於衆，朔旦受朝，百官在位，乃賜帛百疋，知左右二都水事。[3]景明三年，[4]出除平陽太守。[5]還朝，病卒，贈光州刺史，[6]謚曰定。

[1]宫殿：底本“殿”作“極”，諸本作“殿”。按文意應爲“殿”，今從諸本改。

[2]都水：官署名。主修護水利設施或收取漁税。

[3]左右二都水：即左都水和右都水。掌水利事務。

[4]景明：北魏宣武帝的年號（500—503）。

[5]平陽：郡名。北魏時治白馬城，在今山西臨汾市。

[6]光州：北魏時治掖縣，在今山東萊州市。

子霄，字景鸞，好爲文詠，坦率多鄙俗。與河東姜質等朋游相好，[1]詩賦間起，知音之士所共嗤笑。卒於書侍御史。[2]

[1]河東：郡名。北魏時治蒲坂縣，在今山西永濟市西南蒲州鎮。

[2]書侍御史：官名。治書侍御史的省稱。魏晋南北朝時爲御史中丞佐貳，御史臺要職，置二至四員，分領侍御史諸曹，監察、彈劾較高級官員，亦奉命出使，收捕犯官等。南朝不爲世族所重，而在北朝威權甚重。北魏孝文帝太和十七年定爲五品上，二十三年改爲六品上。

范紹，字始孫，燉煌龍勒人也。[1]少聰敏，年十二，父命就學，師事崔光。以父憂廢業，母又誡之曰："汝父卒日，令汝遠就崔生，希有成立。今已過期，宜遵成命。"紹還赴學。太和初，充太學生，轉筭生，[2]頗涉經史。孝文選爲門下通事令史，[3]遷録事，[4]掌奏文案。帝善之，又爲侍中李沖、黄門崔光所知。[5]帝曾謂近臣曰："崔光從容，范紹之力。"

[1]燉煌：郡名。北魏時治敦煌縣，在今甘肅敦煌市西。　龍勒：縣名。治所在今甘肅敦煌市西南南湖鎮破城子。

[2]筭生：又作"算生"。官名。北魏諸官掌屬吏，掌計算。孝文帝太和十七年定爲從八品下。

[3]門下通事令史：官名。北魏置，掌納奏文案。

[4]録事：官名。録事掾的省稱。掌勾稽文書，爲軍府屬吏。

[5]黄門：官名。黄門侍郎的簡稱。魏晋南北朝時爲侍中省或

門下省次官，與侍中俱掌陰下衆事，地位隨皇帝旨意或侍中地位而上下。北魏孝文帝太和十七年定爲三品中，二十三年改爲四品上。

後朝廷有南討計，發河北數州田兵，通緣淮戍兵合五萬餘人，廣開屯田，八座奏紹爲西道六州營田大使，[1]加步兵校尉。紹勤於勸課，頻歲大獲。又詔與都督、中山王英論攻鐘離，[2]紹觀其城隍，恐不可陷，勸令班師，英不從。紹還，具以狀奏聞，俄而英敗。後歷位并州刺史、太常卿。[3]莊帝初，[4]遇害河陰。

[1]八座：又稱八坐。爲高級官員的合稱。魏晋至隋用以稱尚書令、左右僕射、諸曹尚書，無論共有幾人，皆沿此稱。北魏時以八座參議軍國大事。　營田大使：官名。北魏設。掌管軍士屯田事務。非常職。

[2]都督：官名。爲領兵將帥。　英：即元英，人名。字虎兒。北魏宗室、將領。見《北史》卷一八《南安王楨附中山王英傳》。　鐘離：城名。在今安徽鳳陽縣東北。

[3]并州：北魏時治晋陽縣，在今山西太原市西南。　太常卿：官名。太常的尊稱。主管祭祀社稷、宗廟和朝會、喪葬禮儀，兼管文化教育。北魏孝文帝太和十七年定爲從一品下，二十三年定爲三品。

[4]莊帝：即北魏皇帝元子攸。莊爲其謚號。

劉桃符，中山盧奴人也。[1]生不識父，九歲喪母。性恭謹，好學。舉孝廉，射策甲科。[2]歷碎職，[3]累遷中書舍人，[4]以勤明見知。久不遷職，宣武謂曰："揚子雲爲黄門，[5]頓歷三世。卿居此任始十年，不足辭也。"

[1]盧奴：縣名。治所在今河北定州市。

[2]射策甲科：指考中進士。射策爲漢代選官考試制度，由考官出試題，寫在簡策上，按難易分甲乙科置案上，由應試者取答。考官按題目難易和内容優劣定等次。上者爲甲，次者爲乙。

[3]碎職：指卑微的官職。

[4]中書舍人：官名。中書省屬官。北朝專掌草擬詔令，出納之職由門下省分任。北魏孝文帝太和十七年定爲六品上，二十三年定爲六品下。

[5]揚子雲：人名。即揚雄。字子雲，蜀郡成都（今四川成都市）人。見《漢書》卷八七《揚雄傳》。

東豫州刺史田益宗居邊貪穢，[1]宣武頻詔桃符慰喻之。桃符還，具稱益宗老耄，而諸子非理處物。宣武後欲代之，恐其背叛，拜桃符東豫州刺史，[2]與後將軍李世哲領衆襲益宗。[3]語在《益宗傳》。桃符善恤蠻左，爲人吏所懷。久之，徵還。病卒，贈洛州刺史。[4]

[1]田益宗：人名。光城（今河南商城縣東）人。原爲蠻族首領，孝文帝太和十七年，降於北魏。先後賜爵光城縣伯、安昌縣伯、曲陽縣伯等，歷南司州刺史、東豫州刺史等職。見《北史》卷三七《田益宗傳》。

[2]東豫州：源氏校勘記云："《魏書》無'東'字。"豫州，北魏時治懸瓠城，在今河南駐馬店市汝南縣汝寧街。

[3]後將軍：官名。北魏時爲軍府名號，用作加官。孝文帝太和十七年定爲從二品上，二十三年定爲三品。　李世哲：人名。頓丘（今河南清豐縣西南）人。北魏官吏。見《北史》卷四三《李崇附李世哲傳》。

[4]洛州：北魏明元帝泰常八年（423）置，治洛陽，在今河南洛陽市東北。孝文帝太和十八年改荆州而置，治上洛城，在今陝西商洛市城區。

鹿悆，字永吉，濟陰乘氏人也。[1]祖壽興，沮渠氏庫部郎。[2]

[1]濟陰：郡名。北魏時治定陶縣，在今山東定陶縣西北。乘氏：縣名。治所在今山東菏澤市。

[2]沮渠氏：指十六國時盧水胡沮渠部。後建立北凉政權。庫部郎：官名。即庫部曹郎。三國魏設，庫部曹主官，掌武器戎仗庫藏及政令。歷朝因之。

父生，再爲濟南太守，[1]有政績。獻文嘉其能，特徵赴季秋馬射，賜以驄馬，加以青服，彰其廉潔。時三齊始附，[2]人懷苟且，蒲博終朝，頗廢農業。生立制斷之，聞者嗟善。後卒於淮陽太守，[3]追贈兖州刺史。[4]

[1]濟南：郡名。北魏時治歷城縣，在今山東濟南市。

[2]三齊：地區名。指今山東東部、北部。秦、漢之際項羽以齊國故地封田都爲齊王，都臨淄，在今山東淄博市東北；田市爲膠東王，都即墨，在今山東平度市東南；田安爲濟北王，都博陽，在今山東泰安市東南，合稱三齊。

[3]淮陽：郡名。北魏時治綏化縣，在今江蘇盱眙縣東北。

[4]兖州：北魏孝文帝太和十八年改東兖州置，治瑕丘城，在今山東兖州市新驛鎮東頓村南。

悆好兵書、陰陽、釋氏之學，彭城王勰召爲館客。嘗詣徐州，馬疲，附船而至大梁。[1]夜睡，從者上岸，竊禾四束飼馬。船行數里，悆覺，即停船至取禾處，以縑三丈置禾束下而反。

[1]大梁：城名。在今河南開封市西北。

初爲真定公元子直國中尉，[1]恒勸以忠廉之節。嘗賦五言詩曰："嶧山萬丈樹，[2]雕鏤作琵琶，由此材高遠，絃響藹中華。"又曰："援琴起何調？幽蘭與白雪，絲管韻未成，莫使絃響絶！"子直少有令問，悆欲其善終，故以諷焉。後隨子直鎮梁州，[3]州有兵糧和糴，和糴者靡不潤屋，悆獨不取。子直强之，終不從。

[1]真定公：封爵名。真定，縣名。治所在今河北正定縣南。　元子直：人名。字方言。北魏宗室、官吏。見《魏書》卷二一下《彭城王勰附元子直傳》。毛本、四庫本、局本、四部備要本作"子直"。　中尉：官名。漢設，爲諸王國屬官，掌捕盗賊。北魏沿置。七品。

[2]嶧山：又作"鄒山"。在今山東鄒城市東南。

[3]梁州：北魏時治南鄭縣，在今陝西漢中市東。

孝莊爲御史中尉，悆兼殿中侍御史，監臨淮王彧軍。[1]時梁遣其豫章王綜據徐州，[2]綜密信通彧，云欲歸款。衆議謂不然，悆遂請行，曰："綜若誠心，與之盟約；如其詐也，豈惜一人命乎！"時徐州始陷，邊方騷

擾，綜部將成景儁、胡龍牙並總强兵，内外嚴固。悆遂單馬間出，徑趣彭城。[3]未至之間，爲綜軍主程兵潤所止，問其來狀。悆曰："我爲臨淮王所使。"兵潤遣人白龍牙等。綜既有誠心，聞悆被執，語景儁等曰："我每疑元略規欲叛城，[4]將驗虚實，且遣左右爲元略使，入魏軍中唤彼一人，其使果至。可令人詐作略身，在一深室，託爲患狀，呼使户外，令人傳語。"時略始被梁武追還。綜又遣腹心人梁話迎悆，密語意狀，令善酬答。引悆詣龍牙所。龍牙語悆曰："元中山甚欲相見，故令唤卿。"又曰："安豐、臨淮，將少弱卒，規復此城，容可得乎？"悆曰："彭城，魏之東鄙，勢在必争，可否在天，非人所測。"龍牙曰："當如卿言。"復詣景儁住所，停悆外門，久而未入。時夜已久，有綜軍主姜桃來與悆言，謂曰："元法僧，[5]魏之微子，拔城歸梁，梁主待物有道。"[6]乃上指曰："今歲星在斗，吴之分野，君何不歸梁國？"悆答曰："法僧，莒僕之流，[7]而梁納之，無乃有愧於季孫也！今月建鶉首，[8]斗牛受破，歲星木也，逆而剋之，吴國敗喪不久。且衣錦夜游，有識不許。"言未盡，乃引入見景儁。景儁良久謂曰："卿不爲刺客也？"答曰："今者爲使，欲反命本朝，相刺之事，更卜後圖。"爲設食，悆强飲多食，向敵數人，微自夸矜。諸人相謂曰："壯哉！"乃引向元略所，一人引入户，指牀令坐。一人别在室中出，謂悆曰："中山王有教：'我昔有以南，且遣相唤，欲問卿事。[9]晚來患動，不獲相見。'"悆遂辭而退。須臾天曉，綜軍主范勗、景儁司馬

楊膘等競問北朝士馬多少，[10]悆陳士馬之盛。尋而與梁話盟契訖。未旬，綜降。詔封悆定陶縣子，除員外散騎常侍。[11]

［1］臨淮王：封爵名。臨淮，郡名。北魏時治赤坎城，在今安徽懷遠縣西北。　彧：即元彧，人名。字文若，本名亮，字仕明。北魏宗室。見《北史》卷一六《臨淮王譚附元彧傳》。

［2］豫章王：封爵名。豫章，郡名。南朝梁時治南昌縣，在今江西南昌市。　綜：即蕭綜，人名。字世謙，南蘭陵（一説在今江蘇常州市，一説在今江蘇丹陽市）人。南朝梁宗室，後降北魏。見《梁書》卷五五《豫章王綜傳》。

［3］彭城：縣名。治所在今江蘇徐州市。

［4］元略：人名。字儁興。北魏宗室。元英之子。兄元熙敗，後至南朝梁。梁武帝封其爲中山王。徐州刺史元法僧南叛，以其爲大都督。後死於河陰之難。見《北史》卷一八《南安王楨附東平王略傳》。

［5］元法僧：人名。北魏宗室。孝明帝孝昌元年（525）反叛，自稱宋王。北魏大軍來討，南奔，死於梁朝。見《北史》卷一六《陽平王熙附元法僧傳》。

［6］梁主：毛本、殿本、四庫本、局本、四部備要本作“梁王”。按：疑形近而訛，今從底本。

［7］莒僕：人名。春秋時莒國太子。僕貪暴無禮，與國人殺其父莒紀公，奔魯。魯宣公在接受其送來的寶玉以後，欲封邑與之，遭到季文子的反對，並將其逐出魯國。

［8］鶉首：星次名。指朱鳥七宿中的井宿和鬼宿。

［9］欲問卿事：中華本校勘記云：“《魏書》卷九七《鹿悆傳》、《通鑑》卷一五〇作‘欲聞鄉事’。按‘鄉事’指北魏事，元略北魏宗室，故云。‘卿’當是‘鄉’之訛。”可從。

[10]軍主：毛本、局本作“軍王”。按：無“軍王”之職，今從底本。　瞟：中華本作“嘌”。未詳孰是。

[11]員外散騎常侍：官名。掌規諫，不典事，屬門下省。三品上。

永安中，爲右將軍、給事黄門侍郎，[1]進爵爲侯。雖任居通顯，志在謙退，迎送親賓，加於疇昔。而自無屋宅，常假賃居止，布衣糲食，寒暑不變。孝莊嘉其清潔，時復賜以錢帛。

[1]給事黄門侍郎：官名。北魏時兼有黄門侍郎之職掌，與侍中俱掌門下省之事，爲門下省長官。孝文帝太和二十三年定爲四品上。

及東徐城人吕文欣殺刺史元大賓，[1]南引梁人，詔悆以使持節、散騎常侍、安東將軍爲六州大使，[2]與行臺樊子鵠討破之。[3]悆又購斬文欣。還，拜金紫光禄大夫，[4]兼尚書右僕射、東南道三徐行臺。[5]與都督賀拔勝等拒尒朱仲遠，[6]軍敗還京。

[1]東徐：州名。北魏時治下邳城，在今江蘇睢寧縣古邳鎮北側。

[2]安東將軍：官名。四安將軍之一。北魏時爲出鎮某一地區的軍事長官，或作爲州刺史兼理軍務時的加官。三品。

[3]樊子鵠：人名。代郡平城（今山西大同市東北）人。北魏官吏。見《北史》卷四九《樊子鵠傳》。

[4]金紫光禄大夫：官名。北魏時其禄賜、班位、車服、佩玉

等所賜皆與特進同。爲加官者，唯假章綬、禄賜、班位，不别給車服、吏卒。從二品。

[5]尚書右僕射：官名。北魏時列位宰相，掌都省庶務、執法及選舉。孝文帝太和十七年定爲從一品中，二十三年定爲從二品。諸本作“尚書右僕射”。《魏書》卷七九《鹿悆傳》作“尚書左僕射”。未詳孰是。　三徐：北魏時以彭城爲徐州，下邳爲東徐州，琅邪爲北徐州，是爲三徐。

[6]賀拔勝：人名。字破胡，神武尖山（今山西神池縣）人。北魏、西魏名將。見《北史》卷四九《賀拔允附賀拔勝傳》。　尒朱仲遠：人名。北秀容（今山西朔州市）人，契胡族。北魏、北齊大臣。見《北史》卷四八《尒朱榮附尒朱仲遠傳》。

天平中，[1]除梁州刺史。時滎陽人鄭榮業反，[2]圍州城，城降，榮業送悆於關西。

[1]天平：東魏孝静帝的年號（534—537）。

[2]滎陽：郡名。北魏時治滎陽縣，在今河南滎陽市。

張燿，[1]字景世，自云南陽西鄂人也。[2]仕魏，累遷步兵校尉。永寧寺塔大興，[3]經營務廣。靈太后曾幸作所，凡有顧問，燿敷陳指畫，無所遺闕，太后善之。後爲别將，[4]以軍功封長平男。[5]歷岐、東荆州刺史。[6]

[1]張燿（yào）：中華本校勘記云：“《魏書》卷七九本傳‘燿’作‘熠’。”未詳孰是。

[2]南陽：郡名。北魏時治宛縣，在今河南南陽市。　西鄂：縣名。治所在今河南南陽市北。

[3]永寧寺：一名永安寺。在今河南洛陽市。

[4]别將：官名。秦漢時泛指率領部分兵力與主力分道而進的次要將領。北魏中葉以後，出兵之制，軍之統帥爲都督，與主力分道而行爲之輔翼的將領。初稱別道都將，後遂沿用此稱，逐漸成爲一級統兵武官名稱。開始權任較重，約相當於刺史，位在統軍之上。後期戰亂，地位漸低。

[5]長平男：封爵名。長平，縣名。治所在今山西晋城市東北。

[6]東荆州：北魏時治沘陽縣，在今河南泌陽縣。

天平初，遷鄴草創，[1]右僕射高隆之、吏部尚書元世儁奏曰：[2]"南京宫殿毁撤送都，[3]連筏竟河，首尾大至，自非賢明一人，專委受納，則恐材木耗損，有闕經構。[4]燿清直素著，有稱一時，臣等輒舉爲大將。"詔從之。燿勤於其事，尋轉營構左都將。[5]興和初，[6]加衛大將軍。[7]宫殿成，除東徐州刺史。[8]卒於州，贈司空公，謚曰懿。

[1]鄴：城名。在今河北臨漳縣西南。

[2]高隆之：人名。本姓徐，字延興，洛陽（今河南洛陽市東北）人。東魏、北齊大臣。見《北史》卷五四《高隆之傳》。　元世儁：人名。北魏宗室、官吏。見《北史》卷一八《任城王雲附元世儁傳》。

[3]南京：指洛陽。東魏孝静帝天平元年自洛陽遷都於鄴（今河北臨漳縣西南鄴鎮），故稱洛陽爲南京。

[4]有闕經構：底本"闕"作"關"，中華本校勘記云："諸本'闕'訛'關'，據《魏書》及《通志》卷一五一《張燿傳》改。"今從改。

[5]營構左都將：官名。北魏時工程營建等事由軍職掌，有營構都將、都大將等，且往往爲專項工程設專職。東魏時又將營構都將分爲左右，掌鄴都宫殿修建等事。

[6]興和：東魏孝静帝的年號（539—542）。

[7]衛大將軍：官名。爲高級武官，地位在衛將軍之上。北魏孝文帝太和十七年定爲一品下，位在儀同三司之下。二十三年定爲二品。東魏因之。

[8]東徐州：東魏時治下邳城，在今江蘇睢寧縣古邳鎮北側。

劉道斌，武邑灌津人也。[1]有器幹，腰帶十圍，鬚髯甚美。初拜校書郎，轉主書，頗爲孝文所知。從征南陽，還，加積射將軍、給事中。[2]帝謂黄門郎邢巒曰：[3]“道斌是行，便異儕流矣。”宣武即位，遷謁者僕射。後歷恒農太守、岐州刺史，[4]所在有清貞稱。卒於州，謚曰康。

[1]武邑：郡名。北魏時治武邑縣，在今河北武强縣西南。灌津：縣名。治所在今河北武邑縣東南。

[2]積射將軍：官名。東漢初置，統兵，爲雜號將軍。兩晋時領積射營，掌宿衛之任。北魏孝文帝太和二十三年定爲七品上。

[3]邢巒：人名。字洪賓，河間鄚（今河北任丘市北）人。北魏官吏。見《北史》卷四三《邢巒傳》。

[4]恒農：郡名。北魏時治陜城，在今河南三門峽市。

道斌在恒農，脩立學館，建孔子廟堂，圖畫形像。去郡後，故吏追思之，復立道斌形於孔像之西而拜謁焉。

董紹，字興遠，新蔡鮦陽人也。[1]少好學，頗有文義。起家四門博士，[2]累遷兼中書舍人，爲宣武所賞。豫州城人白早生以城南叛，[3]詔紹慰勞，爲賊鎖禁送江東。梁領軍吕僧珍暫與紹言，便相器重。梁武聞之，使勞紹云："忠臣孝子不可無之，今當聽卿還國。"紹曰："老母在洛，無復方寸，既奉恩貸，實若更生。"乃引見之，謂曰："戰争多年，人物塗炭，是以不耻先言，欲與魏朝通好，卿宜備申此意。若欲通好，今以宿豫還彼，[4]彼當以漢中見歸。"及紹還，雖陳説和計，朝廷不許。

[1]新蔡：郡名。北魏時治新蔡縣，在今河南新蔡縣。　鮦陽：縣名。治所在今安徽臨泉縣西。

[2]四門博士：官名。四門學博士的省稱。十六國時後趙依《禮記》於襄國四門置小學十餘所，設博士以教之，是爲此職之始。北魏孝文帝時復設四門小學博士，簡爲此稱。正九品上。

[3]白早生：人名。懸瓠（今河南汝南縣）人。宣武帝時爲懸瓠軍主。宣武帝永平元年（508）殺刺史司馬悦，降梁，自號平北將軍。梁授以司州刺史，後爲魏中山王元英所殺。

[4]宿豫：地名。在今江蘇宿遷市東南。

後除洛州刺史。紹好行小惠，頗得人情。蕭寶夤反於長安，紹上書求擊之，云："臣當出瞎巴三千，生噉蜀子。"孝明謂黄門徐紇曰：[1]"此巴真瞎也？"紇答："此紹之壯辭，云巴人勁勇，見敵無所畏，非實瞎也。"帝大笑，敕紹速行。以拒寶夤功，賞新蔡縣男。

[1]徐紇：人名。字武伯，樂安博昌（今山東博興縣東南）人。北魏官吏。見《北史》卷九二《徐紇傳》。

尒朱天光爲關右大行臺，[1]啓爲大行臺從事，兼吏部尚書。天光敗，賀拔岳復請紹爲其開府諮議參軍。[2]岳後攜紹於高平牧馬，[3]紹悲而賦詩曰："走馬山之阿，馬渴飲黄河。寧謂胡關下，復聞楚客歌！"岳死，周文帝亦重之。[4]

[1]尒朱天光：人名。北秀容（今山西朔州市）人，契胡族。北魏官吏。見《北史》卷四八《尒朱榮附尒朱天光傳》。　大行臺：官名。大行臺長官的省稱。大行臺，北魏置。爲尚書省設在主要地區的派出機構，代行尚書省的權力，管理轄區内的軍政事務，是地方最高行政機構。設大行臺尚書令爲長官。大行臺尚書僕射協助管理大行臺事務，置大行臺尚書、大行臺郎中等分曹理事。

[2]賀拔岳：人名。字阿斗泥，神武尖山（今山西神池縣）人。北魏末名將。見《北史》卷四九《賀拔允附賀拔岳傳》。　諮議參軍：官名。北魏時諸王府、丞相府、公府、軍府等皆設，總管府内軍政事務。品秩不一。

[3]高平：縣名。治所在今山西高平縣西北。

[4]周文帝：即宇文泰。文爲其謚號，北周明帝所追謚。

及孝武西遷，[1]除御史中丞，非其好也，鬱鬱不得志，或行戲街衢，或與少年游聚，不自拘持，頗類失性。孝武崩，周文與百官推奉文帝，[2]上表勸進，令吕思禮、薛憕作表，[3]前後再奏，帝尚執謙沖不許。周文曰："爲文能動至尊，唯董公耳。"乃命紹爲第三表，操

筆便成。表奏，周文曰："開進人意，不當如此也？"及登阼，[4]方任用之，而紹議論朝廷，賜死。孫嗣。

[1]孝武：即北魏皇帝元脩。孝武爲其謚號。

[2]文帝：即西魏皇帝元寶炬。文爲其謚號。

[3]吕思禮：人名。東平壽張（今山東東平縣西南）人。北魏、西魏官吏。見《北史》卷七〇《吕思禮傳》。

[4]登阼：毛本、四庫本、局本、四部備要本作"登祚"。按："登阼"同"登祚"。

馮元興，字子盛，東魏郡肥鄉人也。[1]少有操尚。舉秀才，中尉王顯召爲檢校御史，[2]遷殿中御史。[3]司徒、江陽王繼召爲記室參軍，[4]遂爲元叉所知。叉執朝政，引爲尚書殿中郎，[5]領中書舍人，仍御史，預聞時事，卑身克己，人無恨焉。家素貧約，食客恒數十人，同其飢飽，時人歎尚之。太保崔光臨薨，[6]薦元興爲侍讀，[7]尚書賈思伯爲侍講，[8]授孝明《杜氏春秋》，元興常爲擿句，儒者榮之。叉既賜死，元興亦被廢。乃爲《浮萍詩》以自喻曰："有草生碧池，無根水上蕩，脆弱惡風波，危微苦驚浪。"普泰初，[9]爲光禄大夫，領中書舍人。太昌初，[10]卒於家，贈齊州刺史。[11]元興世寒，[12]因元叉之勢，託其交道，相用爲州主簿，[13]論者以爲非倫。

[1]東魏：郡名。北魏時治歷城縣，在今山東濟南市。 肥鄉：縣名。治所在今安徽蒙城縣。

［2］中尉：官名。即御史中尉的省稱。　王顯：人名。字世榮，陽平樂平（今山西昔陽縣）人。北魏官吏。見《北史》卷九〇《王顯傳》。　檢校御史：官名。東晋始置，掌監察宫外百官，隸御史臺。南朝省。北魏孝文帝太和末復置，九品上。北齊沿置，員十二人，從八品上。

［3］殿中御史：官名。糾察朝官違失。五品。

［4］司徒：官名。北魏初曾令州郡公文先上司徒府，後改上丞相府。一品。　江陽王：封爵名。江陽，郡名。北魏時治江陽縣，在今四川瀘州市江陽區。　繼：即元繼。人名。字世仁。北魏宗室、大臣。見《北史》卷一六《江陽王繼傳》。　記室參軍：官名。又稱記室參軍事。北魏時爲記室曹長官，掌文書表奏。品級自七品至九品不等。

［5］尚書殿中郎：官名。北魏時屬殿中尚書，領宫内兵馬，典宫殿禁衛。孝文帝太和十七年定郎中爲五品上，郎從五品中，二十三年皆稱郎中，六品。

［6］太保：官名。北魏時爲三師之一，爲輔佐君王的重要大臣，位在太傅、太師下。一品。

［7］侍讀：官名。北魏置，侍從皇帝讀經。

［8］賈思伯：人名。字仕休，一作“士休”，齊郡益都（今山東青州市）人。北魏官吏。見《北史》卷四七《賈思伯傳》。　侍講：官名。始見於漢。時僅侍從皇帝太子，講授經義。三國後正式置官，由博學明經者充任，不常置。北魏亦置。稱侍皇太子講。

［9］普泰：北魏節閔帝的年號（531—532）。

［10］太昌：北魏孝武帝的年號（532）。

［11］齊州：北魏時治歷城縣，在今山東濟南市。

［12］元興世寒：中華本校勘記云：“按上文不言馮元興曾爲州主簿，且元興結託元叉之時，已官殿中御史、司徒記室參軍，不會再爲州主簿。疑是託元叉用其子爲州主簿，‘元興’上當有脱文。”可從。

［13］主簿：官名。北魏時爲丞相及三公府僚屬，掌文簿之事。後諸軍府、王府、州郡府皆設。品秩隨府長官地位高下而不等。

時有齊郡曹昂，[1]有學識，舉秀才。永安中，除太學博士，[2]兼尚書郎。[3]常徒步上省，以示清貧，忽遇盜，大失綾縑，時人鄙其矯詐。

［1］齊郡：北魏時治臨淄縣，在今山東淄博市東北。底本“齊”作“濟”，源氏校勘記云：“《魏書》作‘齊郡’。”中華本校勘記云：“諸本‘齊’作‘濟’，《魏書》卷七九、《通志》卷一五一《馮元興傳》作‘齊’。按《魏書·地形志》無‘濟郡’，青州有齊郡，今據改。”今從中華本改。

［2］太學博士：官名。教授子弟，有時亦議政議禮。五品。

［3］尚書郎：官名。北魏時凡尚書曹郎、郎中、侍郎皆可簡爲此稱，掌收發文書奏章庶務，可直接向皇帝奏報本職政務。

論曰：孫紹關左之士，又能指論時務。張普惠明達典故，强直從官，侃然不撓，其有王臣之風矣。成淹、范紹、劉桃符、鹿悆、張熠、劉道斌、董紹、馮元興等身遭際會，俱得効其所能，苟曰非才，亦何能致於此也。

北史　卷四七

列傳第三十五

袁翻 弟躍 躍子聿脩　陽尼 從孫固 固子休之 固從兄藻 藻子斐 固從弟昭　賈思伯　祖瑩 子珽

袁翻，字景翔，陳郡項人也。[1]父宣，爲宋青州刺史沈文秀府主簿，[2]隨文秀入魏。而大將軍劉昶言是其外祖淑近親，[3]令與其府諮議參軍袁濟爲宗。[4]宣時孤寒，甚相依附。及翻兄弟官顯，與濟子洸、演遂各陵競，洸等乃經公府，以相排斥。

[1]陳郡：南朝宋時治項縣，在今河南沈丘縣。　項：縣名。治所在今河南沈丘縣。

[2]青州：南朝宋時治東陽城，在今山東青州市。　沈文秀：人名。字仲遠，吴興武康（今浙江德清縣西）人。南朝宋、北魏官吏。南朝宋明帝繼位後，他起兵響應晋安王劉子勛，兵敗奔北魏。不久重新回歸南朝宋，最終城破被俘。後被北魏任命爲平南將軍、懷州刺史。見《北史》卷四五《沈文秀傳》。　主簿：官名。掌典領文書簿籍，經辦事務。其品位秩級隨府長官品位而有不同。

[3]大將軍：官名。北魏時與大司馬並稱“二大”，共典軍政，

常由權臣兼任。一品。　劉昶：人名。字休道，彭城綏輿里（今江蘇徐州市）人。南朝宋、北魏官吏。南朝宋文帝之子，後降北魏。見《北史》卷二九《劉昶傳》。

[4]諮議參軍：官名。北朝多稱諮議參軍事。掌顧問諫議。品秩依府主地位而定。北魏孝文帝太和二十三年（499）定爲正四品至正六品上。　袁濟：人名。字季祖，陳郡陽夏（今河南太康縣）人，袁式之子。北魏官吏。爲魏郡太守，治政清廉。見《北史》卷二七《袁式傳》。

翻少入東觀，[1]爲徐紇所薦，[2]李彪引兼著作佐郎，[3]參史事。後拜尚書殿中郎。[4]正始初，[5]詔尚書門下於金墉中書外省考論律令，[6]翻與門下録事常景、孫紹、廷尉監張彪、律博士侯堅固、書侍御史高綽、前將軍邢苗、奉車都尉程靈虬、羽林監王元龜、尚書郎祖瑩、宋世景、員外郎李琰之、太樂令公孫崇等並在議限。[7]又詔太師彭城王勰、司州牧高陽王雍、中書監京兆王愉、青州刺史劉芳、左衛將軍元麗、兼將作大匠李韶、國子祭酒鄭道昭、廷尉少卿王顯等入豫其事。[8]後除豫州中正。[9]

[1]東觀：原指漢明帝時班固等人奉敕修撰《東觀漢記》之處所，後成爲聚藏圖書之處。泛指宫中著書和藏書之處所。

[2]徐紇：人名。字武伯，樂安博昌（今山東博興縣東南）人。北魏官吏。見《北史》卷九二《徐紇傳》。

[3]李彪：人名。字道固，頓丘衛國（今河南清豐縣東南）人。北魏官吏。見《北史》卷四〇《李彪傳》。　著作佐郎：官名。協助著作郎修國史。正七品上。

[4]尚書殿中郎：官名。即殿中郎。亦稱殿中郎中，爲尚書省殿中曹長官通稱，資深者可轉侍郎。北魏時屬殿中尚書，領宫内兵馬，典宫殿禁衛。孝文帝太和十七年定郎中爲五品上，郎從五品中，二十三年皆稱郎中，六品。

[5]正始：北魏宣武帝的年號（504—508）。

[6]金墉：城名。在今河南洛陽市東北。　中書外省：官署名。北魏置。中書省辦公之所，亦設於宫禁之外，尚書、門下官員常議事於此。

[7]門下録事：官名。北魏設。爲門下省屬官，掌整理詔書，勾檢奏章。孝文帝太和十七年定爲從五品中，二十三年改爲從八品上。　常景：人名。字永昌，河内温（今河南温縣）人。北魏、東魏官吏。見《北史》卷四二《常爽附常景傳》。　孫紹：人名。字世慶，昌黎（今遼寧朝陽市）人。北魏官吏。見《北史》卷四六《孫紹傳》。　廷尉監：官名。執行具體逮捕任務，亦參議案例，審理疑獄。北魏孝文帝太和十七年定爲五品中，二十三年定爲六品。　張彪：中華本校勘記云："《魏書》卷六九《袁翻傳》'彪'作'虎'，《北史》避唐諱改。"可從。　律博士：官名。或稱律學博士。掌教刑法律令並依律議案。六品。　侯堅固：人名。字洪賑，常山九門（今河北藁城市西北）人。北魏官吏。見《北史》卷四六《張普惠傳》。　書侍御史：官名。亦稱治書侍御史。北魏時爲御史中丞佐貳，置二至四員，分領侍御史諸曹，監察、彈劾較高級官員。五品上。　高綽：人名。字伯恭，勃海蓨（今河北景縣）人。北魏官吏。高允之孫，高懷之子。見《北史》卷三一《高允傳》。　前將軍：官名。爲軍府名號，用作加官。三品。　奉車都尉：官名。北魏時掌御乘輿車，後爲加官。從五品。　程靈虬：人名。廣平曲安（今河北曲周縣東北）人。北魏官吏。孝文帝時，任羽林監、梁郡太守、著作佐郎等。　羽林監：官名。北魏時掌扈從御駕。　尚書郎：官名。掌收發文書章奏庶務。按資歷深淺有不同稱呼，初上尚書臺任職稱守尚書郎中，滿一年稱尚書郎，三年稱侍

郎。歷朝因之。　宋世景：人名。西河介休（今山西介休市）人。北魏官吏。見《北史》卷二六《宋隱附宋世景傳》。《魏書》卷四一《源賀傳》又作“宋世量”。　員外郎：官名。爲員外散騎侍郎的省稱。北魏初沿例授予南朝北奔之士，班比吏部郎，六員。七品。　李琰之：人名。一作“李琰”，字景珍，小字墨蠡，一作“默蠡”，隴西狄道（今甘肅臨洮縣）人。北魏官吏。見《北史》卷一〇〇《涼武昭王李暠附李琰之傳》。　太樂令：官名。亦作“大樂令”。北魏時隸太常，領太樂祭酒、太樂博士、太樂典事等官。九品上。　公孫崇：人名。北魏官吏。孝文帝太和年間，任太樂令，造八音器及五度五量。

［8］太師：官名。北魏時爲元老重臣之加官。一品。　彭城王：封爵名。彭城，郡名。北魏時治彭城縣，在今江蘇徐州市。　勰：即元勰，人名。字彦和。北魏宗室、大臣。孝文帝之弟。見《北史》卷一九《彭城王勰傳》。　司州牧：官名。司州的最高軍政長官。司州，北魏孝文帝太和十七年改洛州爲司州，治洛陽縣，在今河南洛陽市東北。　高陽王：封爵名。高陽，郡名。北魏時治高陽縣，在今河北高陽縣東。　雍：即元雍，人名。字思穆。北魏宗室、大臣。孝文帝之弟。見《北史》卷一九《高陽王雍傳》。　中書監：官名。北魏時置爲中書省長官之一。其時中書省掌納奏、擬詔、出令，然權歸中書舍人，監、令名爲長官，多用作重臣加官。中書監品秩高於中書令，從二品。　京兆王：封爵名。京兆，郡名。北魏時治霸城縣，在今陝西西安市東北。　愉：即元愉，人名。字宣德。北魏宗室、大臣。孝文帝第三子。見《北史》卷一九《京兆王愉傳》。　青州刺史：諸本作“青州刺史”，《魏書》卷六九《袁翻傳》作“前青州刺史”。據《北史》卷四二《劉芳傳》：“出除青州刺史，爲政儒緩，不能禁止姦盜；然廉清寡欲，無撓公私。還朝，議定律令，芳斟酌古今，爲大議之主。”可知劉芳從青州回朝後參與議定律令，後轉太常卿，疑《北史》脱“前”字。青州，北魏時治東陽城，在今山東青州市。　劉芳：人名。字伯

支，彭城叢亭里（今江蘇徐州市）人。北魏官吏。見《北史》卷四二《劉芳傳》。　左衛將軍：官名。爲禁衛軍主要統帥之一，權任很重，多由皇帝親信之人擔任。北魏孝文帝太和十七年定爲從二品下，二十三年定爲三品。　元麗：人名。字寶掌。北魏宗室、官吏。見《北史》卷一九上《濟陰王小新成附元麗傳》。　將作大匠：官名。掌管宮室修建事務，領將作都將、將作監管等。北魏孝文帝太和十七年定爲從二品下，二十三年定爲三品。　李韶：人名。字元伯，隴西狄道（今甘肅臨洮縣）人。北魏官吏。見《北史》卷一〇〇《涼武昭王李暠附李韶傳》。　國子祭酒：官名。北魏時爲國子學主官，一員。孝文帝太和十七年定爲四品上，二十三年定爲從三品。　鄭道昭：人名。字僖伯，滎陽開封（今河南開封市）人。北魏官吏。見《北史》卷三五《鄭羲附鄭道昭傳》。　廷尉少卿：官名。北魏始置。爲廷尉卿次官。孝文帝太和十七年定爲三品上，二十三年改爲四品上。　王顯：人名。字世榮，陽平樂平（今山西昔陽縣）人。北魏官吏。見《北史》卷九〇《王顯傳》。

[9]豫州：北魏時治懸瓠城，在今河南汝南縣。　中正：官名。負責品評本郡士人，劃分等級，以爲吏部委任官員的依據。

是時，修明堂辟雍，[1]翻議曰：

[1]明堂：古代帝王宣明政教的地方，凡朝會、祭祀、慶賞、選士、養老、教學等大典，皆在此舉行。　辟雍：本指周王朝爲貴族子弟所設的太學。後泛指學校。

謹按明堂之義，今古諸儒論之備矣。蓋唐、虞以上，事難該悉，夏、殷以降，校可知之。按《周官·考工》所記，皆記其時事，具論夏、殷名制，豈其紕繆？是知明堂五室，三代同焉；配帝像行，

義則明矣。及《淮南》《吕氏》與《月令》同文，[1]雖布政班時，有堂个之别，然推其體，則無九室之證。

[1]淮南：書名。即《淮南子》。西漢淮南王劉安及其門客所撰。原書分内外篇。今存二十一卷爲内篇。　吕氏：書名。即《吕氏春秋》。戰國末年秦國丞相吕不韋組織門客撰寫的一部著作。　月令：《禮記》篇名。又見於《吕氏春秋》十二紀中。記每年夏曆十二個月的時令及其相關事物，並把各類事物歸納在五行相生的系統中，比最早的行事月曆《夏小正》豐富而系統。

既而正義殘隱，妄説斐然。明堂九室，著自《戴禮》，探緒求源，罔知所出，而漢氏因之，自欲爲一代之法。故鄭玄云："周人明堂五室，是帝一室也，合於五行之數。《周禮》依數，以爲之室。"[1]本制著存，是周五室也。於今不同，是漢異周也。漢爲九室，略可知矣。但就其此制，猶有懵焉。何者？張衡《東京賦》云："乃營三宫，布教班常，復廟重屋，八達九房。"[2]此乃明堂之文也。而薛綜注云"房，室也。謂堂後有九室。"[3]堂後有九室之制，非巨異乎。裴頠又云：[4]"漢氏作四維之个，不能令各據其辰，就使其像可圖，莫能通其居用之禮，此爲設虚器也。"甚知漢世徒欲削滅周典，捐棄舊章，改物創制，故不復拘於載籍。且鄭玄之詁訓《三禮》及釋《五經》異義，[5]並盡思窮神，不墜周公之舊法也。[6]伯喈損益漢制，[7]章句繁

雜，既違古背新，又不能易玄之妙矣。[8]魏、晋書紀，亦有明堂祀五帝之文，而不記其經始之制，又無坦然可準。觀夫今之基趾，猶或髣髴，高卑廣狹，頗與《戴禮》不同，何得以意抑心，[9]便謂九室可明？且三雍異所，復乖盧、蔡之義，[10]進退無據，何用經通？晋朝亦以鑽鑿難明，故有一屋之論，並非經典正義，皆以意妄作，玆爲不典。學家常談，不足以範時軌世。

[1]鄭玄：人名。字康成，北海高密（今山東高密市西南）人。東漢末經學家。見《後漢書》卷三五《鄭玄傳》。　以爲之室：中華本校勘記云："李慈銘云：'《魏書》"以爲之室"下有"德行於今，雖有不同，時説昞然，本制著存，而言無明文，欲復何責"，以下方接"本制著存"云云。自"周人明堂"至"欲復何責"，蓋是鄭君駁《五經異義》之文。"德行"當作"施行"，《魏書》（卷七二）及《北史》（本卷）《賈思伯傳》可證。其下句"本制著存"以下，乃是翻申釋鄭義。《北史》删去數語，便不可解。'"可從。

[2]張衡：人名。字平子，南陽西鄂（今河南南陽市東北）人。東漢大臣、文學家、科學家。見《後漢書》卷五九《張衡傳》。

[3]薛綜：人名。字敬文，沛郡竹邑（今安徽濉溪縣）人。三國吴大臣。善屬文。見《三國志》卷五三《吴書·薛綜傳》。

[4]裴頠：人名。字逸民，河東聞喜（今山西聞喜縣）人。西晋大臣。見《晋書》卷三五《裴秀附裴頠傳》。

[5]三禮：指《周禮》《儀禮》《禮記》。

[6]並盡思窮神不墜周公之舊法也：中華本校勘記云："按《魏

書》'神'下有'故得之遠矣。覽其《明堂圖義》，皆有悟人意，察察著明，確乎難奪，諒足以扶幽闡微'三十一字，然後接'不墜周公之舊法也'。則袁翻所云'不墜周公之舊法'，乃指《明堂圖義》而言。《北史》删節失原意。"可從。

[7]伯喈：即蔡邕，人名。字伯喈，陳留圉（今河南杞縣）人。東漢文學家、書法家。見《後漢書》卷六〇下《蔡邕傳》。

[8]玄：指鄭玄。

[9]何得以意抑心：《魏書》卷六九《袁翻傳》作"何得以意抑必"。文意不通，疑《魏書》版刻有誤。今從底本。

[10]盧：指盧植。字子幹。涿郡涿（今河北涿州市）人。東漢名儒，著有《三禮解詁》等。見《後漢書》卷六四《盧植傳》。蔡：指蔡邕。

皇代既乘乾統曆，[1]得一御宸，自宜稽古則天，憲章文、武，追蹤周、孔，述而不作。豈容虛追子氏放篇之浮説，徒損經紀雅誥之遺訓，而欲以支離横義，指畫妄圖，儀刑宇宙而貽來葉者也？

[1]皇代：指本朝、當朝。

又北京制置，[1]未皆允帖，[2]繕脩草創，以意良多。事移化變，[3]存者無幾，理苟宜革，何必仍舊。且遷都之始，日不遑給，先朝規度，每事循古，是以數年之中，悛換非一，良以永法爲難，數改爲易。何爲宫室府庫多因故迹，而明堂辟雍獨遵此制？建立之辰，復未可知矣。既猥班訪逮，輒輕率瞽言，明堂五室，請同周制，郊建三雍，[4]求依故

所，庶有會經誥，無失典刑。

[1]北京：指平城。北魏自遷都洛陽以後，即稱平城爲北京。

[2]未：底本作“求”，源氏校勘記云：“‘求’《魏書》作‘未’。”中華本校勘記云：“諸本‘未’訛‘求’，據《魏書》改。”今從改。

[3]化：源氏校勘記云：“‘化’《魏書》作‘禮’。”中華本校勘記云：“《魏書》‘化’作‘禮’。按‘化’疑是‘礼’之訛。”可從。

[4]三雍：辟雍、明堂、靈臺的總稱。

後議選邊戍事，翻議曰：

臣聞兩漢警於西北，魏、晋備在東南。是以鎮邊守塞，必寄威重；伐叛柔服，實賴温良。故田叔、魏尚，[1]聲高於沙漠；當陽、鉅平，[2]績流於江、漢。紀籍用爲美談，今古以爲盛德。自皇上以叡明纂御，風清化遠，威厲秋霜，惠霑春露，故能使淮海輸誠，華陽即序，[3]連城革面，比屋歸仁。縣車劍閣，[4]豈伊曩載；[5]鼓譟金陵，[6]復在兹日。然荆、揚之牧，[7]宜盡一時才望；梁、郢之君，[8]尤須當今秀異。

[1]田叔：人名。趙陘城（今山西曲沃縣北）人。西漢官吏。見《漢書》卷三七《田叔傳》。　魏尚：人名。右扶風槐里（今陝西興平市東南）人。西漢官吏。文帝時爲雲中郡守，善治軍。

[2]當陽：縣名。漢時治所在今湖北荆門市。此指當陽侯杜預。字元凱。西晋軍事家、經學家。見《晋書》卷三四《杜預傳》。

鉅平：縣名。漢時治所在今山東泰安市南。此指鉅平子羊祜，字叔子，泰山南城（今山東費縣西南）人。西晉開國元勳。見《晋書》卷三四《羊祜傳》。

[3]華陽：郡名。南朝宋僑置，治所在華陽縣。北魏改爲實土，治華陽縣，在今陝西勉縣東。

[4]劍閣：地名。在今四川劍閣縣南。

[5]曩（nǎng）：從前，過去。

[6]金陵：地名。在今江蘇南京市清涼山。

[7]荆：州名。北魏時治穰城，在今河南鄧州市。　揚：州名。北魏時治壽春縣，在今安徽壽縣。

[8]梁：州名。北魏時治南鄭縣，在今陝西漢中市。　郢：州名。北魏時治義陽縣，在今河南信陽市。

自比緣邊州郡，官至便登，疆埸統戍，階當即用。[1]或逢穢德凡人，或遇貪家惡子，不識字人温恤之方，唯知重役殘忍之法。廣開戍邏，多置帥領，或用其左右姻親，或受人貨財請屬，皆無防寇禦賊之心，唯有通商聚斂之意。其勇力之兵，驅令抄掠，[2]若遇强敵，即爲奴虜；如有執獲，奪爲己富。其羸弱老小之輩，微解金鐵之工，少閑草木之作，無不搜營窮壘，苦役百端。自餘或伐木高山，或芸草平陸，販貿往還，[3]相望道路。此等禄既不多，資亦有限，皆收其實絹，給其虚粟，窮其力，薄其衣，用其工，節其食，綿冬歷夏，加之疾苦，死於溝瀆者常十七八焉。是以吴、楚間伺，審此虚實，皆云糧匱兵疲，易可乘擾，故驅率犬羊，屢犯疆埸。頻年已來，甲胄生蟣，十萬在郊，千金日

費，爲弊之深，一至於此！皆由邊任不得其人，故延若斯之患。賈生所以痛哭，[4]良有以也。

[1]階當即用：中華本《魏書》卷六九《袁翻傳》作“階當即用或”，文意不通，“或”應放在“逢穢德凡人”的前面，與“或遇貪家惡子”組成並列句。疑中華本《魏書》標點有誤。今從《北史》。

[2]驅令抄掠：毛本、殿本、局本、四部備要本作“驅合抄掠”。

[3]販貿往還：毛本、四庫本、局本、四部備要本作“販貨往還”。

[4]賈生：即賈誼。雒陽（今河南洛陽市東北）人。西漢初官吏。見《史記》卷八四《屈原賈生列傳》。

夫潔其流者清其源，理其末者正其本，既失之在始，庸可止乎。愚謂自今已後，荆、揚、徐、豫、梁、益諸蕃及所統郡縣府佐統軍至于戍主，[1]皆令朝臣王公已下各舉所知，必選其才，不拘階級。若能駕御有方，清高獨著，威足臨戎，信能懷遠，撫循將士，得其忻心，不營私潤，專脩公利者，則就加爵賞，使久於其任，以時褒賚，厲其忠款。所舉之人，亦垂優異，獎其得士，嘉其誠節。若不能一心奉公，才非捍禦，貪惏日富，經略無聞，人不見德，兵厭其勞者，即加顯戮，用章其罪。所舉之人，隨事免降，責其謬薦，罰其僞薄。如此則舉人不得挾其私，受任不得孤其舉。善惡既

審，沮勸亦明。庶邊患永消，譏議攸息矣。

[1]徐：州名。北魏時治彭城縣，在今江蘇徐州市。　益：州名。北魏時治晋壽縣，在今四川廣元市。

遭母憂去職。熙平初，[1]除廷尉少卿，頗有不平之論，爲靈太后所責。[2]出爲平陽太守，[3]甚不自得，遂作《思歸賦》。

[1]熙平：北魏孝明帝的年號（516—518）。

[2]靈太后：即北魏宣武帝皇后胡氏。靈爲其謚號。

[3]平陽：郡名。北魏時治白馬城，在今山西臨汾市。底本作“陽平”，中華本校勘記云：“諸本‘平陽’倒作‘陽平’，《魏書》作‘平陽’。按《魏書》載翻《思歸賦》有‘北眺羊腸屈詰，南望龍門嵯峨’。據《水經注》汾水注：‘汾水出汾陽縣北山（中略），山有羊腸坂，在晋陽西北。’羊腸坂在晋陽西北，即在平陽（今臨汾）之北。又龍門山在平陽西南。陽平即今山東館陶縣，附近無羊腸、龍門。知是誤倒，今據乙。”今從改。

神龜末，[1]遷凉州刺史。[2]時蠕蠕主阿那瓌、後主婆羅門並以國亂來降，[3]朝廷問安置之計。翻表曰：

[1]神龜：北魏孝明帝的年號（518—520）。

[2]凉州：北魏時治姑臧縣，在今甘肅武威市。

[3]蠕蠕：亦稱柔然。見《北史》卷九八《蠕蠕傳》。　阿那瓌：人名。北魏時柔然可汗。見《北史·蠕蠕傳》。　婆羅門：人名。北魏時柔然可汗。孝明帝正光元年（520），柔然内亂，阿那瓌

立，隨後被族兄示發所敗。次年，婆羅門攻破示發，立爲彌偶可社句可汗。後被高車餘部擊敗，率部歸附北魏。三年，叛魏，爲魏軍擒獲，解送洛陽。五年，死於洛南之館。見《北史·蠕蠕傳》。

今蠕蠕内爲高車所討滅，[1]外憑大國之威靈，兩主投身，一期而至，百姓歸誠，萬里相屬。然夷不亂華，前鑒無遠，覆車在於劉、石，[2]毁轍固不可尋。今蠕蠕雖主奔於上，人散於下，而餘黨實繁，部落猶衆，高車亦未能一時并兼，盡令率附。又高車士馬雖衆，主甚愚弱，上不制下，下不奉上，唯以掠盗爲資，陵奪爲業。而河西捍禦彊敵，唯涼州、敦煌而已。[3]涼州土廣人稀，糧仗素闕，敦煌、酒泉，[4]空虚尤甚。若蠕蠕無復豎立，令高車獨擅北垂，則西顧之憂，匪旦伊夕。

[1]高車：初號狄歷，也稱敕勒、鐵勒、丁零。因所乘車輪高大，故名。北魏時活動於今蒙古高原，以游牧爲生。見《北史》卷九八《高車傳》。

[2]劉：指劉淵。字元海，新興（今山西忻州市）人，匈奴族。十六國時前趙建立者。見《晋書》卷一〇一《劉元海載記》。石：指石勒。字世龍，初名㔨，上黨武鄉（今山西榆社縣）人，羯族。十六國時後趙建立者。見《晋書》卷一〇四、一〇五《石勒載記》。

[3]敦煌：郡名。北魏時治敦煌縣，在今甘肅敦煌市西。

[4]酒泉：郡名。北魏時治福禄縣，在今甘肅酒泉市。

愚謂蠕蠕二主，[1]並宜存之，居阿那瓌於東偏，

處婆羅門於西裔，分其降人，各有攸屬。那瓌住所，非所經見，其中事勢，不可輒陳。婆羅門請脩西海故城以安處之。[2]西海郡本屬涼州，今在酒泉，直抵張掖西北千二百里，[3]去高車所住金山一千餘里。[4]正是北虜往來之衝要，漢家行軍之舊道，土地沃衍，大宜耕殖。非但今處婆羅門，於事爲便，即可永爲重戍，鎮防西北。雖外爲署蠕蠕之聲，内實防高車之策。一二年後，足食足兵，斯固安邊保塞之長計也。若婆羅門能自克厲，使餘燼歸心，收離聚散，復興其國者，乃漸令北轉，徙度流沙，即是我之外藩，高車之勍敵，西北之虞，可無過慮。如其奸回反覆，[5]孤恩背德者，此不過爲逋逃之寇，於我何損？今不早圖，戎心一啓，脱先據西河，[6]奪我險要，則酒泉、張掖，自然孤危，長河已西，終非國有。不圖厥始，而求憂其終，[7]噬臍之恨，悔將何及。

[1]二主：殿本、四部備要本作"一主"。按：疑形近而訛，今從底本。

[2]西海故城：指西海郡郡治所在，在今内蒙古額濟納旗東南。

[3]抵：中華本校勘記云："《魏書》百衲本'抵'作'北'，'直北'從上讀。按西海郡在居延澤（見《晋書》卷十四《地理志》涼州），其地正居酒泉之北。《魏書》作'北'是。作'抵'則似在張掖、酒泉之間，與地理形勢不符。但《魏書》殿本亦作'抵'，當是後人據《北史》妄改。"可從。　張掖：郡名。北魏時治張掖縣，在今甘肅張掖市。

[4]金山：又名兜鍪山，即今阿爾泰山。

[5]反：毛本、局本、四部備要本作“返”。按：“反”同“返”。

[6]西河：源氏校勘記云：“《魏書》作‘西海’。”中華本校勘記云：“《魏書》‘河’作‘海’。按‘西海’指‘西海郡’，疑作‘河’誤。”可從。

[7]而求憂其終：中華本校勘記云：“《魏書》無‘求’字。按此衍文。”可從。

愚見如允，乞遣大使往凉州敦煌及於西海，躬行山谷要害之所，親閲亭障遠近之宜，商量士馬，校練糧仗，部分見定，處置得所。入春，西海之間，即令播種，至秋收一年之食，使不復勞轉輸之功也。且西海北垂，[1]即是大磧，[2]野獸所聚，千百爲群，正是蠕蠕射獵之處。殖田以自供，籍獸以自給，彼此相資，足以自固。今之豫度，似如小損，歲終大計，其利實多。高車豺狼之心，何可專信？假令稱臣致款，正可外加優納，而復内備彌深，所謂先人有奪人之心者也。

[1]西海：底本作“西徼”，中華本校勘記云：“《魏書》‘徼’作‘海’。按此專指西海郡。《北史》改作‘徼’，泛指西部邊界，誤。”今從改。

[2]大磧：指大漠。今内蒙古烏拉特前旗西南的庫布齊沙漠。

時朝議是之。還，拜吏部郎中。[1]遷齊州刺史，[2]無多政績。

[1]吏部郎中：官名。與吏部郎互稱。爲尚書省吏部曹長官。掌官吏銓選。四品上。

[2]齊州：北魏時治歷城縣，在今山東濟南市。

孝昌中，[1]除安南將軍、中書令，[2]領給事黄門侍郎，[3]與徐紇俱在門下，並掌文翰。翻既才學名重，又善附會，亦爲靈太后所信待。是時蠻賊充斥，六軍將親討之，翻乃上表諫止。後蕭寶夤大敗於關西，[4]翻上表，請爲西軍死亡將士舉哀，存而還者，并加賑賚。後拜度支尚書，[5]尋轉都官。[6]翻上表，願以安南、尚書换一金紫。[7]時天下多事，翻雖外請閑秩，而内有求進之心，識者怪之。於是加撫軍將軍。[8]明帝、靈太后曾燕華林園，[9]舉觴謂群臣曰："袁尚書朕之杜預，[10]欲以此杯敬屬元凱，今爲盡之。"侍坐者莫不羡仰。

[1]孝昌：北魏孝明帝的年號（525—527）。

[2]安南將軍：官名。南方地區軍事長官，或爲刺史等地方官員兼理軍務時的加官。三品。時與安東、安北、安西將軍合稱四安將軍。　中書令：官名。多用作重臣加官。北魏孝文帝太和十七年定爲二品中，二十三年定爲三品。

[3]給事黄門侍郎：官名。北魏時兼有黄門侍郎之職掌，與侍中俱掌門下省之事，爲門下省長官。孝文帝太和二十三年定爲四品上。

[4]蕭寶夤：人名。字智亮，南蘭陵（一説在今江蘇常州市，一説在今江蘇丹陽市）人。南朝齊宗室、北魏官吏。見《北史》卷二九《蕭寶夤傳》。

[5]度支尚書：官名。北魏時爲尚書省度支曹長官，掌全國財賦統計和調配。三品。

[6]都官：官名。即都官尚書。職掌制定律令法制、糾劾違法、水利工程、舟船津梁、宫廷百官膳食等事務。北魏孝文帝太和十七年定爲二品中，二十三年定爲三品。

[7]尚書：官名。北魏時分掌尚書省諸曹。不直接向皇帝奏事、承受詔命，爲行政官員。三品。　金紫：官名。即金紫光禄大夫。西晋初有光禄大夫，如加賜金章紫綬，則爲金紫光禄大夫，諸所賜給皆與特進同。北魏孝文帝太和十七年定爲從一品下，二十三年定爲從二品。

[8]撫軍將軍：官名。北魏時爲將軍名號，地位較高。孝文帝太和十七年定爲從一品下，二十三年定爲從二品。

[9]明帝：即北魏皇帝元詡。明爲其謚號。　燕華林園：四庫本、局本、四部備要本作“宴華林園”。按“燕”通“宴”。華林園，故址在今河南洛陽市東北漢魏洛陽故城内。

[10]杜預：人名。字元凱，京兆杜陵（今陝西西安市長安區東）人。西晋名將、經學家。見《晋書》卷三四《杜預傳》。

翻名位俱重，當時賢達咸推與之。然獨善其身，無所獎拔，排抑後進，論者鄙之。建義初，[1]遇害河陰。[2]所著文筆百餘篇，行於世。贈使持節、侍中、車騎將軍、儀同三司、青州刺史。[3]嫡子寳首，武定中，[4]司徒記室參軍事。[5]翻弟躍。

[1]建義：北魏孝莊帝的年號（528）。

[2]河陰：指河陰之難。是北魏孝明帝武泰元年（528）權臣尒朱榮策劃並實施的一起針對皇族和百官公卿的屠殺事件，因發生在河陰縣（今河南孟津縣東）而得名。

[3]使持節：即持節出使。自漢起，節爲皇帝授予號令賞罰之權的信物。西晋起，又將使持節與持節、假節相區分，成爲專用職名。有使持節職名得殺二千石以下官吏，而持節者除督軍事時與使持節相同外，平時僅有權殺無官職之人，假節唯軍事得殺犯軍令者。北魏因之。　侍中：官名。北魏時總典機密，受遺詔輔政，權高位重，時號“小宰相”。北魏初置四員，孝文帝太和二十三年定爲三品。　車騎將軍：官名。北魏時位次驃騎將軍，在諸名號大將軍之上，多作爲軍府名號，以加授大臣、重要州郡長官，無具體職掌。二品。　儀同三司：東漢初臨時設置，謂官非三公而儀制待遇同於三公。魏晋時期，授予開府位從三公之文武官。南北朝時逐漸成爲官號。北魏孝文帝太和十七年定爲一品下，二十三年定爲從一品。

[4]武定：東魏孝静帝的年號（543—550）。

[5]司徒記室參軍事：官名。即司徒府記室參軍。爲記室曹長官，掌文書表奏。

躍字景騰，博學儁才，性不矯俗，篤於交友。[1]翻每謂人曰：“躍可謂我家千里駒也。”歷位尚書都兵郎中，[2]加員外散騎常侍。[3]將立明堂，躍乃上議，當時稱其博洽。蠕蠕主阿那瓌亡破來奔，朝廷矜之，送復其國。既而每使朝貢，辭旨頗不盡禮。躍爲朝臣書與瓌，陳以禍福，言辭甚美。後遷車騎將軍太傅清河王懌文學，[4]雅爲懌所愛賞。懌之文表，多出於躍。卒，贈冠軍將軍、吏部郎中。[5]所制文集行於世。無子，兄翻以子聿脩繼。

[1]篤於交友：毛本、殿本、四庫本、四部備要本脱“於”

字。按：據文意應有“於”字，今從底本。

[2]都兵郎中：官名。亦稱都兵郎。爲尚書省都兵曹長官。北魏孝文帝太和二十三年統稱爲郎中，六品。

[3]員外散騎常侍：官名。北魏時掌規諫，不典事，屬門下省。三品上。

[4]太傅：官名。北魏時爲輔弼大臣。與太師、太保並號三師，位在太師下、太保上。一品。　清河王：封爵名。清河，郡名。北魏時治清河縣，在今山東臨清市東北。　懌：即元懌，人名。字宣仁，孝文帝第四子。北魏宗室。見《北史》卷一九《清河王懌傳》。

[5]冠軍將軍：官名。爲將軍名號。北魏孝文帝太和二十三年定爲從三品。

聿脩，字叔德。七歲遭喪，居處禮若成人。九歲，州辟主簿。性深沈，有鑒識，清靖寡欲，與物無競。姨丈人尚書崔休深所知賞。[1]年十八，領本州中正，兼尚書度支郎中。[2]齊天保初，[3]除太子庶子，[4]以本官行博陵太守，[5]大有聲績，遠近稱之。累遷司徒左長史，[6]領兼御史中丞。[7]司徒録事參軍盧思道私貸庫錢三十萬，[8]娉太原王乂女爲妻，[9]而王氏以先納陸孔文禮娉爲定。聿脩爲首僚，又國之司憲，[10]知而不劾，免中丞。尋遷秘書監。[11]

[1]崔休：人名。字惠盛，清河東武城（今山東武城縣西北）人。北魏官吏。見《北史》卷二四《崔逞附崔休傳》。

[2]尚書度支郎中：官名。北魏時爲尚書省度支曹長官通稱。亦稱度支郎中，資深勤能者可轉侍郎。隸度支尚書。孝文帝太和十

七年定郎中爲五品上，郎從五品上，二十三年皆稱郎中，六品。東魏沿置。

［3］天保：北齊文宣帝的年號（550—559）。

［4］太子庶子：官名。北齊時主管太子典書坊，爲東宫要職。從四品上。

［5］博陵：郡名。北齊時治安平縣，在今河北安平縣。

［6］司徒左長史：官名。北齊時與司徒右長史並爲司徒府僚屬之長，佐司徒總管府内諸曹，位在右長史之上。從三品。

［7］御史中丞：官名。北齊時爲御史大夫副貳。從三品。

［8］司徒録事參軍：官名。爲録事曹長官，掌總録衆曹文簿，舉彈善惡。北齊時公府、將軍府置。六品上。　盧思道：人名。字子行，小字釋奴，范陽涿（今河北涿州市）人。北齊、北周、隋朝官吏。見《北史》卷三〇《盧玄附盧思道傳》。

［9］太原：郡名。北齊時治龍山縣（改晋陽縣爲此稱），今山西太原市晋源區古城營村一帶。　王乂：人名。太原（今山西太原市晋源區古城營村一帶）人。北齊儒士。

［10］司憲：官名。即御史大夫之别稱。掌監察百官。

［11］秘書監：官名。北齊時爲秘書省長官，掌圖書經籍之事，領著作省。三品。

天統中，[1]詔與趙郡王叡等議定五禮。[2]出爲信州刺史，[3]即其本鄉也，時久無例，莫不榮之。爲政清靖，不言而化，自長史以下，爰逮鰥寡孤幼，皆得其歡心。武平初，[4]御史普出，[5]過諸州悉有舉劾，唯不到信州。及還都，人庶道俗追列滿道，或將酒脯，涕泣留連，競欲遠送。時既盛暑，恐其勞敝，往往爲之駐馬，隨舉一酌，示領其意，辭謝令去。還後，州人鄭播宗等七百餘

人請爲立碑，斂縑布數百匹，託中書侍郎李德林爲文，[6]以記功德。敕許之。

[1]天統：北齊後主的年號（565—569）。

[2]趙郡王：封爵名。趙郡，北齊時治平棘縣，在今河北趙縣。　叡：即高叡，人名。小名須拔，勃海蓨（今河北景縣）人，高琛之子。東魏、北齊大臣。北齊文宣帝受禪，進爵爲趙郡王。見《北史》卷五一《趙郡王琛附趙叡傳》。　五禮：底本作“三禮”，中華本校勘記云：“諸本‘五’作‘三’，《北齊書》卷四二、《通志》卷一五五《袁聿脩傳》作‘五’。按《北齊書》卷十三《趙郡王琛附子叡傳》，稱其於天統中‘監議五禮’。五禮指吉、凶、賓、軍、嘉。作‘五’是，今據改。”今從改。

[3]信州：北齊時治項城縣，在今河南淮陽縣。

[4]武平：北齊後主的年號（570—576）。

[5]御史：官名。侍御史的省稱。北魏時除分曹治事外，亦奉命監國，督察巡視州郡，收捕官吏，宣示詔命等。北魏、北齊時頗重其選，必以對策高第者補之。北魏孝文帝太和二十三年定爲從七品。北齊因之。

[6]中書侍郎：官名。北魏時多選用文學之士，掌草擬詔令，職位機要。孝文帝太和十七年定爲四品上，二十三年定爲從四品上。北齊略同。　李德林：人名。字公輔，博陵安平（今河北安平縣）人。北齊、隋朝官吏。見《北史》卷七二《李德林傳》。

尋除都官尚書。[1]聿脩少年平和溫潤，素流之中，[2]最爲規檢，以名家子歷任清華，時望多相器待，許其風鑒。在郎署之日，時趙彥深爲水部郎中，[3]同在一院，因成交友。彥深後重被沙汰停私，[4]門生藜藿，[5]聿脩猶

以故情，音問來往。彥深任用，銘戢甚深，雖人才無愧，蓋亦由彥深接引。爲吏部尚書以後，[6]自以物望得之。

[1]尋除都官尚書：中華本校勘記云："《北齊書》此下有'仍領本州中正，轉兼吏部尚書、儀同三司，尚書尋即真'等語。《通志》亦有"儀同三司"四字。按下文云：'爲吏部尚書以後，自以物望得之。'若此處不叙其官吏部尚書事，則下文語爲無根。疑此處有脱文。"可從。都官尚書，官名。北齊時爲尚書省都官曹長官。三品。

[2]素流：指無爵位的人。素，無爵位。流，品級，流别。

[3]趙彥深：人名。即趙隱。字彥深，以字行，南陽宛（今河南南陽市）人。東魏、北齊大臣。見《北史》卷五五《趙彥深傳》。　水部郎中：官名。北齊時爲尚書水部曹長官。資深者稱侍郎。六品上。

[4]彥深後重被沙汰停私：源氏校勘記云："'私'《北齊》作'秩'，屬上句。"中華本校勘記云："《北齊書》無'重'字。按本書卷五五《趙隱傳》云：'超拜水部郎。及文襄爲尚書令攝令選，隱（即彥深）以地寒，被出爲滄州别駕。'並無重被沙汰事。'重'字當是衍文。"可從。

[5]藜藿（huò）：指貧賤的人。

[6]吏部尚書：官名。職掌官吏銓選、考課、獎懲，其實權或大於尚書僕射。然重要官職的任免須與諸執政大臣合議，由皇帝、宰相裁定，亦常命尚書僕射領吏部事務，或任命大臣參掌選事以分其權任。北齊爲三品。

初，馮子琮以僕射攝選，[1]婚姻相尋，聿脩常非笑之，語人云："馮公營婚，日不暇給。"及自居選曹，[2]

亦不能免，時論以爲地勢然也。素品孤官，頗有怨響。然在官廉謹，當時少匹。魏、齊世，臺郎多不免交通餉饋。[3]初，聿脩爲尚書郎十年，未曾受升酒之遺。[4]尚書邢卲與聿脩舊款，[5]每省中語戲，常呼聿脩爲清郎。大寧初，[6]聿脩以太常少卿出使巡省，[7]仍令考校官人得失。經兗州，[8]時邢卲爲刺史，别後，送白紬爲信。聿脩不受，與邢卲書云："今日傾過，[9]有異常行，瓜田李下，古人所慎，願得此心，不貽厚責。"卲亦欣然領解，報書云："老夫忽忽，意不及此，敬承來旨，吾無間然。弟昔爲清郎，今日復作清卿矣。"及在吏部，屬政衰道喪，若違忤要勢，禍不旋踵，雖以清白自守，猶不免請謁之累。

[1]馮子琮：人名。字子琮，長樂信都（今河北冀州市）人。北齊大臣。見《北史》卷五五《馮子琮傳》。　僕射：官名。尚書僕射的省稱。爲尚書省次官。北魏時位列宰相，掌管省曹事務，典選舉，左僕射還負責彈劾百官。北齊略同。從二品。

[2]選曹：官署名。北齊時掌官吏銓選，亦爲吏部等機構的别稱。

[3]臺郎：官名。尚書郎别稱。北齊時凡尚書曹郎、郎中、侍郎皆可簡爲此稱。掌收發文書奏章庶務，可直接向皇帝奏報本職政務。六品。

[4]升：中華本校勘記云："《通志》'升'作'斗'。錢氏《考異》卷三一以爲當作'斗'。"可從。

[5]邢卲：人名。字子才，小字吉，河間鄚（今河北任丘市北）人。北魏、東魏、北齊官吏。見《北齊書》卷三六《邢巒附邢卲傳》。

［6］大寧：北齊武成帝的年號（561—562）。

［7］太常少卿：官名。北齊時爲太常寺次官，列諸寺少卿之首。一員，四品上。

［8］兖州：北齊時治瑕丘城，在今山東兖州市西。

［9］傾：毛本、殿本、四庫本、局本、四部備要本作“仰”。

入周，位儀同大將軍、吏部下大夫、東京司宗中大夫。[1]隋開皇初，[2]加上儀同，遷東京都官尚書。[3]東京廢，入朝，除都官尚書。二年，出爲熊州刺史，[4]卒。子知禮，大業初卒於太子内舍人。[5]

［1］儀同大將軍：官名。北周武帝建德四年（575），改車騎大將軍、儀同三司爲此稱。正九命。　吏部下大夫：官名。即小吏部下大夫。西魏恭帝三年置，北周因之。有時亦爲小吏部上士的省稱。爲吏部中大夫副職，助掌官吏的選拔考察和頒勳頒禄等。一員，正四命。　東京：都城名。北周武帝大象元年（579）以洛陽爲東京。　司宗中大夫：官名。北周武帝保定四年（564）改禮部爲司宗時，由禮部中大夫改爲此稱。仍屬春官府，佐大宗伯卿掌禮儀的制定與執行。正五命。

［2］開皇：隋文帝的年號（581—600）。

［3］都官尚書：官名。隋初統都官、二千石、比部、水部、膳部諸曹事務。正二品。文帝開皇三年改爲刑部尚書。

［4］熊州：北周明帝二年（558）置，治宜陽縣，在今河南宜陽縣西。隋煬帝大業初廢。

［5］大業：隋煬帝的年號（605—617）。　太子内舍人：官名。掌侍從表啓，宣行太子令旨。隋朝時爲正五品。

躍弟飇，卒於豫州冠軍府司馬。[1]飇弟昇，位正員

郎。[2]颺死後，昇通其妻。翻恚，爲之發病。昇終不止，時人鄙穢之。亦於河陰見害。贈左將軍、齊州刺史。[3]

[1]司馬：官名。北魏時諸公府多置，爲公府高級幕僚，管理府内武職，與長史共參府務，位次長史。

[2]正員郎：北魏時於諸王府、公府、軍府内置，掌武吏。

[3]左將軍：官名。爲軍府名號，用作加官。北魏孝文帝太和十七年定爲從二品上，二十三年定爲三品。

陽尼，字景文，北平無終人也。[1]累世仕於慕容氏。[2]尼少好學，博通群籍，與上谷侯天護、頓丘李彪同志齊名。[3]幽州刺史胡泥表薦之，[4]徵拜秘書著作郎。[5]乃改中書學爲國子，[6]時中書監高閭、侍中李沖等以尼碩學，[7]舉爲國子祭酒。[8]後兼幽州中正。孝文臨軒，令諸州中正各舉所知，尼與齊州大中正房千秋各舉其子。[9]帝曰："昔有一祁，名垂往史；今有二奚，當聞來牒。"[10]

[1]北平：郡名。北魏時治新昌縣，在今河北盧龍縣。　無終：縣名。治所在今天津薊縣。

[2]慕容氏：鮮卑姓氏。此處代指十六國時慕容氏所建立的政權。

[3]上谷：郡名。北魏時治居庸縣，在今北京延慶縣。　頓丘：縣名。治所在今河南清豐縣西南。　李彪：人名。字道固，頓丘衛國（今河南清豐縣東南）人。北魏官吏。前後六次出使南朝齊，又從駕南征。見《北史》卷四〇《李彪傳》。

[4]幽州：北魏時治薊縣，在今北京西南。　胡泥：人名。代

（今山西大同市東北）人。北魏酷吏。見《北史》卷八七《胡泥傳》。

［5］秘書著作郎：官名。掌修國史及起居注，别典秘籍，爲著作局或著作省長官，有著作佐郎、書令史等佐屬。四品上。

［6］中書學：官署名。北魏明元帝時改國子學置，屬中書省，是培養高級人才的學校。主要招收鮮卑及漢人士族子弟爲中書學生，有時由皇帝特旨指定某人子弟爲中書學生。學生畢業後多升爲内外要職，是當時的主要仕進途徑之一。以博學之士擔任中書教授博士、中書教學博士和中書助教博士，爲學生講授經義。孝文帝太和中，復改爲國子學。

［7］中書監：官名。北魏時與中書令同爲中書主官，掌草擬詔令，處理機要。一品中。　高閭：人名。字閻士，漁陽雍奴（今天津武清區西北）人。北魏官吏。見《北史》卷三四《高閭傳》。　李沖：人名。原名思沖，字思順，隴西狄道（今甘肅臨洮縣）人。北魏官吏。見《北史》卷一〇〇《凉武昭王李暠附李沖傳》。

［8］國子祭酒：官名。國子學長官，掌教授生徒儒學，參議禮制。北魏孝文帝太和十七年定爲四品上，二十三年定爲從三品。

［9］大中正：官名。三國魏齊王曹芳時始置，全稱爲“州都大中正”，掌一州之人物品第，以爲吏部選人之根據。南北朝時則常特稱小州之中正爲州中正，冠“大”字者則爲大州之中正。　房千秋：人名。即房堅。字千秋，清河繹幕（今山東平原縣西北）人。北魏官吏。見《魏書》卷四二《房法壽附房堅傳》。

［10］祁：即祁奚。字黄羊，亦稱祁大夫。春秋時晋國大夫。爲人正直，薦舉唯賢，外舉不棄仇，内舉不避親。

出爲幽州平北府長史，[1]帶漁陽太守，[2]未拜，坐爲中正時受鄉人貨免官。每自傷曰：“吾昔未仕，不曾羡人，今日失官，與本何異？然非吾宿志，命也如何！”

既而還家。有書數千卷。所造《字釋》數十篇，未就而卒。其從孫太學博士承慶撰爲《字統》二十卷，[3]行於世。承慶從弟固。

[1]長史：官名。爲所在官署的屬官之長。掌顧問參謀。不同名號的長史所負職責不同，品秩也不相同。

[2]漁陽：郡名。北魏時治潞縣，在今北京通州區東。

[3]太學博士：官名。掌教授太學生，亦備咨詢，參議禮儀。北魏孝文帝太和二十三年定爲從七品。

固，字敬安，性俶儻，不拘小節，少任俠，好劍客，弗事生産。年二十六，始折節好學，博覽篇籍，有文才。太和中，[1]從大將軍、宋王劉昶征義陽，[2]板府法曹行參軍。[3]昶性嚴暴，三軍戰慄，無敢言者。固啓諫，并面陳事宜。昶大怒，欲斬之，使監當攻道。固在軍勇决，意志閑雅，了無懼色，昶甚奇之。軍還，言之孝文。年三十餘，始辟大將軍府參軍事，[4]累遷書侍御史，多所劾奏。

[1]太和：北魏孝文帝的年號（477—499）。

[2]大將軍：官名。北魏、北齊時與大司馬並稱“二大”，共典軍政，常由權臣兼任。一品。　義陽：郡名。北魏時治平陽縣，在今河南信陽市。

[3]法曹行參軍：官名。北魏時公府、將軍府、諸州府置。法曹長官。孝文帝太和二十三年定爲七品至九品。

[4]參軍事：官名。北魏時王、公、將軍府，都水臺及諸州多置爲僚屬，品級自六品至九品不等。

宣武廣訪得失，[1]固上讜言表曰：“當今之務，宜早正東儲，立師傅以保護，立官司以防衛，以係蒼生之心。攬權衡，親宗室，强幹弱枝，以立萬世之計。舉賢良，黜不肖，使野無遺才，朝無素餐。孜孜萬機，躬勤庶政，使人無謗讟之響。[2]省徭役，薄賦斂，脩學官，遵舊章，貴農桑，賤工賈，絶談虛窮微之論，簡桑門無用之費，[3]以救飢寒之苦。然後備器械，脩甲兵，習水戰，滅吴、會，[4]撰封禪之禮，襲軒、唐之軌，[5]豈不茂哉！”

[1]宣武：即北魏皇帝元恪。宣武爲其謚號。

[2]讟（dú）：誹謗，怨言。

[3]桑門：即沙門。指佛教僧侣。

[4]吴會：即吴郡與會稽郡。吴郡，南朝梁時治吴縣，在今江蘇蘇州市。會稽郡，南朝梁時治山陰縣，在今浙江紹興市。

[5]軒唐：指上古賢君軒轅和唐堯。

初，帝委任群下，不甚親覽，好桑門之法；尚書令高肇以外戚權寵，[1]專决朝事；又咸陽王禧等並有釁，[2]故宗室大臣相見疏薄，而王畿人庶勞弊益甚。固乃作《南北二都賦》，稱恒、代田漁聲樂侈靡之事，[3]節以中京禮儀之式，[4]因以諷諫。

[1]尚書令：官名。北魏時總掌全國行政，雖位低於三公，但在多數情况下是實際上的丞相。　高肇：人名。字首文，勃海蓨

(今河北景縣）人。北魏權臣、外戚。孝文昭皇后之兄，宣武帝的舅父。見《北史》卷八〇《高肇傳》。

[2]咸陽王：封爵名。咸陽，郡名。北魏時治池陽縣，在今陝西涇陽縣。　禧：即元禧，人名。字思永，一作“永壽”。北魏宗室。孝文帝弟。見《北史》卷一九《咸陽王禧傳》。　釁：嫌隙，争端。

[3]恒：州名。北魏時治平城，在今山西大同市東北。　代：郡名。北魏時治平城，在今山西大同市東北。

[4]中京：即洛陽。東晋、南朝稱西晋故都洛陽爲中京。北朝亦沿用之。

宣武末，中尉王顯起宅既成，[1]集僚屬饗宴。酒酣，問固曰：“此宅何如?”固曰：“晏嬰湫隘，[2]流稱于今，豐屋生災，著於《周易》。此蓋同傳舍耳，唯有德能卒，願公勉之。”顯嘿然。他日又謂固曰：“吾作太府卿，[3]府庫充實，卿以爲何如?”固對曰：“公收百官之禄四分之一，州郡贓贖悉入京藏，以此充府，未足爲多。且有聚斂之臣，寧有盜臣，豈不戒歟!”顯大不悦，以此銜固，又有人間固於顯，因奏固剩請米麥，免固官。

[1]中尉：官名。此處指御史中尉。北魏時由御史中丞改稱，主御史臺，頗重其選。孝文帝太和十七年定爲三品上，二十三年定爲從三品。

[2]晏嬰湫（jiǎo）隘：指晏子之宅低濕狹小。典出《左傳》昭公三年。晏嬰，人名。字仲，夷維（今山東高密市）人。春秋時政治家、思想家、外交家。見《史記》卷六二《管晏列傳》。湫隘，低濕狹小。

[3]太府卿：官名。北魏孝文帝太和中改少府置，亦省稱“太府”。掌山海池澤之税，兼管官營手工業。二十三年定爲三品。

遂闔門自守，著《演賾賦》以明幽微通塞之事。又作《刺讒》《疾嬖幸》詩二首曰：

巧佞巧佞，讒言興兮。營營習習，似青蠅兮。以白爲黑，在汝口兮。汝非蝮蠆，[1]毒何厚兮？巧巧佞佞，一何工矣。司間司忿，言必從矣。朋黨噂喈，自相同矣。浸潤之譖，傾人墉矣。成人之美，君子貴焉。攻人之惡，君子耻焉。汝何人斯，譖毁日繁？子實無罪，何騁汝言？番番緝緝，讒言側入，君子好讒，如或弗及。天疾讒説，[2]汝其至矣，無妄之禍，行將及矣。泛泛遊鳧，弗制弗拘，行藏之徒，或智或愚。維余小子，未明兹理，毁與行俱，言與釁起。我其懲矣，我其悔矣，豈求人兮，忠恕在己。

[1]蝮（fù）蠆（chài）：指蝮蛇和蠍子。俱爲有毒之物。
[2]天疾讒説：先天患有愛説讒言的毛病。

彼諂諛兮，人之蠹兮，刺促昔粟，罔顧恥辱，以求媚兮。邪干側入，如恐弗及，以自容兮。志行褊小，好習不道。朝挾其車，夕承其輿，或騎或徒，載奔載趨。或言或笑，曲事親要，正路不由，邪徑是蹈。不識大猷，不知話言，其朋其黨，其徒寔繁。有詭其行，有佞其音，籧篨戚施，邪媚是

欽，既讒且妒，以逞其心。是信是任，敗其以多，不始不慎，末如之何。習習宰嚭，營營無極；[1]梁丘寡智，[2]王鮒淺識；[3]伊戾、息夫，[4]異世同力；江充、趙高，[5]甘言似直；豎刁、上官，[6]擅生羽翼。乃如之人，僭爽其德，豈徒喪邦，又亦覆國。嗟爾中下，其親其昵，不謂其非，不覺其失，好之有年，寵之有日，我思古人，心焉苦疾。[7]凡百君子，宜其慎矣，覆車其鑒，近可信矣。言既備矣，事既至矣，反是不思，維塵及矣。

[1]習習宰嚭（pǐ）營營無極：指宰嚭不顧廉耻，頻頻鑽營，貪得無厭。宰嚭，人名。姓伯，字子餘，亦作“伯嚭”“白喜”“帛喜”。春秋時吴國大臣。初任太宰，善逢迎，深得吴王寵幸。屢進讒言，殺忠臣伍子胥。後越滅吴，被越王勾踐所殺。

[2]梁丘：即梁丘賀，人名。字長翁，琅邪諸（今山東諸城市）人。西漢儒士。今文《易》學“梁丘學”開創者。史稱他“能心計”，“爲人小心周密”。見《漢書》卷八八《梁丘賀傳》。

[3]王鮒：人名。即樂王鮒，叔向的庶弟，春秋時晋平公的大夫，口是心非。

[4]伊戾：人名。惠墻氏，名伊戾。春秋時宋國宦官。任太子痤内師，不得寵而構陷太子。事發後被烹。　息夫：即息夫躬，人名。字子微，河内河陽（今河南孟州市西南）人。西漢權臣。見《漢書》卷四五《息夫躬傳》。

[5]江充：人名。字次倩，本名齊，趙國邯鄲（今河北邯鄲市）人。西漢官吏。深受武帝信任。因與太子劉據有隙，便誣劉據以巫蠱謀害武帝。後被誅殺。見《漢書》卷四五《江充傳》。　趙高：人名。秦宦官。受秦始皇信任，矯詔立二世，獨攬朝政。後劉

邦入關，懼二世之責，旋立公子嬰，後爲子嬰誅殺，夷三族。見《史記》卷八八《蒙恬列傳》。

[6]豎刁：人名。春秋時齊國宦官。受寵於齊桓公，與易牙、開方共同專權。後世用"豎刁"代指閹官奸臣。見《左傳》桓公十七年。　上官：即上官桀。上邽（今甘肅天水市）人。西漢官吏。武帝時官太僕，與霍光同受遺詔輔少主，封安陽侯。後謀廢昭帝，事發被滅族。見《漢書》卷六八《霍光傳》。

[7]苦：源氏校勘記云："《魏書》'苦'作'若'。"中華本校勘記云："《魏書》卷七二《陽固傳》'苦'作'若'。疑作'若'是。"可從。

明帝即位，除尚書考功郎中，[1]奏諸秀孝考中第者聽叙，[2]自固始。軍征硤石，[3]敕爲僕射李平行臺七兵郎。[4]平奇固勇敢，軍中大事，悉與謀之。命固節度水軍。設奇計，先期乘賊，獲其外城。後太傅、清河王懌舉固，除步兵校尉，[5]領汝南王悦郎中令。[6]時悦年少，行多不法，固上疏諫悦，悦甚敬憚之。懌大悦，以爲舉得其人。除洛陽令，[7]在縣甚有威風。丁母憂，號慕毁疾，杖而能起，練禫之後，[8]酒肉不進。時固年踰五十，而喪過於哀，鄉黨親族咸歎服焉。

[1]尚書考功郎中：官名。三國魏置，掌尚書考功曹。北魏孝文帝太和十七年定爲五品上，二十三年改爲六品。毛本、殿本、四庫本、四部備要本作"尚書考功郎"。按：資歷淺者爲郎中，深者可轉侍郎，皆稱郎，兩可。

[2]秀孝：秀才、孝廉的連稱。漢制，州舉高才博學者爲秀才，郡舉經明行修者爲孝廉，州郡察舉秀才、孝廉，故並稱爲秀孝。

[3]硤石：地名。今河南孟津縣西。

[4]李平：人名。字雲定，頓丘（今河南清豐縣西南）人。北魏官吏。見《北史》卷四三《李崇附李平傳》。　行臺：官署名。北魏孝明帝正光末，在各地設行臺主管當地軍務，遂成爲常設的地方行政機構，北魏末期兼理民事，以行臺尚書令爲長官，也有以尚書僕射或左、右僕射及尚書來主管行臺事務者。　七兵郎：官名。尚書省郎中。北魏時協掌軍事，屬七兵尚書。孝文帝太和十七年定爲從五品中。此處特指行臺所掌轄的七兵郎。

[5]步兵校尉：官名。北魏初領營兵，位次列卿，後罷其兵，成爲武臣散官，無具體職掌，二十八員。孝文帝太和十七年定爲從三品中，二十三年定爲五品。

[6]汝南王：封爵名。汝南，郡名。北魏時治上蔡縣，在今河南汝南縣。　悅：即元悅，人名。北魏宗室。見《北史》卷一九《汝南王悅傳》。　郎中令：官名。北魏時諸王、公、侯、伯、子、男國皆置，品秩頗低。

[7]洛陽：縣名。治所在今河南洛陽市東北。

[8]練禫（dàn）：均古祭禮名。練爲小祥之祭，禫爲除服之祭。

清河王懌領太尉，[1]辟固從事中郎，[2]屬懌被害，不奏。懌之遇害，元乂執政，[3]朝野震悚，懌諸子及門生僚吏，莫不慮禍，隱避不出。以嘗被辟命，遂獨詣喪所，盡哀慟哭，良久乃還。僕射游肇聞而歎曰：[4]“雖欒布、王脩，何以尚也？[5]君子哉若人！”

[1]太尉：官名。北魏時爲名譽宰相，多爲大臣加官。一品。

[2]從事中郎：官名。北魏時諸王府、公府等皆設，無定員，分掌諸曹。四品中。

[3]元叉：人名。字伯儁，小字夜叉。北魏宗室。見《北史》卷一六《京兆王黎附元叉傳》。

[4]游肇：人名。字伯始，廣平任（今河北任縣東）人。北魏官吏。見《北史》卷三四《游雅附游肇傳》。

[5]欒布：人名。梁（今河南商丘市）人。西漢初官吏。初被掠買爲奴，與彭越友善。彭越爲梁王，贖之拜爲梁大夫。劉邦殺彭越，不許其哭祭，欒布笑而祭之，爲吏所捕。劉邦壯其義，釋罪，任爲都尉。見《漢書》卷三七《欒布傳》。　王脩：人名。字叔治，北海營陵（今山東濰坊市）人。三國魏官吏。北海孔融以王脩爲主簿，後孔融有難，王脩夜奔融處，孔融謂左右曰："能冒難來，唯王脩耳！"言終而脩至。見《三國志》卷一一《魏書·王脩傳》。毛本、殿本、局本、四部備要本作"王修"。

及汝南王悦爲太尉，選舉多非其人，又輕肆撾撻。[1]固以前爲元卿，[2]雖離國，猶上疏切諫，事在《悦傳》。後悦辟固爲從事中郎，不就。京兆王繼爲司徒，[3]高選官僚，辟固從事中郎。府解，除前軍將軍，[4]又典科揚州勳賞。[5]初，硤石之役，固有先登之功，而朝賞未及，至是，與尚書令李崇訟勳，[6]更相表。雖貴盛，固據理不撓，談者稱焉。卒，贈輔國將軍、太常少卿，[7]謚曰文。

[1]撾撻：鞭撻。

[2]元卿：指曾爲汝南王悦郎中令事。元，原來。

[3]京兆王：封爵名。京兆，郡名。北魏時治霸城縣，在今陝西西安市東北。　繼：即元繼，人名。字世仁。北魏宗室、大臣。見《北史》卷一六《京兆王黎附江陽王繼傳》。

[4]前軍將軍：官名。與後軍、左軍、右軍將軍合稱四軍將軍，各領營兵千人，是護衛皇帝宮禁的主要領軍將領之一。北魏孝文帝太和二十三年後定爲從四品上。

[5]揚州：北魏時治壽春縣，在今安徽壽縣。

[6]李崇：人名。字繼長，小名繼伯，頓丘（今河南清豐縣西南）人。北魏將領。見《北史》卷四三《李崇傳》。

[7]輔國將軍：官名。將軍名號。北魏孝文帝太和十七年定爲三品上，二十三年定爲從三品。

固剛直雅正，不畏强禦，居官清潔，家無餘財，終没之日，室徒四壁，無以供喪，親故爲其棺斂。初，固著《終制》一篇，務從儉約。臨終，又敕諸子一遵先制。五子，長子休之。

休之，字子烈，儁爽有風概，好學，愛文藻，時人爲之語曰："能賦能詩陽休之。"初爲州主簿。孝昌中，杜洛周陷薊城，[1]休之與宗室南奔章武，[2]轉至青州。葛榮寇亂，[3]河北流人，多湊青州。休之知將有變，請其族叔伯彦等潛歸京師避之。多不能從，休之垂涕别去。俄而邢杲作亂，[4]伯彦等咸爲土人所殺，諸陽死者數十人，唯休之兄弟免。

[1]杜洛周：人名。北魏末六鎮起義軍首領。後爲葛榮所害。薊城：在今北京西南。

[2]章武：郡名。北魏時治平舒縣，在今河北大城縣。

[3]葛榮：人名。北魏末河北起義軍首領。

[4]俄而邢杲作亂：底本"俄而"上有"葛榮"二字，中華本校勘記云："諸本'邢杲'上有'葛榮'二字。《北齊書》卷四二

《陽休之傳》無。按葛榮義軍未曾到青州，此涉上文而衍，今據删。”今從改。邢杲，人名。河間（今河北河間市）人。北魏末山東起義軍首領。降後被殺。

莊帝立，[1]累遷太尉記室參軍。[2]李神儁監起居注，[3]啓休之與河東裴伯茂、范陽盧元伯、河間邢子明俱入撰次。[4]普泰中，[5]爲太保長孫承業府屬。[6]尋敕與魏收、李同軌等修國史。[7]後行臺賀拔勝經略樊沔，[8]請爲南道軍司。[9]俄而魏武帝入關，[10]勝令休之奉表詣長安參謁。時齊神武亦啓除休之太常少卿。[11]尋屬勝南奔，仍隨勝至江南。休之聞神武推奉静帝，[12]乃白勝啓梁武求還，[13]文襄以爲大行臺郎中。[14]

[1]莊帝：即北魏皇帝元子攸。莊爲其謚號。

[2]太尉記室參軍：官名。即太尉府記室參軍，掌文書表奏。

[3]李神儁：人名。即李挺。字神儁，一作“神雋”，小名提，隴西狄道（今甘肅臨洮縣）人。北魏、東魏官吏。見《北史》卷一〇〇《凉武昭王李暠附李神儁傳》。

[4]河東：郡名。北魏時治蒲坂縣，在今山西永濟市西南蒲州鎮。　裴伯茂：人名。河東聞喜（今山西聞喜縣）人。北魏、東魏官吏。見《北史》卷三八《裴延儁附裴伯茂傳》。　范陽：郡名。北魏時治涿縣，在今河北涿州市。　盧元伯：中華本校勘記云：“《北齊書》‘伯’作‘明’。按盧元明附見本書卷三〇、《魏書》卷四七《盧玄傳》。本傳不言其預撰起居注，但其時别無盧元伯，疑作‘明’是。”可從。盧元明，字幼章，范陽涿（今河北涿州市）人。北魏官吏。　河間：郡名。北魏初治樂城縣，在今河北獻縣東南；孝文帝太和十一年移治武垣縣，在今河北河間市南。　邢

子明：人名。即邢昕。字子明，河間鄚（今河北任丘市北）人。北魏、東魏官吏。見《北史》卷四三《邢巒附邢昕傳》。中華本校勘記云："諸本'明'作'才'，《北齊書》作'明'。按本書卷四三、《魏書》卷八五《邢昕（即子明）傳》云：'吏部尚書李神儁奏昕修起居注。'本書卷四三《邢卲（即子才）傳》並無與李神儁同修起居注事。作'才'誤，今據改。"今從改。

［5］普泰：北魏節閔帝的年號（531—532）。

［6］太保：官名。北魏時爲三師之一，爲輔佐君王的重要大臣，位在太傅、太師下。一品。　長孫承業：人名。即長孫冀歸。字承業，孝文帝賜名稚，代（今山西大同市東北）人。北魏官吏。見《北史》卷二二《長孫道生附長孫承業傳》。

［7］魏收：人名。字伯起，小字佛助，鉅鹿下曲陽（今河北晋州市西）人。北魏官吏、學者。見《北史》卷五六《魏收傳》。　李同軌：人名。趙郡高邑（今河北柏鄉縣北）人。北魏、東魏官吏、學者。見《北史》卷三三《李義深附李同軌傳》。

［8］賀拔勝：人名。字破胡，神武尖山（今山西神池縣）人。北魏、西魏名將。見《北史》卷四九《賀拔允附賀拔勝傳》。　樊沔：地區名。今湖北襄樊市一帶。

［9］軍司：官名。掌軍中監察、匡扶主帥。

［10］魏武帝：中華本校勘記云："李慈銘云：'"魏武"當作"孝武"。'"可從。孝武，即北魏皇帝元脩。孝武爲其謚號。

［11］齊神武：即高歡。神武爲其謚號，北齊後主所追謚。

［12］静帝：即東魏皇帝元善見。静爲其謚號。

［13］梁武：指南朝梁帝蕭衍。武爲其謚號。

［14］文襄：即高澄。文襄爲其謚號，北齊文宣帝所追謚。　大行臺郎中：官名。北魏置。行臺諸郎中的泛稱，各曹皆冠以曹名。有時以稱不理具體曹務的官員。

神武幸汾陽之天池，[1]池邊得一石，上有隱起字，文曰“六王三川”，問休之曰：“此文字何義?”對曰：“‘六’者，大王字。河、洛、伊爲三川，大王若受天命，終應統有關右。”神武曰：“世人常道我欲反，今若聞此，更致紛紜，慎莫妄言也。”元象初，[2]録荆州軍功，封新泰縣伯。[3]

[1]汾陽：地名。在今山西静樂縣西。　天池：一作“祁連池”。在今山西寧武縣西南管涔山上。

[2]元象：東魏孝静帝的年號（538—539）。

[3]新泰縣伯：封爵名。新泰，縣名。治所在今山東新泰市。

武定二年，除中書侍郎。先是中書專主綸言，魏宣武已來，事移門下，至是發詔依舊，任遇甚顯。時魏收爲散騎常侍，[1]領兼侍郎，[2]與休之參掌詔命，世論以爲中興。有人士戲嘲休之云：“有觸藩之羝羊，乘連錢之驄馬，從晋陽而向鄴，懷屬書而盈把。”[3]左丞盧斐以其文書請謁，[4]啓神武禁止，會赦不問。歷尚食典御、太子中庶子、給事黄門侍郎、中軍將軍、幽州大中正。[5]

[1]散騎常侍：官名。北魏時掌侍從左右、圖書文翰、諫諍拾遺，收納轉呈文書奏事，兼領修史，但仍爲閑散之職。北魏初一度掌出令，位在中書令上。二品下。

[2]侍郎：官名。北魏初置於禁中，掌侍衛，隸屬不詳。

[3]觸藩：用角抵撞籬笆。形容進退兩難。　連錢：馬名。即連錢驄。　晋陽：縣名。治所在今山西太原市晋源區古城營村一帶。　鄴：城名。在今河北臨漳縣西南。

[4]左丞：官名。此處爲尚書左丞的省稱。北魏時爲尚書省佐官，位次尚書，與右丞共掌尚書省庶務。四品上。　盧斐：人名。字子章，范陽涿（今河北涿州市）人。北齊酷吏。見《北史》卷三〇《盧同附盧斐傳》。

[5]尚食典御：官名。北魏置。爲尚食局長官。掌御膳之事。二員。五品。　太子中庶子：官名。太子侍從之臣，掌侍從、奏事、諫議等。北魏孝文帝太和十七年定爲三品中，二十三年定爲四品上。　中軍將軍：官名。北魏時多臨時設置，爲戰役總指揮，一般由親王任之，地位顯要。孝文帝太和十七年定爲從一品下，二十三年定爲從二品。　幽州：東魏時治薊縣，在今北京西南。

兼侍中，持節奉璽書詣并州，[1]敦喻文宣爲相國、齊王。[2]時將受魏禪，發晋陽至平陽郡，[3]爲人心未一，且還并州，恐漏泄，仍斷行人。休之性疏放，使還，遂説其事，鄴中悉知。後高德正以聞，[4]文宣忿之而未發。齊受禪，除散騎常侍，監修起居注。頃之，坐詔書脱誤，左遷驍騎將軍，[5]積其前事也。文宣郊天，百僚咸從，休之衣兩襠甲，手持白棓。[6]時魏收爲中書令，嘲之曰："義真服未?"休之曰："我昔爲常伯，首戴蟬冕；今處驍游，身被衫甲。允文允武。何必減卿。"談笑晏然，議者服其夷曠。以禪讓之際，參定禮儀，别封始平縣男。[7]

[1]并州：東魏時治晋陽縣，在今山西太原市西南。

[2]文宣：即北齊皇帝高洋。文宣爲其謚號。　相國：官名。北魏時不常置，位尊於丞相，非尋常人臣之職。

[3]平陽郡：中華本校勘記云："按由晋陽赴鄴，不會經過平

陽。‘平陽郡’當是‘平城都’之訛。事見本書卷三一《高德正傳》。但‘平城都‘又當作‘平都城’。參見《高德正傳》校記。”可從。

[4]高德正：人名。一作“高德政”，字士貞，勃海蓨（今河北景縣）人。北齊官吏。見《北史》卷三一《高祐附高德正傳》。

[5]驍騎將軍：官名。北齊時屬左右衛府，雖仍負有護衛宮禁之責，但權任已輕。五員，四品上。

[6]白棓（bàng）：大棍，大杖。

[7]始平縣男：封爵名。始平，縣名。治所在今山西興平市。

後除中山太守。[1]先是韋道建、宋欽道代爲定州長史帶中山太守，[2]並立制，監臨之官出行，不得過百姓飲食。有者，即數錢酬之。休之常以爲非，及至郡，復相因循。或問其故。休之曰：“吾昔非之者，爲其失仁義；今日行之者，自欲避嫌疑。豈是夙心。直是處世難耳。”在郡三年，再致甘露之瑞。

[1]中山：郡名。北齊時治盧奴縣，在今河北定州市。

[2]韋道建：人名。京兆杜陵（今陜西西安市長安區東）人。東魏孝静帝武定末，爲定州儀同開府長史，帶中山太守。北齊文宣帝天保末，卒於司農少卿。見《北齊書》卷四五《韋道遜傳》。宋欽道：人名。西河介休（今山西介休市）人。東魏、北齊官吏。見《北史》卷二六《宋隱附宋欽道傳》。

文宣崩，徵休之至晉陽，經紀喪禮，與魏收俱至。尚書令楊遵彦與休之等款狎，[1]相遇中書省，[2]言及喪事，收掩淚失聲，休之嚬眉而已。[3]他日遵彦謂曰：“昨

聞諱，魏少傅悲不自勝，卿何容都不流涕?”休之曰：“天保之世，魏侯時遇甚深，鄙夫以衆人見待，佞哀詐泣，實非本懷。”

[1]楊遵彦：人名。即楊愔，字遵彦，小名秦王，弘農華陰（今陝西華陰市東南）人。東魏、北齊官吏。見《北齊書》卷三四《楊愔傳》。　款狎：親近。

[2]中書省：官署名。北齊時掌擬詔出令及宮廷音樂，設監、令各一員，侍郎四員。

[3]嚬（pín）：皺眉。

皇建初，[1]兼度支尚書。昭帝留心政道，訪以政術，休之答以明賞罰，慎官方，禁淫侈，恤人患，爲政教之先。帝深納之。大寧中，歷都官、七兵、祠部三尚書。[2]河清三年，[3]出爲西兗州刺史。[4]天統初，徵爲光禄卿，[5]監國史。尋除吏部尚書。休之多識故事，諳悉氏族，凡所選用，莫不才地俱允。前國子助教熊安生，[6]當時碩儒，因喪解職，久而不見調，休之引爲國子博士，[7]儒者以此歸之。簡率不樂煩職，典選稍久，非其所好，每謂人曰；“此官實自清華，但煩劇，妨吾賞適，真是樊籠矣。”[8]武成崩後，頻乞就閑。武平初，除中書監、尚書右僕射。[9]三年，加位特進，[10]與朝士撰《聖壽堂御覽》。[11]六年，正除尚書右僕射，[12]領中書監。

[1]皇建：北齊孝昭帝的年號（560—561）。

［2］七兵尚書：官名。尚書省七兵曹長官，掌管軍事行政。北魏時定爲官稱，領左中兵、右中兵、左外兵、右外兵、騎兵、别兵、都兵七曹。孝文帝太和十七年定爲從二品中，二十三年定爲三品。北齊初沿置，後改爲五兵尚書。三品。　祠部尚書：官名。東晋始置，南北朝沿置。尚書省祠部曹長官。北齊時領祠部、主客、虞曹、屯田、起步五曹郎。與尚書右僕射不並置。缺祠部尚書時，以尚書右僕射兼攝祠部事；缺尚書右僕射時，亦常置祠部尚書兼右僕射事。三品。

［3］河清：北齊武成帝的年號（562—565）。

［4］西兗州：北齊時治左城，在今山東曹縣韓集鎮堤上范村。

［5］光禄卿：官名。北齊時置爲光禄寺長官，掌宫殿門户、帳幕器物、百官朝會膳食等。三品。

［6］國子助教：官名。國子監諸學置，協助博士教授生徒。　熊安生：人名。字植之，長樂阜城（今河北阜城縣）人。北齊、北周官吏。見《北史》卷八二《熊安生傳》。

［7］國子博士：學官名。西晋武帝時立國子學，置一員。教授生徒儒學，並應對殿堂，備咨詢顧問，隸國子祭酒，地位高於太學博士。北齊時國子寺國子學置五員。五品。

［8］樊籠：關鳥獸的籠子。比喻受束縛不自由的境地。

［9］尚書右僕射：官名。北齊時列位宰相，職掌都省庶務及執法，或典選舉。從二品。中華本校勘記云："《北齊書》作：'武平元年，除中書監。尋以本官兼尚書右僕射。'按下云'正除尚書右僕射'，則此處應有'兼'字。《北史》删節，並'兼'字删去，非。"可從。

［10］特進：官名。加官名號，用以安置閑退大臣。北齊時爲二品。

［11］聖壽堂御覽：又名《修文殿御覽》《玄洲苑御覽》，類書。北齊祖珽等奉敕編。久佚。後於敦煌石室中發現唐寫本殘卷，經羅振玉考證，即此書。有民國元年羅氏影印《鳴沙石室古佚書》。

[12]尚書右僕射：底本“右”作“左”，中華本校勘記云：“諸本‘右’作‘左’，《北齊書》作‘右’。按本書卷八《齊後主紀》武平六年四月稱：‘以中書監陽休之爲尚書右僕射。’作‘右’是，今據改。”今從改。

休之早得才名，爲人物所傾服，外如疏放，内實謹厚。少年頗以峻急爲累，晚節以通美見稱。重衿期，好游賞。太常卿盧元明，[1]人地華重，罕所交接，非一時名士，不得與之游，休之始爲行臺郎，[2]便坦然投分，文酒會同，相得甚款，鄉曲人士莫不企羡焉。[3]太子中庶子平原明少遐，[4]風流名士也，梁亡奔鄴，昔因通聘，與休之同游。及少遐卒，其妻窮敝，休之經紀振恤，恩分甚厚。尚書僕射崔暹爲文襄所親任，[5]勢傾朝列，休之未嘗請謁。暹子達拏幼而聰敏，年十餘，已作五言詩。時梁國通和，聘使在館，暹持達拏數首詩示諸朝士有才學者，又欲示梁客。餘人畏暹，皆隨宜應對，休之獨正言：“郎子聰明，方成偉器。但小兒文藻，恐未可以示遠人。”其方直如此。元景每云：“當今直諫，陽子烈其有焉。”

[1]盧元明：人名。字幼章，范陽涿（今河北涿州市）人。北魏、東魏官吏。見《北史》卷三〇《盧玄附盧元明傳》。

[2]行臺郎：官名。北魏置。即行臺郎中。爲行臺諸曹郎中的泛稱，各曹皆冠以曹名。有時以稱不理具體曹務的官員。

[3]鄉曲：以其偏處一隅，故稱鄉曲。引申爲鄉里。

[4]平原：郡名。北魏時治聊城縣，在今山東聊城市東北。明少遐：人名。字處默，平原鬲（今山東平原縣西北）人。南朝梁

官吏，位都官尚書，後爲青州刺史。太清之亂奔北魏，後仕北齊。見《南史》卷五〇《明僧紹附明少遐傳》。

[5]尚書僕射：官名。北魏時職掌都省庶務及執法，或典選舉，輔助尚書令執行政務，參議大政，諫諍得失。左僕射兼掌糾彈百官，居右僕射上。孝文帝太和十七年定爲從一品中，二十三年定爲從二品。北齊因之，從一品。　崔暹：人名。字季倫，博陵安平（今河北安平縣）人。東魏、北齊官吏。見《北史》卷三二《崔挺附崔暹傳》。

晚節，説祖珽撰《御覽》，書成加特進，令其子辟强預脩《御覽》書。及珽黜，便布言於朝廷，云先有隙。及鄧長顒、顔之推奏立文林館，[1]之推本意不欲令耆舊貴人居之，便相附會，與少年朝請、參軍之徒，[2]同入待詔。時論貶焉。魏收監史之日，立《神武本紀》，取平四胡之歲爲齊元。收在齊州，[3]恐史官改奪其志，上表論之。及收還朝，敕集朝賢議其事，休之立議從天保爲限斷。魏收存日，猶兩議未決。收死，便諷動内外，發詔從其議。後領中書監，謂人云："我已三爲中書監，用此何爲。"隆化還鄴，[4]舉朝多有遷授，封休之燕郡王，[5]乃謂所親曰："我非奴，[6]何忽此授？"凡此諸事，爲識者所譏。

[1]鄧長顒：人名。《北史》卷八《齊本紀·幼主》作"鄧顒"。初從高歡。北齊武成帝時，拜儀同三司。後主武平中任宰相，始參朝政，爲後主所寵重。　顔之推：人名。字介，琅邪臨沂（今山東費縣東）人。南北朝時文學家。見《北齊書》卷四五《顔之推傳》。　文林館：官署名。北齊後主武平四年置，引文學之士充

之，稱待詔。

[2]朝請：官名。奉朝請的省稱。北齊時爲職事官，二百四十員，掌獻納諍，隸集書省。從七品。　參軍：官名。亦稱參軍事。南北朝時王、公、將軍府，都水臺以及諸州多置爲僚屬，品級自六品至九品不等。

[3]齊州：北齊時治歷城縣，在今山東濟南市。

[4]隆化：北齊後主的年號（576）。

[5]燕郡王：封爵名。燕郡，北齊時治薊縣，在今北京西南。

[6]奴：殿本、四庫本、局本、四部備要本作"蠻奴"。

好學不倦，博綜經史，文章雖不華靡，亦爲典正。魏收在日，深爲收所輕，魏殂後，以先達見推。位望雖高，虛懷接物，爲搢紳所愛重。

周武帝平齊，[1]與吏部尚書袁聿脩、衛尉卿李祖欽、度支尚書元脩伯、大理卿司馬幼之、司農卿崔達拏、秘書監源文宗、散騎常侍兼中書侍郎李若、散騎常侍兼給事黄門侍郎李孝貞、給事黄門侍郎盧思道、給事黄門侍郎顔之推、通直散騎常侍兼中書侍郎李德林、通直散騎常侍兼中書舍人陸乂、中書侍郎薛道衡、中書舍人元行恭、辛德源、王劭、陸開明十八人同徵，[2]令隨駕後赴長安。尋除開府儀同，[3]依例封臨澤縣男。[4]歷納言中大夫、太子少保，[5]進位上開府，[6]除和州刺史。[7]隋開皇二年罷任，終於洛陽。所著文集四十卷，又撰《幽州人物志》，並行於世。

[1]周武帝：即北周皇帝宇文邕。武爲其謚號。

[2]衛尉卿：官名。北魏時定爲正式官名。掌宮門禁衛、武器

庫藏等。北周沿置。正三品。　李祖欽：人名。趙郡平棘（今河北趙縣）人。北齊外戚。文宣帝昭信皇后李祖娥的弟弟。見《北史》卷三三《李順附李敷傳》。　元脩伯：人名。河南洛陽（今河南洛陽市東北）人。北齊官吏。齊亡入周，授儀同大將軍、載師大夫。毛本、局本作“元修伯”。　大理卿：官名。亦稱大理寺卿。北魏時改廷尉爲大理而置，爲大理寺長官，列位九卿，一員。北齊亦置。三品。　司馬幼之：人名。河内温（今河南温縣）人。北齊官吏。見《北齊書》卷一八《司馬子如傳》。　司農卿：官名。南朝梁時改大司農爲司農卿，職掌勸農、倉儲、園苑、供應宫廷膳食等。北齊時爲三品。　崔達拏：人名。博陵安平（今河北安平縣）人。北齊官吏。見《北齊書》卷三〇《崔暹附崔達拏傳》。　秘書監：官名。北齊時爲秘書省主官，掌古今圖書，考校其文字異同。

源文宗：人名。即源彪。字文宗，西平樂都（今青海樂都縣）人，鮮卑族。東魏、北齊、隋朝官吏。見《北史》卷二八《源賀附源彪傳》。底本作“源宗”，中華本校勘記云：“諸本脱‘文’字，據《北齊書》補。源文宗即源彪，見本書卷二八《源賀傳》。《北齊書》卷四三自有傳。”今從改。　李若：人名。頓丘（今河南清豐縣西南）人。北齊官吏。見《北史》卷四三《李崇附李若傳》。　李孝貞：人名。字元操，趙郡柏（今河北隆堯縣西南）人。北齊、隋朝官吏。見《隋書》卷五七《李孝貞傳》。　通直散騎常侍：官名。參平尚書奏事，並掌諷諫、侍從，位頗重。北齊時爲四品。隋初爲正四品，煬帝大業三年罷。　陸乂：人名。字旦，代（今山西大同市東北）人。北齊官吏。見《北史》卷二八《陸俟附陸乂傳》。　薛道衡：人名。字玄卿，河東汾陰（今山西萬榮縣西南）人。北齊、隋朝官吏。見《北史》卷三六《薛辯附薛道衡傳》。　中書舍人：官名。爲中書省屬官。北朝時專掌草擬詔令，權任較南朝爲輕。北齊時爲六品下。　元行恭：人名。河南洛陽（今河南洛陽市東北）人，鮮卑族。北齊官吏。見《北史》卷五五《元文遥附元行恭傳》。　辛德源：人名。字孝基，隴西狄道（今

甘肅臨洮縣）人。北齊、北周、隋朝官吏、學者。見《北史》卷五〇《辛雄附辛德源傳》。　王劭：人名。字君懋，太原晋陽（今山西太原市晋源區古城營村一帶）人。北齊、隋朝官吏。見《北史》卷三五《王慧龍附王劭傳》。　陸開明：人名。即陸爽。字開明，代（今山西大同市東北）人。北齊、北周、隋朝官吏。見《北史》卷二八《陸俟附陸爽傳》。

[3]開府儀同：開府儀同三司。三國魏始置。爲大臣加號，謂與三司即太尉、司徒、司空的禮制待遇相同，許開設府署，自辟僚屬。兩晋南北朝因之。北周置爲勳官，九命。

[4]臨澤縣男：封爵名。臨澤，縣名。治所在今江蘇高郵市東北。

[5]納言中大夫：官名。爲天官府屬官，掌侍從左右、對答顧問，二員。北周時爲正五命。　太子少保：官名。爲東宫三少之一，位居太子少師、少傅之下。掌教導輔助太子。北周時爲正八命。

[6]上開府：爲北周、隋朝勳官，上開府儀同大將軍及上開府儀同三司的簡稱。

[7]和州：北周時治伏流城，在今河南嵩縣東北。

初，休之在洛，將仕，夜夢見黄河北驛道上行，從東向西。道南有一冢，極高大。休之步登冢頭，見一銅柱，趺爲蓮花形。休之從西北登一柱礎上，以手捉一柱，柱遂右轉。休之咒曰“柱轉三匝，吾至三公”，柱遂三匝而止。休之尋寤，意如在鄴城東南者，其夢竟驗云。

子辟彊，字君大，性疏脱，又無藝，[1]休之亦引入文林館，爲時人所嗤鄙。武平末，爲尚書水部郎中。

[1]又無藝：中華本校勘記云："《北齊書》作'無文藝'。疑'又無'是'無文'之倒誤。"可從。

休之弟綝之，天平中入關。[1]

[1]天平：東魏孝静帝的年號（534—537）。

次俊之，位兼通直常侍，[1]聘陳副，尚書郎。[2]當文襄時，多作六言歌辭，淫蕩而拙，世俗流傳，名爲《陽五伴侣》，寫而賣之，在市不絶。俊之嘗過市，取而改之，言其字誤。賣書者曰："陽五，古之賢人，作此《伴侣》，君何所知，輕敢議論！"俊之大喜。後待詔文林館，自言："有文集十卷，家兄亦不知吾是才士也。"

[1]通直常侍：官名。通直散騎常侍的省稱。

[2]尚書郎：官名。北齊時凡尚書曹郎、郎中、侍郎皆可簡稱爲此，掌收發文書奏章庶務，可直接向皇帝奏報本職政務。六品。

固從兄藻。藻，字景德，少孤，有雅志，涉獵經史。位中書博士，[1]詔兼禮官，拜燕宣王廟於長安，[2]還，賜爵魏昌男。[3]累遷瀛州安東府長史，[4]以年老歸家，爲賊杜洛周所囚，發病卒。永熙中，贈幽州刺史。子斐。

[1]中書博士：官名。中書教授博士、中書教學博士的省稱。北魏始置。屬中書學，選用博學之士擔任，教授中書學生。任職者

升遷較易，多升爲中書省、門下省要職。

[2]燕宣王：封爵名。即馮朗。長樂信都（今河北冀州市）人。十六國時北燕宗室、北魏外戚。其女爲北魏文成帝皇后。見《北史》卷八〇《馮熙傳》。

[3]魏昌男：封爵名。魏昌，縣名。治所在今河北定州市南。

[4]瀛州：北魏時治趙都軍城，在今河北河間市。

斐，字叔鸞，魏孝莊時，於西兗州督護流人有功，賜爵方城伯。[1]歷廣平王開府中郎，[2]修起居注。除起部郎中，[3]兼通直散騎常侍，聘梁。梁尚書羊侃，[4]魏之叛人也，與斐舊故，欲召斐至宅，三致書，斐不答。梁人曰："羊來已久，經貴朝遷革，李、盧亦詣宅相見，卿何致難？"斐曰："柳下惠則可，[5]吾不可。"梁武帝又親謂斐曰："侃極願相見，今二國和好，安得復論彼此。"斐終辭焉。還，除廷尉少卿。石濟河溢，[6]橋壞，斐移津於白馬，[7]中河起石潬，兩岸造關城，累年乃就。東郡太守陸士佩以黎陽關河形勝，[8]欲因山壑以爲公家苑囿。斐書答以國步始康，人勞未息，誠宜輕徭薄賦，勤恤人隱，不從。天保中，除都水使者。[9]詔斐監築長城。累遷殿中尚書，[10]以本官監瀛州事，拜儀同三司。卒，贈中書監、北豫州刺史，謚曰簡。

[1]方城伯：封爵名。方城，縣名。治所在今河北固安縣西南。

[2]廣平王：封爵名。指元懷，孝文帝第五子。見《北史》卷一九《廣平王懷傳》。廣平，郡名。北魏時治曲梁城，在今河北永年縣東南。　中郎：官名。北魏時諸王府、公府、軍府等皆有各種中郎爲其僚屬，總稱從事中郎。官秩不一。

[3]起部郎中：官名。尚書起部曹長官的通稱。資深勤能者可轉侍郎。北魏孝文帝太和十七年定爲五品上，二十三年定爲六品。

[4]羊侃：人名。字祖忻，泰山梁父（今山東新泰市）人。南朝梁官吏。見《南史》卷六三《羊侃傳》。

[5]柳下惠：即展獲。字季，又字禽。春秋時魯國大夫。曾爲士師官。因食邑柳下，謚惠，故稱。相傳他與一女子共坐一夜，而心不迷亂。後世借指有操行的男子。

[6]石濟：即石濟津。又名棘津、南津。在今河南滑縣西南古黄河上。底本作“石齊”，中華本校勘記云：“諸本‘濟’作‘齊’。《北齊書》卷四二《陽斐傳》作‘濟’。按《水經注》卷五河水注：‘河水又逕東燕縣故城北，河水於是有棘津之名，亦謂之石濟津。’戴校本注云：‘今考，即胙城縣東北石濟津。’下文云：‘斐移津於白馬。’白馬津在石濟之東，亦見《水經注》河水注。作‘齊’誤，今據改。”今從改。

[7]白馬：津渡名。在今河南滑縣東北。

[8]東郡：北魏時治滑臺縣，在今河南滑縣東。　陸士佩：人名。字季偉，鮮卑族。北魏、東魏官吏。見《北史》卷二八《陸俟傳》。　黎陽：郡名。北魏時治黎陽縣，在今河南浚縣東北。

[9]都水使者：官名。西漢設都水官，管理河渠灌溉，武帝時以都水官多，置左右都水使者總領都水官。北齊亦置，二員，從五品。

[10]殿中尚書：官名。北齊時爲尚書省六曹尚書之一，管理宫殿禁衛、禮制、宫廷車馬及倉庫等事。三品。

子師孝，中書舍人。

固從弟昭。昭，字元景，學涉史傳，尤閑案牘。爲齊文襄府墨曹參軍，[1]甚見親委，與陳元康、崔暹等參謀機密。[2]及崔㥄爲崔暹所告，[3]元景劾成其獄，賴邢子

才證白以免，[4]時以元景爲告而順旨。初，文襄擇日將受魏禪，令元景等定儀注，草詔册并授官，未畢而文襄殂，罷府。天保初，除給事黄門侍郎。後以風氣彌留，不堪近侍，出除青州高陽内史，[5]卒於郡。文集十卷。

[1]墨曹參軍：官名。即墨曹行參軍，爲墨曹長官。公府、將軍府等置。職掌不詳。

[2]陳元康：人名。字長猷，廣宗（今河北威縣東）人。北魏、東魏官吏。見《北史》卷五五《陳元康傳》。

[3]崔㥄：人名。字長儒，清河東武城（今山東武城縣西北）人。北魏、東魏、北齊官吏。見《北史》卷二四《崔逞附崔㥄傳》。

[4]邢子才：人名。即邢卲。字子才，小字吉，河間鄚（今河北任丘市北）人。北魏、東魏、北齊官吏，文學家。博學能文，與温子昇、魏收齊名。見《北史》卷四三《邢巒附邢卲傳》。

[5]内史：官名。北魏時地位相當於郡太守。孝文帝太和二十三年，上郡内史爲四品，中郡内史爲五品，下郡内史爲六品。北齊亦置，具體不詳。

子静立，性淳孝，操履清方，美詞令，善尺牘。仕齊，位三公郎中。[1]隋開皇初，州主簿。

[1]三公郎中：官名。北魏時屬殿中尚書，掌刑獄訴訟，擬定法律之政。北齊略同，與三公郎互稱。六品。

賈思伯，字仕休，[1]齊郡益都人也。[2]其先自武威徙焉。[3]世父元壽，中書侍郎，有學行，見稱於時。

［1］仕休：源氏校勘記云："《魏書》作'士休'。"未詳孰是。

［2］齊郡：北魏時治臨淄縣，在今山東淄博市東北。　益都：縣名。治所在今山東益都縣。

［3］武威：郡名。北魏時治姑臧縣，在今甘肅武威市。

思伯自奉朝請累遷中書侍郎，頗爲孝文所知。任城王澄之圍鐘離也，[1]以思伯持節爲其軍司。及澄失利，思伯爲後殿。澄以其儒者，謂之必死。及至，大喜曰："仁者必有勇，常謂虚談，今於軍司見之矣。"思伯託以失道，不伐其功，時論稱其長者。

［1］任城王：封爵名。北魏時治任城縣，在今山東濟寧市南。　澄：即元澄，人名。字道鏡，一作"道鎮"。北魏宗室。見《北史》卷一八《任城王雲附元澄傳》。　鐘離：城名。在今安徽鳳陽縣東北。

累遷南青州刺史。[1]初，思伯與弟思同師事北海陰鳳，[2]業竟，無資酬之，鳳遂質其衣物。時人爲之語曰："陰生讀書不免癡，不識雙鳳脱人衣。"及思伯之部，送縑百匹遺鳳，因具車馬迎之，鳳慚不往。時人稱歎焉。明帝時，[3]拜涼州刺史，思伯以邊遠不願，辭以男女未婚，靈太后不許，因舍人徐紇言乞得停。後除廷尉卿，[4]自以儒素爲業，不好法律，希言事。俄轉衛尉卿。

［1］南青州：北魏時治團城，在今山東沂水縣沂水鎮。

［2］北海：郡名。北魏時治平壽城，今山東濰坊市西南。

［3］明帝：底本作"昭帝"，中華本校勘記云："諸本'明'作

‘昭’，《魏書》卷七二《賈思伯傳》作‘肅宗’。按肅宗謚‘孝明’，‘昭’乃‘明’之訛，今據改。”今從改。

[4]廷尉卿：官名。北魏時爲國家最高司法審判機構主官，負責刑獄，修訂法律，覆審御史所檢劾案件，審核州郡疑案，有封駁丞相、御史之權。後增少卿爲副職。孝文帝太和二十三年定爲三品。

時議建明堂，多有同異。思伯上議曰：

案《周禮》，夏後氏世室，殷重屋，周明堂，皆五室。鄭注云：“此三者或舉宗廟，或舉王寢，或舉明堂，互言之以明其制同也。”若然，則夏、殷之世已有明堂矣。唐、虞以前，其事未聞。

戴德《禮記》云：[1]“明堂凡九室十二堂。”蔡邕云：“明堂者，天子太廟，[2]饗功、養老、教學、選士皆於其中，[3]九室十二堂。”案戴德撰《記》，世所不行，且九室十二堂，其於規制，恐難得厥衷。《周禮》：營國，左祖右社，明堂在國之陽。則非天子太廟明矣。然則《禮記·月令》四堂及太室皆謂之廟者，當以天子暫配享五帝故耳。又《王制》云：“周人養國老於東膠。”鄭注云：“東膠即辟雍，在王宮之東。”又《詩·大雅》云：“邕邕在宮，肅肅在廟。”[4]鄭注云：“宮謂辟雍宮也，所以助王，養老則尚和，助祭則尚敬。”又不在明堂之驗矣。案《孟子》云齊宣王謂孟子曰：“吾欲毀明堂。”若明堂是廟，則不應有毀之問。且蔡邕論明堂之制云：“堂方百四十尺，象坤之策；屋圓徑

二百一十六尺，象乾之策；方六丈，徑九丈，象陰陽九六之數；九室以象九州；屋高八十一尺，象黄鐘九九之數；二十八柱以象宿；外廣二十四丈以象氣。”案此皆以天地陰陽氣數爲法，而室獨象九州，何也？若立五室以象五行，豈不快也？如此，蔡邕之論，非爲通典，九室之言，或未可從。

[1]禮記：指《大戴禮記》。又作《大戴禮》《大戴記》。傳西漢戴德編，八十五篇。今存三十九篇。

[2]太廟：皇室的祖廟。

[3]教學：底本作“學教”，其餘諸本作“教學”。未詳孰是。

[4]詩大雅云邕邕在宫肅肅在廟：源氏校勘記云：“《思齊》三章。”

尋《考工記》雖是補闕之書，[1]相承已久，諸儒注述，無言非者，方之後作，不亦優乎。其《孝經援神契》《五經要義》《舊禮圖》皆作五室，[2]及徐、劉之論，謂同《考工》者多矣。朝廷若獨絶今古，自爲一代制作者，則所願也。若猶祖述舊章，規摹前事，不應捨殷、周成法，襲近代妄作。且損益之極，極於三王，後來疑議，難可準信。鄭玄云“周人明堂五室，是帝各有一室也，合於五行之數，《周禮》依數以爲之室。施行于今，雖有不同，時説然矣。”尋鄭此論，非爲無當。案《月令》亦無九室之文，原其制置，不乖五室。其青陽右个即明堂左个，明堂右个，即總章左个，總章右个即玄堂

左个，玄堂右个即青陽左个。如此，則室猶是五，而布政十二。五室之理，謂爲可按。其方圓高廣自依時量。戴氏九室之言，蔡子廟學之議，[3]子幹靈臺之説，[4]裴逸一屋之論，及諸家紛紜，並無取焉。

[1]考工記：撰者不詳，一般認爲是春秋末期齊國人記録手工業生産技術的官書。二卷。後補入《周禮》，代替佚失的《冬官》。故又稱《周禮·考工記》。

[2]孝經援神契：撰者不詳，三國魏宋均注。七卷。《隋書·經籍志》著録。已佚。清人趙在翰、馬國翰、黄奭等均有輯録。五經要義：漢劉向撰。五卷。《隋書·經籍志》著録。已佚。有清代輯本。

[3]蔡子：指蔡邕。

[4]子幹：人名。即盧植。字子幹，涿郡涿（今河北涿州市）人。東漢末大臣、學者。師從馬融，通古今學。見《後漢書》卷六四《盧植傳》。

學者善其議。

後爲都官尚書。時崔光疾甚，[1]表薦思伯侍講，[2]中書舍人馮元興爲侍讀，[3]思伯遂入授明帝杜氏《春秋》。[4]思伯少雖明經，從官廢業，至是更延儒生，夜講晝授。性謙和，傾身禮士，雖在街途，停車下馬，接誘恂恂，曾無倦色。客有謂曰："公今貴重，寧能不憍？"[5]思伯曰："衰至便憍，何常之有。"當世以爲雅言。思伯與元興同事，大相友昵，元興時爲元叉所寵，論者譏其趣勢云。[6]卒，贈青州刺史，又贈尚書左僕射，謚曰文貞。

[1]崔光：人名。本名孝伯，北魏孝文帝賜名光，字長仁，東清河鄃（今山東淄博市）人。北魏官吏。見《北史》卷四四《崔光傳》。

[2]侍講：官名。北魏時多以明經博學者充任。掌爲皇帝或太子講解經義，爲加官。

[3]馮元興：人名。字子盛，東魏郡肥鄉（今河北肥鄉縣西南）人。北魏官吏。見《北史》卷四六《馮元興傳》。

[4]杜氏：指晋杜預。

[5]憍：殿本、局本、四部備要本作“驕”。按：“憍”古同“驕”。

[6]趣：殿本、四庫本、局本、四部備要本作“趨”。按：“趣”通“趨”。

子彥始，武定中，淮陽太守。[1]

[1]淮陽：郡名。東魏時治綏化縣，在今江蘇盱眙縣東北。毛本、四部備要本作“淮揚”。按：無“淮揚”此地名，今從底本。

思伯弟思同，字仕明，[1]少勵志行，雅好經史，與兄思伯，年少時俱爲鄉里所重。累遷襄州刺史，[2]雖無明察之譽，百姓安之。元顥之亂，[3]思同與廣州刺史鄭先護並不降。[4]莊帝還宫，封營陵縣男。[5]後與國子祭酒韓子熙並爲侍講，[6]授静帝杜氏《春秋》。加散騎常侍，兼七兵尚書，尋拜侍中。卒，贈尚書右僕射、司徒公，謚曰文獻。

[1]仕明：源氏校勘記云："《魏書》作'士明'。"未詳孰是。

[2]襄州：北魏時治北平縣，在今河南方城縣東南。

[3]元顥：人名。字子明。北魏宗室。元顥迫於北魏内亂和葛榮起義軍的壓力，奔南朝梁反魏，兵敗被殺。見《北史》卷一九《北海王詳附元顥傳》。

[4]廣州：北魏時治山北縣，在今河南魯山縣。　鄭先護：人名。滎陽開封（今河南開封市）人。北魏官吏。見《北史》卷三五《鄭羲附鄭先護傳》。底本作"鄭光護"，中華本校勘記云："諸本'先'作'光'，《魏書》百衲本作'先'。按本書卷三五、《魏書》卷五六《鄭羲傳》附見先護，並言其拒元顥。作'先'是，今據改。"今從改。

[5]謍陵縣男：封爵名。謍陵，縣名。治所在今山東昌樂縣東南。

[6]韓子熙：人名。字元雍，昌黎棘城（今遼寧北票市章吉營子鄉三官營子村）人。北魏、東魏官吏。見《北史》卷四〇《韓麒麟附韓子熙傳》。

初，思同爲青州别駕，[1]清河崔光韶先爲中從事，[2]自恃資地，耻居其下，聞思同還鄉，遂便去職，州里人物爲思同恨之。及光韶亡，遺誡子姪不聽求贈。思同遂表訟光韶操業，特蒙贈謚，論者歎尚焉。

[1]别駕：官名。又作"别駕從事""别駕從事史"。漢朝州部佐吏，因從刺史行部，别乘傳車，故謂之别駕。魏晋南北朝皆置。其品秩依州品不同，自正五品至正七品不等。

[2]崔光韶：人名。清河東武城（今山東武城縣西北）人。北魏官吏。見《北史》卷四四《崔亮附崔光韶傳》。　中從事：官名。北魏設。爲皇帝皇子府、諸王府、公府、持節府、州府等屬

官，掌府中吏事。官秩隨府地位高低不同而異。

思同之侍講也，國子博士遼西衛冀隆精服氏學，[1]上書難杜氏《春秋》六十三事，思同復駁冀隆乖錯者一十餘條，互相是非，積成十卷。詔下國學，集諸儒考之，事未竟而思同卒。後魏郡姚文安、樂陵秦道静復述思同意。[2]冀隆亦尋物故，浮陽劉休和又持冀隆説。[3]竟未能裁正。

[1]遼西：郡名。北魏時治肥如縣，在今河北盧龍縣西北。　服氏：指東漢經學家服虔。

[2]魏郡：北魏時治鄴縣，在今河北臨漳縣西南。　姚文安：人名。魏郡（今河北臨漳縣西南鄴鎮）人。北齊學者。通經史，著有《駁妄》，詰難服虔《左傳解》七十七條。　樂陵：郡名。北魏時治樂陵縣，在今山東樂陵市。　秦道静：人名。樂陵（今山東樂陵市東南）人。北魏學者。善《春秋》，精《春秋》杜氏學。

[3]浮陽：郡名。北魏時治浮陽縣，在今河北滄州市東南。　劉休和：人名。浮陽（今河北滄州市東南）人。北魏儒生。精通《春秋》。

祖瑩，字元珍，范陽遒人也。[1]曾祖敏，仕慕容垂爲平原太守。[2]道武定中山，[3]賜爵安固子，[4]拜尚書左丞。[5]卒，贈并州刺史。祖嶷，字元達，以從征平原功進爵爲侯，位馮翊太守，[6]贈幽州刺史。父季真，多識前言往行，位中書侍郎、鉅鹿太守。[7]

[1]遒：縣名。治所在今河北淶水縣北。

[2]慕容垂：人名。字道明，昌黎棘城（今遼寧北票市章吉營子鄉三官營子村）人，鮮卑族。十六國時後燕君主。見《北史》卷九三《慕容垂傳》。

[3]道武：即北魏皇帝拓跋珪。道武爲其謚號。

[4]安固子：封爵名。安固，縣名。治所在今四川營山縣東北。

[5]尚書左丞：官名。尚書臺屬官。爲尚書令及僕射之輔佐官，掌尚書臺内庶務、文史及文案奏章。從三品上。

[6]馮翊：郡名。北魏時治高陸縣，在今陝西高陵縣。

[7]鉅鹿：郡名。北魏時屬定州，治曲陽縣，在今河北晋州市西。北魏孝莊帝永安二年（529）時分定州鉅鹿郡置，屬殷州，治癭遥縣，在今河北寧晋縣西南。

瑩年八歲能誦《詩》《書》，十二爲中書學生，耽書，父母恐其成疾，禁之不能止。常密於灰中藏火，驅逐僮僕，父母寢睡之後，燃火讀書，以衣被蔽塞窗户，恐漏光明，爲家人所覺。由是聲譽甚盛，内外親屬呼爲聖小兒。尤好屬文，中書監高允每歎曰：[1]“此子才器，非諸生所及，終當遠至。”時中書博士張天龍講《尚書》，選爲都講。[2]生徒悉集，瑩夜讀勞倦，不覺天曉，催講既切，遂誤持同房生趙郡李孝怡《曲禮》卷上座。[3]博士嚴毅，不敢復還，乃置《禮》於前，誦《尚書》三篇，不遺一字。孝文聞之，召入，令誦五經章句并陳大義。帝戲盧昶曰：[4]“昔流共工於幽州，北裔之地那得忽有此子？”昶對曰：“當是才爲世生。”

[1]高允：人名。字伯恭，勃海蓨（今河北景縣）人。北魏大臣。見《北史》卷三一《高允傳》。

[2]都講：官名。北魏設，由各類國學博士中選任，掌主講經典。

[3]李孝怡：人名。字悦宗，趙郡平棘（今河北趙縣）人。北魏官吏。見《魏書》卷三六《李順附李孝怡傳》。

[4]盧昶：人名。字叔達，小字師顏，范陽涿（今河北涿州市）人。北魏官吏。見《北史》卷三〇《盧玄附盧昶傳》。

以才名拜太學博士。徵署司徒彭城王勰法曹行參軍。帝顧謂勰曰："蕭賾以王元長爲子良法曹，[1]今爲汝用祖瑩，豈非倫匹也?"敕令掌勰書記。瑩與陳郡袁翻齊名秀出，時人爲之語曰："京師楚楚袁與祖，洛中翩翩祖與袁。"再遷尚書三公郎中。[2]尚書令王肅曾於省中詠《悲平城》詩云：[3]"悲平城，驅馬入雲中，陰山常晦雪，荒松無罷風。"彭城王勰甚嗟其美，欲使肅更詠，乃失語云："公可更爲誦《悲彭城》詩。"肅因戲勰云："何意呼《悲平城》爲《悲彭城》也?"勰有慚色。瑩在座，即云："《悲彭城》，王公自未見。"肅云："可爲誦之。"瑩應聲云："悲彭城，楚歌四面起，屍積石梁亭，[4]血流睢水裏。"[5]肅甚嗟賞之。勰亦大悦，退謂瑩曰："卿定是神口，今日若不得卿，幾爲吴子所屈。"[6]

[1]蕭賾：人名。字宣遠。南朝齊武帝。見《南齊書》卷三《武帝紀》。　子良：即蕭子良，南朝齊武帝第二子。　王元長：即王融，字元長。與竟陵王蕭子良相善，齊武帝病篤，欲立子良，事不成。鬱林王立，元長被下獄賜死。　法曹：官署名。西晋置。北朝時掌管郵驛、道路等事務。

[2]尚書三公郎中：官名。即三公郎中。

[3]王肅：人名。字恭懿，琅邪臨沂（今山東臨沂市）人。北魏官吏。見《北史》卷四二《王肅傳》。

[4]石梁亭：今地不詳，疑在今安徽靈璧縣東南。

[5]睢水：即今湖北西部沮水。

[6]吴子：南北朝時北人對南人的蔑稱。

爲冀州鎮東府長史，[1]以貨賄事發，除名。後侍中崔光舉爲國子博士，仍領尚書左户郎。[2]李崇爲都督北討，[3]引瑩爲長史，坐截没軍資除名。未幾，爲散騎侍郎。[4]孝昌中，於廣平王第掘得古玉印，敕召瑩與黄門侍郎李琰之辨之。瑩云："此是于闐國王晋太康中所獻。"[5]乃以墨塗字觀之，果如瑩言，時人稱爲博物。累遷國子祭酒，領給事黄門侍郎、幽州大中正，監起居事，又監議事。

[1]冀州：北魏時治信都縣，在今河北冀州市。

[2]仍領尚書左户郎：源氏校勘記云："'郎'《魏書》作'部'。"《魏書》卷八二《祖瑩傳》作"尚書左户部"，未詳孰是。尚書左户郎，官名。北魏置。爲尚書省左户曹長官。六品上。

[3]都督：官名。領兵將帥。北魏時置大都督和左、右都督。

[4]散騎侍郎：官名。南朝屬集書省，職掌侍從左右，主掌圖書文翰、文章撰述、諫諍拾遺，收納轉呈文書奏事。北朝兼領修史，爲閑散之職。北魏孝文帝太和二十三年定爲從三品。

[5]于闐：西域國名。國都在西城（今新疆和田市）。事農牧，産美玉。俗重佛教。　太康：晋武帝的年號（280—289）。

元顥入洛，以瑩爲殿中尚書。莊帝還宫，坐爲顥作

詔罪狀尒朱榮，免官。後除秘書監，中正如故。以參議律歷，賜爵容城縣子。[1]坐事繫於廷尉。會尒朱兆入，焚燒樂署，鐘石管弦略無存者，敕瑩與録尚書事長孫承業、侍中元孚典造金石雅樂，[2]三載乃就。遷車騎大將軍。[3]及孝武登阼，[4]瑩以太常行禮，[5]封文安縣子。[6]天平初，將遷鄴，齊神武因召瑩議之，以功進爵爲伯。卒，贈尚書左僕射、司徒公。

[1]容城：縣名。治所在今河北容城縣北。

[2]録尚書事：官名。北魏時爲尚書省長官，職權甚重。多以公卿權重者居之，總領尚書省政務，凡重號將軍、刺史，皆得命曹授用，或以二人以上並録、參録，又有録尚書六條、録尚書七條事等名義。位在三公上。　元孚：人名。字秀和。北魏宗室、西魏大臣。見《北史》卷一六《臨淮王譚附元孚傳》。

[3]車騎大將軍：多加元老重臣，以示尊崇，開府置僚屬，不領兵。北魏孝文帝太和十七年定爲一品中，二十三年定爲從一品。

[4]登阼：毛本、局本作“祚”。按：“祚”通“阼”。

[5]太常：官名。北魏時尊稱爲太常卿。掌禮樂祭祀，其位尊而職閑。孝文帝太和二十三年定爲三品。

[6]文安縣子：封爵名。文安，縣名。治所在今河北文安縣東北。

瑩以文學見重，常語人云：“文章須自出機杼，成一家風骨，何能共人同生活也。”蓋譏世人好竊他文以爲己用。而瑩之筆札亦無乏天才，但不能均調，玉石兼有，其製裁之體減於袁、常焉。[1]性爽俠，有節氣，士有窮厄，以命歸之，必見存拯，時亦以此多之。其文集

行於世。子珽襲。

[1]袁：即袁翻。　常：即常爽。字仕明，河内温（今河南温縣）人。北魏官吏。時號爲“儒林先生”。見《北史》卷四二《常爽傳》。

珽，字孝徵，神情機警，詞藻遒逸，少馳令譽，爲當世所推。起家秘書郎，對策高第，爲尚書儀曹郎中，[1]典儀注。嘗爲冀州刺史万俟受洛製《清德頌》，[2]其文典麗，由是齊神武聞之。時文宣爲并州刺史，署珽開府倉曹參軍。[3]神武口授珽三十六事，出而疏之，一無遺失，大爲僚類所賞。時神武送魏蘭陵公主出塞嫁蠕蠕，[4]魏收賦《出塞》及《公主遠嫁詩》二首，珽皆和之，大爲時人傳詠。

[1]尚書儀曹郎中：官名。亦稱儀曹郎。北魏時爲尚書省儀曹長官通稱，亦稱郎中，資深者可轉侍郎。孝文帝太和十七年定郎中爲五品上，郎爲從五品中。二十三年皆稱郎中，六品，仍可通稱爲郎。

[2]万俟受洛：即万俟受洛干，人名。名洛，字受洛干，太平（今山西山陰縣東南）人，鮮卑族。北齊將領。見《北齊書》卷二七《万俟普附万俟洛傳》。

[3]倉曹參軍：官名。倉曹長官。北魏時自從六品至從八品不等。

[4]蘭陵公主：封號。東魏常山王元騭的妹妹。蘭陵，郡名。北齊時治承城，在今山東棗莊市東南。

珽性疏之，[1]不能廉慎守道。倉曹雖云州局，及受山東課輸，[2]由此大有受納，豐於財産。又自解彈琵琶，能爲新曲，招城市年少，歌舞爲娱，游集諸倡家，與陳元康、穆子容、任胄、元士亮等爲聲色之游。[3]諸人嘗就珽宿，出山東大文綾并連珠孔雀羅等百餘匹，令諸嫗擲樗蒱賭之，[4]以爲戲樂。參軍元景獻，故尚書令元世儁子也，[5]其妻司馬慶雲女，是魏孝静帝姑博陵長公主所生。[6]珽忽迎景獻妻赴席，與諸人遞寢，亦以貨物所致。其豪縱淫逸如此。常云："丈夫一生不負身。"

[1]疏之：毛本、殿本、四庫本亦作"疏之"。中華本作"疏率"。按："疏率"指粗疏輕率，符合文意。可從。

[2]及：中華本校勘記云："《北齊書》卷三九《祖珽傳》百衲本'及'作'乃'。按'乃'與'雖云'相呼應，作'乃'是。但《通志》卷一五四《祖珽傳》亦作'及'，今不改。"可從。

[3]穆子容：人名。一作"穆容"，代（今山西大同市東北）人，鮮卑族。東魏、北齊官吏。見《北史》卷二〇《穆崇附穆子容傳》。　任胄：人名。廣寧（今河北涿鹿縣）人。東魏官吏。見《北史》卷五三《任祥附任胄傳》。

[4]樗（chū）蒱（pú）：古代一種博戲，類似擲色子。

[5]元世儁：人名。北魏宗室。見《北史》卷一八《任城王雲附元世儁傳》。源氏校勘記云："'儁'《北齊》作'雋'。"

[6]姑：底本作"故"，中華本校勘記云："諸本'姑'訛'故'，據《北齊書》《通志》改。"今從改。　博陵長公主：封號。博陵，郡名。北魏時治魯口城，在今河北饒陽縣。

已文宣罷州，珽例應隨府，規爲倉局之間，致請於

陳元康。元康爲白，由是還任倉曹。珽又委體附參軍事攝典籤陸子先，[1]爲晝計，請糧之際，令子先宣教出倉粟十車。爲僚官捉送。神武親問之，珽自言不署，歸罪子先，神武信而釋之。珽出而言曰："此丞相天緣明鑒，然實孝徵所爲。"

[1]典籤：官名。南北朝置。爲州、府掌管文書的佐吏，爲諸王府、軍府、州府屬官，掌記録言事、宣達府主教令。品秩隨州、府主地位而不同，自從八品至從九品不等。

性不羈，放縱。曾至膠州刺史司馬世雲家飲酒，[1]遂藏銅疊二面，厨人請搜諸客，果於珽懷中得之。見者以爲深耻。所乘老馬，常稱騮駒，又與寡婦王氏奸通。每人前相聞往復。裴讓之與珽早狎，[2]於衆中嘲珽曰："卿那得如此詭異，老馬年十歲，猶號騮駒；奸耳順，尚稱娘子。"于時諠然傳之。後爲神武中外府功曹，[3]神武宴僚屬，於坐失金叵羅，[4]竇泰令飲酒者皆脱帽，[5]於珽髻上得之，神武不能罪也。後爲秘書丞，領舍人事。襄州客至，請賣《華林遍略》。[6]文襄多集書人，一日一夜寫畢，退其本曰："不須也。"珽以《遍略》數帙質錢摴蒱，文襄杖之四十。

[1]膠州：東魏時治東武縣，在今山東諸城市。　司馬世雲：人名。河内温（今河南温縣）人。北齊官吏。爲人貪財聚斂。見《北史》卷五四《司馬子如附司馬世雲傳》。

[2]裴讓之：字士禮。北齊官吏。見《北齊書》卷三五《裴讓

之傳》。

［3］中外府功曹：官名。中外軍府僚佐，主要職責是參謀軍務。

［4］金叵羅：源氏校勘記云："金叵羅，酒器也。蘇軾詩：'歸來笛聲滿山谷，明月正照金叵羅。'韓子蒼詩云：'勸我春風金叵羅。'"

［5］竇泰：人名。字世寧，太安捍殊（今山西壽陽縣北）人。北魏、東魏將領。見《北史》卷五四《竇泰傳》。底本作"竇太"，中華本作"竇泰"。按：無"竇太"此人，竇泰見《北史》卷五四《竇泰傳》，今從中華本改。

［6］後爲秘書丞領舍人事襄州客至請賣華林遍略：底本"事"後有"文"字，中華本校勘記云："按疑衍'文'字，'事'屬上讀，'襄'屬下讀。據《隋書》卷三四《經籍志》雜家類，《華林遍略》，梁綏安令徐僧權等撰。當時東魏當無此書，故襄州商客販之。襄州見《魏書·地形志下》、及《隋書·地理志中》潁川郡葉縣注。其地在今河南西南部，當時與梁接境，故得商販往來。此'文'字當是涉下文而衍。"今從改。秘書丞，官名。北魏時多參領著作事，主修撰國史及起居注，並得參與議定禮儀制度。孝文帝太和十七年定爲四品下，二十三年定爲五品上。

又與令史李雙、倉督成祖等作晋州啓，[1]請粟三千石，代功曹參軍趙彦深宣神武教，[2]給城局參軍。[3]事過典籤高景略，景略疑其不實，密以問彦深。彦深答都無此事，遂被推檢，珽即引伏。神武大怒，决鞭二百，配甲坊，[4]加鉗刵，[5]其穀倍徵。未及科，會并州定國寺成，[6]神武謂陳元康、温子昇曰：[7]"昔作芒山寺碑文，[8]時稱妙絶，今定國寺碑當使誰作詞也？"元康因薦珽才學并解鮮卑語，乃給筆札，就禁所具草，二日内

成，其文甚麗。神武以其工而且速，特恕不問，然猶免官，散參相府。

[1]令史：官名。掌文書事務。官秩不一，大體上屬中低級官員。　倉督：官名。爲州、鎮等官署所屬倉庫之主官，掌儲藏出納。　晋州：東魏時治白馬城，在今山西臨汾市。

[2]功曹參軍：官名。即功曹參軍事。功曹之長。

[3]城局參軍：官名。城局（賊曹）長官。東晋末始置，掌盗賊勞作事。南北朝時諸公府、州府多有置者。品秩不詳。

[4]甲坊：製造鎧甲的作坊。

[5]鉗刓：源氏校勘記云："'刓'《北齊》作'錮'。"中華本校勘記云："《北齊書》南、殿二本及《通志》'刓'作'錮'，其百衲本無此字。按作'刓'費解，疑是'髠'之誤。'髠'即'髡'字。"可從。

[6]定國寺：在今山西太原市西南。

[7]温子昇：人名。字鵬舉，太原（今山西太原市）人。北魏、東魏官吏，文學家。能詩文，時稱爲温生。見《北史》卷八三《温子昇傳》。

[8]芒山寺：當在今河南洛陽市東北邙山。

文襄嗣事，以爲功曹參軍。及文襄遇害，元康被傷創重，倩珽作書，[1]屬家累事，[2]并云："祖喜私有少許物，[3]宜早索取。"珽乃不通此書，唤祖喜私問，得金二十五挺，唯與祖喜二挺，餘盡自入，又盗元康家書數千卷。祖喜懷恨，遂告元康二弟叔諶、季璩等。叔諶以語楊愔，愔嚬眉答曰："恐不益亡者。"因此得停。

[1]倩：借助。

[2]家累：家屬、家眷。

[3]私：殿本、四庫本、四部備要本、中華本作“邊”。按：據文意當爲“私”，今從底本。

文宣作相，珽擬補令史十餘人，皆有受納，而諮取教判，并盜官《遍略》一部。時又除珽秘書丞，兼中書舍人。還鄴後，其事皆發。文宣付從事中郎王士闞推檢，[1]并書與平陽公淹，[2]令録珽付禁，勿令越逸。淹遣田曹參軍孫子寬往唤。[3]珽受命，便爾私逃。黄門郎高德正副留臺事，[4]謀云：“珽自知有犯，驚竄是常。但宣一命向秘書，稱奉并州約束，須《五經》三部，[5]仰丞親檢校催遣。如此，則珽意安，夜當還宅，然後掩取。”珽果如德正圖，遂還宅，薄晚就家掩之，[6]縛珽送廷尉。據犯枉法處絞刑，文宣以珽伏事先世，諷所司，命特寬其罰，遂奏免死除名。天保元年，復被召從駕，依除免例，參於晋陽。

[1]推檢：審訊追查。

[2]平陽公：封爵名。平陽，郡名。東魏時治白馬城，在今山西臨汾市。淹：即高淹，人名。字子邃，勃海蓨（今河北景縣）人。北齊宗室。神武帝第四子，初封平陽郡公。見《北史》卷五一《平陽王淹傳》。

[3]田曹參軍：官名。田曹行參軍或田曹參軍事的省稱。田曹長官。

[4]黄門郎：官名。黄門侍郎或給事黄門侍郎的省稱。北齊時爲郎官之加官，與侍中俱掌門下事。

[5]須：四庫本、局本、四部備要本作“頒”。按：疑形近而訛，今從底本。

[6]薄晚：傍晚。

斑天性聰明，事無難學，凡諸伎藝，莫不措懷。文章之外，又善音律，解四夷語及陰陽占候，醫藥之術，尤是所長。帝雖嫌其數犯刑憲，而愛其才伎，[1]令直中書省，掌詔誥。珽通密狀，列中書侍郎陸元規，[2]敕令裴英推問，元規以應對忤旨，被配甲坊。除珽尚藥丞，[3]尋遷典御。[4]又奏造胡桃油，復爲割藏免官。文宣每見之，常呼爲賊。文宣崩，普選勞舊，[5]除爲章武太守。[6]會楊愔等誅，不之官。授著作郎。[7]數上密啓，爲孝昭所忿，[8]敕中書、門下二省斷珽奏事。[9]

[1]才伎：殿本、四庫本、局本、四部備要本作“才技”。按：“才技”亦作“才伎”。

[2]陸元規：人名。代（今山西大同市東北）人。東魏官吏。陸暐子。

[3]尚藥丞：官名。北齊時門下省尚藥局次官，二員。佐尚藥典御總知御藥事，選擅長醫藥之術者任之。從七品。

[4]遷：底本作“選”，中華本校勘記云：“諸本‘遷’作‘選’，《北齊書》《通志》作‘遷’。按《隋書》卷二七《百官志中》，門下省尚藥局有‘典御及丞各二人，總知御藥事。’祖珽是由丞升爲典御，作‘遷’是，今據改。”今從改。　典御：官名。爲門下省尚藥局長官，總知御藥事，以精通醫術之人任之。二員，五品。

[5]勞舊：有功的舊臣。

[6]章武：郡名。北齊時治平舒縣，在今河北大城縣。

[7]著作郎：官名。掌修國史及爲皇帝修撰碑誌、祝文、祭文等。北齊時設二員，從五品。

[8]孝昭：即北齊皇帝高演。孝昭爲其謚號。

[9]二省：底本作“三省”，中華本校勘記云：“諸本‘二’訛作‘三’，據《北齊書》《通志》改。”今從改。

珽善爲胡桃油以塗畫，爲進之長廣王，[1]因言“殿下有非常骨法，孝徵夢殿下乘龍上天”。王謂曰：“若然，當使兄大富貴。”及即位，是爲武成皇帝，[2]擢拜中書侍郎。帝於後園使珽彈琵琶，和士開胡舞，[3]各賞物百段。士開忌之，出爲安德太守，[4]轉齊郡太守。[5]以母老乞還侍養，詔許之。會南使入聘，爲申勞使。尋爲太常少卿、散騎常侍、假儀同三司，掌詔誥。

[1]長廣王：封爵名。長廣，郡名。北齊時治黄縣中郎城，在今山東龍口市東。

[2]武成：北齊皇帝高湛的謚號。

[3]和士開：人名。字彦通，清都臨漳（今河北臨漳縣西南鄴鎮）人。北齊官吏。見《北史》卷九二《和士開傳》。

[4]安德：郡名。北齊時治安德縣，在今山東陵縣東南。

[5]齊郡：北齊時治益都縣，在今山東青州市。

初，珽於乾明、皇建之時，[1]知武成陰有大志，遂深自結納，曲相祗奉。武成於天保頻被責，[2]心常銜之。珽至是希旨，上書請追尊太祖獻武皇帝爲神武，[3]高祖文宣皇帝改爲威宗景烈皇帝，[4]以悦武成。武成從之。

[1]乾明：北齊廢帝的年號（560）。　皇建：北齊孝昭帝的年號（560—561）。

[2]武成於天保頻被責：源氏校勘記云："'保'下《北齊》有'世'字。"似更合文意。

[3]太祖：高歡的廟號。　獻武：高歡的謚號。

[4]高祖：北齊皇帝高洋的廟號。　文宣：北齊皇帝高洋的謚號。

時皇后愛少子東平王儼，[1]願以爲嗣，武成以後主體正居長，難於移易。珽私於士開曰："君之寵幸，振古無二。宫車一日晚駕，欲何以克終？"士開因求策焉。珽曰："宜説主上云：襄、宣、昭帝子俱不得立，今宜命皇太子早踐大位，以定君臣。若事成，中宫少主皆德君，此萬全計也。君且微説，令主上粗解，[2]珽當自外表論之。"士開許諾。因有慧星出，太史奏云除舊布新之徵，珽於是上書，言："陛下雖爲天下，未是極貴。案《春秋元命苞》云：[3]'乙酉之歲，除舊革政。'今年太歲乙酉，宜傳位東宫，令君臣之分早定，且以上應天道。"并上魏獻文禪子故事。帝從之。由是拜秘書監，加儀同三司，大被親寵。

[1]東平王：封爵名。東平，郡名。北齊時治秦城，在今河南范縣東南舊城。　儼：即高儼，人名。字仁威，勃海蓨（今河北景縣）人。北齊宗室。見《北齊書》卷一二《琅邪王儼傳》。

[2]粗解：殿本、四庫本、局本、四部備要本作"相解"。按：《北齊書》卷三九《祖珽傳》作"粗解"，疑形近而訛，今從底本。

[3]春秋元命苞：緯書。撰者不詳。三國魏宋均注。二卷。久佚。清人馬國翰、趙在翰、黄奭等均有輯録。

既見重二宫，遂志於宰相。先與黄門侍郎劉逖友善，[1]乃疏侍中尚書令趙彦深、侍中左僕射元文遥、侍中和士開罪狀，[2]令逖奏之。逖懼，不敢通，其事頗泄。彦深等先詣帝自陳。帝大怒，執珽詰曰："何故毁我士開？"珽因厲聲曰；"臣由士開得進，本無心毁之。陛下今既問臣，臣不敢不以實對。[3]士開、文遥、彦深等專弄威權，控制朝廷，與吏部尚書尉瑾内外交通，[4]共爲表裏，賣官鬻獄，政以賄成，天下歌謡，若爲有識所知，安可聞於四裔？陛下不以爲意，臣恐大齊之業隳矣！"帝曰："爾乃誹謗我。"珽曰："不敢誹謗，陛下取人女。"帝曰："我以其儉餓，故收養之。"珽曰："何不開倉振給，乃買取將入後宫乎？"帝益怒，以刀鐶築口，鞭杖亂下，將撲殺之。大呼曰："不殺臣，陛下得名；殺臣，臣得名。若欲得名，莫殺臣，爲陛下合金丹。"遂少獲寬放。珽又曰："陛下有一范增不能用，[5]知如何！"帝又怒曰："爾自作范增，以我爲項羽邪！"珽曰："項羽人身亦何由可及，但天命不至耳。項羽布衣，率烏合衆，五年而成霸王業。陛下藉父兄資，財得至此，臣以謂項羽未易可輕。[6]臣何止方於范增？[7]縱擬張良亦不能及。[8]張良身傅太子，猶因四皓，方定漢嗣。臣位非輔弼，疏外之人，竭力盡忠，勸陛下禪位，使陛下尊爲太上，子居宸扆，於己及子，俱保休祚。蕞爾張良，何足可數！"帝愈怒，令以土塞其口，珽且吐且言，無

所屈撓。乃鞭二百，配甲坊。尋徙於光州。[9]刺史李祖勳遇之甚厚，[10]别駕張奉禮希大臣意，[11]上言珽雖爲流囚，常與刺史對坐。敕報曰："牢掌。"奉禮曰："牢者，地牢也。"乃爲深阬，置諸内，苦加防禁，桎梏不離其身，家人親戚不得臨視，夜中以蕪菁子燭熏眼，[12]因此失明。

[1]劉逖：人名。字子長，彭城叢亭里（今江蘇徐州市）人。北齊官吏。見《北齊書》卷四五《劉逖傳》。

[2]元文遥：人名。字德遠，河南洛陽（今河南洛陽市東北）人，鮮卑族。北齊大臣。見《北史》卷五五《元文遥傳》。

[3]臣不敢不以實對：毛本作"臣敢不不以實對"。按：毛本誤，今從底本。

[4]吏部尚書：官名。北齊時主管官吏銓選、考課、獎懲，其實權甚或過於尚書僕射。然重要官職的任免須與諸執政大臣合議，由皇帝、宰相裁定，亦常命尚書僕射領吏部事務或任命大臣參掌選事以分其權任。三品。　尉瑾：人名。字安仁，代（今山西大同市東北）人。北齊官吏。見《北史》卷二〇《尉古真附尉瑾傳》。

[5]范增：人名。秦末項羽謀士，被項羽尊稱爲亞父。見《史記》卷七《項羽本紀》。

[6]謂：中華本校勘記云："汲本'謂'作'爲'，當是。"可從。

[7]方：毛本作"妨"。

[8]張良：人名。西漢初謀士，輔佐劉邦攻奪天下。見《史記》卷五五《留侯世家》。

[9]光州：北齊時治掖縣，在今山東萊州市。

[10]李祖勳：人名。趙郡平棘（今河北趙縣）人。北齊外戚。文宣帝昭信皇后李祖娥的兄長。見《北史》卷三三《李順附李祖

勳傳》。毛本、局本作“李祖相”。按：《北齊書》卷三九《祖珽傳》作“李祖勳”，今從底本。

［11］張奉禮：人名。北齊官吏。事另見《北史》卷五五《郎基附郎茂傳》、卷八一《張思伯傳》。

［12］蕪菁：植物名。又名蔓菁。花黄色。

武成崩，後主憶之，就除海州刺史。[1]是時陸令萱外干朝政，[2]其子穆提婆愛幸，[3]珽乃遺陸媪弟悉達書曰：[4]“趙彦深心腹陰沈，欲行伊、霍事，[5]儀同姊弟豈得平安！何不早用智士邪?”和士開亦以珽能決大事，欲以爲謀主，故棄除舊怨，虚心待之。與陸媪言於帝曰：“襄、宣、昭三帝，其子皆不得立，令至尊獨在帝位者，實由祖孝徵。又有大功，宜重報之。孝徵心行雖薄，奇略出人，緩急真可馮仗。且其雙盲，必無反意。請喚取，問其謀計。”帝從之。入爲銀青光禄大夫、秘書監，[6]加開府儀同三司。

［1］海州：北齊時治朐山縣，在今江蘇連雲港市西南海州鎮。

［2］陸令萱：人名。亦稱陸媪。北齊後主高緯乳母。高緯即位後，授陸令萱爲女侍中。把持朝政，權傾一時。見《北史》卷九二《穆提婆附陸令萱傳》。

［3］穆提婆：人名。本姓駱，故亦作“駱提婆”，漢陽（今甘肅天水市）人。北齊官吏、佞臣。見《北史·穆提婆傳》。

［4］悉達：即陸悉達，人名。鮮卑族。東魏官吏。孝静帝武定中位儀同開府參軍。

［5］伊：即伊尹。商初賢臣。輔佐成湯建立商朝。　霍：即霍光，人名。字子孟，河東平陽（今山西臨汾市）人。西漢外戚、輔

政大臣。見《漢書》卷六八《霍光傳》。

[6]銀青光祿大夫：官名。北齊時爲元老重臣之加官或致仕之官，亦爲死者之贈官。

和士開死後，仍説陸媼出彥深，以珽爲侍中。在晋陽通密啓，請誅琅邪王。[1]其計既行，漸被任遇。又太后之被幽也，[2]珽欲以陸媼爲太后，撰魏帝皇太后故事，[3]爲太姬言之。謂人曰："太姬雖云婦人，實是雄傑，女媧已來無有也。"太姬亦稱珽爲"國師""國寶"。由是拜尚書左僕射，監國史，加特進，入文林館，總監撰書。封燕郡公，[4]食太原郡幹，[5]給兵七十人。所住宅在義井坊，[6]旁拓鄰居，大事修築，陸媼自往案行，勢傾朝野。

[1]琅邪王：封爵名。指高儼。琅琊，郡名。北齊時治即丘縣，在今山東臨沂市西。

[2]太后：底本作"靈太后"，中華本校勘記云："諸本'太后'上有'靈'字，《北齊書》無。按靈太后乃北魏宣武帝后，北齊武成帝胡后齊亡後死，無謚。當是原作'胡太后'，後人誤改。今從《北齊書》删。"今從改。

[3]皇太后：中華本校勘記云："《通鑑》卷一七一作'爲令萱言魏保太后故事'。按北魏太武帝、文成帝並以乳母爲保太后，陸媼正合保太后之例。疑'皇'當作'保'。"可從。

[4]燕郡公：封爵名。燕郡，北齊時治薊縣，在今北京西南。

[5]食太原郡幹：食幹爲北齊的一種制度。幹，原爲漢至南北朝時一種身份低下的官吏，後變爲供役使的奴僕。北齊時，官員可依品級高低，得到數量不等的幹。又因幹可納資代役，故北齊時盛

行食幹之制。

[6]義井坊：地名。在今山西太原市義井鄉。

斛律光甚惡之，[1]遥見竊駡云："多事乞索小人，欲作何計數！"嘗謂諸將云："邊境消息，處分兵馬，趙令恒與吾等參論之。盲人掌機密來，全不共我輩語，止恐誤他國家事。"又珽頗聞其言，因其女皇后無寵，以謡言聞上，曰："百升飛上天，明月照長安。"令其妻兄鄭道蓋奏之。帝問珽，珽證實。又説謡云："高山崩，槲樹舉，盲老公背上下大斧，多事老母不得語。"珽并云"盲老公是臣"，自云與國同憂戚，勸上行，語"其多事老母，[2]似道女侍中陸氏"。帝以問韓長鸞、穆提婆，[3]并令高元海、段士良密議之，[4]衆人未從。因光府參軍封士讓啓告光反，遂滅其族。

[1]斛律光：人名。字明月，朔州（今山西朔州市）敕勒部人。北齊將領。見《北史》卷五四《斛律金附斛律光傳》。

[2]語其：中華本校勘記云："李慈銘云：'"語其"當是"其語"誤倒。'按李説是。"可從。

[3]韓長鸞：人名。即韓鳳。字長鸞，昌黎（今遼寧朝陽市）人。北齊官吏。見《北史》卷九二《韓鳳傳》。

[4]高元海：人名。勃海蓨（今河北景縣）人。北齊宗室、官吏。見《北齊書》卷一四《上洛王思宗附高元海傳》。

珽又附陸媪，求爲領軍，[1]後主許之。詔須覆述，取侍中斛律孝卿署名。[2]孝卿密告高元海，元海語侯吕

芬、穆提婆云：[3]“孝徵漢兒，兩眼又不見物，豈合作領軍也？”明旦面奏，具陳珽不合之狀，并書珽與廣寧王孝珩交結，[4]無大臣體。珽亦求面見，帝令引入。珽自分疏，并云：“與元海素嫌，必是元海譖臣。”帝弱顔，不能諱，曰：“然。”珽列元海共司農卿尹子華、太府少卿李叔元、平準令張叔略等結朋樹黨。[5]遂除子華仁州刺史，[6]叔元襄城郡守，[7]叔略南營州録事參軍，[8]陸媼又唱和之，復除元海鄭州刺史。[9]

[1]領軍：官名。漢獻帝建安中曹操置，統領禁衛軍，屬丞相府。魏晋南北朝時，資深者稱領軍將軍，資輕者稱中領軍，職掌相同，多由中領軍遷領軍將軍，一般不並置。

[2]斛律孝卿：人名。太安（今山西壽陽縣）人。北齊、隋朝大臣。見《北史》卷五三《斛律羌舉附斛律孝卿傳》。

[3]侯吕芬：人名。北齊將領。歷位右衛大將軍、武衛將軍。與和士開交結，誅殺異己。

[4]廣寧王：封爵名。廣寧，郡名。北齊時治新蔡縣，在今河南新蔡縣。　孝珩：即高孝珩，人名。勃海蓨（今河北景縣）人。北齊宗室。見《北齊書》卷一一《廣寧王孝珩傳》。

[5]太府少卿：官名。掌倉儲出納，兩京諸市，通判各署事務。四品上。　平準令：官名。北齊時置爲司農寺平準署長官，六品下。

[6]仁州：北齊時治赤坎城，在今安徽懷遠縣西北。

[7]襄城：郡名。北齊時治襄城縣，在今河南襄城縣。

[8]南營州：北齊時寄治英雄城，在今河北徐水縣遂城鎮遂城村。　録事參軍：官名。爲録事曹長官，掌總録衆曹文簿，舉彈善惡，位在列曹參軍上。

[9]鄭州：北齊時治哀社城，在今河南許昌市。

珽自是專主機衡，總知騎兵、外兵事。内外親戚，皆得顯位。後主亦令中要數人扶侍出入，著紗帽直至永巷，[1]出萬春門向聖壽堂，[2]每同御榻，論決政事，委任之重，群臣莫比。自和士開執事以來，政體隳壞。珽推崇高望，官人稱職，内外稱美。復欲增損政務，沙汰人物。始奏罷京畿府併於領軍，事連百姓，皆歸郡縣；宿衛都督等號位從舊官名，[3]文武服章並依故事。又欲黜諸閹竪及群小輩，推誠延士，爲致安之方。

[1]永巷：皇宫中妃嬪的住所。

[2]萬春門：在今河北臨漳縣。　聖壽堂：在今河北臨漳縣西南。

[3]宿衛：泛指宫廷禁衛及任禁衛之士。　都督：官名。北齊時爲率領鄉兵、畜牧軍馬的中低級軍官。

陸媪、穆提婆議頗同異。珽乃諷御史中丞麗伯律，[1]令劾主書王子沖納賂，[2]知其事連提婆，欲使贓罪相及，望因此坐，并及陸媪。猶恐後主溺於近習，欲因后黨爲援，請以皇后兄胡君瑜爲侍中、中領軍，[3]又徵君瑜兄梁州刺史君璧，[4]欲以爲御史中丞。陸媪聞而懷怒，百方排毁，即出君瑜爲金紫光禄大夫，解中領軍，君璧還鎮梁州。皇后之廢，頗亦由此。王子沖釋而不問。珽日以益疏，又諸宦者更共譖毁之，無所不至。後主問諸太姬，憫默不對，三問，乃下牀拜曰："老婢合

死，本見和士開道孝徵多才博學，言爲善人，故舉之。此來看之，[5]極是罪過，人實難容，老婢合死。”後主令韓鳳檢案，得其詐出敕受賜十餘事，以前與其重誓不殺，遂解珽侍中、僕射，出爲北徐州刺史。珽求見分疏，韓長鸞積嫌於珽，遣人推出柏閤。[6]珽固求面見，坐不肯行。長鸞乃令軍士牽曳而出，立珽於朝堂，大加誚責。上道後，復令追還，解其開府儀同、郡公，直爲刺史。

[1]麗伯律：中華本校勘記云：“張森楷云：‘案是時有酈伯偉，見崔暹（《北史》卷三二）、《盧玄傳》（《北史》卷三〇）。疑“麗伯律”是“酈伯偉”之誤。’按酈伯偉是酈範之孫，見《魏書》卷四二《酈範傳》，又見本書卷三〇《盧潛傳》、卷八一《劉晝傳》。張説疑是。”可從。

[2]主書：官名。爲主書令史的省稱。掌簿書文案，屬秘書監。北齊時去“令史”，以此爲職名全稱。

[3]胡君瑜：人名。安定臨涇（今甘肅鎮原縣）人。北齊外戚、胡皇后兄。　中領軍：官名。侍臣帶“領軍”者，稱中領軍。三品。

[4]君璧：即胡君璧，人名。安定臨涇（今甘肅鎮原縣）人。北齊官吏。初襲父爵爲隴東王，後出爲梁州刺史。

[5]此來看之：源氏校勘記改“此”作“比”。更合文意。

[6]柏閤：御史府的别稱。漢御史府中列柏樹。後世因稱御史府爲柏臺、柏府、柏署。柏閤當亦同此。

至州，會有陳寇，百姓多反，珽不閉城門，守陴者皆令下城静坐，[1]街巷禁斷人行，雞犬不聽鳴吠。賊無

所聞見，莫測所以，或疑人走城空，不設警備。至夜，珽忽令大叫，鼓譟聒天，賊衆大驚，登時走散。後復結陳向城，珽乘馬自出，令録事參軍王君植率兵馬，仍親臨戰。賊先聞其盲，謂爲不能拒抗，忽見親在戎行，彎弧縱鏑，相與驚怪，畏之而罷。時提婆憾之不已，欲令城陷没賊，雖知危急，不遣救援。珽且守且戰十餘日，賊竟奔走，城卒保全。卒於州。

[1]静坐：底本作"靖坐"，殿本、中華本作"静坐"。按：《北齊書》卷三九作"静坐"，今從中華本改。

子君信，涉獵書史，多諳雜藝。位兼通直散騎常侍，聘陳使副，中書郎。珽出，亦見廢免。

君信弟君彦，容貌短小，言辭澀訥，少有才學。隋大業中，位至東平郡書佐。[1]郡陷翟讓，[2]因爲李密所得。[3]密甚禮之，署爲記室，軍書羽檄，皆成其手。及密敗，爲王世充所殺。[4]

[1]書佐：官名。掌文書記録等，分功曹書佐、典郡書佐等，爲州郡及王府屬官。

[2]翟讓：人名。東郡韋城（今河南滑縣東南）人。隋末瓦崗起義軍首領。驍勇有膽略。

[3]李密：人名。字玄邃，一作"法主"，祖籍遼東襄平（今遼寧遼陽市），後家於京兆長安（今陝西西安市長安區）。隋末起義軍首領。見《北史》卷六〇《李弼附李密傳》。

[4]王世充：人名。字行滿，新豐（今陝西潼關縣東北）人。隋朝官吏。公元619年自立，國號大鄭。見《舊唐書》卷五四《王

世充傳》。

斑弟孝隱，亦有文學，早知名。詞章雖不逮兄，機警有口辯，兼解音律。魏末爲兼散騎常侍，迎梁使。時徐君房、庾信來聘，[1]名譽甚高，魏朝聞而重之，接對者多取一時之秀，盧元景之徒，[2]並降階攝職，更遞司賓。孝隱少處其中，物議稱美。

[1]庾信：人名。字子山，南陽新野（今河南新野縣）人。南朝梁文學家，後入西魏、北周。見《北史》卷八三《庾信傳》。

[2]盧元景：人名。北魏名士。擅長文章，爲世人所重。梁名士徐君房等聘於魏，其以“一時之秀”接迎梁使。

孝隱從父弟茂，頗有辭情，然好酒性率，不爲時所重。大寧中，以經學爲本鄉所薦，除給事，以疾辭，仍不復仕。珽受任寄，故令呼茂，茂不獲已，暫來就之。珽欲爲奏官，茂乃逃去。

珽族弟崇儒，涉學有辭，[1]少以幹局知名。[2]武平末，位司州別駕、通直常侍。[3]入周，爲容昌郡太守。[4]隋開皇初，終宕州長史。[5]

[1]涉學有辭：中華本校勘記云：“《北齊書》‘辭’下有‘藻’字，《通志》有“章”字。疑《北史》脱一字。”可從。

[2]幹局：才幹氣度。

[3]司州：北齊時治鄴縣，在今河北臨漳縣西南。

[4]容昌：郡名。治所不詳。

[5]宕州：隋朝時治陽宕縣，在今甘肅宕昌縣西。

論曰：袁翻弟兄，可爲一時才秀；聿脩行業，亦乃不殞家風。景文學義見稱，敬安正情自立，休之加以藻思，可謂載德者焉。思伯經明行修，乃惟門素。[1]祖瑩幹能藝用，實曰時良；孝徵儁才雖多，適足敗國。叔鸞器懷清峻，元景才幹知名，並匡佐齊初，一時推重，美矣哉。

[1]門素：原有的門閥地位。

北史　卷四八

列傳第三十六

尒朱榮　子文暢　從子兆　從弟彦伯　彦伯子敞　彦伯弟仲遠　世隆　世承　榮從弟度律　榮從祖兄子天光[1]

[1]中華本"子文暢"下有"文略"，"世隆"下無"世承"。今從底本。

尒朱榮，字天寶，北秀容人也。[1]世爲部落酋帥，其先居尒朱川，[2]因爲氏焉。

[1]北秀容：地區名。秀容川（相當於今山西西北部雲中山、句注山以西，桑乾河、汾河上游和黄河東岸一帶）分南北兩部，北部即北秀容。北魏時尒朱氏世爲北秀容酋長，所居梁郡城在今山西朔州市北，周三百里皆爲其封地。

[2]尒朱川：地名。今地不詳。

高祖羽健，魏登國初爲領人酋長，[1]率契胡武士從平晋陽，[2]定中山，[3]拜散騎常侍。[4]以居秀容川，詔割方三百里封之，長爲世業。道武初，[5]以南秀容川原沃

衍，[6]欲令居之。羽健曰："家世奉國，給侍左右，北秀容既在剗内，[7]差近京師，豈以沃墳，更遷遠地?"帝許之。所居處曾有狗舐地，因而穿之得甘泉，因名狗舐泉。

[1]登國：北魏道武帝的年號（386—396）。　領人酋長：官名。即領民酋長。北魏時給予歸附部落首領的封號。其對所屬部落有統治權，世襲。按所領部落的大小有第一、第二、第三之分，又按部落内地位高低有酋長、庶長之分。中華本校勘記云："《魏書》卷七四《尒朱榮傳》'人'作'民'，《北史》避唐諱改。"可從。

[2]契胡：古族名，分布於今山西西北部。以尒朱爲姓。從事畜牧業。十六國時，投靠拓跋部。北魏時受拓跋珪調遣。參於征戰。　晉陽：縣名。治所在今山西太原市晉源區古城營村一帶。

[3]中山：郡名。北魏時治盧奴縣，在今河北定州市。

[4]散騎常侍：官名。北魏時隸門下省，掌規諫，典尚書奏事。二品下。

[5]道武：即北魏皇帝拓跋珪。道武爲其謚號。

[6]南秀容：地名。爲秀容川南部。有城在今山西嵐縣南，相傳爲西晉末劉淵生地。

[7]剗（chǎn）内：舊地。

曾祖鬱德、祖代勤，繼爲酋長。代勤，太武敬哀皇后舅也。[1]既以外親，兼數征伐有功，給復百年，除立義將軍。[2]曾圍山而獵，部人射虎，誤中其髀，代勤仍令拔箭，竟不推問，曰："此既過誤，何忍加罪。"部内咸感其意。位肆州刺史，[3]封梁郡公，[4]以老致仕，歲賜帛百疋以爲常。卒，謚曰莊。孝莊初，[5]追贈太師、司

徒公、録尚書事。[6]

[1]太武：即北魏皇帝拓跋燾。太武爲其謚號。　敬哀皇后：即北魏太武帝皇后賀氏。

[2]立義將軍：官名。爲雜號將軍之一。北魏孝文帝太和十七年定爲從三品下，二十三年改爲四品。

[3]肆州：北魏時治九原縣，在今山西忻州市忻府區。

[4]梁郡公：封爵名。梁郡，北魏時治梁國城，在今河南商丘市南。

[5]孝莊：即北魏皇帝元子攸。孝莊爲其謚號。

[6]太師：官名。北魏時爲三師之一，位在太傅、太保上。一品。　司徒公：官名。司徒的尊稱。北魏時名義上參議大政，其位多曠，遇有典禮，以他官攝行其事。一品。　録尚書事：官名。北魏時爲尚書省長官，職權甚重。多以公卿權重者居之，總領尚書省政務。位在三公上。

父新興，太和中繼爲酋長。[1]曾行馬群，見一白蛇，頭有兩角，咒之，求畜牧蕃息。自是牛羊駝馬，日覺滋盛，色别爲群，谷量之。朝廷每有征討，輒獻私馬，兼備資粮，助裨軍用。孝文嘉之。[2]及遷洛，特聽冬朝京師，夏歸部落。每入朝，諸公王朝貴，競以珍翫遺之，新興亦報以名馬。位散騎常侍、平北將軍、秀容第一領人酋長。[3]新興每春秋二時，恒與妻子閲畜牧於川澤，射獵自娱。明帝時，[4]以年老，啓求傳爵於榮。卒，謚曰簡。孝莊初，贈太師、相國、西河郡王。[5]

[1]太和：北魏孝文帝的年號（477—499）。

[2]孝文：即北魏皇帝拓跋宏。孝文爲其謚號。

[3]平北將軍：官名。與平南、平東、平西將軍合稱四平將軍。北朝前期地位較高，後期漸成無職掌的散官。北魏孝文帝太和十七年定爲從二品上，二十三年改爲三品。　秀容：郡名。北魏永興二年（410）置，治秀容縣，在今山西忻州市西北。

[4]明帝：即北魏皇帝元詡。明爲其謚號。

[5]相國：官名。北魏時不常置，位尊於丞相，職權品秩略同，非尋常人臣之職。　西河郡王：封爵名。西河，郡名。北魏時治兹氏城，在今山西汾陽市城區。

榮潔白美容貌，幼而神機明决。及長，好射獵，每設圍誓衆，便爲軍陣之法，號令嚴肅，衆莫敢犯。秀容界有池三所，在高山上，清深不測，相傳曰祁連池，[1]魏言天池也。父新興曾與榮游池上，忽聞簫鼓音，謂榮曰："古老相傳，聞此聲，皆至公輔。吾年老暮，當爲汝耳。"榮襲爵，後除直寢、游擊將軍。[2]

[1]祁連池：在今山西寧武縣西南管涔山上。

[2]直寢：官名。北魏置。掌侍衛皇帝及太子，多選用功臣子弟充任。　游擊將軍：官名。北魏時爲侍衛武職。孝文帝太和二十三年定爲四品上。

正光中，[1]四方兵起，遂散畜牧，招合義勇。以討賊功，進封博陵郡公，[2]其梁郡前爵聽賜第二子。時榮率衆至肆州，刺史尉慶賓閉城不納。[3]榮怒，攻拔之，乃署其從叔羽生爲刺史，[4]執慶賓還秀容。自是兵威漸盛，朝廷亦不能罪責。及葛榮吞杜洛周，[5]榮恐其南逼

鄴城，[6]表求東援相州，[7]帝不許。榮以山東賊盛，慮其西逸，乃遣兵固守滏口以防之。[8]於是北捍馬邑，[9]東塞井陘。[10]

[1]正光：北魏孝明帝的年號（520—525）。

[2]博陵郡公：封爵名。博陵，郡名。北魏時治魯口城，在今河北饒陽縣。

[3]尉慶賓：人名。代（今山西大同市東北）人，鮮卑族。北魏將領。見《北史》卷二〇《尉古真附尉慶賓傳》。

[4]羽生：即尒朱羽生，人名。尒朱榮的叔叔。契胡族。見《北史》卷三一《高祐附高乾傳》。

[5]葛榮：人名。北魏末河北起義軍首領。爲尒朱榮所擒，送京師，被斬於市中。　杜洛周：人名。北魏末柔玄鎮（今内蒙古興和縣西北）鎮兵，後起義，爲六鎮起義軍首領。終爲葛榮所害。

[6]鄴城：在今河北臨漳縣西南鄴鎮。

[7]相州：北魏時治鄴城，在今河北臨漳縣西南鄴鎮。

[8]滏口：在今河北磁縣西北鼓山。

[9]馬邑：縣名。治所在今山西朔州市。

[10]井陘：縣名。治所在今河北井陘縣西南。

尋屬明帝崩，事出倉卒，榮乃與元天穆等密議，[1]入匡朝廷。抗表云："今海内草草，異口一言，皆云大行皇帝鴆毒致禍，[2]舉潘嬪之女以誑百姓，[3]奉未言之兒而臨四海。求以徐紇、鄭儼之徒，[4]付之司敗。更召宗親，推其明德。"於是將赴京師。靈太后甚懼，詔以李神軌爲大都督，[5]將於太行杜防。[6]榮抗表之始，遣從子天光、親信奚毅及倉頭王相入洛，[7]與從弟世隆密議廢

立。天光乃見莊帝，具論榮心，帝許之。天光等還北，榮發晉陽，猶疑所立，乃以銅鑄孝文及咸陽王禧等五王子孫像，[8]成者當奉爲主。唯莊帝獨就。師次河内，[9]重遣王相密迎莊帝與帝兄彭城王劭、弟始平王子正。[10]武泰元年四月，莊帝自高渚度，[11]至榮軍，將士咸稱萬歲。

[1]元天穆：人名。亦稱元穆。北魏宗室、官吏。見《北史》卷一五《高涼王孤附上黨王天穆傳》。

[2]大行：稱死去而尚待定謚號的皇帝或皇后。

[3]潘嬪：即北魏孝明帝嬪妃潘充華。孝明帝武泰元年(528)，生一女，因孝明帝無子，靈太后遂密稱皇子。是年二月，靈太后毒殺孝明帝，奉潘女即位。見《北史》卷一三《宣武靈皇后胡氏傳》。

[4]徐紇：人名。字武伯，樂安博昌（今山東博興縣東南）人。北魏官吏。見《北史》卷九二《徐紇傳》。　鄭儼：人名。字季然，滎陽開封（今河南開封市）人。北魏官吏。見《北史》卷三五《鄭羲附鄭儼傳》。

[5]李神軌：人名。小名青肫，頓丘（今河南清豐縣西南）人。北魏官吏。見《北史》卷四三《李崇附李神軌傳》。　大都督：官名。高級軍事長官。北魏後期戰事較多而置，統兵出征，有時又加以各種名號，如南道大都督、徐州大都督等。

[6]太行：即今太行山。

[7]奚毅：人名。北魏將領。孝明帝時，爲車騎將軍、右光禄大夫、武衛將軍，爲尒朱榮親信。後爲尒朱世隆所殺。　倉頭：私家所屬的奴隸。南北朝時爲僕隸的通稱。

[8]五：中華本校勘記云："《魏書》卷七四《尒朱榮傳》'五'作'六'。按孝文兄弟七人，應作'六'。"可從。　咸陽王：封爵

名。咸陽，郡名。北魏時治池陽縣，在今陝西涇陽縣。　禧：即元禧，人名。字思永，《魏書》卷二一上《咸陽王禧傳》又作“永壽”。北魏宗室。孝文帝弟。見《北史》卷一九《咸陽王禧傳》。

[9]河内：郡名。北魏時治野王縣，在今河南沁陽市。

[10]彭城王：封爵名。彭城，郡名。北魏時治彭城縣，在今江蘇徐州市。　劭：即元劭，人名。字子訥。北魏宗室、官吏。彭城王元勰長子。見《北史》卷一九《彭城王勰附元劭傳》。底本作“邵”，中華本作“劭”。按《北史·彭城王勰附元劭傳》亦作“劭”。今從中華本改。　始平王：封爵名。始平，郡名。北魏時治始平縣，在今陝西興平市東北。中華本校勘記云：“《通志》卷一五一《尒朱榮傳》、《通鑑》卷一五二作‘霸城公子正’。按《魏書》卷二一《彭城王勰傳》，言子正於肅宗初封霸城縣公，莊帝即位，封始平王。又《魏書》卷十《莊帝紀》武泰元年四月稱：‘戊戌，南濟河，以兄彭城王劭爲無上王，弟霸城公子正爲始平王。’此在即位之前，則當作‘霸城公’。《通志》《通鑑》是。”可從。　子正：即元子正。人名。北魏宗室、官吏。見《魏書》卷二一下《彭城王勰附元子正傳》。

[11]高渚：地名。在今河南孟津縣東。

及莊帝即位，詔以榮爲使持節、都督中外諸軍事、大將軍、開府、尚書令、領軍將軍、領左右、太原王。[1]及度河，太后乃下髮入道，内外百官皆向河橋迎駕。

[1]使持節：即持節出使。節爲皇帝授予號令賞罰之權的信物，故持節者比不持節者位高權重。　都督中外諸軍事：官名。北魏時爲中外諸軍的軍事統帥。一品下（參張鶴泉《北魏都督諸州軍事制度試探》，《社會科學戰綫》2001年第6期）。　大將軍：官名。北

魏時與大司馬並稱“二大”，共典軍政，常由權臣兼任。一品。　開府：爲開府儀同三司的省稱。北魏時爲大臣加號，意謂與三司禮制待遇相同，許開辟府署，自辟僚屬。　尚書令：官名。北魏時總掌全國行政，雖位低於三公，但在多數情況下是實際上的丞相。　領軍將軍：官名。統掌中軍禁兵。中領軍之資望深者獲此稱。從二品。　領左右：官名。北魏置，爲皇帝身邊的親信侍臣，掌禁中事務，權力很大，故北魏後期的權臣元叉、尒朱榮等都兼任此職。　太原王：封爵名。太原，郡名。北魏時治晋陽縣，在今山西太原市晋源區古城營村一帶。

榮惑武衛將軍費穆之言，[1]謂天下乘機可取。乃譎朝士共爲盟誓，將向河陰西北三里，[2]至南北長堤，悉命下馬西度，即遣胡騎四面圍之。妄言丞相高陽王欲反，[3]殺百官王公卿士二千餘人，皆斂手就戮。又命二三十人拔刀走行宫，莊帝及彭城王、霸城王俱出帳。[4]榮先遣并州人郭羅察共西部高車叱列殺鬼在帝左右，[5]相與爲應。及見事起，假言防衛，抱帝入帳，餘人即害彭城、霸城二王。乃令四五十人遷帝於河橋，[6]沈靈太后及少主於河。時又有朝士百餘人後至，仍於堤東被圍。遂臨以白刃，唱云能爲禪文者出，當原其命。時有隴西李神儁、頓丘李諧、太原温子昇並當世辭人，[7]皆在圍中，恥是從命，俯伏不應。有御史趙元則者，[8]恐不免死，出作禪文。榮令人誡軍士，言元氏既滅，尒朱氏興，其衆咸稱萬歲。榮遂鑄金爲己像，數四不成。時榮所信幽州人劉靈助善卜占，[9]言今時人事未可。榮乃曰：“若我作不吉，當迎天穆立之。”靈助曰：“天穆亦

不吉，唯長樂王有王兆耳。”[10]榮亦精神恍惚，不自支持，遂便愧悔，至四更中，乃迎莊帝，望馬首叩頭請死。其士馬三千餘騎，既濫殺朝士，乃不敢入京，即欲向北爲移都之計。持疑經日，始奉駕向洛陽宫。及上北芒，[11]視城闕，復懷畏懼，不肯更前。武衛將軍汎禮苦執不聽。復前入城，不朝戍，[12]北來之人，皆乘馬入殿。諸貴死散，無復次序，莊帝左右，唯有故舊數人。榮猶執移都之議，上亦無以拒焉。又在明光殿重謝河橋之事，[13]誓言無復二心。莊帝自起止之，因復爲榮誓，言無疑心。榮喜，因求酒一遍。及醉熟，帝欲誅之，左右苦諫乃止。即以床轝向中常侍省。[14]榮夜半方寤，遂達旦不眠，自此不復禁中宿矣。

[1]武衛將軍：官名。掌宿衛禁軍。北魏孝文帝太和十七年定爲從二品下，二十三年改爲從三品。　費穆：人名。字朗興，代（今山西大同市東北）人。北魏將領。見《北史》卷五〇《費穆傳》。

[2]河陰：縣名。治所在今河南孟津縣東。

[3]高陽王：即元雍。字思穆，孝文帝弟。北魏大臣。見《北史》卷一九《高陽王雍傳》。高陽，郡名。北魏時治高陽縣，在今河北高陽縣東。

[4]霸城王：封爵名。即元子正，字休度。北魏宗室、大臣，孝莊帝元子攸同母弟。霸城，縣名。治所在今陝西西安市東北。中華本校勘記云：“《通志》‘霸城王’作‘霸城公’。《通鑑》作‘帝與無上王劭、始平王子正俱出帳外’。按此在莊帝即位之後，則作‘無上王’‘始平王’是。《北史》上文既已稱子正爲‘始平王’，此復改稱‘霸城王’，更誤。《北史》叙河陰事與《魏書》不同，

當是别本他書，故前後不相照應。”可從。

[5]并州：北魏時治晋陽縣，在今山西太原市晋源區古城營村一帶。　高車：初號狄歷，也稱敕勒、鐵勒、丁零，所乘車輪高大，故名。北魏時活動於今蒙古高原，以游牧爲生，語言與匈奴族大同小異。見《北史》卷九八《高車傳》。　叱列殺鬼：人名。即叱列平，字殺鬼，代郡（今山西大同市東北）西部人。北魏、東魏、北齊官吏。見《北史》卷五三《叱列平傳》。

[6]河橋：故址在今河南孟津縣東河橋上。

[7]隴西：郡名。北魏時治襄武縣，在今甘肅隴西縣東南。　李神儁：人名。即李挺。字神儁，小名提，隴西狄道（今甘肅臨洮縣）人。北魏、東魏官吏。見《北史》卷一百《凉武昭王李暠附李神儁傳》。　頓丘：郡名。北魏時治頓丘縣，在今河南清豐縣西南。　李諧：人名。字虔和，頓丘（今河南清豐縣西南）人。北魏官吏。見《北史》卷四三《李崇附李諧傳》。　温子昇：人名。字鵬舉。自云太原人。祖恭之，避難歸魏，家於濟陰冤句（今山東菏澤市西南）。北魏、東魏官吏、文學家。見《北史》卷八三《温子昇傳》。

[8]御史：官名。爲侍御史、治書侍御史、殿中侍御史等的簡稱。爲御史中丞佐貳，御史臺要職，分領侍御史諸曹，監察、彈劾較高級官員，亦奉命出使。北朝時威權甚重。北魏孝文帝太和十七年定爲從五品上，二十三年改爲六品上。

[9]幽州：北魏時治薊縣，在今北京西南。　劉靈助：人名。燕郡（今北京西南）人。北魏時以占卜而入仕。見《北史》卷八九《劉靈助傳》。

[10]長樂王：即北魏孝莊帝元子攸。孝明帝孝昌二年（526）被封爲長樂王。長樂，郡名。北魏時治信都縣，在今河北冀州市。

[11]北芒：山名。又作“北邙”“芒山”“北山”，在今河南洛陽市東北。

[12]不朝戍：中華本校勘記云：“張森楷云：‘“不朝戍”不可

解，疑有訛誤。’按《通志》‘戍’作‘其’，從下讀，但字形相去甚遠，今不改。”可從。

[13]明光殿：故址在今河南洛陽市。

[14]中常侍省：官署名。具體職能不詳。

榮女先爲明帝嬪，欲上立爲后，帝疑未決。給事黄門侍郎祖瑩曰：[1]“昔文公在秦，懷嬴入侍。[2]事有反經合義，陛下獨何疑焉?”上遂從之，榮意甚悦。

[1]給事黄門侍郎：官名。北魏時爲侍中省或門下省次官，位頗重要。四品上。　祖瑩：人名。字元珍，范陽遒（今河北淶水縣北）人。北魏、東魏官吏。見《北史》卷四七《祖瑩傳》。

[2]昔文公在秦懷嬴入侍：晋文公重耳流亡秦國，秦國國君送女給他做妻子。後來重耳回到晋國，秦國又把夫人送到晋國，同時還有三千士兵，以防備晋國内亂。見《史記》卷三九《晋世家》。

于時人間猶或云榮欲遷都晋陽，或云欲肆兵大掠，迭相驚恐，人情駭震。京邑士子，十不一存，[1]率皆逃竄，無敢出者，直衛空虚，官守廢曠。榮聞之，上書謝愆。無上王請追尊帝號；[2]諸王、刺史，乞贈三司；其位班三品，請贈令僕；[3]五品之官，各贈方伯；六品已下及白身，贈以鎮郡。諸死者無後，聽繼，即授封爵。均其高下，節級别科，使恩洽存亡，有慰生死。詔如所表。[4]又啓帝，遣使巡城勞問，於是人情遂安，朝士逃亡者亦稍來歸闕。榮又奏請番直，朔望之日，引見三公、令僕、尚書、九卿及司州牧、河南尹、洛陽、河陰

執事之官，[5]參論國政，以爲常式。

[1]京邑士子十不一存：《魏書》卷七四《尒朱榮傳》作“京邑士子不一存”。疑《魏書》脱“十”字，今從《北史》。

[2]無上王：即彭城王元劭。

[3]令僕：指尚書令與僕射。

[4]如：毛本、四庫本、局本、四部備要本作“從”。

[5]司州牧：官名。北魏時京畿行政長官，治洛陽。孝文帝太和二十三年由司州刺史改名，從二品。　河南尹：官名。漢光武帝時置，爲京都洛陽所在河南郡長官，主管京都事務，地位高於一般郡守。北魏孝文帝太和十七年遷都洛陽，置河南郡，設河南尹，三品。

五月，榮還晋陽，乃令元天穆向京，爲侍中、太尉公、録尚書事、京畿大都督，[1]兼領軍將軍，[2]封上黨王。[3]樹置腹心在列職，舉止所爲，皆由其意。七月，詔加榮柱國大將軍。[4]

[1]侍中：官名。北魏時掌侍皇帝左右，顧問應對，此職親近皇帝，掌權便利，時有宰相之實，員六人。孝文帝太和二十三年定爲三品。　太尉公：官名。太尉的尊稱。列三公之首，北魏時爲名譽宰相，多爲大臣加官。一品。　京畿大都督：官名。北魏末始置。統領京畿軍士，爲京都最高軍事長官。

[2]領軍將軍：官名。爲禁衛軍最高統帥。北魏時如侍臣任此職，則稱中領軍將軍。孝文帝太和十七年定爲二品上，二十三年改爲從二品（參張金龍《北魏後期禁衛武官制度考論》，《蘭州大學學報》2001 年第 6 期）。

[3]上黨王：封爵名。上黨，郡名。北魏時治壺關城，在今山

西長治市北。

[4]柱國大將軍：官名。十六國時後燕始置。北魏末亦置，大多由權臣擔任，位在丞相上。

時葛榮向京師，衆號百萬，相州刺史李神儁閉門自守。[1]榮率精騎七千，馬皆有副，倍道兼行，東出滏口。而與葛榮衆寡非敵。葛榮聞之，喜見於色，乃令其衆辦長繩，至便縛取。自鄴以北，列陣數十里，箕張而進。榮潛軍山谷爲奇兵，分督將已上三人爲一處，處有數百騎，令所在揚塵鼓譟，使賊不測多少。又以人馬逼戰，刀不如棒，[2]密勒軍士，馬上各齎袖棒一枚。至戰時，慮廢騰逐，不聽斬級，使以棒棒之而已。乃分命壯勇，所當衝突，號令嚴明，將士同奮。榮身自陷陣，[3]出於賊後，表裏合擊，大破之。於陣禽葛榮，餘衆悉降。榮恐其疑懼，乃普令各從所樂，親屬相隨，任所居止。於是群情喜悦，登即四散，數十萬衆，一朝散盡。待出百里之外，乃始分道押領，隨便安置，咸得其宜。獲其渠帥，[4]量才授用，新附者咸安。時人服其處分機速。乃檻車送葛榮赴闕。詔加榮大丞相、都督河北畿外諸軍事。

[1]李神儁：中華本校勘記云："《魏書》'儁'作'軌'。按《魏書》卷三九《李神儁傳》云：'肅宗末，除鎮軍將軍，行相州事。於時葛榮南逼，神儁憂懼，乃故墜馬傷脚，仍停汲郡，有詔追還。莊帝纂統，以神儁外戚之望，拜散騎常侍，殿中尚書。'則神儁未嘗到任，莊帝時乃在朝中。《魏書》卷六六《李崇傳》，言其

子神軌於河陰被害，則此時已死，相州刺史必非李神軌。考《魏書》卷七〇《李神傳》，言其於孝昌中行相州事，‘建義初，除衛將軍。時葛榮充斥，民多逃散，先是州將元鑒反叛引賊，後都督源子邕、裴衍戰敗被害，朝野憂惶，人不自保。而神志氣自若，撫勞兵民，小大用命。既而葛榮盡鋭攻之，久不能剋。會尒朱榮擒葛榮於鄴西，事平，除車騎將軍’。又《魏書》卷二一上《北海王顥傳》，言顥於武泰初授相州刺史，行至汲郡，‘以葛榮南侵，尒朱縱害，遂盤桓顧望’，以其舅范遵行相州事，代前刺史李神。相州行臺甄密‘恐遵爲變，遂相率廢遵，還推李神攝理州事’。據此，則守城抗拒葛榮義軍的相州刺史，乃是李神。《北史》作李神儁，《魏書》作李神軌，都誤。當是後人以李神名較不顯，妄增“儁”字、‘軌’字。”可從。李神，恒農（今河南靈寶市北）人。北魏官吏。見《魏書》卷七〇《李神傳》。

[2]刀不如棒：毛本、局本作“刀下如棒”。按：據下文“密勒軍士，馬上各齎袖棒一枚”可知應爲“刀不如棒”，今從底本。

[3]榮身自陷陣：毛本、殿本、四庫本、四部備要本脱“榮”字。按：《魏書》卷七四《尒朱榮傳》有“榮”字，今從底本。

[4]獲：中華本校勘記云：“《魏書》‘獲’作‘擢’，疑‘獲’是‘擢’之訛。”可從。

初，榮將討葛榮，軍次襄垣，[1]遂大獵，有雙兔起於馬前，榮彎弓誓之曰：“中則禽葛榮，不中則否。”既而並應弦而殪，三軍咸悦。及後，命立碑於其所，號雙兔碑。又將戰夜，夢一人從葛榮索千牛刀，[2]葛榮初不肯與，此人自稱己是道武皇帝，葛榮乃奉刀，此人手持授榮。寤而喜，自知必勝。

[1]襄垣：縣名。治所在今山西襄垣縣北。

[2]千牛刀：刀名。語本《莊子·養生主》："（庖丁）所解數千牛矣，而刀刃若新發於硎。"後因以"千牛刀"稱鋒利的刀。亦代稱御刀，即君主防身刀。

又詔以冀州之長樂、相州之南趙、定州之博陵、滄州之浮陽、平州之遼西、燕州之上谷、幽州之漁陽七郡，[1]各萬户，通前滿十萬，爲太原國邑。又加位太師。

[1]冀州：北魏時治信都縣，在今河北冀州市。　南趙：郡名。北魏時治廣阿縣，在今河北隆堯縣東。　定州：北魏時治盧奴縣，在今河北定州市。　滄州：北魏時治饒安縣，在今河北鹽山縣西南。　浮陽：郡名。北魏時治浮陽縣，在今河北滄州市東南。　平州：北魏時治肥如縣，在今河北盧龍縣北。　遼西：郡名。北魏時治肥如縣，在今河北盧龍縣西北。　燕州：北魏時治廣寧縣，在今河北涿鹿縣西。　上谷：郡名。北魏時治居庸縣，在今北京延慶縣。　漁陽：郡名。北魏時治潞縣，在今北京通州區東。

建義初，[1]北海王元顥南奔梁，[2]梁立爲魏主，資以兵將。時邢杲以三齊應顥。[3]朝廷以顥孤弱，永安二年春，[4]詔元天穆先平齊地，[5]然後征顥。顥乘虚徑進，滎陽、武牢并不守，[6]車駕出居河北。榮聞之，馳傳朝行宫於上黨之長子，輿駕於是南趣。榮爲前驅，旬日之間，兵馬大集。天穆克平邢杲，亦度河以會。車駕幸河内。榮與顥相持於河上，無船不得即度。議欲還北，更圖後舉，黄門郎楊侃、高道穆等並固執以爲不可。[7]屬馬渚諸楊云有小船數艘，[8]求爲鄉導。榮乃令都督尒朱兆等率精騎夜濟。[9]顥奔，車駕度河，入居華林園。[10]

詔加榮天柱大將軍,[11]增封通前二十萬户，加前後部羽葆鼓吹。[12]

[1]建義：北魏孝莊帝的年號（528）。

[2]北海王：封爵名。北海，郡名。北魏時治平壽城，在今山東濰坊市西南。　元顥：人名。字子明。北魏宗室、大臣。獻文帝之孫，北海王元詳長子，孝文帝之侄。見《北史》卷一九《北海王詳附元顥傳》。

[3]邢杲：人名。河間（今河北河間市）人。北魏末山東起義軍首領。降後被殺。　三齊：地區名。在今山東東部。秦亡後，項羽分故齊國之地立齊、膠東、濟北三國，故得名。

[4]永安：北魏孝莊帝的年號（528—530）。

[5]詔元天穆先平齊地：《魏書》卷七四《尒朱榮傳》作“元穆”。在《魏書》此卷同一段中：“天穆既平邢杲，亦渡河以會車駕。”又《魏書》卷七九《馮元興傳》：“上黨王天穆之討邢杲，引爲大將軍從事中郎。”《北齊書》卷一《神武帝紀上》：“後與行臺于暉破羊侃于泰山，尋與元天穆破邢杲于濟南。”“元穆”和“元天穆”指同一人,《魏書》“元穆”漏“天”字，今從底本。

[6]滎陽：縣名。治所在今河南滎陽市東北。　武牢：關隘名。即虎牢。《北史》避唐高祖祖父李虎諱改。在今河南滎陽市汜水鎮西。

[7]黄門郎：官名。給事黄門侍郎的省稱。　楊侃：人名。字士業，弘農華陰（今陝西華陰市東南）人。北魏官吏。見《北史》卷四一《楊播附楊侃傳》。　高道穆：人名。即高恭之。字道穆，遼東（今遼寧東南）人。北魏官吏。見《北史》卷五〇《高道穆傳》、《魏書》卷七七《高崇附高道穆傳》。

[8]馬渚：渡口名。在今河南孟州市西。

[9]都督：官名。北魏時爲地方軍政長官，分使持節、持節、

假節三種，職權各有不同。

[10]華林園：故址在今河南洛陽市東北漢魏洛陽故城内。

[11]天柱大將軍：官名。北魏孝莊帝永安二年爲執政尒朱榮特設。掌全國兵馬軍務。

[12]前後部羽葆鼓吹：演奏鼓吹樂的樂隊。本用於軍中，後賜予有功大臣，遂成爲皇帝賜予臣下的一種禮遇。羽葆，古時一種儀仗。以鳥羽聚於柄頭如蓋。漢晋南北朝時，諸王及重要大臣有功則賜，大臣喪，亦或賜。以示尊崇。鼓吹，演奏鼓吹樂的樂隊。本用於軍中，後賜予有功大臣，遂成爲皇帝賜予臣下的一種禮遇。

榮尋還晋陽，遥制朝廷，親戚腹心，皆補要職，百僚朝廷動静，莫不以申。至於除授，皆須榮許，然後得用。莊帝雖受制權臣，而勤政事，朝夕省納，孜孜不已。數自理冤獄，親覽辭訟。又選司多濫，與吏部尚書李神儁議正綱紀，[1]而榮乃大相嫌責。曾關補定州曲陽縣令，[2]神儁以階縣不奏，別更擬人。榮大怒，即遣其所補者往奪其任。榮使入京，雖復微蔑，朝貴見之，莫不傾靡。及至闕下，未得通奏，恃榮威勢，至乃忿怒。神儁遂上表遜位。榮欲用世隆攝選，上亦不違。榮曾啓北人爲河内諸州，[3]欲爲掎角勢，上不即從。天穆入見論事，上猶未許。天穆曰："天柱既有大功，爲國宰相，若請普代天下官屬，恐陛下亦不得違。如何啓數人爲州，便停不用？"帝正色曰："天柱若不爲人臣，朕亦須代；如其猶存臣節，無代天下百官理。"榮聞，大怒曰："天子由誰得立？今乃不用我語！"皇后復嫌内妃嬪，甚有妒恨之事。帝遣世隆語以大理，后曰："天子由我家

置立，今便如此。我父本日即自作，今亦復决?”世隆曰:“兄止自不爲，若本自作，臣今亦得封王。”帝既外迫强臣，内逼皇后，恒怏怏不以萬乘爲貴。

[1]吏部尚書：官名。職掌官吏銓選、考課、奬懲，其實權或大於尚書僕射，然重要官職的任免須與諸執政大臣合議，由皇帝、宰相裁定，亦常命尚書僕射領吏部事務或任命大臣參掌選事以分其權任。北魏孝文帝太和十七年定爲二品下，二十三年改爲三品。

[2]曲陽：縣名。治所在今河北曲陽縣西。

[3]河内：中華本校勘記云:“《魏書》、《通志》、《通鑑》卷一五四‘内’作‘南’。按當時榮據并州，欲申張其勢力於黄河以南，故下云‘欲爲掎角勢’。疑《北史》作‘河内’誤。”可從。

先是，葛榮枝黨韓婁仍據幽、平二州，榮遣都督侯深討斬之。[1]時万俟醜奴、蕭寶夤擁衆豳、涇，[2]榮遣其從子天光爲雍州刺史，令率都督賀拔岳、侯莫陳悦等入關討之。[3]天光至雍州，以衆少未進，榮大怒，遣其騎兵參軍劉貴馳驛詣軍，[4]加天光杖罰。天光等大懼，乃進討，連破之，禽醜奴、寶夤，並檻車送闕。天光又禽王慶雲、万俟道樂，[5]關中悉平。於是天下大難便盡。莊帝恒不慮外寇，唯恐榮爲逆，常時諸方未定，欲使與之相持，及告捷之日，乃不甚喜，謂尚書令、臨淮王彧曰:[6]“即今天下便是無賊?”臨淮見帝色不悦，曰:“臣恐賊平以後，方勞聖慮。”帝畏餘人怪，還以他語解之，曰:“其實撫寧荒餘，彌成不易。”

[1]侯深：人名。一作“侯淵”，《北史》避唐高祖李淵諱改，神武尖山（今山西神池縣）人。北魏將領。見《北史》卷四九《侯深傳》。　蕭寶夤：人名。字智亮，南蘭陵（一説在今江蘇常州市，一説在今江蘇丹陽市）人。南朝齊明帝第六子，北魏官吏。見《北史》卷二九《蕭寶夤傳》。

[2]万俟醜奴：人名。鮮卑族。北魏末關隴起義軍首領。於平凉被俘，解送洛陽後被殺。　豳：州名。北魏時治定安縣，在今甘肅寧縣。　涇：州名。北魏時治安定縣，在今甘肅涇川縣北。

[3]賀拔岳：人名。字阿斗泥，神武尖山（今山西神池縣）人。北魏末名將。見《北史》卷四九《賀拔允附賀拔岳傳》。　侯莫陳悦：人名。代（今山西大同市東北）人。北魏將領。見《北史》卷四九《侯莫陳悦傳》。

[4]騎兵參軍：官名。爲騎兵曹長官。北魏時公府、將軍府置，自從六品上至從八品。　劉貴：人名。秀容陽曲（今山西太原市北）人。高歡舊交，北魏末事尒朱氏。見《北史》卷五三《劉貴傳》。

[5]王慶雲：人名。略陽（今甘肅秦安縣東北）人。北魏惠哀帝建明元年（530），在水洛城（今甘肅莊浪縣）稱帝。不久，兵敗於尒朱天光，被坑殺。　万俟道樂：人名。亦稱万俟道洛，鮮卑族。北魏末關隴起義軍將領。與魏將尒朱天光戰於水洛城，被俘而死。

[6]臨淮王：封爵名。臨淮，郡名。北魏時治赤坎城，在今安徽懷遠縣西北。　彧：即元彧，人名。字文若，本名亮，字仕明。北魏宗室。見《北史》卷一六《臨淮王譚附元彧傳》。

榮好射獵，不捨寒暑，法禁嚴重，若一鹿出，乃有數人殞命。曾有一人，見猛獸便走，謂曰：“欲求活邪！”遂即斬之。自此獵如登戰場。曾見一猛獸在窮谷

中，乃令餘人重衣空手搏之，不令復損，於是數人被殺，遂禽得之。持此爲樂焉。列圍而進，雖阻險不得迴避，其下甚苦之。

太宰元天穆從容言榮勳業，[1]宜調政養人。榮便攘肘謂天穆曰："太后女主，不能自正，推奉天子者，此是人臣常節。葛榮之徒，本是奴才，乘時作亂，譬如奴走，[2]禽獲便休。頃來受國大寵，未能混一海内，何宜今日便言勳也？如聞朝士猶自寬縱，今秋欲共兄戒勒士馬，校獵嵩原，令貪汙朝貴，入圍搏虎。仍出魯陽，[3]歷三荆，[4]悉擁生蠻，北填六鎮。迴軍之際，因平汾胡。[5]明年簡練精騎，分出江、淮，蕭衍若降，[6]乞萬户侯；[7]如其不降，徑度數千騎，便往縛取。待六合寧一，八表無塵，[8]然後共兄奉天子巡四方，觀風俗，布政教，如此乃可稱勳耳。今若止獵，兵士懈怠，安可復用也？"

[1]太宰：官名。北魏時於太師、太傅、太保三師之上别置太宰，皆一品。

[2]譬如：毛本、殿本、四庫本、局本、四部備要本脱"如"字。按：《魏書》卷七四《尒朱榮傳》有"如"字，今從底本。

[3]魯陽：郡名。北魏時治山北縣，在今河南魯山縣。

[4]三荆：北魏時所置荆州（治穰縣，在今河南鄧州市）、南荆州（治安昌縣，在今河南確山縣西南）、東荆州（治沘陽縣，在今河南泌陽縣）的合稱。

[5]汾胡：指居住在今山西汾水一帶的少數民族。

[6]蕭衍：人名。字叔達，小字練兒，南蘭陵中都里（一説在今江蘇常州市，一説在今江蘇丹陽市）人。南朝梁的建立者。見《梁書》卷一、二、三《武帝紀》。

[7]萬户侯：指食邑萬户的侯爵。

[8]六合：指天下。　八表：指八方之外，謂極遠處。

及見四方無事，乃遣人奏曰："參軍許周勸臣取九錫，[1]臣惡其此言，已發遣令去。"榮時望得殊禮，故以意諷朝廷。帝實不欲與之，因稱其忠。榮見帝年長明晤，[2]爲衆所歸，欲移自近，皆使由己。每因醉云，入將天子，拜謁金陵後，[3]還復恒、朔。[4]而侍中朱元龍輒從尚書索太和中遷京故事，[5]於是復有移都消息。

[1]參軍：官名。亦作"參軍事"。王、公、將軍府以及諸州多置爲僚屬，品級自六品至九品不等。　九錫：天子賜給諸侯、大臣的九種器物，借指最高禮遇。

[2]晤：四庫本、中華本作"悟"。按："晤"古同"悟"。

[3]金陵：北魏前期皇陵區，在今内蒙古和林格爾縣西北。

[4]恒：州名。北魏時治平城，在今山西大同市東北。　朔：州名。北魏時治盛樂，在今内蒙和林格爾縣西北。

[5]朱元龍：人名。即朱瑞。字元龍，代郡桑乾（今山西山陰縣東）人。北魏官吏。見《北史》卷四九《朱瑞傳》。

榮乃暫來向京，言看皇后娩難。帝懲河陰之事，終恐難保，乃與城陽王徽、侍中楊侃、李彧、尚書右僕射元羅謀，[1]皆勸帝刺殺之。唯膠東侯李侃晞、濟陰王暉業言榮若來，[2]必有備，恐不可圖。又欲殺其黨與，發兵拒之。帝疑未定，而京師人懷憂懼，中書侍郎邢子才之徒，[3]已避之東出。榮乃遍與朝士書，相任留。中書舍人温子昇以書呈帝，[4]帝恒望其不來，及見書，以榮

必來，色甚不悦。武衛將軍奚毅，建義初往來通命，帝每期之甚重，然以爲榮通親，不敢與之言情。毅曰："若必有變，臣寧死陛下難，不能事契胡。"帝曰："朕保天柱無異心，亦不忘卿忠款。"

[1]城陽王：封爵名。城陽，郡名。北魏時治所不詳，當在今河南境内。　徽：即元徽，人名。字顯順。北魏宗室、大臣。見《北史》卷一八《城陽王長壽附元徽傳》。　李彧：人名。字子文，隴西狄道（今甘肅臨洮縣）人。北魏、東魏官吏。見《北史》卷一〇〇《涼武昭王李暠附李彧傳》。　尚書右僕射：官名。北魏時列位宰相，在録尚書事、尚書令下，職掌都省庶務及執法，或典選舉。右僕射職在左僕射下。孝文帝太和十七年定爲從一品中，二十三年改爲從二品。　元羅：人名。字仲綱。北魏宗室。見《北史》卷一六《京兆王黎附元羅傳》。

[2]膠東侯：封爵名。膠東，縣名。治所在今山東濰坊市東。　李侃晞：人名。中山（今河北定州市）人。北魏官吏。見《北史》卷八〇《李惠附李侃晞傳》。　濟陰王：封爵名。濟陰，郡名。北魏時治定陶縣，在今山東定陶縣西北。　暉業：即元暉業，人名。字紹遠。北魏、東魏、北齊大臣。見《北史》卷一七《濟陰王小新成附元暉業傳》。

[3]中書侍郎：官名。北魏時多選用文學之士，掌草擬詔令，職位機要，置四人。孝文帝太和十七年定爲四品上，二十三年改爲從四品上。　邢子才：人名。即邢卲。字子才，小字吉，河間鄚（今河北任丘市北）人。北魏、東魏、北齊官吏。博學能文，與温子昇、魏收齊名。《北史》卷四三《邢巒附邢卲傳》。

[4]中書舍人：官名。中書省屬官。北朝專掌草擬詔令，出納之職由門下省分任。孝文帝太和十七年定爲六品上，二十三年改爲六品下。

三年八月，榮將四五千騎，發并州向京。時人皆言其反，復道天子必應圖之。九月初，榮至京。有人告云，帝欲圖之。榮即具奏。帝曰："外人亦言王欲害我，豈可信之？"於是榮不自疑，每入謁帝，從人不過數十，皆不持兵仗。帝欲止，城陽王曰："縱不反，亦何可耐？況何可保耶？"又北人語訛，語"尒朱"爲"人主"。上又聞其在北言，我姓人主。先是，長星出中台，[1]掃大角。恒州人高榮祖頗明天文，榮問之曰："是何祥也？"答曰："除舊布新象也。昔長星掃大角，秦以之亡。"榮聞之悦。又榮下行臺郎中李顯和曾曰：[2]"天柱至，那無九錫，安須王自索也？亦是天子不見機！"都督郭羅察曰："今年真可作禪文，何但九錫。"參軍褚光曰："人言并州城上有紫氣，何慮天柱不應。"榮下人皆陵侮帝左右，無所忌憚，其事皆上聞。奚毅又見，求聞。[3]帝即下明光殿與語。帝又疑其爲榮，不告以情。及知毅赤誠，乃召城陽王徽及楊侃、李彧，告以毅語。

[1]長星：星名。類似彗星，有長形光芒。　中台：星名。指三台六星之中間二星。

[2]行臺郎中：官名。北魏置。爲行臺諸曹郎中的泛稱，各曹皆冠以曹名。有時以稱不理具體曹務的官員。

[3]奚毅又見求聞：中華本校勘記云："《通鑑》卷一五四作'奚毅又見帝，求間'。按'求間'即'請間'，'聞"'當是'間'之訛。"可從。

榮小女嫁與帝兄子陳留王,[1]小字伽邪，榮嘗指之曰:“我終當得此女婿力。”徽又云:“榮慮陛下終爲此患，脱有東宫，必貪立孩幼。若皇后不生太子，則立陳留以安天下。”并言榮指陳留語狀。帝既有圖榮意，夜夢手持一刀自害，落十指節，都不覺痛。惡之，以告城陽王徽及楊侃。徽解夢曰:“蝮蛇螫手，壯士解腕。割指節與解腕何異?去患乃是吉祥。”聞者皆言善。

[1]陳留王：指元寬。字思猛，小字伽邪。元子直之子，彭城王元勰之孫。見《魏書》卷二一下《彭城王勰附元寬傳》。

九月十五日，天穆到京，駕迎之。榮與天穆並從入西林園讌射。[1]榮乃奏曰:“近來侍官皆不習武，陛下宜將五百騎出獵，因省辭訟。”先是奚毅言榮因獵挾天子移都，至是，其言相符。

[1]西林園：故址在今河南洛陽市。

至十八日，召中書舍人温子昇，告以殺榮狀，并問以殺董卓事。[1]子昇具通本，上曰:“王允若即赦凉州人,[2]必不應至此。”良久，語子昇曰:“朕之情理，卿所具知，死猶須爲，况必不死!寧與高貴鄉公同日死，不與常道鄉公同日生。”[3]上謂殺榮、天穆，即赦其黨，便應不動。應詔王道習曰:“尒朱世隆、司馬子如、朱元龍比來偏被委付,[4]具知天下虚實，謂不宜留。”城陽王及楊侃曰:“若世隆不全，仲遠、天光豈有來理?”帝

亦謂然，無復殺意。城陽曰："榮數征伐，腰間有刀，或能狠戾傷人。[5]臨事，願陛下出。"乃伏侃等十餘人於明光殿東。其日，榮與天穆並入，坐食未訖，起出。侃等從東階上殿，見榮、天穆出至中庭，事不果。

[1]董卓：人名。字仲穎，隴西臨洮（今甘肅岷縣）人。東漢末權臣。爲親信吕布所殺。見《三國志》卷六《魏書·董卓傳》。

[2]王允：人名。字子師，太原祁（今山西祁縣東南）人。東漢末大臣。漢獻帝即位，官至尚書令、司徒。後與吕布密謀誅董卓，旋即爲董卓部將所殺。見《後漢書》卷六六《王允傳》。　涼州：東漢時治隴縣，在今甘肅張家川回族自治縣。

[3]寧與高貴鄉公同日死不與常道鄉公同日生：謂三國魏高貴鄉公欲誅殺司馬昭，不克而死；常道鄉公禪位於晋，可以活。高貴鄉公，三國魏第四位皇帝曹髦。字彦士，因不滿司馬昭專權而率宿衛數百人攻擊司馬昭，反被司馬昭所殺。見《三國志》卷四《魏書·高貴鄉公髦傳》。常道鄉公，三國魏最後一位皇帝曹奂。字景明，受司馬氏控制，後禪位於司馬炎。見《三國志》卷四《魏書·陳留王奂傳》。

[4]司馬子如：人名。字遵業，河内温（今河南温縣）人。北魏、東魏、北齊官吏。見《北史》卷五四《司馬子如傳》。

[5]狠：毛本、殿本、局本、四部備要本作"很"。按："很"同"狠"。

十九日是帝忌日，二十日榮忌日，二十一日，暫入，即向陳留王家，飲酒極醉。遂言病動，頻日不入。上謀頗泄，世隆等以告榮。榮輕帝，不謂能反。預帝謀者皆懼。

二十五日，旦，榮、天穆同入，其日大欲革易。上在明光殿東序中西面坐，榮與天穆並御床西北小床上南坐，城陽入，始一拜，榮見光禄卿魯安等持刀從東户入，[1]即馳向御坐，帝拔千牛刀手斬之，時年三十八。得其手板上有數牒啓，皆左右去留人名，非其腹心，悉在出限。帝曰："豎子！若過今日，便不可制。"時又天穆與榮子菩提亦就戮，於是内外喜叫，聲滿京城。既而大赦。

[1]光禄卿：官名。又名光禄勳。掌管宫殿門禁宿衛以及百官的膳食。北魏孝文帝太和十七年定爲從一品下，二十三年改爲三品。

榮雖威名大振，而舉止輕脱，正以馳射爲伎藝，每入朝見，更無所爲，唯戲上下馬。於西林園宴射，恒請皇后出觀，并召王公妃主，共在一堂。每見天子射中，輒自起舞叫，將相卿士，悉皆盤旋，乃至妃主婦人，亦不免隨之舉袂。及酒酣耳熱，[1]必自匡坐唱虜歌，爲《樹梨普梨》之曲。見臨淮王彧從容閑雅，愛尚風素，固令爲敕勒舞。[2]日暮罷歸，便與左右連手蹋地，唱《迴波樂》而出。性甚嚴暴，慍喜無恒，弓箭刀槊，不離於手，每有瞋嫌，即行忍害，左右恒有死憂。曾欲出獵，有人訴之，披陳不已，發怒，即射殺之。曾見沙彌重騎一馬，榮即令相觸，力窮不復能動，遂使傍人以頭相擊，死而後已。

[1]耳：殿本、四部備要本作“戲”。按：據文意應爲“耳”，今從底本。

[2]勒：底本作“勤”，殿本、四庫本、四部備要本、中華本作“勒”。中華本校勘記云：“諸本‘勒’訛作‘勤’，據《通志》改。”今從改。

節閔帝初，[1]世隆等得志，乃詔贈假黄鉞、相國、録尚書、都督中外諸軍事、晋王，[2]加九錫，給九旒鑾輅，[3]武賁班劍三百人，[4]轀輬車，[5]準晋太宰、安平獻王故事，[6]謚曰武。又詔百官議榮配饗，司直劉季明曰：[7]“晋王若配永安，則不能終臣節。以此論之，無所配。”[8]世隆作色曰：“卿合配？”季明曰：“下官預在議限，據理而言，不合上心，誅翦唯命。”衆爲之危，季明自若。世隆意不已，乃配享孝文廟庭。

[1]節閔帝：即北魏皇帝元恭。節閔爲其謚號。

[2]假黄鉞：賜號名。黄鉞即飾以黄金的鉞，本用於皇帝儀仗。特賜予出征的重臣，以示威重，令其專主征伐。

[3]鑾輅：鑾駕，天子的車駕。　九旒（liú）：天子之旌。旒，旌旗下邊懸垂的飾物。

[4]武賁：官名。即虎賁，《北史》避唐高祖祖父李虎諱改。北魏時除擔任侍衛外，亦奉命出征，或賜予大臣充作儀仗，作爲對大臣的特殊禮遇。　班劍：本指飾有花紋之劍。後成爲隨從侍衛之代稱。

[5]轀輬車：喪車名。本爲一種封閉而又有通風設備的卧車。因秦始皇在巡游途中病逝，丞相李斯唯恐天下發生變故，秘不發喪，將其棺藏於轀輬車中，以掩人耳目。後世遂以轀輬車作爲喪車

的專名。

[6]安平：郡名。北魏時治端氏縣，在今山西沁水縣東北。

[7]司直：官名。北魏孝文帝時置，屬廷尉，稱五局司直，專主刑獄，後罷。孝莊帝永安二年復置十人，名隸廷尉，秩五品，位在廷尉正、監上，不署曹事，唯覆核御史檢核之案件。

[8]晋王若配永安則不能終臣節以此論之無所配：中華本校勘記云："錢氏《考異》卷三九云：'此述季明語，當有脱文。《通鑑》載其議云："若配世宗，於時無功；若配孝明，親害其母；若配莊帝，爲臣不終。"語意完善。永安，孝莊年號也。孝莊之謚，定於孝武。當世隆議配享之日，不當即稱"莊帝"。《北史》作"永安"爲得之。'按《通鑑》乃本之《洛陽伽藍記》卷二。《北史》别有所本，但意思不全，疑是删節之失。"可從。

菩提位太常卿、開府儀同三司、侍中、特進。[1]死時年十四。節閔帝初，加贈司徒，謚曰惠。

[1]太常卿：官名。爲太常的尊稱。主管祭祀社稷、宗廟和朝會、喪葬禮儀，管理皇帝陵墓、寢廟所在縣邑，每月巡視諸陵，兼管文化教育。北魏孝文帝太和十七年定爲從一品下，二十三年改爲三品。　開府儀同三司：爲大臣加號，謂與三司即太尉、司徒、司空的禮制待遇相同，許開設府署，自辟僚屬。北魏孝文帝太和二十三年定爲從一品。　特進：官名。西漢置。北魏時爲加官名號，贈致仕大臣。孝文帝太和二十三年定爲二品。

菩提弟叉羅，武衛將軍、梁郡王。尋卒，贈司空公。

叉羅弟文殊，封平昌郡王，[1]孝静初，轉襲榮爵太

原王。薨於晋陽，時年九歲。

[1]平昌郡王：封爵名。平昌，郡名。北魏時治平昌城，在今山東安丘市東南。

文殊弟文暢，初封昌樂郡公。[1]以榮破葛賊之勳，進爵爲王。其姊魏孝莊皇后，及韓陵之敗，[2]齊神武納之，[3]待其家甚厚。文暢由是拜開府儀同三司、肆州刺史。家富於財，招致賓客，窮極豪侈。與丞相司馬任冑、主簿李世林、都督鄭仲禮、房子遠等相狎，[4]外示盃酒交，而潛謀害齊神武。自魏氏舊俗，以正月十五日夜爲打簇戲，[5]能中者即時賞帛。冑令仲禮藏刀於袴中，因神武臨觀，謀竊發，事捷，共奉文暢。爲任氏家客薛季孝所告。以姊寵，止坐文暢一房。文暢死時年十八。

[1]昌樂郡公：封爵名。昌樂，郡名。北魏時治昌樂縣，在今河南南樂縣西北。

[2]韓陵之敗：即韓陵之戰，北魏節閔帝普泰二年（532），尒朱氏集團與高歡爲控制北魏朝政，在韓陵地區進行的戰爭。尒朱氏大敗。韓陵，地名。在今河南安陽市東北。

[3]齊神武：即高歡。神武爲其謚號，北齊後主所追謚。

[4]司馬：官名。軍府高級幕僚，掌參軍贊務，管理府内武職，位僅次於長史，其品秩隨府主而定，高低不等。　任冑：人名。廣寧（今河北涿鹿縣）人。東魏官吏。見《北史》卷五三《任祥附任冑傳》。　主簿：官名。爲丞相及三公府僚屬，典領文書以及各種賬簿圖籍，經辦事務。雖非掾史之首，然地位較高，縣之主簿較州之主簿更甚。後諸軍府、王府、州郡府皆設，品秩隨府長官地位

高下而不等。　鄭仲禮：人名。滎陽開封（今河南開封市）人。東魏官吏。爲高歡親信，出入隨從。見《北史》卷三五《鄭羲附鄭仲禮傳》。　房子遠：人名。河南洛陽（今河南洛陽市東北）人。東魏將領。見《北史》卷五五《房謨附房子遠傳》。

[5]打蔟戲：投擲竹板的游戲。蔟，通“簇”。

弟文略，以兄叉羅卒無後，襲叉羅爵梁郡王。文暢事當從坐，静帝使人往晋陽，[1]欲拉殺之。神武特加寬貸，奏免之。文略聰明儁爽，多所通習。齊文襄嘗令章永興馬上彈琵琶，[2]奏十餘曲，試使文略寫之，遂得八。文襄戲之曰：“聰明人多不老壽，梁郡其慎之!”文略對曰：“命之修短，皆在明公。”文襄愴然曰：“此不足慮。”

[1]静帝：即東魏皇帝元善見。静爲其謚號。

[2]齊文襄：即高澄。文襄爲其謚號，北齊文宣帝所追謚。

初，神武遺令恕文略十死，恃此益横，多所陵忽。齊天保末，[1]嘗邀平秦、武興、汝南諸王至宅，[2]供設奢麗，各有贈賄。諸王共假聚寶物以要之，[3]文略弊衣而往，從奴五十人，皆駿馬侯服。其豪縱不遜如此。平秦王有七百里馬，文略敵以好婢，賭取之。明日，平秦王使人致請，文略殺馬及婢，以二銀器盛婢頭馬肉而遺之。平秦王訴之於文宣，繫於京畿獄。文略彈琵琶，吹横笛，謡詠倦極，便卧唱挽歌。居數月，奪防者弓矢以射人，曰：“不然，天子不憶我。”有司奏，遂伏法。

[1]天保：北齊文宣帝的年號（550—559）。

[2]平秦王：封爵名。指高歸彦。字仁英，勃海蓨（今河北景縣）人。東魏、北齊將領。見《北史》卷五一《平秦王歸彦傳》。平秦，郡名。北齊時治雍縣，在今陝西鳳翔縣南。　武興王：封爵名。遥封。指高普。字德廣，高歸彦兄高歸義之子。見《北史》卷五一《平秦王歸彦附武興王普傳》。武興，郡名。北周時治武興縣，在今陝西略陽縣。　汝南王：封爵名。指高彦理。見《北史》卷五二《汝南王彦理傳》。汝南，郡名。北齊時治懸瓠城，在今河南汝南縣。

[3]要：毛本作"邀"。按："要"同"邀"。

文略嘗大遺魏收金，[1]請爲父作佳傳，收論榮比韋彭伊霍，[2]蓋由是也。

[1]魏收：人名。字伯起，小字佛助，鉅鹿下曲陽（今河北晋州市西）人。北齊學者。撰寫《魏書》。見《北史》卷五六《魏收傳》。

[2]韋彭伊霍：指能輔佐皇帝、左右朝政的大臣。韋，指豕韋。殷代一支活動在今河南滑縣境的强大部落首領。彭，指大彭。又稱彭祖，商代方國。伊，指伊尹。商初賢臣。輔佐成湯建立商朝。霍，指霍光。字子孟，河東平陽（今山西臨汾市）人。先後輔佐漢武帝、昭帝，迎立昌邑王劉賀、立宣帝，前後秉政二十年。見《漢書》卷六八《霍光傳》。

兆字萬仁，[1]榮從子也。少善騎射，趫捷過人，數從榮游獵，至窮巖絶澗，人所不能升降者，兆必先之。

手格猛獸，無所疑避。榮以此特加賞愛，任爲爪牙。榮曾送臺使，見二鹿，授兆二箭，令取供今食，遂構火以待之。俄而兆獲其一，榮欲誇使人，責兆不盡取，杖之五十。榮之入洛，兆兼前鋒都督。[2]孝莊即位，封潁川郡公。[3]後從上黨王天穆平邢杲。又與賀拔勝擊斬元顥子冠受，禽之，[4]進破安豐王延明，[5]顥乃退走。莊帝還宮，論功除車騎大將軍、儀同三司、汾州刺史。[6]

[1]兆字萬仁：中華本校勘記云："按本書卷三六《薛孝通傳》云：'吐萬仁猶在并州。''吐萬仁'即指尒朱兆。《周書》卷一《文帝紀》又作'吐萬兒'，《梁書》卷三二《陳慶之傳》又作'吐没兒'。皆當時譯音之異。此作'萬仁'，當是省稱，亦即其漢字。"可從。又《北史》卷九《周本紀·文帝》亦作"吐萬兒"。

[2]前鋒都督：官名。大軍出征時，統率前鋒部隊。

[3]潁川郡公：封爵名。潁川，郡名。北魏時治長社縣，在今河南長葛市東北。

[4]又與賀拔勝擊斬元顥子冠受禽之：底本"元"前有一"斬"字，中華本校勘記云："《魏書》卷七五《尒朱兆傳》云：'榮遣兆與賀拔勝等，自馬渚西夜渡數百騎，擊顥子冠受，擒之。'按《魏書》卷二一上《北海王顥傳》亦云'冠受戰敗被擒'。此'斬'字衍文。"可從。賀拔勝，人名。字破胡，神武尖山（今山西神池縣）人。北魏、西魏名將。見《北史》卷四九《賀拔允附賀拔勝傳》。冠受，即元冠受，人名。北魏宗室。後南奔梁。見《北史》卷一九《北海王詳傳》。

[5]安豐王：封爵名。安豐，郡名。北魏時治安豐縣，在今安徽霍邱縣西南。　延明：即元延明。人名。北魏宗室。見《北史》卷一九《安豐王猛附元延明傳》。

[6]車騎大將軍：官名。多加元老重臣，以示尊崇，開府置僚

屬，不領兵。北魏孝文帝太和十七年定爲一品中，二十三年改爲從一品。　汾州：北魏時治蒲子城，在今山西隰縣。

尒朱榮死，兆自汾州據晉陽。元曄立，[1]授兆大將軍，[2]進爵爲王。兆與世隆等定謀，攻洛。兆遂輕兵倍道，掩襲京邑。先是河邊人夢神謂己曰："尒朱家欲度河，用爾作灅波津令，[3]爲之縮水脉。"月餘，夢者死。及兆至，有行人自言知水淺處，以草往往表插而導焉，忽失其所在。兆遂策馬涉度。是日暴風鼓怒，[4]黄塵張天，騎叩宫門，宿衛乃覺。彎弓欲射，袍撥弦，矢不得發，一時散走。莊帝步出雲龍門外，[5]爲兆騎所縶，[6]幽於永寧佛寺。兆撲殺皇子，汙辱妃嬪，縱兵虜掠。停洛旬餘，先令衛送莊帝於晉陽，兆後於河梁監閲財貨。[7]

[1]元曄：人名。字華興，小字盆子。北魏宗室。南安王元楨之孫，扶風王元怡次子。初封長廣王。尒朱榮死，尒朱兆與尒朱世隆擁立元曄爲帝，年號建明，成爲尒朱氏的傀儡。見《北史》卷一八《南安王楨附長廣王曄傳》。

[2]大將軍：官名。北魏時置有諸名號大將軍，作爲加授給大臣、重要州郡長官的戎號，凡加戎號者，可開軍府。

[3]灅波津：渡口名。約在今河南孟津縣附近。

[4]鼓：底本作"彭"，殿本、四庫本、局本、四部備要本、中華本作"鼓"。按：《魏書》卷七五《尒朱兆傳》作"鼓"，今從《魏書》改。

[5]雲龍門：北魏都城洛陽城正南門。

[6]縶：底本作"擊"，中華本作"縶"，其校勘記云："諸本'縶'訛'繫'，據《魏書》及《通志》卷一五一《尒朱兆傳》

改。”按：《魏書·尒朱兆傳》作“縶”，《通志》卷一五一亦作“縶”。不知中華本所據何來。今從《魏書》《通志》改。

[7]河梁：又名河橋。故址在今河南孟州市西南。

初，兆將入洛，遣使招齊神武，欲與同舉。神武時爲晋州刺史，謂長史孫騰曰：[1]“臣而伐君，其逆已甚。我今不往，恐彼致恨，卿可往申吾意，但云山蜀未平，不可委去。”騰乃詣兆，具申意。兆不悦曰：“還白高兄，弟有吉夢，[2]今行必克。吾比夢吾亡父登一高堆，堆傍地悉耕熟，唯有馬藺草株，往往猶在，吾父顧我，令下拔之，吾手所至，無不盡出。以此而言，往必有利。”騰還，具報之。神武曰：“兆等猖狂，舉兵犯順，吾勢不可反事尒朱也。今天子列兵河上，兆進不能度，必退還。吾乘山東下，出其不意，此徒可一舉而禽。”俄而兆克京師，孝莊幽縶，都督尉景從兆南行，[3]以書報神武。神武大驚，召騰，令馳驛詣兆，示以謁賀，密覷天子所在，當於路邀迎，唱大義於天下。騰遇帝於中路，神武時率騎東轉，聞帝已度，於是西還。仍與兆書，具陳禍福，不宜害天子，受惡名於海内。兆怒不納，而帝遂遇弑。

[1]長史：官名。掌顧問參謀，爲所在官署掾屬之長。　孫騰：人名。字龍雀，咸陽石安（今陝西咸陽市東北）人。東魏大臣。見《北史》卷五四《孫騰傳》。

[2]還白高兄弟有吉夢：中華本作：“還白高兄弟，有吉夢。”本傳中的“高兄”指高歡，“弟”指尒朱兆。文中没有提及高歡

弟。“弟”字應放在“有吉夢”首，疑中華本斷句有誤。

[3]尉景：人名。字士真，善無（今山西右玉縣東南）人。東魏、北齊將領。見《北史》卷五四《尉景傳》。

初，榮既死，莊帝詔河西人紇豆陵步蕃等，[1]令襲秀容。兆入洛後，步蕃兵勢甚盛，南逼晋陽。兆所以不暇留洛，迴師禦之。頻爲步蕃所敗，於是部勒士馬，謀出山東，令人頻徵神武。神武晋州僚屬，並勸不行。神武揣其勢迫，必無他慮，决策赴之。兆乃分三州六鎮之人，令神武統領。神武既分兵别營，乃引兵南出，避步蕃之鋭。步蕃至樂平郡，[2]神武與兆還討，破斬之。

[1]河西：郡名。北魏時治夏陽縣，在今山西臨汾市。　紇豆陵步蕃：人名。河西（今山西臨汾市）人，費也頭部。

[2]樂平：郡名。北魏時治樂平縣，在今山西昔陽縣西南。

及節閔帝立，授兆使持節、侍中、都督中外諸軍事、柱國大將軍，兼録尚書事、大行臺。[1]又以兆爲天柱大將軍，兆以是榮所終之官，固辭不拜。尋加都督十州諸軍事，世襲并州刺史。

[1]大行臺：即大行臺尚書令。官名。北魏置，大行臺爲尚書省在各主要地區派出機構的長官，管理轄區内軍政事務，視從二品。

神武之克殷州也，[1]兆與仲遠、度律約拒之。仲遠、

度律次陽平，[2]兆屯廣阿，[3]衆號十萬。神武廣縱反間，於是兩不相信，各致猜疑。仲遠等頻使斛斯椿、賀拔勝往喻之，[4]兆輕騎三百，來就仲遠，同坐幕下。兆性粗獷，意色不平，手舞馬鞭，長嘯凝望，深疑仲遠等有變，遂趨出馳還。仲遠遣椿、勝等追而曉譬，兆遂拘縛將還，經日放遣。仲遠等於是奔退。神武乃進擊，兆軍大敗。

[1]殷州：北魏時治廣阿縣，在今河北隆堯縣東。

[2]陽平：郡名。北魏時治館陶縣，在今河北館陶縣。

[3]兆屯廣阿：毛本、局本脱“兆”字。按：《魏書》卷七五《尒朱兆傳》有“兆”字，今從底本。廣阿，縣名。治所在今河北隆堯縣東。

[4]斛斯椿：人名。字法壽，廣牧富昌（今内蒙古准格爾旗東南）人。北魏官吏。見《北史》卷四九《斛斯椿傳》。

兆與仲遠、度律遂相疑阻，久而不和。世隆請節閔納兆女爲皇后，兆乃大喜。世隆謀抗神武，乃降辭厚禮，喻兆赴洛。兆與天光、度律更自信約，然後大會韓陵山。戰敗，復奔晋陽。其年秋，神武自鄴進討之，兆遂大掠并州，走於秀容。神武又追擊，度赤洪嶺，[1]破之。兆竄於窮山，殺所乘馬，自縊於樹。神武收葬之。

[1]赤洪嶺：又名赤谼嶺，在今山西離石縣東北。

兆勇於戰鬥，而無將領之能。榮雖奇其膽決，然每

云：“兆不過將三千騎，多則亂矣。”

兆弟智彪，[1]節閔帝封爲安定王，[2]與兆俱走，神武禽之，後死於晋陽。

[1]智彪：源氏校勘記於“彪”旁紅筆小字夾批“虎”字。中華本校勘記云：“《魏書》‘彪’作‘虎’，《北史》避唐諱改。”可從。

[2]安定王：封爵名。安定，郡名。北魏時治安定縣，在今甘肅涇川縣北。

彦伯，榮從弟也。祖侯真，文成時并安二州刺史、始昌侯。[1]父買珍，宣武時武衛將軍、華州刺史。[2]

[1]文成：即北魏皇帝拓跋濬。文成爲其謚號。中華本校勘記云：“按《魏書》卷七五《尒朱彦伯傳》‘文成’作‘高祖’，則此當作‘孝文’。”可從。　安：州名。北魏時治方城，在今河北隆化縣隆化鎮。　始昌侯：封爵名。始昌，縣名。治所在今四川廣安市北。

[2]宣武：即北魏皇帝元恪。宣武爲其謚號。　華州：北魏獻文帝皇興二年（468）置，治定安縣，在今甘肅寧縣。孝文帝延興二年（472）改置三縣鎮。太和十一年又置華州，治李潤堡，在今陝西蒲城縣東北。宣武帝永平三年（510）移治華陰縣，在今陝西大荔縣。

彦伯性和厚，永安中，爲榮府長史。節閔帝潛默於龍花佛寺，[1]彦伯敦喻往來，尤有勤款。帝既立，尒朱兆以己不豫謀，大爲忿恚，將攻世隆。詔令華山王鷙慰

兆，[2]兆猶不釋。世隆復令彦伯自往喻之，兆乃止。及還，帝醮彦伯於顯陽殿。[3]時侍中源子恭、黄門郎竇瑗並侍坐，[4]彦伯曰："源侍中比爲都督，與臣相持於河内。當爾之時，旗鼓相望，眇如天隔，寧期同事陛下，爲今日之忻也？"子恭曰："蒯通有言，[5]犬吠非其主。他日之事永安，猶今日之事陛下耳。"[6]帝曰："源侍中可謂有射鉤之心也。"遂令二人極醉而罷。

[1]龍花佛寺：一作"龍華寺"。在今河南洛陽市。

[2]華山王：封爵名。華山，郡名。北魏時治鄭縣，在今陝西華縣西南。　鷙：即元鷙，人名。字孔雀。北魏宗室。見《北史》卷一五《高凉王孤附元鷙傳》。

[3]顯陽殿：故址在今河南洛陽市西。

[4]源子恭：人名。字靈順，西平樂都（今青海樂都縣）人。北魏官吏。見《北史》卷二八《源賀附源子恭傳》。　竇瑗：人名。字世珍，遼西陽洛（今河北撫寧縣）人。北魏、東魏官吏。見《北史》卷八六《竇瑗傳》。

[5]蒯通：人名。西漢初縱横之士。曾爲韓信謀士，後爲相國曹參的賓客。見《漢書》卷四五《蒯通傳》。

[6]耳：毛本、殿本、四庫本、局本、四部備要本作"爾"。按："爾""耳"通。

後封博陵郡王，位司徒公。于時炎旱，有勸彦伯解司徒者，乃上表遜位，詔許之。俄除儀同三司、侍中，餘如故。彦伯於兄弟之中，差無過患。

天光等敗於韓陵，彦伯欲領兵屯河橋，世隆不從。及張勸等掩襲世隆，[1]彦伯時在禁直。[2]長孫承業等啓陳

神武義功既振，[3]將除尒朱。節閔令舍人郭崇報彦伯知，彦伯狼狽出走，爲人所執。尋與世隆同斬於閶闔門外，[4]縣首於斛斯椿門樹，傳於神武。[5]先是洛中謡曰："三月末，四月初，揚灰簸土覓真珠。"又曰："頭去項，脚根齊，驅上樹，不須梯。"至是並驗。子敞。

[1]張勸：中華本校勘記云："張森楷云：'"勸"當作"歡"，即張忻也。魏收避諱而改。'按本書卷四九《斛斯椿傳》、卷六《齊神武紀》並見張歡襲尒朱世隆事。張歡即張瓊之子，本書卷五三《張瓊傳》作'欣'，《北齊書》卷二〇《張瓊傳》作'忻'，《魏書》卷七五《尒朱彦伯傳》作'勸'，都是避高歡之諱而改。這裏是沿《魏書》舊文未改。"可從。張歡，人名。代（今山西大同市東北）人，張瓊子。北魏官吏。見《北齊書》卷二〇《張瓊傳》。

[2]禁直：夜間值班。直，通"值"。

[3]長孫承業：人名。本名冀歸，孝文帝賜名稚，字承業，代（今山西大同市東北）人。見《北史》卷二二《長孫道生附長孫冀歸傳》。

[4]閶闔門：洛陽城西城北門，故址在今河南洛陽市東北。

[5]縣首於斛斯椿門樹傳於神武：源氏校勘記云："《魏書》'首'作'尸'，'傳'下有'首'字。"似更合文意。

敞字乾羅。彦伯之誅，敞小，隨母養於宫中。年十二，敞自竇走至大街，見童兒群戲，敞解所著綺羅金翠服，易衣而遁。追騎至，不識敞，便執綺衣兒。比究問知非，會日已暮，由是免。遂入一村，見長孫氏媪，踞胡床坐，敞再拜求哀，長孫氏愍之，藏於複壁之中。購

之愈急，追且至，長孫氏資而遣之。遂詐爲道士，變姓名，隱嵩高山。[1]略涉經史，數年間，人頗異之。嘗獨坐巖石下，泫然歎曰："吾豈終此乎！伍子胥獨何人也？"[2]乃奔長安。

[1]嵩高山：又名外方山。即今河南登封市北嵩山。

[2]伍子胥：人名。即伍員。字子胥，春秋時楚國人。因父兄都被楚平王殺死，他隻身到吴國，輔佐吴王伐楚復仇。見《史記》卷六六《伍子胥傳》。

周文帝見而禮之，拜行臺郎中、靈壽縣伯。[1]保定中，[2]遷開府儀同三司，進爵爲公。後爲膠州刺史，[3]迎長孫氏至其第，置于家，厚資給之。隋文帝受禪，改封邊城郡公。[4]黔安蠻叛，[5]命敞討平之。師旋，拜金州總管，[6]政號嚴明，吏人懼之。後以年老乞骸骨，賜二馬軺車歸河内，卒于家。子最嗣。

[1]靈壽：縣名。治所在今河北靈壽縣。

[2]保定：北周武帝的年號（561—565）。

[3]膠州：北周時治東武縣，在今山東諸城市。

[4]邊城郡公：封爵名。邊城，郡名。隋朝時治邊城縣，在今河南商城縣東。

[5]黔安：郡名。隋朝時治彭水縣，在今四川彭水縣。

[6]金州：隋朝時治吉安縣，在今陝西安康市。　總管：官名。掌一州或數州軍務，兼理民政。

仲遠，彦伯弟也。明帝末年，尒朱榮兵威稍盛，諸

有啓謁，率多見從。而仲遠摹寫榮書，又刻榮印，與尚書令史，通爲奸詐。造榮啓表，請人爲官，大得財貨，以資酒色。落魄無行業。

及孝莊即位，封清河公、徐州刺史，[1]兼尚書左僕射、三徐大行臺，[2]尋進督三徐諸軍事。仲遠上言："竊見比來行臺采募者，皆得權立中正，在軍定第，斟酌授官。今求兼置，權濟軍要。若立第亦爽，關京之日，任有司裁奪。"詔從之。於是隨情補授，肆意聚斂。

[1]清河：郡名。北魏時治清河縣，在今山東臨清縣東北。徐州：北魏時治彭城縣，在今江蘇徐州市。

[2]尚書左僕射：官名。職掌都省庶務及執法，或典選舉，左僕射權力大於右僕射，兼掌糾彈百官。北魏孝文帝太和十七年定爲從一品中，二十三年改爲從二品。　三徐：即三徐州。北魏時以彭城爲徐州，下邳爲東徐州，琅邪爲北徐州，是爲三徐。

尒朱榮死，仲遠勒其部衆，來向京師。節閔立，進爵彭城王，加大將軍，又兼尚書令，鎮大梁。[1]仲遠遣使請準朝式，在軍鳴騶。節閔帝覽啓，笑而許之。其肆情如此。復進督東道諸軍事、本將軍、兖州刺史，[2]餘如故。仲遠天性貪暴，心如峻壑，大宗富族，誣之以反，没其家口，簿籍財物，皆以入己。丈夫死者，投之河流，如此者不可勝數。諸將婦有美色者，莫不被其淫亂。自滎陽以東，[3]輸税悉入其軍，不送京師。

[1]大梁：城名。故址在今河南開封市西北。

[2]兖州：北魏孝文帝太和十八年改東兖州置，治瑕丘城，在今山東兖州市新驛鎮東頓村南。

[3]滎陽：郡名。北魏時治滎陽縣，在今河南滎陽市。

時天光控關右，仲遠在大梁，兆據并州，世隆居京邑，各自專恣，權强莫比。所在並以貪虐爲事，於是四方解體。又加太宰，解大行臺。仲遠專恣尤劇，方之彦伯、世隆，最爲無禮。東南牧守，下至人俗，比之豺狼，特爲患苦。

後移屯東郡，[1]率衆與度律等拒齊神武。尒朱兆領騎數千自晋陽來會。軍次陽平，神武縱以間説，仲遠等迭相猜貳，狼狽遁走。中興二年，[2]復與天光等於韓陵戰敗，南走，尋乃奔梁，死於江南。

[1]東郡：北魏時治滑臺城，在今河南滑縣東。

[2]中興：北魏廢帝的年號（531—532）。

世隆字榮宗，仲遠弟也。明帝末，兼直閤，[1]加前將軍。[2]尒朱榮表請入朝，靈太后惡之，令世隆詣晋陽慰喻榮。榮因欲留之，世隆曰："朝廷疑兄，故令世隆來。今遂住，便有内備，非計之善。"榮乃遣入。榮舉兵南出，世隆遂走，會榮於上黨。建義初，除給事黄門侍郎。莊帝之立，世隆預其謀，封樂平郡公。元顥逼大梁，詔爲前將軍、都督，[3]鎮武牢。顥既克滎陽，世隆懼而遁還，莊帝倉卒北巡。及車駕還宫，除尚書左僕射，攝選。

[1]直閤：官名。直閤將軍的省稱。爲皇帝左右的侍衛之官，地位顯要。北魏時多由宗室之人任此職。孝文帝太和十七年定爲從三品下。

[2]前將軍：官名。北魏時爲軍府名號，用作加官。三品。

[3]前將軍：中華本校勘記云："《魏書》卷七五《尒朱世隆傳》無'將'字。按《魏書》言世隆先已爲車騎將軍。據《魏書》卷一一三《官氏志·太和後令》，車騎將軍在第二品，前將軍在第三品。尒朱氏權勢正盛，豈有降黜軍號之理？'將'字衍。"可從。

莊帝之將圖尒朱榮，每屏人言。世隆懼變，乃爲匿名書，自牓其門曰："天子與侍中楊侃、黄門高道穆等爲計，欲殺天柱。"還復自以此書與榮妻北鄉郡公主，[1]并以呈榮，勸其不入。榮毁書唾地曰："世隆無膽，誰敢生心！"世隆又勸其速發。榮曰："何匆匆？"皆不見從。

[1]北鄉郡公主：封爵名。指章武王元太洛之女。《北史》卷五《魏本紀·孝莊帝》、卷六《齊本紀·神武帝》作"鄉郡長公主"。

榮死，世隆奉榮妻，燒西陽門夜走。[1]北次河橋，殺武衛將軍奚毅。率衆還戰大夏門外。[2]及李苗燒絶河梁，[3]世隆乃北遁。攻建州克之，[4]盡殺人以肆其忿。[5]至長子，[6]與度律等共推長廣王曄爲主。曄小名盆子，聞者皆以爲事類赤眉。[7]曄以世隆爲尚書令，封樂平郡王，加太傅，行司州牧，會兆於河陽。[8]兆既平京邑，

讓世隆曰："叔父在朝多時，耳目應廣，如何令天柱受禍?"案劍嗔目，詞色甚厲。世隆遜辭拜謝，然後得已，而深恨之。

[1]西陽門：北魏都城洛陽城西門。

[2]大夏門：北魏都城洛陽城北門。

[3]李苗：人名。字子宣，梓潼涪（今四川綿陽市）人。見《北史》卷四五《李苗傳》。

[4]建州：北魏時治高都縣，在今山西晋城市東。

[5]盡殺人以肆其忿：中華本校勘記云："《魏書》'人'上有'城'字，是。"可從。

[6]長子：縣名。治所在今山西長治市南。

[7]赤眉：西漢末年起義軍名。新莽天鳳五年（18），琅邪人樊崇等起兵反莽。爲區别敵我，眉均塗成赤色，故稱赤眉軍。

[8]河陽：縣名。治所在今河南孟州市西南。

時仲遠亦自滑臺入京。[1]世隆與兄弟密謀，慮元曄母干豫朝政，伺其母衛氏出行，遣數十騎如劫賊，於京巷殺之。公私驚愕，莫識所由。尋縣牓，以千萬錢募賊，百姓知之，莫不喪氣。尋又以曄疏遠，欲推立節閔帝。而度律意在南陽王，[2]乃曰："廣陵不言，[3]何以主天下?"後知能語，遂行廢立。

[1]滑臺：城名。在今河南滑縣東。

[2]南陽王：封爵名。此處指元寶炬。孝文帝之孫，京兆王元愉之子，孝莊帝永安三年進封南陽王。後宇文泰毒殺孝武帝元脩，立元寶炬爲帝，即西魏文帝。

[3]廣陵：指廣陵王元恭，即節閔帝，廣陵王元羽之子。

初，世隆之爲僕射，尚書文簿在家省閱。性聰解，又畏榮，深自剋勉，留心几案，傍接賓客，遂有解了之名。[1]榮死之後，無所顧憚，及爲令，常使尚書郎宋遊道、邢昕在其宅聽事，[2]東西别座，受納訴訟，稱命施行。既總朝政，生殺自由，公行淫泆，[3]信任群小，隨情與奪。又兄弟群從，各擁强兵，割剥四海，極其貪虐。姦諂蛆酷，[4]多見信用；温良名士，罕豫腹心。於是天下之人，莫不厭毒。世隆尋讓太傅。節閔特置儀同三師之官，[5]位次上公之下，以世隆爲之。贈其父買珍相國、録尚書事、大司馬。[6]

[1]解了：通達、能幹。

[2]宋遊道：人名。燉煌（今甘肅敦煌市）人。北魏、東魏、北齊官吏。見《北史》卷三四《宋繇附宋遊道傳》。　邢昕：人名。字子明，河間鄚（今河北任丘市北）人。北魏、東魏官吏。見《北史》卷四三《邢巒附邢昕傳》。

[3]泆：放蕩。

[4]蛆：中華本校勘記云："《通志》卷一五一《尒朱世隆傳》'蛆'作'讒'。按'蛆'字當誤。"可從。

[5]儀同三師：官名。北魏節閔帝普泰元年（531）特置。即享受與太師、太傅、太保相等的禮遇，居上公下、三公上。

[6]大司馬：官名。北魏時與大將軍並稱"二大"，爲加官，常典軍事，地位尊顯，一品。

及齊神武起義兵，仲遠、度律等愚戇恃强，不以爲

慮，而世隆獨深憂恐。及天光等敗於韓陵，世隆請赦天下，節閔不許。斛斯椿既據河橋，盡殺世隆黨附，令行臺長孫承業詣闕奏狀，掩執世隆及兄彦伯，俱斬之。

初，世隆曾與吏部尚書元世儁握槊，[1]忽聞局上詨然有聲，一局子盡倒立，世隆甚惡之。又曾晝寢，其妻奚氏忽見一人持世隆首去，奚氏驚，就視，而世隆寢如故。既覺，謂妻曰："向夢人斷我頭持去，意殊不適。"又此年正月晦日，令僕並不上省，西門不開。忽有河内太守田帖家奴，告省門亭長云：[2]"今旦爲令王借車牛一乘，終日於洛濱游觀。至晚，王還省，將車出東掖門，始覺車上無褥，請爲記識。"亭長以令僕不上，西門不開，無跡入者。此奴固陳不已，公文列訴。尚書都令史謝遠疑，[3]謂妄有假借，白世隆，付曹推驗。時都官郎中穆子容究之。[4]奴言："初來時，至司空府西，欲向省。"令王嫌遲，遣催車。車入，到省西門，王嫌牛小，繫於闕下槐樹，[5]更將一青牛駕車。令王著白紗、高頂帽，短小黑色，儐從皆裙襦袴褶，握板，不似常時服章。遂遣一吏將奴送入省中廳事東閤内，東廂第一屋中。其屋先常閉，奴云："入此屋中有板床，床上無席，大有塵土，兼有甕米。"奴拂床坐，兼畫地戲，甕中米亦握看之。子容與謝遠看之，閉極久，全無開跡。及入，狀皆符同。具以此對世隆。世隆悵然，意以爲惡，未幾見誅。

[1]元世儁：人名。亦稱元儁。北魏宗室、官吏。任城王雲之孫，元嵩之子。見《北史》卷一八《任城王雲附元世儁傳》。　握

槊：一種較量力氣與智慧的游戲。

[2]省門亭長：官名。秦設亭長，漢京城之門皆有一亭，有門亭長，掌守城門。北魏時於省府亦設，故有此稱。

[3]尚書都令史：官名。位在令史上，屬尚書省。協助尚書左右丞管理都省事務，監督諸曹尚書、尚書郎。北魏時爲從八品上。

[4]都官郎中：官名。與都官郎互稱，爲尚書省都官曹長官。掌刑獄，亦佐督軍事。北魏孝文帝太和十七年定郎中階爲五品上，郎從五品中。二十三年皆稱郎中，六品。　穆子容：人名。一作"穆容"，代（今山西大同市東北）人，鮮卑族。東魏、北齊官吏。見《北史》卷二〇《穆崇附穆子容傳》。

[5]闕：底本作"關"，中華本校勘記云："諸本'闕'作'關'，《魏書》《通志》作'闕'。按'闕'指門闕，今據改。"今從改。

世隆弟世承，莊帝時位侍中，領御史中尉。[1]人才猥劣，備員而已，及元顥內逼，世承守轘轅，[2]爲顥所禽，顥讓而臠之。莊帝還宫，贈司徒。

[1]御史中尉：官名。北魏時爲御史中丞改稱，主御史臺，糾彈百官，參治刑獄。頗重其選。孝文帝太和十七年定爲三品上，二十三年改爲從三品。

[2]轘轅：關隘名。在今河南偃師市東南。

世承弟弼，字輔伯，節閔帝時，封河間郡公。[1]尋爲青州刺史。韓陵之敗，欲奔梁，數日，與左右割臂爲約。弼帳下都督馮紹隆爲弼信待，[2]乃説弼曰："今方同契闊，宜當心瀝血，示衆以信。"弼從之，大集部下，

弼乃踞胡床，令紹隆持刀披心。紹隆因推刃殺之，傳首京師。

[1]河間郡公：封爵名。河間，郡名。北魏時治武垣縣，在今河北河間市南。北魏初治樂城縣，在今河北獻縣東南；孝文帝太和十一年移治武垣縣，在今河北河間市南。

[2]帳下都督：官名。北魏置。爲主將親信，統領帳下親軍，侍衛主將。

度律，榮從父弟也，鄙朴少言。莊帝初，封樂鄉縣伯。[1]榮死，與世隆赴晋陽。元曄之立，以度律爲太尉公、四面大都督，[2]封常山王。[3]與尒朱兆入洛。兆還晋陽，[4]留度律鎮京師。節閔帝時，爲使持節、侍中、大將軍、太尉公，兼尚書令、東北道行臺，[5]與仲遠出拒義旗。齊神武間之，與尒朱兆遂相疑貳，自敗而還。

[1]樂鄉：縣名。治所在今河北清苑縣東。

[2]四面大都督：官名。北魏設。爲州級軍事長官。

[3]常山王：封爵名。常山，郡名。北魏時治安樂壘，在今河北藁城市西北。

[4]還：底本作“遷”，中華本校勘記云：“諸本‘還’訛‘遷’，據《魏書》卷七五、《通志》卷一五一《尒朱度律傳》改。”今從改。

[5]行臺：官名。即大行臺尚書令。北魏孝明帝正光末，在各地設行臺主管當地軍務，依所轄區域稱關西大行臺、東北道大行臺、三徐州大行臺等，遂成爲常設的地方行政機構，北魏末期兼理民事，以行臺尚書令爲長官，也有以尚書僕射或左、右僕射及尚書

來主管行臺事務者。

度律雖在軍戎，聚斂無厭，所經爲百姓患毒。其母山氏聞度律敗，遂恚憤發病。及至，母責之曰："汝荷國恩，無狀而反，我何忍見他屠戮汝也!"言終而卒，時人怪異之。後韓陵之敗，斛斯椿先據河橋，遂西走灅波津，爲人執送。椿囚之，送齊神武，斬之都市。

天光，榮從祖兄子也。少勇决，榮特親愛之，常預軍戎謀。孝昌末，[1]榮據并、肆，仍以天光爲都將，總統肆州兵馬。明帝崩，榮向京師，委以後事。建義初，爲肆州刺史，封長安縣公。榮將討葛榮，留天光在州，鎮其根本。謂曰："我身不得至處，非汝無以稱我心。"永安中，與元天穆東破邢杲。元顥入洛，天光與天穆會榮於河内。榮發後，并、肆不安，詔天光兼尚書僕射，爲并、肆等九州行臺，仍行并州事。天光至并州，部分約勒，所在寧輯。顥破，還京師，改封廣宗郡公。[2]

[1]孝昌：北魏孝明帝的年號（525—527）。

[2]廣宗：郡名。北魏時治廣宗縣，在今河北威縣東。

初，高平鎮城人赫貴連恩等爲逆，[1]共推敕勒酋長胡琛爲主，[2]號高平王，遥臣沃野鎮賊帥破六韓flag貪。[3]琛入據高平城，遣其大將万俟醜奴來寇涇州。琛後與莫折念生交通，[4]侮慢flag貪。遣使人費律如至高平，誘斬琛。爲醜奴所并，與蕭寶夤相拒於安定。[5]寶夤敗還。建義元年夏，醜奴擊寶夤於靈州，[6]禽之，遂僭大號。

時獲西北貢師子，[7]因稱神獸元年，置百官。

[1]高平鎮：北魏所設軍鎮之一，治高平城，在今寧夏固原市。　赫貴連恩：中華本校勘記云："《通志》卷一五一《尒朱天光傳》、《通鑑》卷一五〇無'貴'字。按'赫連'複姓，此疑衍'貴'字，或'連貴'誤倒爲'貴連'。"可從。

[2]敕勒：底本作"敕勤"，中華本校勘記云："諸本'勒'訛作'勤'，據《通志》《通鑑》改。"今從改。敕勒，族名。又作"鐵勒""赤勒""高車"。　胡琛：人名。高平（今寧夏固原市）敕勒族酋長，北魏末少數民族起義軍首領之一。

[3]沃野鎮：軍鎮名。在今内蒙古杭錦旗西北。　破六韓忉夤：人名。又稱破六韓拔陵、破六汗拔陵。北魏末六鎮起義軍首領。兵敗被殺。中華本校勘記云："'忉夤'，張森楷云：'此即拔陵也，不知何以駁異。'按《通鑑》卷一五〇作'拔陵'。'忉'疑是'忛'之訛，'忛'音'販'，與'拔'音相近，'夤'與'陵'同韻。《北史·天光傳》溢出《魏書》材料較多，當是他書異譯，《北史》因襲不改，故有歧異。"可從。

[4]莫折念生：人名。秦州（今甘肅天水市）人，羌族。北魏末關隴起義軍將領。後爲部將杜粲所殺，全家遇害。

[5]安定：縣名。治所在今甘肅涇川縣北。

[6]靈州：北魏時治薄骨律鎮城，在今寧夏靈武市西南。

[7]師子：獅子。

朝廷憂之，乃除天光使持節、都督、雍州刺史，率大都督武衛將軍賀拔岳、大都督侯莫陳悦等討醜奴。天光初行，唯有軍士千人。時東雍赤水蜀賊斷路，[1]天光入關擊破之，簡取壯健。至雍，又税人馬，合得萬疋。以軍人寡少，停留未進。榮遣責之，杖天光百下，榮復

遣軍士二千人赴天光。天光令賀拔岳率千騎先驅，至岐州，[2]禽其行臺尉遲菩薩。醜奴棄岐州走還安定。天光發雍至岐，與岳合勢，破醜奴，獲蕭寶夤。於是涇、豳、二夏，[3]北至靈州，及賊黨結聚之類，並降。唯賊行臺万俟道洛不下，[4]率衆西依牽屯山，[5]據險自守。

[1]東雍：州名。北魏時治鄭縣，在今陝西華縣。　赤水：縣名。治所在今甘肅岷縣東北。

[2]岐州：北魏時治雍縣，在今陝西鳳翔縣東南。

[3]二夏：指東夏州和西夏州。西夏州，北魏時寄治并州界，在今山西太原市西南。東夏州，北魏時治廣武縣，在今山西代縣西。

[4]万俟道洛：人名。亦稱万俟道樂，鮮卑族。北魏末關隴起義軍將領。與尒朱天光戰於水洛城，被俘而死。

[5]牽屯山：即今寧夏涇源縣六盤山。

榮責天光不獲道洛，復遣使杖之百，詔削爵爲侯。天光與岳、悦等復向牽屯討之，道洛戰敗，投略陽賊帥王慶雲。[1]慶雲以道洛驍果絶倫，得之甚喜，便謂大事可圖，乃自稱皇帝，以道洛爲大將軍。天光乃入隴，至慶雲所居水洛城，[2]破其東城。賊遂併趣西城，城中無水，衆聚熱渴。有人走降，言慶雲、道洛欲突出。天光恐失賊帥，乃遣謂慶雲，可以早降，若未決，當聽諸人今夜共議。又謂曰："相知須水，今爲小退。"賊衆安悦，無復走心。天光密使軍人多作木槍，各長七尺，至昏，布立人馬，爲防衛之勢，又伏人槍中。其夜，慶

雲、道洛果突出，至槍，馬各傷倒。伏兵便起，同時禽獲。賊窮，乞降而已。天光、岳、悦等議悉阬之，死者萬七千人，分其家口。於是三秦、河、渭、瓜、凉、鄯善咸來款順。[3]詔復天光前官爵。

[1]略陽：郡名。北魏時治隴城縣，在今甘肅秦安縣東北。

[2]水洛城：在今甘肅莊浪縣。底本作“永洛城”，中華本校勘記云：“諸本及《魏書》‘水’作‘永’。《通鑑》卷一五四作‘水’。胡注云：‘《水經注》卷一七渭水注：“水洛水導源隴山，西逕水洛亭西，南注略陽川。”《九域志》：“水洛城在德順軍西南一百里。”范仲淹曰：“朝那之西，秦亭之東，有水洛城。”’按此城以水洛水爲名，自當作‘水洛’，今據《通鑑》改。”今從改。

[3]三秦：地區名。即秦州（今甘肅天水市）、東秦州（今陝西隴縣東南）、南秦州（今甘肅西和縣）的合稱。　河：州名。北魏時治枹罕，在今甘肅臨夏市。　渭：州名。北魏時治襄武縣，在今甘肅隴西縣西南。　瓜：州名。北魏時治敦煌縣，在今甘肅敦煌市西。　凉：州名。北魏時治姑臧縣，在今甘肅武威市。　鄯善：國名。國都在依循城，即今新疆若羌縣東米蘭。

岳聞榮死，還涇州以待，天光亦下隴，[1]與岳圖入洛之策。既而莊帝進天光爵爲廣宗王，元曄又以爲隴西王。及聞尒朱兆已入京，天光乃輕騎向都，見世隆等，尋使還雍。世隆等議廢元曄，更舉親賢，遣告天光。天光與定策，立節閔帝。又加開府儀同三司、尚書令、關西大行臺。天光北出夏州，[2]遣將討宿勤明達，[3]禽之送洛。時費也頭帥紇豆陵伊利、万俟受洛干等據有河西，[4]未有所附。天光以齊神武起兵信都，[5]内懷憂恐，

不暇他事伊利等，但微遣備之而已。又除大司馬。

[1]隴：州名。北魏時治汧陰縣，在今陝西隴縣。

[2]夏州：北魏時治大夏（統萬城），在今陝西靖邊縣白城子村無定河北岸的毛烏素沙漠中（靠近今内蒙古烏審旗南境）。

[3]宿勤明達：人名。夏州人。北魏末起義軍首領之一。爲尒朱天光所敗，於京師問斬。

[4]費也頭：匈奴别部之一。北朝時活動於今山西、陝西兩省間黄河南段以西一帶。　紇豆陵伊利：人名。河西（約今山西吕梁山以西黄河兩岸）人，鮮卑族。北魏將領。孝莊帝永安三年，受詔率軍東上進攻尒朱兆，連連獲勝。後在平樂郡（今山西昔陽縣）爲尒朱兆和高歡聯軍所敗。　万俟受洛干：人名。名洛，字受洛干，太平（今山西山陰縣東南）人，鮮卑族。北齊將領。見《北史》卷五三《万俟普附万俟洛傳》。

[5]信都：縣名。治所在今河北冀州市。

時神武軍既振，尒朱兆、仲遠等並經敗退。世隆累使徵天光，天光不從。後令斛斯椿苦要天光云："非王無以能定，豈可坐看宗家之滅？"天光不得已，東下，與仲遠等敗於韓陵。斛斯椿等先還，於河橋拒之，天光不得度，西北走，被執，與度律並送於神武。[1]神武送於洛，斬於都市。

[1]送於神武：底本"送"作"還"，中華本作"送"。據文意，今從中華本改。

尒朱專恣，分裂天下，各據一方，賞罰自出，而天

光有定關西之功，差不酷暴，比之兆與仲遠，爲不同矣。

論曰：魏自宣武之後，政道頗虧。及明皇幼沖，女主南面，始則于忠專恣，繼以元叉權重，居官者肆其聚斂，乘勢者極其陵暴，於是四海囂然，已有群飛之漸。逮於靈后反政，宣淫於朝，傾覆之徵，於此至矣。

尒朱榮緣將帥之列，藉部衆之威，屬天下暴虐，人神怨憤，遂有匡頹拯弊之志，援主逐惡之功。及夫禽葛榮，誅元顥，戮邢杲，揃韓婁，[1]醜奴、寶夤，咸梟馬市，然則榮之功烈，亦已茂矣。而始則希覬非望，睥睨宸極，[2]終乃靈后、少帝沈流不反，河陰之下衣冠塗地，其所以得罪人神者焉。至於末迹凶忍，地逼亦已除矣。[3]而朝無謀難之宰，國乏折衝之將，遂使餘孽相糾，還成嚴敵。隆實指蹤，兆爲戎首，山河失險，莊帝幽崩。宗屬分方，作威跋扈，廢帝立主，迴天倒日，揃剥黎獻，割裂神州，刑賞任心，征伐自己。天下之命，縣於數胡，喪亂弘多，遂至於此。豈非天將去之，始以共定，終於惡稔，以至殄滅。抑亦魏紓其難，[4]齊以驅除矣。

[1]揃韓婁：源氏校勘記云："'揃'與'翦'通。"

[2]睥睨：窺視。

[3]至於末迹凶忍地逼亦已除矣：中華本校勘記云："《魏書》卷七四《尒朱榮傳》史臣論作：'至於末迹見猜，地逼貽斃。'按《北史》文意不貫，疑有脱文。"可從。

[4]紓（shū）：解散、釋放。

北史　卷四九

列傳第三十七

朱瑞　叱列延慶　斛斯椿 子徵 孫政　賈顯度 弟智　樊子鵠　侯深　賀拔允 弟勝 勝弟岳　侯莫陳悦　念賢　梁覽　雷紹　毛遐 弟鴻賓　乙弗朗

朱瑞，字元龍，代郡桑乾人也。[1]祖就，沛縣令。[2]父惠，行太原太守。[3]瑞貴達，並贈刺史。

[1]代郡：北魏時治平城，在今山西大同市東北。　桑乾：縣名。治所在今山西山陰縣東。

[2]沛縣：治所在今安徽霍山縣。

[3]太原：郡名。北魏時治晋陽縣，在今山西太原市晋源區古城營村一帶。

瑞長厚質直，敬愛人士，尒朱榮引爲大行臺郎中，[1]甚見親任。以爲黄門侍郎，[2]仍中書舍人。[3]榮恐朝廷事意有所不知，故居之門下，[4]爲腹心之寄。封陽邑縣公。[5]及元顥内逼，[6]從車駕於河陽，[7]除侍中、兼

吏部尚書，[8]改封北海郡公。[9]莊帝還洛，[10]改封樂陵郡公，[11]仍侍中。瑞雖爲尒朱榮所委，而善處朝廷間。帝亦賞遇之，嘗謂侍臣曰："爲人臣，當須忠實，至如朱元龍者，朕待之亦不異餘人。"

[1]尒朱榮：人名。字天寶，北秀容（今山西朔州市）人，契胡族。北魏官吏。見《北史》卷四八《尒朱榮傳》。　大行臺郎中：官名。北魏後期始設，爲大行臺屬官，分掌諸曹事，權力極大。

[2]黄門侍郎：官名。侍從皇帝，顧問應對，出則陪乘。與皇帝關係密切，多以重臣、外戚子弟、公主婿爲之。北魏孝文帝太和二十三年爲四品上。

[3]中書舍人：官名。中書省屬官。北魏時專掌草擬詔令。孝文帝太和十七年定爲六品上，二十三年改爲六品下。

[4]門下：官署名。即門下省。其署設於宫禁中，其官爲皇帝的親近侍從。掌草擬詔令、顧問應對等。北魏末尤重，一度獲中書出令之權，時有"政歸門下"之語。

[5]陽邑公：封爵名。陽邑，縣名。治所在今山西太谷縣東北。

[6]元顥：人名。字子明。北魏宗室、大臣。北海王元詳長子，孝文帝元宏之侄。後投奔南朝梁。北魏孝莊帝永安二年（529）於梁國城南登基稱帝，年號孝基。莊帝北幸，元顥入洛陽，改稱建武元年。見《北史》卷一九《北海王詳附元顥傳》。

[7]河陽：城名。在今河南孟州市西南黄河北岸。

[8]吏部尚書：官名。職掌官吏銓選、考課、奬懲，其實權或大於尚書僕射。然重要官職的任免須與諸執政大臣合議，由皇帝、宰相裁定，亦常命尚書僕射領吏部事務或任命大臣參掌選事以分其權任。北魏孝文帝太和十七年定爲二品下，二十三年改爲三品。

[9]北海：郡名。北魏時治平壽城，在今山東濰坊市西南。

[10]莊帝：即北魏皇帝元子攸。莊爲其謚號。

[11]樂陵郡公：封爵名。樂陵，郡名。北魏時治樂陵縣，在今山東樂陵市。

瑞以青州樂陵有朱氏，[1]意欲歸之，故求爲青州中正。[2]又以滄州樂陵亦有朱氏，[3]而心好河北，遂乞三從内並屬滄州樂陵郡。詔許之，仍轉滄州大中正。[4]

[1]青州：北魏時治東陽城，在今山東青州市。

[2]中正：官名。由各郡長官推選本郡任職於中央的有德行之士人兼任，負責品評本郡士人，劃分等級，以爲吏部委任官員的依據。北魏前、中期此職權任頗重，後期選任漸濫。

[3]滄州：北魏時治饒安縣，在今河北鹽山縣西南。

[4]大中正：官名。魏晋南北朝負責評定士族内部品第的官員。在郡中正上設州大中正，核實郡中正所報的品狀。

尒朱榮死，瑞與世隆俱北走，[1]以莊帝待之素厚，且見世隆等並無雄才，終當敗喪，於路乃還，帝大悦。時尒朱天光擁衆關右，帝招納之，乃以瑞兼尚書左僕射，[2]爲西道大行臺，[3]以慰勞焉。既達長安，會尒朱兆入洛，復還京師。都督斛斯椿先與瑞有隙，數譖之於世隆，世隆遂誅之。太昌初，[4]贈開府儀同三司、青州刺史，[5]謚曰恭穆。

[1]世隆：即尒朱世隆。人名。字榮宗，北秀容（今山西朔州市）人，契胡族，尒朱榮從弟。北魏官吏。見《北史》卷四八《尒朱榮附尒朱世隆傳》。

[2]尚書左僕射：官名。職掌都省庶務及執法，或典選舉，左僕射權力大於右僕射，兼掌糾彈百官。孝文帝太和十七年定爲從一品中，二十三年改爲從二品。

[3]大行臺：官名。即大行臺尚書令。北魏置，行臺爲尚書省設在各主要地區的派出機構，代行尚書省的權力，依所轄區域稱關西大行臺、東北道大行臺、三徐州大行臺等，管理轄區内的軍政事務，是地方最高行政機構。設大行臺尚書令爲長官，大行臺尚書僕射協助管理大行臺事務，置大行臺尚書、大行臺郎中等分曹理事。

[4]太昌：北魏孝武帝的年號（532）。

[5]開府儀同三司：爲大臣加號，謂與三司的禮制待遇相同，許開設府署，自辟僚屬。北魏孝文帝太和二十三年定爲從一品。

叱列延慶，代西部人也，世爲酋帥。延慶娶尒朱世隆姊，故被尒朱榮親遇。普泰初，[1]世隆得志，特見委重，兼尚書左僕射、山東行臺、北海郡公。時幽州刺史劉靈助以莊帝幽崩，[2]遂舉兵唱義，世隆白節閔帝，[3]以延慶與大都督侯深於定州討之。[4]深以靈助善占，百姓信惑，未易可圖，欲還師入據關拒險，以待其變。延慶以靈助庸人，彼皆恃其妖術，坐看符厭，寧肯戮力致死，宜詭言西歸，可襲而禽。深從之，乃出頓城西，[5]聲云將還，詰朝造靈助壘，遂破禽之。

[1]普泰：北魏節閔帝的年號（531—532）。

[2]幽州：北魏時治薊縣，在今北京西南。　劉靈助：人名。燕郡（今北京西南）人。北魏將領。見《北史》卷八九《劉靈助傳》。

[3]節閔帝：即北魏皇帝元恭。節閔爲其謚號。

［4］大都督：官名。高級軍事長官。三國始置，北魏後期戰事較多時置，統兵出征，有時又加以各種名號。　定州：北魏時治盧奴縣，在今河北定州市。

［5］頓城：地名。今地不詳。

及韓陵戰敗，[1]延慶與尒朱仲遠走度石濟。[2]仲遠南竄，延慶北降齊神武，[3]仍從并州。[4]後赴洛，孝武帝以爲中軍大都督。[5]孝武之西，齊神武誅之。

［1］韓陵戰敗：指北魏節閔帝普泰二年高歡攻破尒朱兆兄弟於韓陵。韓陵，在今河南安陽市東北。

［2］尒朱仲遠：人名。北秀容（今山西朔州市）人，契胡族。北魏官吏。見《北史》卷四八《尒朱榮附尒朱仲遠傳》。　石濟：津渡名。即石濟津。又名棘津、南津。在今河南滑縣西南古黄河上。

［3］齊神武：即高歡。神武爲其謚號，北齊後主所追謚。

［4］并州：北魏時治晋陽縣，在今山西太原市晋源區古城營村一帶。

［5］孝武帝：即北魏皇帝元脩。孝武爲其謚號。　中軍大都督：官名。北魏末置。統率中軍，權任很重。

斛斯椿，字法壽，廣牧富昌人也。[1]其先世爲莫弗大人。[2]父足，一名敦，明帝時爲左牧令。[3]時河西賊起，[4]牧人不安，椿乃將家投尒朱榮。征伐有功，稍遷中散大夫，[5]署外兵事。椿性佞巧，甚得榮心，軍之密謀，頗亦關預。莊帝初，改封陽曲縣公，[6]除榮大將軍府司馬。[7]後爲東徐州刺史。[8]

［1］廣牧：郡名。北魏時治廣牧縣，在今内蒙古杭錦旗西北。　富昌：縣名。治所在今内蒙古准格爾旗東南。

［2］莫弗大人：猶言酋長大人，部落大人。世襲。

［3］明帝：即北魏皇帝元詡。明爲其謚號。　左牧令：官名。北魏設。掌良馬、良牛之放牧以供尚乘局，屬太僕卿。

［4］河西：地區名。亦作“河右”。在今甘肅、青海二省黄河以西，即河西走廊與湟水流域一帶。

［5］中散大夫：官名。北魏時爲職事官之加官。孝文帝太和十七年定爲四品上，二十三年改爲四品下。

［6］陽曲：縣名。治所在今山西太原市北。

［7］司馬：官名。爲軍府的高級幕僚，掌參贊軍務，管理府内武職，位僅次於長史。其品秩隨府主而定，高低不等。

［8］東徐州：北魏時治下邳城，在今江蘇睢寧縣古邳鎮北側。

及榮死，椿甚憂懼，時梁以汝南王悦爲魏主，[1]資其士馬，次於境上，椿遂棄州歸悦。悦授尚書左僕射、司空公，[2]封靈丘郡公，[3]又爲大行臺前驅都督。[4]會尒朱兆入洛，[5]悦知不逮，南旋，椿復背悦歸兆。

［1］汝南王：封爵名。汝南，郡名。北魏時治上蔡縣，在今河南汝南縣。　悦：即元悦。人名。北魏宗室。孝文帝之子，宣武帝之弟。尒朱榮帶兵進犯洛陽，元悦投奔南朝梁，得到梁武帝的厚待。孝莊帝被殺後，元悦被梁武帝立爲魏主，年號爲更興。見《北史》卷一九《汝南王悦傳》。

［2］司空公：官名。司空的尊稱。北魏時爲名譽宰相，多爲大臣加官。一品。

［3］靈丘郡公：封爵名。靈丘，郡名。北魏時治靈丘縣，在今

山西靈丘縣。

[4]都督：官名。地方軍政長官，分使持節、持節、假節三種，職權各有不同。

[5]尒朱兆：人名。字萬仁，北秀容（今山西朔州市）人，契胡族。北魏官吏。見《北史》卷四八《尒朱榮附尒朱兆傳》。

以參立節閔謀，拜侍中、驃騎大將軍、儀同三司，[1]封城陽郡公。[2]尋加開府。[3]時椿父足先在秀容，[4]忽有傳其死問，椿請減己階以贈之。尋知其父猶存，詔復官，仍除其父爲車騎將軍、揚州刺史。[5]

[1]侍中：官名。北魏時掌侍從皇帝左右，顧問應對，此職親近皇帝，掌權便利，時有宰相之實。員六人，孝文帝太和二十三年定爲三品。　驃騎大將軍：官名。北魏時居諸名號將軍之首。多授予權臣元老，以示尊崇，可開府置僚屬，不領兵。孝文帝太和二十三年定爲從一品。　儀同三司：謂官非三公而儀制待遇同於三公（三司）。南北朝時授予範圍不斷擴大，逐漸成爲官號。北魏孝文帝太和十七年定爲一品下，二十三年以後改爲從一品，位開府上。

[2]城陽：郡名。北魏時治所不詳，當在今河南境内。

[3]開府：爲開府儀同三司的省稱。

[4]秀容：縣名。治所在今山西忻州市西北。

[5]車騎將軍：官名。位次驃騎將軍，在諸名號大將軍之上，多作爲軍府名號，以加授大臣、重要州郡長官，無具體職掌。二品。　揚州：北魏時治壽春縣，在今安徽壽縣。

椿以尒朱兆擅權，懼禍，乃與賀拔勝俱説世隆以正道。世隆不悦，[1]欲害椿，賴尒朱天光救，[2]得免。及世

隆、度律與兆自相疑,[3]椿與賀拔勝和之，兆執椿、勝還營。椿又陳以正理，兆謝而遣之。椿謂勝曰:“天下皆怨毒尒朱，吾等附之，亡無日矣，不如圖之。”勝曰:“天光與兆，各據一方，今俱禽爲難。”椿曰:“易致耳。”乃說世隆追天光等赴洛，討齊神武。及韓陵之敗，椿謂都督賈顯智等曰:“若不先執尒朱，我等死無類矣。”遂與顯智等夜於桑下盟約，倍道兼行。椿入北中城,[4]收尒朱部曲,[5]盡殺之。令弟元壽與張歡、長孫承業、顯智等襲世隆、彥伯兄弟,[6]並斬於閶闔門外。[7]椿入洛，縣世隆兄弟首於其門樹。椿父出見，謂曰:“汝與尒朱約爲兄弟，今何忍縣其頭於家門？寧不愧負天地!”椿乃傳世隆等首，并囚度律、天光送於齊神武。

[1]悅：毛本、殿本、四庫本、局本、四部備要本作“說”。按:“說”同“悅”。

[2]尒朱天光：人名。北秀容（今山西朔州市）人，契胡族，尒朱榮從祖兄子。北魏官吏。見《北史》卷四八《尒朱榮附尒朱天光傳》。

[3]度律：即尒朱度律，人名。北秀容（今山西朔州市）人，契胡族，尒朱榮從父弟。北魏官吏。見《北史·尒朱榮附尒朱度律傳》。

[4]北中城：在今河南孟州市南。

[5]部曲：私人武裝。魏晉南北朝時，世族、豪族普遍擁有部曲，平時耕田從役，戰時隨主人作戰。父死子繼，地位低下。南北朝後期，地位稍有上升，有一些經主人放免爲平民。

[6]張歡：人名。亦作“張忻”，代（今山西大同市東北）人。北魏官吏。見《北齊書》卷二〇《張瓊傳》。　長孫承業：人名。

本名冀歸，字承業，孝文帝賜名稚，代（今山西大同市東北）人。北魏官吏。見《北史》卷二二《長孫道生附長孫冀歸傳》。　彦伯：即尒朱彦伯，人名。北秀容（今山西朔州市）人，契胡族，尒朱榮從弟。北魏官吏。見《北史·尒朱榮附尒朱彦伯傳》

[7]閶闔門：即洛陽城西城北門，故址在今河南洛陽市東北。

及神武入洛，椿謂賀拔勝曰："今天下事在吾與君，若不先制人，將爲人所制。高歡初至，[1]圖之不難。"勝曰："彼有心於人，害之不祥。比數夜與歡同宿，具序往昔之懷，兼荷兄恩意甚多，何苦憚之！"椿乃止。孝武帝立，拜椿侍中、儀同開府、城陽郡公。[2]父足亦加開府，子悦太中大夫，[3]同日受拜，當時榮之。

[1]高歡：即北齊神武帝。

[2]儀同開府：即開府儀同三司。三國始置。意謂與三司即太尉、司徒、司空的禮制待遇相同，許開設府署，自辟僚屬。兩晋南北朝因之。

[3]太中大夫：官名。亦作"大中大夫"。北魏時多用於安置年老病退免官的九卿等大臣，亦用作加官、兼官，或供朝廷臨時差遣。從三品。

椿自以數反，意常不安，遂密勸孝武帝置閤内都督部曲，[1]又增武直人數，[2]自直閤已下，[3]員别數百，皆選天下輕剽以充之。又説帝數出游幸，號令部曲，别爲行陣，椿自約勒指麾其間。從此以後，軍謀朝政，一决於椿。又勸帝徵兵，詭稱南討，將以伐齊神武。帝從之，以椿爲前驅大都督。椿因奏請率精騎二千，夜度河

掩其勞弊。帝始然之，黄門侍郎楊寬説帝曰：[4]“高歡以臣伐君，何所不至？今假兵於人，恐生他變。今度河萬一有功，是滅一高歡復生一高歡矣。”帝遂敕椿停行。椿歎曰：“頃熒惑入南斗，[5]今上信左右間搆，不用吾計，豈天道乎！”

[1]閤内都督：官名。掌左右侍衛禁軍。

[2]武直：指直閤、直齋、直寢等宿衛人員。直閤、直齋、直寢，均爲皇帝左右侍衛武官。

[3]自：底本作“百”，中華本校勘記云：“諸本‘自’作‘百’，《魏書》卷八〇《斛斯椿傳》作‘自’。按‘武直’即指直閤、直齋、直寢等宿衛人員。‘武直人數百’與‘直閤已下員别數百’重複。‘百’字誤，今據《魏書》改。”今從改。

[4]楊寬：人名。字景仁，弘農華陰（今陝西華陰市東南）人。北魏、西魏、北周官吏。見《周書》卷二二《楊寬傳》。

[5]南斗：即斗宿，有星六顆。在北斗星以南，形似斗，故稱。

帝勒兵河橋，[1]命椿自洛而東，至武牢。[2]帝以賈顯智背叛，東師失律，將幸關中，乃遣使命椿，因從入關。拜尚書令，[3]侍中如故，封常山郡公。[4]歷位司徒、太保，[5]仍尚書令。時寇難未息，内外戒嚴，唯椿得列威儀，鳴騶清路。遷太傅，薨，年四十三。帝親臨弔，百僚赴哭。詔賜東園秘器，[6]遣尚書、梁郡王景略監護喪事。[7]贈大將軍、録尚書、三十州諸軍事、侍中、恒州刺史、常山郡王，[8]謚曰文宣，祭以大牢。[9]又詔改大將軍，贈大司馬，給轀輬車。[10]及葬，車駕臨於渭

陽，[11]止紼慟哭。

［1］河橋：故址在今河南孟津縣東。

［2］武牢：關隘名。即虎牢，《北史》避唐太祖祖父李虎諱改。在今河南滎陽市汜水鎮西。

［3］尚書令：官名。北魏時總掌全國行政，雖位低於三公，但在多數情況下是實際上的丞相。

［4］常山郡公：封爵名。常山，郡名。北魏時治安樂壘，在今河北藁城市西北。

［5］司徒：官名。多爲大臣加官，與太尉、司空並爲三公。一品。　太保：官名。北魏時爲三師之一，輔佐君王的重要大臣，位在太傅、太師下。一品。

［6］東園秘器：帝王喪葬用具。東園，掌製作喪葬器具的機構。

［7］梁郡：北魏時治梁國城，在今河南商丘市南。

［8］録尚書：官名。北魏時爲尚書省長官，職權甚重。多以公卿權重者居之，總領尚書省政務。位在三公上。

［9］大牢：祭祀品中牛、羊、豬三牲齊備，稱爲大牢。諸本作"太牢"。按："大""太"通。

［10］輼輬車：本爲一種封閉而又有通風設備的卧車。後作爲喪車的專名。

［11］渭陽：地名。泛指今陝西渭河以北地區。

帝嘗給椿店數區，耕牛三十頭，椿以國難未平，不可與百姓争利，辭店受牛，日烹一頭，以饗軍士。及死，家無餘資。

有四子，悦、恢、徵、演。演爲齊神武所殺，三子入關。

徵，字士亮，博涉群書，尤精《三禮》，[1]兼解音律。有至性，居父喪，朝夕共一溢米。少以父勳賜爵城陽郡公。大統末，[2]起家通直散騎常侍，[3]稍遷兼太常少卿。[4]

［1］三禮：指《禮記》《周禮》《儀禮》。

［2］大統：西魏文帝的年號（535—551）。

［3］通直散騎常侍：官名。又省稱爲通直常侍。掌侍從、諷諫，屬集書省。

［4］太常少卿：官名。北魏始置。爲太常副職，協助太常卿管理禮樂宗廟祭祀事務，位在丞上。四品上。

自魏孝武遷西，雅樂廢缺，徵博采遺逸，稽諸典故，創新改舊，方始備焉。又樂有錞于者，[1]近代絶此器，或有自蜀得之，皆莫之識。徵見之曰："此錞于也。"衆弗信之，徵遂依干寶《周禮注》，[2]以芒筒捋之，[3]其聲極清，衆乃歎服。徵仍取以合樂焉。

［1］錞于：亦稱金錞、錞。青銅製。多與鼓配合，用於戰争中指揮進退。盛行於春秋戰國時期和漢朝。古代武舞中亦使用。

［2］干寶：人名。字令升，新蔡（今河南新蔡縣）人。東晋學者。見《晋書》卷八二《干寶傳》。毛本、殿本、四庫本、四部備要本作"于寶"。按：《晋書·干寶傳》、《魏書》卷五五《劉芳傳》作"干寶"，今從底本。

［3］芒筒：樂器錞于的配件。猶胡琴之弓。

六官建，[1]拜司樂下大夫，[2]遷司樂中大夫，[3]進位

驃騎大將軍、開府儀同三司，轉内史下大夫。[4]天和三年，[5]周武帝以徵經有師法，[6]詔令授皇諸子。宣帝時爲魯公，[7]與諸皇子等咸服青衿，行束脩之禮，受業於徵。仍並呼徵爲夫子，儒者榮之。六年，除司宗中大夫，[8]行内史，[9]仍攝樂部。進封岐國公，尋轉小宗伯。[10]除太子太傅，[11]仍小宗伯。

[1]六官：《周禮》按天地四時分設六卿，亦稱六官，即天官冢宰、地官司徒、春官宗伯、夏官司馬、秋官司寇、冬官司空。西魏末、北周仿《周禮》建六官之制。

[2]司樂下大夫：官名。北周時爲春官府樂部次官，佐樂部中大夫掌音律，教授樂舞，管理各種伎樂的演奏。正四命。

[3]司樂中大夫：官名。北周時爲春官府樂部長官，教授樂舞，管理各種伎樂的演奏。正五命。

[4]内史下大夫：官名。即小内史下大夫。北周時爲春官府内史司次官，員二人，佐内史中大夫掌綸誥，並參議刑罰爵賞以及軍國大事。正四命。

[5]天和：北周武帝的年號（566—572）。

[6]周武帝：即北周皇帝宇文邕。武爲其謚號。

[7]宣帝：即北周皇帝宇文贇。宣爲其謚號。

[8]司宗中大夫：官名。北周武帝保定四年（564）五月，改禮部爲司宗時，由禮部中大夫改名。仍屬春官府，佐大宗伯卿掌禮儀的制定與執行。正五命。

[9]内史：官名。北周時爲春官府内史司長官，掌管皇帝詔書的撰寫與宣讀，參議刑罰爵賞以及軍國大事。員一人，正五命。

[10]小宗伯：官名。即小宗伯上大夫。北周時掌宮室、車旗、服飾等禮儀禁令及次要的祭祀。正六命。

[11]太子太傅：官名。北魏時掌訓導輔佐太子，與太子少傅並

稱太子二傅，無具體職事。位在太子太師下、太子太保上。二品。北周略同。

宣帝嗣位，遷上大將軍、大宗伯。[1]時武帝初崩，梓宫在殯，[2]帝意欲速葬，令朝臣議之。徵與内史宇文孝伯等固請依《禮》七月，[3]帝竟不許。

[1]上大將軍：官名。位大將軍上，爲高級武官名號。正九命。 大宗伯：官名。掌管禮樂、祭祀、天文曆法、著作等方面事務。原爲《周禮》六卿之一，爲春官之長。西魏末、北周仿《周禮》建六官，復置爲春官之長，亦稱大宗伯卿。北周時爲正七命。

[2]梓宫：指用梓木做的棺椁，一般衹有皇帝或特許的貴族、大臣纔可享有。

[3]宇文孝伯：人名。字胡王（《周書》卷四〇《宇文孝伯傳》作“胡三”），代郡武川（今内蒙古武川縣西）人，鮮卑族。北周將領。見《北史》卷五七《廣川公測附宇文孝伯傳》。

帝之爲太子也，宫尹鄭譯坐不能以正道調護，[1]被謫除名。而帝雅親愛譯，至是，拜譯内史中大夫，甚委任之。譯乃獻新樂，十二月各一笙，每笙用十六管。帝令與徵議之。徵駁而奏之曰：“《禮》云，十二律轉相生，聲五具在十六焉，六律十二管，還相爲宫。然詳一笙十六管，總一百九十二管，既無相生之理，又無還宫之義。臣恐鄭聲亂樂，[2]未合於古。夫音樂之起，本於人心，天之應人，有如影響。爲善者，天報之以福；爲惡者，天譴之以殃。故舜彈五絃之琴，歌《南風》之詩，[3]而天下化。紂爲《朝歌》《北里》之音，[4]而社稷

滅。是知樂也者，和情性，移風俗，動天地，感鬼神，禍福所基，盛衰攸繫，安可不慎哉！案譯之所爲，不師古始。若以月奏一笙，則鍾鼓諸色，各須一十有二。雅樂之備，已充廟廷，今若益之，於何陳列？方須更闢階墀，增修廊宇，非急之務，寧可勞人？如謂笙管之外，不須加造，則樂之損益，豈繫於笙？進退無據，竊謂不可。"帝頗納之，且令停譯所獻。

[1]宮尹：官名。即太子宮尹。西魏恭帝三年（556）置。掌太子府政務，輔佐太子，正四命。北周因之。　鄭譯：人名。字正義，滎陽開封（今河南開封市）人。北周、隋朝官吏。見《北史》卷三五《鄭羲附鄭譯傳》。

[2]鄭聲：原指春秋戰國時期鄭國的音樂。因與孔子等提倡的雅樂不同，故受儒家排斥。此後，凡與雅樂相背的音樂，甚至一般的民間音樂，均被斥爲"鄭聲"。

[3]南風之詩：樂曲名。相傳爲虞舜所作。

[4]朝歌北里之音：古舞曲名。相傳爲殷紂王時作。

及武帝山陵回，[1]帝欲作樂，復令議其可不。徵曰："《孝經》云：'聞樂不樂。'聞尚不樂，其況作乎！"鄭譯曰："既云聞樂，明即非無，止可不樂，何容不奏。"帝遂依譯議，譯因此銜之。

[1]山陵：指帝王墳墓。

帝後肆行非度，昏虐日甚，[1]徵以荷武帝重恩，嘗

備位師傅，乃上疏極諫，指陳帝失，不納。譯因譖之，遂下徵於獄。徵懼不免，獄卒張元平哀之，乃以佩刀穿墻，送之出。元平被捶拷百數，而無所言。徵既出，匿於人家，後遇赦得免，然猶坐除名。

[1]虐：毛本、殿本、四庫本、局本、四部備要本作"慮"。按：疑字形相近而訛，今從底本。

隋文帝踐極，例復官爵，除太子太傅，仍詔徵修撰樂書。開皇四年薨，[1]年五十六。初，隋文帝爲大司馬，有外姻喪，徵就第弔之，久而不出。徵怒，遂弗之待，比出候，徵已去矣。隋文帝以此常恨之。至是，詔所司謚之曰闇。子該嗣。徵所撰《樂典》十卷。

[1]開皇：隋文帝的年號（581—600）。

兄恢，散騎常侍，[1]新蔡郡公。子政嗣。

[1]散騎常侍：官名。南朝屬集書省，職掌侍從左右、圖書文翰、文章撰述、諫諍拾遺，收納轉呈文書奏事。北朝兼領修史，爲閑散之職。

政明悟有器幹，隋開皇中，以軍功授儀同，[1]甚爲楊素所禮。[2]大業中，[3]位尚書兵曹郎，[4]漸見委遇。玄感兄弟，[5]俱與之交。遼東之役，[6]兵部尚書段文振卒，[7]侍郎明雅復以罪廢，[8]帝彌屬意於政。尋遷兵部侍

郎，[9]稱爲幹理。玄感之反，政與通謀，及玄縱等亡歸，亦政之計。及帝窮玄縱黨與，政亡奔高麗。[10]明年，帝復東征，高麗請和，遂送政。鎖至京師以告廟，左翊衛大將軍宇文述請變常法行刑，[11]帝許之。以出金光門，[12]縛之於柱，公卿百僚，并親擊射，臠其肉，多有噉者，然後烹焚，揚其骨灰。

[1]儀同：儀同三司的簡稱。

[2]楊素：人名。字處道，弘農華陰（今陝西華陰市東南）人。隋朝官吏。見《北史》卷四一《楊敷附楊素傳》。

[3]大業：隋煬帝的年號（605—617）。

[4]尚書兵曹郎：官名。爲兵部曹主官，掌武官銓選、考核、階位、勳禄等。從五品。

[5]玄感：即楊玄感，人名。弘農華陰（今陝西華陰市東南）人。楊素長子，隋朝官吏。因謀反伏誅。見《北史・楊敷附楊玄感傳》。

[6]遼東之役：隋煬帝大業八年（612）三月辛卯，煬帝親帥大軍伐高麗，至遼水，與高麗大戰於東岸，擊破高麗兵。見《隋書》卷四《煬帝紀下》。

[7]兵部尚書：官名。爲尚書省兵部長官。正三品。　段文振：人名。北海期原（今山東青州市）人。隋朝將領。見《北史》卷七六《段文振傳》。

[8]明雅：人名。隋朝官吏。煬帝時任兵部侍郎，參與征伐吐谷渾、高麗等戰役。

[9]兵部侍郎：官名。兵部次官初爲六品上，後升爲從五品。煬帝大業三年改名兵曹郎。

[10]高麗：國名。又作“高句麗”等。見《北史》卷九四《高麗傳》。

［11］左翊衛大將軍：官名。隋朝爲左衛長官，掌管宫掖禁衛。正三品。　宇文述：人名。字伯通，代郡武川（今内蒙古武川縣西）人。隋朝大臣。見《北史》卷七九《宇文述傳》。

［12］金光門：即隋東都洛陽西城中門。

椿弟元壽，性剛毅諒直，武力過人，彎弓兩石，左右馳射。歷位吏部尚書，封桑乾縣伯。[1]孝武踐阼，進爵爲公，除豫州刺史。[2]及車駕西巡，爲部下所殺。贈司空公，謚曰景莊。

［1］桑乾縣伯：封爵名。桑乾，縣名。治所在今山西山陰縣東。

［2］豫州：北魏時治懸瓠城，在今河南汝南縣。

賈顯度，中山無極人也。[1]父道監，沃野鎮長史。[2]

［1］中山：郡名。北魏時治盧奴縣，在今河北定州市。　無極：縣名。治所在今河北無極縣。

［2］沃野鎮：軍鎮名。在今内蒙古杭錦旗西北。　長史：官名。掌顧問參謀。爲所在官署掾屬之長。邊郡於丞之外復置長史，佐太守掌兵馬。

顯度形貌偉壯，有志氣。初爲别將，[1]防守薄骨律鎮。[2]正光末，[3]北鎮擾亂，顯度乃率鎮人浮河而下，達秀容，爲尒朱榮所留。隨榮破葛榮，封石艾縣公，[4]累遷南兖州刺史。[5]尒朱榮之死，顯度奔梁。普泰初，還朝。後隨尒朱度律等敗於韓陵，與斛斯椿及弟智等先據河橋，誅尒朱氏。

[1]别將：官名。北魏時爲别道都將的簡稱，統帥非主要作戰部隊。

[2]薄骨律鎮：鎮名。在今寧夏靈武市西南。

[3]正光：北魏孝明帝的年號（520—525）。

[4]石艾縣公：封爵名。石艾，縣名。治所在今山西平定縣南新城村。

[5]南兖州：北魏時治小黄縣，在今安徽亳州市。

孝武帝初，除尚書左僕射，尋加驃騎大將軍、開府儀同三司、定州大中正。永熙三年，[1]爲雍州刺史、西道大行臺。[2]親故祖餞於張方橋，[3]顯度執酒曰："顯智性輕躁，好去就，覆敗吾家，其此人也!"武帝入關後，顯智果同於齊神武。孝武帝怒，乃賜顯度死。

[1]永熙：北魏孝武帝的年號（532—534）。

[2]雍州：北魏時治長安，在今陝西西安市西北。　大行臺：官名。大行臺長官的省稱。

[3]祖餞：餞行。　張方橋：在今河南洛陽市西。

智字顯智，少有膽决，以軍功累遷金紫光禄大夫，[1]封義陽縣伯。[2]及尒朱仲遠爲徐州刺史，[3]智隸仲遠赴彭城。[4]尒朱榮死，仲遠舉兵向洛，智不從之，莊帝聞而善之。普泰初，還洛。仲遠忿其乖背，議欲殺之。智兄顯度先爲世隆所厚，世隆爲解喻得全。後進爵爲公。隨度律等敗於韓陵。智與顯度、斛斯椿謀誅尒朱氏，顯度據守北中城，[5]令智等入京，禽世隆兄弟。

[1]金紫光禄大夫：官名。西晋初有光禄大夫，授銀章青綬。如加賜金章紫綬，則爲金紫光禄大夫。北魏時禄賜、班位、車服、佩玉等所賜皆與特進同。爲加官者，唯假章綬、禄賜、班位，不别給車服、吏卒。從二品。

[2]義陽縣伯：封爵名。義陽，縣名。治所在今河南信陽市北。

[3]徐州：北魏時治彭城縣，在今江蘇徐州市。

[4]彭城：縣名。治所在今江蘇徐州市。

[5]北中城：在今河南孟州市南。

孝武帝初，除開府儀同三司、滄州刺史。在州貪縱，甚爲人害。孝武徵還京師，加侍中，除濟州刺史。[1]率衆達東郡，仍停不進。於長壽津爲相州刺史竇泰所破。[2]天平初，[3]赴晋陽。[4]智去就多端，後坐事死。

[1]濟州：北魏時治碻磝城，在今山東茌平縣西南。

[2]長壽津：在今河南濮陽市西南古黄河上。　相州：北魏時治鄴城，在今河北臨漳縣西南鄴鎮。　竇泰：人名。字世寧，太安捍殊（今山西壽陽縣北）人。北魏、東魏將領。見《北史》卷五四《竇泰傳》。

[3]天平：東魏孝静帝的年號（534—537）。

[4]晋陽：縣名。治所在今山西太原市晋源區古城營村一帶。

樊子鵠，代郡平城人也。[1]其先荆州蠻酋，[2]徙代。父興，平城鎮長史、歸義侯。[3]普泰中，子鵠貴，乃贈荆州刺史。

［1］平城：縣名。治所在今山西大同市東北古城。

［2］荆州：北魏時治穰城，在今河南鄧州市。

［3］平城鎮：軍鎮名。在今山西大同市東北古城。

子鵠逢北鎮擾亂，南至并州，介朱榮引爲都督府倉曹參軍。[1]使詣京師，靈太后問榮兵勢，子鵠應對稱旨。太后嘉之，除直齋，封南和縣子，[2]令還赴榮。建義初，[3]拜晋州刺史，[4]封永安縣伯。[5]永安二年，[6]以招納叛蜀，進封中都縣公。[7]又兼尚書行臺，[8]政有威信。尋徵授都官尚書、西荆州大中正。[9]後兼右僕射，爲行臺。進封南陽郡公，[10]尚書如故，假驃騎將軍，率所部爲都督。時介朱榮在晋陽，京師之事，子鵠頗預委寄，故在臺閣，征官不解。後出爲殷州刺史。[11]屬歲旱儉，子鵠恐人流亡，乃勒有粟家分濟貧者，并遣人牛易力，多種二麥，州内以此獲安。

［1］倉曹參軍：官名。主管倉穀事。北魏時自從六品至從八品不等。

［2］南和：縣名。治所在今河北南和縣。毛本作“南楊”。按：無“南楊”此地名，《魏書・地形志》南和屬北廣平郡，今從底本。

［3］建義：北魏孝莊帝的年號（528）。

［4］晋州：北魏時治白馬城，在今山西臨汾市。

［5］永安縣伯：封爵名。永安，縣名。治所在今山西霍州市。

［6］永安：北魏孝莊帝的年號（528—530）。

［7］中都：縣名。治所在今山西晋中市榆次區。

［8］尚書行臺：疑爲行臺尚書。行臺尚書，官名。北魏置，爲

行臺長官。主管各地軍務，兼理民事。北魏末期爲行臺屬官，分曹理事。在未設行臺尚書令或行臺僕射時，仍爲行臺長官。

[9]都官尚書：官名。爲尚書省都官曹長官。北魏時掌制定律令法制、糾劾違法、水利工程、舟船津梁、宫廷百官膳食等事務。三品。　西荆州：北魏時治穰城，在今河南鄧州市。

[10]南陽：郡名。北魏時治宛縣，在今河南南陽市。底本作“西陽”，源氏校勘記云：“《魏書》作‘南陽’。”中華本校勘記云：“諸本‘南’作‘西’，《魏書》卷八〇《樊子鵠傳》作‘南’。按南陽爲樊氏郡望（《元和姓纂》輯本卷四，樊氏郡望，首舉南陽湖陽縣），故以封樊子鵠。‘西’字誤，今據改。”今從改。

[11]殷州：北魏時治廣阿縣，在今河北隆堯縣東。

尒朱榮死，世隆等遣書招子鵠，子鵠不從。以母在晋陽，啓求移鎮河南。莊帝嘉之，除都督、豫州刺史。行達汲郡，[1]聞尒朱兆入洛，乃度河見仲遠。仲遠遣鎮汲郡。兆徵子鵠赴洛，既見，責以乖異之意，奪其部衆，將還晋陽。元曄以爲侍中、御史中尉、中軍大都督。[2]

[1]汲郡：北魏時治枋頭，在今河南浚縣西南。

[2]元曄：人名。字華興，小字盆子。北魏宗室。孝莊帝初，封長廣王。見《北史》卷一八《南安王楨附長廣王曄傳》。　御史中尉：官名。北魏時由御史中丞改稱，主御史臺，糾彈百官，參治刑獄，頗重其選。孝文帝太和十七年定爲三品上，二十三年改爲從三品。

太昌初，兼尚書左僕射、東南道大行臺，總大都督

杜德等追討尒朱仲遠，[1]仲遠奔梁，收其兵馬。時梁遣元樹入寇，[2]陷據譙城，[3]詔子鵠與德討之。樹大敗，奔入城門，遂圍之。樹請歸南，以地還魏，許之。及樹衆半出，子鵠擊破之，禽樹及梁譙州刺史朱文開。[4]班師，遷吏部尚書，轉尚書右僕射。[5]尋加驃騎大將軍、開府，典選。[6]

[1]大都督：高級軍事長官。北魏後期戰事較多時亦設。統兵出征，有時又加以各種名號。後授予漸濫。

[2]元樹：人名。字秀和，又字君立，咸陽王元禧之子。北魏宗室。見《北史》卷一九《咸陽王禧附元樹傳》。

[3]譙城：在今安徽亳州市。

[4]譙州：南朝梁時治渦陽城，在今安徽蒙城縣。

[5]尚書右僕射：官名。北魏時列位宰相，掌都省庶務、執法及選舉。孝文帝太和十七年定爲從一品中，二十三年改爲從二品。

[6]典選：指主持掌管選舉提拔之事。

後除兖州刺史。子鵠先遣腹心，緣歷人間，採察得失。及至境，太山太守彭穆參候失儀，[1]子鵠責讓穆，并數其罪狀，穆皆引伏，於是州内震悚。

[1]太山：郡名。北魏時治博平縣，在今山東泰安市東南。

及孝武帝入關，子鵠據城爲應，南青州刺史大野拔率衆就子鵠。[1]天平初，齊神武遣儀同三司婁昭等討之。[2]城久不拔，昭以水灌城。而大野拔因與相見，令

左右斬子鵠以降。

［1］南青州：北魏時治團城，在今山東沂水縣沂水鎮。　大野拔：人名。一作“達野拔”。北魏、東魏官吏。北魏節閔帝時，位武衛將軍。後爲南青州刺史。

［2］婁昭：人名。字菩薩，代郡平城（今山西大同市東北）人。東魏官吏。見《北史》卷五四《婁昭傳》。

侯深，[1]神武尖山人也。[2]機警有膽略。孝明末年，[3]六鎮飢亂，深隨杜洛周南寇。[4]後與妻兄念賢，背洛周歸尒朱榮。路中遇寇，身披苫褐。[5]榮賜其衣帽，厚待之，以爲中軍副都督。[6]莊帝即位，封厭次縣子。[7]從榮討葛榮於滏口，[8]戰功尤多。除燕州刺史。[9]

［1］侯深：中華本校勘記云：“《魏書》卷八〇作‘侯淵’，《北史》避唐諱改。”可從。

［2］神武：郡名。治神武縣，在今山西神池縣東。　尖山：縣名。治所在今山西神池縣。

［3］孝明：即北魏皇帝元詡。孝明爲其謚號。

［4］杜洛周：人名。北魏末六鎮起義軍首領。後爲葛榮所害。

［5］披：毛本、殿本、四庫本、局本、四部備要本作“被”。按：“被”同“披”。　苫褐：草衣。

［6］中軍副都督：官名。北魏末置，佐中軍大都督掌中軍。

［7］厭次：縣名。治所在今山東陽信縣東南。

［8］滏口：太行八陘之一。在今河北磁縣西北鼓山。

［9］燕州：北魏時治廣寧縣，在今河北涿鹿縣西。

時葛榮别帥韓樓、郝長等屯據薊城，[1]榮令深討樓，配衆甚少。或以爲言，榮曰："深臨機設變，是其所長，若總大衆，未必能用。"止給騎七百。深遂廣張軍聲，率數百騎深入樓境。去薊百餘里，遇賊帥陳周馬步萬餘，[2]大破之，虜其卒五千餘人。尋還其馬仗，縱令入城。左右諫，深曰："我兵少，不可力戰，事須爲計以離隙之。"深度其已至，遂率騎夜進，昧旦叩其城門。韓樓果疑降卒爲内應，遂遁走，追禽之。以功賜爵爲侯，尋爲平州刺史，[3]仍鎮范陽。[4]

[1]薊城：在今北京西南。

[2]陳周：人名。韓樓部將。

[3]平州：北魏時治肥如縣，在今河北盧龍縣北。

[4]范陽：郡名。北魏時治涿縣，在今河北涿州市。

及尒朱榮死，太守盧文偉誘深出獵，[1]閉門拒之。深率部曲，屯於郡南，爲榮舉哀，勒兵南向。莊帝使東萊王貴平爲大使，[2]慰勞燕、薊。乃詐降，貴平信之，遂執貴平自隨。進至中山，行臺僕射魏蘭根邀擊之，[3]爲深所敗。元曄立，授深儀同三司、定州刺史、左軍大都督、漁陽郡公。[4]節閔帝立，仍加開府。後隨尒朱兆拒齊神武於廣阿，[5]兆敗走。深後從神武破尒朱氏於韓陵。

[1]盧文偉：人名。字休族，范陽涿（今河北涿州市）人。北魏、北齊官吏。見《北史》卷三〇《盧觀附盧文偉傳》。

[2]東萊王：封爵名。東萊，郡名。北魏時治掖縣，在今山東萊州市。　貴平：即元貴平，人名。北魏宗室。見《魏書》卷一九下《安定王休附東萊王貴平傳》。

[3]行臺僕射：官名。行臺尚書僕射的簡稱。北魏時所設諸行臺高級官員，爲行臺尚書令副職，尚書令缺或未置，則爲行臺最高長官，分左右則左居右上。　魏蘭根：人名。鉅鹿下曲陽（今河北晉州市西）人。北魏、東魏官吏。見《北史》卷五六《魏蘭根傳》。

[4]左軍大都督：官名。北魏末置，西魏沿置。爲左軍統帥。　漁陽：郡名。北魏時治潞縣，在今北京通州區東。

[5]廣阿：縣名。治所在今河北隆堯縣東。

永熙初，除齊州刺史。[1]孝武帝末，深與兗州刺史樊子鵠、青州刺史東萊王貴平使信往來，[2]以相連結。又遣使通誠於神武。及孝武入關，復懷顧望。汝陽王暹既除齊州刺史，[3]深不時迎納。城人劉桃符等潛引暹入，[4]據西城。深爭門不克，率騎出奔，妻兒部曲，爲暹所虜。

[1]齊州：北魏時治歷城縣，在今山東濟南市。

[2]兗州：北魏孝文帝太和十八年改東兗州置，治瑕丘城，在今山東兗州市新驛鎮東頓村南。

[3]汝陽王：封爵名。汝陽，郡名。北魏時治汝陽縣，在今河南商水縣西北。　暹：即元暹，人名。字叔照。北魏宗室。見《北史》卷一七《京兆王子推附元暹傳》。

[4]劉桃符：人名。中山盧奴（今河北定州市）人。北魏官吏。見《北史》卷四六《劉桃符傳》。

行達廣里，會承制以深行青州事，齊神武又遺深書曰："卿勿以部曲輕少，難於東邁，齊人澆薄，齊州人尚能迎汝陽王，青州人豈不能開門待卿也?"深乃復還，暹始歸其部曲。而貴平自以斛斯椿黨，亦不受代。深襲高陽郡克之，[1]置部曲家累於城中，親率輕騎，夜趣青州，城人執貴平出降。深自惟反覆，慮不獲安，遂斬貴平，傳首于鄴，明不同於斛斯椿。

[1]高陽：郡名。北魏時治高陽縣，在今河北高陽縣東。

及子鵠平，詔以封延之爲青州刺史。[1]深既不獲州任，情又恐懼，行達廣川，[2]遂劫光州庫軍反。[3]遣騎詣平原，[4]執前膠州刺史賈璐。[5]夜襲青州南郭，劫前廷尉卿崔光韶以惑人情，[6]攻掠郡縣。其部下督帥叛拒之，遂奔梁。達南青州境，爲賣漿者斬之，傳首于鄴，[7]家口配没。

[1]封延之：人名。字祖業，勃海蓨（今河北景縣）人。東魏官吏。見《北史》卷二四《封懿傳》。

[2]廣川：縣名。治所在今山東鄒平縣東。亦或是郡名。治武强縣，在今山東鄒平縣。底本作"廣州"，毛本、中華本作"廣川"。中華本校勘記云："諸本'川'作'州'，《魏書》作'川'。《通志》卷一五一《侯深傳》作'固'。按魏之廣州治魯陽，距青州、光州甚遠。據《魏書·地形志中》，青州齊郡有廣川縣，齊州有廣川郡。侯深周旋於青、齊、光三州之間，則當以廣川爲是。今據《魏書》改。廣固即益都，亦屬青州。字形相去甚遠，疑非。"今從改。

[3]光州：東魏時治掖縣，在今山東萊州市。　軍：中華本校勘記云："宋本、大德本及《通志》'軍'作'車'，百衲本據南、北、汲、殿四本修作'軍'，《魏書》作'兵'。按'庫兵'指庫中武器。但光州之武器庫何以在廣川？作'車'作'軍'並費解，疑有誤。"可從。

[4]平原：郡名。東魏時治聊城縣，在今山東聊城市東北。

[5]膠州：東魏時治東武縣，在今山東諸城市。

[6]廷尉卿：官名。北魏時爲國家最高司法審判機構主官，負責詔獄，修訂法律，審核州郡疑案，有封駁丞相、御史之權。復增少卿爲副職。孝文帝太和二十三年定爲三品。　崔光韶：人名。清河東武城（今山東武城縣西北）人。北魏、東魏官吏。見《北史》卷四四《崔亮附崔光韶傳》。

[7]于：毛本、局本作"干"。按：作"干"不可解，今從底本。

賀拔允，字可泥，神武尖山人也。其先與魏氏同出陰山。有如回者，魏初爲大莫弗。[1]祖尒頭，驍勇絶倫，以良家鎮武川，[2]因家焉。獻文時，以功賜爵龍城縣男，[3]爲本鎮軍主。[4]

[1]大莫弗：莫弗之意猶如酋長、大人、部落首領。大莫弗猶言大酋長，皆世襲。

[2]武川：軍鎮名。在今内蒙古武川縣西。

[3]龍城：縣名。治所在今遼寧朝陽市。

[4]軍主：官名。爲統率一軍之長。所領兵員從數百人至萬餘人不等，其地位官階相差也很大。

父度拔，性果毅，襲爵，亦爲本鎮軍主。正光末，

沃野人破六韓拔陵反，[1]懷朔鎮將楊鈞聞度拔名，[2]召補統軍，配以一旅。其賊僞署王衛可瓌徒黨尤盛，既攻没武川，又陷懷朔，度拔父子並爲賊所虜。度拔乃與周德皇帝合謀，[3]率州里豪傑輿珍、念賢、乙弗庫根、尉遲檀等，[4]招義勇，襲殺可瓌。朝廷嘉之，未及封賞，度拔與鐵勒戰没。[5]孝昌中，[6]追贈度拔肆州刺史。[7]

[1]破六韓拔陵：人名。《魏書》作“破落汗拔陵”。北魏孝明帝正光四年（523）率兵起義。孝明帝孝昌元年（525）兵敗被殺。

[2]懷朔：軍鎮名。北魏六鎮之一，在今内蒙古固陽縣百靈淖城圐圙古城。

[3]德皇帝：即宇文泰之父宇文肱。德爲其謚號，北周明帝所追謚。

[4]輿珍：底本作“珍”，中華本校勘記云：“諸本脱‘輿’字，據《周書》卷十四《賀拔勝傳》補。又《周書》‘檀’上有‘真’字，這裏當是省稱。”今從改。　乙弗庫根：人名。金城枹罕（今甘肅臨夏市）人。　尉遲檀：《周書》卷一四《賀拔勝傳》作“尉遲真檀”。

[5]鐵勒：族名。又作“敕勒”“赤勒”“高車”“狄歷”。其先爲匈奴之苗裔丁零，部族甚多。見《北史》卷九九《鐵勒傳》。

[6]孝昌：北魏孝明帝的年號（525—527）。

[7]肆州：北魏時治九原縣，在今山西忻州市忻府區。

允便弓馬，頗有膽略。初度拔之死，允兄弟俱奔恒州刺史廣陽王深。[1]深敗，歸尒朱榮。允父子兄弟並以武藝稱，榮素聞其名，待之甚厚。建義初，封壽陽縣侯。[2]永安中，進爵爲公。魏長廣王立，[3]除開府儀同三

司，封燕郡公，[4]兼侍中，使蠕蠕。[5]還至晉陽，屬齊神武將出山東，允素知神武非常人，早自結託，神武以其北土之望，尤親禮之，遂與允出信都，[6]參定大策。中興初，[7]轉司徒，領尚書令。神武入洛，進爵爲王，轉太尉，[8]加侍中。

[1]恒州：北魏時治平城，在今山西大同市東北。　廣陽王：封爵名。廣陽，郡名。北魏時治燕樂縣，在今河北隆化縣。　深：即元深，人名。字智遠。北魏宗室。見《北史》卷一六《廣陽王建附元深傳》。

[2]壽陽：縣名。治所在今安徽壽縣。

[3]長廣王：指元曄。

[4]燕郡公：底本作“燕郡王”，源氏校勘記改“王”作“公”。中華本校勘記云：“諸本‘公’作‘王’，《北齊書》卷一九《賀拔允傳》作‘公’。按下文云‘進爵爲王’，又《魏書》卷一一《出帝紀》太昌元年八月稱：‘燕郡開國公賀拔允進爵爲王’，則此時當是公。今據改。”今從改。

[5]蠕蠕：亦稱柔然。見《北史》卷九八《蠕蠕傳》。

[6]信都：縣名。治所在今河北冀州市。

[7]中興：北魏廢帝的年號（531—532）。

[8]太尉：官名。北魏時與司徒、司空並稱三公，列三公之首，多爲大臣加官。孝文帝太和二十三年定爲一品。

魏孝武既忌神武，以允弟岳據關中，有重兵，深相委託，潛使來往，當時咸慮允爲變。及岳死，孝武又委岳兄勝心腹之寄。神武重舊，尤全護之。天平元年，因與神武獵，或告允引弓擬神武，乃置於樓上餓殺之，年

四十八。神武親臨哭之，贈太保。

允三子，世文、世樂、難陁。興和末，[1]齊神武並召與諸子同學。武定中，[2]敕居定州，賜田宅。允弟勝。

[1]興和：東魏孝静帝的年號（539—542）。

[2]武定：東魏孝静帝的年號（543—550）。

勝字破胡，少有志操，善左右馳射，北邊莫不推其膽略。衛可瓌之圍懷朔，勝時亦爲軍主，從父度拔鎮守。既被圍經年而外援不至，勝乃慷慨白鎮將楊鈞，請告急於大軍。鈞許之，乃募勇敢少年，得十餘騎，夜潰圍出。賊追及之，勝曰："我賀拔破胡也。"賊不敢逼。至朔州，[1]白臨淮王彧以懷朔被圍之急。[2]彧以勝辭義懇至，許以出師，還令報命。乃復攻圍而入，賊追之，射殺數人。至城下，大呼曰："賀拔破胡與官軍至矣!"城中納之。鈞復遣勝出覘武川。武川已陷，勝乃馳還報懷朔。懷朔亦潰，勝父子遂爲賊所虜。

[1]朔州：北魏時治盛樂，在今内蒙古和林格爾縣西北。

[2]臨淮王：封爵名。臨淮，郡名。北魏時治赤坎城，在今安徽懷遠縣西北。　彧：即元彧，人名。字文若，本名亮，字仕明。北魏宗室。見《北史》卷一六《臨淮王譚附元彧傳》。

尋而襲殺可瓌，衆令勝馳告朔州，未反而度拔已卒。刺史費穆奇勝才略，[1]厚禮留之，委以兵事。時廣陽王深在五原，[2]爲破六韓賊所圍，召勝爲軍主。以功

拜統軍。又隸僕射元纂鎮恒州。時有鮮于阿胡擁朔州流人南下爲寇，[3]恒州城人應之，勝與兄允弟岳相失，勝南投肆州，允、岳投尒朱榮。榮與肆州刺史尉慶賓構隙，[4]引岳攻肆州，陷。榮得勝，大悦曰："吾得卿兄弟，天下不足定。"勝兄弟三人，遂委質事榮。

[1]費穆：人名。字朗興，代（今山西大同市東北）人。北魏將領。見《北史》卷五〇《費穆傳》。

[2]五原：縣名。治所在今内蒙古烏拉特前旗東南堡子灣古城。

[3]鮮于阿胡：底本作"鮮于河胡"，中華本校勘記云："諸本'阿'作'河'，《周書》卷十四《賀拔勝傳》作'阿'。按《魏書》卷九《肅宗紀》孝昌二年四月稱'朔州城人鮮于阿胡、厙狄豐樂據城反'。'河'乃'阿'之訛，今據改。"今從改。

[4]尉慶賓：人名。代（今山西大同市東北）人，鮮卑族。北魏將領。見《北史》卷二〇《尉古真附尉慶賓傳》。

時杜洛周據幽、定，葛榮據冀、瀛。[1]榮謂勝曰："井陘險要，[2]我之東門，欲屈君鎮之，如何？"勝曰："是所願也。"榮乃表勝鎮井陘，以所乘大馬并銀鞍遺之。及榮入洛，以預定策立孝莊帝功，封易陽縣伯。[3]從元天穆北征葛榮，[4]大破之。時杜洛周餘燼韓樓在薊城結聚，以勝爲大都督，鎮中山。樓讋勝威名，[5]竟不敢南寇。元顥入洛陽，榮徵勝，使與尒朱兆自硤石度，[6]大破顥軍，禽其子冠受，遂前驅入洛。進爵真定縣公。[7]

［1］冀：州名。北魏時治信都縣，在今河北冀州市。　瀛：州名。北魏時治趙都軍城，在今河北河間市。

［2］井陘：即今河北井陘縣北井陘山。

［3］易陽：縣名。治所在今河北永年縣東南。

［4］從：底本作“後”，中華本校勘記云：“諸本‘從’訛作‘後’，據《周書》改。”今從改。　元天穆：人名。亦稱元穆。北魏宗室。見《北史》卷一五《高凉王孤附上黨王天穆傳》。

［5］讋（zhé）：恐懼。

［6］硤石：地名。在今河南孟津縣西。

［7］真定：縣名。治所在今河北正定縣南。

及榮死，勝與田怡等奔赴榮第，[1]時宮殿之門未加嚴防，怡等議即攻門。勝止之曰：“天子既行大事，必當更有奇謀，吾衆旅不多，何輕爾！”怡乃止。及世隆夜走，勝隨至河橋，勝以爲臣無讎君之義，遂勒所部還都。莊帝大悦。仲遠逼東郡，[2]詔以本官假驃騎大將軍、東征都督，率騎一千，會鄭先護討之。[3]爲先護所疑，置之營外，人馬未得休息，俄而仲遠兵至，與戰不利，降之。復與尒朱氏同謀立節閔帝，以功拜右衛將軍。[4]

［1］田怡：人名。北魏官吏。孝明帝時，任河内太守。居官不檢，貪贓枉法。源氏校勘記云：“《魏書》作‘田怗’。”中華本校勘記云：“張森楷云：‘《魏書》卷八〇“怡”作“怗”，《通鑑》卷一五四同。本書卷二六《宋世良傳》之田估，《尒朱世隆傳》之田帖，並即此人。以字形相近而誤，但未知其孰是。”可從。

［2］東郡：北魏時治滑臺城，在今河南滑縣東。

［3］鄭先護：人名。滎陽開封（今河南開封市）人。北魏官

吏。見《北史》卷三五《鄭羲附鄭先護傳》。

[4]右衛將軍：官名。負責宫禁宿衛。三品。

及尒朱氏將討齊神武，勝時從尒朱度律。度律與兆不平，勝以臨敵搆隙，取敗之道，乃與斛斯椿詣兆營和之，反爲兆所執。度律大懼，引軍還。兆將斬勝，數之曰："爾殺可瓌，罪一也。天柱薨後，不與世隆等俱來而東征仲遠，罪二也。我欲殺爾久矣！"勝曰："可瓌作逆，勝父子誅之，其功不小，反以爲罪。天柱被戮，以君誅臣，勝寧負王，不負朝廷。今日之事，生死在王。但去賊密邇，内搆嫌隙，自古迄今，未有不破亡者。勝不憚死，恐王失策。"兆乃捨之。勝既免，行百餘里，方追及度律。齊神武既克相州，兵威漸盛，於是兆及天光、仲遠、度律等衆十餘萬陣於韓陵。兆率鐵騎陷陣，出齊神武後，將乘其背而擊之。度律惡兆之驍悍，懼其陵己，勒兵不進。勝以其攜貳，遂以麾下降齊神武。度律軍以此先退，[1]遂大敗。

[1]先：底本作"免"，中華本校勘記云："諸本'先'訛作'免'，據《周書》改。度律先退事見本書卷六《齊神武紀》。"今從改。

太昌初，以勝爲領軍將軍，[1]尋除侍中。孝武帝將圖齊神武，以勝弟岳擁衆關西，欲廣其勢援，乃拜都督、荆州刺史、驃騎大將軍、開府儀同三司、南道大行臺、尚書左僕射。勝多所克捷，沔北盪爲丘墟。[2]梁武

帝敕其子雍州刺史續曰：[3]“賀拔勝北間驍將，爾宜慎之，勿與争鋒。”續遂城守不敢出。尋進位尚書令，進爵琅邪郡公。[4]

[1]領軍將軍：官名。爲禁衛軍之最高統帥，權勢極重。北魏時如侍臣帶此職，則稱中領軍將軍。孝文帝太和十七年定爲二品上，二十三年改爲從二品。

[2]沔：即今漢水。

[3]梁武帝：即南朝梁皇帝蕭衍。武爲其謚號。　雍州：南朝梁時治襄陽縣，在今湖北襄樊市。　續：即蕭續，人名。字世訢。南朝梁宗室，梁武帝第五子。見《南史》卷五三《廬陵威王續傳》。

[4]琅邪郡公：封爵名。琅邪，郡名。北魏時治即丘縣，在今山東臨沂市西。

及齊神武與孝武帝有隙，詔勝引兵赴洛，至廣州，[1]猶豫未進，而帝已入關。勝還軍南陽，遣右丞陽休之奉表入關，[2]又令府長史元穎行州事，[3]勝自率所部，將西赴關中。進至淅陽，[4]詔授勝太保、録尚書事。聞齊神武已平潼關，[5]禽毛鴻賓，勝乃還荆州。州人鄧誕執元穎，引齊師。時齊神武已遣行臺侯景、大都督高敖曹赴之，[6]勝敗，中流矢，奔梁。

[1]廣州：北魏時治襄城縣，在今河南襄城縣。

[2]右丞：官名。即尚書右丞。北魏時爲尚書省佐官，位次尚書，與左丞共掌尚書省庶務。孝文帝太和十七年定爲四品中，二十三年改爲從四品。　陽休之：人名。字子烈，北平無終（今天津薊

縣）人。北魏、東魏、北齊官吏。見《北史》卷四七《陽尼附陽休之傳》。底本作“楊休之”，中華本校勘記云：“諸本‘陽’作‘楊’，《通志》卷一五六《賀拔勝傳》作‘陽’。按事見本書卷四七、《北齊書》卷四二《陽休之傳》，今據改。”今從改。

[3]元穎：人名。北魏宗室。見《北史》卷一六《臨淮王譚附元穎傳》。

[4]淅陽：郡名。西魏時治中鄉縣，在今河南西峽縣。

[5]潼關：地名。故址在今陝西潼關縣東北黃河南岸。

[6]侯景：人名。字萬景，懷朔鎮（今內蒙古固陽縣南）人。曾任北魏官吏，後叛至南朝（參李萬生《侯景的氏族及相關問題》，《北京大學學報》2000 年第 5 期）。　高敖曹：人名。即高昂。字敖曹，勃海蓨（今河北景縣）人。北魏、東魏將領。見《北史》卷三一《高允附高昂傳》。

在南三年，梁武帝遇之甚厚。勝乞師北討齊神武，既不果，乃求還。梁武帝許之，親餞於南苑。勝自是之後，每執弓矢，見鳥獸南向者，皆不射之，以申懷德之意。既至長安，詣闕謝罪。魏帝握勝手，歔欷久之，曰：“初平西徙，[1]永嘉南度，[2]漢、晋皆爾，事乃關天，非公之咎也。”乃授太師。

[1]初平西徙：指東漢末年漢獻帝被董卓挾持到長安。初平，漢獻帝的年號（190—193）。

[2]永嘉南度：指晋懷帝時前趙攻破洛陽，晋王朝被迫遷到建康（今江蘇南京市）。永嘉，晋懷帝的年號（307—313）。

從周文帝禽竇泰於小關，[1]攻弘農；[2]下河北，[3]禽

郡守孫晏；摧破東魏軍於沙苑，[4]追奔至河上。仍與李弼別攻河東，[5]略定汾、絳。[6]河橋之役，勝大破東魏軍，周文令勝收其降卒而還。及齊神武率衆攻玉壁，[7]勝以前軍大都督從周文。[8]見齊神武旗鼓，[9]識之，乃募敢勇三千人配勝以犯其軍。勝適與神武遇，連叱而字之曰："賀六渾，[10]賀拔破胡必殺汝也！"時勝持矟追神武數里，刃垂及之，神武汗流，氣殆盡。會勝馬爲流矢所中，死，比副騎至，神武已逸去。勝歎曰："今日之事，吾不執弓矢者，天也！"

[1]周文帝：即宇文泰。文爲其謚號，北周明帝所追謚。　小關：又稱禁谷。在今陝西潼關東，北去舊潼關十里。

[2]弘農：縣名。治所在今河南靈寶市東北故函谷關城。

[3]河北：郡名。東魏時治大陽縣，在今山西平陸縣西南。

[4]沙苑：又名沙阜、沙海、沙窩。在今陝西大荔縣南洛、渭二河之間。

[5]李弼：人名。字景和，隴西成紀（今甘肅静寧縣西南）人。西魏、北周將領。見《北史》卷六〇《李弼傳》。

[6]汾：州名。東魏時治蒲子城，在今山西隰縣。　絳：州名。東魏時治定陽縣，在今山西吉縣。

[7]玉壁：城名。在今山西稷山縣西南。殿本、四部備要本作"王壁"。按：無"王壁"此地名，疑字形相近而訛，今從底本。

[8]前軍大都督：官名。北魏末置。統率前軍。

[9]齊神武：底本作"齊武"，中華本校勘記云："《周書》作'及齊神武悉衆攻玉壁，勝以前軍大都督從太祖追之於汾北。又從戰邙山，時太祖見齊神武旗鼓，識之'。按攻玉壁與戰邙山是兩次戰役。這裏'周文'下當脱'追之於汾北。又從戰邙山，時周文'

等字。遂使兩次戰役混淆，且文理不順。又‘齊神武’諸本脱作‘齊武’，據《周書》《通志》補“神”字。”今從改。

[10]賀六渾：高歡的字。

是歲，勝諸子在東者，皆爲神武所害。勝憤恨，因動氣疾，大統十年，薨于位。臨終，手書與周文曰：“勝萬里杖策，歸身闕庭，冀望與公掃除逋寇。不幸殞斃，微志不申。若死而有知，猶望魂飛賊庭，以報恩遇耳。”[1]周文覽書，流涕久之。

[1]耳：毛本、殿本、四庫本、局本、四部備要本作“爾”。按：“爾”“耳”通。

勝長於喪亂之中，尤工武藝，走馬射飛鳥，十中其五六。周文每云：“諸將對敵，神色皆動，唯賀拔公臨陣如平常，真大勇也。”自居重任，始愛墳籍，乃招引文儒，討論義理。性又通率，重義輕財，身死之日，唯有隨身兵仗及書千卷而已。

初，勝至關中，自以年位素重，見周文不拜。尋而自悔，周文亦有望焉。後從宴昆明池，[1]時有雙鳧游池上，周文授弓矢於勝曰：“不見公射久矣，請以爲歡。”勝射之，一發俱中，因拜曰：“使勝得奉神武，以討不庭，皆如此也。”周文悦，因是恩禮日重，勝亦盡誠推奉焉。贈太宰、録尚書事，謚曰貞獻。明帝二年，以勝配饗文帝廟庭。

[1]昆明池：在今陝西西安市西南豐水和潏水之間。

無子，以弟岳子仲華嗣。位開府儀同三司，襲爵琅邪公。大象末，[1]位江陵總管。[2]勝弟岳。

[1]大象：北周静帝的年號（579—580）。

[2]江陵：縣名。治所在今湖北荆州市。　總管：官名。北周明帝武成元年（559）改都督諸州軍事爲此稱。掌一州或數州軍務，兼理民政。品秩分三等，上總管從二品，中總管正三品，下總管從三品。

岳字阿斗泥，少有大志，愛施好士。初爲太學生，及長，能左右馳射，驍果絶人。不讀兵書，而暗與之合，識者咸異之。與父兄赴援懷朔，賊王衛可瓌在城西三百餘步，[1]岳乘城射之，箭中瓌臂，賊大駭。後廣陽王深以爲帳内軍主，與兄勝俱鎮恒州。州陷，投尒朱榮，榮以爲都督。每帳下與計事，多與榮意合。榮與元天穆謀入匡朝廷，問計於岳。岳曰："夫非常之事，必俟非常之人，將軍士馬精强，位望隆重，若首舉義旗，伐叛匡救，何往不克！何向不摧！古人云：'朝謀不及夕，言發不俟駕。'此之謂矣。"榮與天穆相顧良久，曰："卿此言真丈夫之論也。"

[1]賊王衛可瓌在城西三百餘步：《魏書》卷八〇《賀拔勝附賀拔岳傳》"三"作"二"。未詳孰是。

未幾，孝明帝暴崩，榮疑有故，乃舉兵赴洛。配岳甲卒二千，爲先驅。至河陰，[1]榮既殺朝士，因欲稱帝，疑未能决。岳乃從容致諫，榮尋亦自悟，乃尊立孝莊。以定策功，賜爵樊城鄉男。[2]從榮破葛榮，平元顥，累遷左光禄大夫、武衛將軍。[3]

[1]河陰：縣名。治所在今河南孟津縣東。

[2]樊城鄉男：封爵名。樊城，地名。在今湖北襄樊市樊城區西北。

[3]左光禄大夫：官名。作爲在朝顯職的加官，以示優待，或授予年老有病者爲致仕之官，亦常用作死後贈官，無職掌。北魏孝文帝太和十七年定爲從一品下，二十三年改爲二品。　武衛將軍：官名。掌宿衛禁軍。北魏孝文帝太和十七年定爲從二品下，二十三年改爲從三品。

時万俟醜奴僭稱大號，[1]關中騷動，榮將遣岳討之。私謂其兄勝曰："醜奴足爲勍敵，若岳往無功，罪責立至；假令克定，恐讒愬生焉。"乃請尒朱氏一人爲元帥，岳副貳之。榮大悦，[2]乃以天光爲使持節、大都督、雍州刺史，以岳爲左厢大都督，[3]又以征西將軍侯莫陳悦爲右厢大都督，[4]並爲天光之副，以討之。時赤水蜀賊兵斷路，[5]天光衆不滿二千，及軍次潼關，天光有難色。岳乃進破之於渭北，軍容大振。

[1]万俟醜奴：人名。鮮卑族。北魏末年關隴起義軍首領。本爲胡琛部屬，孝莊帝建義元年（528）稱帝。二年攻占秦州，三年與賀拔岳戰於渭水之南，後在平凉被俘，解送至洛陽後被殺。

[2]岳副貳之榮大悦：源氏校勘記云："'貳'之下《周書》有'勝然之，乃請於榮'七字。爲是。此書上下不成文。"

[3]左厢大都督：官名。北魏末置，掌左厢禁衛軍。東魏時相府亦置，常統兵出征。

[4]征西將軍：官名。北魏孝文帝太和十七年定爲從一品中，二十三年改爲二品。　右厢大都督：官名。與左厢大都督對應，掌禁衛軍。

[5]赤水：縣名。治所在今甘肅岷縣東北。

醜奴自圍岐州，[1]遣其大行臺尉遲菩薩、僕射万俟行醜同向武功，[2]南度渭水，攻圍趨栅。天光遣岳率千騎赴援。菩薩攻栅已克，率步騎二萬至渭北。岳以輕騎數十，與菩薩隔水交言。岳稱揚國威，菩薩乃自驕，令省事傳語。[3]省事恃水，應答不遜，岳怒，舉弓射之，應弦而倒。時已逼暮，於是各還。岳於渭南傍水，分精兵數十爲一處，隨地形勢置之。明日，將百餘騎，隔水與賊相見，且並東行。岳漸前進，先所置騎，隨岳而集，騎既漸增，賊不復測其多少。行二十許里，至水淺可濟處，岳便馳馬東出，似欲奔遁。賊謂岳走，乃棄步兵，南度渭水，輕騎追岳。岳東行十餘里，依横岡設伏兵以待之，身先士卒，急擊之，賊便退走。岳號令所部，賊下馬者皆不聽殺，賊顧見之，便悉投馬。俄虜三千人，馬亦無遺，遂禽菩薩。仍度渭北，降步卒萬餘。

[1]岐州：北魏時治雍縣，在今陝西鳳翔縣東南。

[2]僕射：官名。即大行臺尚書僕射。爲大行臺尚書令副職，負責協助大行臺尚書令管理大行臺事務。　武功：縣名。治所在今

陝西武功縣西北武功鎮。

[3]省事：官名。西晋置，屬尚書省，掌誦讀文書。以後諸官署多設。歷朝因之，品秩不一。南北朝時，常與典籤並列，作用漸重。

醜奴尋棄岐州，北走安定。[1]天光方自雍至，與岳合勢。宣言今氣候已熱，非征討之時，待至秋涼，更圖進取。醜奴聞之，遂以爲實，分遣諸軍散營農於岐州北百里細川。[2]使太尉侯伏侯元進據險立栅。[3]岳知其勢分，密與天光嚴備。昧旦，攻圍元進栅，拔之，即禽元進，自餘諸栅悉降。又輕騎追醜奴，及之於平凉之長坑，[4]一戰禽之。高平城中又執蕭寶夤以歸。[5]

[1]安定：縣名。治所在今甘肅涇川縣北。

[2]百里細川：亦稱泗川、涇川。在今甘肅涇川縣。底本作“百里網川”。源氏校勘記云：“《周書》（‘網川’）作‘細川’。”中華本校勘記云：“諸本‘細’作‘網’，《周書》卷十四《賀拔岳傳》作‘細’，《魏書》卷七五《尒朱天光傳》作‘涇’。按《周書》卷一五《寇洛傳》、《通鑑》卷一五四作‘細’。《太平寰宇記》卷三二涇州靈臺縣下有蒲川水，引《水經注》云：‘蒲水出南山蒲谷，東北合細川水。’（今本《水經注》缺涇水）即此。其水入涇，作涇川亦不誤。但‘網’必是‘細’之訛，今據《周書》改。”今從改。

[3]侯伏侯元進：人名。其餘不詳。

[4]平凉：郡名。北魏時治鶉陰縣，在今甘肅華亭縣西。　長坑：地名。當在今甘肅平凉市附近。

[5]高平城：在今寧夏固原市。　蕭寶夤：人名。字智亮，南

蘭陵（一説在今江蘇常州市，一説在今江蘇丹陽市）人。南朝齊明帝第六子。北魏官吏。見《北史》卷二九《蕭寶夤傳》。

賊行臺万俟道洛退保牽屯，[1]岳攻之。道洛敗入隴，投略陽賊帥王慶雲。[2]以道洛驍果絶倫，得之甚喜，以爲將。天光又與岳度隴，至慶雲所居水洛城。[3]慶雲、道洛頻出城拒戰，並禽之，餘衆皆悉坑之。三秦、河、渭、瓜、涼、鄯州咸來歸款。[4]賊帥夏州人宿勤明達降復叛，[5]岳又討禽之。天光雖爲元帥，而岳功效居多，進封樊城縣伯。尋詔岳都督、涇州刺史，[6]進爵爲公。

[1]万俟道洛：人名。亦稱万俟道樂，鮮卑族。北魏末關隴起義軍將領。万俟醜奴部屬。　牽屯：山名。即今寧夏涇源縣六盤山。

[2]略陽：縣名。治所在今甘肅秦安縣東北隴城鎮。　賊帥：四庫本作“城帥”。按：《北史》卷四八《尒朱榮傳》、《魏書》卷七五《尒朱天光傳》作“賊帥”，據文意可知爲“賊帥”，今從底本。　王慶雲：人名。略陽（今甘肅秦安縣東北）人。北魏惠哀帝建明元年（530），在水洛城（今甘肅莊浪縣）稱帝，不久，兵敗於尒朱天光，被坑殺。

[3]水洛城：縣名。治所在今甘肅莊浪縣。底本作“永洛城”。源氏校勘記云：“‘永’《周書》作‘水’。”中華本校勘記云：“諸本‘水’訛‘永’，今改正。參見卷四八《尒朱天光傳》校記。”今從改。

[4]三秦：地區名。秦州（今甘肅天水市）、東秦州（今陝西隴縣東南）、南秦州（今甘肅西和縣）的合稱。　河：州名。北魏時治枹罕，在今甘肅臨夏市。　渭：州名。北魏時治襄武縣，在今

甘肅隴西縣西南。　瓜：州名。北魏時治敦煌縣，在今甘肅敦煌市西。　凉：州名。北魏時治姑臧縣，在今甘肅武威市。　鄯：州名。北魏時治西都縣，在今青海樂都縣。

［5］夏州：北魏時治大夏（統萬城），在今陝西靖邊縣白城子村無定河北岸的毛烏素沙漠中（靠近今内蒙古烏審旗南境）。　宿勤明達：人名。夏州人。北魏末起義軍首領。爲尒朱天光敗，於京師問斬。

［6］涇州：北魏時治安定縣，在今甘肅涇川縣北。

天光入洛，使岳行雍州事。普泰初，除都督、岐州刺史，進清水郡公，[1]尋加侍中，給後部鼓吹。[2]進位開府儀同三司，兼尚書左僕射、隴右行臺，[3]仍停高平。後以隴中猶有土人不順，岳助侯莫陳悦，所在討平之。二年，加都督、雍州刺史。天光將拒齊神武，遣問計於岳。岳曰："莫若且鎮關中，以固根本。"天光不從，後果敗。岳率軍下隴赴雍，禽天光弟顯壽以應齊神武。

［1］清水：郡名。北魏時治清水縣，在今甘肅清水縣西。

［2］後部鼓吹：演奏鼓吹樂的樂隊。本用於軍中，後賜予有功大臣，遂成爲皇帝賜予臣下的一種禮遇。

［3］隴右：地區名。泛指隴山以西地區，約當今甘肅隴山、六盤山以西和黄河以東一帶。

及孝武即位，加關中大行臺。永熙二年，孝武密令岳圖齊神武，遂刺心血，持以寄岳。岳懼，乃自詣北境，安置邊防，率衆趣平凉西界，布營數十里，託以牧馬於原州，[1]爲自安之計。先是，費也頭万俟受洛干、

鐵勒斛律沙門、解拔彌俄突、紇豆陵伊利等擁衆自守，[2]至是皆款附。秦、南秦、河、渭四州刺史又會平涼，[3]受岳節度。唯靈州刺史曹泥不應召，[4]通使於齊神武。神武乃遣左丞翟嵩使至關中，[5]間岳及侯莫陳悦。三年，岳召悦會於高平，將討曹泥，令悦前驅。而悦受神武指，密圖岳。岳弗之知而先又輕悦，悦乃誘岳入營，共論兵事。悦詐云腹痛，起而徐行，令其婿元洪景斬岳於幕中。朝野莫不痛惜之。贈侍中、太傅、録尚書事、都督關中二十州諸軍事、大將軍、雍州刺史，[6]謚曰武壯。翟嵩復命于神武，神武下床鳴其頰曰："除吾病者卿也，何日忘之！"後岳部下收岳尸，葬於雍州北石安原，[7]葬以王禮。

[1]原州：北魏時治高平城，在今寧夏固原市。

[2]費也頭：匈奴别部之一。北魏時活動於今山西、陝西兩省間黄河南段以西一帶。東魏孝静帝天平元年（534），高歡曾攻費也頭紇豆陵伊利於河西，遣其部於河東。　万俟受洛干：人名。即万俟洛。字受洛干，太平（今山西山陰縣東南）人，鮮卑族。北齊將領。見《北史》卷五三《万俟普附万俟洛傳》。毛本、殿本、四部備要本作"万俟受洛于"。按：疑字形相近而訛，今從底本。　斛律沙門：人名。其餘不詳。　解拔彌俄突：人名。後任西魏夏州刺史。　紇豆陵伊利：人名。河西（約今山西吕梁山以西黄河兩岸）人，鮮卑族。孝莊帝永安三年（530），受詔率軍東上進攻尒朱兆，連連獲勝，兵勢日强。後在平樂郡（今山西昔陽縣）爲尒朱兆和高歡聯軍所敗。

[3]秦：州名。北魏時治上封城，在今甘肅天水市。　南秦：州名。北魏時治洛谷城，在今甘肅西和縣洛峪鎮。

［4］靈州：北魏時治薄骨律鎮，在今寧夏靈武市西南。　曹泥：人名。一作“曹埿”。先仕西魏，官至靈州刺史。後降東魏，爲宇文泰所攻。

［5］左丞：官名。即尚書左丞。北魏時爲尚書省佐官，位次尚書，與右丞共掌尚書省庶務。四品上。

［6］太傅：官名。爲輔弼君王的大臣。東魏時與太師、太保並號三師，位居太師下、太保上。一品。

［7］石安原：地名。在今陝西涇陽縣南。

子緯嗣，拜開府儀同三司。周保定中，[1]録岳舊德，進爵霍國公，尚周文帝女。

［1］保定：北周武帝的年號（561—565）。

侯莫陳悦，代人也。父婆羅門爲駝牛都尉，[1]故悦長於河西。好田獵，便騎射，會牧子作亂，遂歸尒朱榮。榮引爲府長流參軍。[2]莊帝初，除金紫光禄大夫，封柏人縣侯。[3]

［1］婆羅門：人名。北魏時柔然國主。見《北史》卷九八《蠕蠕傳》。　駝牛都尉：官名。掌畜牧駱駝、牛、驢等。

［2］長流參軍：官名。北魏時於諸府内掌捕盗賊及治安等事。

［3］柏人：縣名。治所在今河北隆堯縣西堯城西北。

尒朱天光之討關西，榮以悦爲天光右廂大都督。西伐克獲，皆與天光、賀拔岳略同。除鄯州刺史。尒朱榮死後，亦隨天光下隴。元曄立，進爵爲公，改封白水郡

公。[1]普泰中，除秦州刺史。天光之東出，將抗齊神武，悦與岳下隴以應神武。至雍州，會尒朱覆敗。永熙初，加開府儀同三司、都督隴右諸軍事，仍兼秦州刺史。

[1]白水：郡名。北魏時治白水縣，在今陝西白水縣。

三年，岳召悦共討曹泥，悦誘岳斬之。岳左右奔散，悦遣人安慰，衆皆畏服。悦心猶豫，不即撫納，乃還入隴，止水洛城。岳所部聚於平凉，規還圖悦。周文帝時爲夏州刺史，衆遣奉迎。周文至，遂總岳部衆并家口入高平城，以自安固。乃勒衆入隴征悦。悦聞之，棄城南據山水之險。悦先召南秦州刺史李景和。其夜，景和遣人詣周文，密許翻降。至暮，景和乃勒其所部，使上驢駝，云：“儀同有教，欲還秦州，守以拒賊。”復紿帳下云：“儀同欲還秦州，汝等何不裝辦？”衆謂言實，以次相驚，皆散趣秦州。[1]景和先馳至城，據門以慰輯之。悦部衆離散，猜畏傍人，不聽左右近己。與其二弟并兒及謀殺岳者八九人棄軍迸走，數日之中，盤回往來，不知所趣。左右勸向靈州，而悦不决。言下隴後恐爲人見，乃放馬山中，令從者悉步，自乘一騾，欲往靈州。中路追騎將及，縊死野中。弟、息、部下悉見禽殺。唯先謀殺岳者悦中兵參軍豆盧光，[2]走至靈州，後奔晋陽。

[1]趣：毛本、殿本、四庫本、局本、四部備要本作“趨”。按：“趣”通“趨”。

[2]中兵參軍：官名。亦作“中軍參軍事”。諸公、軍府僚屬之一，掌本府中兵曹事務，兼備參謀咨詢。其品位隨府主地位高低不等。

悦自殺岳後，精神恍惚，不復如常。恒言：“我睡即夢岳語我‘兄欲何處去？’隨逐我不相置。”因此彌不自安，而致敗滅。

念賢字蓋盧，金城枹罕人也。[1]父求就，以大家子戍武川鎮，仍家焉。

[1]金城：郡名。北魏時治子城縣，在今甘肅蘭州市西北。枹罕：鎮名。在今甘肅臨夏市。

賢美容質，頗涉經史。爲兒童時，在學中讀書，有善相者過學，諸生競詣之。賢獨不往，笑謂諸生曰：“男兒死生富貴皆在天也，何遽相乎！”少遭父憂，居喪有孝稱。後以破衛可瓌功，除別將，又以軍功封屯留縣伯。[1]從尒朱榮入洛，兼尚書右僕射、東道行臺，進爵平恩縣公。[2]永熙中，孝武以賢爲中軍北向大都督，[3]進爵安定郡公，加侍中、開府儀同三司。大統初，拜太尉，爲秦州刺史，加太傅，給後部鼓吹。三年，轉太師、都督、河州刺史、大將軍。久之還朝，兼録尚書事。後與廣陵王欣、扶風王孚等同爲正直侍中。[4]時行殿初成，未有題目，帝詔近侍各名之，對者非一，莫允帝心。賢乃爲“圓極”，帝笑曰：“正與朕意同。”即名之。河橋之役，賢不力戰，乃先還，自是名頗減。五

年，除都督、秦州刺史，薨於州。謚曰昭定。

[1]屯留：縣名。治所在今山西長治市西北。

[2]平恩：縣名。治所在今河北曲周縣東南。

[3]北向大都督：中華本校勘記云："《周書》卷一四《念賢傳》'向'作'面'。按當時屢見'四面大都督''西面大都督'，疑作'面'是。"可從。四面大都督，官名。北魏設。爲州級軍事長官。

[4]廣陵王：封爵名。遥封。廣陵，郡名。南朝梁時治廣陵縣，在今江蘇揚州市西北。　欣：即元欣，人名。字慶樂。北魏宗室、西魏官吏。見《北史》卷一九《廣陵王羽附元欣傳》。　扶風王：封爵名。扶風，郡名。北魏時治好畤縣，在今陝西乾縣東。　孚：即元孚，人名。字秀和。北魏宗室、西魏官吏。見《北史》卷一六《臨淮王譚附元孚傳》。底本作"季"，中華本校勘記云："諸本'孚'作'季'。張森楷云：'"季"當作"孚"。時有扶風王孚，無名"季"者。'按張説是。孚見本書卷一六《臨淮王譚傳》。'季'乃'孚'之訛，今據改。"今從改。　正直侍中：官名。指諸侍中主要值事者，由侍中輪流擔任。御駕出時，由其主持儀式，並陪乘。

賢於諸公，皆爲父黨，自周文以下，咸拜敬之。

子華，性和厚，有長者風。官至開府儀同三司、合州刺史。[1]

[1]合州：西魏時治合肥城，在今安徽合肥市。

梁覽，字景叡，金城人也。其先出自安定，避難走

西羌，[1]世爲部落酋帥。曾祖穆，以枹罕城歸吐谷渾，[2]後又歸魏，封臨洮公。[3]祖顯，爲尚書，封南安公。[4]父釗，河、華二州刺史，[5]封新陽縣伯。[6]

[1]西羌：西漢時對羌人的泛稱。因其居住地偏西，故稱西羌。亦指東漢羌人内徙定居於隴西、漢陽、金城等郡的一支。

[2]吐谷渾：族名。又稱吐渾、退渾。原爲鮮卑族慕容部的一支，先祖游牧於徒河青山（今遼寧義縣東）。西晋時，遷徙於今甘肅、青海一帶。十六國時，先後受到前凉、西秦等追逐，幾乎亡國。後再度崛起，北魏太武帝時達到最强盛。在北魏打擊下，一度退到今新疆一帶。以游牧爲生。見《北史》卷九六《吐谷渾傳》。

[3]臨洮公：封爵名。臨洮，郡名。北魏時治臨洮縣，在今甘肅岷縣。

[4]南安公：封爵名。南安，郡名。北魏時治?道縣，在今甘肅隴西縣東南。

[5]華：州名。北魏獻文帝皇興二年（468）置，治定安縣，在今甘肅寧縣。孝文帝延興二年（472）改置三縣鎮。太和十一年又置華州，治李潤堡，在今陝西蒲城縣東北。宣武帝永平三年（510）移治華陰縣，在今陝西大荔縣。

[6]新陽：縣名。治所在今甘肅武威市一帶。

覽家世豪富，貲累千金。孝昌初，秦州莫折念生、胡琛等反，[1]散財招募，有三千人，[2]鎮河州。從大軍平賊，歷凉、河二州刺史，[3]封安德縣侯。[4]覽既爲本州刺史，盛修甲仗，人馬精鋭。吐谷渾憚不敢出，皆曰：“梁公在，未可行也。”永安中，詔大鴻臚琅邪王皓就策授世爲河州刺史。[5]永熙中，改封郡公。大統二年，加

太尉。其年，覽從弟㑋定反，[6]欲圖覽，覽與數戰未能平，王師至，始破之。四年，遷太傅。

[1]莫折念生：人名。秦州（今甘肅天水市）人，羌族。北魏末關隴起義軍將領。爲部將杜粲所殺，全家遇害。　胡琛：人名。高平（今寧夏固原市）人。高車族酋長。北魏末各族起義軍首領之一。

[2]三千人：毛本、殿本、四庫本、四部備要本作“二千人”。未詳孰是。

[3]凉：毛本、殿本、四庫本、四部備要本作“梁”。梁，州名。北魏時治南鄭，在今陕西漢中市。

[4]安德：縣名。治所在今山東平原縣東北。

[5]大鴻臚：官名。北魏時掌賓客接待、朝禮和封爵儀式等。三品。

[6]㑋定：即梁㑋定，人名。宕昌（今甘肅宕昌縣西南）人。羌族首領。北魏末，與吐谷渾聯兵攻掠金城，後爲西魏所敗。西魏文帝大統四年，封西安蕃王，授南洮州刺史。後改洮州爲岷州，仍爲刺史。梁㑋定反復無常，後爲其部下所殺。

及河橋之役，王師敗，時病留長安，趙青雀反北城，[1]覽爲之謀主。事平，乃見殺。

[1]趙青雀：人名。東魏、西魏官吏。沙苑之戰被俘後投歸北周，曾任都督。

子鸛雀，位儀同三司、大都督，後坐事免，死。

雷紹，字道宗，武川鎮人也。九歲而孤。有膂力，

善騎射。年十八，給事鎮府。嘗使洛陽，見京都禮義之美，還謂同僚曰："徒知邊備尚武，以圖富貴；不謂文學，身之寶也。生世不學，其猶穴處，何所見焉？"遂逃歸，辭母求師，經年，通《孝經》《論語》。嘗讀書，至人行莫大於孝，乃投卷嘆曰："吾離違侍養，非人子之道。"即還鄉里，躬耕奉養。遭母憂，哀毁骨立，由是知名。鎮將召補鎮佐。

後隨賀拔岳征討，爲岳長史。岳有大事，常訪而後行。及齊神武起兵，岳恥居其下。紹乃勸岳迎孝武西都長安，以順討逆。岳曰："吾本意也。"後岳信諸將言，欲保關中，坐觀成敗，紹知計不用，請爲邊州，建功效。岳曰："君有毗佐之力，當總大州。"遂以紹爲京兆太守。[1]清平理物，甚得人和。

[1]京兆：郡名。北魏時治霸城縣，在今陝西西安市東北。

在郡踰年，岳被害。初，紹見岳數與侯莫陳悦宴語，嘗謂岳曰："公其慎之！"岳不從，果及於難。紹乃棄郡，馳赴岳軍，與寇洛等迎周文帝。[1]悦平，以功授大都督、凉州刺史。紹請留所領兵以助東討，請單騎赴州。刺史李叔仁擁州逆命，[2]紹遂歸。永熙三年，以紹爲渭州刺史，進爵昌國伯。[3]初紹爲岳長史，周文爲岳左丞，及居相，常以恩舊接之。卒於州。

[1]寇洛：人名。上谷昌平（今北京昌平區）人。北魏、西魏將領。見《北史》卷五九《寇洛傳》。

[2]李叔仁：人名。隴西（今甘肅隴西縣東南）人。北魏、西魏將領。見《北史》卷三七《李叔仁傳》。

[3]昌國：縣名。治所在今山西繁峙縣西。

紹性好施，禄賜皆分贍親故，及死日，無以送終。兼敬信佛道，遺敕其子曰："吾本鄉葬法，必殺大馬，[1]於亡者無益，汝宜斷之，斂以時服，事從約儉。"還葬長安，天子素服臨弔，贈太尉，賜東園秘器。子涣。

[1]大馬：毛本、殿本、四庫本、局本、四部備要本作"犬馬"。按：未詳孰是。

毛遐，字鴻遠，北地三原人也。[1]世爲酋帥。曾祖天愛，太武時至定州刺史、始昌子。[2]傳至遐，四世不絶。

[1]北地：郡名。北魏時治泥陽縣，在今陝西富平縣北。　三原：縣名。治所在今陝西三原縣北清水峪。

[2]始昌子：封爵名。始昌，縣名。治所在今四川廣安市北。

正光中，蕭寶夤爲大都督，討關中諸賊，咸陽太守韋邃時爲都督，[1]以遐爲都督府長史。寶夤敗還長安，三輔騷擾。[2]遐因辭邃還北地，與弟鴻賓聚鄉曲豪傑，遂東西略地，氐、羌多赴之，共推鴻賓爲盟主。既而賊帥宿勤買奴自號京兆王於北地，[3]遐詐降之，而與鴻賓攻其壁。賊自相斫射，縱兵追擊，七栅皆平。

[1]咸陽：郡名。北魏時治池陽縣，在今陝西涇陽縣。

[2]三輔：即西漢時於京畿之地所設京兆尹、左馮翊、右扶風的合稱，相當今陝西關中地區。

[3]宿勤買奴：人名。其餘不詳。

後寶夤構逆謀，遐知之，乃寄書與鴻賓，索馬迎接，復於馬祇栅建旗鼓以拒寶夤，攻其將盧祖遷，禽之。寶夤以是日拜南郊，竊號，禮未畢而告敗。寶夤懼，口乾色變，不遑部伍，人皆亂還。詔授遐南豳州刺史，[1]進爵爲伯。遐又攻破其將侯終德。寶夤知内外勢異，輕將十數騎走巴中。[2]冬，万俟醜奴陷秦州，詔以遐兼尚書、二州行臺。孝武帝入關，敕周文帝置二尚書，分掌機事，遐與周惠達始爲之。[3]稍遷驃騎大將軍、儀同三司，卒。

[1]南豳州：北魏時治新平城，在今陝西彬縣東北。底本作“南幽州”，中華本校勘記云：“諸本‘豳’作‘幽’。錢氏《考異》卷三九云：‘“幽”當作“豳”。’按《魏書》卷五九《蕭寶夤傳》，言寶夤於孝昌三年四月曾授雍、岐、涇、南豳四州諸軍事。《隋書・地理志上》北地郡注云：‘後魏置豳州。’又於新平縣下注云：‘舊曰白土，西魏置豳州。’楊守敬《隋書地理志考證》卷一引《太平寰宇記》《魏書・楊椿傳》《蕭寶夤傳》，以爲白土之豳州，即南豳州，不始置於西魏。毛遐所授之州，即此地。錢説是，今據改。”今從改。

[2]巴中：縣名。治所在今四川綿陽市東。

[3]周惠達：人名。字懷文，章武文安（今河北文安縣）人。西魏大臣。見《北史》卷六三《周惠達傳》。

遐少任俠，有智謀。世爲豪右，貲産巨億，士流貧乏者，多被賑贍。故中書郎檀翥、尚書郎公孫範等，[1]常依託之。至於自供衣食，粗弊而已。死之日，鄉黨赴葬，咸共痛惜。

[1]中書郎：官名。魏晋南北朝時常用作中書侍郎、中書通事郎的省稱。北魏時負責草擬詔令。孝文帝太和十七年定爲四品上，二十三年之後爲從四品上。北齊沿置，從四品。　檀翥：人名。字鳳翔，高平金鄉（今山東金鄉縣）人。北魏、西魏官吏。見《北史》卷七〇《檀翥傳》。　尚書郎：官名。凡尚書曹郎、郎中、侍郎皆可簡爲此稱，掌收發文書奏章庶務，可直接向皇帝奏報本職政務。六品。

鴻賓大鼻眼，多鬢鬚，黑而且肥，狀貌頗異，氐、羌見者皆畏之。加膽略騎射，俶儻不拘小節。昆季之中，[1]尤輕財好施。遐雖云早立，而名出其下。及賊起，鄉里推爲盟主，常與遐一守一戰。後拜岐州刺史、散騎常侍、開國縣侯。[2]遐笑謂鴻賓曰："擊賊之功，吾不居汝後，至於受賞，汝在吾前，當以德濟物，不及汝故。"明帝以鴻賓兄弟所定處多，乃改北地郡爲北雍州，[3]鴻賓爲刺史。詔曰："此以晝錦榮卿也。"改三原縣爲建中郡，以旌其兄弟。[4]

[1]昆季：弟兄。

[2]開國縣侯：封爵名。漢列侯以縣封者爲上等。西晋正式列

爲一級爵，在郡侯之下、伯之上，以始封者稱之。南北朝因之，品秩位次不一。

［3］北雍州：北魏時治華原縣，在今陝西銅川市耀州區。

［4］建中：郡名。北魏時治三原縣，在今陝西淳化縣東。中華本校勘記云："《隋書·地理志上》京兆郡三原縣下云：'後周置建忠郡。'按《隋書》作'後周'誤。但既是以旌表毛遐兄弟立名，則字當作'忠'。"可從。

後介朱天光自關中還洛，夷夏心所忌者，皆將自隨。鴻賓亦領鄉中壯武二千人以從。洛中素聞其名，衣冠貧冗者，競與之交。尋拜西兗州刺史。[1] 羇寓倦游之輩，四座常滿，鴻賓資給衣食，與己悉同，私物不足，頗有公費。轉南青州刺史。未幾，徵還，爲有司所糾，鴻賓遂逃匿人間。月餘，特詔原之。

［1］西兗州：北魏時治定陶城，在今山東定陶縣定陶鎮；後徙治左城，在今山東曹縣韓集鎮堤上范村。

及孝武帝與齊神武有隙，令鴻賓鎮潼關，爲西道之寄。車駕西幸，漿糗乏絶，侍官三二日間，唯飲澗水，鴻賓奉獻酒食，迎於稠桑，[1] 文武從者，始解飢渴。武帝把其手曰："寒松勁草，所望於卿也。事平之日，寧忘主人。"仍留守潼關。後神武來寇，見禽至并州，憂恚卒。

［1］稠桑：驛名。一名桑田邑，在今河南靈寶市北黃河南岸。

鴻賓弟鴻顯，位散騎常侍，封縣侯。遐乳母所産也，一字七寶。遐養之爲弟，因姓毛氏。勁悍多力，後隨諸兄戰鬥，多先鋒陷陣。大統四年，爲廣州刺史，與駱超鎮東陽，[1]陷東魏。卒。子野叉。

[1]東陽：中華本校勘記云："按《北齊書》卷二二《盧文偉傳》附《盧勇傳》，有元象元年廣州守將駱超以城降東魏事。據《魏書·地形志中》，廣州治魯陽，則此'東陽'當是'魯陽'之訛。"可從。魯陽，郡名。北魏時治山北縣，在今河南魯山縣。

乙弗朗，字通照，其先東部人也。世爲部落大人，與魏徙代，後因家上樂焉。[1]

[1]上樂：地名。今地不詳。

朗少有俠氣，在鄉里以善騎射稱。孝莊末，[1]北邊擾亂，避地居并、肆間。尒朱榮見而重之，甚相接待，以功封蓮勺子。[2]後隸賀拔岳，從尒朱天光西討，爲岳左厢都督。孝武帝之禦齊神武，授朗閤内大都督。[3]及帝西入，詔朗爲軍司，[4]先驅靖路。至長安，封長安縣公。卒於岐州刺史。

[1]孝莊：中華本校勘記云："按'孝莊'當爲'孝明'之誤。"可從。

[2]蓮勺：縣名。治所在今湖北鍾祥市西北。

[3]閤内大都督：官名。北魏末置。統領皇帝左右的侍衛親軍。

位在閤内都督之上。

[4]軍司：官名。爲諸軍府主要僚屬，佐主帥統帶軍隊，負有匡正監察主帥之責，地位很高，常繼任主帥。

初，朗患積冷，周文賜三石東生散，[1]令朗法服之，使人問疾，朝夕相繼，見重如此。臨終惟云“恨不見河洛清平，重反京縣”，以此爲恨，三舉手搥床，而便氣盡。贈太尉。

[1]東生散：粉末狀藥物。可治積冷。

子鳳，位宫伯、開府儀同三司。[1]與周閔帝謀宇文護，[2]見殺。

[1]宫伯：官名。左右宫伯中大夫之簡稱。爲天官府屬官，掌侍衛禁軍武官。正五命。

[2]閔帝：即北周皇帝宇文覺。閔爲其謚號。　宇文護：人名。字薩保，代郡武川（今内蒙古武川縣西）人，鮮卑族。宇文泰侄子，宇文顥之子。北周宗室、權臣。見《北史》卷五七《邵惠公顥附宇文護傳》。

論曰：朱瑞以向義受戮，延慶以違順遇禍，各其命焉。斛斯椿屢踐危機，終獲貞吉，豈人謀之所致也？徵洽聞强記，以夔、襄任己，終使咸、英不墜，韶、濩惟新。加以盡心所事，無忘直道，抗辭正色，顛沛不渝，蓋有周之忠烈乎。賈顯智、樊子鵠、侯深等并驅馳風塵

之際，但自陷夷戮，觀其遺迹，雖獲罪於霸政，求之有魏，得失未可知也。

賀拔允昆季以勇略之資，當馳競之日，並邀時投隙，展效立功。始則委質尒朱，中乃結款高氏，太昌之後，[1]即帝圖高，察其所由，固非守節之士。及勝垂翅江左，憂魏室之危亡，奮翼關西，感梁朝之顧遇，有長者之風矣。終能保榮持寵，良有以焉。岳以二千羸兵，抗三秦勍敵，奮其智勇，克翦凶渠，雜種畏威，遐方慕義，斯亦一時之盛矣。卒以勳高速禍，無備嬰戮，惜哉！昔陳涉首事不終，[2]有漢因而創業；賀拔功成夙殞，周文籍以開基。不有所廢，君何以興？信乎其然矣。

[1]太昌：毛本、局本作“大”。按：“太”“大”古通。

[2]陳涉：即秦末起義軍首領陳勝。見《史記》卷四八《陳涉世家》。

侯莫陳悦肆行殘慝，死不旋踵，觀其亡滅，蓋自取之。念賢有始有卒，取敬群公。梁覽終以取禍，鮮克之義。雷紹馳騖雲雷之秋，毛遐兄弟致力經綸之日，乙弗朗展轉擾攘之中，卒獲歸順，美矣！

今注本二十四史

北史

七

傳〔四〕

唐 李延壽 撰

李憑 靳寶 主持校注

中国社会科学出版社

北史　卷二六

列傳第十四

宋隱 從子愔 愔孫弁 弁孫欽道 弁族弟翻 翻弟子世良 世軌 翻弟世景　許彥 五世孫惇　刁雍 子遵 曾孫沖 柔　辛紹先　韋閬 孫子粲　杜銓

宋隱字處默，西河介休人也。[1]曾祖奭，祖活，父恭，世仕慕容氏，位並通顯。慕容儁徙鄴，[2]恭始家於廣平列人焉。[3]

[1]西河：郡名。北魏時治茲氏城，在今山西汾陽市城區。　介休：縣名。治所在今山西介休市。

[2]慕容儁：人名。字宣英，昌黎棘城（今遼寧北票市章吉營子鄉三官營子村）人，鮮卑族。十六國時前燕君主。見《北史》卷九三《慕容廆附慕容儁傳》。　鄴：城名。在今河北臨漳縣西南鄴鎮。

[3]廣平：郡名。十六國前燕時治廣平縣，在今河北雞澤縣東南。　列人：縣名。治所在今河北肥鄉縣。

隱性至孝，專精好學。仕慕容垂，[1]位本州別駕。[2]

道武平中山，[3]拜隱尚書吏部郎，[4]積遷行臺右丞，[5]領選。以老病乞骸骨，不許。尋以母喪歸列人，既葬被徵，乃棄妻子匿於長樂，[6]數年而卒。臨終，謂其子經曰：[7]"汝等苟能入順父兄，出悌鄉黨，仕郡幸而至功曹史，[8]以忠清奉之，足矣。不勞遠詣臺閣，恐汝不能富貴，徒延門户累耳。若忘吾言，是死若父也。[9]使鬼有知，吾不歸食矣。"

[1]慕容垂：人名。本名霸，字道業，小字阿六敦，後改名垂，字道明，昌黎棘城（今遼寧北票市章吉營子鄉三官營子村）人，鮮卑族。十六國時後燕開國君主。見《北史》卷九三《慕容垂傳》。

[2]本州：指冀州。十六國後燕時治廣阿縣（今河北隆堯縣東），領廣平、魏郡等十九郡。　別駕：官名。爲州刺史僚屬。因隨刺史行部，別乘傳車而名之。又作"別駕從事""別駕從事史"。北魏後期漸由朝廷任命。其位雖崇，但職任漸爲府佐所奪。品秩依州品不同，自正五品至正七品不等。

[3]道武：即北魏皇帝拓跋珪。道武爲其謚號。　中山：十六國後燕的國都，在今河北定州市。

[4]尚書吏部郎：官名。主管官吏選任調動事務，對五品以下官吏任免有建議權。北魏孝文帝太和十七年（493）定爲從四品上，二十三年定爲四品上。

[5]行臺右丞：官名。行臺尚書右丞的省稱。北魏置，負責行臺尚書都省庶務。

[6]長樂：郡名。北魏時治信都縣，在今河北冀州市。

[7]謂其子經曰：殿本、局本、四部備要本作"謂其子姪曰"，《魏書》卷三三《宋隱傳》作"謂其姪等曰"。按：下文有"汝等"之語，應爲"謂其姪"或"謂其子姪"。疑底本誤。

[8]功曹史：官名。職掌人事，在諸曹掾史中地位最高。

[9]是死若父也：不可解。《魏書·宋隱傳》作"是爲無若父也"。疑是。

隱弟宣，[1]字道茂，與范陽盧玄、勃海高允、博陵崔建、從子愔俱被徵，[2]拜中書博士。[3]後拜侍郎、行司隸校尉。[4]卒，謚曰簡侯。

[1]隱弟宣：中華本校勘記云："按《魏書》卷三三《宋隱傳》，隱叔父治，治第四子宣。則宣是隱從弟。這裏疑脱'從'字。"可從。

[2]范陽：郡名。北魏時治涿縣，在今河北涿州市。 盧玄：人名。字子真，范陽涿（今河北涿州市）人。北魏官吏。見《北史》卷三〇《盧玄傳》。 勃海：郡名。北魏時屬冀州，初治南皮縣，在今河北南皮縣東北，後移治東光縣，在今河北東光縣。 高允：人名。字伯恭，勃海蓨（今河北景縣）人。北魏大臣。見《北史》卷三一《高允傳》。 博陵：郡名。北魏時治魯口城，在今河北饒陽縣。 崔建：人名。字興祖，博陵（今河北安平縣）人。北魏時官居廷尉正，爵安平子。

[3]中書博士：官名。爲中書教授博士、中書教學博士的省稱，北魏始置。屬中書學，選用博學之士擔任，教授中書學生。任職者升遷較易，多升爲中書省、門下省要職。

[4]侍郎：官名。北魏時置於禁中，掌侍衛宫禁。 司隸校尉：官名。掌糾察百官違失。北魏初曾置，後罷，職歸司州牧、司州刺史。底本作"司徒校尉"，中華本校勘記云："諸本'隸'作'徒'，《魏書》作'隸'。按司徒屬官無校尉。司隸校尉乃漢魏舊官名，北魏初期，可能沿用。本書卷三一、《魏書》卷四八《高允傳》，載允所撰《徵士頌》，也稱宋宣官爲行司隸校尉。今據改。"今從改。

宣子謨，字乾仁，襲爵，卒於遼西太守。[1]子鸞襲爵，位東莞太守。[2]

[1]遼西：郡名。北魏時治肥如縣，在今河北盧龍縣北。
[2]東莞：郡名。北魏時治莒縣，在今山東莒縣東北。

鸞弟瓊，字普賢，以孝稱。母曾病，季秋月思瓜。瓊夢想見之，求而遂獲，時人異之。卒於家。

愔歷中書博士、員外散騎常侍，[1]使江南。爵列人子。[2]卒於廣平太守。[3]長子顯襲爵。顯無子，養弟子弁爲後。

[1]員外散騎常侍：官名。掌規諫，不典事，屬門下省。北魏時置六員，孝文帝太和十七年定爲從三品上，二十三年定爲五品上。

[2]爵列人子：中華本校勘記云："按上引高允《徵士頌》作'列人侯'。錢氏《考異》卷三九云：'按《魏書》，隱第三子温，世祖時徵拜中書博士，卒，追贈列人定侯。疑温與愔本一人耳。'"可從。

[3]廣平：郡名。北魏時治曲梁城，在今河北永年縣東南。

弁字義和。父叔珍，娶趙郡李敷妹，[1]因敷事而死。弁至京師，見尚書李沖，[2]因言論移日。[3]沖異之，退曰："此人一日千里，王佐才也。"顯卒，弁襲爵。弁與李彪州里，[4]迭相祇好。[5]彪爲秘書丞，[6]請爲著作佐郎。[7]遷尚書殿中郎中。[8]孝文曾因朝會次，歷訪政道。[9]弁年少官微，自下而對，聲姿清亮，進止可觀。帝稱善者久之。因是大被知遇，賜名爲弁，意取弁和獻玉，楚王不知寶之也。[10]

[1]趙郡：北魏時治平棘縣，在今河北趙縣。　李敷：人名。字景文，趙郡平棘（今河北趙縣）人。北魏官吏。見《北史》卷三三《李順附李敷傳》。

[2]李沖：人名。一名思沖，字思順，隴西狄道（今甘肅臨洮縣）人。北魏大臣。見《北史》卷一〇〇《涼武昭王李暠附李沖傳》。

[3]移日：不短的時間。

[4]李彪：人名。字道固，頓丘衛國（今河南清豐縣東南）人。北魏大臣。見《北史》卷四〇《李彪傳》。　州里：同鄉的人。

[5]迭相：相繼，輪番。　祗（zhī）好：尊敬友好。

[6]秘書丞：官名。北魏時多參領著作事，主修撰國史及起居注，並得參預議定禮儀制度。孝文帝太和十七年定爲四品下，二十三年定爲五品上。

[7]著作佐郎：官名。北魏時屬秘書省著作局置四員，掌搜集史料，供著作郎撰史。南北朝後期成爲士族高門子弟的起家之官。孝文帝太和十七年定爲從五品上，二十三年定爲七品。

[8]尚書殿中郎中：官名。爲親近皇上的文學侍從之官，多用文學之士。北魏時屬殿中尚書，領宫内兵馬，典宫殿禁衛。孝文帝太和十七年定郎中爲五品上，郎從五品中，二十三年皆稱郎中，六品。

[9]孝文：即北魏皇帝元宏。孝文爲其謚號。　會次：朝會的時候。　政：《魏書》卷六三《宋弁傳》作"治"，《北史》避唐高宗李治諱改。

[10]弁和獻玉楚王不知寶之也：弁和向楚王獻上和氏璧，但楚王却不知是寶貝。弁和，人名。一作“卞和”“和氏”。春秋時楚國人。曾向楚王獻和氏璧。見《韓非子》卷四《和氏》。也，殿本、局本、四部備要本作“義”。

遷中書侍郎兼員外散騎常侍，[1]使齊。齊司徒蕭子良、秘書丞王融等皆稱美之，[2]以爲志氣謇諤不逮李彪，[3]而體韻和雅，舉止閑邃過之。[4]轉散騎侍郎。[5]時散騎位在中書之右。孝文曾論江左事，問弁在南興亡之數。弁以爲蕭氏父子無大功於天下，既以逆取，不能順守，必不能貽厥孫謀，[6]保有南海。若物憚其威，身免爲幸。後車駕南征，以弁爲司徒司馬、東道副將。[7]軍人有盜馬靽者，[8]斬而徇，於是三軍震懼，莫敢犯法。

[1]中書侍郎：官名。三國魏文帝黄初中始置。北魏沿置，掌承皇帝旨意，草擬政令等，員四人。孝文帝太和十七年定爲四品上，二十三年定爲從四品上。　員外散騎常侍：官名。西晋武帝時置。初爲正員之外添差之散騎常侍，無員數。後成爲定員官。北魏沿置，初多以公族、宗室充任，雖是閑職，仍爲顯官。孝文帝太和十七年定爲從三品上，二十三年改爲五品上。《魏書》卷六三《宋弁傳》作“員外常侍”，未見北魏時置此官。疑《魏書》脱“散騎”二字。

[2]司徒：官名。南朝齊時丞相、相國皆爲贈官，司徒則實授，或録尚書事。　蕭子良：人名。字雲英，南蘭陵蘭陵（一説在今江蘇常州市，一説在今江蘇丹陽市）人。南朝齊宗室，齊武帝之子。見《南齊書》卷四〇《竟陵文宣王子良傳》。　秘書丞：官名。負責圖書典籍的管理，出任者多爲僑姓高門。　王融：人名。琅邪臨

沂（今山東臨沂市）人。南朝齊官吏。見《南齊書》卷四九《王奂傳》。

[3]謇諤：正直敢言。　不逮：不及。

[4]閑邃：閑静深遠。

[5]散騎侍郎：官名。掌侍從左右、諫諍糾劾，收納章奏。北朝兼領修史，地位略高於南朝。北魏孝文帝太和十七年定爲四品上，二十三年定爲五品上。

[6]貽厥孫謀：爲子孫的將來做好安排。

[7]司徒司馬：官名。司徒府屬吏，掌武事。北魏孝文帝太和十七年公府司馬定爲四品中，二十三年定爲四品。

[8]馬靽（bàn）：繫馬的繩子。

黄門郎崔光薦弁自代，[1]帝不許，亦賞光知人。未幾，以弁兼司徒左長史。[2]時大選内外群官，并定四海士族，弁專參銓量之任，事多稱旨。然好言人之陰短。高門大族意所不便者，弁因毁之；至於舊族淪滯而人非可忌者，[3]又申達之。[4]弁又爲本州大中正，[5]姓族多所降抑，[6]頗爲時人所怨。遷散騎常侍，[7]尋遷右衛將軍、領黄門。[8]弁屢自陳讓，帝曰："吾爲相知者，卿亦不可有辭。豈得專守一官，不助朕爲政！且常侍者，黄門之庶兄，領軍者，三衛之假攝，[9]不足空存推讓，以棄大委。"其被知遇如此。

[1]黄門郎：官名。爲黄門侍郎、給事黄門侍郎的省稱。北魏時爲郎官之加官，侍從皇帝於宫門之内，與侍中俱掌門下事。孝文帝太和二十三年定爲四品上。　崔光：人名。本名孝伯，字長仁，孝文帝賜名光，東清河鄃（今山東淄博市）人。北魏大臣。見

《北史》卷四四《崔光傳》。

[2]司徒左長史：官名。與司徒右長史並爲司徒府僚屬之長，佐司徒總管府内諸曹，位在司徒右長史上。北魏孝文帝太和十七年定爲四品上，二十三年定爲從三品。

[3]淪：没落。　滯：沉抑。

[4]申達：使顯達。

[5]大中正：官名。魏晋南北朝時負責評定士族内部品第。北魏後期選任漸濫，恩幸、閹官亦有任此職者。

[6]姓族：殿本、四庫本、四部備要本作“世族”。

[7]散騎常侍：官名。北魏時掌侍從左右、圖書文翰、諫諍拾遺，收納轉呈文書奏事，兼領修史，仍爲閑散之職。北魏初一度掌出令，位在中書令上。孝文帝太和十七年定爲二品下，二十三年定爲從三品。

[8]右衛將軍：官名。負責宫禁宿衛。北魏孝文帝太和十七年定爲從二品下，二十三年定爲三品。

[9]且常侍者黄門之庶兄領軍者三衛之假攝：殿本、四庫本、局本、四部備要本“庶兄”作“矗冗”。源氏校勘記云：“‘三’，《魏書》作‘二’。”中華本校勘記云：“殿本從《魏書》卷六三《宋弁傳》改‘庶兄’爲‘矗冗’。按散騎常侍官階在黄門侍郎之上，但是所謂‘諷議左右，從容獻納’的閑官；黄門侍郎在門下省，‘掌獻納諫正及司進御之職’，却是機要位置，故以‘庶兄’譬喻常侍。疑《魏書》誤。又《魏書》‘三衛’作‘二衛’。按‘二衛’指左衛將軍、右衛將軍。領軍將軍與左右二衛，都掌宿衛，地位相當。‘三衛’疑誤。”可從。領軍，官名。魏晋南北朝時資深者稱領軍將軍，資輕者稱中領軍，職掌相同，多由中領軍遷領軍將軍，一般不並置。衹有北魏孝文帝太和十七年職員令中有領軍，二品中。假攝，官制用語暫時代行職權。

孝文北都之選，李沖多所參預，頗抑宋氏。弁恨沖而與李彪交結，雅相知重。及彪之抗沖，沖謂彪曰："爾如狗耳！爲人所嗾。"[1]及沖劾彪，不至大罪，弁之力也。彪除名，弁大相嗟慨，密圖申復。

[1]嗾（sǒu）：指使。

孝文在汝南不豫，[1]大漸，[2]旬餘日不見侍臣，左右唯彭城王勰等數人而已。[3]小瘳，[4]乃引見門下及宗室長幼諸人。入者未能皆致悲泣，惟弁與司徒司馬張海歔欷流涕，[5]由是益重之。車駕征馬圈，[6]留弁以本官兼祠部尚書，[7]攝七兵事。[8]及行，執其手曰："國之大事，在祀與戎，故令卿綰攝二曹。"弁頓首辭謝。

[1]汝南：郡名。北魏時治上蔡縣，在今河南汝南縣。　不豫：天子有病的諱稱。

[2]大漸：病危。

[3]彭城王：封爵名。彭城，郡名。北魏時治彭城縣，在今江蘇徐州市。　勰：即元勰，人名。字彦和。北魏宗室，獻文帝之子。見《北史》卷一九《彭城王勰傳》。

[4]瘳（chōu）：病愈。

[5]惟弁與司徒司馬張海歔欷流涕：《魏書》卷六三《宋弁傳》作"弁獨進及御床歔欷流涕"。按：未詳孰是。

[6]馬圈：城名。在今河南鎮平縣南。

[7]祠部尚書：官名。北魏時或稱儀曹、祠曹、神部尚書。掌尚書省祠部曹，管祭祀禮儀。

[8]七兵：尚書省七兵曹及其長官的省稱。三國魏時始置五兵

尚書，掌管軍事行政，領中兵、外兵、騎兵、别兵、都兵五曹。晋分中兵、外兵爲左、右曹，實領七曹。北魏時亦置。孝文帝太和十七年定爲從二品中，二十三年定爲三品。

弁劬勞王事，[1]恩遇亞於李沖。帝每稱弁可爲吏部尚書，[2]及崩，遺詔以弁爲之。與咸陽王禧等六人輔政，[3]而弁先卒。年三十八。[4]贈瀛州刺史，[5]謚曰貞順。

[1]劬（qú）勞：勞累。

[2]吏部尚書：官名。三國魏時改選部尚書置，爲尚書省吏部曹長官。兩晋南北朝沿置，職掌官吏銓選、考課、獎懲，其實權或大於尚書僕射。然重要官職的任免須與諸執政大臣合議，由皇帝、宰相裁定，亦常命尚書僕射領吏部事務或任命大臣參掌選事以分其權任。北魏孝文帝太和十七年定爲二品下，二十三年定爲三品。

[3]咸陽王：封爵名。咸陽，郡名。北魏時治池陽縣，在今陝西涇陽縣。　禧：即元禧，人名。字思永。北魏宗室。見《北史》卷一九《咸陽王禧傳》。

[4]年三十八：源氏校勘記云："'三'《魏書》作'四'。"按：未詳孰是。

[5]瀛州：北魏時治趙都軍城，在今河北河間市。

弁性好矜伐，自許膏腴。孝文以郭祚晋魏名門，[1]從容謂弁曰："卿固當推郭祚之門。"弁笑曰："臣家未肯推祚。"帝曰："卿自漢、魏以來，既無高官，又無儁秀，何得不推？"弁曰："臣清素自立，要爾不推。"侍臣出後，帝謂彭城王勰曰："弁人身自不惡，乃復欲以門户自矜，殊爲可怪。"

[1]郭祚：人名。字季祐，太原晋陽（今山西太原市晋源區古城營村一帶）人。北魏官吏。見《北史》卷四三《郭祚傳》。

長子維，字伯緒，襲父爵。爲給事中。[1]坐諂事高肇，[2]出爲益州龍驤府長史，[3]辭疾不行。太尉、清河王懌輔政，[4]以維名臣子，薦爲通直郎，[5]辟其弟紀行參軍。[6]靈太后臨政，[7]委任元叉，[8]恃寵憍盈，懌每以公理裁斷。[9]叉甚忿恨，思害懌，遂與維作計，以富貴許之。維見叉寵勢日隆，乃告司染都尉韓文殊父子謀逆立懌。[10]懌被録禁中。文殊父子懼而逃遁。鞫無反狀，[11]以文殊亡走，懸處大辟。[12]置懌於宫西别館，禁兵守之。維應反坐，叉言於太后，欲開將來告者之路，乃黜爲燕州昌平郡守，[13]紀爲秦州大羌令。[14]

[1]給事中：官名。北魏時爲内朝官，常被派往尚書省諸曹，參領政務，並負有監察之責。孝文帝太和十七年定爲從三品上，二十三年定爲從六品上。

[2]高肇：人名。字首文，勃海蓨（今河北景縣）人。北魏外戚、大臣。見《北史》卷八〇《高肇傳》。

[3]益州：北魏時治晋壽縣，在今四川廣元市。　龍驤府長史：官名。龍驤將軍府掾屬之長，總署府事。六品。

[4]太尉：官名。與司空、司徒並稱三公，列三公之首。北魏時爲名譽宰相，多爲大臣加官。一品。　清河王：封爵名。清河，郡名。北魏時治清河縣，在今山東臨清市東北。　懌：即元懌，人名。字宣仁。北魏宗室。見《北史》卷一九《清河王懌傳》。

[5]通直郎：官名。通直散騎侍郎的省稱。屬集書省，員六人。初定爲四品中，二十三年改爲從五品上。

[6]行參軍：官名。北魏時公府、州府僚屬列曹中法、墨、田、士等曹置爲長官，皆冠以曹名。品秩高於不署曹之行參軍。孝文帝太和二十三年定皇子行參軍爲從七品上。

[7]靈太后：即北魏宣武帝皇后胡氏。靈爲其謚號。

[8]元叉：人名。字伯儁，小字夜叉。北魏宗室。見《北史》卷一六《京兆王黎附元叉傳》。

[9]懌每以公理裁斷：四庫本"公"訛作"叉"，《魏書》卷六三《宋弁傳》作"分"，形近而訛。

[10]司染都尉：官名。北魏置。掌造作宫廷衣物。

[11]鞫（jū）：審問。

[12]大辟：即死刑。

[13]燕州：北魏時治廣寧縣，在今河北涿鹿縣。　昌平：郡名。北魏時治昌平縣，在今河北陽原縣東南。

[14]秦州：北魏時治上封城，在今甘肅天水市。　大羌：郡名。治所確址待考。

維及紀頗涉經史，而浮薄無行。懌尊親懿望，[1]朝野瞻屬，維受懌眷賞而無狀構間，天下士人莫不怪忿而賤薄之。及叉殺懌，專斷朝政，以維兄弟前者告懌，徵維爲散騎侍郎，紀爲太學博士、領侍御史。[2]叉甚昵之。維超遷通直常侍，又除洛州刺史，[3]紀超遷尚書郎。[4]紀字仲烈。

[1]尊親：尊仰而親附。　懿望：美好的聲望。

[2]太學博士：官名。北魏時國子學、太學皆置博士，教授學生。孝文帝太和二十三年定爲從七品。　侍御史：官名。亦簡稱御史、侍御。北魏時於分曹治事外，亦奉命監國，督察巡視州郡，收捕官吏，宣示詔命。又置監軍侍御史監察軍政。置八員，頗重其

選。孝文帝太和二十三年定爲八品。

[3]叉：局本作“乂”，形近而訛。　洛州：北魏明元帝泰常八年（423）置，治洛陽，在今河南洛陽市東北。孝文帝太和十八年改荆州置，治上洛城，在今陝西商洛市城區。

[4]尚書郎：官名。凡尚書曹郎、郎中、侍郎皆可簡爲此稱。北魏前期尚書省諸曹皆置尚書爲長官，下設郎、令等。孝文帝改制後，以尚書郎爲諸郎曹長官。太和十七年定郎中爲五品上，郎從五品中，二十三年皆稱郎中，六品。

初，弁謂族弟世景，言“維疏險而紀識慧不足，終必敗吾業”。世景以爲不爾。至是果然。聞者以爲知子莫若父。尚書令李崇、左僕射郭祚、右僕射游肇每云：[1]“伯緒凶疏，終敗宋氏，幸得殺身耳。”論者以爲有徵。後除營州刺史。[2]靈太后反政，以叉黨除名，遂還鄉里。尋追其前誣告清河王事，於鄴賜死。

[1]尚書令：官名。北魏初不常置，亦不掌實際政務。孝文帝改制後，尚書省權任頗重，以録尚書事爲長官，尚書令爲副貳，兼掌監察百官，皆爲宰相。孝文帝太和十七年定爲從一品上，二十三年定爲二品。　李崇：人名。字繼長，小名繼伯，頓丘（今河南清豐縣西南）人。北魏官吏。見《北史》卷四三《李崇傳》。　左僕射：官名。尚書僕射分左右自漢獻帝時始。自此以後，或二或一，置二人則分左右。職掌都省庶務及執法，或典選舉，左僕射權力大於右僕射，兼掌糾彈百官。北魏孝文帝太和十七年定爲從一品中，二十三年定爲從二品。　游肇：人名。字伯始，廣平任（今河北任縣東）人。北魏官吏。見《北史》卷三四《游雅附游肇傳》。

[2]營州：北魏時治和龍城，在今遼寧朝陽市城區。

子春卿早亡，弟紀以次子欽仁嗣。欽仁，武定末爲太尉祭酒。[1]

[1]武定：東魏孝静帝的年號（543—550）。　太尉祭酒：官名。太尉府屬官。東魏亦置。

紀，明帝末爲北道行臺，[1]卒晋陽。[2]子欽道。

[1]明帝：即北魏孝明帝元詡。明爲其謚號。　北道行臺：治定州，在今河北定州市。行臺，行臺長官的省稱。即行臺尚書。職掌當地軍政事務。毛本、局本“行臺”下衍“御史”二字。

[2]晋陽：縣名。治所在今山西太原市晋源區古城營村一帶。

欽道仕齊，歷位中山太守。[1]長於撫接，[2]然好察細事。其州府佐吏使人間者，[3]先酬錢然後敢食。臨莅處稱爲嚴整。尋徵爲黄門侍郎，[4]又令在東宫教太子吏事。時鄭子默以文學見知，[5]亦被親寵。欽道本文法吏，不甚諳識古今，凡有疑事，必詢子默。二人幸於兩宫，雖諸王貴臣莫敢不敬憚。欽道又遷秘書監，[6]仍帶黄門侍郎。乾明初，[7]遷侍中，[8]與楊愔同誅。[9]贈吏部尚書、趙州刺史。[10]

[1]中山：郡名。北齊時治盧奴縣，在今河北定州市。

[2]撫接：愛撫接納。

[3]人間：民間。

[4]黄門侍郎：官名。亦稱黄門郎。爲侍中省或門下省次官，與侍中共掌門下事。北齊時置六員，四品。

[5]鄭子默：即鄭頤，人名。字子默，彭城（今江蘇徐州市）人。北齊官吏。見《北史》卷四一《楊播附鄭頤傳》。

[6]秘書監：官名。爲秘書省長官，掌圖書經籍之事，領著作省。北齊時爲三品。

[7]乾明：北齊廢帝的年號（560）。

[8]侍中：官名。北魏時常總典機密，受遺詔輔政，權高位重，時號"小宰相"。北魏初置四員，節閔帝普泰中增至六員。孝文帝太和十七年定爲從一品中，二十三年定爲三品。北齊因之。

[9]楊愔：人名。字遵彦，小名秦王，弘農華陰（今陝西華陰市東南）人，楊津之子。東魏、北齊官吏。見《北史》卷四一《楊播附楊愔傳》。

[10]趙州：北齊時治廣阿縣，在今河北隆堯縣東舊城。

弁族弟穎，字文賢，位魏郡太守。[1]納貨劉騰，[2]騰言之，以爲凉州刺史。[3]穎前妻劉氏亡後十五年，穎夢見之。拜曰："新婦今被處分爲高崇妻，[4]故來辭君。"泫然涕流。穎旦見崇，言之。崇後數日而卒。

[1]魏郡：北魏時治鄴縣，在今河北臨漳縣西南鄴鎮。

[2]劉騰：人名。字青龍，平原城（今山東平原縣）人。北魏官吏。見《北史》卷九二《劉騰傳》。

[3]凉州：北魏時治姑臧縣，在今甘肅武威市。

[4]高崇：人名。字積善，勃海蓨（今河北景縣）人。北魏官吏。見《北史》卷五〇《高道穆附高崇傳》。

穎族弟鴻貴，爲定州平北府參軍。[1]送戍兵於荆州，[2]坐取兵絹四百匹，兵欲告之，乃斬兵十人。又疏凡不達律令，見律有梟首罪，[3]乃生斷兵手，以水澆之，然後斬決。尋坐伏法。時人哀兵之苦，笑鴻貴之愚。

[1]定州：北魏時治盧奴縣，在今河北定州市。　平北府參軍：底本作“北平府參軍”，殿本、中華本作“平北府參軍”。中華本校勘記云：“諸本‘平北’誤倒，據《魏書》乙。”今從改。

[2]荆州：北魏太武帝太延五年（439）置，治上洛城，在今陝西商洛市。北魏孝文帝太和二十二年遷至穰城，在今河南鄧州市。

[3]又疏凡不達律令見律有梟首罪：底本作“又疏凡不達見令律有梟首罪”，中華本校勘記云：“諸本脱訛作‘又疏凡不達見令律有梟首罪’，今據《魏書》改正。”今從改。

弁族弟翻。翻字飛烏，少有操行，世人以剛斷許之。孝莊時，[1]除司徒左長史、河南尹。[2]

[1]孝莊：即北魏皇帝元子攸。孝莊爲其謚號。

[2]河南尹：官名。掌京都洛陽地區行政，地位高於一般郡守。北魏孝文帝太和十七年定爲二品下，二十三年定爲三品。

初，翻爲河陰令，[1]順陽公主家奴爲劫，[2]攝而不送，[3]翻將兵圍主宅，執主壻馮穆，[4]步驅向縣。時正炎暑，立之日中，流汗霑地。縣舊有大枷，時人號曰彌尾青。及翻爲縣，主吏請焚鎖之。翻曰：“置南墻下，以待豪右。”未幾，有内監楊小駒詣縣請事，辭色不遜，翻命取尾青以鎖之。小駒既免，入訴於宣武。[5]宣武大怒，敕河南尹推之，翻具自陳狀。詔曰：“卿故違朝法，[6]豈不欲作威以買名？”翻對曰：“造者非臣，買名者亦宜非臣。所以留者，非敢施於百姓，欲待凶暴之徒如駒者耳。”於是威振京師。

[1]河陰：縣名。治所在今河南孟津縣東。

[2]順陽公主：封號。指孝文帝女，馮穆妻。一作“順陽長公主”。順陽，郡名。北魏時治南鄉縣，在今河南淅川縣西南。

[3]攝：持。

[4]馮穆：人名。字孝和，長樂信都（今河北冀州市）人。北魏外戚、大臣。見《北史》卷八〇《馮熙附馮穆傳》。

[5]宣武：即北魏皇帝元恪。宣武爲其謚號。

[6]卿故違朝法：毛本、局本“朝”訛作“明”。

及爲洛陽，迄於河南尹，畏憚權勢，更相承接，[1]故當世之名大致減損。卒官，贈侍中、衛將軍、相州刺史。[2]孝武初，[3]重贈驃騎大將軍、儀同三司、尚書左僕射、雍州刺史，[4]謚曰貞烈。

[1]更相：相繼。　承接：交接。

[2]衛將軍：官名。北魏時位在諸名號大將軍上，多作爲軍府名號，加贈大臣、重要州郡長官，無具體職掌。孝文帝太和十七年定爲一品下，二十三年定爲從二品。　相州：北魏時治鄴城，在今河北臨漳縣西南鄴鎮。

[3]孝武：即北魏皇帝元脩。孝武爲其謚號。

[4]驃騎大將軍：官名。北魏時居諸名號將軍之首。多授予權臣元老，以示尊崇，可開府置僚屬，不領兵。孝文帝太和十七年定爲一品中，二十三年定爲從一品。　儀同三司：魏晋時授予開府位從三公之文武官。南北朝時授予範圍不斷擴大，逐漸成爲官號。北魏孝文帝太和十七年定爲一品下，二十三年定爲從一品。　雍州：

北魏時治長安縣，在今陝西西安市西北。

翻弟毓，字道和，敦篤有志行。卒於太中大夫。[1]子世良。

[1]太中大夫：官名。亦作“大中大夫”。北魏時多用於安置老病退免的九卿等大臣，亦用作加官、兼官，或供朝廷臨時差遣。孝文帝太和十七年定爲三品下，二十三年定爲從三品。四庫本、殿本、四部備要本作“大中大夫”。

世良字元友。年十五，便有膽氣。後隨伯父翻在南兖州，[1]屢有戰功。行臺、臨淮王彧與語，[2]奇之。魏朝以尒朱榮有不臣迹，[3]帝將圖之，密令彧將兵赴洛。彧在梁郡，[4]稱疾，假世良都督，令還南兖發兵以聽期。[5]世良請簡見兵三千騎，五日必到洛陽，并陳三策，彧皆不能從。

[1]南兖州：北魏時治小黄縣，在今安徽亳州市。

[2]臨淮王：封爵名。臨淮，郡名。北魏時治赤坎城，在今安徽懷遠縣西北。　彧：即元彧，人名。字文若，本名亮，字仕明。北魏宗室。見《北史》卷一六《臨淮王譚附元彧傳》。

[3]尒朱榮：人名。字天寶，北秀容（今山西朔州市）人，契胡族。北魏大臣。見《北史》卷四八《尒朱榮傳》。

[4]梁郡：北魏時治梁國城，在今河南商丘市南。

[5]聽：等待。

尋爲殿中侍御史，[1]詣河北括户，[2]大獲浮惰。[3]還見汲郡城旁多骸骨，[4]移書州郡，悉令收瘞。其夜甘雨滂沱。河内太守田估贓貨百萬，[5]世良檢按之，未竟，遇赦而還。孝莊勞之曰："知卿所括得丁，倍於本帳。若官人皆如此用心，便是更出一天下也。"其後遷殿中。世良奏殿中主齊會之事，[6]請改付餘曹。帝曰："卿意不欲親庖厨邪？宜付右兵，以爲永式。"河州刺史梁景叡，[7]枹罕羌首，[8]恃遠不敬，其賀正使人，[9]頻年稱疾。秦州刺史侯莫陳悦受其贈遺，[10]常爲送表。世良並奏科其罪。帝嘉之，謂長孫承業曰：[11]"宋郎中實有家風，甚可重也。"

[1]殿中侍御史：官名。又稱殿中御史，居殿中糾察非法。北魏時或掌宿衛禁兵。孝文帝太和十七年定爲從五品中，二十三年定爲從八品上。

[2]括户：登記户口。

[3]浮惰：無業游民。

[4]汲郡：北魏時治枋頭，在今河南浚縣西南。

[5]河内：郡名。北魏時治野王縣，在今河南沁陽市。　田估：人名。北魏官吏。孝明帝時，任河内太守。居官不檢，貪贓枉法。

[6]齊會：天子諸侯祭祀宗廟時的集會。

[7]河州：北魏時治枹罕，在今甘肅臨夏市。　梁景叡：人名。即梁覽。字景叡，金城（今甘肅蘭州市東）人。北魏官吏。見《北史》卷四九《梁覽傳》。

[8]枹罕：縣名。治所在今甘肅臨夏市西南。

[9]賀正：歲首元旦之日，群臣朝賀。

[10]侯莫陳悦：人名。代（今山西大同市東北）人。北魏官吏。見《北史》卷四九《侯莫陳悦傳》。

[11]長孫承業：人名。本名冀歸，字承業，孝文帝賜名稚，《北史》避唐高宗李治諱改爲幼，代（今山西大同市東北）人。北魏大臣。見《北史》卷二二《長孫道生附長孫承業傳》。底本作“長孫永業”，中華本校勘記云：“諸本‘承’作‘永’。按長孫稚字承業，見《魏書》卷二十五、本書卷二二。魏末别無‘長孫永業’，此形似致訛，今改正。”今從改。

後拜清河太守。世良才識閑明，尤善政術。在郡未幾，聲問甚高。陽平郡移掩劫盗三十餘人，[1]世良訊其情狀，唯送十二人，餘皆放之。[2]陽平太守魏明朗大怒云：[3]“輒放吾賊！”及推問，送者皆實，放者皆非。明朗大服。郡東南有曲堤，成公一姓阻而居之，群盗多萃於此。人爲之語曰：“寧度東吴會稽，[4]不歷成公曲堤。”[5]世良施八條之制，盗奔他境。人又謡曰：“曲堤雖險賊何益，但有宋公自屏迹。”齊天保初，[6]大赦，郡無一囚，率群吏拜詔而已。獄内穭生，[7]桃樹蓬蒿亦滿。每日牙門虚寂，[8]無復訴訟者，謂之神門。其冬，醴泉出於界内。[9]及代至，[10]傾城祖道。[11]有老人丁金剛者，泣而前謝曰：“老人年九十，記三十五政。府君非唯善政，清亦徹底。今失賢者，人何以濟？”莫不攀轅涕泣。

[1]陽平：郡名。北魏時治館陶縣，在今河北館陶縣。

[2]餘皆放之：毛本、局本“餘”訛作“徐”。

[3]魏明朗：人名。鉅鹿下曲陽（今河北晋州市西）人。北魏、北齊官吏。見《北齊書》卷二三《魏蘭根傳》。

[4]東吴：三國孫吴政權。　會稽：郡名。三國吴時治山陰縣，在今浙江紹興市。

[5]歷：經過。

[6]天保：北齊文宣帝的年號（550—559）。

[7]穭（lǚ）：野生稻。源氏校勘記云："'穭'《北齊》從'木'。似是。"

[8]牙門：官署。

[9]醴泉：甜美的泉水。

[10]代：更替。

[11]祖道：舊時爲出行者祭祀路神，並飲宴送行。

後卒於東郡太守，[1]贈信州刺史。[2]世良强學，好屬文，撰《字略》五篇、《宋氏别録》十卷。

[1]東郡：北齊時治滑臺城，在今河南滑縣東。

[2]信州：北齊時治秣陵縣，在今河南沈丘縣南。

子伯宗，位侍御史。性清退好學，[1]多所撰述。至齊亡，不徙職，遂不入仕。隋大業初，[2]卒於家。世良弟世軌。

[1]清退：廉潔謙退。

[2]大業：隋煬帝的年號（605—617）。

世軌幼自脩整，好法律。天保初，歷尚書三公、二千石、都官郎中，[1]兼并州長史。[2]執獄寬平，多所全濟。[3]爲都官郎中，有囚事枉，將送，垂致法，[4]世軌遣騎追止之，切奏其狀，遂免。

[1]歷尚書三公：底本作“歷三尚書三公”，中華本校勘記云：“諸本‘歷’下有‘三’字。按《隋書》卷二七《百官志》中，尚書省有三公郎中、二千石郎中、都官郎中，都是職掌刑獄。宋世軌歷任此官，並非三爲尚書。此‘三’字誤衍，今删去。”今從改。　都官郎中：官名。又稱都官郎。尚書省都官曹長官，資深勤能者可轉侍郎，掌刑獄，佐督軍事，隸都官尚書。北齊時爲六品上。

[2]并州：北齊時治晋陽縣，在今山西太原市晋源區古城營村一帶。

[3]全濟：保全。

[4]垂：快要。　致法：以法治罪。

稍遷廷尉少卿。[1]洛州人聚結欲劫河橋，[2]吏捕案之，連諸元徒黨千七百人。崔昂爲廷尉，[3]以爲反，數年不斷。及世軌爲少卿，判其事爲劫，唯殺魁首，餘從坐悉舍焉。大理正蘇珍之以平幹知名，[4]寺中語曰：“决定嫌疑蘇珍之，視表見裏宋世軌。”時人以爲寺中二絶。南臺囚到廷尉，[5]世軌多雪之，仍移攝御史，[6]將問其濫狀。中尉畢義雲不送，[7]移往復不止。世軌遂上書極言義雲酷擅。文宣引見二人，[8]親敕世軌曰：“我知臺欺寺久，卿能執理抗衡，但守此心，勿慮不富貴。”敕義雲曰：“卿比所爲誠合死，[9]以志在疾惡，故且一恕。”仍顧謂朝臣曰：“此二人並我骨鯁臣也。”及卒，廷尉、御史諸繫囚皆哭曰：“宋廷尉死，我等豈有生路！”贈光州刺史，[10]謚曰平。無子，世良以第五子朝基嗣。

[1]廷尉少卿：官名。北魏始置，爲廷尉卿次官。孝文帝太和

十七年定爲三品上，二十三定爲四品上。北齊初沿置，後設大理寺，遂改置爲大理少卿。《北齊書》卷四六《宋世良附宋世軌傳》無“少”字。按：下文有“及世軌爲少卿”語，應爲“少卿”。

[2]人：《北齊書·宋世良附宋世軌傳》作“民”，《北史》爲避唐太宗李世民諱改。　河橋：在今河南孟州市南。

[3]崔昂：人名。字懷遠，博陵安平（今河北安平縣）人。北齊官吏。見《北史》卷三二《崔挺附崔昂傳》。　廷尉：官名。亦稱廷尉卿。爲中央最高司法審判機構長官。北魏時又增設少卿爲之副貳。北齊初沿置，後改置爲大理卿。

[4]大理正：官名。北齊始設，爲大理寺屬官，掌刑獄。亦稱大理寺正。員一人。六品。　蘇珍之：人名。即蘇瓊。字珍之，長樂武强（今河北武强縣）人。北齊官吏。見《北史》卷八六《蘇瓊傳》。　平幹：公正幹練。

[5]南臺：即御史臺。以在宫闕西南，故稱。

[6]攝：執。

[7]中尉：官名。諸侯國軍事長官。掌王國治安，督察軍吏。魏晋南北朝地位稍減，與郎中令、大農並號三卿。其品秩隨國之地位而定。北齊時七品至九品不等。　畢義雲：人名。小字陀兒，東平須昌（今山東東平縣）人。東魏、北齊官吏。見《北史》卷三九《畢衆敬附畢義雲傳》。

[8]文宣：即北齊皇帝高洋。文宣爲其謚號。

[9]比：先前。

[10]光州：北齊時治掖縣，在今山東萊州市。

翻弟世景。世景少自修立，事親以孝聞。與弟道璵下帷讀誦，[1]博覽群言，尤精經義。族兄弁甚重之。舉秀才上第。[2]再遷彭城王勰開府法曹行參軍。[3]勰愛其才學，雅相器敬。孝文甚嘉異之。遷司徒法曹行參軍。[4]

世景明刑理，著律令，裁決疑獄，剖判如流。轉尚書祠部郎。[5]彭城王勰每稱曰："宋世景精微，尚書僕射才也。"臺中疑事，右僕射高肇常以委之。[6]世景既才長從政，加之夙勤不怠，兼領數曹，深著稱績。左僕射源懷引爲行臺郎。[7]巡察州鎮，十有餘所，黜陟賞罰，莫不咸允。遷七鎮，別置諸戍，明設亭候，[8]以備不虞。懷大相委重，還，薦之宣武，以爲不減李沖。[9]帝曰："朕亦聞之。"

[1]下帷：引申指閉門苦讀。

[2]上第：考試成績中的第一等。

[3]法曹行參軍：官名。法曹長官。北魏時公府、將軍府、諸州府皆置。掌郵所驛站、執行法律和糾察治安。孝文帝太和二十三年定皇子列曹行參軍爲七品。

[4]遷司徒法曹行參軍：毛本、殿本、四庫本、局本、四部備要本"遷"作"兼"，元大德本、宋本、中華本作"遷"。按：司徒法曹行參軍位在皇子列曹行參軍上，當作"遷"是。司徒法曹行參軍，官名。司徒府法曹長官。北魏孝文帝太和二十三年定二公列曹行參軍爲七品上。

[5]尚書祠部郎：官名。尚書省祠部郎曹長官的通稱，亦稱祠部郎中。其資深者可轉侍郎。北魏孝文帝太和十七年定郎爲從五品中，郎中五品上。二十三年皆稱郎中，六品，仍可通稱爲郎。

[6]高肇：底本作"游肇"，中華本校勘記云："諸本'高肇'作'游肇'，《魏書》卷八八《宋世景傳》作'高肇'。按本書卷八〇《高肇傳》，肇爲右僕射在宣武時(《魏書》八三《高肇傳》作左僕射，誤)，《魏書》卷三四、本書卷五五《游肇傳》，其爲右僕射是在明帝時。此下見'宣武"，又云世景'坐弟道璵事除名'，

而道璵預元瑜事死，是在宣武時，知作‘高肇’是。今據改。”今從改。

[7]源懷：人名。初名思禮，後賜名懷，一作“懷慎”，西平樂都（今青海樂都縣）人，鮮卑族。北魏官吏。見《北史》卷二八《源賀附源懷傳》。　行臺郎：官名。北魏置。亦稱行臺郎中，爲行臺諸曹郎中的泛稱，各曹皆冠以曹名。有時以稱不理具體曹務的官員。

[8]亭候：亦作“亭堠”。邊境上用以瞭望和監視敵情的崗亭、土堡。

[9]不減：不次於。

後爲伏波將軍，[1]行滎陽太守。[2]鄭氏豪横，號爲難制。濟州刺史鄭尚弟遠慶，[3]先爲苑陵令，[4]多所受納，百姓患之。而世景下車，召而誡之。遠慶行意自若，[5]世景繩之以法。遠慶懼，棄官亡走。於是屬縣畏威，莫不改肅。終日坐於廳事，[6]未嘗寢息。人間之事，巨細必知，發姦擿伏，[7]有若神明。嘗有一吏，休滿還郡，食人雞豚。又有一幹，[8]受人一帽，又食二鷄。世景叱而告之，吏、幹叩頭伏罪。於是上下震悚，莫敢犯禁。

[1]伏波將軍：官名。爲將軍名號。北魏孝文帝太和十七年定爲五品上，二十三年定爲從五品上。

[2]滎陽：郡名。北魏時治滎陽縣，在今河南滎陽市。

[3]濟州：北魏時治碻磝城，在今山東茌平縣西南。　鄭尚：人名。滎陽開封（今河南開封市）人。北魏時以軍功賜爵汝陽縣男，後爲濟州刺史。爲政寬簡。

[4]苑陵：縣名。治所在今河南新鄭市東北。

[5]行意：猶行色。　自若：依然如故。

[6]廳事：官署視事問案的廳堂。

[7]擿（tī）伏：揭露隱秘的壞事。四庫本“擿”訛作“摘”。

[8]幹：泛指負責具體事務或辦事老練的官吏。

坐弟道璵事除名。世景友于之性，[1]過絶於人，[2]及道璵死，哭之，酸感行路。歲餘，母喪，遂不勝哀而卒。世景曾撰《晋書》，竟未得就。

[1]友于：兄弟友愛。

[2]過絶：超過。

遺腹子季儒，位太學博士。曾至譙、宋間，[1]爲文弔嵇康，[2]甚有理致。後夜寢室壞，壓而殞，時人悼傷惜之。

[1]譙：縣名。治所在今安徽亳州市。　宋：縣名。治所在今安徽太和縣北。

[2]嵇康：人名。字叔夜，譙國銍（今安徽濉溪縣西南）人。三國魏文學家。竹林七賢之一。見《晋書》卷四九《嵇康傳》。

道璵少而敏俊，自太學博士轉京兆王愉法曹行參軍。[1]坐愉反得罪。作詩及挽歌詞寄之朋親，以見冤痛。道璵又曾贈著作郎張始均詩，[2]其末章云：“子深懷璧憂，余有當門病。”道璵既不免難，始均亦遇世禍，時咸怪之。

［1］京兆王：封爵名。京兆，郡名。北魏時治霸城縣，在今陝西西安市東北。　愉：即元愉，人名。字宣德。北魏宗室。見《北史》卷一九《京兆王愉傳》。

［2］著作郎：官名。三國魏時始置，掌國史及起居注的修撰。南北朝時爲清要之官，出任者皆爲有名望的文學之士，亦有以司空、尚書等職領者。北魏中期於秘書省置著作局，員二人。孝文帝太和十七年定爲五品上，二十三年定爲從五品上。　張始均：人名。一作張均，字子衡，清河東武城（今山東武城縣西北）人。北魏官吏。見《北史》卷四三《張彝附張始均傳》。

道璵從孫孝王，學涉，亦好緝綴文藻。形貌短陋而好臧否人物，時論甚疾之。爲北平王文學。[1]求入文林館不遂，[2]因非毁朝士，撰《朝士别録》二十卷。會周武滅齊，[3]改爲《關東風俗傳》，更廣聞見，勒成三十卷以上之。言多妄謬，篇第冗雜，無著述體。周大象末，[4]預尉迥事，[5]誅死。

［1］北平王：封爵名。指高貞。北齊武成帝之子。字仁堅。見《北史》卷五二《北平王貞傳》。北平，郡名。北齊時治新昌縣，在今河北盧龍縣。　文學：官名。漢代於州郡及王國置文學，或稱文學、文學史，爲後世教官所由來。北齊時皇子文學爲六品上。

［2］文林館：官署名。北齊後主武平四年（573）置。引文學之士充之，稱待詔。

［3］周武：即北周皇帝宇文邕。武爲其謚號。

［4］大象：北周静帝的年號（579—580）。

［5］預：參與。　尉迥：人名。即尉遲迥。字薄居羅，代（今山西大同市東北）人，其先爲鮮卑族尉遲部。北周大臣。宣帝死後，楊堅獨攬天下兵馬事，起兵討伐楊堅，兵敗自殺。見《北史》

卷六二《尉遲迥傳》。

許彦字道謨，高陽新城人也。[1]祖茂，仕慕容氏高陽太守。彦少孤貧，好讀書，從沙門法叡受《易》。太武徵令卜筮，頻驗，遂在左右，參與謀議。彦質厚慎密，與人言，不及内事，帝以此益親待之。賜爵武昌公，[2]拜相州刺史。在州受納，多違法度，詔書切讓之，[3]然以彦腹心近臣，弗之罪也。卒，謚宣公。

[1]高陽：郡名。晋時治高陽縣，在今河北高陽縣東。　新城：在今河北無極縣西。

[2]武昌公：封爵名。遥封。武昌，郡名。南朝宋時治武昌縣，在今湖北鄂州市鄂城區。

[3]切讓：嚴厲責備。

子熙襲。熙卒，子安仁襲。安仁卒，子元康襲，降爵爲侯。

熙弟宗之，歷位殿中尚書、定州刺史，[1]封潁川公。[2]受敕討丁零，[3]既平，宗之因循郡縣，[4]求取不節。[5]深澤人馬超毁謗宗之，[6]宗之怒，毆殺超。超家人告狀，宗之上超謗訕朝政。文成聞之曰："此必宗之懼罪誣超。"案驗果然，遂斬於都市。

[1]殿中尚書：官名。北魏時領宫中兵馬，典宫禁宿衛及倉庫。孝文帝太和十七年定爲二品中，二十三年定爲三品。

[2]潁川公：封爵名。潁川，郡名。北魏時治長社縣，在今河南長葛市東北。

[3]丁零：族名。漢代主要分布在今貝加爾湖以南地區。東漢時丁零部分南遷進入内地。兩晉南北朝時，在今山西、河北境内有定州丁零、中山丁零、北地丁零等部，漸與内地民族融合。留在漠北的大部分丁零，《晉書》稱爲敕勒，《隋書》稱爲鐵勒。見《北史》卷九八《高車傳》。

[4]因循：流連。

[5]求取：索要。　不節：不遵法度，無節制。

[6]深澤：縣名。治所在今河北深澤縣東南。

元康弟護，州主簿。[1]子恂，[2]字伯禮，頗有業尚，[3]閨門雍睦，三世同居，吏部尚書李神儁常稱其家風。[4]位司徒諮議參軍，[5]修起居注，拜太中大夫。卒，贈吏部尚書、冀州刺史。[6]恂弟惇。

[1]主簿：官名。北魏時爲丞相及三公府僚屬，掌文簿之事。後諸軍府、王府、州郡府皆設，品秩隨府長官地位高下而不等。

[2]恂：局本作"詢"。源氏校勘記云："'恂'，《魏書》作'絢'。"

[3]業尚：學問和品德。

[4]李神儁：人名。即李挺。字神儁，小名提，隴西狄道（今甘肅臨洮縣）人。北魏、東魏官吏。見《北史》卷一〇〇《涼武昭王李暠附李神儁傳》。

[5]司徒諮議參軍：官名。亦稱司徒諮議參軍事。司徒府僚屬，總管府内軍政事務。北魏孝文帝太和二十三年定爲四品。

[6]冀州：北魏時治信都縣，在今河北冀州市。

惇字季良。清識敏速，達於從政。[1]位司徒主簿，以明斷見知，時人號爲"入鐵主簿"。稍遷陽平太守。

時遷都於鄴，陽平爲畿郡，軍國責辦，賦斂無準；又勳貴屬請，[2]朝夕徵求。惇並御之以道，咸以無怨，政爲天下第一。[3]特加賞異，圖形於闕，詔頒天下。歷魏尹，齊、梁二州刺史，[4]政並有治聲。遷大司農。[5]會王思政入據潁城，[6]王師出討，惇常督漕，軍無乏絶。[7]引洧水灌城，[8]惇之策也。遷殿中尚書。惇美鬚，下垂至帶，省中號“長鬣公”。齊文宣嘗因酒酣，提惇鬚稱美，[9]以刀截之，唯留一握。惇懼，因不復敢長，人又號“齊鬚公”。歷御史中丞、膠州刺史、司農大理二卿。[10]再爲度支尚書、太子少保、少師、光禄大夫、開府儀同三司、尚書右僕射、特進，[11]賜爵萬年縣子，食下邳郡幹。[12]惇年老，致仕於家。三年，卒。[13]

[1]達：通曉。

[2]屬請：請託。

[3]政：《北齊書》卷四三《許惇傳》作“治”，《北史》避唐高宗李治諱改。

[4]魏：郡名。東魏時治鄴縣，在今河北臨漳縣西南鄴鎮。　齊：州名。東魏時治歷城縣，在今山東濟南市。　梁：州名。東魏時治浚儀縣，在今河南開封市。

[5]大司農：官名。掌管全國租賦收入和國家財政開支，凡百官俸禄、軍費、各級政府機構經費等由其支付，管理各地倉儲、水利、官府農業、手工業、商業，調運貨物，管制物價等。北魏孝文帝太和十七年定爲二品上，二十三年定爲三品。北齊時改爲司農卿。

[6]王思政：人名。太原祁（今山西祁縣東南）人。北魏、西魏將領。見《北史》卷六二《王思政傳》。

[7]惇常督漕軍無乏絶：底本無“漕”字，中華本校勘記云：“諸本脱‘漕’字，據《北齊書》卷四三《許惇傳》補。”今從改。

[8]洧水：即今河南雙洎河。

[9]提惇鬚稱美：中華本校勘記云：“《北齊書》及《通志》‘提’作‘握’。張森楷疑‘提’是‘捉’之訛。”可從。

[10]御史中丞：官名。爲御史大夫的副貳。專掌監察、執法，領治書侍御史、侍御史，常受命領兵，出督軍旅，職權甚重。北魏後期改名御史中尉，北齊復舊，皆甚重其職。從三品。　膠州：北齊時治東武縣，在今山東諸城市。　司農卿：官名。南朝梁武帝時改大司農爲司農卿，職掌勸農、倉儲、園苑、供應宫廷膳饈。北齊時置爲司農寺長官。三品。　大理卿：官名。亦稱大理寺卿。北齊時改廷尉爲大理而置，爲大理寺長官，列位九卿，員一人。三品。

[11]度支尚書：官名。魏晋南北朝至隋初爲尚書省度支曹長官。統管度支、户部、金部、倉部四曹。掌軍國財賦的收支會計及漕運物價屯田之政令。北齊時爲三品。　太子少保：官名。東宫三少之一，位居太子少師、少傅之下。其設置、職掌、品秩同太子少師，主要負責教導輔助太子。北魏時爲三品。北齊沿置。　少師：官名。爲太子少師的省稱。掌以道德輔教太子，無具體職司。北魏孝文帝太和十七年定爲二品上，二十三年定爲三品。北齊因之。光禄大夫：官名。掌議論。西漢後期漸成散官、加官。北魏時爲三品。北齊因之。　開府儀同三司：三國魏始置。以後遂成加銜，爲大臣加號，意謂與三司即太尉、司徒、司空的禮制待遇相同，許開設府署，自辟僚屬。至南北朝又爲官稱。北齊時爲二品。　特進：官名。初爲對大臣的優待名義，三國兩晋南北朝成爲正式加官名號，用以安置閑退大臣。北齊時爲二品。

[12]萬年：縣名。治所在今陕西西安市臨潼區東北。　食下邳郡幹：底本“食”作“食邑”，中華本校勘記云：“諸本‘食’下衍‘邑’字，據《北齊書》删。”今從改。下邳，郡名。北齊時治下邳城，在今江蘇睢寧縣。

[13]三年卒：中華本校勘記云："按上脱年號。張森楷據《北齊書》卷八《後主紀》武平三年八月有'以特進許季良爲左僕射'的記載，認爲當脱'武平'二字。"可從。

惇少純直，晚更浮動。齊朝體式，[1]本州大中正以京官爲之。乾明中，邢卲爲中書監，[2]德望甚高。惇與卲競中正，遂憑附宋欽道，出卲爲刺史，朝議甚鄙薄之。雖久處朝行，歷官清顯。與邢卲、魏收、陽休之、崔劼、徐之才比肩同列，[3]諸人或談説經史，或吟詠詩賦，更相嘲戲，欣笑滿堂，惇不好劇談，[4]又無學術，或坐杜口，[5]或隱几而睡，不爲勝流所重。[6]

[1]體式：體制法度。

[2]邢卲：人名。字子才，河間鄚（今河北任丘市北）人。北齊官吏。見《北史》卷四三《邢巒附邢卲傳》。　中書監：官名。魏晋南北朝時爲中書省長官之一，掌納奏、擬詔、出令，然權歸中書舍人，監、令名爲長官，品秩升高，多用作重臣加官，時人視爲閑職。北齊時爲從二品。

[3]魏收：人名。字伯起，小字佛助，鉅鹿下曲陽（今河北晋州市西）人。北齊史學家。見《北史》卷五六《魏收傳》。　陽休之：人名。字子烈，北平無終（今天津薊縣）人。仕北魏、東魏、北齊三朝。見《北史》卷四七《陽尼附陽休之傳》。毛本、局本"陽"訛作"楊"。　崔劼：人名。字彦玄，東清河鄃（今山東淄博市）人。北齊官吏。見《北史》卷四四《崔光附崔劼傳》。　徐之才：人名。丹陽（今江蘇南京市）人。北齊官吏。見《北史》卷九〇《徐謇附徐之才傳》。

[4]劇談：暢談。

[5]杜口：閉口不言。

［6］勝流：名流。

子文紀，武平末，度支郎中。[1]

［1］度支郎中：官名。魏晋南北朝時與度支郎互稱，爲尚書省度支曹長官，資深勤能者可轉侍郎。北齊時爲六品上。

文紀弟文經，勤學方雅，身無擇行，口無戲言。武平末，殿中侍御史。[1]隋開皇初，[2]侍御史、兼通直散騎常侍、聘陳使副、主爵侍郎。[3]卒於相州長史。

［1］殿中侍御史：官名。三國魏時始置，居宫殿中糾察非法，隷御史臺。北齊時員十二人。八品。

［2］開皇：隋文帝的年號（581—600）。毛本、殿本、四庫本、局本、四部備要本訛作“開元”。

［3］侍御史：官名。又作“侍御”“御史”。隋初由吏部選用，直入禁中。從七品。　通直散騎常侍：官名。因員外散騎常侍與散騎常侍通員值班而得名。職掌品秩與散騎常侍略同。隋初屬門下省，掌值朝陪從，員四人。正四品。　主爵侍郎：官名。隋時爲吏部主爵司主官，掌封爵等事，員一人，正六品。隋煬帝時改稱爲主爵郎。

惇兄遜，字仲讓，有幹局。[1]乾明中，平原太守。卒，贈信州刺史。遜子文高，司徒掾。[2]

［1］幹局：辦事的才幹器局。

［2］司徒掾：司徒府的屬官。

刁雍，字淑和，勃海饒安人也。[1]曾祖協，從晋元帝度江，[2]居京口，位尚書令。[3]父暢，晋右衛將軍。[4]初，晋相劉裕微時，[5]負社錢三萬，[6]違時不還，暢兄逵執而徵焉。[7]及誅桓玄，[8]以嫌，先誅刁氏。雍與暢故吏遂奔姚興，[9]爲太子中庶子。[10]

[1]勃海：郡名。北魏時屬冀州，初治南皮縣，在今河北南皮縣東北，後移治東光縣，在今河北東光縣。　饒安：縣名。治所在今河北鹽山縣西南舊縣。

[2]晋元帝：即東晋皇帝司馬睿。元爲其謚號。

[3]京口：城名。在今江蘇鎮江市京口區。　尚書令：官名。西晋時爲尚書省長官。總理全國政務，出居外朝，成爲高級政務長官，參議大政。雖位三品，實權有如宰相。

[4]右衛將軍：官名。三國魏元帝時司馬炎分中衛將軍爲左、右衛將軍置。西晋時爲禁衛軍主要統帥之一，多由皇帝親信擔任。與領軍、護軍、左衛、驍騎、游擊等六將軍合稱六軍，員一人。四品。東晋沿置。

[5]劉裕：人名。字德輿，小字寄奴，彭城（今江蘇徐州市）人。南朝宋政權的建立者。見《宋書》卷一、二、三《武帝紀》。

[6]社錢：社中積存之款。　三萬：底本“三”作“二”，元大德本模糊不清，毛本、四庫本、局本、四部備要本作“一”，中華本校勘記云：“‘三’百衲本作‘二’，南、北、汲、殿四本作‘一’，《魏書》卷三八《刁雍傳》作‘三’。按《宋書》卷一《武帝紀》作‘三’。今從《魏書》改。”今從改。

[7]執：逮捕。　徵：詢問。

[8]桓玄：人名。字敬道，一名靈寶，譙國龍亢（今安徽懷遠縣西北）人。東晋官吏。見《晋書》卷九九《桓玄傳》。

[9]雍與暢故吏遂奔姚興：《魏書·刁雍傳》作“雍爲暢故吏

所匿奔姚興”。皆可通。姚興，人名。字子略，南安赤亭（今甘肅隴西縣西）人，羌族。十六國時後秦君主。見《晋書》卷一一七、一一八《姚興載記》。

[10]太子中庶子：官名。秦朝時設中庶子之職，漢朝時正式定此稱。位在庶子之上，職如侍中。晋置四員，與中舍人共掌文翰。十六國時後秦時亦置。

及姚泓滅，[1]與司馬休之等歸魏，[2]請於南境自效。[3]明元假雍建威將軍。[4]雍遂於河、濟間招集流散，傳檄邊境。雍弟彌，[5]時亦率衆入京口，親共討裕。裕頻遣兵破之。明元南幸鄴，雍朝於行宫。明元問曰：“縛劉裕者，於卿親疏？”雍曰：“伯父。”帝笑曰：“劉裕父子當應憚卿。”於是假雍鎮東將軍、青州刺史、東光侯，[6]使别立義軍。又詔雍令隨機立效。雍於是招集譙、梁、彭、沛人五千餘家，[7]置二十七營，遷鎮濟陰。[8]遷徐州刺史，[9]賜爵東安伯。[10]

[1]姚泓：人名。字元子，南安赤亭（今甘肅隴西縣西）人，羌族。十六國時後秦君主。見《晋書》卷一一九《姚泓載記》。

[2]司馬休之：人名。字季豫，河内温（今河南温縣）人。見《北史》卷二九《司馬休之傳》。

[3]自效：願爲别人或集團貢獻自己的力量或生命。

[4]明元：即北魏皇帝拓跋嗣，明元爲其謚號。　建威將軍：官名。新莽時設，北魏時亦置。爲領兵之官。孝文帝太和十七年定爲四品中，二十三年定爲從四品。源氏校勘記云：“《魏書》（‘建威’）作‘建義’。”

[5]雍弟彌：源氏校勘記云：“‘弟’上《魏書》有‘從’字。”

[6]鎮東將軍：官名。北魏時多授持節都督，出鎮地方。孝文帝太和十七年定爲一品下，二十三年定爲從二品。　東光侯：封爵名。東光，縣名。治所在今河北東光縣東。

[7]人：《魏書》卷三八《刁雍傳》作"民"，《北史》爲避唐太宗李世民諱改。　譙：郡名。北魏時治譙縣，在今安徽亳州市。　梁：郡名。北魏時治梁國城，在今河南商丘市南。　沛：郡名。北魏時治蕭縣，在今安徽蕭縣西北。

[8]濟陰：郡名。北魏時治左城，在今山東曹縣西北。

[9]徐州：北魏時治彭城縣，在今江蘇徐州市。

[10]賜爵東安伯：源氏校勘記云："'伯'《魏書》作'侯'。"又《墓誌集釋·刁遵墓誌》稱雍爲東安簡公。未詳孰是。東安伯，封爵名。東安，郡名。北魏時治團城，在今山東沂水縣沂水鎮。

後除薄骨律鎮將。[1]雍以西土乏雨，表求鑿渠，溉公私田。又奉詔以高平、安定、統萬及薄骨律等四鎮，[2]出車牛五千乘運屯穀五十萬斛付沃野，[3]以供軍糧。道多深沙，車牛艱阻，求於牽屯山河水之次，造船水運。[4]又以所綰邊表，[5]常懼不虞，造城儲穀，置兵備守。詔皆從之。詔即名此城爲刁公城，以旌功焉。皇興中，[6]雍與隴西王源賀及中書監高允等並以耆年特見優禮，[7]錫雍几杖，劍履上殿，月致珍羞焉。

[1]薄骨律：軍鎮名。北魏太武帝太延二年（436）置，在今寧夏靈武市西南。

[2]高平：軍鎮名。在今寧夏固原市。　安定：軍鎮名。疑在今甘肅涇川縣北。　統萬：軍鎮名。北魏太武帝始光四年（427）改統萬城置，在今陝西靖邊縣北白城子。

[3]沃野：軍鎮名。北魏置。在今内蒙古巴彦淖爾市臨河區西南布隆淖東北巴拉亥村附近。

[4]牽屯山：即雞頭山。又名崆峒山、笄頭山、薄洛山。在今寧夏涇源縣六盤山。　次：駐扎。

[5]綰：總管。

[6]皇興：北魏獻文帝的年號（467—471）。

[7]隴西王：封爵名。隴西，郡名。北魏時治襄武縣，在今甘肅隴西縣東南。　源賀：人名。原名禿髮破羌，西平樂都（今青海樂都縣）人。北魏官吏。見《北史》卷二八《源賀傳》。

雍性寬柔，好尚文典，手不釋書。明敏多智，凡所爲詩、賦、論、頌并諸雜文百有餘篇。又汎施愛士，恬静寡欲。篤信佛道，著《教誡》二十餘篇以訓子孫。[1]太和八年，[2]卒，年九十五，謚曰簡。子遵。

[1]二十：殿本、四庫本、四部備要本作“一十”。按：十餘篇前似無須加“一”，誤。

[2]太和：北魏孝文帝的年號（477—499）。

遵字奉國，襲爵。遵少不拘小節，長更脩改。太和中，例降爲侯。[1]嘗經篤疾，幾死，見有神明救之，言福門子當享長年。後卒於洛州刺史，謚曰惠侯。

[1]太和中例降爲侯：中華本《魏書》卷三八《刁雍傳》校勘記云：“按卷四下《世祖紀下》太平真君三年九月見‘東安公刁雍’，《墓誌集釋·刁遵墓誌》稱雍爲‘東安簡公’。是刁雍先曾進封爲公，《雍傳》失書，這裏所謂‘例降爲侯’便不可解。”可從。

子楷，早卒。楷子沖。

沖字文朗。十三而孤，孝慕過人。其祖母司空高允女，聰明婦人也。哀其早孤，撫養尤篤。沖免喪後，便志學他方，高氏泣涕留之，沖終不止。雖家世貴達，及從師於外，自同諸生。于時學制，諸生悉日直監厨，[1]沖雖有僕隸，不令代己，身自炊爨。[2]每師受之際，發志精專，不捨晝夜，殆忘寒暑。學通諸經，偏修鄭説。[3]陰陽、圖緯、算數、天文、風氣之書莫不關綜，當世服其精博。刺史郭祚聞其盛名，訪以疑義，沖應機解辯，無不祛其久惑。後太守范陽盧尚之、刺史河東裴桓並徵沖爲功曹主簿。[4]非所好也，受署而已，不關事務，唯以講學爲心。四方學徒就其受業者，歲有數百。

[1]直：輪值。

[2]炊爨（cuàn）：燒火煮飯。

[3]鄭：即鄭玄。字康成，北海高密（今山東高密市）人。東漢經學大師。見《後漢書》卷三五《鄭玄傳》。

[4]後太守范陽盧尚之刺史河東裴桓並徵沖爲功曹主簿：中華本校勘記云："張森楷云：'"桓"當作"植"。'按《魏書》卷七一《裴植傳》，植曾爲瀛州刺史。上文云：'刺史郭祚聞其盛名，訪以疑義。'查《魏書》卷六四《郭祚傳》，也曾爲瀛州刺史，則此'刺史'，必是瀛州刺史。刁沖是渤海饒安人。據《魏書·地形志》，渤海郡屬祚冀州，饒安縣屬滄州浮陽郡。但瀛州是太和十一年分定州之河間、高陽，冀州之章武、浮陽置。滄州又是熙平二年分瀛、冀二州置，治饒安城。又據《魏書》卷四七《盧尚之傳》，尚之曾爲章武内史（即太守），可能饒安縣是先屬渤海，後改屬章武，又改屬浮陽；而先後隸于冀州、瀛州、滄州。所以盧尚之、裴

植得以郡州長官資格辟刁沖爲僚屬。張氏説‘桓’爲‘植’之訛，當是。”可從。盧尚之，人名。字季儒，小字羡夏，范陽涿（今河北涿州市）人。北魏官吏。見《北史》卷三〇《盧玄附盧尚之傳》。功曹，官署名。北魏時爲將軍府諸曹之一，主要職責是參謀軍務。

沖雖儒生，而執心壯烈，[1]不畏强禦。延昌中，[2]帝舅司徒高肇擅恣威權，沖乃抗表極言其事。辭旨懇直，文義忠憤，太傅、清河王懌覽而歎息。

[1]執心：秉性。

[2]延昌：北魏宣武帝的年號（512—515）。

先是，沖曾祖雍作《行孝論》以誡子孫，稱古之葬者，衣之以薪，[1]不封不樹。[2]後世聖人，易之以棺椁。至秦以後，生則不能致養，死則厚葬過度。及於末世，[3]至蘧蒢裹尸，[4]倮而葬者。確而爲論，並非折衷。既知二者之失，豈宜同之？當令所存者，棺厚不過三寸，高不過三尺。弗用繒綵，[5]斂以時服。[6]輀車止用白布爲幔，[7]不加畫飾，名爲清素車。又去挽歌、方相并明器雜物。[8]及沖祖遵將卒，敕其子孫，令奉雍遺旨。河南尹丞張普惠謂爲太儉，[9]貽書於沖叔整，議其進退。整令與通學議之。[10]沖乃致書國學諸儒，以論其事，學官竟不能答。

[1]薪：柴火。

[2]不封不樹：《禮記・王制》：“庶人縣封，葬不爲雨止，不封

不樹，喪不貳事。”孔穎達疏：“庶人既卑小，不須顯異，不積土爲封，不標墓以樹。”

[3]末世：指一個朝代衰亡的時期。

[4]蘧（qú）蒢（chú）：用葦或竹編成的粗席。

[5]繒（zēng）：絲織品。　綵（cǎi）：彩色的絲織品。

[6]時服：當時通行的服裝。

[7]輀（ér）：載運靈柩的車。

[8]方相：傳説中驅除疫鬼和山川精怪的神靈。民間多以人扮演或以竹紙扎製，用於驅疫避邪。　明器：即冥器。專爲隨葬而製作的器物。

[9]張普惠：人名。字洪賑，常山九門（今河北藁城市西北）人。北魏官吏。見《北史》卷四六《張普惠傳》。

[10]貽書於沖叔整議其進退整令與通學議之：底本作“貽書於沖叔整令與道學議之”，中華本校勘記云：“諸本脱‘議其進退整’五字，據《魏書》卷八四《刁沖傳》補。”今從改。

神龜末，[1]沖以嫡傳祖爵東安侯。京兆王繼爲司空也，[2]並以高選頻辟記室參軍。[3]明帝將親釋奠，[4]於是國子助教韓神固與諸儒詣國子祭酒崔光、吏部尚書甄琛，[5]舉其才學，奏而徵焉。

[1]神龜：北魏孝明帝的年號（518—520）。底本作“神麚”，中華本校勘記云：“諸本‘神龜’作‘神麚’，《魏書》無此三字。按‘神’是太武帝年號，沖不得於此時襲爵。據《魏書》卷三八《刁雍傳》，沖祖遵死於熙平元年。熙平後即爲神龜，則沖襲祖爵必是在神龜時，今據改。”今從改。

[2]繼：即元繼，人名。字世仁。北魏宗室。見《北史》卷一六《京兆王黎附江陽王繼傳》。

［3］高選：用高標準選拔官吏。　記室參軍：官名。又稱記室參軍事。爲記室曹長官，掌文書表奏。

［4］釋奠：在學校設置酒食以奠祭先聖先師的一種典禮。《禮記·文王世子》："凡學，春官釋奠於其先師，秋冬亦如之。凡始立學者，必釋奠於先聖先師。"鄭玄注："釋奠者，設薦饌酌奠而已。"

［5］國子助教：官名。協助博士教授國子學生儒學。北魏孝文帝太和二十三年定爲從七品。　國子祭酒：官名。爲國子學長官，掌教授生徒儒學，參議禮儀，隸太常，專領國子學。北魏孝文帝太和二十三年定爲從三品。　甄琛：人名。字思伯，中山毋極（今河北無極縣）人。北魏官吏。見《北史》卷四〇《甄琛傳》。

及卒，國子博士高諒及范陽盧道侃、盧景裕等復上狀陳沖業行，[1]議奏謚曰安憲先生，祭以太牢。[2]子欽，字志儒，早亡。

［1］國子博士：官名。教授生徒儒學，並應對殿堂，備咨詢顧問，隸國子祭酒，地位高於太學博士。北魏孝文帝太和二十三年定爲五品上。　高諒：人名。字脩賢，勃海蓨（今河北景縣）人。北魏官吏。見《北史》卷三一《高祐附高諒傳》。底本作"高凉"，中華本校勘記云："張森楷云：'"凉"當作"諒"。'按高諒見《魏書》卷五七、本書卷三一《高祐傳》，明帝時曾官國子博士，時間相合，張説當是。"今從改。　盧道侃：人名。字希祖，范陽涿（今河北涿州市）人。北魏官吏。見《北史》卷三〇《盧玄附盧道虔傳》。　盧景裕：人名。字仲孺，小字白頭，范陽涿（今河北涿州市）人。北魏官吏。見《北史》卷三〇《盧同附盧景裕傳》。　業行：學業和德行。

［2］太牢：祭祀時牛羊豕三牲具備謂之太牢。

楷弟整，字景智。少有大度，頗涉書史。太和十五年，爲奉朝請。[1]孝文都洛，親自臨選，除司空法曹參軍。累遷黄門郎。普泰初，[2]假征東大將軍、滄冀瀛三州刺史、大都督。[3]尋加車騎將軍、右光禄大夫。[4]遂逢本鄉賊亂，奉母客於齊州。[5]既而母卒。母即高允之女。崔光、崔亮皆經允接待，[6]是以凉燠之際，[7]光等每致拜焉。天平四年，[8]卒於鄴，贈司空公，謚曰文獻。整解音律，輕財好施，交結名勝，聲酒自娱。然貪而好色，爲議者所貶。子柔。

[1]奉朝請：官名。北魏時爲冗散官，有俸無職。孝文帝太和十一年定員二百人，十七年定爲六品下，二十三年定爲從七品。

[2]普泰：北魏節閔帝的年號（531—532）。

[3]征東大將軍：官名。多持節出鎮地方，都督數州諸軍事。北魏孝文帝太和二十三年定爲二品。　滄：州名。北魏時治饒安城，在今河北鹽山縣舊縣鎮。　大都督：官名。爲領軍將帥權重位尊者之加號。北魏沿置。亦有在戰事時臨時加置或以此銜都督某一地區軍事者。

[4]車騎將軍：官名。位次驃騎將軍，在諸名號將軍上，多作爲軍府名號，以加授大臣、重要州郡長官，無具體職掌。北魏孝文帝太和二十三年定爲二品。　右光禄大夫：官名。北魏時作爲在朝顯職官員的加官，以示優崇，或授予年老有病的致仕之官，亦常用於卒後贈官，無具體職掌。孝文帝太和二十三年定爲二品。

[5]齊州：北魏時治歷城縣，在今山東濟南市。

[6]崔亮：人名。字敬儒，清河東武城（今山東武城縣西北）人。北魏官吏。見《北史》卷四四《崔亮傳》。

[7]凉燠（yù）：寒暑。

［8］天平：東魏孝静帝的年號（534—537）。

柔字子温。少好學，留心儀禮，性强記，至於氏族内外，皆所諳悉。居母喪以孝聞。初爲魏宣武挽郎，[1]解巾司空行參軍。[2]齊天保初，累遷國子博士。中書令魏收撰魏史，[3]啓柔等同其事。柔性專固，自是所聞，收常嫌憚。

［1］挽郎：官名。魏晋時爲帝、后喪禮時之儀仗官，由官宦子弟爲之。北魏制，選爲挽郎後，可除奉朝請或將軍府參軍等官。

［2］解巾：出任官職。

［3］中書令：官名。東晋南北朝時逐漸脱離機務，隨名位增高而成爲閑職。北齊時爲三品。

又參議律令。時議者以爲五等爵邑承襲，無嫡子，立嫡孫；無嫡孫，立嫡子弟；無嫡子弟，立嫡孫弟。柔以爲無嫡孫，應立嫡曾孫，不應立嫡子弟。議曰：

> 案《禮》，立嫡以長，故謂長子爲嫡子。嫡子死，以嫡子之子爲嫡孫，死則曾、玄亦然。然則嫡子之名本爲傳重。[1]故《喪服》曰："庶子不爲長子三年，不繼祖與禰也。"[2]《禮》："公儀仲子之喪，檀弓曰：'何居？我未之前聞也。'[3]'仲子舍其孫而立其子。何也？'子服伯子曰：[4]'仲子亦猶行古之道也。昔者文王舍伯邑考而立武王發，[5]微子舍其孫腯而立其弟衍。'"[6]鄭注曰："伯子爲親者諱耳，[7]立子非也。文王之立武王，權也。[8]微子嫡子

死，立弟衍，殷禮也。”“子游問諸孔子，孔子曰：‘不，立孫。’”注曰：“據《周禮》。”然則商以嫡子死，立嫡子之母弟；[9]周以嫡子死，立嫡子之子爲嫡孫。故《春秋公羊》之義，[10]嫡子有孫而死，質家親親先立弟，[11]文家尊尊先立孫。[12]《喪服》云：“爲父後者，爲出母無服。”[13]《小記》云：“祖父卒而後爲祖母後者，三年。”爲出母無服者，喪者不祭故也。[14]爲祖母三年者，大宗傳重故也。[15]今議以嫡孫死而立嫡子母弟。嫡子母弟者，則爲父後矣。嫡子母弟本非承嫡，以無嫡，故得爲父後，則嫡孫之弟，理亦應得爲父後，則是父卒然後爲祖後者服斬。[16]既得爲祖服斬，而不得爲傳重，未之聞也。若用商家親親之義，本不應嫡子死而立嫡孫，[17]若從周家尊尊之文，豈宜舍其孫而立其弟？或文或質，愚用惑焉。

[1]傳重：古謂以喪祭及宗廟之重責傳之於孫。舊時宗法嚴嫡庶之别，若嫡子殘疾死亡，或子庶而孫嫡，即以孫繼祖。由祖言之，謂之傳重，由孫言之，謂之承重。

[2]故喪服曰庶子不爲長子三年不繼祖與禰也：源氏校勘記云：“‘《喪服》’下恐是《小記》文。‘三年’作‘斬’一字。”中華本《北齊書》卷四四《刁柔傳》校勘記云：“按《儀禮·喪服傳》無‘與禰’二字，‘不繼祖與禰’是《禮記·喪服小記》語。”可從。禰，舊時對已在宗廟中立牌位的亡父的稱謂。

[3]公儀仲子：即公儀休，人名。戰國初魯相。爲官清廉。檀弓曰何居我未之前聞也：底本無“何居”二字，中華本校勘記云：“諸本脱‘何居’二字，據《北齊書》卷四四《刁柔傳》及

《禮記·檀弓》補。”今從改。檀弓，人名。戰國時魯國人。以善禮而聞名。

[4]子服伯子：人名。戰國時魯國大夫。精通禮儀。

[5]文王：指西周文王姬昌。　伯邑考：人名。姬姓，名考。周文王長子，周武王之兄。　武王發：即西周武王姬發。武爲其謚號。

[6]微子：名啓，殷商貴族，商帝乙之子，商王紂庶兄。初封於微，後世因之稱爲微子啓。

[7]伯：底本作“仲”，中華本校勘記云：“諸本‘伯’訛‘仲’，據《禮記·檀弓》鄭注原文改。‘伯子’指子服伯子。”

[8]權：變通。

[9]注曰據周禮然則商以嫡子死立嫡子之母弟：底本“注”下無“曰據周禮然則”，源氏校勘記“注”下補“曰據周禮然則”，並曰：“‘據周禮’三字是鄭注。今脱此三字，‘注’字爲衍。今從《北齊》補其脱。”中華本校勘記云：“諸本脱‘曰據《周禮》然則’六字，據《北齊書》補。”今從改。

[10]春秋公羊：又稱《春秋公羊傳》《公羊傳》《公羊春秋》。漢何休注。儒家經典之一，專門闡釋《春秋》微言大義，爲今文經學的重要典籍。舊題作者爲齊人公羊高，相傳是孔子弟子子夏的學生。

[11]質家：指尚實的人士或學派。

[12]文家：崇尚文禮的王朝。

[13]出母：被父休棄的生母。

[14]爲出母無服者喪者不祭故也：底本“爲”下無“出”字，“服”下無“者”字。源氏校勘記補“出”字，並云：“‘無服’下，《北齊》有‘者’字，與元文合。”中華本校勘記云：“諸本脱‘出’字，‘服’下脱‘者’字，據《北齊書》補。按《禮記·喪服小記》原文云：‘爲父後者，爲出母無服。無服也者，喪者不祭故也。’這裏刁柔引文有省略。”今從改。

[15]大宗：宗法社會以嫡系長房爲大宗，餘子爲小宗。

[16]服斬：喪服中最重的一種。子、未嫁女爲父母，媳爲公婆，承重孫爲祖父母，妻爲夫所穿著的，以粗麻布製成，左右、下邊不縫的斬衰服。

[17]若用商家親親之義本不應嫡子死而立嫡孫：底本"應"下有"舍"字，"嫡子"下無"死"字。源氏校勘記云："'舍嫡子'，《北齊》作'嫡子死'。"中華本校勘記云："諸本'應'下衍'舍'字，'嫡子'下脱'死'字，據《北齊書》南監本及《册府》卷五八三删補。"今從改。

《小記》云："嫡婦不爲舅後者，則姑爲之小功。"[1]注云："謂夫有廢疾、他故，若死無子，不受重者。小功，庶婦之服。[2]凡父母於子，舅姑於婦，將不傳重於嫡，及將所傳重者非嫡，服之皆如衆子庶婦也。"[3]言死無子者，謂絶世。無子，非謂無嫡子。如其有子，焉得云無後？[4]夫雖廢疾無子，婦猶以嫡爲名。嫡名既在，而欲廢其子者如禮何？禮有損益，革代相沿。[5]必謂宗嫡可得而變者，則爲後服斬亦宜有因而改。

[1]嫡婦不爲舅後者則姑爲之小功：底本"嫡婦"下無"不"字，"舅"下有"姑"字，"則"下有"舅"字。源氏校勘記云："'爲舅姑'，元文無'姑'字，陳澔本有；'則舅姑'，元文無'舅'字。"中華本校勘記云："諸本脱'不'字，'舅'下衍'姑'字，'則'下衍'舅'字，據《北齊書》及《禮記·喪服小記》補删。"今從改。小功，喪服名。五服之第四等。其服以熟麻布製成，視大功爲細，較緦麻爲粗。服期五月。凡本宗爲曾祖父母、伯叔祖

父母、堂伯叔祖父母，未嫁祖姑、堂姑，已嫁堂姊妹，兄弟之妻，從堂兄弟及未嫁從堂姊妹；外親爲外祖父母、母舅、母姨等，均服之。

[2]庶婦：指嫡子的衆妾或庶子的妻妾。《儀禮·士昏禮》："庶婦則使人醮之，婦不饋。"鄭玄注："庶婦，庶子之婦也。"

[3]服之皆如衆子庶婦也：源氏校勘記云："元文明本作'庶子庶婦'，足利本作'庶子衆婦'，宋板與此文同。"

[4]如其有子：底本作"如其子"，源氏校勘記云："'如其'下，《北齊》有'有'字。爲是。"中華本校勘記云："諸本脱'有'字，據《北齊書》及《通志》卷一五五《刁柔傳》補。"今從改。

[5]禮有損益革代相沿：底本"有"上無"禮"字，局本有。局本、《北齊書》"代相沿"作"代相革沿"，亦通。又宋本脱"沿"字。源氏校勘記云："《北齊》作'代相沿革'。"中華本校勘記云："諸本脱"禮"字，據《北齊書》補。"今從改。

七年，卒。柔在史館未久，勒成之際，志在偏黨。[1]《魏書》中與其内外通親者，並虚美過實，爲時論所譏。

[1]偏黨：偏私。

蹔弟宣，字季達。以功封高城縣侯，[1]歷位都官尚書、衛大將軍、滄州刺史。[2]卒，贈太尉公，謚曰武。

[1]高城縣侯：封爵名。高城，縣名。治所在今河北鹽山縣東南。

[2]都官尚書：官名。爲尚書省都官曹長官。三品。　衛大將

軍：官名。北魏孝文帝太和十七年定爲一品下，位在儀同三司下。二十三年定爲二品，在太子太師上。

刁氏世有榮貴，而門風不甚修潔，爲時所鄙。

雍族孫雙，字子山。高祖藪，晋齊郡太守。[1]藪因晋亂，居青州之樂安。[2]至雙始歸本鄉。

[1]齊郡：西晋時治淄博縣，在今山東淄博市東北。

[2]樂安：郡名。西晋時治高菀縣，在今山東鄒平縣東北。底本作"安樂"，源氏校勘記改"安樂"作"樂安"。中華本校勘記云："諸本'樂安'倒作'安樂'，《魏書》卷三八《刁雙傳》作'樂安'。按《魏書》卷一〇六《地形志》、《晋書》卷十五《地理志》，青州有樂安，無'安樂'，今據改。"今從改。

雙少好學，兼涉文史，雅爲中山王英所知賞。[1]位西河太守。[2]爲政清簡，吏人安悦。及中山王熙起兵誅元叉，[3]事敗，熙弟略投命於雙。[4]雙藏護周年。時購略甚切，略懼，求送出境。雙曰："會有一死，所難遇耳。[5]今遭知己，視死如歸，願不以爲慮。"略復苦求南轉，雙乃遣從子昌送達江左。靈太后反政，知略因雙獲濟，徵拜光禄大夫。時略姊饒安主，刁宣妻也，頻訴靈太后，乞徵略還。朝廷乃以徐州所獲俘江革、祖暅二人易之。[6]以雙與略有舊，乃令至境迎接。

[1]英：即元英，人名。字虎兒。北魏宗室。見《北史》卷一八《南安王楨附中山王英傳》。　知賞：賞識。

[2]西河：郡名。北魏時治兹氏城，在今山西汾陽市城區。

［3］熙：即元熙，人名。字真興。北魏宗室。見《北史》卷一八《南安王楨附元熙傳》。　叉：元大德本訛作“又”。

［4］略：即元略，人名。字儁興。北魏宗室。見《北史》卷一八《南安王楨附東平王略傳》。

［5］雙曰會有一死所難遇耳：中華本校勘記云：“《魏書》作‘人生會有一死，死所難遇耳’。疑此脱一‘死’字。”可從。

［6］江革：人名。字休映，濟陽考城（今河南民權縣西北）人。南朝齊、梁官吏。見《南史》卷六〇《江革傳》。　祖暅（gèng）：人名。疑爲《南史》祖暅之，字景爍，范陽遒（今河北淶水縣）人。見《南史》卷七二《祖沖之附祖暅之傳》。

明帝末，除西兗州刺史。[1]時賊盜蜂起，州人張桃弓等招聚亡命，公行劫掠。雙至境，先遣使諭桃弓，陳示禍福，桃弓即隨使歸罪，雙捨而不問。後有盜發之處，令桃弓追捕，咸悉禽獲，於是州境清肅。孝莊初，行濟州刺史，以功封曲城鄉男。[2]孝武初，遷驍騎大將軍、左光禄大夫。[3]興和三年，[4]卒，贈車騎大將軍、儀同三司、齊州刺史，[5]謚曰清穆。

［1］西兗州：北魏時治滑臺城，在今河南滑縣舊城。

［2］曲城鄉男：封爵名。曲城，縣名。治所在今山東萊州市東北。毛本、殿本、四庫本、局本、四部備要本作“成”。

［3］驍騎大將軍左光禄大夫：中華本校勘記云：“《魏書》作‘驃騎大將軍’。按《魏書》卷一一三《官氏志》，驍騎將軍在第四品，無加大之例，且與其加官左光禄大夫（在第二品）的品級不合。《魏書》作‘驃騎’是。但《魏書》也衍‘大’字。下文説‘卒贈車騎大將軍、儀同三司’。贈官例高於實官，驃騎位在車騎之上，若生前已官驃騎大將軍，絶無死後方贈車騎大將軍之理。據

《周書》卷二四《盧辯傳》，驃騎將軍例加左光禄大夫，車騎大將軍例加儀同三司。刁雙生前官驃騎將軍、左光禄大夫，死後贈車騎大將軍、儀同三司，於次序正合。《盧辯傳》所叙雖爲西魏、北周制度，實亦承襲北魏。此處‘驍’爲‘驃’之訛，‘大’字誤衍。”可從。左光禄大夫，官名。爲在朝顯職的加官，以示恩寵，或授予年老有病致仕者，亦常用於卒後贈官，無具體職掌。北魏孝文帝太和二十三年定爲二品。

[4]興和：東魏孝静帝的年號（539—542）。

[5]車騎大將軍：官名。魏晋制度，驃騎、車騎、衛三將軍皆爲重號將軍，高於諸名號大將軍。本無須加“大”，其後將軍名號越來越濫，遂又增此號。多加元老重臣，以示尊崇，一品，開府置僚屬，不領兵。北魏孝文帝太和二十三年定爲從一品。東魏因之。

辛紹先，隴西狄道人也。[1]五世祖怡，晋幽州刺史。[2]父深，[3]仕西凉爲驍騎將軍。[4]及凉後主歆與沮渠蒙遜戰於蓼泉，[5]軍敗，失馬，深以所乘授歆，而身死於難，以義烈見稱西土。

[1]狄道：縣名。治所在今甘肅臨洮縣。

[2]幽州：西晋時治薊城，在今北京西南。

[3]深：即辛淵，人名。隴西狄道（今甘肅臨洮縣）人。十六國時西凉官吏。官驍騎將軍。源氏校勘記在“深”旁小字夾批“淵也”。中華本校勘記云：“《魏書》卷四五《辛紹先傳》‘深’作‘淵’，《北史》避唐諱改。”

[4]西凉：十六國之一。晋安帝隆安四年（400）李暠據敦煌（今甘肅敦煌市）稱凉公，改元庚子，史稱西凉。後遷治酒泉（今甘肅酒泉市）。關於西凉存在時間，史書有不同記載。《晋書》卷八七《凉武昭王李玄盛傳》曰：“玄盛以安帝隆安四年立，至宋少

帝景平元年滅，據河右凡二十四年。”《吐魯番出土文書》中有七件文書記有西凉年號，自西凉建初二年（406）至嘉興四年(420)。這個似與《北史》叙述一致。　驍騎將軍：官名。爲雜號將軍。兩晋時與領軍、護軍諸將軍合稱六軍，擔當宿衛之職。西凉亦置。

[5]歆：即李歆，人名。字士業，小字桐椎，隴西狄道（今甘肅臨洮縣）人，李暠次子。十六國時西凉君主。在位四年。見《北史》卷一〇〇《凉武昭王李暠附後主歆傳》。　沮渠蒙遜：人名。張掖臨松盧水（今甘肅張掖市南）人。匈奴族。北凉武宣王，十六國時北凉的建立者。見《北史》卷九三《沮渠蒙遜傳》。　蓼泉：地名。在今甘肅酒泉市。

凉州平，紹先内徙，家於晋陽。明敏有識量，與廣平游明根、范陽盧度世、同郡李承等甚相友善。[1]有至性，丁父憂，三年口不甘味，頭不櫛沐，[2]髮遂落盡，故常著垂裙皁帽。[3]自中書博士轉神部令。[4]

[1]廣平游明根范陽盧度世同郡李承等甚相友善：底本“李承”作“李承昭”，“友善”作“友”。中華本校勘記云：“諸本‘承’下衍‘昭’字，‘友’下無‘善’字，據《魏書》删補。李承，李寶之子，見《魏書》卷三九《李寶傳》、本書卷一〇〇《叙傳》。李氏稱隴西狄道人，故與紹先爲同郡。”今從改。游明根，人名。字志遠，廣平任（今河北任縣東）人。北魏官吏。見《北史》卷三四《游雅附游明根傳》。盧度世，人名。字子遷，范陽（今河北涿州市）人。北魏官吏。見《北史》卷三〇《盧玄附盧度世傳》。李承，人名。字伯業，隴西狄道（今甘肅臨洮縣）人。北魏官吏。見《北史》卷一〇〇《凉武昭王李暠附李承傳》。

[2]櫛（zhì）沐：梳洗。

[3]皁（zào）：黑色。

[4]神部令：官名。北魏置。一説爲祠部令之别稱。

皇興中，薛安都以彭城歸魏。[1]時朝廷欲綏安初附，以紹先爲下邳太守。爲政不甚皦察，[2]舉其大綱而已，唯教人爲産禦賊之備。[3]及宋將陳顯達、蕭道成、蕭順之來寇，[4]道成謂順之曰："辛紹先未易侵也，宜共慎之。"於是不歷郡境，徑屯吕梁。[5]卒於郡，贈并州刺史、晋陽侯，謚曰惠。

[1]薛安都：人名。字休達，河東汾陰（今山西萬榮縣西南）人。北魏官吏。見《北史》卷三九《薛安都傳》。

[2]皦（jiǎo）察：苛求。

[3]人：《魏書》卷四五《辛紹先傳》作"民"，《北史》避唐太宗李世民諱改。

[4]陳顯達：人名。南彭城（今安徽蕪湖市至江蘇南京市長江以東）人。南朝宋、齊將領。見《南齊書》卷二六《陳顯達傳》。　蕭道成：人名。字紹伯，南蘭陵蘭陵（一説在今江蘇常州市，一説在今江蘇丹陽市）人。南朝齊的建立者。見《南齊書》卷一、二《高帝紀》。　蕭順之：人名。字文緯，南蘭陵（一説在今江蘇常州市，一説在今江蘇丹陽市）人。南朝宋大將。

[5]吕梁：此指吕梁洪，在今江蘇銅山縣東南。《水經注·泗水》云："泗水之上有石梁焉，故曰吕梁也。"

子鳳達，耽道樂古，有長者之名。卒於京兆王子推國常侍。[1]

[1]子推：即元子推，人名。北魏宗室。見《北史》卷一七《京兆王子推傳》。　常侍：官名。掌侍從左右，獻替諫諍。北魏時分置左右，員額依國之大小不等。孝文帝太和二十三年定王、公國常侍爲從八品。

鳳達子祥，字萬福。舉司州秀才，[1]再遷司空主簿。咸陽王禧妃，即祥妻之妹也。及禧構逆，親知多罹塵謗，祥獨蕭然不預。轉并州平北府司馬。[2]有白壁還兵藥道顯，[3]被誣爲賊，官屬咸疑之。祥曰："道顯面有悲色。察獄以色，其此之謂乎！"苦執申之。月餘，别獲真賊。後除郢州龍驤府長史，[4]帶義陽太守。[5]白早生之反也，[6]梁遣來援，因此緣淮鎮戍，相繼降没。唯祥堅城固守。梁又遣將胡武城、陶平虜，於州南金山之上，連營侵逼。祥出其不意，襲之，賊大崩，禽平虜，斬武城，以送京師。州境獲全。論功方有賞授，而刺史婁悦耻勳出其下，[7]間之執政，事竟不行。胡賊劉龍駒作逆華州，[8]除祥安定王燮征虜府長史，[9]仍爲别將，[10]與討胡使薛和滅之。[11]卒，贈南青州刺史。[12]

[1]司州：北魏孝文帝太和十七年改洛州爲司州，治洛陽縣，在今河南洛陽市東北。

[2]平北府司馬：官名。即平北將軍府司馬。平北將軍，官名。統管軍政事務，與平南、平西、平東將軍合稱四平將軍。北魏孝文帝太和十七年定爲從二品上，二十三年定爲三品。司馬，官名。管理府内武職，與長史共參軍務。

[3]白壁：地名。確址待考。疑在今江蘇南京市東南。

[4]郢州：北魏時治義陽縣，在今河南信陽市。

[5]義陽：郡名。北魏時治平陽縣，在今河南信陽市。

[6]白早生：人名。又作“白阜生”，懸瓠（今河南汝南縣）人。北魏宣武帝時爲懸瓠軍主，永平元年（508）殺刺史司馬悅，降梁，自號平北將軍。梁授以司州刺史，後爲魏中山王元英所殺。

[7]婁悅：人名。北魏將領。宣武帝時任郢州刺史，多次領兵擊退南朝梁軍。

[8]劉龍駒：人名。汾州（今山西隰縣）人。北魏宣武帝永平四年，聚衆起兵反魏，後被鎮壓。　華州：北魏獻文帝皇興二年（468）置，治定安縣，在今甘肅寧縣。孝文帝延興二年（472）改置三縣鎮。太和十一年又置華州，治李潤堡，在今陝西蒲城縣東北。宣武帝永平三年（510）移治華陰縣，在今陝西大荔縣。

[9]安定王：封爵名。安定，郡名。北魏時治安定縣，在今甘肅涇川縣北。　燮：即元燮，人名。北魏宗室。見《北史》卷一八《安定王休附元燮傳》。　征虜府長史：官名。征虜將軍府掾屬之長，總署府事。征虜將軍，將軍名號。北魏孝文帝太和十七年定爲從第三品上，二十三年定爲從三品。

[10]别將：配合主力軍作戰的非主力部隊將領。

[11]薛和：人名。字導穆，河東汾陰（今山西萬榮縣西南）人。北魏將領。見《魏書》卷四二《薛辯附薛和傳》。

[12]南青州：北魏時治團城，在今山東沂水縣沂水鎮。

祥弟少雍，字季和，[1]少聰穎，有孝行，尤爲祖父紹先所愛。紹先性嗜羊肝，常呼少雍共食，及紹先卒，少雍終身不食肝。性仁厚，有禮義，門内之法，爲時所重。稍遷司空、高陽王雍田曹參軍。[2]少雍清正，不憚强禦，積年久訟，造次决之。[3]請託路絶，時稱賢明。正始中，[4]詔百官各舉所知，高陽王雍及吏部郎中李憲俱以少雍爲舉首。[5]卒於給事中。

[1]字季和：《魏書》卷四五《辛紹先傳》作“字季仲”。

[2]高陽王：封爵名。高陽，郡名。北魏時治高陽縣，在今河北高陽縣東。　雍：即元雍，人名。字思穆。北魏宗室。見《北史》卷一九《高陽王雍傳》。　田曹參軍：官名。爲田曹參軍事的省稱。田曹長官。北魏時王、公、將軍府置，諸州一度置。孝文帝太和二十三年定皇子列曹參軍事爲從六品。

[3]造次：須臾，片刻。

[4]正始：北魏宣武帝的年號（504—508）。

[5]吏部郎中：官名。北魏時與吏部郎互稱，爲尚書省吏部曹長官。亦稱郎中，資深者可轉侍郎。屬吏部尚書，主管官吏選任、銓叙、調動事務，對五品以下官吏任免有建議權。孝文帝太和十七年定爲從四品上，二十三年定爲四品上。　李憲：人名。字仲軌，趙郡平棘（今河北趙縣）人。北魏官吏。見《北史》卷三三《李順附李憲傳》。

少雍妻王氏，有德義。少雍與從子懷仁兄弟同居。[1]懷仁等事之甚謹，閨門禮讓，人無間焉。士大夫以此稱美。

[1]從子：底本作“從弟”，源氏校勘記改“弟”作“子”。中華本校勘記云：“諸本‘子’作‘弟’，《魏書》作‘子’。按《魏書》明言懷仁爲少雍兄祥之子。今據改。”今從改。

子元桓，[1]武定中，儀同府司馬。[2]

[1]子元桓：中華本校勘記云：“《魏書》‘桓’作‘植’。張森楷云：‘據《魏收傳》（本書卷五六）有辛元植，則作“植”是。’

按本書卷五〇《辛德源傳》另見辛元植，官司空司馬，與《魏收傳》所見者官銜相同。疑此辛元植是另一人。否則是《北史》重出。”可從。下文同。

[2]儀同府：官署名。即儀同三司府。　司馬：官名。爲公府、軍府高級幕僚，參贊軍務，地位甚高，其品秩附府主而定。

元植弟士遜，太師開府功曹參軍。[1]

[1]太師開府功曹參軍：官名。太師府僚屬，功曹之長。六品上。

鳳達弟穆，字叔宗，舉茂才，東雍州別駕。[1]初隨父在下邳，與彭城陳敬文友善。敬文弟敬武，少爲沙門，從師遠學，經久不返。敬文病臨卒，以雜綾二十匹託穆與敬武。穆久不得見，經二十年，始於洛陽見敬武，以物還之，封題如故。[2]世稱廉信。歷東荆州司馬，[3]轉長史，帶義陽太守，領戍。雅有恤人之志。再轉汝陽太守。[4]遇水澇人饑，[5]上表請輕租賦。帝從之，遂敕汝陽一郡，聽以小絹爲調。[6]除平原相。徵爲征虜將軍、太中大夫，未發，卒於郡。贈後將軍、幽州刺史。[7]

[1]東雍州：北魏太武帝太平真君四年置，治所在今山西新絳縣。後廢。孝明帝孝昌二年又置，治鄭縣，在今陝西華縣。

[2]封題：物品封裝妥善後，在封口處題簽。

[3]東荆州：北魏時治沘陽縣，在今河南泌陽縣。

[4]汝陽：郡名。北魏時治汝陽縣，在今河南商水縣西北。

[5]人：《魏書》卷四五作“民”，《北史》避唐太宗李世民諱改。

[6]小絹：狹幅的絹。

[7]後將軍：官名。東晋南北朝成爲軍府名號，用作加官。北魏孝文帝太和十七年定爲從二品上，二十三年定爲三品。

子子馥，字元穎，早有學行，累遷平原相。父子並爲此郡，吏人懷安之。[1]元顥入洛，[2]子馥不從。莊帝反政，[3]封三門縣男。[4]天平中，除太尉府司馬。白山連接三齊，[5]瑕丘數州之界，[6]多有賊盜。子馥受使檢覆，因辨山谷要害宜立鎮戍之所。又諸州豪右，在山鼓鑄，姦黨多依之，又得密造兵仗。上表請破罷諸冶。朝廷善而從之。後卒於清河太守。子馥以《三傳》經同説異，[7]遂總爲一部，傳注並出，校比短長。會亡，未就。

[1]吏人懷安之：《魏書》卷四五作“民”。《北史》避唐太宗李世民諱改。

[2]元顥：人名。字子明。北魏宗室。見《北史》卷一九《北海王詳附元顥傳》。

[3]莊帝：即北魏皇帝元子攸。莊爲其謚號。

[4]三門縣男：封爵名。三門，縣名。治所在今陝西澄城縣西北。

[5]白山：即今山東鄒平縣南長白山。《魏書》卷四五作“長白山”。　三齊：地區名。相當今山東大部分地區。秦漢之際項羽以齊國故地封田都爲齊王，都臨淄，在今山東淄博市東北；田市爲膠東王，都即墨，在今山東平度市東南；田安爲濟北王，都博陽，在今山東泰安市東南，合稱三齊。

[6]瑕丘：縣名。治所在今山東兗州市。

[7]三傳：指《春秋》三傳，即《左傳》《公羊傳》《穀梁傳》。

韋閬字友觀，京兆杜陵人也。[1]世爲三輔冠族。[2]祖楷，晋長樂、清河二郡太守。[3]父逵，慕容垂大長秋卿。[4]

[1]京兆：郡名。北魏時治霸城縣，在今陝西西安市東北。　杜陵：縣名。治所在今陝西西安市東南。

[2]三輔：地區名。泛指長安附近地區。西漢時於京畿之地設京兆尹、左馮翊、右扶風，合稱三輔。後世政區劃分雖時有變動，習慣上仍稱這一地區爲“三輔”。

[3]長樂：郡名。西晋時治信都縣，在今河北冀州市。　清河：郡名。西晋時治清河縣，在今山東臨清市東北。

[4]大長秋卿：官名。西漢始置。領諸宦者，管理宫闈。十六國時後燕亦置。

閬少有器望，遇慕容氏政亂，避地薊城。[1]太武初，徵拜咸陽太守，轉武都太守。[2]卒郡。

[1]薊城：在今北京西南。

[2]武都：郡名。北魏時治石門縣，在今甘肅隴南市武都區東南。

子範，試守華山郡，[1]賜爵高平男。[2]卒。

[1]華山：郡名。北魏時治華陰縣，在今陝西華陰市東。

［2］賜爵高平男：《魏書》卷四五作“高宗時，賜爵興平男”。未見北魏時置“興平縣”，疑《魏書》誤。高平男，封爵名。高平，縣名。治所在今寧夏固原市。

範子儁，字穎超，早有學。少孤，事祖母以孝聞。性温和廉讓，爲州里所稱。太和中，襲爵。歷位都水使者。[1]宣武崩，領軍于忠矯擅威刑，[2]儁與左僕射郭祚昏姻，故亦同時遇害。臨終，訴枉於尚書元欽，[3]欽知而不敢申理。儁歎曰：“吾一生爲善，未蒙善報；常不爲惡，今爲惡終。悠悠蒼天，抱直無訴！”時人咸怨傷焉。熙平元年，[4]追贈洛州刺史，謚曰貞。子子粲。

［1］都水使者：官名。管理國家河渠灌溉水運事務。北魏時置一至二員。孝文帝太和十七年定爲四品中，二十三年定爲五品上。

［2］領軍：官名。爲領軍將軍的省稱。漢獻帝時始置，爲禁衛軍最高統帥，權勢極重。北魏亦置，孝文帝太和二十三年定爲從二品。　于忠：人名。字思賢，本字千年，代（今山西大同市東北）人，鮮卑族。北魏權臣。見《北史》卷二三《于栗磾附于忠傳》。

［3］元欽：人名。字思若。北魏宗室。見《北史》卷一七《陽平王新成附元欽傳》。

［4］熙平：北魏孝明帝的年號（516—518）。

子粲字暉茂。齊王蕭寶夤爲雍州刺史，[1]引爲府主簿，轉録事參軍。[2]及寶夤反，子粲與弟子爽執志不從，相率逃免。雍州平，賜爵長安子。普泰中，累遷中書侍郎。孝武帝入關，子粲歷行臺左丞、南汾州刺史。[3]少弟道諧爲鎮城都督。[4]元象中，[5]齊神武命將出討，[6]子粲及道諧俱被獲，送於晉陽。子粲累遷南兗州刺史。齊天保初，封西𤻏縣男。[7]後卒於豫州刺史，[8]謚曰忠。

［1］蕭寶夤：人名。字智亮，南蘭陵（一說在今江蘇常州市，一說在今江蘇丹陽市）人。南朝齊宗室，北魏官吏。見《北史》卷二九《蕭寶夤傳》。

［2］録事參軍：官名。西晉始置，爲録事曹長官，總理曹務。北魏時公府、將軍府置，又稱録事參軍事。六品上至八品。

［3］行臺左丞：官名。行臺尚書左丞的省稱，職責同於尚書左丞。北魏後期設立。爲行臺尚書省官員，輔省内左三部十二司，員一人。孝文帝太和二十三年定爲從四品。　南汾州：北魏時治定陽縣，在今山西吉縣城關。

［4］鎮城都督：官名。北魏末、東魏時各州置，負責城防等軍事事務。

［5］元象：東魏孝静帝的年號（538—539）。

［6］神武：即高歡。神武爲其謚號，北齊後主所追謚。

［7］西𤻏（bó）縣男：封爵名。西𤻏，縣名。確址不詳。

［8］豫州：北齊時治上蔡縣，在今河南汝南縣。

子粲兄弟十三人，並有孝行，居父喪，毁瘠過禮。既葬，廬於墓側，負土成墳。弟榮亮最知名。

榮亮字子昱。博學有文才，德行仁孝，爲時所重。歷諫議大夫、衛大將軍。[1]卒，贈河州刺史。子綱，字世紀，有操行，才學見稱，領袖本州，調爲中正。開皇中，位趙州長史。有子文宗、文英，[2]並知名。

［1］諫議大夫：官名。北魏時置七十人，隸集書省，掌諫諍議

論。孝文帝太和十七年定爲四品下，二十三年定爲從四品下。

[2]有子文宗文英：底本“文宗文”下注“闕”，局本、中華本作“文宗文英”。今據補。

閬從叔道福。父羆，爲苻堅丞相王猛所器重，[1]以女妻焉。仕堅爲東海太守。[2]堅滅，奔江左，仕宋爲秦州刺史。[3]

[1]苻堅：人名。字永固，略陽臨渭（今甘肅天水市東北）人，氐族。十六國時前秦君主。見《晋書》卷一一三、一一四《苻堅載記》。　王猛：人名。字景略，北海劇（今山東壽光市南）人。見《晋書》卷一一四《苻堅載記附王猛傳》。

[2]東海：郡名。十六國前秦時治郯縣，在今山東郯城縣北。

[3]秦州：南朝宋時治上封縣，在今甘肅天水市。

道福有志略，仕宋位盱眙、南沛二郡太守，[1]領鎮北府録事參軍。與徐州刺史薛安都謀擁州内附，賜爵高密侯，[2]因家彭城。卒，贈兗州刺史，謚曰簡。

[1]盱眙：郡名。南朝宋時治盱眙縣，在今江蘇盱眙縣東北。　南沛：郡名。南朝宋時治沛縣，在今安徽天長市西北。

[2]高密侯：封爵名。高密，縣名。治所在今山東高密市西南。

子欣宗，以歸國勳，别賜爵杜縣侯。[1]歷位太中大夫、行幽州事。卒，贈南兗州刺史，謚曰簡。[2]

[1]杜縣侯：封爵名。杜縣，治所在今陝西西安市長安區東北。

[2]謚曰簡：中華本校勘記云："按其父謚簡，不應父子同謚，疑此三字衍。"可從。

閬從子崇，字洪基。父肅，字道壽，隨劉義真度江，[1]位豫州刺史。

[1]劉義真：人名。南朝宋宗室。見《宋書》卷六一《廬陵孝獻王義真傳》。

崇年十歲，父卒，母鄭氏攜以入魏，因寓居河、洛。少爲舅兗州刺史鄭羲所器賞。[1]位司徒從事中郎。[2]孝文納其女爲充華嬪，[3]除南潁川太守。[4]不好發擿細事，恒云："何用小察，以傷大道?"吏人感之，郡中大安。[5]帝聞而嘉賞，賜帛二百匹。遷洛，以崇爲司州中正。尋除咸陽王禧開府從事中郎，[6]復爲河南邑中正。崇頻居衡品，以平直見稱。出爲鄉郡太守，[7]更滿應代，[8]吏人詣闕乞留，復延三年。後卒。

[1]鄭羲：人名。字幼驎，滎陽開封（今河南開封市）人。北魏官吏。見《北史》卷三五《鄭羲傳》。

[2]司徒從事中郎：官名。司徒府屬吏。從事中郎，官名。其職位依時依府而異，或主吏，或分掌諸曹，掌機密、參謀議，地位較高。五品。

[3]充華嬪：妃嬪名。北魏孝文帝時置爲内宫六嬪之一。

[4]南潁川：郡名。北魏時治奇領城，在今河南漯河市郾城區東南。

[5]吏人感之郡中大安：《魏書》卷四五《韋閬傳》作"吏民

感之，郡中大治”。《北史》避唐太宗李世民及唐高宗李治諱改。

[6]開府從事中郎：官名。北魏孝文帝太和二十三年定司空、皇子之開府從事中郎爲五品。

[7]鄉郡：北魏時治鄉縣，在今山西武鄉縣東。

[8]更：任期。

子猷之，釋褐奉朝請，[1]轉給事中、步兵校尉，[2]稍遷前將軍，[3]太中大夫，卒。

[1]釋褐：脱下平民的布衣，開始做官。

[2]步兵校尉：官名。北魏初領營兵，位次列卿，後罷其兵，成爲武臣散官，無具體職掌，定員二十八人。孝文帝太和十七年定爲從三品中，二十三年定爲五品。

[3]前將軍：官名。南北朝時成爲軍府名號，用作加官。北魏孝文帝太和十七年定爲從二品上，二十三年定爲三品。底本作“前後將軍”，源氏校勘記云：“《魏書》無‘後’字。”中華本校勘記云：“《魏書》卷四五《韋閬傳》無‘後’字。”

猷之弟休之，貞和自守，[1]未嘗言行忤物。歷位給事中、河南邑中正、安西將軍、光祿大夫。[2]卒。子道建、道儒。

[1]貞和：正直平和。　自守：自堅其操守。

[2]安西將軍：官名。與安東、安南、安北將軍合稱四安將軍。爲出鎮某一地區的軍事長官，或作爲刺史等地方官兼任軍務的加官，權任很重。北魏孝文帝太和十七年定爲二品下，二十三年定爲三品。

閬族弟珍，字靈智，孝文賜名焉。父子尚，[1]字文叔。位樂安王良安西府從事中郎。[2]卒，贈雍州刺史。

[1]父子尚：源氏校勘記云："'子尚'，《魏書》無'子'字。"

[2]樂安王：封爵名。樂安，郡名。北魏時治千乘縣，在今山東廣饒縣北。　良：即元良，人名。北魏宗室。見《北史》卷一六《樂安王範附元良傳》。　安西府從事中郎：官名。安西將軍府屬吏。

珍少有志操，歷位尚書南部郎。[1]孝文初，蠻首桓誕歸款，[2]朝廷思安邊之略，以誕爲東荆州刺史，令珍爲使，與誕招慰蠻左。珍至桐柏山，[3]窮淮源，宣揚恩澤，莫不懷附。淮源舊有祠堂，蠻俗恒用人祭之。[4]珍乃曉告曰："天地明靈，即人之父母，豈有父母甘子肉味？自今宜悉以酒脯代用。"群蠻從約，自此而改。凡所招降七萬餘户，置郡縣而還。以奉使稱旨，賜爵霸城子。[5]

[1]尚書南部郎：官名。北魏置。尚書省南部尚書屬官，協助處理南部州郡事務，亦出使招慰南方邊境的蠻族。孝文帝改制時廢。

[2]桓誕：人名。字天生，譙國龍亢（今安徽懷遠縣西北）人。見《北史》卷九五《蠻傳》。　歸款：投誠，歸順。

[3]桐柏山：在今河南、湖北兩省邊境。

[4]俗：底本作"俚"，毛本、四庫本、局本、四部備要本、中華本作"俗"。按："俚"爲舊時少數民族名。以句意，當爲"俗"字。今從《魏書》卷四五《韋閬附韋珍傳》改。

［5］霸城子：封爵名。霸城，縣名。治所在今陝西西安市東北。

後以軍功，進爵爲侯。累遷顯武將軍、郢州刺史。[1]所在有聲績，朝廷嘉之，遷龍驤將軍，[2]賜驊騮二匹，帛五十匹，穀三百斛。珍乃召集州内孤貧者，謂曰："天子謂我能撫綏卿等，故賜以穀帛，吾何敢獨當。"遂以所賜，悉分與之。

［1］顯武將軍：官名。北魏設，雜號將軍之一。孝文帝太和十七年定爲從三品下，二十三年定爲正四品。

［2］龍驤將軍：官名。西晉設，雜號將軍之一。北魏孝文帝太和十七年定爲三品上，二十三年定爲從三品。

尋轉荆州刺史。與尚書盧陽烏征赭陽，[1]爲齊將垣歷生、蔡道恭所敗，[2]免歸鄉里。臨別，謂陽烏曰："主上聖明，志吞吴會。用兵機要，[3]在於上流。若有事荆楚，恐老夫復不得停耳。"後車駕征鄧沔，[4]復起珍爲中軍大將軍、彭城王勰長史。[5]鄧沔既平，試守魯陽郡。[6]孝文復南伐，路經珍郡，加中壘將軍，[7]正太守。珍從至清水，[8]帝曰："朕頃戎車再駕，卿恒翼務中軍。今日之舉，亦欲引卿同行，但三鵶嶮要，[9]非卿無以守也。"因敕還。及孝文崩於行宫，秘匿而還，[10]至珍郡，始發大諱。[11]

［1］盧陽烏：人名。即盧淵。字伯源，小名陽烏，范陽涿（今河北涿州市）人。北魏官吏。見《北史》卷三〇《盧玄附盧伯源

傳》。　赭陽：城名。在今河南方城縣東。

[2]蔡道恭：中華本校勘記云："《魏書》'恭'作'貴'。按《南齊書》卷五七《魏虜傳》亦作'貴'，此作'恭'誤。"可從。

[3]機要：關鍵。

[4]鄧沔（miǎn）：《魏書》卷四五《韋閬傳》作"樊鄧"。

[5]中軍大將軍：官名。三國魏文帝黄初中始置。北魏孝文帝太和十七年定爲從一品中，二十三年定爲二品。

[6]鄧沔：《魏書·韋閬傳》作"沔北"。　試守：正式任命前試行代理某一職務。　魯陽：郡名。北魏時治山北縣，在今河南魯山縣。

[7]中壘將軍：官名。三國魏置。北魏孝文帝太和十七年定爲四品上，二十三年定爲從四品上。

[8]珍從至清水：源氏校勘記云："'清'《魏書》作'濟'。"中華本校勘記云："《魏書》'清'作'濟'。按孝文此次南伐，是進攻南陽。由魯陽到南陽，途中無清水，亦無濟水。《隋書·地理志》中，淯陽郡武川縣有淯水。《魏書·地形志》荊州有北清郡，錢大昕以爲是北淯之訛。疑此'清'亦是'淯'之誤。"可從。

[9]三鵶：地名。自今河南南陽盆地循白河支流口子河谷北行，逾伏牛山循襄河河谷抵達魯山縣，達於汝、洛水流域。第一鵶在今南陽市北百重山，第二鵶在分水嶺北麓，第三鵶在魯陽關，在今南召、魯山之界。

[10]秘匿而還：局本"秘"訛作"祗"。

[11]大諱：謂天子之死。

還，除中散大夫，[1]尋加鎮遠將軍、太尉諮議參軍。[2]卒，贈本將軍、青州刺史，[3]謚曰懿。

[1]中散大夫：官名。多爲官吏養老、病退所任，無具體職權。

北魏時曾置爲職事官之加官。孝文帝太和十七年定爲四品上，二十三年定爲四品下。

[2]鎮遠將軍：官名。名號將軍之一，權任甚重。北魏孝文帝太和十七年定爲從一品下，二十三年定爲從二品。　太尉諮議參軍：官名。太尉府屬吏。諮議參軍，官名。北魏時諸王府、丞相府、公府、軍府等皆設，總管府内軍政事務。

[3]青州刺史：按：《魏書》卷四五《韋閬傳》作"南青州"。按：《魏書·地形志》載："青州，後漢治臨淄，司馬德宗治東陽，魏因之。"又，孝文帝太和二十二年改東徐州爲南青州，治團城。據《魏書·韋閬傳》載珍"永平元年卒，時年七十四"。時爲北魏宣武年間，兩州皆置。今仍各從其舊。

長子纘，字遵彦。年十三，補中書學生。[1]聰敏明辯，爲博士李彪所稱。[2]再遷侍御中散。[3]孝文每與德學沙門談論往復，纘掌綴録，[4]無所遺漏，頗見知賞。累遷長兼尚書左丞。[5]壽春内附，[6]尚書令王肅出鎮揚州，[7]請纘行，爲州長史。加平遠將軍，[8]帶梁郡太守。肅薨，敕纘行州事。任城王澄代肅爲州，[9]復啓纘爲長史。澄出征之後，梁將姜慶真乘虚攻襲，遂據外郭。雖尋克復，纘坐免官。卒。

[1]中書學生：北魏明元帝時設，多選漢人官員子弟爲之。除學習外，還參與中書省的一些事務。北魏孝文帝太和中改爲他稱。

[2]博士：官名。此處爲中書教學博士的省稱。北魏始置。屬中書學，選用博學之士擔任，教授中書學生。任職者升遷較易，多升爲中書省、門下省要職。中書教授博士職與中書教學博士同。

[3]侍御中散：官名。北魏中期從中散官中分化出來，屬侍御

曹。地位較中散高，也更親近皇帝。多選用功臣子弟，也可作爲起家官。任職於其他官署，則冠以官署名，如殿内侍御中散、内秘書侍御中散等。孝文帝太和十七年定爲五品上。

[4]綴録：記録。

[5]長兼：官制用語。表示非正式任命。　尚書左丞：官名。魏晋南朝爲尚書省佐官，位次尚書，與右丞共掌尚書省庶務。北魏孝文帝太和十七年定爲四品上，二十三年定爲從四品上。

[6]壽春：縣名。治所在今安徽壽縣。

[7]王肅：人名。字恭懿，琅邪臨沂（今山東臨沂市）人。北魏官吏。見《北史》卷四二《王肅傳》。　揚州：北魏時治壽春縣，在今安徽壽縣。

[8]平遠將軍：官名。十六國時前秦置。北魏孝文帝太和二十三年定爲四品。

[9]任城王：封爵名。任城，郡名。北魏時治任城縣，在今山東濟寧市南。　澄：即元澄，人名。字道鏡。北魏宗室。見《北史》卷一八《任城王雲附元澄傳》。

纘弟彧，字遵慶，亦有學識。解褐奉朝請，稍遷平遠將軍、東豫州刺史。[1]綏懷蠻左，頗得其心。蠻酋田益宗子魯生、魯賢先叛父南入，[2]數爲寇掠。自彧至州，魯生等咸牋啓修敬，[3]不復爲害。彧以蠻俗不識禮儀，乃立太學，選諸郡生徒於州總教。又於城北置崇武館以習武焉。州境清肅。罷還，遇大將軍、京兆王繼西征，請爲長史。尋以本官兼尚書，爲豳、夏行臺，[4]以功封陰盤縣男。[5]卒，贈撫軍將軍、雍州刺史，[6]謚曰文。

[1]東豫州：北魏時治廣陵城，在今河南息縣城關。

[2]田益宗：人名。本爲蠻族首領，北魏孝文帝太和十七年降於北魏。見《北史》卷九五《蠻傳》。

[3]修敬：恭敬有禮。

[4]豳（bīn）：州名。北魏時治定安縣，在今甘肅寧縣。　夏：州名。北魏時治大夏（統萬城），在今陝西靖邊縣白城子村無定河北岸的毛烏素沙漠中（靠近今內蒙古烏審旗南境）。

[5]陰盤縣男：封爵名。陰盤，縣名。治所在今甘肅平涼市東涇水南岸。

[6]撫軍將軍：官名。三國蜀時置。北魏孝文帝太和十七年定爲從一品下，二十三年定爲從二品。

子彪襲。[1]孝莊末，爲藍田太守，[2]因仕關西。[3]

[1]彪：即韋彪，人名。據其墓誌載：“君諱彪，字道亮，京兆杜人也……起家爲本州主簿……仍除藍田郡守、當郡都督，持節、帶防……襲爵陰槃縣開國男……委之閫外，除征男將軍、銀青光禄大夫、東南道行臺右丞，領太傅長史，副貳論道，轄轄戎省。”後獲賞頻陽縣開國侯，食邑八百户。累官至車騎大將軍、儀同三司。武成二年（560）卒於家，年五十九。韋彧墓誌亦云：“長子彪，字道亮，州主簿、治中。”（參羅新、葉煒《新出魏晋南北朝墓誌疏證（修訂本）》，中華書局2016年版，第266—268頁）

[2]藍田：郡名。北魏時治藍田縣，在今陝西藍田縣西。

[3]關西：地區名。泛指函谷關以西地區。

彪弟融，以軍功賜爵長安伯。稍遷大司馬開府司馬。融娶司農卿趙郡李瑾女，[1]疑其妻與章武王景哲姦通，[2]乃刺殺之。懼，亦自殺。

[1]李瑾：人名。字伯瓊，趙郡平棘（今河北趙縣）人。北魏官吏。見《北史》卷三三《李靈傳》。

[2]章武王：封爵名。章武，郡名。北魏時治平舒縣，在今河北大城縣。　景哲：即元景哲，人名。北魏宗室。見《魏書》卷一九下《章武王太洛傳》。

彧弟朏，[1]字遵顯，少有志業。年十八，辟州主簿。時屬歲儉，朏以家粟造粥，以飼飢人，所活甚衆。解褐太學博士。稍遷右軍將軍，[2]爲荆、郢和糴大使。[3]南郢州刺史田夷啓稱朏父珍往任荆州，[4]恩洽夷夏，乞朏充南道别將，領荆州驍勇，共爲腹背。詔從之。未幾，行南荆州事。[5]遷東徐州刺史。[6]梁遣其郢州刺史田鱻憘率衆來寇，朏於石羊岡破斬之，[7]以功封杜縣子。卒於州，贈侍中、雍州刺史，[8]謚曰宣。

[1]彧弟朏：底本作“弟朏”，中華本校勘記云：“諸本脱‘彧’字，據《魏書》補。”今從改。

[2]右軍將軍：官名。西晋時與前軍、後軍、左軍將軍合稱四軍，掌宿衛。北魏孝文帝太和十七年定爲從三品上，二十三年定爲從四品上。源氏校勘記云：“《魏書》（‘右軍’）作‘左軍’。”

[3]和糴（dí）大使：指北魏朝廷派遣主管某一地區和糴事務的使者。和糴，古代官家以議價徵購民間糧食。北魏孝明帝時收内郡兵資向民間强制徵購糧食以免邊備的措施。

[4]南郢州：治所在今湖北隨州市一帶。

[5]南荆州：北魏時治安昌城，在今河南信陽市西北安昌故城。

[6]東徐州：北魏時治下邳城，在今江蘇睢寧縣古邳鎮北側。

[7]石羊岡：山崗名。在今江蘇宿遷市附近。

［8］卒於州贈侍中雍州刺史：底本無“州贈”二字，中華本校勘記云：“諸本脱‘州贈’二字，據《魏書》補。”今從改。

長子鴻，字道衍，頗有幹用，累遷中書舍人。[1]天平三年，坐漏泄，賜死於家。

［1］中書舍人：官名。北朝時專掌草擬詔令，權任較南朝爲輕。北魏孝文帝太和十七年定爲六品上，二十三年定爲六品下。東魏沿置。

杜銓字士衡，京兆人，晋征南將軍預五世孫也。[1]祖冑，苻堅太尉長史。父巋，慕容垂秘書監，仍僑居趙郡。

［1］征南將軍：官名。爲四征將軍之一。兩晋時多授持節都督，出鎮地方，位顯要。三品，持節都督者進爲二品。　預：即杜預，人名。字元凱，京兆杜陵（今陝西西安市長安區東）人。著有《春秋左氏經傳集解》《春秋釋例》等。見《晋書》卷三四《杜預傳》。

銓學涉，有長者風，與盧玄、高允等同被徵爲中書博士。初，密太后父豹喪在濮陽，[1]太武欲令迎葬於鄴，謂司徒崔浩曰：“天下諸杜，何處望高？朕今方改葬外祖，意欲取杜中長老一人，以爲宗正，[2]令營護凶事。”浩曰：“京兆爲美。中書博士杜銓，其家今在趙郡，是杜預後，於今爲諸杜最。”密召見，銓器貌瓌雅，太武感悦，謂浩曰：“此真吾所欲也。”以爲宗正，令與杜超子道生送豹喪柩，[3]致葬鄴南。銓遂與超如親。超謂銓曰："既是宗近，[4]何緣僑居趙郡?"乃延引同屬魏郡。再遷中書侍郎，賜爵新豐侯。[5]卒，贈相州刺史、魏縣侯，謚曰宣。

[1]密太后：即北魏明元帝密皇后杜氏。　豹：即杜豹，人名。魏郡鄴（今河北臨漳縣西南鄴鎮）人。北魏外戚。　濮陽：郡名。北魏時治甄城縣，在今山東鄄城縣北。

[2]宗正：官名。掌管皇族事務。

[3]杜超：人名。字祖仁，魏郡鄴（今河北臨漳縣西南鄴鎮）人。北魏明元帝密皇后之兄。見《北史》卷八〇《杜超傳》。　道生：即杜道生，人名。魏郡鄴（今河北臨漳縣西南鄴鎮）人。北魏外戚。見《北史》卷八〇《杜超附杜道生傳》。

[4]近：毛本、四庫本、局本、四部備要本作"正"。按：亦可通。

[5]新豐侯：封爵名。新豐，縣名。治所在今陝西西安市臨潼區東北。

子振，字季元。舉秀才，卒於中書博士。

振子遇，字慶期，位尚書起部郎。[1]竊官材瓦起立私宅，清論鄙之。[2]卒於河東太守，贈都官尚書、豫州刺史，謚曰惠。

[1]尚書起部郎：官名。即起部郎，又稱起部郎中。尚書省起部曹長官，資深勤能者可轉侍郎。北魏孝文帝太和十七年定爲五品上，二十三年定爲六品。

[2]清論：清正的輿論。

銓族孫景，字宣明，學通經史。州府交辟，不就。

景子裕，字慶延，雖官非貴仕，而文學相傳。仕齊，位止樂陵令。[1]齊亡，退居教授，終于家。

[1]樂陵：郡名。北齊時治樂陵縣，在今山東樂陵市東北。

子正玄，字知禮，少傳家業，耽志經史。隋開皇十五年，舉秀才，試策高第。曹司以策過左僕射楊素，[1]怒曰：“周孔更生，[2]尚不得爲秀才，刺史何忽妄舉此人？可附下考。”乃以策抵地，不視。時海内唯正玄一人應秀才，餘常貢者，隨例銓注訖，正玄獨不得進止。曹司以選期將盡，重以啓素。素志在試退正玄，乃手題使擬司馬相如《上林賦》、王褒《聖主得賢臣頌》、班固《燕然山銘》、張載《劍閣銘》《白鸚鵡賦》，[3]曰：“我不能爲君住宿，可至未時令就。”正玄及時並了。素讀數徧，大驚曰：“誠好秀才！”命曹司録奏。屬吏部選期已過，注色令還。[4]期年重集，素謂曹司曰：“秀才杜正玄至。”又試《官人有奇器》闕並立成，文不加點。素大嗟之，命吏部優叙。曹司以擬長寧王記室參軍。[5]時素情背曹官，[6]及見，曰：“小王不盡其才也。”晋王廣方鎮揚州，[7]妙選府僚，乃以正玄爲晋王府參軍。後豫章王鎮揚州，[8]又爲豫章王記室。[9]卒。

[1]曹司：秦漢以降，各官署内分科辦事機構多稱曹，隋時又將其中不少改稱司。此爲二者合稱。亦可爲專門辦事機構之代稱。左僕射：官名。隋罷録尚書，又常缺令，僕射成爲正宰相，與門

下省、内史省長官共理國政。文帝開皇三年令左僕射掌判吏、禮、兵三部事，兼糾御史所彈不當者。從二品。　楊素：人名。字處道，弘農華陰（今陝西華陰市東南）人。北周、隋朝官吏。見《北史》卷四一《楊敷附楊素傳》。

[2]周孔：周公、孔子。

[3]司馬相如：人名。字長卿，蜀郡（今四川成都市）人。以《上林賦》《子虛賦》而聞名。見《史記》卷一一七《司馬相如列傳》。　王褒：人名。字子淵，蜀（今四川成都市）人。西漢學者，善詞賦。見《漢書》卷六四下《王褒傳》。　班固：人名。字孟堅，扶風安陵（今陝西咸陽市東北）人。東漢史學家。見《後漢書》卷四〇《班固傳》。　張載：人名。字孟陽，安平（今河北冀州市）人。作《劍閣銘》刻石於劍閣山。見《晋書》卷五五《張載傳》。

[4]注色：填寫履歷。

[5]長寧王：封爵名。長寧，郡名。隋朝時治懷戎縣，在今河北涿鹿縣西南。此指楊儼，楊勇長子。

[6]曹官：曹司屬官。

[7]晋王廣：即楊廣。一名英，小字阿麼，弘農華陰（今陝西華陰市東南）人。隋文帝次子，母獨孤氏。見《北史》卷一二《隋本紀·煬帝》。

[8]豫章王：封爵名。豫章，郡名。隋朝時治南昌縣，在今江西南昌市。

[9]記室：官名。漢朝始置。自三公府至州郡皆置爲佐吏，具體名稱不一，皆主文書表奏。隋朝亦置。

正玄弟正藏，字爲善，亦好學，善屬文。開皇十六年，舉秀才。時蘇威監選，[1]試擬賈誼《過秦論》及《尚書·湯誓》《匠人箴》《連理樹賦》《几賦》《弓銘》,[2]應時並就，又無點竄。[3]時射策甲第者合奏，[4]曹司難爲别奏，[5]抑爲乙科。[6]正藏訴屈，威怒，改爲丙第，授純州行參軍。[7]遷梁郡下邑縣正。[8]大業中，與劉炫同以學業該通，[9]應詔被舉。時正藏弟正儀貢充進士，正倫爲秀才，兄弟三人同時應命，當世嗟美之。著作郎王劭奏追修史，[10]司隸大夫薛道衡奏擬從事，[11]並以見任且放還。九年，從駕征遼，爲夫餘道行軍長史。[12]還至涿郡，[13]卒。

[1]蘇威：人名。字無畏，京兆武功（今陝西武功縣西北）人。北周、隋朝官吏。見《北史》卷六三《蘇綽附蘇威傳》。

[2]賈誼：人名。雒陽（今河南洛陽市東）人。見《史記》卷八四《屈原賈生列傳》。

[3]點竄（cuàn）：修改。

[4]射策：泛指應試。　甲第：考試第一等。

[5]曹司難爲别奏：毛本、四庫本、局本、四部備要本“别”訛作“爲”，殿本缺“别”字。

[6]乙科：考試第二等。

[7]純州：隋朝時治淮安縣，在今河南桐柏縣東。　行參軍：官名。隋朝王府、公府、州府、諸衛率府置。正八品上至視從九品。

[8]梁郡：隋朝時治宋城，在今河南商丘市。　下邑：縣名。治所在今安徽碭山縣。

[9]劉炫：人名。字光伯，河間景城（今河北滄州市）人。隋朝官吏。見《北史》卷八二《劉炫傳》。

[10]王劭：人名。亦作“王邵”，字君懋，太原晋陽（今山西太原市晋源區古城營村一帶）人。北齊、隋朝官吏。見《北史》

卷三五《王慧龍附王劭傳》。　奏追修史：局本“追”訛作“擬”。

[11]隸：底本作“穀”，宋本、中華本作“隸”。中華本校勘記云：“各本‘隸’作‘穀’，宋本作‘隸’。按本書卷三六《薛道衡傳》作司隸大夫。司隸大夫隋煬帝大業三年置，所屬有從事。見《隋書》卷二八《百官志》。今從宋本。”今從改。　薛道衡：人名。字玄卿，河東汾陰（今山西萬榮縣西南）人。北齊、隋朝官吏。見《北史》卷三六《薛辯附薛道衡傳》。

[12]行軍長史：官名。魏晋南北朝時諸州府、公府、將軍府及都督府皆置，主持府務，爲衆史之長。隋朝沿置。

[13]涿郡：隋朝時治薊縣，在今北京西南。

正藏爲文迅速，有如宿構。[1]曾令數人並執紙筆，各題一文，正藏口授俱成，皆有文理。爲當時所異。又爲《文軌》二十卷，論爲文體則，甚有條貫。後生寶而行之，多資以解褐，大行於世，謂之《杜家新書》云。

[1]宿構：預先構思。

論曰：宋隱操行貞白，遺略榮名，[1]宣、愔並保退素，[2]咸見徵辟，可謂德門者矣。義和以才度見知，迹參顧命，拔萃出類，當有以哉！無子之歎，豈徒羊舌！宗祀不亡，蓋其幸也。翻剛鯁自立，猛而斷務。世良昆季，[3]雅有家風。道謨卜筮取達，季良累於學淺。刁雍才識恢遠，著聲立事，禮遇優隆，世有人爵，堂構之義也。[4]辛、韋不殞門風。杜銓所在爲重。正玄難兄難弟，信爲美哉！

[1]遺略：嫌棄而忽略。　榮名：美名。
[2]退素：謙退淡泊。謂不謀仕進。
[3]昆季：兄弟。長爲昆，幼爲季。
[4]堂構：喻繼承祖先的遺業。典出《尚書·大誥》。

北史　卷二七

列傳第十五

屈遵　張蒲　谷渾 曾孫楷　公孫表　張濟　李先　賈彝
竇瑾　李訢　韓延之　袁式　毛脩之 朱脩之 嚴稜　唐和
寇讚 孫儁　酈範 子道元　韓秀　堯暄 孫雄　柳崇

屈遵字子度，[1]昌黎徒何人也。[2]博學多才藝。慕容垂以爲博陸令。[3]道武南伐，[4]博陵太守申永南奔河外，[5]高陽太守崔宏東走海濱。[6]屬城長吏，率多逃竄，遵獨歸道武。道武素聞其名，拜中書令。[7]中原既平，賜爵下蔡子。[8]卒。

[1]字子度：《册府元龜》卷七七七、《通志》卷一四七同底本，《魏書》卷三三《屈遵傳》作“字子皮”。源氏校勘記云：“‘度’《魏書》作‘皮’。”中華本《魏書》卷三三校勘記云：“張森楷云：‘遵’‘度’義協，疑‘度’字爲是。”可從。

[2]昌黎：郡名。西晉時治昌黎縣，在今遼寧義縣。　徒何：縣名。治所在今遼寧錦州市。局本作“徒河”，《魏書·屈遵傳》作“徒河”，《册府元龜》卷七七七、《通志》卷一四七同《魏書》。

[3]慕容垂：人名。字道明，昌黎棘城（今遼寧北票市章吉營

子鄉三官營子村）人，鮮卑族。十六國時後燕君主。見《北史》卷九三《慕容垂傳》。　博陸：縣名。治所在今河北蠡縣東南。《魏書·屈遵傳》作“博陵”，《資治通鑑》卷一八〇、《通志》卷一四七同《魏書》。按：《隋書·地理志》：“博野，舊曰博陸。後魏改曰博野。”今不改。

[4]道武：即北魏皇帝拓跋珪。道武爲其謚號。

[5]博陵：郡名。北魏時治魯口城，在今河北饒陽縣。　河：黄河。

[6]高陽：郡名。北魏時治高陽縣，在今河北高陽縣東。　崔宏：人名。字玄伯，清河東武城（今山東武城縣西北）人。北魏大臣。見《北史》卷二一《崔宏傳》。

[7]中書令：官名。漢武帝時置，掌管機要，處理國務。歷代沿置。東晉南北朝時因逐漸脱離機務，隨名位增高而成爲閑職，多用作重臣加官。北魏孝文帝太和十七年（493）定爲二品中，二十三年定爲三品。

[8]下蔡子：封爵名。下蔡，縣名。治所在今安徽鳳臺縣。

子須襲爵。除長樂太守，[1]進爵信都侯。[2]卒，贈昌黎公，[3]謚曰恭。

[1]長樂：郡名。北魏時治信都縣，在今河北冀州市。

[2]信都侯：封爵名。信都，縣名。治所在今河北冀州市。

[3]昌黎公：封爵名。昌黎，郡名。北魏時治龍城縣，在今遼寧遼陽市。

須長子恒，字長生，沈粹有局量。[1]歷位尚書右僕射，[2]加侍中。[3]以破平涼功，[4]賜爵濟北公。[5]太武委以大政，[6]車駕出征，常居中留鎮。與襄城公盧魯元俱賜甲第。[7]真君四年，[8]墜馬卒。時帝幸陰山，景穆遣使乘傳奏狀。[9]帝甚悼惜之，謂使人曰："汝等殺朕良臣，何用乘馬！"遂令步歸。贈征西大將軍，[10]謚曰成公。

[1]沈粹：沉厚純良。　局量：氣量。

[2]尚書右僕射：官名。北魏時列位宰相，在録尚書事、尚書令下，職掌都省庶務及執法，或典選舉，職在左僕射下。孝文帝太和十七年定爲從一品中，二十三年定爲從二品。

[3]加：原職之外，增授其他職銜或虚銜。　侍中：官名。原名丞相史，往來殿中奏事，故名。北朝常總典機密，受遺詔輔政，權任尤重，時號"小宰相"，北魏初置四員。孝文帝太和十七年定爲從一品中。

[4]平凉：城名。在今甘肅平涼市。

[5]濟北公：封爵名。濟北，郡名。北魏時治盧縣，在今山東在平縣西南。

[6]太武：即北魏皇帝拓跋燾。太武爲其謚號。

[7]襄城公：封爵名。襄城，郡名。北魏時治赭陽城，在今河南方城縣東。　盧魯元：人名。昌黎徒河（今遼寧錦州市）人。北魏官吏。見《北史》卷二五《盧魯元傳》。　甲第：豪門貴族的住宅。

[8]真君：即太平真君。北魏太武帝的年號（440—451）。

[9]景穆：即北魏太武帝太子拓跋晃。景穆爲其謚號，北魏文成帝所追謚。　奏狀：奏章。

[10]征西大將軍：官名。東漢初置。兩晋南北朝時爲將軍名號，多授統兵出鎮在外、都督數州諸軍事者。在武職中地位很高，位居四征將軍之上，歷代皆不常置。北魏孝文帝太和十七年定爲從一品下。毛本、殿本、四庫本、局本、四部備要本作"征南大將軍"。《魏書》卷三三、《通志》卷一四七、《册府元龜》卷一四一

作“征西大將軍”。按：未詳孰是。

子道賜襲爵。道賜善騎射，機辯有辭氣，[1]太武甚器之。位尚書右僕射，加侍中。卒，謚曰哀公。

[1]機辯：毛本、殿本、局本、四部備要本作“機辨”。　辭氣：言辭氣度。

子拔襲爵。帝追思其父祖，年十四，以爲南部大人。[1]時太武南伐，禽守將胡盛之以付拔，酒醉不覺，盛之逃。太武令斬之。將伏鑕，[2]帝愴然曰：“若鬼有知，長生問其子孫，朕將何以應?”乃赦拔。後獻文以其功臣子，[3]拜營州刺史。[4]

[1]南部大人：官名。原爲少數民族部落首領的稱號。北魏初沿置，管理南方州郡。明元帝泰常二年（417），與天部、地部、東部、西部、北部大人並稱六部大人，皆以諸公爲之，共同管理國家日常政務，下設三屬官。其職掌後併入南部尚書。

[2]伏鑕（zhì）：腰斬。施刑時罪犯裸身俯伏在砧上，故稱。亦泛指被處死。

[3]獻文：即北魏皇帝拓跋弘。獻文爲其謚號。

[4]營州：北魏時治和龍城，在今遼寧朝陽市城區。

張蒲字玄則，河内脩武人也。[1]本名謨。父攀，仕慕容垂，位兵部尚書，[2]以清方稱。[3]

[1]河内：郡名。北魏時治野王縣，在今河南沁陽市。　脩武：

縣名。治所在今河南修武縣。

[2]兵部尚書：官名。魏晋南北朝時置五兵尚書、七兵尚書，掌管軍事庶務。十六國時後燕亦置，稱爲兵部尚書，爲尚書省兵部曹長官。

[3]清方：廉潔正直。

蒲少有父風，仕慕容寶爲尚書左丞。[1]道武定中山，[2]寶官司叙用，多降品秩。帝既素聞蒲名，仍拜尚書左丞。[3]明元即位，[4]爲内都大官，[5]賜爵泰昌子。[6]參決庶獄，私謁不行。[7]後改爲壽張子。[8]太武即位，以蒲清貧，妻子衣食不給，乃以爲相州刺史。[9]扶弱抑强，進善黜惡，風化大行。卒於官，吏人痛惜之。蒲在謀臣之列，屢出爲將，朝廷論之，常以爲稱首。贈平東將軍、廣平公，[10]謚曰文恭。

[1]慕容寶：人名。字道裕，昌黎棘城（今遼寧北票市章吉營子鄉三官營子村）人，鮮卑族。十六國時後燕君主。見《北史》卷九三《慕容垂附慕容寶傳》。　尚書左丞：官名。十六國時爲尚書臺佐貳，居尚書右丞上，總領尚書臺庶務。

[2]中山：十六國時後燕國都。在今河北定州市。

[3]尚書左丞：官名。北魏時掌臺内庶務、文吏及文案奏章，兼掌監察百官。孝文帝太和十七年定爲四品上，二十三年定爲從四品上。

[4]明元：即北魏皇帝拓跋嗣。明元爲其謚號。

[5]内都大官：官名。内都坐大官的省稱。北魏置。掌畿内刑獄，聽理民訴訟。任此職者多爲宗室諸王、外戚及胡漢重臣，權勢很大。祭吊時位在三公、尚書令之上。孝文帝改制時罷。

[6]泰昌子：封爵名。泰昌，縣名。治所在今重慶巫山縣北大昌鎮。宋本作“太”。按：“太”“泰”古通。

[7]私謁：因私事而謁見請託。

[8]壽張子：封爵名。壽張，縣名。治所在今山東東平縣西南。

[9]相州：北魏時治鄴城，在今河北臨漳縣西南鄴鎮。

[10]平東將軍：官名。漢獻帝時置。爲四平將軍之一，多持節都督或兼理某一地區的軍事，亦作爲刺史等地方官兼理軍事的加官。北魏孝文帝太和十七年定爲從二品上，二十三年定爲三品。廣平公：封爵名。廣平，郡名。北魏時治曲梁城，在今河北永年縣東南。

子昭襲。以軍功進爵脩武侯，位幽州刺史，[1]以善政見稱。

[1]幽州：北魏時治薊縣，在今北京西南。

谷渾字元沖，昌黎人也。父衮，彎弓三百斤，勇冠一時。仕慕容垂，位廣武將軍。[1]

[1]廣武將軍：官名。三國魏置。十六國時後燕亦置。爲名號將軍中地位較高者。

渾少有父風，任俠好氣，晚乃折節受經業，[1]被服類儒者。道武時，以善隸書爲内侍左右。[2]太武時，累遷侍中、儀曹尚書，[3]賜爵濮陽公。[4]渾正直有操行，[5]性不苟合。然愛重舊故，不以富貴驕人。時人以此稱之。在官廉直，[6]爲太武所器重，以渾子孫年十五以上，悉補中書學生。[7]卒，謚曰文宣。

[1]折節：改變以前的志向和行爲。 受：底本作“授”，中華本校勘記云：“諸本‘受’作‘授’，據《魏書》卷三三《谷渾傳》改。”今從改。

[2]内侍左右：官名。北魏初置。爲皇帝左右侍臣，無固定職掌，多選用胡人親貴子弟，亦用善書寫及通北人語言的漢人充任。

[3]儀曹尚書：官名。北魏置。爲尚書省儀曹長官，掌車服、羽儀、朝覲、郊廟、饗宴等吉凶禮制。北魏孝文帝太和十七年定爲二品中，二十三年定爲三品。

[4]濮陽公：封爵名。濮陽，郡名。北魏時治甄城縣，在今山東鄄城縣北。

[5]操：宋本作“躁”。按：躁，性急，不冷静。宋本誤，從底本。

[6]廉直：毛本、殿本、四庫本、局本、四部備要本作“廉正”。

[7]中書學生：學生名稱。北魏明元帝時置。多選漢人官員子弟爲之。除學習外，還參與中書省的一些事務。

子闡，字崇基，襲爵。位外都大官。[1]卒，謚曰簡公。

[1]外都大官：官名。外都坐大官的省稱。掌畿外刑獄，聽理民訴訟。任此職者多爲宗室諸王、外戚及胡漢重臣，權勢很大。祭吊時位在三公、尚書令之上。北魏孝文帝改制時罷。

子洪，字元孫，位尚書，[1]賜爵滎陽公。[2]性貪奢，僕妾衣服錦綺。[3]時獻文舅李峻等初至，[4]官給衣服，洪輒截没。[5]爲有司所糾，并窮其前後贓罪，伏法。

[1]尚書：官名。北魏時出爲朝官，分掌尚書省諸曹。孝文帝太和十七年定爲從一品下，二十三年定爲三品。

[2]滎陽公：封爵名。滎陽，郡名。北魏時治滎陽縣，在今河南滎陽市。

[3]僕妾：宋本作"業妾"。按：僕，供役使的人；業，煩瑣。宋本誤，從底本。

[4]李峻：人名。字珍之，梁國蒙縣（今安徽六安市東北）人。北魏官吏、外戚。見《魏書》卷八三上《李峻傳》。

[5]輒：總是。　截没：截留吞没。

子穎，位太府少卿。[1]卒，贈營州刺史，謚曰貞。

[1]太府少卿：官名。北魏孝文帝始置。掌倉儲出納、兩京諸市，通判各署事務。四品上。

子士恢，字紹達，位鴻臚少卿，[1]封元城縣侯。[2]太后嬖幸鄭儼，[3]懼紹達間構於帝，[4]因言次，[5]以紹達爲州。紹達耽寵，[6]不願出。太后誣其罪，殺之。

[1]鴻臚少卿：官名。掌外國、少數民族賓客接待，朝會及吉凶禮儀，兼管佛教、祆教寺廟，領典客、典寺、司儀等署。四品上。

[2]元城縣侯：封爵名。元城，縣名。治所在今河北大名縣東。《魏書》卷三三《谷渾傳》作"元城縣開國侯"。按：孝文帝改制前，對於封爵制的書寫方式，衹有封爵名稱和等級而無食邑户數，封爵名稱前還冠以"開國"字樣。孝文帝改制後，出現了另一種情

况與之並存，即受封者不僅有封爵名和等級，而且在封爵之後還有食邑户數，同時在封爵名之前還有“開國”二字。食邑户數與“開國”二字，或同時存在，或衹居其一（參高敏：《論李延壽〈南、北史〉的規律性删削失當》，《史學史研究》2002 年第 2 期）。

[3]太后：指北魏宣武帝皇后胡氏。　鄭儼：人名。字季然，滎陽開封（今河南開封市）人。北魏官吏。見《北史》卷三五《鄭羲附鄭儼傳》。

[4]間構：離間中傷。

[5]言次：言談之際。

[6]耽寵：貪戀榮寵。

渾曾孫楷。[1]楷有幹局，[2]稍遷奉車都尉。[3]眇一目，[4]性甚嚴忍，前後奉使皆以酷暴爲名，時人號曰“瞎武”。[5]累遷城門校尉，[6]卒。

[1]渾曾孫楷：宋本作“曾孫楷”。按：宋本誤，從底本。

[2]楷有幹局：宋本作“有幹局”。按：宋本誤，從底本。幹局，才幹氣度。

[3]遷：官制用語。指官吏調動職務，有平遷、超遷之分。　奉車都尉：官名。西漢武帝始置，掌皇帝車輿，入侍左右，多由皇帝親信充任。北魏時列爲冗職，孝文帝太和十七年定爲從四品上，二十三年定爲從五品上。

[4]眇（miǎo）：失明。

[5]瞎武：中華本校勘記云：“《魏書》卷八九（補）《谷楷傳》‘武’作‘虎’。《北史》避唐諱改。”

[6]城門校尉：官名。漢武帝時始置。掌京城長安諸城門警衛，領城門屯兵。北魏仍置，職權漸輕。孝文帝太和十七年定爲三品下，二十三年定爲四品上。

公孫表字玄元，燕郡廣陽人也。[1]爲慕容沖尚書郎。[2]慕容垂破長子，[3]從入中山。慕容寶走，乃歸，爲博士。[4]初，道武以慕容垂諸子分據勢要，權柄推移，遂至亡滅。表詣闕上《韓非書》二十卷，[5]道武稱善。明元初，賜爵固安子。[6]河西飢胡劉武反於上黨，[7]詔表討之。爲胡所敗，帝深銜之。[8]

[1]燕郡：十六國西燕時治薊縣，在今北京西南。　廣陽：縣名。治所在今北京房山區東北。

[2]慕容沖：人名。小字鳳凰，昌黎棘城（今遼寧北票市章吉營子鄉三官營子村）人，鮮卑族。十六國時西燕君主。見《北史》卷九三《慕容廆附慕容沖傳》。　尚書郎：官名。十六國時出居外朝，爲尚書省諸郎曹長官，隸列曹尚書，分曹執行政務。六品。

[3]長子：縣名。治所在今山西長治市南。

[4]博士：官名。魏晋南北朝時專設五經博士、國子博士、太學博士等學官，掌經學教授，設太常博士專掌議定禮制。

[5]韓非書：書名。即《韓非子》。

[6]固安子：封爵名。固安，縣名。治所在今河北易縣東南。

[7]劉武：中華本校勘記云："《魏書》卷三三《公孫表傳》'武'作'虎'，《北史》避唐諱改。"　上黨：郡名。北魏時治壺關城，在今山西長治市北。

[8]銜：宋本作"禦"。

太常七年，[1]宋武帝殂。[2]時議取河南侵地，以奚斤爲都督，[3]以表爲吴兵將軍、廣州刺史。[4]表既剋滑臺，[5]遂圍武牢。[6]車駕次汲郡。[7]始昌子蘇坦、太史令王亮奏表置軍武牢東，[8]不得形便之地，故令賊不時滅。明元雅好術數，又積前忿，及攻武牢，士卒多傷，乃使人夜就帳中縊殺之。以賊未退，秘而不宣。

[1]太常：北魏明元帝的年號（416—423）。底本、宋本、元大德本、毛本、局本作“太常”，中華本作“泰常”。按：“太”“泰”古通。

[2]宋武帝：即南朝宋皇帝劉裕。武爲其謚號。　殂：宋本作“姐”。按：“殂”意爲死亡。宋本誤，從底本。

[3]奚斤：人名。代（今山西大同市東北）人。北魏初大臣。見《北史》卷二〇《奚斤傳》。　都督：官名。北魏時爲統率全國或地方兵馬的指揮官，有時爲州郡軍事長官者，兼理民政。

[4]吴兵將軍：官名。北魏明元帝時置。主要統率江南籍士兵。孝文帝太和十七年改定官制後未見。　廣州：北魏時治襄城縣，在今河南襄城縣。

[5]滑臺：城名。在今河南滑縣東。

[6]武牢：軍鎮名。即虎牢鎮。《北史》避唐高祖祖父李虎諱改。在今河南滎陽市汜水鎮西。

[7]車駕：底本作“車騎”，殿本、四庫本、四部備要本、中華本作“車駕”。按：“車騎”意爲成隊的車馬，“車駕”爲帝王所乘之車，亦代指帝王。據文意，應爲“車駕”。今從諸本改。　次：停駐。　汲郡：北魏時治枋頭，在今河南浚縣西南。

[8]始昌子：封爵名。始昌，縣名。治所在今廣東四會市北。　蘇坦：人名。北魏官吏。《魏書》卷三五《崔浩傳》又作“蘇垣”。明元帝泰常七年，奏請屯軍虎牢。　太史令：官名。隸屬太常，掌天時、星曆；凡歲將終，奏新年曆；凡國祭祀、喪娶之事，掌奏良日及時節禁忌；國有瑞應、災異，則掌記之。

初，表與勃海封愷友善，[1]後爲子求愷從女，愷不許，表甚銜之。[2]及封氏爲司馬國璠所逮，[3]帝以舊族，欲原之，表證其罪，乃誅封氏。表外和内忌，時人以此薄之。表本與王亮同營署，及其出也，輕侮亮，故及於死。

[1]勃海：郡名。北魏時屬冀州，初治南皮縣，在今河北南皮縣東北，後移治東光縣，在今河北東光縣。　封愷：人名。字思悌，勃海蓨（今河北景縣）人。北魏官吏。見《北史》卷二四《封懿附封愷傳》。

[2]銜：宋本作“㗸”。按：依文意，從底本。

[3]司馬國璠：人名。河内温（今河南温縣）人。北魏官吏。東晉末，與弟司馬叔璠北奔南燕，後又西投後秦。太武帝時入魏，賜爵淮南公。因謀外叛，被司馬文思告發，伏誅。

第二子軌，字元慶。明元時，爲中書郎。[1]出從征討，補諸軍司馬。[2]太武平赫連昌，[3]引諸將帥入其府藏，各令任意取金玉。[4]諸將取之盈懷，軌獨不取。帝把手親探金賜之，謂曰：“卿臨財廉，朕所以增賜者，欲顯廉於衆人。”後兼大鴻臚，[5]持節拜立氐楊玄爲南秦王。[6]及境，玄不郊迎，軌數玄無蕃臣禮。玄懼，詣郊受命。使還稱旨，拜尚書，賜爵燕郡公，出爲武牢鎮將。[7]初，太武將北征，[8]發驢以運糧，使軌部詣雍州。[9]軌令驢主皆加絹一匹，[10]乃與受之。百姓語曰：“驢無彊弱，輔脊自壯。”[11]衆共嗤之。[12]坐徵還。卒。

[1]中書郎：官名。魏晉及南北朝時亦稱中書侍郎、中書通事郎。北魏時負責草擬詔令。孝文帝太和十七年定爲四品上，二十三年定爲從四品上。

[2]軍司馬：官名。爲領兵武官。

[3]赫連昌：人名。字還國，匈奴鐵弗部人。十六國時夏君主。見《北史》卷九三《赫連屈丐附赫連昌傳》。

[4]金玉：元大德本作“金王”。按：元大德本誤，從底本。

[5]兼：官制用語。即以本官兼任、兼行或兼領其他官職。　大鴻臚：官名。掌賓客接待、朝禮和封爵儀式等。北魏孝文帝太和十七年定爲二品上，二十三年定爲三品。

[6]持節：官制用語。官員或使臣外出時持有皇帝授與的節杖，以示其權威。魏晉以後，軍事長官出征或出鎮時，加持節即可殺無官位之人，在軍事行動中可誅殺二千石以下官員。　氐：族名。分布於今甘肅、陝西、四川等省的臨接地帶，以畜牧業、農業爲生。西晉末曾建立過仇池、前秦、後涼等政權。見《北史》卷九六《氐傳》。　楊玄：人名。字黄眉，仇池（今甘肅西和縣）人。北魏時氐族首領。見《北史·氐傳》。　南秦王：封爵名。南秦，州名。北魏時治洛谷城，在今甘肅西和縣南洛峪鎮。

[7]鎮將：官名。北魏置，爲軍鎮的長官。在不設州郡的地區，兼統軍民；在設州郡的内地，主要掌軍政。但兼任駐在州刺史時，亦兼理民政。其下設副將、監軍及長史、司馬等佐僚。品秩按所帶將軍號而定。

[8]北征：宋本作“比征”。按：據文意，從底本。

[9]詣：底本作“調”，宋本作“詣”。源氏校勘記云：“‘調’《魏書》作‘詣’。”中華本校勘記云：“諸本‘詣’訛‘調’，據《魏書》改。”按：《通志》卷一四七，《太平御覽》卷八一七、卷九百一，《册府元龜》卷四五五、卷九三九，《御定淵鑑類函》卷三六五作“調”。今從改。　雍州：北魏時治長安縣，在今陝西西安市西北。

［10］驢主：宋本作“驢士”。按：據文意，從底本。

［11］輔脊自壯：《通志》卷一四七、《册府元龜》卷九三九、《古樂苑》卷四九同，中華本校勘記云：“《御覽》卷九〇一作‘負絹自壯’。”

［12］共：毛本作“兵”。按：據文意，從底本。

軌既死，帝謂崔浩曰：[1]“吾過上黨，父老皆曰：公孫軌爲將，受貨縱賊，使至今餘奸不除，軌之罪也。其初來，單馬執鞭；及去，從車百兩。載物而南，丁零渠帥，[2]乘山罵軌。軌怒，取罵軌者之母，以矛刺其陰而死之，曰：‘何以生此逆子！’從下倒劈，[3]分磔四支於山樹上。[4]是忍行不忍之事。軌幸而早死，至今在者，吾必族誅之。”

［1］崔浩：人名。字伯淵，《北史》避唐高祖李淵諱改爲伯深，清河東武城（今山東武城縣西北）人。北魏官吏。見《北史》卷二一《崔宏附崔浩傳》。

［2］丁零：族名。兩晋南北朝時期，在今山西、河北境内有定州丁零、中山丁零、北地丁零等部，漸與内地民族融合。留在漠北的大部分丁零，《晋書》稱爲“敕勒”，《隋書》稱其爲“鐵勒”。渠帥：部落首領。一般作爲對敵方首領，尤其是對少數民族首領的蔑稱。

［3］倒：底本作“到”，中華本作“倒”。按：據文意，從中華本改。

［4］分磔（zhé）：酷刑，將肢體分裂。

軌終得娶封氏，生子叡，字叔文。[1]位儀曹長，[2]賜爵陽平公。[3]時獻文於苑内立殿，敕中秘群官制名。[4]叡奏曰："臣聞至尊至貴，莫崇於帝王；天人挹損，[5]莫大於謙光。[6]臣愚以爲宜曰崇光。"奏可。卒於南部尚書，[7]謚曰宣。

[1]叔文：《魏書》卷三三《公孫表傳》作"文叔"。《通志》卷一四七同《北史》。

[2]儀曹長：官名。北魏置。協掌尚書省儀曹事務，隸儀曹尚書。

[3]陽平公：封爵名。陽平，郡名。北魏時治館陶縣，在今河北館陶縣。

[4]中秘：官署名。即中秘書。北魏置。其長官爲中秘書監。

[5]挹（yì）損：謙遜。宋本、局本作"邑損"。按：字形相近而訛，從底本。

[6]謙光：謙讓而顯光輝。

[7]南部尚書：官名。北魏道武帝置。爲尚書省南部曹長官。除管理南方州郡事務外，還統兵南進。多由本部屬官遷任。初員一人，後以南方州郡數量增多，權重政繁，故設二人或二人以上。孝文帝改制罷。

叡妻，崔浩弟女也。生子良，字遵伯，聰明好學。爲尚書左丞，爲孝文所知遇。[1]良弟衡，字道津。良推爵讓之。仕至司直。[2]良以别功，賜爵昌平子。[3]子崇基襲。

[1]孝文：即北魏皇帝元宏。孝文爲其謚號。

[2]司直：官名。北魏孝文帝太和中置，屬廷尉，稱五局司直，

專主刑獄，後罷。孝莊帝永安二年（529）復置十人，名隸廷尉，秩五品，位在廷尉正、監上，不署曹事，唯覆核御史檢核之案件。

[3]昌平子：封爵名。昌平，縣名。治所在今北京昌平區東南。

軌弟質，字元直，有經義，[1]爲中書學生，[2]稍遷博士。太武征涼州，[3]留宜都王穆壽輔景穆。[4]時蠕蠕乘虚犯塞，[5]京師震恐。壽雅信任質，爲謀主。質性好卜筮，卜筮者咸云必不來，故不設備。由質，幾敗國。後屢進讜言，[6]超遷尚書。卒，贈廣陽侯，謚曰恭。

[1]經義：經書的義理。

[2]中書學生：毛本作“中書學士”。《魏書》卷三三、《通志》卷一四七作“中書學生”。按：未詳孰是。

[3]涼州：北魏時治姑臧縣，在今甘肅武威市。

[4]宜都王：封爵名。宜都，郡名。北魏時治夷道縣，在今湖北宜都市。　穆壽：人名。代（今山西大同市東北）人，鮮卑族。北魏官吏。見《北史》卷二〇《穆崇附穆壽傳》。

[5]蠕蠕：族名。亦稱柔然。見《北史》卷九八《蠕蠕傳》。

[6]讜言：正直的言論。

第二子邃，[1]字文慶，位南部尚書，封襄平伯，[2]出爲青州刺史。[3]以邃在公遺迹可紀，下詔褒述。卒官。孝文在鄴宫，[4]爲之舉哀。時百度唯新，[5]青州佐吏疑爲邃服。[6]詔曰：“專古也，[7]理與今違；專今也，[8]太乖曩義。[9]當斟酌兩途，[10]商量得失，人吏之情亦不可苟順也。[11]主簿，近代相承服斬，過葬便除，可如故事。[12]自餘無服，大成寥落。[13]可準諸境内之人，爲齊衰三月。”[14]子同始襲爵，卒於給事中。[15]

[1]第二子：宋本作“第三子”。《魏書》卷三三、《通志》卷一四七作“第二子”。按：未詳孰是。

[2]襄平伯：封爵名。襄平，縣名。治所在今遼寧遼陽市。

[3]青州：北魏時治東陽城，在今山東青州市。

[4]鄴宫：在今河北臨漳縣西南。

[5]百度：各種制度。　唯：宋本作“惟”。

[6]佐吏：地方官府屬吏。

[7]專古：獨行古禮。

[8]專今：獨行今禮。

[9]太乖曩義：極大的違背以前的理義。殿本、四部備要本作“大乖曩義”。按：“大”“太”通假。

[10]兩途：兩種辦法。

[11]人吏：民吏。《北史》避唐太宗李世民諱改爲“人吏”。

[12]主簿近代相承服斬過葬便除可如故事：底本作“主簿云近代相承服斬過葬便可如故”，局本作“主簿近代相承服斬過葬便除可如故事”。源氏校勘記在“便”下補“除”字。中華本校勘記云：“諸本‘簿’下有‘云’字，‘便’下無‘除’字，‘故’下無‘事’字。李慈銘云：‘“云”字衍，當有“除”字、“事”字，俱當依《魏書》（卷三三）改正。’按李説是，今據删補。”今從改。主簿，官名。漢朝時置。典領文書簿籍，經辦事務。北魏時諸將軍、五校尉等軍府，列卿寺監、光禄大夫等皆置，其品位秩級隨府長官品級高低而不等。州、郡、縣亦置。雖非掾史之首，然地位較高，縣之主簿較州之主簿更甚。服斬，即服斬衰服。爲喪服中最重的一種。

[13]寥落：稀疏、稀少。

[14]齊（zī）衰（cuī）：喪服名。爲五服之一，次於斬衰。服

用粗麻布製成，以其緝邊，故稱。服期一年的爲“齊衰期”。衰，通“縗”。

［15］給事中：官名。北魏時爲内朝官，常派往尚書省諸曹，參領政務，並負有監察之責。孝文帝太和十七年定爲從三品上，二十三年定爲從六品上。

邃、叡爲從父兄弟。[1]叡才器小優，又封氏之甥，[2]崔氏之壻；邃母雁門李氏，[3]地望懸隔。鉅鹿太守祖季真多識北方人物，[4]每云：“士大夫當須好婚親。二公孫同堂兄弟耳，吉凶會集，便有士庶之異。”

［1］邃叡爲從父兄弟：宋本作“邃叡從父兄弟”。

［2］甥：底本作“男”，中華本校勘記云：“諸本‘甥’作‘男’。李慈銘云：‘“男”字，《魏書》作“生”，古“甥”字也。此作“甥”，遂誤爲“男”。’按李説是，《通志》卷一四七《公孫表傳》正作‘甥’，今據改。”今從改。

［3］邃母雁門李氏：宋本作“邃母雁門李氏也”。雁門，郡名。北魏時治廣武縣，在今山西代縣西南。

［4］鉅鹿：郡名。北魏時屬定州，治曲陽縣，在今河北晋州市西。

張濟字士度，西河人也。[1]父千秋，慕容永驍騎將軍。[2]永滅，來奔。道武善之，拜建節將軍，[3]賜爵成紀侯。[4]

［1］西河：郡名。北魏時治兹氏城，在今山西汾陽市城區。

［2］慕容永：人名。字叔明，昌黎棘城（今遼寧北票市章吉營

子鄉三官營子村）人，鮮卑族。十六國時西燕君主。見《北史》卷九三《慕容永傳》。　驍騎將軍：官名。西燕時統率親軍，負責宿衛之事，是護衛皇宮的主要將領之一。

[3]建節將軍：官名。北魏孝文帝太和十七年定爲從三品下，二十三年定爲四品。

[4]成紀侯：封爵名。成紀，縣名。治所在今甘肅静寧縣西南。

濟涉獵書傳，清辯善儀容。道武愛之，與公孫表等俱爲行人，[1]拜散騎侍郎，[2]襲爵。

[1]行人：官名。掌出使聘問。

[2]散騎侍郎：官名。侍從皇帝左右，顧問應對。兼修史，孝文帝太和十七年定爲四品上，二十三年定爲五品上。

先是，晉雍州刺史楊佺期乞師於常山王遵以禦姚興。[1]帝遣濟爲遵從事，即報之。[2]濟自襄陽還，[3]帝問濟江南事。濟曰："司馬昌明死，[4]子德宗代立，[5]君弱臣彊，全無綱紀。佺期問臣：'魏初伐中山，幾十萬衆？'臣答：'四十餘萬。'[6]佺期曰：'魏被甲戎馬，可有幾匹？'臣答：'中軍精騎十餘萬，[7]外軍無數。'佺期曰：'以此討羌，[8]豈不滅也！'又曰：'魏定中山，徙幾户於北？'臣答：'七萬餘家。'佺期曰：'都何城？'臣答：'都平城。'[9]佺期曰：'有此大衆，何用城爲！'又曰：'魏帝欲爲久都平城？將移也？'臣答：'非所知也。'佺期聞朝廷不都山東，[10]貌有喜色，曰：'洛城救援，[11]仰恃於魏，若獲保全，當必厚報。如爲羌所乘，寧使魏取。'"道武嘉其辭，厚賞其使，許救洛陽。後以累使稱旨，拜勝兵將軍。[12]卒，子多羅襲爵，坐事除。

[1]楊佺期：人名。弘農華陰（今陜西華陰市東南）人。東晋將領。見《晋書》卷八四《楊佺期傳》。　常山王：封爵名。常山，郡名。北魏時治安樂壘，在今河北藁城市西北。　遵：即元遵，人名。北魏宗室、大臣。見《北史》卷一五《常山王遵傳》。　姚興：人名。字子略，南安赤亭（今甘肅隴西縣西）人，羌族。十六國時後秦君主。見《晋書》卷一一七、一一八《姚興載記》。

[2]帝遣濟爲遵從事即報之：《魏書》卷三三《張濟傳》作“太祖遣濟爲遵從事中郎報之”。《通志》卷一四七同《北史》。

[3]襄陽：郡名。北魏時治襄陽縣，在今湖北襄樊市。

[4]司馬昌明：人名。即司馬曜。字昌明。東晋孝武帝。見《晋書》卷九《孝武帝紀》。

[5]德宗：即司馬德宗，人名。字德宗。東晋安帝。見《晋書》卷一〇《安帝紀》。

[6]四十餘萬：毛本、四庫本、局本作“十餘萬”，殿本、四部備要本作“曰十餘萬”。《魏書·張濟傳》作“三十餘萬”，《通志》卷一四七、《册府元龜》卷六五三同《北史》。

[7]十餘萬：宋本作“千餘萬”。據《通志》卷一四七、《册府元龜》卷六五三作“十餘萬”，從底本。

[8]羌：族名。亦稱羌戎。魏晋南北朝時，居處分散，其中與漢人雜居者，則逐漸定居農耕。其後漸與西北地方的漢族及其他民族融合。

[9]平城：在今山西大同市。

[10]山：即太行山。

[11]洛城：即洛陽城。在今河南洛陽市東北白馬寺東。

[12]勝兵將軍：官名。北魏初置。孝文帝太和十七年改定官制後未見。

李先，字宏仁，[1]中山盧奴人。[2]少好學，善占相術。慕容永迎爲謀主，勸永據長子城。[3]仕永，位秘書監。[4]永滅，徙中山。皇始初，[5]先於井陘歸。[6]道武問先曰："卿何國人？祖父及身悉歷何官？"先曰："臣本趙郡平棘人。[7]大父重，晋平陽太守、大將軍右司馬。[8]父樾，[9]石季龍樂安太守、左中郎將。[10]臣，苻丕左主客郎，[11]慕容永秘書監、高密侯。"[12]車駕還代，[13]以先爲尚書右中兵郎。[14]再遷博士、定州大中正。[15]帝問先："何者最善，可以益人神智？"先曰："唯有經書，三皇、五帝政化之典，可以補王者神智。"又問："朕欲集天下書籍，如何？"對曰："主之所好，集亦不難。"帝於是班制天下，經籍稍集。

[1]宏仁：底本作"容仁"。中華本校勘記云："張森楷云：'《魏書》（卷三三《李先傳》）云"本字犯高祖廟諱"，則是字"宏仁"也。'按張説是，'容''宏'形似致訛。"今從改。

[2]盧奴：縣名。治所在今河北定州市。

[3]長子城：在今山西長子縣西南。

[4]秘書監：官名。東漢時置，掌典圖書秘記，校定文書。三國魏置爲秘書署長官。晋惠帝時爲秘書寺長官，統著作局，掌三閣圖書等。十六國時後燕、後趙、前秦亦置。

[5]皇始：北魏道武帝的年號（396—398）。

[6]井陘：山名。即今河北井陘縣北井陘山。

[7]趙郡：北魏時治平棘縣，在今河北趙縣。　平棘：縣名。治所在今河北趙縣。

[8]大父：指祖父。　平陽：郡名。晋時治平陽縣，在今山西臨汾市西南。　大將軍右司馬：官名。即大將軍府右司馬。大將軍

府，官署名。漢代以來大將軍皆開府，僚屬主要有長史、司馬、從事中郎等。右司馬，官名。春秋戰國時已置，掌軍政，領兵征戰。秦漢時仍爲武官。

[9]懋：《魏書·李先傳》作“樊”。《通志》卷一四七同《北史》。按：未詳孰是。

[10]石季龍：人名。即石虎。《北史》避唐高祖祖父李虎諱，稱其字。字季龍，上黨武鄉（今山西榆社縣北）人。羯族。十六國時後趙君主。見《晋書》卷一〇六、一〇七《石季龍載記》。《通志》卷一四七、《魏書·李先傳》作“石虎”。　樂安：郡名。十六國後趙時治高菀縣，在今山東鄒平縣東北。　左中郎將：官名。西漢置，宿衛宫殿掖門。歷朝因之。

[11]苻丕左主客郎：《魏書·李先傳》作“苻丕尚書右主客郎”。據《通志》卷一四七、《册府元龜》卷八三四，今從《北史》。苻丕，人名。字永叔，略陽臨渭（今甘肅天水市東北）人，氐族。十六國時前秦君主。見《晋書》卷一一五《苻丕載記》。左主客郎，官名。西晋置。爲尚書省左主客曹長官通稱，亦稱郎中。六品。

[12]高密侯：封爵名。高密，縣名。治所在今山東高密市西南。

[13]代：郡名。北魏時治平城，在今山西大同市東北。

[14]尚書右中兵郎：官名。西晋置。爲尚書省右中兵曹長官通稱。掌畿内兵士名籍、兵役等軍務之政令。北魏亦置，屬七兵尚書。孝文帝太和十七年定郎爲從五品中，郎中五品上；二十三年皆稱郎中，仍可通稱爲郎，六品。

[15]定州：北魏時治盧奴縣，在今河北定州市。　大中正：官名。三國魏齊王曹芳時置，全稱爲“州都大中正”，掌一州之人物品第，以爲吏部選人之根據。南北朝時則常特稱小州之中正爲州中正，冠“大”字者則爲大州之中正。

道武討姚興於柴壁也，[1]問計於先。對曰："兵以正合，[2]戰以奇勝。聞姚興欲屯兵天渡，[3]利其糧道。及其到前，遣奇兵先邀天渡，柴壁左右嚴設伏兵，備其表裏，興欲進不得，住又乏糧。[4]夫高者爲敵所棲，[5]深者爲敵所囚，[6]兵法所忌，而興居之，[7]可不戰而取。"帝從其計，興果敗歸。

[1]道武：底本作"太武"，殿本、四庫本、四部備要本作"大武"。中華本校勘記云："諸本'道武'作'太武'，《魏書》作'太祖'。按'太祖'指拓跋珪，珪圍姚平於柴壁，姚興來救，事見本書卷一《道武紀》。《北史》例稱珪爲'道武'，今據改。"今從改。

[2]正合：指作戰中正確地使用兵力。這裏的"正"指用兵的常法。

[3]天渡：渡口名。在今山西襄汾縣西南汾河西岸。

[4]興欲進不得住又乏糧：《魏書》卷三三《李先傳》、《通志》卷一四七、《册府元龜》卷八四九作"興欲進不得，退又乏糧"。中華本《魏書》卷三三校勘記云："《北史》卷二七'退'作'住'，疑是。"可從。

[5]棲：居留。

[6]囚：被圍困。

[7]而興居之：毛本、殿本、四庫本、四部備要本作"而敵居之"。按：據文意，從底本。

明元即位，問左右："舊臣中誰爲先帝所親信？"新息公王洛兒曰：[1]"有李先者，爲先帝所知。"俄而召先，讀韓子《連珠論》二十二篇，[2]《太公兵法》十一事。[3]詔有司曰："先所知者，皆軍國大事，自今常宿於内。"賜先絹綵及御馬一匹，拜安東將軍、壽春侯，[4]賜隸户二十二。卒於内都大官，年九十五。詔賜金縷命服一襲，[5]贈定州刺史、中山公，謚文懿。子國襲爵。

[1]新息公：封爵名。新息，縣名。治所在今河南息縣西南。　王洛兒：人名。京兆（今陝西西安市東北）人。北魏官吏。見《北史》卷二五《王洛兒傳》。

[2]韓子連珠論：《魏書》卷三三《李先傳》作"韓子連珠"。韓子，即韓非子。　二十二篇：宋本作"二十篇"。《通志》卷一四七、《册府元龜》卷六〇一作"二十二篇"。按：未詳孰是。

[3]太公兵法：韓非子著。書中闡述先秦軍事思想。

[4]安東將軍：官名。東漢置。爲出鎮某一地區的軍事長官，或作爲州刺史兼理軍務時的加官。魏晋後與安南、安北、安西將軍合稱四安將軍。北魏孝文帝太和十七年定爲二品下，二十三年定爲三品。　壽春侯：封爵名。壽春，縣名。治所在今安徽壽縣。

[5]命服：指帝王按等級賜給公侯卿大夫士及百官的儀服。

國子鳳，中書博士。[1]

[1]中書博士：官名。北魏置。中書教授博士、中書教學博士的省稱。選用博士擔任，教授中書學生。任職者升遷容易，多升爲中書省、門下省要職。

鳳子預，字元凱。[1]太和初，[2]歷秘書令、齊郡王友、征西大將軍長史，[3]帶馮翊太守。[4]府解，罷郡，遂居長安。[5]羡古人飡玉法，[6]乃採訪藍田，[7]躬往攻掘，得若環璧雜器形者，大小百餘。頗有粗黑者，亦篋盛以還。[8]至而觀之，皆光潤可玩。預乃椎七十枚爲屑食之，餘多惠人。後預及聞者更求玉於故處，皆無所見。馮翊公源懷弟得其玉，[9]琢爲器佩，皆鮮明可寶。預服經年，云有效驗。而世事寢食，皆不禁節，又加好酒損志。及疾篤，謂妻子曰："吾酒色不絶，自致於死，非藥過也。然吾尸體必當有異，勿速殯，令後人知飡服之妙。"時七月中旬，長安毒熱，預停屍四宿，而體色不變。其妻常氏，以玉珠二枚唅之，口閉。常謂曰："君自云飡玉有神驗，何不受唅?"言訖，齒啓納珠。因噓其口，都無穢氣。舉斂於棺，堅直不傾委。死時有遺玉屑數升，[10]囊盛納諸棺中。

[1]鳳子預字元凱：《魏書》卷三三《李先傳》作"鳳子子預，字元愷"。《通志》卷一四七同《北史》。按：前文"國子鳳"知應爲"鳳子預"，疑《魏書》衍"子"字。

[2]太和：北魏孝文帝的年號（477—499）。

[3]秘書令：官名。北魏時爲秘書省次官。典禁中圖書，主持修史，參預議定制度。孝文帝太和十七年定爲從三品上。　齊郡王：封爵名。齊郡，北魏時治臨淄縣，在今山東淄博市東北。友：官名。王、公國屬官，掌陪侍規諷。　長史：官名。爲所在官署的屬官之長。

[4]帶：官制用語。中央官員兼任地方郡守、縣令稱帶，但不理事，主要是爲取得其禄秩。　馮（píng）翊：郡名。北魏時治高陸縣，在今陝西高陵縣。

[5]長安：縣名。治所在今陝西西安市西北。

[6]飡（sūn）：吃。

[7]藍田：縣名。治所在今陝西藍田縣西。

[8]篋（qiè）：小箱。

[9]源懷：人名。初名思禮，後賜名懷，西平樂都（今青海樂都縣）人，鮮卑族。北魏大臣。見《北史》卷二八《源賀附源懷傳》。

[10]死時有遺玉屑數升：《魏書·李先傳》作“死時猶有遺玉屑數斗”。中華本《魏書》卷三三校勘記云：“按上文説李預的玉器環璧之類止七十枚，所得玉屑，服食之餘，恐無數斗之多。疑作‘升’是。”可從。

先少子皎。天興中，[1]密問先曰：“子孫永爲魏臣，將復事他姓邪?”先曰：“國家政化長遠，不可紀極。”皎爲寇謙之弟子，[2]遂服氣絶粒數十年，隱於恒山。[3]年九十餘，顔如少童。一旦，沐浴冠帶，家人異之，俄而坐卒。道士咸稱其得尸解仙道。

[1]天興：北魏道武帝的年號（398—404）。

[2]寇謙之：人名。字輔真，上谷昌平（今北京昌平區）人。北魏道士。見《魏書·釋老志》。

[3]恒山：在今河北曲陽縣。

皎孫義徽。太和中，以儒學博通，有才華，補清河王懌府記室。[1]牋書表疏，文不加點，清典贍速，[2]當世稱之。又爲懌撰《輿地圖》及《顯忠録》。[3]性好老、莊，甚嗤釋教。[4]靈太后臨朝，[5]屬有沙門惠憐以咒水飲人，云能愈疾，百姓奔湊，日以千數。義徽白懌，稱其妖妄。因令義徽草奏以諫，太后納其言。元叉惡懌，[6]

徙義徽都水使者。[7]俄而懌被害，因棄官隱於大房山。[8]

[1]清河王：封爵名。清河，郡名。北魏時治清河縣，在今山東臨清市東北。　懌：即元懌，人名。字宣仁。北魏宗室、大臣，孝文帝元宏之子。見《北史》卷一九《清河王懌傳》。　記室：官名。掌上章、報表、書記。

[2]清典贍速：清麗典雅，文思敏捷。

[3]輿地圖：已佚。　顯忠録：二十卷。記述忠烈人物的事迹。已佚。

[4]釋教：即佛教。釋，釋迦的省稱。晋時道安提倡佛子均應以"釋"爲姓。此後凡出家人皆姓釋，故佛教亦稱"釋教"。

[5]靈太后：即北魏宣武帝皇后胡氏。靈爲其謚號。

[6]元乂：人名。字伯儁，小字夜叉。北魏宗室、大臣。見《北史》卷一六《京兆王黎附元乂傳》。

[7]都水使者：官名。北魏時管理全國河渠灌溉水運事務。孝文帝太和十七年定爲四品中，二十三年定爲從五品上。

[8]大房山：在今北京房山區西北。

少子蘭，以純孝著聞，不受辟召。孝昌中，[1]旌表門閭。[2]

[1]孝昌：北魏孝明帝的年號（525—527）。

[2]門閭（lǘ）：里巷。

正光中，[1]文宣王亶嗣位，[2]思義徽雅正惇篤，[3]薦其孫景儒，位至奉車都尉。自皇始至齊受禪，百五十歲。先之所言，有明徵焉。

[1]正光：北魏孝明帝的年號（520—525）。

[2]文宣王亶：即元亶。文宣爲其謚號。北魏宗室、大臣。東魏孝静帝元善見之父，封爲清河王。北魏節閔帝普泰元年（531）任侍中、太傅。孝武帝永熙元年（532）爲司徒。孝武帝西入長安，高歡推爲大司馬，承制總萬機，居尚書省。後又推其子爲帝，遷都於鄴。

[3]雅正惇篤：高尚正直，敦厚篤實。

景儒子昭徽，博涉稽古，脱略不羈，時人稱其爲播郎，[1]因以字行於燕、趙焉。善談論，有宏辯，屬文任氣，不拘常則。志好隱逸，慕葛洪之爲人。[2]尋師訪道，不遠千里。遇高尚則傾蓋如舊，[3]見庸識雖王公蔑如。初爲道士，中年應詔舉，[4]爲高唐尉。[5]大業中，[6]將妻子隱於嵩山，[7]號黄冠子。有文集十卷，[8]爲學者所稱。

[1]播郎：流亡之人。播，流亡，遷徙。

[2]葛洪：人名。字稚川，丹楊句容（今江蘇句容市）人。東晋道士、名醫。見《晋書》卷七二《葛洪傳》。

[3]傾蓋如舊：一見如故。

[4]詔舉：皇帝親自在殿廷考試録用人才。

[5]高唐：縣名。治所在今山東高唐縣。

[6]大業：隋煬帝的年號（605—617）。

[7]嵩山：即今河南登封市嵩山。

[8]文集十卷：宋本作“文集千卷”。按：據《通志》卷一四七亦作“文集十卷”，今從底本。

賈彝字彦倫，本武威姑臧人也。[1]六世祖敷，魏幽州刺史、廣川都亭侯，[2]子孫因家焉。父爲苻堅鉅鹿太守，[3]坐訕謗繫獄。彝年十歲，詣長安訟父獲申。遠近歎之，僉曰："此子英英，賈誼之後，[4]莫之與京。"[5]

[1]武威：郡名。北魏時治姑臧縣，在今甘肅武威市。　姑臧：縣名。治所在今甘肅武威市。

[2]廣川：縣名。治所在今河北景縣西南。都亭侯，封爵名。東漢置，位在鄉侯下。

[3]苻堅：人名。字永固，一名文玉，略陽臨渭（今甘肅天水市東北）人，氐族。十六國時前秦君主。見《晋書》卷一一三、一一四《苻堅載記》。宋本、元大德本作"符堅"。

[4]賈誼：人名。雒陽（今河南洛陽市）人。西漢官吏、政論家。見《漢書》卷四八《賈誼傳》。

[5]京：高大。《爾雅·釋詁上》："京，大也。"

弱冠，[1]爲慕容垂遼西王農記室參軍。[2]道武先聞其名，常遣使者求彝於垂，垂彌增器敬。垂遣其太子寶來寇，大敗於參合，[3]執彝及其從兄代郡太守潤等。道武即位，拜尚書左丞，參預國政。天賜末，[4]彝請詣温湯療疾，[5]爲叛胡所掠，送於姚興。積數年遁歸，又爲赫連屈丐所執，[6]拜秘書監，卒。太武平赫連昌，[7]子秀迎其尸柩，葬於代南。

[1]弱冠：男子二十歲行冠禮，表示已經成人。後泛指男子二十歲左右的年紀。

[2]爲慕容垂遼西王農記室參軍：《魏書》卷三三《賈彝傳》作"爲慕容垂驃騎大將軍遼西王農記室參軍。"《通志》卷一四七、

《册府元龜》卷九七同《北史》。遼西王，封爵名。遼西，郡名。十六國後燕時治陽樂縣，在今河北盧龍縣東南。農，即慕容農，人名。昌黎棘城（今遼寧北票市章吉營子鄉三官營子村）人，鮮卑族。十六國時後燕宗室、大臣。記室參軍，官名。爲記室曹長官，掌文疏表奏。王府、公府、都督府等皆置。品級自七品至九品不等。

［3］參合：《魏書·賈彝傳》卷三三作"參合陂"。《通志》卷一四七同《北史》。參合陂，一説在今内蒙古凉城縣東北，一説在今山西陽高縣東。

［4］天賜：北魏道武帝的年號（404—409）。

［5］温湯：地名。確址不詳。底本作"温陽"，宋本作"温湯"。中華本校勘記云："各本'湯'訛'陽'，據宋本及《魏書》卷三三、《通志》卷一四七《賈彝傳》改。"今從改。

［6］赫連屈丏：人名。本名勃勃，北魏明元帝改其名爲屈丏，匈奴鐵弗部人。十六國時夏君主。見《北史》卷九三《赫連屈丏傳》。

［7］太武平赫連昌：赫連昌承光四年（428），北魏太武帝攻下上邽（今甘肅天水市），標志著北魏正式吞併十六國夏政權。

秀位中庶子，[1]賜爵陽都男，[2]本州大中正。文成即位，進爵陽都子。[3]時丞相乙渾妻庶姓，[4]而求公主之號，屢言於秀，秀默然。後因公事，就第見渾。渾夫妻同坐，厲色曰："爾管攝職事，無所不從。我請公主，不應，何意？"秀慷慨大言對曰："公主之稱，王姬之號，尊寵之極，非庶族所宜。秀寧就死於今朝，不取笑於後日。"渾左右莫不失色，爲之振懼，[5]秀神色自若。渾夫妻默然含忿。他日，乃書太醫給事楊惠富臂，[6]作

"老奴官慳"字，令以示秀。渾每欲伺隙陷之。會渾伏誅，遂免難。

[1]中庶子：官名。北魏時爲太子中庶子的省稱。掌侍從、奏事、諫議等。孝文帝太和十七年定爲三品中，二十三年定爲四品上。

[2]陽都男：封爵名。陽都，縣名。治所在今江西永豐縣西。

[3]文成：底本作"獻文"，中華本校勘記云："按《魏書》云：'高宗以秀東宮舊臣，進爵陽都子。'則此'獻文'當作'文成'。"今從改。

[4]乙渾：人名。北魏大臣。北魏文成帝和平六年（465），文成帝死，圖謀擅權。後爲殿中尚書拓跋郁等反對，始奉獻文帝。尋藉口殺拓跋郁等，任太尉、丞相，專掌朝權，位居諸王之上，使朝中恐怖。獻文帝天安元年（466），太后馮氏以謀反罪收誅乙渾。

[5]振懼：局本、中華本作"震懼"。按："振""震"通假。

[6]太醫給事：官名。北魏置。監察宮廷醫官的内廷官名。

時秀與中書令勃海高允俱以儒舊重於時，[1]皆選擬方岳，[2]以詢訪被留，各聽長子出爲郡。秀固讓不受，許之。自始及終，歷奉五帝，雖不至大官，常當機要。廉清儉約，不營資産。年七十三，遇疾，詔給醫藥，賜几杖。時朝廷舉動及人事不決，每遣尚書、高平公李敷就第訪決。[3]卒，贈冀州刺史、武邑公，[4]謚曰簡。

[1]高允：人名。字伯恭，勃海蓨（今河北景縣）人。北魏大臣。見《北史》卷三一《高允傳》。

[2]方岳：一方之重臣。

［3］高平公：封爵名。高平，郡名。北魏時治高平縣，在今山東鄒平縣西南。　李敷：人名。字景文，趙郡平棘（今河北趙縣）人。北魏官吏。見《北史》卷三三《李順附李敷傳》。

［4］冀州：北魏時治信都縣，在今河北冀州市。　武邑公：封爵名。武邑，郡名。北魏時治武强縣，在今河北武强縣西南。

子儁，字異鄰。襲爵，位荆州刺史，[1]依例降爵爲伯。先是，上洛置荆州，[2]後改爲洛州，[3]在重山，[4]人不知學，[5]儁表置學官。[6]在州五載，清靖寡事，爲吏人所安。[7]卒，贈兗州刺史。[8]子叔休襲爵。

［1］荆州：北魏太武帝太延五年（439）置，治上洛城，在今陝西商洛市。北魏孝文帝太和二十二年遷至穰城，在今河南鄧州市。

［2］上洛：縣名。治所在今陝西商洛市。亦爲洛州治所。

［3］洛州：北魏明元帝泰常八年（423）置，治洛陽，在今河南洛陽市東北。孝文帝太和十八年改荆州置，治上洛城，在今陝西商洛市城區。

［4］重山：偏遠的深山。

［5］人不知學：《魏書》卷三三《賈彝傳》作“民不知學”。《北史》避唐太宗李世民諱改。

［6］學官：泛指掌管學校教育的官員。

［7］爲吏人所安：《魏書·賈彝傳》作“爲吏民所安”。《北史》避唐太宗李世民諱改。

［8］兗州：北魏時治瑕丘縣，在今山東兗州市東北。源氏校勘記云：“《魏書》作‘光州’。”《魏書·賈彝傳》作“景明初卒。贈本將軍、光州刺史”。《通志》卷一四七同《北史》。按：未詳孰是。

潤曾孫禎，[1]字叔願，學涉經史，居喪以孝聞。太和中，以中書博士、副中書侍郎高聰使江左。[2]還，以母老患，輒在家定省，[3]坐免官。後爲司徒諮議參軍、通直散騎常侍，[4]加冠軍將軍。[5]卒，贈齊州刺史。[6]

[1]禎：宋本作“楨”。按：二字形近而訛，從後文中“禎兄子景儁”可知，宋本誤，從底本。

[2]太和中以中書博士副中書侍郎高聰使江左：《魏書》卷三三《賈彝傳》作“太和中，爲中書博士，副中書侍郎高聰使於江左”。按：據《魏書》，意爲兩種，一意同《北史》，一意爲禎爲中書博士，高聰爲副中書侍郎。據文意，當是高聰身兼中書博士和副中書侍郎二職，故從《北史》。中書侍郎，官名。北魏時多選用文學之士，掌草擬詔令，職位機要，置四人。孝文帝太和十七年定爲四品上，二十三年定爲從四品上。高聰，人名。字僧智，本勃海（今河北景縣）人。北魏官吏。見《北史》卷四〇《高聰傳》、《魏書》卷六八《高聰傳》。

[3]定省：《禮記·曲禮上》：“凡爲人子之禮，冬温而夏凊，昏定而晨省。”鄭玄注：“安定其牀衽也，省問其安否何如。”後用“定省”表示子女早晚向親長問安。

[4]司徒：官名。與太尉、司空並爲三公，分掌宰相職能。北魏時掌全國日常行政事務，考核地方官吏，督課州郡農桑，領全國名數户口簿籍。一品。　諮議參軍：官名。北魏時諸王府、丞相府、公府、軍府等皆設，總管府内軍政事務。品秩不一。孝文帝太和二十三年定爲正四品至正六品上。　通直散騎常侍：官名。北魏時屬集書省，員六人。孝文帝太和十七年定爲三品下，二十三年定爲四品。

[5]冠軍將軍：官名。北魏時爲將軍名號，位在輔國將軍之上。

孝文帝太和二十三定爲從三品。

［6］齊州：北魏時治歷城縣，在今山東濟南市。

禎兄子景儁，亦以學識知名，爲京兆王愉府外兵參軍。［1］愉起逆於冀州，將授其官，不受，死之。贈河東太守，［2］謚曰貞。

［1］京兆王：封爵名。京兆，郡名。北魏時治霸城縣，在今陝西西安市東北。　愉：即元愉，人名。字宣德。北魏宗室，孝文帝元宏之子。見《北史》卷一九《京兆王愉傳》。　外兵參軍：官名。亦稱外兵參軍事。兩晋南北朝諸公、軍府僚屬。掌本府外兵曹事務，兼備參謀咨詢。

［2］贈河東太守：源氏校勘記云：“‘河東’《魏書》作‘東清河’。”《册府元龜》卷七五八同《魏書》，《通志》卷一四七同《北史》。按：未詳孰是。

景儁弟景輿，［1］清峻鯁正，爲州主簿，遂栖遲不仕。［2］後葛榮陷冀州，［3］稱疾不拜。景輿每捫膝而言曰：“吾不負汝。”以不拜榮也。

［1］景輿：宋本作“景興”。《魏書》卷三三《賈彝傳》作“景興”，《通志》卷一四七同《北史》。源氏校勘記云：“‘輿’《魏書》作‘興’。”

［2］栖遲不仕：謂滯留於小官之任。

［3］葛榮：人名。北魏末河北義軍首領。戰敗，爲尒朱榮所捕，被殺。

竇瑾字道瑜，頓丘衛國人，[1]自云漢司空融之後也。[2]高祖成，頓丘太守，[3]因家焉。

[1]頓丘：郡名。北魏時治頓丘縣，在今河南清豐縣西南。衛國：縣名。治所在今河南清豐縣東南。

[2]司空：官名。三公之一。西漢成帝綏和元年（前8）改御史大夫爲大司空，東漢光武帝建武二十七年（51）改名司空，與大尉、司徒並爲三公，分掌宰相職能。本職掌水土工程，並參議大政。名列三公之末。　融：即竇融，人名。字周公，扶風平陵（今陝西咸陽市西北）人。東漢官吏。見《後漢書》卷二三《竇融傳》。

[3]高祖成頓丘太守：《魏書》卷四六《竇瑾傳》作“高祖成爲頓丘太守”，《通志》卷一四七同《北史》。

瑾少以文學知名，自中書博士爲中書侍郎，賜爵繁陽子。[1]參軍國謀，屢有功，進爵衛國侯，轉四部尚書。[2]初定三秦，[3]人猶去就，拜長安鎮將、毗陵公。[4]在鎮八年，甚著威惠。徵爲殿中、都官尚書。[5]太武親待之，賞賜甚厚。從征蓋吴，[6]吴平，留瑾鎮長安。還京復爲殿中、都官，典左右執法。[7]太武歎曰：“國之良輔，毗陵公之謂矣。”出爲冀州刺史，清約沖素，著稱當時。還爲内都大官。

[1]繁陽子：封爵名。繁陽，縣名。治所在今河南内黄縣西北。

[2]四部尚書：官名。北魏置。屬尚書省。局本作“西部尚書”。《魏書》卷四六《竇瑾傳》作“西部尚書”。《通志》卷一四七同《北史》。源氏校勘記改“四”作“西”。按：一説爲東、西、南、北四部尚書的統稱，一説爲西部尚書之訛。西部尚書，北魏尚

書省西部曹長官。權任輕於南、北部尚書，且存在時間較短。

[3]三秦：地區名。泛指關中一帶。

[4]長安鎮將：官名。長安鎮高級軍職，位在諸將上。　毗陵公：封爵名。毗陵，郡名。北魏時治晋陵縣，在今江蘇常州市。

[5]殿中尚書：官名。爲尚書省六曹尚書之一。北魏時領宫中兵馬，典宫禁宿衛及倉庫。孝文帝太和十七年定爲二品中，二十三年定爲三品。　都官尚書：官名。十六國時夏始置。爲尚書省都官曹長官。北魏時掌制定律令法制，糾劾違法，水利工程、宫廷百官膳食等。孝文帝太和十七年定爲二品中，二十三年定爲三品。

[6]蓋吴：人名。北地（今陕西富平縣）人。北魏時關中起義軍首領。被部下殺死。

[7]典：官制用語。即以其他官職掌管某官署事務，稱典某官署。北魏時常以内官典外朝官署。　左右執法：即左執法與右執法。北魏時共平諸官事。

興光初，[1]瑾女婿鬱林公司馬彌陀以選尚臨涇公主，[2]瑾教彌陀辭。託有誹謗咒詛之言，與彌陀同誅，唯少子遵逃匿得免。

[1]興光：北魏文成帝的年號（454—455）。

[2]鬱林公：封爵名。遥封。鬱林，郡名。南朝宋時治布山縣，在今廣西桂平市西。　司馬彌陀：人名。河内温（今河南温縣）人。北魏官吏。見《魏書》卷三七《司馬休之傳》。

遵善楷篆，北京諸碑及臺殿樓觀宫門題署多遵書。[1]位濮陽太守，多所受納。其子僧演奸通人婦，爲部人賈邈告，[2]坐免。後以善書拜庫部令，[3]卒官。

[1]北京：即平城。在今山西大同市。

[2]部人：部屬，屬下。

[3]庫部令：官名。北魏置。協掌庫部曹事務，掌軍械製造、保管之政。

李訢字元盛，小名真奴，范陽人也。[1]曾祖產，產子績，二世知名於慕容氏。父崇，馮跋吏部尚書、石城太守。[2]車駕至和龍，[3]崇率十餘郡歸降，太武甚禮之，呼曰李公。爲北幽州刺史、固安侯。[4]卒，謚曰襄侯。

[1]范陽：郡名。北魏時治涿縣，在今河北涿州市。

[2]馮跋：人名。字文起，小名乞直代，長樂信都（今河北冀州市）人。十六國時北燕君主。見《北史》卷九三《馮跋傳》。吏部尚書：官名。三國魏時改選部尚書置，爲尚書臺吏部曹長官。北魏沿置，位居列曹尚書之上。掌官吏銓選、考課之政。孝文帝太和十七年定爲二品下，二十三年定爲三品。　石城：在今遼寧凌海市。

[3]和龍：城名。在今遼寧朝陽市。

[4]北幽州：按：下文云“幽州刺史”，此衍“北”字。

訢母賤，爲諸兄所輕。崇曰：“此子之生，相者言貴，吾每觀，或未可知。”遂使入都爲中書學生。太武幸中書學，[1]見而異之，指謂從者曰：“此小兒終效用於朕之子孫。”因識眄之。[2]帝舅陽平王杜超有女，[3]將許貴戚，帝曰：“李訢後必官達，益人門户，可以妻之。”遂勸成婚。南人李哲常言訢必當貴達。杜超之死也，帝親哭三日。訢以超女婿，得在喪位出入，帝指謂左右曰："觀此人舉動，豈不異於衆也？必爲朕家幹事臣。"訢聰敏機辯，强記明察。初，李靈爲文成博士，[4]詔崔浩選中書學生器業優者爲助教。[5]浩舉其弟子箱子與盧度世、李敷三人應之。[6]給事高讜子祐、尚書段霸兒姪等以爲浩阿黨其親戚，[7]言於景穆。以浩爲不平，聞之於太武。太武意在訢，曰："云何不取幽州刺史李崇老翁兒？"浩對曰："前亦言訢合選，但以其先行在外，故不取之。"帝曰："可待訢還，箱子等罷之。"遂除中書助教、博士，入授文成經。

[1]中書學：官署名。北魏明元帝時改國子學置。主要招收鮮卑、漢人士族子弟、皇帝特旨指定的子弟，是培養高級統治人才的學校。孝文帝太和中復改爲國子學。

[2]識眄（miàn）：賞識眷顧。

[3]杜超：人名。字祖仁，魏郡鄴（今河北臨漳縣西南）人。北魏官吏。見《北史》卷八〇《杜超傳》。

[4]初李靈爲文成博士：《魏書》卷四六《李訢傳》作"初，李靈爲高宗博士、諮議"。中華本《魏書》卷四六校勘記云："按卷四九《李靈傳》云：'拜中書博士，選授高宗經，'亦不云爲'諮議'。二字疑衍。"可從。李靈，人名。字虎符，趙郡平棘（今河北趙縣）人。北魏官吏。見《北史》卷三三《李靈傳》。文成，即北魏皇帝拓跋濬。文成爲其謚號。

[5]中書學生：殿本、四庫本、四部備要本作"中書學士"。按：據《通志》卷一四七作"中書學生"，今從底本。　助教：官名。國子監諸學置，協助博士教授生徒。

[6]盧度世：人名。字子遷，范陽涿（今河北涿州市）人。北魏官吏。見《北史》卷三〇《盧玄附盧度世傳》。

[7]給事：官名。北魏置。居給事中之下，中給事之上，屬秘書省，掌文書機要。從三品上。　高讜：人名。勃海蓨（今河北景縣）人。北魏官吏。見《北史》卷三一《高祐傳》。　祐：即高祐，人名。字子集，勃海蓨（今河北景縣）人。北魏官吏。見《北史·高祐傳》。　段霸：人名。雁門原平（今山西代縣）人。北魏宦官。見《魏書》卷九四《段霸傳》。　兒姪：姪子。

文成即位，訢以舊恩親寵，遷儀曹尚書，領中秘書，[1]賜爵扶風公。[2]贈其母孫氏爲容城君。帝顧群臣曰："朕始學之歲，情未能專；既總萬機，温習靡暇。是故儒道實有闕焉。豈惟予咎，[3]抑亦師傅之不勤。所以爵賞仍隆，蓋不遺舊也。"訢免冠拜謝。出爲相州刺史。爲政清簡，百姓稱之。訢上疏求於州郡各立學官，使士望之流，[4]衣冠之胄，[5]就而受業。其經藝通明者，上王府。書奏，獻文從之。以訢政爲諸州之最，加賜衣服。

[1]領：官制用語。官吏在本職外兼任其他職務。　中秘書：官署名。北魏置。其長官爲中秘書監。

[2]扶風公：封爵名。扶風，郡名。北魏時治好畤縣，在今陝西乾縣東好畤村附近。

[3]予咎：毛本、殿本、四庫本、四部備要本作"子咎"。按：形近而訛，從底本。

[4]士望之流：出自士族世家一類的人。

[5]衣冠之胄：官紳之後。

自是遂有驕矜自得之志，受納人財物、商胡珍寶。

兵人告言。尚書李敷與訢少長相好，每左右之。或有勸以奏聞，敷不許。獻文聞訢罪狀，檻車徵訢，[1]搒劾抵罪。敷兄弟將見疏斥，有司諷以中旨嫌敷兄弟之意，[2]令訢告列敷等隱罪，可得自全。訢深所不欲，且弗之知也，乃謂其女婿裴攸曰："吾與李敷，族世雖遠，情如一家。在事既有此勸，昨來引簪自刺，以帶自絞，而不能致絶。且亦不知其事。"攸曰："何爲爲他死？敷兄弟事釁可知。有馮闌者，先爲敷殺，[3]其家切恨之。但呼闌弟問之，足可知委。"訢從其言。又趙郡范檦具列敷兄弟事狀，有司以聞，敷坐得罪。詔列訢貪冒應死，以糾李敷兄弟，故免。百鞭髡刑，[4]配爲厮役。[5]

[1]檻車：囚車。

[2]中旨：皇帝的旨意。

[3]先爲敷殺：《魏書》卷四六《李訢傳》作"先爲敷所敗"，《通志》卷一四七同《北史》，《資治通鑑》卷一三二、《册府元龜》卷九三四同《魏書》。按：兩載均可。

[4]髡（kūn）刑：刑罰。剃去男子頭髮的一種刑罰。

[5]厮役：奴僕。北朝時的一種國家依附人口，從事勞役及供其他使唤。來源於罪犯及其家屬。

訢之廢也，平壽侯張讜見訢，[1]與語，奇之，謂人曰："此佳士也，終不久屈。"未幾而復爲太倉尚書，[2]攝南部事。[3]用范檦陳策計，[4]令千里之外，户别轉運，詣倉輸之。使所在委滯，停延歲月。百姓競以貨賂，各求在前，於是遠近大爲困弊。道路群議曰："畜聚斂之人，[5]未若盗臣。”訢弟左軍將軍璞謂訢曰：[6]“范檦善能降人以色，假人以辭，未聞德義之言，但有勢利之説。[7]聽其言也甘，察其行也賊，所謂諂諛讒慝，貪冒姦佞。不早絶之，後悔無及。”訢不從，彌信之，腹心事皆以告檦。訢既寵於獻文，參決軍國大議，兼典選舉，[8]權傾内外，百僚莫不曲節以事之。檦以無功起家拜盧奴令。

[1]平壽侯：封爵名。平壽，縣名。治所在今山東昌樂縣東南。張讜：人名。字處言，清河東武城（今山東武城縣西北）人。北魏官吏。見《北史》卷四五《張讜傳》。

[2]太倉尚書：官名。北魏前期置。爲尚書諸曹長官之一，管理國家糧倉及徵課事務。

[3]攝：官制用語。代理、兼職。長官兼理部屬職責，低級官員代行較高職權，均可稱。

[4]用范檦陳策計：源氏校勘記云：“‘策’《魏書》作‘端’。”《通志》卷一四七《李訢傳》同《北史》。按：未詳孰是。

[5]畜聚斂之人：《魏書》卷四六《李訢傳》作“畜聚斂之臣”。按：未詳孰是。

[6]左軍將軍：《魏書·李訢傳》作“左將軍”。《通志》卷一四七同《北史》。按：未詳孰是。

[7]勢：底本作“世”，局本作“勢”。中華本校勘記云：“諸本‘勢’訛‘世’，據《魏書》卷四六、《通志》卷一四七《李訢傳》改。”今從改。

[8]選：宋本作“遵”。按：“訢既寵於獻文，參决軍國大議”，應爲“兼典選舉”。宋本誤，從底本。

獻文崩，訢遷司空，進爵范陽公，出爲侍中、鎮南大將軍、開府儀同三司、徐州刺史。[1]范檦知文明太后之忿訢，[2]又知内外疾之，太和元年，希旨告訢外叛。文明太后徵訢至京師，言其叛狀。訢曰："無之。"引檦證訢。訢言："爾妄云知我，吾又何言！雖然，爾不顧余之厚德，而忍爲此，不仁甚矣。"檦曰："公德於檦，何若李敷之德於公？公昔忍於敷，檦今敢不忍公乎？"訢慨然曰："吾不用璞言，自貽伊戚，[3]萬悔於心，[4]何嗟及矣！"遂見誅。

[1]鎮南大將軍：官名。多爲持節都督，出鎮方面。北魏孝文帝太和十七年定爲從一品上，二十三年定爲二品。　開府儀同三司：多爲大臣的加號，意爲與三司即太尉、司徒、司空的禮制待遇相同。允許開府，自辟僚屬。　徐州：北魏時治彭城，在今江蘇徐州市。

[2]文明太后：即北魏文成帝皇后馮氏。文明爲其謚號。

[3]自貽伊戚：自己留下這個憂患。

[4]萬悔於心：宋本作"方悔於心"。按：兩載均可。

璞字季直，[1]性惇厚，多識人物。賜爵宜陽侯，[2]太常卿。[3]

[1]璞字季直：源氏校勘記云："《魏書》（'季直'）作'季真'。"中華本校勘記云："魏書'直'作'真'，與'璞'字義相關聯，疑是。"可從。

[2]宜陽侯：封爵名。宜陽，縣名。治所在今河南宜陽縣西。

[3]太常卿：官名。北魏時爲太常的尊稱。掌禮樂祭祀，位尊

而職閑。三品。

韓延之，字顯宗，南陽堵陽人，[1]魏司徒暨之後也。[2]仕晋，位建威將軍、荆州從事，[3]轉平西府録事參軍。[4]晋將劉裕伐司馬休之，[5]未至江陵，[6]密與延之書招之。[7]延之報書，辭甚激厲，曰："劉裕足下：海内之人，誰不見足下此心，而復欲欺誑國士！"其不屈如此。事見《南史·宋本紀》。延之以裕父名翹，字顯宗，於是己字顯宗，名子爲翹，蓋示不臣劉氏也。後奔姚興。

[1]南陽堵陽：宋本作"南陽"。《魏書》卷三八《韓延之傳》作"南陽赭陽"，《晋書》卷三七、《通志》卷八〇上同《魏書》。疑《魏書》是。南陽，郡名。北魏時治南陽縣，在今河南郟縣西南。赭陽，縣名。治所在今河南方城縣東南。

[2]暨：即韓暨，人名。字公至，南陽堵陽（今河南方城縣東南）人。三國魏官吏。見《三國志》卷二四《魏書·韓暨傳》。

[3]建威將軍：官名。新莽時置。晋沿置，爲領兵之官。四品。

[4]平西府：即平西將軍府。平西將軍，多持節都督或監某一地區的軍事，有時亦作爲刺史等地方官員兼理軍務時的加官。三品。　録事參軍：官名。爲録事曹長官，掌總録衆曹文簿，舉彈善惡，位在列曹參軍上。

[5]晋將劉裕伐司馬休之：《魏書·韓延之傳》卷三八作"劉裕率伐司馬休之"。中華本《魏書》卷三八校勘記云："張森楷云：'此句殊費解，疑"率"下當有"兵"字。'按也可能是衍文。"可從。劉裕，人名。字德輿，小名寄奴，祖籍彭城（今江蘇徐州市），後遷居京口（今江蘇鎮江市）。見《宋書》卷一、二、三《武帝紀》。司馬休之，人名。字季豫，河内温（今河南温縣）人。東晋宗室。見《北史》卷二九《司馬休之傳》。

［6］江陵：縣名。治所在今湖北江陵縣。魏晋時爲荆州治所。

［7］密與延之書招之：《魏書·韓延之傳》卷三八作“密使與延之書招之”。按：據文意，二者均可。

泰常二年，與司馬文思等俱入魏。[1]明元以延之爲武牢鎮將，賜爵魯陽侯。[2]

［1］司馬文思：人名。河内温（今河南温縣）人。北魏將領。見《北史》卷二九《司馬休之附司馬文思傳》。

［2］魯陽侯：封爵名。魯陽，郡名。北魏時治山北縣，在今河南魯山縣。

初，延之曾來往栢谷塢，[1]省魯宗之墓，[2]有終焉之志。[3]因謂子孫云：“河洛三代所都，朝廷必有居此者。我死，不勞向北代葬也，即可就此。”子從其言，遂葬宗之墓次。延之後五十餘年而孝文徙都，[4]其孫數家即居於祖墓之北栢谷塢。[5]

［1］栢谷塢：地名。在今河南靈寶市西南。

［2］魯宗之：人名。字彦仁，扶風郿（今陝西眉縣東）人。東晋官吏。見《宋書》卷七四《魯爽附魯宗之傳》。

［3］終焉之志：死後葬在這裏的想法。

［4］延之後五十餘年：《魏書》卷三八《韓延之傳》作“延之死後五十餘年”，《通志》卷八〇上作“延之死後三十餘年”。按：孝文遷都是在太和十七年。按《魏書》載，則韓延之卒於太武帝太平真君四年，按《通志》載，則韓延之卒於文成帝和平四年，而韓延之是太平真君中卒，故《魏書》説法符合，《北史》誤，《魏

書》是。

[5]其孫數家即居於祖墓之北栢谷塢：宋本作“其子孫數家即居於祖墓之栢谷塢”。

袁式字季祖，陳郡陽夏人，[1]漢司徒滂之後。[2]父深，[3]晋侍中。[4]

[1]陳郡：北魏時治項縣，在今河南沈丘縣一帶。 陽夏：縣名。治所在今河南太康縣。

[2]滂：即袁滂，人名。字公喜，陳郡陽夏（今河南太康縣）人。東漢官吏。

[3]深：源氏校勘記於“深”字旁紅筆夾批“淵”字。中華本校勘記云：“《魏書》卷三八《袁式傳》‘深’作‘淵’，《北史》避唐諱改。”

[4]侍中：官名。西晋時置爲門下之侍中省長官，常侍衛皇帝左右，侍奉生活起居，管理門下衆事等。員四人，秩千石。東晋沿置。三品。

式在南，歷武陵王遵諮議參軍。[1]及劉裕執權，式歸姚興。及姚泓滅，[2]歸魏，爲上客，[3]賜爵陽夏子。與司徒崔浩一面，便盡國士之交。時朝儀典章悉出於浩，浩以式博於故事，每所草創，恒顧訪之。性長者，雖羇旅飄泊，而清貧守度，不失士節。時人甚敬重之，皆呼曰袁諮議。至延和二年，[4]衛大將軍、樂安王範爲雍州刺史，[5]詔式與中書侍郎高允俱爲從事中郎。[6]辭而獲免。

［1］武陵王：封爵名。武陵，郡名。東晋時治武陵縣，在今湖南常德市。　遵：即司馬遵，人名。字茂遠，河内温（今河南温縣）人。東晋宗室。見《晋書》卷六四《武陵威王晞附司馬遵傳》。

［2］姚泓：人名。字元子，南安赤亭（今甘肅隴西縣西）人，羌族。十六國時後秦君主。見《晋書》卷一一九《姚泓載記》。

［3］上客：北魏對降將的高等待遇。

［4］延和：北魏太武帝的年號（432—434）。

［5］衛大將軍：官名。十六國後燕時置。爲高級武官，位在衛將軍之上。北魏孝文帝太和十七年定爲一品下，二十三年定爲二品。　範：即元範，人名。北魏宗室。見《北史》卷一六《樂安王範傳》。

［6］從事中郎：宋本、《通志》卷一四七作“從事郎中”。按：未詳孰是。

式沈靖樂道，周覽書傳，至於詁訓《倉》《雅》，[1]偏所留懷。[2]作《字釋》未就。[3]以太安二年卒，[4]贈豫州刺史，[5]謚肅侯。

［1］詁訓：解釋古書字義。　倉：即《三倉》。　雅：即《爾雅》。

［2］偏所留懷：宋本作“所留懷”。按：偏所留懷，意爲特别留意。今從底本。

［3］字釋：字書。

［4］太安：北魏文成帝的年號（455—459）。宋本作“大安”，《魏書》卷三八《袁式傳》作“天安”，《通志》卷一四七同《北史》。按：天安，北魏獻文帝的年號（466—467）。“太安二年”與“天安二年”似均可，未詳孰是。

［5］豫州：北魏時治上蔡縣，在今河南汝南縣。

子濟襲父爵，位魏郡太守，[1]政有清稱。加寧遠將軍。[2]及宋王劉昶開府，[3]召爲諮議參軍。

［1］魏郡：北魏時治鄴縣，在今河北臨漳縣西南鄴鎮。

［2］寧遠將軍：官名。三國魏時置，將軍名號。北魏沿置，孝文帝太和十七年定爲五品上。

［3］劉昶：人名。字休道，彭城（今江蘇徐州市）人。北魏官吏。見《北史》卷二九《劉昶傳》。

毛脩之字敬文，滎陽陽武人也。[1]世仕晋。劉裕之平關中，留子義真鎮長安，[2]以脩之爲司馬。及義真敗，脩之没統萬。[3]太武平赫連昌，獲之。使領吴兵，以功拜吴兵將軍。脩之能爲南人飲食，手自煎調，多所適意。太武親待之，累遷尚書，[4]賜爵南郡公，[5]常在太官主進御膳。[6]

［1］陽武：縣名。治所在今河南原陽縣東南。

［2］義真：即劉義真，人名。彭城（今江蘇徐州市）人。南朝宋宗室。見《宋書》卷六一《廬陵孝獻王義真傳》。

［3］統萬：軍鎮名。在今陝西靖邊縣東北。

［4］累遷尚書：《魏書》卷四三《毛脩之傳》作“進太官尚書”，《太平御覽》卷二二九、《册府元龜》卷九九同《魏書》。按：據後文“常在太官主進御膳”，當爲“進太官尚書”。

［5］南郡公：封爵名。南郡，北魏時治江陵縣，在今湖北江陵縣。

[6]太官：官署名。北魏時隸光禄卿，供百官膳食。

從討和龍，時諸軍攻城，行宫人少，宋故將朱脩之爲雲中鎮將，[1]欲率吴兵爲逆，因入和龍，冀浮海南歸。以告脩之，不聽，乃止。是日無脩之，大變幾作。朱脩之遂奔馮弘。[2]脩之又以軍功，遷特進、撫軍大將軍，[3]位次崔浩下。

[1]朱脩之：人名。字恭祖，義陽平氏（今河南桐柏縣西北平氏鎮）人。南朝宋將領。見《宋書》卷七六《朱脩之傳》。　雲中：郡名。北魏時治盛樂縣，在今内蒙古和林格爾縣西北。　鎮將：底本作“將軍”，中華本校勘記云：“諸本‘鎮將’作‘將軍’，《魏書》卷四三、《通志》卷一三一《毛脩之傳》作‘鎮將’。按下文附朱脩之事迹亦作‘鎮將’，今據改。”今從改。

[2]朱脩之：底本無“朱”字，源氏校勘記於“脩”上補“朱”字。中華本校勘記云：“諸本無‘朱’字，與毛脩之混。據《魏書》補。”今從改。

[3]特進：官名。北魏時爲加官名號，贈致仕大臣。孝文帝太和十七年定爲一品下，二十三年改爲二品。　撫軍大將軍：官名。爲朝廷重臣，許開府徵辟僚屬。北魏孝文帝太和十七年定爲從一品中，二十三年定爲二品。

浩以其中國舊門，[1]雖不博洽，猶涉獵書傳，與共論説之。次及陳壽《三國志》，[2]云“有古良史風，[3]其所著述，文義典正，[4]班史以來無及壽者”。[5]脩之曰：“昔在蜀中，聞長老言，壽曾爲諸葛亮門下書佐，[6]得撻百下，故其論武侯云：[7]應變非其所長。”浩乃與論曰：

“承祚之評亮，乃有故義過美之譽，[8]非挾恨之言。夫亮之相備，英雄奮發之時，君臣相得，魚水爲喻。而不能與曹氏爭天下，委棄荆州，[9]退入巴蜀，守窮崎嶇之地，[10]僭號邊夷之間，此策之下者。可以趙他爲偶，[11]而以管、蕭之亞匹，[12]不亦過乎！且亮既據蜀，弗量勢力，嚴威切法，控勒蜀人，欲以邊夷之衆，抗衡上國。出兵隴右，[13]再攻祁山，[14]一攻陳倉，[15]疏遲失會，摧衄而反。後入秦川，[16]更求野戰。魏人知其意，以不戰屈之。智窮勢盡，發病而死。由是言之，豈合古之善將見可知難乎？”[17]脩之謂浩言爲然。後卒於外都大官，謚恭公。

[1]中國：中原地區。

[2]陳壽：人名。字承祚，巴西安漢（今四川南充市北）人。西晋史學家。見《晋書》卷八二《陳壽傳》。

[3]云：毛本作“志”，《通志》卷一三一作“云”。局本脱“云”字，《魏書》卷四三《毛脩之傳》亦脱，《太平御覽》卷六〇三、《册府元龜》卷八三〇同《北史》。今從底本。

[4]文義典正：内容和意義典雅正直。

[5]班：即班固。字孟堅，扶風安陵（今陝西咸陽市東北）人。東漢史學家。見《後漢書》卷四〇上《班固傳》。

[6]門下書佐：官名。漢朝置。爲郡縣屬吏，掌文書繕寫。三國蜀沿置。

[7]武侯：即諸葛亮。

[8]過美：宋本作“過奏美”。《魏書·毛脩之傳》作“過美”，《通志》卷一三一、《册府元龜》卷八三〇同《魏書》。按：“過奏美之譽”文意不通，從底本。

[9]荆州：東漢時治漢壽縣，在今湖南漢壽縣北。

[10]崎：宋本作“峙”。按：“崎”“峙”字形相近而訛。宋本誤，從底本。

[11]以趙他爲偶：跟西漢的趙他一樣，偏安於嶺南一帶。趙他，人名。真定（今河北正定縣南）人。即西漢南越王趙佗。見《漢書》卷九五《南粵王趙佗傳》。

[12]管：即管仲。潁上（今安徽潁上縣）人。見《史記》卷六二《管晏列傳》。　蕭：即蕭何。沛（今江蘇沛縣）人。《漢書》卷三九《蕭何傳》。

[13]隴右：地區名。泛指隴山以西地區，約當今甘肅隴山、六盤山以西和黄河以東一帶。

[14]祁山：在今甘肅禮縣東。底本作“歧山”，中華本校勘記云：“諸本‘祁’訛‘岐’，據《魏書》《通志》改。諸葛亮攻祁山，見《三國志》卷三五《諸葛亮傳》。”今從改。

[15]陳倉：縣名。治所在今陝西寶雞市東渭水北岸。

[16]秦川：地區名。泛指今陝西、甘肅秦嶺以北平原地帶。

[17]見可知難：見可而進、知難而退。

脩之在南有四子，唯子法仁入魏。文成初，爲金部尚書，[1]襲爵，轉殿中尚書。[2]法仁言聲壯大，至於軍旅田狩，唱呼處分，振於山谷。卒，贈征東大將軍、南郡王，[3]謚曰威。

[1]金部尚書：官名。北魏置。掌審核國庫錢帛出納賬籍，錢幣鑄造及有關度量衡的政令。

[2]殿中尚書：官名。北魏時領宫中兵馬，典宫禁宿衛及倉庫。孝文帝太和十七年定爲二品中，二十三年定爲三品。

[3]征東大將軍：官名。三國魏文帝時置。多統兵出鎮，都督

數州諸軍事。北魏孝文帝太和十七年定爲一品下，二十三年定爲二品。

朱脩之者，仕宋爲司徒從事中郎。[1]守滑臺，爲安頡所禽。[2]太武善其固守，以宗室女妻之，以爲雲中鎮將。後奔馮弘。弘送之江南。

[1]司徒從事中郎：官名。司徒屬官。

[2]安頡：人名。遼東（今遼寧遼陽市）人。北魏官吏。見《北史》卷二〇《安同附安頡傳》。

頡之剋滑，[1]宋陳留太守嚴稜戍倉垣。[2]及山陽公奚斤軍至稜川，[3]稜率文武五百人詣斤降。明元嘉其誠款，賜爵郃陽侯，[4]假荆州刺史。隨駕南討，還爲上客。及太武踐阼，以歸化之功，除中山太守，有清廉稱。卒於家。子幼玉襲。[5]稜舊書有傳，今附之云。脩之在宋顯達，事並具《南史》。

[1]頡之剋滑：中華本校勘記云："《魏書》卷四三《嚴稜傳》無。按安頡剋滑臺與奚斤下潁川，非同時事。《北史》誤。"

[2]陳留：縣名。治所在今河南開封市東南陳留城。　嚴稜：人名。馮翊臨晋（今陝西大荔縣）人。見《魏書·嚴稜傳》。　倉垣：城名。在今河南開封市西北。

[3]山陽公：封爵名。山陽，郡名。北魏時治山陽縣，在今河南焦作市東南。　稜川：毛本、殿本、四庫本、四部備要本、中華本作"潁川"。潁川，郡名。北魏時治長社縣，在今河南長葛市東北。

[4]郃陽侯：封爵名。郃陽，縣名。治所在今陝西合陽縣東南夏陽鎮南。

[5]幼玉：源氏校勘記云："'幼'《魏書》作'稚'。"《北史》避唐高宗李治諱改。

唐和字幼起，[1]晋昌冥安人也。[2]父繇，以涼土喪亂，[3]推涼武昭王霸于河右。[4]及涼亡，和與兄契攜其甥武昭王孫寶，[5]避難伊吾。[6]招集人衆二千餘家，臣於蠕蠕。蠕蠕以契爲伊吾王。

[1]幼：中華本校勘記云："《魏書》卷四三《唐和傳》作'稚'，《北史》避唐諱改。"

[2]晋昌冥安人也：底本"晋昌"作"晋西"，中華本校勘記云："'晋昌'，諸本訛'晋西'，據《魏書》改。晋昌郡，晋惠帝元康五年分敦煌、酒泉置，所屬有冥安縣。見《晋書》卷一四《地理志》涼州。又'冥'各本及《魏書》並作'宜'。獨百衲本作'冥'。按冥安，漢縣，兩《漢志》都屬敦煌郡。各本及《魏書》誤，今從百衲本。"今從改。冥安，縣名。治所在今甘肅安西縣東南鎖陽城。

[3]涼：指西涼政權。

[4]涼武昭王：即西涼王李暠，字玄盛，小字長生，隴西狄道（今甘肅臨洮縣）人。見《北史》卷一〇〇《涼武昭王李暠傳》。武昭爲其謚號。　河右：地區名。亦作"河西"。此處指今甘肅北部地區。

[5]寶：即李寶，人名。字懷素，小字衍孫，隴西狄道（今甘肅臨洮縣）人。北魏官吏。見《北史》卷一〇〇《涼武昭王李暠附李寶傳》。

[6]伊吾：地名。在今新疆哈密市。

經二十年，和與契遣使降魏，爲蠕蠕所逼，遂擁部至高昌。[1]蠕蠕遣部帥阿若討和，至白力城。[2]和先攻高寧。[3]契與阿若戰没，和收餘衆，奔前部國。[4]時沮渠安周屯横截城，[5]和攻拔之，斬安周兄子樹，[6]又剋高寧、白力二城。遣使表狀。太武嘉之，屢賜之璽書。後和與前部王車伊洛破安周。[7]太武使成周公萬度歸討焉耆，[8]詔和與伊洛率所領赴度歸，喻下柳驢以東六城。[9]因共擊波居羅城，[10]拔之。後同征龜兹，[11]度歸令和鎮焉耆。時柳驢戍主乙真伽將叛，[12]和徑入其城，禽斬乙真伽。由是西域剋平，[13]和有力焉。

[1]高昌：國名。都於高昌城，在今新疆吐魯番市東南高昌廢址。見《北史》卷九七《高昌傳》。

[2]白力城：在今新疆鄯善縣。

[3]和先攻高寧：源氏校勘記云："'寧'《魏書》作'昌'。"《通志》卷一四七同《魏書》。按：唐和擁部至高昌，則應攻其他城。《魏書》誤，從《北史》。

[4]前部國：毛本、殿本、四庫本、局本、四部備要本作"奔前部王國"，《魏書》卷四三《唐和傳》作"奔前部王國"，《通志》卷一四七《唐和傳》、《十六國春秋》卷九三《西凉録》同《魏書》。

[5]沮渠安周：人名。張掖臨松（今甘肅張掖市南）人。十六國北凉宗室。見《北史》卷九三《沮渠蒙遜附沮渠安周傳》。　横截城：在今甘肅張掖市。

[6]安周：毛本、局本作"周安"。按：《魏書·唐和傳》、《通志》卷一四七作"安周"。後文亦作"安周"，毛本、局本誤，當

從底本。　樹：即沮渠樹，人名。張掖臨松（今甘肅張掖市南）人，盧水胡沮渠部。十六國時北凉宗室，沮渠蒙遜孫。

[7]車伊洛：人名。焉耆（今新疆焉耆回族自治縣）人。北魏時西域少數民族首領。見《北史》卷二五《車伊洛傳》。

[8]太武使成周公萬度歸討焉耆：底本"成周公"作"周公"，中華本校勘記云："諸本脱'成'字，據《魏書》及《通志》卷一四七《唐和傳》補。成周公萬度歸見本書卷九七《鄯善》《焉耆》等傳。"今從改。成周，地名。在今遼寧西南部一帶。萬度歸，人名。北魏官吏。位散騎常侍，爵成周公。太武帝太平真君六年，受詔發凉州以西兵擊鄯善。九年，大破焉耆國。後西討龜兹，大獲而還。焉耆，國名。漢時西域三十六國之一，國都在員渠城（今新疆焉耆回族自治縣西南）。見《北史》卷九七《焉耆傳》。

[9]柳驢：城名。在今新疆焉耆回族自治縣附近。

[10]波居羅城：在今新疆焉耆回族自治縣附近。

[11]龜兹：國名。國都在延城（今新疆庫車縣東）。魏晋時遷都於今新疆沙雅縣北，仍名延城。

[12]乙真伽：人名。北朝時焉耆柳驢戍主。北魏太武帝太平真君九年詔成周公萬度歸討伐焉耆，占領員渠，後度歸又征龜兹，乙真伽據城反魏，被唐和擒殺。

[13]西域：地區名。西漢以後對玉門關（今甘肅敦煌市西北）以西地區的總稱。

正平元年，[1]和詣闕。太武優寵之，待以爲上客。文成以和歸誠先朝，[2]封酒泉公。[3]太安中，爲濟州刺史，[4]甚有稱績。徵爲内都大官。評决獄訟，不加捶楚，[5]察疑獲實者甚多，世以是稱之。卒，贈征西大將軍、太常卿、酒泉王，[6]謚曰宣。

[1]正平：北魏太武帝的年號（451—452）。

[2]先朝：宋本作“先戰”。按：據文意，當爲“先朝”。從底本。

[3]酒泉公：封爵名。酒泉，郡名。北魏時治禄福縣，在今甘肅酒泉市東南。

[4]濟州：北魏時治碻磝城，在今山東茌平縣西南。

[5]捶楚：杖刑。

[6]征西大將軍：局本作“征而大將軍”。按：據文意，“西”“而”二字形近而訛，從底本。

子欽，字孟真，[1]位陝州刺史。[2]降爵爲侯。卒，子景宣襲爵。卒於東郡太守。[3]

[1]字孟真：源氏校勘記云：“《魏書》作‘孟直’。”《通志》卷一四七《唐和傳》同《北史》。

[2]陝州：北魏時治陝城，在今河南三門峽市西。

[3]東郡：北魏時治滑臺城，在今河南滑縣東。底本作“東都”，源氏校勘記云：“《魏書》（‘東都’）作‘東郡’。”中華本校勘記云：“諸本‘郡’訛作‘都’，據《魏書》《通志》改。北魏時無東都。東都亦不得有太守。”今從改。

契子玄達，性果毅，有父風。與叔父和歸闕，[1]俱爲上客，封晋昌公。獻文時，位華州刺史。[2]太和十六年，降爲侯。[3]子崇，字繼祖，襲爵。

[1]歸闕：歸回朝廷。

[2]華州：北魏獻文帝皇興二年（468）置，治定安縣，在今甘肅寧縣。孝文帝延興二年（472）改置三縣鎮。太和十一年又置

華州，治李潤堡，在今陜西蒲城縣東北。宣武帝永平三年（510）移治華陰縣，在今陜西大荔縣。

[3]降爲侯：毛本、局本作“降於侯”。按：據語意，從底本。

寇讚字奉國，上谷人也，[1]因難徙馮翊萬年。[2]父脩之，字延期，苻堅東萊太守。[3]讚弟謙，[4]有道術，太武敬重之，故追贈脩之安西將軍、秦州刺史、馮翊公。[5]賜命服，謚曰哀公。詔秦、雍二州爲立碑墓。[6]又贈脩之母爲馮翊夫人，及宗從追贈太守、縣令、侯、子、男者十六人，[7]其臨職者七郡、五縣。

[1]上谷：郡名。北魏時治居庸縣，在今北京延慶縣。

[2]萬年：縣名。治所在今陜西西安市臨潼區東北。

[3]東萊：郡名。北魏時治掖縣，在今山東萊州市。

[4]謙：源氏校勘記云：“‘謙’《魏書》作‘謙之’。”

[5]安西將軍：官名。爲出鎮某一地區的軍事長官，或作爲州刺史等地方官兼理軍務時的加官。北魏孝文帝太和十七年定爲二品下，二十三定爲三品。

[6]秦：州名。北魏時治上封城，在今甘肅天水市。

[7]宗從：堂伯叔和堂兄弟。

讚少以清潔知名。身長八尺，姿容嚴嶷，[1]非禮不動。苻堅僕射韋華，[2]州里高達，雖年時有異，恒以風味相待。華爲馮翊太守，召爲功曹。[3]後除襄邑令。[4]姚泓滅，秦、雍人千餘家推讚爲主，歸魏。拜河南郡太守。[5]其後秦、雍人來奔河南、滎陽、河内者，户至萬數，拜讚南雍州刺史、軹縣侯，[6]於洛陽立雍州之郡縣以撫之。[7]由是流人襁負，自遠而至，參倍於前。進讚爵河南公，加安南將軍，[8]領南蠻校尉，[9]仍刺史。分洛、豫二州之僑郡以益之。雖位高爵重，接待不倦。

[1]嚴嶷：嚴肅冷峻。

[2]僕射：官名。尚書僕射的省稱。掌管省曹事務，典選舉，左僕射負責彈劾百官。

[3]功曹：官名。爲地方政府職事官，掌管人事。六品到從九品。

[4]除：拜官授職。　襄邑：縣名。治所在今河南杞縣西。

[5]拜河南郡太守：《魏書》卷四二《寇讚傳》作“拜綏遠將軍、魏郡太守”，《册府元龜》三九七同《魏書》，《通志》卷一四七同《北史》。河南，郡名。北魏時治洛陽縣，在今河南洛陽市東北。

[6]南雍州：北魏時治襄陽縣，在今湖北襄樊市。　軹縣侯：封爵名。軹縣，治所在今河南濟源市南。

[7]於洛陽立雍州之郡縣以撫之：底本“雍州”作“雍”，中華本校勘記云：“諸本脱‘州’字，據《魏書》卷四二《寇讚傳》補。”今從改。

[8]安南將軍：官名。爲出鎮南方地區的軍事長官，或作爲刺史等地方官兼理軍務時的加官。北魏孝文帝太和十七年定爲二品下，二十三年定爲三品。

[9]南蠻校尉：官名。北魏時掌荆州及江州少數民族事務，統兵。四品。

初，讚之未貴，嘗從相者唐文相。文曰：“君額上黑子入幘，[1]位當至方伯，[2]封公。”及其貴也，文以百姓禮拜謁曰：“明公憶疇昔言乎?”讚延文坐曰：[3]“往時卿言杜瓊不得官長，人咸謂不然。及瓊爲盩厔令，[4]卿猶言相中不見，而瓊果以暴疾，未拜而終。昔魏舒見主人兒死，[5]自知己必至公。吾恒以卿言瓊之驗，亦復不息此望也。”乃賜文衣服良馬。

[1]幘（zé）：頭巾。

[2]方伯：一方諸侯之長。

[3]讚延文坐曰：底本無“讚”字，中華本校勘記云：“諸本脱‘讚’字，據《通志》補。”今從改。

[4]盩（zhōu）厔（zhì）：縣名。治所在今陝西周至縣終南鎮。

[5]魏舒：人名。字陽元，任城樊（今山東兖州市西南）人。西晉官吏。見《晉書》卷四一《魏舒傳》。

讚在州十七年，甚收公私之譽。年老，求致仕。卒，遺令薄葬，斂以時服。太武悼惜之，謚曰宣穆。子元寶襲爵。

元寶弟臻，字仙勝。年十二，遭父憂，[1]居喪以孝稱。輕財好士。獻文末，爲中川太守。[2]時馮熙爲洛州刺史，[3]政號貪虐，仙勝微能附之，甚得其意。後爲弘農太守。[4]坐受納，爲御史所彈，[5]遂廢，卒於家。

[1]父憂：父親的喪事。

[2]中川：郡名。北魏時治潁陽縣，在今河南登封市西南。

[3]馮熙：人名。字晋國，長樂信都（今河北冀州市）人。北魏大臣。見《北史》卷八〇《馮熙傳》。

[4]弘農：郡名。北魏時治陝城，在今河南三門峽市。

[5]御史：官名。侍御史的省稱。北魏時除分曹治事外，亦奉命監國，督察巡視州郡，收捕官吏，宣示詔命等。頗重其選，必以對策高第者補之，置八人。孝文帝太和十七年定爲從五品中，二十三年定爲八品。

子祖訓，順陽太守。[1]祖訓弟祖禮。兄弟並孝友敦穆，[2]白首同居。父母亡雖久，猶於平生所處堂宇，備設幃帳几杖，以時節開堂列拜，垂涕陳薦，[3]若宗廟焉。吉凶之事，必先啓告，遠出行反亦如之。

[1]順陽：郡名。北魏時治南鄉縣，在今河南淅川縣西南。

[2]孝友敦穆：孝順友愛，敦厚温和。

[3]陳薦：供獻祭品。

祖禮，宣武末爲河州刺史。[1]在任數年，遇郤鐵忽反，[2]又爲城人詣都列其貪狀十六條。會赦免。[3]久之，兼廷尉卿，[4]又兼尚書。畏避勢家，承顔候色，[5]不能有所執據。[6]後蠻反於三鵶，[7]爲都督追討，戰歿。贈衛大將軍、七兵尚書、雍州刺史、昌平男。[8]祖禮弟僞。

[1]宣武：即北魏皇帝元恪。宣武爲其謚號。　河州：北魏時治枹罕，在今甘肅臨夏市。

[2]郤鐵忽：毛本、殿本、四庫本、四部備要本同底本，《通志》卷一四七作“郤鐵忽”。按：未詳孰是。

[3]會：毛本、殿本、四庫本、局本、四部備要本作“遇”。從底本。

[4]廷尉卿：官名。北魏時爲廷尉的尊稱。掌詔獄，修訂法律，

審核州郡疑案，有封駁丞相、御史之權。孝文帝太和十七年定爲二品上，二十三年定爲三品。

[5]承顏候色：毛本、殿本、四庫本、局本、四部備要本作“承順顏色”。

[6]執據：據理論争。

[7]蠻：對長江中游及其以南地區少數民族的泛稱。見《北史》卷九五《蠻傳》。　三鵶（yā）：軍鎮名。即魯陽關。在今河南南召縣東北、魯山縣西南。

[8]七兵尚書：官名。尚書省七兵曹長官。三國魏時始置五兵尚書，掌軍事行政，領中兵、外兵、騎兵、别兵、都兵五曹。晋分中兵、外兵爲左、右曹。十六國後燕時始稱七兵尚書。北魏時定爲官稱。孝文帝太和十七年定爲二品中，二十三年定爲三品。

儁字祖儁。性寬雅，幼有識量，好學强記。性又廉恕，不以財利爲心。家人曾賣物與人，而利得絹一匹。儁於後知之，乃曰：“得財失行，吾所不取。”訪主還之。以選爲孝文帝挽郎，[1]除奉朝請。[2]大乘賊起，[3]燕、趙擾亂，儁參護軍事東討，以功授員外散騎侍郎。[4]累遷司空府主簿。時靈太后臨朝，減食禄官十分之一，造永寧佛寺，[5]令儁典之。資費巨萬，主吏不能欺隱。寺成，又極壯麗。靈太后嘉之，除左軍將軍。孝昌中，朝議以國用不足，乃置鹽池都將，[6]秩比上郡。前後居職者多有侵隱，乃以儁爲之，仍主簿。

[1]挽郎：官名。北魏時皇帝、皇后等喪禮時的儀仗官。由官宦子弟爲之。被選挽郎後，可除奉朝請或將軍府官等。

[2]奉朝請：官名。西漢始置。給予退休大臣、列侯、宗室、

外戚等的一種政治優待。北魏時爲冗散官，有俸無職。孝文帝太和十一年置二百人，十七年定爲六品下，二十三年定爲從七品。

［3］大乘賊：指冀州僧法慶與李歸伯起義。大乘爲其國號。

［4］員外散騎侍郎：官名。北魏時屬散騎省，初多以公族、功臣子充任，爲閑散之職，常用以安置閑退官員、元老人士。孝文帝太和十七年定爲從四品下，二十三年定爲七品上。

［5］永寧佛寺：在今河南洛陽市。

［6］鹽池都將：官名。北魏末置。主管鹽池事務，統兵守衛，有時加將軍號。

永安初，[1]華州人史底與司徒楊椿訟田。[2]長史以椿勢貴，皆言椿直，[3]欲以田給椿。儁曰："史底窮人，楊公横奪其地，若欲損不足以給有餘，見使雷同，未敢聞命。"遂以地還史底。孝莊帝後知之，[4]嘉儁守正不撓，拜司馬；其附椿者咸責焉。

［1］永安：北魏孝莊帝的年號（528—530）。

［2］楊椿：人名。字延壽，本字仲考，受孝文帝賜改，弘農華陰（今陝西華陰市東南）人。北魏大臣。見《北史》卷四一《楊播附楊椿傳》。

［3］長史以椿勢貴皆言椿直：中華本校勘記云："《周書》卷三七《寇儁傳》'長史'下有'以下'二字。按無此二字則'皆'字無所指，疑此脱。"可從。

［4］孝莊帝：即北魏皇帝元子攸。孝莊爲其謚號。

二年，出爲梁州刺史。[1]人俗荒獷，多爲盗賊。儁乃令郡縣爲立庠序，[2]勸其耕桑，敦以禮讓。數年之中，風俗頓革。梁遣其將曹琰之鎮魏興，[3]繼日板築。[4]琰之屢擾疆埸，邊人患之。儁遣長史杜林道攻克其城，[5]并禽琰之。琰之即梁大將景宗之季弟也。[6]於是梁人懼焉。屬魏室多故，州又僻遠，梁人知無外援，遂大兵頓魏興，志圖攻取。儁撫厲將士，人思效命。梁人知其得衆心也，弗之敢逼。儁在州清苦，不事産業，其子等並徒步而還。[7]吏人送儁，留連於道，久之乃得出界。

[1]梁州：北魏時治南鄭縣，在今陝西漢中市東。

[2]庠序：學校。

[3]魏興：郡名。南朝梁時治西城縣，在今陝西安康市城關西北。

[4]板築：築城或築墻。

[5]杜林道：源氏校勘記云："'林'《周書》作'休'。"《通志》卷一五七同《北史》，《册府元龜》卷六九四同《周書》。

[6]景宗：即曹景宗，人名。字子震，新野（今河南新野縣）人。南朝梁將領。見《梁書》卷九《曹景宗傳》。

[7]其子等並徒步而還：中華本校勘記云："《周書》及《通志》卷一五七《寇儁傳》，'其'上有'秩滿'二字，疑此脱。"可從。

大統三年，[1]東魏授儁洛州刺史，[2]儁因此乃謀歸闕。五年，將家及親屬四百口入關，拜秘書監。時軍國草創，[3]墳典散逸，[4]儁始選置令史，[5]抄集經籍，[6]四部群書，稍得周備。加鎮東將軍，[7]封西安縣男。[8]十七年，加散騎常侍，[9]遂稱篤疾，不復朝覲。恭帝三年，[10]賜姓若口引氏。[11]孝閔帝踐阼，[12]進爵爲子。武成元年，[13]進驃騎大將軍、開府儀同三司。[14]

[1]大統三年：源氏校勘記云："'三年'《周書》作'二年'。"中華本《周書》卷三七校勘記云："宋本和《北史》本傳'二'作'三'。"大統，西魏文帝的年號（535—551）。

[2]洛州：東魏時治洛陽城，在今河南洛陽市東北。

[3]草創：開始創建。

[4]墳典：《三墳》《五典》的並稱，後爲對古代典籍的通稱。

[5]令史：官名。戰國秦置。縣府屬吏。晋以來，除尚書臺、蘭臺置令史外，諸公及開府從公者，府屬諸曹亦置。所主除文書，又有主圖、主譜等。爲一種低級辦事官吏。

[6]經籍：毛本、殿本、四庫本、局本、四部備要本作"經史"。按："經籍"指經書或圖書。據文意，當從底本。

[7]鎮東將軍：官名。東魏時爲褒賞軍功勳臣的閑職。從二品。

[8]西安縣男：封爵名。西安，縣名。治所在今山東淄博市臨淄區西北。底本作"安西縣男"，中華本校勘記云："諸本'西安'作'安西'，《周書》《通志》作'西安'。按《墓誌集釋·寇奉叔墓誌》稱儁爲'西安元公'。又下文'不見西安君，煩憂不遣'。今據乙。"今從改。

[9]散騎常侍：官名。掌侍從皇帝左右，諫諍得失，顧問應對等。北朝時兼領修史，實際地位略高於南朝，但仍爲閑散之職。

[10]恭帝：即西魏皇帝元廓。恭爲其謚號。

[11]若口引氏：鮮卑姓氏。北魏孝文帝太和年間改爲"寇氏"。西魏時又復舊姓。

[12]孝閔帝：即北周皇帝宇文覺。孝閔爲其謚號。

[13]武成：北周明帝的年號（559—560）。

[14]驃騎大將軍：官名。北周時實行府兵制，主要作爲開府府長官的軍號。九命。

儁年齒雖高，而志識未衰，教授子孫，必先典禮。明帝尚儒重德，[1]特欽賞之，數加恩賜，思與相見。儁不得已，乃入朝，帝與同席而坐，[2]顧訪洛陽故事。儁身長八尺，鬚鬢皓然，容止端詳，音韻清朗。帝與之談論，不覺屢爲之前膝。及儁辭還，帝親執其手，曰："公年德俱尊，朕所欽尚。乞言之事，所望於公。宜數相見，以慰虚想。"以御輿，令於帝前乘出，顧謂左右曰："如此事，唯積善者可以致之。何止見重於今，亦將傳之萬古。"時人咸以爲榮。卒年八十二。[3]武帝歎惜之，[4]贈本官，加冀定瀛三州諸軍事、冀州刺史，[5]謚曰元。

[1]明帝：即北周皇帝宇文毓。明爲其謚號。

[2]帝：底本作"常"，中華本作"帝"，《通志》卷一五七作"帝"。按：文中明帝思與儁相見，儁不得已乃入朝，應是帝與同席而坐，底本誤，從中華本改。

[3]卒年八十二：源氏校勘記云："《周書》無'二'字。"《通志》卷一五七同《北史》。

[4]武帝：即北周皇帝宇文邕。武爲其謚號。

[5]瀛：州名。北周時治趙都軍城，在今河北河間市。

儁篤於仁義，期功之中有孤幼者，[1]衣食豐約，並與之同。少爲司徒崔光所知，[2]光命其子勵與儁結友。[3]儁每造光，常清談移日。小宗伯盧辨以儁業行俱崇，[4]待以師友之禮，每有閑暇，輒詣儁讌語彌日。恒謂人曰："不見西安君，煩憂不遣。"其爲通人所敬重如此。

[1]期功：喪服名。期，服喪一年。功，按關係親疏分大功和小功，大功服喪九個月，小功服喪五個月。亦用以指五服之内的宗親。

[2]崔光：人名。字長仁。東清河鄃（今山東淄博市）人。北魏官吏。見《北史》卷四四《崔光傳》。

[3]光：毛本、殿本、四庫本、局本、四部備要本作“先”。按：據上文可知，當爲“光”。　勵：即崔勵，人名。字彦德，東清河鄃（今山東淄博市）人。北魏官吏。見《北史·崔光附崔勵傳》。

[4]小宗伯：官名。小宗伯上大夫的省稱。西魏、北周時置。掌宫室、車旗、服飾等禮儀禁令及次要的祭祀。正六命。　盧辨：人名。即盧辯。字景宣，范陽涿（今河北涿州市）人。西魏大臣。見《北史》卷三〇《盧同附盧辯傳》。中華本、四庫本作“辯”。

子奉，位至儀同大將軍、順陽郡守、洵州刺史、昌國縣公。[1]

[1]子奉位至儀同大將軍順陽郡守洵州刺史昌國縣公：中華本《周書》卷三七校勘記云：“《漢魏南北朝墓誌集釋》有《寇奉叔墓誌》，奉叔即奉，傳當是雙名單稱。誌稱奉叔周時終官和隋初贈官都是儀同大將軍。按卷六《武帝紀》建德四年十月改‘儀同三司爲儀同大將軍’，是周末已無儀同三司之號。且大將軍亦決無加儀同三司之理。這裏‘三司’二字衍。又傳稱洵州刺史，據誌則奉叔初官洵州贊治兼司馬，後遷别駕、長史。據卷四四《泉企傳》巴州改洵州後，其刺史仍是自稱巴州刺史之蠻帥杜清和。傳之刺史或爲長史之誤。又誌稱奉叔由昌國縣男，進封子、伯，未嘗封公。碑誌於父祖官爵，類多夸飾，而此乃低於本傳。當是唐初修史所據，乃唐時後人所上家狀之類，墓誌乃隋時所撰，距奉叔之死不久，尚難

增高官爵，所述當得其實。”可從。儀同大將軍，官名。北周武帝時置。主要授予有軍功的大臣和北齊的降官。九命。洵州，北周時治洵陽縣，在今陝西旬陽縣北洵河北岸。昌國縣公，封爵名。昌國，縣名。治所在今山東臨朐縣。

奉弟顒，少好學，最知名。居喪哀毀。位儀同大將軍，掌朝、布憲、典祀下大夫，[1]小納言，[2]濩澤郡公。[3]

[1]掌朝布憲典祀下大夫：底本“憲”下有“爲”字，中華本校勘記云：“諸本‘憲’下衍‘爲’字，據《周書》删。掌朝、布憲、典祀並北周官名，見《通典》卷三九。”今從改。掌朝，官名。即掌朝下大夫。西魏置。典筆硯，並掌糾察非違，肅正朝儀。正四命。布憲，官名。即布憲下大夫。西魏置。秋官府布憲司次官，佐布憲中大夫掌本司事務。正四命。典祀下大夫，官名。西魏置。掌有關祭祀的各種事務。正四命。

[2]小納言：官名。納言下大夫的省稱。北周置。掌侍從皇帝，拾遺應對。正四命。

[3]濩澤郡公：封爵名。濩澤，郡名。今地不詳。

酈範字世則，范陽涿鹿人也。[1]祖紹，慕容寶濮陽太守，以郡迎降，道武授兗州監軍。[2]父嵩，天水太守。

[1]涿鹿：縣名。治所在今河北涿鹿縣東南。

[2]監軍：官名。北朝時諸州不置都督時則設此職，掌一州或數州軍事。

範，太武時，給事東宫。[1]文成踐阼，[2]追録先朝舊勳，賜爵永寧男。[3]以奉禮郎奉遷太武、景穆神主於太廟，[4]進爵爲子。爲征南大將軍慕容白曜司馬。[5]及定三齊，[6]範多進策，白曜皆用其謀，遂表爲青州刺史。進爵爲侯，加冠軍將軍。還爲尚書右丞。[7]

[1]給事：官名。北魏置。屬内朝官，有内給事、内行給事等，還多被派到尚書各曹及東宫任職，如殿中給事、庫部給事等，不僅處理曹務，還負有監察之責。孝文帝太和十七年定爲從三品下，在給事中之下。

[2]文成踐阼：底本作“太武踐阼”，中華本校勘記云：“諸本‘文成’作‘太武’，《魏書》卷四二《酈範傳》作‘高宗’。按上云‘太武時給事東宫’，東宫指景穆太子，即文成之父，故下云‘追録先朝舊勳’。作‘太武’誤，今據《魏書》改作‘文成’（即高宗）。”今從改。

[3]追録先朝舊勳賜爵永寧男：宋本作“追録先朝舊爵永寧男”。按：宋本誤，從底本。永寧男，封爵名。永寧，縣名。治所在今河北滿城縣。

[4]奉禮郎：官名。北齊置。掌設君臣版位及贊導跪拜之儀，以奉朝會祭祀之禮。　太廟：皇帝爲祭拜祖先而營建的廟宇。

[5]征南大將軍：官名。多統兵出鎮，都督數州諸軍事。北魏孝文帝太和十七年定爲一品下，二十三年定爲二品。　慕容白曜：人名。昌黎棘城（今遼寧北票市章吉營子鄉三官營子村）人，鮮卑族。北魏官吏。見《北史》卷二五《慕容白曜傳》。　司馬：《魏書·酈範傳》作“左司馬”，《册府元龜》卷七二一同《魏書》，《通志》卷一四七同《北史》。

[6]及定三齊：源氏校勘記在“及定”旁紅筆小字夾批“事詳《魏書》”。三齊，地區名。指今山東中東部。秦亡後，項羽以齊國故地分立齊、膠東、濟北三國，後泛稱“三齊”。

[7]尚書右丞：官名。北魏時爲尚書省佐官，位次尚書，與左丞共掌尚書省庶務。孝文帝太和十七年定爲四品中，二十三年定爲從四品。

後除平東將軍、青州刺史，假范陽公。範前解州還京也，夜夢陰毛拂踝。他日説之。時齊人有占夢者史武進云："公豪盛於齊下矣。[1]使君臨撫東秦，[2]道光海岱，[3]必當重牧全齊，[4]再禄營丘矣。"[5]範笑答曰："吾將爲卿必驗此夢。"果如言。時鎮將元伊利表範與外賊交通。孝文詔範曰："鎮將伊利表卿造船市玉，與外賊交通，規陷卿罪，窺覦州任。有司推驗，虚實自顯，有罪者今伏其辜矣。卿其明爲算略，勿復懷疑。"還朝，卒京師。謚曰穆。子道元。

[1]公豪盛於齊下矣：《魏書》卷四二《酈範傳》脱"公"字，《太平御覽》卷三九九、《册府元龜》卷八九三同《魏書》，《通志》卷一四七同《北史》。今從底本。

[2]東秦：地區名。即今山東大部地區。戰國時，秦昭王曾稱"西帝"，齊湣王曾稱"東帝"。兩國皆以富强而東西並立。後因稱齊國或齊地爲"東秦"。

[3]海岱：地區名。山東渤海至泰山之間的區域。

[4]重牧：重新統治。

[5]禄：把某地作爲俸禄之地。　營丘：郡名。北魏時治富平縣，在今遼寧朝陽市東。

道元字善長。初襲爵永寧侯，例降爲伯。御史中尉李彪以道元執法清刻，[1]自太傅掾引爲書侍御史。[2]彪爲僕射李沖所奏，[3]道元以屬官坐免。景明中，[4]爲冀州鎮東府長史。[5]刺史于勁，[6]順皇后父也，[7]西討關中，亦不至州，道元行事三年。爲政嚴酷，吏人畏之，姦盜逃于他境。後試守魯陽郡，道元表立黌序，[8]崇勸學教。詔曰："魯陽本以蠻人，不立大學。今可聽之，以成良守文翁之化。"[9]道元在郡，山蠻伏其威名，不敢爲寇。延昌中，[10]爲東荆州刺史，[11]威猛爲政，如在冀州。蠻人詣闕訟其刻峻，請前刺史寇祖禮。及以遣戍兵七十人送道元還京，[12]二人並坐免官。

[1]御史中尉：官名。北魏時由御史中丞改稱。主管御史臺，頗重其選。孝文帝太和十七年定爲三品上，二十三年定爲從三品。 李彪：人名。字道固，頓丘衛國（今河南清豐縣東南）人。北魏官吏。見《北史》卷四〇《李彪傳》。 清刻：公正嚴厲。源氏校勘記云："《魏書》作'清勤'。"

[2]太傅：官名。北魏時與太師、太保並號三師，位居太師下，太保上，爲輔弼君王的大臣。一品。 掾：屬官統稱。 書侍御史：官名。魏晉南北朝時爲御史臺要職，負責監察、彈劾高級官員，奉命出使，逮捕犯官。北魏孝文帝太和十七年定爲五品上，二十三年後定爲六品上。

[3]李沖：人名。字思順，隴西狄道（今甘肅臨洮縣）人。北魏大臣。見《北史》卷一〇〇《涼武昭王李暠附李沖傳》。

[4]景明：北魏宣武帝的年號（500—503）。

[5]鎮東府長史：官名。即鎮東將軍府長史。鎮東將軍，北魏孝文帝太和十七年定爲從一品下，二十三年定爲從三品。

[6]于勁：人名。字鐘葵，代（今山西大同市東北）人，鮮卑族。北魏官吏。見《北史》卷二三《于栗磾附于勁傳》。

［7］順皇后：即北魏宣武帝皇后于氏。順爲其謚號。

［8］黌（hóng）序：學校。

［9］文翁：人名。廬江舒（今安徽廬江縣）人。西漢官吏。見《漢書》卷八九《文翁傳》。

［10］延昌：北魏宣武帝的年號（512—515）。

［11］東荆州：北魏時治沘陽縣，在今河南泌陽縣。

［12］及以遣戍兵七十人送道元還京：中華本校勘記云："按《魏書》卷四二《寇讚傳》，謂寇祖禮坐遣戍兵送道元，免官。則此'及'字當是'乃'字之訛。"可從。

後爲河南尹。[1]明帝以沃野、懷朔、薄骨律、武川、撫冥、柔玄、懷荒、禦夷諸鎮並改爲州，[2]其郡、縣、戍名，令準古城邑。詔道元持節兼黄門侍郎，[3]馳驛與大都督李崇籌宜置立，[4]裁減去留。[5]會諸鎮叛，不果而還。

［1］河南尹：官名。河南郡行政長官。河南，郡名。北魏時治洛陽縣，在今河南洛陽市東北。

［2］沃野：軍鎮名。北魏宣武帝正始年間移於今内蒙古烏拉特前旗蘇獨侖鄉的棍子場古城。　懷朔：軍鎮名。北魏六鎮之一，在今内蒙古固陽縣百靈淖城圐圙古城。　薄骨律：軍鎮名。在今寧夏靈武市西南。　武川：軍鎮名。在今内蒙古武川縣西。　撫冥：軍鎮名。在今内蒙古四子王旗東南。　柔玄：軍鎮名。在今内蒙古興和縣西北。　懷荒：軍鎮名。在今河北張北縣。　禦夷：軍鎮名。在今河北沽源縣東南。

［3］黄門侍郎：官名。給事黄門侍郎的省稱。爲中朝官員，給事於宫門之内，侍從皇帝、顧問應對，出則陪乘。與皇帝關係密切，多以重臣、外戚子弟、公主婿爲之。北魏孝文帝太和十七年定

爲三品中，二十三年定爲四品上。

[4]大都督：官名。高級軍事長官。北魏前、中期未見。後期戰事較多時置，統兵出征，有時又加以各種名號。　李崇：人名。字繼長，小名繼伯，頓丘（今河南清豐縣西南）人。北魏官吏。見《北史》卷四三《李崇傳》。　置：底本作“等”，殿本、四庫本、四部備要本作“置”。按：據文意，應爲“籌宜置立”，今從改。

[5]去：底本作“法”，宋本、殿本、四庫本、四部備要本作“去”。按：據文意，應爲裁減去留，底本誤。今從改。

孝昌初，梁遣將攻揚州，徐州刺史元法僧又於彭城反叛。[1]詔道元持節、兼侍中、攝行臺尚書，[2]節度諸軍，依僕射李平故事。[3]梁軍至渦陽，[4]敗退。道元追討，多有斬獲。

[1]梁遣將攻揚州徐州刺史元法僧又於彭城反叛：底本無“攻”“徐州”三字，中華本校勘記云：“諸本脱‘攻’字，據《通志》卷一七一《酈道元傳》補。又元法僧叛魏前是徐州刺史，此‘刺史’上當脱‘徐州’二字。”今從改。揚州，北魏時治壽春縣，在今安徽壽縣。元法僧，人名。北魏宗室、官吏。見《北史》卷一六《陽平王熙附元法僧傳》。彭城，郡名。北魏時治彭城縣，在今江蘇徐州市。

[2]行臺尚書：官名。北魏置。爲行臺長官，分曹理事。

[3]李平：人名。字雲定，頓丘（今河南清豐縣西南）人。北魏官吏。見《北史》卷四三《李崇附李平傳》。

[4]梁軍：底本無“梁”字，中華本校勘記云：“諸本脱‘梁’字，據《通志》補。”今從改。　渦陽：縣名。治所在今安徽蒙城縣。

後除御史中尉。道元素有嚴猛之稱，權豪始頗憚之。而不能有所糾正，[1]聲望更損。司州牧、汝南王悦嬖近左右丘念，[2]常與卧起。及選州官，多由於念。念常匿悦第，時還其家，道元密訪知，收念付獄。悦啓靈太后，請全念身，有敕赦之。道元遂盡其命，因以劾悦。

[1]而不能有所糾正：宋本作“而不能糾正”。

[2]司州牧：官名。北魏時京畿行政長官。從二品。司州，北魏孝文帝太和十七年改洛州爲司州，治洛陽縣，在今河南洛陽市東北。　汝南王：封爵名。汝南，郡名。北魏時治上蔡縣，在今河南汝南縣。　悦：即元悦，人名。北魏宗室，孝文帝元宏之子，宣武帝元恪之弟。見《北史》卷一九《汝南王悦傳》。

時雍州刺史蕭寶夤反狀稍露，[1]侍中、城陽王徽素忌道元，[2]因諷朝廷，遣爲關右大使。[3]寶夤慮道元圖己，遣其行臺郎中郭子帙圍道元於陰盤驛亭。[4]亭在岡上，常食岡下之井。既被圍，穿井十餘丈不得水。水盡力屈，賊遂踰墻而入。道元與其弟道閾二子俱被害。[5]道元瞋目叱賊，厲聲而死。寶夤猶遣斂其父子，殯於長安城東。事平，喪還，贈吏部尚書、冀州刺史、安定縣男。[6]

[1]蕭寶夤：人名。字智亮，南蘭陵（一説在今江蘇常州市，一説在今江蘇丹陽市）人。南朝齊宗室，北魏將領。見《北史》卷二九《蕭寶夤傳》。

[2]城陽王：封爵名。城陽，郡名。北魏時治所不詳，當在今

河南境内。　徽：即元徽，人名。字顯順。北魏宗室、大臣。見《北史》卷一八《城陽王長壽附元徽傳》。

[3]關右：地區名。又稱關西。泛指故函谷關（今河南靈寶市東北）或今潼關以西地區。　大使：受帝王特遣之官員。南北朝時執掌範圍很廣，多以貴臣高官臨時任之。

[4]行臺郎中：官名。北魏置。爲行臺諸曹郎中的泛稱，各曹皆冠以曹名。有時用來稱呼不理具體曹務的官員。　陰盤：縣名。治所在今甘肅平凉市東南。

[5]闕：有缺字。

[6]安定縣男：封爵名。安定縣，治所在今甘肅涇川縣北。

道元好學，歷覽奇書，撰注《水經》四十卷，《本志》十三篇。又爲《七聘》及諸文，皆行於世。然兄弟不能篤睦，又多嫌忌，時論薄之。子孝友襲。[1]

[1]子孝友襲：宋本作"闕孝友襲"，《通志》卷一七一作"子孝友襲"，今從底本。

道元第四弟道慎，字善季，涉歷史傳，有幹局。位正平太守，[1]有能名。遷長樂相。[2]卒，贈平州刺史。[3]

[1]正平：郡名。北魏時治臨汾縣，在今山西新絳縣。

[2]長樂：郡名。北魏時治信都縣，在今河北冀州市。

[3]平州：北魏時治肥如城，在今河北盧龍縣北。

道慎弟道約，字善禮，樸質遲鈍，頗愛琴書。性多造請，[1]好以榮利干謁，乞丐不已，[2]多爲人所笑弄。坎壈於世，[3]不免飢寒。晚歷東萊、魯陽二郡太守。[4]爲政清静，吏人安之。

［1］造請：登門覲見。

［2］干謁：爲有求於人而請接見。　乞丐：求討。

［3］坎壈：困頓，不得志。

［4］東萊魯陽二郡太守：《魏書》卷四二《酈範傳》作“東萊、魯郡二郡太守”，《册府元龜》卷六八〇同《魏書》，《通志》卷一四七同《北史》。

範弟道峻子惲，字幼和。好學有文才，尤長吏幹。舉秀才，射策高第。[1]歷位尚書外兵郎。[2]行臺長孫承業引爲行臺郎。[3]惲頗兼武用，恒以功名自許。每進計於承業，多見納用。以功賞魏昌縣子。[4]惲在軍啓求減身官爵，爲父請贈，詔授征虜將軍、安州刺史。[5]

［1］射策：考試取士方法之一。　高第：經過考核，成績優秀，名列前茅。

［2］尚書外兵郎：官名。北魏時與左、右外兵郎並置，屬七兵尚書。孝文帝太和十七年定郎爲從五品中，郎中五品上；二十三年通稱郎中，六品。

［3］行臺：官名。即行臺尚書令。爲行臺長官。北魏孝明帝正光末，在各地設行臺主管當地軍務，成爲常設的地方行政機構，兼理民事，以行臺尚書令爲長官，以尚書僕射、左僕射、尚書主管行臺事務。　長孫承業：人名。一名長孫稚。本名冀歸，孝文帝賜名稚，《北史》避唐高宗李治諱改爲幼，字承業，代（今山西大同市東北）人，鮮卑族。北魏官吏。見《北史》卷二二《長孫道生附

長孫承業傳》。

[4]魏昌縣子：封爵名。魏昌，縣名。治所在今河北定州市東南。

[5]征虜將軍：官名。北魏時作爲高級文職官員的加官。孝文帝太和十七年定爲第三品上，二十三年定爲從三品。　安州：北魏時治方城，在今北京密雲縣東。

惲後與唐州刺史崔元珍固守平陽。[1]尒朱榮稱兵赴闕，[2]惲與元珍不從，[3]爲榮行臺郎中樊子鵠陷城，[4]被害。所作文章，頗行於世。撰慕容氏書，不成。

[1]唐州：北魏時治白馬城，在今山西臨汾市。　崔元珍：人名。博陵安平（今河北安平縣）人。北魏將領。見《魏書》卷五七《崔挺附崔元珍傳》。

[2]尒朱榮：人名。字天寶，北秀容（今山西朔州市）人，契胡族。北魏官吏。見《北史》卷四八《尒朱榮傳》。　赴闕：《魏書》卷四二《酈範傳》作“赴洛”，《通志》卷一四七同《北史》。

[3]不從：毛本、殿本、四庫本、局本、四部備要本作“不受”。

[4]樊子鵠：人名。代郡平城（今山西大同市東北）人。北魏官吏。見《北史》卷四九《樊子鵠傳》。

子懷則，司空長流參軍。[1]

[1]司空長流參軍：官名。司空屬官。長流參軍，東晋置。長流賊曹參軍、長流賊曹參軍事的省稱。北魏時於諸府内掌捕盗賊及治安等事。

韓秀字白武，[1]昌黎人也。祖宰，慕容儁謁者僕射。[2]父景，[3]皇始初歸魏，拜宣威將軍、騎都尉。[4]

[1]韓秀字白武：源氏校勘記在“武”旁紅筆小字夾批“諱”字。中華本校勘記云：“《魏書》卷四二《韓秀傳》‘武’作‘虎’，《北史》避唐諱改。”

[2]慕容儁：人名。字宣英，昌黎棘城（今遼寧北票市章吉營子鄉三官營子村）人。十六國時前燕君主。見《晋書》卷一一〇《慕容儁載記》。　謁者僕射：官名。十六國時掌朝會司儀，傳達策書，侍從皇帝左右。五品。

[3]景：源氏校勘記云：“‘景’《魏書》作‘昞’。”中華本校勘記云：“《魏書》‘景’作‘昞’，《北史》避唐諱改。”

[4]宣威將軍：官名。三國魏時置，爲雜號將軍。北魏孝文帝太和十七年定爲六品上。　騎都尉：官名。秦末漢初置。爲統率騎兵的武職官員，無具體職掌，不統兵時爲宿衛武官。北魏時成爲冗職。孝文帝太和十七年定爲從四品上，二十三年定爲從六品上。

秀歷位尚書郎，賜爵遂昌子。[1]文成稱秀聰敏清辯，才任喉舌，[2]遂命出納王言，并掌機密。行幸游獵，隨侍左右。獻文即位，轉給事中，參征南慕容白曜軍事。

[1]遂昌子：封爵名。遂昌，縣名。治所在今浙江遂昌縣。

[2]喉舌：掌握機要，出納王命的近臣。

延興中，[1]尚書奏以敦煌一鎮，[2]介遠西北，寇賊路衝，慮或不固，欲移就凉州。群臣會議，僉以爲然。秀獨曰：“此蹙國之事，[3]非闢土之宜。[4]愚謂敦煌之立，其來已久，雖鄰强寇，而兵人素習，循常置戍，足以自全。若徙就姑臧，慮人懷異意，或貪留重遷，情不願徙，脱引寇内侵，深爲國患。且捨遠就近，遥防有闕。一旦廢罷，是啓戎心，則夷狄交構，互相來往。[5]關右荒擾，烽警不息，邊役煩興，艱難方甚。”乃從秀議。後爲平東將軍、青州刺史。卒，子務襲爵。

[1]延興：北魏孝文帝的年號（471—476）。

[2]敦煌：軍鎮名。在今甘肅敦煌市西。

[3]蹙國：損失國土。

[4]闢土：開闢疆土。

[5]來往：宋本作“往來”。

務字道世，性端謹，有吏幹。爲定州平北長史，頗有受納，爲御史中尉李平所劾。付廷尉，會赦免。後除龍驤將軍、郢州刺史。[1]務獻七寶牀、象牙席。[2]詔曰：“昔晋武帝焚雉頭裘，[3]朕常嘉之。今務所獻，亦此之流也。奇麗之物，有乖風素，[4]可付其家人。”後以詐表破賊，免官。久之，拜太中大夫，[5]進號左將軍，[6]卒。

[1]龍驤將軍：官名。三國魏時置。北魏孝文帝太和十七年定爲三品上，二十三年定爲從三品。　郢州：北魏時治義陽縣，在今河南信陽市。

[2]七寶牀：以多種珍寶裝飾的床。

[3]晋武帝：即西晋皇帝司馬炎。武爲其謚號。　雉頭裘：以雉頭羽毛織成的裘。借指奇裝異服。

[4]風素：風氣的純潔。

[5]太中大夫：官名。北魏時多用於安置年老病退免官的九卿等大臣，亦用作加官、兼官，或供朝廷臨時差遣。孝文帝太和十七年定爲三品下，二十三年定爲從三品。

[6]左將軍：官名。北魏時爲軍府名號，用作加官。孝文帝太和十七年定爲從二品上，二十三年定爲三品。

堯暄字辟邪，上黨長子人也。本名鍾葵，後賜名暄。祖僧賴，道武平中山，與趙郡吕含首來歸國。[1]暄聰了，美容貌。爲千人軍將。太武以其恭謹，擢爲中散。後兼北部尚書。于時始立三長，[2]暄爲東道十三州使，[3]更比户籍，賜獨車一乘，厩馬四匹。暄前後從征及出使檢案三十許度，皆有剋己奉公之稱。賞賜衣服、綵絹、奴婢等物，賜爵平陽伯。及改置百官，授太僕卿，[4]轉大司農。[5]卒於平城，孝文爲之舉哀，贈相州刺史。初，暄至徐州，見州城樓觀，嫌其華盛，乃令往往毁徹，由是後更損落。及孝文幸彭城，聞之，曰："暄猶可追斬。"

[1]與趙郡吕含首來歸國：源氏校勘記云："'含'《魏書》作'舍'。"

[2]太武以其恭謹擢爲中散後兼北部尚書于時始立三長：源氏校勘記云："'北'《魏書》作'南'。"中華本校勘記云："《魏書》卷四二《堯暄傳》'太武'作'高宗'，又云：'除太尉中給事，兼北部曹事，後轉南部。太和中遷南部尚書，于時始立三長。'按此'太武'當作'文成'（即高宗）。又'北部'下疑有脱文，否則似太武時即已立三長，誤。"可從。中散，官名。北魏初置。爲内廷官，直宿禁中，無具體職掌。在皇帝左右參預機密，經常奉使出巡

州鎮，考察地方官政績。皇帝出征時，隨從左右，管理御用兵器。中期以後，分設主文中散、奏事中散等。孝文帝太和十七年定爲五品中。北部尚書，官名。北魏置。尚書省北部曹長官。權任很重，略低於南部尚書。三長，北魏時在地方所設鄰長、里長、黨長的合稱。掌檢正户籍，均平賦税力役，兼及教化、贍養、禁奸等事。

[3]使：朝廷派赴地方督察專務之軍政長官。

[4]太僕卿：官名。東漢至北魏時爲太僕的尊稱。爲太僕寺長官，管理全國畜牧事務、宫廷車馬。北魏孝文帝太和十七年定爲二品上，二十三年定爲三品。

[5]大司農：官名。北魏時掌倉廩及農桑水利等事。孝文帝太和十七年定爲二品上，二十三年定爲三品。《魏書》卷四二《堯暄傳》作"大司農卿"，《通志》卷一四七同《北史》。按：大司農卿爲大司農的尊稱。二者均可。

暄長子洪襲爵。洪子傑，字永壽。元象中，[1]開府儀同三司、樂城縣公。[2]

[1]元象：東魏孝静帝的年號（538—539）。

[2]樂城縣公：封爵名。樂城，縣名。治所在今河北獻縣西南。

洪弟遵，位臨洮太守。[1]卒，謚曰思。

[1]臨洮：郡名。北魏時治臨洮縣，在今甘肅岷縣。

遵弟榮，位員外散騎侍郎。

子雄，字休武，少驍果，輕財重氣。位燕州刺史、城平縣伯。[1]隨尒朱兆與齊神武戰，[2]敗於廣阿，[3]率所部據定州歸神武。其從兄傑爲兆滄州刺史,[4]亦遣使降。神武以其兄弟俱有誠款，使傑便爲行瀛州事。使雄代傑爲瀛州刺史,[5]進爵爲公。時禁網疏闊，官司相與聚斂。唯雄義然後取，接下以恩，甚爲吏人所懷。

[1]城平縣伯：封爵名。底本作“平城縣伯”，中華本《北齊書》卷二〇校勘記云：“諸本‘城平’倒作‘平城’。唯三朝本作‘城平’。按《魏書》卷四二《堯暄傳》附見堯雄，稱雄爵是城平縣開國公，由伯進公，邑名仍舊。今從三朝本。”今從改。城平，縣名。治所在今河北泊頭市交河鎮東北。

[2]尒朱兆：人名。字萬仁，北秀容（今山西朔州市）人，契胡族。北魏官吏。見《北史》卷四八《尒朱榮附尒朱兆傳》。　齊神武：即高歡。神武爲其謚號，北齊後主所追謚。

[3]廣阿：縣名。治所在今河北隆堯縣東。

[4]滄州：北魏時治饒安城，在今河北鹽山縣舊縣鎮。

[5]使傑便爲行瀛州事使雄代傑爲瀛州刺史：中華本校勘記云：“按《北齊書》卷二〇《堯雄傳》作：‘便留傑行瀛州事。尋以爲車騎大將軍、瀛州刺史，以代傑。’此在‘事’下‘使’上當脱‘尋’字。”可從。

魏孝武帝入關,[1]雄爲大都督，隨高昂破賀拔勝於穰城,[2]仍除豫州刺史。元洪威據潁川叛,[3]叛人趙繼宗殺潁川太守邵招，據樂口,[4]北應洪威。雄討之，繼宗敗走。城内因雄之出，據州引西魏。雄復與行臺侯景討平之。[5]

[1]魏孝武帝：即北魏皇帝元脩。孝武爲其謚號。

[2]高昂：人名。字敖曹，勃海蓨（今河北景縣）人。東魏將領。見《北史》卷三一《高祐附高昂傳》。　賀拔勝：人名。字破胡，神武尖山（今山西神池縣）人。北魏、西魏將領。見《北史》卷四九《賀拔允附賀拔勝傳》。　穰城：在今河南鄧州市。

[3]元洪威：人名。北魏宗室。見《北史》卷一五《高凉王孤傳》。　潁川：郡名。北魏時治長社縣，在今河南長葛市東北。

[4]樂口：地名。在今河南漯河市郾城區東南沱口鎮。

[5]侯景：人名。字萬景，懷朔鎮（今内蒙古固陽縣南）人。曾任北魏官吏，後叛至南朝。見《梁書》卷五六《侯景傳》（參李萬生《侯景的氏族及相關問題》，《北京大學學報》2000年第5期）。

梁將李洪芝、王當伯襲破平鄉城，[1]雄並禽之。又破梁司州刺史陳慶之，復圍南荆州。東救未至，雄陷其城。[2]梁以元慶和爲魏王，[3]侵擾南境，雄大破之於南頓。[4]尋與行臺侯景破梁楚城。[5]豫州人上書，更乞雄爲刺史，復行豫州事。

[1]平鄉城：在今河北平鄉縣。

[2]又破梁司州刺史陳慶之復圍南荆州東救未至雄陷其城：中華本校勘記云："按《北齊書》云：'梁司州刺史陳慶之復率衆逼州城（指豫州），雄出與戰，所向披靡，身被二創，壯氣益厲。慶之敗，棄輜重走。後慶之復圍南荆州。雄曰："白苟堆，梁之北面重鎮，因其空虚，攻之必剋。彼若聞難，荆圍自解。此所謂機不可失也。"遂率衆攻之。慶之果棄荆州來，未至，雄陷其城。'則圍南荆州的是陳慶之，非堯雄。堯雄攻陷的是白苟堆，非南荆州。據《魏書》卷九八《蕭衍傳》稱：'天平三年五月，豫州刺史堯雄攻衍白苟堆，剋之。'則《北齊書》是。《北史》删改失原意。"可從。陳慶之，人名。字子雲，義興國山（今江蘇宜興市西南）人。南朝梁

將領。見《梁書》卷三二《陳慶之傳》。南荆州，州名北魏時治安昌城，在今河南信陽市西北安昌故城。

[3]元慶和：人名。北魏宗室、將領。見《北史》卷一七《汝陰王天賜附元慶和傳》。

[4]南頓：郡名。北魏時治南頓縣，在今河南項城市西南。

[5]楚城：在今河南信陽市北。

潁州長史賀若統執刺史田迅，[1]據州降西魏。詔雄與廣州刺史趙育、揚州刺史是寶，[2]隨行臺任祥攻之。[3]西魏將怡鋒敗祥等，[4]育、寶各還，據城降敵。雄收散卒，保大梁。[5]周文帝遣其右丞韋孝寬等攻豫州，[6]雄都督郭丞伯、程多寶降之。[7]執刺史馮邕，并雄家屬及部下妻子數千口，欲送長安。至樂口，雄外兵參軍王恒伽、都督赫連儁等從大梁邀之，斬多寶，收雄家口還大梁。雄别破樂口，禽丞伯，[8]進討縣瓠。[9]復以雄行豫州事。西魏以是寶爲揚州刺史，據項城，[10]義州刺史韓顯據南頓。[11]雄一日拔其二城，禽顯及長史丘岳，[12]寶遁走。加驃騎大將軍、儀同三司，[13]仍隨侯景平魯陽，復除豫州刺史。

[1]潁州：殿本、四庫本、四部備要本作“潁川”。按：未詳孰是。　賀若統：源氏校勘記云：“‘統’《魏書》作‘徽’。”《北齊書》卷二〇《堯雄傳》作“賀若徽”。《太平御覽》卷一〇四、《册府元龜》卷三五四、七二四同《北齊書》，《通志》卷一四七同《北史》。按：未詳孰是。

[2]是寶：人名。鮮卑族。西魏、北周將領。源氏校勘記云：“‘是’下《北齊》有‘育’字。”中華本《北齊書》卷二〇作

“是云寳”，其校勘記云：“諸本‘云’作‘育’，《北史》卷二七但作‘是寳’，《周書》卷二《文帝紀下》大統三年、《通鑑》卷一五七作‘是云寳’。按《魏書》卷一一三《官氏志》：‘是云氏後改是氏。’《北史》從改姓去‘云’字。”

[3]任祥：人名。字延敬，廣寧（今河北涿鹿縣）人。北魏、東魏官吏。見《北史》卷五三《任祥傳》。

[4]怡鋒：即怡峰，人名。本姓默台，字景阜，遼西（今遼寧義縣）人。西魏將領。見《周書》卷一七《怡峰傳》。

[5]大梁：城名。在今河南開封市西北。

[6]周文帝：即宇文泰。文爲其謚號，北周孝閔帝所追謚。　韋孝寬：人名。即韋叔裕。字孝寬，京兆杜陵（今陝西西安市長安區東）人。北魏、西魏、北周將領。見《北史》卷六四《韋孝寬傳》。

[7]雄都督郭丞伯程多寳降之：底本無“郭丞伯”三字，中華本校勘記云：“諸本無‘郭丞伯’，《北齊書》有。按無此三字則下文‘禽丞伯’無所承，今據補。”今從改。

[8]丞伯：宋本作“丞相”。按：據上文“雄都督郭丞伯、程多寳降之”可知“丞伯”是，宋本誤。

[9]縣瓠：城名。在今河南汝南縣。南北朝時爲南北軍事要地。

[10]項城：縣名。治所在今河南項城市東北。

[11]義州：北魏時僑置，治汲郡陳城縣，在今河南衛輝市西南。

[12]丘岳：人名。西魏官吏。文帝時任揚州刺史。文帝大統四年（538）爲東魏豫州刺史堯雄所俘。底本作“岳”，源氏校勘記云：“‘岳’上《北齊》有‘丘’字。”宋本作“丘樂”。中華本校勘記云：“諸本脱‘丘’字，據《北齊書》補。丘岳見《魏書》卷一二《孝静紀》元象元年二月。”今從改。

[13]儀同三司：魏晋時授予開府位從三公之文武官。南北朝時授予範圍不斷擴大，逐漸成爲官號。北魏孝文帝太和十七年定爲一品下，二十三年以後定爲從一品。

雄雖武將，性質寬厚，爲政舉其大綱而已。在邊十年，屢有功績。愛人物，多所施與，亦以此稱。興和四年，[1]卒於鄴，贈司徒，謚曰武恭。子師嗣。

[1]興和：東魏孝静帝的年號（539—542）。

柳崇字僧生，河東解人也。[1]七世祖軌，晋廷尉卿。崇方雅有器量，身長八尺，美鬚明目，兼有學行。舉秀才，射策高第。解褐太尉主簿，[2]轉尚書右外兵郎中。[3]于時河東、河北二郡争境。[4]其間有鹽池之饒，虞坂之便，[5]守宰百姓皆恐外割，公私朋競，紛嚣臺府。[6]孝文乃遣崇檢斷，上下息訟。屬荆、郢新附，[7]南寇窺擾，又詔崇持節與州郡經略，加慰喻。[8]還，遷太子洗馬、本郡中正。[9]

[1]河東：郡名。北魏時治蒲坂縣，在今山西永濟市西南蒲州鎮。　解：縣名。治所在今山西臨猗縣。

[2]解褐：脱去布衣，擔任官職。　太尉：官名。北魏時爲名譽宰相，多爲大臣加官。孝文帝太和二十三年定爲一品。

[3]尚書右外兵郎中：官名。爲尚書省右外兵曹長官。北魏時屬七兵尚書。孝文帝太和十七年定郎爲從五品中，郎中五品上；二十三年皆稱郎中，六品。

[4]河北：郡名。北魏時治大陽縣，在今山西平陸縣西南。

[5]虞坂：道路。在今山西平陸縣北。

[6]紛嚣臺府：在朝廷上紛争吵鬧。

[7]荆郢：今河南、湖北交界一帶。

［8］喻：宋本作“諭”。按：“慰喻”亦作“慰諭”，意爲撫慰，寬慰曉喻。

［9］太子洗馬：官名。東宫屬官。掌賓贊受事，太子出行則爲前導。北魏孝文帝太和十七年定爲從四品上，二十三年定爲從五品上。北齊時置八員，從五品上。　本郡中正：《魏書》卷四五《柳崇傳》作“本郡邑中正”，《册府元龜》卷六五四同《魏書》，《通志》卷一四七同《北史》。中正，官名。由各郡長官推選本郡任職於中央的有德行之士人兼任。負責品評本郡士人，劃分等級，以爲吏部委任官員的依據。北魏前中期權任頗重，後期選任漸濫。

累遷河中大守。[1]崇初届郡，郡人張明失馬，疑執十餘人。崇見之，不問賊事，人别借以温顔，[2]更問其親老存不，農業多少，而微察其辭色。即獲真賊吕穆等二人，餘皆放遣。郡中畏服，境内怗然。卒於官，贈岐州刺史，[3]謚曰穆。崇所製文章，[4]寇亂遺失。

［1］累遷河中大守：中華本校勘記云：“《魏書》卷四五《柳崇傳》‘中’作‘北’。按時無‘河中郡’，疑當從《魏書》作‘河北’。”可從。大守，其餘諸本作“太守”。按：“大”“太”通。

［2］温顔：温和的面色。

［3］岐州：北魏時治雍縣，在今陝西鳳翔縣南。

［4］崇所製文章：宋本作“崇製文章”。

長子慶和，性沈静，不競於時。位給事中、本郡中正，卒。

慶和弟楷，字士則。[1]身長八尺，善草書，頗涉文史。位撫軍司馬。[2]

[1]字士則：源氏校勘記云："《魏書》作'孝則'。"《魏書》卷四五《柳崇傳》作"字孝則"，《通志》卷一四七同《北史》。按：未詳孰是。

[2]撫軍司馬：官名。北魏時爲撫軍將軍府或撫軍大將軍府屬官，掌府中武吏。

論曰：屈遵學藝知機。恒乃局量受委。張蒲、谷渾，文武爲用，人世仍顯，[1]不亦善事？[2]公孫表初則一介見知，終以輕薄致戾。[3]軌始受探金之賞，末陷財利之嫌，鮮克有終，固不虚也。張濟使於四方，有延譽之美。李先學術嘉謀，荷遇三世。[4]賈彝早播時譽。秀則不畏强禦。竇瑾、李訢，時曰良幹。[5]瑾以片言疑似，訢以夙故猜嫌，而嬰合門之戮，[6]良可悲也。韓延之忠於所事，有國士之烈。袁式取遇崔公，以博雅而重。脩之晚著誠款。唐和萬里慕義。[7]寇贊誠信見嘉。酈範智器而達。道元遭命，有銜龍鬚之風。[8]韓秀議邊，得馭遠之算。堯暄聰察致位，禮加存没。柳崇素業有資，器行仍世。盛矣乎！

[1]人世仍顯：毛本作"人世勇顯"。按：據文意，從底本。

[2]不亦善事：殿本、四庫本、局本、四部備要本作"不亦善乎"。

[3]戾：罪行。

[4]荷遇：蒙受恩遇。

[5]良幹：賢良的官吏。

[6]嬰：宋本作"膺"。

[7]慕義：傾慕仁義。

[8]銜龍鬚之風：誓死不屈的風範。

北史　卷二八

列傳第十六

陸俟　源賀 曾孫彪 玄孫師 師從叔雄　劉尼　薛提

陸俟，代人也。[1]曾祖幹，祖引，世領部落。父突，道武初帥部人從征伐，[2]數有戰功，位離石鎮將、上黨太守、關内侯。[3]

[1]代：郡名。北魏時治平城，在今山西大同市東北。

[2]道武：即北魏皇帝拓跋珪。道武爲其謚號。

[3]離石：軍鎮名。在今山西吕梁市離石區。　鎮將：官名。北魏置。爲鎮之主官，掌一鎮兵馬及鎮之守衛。北魏前期多以宗室或鮮卑勳貴爲之，地位高於刺史。孝文帝改制後，地位漸低。其下設副將、監軍及長史、司馬等佐僚。　上黨：郡名。北魏時治壺關城，在今山西長治市北。

俟少聰慧。明元踐祚，[1]襲爵關内侯，位給事中，[2]典選部、蘭臺事，[3]當官無所撓。太武征赫連昌，[4]詔俟督諸軍鎮以備蠕蠕。[5]與西平公安頡攻剋武牢，[6]賜爵建鄴公，[7]拜冀州刺史。[8]時考州郡，唯俟與河内太守丘陳爲天下第一。[9]轉武牢鎮大將。[10]平凉休屠金崖、羌狄子玉等叛，[11]復轉爲安定鎮大將，[12]追討崖等，皆獲之。

[1]明元：即北魏皇帝拓跋嗣。明元爲其謚號。　踐祚：皇帝登基。

[2]給事中：官名。北魏時爲内朝官，常派往尚書省諸曹，參領政務，並負有監察之責。孝文帝太和十七年（493）定爲從三品上，二十三年定爲從六品上。

[3]典：官制用語。即以其他官職掌管某官署事務，稱典某官署。北魏時常以内官典外朝官署。　選部：官署名。爲尚書省十二部之一，掌官吏銓選。　蘭臺：漢代宫内藏圖書之處。以御史中丞掌之，後世因稱御史臺爲蘭臺。

[4]太武：即北魏皇帝拓跋燾。太武爲其謚號。　赫連昌：人名。字還國，匈奴鐵弗部人。十六國時夏君主。見《北史》卷九三《赫連屈丐附赫連昌傳》。

[5]蠕蠕：族名。亦稱柔然，本爲東胡的一支，屬拓跋部。南北朝時始强大，活動於今蒙古國南部地區。以游牧爲生。見《北史》卷九八《蠕蠕傳》。

[6]西平公：封爵名。西平，郡名。北魏時治西都縣，在今青海西寧市。　安頡：人名。遼東（今遼寧遼陽市）人。北魏官吏。見《北史》卷二〇《安同附安頡傳》。　武牢：軍鎮名。即虎牢。《北史》避唐高祖祖父李虎諱改。在今河南滎陽市汜水鎮西。

[7]建鄴公：封爵名。建鄴，縣名。治所在今江蘇南京市。《魏書》卷四〇《陸俟傳》作“建業公”。《通志》卷一四七《陸俟傳》同《北史》。

[8]冀州：北魏時治信都縣，在今河北冀州市。

[9]河内：郡名。北魏時治野王縣，在今河南沁陽市。

[10]鎮大將：官名。即鎮都大將。北魏於緣邊諸鎮置，爲鎮的

長官，管理轄區内的軍務及民政，地位甚高，多任用鮮卑宗室。其下設都副將以佐之。孝文帝太和十七年職員令及二十三年復次職員令時皆未載其品秩。

[11]平涼：郡名。北魏時治鶉陰縣，在今甘肅華亭縣西。　休屠：縣名。治所在今甘肅武威市北。此處指休屠胡，屬匈奴族。　金崖：原爲上郡休屠胡首領。太武帝神䴥元年（428），率部歸北魏。　狄子玉：人名。羌族。歸北魏後曾任涇州刺史，與安定鎮將延普爭權，爲陸俟所擒。

[12]安定：軍鎮名。疑在今甘肅涇川縣北。

遷懷荒鎮大將。[1]未期，諸高車莫弗訟俟嚴急，[2]請前鎮將郎孤。太武許之，徵俟。至京朝見，言不過周年孤身必敗，高車必叛。帝疑不實，切責之，以公歸第。明年，諸莫弗果殺孤以叛。帝聞之大驚，召俟問其故。俟曰："夫高車之俗，上下無禮，無禮之人，難爲其上。臣莅以威嚴，節之憲網，欲漸加訓導，使知分限。而惡直醜正，實繁有徒，故訟臣無恩，稱孤之美。孤獲還鎮，欣其名譽，必加恩於百姓，譏臣爲失，專欲以寬惠臨之，仁恕待之。無禮之人，易生陵傲，不過期年，無復上下。既無上下，然後收之以威，則人懷怨懟。怨懟既多，敗亂彰矣。"帝歎曰："卿身乃短，慮何長也！"即日復除散騎常侍。[3]

[1]懷荒：軍鎮名。北魏六鎮之一。在今河北張北縣。

[2]諸高車莫弗訟俟嚴急：底本"訟"作"訖"，"訖"下有"懼"字，中華本校勘記云："諸本'訟'訛作'訖'，下衍'懼'字，據《魏書》卷四〇、《通志》卷一四七《陸俟傳》改删。莫

弗，高車官號。”今從改。高車，族名。初號狄歷，也稱敕勒、鐵勒、丁零。北朝時活動於今蒙古高原。以游牧爲生。見《北史》卷九八《高車傳》。

[3]散騎常侍：官名。掌侍從皇帝左右，諫諍得失，顧問應對等。北朝時以兼領修史，實際地位略高於南朝，但仍爲閑散之職。北魏初一度掌出令，位在中書令之上。孝文帝太和十七年定爲二品下，二十三年定爲從三品。

帝征蠕蠕，破涼州，[1]常隨駕別督輜重。[2]又與高涼王那復渡河南略地。[3]仍遷長安鎮大將。[4]與高涼王那擊蓋吴於杏城，[5]獲吴二叔。諸將欲送京師，俟獨不許，曰："若不斬吴，恐長安之變未已。一身藏竄，非其親信，誰能獲之？若停十萬衆追一人，非上策也。不如私許吴叔，免其妻子，使自追吴。"諸將咸曰："今獲其二叔，唯吴一人，何所復至？"俟曰："諸君不見毒蛇乎？不斷其頭，猶能爲害。况除腹心之疾，而曰必遺其類，可乎？"遂捨吴二叔，與之期。及期，吴叔不至，諸將皆咎俟。俟曰："此未得其便耳，必不背也。"後數日，果斬吴以至，皆如其言。俟之明略獨决，皆此類也。遷內都大官。[6]

[1]涼州：北魏時治姑臧縣，在今甘肅武威市。

[2]輜重：隨軍運載的軍用機械、糧秣等。

[3]高涼王：封爵名。高涼，郡名。北魏時治高涼縣，在今山西稷山縣東南。　那：即拓跋那，人名。北魏宗室、將領。見《北史》卷一五《高涼王孤附拓跋那傳》。

[4]長安：軍鎮名。在今陝西西安市西北。

[5]蓋吴：人名。北地（今陝西富平縣）盧水胡人。北魏時關中起義首領。　杏城：軍鎮名。在今陝西黄陵縣西南故邑。

[6]内都大官：官名。即内都坐大官，簡稱内都。北魏置。與中都坐大官、外都坐大官合稱三都大官。掌畿内刑獄，並主司品官。屬官有内都下大夫、内都坐令等。任此職者多爲宗室諸王、外戚及胡漢重臣，權勢很大。祭吊時位在三公、尚書令之上。孝文帝改制時罷。

安定盧水劉超等叛，[1]太武以俟威恩被關中，詔以本官加都督秦、雍諸軍，[2]鎮長安。帝曰："超等恃險，不順王命，朕若以重兵與卿，則超等必合爲一；若以輕兵與卿，則不制矣。今使卿以方略定之。"於是俟單馬之鎮。既至，申揚威信，[3]示以成敗，超猶無降意。俟乃率其帳下見超。超使人逆曰："三百人以外，當以弓馬相待；三百人以内，當以酒食相供。"乃將二百騎詣超。超備甚嚴，遂縱酒，盡醉而還。後僞獵，詣超。與士卒約曰："今會發機，當以醉爲限。"俟乃詐醉，上馬大呼，斬超首。士卒應聲縱擊，遂平之。帝大悦，徵拜外都大官。[4]

[1]盧水：疑今甘肅南臨松山一帶的黑水。此指盧水胡，爲漢代以來著名雜胡之一，因世居盧水而得名。

[2]本官：原任官職。　加：官制用語。原職之外，增授其他職銜或虚銜。　都督：官名。北魏時爲統率全國或地方兵馬的指揮官，有時爲州郡軍事長官者，兼理民政。　秦：州名。北魏時治上封城，在今甘肅天水市。　雍：州名。北魏時治長安縣，在今陝西西安市西北。

[3]申揚威信：毛本、殿本、四庫本、局本、四部備要本“揚”作“以”。按：據文意，從底本。

[4]外都大官：官名。外都坐大官的省稱。北魏置。掌畿外刑獄，聽理民訴訟。屬官有外都下大夫、外都曹令及内廷派駐的外都曹奏事中散等。任此職者多爲宗室諸王、外戚及胡漢重臣，權勢很大。祭吊時位在三公、尚書令之上。孝文帝改制時罷。

文成踐祚，[1]以子麗有定策勳，[2]進爵東平王。[3]薨，年六十七，謚成王。[4]有子十二人。

[1]文成：即北魏皇帝拓跋濬。文成爲其謚號。

[2]定策勳：擁立皇帝的功勳。

[3]東平王：封爵名。東平，郡名。北魏時治秦城，在今河南范縣東南舊城。

[4]謚成王：《魏書》卷四〇《陸俟傳》作“謚曰成”。《通志》卷一四七同《北史》。

長子馛，多智，有父風。文成見而悦之，謂朝臣曰：“吾常歎其父智過其軀，是復踰於父矣！”少爲内都下大夫。[1]奉上接下，行止取與，每能逆曉人意。與其從事者無不愛之。

[1]内都下大夫：官名。北魏置。内都坐大官屬官。孝文帝改制時罷。

興安初，[1]賜爵聊城侯。[2]出爲相州刺史，[3]假長廣公。[4]爲政清平，抑彊扶弱。州中有德宿老名望素重者，以友禮待之，詢之政事，責以方略，如此者十人，號曰十善。又簡取諸縣彊門百餘人以爲假子，[5]誘接殷勤，賜以衣服，令各歸家爲耳目，於是發姦擿伏，[6]事無不驗。百姓以爲神明，無敢劫盜者。在州七年，家至貧約。徵爲散騎常侍，百姓乞留馛者千餘人。獻文不許，[7]謂群臣曰："馛之善政，雖古人何以加之。"賜絹五百匹，奴婢十口。馛之代還也，吏人大斂布帛以遺之，馛皆不受，人亦不取，於是以此物起佛寺焉，因名長廣公寺。[8]後襲父爵，[9]改封建安王。[10]

[1]興安：北魏文成帝的年號（452—454）。

[2]聊城侯：封爵名。聊城，縣名。治所在今山東聊城市東北。

[3]相州：北魏時治鄴城，在今河北臨漳縣西南鄴鎮。

[4]假：官制用語。代理、兼攝之意。北魏時授予假職以提高出使、出征官員地位。　長廣公：封爵名。長廣，郡名。北魏時治膠東城，在今山東平度市。

[5]假子：養子。

[6]發奸擿（tī）伏：揭露隱蔽的壞人壞事。

[7]獻文：即北魏皇帝拓拔弘。獻文爲其謚號。

[8]長廣公寺：在今河北臨漳縣西南鄴鎮。

[9]後襲父爵：底本無"爵"字，中華本校勘記云："諸本脱'爵'字，據《魏書》補。"今從改。

[10]建安王：封爵名。建安，郡名。北魏時治永定縣，在今山西祁縣東。

時宋司州刺史常珍奇以懸瓠内附，[1]新人猶懷去就。馛銜旨撫慰，諸有陷軍爲奴婢者，馛皆免之。百姓欣悦，人情乃定。車駕討蠕蠕，詔馛爲選部尚書，[2]録留臺事。[3]

[1]司州：南朝宋時治平陽縣，在今河南信陽市。　常珍奇：人名。汝南（今河南汝南縣）人。原爲南朝宋官吏，後降北魏。見《魏書》卷六一《常珍奇傳》。　懸瓠：城名。在今河南汝南縣。南北朝時爲南北軍事要地。

[2]選部尚書：官名。掌選任官吏。北魏前期或置選部尚書，或置吏部尚書，孝文帝時定置吏部尚書。

[3]録留臺事：官名。在帝王出征時，主持後方留守事務。

及獻文將禪位於京兆王子推，[1]任城王雲、隴西王源賀並固諫。[2]馛抗言曰："皇太子聖德承基，四海瞻望，[3]不可横議，干國之紀。臣請刎頸殿庭，有死無貳。"久之，帝乃解。詔曰："馛直臣也，其能保吾子乎？"遂以馛爲太保，[4]與太尉源賀持節奉皇帝璽紱傳位於孝文。[5]延興四年薨，[6]贈以本官，謚曰貞王。馛有六子，琇、凱知名。

[1]京兆王：封爵名。京兆，郡名。北魏時治霸城縣，在今陝西西安市東北。　子推：即拓跋子推，人名。北魏宗室、大臣，景穆帝子。見《北史》卷一七《京兆王子推傳》。

[2]任城王：封爵名。任城，郡名。北魏時治任城縣，在今山東濟寧市南。　雲：即拓跋雲，人名。北魏宗室、大臣，景穆帝子。見《北史》卷一八《任城王雲傳》。　隴西王：封爵名。隴西，郡名。北魏時治襄武縣，在今甘肅隴西縣東南。

[3]瞻：宋本作"贍"。

[4]太保：官名。北魏時爲三師之一，爲輔佐君王的重要大臣，位在太傅、太師下。一品。

[5]太尉：官名。北魏時爲名譽宰相，多爲大臣加官。一品。　持節：官制用語。官員或使臣外出時持有皇帝授與的節杖，以示其權威。　璽紱（fú）：璽綬。借指印璽。　孝文：即北魏皇帝元宏。孝文爲其謚號。

[6]延興：北魏孝文帝的年號（471—476）。

琇字伯琳，馛第五子也。母赫連氏身長七尺九寸，甚有婦德。馛有以爵傳琇之意。琇年九歲，馛謂之曰："汝祖東平王有十二子，我爲嫡長，承襲家業。今已年老，屬汝幼沖，[1]詎堪爲陸氏宗首乎？"琇對曰："苟非鬬力，何患童幼！"馛奇之，遂立琇爲世子。馛薨，襲爵。琇沈毅少言，雅好讀書。以功臣子孫，爲侍御長，[2]累遷祠部尚書、司州大中正。[3]會從兄叡事，免官。

[1]幼沖：年幼。

[2]侍御長：官名。北魏置。統轄待御郎等皇帝左右的武職侍從，多選用功臣子弟，地位高於侍御中散。孝文帝太和十七年職員令未載。

[3]祠部尚書：官名。北魏時或稱儀曹、祠曹、神部尚書。掌尚書省祠部曹。　大中正：官名。三國魏齊王曹芳時始置，全稱爲"州都大中正"，掌一州之人物品第，以爲吏部選人之根據。魏晋時州一級中正皆可稱爲州大中正，或省稱州中正、大中正。南北朝時常特稱小州之中正爲州中正。冠"大"字者則爲大州之中正。

景明初，[1]試守河内郡。咸陽王禧謀反，[2]令子曇和等先據河内。[3]琇聞禧敗，[4]斬曇和首。時以琇不先送曇和，禧敗始斬，責其通情，徵詣廷尉。[5]少卿崔振窮罪狀，[6]案琇大逆。陸宗大小，咸見收捕。會將赦，先斃於獄。琇弟凱仍上書訴冤，宣武詔復琇爵，[7]子景祚襲。

[1]景明：北魏宣武帝的年號（500—503）。

[2]咸陽王：封爵名。咸陽，郡名。北魏時治池陽縣，在今陝西涇陽縣。　禧：即元禧，人名。字思永。北魏宗室、大臣，獻文帝子。見《北史》卷一九《咸陽王禧傳》。

[3]曇（tán）和：即元通，人名。字曇和。北魏宗室。見《北史·咸陽王禧傳》。

[4]敗：底本作“反”，源氏校勘記云：“下‘反’《魏書》作‘敗’。似是。”中華本校勘記云：“《魏書》‘反’作‘敗’。按本書卷一九《咸陽王禧傳》，謂琇初與曇和通情，既聞禧敗，乃殺之。若聞反即殺，則罪名不立，作‘敗’是。”今從改。

[5]廷尉：官名。又稱廷尉卿，爲國家最高司法審判機構主官，負責詔獄，修訂法律，審核州郡疑案，有封駁丞相、御史之權。後增少卿爲副職。北魏孝文帝太和二十三年定爲三品。

[6]少卿：《魏書》卷四〇《陸俟傳》作“廷尉少卿”。《通志》卷一四七、《册府元龜》卷八七五同《魏書》。廷尉少卿，官名。北魏始置。爲廷尉卿次官。孝文帝太和十七年定爲三品上，二十三年定爲四品上。　崔振：人名。字延根，博陵安平（今河北安平縣）人。北魏官吏。見《北史》卷三二《崔挺附崔振傳》。

[7]宣武：即北魏皇帝元恪。宣武爲其謚號。

凱字智君，謹重好學。位太子庶子、給事黄門侍郎。[1]凱在樞要十餘年，以忠厚見稱。後遇患，[2]頻上書乞骸骨。除正平太守，[3]在郡七年，號爲良吏。

[1]太子庶子：官名。東宫屬官。爲太子的親近侍從官，掌獻納規諫。北魏孝文帝太和十七年定爲從三品上，二十三年定爲從四品上。　給事黄門侍郎：官名。又稱黄門郎。北魏時爲侍中省或門下省次官，與侍中俱掌門下衆事，時號“小宰相”。孝文帝太和十七年定爲三品中，二十三年定爲四品上。

[2]後遇患：局本作“後逾患”。按：“後遇患”正符合“頻上書乞骸骨”語義，局本誤，從底本。

[3]正平：郡名。北魏時治臨汾縣，在今山西新絳縣。

初，孝文將議革變舊風，大臣並有難色；又每引劉芳、郭祚等，[1]常與規謀，共論政事。而國戚謂遂疏己，怏怏有不平之色。帝乃令凱私喻之曰：“至尊但欲廣知前事，直當問其古式耳。終無寵彼而疏國戚舊人意。”乃稍解。及兄琇陷罪，凱亦被收，遇赦乃免。凱痛兄之死，哭無時節，目幾失明，訴冤不已。至正始初，[2]宣武復琇官爵。凱大喜，置酒集諸親曰：“吾所以數年之中抱病忍死者，顧門計耳，今願已遂。”以其年卒，贈龍驤將軍、南青州刺史，[3]謚曰惠。

[1]劉芳：人名。字伯文，彭城（今江蘇徐州市）人。北魏官吏。見《北史》卷四二《劉芳傳》。　郭祚：人名。字季祐，太原晋陽（今山西太原市晋源區古城營村一帶）人。北魏官吏。見《北史》卷四三《郭祚傳》。

[2]正始：北魏宣武帝的年號（504—508）。

[3]龍驤將軍：官名。具體職掌不詳。北魏孝文帝太和十七年

定爲三品上，二十三年定爲從三品。　南青州：北魏時治團城，在今山東沂水縣沂水鎮。

長子暐，字道暉，與弟恭之並有時譽。洛陽令賈禎見其兄弟，[1]歎曰："僕以老年，更睹雙璧。"又嘗兄弟共候黄門郎孫惠蔚。[2]謂諸賓曰："不意二陸，復在坐隅。吾德謝張公，無以延譽。"暐位尚書右户、三公郎，[3]坐事免。後除伏波將軍。[4]卒，贈冠軍、恒州刺史。[5]暐擬《急就篇》爲《悟蒙章》，及《七誘》《十醉》，章表數十篇。暐與恭之晚不和睦，爲時所鄙。子元規位尚書郎。[6]元規子撥，陰陽律曆，多所通解，位并州長流參軍。[7]

[1]洛陽：縣名。治所在今河南洛陽市東北。　賈禎：人名。字叔願，武威姑臧（今甘肅武威市）人。北魏官吏。見《北史》卷二七《賈彝附賈禎傳》。

[2]孫惠蔚：人名。字叔炳，小字陀羅，初單名蔚，"惠"爲宣武帝所賜，武邑武遂（今河北武强縣西北）人。北魏官吏。見《北史》卷八一《孫惠蔚傳》。

[3]尚書右户：官名。掌天下公私田宅租調等事。六品上。《魏書》卷四〇《陸俟傳》作"尚書右民"。《通志》卷一四七同《北史》。按：《北史》避唐太宗李世民諱改。　三公郎：官名。尚書省三公曹長官通稱。北魏時屬殿中尚書，孝文帝太和二十三年定爲六品。

[4]伏波將軍：官名。北魏時爲將軍名號。孝文帝太和十七年定爲五品上，二十三年定爲從五品上。

[5]冠軍：疑指冠軍將軍，北魏時爲將軍名號。孝文帝太和二

十三年定爲從三品。　恒州：北魏時治平城，在今山西大同市東北古城。

［6］尚書郎：官名。北魏前期尚書省諸曹皆置尚書爲長官，下設郎及令、長、給事中等員。可直接向皇帝奏報本職政務。孝文帝太和十七年定郎中五品上，郎從五品中，二十三年皆稱郎中，六品。

［7］并州：北魏時治晋陽縣，在今山西太原市晋源區古城營村一帶。　長流參軍：官名。北魏時於諸府内掌捕盗賊及治安等事。

恭之字季順，有操尚，位東荆州刺史。[1]贈吏部尚書，[2]謚曰懿。恭之所著文章詩賦凡千餘篇。子畢，字仁崇，篤志文學，《齊律》序則仁崇之詞。[3]位終通直散騎常侍。[4]弟寬，字仁惠，太子中舍人，[5]待詔文林館。[6]寬兄弟並有才品，議者稱爲三武。[7]

［1］東荆州：北魏時治泚陽縣，在今河南泌陽縣。

［2］吏部尚書：官名。位居列曹尚書之上。掌官吏銓選、考課之政。北魏孝文帝太和十七年定爲二品下，二十三年定爲三品。

［3］齊律：即北齊律，北齊法典總稱。

［4］通直散騎常侍：官名。晋武帝時置。參平尚書奏事，並掌諷諫、侍從，位頗重。北齊沿置，四品。

［5］太子中舍人：官名。北齊時隸太子門下坊，五品。

［6］文林館：官署名。北齊置。引文學之士充之，稱待詔。

［7］議者稱爲三武：中華本校勘記云：“《通志》‘武’作‘虎’。按《北史》避唐諱改。”可從。

馣弟歸，位東宫舍人、駕部校尉。[1]

[1]東宫舍人：官名。輪流宿衛，掌文章書記。北魏孝文帝太和十七年定爲五品中，二十三年定爲從六品下。　駕部校尉：官名。北魏置。職掌不詳。

子珍，夏州刺史，[1]贈太僕卿，[2]謚曰静。

[1]夏州：北魏時治大夏（統萬城），在今陝西靖邊縣白城子村無定河北岸的毛烏素沙漠中（靠近今内蒙古烏審旗南境）。

[2]太僕卿：官名。北魏時常作爲太僕的尊稱，爲太僕寺長官，管理全國畜牧事務、宫廷車馬。孝文帝太和十七年定爲二品上，二十三年之後爲三品。

珍子旭，性雅澹，[1]好《易》、緯候之學，[2]撰《五星要决》及《兩儀真圖》，頗得其指要。太和中，[3]徵拜中書博士，[4]稍遷散騎常侍。知天下將亂，遂隱於太行山，屢徵不起。卒後，贈并、汾、恒、肆四州刺史。[5]子騰。

[1]澹：毛本、殿本、四庫本、局本、四部備要本作"淡"。按："澹""淡"可通。

[2]易：即《周易》。儒家經典。　緯候：讖緯之學。多指天象符瑞、占驗災異之術。

[3]太和：北魏孝文帝的年號（477—499）。

[4]中書博士：官名。北魏始置。爲中書教授博士、中書教學博士的省稱。選用博學之士擔任，教授中書學生。任職者升遷較易，多升爲中書省、門下省要職。

[5]汾：州名。北魏時治蒲子城，在今山西隰縣。　肆：州名。北魏時治九原城，在今山西忻州市西北。

騰字顯聖，少慷慨有大節。從尒朱榮平葛榮，[1]以功賜爵清河縣伯。[2]稍遷通直散騎常侍。及孝武西遷，[3]時使青州，[4]遂留鄴，[5]爲陽城郡守。[6]

[1]尒朱榮：人名。字天寶，北秀容（今山西朔州市）人，契胡族。北魏官吏。見《北史》卷四八《尒朱榮傳》。　葛榮：人名。北魏末河北義軍首領。爲尒朱榮所捕，送入京師，被殺。

[2]清河縣伯：封爵名。清河，縣名。治所在今山東臨清市東北。

[3]孝武：即北魏皇帝元脩。孝武爲其謚號。

[4]青州：北魏時治東陽城，在今山東青州市。

[5]鄴：城名。在今河北臨漳縣西南。

[6]陽城：郡名。北魏時治陽城縣，在今河南登封市東南。

大統九年，[1]大軍東討陽城，被執。周文帝釋而與語，[2]騰盛論東州人物，又叙述時事，辭理抑揚。周文嘆曰："卿真不背本也！"即拜帳内大都督。[3]未幾，除太子庶子，遷武衛將軍。[4]騰既爲周文所知，思欲立功，不願内職。[5]

[1]大統：西魏文帝的年號（535—551）。

[2]周文帝：即宇文泰。文爲其謚號，北周孝閔帝所追謚。

[3]帳内大都督：官名。統領主帥身邊的侍衛軍士。

[4]武衛將軍：官名。掌宿衛禁軍。

[5]内職：在朝廷内任職。

及安康賊黄衆寶等作亂,[1]攻圍東梁州。[2]城中糧盡，詔騰率軍大破之。軍還，拜龍州刺史。[3]使通江油路,[4]直出南秦。[5]周文謂曰："此是卿取柱國之日。"[6]即解所服金帶賜之。州人李廣嗣、李武等憑據巖險，歷政不能制。騰密令多造飛梯，夜襲破之,[7]執廣嗣等於鼓下。其黨有任公忻，圍逼州城，請免廣嗣及武，即散兵請罪。騰謂將士曰："吾不殺廣嗣等，可謂墮軍實而長寇讎。"[8]即斬廣嗣及武，以首示之。於是出兵奮擊，盡獲之。進位驃騎大將軍、開府儀同三司,[9]轉江州刺史,[10]進爵上庸縣公。[11]陵州木籠獠恃險,[12]每行抄劫,[13]詔騰討之。獠因山爲城，攻之未可拔。騰遂於城下多設聲樂及諸雜伎，示無戰心。諸賊果棄其兵仗，或攜妻子臨城觀樂。騰知其無備，遂縱兵討擊，盡破殺之。[14]

[1]安康：縣名。治所在今陝西石泉縣東南。　黄衆寶：人名。安康蠻帥。西魏廢帝元年（552），舉兵反抗，連結漢中，衆數萬，殺魏興郡守柳檜，圍攻東梁州。尋爲陸騰、王雄所敗。北周武帝時，率所部至長安降北周。後被柳檜之子柳雄亮殺於城中。

[2]東梁州：西魏時治安康縣，在今陝西石泉縣東南。

[3]龍州：西魏時治江油縣，在今四川平武縣東南。

[4]使通江油路：底本"江油"作"江由"，中華本校勘記云："諸本'油'作'由'，《册府》卷七七作'油'。按《水經注》卷三二涪水注有江油戍，《隋書》卷二九《地理志上》平武郡有江油縣。平武郡即西魏之龍州。作'由'誤，今據改。"今從改。江油，縣名。治所在今四川平武縣東南。

[5]南秦：州名。西魏時治洛谷城，在今甘肅西和縣洛峪鎮。

［6］柱國：官名。西魏時爲最高軍事長官。北周因之，正九命，後爲勳官第二等。

［7］襲：毛本、局本作“擊”。

［8］軍實：已獲取的戰利品。

［9］驃騎大將軍：官名。居諸名號將軍之首，多加於權臣元老，以示尊崇。開府置僚屬，不領兵。北魏孝文帝太和十七年定爲一品中，二十三年改爲從一品。北周時用作開府府長官軍號。九命。開府儀同三司：多爲大臣的加號，意爲與三司（太尉、司徒、司空）的禮制待遇相同。允許開府，自辟屬僚。西魏時爲勳官。

［10］江州：西魏時治宜昌縣，在今湖北宜昌市西北。

［11］上庸縣公：封爵名。上庸，縣名。治所在今湖北竹溪縣東南。

［12］陵州：西魏時治普寧縣，在今四川仁壽縣東。　木籠獠：北朝時對今四川岷江流域少數民族的侮稱。分布於陵州地區。

［13］抄：局本作“鈔”。

［14］盡破殺之：底本作“盡殺破之”，中華本校勘記云：“《周書》卷二八、《通志》卷一五七《陸騰傳》無‘殺’字。張森楷云：‘“殺”或當在“破”下。’”今從改。

周明帝初，[1]陵、眉等八州夷夏並反，[2]攻破郡縣，騰率兵討平之。及齊公憲作鎮於蜀，[3]以騰爲隆州刺史，[4]令憲入蜀兵馬鎮防，皆委騰統攝。趙公招代憲，[5]復請留之。遷隆州總管，[6]領刺史。[7]

［1］周明帝：即北周皇帝宇文毓。明爲其謚號。

［2］陵：州名。北周時治普寧縣，在今四川仁壽縣東。　眉：州名。北周時治齊通縣，在今四川眉山市。

［3］齊公憲：即宇文憲。字毗賀突，代郡武川（今内蒙古武川

縣西）人，鮮卑族，北周文帝宇文泰之子。見《北史》卷五八《齊煬王憲傳》。　蜀：郡名。北周時治成都縣，在今四川成都市。

[4]隆州：北周時治閬中縣，在今四川閬中市。

[5]趙公招：即宇文招。字豆盧突，代郡武川（今内蒙古武川縣西）人，鮮卑族，北周文帝宇文泰之子。見《北史》卷五八《趙僭王招傳》。

[6]總管：官名。北周時改都督諸軍事爲此稱，掌一州或數州軍務，兼理民事。

[7]領：官制用語。官吏在本職外兼任其他職務。

保定二年，[1]資州槃石人反，[2]殺郡守，據險自守，州軍不能制。騰率軍討擊，盡破斬之。而蠻子反，[3]所在蠭起，山路險阻，難得掩襲。遂量山川形勢，隨便開道。蠻獠畏威，[4]承風請服。[5]所開之路，多得古銘，並是諸葛亮、桓温舊道。[6]是年，鐵山獠抄斷内江路，[7]使驛不通。騰乃進軍討之，一日下其三城，招納降附者三萬户。

[1]保定：北周武帝的年號（561—565）。

[2]資州槃石人反：底本“槃石”作“石槃”，中華本校勘記云：“諸本‘槃石’誤倒，據《周書》乙。槃石見《隋書·地理志上》資陽郡。”今從改。資州，北周時治資陽縣，在今四川資陽市。槃石，縣名。治所在今四川資中縣北。

[3]蠻：對長江中游及其以南地區少數民族的泛稱。

[4]蠻獠：舊時對南方少數民族的侮稱。

[5]承風請服：願意接受教化，請求臣服。

[6]桓温：人名。字元子，譙國龍亢（今安徽懷遠縣西北）人。東晋大臣。見《晋書》卷九八《桓温傳》。

[7]鐵山獠：魏晋以來對今四川涪江流域少數民族的侮稱。内江：縣名。治所在今四川内江市西。

帝以騰母在齊，未令東討。適有其親屬自齊還朝者，晋公護奏令告騰云：[1]“齊已誅公母兄。”蓋欲發其怒也。騰乃發哀泣血，志在復讎。四年，齊公憲與晋公護東征，請騰爲副。趙公招時在蜀，復欲留之。晋公護與招書，於是令騰馳傳還朝，副憲東伐。[2]

[1]晋公護：即宇文護。字薩保，代郡武川（今内蒙古武川縣西）人，鮮卑族，北周文帝宇文泰侄子。北周宗室、權臣。見《北史》卷五七《邵惠公顥附宇文護傳》。

[2]副：輔佐。

天和初，[1]信州蠻、蜑據江硤反叛，[2]連結二千餘里，又詔騰討之。騰沿江南而下，軍至湯口，[3]分道奮擊，所向摧破。乃築京觀，[4]以旌武功。涪陵郡守蘭休祖又阻兵爲亂，[5]方二千餘里。復詔騰討之，巴、蜀悉定，詔令樹碑紀功績焉。騰自在龍州至是，前後破平諸賊，凡賞得奴婢八百口，馬牛稱是。

[1]天和：北周武帝的年號（566—572）。

[2]信州：北周時治白帝城，在今重慶奉節縣東。　蜑(dàn)：舊時南方少數民族之一。亦作“蜒”。居於今四川、湖北等省。

[3]湯口：地名。在今重慶雲陽縣東，即湯溪水（今東襄河）入長江之口。

[4]京觀：收集敵人尸首封土而成的高冢。

[5]涪陵：郡名。北周時治漢平縣，在今四川武隆縣西北。

四年，遷江陵總管。[1]陳遣其將章昭達圍江陵，[2]衛王直聞有陳寇，[3]遣大將軍趙誾、李遷哲等率步騎赴之，[4]並受騰節度。[5]時遷哲等守外城，陳將程文季、雷道勤夜來掩襲，[6]遷哲等驚亂，不能抗禦。騰夜遣開門奮擊，大破之。陳人奔潰，道勤中流矢而斃。陳人決龍川寧朔堤，[7]引水灌江陵城。騰親率將士，戰於西堤，破之，陳人乃遁。加位柱國，進爵上庸郡公。[8]

[1]江陵總管：即江陵府總管。江陵府，在今湖北江陵縣。

[2]章昭達：人名。字伯通，吴興武康（今浙江德清縣）人。南朝陳將領。見《陳書》卷一一《章昭達傳》。

[3]衛王直：即宇文直。字豆羅突，代郡武川（今内蒙古武川縣西）人，鮮卑族，北周文帝宇文泰子。北周宗室。見《北史》卷五八《衛剌王直傳》。

[4]大將軍：官名。北周時統兵事，或兼掌朝政。以此職爲勳官。正九命。　李遷哲：人名。字孝彦，安康（今陝西石泉縣東南）人。西魏、北周將領。見《北史》卷六六《李遷哲傳》。

[5]節度：部署，節制調度。

[6]雷道勤：局本作“雷道陳”。

[7]龍川：地名。在今湖北襄樊市西。《資治通鑑》胡三省注引《水經注》云：“紀南城西南有赤坂岡，岡下有瀆水，東北流入城，又東北出城，西南注于龍陂。陂在靈溪東江堤内，水至淵深，有龍見於其中，故曰龍陂。”　寧朔堤：在今湖北江陵縣北古龍陂岸。源氏校勘記云：“‘朔’《周書》作‘邦’。”

[8]上庸郡公：封爵名。上庸，郡名。北周時治上庸縣，在今

湖北竹山縣西南。

建德二年,[1]徵拜大司空,[2]尋出爲涇州總管。[3]宣政元年冬,[4]薨於京師,贈大後丞,[5]謚曰定。子玄嗣。

[1]建德:北周武帝的年號(572—578)。

[2]大司空:官名。《周禮》六卿之一,爲冬官之長。掌土木工程。西魏末、北周仿《周禮》建六官,復置爲冬官之長,亦稱大司空卿。北周時爲正七命。

[3]涇州:北周時治安定縣,在今甘肅涇川縣北。

[4]宣政:北周武帝的年號(578)。

[5]大後丞:官名。北周置。四輔官之一,爲主要執政大臣。底本作"太尉公",源氏校勘記云:"'太尉公'《周書》作'大後丞'。"中華本校勘記云:"按《周書》載騰贈官無'太尉公'而有'大後丞'。大後丞是周宣帝時依《周禮》所置。北周無太尉之官,此當是'大後丞'之訛。"今從改。

玄字士鑒,騰入關時,年七歲。[1]仕齊爲奉朝請、成平縣令。[2]齊平,武帝見玄,[3]特加勞勉,即拜地官府都上士。[4]大象末,[5]爲隋文帝相府内兵參軍。[6]

[1]騰入關時年七歲:底本無"騰"字,中華本校勘記云:"諸本脱'騰'字,據《周書》補。此言騰入關時,玄年七歲。其後仕齊爲奉朝請、成平縣令,至齊亡,玄始入關。無'騰'字則似玄入關時年僅七歲,與下文矛盾。"今從改。

[2]奉朝請:官名。給予退休大臣、列侯、宗室、外戚等的一種政治優待。北周時列爲散官,四命。　成平:縣名。治所在今河北滄州市西南。

［3］武帝：即北周皇帝宇文邕。武爲其謚號。

［4］地官府都上士：官名。西魏置，北周沿置。地官府屬官，佐大司徒卿、小司徒上大夫掌地官府事務。正三命。

［5］大象：北周静帝的年號（579—580）。

［6］隋文帝：即隋朝皇帝楊堅。文爲其謚號。　兵參軍：官名。在此應爲兵曹參軍。隋朝諸衛、諸率、諸王府、諸州皆置爲僚屬，正七品至正九品下、視正八品至正九品不等，文帝開皇三年（583）改名司兵參軍事。

玄弟融，字士傾，最知名，少歷顯職。大象末，位至大將軍、定陵縣公。[1]

［1］定陵縣公：封爵名。定陵，縣名。治所在今河南舞陽縣北。

歸弟麗，[1]少以忠謹，入侍左右，太武特親昵之。舉動審慎，初無愆失。賜爵章安子，[2]稍遷南部尚書。[3]

［1］歸弟麗：底本無“歸”字，中華本校勘記云：“諸本無‘歸’字，張森楷云：‘《魏書》（卷四〇）“弟”上有“尼”字，《北史》不叙尼事，當云“歸弟麗”’。按張説是。無‘歸’字則似麗爲融弟，今據張説補。”今從改。

［2］章安子：封爵名。章安，縣名。治所在今浙江臨海市東南。

［3］南部尚書：官名。北魏置。尚書省南部曹長官。初員一人。後以南方州郡數量最多，權重政繁，故設員二人或二人以上。除管理南方州郡事務外，還統兵南進。多由本部屬官遷任。孝文帝改制罷。

太武崩，南安王余立。[1]既而爲中常侍宗愛等所殺，[2]百僚憂惶，莫知所立。麗首建大議，與殿中尚書長孫渴侯、尚書源賀、羽林中郎劉尼奉迎文成於苑中而立之。[3]社稷獲安，麗之謀也。由是受心膂之任，[4]在朝者無出其右。興安初，封平原王，[5]麗頻讓，不聽，乃啓以讓父。文成曰："朕爲天下主，豈不能得二王封卿父子也？"以其父俟爲東平王。麗尋遷侍中、撫軍大將軍、司徒公，[6]復其子孫，賜妻妃號。麗以優寵既頻，固辭不受，帝益重之。領太子太傅。[7]麗好學愛士，常以講習爲業。甚孝，遭父憂，毁瘠過禮。

[1]南安王：封爵名。南安，郡名。北魏時治桓道，在今甘肅隴西縣東南。　余：即拓跋余，人名。北魏宗室。見《北史》卷一六《南安王余傳》。

[2]既而爲中常侍宗愛等所殺：底本"中常侍"作"常侍"，中華本校勘記云："諸本脱'中'字，據《魏書》補。宗愛宦者，官爲中常侍，見本書卷九二《宗愛傳》。"今從改。中常侍，官名。北朝時侍從皇帝，拾遺應對，出入詔命。後專由宦者任之，增典内庭事務。宗愛，人名。北魏宦官。見《北史》卷九二《宗愛傳》。

[3]殿中尚書：官名。北魏時領宫中兵馬，典宫禁宿衛及倉庫。孝文帝太和十七年定爲二品中，二十三年定爲三品。　長孫渴侯：人名。北魏官吏。太武帝時爲殿中尚書，正平二年（452），迎立拓跋濬。後爲尚書令，加儀同三司。　尚書：官名。北魏時出爲朝官，分掌尚書省諸曹，品秩提高。但不再直接向皇帝奏事、承受詔命，成爲行政官員。孝文帝太和十七年定吏部尚書從一品下，列曹尚書二品中，二十三年定爲三品。　羽林中郎：官名。北魏置。負責皇帝的禁衛。多由宗室或鮮卑拓跋族人充任，是皇帝左右的親信之職。孝文帝太和十七年定爲從四品上，二十三年復職員令無此

職。《魏書》卷四〇《陸俟傳》作“羽林郎”，《通志》卷一四七同《北史》。

［4］心膂：喻重要的部門或職任。

［5］平原王：封爵名。平原，郡名。北魏時治陰槃縣，在今甘肅平凉市東南。

［6］侍中：官名。北魏時常總典機密，受遺詔輔政，權任尤重，時號“小宰相”。孝文帝太和十七年定爲從一品中，二十三年定爲三品。　撫軍大將軍：官名。北魏時執掌朝政，總留守事。孝文帝太和二十三年定爲二品。殿本、四庫本、四部備要本作“撫寧大將軍”。按：無此官職，從底本。　司徒公：官名。爲司徒的尊稱。名義上參議大政，其位多曠，遇有典禮，以他官攝行其事。北魏初令州郡公文先上司徒府，後改上丞相府。一品。

［7］太子太傅：官名。北魏時掌訓導輔佐太子，與太子少傅並稱太子二傅。孝文帝太和十七年定爲從一品上，二十三年定爲二品。

和平六年，[1]文成崩。先是，麗療疾於代郡温泉，[2]聞凶欲赴。左右止之曰：“宫車晏駕，[3]王德望素重，姦臣若疾人譽，慮有不測之禍。”麗曰：“安有聞君父之喪，方慮禍難！”便馳赴。初，乙弗渾悖傲，[4]每爲不法，麗數諍之，由是見忌，害之。謚曰簡王，陪葬金陵。[5]孝文追録先朝功臣，以麗配饗廟庭。

［1］和平：北魏文成帝的年號（460—465）。

［2］代郡：北魏時治平城，在今山西大同市東北。

［3］宫車宴駕：指皇帝去世。

［4］乙弗渾：人名。北魏大臣。和平六年，文成帝死，圖謀擅權。後爲殿中尚書拓拔郁等反對，始奉獻文帝。尋借口殺拓拔郁

等，任太尉、丞相，專掌朝權，位居諸王之上，使朝中恐怖。獻文帝天安元年（466），被太后馮氏以謀反罪收誅。

[5]金陵：北魏前期的皇陵，此處應是盛樂金陵，在今内蒙古和林格爾縣西北一帶。

麗二妻，長曰杜氏，次張氏。長子定國，杜氏所生，次叡，張氏所出。

定國在繦抱，[1]文成幸其第，詔養宫内。至於游止，[2]常與獻文同處。年六歲，爲中庶子。[3]及獻文踐祚，拜散騎常侍，賜封東郡王。[4]定國以承父爵，辭，不許。又以父爵讓弟叡，乃聽之。俄遷侍中、儀曹尚書，[5]轉殿中尚書。前後大駕征巡，擢爲行臺，[6]録都曹事，[7]超遷司空。[8]定國恃恩，不循法度，延興五年，坐事免官爵爲兵。太和初，復除侍中、鎮南將軍、秦益二州刺史，[9]復王爵。八年，薨於州。贈以本官，謚曰莊王。

[1]繦抱：即繦褓。借指嬰兒時。

[2]游止：游憩。

[3]中庶子：官名。北魏時爲太子中庶子省稱。掌侍從、奏事、諫議等。孝文帝太和十七年定爲三品中，二十三年定爲四品上。

[4]東郡王：封爵名。東郡，北魏時治滑臺城，在今河南滑縣東。

[5]儀曹尚書：官名。北魏置。爲尚書省儀曹長官，掌車服、羽儀、朝覲、郊廟、饗宴等吉凶禮制。孝文帝太和十七年定爲二品中，二十三年定爲三品。

[6]行臺：官名。即行臺尚書令。爲行臺長官。北魏孝明帝正

光末，在各地設行臺主管當地軍務，成爲常設的地方行政機構，兼理民事，行臺尚書令爲長官，以尚書僕射、左僕射、尚書主管行臺事務。

［7］録都曹事：管理尚書省各曹事務。都曹，官署名。北魏前期置，屬尚書省。設尚書爲長官，協助尚書令、僕射綜理尚書省各曹事務。多以侍中、殿中尚書、吏部尚書等官參、治、録其事。孝文帝改制時廢。

［8］司空：官名。三公之一，魏晋南北朝時爲名譽宰相，多爲大臣加官，無實際職掌。北魏孝文帝太和二十三年後定爲一品。

［9］鎮南將軍：官名。多爲持節都督，出鎮方面，後漸爲褒賞軍功勳臣的閑職。北魏孝文帝太和十七年定爲從一品下，二十三年定爲從二品。　益：州名。北魏時治晋壽縣，在今四川廣元市。

子昕之，字慶始，風望端雅。襲爵，例降爲公。尚獻文女常山公主，[1]拜駙馬都尉，[2]歷通直郎。[3]景明中，以從叔琇罪，免官。尋以主婿，[4]除通直散騎常侍。歷兗、青二州刺史，[5]並有政績。轉安北將軍、相州刺史。[6]卒，贈鎮東將軍、冀州刺史，[7]謚曰惠。

［1］尚：迎娶帝王之女。

［2］駙馬都尉：官名。北魏時無定員，無實職，尚公主者多加此號。孝文帝太和十七年定爲從四品上，二十三年定爲六品。

［3］通直郎：官名。通直散騎侍郎的省稱。掌參平尚書奏事，兼掌侍從、諷諫。屬集書省，員六人。北魏孝文帝太和二十三年定爲從五品上。

［4］主婿：皇帝的女婿。

［5］兗：州名。北魏時治瑕丘縣，在今山東兗州市東北。

［6］安北將軍：官名。北魏時爲北方某一地區的軍事長官，或

作爲刺史等地方官兼理軍務時的加官，權任重。孝文帝太和十七年定爲二品下，二十三定爲三品。

[7]鎮東將軍：官名。北魏初多授持節都督，出鎮地方。孝文帝太和十七年定爲從一品下，二十三年定爲從二品。

初，定國娶河東柳氏，[1]生子安保。後娶范陽盧度世女，[2]生昕之。二室俱爲舊族，而嫡妾不分。定國亡後，兩子爭襲父爵。僕射李沖有寵於時，[3]與度世子伯源婚親相好，[4]沖遂左右助之，昕之由是承爵，尚主，職位赫弈。安保沈廢貧賤，不免飢寒。昕之容貌柔謹，孝文以其主婿，特垂昵眷。宣武時，年未四十，頻撫三藩，[5]當世以此榮之。昕之卒後，母盧悼念，傷過而亡。公主奉姑有孝稱。[6]神龜初，[7]與穆氏琅邪長公主並爲女侍中。[8]又性不妬忌，以昕之無子，爲納妾媵，[9]而皆育女。公主有三女，無男，以昕之從兄希道第四子子彰爲後。

[1]河東：郡名。北魏時治蒲坂縣，在今山西永濟市西南蒲州鎮。

[2]范陽：郡名。北魏時治涿縣，在今河北涿州市。　盧度世：人名。字子遷，范陽涿（今河北涿州市）人。北魏官吏。見《北史》卷三〇《盧玄附盧度世傳》。

[3]僕射：官名。北魏時掌管省曹事務，典選舉，左僕射負責彈劾百官。孝文帝太和十七年定爲從一品中，二十三年定爲從二品。　李沖：人名。字思順，隴西狄道（今甘肅臨洮縣）人。北魏大臣。見《北史》卷一〇〇《凉武昭王李暠附李沖傳》。

[4]伯源：即盧伯源，人名。字陽烏，范陽涿（今河北涿州

市）人。北魏官吏。見《北史》卷三〇《盧玄附盧伯源傳》。

[5]三藩：指上文所云歷兖、青、相三州刺史事。

[6]姑：婆母。

[7]神龜：北魏孝明帝的年號（518—520）。

[8]女侍中：女官名。北魏置。陪侍皇后或皇太后，多以能解詩書之近臣妻、母擔任，與其他後宮女職由宫女充任不同。二品。

[9]妾媵：侍妾。

子彰字明遠，本名士沈。年十六出後，事公主盡禮。丞相、高陽王雍常言曰：[1]“常山妹雖無男，以子彰爲兒，乃過自生矣。”正光中，[2]襲爵東郡公，累遷給事黄門侍郎。子彰妻即咸陽王禧女。禧誅，養於彭城王第，[3]莊帝親之，[4]略同諸姊。建義初，[5]尒朱榮欲循舊事，庶姓封王，由是封子彰濮陽郡王。[6]尋而詔罷，仍復先爵。

[1]高陽王：封爵名。高陽，郡名。北魏時治高陽縣，在今河北高陽縣東。　雍：即元雍，人名。字思穆，獻文帝之子。北魏宗室、大臣。見《北史》卷一九《高陽王雍傳》。

[2]正光中：毛本、殿本、四庫本、四部備要本作“正光初”。正光，北魏孝明帝的年號（520—525）。

[3]彭城王：封爵名。彭城，郡名。北魏時治彭城縣，在今江蘇徐州市。彭城王第，指彭城王元勰之家。元勰，字彦和，北魏宗室。見《北史》卷一九《彭城王勰傳》。

[4]莊帝：即北魏皇帝元子攸。莊爲其謚號。

[5]建義：北魏孝莊帝的年號（528）。

[6]濮陽郡王：封爵名。濮陽，郡名。北魏時治甄城縣，在今山東鄄城縣北。

天平中，[1]拜衛將軍、潁州刺史，[2]以母憂去職。[3]元象中，[4]以本將軍除齊州刺史，[5]又加驃騎將軍，[6]行懷州事，[7]轉北豫州刺史，[8]仍除徐州刺史，[9]將軍並如故。一年歷三州，當世榮之。還朝，除衛大將軍、右光禄大夫，[10]行瀛州事。[11]尋拜侍中，復行滄州事。[12]進號驃騎大將軍，行冀州事。除侍讀，[13]兼七兵尚書，[14]行青州事。子彰初爲州，以聚斂爲事，晚節脩改，自行青、冀、滄、瀛，甚有時譽。加以虚己納物，人士敬愛之。除中書監。[15]卒，贈開府儀同三司，謚曰文宣。

[1]天平：東魏孝静帝的年號（534—537）。

[2]衛將軍：官名。北魏時位在諸名號大將軍上，多作爲軍府名號加贈大臣、重要州郡長官，無具體職掌。孝文帝太和十七年定爲一品下，二十三年後定爲二品。　潁州：東魏時治汝陰縣，在今安徽阜陽市。

[3]母憂：母親之喪。

[4]元象：東魏孝静帝的年號（538—539）。

[5]齊州：東魏時治歷城縣，在今山東濟南市。

[6]驃騎將軍：官名。北魏時居諸名號將軍之首，僅作爲將軍名號加授大臣、重要州郡長官。孝文帝太和十七年定爲一品下，二十三年定爲二品。

[7]行事：南北朝官職制度，亦稱行某州、某府事、行某州軍事等。指以他官代行某官職權。南朝多以較低官階代行較高官職。北朝多以將軍等武職兼行州、郡民政。　懷州：東魏時治野王縣，在今河南沁陽市。

[8]北豫州：東魏時治虎牢城，在今河南滎陽市西北。

[9]徐州：東魏時治彭城縣，在今江蘇徐州市。

[10]衛大將軍：官名。爲高級武官，位在衛將軍之上。北魏孝文帝太和十七年定爲一品下，二十三年定爲二品。　右光禄大夫：官名。作爲朝廷大臣的加官，或授予年老有病者爲致仕之官，亦作爲大臣卒後贈官，以示尊崇，位在金紫光禄大夫之上。《魏書》卷四〇《陸俟傳》作"左光禄大夫"，《通志》卷一四七同《北史》。

[11]瀛州：東魏時治趙都軍城，在今河北河間市。

[12]滄州：東魏時治饒安城，在今河北鹽山縣舊縣鎮。

[13]侍讀：官名。北魏置。掌爲皇帝或太子讀解經義，由博學通經者任之。此爲加官，非本職。

[14]七兵尚書：官名。尚書省七兵曹長官。北魏時爲官稱，領别兵、騎兵、都兵、左右中兵、左右外兵七曹。孝文帝太和十七年定爲二品中，二十三年定爲三品。

[15]中書監：官名。魏晉南北朝時爲中書省長官之一。北魏時掌納奏、擬詔、出令，然權歸中書舍人，監、令名爲長官，品秩升高，多用作重臣加官。孝文帝太和十七年定爲從一品中，二十三年定爲從二品。

子彰崇好道術，曾嬰重病，藥中須桑螵蛸，[1]子彰不忍害物，遂不服焉，其仁如此。教訓六子，雅有法度。子卬。

[1]桑螵（piāo）蛸（xiāo）：螳螂科動物綴在桑枝上的卵鞘。可作中藥，主治遺精、早泄、遺尿等症。螵蛸，螳螂的卵塊。

卬字雲駒，少機悟，美風神。好學不倦，博覽群書，五經多通大義。[1]善屬文，甚爲河間邢卲所賞。[2]卲又與子彰交游，嘗謂子彰曰："吾以卿老蚌遂出明珠，意欲爲群拜紀可乎?”[3]由是名譽日高，雅爲搢紳所推許。[4]起家員外散騎侍郎，[5]歷文襄大將軍主簿、中書舍人、兼中書侍郎，[6]以本職兼太子洗馬。[7]自梁、魏通和，歲有交聘，[8]卬每兼官讌接。在席賦詩，卬必先成，雖未能盡工，以敏速見美。

[1]五經：指五部儒家經典，始稱於西漢中期。即《詩》《書》《禮》《易》《春秋》。

[2]河間：郡名。東魏時治武垣縣，在今河北河間市南。　邢卲：人名。字子才，河間鄚（今河北任丘市北）人。北魏、東魏、北齊官吏。見《北史》卷四三《邢巒附邢卲傳》。

[3]爲群拜紀：典故，出自《三國志》卷二二《魏書·陳群傳》："陳群字長文……魯國孔融高才倨傲，年在紀、群之間，先與紀友，後與群交，更爲紀拜，由是顯名。"指因兒子的關係而尊敬父親。群，即陳群，人名。字長文，潁川許昌（今河南許昌市東）人。三國魏官吏。見《三國志》卷二二《魏書·陳群傳》。紀，即陳紀，人名。字元方，潁川許昌（今河南許昌市東）人。東漢官吏。見《後漢書》卷六二《陳寔附陳紀傳》。陳紀爲東漢名士陳寔之子、曹魏名臣陳群之父。祖孫三人在漢末三國年間均享盛名。

[4]搢紳：插笏於帶間。引申指達官貴人，士大夫。搢，插。紳，大帶。

[5]員外散騎侍郎：官名。屬散騎省，初多以公族、功臣子充任，爲閑散之職，也常用以安置閑退官員、元老人士。北魏孝文帝太和十七年定爲從四品下，二十三年定爲七品上。源氏校勘記云："'侍郎'《北齊》作'郎中'。"

[6]文襄：即高澄。文襄爲其謚號，北齊文宣帝高洋所追謚。　主簿：官名。北魏、北齊時諸將軍、五校尉等軍府、列卿寺監、光禄大夫等皆置，其品位秩級隨府長官品秩高低而不等。州、郡、

縣亦置。雖非掾史之首，然地位較高，縣之主簿較州之主簿更甚。　中書舍人：官名。北齊時專掌草擬詔令，出納之職由門下省分任。員十人，六品。　兼：官制用語。即以本官兼任、兼行或兼領其他官職。　中書侍郎：官名。北齊時擬詔出令之職仍歸中書省，侍郎職閑官清，成爲諸王起家官，監管伎樂。從四品。

[7]太子洗馬：官名。北齊時掌賓贊受事，太子出行則爲前導。置八員，從五品上。

[8]交聘：雙方使者互訪。

除中書侍郎，修國史。以父憂去職。居喪盡禮，哀毁骨立，詔以本官起。文襄時鎮鄴，[1]嘉其至行，[2]親詣門以慰勉之。卬母，魏上庸公主，初封藍田，[3]高明婦人也，甚有志操。卬昆季六人，並主所出，故邢卲常謂人云："藍田生玉，固不虛矣。"主教訓諸子，皆以義方，[4]雖創巨痛深，出於天性，然動依禮度，亦母氏之訓焉。卬兄弟相率廬於墓側，負土成墳。朝廷所嗟尚，發詔褒揚，改其所居里爲孝終里。[5]服竟，當襲，不忍嗣侯。使迄未應受。[6]

[1]文襄時鎮鄴：中華本校勘記云："按《魏書》言陸子彰死於武定八年三月，而高澄（即文襄）則死於武定七年八月（見本紀），疑有訛誤。"可從。

[2]至：宋本作"志"。

[3]藍田：縣名。治所在今陝西藍田縣西。

[4]義方：做人的正道。

[5]孝終里：殿本、四庫本、四部備要本作"孝居里"。

[6]使迄未應受：中華本校勘記云："《北齊書》卷三五《陸卬

傳》無此五字。按文意不明，當有訛誤。”今從。

齊天保初，[1]常山王薦印器幹，[2]文宣面授給事黃門侍郎。[3]遷吏部郎中。[4]上洛王思宗爲清都尹，[5]辟爲邑中正，[6]食貝丘縣幹。[7]遭母喪，哀慕毀悴，殆不勝喪，遂至沈篤，[8]頓伏牀枕，又成風疾。[9]第五弟摶遇疾，臨終，謂其兄弟曰：“大兄尫病如此，[10]性至慈愛，摶之死日，必不得使大兄知之，哭泣聲必不可聞徹，致有感動。”家人至於祖載，[11]方始告之。印聞而悲痛，一慟便絶。年四十八。

[1]天保：北齊文宣帝的年號（550—559）。

[2]常山王：封爵名。常山，郡名。北齊時治安樂壘，在今河北藁城市西北。此處代指齊孝昭帝高演，字延安，高歡第六子。天保六年封常山王。見《北史》卷七《齊本紀·孝昭帝》。

[3]文宣：即北齊皇帝高洋。文宣爲其謚號。

[4]吏部郎中：官名。尚書省吏部曹長官通稱。北齊時主管官吏選任調動事務，對五品以下官吏的任免有建議權。四品上。

[5]上洛王：封爵名。上洛，郡名。北齊時治上洛縣，在今陝西商洛市商州區。　思宗：即高思宗，人名。勃海蓨（今河北景縣）人。北齊宗室、大臣。見《北史》卷五一《上洛王思宗傳》。　清都尹：官名。北齊置。爲都城所在郡長官，三品。

[6]中正：官名。由各郡長官推選本郡任職於中央的有德行之士人兼任。負責品評本郡士人，劃分等級，以爲吏部委任官員的依據。

[7]貝丘：縣名。治所在今山東臨清市南。　幹：東魏、北齊授予官員以勞役人口的權益。

[8]沈篤：病重。

[9]風疾：半身不遂的症狀。

[10]尪（wāng）病：體衰病弱。

[11]祖載：將葬之際，以載柩車上行祖祭之禮。

卬自在朝行，篤慎周密，不説人短，不伐己長，言論清遠，[1]有人倫鑒裁，[2]朝野甚悲惜之。贈衛將軍、青州刺史，謚曰文。所著文章十四卷，行於世。齊之郊廟諸歌，多卬所制。

[1]清遠：高雅深遠。

[2]鑒裁：明鑒識别。

子乂，字旦，襲爵始平侯。[1]乂聰敏博學，有文才，年十九舉司州秀才。歷秘書郎、南陽王文學、通直散騎侍郎，[2]待詔文林館。兼散騎侍郎，[3]迎陳使。還，兼中書舍人，加通直散騎常侍。乂於五經最精熟，館中謂之石經。人爲之語曰："五經無對，有陸乂。"

[1]始平侯：封爵名。始平，縣名。治所在今陝西興平市東北。

[2]秘書郎：官名。北齊時稱秘書郎中，掌經書校閲，兼參掌文書機要。　南陽王：封爵名。南陽，郡名。北齊時治南陽縣，在今河南郯縣西南。此指高綽，北齊武成帝長子，封南陽王。見《北史》卷五二《齊南陽王綽傳》。　文學：官名。北齊時爲諸王府、公府、州郡府屬吏，掌侍從文章記事及典籍校讎等。六品上。　通直散騎侍郎：官名。屬散騎省，職同散騎侍郎。北齊沿置，除集書省置六員外，集書省所轄起居省亦置一員。從五品上。

[3]散騎侍郎：官名。與散騎常侍、侍中、黄門侍郎等共平尚書奏事，侍從皇帝左右，顧問應對。北齊時集書省置六員，其下起居省置一員，皆五品。

卬第二弟駿，字雲驤。自中書舍人歷黄門侍郎、散騎常侍，[1]卒於東廣州刺史。[2]

[1]黄門侍郎：官名。北齊時爲郎官的加官，與侍中俱掌門下事，侍從皇帝於宫門之内。置六員，四品。

[2]東廣州：北齊時治廣陵縣，在今江蘇揚州市西北。

駿弟杳字雲邁，亦歷中書舍人、黄門常侍，[1]假儀同三司、秦州刺史。[2]武平中，[3]爲寇所圍，經百餘日，就加開府儀同三司。城中多疫癘，[4]死者過半，人無異心。遇疾卒。及城陷，陳將吴明徹以杳有善政，[5]吏人所懷，啓陳主，還其屍，家累貲物無所犯。贈開府儀同三司、尚書僕射。[6]子玄卿，位尚書膳部郎。[7]

[1]黄門：官署名。管理宦者、宫人。　常侍：官名。加官名號。加之者得常侍從皇帝左右，職甚親近。有中常侍、騎常侍、武騎常侍、常侍郎等名目，泛稱常侍。

[2]儀同三司：北齊時爲官號，高中級武官。二品。

[3]武平：北齊後主的年號（570—576）。

[4]疫癘：瘟疫。

[5]吴明徹：人名。字通昭，秦郡（今江蘇南京市六合區）人。南朝陳將領。見《陳書》卷九《吴明徹傳》。

[6]尚書僕射：官名。北齊時列位宰相，職掌都省庶務及執法，

或典選舉。從二品。

[7]尚書膳部郎：官名。西魏置。爲尚書省膳部長官，北齊時置爲都官尚書所轄膳部曹長官。六品上。

杳弟騫，字雲儀，亦歷中書舍人、黄門常侍。武平末，吏部郎中。

騫弟摶，字雲征，好學有行檢，卒於著作佐郎。[1]

[1]著作佐郎：官名。三國魏明帝時置。協助著作郎修撰國史及起居注。北齊時職務清閑，成爲世族高門子弟的起家之官。七品。

摶弟彦師，字雲房，少以行檢稱。及長好學，解屬文。[1]魏襄城王元旭引爲參軍事，[2]以父艱去職。[3]哀毁殆不勝喪，與兄卬廬於墓次，鄉人重之，皆就墓側存問，晦朔之際，[4]車馬不絶。中書令河間邢卲表薦之。[5]未報，彭城王浟爲司州牧，[6]召補主簿。後歷中外府東閤祭酒。[7]兄卬當襲父始平侯，以彦師昆弟中最幼，表讓封焉，彦師固辭而止。世稱友悌孝義，總萃一門。爲中書舍人、通直散騎侍郎。每陳使至，必高選主客，彦師所接對者，前後六輩。歷中書、黄門侍郎。[8]後以不阿宦者，遇譏，出爲中山太守，[9]有惠政。數年，徵爲吏部郎中、散騎常侍，又拜銀青光禄大夫，[10]假儀同三司，行鄭州刺史，[11]尋除給事黄門侍郎。武平末，車駕如晋陽，[12]北平王鎮鄴，[13]委彦師留臺機密，[14]以重慎見知。

[1]解屬文：擅長寫作。

[2]襄城王：封爵名。襄城，郡名。北魏時治赭陽城，在今河南方城縣東。　元旭：人名。字顯和。北魏宗室。見《魏書》卷一九下《城陽王長壽傳》。　參軍事：官名。諸軍府、王府、州郡府等皆設，分掌諸曹事。官秩不一。

[3]父艱：父親喪亡。

[4]晦朔：早晚，旦夕。

[5]中書令：官名。北魏、北齊時掌管機要，處理國務。北齊時爲三品。

[6]彭城王：封爵名。彭城，郡名。北齊時治彭城縣，在今江蘇徐州市。　潡：即高潡，人名。字子深，勃海蓨（今河北景縣）人。北齊宗室。見《北史》卷五一《彭城王潡傳》。　司州牧：官名。北魏置。北魏分裂之後，東魏遷都於鄴，改原相州刺史爲司州牧。屬官有别駕從事史、治中從事史，州都、主簿、西曹書佐、記室、户曹、功曹等諸曹從事員。同時管理東西市署令、丞，統管清都郡以及諸京畿郡。北齊沿置。從二品。

[7]中外府：官署名。都督中外諸軍事府的省稱。北朝置。設長史、司馬、司録、從事中郎、掾、屬、諸曹參軍、行參軍等府佐。　東閤祭酒：官名。北齊時爲王府、公府、丞相府、將軍府僚屬。七品。

[8]中書：官名。此處指中書侍郎。北齊時擬詔出令之職仍歸中書省，侍郎職閑官清，成爲諸王起家官。從四品。

[9]中山：郡名。北齊時治盧奴縣，在今河北定州市。

[10]銀青光禄大夫：官名。北齊時爲元老重臣之加官或致仕之官。亦爲死者之贈官。

[11]鄭州：北齊時治潁陰縣，在今河南許昌市。

[12]晉陽：縣名。治所在今山西太原市晉源區古城營村一帶。

[13]北平王：封爵名。北平，郡名。北齊時治新昌縣，在今河北盧龍縣。此指高貞，北齊武成帝第五子。封北平王。見《北史》

卷五二《齊北平王貞傳》。

[14]委彦師留臺機密：底本無“委”字，中華本校勘記云：“諸本脱‘委’字，據《通志》卷一六二《陸彦師傳》補。”今從改。

周武帝平齊，[1]授彦師載師下大夫，[2]轉少納言，[3]賜爵臨水縣男。[4]及隋文爲丞相，彦師遇疾，請假還鄴。尉遲迥將爲亂，[5]彦師知之，遂將妻子潛歸長安。文帝嘉之，授内史下大夫，[6]拜上儀同。[7]及帝受禪，拜尚書左丞，[8]進爵爲子。彦師素多病，未幾，以務劇病動，乞解所職，有詔聽以本官就第。歲餘，轉吏部侍郎。[9]隋承周制，官無清濁，彦師在職，凡所任人，頗甄别於士庶，論者美之。後復以病出爲汾州刺史，卒官。

[1]周武帝：即北周皇帝宇文邕。武爲其謚號。

[2]授彦師載師下大夫：底本無“載師”二字，中華本校勘記云：“諸本脱‘載師’二字，據《隋書》卷七二《陸彦師傳》補。北周官無單稱‘下大夫’者。”今從改。載師下大夫，官名。即小載師下大夫。西魏置。北周沿置。管理全國農、牧、鹽業生産及賦役的徵發等事務。正四命。

[3]少納言：官名。北周置。納言下大夫的省稱。掌侍從皇帝，拾遺應對。正四命。

[4]臨水縣男：封爵名。臨水，縣名。治所在今河北涉縣西北。

[5]尉遲迥：人名。字薄居羅，代（今山西大同市東北）人。西魏、北周重臣。見《北史》卷六二《尉遲迥傳》。

[6]内史下大夫：官名。西魏恭帝時置。又稱小内史下大夫、内史次大夫。北周沿置。爲春官府内史司次官，輔助内史中大夫掌

管綸誥，並參議刑罰爵位的賞賜以及軍國大事。正四命。隋文帝開皇元年罷。

[7]上儀同：上儀同大將軍及上儀同三司的省稱。上儀同三司，北周置。隋朝時爲從四品散實官。上儀同大將軍，北周置。授予有軍勳的功臣及其子弟，無具體職掌，九命。

[8]尚書左丞：官名。隋朝時監察省内，領内司郎中、員外郎，監督稽核吏、户、禮三部十二司。從四品上。

[9]吏部侍郎：官名。隋初爲吏部司長官，隸屬吏部尚書。初爲六品上，文帝開皇三年爲從五品。煬帝大業三年（607）改名爲選部郎。

叡字思弼，年十餘，襲爵撫軍大將軍、平原王。沈雅好學，折節下士。年未二十，時人便以宰輔許之。娶東徐州刺史博陵崔鑒女，[1]時孝文尚未改北人姓，鑒謂所親云："平原王才度不惡，但恨其姓名殊爲重複。"叡婚，自東徐還經鄴，見李彪，[2]甚敬悦之，仍與趣京，以爲館客。[3]後爲北征都督，擊蠕蠕，大破之。遷侍中、都曹尚書。[4]時蠕蠕又犯塞，詔叡討之，追至石磧，[5]禽其帥赤阿突等數百人。還，加散騎常侍，遷尚書左僕射，[6]領北部尚書。[7]

[1]東徐州：北魏時治下邳城，在今江蘇睢寧縣古邳鎮北側。 博陵：郡名。北魏時治魯口城，在今河北饒陽縣。 崔鑒：人名。字神具，博陵安平（今河北安平縣）人。北魏官吏。見《北史》卷三二《崔鑒傳》。

[2]李彪：人名。字道固，頓丘衛國（今河南清豐縣東南）人。北魏官吏。見《北史》卷四〇《李彪傳》。

[3]館客：門客，幕賓。

[4]都曹尚書：官名。北魏置。尚書省都曹長官，協助尚書令、僕射綜理各曹事務，位居諸尚書之首。孝文帝改制時廢。

[5]石磧（qì）：地區名。即石漠。今内蒙古四子王旗和察哈爾右翼後旗北部一帶。

[6]尚書左僕射：官名。北魏時列位宰相，掌都省庶務、執法、典選舉，兼掌糾彈百官。孝文帝太和十七年定爲從一品中，二十三年定爲從二品。

[7]北部尚書：官名。北魏置。尚書省北部曹長官。權任很重，略低於南部尚書。

十六年，降五等之爵，以麗勳著前朝，[1]封叡鉅鹿郡公。[2]尋爲使持節、鎮北大將軍、尚書令、衛將軍，[3]討蠕蠕，大破之而還。以母憂解。孝文將有南伐之事，[4]以本官起授征南將軍。[5]叡固辭，請終情禮，[6]敕有司敦喻不許。[7]復除使持節、都督恒州刺史，行尚書令。時車駕南征，上表諫，帝不從。[8]叡又表請車駕還代，親臨太師馮熙葬，[9]坐削奪都督三州諸軍事。尋進號征北大將軍。[10]以有順遷之表，加邑四百户。

[1]著：宋本作“薨”。按：據文意，宋本誤，從底本。

[2]鉅鹿郡公：封爵名。鉅鹿，郡名。北魏時屬定州，治曲陽縣，在今河北晋州市西。

[3]使持節：漢朝官吏奉命外出時，由皇帝授予節杖，來提高其權威。魏晋之後，當重要的軍事長官出征或者出鎮時，通常加以使持節，可以誅殺二千石以下的官員。皇帝派遣大臣做重要事情時，也加以此職，以示尊崇。次一等的稱持節，再次一等的稱假

節。　鎮北大將軍：官名。北魏時多爲持節都督，出鎮方面。孝文帝太和十七年定爲從一品上，二十三年定爲二品。　尚書令：官名。北魏初不常置，亦不掌實際政務，孝文帝改制後，尚書省權任頗重，以録尚書事爲長官，尚書令爲副貳，兼掌監察百官，皆爲宰相。孝文帝太和十七年定爲從一品上，二十三年定爲二品。

[4]南伐之事：宋本作“南征之事”。

[5]以本官起授征南將軍：源氏校勘記云：“《魏書》（‘征南’）作‘征北’。”中華本《魏書》卷四〇《陸俟傳》作“以本官起之，改授征北將軍”。《通志》卷一四七同《北史》。

[6]請終情禮：請求盡到孝子的情義與禮節。

[7]敦喻：敦促開導。

[8]上表諫帝不從：中華本校勘記云：“《魏書》卷四〇作‘從之’。按《通鑑》卷一四〇稱孝文攻鍾離久不克，‘高閭、陸叡上表諫，帝納其言’。疑作‘不從’誤。”可從。

[9]太師：官名。爲輔佐君王的重要大臣，三公之一。北魏時多用作贈官，地位尊崇，無具體職權。在太傅、太保之上，一品。　馮熙：人名。字晋國，長樂信都（今河北冀州市）人。北魏大臣。見《北史》卷八〇《馮熙傳》。

[10]征北大將軍：官名。北魏時多統兵出鎮方面，都督數州諸軍事。孝文帝太和十七年定爲一品下，二十三年定爲二品。

時穆泰爲定州刺史，[1]以疾病，請恒州自效，乃以叡爲定州刺史。未發，遂與泰等同謀構逆，賜死獄中。聽免孥戮，[2]徙其妻子於遼西。[3]

[1]穆泰：人名。本名石洛，孝文帝賜名泰，代（今山西大同市東北）人。北魏官吏。見《北史》卷二〇《穆崇附穆泰傳》。　定州：北魏時治盧奴縣，在今河北定州市。

［2］拏戮：宋本作“弩戮”。按：拏戮，意爲殺戮。宋本語意不通，從底本。

［3］遼西：郡名。北魏時治肥如縣，在今河北盧龍縣北。

叡長子希道，字洪度。有風貌，美鬚髯，歷覽經史，頗有文致。[1]初拜中散，[2]遷通直郎。坐父事，徙於遼西。於後得還，從征自效，以軍功賜爵淮陽男，[3]拜諫議大夫。[4]累遷前將軍、郢州刺史。[5]希道善於馭邊，甚有威略。轉平西將軍、涇州刺史，[6]卒官，贈撫軍將軍、定州刺史。[7]

［1］文致：文才和情致。

［2］中散：官名。北魏置。爲内廷官，直宿禁中，隸屬幢將，無員限，無具體職掌，在皇帝左右參預機密，經常奉使出巡州鎮，考察地方政績。孝文帝太和十七年定爲五品中，二十三年復次職員令未見。

［3］淮陽男：封爵名。淮陽，縣名。治所在今江蘇睢寧縣。

［4］諫議大夫：官名。北魏時掌侍從顧問、參謀諷議、諫諍議論。孝文帝太和十七年定爲四品下，二十三年定爲從四品下。

［5］前將軍：官名。北魏時常作爲軍府名號，用作加官。孝文帝太和十七年定爲從二品上，二十三年爲三品。　郢州：北魏時治義陽縣，在今河南信陽市。

［6］平西將軍：官名。多持節都督或監理某一地區的軍事，有時也作爲刺史等地方官兼管軍務的加官。北魏孝文帝太和十七年定爲從二品上，二十三年定爲三品。

［7］撫軍將軍：官名。爲將軍名號。北魏時爲將軍名號，地位較高。孝文帝太和十七年定爲從一品下，二十三年定爲從二品。

希道有六子：士懋字元偉。天平中以其曾祖麗有翼戴之勳，詔特復鉅鹿郡公，令士懋襲。位營州刺史。[1]士懋弟士宗，字仲彦，尚書左外兵郎中。[2]士宗弟士述，字幼文，符璽郎中。[3]建義初，並於河陰遇害。[4]士述弟士沈，出繼從叔昕之。[5]士沈弟士廉，字季脩，建州平北府長史。[6]永安末，[7]尒朱世隆攻陷州城，[8]見害。士廉弟士佩，字季偉，武定中，[9]安東將軍、司州從事。[10]

[1]營州：東魏時治和龍城，在今遼寧朝陽市。

[2]尚書左外兵郎中：官名。西晋置。爲尚書省左外兵曹長官的通稱，亦稱郎中。北魏復置，屬七兵尚書。孝文帝太和十七年定郎爲從五品中，郎中爲五品上；二十三年皆稱郎中，六品。

[3]符璽郎中：官名。漢置尚符璽郎。三國魏稱符璽郎。北魏復置，仍隸符節令。孝文帝太和十七年定爲從四品中，二十三年定爲從六品上。

[4]河陰：縣名。治所在今河南孟津縣東。此指河陰之難。公元528年，北魏權臣尒朱榮對北魏宗室、大臣的一次屠殺。因發生於河陰而得名。

[5]士述弟士沈出繼從叔昕之：底本“從叔”作“叔”，中華本校勘記云：“諸本脱‘從’字，據《魏書》補。士沈即子彰，希道爲昕之從兄（見前），則昕之爲士沈從叔。”今從改。

[6]建州：北魏時治高都城，在今山西晋城市東北高都。　長史：官名。北魏時相府長史總領丞相府事務，置左右二員。不同名號的長史所負職責不同，品秩也不相同。

[7]永安：北魏孝莊帝的年號（528—530）。

[8]尒朱世隆：人名。字榮宗，北秀容（今山西朔州市）人，

契胡族。北魏官吏。見《北史》卷四八《尒朱榮附尒朱世隆傳》。

[9]武定：東魏孝静帝的年號（543—550）。

[10]安東將軍：官名。爲出鎮某一地區的軍事長官，或作爲州刺史兼理軍務時的加官。與安南、安北、安西將軍合稱四安將軍。北魏孝文帝太和十七年定爲二品下，二十三年定爲三品。　司州從事：中華本校勘記云："《魏書》'從事'作'治中'。按《北史》諱'治'字，例改'治中'爲'中從事'。此'從事'上當脱'中'字。"可從。中從事，州刺史屬官。

希道弟希悦，尚書外兵郎中。[1]

[1]尚書外兵郎中：官名。尚書省外兵曹長官的通稱。北魏時與左、右外兵郎並置，屬七兵尚書。六品。

麗季弟騏驎，侍御中散，[1]轉侍御史。[2]太和初，新平太守。[3]

[1]侍御中散：官名。北魏置。多選用功臣子弟，尤其是鮮卑等胡人功臣子弟，任職於其他機構，則冠以機構名，如殿内侍御中散、内秘書侍御中散等，可作爲起家官。孝文帝太和十七年定爲五品上，二十三年復次職員令未見。

[2]侍御史：《魏書》卷四〇《陸俟傳》作"侍御長"，《通志》卷一四七同《北史》。

[3]新平：郡名。北魏時治新平城，在今陝西彬縣城關。

子高貴，孝昌中，[1]兖州鎮東府法曹參軍。[2]

[1]孝昌：北魏孝明帝的年號（525—527）。

[2]鎮東府法曹參軍：官名。鎮東將軍府的法曹參軍。法曹參軍，主管郵所驛站、執行法律和糾察治安。品秩隨府主地位高低而不同，北魏時爲從七品上至九品。

高貴子操，字仲志，高簡有風格，早以學業知名，雅好文。操仕魏，兼散騎常侍聘梁，使還，爲廷尉卿。齊文襄爲世子，甚好色，崔季舒爲掌媒焉。[1]薛氏寘書妻元氏有色，[2]迎入欲通之。元氏正辭，且哭。世子使季舒送付廷尉罪之。操曰："廷尉守天子法，須知罪狀。"世子怒，召操，命刀環築之，更令科罪。[3]操終不撓，乃口責之。後徙御史中丞。[4]天保中，卒於殿中尚書。[5]子孔璋，武平中，卒於高陽太守。

[1]崔季舒：人名。字叔正，博陵安平（今河北安平縣）人。東魏、北齊官吏。見《北史》卷三二《崔挺附崔季舒傳》。　掌媒：操辦配偶。

[2]薛氏寘書妻元氏有色：中華本校勘記云："《通志》卷一四七《陸俟傳》，'薛'下無'氏'字，'寘'下無'書'字，疑是衍文。"可從。薛寘，人名。河東汾陰（今山西萬榮縣西南）人。西魏、北周大臣。見《北史》卷三六《薛寘傳》。

[3]科罪：依律斷罪。

[4]御史中丞：官名。爲御史大夫副職。掌管圖書秘籍，亦受公卿奏事。北齊時爲從三品。

[5]殿中尚書：官名。爲尚書省六曹尚書之一。北齊時負責統領宮中兵馬、宮禁宿衛及倉庫。三品。

高貴弟孟遠，[1]位奉朝請。

[1]孟遠：《魏書》卷四〇《陸俟傳》作“順宗”。

孟遠子槩之，位司農卿。[1]

[1]司農卿：官名。主要職責是勸農，掌管倉儲、園苑，供應宫廷膳食等。北齊時置爲司農寺長官，三品。

槩之子爽，字開明。少聰敏，年九歲就學，日誦二千餘言。齊尚書僕射楊遵彦見而異之曰：[1]“陸氏世有人焉。”仕齊，位中書侍郎。齊滅，周武帝聞其名，與陽休之、袁叔德等俱徵入關。[2]諸人多將輜重，爽獨載數千卷書。至長安，授宣納上士。[3]隋文帝受禪，頻遷太子洗馬，[4]與左庶子宇文愷等撰《東宮典記》七十卷。[5]朝廷以其博學有口辯，陳人至境，常令迎勞。卒官，贈上儀同、宣州刺史。[6]

[1]楊遵彦：人名。即楊愔。字遵彦，弘農華陰（今陝西華陰市東南）人。東魏、北齊官吏。見《北史》卷四一《楊播附楊愔傳》。

[2]陽休之：人名。字子烈，北平無終（今天津薊縣）人。北魏、東魏、北齊官吏。見《北史》卷四七《陽尼附陽休之傳》。袁叔德：人名。即袁聿脩。字叔德，陳郡項（今河南沈丘縣南）人。東魏、北齊、北周官吏。見《北史》卷四七《袁翻附袁聿脩傳》。

[3]宣納上士：官名。北周置。爲宣納下大夫屬官。輔助其出納王命，宣傳詔令，因此選用之人必須爲口齒清晰之士。正三命。

[4]太子洗馬：官名。隋朝時隸太子門下坊司經局，從五品上。

[5]左庶子：官名。隋朝時爲太子門下坊長官，員二人，正四品上。　宇文愷：人名。字安樂，其先昌黎大棘（今遼寧北票市章吉營子鄉三官營子村）人，後徙居夏州（今陝西靖邊縣白城子村北）。隋朝官吏。見《北史》卷六〇《宇文貴附宇文愷傳》。

[6]上儀同：北周置。位居開府儀同三司之下、儀同三司之上。多爲大臣勳臣的加官。隋朝時爲從四品。　宣州：隋朝時治宣城縣，在今安徽宣城市宣州區。

子法言，敏學有家風，釋褐承奉郎。[1]初，爽之爲洗馬，常奏文帝云："皇太子諸子未有嘉名，請依《春秋》之義，更立名字。"上從之。及太子廢，上追怒爽曰："我孫製名，寧不自解？陸爽乃爾多事！扇惑於勇，[2]亦由此人。其身雖故，子孫並宜屏黜，終身不齒。"[3]法言竟坐除名。

[1]釋褐：脱下平民的布衣，出仕做官。　承奉郎：官名。隋朝置。爲散官，番直出使監檢。從八品上。

[2]勇：即楊勇，人名。隋文帝楊堅長子。見《北史》卷七一《房陵王勇傳》。

[3]齒：録用。

源賀，西平樂都人，[1]私署河西王禿髮傉檀之子也。[2]傉檀爲乞伏熾盤所滅，[3]賀自樂都奔魏。[4]賀偉容貌，善風儀。太武素聞其名，及見，器其機辯，賜爵西平侯。謂曰："卿與朕同源，因事分姓，今可爲源氏。"從擊叛胡白龍，[5]又討吐京胡，[6]皆先登陷陣。以功進號平西將軍。

[1]西平：郡名。北魏時治西都縣，在今青海西寧市。　樂都：縣名。治所在今青海樂都縣。

[2]河西王：封爵名。河西，郡名。北魏時治夏陽縣，在今山西臨汾市。　秃髮傉檀：人名。鮮卑族。十六國時南凉君主。見《魏書》卷九九《鮮卑秃髮烏孤附秃髮傉檀傳》。

[3]乞伏熾盤：人名。鮮卑族。十六國時西秦君主。見《北史》卷九三《乞伏國仁附乞伏熾盤傳》。

[4]樂都奔魏：宋本作"樂部本魏"。按："源賀，西平樂都人"，賀自樂都奔魏正合語義，宋本誤，從底本。

[5]白龍：人名。北魏時山胡首領。太武帝延和三年（434），於西河（今山西吕梁市離石區）聚衆反魏，爲魏將娥清所敗，白龍被斬，城被屠。

[6]吐京胡：居住在吐京縣的胡人。吐京，縣名。治所在今山西石樓縣西北。

太武征凉州，以爲鄉導，問攻戰之計。賀曰："姑臧外有四部鮮卑，各爲之援，然皆臣祖父舊人。臣願軍前宣國威信，必相率請降。外援既服，然後攻其孤城，拔之如反掌耳。"帝曰："善。"乃遣賀招慰，下三萬餘落。及圍姑臧，由是無外慮，故得專力攻之。凉州平，以功進爵西平公。又從征蠕蠕，擊五城吐京胡，[1]討蓋吴諸賊，皆有功，拜散騎常侍。從駕臨江，爲前鋒大將，[2]善撫士卒，加有料敵制勝之謀。賀爲人雄果，每遇强寇，輒自奮擊，帝深誡之。賀本名破羌，是役也，帝謂曰："人之立名，宜保其實，[3]何可濫也？"賜名賀焉。拜殿中尚書。

[1]五城：郡名。北魏時治五城縣，在今山西吉縣東北。

[2]前鋒大將：官名。北魏置。統率前鋒部隊。

[3]宜保其實：《魏書》卷四一《源賀傳》、《册府元龜》卷八二四作“宜其得實”，《通志》卷一四七作“宜副其實”。中華本《魏書》卷四一校勘記云：“李慈銘云：‘其得’當乙作‘得其’，《北史》作‘宜保其實’，‘保’乃‘得’字之誤。”可從。

南安王余爲宗愛所殺，賀部勒禁兵，静遏外内，[1]與南部尚書陸麗决議定策，翼戴文成。令麗與劉尼馳詣苑中奉迎，賀營中爲内應。[2]俄而麗抱文成，單騎而至。及即位，賀有力焉。以定策勳，進爵西平王。及班賜百僚，敕賀任意取之，辭以江南未賓，漠北不款，[3]府庫不宜致匱。固使取之，唯取戎馬一疋。

[1]静遏：禁止阻斷。

[2]賀營中爲内應：《通志》卷一四七同《北史》，《册府元龜》卷三七二作“文成賀守禁中爲之内應”，中華本校勘記云：“《魏書》卷四一《源賀傳》‘營’作‘守禁’二字。按賀官殿中尚書，職掌宫殿禁衛，本卷《劉尼傳》也説賀‘典兵宿衛’，則賀當是在禁中或宫中爲内應。‘營’疑是‘宫’之訛。”可從。

[3]江南未賓漠北不款：底本“漠北”作“漢北”，中華本校勘記云：“諸本‘漠’訛作‘漢’，據《通志》卷一四七《源賀傳》改。”今從改。賓，歸順。漠北，指蠕蠕。款，誠服。

時斷獄多濫，賀上書曰：“案律，[1]謀反之家，其子孫雖養他族，追還就戮，所以絶罪人之類，彰大逆之辜。其爲劫賊應誅者，兄弟子姪在遠道隔關津皆不坐。竊惟先朝制律之意，以不同謀，非絶類之罪，故特垂不死之詔。若年十三已下，家人首惡，計所不及。臣愚以爲可原其命，没入官。”帝納之。

[1]案：宋本作“按”。“案”“按”通。

出爲冀州刺史，改封隴西王。既受除，上書曰：“臣聞人之所寶，莫寶於生命；德之厚者，莫厚於宥死。然犯死之罪，難以盡恕，權其輕重，有可矜恤。今勍寇游魂於北，[1]狡賊負險於南，其在疆埸，[2]猶須戍防。臣愚以爲自非大逆、赤手殺人之罪，其坐贓及盜與過誤之愆應入死者，皆可原命，[3]謫守邊境。是則已斷之體，更受生成之恩；[4]徭役之家，漸蒙休息之惠。刑措之化，庶幾在兹。”帝嘉納之，已後入死者，皆恕死徙邊。[5]久之，帝謂群臣曰：“昔源賀勸朕，宥諸死刑，[6]徙充北藩諸戍。[7]自爾至今，一歲所活，殊爲不少。濟命之理既多，邊戍之兵有益。[8]苟人人如賀，朕臨天下，復何憂哉！”群臣咸曰：“非忠臣不能進此計，非聖明不能納此言。”[9]

[1]勍（qíng）寇：强敵。

[2]埸：邊界。

[3]原命：饒恕性命。

[4]“謫守邊境”至“生成之恩”：毛本作“謫爵逮於汝汝其毋慠慆毋荒怠毋之恩”。毛本語意不通，從底本。

[5]“刑措之化”至“皆恕死徙邊”：毛本作“思恭服思度遏惡揚善親賢遠佞後入死者皆恕死徙邊”。毛本語意不通，從底本。刑措，置刑法而不用。庶幾，或許可以，表推測或希望。

[6]“帝謂群臣”至“宥諸死刑”：毛本作“帝君清約以臨巳吾終之後所葬時”。毛本語意不通，從底本。

[7]徙充北藩諸戍：毛本作“徙克北藩諸戍”。毛本誤，從底本。北藩，北邊的封國或屬國。

[8]“自爾至今”至“之兵有益”：毛本作“自爾至今一歲無用也三年薨贈侍中太尉隴西之兵有益”。毛本語意不通，從底本。

[9]“朕臨天下”至“納此言”：毛本作“朕臨命服温明秘器陪葬金陵長子延不能進此計非聖明不能納此”。毛本語意不通，從底本。

賀之臨州，鞫獄以情，徭役簡省，清約寬裕，甚得人心。時武邑郡姦人石華告沙門道可與賀謀反，有司以聞。文成曰：“賀保無此。”[1]乃精加訊檢，華果引誣。乃遣使慰勉之。帝顧左右曰：“賀忠誠，尚致誣謗，其不若是者，可無慎乎！”時考殿最，賀政爲上第，賜衣馬器物，班宣天下。[2]

[1]“賀之臨州”至“賀保無此”：毛本作“爵廣武子卒贈凉州刺史廣武侯清約寬裕甚得人心時武邑郡名懷謙恭寬雅有大度文成末爲有司以聞文成曰賀保無此”。毛本語意不通，從底本。鞫獄，審判案件。武邑，郡名。北魏時治武强縣，在今河北武强縣西南。

[2]“乃精加訊檢”至“班宣天下”：毛本作“乃侯持節督諸屯於漠南蠕蠕甚憚之帝顧左右曰賀忠誠尚至誣將雍州刺史清儉有惠政善撫恤最賀政爲上第賜衣馬器物班”。毛本語意不通，從底本。殿最：考核政績或軍功，下等稱爲“殿”，上等稱爲“最”。

後徵拜太尉。蠕蠕寇邊，賀從駕討破之。及獻文將傳位于京兆王子推，時賀都督諸軍事屯漠南，乃馳傳徵賀。賀至，正色固執不可。即詔持節奉皇帝璽綬以授孝文。[1]是歲，河西敕勒叛，[2]遣賀討之，多所降破。賀依古今兵法及先儒耆舊説，略採至要，爲十二陳圖，上之，獻文覽而嘉焉。[3]

[1]“後徵拜太尉”至“以授孝文”：毛本作“中參都曹事又督諸軍征蠕蠕六從駕討破之及獻文將傳位於議律令後例降爲公除司州刺史漠然乃馳傳徵賀賀至正色固軍事以母憂去職賜帛三百匹縠授孝文”。毛本語意不通，從底本。漠南，又作“幕南”。蒙古高原大沙漠以南地區。

[2]是歲河西敕勒叛：底本“敕勒叛”作“叛敕”，中華本校勘記云：“諸本‘敕勒叛’脱誤作‘叛敕’，據《魏書》補改。源賀擊敕勒見《魏書》卷七上《高祖紀》延興元年。”今從改。敕勒，族名。又稱爲高車、丁零等。見《北史》卷九八《高車傳》。

[3]“遣賀討之”至“獻文覽而嘉焉”：毛本作“遣賀討景明二年除尚書左僕役加位特儒者舊説略採至要爲十二陳”。毛本語意不通，從底本。耆舊，年高望重者。

又都督三道諸軍屯漠南。時每歲秋冬，遣軍三道並出，以備北寇，至春中乃班師。[1]賀以勞役京都，又非禦邊長計，乃上言，請募諸州鎮有武勇者三萬人，復其徭賦，厚加振恤，分爲三部。二鎮之間築城，城置萬人，[2]給强弩十二牀，武衛三百乘。[3]弩一牀給牛六頭，武衛一乘給牛二頭。多造馬槍及諸器械，使武略大將二人以鎮撫之。冬則講武,[4]春則種植，並戍並耕，則兵未勞而有盈蓄矣。又於白道南三處立倉，運近州鎮租粟以充之。足食足兵，以備不虞，於事爲便。不可歲常舉衆。事寢不報。[5]

[1]班師：底本作“班歸”，中華本校勘記云：“諸本‘師’訛‘歸’，據《魏書》改。”今從改。

[2]“分爲三部”至“城置萬人”：毛本作“守宰犯罪逃走者衆禄潤既優尚人”。毛本語意不通，從底本。

[3]强弩：硬弓。 牀：量詞，用於大器物的計件，相當於“具”。 武衛：武衛營兵。

[4]“弩一牀給牛六頭”至“冬則講武”：毛本作“獨苦此等恐非均一之法書奏門一頭多造馬槍及諸器械使武奏曰臣以爲法貴經通政尚簡要”。毛本語意不通，從底本。

[5]“則兵未勞”至“事寢不報”：毛本作“則兵未勞之所備不在繁典伏尋條例制勳倉運近州鎮租粟以克之足食欲抑絶姦途匪爲通式謹按事條□舉衆事寢不報”。毛本語意不通，從底本。白道，通往漠北的道路名。在今内蒙古呼和浩特市西北。

上書稱病乞骸骨，至于再三，乃許之。朝有大議，皆就詢訪，又給衣藥珍羞。[1]太和元年二月，療疾於温湯。[?]孝文、文明太后遣使屢問消息，太醫視疾。[3]患篤，還于京師。乃遺令諸子曰：“吾頃以老患辭事,[4]不悟天慈降恩，爵逮於汝。汝其毋傲慢，毋荒怠，毋奢越，毋嫉妬。疑思問，言思審，行思恭，服思度。遏惡揚善，親賢遠佞，目觀必真，耳屬必正，忠勤以事君，清約以臨己。吾終之後，所葬，時服單櫝,[5]足申孝心，芻靈明器，[6]一無用也。”三年，薨，贈侍中、太尉、隴西王印綬，[7]謚曰宣王。[8]賜輼輬車及命服、温明秘器，陪葬金陵。[9]

［1］“上書稱病”至“衣藥珍羞”：毛本作“上書稱病乞上人皆貞白也其諸州守宰職任□□詢訪又給衣藥珍羞”。毛本語意不通，從底本。

［2］温湯：温泉。

［3］“太和元年”至“太醫視疾”：毛本作“太和恩免罪勳品已下獨求斯例如此□□遣使屢問消息太醫視疾”。毛本語意不通，從底本。

［4］“患篤”至“吾頃以老患辭事”：毛本作“差惠罰不等又謀逆滔天經恩尚□□老患辭事”。毛本語意不通，從底本。

［5］“爵逮於汝”至“時服單櫝”：毛本作“守邊境是則已斷之體更受生成□□毋嫉妬疑思問言思審刑措之化庶幾在兹帝嘉納之巳□觀必真耳屬必正忠勤以事謂群臣曰昔源賀勸朕宥諸死刑□單櫝”。毛本語意不通，從底本。時服單櫝，平時的衣服和一口薄棺材。

［6］芻靈明器：草扎的人馬和殉葬品。

［7］“一無用也”至“西王印綬”：毛本作“一所活殊爲不少濟命之理既多邊王印綬”。毛本語意不通，從底本。

［8］謚曰宣王：宋本作“謚曰宣”。

［9］“賜輼輬車”至“金陵”：毛本作“賜輼輬車及天下復何憂哉”。毛本語意不通，從底本。輼輬車，喪車。命服，指帝王按等級賜給公侯卿大夫士及百官的儀服。温明，指古代葬器。秘器，皇室、顯宦死後用的棺材。

長子延，性謹厚，少好學，位侍御中散，賜爵廣武子。卒，贈涼州刺史，廣武侯，謚曰簡。[1]子鱗襲。

[1]“長子延”至“謚曰簡”：毛本作“群臣咸曰非忠臣性謹厚少好學位侍禦中散賜言賀之臨州鞫獄以情徭役簡省謚曰簡”。毛本語意不通，從底本。廣武子，源氏校勘記云：“《魏書》作‘武城子’。”《魏書》中華本卷四一《源賀傳》作“賜爵武城子”。《通志》卷一四七同《北史》，《册府元龜》卷一三〇同《魏書》。

延弟思禮，後賜名懷，謙恭寬雅有大度。文成末，爲侍御中散。[1]父賀辭老，詔受父爵。後持節督諸軍屯於漠南，[2]蠕蠕甚憚之。還，除殿中尚書，出爲長安鎮將、雍州刺史。清儉有惠政，善撫恤，劫盗息止。[3]復拜殿中尚書，加侍中，參都曹事。[4]又督諸軍征蠕蠕，六道大將，咸受節度。遷尚書令，參議律令。[5]後例降爲公。除司州刺史。又從駕南征，加衛大將軍，領中軍事。[6]以母憂去職，賜帛三百匹，穀一千石。[7]車駕幸代，詔使者弔慰。

[1]“後賜名懷”至“侍御中散”：毛本作“後賜姦人石華告沙門道可與賀謀反侍御中散”。毛本語意不通，從底本。

[2]後持節督諸軍屯於漠南：底本無“軍”字，源氏校勘記“諸”下補“軍”字，中華本校勘記云：“諸本脱‘軍’字，據《魏書》《通志》補。”今從改。

[3]“還”至“劫盗息止”：毛本作“還除殿中尚書出爲長安鎮謗其不若者可無慎乎時考殿劫盗息止”。毛本語意不通，從底本。

[4]“復拜”至“參都曹事”：毛本作“復拜殿中尚書加侍”。毛本語意不通，從底本。

［5］“又督諸軍”至“參議律令”：毛本作“宣天下後徵拜太尉蠕蠕寇邊賀道大將鹹受節度遷尚書令參”。毛本語意不通，從底本。

［6］“後例降爲公”至“領中軍事”：毛本作“京兆王子推時賀都督諸軍事屯又徙駕南征加衛大將軍領中”。毛本語意不通，從底本。

［7］“以母憂”至“穀一千石”：毛本作“執不可即詔持節奉皇帝璽綬以一千石”。毛本語意不通，從底本。

景明二年，除尚書左僕射，加位特進。[1]時詔以姦吏犯罪，每多逃遁，肆眚乃出，並皆釋然。自今犯罪，不問輕重，藏竄者，悉皆遠流。[2]若永避不出，兄弟代徙。懷乃奏曰：“謹案條制，逃吏不在赦限。竊惟聖朝之恩，事異前宥，諸流徙在路，尚蒙旋返，況有未發，而仍遣邊戍？案守宰犯罪，逃走者衆，禄潤既優，尚有兹失，及蒙恩宥，卒然得還。今獨苦此等，恐非均一之法。”書奏，門下以成式既班，駁奏不許。[3]懷重奏曰：“臣以爲法貴經通，政尚簡要，刑憲之設，所以網羅罪人，[4]苟理之所備，不在繁典。伏尋條制，勳品以下，罪發逃亡，遇恩不宥。[5]雖欲抑絶姦途，匪爲通式。謹按事條，侵官敗法，專據流外，豈九品已上，人皆貞白也？[6]其諸州守宰，職任清流，至有貪濁，事發逃竄，而遇恩免罪；勳品已下，獨求斯例。如此，則寬縱上流，法切於下，育物有差，惠罰不等。又謀逆滔天，經恩尚免，[7]吏犯微罪，獨不蒙赦，使大宥之經不通，開生之路致壅，進違古典，退乖今律。臣少踐天官，老荷樞要，每見訴訟，出入嗟苦，輒率愚見，以爲宜停。”書奏，宣武納之。

［1］“景明二年”至“加位特進”：毛本作“之多所降破賀依古今兵法及先進”。毛本語意不通，從底本。特進，官名。北魏時爲加官名號，贈致仕大臣。二品。

［2］“肆眚（shěng）乃出”至“悉皆遠流”：毛本作“圖上獻文覽而嘉焉又都督三問輕重藏竄著悉皆遠流”。毛本語意不通，從底本。肆眚，寬赦罪人。眚，同“省”，省免。

［3］“若永避不出”至“駁奏不許”：毛本作“今弩一牀給牛六頭武衛一乘給牛下以成式既班駁奏不許”。毛本語意不通，從底本。守宰，地方官的别稱，多稱郡守。成式，確定的規章。

［4］“懷重奏曰”至“網羅罪人”：毛本作“懷重略大將二人以鎮撫之冬則講武刑憲之設所以網羅罪人”。毛本語意不通，從底本。

［5］“苟理之所備”至“遇恩不宥”：毛本作“苟理而有盈蓄矣又於白道南三處立品以下罪發逃亡遇恩不宥”。毛本語意不通，從底本。伏尋條制，底本“條”作“條例”，中華本校勘記云：“諸本‘條’下衍‘例’字，據《魏書》删。‘條制’是當時成語，上文亦見‘謹案條制’。”今從改。

［6］“雖欲抑”至“人皆貞白也”：毛本作“雖足兵以備不虞於事爲便不苟歲侵官敗法專據流外豈九品巳骸骨至於再三乃許之”。毛本語意不通，從底本。通式，通達的規章。侵官敗法，侵越職守毁壞法律。專據流處，專門抓九品以下的官員。

［7］“其諸州守宰”至“經恩尚免”：毛本作“朝有大議清流至有貪濁事發逃竄而遇忠篤還於京師乃遺令諸子曰吾免”。毛本語意不通，從底本。法切，刑法嚴厲。育物有差，惠罰不等，培育民衆有差别，恩惠刑罰不平等。

其年，除車騎大將軍、涼州大中正。[1]懷又表曰：“昔世祖升遐，[2]南安在位，出拜東廟，爲賊臣宗愛所賊。[3]時高宗避難，[4]龍潛苑中，宗愛異圖，神位未立。先臣賀與長孫渴侯、陸麗等奉迎高宗，纂徽寶命。[5]麗以扶負聖躬，親所見識，蒙授撫軍、司徒公、平原王。[6]興安二年，[7]追論定策之勳，進先臣爵西平王。皇興季年，顯祖將傳大位於京兆王，[8]先臣時都督諸將屯於武川，[9]被徵詣京，特見顧問。先臣固執不可，顯祖久乃許之，遂命先臣持節授皇帝璽綬於高祖。[10]至太和十六年，麗息叡狀秘書，稱其亡父與先臣援立高宗，朝廷追録，封叡鉅鹿郡開國公。[11]臣時丁艱草土，[12]不容及例。至二十年，除臣雍州刺史。臨發奉辭，面奏先帝，申先臣舊勳。時蒙敕旨，但赴所臨，尋當别判。至二十一年，車駕幸雍，臣復陳聞。時蒙敕旨，征還當授。自宫車晏駕，遂爾不申。竊惟先臣，[13]遠則援立高宗，寶曆不墜；近則陳力顯祖，神器有歸。[14]如斯之勳，超世之事也。麗以父功，而獲山河之賞；[15]臣有家勳，不霑茆土之錫。[16]得否相懸，請垂裁處。”詔曰：“宿老元臣，[17]云如所訴，訪之史官，頗亦言此。可依比授馮翊郡開國公，[18]食邑九百户。”[19]

[1]車騎大將軍：官名。多加元老重臣，以示尊崇，一品。開府置僚屬，不領兵。北魏孝文帝太和十七年定爲一品中，二十三年改爲從一品。

[2]世祖：即北魏皇帝拓跋燾。世祖爲其廟號。　升遐：帝王

去世的婉辭。

[3]爲賊臣宗愛所賊：《魏書》卷四一《源賀傳》作“爲賊臣宗愛所弑”，《册府元龜》卷一三〇同《魏書》。《通志》卷一四七同《北史》。

[4]高宗：即北魏皇帝拓跋濬。高宗爲其廟號。

[5]纂徽寶命：繼承徽號天命。

[6]蒙授撫軍：《魏書·源賀傳》作“蒙受撫軍大將軍”。《册府元龜》卷一三〇同《魏書》，《通志》卷一四七同《北史》。

[7]興安：北魏文成帝的年號（452—454）。

[8]顯祖：即北魏皇帝拓跋弘。顯祖爲其廟號。

[9]武川：軍鎮名。在今内蒙古武川縣。

[10]高祖：即北魏皇帝元宏。高祖爲其廟號。

[11]開國公：封爵名。北朝時爲開國郡公、開國縣公的省稱。食邑爲郡或縣，故爵前常冠以所封郡名或縣名。

[12]丁艱草土：居父母之喪。

[13]竊：宋本作“切”。

[14]神器有歸：使帝位有歸屬。

[15]麗以父功而獲山河之賞：中華本校勘記云：“按上文言陸叡狀秘書，稱其父（即陸麗）立高宗之勳，得封鉅鹿郡公。此‘麗’當作‘叡’。但《魏書》《通志》都作‘麗’，今不改。”今從之。

[16]不霑茆土之錫：没有得到賞賜。局本、中華本“茆”作“茅”。《魏書·源賀傳》作“不沾茅社之錫”，《通志》卷一四七、《册府元龜》卷一三〇同《北史》。茅土，指王、侯的封爵。古天子分封王、侯時，用代表方位的五色土築壇，按封地所在方向取一色土，包以白茅而授之，作爲受封者得以有國建社的象徵。

[17]宿老元臣：《魏書·源賀傳》作“宿老元丕”，《册府元龜》卷一三〇同《魏書》，《通志》卷一四七同《北史》。今從《北史》。

［18］可依比授馮翊郡開國公：底本“比授”作“授北”，源氏校勘記云：“‘授北’《魏書》作‘比授’。”中華本校勘記云：“諸本‘比授’作‘授北’，《魏書》作‘比授’。按《魏書·地形志》無‘北馮翊郡’。此乃‘比授’誤倒，又‘比’訛作‘北’。今據改。”今從改。馮翊，郡名。北魏時治高陸縣，在今陝西高陵縣。

［19］食邑九百户：《魏書·源賀傳》作“邑百户”，《册府元龜》卷一三〇同《魏書》，《通志》卷一四七同《北史》。

又詔爲使持節，加侍中、行臺，巡行北邊六鎮，[1]恒、燕、朔三州，[2]賑給貧乏，兼採風謡，考論殿最，事之得失，先決後聞。自京師遷洛，邊朔遥遠，加以連年旱儉，百姓困弊。懷銜命撫導，存恤有方，便宜運轉，有無通濟。時后父于勁勢傾朝野，[3]勁兄子祚與懷宿昔通婚，[4]時爲沃野鎮將，頗有受納。懷將入鎮，[5]祚郊迎道左，懷不與相聞，即劾祚免官。懷朔鎮將元尼須與懷少舊，亦貪穢狼籍。置酒請懷，曰：“命之長短，由卿之口，豈可不相寬貸？”懷曰：“今日之集，乃是源懷與故人飲酒之坐，非鞫獄之所也。明日公庭，始爲使人檢鎮將罪狀之處。”尼須揮淚而已，無以對之。既而懷表劾尼須。其奉公不撓，皆此類也。時百姓爲豪强陵壓，積年枉滯，一朝見申者，日有百數。所上事宜，便於北邊者，凡三十餘條，[6]皆見嘉納。

［1］北邊六鎮：北魏時爲防禦北方游牧民族的攻擊自東而西設立懷荒鎮、柔玄鎮、撫冥鎮、武川鎮、懷朔鎮、沃野鎮等軍鎮，史稱六鎮。

［2］恒：州名。北魏時治平城，在今山西大同市東北古城。

燕：州名。北魏時治廣寧縣，在今河北涿鹿縣。朔：州名。北魏時治盛樂，在今内蒙古和林格爾縣西北。

［3］于勁：人名。字鐘葵，代（今山西大同市東北）人，鮮卑族。北魏官吏。見《北史》卷二三《于栗磾附于勁傳》。

［4］勁兄子祚：《魏書》卷四一《源賀傳》作“勁兄于祚”。《通志》卷一四七同《北史》。《山西通志》卷九五同《魏書》。王化昆《〈魏書〉勘誤一則》（《中國史研究》2002 年第 1 期）指出，《魏書·源賀傳》“勁兄于祚”誤，應爲“勁兄子祚”。今從。祚，即于祚，人名。字萬年，代（今山西大同市東北）人，鮮卑族。北魏官吏。見《魏書》卷三一《于栗磾附于祚傳》。

［5］懷將入鎮：底本無“懷”字，中華本校勘記云：“諸本脱‘懷’字，據《魏書》《通志》補。”今從改。

［6］凡三十餘條：源氏校勘記云：“《魏書》（‘三十’）作‘四十’。”《魏書·源賀傳》作“凡四十餘條”，《册府元龜》卷六五五同《魏書》，《通志》卷一四七同《北史》。

正始元年九月，有告蠕蠕率十二萬騎，六道並進，欲直趣沃野、懷朔，南寇恒、代。詔懷以本官加使持節、侍中，出據北蕃，指授規略，[1]隨須徵發，諸所處分，皆以便宜從事。又詔懷子直寢徵隨懷北行。[2]詔賜馬一匹、細鎧一具、御矟一枚。懷拜受既訖，乃於其庭，跨鞍執矟，躍馬大呼。顧謂賓客曰：“氣力雖衰，尚得如此。蠕蠕雖畏壯輕老，我亦未便可欺。今奉廟勝之規，總驍捍之衆，足以禽其酋帥，[3]獻俘闕下耳。”時年六十一。懷至雲中，[4]蠕蠕亡遁。旋至恒、代，乃案視諸鎮左右要害之地，可以築城置戍之處，皆量其高下，揣其厚薄，及儲糧積仗之宜，犬牙相救之勢，凡表五十八條，宣武並從之。卒，贈司徒公，謚曰惠。

[1]指授規略：指點授以規劃謀略。

[2]徵：《通志》卷一四七、《册府元龜》卷七七同底本，《魏書》卷四一《源賀傳》作“徽”，源氏校勘記改“徵”作“徽”，中華本校勘記云：“《魏書》‘徵’作‘徽’，下又言懷第三子名‘徽’，疑此‘徵’字訛。”可從。

[3]足以禽其酋帥：中華本作“擒”。按：“擒”“禽”通。

[4]雲中：郡名。北魏時治盛樂縣，在今内蒙古和林格爾縣西北。

懷性寬簡，不好煩碎。恒語人曰：“爲政貴當舉綱，[1]何必須大子細也！如爲屋，但外望高顯，[2]楹棟平正，足矣。斧斤不平，非屋病也。”性不飲酒，而喜以飲人。好接賓客，雅善音律，雖在白首，[3]至宴居之暇，常自操絲竹。[4]

[1]舉綱：辦事情抓住關鍵部分。

[2]高顯：高大顯赫。

[3]白首：年老。

[4]絲竹：弦樂器和管樂器。

子子邕，字靈和。少好文雅，篤志於學，推誠待士，士多歸之。累遷夏州刺史。時沃野鎮人破六韓拔陵首爲反亂，[1]統萬逆徒，[2]寇害應接。子邕嬰城自守，[3]城中糧盡，煑馬皮而食之。子邕善綏撫，無有離貳。以飢饉轉切，欲自出求糧，留子延伯據守。[4]僚屬僉云，[5]

未若棄城俱去，更展規略。子邕泣請於衆曰：“吾世荷國恩，此是吾死地，更欲何求！”遂自率羸弱向東夏運糧。[6]延伯與將士送出城，哭而拜辭，三軍莫不嗚咽。子邕爲朔方胡帥曹阿各拔所邀，[7]力屈被執。乃密遣人齎書間行與城中云：“大軍在近，汝其奉忠，勿移其操。”子邕雖被囚束，雅爲胡人所敬，常以百姓禮事之。子邕爲陳安危禍福之端，勸阿各拔令降。將從之，未果而死。拔弟桑生代總部衆，竟隨子邕降。時北海王顥爲大行臺，[8]子邕具陳諸賊可滅狀。顥給子邕兵，令其先出。時東夏合境反叛，所在屯結，子邕轉戰而前，九旬之中，凡數十戰，乃平東夏。徵税租粟，運糧統萬，於是二夏漸寧。[9]

[1]破六韓拔陵：人名。亦作“破落汗拔陵”“破六汗拔陵”。北魏末六鎮起義軍首領。兵敗，爲柔然黨族所殺。

[2]統萬：軍鎮名。在今陝西靖邊縣東北。

[3]嬰城：環城。

[4]延伯：即源延伯，人名。西平樂都（今青海樂都縣）人，鮮卑族。北魏官吏。見《魏書》卷四一《源賀附源延伯傳》。

[5]僉（qiān）：全部。

[6]東夏：州名。治所在今陝西延安市東延河東岸。

[7]曹阿各拔：人名。朔方（今陝西子長縣）人。少數民族起義首領。北魏末，邊鎮起義爆發，曹阿各拔亦在朔方起兵回應。

[8]北海王：封爵名。北海，郡名。北魏時治平壽城，在今山東昌樂縣東南。　顥：即元顥，人名。字子明，河南洛陽（今河南洛陽市）人。北魏宗室、大臣。見《北史》卷一九《北海王詳附元顥傳》。　大行臺：官名。爲大行臺長官的省稱。大行臺，官署

名。北魏置。爲尚書省在各主要地區的派出機構，管理轄區内軍政事務。是地方最高行政機構。設大行臺尚書令兼長官。

[9]二夏：指東夏州、西夏州。西夏州，北魏時寄治於并州界，在今山西太原市西南。

及蕭寶夤等爲賊所敗，[1]關右騷擾，時子邕新平黑城，[2]遂率士馬并夏州募義人，鼓行南出。賊帥康維摩守鋸谷，[3]斷絶甄棠橋，[4]子邕與戰，大破之，禽維摩。又攻破賊帥契官斤於楊氏堡。[5]出自西夏，至於東夏，轉戰千里。至是，朝廷始得委問。除兼行臺尚書。[6]復破賊帥紇單步胡提於曲沃，[7]明帝璽書勞勉之。[8]子邕在白水郡破賊率宿勤明達子阿非軍，[9]多所斬獲。除給事黄門侍郎，封樂平縣公。[10]

[1]蕭寶夤：人名。字智亮，南蘭陵（一説在今江蘇常州市，一説在今江蘇丹陽市）人。北魏將領。見《北史》卷二九《蕭寶夤傳》。

[2]黑城：在今内蒙古呼和浩特市西北。

[3]康維摩：人名。北魏末起義軍首領。　鋸谷：地名。今地不詳。

[4]斷絶：毛本、殿本、四庫本、四部備要本作“斷紹”。按：根據文意，從底本。　甄棠橋：地名。今地不詳。

[5]契官斤：人名。北魏末六鎮起義軍首領。　楊氏堡：地名。在今陝西韓城市黄河西岸。

[6]行臺尚書：官名。北魏、西魏、東魏置。爲行臺屬官，分理各曹事。北魏孝文帝太和二十三年定爲正四品。

[7]復破賊帥紇單步胡提於曲沃：中華本校勘記云：“《魏書》

‘沃’下有‘堡’字。按上下文，此地當在今陝北，非在今山西之曲沃。疑此脱‘堡’字。”可從。紇單步胡提，人名。北魏末關隴起義軍首領。

[8]明帝：即北魏皇帝元詡。明爲其謚號。

[9]白水郡：北魏時治白水縣，在今陝西白水縣。　宿勤明達：人名。夏州（今陝西靖邊縣白城子村北）人。北魏末起義軍首領。　阿非：人名。夏州（今陝西靖邊縣白城子村北）人。北魏末起義軍將領。

[10]樂平縣公：封爵名。樂平縣，治所在今山西昔陽縣。

以葛榮久逼信都，詔子邕爲北討都督。時相州刺史、安樂王鑒據鄴反，[1]敕子邕與都督李神軌先討平之。[2]改封陽平縣公。[3]遂與裴衍發鄴，[4]討葛榮。而信都城陷，除子邕冀州刺史，與裴衍俱進。子邕戰敗而殁，贈司空，謚曰莊穆。

[1]安樂王：封爵名。安樂，縣名。治所在今北京順義區西北。　鑒：即元鑒，人名。字長文。北魏宗室、大臣。見《北史》卷一九《安樂王長樂附元鑒傳》。

[2]李神軌：人名。頓丘（今河南清豐縣西南）人。北魏官吏。見《北史》卷四三《李崇附李神軌傳》。

[3]陽平縣公：封爵名。陽平，郡名。北魏時治館陶縣，在今河北館陶縣。

[4]裴衍：人名。字文舒，河東聞喜（今山西聞喜縣）人。北魏官吏。見《北史》卷四五《裴叔業附裴衍傳》。

子邕弟子恭，字靈順，聰敏好學。稍遷尚書北主客郎，[1]攝南主客事。[2]時梁亡人許周自云梁給事黄門侍郎，[3]朝士咸共信待。子恭奏以爲真僞難辯，[4]請下徐、揚二州密訪。[5]周果以罪歸闕，[6]詐假職位，如子恭所疑。河州羌却鐵忽反，[7]詔子恭爲行臺討之。子恭示以威恩，兩旬間悉降。朝廷嘉之。

[1]尚書北主客郎：官名。北魏時掌護駕及接待周邊民族使節賓客事務。孝文帝太和十七年定郎爲從五品中，郎中五品上；二十三年皆稱郎中，六品。

[2]攝：代理、兼職。　南主客事：指掌管南主客曹的事務。南主客曹，官署名。東漢光武帝時分客曹曹置，與北主客曹分掌護駕及接待周邊民族使節賓客事務。北魏亦置。

[3]許周：人名。北魏官吏。北魏宣武帝時，自南朝梁投魏，稱己爲給事黄門侍郎，經司徒祭酒源子恭查實爲冒稱職位。後爲尒朱榮參軍。

[4]辯：四庫本、中華本作“辨”。按：“辯”“辨”通。

[5]徐：州名。北魏時治彭城縣，在今江蘇徐州市。　揚：州名。北魏時治壽春縣，在今安徽壽縣。

[6]歸闕：到皇宫自首。

[7]河州：北魏時治枹罕，在今甘肅臨夏市。　羌：族名。見《北史》卷九六《氐傳》。　却鐵忽：元大德本、毛本作“却鐵忠”。

正光元年，爲行臺左丞，[1]巡北邊。轉爲起部郎中。[2]明堂、辟雍並未建就，[3]子恭上書，求加經綜，書奏，從之。稍遷豫州刺史。[4]頻以軍功，加鎮南將軍，兼尚書行臺。元顥之入洛也，加子恭車騎將軍，[5]子恭不敢拒之，而頻遣間使參莊帝動静。未幾，顥敗，車駕還洛，録前後征討功，封臨潁縣侯，[6]侍中。尒朱榮之死也，世隆、度律斷據河橋，[7]詔子恭爲都督以討之。尋而太府卿李苗夜燒河橋，[8]世隆退走，以子恭兼尚書僕射，爲大行臺、大都督。[9]節閔帝初，[10]以預定策勳，封臨汝縣子。[11]

［1］行臺左丞：官名。北魏後期置。爲行臺尚書省官員，職責同於尚書左丞，輔省内左三部十二司，員一人。孝文帝太和二十三年後爲從四品。

［2］起部郎中：官名。尚書省起部曹長官通稱。掌營建宗廟宫室，製作軍國器械。北魏孝文帝太和十七年定爲五品上，二十三年定爲六品。

［3］明堂：天子宣明政教的地方。朝會、祭祀、慶賞、教學、養老、選士等大典在此舉行。　辟雍：本指周王朝爲貴族子弟所設的太學。後泛指學校。

［4］豫州：北魏時治上蔡縣，在今河南汝南縣。

［5］車騎將軍：官名。魏晋南北朝時多爲加官，位在驃騎將軍之下，各名號將軍之上。北魏孝文帝太和十七年定爲一品下，二十三年定爲二品。

［6］臨潁縣侯：封爵名。臨潁，縣名。治所在今河南臨潁縣西北。

［7］度律：即尒朱度律，人名。北秀容（今山西朔州市）人，契胡族。北魏官吏。見《北史》卷四八《尒朱榮附尒朱度律傳》。　河橋：橋名。在今河南孟州市西南黄河上。爲歷代兵争之地。

［8］太府卿：官名。南朝梁置。掌管金帛庫藏出納、關市税收，以供國家、宫廷用度。轄左右藏、上庫、太倉、南北市諸令丞及各地關津。北魏時位列九卿，兼南朝太府、少府二卿之職。孝文帝太和二十三年定爲三品。　李苗：人名。字子宣，梓潼涪（今四川綿

陽市東）人。北魏官吏。見《北史》卷四五《李苗傳》。

[9]大都督：官名。高級軍事長官。北魏後期加以各種名號，負責統兵作戰或爲某一地區的軍事統治者。

[10]節閔帝：即北魏皇帝元恭。節閔爲其謚號。

[11]臨汝縣子：封爵名。臨汝，縣名。治所在今河南上蔡縣西南。

永熙中，[1]入爲吏部尚書。以子恭前在豫州戰功，追賞襄城縣男。[2]又論子恭餘效，封新城縣子，[3]子恭尋表請轉授第五子文盛，許之。天平初，除中書監。三年，拜魏尹，[4]又爲齊神武王軍司。[5]卒，贈司空公，[6]謚曰文獻。子彪。

[1]永熙：北魏孝武帝的年號（532—534）。

[2]襄城縣男：封爵名。襄城，縣名。治所在今河南襄城縣。

[3]新城縣子：封爵名。新城，縣名。治所在今河南伊川縣西南。

[4]魏尹：官名。京都行政長官。東魏孝静帝天平元年遷都於鄴置。北齊時改稱清都尹。

[5]齊神武王：即高歡。神武爲其謚號，北齊後主所追謚。軍司：官名。西晋時改軍師爲此稱。北魏時掌軍中監察、匡扶主帥之職。

[6]司空公：官名。司空的尊稱。爲名譽宰相，多爲大臣加官。一品。

彪字文宗，學涉機警，少有名譽。魏永安中，以父功賜爵臨潁縣伯。[1]天平四年，爲凉州大中正。及齊文襄擂選，沙汰臺郎，[2]以文宗爲尚書祠部郎中。[3]皇建二年，[4]累遷涇州刺史。文宗以恩信待物，甚得邊境之和，爲鄰人所欽服，前政被抄掠者，多被放遣。累遷秦州刺史，乘傳之府，特給後部鼓吹。[5]時李孝貞聘陳，[6]陳主云："齊朝還遣源涇州來在瓜步，[7]真可謂通和矣。"

[1]以父功賜爵臨潁縣伯：底本無"父"字，中華本校勘記云："諸本脱'父'字，據《北齊書》卷四三《源彪傳》補。《魏書·源賀傳》云，'子恭存日，轉授臨潁縣開國侯。''侯''伯'不同，但可證當有'父'字。"今從改。

[2]沙汰：挑選。　臺郎：官名。北魏時凡尚書曹郎、郎中、侍郎皆可簡爲此稱，掌收發文書奏章庶務，可直接向皇帝奏報本職政務。孝文帝太和二十三年定爲六品。

[3]尚書祠部郎中：官名。爲祠部曹主官，掌祭祀禮儀。北魏孝文帝太和二十三年後定爲第六品。

[4]皇建：北齊孝昭帝的年號（560—561）。

[5]鼓吹：演奏鼓吹樂的樂隊。本用於軍中，後賜予有功大臣，遂成爲皇帝賜予臣下的一種禮遇。

[6]時李孝貞聘陳：底本無"孝"字，中華本校勘記云："諸本無'孝'字，據《北齊書》補。李孝貞使陳見本書卷三三《李順傳》。"今從改。李孝貞，人名。字元操，趙郡平棘（今河北趙縣）人。北齊、隋朝官吏。見《北史》卷三三《李順附李孝貞傳》。

[7]瓜步：山名。今江蘇南京市六合區東南瓜埠山。

武平三年，授秘書監。[1]陳將吴明徹寇淮南，歷陽、瓜步相尋失守。[2]趙彦深於起居省密訪文宗討捍之計。[3]文宗曰："國家待遇淮南，失之同於蒿箭。以爲宜以淮南委之王琳。[4]琳於曇頊，[5]不肯北面事之明矣。”彥深曰：“弟此良圖。[6]但以口舌爭來十日，已是不見從。時事如此，安可盡言！”因相顧流涕。及齊平，與陽休之等十八人入京，授儀同大將軍、司成下大夫。[7]隋開皇中，拜莒州刺史。[8]遇病去官，卒。

［1］秘書監：官名。北齊時爲秘書省主官，掌古今圖書，考校文字異同，領著作省。三品。

［2］歷陽：縣名。治所在今安徽和縣。

［3］趙彥深：人名。原名隱，字彥深，以字行。自稱南陽宛（今河南南陽市）人。東魏、北齊大臣。見《北史》卷五五《趙彥深傳》。　起居省：官署名。北齊置。屬集書省，掌起居注的修撰。置散騎常侍、通直散騎常侍、散騎侍郎、通直散騎侍郎各一人，校書郎二人。

［4］王琳：人名。字子珩，會稽山陰（今浙江紹興市）人。北齊將領。見《北齊書》卷三二《王琳傳》。

［5］曇頊：即陳頊，人名。又名曇頊，字紹世，吴興長城下若里（今浙江長興縣）人。南朝陳皇帝。見《陳書》卷五《宣帝傳》。

［6］弟：殿本、四庫本、四部備要本作“第”。

［7］儀同大將軍：官名。北周武帝建德四年（575），改車騎大將軍、儀同三司爲此稱。主要授予有軍勳的功臣及北齊降官。九命。　司成下大夫：官名。北周置。典國史。正四命。

［8］開皇：隋文帝的年號（581—600）。　莒州：隋朝時治東莞縣，在今山東沂水縣。

文宗以貴族子弟升朝列，才識敏贍，以幹局見知。然好游貴要之門，時論以爲善附會。

子師，字踐言。[1]少知名，明辯有識悟，尤以吏事自許。仕齊爲尚書左外兵郎中，[2]又攝祠部。[3]後屬孟夏，[4]以龍見請雩。[5]時高阿那肱爲録尚書事，[6]謂爲真龍出見，大驚喜，問龍所在，云："作何顏色？"師整容云："此是龍星初見，依禮當雩祭郊壇，[7]非謂真龍別有所降。"阿那肱忿然作色曰："漢兒多事，强知星宿。"祭事不行。[8]師出，竊歎曰："國家大事，在祀與戎，禮既廢也，其能久乎？齊亡無日矣！"尋周武帝平齊，授司賦上士。[9]

[1]子師字踐言：底本作"師字踐言"，四庫本、中華本作"子師，字踐言"，四部備要本作"子師，師字踐言"。今從四庫本、中華本改。

[2]尚書左外兵郎中：官名。北齊時屬五兵尚書。六品上。

[3]祠部：官署名。尚書省諸曹之一。掌宗廟祭祀禮樂制度。

[4]孟夏：夏季的第一個月，即夏曆四月。

[5]以龍見請雩（yú）：因蒼龍出現請求舉行求雨之祭。雩，爲求雨舉行的祭祀。

[6]高阿那肱：人名。善無（今山西右玉縣東南）人。北齊官吏。見《北史》卷九二《高阿那肱傳》。

[7]郊壇：祭祀所築的土壇，設在南郊。

[8]祭事不行：宋本作"祭不行"。

[9]司賦上士：官名。西魏置。掌功賦之政令。正三命。

隋文帝受禪，累遷尚書左丞，以明幹著稱。時蜀王秀頗違法度，[1]乃以師爲益州總管司馬。[2]俄而秀被徵，秀恐京師有變，將謝病。師數勸之，不可違命。秀乃作色曰："此我家事，何預卿也?"師垂涕苦諫，秀乃從徵。秀發後，州官屬多相連坐，[3]師以此獲免。後加儀同三司。

[1]蜀王秀：即楊秀。隋文帝第四子。見《北史》卷七一《庶人秀傳》。

[2]司馬：官名。軍府的高級幕僚，掌參贊軍務、管理府内武職，地位僅次於長史。其品秩隨府主品秩高低而定。

[3]秀發後州官屬多相連坐：源氏校勘記改"發"作"廢"；中華本校勘記云："《隋書》卷六六《源師傳》'發'作'廢'，'州'上有'益'字，此當是訛脱。"可從。

煬帝即位，[1]拜大理少卿。[2]帝在顯仁宫，[3]敕宫外衛士，不得輒離所守。有一主帥，私令衛士出外，帝付大理。[4]師據法奏徒。帝令斬之。師奏曰："若陛下初便殺之，自可不關文墨，[5]既付有司，義歸恒典。脱宿衛近侍者更有此犯，將何以加之?"帝乃止。師居職强明，有口辯，而無廉平之稱。卒於刑部侍郎。[6]

[1]煬帝：即隋朝皇帝楊廣。煬爲其謚號。

[2]大理少卿：官名。北齊置。爲大理寺次官，掌决正刑獄。隋朝沿置，正四品上。煬帝大業三年定爲從三品。

[3]顯仁宫：在今河南宜陽縣東。

[4]大理：官署名。隋朝時掌司法審判。

[5]文墨：法律條款。

[6]刑部侍郎：官名。隋朝置。協尚書同掌部務。正四品。

子恭弟纂，字靈秀，位太府少卿。[1]遇害河陰，贈定州刺史。子雄。

[1]太府少卿：官名。北魏孝文帝時始置。爲太府副貳，位在丞上。隋初爲正四品上，煬帝時改爲從四品。

雄字世略，少寬厚，美姿容。初仕魏，歷位秘書郎。在周以伐齊功，封朔方公，[1]歷冀、平二州刺史，[2]檢校徐州總管。及尉遲迥作亂，時雄家累在相州，迥潛以書誘之，雄卒不顧。隋文帝遺書慰勉之。迥遣其將畢義緒據蘭陵，[3]席毗陷昌慮下邑，[4]雄遣衆悉平之。陳人見中原多故，遣其將陳紀、蕭摩訶、任蠻奴、周羅睺、樊毅等侵江北，[5]自江陵，東距壽陽，[6]人多應之，攻陷城鎮。雄與吴州總管于顗等擊走之，[7]悉復故地。進位上大將軍，[8]拜徐州總管，遷朔州總管。[9]

[1]朔方公：封爵名。朔方，郡名。北周時治巖緑縣，在今内蒙古烏審旗南。

[2]平州：北周時治肥如縣，在今河北盧龍縣北。

[3]蘭陵：郡名。北周時治承城，在今山東棗莊市東南。

[4]昌慮：縣名。治所在今山東滕縣東南。

[5]陳紀：人名。又名陳慧紀，字元方，吴興長城（今浙江長興縣）人。南朝陳宗室。見《陳書》卷一五《陳慧紀傳》。　蕭摩訶：人名。字元胤，蘭陵（一説在今江蘇常州市，一説在今江蘇丹陽市）人。南朝陳官吏。見《陳書》卷三一《蕭摩訶傳》。　任蠻奴：人名。字奉誠，原名任忠，小名蠻奴，汝陰（今安徽阜陽市）人。南朝陳、隋朝將領。見《陳書》卷三一《任忠傳》。　周羅

睺：人名。字公布，九江尋陽（今江西九江市）人。南朝陳將領。見《北史》卷七六《周羅睺傳》。　樊毅：人名。字智烈，南陽湖陽（今河南唐河縣西）人。南朝陳將領。見《陳書》卷三一《樊毅傳》。

[6]壽陽：縣名。治所在今安徽壽縣。

[7]吴州：南朝陳時治會稽縣，在今浙江紹興市。

[8]上大將軍：官名。北周時爲高級武官名號，位在大將軍之上，正九命。隋朝時爲從二品散實官，煬帝大業三年罷。

[9]朔州：北周時治善陽縣，在今山西朔州市朔城區。

平陳之役，從秦王俊出信州道。[1]陳平，以功進位上柱國，[2]賜子崇爵端氏縣伯，[3]褒爲安化縣伯，[4]復鎮朔方。[5]後歲，上表乞骸骨，徵還京師，卒於家。

[1]秦王俊：即楊俊。字阿祇，隋文帝第三子。見《北史》卷七一《秦王俊傳》。

[2]上柱國：官名。掌軍政，主征戰。隋朝時爲從一品。煬帝大業三年罷。

[3]端氏縣伯：封爵名。端氏，縣名。治所在今山西沁水縣東北。

[4]安化縣伯：封爵名。安化，縣名。治所在今内蒙古五原縣附近。

[5]復鎮朔方：中華本校勘記云："《隋書》'朔方'作'朔州'。按《隋書·地理志》：朔方郡，後魏置夏州；朔州，隋大業中改爲馬邑郡。二地不同。源雄先爲朔州總管，復鎮也當是朔州，疑此誤。"可從。

子崇嗣，[1]大業中，[2]爲尚書虞部郎，[3]討北海賊，[4]

力戰死之，贈正議大夫。[5]

[1]子崇嗣：底本“崇”作“嵩”，中華本校勘記云：“諸本‘崇’訛‘嵩’，據《隋書》卷三九《源雄傳》及上文‘賜子崇爵端氏縣伯’語改。”今從改。

[2]大業：隋煬帝的年號（605—617）。

[3]尚書虞部郎：官名。隋煬帝大業三年改虞部侍郎置。爲隋朝尚書省工部虞部司長官。正六品上。

[4]北海：郡名。隋朝時治益都縣，在今山東青州市北。

[5]正議大夫：官名。隋朝始置。正四品。職掌不詳。

劉尼，代人也。曾祖敦，有功於道武，爲方面大人。[1]父婁，爲冠軍將軍。[2]尼勇果善射，太武見而善之，拜羽林中郎，賜爵昌國子。[3]宗愛既殺南安王余於東廟，秘之，唯尼知狀。尼勸愛立文成。愛自以負罪於景穆，[4]聞而驚曰：“君大癡人！皇孫若立，豈忘正平時事乎？”尼曰：“若爾，立誰？”愛曰：“待還宫，擢諸王子賢者而立之。”尼懼其有變，密以狀告殿中尚書源賀。時與尼俱典兵宿衛，仍共南部尚書陸麗謀，密奉皇孫。於是，賀與尚書長孫渴侯嚴兵守衛，尼與麗迎文成於苑中。麗抱文成於馬上，入於京城。尼馳還東廟，大呼曰：“宗愛殺南安王，大逆不道。皇孫已登大位。有詔，宿衛之士，皆可還宫。”衆咸唱萬歲。賀及渴侯登執宗愛、賈周等，[5]勒兵而入，奉文成於宫門外，入登永安殿。[6]以尼爲内行長，[7]封東安公。[8]

［1］方面大人：官名。統率部族之首領。此“方面”不知何所指。

［2］冠軍將軍：官名。北魏時爲將軍名號，位在輔國將軍之上。孝文帝太和二十三定爲從三品。

［3］昌國子：封爵名。昌國，縣名。治所在今山東臨朐縣。

［4］景穆：即北魏太武帝太子拓拔晃。景穆爲其謚號，北魏文成帝所追謚。

［5］賈周：人名。北魏宦官。太武帝正平二年，與中常侍宗愛殺太武帝拓跋燾，立南安王余。旋又殺余。尋與宗愛同爲尚書源賀等所殺。

［6］永安殿：在今山西大同市東北古城中。

［7］内行長：官名。北魏置。爲皇帝左右的侍從首領，在皇帝出征時有護衛之責。連接皇帝與外朝，權力很大。孝文帝改制罷。

［8］東安公：封爵名。東安，郡名。北魏時治團城，在今山東沂水縣沂水鎮。

尋遷尚書右僕射，[1]爲定州刺史。在州清慎，然率多酒醉。文成末，爲司徒。[2]獻文即位，以尼有大功於先朝，特加尊重，賜别户四十。[3]皇興四年，車駕北征，帝親誓衆，而尼昏醉，兵陳不整。帝以其功重，特恕之，免官而已。延興四年薨，子社生襲。

［1］尚書右僕射：官名。北魏時列位宰相，掌都省庶務、執法及選舉。孝文帝太和十七年定爲從一品中，二十三年定爲從二品。

［2］司徒：官名。北魏時掌全國日常行政事務，考核地方官吏，督課州郡農桑，領全國名數户口簿籍。一品。

［3］賜别户四十：《魏書》卷三〇《劉尼傳》作“賜别户三十”，《通志》卷一四七同《魏書》，《册府元龜》卷三一八作“賜

别户三千”。

薛提，太原人，[1]皇始中，[2]補太學生，[3]拜侍御史，[4]累遷晋兵將軍、冀州刺史，[5]封太原公。有政績，徵拜侍中，攝都曹事。太武崩，秘不發喪，尚書左僕射蘭延、侍中和疋等議，[6]以皇孫幼沖，宜立長君，徵秦王翰置之秘室。[7]提曰：“皇孫有世嫡之重，人望所係，春秋雖少，[8]令問聞於天下。[9]廢所宜立而更别求，必有不可。”延等未决，中常侍宗愛知其謀，矯皇后令，徵提等入，殺之。文成即位，以提有謀立之誠，詔提弟浮子襲兄爵太原公，[10]有司奏降爲侯。

[1]太原：郡名。北魏時治晋陽縣，在今山西太原市晋源區古城營村一帶。

[2]皇始：北魏道武帝的年號（396—398）。

[3]太學生：專稱太學博士子弟。

[4]侍御史：官名。北魏時於分曹治事外，亦奉命監國，督察巡視州郡，收捕官吏，宣示詔命。又置監軍侍御史監察軍政。孝文帝太和十七年定爲從五品中，二十三年定爲八品。

[5]累遷晋兵將軍：底本“晋兵將軍”作“晋王丕衛兵將軍”，中華本校勘記云：“諸本‘晋’下有‘王丕衛’三字，《魏書》卷三三《薛提傳》無。按太武弟丕封樂平王，不封晋王；于伏羅封晋王，不名‘丕’。此三字衍文，今據《魏書》删。”今從改。晋兵將軍，官名。北魏道武帝時置。以春秋戰國時的方國名字命名，地位僅次於征、鎮、安、平將軍。孝文帝太和十七年改定官制後未見（參仇鹿鳴《關於北魏幾個將軍號的考釋》，《中華文史論叢》2008年第1期）。

[6]蘭延：人名。北魏大臣。太武帝時爲尚書，封順陽公，當太武帝西巡時都督行臺中外諸軍事。及帝卒，延欲立秦王拓跋翰，猶豫未决，而太監宗愛則密迎吴王拓跋余即位。延失於覺察，遂被收斬。　侍中和疋等議：底本"和疋"作"和延"，中華本校勘記云："諸本'疋'作'延'，《魏書》作'匹'。按本書卷九二、《魏書》卷九四《宗愛傳》，《通鑑》卷一二六作'疋'，即'匹'字。今據改作'疋'。"今從改。

[7]秦王翰：即拓跋翰。北魏宗室。見《北史》卷一六《東平王翰傳》。

[8]春秋：年紀。

[9]令問：毛本、局本作"令聞"。

[10]詔提弟浮子襲兄爵太原公：底本"兄"作"先"，中華本校勘記云："諸本'兄'訛'先'，據《魏書》改。提封太原公，見前。"今從改。

論曰：陸俟以智識見稱，馛乃不替風範，雅杖名節，自立功名，其傳芳銘典，豈徒然也？麗忠國奉主，鬱爲梁棟，資忠履義，[1]赴難如歸，世載克昌，[2]名不虚得。叡、琇以沈雅顯達，何末亦披猖？子彰令終之美，家聲孔振。卬及彦師俱以孝爲本，出處之譽，並可作範人倫。爽學業有聞，亦人譽也。源賀堂堂，非徒武節，觀其翼佐文成，廷抑禪讓，殆乎社稷之臣。懷幹略兼舉，出内馳譽，繼迹賢孝，不墮先業。[3]子邕功立夏方，身亡冀野。彪著名齊朝。師、雄官成隋代，美矣。劉尼忠國，豈徒驍猛之用？薛提正議忠謀，見害姦閹，痛乎！

[1]履義：躬行正義。

[2]克昌：昌盛。

[3]繼迹賢孝不墮先業：源氏校勘記改“孝”作“考”。中華本校勘記云：“《魏書》卷四一史臣論‘孝’作‘考’。按‘賢考’猶云‘賢父’，指源賀，疑‘孝’是‘考’之訛。”可從。

北史　卷二九

列傳第十七

司馬休之　司馬楚之 曾孫裔 司馬景之 司馬叔璠 司馬天助 劉昶　蕭寶夤 兄子贊[1]　蕭正表　蕭祗 子放　蕭退　蕭泰　蕭撝　蕭圓肅　蕭大圜

[1]兄子贊：局本作“元子贊”。

司馬休之，字季豫，河内温人，[1]晋宣帝季弟譙王進之後也。[2]晋度江之後，進子孫襲封譙王。至休之父恬，[3]爲鎮北將軍、青兖二州刺史。[4]天興五年，[5]休之爲荆州刺史，[6]被桓玄逼逐，[7]遂奔慕容德。[8]及玄誅，還建業，[9]復爲荆州刺史。[10]

[1]司馬休之：源氏校勘記云：“《晋書》列傳卷七，《魏書》列傳卷二十五有傳。”　河内：郡名。北魏時治野王縣，在今河南沁陽市。　温：縣名。治所在今河南温縣西南。

[2]晋宣帝季弟譙王進之後也：中華本校勘記云：“錢氏《考異》卷三九云：‘按進卒於魏世，官止中郎，其子遜於武帝初始封譙王。傳所書誤也’。”晋宣帝，即司馬懿。宣爲其謚號，晋武帝司

馬炎所追謚。譙王，封爵名。譙，郡名。西晋時治譙縣，在今安徽亳州市。進，即司馬進，人名。字惠達，河内温（今河南温縣）人。三國魏官吏。見《晋書》卷三七《安平獻王孚傳》。

［3］至休之父恬：源氏校勘記云："恬傳在《晋書》傳卷七。"

［4］鎮北將軍：官名。多爲持節都督，出鎮方面。西晋時爲三品。　青：州名。東晋時治東陽城，在今山東青州市。　兖：州名。東晋時治廩丘縣，在今山東鄆城縣西。

［5］天興：北魏道武帝的年號（398—404）。

［6］荆州：東晋時治江陵縣，在今湖北江陵縣。

［7］桓玄：人名。字敬道，譙國龍亢（今安徽懷遠縣西北）人。東晋將領。見《晋書》卷九九《桓玄傳》。

［8］慕容德：人名。字玄明，昌黎棘城（今遼寧北票市章吉營子鄉三官營子村）人，鮮卑族。十六國時南燕君主。見《魏書》卷九五《慕容廆附慕容德傳》（參田立坤《棘城新考》，《遼海文物學刊》1996 年第 2 期）。

［9］建業：城名。在今江蘇南京市。

［10］復爲荆州刺史：中華本校勘記云："《魏書》卷三七《司馬休之傳》略同。按《晋書》卷三七《譙剛王遜附休之傳》，休之先爲襄城太守，鎮歷陽，爲桓玄所攻，奔慕容超（當作'德'）。桓玄敗後，纔爲荆州刺史。又爲桓振所逐。及劉毅敗後，復爲荆州刺史。又據《晋書》卷九九《桓玄傳》，荆州本爲桓玄所據，在桓玄未敗前，休之不可能爲荆州刺史。休之兩次爲荆州刺史，都是在桓玄破滅之後。《魏書》《北史》並誤。"可從。

休之頗得江漢人心。[1]其子文思繼其兄尚之爲譙王，[2]謀圖劉裕。[3]裕執送休之，令爲其所。休之表廢文思，并與裕書陳謝。神瑞中，[4]裕收休之子文寶、兄子文祖並殺之，乃討休之。休之與魯宗之及宗之子軌起兵討裕，[5]兵敗，遂與子文思及宗之奔姚興。[6]裕滅姚泓，[7]休之與文思及晋河間王子道賜等數百人皆將妻子降長孫嵩。[8]卒，贈征西大將軍、右光禄大夫、始平公，[9]謚曰聲。[10]

[1]江漢：地區名。泛指今湖北長江以北漢水下游地區。

[2]尚之：即司馬尚之，人名。字伯道，河内温（今河南温縣）人。東晋宗室。見《晋書》卷三七《譙剛王遜附忠王尚之傳》。

[3]劉裕：人名。字德興。南朝宋創立者。見《宋書》卷一、二、三《武帝紀》。

[4]神瑞：北魏明元帝的年號（414—416）。

[5]魯宗之：人名。字彦仁，扶風郿（今陝西眉縣東）人。東晋官吏。見《宋書》卷七四《魯爽附魯宗之傳》。 軌：即魯軌，人名。扶風郿（今陝西眉縣東）人。南朝時宋官吏。見《宋書·魯爽附魯軌傳》。

[6]姚興：人名。字子略，南安赤亭（今甘肅隴西縣西）羌人。十六國時後秦君主。見《北史》卷九三《姚萇附姚興傳》。

[7]姚泓：人名。字元子，南安赤亭（今甘肅隴西縣西）羌人。十六國時後秦君主。見《北史》卷九三《姚泓傳》。

[8]河間王：封爵名。河間，郡名。東晋時治樂城縣，在今河北獻縣東南。此指東晋河間王司馬曇。 道賜：即司馬道賜，人名。東晋宗室。晋恭帝元熙元年（419），率衆降魏，次年，因叛魏被誅。 皆將妻子降長孫嵩：《魏書》卷三七《司馬休之傳》作“皆將妻子詣嵩降”。長孫嵩，人名。代（今山西大同市東北）人，鮮卑族。北魏官吏。見《北史》卷二二《長孫嵩傳》。

[9]征西大將軍：官名。漢光武帝時始置。北魏沿置。多授予統兵在外，都督諸州軍事者。位在四征將軍之上。孝文帝太和十七

年（493）定爲一品下，二十三年定爲第二品。　右光禄大夫：官名。作爲朝廷大臣的加官，或授予年老有病者爲致仕之官，也作爲大臣卒後贈官，以示尊崇。位在金紫光禄大夫之上。北魏孝文帝太和十七年定爲從一品中，二十三年定爲二品。　始平公：封爵名。始平，縣名。治所在今陝西興平市東北。

[10]謚曰聲：《魏書·司馬休之傳》作“謚始平聲公”。《通志》卷八〇上同《北史》。

文思與淮南公國璠、池陽子道賜不平，[1]而僞親之。國璠性疏直，因醉欲外叛，文思告之，皆坐誅。以文思爲廷尉，[2]賜爵鬱林公。[3]文思善於其職，聽斷，百姓不得匿其情。進爵譙王，位懷荒鎮將，[4]薨。

[1]淮南公：封爵名。淮南，郡名。北魏時治壽春縣，在今安徽壽縣。　國璠：即司馬國璠，人名。河内温（今河南温縣）人。北魏官吏。東晋末，與弟司馬叔璠北奔南燕，後又西投後秦。太武帝時入魏，賜爵淮南公。因謀外叛，被司馬文思告發，伏誅。　池陽子：封爵名。池陽，縣名。治所在今陝西涇陽縣西北。

[2]廷尉：官名。即廷尉卿。爲國家最高司法審判機構主官，負責詔獄，修訂法律，審核州郡疑案，有封駁丞相、御史之權。北魏孝文帝太和十七年定爲二品上，二十三年定爲三品。《魏書》卷三七《司馬休之傳》作“廷尉卿”。二者均可。

[3]鬱林公：封爵名。遥封。鬱林，郡名。南朝宋時治布山縣，在今廣西桂平市西。

[4]位懷荒鎮將：《魏書·司馬休之傳》作“位懷朔鎮將”。《通志》卷八〇上同《北史》。中華本《魏書》卷三七校勘記云：“按卷三九《李寶傳》云：‘高宗初，代司馬文思鎮懷荒。’《北史》是，這裏作‘懷朔’誤。”懷荒，軍鎮名。北魏六鎮之一。在今河

北張北縣。鎮將，官名。北魏時置。在不設州郡的地區，兼統軍民。在設州郡的内地，主要掌軍政，但兼任駐在州刺史時，亦兼理民政。其下設副將、監軍及長史、司馬等佐僚。品秩按所帶將軍號而定。

司馬楚之，字德秀，晉宣弟太常馗之八世孫也。[1]父榮期，晉益州刺史，[2]爲其參軍楊承祖所殺。[3]楚之時年十七，送父喪還丹楊。[4]會劉裕誅夷司馬氏，叔父宣期、兄貞之並遇害。楚之乃逃，匿諸沙門中，[5]濟江至汝、潁間。[6]楚之少有英氣，能折節待士。及宋受禪，規欲報復，收衆據長社，[7]歸之者常萬餘人。宋武深憚之，[8]遣刺客沐謙圖害楚之。楚之待謙甚厚。謙夜詐疾，知楚之必來，欲因殺之。楚之聞謙病，果自齎湯藥往省之。謙感其意，出匕首於席下，以狀告，遂委身以事之。其推誠信物，得士心，皆此類也。

[1]晉宣：即晉宣帝司馬懿。　太常：官名。西晉時掌祭祀社稷、宗廟和朝會、喪葬禮儀，管理皇帝陵墓等。三品。　馗：即司馬馗。

[2]晉益州刺史：《魏書》卷三七《司馬楚之傳》作“梁、益二州刺史”，《通志》卷一四七同《魏書》。益州，東晉時治成都縣，在今四川成都市。

[3]參軍：官名。亦作參軍事。西晉時公以上領兵持節都督者，置參軍六人，協助治理府事。東晉時公府等所設僚屬諸曹置，爲諸曹長官。

[4]丹楊：郡名。東晉時治建康城，在今江蘇南京市。宋本、毛本、殿本、四庫本、局本、四部備要本作“丹陽”。按：“楊”

"陽"古通。

[5]沙門：佛教徒的稱謂。

[6]汝：即今河南汝河。　潁：發源於嵩山，爲淮河第一大支流。

[7]長社：縣名。治所在今河南長葛市東北。

[8]宋武：即南朝宋皇帝劉裕。武爲其謚號。

明元末，[1]山陽公奚斤略地河南，[2]楚之遣使請降，授荆州刺史。奚斤既平河南，以楚之所率人户，分置汝南、汝陽、南頓、新蔡四郡，[3]以益豫州。[4]

[1]明元：即北魏皇帝拓跋嗣。明元爲其謚號。

[2]山陽公：封爵名。遥封。山陽，郡名。東晋時治山陽縣，在今江蘇淮安市。　奚斤：人名。代（今山西大同市東北）人。北魏官吏。見《北史》卷二〇《奚斤傳》。

[3]汝南：郡名。北魏時治上蔡縣，在今河南汝南縣。　汝陽：郡名。北魏時治汝陽縣，在今河南商水縣西北。源氏校勘記云："'汝陽'《魏書》作'南陽'。"《魏書》卷三七《司馬楚之傳》作"南陽"。《資治通鑑》卷一一九同《魏書》，《通志》卷一四七同《北史》。中華本《魏書》卷三七校勘記云："按《宋書》卷三六州郡志豫州有'汝陽'，無'南陽'。當時僑置亦必因豫州原有此郡，疑作'汝陽'是。"可從。　南頓：郡名。北魏時治南頓縣，在今河南項城市西南。　新蔡：郡名。北魏時治石母臺，在今河南汝南縣東南。

[4]豫州：北魏時治上蔡縣，在今河南汝南縣。

太武初，[1]楚之遣妻子内居於鄴。[2]尋徵入朝，授安南大將軍，[3]封琅邪王，[4]以拒宋師。賜前後部鼓吹。[5]

破宋將到彦之别軍於長社。[6]又與冠軍安頡攻拔滑臺，[7]禽宋將朱脩之、李元德及東郡太守申謨，[8]俘萬餘人。上疏求更進討，太武以兵久勞，不從，以散騎常侍徵還。[9]宋將裴方明、胡崇之寇仇池，[10]楚之與淮南公皮豹子等督關中諸軍擊走方明，[11]禽崇之，仇池平而還。

[1]太武：即北魏皇帝拓跋燾。太武爲其謚號。

[2]鄴：縣名。治所在今河北臨漳縣西南鄴鎮。

[3]安南大將軍：官名。西晋置。爲出鎮南方地區的軍事長官，或作爲刺史等地方官兼理軍務時的加官。安南將軍資深者爲此職。北魏孝文帝太和十七年定爲二品上。

[4]琅邪王：封爵名。琅邪，郡名。北魏時治即丘縣，在今山東臨沂市西。

[5]鼓吹：演奏鼓吹樂的樂隊。本用於軍中，後賜予有功大臣，遂成爲皇帝賜予臣下的一種禮遇。

[6]到彦之：人名。字道豫，彭城武原（今江蘇邳州市西北）人。南朝宋將領。見《南史》卷二五《到彦之傳》。

[7]冠軍：《魏書》卷三七《司馬楚之傳》作“冠軍將軍”。《通志》卷一四七、《册府元龜》卷三五三同《魏書》。冠軍將軍，官名。南北朝爲將軍名號。北魏孝文帝太和二十三年定爲從三品。　安頡：人名。遼東（今遼寧遼陽市）人。北魏官吏。見《北史》卷二〇《安同附安頡傳》。　滑臺：城名。在今河南滑縣東。

[8]朱脩之：人名。字恭祖，義陽（今河南信陽市北）人。南朝宋將領。見《南史》卷一六《朱脩之傳》。　李元德：人名。南朝宋官吏。爲潁川太守。　東郡：南朝宋時治滑臺城，在今河南滑縣東。　申謨：人名。初爲南朝宋東郡太守。文帝元嘉八年，被北魏俘虜，留於京師，並娶妻生子。後棄妻子南逃。其子被刑爲閹人。

[9]散騎常侍：官名。三國魏文帝時置。掌侍從皇帝左右，諫諍得失，顧問應對等。北朝時以兼領修史，實際地位略高於南朝，但仍爲閑散之職。北魏初一度掌出令，位在中書令之上。孝文帝太和十七年定爲二品下，二十三年定爲從三品。

[10]裴方明：人名。河東（今山西夏縣西北）人。南朝宋名將。後被宋文帝以貪污罪名下獄處死。　仇池：地名。在今甘肅西和縣西南。

[11]皮豹子：人名。漁陽（今北京密雲縣西南）人。北魏將領。見《北史》卷三七《皮豹子傳》。

車駕征蠕蠕，[1]楚之與濟陰公盧中山等督運以繼大軍。[2]時鎮北將軍封沓亡入蠕蠕，説令擊楚之以絶糧運。蠕蠕乃遣覘楚之軍，[3]截驢耳而去。有告失驢耳者，楚之曰："必覘賊截之爲驗耳，賊將至矣。"乃伐柳爲城，灌水令凍，城立而賊至，不可攻逼，乃走散。太武聞而嘉之。尋拜假節、侍中、鎮西大將軍、開府儀同三司、雲中鎮大將、朔州刺史。[4]在邊二十餘年，以清儉著聞。及薨，贈征南大將軍，[5]領護西戎校尉、楊州刺史，[6]謚貞王，陪葬金陵。[7]長子寶胤，與楚之同入魏，拜中書博士、雁門太守，[8]卒。

[1]蠕蠕：族名。亦稱柔然，本爲東胡族的一支。見《北史》卷九八《蠕蠕傳》。

[2]濟陰公：封爵名。濟陰，郡名。北魏時治左城，在今山東曹縣西北。

[3]覘（chān）：窺察，偵察。

[4]假節：漢魏時，大臣受命出朝，持節或假節以示受權。假

節位次低於持節。自西晉起，實際成爲一種加官。　侍中：官名。北魏時常總典機密，受遺詔輔政，權任尤重，時號“小宰相”。孝文帝太和十七年定爲從一品中，二十三年定爲三品。　鎮西大將軍：官名。三國蜀置。職掌與鎮西將軍同，唯資歷深者得任此職。北魏孝文帝太和十七年定爲從一品上，二十三年定爲二品。　開府儀同三司：多爲大臣的加號，與三司即太尉、司徒、司空的禮制待遇相同。允許開府，自辟僚屬。　雲中鎮大將：官名。雲中鎮高級軍職，位在諸將上。雲中，軍鎮名。北魏時治秦雲中郡故城，在今內蒙古托克托縣東北古城。　朔州：北魏時治盛樂，在今內蒙古和林格爾縣西北。

[5]征南大將軍：官名。多統兵出鎮，都督數州諸軍事。北魏孝文帝太和十七年定爲一品下，二十三年定爲二品。

[6]西戎校尉：官名。北魏時掌少數民族事務。設於敦煌、仇池等鎮。孝文帝太和十七年定爲三品下，二十三年定爲從三品。

[7]金陵：北魏前期的皇陵，即盛樂金陵，在今內蒙古和林格爾縣西北一帶。

[8]中書博士：官名。北魏置。中書教授博士、中書教學博士的省稱。屬中書學。選用博學之士擔任，教授中書學生。任職者升遷容易，多升爲中書省、門下省要職。　雁門：郡名。北魏時治廣武縣，在今山西代縣西南。

楚之後尚諸王女河內公主。[1]生子金龍，字榮則，少有父風，後襲爵，拜侍中、鎮西大將軍、開府、雲中鎮大將、朔州刺史、吏部尚書。[2]薨，贈司空公，[3]謚康王。

[1]尚：迎娶帝王之女。

[2]開府：魏晉南北朝時，多作爲對高級官員的加官以示恩寵。

北魏孝文帝太和二十三年後爲從一品。　吏部尚書：官名。三國魏改選部尚書置。爲尚書臺吏部曹長官。北魏沿置，位居列曹尚書之上。掌官吏銓選、考課之政。孝文帝太和十七年定爲二品下，二十三年定爲三品。

［3］司空公：官名。爲司空的尊稱。北魏時爲名譽宰相，多爲大臣加官。一品。

金龍初納太尉、隴西王源賀女，[1]生子延宗，次纂，次悦。後娶沮渠氏，生子徽亮，即河西王沮渠牧犍女，[2]太武妹武威公主所生也，有寵於文明太后，[3]故以徽亮襲。例降爲公，坐連穆泰罪，[4]失爵，卒。

［1］太尉：官名。北魏時爲名譽宰相，多爲大臣加官。孝文帝太和二十三年後爲一品。　隴西王：封爵名。隴西，郡名。北魏時治襄武縣，在今甘肅隴西縣東南。　源賀：人名。原名秃髮破羌，西平樂都（今青海樂都縣）人，鮮卑族。北魏大臣。見《北史》卷二八《源賀傳》。

［2］沮渠牧犍：人名。一名茂虔，盧水胡人。十六國時北凉君主。見《北史》卷九三《沮渠蒙遜附沮渠牧犍傳》。

［3］文明太后：即北魏文成帝皇后馮氏。文明爲其謚號。

［4］穆泰：人名。本名石洛，孝文帝賜名泰，代（今山西大同市東北）人。北魏官吏。見《北史》卷二〇《穆崇附穆泰傳》。

悦字慶宗，歷位豫州刺史。時有汝南上蔡董毛奴者，[1]賫錢五千，死於道路。郡縣人疑張堤爲劫，又於堤家得錢五千，堤懼掠，自誣言殺。至州，悦觀色，疑其不實。引見毛奴兄靈之，謂曰："殺人取錢，當時狼狽，應有所遺，得何物？”靈之曰：“唯得一刀削。”悦取視之，曰：“此非里巷所爲也。”乃召州内刀匠示之。有郭門前曰：“此刀削，門手所作，去歲賣與郭人董及祖。”悦收及祖詰之，及祖款引。靈之又於及祖身上得毛奴所衣皂襦，及祖伏法。悦察獄，多此類也。

[1]上蔡：縣名。治所在今河南汝南縣。

俄與鎮南將軍元英攻克義陽，[1]詔改梁司州爲郢州，[2]以悦爲刺史。改爲豫州刺史，論前勳，封漁陽子。[3]永平元年，[4]城人白早生謀爲叛，[5]遂斬悦首送梁。詔揚州移購悦首，[6]贈青州刺史，[7]謚曰莊子。子朏襲。

[1]鎮南將軍：官名。多爲持節都督，出鎮方面，後漸爲褒賞軍功勳臣的閑職。北魏孝文帝太和十七年定爲從一品下，二十三年定爲從二品。　元英：人名。字虎兒。北魏宗室、將領。見《北史》卷一八《南安王楨附中山王英傳》。　義陽：郡名。南朝梁時治平陽縣，在今河南信陽市。

[2]司州：南朝梁時治孝昌縣，在今湖北孝感市。

[3]漁陽子：封爵名。漁陽，縣名。治所在今北京密雲縣西南。

[4]永平：北魏宣武帝的年號（508—512）。

[5]白早生：人名。懸瓠（今河南汝南縣）人。北魏宣武帝時爲懸瓠軍主。《北史》卷一八《南安王楨傳》載其爲“縣瓠（今河南汝南縣）”人，《北史》卷四《魏本紀·宣武帝》則記其爲“豫州彭城人”。彭城北魏時屬徐州。疑“豫州彭城人”誤。

[6]揚州：北魏時治壽春縣，在今安徽壽縣。

[7]青州：北魏時治東陽城，在今山東青州市。

朏尚宣武妹華陽公主，[1]拜駙馬都尉、員外散騎常侍。[2]卒，贈滄州刺史。[3]子鴻，字慶雲，性粗武。襲爵，位都水使者，[4]坐通西魏，賜死。子孝政襲。齊受禪，例降。朏弟裔。

［1］宣武：即北魏皇帝元恪。宣武爲其謚號。

［2］駙馬都尉：官名。漢武帝置。皇帝出行時掌副車，爲侍從近臣，亦常用作加官。北魏時無定員，無實職，尚公主者多加此號。孝文帝太和十七年定爲從四品上，二十三年定爲六品。　員外散騎常侍：官名。屬散騎省（集書省），初多以公族、宗室任職，雖是閑職，仍爲顯官。北魏時置六員，孝文帝太和十七年定爲從三品上，二十三年定爲五品上。

［3］滄州：北魏時治饒安城，在今河北鹽山縣舊縣鎮。

［4］都水使者：北魏時管理全國河渠灌溉水運事務。孝文帝太和十七年定爲四品中，二十三年定爲從五品上。

裔字遵胤，少孤，有志操。起家司徒府參軍事，後爲員外散騎常侍。大統三年，[1]大軍復弘農，[2]乃於温城送款歸西魏。[3]六年，授北徐州刺史。[4]八年，入朝。周文帝嘉之，[5]特蒙賞勞。頃之，河内有四千餘家歸附，並裔之鄉舊，乃命領河内郡守，令安集流人。十五年，[6]周文令山東立義諸將等能率衆入關者，並加重賞。裔領户千室先至，[7]周文欲以封裔。裔辭曰："立義之士，遠歸皇化者，皆是其誠心内發，豈裔能率之乎？今以封裔，便是賣義士以求榮。"周文善而從之。授帥都督，[8]拜其妻元爲襄城郡公主。

［1］大統：西魏文帝的年號（535—551）。

［2］弘農：郡名。西魏時治弘農縣，在今河南靈寶市東北。

［3］温城：地名。在今河南靈寶市附近。

［4］北徐州：西魏時治即丘縣，在今山東臨沂市西。

［5］周文帝：即宇文泰。文爲其謚號，北周孝閔帝所追謚。

［6］十五年：《周書》卷三六《司馬裔傳》、《通志》卷一五七同《北史》。中華本《周書》卷三六校勘記云："《文苑英華》卷九〇四《庾信司馬裔碑》作'十三年'。"

［7］領户：局本作"領月"。據《周書·司馬裔傳》、《通志》卷一五七、《册府元龜》卷八〇七作"領户"，據文意，作"領月"語意不通，今從底本。

［8］帥都督：西魏文帝大統初置，多援各地豪望，以統鄉兵；刺史、鎮將亦多加此號。地位在大都督之下，都督之上。北周爲勳官號，正七命。

周孝閔帝踐祚，[1]除巴州刺史，[2]進使持節、驃騎大將軍、開府儀同三司，[3]進爵琅邪縣伯。[4]保定四年，爲御正中大夫，[5]進爵爲公。大軍東討，裔與少師楊檦守軹關，[6]即授懷州刺史。[7]天和初，[8]隨上庸公陸騰討信州反蠻冉令賢等。[9]裔自開州道入，[10]先遣使宣示禍福，群蠻率服。歷信、潼二州刺史。[11]六年，徵拜大將軍，[12]除西寧州刺史，[13]未及之部，[14]卒於京師。

［1］孝閔帝：即北周皇帝宇文覺。孝閔爲其謚號。

［2］巴州：北周時治化成縣，在今四川巴中市巴州區化城鎮。

［3］使持節：漢朝官吏奉命外出時，由皇帝授予節仗，來提高

其權威。魏晉後，凡重要軍事長官出征或出鎮時，加使持節，可誅殺二千石以下官員。次一等的稱持節，再次一等的稱假節。　驃騎大將軍：官名。北周時實行府兵制，主要是作爲開府府長官的軍號。九命。

［4］琅邪縣伯：封爵名。琅邪，縣名。治所在今山東安丘市西南。

［5］保定四年：底本無“保定”二字，中華本校勘記云：“《周書》卷三六《司馬裔傳》言裔於保定二年入爲御伯中大夫，四年轉御正中大夫。此‘四年’上當有‘保定’二字。”今從補。保定，北周武帝的年號（561—565）。　御正中大夫：官名。西魏恭帝時置。北周沿置。爲天官府御正司長官，周明帝武成元年（559）在其上置上大夫，降爲副職。在皇帝左右負責宣傳詔令，參議刑罰爵賞以及軍國大事。頒發詔書時，必須有其署名。正五命。

［6］楊𢷾：人名。字顯進，正平高凉（今山西稷山縣東南）人。西魏、北周將領。　軹關：關隘名。關當軹道之險，故名。在今河南濟源市西北，乃豫北平原進入山西高原之要衝，爲太行八陘之第一陘，形勢險峻，自古爲兵家必争之地。

［7］懷州：北周時治野王縣，在今河南沁陽市。

［8］天和：北周武帝的年號（566—572）。

［9］上庸公：封爵名。上庸，郡名。北周時治上庸縣，在今湖北竹山縣西南。　陸騰：人名。字顯聖，代（今山西大同市東北）人。西魏、北周名將。見《周書》卷二八《陸俟附陸騰傳》。　信州：北周時治白帝城，在今重慶奉節縣東。　蠻：對中國長江中游及其以南地區少數民族的泛稱。見《北史》卷九五《蠻傳》。　冉令賢：人名。信州（今重慶奉節縣東）蠻族人。北周明帝武成元年，舉兵反抗。攻陷白帝，殺開府楊長華。武帝天和元年，爲周將司馬裔擒獲。

［10］開州：北周時治開州城，在今重慶開縣西北。

［11］潼：州名。北周時治巴中縣，在今四川綿陽市東。

［12］大將軍：官名。魏晋南北朝有諸名號大將軍，作爲加援給大臣、重要州郡長官的戎女。北周置勳官十一等，大將軍居第四等，九命。

［13］西寧州：北周時治邛都縣，在今四川西昌市。

［14］未及之部：底本無“之”字，中華本校勘記云：“諸本脱‘之’字，據《周書》補。”今從改。

裔性清約，不事生産，所得俸禄，並散之親戚，身死之日，家無餘財，宅宇卑陋，喪庭無所，詔爲起祠堂焉。贈本官，加四州刺史，[1]謚曰定。[2]子侃嗣。

［1］贈本官加四州刺史：底本“四州”作“泗州”，中華本校勘記云：“諸本‘四’作‘泗’。按《周書》云：‘加懷、邵、汾、晋四州刺史。’‘泗’乃‘四’之訛，今據改。”今從改。邵州，北周明帝二年（558）置，治亳城縣，在今山西垣曲縣東南。汾州，北周以南汾州改名，治定陽縣，在今山西吉縣。晋州，北周時治白馬城，在今山西臨汾市。

［2］謚曰定：中華本《周書》卷三六校勘記云：“《英華·司馬裔墓誌》‘定’作‘莊’，碑亦作‘定’。”

侃字道遷，少果勇，未弱冠，[1]便從戎旅。位樂安郡守，[2]以軍功，加驃騎大將軍、開府儀同三司。遷兗州刺史，未之部，卒。贈本官，加豫州刺史，謚曰惠。子運嗣。

［1］弱冠：男子二十歲行冠禮，表示已經成人。後泛指男子二十歲左右的年紀。

[2]樂安：郡名。北周時治千乘縣，在今山東廣饒縣北。

金龍弟躍，字寶龍，尚趙郡公主，[1]拜駙馬都尉。代兄爲雲中鎮將，拜朔州刺史，假安北將軍、河内公。[2]表求罷河西苑封，丐人墾殖。有司執奏，此苑麋鹿所聚，太官取給，[3]若丐人，懼有所闕。躍固請，孝文從之。[4]還爲祠部尚書、大鴻臚卿、潁川王師，[5]卒。

[1]趙郡公主：封號。具體不詳。趙郡，北魏時治平棘縣，在今河北趙縣。

[2]安北將軍：官名。北魏時爲北方某一地區的軍事長官，或作爲刺史等地方官兼理軍務時的加官，權任重。孝文帝太和十七年定爲二品下，二十三定爲三品。

[3]太官：官署名。北魏時掌百官膳食，屬光禄卿。

[4]孝文：即北魏皇帝元宏。孝文爲其謚號。

[5]祠部尚書：官名。北魏時或稱儀曹、祠曹、神部尚書。掌尚書省祠部曹。　大鴻臚卿：官名。北魏時掌賓客接待、朝禮和封爵儀式等。孝文帝太和十七年定爲二品上，二十三年定爲三品。潁川王：封爵名。潁川，郡名。北魏時治長社縣，在今河南長葛市東北。此指高陽王元雍。太和九年封爲潁川王。見《北史》卷一九《高陽王雍傳》。宋本作"棱川"。據《魏書》卷三七《司馬楚之傳》、《通志》卷一四七，今從中華本。

楚之父子相繼鎮雲中，朔土服其威德。

司馬氏桓玄、劉裕之際歸北者，又有司馬景之、叔璠、天助，位並崇顯。

景之字洪略，晋汝南王亮之後。[1]明元時歸闕，賜爵蒼梧公，[2]加征南大將軍。清直有節操。卒，贈汝南王。子師子襲爵。

[1]汝南王：封爵名。汝南，郡名。西晋時治新息縣，在今河南息縣。　亮：即司馬亮，人名。字子翼。晋宣帝司馬懿第四子，封汝南王。見《晋書》卷五九《汝南王亮傳》。

[2]蒼梧公：封爵名。遥封。蒼梧，郡名。東晋時治廣信縣，在今廣西梧州市。

景之兄準，字巨之，以太常末歸魏，[1]封新安公。[2]除廣寧太守，[3]改密陵侯。[4]卒，子安國襲爵。

[1]太常：北魏明元帝的年號（416—423）。殿本、四庫本、四部備要本、中華本作“泰常”。毛本、局本作“大常”。

[2]新安公：封爵名。新安，縣名。治所在今河南義烏市西。《魏書》卷三七《司馬景之傳》作“新蔡公”。《文獻通考》卷二七三、《通志》卷一四七同《北史》。

[3]廣寧：郡名。北魏時治涿鹿縣，在今河北涿鹿縣西。

[4]密陵侯：封爵名。密陵，縣名。今地不詳。

叔璠，晋安平獻王孚之後。[1]父曇之，晋河間王。[2]桓玄、劉裕之際，叔璠與兄國璠奔慕容超。[3]後投姚泓。泓滅，奔屈丏。統萬平，兄弟俱入魏，[4]國璠賜爵淮南公，叔璠賜爵丹楊侯。[5]

[1]安平獻王：安平王，封爵名。安平，郡名。東晋時治安平縣，在今河北安平縣。獻，謚號。　孚：即司馬孚，人名。字叔

達。東晋宗室。見《晋書》卷三七《安平獻王孚傳》。

[2]河間王：封爵名。河間，郡名。東晋時治樂成縣，在今河北獻縣東南。

[3]慕容超：人名。字祖明，昌黎棘城（今遼寧北票市章吉營子鄉三官營子村）人。十六國時南燕君主。見《晋書》卷一二八《慕容超載記》。

[4]後投姚泓泓滅奔屈丐統萬平兄弟俱入魏：中華本校勘記云："《魏書》卷三七《司馬叔璠傳》同。按《魏書》卷三《太宗紀》泰常三年八月，劉裕滅姚泓。九月，司馬休之、司馬國璠、司馬道賜等降魏。泰常五年五月，又載殺國璠、道賜等事。（本書卷一《明元紀》同）本書卷二四《封懿傳》言其子玄之'坐與司馬國璠、温楷等謀亂，伏誅'，也是在明元時。則國璠等不可能有投赫連勃勃（即屈丐）之事。且統萬之平，在太武始光四年，上距國璠之死已七年。《北史》及《魏書》並誤。"屈丐，即赫連屈丐，人名。本名赫連勃勃，北魏明元帝改稱爲赫連屈丐，匈奴鐵弗部人。十六國時夏君主。見《北史》卷九三《赫連屈丐傳》。統萬，城名。在今陝西靖邊縣北白城子。

[5]賜爵丹楊侯：宋本作"爵丹陽侯"，疑脱"賜"。

天助，自云晋驃騎將軍元顯之子。[1]歸闕，封東海公，[2]歷青、兖二州刺史。

[1]驃騎將軍：官名。晋時位在各名號將軍之上，僅次於驃騎大將軍。多爲軍府名號或作爲大臣的加官。二品。　元顯：即司馬元顯，人名。河内温縣（今河南温縣）人。東晋宗室。見《晋書》卷三七《譙剛王遜附忠王尚之傳》。

[2]東海公：封爵名。遥封。東海，郡名。東晋時治海虞縣，在今江蘇常熟市。

劉昶字休道，宋文帝子也。[1]在宋封義陽王，[2]位徐州刺史。[3]及廢主子業立，[4]疑昶有異志。昶和平六年，[5]遂委母妻，[6]攜妾吴氏，間行降魏。朝廷嘉重之，尚武邑公主，[7]拜侍中、征南將軍、駙馬都尉，[8]封丹楊王。[9]歲餘，主薨，更尚建興長公主。[10]

[1]宋文帝：即南朝宋皇帝劉義隆。文爲其謚號。

[2]義陽王：封爵名。義陽，郡名。南朝宋時治平陽縣，在今河南信陽市。

[3]徐州：南朝宋時治彭城，在今江蘇徐州市。

[4]子業：即劉子業，人名。小字法師。南朝宋皇帝。見《宋書》卷七《前廢帝傳》。

[5]和平：北魏文成帝的年號（460—465）。

[6]委：拋棄。

[7]武邑公主：封號。北魏文成帝之女。

[8]征南將軍：官名。北魏時多授持節都督，出鎮方面，地位顯要。孝文帝太和十七年定爲從一品中，二十三年定爲二品。

[9]丹楊王：封爵名。丹楊，郡名。北魏時治義川縣，在今陝西宜川縣東北。

[10]建興長公主：封號。北魏文成帝之女。

皇興中，[1]宋明帝使至，[2]獻文詔昶與書，爲兄弟式。[3]宋明帝不答，責昶，以母爲其國妾，宜如《春秋》荀罃對楚稱外臣之禮。[4]尋敕昶更爲書。辭曰：“臣若改書，事爲二敬；猶脩往文，彼所不納。請停今答。”朝廷從之。拜外都坐大官。[5]公主復薨，更尚平陽長公主。

[1]皇興：北魏獻文帝的年號（467—471）。

[2]宋明帝：即南朝宋皇帝劉彧。明爲其謚號。

[3]爲兄弟式：《魏書》卷五九《劉昶傳》作“爲兄弟之戒”。《通志》卷八一同《北史》。中華本《魏書》卷五九校勘記云：“疑‘戒’字訛。”可從。

[4]宜如春秋：毛本、局本作“宜加《春秋》”。按：據《魏書·劉昶傳》、《通志》卷八一作“宜如《春秋》”，又“宜加《春秋》”不符合語境，從底本。　荀罃（yīng）：人名。春秋時晋大夫。晋楚邲之戰，晋軍敗績，爲楚軍所俘。經父荀首周旋而釋放。後迎立晋悼公，任正卿。在任修正施德，使國家再度强盛，晋復稱霸。

[5]外都坐大官：官名。北魏置。掌畿外刑獄，聽理民訴訟。任此職者多爲宗室諸王、外戚及胡漢重臣，權勢很大。祭吊時位在三公、尚書令之上。孝文帝改制時罷。

昶好犬馬，愛武事。入魏歷紀，猶布衣皂冠，同凶素之服。[1]然呵罵僮僕，音雜夷夏。雖在公坐，諸王每侮弄之，或戾手齧臂，至於痛傷，笑呼之聲，聞于御聽。孝文每優假之，不以怪問。至於陳奏本國事故，語及征役，則斂容涕泗，悲動左右。而天性褊躁，[2]喜怒不恒，每至威忿，楚扑特苦；[3]引待南士，禮多不足。緣此，人懷畏避。

[1]皂冠：黑色帽子。古時下等小吏所戴。喪事時亦穿。

[2]褊躁：毛本、殿本、四庫本、局本、四部備要本作“偏躁”。

[3]楚扑：以杖拷打。

太和初，[1]轉内都坐大官。[2]及齊初，詔昶與諸將南伐，路經徐州，哭拜其母舊堂，哀感從者。乃徧循故居，處處隕涕，左右亦莫不酸鼻。及至軍所，將臨陣，四面拜諸將士，自陳家國滅亡，蒙朝廷慈覆，辭理切至，聲氣激揚，涕泗横流，三軍咸爲感歎。後昶恐水雨方降，表請還師，從之。

[1]太和：北魏孝文帝的年號（477—499）。

[2]内都坐大官：官名。北魏前期設，掌畿内析獄及監評官吏。與外都大官、中都大官合稱三都大官。多由宗室諸王、外戚及胡漢重臣擔任，祭吊時位在三公及尚書令上。

又加儀同三司，[1]領儀曹尚書。[2]於時改革朝儀，詔昶與蔣少游專主其事。[3]昶條上舊式，略不遺忘。孝文臨宣文堂，[4]引武興王楊集始入宴，[5]詔昶曰："集始，邊方之酋，不足以當諸侯之禮。但王者不遺小國之臣，故勞公卿於此。"又爲中書監。[6]開建五等，封昶齊郡公，[7]加宋王之號。

[1]儀同三司：初謂非三公而儀制待遇同於三公。魏晋時授予開府位從三公之文武官，南北朝時授予範圍不斷擴大，逐漸成爲官號。北魏孝文帝太和十七年定爲一品下，二十三年以後改爲從一品，位開府上。

[2]儀曹尚書：官名。北魏置。爲尚書省儀曹長官，掌車服、羽儀、朝覲、郊廟、饗宴等吉凶禮制。孝文帝太和十七年定爲二品

中，二十三年定爲三品。

[3]蔣少游：人名。樂安博昌（今山東壽光市）人。北魏官吏。見《北史》卷九〇《蔣少游傳》。

[4]宣文堂：北魏孝文帝太和十二年建。在今山西大同市東北古城。

[5]武興王：封爵名。武興，郡名。北魏時治武興縣，在今陝西略陽縣。　楊集始：人名。北魏時氐族首領。歷任白水太守、征西將軍、鎮南將軍等職。後爲仇池鎮將所敗，奔南朝。北魏宣武帝景明初，復降北魏。見《北史》卷九六《氐傳》。

[6]中書監：官名。中書省長官之一。北魏時掌納奏、擬詔、出令，然權歸中書舍人，監、令名爲長官，品秩升高，多用作重臣加官。孝文帝太和十七年定爲從一品中，二十三年定爲從二品。

[7]齊郡公：封爵名。齊郡，北魏時治臨淄縣，在今山東淄博市東北。

十七年，[1]孝文臨經武殿，[2]大議南伐，語及劉、蕭篡奪之事，[3]昶每悲泣不已。帝亦爲之流涕，禮之彌崇。十八年，除使持節、都督吴越楚彭城諸軍事、大將軍、開府，[4]鎮徐州。昶頻表辭大將軍，詔不許。及發，帝親餞之，命百僚賦詩贈昶，又以其文集一部賜昶。帝因以所製文筆示之曰："時契勝殘，事鍾文業，雖則不學，欲罷不能。脱思一見，故以相示，雖無足味，聊復爲一笑耳。"其重昶如是。自昶背彭城，至是久矣，昔齊宇山池，[5]並尚存立，昶更脩繕，還處其中。不能綏邊懷物，撫接義故，而閨門喧猥，内外奸雜，舊吏莫不慨歎。預營墓於彭城西南，與三公主同塋而異穴。[6]發石累之，墳崩，壓殺十餘人。後復移改，公私費害。

[1]十七年：《魏書》卷五九《劉昶傳》作“十七年春”，《册府元龜》卷九五三同《魏書》。

[2]經武殿：北魏平城宫殿，在今山西大同市東北。

[3]劉：即劉裕。同本卷前注。 蕭：即蕭衍。南朝梁武帝。見《梁書》卷一、二、三《武帝紀》。

[4]彭城：郡名。北魏時治彭城縣，在今江蘇徐州市。

[5]齋：底本作“齊”。中華本作“齋”。按：從文意來看，“齋”是，今從中華本改。

[6]與三公主同塋而異穴：源氏校勘記改“三”作“二”。按：據上文，劉昶尚武邑長公主、建興長公主、平陽長公主三位公主。源氏誤。

十九年，昶朝京師。孝文臨光極堂大選，[1]曰：“國家昔在恒代，[2]隨時制宜，非通世之長法。或言，唯能是寄，不必拘門。朕以爲不然，何者？清濁同流，混齊一等，君子小人，名品無别，[3]此殊爲不可。我今八族以上，士人品第有九；九品之外，小人之官，復有七等。若苟有其人，可起家爲三公。[4]正恐賢才難得，不可止爲一人，混我典制。故令班鏡九流，[5]使千載之後，我得髣像唐虞，[6]卿等依俙元凱。”[7]及論大將軍，帝曰：“劉昶即其人也。”後給班劍二十人。薨於彭城，孝文爲之舉哀，給温明秘器，[8]贈假黄鉞、太傅，[9]領揚州刺史，加以殊禮，備九錫，[10]給前後部羽葆、鼓吹，[11]依晋琅邪王伷故事，[12]謚曰明。

[1]光極堂：在今河南洛陽市。

[2]恒代：指代都平城及其周圍地區。

[3]名品無别：宋本作"名器無别"。

[4]三公：北魏時指太尉、司徒、司空。皇帝最高輔佐官，無實際職掌，僅是一種榮銜，作爲大臣的加官或贈官。

[5]班鏡九流：分等鑒别各學術流派。

[6]唐虞：唐堯與虞舜的並稱。見《史記》卷一《五帝本紀》。

[7]依俙：相像、類似。殿本、四庫本、四部備要本作"依稀"，中華本作"依希"。按："依俙"亦作"依稀""依希"。　元凱：八元八凱的省稱。高辛氏有才子八人，稱爲八元；高陽氏有才子八人，稱爲八凱。此十六人之後裔，世濟其美，不隕其名。後泛指賢臣、才士。

[8]温明：古代一種葬器。　秘器：皇室、顯宦死後所用的棺材。

[9]假黄鉞：官制用語。黄鉞即飾以黄金的鉞，本用於皇帝儀仗。後特賜予出征的重臣，以示威重，令其專主征伐。　太傅：官名。北魏時與太師、太保並號三師，位居太師下、太保上，爲輔弼君王的大臣。一品。

[10]九錫：天子賜給諸侯、大臣的九種器物，爲最高禮遇。

[11]羽葆：古時一種儀仗。以鳥羽聚於柄頭如蓋。漢晋南北朝時，諸王及重要大臣有功則賜，大臣喪，亦或賜。以示尊崇。

[12]伷：即司馬伷，人名。字子將。三國魏、西晋官吏。見《晋書》卷三八《琅邪王伷傳》。

昶嫡子承緒，主所生也。少而尩疾，[1]尚孝文妹彭城長公主，爲駙馬都尉，先昶卒。

[1]尩（wāng）：脊背骨骼彎曲。

承緒子暉，[1]字重昌，爲世子，襲封。尚宣武第二姊蘭陵長公主。主嚴妒，[2]暉嘗私幸主侍婢，有身，主笞殺之，剖其孕子，節解，以草裝實婢腹，裸以示暉。暉遂忿憾，疏薄公主。公主姊因入聽講，言其故於靈太后。[3]太后敕清河王懌窮其事。[4]懌與高陽王雍、廣平王懷奏其不和狀，[5]請離婚，削除封位，太后從之。公主在宫内周歲，雍等屢請聽復舊義。太后流涕送公主，誡令謹敕。正光初，[6]暉又私淫張、陳二氏女。公主更不檢忌，主姑陳留公主共將扇奬，[7]與暉復致忿諍。暉推主墜牀，[8]手脚毆蹈，主遂傷胎。暉懼罪逃逸。靈太后召清河王懌决其事，二家女髡笞付宫，[9]兄弟皆坐鞭刑，[10]徙配敦煌爲兵。[11]主因傷致薨，太后親臨慟哭，舉哀太極東堂。[12]出葬城西，太后親送數里，盡哀而還。後執暉於河内温縣，幽于司州，將加死刑，會赦，免。後復其官爵，遷征虜將軍、中散大夫，[13]卒，家遂衰頓。

[1]承緒子暉：《魏書》卷五九《劉昶傳》作“長子文遠次輝字重昌”。《通志》卷八一同《北史》。

[2]嚴妒：嫉妒心强。

[3]靈太后：即宣武帝皇后胡氏。靈爲其謚號。

[4]清河王：封爵名。清河，郡名。北魏時治清河縣，在今山東臨清市東北。　懌：即元懌，人名。字宣仁。北魏宗室。孝文帝第四子，宣武帝異母弟。見《北史》卷一九《清河王懌傳》。

[5]高陽王：封爵名。高陽，郡名。北魏時治高陽縣，在今河北高陽縣東。　雍：即元雍，人名。字思穆。北魏宗室。孝文帝

弟。見《北史》卷一九《高陽王雍傳》。　廣平王：封爵名。廣平，郡名。北魏時治曲梁城，在今河北永年縣東南。　懷：即元懷，人名。北魏宗室。孝文帝第五子。見《北史》卷一九《廣平王懷傳》。

[6]正光：北魏孝明帝的年號（520—525）。

[7]扇獎：挑唆。

[8]墜牀：宋本作“墜牀下”。

[9]髡（kūn）笞：剃去頭髮，鞭打身體。

[10]鞭刑：用鞭子抽打罪犯。適用於犯輕罪者。

[11]敦煌：郡名。北魏時治敦煌縣，在今甘肅敦煌市。

[12]太極東堂：殿閣名。太極殿有四廂，東堂即其東廂。太極殿爲皇宫中的西内正殿，每月朔望皇帝視朝之所。東晋南朝、北魏等均在皇宫内建有太極殿。

[13]遷：官制用語。指官吏調動職務，有平遷、超遷之分。　征虜將軍：官名。爲武官名號。北魏時亦作爲高級文職官員的加官。孝文帝太和十七年定爲第三品上，二十三年定爲從三品。　中散大夫：官名。多爲官吏養老、病退所任，無具體職權。北魏時曾爲官吏的加官。孝文帝太和十七年定爲四品上，二十三年定爲四品下。

蕭寶夤字智亮，齊明帝第六子，[1]廢主寶卷之母弟也。[2]在齊封建安王。[3]及和帝立，[4]改封鄱陽王。[5]

[1]齊明帝：即南朝齊皇帝蕭鸞。明爲其謚號。

[2]寶卷：即蕭寶卷，人名。字智藏，南蘭陵蘭陵（一説在今江蘇常州市，一説在今江蘇丹陽市）人。南朝齊皇帝。見《南齊書》卷七《東昏侯紀》。

[3]建安王：封爵名。建安，郡名。南朝齊時治建安縣，在今

福建建甌市南。

[4]和帝：即南朝齊皇帝蕭寶融。和爲其謚號。

[5]鄱陽王：封爵名。鄱陽，郡名。南朝齊時治鄱陽縣，在今江西鄱陽縣。

梁武克建業，[1]以兵守之，將加害焉。其家閹人顔文智與左右麻拱、黄神密計，穿墻夜出寶夤。具小船於江岸，脱本衣服，著烏布襦，[2]腰繫千許錢，潛赴江畔，躡屩徒步，[3]脚無全皮。防守者至明追之，寶夤假爲釣者，隨流上下十餘里，追者不疑。待散，乃度西岸。[4]遂委命投華文榮。文榮與其從天龍、惠連等三人，[5]棄家，將寶夤遁匿山澗，賃驢乘之，晝伏宵行。景明二年，[6]至壽春東城戍。[7]戍主杜元倫推檢，[8]知實蕭氏子，以禮延待，馳告揚州刺史、任城王澄。[9]澄以車馬侍衛迎之。時年十六，徒步憔悴，見者以爲掠賣生口也。澄待以客禮。乃請喪君斬衰之服，[10]澄遣人曉示情禮，以喪兄之制，給其齊衰，[11]寶夤從命。澄率官僚赴弔。寶夤居處有禮，不飲酒食肉，輟笑簡言，一同極哀之節。壽春多其故義，皆受慰唁。唯不見夏侯一族，[12]以其同梁故也。改日造澄，澄深器重之。

[1]梁武：即南朝梁皇帝蕭衍。武爲其謚號。

[2]著烏布襦：宋本、毛本、局本、中華本作“著烏布襦”，殿本、四庫本、四部備要本作“著烏巾襦”。

[3]躡屩（juē）：穿草鞋行走。屩，草鞋。

[4]乃度西岸：毛本、殿本、四庫本、四部備要本作“乃渡西岸”。

［5］文榮與其從：《魏書》卷五九《蕭寶夤傳》作“文榮與其從子”。《通志》卷八二同《北史》。源氏校勘記於“從”下補“子”字。按：當從《魏書》。

［6］景明：北魏宣武帝的年號（500—503）。

［7］壽春：縣名。治所在今安徽壽縣。　東城戍：戍所名。在今安徽壽縣。

［8］推檢：審訊追查。

［9］任城王：封爵名。任城，郡名。北魏時治任城縣，在今山東濟寧市南。　澄：即元澄，人名。字道鏡。北魏宗室。見《北史》卷一八《任城王雲附元澄傳》。

［10］斬衰（cuī）：喪服名。五服中最重的一種。其服用最粗的麻布製成，不緝邊，使斷處外露，以示無飾，故稱。服期三年。凡子及外嫁女爲父、孫爲祖父、妻爲夫，皆服之。衰，通“縗”。

［11］齊（zī）衰（cuī）：喪服名。爲五服之一，次於斬衰。服用粗麻布製成，以其緝邊，故稱。服期一年爲“齊衰期”。

［12］夏侯：此處指夏侯道遷。譙國（今安徽亳州市）人。北魏官吏。見《北史》卷四五《夏侯道遷傳》。

及至京師，宣武禮之甚重。伏訴闕下，請兵南伐，雖遇暴風大雨，終不暫移。是年，梁江州刺史陳伯之與其長史褚胄等自壽春歸降，[1]請軍立效。帝謂伯之所陳，時不可失，以寶夤懇誠，除使持節、都督、東揚州刺史、鎮東將軍、丹楊郡公、齊王，[2]配兵一萬，令據東城，[3]待秋冬大舉。寶夤明當拜命，其夜慟哭。至晨，備禮策授，賜車馬什物，事從豐厚，猶不及劉昶之優隆也。[4]又任其募天下壯勇，得數千人，以文智三人等爲積弩將軍，[5]文榮等三人爲强弩將軍，[6]並爲軍主。寶夤雖少羈寓，[7]而志性雅重，過期猶絶酒肉，慘悴形色，蔬食粗衣，未嘗嬉笑。及被命當南伐，貴要多相憑託，門庭賓客若市，而書記相尋，寶夤接對報復，不失其理。

[1]江州：南朝梁時治柴桑縣，在今江西九江市西南。　陳伯之：人名。濟陰睢陵（今江蘇睢寧縣）人。南朝梁將領。見《梁書》卷二〇《陳伯之傳》。

[2]丹楊郡公：封爵名。毛本、殿本、四庫本作“丹陽郡”。《魏書》作“丹楊郡開國公”。按：高敏在《論李延壽〈南、北史〉的規律性删削失當》（《史學史研究》2002年第2期）一文中指出，這是《北史》規律性删削失當的一個表現。　鎮東將軍：官名。北魏初多授持節都督，出鎮地方。孝文帝太和十七年定爲從一品下，二十三年定爲從二品。

[3]東城：縣名。治所在今安徽定遠縣東南。

[4]優隆：局本作“優渥”。

[5]三人等：中華本作“等三人”。《魏書》卷五九、《册府元龜》卷九九作“三人等”。　積弩將軍：官名。爲雜號將軍。

[6]文榮等三人：宋本作“文榮三人”，脱“等”字。《魏書》卷五九、《册府元龜》卷九九作“文榮等三人”。　强弩將軍：官名。爲雜號將軍。

[7]羈寓：客居他鄉。

正始元年，[1]寶夤行達汝陰，[2]東城已陷，遂停壽春之栖賢寺。逢梁將姜慶真内侵，圍逼壽春，寶夤率衆力戰，破走之。寶夤勇冠諸軍，聞見者莫不壯之。還，改封梁郡公。[3]及中山王英南伐，[4]寶夤又表求征。與英頻破梁軍，乘勝攻鍾離。[5]淮水汎溢，寶夤與英狼狽引退，士卒死没者十四五。有司奏處以極法。詔恕死，免官削爵還第。

[1]正始：北魏宣武帝的年號（504—508）。

[2]汝陰：縣名。治所在今安徽阜陽市。

[3]梁郡公：封爵名。梁郡，北魏時治梁國城，在今河南商丘市南。

[4]中山王：封爵名。中山，郡名。北魏時治盧奴縣，在今河北定州市。　英：即元英。

[5]鍾離：城名。在今安徽鳳陽縣東北。

尋尚南陽長公主。[1]公主有婦德，事寶夤盡雍和之禮，[2]雖好合而敬事不替。寶夤每入室，公主必立以待之，相遇如賓，自非太妃疾篤，未曾歸休。[3]寶夤器性温順，自處以禮，奉敬公主，内外諧穆。清河王懌親而重之。

[1]南陽長公主：封號。北魏孝文帝之女，宣武帝姐姐。

[2]事寶夤盡雍和之禮：底本“寶夤”上無“事”字，源氏校勘記云：“‘寶’上，《魏書》有‘事’字。”中華本校勘記云：“諸本脱‘事’字，據《魏書》卷五九及《通志》卷八二《蕭寶夤傳》補。”今從改。

[3]歸休：回家休息。

永平四年，盧昶克梁朐山戍，[1]以琅邪戍主傅文驥守之。[2]梁師攻文驥，昶督衆軍救之。詔寶夤爲使持節、假安南將軍,[3]别將長驅往赴，受昶節度。[4]寶夤受詔，泣涕横流，哽咽良久。後昶軍敗，唯寶夤全師而還。

[1]盧昶：人名。字叔達，范陽涿（今河北涿州市）人。北魏官吏。見《北史》卷三〇《盧玄附盧昶傳》。　朐山戍：戍所名。在今江蘇連雲港市西南。

[2]傅文驥：人名。清河（今山東臨清市東北）人。北魏將領。歷任强弩將軍、琅邪戍主等職。又隨傅竪眼征伐，屢有軍功，宣武帝永平四年（511），魏、梁戰於朐山。魏軍大敗，文驥降梁。

[3]安南將軍：官名。北魏時爲出鎮南方地區的軍事長官，或作爲刺史等地方官兼理軍務時的加官。孝文帝太和十七年定爲二品下，二十三年定爲三品。

[4]受昶節度：底本"受"作"授"，中華本校勘記云："諸本'受'作'授'，據《魏書》《通志》改。"今從改。

延昌初,[1]除瀛州刺史,[2]復其齊王，遷冀州刺史。[3]及大乘賊起,[4]寶夤遣軍討之，頻爲賊破。臺軍至,[5]乃滅之。靈太后臨朝，還京師。

[1]延昌：北魏宣武帝的年號（512—515）。

[2]瀛州：北魏時治趙都軍城，在今河北河間市。

[3]冀州：北魏時治信都縣，在今河北冀州市。

[4]大乘：指冀州僧法慶與李歸伯起義。大乘爲其國號。

[5]臺軍：對朝廷節制的官軍的稱謂。

梁將康絢於浮山堰淮以灌揚、徐。[1]除寶夤使持節、都督東討軍事、鎮東將軍以討之，復封梁郡公。熙平初，[2]梁堰既成，淮水將爲揚、徐之患，寶夤乃於堰上流更鑿新渠，水乃小減。乃遣壯士千餘人夜度淮，燒其竹木營聚，破其三壘，火數日不滅。又分遣將破梁將垣孟孫、張僧副等於淮北。仍度淮南，焚梁徐州刺史張豹子等十一營。及還京師，爲殿中尚書。[3]寶夤之在淮堰，梁武寓書招誘之。寶夤表送其書，陳其忿毒之意。志存雪復，屢請居邊。

[1]康絢：人名。字長明，華山藍田（今陝西藍田縣）人。南朝梁將領。見《南史》卷五五《康絢傳》。　浮山：在今江蘇泗洪縣四河鄉。

[2]熙平：北魏孝明帝的年號（516—518）。

[3]殿中尚書：官名。北魏時領宫中兵馬，典宫禁宿衛及倉庫。孝文帝太和十七年定爲二品中，二十三年定爲三品。

神龜中，[1]爲都督、徐州刺史、車騎大將軍。[2]乃起學館於清東，朔望引見土姓子弟，接以恩顔，與論經義。勤於聽理，吏人愛之。

[1]神龜：北魏孝明帝的年號（518—520）。

[2]車騎大將軍：官名。多加權臣元老，以示尊崇。北魏孝文帝太和十七年定爲一品中，二十三年定爲從一品。源氏校勘記云："《魏書》無'大'字。"

正光二年，徵爲尚書左僕射。[1]善於吏職，甚有聲名。四年，上表曰：

[1]尚書左僕射：官名。北魏時列位宰相，掌都省庶務、執法、典選舉，兼掌糾彈百官。孝文帝太和十七年定爲從一品中，二十三年定爲從二品。

竊惟文武之名，在人之極地；德行之稱，爲生之最首。忠貞之美，立朝之譽；仁義之號，處身之端。自非職惟九官，[1]任當四岳，[2]授曰爾諧，讓稱俞往，將何以克厭大名，[3]允兹令問。自比以來，官罔高卑，人無貴賤，皆飾辭假説，用相褒舉。求者不能量其多少，與者不能覈其是非，遂使冠履相貿，名實皆爽。謂之考功，[4]事同汎陟，[5]紛紛漫漫，焉可勝言！

[1]九官：泛指九卿等中央官員。

[2]四岳：相傳爲唐堯臣羲、和四子，分管四方的諸侯，故稱四岳。後指與天子議大事者爲四岳。

[3]克厭：能符合或滿足。

[4]考功：按一定標準考核官吏的政績。

[5]汎陟：指在定期考績制度外，普遍晋升官職。四庫本作“汎涉”。

又在京之官，積年一考。[1]其中，或所事之主，遷移數四，或所奉之君，身亡廢絶。雖當時文簿，記其殿最，[2]日久月遥，散落都盡。累年之後，方求追訪，無不苟相悦附，共爲脣齒，飾垢掩疵，妄加丹素，[3]趣令得階而已，無所顧惜。賢達君子，未免斯患；中庸已降，夫復何論！官以求成，身以請立，上下相蒙，莫斯爲甚。

[1]又在京之官積年一考：底本“一”作“十”，中華本校勘記云：“諸本‘一’訛作‘十’，據《魏書》改。‘十考’與下文文意不符。”今從改。

[2]殿最：考核政績或軍功，下等稱爲“殿”，上等稱爲“最”。亦泛指等級的高低上下。

[3]丹素：比喻粉飾的言辭。

又勤恤人隱，咸歸守令，厥任非輕，所責實重。然及其考課，[1]悉以六載爲約，既而限滿代還，復經六年而叙。是則歲周十二，始得一階。於東西兩省，[2]文武閑職，公府散佐，無事冗官，或數旬方應一直，或朔望止於暫朝，及其考日，更得四年爲限。是則一紀之中，便登三級。彼以實勞劇任，而遷貴之路至難；此以散位虛名，而升陟之方甚易。何内外之相縣，令厚薄之若此！

[1]考課：考核官吏的功過、優劣、爲政之得失，評定等級、以決定賞罰升降。

[2]於東西兩省：底本作“於東南兩省”，中華本校勘記云：“各本‘西’作‘南’，宋本及《魏書》作‘西’。按本書卷三九《羊深傳》，亦有‘東西兩省’語。今從宋本。”今從改。

孟子曰：“仁義忠信，天爵也；公卿大夫，人爵也。古之人，脩其天爵而人爵從之。”故雖文質異時，污隆殊世，莫不寶玆名器，不以假人。是以賞罰之科，恒自持也。乃至周之藹藹，五叔無官；[1]漢之察察，館陶徒請。[2]誠以賞罰一差，則無以懲勸；至公暫替，則覬覦相欺。故至慎至惜，殷勤若此。況乎親非肺腑，才乖秀逸，或充單介之使，[3]始無汗馬之勞；或説興利之規，終懸十一之潤。皆虛張無功，妄指羸益，坐獲數階之官，籍成通顯之貴。於是巧詐萌生，僞辯鋒出，役萬慮以求榮，開百方而逐利。抑之則其流已往，引之則有何紀極！

[1]五叔無官：五叔，指周公的五個弟弟，即管叔、蔡叔、成叔、曹叔、霍叔。《史記》卷三五《管蔡世家》"餘五叔皆就國，無爲天子吏者。"

[2]館陶：指館陶公主，光武帝劉秀之女。曾向東漢明帝爲子求郎官，但未獲准許。

[3]單介之使：猶"一介之使"，指大小的使者，多言其輕。

夫琴瑟在於必和，更張求其適調。去者既不可追，來者猶或宜改。案《周官》：太宰之職，[1]歲終，則令官府各正所司，受其會計，[2]聽其致事而詔於王；[3]三歲，則大計群吏之政而誅賞之。愚謂今可粗依其準。見居官者，每歲終，本曹皆明辯在官日月，[4]具覈才行能否，審其實用，而注其上下，游辭宕説，一無取焉。列上尚書，覆其合否。如有紕繆，[5]即正而罰之，不得方復推詰委下，容其進退。既定其優劣，善惡交分，經奏之後，考功曹别書於黄紙、油帛。[6]一通則本曹尚書與令僕印署，留於門下；一通則以侍中黄門印署，[7]掌在尚書。嚴加緘密，不得開視。考績之日，然後對共裁量。其外内考格，裁非庸管，乞求博議，以爲畫一。若殊謀異策，事關廢興，遐邇所談，物無異議者，自可臨時斟酌，匪拘恒例。至如援流引比之訴，貪榮求級之請，如不限以關鍵，肆其傍通，則蔓草難除，涓流遂積，穢我彝章，[8]撓兹大典，[9]謂宜明加禁斷，以全至化。

[1]太宰：官名。西晋置。常與太傅、太保並掌朝政，爲宰相之任。北魏、北齊時位於太師、太傅、太保三師之上，皆一品。

[2]會計：上報績效。

[3]聽其致事而詔於王：底本"致事"作"事致"，中華本校勘記云："諸本'致事'誤倒，據《魏書》乙。《周禮》太宰原文作'聽其致事而詔王廢置'。"今從改。

[4]明辯：中華本作"明辨"。按："辯""辨"古通。

[5]如有紕繆：底本作"如此紕繆"，宋本作"如有紕繆"，源氏校勘記改"此"作"有"，中華本校勘記云："各本'有'作'此'，據宋本及《魏書》《通志》改。"今從改。

[6]考功曹：官署名。三國時魏置。爲尚書省諸郎曹之一，以侍郎、郎中、郎爲主官。掌内外文武官吏之考課。晋及南朝不置。北魏復置，以郎中爲主官。

[7]黄門印署：宋本作"黄門印"，疑脱"署"字。《魏書》卷五九《蕭寶夤傳》、《通志》卷八二、《册府元龜》卷四七二作"黄門印署"。

[8]彝章：常典，舊典。

[9]大典：國家重要的典章、法令。

詔付外博議，以爲永式。竟無所改。

時梁武弟子西豐侯正德來降，[1]寶夤表曰："正德既不親親，安能親人。脱包此凶醜，[2]寘之列位，百官是象，其何誅焉？臣釁結禍深，痛纏骨髓，日暮途遥，報復無日，豈區區於一豎哉！但才雖庸近，職居獻替，愚衷寸抱，敢不申陳。"正德既至京師，朝廷待之尤薄，歲餘，還叛。

[1]西豐侯：封爵名。西豐，縣名。治所在今江西撫州市臨川區南。　正德：即蕭正德，人名。字公和。南朝梁宗室。見《梁書》卷五五《臨賀王正德傳》。

[2]凶醜：指凶惡不善之人。

初，秦州城人薛伯珍、劉慶、杜遷等反，[1]執刺史李彦，[2]推莫折大提爲首，[3]自稱秦王。大提尋死，其第四子念生竊號天子，年曰天建。置官僚，以息阿胡爲太子，[4]其兄阿倪爲西河王，[5]弟天生爲高陽王，伯珍爲東郡王，安保爲平陽王。[6]天生率衆出隴東，[7]遂寇雍州，屯於黑水。[8]朝廷甚憂之，除寶夤開府、西道行臺，[9]爲大都督，[10]西征。明帝幸明堂以餞之。[11]寶夤與大都督崔延伯擊天生，大破之，[12]追奔至小隴。[13]進討高平賊帥万俟醜奴於安定，[14]更有負捷。

[1]秦州：北魏時治上封城，在今甘肅天水市。

[2]李彥：人名。字次仲，隴西狄道（今甘肅臨洮縣）人。北魏官吏。見《北史》卷一〇〇《涼武昭王李暠附李彥傳》。

[3]莫折大提：人名。秦州（今甘肅天水市）人，羌族。北魏末關隴義軍首領。

[4]息：兒子。

[5]西河王：封爵名。西河，郡名。北魏時治兹氏城，在今山西汾陽市城區。

[6]平陽王：封爵名。平陽，郡名。北魏時治白馬城，在今山西臨汾市。

[7]隴東：郡名。北魏時治涇陽縣，在今甘肅平涼市西。

[8]黑水：即今陝西横山縣無定河上游，源出內蒙古南境。

[9]西道行臺：官名。即西道行臺長官。北魏孝明帝正光末，在各地設行臺主管當地軍務，成爲常設的地方行政機構，亦兼理民事，以行臺尚書令爲長官，或以尚書僕射或左、右僕射及尚書主管行臺事務。

[10]大都督：官名。高級軍事長官。加以各種名號負責統兵作戰或爲某一地區的軍事統治者。

[11]明帝：即北魏皇帝元詡。明爲其謚號。　明堂：帝王宣明政教的地方。凡朝會、祭祀、慶賞、選仕等大典皆在此舉行。

[12]崔延伯：人名。博陵（今河北安平縣）人。北魏名將。見《北史》卷三七《崔延伯傳》。

[13]小隴：山名。一名隴坻，爲分水嶺。在今陝西隴縣、寶雞市與甘肅清水縣、張家川市之間。

[14]高平：鎮名。在今寧夏固原縣。　万俟醜奴：人名。鮮卑族。北魏末關隴起義軍首領。局本作"万醜奴"。按：局本誤，從底本。　安定：郡名。北魏時治安定縣，在今甘肅涇川縣北。

時有天水人吕伯度兄弟始共念生同逆，[1]後與兄衆保於顯親，聚衆討念生，[2]戰敗，奔於胡琛。琛以伯度爲大都督、秦王，資其士馬，還征秦州。大破念生將杜粲於城紀，[3]又破其金城王莫折普賢於水洛城，[4]遂至顯親。念生率衆身自拒戰，又大敗。伯度乃背胡琛，遣其兄子忻和率騎東引大軍。念生事迫，乃詐降於寶夤。朝廷嘉伯度立義之功，[5]授涇州刺史、平秦郡公。[6]而大都督元脩義、高聿停軍隴口，[7]久不西進，念生復反，伯度爲醜奴所殺。故賊勢更甚，寶夤不能制。

[1]天水：郡名。北魏時治上封縣，在今甘肅天水市。　呂伯度：人名。初加入關隴起義軍，後降於北魏，爲大都督、秦王、涇州刺史，封平秦郡開國公，參與鎮壓起義，後爲起義軍所殺。　念生同逆：宋本作“念生逆”。按：從底本。

[2]顯親：縣名。治所在今甘肅秦安縣西北。

[3]杜粲：人名。北魏末秦州城民。孝明帝孝昌三年（527），殺關隴義軍首領莫折念生，自稱常山王。　城紀：地名。在今甘肅靜寧縣西南。中華本作“成紀”。按：“成”“城”古通。

[4]水洛城：在今甘肅莊浪縣東南。底本作“永洛城”，中華本《北史》卷五校勘記云：“諸本及《魏書》‘水’皆作‘永’。《通鑑》卷一五四作‘水’。胡注云：‘《水經注》卷一七《滑水注》：水洛水導源隴山，西徑水洛亭西，南注略陽川。’《九域志》：‘水洛城在德順軍西南一百里。范仲淹曰：朝那之西，秦亭之東，有水洛城。’今據改。以後徑改，不另出校記。”今從改。　莫折普賢：人名。秦州人，羌族。北魏末關隴義軍將領。

[5]朝廷嘉伯度立義之功：《魏書》卷五九《蕭寶夤傳》作“朝廷喜伯度立義之功”，《册府元龜》卷三五四作同《魏書》。《通志》卷八二同《北史》。根據文意，二者均可。

[6]涇州：北魏時治安定縣，在今甘肅涇川縣。　平秦郡公：封爵名。平秦，郡名。北魏時治雍縣，在今陝西鳳翔縣南。

[7]元脩義：人名。字壽安。北魏宗室、大臣。見《魏書》卷一九上《汝陰王天賜附元脩義傳》。

孝昌二年，[1]除寶夤侍中、驃騎大將軍、儀同三司、假大將軍、尚書令，[2]給前後部鼓吹。[3]寶夤初自黑水，終至平涼，[4]與賊相對，年年攻擊，賊亦憚之。關中保全，寶夤之力。三年正月，除司空公。出師既久，兵將疲弊，是月大敗，還雍州。有司處寶夤死罪，詔恕爲編户。四月，除征西將軍、雍州刺史、開府、西討大都督，[5]自關以西，皆受節度。九月，念生爲其常山王杜粲所殺，合門皆盡。粲降寶夤。十月，除尚書令，復其舊封。

[1]孝昌：北魏孝明帝的年號（525—527）。

[2]尚書令：官名。北魏初不常置，亦不掌實際政務，孝文帝改制後，尚書省權任頗重，以録尚書事爲長官，尚書令爲副貳，兼掌監察百官，皆爲宰相。孝文帝太和十七年定爲從一品上，二十三年定爲二品。

[3]給前後部鼓吹：《魏書》卷五九《蕭寶夤傳》作“給後部鼓吹”。《通志》卷八二同《北史》。

[4]平涼：郡名。北魏時治鶉陰縣，在今甘肅華亭縣西。

[5]征西將軍：官名。多授予出鎮方面的持節都督。北魏孝文帝太和十七年定爲從一品中，二十三年定爲二品。

時山東、關西，寇賊充斥，王師屢北，人情沮喪。

寶夤自以出師累年，糜費尤廣，一旦覆敗，[1]慮見猜責，内不自安。朝廷頗亦疑阻。及遣御史中尉酈道元爲關中大使，[2]寶夤謂密欲取己，將有異圖，問河東柳楷。[3]楷曰："大王齊明帝子，天下所屬，今日之舉，實允人望。且謡言：'鸞生十子九子殂，一子不殂關中亂。'武王有亂臣十人，[4]亂者理也，大王當理關中，何所疑慮？"道元行達陰盤驛，[5]寶夤密遣其將郭子恢等攻殺之，[6]而詐收道元尸，表言白賊所害。[7]遂反，僭舉大號，大赦其部内，稱隆緒元年，立百官。詔尚書僕射、行臺長孫承業討之。[8]時北地毛鴻賓與其兄遐糾率鄉義，[9]將討寶夤。寶夤遣其將侯終德往攻遐。終德還圖寶夤，軍至白門，[10]寶夤始覺。與終德戰，敗，攜公主及其少子與部下百餘騎從後門出，遂奔万俟醜奴。醜奴以寶夤爲太傅。

[1]覆敗：殿本、四庫本、四部備要本作"復敗"。

[2]御史中尉：官名。北魏時由御史中丞改稱。主管御史臺，頗重其選。孝文帝太和十七年定爲三品上，二十三年定爲從三品。　酈道元：人名。字善長，范陽涿鹿（今河北涿鹿縣東南）人。北魏官吏、地理學家。見《北史》卷二七《麗範附酈道元傳》。

[3]河東：郡名。北魏時治蒲坂縣，在今山西永濟市西南蒲州城。　柳楷：人名。字孝則，河東解（今山西臨猗縣）人。北魏、東魏官吏。見《魏書》卷四五《柳崇傳》。

[4]亂臣：善於治國的臣子。《尚書·泰誓中》："予有亂臣十人，同心同德。"孔穎達疏："謂我治理之臣有十人也。"

[5]陰盤驛：驛站名。在今陝西西安市臨潼區東北。

[6]郭子恢：人名。北魏官吏。位行臺郎中。孝明帝孝昌三年，

蕭寶夤謀反，命其襲據潼關。後爲魏將泉企擊破。

[7]白賊：對關西起義者的蔑稱。

[8]尚書僕射：官名。北魏時列位宰相。掌選舉、執法等事務，從二品。　長孫承業：即長孫稚，人名。本名冀歸，孝文帝賜名稚，《北史》避唐高宗李治諱改爲幼，字承業，鮮卑族。北魏將領。見《北史》卷二二《長孫道生附長孫承業傳》。

[9]時北地毛鴻賓與其兄遐糾率鄉義：底本“糾”作“紀”，源氏校勘記改“紀”作“糾”，並云：“‘紀’《魏書》作‘糾’,爲是。”中華本校勘記云：“諸本‘糾’訛‘紀’，據《魏書》改。毛遐見本書卷四九。”今從改。北地，郡名。北魏時治富平縣，在今陝西富平縣城關。毛鴻賓，人名。北地三原（今陝西三原縣）人，世爲酋帥。見《北史・毛遐附毛鴻賓傳》。遐，即毛遐，人名。字鴻遠，北地三原（今陝西三原縣）人。北魏、西魏將領。見《北史・毛遐傳》。

[10]白門：北魏時長安（今陝西西安市西北）城門之一。

尒朱天光遣賀拔岳等破醜奴於安定，[1]追禽醜奴及寶夤，並送京師。詔置閶闔門外都街中，[2]京師士女聚觀，[3]凡經三日。吏部尚書李神儁、黄門侍郎高道穆並與寶夤素舊，[4]二人相與左右，言於莊帝，[5]云其逆迹事在前朝，冀將救免。會應詔王道習時自外至，[6]莊帝問道習在外所聞，道習曰：“唯聞陛下欲不殺蕭寶夤。人云李尚書、高黄門與寶夤周款，並居得言之地，必能全之。”道習因曰：“若謂寶夤逆在前朝，便將恕之；敗在長安，爲醜奴太傅，豈非陛下御曆之日？賊臣不翦，法欲安施?”帝然其言，乃於太僕駝牛署賜死。[7]將刑，神儁攜酒就之敘故舊，因對之下泣。寶夤夷然自持，了不憂懼，唯稱推天委命，恨不終臣節。公主攜男女就寶夤訣別，慟哭極哀，寶夤亦色貌不改。

[1]尒朱天光：人名。北秀容（今山西朔州市）人，契胡族。北魏官吏。見《北史》卷四八《尒朱榮附尒朱天光傳》。　賀拔岳：人名。字阿斗泥，神武尖山（今山西神池縣）人。北魏末將領。見《北史》卷四九《賀拔允附賀拔岳傳》。

[2]閶闔門：北魏宮城正門，在今河南洛陽市。

[3]士女：男女。

[4]李神儁：人名。即李挺。字神儁，小名提，隴西狄道（今甘肅臨洮縣）人。北魏、東魏官吏。見《北史》卷一〇〇《涼武昭王李暠附李神儁傳》。　黄門侍郎：官名。北魏時爲郎官的加官，與侍中俱掌門下事，侍從皇帝於宫門之内。孝文帝太和十七年定爲三品中，二十三年爲四品上。　高道穆：人名。即高恭之。字道穆，北魏官吏。見《北史》卷五〇《高恭之傳》。

[5]莊帝：即北魏皇帝元子攸。莊爲其謚號。

[6]應詔：官名。北魏置。即應詔左右。爲皇帝左右的親信之職。　王道習：人名。東萊（今山東萊州市）人。北魏官吏。

[7]太僕：官名。北魏時管理御用車馬。孝文帝太和十七年定爲二品上，二十三年定爲三品。　駝牛署：官署名。北魏置。掌飼駝騾驢牛。

寶夤三子皆公主所生，並凡劣。長子烈，復尚明帝妹建德公主，拜駙馬都尉，坐寶夤反，伏法。次子權與小子凱射戲，凱矢激，中之，死。凱妻，長孫承業女也，輕薄無禮，公主數加罪責。凱竊銜恨，妻復或説之。[1]天平中，[2]凱遣奴害公主。乃轘凱於東市，妻梟首，家遂滅。寶夤兄子贊。

[1]妻復或説之：中華本作“妻復惑説之”。

[2]天平：東魏孝静帝的年號（534—537）。

贊字德文，本名綜。初，梁武滅齊，齊廢主東昏侯寶卷宫人吴氏始孕，[1]匿不言，及生贊，梁武以爲己子，封豫章王。[2]及長，學涉有才思。其母告之以實，贊晝則談謔，夜則御悲涕泣。[3]有濟陰苗文寵、安定梁話，[4]贊曲加禮接，割血自誓，布以心腹，[5]寵、話感其情義，深相然諾。會元法僧以彭城叛入梁，[6]梁武命贊都督江北諸軍事，鎮彭城。時明帝遣安豐王延明、臨淮王彧討之，[7]贊與寵、話夜奔延明。

[1]東昏侯：封爵名。東昏，縣名。治所在今河南蘭考縣東北。

[2]豫章王：封爵名。豫章，郡名。南朝梁時治南昌縣，在今江西南昌市。

[3]御：中華本作“銜”。按：從文意看，“御”似誤。

[4]濟陰：郡名。南朝梁時治頓丘縣，在今安徽宿州市北。　苗文寵：人名。《魏書》卷五九《蕭寶夤附蕭贊傳》作“芮文寵”。

[5]心腹：毛本、局本作“腹心”。按：從底本。

[6]元法僧：人名。北魏宗室。見《北史》卷一六《陽平王熙附元法僧傳》。

[7]安豐王：封爵名。安豐，郡名。北魏時治安豐縣，在今安徽霍邱縣西南。　延明：即元延明，人名。北魏宗室、大臣。見《北史》卷一九《安豐王猛附元延明傳》。　臨淮王：封爵名。臨淮，郡名。北魏時治赤坎城，在今安徽懷遠縣西北。　彧：即元

彧，人名。本名亮，字仕明。北魏宗室。見《北史》卷一六《臨淮王譚附元彧傳》。

孝昌元年秋，屆于洛陽。[1]陛見後，就館舉哀，追服三載。寶夤時在關西，遣使觀察，問其形貌，斂眉悲感。朝廷賞賜豐渥，禮遇隆厚，授司空，封高平郡公、丹楊王。[2]及寶夤反，贊怖，欲奔白鹿山，[3]至河橋，[4]爲北中所執。[5]朝議明其不相干預，仍蒙慰免。[6]

[1]屆：到達，回到。

[2]高平郡公：封爵名。高平，郡名。北魏時治高平縣，在今山東鄒平縣西南。

[3]白鹿山：在今河南獲嘉縣北。

[4]河橋：橋名。在今河南孟津縣東。

[5]北中：疑指北中郎將元亹。見《北史》卷一五《高涼王孤附元亹傳》。

[6]仍蒙慰免：中華本校勘記云："《魏書》卷五九《蕭贊傳》'免'作'勉'。"

建義初，[1]轉司徒，[2]遷太尉，尚帝姊壽陽長公主，拜駙馬都尉。出爲都督齊州刺史、驃騎大將軍、開府儀同三司。[3]寶夤見禽，贊拜表請寶夤命。

[1]建義：北魏孝莊帝的年號（528）。

[2]司徒：官名。北魏時掌全國日常行政事務，考核地方官吏，督課州郡農桑，領全國名數户口簿籍。一品。

[3]齊州：北魏時治歷城縣，在今山東濟南市。

尒朱兆入洛，[1]爲城人趙洛周所逐。[2]公主被録送京，尒朱世隆欲相陵逼，[3]公主守操被害。贊既棄州，爲沙門，潛詣長白山，[4]未幾，至陽平，[5]病卒。贊機辯，文義頗有可觀，而輕薄俶儻，猶有父風。普泰初，[6]迎其喪，以王禮與公主合葬嵩山。[7]

[1]尒朱兆：人名。字萬仁，北秀容（今山西朔州市）人，契胡族。北魏官吏。見《北史》卷四八《尒朱榮附尒朱兆傳》。　入洛：殿本、四部備要本作“父洛”。按：尒朱兆爲尒朱榮從子，尒朱兆父洛一説不成立，當爲“入洛”，從底本。

[2]趙洛周：人名。齊州（今山東濟南市）人。北魏末，逢尒朱氏之亂，尒朱兆攻入京師，洛周在齊州驅逐刺史，舉兵回應。

[3]尒朱世隆：人名。字榮宗，北秀容（今山西朔州市）人，契胡族。北魏官吏。見《北史·尒朱榮附尒朱世隆傳》。

[4]長白山：即今山東鄒平縣西南會仙山。

[5]陽平：郡名。北魏時治館陶縣，在今河北館陶縣。

[6]普泰初：《魏書》卷五九《蕭寶夤傳》作“普泰末”，《册府元龜》卷三〇三同《魏書》。普泰，北魏節閔帝的年號（531—532）。

[7]嵩山：即今河南登封市嵩山。

元象初，[1]吴人盗其喪還江東，梁武猶以爲子，祔葬蕭氏墓焉。[2]贊，江南有子，在魏無後。

[1]元象初：宋本、殿本、四庫本、局本、四部備要本、中華本作“元象初”，毛本作“元元象”，源氏校勘記云：“‘初’《魏書》作‘末’。”按：毛本誤，從底本。元象，東魏孝静帝的年號

(538—539)。

[2]祔葬：合葬。

蕭正表，字公儀，梁武帝弟臨川王宏之子也。[1]在梁封封山縣侯，[2]位北徐州刺史，[3]鎮鍾離。正表長七尺九寸，雖質貌豐美，而性理短暗。

[1]臨川王：封爵名。臨川，郡名。南朝梁時治南城縣，在今江西南城縣東南。　宏：即蕭宏，人名。一作"蕭容"，字宣達，南蘭陵（一説在今江蘇常州市，一説在今江蘇丹陽市）人。南朝梁宗室。見《梁書》卷二二《臨川王宏傳》。

[2]在梁封封山縣侯：底本作"在梁封山陰縣侯"，中華本校勘記云："《魏書》卷五九《蕭正表傳》云：'衍以爲封山縣開國侯。'按《梁書》卷二二、《南史》卷五一、《通志》卷八三《臨川王宏傳》都説正表在梁爵封山縣侯。封山縣見《南齊書》卷十四《州郡志》交州新昌郡。這裏當脱'封'字，衍'陰'字。"今從改。封山縣，南朝梁以安金縣改名，治所在今廣西靈山縣南。

[3]北徐州：南朝梁時治燕縣，在今安徽鳳陽縣東北。

初，梁武未有子，以正表兄西豐侯正德爲子。及自有子，正德歸本，私懷忿憾，以正光三年，背梁奔魏。魏朝以其人才庸劣，不禮焉。尋逃歸梁，梁武不之罪，封爲臨賀王。[1]

[1]臨賀王：封爵名。臨賀，郡名。南朝梁時治臨賀縣，在今廣西賀州市。

侯景將濟江，[1]知正德有恨，密與交通，許推爲主，正德以船迎之。景度，攻揚州。正表聞正德爲侯景所推，盤桓不赴援。景尋以正表爲南兗州刺史，[2]封南郡王。[3]正表遂於歐陽立柵，[4]斷梁援軍。南兗州刺史南康王蕭會理遣兵擊破之。[5]正表走還鍾離，以武定七年，[6]據州内屬，封蘭陵郡王。[7]尋除侍中、太子太保、開府儀同三司。[8]薨，贈司空公，謚曰昭烈。子廣壽。

[1]侯景：人名。字萬景，懷朔鎮（今内蒙古固陽縣南）人。曾任北魏官吏，後叛至南朝。參李萬生《侯景的氏族及相關問題》，《北京大學學報》。

[2]南兗州：南朝梁時治廣陵縣，在今江蘇揚州市西北。

[3]南郡王：封爵名。南郡，南朝梁時治江陵縣，在今湖北江陵縣。

[4]歐陽：堤壩名。即歐陽埭。在今江蘇儀徵市東古運河上。

[5]南康王：封爵名。南康，郡名。南朝梁時治贛縣，在今江西贛縣西南。　蕭會理：人名。字長才，南蘭陵（一説在今江蘇常州市，一説在今江蘇丹陽市）人。南朝梁宗室。見《梁書》卷二九《南康王績附蕭會理傳》。

[6]武定：東魏孝静帝的年號（543—550）。

[7]蘭陵郡王：封爵名。蘭陵，郡名。東魏時治承縣，在今山東棗莊市東南。《魏書》卷五九《蕭正表傳》作"蘭陵郡開國公、吴郡王"。《通志》卷八三上同《北史》。

[8]太子太保：官名。爲東宫三師之一，位在太子太師、太子太傅之下。主要職責是訓導輔助太子。

蕭祗，字敬式，梁武帝弟南平王偉之子也。[1]少聰敏，美容儀。在梁封定襄縣侯，[2]位東揚州刺史。[3]于時江左承平，政寬人慢，祇獨莅以嚴切，梁武悦之，遷北兖州刺史。[4]

[1]偉：即蕭偉，人名。字文達，南蘭陵（一説在今江蘇常州市，一説在今江蘇丹陽市）人。南朝梁宗室。見《梁書》卷二二《南平王偉傳》。

[2]定襄縣侯：封爵名。定襄，縣名。治所在今山西定襄縣。

[3]東揚州：南朝梁時治山陰縣，在今浙江紹興市。

[4]北兖州：南朝梁時治廣陵城，在今河南息縣。

太清二年，侯景圍建業，祇聞臺城失守，遂來奔，以武定七年至鄴。[1]齊文襄令魏收、邢卲與相接對。[2]歷位太子少傅，[3]領平陽王師，[4]封清河郡公。[5]

[1]太清二年侯景圍建業祇聞臺城失守遂來奔以武定七年至鄴：中華本校勘記云："《通志》卷八三《蕭祇傳》'二'作'三'。按《梁書》卷三《武帝紀》，侯景始圍建業在太清二年十月，至太清三年三月，破宫城。祇之奔東魏，當在太清三年，即武定七年。"太清，南朝梁武帝的年號（547—549）。臺城，在今江蘇南京市雞鳴山南。

[2]齊文襄：即高澄。文襄爲其謚號，北齊文宣帝高洋所追謚。　魏收：人名。字伯起，小字佛助，鉅鹿下曲陽（今河北晋州市西）人。北齊官吏、學者。見《北齊書》卷三七《魏收傳》。　邢卲：人名。字子才，河間鄚（今河北任丘市北）人。北魏、東魏、北齊官吏。見《北齊書》卷三六《邢卲傳》。

[3]太子少傅：官名。與太子太傅並稱二傅。掌訓導輔翊太子。

[4]平陽王：封爵名。平陽，郡名。北齊時治白馬城，在今山

西臨汾市。此指高淹，北齊神武帝高歡第四子，封平陽王。見《北史》卷五一《平陽王淹傳》。

[5]清河郡公：封爵名。清河，郡名。北齊時治清河縣信成城，在今河北清河縣西北。

齊天保初，[1]授右光禄大夫，[2]領國子祭酒。[3]時梁元帝平侯景，[4]復與齊通好，文宣欲放祇等還南。[5]俄而西魏克江陵，[6]遂留鄴。[7]卒，贈中書監、車騎大將軍、楊州刺史。

[1]天保：北齊文宣帝的年號（550—559）。

[2]右光禄大夫：官名。作爲朝廷大臣的加官，或授予年老有病者爲致仕之官，也作爲大臣卒後贈官，以示尊崇。位在金紫光禄大夫之上。北齊時爲二品。

[3]國子祭酒：官名。北齊時爲國子寺長官，一員，與九卿地位相當，領國子、太學、四門三學，主管全國教育行政。從三品。

[4]梁元帝：即南朝梁皇帝蕭繹。元爲其謚號。

[5]文宣：即北齊皇帝高洋。文宣爲其謚號。

[6]江陵：都城名。在今湖北江陵縣。南朝梁都於此。

[7]鄴：都城名。在今河北臨漳縣西南。《北齊書》卷三三《蕭祇傳》作“鄴都”。《通志》卷八三上同《北史》。

子放，字希逸，隨祇至鄴。祇卒，放居喪以孝聞。所居廬室前，有二慈烏來集，[1]各據一樹爲巢，自午以前馴庭飲啄，午後更不下樹。每臨時，舒翅悲鳴，全似哀泣。家人則之，[2]未嘗有闕。時以爲至孝之感。[3]服闋，襲爵。武平中，[4]待詔文林館。[5]放性好文詠，頗善丹青，[6]因此在宫中披覽書史及近世詩賦，監畫工作屏風等雜物。[7]見知，遂被眷待。累遷太子中庶子、散騎常侍。[8]

[1]慈烏：一名孝烏。毛色純黑而反哺的烏。

[2]家人則之：中華本校勘記云："《北齊書》卷三三《蕭放傳》南、北、汲、殿四本'則'作'伺'，百衲本作'則'，與此同。張元濟疑爲'測'之訛。"可從。

[3]至孝之感：殿本、四庫本、四部備要本作"至孝所感"。

[4]武平：北齊後主的年號（570—576）。

[5]文林館：官署名。北齊時置。引文學之士充之，稱待詔。

[6]丹青：繪畫。

[7]監畫工作屏風等雜物：毛本、殿本、四庫本、局本、四部備要本脱"等"字。《北齊書》卷三三《蕭祇傳》、《册府元龜》卷八六九同底本。

[8]太子中庶子：官名。北齊時屬門下坊，多以博學之士擔任。四品。宋本作"太子中庶"。

蕭退，梁武帝弟司空鄱陽王恢之子也。[1]退在梁封湘潭侯，[2]位青州刺史。建業陷，與從兄祇俱入東魏。齊天保中，位金紫光禄大夫，[3]卒。

[1]鄱陽王：封爵名。鄱陽，郡名。南朝梁時治鄱陽縣，在今江西鄱陽縣。　恢：即蕭恢，人名。字弘達，南蘭陵（一説在今江蘇常州市，一説在今江蘇丹陽市）人。南朝梁宗室。見《梁書》卷二二《鄱陽王恢傳》。

[2]湘潭侯：封爵名。湘潭，縣名。治所在今湖南衡山縣東。

[3]金紫光禄大夫：官名。晋初光禄大夫加賜金章紫綬而置。

北魏時其禄賜、班位、車服等所賜皆與特進同。孝文帝太和十七年定爲從一品下，二十三年改從爲二品。北齊因之。

子慨，深沈有體表，好學，善草隸書，南士中稱爲長者。歷著作佐郎，[1]待詔文林館。卒於司徒從事中郎。[2]

[1]著作佐郎：官名。北齊時職務清閑，成爲世族高門子弟的起家之官。七品。

[2]司徒從事中郎：官名。即司徒府從事中郎。從事中郎，爲公府軍府僚屬，與長史共主府中吏事。北齊時爲五品。

蕭泰，字世怡，亦恢之子也。在梁封豐城侯，[1]位譙州刺史。[2]侯景襲而陷之，因被執，尋逃至江陵。梁元帝平侯景，以泰爲兼太常卿、桂陽内史。[3]未至郡，屬于謹平江陵，[4]遂隨兄脩佐郢州。及脩卒，即以泰爲刺史。湘州刺史王琳襲泰，[5]泰以州輸琳。時陳武帝執政，[6]徵爲侍中，不就。乃奔齊，爲永州刺史。[7]

[1]豐城侯：封爵名。豐城，縣名。治所在今江西豐城市南。

[2]譙州：南朝梁時治渦陽縣，在今安徽蒙城縣。

[3]太常卿：官名。太常的尊稱。南朝梁時掌宗廟、祭祀、禮樂、天文、學校、陵園等事。　桂陽：郡名。南朝梁時治郴縣，在今湖南郴州市。　内史：官名。南朝梁時掌出納王命、民政。

[4]于謹：人名。字思敬，河南洛陽（今河南洛陽市）人。北魏、西魏、北周名將。見《北史》卷二三《于栗磾附于謹傳》。

[5]湘州：南朝梁時治廬江縣，在今安徽巢湖市。　王琳：人

名。字子珩，會稽山陰（今浙江紹興市）人。南朝梁將領、北齊官吏。見《北齊書》卷三二《王琳傳》、《南史》卷六四《王琳傳》。

[6]陳武帝：即南朝陳皇帝陳霸先。武爲其謚號。

[7]永州：北齊時治楚城，在今河南信陽市北。

保定四年，大將軍權景宣略地河南，泰遂歸後周。[1]以名犯周文帝諱，稱字焉。拜開府儀同三司，封義興郡公，[2]授蔡州刺史。[3]政存簡惠，深爲吏人所安。卒官，子寶嗣。

[1]保定四年大將軍權景宣略地河南泰遂歸後周：底本“後周”作“西魏”，中華本校勘記云：“按保定是周武帝年號，‘西魏’當作‘後周’。”今從改。保定，北周武帝的年號（561—565）。權景宣，人名。字暉遠，天水顯親（今甘肅秦安縣西北）人。西魏、北周將領。見《北史》卷六一《權景宣傳》。

[2]義興郡公：封爵名。義興，郡名。北周時治陽羨縣，在今江蘇宜興市。

[3]蔡州：北周時治蔡陽縣，在今湖北棗陽市。

寶字季珍，美風儀，善談笑，未弱冠，名重一時。隋文帝輔政，[1]引爲丞相府典籤。[2]開皇中，[3]至吏部侍郎。[4]後坐太子勇事誅，[5]時人冤之。

[1]隋文帝：即隋朝皇帝楊堅。文爲其謚號。

[2]典籤：官名。南北朝時置。爲諸王府、軍府、州府屬官，掌記録言事、宣達府主教令。隋因之，品秩不一。

[3]開皇：隋文帝的年號（581—600）。

[4]吏部侍郎：官名。主管官吏選任調動事務。隋初爲吏部司長官，隸屬吏部尚書。初爲六品上，文帝開皇三年爲從五品。煬帝大業三年（607）改名爲選部郎。

[5]勇：即楊勇，人名。字睍地伐，隋文帝太子。見《北史》卷七一《房陵王勇傳》。

蕭撝，字智遐，梁武帝弟安成王秀之子也。[1]性温裕，有儀表，在梁封永豐縣侯。[2]東魏遣李諧、盧元明使梁，[3]梁武帝以撝辭令可觀，令兼中書侍郎，[4]受幣於賓館。[5]歷黄門侍郎，累遷巴西、梓潼二郡守。[6]及侯景作亂，武陵王紀稱尊號。[7]時宗室在蜀，唯撝一人，封撝秦郡王。紀率衆東下，以撝爲尚書令、征西大將軍、都督、益州刺史，守成都。[8]又令梁州刺史楊乾運守潼州。[9]

[1]安成王：封爵名。安城，郡名。南朝梁時治安成縣，在今廣西賓陽縣東。　秀：即蕭秀，人名。字彦達，南蘭陵（一説在今江蘇常州市，一説在今江蘇丹陽市）人。南朝梁宗室。見《梁書》卷二二《安成王秀傳》。

[2]永豐縣侯：封爵名。永豐，縣名。治所在今陝西安塞縣。

[3]李諧：人名。字虔和，頓丘（今河南清豐縣西南）人。北魏、東魏官吏。見《北史》卷四三《李崇附李諧傳》。　盧元明：人名。字幼章，范陽（今河北涿州市）人。北魏、東魏官吏。見《北史》卷三〇《盧玄附盧元明傳》。

[4]中書侍郎：官名。南朝梁時職閑官清，成爲諸王起家官。九班。

[5]賓館：招待賓客的房屋。

[6]累遷巴西梓潼二郡守：底本“遷”下有“東”字，中華本校勘記云：“諸本‘遷’下衍‘東’字，據《周書》卷四二《蕭撝傳》删。”今從改。巴西，郡名。南朝梁時治閬中縣，在今四川閬中市。梓潼，郡名。南朝梁時治相如縣，在今四川蓬安縣利溪鎮。

[7]武陵王：封爵名。武陵，郡名。南朝梁時治臨沅縣，在今湖南常德市。　紀：即蕭紀，人名。字世詢，南蘭陵（一説在今江蘇常州市，一説在今江蘇丹陽市）人。南朝梁宗室。梁武帝子。梁武帝去世後，在成都稱帝。見《梁書》卷五五《武陵王紀傳》。

[8]成都：縣名。治所在今四川成都市。

[9]楊乾運：人名。字玄邈，儻城興勢（今陝西洋縣東北）人。南朝梁、西魏大臣。見《北史》卷六六《楊乾運傳》。

周文帝知蜀兵寡弱，遣大將軍尉遲迥總衆討之。[1]迥入劍閣，[2]長驅至成都。撝見兵不滿萬人，而倉庫空竭，於是率文武於益州城北，共迥升壇歃血立盟，以城歸魏。授侍中、開府儀同三司，封歸善縣公。[3]周閔帝踐阼，[4]進爵黄臺郡公。[5]

[1]尉遲迥：人名。字薄居羅，代（今山西大同市東北）人。西魏、北周重臣。見《北史》卷六二《尉遲迥傳》。

[2]劍閣：即劍門關。今四川劍閣縣東北劍門關。

[3]歸善縣公：封爵名。歸善，縣名。治所在今廣東惠州市惠陽區。

[4]周閔帝：即北周皇帝宇文覺。閔爲其謚號。

[5]黄臺郡公：封爵名。黄臺，郡名。治所不詳。

武成中，[1]明帝令諸文儒於麟趾殿校定經史，[2]仍撰《世譜》，[3]撝亦豫焉。尋以母老，兼有疾疹，請在外著書，詔許之。

[1]武成：北周明帝的年號（559—560）。

[2]麟趾殿：在今陝西西安市。

[3]世譜：北周明帝宇文毓召集臣下合撰。記載自伏羲、神農以來迄於西魏末年的譜系。久佚。

保定元年，授禮部中大夫，[1]又以歸款功，别賜食多陵縣五百户，[2]收其租賦。三年，出爲上州刺史。[3]爲政以禮讓爲本，嘗至元日，獄中囚繫，悉放歸家，聽三日然後赴獄。主者争之，撝曰："昔王長、虞延，[4]見稱前史。吾雖寡德，竊懷景行。以之獲罪，彌所甘心。"諸囚荷恩，並依限而至，吏人稱其惠化。秩滿向還，[5]部人季漆等三百餘人上表，[6]乞留更兩載。詔雖不許，甚嘉美之。

[1]禮部中大夫：官名。西魏恭帝置。北周沿置。春官府禮部長官，掌禮儀的制定與執行。下設禮部上士、禮部中士、禮部旅下士以佐其職。正五命。北周武帝保定四年，改禮部爲司宗，遂改名司宗中大夫。

[2]多陵：縣名。今地不詳。

[3]上州：北周時治上津縣，在今湖北鄖西縣西北。

[4]王長：人名。漢代官吏，爲政以禮讓爲本。　虞延：人名。字子大，陳留東昏（今河南蘭考縣東北）人。東漢官吏。善於斷獄。見《後漢書》卷三三《虞延傳》。

[5]秩滿向還：毛本、局本"向"作"回"，殿本、四庫本、四部備要本作"回"。

[6]部人：部屬，屬下。

及撝入朝，屬置露門學，[1]武帝以撝與唐瑾、元偉、王褒等四人，[2]俱爲文學博士。撝以母老，表請歸養私門，帝弗許。尋以母憂去職。[3]歷少保、少傅，[4]改封蔡陽郡公。[5]卒，武帝舉哀於正武殿，贈使持節、大將軍、大都督、少傅、益州刺史，謚曰襄。

[1]露門學：學校名。亦作"路門學""露門""露門館"。北周武帝天和二年設，爲北周國學，因設在露門之左，故有此稱。以露門學文學博士大夫爲主官，以露門學士爲教官。

[2]唐瑾：人名。字附璘，北海平壽（今山東昌樂縣東南）人。西魏、北周大臣。博涉經史，善屬文。見《北史》卷六七《唐永附唐瑾傳》。　元偉：人名。字子猷。北魏宗室。以文采著稱於世，官至小司寇。見《北史》卷一五《常山王遵附元偉傳》。　王褒：人名。字子淵，琅邪臨沂（今山東臨沂市）人。學問淵博，以善駢文著稱。梁元帝時任吏部尚書、左僕射。西魏破江陵後，虜王褒等入關。見《周書》卷四一《王褒傳》。

[3]母憂：母親的喪事。

[4]少保：官名。即太子少保。爲東宫三少之一，位居太子少師、少傅之下。但其設置、職掌、品秩同太子少師。主要負責教導輔助太子。北周時爲正八命。　少傅：官名。西周始置。與少師、少保並稱三少或三孤，居少師之下、少保之上。北周復置，與三公並爲大臣加官，地位崇高，無具體職掌。正八命。

[5]蔡陽郡公：封爵名。蔡陽，郡名。北周時治蔡陽縣，在今湖北棗陽市西南。

撝善草隸，書名亞王褒，算數醫方，咸亦留意，所著詩賦雜文數萬言，頗行於世。

子濟，字德成，少仁厚，頗好屬文。爲東中郎將，[1]從撝入朝。周孝閔帝踐阼，除中外府記室，[2]後至蒲陽郡守。[3]

[1]東中郎將：官名。北魏、東魏時屬中護軍。北齊時屬護軍府。

[2]中外府：官署名。都督中外諸軍事府的省稱。設司馬、長史、司録、從事中郎等屬僚。北魏末高歡父子、宇文泰及宇文護等都以都督中外諸軍事的身份控制朝政，因此其屬僚的實際地位都很高。　記室：官名。諸王府、公府、軍府、州郡府中皆置，掌上章、報表、書記。官秩不一。

[3]蒲陽：郡名。北周時治依政縣，在今四川邛崍市西南。

蕭圓肅，字明恭，梁武帝之孫，武陵王紀之子也。風度淹雅，敏而好學。紀稱尊號，封宜都王，[1]除侍中。紀下峽，令圓肅副蕭撝守成都。及尉遲迥至，與撝俱降。授開府儀同三司、侍中，封安化縣公。[2]

[1]宜都王：封爵名。宜都，郡名。南朝梁時治夷道縣，在今湖北宜都市。《周書》卷四二《蕭圓肅傳》作“封宜都郡王”。按：《通志》卷八三下從《北史》。

[2]安化縣公：封爵名。安化，縣名。治所在今湖北隨州市東南。

周明帝初，[1]進棘城郡公，[2]以歸款勳，別賜食思君縣五百户，[3]收其租賦。後拜咸陽郡守，[4]甚有政績。尋改授太子少傅，作《少傅箴》。[5]太子見而悦之，致書勞問。改授豐州刺史，[6]尋進位上開府儀同大將軍，[7]歷司宗中大夫、洛州刺史，[8]進位大將軍。[9]

[1]周明帝：即北周皇帝宇文毓。明爲其謚號。

[2]棘城郡公：封爵名。棘城，郡名。治所不詳。

[3]思君：縣名。今地不詳。

[4]咸陽：郡名。北周時治石安縣，在今陝西咸陽市東北。

[5]少傅箴：規勸太子的箴言輯録。

[6]豐州：北周時治鄖縣，在今湖北鄖縣西。

[7]上開府儀同大將軍：官名。北周武帝建德四年（575）置。位在開府儀同大將軍之上。主要授予有軍功或北齊的降官，無具體職掌。九命。

[8]司宗中大夫：官名。北周武帝保定四年，改禮部爲司宗時，由禮部中大夫改名。仍屬春官府，佐大宗伯卿掌禮儀的制定與執行。正五命。　洛州：北周時治洛陽城，在今河南洛陽市東北。

[9]大將軍：官名。高級軍事統帥。北周時爲府兵專職統帥，十二人，各領一軍，分屬六柱國大將軍，下統開府、儀同諸將軍。正九命。

隋開皇初，授貝州刺史，[1]以母老請歸就養，許之，卒於家。有文集十卷，又撰時人詩筆爲《文海》四十卷、《廣堪》十卷、《淮海離亂志》四卷，行於世。

[1]貝州：隋朝時治武城縣，在今河北清河縣西北。

蕭大圜，字仁顯，梁簡文帝第二十子也。[1]幼而聰敏，年四歲，能誦《三都賦》及《孝經》《論語》，[2]七歲居母喪，便有成人性。梁大寶元年，封樂梁郡王，丹楊尹。[3]屬侯景殺簡文，[4]大圜潛遁獲免。景平，歸建業。時喪亂之後，無所依，乃寓居善覺佛寺。[5]人有以告王僧辯，[6]乃給船餼，[7]得往江陵。梁元帝見之甚悦，賜以越衫胡帶，改封晋熙郡王，[8]除琅邪、彭城二郡太守。

[1]梁簡文帝：即南朝梁皇帝蕭綱。簡文爲其謚號。

[2]三都賦：《魏都賦》《蜀都賦》《吴都賦》三賦的合稱。西晋左思撰。

[3]梁大寶元年封樂梁郡王丹楊尹：中華本校勘記云："《南史》卷五四、《通志》卷八三《梁簡文諸子傳》'樂梁'作'樂良'。按地志不見樂梁郡。但《周書》卷四二《蕭大圜傳》及《梁書》卷四、《南史》卷八《簡文帝紀》大寶元年，並作'樂梁'。或當時曾有此郡。"大寶，南朝梁簡文帝的年號（550—551）。丹楊尹，官名。亦稱京尹。爲京城所在郡府長官。掌京城行政並詔獄諸務。地位頗重。

[4]屬：恰遇。

[5]善覺佛寺：約在今江蘇南京市附近。

[6]王僧辯：人名。字君才，太原祁（今山西祁縣東南）人。南朝梁將領。見《梁書》卷四五《王僧辯傳》。

[7]餼：生的食物。

[8]晋熙郡王：封爵名。晋熙，郡名。南朝梁時治晋熙縣，在今四川綿竹市。

時大圜兄汝南王大封等猶未通謁。[1]元帝性忌刻，甚恨望之，乃使大圜召之。大圜即日曉諭，兩兄相繼出謁，元帝乃安之。大圜恐讒愬生，乃屏絶人事，門客左右，不過三兩人，不妄游狎，兄姊間止牋疏而已。[2]恒以讀《詩》《禮》《書》《易》爲事。元帝嘗自問《五經》要事數十條，大圜詞約指明，[3]應答無滯。帝甚歎美之，因曰“昔河間好學，爾既有之，臨淄好文，爾亦兼之。然有東平爲善，彌高前載。”[4]及于謹軍至，元帝乃令大封充使請和，大圜副焉，其實質也。出至軍所，信宿，元帝降。

［1］汝南王：封爵名。汝南，郡名。南朝梁時治汝南縣，在今河南汝南縣。　大封：即蕭大封，人名。南蘭陵（一説在今江蘇常州市，一説在今江蘇丹陽市）人。南朝梁宗室。梁簡文帝蕭綱子。

［2］箋疏：章奏，書信。

［3］詞約指明：四庫本作“詞約旨明”。《周書》卷四二、《通志》卷八三下、《册府元龜》卷二七〇、《天中記》卷一二作“辭約指明”，《太平御覽》卷六一五作“辭約旨明”。

［4］河間好學：指西漢河間獻王劉德，脩學好古。見《漢書》卷五三《河間獻王德傳》。　然有東平爲善彌高前載：中華本校勘記云：“《周書》卷四二《蕭大圜傳》此下有‘吾重之愛之，爾當效焉’九字，《北史》删去，語意不完。”

魏恭帝二年，[1]大圜至長安，周文帝以客禮待之。保定二年，大封爲晋陵縣公，[2]大圜始寧縣公。[3]尋加大圜車騎大將軍、儀同三司。俄而開麟趾殿，招集學士，大圜預焉。《梁武帝集》四十卷、《簡文集》九十卷各止一本，江陵平後，並藏秘閣。大圜入麟趾，方得見之，乃手寫二集，一年並畢，識者稱歎之。

[1]魏恭帝：即西魏皇帝元廓。恭爲其謚號。

[2]晋陵縣公：封爵名。晋陵，縣名。治所在今安徽靈璧縣。

[3]始寧縣公：封爵名。始寧，縣名。治所在今浙江嵊州市東三界鎮。

大圜深信因果，心安閑放，嘗云：

拂衣褰裳，無吞舟之漏網；挂冠縣節，慮我志之未從。儻獲展禽之免，[1]有美慈明之進，[2]如蒙北叟之放，[3]實勝濟南之徵。[4]其故何哉？夫閭閻者有優遊之美，[5]朝廷者有簪佩之累，蓋由來久矣。留侯追蹤於松子，[6]陶朱成術於辛文，[7]良有以焉。况乎智不逸群，行不高物，而欲辛苦一生，何其僻也。

[1]展禽：人名。字季，又字禽。春秋時魯國大夫。曾爲士師官。因食邑柳下，謚惠，故又稱柳下惠。

[2]慈明：即荀爽，人名。字慈明，潁川潁陰（今河南許昌市）人。東漢末官吏。見《三國志》卷一〇《魏書·荀彧傳》。此指荀爽從一介布衣，三月之餘升至三公。

[3]北叟：指黄石公，秦漢之際隱士。著有《三略》《素書》等。見《史記》卷五五《留侯世家》。

[4]濟南：似指北齊廢帝高殷。

[5]閭閻：泛指民間。

[6]留侯：指漢初名臣張良。張良運籌帷幄，佐劉邦平定天下，以功封留侯。　松子：神仙赤松子。

[7]陶朱：人名。字少伯，號陶朱公。春秋末越國大夫。原爲楚國宛（今河南南陽市）人。見《會稽志》卷一五《范蠡傳》。辛文：人名。春秋時人。其餘不詳。

豈如知足知止，蕭然無累，北山之北，棄絶人間，南山之南，超踰世網。面脩原而帶流水，倚郊甸而枕平皋。築蝸舍於叢林，構環堵於幽薄。[1]近瞻煙霧，遠睇風雲。藉纖草以蔭長松，結幽蘭而援芳桂。仰翔禽於百仞，俯泳鱗於千尋。[2]果園在後，開窗以臨花卉；蔬圃居前，坐簷而看灌甽。[3]二頃以供饘粥，[4]十畝以給絲麻。侍兒五三，可充紝織；家僮數四，足代耕耘。沽酪牧羊，協潘生之志；[5]畜雞種黍，應莊叟之言。[6]穫菽尋氾氏之書，[7]露葵徵尹君之録。[8]烹羔豚而介春酒，迎伏臘而候歲時。披良書，採至賾，歌纂纂，唱烏烏。可以娱神，可以散慮。有朋自遠，揚榷古今；田畯相過，[9]劇談稼穡。斯亦足矣，樂不可支，永保性命，何畏憂責。

[1]環堵：狹小、簡陋的居室。　幽薄：茂草叢生之處。

[2]千尋：源氏校勘記云："《周書》作'千潯'。"按："尋"爲長度單位，"潯"作"水邊深處"解。與上句之"百仞"相對應，則作"尋"更貼切。

[3]果園在後開窗以臨花卉蔬圃居前坐簷而看灌甽：中華本《周書》卷四二校勘記云："《册府》卷七八五'窻'下有'牖'字，'簷'下有'楹'字。"

[4]饘（zhān）粥：稀飯。

[5]潘生：即潘岳。字安仁，滎陽中牟（今河南中牟縣）人。西晋文學家。見《晋書》卷五五《潘岳傳》。

[6]莊叟：人名。戰國時宋國蒙（今安徽蒙城縣）人。思想家。

[7]氾氏：即氾勝之。西漢大臣、農學家。著有《氾氏之書》兩卷。

[8]尹君：指《漢書·藝文志》著録的《尹都尉書》的尹都尉。《尹都尉書》，屬於農書一類。

[9]田畯：農民。

豈若蹙足入絆，申頸就羈。遊帝王之門，趨宰衡之勢。[1]不知飄塵之少選，寧覺年祀之斯須。萬物營營，靡存其意；天道昧昧，安可問哉？

[1]宰衡：即宰相。

嗟乎！人生若浮，朝露寧俟。長繩繫景，寔所願言。執燭夜遊，驚其迅邁。百年幾何，擎跽曲拳。[1]四時如流，俛眉躡足。[2]出處無成，語默奚當。非直丘明所耻，[3]抑亦宣尼耻之。[4]

[1]擎跽：拱手跪拜。

[2]俛眉：謙卑、恭順。

[3]丘明：局本作“邱明”。按：後文言“宣尼”，則此應指“丘明”，即左丘明。

[4]宣尼：指孔子。

建德四年，[1]除滕王逌友。[2]逌嘗問大圜曰：“吾聞湘東王作《梁史》，[3]有之乎？餘傳乃可抑揚，帝紀奚若？隱則非實，記則攘羊。”對曰：“言之妄也。如使有之，亦不足怪。昔漢明爲《世祖紀》，[4]章帝爲《顯宗紀》，[5]殷鑒不遠，足爲成例。且君子之過，如日月之蝕，彰於四海，安得而隱之？如有不彰，亦安得不隱？[6]蓋子爲父隱，直在其中，諱國之惡，抑又禮也。”逌乃大笑。後大軍拔晋州，[7]或問大圜：“師遂克不？”對曰：“高歡昔以晋州肇基僞迹，[8]今本既拔矣，能無亡乎？所謂君以此始，必以此終。”居數月，齊氏果滅。聞者以爲知言。

[1]建德：北周武帝的年號（572—578）。

[2]滕王逌：即宇文逌。字爾固突，代郡武川（今内蒙古武川縣西）人，鮮卑族。北周宗室。見《北史》卷五八《滕聞王逌傳》。　友：官名。王、公國屬官。掌陪侍規諷。

[3]湘東王：封爵名。湘東，郡名。南朝梁時治臨烝縣，在今湖南衡陽市。指梁元帝蕭繹，初封湘東王。

[4]漢明：即東漢皇帝劉莊。明爲其謚號。

[5]章帝：即東漢皇帝劉炟。章爲其謚號。

[6]如有不彰亦安得不隱：底本無此句，中華本校勘記云：“諸本無‘如有不彰，亦安得不隱’九字，按無此九字與下文意不銜接，今據《御覽》卷二四八引《北史》補。《周書》《通志》作‘如有不彰，亦安得而不隱’。”今從補。

[7]晋州：北齊時治白馬城，在今山西臨汾市城區。

[8]高歡：人名。字賀六渾，勃海蓨（今河北景縣）人，世居懷朔鎮（今内蒙古固陽縣百靈淖城圐圙古城），爲鮮卑化漢人。北

魏末、東魏大臣。見《北史》卷六《齊本紀·神武帝》。

隋開皇初，拜内史侍郎，[1]卒於西河郡守。[2]撰《梁舊事》三十卷、《寓記》三卷、《士喪儀注》五卷、《要决》兩卷，并文集二十卷。

[1]内史侍郎：官名。隋朝時爲内史省次官，置四員，正四品。煬帝大業三年減爲二員，十二年改爲内書侍郎。

[2]西河：郡名。隋朝時治隰城縣，在今山西汾陽市城區。

大封位開府儀同三司、陳州刺史。[1]

[1]陳州：北周時治項縣，在今河南淮陽縣。

論曰：諸司馬以亂亡歸命，楚之最可稱乎！其餘碌碌，未足論也。而以往代遺緒，並當位遇，可謂幸矣。劉昶猜疑懼禍，蕭夤亡破之餘，並潛骸竄影，委命上國，俱稱曉了，盛當位遇。雖有枕戈之志，終無鞭墓之成。昶諸子狂疏，喪其家業。寶夤背恩忘義，梟鏡其心。[1]蕭贊臨邊脱身，晚去讎賊，寵禄頓臻，顛狽旋至，信吉凶之相倚也。梁氏云季，子弟奔亡。正表動不由仁，胡顔之甚。祗、退、泰、撝、圓肅、大圜等雖羈旅異國，而終享榮名，非素有鎡基，懷文抱質，亦何能至於此也。

[1]梟鏡其心：毛本、殿本、四庫本、局本、四部備要本作

"梟獍其心"。按："梟獍"亦作"梟鏡"。比喻忘恩負義之徒或狠毒之人。二者均可。

方武陵擁衆東下，任撝以蕭何之事。[1]君臣之道既篤，家國之情亦隆。金石不足比其心，河水不足明其誓。及魏安之至城下，[2]旬日而智力俱竭，委金湯而不守，[3]舉庸、蜀而來王。[4]若乃見機而作，誠有之矣；守節没齒，則未可焉。

[1]蕭何：人名。沛縣（今江蘇沛縣）人。西漢初大臣。楚漢戰争時，蕭何留守關中，使得關中成爲劉邦的大後方，爲劉邦統一天下起了非常重要的作用。見《漢書》卷三九《蕭何傳》。

[2]魏安：指魏安公尉遲迥。

[3]金湯：指益州治所成都縣城。

[4]庸：地名。今湖北竹山縣西南。

今注本二十四史

北史

八

傳〔五〕

唐 李延壽 撰

李憑 靳寶 主持校注

中国社会科学出版社

今注本二十四史

北史

五

傳〔二〕

唐 李延壽 撰

李憑 靳寶 主持校注

中国社会科学出版社

北史　卷一八

列傳第六

景穆十二王下

任城王雲，[1]和平五年封。[2]少聰慧，年五歲，景穆崩，[3]號哭不絶聲。太武抱之泣曰：[4]"汝何知而有成人意也!" 獻文時，[5]拜都督中外諸軍事、中都大官，[6]聽訟，甚收時譽。

[1]任城王：封爵名。任城，郡名。北魏時治任城縣，在今山東濟寧市。

[2]和平：北魏文成帝的年號（460—465）。

[3]景穆：即北魏太武帝太子拓拔晃。景穆爲其謚號，北魏文成帝所追謚。

[4]太武：即北魏皇帝拓跋燾。太武爲其謚號。

[5]獻文：即北魏皇帝拓跋弘。獻文爲其謚號。

[6]都督中外諸軍事：官名。亦稱都督中外諸軍、中外都督等。總統内外諸軍，爲全國最高軍事統帥，權力極大，不常置。初時多爲他官兼任，無品階。北魏孝文帝太和二十三年（499）定爲從一

品。　中都大官：官名。即中都坐大官。北魏置。與外都坐大官、內都坐大官合稱三都大官。掌刑獄、聽理民訴訟。任此職者多爲宗室諸王、外戚及胡漢重臣，權勢極大。祭吊時位在三公、尚書令之上。

及獻文欲禪位於京兆王子推，[1]王公卿士莫敢先言。雲進曰："父子相傳久矣，皇魏未之有革。"太尉源賀又進以爲不可，[2]願思任城之言。東陽公元丕等進曰：[3]"皇太子雖聖德夙彰，然實沖幼。陛下欲隆獨善，其若宗廟何?"帝曰："儲宫正統，群公相之，[4]有何不可?"于是傳位孝文。[5]

[1]京兆王：封爵名。京兆，郡名。北魏時治霸城縣，在今陝西西安市東北。　子推：即元子推，人名。北魏宗室。見《北史》卷一七《京兆王子推傳》。

[2]源賀：人名。本名秃髪破羌，西平樂都（今青海樂都縣）人，鮮卑族。見《北史》卷二八《源賀傳》。

[3]東陽公：封爵名。遥封。東陽，郡名。南朝宋時治長山縣，在今浙江金華市婺城區。　元丕：人名。北魏宗室。見《北史》卷一五《武衛將軍謂附東陽王丕傳》。

[4]相：輔助。

[5]孝文：即北魏皇帝元宏。孝文爲其謚號。

後蠕蠕犯塞，[1]雲爲中軍大都督，[2]從獻文討之。過大磧，[3]雲曰："夷狄之馬初不見武頭楯，[4]若令此楯在前，[5]破之必矣。"帝從之，命敕勒首領，[6]執手勞遣之。於是相率而歌，方駕而前，[7]大破之，獲其凶首。後仇池氏反，[8]又命雲討平之。除開府、徐州刺史。[9]雲以太妃蓋氏薨，[10]表求解任，獻文不許，雲悲號動疾，乃許之。性善撫接，[11]深得徐方之心，爲百姓所追戀，送遺錢貨，一無所受。

[1]蠕蠕：族名。亦稱柔然，本爲東胡的一支，屬拓跋部。南北朝時始强大，活動於今蒙古國南部地區。以游牧爲生。見《北史》卷九八《蠕蠕傳》。

[2]中軍大都督：官名。北魏末置。統率中軍，權任很重，地位很高。

[3]大磧：即大漠。此指今内蒙古烏拉特前旗西南的庫布齊沙漠。

[4]武頭楯：兵器名。即虎頭楯。《北史》避唐高祖祖父李虎諱改。楯，通“盾”。盾牌。

[5]若令此楯在前：宋本“此”訛“武”。

[6]敕勒：族名。又稱高車、丁零等。最早生活在貝加爾湖一帶，北魏時稱其爲高車，主要生活在大漠南北和西北地區。見《北史》卷九八《高車傳》。宋本“勒”訛作“勤”。

[7]方駕：兩車並行。

[8]仇池：國名。氐族建，國都在今甘肅西和縣西南。　氐：族名。分布於今甘肅、陝西、四川等省的臨接地帶，以畜牧業、農業爲生。西晋末曾建立過仇池、前秦、後凉等政權。見《北史》卷九六《氐傳》。

[9]徐州：北魏時治彭城縣，在今江蘇徐州市。

[10]雲以太妃蓋（gě）氏薨：中華本《魏書》卷一九中《任城王雲傳》校勘記云：“張森楷云：‘上卷作孟椒房生雲。“孟”“蓋”形近，未詳孰是。’”張説是。

[11]撫接：安撫接納。

再遷冀州刺史，[1]甚得下情，於是合州請户輸絹五尺、粟五升，以報雲恩。孝文嘉之，詔宣告天下，使知勸勵。遷長安鎮都大將、雍州刺史。[2]雲廉謹自修，留心庶獄，挫抑豪强，[3]劫盜止息，州人頌之者千餘人。太和五年，[4]薨于州，遺令薄葬，勿受贈襚，[5]諸子奉遵其旨。謚曰康，陪葬雲中之金陵。[6]

[1]冀州：北魏時治信都縣，在今河北冀州市。

[2]長安：軍鎮名。在今陝西西安市西北渭水南岸。　鎮都大將：官名。北魏置。爲級别最高之地方統兵武官。本源於鮮卑軍制，其職高低標志領兵多少。　雍州：北魏時治長安縣，在今陝西西安市西北。

[3]抑：底本作“却”，宋本作“抑”。中華本校勘記云：“諸本‘抑’訛作‘却’，據宋本及《魏書》卷一九中《任城王雲傳》、《通志》卷八四下《後魏宗室傳》改。”今從之。

[4]太和：北魏孝文帝的年號（477—499）。

[5]贈襚（suì）：贈死者以衣衾。後泛指贈送財物以助治喪。

[6]雲中：郡名。西漢時治成樂縣，在今内蒙古和林格爾縣盛樂鎮土城子古城。拓跋部遷都於此遂改稱盛樂縣（參馬長壽《烏桓與鮮卑》，上海人民出版社 1962 年版，第 244 頁；陳永志、李强、劉剛《和林格爾縣土城子古城考古發掘主要收獲》，《内蒙古文物考古》2006 年第 1 期）。　金陵：北魏前期皇室的墓區。在今内蒙古和林格爾縣盛樂古城西北。

長子澄，[1]字道鏡，[2]少好學，美鬚髪，善舉止，言辭清辯，響若縣鍾。康王薨，居喪以孝聞。[3]襲封，加征北大將軍。[4]以氐羌反叛，除征南大將軍、梁州刺史。[5]文明太后引見誡厲之，[6]顧謂中書令李沖曰：[7]“此兒風神吐發，當爲宗室領袖，是行當不辱命，我不妄談也。”澄至州，誘導懷附，西南款順。加侍中，[8]賜衣一襲，乘黄馬一匹，以旌其能。

[1]長子澄：元大德本缺“子”字。

[2]字道鏡：元大德本缺“道”字。源氏校勘記云：“《魏書》作‘道鎮’。

[3]康王薨居喪以孝聞：元大德本缺“康王薨居”四字。

[4]征北大將軍：官名。三國吴時置。魏晋南北朝亦置。多統兵出鎮地方，都督數州諸軍事。北魏孝文帝太和十七年定爲一品下，二十三年定爲二品。

[5]征南大將軍：官名。東漢光武帝時置。魏晋南北朝時爲將軍名號，多授予統兵出鎮在外、都督數州諸軍事者，在四征將軍之上。北魏孝文帝太和十七年定爲一品下，二十三年定爲二品。　梁州：北魏時治南鄭縣，在今陝西漢中市。

[6]文明太后：即北魏文成帝皇后馮氏。文明爲其謚號。

[7]中書令：官名。中書省長官之一。掌收納章奏、草擬及發布詔令。東晋南北朝時因逐漸脱離機務，隨名位增高而成爲閑職。北魏孝文帝太和十七年定爲二品中，二十三年定爲三品。　李沖：人名。原名思沖，字思順，隴西狄道（今甘肅臨洮縣）人。北魏官吏。見《北史》卷一〇〇《涼武昭王李暠附李沖傳》。

[8]侍中：官名。北朝時常總典機密，受遺詔輔政，權任尤重，時號“小宰相”。北魏孝文帝太和十七年定爲從一品中，二十三年定爲三品。北齊因之。

轉開府、徐州刺史，[1]甚著聲績。朝京師，引見於皇信堂。[2]孝文詔澄曰："昔鄭子産鑄刑書而晋叔向非之。[3]此二人皆賢士，得失竟誰？"對曰："鄭國寡弱，攝于强鄰，人情去就，非刑莫制，故鑄刑書以示威。雖乖古式，合今權道。"[4]帝方革變，深善其對，笑曰："任城當欲爲魏子産也。朕方創改朝制，當與任城共萬世之功。"後徵爲中書令，改授尚書令。[5]齊庾蓽來朝，[6]見澄音韻遒雅，風儀秀逸，謂主客郎張彝曰：[7]"往魏任城以武著稱，今魏任城乃以文見美也。

[1]開府：即開府儀同三司的省稱。三國魏始置，爲大臣加號，意謂與三司即太尉、司徒、司空的禮制待遇相同，許開設府署，自辟屬僚。兩晋南北朝因之。北魏孝文帝太和二十三年爲從一品。

[2]皇信堂：建成於北魏孝文帝太和七年。在今山西大同市東北古城。

[3]子産：即公孫僑，人名。字子産，又字子美。春秋時鄭國人，鄭簡公二十三年（前543）執掌國政。面對鄭"國小而逼，族大寵多"的局勢，鋭意改革，使鄭於晋、楚之間得以存立。　叔向：人名。春秋時晋大夫。多次參與晋平公與諸侯的會盟和作戰策劃。主張維護舊禮制，反對政治改革，曾致書鄭國子産，指責其公布刑書。

[4]權道：機變。

[5]尚書令：官名。北魏初不常置，亦不掌實際政務，孝文帝改制後，尚書省權任頗重，以録尚書事爲長官，尚書令爲副貳，兼掌監察百官，皆爲宰相。孝文帝太和十七年定爲從一品上，二十三年定爲二品。

[6]庾蓽：人名。字休野，新野（今河南新野縣）人。南朝齊官吏。見《南史》卷四九《庾杲之附庾蓽傳》。

[7]主客郎：官名。尚書省主客曹長官的通稱。掌接待諸蕃賓客等事。北魏孝文帝太和十七年定爲從五品中。宋本“郎”下衍“中”字。　張彝：人名。字慶賓，清河東武城（今山東武城縣西北）人。北魏官吏。見《北史》卷四三《張彝傳》。

時詔延四廟之子，[1]下逮玄孫之胄，[2]申宗宴於皇信堂，[3]不以爵秩爲列，悉序昭穆爲次，[4]用家人之禮。帝曰：“行禮已畢、欲令宗室各言其志，可率賦詩。”特命澄爲七言連韻，[5]與孝文往復賭賽，遂至極歡，際夜乃罷。

[1]延：邀請。　四廟：代指高祖、曾祖、祖父、父親四代。

[2]玄孫之胄：皇室或貴族的遠代子孫。

[3]申宗宴於皇信堂：元大德本“申”訛作“由”。申，通“呈”。宗宴，同宗族人的宴饗。

[4]昭穆：宗廟或墓地的輩次排列，以始祖居中。二世、四世、六世位於始祖的左方，稱昭；三世、五世、七世位於右方，稱穆；用來分別宗族内部的長幼、親疏和遠近。此指宗族關係。

[5]連韻：連句詩。

後帝外示南討，意在謀遷，齋於明堂左个。[1]詔太常卿王諶，[2]親令龜卜易筮南伐之事，[3]其兆遇《革》。[4]澄進曰：“《易》言革者更也，將欲革君臣之命，湯、武得之爲吉。陛下帝有天下，今日卜征，不得云革命，未可全爲吉也。”帝厲聲曰：“此象云大人武變，[5]何言不吉也！”車駕還宫，便召澄，未及升階，[6]遥謂曰：“向者之《革》，今更欲論之。明堂之忿，懼衆人競言，沮我大計，故厲色怖文武耳。”乃獨謂澄曰：“國家興自北土，徙居平城，[7]雖富有四海，文軌未一。此間用武之地，[8]非可興文。崤函帝宅，[9]河洛王里，[10]因兹大舉，光宅中原，[11]任城意以爲何如?”澄深贊成其事。帝曰：“任城便是我之子房。”[12]加撫軍大將軍、太子少保，[13]又兼尚書左僕射。[14]及車駕幸洛陽，定遷都之策，詔澄馳駟向北，[15]問彼百司，[16]論擇可否。曰：“近論《革》，今真所謂革也。”澄既至代都，[17]衆聞遷詔，莫不驚駭。澄援引今古，徐以曉之，衆乃開伏。[18]遂南馳還報，會車駕于滑臺。[19]帝大悦曰：“若非任城，朕事業不得就也。”[20]從幸鄴宫。[21]除吏部尚書。[22]

[1]明堂：帝王宣明政教的地方。凡朝會、祭祀、慶賞、選仕等大典皆在此舉行。　左个：左側的偏室。

[2]太常卿：官名。太常的尊稱。掌宗廟祭祀、禮樂、賓客、車輿、天文、學校、陵園等事。　王諶：人名。字厚誠，太原晋陽（今山西太原市晋源區古城營村一帶）人。北魏官吏。見《魏書》卷九三《王叡傳》。

[3]親令龜卜易筮南伐之事：毛本“伐”訛作“代”。

[4]革：六十四卦之一。居第四十九卦，離上兑下。《易·革》：“象曰：澤中有火，革。”孔穎達疏：“火在澤中，二性相違，必相改變，故爲革象也。”

[5]此象云大人武變：中華本校勘記云：“《魏書》卷一九中《元澄傳》‘武’作‘虎’，《北史》避唐諱改。”虎變，喻非常之人行動變換莫測。

[6]升階：自堂下拾級而上。

[7]平城：北魏前期都城。在今山西大同市東北古城。

[8]此間用武之地：宋本“間”訛作“問”。

[9]崤函：代指洛陽。

[10]河洛：亦代指洛陽。

[11]光宅：建設新都。

[12]子房：即張良，人名。字子房。漢初名臣。見《漢書》卷四○《張良傳》。

[13]撫軍大將軍：官名。北魏時爲朝廷重臣，允許開府置僚屬。孝文帝太和十七年定爲從一品中，二十三年定爲二品。　太子少保：官名。亦尊稱宫保。與太子少師、太子少傅合稱東宫三少。位居太子少師、少傅下。掌奉皇太子。三品。

[14]尚書左僕射：官名。職掌都省庶務及執法，或典選舉。左僕射居右僕射上。左僕射兼掌糾彈百官。北魏孝文帝太和二十三年定爲從二品。

[15]馳馹：宋本、元大德本作“馳馹”，其餘諸本作“馳驛”。均爲駕乘驛馬疾行之意。皆可通。

[16]百司：朝廷大臣、王公以下百官的總稱。

[17]代都：即平城。

[18]開伏：開悟心服。

[19]滑臺：城名。在今河南滑縣東舊滑縣。

[20]就：成功。

[21]鄴宫：在今河北臨漳縣西南鄴鎮。

[22]吏部尚書：官名。爲尚書臺（省）吏部曹長官。主管官吏銓選、考課、奬懲，其實權甚或過於尚書僕射。然重要官職的任免須與諸執政大臣合議，由皇帝、宰相裁定。亦常命尚書僕射領吏部事務，或任命大臣參掌選事以分其權任。北魏孝文帝太和十七年定爲二品下，二十三年定爲三品。

及車駕自代北巡，留澄銓簡舊臣。初，魏自公侯以下，動有萬數，冗散無事。澄品爲三等，量其優劣，盡其能否之用，咸無怨者。駕還洛京，[1]復兼右僕射。[2]

[1]洛京：即洛陽。殿本“京”作“陽”。

[2]兼：官制用語。以本官兼任、兼行或兼領其他官職。北魏時凡祭祀、奉使等臨時委官代行某職，皆曰兼某職，或在正式任命某職之前，先授予兼某職之名義，即試行某職。

帝至北芒，[1]遂幸洪池，[2]命澄侍升龍舟。帝曰：“朕昨夜夢一老公，拜立路左，云晋侍中嵇紹，[3]故此奉迎，神爽卑懼，[4]似有求焉。”澄曰：“陛下經殷墟而弔比干，[5]至洛陽而遺嵇紹，[6]當是希恩而感夢。”帝曰：“朕既有此夢，或如任城所言。”於是求其兆域，[7]遣使弔祭焉。

[1]北芒：又作“北邙”“芒山”“北山”，在今河南洛陽市東北。

[2]洪池：在今河南洛陽市東二十里。

[3]侍中：官名。秦朝始置。西漢爲加官。東漢爲正式職官。職掌殿内門下衆事，侍從左右，顧問應對。地位尊貴親近。西晋沿置。　嵇紹：人名。字延祖，譙國銍（今安徽宿州市西南）人。西晋官吏。見《晋書》卷八九《嵇紹傳》。

[4]神爽：魂靈。　卑懼：驚惶失措的樣子。

[5]殷墟：商代晚期都邑遺址。在今河南安陽市西北小屯村一帶。　比干：人名。商朝大臣。以死力諫商紂王，被紂王剖心而死。見《史記》卷三《殷本紀》。

[6]遺：遺漏。

[7]兆域：墓地四旁的界限。

齊明帝既廢弑自立，[1]其雍州刺史曹武請以襄陽内附，[2]車駕將自赴之，引澄及咸陽王禧、彭城王勰、司徒馮誕、司空穆亮、鎮南李沖等議之。[3]禧等或云宜行，或言宜止。帝曰："衆人意見不等，宜有客主，共相起發。[4]任城與鎮南爲應留之議，朕當爲宜行之論，諸公坐聽，長者從之。"[5]於是帝往復數交，駕遂南征，不從澄及李沖等言。後從征至縣瓠，[6]以疾篤還京。

[1]齊明帝：即南朝齊皇帝蕭鸞。明爲其謚號。

[2]雍州：南朝齊時治襄陽縣，在今湖北襄樊市。　曹武：人名。字士威，本名虎頭，下邳（今江蘇睢寧縣西北）人。南朝宋、齊將領。見《南齊書》卷三〇《曹虎傳》。中華本校勘記云："《魏書》卷一九中《元澄傳》'武'作'虎'，《北史》避唐諱改。"　襄陽：縣名。治所在今湖北襄樊市。

[3]咸陽王：封爵名。咸陽，郡名。北魏時治池陽縣，在今陝西涇陽縣。　禧：即元禧，人名。字思永。北魏宗室。見《北史》卷一九《咸陽王禧傳》。　彭城王：封爵名。彭城，郡名。北魏時治彭城縣，在今江蘇徐州市。　勰：即元勰，人名。字彦和。北魏宗室、大臣。見《北史》卷一九《彭城王勰傳》。　司徒：官名。本職掌民政。北魏時爲三公之一，分掌丞相職能，多爲大臣加官。孝文帝太和二十三年定爲一品。　馮誕：人名。字思止，長樂信都（今河北冀州市）人。北魏外戚。見《北史》卷八〇《馮熙附馮誕傳》。　司空：官名。本職掌水土工程，北魏時爲三公之末。爲名譽宰相，多爲大臣加官，位居一品。　穆亮：人名。字幼輔，代（今山西大同市東北）人，鮮卑族。北魏官吏。見《北史》卷二〇《穆崇附穆亮傳》。　鎮南：官名。即鎮南將軍。與鎮東、鎮西、

鎮北將軍合稱四鎮，多授持節都督，出鎮地方。北魏孝文帝太和十七年定爲從一品下，二十三年定爲從二品。

[4]起：通“啓”。

[5]長者：指在辯論中獲勝者。

[6]縣瓠：城名。亦作“懸瓠”。在今河南汝南縣。

車駕還洛，引見王公侍臣於清徽堂。[1]帝曰：“此堂成來，未與王公行宴樂之禮。今與諸賢，欲無高而不升，無小而不入。”因之流化渠。[2]帝曰：“此曲水者，取乾道曲成，[3]萬物無滯。”次之洗煩池。[4]帝曰：“此池亦有嘉魚。”澄曰：“所謂‘魚在在藻，有頒其首’。”[5]帝曰：“且取‘王在靈沼，於牣魚躍’。”[6]次之觀德殿。[7]帝曰：“射以觀德，[8]故遂命之。”次之凝閑堂。[9]帝曰：“此堂取夫子閑居之義。不可縱奢以忘儉，自安以忘危，故此堂後作茅茨堂。”謂李沖曰：“此東曰步元廡，[10]西曰遊凱廡。[11]此坐雖無唐堯之君，[12]卿等當無愧於元、凱。”[13]沖對曰：“臣既遭唐堯之君，敢辭元、凱之譽？”帝曰：“光景垂落，[14]朕同宗有載考之義，[15]卿等將出，何得默爾德音。”即命黄門侍郎崔光、郭祚、通直郎邢巒、崔休等賦詩言志。[16]燭至，公卿辭退，李沖再拜上千萬歲壽。帝曰：“卿等以燭至致辭，復獻千萬壽，[17]朕報卿以《南山》之詩。”[18]乃曰：“燭至辭退，庶姓之禮；在夜載考，宗族之義。卿等且還，朕與諸王宗室欲成此夜飲。”後坐公事免官。[19]尋兼吏部尚書。

[1]清徽堂：殿堂名。北魏孝文帝太和年間建。在今河南洛陽市東北。

[2]流化渠：苑池名。在今河南洛陽市西。

[3]乾道：天道，天然。

[4]洗煩池：苑池名。北魏孝文帝太和年間開鑿。在今河南洛陽市。具體位置不詳。

[5]魚在在藻有頒（fén）其首：語出《詩·小雅·魚藻》。喻君民同樂之意。

[6]王在靈沼於牣（rèn）魚躍：語出《詩·大雅·靈臺》。靈沼，喻指帝王恩澤所及之處。牣，充滿。

[7]觀德殿：位於皇宫宜春門北。爲射殿。

[8]射：射禮。

[9]凝閑堂：殿堂名。在今河南洛陽市。具體位置不詳。

[10]步元廡：凝閑堂之東廊屋。

[11]遊凱廡：凝閑堂之西廊屋。

[12]唐堯之君：諭指賢明之君。

[13]元凱：諭指上古賢哲。昔高陽氏有才子八人，世謂之八凱。高辛氏有才子八人，世謂之八元。見《史記》卷一《五帝本紀》。

[14]光景：太陽。

[15]載考：祭祀祖先。

[16]黄門侍郎：官名。爲侍中省或門下省次官，與侍中俱掌門下衆事，品秩隨皇帝旨意或侍中地位而上下。北魏孝文帝太和十七年定爲三品中，二十三年定爲四品上。　崔光：人名。本名孝伯，字長仁，東清河鄃（今山東淄博市）人。北魏大臣。見《北史》卷四四《崔光傳》。　郭祚：人名。字季祐，太原晋陽（今山西太原市晋源區古城營村一帶）人。北魏官吏。見《北史》卷四三《郭祚傳》。　通直郎：官名。通直散騎侍郎的省稱。參平尚書奏事，並掌諷諫、侍從，地位頗重。　邢巒：人名。字洪賓，河間鄚

（今河北任丘市北）人。北魏官吏。見《北史》卷四三《邢巒傳》。　崔休：人名。字惠盛，清河東武城（今山東武城縣西北）人。北魏官吏。見《北史》卷二四《崔逞附崔休傳》。

[17]復獻千萬壽：底本“千”作“於”。中華本校勘記云：“諸本‘千’字作‘於’。《魏書》此句作‘復獻千萬之壽’。按‘於’乃‘千’之訛。當是‘千’訛爲‘于’，又改作‘於’。上文云‘李沖再拜上千萬歲壽’，孝文此語即指此而言。今據改。”今從改。

[18]南山：《詩·小雅·南山有臺》的簡稱。指得賢則國家興。

[19]後坐公事免官：局本“免”訛作“危”。

恒州刺史穆泰在州謀反，[1]授澄節，銅武、竹使符，[2]御仗左右，[3]仍行恒州事。[4]行達雁門，[5]遣書侍御史李焕先赴。[6]至即禽泰，窮其黨與，[7]罪人皆得。鉅鹿公陸叡、安樂侯元隆等百餘人並獄禁。[8]具狀表聞。[9]帝覽表，乃大悦曰：“我任城可謂社稷臣，正復皋陶斷獄，[10]豈能過之？”顧咸陽王等曰：“汝等脱當其處，[11]不能辨此也。”車駕尋幸平城，勞澄，[12]引見逆徒，無一人稱枉。時人莫不歎之。帝謂左右曰：“必也無訟，今日見之。”以澄正尚書。[13]

[1]恒州：北魏時治平城，在今山西大同市東北。　穆泰：人名。本名石洛，孝文帝賜名泰，代（今山西大同市東北）人，鮮卑族。北魏大臣。見《北史》卷二〇《穆崇附穆泰傳》。

[2]節：即持節出使。自漢起，節爲皇帝授予號令賞罰之權的信物，故持節者比不持節者位高而權重。　銅武：即銅虎符。《北

史》避唐高祖祖父李虎諱改稱銅武或銅獸。虎形銅符。《史記集解》：“應劭曰：‘銅虎符第一至第五，國家當發兵，遣使者至郡合符，符合乃聽受之。’” 竹使符：漢代分予郡國守相的信符。右留京師，左與郡國。

[3]御仗：帝王的儀仗。

[4]行：官制用語。指以他官代行某官職權。北魏時多以將軍等武職兼行州郡民事。

[5]雁門：郡名。北魏時治廣武縣，在今山西代縣西南。

[6]書侍御史：按《魏書》卷一九中《任城王雲附元澄傳》、卷二七《穆崇附穆泰傳》、卷三六《李順李焕傳》，《資治通鑑》卷一〇四作“治書侍御史”。《北史》避唐高宗李治諱省“治”字。治書侍御史，官名。亦稱治書御史，簡稱御史、侍御。北魏時爲御史中丞佐貳，置二至四員，分領侍御史諸曹，監察、彈劾較高級官員，亦出使地方，收捕犯官。孝文帝太和十七年定爲五品上。 李焕：人名。字仲文，小字醜瓌，趙郡平棘（今河北趙縣）人。北魏官吏。見《北史》卷三三《李裔附李焕傳》。

[7]窮：查究。 黨與：同“黨羽”。

[8]鉅鹿公：封爵名。鉅鹿，郡名。北魏時屬定州，治曲陽縣，在今河北晋州市西。北魏孝莊帝永安二年（529）時分定州鉅鹿郡置，屬殷州，治癭遥縣，在今河北寧晋縣西南。 陸叡：人名。字思弼，代（今山西大同市東北）人。北魏大臣。見《北史》卷二八《陸俟附陸叡傳》。 安樂侯：封爵名。安樂，縣名。治所在今江蘇灌雲縣。 元隆：人名。北魏宗室。孝文帝遷洛時，曾與其弟超密謀留恂。後又參與以穆泰爲首的叛亂，以謀逆罪被殺。

[9]具：備文。

[10]皋（gāo）陶（yáo）：人名。又作“高堯”，偃姓。傳説中上古少皋氏支裔，東夷部族首領之一。舜時被任爲執掌刑法的官，民皆服其公正。曾協助大禹治水，禹欲傳位與他，未繼位而先卒。

[11]脱：假使。

[12]勞：慰勞。

[13]尚書：官名。分掌尚書省諸曹。北魏孝文帝太和十七年定爲吏部從一品下，列曹二品中，二十三年皆定爲三品。

車駕南伐，留澄居守，復兼右僕射。[1]澄表請以國秩一歲租帛助供軍資，詔受其半。帝復幸鄴。[2]見公卿曰："朕昨入城，見車上婦人冠帽而著小襦襖者，[3]尚書何爲不察？"澄曰："著者猶少。"帝曰："任城欲令全著乎？一言可以喪邦，其斯之謂。可命史官書之。"又曰："王者不降佐於蒼昊，[4]拔才而用之。朕失于舉人，任一群婦女輩，[5]當更銓簡耳。任城在省，爲舉天下綱維，[6]爲當署事而已？"[7]澄曰："臣實署事而已。"帝曰："如此，便一令史足矣，[8]何待任城？"尋除尚書右僕射，[9]從駕南伐。孝文崩，受顧命。

[1]右僕射：源氏校勘記云："'右'《魏書》作'左'。"

[2]帝復幸鄴：中華本校勘記云："按《魏書》'幸鄴'下有一段文字叙高車反抗事件，然後稱'高祖還洛，引見公卿'，則孝文所見婦人服飾，乃指洛陽。此事亦見《魏書》卷二一《咸陽王禧傳》。《北史》删節後，便似指鄴城，誤。"可從。鄴，城名。在今河北臨漳縣西南鄴鎮。

[3]冠：宋本"冠"訛作"寇"。　襦襖：短衣。

[4]王者不降佐於蒼昊：指輔弼重臣非自天降。

[5]任一群婦女輩：中華本校勘記云："按《魏書》作'朕失於舉人，任許一群婦女輩奇事'，即指洛陽婦女裝束。《北史》删改，大失原意。"可從。

[6]綱維：總綱和四維。

[7]署事：處理一般瑣屑事務。

[8]令史：官名。北魏時尚書臺、蘭臺、諸公及開府位從公者，府屬諸曹皆置。除主文書外，又有主圖、主譜令史。實際已成爲各機關皆設的一種低級辦事官吏，唯尚書諸曹令史頗有實權。

[9]尋除尚書右僕射：底本“右”作“左”。中華本校勘記云：“諸本‘右’作‘左’，《魏書》作‘右’。按《魏書》卷七下《高祖紀》，太和二十三年三月，孝文遺詔稱元澄爲右僕射，廣陽王元嘉爲左僕射。這裏作‘左’誤，今據改。”今從改。

宣武初，[1]有降人嚴叔懋告尚書令王肅遣孔思達潛通齊國，[2]爲叛逆。澄信之，乃表肅將叛，輒下禁止。咸陽、北海二王奏澄擅禁宰輔，[3]免官還第。尋除開府、揚州刺史。[4]下車封孫叔敖之墓，[5]毁蔣子文之廟，[6]上表請修復皇宗之學，開四門之教，[7]詔從之。

[1]宣武：即北魏皇帝元恪。宣武爲其謚號。

[2]王肅：人名。字恭懿，琅邪臨沂（今山東臨沂市）人。北魏官吏。見《北史》卷四二《王肅傳》。

[3]咸陽：指咸陽王元禧。　北海王：指北海王元詳。北魏宗室。見《北史》卷一九《北海王詳傳》。北海，郡名。北魏時治平壽城，在今山東昌樂縣東南。

[4]揚州：北魏時治壽春縣，在今安徽壽縣。

[5]孫叔敖：人名。芈姓，蔿氏，名敖，字孫叔，春秋時楚國官吏。見《史記》卷一一九《循吏列傳》。

[6]蔣子文：人名。東漢末任秣陵尉，追盗至鐘山上傷額而死，葬於此山。三國吴孫權時立廟祀奉，封蔣侯。爲鐘山土地神，稱蔣侯神、蔣子文神，後成爲道教神名。

［7］四門：學校名。北魏宣武帝正始年間創立四門小學，初設於京師四門，後與太學同在一處。

先是，朝議有南伐之計。以蕭寶夤爲東揚州刺史，[1]據東城。[2]陳伯之爲江州刺史，[3]戍陽石。[4]以澄總督二鎮，授之節度。[5]澄於是遣統軍傅豎眼、王神念等進次大峴、東關、九山、淮陵，[6]皆分部諸將，倍道據之。澄總勒大衆，絡繹相接，所在克捷，詔書褒美。既而遇雨，淮水暴長，[7]澄引歸壽春。[8]還既狼狽，失兵四千餘人。澄頻表解州，帝不許。有司奏奪其開府，又降三階。

［1］蕭寶夤：人名。字智亮，南蘭陵（一説在今江蘇常州市，一説在今江蘇丹陽市）人。南朝齊宗室。見《北史》卷二九《蕭寶夤傳》。　東揚州：南朝宋孝武帝孝建初置，治山陰縣，在今浙江紹興市。前廢帝永光元年（465）廢。梁武帝普通元年（520）復置。宋本作“東陽州”。

［2］東城：在今安徽壽縣。

［3］陳伯之：人名。濟陰睢陵（今江蘇睢寧縣）人。見《梁書》卷二〇《陳伯之傳》。　江州：南朝梁時治尋陽縣，在今江西九江市。

［4］陽石：城名。又作“羊石城”。在今安徽霍邱縣東南。

［5］節度：節制調度。

［6］統軍：官名。北魏時爲統兵武官，位在都將（鎮將）之下，軍主之上。　傅豎眼：人名。清河（今山東臨清市東北）人。北魏大將。見《北史》卷四五《傅豎眼傳》（參張光明《山東淄博市發現北魏傅豎眼墓誌》，《考古》1987年第2期）。　王神念：人

名。太原祁（今山西祁縣東南）人。北魏、南朝梁官吏。見《南史》卷六三《王神念傳》。　大峴：城名。即今安徽含山縣東北大峴山。　東關：在今安徽巢湖市東南東關。　九山：城名。在今江蘇盱眙縣東北古淮河北。　淮陵：城名。在今安徽明光市東北。《資治通鑑》卷一四五胡三省注云："'淮陵'，恐當作'睢陵'。齊置徐州於鍾離，又僑置濟陰郡睢陵縣於郡界。《五代志》：鍾離郡化明縣，舊曰睢陵，置濟陰郡。化明，唐濠州之招義縣也。或曰：《宋志》，南徐州領淮陵郡，睢陵、淮陵皆屬漢徐部，是時既置徐州於鍾離，則亦置淮陵於鍾離界，未可知也。"

[7]淮水：即今淮河。源出今河南桐柏山。

[8]壽春：縣名。治所在今安徽壽縣。

轉鎮北大將軍、定州刺史。[1]初，百姓每有横調，[2]恒煩苦之。前後牧守未能蠲除，澄多所省減。又明黜陟賞罰之法，表減公園之地以給無業貧人，[3]布絹不任衣者禁不聽造，[4]百姓欣賴焉。母孟太妃薨，居喪過毀，當世稱之。服闋，[5]除太子太保。[6]

[1]鎮北大將軍：官名。三國蜀、吴置，職掌與鎮北將軍同，唯資歷深者得任此職，歷代皆不常置。北魏孝文帝太和十七年定爲從一品下，二十三年定爲二品。　定州：北魏時治盧奴縣，在今河北定州市。

[2]横調：强行徵收。

[3]公園：官方的園林。

[4]任：能够。

[5]服闋：服喪期滿。

[6]太子太保：官名。東宫三師之一。北魏時掌訓導輔翊太子，無具體職司。位在太子太師、太傅下。孝文帝太和十七年定爲從一

品上，二十三年定爲二品。

時高肇當朝，[1]猜忌賢戚。澄爲肇間構，[2]常恐不全，乃終日昏飲，以示荒敗。所作詭越，時謂爲狂。宣武夜崩，時事倉卒，高肇擁兵於外，明帝沖幼，[3]朝野不安。澄雖疏斥，而朝望所屬。領軍于忠、侍中崔光等奏澄爲尚書令，[4]於是衆心欣服。尋遷司空，加侍中，俄詔領尚書令。

[1]高肇：人名。字首文，勃海蓨（今河北景縣）人。北魏大臣、外戚。見《北史》卷八〇《高肇傳》。

[2]間（jiàn）構：離間中傷。

[3]明帝：即北魏皇帝元詡。明爲其謚號。

[4]領軍：官名。魏晋南北朝時資深者稱領軍將軍，資輕者稱中領軍，職掌同，多由中領軍遷領軍將軍，一般不並置。衹有北魏孝文帝太和十七年職員令中專設有領軍。二品中。　于忠：人名。字思賢，本字千年，代（今山西大同市東北）人。北魏大臣。見《北史》卷二三《于栗磾附于忠傳》。

澄表上《皇誥宗制》并《訓詁》各一卷，欲太后覽之，思勸誡之益。又奏利國濟人所宜振舉者十條：一曰律度量衡，公私不同，所宜一之；二曰宜興學校，以明黜陟之法；三曰宜興滅繼絶，各舉所知；四曰五調之外，[1]一不煩人，任人之力，不過三日；五曰臨人之官，[2]皆須黜陟，以旌賞罰；六曰逃亡代輸，[3]去來年久者，若非伎作，[4]任聽即住；七曰邊兵逃走，或實陷没，皆須精檢，三長及近親，[5]若實隱之，徵其代輸，不隱勿論；八曰工商世業之户，復徵租調，無以堪濟，今請免之，使專其業；九曰三長禁姦，不得隔越相領，户不滿者，隨近并合；十曰羽林武賁，[6]邊方有事，暫可赴戰，常戍宜遣番兵代之。[7]靈太后下其奏，[8]百僚議之，事有同否。

[1]五調：泛指北魏的賦役。

[2]臨人之官：地方行政官員。《魏書》卷一九中作“臨民之官”，《北史》避唐太宗李世民諱改。

[3]代輸：北朝時編户或邊兵流亡，其賦税由近親或地方小吏代爲繳納。

[4]伎作：工匠。

[5]三長：鄰長、里長、黨長之合稱，又稱三正。北魏孝文帝太和十三年置，以五家爲鄰、五鄰爲里、五里爲黨，各置長以統率之。掌檢户籍、賦税、力役、教化、禁奸等事。

[6]羽林：禁衛軍。　武賁：即虎賁。《北史》避唐高祖祖父李虎諱改。勇士之稱。

[7]番兵：服役的士兵。

[8]靈太后：即北魏宣武帝皇后胡氏。靈爲其謚號。

時四中郎將兵數寡弱，[1]不足以襟帶京師。[2]澄奏宜以東中帶滎陽郡，[3]南中帶魯陽郡，[4]西中帶恒農郡，[5]北中帶河内郡，[6]選二品、三品親賢兼稱者居之。省非急之作，配以强兵。如此則深根固本，强幹弱枝之義也。靈太后將從之，後議者不同，乃止。尋以疾患，表求解任，不許。

[1]四中郎將：東、西、南、北中郎將的合稱。北魏初屬中護軍（護軍將軍），宣武帝永平中權隸中領軍（領軍將軍）。

[2]襟帶：拱衛。

[3]滎陽：郡名。北魏時治滎陽縣，在今河南滎陽市。

[4]魯陽：郡名。北魏時治山北縣，在今河南魯山縣。

[5]恒農：郡名。北魏時治陝城，在今河南三門峽市。

[6]河内：郡名。北魏時治野王縣，在今河南沁陽市。

澄以北邊鎮將選舉彌輕，[1]恐賊虜闚邊，[2]山陵危迫，[3]奏求重鎮將之選，修警備之嚴，詔不從。後賊虜入寇，至于舊都，鎮將多非其人，所在叛亂，犯逼山陵，如澄所慮。

[1]鎮將：官名。北魏時始置，爲鎮的長官。在不設州郡的西、北諸鎮，兼統軍民；在設州郡的内地，主要掌軍政，但兼任所駐州刺史時，亦兼理民政。孝文帝改制後，地位漸低。其下設副將、監軍、長史及司馬等僚佐。

[2]闚（kuī）：同“窺”。覬覦。

[3]山陵：北魏遷都洛陽前諸帝陵墓所在之金陵。

澄奏：“都城府寺猶未周悉，[1]今軍旅初寧，無宜發衆，請取諸職人及司州郡縣犯十杖以上、百鞭以下，[2]收贖之物，[3]絹一匹輸塼二百，以漸修造。”[4]詔從之。太傅、清河王懌表駁其事，[5]遂寢不行。

[1]府寺：朝廷各官署之合稱。　周悉：完備。

[2]司州：北魏時治洛陽縣，在今河南洛陽市東北。　職人：

職官。

[3]收贖：贖刑。以財物贖罪。

[4]輸：繳納。

[5]太傅：官名。北魏時爲輔弼君王的大臣，與太師、太保並號三師，位居太師下、太保上。一品。　清河王：封爵名。清河，郡名。北魏時治清河縣，在今山東臨清市東北。　懌：即元懌，人名。字宣仁。北魏宗室。見《北史》卷一九《清河王懌傳》。

澄又奏："司州牧、高陽王臣雍拷殺奉朝請韓元昭、前門下録事姚敬賢，[1]雖因公事，理實未盡。何者？若昭等狀彰，死罪以定，應刑於都市，與衆棄之；如其疑似不分，情理未究，不宜以三清九流之官，杖下便死，輕絶人命，傷理敗法。往年在州，於大市鞭殺五人，及檢贓狀，[2]全無寸尺。今復酷害，一至於此。朝野云云，咸懷驚愕。[3]若生殺在下，虐專於臣，人君之權，安所復用？請以見事付廷尉推究，驗其爲劫之狀，察其拷殺之理。"詔從之。澄當官無所回避。又奏墾田授受之制八條，甚有綱貫。[4]西域厭達、波斯諸國，[5]各因公使，並遺澄駿馬一匹。澄請付太僕，[6]以充國閑。[7]詔曰："王廉貞之德，有過楚相，可敕付廐，以成君子大哉之美。"

[1]司州牧：官名。北魏孝文帝太和二十三年由司州刺史改名。爲京畿行政長官，治洛陽縣。從二品。　高陽王：封爵名。高陽，郡名。北魏時治高陽縣，在今河北高陽縣東舊城。　雍：即元雍，人名。字思穆。北魏宗室、大臣。見《北史》卷一九《高陽王雍傳》。　奉朝請：官名。本是兩漢給予退休大臣、權貴的一種政治

優待。西晋時成爲加官名號。東晋時獨立爲官，亦作加官。北魏時亦爲冗散官，有俸無職。孝文帝太和十七年定爲六品下，二十三年定爲從七品。　門下録事：官名。北魏時設，爲門下省屬官。掌整理詔書，勾檢奏章。孝文帝太和十七年定爲從八品上。

[2]贓狀：罪證。

[3]驚愕：殿本、四部備要本"懷驚"兩字誤倒。

[4]綱貫：綱領。

[5]厭達：國名。又譯作"嚈噠""挹怛""挹闐"等。一般認爲是與大月氏混血的匈奴人，原爲游牧民族，公元五世紀中分布在今阿姆河之南。見《北史》卷九七《嚈噠傳》。

[6]太僕：官名。北魏時掌供天子輿馬。孝文帝太和二十三年定爲三品。

[7]國閑：皇家馬厩。

御史中尉、東平王匡奏請取景明元年以來内外考簿、吏部除書、中兵勳案並諸殿最，[1]欲以案校竊階盗官之人。[2]靈太后許之。澄表以爲"御史之體，[3]風聞是司。[4]至于冒勳妄階，皆有處别。若一處有風謡，即應攝其一簿，研檢虚實。若差殊不同，僞情自露，然後繩以典刑，人誰不服？豈有移一省之事，窮革世之尤，[5]如此求過，誰堪其罪？斯實聖朝所宜重慎也。"靈太后納之，乃止。後遷司徒公，侍中、尚書令如故。

[1]御史中尉：官名。北魏時由御史中丞改稱，主御史臺，糾彈百官，參治刑獄。頗重其選。孝文帝太和十七年定爲三品上，二十三年定爲從三品。　東平王：封爵名。東平，郡名。北魏時治無鹽縣，在今山東東平縣東。　匡：即元匡，人名。字建扶。北魏、

東魏宗室。見《北史》卷一七《廣平王洛侯附東平王匡傳》。 景明：北魏宣武帝的年號（500—503）。 考簿：考核官吏業績的文簿。 除書：授予官吏官職的文書。 中兵勳案：記録中兵功勳的簿籍。中兵，官名。三國魏時置五兵尚書，稱中、外、騎、别、都五兵。五兵尚書省下設中兵曹掌管都城的軍隊。晋武帝太康中分中兵爲左右。北魏因之。 殿最：官員考核中的最下等與最上等。

[2]竊階：竊據不當享有的官爵品階。 盗官之人：元大德本無，應爲版印故。

[3]體：本分。

[4]風聞：據傳説得知的情況。

[5]革世：先世。 尤：過失。

神龜元年，[1]詔加女侍中貂蟬，[2]同外侍中之飾。[3]澄上表諫曰："高祖、世宗皆有女侍中官，[4]未見綴金蟬於象珥，[5]極鼲貂于鬢髮。[6]江南僞晋穆何后有女尚書而加貂璫，[7]此乃衰亂之世，袄妄之服。且婦人而服男子之服，至陰而陽，故自穆、哀以降，[8]國統二絶。[9]因是劉裕所以篡逆。[10]禮容舉措，[11]風化之本，請依常儀，追還前詔。"帝從之。

[1]神龜：北魏孝明帝的年號（518—520）。

[2]女侍中：官名。北魏時始置。陪侍皇后或皇太后，多以近臣妻、母擔任，與其他宫中女職由宫女充任不同。孝文帝時視官品第二。孝明帝神龜初曾以常山、頓丘兩位長公主爲之。 貂蟬：冠飾名。即蟬貂。蟬，附蟬；貂，貂尾。爲侍中、常等貴近之臣冠上的兩種飾物。

[3]同外侍中之飾：宋本"同"訛作"司"字。

[4]高祖：即北魏孝文帝。 世宗：即北魏宣武帝。

［5］象珥：象牙製成的耳飾。古時貴婦人所用。

［6］極：插。　鼲（hún）貂：鼲、貂皆爲鼠類，毛皮珍貴。古時侍臣常以其尾爲冠飾。

［7］江南：代指南朝梁。　晋穆何后：即晋穆帝皇后何氏。晋穆帝昇平元年（357）爲后，稱永安皇后。晋安帝元興二年（403）桓玄奪東晋政權，遷帝后於尋陽，降爲零陵君。見《晋書》卷三二《穆章何皇后傳》。　女尚書：官名。掌管宫中事務的女官。　璫：古代婦女戴在耳垂上的飾品。

［8］穆：即東晋皇帝司馬聃。穆爲其謚號。　哀：即東晋皇帝司馬丕。哀爲其謚號。

［9］國統：國君的統緒。

［10］劉裕：人名。字德輿，小名寄奴，彭城（今江蘇徐州市）人。南朝宋建立者。見《宋書》卷一、二、三《武帝紀》。

［11］禮容：禮節儀容。

時太后鋭於興繕，在京師則起永寧、太上公等佛寺，[1]工費不少，外州各造五級佛圖。又數爲一切齋會，[2]施物動至萬計。百姓疲於土木之功，金銀之價爲之踊上。削奪百官禄力，[3]費損庫藏。兼曲賚左右，[4]日有數千。澄上表極言得失。雖卒不從，常優答禮之。政無大小，皆引參預。澄亦盡心匡輔，事有不便于人者，[5]必于諫諍，殷勤不已，内外咸敬憚之。

［1］永寧：一名永安寺。時爲洛陽城最大的寺廟。

［2］齋會：衆僧集聚施齋食並講經。

［3］禄力：俸給。

［4］曲：不正當。

［5］人：《魏書》卷一九中以作“民”，《北史》避唐太宗李世

民諱改。

二年，薨，贈假黄鉞、使持節、都督中外諸軍事、太傅、領太尉公，[1]加以殊禮，備九錫，[2]依晋大司馬齊王攸故事，[3]謚曰文宣王。澄之葬也，凶飾甚盛，[4]靈太后親送郊外，停輿悲哭，哀慟左右，百官會赴千餘人，莫不欷歔，當時以爲哀榮之極。第四子彝襲。

[1]假黄鉞：黄鉞即飾以黄金的鉞，本用於皇帝儀仗。北魏時特賜予出征的重臣，以示威重，令其專主征伐。　使持節：即持節出使。漢朝時節爲皇帝授予號令賞罰之權的信物，故持節者比不持節者位高而權重。西晋時又將使持節與持節相區分，成爲專用職名。有使持節職名得殺二千石以下官吏。北魏因之。　領：官制用語。北魏時多爲暫攝之意，常有以卑官領高職、以白衣領某職者。　太尉公：官名。太尉的尊稱。北魏時爲名譽宰相，多爲大臣加官。一品。

[2]九錫：舊時天子賜給諸侯的九種器物，後代指最高禮遇。

[3]大司馬：官名。西晋時多爲大臣加官。居三公之上、三師之下，開府置僚屬，然無具體職司。　攸：即司馬攸，人名。字大猷。西晋宗室。見《晋書》卷三八《齊王攸傳》。　故事：舊例。

[4]凶飾：喪儀。

彝字子倫，繼室馮氏所生，頗有父風。拜通直散騎常侍。[1]及元叉專權而彝耻於託附，[2]故不得顯職。莊帝初，[3]河陰遇害。[4]贈儀同三司、青州刺史，[5]謚曰文。

[1]通直散騎常侍：官名。北魏時掌侍從、諷諫，屬集書省，

員六人。孝文帝太和十七年定爲三品下，二十三年定爲四品。

[2]元叉：人名。字伯儁，小字夜叉。北魏宗室、大臣。見《北史》卷一六《京兆王黎附元叉傳》。

[3]莊帝：即北魏皇帝元子攸。莊爲其謚號。

[4]河陰：縣名。治所在今河南孟津縣東。北魏孝明帝武泰元年（528）權臣尒朱榮策劃並實施針對皇族和百官公卿的屠殺，因事件發生在河陰縣，史稱河陰之難。

[5]儀同三司：魏晋時授予開府位從三公之文武官。南北朝時授予範圍不斷擴大，逐漸成爲官號。北魏孝文帝太和十七年定爲一品下，二十三年定爲從一品，位開府上。　青州：北魏時治東陽城，在今山東青州市。

彝庶長兄順，字子和。年九歲，師事樂安陳豐，[1]初書王羲之《小學篇》數千言，[2]晝夜誦之，旬有五日，一皆通徹。豐奇之，白澄曰："豐十五從師，迄于白首，耳目所經，未見此比，江夏黄童不得無雙也。"[3]澄笑曰："藍田生玉，[4]何容不爾。"十六通《杜氏春秋》，[5]下帷讀書，[6]篤志愛古。性謇愕，[7]淡於榮利，好飲酒，解鼓琴。每長吟永歎，吒詠虚室。[8]宣武時，上《魏道頌》，[9]文多不載。

[1]樂安：郡名。北魏時治千乘縣，在今山東廣饒縣北。

[2]王羲之：中華本校勘記云："張森楷云：'"王羲之"當作"王義"。'按《隋書》卷三二《經籍志·小學家》有《小學篇》一卷，晋下邳内史王義撰。張説似是。"可從。

[3]江夏黄童：指東漢名士、神童黄香。黄香字文彊，江夏安陸（今湖北雲夢縣）人，號曰"天下無雙江夏黄童"。見《後漢

書》卷八〇上《黄香傳》。

[4]藍田生玉：喻名門出賢。

[5]杜氏春秋：書名。西晋杜預撰。

[6]下帷讀書：閉門苦讀。

[7]謇愕：耿直。

[8]虚室：空室。

[9]魏道頌：源氏校勘記云："《魏書》無'道'字。"

起家爲給事中。[1]時高肇權重，天下人士望塵拜伏。順曾懷刺詣肇門，[2]門者以其年少，答云："在坐大有貴客。"不肯爲通。順叱之曰："任城王兒可是賤也?"及見，直往登牀，捧手抗禮，[3]王公先達莫不怪慴，[4]而順辭吐傲然，若無所覩。肇謂衆賓曰："此兒豪氣尚爾，况其父乎!"及去，肇加敬送之。澄聞之大怒，杖之數十。後拜太常少卿，[5]以父憂去職，哭泣歐血，身自負土。時年二十五，便有白髮，免喪抽去，[6]不復更生，[7]世人以爲孝思所致。

[1]給事中：官名。北魏時爲内朝官，常派往尚書省諸曹，參領政務，並負監察之責。孝文帝太和十七年定爲從三品，二十三年定爲六品上。

[2]刺：名片。又稱名刺。古時在竹簡上刺上名字，故名。

[3]捧手：拱手，表敬意。　抗禮：以平等禮節對待。

[4]怪慴（shè）：恐懼。

[5]太常少卿：官名。北魏時置，爲太常副職，協助太常卿管理禮樂、宗廟祭祀事務。位在太常丞上。孝文帝太和十七年定爲三品上，二十三年定爲四品上。

［6］免喪：父母之喪期滿除服。

［7］不復更生：局本“更”訛作“便”。

尋除給事黄門侍郎。時領軍元叉威勢尤盛，凡有遷授，莫不造門謝謁。順拜表而已，[1]曾不詣叉。叉謂順曰：“卿何得聊不見我？”[2]順正色曰：“天子富於春秋，委政宗輔，叔父宜以至公爲心，舉士報國。如何賣恩，責人私謝，豈所望也！”至於朝論得失，順常鯁言正議，曾不阿旨。由此見憚，出除恒州刺史。順謂叉曰：“北鎮紛紜，方爲國梗，[3]請假都督，[4]爲國屏捍。”叉心疑難，不欲授以兵官，謂順曰：“此朝廷之事，非我所裁。”順曰：“叔父既殺生由己，自言天曆應在我躬，[5]何得復有朝廷？”叉彌忿憚之。轉齊州刺史。[6]順自負有才，不得居内，[7]每懷鬱怏，形於言色。遂縱酒自娱，不親政事。[8]叉解領軍，徵爲給事黄門侍郎。親友郊迎，[9]賀其得入。順曰：“不患不入，正恐入而復出耳。”俄兼殿中尚書，[10]轉侍中。初，中山王熙起兵討元叉，[11]不果而誅。及靈太后反政，方得改葬。順侍坐西遊園，[12]因奏太后曰：“臣昨往看中山家葬，非唯宗親哀其冤酷，行路士庶見一家十喪，皆爲青旐，[13]莫不酸泣。”叉妻時在太后側，順指之曰：“陛下奈何以一妹之故，不伏元叉之罪，使天下懷冤？”太后嘿然不語。

［1］拜表：上奏章。

［2］聊：輕率。

［3］北鎮：北魏沿邊六個軍鎮的合稱。　國梗：國家的禍患。

[4]假：官制用語。北魏時有假爵之制，以提高出使、出征官員的地位。孝文帝時假官成爲制度，但僅爲虚職，無代理攝職之義。　都督：官名。北朝前期爲統率全國或地方兵馬的指揮官職名，其爲州郡軍事長官者，兼理民政。至北朝後期則爲率領鄉兵、畜牧軍馬的中低級軍官職名，或作爲大臣的加官和贈官。

[5]天曆：天命，謂帝位。　躬：本身具有。

[6]齊州：北魏時治歷城縣，在今山東濟南市。

[7]居内：入京。

[8]不親政事：局本“親”訛作“新”。

[9]郊迎：出郊迎接，以示隆重。

[10]殿中尚書：官名。北魏時領宫中兵馬，典宫禁宿衛及倉庫，或説領殿中、直事、三公、駕部四郎曹。孝文帝太和十七年定爲二品中（參張金龍《北魏前期禁衛武官制度考論——以史籍記載爲中心》,《歷史研究》2003 年第 3 期）。

[11]中山王：封爵名。中山，郡名。北魏時治盧奴縣，在今河北定州市。

[12]西遊園：北魏皇家園林。在今河南洛陽市。

[13]一家十喪皆爲青旐（zhào）：宋本作“七喪”，源氏校勘記云：“《魏書》‘十’作‘七’，‘青旐’作‘潸然’。”中華本校勘記云：“《魏書》‘十’作‘七’。按趙萬里《墓誌集釋》卷四《元誘墓誌考釋》，列舉七喪，則作‘七’是。”可從。青旐，魂幡。出喪時爲棺柩引路的旗。

就德興于營州反，[1]使尚書盧同往討之，[2]大敗而還。屬侍中穆紹與順侍坐，[3]因論同之罪。同先有近宅借紹，紹頗欲爲言。順勃然曰：“盧同終將無罪！”太后曰：“何得如侍中之言？”順曰：“同有好宅與要勢侍中，豈慮罪也？”紹慚，不敢復言。

［1］就德興：人名。營州（今遼寧朝陽市）人。北魏孝明帝正光五年（524）據城反，自稱燕王。孝昌二年（526）攻陷平州，殺刺史王買奴。孝莊帝永安二年遣使請降。《魏書》卷七四《尒朱榮傳》又作"就德"。　營州：北魏時治龍城，在今遼寧朝陽市。

［2］盧同：人名。字叔倫，范陽涿（今河北涿州市）人。北魏大臣。見《北史》卷三〇《盧同傳》。

［3］穆紹：人名。字永業，代（今山西大同市東北）人，鮮卑族。北魏官吏。見《北史》卷二〇《穆崇附穆紹傳》。

靈太后頗事粧飾，數出遊幸，順面諍之曰："禮，婦人喪夫，自稱未亡人，首去珠珥，衣不被綵。[1]陛下母臨天下，年垂不惑，過修容飾，何以示後世？"靈太后慚而還入，召順責之曰："千里相徵，豈欲衆中見辱也！"[2]順曰："陛下盛服炫容，不畏天下所笑，何耻臣之一言乎！"

［1］被（pī）：同"披"。披挂。

［2］豈欲衆中見辱也：四庫本"中"訛作"人"。

初，城陽王徽慕順才名，[1]偏相賞納。[2]而廣陽王深通徽妻于氏，[3]大爲嫌隙。及深自定州被徵，入爲吏部尚書，兼中領軍，[4]順爲詔書，辭頗優美。徽疑順爲深左右，由是與徐紇間順於靈太后，[5]出順爲護軍將軍、太常卿。[6]順奉辭于西遊園，[7]徽、紇侍側，順指謂靈太后曰："此人魏之宰嚭，[8]魏國不滅，終不死亡。"紇脅肩而出，[9]順因抗聲叱之曰：[10]"一介刀筆小人，正堪爲机案之吏，寧應忝兹執戟，[11]虧我彝倫！”[12]遂振衣而起。[13]靈太后嘿而不言。時追論順父顧託之功，[14]增任城王彝邑二千户，又析彝邑五百以封順爲東阿縣公。[15]順疾徽等間之，遂爲《蒼蠅賦》。屬疾在家，杜絶慶弔。

[1]城陽王：封爵名。城陽，郡名。北魏時治所不詳，當在今河南境内。

[2]偏相：特别。

[3]廣陽王：封爵名。廣陽，郡名。北魏時治燕樂縣，在今河北隆化縣。　深：即元深，人名。字智遠。北魏宗室。見《北史》卷一六《廣陽王建附元深傳》。《魏書》作“淵”，源氏校勘記在“深”旁紅筆小字夾批“淵”字。

[4]中領軍：官名。爲禁衛軍最高統帥。北魏侍臣帶“領軍”者，稱中領軍。孝文帝太和十七年定爲二品中，二十三年定爲三品。

[5]徐紇：人名。字武伯，樂安博昌（今山東博興縣東南）人。北魏大臣。見《北史》卷九二《徐紇傳》。

[6]護軍將軍：官名。掌督護京師以外諸軍。權任頗重，諸將軍皆敬之。北魏孝文帝太和十七年定爲二品上，二十三年定爲從二品（參張金龍《北朝中央護軍制度考索》，《史學月刊》1999年第4期）。

[7]奉辭：行告别之禮。

[8]宰嚭（pǐ）：亦作“伯嚭”“白喜”“帛喜”，姓伯，名嚭，字子餘。春秋時吴國大臣。初任太宰，善逢迎，深得吴王寵幸。屢進讒言，殺忠臣伍子胥。後越滅吴，降越，爲越王勾踐所殺。

[9]脅（xié）肩：聳起肩膀，故示敬畏。

[10]抗聲：高聲。

[11]忝：辱。　執戟：代指皇帝的親近侍衛。秦漢後以郎中、侍郎、中郎等郎官執戟宿衛宫殿門户，故亦爲郎官代稱。

[12]彝倫：常道。

[13]振衣：整理衣服，抖去灰塵。

[14]顧託：託付。

[15]東阿縣公：封爵名。東阿，縣名。治所在今山東陽穀縣東北阿城鎮。

後除吏部尚書，兼右僕射，與城陽王徽同日拜職。舍人鄭儼於止車門外先謁徽，[1]後拜順。順怒曰："卿是佞人，當拜佞王。我是直人，不受曲拜。"儼深懷謝。順曰："卿是高門子弟，而爲北宫幸臣，[2]僕射李思沖尚與王洛誠同傳，[3]以此度之，卿亦應繼其卷下。"見者爲之震動，而順安然自得。及上省，登階向榻，[4]見榻甚故，問都令史徐仵起。[5]仵起曰："此榻曾經先王坐。"順即哽塞，涕泗交流，久而不能言，遂令换之。

[1]舍人：官名。中書舍人的省稱。中書省屬官。北朝時專掌草擬詔令，出納之職由門下省分任。北魏孝文帝太和十七年定爲六品上，二十三年定爲六品下。按《魏書》卷九三《鄭儼傳》載，鄭儼任中書舍人。　鄭儼：人名。字季然，滎陽開封（今河南開封市）人。北魏宦官。見《北史》卷三五《鄭羲附鄭儼傳》。　止車門：北魏洛陽宫四周有城墻，南、東、西均有門，爲通向宫殿的必經之路。按朝見禮儀，文臣至此下車，武將下馬，步行上朝進殿。

[2]北宫：王后所居之宫。

[3]僕射：官名。即尚書僕射。輔助尚書令執行政務，參議大政，諫諍得失，監察百官。北魏孝文帝太和十七年定爲從一品中，

二十三年定爲從二品。　李思沖：中華本校勘記云："按李沖原名思沖，見本書卷一〇〇《序傳》。"　王洛誠：即王叡，人名。字洛誠，太原晋陽（今山西太原市晋源區古城營村一帶）人。北魏官吏，受文明太后寵幸。見《北史》卷九二《王叡傳》。

[4]榻：狹長而低的坐卧用具。

[5]問：宋本訛作"門"。　都令史：官名。掌與尚書左右丞總知尚書都臺事。從八品上。

時三公曹令史朱暉素事録尚書、高陽王雍，[1]雍欲以爲廷尉評，[2]頻煩託順，[3]順不爲用。雍遂下命用之，順投之於地。雍聞之，大怒，昧爽坐都廳，[4]召尚書及丞郎畢集，[5]欲待順至，于衆挫之。順日高方至。雍攘袂撫几而言曰："身天子之子，天子之弟，天子之叔，天子之相，四海之内，親尊莫二，元順何人，以身成命投棄於地！"順鬚鬢俱張，仰面看屋，憤氣奔湧，長歔而不言。久之，摇一白羽扇，徐而謂雍曰："高祖遷宅中土，[6]創定九流，[7]官方清濁，軌儀萬古。[8]而朱暉小人，身爲省吏，[9]何合爲廷尉清官？殿下既先皇同氣，誠宜遵旨，自有恒規，而復踰之也？"[10]雍曰："身爲丞相、録尚書，如何不得用一人爲官？"順曰："庖人雖不理庖，尸祝不越樽俎而代之。[11]未聞有别旨令殿下參選事。"順又厲聲曰："殿下必如是，順當依事奏聞。"雍遂笑而言曰："豈可以朱暉小人，便相忿恨。"遂起，呼順入室，與之極飲。順之亢毅不撓，皆此類也。後兼左僕射。

[1]三公曹：官署名。北魏時與比部曹同掌擬定、解釋法令措

施。隸吏部尚書，或屬殿中尚書。局本“三”訛作“二”。　録尚書：官名。即録尚書事。北魏時爲尚書省長官，職權甚重。多以公卿權重者居之，總領尚書省政務。凡重號將軍、刺史，皆得命曹授用，或以二人以上並録、參録，又有録尚書六條、録尚書七條事等名義。位在三公上。

[2]廷尉評：官名。亦稱廷尉平。北魏時爲廷尉屬官。參議案例律條，覆審平決疑獄，可駁回廷尉所奏罪案。文牘須廷尉正、監、平三官連署，以互相監督。置一員，孝文帝太和二十三年定爲六品。

[3]頻煩：又作“頻繁”，屢次。

[4]昧爽：拂曉。　都廳：尚書省長官辦公場所。

[5]丞郎：官名。尚書左右丞及六部侍郎、郎中的通稱。

[6]遷宅：遷都。

[7]九流：指士人的九種品第。

[8]軌儀：法則，儀制。

[9]省吏：官署小吏。

[10]而復踰之也：宋本脱“而”字。

[11]尸祝：官名。先秦祭祀時，代表死者受享祭者。在國家祭祀活動中任此職者，則爲官吏。　樽俎：盛酒食的器皿。

尒朱榮之奉莊帝，[1]召百官悉至河陰，素聞順數諫諍，惜其亮直，謂朱瑞曰：[2]“可語元僕射，但在省，不須來。”順不達其旨，聞害衣冠，[3]遂便出走，爲陵户鮮于康奴所害。[4]家徒四壁，無物斂，[5]止有書數千卷而已。門下通事令史王才達裂裳覆之。[6]莊帝還宫，遣黄門侍郎山偉巡喻京邑。[7]偉臨順喪，悲慟無已。既還，莊帝怪其聲散。偉以狀對。莊帝敕侍中元祉曰：[8]“宗室喪亡非一，不可周贍。元僕射清苦之節，死乃益彰，特贈絹百匹，餘不得爲例。”贈尚書令、司徒公，謚曰文烈。

[1]尒朱榮：人名。字天寶，北秀容（今山西朔州市）人，契胡族。北魏大臣。見《北史》卷四八《尒朱榮傳》。

[2]朱瑞：人名。字元龍，代郡桑乾（今山西山陰縣東南）人。北魏官吏。見《北史》卷四九《朱瑞傳》。

[3]衣冠：此指朝服。

[4]陵户：守帝王陵墓的民户。

[5]無物斂：意不通。《魏書》卷一九中《任城王雲附元順傳》作“無物斂屍”，句意較通，疑《北史》脱“屍”。

[6]門下通事令史：官名。北魏時置。掌納奏文案。品秩不詳。

[7]山偉：人名。字仲才，河南洛陽（今河南洛陽市東北）人。北魏官吏。見《北史》卷五〇《山偉傳》。

[8]元祉：人名。北魏官吏。封城陽縣開國公，任侍中。孝莊帝永安二年進封平原王。

初，帝在藩。順夢一段黑雲從西北直來，觸東南上，日月俱破，復翳諸星，[1]天地盡闇。俄而雲消霧散，便有日出自西南隅，甚明净，云長樂王日。[2]尋見莊帝從閶闔門入，[3]登太極殿，[4]唱萬歲者三，百官咸加朝服謁帝。唯順集書省步廊西槐樹下，[5]脱衣冠卧。既寤，[6]告元暉業曰：“吾昨夜夢，於我殊自不佳。”[7]説夢，因解之曰：“黑雲，氣之惡者，[8]是北方之色，終當必有北敵，以亂京師，害二宫，殘毁百僚。何者？日，君象也。月，后象也。衆星，百官象也。以此言之，京邑其當禍乎？昔劉曜破晋室以爲髑髏臺，[9]前途之事，得無此乎？雖然，彭城王勰有文德于天下，今夢其兒爲天子，積德必報，此必然矣。但恨其得之不久。所以然者，出自西南，以時易年，不過三載。但恨我不見之。何者？我夢卧槐樹下，槐字木傍鬼，身與鬼并，復解冠冕，此寧不死乎！然亡後乃得三公贈耳。”皆如其夢。順撰《帝録》二十卷，[10]詩賦表頌數十篇，並多亡失。

[1]翳（yì）：遮蔽。

[2]長樂王：封爵名。孝莊帝即位前爲長樂王。長樂，郡名。北魏時治信都縣，在今河北冀州市。

[3]閶闔門：漢晋洛陽城西城北門。在今河南洛陽市東北。

[4]太極殿：皇宫的西内正殿。每月朔望皇帝視朝之所。

[5]集書省：官署名。北魏初設散騎省，孝文帝時改爲集書省。掌侍從左右、諫諍獻納、圖書文翰等，兼修起居注。

[6]既寤：睡醒。局本“寤”訛作“寢”。

[7]元暉業：人名。字紹遠。北魏、東魏、北齊官吏。見《北史》卷一七《濟陰王小新成附元暉業傳》、《北齊書》卷二八《元暉業傳》。

[8]氣之惡者：元大德本因版印故缺“惡”字。

[9]劉曜：人名。字永明，新興（今山西忻州市）人。匈奴族。十六國時前趙國君。見《晋書》卷一〇三《劉曜載記》。

[10]二十：底本、元大德本作“二七”。《魏書》卷一九中《任城王雲附元順傳》作“二十”。今從《魏書》改。

長子朗，時年十七，枕戈潛伏積年，乃手刃康奴，以首祭順墓，然後詣闕請罪。朝廷嘉而不問。朗位司徒屬。[1]天平中，[2]爲奴所害，贈尚書右僕射。

[1]司徒屬：官名。西漢始置。北魏亦置，掌司徒府内諸曹庶務。

[2]天平：東魏孝静帝的年號（534—537）。

順弟紀，字子綱，隨孝武入關中，[1]位尚書左僕射、華山郡王。[2]

[1]孝武：即北魏皇帝元脩。孝武爲其謚號。

[2]華山郡王：封爵名。華山，郡名。北魏時治鄭縣，在今陜西華陰市東南。

澄弟嵩，字道岳，孝文時，位步兵校尉。[1]大司馬、安定王休薨，[2]未及卒哭，嵩便遊田。[3]帝聞而大怒，詔曰："嵩，大司馬薨殂甫爾，[4]便以鷹鷂自娱，有如父之痛，無猶子之情，捐心棄禮，何其太速！便可免官。"後兼武衛將軍。[5]

[1]步兵校尉：官名。北魏初領營兵，位在列卿，後罷除領兵權，成爲武臣散官，無具體職掌。孝文帝太和十七年定爲從三品，二十三年定爲五品。

[2]大司馬：官名。北魏時與大將軍並稱爲"二大"，爲加官，常典軍事，地位顯貴。正一品。　安定王：封爵名。安定，郡名。北魏時治安定縣，在今甘肅涇川縣北。

[3]遊田：又作"遊畋"，出游打獵。

[4]甫爾：初始。

[5]武衛將軍：官名。北朝時掌宿衛兵。北魏孝文帝太和十七年定爲從二品下，二十三年定爲從三品。

孝文南伐，齊將陳顯達率衆拒戰，[1]嵩身備三仗，[2]免胄直前，勇冠三軍，將士從之，顯達奔潰。帝大悦曰："任城康王大有福德，文武頓出其門。"以功賜爵高平縣侯。[3]初，孝文之發洛也，馮皇后以罪幽于宫内。[4]既平顯達，回次穀唐原，[5]帝疾甚，將賜后死，曰："使人不易可得。"顧謂任城王澄曰："任城必不負我，嵩亦當不負任城，可使嵩也。"於是引嵩入内，親詔遣之。宣武即位，爲揚州刺史，威名大振。後并妻穆氏爲蒼頭李太伯等所害。[6]謚曰剛侯。

[1]陳顯達：人名。南彭城（今安徽蕪湖市至江蘇南京市長江以東）人。南朝宋、齊將領。見《南齊書》卷二六《陳顯達傳》。

[2]仗：兵器。

[3]高平縣侯：封爵名。高平，縣名。治所在今寧夏固原市。

[4]馮皇后：即北魏孝文帝皇后馮氏。見《北史》卷一三《孝文幽皇后馮氏傳》。

[5]穀唐原：地名。在今河南鄧州市東南。

[6]蒼頭：奴僕。

第二子世儁，頗有幹用，而無行業。[1]襲爵。孝莊時，遷吏部尚書。尒朱兆寇京師，[2]詔世儁以本官爲都督，守河橋。[3]及兆至河，世儁初無拒守意，便隔岸遥拜，遂將船五艘迎兆軍，兆因得入。京都破殘，皆世儁之罪，時論疾之。尤爲尒朱世隆所昵。[4]孝武初，改封武陽縣子。[5]世儁居選曹，[6]不能厲心，[7]多所受納，爲中尉彈糾，[8]坐免官。孝静時，[9]位尚書令。世儁輕薄，好去就。興和中，[10]薨。贈太尉，[11]謚曰躁戾。

[1]行業：德行功業。

[2]尒朱兆：人名。字萬仁，北秀容（今山西朔州市）人，契胡族。北魏將領。見《北史》卷四八《尒朱榮附尒朱兆傳》。

[3]河橋：在今河南孟津縣東。

[4]尒朱世隆：人名。字榮宗，北秀容（今山西朔州市）人，契胡族。北魏官吏。見《北史》卷四八《尒朱榮附尒朱世隆傳》。

[5]武陽縣子：封爵名。武陽，縣名。治所在今河南西平縣西南。

[6]選曹：官署名。爲吏部等掌官吏銓選官署的别稱。

[7]厲心：用心，專心。

[8]中尉：官名。北魏時爲御史中尉的省稱。

[9]孝静：即東魏皇帝元善見。孝静爲其謚號。

[10]興和：東魏孝静帝的年號（539—542）。

[11]太尉：《魏書》作“太傅”。按：未詳孰是。

南安王楨，[1]皇興二年封。[2]孝文時，累遷長安鎮都大將、雍州刺史。楨性忠謹。其母疾篤，憂毁異常，遂有白雉遊其庭前。帝聞其致感，賜帛千匹以褒美之。徵赴講武，引見於皇信堂，戒之曰：“公孝行著于私庭，令問彰于邦國，[3]既國之懿親，終無貧賤之慮。所宜慎者略有三事：一者恃親驕矜，違禮僭度；二者傲慢貪奢，不恤政事；三者飲酒遊逸，不擇交友。三者不去，患禍將生。”而楨不能遵奉，後乃聚斂肆情。孝文以楨孝養聞名内外，特加原恕，削除封爵，以庶人歸第，禁錮終身。

［1］南安王：封爵名。南安，郡名。北魏時治桓道縣，在今甘肅隴西縣東南。

［2］皇興：北魏獻文帝的年號（467—471）。

［3］令問：美好的名聲。毛本、殿本、四庫本、局本、四部備要本“問”作“聞”。按：皆通。

以議定遷都，復封南安王，爲鎮北大將軍、相州刺史。[1]帝餞楨於華林都亭，[2]詔並賦詩，不能者，並可聽射，當使武士彎弓，文人下筆。帝送楨下階，流涕而別。太和二十年五月，至鄴。上日，暴雨大風，凍死者數十人。楨又以旱，祈雨于群神。鄴城有石季龍廟，[3]人奉祀之。楨告神像云：“三日不雨，當加鞭罰。”請雨不驗，遂鞭像一百。是月，疽發背薨，謚曰惠。及恒州刺史穆泰謀反，楨知而不告，雖薨，猶追奪爵封，國除。

［1］相州：北魏時治鄴城，在今河北臨漳縣西南鄴鎮。

［2］華林：在今河南洛陽市東北漢魏洛陽故城内。　都亭：此處指華林園辦事廳。

［3］石季龍：人名。即石虎。字季龍，上黨武鄉（今山西榆社縣北）人。羯族。《北史》避唐高祖祖父李虎諱，以字行。十六國時後趙君主。見《晋書》卷一〇六、一〇七《石季龍載記》。

子英，性識聰敏，善騎射，解音律，微曉醫術。孝文時，爲梁州刺史。帝南伐，爲漢中别道都將。[1]後大駕臨鍾離，[2]英以大駕親動，勢傾東南，漢中有可乘之會，表求追討，帝許之。以功遷安南大將軍，[3]賜爵廣武伯。

[1]漢中：郡名。北魏時治南鄭縣，在今陝西漢中市。　都將：官名。北魏時置。統禁軍侍衛皇帝左右或出征、鎮守在外。出外時多作爲一路主將。孝文帝太和年間兩次職員令皆未載。其位應在都大將或鎮將之下，子都將之上，與地方刺史或郡守略等。

[2]鍾離：郡名。北魏時治燕縣，在今安徽鳳陽縣東北。

[3]安南大將軍：官名。爲出鎮南方地區的軍事長官，或爲刺史等地方官員兼理軍務時的加官。安南將軍資深者得爲此職。北魏孝文帝太和十七年定爲二品上。

宣武即位，拜吏部尚書，以前後軍功，進爵常山侯。[1]尋詔英率衆南討，大破梁曹景宗軍。[2]梁司州刺史蔡道恭憂死，[3]三關戍棄城而走。[4]初，孝文平漢陽，[5]英有戰功，許復其封。及爲陳顯達所敗，遂寢。是役也，宣武大悅，及復之，改封中山王。

[1]常山侯：封爵名。常山，郡名。北魏時治安樂壘，在今河北藁城市西北。

[2]曹景宗：人名。字子震，新野（今河南新野縣）人。南朝梁將領。見《梁書》卷九《曹景宗傳》。

[3]司州：南朝梁時治義陽縣，在今河南信陽市。　蔡道恭：人名。字懷儉，南陽冠軍（今河南鄧州市西北）人。南朝梁官吏。見《梁書》卷一〇《蔡道恭傳》。

[4]三關：即平靖關、武勝關、黄峴關。在今河南信陽市南。

[5]漢陽：縣名。治所在今四川江油市東。

既而梁入寇肥、梁，[1]詔英率衆十萬討之，所在皆以便宜從事。英表陳事機，[2]乃擊破陰陵，[3]斬梁將二十五人，及虜首五千餘級。又頻破梁軍於梁城，斬其支將四十二人，[4]殺獲及溺死者將五萬。梁中軍大將軍臨川王蕭宏、尚書左僕射柳惔等大將五人沿淮東走。[5]凡收米四十萬石。[6]英追奔至馬頭，[7]梁馬頭戍主委城遁走，[8]遂圍鍾離。詔以師行已久，命英爲振旅之意。英表："期至二月將末，[9]三月之初，理在必剋。但自此月一日已來，霖雨連并，可謂天違人願。然王者行師，舉動不易，不可以少致睽淹，便生異議。願聞朝廷，特開遠略，少復賜寬，假以日月，無使爲山之功，中途而廢。"及四月，水盛破橋，英及諸將狼狽奔退，士衆没者十有五六。英至楊州，遣使送節及衣冠、貂蟬、章綬，詔以付典。有司奏英經算失圖，案劾處死。詔恕死爲百姓。

[1]肥：指淮河南岸之肥口，即今安徽淮南市境内之東淝河入淮處（今安徽壽縣北）。　梁：指北魏揚州所屬之梁郡（治所在今安徽壽縣）。

[2]事機：在戰争中使用的計謀。

[3]陰陵：地名。在今安徽定遠縣西北。

[4]支將：官名。主將以外高級將領的統稱。

[5]中軍大將軍：官名。南朝梁時地位顯要。中軍將軍爲武官二十四班中的二十三班，稱大將軍者較中軍將軍進一階。　臨川王：封爵名。臨川，郡名。南朝梁時治臨汝縣，在今江西撫州市。　蕭宏：人名。字宣達，南蘭陵（一説在今江蘇常州市，一説在今江蘇丹陽市）人。南朝梁宗室。見《梁書》卷二二《臨川王宏

傳》。　尚書左僕射柳惔等大將五人沿淮東走：按：《梁書》卷二《武帝紀中》有“（天監）三年春正月戊申……太子詹事柳惔爲尚書右僕射”。《梁書》卷一二《柳惔傳》，《魏書》卷一九下《南安王楨附中山王英傳》、卷九八《島夷蕭道成附蕭鸞傳》，《南史》卷六《武帝紀上》，《通鑑》卷一四五、卷一四六皆作“右僕射”。疑《北史》誤。又“東走”，《魏書·南安王楨附中山王英傳》作“南走”。《魏書》卷八《宣武帝紀》、《魏書·島夷蕭道成附蕭鸞傳》亦作“東走”。疑《魏書·南安王楨附中山王英傳》作“南走”誤。柳惔，人名。字文通，河東解（今山西臨猗縣）人。南朝梁官吏。見《梁書》卷一二《柳惔傳》。

[6]四：源氏校勘記云：“‘四’《魏書》作‘三’。”

[7]馬頭：城名。在今安徽懷遠縣南。

[8]戍主：官名。南北朝時始置，爲戍的主將，掌防守捍禦之事，除管理軍政外，兼理民政、財政。多以郡守、縣令、州參軍及雜號將軍等官兼領。

[9]期至二月將末：殿本“末”訛作“來”。

後京兆王愉反，[1]復英王封，除使持節、假征東將軍、都督冀州諸軍事。[2]英未發而冀州已平。

[1]京兆王：封爵名。京兆，郡名。北魏時治霸城縣，在今陝西西安市東北。　愉：即元愉，人名。字宣德。北魏宗室。見《北史》卷一九《京兆王愉傳》。

[2]征東將軍：官名。多爲持節都督，出鎮方面，地位顯要。北魏孝文帝太和十七年定爲從一品中。

時郢州中從事督榮祖潛引梁軍，[1]以義陽應之，[2]三關之戍並據城降梁。郢州刺史婁悦嬰城自守。[3]縣瓠人白早生等殺豫州刺史司馬悦，[4]據城南叛。梁將齊苟兒率衆守縣瓠。[5]悦子尚華陽公主，[6]並爲所劫。詔英使持節、都督南征諸軍事、假征南將軍，出自汝南。[7]帝以邢巒頻破早生，[8]詔英南赴義陽。英以衆少，累表請軍，帝不許。而英輒與邢巒分兵共攻縣瓠，剋之，乃引軍而南。既次義陽，將取三關。英策之曰："三關相須如左右手，若剋一關，而二關不待攻而定。攻難不如易，[9]東關易攻，宜須先取，即黄石公所謂戰如風發，[10]攻如河决也。"英恐其并力於東，乃使長史李華率五統向西，分其兵勢，身督諸軍向東關。果如英策。凡禽其大將六人、支將二十人、卒七千、米四十萬石，軍資稱是。還朝，除尚書僕射。薨，贈司徒公，謚獻武王。

[1]郢州：北魏時治義陽縣，在今河南信陽市。　中從事：按：《魏書》卷八《宣武帝紀》、卷一九下《南安王楨附中山王英傳》皆作"治中"，又"治中"爲"治中從事"的省稱，此處疑《北史》避唐高宗李治諱省"治"字。治中從事，官名。每州置一至三人不等，常遷别駕。北魏孝文帝太和二十三年定司州治中爲從四品下，他州治中自正五品至正七品不等。

[2]義陽：郡名。北魏時治義陽縣，在今河南信陽市西北。

[3]婁悦：人名。北魏將領。多次領兵擊退南朝梁軍。

[4]白早生：人名。又作"白皁生"，懸瓠（今河南汝南縣）人。降梁，自號平北將軍。梁授以司州刺史，後爲魏中山王元英所殺。　豫州：北魏時治懸瓠城，在今河南汝南縣。　司馬悦：人名。字慶宗，河内温（今河南温縣）人。北魏官吏。見《北史》卷二九《司馬楚之附司馬悦傳》。

[5]齊苟兒：人名。南朝梁將領。北魏宣武帝永平元年，白早

生降梁，他隨從赴援，遭北魏圍攻，降魏。後梁、北魏互换降將，歸國。源氏校勘記云："'兒'《魏書》作'仁'。"

[6]華陽公主：北魏宗室女。其餘不詳。

[7]汝南：郡名。北魏時治上蔡縣，在今河南汝南縣。

[8]邢巒：人名。字洪賓，河間鄚（今河北任丘市北）人。北魏官吏。見《北史》卷四三《邢巒傳》。

[9]攻難不如易：殿本、四部備要本"如"下衍"攻"字。

[10]黄石公：人名。秦漢之際隱士。相傳張良得一老人傳《太公兵法》，並言"濟北穀城山下黄石，即我矣"。後稱此老爲黄石公。相傳著有《三略》《素書》等。

英子熙，字真興[1]好學俊爽，有文才，聲著於世。然輕躁浮動，英深慮非保家之主，常欲廢之，立第四子略。略固請乃止。累遷光禄勳。[2]時領軍于忠執政，熙，忠之婿也，故歲中驟遷。

[1]字真興：四部備要本"真"訛作"貞"。

[2]光禄勳：官名。北魏時掌宫殿門户名籍，外官遭劾禁入宫省，則通知光禄勳廢止門籍。兼掌供應百官膳食。孝文帝太和十七年定爲從一品下，二十三年定爲三品。

後授相州刺史，熙以七月上，其日大風寒雨，凍死者二十餘人，驢馬數十匹。熙聞其祖父前事，心惡之。又有蛆生其庭。初，熙兄弟並爲清河王懌所昵，及劉騰、元叉隔絶二宫，[1]矯詔殺懌，熙乃起兵討之。熙起兵甫十日，爲其長史柳元章、别駕遊荆、魏郡太守李孝怡執熙置之高樓，[2]并其子弟。[3]叉遣尚書左丞盧同斬之於鄴街，[4]傳首京師。始熙妃于氏知熙必敗，不從其謀，自初哭泣不絶，至於熙死。

[1]劉騰：人名。字青龍，平原城（今山東平原縣）人。見《北史》卷九二《劉騰傳》。

[2]柳元章：人名。河東解（今山西臨猗縣）人。北魏官吏。助元叉專權。靈太后返政，削奪其官職爵位。　別駕：官名。別駕從事、別駕從事史的省稱。漢置，爲州部佐吏。因刺史行部，別乘傳車，故謂之別駕。魏晋南北朝前期，別駕例用本州人，由刺史自辟，後期漸由朝廷任命。北魏孝文帝太和十七年定司州別駕爲正四品中，二十三年改爲從四品上。他州別駕依州品不同，自正五品至正七品不等。　魏郡：北魏時治鄴縣，在今河北臨漳縣西南鄴鎮。　李孝怡：人名。字悦宗，趙郡平棘（今河北趙縣）人。北魏官吏。見《魏書》卷三六《李順附李孝怡傳》。

[3]并其子弟：宋本脱“其”字。

[4]尚書左丞：官名。魏晋南朝時爲尚書省佐官，位次尚書，與右丞共掌尚書省庶務，職權甚重。北魏略同。孝文帝太和十七年定爲四品上，二十三年定爲從四品上。

熙既藩王，加有文學，風氣甚高。始鎮鄴。知友才學之士袁翻、李琰之、李神儁、王誦兄弟、裴敬憲等咸餞於河梁，[1]賦詩告别。及將死，復與知故書，恨志意不遂。時人矜之。

[1]袁翻：人名。字景翔，陳郡項（今河南淮陽縣南）人。北魏官吏。見《北史》卷四七《袁翻傳》。　李琰之：人名。又作“李琰”，字景珍，小字墨蠡，隴西狄道（今甘肅臨洮縣）人。見《北史》卷一〇〇《凉武昭王李暠附李韶傳》。源氏校勘記云：

"'琰之'《魏書》無'之'字。" 李神儁：人名。即李挺。字神儁，小名提，隴西狄道（今甘肅臨洮縣）人。北魏、東魏官吏。見《北史》卷一〇〇《涼武昭王李暠附李神儁傳》。 王誦：人名。字國章，琅邪臨沂（今山東臨沂市）人。北魏官吏。見《北史》卷四二《王肅附王誦傳》。 裴敬憲：人名。字孝虞，河東聞喜（今山西聞喜縣）人。北魏官吏。見《北史》卷三八《裴駿附裴敬憲傳》。 河梁：即河橋。

又熙于任城王澄薨前，夢有人告之曰："任城當死，死後二百日外，君亦不免。若其不信，試看任城家。"熙夢中顧瞻任城第舍，四面牆崩，無遺堵焉。熙惡之，覺而以告所親。及熙之死也，果如所夢。熙兄弟三人，每從英征伐，在軍貪暴，或因迎降逐北，[1]至有斬殺無辜，多增首級，以爲功狀。又于忠誣郭祚、裴植也，[2]忠意未決害之，由熙勸奬，遂至極法，世以爲冤。及熙之禍，識者以爲有報應焉。靈太后反政，贈太尉公，謚曰文莊王。

[1]逐北：追逐敗軍敗將。

[2]裴植：人名。字文遠，河東聞喜（今山西聞喜縣）人。北魏官吏。見《北史》卷四五《裴叔業附裴植傳》。

熙弟略，字儁興，位給事黄門侍郎。熙敗，略潛行，自託舊識河内司馬始賓。始賓便爲荻筏，夜與略俱渡盟津，[1]詣上黨屯留縣栗法光家。[2]法光素敦信義，忻而納之。略舊識刁雙，[3]時爲西河太守，[4]略復歸之。停止經年，雙乃令從子昌送略潛遁江左。梁武甚禮敬之，[5]封中山王，宣城太守。[6]俄而徐州刺史元法僧據城南叛，梁乃以略爲大都督，[7]令詣彭城接誘初附。[8]尋徵略與法僧同還。略雖在江南，自以家禍，晨夜哭泣，身若居喪。又惡法僧爲人，與法僧言，未嘗一笑。

[1]盟津：又作“孟津”“富平津”。在今河南孟州市西南黄河上。

[2]上黨：郡名。北魏時治壺關城，在今山西長治市北。　屯留：縣名。治所在今山西屯留縣東北。

[3]刁雙：人名。字子山，勃海饒安（今河北鹽山縣西南）人。北魏官吏。見《北史》卷二六《刁雍附刁雙傳》。底本、元大德本“刁”作“刀”。今改。

[4]西河：郡名。北魏時治兹氏城，在今山西汾陽市城區。

[5]梁武：即南朝梁皇帝蕭衍。武爲其謚號。

[6]宣城：郡名。南朝梁時治宛陵縣，在今安徽宣城市。

[7]大都督：官名。高級軍事長官。三國時臨時設置，作爲加官。後漸成爲常設官職，地位較高。南朝沿置。在有戰事時亦臨時設置，冠以名號。還有以次銜都督某一地區軍事者。

[8]接誘：接待，誘導。

梁復除略衡州刺史，[1]未行。會其豫章王綜以城歸國，[2]綜長史江革、司馬祖暅、將士五千人，[3]悉見禽虜。明帝敕有司悉遣革等還南，因以徵略，梁乃備禮遣之，明帝詔光禄大夫刁雙境首勞問，[4]除略侍中、義陽王。還達石人驛亭，[5]詔宗室親黨、内外百官先相識者，迎之近郊。其司馬始賓除給事中，領直後，[6]栗法光本縣令，刁昌東平太守，刁雙西兗州刺史。[7]略所經一食一宿處，無不霑賞。

[1]衡州：南朝梁時治含洭縣，在今廣東英德市西北。

[2]豫章王：封爵名。豫章，郡名。南朝梁時治南昌縣，在今江西南昌市。　綜：即蕭綜，人名。又作“蕭琮”，字世謙，南蘭陵（一説在今江蘇常州市，一説在今江蘇丹陽市）人。南朝梁宗室。入魏後改名“纘”。見《梁書》卷五五《豫章王綜傳》。

[3]江革：人名。字休映，濟陽考城（今河南民權縣西北）人。南朝梁官吏。見《南史》卷六〇《江革傳》。　司馬：官名。南朝梁諸公府多置，爲公府高級幕僚，位次長史。管理府内武職，與長史共參軍務。品秩隨府主地位不定。　祖暅（gèng）：人名。疑爲祖暅之。字景爍，范陽遒（今河北淶水縣北）人。見《南史》卷七二《祖沖之附祖暅之傳》。宋本“暅”訛作“暄”。

[4]光禄大夫：官名。北魏時常授予年老有病的致仕官員，無具體職掌。孝文帝太和二十三年定爲三品。

[5]石人驛亭：驛亭名。確址待考。

[6]直後：官名。北魏始置。爲皇帝左右的侍衛武官，或以給事中、宣威將軍等領之。原爲比視官，有罪不得加刑。孝明帝時胡太后聽任城王澄之議，依照中正例當刑。底本“後”作“候”，源氏校勘記云：“‘候’，《魏書》作‘後’。”中華本校勘記云：“諸本‘後’作‘候’，《魏書》卷一九下《南安王楨附元略傳》作‘後’。按‘直候’無此官名，‘直後’見《隋書》卷二七《百官志中》。今據改。”今從改。

[7]西兗州：北魏時治定陶城，在今山東定陶縣定陶鎮；後徙治左城，在今山東曹縣韓集鎮堤上范村。

尋改封東平王。後爲尚書令，靈太后甚寵任之，其見委信，殆與元徽相埒。於時天下多事，軍國萬端，略守常自保，無他裨益，唯具臣而已。[1]尒朱榮，略之姑夫，略素所輕忽。略又黨于鄭儼、徐紇，榮兼銜之。榮入洛也，見害於河陰。加贈太保、司空公，[2]謚曰文貞。

[1]具臣：備位充數之臣。

[2]太保：官名。爲輔弼君王的重要大臣。北魏時爲三師之一，位居太師、太傅之下，一品。

英弟怡，位鄯善鎮將。[1]在鎮貪暴，爲有司所糾，逃免，卒。莊帝初，以尒朱榮婦兄，贈太尉、扶風王。[2]

[1]鄯善鎮：軍鎮名。在今青海樂都縣。

[2]扶風王：封爵名。扶風，郡名。北魏時治文學城，在今陝西興平市東南。

子肅，封魯郡王。[1]

[1]魯郡王：封爵名。魯郡，北魏時治魯縣，在今山東曲阜市。

肅弟曄，字華興，小字盆子。性輕躁，有膂力。莊帝初，封長廣王。[1]尒朱榮死，世隆等推曄爲主，年號建明。尋爲世隆廢。節閔立，封爲東海王。[2]孝武初，被殺。

[1]長廣王：封爵名。長廣，郡名。北魏時治膠東城，在今山東平度市。

[2]東海王：封爵名。東海，郡名。北魏時治廣饒縣，在今江蘇連雲港市東北。

城陽王長壽，皇興二年封，位沃野鎮都大將，[1]甚有威名。薨，謚康王。子鸞襲。

[1]沃野鎮：軍鎮名。在今内蒙古烏拉特中旗南烏加河北（參國家文物局主編《中國文物地圖集：内蒙古自治區分册》（下册），西安地圖出版社2003年版，第623頁；張文平、苗潤華《長城資源調查對於北魏長城及六鎮鎮戍遺址的新認識》，《陰山學刊》2014年第6期）。

鸞字宣明，身長八尺，腰帶十圍。以武藝稱，頻爲北都大將。孝文初，除使持節、征南大將軍。與安南將軍盧陽烏、李佐攻赭陽不剋，[1]敗退，降爲定襄縣王。[2]後以留守功，還復本封。[3]宣武時，爲定州刺史。鸞愛樂佛道，繕起佛寺，勸率百姓，大爲土木之勞，公私費擾，頗爲人患。宣武聞之，詔奪禄一周。薨，謚懷王。

[1]孝文初除使持節征南大將軍與安南將軍盧陽烏李佐攻赭陽不剋：中華本校勘記云："《魏書》卷一九下《城陽王長壽附元鸞傳》，此事在遷洛後。按本書卷三《魏孝文紀》、《魏書》卷七下《高祖紀》，此事在太和十九年五月，已是孝文末年。這裏'初'字疑誤。"可從。盧陽烏，人名。即盧淵。字伯源，小名陽烏，《北史》避唐高祖李淵諱，以字行。范陽涿（今河北涿州市）人。北魏官吏。見《北史》卷三〇《盧玄附盧伯源傳》。李佐，人名。字季翼，隴西狄道（今甘肅臨洮縣）人。北魏官吏。見《北史》卷一〇〇《凉武昭

王李暠附李佐傳》。赭陽，城名。在今河南方城縣東。

[2]定襄縣王：封爵名。定襄，縣名。治所在今山西定襄縣。

[3]還復本封：毛本"本"訛作"木"。

子徽，字顯順，粗涉文史，頗有吏才。宣武時，襲封，爲河内太守，在郡清整，有時譽。明帝時，爲并州刺史。[1]先是，州界夏霜，安業者少，徽輒開倉振之，文武咸共諫止。徽曰："昔汲長孺郡守耳，[2]尚輒開倉，救人災弊。况我皇家親近，受委大藩，豈可拘法而不救人困也?"先給後奏。明帝嘉之，加安北將軍。[3]汾州山胡舊多劫掠，[4]自徽爲郡，群胡自相戒，勿得侵擾鄰州。汾、肆之人多來詣徽投訴，[5]願得口判。除秦州刺史，[6]還都，吏人泣涕攀車，不能自已。徽車馬羸弊，皆京來舊物，見者莫不歎其清儉。

[1]并州：北魏時治晋陽縣，在今山西太原市晋源區古城營村一帶。

[2]汲長孺：即汲黯。人名。字長孺，濮陽（今河南濮陽市西南）人。西漢大臣。見《史記》卷一二〇《汲鄭列傳》。

[3]安北將軍：官名。爲出鎮某一地區的軍事長官，或刺史等地方官員兼任軍務的加官，權任很重。北魏孝文帝太和十七年定爲二品下，二十三年定爲三品。

[4]汾州：北魏時治蒲子城，在今山西隰縣。

[5]肆：州名。北魏時治九原縣，在今山西忻州市忻府區。

[6]秦州：北魏時治上封縣，在今甘肅天水市。

改授度支尚書，[1]兼吏部尚書，尋爲正。徽以選舉法期在得人，限以停年，[2]有乖舊體，但行之日久，難以頓革，以德同者盡年，勞等者進德，于時稱爲中平。除侍中，餘官如故。徽表乞守一官。天下士子莫不歎息，咸曰：“城陽離選，貧者復何所希！”怨嗟之聲，俄然上徹。還令兼吏部尚書。累遷尚書令。

[1]度支尚書：官名。魏晋南北朝至隋初爲尚書省度支曹長官，統管度支、户部、金部、倉部四曹。掌軍國財賦的收支會計及漕運物價屯田之政令。北魏孝文帝太和十七年定爲二品中，二十三年定爲三品。

[2]停年：指官員休官至復被起用的年限。

時靈太后專制，朝綱頹褫，[1]徽既居寵任，無所匡弼，與鄭儼之徒，更相阿黨。外似柔謹，[2]内多猜忌，睚眦之忿，必思報復，識者疾之。又不能防閑其妻于氏，[3]遂與廣陽王深姦通。及深受任軍府，每有表啓，論徽罪過，雖涉誣毁，頗亦實焉。

[1]頹褫（chǐ）：頹廢鬆弛。

[2]似：局本作“示”。

[3]防閑：防備禁阻。

莊帝踐阼，拜司州牧。尋除司徒，仍領牧。元顥之入洛，[1]徽從莊帝北巡。及車駕還宫，以與謀之功，除侍中、大司馬、太尉公，加羽葆鼓吹，[2]增邑通前二萬户。徽表辭官封，前後屢上。徽爲莊帝親侍，内懼尒朱榮等，故有此辭。莊帝識其意，聽其辭封，不許讓官。徽後妻，莊帝舅女。侍中李彧，[3]帝之姊婿。徽性佞媚，善自取容，挾内外之意，宗室親寵，莫與比焉。遂與彧等勸帝圖榮。莊帝亦先有意。榮死，世隆等屯據不解。除徽太保，仍大司馬、宗師、録尚書事，總統内外。[4]徽本意謂榮死後枝葉散亡。及尒朱宗族聚結謀難，徽算略無出，[5]憂怖而已。性多嫉妬，不欲人居其前，每入參謀議，獨與帝决。朝臣有上軍國籌策者，並勸帝不納。乃云："小賊何慮不除？"又惜財用，于時有所賞錫，咸出薄少，或多而中減，與而復追。莊帝雅自約狹，[6]尤亦徽所贊成。太府少卿李苗，[7]徽司徒時司馬也，徽待之頗厚。苗每致忠言，徽多不採納。苗謂人曰："城陽本自蜂目，而豺聲復將露也。"及尒朱兆之入，禁衛奔散，莊帝步出雲龍門，[8]徽乘馬奔度。帝頻呼之，徽不顧而去。遂走山南，至故吏寇彌宅。彌外雖容納，内不自安，乃怖徽云："官捕將至。"令其避他所，使人於路邀害，[9]送屍於尒朱兆。孝武初，贈使持節、侍中、太師、録尚書事、司州牧，[10]謚曰文獻。

[1]元顥：人名。字子明。北魏宗室、大臣。見《北史》卷一九《北海王詳附元顥傳》。

[2]羽葆：古時一種儀仗。以鳥羽聚於柄頭如蓋。漢晋南北朝時，諸王及重要大臣有功則賜，以示尊崇。　鼓吹：演奏鼓吹樂的樂隊。本用於軍中，後賜予有功大臣，遂成爲皇帝賜予臣下的一種禮遇。

[3]李彧：人名。字子文，隴西狄道（今甘肅臨洮縣）人。北

魏、東魏官吏。見《北史》卷一〇〇《涼武昭王李暠附李彧傳》。

[4]宗師：官名。北魏時爲掌管宗室事務的官員。職如中正，辨别姓族、門第、譜系，品舉人才。均以諸王領之，地位甚崇。殿本、四庫本、四部備要本“師”訛作“室”。

[5]徽算略無出：宋本脱“徽”字。

[6]雅：平素。　約狹：狹隘。

[7]太府少卿：官名。掌倉儲出納、兩京諸市，通判各署事務。北魏孝文帝太和二十三年定爲四品上。　李苗：人名。字子宣，梓潼涪（今四川綿陽市）人。北魏官吏。見《北史》卷四五《李苗傳》。

[8]雲龍門：宫城正南門。

[9]邀：阻截。

[10]太師：官名。北魏時爲三師之一，是輔佐君王的重要大臣，位在太傅、太保上。一品。

子延襲爵。齊受禪，例降。

章武王太洛，[1]皇興二年薨，追贈征北大將軍、章武郡王，謚曰敬。無子。孝文初，以南安惠王第二子彬爲後。

[1]章武王：封爵名。章武，郡名。北魏時治平舒縣，在今河北大城縣。

彬字豹兒，勇健有將用。爲夏州刺史，[1]以貪惏削封。後除汾州刺史。胡六百餘人保險謀反，[2]彬請兵二萬。帝大怒曰：“必須大衆者，[3]則先斬刺史，然後發兵!”彬奉詔大懼，身先將士，討胡平之。卒，贈散騎常侍。

[1]夏州：北魏時治巖緑縣，在今陝西靖邊縣白城子村。源氏校勘記云："'夏'《魏書》作'朔'。"

[2]保：據守。

[3]大衆：古代對夫役、軍卒的總稱。

子融，字永興，儀貌壯麗，性通率有豪氣。宣武初，復先爵，累遷河南尹。[1]融性尤貪欲，恣情聚斂，爲中尉糾彈，削除官爵。汾、夏山胡叛逆，連結正平、平陽。[2]詔復融前封，征東將軍、持節、都督以討之。[3]融寡於經略，爲胡所敗。後賊帥鮮于脩禮寇暴瀛、定二州，[4]長孫承業等討之失利。[5]除融車騎將軍，[6]爲前驅左軍都督，[7]與廣陽王深等共討脩禮。師度交津，[8]葛榮殺脩禮而自立，[9]轉營至白牛邏，[10]輕騎擊融，於陣見殺。贈司空公。尋以融死王事，進贈司徒公，加前後部鼓吹，謚莊武。

[1]河南尹：官名。北魏孝文帝太和十七年遷都洛陽，置河南郡，設爲長官。掌京都洛陽地區行政。三品。

[2]正平：郡名。北魏時治臨汾縣，在今山西新絳縣城關。平陽：郡名。北魏時治白馬城，在今山西臨汾市。

[3]持節：官員或使臣外出時皇帝授予其節杖，以示威權。北魏時軍事長官出征或出鎮地方時，持節者可殺無官職之人，軍事行動中得殺二千石以下官吏。大臣出使、出巡、代表皇帝祭吊時亦持節以示尊崇。後遂成爲一種官號。

[4]鮮于脩禮：人名。北魏末河北起義軍首領。　瀛：州名。北魏時治趙都軍城，在今河北河間市。

[5]長孫承業：人名。本名冀歸，孝文帝賜名稚，《北史》避

唐高宗李治諱改爲幼，字承業，鮮卑族。北魏官吏。見《北史》卷二二《長孫道生附長孫承業傳》。

[6]車騎將軍：官名。位次驃騎將軍，在諸名號將軍上，多作爲軍府名號以加授大臣、重要州郡長官，無具體職掌。北魏孝文帝太和十七年定爲一品下，二十三年定爲二品。

[7]左軍都督：官名。北魏時置。爲左軍統率。

[8]交津：渡口名。在今河北磁縣西清漳河與漳河合流處。

[9]葛榮：人名。北魏時河北起義軍首領。

[10]白牛邏：城名。在今河北蠡縣。

子景哲襲。景哲弟朗，[1]即廢帝也。

[1]朗：即元朗，人名。字仲哲，章武王融第三子。見《北史》卷五《魏本紀·廢帝》。

樂陵王胡兒，[1]和平四年薨，追封樂陵王，謚曰康。無子。

[1]樂陵王：封爵名。樂陵，郡名。北魏時治所樂陵縣，在今山東樂陵市。

獻文詔胡兒兄汝陰王天賜之第二子永全後之。襲封後，改名思譽。孝文時，爲鎮北大將軍。穆泰陰謀不軌，思譽知而不告，削封爲庶人。太和末，復王封。薨，謚密王。

子景略襲，位幽州刺史。[1]薨，謚惠王。

［1］豳州：北魏時治趙興郡城，在今甘肅寧縣。底本“豳”作“幽”。中華本校勘記云：“諸本‘豳’作‘幽’。按《墓誌集釋·元彥墓誌》稱：彥字景略，‘延昌之末，遷爲持節、督豳州諸軍事、冠軍將軍、豳州刺史’。又言王剋莅西蕃，民欽教遵風，昔文王流化，未之殊也’。所謂‘西蕃’‘文王流化’，皆指豳州。‘幽’乃‘豳’之訛。今據改。”今從改。

安定王休，皇興二年封。少聰敏。爲外都大官，斷獄有稱。[1]車駕南伐，領大司馬。孝文親行諸軍，遇休以三盜人徇六軍，將斬之，有詔赦之。休執曰：“不斬何以息盜？”詔曰：“王者之體，亦時有非常之澤，雖違軍法，可特原之。”休乃奉詔。帝謂司徒馮誕曰：“大司馬嚴而執法，諸軍不可不慎。”於是六軍肅然。定都洛邑，休從駕幸鄴，命休率從駕文武迎家于平城，帝親餞休於漳水之北。[2]十八年，休寢疾，帝幸其第，流涕問疾，中使醫藥相望於路。及薨至殯，車駕三臨。帝至其門，改服錫衰，[3]素弁加絰。[4]皇太子百官皆從行弔禮。謚曰靖王。詔贈假黄鉞，加羽葆鼓吹，悉準三老尉元之儀。[5]帝親送出郭，慟哭而返。諸王恩禮莫比。宣武世，配饗廟庭。

［1］稱：聲譽。

［2］漳水：即今漳河。在今河北、河南兩省邊境。有清漳河、濁漳河兩源。

［3］錫衰（cuī）：喪服。細麻布所製。《周禮·春官·司服》：“王爲三公六卿錫衰。”注：“君爲臣服弔服也。”殿本“錫”訛作“裼”。

[4]素弁加絰（dié）：喪服。白色的弁，加絰帶。絰，古時服喪期間結在頭上或腰部的葛麻布帶。

[5]三老：國三之老，多以致仕三公任之。　尉元：人名。字荀仁，代（今山西大同市東北）人，鮮卑族。北魏太武帝時賜爵富城男、太昌侯。見《北史》卷二五《尉元傳》。

次子燮襲，拜太中大夫，[1]除華州刺史。[2]燮表曰："謹惟州居李潤堡，雖是少梁舊地，[3]晋、芮錫壤，[4]然胡夷内附，遂爲戎落。竊以馮翊古城，[5]實惟西藩奥府，[6]面華、渭，[7]包原澤，井淺地平，樵牧饒廣。採材華陰，[8]陸運七十，伐木龍門，[9]順流而下。陪削舊雉，[10]功省力易。丁不十錢之費，人無八旬之勤。損輕益重，乞垂昭鑒。"遂詔曰："一勞永逸，便可聽移。"薨于州，[11]贈朔州刺史。[12]

[1]太中大夫：官名。亦作"大中大夫"。北魏至隋朝品秩與卿相近，多用以安置年老退免的九卿大臣，無具體職掌。北魏孝文帝太和十七年定爲三品下，二十三年定爲從三品。

[2]華州：北魏獻文帝皇興二年（468）置，治定安縣，在今甘肅寧縣。孝文帝延興二年（472）改置三縣鎮。太和十一年又置華州，治李潤堡，在今陝西蒲城縣東北。宣武帝永平三年（510）移治華陰縣，在今陝西大荔縣。

[3]少梁：國名。西周封國，於秦穆公十九年（前641）亡於秦。在今陝西韓城市南。

[4]晋：西周、春秋時封國。　芮：國名。西周、春秋時封國。在今陝西大荔縣東南。又云在今山西芮城縣西。　錫壤：分封的土地。

[5]馮（píng）翊（yī）：郡名。北魏時治高陸縣，在今陝西高陵縣。

[6]西藩：泛指西部地區。　奧府：戰略地位重要的城鎮。奧，重要。府，城鎮。

[7]渭：州名。北魏時治襄武縣，在今甘肅隴西縣東南。

[8]華陰：縣名。治所在今陝西大荔縣。

[9]龍門：地名。一名禹門口。在今山西河津市西北黄河西岸。

[10]陪削舊雉（zhī）：修整舊城牆設置。雉，城牆。

[11]薨于州：中華本校勘記云："按《魏書》卷一九下《安定王休附元燮傳》云：'後除征虜將軍豳州刺史，延昌四年薨。'則是死於豳州。此承上文，則似死於華州，誤。"可從。

[12]朔州：北魏時治定襄故城，在今内蒙古和林格爾縣西北。

子超，字化生，襲。時以胡國珍封安定公，[1]改封北平王，[2]後復本封。尒朱榮入洛，避難見害。

[1]胡國珍：人名。字世玉，安定臨涇（今甘肅鎮原縣）人。北魏外戚、大臣。見《北史》卷八〇《胡國珍傳》。　安定公：封爵名。安定，郡名。北魏時治安定縣，在今甘肅涇川縣北。

[2]北平：郡名。北魏時治新昌縣，在今河北盧龍縣。

超弟琰，字伏寶，大統中，[1]封宋安王。[2]薨，謚曰懿。子景山。

[1]大統：西魏文帝的年號（535—551）。

[2]宋安：郡名。西魏時治樂寧縣，在今湖北廣水市東北。

景山字寶岳，少有器局，幹略過人。周閔帝時，[1]

以軍功累遷開府儀同三司。從武帝平齊，[2]以功拜大將軍、平原郡公、亳州總管。[3]法令明肅，賊盗屏迹，[4]部內大清。徵爲候正。[5]宣帝嗣位，[6]從上柱國韋孝寬經略淮南。鄖州總管宇文亮反，[7]以輕兵襲孝寬。寬爲亮所薄，景山擊破之。以功拜亳州總管。

[1]周閔帝：即北周皇帝宇文覺。閔爲其謚號。

[2]武帝：即北周皇帝宇文邕。武爲其謚號。

[3]平原郡公：封爵名。平原，郡名。北周時治陰槃縣，在今甘肅平凉市東涇水南岸。　亳州：北周時治小黄縣，在今安徽亳州市。　總管：官名。地方高級行政官員。北周明帝時由都督諸州軍事改名，加使持節，管理轄區軍事民政。所轄區域增減不定，多者可達數十州。

[4]屏迹：斂迹。

[5]候正：官名。春秋戰國時設，掌軍中斥候，偵察敵情。北周因之。品秩不定。

[6]宣帝：即北周皇帝宇文贇。宣爲其謚號。

[7]鄖州：北周大象初改安州置，治安陸縣，在今湖北安陸市。後又復爲安州。　宇文亮：人名。字乾德，代郡武川（今内蒙古武川縣西）人，鮮卑族。北周將領。見《北史》卷五七《杞簡公連附宇文亮傳》。

隋文帝爲丞相，[1]尉遲迥作亂，滎州刺史宇文胄與迥通謀，[2]陰以書諷景山。景山執使，封書詣相府，進位上大將軍。[3]以軍功，遷安州總管，[4]進柱國。[5]隋文帝受禪，拜上柱國。[6]明年，大舉伐陳，以景山爲行軍元帥，[7]出漢口。[8]將濟江，會陳宣帝殂，[9]有詔班師。

景山大著威名，甚爲敵人所憚。後數載，坐事免。卒于家，贈梁州總管，[10]謚曰襄。子成壽嗣。

[1]文帝：即隋高祖楊堅。文爲其謚號。

[2]滎州：北周時治滎陽縣，在今河南滎陽市。　宇文胄：人名。代郡武川（今内蒙古武川縣西）人，鮮卑族。北周宗室。見《北史》卷五七《邵惠公顥附宇文胄傳》。

[3]上大將軍：官名。北周武帝建德四年（575）置，爲高級武官名號。正九命。隋朝時爲從二品散實官，煬帝大業三年（607）罷。

[4]安州：北周時治安陸縣，在今湖北安陸市。

[5]柱國：官名。柱國大將軍的省稱。十六國時後燕慕容垂燕元元年（384）始置。北周時，除授漸多，成爲没有具體職掌的勳官。正九命。

[6]上柱國：官名。北周武帝建德四年置爲最高級勳官。正九命。隋朝時置爲從一品散實官，煬帝大業三年罷。

[7]行軍元帥：官名。北周時設置的最高統兵官。位在行軍總管之上。統一道或數道行軍總管，兵停則罷。多以親王或重臣爲之。隋朝亦置。

[8]漢口：地名。一名沔口，即今湖北武漢市轄境漢水入長江之口。

[9]陳宣帝：即南朝陳皇帝陳頊。宣爲其謚號。

[10]梁州：隋朝時治南鄭縣，在今陝西漢中市。

成壽便弓馬，爲秦王庫直。[1]大業中，[2]爲西平郡通守。[3]

[1]庫直：官名。亦作“庫真”。北魏始置，是諸王及主要大

臣的侍衛。隋朝沿置。

[2]大業：隋煬帝的年號（605—617）。

[3]西平：郡名。隋朝時治湟水縣，在今青海樂都縣。　通守：官名。位次郡太守，協助太守掌本郡政務。

燮弟願平，清狂無行。宣武初，爲給事中，悖惡日甚，殺人劫盜，公私咸患。帝以戚近，不忍致之法，免官，禁之別館。館名愁思堂，冀其克念。帝崩，乃得出。靈太后臨朝，以其不悛，還於別館，依前禁錮。久之，離禁還家，付宗師嚴加誨獎。後拜通直散騎常侍、前將軍。[1]坐倮其妻王氏于其男女前，又强姦妻妹于妻母之側，御史中尉侯剛案以不道，[2]處絞刑。會赦免，黜爲員外常侍。[3]卒。

[1]前將軍：官名。北魏時成爲軍府名號，用作加官。孝文帝太和十七年定二品上，二十三年定爲三品。

[2]侯剛：人名。字乾之，河南洛陽（今河南洛陽市東北）人。北魏官吏。見《北史》卷九二《侯剛傳》。　不道：不遵道德。漢朝以後以“不道”爲刑律之名目。

[3]員外常侍：官名。員外散騎常侍的省稱。屬散騎省（東省、集書省），初多以公族、宗室任之，雖是閑職，仍爲顯官。北魏孝文帝太和十七年定爲從二品上，二十二年定爲五品上。

論曰：陽平諸子，頤乃忠壯。[1]京兆之胤，悰實有聲。[2]匡之謇直，有足稱矣。當獻文將禪，可謂國之大節，康王毅然廷諍，[3]德音孔昭，[4]一言興邦，斯之謂歟！文宣貞固俊遠，[5]鬱爲宗傑，身用累朝，寧濟夷險，社稷是任，其梁棟之望乎！順蹇諤俶儻，有汲黯之風，不用于時，橫招非命，惜矣！嵩有行陣之氣。儁乃裂冠之徒。[6]南安原始要終，善不掩惡。英將帥之用，著聲于時。熙、略兄弟，早播人譽，或才疏志大，或器狹任廣，咸不能就其功名，俱至非命，惜也！康王不永，鸞起家聲。徽飾智矯情，外諂內忌，永安之禍，[7]誰任其責？宛其死也，固其宜哉！章武、樂陵，蓋不足數。靖王聽斷威重，見稱於太和，美矣！

[1]陽平諸子頤乃忠壯：底本“陽平”作“平陽”，“頤”作“熙”。中華本校勘記云：“諸本‘陽平’倒作‘平陽’，‘頤’訛‘熙’。按此指陽平王新成之子頤，見本書卷十七《景穆十二王傳上》。今據改。”今從改。

[2]悰：即元悰，人名。字魏慶。東魏宗室、大臣。見《北史》卷一七《京兆王子推附元悰傳》。

[3]康王毅然廷諍：中華本校勘記云：“按此指任城康王雲。下文‘康王不永’指城陽康王長壽。《魏書》此二人分屬兩卷，故史臣論不覺混淆。《北史》合爲一段，便覺眉目不清。”可從。

[4]德音孔昭：語出《詩·小雅·鹿鳴》：“我有嘉賓，德音孔昭。”鄭玄箋：“孔，甚；昭，明也。”德音，對別人言辭的敬稱。

[5]文宣：即元澄。文宣爲其謚號。　貞固：固守正道。

[6]裂冠之徒：背棄王室之人。

[7]永安之禍：指北魏孝莊帝永安年間尒朱兆入洛，大殺北魏王公貴族之事。

北史　卷一九

列傳第七

文成五王　獻文六王　孝文六王

文成皇帝七男：[1]孝元皇后生獻文皇帝。[2]李夫人生安樂厲王長樂。[3]曹夫人生廣川莊王略。[4]沮渠夫人生齊郡順王簡。[5]乙夫人生河間孝王若。[6]悅夫人生安豐匡王猛。[7]玄夫人生韓哀王安平，[8]早薨，無傳。

[1]文成：北魏皇帝拓拔濬的謚號。

[2]孝元皇后：中華本校勘記云："按'孝'疑爲'李'之訛。本書卷一三《文成元皇后李氏傳》，后謚'元'，不謚'孝元'。《魏書》卷八三上《李峻傳》、卷八九《李洪之傳》都稱爲'元皇后'，不作'孝元皇后'。這裏疑當如《明元六王傳》之杜密皇后、《獻文六王傳》之李思皇后，作李元皇后。"可從。李元皇后，即文成元皇后李氏。　獻文：北魏皇帝拓跋弘的謚號。

[3]安樂厲王：安樂王，封爵名。厲，謚號。安樂，郡名。北魏時疑治三會城，在今河北承德縣東北老牛河之東。

[4]廣川莊王：廣川王，封爵名。莊，謚號。廣川，郡名。此

時有兩個廣川郡：一屬冀州，治廣川縣，在今河北景縣西南。一屬齊州，治武强縣，在今山東鄒平縣。

[5]齊郡順王：齊郡王，封爵名。順，謚號。齊郡，北魏時治臨淄縣，在今山東淄博市東北。

[6]河間孝王：河間王，封爵名。孝，謚號。河間，郡名。北魏時治武垣縣，在今河北河間市南。

[7]安豐匡王：安豐王，封爵名。匡，謚號。安豐，郡名。北魏時治安豐縣，在今安徽霍邱縣西南。

[8]韓哀王：源氏校勘記云："'哀王'下《魏書》有'若'字，'平'下有'王'字。似非。"韓王，封爵名。哀，謚號。

安樂王長樂，皇興四年，[1]封建昌王，[2]後改封安樂王。長樂性凝重，獻文器愛之。承明元年，[3]拜太尉，[4]出爲定州刺史。[5]頓辱衣冠，[6]多不奉法，百姓詣闕訟之，孝文罰杖三十。貪暴彌甚，以罪徵詣京師。後謀不軌，事發，賜死于家，葬以王禮，謚曰厲。

[1]皇興：北魏獻文帝的年號（467—471）。

[2]建昌王：封爵名。建昌，郡名。北魏時治榆中縣，在今甘肅蘭州市。

[3]承明：北魏孝文帝的年號（476）。

[4]太尉：官名。列三公之首，魏晋南北朝時爲名譽宰相，位居一品，多爲大臣加官，無實際職掌。

[5]定州：北魏時治盧奴縣，在今河北定州市。

[6]頓辱：在公開場合或衆人面前使其受辱。

子詮，字搜賢，襲。宣武初，[1]爲涼州刺史。[2]在州貪穢，政以賄成。後除定州刺史。及京兆王愉之反，[3]詐言國變，在北州鎮咸疑朝廷有釁，[4]遣使觀詮動静。詮具以狀告，州鎮帖然。愉奔信都，[5]詮以李平、高殖等四面攻燒，[6]愉突門而出。尋除侍中，[7]兼以首告之功，除尚書左僕射。[8]薨，謚曰武康。

[1]宣武：即北魏皇帝元恪。宣武爲其謚號。

[2]凉州：北魏時治林中縣，在今甘肅武威市。

[3]京兆王：封爵名。京兆，郡名。北魏時治霸城縣，在今陝西西安市東北。　愉：即元愉，人名。字宣德。北魏宗室。見《北史》卷一九《京兆王愉傳》。

[4]釁（xìn）：政變。

[5]信都：縣名。治所在今河北冀州市。

[6]詮以李平高殖等四面攻燒：中華本校勘記云："張森楷云：'《高肇傳》"殖"作"植"。'按《高肇傳》見本書卷八〇，傳言肇子植爲濟州刺史，率州軍討破元愉有功。又《墓誌集釋》有《高植墓誌》，植即肇子。疑'殖'當作'植'。"可從。李平，人名。頓丘（今河南清豐縣西南）人。北魏官吏。見《北史》卷四三《李崇附李平傳》。高殖，人名。一作"高植"，勃海蓨（今河北景縣）人。北魏外戚、官吏。見《北史》卷八〇《高肇附高植傳》。

[7]侍中：官名。秦朝始置。北朝常總典機密，受遺詔輔政，權任尤重，時號"小宰相"。北魏孝文帝太和十七年（493）定爲從一品中，二十三年改爲三品。

[8]尚書左僕射：官名。尚書僕射分左右自漢獻帝時始。此後或二或一，置二人則分左右。職掌都省庶務及執法，或典選舉，左僕射權力大於右僕射，兼掌糾彈百官。北魏孝文帝太和十七年定爲從一品中，二十三年改爲從二品。

子鑒，字長文，襲。後除相州刺史、北討大都督，[1]討葛榮。[2]仍兼尚書左僕射、北道行臺尚書令，[3]與都督裴衍共攻信都。[4]鑒既庸才，見天下多事，遂謀反，降附葛榮。都督源子邕與裴衍合圍鑒，[5]斬首傳洛，詔改其元氏。[6]莊帝初，許復本族，又特復鑒王爵，贈司空。[7]

[1]相州：北魏時治鄴城，在今河北臨漳縣西南鄴鎮。　大都督：官名。高級軍事長官。三國魏、吴初於戰争時臨時設置，作爲加官。後漸成爲常設官職，地位極高。晋、南朝沿之。在有戰事時亦臨時加置，冠以名號。還有以次銜都督某一地區軍事者。北魏前、中期未見，孝文帝太和十七年職員令及二十三年復次職員令皆未載。後期戰事較多時置，統兵出征，有時又加以各種名號。東、西魏分裂後，授予漸濫。

[2]葛榮：人名。河北起義軍首領。後爲尒朱榮所擒，送入京師，斬於市中。

[3]尚書左僕射：《魏書》卷二〇（補）《安樂王長樂附元鑒傳》作“尚書右僕射”。源氏校勘記云：“‘左’《魏書》作‘右’。”未詳孰是。　行臺尚書令：官名。北魏始設，爲諸行臺最高長官，總領所轄地區的軍政、民政。

[4]都督：官名。北朝前期爲統率全國或地方兵馬的指揮官，其爲州郡軍事長官者，兼理民政。至北朝後期則爲率領鄉兵、畜牧軍馬的中低級軍官，或作爲大臣的加官和贈官。　裴衍：人名。字文舒，河東聞喜（今山西聞喜縣）人。見《北史》卷四五《裴叔業附裴衍傳》。　攻：源氏校勘記云：“‘攻’《魏書》作‘救’。”

[5]源子邕：人名。《周書》作“源子雍”。字靈和，西平樂都（今青海樂都縣）人。北魏將領。見《北史》卷二八《源賀附源子

邕傳》。

[6]詔改其元氏：底本“其”作“姓”，中華本校勘記云：“諸本‘其’作‘姓’。《魏書》卷二〇（補）《元鑒傳》作‘其’。錢氏《考異》云：‘按元爲國姓，鑒以謀反絶其屬籍，不當仍姓元氏。《魏書》云“改其元氏”，似爲得之。’按錢氏説是，今據改。”今從改。

[7]司空：官名。三公之一。魏晋南北朝時爲名譽宰相，多爲大臣加官。北魏時爲正一品。

鑒弟斌之，字子爽，性險無行。及與鑒反，敗，遂奔葛榮。榮滅，得還。孝武帝時，[1]封潁川郡王，[2]委以腹心之任。帝入關，[3]斌之奔梁。大統二年，[4]還長安，[5]位尚書令。[6]薨，贈太尉，謚武襄。

[1]孝武帝：即北魏皇帝元脩。孝武爲其謚號。

[2]潁川郡王：封爵名。潁川，郡名。北魏時治長社城，在今河南長葛市東北。局本“川”訛作“州”。

[3]關：即潼關，在今陝西潼關縣東北黄河南岸。

[4]大統：西魏文帝的年號（535—551）。

[5]長安：城名。在今陝西西安市西北。

[6]尚書令：官名。北魏初不常置，亦不掌實際政務，孝文帝改制後，尚書省權任頗重，以録尚書事爲長官，尚書令爲副貳，兼掌監察百官，皆爲宰相。孝文帝太和十七年定爲從一品上，二十三年定爲二品。

廣川王略，延興二年封，[1]位中都大官。[2]性明敏，鞫獄稱平。[3]太和四年，[4]薨。謚曰莊。

[1]延興：北魏孝文帝的年號（471—476）。

[2]中都大官：官名。即中都坐大官。北魏置，與外都坐大官、內都坐大官合稱三都大官。掌刑獄、聽理民訟。任此職者多爲宗室諸王、外戚及胡漢重臣，權勢極大。祭吊時位在三公、尚書令之上。孝文帝改制時罷（參周兆望《北魏“三都大官”若干問題考辨》，《文史哲》2002年第1期）。

[3]鞫（jū）獄：審理獄訟案件。

[4]太和：北魏孝文帝的年號（477—499）。

子諧，字仲和，襲。十九年，薨。詔曰：“古者大臣之喪，有三臨之禮，[1]此蓋三公已上。自漢已降，多無此禮。庶仰遵古典，哀感從情。雖以尊降伏，私痛寧爽。[2]欲令親王有期親者爲之三臨，[3]大功親者爲之再臨，[4]小功緦麻爲之一臨。[5]廣川王於朕大功，必欲再臨者。欲于大斂日親臨盡哀，[6]成服之後，[7]緦衰而弔。[8]既殯之緦麻，理在無疑。大斂之臨，當否如何？[9]爲須撫柩于始喪？爲應盡哀於闔柩？”黄門侍郎崔光、宋弁、通直常侍劉芳、典命下大夫李元凱、中書侍郎高聰等議曰：[10]“三臨之事，乃自古禮。爰及漢、魏，行之者稀；陛下方遵前軌。臣等以爲若期親三臨，大功宜再。始喪之初，哀之至極，既以情降，宜從始喪。大斂之臨，伏如聖旨。”[11]詔曰：“魏、晋已來，親臨多闕，至於戚臣，必於東堂哭之。[12]頃大司馬安定王薨，[13]朕既臨之後，受慰東堂。今日之事，應更哭不？”光等議曰：“東堂之哭，蓋以不臨之故。今陛下躬親撫視，群臣從駕，臣等議，以爲不宜復哭。”詔曰：“若大司馬戚尊位重，必哭於東堂。而廣川既是諸王之子，又年位尚幼，卿等議之，朕無異焉。”諧將大斂，帝素委貌、深衣哭之，[14]入室哀慟，撫尸而出。

[1]三臨之禮：哭吊三次的禮儀。

[2]寧：何曾。 爽：損減。

[3]期（jī）親：服喪期爲一年的親屬。

[4]大功：五服之一，服期九個月。其服用熟麻布製成。

[5]小功：五服之一，服期五個月。其服用較粗的熟麻布製成。 緦（sī）麻：五服中最輕者，服期三個月。其服用疏織細麻布製成。

[6]大斂：屍體入棺。

[7]成服：舊時喪禮大斂後，死者親屬按與死者關係的親疏，穿着相應的喪服。

[8]緦衰：緦麻布衰裳。源氏校勘記云：“‘衰’《魏書》作‘麻’。”

[9]當否如何：毛本、殿本、局本、四部備要本“如何”二字倒。

[10]黄門侍郎：官名。魏晋南北朝時爲侍中省或門下省次官，與侍中俱掌門下衆事，職掌略同，品秩隨皇帝旨意或侍中地位而上下。北魏孝文帝太和十七年定爲三品中，二十三年改爲四品上。崔光：人名。本名孝伯，孝文帝賜名光，字長仁，東清河鄃（今山東淄博市）人。北魏大臣。見《北史》卷四四《崔光傳》。 宋弁：人名。字義和，西河介休（今山西介休市）人。北魏官吏。見《北史》卷二六《宋隱附宋弁傳》。 通直常侍：官名。即通直散騎常侍。晋武帝時，使員外散騎常侍二人與散騎常侍通員當值，故名。東晋時增至四員，屬散騎省。參平尚書奏事，並掌諷諫、侍從，位頗重。南朝屬集書省，多以衰老之士擔任，地位漸低。北魏

孝文帝太和十五年亦置，初定爲三品下，二十三年改爲四品。　劉芳：人名。字伯支，彭城叢亭里（今江蘇徐州市）人。北魏官吏。見《北史》卷四二《劉芳傳》。　典命下大夫：官名。北魏置，爲典命中大夫佐官。參預制定禮儀。孝文帝太和十七年定爲四品上。　中書侍郎：官名。北魏時多選用文學之士，掌草擬詔令，職位機要。孝文帝太和十七年定爲四品上，二十三年改爲從四品上。　高聰：人名。字僧智，勃海蓨（今河北景縣）人。北魏官吏。見《北史》卷四〇《高聰傳》。源氏校勘記云："《魏書》作'高敏'。"

[11]伏：敬詞。臣對君奏言多用之。

[12]東堂：太極東堂的省稱。太極殿有四厢，東堂即其東厢。太極殿爲皇宫中的西内正殿，每月朔望皇帝視朝之所。東晋南朝、北魏等均在皇宫内建有太極殿。

[13]大司馬：官名。北魏時與大將軍並稱爲"二大"，爲加官，常典軍事，地位顯貴。正一品。　安定王：即拓跋休。北魏宗室。見《北史》卷一八《安定王休傳》。

[14]委貌：冠名。又稱元冠。以黑色絲織物製成。長七寸，高四寸。制如覆杯，前高廣，後卑鋭。　深衣：舊時諸侯、大夫、士家居所穿的衣服，亦爲庶人的常禮服。衣服相連，前後深長，故稱。

有司奏："廣川王妃薨于代京，[1]未審以新尊從於卑舊，[2]爲宜卑舊來就新尊？"詔曰："遷洛之人，自兹厥後，悉可歸骸芒嶺，[3]皆不得就塋恒、代。[4]其有夫先葬北，婦今喪在南，婦人從夫，宜還代葬。若欲移父就母，亦得任之。其有妻墳于恒、代，夫死於洛，不得以尊就卑。欲移母就父，宜亦從之。若異葬，亦從之。若不在葬限，身在代喪，葬之彼此，皆得任之。其户屬恒、燕，[5]身官京洛，去留之宜，亦從所擇。其屬諸州者，各得任意。”詔贈諧武衛將軍，[6]謚曰剛。及葬，帝親臨送之。

[1]代京：即平城。北魏舊都，在今山西大同市。

[2]審：明白。

[3]芒嶺：又作“邙山”，在今河南洛陽市北。

[4]恒：州名。北魏時治平城，在今山西大同市東北。

[5]燕：州名。北魏時治廣寧縣，在今河北涿鹿縣。

[6]武衛將軍：官名。三國魏文帝時改武衛中郎爲此稱。掌宿衛禁軍。北魏孝文帝太和十七年定爲從二品下，二十三年改爲從三品。

子靈道襲。卒，謚悼王。

齊郡王簡，字叔亮，太和五年封，位中都大官。簡母，沮渠牧犍女也，[1]簡性貌特類外祖。後爲内都大官。[2]孝文嘗與簡俱朝文明太后皇信堂，[3]簡居帝之右，行家人禮。遷太保。[4]孝文仁孝，以諸父零落，[5]存者唯簡，每見，立以待之，俟坐，致敬問起居，停簡拜伏。簡性好酒，不能理公私之事。妻常氏，燕郡公喜女也，[6]文明太后以賜簡。幹綜家事，頗節簡酒。乃至盗竊，求乞婢侍，卒不能禁。薨時，孝文不豫，詔曰："叔父薨背，痛慕摧絶，不自勝任，但虛頓牀枕，未堪奉赴，當力疾發哀。”謚曰靈王。宣武時，[7]改謚曰順。

[1]沮渠牧犍：人名。一名沮渠茂虔，盧水胡人。十六國時北

涼君主。見《北史》卷九三《沮渠蒙遜附沮渠牧犍傳》。

[2]内都大官：官名。即内都坐大官。北魏置，與外都坐大官、中都坐大官合稱三都大官。掌刑獄，並主司品官。任此職者多爲宗室諸王、外戚及胡漢重臣，權勢極大。祭吊時位在三公、尚書令之上。孝文帝改制時罷。

[3]文明太后：即北魏文成帝皇后馮氏。文明爲其謚號。　皇信堂：建成於北魏孝文帝太和七年。在今山西大同市。

[4]太保：官名。北魏時爲三師之一，位居太師、太傅之下。一品。

[5]諸父：叔父。

[6]燕郡公：封爵名。燕，郡名。北魏時治薊縣，在今北京西南。　喜：即常喜，人名。文成帝乳母常氏弟。北魏官吏。以外戚故，封帶方公，後改封燕郡公，任鎮東大將軍。文成帝和平元年(460)爲洛州刺史。

[7]宣武：即北魏皇帝元恪。宣武爲其謚號。

子祐，字伯授。母常氏，孝文以納不以禮，不許其爲妃。宣武以母從子貴，詔特拜爲齊國太妃。祐位涇州刺史。[1]薨，謚曰敬。

[1]涇州：北魏時治安定縣，在今甘肅涇川縣北。

河間王若字叔儒，未封而薨，追封河間，謚曰孝。詔京兆康王子太安爲後。[1]太安於若爲從弟，非相後之義，[2]廢之。以齊郡王子琛繼。

[1]京兆康王：指京兆王子推。京兆王，封爵名。京兆，郡名。

北魏時治霸城縣，在今陝西西安市東北。

[2]非相後之義：不符合繼承的道理。

琛字曇寶，幼敏慧，孝文愛之。宣武時，拜定州刺史。琛妃，宣武舅女，高皇后妹。[1]琛憑恃内外，在州貪惏。及還朝，靈太后詔曰："琛在定州，唯不將中山宫來，[2]自餘無所不致，何可敍用！"由是廢于家。琛以明帝始學，[3]獻金字《孝經》。[4]又無方自達，乃與劉騰爲養息，[5]賂騰金寶巨萬計。騰爲言，乃得兼都官尚書。[6]出爲秦州刺史，[7]在州聚斂，百姓吁嗟。東益、南秦二州氐反，[8]詔琛爲行臺，[9]仍充都督，還攝州事。既總軍省，求慾無厭。進討氐、羌，[10]大被摧破。内恃劉騰，無所畏憚。爲中尉彈糾，[11]會赦，除名。尋復王爵。後討鮮于脩禮，[12]敗，免官爵。後討汾、晋胡、蜀，[13]卒於軍，追復王爵。

[1]高皇后：即北魏宣武帝皇后高氏。見《北史》卷一三《宣武皇后高氏傳》。

[2]將：取、拿。　中山宫：在今河北定州市。十六國時後燕慕容垂定都中山時營建。北魏道武帝皇始二年（397）克中山，即稱中山宫。此後成爲别宫。

[3]明帝：即北魏皇帝元詡。明爲其謚號。

[4]孝經：孔門七十子後學所記，全一卷。據《隋書·經籍志》載：秦時焚書，《孝經》爲河間顔芝所藏，漢初獻出。西漢末經劉向整理，定爲十八章。東漢末列爲七經之一。南北朝時立於官學。

[5]劉騰：人名。字青龍，平原城（今山東平原縣）人。北魏

官吏。見《北史》卷九二《劉騰傳》。

[6]都官尚書：官名。十六國時夏始置。北朝職掌制定律令法制、糾劾違法、水利工程、舟船津梁、宮廷百官膳食等。北魏孝文帝太和十七年定爲二品中，二十三年改爲三品。

[7]秦州：北魏時治上封縣，在今甘肅天水市。

[8]東益：州名。北魏時治武興縣，在今陝西略陽縣。　南秦：州名。北魏時治洛谷城，在今甘肅西和縣南洛峪鎮。　氐：分布於今甘肅、陝西、四川等省的臨接地帶，以畜牧業、農業爲生。西晋末曾建立過仇池、前秦、後凉等政權。見《北史》卷九六《氐傳》。

[9]行臺：即行臺尚書令的省稱。北魏孝明帝正光末，在各地設行臺主管當地軍務，北魏末期兼理民事，以行臺尚書令爲長官，也有以尚書僕射或左、右僕射及尚書主管行臺事務。

[10]羌：亦稱羌戎。商周時，已廣泛分布於今甘肅、青海、新疆南部和四川西部一帶，部分曾入中原定居。魏晋南北朝時，居處分散，均以游牧爲主，其中與漢人雜居者，則逐漸定居農耕。其後漸與西北地方的漢族及其他民族融合。

[11]中尉：官名。御史中尉的簡稱。十六國時前燕始設。北魏時由御史中丞改稱，主管御史臺，頗重其選。孝文帝太和十七年定爲三品上。

[12]鮮于脩禮：人名。北魏末河北起義軍首領。後爲部下元洪業所殺。

[13]汾：州名。北魏時治蒲子城，在今山西隰縣。　晋：州名。北魏時治白馬城，在今山西臨汾市。　蜀：此指徙居汾州、晋州之蜀人。

安豐王猛字季烈，太和五年封，加侍中，出爲和龍鎮都大將、營州刺史。[1]猛寬仁雄毅，甚有威略，戎夷畏愛之。薨于州，贈太尉，謚曰匡。

[1]出爲和龍鎮都大將營州刺史：底本無“和龍”二字，中華本校勘記云：“諸本無‘和龍’二字，《魏書》卷二〇《安豐王猛傳》有。按營州治和龍，見《魏書》卷一〇六《地形志》上。今據補。”今從改。和龍，鎮名。又稱龍城、黄龍城。在今遼寧朝陽市。鎮都大將，官名。北魏置。北魏於緣邊諸鎮置，爲鎮的長官，管理轄區内的軍政事務，地位甚高，多任用鮮卑宗室。其下設都副將以佐之。 營州：北魏時治龍城，在今遼寧朝陽市。

子延明襲。宣武時，授太中大夫。[1]延昌初，[2]歲大飢，延明乃減家財以拯賓客數十人，並贍其家。至明帝初，爲豫州刺史，[3]甚有政績。累遷給事黄門侍郎。[4]延明既博極群書，[5]兼有文藻，鳩集圖籍萬有餘卷。性清儉，不營産業。與中山王熙及弟臨淮王彧等並以才學令望，[6]有名於世。雖風流造次不及熙、彧，而稽古淳篤過之。遷侍中，詔與侍中崔光撰定服制。後兼尚書右僕射。[7]以延明博識多聞，敕監金石事。

[1]太中大夫：官名。北魏至隋朝品秩與卿相近，多用以安置年老退免的九卿大臣，無具體職掌。北魏孝文帝太和十七年定爲三品下，二十三年改爲從三品。

[2]延昌：北魏宣武帝的年號（512—515）。

[3]豫州：北魏時治懸瓠城，在今河南汝南縣。

[4]給事黄門侍郎：官名。秦、西漢時給事於宫門之内，侍從皇帝、顧問應對，出則陪乘。與皇帝關係密切，多以重臣、外戚子弟、公主婿爲之。魏晋至隋初因之，爲門下省次官，位頗重要。北

魏孝文帝太和二十三年爲四品上。

[5]群書：局本“群”訛作“郡”。

[6]中山王：封爵名。中山，郡名。北魏時治盧奴縣，在今河北定州市。　熙：即元熙，人名。字真興。北魏宗室、將領。見《北史》卷一八《南安王楨附元熙傳》。　弟：中華本校勘記云：“按本書卷十六《元彧傳》云：‘少與從兄安豐王延明、中山王熙並以宗室博古文學齊名。’此‘弟’上當有‘從’字。”可從。　臨淮王：封爵名。臨淮，郡名。北魏時治己吾縣，在今安徽懷遠縣西北。　彧：即元彧，人名。字文若。北魏宗室。見《北史》卷一六《臨淮王譚附元彧傳》。　才學：毛本、殿本、局本、四部備要本“才”作“文”。

[7]尚書右僕射：官名。北魏時列位宰相，在録尚書事、尚書令下，職掌都省庶務及執法，或典選舉。職在左僕射下。孝文帝太和十七年定爲從一品中，二十三年改爲從二品。

及元法僧反，[1]詔爲東道行臺、徐州大都督，[2]節度諸軍事，與都督臨淮王彧、尚書李憲等討法僧。[3]梁遣其豫章王綜鎮徐州。[4]延明先牧徐方，甚得人譽，招懷舊土，[5]遠近歸之。綜既降，延明因以軍乘之，復東南之境，至宿豫而還。[6]遷都督、徐州刺史。頻經師旅，人物彫弊，延明招攜新故，[7]人悉安業，百姓咸附。

[1]元法僧：人名。北魏宗室。後奔南朝梁。見《梁書》卷三九《元法僧傳》。

[2]徐州：北魏時治彭城縣，在今江蘇徐州市。

[3]尚書：官名。魏晋南北朝時分掌尚書省諸曹。北魏孝文帝太和十七年定吏部爲從一品下，列曹爲二品中，二十三年改爲皆三品。　李憲：人名。字仲軌，趙郡平棘（今河北趙縣）人。北魏官

吏。見《北史》卷三三《李順附李憲傳》。

[4]梁：即南朝梁。　豫章王：封爵名。豫章，郡名。南朝梁時治南昌縣，在今江西南昌市。　綜：即蕭綜，人名。又作“蕭琮”，字世謙，南蘭陵（一説在今江蘇常州市，一説在今江蘇丹陽市）人。南朝梁宗室。入魏後改名“纘”。見《梁書》卷五五《豫章王綜傳》。

[5]舊土：毛本、殿本、四部備要本“土”訛作“士”。

[6]宿豫：郡名。北魏時治宿豫縣，在今江蘇宿遷市東南廢黄河東北岸古城。中華本標點爲“宿、豫”，按：考《魏書·地形志》，北魏時未見置宿州。又《魏書·地形志中》有：“東楚州，司馬德宗置宿豫郡。高祖初，立東徐州（爲‘南徐州’之誤），後陷。世宗初，改爲鎮，後陷。武定七年復改。爲宿豫郡。”中華本此處標點應誤。

[7]招攜（xié）：招安。

莊帝時，[1]兼大司馬。元顥入洛，[2]延明受顥委寄。顥敗，奔梁，死於江南。莊帝末，喪還。孝武初，贈太保，王如故，謚曰文宣。

[1]莊帝：即北魏皇帝元子攸。莊爲其謚號。

[2]元顥：人名。字子明。北魏宗室、大臣。見《北史》卷一九《北海王詳附元顥傳》。

所著詩賦讚頌銘誄三百餘篇，又撰《五經宗略》《詩禮别義》，注《帝王世紀》及《列仙傳》。又以河間人信都芳工算術，引之在館，共撰《古今樂事》《九章》十二圖。[1]又集《器準》九篇，芳别爲之注，[2]皆行於世矣。

[1]又以河間人信都芳工算術引之在館共撰古今樂事九章十二圖：底本無“術引之在館共撰古今樂事九章十二”十五字。中華本校勘記云：“諸本脱括號内十五字，據《魏書》卷二〇《元延明傳》補。”今從改。信都芳，人名。字玉琳，一作“王琳”，河間（今河北河間市）人。見《北史》卷八九《信都芳傳》。

[2]芳别爲之注：毛本、殿本、四庫本、四部備要本脱“芳”字。

孫長儒，孝静時襲祖爵。[1]

[1]孝静：即東魏皇帝元善見。孝静爲其謚號。

獻文皇帝七男：李思皇后生孝文皇帝。[1]封昭儀生咸陽王禧。[2]韓貴人生趙郡靈王幹、高陽文穆王雍。[3]孟椒房生廣陵慧王羽。[4]潘貴人生彭城武宣王勰。[5]高椒房生北海平王詳。[6]

[1]李思皇后生孝文皇帝：底本無“李”字，中華本校勘記云：“諸本脱‘李’字，據《魏書》卷二一上《獻文六王傳》補。”今從改。李思皇后，即北魏獻文帝皇后李氏。思爲其謚號。孝文，北魏皇帝元宏的謚號。

[2]昭儀：妃嬪名。漢元帝時始置。位視宰相，僅次皇后，爵比諸侯王。北魏亦置。　咸陽王：封爵名。咸陽，郡名。北魏時治池陽縣，在今陝西涇陽縣。

[3]貴人：妃嬪名。　趙郡靈王：趙郡王，封爵名。靈，謚號。

趙郡，北魏時治平棘縣，在今河北趙縣。　高陽文穆王：高陽王，封爵名。文穆，謚號。高陽，郡名。北魏時治高陽縣，在今河北高陽縣東舊城。

[4]椒房：妃嬪名。北魏初置。　廣陵慧王：廣陵王，封爵名。遥封。慧，謚號。廣陵，郡名。南朝齊時治廣陵縣。在今江蘇揚州市西北。

[5]彭城武宣王：彭城王，封爵名。武宣，謚號。彭城，郡名。北魏時治彭城縣，在今江蘇徐州市。

[6]高椒房生北海平王詳：底本無“平”字，中華本校勘記云：“諸本無‘平’字，《魏書》有。按諸王皆有謚號，不應詳獨無，今據補。”今從改。北海，郡名。北魏時治平壽城，在今山東昌樂縣東南。

咸陽王禧，字思永，[1]太和九年封，加侍中、驃騎大將軍、中都大官。[2]文明太后令皇子皇孫於静所别置學，[3]選忠信博聞之士爲之師傅，以匠成之。[4]孝文以諸弟典三都職，[5]謂禧曰：“弟等皆幼年任重，三都折獄，特宜用心。夫未能操刀而使割錦，非傷錦之尤，寔授刀之責。”文明太后亦致誡勗。出爲使持節、開府、冀州刺史，[6]孝文餞於南郊。又以濟陰王鬱枉法賜死之事遣告禧，[7]因以誡之。後禧朝京師，詔以廷尉卿李沖爲禧師。[8]

[1]字思永：源氏校勘記云：“《魏書》（‘思永’）作‘永壽’。”中華本校勘記云：“《魏書》卷二一上《咸陽王禧傳》作‘字永壽’。按禧弟幹字思直，雍字思穆，此作‘思永’，當是。但《魏書·廣陵王羽傳》稱孝文謂羽曰：‘朕初發洛陽，教示永壽。’

即指元禧。或是其別字。”可從。

［2］驃騎大將軍：官名。居諸名號將軍之首。多加於權臣元老，以示尊崇，開府置僚屬，不領兵。北魏孝文帝太和十七年定爲一品中，二十三年改爲從一品。

［3］文明：北魏文成帝皇后馮氏的謚號。

［4］以匠成之：底本、宋本、元大德本、毛本、局本作“匠以成之”，殿本、四庫本、四部備要本、中華本作“以匠成之”，按：“匠成”有培養造就之意，句意較通。底本誤倒，今從《魏書·咸陽王禧傳》改。

［5］三都：三都大官的簡稱。外都坐大官、内都坐大官、中都坐大官合稱三都大官。北魏道武帝登國年間始置，典掌刑訟司法。職同尚書而位在尚書令下。

［6］使持節：節爲皇帝授予號令賞罰之權的信物。加使持節者得殺二千石以下官吏，持節者除督軍時與使持節相同外，平時僅有權殺無官職之人。　開府：即開府儀同三司。意謂與三司的禮制待遇相同，許開辟府署，自辟僚屬。魏晋南北朝時，多作爲高級官員的加官以示恩寵。北魏孝文帝太和二十三年定爲從一品。　冀州：北魏時治信都縣，在今河北冀州市。

［7］又以濟陰王鬱枉法賜死之事遣告禧：底本“陰”作“陽”，源氏校勘記改“陽”作“陰”。中華本校勘記云：“諸本‘陰’作‘陽’，《魏書》作‘陰’。按濟陰王鬱見本書卷一七《濟陰王小新成傳》。今據改。”今從改。濟陰王，封爵名。濟陰，郡名。北魏時治左城縣，在今山東曹縣西北。鬱，即元鬱，人名。字伏生。北魏宗室。以黷貨賜死。見《北史·濟陰王小新成傳》。

［8］廷尉卿：官名。北魏、北齊時爲國家最高司法審判機構主官，負責刑獄，修訂法律，覆審御史所檢劾案件，審核州郡疑案，有封駁丞相、御史之權。後增少卿爲副職。北魏孝文帝太和二十三年定爲三品。　李沖：人名。原名思沖，字思順，隴西狄道（今甘肅臨洮縣）人。北魏官吏。見《北史》卷一〇〇《涼武昭王李暠

附李沖傳》。

時王國舍人應取八族及清脩之門，[1]禧取任城王隸户爲之，[2]深爲帝責。帝以諸王婚多猥濫，于是爲禧娉故潁川太守隴西李輔女，[3]河南王幹娉故中散代郡穆明樂女，[4]廣陵王羽娉驃騎諮議參軍滎陽鄭平城女，[5]潁川王雍娉故中書博士范陽盧神寶女，[6]始平王勰娉廷尉卿隴西李沖女，[7]北海王詳娉吏部郎中滎陽鄭懿女。[8]

[1]舍人：官名。戰國、秦時貴族官僚屬員，爲主人親近私屬。漢置爲正式職官。南北朝諸王國、公府、將軍府皆置，掌文檄之事。　八族：指拓跋族中的八大高門。即丘穆陵氏、步六孤氏、賀賴氏、獨孤氏、賀樓氏、勿忸于氏、太洛稽氏及尉遲氏。　清脩之門：操行端正，品性潔美的家族。

[2]任城王：封爵名。任城，郡名。北魏時治任城縣，在今山東濟寧市。此指任城王元澄。　隸户：北魏時的一種國家依附民，屬雜户的一種。來源於俘掠人口，皇帝可以將其作爲賞賜品賜予諸王。從事各種雜役，地位與奴婢相當。

[3]潁川：郡名。北魏時治長社城，在今河南長葛市東北。　隴西：郡名。北魏時治襄武縣，在今甘肅隴西縣東南。　李輔：人名。字叔直，隴西狄道（今甘肅臨洮縣）人。北魏官吏。見《北史》卷一〇〇《涼武昭王李暠附李輔傳》。

[4]中散：官名。北魏初置。爲内廷官，直宿禁中，隸屬幢將，無員限，無具體職掌，經常出使地方考察地方官員政績。中期以後分設主文中散、奏事中散等。若長期派駐某一機構，則冠其名，如秘書中散、外都曹奏事中散等。或作爲起家官。孝文帝太和十七年定爲五品中，二十三年復次職員令未見。　代郡：北魏時治平城，在今山西大同市。

[5]驃騎諮議參軍：官名。即驃騎將軍府諮議參軍。驃騎，驃騎將軍府的簡稱。北魏時驃騎將軍爲重號將軍，多開府置僚屬。諮議參軍，東晉、南朝王府、丞相府、公府、位從公府、州軍府皆有置者，無定員，亦不常置，職掌不定，其位甚尊，在列曹參軍上。北朝多稱諮議參軍事。　滎陽：郡名。北魏時治滎陽縣，在今河南滎陽市。

[6]中書博士：官名。北魏置，屬中書學。選用博學之士擔任，教授中書學生。任此職者升遷較易，多升爲中書省、門下省要職。　范陽：郡名。北魏時治涿縣，在今河北涿州市。

[7]始平王：封爵名。始平，郡名。北魏時治始平縣，在今陝西興平市東北。

[8]吏部郎中：官名。尚書省吏部曹長官，與吏部郎互稱。屬吏部尚書，主管官吏選任、銓叙、調動事務，對五品以下官吏任免有建議權。職位高於尚書省諸曹郎。北魏孝文帝太和十七年定爲從四品上，二十三年後爲六品。　鄭懿：人名。字景伯，滎陽開封（今河南開封市）人。北魏官吏。見《北史》卷三五《鄭羲附鄭懿傳》。

有司奏："冀州人蘇僧瓘等三千人稱禧清明，有惠政，請世胙冀州。"[1]詔曰："畫野由君，[2]理非下請。"入除司州牧。[3]詔以禧元弟之重，[4]食邑三千户，自餘五王皆食邑二千。[5]

[1]世胙（zuò）：世代享有爵禄。

[2]畫野：舊時對王侯功臣的賜爵分封。畫，裂土分封。野，封地。

[3]司州牧：官名。北魏時京畿行政長官，治洛陽縣。孝文帝太和二十三年由司州刺史改名。從二品。司州，北魏時治洛陽縣，

在今河南洛陽市東北。

[4]元弟：長弟。

[5]自餘五王皆食邑二千：底本作“邑食”，中華本校勘記云：“諸本‘食邑’誤倒。據《魏書》乙。”今從改。

孝文引見朝臣，詔斷北語，一從正音，[1]禧贊成其事。於是詔“年三十已上，習性已久，容或不可卒革。三十已下，見在朝廷之人，語音不聽仍舊。若有故爲，當降爵黜官。若仍舊俗，恐數世之後，伊、洛之下，[2]復成被髮之人。朕嘗與李沖論此，沖言：‘四方之語，竟知誰是，帝者言之，即爲正矣，何必改舊從新。’沖之此言，應合死罪。”乃謂沖曰：“卿實負社稷。”沖免冠陳謝。又責留京之官曰：“昨望見婦女之服，仍爲夾領小袖，何爲而違前詔？”禧對曰：“陛下聖過堯、舜，[3]光化中原。舛違之罪，實合處刑。”孝文曰：“若朕言非，卿等當奮臂廷論，如何入則順旨，退有不從？昔舜語禹：‘汝無面從，退有後言。’[4]卿等之謂乎！”

[1]正音：當時作爲通用語言的漢語。

[2]伊：水名。洛水支流。源出今河南欒川縣伏牛山麓，東北流至偃師市南入洛水。　洛：水名。即今河南洛河。

[3]聖過：局本訛作“皆聖”。

[4]汝無面從退有後言：語出《尚書·益稷》。謂當面順從答應，背後進行非議。

尋以禧長兼太尉公。[1]後帝幸禧第，謂司空穆亮、僕射李沖曰：[2]"元弟禧戚連皇極，[3]且長兼太尉，以和飪鼎，[4]朕恒恐君有空授之名，臣貽彼己之刺。[5]今幸其宅，徒屈二賓，良以爲愧。"帝篤於兄弟，以禧次長，禮遇優隆。然亦知其性貪，每加切誡，而終不改操。後加侍中，正太尉。

[1]長兼：官制用語。晉朝、南北朝時期多見。原指長期兼任某職，後發展成爲一種任官形式。秩位低於正員，可由此升爲正員，亦可由正員降此。自太尉、侍中、御史中尉至行參軍皆可設。太尉公：官名。太尉的尊稱。

[2]穆亮：人名。字幼輔，代（今山西大同市東北）人，鮮卑族。北魏官吏。見《北史》卷二〇《穆崇附穆亮傳》。　僕射：官名。尚書僕射的簡稱。北魏時位列宰相，掌管省曹事務，典選舉。左僕射還負責彈劾百官。孝文帝太和二十三年改爲從二品。

[3]皇極：帝王之位或王室。

[4]飪鼎：亦作"飪鼎"，烹飪的鼎。喻指朝廷大政。

[5]彼己：亦作"彼其""彼記"，以此譏功德不稱其位者。刺：指責。

及帝崩，禧受遺輔政。雖爲宰輔之首，而潛受賄賂。姬妾數十，意尚未已，猶欲遠有簡娉，[1]以恣其情。宣武頗惡之。景明二年春，[2]召禧等入光極殿，[3]詔曰："諱比纏尫疾，[4]實憑諸父。今便親攝百揆。且還府司，當別處分。"尋詔進位太保，領太尉。

[1]簡娉：經挑選而聘娶。

[2]景明：北魏宣武帝的年號（500—503）。

[3]光極殿：在今河南洛陽市。北魏孝文帝太和十九年建，用以引見群臣。

[4]諱比纏尪（wāng）疾：底本、宋本、元大德本作“諱”，《魏書》本傳亦作“諱”。中華本“諱”作“恪”。尪，惡。

帝既覽政，禧意不安，遂與其妃兄兼給事黄門侍郎李伯尚謀反。[1]帝時幸小平，[2]禧在城西小宅。初欲勒兵直入金墉，[3]衆懷沮異，禧心因緩，自旦達晡，計不能决，遂約不洩而散。直寢符承祖、薛魏孫與禧將害帝。[4]是日，帝息於芒山，止浮圖陰下，少時睡卧，魏孫便欲赴廷。承祖私言於魏孫曰：“吾聞殺天子者身當癩。”魏孫且止。帝尋覺悟。俄有武興王楊集始出，[5]便馳告。而禧意不疑，乃與臣妾向洪池别墅。[6]遣其齋帥劉小苟奉啓，[7]云檢行田牧。小苟至芒嶺，已逢軍人，怪小苟赤衣，[8]將欲殺害。小苟言欲告反，乃緩之。

[1]李伯尚：人名。隴西狄道（今甘肅臨洮縣）人。北魏官吏。見《北史》卷一〇〇《凉武昭王李暠附李伯尚傳》。

[2]小平：渡口名。又作“小平津”，在今河南孟津縣東北黄河上。殿本、四部備要本“平”下衍“津”字。

[3]金墉：城名。在今河南洛陽市東北，魏晋洛陽故城西北隅。三國魏明帝時築，魏晋時被廢帝后皆安置於此。

[4]直寢符承祖薛魏孫與禧將害帝：中華本校勘記云：“李慈銘云：‘與禧’下當有‘通謀’等字。”可從。直寢，官名。北魏置。爲皇帝左右的侍衛武官，多選用功臣子弟充任。

[5]武興：國名。由氐族建立的國家。見《北史》卷九六《氐傳》。　楊集始：人名。北魏時氐族首領。見《北史·氐傳》。

[6]洪池：漢朝時又稱鴻池。在今河南洛陽市東二十里。

[7]齋帥：官名。南朝宋始置，在皇帝、諸王及州郡長官左右擔任侍衛、灑掃等職，地位較低。北朝時皇帝左右的齋帥地位較高，常兼任其他重要官職。　奉啓：啓奏於皇上。

[8]赤衣：按北魏制，小吏衣赤。

禧是夜宿於洪池，不知事露。其夜，將士所在追禧，禧自洪池東南走，左右從禧者唯兼防閤尹龍武。[1]禧憂迫，謂曰："試作一謎，當思解之，以釋毒悶。"龍武欻憶舊謎云："眠則同眠，起則同起，[2]貪如豺狼，贓不入己。"都不有心於規刺也。禧亦不以爲諷己，因解之曰："此是眼也。"而龍武謂之是箸。渡洛水，至柏塢，[3]顧謂龍武曰："汝可勉心作與太尉公同死計。"龍武曰："若與殿下同命，雖死猶生。"俄而禧被禽，送華林都亭，[4]著千斤鎖格龍武，羽林掌衛之。[5]時熱甚，禧渴悶垂死，敕斷水漿。侍中崔光令左右送酪漿升餘，禧一飲而盡。初，孝文覩台宿有逆謀氣，[6]言於禧曰："玄象變，[7]汝終爲逆謀，會無所成，但受惡而已。"至此，果如言。

[1]防閤：官名。南北朝始置，北魏時爲諸王府屬官，掌宿衛侍從。

[2]眠則同眠起則同起：局本"眠""起"下"則"字訛"作"字。

[3]柏塢：地名。因築壘相連如鎖，又名鉤鎖壘。在今河南偃師市東南。源氏校勘記云："《魏書》作'栢谷塢'。"

[4]華林：園林名。在今河南洛陽市東北漢魏洛陽故城内。

都亭：此處指華林園辦事廳堂。

[5]羽林：北魏孝文帝太和十九年，選天下武勇之士十五萬爲羽林、虎賁，以充侍衛。禁衛皇宫，亦奉命出征。

[6]台宿：三台星。《後漢書》卷一一《劉玄傳》："夫三公上應台宿，九卿下括河海，故天工人其代之。"李賢注引《春秋漢含孳》："三公在天爲三台，九卿爲北斗。"

[7]玄象：天象。

禧臨盡，畏迫喪志，乃與諸妹公主等訣，言及一二愛妾。公主哭且罵之，言："坐多取此婢輩，貪逐財物，致今日之事，何復囑問此等！"禧愧而無言。遂賜死私第，絶其諸子屬籍。[1]禧之諸女，微給資産、奴婢。自餘家財悉以賚高肇、趙脩二家，[2]其餘賜内外百官，逮于流外，多百匹，下至十匹，其積聚若此。其宫人爲之歌曰："可憐咸陽王，奈何作事誤？金床玉几不能眠，夜蹋霜與露。洛水湛湛彌岸長，行人那得度！"其歌遂流至江表。北人之在南者，雖富貴，聞弦管奏之，莫不灑泣。

[1]屬籍：王室的譜牒。

[2]高肇：人名。字首文，勃海蓨（今河北景縣）人。見《北史》卷八〇《高肇傳》。 趙脩：人名。字景業，趙郡房子（今河北高邑縣）人。北魏官吏。見《北史》卷九二《趙脩傳》。

禧八子。長子通，字曇和，竊入河内太守陸琇家。[1]初與通情，既聞禧敗，乃殺之。

[1]河内：郡名。北魏時治野王縣，在今河南沁陽市。　陸琇：人名。字伯琳，代（今山西大同市東北）人，鮮卑族。北魏官吏。見《北史》卷二八《陸俟附陸琇傳》。

通弟翼，字仲和，後會赦，詣闕上書，求葬父，不許，乃與二弟昌、曄奔梁。正光中，[1]詔咸陽、京兆二王諸子並聽附屬籍。後復禧王爵，葬以王禮，詔曄弟坦襲。翼與昌，申屠氏出；曄，李妃所出也。翼容貌魁壯，風制可觀，梁武甚重之，[2]封爲咸陽王。翼讓其嫡弟曄，梁武不許。後爲青、冀二州刺史，[3]鎮郁州。翼謀舉州入國，爲梁武所殺。

[1]正光：北魏孝明帝的年號（520—525）。

[2]梁武：即南朝梁皇帝蕭衍。武爲其謚號。

[3]青：州名。南朝梁時治齊通縣，在今四川眉山市。　冀：州名。南朝梁時僑置於郁州，在今江蘇連雲港市東雲臺山一帶。

翼弟樹，字秀和，一字君立，[1]美姿貌，善吐納，兼有將略。位宗正卿。[2]後亦奔梁。梁武尤器之，封爲魏郡王，[3]後改封鄴王。[4]數爲將領，窺覦邊服。尒朱榮之害百官也，樹時爲郢州刺史，[5]請討榮。梁武資其士馬，侵擾境上。孝武初，御史中尉樊子鵠爲行臺，[6]率徐州刺史杜德、舍人李昭等討之。樹城守不下，子鵠使金紫光禄大夫張安期説之。[7]樹請委城還南，子鵠許之，殺白馬爲盟。樹恃誓，不爲戰備。與杜德别，還南，德不許，送洛陽，置在景明寺。[8]樹年十五奔南，未及富貴。每見嵩山雲向南，[9]未嘗不引領歔欷。[10]初發梁，覩其愛妹玉兒，[11]以金指環與别，樹常著之。寄以還梁，表必還之意。朝廷知之，俄而賜死。未幾，杜德忽得狂病，云："元樹打我不已。"至死，此驚不絶。舍人李昭尋奉使向秦州，至潼關驛，夜夢樹云："我已訴天帝，待卿至隴，[12]終不相放。"昭覺，惡之。及至隴口，爲賀拔岳所殺。[13]子鵠尋爲達野拔所殺。[14]

[1]一字君立：底本作"一家獨立"，源氏校勘記改"家"作"字"，並云："'獨立'《梁書》作'君立'。"中華本校勘記云："諸本作'一家獨立'。《御覽》卷三七九引《北史》作'一字君立'。按《梁書》卷三九《元樹傳》作'字君立'。《魏書》本無此四字，《北史》據《梁書》增，故加'一'字。今據改。"今從改。

[2]宗正卿：官名。北魏時又稱大宗正卿。管理君主宗室親族事務。多以宗室擔任，亦任外姓。孝文帝太和二十三年定爲三品。

[3]魏郡王：封爵名。遥封。魏郡，北魏時治鄴縣，在今河北臨漳縣西南鄴鎮。

[4]鄴王：封爵名。遥封。鄴，縣名。治所在今河北臨漳縣西南鄴鎮。

[5]郢州：南朝梁時治夏口縣，在今湖北武漢市武昌區。

[6]樊子鵠：人名。代郡平城（今山西大同市東北）人。北魏將領。見《北史》卷四九《樊子鵠傳》。

[7]金紫光禄大夫：官名。西晋初有光禄大夫，授銀章青綬，如加賜金章紫綬，則爲金紫光禄大夫，二品。禄賜、班位、車服、吏卒等，諸所賜給皆與特進同。其以爲加官者，唯假章綬、禄賜、班位，不别給車服、吏卒。北魏孝文帝太和十七年定爲從一品下，二十三年改爲從二品。

［8］樹恃誓不爲戰備與杜德別還南德不許送洛陽置在景明寺：源氏校勘記云："《魏書》作'永寧佛寺'。"中華本校勘記云："李慈銘云：'按《魏書》，樹恃誓約，不爲戰備，杜德襲擊之，擒樹送京師。又《樊子鵠傳》（《魏書》卷八〇）云：子鵠許樹，共結盟約，及樹衆半出，子鵠中擊破之，擒樹。此處"不爲戰備"下當有脱文。"還南"上亦有脱。又"置在景明寺"，《魏書》作"禁於永寧佛寺"。'"可從。景明寺，北魏時修築。在今河南洛陽市。

［9］嵩山：即今河南登封市嵩山。

［10］引領：謂遠望，有所期盼。

［11］覩其愛姝玉兒：殿本、四庫本、局本、四部備要本"姝"訛作"妹"。

［12］隴：關隘名。在今陝西隴縣西境隴山東坡。

［13］賀拔岳：人名。神武尖山（今山西神池縣）人。北魏將領。見《北史》卷四九《賀拔允附賀拔岳傳》。

［14］達野拔：人名。一作"大野拔"。北魏、東魏官吏。北魏節閔帝時，爲武衛將軍，後爲南青州刺史，東魏孝静帝天平元年（534），與兖州刺史樊子鵠據瑕丘反。次年，殺樊子鵠而降。

孝静時，其子貞自建業求隨聘使崔長謙赴鄴葬樹，[1]梁武許之。詔贈樹太師、司徒、尚書令。[2]貞既葬，還江南，位太子舍人。[3]及侯景南奔，[4]梁武以貞爲咸陽王，送景，使爲魏主。未幾，景反。

［1］建業：縣名。治所在今江蘇南京市。

［2］太師：官名。北魏時爲三師之一，是輔佐君王的重要大臣，位在太傅、太保上。一品。　司徒：官名。與太尉、司空並稱三公。北魏初曾令州郡公文先上司徒府，後改上丞相府。一品。東魏沿置。

[3]太子舍人：官名。掌文章書記，南朝梁爲三班。

[4]侯景：人名。字萬景，懷朔鎮（今内蒙古固陽縣南）人。曾任北魏官吏，後叛至南朝。見《梁書》卷五六《侯景傳》（參李萬生《侯景的氏族及相關問題》，《北京大學學報》2000 年第 5 期）。

曄字世茂，梁封爲桑乾王，[1]卒于南。

[1]桑乾王：封爵名。遥封。桑乾，縣名。治所在今山西山陰縣東南。

坦一名穆，字延和。傲狠凶粗，因飲醉之際，於洛橋左右頓辱行人，[1]爲道路所患。從叔安豐王延明每切責之曰："汝凶悖性與身而長。昔宋有東海王禕，[2]志性凡劣，時人號曰驢王。我熟觀汝所作，亦恐不免驢號。"當時聞者號爲"驢王"。禧誅後，坦兄翼、樹等五人相繼南奔，故坦得承襲。改封敷城王。[3]永安初，[4]復本封咸陽郡王。累遷侍中。莊帝從容謂曰："王才非荀、蔡，[5]中歲屢遷，當由少長朕家，故有超授。"初，禧死後，諸子貧乏，坦兄弟爲彭城王勰所收養，故有此言。

[1]洛橋：在今河南洛陽市舊城西南洛水上。

[2]東海王：封爵名。東海，郡名。南朝宋時治襄賁縣，在今山東蒼山縣南。　禕：即劉禕，人名。字休秀，南朝宋宗室。見《宋書》卷七九《廬江王禕傳》。

[3]敷城：郡名。北魏時治敷城縣，在今陝西洛川縣東北。

[4]永安：北魏孝莊帝的年號（528—530）。

[5]荀：即荀況。又稱荀卿、荀子。戰國時趙國人。年五十入齊任稷下學宫祭酒，晚年入楚國，事春申君，任蘭陵令。有《荀子》傳世。　蔡：即蔡邕。字伯喈。精於辭章、術數、天文、音律。見《後漢書》卷六〇下《蔡邕傳》。

孝武初，其兄樹見禽。坦見樹既長且賢，慮其代己，密勸朝廷以法除之。樹知之，泣謂坦曰："我往因家難，不能死亡，寄食江湖，受其爵命。今者之來，非由義至，求活而已，豈望榮華？汝何肆其猜忌，忘在原之義！[1]腰背雖偉，善無可稱。"坦作色而去。樹死，竟不臨哭。

[1]在原之義：兄弟之情。《詩・小雅・常棣》有"脊令在原，兄弟急難"之句，後因以"在原"指兄弟患難相共。

後歷司徒、太尉、太傅，[1]加侍中、太師、録尚書事、宗師、司州牧。[2]雖禄厚位尊，貪求滋甚，賣獄鬻官，不知紀極。爲御史劾奏，免官，以王歸第。尋起爲特進，[3]出爲冀州刺史。專復聚斂，每百姓納賦，除常别先責絹五匹，然後爲受。性好畋漁，無日不出。秋冬獵雉兔，春夏捕魚蟹，鷹犬常數百頭。自言寧三日不食，不能一日不獵。入爲太傅。[4]

[1]太傅：官名。北魏時爲三公之一。正一品。

[2]宗師：官名。掌管宗室事務的官員。職如中正，辨别姓族、門第、譜系，品舉人才。均以諸王領之，地位甚崇。

[3]特進：官名。爲加官名號。北魏孝文帝太和二十三年定爲二品。

[4]太傅：源氏校勘記云："'傅'《北齊》作'常'。"源氏所云爲是。

齊天保初,[1]準例降爵，封新豐縣公,[2]除特進、開府儀同三司。[3]坐子世寶與通直散騎侍郎彭貴平因酒醉誹謗,[4]妄説圖讖，有司奏當死。詔並宥之。坦配北營州,[5]死配所。[6]

[1]天保：北齊文宣帝的年號（550—559）。

[2]新豐縣公：封爵名。新豐，縣名。治所在今陝西臨潼縣東北新豐鎮之東南。

[3]開府儀同三司：爲大臣加號，意謂與三司即太尉、司徒、司空的禮制待遇相同，許開設府署，自辟屬僚。北魏孝文帝太和二十三年定爲從一品。

[4]通直散騎侍郎：官名。北齊沿置，除集書省置六員外，集書省所轄起居省亦設一員，皆四品。

[5]北營州：即營州。北齊時治和龍城，在今遼寧朝陽市。

[6]配所：罪人流配之處。

趙郡王幹字思直，太和九年，封河南王,[1]衛大將軍。[2]孝文篤愛諸弟，以幹總戎别道，誡之曰："司空穆亮年器可師，散騎常侍盧陽烏才堪詢訪,[3]汝其師之。"遷洛，改封趙郡王。除都督、冀州刺史，帝親餞于郊，誡曰："刑獄之理，先哲所難。然既有邦國，得不自勵也！"詔以李憑爲長史,[4]唐茂爲司馬,[5]盧尚之爲諮議參軍，[6]以匡弼之。而憑等諫，幹殊不納。州表斬盜馬人，於律過重，而尚書以幹初臨，縱而不劾。詔曰："尚書曲阿朕意，實傷皇度。幹闇於政理，律外重刑，並可推聞。"後轉特進、司州牧。車駕南討，詔幹都督中外諸軍事，給鼓吹一部，[7]甲士三百人，出入殿門。

[1]河南王：封爵名。河南，郡名。北魏時治洛陽縣，在今河南洛陽市東北。

[2]衛大將軍：底本"衛"作"位"，中華本校勘記云："《魏書》卷二一上《趙郡王幹傳》作'加衛大將軍'。疑此脫'衛'字。"今從改。

[3]散騎常侍：官名。南朝屬集書省，職掌侍從左右，主圖書文翰、文章撰述、諫諍拾遺、收納轉呈文書奏事。北朝兼領修史，實際地位略高於南朝，仍爲閑散之職。北魏初一度掌出令，位在中書令之上。孝文帝太和十七年定爲二品下，二十三年改爲從三品。北齊時亦爲從三品。　盧陽烏：人名。即盧淵。字伯源，小名陽烏，范陽涿（今河北涿州市）人。北魏官吏。見《北史》卷三〇《盧玄附盧伯源傳》。

[4]李憑：人名。字青龍，趙郡平棘（今河北趙縣）人。北魏官吏。任秘書主文中散，累遷至冀州征東長史、太子中舍人。坐趙脩黨被免官，後被起用爲趙郡太守。　長史：官名。爲所在官署掾屬之長。丞相長史職權尤重。邊郡於丞之外復置長史，佐太守掌兵馬。内郡或置之。

[5]司馬：官名。軍府高級幕僚，掌參贊軍務，管理府内武職，位僅次於長史。其品秩隨府主地位而定，高低不等。

[6]盧尚之：人名。字季儒，小字羨夏，范陽涿（今河北涿州市）人。北魏官吏。見《北史·盧玄附盧尚之傳》。

[7]鼓吹：演奏鼓吹樂的樂隊。本用於軍中，後賜予有功大臣，

遂成爲皇帝賜予臣下的一種禮遇。

幹貪淫不遵政典，御史中尉李彪將糾劾之，[1]會遇幹於尚書下舍，[2]屏左右誡之，而幹悠然不以爲意。彪表彈之。詔幹與北海王詳俱隨太子詣行在所。[3]及至，密使左右察其意色，無有憂悔，乃親數其過，杖之一百，免所居官，以王還第。薨，謚曰靈王。陪葬長陵。[4]

[1]李彪：人名。字道固，頓丘衛國（今河南清豐縣東南）人。北魏官吏。見《北史》卷四〇《李彪傳》。

[2]下舍（shè）：休憩之室。

[3]行在所：皇帝出巡時的臨時駐所。

[4]長陵：北魏孝文帝的陵墓。在今河南洛陽市。

子謐襲封。幹妃穆氏表謐及謐母趙等悖禮愆常。詔曰："妾於女君，猶婦人事姑舅；妾子於君母，禮加如子之恭。何得黷我風猷，[1]可付宗正依禮正罪。"謐在母喪，聽聲飲戲，爲御史中尉李平所彈。遇赦，復封。後爲岐州刺史。[2]謐性暴虐，明帝初，臺使元延到其州界，[3]以驛邏無兵，[4]攝帥檢核。隊主高保願列言：[5]"所有之兵，王皆私役。"謐聞，大怒，鞭保願等五人各二百。數日間，謐召近州人夫，閉四門，内外嚴固，搜掩城人，楚掠備至。又無事而斬六人，合城兇懼。衆遂大呼，屯門。[6]謐怖，登樓毁梯以自固。土人散走，[7]城人分守四門。靈太后遣遊擊將軍王竫馳驛喻之。[8]城人既見崢至，開門謝罪。乃罷謐州，除大司農卿。[9]遷幽州刺史。謐妃胡氏，靈太后從女也。未發，坐毆其妃，免官。後除都官尚書。車駕出拜圓丘，[10]謐與妃乘赤馬犯行鹵簿，[11]爲御史所彈，靈太后特不問。薨，高陽王雍，幹之母弟，啓論謐，贈假侍中、司州牧，謚貞景。

［1］風猷：道德教化。

［2］岐州：北魏時治雍縣，在今陝西鳳翔縣東南。

［3］臺使：官名。北魏尚書、御史臺所遣巡查糾劾州郡官吏的使者。

［4］驛邏：在驛道上巡邏。

［5］隊主：官名。爲軍事編制隊的主將。下設隊副，上屬軍主。所指揮的兵力無定員，自數十人至數百人不等。擔任儀衛等任務時可有較高品階。

［6］屯門：四部備要本“門”訛作“閂”。

［7］土人散走：底本“土人”作“士人”，源氏校勘記云：“《魏書》（‘士人’）作‘土人’。”中華本校勘記云：“諸本‘土’訛‘士’，據《魏書》卷二一上、《通志》卷八四下改。‘土人’指謐所召近州人夫，對‘城人’而言。”今從改。

［8］遊擊將軍：官名。漢朝始置，爲雜號將軍之一。北魏時置爲侍衛武職。孝文帝太和二十三年定爲四品上。　王崢：《魏書》卷二一上《趙郡王幹附元謐傳》、《資治通鑑》卷一四八作“王靖”。源氏校勘記云：“《魏書》作‘王靖’。”魏晋南北朝時人名、地名中常有以同音字互代之事。

［9］大司農卿：官名。漢武帝時改大農令置。掌管全國租賦收入和國家財政開支，凡百官俸禄、軍費、各級政府機構經費等由其支付，管理各地倉儲、水利、官府農業、手工業、商業的經營，調運貨物，管制物價等。北魏仍置，孝文帝太和十七年定爲二品上，

二十三年改爲三品。

［10］圜丘：亦作“圓丘”，祭天的圜形高壇。

［11］鹵簿：帝王車駕出行時扈從的儀仗隊。以出行目的不同，儀式亦各有別。

謐兄諶，字興伯，性平和，位都官尚書。尒朱榮之入洛陽，啓莊帝欲遷都晉陽。[1]帝以問諶，争之以爲不可。榮怒曰：“何關君而固執也！且河陰之役，[2]君應之乎。”[3]諶曰：“天下事天下論之，何以河陰之酷而恐元諶！宗室戚屬，位居常伯，[4]生既無益，死復何損！正使今日碎首流腸，亦無所懼。”榮大怒，欲罪諶。其從弟世隆固諫，乃止。見者莫不震悚，諶顔色自若。後數日，帝與榮見宫闕壯麗，列樹成行，乃歎曰：“臣一昨愚志，有遷京之意，今見皇居壯觀，亦何用去河洛而就晉陽。臣熟思元尚書言，深不可奪。”是以遷都議因罷。永安元年，拜尚書左僕射，封魏郡王。[5]諶本年長，應襲王封，爲其父靈王愛其弟謐，以爲世子。莊帝詔復諶封趙郡王。[6]歷位司空、太保、太尉、録尚書事。孝静初，拜大司馬。薨，謚孝懿。諶無他才識，歷位雖重，時人忽之。

［1］晉陽：城名。在今山西太原市晉源區古城營村一帶。

［2］河陰之役：指孝明帝武泰元年（528）由北魏權臣尒朱榮實施的對皇族的屠殺，因發生在河陰縣，故稱河陰之役。河陰，縣名。治所在今河南孟津縣東。

［3］君應之：中華本校勘記云：“《通志》‘君應之’作‘君忘

之乎’。按此是尒朱榮恐嚇元諶語，疑當如《通志》。”

［3］常伯：西周時，以伯爵而供職天子左右者爲此稱。後世亦以稱受封伯爵之朝官。

［4］魏郡王：封爵名。魏郡，北魏時治鄴縣，在今河北臨漳縣西南鄴鎮。

［5］趙郡王：封爵名。趙郡，北魏時治平棘縣，在今河北趙縣。

諡弟譚，頗强立，少爲宗室推敬，卒于秦州刺史。

譚弟讞，[1]貪暴無禮，位太中大夫，封平鄉男，[2]河陰遇害。

［1］讞：音 yàn。

［2］平鄉男：封爵名。平鄉，縣名。治所在今河北平鄉縣西南。

廣陵王羽字叔翻，太和九年封，加侍中，爲外都大官。[1]羽少聰慧，有斷獄之稱。後罷三都，以羽爲大理，[2]典決京師獄訟。遷特進、尚書右僕射，[3]又爲太子太保、録尚書事。[4]孝文將南討，遣羽持節安撫六鎮，[5]發其突騎，夷夏寧悦。還領廷尉卿。及車駕發，羽與太尉元丕留守。[6]帝友愛諸弟，及將别，不忍早分，詔羽從至雁門。[7]及令羽歸，望其稱效，故賜如意以表心。

［1］外都大官：官名。即外都坐大官。北魏前期置，與中都坐大官、内都坐大官合稱三都大官。掌畿外刑獄、聽理民訟。任此職者多爲宗室諸王、外戚及胡漢重臣，權勢極大。祭吊時位在三公、尚書令之上。孝文帝改制時罷（參周兆望《北魏“三都大官”若干問題考辨》，《文史哲》2002 年第 1 期）。

[2]大理：官名。爲大理卿的别稱。主刑罰獄訟。

[3]尚書右僕射：源氏校勘記云："'右'《魏書》作'左'。"

[4]太子太保：官名。東宫三師之一。北魏時掌訓導輔翊太子，無具體職司。位在太子太師、太子太傅下。孝文帝太和十七年定爲從一品上，二十三年之後爲二品。

[5]六鎮：北魏初於平城北自西而東設置六鎮以備柔然，即沃野（今内蒙古杭錦旗西北）、懷朔（今内蒙古固陽縣百靈淖城圐圙古城）、武川（今内蒙古武川縣西）、撫冥（今内蒙古四子王旗東南）、柔玄（今内蒙古興和縣西北）、懷荒（今河北張北縣境）。

[6]元丕：人名。北魏宗室。見《北史》卷一五《武衛將軍謂附東陽王丕傳》。

[7]雁門：郡名。北魏時治廣武縣，在今山西代縣西南。底本、元大德本、毛本、局本作"應門"。源氏校勘記云："《魏書》作'雁門'。"當是形近而訛。今從《魏書》卷二一上《廣陵王羽傳》改。

十八年，羽表辭廷尉，不許。羽奏："外考令文，每歲終，州鎮列牧守績狀。及至再考，隨其品第，以彰黜陟。雖外有成令，而内令未班。内外考察，理應同等。臣輒推準外考，以定京官績行。"詔曰："論考之事，理在不輕，問績之方，應關朕聽。輒爾輕發，殊爲躁也。今始維夏，且待至秋。"後孝文臨朝堂考群臣，顧謂羽曰："上、下二等，可爲三品；中等，但爲一品。所以然者，上下是黜陟之科，故旌絲髪之美，中等守本，事可大通。"

帝又謂羽曰："汝功勤之績不聞於朝，阿黨之音頻干朕聽。今黜汝録尚書、廷尉，但居特進、太保。"又謂尚書令陸叡曰：[1]“叔翻在省之初，甚著善稱；自近以來，偏頗懈怠。豈不由卿等隨其邪僞之心？今奪卿尚書令禄一周。”謂左僕射元贊曰：[2]“計叔翻之黜，卿應大辟。[3]但以咎歸一人，不復相罪。[4]今解卿少師之任，[5]削禄一周。”詔吏部尚書澄曰：“觀叔父神志驕傲，可解少保。”[6]又謂長兼尚書于果曰：[7]“卿不能勤謹夙夜，數辭以疾。今解卿長兼，可光禄大夫、守尚書，削禄一周。”[8]又謂守尚書尉羽曰：[9]“卿恭勤。在集書，殊無憂存左史之事。[10]今降爲長兼常侍，[11]亦削禄一周。”又謂守尚書盧陽烏曰：“卿在集書，雖非高功，爲一省文學之士，常不以左史在意。今降卿長兼王師，守常侍、尚書如故，奪常侍禄一周。”[12]謂左丞公孫良、右丞乞伏義受曰：[13]“卿等不能正心直言，罪應大辟。但以事鍾叔翻，故不能别致貶。二丞可以白衣守本官。[14]冠服、禄恤盡皆削奪。若三年有成，還復本任；如其無成，則永歸南畝。”[15]謂散騎常侍元景曰：[16]“卿等自任集書，合省逋墮，致使王言遺滯，起居不脩。今降爲中大夫、守常侍，[17]奪禄一周。”又謂諫議大夫李彦：[18]“卿實不稱職，可去諫議，退爲元士。”[19]又謂中庶子游肇及中舍人李平：[20]“識學可觀，可爲中第。”

［1］又謂尚書令陸叡曰：局本“謂”訛作“問”。陸叡，人名。字思弼，代（今山西大同市東北）人。北魏大臣。見《北史》卷二八《陸俟附陸叡傳》。

［2］元贊：人名。北魏宗室。見《北史》卷一五《常山王遵附

元贊傳》。

[3]大辟：猶言死刑。先秦時定爲五刑中最重之刑。局本“大”訛作“太”。

[4]相：交相。

[5]今：毛本、殿本、四部備要本訛作“令”。

[6]澄：即元澄，人名。字道鏡。北魏宗室、大臣。見《北史》卷一八《任城王雲附元澄傳》。

[7]于果：人名。代（今山西大同市東北）人，鮮卑族。北魏官吏。見《北史》卷二三《于栗磾附于果傳》。

[8]光禄大夫：官名。漢武帝時設，掌議論。西漢後期漸成散官、加官。晋武帝泰始年間始分左、右，並稱加金章紫綬者爲金紫光禄大夫，加銀章青綬者爲銀青光禄大夫。北魏孝文帝太和十七年定爲從二品中，二十三年改爲三品。　守：官制用語。北魏時官吏試職，以低職署理高職、高職署理低職均稱守。

[9]尉羽：人名。本名尉詡，因犯北魏孝明帝諱改，代（今山西大同市東北）人，鮮卑族。北魏官吏。見《魏書》卷五〇《尉元附尉羽傳》。

[10]卿恭勤在集書殊無憂存左史之事：中華本校勘記云：“李慈銘云：‘《魏書》無“恭勤”二字，此當衍。’按孝文責其不憂職事，安得尚稱‘恭勤’，李説是。”可從。集書，官署名。北魏前期置散騎省，孝文帝時改爲集書省。掌侍從左右，諫諍獻納，糾劾百官，主掌圖書文翰，收納轉呈奏文文書，有異議得駁奏，兼修起居注，然亦多委積冗官。左史，官名。周朝始置。爲太史之别稱。時有左、右史之分，左史掌記事、書國史，右史掌記言。北魏沿置。

[11]常侍：官名。此處爲通直散騎常侍的省稱。

[12]奪常侍禄一周：局本脱“侍”字。

[13]左丞：官名。尚書左丞的省稱。魏晋南朝時爲尚書省佐官，位次尚書，與右丞共掌尚書省庶務，職權甚重。北魏略同。孝

文帝太和十七年定爲四品上，二十三年定爲從四品上。　公孫良：人名。字遵伯，燕郡廣陽（今北京房山區）人。見《北史》卷二七《公孫表傳》。　右丞：官名。尚書右丞的省稱。魏晋南朝時爲尚書省佐官，位次尚書，與左丞共掌尚書省庶務。右丞又掌本省庫藏廬舍，凡兵士百工名籍、内外庫藏穀帛、刑獄訴訟、田地、州郡縣長官免贈等文書奏事皆屬之。北魏略同。孝文帝太和十七年定爲四品中，二十三年定爲從四品。

[14]白衣：指受處分而仍任官職者。

[15]南畝：田地。田土多向南開辟，故稱。

[16]元景：人名。北魏官吏。孝文帝時任散騎常侍。後降爲中大夫、守常侍（參趙保安、李樹基《魏碑〈元景造像題記〉補文論要》，《錦州師範學院學報》2003 年第 6 期）。

[17]中大夫：官名。北魏時爲職事官，如典命中大夫等，各有分職。從三品上。後罷。

[18]諫議大夫：官名。北魏時置七十人，隸集書省，掌諫諍議論。孝文帝太和十七年定爲四品下，二十三年改爲從四品下。北齊沿置，員七人，從四品。　李彦：人名。字次仲，隴西狄道（今甘肅臨洮縣）人。北魏官吏。見《北史》卷一〇〇《凉武昭王李暠附李彦傳》。

[19]元士：官名。北魏時爲大夫屬官。其屬官有署令長。孝文帝太和十七年定爲從四品上，二十三年未載此職。

[20]中庶子：官名。太子中庶子的省稱。掌侍從、奏事、諫議等。北魏孝文帝太和十七年定爲三品中，二十三年改爲四品上。　中舍人：官名。太子中舍人的省稱。東宫屬官。北魏孝文帝太和十七年定爲四品中，二十三年改爲五品上。底本作“中書舍人”，中華本校勘記云：“諸本‘中’下有‘書’字，《魏書》無。按《魏書》卷六五《李平傳》，平於太和中官太子中舍人，未嘗爲中書舍人。‘書’字衍，今據删。”今從改。　游肇：人名。字伯始，廣平任（今河北任縣）人。北魏官吏。見《北史》卷三四《游雅附游

肇傳》。

初孝文引陸叡、元贊等前，曰："朕爲天子，何假中原？欲令卿等子孫博見多知。若永居恒北，遇不好文主，卿等子弟不免面牆也。"[1]陸叡對曰："實如明詔。金氏若不入仕漢朝，[2]七葉知名，亦不可得也。"帝大悦。

[1]面牆：語出《尚書·周官》："不學牆面，蒞事惟煩。"後以面牆喻指不學習而見識短淺。

[2]金氏：即金日磾。字翁叔，本爲匈奴休屠王太子，爲漢武帝寵任而入侍左右。後來金氏一門七朝皆爲顯貴。見《漢書》卷六八《金日磾傳》。

帝幸羽第，與諸弟言曰："朕親受人訟，知廣陵之明了。"咸陽王禧曰："臣年爲廣陵兄，明爲廣陵弟。"帝曰："我爲汝兄，汝爲羽昆，汝復何恨！"車駕南伐，除開府、青州刺史。詔羽曰："海服之寄，故唯宗良。唯酒唯田，可不誡歟！"

宣武即位，遷司州牧。及帝覽政，引入内，面授司徒。請爲司空，乃許之。羽先淫員外郎馮俊興妻，[1]夜私遊，爲俊興所擊，積日秘匿，薨於府。宣武親臨哀，贈司徒，謚曰慧。[2]

[1]員外郎：官名。員外散騎侍郎的簡稱。晉武帝置，初爲正員外添差之散騎侍郎，無員數，後成定員官。南北朝沿置，屬散騎

省（東省、集書省），初多以公族、功臣子充任，爲閑散之職，常用以安置閑退官員、衰老人士。北魏初沿例授予南朝北奔之士，班比吏部郎。孝文帝太和十七年定爲從四品下，二十三年改爲七品上。北齊時爲七品上。

［2］謚曰慧：源氏校勘記云："'慧'《魏書》作'惠'。"

子恭襲，是爲節閔帝。[1]

［1］節閔帝：即北魏皇帝元恭。節閔爲其謚號。

恭兄欣，字慶樂，性粗率，好鷹犬。孝莊初，封沛郡王，[1]後封淮陽王。[2]孝武時，加太師、開府，復封廣陵王，太傅、司州牧，尋除大司馬。孝武入關中，欣投託人使達長安，爲太傅、録尚書事。欣於中興宗室，禮遇最隆，自廣平諸王，悉居其下。又爲大宗師，進大冢宰、中軍大都督。[3]大統中，爲柱國大將軍、太傅。[4]文帝謂欣曰：[5]"王三爲太傅，再爲太師，自古人臣，未聞此例。"欣遜謝而已。後拜司徒。恭帝初，[6]遷大丞相。[7]薨，謚曰容。欣好營産業，多所樹藝，京師名果皆出其園。所汲引及僚佐咸非長者，爲世所鄙。

［1］沛郡王：封爵名。沛郡，北魏時治沛縣黄楊城，在今河南虞城縣西南。

［2］淮陽王：封爵名。淮陽，郡名。北魏時治角城，在今江蘇淮安市西古泗水西岸。

［3］大冢宰：官名。亦稱大冢宰卿。爲居六官之首的天官府長官。掌管宫廷供奉及全國的財政收支、賦役收入、百官俸禄等事

務。 中軍大都督：官名。北魏末置。東魏、西魏因之。統率中軍，權任很重，地位很高。

[4]柱國大將軍：官名。十六國時後燕慕容垂燕元元年（384）始置。北魏初置，位在太尉之上，後罷。北魏末復置，位在丞相之上，授予權臣。西魏文帝大統三年，省稱柱國。在大統十六年前共任命八人，稱八柱國，是西魏的最高官職。其中六人分掌全國府兵。北周時成爲沒有具體職掌的勳官。正九命，

[5]文帝：即西魏皇帝元寶炬。文爲其謚號。

[6]恭帝：即西魏皇帝元廓。恭爲其謚號。

[7]大丞相：官名。魏晋南北朝時丞相、相國不常置，皆非尋常人臣之位，多用來安置權位極高的重臣。

高陽王雍，字思穆，少俶儻不恒。孝文曰："吾亦未能測此兒之深淺，然觀其任真率素，或年器晚成。"太和九年，封潁川王。或説雍待士以營聲譽，雍曰："吾天子之子，位爲諸王，用聲名何爲？"改封高陽。後爲相州刺史，帝誡曰："爲牧之道，亦易亦難。其身正，不令而行，故便是易。其身不正，雖令不從，故曰是難。"

宣武初，遷冀州刺史。雍在二州，微有聲稱，入拜司州牧。帝時幸雍第，皆盡家人禮。遷司空，轉太尉，加侍中。尋除太保，領太尉、侍中如故。

明帝初，詔雍入居太極西柏堂，[1]諮決大政，給親信二十人。又詔雍爲宗師，進太傅、侍中，領太尉公，别敕將作營國子學寺，給雍居之。領軍于忠擅權專恣，[2]僕射郭祚勸雍出之，[3]忠矯詔殺祚及尚書裴植，[4]廢雍以王歸第。朝有大事，使黄門就諮訪之。[5]忠尋復

矯詔將殺雍，以問侍中崔光，拒之乃止。未幾，靈太后臨朝，出忠爲冀州刺史。雍表暴忠罪，陳己不能匡正，請返私門。靈太后感忠保護之勳，不問其罪。除雍侍中、太師，領司州牧。

［1］太極：即太極殿。在今河南洛陽市。爲皇宫中的西内政殿，每月朔望皇帝視朝之所。

［2］領軍：官名。領軍將軍的省稱。爲禁衛軍最高統帥，權勢極重。北魏時如侍臣帶此職，則稱中領軍將軍。孝文帝太和十七年定爲二品上，二十三年改爲從二品（參張金龍《北魏後期禁衛武官制度考論》，《蘭州大學學報》2001 年第 6 期）。　于忠：人名。字思賢，本字千年。北魏大臣。見《北史》卷二三《于栗磾附于忠傳》。

［3］郭祚：人名。字季祐，太原晋陽（今山西太原市晋源區古城營村一帶）人。北魏官吏。見《北史》卷四三《郭祚傳》。

［4］裴植：人名。字文遠，河東聞喜（今山西聞喜縣）人。北魏官吏。見《北史》卷四五《裴叔業附裴植傳》。

［5］黄門：指宦官。漢朝時宫中有小黄門、中黄門、黄門令等宦官，魏晋或徑稱黄門。後遂成爲宦官的泛稱。

雍表請，王公已下賤妾悉不聽用織成錦繡、金玉珠璣，違者以違旨論；奴婢悉不得衣綾錦纈，止於縵繒而已；奴則布服，並不得以金銀爲釵帶，犯者鞭一百。太后從之，而不能久也。詔雍乘步挽出入掖門，[1]又以本官録尚書事，朝晡侍講。

［1］步挽：車名。亦作“步輓”。不用牛馬等畜力，而以人步

而挽之。　掖門：宮殿正門兩旁的邊門。

明帝覽政，詔雍乘車出入大司馬門，[1]進位丞相。又詔依齊郡順王簡太和故事，[2]朝訖引坐，特優拜伏之禮。總攝内外，與元叉同决庶政。[3]歲禄粟至四萬石，伎侍盈房，榮貴之盛，昆弟莫及。

[1]大司馬門：都城洛陽雲龍宫之南門。

[2]齊郡順王：齊郡王，封爵名。順，謚號。齊郡，北魏時治臨淄縣，在今山東淄博市東北。　簡：即元簡，人名。字叔亮。北魏宗室。見《北史》卷一九《齊郡王簡傳》。

[3]元叉：人名。字伯儁，小字夜叉。北魏宗室、大臣。見《北史》卷一六《京兆王黎附元叉傳》。

元妃盧氏薨後，更納博陵崔顯妹，[1]欲以爲妃。宣武初以崔顯世號東崔，地寒望劣，難之，久乃聽許。延昌已後，疏棄崔氏，别房幽禁，僅給衣食而已。未幾，崔暴薨，多云雍毆殺也。靈太后許賜其女伎，未及送之。雍遣其閹豎丁鵝，自至宫内料簡四人，冒以還第。太后責其專擅，追停之。

[1]博陵：郡名。北魏時治魯口城，在今河北饒陽縣。

孝莊初，於河陰遇害。贈假黄鉞、相國，[1]謚文穆。

[1]假黄鉞：黄鉞即飾以黄金的鉞，本用於皇帝儀仗。後特賜

予出征的重臣，以示威重，令其專主征伐。所加者多爲最高軍事長官。　相國：官名。北魏時不常置，位尊於丞相，職權品秩略同，非尋常人臣之職。

雍識懷短淺，又無學業，雖位居朝首，不爲時情所推。自熙平以後，[1]朝政褫落，及清河王懌之死，[2]元叉專政，天下大責歸焉。

[1]熙平：北魏孝明帝的年號（516—518）。

[2]清河王：封爵名。清河，郡名。北魏時治清河縣，在今山東臨清市東北。

嫡子泰，字昌，頗有時譽，位太常卿，[1]與雍同時遇害。贈太尉公、高陽王，謚曰文。子斌襲。[2]

[1]太常卿：官名。太常的尊稱。漢景帝時由奉常改名。位列九卿之首，官居清要，職務繁重，多由列侯充任。主管祭祀社稷、宗廟和朝會、喪葬禮儀，管理皇帝陵墓、寢廟所在縣邑，每月巡視諸陵，兼管文化教育、博士和博士弟子的考核、薦舉、補吏。北魏孝文帝太和十七年定爲從一品下，二十三年改爲三品。

[2]謚曰文子斌襲：源氏校勘記云："'文'下《魏書》有'孝'字。"

斌字善集，歷位侍中、尚書左僕射。[1]斌美儀貌，性寬和，居官重慎，頗爲齊文襄愛賞。[2]齊天保初，準例降爵爲高陽縣公，[3]拜右光祿大夫。[4]二年，從文宣討契丹，還至白狼河，以罪賜死。[5]

[1]尚書左僕射：源氏校勘記云："《魏書》'左'作'右'。"

[2]齊文襄：即北齊皇帝高澄。文襄爲其謚號，北齊文宣帝所追謚。

[3]高陽縣公：封爵名。高陽，縣名。治所在今河北高陽縣東。

[4]右光禄大夫：官名。三國魏始置。作爲在朝顯職的加官，以示優崇，或授予年老有病者爲致仕之官，亦常用於卒後贈官。無具體職掌。北魏孝文帝太和十七年定爲從一品中，二十三年定爲二品。北齊沿置，仍二品。

[5]二年從文宣討契丹還至白狼河以罪賜死：中華本校勘記云："按《北齊書》卷四《文宣紀》天保二年無'討契丹'事，天保四年九月'北討契丹'，'至白狼城'。疑此'二年'爲'四年'之誤。"可從。文宣，即北齊皇帝高洋。文宣爲其謚號。契丹，活動在今西拉木倫河一帶，源於東胡後裔鮮卑柔然部。北魏之後柔然分化爲南北兩部，北柔然成爲蒙古人的祖先室韋，南柔然成爲之後的契丹。見《北史》卷九四《契丹傳》。白狼河，即今遼寧境内的大凌河。因發源於白狼山而得名。

彭城王勰字彦和，少而岐嶷，姿性不群。太和九年，封始平王，加侍中。勰生而母潘氏卒，其年獻文崩。及有所知，啓求追服，文明太后不許。乃毁容憔悴，心喪三年，不參吉慶。孝文大奇之。敏而耽學，雅好屬文。[1]長直禁内，參決軍國大政，萬機之事無不預焉。及車駕南伐，領宗子軍，宿衛左右。轉中書令，[2]侍中如故，改封彭城王。

[1]敏而耽學雅好屬文：源氏校勘記云："楊升菴《七脩》云：

‘後魏孝元帝會郡王，飲酣，觀絙妓以呈其藝。出數語命辨之曰：“三三横，兩兩從。妓女白日行青空，屠兒斫肉與秤同。有人辨得賞金鐘。”彭城王勰曰：“乃一習字也”。’”

[2]中書令：官名。漢武帝時置，掌管機要，處理國務。東晉、南北朝時因逐漸脱離機務，隨名位增高而成爲閑職，多用作重臣加官。北魏孝文帝太和十七年定爲二品中，二十三年改爲三品。

帝升金墉城，顧見堂後桐竹，曰：“鳳皇非梧桐不栖，非竹實不食。今梧竹並茂，詎能降鳳乎？”勰曰：“鳳皇應德而來，豈桐竹能降？”帝笑曰：“朕亦未望降之。”後宴侍臣於清徽堂。[1]日晏，[2]移於流化池芳林下。[3]帝仰觀桐葉之茂，曰：“‘其桐其椅，其實離離。愷悌君子，莫不令儀。’[4]今林下諸賢，[5]足敷歌詠。”遂令黄門侍郎崔光讀暮春群臣應制詩。至勰詩，帝乃爲改一字，曰：“昔祁奚舉子，天下謂之至公。[6]今見勰詩，始知中令之舉非私也。”[7]勰曰：“臣露此拙，方見聖朝之私，賴蒙神筆賜刊，得有令譽。”帝曰：“雖琱琢一字，猶是玉之本體。”勰曰：“《詩》三百，一言可蔽。今陛下賜刊一字，足以價等連城。”勰表解侍中，詔曰：“蟬貂之美，[8]待汝而光。人乏之秋，何容方退。”後從幸代都，次于上黨之銅鞮山，[9]路傍有大松樹十數根。時帝進繖，遂行而賦詩，[10]令示勰曰：“吾作詩雖不七步，亦不言遠。汝可作之，比至吾間，令就也。”時勰去帝十步，遂且行且作，未至帝所而就。詩曰：“問松林，松林經幾冬？山川何如昔？風雲與古同？”帝大笑曰：“汝此亦調責吾耳！”詔贈勰所生母潘氏爲彭城國太妃。[11]又除中書監，[12]侍中如故。

[1]清徽堂：北魏孝文帝太和年間建。在今河南洛陽市東北。

[2]晏：晚。局本訛作“宴”。

[3]流化池：在今河南洛陽市西。

[4]令儀：風範美好。

[5]今林下諸賢：局本“林”作“牀”，形近而訛。

[6]祁奚舉子天下謂之至公：典出《左傳》襄公三年：“君子謂：‘祁奚於是能舉善矣。稱其讎，不爲諂；立其子，不爲比；舉其偏，不爲黨。’”祁奚，人名。姬姓，因食邑於祁（今山西祁縣），遂爲祁氏，字黄羊，春秋時晋國人。爲人正直，薦舉唯賢，外舉不棄仇，内舉不避親。

[7]中令：中書令的簡稱。指彭城王元勰。

[8]蟬貂：即貂蟬。爲侍中、常侍等貴近大臣冠上的飾物。蟬，附蟬。貂，貂尾。

[9]上黨：郡名。北魏時治壺關城，在今山西長治市北。　銅鞮山：在今山西沁縣境内。

[10]遂行而賦詩：底本“行”作“住”，中華本校勘記云：“諸本‘行’作‘住’，《魏書》卷二一下《彭城王勰傳》作‘行’。按下文孝文自言：‘吾作詩雖不七步，亦不言遠。’即用曹植步行賦詩故事。又元勰作詩亦是‘且行且作’，知其兄弟以此相誇。作‘行’是，今據改。”今從改。

[11]彭城國：指元勰的封國。

[12]中書監：官名。魏晋南北朝時中書省長官之一。三國魏文帝時分秘書置中書省，下設中書監、中書令，掌收納章奏、草擬及發布詔令。唯入朝時，中書監班次略高於中書令。東晋、南北朝時逐漸脱離機務，隨名位增高而成爲閑職。北魏孝文帝太和十七年定爲從一品中，二十三年改爲從二品。北齊因之。

帝南討漢陽，[1]假勰中軍大將軍，[2]加鼓吹一部。勰以寵授頻煩，乃面陳曰："臣聞兼親疏而兩，並異同而建。[3]此既成文於昔，臣願誦之於後。陳思求而不允，[4]愚臣不請而得。豈但今古云殊，遇否大異。"帝大笑，執勰手曰："二曹才名相忌，[5]吾與汝以道德相親，緣此而言，無慚前烈。"

[1]漢陽：縣名。治所在今四川江油市東。

[2]中軍大將軍：官名。三國魏文帝黄初年間置。統管左右衛、前、後、左、右、驍騎等宿衛七營禁軍，主管京師以及宫廷禁衛。北魏孝文帝太和十七年定爲從一品中，二十三年改爲從二品。

[3]兼親疏而兩並異同而建：語出《三國志》卷二〇《魏書·武文世王公傳》："兼親疏而兩用，參同異而並建。"謂與人共治天下，則輕重足以相鎮，親疏足以相衛。

[4]陳思：即曹植。字子建，沛國譙（今安徽亳州市）人。見《三國志》卷一九《魏書·陳思王植傳》。

[5]二曹：指曹丕、曹植。曹丕，字子桓，沛國譙（今安徽亳州市）人。三國魏文帝。見《三國志》卷二《魏書·文帝紀》。

帝親講《喪服》於清徽堂，[1]從容謂群臣曰：[2]"彦和、季豫等年在沖蒙，[3]早登纓紱，[4]失過廷之訓，[5]並未習《禮》。每欲令我一解《喪服》。自審義解浮疏，抑而不許。頃因酒醉坐，脱爾言從，故屈朝彦，遂親傳説。"御史中尉李彪對曰："自古及今，未有天子講《禮》。臣得親承音旨，千載一時。"

[1]喪服：即《儀禮·喪服》。

[2]群：局本訛作“郡”。

[3]季豫：即北海王元詳。季豫爲其字。

[4]纓紱：借指官位。

[5]過廷之訓：典出《論語·季氏》。本指孔子教訓兒子孔鯉學詩、禮的故事，後借指父親或老師的教導。

從征沔北，[1]除使持節、都督南征諸軍事，正中軍大將軍、開府。勰於是親勒大衆。須臾有二大鳥從南來，一向行宫，一向幕府，[2]各爲人所獲。勰言於帝曰：“始有一鳥，望旗顛仆，臣謂大吉。”帝戲之曰：“鳥之畏威，豈獨中軍之略也？吾亦分其一耳！此乃大善，兵法咸説。”至明，便大破崔慧景、蕭衍。[3]其夜大雨。帝曰：“昔聞國軍獲勝，每逢雲雨。今破新野、南陽，[4]及摧此賊，果降時潤，誠哉斯言。”勰對曰：“水德之應，遠稱天心。”帝令勰爲露布，[5]辭曰：“臣聞露布者，布於四海，露之耳目。以臣小才，豈足大用。”帝曰：“汝亦爲才達，但可爲之。”及就，尤類帝文，有人見者，咸謂御筆。帝曰：“汝所爲者，人謂吾製。非兄則弟，誰能辨之？”勰對曰：“子夏被嗤於先聖，[6]臣又荷責於來今。”及至豫州，帝爲家人書於勰曰：“每欲立一宗師，肅我元族。汝親則宸極，官乃中監，風標才器，實足軌範，宗制之重，捨汝誰寄？有不遵教典，隨事以聞。”

[1]沔：水名。即今漢水。北源出自今陝西留壩縣，西源出自今陝西寧强縣。入長江後，今湖北武漢市以下部分，亦通稱爲

沔水。

[2]幕府：源氏校勘記云："《魏書》作'府幕'。"

[3]崔慧景：人名。一作"崔惠景"，字君山，清河東武城（今山東武城縣西北）人。南朝齊大將。見《南史》卷四五《崔慧景傳》。　蕭衍：人名。字叔達，南蘭陵（一説在今江蘇常州市，一説在今江蘇丹陽市）人。南朝梁建立者。見《梁書》卷一、二、三《武帝紀》。

[4]新野：郡名。北魏時治新野縣，在今河南新野縣。　南陽：郡名。北魏時治南陽縣，在今河南郟縣西南。

[5]露布：布告。

[6]子夏：人名。卜氏，名商。春秋末晋國人。孔子弟子，有賢名。孔子曾責其守禮不嚴，誡其"無爲小人儒"。孔子死後，至魏國講學，魏文侯師事之。李悝、吴起、商鞅皆其門人。相傳，《詩經》《春秋》等皆賴其傳。

帝不豫，勰内侍醫藥，外總軍國之務，遐邇肅然，人無異議。徐謇，當世上醫，先是假歸洛陽，及召至，勰引之别所，泣涕執手，祈請懇至。左右見者莫不嗚咽。及引入，謇便欲進藥。勰以帝神力虚弱，唯令以食味消息。[1]勰乃密爲壇于汝水濱，[2]依周公故事，[3]告天地及獻文，爲帝請命，乞以身代。帝瘳損，[4]自懸瓠幸鄴，[5]勰常侍坐輿輦，晝夜不離其側，飲食必先嘗之而後手自進御。車駕還京，會百僚于宣極堂，[6]行飲至策勳之禮，[7]以勰功爲群將之最。尋以勰爲司徒、太子太傅，[8]侍中如故。

[1]消息：休養。

[2]汝水：上游即今河南汝河，下游即今南汝河及新蔡縣以下的洪河。

[3]周公：姬姓，名旦。見《史記》卷三三《魯周公世家》。

[4]瘳（chōu）損：病愈。

[5]懸瓠：城名。亦作“懸壺”，在今河南汝南縣。

[6]宣極堂：在今河南洛陽市東北。

[7]飲至：古代禮儀之一。出征凱旋後，至宗廟祭祀，宴飲慶功之禮。　策勳：古代禮儀之一。戰後記録功勳於策書之上的禮儀。

[8]太子太傅：官名。北魏時掌訓導輔佐太子，與太子少傅並稱太子二傅，無具體職事。位在太子太師下、太子太保上。孝文帝太和二十三年定爲二品。

俄而齊將陳顯達内寇，[1]帝復親討之，詔勰持節、都督中外諸軍事，總攝六師。時帝不豫，勰辭侍疾無暇，更請一王總當軍要。帝曰：“吾慮不濟，安六軍保社稷者，捨汝而誰？”帝至馬圈，[2]疾甚，謂勰曰：“今吾當成不濟。霍子孟以異姓受付，[3]况親賢，不可不勉也！”勰泣曰：“士於布衣，猶爲知己盡命，况臣託靈先皇，誠應竭股肱之力。但臣出入喉膂，每跨時要，[4]此乃周旦遁逃，成王疑惑。[5]臣非所以辭勤請逸，[6]正欲仰成陛下日鏡之明，下令愚臣獲避退之福。”[7]帝久之曰：“吾尋思汝言，理實難奪。”乃手詔宣武曰：“汝第六父勰，清規懋賞，與白雲俱潔，厭榮捨紱，以松竹爲心。吾少與綢繆，提攜道趣，[8]每請解朝纓，[9]恬真丘壑。[10]吾以長兄之重，未忍離遠，何容仍屈素業，[11]長嬰世網。[12]吾百年之後，其聽勰辭蟬捨冕，[13]遂其沖挹之性也。”[14]

[1]陳顯達：人名。南彭城（今安徽蕪湖市至江蘇南京市長江以東）人。南朝宋、齊將領。見《南齊書》卷二六《陳顯達傳》。

[2]馬圈：城名。在今河南鎮平縣南。

[3]霍子孟：人名。即霍光。字子孟，河東平陽（今山西臨汾市）人。西漢外戚、官吏。見《漢書》卷六八《霍光傳》。

[4]時要：重要的時政大事。

[5]成王：周武王之子。即位時年幼，由叔父周公旦攝政，七年後還政。在位三十七年。

[6]臣非所以辭勤請逸：底本“逸”作“免”，局本、中華本、《魏書》卷二一下《彭城王勰傳》作“逸”。“逸”與“勤”似較爲對稱，今從改。

[7]下令愚臣獲避退之福：源氏校勘記云：“《魏書》作‘下念愚臣忘退之禍’。”

[8]提攜道趣：培養道德和情趣。

[9]每請解朝纓：底本無“解”字，中華本校勘記云：“諸本無‘解’字，《魏書》有。按：下云‘恬真丘壑’，即退隱之意，‘解’字不可少，今據補。”今從改。

[10]恬真：淡泊。　丘壑：深山幽谷，常指隱居之地。

[11]素業：清白的操守。

[12]世網：人世間各種複雜關係。

[13]辭蟬捨冕：辭去蟬冠，捨去官冕。謂辭官。

[14]沖挹：謙沖退讓。

帝崩于行宫，遏秘喪事，獨與右僕射、任城王澄及左右數人爲計，奉遷於安車中。[1]勰等出入如平常，視疾進膳，可决外奏。累日，達宛城，[2]乃夜進安車於郡廳事，[3]得加斂櫬，[4]還載卧輿。六軍内外，莫有知者。遣中書舍人張儒奉詔徵宣武會駕。[5]梓宫至魯陽，[6]乃發喪行服。宣武即位，勰跪授遺敕數紙。咸陽王禧疑勰爲變，停於魯陽郡外，久之乃入。謂勰曰："汝非但辛勤，亦危險至極。"勰恨之，對曰："兄識高年長，故知有夷險。彦和握蛇騎武，[7]不覺艱難。"禧曰："汝恨吾後至耳。"自孝文不豫，勰常居中，親侍醫藥，夙夜不離左右，至於衣不解帶，亂首垢面。帝患久多忿，因之遷怒，勰每被誚詈，[8]言至厲切，威責近侍，動將誅斬。勰承顔悉心，多所匡濟。及帝昇遐，[9]齊將陳顯達奔遁始爾，慮凶問泄漏，致有逼迫，勰内雖悲慟，外示吉容，[10]出入俯仰，神貌無異。及至魯陽，東宫官屬多疑勰有異志，竊懷防懼，而勰推誠盡禮，卒無纖介之過。[11]勰上謚議："協時肇享曰孝，五宗安之曰孝，道德博聞曰文，經緯天地曰文，上尊號爲孝文皇帝，廟號高祖，陵曰長陵。"帝從之。

[1]安車：可以坐乘的小車。古車立乘，此爲坐乘，故稱安車。供年老高級官員或貴族婦女乘用。多用一馬，禮尊者則用四馬。

[2]宛城：縣名。治所在今河南南陽市。

[3]廳事：官府辦公之所。

[4]櫬（chèn）：棺木。

[5]中書舍人：官名。中書省屬官。北朝時專掌草擬詔令，出納之職由門下省分任。北魏孝文帝太和十七年定爲六品上，二十三年改爲六品下。

[6]梓宫：皇帝的棺材。　魯陽：郡名。北魏時治山北縣，在

今河南魯山縣。

[7]握蛇騎武：中華本校勘記云："《魏書》'武'作'虎'，《北史》避唐諱改。"喻指身處險境。

[8]勰每被誚詈（lì）：譏笑和謾罵。四部備要本"每被"二字誤倒。

[9]昇遐：帝王去世。

[10]吉容：底本、元大德本、毛本、四庫本、局本"吉"作"含"，宋本、四部備要本、中華本作"吉"。源氏校勘記云："《魏書》作'吉容'。"中華本校勘記云："諸本'吉'訛作'含'，據《魏書》《通志》改。"今從改。

[11]纖介：細小。

既葬，帝固以勰爲宰輔。勰頻口陳遺旨，請遂素懷。帝對勰悲慟，每不許之。頻表懇切，帝難違遺敕，遂其雅情。猶逼以外任，乃以勰爲都督、定州刺史。勰仍陳讓，帝不許，乃述職。帝與勰書，極家人敬，請勰入京。

景明初，齊豫州刺史裴叔業以壽春內屬，[1]詔勰都督南征諸軍事，與尚書令王肅迎接壽春。[2]復授司徒。又詔以本官領揚州刺史，[3]進位大司馬，領司徒。齊將陳伯之屯于肥口，[4]胡松又據梁城。[5]勰部分將士，頻戰破之。淮南平，徵勰還朝。初，勰之定壽春，獲齊汝陰太守王果、豫州中從事庾稷等數人，[6]勰傾衿禮之，常參坐席。果承間求還江外，勰矜而許之。果又謝曰："果等今還，仰負慈澤，請聽仁駕振旅，反跡江外。"至此乃還。其爲遠人所懷如此。

[1]豫州：南朝齊時治壽春縣，在今安徽壽縣。　裴叔業：人名。河東聞喜（今山西聞喜縣）人。南朝齊大將，後降北魏。見《北史》卷四五《裴叔業傳》。　壽春：縣名。治所在今安徽壽縣。

[2]王肅：人名。字恭懿，琅邪臨沂（今山東臨沂市）人。北魏官吏。見《北史》卷四二《王肅傳》。

[3]揚州：豫州入魏後改爲揚州。北魏時治壽春縣，在今安徽壽縣。

[4]陳伯之：人名。濟陰睢陵（今江蘇睢寧縣）人。南朝齊、梁將領。見《梁書》卷二〇《陳伯之傳》。　肥口：地名。在今安徽壽縣附近。爲肥水（東淝河）入淮處。

[5]胡松：人名。南朝齊將領。初爲龍驤將軍、直閤將軍。南朝齊明帝永泰元年（498）討王敬則，以功封沙陽縣男，後與張欣泰等密謀廢東昏侯以應蕭衍，事敗被殺。

[6]汝陰：郡名。南朝齊時治汝陰縣，在今安徽阜陽市。　中從事：官名。治中從事的省稱。主選署及文書案卷。

勰至京師，頻表辭大司馬、領司徒及所增邑，乞還中山，有詔不許。乃除録尚書，侍中、司徒如故，固辭不免。時咸陽王禧以驕矜，頗有不法，北海王詳陰言於帝；又言勰大得人情，不宜久在宰輔，勸帝遵遺敕。禧等又出領軍于烈爲恒州，[1]烈深以爲忿。烈子忠常在左右，密令忠言於帝，宜早自覽政。時將礿祭，[2]王公並齋於廟東坊。帝遣于烈將壯士六十人召禧、勰、詳等引見。帝謂勰曰："頃來南北務殷，不容仰遂沖操。[3]恪是何人，[4]而敢久違先敕？今遂叔父高蹈之意。"[5]詔乃爲勰造宅，務從簡素，以遂其心。勰因是作《蠅賦》以喻懷。又以勰爲太師，勰遂固辭。詔侍中敦喻，帝又爲書於勰，崇家人之敬，勰不得已而應命。帝前後頻幸勰第。及京兆、廣平王暴虐不法，制宿衛隊主率羽林、武賁幽守諸王於其第，[6]勰上表切諫，帝不納。

[1]于烈：人名。鮮卑族。北魏大將、官吏。見《北史》卷二三《于栗磾附于烈傳》。

[2]礿（yuè）祭：對宗廟的時祭，亦簡稱爲“礿”。底本、宋本、元大德本、毛本、局本作“初祭”，殿本、四庫本、四部備要本、中華本作“礿祭”。源氏校勘記改“初祭”爲“礿祭”。按：《魏書》卷二一下《彭城王勰傳》、《資治通鑑》卷一四四均作“礿祭”。今從改。

[3]沖操：沖淡的志向。

[4]恪是何人：底本、宋本、元大德本、毛本、局本“恪”作“諱”，《魏書·彭城王勰傳》亦作“諱”。殿本、四庫本、四部備要本、中華本作“恪”。源氏校勘記於“諱”旁紅筆小字夾批“恪”。今從改。

[5]高蹈：隱居。

[6]制：帝王的命令。　宿衛隊主：官名。北魏置。負責宮廷守衛的較低級軍官，統率羽林、虎賁等宿衛軍士，亦執行其他任務。　武賁：官名。即虎賁。《北史》避唐高祖祖父李虎諱改。

時議定律令，勰與高陽王雍、八坐、朝士有才學者，[1]五日一集，參論軌制應否之宜，凡所裁決，時彥歸仰。又加侍中。勰敦尚文史，撰自古帝王賢達至於魏世子孫族從，爲三十卷，名曰《要略》。

[1]八坐：又作“八座”，高級官員的合稱。北魏時用以稱尚

書令、左右僕射、諸曹尚書，無論人數多少，皆沿此稱。

性仁孝。言於朝廷，以其舅潘僧固爲長樂太守。[1]京兆王愉構逆，僧固見逼。尚書令高肇性既兇愎，又肇兄女入爲夫人，順皇后崩，[2]帝欲以爲后，勰固執以爲不可。肇於是屢譖勰，因僧固之同愉逆，肇誣勰與愉通，南招蠻賊。勰國郎中令魏偃、前防閤高祖珍希肇提攜，[3]構成其事。[4]肇初令侍中元暉以奏，[5]暉不從。又令左衛元珍言之。[6]帝訪暉，明勰無此。帝更以問肇，肇以魏偃、祖珍爲證，乃信之。

[1]長樂：郡名。北魏時治信都縣，在今河北冀州市。源氏校勘記云："《魏書》作'樂陵'。"

[2]順皇后：即北魏宣武帝皇后于氏。順爲其謚號。

[3]郎中令：官名。漢朝時置爲諸侯王國屬官。侍從左右，戍衛王宫，其職甚重，領諸大夫、郎官等。北朝諸王、公、侯、伯、子、男國皆置，品秩頗低。　魏偃：人名。字盤虯，鉅鹿下曲陽（今河北晋州市西）人。北魏官吏。見《北史》卷五六《魏收附魏偃傳》。

[4]構成其事：底本無"其"字。中華本校勘記云："諸本脱'其'字，據《魏書》《通志》補。"今從改。

[5]元暉：人名。字景襲。北魏宗室。見《北史》卷一五《常山王遵附元暉傳》。

[6]左衛：官名。即左衛將軍。北魏時與右衛將軍共掌宿衛營兵。孝文帝太和十七年定爲從二品下，二十三年改爲三品。　元珍：人名。字金雀。北魏宗室。見《北史》卷一五《高凉王孤傳》。

永平元年九月，[1]召勰及高陽王雍、廣陽王嘉、清河王懌、廣平王懷及高肇等入。[2]時勰妃方産，固辭不得已，意甚憂懼，與妃訣而登車。入東掖門，[3]度一小橋，牛傷，人挽而入。宴於禁中，夜皆醉，各就别所消息。俄而元珍將武士賷毒酒至。勰曰："一見至尊，死無恨也。"珍曰："至尊何可復見！"武士以刀環築勰二下，[4]勰大言稱冤。武士又以刀築勰，乃飲毒酒，武士就殺之。向晨，以褥裹屍，輿從屏門出，[5]載屍歸第，云因飲而薨。勰妃李氏，司空沖之女也，號哭曰："高肇枉理殺人，天道有靈，汝還當惡死。"及肇以罪見殺，還于此屋，論者知有報應焉。帝爲舉哀於東堂。勰既有大功於國，無罪見害，行路士女皆流涕曰："高肇小人，枉殺如此賢王！"在朝貴戚莫不喪氣。景明、報德寺僧鳴鐘欲飯，[6]忽聞勰薨，二寺一千餘人皆嗟痛，爲之不食，但飲水而齋。追贈假黄鉞、使持節、都督中外諸軍事、司徒公、太師，給鑾輅九旒，[7]武賁班劍百人，[8]前後部羽葆鼓吹，[9]輼輬車。[10]有司奏太常卿劉芳議勰謚，保大定功曰武，善問周達曰宣，宜謚武宣王。詔可。及莊帝即位，[11]追號文穆皇帝，妃李氏爲文穆皇后，遷神主於太廟，稱肅祖。節閔帝時，[12]去其神主。嫡子劭，字子訥，襲封。

[1]永平：北魏宣武帝的年號（508—512）。

[2]廣陽王：封爵名。廣陽，郡名。北魏時治燕樂縣，在今河北隆化縣。　嘉：即元嘉，人名。北魏宗室。見《北史》卷一六《廣陽王建附元嘉傳》。

[3]掖門：宮殿正門兩旁的邊門。

[4]二下：殿本、四庫本、四部備要本作“三下”。

[5]屏門：又作“屏風門”，宅第中用以隔内外之門。

[6]報德寺：又名報安寺。北魏孝文帝太和四年修築。在今河南洛陽市。

[7]鑾輅：鑾駕，天子的車駕。　九旒（liú）：天子旌旗下邊懸垂的飾物。

[8]班劍：本指飾有花紋之劍。漢制，朝服帶劍。晉朝以木爲劍，謂之班劍。後成爲隨從侍衛之代稱，且成爲皇帝對功臣之恩賜，可隨身帶入宮殿，亦作爲喪禮時的儀仗。

[9]羽葆：古時一種儀仗。以鳥羽聚於柄頭如蓋。漢晉南北朝時，諸王及重要大臣有功則賜，以示尊崇。　鼓吹：演奏鼓吹樂的樂隊。本用於軍中，後賜予有功大臣，遂成爲皇帝賜予臣下的一種禮遇。

[10]轀輬車：喪車名。《漢書》卷六八《霍光傳》：“載光尸柩以轀輬車。”顔師古注：“轀輬本安車也，可以卧息。後因載喪……故遂爲喪車耳。轀者密閉，輬者旁開窗牖，各别一乘，隨事爲名。後人既專以載喪，又去其一，總爲藩飾，而合二名呼之耳。”

[11]及：毛本、局本訛作“奏”。

[12]節閔帝時：底本、元大德本、毛本“節閔”誤倒。今改。

劭善武藝，少有氣節。明帝初，梁將寇邊，劭表上粟九千斛、資絹六百匹、國吏二百人以充軍用。靈太后嘉其至意，不許。累遷青州刺史。孝昌末，[1]靈太后失德，四方紛擾，劭遂有異志。爲安豐王延明所啓，徵入爲御史中尉。莊帝即位，尊爲無上王。尋遇害河陰。追謚曰孝宣皇帝，妻李氏爲文恭皇后。

[1]孝昌：北魏孝明帝的年號（525—527）。

子韶，字世胄，好學，美容儀。初，尒朱榮將入洛，父劭恐，以韶寄所親滎陽太守鄭仲明。[1]仲明尋爲城人所殺。韶因亂，與乳母相失，遂與仲明兄子僧副避難。路中爲賊逼，僧副恐不免，因令韶下馬。僧副謂客曰："窮鳥投人，尚或矜愍，况諸王如何棄乎？"僧副舉刃逼之，客乃退。韶逢一老母姓程，哀之，隱於私家。居十餘日，莊帝訪而獲焉，襲封彭城王。齊神武後以孝武帝后配之，[2]魏室奇寶多隨后入韶家。有二玉鉢相盛，轉而不可出。馬腦榼容三升，[3]玉縫之。皆稱西域鬼作也。歷位太尉、侍中、録尚書事、司州牧、特進、太傅。

[1]鄭仲明：人名。滎陽開封（今河南開封市）人。北魏官吏。見《北史》卷三五《鄭羲附鄭儼傳》。

[2]齊神武：即高歡。神武爲其謚號，北齊後主所追謚。　孝武帝后：即北魏孝武帝皇后高氏。高歡的長女。見《北史》卷一三《孝武皇后高氏傳》。

[3]馬腦：即瑪瑙。　榼（kē）：盛酒或貯水的器具。

齊天保元年，降爵爲縣公。韶性行温裕，以高氏壻，頗膺時寵。能自謙退，臨人有慧政，好儒學，禮致才彦，愛林泉，修第宅華而不侈。文宣常剃韶鬚鬢，加以粉黛，衣婦人服以自隨。曰："以彭城爲嬪御。"譏元氏微弱，比之婦女。

十年，太史奏云："今年當除舊布新。"文宣謂韶曰："漢光武何故中興？"[1]韶曰："爲誅諸劉不盡。"於是乃誅諸元以厭之。遂以五月誅元世哲、景式等二十五家，[2]餘十九家並禁止之。韶幽於京畿地牢，絶食，啗衣袖而死。及七月，大誅元氏，自昭成已下並無遺焉。[3]或父祖爲王，或身常貴顯，或兄弟强壯，皆斬東市。其嬰兒投於空中，承之以矟。[4]前後死者凡七百二十一人，悉投屍漳水。[5]剖魚者多得爪甲，都下爲之久不食魚。世哲從弟黄頭，[6]使與諸囚自金鳳臺各乘紙鴟以飛，[7]黄頭獨能至紫陌乃墜，[8]仍付御史獄，畢義雲餓殺之。[9]

[1]光武：即漢朝皇帝劉秀。光武爲其謚號。

[2]元世哲：人名。東魏宗室。見《魏書》卷一九中《任城王雲傳》。局本"世"作"氏"。　景式：即元景式，人名。北魏宗室。見《魏書》卷一九下《南安王楨傳》。底本"式"作"武"，中華本校勘記云："諸本'式'作'武'。按《北齊書》卷四《文宣紀》天保十年五月稱'誅始平公元世、東平公元景式等二十五家。'元景式見《魏書》卷一九下《元略傳》。'武'乃'式'之訛，今據改。"今從改。

[3]自昭成已下並無遺焉：錢大昕《廿二史考異》卷三八云："按：元文遥、元景安俱昭成之後，賜姓高氏；元蠻道武之後，以女嫁孝昭，苦請得免，賜姓步孤氏；又元士將昭成之後，武成時官將作大匠；元景皓亦昭成之後，以不肯改姓誅，家屬徙彭城，則其時仍有漏網者矣。"錢説是。昭成，即拓跋什翼犍。昭成爲其謚號，北魏道武帝所追謚。

[4]矟（shuò）：長矛。

[5]漳水：即今漳河。衛河支流。有清漳河、濁漳河兩源，均出今山西東南部，在河北南部邊境匯合後稱漳河，東南流入衛河。

[6]黄頭：即元黄頭，人名。北魏宗室。見《魏書》卷一九下《章武王太洛附拓跋融傳》。

[7]金鳳臺：爲三臺之一。在鄴城西北，即今河北臨漳縣西南。漢獻帝時曹操主持修築，原名銅雀臺。北齊文宣帝時重修，改名金鳳臺。

[8]紫陌：地名。在今河北臨漳縣西南。

[9]畢義雲：人名。小字陁兒，東平須昌（今山東東平縣）人。東魏、北齊官吏。見《北史》卷三九《畢衆敬附畢義雲傳》。

北海王詳字季豫，美姿容，善舉止。太和九年封，加侍中。孝文自洛北巡，詳常與侍中彭城王勰並在輿輦，陪侍左右。至文成射銘所，帝停駕，詔諸弟及侍臣皆試射遠近。諸人皆去一二十步，唯詳箭及之。[1]帝拊掌欣笑，遂詔勒銘，親自爲制。車駕南伐，詳行中領軍，[2]留守。孝文臨崩，顧命詳爲司空輔政。

[1]唯詳箭及之：元大德本缺“及之”二字。源氏校勘記云：“《魏書》作‘唯詳不及高祖箭所十餘步’。”

[2]中領軍：官名。北魏時侍臣帶“領軍”者稱中領軍，與中護軍共同掌管禁軍。孝文帝太和十七年定爲二品中，二十三年定爲三品。

宣武覽政，爲中大將軍、録尚書事。[1]咸陽王禧之謀反，詳表求解任，制不許。除太尉、領司徒、侍中，録尚書事如故。[2]詳之拜命，其夜暴風震電，拔其廷中桐，樹大十圍，倒立本處。初，宣武之覽政，詳聞彭城王勰有震主之慮，而欲奪其司徒，大懼物議，故爲大將軍，至是乃居之。天威如此，識者知其不終。

［1］爲中大將軍録尚書事：元大德本缺“大將軍”三字，中華本校勘記云：“《魏書》卷二一上《北海王詳傳》，‘爲中’二字作‘遷侍中’。按‘中大將軍’無此官名。本書卷四《魏宣武紀》景明二年正月稱：‘司空北海王詳爲大將軍、録尚書事。’此‘中’字如非衍文，則‘爲’下當脱‘侍’字。”可從。大將軍，官名。北魏時統兵事，或兼掌朝政，與大司馬共稱“二大”，位尊權重。孝文帝太和二十三年定爲一品。

［2］除太尉：元大德本無，毛本、殿本、局本、四部備要本作“除太傅”。

既以季父崇寵，位望兼極，貪冒無厭，公私營販。又於東掖門外規占第宅，至有喪柩在室，請延至葬而不見許，輿櫬巷次，行路哀嗟。詳母高太妃頗助威虐，怨讟嗷然。妃宋王劉昶女，[1]不見答禮。寵妾范氏，愛等伉儷。及死葬訖，猶毁隧視之。又烝於安定王燮妃高氏，[2]即茹皓妻姊。[3]詳既素附于皓，又緣淫好，往來綢密。詳雖貪侈，宣武禮敬尚隆。常别住華林園西隅，[4]與都亭宫館相接。帝每潛幸其所，肆飲終日，與高太妃相見，呼爲阿母，伏而上酒，禮若家人。臨出，高每拜送，舉觴祝言：“願官家千萬年壽，歲一入妾母子舍也。”初，宣武之親政，詳與咸陽王禧、彭城王勰並被召入，共乘犢車，防衛嚴固。高時惶迫，以爲必死，亦乘車傍路哭送至金墉。及詳得免，高云："自今以後，不願富貴。但令母子相保，共汝掃市作活也。"至此，貴寵崇盛，不復言有禍敗之理。

[1]妃宋王劉昶女：《北史》卷一九《咸陽王禧傳》云北魏孝文帝爲"北海王詳娉吏部郎中滎陽鄭懿女"。或鄭氏死而續娶，今亦不詳始末。劉昶，人名。字休道，彭城（今江蘇徐州市）人。北魏官吏、南朝宋宗室。見《北史》卷二九《劉昶傳》。

[2]烝：下淫上。指與母輩通奸。　燮：即元燮，人名。北魏宗室。見《北史》卷一八《安定王休附元燮傳》。

[3]茹皓：人名。字禽奇，舊吴（今江蘇蘇州市）人。北魏官吏，宣武帝寵臣。見《北史》卷九二《茹皓傳》。

[4]華林園：在今河南洛陽市東北漢魏洛陽故城内。東魏孝静帝天平二年（535）毀。

後爲高肇所譖，云詳與皓等謀逆。時詳在南第。帝召中尉崔亮入禁，[1]糾詳貪淫，及茹皓、劉胄、常季賢、陳掃静等專恣之狀。[2]夜即收禁南臺。[3]又武賁百人，圍守詳第。夜中慮其驚懼奔越，遣左右郭翼開金墉門馳出喻之，[4]示以中尉彈狀。詳母高見翼，頓首號泣，不能自勝。詳言："審如中尉所糾，何憂也？人奉我珍異貨物，我實受之，果爲取受，吾何憂乎？"至明，皓等皆賜死。引高陽王雍等五王入議詳罪。單車防守還華林館。[5]母妻相與哭，入所居，小奴弱婢數人隨從。防援甚嚴。徙就太府寺，[6]免爲庶人。别營坊館于洛陽縣東北隅，如法禁衛，限以終身，名曰思善堂，將徙詳居之。會其家奴陰結黨輩，欲劫出，密抄名字，潛託侍婢通于詳。詳始得執省，而門防主司遥見，[7]突入，就詳手中覽得，呈奏。帝密令害之。詳自至太府，令其母妻還居南宅，五日一來。此夜，母妻不來，死于奴婢手中。詔喪還南宅，諸王皇宗，悉令奔赴。賵物一依廣陵故事。[8]詳之初禁，乃以淫高事告母。母大怒，詈之曰："汝自有妻妾侍婢，少盛如花，何共高麗婢姦，令致此罪！我得高麗婢，當噉其肉。"乃杖詳背及兩腳百餘下。自行杖，力疲，乃使奴代。高氏素嚴，詳每有微罪，常加責罰，以絮裹杖。至是，去絮，皆至創膿。又杖其妃劉數十，云："新婦大家女，門户匹敵，何所畏而不檢校夫壻！"劉笑而受罰，卒無所言。詳貪淫之失，雖聞遠近，而死之日，罪無定名，遠近歎怪之。永平元年十月，詔追復王爵，謚曰平王。子顥襲。

[1]崔亮：人名。字敬儒，清河東武城（今山東武城縣西北）人。北魏官吏。見《北史》卷四四《崔亮傳》。

[2]劉胄：人名。字元孫，河間（今河北河間市）人。北魏孝文帝時任河間郡守、直閣將軍等職。見《魏書》卷九三《茹皓附劉胄傳》。　常季賢：人名。北魏官吏。初爲宣武帝掌馬事，由此獲寵。見《北史》卷九二《茹皓附常季賢傳》。　陳掃静：人名。彭城舊營（今江蘇徐州市）人。北魏官吏、宣武帝寵臣。見《魏書·茹皓附陳掃静傳》。

[3]南臺：御史臺之别稱。以其位於宫廷之南而得名。

[4]金墉門：即金墉城城門。

[5]華林館：在今河南洛陽市東北漢魏洛陽故城内。

[6]太府寺：官署名。北魏孝文帝太和年間改少府爲太府，設

卿、少卿、丞，其官署或稱太府寺。

［7］主司：泛指各級官府之主管官員。

［8］賵（fèng）物：送給喪家助葬的車馬等物。　廣陵：指廣陵王元羽。

顥字子明，少慷慨，有壯氣。爲徐州刺史，尋爲御史彈劾，除名。後賊帥宿懃明達、叱干騏驎等寇亂豳、華等州，[1]乃復顥王爵，兼左僕射、西道行臺以討明達。頻破賊，解豳、華之圍。後蕭寶夤等大敗于平涼，[2]顥亦奔還京師。

［1］宿懃明達：人名。夏州（今内蒙古烏審旗南）人。北魏末起義軍首領之一。爲尒朱天光敗，於京師問斬。底本作“宿懃明遠”，宋本作“宿懃門遠”。中華本校勘記云：“諸本‘達’訛‘遠’，據《魏書》卷二一上《元顥傳》改。宿勤明達見本書卷四八《尒朱天光傳》、卷四九《賀拔岳》等傳。”今從改。　叱干騏驎：人名。北魏末起義軍首領之一。孝明帝孝昌三年，率衆入據豳州。後爲豳州刺史畢祖暉擊敗。毛本、局本作“叱于騏驎”。　豳：州名。北魏時治趙興郡城，在今甘肅寧縣。　華：州名。北魏獻文帝皇興二年（468）置，治定安縣，在今甘肅寧縣。孝文帝延興二年（472）改置三縣鎮。太和十一年又置華州，治李潤堡，在今陝西蒲城縣東北。宣武帝永平三年（510）移治華陰縣，在今陝西大荔縣。

［2］蕭寶夤：人名。字智亮。南朝齊宗室。見《北史》卷二九《蕭寶夤傳》。　平涼：郡名。北魏時治鶉陰縣，在今甘肅平涼市西北。

武泰初，[1]爲相州刺史，以禦葛榮。屬尒朱榮入洛，推莊帝，授顥太傅。顥以葛榮南侵，尒朱縱害，遂盤桓顧望，圖自安之策。事不諧，遂與子冠受奔梁。[2]梁武以爲魏主，[3]假之兵將，令其北入。永安二年四月，于梁國城南登壇燔燎，[4]年號孝基元年。莊帝詔濟陰王暉業于考城拒之，[5]爲顥所禽。莊帝北幸，顥遂入洛，改稱建武元年。

[1]武泰：北魏孝明帝的年號（528）。　初：底本、元大德本、毛本、局本作“傅”，源氏校勘記改“傅”作“初”。今據《魏書》卷二一上《北海王詳附元顥傳》改。

[2]冠受：即元冠受，人名。北魏宗室。孝莊帝建義元年，與元顥南奔梁，後從元顥北伐入洛。

[3]主：毛本、殿本、四庫本、局本、四部備要本作“王”。

[4]梁國城：在今河南商丘市南。

[5]暉業：即元暉業，人名。字紹遠。東魏、北齊大臣。見《北齊書》卷二八《元暉業傳》。

顥以數千之衆，轉戰屢剋，據有都邑，號令自己。天下人情，[1]想望風政。自謂天之所授，頗懷驕怠，宿昔賓客近習之徒，咸見寵待，干擾政事。又日夜縱酒，不恤軍國。所統南兵，陵竊市里，朝野失望。時又酷儉，[2]公私不安。莊帝與尒朱榮還師討顥，顥自于河梁拒戰。[3]冠受戰敗被禽。顥自轘轅出至臨潁，[4]爲臨潁縣卒所斬。

[1]人情：人心。

[2]時又酷儉：毛本、殿本、局本、四部備要本“儉”作“斂”。

[3]河梁：又名河橋。晋武帝泰始年間建於富平津，在今河南孟州市西南黄河上。

[4]轘（huán）轅：關隘名。在今河南偃師市東南。　臨潁：縣名。治所在今河南臨潁縣西北。

初，顥入洛，其日暴風，欲入閶闔門，[1]馬大驚不進，令人執轡乃入。有恒農楊曇華告人曰：[2]“顥必無成，假服衮冕，不過六十日。”又諫議大夫元昭業曰：[3]“昔更始自洛陽而西，[4]初發，馬驚奔，觸北宫鐵柱，三馬皆死，而更始卒不成帝位。以古譬今，其兆一也。”至七月果敗。孝武初，贈太師、大司馬。

[1]閶闔門：即洛陽城西城北門，在今河南洛陽市東北。

[2]恒農：郡名。北魏時治陝城，在今河南三門峽市。

[3]元昭業：人名。北魏宗室。見《北史》卷一七《濟陰王小新成附元昭業傳》。

[4]更始：代指劉玄。字聖公。見《後漢書》卷一一《劉玄傳》。

顥弟頊，[1]莊帝初，封東海王，[2]位中書監。及顥入洛，成敗未分，便以意氣自得，爲時人笑。顥敗，潛竄，爲人執送，斬于都市。孝武初，贈太尉。

[1]頊：源氏校勘記云：“‘頊’《魏書》作‘瑱’。”

[2]東海王：封爵名。東海，郡名。北魏時治廣饒縣，在今江蘇連雲港市東北。

孝文七男：林廢后生廢太子恂。文昭皇后生宣武皇帝、廣平武穆王懷。[1]袁貴人生京兆王愉。羅夫人生清河文獻王懌、汝南文宣王悦。[2]鄭充華生皇子恌，[3]未封，早夭。

[1]文昭：北魏孝文帝皇后高氏的謚號。　廣平武穆王：廣平王，封爵名。武穆，謚號。廣平，郡名。北魏時治曲梁城，在今河北永年縣東南。底本"武穆"作"文穆"，中華本校勘記云："諸本'武'作'文'。按本書卷五《魏孝武紀》、《魏書》卷一一《出帝紀》都説孝武之父爲廣平武穆王懷。趙明誠《金石録》卷二一《後魏范陽王（即元懷子誨）碑跋》云：'據碑云懷謚武穆，而傳作文穆者，誤也。'趙説是。近出元懷、元悌、元誨墓誌（都見《墓誌集釋》）並作'武穆'。作'文'誤，今據改。"今從改。

[2]汝南文宣王：汝南王，封爵名。汝南，郡名。北魏時治上蔡縣，在今河南汝南縣。宋本作"汝南文宣王"，中華本校勘記云："諸本無'文宣'二字，宋本及《魏書》卷二二（補）、《通志》有。按諸王皆書謚，此脱文，今據補。"今從改。

[3]充華：妃嬪名。晋武帝始置。北魏孝文帝時置爲内宫六嬪之一。　恌：底本作"桃"，毛本、殿本、四庫本、局本、中華本作"恌"。諸王名並從心旁，疑底本誤，今從《魏書》卷二二《孝文五王傳》改。

廢太子庶人恂，字元道。生而母死，文明太后撫視之，常置左右。年四歲，太后親爲立名恂，字元道。于是大赦。太和十七年七月癸丑，立恂爲皇太子。及冠恂于廟，孝文臨光極東堂，[1]引恂入見，誡以冠義曰："字汝元道，所寄不輕，汝當尋名求義，以順吾旨。"二十年，改字宣道。遷洛，詔恂詣代都，其進止儀禮，[2]帝皆爲定。及恂入辭，帝曰："今汝不應向代。但太師薨于恒壤，朕既居皇極之重，不容輕赴舅氏之喪，欲使汝展哀舅氏，拜汝母墓，一寫爲子之情。山陵北海，[3]汝至彼，太師事畢後日，宜一拜山陵。拜訖，汝族祖南安可一就問訊。[4]在途當温讀經籍，今日親見吾也。"[5]後帝每歲征幸，恂常留守，主執廟祀。

[1]光極東堂：指光極堂的東堂。故址在今河南洛陽市。

[2]其進止儀禮：底本"禮"作"體"，中華本校勘記云："諸本'禮'訛作'體'，據《魏書》卷二二《廢太子恂傳》及《通志》改。"今從改。

[3]山陵北海：中華本校勘記云："《通志》作'山陵在彼'。疑當作'山陵在北'。"可從。

[4]南安：指南安王拓跋楨。北魏宗室。見《北史》卷一八《南安王楨傳》。

[5]今日親見吾也：中華本校勘記云："《通志》'今'作'如'。按作'今'不可通，疑當作'如'。"可從。

恂不好書學，體貌肥大，深忌河、洛暑熱，意每追樂北方。中庶子高道悦數苦言致諫，[1]恂甚銜之。孝文幸崧岳，[2]恂留守金墉，謀欲召牧馬，輕騎奔代，手刃道悦于禁中。領軍元徽勒門防遏，[3]夜得寧静。帝聞之駭惋，外寢其事，仍至汴口而還。[4]引恂數罪，與咸陽王禧等親杖恂，又令禧等更代百餘下，扶曳出外，不起者月餘。拘于城西别館。引見群臣于清徽堂，議廢之。司空、太子太傅穆亮，尚書僕射、少保李沖，並免冠稽首而謝。帝曰："古人有言，大義滅親。此小兒今日不滅，乃是國家之大禍。脱待我無後，恐有永嘉之亂。"[5]乃廢爲庶人，置之河陽，[6]服食所供，粗免飢寒而已。

[1]高道悦：人名。字文欣，遼東新昌（今遼寧海城市東）人。北魏官吏。見《北史》卷四〇《高道悦傳》。

[2]崧岳：即今河南登封市嵩山。

[3]元徽：中華本校勘記云："《魏書》'徽'作'儼'。按本書卷二三、《魏書》卷三一《于烈傳》記孝文語云：'元儼决斷威恩，深自不惡。'似即指此事。疑作'儼'是。"可從。

[4]汴口：地名。即汴水入黄河處，在今河南滎陽市北。

[5]永嘉之亂：晋懷帝永嘉二年（308），匈奴貴族劉淵在平陽（今山西臨汾市）叛亂。石勒、王彌等也擁兵自重。四年，石勒軍圍洛陽，晋朝士人向東南方撤退。次年，爲石勒軍追及，晋王公士庶死者十餘萬。六月，又有劉曜入洛陽，大殺士庶，焚毁洛陽並遷懷帝至平陽。西晋滅亡。

[6]河陽：縣名。治所在今河南孟州市西南。

帝幸代，遂如長安，中尉李彪承閒密表，告恂復與左右謀逆。帝在長安，使中書侍郎邢巒與咸陽王禧奉詔賫椒酒詣河陽，[1]賜恂死。時年十五餘。斂以粗棺常服，瘞于河陽城。二十二年冬，御史臺令史龍文觀坐法當死，[2]告廷尉，稱恂前被攝左右之日，[3]有手書自理不知狀，而中尉李彪、侍御史賈尚寢不爲聞。[4]賈坐繫廷尉。時彪免歸，帝在鄴，尚書表收彪赴洛，會赦，遂不窮其本末。賈尚出繫，暴病數日死。[5]

[1]邢巒：人名。字洪賓，河間鄚（今河北任丘市北）人。北魏官吏。見《北史》卷四三《邢巒傳》。

[2]令史：官名。北魏時尚書臺、蘭臺、諸公及開府位從公者府屬諸曹皆置。除主文書外，又有主圖、主譜令史。實際已成爲各機關皆設的一種低級辦事官吏，唯尚書諸曹令史頗有實權。

[3]稱恂前被攝左右之日：底本“前”下有“後”字，中華本校勘記云：“諸本‘前’下衍‘後’字，據《魏書》删。”今從改。

[4]侍御史：官名。亦簡稱御史、侍御。北魏時於分曹治事外，亦奉命監國，督察巡視州郡，收捕官吏，宣示詔命。頗重其選，必以對策高第者補之。孝文帝太和十七年定爲從五品中，二十三年定爲八品。

[5]暴病數日死：底本“暴”作“累”，中華本校勘記云：“諸本‘暴’訛‘累’，據《魏書》改。”今從改。

初，帝將爲恂娶司徒馮誕長女，[1]以女幼，待年長，先爲娉彭城劉長文、滎陽鄭懿女爲左右孺子。[2]時恂年十三四，帝嘗謂郭祚、崔光、宋弁曰：“人生須自放，不可終朝讀書。我欲使恂旦出省經傳，食後還内，晡時復出，日夕而罷。[3]卿等以爲何如?”光曰：“孔子稱血氣未定，戒之在色。太子尚以幼年涉學之日，不宜于正晝之時，捨書御内，又非所以安柔弱之體，固永年之命。”帝以光言爲然，乃不令恂晝入内。無子。

[1]馮誕：人名。字思正，長樂信都（今河北冀州市）人。北魏外戚。見《北史》卷八〇《馮熙附馮誕傳》。

[2]劉長文：人名。彭城（今江蘇徐州市）人。北魏官吏。見《魏書》卷五五《劉芳傳》。　孺子：太子侍妾，位在良娣下。

[3]晡時：即申時。午後三時至五時。

京兆王愉字宣德，太和二十一年封，拜都督、徐州刺史。以彭城王中軍府長史盧陽烏兼長史，[1]州事巨細，委之陽烏。宣武初，[2]爲護軍將軍。[3]帝留愛諸弟，愉等常出入宫掖，晨昏寢處，若家人焉。

[1]中軍府長史：底本“軍”作“宣”，源氏校勘記云：“‘宣’《魏書》作‘軍’。”中華本校勘記云：“諸本‘軍’作‘宣’，《魏書》卷二二《京兆王愉傳》作‘軍’。按元勰爲中軍大將軍，見本傳。又《魏書》卷四七《盧淵（即陽烏）傳》云：‘高祖南討，又兼彭城王中軍府長史。尋爲徐州京兆王愉兼長史。’作‘宣’誤，今據改。”今從改。

[2]宣武初：毛本、殿本、四庫本、四部備要本“宣”訛作“孝”。

[3]護軍將軍：官名。南北朝時掌督護京師以外諸軍，出征時置參軍，權任很重，諸將軍皆敬之。北魏孝文帝太和十七年定爲二品上，二十三年改爲從二品（參張金龍《北朝中央護軍制度考索》，《史學月刊》1999年第4期）。

遷中書監。爲納順皇后妹爲妃，而不見禮答。愉在徐州納妾李氏，本姓楊，東郡人，[1]夜聞其歌，悦之，遂被寵嬖。罷州還京，欲進貴之，託右中郎將趙郡李恃顯爲之養父，[2]就之禮迎，産子寶月。順皇后召李入宫，毁擊之，强令爲尼于内，以子付妃養之。歲餘，后父于勁以后久無所誕，[3]乃表勸廣嬪御。因令后歸李于愉，舊愛更甚。

[1]東郡：北魏時治滑臺城，在今河南滑縣東。

[2]右中郎將：官名。北魏、北齊時置五員，爲冗職，用以安置閑散武臣，隸領軍府所轄左右衛府，從四品。北周時爲散官，六命。

[3]于勁：人名。字鍾葵，代（今山西大同市東北）人。北魏官吏。見《北史》卷二三《于栗磾附于勁傳》。

愉好文章，頗著詩賦。時引才人宋世景、李神儁、祖瑩、邢晏、王遵業、張始均等，[1]共申宴喜。招四方儒學賓客嚴懷真等數十人，館而禮之。所得穀帛，率多散施。又崇信佛道，用度常至不接。與弟廣平王懷，[2]頗相夸尚，競慕奢麗，貪縱不法。于是宣武攝愉禁中推案，[3]杖愉五十，出爲冀州刺史。

[1]宋世景：人名。《魏書》卷四一《源賀附源懷傳》又作“宋世量”。字元友，西河介休（今山西介休市）人。北魏、東魏官吏。見《北史》卷二六《宋隱附宋世景傳》。　李神儁：人名。即李挺。字神儁，小名提，隴西狄道（今甘肅臨洮縣）人。北魏、東魏官吏。見《北史》卷一〇〇《凉武昭王李暠附李神儁傳》。　祖瑩：人名。字元珍，范陽遒（今河北淶水縣北）人。北魏、東魏官吏。見《北史》卷四七《祖瑩傳》。　邢晏：人名。字幼平，河間鄚（今河北任丘市北）人。北魏官吏。見《北史》卷四三《邢

巒附邢晏傳》。 王遵業：人名。太原晉陽（今山西太原市晉源區古城營村一帶）人。北魏官吏。見《北史》卷三五《王慧龍附王遵業傳》。 張始均：字子衡，清河東武城（今山東武城縣西北）人。北魏官吏。見《北史》卷四三《張彝附張始均傳》。源氏校勘記云："'均'《魏書》作'拘'。"《魏書·禮志四》又作"張均"。

[2]與弟：底本、元大德本"弟"訛作"第"。今改。

[3]宣武：底本、局本作"孝武"，中華本校勘記云："諸本'宣武'訛'孝武'，《魏書》作'世宗'，《通志》作'宣武'。今據《通志》改。下同。"今從改。

始愉自以職求侍要，勢劣二弟，潛懷愧恨，頗見言色。又以幸妾屢被頓辱，内外離抑。及在州，謀逆。愉遂殺長史羊靈引及司馬李遵，[1]稱得清河王密疏，云高肇謀爲殺害主上。[2]遂爲壇于信都之南，柴燎告天，即皇帝位。赦天下，號建平元年，立李氏爲皇后。宣武詔尚書李平討愉。愉出拒王師，頻敗，遂嬰城自守。[3]愉知事窮，攜李及四子數十騎出門，諸軍追之，見執以送。詔徵赴京師，申以家人之訓。愉每止宿亭傳，必攜李手，盡其私情。雖鎖縶之中，飲賞自若，略無愧懼之色。至野王，[4]愉語人曰："雖主上慈深，不忍殺我，吾亦何以面見至尊！"于是歔欷流涕，絶氣而死，年二十一。或云高肇令人殺之。斂以小棺，瘞。諸子至洛，皆赦之。後靈太后令愉之四子皆附屬籍，追封愉臨洮王。[5]寶月乃改葬父母，追服三年。

[1]羊靈引：人名。太山鉅平（今山東泰安市）人。北魏官吏。見《北史》卷三九《羊祉附羊靈引傳》。 李遵：人名。字良

軌，趙郡平棘（今河北趙縣）人。北魏官吏。見《北史》卷三三《李靈傳》。

[2]云高肇謀爲殺害主上：底本“謀”訛作“暮”，餘本作“謀”。今從諸本改。

[3]嬰城：環城而守。

[4]野王：縣名。治所在今河南沁陽市。

[5]臨洮：郡名。北魏時治龍城縣，在今甘肅卓尼縣東北。

清河王懌字宣仁。幼而敏慧，美姿貌，孝文愛之。彭城王勰甚器異之，並曰：“此兒風神外偉，黄中内潤，[1]若天假之年，繼二南矣。”[2]博涉經史，兼綜群言，有文才，善談理，寬仁容裕，喜怒不形于色。太和二十一年封。[3]

[1]黄中内潤：指内德穎慧天然。

[2]繼二南矣：底本、元大德本缺“繼”字，今從宋本、毛本、殿本、局本、四部備要本、中華本補。二南，指《詩·國風》中的《周南》《召南》。在此借指有如周公旦、召公奭般有大德於邦國。

[3]太和二十一年封：底本、元大德本無“二十一”三字，宋本、毛本、殿本、四庫本、局本、四部備要本無“十一”二字，源氏校勘記在“太和”後補“二十一”三字。中華本校勘記云：“諸本缺‘二十一’三字，據《魏書》卷二二《清河王懌傳》補。事見本書卷三《魏孝文紀》太和二十一年八月。”今從改。

宣武初，拜侍中，轉尚書僕射。懌才長從政，明于斷決，剖判衆務，甚有聲名。司空高肇以帝舅寵任，既擅威權，謀去良宗，屢譖懌及愉等。愉不勝其忿怒，遂舉逆冀州。因愉之逆，又構殺勰。懌恐不免。肇又録囚徒以立私惠。懌因侍宴，酒酣，乃謂肇曰："天子兄弟，詎有幾人，而炎炎不息？昔王莽頭秃，[1]亦藉渭陽之資，[2]遂篡漢室。今君曲形見矣，恐復終成亂階。"又言于宣武曰："臣聞唯器與名，不可以假人。是故季氏旅泰山，[3]宣尼以爲深譏；仲叔軒懸，[4]丘明以爲至誠。[5]諒以天尊地卑，君臣道别，宜杜漸防萌，無相僭越。至于減膳録囚，人君之事，今乃司徒行之，詎是人臣之義？且陛下修政教，解獄訟，則時雨可降，玉燭知和。[6]何使明君失之于上，姦臣竊之于下？長亂之基，于此在矣。"宣武笑而不應。

[1]王莽：人名。字巨君，魏郡元城（今河北大名縣東）人。西漢外戚、新朝的建立者。見《漢書》卷九九《王莽傳》。局本"莽"訛作"奔"。

[2]渭陽：《詩·秦風·渭陽》序中謂此詩爲晋康公"贈送文公于渭之陽，念母之不見也，我見舅氏，如母存焉。及其即位，思而作是詩也。"以此借謂甥舅情誼。

[3]季氏：春秋時期魯國公室勢力最大的季孫氏。

[4]仲叔：人名。即孔文子，又作"文叔""孔圉""仲叔圉"。春秋衛靈公時任正卿，主管外交，善應對。掌朝政，有賢名。　軒懸：舊時諸侯陳列鐘罄等樂器，三面懸挂而缺南面。

[5]丘明：即左丘明，人名。春秋時魯國人，略與孔子同時，曾任魯國太史，相傳著《左傳》《國語》等。

[6]玉燭知和：元大德、四庫本"玉"訛作"王"。意爲四時之氣調和，形容太平盛世。玉燭，四時之氣和暢。

孝明熙平初，遷太尉，侍中如故。詔懌裁門下之事，[1]又典經義注。時有沙門惠憐者，自云呪水飲人，[2]能差諸病。[3]病人就之者，日有千數。靈太后詔給衣食，事力優重，使于城西之南，治療百姓病。[4]懌表諫曰："臣聞律深惑衆之科，禮絶祆淫之禁，皆所以大明居正，[5]防遏姦邪。昔在漢末，有張角者，[6]亦以此術，熒惑當時。論其所行，與今不異。遂能誸誘生人，[7]致黄巾之禍。[8]天下塗炭數十年間，角之由也。昔新垣姦，[9]不登于明堂；[10]五利僥，[11]終嬰于顯戮。此事可爲至鑒。"靈太后深納之。[12]

[1]詔懌：底本作"懌詔"，中華本校勘記云："諸本'詔懌'誤倒，據《魏書》乙。"今從改。

[2]呪（zhòu）：舊時僧道、方士等自稱可以驅鬼降妖的口訣。

[3]差：通"瘥"。病除。

[4]事力優重使于城西之南治療百姓病：底本無"優"字，中華本校勘記云："諸本脱'優'字，據《魏書》補。'事力'是當時給予官吏的一種變相俸禄，'事力優重'猶言薪給豐厚。又《通志》無'之'字，此當是衍文。又《北史》例避'治'字，這裏當是後人回改。"今從改。

[5]大明居正：君主在位，遵循正道。

[6]張角：人名。鉅鹿（今河北平鄉縣西南）人。東漢末年起義軍首領。

[7]誸（jiǎn）：誘騙。　生人：即生民。《北史》避唐太宗李世民諱改。

[8]黄巾：代指東漢末年起義軍。漢靈帝中平元年（184），太

平道首領張角發動起義，起義者以黄巾纏頭，故名“黄巾軍”。起義聲勢衆大，旬日之間，天下響應。但由於缺乏作戰經驗，主力堅持九個月後失敗。餘部繼續作戰，堅持二十多年。

[9]新垣：即新垣平，人名。漢文帝時言帝設立渭陽五廟，欲出周鼎，後事發，遭夷滅三族。

[10]明堂：帝王宣明政教的地方。凡朝會、祭祀、慶賞、選仕等大典皆在此舉行。

[11]五利：即西漢方士欒大。曾求見漢武帝，言可往來海上，得不死之藥。武帝大喜，於元鼎四年（前113）拜其爲五利將軍，封樂通侯，尚衛張公主，命入海求師。欒大虚妄不敢入海，次年事發，被腰斬。　僥（jiāo）：僞也。

[12]此事可爲至鑒靈太后深納之：底本脱此十二字，中華本校勘記云：“文意不完，據《通志》補。”今從改。

靈太后以懌孝明懿叔，[1]德先具瞻，委以朝政，事擬周、霍。[2]懌竭力匡輔，以天下爲己任。領軍元叉，太后之妹夫也，恃寵驕盈。懌裁之以法，每抑黜之，爲叉所疾。叉黨人通直郎宋維等希叉旨，[3]告懌謀反。禁懌門下，訊問左右及朝貴，貴人分明，得雪，乃釋焉。懌以忠而獲謗，乃鳩集昔忠烈之士，爲《顯忠録》二十卷以見意焉。

[1]懿叔：帝王的叔父。

[2]周、霍：即周公旦、霍光。皆盡心輔政，有大功於社稷。

[3]通直郎：官名。通直散騎侍郎的簡稱。　宋維等：底本作“宗準愛”，中華本校勘記云：“諸本及《魏書》‘宋維等’作‘宗準愛’，《通志》作‘宋準等’。按本書卷一六、《魏書》卷一六

《元叉傳》云：‘叉遂令通直郎宋維告司染都尉韓文殊欲謀逆立懌。’《宋維傳》附見本書卷二六《宋隱傳》、《魏書》卷六三《宋弁傳》。今據改。”今從改。宋維，人名。字伯緒，西河介休（今山西介休市）人。北魏官吏。見《北史》卷二六《宋隱附宋維傳》。

正光元年七月，叉與劉騰逼孝明於顯陽殿，[1]閉靈太后于後宮，囚懌于門下省。懌罪伏，[2]遂害之，時年三十四。朝野貴賤，知與不知，含悲喪氣，驚振遠近。夷人在京及歸，聞懌之喪，爲之剺面者數百人。[3]

[1]叉：殿本、四部備要本作“又”。　顯陽殿：東漢時修築。在今河南洛陽市西。

[2]懌罪伏：源氏校勘記云：“《魏書》作‘誣懌罪狀’。爲是。”中華本校勘記云：“李慈銘云：‘《魏書》作“誣懌罪狀”，此脱“誣”字，又誤“狀”作“伏”。’”可從。

[3]剺面：底本、局本“剺”作“剺”，中華本校勘記云：“諸本‘剺’訛作‘剺’，據《通志》改。剺面是突厥喪俗，見本書卷九九《突厥傳》。李慈銘云：‘懌此傳文亦不完。’按懌傳脱去後半。”今從改。

廣平王懷。闕自有魏諸王，召入華林別館，禁其出入。令四門博士董徵授以經傳。[1]宣武崩，乃得歸。[2]

[1]四門博士：官名。四門學博士的省稱。北魏孝文帝太和二十年始置，員四十人，掌四門學教授之事，檢試諸郡學生成績，兼整理秘書省典籍。九品上。　董徵：人名。字文發，頓丘衛國（今河南清豐縣東南）人。北魏學者。見《北史》卷八一《董徵傳》。

[2]宣武：底本作“孝武”，中華本校勘記云：“諸本‘宣武’作‘孝武’。按本書卷八一《董徵傳》云：‘後宣武詔徵入琁華宮，令孫惠蔚問以《六經》，仍詔徵教授京兆、清河、廣平、汝南四王。’‘孝武’乃‘宣武’之訛，今據改。又按懷傳全闕，此上數十字，非專指元懷，疑是後人所補。”今從改。

汝南王悦，[1]好讀佛經，覽書史，爲性不倫，俶儻難測。悦妃閭氏，即東海公之女也，[2]生一子，不見禮答。有崔延夏者，以左道與悦遊，合服仙藥松术之屬，[3]時輕與出採之，宿于城外小人之所。遂斷酒肉粟稻，唯食麥飯。又絶房中，而更好男色。輕忿妃妾，至加捶撻，同之婢使。悦之出也，妃住于别第，靈太后敕檢問之。引入，窮悦事故。妃病杖牀蓐，瘡尚未愈。太后因悦杖妃，乃下令禁斷。令諸親王及三蕃，其有正妃病患百日已上，皆遣奏聞。若有猶行捶撻，就削封位。

[1]汝南王悦：中華本校勘記云：“按悦傳脱去前半，此四字後人所補。”可從。

[2]東海公：封爵名。東海，郡名。北魏時治廣饒縣，在今江蘇連雲港市東北。

[3]松术（zhú）：松實和术。舊時以爲食之可長生。术，多年生草本植物，有白术和蒼术之分，塊根可入藥。

及清河王懌爲元叉所害，悦了無讎恨之意，乃以桑落酒候伺之，盡其私佞。叉大喜，以悦爲侍中、太尉。臨拜日，就懌子亶求懌服翫之物。[1]不時稱旨，乃召亶杖之百下。亶居廬未葬，形氣羸弱，暴加威撻，殆至不濟。仍呼阿兒，親自循撫。

[1]亶：即元亶，人名。北魏宗室。東魏孝静帝之父。襲封清河王。　服翫（wàn）：服飾及玩好之物。

尋遷太保。出爲徐州刺史。至州，[1]悦乃爲大剉碓，[2]置于州門，盜者便欲斬其手。時人懼其無常，能行異事，姦偷畏之而暫息。孝昌二年，復領太尉。[3]

[1]尋遷太保出爲徐州刺史至州：底本無此十二字，中華本校勘記云："諸本無括號内十二字，註'闕'，據《通志》補。本書卷四《魏孝明紀》、《魏書》卷九《肅宗紀》正光四年十二月，'以太尉汝南王悦爲太保、徐州刺史'，可証。"今從改。

[2]剉（cuò）碓：刑具。鑽挫罪犯之用。

[3]孝昌二年復領太尉：底本無此八字。中華本校勘記云："諸本無括號内八字，據《通志》補。事見本書卷四、《魏書》卷九孝昌二年正月。"今從改。

及尒朱榮舉兵向洛，悦遂奔梁。梁武厚相資待。莊帝崩，遂立爲魏主，號年更興。節閔初，遣兵送悦，置于境上，以覬侵逼。及齊神武既誅尒朱，以悦孝文子，宜承大業，乃令人示意。悦既至，清狂如故，動爲罪失，乃止。

孝武初，除大司馬、開府。孝武以廣陵頗有德望，以悦屬尊地近，内懷畏忌，故前後害之。[1]贈假黄鉞、太師、司州牧，大司馬、王如故。謚曰文宣。

[1]孝武以廣陵頗有德望以悦屬尊地近内懷畏忌故前後害之：錢大昕《廿二史考異》卷三八云："廣陵謂節閔帝也。廣陵、安定、東海皆嘗登大位，悦亦爲梁所立，故孝武忌而害之，豈以其德望及屬尊故邪！東海、安定於屬本疏，又無德望，何亦死於非命？史所言失其實矣。"錢説是。

子潁，與父俱奔梁，遂卒于江左。

皇子恌，年七歲，景明元年薨，就斂于華林棗間堂，[1]葬于文昭皇后陵東。後以增廣文昭後墳塋，徙窆北崗。[2]

[1]棗間堂：屬華林園。在今河南洛陽市漢魏洛陽故城内。

[2]窆（biǎn）：埋葬。

論曰：文成五王，安豐特標令望。延明學業該贍，加以雅談之美，及于永安，運迹寇戎，卒致奔亡，亦其命也。

獻文諸子，俱漸太和之訓，[1]而咸陽終于逆節，廣陵斃于桑中。[2]人而無儀，各宜遄死。[3]高陽器術缺然，終荷棟幹，[4]至于橈敗，[5]實尸其闕。[6]武宣孝以爲質，忠而樹行，及夫在安處危之操，送往事居之節，[7]周旦匪他之旨，[8]霍光異姓之誠，[9]事實兼之。竟而功高震主，德隆動俗，閒言一入，卒不全生。嗚呼！周成、漢昭未易遇也。[10]北海義昧鶺鴒，[11]奢淫自喪，[12]雖禍發青蠅，[13]亦行貽伊戚。[14]顥取若拾遺，亡不旋踵，豈守之無術，其天將覆之。

[1]漸：背離。

[2]桑中：男女幽會之處。

[3]遄（chuán）：疾速。

[4]棟幹：棟梁幹才。喻指能擔當重任者。

[5]橈（náo）敗：失敗。

[6]實尸其闕：中華本校勘記云："按《魏書》卷二一上史臣論云：'孝昌之叛，蓋不足以責之。'闕文當是'責'字。"可從。

[7]送往事居之節：毛本"往"訛作"牲"。

[8]匪他：都是兄弟而非他人，後用爲兄弟的代稱。底本作"匪佗"，宋本、中華本作"匪他"。底本誤。今從改。

[9]霍光異姓之誠：底本"誠"作"誡"，殿本、四部備要本作"誠"。中華本校勘記云："百衲、南、北、汲四本'誠'作'誡'。殿本及《魏書》作'誠'。按下云'事實兼之'，是説元勰兼有周公、霍光的忠誠，對霍光並無貶意，作'誠'是，今從殿本。"今從改。

[10]漢昭：即西漢皇帝劉弗陵。昭爲其謚號。

[11]義昧鶺鴒：悖於兄弟和睦友愛、互相關心之情。鶺鴒，鳥名。又作"脊令"。《詩·小雅·棠棣》："脊令在原，兄弟急難"。後以此喻指兄弟之情。

[12]奢淫自喪：毛本、殿本、四庫本、局本、四部備要本"自"訛作"行"。

[13]青蠅：蒼蠅。以其色黑而得名。又喻指讒佞。

[14]亦行貽伊戚：毛本、殿本、局本、四部備要本"行"作"自"，中華本校勘記云："南、北、汲、殿四本及《魏書》'行'作'自'，百衲本作'行'。張元濟云：'"自貽伊戚"雖屬成語，但此處對"禍"字言，"行"字較勝。'按上文見'奢淫自喪'，作'自'重複，作'行'是，今從百衲本。"可從。

庶人險暴之性，自幼而長，終以廢黜，不得其終。斯乃朱、均之性，[1]堯、舜不能訓也。京兆早有令問，[2]晚致顛覆，習于所染，可不慎乎！清河器識才譽，以懿親作輔，時鍾屯詖，[3]始遘牆茨之逼；[4]運屬道消，晚扼兇權之手。悲哉！廣平早歲驕盈，汝南性致狂逸，揆其終始，俱不足論。而悅以天人所棄，卒嬰猜懼之毒，蓋地逼之尤也。

[1]朱：即丹朱，相傳爲帝堯子。堯以其不肖，禪位於舜，使其在丹淵爲諸侯，故稱丹朱。　均：即商均，姚姓，有虞氏，以封於商而稱商均。傳説中虞舜之子。因不肖，舜於是選禹嗣位。

[2]令問：美好的名聲。毛本、殿本、四部備要本作“令聞”，皆可。

[3]時鍾屯詖：當時遭逢困厄。局本“詖”作“設”。

[4]牆茨：宫廷内亂。

魏自西遷之後，權移周室。而周文天縱寬仁，[1]性罕猜忌，元氏戚屬，並見保全，内外任使，布于列職。孝閔踐祚，[2]無替前緒，明、武纘業，[3]亦遵先志。雖天厭魏德，鼎命已遷，枝葉榮茂，足以愈于前代矣。

[1]周文：即宇文泰。文爲其謚號，北周明帝所追謚。

[2]孝閔：即北周皇帝宇文覺。孝閔爲其謚號。

[3]明：即北周皇帝宇文毓。明爲其謚號。　武：即北周皇帝宇文邕。武爲其謚號。

北史　卷二〇

列傳第八

衛操　莫含　劉庫仁 弟子羅辰 羅辰玄孫仁之　尉古真 從玄孫瑾　穆崇　奚斤　叔孫建　安同　庾業延　王建　羅結　樓伏連 曾孫寶　閭大肥　奚牧　和跋　莫題　賀狄干　李栗　奚眷

衛操字德元，代人也。[1]少通俠，有才略。晋征北將軍衛瓘以操爲牙門將。[2]當魏神元時，[3]頗自結附。及神元崩後，與從子雄及其宗室鄉親姬澹等來歸，説桓、穆二帝招納晋人。[4]桓帝以爲輔相，任以國事。及劉、石之亂，[5]桓帝匡助晋氏。操稍遷至右將軍，[6]封定襄侯。[7]

[1]代：郡名。北魏時治平城，在今山西大同市東北。

[2]征北將軍：官名。多爲持節都督，出鎮方面，地位顯要，位次三公。　衛瓘：人名。字伯玉，河東安邑（今山西夏縣西北）人。西晋大臣。見《晋書》卷三六《衛瓘傳》。　牙門將：官名。簡稱牙門。爲統兵武職，位在裨將軍下、郡守上。依任職地區不

同，又有淮南牙門將、揚州牙門將等名號。

[3]神元：即拓跋力微。神元爲其謚號，北魏道武帝所追謚。

[4]桓：即拓跋猗㐌。桓爲其謚號，北魏道武帝所追謚。　穆：即拓跋猗盧。穆爲其謚號，北魏道武帝所追謚。

[5]劉：即劉淵，人名。字元海，新興（今山西忻州市）人，匈奴族。十六國時漢開國君主。見《晉書》卷一〇一《劉元海載記》。　石：即石勒，人名。字世龍，上黨武鄉（今山西榆社縣北）人，羯族。十六國時後趙君主。見《晉書》卷一〇四、一〇五《石勒載記》。

[6]右將軍：官名。爲武官名號，略高於一般雜號將軍，不典禁兵，不與朝政。

[7]定襄侯：封爵名。定襄，縣名。治所在今山西定襄縣。

桓帝崩後，操立碑於大邗城南，[1]以頌功德，[2]云"魏，軒轅之苗裔"。[3]言桓、穆二帝"統國御衆，威禁大行，國無姦盜，路有頌聲。威武所向，下無交兵。招喻六狄，咸來歸誠。奉承晉皇，扞禦邊疆。王室多難，天網弛綱。豪心遠濟，靡離其殃。歲蕳逆命，姦盜豺狼。永安元年，[4]歲次甲子。姦黨猶逆，東西狼跱。敢逼天王，兵甲屢起。怙衆肆暴，虐用將士。鄴、洛構隙，[5]棄親求疏。乃招異類，屠各、匈奴。[6]交刃千里，長蛇塞塗。晉道應天，言展良謨。[7]使持節、平北將軍、并州刺史、護匈奴中郎將、東嬴公司馬騰，[8]才神絶世，規略超遠。欲求外救，朝臣莫應。簡賢選士，命兹良使。遣參軍壺倫、牙門中行嘉、義陽亭侯衛謨、協義亭侯衛鞬等，[9]馳奉檄書，至晉陽城"。[10]

[1]大邗：城名。在今山西忻州市西北。源氏校勘記云："《魏書》作'大邦'。"

[2]以頌功德：中華本《魏書》卷二三《衛操傳》校勘記云："錢氏《考異》卷三八云：'此《傳》載衛操所立碑……惜爲史臣改竄，失其本真。篇首云："魏軒轅之苗裔。"考其時未有魏號，以文義度之當云"鮮卑拓跋氏"也。碑爲猗㐌而立，必書晋所授官爵及猗㐌、猗盧二人名，篇乃稱"桓穆二帝"，亦史臣所改。'"錢説是。

[3]軒轅：即黄帝。姬姓，號有熊氏。

[4]永安：晋惠帝的年號（304）。

[5]鄴：城名。在今河北臨漳縣西南。　洛：城名。即洛陽，在今河南洛陽市東北。

[6]屠各：又作"休屠""休屠各""休屠各胡""休屠屠各"。原爲西漢時匈奴休屠王屬部降漢者。游牧爲生。

[7]言展良謨：展現好的謀略。

[8]使持節：漢朝官吏奉命外出時，由皇帝授予節杖，來提高其權威。魏晋之後，凡重要軍事長官出征或者出鎮時，加使持節，可誅殺二千石以下官員。皇帝派遣大臣出巡或參加祭吊等事務時，亦使持節，以示權力與尊崇。次一等的稱持節，再次一等的稱假節。　平北將軍：官名。魏晋時多兼任鎮守地方的刺史，統管軍政事務，與平南、平西、平東將軍合稱四平將軍。　并州：西晋時治晋陽縣，在今山西太原市晋源區古城營村一帶。　護匈奴中郎將：官名。東漢始置，亦作"使匈奴中郎將""匈奴中郎將"，監護南匈奴事務。西晋沿置。　司馬騰：人名。字元邁，河内温縣（今河南温縣）人。西晋宗室。見《晋書》卷三七《高密文獻王泰附新蔡武哀王騰傳》。

[9]參軍：官名。亦作"參軍事"。東漢末車騎將軍府置爲僚屬，掌參謀軍務。西晋公以上領兵持節都督者，置參軍六人，協助治理府事。東晋公府等所設僚屬諸曹置，爲諸曹長官。　亭侯：封

爵名。漢始置。即列侯食邑爲亭者。西晋亦置。

［10］晋陽城：在今山西太原市晋源區古城營村一帶。

又稱桓、穆二帝，“心存宸極。輔相二衛，對揚毗翼。操展文謀，雄奮武烈。承命會議，諮論奮發。翼衛内外，鎮静四方。志在竭力，奉戴天王。忠恕用暉，[1]外動亦攘。[2]功濟方州，[3]勳烈光延。升平之日，納貢充藩。馮瞻鑾蓋，步趾三川。[4]有德無禄，[5]大命不延。年三十九，以永興三年六月二十四日寢疾薨殂。[6]背棄華殿，雲中名都。[7]國失惠主，哀感欷歔。[8]悲痛煩冤，載號載呼。[9]遠近親軌，[10]奔赴梓廬。[11]仰訴造化，痛延悲夫！”時晋光熙元年也。[12]

［1］忠恕：儒家的一種道德規範，對人盡心而寬厚。　用暉：光輝鮮明。

［2］外動亦攘：底本“動”作“勳”，四庫本、四部備要本、中華本作“動”。按：今據《魏書》卷二三《衛操傳》改。

［3］方州：大地。

［4］步趾：猶追隨。

［5］禄：福運。

［6］永興：晋惠帝的年號（304—306）。

［7］雲中：郡名。西漢時治成樂縣，在今内蒙古和林格爾縣盛樂鎮土城子古城。拓跋部遷都於此遂改稱盛樂縣（參馬長壽《烏桓與鮮卑》，上海人民出版社 1962 年版，第 244 頁；陳永志、李强、劉剛《和林格爾縣土城子古城考古發掘主要收獲》，《内蒙古文物考古》2006 年第 1 期）。

［8］欷歔：底本作“歔欷”，中華本校勘記云：“諸本‘欷歔’

誤倒，不協韻，據《魏書》卷二三《衛操傳》乙。”今從改。

[9]載號載呼：底本作“載呼載號”，中華本校勘記云：“諸本作‘載呼載號’不協韻，據《魏書》乙。”今從改。

[10]軌：古代户口編制單位。五家爲軌。《管子·小匡》：“制五家爲軌，軌有長。”

[11]梓廬：梓宫，帝、后的棺木。

[12]光熙：晋惠帝的年號（306）。

皇興初，[1]雍州别駕雁門段榮于大邗掘得此碑，[2]文雖非麗，事宜載焉，故略附于傳。

[1]皇興：北魏獻文帝的年號（467—471）。

[2]雍州：北魏時治長安縣，在今陝西西安市西北。　别駕：官名。别駕從事、别駕從事史的省稱。漢置，爲州部佐吏。因從刺史行部，别乘傳車，故謂之别駕。魏晋南北朝前期，别駕例用本州人，由刺史自辟，後期漸由朝廷任命。北魏孝文帝太和十七年（493）定司州别駕爲正四品中，二十三年改爲從四品上。他州别駕依州品不同，自正五品至正七品不等。　雁門：郡名。北魏時治廣武縣，在今山西代縣西。　段榮：人名。雁門原平（今山西原平縣東）人。北魏官吏。見《魏書》卷九四《段霸傳》。

操以穆帝三年卒。

始操所與宗室鄉親入國者，衛懃安樂亭侯，衛崇、衛清並都亭侯，[1]衛沈、段繁並信義將軍、都鄉侯，[2]王發建武將軍、都亭侯，[3]范班折衝將軍、廣武亭侯，[4]賈慶建武將軍、上洛亭侯，[5]賈循都亭侯，[6]李壹關中侯，[7]郭乳關内侯，[8]皆爲桓帝所表授也。六修之難，[9]

存者多隨劉琨任子遵南奔。[10]

[1]都亭侯：封爵名。東漢置，位在鄉侯下。

[2]衛沈：人名。《魏書》作“衛泥”，疑誤。　段繁：人名。曾爲西晋末鮮卑族拓跋部輔相。與衛雄在參合陂纍石爲亭，樹碑以記其事。　信義將軍：官名。晋惠帝時拓跋猗㐌置。無員限。北魏建國後未設。　都鄉侯：封爵名。東漢置。凡封邑位於都鄉（靠近城郊之鄉）者，稱都鄉侯，位次縣侯。

[3]建武將軍：官名。漢獻帝時曹操置。

[4]范班：人名。晋懷帝永嘉六年（312），晋并州刺史劉琨爲匈奴劉聰所攻，代王猗盧遣其與拓跋六修、拓跋普根等率數萬軍隊赴援，大敗劉聰之子劉粲。　折衝將軍：官名。新莽時始置，爲武官名號。　廣武亭侯：封爵名。廣武，亭名。在今山西山陰縣南。

[5]賈慶：人名。晋武帝咸寧三年（277），拓跋力微死，諸部離散，隨衛操等歸拓跋猗㐌。　上洛亭侯：封爵名。上洛，亭名。在今陝西商洛市。

[6]賈循：人名。拓跋力微死，諸部離散，隨衛操等歸拓跋猗㐌。

[7]李壹：人名。拓跋力微死，諸部離散，隨衛操等歸拓跋猗㐌，授關中侯。　關中侯：封爵名。東漢末曹操始置，以賞軍功，位在名號侯下，不食租。

[8]郭乳：人名。隨衛操等參加援晋戰爭。

[9]六修：人名。北魏穆帝拓跋猗盧長子。穆帝五年（312）爲前鋒，出擊劉粲。見《北史》卷一五《六修傳》。

[10]劉琨：人名。字越石，中山魏昌（今河北無極縣東北）人。西晋將領。見《晋書》卷六二《劉琨傳》。　任子：質子。　遵：即劉遵，人名。劉琨之子。劉琨爲與拓跋部聯合對付鐵弗部劉虎，將其送於拓跋部爲人質。後拓跋部内亂，與衛雄、姬澹等人南

歸并州。

衛雄、姬澹、莫含等名皆見碑。雄字世遠，澹字世雅，並勇健多計，桓帝並以爲將，常隨征伐。雄稍遷至左將軍、雲中侯。[1]澹亦以勇績著名，桓帝末，至信義將軍、樓煩侯。[2]穆帝初，並見委任，衛操卒後，俱爲左右輔相。六修之逆，國内大亂，雄、澹並爲群情所附，乃與劉遵率烏丸、晋人數萬而叛。[3]劉琨聞之，大悦，[4]如平城撫納之，[5]欲因以滅石勒。後爲勒將孔長所滅。[6]

[1]左將軍：官名。漢朝時爲重號將軍之一，有兵事則典掌禁兵，戍衛京師，或任征伐，平時無具體職務，一般兼任他官。魏晋時常設，權位漸低，僅爲武官名號，略高於一般雜號將軍，不典禁兵，不與朝政。

[2]樓煩侯：封爵名。樓煩，縣名。治所在今山西原平縣。

[3]烏丸：《魏書》卷一《序紀》作"烏桓"。東胡别支，秦末匈奴冒頓滅其國，遂避徙至烏桓山以自保，故稱烏桓。漢獻帝建安十二年（207）曹操破烏桓，徙萬餘落至中原，餘衆於那河（今嫩江）之北自稱烏丸國。以游牧爲生。見《三國志》卷三〇《魏書·烏丸傳》。

[4]大悦：局本"大"訛作"太"。

[5]平城：在今山西大同市東北。

[6]孔長：人名。源氏校勘記云："《魏書》作'孔萇'。"

莫含，雁門繁畤人也。[1]劉琨爲并州，辟含從事。[2]含居近塞下，常交通國中。穆帝愛其才器。及爲代王，備置官屬，求含于琨，琨喻遣之。乃入參國官，常參軍國大謀。卒于左將軍、關中侯。其故宅在桑乾川南，[3]世稱莫含壁，含音訛，或謂之莫回城云。

[1]繁畤：縣名。治所在今山西渾源縣西南。

[2]從事：官名。州部屬吏。

[3]桑乾川：今山西北部永定河上游桑乾河。

子顯，昭成世爲左常侍。[1]

[1]昭成：即拓跋什翼犍。昭成爲其謚號，北魏道武帝所追謚。左常侍：官名。爲王、公國屬官。掌侍從左右，贊相禮儀，獻替諫諍，員額依國之大小不等。兩晋及北魏均置。

顯子題，道武初，[1]爲大將，以功賜爵東宛侯。常與李栗侍宴，[2]栗坐不敬獲罪，題亦被黜爲濟陽太守。[3]後道武欲廣宫室，規度平城四方數十里，將模鄴、洛、長安之制，運材數百萬根。以題機巧，徵令監之。召入，與論興造之制，題久侍頗怠，賜死。

[1]道武：即北魏皇帝拓跋珪。道武爲其謚號。

[2]李栗：人名。雁門（今山西代縣北）人。北魏將領。見《北史》卷二〇《李栗傳》。

[3]濟陽：郡名。北魏時治濟陽縣，在今河南蘭考縣東北。太守：官名。戰國時爲郡守尊稱，漢景帝時改郡守置。北魏沿置，或屬州刺史，多加將軍、校尉等名號，兼領軍民。郡分上、中、下三等，其太守也依次爲四、五、六品。

題弟雲，好學善射。道武時，常典選曹，[1]賜爵安德侯。[2]遷執金吾，[3]參軍國謀議。太武克赫連昌，[4]詔雲與常山王素留鎮統萬，[5]進爵安定公。[6]雲撫慰新舊，皆得其所。卒，謚敬公。

[1]選曹：主管官吏銓選的機構。

[2]安德侯：封爵名。安德，縣名。治所在今山東陵縣東南。

[3]執金吾：官名。漢武帝時由中尉改名。北魏初曾置。職掌京師治安、督捕盜賊、護衛皇帝出行等（參譚世保《"執金吾"與"中尉"沿革考》，《學術研究》1984年第2期）。

[4]太武：即北魏皇帝拓跋燾。太武爲其謚號。　赫連昌：人名。一名折，字還國，匈奴族鐵弗部人。十六國時夏國君主。見《北史》卷九三《赫連屈丏附赫連昌傳》。

[5]常山王：封爵名。常山，郡名。北魏時治安樂壘，在今河北藁城市西北。　素：即拓跋素，人名。北魏宗室。見《北史》卷一五《常山王遵附拓跋素傳》。　統萬：鎮名。在今陝西靖邊縣北白城子。

[6]安定公：封爵名。安定，郡名。北魏時治安定縣，在今甘肅涇川縣北。

劉庫仁，字没根，獨孤部人，[1]劉武之宗也。[2]少豪俠，有智略。母平文皇帝之女。[3]昭成皇帝復以宗女妻之，爲南部大人。[4]建國三十九年，[5]昭成暴崩，道武未立，苻堅以庫仁爲陵江將軍、關内侯，[6]令與衛辰分國衆統之。[7]河西屬衛辰，河東屬庫仁。于是獻明皇后攜道武及衛、秦二王自賀蘭部來居焉。[8]庫仁盡忠奉事，不以興廢易節。苻堅處衛辰在庫仁下，衛辰怒，叛，攻庫仁。庫仁伐衛辰，破之。苻堅賜庫仁妻公孫氏，厚其資送。

［1］獨孤部：部族名。屬匈奴族。

［2］劉武：人名。本名劉虎，《北史》避唐高祖祖父李虎諱改。爲十六國時匈奴族鐵弗部首領。初附代國，後反叛投歸劉聰。爲代王什翼犍討滅。

［3］平文皇帝：即拓跋鬱律。平文爲其謚號，北魏道武帝所追謚。

［4］南部大人：北魏前期曾將鮮卑族人及四方來歸之衆分爲四部、五部、六部、八部等，其中有南部。此爲統率該部之首領（參張新武《北魏時期的“八部大夫”“八大人”及“六部大人”簡論》，《懷化師專社會科學學報》1987 年第 3 期）。

［5］建國三十九年：公元 376 年。拓跋什翼犍於公元 338 年建代國。

［6］苻堅：人名。字永固，一名文玉，氐族。十六國時前秦君主。見《晋書》卷一一三、一一四《苻堅載記》。　陵江將軍：官名。東漢末置，爲雜號將軍之一。十六國時前秦亦置。

［7］衛辰：即劉衛辰。人名。十六國時匈奴族鐵弗部首領。見《北史》卷九三《劉衛辰傳》

［8］獻明皇后：即北魏獻明帝皇后賀氏。見《北史》卷一三《獻明皇后賀氏傳》。　賀蘭部：一作“賀賴”，鮮卑化的匈奴部落。公元四世紀後期，居於陰山北麓。北魏時以部落爲姓，孝文帝時改爲賀氏，北魏末復舊姓，爲北魏勳臣八姓之一。

慕容垂圍苻丕于鄴，[1]又遣將平規攻堅幽州刺史王永于薊。[2]庫仁遣妻兄公孫希助永擊規，大破之。庫仁復將大舉以救丕，發雁門、上谷、代郡兵，[3]次于繁畤。先是，慕容文等當徙長安，[4]遁依庫仁部，常思東歸。是役也，文等夜率三郡人，攻殺庫仁，乘其駿馬，奔慕容垂。公孫希聞亂走丁零。[5]

[1]慕容垂：人名。字道明，昌黎棘城（今遼寧北票市章吉營子鄉三官營子村）人，鮮卑族。十六國時後燕的建立者。見《晋書》卷一二三《慕容垂載記》。　苻丕：人名。字永叔，略陽臨渭（今甘肅天水市東北）人。十六國時前秦君主。見《晋書》卷一一五《苻丕載記》。

[2]平規：人名。燕郡薊（今北京西南）人。十六國時後燕將領。　幽州：前秦時治薊縣，在今北京西南。　王永：人名。十六國時前秦大臣。

[3]上谷：郡名。十六國前秦時治沮陽縣，在今河北懷來縣東南。

[4]慕容文：人名。十六國時後燕將領。初在劉庫仁部下，殺庫仁後奔慕容垂，後燕兵敗時投降北魏。

[5]公孫希聞亂走丁零：元大德本缺“公”字。丁零，族名。漢代主要分布在今貝加爾湖以南地區。東漢時丁零部分南遷進入内地。兩晋南北朝時，在今山西、河北境内有定州丁零、中山丁零、北地丁零等部，漸與内地民族融合。留在漠北的大部分丁零，《晋書》稱爲敕勒，《隋書》稱爲鐵勒。

庫仁弟眷，繼攝國事。眷第三子羅辰，[1]機警有智謀，謂眷曰：“從兄顯，[2]忍人也，願早圖之。”眷不以爲意。[3]後庫仁子顯果殺眷而代立。

[1]三子：源氏校勘記云："《魏書》作'二子'。"

[2]顯：即劉顯，人名。本名醜伐。見《魏書》卷二三《劉庫仁附劉顯傳》。

[3]眷不以爲意：元大德本缺"以"字。

顯既殺眷，又謀逆。及道武即位，討顯于馬邑，[1]追至彌澤，[2]大破之。後奔慕容驎，[3]驎徙之中山。[4]

[1]馬邑：縣名。治所在今山西朔州市。

[2]彌澤：地名。在今山西河曲縣東南。

[3]慕容驎：人名。一作"慕容麟"，小字賀驎，十六國時後燕宗室，一度稱燕帝。

[4]驎徙之中山：中華本校勘記云："《魏書》卷二三《劉庫仁傳》云：'衛辰與慕容垂通好，送馬三千匹於垂，垂遣慕容良迎之。顯擊敗良軍，掠馬而去。垂怒，遣子麟、兄子楷討之。顯奔馬邑西山，麟輕騎追之，遂奔慕容永於長子。部衆悉降於麟，麟徙之中山。'《北史》删節，全失本意。"可從。中山，城名。在今河北定州市。十六國時後燕國都。

羅辰即宣穆皇后兄也。[1]顯既殺眷，羅辰遂奔道武。顯恃强，每謀逆。羅辰輒先聞奏。拜南部大人。從平中原，以功賜爵永安公。[2]以軍功除征東將軍、定州刺史。[3]卒，謚曰敬。

[1]宣穆皇后：即北魏道武帝皇后劉氏。宣穆爲其謚號。

[2]永安公：封爵名。永安，郡名。北魏時治永安縣，在今山西霍州市。

[3]征東將軍：官名。北魏時多爲持節都督，出鎮地方，地位顯要。孝文帝太和十七年定爲從一品，二十三年改爲二品。　定州：北魏時治盧奴縣，在今河北定州市。

子殊暉襲爵，位并州刺史，卒。

子求引，位武衛將軍。[1]卒，謚曰貞。

[1]武衛將軍：官名。北魏時掌宿衛禁軍，孝文帝太和十七年定爲從二品下，二十三年改爲從三品。

子爾頭，位魏昌、癭陶二縣令，[1]贈鉅鹿太守。[2]

[1]魏昌：縣名。治所在今河北無極縣東北。　癭陶：縣名。治所在今河北寧晋縣西南。

[2]鉅鹿：郡名。北魏孝莊帝永安二年（529）時分定州鉅鹿郡置，屬殷州，治癭遥縣，在今河北寧晋縣西南。

子仁之，字山静，少有操尚，粗涉書史。歷位衛將軍、西兗州刺史，[1]在州有當時之譽。武定二年卒，[2]贈衛大將軍、吏部尚書、青州刺史，[3]謚曰敬。

[1]衛將軍：官名。北魏時位在諸名號大將軍上，多作爲軍府名號，加大臣、重要州郡長官，無具體職掌。孝文帝太和十七年定爲一品下，二十三年改爲二品。　西兗州：北魏時治定陶城，在今山東定陶縣定陶鎮；後徙治左城，在今山東曹縣韓集鎮堤上范村。

[2]武定：東魏孝静帝的年號（543—550）。

[3]衛大將軍：官名。爲高級武官，地位在衛將軍之上。北魏

孝文帝太和十七年定爲一品下，位在儀同三司之下，二十三年定爲二品。　吏部尚書：官名。爲尚書省吏部曹長官。職掌官吏銓選、考課、獎懲，其實權或大於尚書僕射。然重要官職的任免須與諸執政大臣合議，由皇帝、宰相裁定，亦常命尚書僕射領吏部事務或任命大臣參掌選事以分其權任。北魏孝文帝太和十七年定爲二品下，二十三年改爲三品。　青州：東魏時治東陽城，在今山東青州市。

仁之外示長者，内多矯詐。其對賓客，破牀弊席，粗飯冷菜，衣服故惡，乃過逼下。善候當塗，能爲詭激。每於稠人廣衆中，或撾一姦吏，[1]或縱一孤貧，大言自眩。淺識皆稱其美。公能之譽，動過其實。性又酷虐，在晋陽曾營城雉，[2]仁之統監作役，以小稽緩，遂杖前殷州刺史裴瑗、并州刺史王綽。[3]齊神武大加譴責。[4]性好文字，吏書失體，便加鞭撻，言韻微訛，亦見捶楚，吏人以此苦之。而愛好文史，敬重人流。與齋帥馮元興交款，[5]元興死後積年，仁之營視其家，常出隆厚，時人以此尚之。

[1]撾（zhuā）：敲打，擊打。放任不約束。

[2]城雉：城上短墻。亦泛指城墻。

[3]殷州：北魏時治廣阿縣，在今河北隆堯縣東。　裴瑗：人名。字珍寶，河東聞喜（今山西聞喜縣）人。北魏官吏。見《魏書》卷六九《裴延儁附裴瑗傳》。　王綽：人名。字思和，太原晋陽（今山西太原市晋源區古城營村一帶）人。北魏官吏。見《魏書》卷九三《王叡附王綽傳》。

[4]齊神武：即高歡。神武爲其謚號，北齊後主所追謚。

[5]齋帥：官名。南朝宋始置。在皇帝、諸王及州郡長官左右

擔任侍衛、灑掃等職，地位較低。北朝時皇帝左右的齋帥地位較高，常兼任其他重要官職。宋本作“齊帥”，中華本校勘記云：“宋本及《魏書》卷八一（補）《劉仁之傳》、《通志》卷一四六《劉庫仁傳》，‘齋帥’作‘齊帥’，《册府》卷八〇三作‘齊州’。按本書卷四六、《魏書》卷七九《馮元興傳》，不言其曾爲齋帥，而元興是東魏郡人，正屬齊州，疑作‘齊州’是。”可從。　馮元興：人名。字子盛，東魏郡肥鄉（今河北肥鄉縣西南）人。北魏官吏。見《北史》卷四六《馮元興傳》。

仁之伯乞歸，真君中，[1]除中散大夫。[2]性寬和，與物無競，未嘗言人善惡。曾遇患晝寢，有奴偷竊，乞歸詐睡不見，亦不泄之。此奴走入蠕蠕，方笑言之，亦無嗔色。獻文末，[3]除主客尚書。[4]孝文初，[5]位東雍州刺史，[6]賜爵永安侯。卒。

[1]真君：即太平真君。北魏太武帝的年號（440—451）。

[2]中散大夫：官名。漢平帝始置。歷代因之。多爲官吏養老、病退所任，無具體職權。北魏時曾置爲職事官之加官。孝文帝太和十七年定爲四品上，二十三年改爲四品下。

[3]獻文：即北魏皇帝拓跋弘。獻文爲其謚號。

[4]主客尚書：官名。爲尚書省主客曹長官。掌少數民族蕃國朝聘接待事務。北魏孝文帝改制後罷。

[5]孝文：即北魏皇帝元宏。孝文爲其謚號。

[6]東雍州：北魏時治正平郡城，在今山西新絳縣。

子嵩，字阿龍，好周人之急。與王仲興自平城被追赴洛，[1]家貧不能自達，[2]嵩事事資遣。宣武時，仲興寵幸，乃奏除給事。[3]請疏黄河，以通船漕，授龍門都將。[4]歷年功不就，坐流。元曄僭立，[5]授大鴻臚卿。[6]子挑湯，[7]位終奉朝請。[8]

[1]王仲興：人名。趙郡南欒（今河北鉅鹿縣北）人。北魏官吏。見《北史》卷九二《王仲興傳》。

[2]家貧不能自達：中華本校勘記云："《通志》'家貧'上有'仲興'二字，疑此脱。"可從。

[3]給事：官名。北魏始置。屬内朝官，有内給事、内行給事等，多被派往尚書各曹和東宮任職，處理曹務，且兼監察之職。孝文帝太和十七年定爲從三品下，在給事中下。

[4]龍門：地名。一名禹門口。在今山西河津市西北黄河西岸。都將：官名。北魏時所置武職之一，統禁軍，侍衛皇帝左右或出征、鎮守在外。出外時多作爲一路主將，如西道都將、南征都將等。隨皇帝出征時，有的主管前鋒或中軍，爲前鋒都將、中軍都將。地位很高，多自鎮將或三大都官遷此，亦有三公任此職者。孝文帝太和十七年及二十三年職員令皆未載。

[5]元曄：人名。字華興，小字盆子。北魏宗室。見《北史》卷一八《安定王休附元曄傳》。

[6]大鴻臚卿：官名。掌賓客接待、朝禮和封爵儀式等。魏晋南北朝時接待賓客、管理少數民族事務之職移歸尚書省主客曹，本官漸成專司朝會禮儀之官。北魏孝文帝太和十七年定爲二品上，二十三年改爲三品。

[7]挑湯：中華本作"桃湯"。未詳孰是。

[8]奉朝請：官名。本爲兩漢給予退休大臣、列侯、宗室、外戚等的一種政治優待。西晋時成爲加官名號。東晋時獨立爲官，亦作加官。南朝時列爲散騎（集書）省屬官，安置閑散，所施亦濫。北魏時亦爲冗散官，有俸無職。北齊時改爲職事官，掌獻納諫諍，

隸集書省。從七品。

尉古真，代人也。道武之在賀蘭部，賀染干遣侯引乙突等將肆逆，[1]古真知之，密以馳告。染干疑古真泄其謀，乃執拷之，以兩車軸押其頭，傷其一目。不服，乃免之。後從平中原，以功賜爵東州侯。[2]明元初，爲鴻飛將軍，[3]鎮大洛。[4]卒於定州刺史。子億萬襲。

[1]賀染干：人名。鮮卑族。北魏外戚。見《北史》卷八〇《賀訥傳》。　侯引乙突：人名。賀蘭部將領。

[2]東州侯：封爵名。東州，縣名。治所在今河北河間市東北。毛本、殿本、四庫本、局本、四部備要本作“東州侯”。按：《魏書·地形志》不見“東州”。

[3]鴻飛將軍：官名。北魏置。將軍名號。

[4]大洛：城名。在今内蒙古清水河縣南。局本作“太洛”。

古真弟諾，以忠謹著稱。從道武圍中山，先登，傷一目。道武歎曰：“諾兄弟並毁目以建功效，誠可嘉也！”賜安樂子。[1]從平姚平，[2]還，拜國部大人。[3]太武時，[4]改邑遼西公。[5]卒，第八子歡襲。

[1]安樂子：封爵名。安樂，縣名。治所在今江蘇灌雲縣。

[2]姚平：人名。南安赤亭（今甘肅隴西縣西）人，羌族。後秦將領，受姚興之命進攻北魏乾壁（今山西臨汾市南汾河東岸），後敗於柴壁，投河自盡。

[3]國部大人：官名。北魏置。應是統領拓跋本部的職官。大人，北魏建國初期，沿用部落時期的稱號爲官名，置有六部大人、

外朝大人等，分理政務。

[4]太武：即北魏皇帝拓跋燾。太武爲其謚號。

[5]遼西公：封爵名。遼西，郡名。北魏時治肥如縣，在今河北盧龍縣北。

諸長子眷，忠謹有父風。明元時，執事左右，爲太官令。[1]時侍臣受斤亡入蠕蠕，詔眷追之。遂至虜庭，禽之大檀前。[2]由是以驍烈聞。太武即位，命眷與散騎侍郎劉庫仁等八人分典四部，[3]綰奏機要，加陳兵將軍。[4]文成時，拜侍中、太尉，[5]封漁陽王，[6]與太宰常英等録尚書事。[7]文成北巡狩，以寒雪方降，議還。眷曰："今去都不遠而旋，虜必疑我有内難。[8]方寒雪，宜更進前。"帝遂度漠而還。帝以眷元老，[9]賜杖履上殿。薨，謚曰莊。子多侯襲爵。

[1]太官令：官名。又作"大官令"。秦漢時始置爲少府屬官。北魏太武帝時亦置，主進御膳，後改掌百官膳食，隸光禄卿。

[2]大檀：人名。蠕蠕君主。見《北史》卷九八《蠕蠕傳》。

[3]散騎侍郎：《資治通鑑》卷一一九作"散騎侍郎"，《魏書》卷二六《尉古真傳》作"散騎常侍"。源氏校勘記云："'侍郎'《魏書》作'常侍'。"未詳孰是。

[4]陳兵將軍：官名。地位僅次於"征、鎮、安、平"將軍。北魏明元帝泰常七年進攻南朝宋時置。孝文帝太和十七年改定官制後未見（參仇鹿鳴《關於北魏幾個將軍號的考釋》，《中華文史論叢》2008年第1期）。

[5]侍中：官名。北朝時常總典機密，受遺詔輔政，權任尤重，時號"小宰相"。北魏孝文帝太和十七年定爲從一品中，二十三年

改爲三品。

[6]漁陽王：封爵名。漁陽，郡名。北魏時治潞縣，在今北京通州區東甘棠鄉。

[7]太宰：官名。即大宰、冢宰。東晋、南朝時用作贈官，用以安置元老勳舊大臣。北魏、北齊時則在太師、太傅、太保之上别置太宰。同爲一品。　常英：人名。字世華。北魏官吏。見《北史》卷八〇《常英傳》。　録尚書事：元大德本無“事”字。

[8]虜必疑我有内難：元大德本無“虜”字，毛本、殿本、四庫本、局本、四部備要本“虜”作“敵”。

[9]帝以眷元老：元大德本無“眷”字。

多侯少有武幹。獻文時，假節、領護羌戎校尉、敦煌鎮將。[1]至，求輕騎五千，西入于闐，[2]兼平諸國，因敵取資，平定爲效。弗許。孝文初，又求北取伊吾，[3]斷蠕蠕通西域路。帝善其計，以東作方興，難之。爲妻元所害。

[1]護羌戎校尉：官名。北魏置。掌管羌族事務。孝文帝太和十七年定爲三品中，二十三年改爲從三品。　敦煌：軍鎮名。在今甘肅敦煌市西。　鎮將：官名。北魏置。爲鎮之主官，掌一鎮兵馬及鎮之守衛。在不設州郡的地區，兼統軍民；在設州郡的内地，主要掌軍政，但兼任駐在州刺史時，亦兼理民政。其下設副將、監軍及長史、司馬等佐僚。品秩按所帶將軍號而定。

[2]于闐：一作“于寘”。西域古國，國都在西城（一作“西山城”），轄境相當於今新疆和田地區。見《北史》卷九七《于闐傳》。

[3]伊吾：地名。始稱伊吾盧，爲内地通往西域的門户，在今新疆哈密地區。

多侯弟子慶賓，善騎射，有將略，稍遷太中大夫。[1]明帝時，[2]朝議送蠕蠕主阿那瓌還國，[3]慶賓上表固争，不從。後蠕蠕遂執行臺元孚。[4]慶賓後拜肆州刺史。[5]時尒朱榮兵威漸盛，[6]曾經肆州，慶賓惡之，據城不納。榮襲之，拘還秀容，[7]呼爲假父。後以母憂還都。[8]尋起爲光禄大夫、都督，鎮汝陰。[9]還朝，卒，贈司空。子瑾。

[1]太中大夫：官名。亦作"大中大夫"。北魏至隋朝其品秩與卿相近，多用以安置年老退免的九卿大臣，無具體職掌。北魏時亦用作加官、兼官，或供朝廷臨時差遣。孝文帝太和十七年定爲三品下，二十三年改爲從三品。

[2]明帝：即北魏皇帝元詡。明爲其謚號。

[3]阿那瓌：人名。郁久閭氏。北魏時蠕蠕國君主。見《北史》卷九八《蠕蠕傳》。

[4]行臺：官名。北魏時爲行臺尚書的省稱。職掌當地軍政事務，亦兼理民事。　元孚：人名。字秀和。北魏宗室。見《北史》卷一六《臨淮王譚附元孚傳》。

[5]肆州：北魏時治九原縣，在今山西忻州市忻府區。

[6]尒朱榮：人名。北秀容（今山西朔州市）人，契胡族。北魏大臣。見《北史》卷四八《尒朱榮傳》。

[7]秀容：郡名。北魏時治秀容縣，在今山西忻州市西北。

[8]後以母憂還都：底本無"母"字，中華本校勘記云："諸本脱'母'字，據《魏書》卷二六《尉古真傳》補。"今從改。

[9]光禄大夫：官名。漢武帝時改中大夫置。掌議論。西漢後期起逐漸爲加官、散官。北魏孝文帝太和二十三年定爲三品。　都

督：官名。三國魏文帝黄初年間置。北朝前期爲統率全國或地方兵馬的指揮官，其爲州郡軍事長官者，兼理民政。至北朝後期則爲率領鄉兵、畜牧軍馬的中低級軍官，或作爲大臣的加官和贈官。底本無"都"字，今從《魏書·尉古真附慶賓傳》補。　汝陰：郡名。北魏時治社亭城，在今安徽潁上縣南。

瑾少而敏悟，好學慕善。以國姓門資，稍遷直後。[1]司馬子如執政，[2]瑾娶其甥皮氏爲妻，由此除中書舍人。[3]後除吏部郎中。[4]齊文襄崩，[5]文宣命瑾在鄴北宫，[6]共高德正典機密。[7]天保中，[8]累遷七兵尚書、侍郎。[9]孝昭輔政，[10]除吏部尚書。武成踐祚，[11]趙彦深本子如賓僚，[12]元文遥、和士開並帝鄉故舊，[13]共相薦達，任遇彌重。又吏部銓衡所歸，事多秘密，由是朝之機事，頗亦預聞。後爲尚書右僕射，[14]卒。武成方在三臺饗宴，[15]文遥奏聞，遂命撤樂罷飲。

[1]直後：官名。北魏始置。爲皇帝左右的侍衛武官，或以給事中、宣威將軍等領之。原爲比視官，有罪不得加刑。孝明帝時胡太后聽任城王元澄之議，依照中正例當刑。

[2]司馬子如：人名。字遵業，河内温（今河南温縣）人。東魏、北齊官吏。見《北齊書》卷一八《司馬子如傳》。

[3]中書舍人：官名。中書省屬官。北朝時專掌草擬詔令，出納之職由門下省分任。北魏孝文帝太和十七年定爲六品上，二十三年改爲六品下。

[4]吏部郎中：官名。爲尚書省吏部曹長官。屬吏部尚書，主管官吏選任、銓叙、調動事務，對五品以下官吏之任免有建議權。職位高於尚書省諸曹郎。北魏孝文帝太和十七年定爲從四品上，二

十三年後爲六品。

［5］齊文襄：即高澄。文襄爲其謚號，北齊文宣帝所追謚。

［6］文宣：即北齊皇帝高洋。文宣爲其謚號。

［7］高德正：人名。一作“高德政”，字士貞，勃海蓨（今河北景縣）人。北魏、北齊官吏。見《北史》卷三一《高允附高德正傳》。

［8］天保：北齊文宣帝的年號（550—559）。

［9］七兵尚書：官名。尚書省七兵曹長官。三國魏始置五兵尚書，掌管中兵、外兵、騎兵、别兵、都兵五曹。晋分中兵、外兵爲左、右曹，實際是七曹，其長官仍沿稱五兵尚書。十六國時後燕始改爲此名。北魏時定爲官名，孝文帝太和十七年定爲從二品中。北齊初沿置，後改爲五兵尚書。　侍郎：官名。西漢置。皇帝侍從官，爲郎官之一，隸光禄勳，宿衛宫禁，侍奉皇帝。北魏初亦置於禁中，掌侍衛，隸屬不詳。北齊沿置。

［10］孝昭：即北齊皇帝高演。孝昭爲其謚號。

［11］武成：即北齊皇帝高湛。武成爲其謚號。

［12］趙彦深：人名。即趙隱。字彦深，自稱南陽宛（今河南南陽市）人。東魏、北齊大臣。見《北史》卷五五《趙彦深傳》。

［13］元文遥：人名。字德遠，河南洛陽（今河南洛陽市東北）人，鮮卑族。北齊大臣。見《北史》卷五五《元文遥傳》。　和士開：人名。字彦通，清都臨漳（今河北臨漳縣）人。北齊大臣。見《北史》卷九二《和士開傳》。

［14］尚書右僕射：官名。北魏時列位宰相，職掌都省庶務及執法，或典選舉。位在尚書左僕射下。孝文帝太和十七年定爲從一品中，二十三年改爲從二品。北齊因之。

［15］三臺：即銅雀臺、金虎臺、冰井臺。曹操所建。故址在今河北臨漳縣西南。北齊文宣帝高洋在曹操三臺的舊基上加以擴建，並改銅雀爲金鳳，金虎爲聖應，冰井爲崇光。

瑾外雖通顯，内闕風訓，閨門穢雜，爲世所鄙。有女在室，忽從奔誘，瑾遂以適婦姪皮逸人。瑾又通寡嫂元氏。瑾嘗譏吏部郎中頓丘李構云：[1]“郎不稽古。”構對令史云：“我實不稽古，未知通嫂得作稽古不?”瑾聞大慚。然亦能折節下士，意在引接名流，但不之别也。有賈彦始者，[2]儀望雖是儒生，稱堪充聘陳使。[3]司徒户曹祖崇儒，[4]文辯俱不足，言將爲當世莫及。好學吴人摇脣振足，[5]爲人所哂。[6]見人好笑，時論比之寒蟬。又少威儀，子德載，以蒲鞭責之，便自投井，瑾自臨井上，呼云：“兒出!”聞者皆笑。及位任重，便大躁急，省内郎中將論事者，逆即瞋駡。既居大選，彌自驕狠。皮子賤恃其親通，多所談薦，大有受納。瑾死後，其弟静忿而發之。子賤坐决鞭二百，配北營州。[7]

[1]頓丘：縣名。治所在今河南清豐縣西南。　李構：人名。字祖基。北齊官吏。見《北史》卷四三《李崇附李構傳》。

[2]賈彦始：人名。齊郡益都（今山東青州市）人。東魏、北齊官吏。見《北史》卷四七《賈思伯附賈彦始傳》。

[3]聘：國與國之間遣使訪問。

[4]司徒户曹：官署名。指司徒府的户曹，掌民户、祠祀、農桑事。長官爲參軍或參軍事。　祖崇儒：人名。范陽遒（今河北淶水縣北）人。北齊官吏。見《北史》卷四七《祖瑩附祖崇儒傳》。

[5]振足：局本脱“振”字。

[6]爲人所哂：局本“爲”下衍“振”字。

[7]北營州：即營州，北齊時治龍城縣，在今遼寧朝陽市。

初，瑾爲聘梁使，[1]梁人陳昭善相，[2]謂瑾曰：“二十年後當爲宰相。”瑾出，私謂人曰：“此公宰相後，不過三年，當死。”昭後爲陳使主，[3]兼散騎常侍，至齊。瑾時兼右僕射，鳴騶鐃吹。[4]昭復謂人曰：“二年當死。”果如言焉。

德載位通直散騎侍郎。[5]

[1]瑾爲聘梁使：局本“爲”訛作“受”。

[2]陳昭：人名。義興國山（今江蘇宜興市西南）人。南朝梁官吏。見《梁書》卷三二《陳慶之傳》。

[3]使主：即諸使節之首。一般冠以使命名號，如聘梁使主、聘周使主等。其助手稱使副。

[4]鳴騶（zōu）：隨從顯貴出行並傳呼喝道的騎卒。　鐃吹：演奏鐃歌。鐃歌爲軍中樂歌。爲鼓吹樂的一部。

[5]通直散騎侍郎：官名。晋武帝時使員外散騎常侍二人與散騎常侍通員當值，故名。東晋增至四員，屬散騎省，職同散騎常侍，參平尚書奏事，並掌諷諫、侍從，地位頗重。南朝屬集書省，多以衰老之士擔任，地位漸低。北齊沿置，除集書省置六員外，集書省所轄起居省亦設一員。四品。

眷弟地干，機悟有才藝，馳馬立射五的，時人莫能及。太武時，位庫部尚書，[1]加散騎常侍，領侍輦郎。[2]奉上忠謹，尤善嘲笑。太武見其效人舉措，忻悦不能自勝。甚見親愛，參軍國大謀。時征平原，試衝車以攻冢。[3]地干爲索所羂，[4]折脅而卒。帝親往哭慟，贈中領軍、燕郡公，[5]謚曰惠。

[1]庫部尚書：官名。北魏前期置。爲尚書省庫部曹長官，掌

軍械製造、保管。孝文帝改制罷。

[2]侍輦郎：官名。北魏置。隨侍皇帝左右，由功臣子弟及武勇之士充任，位較高。孝文帝太和十七年職員令和二十三年復次職員令皆未載。

[3]時征平原：中華本校勘記云："《魏書》卷二六'平原'作'平涼'。按'征平涼'指進攻赫連昌。《魏書》卷四上《世祖紀》，始光四年正月，'赫連昌遣其弟平原公定率衆二萬向長安，帝聞之，乃遣就陰山伐木，大造攻具。'尉地干試衝車致死，當在此時。但其時赫連昌尚據統萬，敗走平涼，還在其後。征平原不見於紀，當誤。"可從。　衝車：兵車名。用以衝城攻堅。

[4]羂（juàn）：纏繞，套住。

[5]中領軍：官名。漢獻帝建安年間曹操改領軍置。北魏時侍臣帶"領軍"者，稱中領軍。與中護軍共同掌管禁軍。孝文帝太和十七年定爲二品中，二十三年定爲三品。《魏書》卷二六《尉古真附尉地干傳》作"中領軍將軍"。　燕郡公：封爵名。燕，郡名。北魏時治薊縣，在今北京西南。

子長壽，位右曹殿中尚書，[1]賜爵會稽公，[2]卒於涇州刺史。[3]

[1]右曹殿中尚書：《魏書》卷二六《尉古真附尉長壽傳》作"殿中右曹尚書"。殿中尚書，官名。北魏時爲禁衛長官，孝文帝太和十七年定爲二品中。不僅有殿中尚書，還有殿中左、右曹尚書。故《魏書》爲是（參張金龍《北魏前期禁衛武官制度考論——以史籍記載爲中心》，《歷史研究》2003年第3期）。

[2]會稽公：封爵名。會稽，郡名。北魏時治會稽縣，在今甘肅玉門市西北。

[3]涇州：北魏時治安定縣，在今甘肅涇川縣北。

古真族玄孫聿，字成興，性耿介。明帝時，爲武衛將軍。時領軍元叉執權，[1]百僚莫不加敬，聿獨長揖不拜。尋出爲凉州刺史。[2]凉州緋色，天下之最，叉送白綾二千匹令染，聿拒不受。叉諷御史劾之，驛徵至京。覆，無狀。還任，卒。

[1]領軍：官名。漢獻帝時設，統領禁衛軍，屬丞相府。魏晋南北朝時資深者稱領軍將軍，資輕者稱中領軍，職掌同。多由中領軍遷領軍將軍，一般不並置。僅北魏孝文帝太和十七年職員令中專設領軍。二品中。　元叉：人名。字伯儁，小字夜叉。北魏宗室、大臣。見《北史》卷一六《京兆王黎附元叉傳》。

[2]凉州：北魏時治林中縣，在今甘肅武威市。

穆崇，代人也，其先代效節於神元、桓、穆之時。崇少以盗竊爲事。道武之居獨孤部，崇往來奉給，時人無及者。後劉顯之逆，平文皇帝外孫梁眷知之，[1]密遣崇告道武。眷謂崇曰："顯若知之，雖刀劍刳割勿泄也。"因以寵妻及所乘良馬付崇曰："事覺，吾當以此自明。"崇來告難，道武馳如賀蘭部。顯果疑眷泄，將囚之。崇乃唱言："梁眷不顧恩義，將顯爲逆。今我掠得其妻、馬，足以雪忿。"顯聞信之。窟咄之難，[2]崇外甥于植等與崇謀執道武以應之。崇夜告道武，道武誅植等，北踰陰山，[3]復幸賀蘭部。

[1]平文：即拓跋鬱律。平文爲其謚號，北魏道武帝所追謚。

[2]窟咄：人名。拓跋珪的叔父，代國滅亡後被遷往長安，後試圖與拓跋珪爭奪王位。見《北史》卷一五《拓跋窟咄傳》。

[3]陰山：即今内蒙古陰山山脉。

道武爲魏王，崇從平中原，位侍中、豫州刺史、太尉、宜都公。[1]天賜三年，[2]薨。先是，衛王儀謀逆，崇預焉。道武惜其功，秘之。及有司奏謚，帝親覽謚法，述義不剋曰丁，曰："此當矣。"乃謚丁公。

[1]豫州：北魏時治懸瓠城，在今河南汝南縣。　宜都公：封爵名。遥封。宜都，郡名。東晋時治夷道縣，在今湖北宜都市。

[2]天賜：北魏道武帝的年號（404—409）。

初，道武避窟咄難，遣崇還察人心。崇留馬與從者，微服入其營。會有火光，爲春妾所識，[1]賊皆驚起。崇求從者不得，因匿阬中，徐乃竊馬奔走。宿於大澤，有白狼向崇號，崇覺悟，馳隨狼奔，遂免難。道武異之，命崇立祀，子孫世奉焉。太和中，追録功臣，以崇配饗。

[1]春（chōng）妾：任春膳等勞役的女奴。源氏校勘記云："'春'《魏書》作'春'。似非。"

崇長子逐留，[1]以功賜爵零陵侯。[2]後以罪廢。

[1]逐留：《魏書》卷二七《穆崇傳》作"遂留"。源氏校勘記

云："《魏書》作'遂留'。"未詳孰是。

[2]零陵侯：封爵名。遥封。零陵，縣名。治所在今廣西全州縣西南。

子乙，[1]以功賜爵富城公。[2]卒於侍中，謚曰静。

[1]乙：《魏書》卷二七《穆崇傳》作"乙九"。源氏校勘記云："'乙'下《魏書》有'九'字。"未詳孰是。

[2]富城公：封爵名。富城，縣名。治所在今山東肥城市西南。

子真，尚長城公主，[1]拜駙馬都尉。[2]後敕離婚，納文明太后姊。[3]位南部尚書、侍中。[4]卒，謚曰宣。孝文追思崇勳，令著作郎韓顯宗與真撰定碑文，[5]建於白登山。[6]

[1]長城公主：封號。具體不詳。長城，郡名。北魏時治黄石縣，在今甘肅平涼市西北。

[2]駙馬都尉：官名。簡稱駙馬。漢武帝始置，皇帝出行時掌副車，秩比二千石，爲侍從近臣，常用作加官。魏晋後多用於尚公主者。北魏孝文帝太和十七年定爲從四品上，二十三年改爲六品。

[3]文明太后：即北魏文成帝皇后馮氏。文明爲其謚號。

[4]南部尚書：官名。北魏道武帝皇始元年（396）置，爲尚書省南部曹長官，初置一人。後以南部州郡數多，政繁權重，增員二人或二人以上。除管理南方州郡事務外，還統兵南進，多由本部屬官遷任。孝文帝改制罷。

[5]著作郎：官名。三國魏明帝時置，爲著作局長官，隸中書省。歷代沿置，職掌不同。北魏中期於秘書省置著作局，設員二

人。孝文帝太和十七年定爲五品上，二十三年改爲從五品上。　韓顯宗：人名。字茂親，昌黎棘城（今遼寧北票市章吉營子鄉三官營子村）人。北魏官吏。見《北史》卷四〇《韓麒麟附韓顯宗傳》。

[6]白登山：在今山西大同市東北。

真子泰，本名石洛，孝文賜名焉。以功臣子孫，尚章武長公主，[1]拜駙馬都尉，典羽獵四曹事。[2]後爲尚書右僕射、馮翊侯，[3]出爲定州刺史。初，文明太后幽孝文於别室，[4]將謀黜廢，泰切諫乃止。孝文德之，故寵待隆至。自陳久病，乞爲恒州，[5]許之。

[1]章武長公主：封號。具體不詳。章武，郡名。北魏時治平舒縣，在今河北大城縣。

[2]羽獵：官署名。北魏置。掌皇帝出獵事務，多以他官兼領曹務。

[3]馮翊侯：封爵名。馮翊，郡名。北魏時治高陸縣，在今陝西高陵縣。

[4]文明太后幽孝文於别室：底本無“太”字，中華本校勘記云：“諸本脱‘太’字，據《魏書》卷二七《穆崇傳》補。”今從補。

[5]恒州：北魏時治平城，在今山西大同市東北。

泰不願遷都，潛圖叛，乃與定州刺史陸叡及安樂侯元隆等，[1]謀推朔州刺史陽平王頤爲主。[2]頤密表其事，帝乃遣任城王澄發并、肆兵討之。[3]澄先遣書侍御史李焕單騎入代，[4]出其不意，泰等驚駭，計無所出。焕曉喻逆徒，示以禍福，於是凶黨離心，莫爲之用。泰自度必敗，乃率麾下攻焕郭門，[5]不克。走出，爲人禽送。孝文幸代，泰等伏誅。

[1]陸叡：人名。字思弼，代（今山西大同市東北）人。北魏大臣。見《北史》卷二八《陸俟附陸叡傳》。　安樂侯：封爵名。安樂，郡名。北魏時疑治三會城，在今河北承德縣東北老牛河之東。　元隆：人名。北魏宗室。孝文帝遷洛時，曾與其弟超密謀留恂。後又參與以穆泰爲首的叛亂，以謀逆罪被殺。

[2]朔州：北魏時治盛樂縣，在今内蒙古和林格爾縣西北。　陽平王：封爵名。陽平，郡名。北魏時治館陶城，在今河北館陶縣。　頤：即元頤，人名。本名安壽，北魏孝文帝賜名頤。北魏宗室。見《北史》卷一七《陽平王新成附元頤傳》。

[3]任城王：封爵名。任城，郡名。北魏時治任城縣，在今山東濟寧市。　澄：即元澄，人名。字道鏡（《魏書》卷一九中《任城王雲附元澄傳》作“道鎮”）。北魏宗室。見《北史》卷一八《任城王雲附元澄傳》。

[4]書侍御史：按：《魏書·任城王雲附元澄傳》、卷二七《穆崇附穆泰傳》、卷三六《李順附李焕傳》，《資治通鑑》卷一〇四作“治書侍御史”。《北史》避唐高宗李治諱省“治”字。治書侍御史，亦稱治書御史，簡稱御史、侍御。魏晋南北朝時爲御史中丞佐貳、御史臺要職，分領侍御史諸曹，監察、彈劾較高級官員，亦奉命出使，收捕犯官等。南朝時不爲世族所重，而北朝時威權甚重。北魏孝文帝太和十七年定爲五品上，二十三年改爲六品上。　李焕：人名。字仲文，小字醜瓌，趙郡平棘（今河北趙縣）人。北魏官吏。見《北史》卷三三《李裔附李焕傳》。　單騎：源氏校勘記云：“《魏書》作‘單車’。”

[5]郭門：外城門。

子士儒，字叔賢，徙涼州。後得還，爲太尉參軍事。[1]

[1]太尉參軍事：官名。即太尉府參軍事。掌參謀軍務。北魏孝文帝太和二十三年定爲七品。

子子容，[1]少好學，無所不覽。求天下書，逢即寫録，所得萬餘卷。魏末，爲兼通直散騎常侍聘梁。[2]齊受禪，卒於司農卿。[3]

[1]子容：《魏書》卷二七《穆崇傳》作“容”。源氏校勘記云：“‘子容’《魏書》無‘子’字。”未詳孰是。

[2]通直散騎常侍：官名。北魏時掌侍從、諷諫，屬集書省，員六人。孝文帝太和十七年定爲三品下，二十三年改爲四品（參黄惠賢《西晋散騎建省及其所領諸官：散騎諸官研究資料之三》，載《魏晋南北朝隋唐史資料》第17輯，武漢大學出版社2000年版）。

[3]司農卿：官名。南朝梁改大司農爲司農卿，職掌勸農、倉儲、園苑、供應宫廷膳食等。北齊時置爲司農寺長官。三品。

逐留弟觀，字闥拔，襲崇爵。少以文藝知名。明元中，位爲左衛將軍，[1]綰門下、中書，[2]出納詔命，及訪舊事，未嘗有遺漏。尚宜陽公主，[3]拜駙馬都尉，位太尉。

[1]明元中位爲左衛將軍：中華本校勘記云：“《魏書》卷二七‘中’作‘即’，疑是。”按：兩者句讀不同，皆可通，唯確切時間不可考也。明元，即北魏皇帝拓跋嗣。明元爲其謚號。左衛將軍，

官名。晋武帝始置。與右衛將軍共掌宿衛營兵。四品。

[2]門下：官署名。北魏時爲門下諸省的泛稱。其署設於禁中，其官得出入宫禁，爲皇帝的親近侍從。　中書：官署名。中書省的省稱。三國魏文帝初年分秘書省置。北魏前期，職任不定，或兼掌出納、侍從。孝文帝改制後，始專掌出令、納奏。

[3]宜陽公主：封號。具體不詳。宜陽，郡名。北魏時治宜陽縣，在今河南宜陽縣西。

太武監國，觀爲右弼，[1]出則統攝朝政，入則應對左右，事無巨細，皆關决焉。終日怡怡，無愠色，劳謙善誘，不以富貴驕人。太常八年，[2]暴疾薨，年三十五。明元親臨其喪，悲動左右，賜以通身隱起金飾棺，喪禮一依安城王叔孫俊故事，[3]贈宜都王，謚曰文成。太武即位，每與群臣談宴，未嘗不歎息殷勤，[4]以爲自道武以來，[5]佐命勳臣文武兼濟無及之者。

[1]右弼：官名。北魏明元帝泰常年間置，太子拓跋燾監國，以重臣爲之。坐西廂東面，與左輔共掌百僚。

[2]太常：殿本、四庫本、四部備要本、中華本作“泰常”。“太”“泰”舊時兩字通。

[3]安城王：封爵名。遥封。安城，郡名。南朝宋時治平都縣，在今江西安福縣。

[4]未嘗不歎息殷勤：局本“息”訛作“患”。

[5]以爲自道武以來：中華本校勘記云：“《魏書》卷二七‘道武’作‘泰常’。按泰常爲明元年號，疑此作‘道武’誤。”可從。

子壽襲爵，尚樂陵公主，[1]拜駙馬都尉。明敏有父風。太武愛重之，擢爲下大夫。[2]敷奏機辯，有聲内外。遷侍中、中書監、領南部尚書，[3]進爵宜都王，加征東大將軍。[4]壽辭曰："臣祖崇，先皇之世，屢逢艱危。幸天贊梁眷，[5]誠心先告，故得效功前朝，流福于後。昔陳平受賞，[6]歸功無知。今眷元勳未録，臣獨奕世受榮，[7]豈惟仰愧古賢，抑亦有虧國典。"太武嘉之，乃求眷孫，賜爵郡公。

[1]樂陵公主：封號。具體不詳。樂陵，郡名。北魏時治樂陵縣，在今山東樂陵市。

[2]下大夫：官名。北魏置。尚書諸曹及内部、外部等曹皆置，位在諸曹令之上，多由此遷本部尚書。孝文帝太和十七年定爲四品上，二十三年復次職員令未見。

[3]中書監：官名。魏晋南北朝中書省長官之一。三國魏文帝時分秘書省置中書省，下設中書監、中書令，掌收納章奏、草擬及發布詔令。唯入朝時，中書監班次略高於中書令。東晋、南北朝時逐漸脱離機務，隨名位增高而成爲閑職。北魏孝文帝太和十七年定爲從一品中，二十三年改爲從二品。

[4]征東大將軍：官名。三國魏文帝時置，職掌與征東將軍同，而位在其上，多統兵出鎮方面，都督數州諸軍事，不常置。南北朝沿置。北魏孝文帝太和十七年定爲一品下。

[5]天贊：天佑。

[6]陳平：人名。陽武户牖鄉（今河南原陽縣東南）人。漢初大臣。見《漢書》卷四〇《陳平傳》。

[7]奕世：累世。

輿駕征凉州，命壽輔景穆，[1]總録機要，内外聽焉。

次雲中，將濟河，帝别御静室，召壽及司徒崔浩、尚書李順，[2]謂壽曰："蠕蠕吴提與牧犍連和，[3]今聞朕征凉州，必來犯塞。若伏兵漠南，殄之爲易。牧田訖，[4]可分伏要害，以待虜至，引使深入，然後擊之。若違朕指授，爲虜侵害，朕還斬卿。崔浩、李順爲證，非虚言也。"壽信卜筮言，謂賊不來，竟不設備。吴提果至，京邑大駭。壽不知所爲，欲築西郭門，請景穆避保南山，惠保太后不聽，[5]乃止。遣司空長孫道生等擊之。[6]太武還，以無大損傷，故不追咎。

[1]景穆：即北魏太武帝太子拓跋晃。景穆爲其謚號，北魏文成帝所追謚。

[2]崔浩：人名。字伯淵，《北史》避唐高祖李淵諱改爲伯深，清河東武城（今山東武城縣西北）人。北魏大臣。見《北史》卷二一《崔宏附崔浩傳》。　尚書：官名。魏晋南北朝時分掌尚書省諸曹。北魏孝文帝太和十七年定吏部從一品下，列曹二品中，二十三年改爲皆三品。　李順：人名。字德正，趙郡平棘（今河北趙縣）人。北魏官吏。見《北史》卷三三《李順傳》。

[3]吴提：人名。北魏時柔然可汗，號敕連可汗。見《魏書》卷一〇三《蠕蠕傳》。　牧犍：即沮渠牧犍，人名。一名沮渠茂虔，盧水胡人。十六國時北凉君主。見《北史》卷九三《沮渠蒙遜附沮渠牧犍傳》。

[4]牧田訖：中華本校勘記云："《魏書》'牧'作'收'。按'收田'指收穫穀物。當時代都附近農業頗爲重要，《魏書》卷二《太祖紀》天興元年二月，詔'給内徙新民耕牛，計口受田'，可證。'牧'當是'收'之訛。"可從。

[5]惠保太后：即北魏太武帝保姆竇氏。惠爲其謚號。源氏校

勘記云："《魏書》無'保'字。"

［6］長孫道生：人名。代（今山西大同市東北）人，鮮卑族。北魏大臣。見《北史》卷二二《長孫道生傳》。

景穆監國，壽與崔浩等輔政。人皆敬浩，壽獨陵之。又自恃位任，以人莫己及。謂其子師曰："但令吾兒及我，亦足勝人，不須苦教之。"遇諸父兄弟有如僕隸，夫妻並坐共食，而令諸父餕餘。[1]爲時人鄙笑。薨，贈太尉，謚曰文宣。

［1］餕（jùn）餘：吃剩下的食物。

子平國襲爵，尚城陽長公主，[1]拜駙馬都尉、侍中、中書監，爲太子四輔。[2]卒。

［1］城陽長公主：封號。具體不詳。城陽，郡名。北魏時治所不詳，當在今河南境内。

［2］太子四輔：官名合稱。北魏自明元帝時起，以四位元老重臣爲左輔、右弼、前疑、後丞，掌以政事輔導太子。孝文帝時省之。

子伏干襲，尚濟北公主，[1]拜駙馬都尉。卒，謚曰康。無子。

［1］濟北公主：封號。具體不詳。濟北，郡名。北魏時治盧子城，在今山東平陰縣東。

伏干弟羆襲爵，尚新平長公主，[1]拜駙馬都尉、武牢鎮將。[2]頻以不法致罪，孝文以其勳德之舊，讓而赦之。轉吐京鎮將，[3]深自剋勵。後改吐京鎮爲汾州，[4]仍以羆爲刺史。前吐京太守劉升，[5]在郡甚有威惠，限滿還都，胡人八百餘人詣羆請之。前定陽令吴平仁亦有恩信，[6]户增數倍。羆以吏人懷之，並爲表請，孝文皆從焉。羆既頻薦升等，所部守令，咸自砥礪，威化大行。州人李軌、郭及祖七百餘人詣闕稱羆恩德。孝文以羆政和人悦，增秩延限。

[1]新平長公主：封號。具體不詳。新平，郡名。北魏時治新平城，在今陝西彬縣。

[2]武牢：關隘名。即虎牢。《北史》避唐高祖祖父李虎諱改。在今河南滎陽市汜水鎮西。

[3]吐京：鎮名。在今山西石樓縣。

[4]汾州：北魏時治蒲子城，在今山西隰縣。

[5]吐京：郡名。北魏時治吐京縣，在今山西石樓縣。

[6]定陽：縣名。治所在今山西吉縣。

後徵爲光禄勳，[1]隨例降王爲魏郡公。[2]累遷侍中、中書監。穆泰之反，羆與潛通，赦後事發，削封爲編户。[3]卒于家。宣武時，[4]追贈鎮北將軍、恒州刺史。[5]

[1]光禄勳：官名。漢武帝時改郎中令置。北魏沿置，掌宫殿門户名籍，外官遭劾禁入宫省，則通知光禄勳廢止門籍。兼掌供應百官膳食。孝文帝太和十七年定爲從一品下，二十三年改爲三品。

[2]魏郡公：封爵名。魏，郡名。北魏時治鄴縣，在今河北臨

漳縣西南鄴鎮。

[3]編户：編入户籍的平民，爲國家徵收賦税的對象。

[4]宣武：即北魏皇帝元恪。宣武爲其謚號。

[5]鎮北將軍：官名。東漢置。多爲持節都督，出鎮方面，後漸爲褒賞軍功勳臣的閑職。北魏孝文帝太和十七年定爲從一品下，二十三年改爲從二品。

羆弟亮，字幼輔，早有風度。獻文時，起家侍御中散。[1]尚中山長公主，[2]拜駙馬都尉，封趙郡王。[3]加侍中，徙封長樂王。[4]

[1]侍御中散：官名。北魏時從中散官中分化出來，屬侍御曹。地位較中散高，更親近皇帝。多選用鮮卑族及功臣子弟，也可作爲起家官。任職於其他機構，則冠以機構名，如殿内侍御中散、内秘書侍御中散等。孝文帝太和十七年定爲五品上，二十三年復次職員令未見載。

[2]中山長公主：封號。具體不詳。中山，郡名。北魏時治盧奴縣，在今河北定州市。

[3]趙郡王：封爵名。趙郡，北魏時治平棘縣，在今河北趙縣。

[4]長樂王：封爵名。長樂，郡名。北魏時治信都縣，在今河北冀州市。

孝文時，除征南大將軍、領護西戎校尉、仇池鎮將。[1]宕昌王梁彌機死，[2]子彌博立，爲吐谷渾所逼，[3]來奔仇池。亮以彌博兇悖，氐羌所棄，彌機兄子彌承，戎人歸樂，表請納之。孝文從焉。於是擊走吐谷渾，立彌承而還。氐豪楊卜自延興以來，[4]從軍二十一戰，前來鎮將，抑而不聞。亮表卜爲廣業太守，[5]豪右咸悦，境内大安。

[1]征南大將軍：官名。魏晋南北朝時爲將軍名號，多授予統兵出鎮在外、都督數州軍事者。在武職中地位很高，位四征將軍之上。北魏孝文帝太和十七年定爲一品下，二十三年改爲二品。　仇池：軍鎮名。在今甘肅西和縣西南。

[2]宕昌王：封爵名。宕昌，地名。在今甘肅宕昌縣西。　梁彌機：人名。羌族。北魏時宕昌國君主。孝文帝時爲征南大將軍、河南公、宕昌王等。見《北史》卷九六《宕昌傳》。

[3]吐谷（yù）渾：族名。又稱吐渾、退渾。原爲鮮卑族慕容部的一支，先祖游牧於徒河青山（今遼寧義縣東）。西晋時，遷徙於今甘肅、青海一帶。十六國時，先後受到前凉、西秦等追逐，幾乎亡國。後再度崛起，北魏太武帝時達到最强盛。在北魏打擊下，一度退到今新疆一帶。以游牧爲生。見《北史》卷九六《吐谷渾傳》。

[4]延興：北魏孝文帝的年號（471—476）。

[5]廣業：郡名。北魏時治白石縣，在今甘肅成縣。

徵爲侍中、尚書左僕射。[1]于時復置司州，[2]孝文曰："司州始立，未有僚吏，須立中正，[3]以定選舉。然中正之任，必須德望兼資。世祖時，[4]崔浩爲冀州中正，[5]長孫嵩爲司州中正，[6]可謂得人。公卿等宜審推舉。"尚書陸叡舉亮爲司州大中正。後拜司空，參議律令。例降爵爲公。

[1]尚書左僕射：官名。尚書僕射分左右自漢獻帝時始，自此

以後，或二或一，置二人則分左右。職掌都省庶務及執法，或典選舉，左僕射權力大於右僕射，兼掌糾彈百官。北魏孝文帝太和十七年定爲從一品中，二十三年改爲從二品。源氏校勘記云："'左'《魏書》作'右'。"

[2]司州：北魏孝文帝太和十七年改洛州置，治洛陽縣，在今河南洛陽市東北。

[3]中正：官名。漢獻帝時始置。由各郡長官推選本郡任職於中央的有德行之士人兼任，負責品評本郡士人，劃分等級，以爲吏部委任官員的依據。北魏前、中期此職權任頗重，後期選任漸濫。

[4]世祖：即北魏太武帝拓跋燾。世祖爲其廟號。

[5]冀州：北魏時治信都縣，在今河北冀州市。

[6]長孫嵩：人名。代（今山西大同市東北）人，鮮卑族。北魏大臣。見《北史》卷二二《長孫嵩傳》。

時文明太后崩，已過期月，[1]孝文毀瘠猶甚。亮表請上承金册遺訓，下稱億兆之心，時襲輕服，數御常膳，修崇郊祠，垂惠咸秩。詔曰："苟孝悌之至，無所不通。今飄風亢旱，時雨不降，實由誠慕未濃，幽顯無感也。"尋領太子太傅。[2]時將建太極殿，[3]帝引見群臣於太華殿，[4]曰："將營殿宇，今欲徙居永樂，[5]以避囂埃。土木雖復無心，毁之能不悽愴！今故臨對卿等，與之取别。此殿乃高宗所制，[6]爰歷顯祖，[7]逮朕沖年，[8]受位於此。但事來奪情，[9]將有改制。仰惟疇昔，[10]唯深悲感。"亮稽首請稽之卜筮。又以去歲役作，爲功甚多，太廟、明堂，[11]一年便就。若仍歲頻興，恐人力彫弊。且材幹新伐，願待餘年。[12]帝曰："朕遠覽前王，無不興造。故有周創業，經建靈臺；[13]洪漢受命，未央是作。[14]草創之初，猶尚若此；况朕承累聖之運，屬太平之基？欲及此時，以就大功。人生定分，脩短命也，蓍蔡雖智，[15]其如命何！當委之大分，[16]豈假卜筮。”移御永樂宫。

[1]期月：一整年。

[2]太子太傅：官名。北魏時掌訓導輔佐太子，與太子少傅並稱太子二傅，無具體職事。位在太子太師下、太子太保上。孝文帝太和二十三年定爲二品。

[3]太極殿：北魏平城皇宫的西内正殿。每月朔望皇帝視朝之所。

[4]太華殿：北魏平城皇宫的西内正殿。在今山西大同市。北魏文成帝太安四年（458）建，孝文帝太和十六年下令拆毁，開始營建太極殿。

[5]永樂：宫名。北魏離宫，在平城北苑中，在今山西大同市東北。

[6]高宗：即北魏文成帝拓拔濬。高宗爲其廟號。

[7]顯祖：即北魏獻文帝拓跋宏。顯祖爲其廟號。

[8]沖年：幼小年紀。

[9]奪情：謂減少居喪期間的哀痛之情。

[10]仰惟：追思。

[11]太廟：皇室的祖廟。　明堂：帝王宣明政教的地方。凡朝會、祭祀、慶賞、選仕等大典皆在此舉行。北魏明堂故址在今山西大同市郊。

[12]願待餘年：毛本、殿本、四庫本、局本、四部備要本“餘”作“逾”。

[13]靈臺：臺名。《詩·大雅·靈臺》：“經始靈臺，經之營之，庶民攻之，不日成之。”周文王所建。

[14]未央：宫名。故址在今陕西西安市西北。漢高祖七年（前200）由蕭何主持修建。

[15]蓍蔡：又稱蓍龜。即卜筮。蔡，因蔡地出大龜，故名龜爲蔡。蓍、龜同爲古代占卜用具。

[16]當委之大分：底本“分”前無“大”字，中華本校勘記云：“諸本脱‘大’字，據《魏書》補。”今從改。大分，指大限，壽數。

後帝臨朝堂，[1]謂亮曰：“三代之禮，日出視朝。自漢、魏以降，禮儀漸殺。晋令有朔望集公卿於朝堂而論政事，亦無天子親臨之文。今因卿等日中之集，中前，卿等自論政事；中後，與卿等共議可否。”遂命讀奏案，帝親决之。

[1]後帝臨朝堂：底本“堂”作“嘗”，中華本校勘記云：“諸本‘堂’訛作‘嘗’，據《魏書》及下引《晋令》改。”今從改。

及遷都，加武衛大將軍，[1]以本官董攝中軍事。[2]帝南伐，以亮録尚書事，留鎮洛陽。後帝自小平津汎舟幸石濟。[3]亮諫曰：“漢帝欲乘舟渡渭，[4]廣德將以首血汙車輪，[5]帝乃感而就橋。渭之小水，猶尚若斯，况洪河有不測之慮。”帝曰：“司空言是也。”及羆頎穆泰反事覺，亮上表自劾，帝優詔還令攝事。亮固請，久乃許之。後徙封頓丘郡公，[6]以紹崇爵。

[1]武衛大將軍：官名。即武衛將軍加“大”者。北魏置，掌宿衛禁軍，權任很重。孝文帝太和十七年定爲二品。

[2]中軍：軍事編制。周朝軍隊分左、右、中三軍。中軍爲發號施令之所，由主帥自領。西晋時諸王國皆置上、中、下三軍。中軍二千人，上、下軍各一千五百人。北魏沿置。

[3]小平津：在今河南孟津縣東北黄河上。　石濟：即石濟津。又稱棘津、南津。在今河南滑縣西南古黄河上。

[4]漢帝：指漢元帝劉奭。　渭：即今黄河中游支流渭河。

[5]廣德：即薛廣德，人名。字長卿，沛郡相（今安徽濉溪縣）人。西漢官吏。見《漢書》卷七一《薛廣德傳》。　血汙車輪：殿本、局本、四部備要本“汙”作“汗”。按：形近而訛。

[6]頓丘郡公：封爵名。頓丘，郡名。北魏時治頓丘縣，在今河南清豐縣西南。

宣武即位，拜尚書令、司空公。[1]薨，宣武親臨小斂，贈太尉，謚曰匡。

[1]尚書令：官名。北魏初不常置，亦不掌實際政務，孝文帝改制後，尚書省權任頗重，以録尚書事爲長官，尚書令爲副貳，兼掌監察百官，皆爲宰相。孝文帝太和十七年定爲從一品上，二十三年定爲二品。

子紹，字永業，尚琅邪長公主，[1]拜駙馬都尉。歷位秘書監、侍中、衛將軍、太常卿、中書令、七兵殿中二尚書。[2]遭所生憂，免，居喪以孝聞。又歷衛大將軍、中書監、侍中，領本邑中正。

[1]琅邪長公主：封號。具體不詳。琅邪，郡名。北魏時治即丘縣，在今山東臨沂市西。

［2］秘書監：官名。南北朝時爲秘書省長官，掌圖書經籍之事，領著作省。北魏孝文帝太和十七年定爲從二品中，二十三年改爲三品。　中書令：官名。漢武帝時置，掌管機要，處理國務。東晋、南北朝時逐漸脱離機務，隨名位增高而成爲閑職，多用作重臣加官。北魏孝文帝太和十七年定爲二品中，二十三年改爲三品。

紹無他才能，而資性方重，罕接賓客，稀造人門。領軍元叉當權薰灼，曾往紹宅，紹迎送下階而已。時人歎尚之。及靈太后欲黜叉，[1]猶豫未决，紹讚成之。以功加特進、侍中。[2]元順與紹同直，[3]嘗因醉入寢所。[4]紹擁被而起，正色讓順曰："老身二十年侍中，與卿先君亟連職事，縱卿後進，何宜相排突也！"遂謝事還家，詔喻乃起。除侍中，託疾未起，故免河陰之害。[5]

［1］靈太后：即北魏宣武帝皇后胡氏。靈爲其謚號。

［2］特進：官名。西漢置，後作爲加官贈給致仕大臣。意爲大臣被特許在朝會越次而位於三公之下。北魏孝文帝太和二十三年定爲二品。

［3］元順：人名。字子和。北魏宗室。見《北史》卷一八《任城王雲附元順傳》。

［4］嘗：底本作"常"，中華本作"嘗"，《魏書》卷二七《穆崇附穆紹傳》作"嘗"。按：據語意，從中華本改。

［5］河陰：縣名。治所在今河南孟津縣東。

莊帝立，[1]尒朱榮徵之。紹以爲必死，哭辭家廟。及見榮，捧手不拜。榮亦矯意禮之，顧謂人曰："穆紹不虚作大家兒。"車駕入宫，尋授尚書令、司空，進爵爲王，給班劍四十人，[2]仍加侍中。時河南尹李奬往詣紹。[3]奬以紹郡人，謂必致敬。紹又恃封邑是奬國主，[4]匡坐待之，不爲動膝。奬憚其位望，致拜而還。議者兩譏焉。未幾，降王，復本爵。

[1]莊帝：即北魏皇帝元子攸。莊爲其謚號。

[2]班劍：本指飾有花紋之劍。漢制，朝服帶劍。晉朝以木爲劍，謂之班劍。後成爲隨從侍衛之代稱，且成爲皇帝對功臣之恩賜，可隨身進入宫殿。亦作爲喪禮時的儀仗。

[3]河南尹：官名。東漢始設，掌京都洛陽地區行政，地位高於一般郡守。以洛陽爲京都之朝代多因之。北魏孝文帝太和十七年遷都洛陽，置河南郡，設爲長官。三品。　李奬：人名。字遵穆，頓丘（今河南清豐縣西南）人。北魏大臣。見《北史》卷四三《李崇附李奬傳》。

[4]紹又恃封邑是奬國主：底本、元大德本"主"作"王"，其餘諸本作"主"。"國王"在此處不恰當。今從《魏書》卷二七《穆崇附穆紹傳》改。

普泰元年，[1]除驃騎大將軍、開府、青州刺史，[2]加都督。未行而薨，贈大將軍、尚書令、太保，[3]謚曰文獻。

[1]普泰：北魏節閔帝的年號（531—532）。

[2]驃騎大將軍：官名。魏晉制度，驃騎將軍爲重號將軍，僅次大將軍，本不須加"大"，然兩晉將軍名號愈來愈濫，遂又增此號，居諸名號將軍之首。多加於權臣元老，以示尊崇，開府置僚屬，不領兵。南北朝因之。北魏孝文帝太和十七年定爲一品中，二

十三年改爲從一品。

[3]大將軍：官名。北魏時統兵事，或兼掌朝政，與大司馬共稱“二大”，位尊權重。孝文帝太和二十三年定爲一品。

子長嵩，字子岳，襲爵，位光禄少卿。[1]

[1]光禄少卿：官名。北魏始置，爲光禄勳副職。孝文帝太和十七年定爲三品上，二十三年改爲四品上。

平國弟正國，尚長樂公主，拜駙馬都尉。

正國子平城，早卒。孝文時，始平公主薨於宫，[1]追贈平城駙馬都尉，與公主冥婚。

[1]始平公主：封號。孝文帝女，未聘而卒於宫。始平，郡名。北魏時治始平縣，在今陝西興平市東北。

壽弟多侯，封長寧子，[1]位司衛監。[2]文成崩，乙渾專權，[3]召司徒陸麗。[4]麗時在温湯療疾，多侯謂曰："渾有無君心。大王，衆所望也，去必危。宜徐歸而圖之。"麗不從，遂爲渾害。多侯亦見殺。

[1]長寧子：封爵名。遥封。長寧，縣名。治所在今湖北荆門市西北。

[2]司衛監：官名。北魏置。總督禁旅，掌宫禁秩序，權任很重，由宗室或鮮卑著姓擔任。孝文帝太和十七年定爲三品上。

[3]乙渾：人名。北魏大臣。圖謀擅權，後以謀反罪伏誅。

[4]司徒：官名。北魏初曾令州郡公文先上司徒府，後改上丞

相府。一品。　陸麗：人名。代（今山西大同市東北）人。北魏官吏。見《北史》卷二八《陸俟附陸麗傳》。

觀弟翰，平原鎮將、西海王。[1]薨。

[1]平原：軍鎮名。在今甘肅平凉市東涇水南岸。　西海王：封爵名。西海，郡名。北魏時治居延縣，在今内蒙古額濟納旗東南。

子龍兒襲爵，[1]降爲公。卒。

[1]龍兒：《魏書》卷二七《穆崇附穆紹傳》作"龍仁"。源氏校勘記云："'兒'《魏書》作'仁'。"未詳孰是。

子弼，有風格，善自位置，[1]涉獵經史，與長孫承業、陸希道等齊名。[2]然而矜己陵物，頗以此損焉。孝文定氏族，欲以弼爲國子助教，[3]弼辭以爲屈。帝曰："朕欲敦勵冑子，[4]屈卿先之。白玉投泥，豈能相汙！"弼曰："既遇明時，耻沈泥滓。"會司州牧咸陽王禧人。[5]帝曰："朕與卿作州都，舉一主簿。"[6]即命弼謁之。因爲帝所知。宣武初，爲廣平王懷國郎中令，[7]數有匡諫之益。除中書舍人，卒于華州刺史，[8]謚曰懿。

[1]位置：品評人物，分别高下。

[2]長孫承業：人名。本名冀歸，孝文帝賜名稚，字承業，鮮卑族。北魏官吏。見《北史》卷二二《長孫道生附長孫孫業傳》。　陸希道：人名。字洪度，代（今山西大同市東北）人，鮮卑族。

北魏官吏。見《北史》卷二八《陸俟附陸希道傳》。

[3]國子助教：官名。國子監諸學置，協助博士教授生徒。

[4]胄子：公卿大夫之子弟。

[5]咸陽王：封爵名。咸陽，郡名。北魏時治池陽縣，在今陝西涇陽縣。　禧：即元禧，人名。字思永。北魏宗室。見《北史》卷一九《咸陽王禧傳》。

[6]朕與卿作州都：底本"都"作"督"，中華本校勘記云："諸本'都'作'督'，《魏書》作'都'。按州都即州中正。《隋書》卷二七《百官志中》，州的屬官有'州都'。齊制即沿魏制。本書卷三六《薛湖傳》：'三召州都，再辟主簿。'《魏書》卷五六《鄭道昭傳》：'廣平王懷爲司州牧，以道昭與宗正卿元匡爲州都。'可証魏時州中正亦名州都。州都職在推薦人士，故孝文云云。作'督'誤，今據改。"今從改。　主簿：官名。典領文書簿籍，經辦事務。北朝諸將軍、五校尉等軍府、列卿、寺監、光禄大夫等皆置，其品秩隨府長官地位高下而異。州郡縣亦置。雖非掾史之首，然地位較高，縣之主簿較州之主簿更甚。

[7]廣平王：封爵名。廣平，郡名。北魏時治曲梁城，在今河北永年縣東南。　懷：即元懷，人名。北魏宗室。見《北史》卷一九《廣平王懷傳》。　郎中令：官名。漢朝置爲諸侯王國屬官。侍從左右，戍衛王宫，其職甚重，領諸大夫、郎官等。北朝諸王、公、侯、伯、子、男國皆置。品秩頗低。

[8]華州：北魏獻文帝皇興二年（468）置，治定安縣，在今甘肅寧縣。孝文帝延興二年（472）改置三縣鎮。太和十一年又置華州，治李潤堡，在今陝西蒲城縣東北。宣武帝永平三年（510）移治華陰縣，在今陝西大荔縣。

翰弟顗，有才力。以侍御郎從太武征赫連昌，[1]勇冠一時，賜爵泥陽子，[2]拜司衛監。從太武田崞山，[3]有武突出，[4]顗搏而獲之。帝歎曰："《詩》云：'有力如武。'顗乃過之！"後從征白龍，[5]討蠕蠕，以功進爵建安公。[6]後拜殿中尚書，出鎮涼州。還，加散騎常侍、領太倉尚書。[7]文成時，爲征西大將軍，[8]督諸軍西征吐谷渾。坐擊賊不進，免官爵，徙邊。文成以顗著勳前朝，徵爲内都大官。[9]卒，贈征西大將軍、建安王，謚曰康。子寄生襲。

[1]侍御郎：官名。十六國時後燕、北魏置。爲皇帝左右的武職侍從，屬侍御長，隨皇帝出征。

[2]泥陽子：封爵名。泥陽，縣名。治所在今陝西銅川市耀州區東南。

[3]崞山：在今山西渾源縣西南。

[4]有武突出：《魏書》卷二七"武"作"虎"，《北史》避唐高祖祖父李虎諱改。

[5]白龍：人名。北魏山胡首領。太武帝延和三年（434），於西河（今山西吕梁市離石區）聚衆反魏，爲魏將娥清所敗，被斬。

[6]建安公：封爵名。建安，郡名。北魏時治永定縣，確址不詳。當在今内蒙古境内。

[7]太倉尚書：官名。北魏前期置，爲尚書省諸曹長官之一，管理國家糧倉、徵課事務。

[8]征西大將軍：官名。多授統兵出鎮在外、都督數州諸軍事者。在武職中地位很高，位居四征將軍之上，歷代皆不常置。北魏孝文帝太和十七年定爲從一品下。

[9]内都大官：官名。爲内都坐大官的省稱，簡稱内都。北魏前期設，掌畿内析獄及監評官吏。與外都大官、中都大官合稱三都大官。多由宗室諸王、外戚及重臣擔任，祭吊時位在三公及尚書令上。孝文帝改制罷（參周兆望《北魏"三都大官"若干問題考

辨》)。

崇宗人醜善，道武初，率部歸附，與崇同心戮力，捍禦左右。拜天部大人，[1]居東蕃。[2]

[1]天部大人：官名。北魏明元帝泰常二年置，爲執掌國政的六部大人之一，由諸公擔任。

[2]東蕃：泛指拓跋部當時所在的盛樂以東地區。

子莫提，從平中原，位相州刺史、假陵陽侯。[1]其子孫位亦通顯。

[1]相州：北魏時治鄴城，在今河北臨漳縣西南鄴鎮。　假：官制用語。代理、兼攝之意。魏晋南北朝時凡實職、加官皆可假授。北魏又有“假爵”之制，以提高出使、出征官員的地位。　陵陽侯：封爵名。遥封。陵陽，縣名。治所在今安徽青陽縣陵陽鎮。《魏書》卷二七《穆崇傳》作“陽陵”。

奚斤，代人也，世典馬牧。父簞，有寵於昭成皇帝。時國有良馬曰騧騮，一夜忽逸。後知南部大人劉庫仁所盜，養於窟室。[1]簞聞而馳往取馬，庫仁以國甥恃寵，慚而逆擊簞，簞捽其髮落，傷其一乳。及苻堅使庫仁與衛辰分領國部，簞懼，遂奔衛辰。及道武滅衛辰，簞晚乃得歸，故名位後於舊臣。

[1]窟室：掘地爲室。

斤機辯有識度。登國初，與長孫肥等俱統禁兵。[1]後以爲侍郎，親近左右。從征慕容寶於參合。[2]皇始初，[3]拜越騎校尉，[4]典宿衛禁旅。車駕還京師，博陵、勃海、章武諸郡群盜並起，[5]斤與略陽公元遵等討平之。[6]從征，破高車諸部。[7]又破厙狄、宥連部，[8]徙其别部諸落於塞南。又進擊侯莫陳部，[9]至大峨谷，[10]置戍而還。遷都水使者，[11]出爲晋兵將軍、幽州刺史，[12]賜爵山陽侯。[13]

[1]長孫肥：人名。代（今山西大同市東北）人。北魏將領。見《北史》卷二二《長孫肥傳》。

[2]慕容寶：人名。字道祐，昌黎棘城（今遼寧北票市章吉營子鄉三官營子村）人，鮮卑族。十六國時後燕君主。見《北史》卷九三《慕容垂附慕容寶傳》。　參合：地名。又作“參合陂”。即今内蒙古凉城縣東北岱海。

[3]皇始：北魏道武帝的年號（396—398）。

[4]越騎校尉：官名。北魏初典掌禁軍，位次列卿，後罷其兵，成爲武臣散官，定員二十人。孝文帝太和十七年定爲從三品中，二十三年改爲五品。

[5]博陵：郡名。北魏時治魯口城，在今河北饒陽縣。　勃海：郡名。北魏時屬冀州，初治南皮縣，在今河北南皮縣東北，後移治東光縣，在今河北東光縣。

[6]略陽公：封爵名。略陽，郡名。北魏時治隴城縣，在今甘肅秦安縣東北隴城鎮。　元遵：人名。北魏宗室。見《北史》卷一五《常山王遵傳》。

[7]高車：族名。初號狄歷，也稱敕勒、鐵勒、丁零。因所乘車輪高大，故名。北魏時活動於今蒙古高原，以游牧爲生。見《北

史》卷九八《高車傳》。

[8]厙（shè）狄：爲高車族别部，以部落名爲姓氏。北朝時活動於今蒙古高原，以游牧爲生。　宥連部：爲高車族别部，以部落名爲姓氏。北朝時活動於今蒙古高原，以游牧爲生。

[9]侯莫陳部：族名。爲鮮卑族一支，以部落名爲姓氏。北魏時活動於今山西北部，以游牧爲生。

[10]大峨谷：《讀史方輿紀要》卷六一："大娥山，在故五原塞外北。亦曰大娥谷。"確址不詳。

[11]都水使者：官名。西漢於太常、少府、大司農、三輔等處設都水官，置左右都水使者總領三輔都水官，或稱領護三輔都水，不常置。東漢省。三國魏置水衡都尉管理全國河渠灌溉水運事務，或云亦置都水使者。北魏沿置，孝文帝太和十七年定爲四品中。

[12]晋兵將軍：官名。北魏道武帝時置。孝文帝太和十七年改定官制後未見。以春秋戰國時的方國名字命名，地位僅次於"征、鎮、安、平"將軍（參仇鹿鳴《關於北魏幾個將軍號的考釋》，《中華文史論叢》2008 年第 1 期）。

[13]山陽侯：封爵名。山陽，郡名。北魏時治山陽縣，在今江蘇淮安市楚州區。

明元即位，爲鄭兵將軍。[1]詔以斤世忠孝，贈其父箄長寧子。明元幸雲中，斤留守京師。昌黎王慕容伯兒謀反，[2]斤召入天安殿東廡下，[3]誅之。詔與南平公長孫嵩等俱坐朝堂，[4]録决囚徒。明元大閲于東郊，講武，以斤行左丞相，[5]大蒐於石會山。[6]車駕西巡，詔斤先驅，討越勒部於鹿那山，[7]大破之。又詔斤與長孫嵩等八人坐止車門右，[8]聽理萬機。拜天部大人，進爵爲公。命斤出入乘軺軒，[9]備威儀導從。

［1］鄭兵將軍：官名。北魏置。以春秋戰國時的方國名字命名，地位僅次於“征、鎮、安、平”將軍（參仇鹿鳴《關於北魏幾個將軍號的考釋》）。

［2］昌黎王：封爵名。昌黎，郡名。北魏時治龍城縣，在今遼寧遼陽市。

［3］天安殿：在今山西大同市。《魏書》卷二九《奚斤傳》作“天文殿”。未詳孰是。

［4］南平公：封爵名。遥封。南平，郡名。東晋時治江安縣，在今湖北公安縣東北。

［5］左丞相：官名。北魏時或置或省，皆爲權臣專設之名號，並非處理實際政務的宰相。一品。

［6］蒐（sōu）：春季狩獵。　石會山：在今山西大同市東北采涼山。

［7］討越勒部於鹿那山：中華本校勘記云：“按本書卷一《明元紀》、《魏書》卷三《太宗紀》永興五年四月及七月條，本書卷九八、《魏書》卷一〇三《高車傳》越勤倍泥條，‘鹿那山’並作‘跋那山’。又本書卷九八、《魏書》卷一〇三《蠕蠕傳》言蠕蠕緼紇提西遁，將歸衛辰，道武追之至跋那山。又言長孫肥破蠕蠕曷多汗於上郡跋那山。則跋那山即在上郡，疑作‘鹿’誤。但《魏書》卷二九《奚斤傳》亦作‘鹿’，今不改。又‘勒’，《魏書·太宗紀》、本書《高車傳》作‘勤’，本書《明元紀》、《魏書·高車傳》作‘勒’，未知孰是。”可從。越勒部，北魏時活動於跋那山一帶，以游牧爲生。跋那山，即今内蒙古烏拉特前旗東、包頭市西北之烏拉山。

［8］又詔斤與長孫嵩等八人坐止車門右：底本“右”作“左”，源氏校勘記云：“‘左’《魏書》作‘右’。”中華本校勘記云：“諸本‘右’作‘左’，《魏書》卷二九《奚斤傳》作‘右’。按本書卷二一《崔宏傳》，《魏書》卷二一《崔玄伯傳》，本書卷二二、《魏書》卷二五《長孫嵩傳》並作‘右’。作‘左’誤，今據改。”

今從改。

[9]軺（yáo）軒：輕車。

太武之爲皇太子，臨朝聽政，以斤爲左輔。[1]宋廢主義符立，[2]其國内離阻。乃遣斤收河南地，假斤節，都督前鋒諸軍事、司空、晋兵大將軍、行揚州刺史，[3]率吴兵將軍公孫表等南征。[4]用表計攻滑臺，[5]不拔，求濟師。帝怒其不先略地，切責之。乃親南巡，次中山。斤自滑臺趣洛陽，長驅至武牢，遂平兖、豫諸郡。[6]還圍武牢。及武牢潰，斤置守宰以撫之。自魏初大將行兵，唯長孫嵩拒宋武，斤征河南，獨給漏刻及十二牙旗。[7]

[1]左輔：官名。爲輔佐之臣。北魏明元帝泰常七年，太子拓跋燾監國，以重臣爲之。與右弼共掌百僚。

[2]宋廢主：即宋少帝劉義符。小字車兵。南朝宋皇帝。見《宋書》卷四《少帝紀》。

[3]晋兵大將軍：官名。北魏明元帝泰常七年進攻南朝宋時置，以春秋戰國時的方國名字命名。晋兵大將軍位在諸方國名號將軍上，以奚斤爲之，統率吴兵將軍、宋兵將軍等爲前鋒。孝文帝太和十七年改制後未見（參仇鹿鳴《關於北魏幾個將軍號的考釋》）。　行：官制用語。官缺未補，暫由他官兼攝其事。　揚州：北魏時治壽春縣，在今安徽壽縣。

[4]吴兵將軍：官名。北魏明元帝泰常七年進攻南朝宋時置，以公孫表爲之，後主要統率江南籍士兵。以春秋戰國時的方國名字命名。地位僅次於“征、鎮、安、平”將軍（參仇鹿鳴《關於北魏幾個將軍號的考釋》）。　公孫表：人名。字玄元，燕郡廣陽

（今北京房山區）人。初仕後燕，後降北魏。見《北史》卷二七《公孫表傳》。

[5]滑臺：城名。在今河南滑縣東舊滑縣。爲魏晋南北朝時軍事要地。

[6]兖：州名。北魏時治滑臺城，在今河南滑縣東。　豫：州名。北魏時治懸瓠城，在今河南汝南縣。

[7]漏刻：計時器。又稱漏壺。因壺有部件，上刻符號表時間，晝夜百刻，故稱漏刻。　牙旗：大將所建、以象牙爲飾的大旗。

太武即位，進爵宜城王，[1]仍爲司空。太武征赫連昌，遣斤率義兵將軍封禮等襲蒲坂。[2]斤又西據長安，[3]秦、雍氐羌皆來歸附。[4]斤與赫連定相持，[5]累戰破定。定聞昌敗，走上邽。[6]斤追至雍，不及而還。詔斤班師，斤請因其危平之，乃進討安定。昌退保平凉，[7]斤屯軍安定，以糧竭馬死，深壘自固。[8]監軍侍御史安頡擊昌，[9]禽之。昌衆復立昌弟定爲主，守平凉。斤恥以元帥而禽昌之功更不在己，乃舍輜重，追定于平凉。定衆將出，會一小將有罪，亡入賊，具告其實。定知斤軍無糧乏水，乃邀斤前後。斤衆大潰，斤及將娥清、劉拔爲定所禽。[10]後太武剋平凉，斤等得歸。免爲宰人，[11]使負酒食從駕還京師以辱之。尋拜安東將軍，[12]降爵爲公。

[1]宜城王：封爵名。遥封。宜城，郡名。南朝宋時治宜城縣大堤城，在今湖北宜城市北。

[2]義兵將軍：官名。北魏初置。位在雍州刺史上。孝文帝太和十七年改制後未見。　封禮：人名。北魏將領。歷任義兵將軍、

冠軍將軍等職。蒲坂：城名。在今山西永濟市西南蒲州鎮。

[3]長安：底本作“長城”。宋本、中華本作“長安”。源氏校勘記云：“‘城’《魏書》作‘安’。”中華本校勘記云：“諸本‘安’作‘城’，宋本及《魏書》《通志·奚斤傳》作‘安’。按本書卷二《太武紀》、《魏書》卷四上《世祖紀》，始光三年十二月並作‘西據長安’。作‘城’誤，今據改。”今從改。

[4]秦：州名。北魏時治上邽縣，在今甘肅天水市。

[5]赫連定：人名。小字直獖，匈奴族鐵弗部人。十六國時夏君主。見《北史》卷九三《赫連屈丏附赫連定傳》。

[6]上邽：縣名。治所在今甘肅天水市。

[7]平凉：城名。在今甘肅平凉市西北。

[8]壘（lěi）：軍營墻壁或防守工事。

[9]監軍侍御史：官名。北魏置。即以侍御史之職隨軍出征者，有監察將帥之責。

[10]娥清：人名。代（今山西大同市東北）人。北魏將領。見《北史》卷二五《娥清傳》。

[11]宰人：官名。掌管飲食。

[12]安東將軍：官名。爲出鎮某一地區的軍事長官，或作爲州刺史兼理軍務時的加官。魏晉以後，與安南、安北、安西將軍合稱四安將軍。北魏孝文帝太和十七年定爲二品下，二十三年改爲三品。

太延初，[1]爲衛尉，[2]改爲恒農王。[3]後爲萬騎大將軍。[4]太武議伐涼州，斤等三十餘人議以爲不可，帝不從。涼州平，以戰功賜僮隸七十户。[5]又以斤元老，賜安車，[6]平决獄訟。諮訪朝政。

[1]太延：北魏道武帝的年號（435—440）。

[2]衛尉：官名。北魏時掌宮門禁衛、武器庫藏等。孝文帝太和十七年定爲從一品下，二十三年定爲三品。

[3]恒農王：封爵名。恒農，郡名。北魏時治陜城，在今河南三門峽市。源氏校勘記云："《魏書》（'恒農'）作'弘農'。"按：北魏避獻文帝拓跋弘諱，改名恒農。

[4]萬騎大將軍：官名。北魏前期置，品位較高。孝文帝改制前廢。

[5]僮隸：北魏時雜户的一種。來源於被俘掠的人口，屬國家所有，可當作賞賜賜給功臣。

[6]安車：可以坐乘的小車。古車立乘，此爲坐乘，故稱安車。供年老高級官員或貴族婦女乘用。多用一馬，禮尊者則用四馬。

斤聰辯强識，善於談論，遠説先朝故事，雖未皆是，時有所得，聽者歎美之。每議大政，多見從用，朝廷稱焉。真君九年，薨，時年八十九，[1]太武親臨哀慟，謚曰昭王。斤有數十婦，子男二十餘人。

[1]八十九：《魏書》卷二九《奚斤傳》作"八十"。源氏校勘記云："《魏書》無'九'字。"未詳孰是。

長子他觀襲爵。太武曰："斤西征之敗，國有常刑。以其佐命先朝，故復其爵秩，將收孟明之效。[1]今斤終其天年，君臣之分全矣。"於是降他觀爵爲公。傳國至孫緒，無子，國除。[2]太和中，孝文追録先朝功臣，以斤配饗廟庭。宣武繼絶世，[3]以緒弟子監紹其後。[4]

[1]孟明：人名。即百里視。字孟明，又作"子明"。春秋時

秦國大夫。曾屢次敗於晉軍，而秦穆公仍信任之，於是悉心雪耻。秦穆公三十六年（前624），終於大敗晉軍。

[2]傳國至孫緒無子國除：《魏書》卷二九《奚斤傳》云："（緒）子遵，襲封。卒，贈鎮遠將軍、洛州刺史，謚曰哀侯。無子，國除。"疑《北史》誤。

[3]宣武繼絶世：底本"世"前無"絶"字，中華本校勘記云："諸本脱'絶'字，據《魏書》補。"今從改。絶世，斷絶禄位的世家。

[4]以緒弟子監紹其後：《魏書·奚斤傳》"監"作"鑒"。未詳孰是。

叔孫建，代人也。父骨，爲昭成母王太后所養，[1]與皇子同列。建少以智勇著稱。道武之幸賀蘭部，常從左右。登國初，爲外朝大人，[2]與安同等十三人迭典庶事，參軍國之謀。隨秦王觚使慕容垂，[3]歷六載乃還。累遷中領軍，賜爵安平公，[4]出爲并州刺史。後以公事免，守鄴城園。

[1]王太后：即北魏平文帝皇后王氏。見《北史》卷一三《平文皇后王氏傳》。

[2]外朝大人：官名。北魏道武帝登國元年（386）置。統率侍中以下至中散等官員，接受詔命、出入禁中、參議軍國大事及奉命出使。員數不定。北魏初權力較大，尚書省設立後廢置。

[3]觚：即拓跋觚，人名。北魏宗室。見《北史》卷一五《秦王翰附秦王觚傳》。

[4]安平公：封爵名。安平，郡名。北魏時治端氏縣，在今山西沁水縣東北。

明元即位，念前功，以爲正直將軍、相州刺史。[1]飢胡劉武等聚黨叛，[2]明元假建前號安平公，督公孫表等以討武。斬首萬餘級，餘衆奔走，投沁水死，[3]水爲不流。

[1]正直將軍：官名。北魏置。孝文帝太和十七年及二十三年職員令皆未載其品位。

[2]劉武：中華本校勘記云："《魏書》卷二九《叔孫建傳》'武'作'虎'，《北史》避唐諱改。此非《劉庫仁傳》之劉武。"可從。

[3]沁水：即沁河。源出今山西沁源縣北，南流至河南武陟縣東南入黄河。底本作"沚水"，源氏校勘記云："'沚'《魏書》作'沁'。"中華本校勘記云："諸本'沁'訛'沚'，據《魏書》改。"今從改。

晉將劉裕伐姚泓，[1]令其部將王仲德爲前鋒，[2]將逼滑臺。兖州刺史尉建率所部棄城濟河。仲德遂入滑臺，乃宣言曰："晉本意欲以布帛七萬匹假道於魏，不謂魏之守將便爾棄城。"明元聞之，詔建度河曜威，斬尉建，投其屍于河。呼仲德軍人與語，詰其侵境之狀。

[1]劉裕：人名。字德輿，小名寄奴，祖籍彭城縣綏輿里（今江蘇徐州市），後遷居京口（今江蘇鎮江市）。南朝宋的建立者。見《宋書》卷一、二、三《武帝紀》。　姚泓：人名。字元子，南安赤亭（今甘肅隴西縣西）人，羌族。十六國時後秦君主。見《晉書》卷一一九《姚泓載記》。

[2]王仲德：人名。即王懿。字仲德，太原祁（今山西祁縣東

南）人。南朝宋將領。見《宋書》卷四六《王懿傳》。

尋還廣阿鎮將，[1]威名甚著。久之，除使持節、都督前鋒諸軍事、楚兵將軍、徐州刺史。[2]率衆自平原濟河，[3]徇下青、兖諸郡。[4]遂東入青州，圍宋刺史竺夔於東陽城。[5]宋遣將檀道濟、王仲德救夔，[6]建不克而還。以功賜爵壽光公。[7]與汝陰公長孫道生濟河而南，仲德等自清入濟，[8]東走青州。太武以建威名南震，爲宋所憚，除平原鎮大將，封丹楊王，[9]加征南大將軍。

[1]廣阿：軍鎮名。在今河北隆堯縣東。

[2]楚兵將軍：官名。北魏置。以春秋戰國時的方國名字命名。地位僅次於“征、鎮、安、平”將軍（參仇鹿鳴《關於北魏幾個將軍號的考釋》）。

[3]平原：縣名。治所在今山東平原縣西南。

[4]青：州名。北魏時治東陽城，在今山東青州市。

[5]竺夔：人名。字祖季，東莞（今山東沂水縣）人。南朝宋官吏。少帝景平初，守東陽城有功，進號前將軍，封建陵縣男。　東陽城：在今山東青州市。

[6]檀道濟：人名。高平金鄉（今山東金鄉縣）人，世居京口（今江蘇鎮江市）。南朝宋將領。見《南史》卷一五《檀道濟傳》。

[7]以功賜爵壽光公：中華本校勘記云：“《魏書》‘公’作‘侯’。按本書卷二《太武紀》，《魏書》卷四上《世祖紀》神𪊨三年十一月稱：‘封壽光侯叔孫建爲丹楊王。’作‘侯’是。”可從。　壽光，縣名。治所在今山東壽光市東北。

[8]清：水名。古濟水下游別名。故道起自今山東梁山，東北經今東阿縣、歷城區、博興縣等入海。　濟：水名。又作“兖水”。

古四瀆之一。分爲南、北支，北支仍名濟水，源出今河南濟源市王屋山；南支原是黄河支流，自今河南滎陽市北分黄河東出。

[9]丹楊王：封爵名。遥封。丹楊，郡名。南朝宋時治建業縣，在今江蘇南京市。

先是，簡幽、易以南戍兵集于河上，[1]一道討洛陽，一道攻滑臺。宋將檀道濟、王仲德救滑臺，建與汝陰公道生拒擊之。建分軍挾戰，縱輕騎邀其前後，焚燒穀草以絶其糧道。道濟兵飢，叛者相繼。由是安頡等得拔滑臺。

[1]易：縣名。治所在今河北雄縣西北。

建沈敏多智，東西征伐，常爲謀主，容貌清整，號曰嚴明。[1]又雅尚人倫，禮賢愛士，在平原十餘年，綏懷内外，甚得邊稱，魏初名將，鮮有及之。南方憚其威略，青、兖輟不爲寇。

[1]號曰嚴明：源氏校勘記改“曰”爲“令”。中華本校勘記云：“《魏書》作‘治軍清整，號令嚴明’，《北史》避‘治’字改寫，但失原意。”可從。

太延三年，薨，時年七十三，謚曰襄，賜葬金陵。

長子俊，字醜歸，少聰敏。年十五，内侍左右，性謹密，初無過行。以便弓馬，轉爲獵郎。[1]道武崩，清河王紹閉宫門，[2]明元在外。紹拘逼俊以爲己援。外雖從紹，内實忠款，仍與元磨渾等説紹歸明元。[3]時明元左右唯車路頭、王洛兒等，[4]及得儁等，大悦，以爲爪牙。及即位，稍遷衛將軍，賜爵安成公。[5]及朱提王悦懷刃入禁，[6]欲行大逆。儁覺悦舉動有異，乃於悦懷中得兩刃匕首，遂執悦殺之。明元以儁前後功重，軍國大計一以委之。群官上事，先由儁銓校，然後奏聞。

[1]獵郎：官名。北魏道武帝天賜三年置。以善騎射的鮮卑人充任，多是大臣子弟，爲皇帝的左右侍從。隨從皇帝出獵，亦被派充使職及出監軍事。孝文帝太和十七年及二十三年職員令皆未載。

[2]清河王：封爵名。清河，郡名。北魏時治清河縣，在今山東臨清市東北。　紹：即拓跋紹，人名。字受洛拔。北魏宗室。見《北史》卷一六《清河王紹傳》。

[3]元磨渾：人名。北魏宗室。元紹謀逆，保護有功。見《北史》卷一五《文安公泥附元磨渾傳》。底本作“元歷磨渾”，按：中華本《魏書》卷二六《長孫肥傳》、卷二九《叔孫建傳》，《北史》卷二二《長孫肥傳》皆作“元磨渾”，底本衍“歷”字。今從《魏書》等改。

[4]車路頭：人名。代（今山西大同市東北）人。北魏官吏。見《北史》卷二五《車路頭傳》。　王洛兒：人名。京兆（今陝西西安市西北）人。北魏官吏。見《北史》卷二五《王洛兒傳》。

[5]安成公：封爵名。遥封。安成，郡名。東晋時治平都縣，在今江西安福縣。《魏書·叔孫建附叔孫儁傳》作“安城公”。源氏校勘記云：“《魏書》（‘安成’）作‘安城’。”按：本傳下文亦作“安城公”。北朝常有同音字互代事。

[6]朱（shū）提（shí）王：封爵名。遥封。朱提，郡名。東晋時治朱提縣，在今雲南昭通市。　悦：即拓跋悦，人名。北魏宗室。見《北史》卷一五《陳留王虔附拓跋悦傳》。

性平正柔和，未嘗有喜怒色，忠篤愛厚，不諂上抑下，每奉詔宣外，必告示慇懃，是以上下嘉歎。泰常元年，卒，時年二十八。明元親臨哀慟，朝野無不追惜。贈司空、安成王，謚孝元，賜温明秘器，[1]載以轀輬車，[2]衛士導從，陪葬金陵。子蒲襲爵。後有大功及寵幸貴臣薨，賵賻送終禮皆依俊故事，[3]無得踰之者。

[1]温明秘器：棺椁等喪葬用品。

[2]轀（wēn）輬（liáng）車：古代一種可以卧的車，後用爲喪車。《漢書》卷六八《霍光傳》："載光尸柩以轀輬車。"顔師古注曰："轀輬本安車也，可以卧息。後因載喪，飾以柳翣，故遂爲喪車耳。轀者密閉，輬者旁開窗牖，各别一乘，隨事爲名。後人既專以載喪，又去其一，總爲藩飾，而合二名呼之耳。"

[3]賵（fèng）賻：送給喪家助葬的車馬等物。

初，俊卒，明元命其妻桓氏曰："夫生既共榮，没宜同穴。能殉葬者，可任意。"桓氏乃縊，遂合葬焉。

俊既爲安城公，[1]俊弟鄰襲父爵，降爲丹楊公，[2]位尚書令、凉州鎮大將。[3]與鎮副將奚牧，並以貴戚子弟，競貪財貨，遂相糾，坐誅。

[1]俊既爲安城公：《魏書》卷二九《叔孫建附叔孫俊傳》作"安城王"。按：叔孫俊死後方贈"安成王"，生前爲安成公，《魏書》誤。

[2]丹楊公：毛本、局本"楊"作"陽"，《魏書》亦作"陽"。

［3］涼州：軍鎮名。在今甘肅武威市。

安同，遼東胡人也。[1]其先祖曰世高，漢時以安息王侍子入洛。[2]歷魏至晋，避亂遼東，遂家焉。父屈，仕慕容暐。[3]暐爲苻堅所滅，屈友人公孫眷妹没入苻氏宫，出賜劉庫仁爲妻，庫仁貴寵之。同隨眷商販，見道武有濟世才，遂留奉侍。性端嚴明惠，好長者之言。登國初，道武徵兵於慕容垂，同頻使稱旨。爲外朝大人，與和跋等出入禁中，迭典庶事。

［1］遼東：郡名。西晋時治襄平縣，在今遼寧遼陽市。

［2］安息：國名。在今中亞布哈拉一帶。王姓昭武氏，爲昭武諸國之一。都城在那密水（今中亞澤拉夫尚河）南。　侍子：諸侯國或屬國的王遣子入侍皇帝，稱侍子。

［3］慕容暐：人名。字景茂，昌黎棘城（今遼寧北票市章吉營子鄉三官營子村）人，鮮卑族。十六國時前燕君主。見《晋書》卷一一一《慕容暐載記》。

從征姚平於柴壁，[1]姚興悉衆救平，[2]同進計曰："汾東有蒙阬，[3]東西三百餘里，徑路不通。姚興來，必從汾西，乘高臨下，直至柴壁，如此則寇内外勢接。宜截汾爲南北浮橋，乘西岸築圍。西圍既固，賊至無所施其智力矣。"從之。興果視平屠滅而不能救。以謀功，賜爵北新侯。[4]

［1］柴壁：城名。在今山西襄汾縣西南汾河東岸柴莊。

[2]姚興：人名。字子略，南安赤亭（今甘肅隴西縣西）人，羌族。十六國時後秦君主。見《晋書》卷一一七、一一八《姚興載記》。

[3]汾：即今山西汾河。　蒙阬：在今山西襄汾、曲沃二縣汾河以東。

[4]北新侯：封爵名。北新，縣名。治所在今河北徐水縣西南。

明元即位，命同與南平公長孫嵩並理人訟。又詔同與肥如侯賀護持節循察并、定二州及諸山居雜胡、丁零。[1]宣詔撫慰，問其疾苦，糾舉守宰不法，郡國肅然。同東出井陘，[2]至鉅鹿，發衆欲修大嶺山，[3]通天門關。[4]又築城於宋子，[5]以鎮静郡縣。護嫉同得衆心，使人告同築城聚衆，欲圖大事。[6]

[1]肥如侯：封爵名。肥如，縣名。治所在今河北盧龍縣北。　賀護：人名。鮮卑族。北魏外戚。

[2]井陘（xíng）：縣名。治所在今河北井陘縣西北。

[3]大嶺山：在今河北元氏縣西北。

[4]天門關：在今山西太原市西北。一説在今山西晋城市南。

[5]築城：源氏校勘記云："'城'《魏書》作'塢'。"　宋子：城名。在今河北趙縣東北。

[6]使人告同築城聚衆欲圖大事：中華本校勘記云："《魏書》卷三〇《安同傳》'事'下有：'太宗以同擅徵發於外，檻車徵還，召群官議其罪，皆曰："同擅興事役，勞擾百姓，宜應窮治，以肅來犯。"太宗以同雖專命，而本在爲公，意無不善，釋之。'共五十六字。《通志》卷一六四有'上知其誣，不問'六字。按《北史》文意不完，'事'下必有脱文。"可從。

太武監國，臨朝聽政，以同爲左輔。及即位，進爵高陽公，[1]冀青二州刺史。同長子屈，明元時，典太倉事，[2]盗官粳米數石，欲以養親。同大怒，求戮屈，自劾不能訓子。帝嘉而恕之，遂詔長給米。同在官明察，長於校閲，家法脩整，爲世所稱。及在冀州，年老，頗殖財貨，大興寺塔，爲百姓所苦。卒，贈高陽王，謚曰恭惠。

[1]高陽公：封爵名。高陽，郡名。北魏時治高陽縣，在今河北高陽縣東舊城。

[2]太倉：官署名。掌國家糧倉。

屈弟原，雅性矜嚴，沈勇多智略。[1]明元時，爲獵郎，出監雲中軍事。時赫連屈丐犯河西，[2]原以數十騎擊之，殺十餘人。帝以原輕敵，違節度，加罪。然知原驍勇，遂任以爲將，鎮雲中。蠕蠕犯塞，原輒破之，以功賜爵武原侯，[3]加魯兵將軍。[4]

[1]沈勇多智略：局本“勇”訛作“男”。

[2]赫連屈丐：人名。本名勃勃，匈奴族鐵弗部人。十六國時夏君主。見《北史》卷九三《赫連屈丐傳》。　河西：郡名。北魏時治夏陽縣，在今山西臨汾市。

[3]武原侯：封爵名。武原，縣名。治所在今江蘇邳州市西北。

[4]魯兵將軍：官名。北魏置。以春秋戰國時的方國名字命名。地位僅次於“征、鎮、安、平”將軍（參仇鹿鳴《關於北魏幾個將軍號的考釋》）。

太武即位，拜駕部尚書。[1]車駕征蠕蠕大檀，分爲五道。[2]遷尚書左僕射，進爵河間公。[3]原在朝無所比周，[4]然恃寵驕恣，多所排抑。爲子求襄城公盧魯元女，[5]魯元不許。原告其罪狀，事相連逮，歷時不決。原懼不勝，遂謀逆，事泄，伏誅。原兄弟外節儉而内實積聚，及誅後，籍其財至數萬。

[1]駕部尚書：官名。西晋初置，掌尚書駕部曹。晋武帝太康以後省。北魏前期復置。掌國之馬匹及放牧。孝文帝改制後罷。

[2]車駕征蠕蠕大檀分爲五道：中華本校勘記云："按本書卷九八《蠕蠕傳》言太武始光二年，進攻蠕蠕，分爲五道，奚斤和安原出西道。此'五道'下當有脱文。"可從。

[3]河間公：封爵名。河間，郡名。北魏時治武垣縣，在今河北河間市南。

[4]比周：結黨營私。

[5]襄城公：封爵名。襄城，郡名。北魏時治襄城縣，在今河南襄城縣。　盧魯元：人名。昌黎徒河（今遼寧錦州市）人。北魏官吏。見《北史》卷二五《盧魯元傳》。

弟頡，辯慧多策略，最有父風。明元初，爲内侍長，[1]令察舉百僚，糾刺姦慝，無所迴避。嘗告其父陰事，帝以爲忠，特親寵之。

[1]内侍長：官名。職掌顧問拾遺應對，察舉百僚。孝文帝改制後罷。

宜城王奚斤自長安追赫連昌至安定，頡爲監軍侍御史。斤以馬多疫死，士衆乏糧，乃築壘自固。遣太僕丘堆等督租於人間，[1]爲昌所敗。昌遂驕矜，日來侵掠。頡曰："等死，當戰死！寧可坐受囚乎？"斤猶以馬死爲辭。頡乃陰與尉眷等謀，選騎待焉。[2]昌來攻壘，頡出應之，昌馬蹶而墜。頡禽昌送京師，賜爵西平公，[3]代堆統攝諸軍。

[1]太僕：官名。北魏時掌供天子輿馬。孝文帝太和二十三年定爲三品。　丘堆：人名。代（今山西大同市東北）人，鮮卑族。北魏官吏。見《北史》卷二五《丘堆傳》。

[2]選騎待焉：底本"騎"後無"待"字，中華本校勘記云："諸本脱'待'字，據《魏書》卷三〇《安頡傳》補。"今從改。

[3]西平公：封爵名。西平，郡名。北魏時治西都縣，在今青海西寧市。

赫連定將復入長安，詔頡鎮蒲坂以拒之。宋將到彦之寇河南以援定，[1]列守南岸，至於衡關。[2]太武西征定，以頡爲冠軍將軍，[3]督諸軍擊彦之。遂濟河，攻洛陽，拔之。進攻武牢，武牢潰。又與琅邪王司馬楚之平滑臺，[4]禽宋將朱脩之、李元德及東郡太守申謨。[5]乃振旅還京師，進爵爲王。卒，謚曰襄。頡爲將善綏士衆，及卒，宋士卒降者無不歎惜。

[1]到彦之：人名。字道豫，彭城武原（今江蘇邳州市西北）人。南朝宋將領。見《南史》卷二五《到彦之傳》。

[2]至於衡關：中華本校勘記云："《魏書·安頡傳》同。本書卷二一、《魏書》卷三五《崔浩傳》、《魏書》卷三七《司馬楚之

傳》、《通鑑》卷一二一‘衡’並作‘潼’。按《寰宇記》卷二九華陰縣潼關條引《三輔記》：‘潼關本名衝關，河水自龍門衝激至華山東，故以名之。’此‘衡’當是‘衝’之訛。”可從。衝關，在今陝西潼關縣東北黄河南岸。

[3]冠軍將軍：官名。南北朝時爲將軍名號。北魏孝文帝太和二十三年定爲從三品。底本“冠”作“援”，源氏校勘記云：“‘援’《魏書》作‘冠’。”中華本校勘記云：“諸本‘冠’作‘援’，《魏書》作‘冠’。按本書卷二、《魏書》卷四上神䴥三年八月及《通鑑》卷一二一並作‘冠’。作‘援’誤，今據改。”今從改。

[4]又與琅邪王司馬楚之平滑臺：底本“又”後無“與”字，中華本校勘記云：“諸本脱‘與’字，據《魏書·安頡傳》補。”今從改。司馬楚之，人名。字德秀，河内温（今河南温縣）人。西晉宗室後裔、北魏官吏。見《北史》卷二九《司馬楚之傳》。

[5]朱脩之：人名。字恭祖，義陽平氏（今河南桐柏縣西北平氏鎮）人。南朝宋將領。見《魏書》卷四三《毛脩之附朱脩之傳》。　東郡：北魏時治滑臺城，在今河南滑縣東。　申謨：人名。南朝宋官吏。爲政清勤。被北魏所俘，留於京師，後棄妻子南逃。其子被刑爲閹人。

庾業延，代人也，後賜名岳。其父及兄和辰世典畜牧，稍轉中部大人。[1]昭成崩，苻氏内侮，[2]事難之間，收斂畜産，富擬國君。劉顯謀逆，道武外幸，和辰奉獻明太后歸道武，又得其資用。以和辰爲内侍長。和辰分别公私舊畜，頗不會旨，道武由是恨之。岳獨恭慎脩謹，善處危難之間，道武嘉之。與王建等俱爲外朝大人，參預軍國。從平中原，拜安遠將軍。[3]

［1］中部大人：官名。原爲少數民族部落首領的稱號。北魏初沿置，管理北方州郡。明元帝泰常二年，與天、地、東、西、北部大人並稱六部大人，皆以諸公爲之。其職掌後併入尚書省。

［2］苻氏：源氏校勘記云："《魏書》'苻氏'作'氐寇'。"

［3］安遠將軍：官名。多用以封降將或邊遠地區的地方長官。北魏孝文帝太和十七年定爲從三品下，二十三年改爲第四品。

官軍之警於柏肆也，[1]賀蘭部帥附力眷、紇突鄰部帥匿物尼、紇奚部帥叱奴根等聞之，[2]反於陰館。[3]南安公元順討之，不剋。詔岳。討破離石叛胡帥呼延鐵、西河叛胡帥張崇等。[4]以功賜爵西昌公，[5]遷鄴行臺。岳爲將有謀略，士衆服其智勇，名冠諸將。及罷鄴行臺，以所統六郡置相州，即拜岳爲刺史。秉法平當，百姓稱之。鄴舊有園池，時果初熟，丞吏送之，[6]岳不受，曰："果未進御，吾何得先食！"其謹如此。遷司空。

［1］柏肆：地名。又名柏肆塢。在今河北藁城市北滹沱河南岸。

［2］附力眷：人名。一作"賀力眷"。鮮卑族賀蘭部帥。北魏道武帝皇始二年，率衆反魏，後敗。　紇突鄰部：屬高車族，北魏時活動於意辛山（今内蒙古達爾罕茂明安聯合旗以北與蒙古接壤處）一帶，以游牧爲生。　匿物尼：人名。高車族紇突鄰部帥。叱奴根：人名。高車族紇奚部帥。北魏道武帝登國初，反於陰館，後爲北魏安遠將軍庾業延所敗。

［3］陰館：縣名。治所在今山西朔州市東南夏官城（參李憑《北魏時期雁北的城邑》，載河東兩京歷史考察隊編《晉秦豫訪古》山西人民出版社1986年版，第80頁）。

［4］南安公元順討之不剋詔岳討破離石叛胡帥呼延鐵西河叛胡

帥張崇等：中華本校勘記云："《魏書》卷二八《庾業延傳》云：'南安公元順討之不剋，死者數千人。太祖聞之，詔岳率萬騎還討叱奴根等，殄之，百姓乃安。離石胡呼延鐵、西河胡張崇等不樂内徙，聚黨反叛，岳率騎三千討破之。'據《魏書》卷二《太祖紀》，庾岳平叱奴根事在皇始二年，鎮壓呼延鐵等事在天興元年。非一時之事。'詔岳'下當有脱文。"可從。離石，縣名。治所在今山西吕梁市離石區。西河，郡名。北魏時治兹氏城，在今山西汾陽市城區。

［5］西昌公：封爵名。遥封。西昌，縣名。治所在今江西泰和縣西。

［6］丞吏送之：毛本、四庫本、局本、四部備要本"丞"訛作"承"。

岳兄子路，有罪，諸父兄弟悉誅，特赦岳父子。候官告岳衣服鮮麗，行止風采擬儀人君。遇道武不豫，多所猜忌，遂誅之。時人咸冤惜焉。

岳葬在代西善無界，後太武征赫連氏，經其墓宅，愴然改容，遂下詔爲立廟，令一川之人，[1]四時致祭。求其子孫任爲帥者，得其子陵。從征有功，聽襲爵。

［1］令一川之人：四庫本、《魏書》卷二八《庾業延傳》作"一州"。疑是。

王建，廣甯人也。[1]祖姑爲平文后，生昭成皇帝。伯祖豐，以帝舅貴重。豐子支，尚昭成女，甚見親待。建少尚公主。登國初，爲外朝大人，與和跋等十三人迭典庶事，參與計謀。道武遣使慕容垂，建辭色高亢，垂壯之。還爲左大夫。[2]建兄迴，時爲大夫，諸子多不慎法，建具以狀聞，迴父子伏誅。其訐直如此。

[1]廣甯：郡名。西晋時治下洛縣，在今河北涿鹿縣。

[2]左大夫：官名。北魏置。源氏校勘記云："'左'下《魏書》有'右'字。"

從征伐諸國，破二十餘部。又從征衛辰，破之。爲中部大人。破慕容寶於參合，帝乘勝將席卷南夏，於是簡擇俘衆，有才能者留之，其餘欲悉給衣糧遣歸，令中州之人咸知恩德。建以爲寶覆敗於此，國内空虚，獲而歸之，縱敵生患，不如殺之。帝曰："若從建言，非伐罪弔人之義。"[1]諸將咸以建言爲然，建又固執，乃阬之。帝既而悔焉。

[1]伐罪弔人：討伐罪惡之人，慰問百姓。

并州既平，車駕出井陘，次常山，諸郡皆降，唯中山、鄴、信都三城不下。[1]乃遣衛王儀南攻鄴，建攻信都等城。建等攻城六十餘日，不能剋，士卒多傷。帝自中山幸信都，降之。車駕幸鉅鹿，破寶衆於柏肆塢，遂圍中山。寶棄城走和龍，[2]城内無主，將夜入乘勝據守其門。建貪而無謀，意在虜獲，恐士卒肆掠，盗亂府庫，請候天明，帝乃止。是夜，徒何人共立慕容普驎爲主，[3]遂閉門固守。帝乃悉衆攻之，使人登巢車臨城，[4]招其衆。皆曰："但恐如參合之衆，故求全月日命耳。"

帝聞之，顧視建而唾其面。

[1]信都：縣名。治所在今河北冀州市。

[2]和龍：城名。又稱龍城、黄龍城。在今遼寧朝陽市。

[3]徒何：亦作“徒河”，鮮卑族慕容部分支。原居於今遼河流域，後分爲遼東、遼西諸部。源氏校勘記云：“《魏書》作‘徒河’。”　慕容普驎：人名。又名慕容詳。後燕宗室，一度稱帝。

[4]巢車：兵車名。用以瞭望敵軍，置有可升降的瞭望臺，人在臺中，如鳥在巢，故名。

中山平，賜建爵濮陽公。[1]遷太僕，徙真定公，[2]加散騎常侍、冀青二州刺史。卒，陪葬金陵。

[1]濮陽公：封爵名。濮陽，縣名。治所在今河南濮陽市西南。

[2]真定公：封爵名。真定，縣名。治所在今河北正定縣南。

羅結，代人也。其先世領部落，爲魏附臣。劉顯之逆，結從道武幸賀蘭部。後賜爵屈虵侯。太武初，累遷侍中、外都大官，[1]總三十六曹事。年一百七歲，精爽不衰。太武以其忠慤，[2]甚信待之，監典後宫，出入卧内，因除長秋卿。[3]年一百一十，詔聽歸老。賜大甯東川爲私第别業，[4]並爲築城，即號曰羅侯城。朝廷每有大事，驛馬詢問焉。年一百二十，卒，謚曰貞。

[1]外都大官：官名。即外都坐大官。北魏前期置，與中都坐大官、内都坐大官合稱三都大官。掌刑獄、聽理民訟。任此職者多爲宗室諸王、外戚及胡漢重臣。祭吊時位在三公、尚書令之上。孝

文帝改制時罷（參周兆望《北魏“三都大官”若干問題考辨》，《文史哲》2002年第1期）。

[2]忠慤（què）：忠誠樸實。

[3]長秋卿：官名。大長秋之尊稱。負責宣達皇后旨意，領受皇帝命令，職位尊顯，爲管理皇后後宫事務的最高官員。北魏孝文帝太和十七年定爲從二品上，二十三年改爲從三品。《資治通鑑》卷一一九作“長秋卿”，《魏書》卷四四《羅結傳》作“長信卿”。北魏未置“長信卿”。《魏書》誤。

[4]大甯：地名。即大寧川。在今河北張家口市。

子斤，從太武討赫連昌，力戰有功，歷位四部尚書。從平凉州，以功賜爵帶方公，[1]除長安鎮都大將。會蠕蠕侵境，除柔玄鎮都大將。[2]卒，謚曰静，陪葬金陵。

[1]帶方公：封爵名。帶方，郡名。北魏時僑置，在今遼水西界。

[2]柔玄：軍鎮名。治所在今内蒙古興和縣西北。

子敢襲爵，[1]位庫部尚書。卒，子伊利襲。

[1]子敢襲爵：《魏書》卷四四《羅結傳》“敢”又作“敦”。未詳孰是。

樓伏連，[1]代人也。代爲酋帥。伏連忠厚有器量，年十三，襲父位，領部落。道武初，從破賀蘭部，又平中山。及征姚平於柴壁，以功賜爵安邑侯。[2]明元時，爲晋兵將軍、并州刺史。太武即位，封廣陵公，[3]再遷光禄勳，進爵爲王。後鎮統萬。薨，謚恭王。

[1]樓伏連：底本作“婁伏連”，源氏校勘記云：“‘婁’《魏書》作‘樓’。下皆放此。”中華本校勘記云：“諸本‘樓’作‘婁’，《魏書》卷三〇作‘樓’。按《元和姓纂》（輯本）卷九作‘賀連伏連’，又云：‘孝文改爲樓氏。’據《魏書》卷一一三《官氏志》，賀樓氏改爲樓氏，匹婁氏改爲婁氏。兩姓不同。今從《魏書》作‘樓’。”今從改。

[2]安邑侯：封爵名。安邑，縣名。治所在今山西夏縣西北禹王城。

[3]廣陵公：封爵名。遥封。廣陵，郡名。南朝宋時治廣陵縣，在今江蘇揚州市西北。

子真襲，降爵爲公。

真弟大拔，封鉅鹿子。

大拔孫寶，字道成，性淳樸，好讀書。明帝時，仕至朔州刺史。時邊事屢興，人多流散，及寶至，稍安集之，殘壞舊宅，皆命葺構，人歸繼路，[1]歲考爲天下最。

[1]繼路：不絶於路。

後隨大都督源子邕討擊葛榮。[1]王師敗績，寶囚於榮軍，變姓名，匿于戎伍，以免害。久之，賊中有朔州人識寶者，謂寶曰：“使君寧自苦至此?”遂將詣榮。笑曰：“樓公，吾方圖事，何相見之晚!”因顧謂人曰：“此公行善，天道報之，得免亂兵，即其驗也。”寶遇逃者，密啓賊形勢，規爲内應。天子感其壯志，召寶第二子景賢，授員外散騎常侍郎。[2]葛榮滅，寶始得還。

[1]大都督：官名。高級軍事長官。統兵出征，有時又加以各種名號。　源子邕：人名。《周書》又作“源子雍”，字靈和，西平樂都（今青海樂都縣）人。北魏將領。見《北史》卷二八《源賀附源子邕傳》。　葛榮：人名。河北起義軍首領。後爲尒朱榮所擒，送入京師，被斬。

[2]授員外散騎常侍郎：中華本校勘記云：“按無此官名。疑‘常’或‘郎’字衍。”可從。

永安中，除假員外散騎常侍，[1]使蠕蠕。先是，蠕蠕稱藩上表，後以中州不競，書爲敵國之儀。寶責之。蠕蠕主大驚，自知惡，謝曰：“此作書人誤。”遂更稱藩。

[1]員外散騎常侍：官名。初多以公族、功臣子充任，爲閑散之職，常用以安置閑退官員、衰老人士。北魏初沿例授予南朝北奔之士，班比吏部郎，員六人。孝文帝太和十七年定爲從四品下，二十三年改爲七品上。

孝武帝立，敕寶與行臺長孫子彦鎮恒農。[1]後從入關，封廣寧縣伯。[2]大統元年，[3]詔領著作郎，監修國史事，别封平城縣子。[4]後授國子祭酒、侍中，[5]進儀同三司，[6]兼太子太傅，攝東宫詹事。寶爲人清簡少言，頗諳舊事，位歷師傅，守靖謙恭，以此爲人所敬。後行涇州事，卒於州。

[1]長孫子彦：人名。本名儁，鮮卑族。北魏、西魏將領。見《北史》卷二二《長孫道生附長孫子彦傳》。

[2]廣寧縣伯：封爵名。廣寧，縣名。治所在今河北涿鹿縣。

[3]大統：西魏文帝的年號（535—551）。

[4]平城縣子：封爵名。平城，縣名。治所在今山西大同市東北古城。

[5]國子祭酒：官名。晋武帝時立國子學，置一員爲長官，掌教授生徒儒學，主管國子學，參議禮制，隸太常。南北朝沿置。北魏孝文帝太和十七年定爲四品上，二十三年改爲從三品。

[6]儀同三司：初謂非三公而儀制待遇同於三公。魏晋時期，授予開府位從三公之文武官。南北朝時授予範圍不斷擴大，逐漸成爲官號。北魏孝文帝太和十七年定爲一品下，二十三年後改爲從一品，位開府上。

閭大肥，蠕蠕人也。道武時歸魏，尚華陽公主，[1]賜爵期思子。[2]與弟並爲上賓，入八議。[3]明元即位，爲内都大官，進爵爲侯。宜城王奚斤之攻武牢，大肥與娥清領十二軍出中道。太武初，復與奚斤出雲中白道討大檀，[4]破之。後從討赫連昌，以功授滎陽公。[5]公主薨，復尚濩澤公主。[6]太武將拜大肥爲王，遇疾卒。

[1]尚華陽公主：按：宋本、《魏書》卷三〇《閭大肥傳》作“華陰公主”。《魏書》卷一三《道武宣穆皇后劉氏傳》載：“道武宣穆皇后劉氏，劉眷女也。登國初，納爲夫人，生華陰公主，後生太宗。”閭大肥當尚道武帝女“華陰公主”。疑底本誤。

[2]期思子：底本“期”作“其”，中華本校勘記云：“諸本

‘期’訛‘其’，據《魏書》卷三〇、《通志》卷一四六《閭大肥傳》改。期思見《魏書·地形志》中潁州、南定州、揚州。”今從改。期思，縣名。治所約在今河南淮濱縣期思鎮。

[3]八議：即刑法中規定一些特殊人士犯罪時享有減免刑罰特權的制度。三國魏時正式列於律文，共有八種：議親、議故、議賢、議能、議功、議貴、議勤、議賓。此八種人犯有死罪（十惡除外）者，需先行奏報，由皇帝裁奪。一般均免死罪。流罪以下，照例予以減刑，並可納銀贖罪或以官品抵罪。

[4]白道：道路名。在今内蒙古呼和浩特市西北，爲河套東北地區通往陰山以北的交通要道。北魏時南谷口有白道城，城北有白道嶺、白道川。

[5]滎陽公：封爵名。滎陽，郡名。北魏時治滎陽縣，在今河南滎陽市。

[6]濩澤公主：封號。濩澤，縣名。治所在今山西陽城縣西。

奚牧，代人也。重厚有智謀，道武寵遇之，稱曰仲兄。初，劉顯害帝，梁眷知之，潛使牧與穆崇至七个山以告。[1]帝録先帝舊臣，又以牧告顯功，使敷奏政事，參與計謀。從征慕容寶，以功拜并州刺史，賜爵任城公。州與姚興接界，興頗寇邊。牧乃與興書，稱頓首，[2]均禮抗之，[3]責興侵邊不直之意。興以與國和通，[4]恨之，有言於道武，道武戮之。

[1]潛使牧與穆崇至七个山以告：四庫本、四部備要本作“七箇山”。《魏書》卷四《太武帝紀》、卷二八《奚牧傳》、卷一〇三《蠕蠕傳》作“七介山”。疑《北史》因字形相近而誤。七介山，在今山西右玉縣西南。

[2]頓首：頭叩地而拜。常用於書文的結尾，北朝時又用作對人的客氣話。

[3]均禮：行對等之禮。

[4]和通：通好。《魏書·奚牧傳》作"通和"。兩者皆有通好之意。

和跋，代人也。世領部落，爲魏附臣。至跋，以才辯知名。道武擢爲外朝大人，參軍國大謀，雅有智算，賜爵日南公。[1]從平中原，以功進爲尚書，鎮鄴。以破慕容德軍，[2]改封定陵公。[3]與常山王遵討賀蘭部别帥木易干，[4]破之。出爲平原太守。

[1]日南公：封爵名。遥封。日南，郡名。東晋時治比景縣，在今越南廣平省境内。

[2]慕容德：人名。昌黎棘城（今遼寧北票市章吉營子鄉三官營子村）人，鮮卑族。十六國時南燕皇帝。見《晋書》卷一二七《慕容德載記》。

[3]定陵公：封爵名。虚封。定陵，縣名。治所在今河南舞陽縣北。

[4]賀蘭：中華本校勘記云："《魏書》卷二八《和跋傳》同。《魏書》卷二《太祖紀》（天興四年十二月）、本書卷九八、《魏書》卷一〇三《高車傳》'賀蘭'作'破多蘭'。《魏書》卷九五《鐵弗劉虎傳》作'破多羅'。按'破多羅'當即'破多蘭'之異譯。據《魏書·官氏志》，破多羅改爲潘氏，賀蘭改爲賀氏，兩部不同，疑此作'賀蘭'誤。"可從。破多蘭，又作"破多羅"，鮮卑族部落之一。北魏時活動時牽屯山（今寧夏涇源縣西北）附近，游牧爲生。　木易干：人名。《魏書》卷二《道武帝紀》、卷二八《和跋傳》作"木易于"。爲翻譯之别，《北史》卷九三《赫連屈丐傳》

又譯作“破多羅没奕于”。十六國時後秦將領。封高平公。後爲赫連勃勃所殺。

道武寵跋於諸將。[1]群臣皆敦尚恭儉，而跋好脩虚譽，炫曜於時。性尤奢淫，帝戒之不革。後車駕北狩豺山，[2]收跋，刑之路側。妻劉氏自殺以從。初將刑跋，道武命其諸弟毗等視訣。跋謂毗曰：“灅北地瘠，[3]可居水南，就耕良田，廣爲産業，各相勸勵。”令之背己，曰：“汝曹何忍視吾之死！”毗等解其微意，詐稱使者，奔長安。道武誅其家。

[1]道武寵跋於諸將：中華本校勘記云：“《魏書》“於”上有“冠”字，《通志》卷一四六有“過”字。此疑脱。”可從。

[2]豺山：在今山西右玉縣。

[3]灅：即桑乾河。

後太武幸豺山校獵，忽暴霧四塞，怪問之。群下僉言跋世居此，[1]祠冢猶存，或者能致斯變。帝遣建興公古弼祭以三牲，[2]霧即除。後太武蒐狩之日，每先遣祭之。

[1]僉（qiān）言：皆言。

[2]建興公：封爵名。建興，郡名。北魏時治陽阿縣，在今山西晋城市西北大陽鎮。　古弼：人名。代（今山西大同市東北）人。北魏官吏。見《北史》卷二五《古弼傳》。　三牲：元大德本、毛本、四庫本、局本、四部備要本作“二牲”。

莫題，代人也。多智，有才用。初爲幢將，[1]領禁兵。道武之征慕容寶，寶夜犯營，軍人驚駭。遂有亡還京師者，言官軍敗於柏肆。京師不安，南安公元順因欲攝國事。題曰："大事不可輕爾，不然，禍將及矣！"順乃止。後封高邑公。[2]

[1]幢將：官名。北魏道武帝登國元年（386）置。除領禁兵宿衛外，有時也外出作戰。孝文帝太和十七年定宿衛幢將爲從七品，二十三年復次職員令未載。

[2]高邑公：封爵名。高邑，縣名。治所在今河北高邑縣西南。

初，窟咄寇南鄙，[1]題時貳於帝，遺箭於窟咄，謂之曰："三歲犢豈勝重載！"言窟咄長而帝少也。帝既銜之，後有告題居處倨傲，擬則人主。帝乃使人示之箭，告之曰："三歲犢能勝重載不？"題奉詔，父子對泣。詰朝，[2]乃刑之。

[1]初窟咄寇南鄙：底本"窟"前無"初"字，中華本校勘記云："諸本無'初'字，據《魏書》卷二八《莫題傳》補。此是追叙往事，無'初'字則易混。"今從改。

[2]詰朝：清晨。

賀狄干，代人也。家本小族，世忠厚，爲將以平當稱。稍遷北部大人。[1]登國初，與長孫嵩爲對。[2]明於聽察，爲人愛敬。道武遣狄干致馬千匹，結婚於姚萇。[3]會萇死，興立，因止狄干而絕婚。興弟平寇平陽，[4]道武討平之，禽其將狄伯支、唐小方等四十餘人。[5]後興以駿馬千匹贖伯支，而遣狄干還，帝許之。

[1]北部大人：北魏前期曾將鮮卑族人及四方來歸之衆分爲四部、五部、六部、八部等，其中都有北部。此爲統率部族之首領。太武帝將部落編制轉化成行政機構時取消了這一稱謂。

[2]對：相當。

[3]姚萇：人名。字景茂，南安赤亭（今甘肅隴西縣西）人，羌族。十六國時後秦的開國君主。見《晉書》卷一一六《姚萇載記》。

[4]平陽：郡名。北魏時治白馬城，在今山西臨汾市。

[5]狄伯支：人名。天水（今甘肅天水市）人。後秦重臣。《新唐書·宰相世系表》中狄仁傑尊其爲遠祖。　四十：源氏校勘記云："《魏書》作'三十'。"

干在長安，因習讀書史，通《論語》《尚書》諸經，舉止風流，有似儒者。初，帝普封功臣，狄干雖爲姚興所留，遥賜狄干爵襄武侯，[1]加秦兵將軍。[2]及狄干至，帝見其言語衣服類中國，以爲慕而習之，故忿焉，既而殺之。

[1]襄武侯：封爵名。襄武，縣名。治所在今甘肅隴西縣東南。

[2]秦兵將軍：官名。北魏初置。以春秋戰國時的方國名字命名。地位僅次於"征、鎮、安、平"將軍。孝文帝太和十七年改定官制後未見（參仇鹿鳴《關於北魏幾個將軍號的考釋》）。

李栗，雁門人也。昭成時，父祖入北。栗少辯捷，有才能兼將略。初隨道武幸賀蘭部，愛其藝能。時王業草創，爪牙心腹，多任親近，唯栗一介遠寄，兼非戚舊。數有戰功，拜左軍將軍。[1]

[1]左軍將軍：官名。三國魏置，西晋時與前軍、後軍、右軍將軍合稱四將軍，掌宿衛。北魏沿置，孝文帝太和十七年定爲從三品上，二十三年降爲從四品。

栗性簡慢，矜寵，不率禮度。每在道武前舒放倨傲，不自祗肅，笑唾任情。道武即其宿過誅之。于是威嚴始厲，制勒群下盡卑謙之禮，自栗始也。

奚眷，代人也。少有將略。道武世，有戰功。明元時，爲武牢鎮將，爲寇所憚。太武時，賜爵南陽公。[1]及征蠕蠕，眷以都曹尚書督偏將出別道。[2]詔會鹿渾海，[3]眷與中山王辰等諸大將俱後期，[4]斬于都南，爵除。

[1]南陽公：封爵名。南陽，郡名。北魏時治南陽縣，在今河南郏縣西南。

[2]都曹尚書：官名。北魏前期置。爲尚書省都曹長官，協助尚書令、僕射綜理各曹事務，位居諸尚書之首。爲之者多兼侍中，常遷爲尚書令、僕射或三公。孝文帝改制時廢。

[3]鹿渾海：即今新疆烏倫古湖。

[4]辰：即拓跋辰，人名。北魏宗室。曾隨太武帝征柔然，以後期被殺。

論曰：帝王之興，雖則天命，經綸所説，咸藉股肱。神元、桓、穆之際，[1]王迹未顯，[2]操、含託身馳驟之秋，[3]自立功名之地，可謂志識之士矣。而劉庫仁兄弟忠以爲心，盛衰不二，純節所存，其意蓋遠，而並貽非命，惜乎！尉真兄弟忠勇奮發，義以忘生。眷威略著時，增隆家業。穆崇夙奉龍顔，早著誠款，遂膺寵眷，位極臺司。[4]至乃身豫逆謀，[5]卒蒙全護，從享于廟，抑亦尚功。世載公卿，弈弈青紫，[6]盛矣！奚斤世稱忠孝，征伐有剋。平涼之役，師殲身虜，雖敗崤之責已赦，封尸之效靡立，[7]而恩禮隆渥，没祀廟廷。[8]叔孫建少展誠勤，終著庸伐，臨邊有術，威震夷楚。俊委節明元，義彰顛沛，察朱提之變，有日磾之風，[9]加以柔而能正，見美朝野。安同異類之人，智識入用，任等時俊，當有由哉！頡禽赫連昌，摧宋氏衆，遂爲名將，未易輕也。庾業延見紀危難之中，受事草創之際，智勇既申，功名尤舉，而不免傾覆，蓋亦其命。王建位遇既高，訐以求直，參合之役，不其罪歟！羅結枝附葉從，子孫榮禄。樓伏連、閭大肥並征伐著績，策名前代。[10]奚牧、和跋、莫題、賀狄干、李栗、奚眷有忠勤征伐之效，不能以功名自卑，[11]俱至誅夷，亦各其命也。

[1]神元桓穆之際：底本“元”前無“神”字，中華本校勘記云：“諸本無‘神’字，《魏書》卷二三史臣論作“始祖”。按始祖即神元，今據補。”今從改。

[2]王迹未顯：局本“迹”訛作“迎”。

[3]馳驟：疾奔，喻動蕩不安。

[4]臺司：泛指中央樞要機構。

[5]豫：同“預”。參與。

[6]青紫：本爲古時公卿綬帶之色，借指高官顯爵。

[7]封尸：掩埋尸體。　效：結局。

[8]没（mò）：通“歿”。死。

[9]日磾：即金日磾，人名。字翁叔，本爲匈奴休屠王太子，後爲漢武帝寵任，入侍左右。其一門七朝皆爲顯貴。見《漢書》卷六八《金日磾傳》。

[10]策名：書名於官員簿册。　前代：局本“代”訛作“伐”。

[11]卑：謙恭。

北史　卷二一

列傳第九

燕鳳　許謙　崔宏 子浩　張衮 弟恂　鄧彦海

燕鳳，字子章，代人也。[1]少好學，博綜經史，明習陰陽讖緯。[2]昭成素聞其名，[3]使以禮致之，鳳不應聘。及軍圍代，[4]謂城人曰："鳳不來者，將屠之。"代人懼，遂送鳳。昭成待以賓禮。後拜代王左長史，[5]參決國事。又以經授獻明帝。[6]

[1]代：郡名。北魏時治平城，在今山西大同市東北。

[2]讖緯：漢代流行的一種神學迷信。讖是巫師、方士詭爲製作的隱語或預言，作爲吉凶的符驗或徵兆；緯是方士化的儒士編集起來附會儒家經典的各種著作。底本、元大德本、毛本、局本作"諱"，中華本作"緯"，今從中華本改。

[3]昭成：即代國君主拓跋什翼犍。昭成爲其謚號，北魏道武帝所追謚。

[4]及軍圍代：底本、元大德本、毛本"圍"作"國"，宋本、殿本、四庫本、局本、四部備要本、中華本作"圍"。今從《魏書》卷二四《燕鳳傳》改。

[5]代王：指拓跋什翼犍。　左長史：官名。東漢末曹操始置，總領相府諸曹。魏晋南北朝時相國、丞相府亦置，位在右長史之上。

[6]獻明帝：即拓跋寔。獻明爲其謚號，北魏道武帝所追謚。

嘗使苻堅，[1]堅問鳳曰："代王何如人？"對曰："寬和仁愛，經略高遠，一時雄主也。常有并吞天下之志。"堅曰："卿輩北人，無剛甲利兵，[2]敵弱則進，敵强則退，安能并兼邪？"鳳曰："北人壯悍，上馬持三仗，[3]驅馳若飛。主上雄儁，率服北土，控弦百萬，[4]號令若一。軍無輜重樵爨之苦，輕行速捷，因敵取資。此南方所以疲弊，北方所以常勝也。"堅曰："彼國人馬多少？"鳳曰："控弦之士數十萬，見馬一百萬匹。"[5]堅曰："卿言人衆則可，説馬太多。"[6]鳳曰："雲中川自東山至西河二百里，[7]北山至南山百餘里，每歲孟秋，[8]馬常大集，略爲滿川。以此推之，使人言猶未盡。"[9]鳳還，堅厚加贈遺。

[1]苻堅：人名。字永固，一名文玉，略陽臨渭（今甘肅天水市東北）人，氐族。十六國時前秦君主。見《晋書》卷一一三、一一四《苻堅載記》。

[2]無剛甲利兵：《魏書》卷二四《燕鳳傳》"兵"作"器"。

[3]三仗：指三件兵器。

[4]控弦：指士兵。

[5]見馬一百萬匹：《魏書·燕鳳傳》無"見"字。

[6]卿言人衆則可説馬太多：《魏書·燕鳳傳》作"卿言人衆可爾，説馬太多，是虚辭耳"。

[7]雲中川：地名。今内蒙古和林格爾縣一帶。

[8]孟秋：秋季的第一個月。孟，初始，四季中各季的第一個月。

[9]使人言猶未盡：《魏書·燕鳳傳》作“使人之言，猶當未盡”。

及昭成崩，道武將遷長安。[1]鳳以道武幼弱，固請於苻堅曰：“代主初崩，臣子亡叛，遺孫沖幼，莫相輔立。其别部大人劉庫仁勇而有智，[2]鐵弗衛辰狡猾多端，[3]皆不可獨任。宜分部爲二，令各統之。[4]兩人素有深讎，其勢莫能先發，此禦邊之上策。[5]待其孫長，乃存而立之，是陛下大惠於亡國也。”堅從之。鳳尋東還。

[1]道武：即北魏皇帝拓跋珪。道武爲其謚號。

[2]别部：指氏族分支，此處指鮮卑族獨孤部。 大人：古代北方部族首領之稱。 劉庫仁：人名。字没根，一名洛垂。十六國時鮮卑族獨孤部首領。見《北史》卷二〇《劉庫仁傳》。

[3]鐵弗衛辰：人名。十六國時鐵弗匈奴首領。見《北史》卷九三《劉衛辰傳》。

[4]令各統之：底本“各”作“人”，中華本校勘記云：“諸本‘各’訛作‘人’，據《通志》卷一四六《燕鳳傳》改。《魏書》卷二四《燕鳳傳》作‘令此兩人統之’。”今從改。

[5]此禦邊之上策：《魏書·燕鳳傳》“上”作“良”。

及道武即位，歷吏部郎、給事黄門侍郎、行臺尚書，[1]甚見器重。明元世，[2]與崔宏、封懿、梁越等入講經傳，[3]出議朝政。太武初，[4]以舊勳賜爵平舒侯。[5]卒，子才襲。

[1]吏部郎：官名。尚書省吏部曹長官通稱。主管官吏選任調動事務，職位高於尚書省諸曹郎。北魏孝文帝太和十七年（493）定爲從四品上，二十三年改爲四品上。　給事黄門侍郎：官名。魏晋南北朝時爲侍中省或門下省次官，與侍中俱掌門下衆事，品秩隨皇帝旨意或侍中地位而上下。北魏時一度甚重之，孝文帝太和十七年定爲三品中，二十三年改爲四品上。　行臺尚書：官名。行臺尚書令的省稱。北魏置。爲行臺長官，主管轄地軍務，兼理民事。

[2]明元：即北魏皇帝拓跋嗣。明元爲其謚號。

[3]封懿：人名。字處德，勃海蓨（今河北景縣）人。十六國時燕、北魏官吏。見《北史》卷二四《封懿傳》。　梁越：人名。字玄覽，新興（今山西忻州市）人。北魏儒士。見《北史》卷八一《梁越傳》。

[4]太武：即北魏皇帝拓跋燾。太武爲其謚號。

[5]平舒侯：封爵名。平舒，縣名。治所在今河北大城縣。

許謙，字元遜，代人也。少有文才，善天文圖讖學。[1]建國時，[2]將家歸附，昭成擢爲代王郎中令，[3]兼掌文記。與燕鳳俱授獻明帝經。昭成崩後，謙徙長安。苻堅從弟行唐公洛鎮和龍，[4]請謙之鎮。未幾，以繼母老，辭歸。

[1]圖讖：古代方士或儒生宣揚符命占驗的書。多爲隱語、預言。始於秦，盛於東漢。

[2]建國：十六國時代國拓跋什翼犍的年號（338—376）。

[3]郎中令：官名。漢朝時爲諸侯王國屬官。侍從左右，戍衛王宫，其職甚重，領諸大夫、郎官等。魏晋十六國時爲王國三卿之

一，地位頗重，其品秩隨國主地位高低不等。

[4]苻堅從弟行唐公洛鎮和龍：底本無“從”字，中華本校勘記云：“諸本脱‘從’字，據《魏書》卷二四、《通志》卷一四六《許謙傳》補。洛爲堅從弟，見《晋書》卷一一三《苻堅載記》。”今從改。　行唐公：封爵名。行唐，縣名。治所在今河北行唐縣北。　洛：即苻洛，人名。十六國時前秦宗室、將領。初爲幽州刺史，封行唐公。隨苻堅征伐，以功加征北將軍。後爲堅所忌，常爲邊牧。任益州牧時，舉兵自稱大都督、大將軍、秦王。兵敗，徙於西海，爲前秦中書令梁熙所殺。　和龍：城名。又名黄龍城、龍都。在今遼寧朝陽市。

登國初，[1]遂歸道武，以爲右司馬，[2]與張衮等參贊初基。慕容寶之來寇也，[3]道武使謙告難於姚興。[4]興遣將楊佛嵩來援。佛嵩稽緩，[5]道武命謙爲書遺之，佛嵩乃倍道兼行。[6]道武大悦，賜謙爵關内侯。寶敗，佛嵩乃還。及慕容垂死，[7]謙上書勸進。并州平，[8]以謙爲陽曲護軍，[9]賜爵平舒侯。卒，贈幽州刺史、高陽公，[10]謚曰文。

[1]登國：北魏道武帝的年號（386—396）。

[2]右司馬：官名。北魏時爲軍府屬官，理軍事，地位僅次於長史。

[3]慕容寶：人名。字道裕，昌黎棘城（今遼寧北票市章吉營子鄉三官營子村）人，鮮卑族。十六國時後燕君主。見《北史》卷九三《慕容垂附慕容寶傳》。

[4]姚興：人名。字子略，南安赤亭（今甘肅隴西縣西）人，羌族，姚萇之子。十六國時後秦君主。見《北史》卷九三《姚萇附姚興傳》。

[5]稽緩：滯緩。

[6]倍道兼行：語出《孫子·軍争》："日夜不處，倍道兼行，百里而争利，則擒三將軍。"形容加速急行。

[7]慕容垂：人名。字道明，昌黎棘城（今遼寧北票市章吉營子鄉三官營子村）人，鮮卑族。十六國時後燕建立者。見《晋書》卷一二三《慕容垂載記》。

[8]并州：北魏時治晋陽縣，在今山西太原市晋源區古城營村一帶。

[9]陽曲：縣名。治所在今山西太原市北陽曲鎮南。　護軍：官名。魏晋南北朝置，職如將軍，而地位稍遜同號將軍，常授資歷稍淺之統帥。

[10]幽州：北魏時治薊縣，在今北京西南。　高陽公：封爵名。高陽，郡名。北魏時治高陽，在今河北高陽縣東舊城。

子洛陽襲爵。明元追録謙功，以洛陽爲雁門太守。[1]洛陽家田三生嘉禾，[2]皆異畝同穎。[3]太武善之，進爵北地公。[4]卒，謚曰恭。

[1]雁門：郡名。北魏時治廣武縣，在今山西代縣西南。

[2]嘉禾：指祥瑞之兆。泛指生長茁壯的禾稻。古代稱一禾兩穗，兩苗共秀，三苗共穗，等生長異常的禾苗爲嘉禾。人們視其爲政治清明、天下太平的徵兆。

[3]穎：禾穗的末端，借指穗。

[4]北地公：封爵名。北地，郡名。北魏時治富平縣，在今陝西富平縣城關。

崔宏字玄伯，清河東武城人，[1]魏司空林之六世孫也。[2]祖悦仕石季龍，[3]位司徒右長史。[4]父潛，仕慕容暐，[5]爲黄門侍郎。並以才學稱。

[1]清河：郡名。崔氏郡望。北魏時治清河縣，在今山東臨清市東北。　東武城：縣名。治所在今山東武城縣西北。

[2]司空：官名。列三公之末。分掌宰相職能。　林：即崔林，人名。字德儒。三國魏官吏。見《三國志》卷二四《魏書·崔林傳》。

[3]悦：即崔悦，人名。字道儒。西晋、十六國時官吏。見《晋書》卷四四《盧欽傳》。　石季龍：人名。即石虎。字季龍，《北史》避唐高祖祖父李虎諱稱字，羯族。十六國時後趙君主。見《晋書》卷一〇六、一〇七《石季龍載記》。

[4]司徒右長史：官名。三國魏分司徒長史置，與司徒左長史並爲司徒府僚屬之長，佐司徒總管府内諸曹，位次左長史。十六國時後趙沿置。按：《魏書》卷二四《崔玄伯傳》作“司徒左長史”。未詳孰是。

[5]慕容暐：人名。字景茂，昌黎棘城（今遼寧北票市章吉營子鄉三官營子村）人，鮮卑族。十六國時前燕君主。見《北史》卷九三《慕容廆附慕容暐傳》。

宏少有儁才，號曰冀州神童。[1]苻融之牧冀州，[2]虚心禮敬。拜陽平公侍郎、領冀州從事。[3]出總庶事，入爲賓友，衆務脩理，處斷無滯。苻堅聞之，徵爲太子舍人。[4]辭以母疾，不就。左遷著作佐郎。[5]太原郝軒名知人，[6]稱宏有王佐之材，近代所未有也。堅亡，避難齊魯間，爲丁零翟釗及晋叛將張願所留。[7]郝軒歎曰：“斯人也，遇斯時，不因扶摇之勢，[8]而與鴳雀飛沈，[9]豈不惜哉！”

［1］冀州：十六國時治信都縣，在今河北冀州市。

［2］苻融：人名。字博休，略陽臨渭（今甘肅天水市東北）人，氐族，苻堅弟。十六國時前秦官吏。見《晋書》卷一一四《苻堅載記附苻融傳》。　牧冀州：擔任冀州牧。州牧，漢成帝時改刺史爲此稱，爲州之最高行政長官。秩二千石，位次九卿。後時改稱刺史，時復置。或以刺史中望高資深者爲此稱。歷朝因之。

［3］陽平公：封爵名。此處代指苻融。陽平，郡名。十六國前秦時治館陶縣，在今河北館陶縣。　侍郎：官名。漢朝始置，諸侯王國屬官。魏晋南北朝亦置，掌通傳教令。　領：官制用語。初指兼領、暫代。即已有本職本官，又暫行他官他職，而不居其位，不任其官。　從事：官名。州部屬吏。

［4］太子舍人：官名。晋時掌文章書記，初隸太子太傅、少傅，後隸太子詹事。十六國時前秦沿置。

［5］著作佐郎：官名。三國魏明帝時置，協助著作郎修撰國史及起居注。十六國時前秦沿置。

［6］太原：郡名。北魏時治晋陽縣，在今山西太原市晋源區古城營村一帶。

［7］丁零：漢代主要分布在今貝加爾湖以南地區。東漢時部分南遷進入内地。兩晋南北朝時，在今山西、河北境内有定州丁零、中山丁零、北地丁零等部，漸與内地民族融合。留在漠北的大部分丁零，《晋書》稱其爲敕勒，《隋書》稱其爲鐵勒。　翟釗：人名。十六國時丁零族首領、翟魏政權的末代君主。　張願：人名。東晋將領。晋孝武帝太元中，叛晋，盤據齊魯間。

［8］扶摇：謂升騰。

［9］鴳（yàn）雀：小鳥名。弱小不能飛。比喻才能低下，無遠大志向的人。

仕慕容垂，爲吏部郎、尚書左丞、高陽内史，[1]所歷著稱。立身雅正，雖在兵亂，猶厲志篤學，不以資産爲意，妻子不免飢寒。

[1]尚書左丞：官名。爲尚書省佐官，居尚書右丞上，總領尚書省庶務，職權甚重。　高陽：指高陽王慕容隆。慕容垂子，鮮卑族。十六國時後燕宗室，封高陽王。　内史：官名。爲王國掌民政之官，地位相當於郡太守。

道武征慕容寶，次常山。[1]棄郡走海濱。帝素聞其名，遣求，及至，以爲黄門侍郎，與張衮對總機要，草創制度。時晉使來聘，[2]帝將報之，[3]詔有司議國號。宏議曰："三皇、五帝之立號也，或因所生之土，或以封國之名。故虞、夏、商、周始皆諸侯，及聖德既隆，萬國宗戴，稱號隨本，不復更立。唯商人屢徙，改號曰殷。然猶兼行，不廢始基之號。故《詩》云'殷商之旅'，[4]此其義也。國家雖統北方廣漠之土，逮于陛下，應運龍飛。雖曰舊邦，受命惟新。以是登國之初改代曰魏。慕容永亦奉進魏土。[5]夫魏者大名，神州之上國，[6]斯乃革命之徵驗，利見之玄符也。[7]臣愚以爲宜號爲魏。"道武從之，於是稱魏。

[1]常山：郡名。北魏時治安樂壘，在今河北藁城市西北。底本作"中山"，中華本校勘記云："諸本'常'作'中'，《魏書》卷二四《崔玄伯傳》作'常'。按《魏書》卷二《太祖紀》皇始元年十一月：'帝至真定，自常山以東守宰，或捐城奔竄，或稽顙軍門，唯中山、鄴、信都三城不下。'真定即常山郡治。作'常'是，今據改。"今從改。

［2］聘：國與國之間遣使訪問。

［3］報：派使臣回訪。

［4］殷商之旅：語出《詩·大雅·大明》。其始祖契封於商；湯有天下，遂號爲商。後來屢次遷都，至盤庚遷到殷地後，改爲殷，亦稱殷商。

［5］慕容永：人名。字叔明，昌黎棘城（今遼寧北票市章吉營子鄉三官營子村）人，鮮卑族。十六國時西燕君主。見《北史》卷九三《慕容永傳》。

［6］神州之上國：底本無“神”字，中華本校勘記云：“諸本脱‘神’字，據《魏書》及《通志》卷一四六《崔宏傳》補。”今從補。

［7］利見：語出《易·乾卦》：“飛龍在天，利見大人。”孔穎達疏：“若聖人有龍德飛騰而居天位，德備天下，爲萬物所瞻覩，故天下利見此居王位之大人。”

及帝幸鄴，[1]歷問故事，宏應對若流，帝善之。還次恒嶺，[2]帝親登山頂，撫慰新人，適遇宏扶老母登嶺，賜以牛米。因詔諸徙人不能自進者，給以車牛。

［1］鄴：城名。在今河北臨漳縣西南。

［2］恒嶺：山名。在今河北曲陽縣西北與山西接壤處。

遷吏部尚書。[1]時命有司制官爵，撰朝儀，協音樂，定律令，申科禁。宏總而裁之，以爲永式。及置八部大夫，[2]以擬八坐，[3]宏通署三十六曹，如令、僕統事。深被信任，勢傾朝廷。約儉自居，不營産業，家徒四壁，出無車乘，朝晡步上。[4]母年七十，供養無重膳。[5]帝聞，益重之，厚加饋賜。時人亦或譏其過約，而宏居之愈甚。常引問古今舊事，王者制度，宏陳古人制作之體，及往代廢興之由，甚合上意。未嘗謇諤忤旨，[6]亦不諂諛苟容。及道武季年，[7]大臣多犯威怒，宏獨無譴者，由於此也。

[1]吏部尚書：官名。三國魏改選部尚書置，爲尚書省吏部曹長官。北魏孝文帝太和十七年定爲二品下，二十三年改爲三品。

[2]八部大夫：官名。北魏道武帝天興元年（398）置。分掌京城周圍諸部，共同處理國家政務。底本“大夫”作“大人”，中華本校勘記云：“諸本‘夫’作‘人’，《魏書》作‘夫’。按《魏書·官氏志》云：‘天興元年十二月置八部大夫（中略），於皇城四方四維，面置一人，以擬八座。’作‘人’誤，今據改。”今從改。

[3]八坐：官名。又稱八座。爲高級官員的合稱。魏晋至隋用以稱尚書令、左右僕射、諸曹尚書，無論共有幾人，皆沿此稱。北魏以八坐參議軍國大事。

[4]朝晡（bū）：指朝時和晡時，即辰時與申時。

[5]重膳：不止一種菜肴。

[6]謇諤：忠正直言。

[7]季年：晚年。

帝曾引宏講論《漢書》，至婁敬説漢祖，[1]欲以魯元公主妻匈奴，[2]善之，嗟嘆者良久。是以諸公主皆嫁于賓附之國，朝臣子弟、良族美彦不得尚焉。尚書職罷，賜宏爵白馬侯，[3]加周兵將軍，[4]與舊功臣庾岳、奚斤等同班，[5]而信寵過之。

[1]婁敬説漢祖：婁敬游説劉邦與匈奴和親。婁敬，人名。西漢初謀士。高祖五年（前202）以建議入都關中功賜姓劉，故又稱劉敬。見《史記》卷九九《劉敬叔孫通列傳》。

[2]魯元公主：指漢高祖劉邦與吕后之女。因食邑在魯地，又爲長公主，故稱魯元公主。

[3]白馬侯：封爵名。白馬，縣名。治所在今河南滑縣東南。

[4]周兵將軍：官名。北魏初置。以春秋戰國時的方國名字命名，地位僅次於“征、鎮、安、平”將軍。孝文帝太和十七年改定官制後未見（參仇鹿鳴《關於北魏幾個將軍號的考釋》，《中華文史論叢》2008年第1期）。

[5]舊功臣：毛本、局本脱“臣”字。　庾岳：人名。本名庾業延，後賜名岳，代（今山西大同市東北）人。北魏初大將。見《北史》卷二〇《庾業延傳》。　奚斤：人名。代（今山西大同市東北）人，鮮卑族。北魏官吏。見《北史》卷二〇《奚斤傳》。

道武崩，明元未即位。清河王紹因人心不安，[1]大出財帛，班賜朝士。宏獨不受紹財，長孫嵩以下咸愧焉。[2]詔遣使者循行郡國，糾察守宰不如法者，[3]令宏與宜都公穆觀等案之，[4]帝稱其平當。又詔宏與長孫嵩等朝堂決刑獄。

[1]紹：即元紹，人名。字受洛拔，道武帝子。見《北史》卷一六《清河王紹傳》。

[2]長孫嵩：人名。代（今山西大同市東北）人，鮮卑族。北魏大臣。見《北史》卷二二《長孫嵩傳》。

[3]守宰：地方官的别稱，多稱郡守。

[4]宜都公：封爵名。遥封。宜都，郡名。東晋時治夷道縣，在今湖北宜都市。　穆觀：人名。字闥拔，代（今山西大同市東

北）人，鮮卑族。北魏官吏。見《北史》卷二〇《穆崇附穆觀傳》。

明元以郡國豪右大人蠹害，[1]乃優詔徵之。人多戀本，而長吏逼遣之，[2]於是輕薄少年，因相扇動，所在聚結。西河、建興盜賊並起，[3]守宰討之不能禁。帝乃引宏及北新侯安同、壽光侯叔孫建、元城侯元屈等問焉。[4]宏欲大赦以紓之。屈曰："不如先誅首惡，赦其黨類。"宏曰："王者臨天下，以安人爲本，何顧小曲直也。夫赦雖非正道，而可以權行。若赦而不改，誅之不晚。"明元從之。

[1]明元以郡國豪右大人蠹害：中華本校勘記云："張森楷云：'《魏書》作"大爲民蠹"是也，此不成語。'按'郡國豪右'指地方大族，故下云'優詔徵之'。《北史》避'民'字，改作'大人蠹害'，違失原意。"可從。

[2]而長吏逼遣之：局本"吏"訛作"史"。

[3]西河：郡名。北魏時治茲氏城，在今山西汾陽市城區。　建興：郡名。北魏時治陽阿縣，在今山西晋城市西北大陽鎮。

[4]北新侯：封爵名。北新，縣名。治所在今河北徐水縣西南。　安同：人名。遼東（今遼寧遼陽市）人。北魏官吏。見《北史》卷二〇《安同傳》。　壽光侯：封爵名。壽光，縣名。治所在今山東壽光市東北。　叔孫建元城侯元屈：底本"建"下有"武"字，中華本校勘記云："諸本'建'下有'武'字。按《叔孫建傳》見本書卷二〇，元屈封元城侯見本書卷一五《文安公泥傳》。其間不應有'武'字，今據《魏書》《通志》删。"今從改。叔孫建，人名。代（今山西大同市東北）人，鮮卑族。北魏將領。見《北史》

卷二〇《叔孫建傳》。元城侯，封爵名。元城，縣名。治所在今河北大名縣東。元屈，人名。北魏宗室。見《北史》卷一五《文安公泥附元屈傳》。

神瑞初，[1]詔宏與南平公嵩等坐止車門右，[2]聽理機事。并州胡數萬南掠河内，[3]遣將軍公孫表等討之，[4]敗績。帝問計於群臣。宏曰："表等諸軍，不爲不足，但失於處分，故使小盜假息耳。胡衆雖多，而無猛健主將，所謂千奴共一膽也。宜得大將素爲胡所服信者，將數百騎，就攝表軍以討之，賊聞，必望風震怖。壽光侯建，前在并州，諸將莫及。"帝從之，遂平胡寇。尋拜天部大人，[5]進爵爲公。

[1]神瑞：北魏明元帝的年號（414—416）。

[2]南平公：封爵名。遥封。南平，郡名。東晉時治江安縣，在今湖北公安縣東北。　嵩：即長孫嵩。　止車門：宫門名。按朝見禮儀，文臣至此下車，武將下馬，步行上朝進殿。

[3]河内：郡名。北魏時治野王縣，在今河南沁陽市。

[4]公孫表：人名。字玄元，燕郡廣陽（今北京房山區）人。初仕後燕，後降北魏。見《北史》卷二七《公孫表傳》。

[5]天部大人：官名。北魏明元帝泰常二年（417）置，爲執掌國政的六部大人之一，由諸公擔任。

泰常三年夏，[1]宏病篤，帝遣侍中穆觀就受遺言，[2]侍臣問疾，一夜數返。卒，追贈司空，謚文貞公，喪禮一依安城王叔孫俊故事，[3]詔群臣及附國渠帥皆會葬，[4]自親王以外，盡命拜送。子浩襲。太和中，[5]孝文追録先朝功臣，以宏配饗廟廷。

[1]泰常：北魏明元帝的年號（416—423）。底本“泰”作“太”，宋本、元大德本、毛本、局本亦作“太”，殿本、四庫本、四部備要本、中華本作“泰”。舊時兩字通。今從中華本改。

[2]侍中：官名。北朝常總典機密，受遺詔輔政，權任尤重，時號“小宰相”。北魏初置四員，孝文帝太和十七年定爲從一品中。

[3]安城王：封爵名。遥封。安城，郡名。東晋時治平都縣，在今江西安福縣。按：安城亦作“安成”，北朝常有同音互代事。叔孫俊：人名。字醜歸，鮮卑族。北魏將領。見《北史》卷二〇《叔孫建附叔孫俊傳》。

[4]渠帥：首領。一般用作對敵方首領尤其是對少數民族首領的蔑稱。渠，意爲大。

[5]太和：北魏孝文帝的年號（477—499）。

浩，字伯深。[1]少好學，博覽經史，玄象陰陽百家之言，無不該覽。研精義理，時人莫及。弱冠爲通直郎，[2]稍遷著作郎。[3]道武以其工書，[4]常置左右。道武季年，威嚴頗峻，宫省左右，多以微過得罪，莫不逃隱，避目下之變。[5]浩獨恭勤不怠，或終日不歸。帝知之，輒命賜以御粥。其砥直任時，不爲窮通改節若此。[6]

[1]伯深：中華本校勘記云：“《魏書》卷三五《崔浩傳》‘深’作‘淵’，《北史》避唐諱改。”可從。

[2]通直郎：官名。東晋時使員外散騎侍郎二人與散騎侍郎通員當值，故名。參平尚書奏事，兼掌侍從、諷諫，地位較高。北魏

孝文帝太和十五年亦置，屬集書省，員六人。初定四品中，太和二十三年改從五品上。

[3]著作郎：官名。三國魏明帝時置，爲著作局長官，掌修國史及起居注。南北朝時爲清要之官，出任者皆爲有名望的文學之士，亦有以司空、尚書等職領者。北魏孝文帝太和十七年定爲五品上，二十三年改爲從五品上。

[4]工書：擅長書法。底本作“上書”，中華本校勘記云：“諸本‘工’訛‘上’，據《魏書》《通志》改。”今從改。

[5]莫不逃隱避目下之變：底本作“莫不逃避隱匿目下之變”，中華本校勘記云：“諸本訛作‘莫不逃避隱匿目下之變’，文不可通，據《魏書》《通志》改。”今從改。

[6] 窮通：困窮與顯達。

明元初，拜博士祭酒，[1]賜爵武城子。[2]常授帝經書。每至郊祀，父子並乘軒軺，[3]時人榮之。明元好陰陽術數，聞浩説《易》及《洪範》五行，善之。因命筮吉凶，參觀天文，考定疑惑。浩總覈天人之際，舉其綱紀。諸所處决，[4]多有應驗。恒與軍國大謀，甚爲寵密。時有兔在後宫，檢無從得入，帝令浩推之，浩以爲當有鄰國貢嬪嬙者。[5]明年，姚興果獻女。

[1]博士祭酒：官名。西晋時爲太學之長，與國子祭酒並隸太常。東晋南朝時以國子祭酒兼統國子、太學博士，此官或省。北魏初置，後省。

[2]武城子：封爵名。武城，縣名。治所在今山東武城縣西。

[3]軒軺：輕車。顯貴者所乘。

[4]諸所處决：底本作“者數家”，中華本校勘記云：“諸本

‘諸所處决’作‘者數家’。文不可通，據《魏書》改。”今從改。

[5]嬪嬙：宫嬪，天子諸侯姬妾。

神瑞二年，秋穀不登，太史令王亮、蘇坦因華陰公主等言：[1]“讖書云：國家當都鄴，大樂五十年。”勸帝遷都於鄴，可救今年之飢。帝以問浩。浩曰：[2]“非長久策也。東州之人，常謂國家居廣漠之地，人畜無算，號稱牛毛之衆。今留守舊都，分家南徙，恐不滿諸州之地。參居郡縣，處榛林之下，不便水土，疾疫死傷，情見事露，則百姓意阻。四方聞之，有輕侮之意，屈丐及蠕蠕必提挈而來。[3]雲中、平城則有危殆之事，[4]阻隔恒、代，[5]千里之際，須欲救援，[6]赴之甚難。如此，則聲實俱損矣。今居北方，假令山東有變，輕騎南出，燿威桑梓之中，[7]誰知多少？百姓見之，望塵振伏。此是國家威制諸夏之長策也。至春草生，乳酪將出，兼有菜菓，足接來秋。若得中熟，事則濟矣。”帝深然之。復使中貴人問浩曰：[8]“今既無以至來秋，或復不熟，將如之何？”浩曰：“可簡窮下之户，諸州就穀。若秋無年，願更圖也。但不可遷都。”帝於是分人詣山東三州就食，出倉穀以稟之。來年遂大熟，賜浩、澹妾各一人，[9]及御衣綿絹等。

[1]太史令：官名。北魏時主律曆。品秩不詳。　華陰公主：封號。指道武帝女。華陰，縣名。治所在今陝西大荔縣。

[2]浩曰：高敏《南北史考索》（天津古籍出版社2010年版，第416—417頁）：“按《魏書》卷三十五同人傳作‘浩與特巡周澹

言於太宗曰’，此删‘特巡周澹’，變成了崔浩一人，不妥；《北史》曰：‘帝深然之’，《魏書》作‘太宗深然之，曰：“唯此二人，與朕意同”’；此處又作二人，而非崔浩一人。《北史》又云：‘復使中貴人問浩曰’，《魏書》作‘復使中貴人問浩、澹曰’，也是二人而非崔浩一人。最後，《北史》云：‘賜浩妾各一人，及御衣綿絹等。’《魏書》作：‘賜浩、澹妾各一人，御衣一襲，絹五十匹，綿五十斤。’《北史》因爲自始至終都删去周澹而成爲崔浩一人，顯然與事實不符。‘賜浩妾各一人’的‘各’字，無形中透露出是浩、澹二人的訊息，《北史》誤删，此條李慈銘已發之，但惜其不全耳。《北史》校勘記雖已發之，但欠完整。”

[3]屈丐：即赫連屈丐，人名。本名勃勃，匈奴鐵弗部人。十六國時夏國君主。見《北史》卷九三《赫連屈丐傳》。　蠕蠕：亦稱柔然，本爲東胡的一支，屬拓跋部。南北朝時始强大，活動於今蒙古國南部地區。見《北史》卷九八《蠕蠕傳》。

[4]雲中：郡名。北魏時治盛樂縣，在今内蒙古和林格爾縣西北。　平城：指北魏都城，在今山西大同市東北。

[5]恒：指恒山。在今河北曲陽縣。　代：指代郡。北魏時治平城，在今山西大同市東北。

[6]千里之際須欲救援：毛本、殿本、四庫本、局本、四部備要本“際須”作“險雖”，餘本作“際須”。《魏書》卷三五《崔浩傳》亦作“險雖”。皆可通。

[7]桑梓：指故鄉。

[8]中貴人：宦官的别稱。原意爲君主所寵幸的宦官，後用以代指宦官。

[9]賜浩澹妾各一人：底本作“賜浩妾各一人”，中華本校勘記云：“李慈銘云：‘《魏書》言浩與特進周澹同諫遷都，故賜浩、澹妾各一人。此不載周澹而存“各”字，非。’”今從改。

初，姚興死之前歲，太史奏熒惑在匏瓜星中，[1]一夜忽然亡失，不知所在。或謂下入危亡之國，將爲童謡妖言，而後行其災禍。帝乃召諸碩儒，與史官求其所詣。浩對曰："案《春秋左氏傳》説神降于莘，[2]其至之日，各其物也。[3]請以日辰推之。庚午之夕，辛未之朝，天有陰雲，熒惑之亡，當在此二日之内。庚與午，皆主於秦，[4]辛爲西夷。今姚興據咸陽，[5]是熒惑入秦矣。"諸人皆作色曰："天上失星，人安能知其所詣，而妄説無徵之言！"浩笑而不應。後八十餘日，熒惑果出東井，[6]留守盤旋。秦中大旱赤地，[7]昆明池水竭，[8]童謡訛言，國中喧擾。明年，姚興死，二子交兵，三年國滅。於是諸人乃服。

[1]熒惑：星宿名。即火星。以其色紅如火，亮度常變，且在空中運行方向不定令人迷惑而名之。後五行説盛行，故又名火星。匏瓜：星宿名。位於女宿北，河鼓東北銀河邊，由五星組成。《史記·天官書》："匏瓜，有青黑星守之。"司馬貞《索隱》引《荆州占》："匏瓜，一名天雞，在河鼓東。"

[2]莘：國名。亦稱有辛、有莘。在今山東曹縣西北。

[3]各其物也：殿本、四庫本、四部備要本"各"訛作"乃"。

[4]秦：指秦地關中。

[5]咸陽：城名。在今陝西咸陽市東北。

[6]東井：星宿名。即井宿。又作"鶉首"，爲二十八宿南方朱鳥七宿的第一宿。

[7]秦中：地區名。又稱關中。即秦嶺以北關中平原。

[8]昆明池：湖名。在今陝西西安市西南豐水和潏水之間。

泰常元年，晉將劉裕伐姚泓，[1]欲泝河西上，[2]求假道。詔群臣議之。外朝公卿咸曰："函谷天險，[3]裕何能西入？揚言伐姚，意或難測。宜先發軍斷河上流，勿令西過。"内朝咸同外計，帝將從之。浩曰："此非上策也。司馬休之之徒擾其荆州，[4]劉裕切齒久矣。今興死子幼，乘其危亡而伐之，臣觀其意，必自入關。勁躁之人，[5]不顧後患。今若塞其西路，裕必上岸北侵。如此則姚無事而我受敵矣。蠕蠕内寇，人食又乏，發軍赴南，則北寇進擊；若其救北，則南州復危。未若假之水道，縱裕西入，[6]然後興兵塞其東歸之路。所謂卞莊刺彪，兩得之勢也。[7]使裕勝也，必德我假道之惠；令姚氏勝也，亦不失救鄰之名。縱裕得關中，懸遠難守。彼不能守，終爲我物。今不勞兵馬，坐觀成敗，鬬兩彪而收長久之利，上策也。夫爲國之計，擇利爲之，豈顧婚姻，酬一女子之惠也？假國家棄恒山以南，裕必不能發吴越之兵争守河北也。"[8]議者猶曰："裕西入函谷，則進退路窮，腹背受敵；北上岸，則姚軍必不出關助我。揚聲西行，意在北進，其勢然也。"帝遂從群議，遣長孫嵩拒之。戰於畔城，[9]爲晉將朱超石所敗。[10]帝恨不用浩言。

[1]劉裕：人名。字德輿，小名寄奴，祖籍彭城綏輿里（今江蘇徐州市），後遷居京口（今江蘇鎮江市）。南朝宋建立者。見《宋書》卷一、二、三《武帝紀》。　姚泓：人名。字元子，南安赤亭（今甘肅隴西縣西）人，羌族。十六國時後秦君主。見《晉書》卷一一九《姚泓載記》。

[2]泝（sù）：逆流而上。

[3]函谷：即函谷關。在今河南靈寶市北。

[4]司馬休之之徒擾其荆州：底本少一“之”字，中華本且斷句作“司馬休”。按：查當時無“司馬休”，疑是司馬休之，其爲荆州刺史，曾與劉裕相攻。又《魏書》卷三五《崔浩傳》作“司馬休之之徒”，故《北史》“之”下缺一“之”字。今補。司馬休之，人名。字季豫，河内温（今河南温縣）人。東晋宗室、北魏將領。見《北史》卷二九《司馬休之傳》。荆州，東晋時治江陵，在今湖北江陵縣。

[5]勁躁之人：元大德本缺“人”字。

[6]縱裕西入：元大德本、毛本、殿本、四部備要本“縱”訛作“從”。

[7]卞莊刺彪兩得之勢也：中華本校勘記云：“《魏書》‘彪’作‘虎’，《北史》避唐諱改。”下文同。典出《史記》卷七〇《張儀列傳》：“莊子欲刺虎，館竪子止之，曰：‘兩虎方且食牛，食甘必争，争則必鬬，鬬則大者傷，小者死，若從傷而刺之，一舉必有雙虎之名。’卞莊子以爲然，立須之。有頃，兩虎果鬬，大者傷，小者死。莊子從傷者而刺之，一舉果有雙虎之功。”

[8]河北：局本兩字誤倒。

[9]畔城：地名。在今山東聊城市西。

[10]朱超石：人名。朱齡石弟。東晋義熙北伐時爲先鋒，作戰勇猛，以功封興平縣侯。後與兄一起被夏將赫連璝所殺。

二年，晋齊郡太守王懿來降，[1]陳計，稱劉裕在洛，[2]勸以軍絶其後路，則裕軍不戰而可克。書奏，帝善之。會浩在前，進講書傳。帝問浩曰：“裕西伐已至潼關，[3]卿觀事得濟否？”浩曰：“昔姚興好養虚名而無實用，[4]子泓又病，衆叛親離。乘其危亡，兵精將勇，克之必矣。”帝曰：“裕武能何如慕容垂？”浩曰：“垂承父祖之資，生便尊貴，同類歸之，若夜蛾之赴火，少加倚仗，便足立功。劉裕挺出寒微，不因一卒之用，奮臂大呼，而夷滅桓玄，[5]北禽慕容超，[6]南摧盧循。[7]裕若平姚而篡其主，秦地戎夷混并，裕亦不能守之。秦地亦終當爲國家所有。”帝曰：“裕已入關，不能進，不能退，我遣精騎南襲彭城、壽春，[8]裕亦何能自立？”浩曰：“今西北二寇未殄，陛下不可親御六師。長孫嵩有經國之用，無進取之能，非劉裕敵也。臣謂待之不晚。”帝笑曰：“卿量之已審矣。”浩曰：“臣常私論近世人物，不敢不上聞。若王猛之經國，[9]苻堅之管仲也。[10]慕容恪之輔少主，[11]慕容暐之霍光也。[12]劉裕之平逆亂，司馬德宗之曹操也。”[13]帝曰：“卿謂先帝如何？”浩曰：“太祖用漠北淳朴之人，南入漢地，變風易俗，化洽四海，自與羲、農、舜、禹齊烈，臣豈能仰名。”帝曰：“屈丐何如？”浩曰：“屈丐家國夷滅，一身孤寄，爲姚氏封植。不思樹黨强鄰，報復讎耻，乃結蠕蠕，背德於姚。撅竪小人，無大經略，正可殘暴，終爲人殘滅耳。”帝大悦，語至中夜。賜浩縹醪酒十觚，[14]水精戎鹽一兩，[15]曰：“朕味卿言，若此鹽酒，故與卿同其味也。”

[1]齊郡：東晋時治臨淄縣，在今山東淄博市東北。

[2]洛：即洛陽。三國曹魏、西晋都城。在今河南洛陽市東北。

[3]潼關：關隘名。在今陝西潼關縣東北黄河南岸。

[4]昔姚興好養虚名而無實用：底本無“昔”字，中華本校勘記云：“《魏書》《通志》‘姚’上有‘昔’字。按其時姚興已死，

有‘昔’字是。”今從補。

[5]桓玄：人名。字敬道，一名靈寶，譙國龍亢（今安徽懷遠縣）人。東晋權臣。見《晋書》卷九九《桓玄傳》。

[6]慕容超：人名。字祖明，昌黎棘城（今遼寧北票市章吉營子鄉三官營子村）人。十六國時南燕君主。見《北史》卷九三《慕容德附慕容超傳》。

[7]盧循：人名。字于先，范陽涿（今河北涿州市）人。東晋末年起義軍首領。見《晋書》卷一〇〇《盧循傳》。

[8]彭城：縣名。治所在今江蘇徐州市。　壽春：縣名。治所在今安徽壽縣。

[9]王猛：人名。字景略，北海劇（今山東壽光市南）人。苻堅丞相。見《晋書》卷一一四《苻堅載記附王猛傳》。

[10]管仲：人名。春秋時齊國大臣。見《史記》卷六二《管晏列傳》。

[11]慕容恪：人名。字玄恭，昌黎棘城（今遼寧北票市章吉營子鄉三官營子村）人，鮮卑族。十六國時前燕宗室、重臣。見《晋書》卷一一一《慕容暐載記附慕容恪傳》。

[12]霍光：人名。西漢權臣。見《漢書》卷六八《霍光傳》。

[13]司馬德宗：人名。晋安帝。見《晋書》卷一〇《安帝紀》。

[14]帝大悦語至中夜賜浩縹醪酒十觚：底本“語”作“説”，“觚”作“斛”。源氏校勘記云：“‘斛’《魏書》作‘觚’。”中華本校勘記云：“李慈銘云：‘當依《魏書》“説”作“語”，“斛”作“觚”。’”今從改。

[15]水精戎鹽：指晶瑩透明如水晶的鹽。因産於西部的戎地，故稱戎鹽。

三年，彗星出天津，[1]入太微，[2]經北斗，絡紫微，[3]犯天棓，[4]八十餘日，至天漢而滅。[5]帝復召諸儒、術士問之，曰："災咎將在何國？朕甚畏之。"浩曰："災異由人而起，人無釁，[6]妖不自作。《漢書》載王莽篡位之前，彗星出入，正與今同。國家主尊臣卑，人無異望。是爲僭晋將滅，劉裕篡之之應也。"諸人莫能易浩言，帝深然之。五年，宋果代晋，[7]南鎮上宋改元赦書。時帝幸東南舄瀉池，[8]射鳥，聞之，驛馳召浩，告曰："往年卿言彗星之占驗矣。朕今日始信天道。"

[1]天津：星官名。在女宿北銀河中，由九顆恒星組成。

[2]太微：天區名。即太微垣。三垣之上垣，在北斗之南，由十顆恒星組成左右垣，包括五帝座、五諸侯、三公、九卿等星官。

[3]紫微：天區名。即紫微垣。又稱紫宫垣、紫垣、紫宫，三垣之中垣。舊時道教附會星象，認爲紫微垣爲上帝所居之處。

[4]天棓：星官名。在女床東北，由五顆恒星組成。

[5]天漢：銀河。

[6]釁：同"衅"。意爲罪。

[7]宋果代晋：局本"代"訛作"伐"。

[8]舄（xì）瀉（lǔ）池：具體位置不詳。

初，浩父疾篤，乃翦爪截髮，夜在庭中仰禱斗極，[1]爲父請命，求以身代，叩頭流血，歲餘不息，家人罕有知者。及父終，居喪盡禮，時人稱之。襲爵白馬公。

[1]斗極：北斗與北極。代指天皇。

自朝廷禮儀，優文策詔，軍國書記，盡關於浩。浩能爲雅説，[1]不長屬文，[2]而留心於制度科律及經術之言。作《家祭法》，[3]次序五宗，[4]蒸嘗之禮，[5]豐儉之節，義理可觀。性不好莊、老之書，每讀不過數十行，輒棄之，曰："此矯誣之説，不近人情，必非老子所作。老聃習禮，仲尼所師，豈設敗法之言以亂先王之教。袁生所謂家人筐篋中物，[6]不可揚於王庭。"

[1]浩能爲雅説：中華本校勘記云："李慈銘云：'"雅"當依《魏書》作"雜"。'"可從。

[2]屬文：撰寫文章。

[3]家祭法：書名。北魏崔浩撰，卷數不詳。述祭祖之禮。已佚。

[4]次序：編排。　五宗：五服内的親人。按宗法制，繼承始祖的後人爲大宗；繼承高祖、曾祖、祖、父的後人爲小宗；大宗有一，小宗有四，合爲五宗。

[5]蒸嘗：原指秋冬二祭，後泛指祭祀活動。

[6]袁生所謂家人筐篋中物：《魏書》卷三五《崔浩傳》"袁生"作"韋生"，誤。袁生，人名。又作"轅生""轅固"，秦漢時人。家人，《漢書》卷八八《轅固傳》曰："竇太后好《老子》書，召問固，固曰：'此家人言耳。'"顏師古注曰："家人，言僮隸之屬。"筐篋，用竹枝等編製的狹長箱子。

帝恒有微疾，而災異屢見，乃使中貴人密問浩曰："今兹日蝕於胃、昴，[1]盡光趙、代之分野。朕疾疹彌年，恐一旦奄忽，[2]諸子並少，其爲我設圖後計。"浩曰："陛下春秋富盛，聖業方融，德以除災，幸就平愈。

昔宋景見災修德，[3]熒惑退舍。願陛下遺諸憂慮，恬神保和，無以闇昧之説，[4]致損聖思。必不得已，請陳瞽言。[5]自聖化龍興，不崇儲貳，[6]是以永興之始，[7]社稷幾危。今宜早建東宫，選公卿忠賢陛下素所委仗者，使爲師傅，左右信臣簡在帝心者，以充賓友，入總萬機，出統戎政，監國撫軍，六柄在手。[8]若此，則陛下可以優游無爲，頤神養壽。此乃萬代之令典，塞禍之大備也。今長皇子燾，年漸一紀，[9]明叡温和，衆情所繫，時登儲副，則天下幸甚。立子以長，禮之大經，若須並大，成人而擇，倒錯天倫，則生履霜堅冰之禍。自古以來，載籍所記，興衰存亡，尠不由此。"[10]

[1]胃：星宿名。即胃宿。爲二十八宿中西方白虎七宿的第三宿。　昴：星宿名。即昴宿，又稱髦頭、旄頭。爲二十八宿中西方白虎七宿的第四宿。

[2]奄忽：指死亡。

[3]宋景：即宋景公。春秋時宋國國君。宋景公三十六年（前481），熒惑守心，因畏懼宋國將有災難，而及時修德睦民。

[4]闇昧：愚昧。

[5]瞽言：自謙之詞。指不達事理的言論。

[6]儲貳：儲副，指太子。

[7]永興：北魏明元帝的年號（409—413）。

[8]六柄：指統治者所掌握的決定生、殺、貴、賤、貧、富的權力。

[9]今長皇子燾年漸一紀：底本"燾"作"諱"，中華本校勘記云："諸本'燾'作'諱'，據《魏書》殿本改。按《魏書》卷四上《世祖紀》，拓拔燾以天賜五年生，泰常七年爲監國，年已十

四歲，此云‘將一紀（十二年）’，《魏書》云‘將一周’，疑並誤。”今從改（參李憑《北魏明元帝以太子燾監國考》，載《文史》第38輯，中華書局1994年版）。

[10]尠（xiǎn）：同“鮮”。少。

帝納之，於是使浩奉策告宗廟，令太武爲國副主，[1]居正殿臨朝；司徒長孫嵩、山陽公奚斤、北新公安同爲左輔，[2]坐東廂，西面；浩與太尉穆觀、散騎常侍丘堆爲右弼，[3]坐西廂，東面；百僚總己以聽焉。明元居西宮，時隱而窺之，聽其決斷。大悦，謂左右侍臣曰：“長孫嵩宿德舊臣，歷事四世，功存社稷；奚斤辯捷智謀，名聞遐邇；安同曉解俗情，明於校練；[4]穆觀達政事要，[5]識吾旨趣；崔浩博聞强識，精於天人之會；丘堆雖無大用，然在公專謹。以六人輔吾子，足以經國。吾與汝曹遊行四境，伐叛柔服，可以得志於天下矣。”群臣時奏事所疑，帝曰：“此非我所知，當決之於汝曹國主也。”

[1]副主：儲君。

[2]山陽公奚斤：底本“山”作“高”，中華本校勘記云：“諸本‘山’訛作‘高’，據《魏書》《通志》改。奚斤封山陽公見本書卷二〇本傳。”今從改。山陽，縣名。治所在今河南焦作市東南。　左輔：官名。爲輔佐之臣。北魏明元帝泰常七年，太子拓跋燾監國，以重臣爲之，與右弼共掌百僚。

[3]太尉：官名。北魏時爲元老重臣的加官。一品。　散騎常侍：官名。北魏時掌侍從左右、圖書文翰、諫諍拾遺，收納轉呈文書奏事，兼領修史，但爲閑散之職。北魏初一度掌出令，位在中書

令上。孝文帝太和十七年定爲二品下，二十三年定爲從三品。　丘堆：人名。代（今山西大同市東北）人，鮮卑族。北魏官吏。見《北史》卷二五《丘堆傳》。　右弼：官名。北魏明元帝泰常七年，太子拓跋燾監國，以重臣爲之，與左輔共掌百僚。

[4]校練：考核。

[5]穆觀達政事要：元大德本缺“政”字。

會聞宋武帝殂，[1]帝欲取洛陽、武牢、滑臺。[2]浩曰：“陛下不以劉裕欻起，[3]納其使貢，裕亦敬事陛下。不幸今死，乘喪伐之，雖得之，不令。[4]《春秋》晋士丐侵齊，[5]聞齊侯卒，乃還。君子大其不伐喪，以爲恩足以感孝子，義足以動諸侯。今國家未能一舉而定江南，宜遣人弔祭，恤其凶災，布義風於天下，令德之事也。且裕新死，黨與未離，不如緩之，待其惡稔。如其强臣争權，變難必起，然後命將揚威，可不勞士卒而收淮北之地。”帝鋭意南伐，詰浩曰：[6]“劉裕因姚興死而滅其國，裕死，我伐之，何爲不可！”浩固執曰：“興死，二子交争，裕乃伐之。”帝大怒，不從。

[1]宋武帝：即劉裕。武爲其謚號。

[2]武牢：關隘名。即虎牢。《北史》避唐高祖祖父李虎諱改，在今河南滎陽市汜水鎮西。　滑臺：城名。在今河南滑縣東舊滑縣城。

[3]欻（xū）起：突起、忽然。

[4]不令：不善。

[5]士丐：人名。一作“士匄”，又稱范宣子，范文子之子。春秋時晋國正卿。初任中軍之佐。晋平公時，滅欒氏，安定公室，

職掌國政。

［6］詰浩曰：底本“詰”作“語”，中華本校勘記云：“諸本‘詰’訛作‘語’，據《魏書》改。下文即是詰責之語。”今從改。

遂遣奚斤等南伐，議於監國之前曰：“先攻城，先略地？”斤請先攻城。浩曰：“南人長於固守，苻氏攻襄陽，[1]經年不拔。今以大國之力，攻其小城，若不時剋，挫損軍勢，危道也。不如分軍略地，至淮爲限，列置守宰，收斂租穀。滑臺、武牢反在軍北，絶望南救，必沿河東走。若或不然，即是囿中之物。”[2]公孫表請先圖其城。斤等濟河，先攻滑臺，經時不拔，表請濟師。[3]帝怒，乃親南巡，拜浩爲相州刺史，[4]隨軍謀主。

［1］苻氏攻襄陽：指苻堅攻襄陽事。襄陽，縣名。治所在今湖北襄樊市。

［2］囿中之物：園囿中的獵物，比喻易於獲取之物。

［3］濟師：增援軍隊。

［4］相州：北魏時治鄴城，在今河北臨漳縣西南鄴鎮。

及車駕還，浩從幸西河、太原，下臨河流，傍覽川城，慨然有感。遂與同僚論五等郡縣之是非，考秦皇、漢武之違失。時伏其言。

天師寇謙之每與浩言，[1]聞其論古興亡之迹，常自夜達旦，竦意斂容，[2]深美之，曰：“斯人言也惠，皆可底行，[3]亦當今之臯陶也。[4]但人貴遠賤近，不能深察之耳。”因謂浩曰：“吾當兼脩儒教，輔助太平真君，[5]而學不稽古。爲吾撰列王者政典，并論其大要。”[6]浩乃著書二十餘篇，上推太初，[7]下盡秦、漢變弊之迹，大旨先以復五等爲本。

[1]天師：道教職名。用以稱有道術者。　寇謙之：人名。字輔真，上谷昌平（今北京昌平區）人。北魏道士。見《魏書·釋老志》。

[2]竦意：集中注意力。　斂容：正容。

[3]底（dǐ）：定。中華本作“底”。

[4]皋（gāo）陶（yáo）：人名。又作“皋堯”，偃姓。傳説中上古少皋氏支裔，東夷部族首領之一。舜時任其爲執掌刑法的官，民皆服其公正。曾協助大禹治水，禹欲傳位與他，未繼位而先卒。

[5]太平真君：此處指北魏太武帝拓跋燾。

[6]大要：要旨。

[7]太初：指太古時期。

太武即位，[1]左右忌浩正直，共排毀之。帝雖知其能，不免群議，故浩以公歸第。及有疑議，召問焉。浩纖妍白皙如美婦人。性敏達，長於謀計，自比張良，[2]謂己稽古過之。既歸第，因欲脩服食養性術，而寇謙之有《神中録圖新經》，浩因師事之。

[1]太武即位：底本無“即位”二字，中華本校勘記云：“諸本脱‘即位’二字，據《魏書》《通志》補。”今從補。

[2]張良：人名。字子房。漢初名臣。見《漢書》卷四〇《張良傳》。

始光中，[1]進爵東郡公，[2]拜太常卿。[3]時議伐赫連昌，[4]群臣皆以爲難，唯浩曰："往年以來，熒惑再守羽林，越鉤己，[5]其占秦亡。[6]又今年五星并出東方，利以西伐。天應人和，時會並集，不可不進。"帝乃使奚斤等擊蒲坂，[7]而親率輕騎掠其都城，大獲而還。後復討昌，次其城下，收衆僞退。昌鼓譟而前，[8]舒陣爲兩翼。會有風雨從東南來，揚沙昏冥，宦者趙倪進曰：[9]"今風雨從賊後來，我向彼背，天不助人。又將士飢渴，願陛下攝騎避之，更待後日。"浩叱之曰："是何言歟！千里制勝，一日之中，豈得變易？賊前行不止，後以離絶，[10]宜分軍隱山，[11]掩擊不意。風道在人，[12]豈有常也？"帝曰："善。"分騎奮擊，昌軍大潰。

[1]始光：北魏太武帝的年號（424—428）。

[2]東郡公：封爵名。東郡，北魏時治滑臺城，在今河南滑縣東。

[3]太常卿：官名。北魏時爲太常的尊稱，掌禮樂祭祀。孝文帝太和十七年定爲從一品下，二十三年定爲三品。

[4]赫連昌：人名。又名赫連折，字還國，匈奴鐵弗部人，赫連勃勃第三子。十六國時夏國君主。見《北史》卷九三《赫連屈丐附赫連昌傳》。

[5]熒惑再守羽林越鉤己：底本"鉤己"作"鉤陳"，中華本校勘記："洪頤煊云：'《魏書》本傳作"再守羽林，皆成鉤己"。《史記正義》引《天官占》云："熒惑環繞鉤曲，芒角動摇，乍前乍後，其殃逾甚。""己"字形屈曲，"鉤己"即"鉤曲"也。後人不知"鉤己"字義，妄改作"越鉤陳"，其誤甚矣。'按洪説是，《隋書·天文志》中言熒惑運行有'環繞勾己''逆行成鉤己'等象。

鉤陳不在黄道上，非熒惑運行所經。”今從改。羽林，星官名。在室宿南黄道之南，由四十五星組成。鉤己，謂星體去而復來，環行如鉤，成“己”字狀。

[6]秦：此處指後秦。

[7]蒲坂：縣名。治所在今山西永濟市西南。

[8]譟：喧鬧。

[9]趙倪：人名。北魏宦官。善方術。

[10]後以離絶：中華本“以”作“已”。舊時常有同音字互代。

[11]宜分軍隱山：毛本、殿本、四庫本、局本“山”訛作“出”。

[12]風道在人：利用風雨的謀略是由人決定的。

神䴥二年，[1]議擊蠕蠕，朝臣内外盡不欲行，保太后亦固止帝，[2]帝皆不聽。唯浩讚成之。尚書令劉潔、左僕射安原等乃使黄門侍郎仇齊推赫連昌太史張深、徐辯説帝曰：[3]“今年己巳，三陰之歲，[4]歲星襲月，[5]太白在西方，不可舉兵。北伐必敗，雖克不利於上。”又群臣共讚深等云：“深少時常諫苻堅不可南征，堅不從而敗。今天時人事都不和協，如何舉動？”帝意不快，[6]乃召浩與深等辯之。

[1]神䴥：北魏太武帝的年號（428—431）。

[2]保太后：即北魏太武帝惠太后竇氏。見《北史》卷一三《太武惠太后竇氏傳》。

[3]劉潔：人名。長樂信都（今河北冀州市）人。北魏官吏。見《北史》卷二五《劉潔傳》。　左僕射：官名。職掌都省庶務及

執法，或典選舉，權力大於右僕射，兼掌糾彈百官。北魏孝文帝太和十七年定爲從一品中，二十三年改爲從二品。　安原：人名。遼東（今遼寧遼陽市）人。北魏官吏。見《北史》卷二〇《安同附安原傳》。　仇齊：人名。又作“仇洛齊”。本姓侯，中山（今河北定州市）人。北魏宦官。見《北史》卷九二《仇洛齊傳》。　張深：人名。本名張淵，《北史》避唐高祖李淵諱改。通占卜、觀星之術。先後事苻堅、姚興等，爲靈臺令。姚泓滅，入赫連昌，與徐辯對爲太史令。北魏太武帝平統萬，獲深，仍爲太史令。

[4]三陰：《易》卦的三陰爻，合之則爲《坤卦》。亦象盛陰之氣。

[5]歲星：即木星。木星視運動在黄道帶每年經過一宫，約十二年運行一周天。一周天分十二次，約每年運行一次，故名。後五行説盛行，遂稱木星。

[6]帝意不快：源氏校勘記改“快”作“決”。似更合文意。

浩難深曰：“陽者德也，陰者刑也，故月蝕修刑。夫王者之用刑，大則陳之原野，小則肆之市朝。戰伐者，用刑之大者也。以此言之，三陰用兵，蓋得其類，修刑之義也。歲星襲月，年飢人流，應在他國，遠期十二年。太白行蒼龍宿，[1]於天文爲東，不妨北伐。深等俗生，志意淺近，牽於術數，不達大體，難與遠圖。臣觀天文，比年以來，[2]月行掩昴，至今猶然。其占，三年天子大破旄頭之國。[3]蠕蠕、高車，[4]旄頭之衆也。夫聖明御時，能行非常之事。古人語曰：‘非常之原，黎人懼焉；及其成功，天下晏然。’願陛下勿疑。”

[1]蒼龍宿：東方七宿之合稱，即角、亢、氐、房、心、尾、

箕七宿。

［2］比年：連年。

［3］旄頭之國：以旄牛尾爲飾品的國家，泛指游牧部落政權。

［4］高車：族名。初號狄歷，也稱敕勒、鐵勒、丁零。因所乘車輪高大，故名。北魏時活動於今蒙古高原，以游牧爲生。見《北史》卷九八《高車傳》。

深等慙曰："蠕蠕荒外無用之物，得其地不可耕而食，得其人不可臣而使，輕疾無常，難得而制，有何汲汲而勞苦士馬？"[1]

［1］汲汲：急切追求。

浩曰："深言天時，是其所職，若論形勢，非彼所知。斯乃漢世舊説常談，施之於今，不合事宜。何以言之？夫蠕蠕者，舊是國家北邊叛隸，今誅其元惡，收其善人，令復舊役，[1]非無用也。漠北高涼，不生蚊蚋，水草美善，夏則北遷，田牧其地，非不可耕而食也。蠕蠕子弟來降，貴者尚公主，賤者將軍、大夫，居列滿朝，又高車號爲名騎，非不可臣而畜也。夫以南人追之，則患其輕疾；於國兵則不然。何者？彼能遠走，我亦能遠逐，非難制也。往數入塞，國人震驚。今夏不乘虚掩進，破滅其國，至秋復來，不得安卧。自太宗之世，[2]迄於今日，無歲不警，豈不汲汲乎哉？世人皆謂深、辯通解數術，明决成敗，臣請試之。問其西國未滅之前，[3]有何亡徵？知而不言，是其不忠；若實不知，是其無術。”

[1]令復舊役：底本“役”作“位”，中華本校勘記云：“《魏書》《通志》‘位’作‘役’。按上文説蠕蠕是‘叛隸’，則作‘役’是。”今從改。

[2]太宗：即北魏明元帝拓跋嗣。太宗爲其廟號。

[3]西國：代指十六國時的後秦、夏等國。

時赫連昌在坐，深等自以無先言，慙不能對。帝大悦，謂公卿曰：“吾意决矣。亡國之臣不可與謀，信哉！”而保太后猶疑之。復令群臣至保太后前評議，帝命浩善曉之令寤。

既罷朝，或有尤浩曰：[1]“吴賊侵南，[2]舍之北伐，師行千里，其誰不知？蠕蠕遠遁，前無所獲，後有南侵之患，此危道也。”浩曰：“今年不摧蠕蠕，則無以禦南賊。自國家并西國以來，南人恐懼，揚聲動衆，以衛淮北。彼北我南，彼征我息，[3]其勢然矣。比破蠕蠕，[4]往還之間，故不見其至也。何以言之？劉裕得關中，留其愛子，精兵數萬，良將勁卒，猶不能固守，舉軍盡没，號哭之聲至今未已。如何正當國家休明之世，士馬强盛之時，而欲以駒犢齒虎口也？設國家與之河南，彼必不能守之。自量不能守，是以必不來。若或有衆，備邊之軍耳。夫見瓶水凍，知天下之寒；嘗肉一臠，[5]識鑊中之味。[6]物有其類，可推而得。且蠕蠕恃遠，謂國家力不能至，自寬來久。故夏則散衆放畜，秋肥乃聚，背寒向温，南來寇抄。今掩其不備，大軍卒至，必驚駭，望塵奔走。牡馬護牧，[7]牝馬戀駒，[8]驅馳難制，不得水草，未過數日，朋聚而困弊，[9]可一舉而滅。暫勞永逸，時不可失也。唯患上無此意，今聖慮已決，如何止之?”遂行。天師謂浩曰：“是行可果乎?”浩曰：“必克。但恐諸將瑣瑣，[10]前後顧慮，不能乘勝深入，使不全舉耳。”

[1]尤：責怪，歸咎。

[2]吴：代指南朝宋。

[3]彼征我息：中華本校勘記云：“《魏書》‘征’作‘勞’。”按：“征”“勞”皆通。

[4]比破蠕蠕：底本作“北破蠕蠕”，源氏校勘記云：“‘北’《魏書》作‘比’。”中華本校勘記云：“李慈銘云：‘“北”，《魏書》作“比”，是。’”今從改。

[5]臠（luán）：切成小塊小片的肉。

[6]鑊（huò）：古代無足的鼎，即大鍋。

[7]牡馬護牧：雄馬守護馬群。

[8]牝馬戀駒：雌馬想念小馬駒。

[9]朋聚：同類聚集。

[10]瑣瑣：疑慮不定。

及軍到，入其境，蠕蠕先不設備，於是分軍搜討，東西五千里，南北三千里，所虜及獲畜產車廬數百萬。高車殺蠕蠕種類歸降者三十餘萬落。[1]虜遂散亂。帝沿弱水，[2]西至涿邪山，[3]諸大將果慮深入有伏兵，勸帝止。天師以浩曩日言，固勸帝窮討，帝不聽。後有降人言：“蠕蠕大檀先被疾，[4]不知所爲，乃焚穹廬，[5]科車自載，[6]將百人入山南走。人畜窘聚，方六十里，無人領統。相去百八十里，追軍不至，乃徐西遁，唯此得免。”聞涼州賈胡言：[7]“若復前行二日，則盡滅之矣。”帝深恨之。

[1]三十餘萬落：毛本、局本作“三千餘萬落”，實無如此衆多，故誤。

[2]弱水：古代凡自東向西流的水均稱爲弱水，故以弱水爲名的水有若干條。此水當指今甘肅西部的黑河。

[3]涿邪山：又作“涿塗山”“涿耶山”。在今蒙古阿爾泰山東南部一帶。

[4]大檀：人名。又作“大但”“檀檀”。柔然可汗。北魏明元帝神瑞元年殺其侄步鹿真自立，號牟汗紇升蓋可汗。時與北魏衝突，後爲拓跋燾所敗，遂病卒。

[5]穹廬：游牧民族居住的氈帳。以旄氈製成，形如穹隆，故名。

[6]科車：無頂蓋的車子。

[7]涼州：北魏時治林中縣，在今甘肅武威市。　賈（gǔ）：商人。　胡：北方部族之稱，又稱胡人。

大軍既還，南軍竟不能動，如浩所料。

浩明識天文，好觀星變。常置金銀銅鋌於酢器中，[1]令青，夜有所見，即以鋌畫紙作字，以記其異。太武每幸浩第，多問以異事。或倉卒不及束帶，奉進蔬食，[2]不暇精美，[3]帝爲舉匕箸，[4]或立嘗而還。其見寵愛如此。於是引浩出入卧内。加侍中、特進、撫軍大將軍、左光禄大夫，[5]以賞謀謨之功。[6]帝從容謂浩曰：

“卿才智深博，事朕祖考，忠著三世，朕故延卿自近。其思盡規諫，勿有隱懷。朕雖當時遷怒，若或不用，久可不深思卿言也？”因令歌工歷頌群臣，[7]事在《長孫道生傳》。又召新降高車渠帥數百人，賜酒食於前，指浩以示之曰：“汝曹視此人纖尫懦弱，[8]手不能彎弓持矛，其胸中所懷，乃踰於甲兵。[9]朕始時雖有征討之志，而慮不自決，前後尅捷，皆此人導吾令至此矣。”乃敕諸尚書曰：“凡軍國大計，卿等所不能决，皆先諮浩然後行。”

［1］鋌（dìng）：鎔鑄成條塊等固定形狀的金屬。　酢（cù）器：盛著醋的器皿。酢，同“醋”。

［2］奉進蔬食：毛本、殿本、四部備要本“蔬”作“疏”，形近而訛。

［3］不暇精美：殿本、四部備要本“暇”訛作“必”。

［4］匕箸：羹匙與筷子，引申爲餐具。

［5］特進：官名。西漢置，後作爲加官贈給致仕大臣，主要指大臣被特許在朝會越次而位於三公之下。北魏孝文帝太和二十三年定爲二品。　撫軍大將軍：官名。北魏時爲朝廷重臣，允許開府徵辟屬僚。孝文帝太和十七年定爲從一品中，二十三年定爲二品。　左光禄大夫：官名。三國魏時置。作爲在朝顯職的加官，以示優待，或授予年老有病者爲致仕之官，亦常用作卒後贈官。無職掌。西晋、南北朝沿置。北魏孝文帝太和十七年定爲從一品下，二十三年定爲二品。

［6］謀謨：謀略、謀慮。

［7］歌工：北魏時的一種國家依附民，從事歌的創作及演唱。

［8］纖尫（wāng）：形容人瘦弱。

[9]甲兵：底本作“兵甲”，中華本校勘記云：“諸本‘甲兵’誤倒，據《魏書》乙。”今從改。

俄而南藩諸將表宋師欲犯河南，請兵三萬，先其未發逆擊之，因誅河北流人在界上者，[1]絶其鄉導，足以挫其鋭氣，使不敢深入。詔公卿議之，咸言宜許。浩曰：“此不可從也。往年國家大破蠕蠕，馬力有餘。南賊喪精，常恐輕兵奄至，故揚聲動衆，以備不虞，非敢先發。又南土下濕，夏月蒸暑，非行師之時。且彼先嚴有備，必堅城固守。屯軍攻之，則糧食不給；分兵肆討，則無以應敵。未見其利。就使能來，待其勞倦，秋涼馬肥，因敵取食，徐往擊之，萬全之計。在朝群臣及西北守將，從陛下征討，西滅赫連，北破蠕蠕，多獲美女珍寶，馬畜成群。南鎮諸將，聞而生羨，亦欲南抄，以取資財。是以妄張賊勢，披毛求瑕，冀得肆心。既不獲聽，故數稱賊動以恐朝廷。背公存私，爲國生事，非忠也。”帝從浩議。

[1]流人：流民。

南鎮諸將復表賊至，[1]而自陳兵少，求簡幽州以南戍兵佐守，就漳水造船，[2]嚴以爲備。公卿議者僉然，[3]欲遣騎五千，并假署司馬楚之、魯軌、韓延之等，[4]令誘引邊人。浩曰：“非上策也。彼聞幽州已南，精兵悉發，大造舟船，輕騎在後，欲存立司馬，誅除宋族，必舉國駭擾，懼於滅亡，當悉發精鋭，來備北境。後審知官軍有聲無實，恃其先聚，必喜而前行，徑來至河，肆其侵暴。則我守將，無以禦之。若彼有見機之人，善設權譎，乘間深入，虞我國虛，生變不難。非制敵之良計。今公卿欲以威力攘賊，乃所以招令速至也。夫張虛聲而召實害，此之謂矣。不可不思，後悔無及。我使在彼，期四月前還，可待使至，審而後發，猶未晚也。楚之之徒，[5]是彼所忌，將奪其國，彼安得端坐視之？故楚之往則彼來，楚之止則彼息，其勢然也。且楚之等瑣才，[6]能招合輕薄無賴，而不能成就大功。爲國生事，使兵連禍結，必此之群矣。臣嘗聞魯軌説姚興，求入荆州。至則散敗，乃不免蠻賊掠賣爲奴，使禍及姚泓，已然之效。"

[1]南鎮諸將復表賊至：底本無"復"字，中華本校勘記云："諸本無'復'字，據《魏書》《通志》補。上文已言'南藩諸將表宋師欲犯河南'，故此云'復表'。"今從改。

[2]漳水：即今漳河。衛河支流。在今河北、河南兩省邊境。

[3]僉然：全都同意、贊成。僉，皆。

[4]司馬楚之：人名。字德秀，河内温（今河南温縣）人。北魏官吏。見《北史》卷二九《司馬楚之傳》。　韓延之：人名。字顯宗，南陽赭陽（今河南方城縣）人。北魏官吏。見《北史》卷二七《韓延之傳》。

[5]楚之之徒：底本作"楚之人徒"，中華本校勘記云："諸本'徒'上'之'字訛作'人'，據《魏書》改。"今從改。

[6]瑣才：指平庸的人才。

浩又陳天時不利於彼，曰："今兹害氣在揚州，[1]不宜先舉兵，一也；午歲自刑，[2]先發者傷，二也；日蝕滅光，晝昏星見，飛鳥墮落，宿當斗、牛，[3]憂在危亡，三也；熒惑伏匿於翼、軫，[4]戒亂及喪，四也；太白未出，進兵者敗，五也。夫興國之君，先脩人事，次盡地利，後觀天時，故萬舉而萬全，國安而身盛。今宋新國，是人事未周也；災變屢見，是天時不協也；舟行水涸，是地利不盡也。三事無一成，自守猶或不安，何得先發而攻人哉？彼必聽我虛聲而嚴，我亦承彼嚴而動，兩推其咎，皆自以爲應敵。兵法當分災，迎受害氣，未可舉動也。”

[1]揚州：代指南朝。

[2]午歲：干支紀年法逢“午”之年。十二生肖午屬馬，即馬車。　自刑：自傷。

[3]斗：星宿名。即斗宿。二十八宿中玄武七宿的第一宿。有星六顆。又稱南斗。　牛：星宿名。即牛宿。二十八宿中玄武七宿的第二宿。有星六顆。又稱牽牛。

[4]翼：星宿名。即翼宿。二十八宿中南方朱雀七宿的第六宿。有星二十二顆。　軫：星宿名。即軫宿。二十八宿中南方朱雀七宿的第七宿。有星四顆。

帝不能違衆，乃從公卿議。浩復固爭，不從。遂遣陽平王杜超鎮鄴，[1]琅邪王司馬楚之等屯潁川。[2]於是寇來遂疾，到彦之自清水入河，[3]泝流西行，[4]分兵列守南岸，西至潼關。

[1]杜超：人名。字祖仁，魏郡鄴（今河北臨漳縣西南）人。

見《北史》卷八〇《杜超傳》。

[2]琅邪王：封爵名。琅邪，郡名。北魏時治即丘縣，在今山東臨沂市西。　潁川：郡名。北魏時治長社城，在今河南長葛市東北。

[3]到彦之：人名。字道豫，彭城武原（今江蘇邳州市西北）人。南朝宋將領。見《南史》卷二五《到彦之傳》。　清水：泗水的别稱，又作“清泗”。

[4]泝流西行：局本“泝”訛作“沂”。

帝聞赫連定與宋縣分河北，[1]乃先討赫連。群臣皆曰：“義隆軍猶在河中，[2]舍之西行，前寇未可必剋，而義隆乘虚，則東州敗矣。”帝疑焉，問計於浩。浩曰：“義隆與赫連定同惡相連，招結馮跋，[3]牽引蠕蠕，規肆逆心，[4]虚相唱和。義隆望定進，定待義隆前，皆莫敢先入。以臣觀之，有似連雞，不得俱飛，無能爲害也。臣始謂義隆軍屯住河中，兩道北上，東道向冀州，西道衝鄴，如此則陛下當自致討，不得徐行。今則不然，東西列兵，徑二千里中，一處不過千，形分勢弱。以此觀之，儜兒情見，[5]正望固河自守，[6]免死爲幸，無北度意也。赫連定殘根易摧，擬之必仆。剋定之後，東出潼關，席卷而前，威震南極，江淮以北無立草矣。聖策獨發，非愚近所及，願陛下必行無疑。”

[1]赫連定：人名。小字直獖，匈奴鐵弗部人。十六國時夏君主。見《北史》卷九三《赫連屈丐附赫連定傳》。　縣：通“懸”。公開宣稱。

[2]義隆：即劉義隆，人名。小字車兒，劉裕第三子。南朝宋

文帝。見《宋書》卷五《文帝紀》。

[3]馮跋：人名。字文起，長樂信都（今河北冀州市）人。十六國時北燕君主。見《北史》卷九三《馮跋傳》。

[4]規肆：陰謀恣縱。

[5]儜兒：罵人之語。爲軟弱無能之意。

[6]正望固河自守：源氏校勘記云："'正'《魏書》作'止'。"

平凉既平，其日宴會，帝執浩手以示蒙遜使曰：[1]"所云崔公，此是也。才略之美，當今無比。朕行止必問，成敗决焉，若合符契。"[2]

[1]蒙遜：即沮渠蒙遜，人名。臨松盧水（今甘肅張掖市）人。十六國時北凉政權的建立者。見《北史》卷九三《沮渠蒙遜傳》。

[2]符契：又稱符節。指兵符和節杖。喻指兩相吻合。

後冠軍安頡軍還，[1]獻南俘，因説南賊之言云："宋敕其諸將，若北國兵動，先其未至，徑前入河。若其不動，住彭城勿進。"如浩所量。帝謂公卿曰："卿輩前謂我用浩計爲謬，驚怖固諫。常勝之家，自謂踰人遠矣，至於歸終，乃不能及。"遷浩司徒。

[1]冠軍：官名。即冠軍將軍。北魏時爲將軍名號，位在輔國將軍之上。孝文帝太和二十三年定爲從三品。　安頡：人名。遼東（今遼寧遼陽市）人。北魏官吏。見《北史》卷二〇《安同附安頡傳》。

時方士祁纖奏立四王，[1]以日東西南北爲名，欲以致禎吉，除灾異。詔浩與學士議之。浩曰："先王建國，以作藩屏，不應假名，以爲其福。[2]夫日月運轉，周歷四方，京師所居，在於其内。四王之稱，實奄邦畿，名之則逆，不可承用。"先是，纖奏改代爲萬年，浩曰："昔太祖道武皇帝應期受命，開拓洪業，諸所制置，[3]無不循古。以始封代土，後稱爲魏，故代、魏兼用，猶彼殷、商。國家積德，著在圖史，當享萬億，不待假名以爲益也。纖之所聞，皆非正義。"帝從之。

[1]時方士祁纖奏立四王：局本"王"訛作"玉"。祁纖，人名。北河東（今山西永濟市）人。北魏方士。善相人，爲太武帝所尊，拜爲上大夫。

[2]不應假名以爲其福：底本作"不應假召其福"，中華本校勘記云："諸本'名'訛作'召'，脱'以爲'二字，據《魏書》《通志》改補。"今從改。

[3]諸所制置：底本作"諸所制宜"，源氏校勘記改"宜"作"置"，中華本校勘記云："諸本'置'訛作'宜'，據《魏書》《通志》改。"今從改。

時河西王沮渠牧犍内有貳意，[1]帝將討焉，先問於浩。浩對曰："牧犍惡心已露，不可不誅。官軍往年北伐，雖不剋獲，實無所損。于時行者，内外軍馬三十萬匹，計在道死傷，不滿八千。歲常羸死，恒不減萬，乃不少於前。而遠方承虚，便謂大損，不能復振。今出其不圖，大軍卒至，必驚懼騷擾，不知所出，擒之必矣。

牧犍劣弱，[2]諸弟驕恣，争權縱横，人心離解。加以比年以來，天災地變，都在秦、凉，[3]成滅之國也。”

[1]沮渠牧犍：人名。一名茂虔，盧水胡人。十六國時北凉君主。見《北史》卷九三《沮渠蒙遜附沮渠牧犍傳》。

[2]牧犍劣弱：底本作“牧犍幼弱”，中華本校勘記云：“諸本‘劣’作‘幼’，《魏書》作‘劣’。張森楷云：‘牧犍非幼主，當以“劣”爲是。’按‘幼’乃‘劣’之訛。‘幼’俗體作‘纫’，與‘劣’形似。今據改。”今從改。

[3]秦：指十六國時後秦政權。　凉：指十六國時北凉政權。

帝命公卿議之，恒農王奚斤等三十餘人皆表曰：[1]“牧犍西垂下國，雖心不爲純臣，然繼父修職貢，朝廷接以蕃禮。又王姬釐降，[2]罪未甚彰，謂且羈縻而已。[3]今士馬勞止，可宜小息。又其地鹵斥，略無水草，大軍既到，不得久停。彼聞軍來，必完聚城守，攻則難拔，野無所掠。”於是尚書古弼、李順之徒皆曰：[4]“自温圍河以西至於凉州，[5]地純枯石，了無水草，不見流川。皆言姑臧城南天梯山上，[6]冬有積雪深一丈，至春夏消液，下流成川，引以溉灌。彼聞軍至，決此渠口，水不通流，則致渴乏。去城百里之内，赤地無草，不任久停軍馬。斤等議是也。”帝乃命浩以其前言與斤共相難抑。諸人不復餘言，唯曰彼無水草。浩曰：“《漢書·地理志》稱‘凉州之畜，爲天下饒’，若無水草，何以畜牧？又漢人爲居，終不於無水草之地築城郭立郡縣也。又雪之消液，裁不斂塵，何得通渠引漕，溉灌數百萬頃乎？此言大詆誣於人矣。”李順等復曰：“吾曹目見，何可共辯？”浩曰：“汝曹受人金錢，欲爲之辭，謂我目不見便可欺也！”帝隱聽，聞之乃出，親見斤等，辭旨嚴厲，形於神色。群臣乃不敢復言。於是遂討涼州，平之，多饒水草，如浩所言。

［1］恒農王：封爵名。恒農，郡名。北魏時治陜城，在今河南三門峽市。

［2］釐降：本指帝堯嫁娥皇、女英二女於舜事。後多借指帝女下嫁。

［3］羈縻：籠絡、懷柔。後指中原王朝對周邊地區民族的一種懷柔政策。

［4］尚書：官名。魏晋南北朝時分掌尚書省諸曹，出爲朝官，品秩提高，但不再向皇帝奏事、承受詔命，成爲行政官員。北魏孝文帝太和二十三年定爲三品。　古弼：人名。代（今山西大同市東北）人。北魏官吏。見《北史》卷二五《古弼傳》。　李順：人名。字德正，趙郡平棘（今河北趙縣）人。北魏官吏。見《北史》卷三三《李順傳》。

［5］温閨河：即今大沙河。源出今甘肅景泰縣西南，東入黄河。《魏書》作“温圉河”。

［6］姑臧城：在今甘肅武威市。

乃詔浩總理史務，務從實録。於是監秘書事，以中書侍郎高允、散騎侍郎張偉參著作，[1]續成前紀。至於損益褒貶，折衷潤色，浩所總焉。浩有鑒識，以人倫爲己任。明元、太武之世，徵海内賢才，起自仄陋，[2]及所得外國遠方名士，拔而用之，皆浩之由也。至於禮樂憲章，皆歸宗於浩。

[1]中書侍郎：官名。北魏時多選用文學之士，掌草擬詔令，職位機要，置四人。孝文帝太和十七年定爲四品上，二十三年改爲從四品上。　高允：人名。字伯恭，勃海蓨（今河北景縣）人。北魏大臣。見《北史》卷三一《高允傳》。　散騎侍郎：官名。三國魏置，掌侍從左右、諫諍糾劾，收納章奏。北朝時兼領修史，地位略高於南朝。北魏孝文帝太和十七年定爲四品上，二十三年改爲五品上。　張偉：人名。字仲業，太原中都（今山西晋中市）人。北魏官吏。見《北史》卷八一《張偉傳》。

[2]仄陋：地位卑微之人。

及景穆始總百揆，[1]浩復與宜都王穆壽輔政事。[2]又將討蠕蠕，劉潔復致異議。帝愈欲討之，乃召問浩。浩對曰："往擊蠕蠕，師不多日，潔等各欲迴還。後獲生口，[3]云軍還之時，去賊三十里，是潔等之計過矣。夫北土多積雪，至冬時，常避寒南徙。若因其時，潛軍而出，必與之遇，既與之遇，則可禽獲。"帝以爲然，乃分軍四道，諸將俱會鹿渾海，[4]期日有定，而潔恨計不用，沮誤諸將，無功而還。

[1]百揆：指百官。

[2]穆壽：人名。代（今山西大同市東北）人。北魏重臣。見《北史》卷二〇《穆崇附穆壽傳》。

[3]後獲生口：底本、元大德本"獲"下二字缺，毛本、殿本、四庫本、局本、四部備要本作"尚書"，宋本、中華本有"生口"二字，源氏校勘記云："'尚書'《魏書》作'生口'，爲是。"

中華本校勘記云："百衲本'生口'二字缺，南、北、汲、殿四本作'尚書'，宋本作'生口'。按《魏書》及《通志》作'其生口'三字。今從宋本。"今從補。

[4]鹿渾海：即今新疆烏倫古湖。

帝西巡至東雍，[1]親臨汾曲，[2]觀叛賊薛永宗壘，[3]進軍圍之。永宗出兵欲戰，帝問浩曰："今日可擊否？"浩曰："永宗未知陛下自來，人心安閑。[4]北風迅疾，宜急擊之，須臾必破。若待明日，恐見官軍盛大，必夜遁走。"帝從之，永宗潰滅。車駕濟河，前驅告賊在渭北。[5]帝至洛水橋，[6]賊已夜遁。詔問浩曰："蓋吴在長安北九十里，[7]渭北地空，穀草不備，欲度渭南西行，何如？"浩曰："蓋吴營去此六十里，賊魁所在。擊蛇之法，當先破頭，頭破則尾豈能動？宜乘勢先擊吴。今軍往，一日便到。吴平之後，迴向長安，亦一日而至。一日之乏，未便損傷。愚謂宜從北道。若從南道，則蓋吴徐入北山，卒未可平。"帝不從，乃度渭南。吴聞帝至，盡散入北山，果如浩言，軍無所剋，帝悔之。後以浩輔東宫之勤，賜繒絮布各千段。

[1]東雍：州名。北魏時治正平郡城，在今山西新絳縣。

[2]汾：即今山西黄河支流汾河。

[3]薛永宗：人名。河東汾陰（今山西萬榮縣西南）蜀人。北魏太武帝太平真君六年（445）反魏，與蓋吴相通。

[4]人心安閑：底本作"人心安固"，中華本校勘記云："《魏書》'固'作'閑'，《通志》作'閒'。按'安閑'指無防備，不警惕；'安固'則意爲堅定，不動摇。此處應作'安閑'或'安

閒’。”今從改。

[5]渭：即今渭河。

[6]洛水橋：橋名。在今陝西大荔縣南洛河上。

[7]蓋吳：人名。北地（今甘肅慶陽市西南）盧水胡人。北魏時關中起義軍首領，後被部下殺死。

帝蒐于河西，[1]詔浩詣行在所議軍事。[2]浩表曰："昔漢武患匈奴强盛，故開凉州五郡，通西域，廣農積穀，爲滅賊之資，東西迭擊。故漢未疲而匈奴已弊，後遂入朝。昔平凉州，臣愚以爲北賊未平，征役不息，可不徙其人，案前世故事，計之長者。若徙其人，則土地空虚，雖有鎮戍，適可禦邊而已，至於大舉，軍資必乏。陛下以此事闊遠，[3]竟不施用。如臣愚意，猶如前議，募徙豪彊大家，[4]充實凉土。軍舉之日，東西齊勢，此計之得者。"

[1]蒐（sōu）：春季狩獵。

[2]詔浩詣行在所議軍事：底本作"詔浩詣行所議軍事"，中華本"行"下有"在"字。中華本校勘記云："據《魏書》《通志》補。"今從補。行在所，古代帝王巡幸所居之地。

[3]闊遠：遥遠。

[4]募徙豪彊大家：底本作"募從豪彊大家"，源氏校勘記改"從"作"徙"，中華本校勘記云："諸本'徙'訛'從'，據宋本及《魏書》《通志》改。"今從改。

浩又上《五寅元曆》。[1]表曰："太宗即位元年，敕臣解《急就章》《孝經》《論語》《詩》《尚書》《春秋》

《禮記》《周易》，[2]三年成訖。復詔臣學天文星曆、《易》式、九宫，無不盡看。[3]三十九年，晝夜無廢。臣稟性弱劣，力不及健婦人，更無餘能，是以專心思書，忘寢與食，至乃夢共鬼争義，遂得周公、孔子之要術。始知古人有虚有實，妄語者多，真正者少。自秦始皇燒書之後，經典絶滅。漢高祖以來，世人妄造曆術者十餘家，皆不得天道之正。大誤四千，[4]小誤甚多，不可言盡。臣愍其如此。今遭陛下太平之世，除僞從真，宜改誤曆，以從天道。是以臣前奏造曆，今始成訖，謹以奏呈。惟恩省察，以臣曆術，宣示中書博士，然後施用。非但時人，天地鬼神知臣得正，可以益國家萬世之名，過於三皇、五帝矣。"

[1]五寅元曆：崔浩撰，曆法書，已佚。

[2]急就章：又作"急就篇"。西漢史游撰。字書，今本存三十四篇。按姓名、衣服、飲食等分類編成韻語，多數爲七字句，以教兒童識字。因首句有"急就"二字而得名。

[3]易式：指《易》書中有關卜筮等法式。　九宫：術數家所指的九個方位，《易》緯家在八卦之宫外，加上中央宫。

[4]大誤四千：中華本《魏書》卷三五《崔浩傳》校勘記云："李慈銘云：'四千當作四十'。"可從。

浩又以《晉書》諸家並多誤，著《晉後書》，未就，傳世者五十餘卷。

初，道武詔秘書郎鄧彦海著《國記》十餘卷，[1]編年次事，體例未成，逮于明元，廢不著述。神䴥二年，詔集諸文人摭録國書。浩及弟覽、高讜、鄧穎、晁繼、范享、黄輔等共參著作，[2]叙成《國書》三十卷。[3]著作令史太原閔堪、趙郡郄標素諂事浩，[4]乃請立石，銘載國書，以彰直筆。[5]并勒浩所注《五經》。浩贊成之，景穆善焉。遂營於天郊東三里，方百步，用功三百萬乃訖。浩書國事備而不典，而石銘顯在衢路，[6]北人咸悉忿毒，相與構浩於帝。帝大怒，使有司案浩，取秘書郎及長歷生數百人意狀。[7]浩服受賕。[8]真君十一年六月，誅浩。清河崔氏無遠近，及范陽盧氏、太原郭氏、河東柳氏，[9]皆浩之姻親，盡夷其族。其秘書郎史以下盡死。[10]

[1]秘書郎：官名。東漢置。掌管文書機要，職任重。自三國魏以來多爲世族起家之官。北魏孝文帝太和十七年定爲從五品上。

[2]高讜：人名。勃海蓨（今河北景縣）人。北魏官吏。見《北史》卷三一《高祐傳》。　鄧穎：人名。安定（今甘肅涇川縣北）人。北魏官吏。見《魏書》卷二四《鄧淵附鄧穎傳》。　晁繼：人名。遼東襄平（今遼寧遼陽市）人。北魏官吏。見《魏書》卷九一《晁崇傳》。

[3]叙成國書三十卷：毛本、局本“叙”作“序”。

[4]著作令史：官名。三國魏始置，著作局屬官，協助著作郎、著作佐郎修撰國史。北魏沿置。　趙郡：北魏時治平棘縣，在今河北趙縣。

[5]“初道武詔秘書郎鄧彦海著《國記》十餘卷”至“以彰直筆”：高敏《南北史考索》（第417頁）：“該段超出《魏書》卷三十五同人傳，乃《北史》所補。”直筆，史官如實記載史實，不作避忌。後成爲中國古代史學優良傳統之一。

[6]衢路：道路、通衢。

[7]長歷生：學生名稱。北魏設。屬秘書省。學習曆法。　意狀：情況、情景。

[8]賕（qiú）：賄賂。

[9]范陽：郡名。北魏時治涿縣，在今河北涿州市。　河東：郡名。柳氏郡望。北魏時治蒲坂縣，在今山西永濟市西南蒲州鎮。

[10]秘書郎史：《魏書》卷三五《崔浩傳》作“秘書郎吏”。按：“秘書郎史”意不通，疑作“吏”是。

浩始弱冠，太原郭逸以女妻之。[1]浩晚成，不曜華采，故時人未知。逸妻王氏，宋鎮北將軍王仲德姊也，[2]每奇浩才能，自以爲得壻。俄而女亡，王氏深以傷恨，復欲以少女繼昏。[3]逸及親屬以爲不可，王氏固執與之。逸不能違，遂重結好。浩非毁佛法，而妻郭氏敬好釋典，時時讀誦。浩怒，取而焚之，捐灰厠中。及浩幽執，被置檻内，送於城南，使衛士數十人溲其上，[4]呼聲嗷嗷，聞于行路。自宰司之被戮辱，未有如浩者，世皆以爲報應之驗。

[1]郭逸：人名。太原晋陽（今山西太原市晋源區古城營村一帶）人。北魏官吏。見《北史》卷四三《郭祚傳》。

[2]鎮北將軍：官名。位列四鎮將軍，多授持節都督，出鎮地方。北魏孝文帝太和十七年定爲從一品下，二十三年改爲從二品。　王仲德：人名。即王懿。字仲德，太原祁（今山西祁縣東南）人。南朝宋將領。見《宋書》卷四六《王懿傳》。

[3]昏：“婚”的古字。

[4]溲：大小便，也專指小便。

初，浩害李順，基萌已成。[1]夜夢以火爇順寢室，[2]火作而順死。浩與室家群立觀之。俄而順弟息號哭而出，曰："此輩吾賊也！"以戈擊之，悉投於河。悟而以告館客馮景仁。曰："此真不善也。夫以火爇人，暴之極也。且兆始惡者有終殃，積不善者無餘慶。厲階成矣，[3]公其圖之。"浩曰："吾方思之。"而不能悛，[4]至是而族。

[1]基萌：事物的起因與萌芽。

[2]爇（ruò）：焚燒。

[3]厲階：禍端。

[4]悛（quān）：悔改。

浩既工書，人多託寫《急就章》，從少至老，初不憚勞。所書蓋以百數，必稱"馮代彊"，[1]以示不敢犯國。其謹也如此。浩書體勢及其先人，而巧妙不如也。世寶其迹，多裁割綴連，以爲摹楷。

[1]馮代彊：依憑拓跋氏先人建立的代國而强盛。本爲"馮漢彊"。語出《急就篇》："馮漢彊魏起漠北。"崔浩以"代"替"漢"，以尊其國。

浩母，盧諶孫女也。[1]浩著《食經序》曰：[2]"余自少及長，耳目聞見，諸母諸姑所脩婦功，無不蘊習酒食。朝夕養舅姑，四時供祭祀，雖有功力，[3]不任僮使，常手自親焉。昔遭喪亂，饑饉仍臻，饘蔬餬口，[4]不能具其物用，十餘年間，不復備設。先妣慮久廢忘，後生無所知見，而少不習書，乃占授爲九篇。[5]文辭約舉，婉而成章，聰辯彊記，皆此類也。親没之後，遇國龍興之會，[6]平暴除亂，拓定四方。余備位台鉉，[7]與參大謀，賞獲豐厚，牛羊蓋澤，貲累巨萬，衣則重錦，食則粱肉。[8]遠惟平生，思季路負米之時，[9]不可復得。故序遺文，垂示來世。"

[1]盧諶：人名。字子諒，范陽涿（今河北涿州市）人。東晉文學家。見《晋書》卷四四《盧欽附盧諶傳》。

[2]食經序：《魏書》本傳略載其文。

[3]功力：雇工。

[4]饘蔬餬口：以稠粥蔬菜維持生活，形容生活極爲清苦。

[5]占授：口授。

[6]龍興：比喻帝王興起。

[7]備位：自謙語，意爲徒占其位。

[8]粱肉：精美的膳食。

[9]季路：即仲由，人名。一字子路，孔子弟子。見《史記》卷六七《仲尼弟子列傳》。

浩弟簡，字仲亮，一名覽。好學，少以善書知名。太武初，[1]歷中書侍郎，爵五等侯，參著作事。卒。

[1]太武初：底本作"道武初"，中華本校勘記云："按簡父宏在皇始中始歸魏，其時已是道武中年，不得崔簡仕魏反在其前。上文言簡（即覽）曾預修國書，其事在太武時。疑'道武'是'太武'之誤。《魏書》作'太祖'，亦當是'世祖'之誤。"今從改。

簡弟恬，字叔玄，小名白。位豫州刺史，[1]爵武陽侯。[2]坐浩伏誅。

[1]豫州：北魏時治懸瓠城，在今河南汝南縣。

[2]武陽侯：封爵名。武陽，縣名。治所在今河南西平縣西南。按：《魏書》卷二四《崔玄伯傳》作“陽武侯”。未詳孰是。

宏祖悦，與范陽盧諶並以博藝齊名。諶法鍾繇，[1]悦法衛瓘，[2]而俱習索靖之草，[3]皆盡其妙。諶傳子偃，[4]偃傳子邈；[5]悦傳子潛，潛傳子宏。世不替業，[6]故魏初重崔、盧之書。宏自非朝廷文誥，四方書檄，初不妄染，故世無遺文。尤善草隸，爲世摹楷，行押特盡精巧，[7]而不見遺迹。

[1]鍾繇：人名。字元常，潁川長社（今河南長葛市東北）人。東漢、曹魏大臣。見《後漢書》卷六二《鍾皓傳》。

[2]衛瓘：人名。字伯玉，河東安邑（今山西夏縣西北）人。西晋大臣。見《晋書》卷三六《衛瓘傳》。

[3]索靖：人名。字幼安，敦煌（今甘肅敦煌市西）人。西晋書法家。見《晋書》卷六〇《索靖傳》。

[4]偃：即盧偃，人名。范陽涿（今河北涿州市）人，盧玄之祖。善書法，官至營丘太守。

[5]偃傳子邈：毛本、局本“邈”訛作“邀”。邈，即盧邈，人名。范陽涿（今河北涿州市）人，盧玄之父。善書法，尤精草書。官至郡太守。

[6]替：斷絶。

[7]行押：行書的别稱。

始宏因苻氏亂，欲避地江南，爲張願所獲，本圖不遂。乃作詩以自傷，而不行於時，蓋懼罪也。浩誅，中書侍郎高允受敕收浩家書，始見此詩，允知其意。允孫綽録於允集。[1]

[1]綽：即高綽，人名。字僧裕，勃海蓨（今河北景縣）人。北魏官吏。見《北史》卷三一《高允附高綽傳》。

初，宏父潛爲兄渾等誄手筆本草，[1]延昌初，[2]著作佐郎王遵業買書於市，[3]遇得之，年將二百，寶其書迹，深藏秘之。武定中，[4]遵業子松年將以遺黄門郎崔季舒，[5]人多摹榻之。左光禄大夫姚元標以工書知名於時，見潛書，以爲過於浩也。

[1]誄：文體的一種，哀悼死者之文。

[2]延昌：北魏宣武帝的年號（512—515）。

[3]王遵業：人名。太原晋陽（今山西太原市晋源區古城營村一帶）人。北魏官吏。見《北史》卷三五《王慧龍附王遵業傳》。

[4]武定：東魏孝静帝的年號（543—550）。

[5]黄門郎：官名。爲黄門侍郎、給事黄門侍郎的省稱。北魏時爲郎官之加官，侍從皇帝於宫門之内，與侍中俱掌門下事。孝文帝太和二十三年定爲四品上。　崔季舒：人名。字叔正，博陵安平（今河北安平縣）人。東魏、北齊官吏。見《北史》卷三二《崔挺附崔季舒傳》。

宏弟徽，字玄猷，少有文才，與勃海高演俱知名。[1]歷位秘書監，[2]賜爵貝丘侯。[3]樂安王範鎮長安，[4]

選舊德之士與範俱，[5]以徽爲平西將軍副將，[6]行樂安王傅，進爵濟南公。[7]徽爲政務存大體，不親小事。性好人倫，引接賓客，或談及平生，或講論道義，誨誘後進，終日不止。以疾，徵還京師，卒，謚曰元公，士類無不歎惜。

[1]勃海：郡名。北魏時屬冀州，初治南皮縣，在今河北南皮縣東北，後移治東光縣，在今河北東光縣。

[2]秘書監：官名。南北朝時爲秘書省長官，仍掌圖書經籍之事，領著作省。北魏孝文帝太和十七年定爲從二品中，二十三年改爲三品。

[3]貝丘侯：封爵名。貝丘，縣名。治所在今山東臨清市東南。

[4]樂安王：封爵名。樂安，郡名。北魏時治千乘縣，在今山東廣饒縣北。　範：即拓跋範，人名。明元帝子。見《北史》卷一六《樂安王範傳》。

[5]舊德：德高望重的老臣。

[6]平西將軍：官名。與平東、平南、平北將軍合稱四平將軍。多持節都督或監某一地區的軍事，有時亦作爲刺史等地方官員兼理軍務時的加官。北魏孝文帝太和十七年定爲從二品上，二十三年改爲三品。

[7]濟南公：封爵名。濟南，郡名。北魏時治歷城縣，在今山東濟南市。

始，清河崔寬祖彤，隨晉南陽王保避地隴右，[1]遂仕西涼及沮渠氏。彤生剖，字伯宗，每慷慨有懷東土。常歎曰："風雨如晦，雞鳴不已，吾所庶幾！"及太武西巡，剖乃總率同義，使子寬送款。[2]太武嘉之，拜寬岐陽令，[3]賜爵延水男。[4]遣使與寬俱西，撫慰初附。徵剖詣京師，未至而卒。文成以剖誠著先朝，[5]贈涼州刺史、武陵公，[6]謚曰元。

[1]南陽王：封爵名。南陽，郡國名。西晋時治宛縣，在今河南南陽市。　保：即司馬保，人名。字景度，河内温（今河南温縣）人。西晋宗室。見《晋書》卷三七《高密文獻王泰附司馬保傳》。

[2]送款：投誠。

[3]岐陽：縣名。治所在今陝西岐山縣東北岐陽村。

[4]延水：《魏書》卷二四《崔玄伯傳》作“沂水”。《魏書·地形志》中未見置延水、沂水縣。未詳孰是。

[5]文成：即北魏皇帝拓跋濬。文成爲其謚號。

[6]武陵公：封爵名。遥封。武陵，郡名。南朝宋時治武陵縣，在今湖南常德市。

寬字景仁，還京，封安國子，[1]位弘農太守。初，寬通欵見浩，浩與相齒次，厚存接之。及浩誅，以遠來疏族，獨得不坐。遂家于武城，居司空林舊墟，[2]以一子繼浩弟覽妻封氏，相奉如親。[3]

[1]安國子：封爵名。安國，縣名。治所在今河北安國市東南安國城。

[2]林：即崔林，人名。

[3]以一子繼浩弟覽妻封氏相奉如親：底本作“以一子繼浩與浩弟覽妻封氏相奉如親”，《魏書》卷二四《崔玄伯附崔寬傳》作“以一子繼浩弟覽妻封氏，相奉如親”。今據《魏書》改。

寬後襲爵武陵公，陝城鎮將。[1]三崤地嶮，[2]人多寇劫。而寬性滑稽，誘接豪右，宿盜魁帥，與相交結，傾衿待遇，[3]不逆細微，莫不感其意氣。時官無禄力，唯取給於人，寬善撫納，招致禮遺，大有取受，而與之者無恨。又恒農出漆蠟竹木之饒，路與南通，貿易來往，家産豐富，而百姓樂之。諸鎮之中，號曰能政。及解鎮，人人追戀，詣闕上疏者三百餘人。卒，遺言薄葬，斂以時服。

[1]陝城：軍鎮名。在今河南三門峽市西。　鎮將：官名。北魏置。爲鎮之主官，掌一鎮兵馬及鎮之守衛。在不設州郡的地區，兼統軍民；在設州郡的内地，主要掌軍政，駐在州刺史時，亦兼理民政。品秩按所帶將軍號而定。

[2]三崤：《魏書》、《册府元龜》卷四一二皆作“二崤”。因崤山分爲東崤、西崤，故稱。在今河南洛寧縣西北。疑作“二崤”是。

[3]傾衿：推誠相待。

長子衡，字伯玉，少以孝行著稱。學崔浩書，頗亦類焉。天安元年，[1]擢爲内秘書中散。[2]班下詔命及御所覽書，多其痕迹也。衡舉李沖、李元愷、程駿等，[3]終爲名器。承明元年，[4]遷内都坐令，[5]善折獄，孝文嘉之。太和二年，[6]襲爵武陵公。衡涉獵書史，頗爲文筆。蠕蠕時犯塞，衡上書陳備禦之方、便國利人之策凡五十餘條。除秦州刺史，[7]徙爵齊郡公。[8]先是，河東年饑，劫盜大起。衡至，脩龔遂法，[9]勸課農桑，周年間，寇盜止息。卒，贈冀州刺史，謚惠公。衡五子。

[1]天安：北魏獻文帝的年號（466—467）。

[2]内秘書中散：官名。北魏置。秘書省屬官，由皇帝所信任的中散官充任。孝文帝改制罷。

[3]李沖：人名。原名思沖，字思順，隴西狄道（今甘肅臨洮縣）人。北魏官吏。見《北史》卷一〇〇《凉武昭王李暠附李沖傳》。　程駿：人名。字驎駒，廣平曲安（今河北曲周縣東北）人。北魏官吏。見《北史》卷四〇《程駿傳》。

[4]承明：北魏孝文帝的年號（476）。

[5]内都坐令：官名。北魏置。内都大官屬官。孝文帝改制罷。内都大官即内都坐大官，又簡稱内都，掌析獄及監評官吏，與中都大官、外都大官共爲當時最高法官。

[6]太和二年：殿本、四部備要本“二”訛作“三”。

[7]秦州：北魏時治上封縣，在今甘肅天水市。

[8]徙爵齊郡公：局本“徙”訛作“徒”。齊郡公，封爵名。齊，郡名。北魏時治臨淄縣，在今山東淄博市東北。

[9]龔遂：人名。字少卿，山陽南平陽（今山東鄒城市平陽寺）人。西漢大臣。見《漢書》卷八九《龔遂傳》。

長子敞，字公世，襲爵，例降爲侯，爲平原相。[1]敞性狷急，與刺史楊椿迭相表列，[2]敞坐免官。宣武初，爲鉅鹿太守。[3]弟朏之逆，敞爲黄木軍主韓文殊所藏。[4]其家悉見籍没，唯敞妻李氏以公主之甥，自隨奴婢田宅二百餘口得免。正光中，[5]普釋禁錮，敞復爵郡侯，卒於趙郡太守。

[1]平原：此處指平原國或平原王。平原，郡名。北魏孝文帝

太和十一年置，屬濟州，治所在今山東聊城市東北。

[2]楊椿：人名。本字仲考，孝文帝賜字延壽，弘農華陰（今陝西華陰市東南）人。北魏官吏。見《北史》卷四一《楊播附楊椿傳》。

[3]鉅鹿：郡名。北魏孝莊帝永安二年（529）時分定州鉅鹿郡置，屬殷州，治癭遥縣，在今河北寧晋縣西南。

[4]黄木：地名。確址不詳。疑在今山東平原縣。

[5]正光：北魏孝明帝的年號（520—525）。

敞弟鐘，字公禄，奉朝請。[1]弟朏之逆，以出後被原。[2]歷司徒右長史、金紫光禄大夫、冀州大中正。[3]敞亡後，鐘貪其財，誣敞息子積等三人非兄胤，[4]辭訴累歲，人士疾之。尒朱世隆爲尚書令，[5]奏除其官，終身勿齒。[6]

[1]奉朝請：官名。本來是兩漢給予退休大臣、權貴的一種政治優待。西晋時成爲加官名號。東晋時獨立爲官，亦作加官。北魏時亦爲冗散官，有俸無職。

[2]出後：即出繼。指過繼爲别人之子。

[3]金紫光禄大夫：官名。西晋初有光禄大夫，授銀章青綬，如加賜金章紫綬，則爲金紫光禄大夫，二品，禄賜、班位等諸所賜給皆與特進同。其以爲加官者，唯假章綬、禄賜、班位，不别給車服、吏卒。北魏孝文帝太和十七年定爲從一品下，二十三年改爲從二品。　大中正：官名。魏晋南北朝時負責評定士人品第的官員。即將當地士人按才能品德，參照門第分成九品，供吏部選用。

[4]息子：兒子。

[5]尒朱世隆：人名。字榮宗，北秀容（今山西朔州市）人，契胡族。北魏末年官吏。見《北史》卷四八《尒朱榮附尒朱世隆

傳》。　尚書令：官名。北魏初不常置，亦不掌實際政務，孝文帝改制後，尚書省權任頗重，以録尚書事爲長官，尚書令爲副貳，兼掌監察百官，皆爲宰相。孝文帝太和十七年定爲從一品上，二十三年定爲二品。

[6]齒：録用。

朏好學，有文才，爲京兆王愉録事參軍，[1]與愉同逆，伏法。

[1]京兆王：封爵名。京兆，郡名。北魏時治霸城縣，在今陝西西安市東北。　愉：即元愉，人名。字宣德。北魏宗室。見《北史》卷一九《京兆王愉傳》。　録事參軍：官名。爲録事曹長官，掌總録衆曹文簿，舉彈善惡，位在列曹參軍上。北魏時諸公府、將軍府、諸州府所置。六品上至七品上。

宏同郡董謐。謐父京，與同郡崔康時、廣陽霍原等，[1]俱以碩學，播名遼海。[2]謐好學，傳父業。中山平，[3]入朝，拜儀曹郎，[4]撰朝覲、饗宴、郊廟、社稷之儀。

[1]廣陽：縣名。西漢置，治所在今北京房山區。北齊廢。西漢時所置的廣陽郡，三國魏改爲燕國，北魏改置燕郡。故這裏的廣陽應爲縣名而不是郡名。

[2]遼：地名。泛指今遼河流域及其以東地區，或專指今遼河上游一帶。

[3]中山：十六國後燕之都。在今河北定州市。

[4]儀曹郎：官名。爲尚書省儀曹長官通稱，亦稱郎中，資深者可轉侍郎。北魏孝文帝太和十七年定郎中爲五品上，郎從五品

中；二十三年皆稱郎中，六品，仍可通稱爲郎。

張衮字洪龍，上谷沮陽人也。[1]祖翼，父卓，位並太守。

[1]上谷：郡名。晋時治沮陽，在今河北懷來縣東南。

衮篤實好學，有文才。道武爲代王，選爲左長史。從追蠕蠕五六百里。諸部帥因衮言糧盡，不宜深入。帝問衮："殺副馬足三日食乎?"皆言足。[1]帝乃倍道追及於廣漠赤地南牀山下，[2]大破之。既而帝問衮曰："卿曹外人，[3]知我前問三日糧意乎？蠕蠕奔走數日，畜産失飲，至水必留。計其道程，三日足及。輕騎卒至，出其不意，彼必驚散，其勢然矣。"部帥聞之，咸曰："聖策，非所及也。"常參大謀，每告人曰："主上天資傑邁，[4]必能囊括六合。[5]夫遭風雲之會，不建騰躍之功者，[6]非人豪也。遂策名委質，[7]竭誠伏事。"

[1]帝問衮殺副馬足三日食乎皆言足：中華本校勘記云："《魏書》卷二四《張衮傳》云：'太祖令衮問諸部帥，若殺副馬，足三日食否，皆言足也。'此作問衮，'皆'字便無所指。"可從。副馬，備乘之馬。

[2]南牀山：又作"南商山"。在今内蒙古烏拉特中旗北。底本、宋本、元大德本、毛本、局本作"南林山"，殿本、四庫本、四部備要本、中華本作"南牀山"，源氏校勘記云："'林'《魏書》作'床'。"《魏書·張衮傳》作"南床山"。"牀"同"床"，"牀"與"林"形近。

[3]卿曹：猶言“爾等”。

[4]傑邁：超越出衆。

[5]囊括六合：一統天下之意。六合，天地四方。

[6]騰躍：飛黄騰達。

[7]策名委質：謂出仕做官。

時劉顯地廣兵强，[1]跨有朔裔，[2]會其兄弟乖離，共相疑阻。衮言於道武曰："顯志大意高，今因其内釁，[3]宜速乘之。"[4]帝從之，遂破走顯。又從破賀訥。[5]道武登勿居山遊宴，[6]從官請聚石爲峰，以記功德，乃命衮爲文。

[1]劉顯：人名。本名醜伐，代（今山西大同市東北）人。見《魏書》卷二三《劉庫仁附劉顯傳》。

[2]朔裔：北部邊境。

[3]内釁：内訌。釁，源氏校勘記云："'釁'《魏書》作'亹'。"同衅。

[4]乘：利用。

[5]又從破賀訥：底本"訥"作"納"，中華本校勘記云："諸本'訥'作'納'，據《魏書》《通志》及本書卷八〇訥本傳改。"今從改。

[6]勿居山：在今河北赤城縣附近。

慕容寶之來寇也，衮言於道武曰："寶乘滑臺功，因長子捷，[1]傾財竭力，難與争鋒，宜羸師以侈其心。"帝從之，果破之參合。[2]遷給事黄門侍郎。道武南伐，次中山，衮遺寶書，喻以成敗。寶見書，大懼，遂奔和龍。既剋中山，聽入八議，[3]拜幽州刺史，賜爵臨渭侯，[4]百姓安之。

[1]長子：縣名。治所在今山西長治市南。

[2]參合：地名。又作“參合陂”。在今内蒙古凉城縣東北。

[3]八議：即刑法中規定一些特殊人士犯罪時享有減免刑罰特權的制度。周時稱八辟，漢改爲八議。三國魏時正式列於律文，以後沿用至清代。此八議是：議親、議故、議賢、議能、議功、議貴、議勤、議賓。

[4]臨渭侯：封爵名。臨渭，縣名。治所在今甘肅秦安縣東南。

天興初，[1]徵還京師。後與崔逞答晋將郗恢書失旨，[2]黜爲尚書令史。[3]衮遇創業之初，始以才謀見任，率心奉上，不顧嫌疑。道武曾問南州人於衮，衮與盧溥州里，[4]數稱薦之。又未嘗與崔逞相識，聞風稱美。及中山平，盧溥聚黨爲逆，崔逞答書不允，並乖本言，故忿之。衮年過七十，闔門守静，手執經書，刊定乖失。愛好人物，善誘無倦，士類以此高之。永興二年，卒。太武後追録舊勳，遣大鴻臚即墓策贈太保，[5]謚文康公。

[1]天興：北魏道武帝的年號（398—404）。

[2]崔逞：人名。字叔祖，清河東武城（今山東武城縣西北）人。北魏官吏。見《北史》卷二四《崔逞傳》。　郗恢：人名。字道胤，高平金鄉（今山東金鄉縣）人。東晋官吏。見《晋書》卷六七《郗鑒附郗恢傳》。

[3]尚書令史：官名。漢代尚書臺始置令史，掌文書案牘。晋朝尚書令史頗有實權。北魏略同。

[4]盧溥：人名。范陽涿（今河北涿州市）人。北魏道武帝天興二年起兵。

[5]大鴻臚：官名。專司朝會禮儀之官。北魏孝文帝太和十七年定爲二品上，二十三年改爲三品。

子度，少有學尚，襲爵臨渭侯，卒於中都大官。[1]

[1]中都大官：官名。北魏置。中都坐大官的省稱。掌刑獄、主司品官，多由宗室諸王、外戚及胡漢重臣擔任。孝文帝改制罷。與内都坐大官、外都坐大官合稱三都大官（參周兆望《北魏"三都大官"若干問題考辨》，《文史哲》2002年第1期）。

度子白澤，年十一，遭母憂，以孝聞。長而博學。文成初，除殿中曹給事中，[1]甚見寵任。白澤本字鐘葵，獻文賜名白澤，納其女爲嬪。出行雍州刺史。[2]清心少欲，人吏安之。獻文詔諸監臨官取所監羊一口、酒一斛者，罪至大辟；與者以從坐論。糾得尚書以下罪狀者，各隨所糾官輕重而授之。白澤上表，以爲此法若行之不已，恐姦人窺望，勞臣懈節，請依律令舊法。獻文納之。太和初，懷州人伊祁苟初三十餘人謀反，[3]文明皇太后欲盡誅一城人。[4]白澤諫，以爲《周書》父子兄弟罪不相及，不誣十室，而况一州。后從之，乃止。轉散騎常侍、殿中尚書。[5]卒，贈相州刺史、廣平公，[6]謚曰簡。

[1]殿中曹給事中：官名。北魏置。爲内廷派駐殿中曹監察政務的官員，亦佐理曹務。孝文帝太和十七年定爲從三品上，後罷。

[2]雍州：北魏時治長安縣，在今陝西西安市西北。

[3]懷州：北魏時治野王縣，在今河南沁陽市。　伊祁苟初：人名。其餘不詳。

[4]文明皇太后：即北魏文成皇后馮氏。文明爲其謚號。　一城人：高敏《南北史考索》（第417頁）："按：《魏書》卷二十四同人傳'一城人'作'一城之民'，意思更明；若《北史》之'一城人'，易與'城人'一詞相混，如《魏書》，則不會有此誤解。故《北史》此删亦有因删致疑之嫌。"

[5]殿中尚書：官名。北魏時領宫中兵馬，典宫禁宿衛及倉庫，或説領殿中、直事、三公、駕部四郎曹。孝文帝太和十七年定爲二品中。

[6]廣平公：封爵名。廣平，郡名。北魏時治曲梁城，在今河北永年縣東南。

長子倫，字天念，大司農少卿、燕州大中正。[1]熙平中，[2]蠕蠕主醜奴遣使來朝，[3]抗敵國之禮，不修臣敬，朝議將依漢答匈奴故事，遣使報之。倫表以爲："虜雖慕德，亦來觀我。懼之以彊，儻或歸附；示之以弱，窺覦或起。《春秋》所謂以我卜也。高祖、世宗知其若此，來既莫逆，去又不追。必其委贄玉帛之辰，屈膝藩方之禮，則豐其勞賄，藉以珍物。至於王人遠役，銜命虜庭，優以匹敵之尊，加之想望之寵，恐徒生虜慢，無益聖朝。"不從。孝莊初，卒於大司農卿。[4]

[1]大司農少卿：官名。簡稱司農少卿。北魏置。協助大司農管理租税園苑倉儲。四品上。　燕州：北魏時治廣寧縣，在今河北涿鹿縣。

[2]熙平：北魏孝明帝的年號（516—518）。

[3]醜奴：即蠕蠕王伏圖之子，號豆羅伏拔豆伐可汗。見《北史》卷九八《蠕蠕傳》。

[4]大司農卿：官名。爲大司農的尊稱。掌倉儲園苑及供膳之庶務。北魏孝文帝太和二十三年定爲三品。

袞弟恂。恂字洪讓，隨兄袞歸北，參代王軍事。[1]説道武宜收中土士庶之望，以建大業，帝深加器異。皇始初，[2]拜中書侍郎，帷幄密謀，頗亦參預。賜爵平皋子，[3]出爲廣平太守。恂招集離散，勸課農桑，流人歸者數千户。遷常山太守。恂開建學校，優禮儒士，吏人歌詠之。時喪亂之後，罕能克厲者，唯恂當官清白，仁恕臨下，百姓親愛之，政爲當時第一。明元即位，徵拜太中大夫。[4]卒。恂性清儉，死日家無餘財。贈并州刺史、平皋侯，謚曰宣。

[1]參軍事：官名。亦作“參軍”。南北朝王、公、將軍府、都水臺以及諸州多置爲僚屬，品級自六品至九品不等。

[2]皇始：北魏道武帝的年號（396—398）。

[3]平皋子：封爵名。平皋，縣名。治所在今河南温縣東。

[4]太中大夫：官名。南北朝時多用於安置老病退免的九卿等大臣，亦用作加官、兼官，或供朝廷臨時差遣。北魏孝文帝太和十七年定爲三品下，二十三年改爲從三品。

子純，[1]字道尚，襲爵。坐事除。

[1]子純：殿本、四庫本“純”訛作“紀”。

純弟代，字定燕，陳留、北平二郡太守。[1]卒，贈營州刺史，[2]謚惠侯。代所歷著稱，有父遺風。

[1]陳留：郡名。北魏時治陳留縣，在今河南開封市東南陳留城。　北平：郡名。北魏時治新昌縣，在今河北盧龍縣。

[2]營州：北魏時治龍城縣，在今遼寧朝陽市。

代子萇年，爲汝南太守。[1]郡人劉崇之兄弟分析，[2]家貧，唯一牛，争不能決，訟於郡庭。萇年悽而見之，謂曰："汝曹當以一牛，故致此競；脱有二牛，[3]必不争。"乃以己牛一頭賜之。於是境中各相戒約，咸敦敬讓。[4]卒于郡。

[1]汝南：郡名。北魏時治上蔡縣，在今河南汝南縣。

[2]劉崇之：人名。毛本、殿本、四庫本、四部備要本"崇"訛爲"宗"。　分析：分家析産。

[3]脱：假使。

[4]咸敦敬讓：局本"咸"訛作"成"。

子琛，字寶貴，少有孝行，位至太子翊軍校尉。[1]卒。

[1]太子翊軍校尉：官名。東宫侍從武官。北魏孝文帝太和十七年定爲四品上，二十三年改爲從五品。

鄧彦海，[1]安定人也。[2]祖羌，苻堅車騎將軍。[3]父翼，河間相。[4]慕容垂之圍鄴，以爲冀州刺史，爵真定侯。[5]拒對使者曰："先君忠于秦室，翼豈可先叛乎？忠臣不事二主，未敢聞命。"垂遣喻之曰："吾與車騎結爲異姓兄弟，卿亦猶吾子弟，安得辭乎？"翼曰："冀州宜任親賢，翼請佗役效命。"[6]垂乃用爲河間太守。後卒於趙郡内史。

[1]鄧彦海：中華本校勘記云："《魏書》卷二四作'鄧淵'，《北史》避唐李淵諱改稱其字。"

[2]安定：郡名。北魏時治安定縣，在今甘肅涇川縣北。

[3]車騎將軍：官名。位次驃騎將軍，在諸名號將軍上，多作爲軍府名號以加授大臣、重要州郡長官，無具體職掌。

[4]河間：即河間國。西晋十六國時治所在今河北獻縣東南。相：官名。爲王國行政長官。

[5]真定侯：封爵名。真定，縣名。治所在今河北正定縣南。

[6]翼請佗役效命：毛本"請"字因版印問題不可見，"佗"訛作"化"。

彦海性貞素，言行可復，博覽經書，長於《易》筮。道武定中原，擢爲著作郎，再遷尚書吏部郎。彦海明解制度，多識故事，與尚書崔宏参定朝儀、律令、音樂，及軍國文記、詔策多是彦海所爲。賜爵下博子。[1]道武詔彦海撰國記十餘卷，唯次年月，起居行事而已，未有體例。彦海謹於朝事，未嘗忤旨。其從父弟暉時爲尚書郎，[2]兇俠好奇，與定陵侯和跋厚。[3]跋有罪誅，其子弟奔長安。或告暉將送出之，由是道武疑知情，遂賜彦海死。既而悔之。時人咸愍惜焉。

[1]下博子：封爵名。下博，縣名。治所在今河北深州市。

[2]尚書郎：官名。分掌尚書各曹。按資歷深淺有不同稱呼。初在尚書臺任職稱守尚書郎中，滿一年稱尚書郎，三年稱侍郎。

[3]定陵侯：封爵名。定陵，縣名。治所在今河南舞陽縣北。 和跋：人名。代（今山西大同市東北）人，鮮卑族。北魏將領。見《北史》卷二〇《和跋傳》。

子穎襲爵，稍遷中書侍郎。太武詔太常卿崔浩集諸文學撰述國書，穎與浩弟覽等俱參著作事。太武幸漠南，高車莫弗庫若干率騎數萬餘，[1]驅鹿百餘萬詣行在所。[2]詔穎爲文，銘於漠南，以記功德。兼散騎常侍，使宋。進爵爲侯。卒，謚曰文恭。

[1]漠南：地區名。一作“幕南”。今蒙古高原大沙漠以南地區。 莫弗庫若干：人名。其餘不詳。

[2]行在所：底本作“行所”，中華本校勘記云：“諸本脱‘在’字，據《魏書》卷二四《鄧淵傳》補。”今從改。

子怡襲爵，位荆州刺史，[1]賜爵南陽公。[2]卒。

[1]荆州：北魏時治穰縣，在今河南鄧州市。

[2]南陽公：封爵名。南陽，縣名。治所在今河南郟縣西南。

子侍，孝文賜名述，位齊州刺史。[1]初改置百官，始重公府元佐，以述爲太傅元丕長史。[2]卒於司空長史。謚曰貞。

[1]齊州：北魏時治歷城縣，在今山東濟南市。

[2]太傅：官名。北魏時爲三公之一，爲輔政大臣。正一品。元丕：人名。北魏宗室。見《北史》卷一五《武衛將軍謂附東陽王丕傳》。

論曰：昭成、道武之時，雲雷方始，至於經邦緯俗，文武兼資。燕鳳博識多聞，首膺禮命；[1]許謙才術俱美，驅馳艱虞。[2]不然，何以成帝業也。崔宏家世儁偉，仍屬權輿，[3]總機任重，守正成務，禮從清廟，固其宜也。浩才藝通博，究覽天文，政事籌策，時莫之二，此其所以自比於子房焉。屬明元爲政之秋，太武經營之日，言聽計從，寧廓區夏，遇既深矣，勤亦茂哉。謀雖蓋世，威未震主，末途邂逅，遂不自全。豈鳥盡弓藏，人惡其上，將器盈必概，陰害貽禍，何斯人而遭斯酷乎？至若張袞才策，不免其戾；彥海貞白，禍非其罪，亦足痛云。洪讓世著循吏，家風良可貴矣。

[1]膺：承當。

[2]驅馳艱虞：奔走效力在艱難困苦的時期。

[3]權輿：原意爲草木萌芽，引申爲起始。這裏指北魏初興。

今注本二十四史

北史

六

傳〔三〕

唐 李延壽 撰

李憑 靳寶 主持校注

中国社会科学出版社

北史　卷二二

列傳第十

長孫嵩　五世孫儉　儉子平　長孫道生　曾孫幼　幼孫兕　兕子熾　熾弟晟　幼子紹遠　紹遠子覽　長孫肥

長孫嵩，代人也。[1]父仁，昭成時爲南部大人。[2]嵩寬雅有器度，昭成賜名焉。年十四，代父統事。[3]昭成末年，諸部乖亂，苻堅使劉庫仁攝國事，[4]嵩與元他等率部衆歸之。[5]

[1]代：郡名。北魏時治平城，在今山西大同市東北。

[2]昭成：即拓跋什翼犍。昭成爲其謚號，北魏道武帝所追謚。　南部大人：部族首領。《魏書·官氏志》："其諸方雜人來附者，總謂之烏丸，各以多少稱酋、庶長，分爲南北部，復置二部大人以統攝之。"

[3]代父統事：指統領部落。

[4]苻堅：人名。字永固，一名文玉，氐族。十六國時前秦君主。見《晋書》卷一一三、一一四《苻堅載記》。　劉庫仁：人名。字没根，鮮卑族獨孤部首領。建國三十九年，昭成崩，道武未立，苻堅令劉庫仁與劉衛辰分國衆統之，河西屬劉衛辰，河東屬劉

庫仁。道武帝等從賀蘭部歸屬劉庫仁。劉庫仁後被慕容文襲擊而死。見《北史》卷二〇《劉庫仁傳》。

[5]元他（tuó）：人名。北魏前期南部大人。劉庫仁子劉顯將殺道武帝拓跋珪，他與拓跋珪一起至賀蘭部。

劉顯之謀難也，[1]嵩率舊人及庶師七百餘家叛顯走。[2]將至五原，[3]時寔君之子渥亦聚衆自立，[4]嵩欲歸之。見于烏渥，[5]稱逆父之子，勸嵩歸道武。[6]嵩未決，烏渥迴其牛首，嵩僶俛從之，[7]見道武于二漢亭。[8]道武以爲南部大人，累著軍功。後從征中山，[9]除冀州刺史，[10]賜爵鉅鹿公。[11]歷侍中、司徒、相州刺史，[12]封南平公。[13]所在著稱。明元即位，[14]與山陽侯奚斤、北新侯安同、白馬侯崔宏等八人坐止車門右，[15]聽理萬機，故世號八公。

[1]劉顯：人名。本名醜伐，鮮卑族獨孤部人，劉庫仁子。殺其叔劉眷而代立，統攝代國事。見《魏書》卷二三《劉庫仁附劉顯傳》、《北史》卷二〇《劉庫仁附劉顯傳》。

[2]嵩率舊人及庶師七百餘家叛顯走：中華本校勘記云："《魏書》卷二五《長孫嵩傳》'庶師'作'鄉邑'。按'庶師'不可解，疑有誤。"按：這裏的"鄉邑"與"庶師"均指異部之人，即非本部的諸族人（參李憑《北魏離散諸部問題考實》，《歷史研究》1990年第2期）。

[3]五原：縣名。治所在今内蒙古包頭市西。

[4]寔（shí）君：人名。拓跋什翼犍庶長子。見《北史》卷一五《拓跋寔君傳》。毛本、殿本、四庫本、局本、四部備要本作"實君"。

[5]于烏渥：人名。其餘不詳。

[6]道武：即北魏皇帝拓跋珪。道武爲其謚號。

[7]僶（mǐn）俛（miǎn）：勉强。

[8]二漢亭：在今内蒙古烏蘭察布市塔布河附近。局本、《魏書》卷二五《長孫嵩傳》作“三漢亭”。

[9]中山：城名。十六國時後燕都城。在今河北定州市。

[10]冀州：十六國時後燕慕容垂燕元元年（384）置，治廣阿。後燕慕容垂建興元年（386），以冀州牧治鄴（今河北臨漳縣西南鄴鎮），領魏郡、廣平等十五郡。冀州刺史治信都（今河北冀州市），領長樂、廣川等八郡。

[11]鉅鹿公：封爵名。北魏時治癭陶縣，在今河北寧晋縣西南。

[12]侍中：官名。北魏時常總典機密，時號“小宰相”。初置四員，節閔帝普泰年間增至六員。孝文帝太和十七年（493）定爲從一品中，二十三年改爲三品。　司徒：官名。與太尉、司空並稱三公。北魏初曾令州郡公文先上司徒府，後改上丞相府。一品。　相州：北魏道武帝天興四年（401）分冀州置，治鄴城，在今河北臨漳縣西南鄴鎮。

[13]南平公：封爵名。南平，郡名。東晋時治江安縣，在今湖北公安縣東北。

[14]明元：即北魏皇帝拓跋嗣。明元爲其謚號。

[15]與山陽侯奚斤：底本無“與”字，中華本校勘記云：“諸本脱‘與’字，據《魏書》補。”今從補。山陽侯，封爵名。遥封。山陽，郡名。東晋時治山陽縣，在今江蘇淮安市。奚斤，人名。代（今山西大同市東北）人，鮮卑族。北魏官吏。見《北史》卷二〇《奚斤傳》。　北新侯：封爵名。北新，縣名。治所在今河北徐水縣西南。　安同：人名。遼東（今遼寧遼陽市）人。北魏官吏。見《北史》卷二〇《安同傳》。　白馬侯：封爵名。白馬，縣名。治所在今河南滑縣東南。　崔宏：人名。字玄伯，清河東武城

（今山東武城縣西北）人。北魏官吏。見《北史》卷二一《崔宏傳》。　止車門：爲通向宮殿的必經之路。按朝見禮儀，文臣至此下車，武將至此下馬，步行上朝進殿。

晉將劉裕之伐姚泓，[1]明元假嵩節，[2]督山東諸軍事，傳詣平原，[3]緣河北岸列軍，次於畔城。[4]軍頗失利。詔假裕道。[5]裕於舟中望嵩麾蓋，[6]遺以酃酒及江南食物。[7]嵩皆送京師。詔嵩厚答之。又敕簡精兵爲戰備，若裕西過者，便率精鋭，南出彭、沛；[8]如不時過，但引軍隨之。彼至崤、陝間，[9]必與姚泓相持，一死一傷，衆力疲弊。比及秋月，徐乃乘之，則裕首可不戰而縣。於是叔孫建等，[10]尋河趣洛，遂入關。嵩與建等自城皋南濟，[11]晉諸屯戍皆望塵奔潰。裕剋長安，嵩乃班師。

[1]劉裕：人名。字德輿，小名寄奴，祖籍彭城縣綏輿里（今江蘇徐州市），後遷居京口（今江蘇鎮江市），南朝宋的建立者。見《宋書》卷一、二、三《武帝紀》。　姚泓：人名。字元子，南安赤亭（今甘肅隴西縣西）人，羌族。十六國時後秦君主。見《晉書》卷一一九《姚泓載記》。

[2]假節：漢魏時，大臣受命出朝，持節或假節以示授權。歷朝因之。自西晉起，實際成爲一種加官，位低於使持節、持節，僅督軍時有權殺犯軍令者。

[3]平原：縣名。治所在今山東平原縣西南。

[4]次：止，停留。　畔城：地名。在今山東聊城市西。

[5]假：借。

[6]麾蓋：代指儀仗。

[7]遺（wèi）：饋贈。　酃（líng）酒：即酃湖之酒。以其釀

酒之水取自酃縣（今湖北衡陽市）的酃湖而得名。

[8]彭：縣名。即彭城。治所在今江蘇徐州市。　沛：縣名。治所在今江蘇沛縣。

[9]崤：縣名。治所在今河南洛寧縣西北。　陝：縣名。治所在今河南三門峽市西。

[10]於是叔孫建等：中華本校勘記云："按尋河趣洛入關者，應是劉裕。'等'下當有脱文。"可從。叔孫建，人名。代（今山西大同市東北）人，鮮卑族。北魏將領。見《北史》卷二〇《叔孫建傳》。

[11]城皋：縣名。即成皋。治所在今河南滎陽市西北。

明元寢疾，[1]問後事於嵩。嵩曰："立長則順，以德則人服。[2]今長皇子賢而世嫡，天所命也，請立。"乃定策，詔太武臨朝監國，[3]嵩爲左輔。[4]

[1]寢疾：卧病在床。

[2]以德則人服：局本"人"訛作"久"。

[3]太武：即北魏皇帝拓跋燾。太武爲其謚號。

[4]左輔：爲輔佐之臣。北魏明元帝泰常七年（422），太子拓跋燾監國，以重臣爲之，與右弼共掌百僚。

太武即位，進爵北平王、司州中正。[1]詔問公卿："赫連、蠕蠕，[2]征討何先？"嵩與平陽王長孫翰、司空奚斤等曰：[3]"赫連土居，[4]未能爲患。蠕蠕世爲邊害，宜先討大檀。[5]及則收其畜産，足以富國；不及則校獵陰山，[6]多殺禽獸，皮肉筋角以充軍實，亦愈於破一小國。"太常崔浩曰：[7]"大檀遷徙鳥逝，疾追則不足經久，大衆則不能及之。[8]赫連屈丐土宇不過千里，[9]其刑政殘害，人神所棄，宜先討之。”尚書劉潔、武京侯安原請先平馮跋。[10]帝默然，遂西巡狩。後聞屈丐死，關中大亂，議欲征之。嵩等曰：“彼若城守，以逸待勞。大檀聞之，乘虚而寇，危道也。”帝乃問幽徵於天師寇謙之，[11]勸行，杜超之贊成，[12]崔浩又言西伐利。嵩等固諫不可，帝大怒，責嵩在官貪污，使武士頓辱。[13]尋遷太尉，[14]久之，加柱國大將軍。[15]自是輿駕征伐，嵩以元老，多留鎮京師，坐朝堂平斷刑獄。薨，年八十，謚曰宣王。後孝文追録先朝功臣，以嵩配饗廟庭。

[1]北平王：封爵名。北平，郡名。北魏時治新昌縣，在今河北盧龍縣。　司州：北魏道武帝天興中置，治平城，在今山西大同市東北。　中正：官名。漢獻帝時始置。由各郡長官推選本郡任職於中央的有德行之士人兼任，負責品評本郡士人，劃分等級，以爲吏部委任官員的依據。北魏前、中期此職權任頗重，後期選任漸濫。

[2]赫連：十六國時，南匈奴鐵弗部勃勃稱大夏天王，自稱赫連天，其嫡系遂以赫連爲姓氏。　蠕蠕：族名。亦稱柔然，本爲東胡的一支，屬拓跋部。南北朝時始强大，活動於今蒙古國南部地區。見《北史》卷九八《蠕蠕傳》。

[3]平陽王：封爵名。平陽，郡名。北魏時治白馬城，在今山西臨汾市。　司空：官名。爲三公之末。魏晋南北朝時爲名譽宰相，多爲大臣加官。北魏時爲正一品。

[4]土居：《魏書》卷二五《長孫嵩傳》作“居土”。未詳孰是。

[5]大檀：人名。蠕蠕首領。見《北史·蠕蠕傳》。

［6］校獵：泛稱打獵。

［7］太常：官名。掌禮樂祭祀，位尊而職閑。北魏孝文帝太和十七年定爲從一品下，二十三年定爲三品。　崔浩：人名。字伯深，清河東武城（今山東武城縣西北）人。北魏官吏。見《北史》卷二一《崔宏附崔浩傳》。

［8］大衆：帶有糧草輜重以及工役等的軍隊。

［9］赫連屈丐：人名。本名勃勃，北魏明元帝改其名爲屈丐，匈奴族鐵弗部人。十六國時夏君主。見《北史》卷九三《赫連屈丐傳》。　土宇：指統治範圍。

［10］尚書：官名。魏晋南北朝時分掌尚書省諸曹，品秩提高，但不再直接向皇帝奏事、承受詔命，成爲行政官員。北魏孝文帝太和十七年定吏部從一品下，列曹二品中，二十三年皆改爲三品。　劉潔：人名。長樂信都（今河北冀州市）人。北魏官吏。見《北史》卷二五《劉潔傳》。　武京侯：中華本校勘記云："按本書卷二〇、《魏書》卷三〇原本傳作武原侯。武原縣西漢屬楚國，後漢、晋並屬徐州彭城國。《魏志》不載。'武京'不見於地志，疑誤。"可從。　安原：人名。遼東（今遼寧遼陽市）人。北魏官吏。見《北史》卷二〇《安同附安原傳》。　馮跋：人名。字文起，小名乞直代，長樂信都（今河北冀州市）人。十六國時北燕君主。初仕後燕，後燕高雲正始三年（409），自立爲大燕天王，改元太平。見《北史》卷九三《馮跋傳》。

［11］幽徵：幽隱之徵兆。　天師：道教職名。古代稱有道術者。　寇謙之：人名。字輔真，上谷昌平（今北京昌平區）人。北魏道士。見《魏書·釋老志》。

［12］杜超之贊成：中華本校勘記云："按《杜超傳》見本書卷八〇，本傳無'之'字，疑此是涉上文寇謙之而衍。"可從。杜超，人名。字祖仁，魏郡鄴（今河北臨漳縣西南鄴鎮）人。北魏官吏、外戚。明元帝密皇后之兄。後爲部下所害。見《北史》卷八〇《杜超傳》。

[13]頓辱：在公開場合或衆人面前鞭打捶楚某人，使其受辱。

[14]太尉：官名。北魏時與司徒、司空並稱三公，列三公之首，多爲大臣加官。孝文帝太和二十三年定爲一品。

[15]柱國大將軍：官名。十六國時後燕慕容垂燕元元年始置。北魏初，一度爲功臣元勳之加官。後罷。北魏末復置，位在丞相之上，授予權臣。

子頹，善騎射，彎弓三百斤。襲爵，加侍中、征南大將軍。[1]有罪黜爲戍兵。後復爵。薨，謚曰安王。

[1]征南大將軍：官名。北魏時爲將軍名號，多加授重要州郡長官或統兵出鎮在外、都督數州軍事者。孝文帝太和十七年定爲一品下，二十三年改爲二品。

子敦，字孝友，位北鎮都將。[1]坐黷貨，降爲公。文成時，自訟先世勳重，復其王爵。[2]薨，謚簡王。

[1]北鎮：北部邊境軍鎮。北魏時在北邊重鎮設軍鎮，以重兵駐守。　都將：官名。北魏置。統禁軍侍衛皇帝左右或出征、鎮守在外。出外時多作爲一路主將。孝文帝太和年間兩次置職員令皆未載。其位應在都大將或鎮將之下、子都將之上，與地方刺史或郡守略等。

[2]文成：底本作“孝文”，《魏書》卷二五《長孫嵩傳》作“高宗”。中華本校勘記云：“諸本‘文成’作‘孝文’。按本紀，長孫敦降爵在太武帝太平真君九年十二月，復爵在文成帝興安二年十二月（見本書卷二）。作‘孝文’誤，今據本紀改。下文其子道‘隨例降爲公’，纔是孝文時事。”今從改。

子道，字念僧，襲爵。久之，隨例降爲公，位左衛將軍。[1]卒，謚慎。

[1]左衛將軍：官名。晋武帝時設，與右衛將軍共同負責宫禁宿衛。北魏孝文帝太和十七年定爲從二品下，二十三年改爲三品。《魏書》卷二五《長孫嵩傳》作“右衛將軍”。

子悦，襲爵。建義初，[1]復本王爵，尋降爲公，位光禄少卿。[2]卒，贈司空。

[1]建義：北魏孝莊帝的年號（528）。

[2]光禄少卿：官名。亦稱光禄寺少卿。北魏始置，爲光禄勳副職。孝文帝太和二十三年定爲四品上。

嵩五世孫儉，仕周知名。

儉，本名慶明。曾祖地汾，安東將軍、臨川公。[1]祖酌，恒州刺史。[2]父轗，[3]員外散騎侍郎，[4]早卒。[5]

[1]安東將軍：官名。爲出征某一地區的軍事長官，或作爲刺史等地方官員兼理軍務時的加官。北魏時與安南、安北、安西將軍合稱四安將軍。孝文帝太和十七年定爲二品下，二十三年爲三品。臨川公：封爵名。遥封。臨川，郡名。南朝宋時治臨汝縣，在今江西撫州市西。

[2]恒州：北魏孝文帝太和十七年（493）以司州改名，治平城，在今山西大同市東北。

[3]轗：音 yù。

[4]員外散騎侍郎：官名。常省稱員外郎。北魏初沿例授予南

朝北奔之士，班比吏部郎，員六人。孝文帝太和十七年定爲從四品下，二十三年定爲七品上。

[5]“儉”至“早卒”：高敏《南北史考索》（天津古籍出版社2010年版，第418—419頁）：“按：《周書》卷二十六《長孫儉傳》無此段記載。據錢大昕《考異》所云，此卷《周書》原缺，‘非德棻原文’，但‘與《北史》多異’，似乎也非以《北史》補之，則《北史》此段可視爲超出《周書》者。”

儉方正有操行，神彩嚴肅，雖在私室，終日儼然。性不妄交，非其同志，雖貴遊造門，亦不與相見。太昌中，[1]邊方騷動，儉初假東夏州防城大都督，[2]從尒朱天光破宿勤明達等，[3]以功賜爵索盧侯。[4]周文臨夏州，[5]以爲録事參軍事，[6]深敬器之。及賀拔岳被害，[7]周文赴平凉，[8]凡有經綸謀策，儉皆參預。從平侯莫陳悦，[9]留儉爲秦州長史、防城大都督，[10]委以後事，别封信都縣伯。[11]渭州刺史可朱渾元奔東魏後，[12]河渭間人情離阻，[13]刺史李弼令儉權鎮渭州。[14]儉將十餘騎冒難赴之，復隨機安撫，羌胡悦服。轉夏州刺史，甚得人和。時西夏州仍未内屬，[15]而東魏遣許和爲刺史，儉以信義招之，和乃歸附。即以儉爲西夏州刺史，總統三夏州諸軍事。

[1]太昌：源氏校勘記改“太”作“孝”。中華本校勘記云：“《周書》卷二六《長孫儉傳》‘太昌’作‘孝昌’。按孝昌是孝明帝年號，下文言‘邊方擾動’，當指破六韓拔陵等起義事。若太昌乃孝武帝年號，其時尒朱天光已死，宿勤明達早已失敗，長孫儉不得於此時方從天光去鎮壓宿勤明達。‘太’字疑誤。”可從。孝昌，

北魏孝明帝的年號（525—527）。

[2]假：官制用語。北魏時有假爵之制，以提高出使、出征官員的地位。孝文帝時假官成爲制度，但僅爲虚職，無代理攝職之義。　東夏州：北魏時治廣武縣，在今陝西延安市東。　大都督：官名。高級軍事長官。北魏前、中期未見。後期戰事較多時置，統兵出征，有時又加以各種名號。

[3]尒朱天光：人名。北秀容（今山西朔州市）人，契胡族。北魏官吏。見《北史》卷四八《尒朱榮附尒朱天光傳》。　宿勤明達：人名。夏州（今陝西靖邊縣白城子村）人。北魏末起義軍首領，爲尒朱天光敗，被斬於京師。

[4]索盧侯：封爵名。索盧，縣名。治所在今河北棗强縣東。

[5]周文：即宇文泰。文爲其謚號，北周明帝所追謚。　夏州：北魏時治大夏（統萬城），在今陝西靖邊縣白城子村無定河北岸的毛烏素沙漠中（靠近今内蒙古烏審旗南境）。

[6]録事參軍事：官名。西晋始置，爲録事曹長官。掌總録衆曹文簿，舉彈善惡，位在列曹參軍上。北魏沿置。諸公府、將軍府皆置。

[7]賀拔岳：人名。字阿斗泥，神武尖山（今山西神池縣）人。北朝官吏。見《魏書》卷八〇《賀拔勝附賀拔岳傳》。

[8]平凉：郡名。北魏時治鶉陰縣，在今甘肅華亭縣西。

[9]侯莫陳悦：人名。代（今山西大同市東北）人。北魏將領。見《北史》卷四九《侯莫陳悦傳》。

[10]秦州：北魏時治上封城，在今甘肅天水市。

[11]信都縣伯：封爵名。信都，縣名。治所在今河北冀州市。

[12]渭州：西魏時治襄武縣，在今甘肅隴西縣東南。　可朱渾元：人名。字道元，遼東（今遼寧遼陽市）人。東魏、北齊將領。見《北史》卷五三《可朱渾元傳》。殿本、四庫本、四部備要本“可”訛作“尒”。

[13]河渭間：指黄河與渭水之間的地區。　人情離阻：殿本、

四部備要本“阻”作“隔”。

[14]李弼：人名。字景和，隴西成紀（今甘肅秦安縣）人，祖籍遼東襄平（今遼寧遼陽市）。西魏八柱國之一、北周功臣。見《北史》卷六〇《李弼傳》。

[15]西夏州：北魏置。寄治於并州界，在今山西太原市西南。東魏沿置。

荆襄初附，[1]周文表授儉都督三荆等十二州諸軍事、荆州刺史、東南道行臺僕射。[2]所部鄭縣令泉璨爲百姓所訟，[3]推按獲實。儉即大集僚屬，遂於廳事前引己過，[4]肉袒自罰，捨璨不問。於是屬城肅勵，莫敢犯法。魏文帝璽書勞之。[5]周文又與儉書曰："近聞公部内縣令有罪，遂自杖三十，用肅群下，[6]聞之嘉歎良久不可言。"儉清正率下，兼懷仁恕，有竊盜者，原情得實，誨而放之。荆蠻舊俗，少不敬長。儉殷勤勸導，風俗大革。務廣耕桑，兼習武事，故邊境無虞，人安其業。吏人表請爲儉構清德樓，樹碑刻頌，朝議許之。吏人又以儉秩滿，恐有代至，詣闕乞留儉，朝廷嘉而許之，在州遂歷七載。

[1]荆：州名。西魏時治穰縣，在今河南鄧州市。　襄：州名。西魏時治襄陽縣，在今湖北襄樊市襄城區。

[2]三荆：即荆州、南荆州（治安昌縣，在今河南確山縣西南）、東荆州（治沘陽縣，在今河南泌陽縣）。　東南道：指東南軍事區域（參張鶴泉《東魏、北齊時期的“道”探討》，《史學集刊》2008年第3期）。　行臺僕射：官名。行臺尚書僕射的省稱。北朝所設諸行臺高級官員，爲行臺尚書令副職，尚書令缺或未置，

則爲行臺最高長官，分左右，左居右上。西魏亦置。

[3]鄭縣：治所在今河南淅川縣東南。

[4]廳事：官府辦公之所。

[5]魏文帝：即西魏皇帝元寶炬。文爲其謚號。

[6]用肅群下：局本“用”訛作“周”。

徵授大行臺尚書，[1]兼相府司馬。[2]常與群公侍坐，及退，周文謂左右曰：“此人閑雅，孤每與語，常肅然畏敬，恐有所失。”他日，周文謂儉曰：“名實須相稱，尚書志安貧素，可改名儉，以彰雅操。”遷尚書左僕射，[3]加侍中。

[1]大行臺尚書：官名。北魏、東魏、西魏皆置，屬大行臺。

[2]相府司馬：官名。即丞相府司馬。司馬，軍府高級幕僚，掌參贊軍務，管理府内武職，位僅次於長史。西魏諸將軍府、勳官開府者之府皆置，品秩隨府主而定。

[3]尚書左僕射：官名。北魏時位列宰相，掌都省庶務、執法，典選舉，兼掌糾彈百官。孝文帝太和十七年定爲從一品中，二十三年改爲從二品。西魏沿置。

後除東南道行臺僕射、大都督十五州諸軍事、荆州刺史。時梁岳陽王蕭詧内附，[1]初遣使入朝。至荆州，儉於廳事列軍儀，具戎服，以賓主禮見使。容貌魁偉，音聲如鍾，大爲鮮卑語，遣人傳譯以答問。客惶恐不敢仰視。日晚，儉乃著裙襦紗帽，[2]引客宴於别齋，因叙梁國喪亂，朝庭招攜之意，[3]發言可觀。使人大悦，出曰：“吾所不能測也。”

[1]岳陽王：封爵名。岳陽，郡名。南朝梁時治岳陽縣，在今湖南汨羅市東。　蕭詧（chá）：人名。字理孫。南朝梁宗室、西梁開國皇帝。見《北史》卷九三《蕭詧傳》。

[2]裙襦紗帽：代指中原士人的著裝。

[3]招攜：招引尚未歸心的人，亦指招安。

魏廢帝二年，[1]授東南道大都督、荆襄等三十三州鎮防諸軍事。及梁元帝嗣位於江陵，[2]外敦鄰睦，内懷異計。儉密啓陳攻取之謀。於是徵儉入朝，問以經略。儉陳謀，周文深然之，乃命還州，密爲之備。尋令柱國于謹伐江陵，[3]事平，以儉元謀，[4]賞奴婢三百口，遂令儉鎮江陵，進爵昌寧郡公。[5]後移鎮荆州，授總管荆、襄等五十二州諸軍事、行荆州刺史。[6]

[1]魏廢帝：即西魏皇帝元欽。

[2]梁元帝：即南朝梁皇帝蕭繹。元爲其謚號。　江陵：縣名。治所在今湖北江陵縣。

[3]柱國：官名。北魏初，一度爲功臣元勳之加官。孝莊帝時復設此官，爲國之執政。西魏時爲最高軍事長官。北周因之，正九命，後爲勳官第二等。　于謹：人名。字思敬，小名巨彌，一作“巨引”，代（今山西大同市東北）人。北周重臣。見《北史》卷二三《于栗磾附于謹傳》。　伐江陵：毛本、局本“伐”訛作“代”。

[4]元：首要。

[5]昌寧郡公：封爵名。昌寧，郡名。西魏時治帖夷縣，在今四川宣漢縣東南。

[6]五十二州：中華本《周書》卷二六《長孫儉傳》校勘記云："《拓拔儉碑》'二'作'三'。"

及周閔帝初，[1]趙貴等將圖晋公護，[2]儉長子僧衍預其謀，坐死。護乃徵儉，拜小冢宰。[3]保定四年，[4]拜柱國。朝議以儉操行清白，勳績隆重，乃下詔褒美之，兼賜以雜綵粟麥，以彰其美。

[1]周閔帝：即北周皇帝宇文覺。閔爲其謚號。

[2]趙貴：人名。字元寶，天水南安（今甘肅隴西縣東南）人。西魏、北周名將。見《北史》卷五九《趙貴傳》。　護：即宇文護，人名。字薩保，代郡武川（今内蒙古武川縣西）人，鮮卑族。北周宗室、權臣。見《北史》卷五七《邵惠公顥附宇文護傳》。

[3]小冢宰：官名。爲小冢宰上大夫的簡稱。西魏恭帝三年（556）始置。北周沿置，爲天官府次官，員二人，輔佐大冢宰卿，掌宫廷供奉、侍衛以及全國財政收支、百官俸給等。正六命。

[4]保定：北周武帝的年號（561—565）。

天和初，[1]轉陝州，[2]總管七州諸軍事、陝州刺史。儉嘗詣闕奏事，時大雪，雪中待報，自旦達暮，竟無惰容。其謹慤若此。[3]以疾還京，詔以儉舊居狹隘，賜甲第一區。

[1]天和：北周武帝的年號（566—572）。

[2]陝州：北周時治陝縣，在今河南三門峽市西。

[3]謹慤（què）：謹慎。

後薨於夏州總管。[1]臨終遺令：斂以時服，素車載柩，不設儀仗，親友贈襚，[2]一無所受。諸子並奉行之。又遺啓請葬周文帝陵側，並以所賜宅還官，詔皆從之。贈本官，加凉瓜等十州諸軍事、凉州刺史，[3]追封鄫國公，[4]謚曰文。荆州人儀同趙超等六百九十七人，[5]詣闕請爲儉立廟樹碑，詔許之。

[1]總管：官名。地方高級行政官員。北周明帝武成元年（559）由都督諸州軍事改名，加使持節，管理轄區軍事民政。所轄區域增減不定，多者可達數十州。品秩分三等，上總管從二品，中總管正三品，下總管從三品。

[2]贈襚（suì）：贈死者以衣衾。泛指贈送財物以幫助治喪。

[3]凉：州名。北周時治姑臧縣，在今甘肅武威市。　瓜：州名。北周時治敦煌縣，在今甘肅敦煌市西。

[4]鄫（zēng）國公：封爵名。源氏校勘記云："'鄫'《周書》作'鄶'。"中華本《周書》卷二六作"鄶公"，其校勘記云："《拓跋儉碑》也作'鄶'。"

[5]儀同：北周時爲儀同將軍省稱，位在開府大將軍下。九命。

建德元年，[1]詔曰："故柱國、鄫國公儉，臨終審正，爰吐德音，以所居之宅本因上賜，制度宏麗，非諸子所居，請以還官，更遷他所。昔叔敖辭沃壤之地，[2]蕭何就窮僻之鄉，[3]以古方今，無慚曩哲。[4]而有司未達大體，遽以其第外給。夫追善念功，先王令典，豈得遂其謙挹，致乖懲勸！今以本宅還其妻子，[5]俾清風遠播，無替聿脩。"[6]

[1]建德：北周武帝的年號（572—578）。

[2]叔敖：人名。又稱孫叔敖。期思（今河南淮濱縣東南）人。春秋時楚莊王令尹，爲政注重法治，任用賢能。見《史記》卷一一九《循吏列傳》。

[3]蕭何：人名。沛（今江蘇沛縣）人。西漢初大臣。助劉邦攻取天下。見《漢書》卷三九《蕭何傳》。

[4]曩（nǎng）哲：先哲。

[5]今以本宅還其妻子：底本“今”作“令”，宋本、中華本作“今”。中華本校勘記云：“各本‘今’作‘令’，宋本及《周書》、《通志》卷一五七《長孫儉傳》作‘今’，今從宋本。”今從改。

[6]無替：不廢。　聿脩：謂繼承發揚先人的德業。《文選》干寶《晋紀總論》：“聿脩祖宗之志，思輯戰國之苦。”吕向注：“聿，循；脩，治也。”

次子隆，位司金中大夫。[1]從長湖公元定伐陳，[2]没江南，卒。隆弟平，最知名。

[1]司金中大夫：官名。西魏恭帝三年設。冬官府司金司長官，掌金屬礦藏的開發、冶煉及製作器物。正五命。北周沿置。

[2]長湖公：封爵名。長湖，郡名。北周時治義安縣，在今湖北襄樊市西。底本“湖”作“潮”，中華本校勘記云：“諸本‘湖’作‘潮’。張森楷云：‘據《元定傳》（本書卷五七、《周書》卷三四），封長湖郡公，此“潮”當作“湖”。’按《通志·長孫儉傳》正作‘湖’，今據改。”今從改。　元定：人名。字願安，河南洛陽（今河南洛陽市）人。北魏、西魏、北周將領。見《北史》卷六九《元定傳》。

平字處均，美容儀，有器幹，頗覽書記，爲周衛王侍讀。[1]時武帝逼於宇文護，[2]與衛王謀誅之，王常使平通意於帝。護誅，拜開府儀同三司。[3]宣帝置東京官屬，[4]以平爲小司寇，[5]與小宗伯趙芬分掌六府。[6]隋文龍潛時，[7]與平情好款洽。及爲丞相，恩禮彌厚。時賀若弼鎮壽陽，[8]帝恐其懷貳，遣平代之爲揚州總管，[9]賜爵襄陽公。[10]弼果不從，平麾壯士執弼，送京師。

[1]周衛王：封爵名。代指宇文直。字豆羅突，代郡武川（今內蒙古武川縣西）人。周文帝子。見《北史》卷五八《衛剌王直傳》。

[2]武帝：即北周皇帝宇文邕。武爲其謚號。

[3]開府儀同三司：北周時爲勳官，九命。

[4]宣帝：即北周皇帝宇文贇。宣爲其謚號。　東京：都城名。北周以洛陽爲東京。

[5]小司寇：官名。北周置。小司寇上大夫的省稱。佐大司寇卿掌刑政，主持刑法的制定和執行。員二人，正六命。底本“小”作“少”，《隋書》卷四六《長孫平傳》作“小”。北周未見置“少司寇”，作“小司寇”爲是。今從《隋書》改。

[6]與小宗伯趙芬分掌六府：底本“小宗伯”作“宗伯”，“芬”作“芳”，中華本“與”下有“小”字，宋本、中華本“芳”作“芬”。源氏校勘記云：“《隋書》（‘趙芳’）作‘趙芬’。”中華本校勘記云：“諸本脱‘小’字，‘芬’訛作‘芳’，據《隋書》卷四六《長孫平傳》補改。《通志》卷一六四也作‘芬’。趙芬爲東京小宗伯，見本書卷七五、《隋書》卷四六本傳。”今從改。小宗伯，官名。小宗伯上大夫的簡稱。北周時掌宮室、車旗、服飾等禮儀禁令及次要的祭祀。正六命。趙芬，人名。字士茂，天水西（今陝西勉縣）人。北周、隋朝官吏。見《隋書》卷四六《趙芬

傳》。

[7]隋文：即隋朝皇帝楊堅。文爲其謚號。

[8]賀若弼：人名。字輔伯，河南洛陽（今河南洛陽市）人。北周、隋朝將領。見《北史》卷六八《賀若敦附賀若弼傳》。　壽陽：縣名。治所在今安徽壽縣。

[9]揚州：北周時治壽春縣，在今安徽壽縣。底本作“楊州”，今從中華本改。下同。

[10]襄陽公：封爵名。襄陽，郡名。北周時治襄陽縣，在今湖北襄樊市。

隋開皇三年，徵拜度支尚書。[1]平見天下州縣多罹水旱，百姓不給，奏令人間每秋家出粟麥一石以下，貧富爲差，儲之閭里，[2]以備凶年，名曰義倉。帝深嘉納。[3]自是州里豐衍。後轉工部尚書，[4]名曰稱職。時有人告大都督邴紹非毀朝庭爲憒憒者，[5]上怒，將斬之。平進諫曰：“諺云：‘不癡不聾，不作大家翁。’此言雖小，可以喻大。邴紹之言，不應聞奏。陛下又復誅之，恐百代之後，有虧聖德。”上於是赦紹。因敕群臣，誹謗之罪，勿復以聞。

[1]隋開皇三年徵拜度支尚書：中華本校勘記云：“按本書卷一一、《隋書》卷一，長孫平任度支尚書在隋文帝開皇二年五月，此作‘三年’，誤。”可從。開皇，隋文帝的年號（581—600）。度支尚書，官名。尚書省度支曹長官，掌軍國財賦的收支會計及漕運、物價、屯田之政令。正三品。隋文帝開皇三年又改名民部尚書。

[2]閭里：鄉里、民間。

[3]帝深嘉納：殿本、四庫本、四部備要本“嘉”訛作“喜”。

[4]工部尚書：官名。隋朝始置，爲尚書省工部長官，員一人，掌百工、屯田、山澤之政令。正三品。

[5]大都督：官名。北周武帝時改大都督爲無職掌的勳官。隋初沿置，正六品上。煬帝大業三年（607）罷。

後突厥達頭可汗與都藍可汗相攻，[1]各遣使請援。上遣平持節宣諭，[2]令其和解。平至，陳利害，遂各解兵。可汗贈平馬二百疋。還，進所得馬，上盡以賜之。未幾，遇譴，以尚書檢校汴州事，[3]尋除汴州刺史，後歷許、貝二州，[4]俱有善政。

[1]突厥：族名。先世源出於丁零、鐵勒。南北朝時由葉尼塞河遷居至阿爾泰山，後由阿爾泰山遷居至蒙古。見《北史》卷九九《突厥傳》。　達頭可汗：名玷厥，又稱西面可汗，北突厥首領。見《北史·突厥傳》。　都藍可汗：名雍虞閭。東突厥首領。見《北史·突厥傳》。

[2]持節：官員或使臣外出時持有皇帝授予的節杖，以顯示其權威。

[3]汴州：隋朝時治浚儀縣，在今河南開封市西北。

[4]許：州名。隋朝時治長社縣，在今河南許昌市。　貝：州名。隋朝時治武城縣，在今河北清河縣西北。

鄴都俗薄，[1]前後刺史，多不稱職。朝庭以平爲相州刺史，甚有能名。在州數年，坐正月十五日百姓大戲，畫衣裳爲鍪甲之象，[2]上怒免之。俄而上念平鎮淮南時事，進位大將軍，[3]拜太常卿、吏部尚書。[4]卒官，謚曰康。

[1]鄴：都城名。在今河北臨漳縣西南。

[2]畫衣裳爲鍪（móu）甲之象：底本脱“爲”“之”二字，中華本校勘記云：“諸本脱‘爲’字、‘之’字，據《隋書·長孫平傳》補。”今從補。鍪甲，盔甲。

[3]大將軍：官名。北周時置勳官十一等，以酬軍功，後亦施朝臣。大將軍居第四等。隋初因之，煬帝時廢。

[4]太常卿：官名。爲太常的尊稱。掌禮樂、祭祀、宗廟、朝會等。隋朝時爲正三品。　吏部尚書：官名。隋朝時爲尚書省六部長官之首，與二侍郎分掌六品以下文官選授、勳封、考課之政，稱爲三銓。正三品。

子師孝，性輕狡好利，數犯法。上以其不克負荷，[1]遣使吊平。以師孝爲勃海郡主簿。[2]屬大業之季，[3]恣行貪濁，一郡苦之。後爲王世充所害。[4]

[1]負荷：繼承。

[2]勃海：郡名。隋朝時治陽信縣，在今山東陽信縣西南。主簿：官名。漢朝始置。典領文書簿籍，經辦事務。隋朝時部分中央及地方機關皆置。州、郡、縣亦置，地位較高。郡主簿視從九品。

[3]大業：隋煬帝的年號（605—617）。

[4]王世充：人名。字行滿，本西域胡人，徙居新豐（今陝西潼關縣東北）。隋朝官吏。公元619年自立，國號大鄭。見《北史》卷七九《王世充傳》。

長孫道生，嵩從子也。忠厚廉謹，道武愛其慎重，使掌機密。與賀毗等四人，内侍左右，出入詔命。明元即位，除南統將軍、冀州刺史。[1]後取人美女以獻，明元切責之，以舊臣不加罪黜。

[1]南統將軍：官名。北魏初置。孝文帝太和十七年改定官制後未見。

太武即位，進爵汝陰公，[1]遷廷尉卿。[2]從征蠕蠕，與尉眷等率衆出白黑兩漠間，[3]大捷而還。太武征赫連昌，[4]道生與司徒長孫翰、宗正娥清爲前驅，[5]遂平其國。昌弟定走保平凉，[6]宋遣將到彦之、王仲德寇河南以救定。[7]詔道生與丹陽王太之屯河上以禦之。[8]遂誘宋將檀道濟，[9]邀其前後，追至歷城而還。[10]除司空，加侍中，進封上黨王。[11]薨，年八十二，贈太尉，謚曰靖。

[1]汝陰公：封爵名。汝陰，縣名。治所在今安徽阜陽市。

[2]廷尉卿：官名。北魏時爲廷尉之尊稱，是國家最高司法審判機構主官，負責詔獄，修訂法律，審核州郡疑案，有封駁丞相、御史之權。後增少卿爲其副職。孝文帝太和十七年定爲二品上。

[3]尉眷：人名。代（今山西大同市東北）人。北魏官吏。見《北史》卷二〇《尉古真附尉眷傳》。　白黑兩漠間：底本“漠”作“漢”，中華本《北史》卷九八《蠕蠕傳》，《魏書》卷二五《長孫道生傳》、卷一〇三《蠕蠕傳》皆作“漠”，今從《魏書》改。白漠，在今内蒙古察哈爾右翼後旗北部地區。黑漠，在今内蒙古興和縣北部一帶。

[4]赫連昌：人名。又名赫連折，字還國。十六國時夏君主。見《北史》卷九三《赫連屈丐附赫連昌傳》。

[5]宗正：官名。北魏時稱大宗正卿，管理君主宗室親族事務。多以宗室擔任，亦任外姓。孝文帝太和十七年定爲二品上，二十三年定爲三品。　娥清：人名。一作“娥青”，代（今山西大同市東北）人。北魏將領。見《北史》卷二五《娥清傳》。

[6]平涼：郡名。十六國夏時治平涼縣，在今甘肅平涼市西北。

[7]到彦之：人名。字道豫，彭城武原（今江蘇邳州市西北）人。南朝宋將領。見《南史》卷二五《到彦之傳》。　王仲德：人名。即王懿。字仲德，太原祁（今山西祁縣東南）人。南朝宋將領。見《宋書》卷四六《王懿傳》。

[8]丹陽王：封爵名。遥封。丹陽，郡名。南朝宋時治建業縣，在今江蘇南京市。底本作“丹揚王”，宋本、毛本、殿本、局本、四部備要本、中華本作“丹陽王”，元大德本作“丹楊王”。今從《魏書·長孫道生傳》改。　太之：中華本校勘記云：“按《魏書》卷四上《世祖紀》神䴥三年六月‘太之’作‘太毗’。《通鑑》卷一二一作‘大毗’。疑‘之’是‘疋’之訛，‘毗’‘疋’則是同音異譯。”可從。太毗，即拓跋太毗，人名。北魏將領。

[9]檀道濟：人名。高平金鄉（今山東金鄉縣）人。南朝宋大臣。見《宋書》卷四三《檀道濟傳》。

[10]歷城：縣名。治所在今山東濟南市。

[11]上黨王：封爵名。上黨，郡名。北魏時治壺關城，在今山西長治市北。

道生廉約，身爲三司，[1]而衣不華飾，食不兼味，一熊皮鄣泥，[2]數十年不易，時人比之晏嬰。[3]第宅卑陋，出鎮後，其子弟頗更脩繕，起堂廡。道生還，歎曰：“昔霍去病以匈奴未滅，[4]無用家爲。今强寇尚遊魂漠北，吾豈可安坐華美也！”乃切責子弟，令毁其宅。太武世，所在著績，每建大議，多合時機。爲將有權略，善待士衆。帝命歌工歷頌群臣曰：[5]“智如崔浩，廉如道生。”及年老，頗惑其妻孟氏，以此見譏。與從父嵩俱爲三公，當世以爲榮。

[1]三司：北魏時爲三公别稱。

[2]鄣泥：即馬韉。以其墊在馬鞍下，垂於馬背兩旁以擋塵土，故稱。

[3]晏嬰：人名。字平仲，夷維（今山東高密市）人。春秋時齊國大夫。見《史記》卷六二《管晏列傳》。

[4]霍去病：人名。河東平陽（今山西臨汾市）人。西漢將領。武帝時，前後六次出擊匈奴，解除了匈奴對漢朝的威脅。見《漢書》卷五五《霍去病傳》。

[5]歌工：北魏時的一種國家依附民，從事歌的創作及演唱。

子旊，[1]位少卿，[2]早卒。

[1]旊（fǎng）：源氏校勘記云：“‘旊’《魏書》作‘抗’。”《魏書》卷二五《長孫道生傳》作“抗”。下文同。

[2]少卿：官名。九卿或諸寺（司）次官的通稱。北魏時太常、光禄勳、衛尉、太僕、廷尉、大鴻臚、宗正、大司農、少府九卿置爲副貳。孝文帝太和十七年定爲三品上，二十三年定爲四品上。

旊子觀，少以壯勇知名，後襲祖爵上黨王。時異姓諸王襲爵，多降爲公，帝以其祖道生佐命先朝，故特不降。以征西大將軍、假司空，[1]督河西七鎮諸軍討吐谷渾。[2]部帥拾寅遁藏，[3]焚其所居城邑而還。孝文初，拜殿中尚書、侍中。[4]吐谷渾又侵逼，復假觀司空討降之。後爲征南大將軍。薨，謚曰定。葬禮依其祖靖王故事，[5]陪葬雲中金陵。[6]

[1]征西大將軍：官名。北魏時爲將軍名號，多授統兵出鎮在外、都督數州諸軍事者，位在四征將軍之上。孝文帝太和十七年定爲一品下，二十三年改爲二品。

[2]吐谷（yù）渾：族名。又稱吐渾、退渾。原爲鮮卑族慕容部的一支，先祖游牧於徒河青山（今遼寧義縣東）。西晋時，遷徙於今甘肅、青海一帶。十六國時，先後受到前凉、西秦等追逐，幾乎亡國。後再度崛起，北魏太武帝時達到最强盛。在北魏打擊下，一度退到今新疆一帶。以游牧爲生。見《北史》卷九六《吐谷渾傳》。

[3]拾寅：人名。又作“什寅”“拾夤”。北魏時吐谷渾可汗。見《北史·吐谷渾傳》。

[4]殿中尚書：官名。北魏時領宫中兵馬，典宫禁宿衛及倉庫。孝文帝太和十七年定爲二品中，二十三年定爲三品。

[5]靖王：指長孫道生。

[6]雲中：郡名。北魏時治盛樂縣，在今内蒙古和林格爾縣西北。　金陵：北魏早期皇族陵墓。在今内蒙古和林格爾縣西北。

子冀歸，六歲襲爵，降爲公。孝文以其幼承家業，賜名幼，字承業。[1]承業聰敏有才藝，虚心愛士，爲前將軍，[2]從孝文南討。

[1]賜名幼字承業：中華本校勘記云：“《魏書》卷二五《長孫稚傳》‘幼’作‘稚’，《北史》是避唐諱改（唐高宗名治，‘治’‘稚’同音，故《北史》避‘稚’字）。”可從。

[2]前將軍：官名。北魏時成爲將軍名號，用作加官。孝文帝太和十七年定爲二品上，二十三年改爲三品。

宣武時，[1]爲揚州刺史、假鎮南大將軍、都督淮南諸軍事。[2]梁將裴邃、虞鴻襲據壽春，[3]承業諸子驍果，邃頗難之，號曰"鐵小兒"。詔河間王琛總衆援之。[4]琛欲決戰，承業以雨久，更須持重。琛弗從，遂戰，爲賊所乘，承業後殿。初，承業既總强兵，久不決戰，議者疑有異圖。朝庭重遣河間王琛及臨淮王彧、尚書李憲等三都督，[5]外聲助承業，内實防之。

[1]宣武：即北魏皇帝元恪。宣武爲其謚號。

[2]鎮南大將軍：官名。三國蜀始置。職掌與鎮南將軍同，資歷深者得任此職。多爲持節都督，出鎮方面。北魏孝文帝太和二十三年定爲二品。

[3]裴邃：人名。字淵明，河東聞喜（今山西聞喜縣）人。南朝梁時名將。見《梁書》卷二八《裴邃傳》。

[4]河間王：封爵名。河間，郡名。北魏時治武垣縣，在今河北河間市南。　琛：即元琛，人名。字曇寶。北魏宗室。見《北史》卷一九《河間王若附元琛傳》。

[5]臨淮王：封爵名。臨淮，郡名。北魏時治赤坎城，在今安徽懷遠縣西北。　彧：即元彧，人名。字文若，本名亮，字仕明。北魏宗室。見《北史》卷一六《臨淮王譚附元彧傳》。　李憲：人名。字仲軌，趙郡平棘（今河北趙縣）人。北魏官吏。見《北史》卷三三《李順附李憲傳》。

會鮮于脩禮反於中山，[1]以承業爲大都督北討。尋以本使達鄴城，詔承業解行臺，[2]罷大使，遣河間王琛爲大都督，酈道元爲行臺。[3]承業遣子子裕奉表，稱與琛同在淮南，俱當國難，琛敗臣全，遂生私隙。且臨機奪帥，非策所長。書奏，不納。琛與承業前到呼沲，[4]承業未欲戰，而琛不從。行達五鹿，[5]爲脩禮邀擊，琛不赴之，賊總至，遂大敗。承業與琛並除名。尋而正平郡蜀反，[6]復假承業鎮西將軍、討蜀都督。[7]頻戰有功，除平東將軍，[8]復本爵。後除尚書右僕射。[9]

[1]鮮于脩禮：人名。北魏末河北起義軍首領，後爲部下元洪業所殺。　中山：郡名。北魏時治盧奴縣，在今河北定州市。

[2]行臺：官名。即行臺尚書令。北魏時爲行臺長主管當地軍務，亦兼理民事。

[3]酈道元：人名。字善長，范陽涿鹿（今河北涿鹿縣東南）人。北魏官吏、地理學家。見《北史》卷二七《酈範附酈道元傳》。

[4]呼沲：一作“呼沱水”。即今河北西部滹沱河。

[5]五鹿：山名。在今山西蒲縣東北三十五里。

[6]正平：郡名。北魏時治臨汾，在今山西新絳縣。

[7]鎮西將軍：官名。與鎮東、南、北將軍合稱四鎮將軍。多授持節都督，出鎮地方。北魏孝文帝太和二十三年定爲從二品。

[8]平東將軍：官名。爲四平將軍之一。多持節都督一方軍事，亦作爲地方官兼理軍務時的加官。北魏孝文帝太和二十三年定爲三品。

[9]尚書右僕射：官名。北魏時位列宰相，職掌都省庶務及執法，或典選舉。孝文帝太和二十三年定爲從二品。

未幾，雍州刺史蕭寶夤據州反，[1]復以承業爲行臺討之。承業時背疽未愈，靈太后勞之曰：[2]“卿疹源如此，朕欲相停，更無可寄，如何？”承業答曰：“死而後已，[3]敢不自力。”時子彦亦患脚痺，扶杖入辭。尚書僕射元順顧相謂曰：[4]“吾等備爲大臣，各居寵位，危難之日，病者先行，無乃不可乎！”莫有對者。

[1]雍州：北魏時治長安縣，在今陝西西安市西北。　蕭寶夤：人名。字智亮，南蘭陵（一説在今江蘇常州市，一説在今江蘇丹陽市）人。北魏將領。見《北史》卷二九《蕭寶夤傳》。

[2]靈太后：即北魏宣武帝皇后胡氏。靈爲其謚號。

[3]死而後已：底本“後”作“有”，殿本、四庫本、中華本、《魏書》卷二五《長孫道生傳》作“後”。依文意當作“後”，今從改。

[4]尚書僕射：官名。輔助尚書令執行政務，參議大政，諫諍得失，監察百官。北魏孝文帝太和十七年定爲從一品中，二十三年定爲從二品。　元順：人名。字子和。北魏宗室。見《北史》卷一八《任城王雲附元順傳》。

時薛鳳賢反於正平，薛脩義屯聚河東，[1]分據鹽池，攻圍蒲坂，[2]東西連結，以應寶夤。承業乃據河東。時有詔廢鹽池税，承業上表曰：“鹽池天資賄貨，密邇京畿，唯須寶而護之，均贍以理。今四境多虞，府藏罄竭。然冀、定二州，[3]且亡且亂，常調之絹，不復可收。仰惟府庫，有出無入，必須經綸，[4]出入相補。略論鹽税，一年之中，準絹而言，猶不應減三十萬疋也，便是移冀、定二州置於畿甸。[5]今若廢之，事同再失。臣前仰違嚴旨，不先討關賊，[6]徑解河東者，非是閑長安而急蒲坂。蒲坂一陷，没失鹽池，三軍口命，濟贍理絶。天助大魏，兹計不爽。昔高祖昇平之年，[7]無所乏少，猶創置鹽官而加典護。[8]非爲物而競利，恐由利而亂俗也。况今王公素餐，[9]百官尸禄，[10]租徵六年之粟，調折來歲之資，此皆出人私財，奪人膂力，[11]豈是願言，事不獲已。臣輒符司監將尉，還率所部，依常收税，更聽後敕。”及雍州平，除雍州刺史。

[1]河東：郡名。北魏時治蒲坂縣，在今山西永濟市西南蒲州鎮。

[2]蒲坂：縣名。治所在今山西永濟市西南蒲州城。

[3]定：州名。北魏時治盧奴縣，在今河北定州市。

[4]經綸：籌劃。

[5]畿甸：古制王畿千里，千里之内曰甸服。後指京城地區。

[6]不先討：底本“不”作“而”，中華本校勘記云：“諸本‘不’作‘而’，《魏書》作‘不’。按承業本受詔討蕭寶夤，寶夤在關中，而承業却出師河東，故下文云：‘非是閑長安而急蒲坂（河東郡治）。’作‘不’是，今據改。”今從改。

[7]高祖：即北魏孝文帝元宏。高祖爲其廟號。

[8]典護：監領，督察。

[9]素餐：不勞而獲。

[10]尸禄：空食俸禄而不盡其職。

[11]膂（lǚ）力：指體力。

孝莊初，[1]封上黨王，尋改馮翊王，[2]後降爲郡公。遷司徒公，加侍中、兼尚書令、大行臺，[3]仍鎮長安。

節閔立，[4]遷太尉公、録尚書事。[5]及韓陵之敗，[6]斛斯椿先據河橋，[7]謀誅尒朱。使承業入洛，啓節閔誅世隆兄弟之意。[8]孝武初，[9]轉太傅，[10]以定策功，更封開國子。[11]承業表請迴授其姨兄廷尉卿元洪超次子惲。[12]初，承業生而母亡，爲洪超母所撫養，是以求讓。許之。

[1]孝莊：即北魏皇帝元子攸。孝莊爲其謚號。

[2]馮（píng）翊（yì）王：封爵名。馮翊，郡名。北魏時治高陸縣，在今陝西高陵縣。

[3]尚書令：官名。北魏孝文帝改制後，尚書省權任頗重，置爲尚書省副職，兼掌監察百官，位列宰相。孝文帝太和二十三年定爲二品。

[4]節閔：即北魏皇帝元恭。節閔爲其謚號。

[5]録尚書事：官名。北魏時爲尚書省長官，職權甚重。多以公卿權重者居之，總領尚書省政務，位在三公上。

[6]韓陵：山名。在今河南安陽市東北。韓陵之戰指北魏節閔帝普泰元年（531），高歡率軍大破尒朱兆後，即進攻鄴城。次年，高歡拔鄴城。尒朱兆、尒朱仲遠等攻鄴。高歡布陣於韓陵山，大敗尒朱兆、尒朱仲遠軍於此。

[7]斛斯椿：人名。字法壽，廣牧富昌（今内蒙古准格爾旗東南）人。北魏官吏。見《北史》卷四九《斛斯椿傳》。　河橋：橋名。在今河南孟津縣東。

[8]世隆：即尒朱世隆，人名。字榮宗，北秀容（今山西朔州市）人，契胡族。北魏官吏。見《北史》卷四八《尒朱榮附尒朱世隆傳》。

[9]孝武：即北魏皇帝元脩。孝武爲其謚號。

[10]太傅：官名。北魏時爲輔弼君王的大臣，與太師、太保並號三師，位在太師下、太保上。一品。

[11]開國子：封爵名。西晋設子爵，多以縣爲封，其始封者以此稱之。北魏時正式列爲爵等中之一級，在縣伯之下、縣男之上，階第四品。北周、北齊因之，品秩、位次不一。

[12]元洪超：人名。北魏宗室。見《北史》卷一五《遼西公意烈附元洪超傳》。

武帝入關，承業時鎮武牢，[1]亦隨赴長安，位太師、録尚書事，封上黨王。大統元年，[2]薨，贈假黄鉞、大丞相、都督三十州諸軍事、雍州刺史，[3]謚曰文宣。

[1]武牢：關隘名。即虎牢。《北史》避唐高祖祖父李虎諱改。在今河南滎陽市汜水鎮西。

[2]大統：西魏文帝的年號（535—551）。

[3]假黄鉞：官制用語。黄鉞即飾以黄金的鉞，本用於皇帝儀仗。後特賜予出征的重臣，以示威重，令其專主征伐。　大丞相：官名。魏晋南北朝時丞相、相國不常置，皆非尋常人臣之位，多用來安置權位極高的重臣。西魏沿之，得授此官者皆爲操縱軍國政事的權臣，權任極重。

承業少輕俠，鬬雞走馬，力争殺人，因亡抵龍門將陳興德家。[1]會赦，乃免。因以後妻羅前夫女吕氏妻興德兄興恩以報之。羅年大承業十餘歲，酷妒忌。承業雅相敬愛，無姬妾。童侍之中在承業左右嫌疑致死者，乃有數四。前妻張氏二子：子彦、子裕。羅生三子：紹遠、士亮、季亮。兄弟皆雄武。

[1]龍門：地名。即今山西河津市東南。

子彦本名儁，有膂力，以累從父征討功，封槐里縣子。[1]孝武帝與齊神武構隙，[2]加子彦中軍大都督、行臺僕射，[3]鎮恒農，[4]以爲心膂。及從帝入關，封高平郡公，[5]位儀同三司。[6]以從征竇泰、戰沙苑功，[7]加開府、侍中。及東復舊京，以子彦兼尚書令、行司州牧，[8]留鎮洛陽。後以不利，班師。大統七年，拜太子太傅。[9]

[1]槐里縣子：封爵名。槐里，縣名。治所在今陝西興平市西。

[2]齊神武：即高歡。神武爲其謚號，北齊後主所追謚。

[3]中軍大都督：官名。北魏末置。東魏、西魏因之。統率中軍，權任很重，地位很高。

[4]恒農：郡名。北魏時治陝城，在今河南三門峽市。

[5]高平郡公：封爵名。高平，郡名。北魏時治高平縣，在今寧夏固原市。

[6]儀同三司：多加於權臣元老，以示尊崇，開府置僚屬，不領兵。北魏孝文帝太和十七年定爲一品中，二十三年改爲從一品。

[7]竇泰：人名。字世寧，太安捍殊（今山西壽陽縣北）人。見《北史》卷五四《竇泰傳》。　沙苑：地名。又名沙阜、沙海、沙窩。在今陝西大荔縣南洛、渭二河之間。西魏文帝大統三年，以高歡爲首的東魏軍隊與以宇文泰爲首的西魏軍隊在沙苑進行大戰。

[8]司州牧：官名。北魏京畿行政長官。孝文帝太和二十三年由司州刺史改名。從二品。西魏沿置。

[9]太子太傅：官名。掌以道德輔教太子。位在太子太師下、太子太保上。北魏孝文帝太和二十三年定爲二品。西魏沿置。

子彦少常墜馬折臂，肘上骨起寸餘。乃命開肉鋸骨，流血數升，言戲自若。時以爲踰於關羽。末年石發，舉體生瘡，雖親戚兄弟以爲惡疾。子彦曰："惡疾如此，難以自明。世無良醫，吾其死矣！嘗聞惡疾蝮蛇螫之不痛，試爲求之，當令兄弟知我。"乃於南山得蛇，以股觸之，痛楚號叫，俄而腫死。文帝聞之，慟哭曰："失我良將！"贈雍州刺史。[1]

[1]此段《魏書》無，乃《北史》所補。

子裕位衛尉少卿。[1]啓捨汎階十七級，[2]爲子義貞求官。除左將軍，[3]加通直散騎常侍。[4]又以父勳，封平原縣伯。

[1]衛尉少卿：官名。北魏始置，位在衛尉丞上。四品上。西魏沿置。

[2]捨：毛本、局本"捨"訛作"拾"。　汎（fàn）：定期考績制度規定以外的普授官職。

[3]左將軍：官名。爲將軍名號，用作加官。北魏孝文帝太和十七年定爲從二品上，二十三年改爲三品。北周時爲正七命。

[4]通直散騎常侍：官名。又省稱爲通直常侍。西晉武帝時，使員外散騎常侍與散騎常侍通員當值，故名。參平尚書奏事，並掌諷諫、侍從。北魏孝文帝太和十五年亦置，初定爲三品下，太和二十三年改爲四品。北周亦置。

義貞弟兕，[1]字若汗。性機辯，强記博聞，雅重賓游，尤善談論。從魏孝武西遷，别封鄴縣侯。[2]周天和初，進驃騎大將軍、開府儀同三司。[3]歷熊、絳二州刺史，[4]並有能名。襲爵平原縣公。卒，子熾嗣。[5]

［1］義貞弟兕：據《拔拔兕墓誌》所記："維天和元年歲次丙戌十月申辰朔廿九日壬申，使持節、驃騎大將軍、開府儀同三司、大都督、熊州刺史、平原縣開國侯，故拔拔兕，字義貞，殯於此，贈勳州絳州晋州三州諸軍事、勳州刺史。妻叱干氏。息伯謨、息仲熾、息鵝王、息多寶。"另據《魏書》《元和姓纂》等文獻記載，長孫氏起源於拓跋氏。由此可知本傳記載有誤，兕即義貞，非義貞弟，"平原縣公"亦實爲"平原縣侯"。此外，兕之子仲熾即長孫熾，鵝王即長孫晟，本書有傳（參王連龍《新見北朝墓誌集釋》，中國書籍出版社2015年版，第172—174頁）。

［2］鄴縣侯：封爵名。鄴縣，治所在今河北臨漳縣西南鄴鎮。

［3］驃騎大將軍：官名。西魏、北周實行府兵制，用作開府府長官軍號，九命。

［4］熊：州名。北周時治宜陽縣，在今河南宜陽縣西。　絳：州名。北周時治玉壁縣，在今山西稷山縣西南。

［5］高敏《南北史考索》（第419頁）："此傳爲《魏書》卷二十五《長孫道生傳》所無，《北史》增補也。長孫兕之事，《隋書》卷五十一《長孫熾傳》附及之，但不詳。何以《北史》特增補《長孫兕傳》，以其子孫於隋爲官者有長孫熾、長孫晟，在唐爲官者有長孫無忌故也。"

熾字仲光，性敏慧，美姿容，頗涉群書，兼長武藝。建德初，周武帝崇尚道法，求學兼經史者爲通道館學士，[1]熾應其選。

［1］通道館學士：官名。北周武帝置，員一百二十人。以道人、儒士等爲之，研究傳習道家之學。

隋文帝作相，自御正上士擢爲丞相府功曹參軍，[1]加大都督，封陽平縣子，[2]遷稍伯下大夫。[3]以平王謙，[4]拜儀同三司。及帝受禪，熾率官屬先入清宫，[5]即授内史舍人、上儀同三司，[6]攝東宫右庶子，[7]出入兩宫，甚被委遇。累遷太常少卿，[8]改封饒陽縣子，[9]進位開府儀同三司，改授吏部侍郎。[10]

[1]御正上士：官名。亦稱小御正上士。西魏恭帝三年始置。北周沿置。天官府御正中大夫屬官，正三命。　功曹參軍：官名。功曹之長。南朝宋始置。爲僚屬，掌糾駁獻替。北周亦置。

[2]陽平縣子：封爵名。陽平，縣名。治所在今河南泌陽縣。

[3]稍伯下大夫：官名。即小稍伯下大夫。西魏恭帝三年設。爲地官府屬官，助稍伯中大夫掌政令及鄉兵等。北周因之。正四命。稍，周制，距都城三百里之地爲稍。

[4]王謙：人名。字敕萬，太原（今山西太原市晋源區古城營村一帶）人。北周官吏。見《北史》卷六〇《王雄附王謙傳》。

[5]清宫：清理宫室。帝王行幸所至，必先令人檢查起居宫室，使其清静安全，以防發生意外。

[6]内史舍人：官名。隋朝始置。爲内史省屬官，員八人。正六品上。文帝開皇三年升爲從五品。　上儀同三司：隋煬帝改上儀同大將軍爲此稱，爲勳官之第七等。從四品。

[7]右庶子：官名。隋朝始置，爲太子典書坊長官，員二人。正四品。

[8]太常少卿：官名。北魏始置，北齊時爲太常寺次官，位列諸寺少卿之首。隋朝因之，協助太常卿管理禮樂、宗廟祭祀事務。煬帝時增爲員二人。從四品。

[9]饒陽縣子：封爵名。饒陽，縣名。治所在今河北饒陽縣東。

[10]吏部侍郎：官名。隋初爲吏部司長官，隸吏部尚書，初爲六品上。文帝開皇三年改爲從五品。煬帝大業三年改名選部郎，爲吏部次官，員一人。

大業中，歷位大理卿、户部尚書。[1]吐谷渾寇張掖，[2]令熾擊之，追至青海，[3]以功授銀青光禄大夫。[4]六年，帝幸江都宫，[5]留熾東都居守，[6]攝左候衛將軍。[7]卒官，謚曰静。子安世，通事謁者。[8]熾弟晟。

[1]大理卿：官名。北齊時改廷尉爲大理而置，大理寺長官，員一人。三品。隋朝沿置，主刑罰獄訟。煬帝大業三年改爲從三品。　户部尚書：官名。隋文帝開皇三年置，爲尚書省六部長官之一，負責管理全國的財賦户籍。正三品。

[2]張掖：郡名。隋朝時治張掖縣，在今甘肅張掖市。

[3]青海：即今青海東北部青海湖。

[4]銀青光禄大夫：官名。隋朝時爲元老重臣之加官或致仕之官，亦爲卒後贈官。

[5]江都宫：隋煬帝建。在今江蘇揚州市西北蜀崗上。

[6]東都：隋煬帝大業五年改東京爲東都，即今河南洛陽市。

[7]左候衛將軍：官名。隋煬帝大業三年由武候將軍改稱，分左右，均列入十二衛，掌領衛士巡警宫中及京城。又置左右候衛大將軍一人在此職之上，以此職爲副職。

[8]通事謁者：官名。隋煬帝大業三年設，爲謁者臺屬官，掌朝見儀式及傳達詔命。員二十人，從六品。

晟字季晟，性通敏，略涉書記，善彈工射，趫捷過人。年十八，仕周爲司衛上士。[1]初未知名，唯隋文帝一見深異焉，謂曰：“長孫武藝逸群，又多奇略。後之名將，非此子邪？”

［1］司衛上士：官名。北周置。司衛上大夫屬官。正三命。

及突厥攝圖請婚，[1]周以趙王招女妻之。[2]周與攝圖各相誇競，妙選驍勇以充使者，因遣晟副汝南公宇文神慶送千金公主至其牙。[3]前後使人數十輩，攝圖多不禮之；獨愛晟，每共游獵，留之竟歲。嘗有二鵰，飛而争肉，因以箭兩隻與晟，請射取之。晟馳往，遇鵰相玃，遂一發雙貫焉。攝圖喜，命諸子弟貴人皆相親友，冀昵近之，以學彈射。其弟處羅侯號突利設，[4]尤得衆心，爲攝圖所忌，密託心腹，陰與晟盟。晟與之遊獵，因察山川形勢，部衆强弱，皆盡知之。還，拜奉車都尉。[5]

［1］攝圖：人名。北周時突厥可汗。見《北史》卷九九《突厥傳》。

［2］招：即宇文招，人名。字豆盧突，代郡武川（今内蒙古武川縣西）人。北周宗室。見《北史》卷五八《趙僭王招傳》。

［3］汝南公：封爵名。汝南，郡名。北周時治上蔡縣，在今河南汝南縣。　宇文神慶：人名。即宇文慶。河南洛陽（今河南洛陽市）人。北周、隋朝官吏。見《隋書》卷五〇《宇文慶傳》。　千金公主：封號。即宇文招之女，突厥攝圖之妻。隋文帝開皇四年賜姓楊氏，改封大義公主。後被攝圖子都藍殺死。　牙：古代西北少數民族王庭的稱呼。

［4］處羅侯：人名。攝圖弟。見《北史》卷九九《突厥傳》。

［5］奉車都尉：官名。執掌皇帝車輿。北周時列爲散官，五命。

開皇元年，攝圖曰：“我，周家親也。今隋公自立而不能制，何面目見可賀敦！”[1]因與高寶寧攻陷臨渝鎮，[2]約諸面部落，謀共南侵。文帝新立，由是大懼，脩長城，發兵屯北境。命陰壽鎮幽州、虞慶則鎮并州，[3]屯兵爲之備。

[1]可賀敦：亦作“可敦”。鮮卑、柔然、突厥、回紇、蒙古等民族對可汗妻的稱呼。

[2]高寶寧：人名。亦作“高保寧”，代（今山西大同市東北）人。北齊官吏。見《北史》卷五三《傅伏附高寶寧傳》。　臨渝鎮：鎮名。在今河北撫寧縣。

[3]陰壽：人名。字羅雲，武威（今甘肅武威市）人。北周、隋朝大臣。見《北史》卷七三《陰壽傳》。　幽州：隋朝時治薊縣，在今北京西南。　虞慶則：人名。本姓魚，京兆櫟陽（今陝西西安市臨潼區）人。北周、隋朝大臣。見《北史》卷七三《虞慶則傳》。　并州：隋朝時治晉陽縣，在今山西太原市晉源區古城營村一帶。

晟先知攝圖、玷厥、阿波、突利等叔姪兄弟各統强兵，[1]俱號可汗，分居四面，[2]内懷猜忌，外示和同，難以力征，易可離間。因上書曰：“臣於周末，忝充外使，匈奴倚伏，實所具知。玷厥之於攝圖，兵强而位下，外名相屬，内隙已彰，鼓動其情，必將自戰。又處羅侯者，攝圖之弟，姦多而勢弱，曲取衆心，國人愛之，因爲攝圖所忌。又阿波首鼠，介在其間，頗畏攝圖，受其牽率，唯强是與，未有定心。宜遠交而近攻，離强而合弱。通使玷厥，説合阿波，則攝圖迴兵，自防右地。又引處羅，遣連奚、霫，[3]則攝圖分衆，還備左方。首尾猜嫌，腹心離阻，十數年後，承釁討之，必可一舉而空其國。”

[1]阿波：人名。隋朝時西突厥首領。見《北史》卷九九《突厥傳》。

[2]分居四面：毛本、局本“面”訛作“汗”。

[3]奚：源出鮮卑族宇文部的一支。本稱庫莫奚，後簡稱奚。見《北史》卷九四《奚傳》。　霫（xí）：隋朝時居於潢水（今内蒙古西拉木倫河）以北，東接靺鞨，西至突厥，南鄰契丹，北比烏洛侯。四面有山，以射獵爲生。習俗與契丹相近。後遷至潢水以南，併入奚。

上省表大悦，因召與語。晟口陳形勢，手畫山川，寫其虚實，皆如指掌。上深嗟異，皆納用焉。因遣太僕元暉出伊吾道，[1]使詣玷厥，賜以狼頭纛，[2]謬爲欽敬。玷厥使來，引居攝圖使上。反間既行，果相猜貳。授晟車騎將軍，[3]出黄龍道，[4]齎幣賜奚、霫、契丹等，遣爲鄉導，得至處羅侯所，深布心腹，誘令内附。

[1]太僕：官名。隋朝時管理宫廷車馬及全國畜牧事務。隋初爲正三品，煬帝改爲從三品。　元暉：人名。字叔平。北魏宗室。見《北史》卷一五《陳留王虔附元暉傳》。　伊吾道：地名。在今新疆哈密市附近。

[2]狼頭纛（dào）：用狼頭作標志的大旗。《資治通鑑》卷一七五：“（隋帝）遣太僕元暉出伊吾道，詣達頭，賜以狼頭纛。”胡

三省注曰："突厥之先，狼種也，子孫爲君長，牙門建狼頭纛，示不忘本也。"纛，大旗。

[3]車騎將軍：官名。隋朝因襲北周府兵制度，各級組織名稱稍異，十二府所轄諸軍府，稱驃騎府或車騎府，分駐各地統領府兵，皆置車騎將軍，正五品上。

[4]黄龍道：地名。在今遼寧開原市西北。

二年，攝圖號四十萬騎，自蘭州入，[1]至于周盤，[2]破達奚長儒軍。[3]更欲南入，玷厥不從，引兵而去。時晟又説染干詐告攝圖曰：[4]"鐵勒等反，[5]欲襲其牙。"攝圖乃懼，迴兵出塞。

[1]蘭州：隋初改金城郡爲蘭州，置總管府，治子城縣，在今甘肅蘭州市。因城南有皋蘭山，故名蘭州。

[2]周盤：城名。在今甘肅合水縣西南。

[3]達奚長儒：人名。字富仁，代（今山西大同市東北）人。北周、隋朝將領。見《北史》卷七三《達奚長儒傳》。

[4]染干：人名。隋朝時東突厥可汗，號突利可汗。見《北史》卷九九《突厥傳》。

[5]鐵勒：又作"敕勒""赤勒""高車",其先爲匈奴之苗裔丁零，部族甚多。見《北史》卷九九《鐵勒傳》。

後數月，[1]突厥大入，發八道元帥出拒之。阿波至凉州，[2]與竇榮定戰，[3]賊帥累北。時晟爲偏將，使謂之曰："攝圖每來，戰皆大勝。阿波纔入，便即致敗，此乃突厥之恥。且攝圖之與阿波，兵勢本敵，今攝圖日勝，爲衆所崇；阿波不利，爲國生辱。攝圖必當因此以罪歸於阿波，成其夙計，滅北牙矣。”阿波使至，晟又謂曰：“今達頭與隋連和，而攝圖不能制。可汗何不依附天子，連結達頭，相合爲强？此萬全之計。豈若喪兵負罪，歸就攝圖，受其戮辱耶！”阿波納之，因留塞上。後使人隨晟入朝。時攝圖與衛王軍遇，戰於白道，[4]敗走。至磧，[5]聞阿波懷貳，乃掩北牙，盡獲其衆而殺其母。阿波還無所歸，西奔玷厥，乞師十餘萬，東擊攝圖，復得故地，收散卒，與攝圖相攻。阿波頻勝，其勢益强。攝圖又遣使朝貢，公主自請改姓，乞爲帝女，上許之。

[1]後數月：底本“月”作“年”，中華本校勘記云：“岑仲勉《突厥集史》云：‘上文稱二年，下稱四年，勘之本紀及他傳，此是三年事。“後數年”者，“後數月”之訛。’按《通鑑》卷一七五繫此事於陳長城公至德元年，即隋開皇三年。岑説是。”今從改。

[2]凉州：隋朝時治姑臧縣，在今甘肅武威市凉州區。

[3]竇榮定：人名。扶風平陵（今陝西咸陽市西北）人。西魏、北周、隋朝官吏。見《北史》卷六一《竇熾附竇榮定傳》。

[4]白道：地名。在今内蒙古呼和浩特市西北，爲河套東北地區通往陰山以北的交通要道。

[5]磧：沙漠。

四年，遣晟副虞慶則使于攝圖，賜公主姓爲楊氏，改封大義公主。攝圖奉詔，不肯起拜。晟進曰：“突厥與隋俱是大國天子，可汗不起，安敢違意。但可賀敦爲帝女，則可汗是大隋女壻，奈何不敬婦公？”攝圖笑謂其達官曰：[1]“須拜婦公。”乃拜受詔。使還稱旨，授儀同三司、左勳衛車騎將軍。[2]

[1]達官：突厥可汗之下的首領。

[2]左勳衛車騎將軍：官名。即左勳衛府車騎將軍。左勳衛府，官署名。掌宫禁宿衛。

七年，攝圖死，遣晟持節拜其弟處羅侯爲莫何可汗，以其子雍閭爲葉護可汗。[1]處羅侯因晟奏曰："阿波爲天所滅，與五六千騎在山谷間，當取之以獻。"時召文武議焉。樂安公元諧曰：[2]"請就彼梟首，以懲其惡。"武陽公李充請生將入朝，[3]顯戮而示百姓。上問晟，晟曰："阿波之惡，非負國家。因其困窮，取而爲戮，恐非招遠之道。不如兩存之。"上曰："善。"

[1]拜其弟處羅侯爲莫何可汗以其子雍閭爲葉護可汗：中華本校勘記云："按《隋書》卷八四《突厥傳》云：'處羅侯竟立，是爲葉護可汗，以雍虞閭爲葉護。'據《突厥傳》，葉護爲突厥官名，地位僅次於可汗。處羅侯未爲可汗前即是葉護，既立爲可汗，乃稱葉護可汗，此作'莫何'，當是各有省略。處羅侯既稱葉護可汗，則雍虞閭不應同時並稱此號。疑此'葉護'下衍'可汗'二字。"可從。雍閭，人名。即都藍可汗。

[2]樂安公：封爵名。樂安，郡名。隋朝時治千乘縣，在今山東廣饒縣北。　元諧：人名。河南洛陽（今河南洛陽市）人。北周、隋朝官吏。見《北史》卷七三《元諧傳》。

[3]武陽公：封爵名。武陽，郡名。隋朝時治貴鄉，在今河北大名縣東。　李充：人名。隴西成紀（今甘肅秦安縣）人。隋朝將領。見《隋書》卷五三《劉方附李充傳》。

八年，處羅侯死，遣晟往吊，仍齎陳國所獻寶器，以賜雍閭。

十三年，流人楊欽亡入突厥，[1]詐言彭國公劉昶共宇文氏女謀欲反隋，[2]遣其來密告公主。雍閭信之，乃不脩職貢。[3]又遣晟出使，微觀察焉。公主見晟，言辭不遜，又遣所私胡人安遂迦共欽計議，扇惑雍閭。晟還，以狀奏。又遣晟往索欽，雍閭欲勿與，謬曰："客內無此色人。"晟乃貨其達官，知欽所在，夜掩獲之，以示雍閭，因發公主私事。國人大恥。雍閭執遂迦等，並以付晟。使還，上大喜，加授開府，仍遣入蕃，涖殺大義公主。

[1]流人：指流民。

[2]彭國公：封爵名。底本作"彭城公"，中華本校勘記云："諸本'國'字作'城'。按本書卷六五、《周書》卷一七《劉亮傳》，昶以亮功封彭國公。《隋書》卷二《高祖紀》開皇十七年、卷八〇《劉昶女傳》、卷八四《突厥傳》及本書卷九九《突厥傳》都作'彭國公'。且當時有彭城公虞慶則，慶則後改封魯國公，彭城公回授其第二子義年（見本書卷七三《虞慶則傳》）。不容同時有兩彭城公，作'城'誤，今據改。"今從改。　劉昶：人名。北周、隋朝官吏。見《北史》卷九一《劉昶女傳》。　宇文氏女：即劉昶妻。宇文泰女西河長公主。

[3]乃不修職貢：底本無"職"字，中華本校勘記云："諸本脫'職'字，據《隋書》卷五一《長孫晟傳》補。"今從補。

雍閭又表請婚，僉議將許之。[1]晟奏曰："臣觀雍閭反覆無信，特共玷厥有隙，所以依倚國家。縱與爲婚，終當必叛。今若得尚公主,[2]承藉威靈，玷厥、染干必又受其徵發。强而更反，後恐難圖。且染干者，處羅侯之子，素有誠款，于今兩世。臣前與相見，亦乞通婚，不如許之，招令南徙。兵少力弱，易可撫馴，使敵雍閭，以爲邊捍。”上曰：“善。”又遣慰喻染干，許尚公主。

[1]僉（qiān）議：衆人的意見。多用於文武百官。

[2]尚：匹配。多指高攀婚姻。

十七年，染干遣使隨晟來逆女。[1]以宗女封安義公主以妻之。[2]晟説染干南徙，居度斤舊鎮。[3]雍閭疾之，亟來抄略。染干伺知動静，輒遣奏聞，是以賊來，每先有備。

[1]逆：迎接。

[2]安義公主：封號。按：錢大昕《廿二史考異》卷三九云：“‘安義’《突厥傳》作‘義安’。”

[3]度斤舊鎮：《資治通鑑》卷一七八《隋紀二》“開皇十七年”胡三省注：“度斤舊鎮，蓋即都斤山，突厥沙鉢略舊所居也。”在今蒙古國杭愛山東部北麓地帶（參包文勝《古代突厥於都斤山考》,《蒙古研究》2010 年 8 月）。

十九年，染干因晟奏雍閭作攻具，欲打大同城。[1]詔發六總管，並取漢王節度,[2]分道出塞討之。雍閭懼，復共達頭同盟，合力掩襲染干，大戰于長城下。[3]染干敗績，其兄弟子姪盡見殺，而部落亡散。染干與晟獨以五騎逼夜南走，至旦，行百餘里，收得數百騎。乃相與謀曰："今兵敗入朝，一降人耳，大隋天子豈禮我乎！玷厥雖來，本無冤隙，若往投之，必相存濟。"晟知懷貳，乃密遣使者入伏遠鎮，[4]令速舉烽。染干見四烽俱發，問晟："城上烽然，何也？"晟紿之曰：[5]"城高地迥，必遥見賊來。我國家法，若賊少，舉二烽；來多，舉三烽；大逼，舉四烽。使見賊多而又近耳。"染干大懼，謂其衆曰："追兵已逼，且可投城。"既入鎮，晟留其達官執室以領其衆，[6]自將染干馳驛入朝。帝大喜，進晟左勳衛驃騎將軍，[7]持節護突厥。晟遣降虜覘候雍閭，[8]知其牙内屢有災變，夜見赤虹，光照數百里，天狗賈，[9]雨血三日，流星墜其營内，有聲如雷。每夜自驚，言隋師且至。並遣奏知。

[1]大同城：在今内蒙古烏拉特前旗東北。

[2]漢王：指楊諒。字德章，一名傑。隋文帝第五子。文帝開皇元年立爲漢王，任并州總管。及隋煬帝即位，以誅楊素爲名而舉兵，爲楊素所敗，除名爲民，幽囚而死。　節度：調度。

[3]大戰于長城下：底本"長城"前有"大"字，中華本校勘記云："諸本'于'下衍'大'字，據《隋書》删。"今從改。

[4]伏遠鎮：軍鎮名。在今山西大同市附近，北距長城百餘里。

[5]紿（dài）：哄騙。

[6]執室：人名。突厥官吏，爲染干可汗的達官。

[7]左勳衛驃騎將軍：官名。即左勳衛府驃騎將軍。驃騎將軍，官名。隋朝因襲北周府兵制度而名稱稍異，改開府府爲驃騎府，置爲長官，分駐各地統領府兵，分屬十二府大將軍。正四品上。

[8]覘候：窺視。

[9]天狗隕（yǔn）：月食現象。隕，墜落。

尋以染干爲意彌豆啓人可汗。[1]賜射於武安殿，[2]選善射者十二人，分爲兩朋。啓人曰："臣由長孫大使得見天子，[3]今日賜射，願入其朋。"許之。給晟箭，[4]六發皆入鹿，[5]啓人之朋竟勝。時有鳶群飛，上曰："公善彈，爲我取之。"十發俱中，並應丸而落。是日，百官獲賚，晟獨居多。尋遣領五萬人，於朔州築大利城以處染干。[6]安義公主死，持節送義城公主，復以妻之。晟又奏："染干部落歸者既衆，雖在長城内，猶被雍閭抄略。往來辛苦，不得寧居。請徙五原，[7]以河爲固。於夏、勝兩州間，[8]東西至河，南北四百里，掘爲横塹。令處其内，任情放牧，免於抄掠，人必自安。"上並從之。

[1]尋以染干爲意彌豆啓人可汗：中華本校勘記云："《隋書》'意'下有'利'字。按本書卷一二、《隋書》卷三《煬帝紀》（大業四年），本書卷九九、《隋書》卷八四《突厥傳》並作'意利珍豆啓人（《隋書》作'民'）可汗'，疑此脱'利'字，'彌'是'珎'（即'珍'）之訛。（'彌'簡寫作'弥'，與'珎'形似）。"可從。

[2]武安殿：在今陝西西安市。

[3]長孫大使：指長孫晟。

[4]給晟箭：底本無"晟"字，中華本校勘記云："諸本脱'晟'字，據《隋書》補。"今從補。

[5]鹿：通"角（jué）"。古代酒器。

[6]朔州：隋朝時治善陽縣，在今山西朔州市。　大利城：在

今内蒙古清水河縣。

[7]五原：郡名。隋朝時治九原縣，在今内蒙古包頭市西。

[8]夏：州名。隋朝時治巖緑縣，在今陝西靖邊縣白城子村無定河北岸的毛烏素沙漠中（靠近今内蒙古烏審旗南境）。　勝：州名。隋朝時治榆林縣，在今内蒙古准格爾旗東北。

二十年，都藍大亂，爲部下所殺。晟因奏曰："賊内攜離，其主被殺。乘此招誘，必並來降。請遣染干部下，分頭招慰。"上許之，果盡來附。達頭恐怖，又大集兵。詔晟部領降人，爲秦州行軍總管，[1]取晋王廣節度，[2]出討達頭。達頭與王相抗，晟進策曰："突厥飲泉，易可行毒。"因取諸藥，毒水上流。達頭人畜飲之多死，大驚曰："天雨惡水，其亡我乎！"因夜遁。晟追之，斬首千餘級，俘百餘口。王大喜，引晟入内，同宴極歡。有突厥達官來降，時亦預坐。説言突厥之内，大畏長孫總管，聞其弓聲謂爲霹靂，見其走馬稱爲閃電。王笑曰："將軍震怒，威行域外，遂與雷霆爲比，一何壯哉！"師旋，授上開府儀同三司，[3]復遣還大利城，安撫新附。

[1]秦州：隋朝時治上邽縣，在今甘肅天水市。　行軍總管：官名。北周於戰時設置，總領一路兵馬及軍政事務。位次於行軍元帥。隋朝因之。

[2]廣：即楊廣，人名。隋文帝次子，隋朝第二任皇帝。見《北史》卷一二《隋本紀·煬帝》。

[3]上開府儀同三司：隋煬帝改上開府儀同大將軍爲此稱，爲勳官之第五等。從三品。

仁壽元年,[1]晟表奏曰:“臣夜登城樓,望見磧北有赤氣,長百餘里,皆如雨足,下垂被地。謹驗兵書,此名灑血。其下之國,必且破亡。欲滅匈奴,宜在今日。”詔楊素爲行軍元帥,[2]晟爲受降使者,送染干北伐。二年,軍次北河,[3]逢賊帥思力俟斤等領兵拒戰,[4]晟與大將軍梁默擊走之,[5]賊衆多降。晟又教染干分遣使者,往北方鐵勒等部,招攜取之。三年,有鐵勒思結、伏具、渾、斛薛、阿拔、僕骨等十餘部,[6]盡背達頭來降附。達頭衆大潰,西奔吐谷渾。晟送染干,安置於磧口。[7]事畢,入朝。

[1]仁壽:隋文帝的年號(601—604)。

[2]楊素:人名。字處道,弘農華陰(今陝西華陰市東南)人。北周、隋朝官吏。見《北史》卷四一《楊敷附楊素傳》。　行軍元帥:官名。北周設置的最高統兵官。統一道或數道行軍總管,兵停則罷。多以親王或重臣爲之。隋朝亦置。

[3]次:駐留;止歇。也指行軍在一處駐留兩宿以上。　北河:清以前黄河自今内蒙古磴口縣以下,分爲南北二支,北支約當今烏加河,時爲黄河正流,對南支而言,稱北河。

[4]思力俟斤:人名。隋朝時突厥將領。

[5]梁默:人名。北周、隋朝將領。本爲梁士彦家奴,驍武過人。見《隋書》卷四〇《梁士彦附梁默傳》。

[6]有鐵勒思結伏具渾斛薛阿拔僕骨等十餘部:《隋書》卷五一《長孫晟傳》“斛薛”作“斛薩”,“鐵勒思結”作兩部落名。中華本校勘記云:“《隋書》‘伏’下有‘利’字。按此處部落名稱,不能完全確定,姑且以意標斷。”

[7]磧口：地名。在今内蒙古烏拉特中旗。

遇文帝崩，匿喪未發。煬帝引晟於大行前委以内衙宿衛，[1]知門禁事，即日拜左領軍將軍。[2]遇楊諒作逆，敕以本官爲相州刺史，[3]發山東兵馬，與李雄等共經略之。[4]晟辭以子行布在逆地。帝曰："公終不以兒害義，其勿辭也。"於是馳遣赴相州。諒破，追還，轉武衛將軍。[5]

[1]大行：剛死而尚未定謚號的皇帝、皇后。

[2]左領軍將軍：官名。按：據《隋書·百官志下》，隋初置左右領軍府，但不置將軍，唯以長史、司馬總府事，煬帝大業三年改左右領軍府爲左右屯衛，始置大將軍、將軍。

[3]相州：隋朝時治安陽城，在今河南安陽市西。

[4]李雄：人名。又稱李子雄。趙郡平棘（今河北趙縣）人，李桃枝之子。隋朝將領。見《北史》卷三三《李裔附李子雄傳》。

[5]武衛將軍：官名。隋朝時掌宿衛兵。

大業三年，煬帝幸榆林，[1]欲出塞外，陳兵耀武，經突厥中，指於涿郡。[2]仍恐染干驚懼，先遣晟往喻旨，稱述帝意。染干聽之，因召所部諸國，奚、霫、室韋等種落數十，[3]酋長咸萃。晟見牙中草穢，欲令染干親自除之，示諸部落，以明威重。乃指帳前草曰："此根大香。"染干遽取嗅之，曰："殊不香也。"曰："國家法，天子行幸所在，諸侯並躬親灑掃，耘除御路，以表至敬之心。今牙中蕪穢，謂是留香草耳。"染干乃悟，曰：

“奴罪過！奴之骨肉皆天子賜也。得効筋力，豈敢有辭？[4]特以邊人不知法耳。”遂拔所佩刀，親自芟草。其貴人及諸部落爭放效之。乃發榆林北境，至於其牙，又東達於薊，長三千里，廣百餘步，舉國就役而開御道。帝聞益喜焉。後除淮陽太守，[5]未赴任，復爲右驍衛將軍。[6]

[1]榆林：郡名。隋朝時治榆林縣，在今内蒙古准格爾旗東北。

[2]涿郡：隋朝時治薊縣，在今北京西南。

[3]室韋：族名。一譯“失韋”。北魏時始見於史書，有五部，分布於今嫩江及黑龍江南北岸地區。

[4]豈敢有辭：局本“辭”訛作“亂”。

[5]淮陽：郡名。隋朝時治宛丘縣，在今河南淮陽縣。

[6]右驍衛將軍：官名。隋文帝開皇十八年，置左右備身府。煬帝大業三年，改左右備身府爲左右驍騎衛，以左右驍衛將軍爲主官。

五年，卒，年五十八，帝悼惜之。後突厥圍雁門，[1]帝歎曰：“向使長孫晟在，不令匈奴至此！”

[1]雁門：郡名。隋朝時治雁門縣，在今山西代縣西南。

晟好奇計，務立功名。性至孝，居憂毁瘠，爲朝士所稱。大唐貞觀中，[1]追贈司空、上柱國，[2]謚曰獻。少子無忌嗣。

[1]貞觀：唐太宗的年號（627—649）。

[2]上柱國：官名。北周武帝建德四年復設此官，正九命，位高權重。後轉爲勳官第一等。隋朝時置爲從一品散實官，煬帝大業七年罷。唐高祖武德七年（624）置爲十二轉勳官，比正二品。

其長子行布，亦多謀略，有父風。起家漢王諒庫直。[1]後遇諒并州起逆，率衆南拒官軍，留行布守城。遂與豆盧毓閉門拒諒，[2]城陷，遇害。

[1]庫直：官名。亦作“庫真”，諸王及主要大臣的侍衛。隋朝亦置。

[2]豆盧毓：人名。字道生，昌黎徒何（今遼寧義縣）人。隋朝將領。見《北史》卷六八《豆盧寧附豆盧毓傳》。　拒諒：底本“諒”前有“守”字，中華本校勘記云：“諸本‘拒’下衍‘守’字，據《隋書》刪。豆盧毓閉城拒諒，見本書卷六八《豆盧毓傳》。”今從改。

次子恒安，以兄功授鷹揚郎將。[1]

[1]鷹揚郎將：官名。隋煬帝設，爲諸鷹揚府主官，分屬十二衛，掌宿衛。員一人，正五品。

紹遠字師，少名仁。寬容有大度，雅好墳籍，聰慧過人。父承業作牧壽春，時紹遠年十三。承業管記有王碩者，[1]文學士也，聞紹遠强記，遂白承業，求驗之。承業命試之。碩乃試以《禮記·月令》。於是紹遠讀數紙，纔一遍，誦之若流。碩歎服之。起家司徒府參軍事。[2]後以别將討平河東蜀薛，[3]封東阿縣伯。[4]

[1]管記：書記、記室參軍等文翰職官的通稱。

[2]司徒府參軍事：官名。指司徒府的僚屬，掌參謀軍務，協助治理府事。

[3]别將：配合主力軍作戰的部隊將領。

[4]東阿縣伯：封爵名。東阿，縣名。治所在今山東陽穀縣東北。

魏孝武西遷，紹遠隨承業奔赴，以功别封文安縣子。[1]大統二年，除太常卿，遷中書令，[2]仍襲父爵。後例降爲公，改馮翊郡。恭帝二年，累遷録尚書事。周文每謂群臣曰："長孫公任使處，令人無反顧憂，漢之蕭、寇，[3]何足多也。其容止堂堂，足爲當今模楷。"六官建，拜大司樂。[4]周閔踐祚，復封上黨郡公。

[1]文安縣子：封爵名。文安，縣名。治所在今陝西延川縣西南。

[2]中書令：官名。北魏時中書省權歸中書舍人，監、令名爲長官，實爲閑職。孝文帝太和十七年定爲從一品中，二十三年爲三品。西魏亦置。

[3]寇：即寇恂。字子翼，上谷昌平（今北京昌平區）人。東漢名將。見《後漢書》卷一六《寇恂傳》。

[4]大司樂：官名。《周禮》中已有其職名。秦漢以降改稱太樂令，隸太常（奉常）。北魏前期則稱樂部尚書。西魏及北周初復稱大司樂。

初，紹遠爲太常，廣召工人，創造樂器，唯黄鍾不調，[1]每恒恨之。嘗經韓使君佛寺，[2]聞浮圖三層上鐸鳴，其音雅合宫調，因取而配奏，方始克諧。乃啓明帝曰：[3]“魏氏來宅秦、雝，雖祖述樂章，然黄鍾爲君，天子之正位，往經創造，歷稔無成。方知水行將季，木運伊始，天命有歸，靈樂自降。此蓋乾坤祐助，宗廟致感，方當降物和神，[4]祚隆萬世。”詔曰：“朕以菲薄，何德可以當之。此蓋天地祖宗之祐，亦由公達鑒所致也。”[5]俄改授禮部中大夫。[6]時猶因魏氏舊樂，未遑更造，但去小吕，[7]加大吕而已。[8]紹遠上疏陳雅樂，詔並行之。

[1]黄鍾：打擊樂器，多爲廟堂所用。

[2]韓使君佛寺：佛寺名。故址在今陝西西安市附近。韓使君，北魏官吏。篤信佛教，立一佛寺，即此寺。

[3]明帝：即北周皇帝宇文毓。明爲其謚號。

[4]降物：舊時遇有災患病故或天象變異時，帝王及大臣皆脱下盛裝换上素服，謂之“降物”。此指换上素服。　和神：和悦神靈。

[5]達鑒：明察。

[6]禮部中大夫：官名。西魏恭帝三年置。北周沿置，爲春官府禮部長官，掌禮儀的制定與執行，在國家重要的儀式上，佐大宗伯卿主持其事，較小的儀式則由其主持。正五命。下設禮部上士、禮部中士、禮部旅下士以佐其職。北周武帝保定四年，改禮部爲司宗，遂改名爲司宗中大夫。

[7]小吕：樂律名。十二律之一，一名中吕。《周禮·春官·大司樂》：“乃奏夷則，歌小吕，舞《大濩》，以享先妣。”鄭玄注：“小吕，一名中吕。”

［8］大吕：樂律名。十二律之一。《周禮·春官·大司樂》："乃奏黄鐘，歌大吕，舞《雲門》，以祀天神。"

紹遠所奏樂，以八爲數。故梁黄門侍郎裴正上書，[1]以爲昔者大舜欲聞七始，[2]下洎周武，爰制七音。[3]持林鍾作黄鍾，[4]以爲正調之首。[5]詔與紹遠詳議。

［1］黄門侍郎：官名。侍從皇帝、顧問應對，出則陪乘。魏晋至隋初因之，爲門下省次官，位頗重要。　裴正：人名。又作"裴政"，字德表，河東聞喜（今山西聞喜縣）人。隋朝官吏。見《北史》卷七七《裴政傳》。

［2］七始：舊時樂論，以十二律中的黄鐘、林鐘、太簇爲天地人之始，姑洗、蕤賓、南吕、應鐘爲春夏秋冬之始，合稱七始。《尚書大傳》卷一下："故聖王巡十有二州，觀其風俗，習其性情，因論十有二俗，定以六律、五聲、八音、七始。"鄭玄注："七始，黄鐘、林鐘、大簇、南吕、姑洗、應鐘、蕤賓也。"

［3］七音：舊時樂論，以宫、商、角、徵、羽、變宫、變徵爲七音。《左傳》昭公二十年："聲亦如味，一氣，二體，三類，四物，五聲，六律，七音，八風，九歌，以相成也。"陸德明釋文："七音：宫、商、角、徵、羽、變宫、變徵也。"

［4］林鍾：樂律名。十二律之一。《禮記·月令》："（季夏之月）其音徵，律中林鐘。"鄭玄注："林鐘者，黄鐘之所生，三分去一，律長六寸，季夏氣至，則林鐘之律應。"

［5］正：合於法則。

正曰："天子用八，非無典故，縣而不擊，未聞厥理。且黄鍾爲天，大吕爲地，太蔟爲人。[1]今縣黄鍾而擊太蔟，便是虚天位專用人矣。"

[1]太蔟：樂律名。十二律之一。十二律中陽律的第二律。《國語·周語下》："二曰太蔟，所以金奏贊揚出滯也。"

紹遠曰："夫天不言，四時行焉。地不言，萬物生焉。人感中和之氣，居變通之道。今縣黄鍾而擊太蔟，是天子端拱，[1]群司奉職。從此而議，何往不可？"

[1]端拱：指帝王莊嚴臨朝，清簡爲政。

正曰："案《吕氏春秋》曰：'楚之衰也，爲作巫音；齊之衰也，爲作大吕。'且大吕以下七鍾，皆是林鍾之調，何得稱爲十一月調？專用六月之均，[1]便是欲迎仲冬，猶行季夏。以此而奏，深非至理。"

[1]均：樂器。

紹遠曰："卿之所言，似欲求勝。若窮理盡性，自伐更深。何者？案《周禮》祀天樂云：'黄鍾爲宫，大吕爲角。'[1]此則大吕之用，宛而成章。雖知引吕氏之小文，不覺失周公之大禮。且今縣大吕，則有黄鍾、林鍾，二均乃備。春夏則奏林鍾，秋冬則奏黄鍾，作黄鍾不擊大吕，[2]作林鍾不擊黄鍾。此所謂左之右之，君子宜之，右之左之，君子有之。而卿不縣大吕，止有黄鍾一宫，便是季夏之時仍作仲冬之調。[3]以此爲至理，無乃不可乎！然《周禮》又云：'乃奏黄鍾，歌大吕，以祀天神。'[4]謂五帝及日月星辰也。王者各以夏之正月，祀感帝於南郊。[5]又朝日以春分，[6]夕月以秋分，[7]依如正禮，[8]並用仲冬之調。又曰：'奏太蔟，歌應鍾，[9]以祭地祇。'[10]謂神州及社稷。以春秋二仲，依如正禮，唯奏孟春之宮。[11]自外四望、山川、先妣、先祖，並各周宮，不依月變。[12]略舉大綱，則三隅可反。然則還相爲宮，雖有其義，引《禮》取證，乃不月别變宮。且黄鍾爲君，則陽之正位，若隨時變易，是君無定體。而卿用林鍾，以爲正調，便是君臣易位，陰陽相反。正之名器，將何取焉?"

[1]黄鍾爲宮大吕爲角：宮、角爲五音之一。最古的音階僅用五音，即宮、商、角、徵、羽。通常以宮作爲音階的第一級音。

[2]作黄鍾不擊大吕：毛本、局本脱"作黄鍾"三字。

[3]季夏：夏季的最後一個月，農曆六月。　仲冬：冬季的第二個月，即農曆十一月。

[4]乃奏黄鍾歌大吕以祀天神：語本《周禮·春官·大司樂》："乃奏黄鐘，歌大吕，舞《雲門》，以祀天神。"

[5]感帝：又作"感生帝""感生"。王者之先祖皆感太微五帝之精以生，因稱其祖所感生之帝爲"感生帝"。　南郊：古代天子在京都南面的郊外築圜丘以祭天的地方。

[6]朝日：帝王祭日之禮。《周禮·天官·掌次》："朝日，祀五帝，則張大次小次，設重帟重案。"鄭玄注："朝日，春分拜日於東門之外。"

[7]夕月：帝王祭月之禮。《國語·周語上》："古者，先王既有天下，又崇立於上帝、明神而敬事之，於是乎有朝日、夕月以教民事君。"韋昭注："禮，天子搢大圭、執鎮圭，繅藉五采五就，以春

分朝日，秋分夕月，拜日於東門之外，然則夕月在西門之外也。”

[8]正禮：正規的禮法。

[9]應鍾：樂律名。十二律之一。以十二律與十二月相配，每月以一律應之。應鐘與十月相應。

[10]地祇（qí）：地神。

[11]孟春：春季的第一個月，農曆正月。

[12]四望：四方山川及其神靈。

正曰："今用林鍾爲黄鍾者，實得相生之義。[1]既清且韻，妙合真體。[2]然八音平濁，何足可稱?"

[1]相生：循環而生生不已。

[2]真體：真實的本體。

紹遠曰："天者陽位，故其音平而濁，濁則君聲。[1]地者陰位，故其音急而清，清則臣調。然急清者於體易絶，平濁者在義可久。可久可大，王者之基。至於鄭、衛新聲，[2]非不清韻，若欲施之聖世，吾所不取也。"於是遂定，以八爲數焉。[3]

[1]君聲：五音中的宫聲。

[2]鄭衛新聲：指春秋戰國時鄭、衛等國的民間音樂。因不同於雅樂，被儒家斥爲亂世之音。

[3]該段及之前幾段所載長孫紹遠與裴正辯正黄鐘八音問題，約千餘字，超出《周書》卷二六《長孫紹遠傳》，係《北史》增補。

尋拜京兆尹，[1]歷少保、小司空，[2]出爲河州刺史。[3]河右戎落，[4]向化日近，同姓婚姻，因以成俗。紹遠導之以禮，大革弊風。政存簡恕，百姓悦服。入爲小宗伯。

[1]京兆尹：官名。京城的行政長官。西魏亦於京師長安置之。北周初改爲京兆郡守，明帝二年（558）復改京兆尹。

[2]少保：官名。與少師、少傅並稱三少或三孤。北周復置三孤官，與三公（太師、太傅、太保）並爲大臣加官，地位崇高，無實際職掌，正八命。　小司空：官名。西魏恭帝三年置，北周沿置。冬官府次官，員二人。多省稱爲小司空或少司空，佐大司空卿掌國家各種工匠，負責建築興造事務。正六命。

[3]河州：北周時治枹罕縣，在今甘肅臨夏市西南。

[4]河右：地區名。亦作“河西”。北朝時泛指今山西呂梁山以西的黄河沿岸地區。

武帝讀史書，見武王克殷而作七始，又欲廢八縣七，並除黄鍾之正宫，用林鍾爲調首。紹遠奏云：“天子縣八，百王共軌。[1]下逮周武，甫脩七始之音。詳諸經義，又無廢八之典。且黄鍾爲君，天子正位，今欲廢之，未見其可。臣案《周禮》奏黄鍾，歌大吕，[2]此則先聖之弘範，不易之明證。願勿輕變古典，趣改樂章。”帝默然久之，曰：“朕欲廢八縣七者，所望體本求直，豈苟易名。當更思其義。”後竟行七音。

[1]軌：法度。

[2]歌大吕：毛本、局本脱“歌”字。

屬紹遠遘疾，[1]未獲面陳，慮有司遽捐樂器，乃與樂部齊樹書曰："伏聞朝廷前議，而欲廢八縣七。然則天子縣八，有自來矣。古先聖王，[2]殊塗一致，逮周武克殷，逆取順守，專用干戈，事乖揖讓。[3]反求經義，是用七音，蓋非萬代不易之典。其縣八筍簴，[4]不得毀之。宜待吾疾瘳，當別奏聞。"此後紹遠疾篤，乃命其子覽曰："夫黃鍾者，天子之宫。大吕者，[5]皇后之位。今廢黃鍾之位，是禄去王室。若用林鍾爲首，是政出私門。將恐八百之祚，不得同姬周之永也。吾既爲人臣，義無寢默，必輿疾固爭闕庭。"[6]

[1]屬：恰好遇到。

[2]古先聖王：底本"聖"下無"王"字，中華本校勘記云："諸本脱'王'字，據《通志》卷一五七《長孫紹遠傳》補。"今從補。

[3]揖讓：禮樂文德。《漢書・禮樂志》："揖讓而天下治者，禮樂之謂也。"

[4]筍（sǔn）簴（jù）：樂器所懸，横曰筍，直曰簴。

[5]大吕者：底本"吕"作"昌"，其餘諸本作"吕"。今從改。

[6]輿疾：抱病登車。

後疾甚，乃上遺表曰："謹案《春秋》隱公《傳》云：'天子用八。'《周禮》云天子縣二八，倕氏之鍾十六，[1]毋句氏之磬十六。[2]漢成帝獲古磬十六，[3]《周禮圖》縣十六。[4]此數事者，照爛典章。揚搉而言，[5]足爲龜鏡。[6]伏惟陛下受圖蒼帝，[7]接統玄精，[8]秦、漢以還，獨爲稱首。至如周武，有事干戈，臣獨鄙之，而況陛下。以臣自揣餘息，匪夕伊朝。伏願珍御萬機，不勞改八從七。"帝省表涕零，重贈柱國大將軍，謚曰獻，號樂祖，配饗廟庭。子覽嗣。

[1]倕（chuí）氏：傳爲堯舜時代的一名巧匠，善做弓、耒、耜等。

[2]毋句氏：傳爲堯舜時代的一名巧匠，製磬。　磬：樂器。用石或玉雕成。懸挂於架上，擊之則鳴。

[3]漢成帝：即西漢皇帝劉驁。成爲其謚號。

[4]周禮圖：書名。已佚。

[5]揚搉：略舉大要。

[6]龜鏡：龜可卜吉凶，鏡能别美醜，意爲引以爲鑑。

[7]受圖：《尚書中候》載，河伯曾以河圖授大禹，後因稱帝王受命登位爲受圖。　蒼帝：傳説中主東方之神。《史記·天官書》："蒼帝行德，天門爲之開。"張守節《正義》云："蒼帝，東方靈威仰之帝也。"

[8]玄精：黑精，指北方黑帝之神。

覽字休因，性弘雅，有器度，喜愠不形於色。略涉書記，尤曉鍾律。周明帝時，爲大都督。明帝以覽性質淳和，堪爲師表，使事魯公，[1]甚見親善。及魯公即位，是爲武帝，超拜車騎大將軍。[2]每公卿上奏，必令省讀。覽有口辯，聲氣雄壯，凡所宣傳，百僚屬目。帝每嘉嘆之。覽初名善，帝謂曰："朕以萬機委卿先覽。"遂賜名焉。及誅宇文護，以功進封薛國公，累遷小司空。從平齊，進位柱國。[3]武帝崩，受遺輔政。宣帝時，位上柱國、大司徒，[4]歷同、涇二州刺史。[5]

[1]魯公：即周武帝。見《北史》卷一〇《周本紀·武帝》。

[2]車騎大將軍：官名。北周實行府兵制，用爲儀同府長官軍號，九命。

[3]柱國：底本作“柱國公”，中華本校勘記云：“諸本‘國’下衍‘公’字，據《隋書》卷五一、《通志》卷一六〇《長孫覽傳》刪。”今從改。

[4]大司徒：官名。北周時爲地官府主官之稱。掌土地賦役、民户教化等。正七命。

[5]同：州名。北周時治武鄉縣，在今陝西大荔縣。　涇：州名。北周時治安定縣，在今甘肅涇川縣。

隋文帝爲丞相，轉宜州刺史。[1]開皇二年，將有事於江南，徵爲東南道行軍元帥，統八總管出壽陽，水陸俱進。師臨江，陳人大駭。會陳宣帝殂，[2]覽欲乘釁滅之，監軍高熲以禮不伐喪，[3]乃還。文帝命覽與安德王楊雄、上柱國元諧、李充、左僕射高熲、右衛大將軍虞慶則、吴州總管賀若弼等同宴。[4]上曰：“朕昔在周朝，備展誠節。但苦被猜忌，每致寒心。爲臣若此，竟何情賴！朕與公等，共享終吉，罪非謀逆，一無所問。朕亦知公至誠侍太子，[5]宜數參見之。柱臣素望，[6]實屬於公。宜識朕意。”其恩禮如此。又爲蜀王秀納覽女爲妃。[7]後爲涇州刺史。卒官。

[1]宜州：北周時治泥陽縣，在今陝西富平縣西北。

[2]陳宣帝：即南朝陳皇帝陳頊。宣爲其謚號。

[3]監軍：官名。北朝時諸州不置都督時，則設此職，掌一州或數州軍事。　高熲：人名。一作“獨孤熲”。一名敏，字昭玄，勃海蓨（今河北景縣）人。隋朝重臣。見《北史》卷七二《高熲傳》。

[4]安德王：封爵名。安德，郡名。隋朝時治安德縣，在今山東平原縣東北。　楊雄：人名。初名惠，弘農華陰（今陝西華陰市東南）人。北周大臣、隋朝宗室。見《北史》卷六八《楊紹附楊雄傳》。　右衛大將軍：官名。隋朝設，爲右衛府主官。掌宫掖禁禦，督攝仗衛。正三品。隋煬帝時改稱右禦衛大將軍。　吴州：陳宣帝太建十一年（579），南兖州入北周，改名吴州。隋文帝開皇九年（589）改名揚州。故此吴州爲北周時吴州，隋初沿置，治廣陵縣，在今江蘇揚州市城區。

[5]朕亦知公至誠侍太子：中華本校勘記云：“《隋書》‘侍’作‘特付’二字。疑此是訛脱。”可從。

[6]柱臣：肩負國家重任的大臣。

[7]秀：即楊秀，人名。隋文帝第四子。見《北史》卷七一《庶人秀傳》。

子洪嗣，位宋、順、臨三州刺史，司農少卿，北平太守。[1]

[1]宋：州名。隋朝時治睢陽縣，在今河南商丘市南。　順：州名。隋朝時治順義縣，在今湖北隨州市北。　臨：州名。隋朝時治臨江縣，在今重慶忠縣。　司農少卿：官名。亦稱司農寺少卿。協助大司農管理租税園苑倉儲。隋初爲正四品上，煬帝增爲二員，改爲從四品。　北平：郡名。隋朝時治盧龍縣，在今河北盧龍縣。

澄字士亮，年十歲，[1]司徒李琰之見而奇之，[2]遂以女妻焉。十四從父承業征討，有智謀，勇冠諸將。以功封西華縣侯。[3]及長，容貌魁岸，風儀溫雅。魏大統中，歷位豫、渭二州刺史。[4]以軍功，別封永寧縣伯，[5]尋進覆津縣侯。[6]

[1]年十歲：局本“歲”訛作“年”。

[2]李琰（yǎn）之：人名。又作“李琰”，字景珍，小字墨蠡，隴西狄道（今甘肅臨洮縣）人。北魏官吏。見《北史》卷一〇〇《凉武昭王李暠附李琰之傳》。

[3]西華縣侯：封爵名。西華，縣名。治所在今河南西華縣南。

[4]豫：州名。西魏時治上蔡縣，在今河南汝陽縣。

[5]永寧縣伯：封爵名。永寧，縣名。治所在今河北滿城縣。

[6]覆津縣侯：封爵名。覆津，縣名。治所在今甘肅隴南市武都區東南。

魏文帝與周文及群公宴，[1]從容曰：“《孝經》一卷，人行之本，諸君宜各引《孝經》之要言。”澄應聲曰：“夙夜匪懈，以事一人。”[2]座中有人次云：“匡救其惡。”既出西閤，[3]周文深嘆澄之合機，而譴其次答者。

[1]魏文帝與周文及群公宴：局本“周文”下衍“縣”字。

[2]夙夜匪懈以事一人：出自《詩·大雅·烝民》：“既明且哲，以保其身。夙夜匪解，以事一人。”

[3]既出西閤：元大德本、毛本、殿本、四部備要本“閤”作“閣”。按：“閣”同“閤”。

周孝閔帝踐阼，拜大將軍，進爵義門郡公。[1]出爲玉壁總管，[2]頗有威信。卒於鎮，贈柱國，謚曰簡。自喪初至及葬，明帝三臨之。[3]典祀中大夫宇文容諫曰：[4]"君臨臣喪，自有節制。今乘輿屢降，恐乖典禮。"帝不從。其爲上所追惜如此。子嶸嗣。

[1]義門郡公：封爵名。義門，郡名。治所不詳。

[2]玉壁：城名。在今山西稷山縣西南。

[3]三臨：哭吊三次的禮儀。

[4]典祀中大夫：官名。西魏恭帝三年置，北周沿置。春官府典祀司長官，員一人，掌有關祭祀的各種事務。正五命。北周武帝建德二年省。宣帝即位後，復置。

羦弟禮，少以父任爲散騎侍郎，[1]與襄城公盧魯元等内侍。[2]恭敏有才志。太武寵信之，曰："其父親近吾祖，子在我左右，不亦宜乎。"

[1]散騎侍郎：官名。北魏時掌侍從、諷諫，屬集書省，員六人。孝文帝太和十七年定爲三品下，二十三年改爲四品。

[2]襄城公：封爵名。襄城，郡名。北魏時治襄城縣，在今河南襄城縣。　盧魯元：人名。昌黎徒河（今遼寧錦州市）人。北魏官吏。見《北史》卷二五《盧魯元傳》。

長孫肥，代人也。昭成時，年十三，[1]以選内侍。少有雅度，果毅少言。道武之在獨孤及賀蘭部，[2]常侍從，禦侮左右。帝深信仗之。登國初，[3]與莫題等俱爲大將，[4]屢有軍功。後從平中山，以功賜爵琅邪公。[5]遷衛尉卿，[6]改爵盧鄉。[7]

[1]年十三：殿本、四庫本、四部備要本“三”訛作“二”。

[2]獨孤：即匈奴屠各部。亦作“休屠”“休屠各”“休屠各胡”等。分布於武威、五原等地。北魏孝文帝時正式改稱劉氏，爲北魏勳臣八姓之一。北魏末又復獨孤舊姓。　賀蘭部：一作“賀賴”。鮮卑化之匈奴部落，居於陰山北麓。北魏時以部落爲姓，孝文帝時改爲賀氏，爲北魏勳臣八姓之一，北魏末復舊姓。

[3]登國：北魏道武帝的年號（386—396）。

[4]莫題：人名。代（今山西大同市東北）人。見《北史》卷二〇《莫含附莫題傳》。

[5]琅邪公：封爵名。琅邪，縣名。治所在今山東安丘市西南。

[6]衛尉卿：官名。北魏時定爲正式官名，掌宮門禁衛，武器庫藏等。孝文帝太和二十三年之後爲第三品。

[7]盧鄉：縣名。治所在今山東平度市西北。

時中山太守仇儒不樂内徙，亡匿趙郡，[1]推趙准爲主。[2]妄造妖言云：“燕東傾，趙當續。欲知其名，准水不足。”准喜而從之，自號鉅鹿公，儒爲長史。據關城，[3]連引丁零，[4]殺害長吏。肥討破准於九門，[5]斬仇儒，禽准。詔以儒肉食准，傳送京師，轘之於市，夷其族。除肥兖州刺史。

[1]趙郡：北魏時治平棘縣，在今河北趙縣。

[2]推趙准爲主：底本“准”作“準”，中華本校勘記云：“諸本‘准’作‘準’。洪頤煊云：‘《魏書》（卷二六）本傳作趙准。

妄造妖言云："燕東傾，趙當續，欲知其名，淮水不足。字當作"准"。'按洪説是，《通志》亦作'准'，今據改。"今從改。下文同。

[3]闕城：在今河北大名縣北。

[4]丁零：漢代主要分布在今貝加爾湖以南地區。東漢時丁零部分南遷進入内地。兩晋南北朝時，在今山西、河北境内有定州丁零、中山丁零、北地丁零等部，漸與内地民族融合。留在漠北的大部分丁零，《晋書》稱爲"敕勒"，《隋書》稱爲"鐵勒"。

[5]九門：縣名。治所在今河北藁城市西北。

姚平之寇平陽，[1]道武徵肥與毗陵王順等爲前鋒。[2]平退保柴壁，[3]帝進攻屠之。遣肥還鎮兖州，撫慰河南，威信著於淮、泗。[4]善策謀，勇冠諸將，前後征討，未嘗失敗，故每有大難，令肥當之，南平中原，西摧羌寇，肥功居多，賞賜千計。[5]後降爵藍田侯。[6]卒，謚曰武，陪葬金陵。子翰襲爵。

[1]姚平：人名。南安赤亭（今甘肅隴西縣西）人，羌族。十六國時後秦將領。

[2]毗陵王：封爵名。遥封。毗陵，郡名。東晋時治晋陵縣，在今江蘇常州市。　順：即拓跋順，人名。北魏宗室。見《北史》卷一五《毗陵王順傳》。

[3]柴壁：城名。在今山西襄汾縣西南汾河東岸柴莊。

[4]泗：又名清水、清泗。源自今山東泗水縣東蒙山南麓。

[5]賞賜千計：《魏書》卷二六《長孫肥傳》云："賞賜奴婢數百口，畜物以千計。"《北史》删前句而取後一句，又去"畜物"，致失本意。

[6]藍田侯：封爵名。藍田，縣名。治所在今陝西藍田縣西。

翰少有父風。道武時，以善騎射，爲獵郎。[1]明元之在外，翰與元磨渾等潛謀奉迎。[2]明元即位，與磨渾等拾遺左右。[3]以功累遷平南將軍。[4]率衆鎮北境，威名甚著。太武即位，封平陽王。蠕蠕大檀之入寇雲中，[5]太武親征之。遣翰與東平公娥清出長川出討大檀。[6]大檀北遁，追擊剋獲而還。遷司徒。從襲赫連昌，破之。翰清正嚴明，喜撫將士。薨，太武爲之流涕，親臨其喪。喪禮依安城王叔孫俊故事。[7]謚曰威，陪葬金陵。

[1]獵郎：官名。北魏道武帝天賜三年（406）置。以善騎射的鮮卑人充任，多是大臣子弟，是皇帝左右侍從。隨從皇帝出獵，亦被派充使職及出監軍事。孝文帝太和十七年及二十三年職員令皆未載。

[2]元磨渾：人名。北魏宗室。見《北史》卷一五《文安公泥附拓跋磨渾傳》。

[3]拾遺：皇帝身邊的諫官。

[4]平南將軍：官名。與平東、平西、平北將軍合稱四平將軍，多持節都督或監某一地區的軍事，有時亦作爲刺史等地方官員兼理軍務時的加官。北魏孝文帝太和十七年定爲從二品上，二十三年改爲三品。

[5]蠕蠕大檀之入寇雲中：底本“入”作“人”，宋本、局本、中華本作“入”。中華本校勘記云：“各本‘入’訛‘人’，宋本及《魏書》《通志》作‘入’，今從宋本。”今從改。

[6]東平公：封爵名。東平，郡名。北魏時治無鹽縣，在今山東東平縣東。　長川：城名。俗稱土城子，今内蒙古興和縣民族團結鄉一帶（參常謙《北魏長川古城遺址考略》，《内蒙古文物考古》

1998年第1期)。殿本、四庫本、四部備要本“川”訛作“州”。

[7]安城王：封爵名。安城，縣名。治所在今河南汝南縣東南。叔孫俊：人名。字醜歸，鮮卑族。北魏將領。見《北史》卷二〇《叔孫建附叔孫俊傳》。

子成襲爵，[1]降爲公，位南部尚書。[2]卒，陪葬金陵。

[1]子成襲爵：源氏校勘記云：“‘成’上《魏書》有‘平’字。”高敏《南北史考索》(第420頁)：“按：《魏書》卷二十六同人傳作：‘(翰)子平成，襲爵，降爲公。平成，少以父任爲中散，累遷南部尚書。’翰子名‘成’與名‘平成’之異，《北史》校勘記失校。”

[2]南部尚書：官名。北魏道武帝皇始元年(396)置，爲尚書省南部曹長官。初置一人，後以南部州郡數多，政繁權重，增員二人至二人以上。除管理南方州郡事務外，還掌統兵南進，多由本部屬官遷任。孝文帝改制罷。

翰弟陵，[1]位駕部尚書。[2]性寬厚，好學愛士。封吴郡公，[3]贈吴郡王。謚恭，陪葬金陵。

[1]陵：《魏書》卷二六《長孫肥附長孫翰傳》“陵”作“陳”。

[2]駕部尚書：官名。掌車輿、牛馬廄牧之事。

[3]吴郡公：封爵名。遥封。吴郡，東晋時治吴縣，在今江蘇蘇州市。

論曰：昭成之末，衆叛親離。長孫嵩寬厚沈毅，任重王室，歷事累世，邈爲元老。生則宗臣，殁祀清廟，美矣！儉器識明允，智謀通贍，堂堂焉有公輔之望，謇謇焉有王臣之節。而處朝廷之日少，在方岳之日多，何哉？平識具該通，出内流譽，取諸開物成務，[1]蓋亦有隋之榱桷也。[2]道生恭慎廉約，兼著威名，見知明主，聲入歌奏。二公並列，暉炫朝野，門祉世禄，榮被後昆。雖漢世八王，[3]無以方其茂績；張氏七葉，[4]不能譬此重光。子彦勇烈絶倫，紹遠樂聲特妙，熾乃早稱英俊，覽乃獨擅雄辯。不然則何以並統師旅，俱司禮閣，鍾鼎不墜，且公且侯？晟體資英武，兼包奇略。因機制變，懷彼戎夷，傾巢盡落，屈膝稽顙。[5]塞垣絶鳴鏑之旅，渭橋有單于之拜。[6]惠流邊朔，功光王府，保兹世禄，不亦宜乎！肥結髮内侍，雄武自立，軍鋒所指，罔不棄散，關、張萬人敵，[7]未足多也。翰有父風，[8]不殞先構，臨喪加禮，抑有由哉！

[1]開物成務：通曉事物之理，辦好各種事情。

[2]榱（cuī）桷（jué）：椽子。比喻擔負重任的人。

[3]漢世八王：《史記》卷一九《惠景閒侯者年表》云："昔高祖定天下，功臣非同姓疆土而王者八國。"《集解》云："異姓國八王者，吴芮、英布、張耳、臧荼、韓王信、彭越、盧綰、韓信也。"《索隱》云："非同姓而王者八國，齊王韓信、韓王韓信、燕王盧綰、梁王彭越、趙王張耳、淮南王英布、臨江王共敖、長沙王吴芮，凡八也。"

[4]張氏：指張良一族。其父祖從韓昭侯至悼惠王時五世相韓。張良亦以軍功於漢初得封留侯，卒，其子不疑嗣侯。有七世知名。

[5]稽顙（sǎng）：跪拜禮。屈膝下拜，以額觸地，表示極度

的虔誠。

[6]渭橋：又作“中渭橋”“横門橋”“秦横橋”等。在今陝西咸陽市東北秦咸陽城南渭河上。

[7]關張：三國時蜀漢將領關羽、張飛。

[8]翰有父風：毛本、局本“翰”訛作“幹”。

北史　卷二三

列傳第十一

于栗磾　孫勁　六世孫謹　謹子寔　寔子顗　仲文　寔弟翼　翼子璽　翼弟義　義子宣道　宣敏

于栗磾，代人也。[1]少習武藝，材力過人，能左右馳射。登國中，[2]拜冠軍將軍，[3]假新安子。[4]與寧朔將軍公孫蘭，[5]潛自太原，[6]從韓信故道，[7]開井陘關路，[8]襲慕容寶於中山。[9]道武後至，[10]見道路修理，大悦，即賜其名馬。及趙、魏平，[11]帝置酒高會，[12]謂栗磾曰："卿，吾之黥、彭也!"[13]進假新安公。道武田於白登山，[14]見熊將數子，顧栗磾曰："能搏之乎?"對曰："若搏之不勝，豈不虛斃一壯士。自可驅致御前，坐而制之。"尋皆禽獲，帝顧而謝之。

[1]代：郡名。北魏時治平城，在今山西大同市東北。

[2]登國：北魏道武帝的年號（386—396）。

[3]冠軍將軍：官名。北魏時爲將軍名號。孝文帝太和二十三年（499）始定爲從三品。

[4]假：官制用語。北魏時有假爵之制，以提高出使、出征官

員的地位。　新安子：封爵名。新安，縣名。治所在今河南澠池縣東。

[5]寧朔將軍：官名。西晋時此職多駐幽州，爲幽州地區軍政長官，兼管烏丸事務。北魏孝文帝太和十七年定爲四品上，二十三年改爲從四品。

[6]太原：郡名。北魏時治晋陽縣，在今山西太原市晋源區古城營村一帶。

[7]韓信故道：穿越太行山，連通晋、冀中部的要道。

[8]井陘關：關名。又名土門關。在今河北井陘縣東北。秦漢時爲軍事要地。

[9]慕容寶：人名。字道裕，昌黎棘城（今遼寧北票市章吉營子鄉三官營子村）人，鮮卑族。十六國時後燕君主。見《北史》卷九三《慕容垂附慕容寶傳》。　中山：在今河北定州市。十六國時後燕國都。

[10]道武：即北魏皇帝拓跋珪。道武爲其謚號。

[11]趙：郡名。北魏時治平棘縣，在今河北趙縣。　魏：郡名。北魏時治鄴縣，在今河北臨漳縣西南鄴鎮。

[12]高會：盛大宴會。

[13]黥彭：指黥布、彭越。均爲漢初名將。見《史記》卷九一《黥布列傳》、卷九〇《彭越列傳》。

[14]田：又作"畋"，打獵。　白登山：在今山西大同市東北。

後爲河内鎮將。[1]劉裕之伐姚泓，[2]栗磾慮北侵擾，築壘河上。[3]裕憚之，遺栗磾書，假道西上。[4]題書曰"黑矟公麾下"。[5]栗磾以狀表聞，明元因之授栗磾黑矟將軍。[6]栗磾好持黑矟，裕望而異之，故有其號。遷豫州刺史，[7]進爵新安侯。洛陽雖歷代所都，實爲邊界，栗磾勞來安集，甚得百姓心。明元南幸盟津，[8]謂栗磾曰："河可橋乎?"栗磾曰："杜預造橋，[9]遺事可想。"乃編大船，構橋於冶坂。[10]六軍既濟，帝深歎美之。

[1]河内：軍鎮名。在今河南沁陽市。　鎮將：官名。北魏始置，爲鎮的長官。在不設州郡的地區，如西、北諸鎮，兼統軍民；在設州郡的内地，主要掌軍政，兼任所駐州刺史時，亦兼理民政。孝文帝改制後，地位漸低。

[2]劉裕：人名。字德輿，小字寄奴。南朝宋的建立者。見《宋書》卷一、二、三《武帝紀》。　姚泓：人名。字元子，南安赤亭（今甘肅隴西縣西）人，羌族。十六國時後秦君主。見《晋書》卷一一九《姚泓載記》。

[3]壘（lěi）：軍營墻壁或防守工事。

[4]假道：借道。

[5]矟（shuò）：兵器名。長矛。

[6]明元：即北魏皇帝拓跋嗣。明元爲其謚號。

[7]豫州：北魏時治懸瓠城，在今河南汝南縣。

[8]盟津：渡口名。又作"孟津""富平津"。在今河南孟州市西南黄河上。

[9]杜預：人名。字元凱，京兆杜陵（今陝西西安市長安區東）人。西晋軍事家、經學家。見《晋書》卷三四《杜預傳》。

[10]構橋於冶坂：底本"冶"作"野"，源氏校勘記云："'野'《魏書》作'冶'。"中華本校勘記云："諸本'冶'作'野'，《魏書》卷三一《于栗磾傳》作'冶'。按冶坂在孟津河北，見《水經注》卷五河水注，今據改。"今從改。

太武之征赫連昌，[1]敕栗磾與宋兵將軍周幾襲陝城，[2]長驅至三輔。[3]進爵爲公。累遷外都大官，[4]平刑折獄，甚有聲稱。卒，贈太尉。[5]

[1]太武：即北魏皇帝拓跋燾。太武爲其謚號。　赫連昌：人名。又名赫連折，字還國。十六國時夏國君主。見《北史》卷九三《赫連屈丐附赫連昌傳》。

[2]宋兵將軍：官名。北魏置。以春秋戰國時的方國名字命名。地位僅次於“征、鎮、安、平”將軍（參仇鹿鳴《關於北魏幾個將軍號的考釋》，《中華文史論叢》2008年第1期）。　周幾：人名。代（今山西大同市東北）人。北魏將領。見《北史》卷二五《周幾傳》。　陝城：在今河南三門峽市西。

[3]三輔：西漢設立京兆尹、左馮翊、右扶風對京城（長安）附近進行管理，後稱長安附近的京畿地區爲三輔。

[4]外都大官：官名。爲外都坐大官的省稱，北魏置。與中都坐大官、内都坐大官合稱三都大官。主掌畿外刑獄、統兵作戰、參與軍國大政的决策。多由宗室諸王、外戚及重臣擔任。職同尚書而位在尚書令下。孝文帝太和十七年罷（參周兆望《北魏“三都大官”若干問題考辨》，《文史哲》2002年第1期）。

[5]太尉：官名。北魏時爲名譽宰相，多爲大臣加官。一品。

栗磾自少總戎，迄于白首，臨事善斷，所向無前。加以謙虚下士，刑罰不濫，太武甚悼惜之。

子洛拔，有姿容，善應對。拜侍御中散。[1]太武甚加愛寵，因賜名焉。轉監御曹令。[2]景穆在東宫，[3]厚加禮遇。洛拔恒畏避屏退，[4]不敢逆自結納。[5]頃之，襲爵。後爲侍中、尚書令，[6]百僚憚之。卒官。洛拔有六子。

[1]侍御中散：官名。北魏時從中散官中分化出來，屬侍御曹。地位較中散高，更親近皇帝。多選用鮮卑族及功臣子弟，也可作爲起家官。任職於其他機構，則冠以機構名，如殿内侍御中散、内秘書侍御中散等。孝文帝太和十七年定爲五品上，二十三年復次職員令未見載。

[2]監御曹令：官名。北魏置。監御曹長官，亦省稱爲監御令。孝文帝改制罷。

[3]景穆：即拓拔晃。景穆爲其謚號，北魏文成帝所追謚。

[4]屏退：引退。

[5]逆：預先。

[6]侍中：官名。北魏時常總典機密，受遺詔輔政，權高位重，時號“小宰相”。初置四員，節閔帝普泰年間增至六員。孝文帝太和十七年定爲從一品中，二十三年改爲三品。　尚書令：官名。北魏孝文帝改制後，尚書省權任頗重，以録尚書事爲長官，尚書令爲副職，兼掌監察百官，皆爲宰相。孝文帝太和十七年定爲從一品上，二十三年爲二品。

長子烈，善射，少言，有不可犯之色。少拜羽林中郎，[1]累遷侍中、殿中尚書。[2]于時孝文幼沖，[3]文明太后稱制，[4]烈與元丕、陸叡、李沖等各賜金策，[5]許以有罪不死。進爵洛陽侯，[6]轉衛尉卿。[7]

[1]羽林中郎：官名。北魏置。掌宿衛，多由宗室或拓跋族人充任，是皇帝左右親近之職。孝文帝太和十七年定爲從四品上，二十三年職員令未見載。

[2]殿中尚書：官名。北魏時領宫中兵馬，典宫禁宿衛及倉庫。孝文帝太和十七年定爲二品中，二十三年改爲三品。

[3]孝文：即北魏皇帝元宏。孝文爲其謚號。

[4]文明太后：即北魏文成皇后馮氏。文明爲其謚號。

[5]元丕：人名。北魏宗室。見《北史》卷一五《武衛將軍謂附東陽王丕傳》。　陸叡：人名。字思弼，代（今山西大同市東北）人。北魏大臣。見《北史》卷二八《陸俟附陸叡傳》。　李沖：人名。原名思沖，字思順，隴西狄道（今甘肅臨洮縣）人。北魏官吏。見《北史》卷一〇〇《涼武昭王李暠附李沖傳》。　金策：鐵券的美稱。古代帝王頒賜給大臣，授以世代享受免死等特權的憑證。爲漢高祖所創。

[6]洛陽侯：封爵名。洛陽，縣名。治所在今河南洛陽市東北二十里。

[7]衛尉卿：官名。北魏時掌宮門禁衛、武器庫藏等。孝文帝太和二十三年之後爲第三品。

及遷都洛陽，人情戀本，多有異議。帝以問烈。曰："陛下聖略深遠，非愚管所測。若隱心而言，樂遷之與戀舊，中半耳。"帝曰："卿不唱異同，朕深感不言之益。"敕鎮代，[1]留臺庶政，一相參委。車駕幸代，執烈手曰："宗廟至重，翼衛不輕。卿當祗奉靈駕，[2]時遷洛邑。"烈與高陽王雍奉神主於洛陽，[3]遷光禄卿。[4]

[1]代：亦稱代都，即平城。北魏舊都，在今山西大同市東北。

[2]祗奉：敬奉。　靈駕：載皇帝列祖列宗牌位的車駕。

[3]高陽王：封爵名。高陽，郡名。北魏時治高陽縣，在今河北高陽縣東。　雍：即元雍，人名。字思穆。北魏宗室。見《北史》卷一九《高陽王雍傳》。　神主：已死君主的牌位。

[4]光禄卿：官名。南朝梁武帝天監七年（508）改光禄勳置，掌宮殿門户及一部分宮廷供御事務。北魏時又作"光禄勳"，兼掌供應百官膳食。孝文帝太和十七年定爲從一品下，二十三年改爲

三品。

十九年，大選百僚，烈子登引例求進。烈表引己素無教訓，請乞黜落。帝曰："此乃有識之言，不謂烈能辨此！"乃引見登，詔曰："朕今創禮新邑，明揚天下，卿父乃行謙讓之表，而有直士之風，故進卿爲太子翊軍校尉。"[1]又加烈散騎常侍，[2]封聊城縣子。[3]

[1]太子翊軍校尉：官名。南朝宋始置。東宫侍從武官。北魏亦置。孝文帝太和十七年定爲四品上。

[2]散騎常侍：官名。南朝時屬集書省，職掌侍從左右，主掌圖書文翰、文章撰述、諫諍拾遺，收納轉呈文書奏事。北朝時兼領修史，爲閑散之職。北魏初一度掌出令，位在中書令之上。孝文帝太和十七年定爲二品下，二十三年後爲從三品。

[3]聊城縣子：封爵名。聊城，縣名。治所在今山東聊城市。

及穆泰、陸叡謀反舊京，[1]帝幸代，泰等伏法。賜烈及李沖璽書，述叙金策之意。時代鄉舊族，同惡者多，唯烈一宗，無所染豫。[2]帝益器重之。歎曰："元儼决斷威恩，[3]深自不惡，然盡忠猛决，[4]不如烈也。爾日烈在代都，必即斬其五三元首。[5]烈之節概，不謝金日磾。"[6]詔除領軍將軍。[7]以本官從征荆沔，[8]加鼓吹一部。[9]

[1]穆泰：人名。本名石洛，孝文帝賜名泰，鮮卑族。北魏大臣。見《北史》卷二〇《穆崇附穆泰傳》。

[2]無所染豫：四庫本"豫"作"預"。

[3]元儼：人名。北魏將領，孝文帝時官至領軍。

[4]猛决：毛本、殿本、四庫本、局本、四部備要本作“猛法”。猛法意爲嚴酷的法令，猛决意爲勇猛果决。底本是。

[5]元首：禍首。

[6]不謝：不亞於。　金日（mì）磾（dī）：人名。字翁叔，本爲匈奴休屠王太子，深受漢武帝寵信。見《漢書》卷六八《金日磾傳》。

[7]領軍將軍：官名。禁衛軍最高長官，權勢極重。北魏孝文帝太和十七年定爲二品上，二十三年改爲從二品（參張金龍《北魏後期禁衛武官制度考論》，《蘭州大學學報》2001年第6期）。

[8]荆：州名。北魏時治穰縣，在今河南鄧州市。　沔：即今漢水。北源自今陝西留壩縣，西源自今陝西寧强縣。沔水入長江後，今湖北武漢市以下部分，亦通稱沔水。

[9]鼓吹：演奏鼓吹樂的樂隊。本用於軍中，後賜予有功大臣，遂成爲皇帝賜予臣下的一種禮遇。

二十三年，齊將陳顯達入寇馬圈，[1]帝輿疾討之。[2]執烈手，以京邑爲託。帝崩於行宫，彭城王勰秘諱而返，[3]稱詔召宣武會駕魯陽。[4]以烈留守之重，密報凶問。[5]烈處分行留，[6]神守無變。[7]

[1]陳顯達：人名。南彭城（今安徽蕪湖市至江蘇南京市長江以東）人。南朝宋、齊將領。見《南齊書》卷二六《陳顯達傳》。　馬圈：城名。在今河南鎮平縣南。

[2]輿疾：抱病登車。

[3]彭城王：封爵名。彭城，郡名。北魏時治彭城縣，在今江蘇徐州市。　勰：即元勰，人名。字彦和。北魏宗室。見《北史》卷一九《彭城王勰傳》。

［4］宣武：即北魏皇帝元恪。宣武爲其謚號。　魯陽：郡名。北魏時治山北縣，在今河南魯山縣。

［5］凶問：噩耗。

［6］處分：調度。　行留：軍隊的調遣和留駐。

［7］神守：神情。

宣武即位，寵任如前。咸陽王禧爲宰輔，[1]權重當時，曾遣家僮傳言于烈，求舊羽林武賁執仗出入。[2]烈不許。禧遣謂烈曰："我是天子兒，天子叔，元輔之命，[3]與詔何異？"烈厲色答曰："向亦不道王非天子兒、叔。若是詔，應遣官人所由。[4]若遣私奴索官家羽林，[5]烈頭可得，羽林不可得也！"禧惡烈剛直，出之爲恒州刺史。[6]烈不願藩授，謂彭城王勰曰："殿下忘先帝南陽之詔乎？[7]而逼老夫乃至于此！"遂以疾辭。

［1］咸陽王：封爵名。咸陽，郡名。北魏時治池陽縣，在今陝西涇陽縣。　禧：即元禧，人名。字思永，《魏書》卷二一上《咸陽王禧傳》又作"永壽"。北魏宗室。見《北史》卷一九《咸陽王禧傳》。

［2］羽林：皇帝禁衛軍。北魏孝文帝太和十九年，選天下武勇之士十五萬爲羽林、虎賁，以充侍衛。掌禁衛皇宫，擔任宿衛，亦奉命出征。武人挽上格者爲羽林，次格者爲虎賁。　武賁：即虎賁。《北史》避唐高祖祖父李虎諱改。

［3］元輔：輔政重臣。

［4］若是詔應遣官人所由：中華本《魏書》卷三一《于栗磾傳》校勘記云："《御覽》卷四二八'所由'作'何由'。按'所由'常見於唐代文書，指主管的官吏，魏時罕見，疑作'何

由’是。”

[5]官家：舊時對皇帝的稱呼。

[6]恒州：北魏孝文帝太和十七年（493）以司州改名，治平城，在今山西大同市東北。

[7]南陽：郡名。北魏時治南陽縣，在今河南鄧縣西南。

宣武以禧等專擅，潛謀廢之。景明二年正月，[1]礿祭，[2]三公致齋于廟。帝夜召烈子忠謂曰：“卿父明可早入。”及明，烈至。詔曰：“諸父慢怠，今欲使卿以兵召之，卿其行乎？”烈曰：“老臣歷奉累朝，頗以幹勇賜識。今日之事，所不敢辭。”乃將直閤以下六十餘人，[3]宣旨召咸陽王禧、彭城王勰、北海王詳，[4]衛送至帝前。諸公各稽首歸政。以烈爲領軍，[5]進爵爲侯，自是長直禁中，機密大事皆所參焉。

[1]景明：北魏宣武帝的年號（500—503）。

[2]礿祭：指皇帝春祭宗廟。底本“礿”作“初”，殿本、四庫本、局本、四部備要本、中華本作“礿”。今從《魏書》卷三一《于栗磾附于忠傳》改。

[3]直閤：官名。南朝及北魏置。爲皇帝左右侍衛之官。北魏時，位在直閤將軍之下，爲比視官，有罪不得免除。

[4]北海王：封爵名。北海，郡名。北魏時治平壽城，在今山東昌樂縣東南。　詳：即元詳，人名。字季豫。北魏宗室。見《北史》卷一九《北海王詳傳》。

[5]領軍：官名。此處爲領軍將軍的省稱。

咸陽王禧之謀反，宣武從禽于野，[1]左右分散，倉卒之際，莫知其計。乃勑烈子忠馳覘虚實。[2]烈時留守，已處分有備。因忠奏曰："臣雖朽邁，心力猶可。禧等猖狂，不足爲慮。願緩蹕徐還，[3]以安物望。"帝甚以爲慰。車駕還宫，禧已逃，詔烈追執之。[4]

[1]咸陽王禧之謀反宣武從禽于野：高敏《南北史考索》（天津古籍出版社 2010 年版，第 421 頁）："按：《魏書》卷三一同人傳，'咸陽王禧謀反也'句下，有'武興王楊集始馳於北邙以告'一句，《北史》删之，則世宗何從知之？故此句删之不當。"

[2]覘（chān）：偷偷查看。

[3]蹕（bì）：帝王出行時，禁止人車通行。

[4]詔烈追執之：高敏《南北史考索》（第 421 頁）："查《魏書》作'詔烈遣直閤叔孫侯將虎賁三百人追執之'。則追執咸陽王禧者爲叔孫侯而非于烈。此又因删致誤也。《北史》校勘記失校。"

順后既立，[1]以世父之重，[2]彌見優禮。及卒，宣武舉哀于朝堂，給東園第一祕器，[3]贈太尉，封鉅鹿郡公。[4]子祚襲。

[1]順后：北魏宣武帝順皇后于氏。太尉于烈的侄女，于勁之女。見《北史》卷一三《宣武順皇后于氏傳》。

[2]世父：伯父。

[3]東園：官署名。秦漢置。掌管陵墓内器物、葬具的製造與供應。　祕器：皇室、顯宦死後用的棺材。

[4]鉅鹿郡公：封爵名。鉅鹿，郡名。北魏時屬定州，治曲陽縣，在今河北晋州市西。

祚弟忠，字思賢，本字千年。弱冠，拜侍御中散。文明太后臨朝，刑政頗峻，侍臣左右，多以微譴得罪。忠朴直少言，終無過誤。太和中，[1]授武騎侍郎，[2]因賜名登。累遷左中郎將，[3]領直寢。[4]

[1]太和：北魏孝文帝的年號（477—499）。

[2]武騎侍郎：官名。北魏設。爲侍從武官。孝文帝太和十七年定爲從四品上，二十三年復次職員令未見載。

[3]左中郎將：官名。北魏時置五員，爲冗職，用以安置閑散武官，隸領軍府所轄左、右衛府。從四品。源氏校勘記云：“《魏書》（‘左’）作‘右’。”

[4]直寢：官名。北魏置。爲皇帝的左右侍衛武官，多選用功臣子弟充任。高敏《南北史考索》（第421頁）：“《魏書》卷三十一同人傳作：‘太和中，授武騎侍郎，因賜名登。轉太子翊軍校尉。世宗即位，遷長水校尉。尋除左右郎將，領直寢。’據《北史》，于忠‘尋遷左中郎將，領直寢’事，發生於‘太和中’；據《魏書》此事發生於世宗即位之後，顯係《北史》因删削而致誤；‘左中郎將’官名可正《魏書》之失，因魏無‘左右郎將’之稱，唐長孺《魏書》校勘記已言之。此條《北史》校勘記失校。”

元禧之亂，車駕在外，變起倉卒。忠曰：“臣父爲領軍，計必無所慮。”帝遣忠馳觀之，烈嚴備，果如所量。忠還，宣武撫其背曰：“卿差彊人意。先帝賜卿名登，誠爲美稱。朕嘉卿忠款，今改名忠，既表貞固之誠，亦以名實相副也。”以父憂去職。[1]徙爲司空長史。[2]

[1]憂：指喪事。

[2]司空長史：官名。即司空府長史。掌司空府顧問參謀。從三品。

時太傅、録尚書、北海王詳親尊權重，[1]將作大匠王遇多隨詳所欲而給之。[2]忠於詳前謂遇曰："殿下國之周公，[3]阿衡王室，[4]何至阿諛附勢，損公惠私也？"遇既不寧，[5]詳亦慚謝。以平元禧功，封魏郡公。及遷散騎常侍、兼武衛將軍，[6]每以鯁氣正辭，爲北海所忿。面責忠曰："我憂在前見爾死，不憂爾見我死時也。"忠曰："人生自有定分，若應死王手，避亦不免；不爾，王不能殺。"詳因忠表讓之際，密勸帝以忠爲列卿，于是詔停其封，優進太府卿。[7]

[1]太傅：官名。爲輔政大臣。北魏時爲三公之一。正一品。　録尚書：官名。即録尚書事。北魏時爲尚書省長官，職權甚重。多以公卿權重者居之，總領尚書省政務。位在三公上。

[2]將作大匠：官名。掌領徒隸修建宫室、宗廟、陵寢等土木工程。北魏孝文帝太和十七年定爲從二品下，二十三年定爲從三品。　王遇：人名。本名他惡，字慶時，馮翊李潤鎮（今陝西蒲城縣東北）人。北魏宦官。見《北史》卷九二《王遇傳》。

[3]周公：人名。姬姓，名旦。輔佐周武王治國理政。見《史記》卷三三《魯周公世家》。

[4]阿衡：本指商代師保之官。引申爲任國家輔弼之任，宰相之職。

[5]寧：安心。

[6]武衛將軍：官名。北魏時掌宿衛禁軍。孝文帝太和二十三

年定爲從三品。

[7]太府卿：官名。南朝梁武帝天監七年始置，掌管金帛庫藏出納、關市税收，以供國家、宫廷用度。北朝時位列九卿，兼南朝太府、少府二卿之職。北魏孝文帝太和中改少府置，亦省稱太府。孝文帝太和二十三年定爲三品。

正始二年，[1]詔忠以本官使持節、兼侍中，[2]爲西道大使，[3]刺史、鎮將贓罪顯暴者，以狀聞；守令以下，便行决斷。與尚書李崇分使二道。[4]忠劾并州刺史高聰贓罪二百餘條，[5]論以大辟。[6]除華州刺史。[7]遭繼母憂，不行。服闋，再遷衛尉卿、河南邑中正。[8]忠與吏部尚書元暉、度支尚書元匡、河南尹元萇等推定代方姓族。[9]高肇忌其爲人，[10]乃言于宣武，稱中山要鎮，[11]作捍須才，乃出忠爲定州刺史。[12]既而帝悔，復授衛尉卿、領左衛將軍、恒州大中正，[13]密遣使詣忠，慰勉之。

[1]正始：北魏宣武帝的年號（504—508）。

[2]使持節：即持節出使。漢時，節爲皇帝授予臣子號令賞罰之權的信物，故持節者比不持節者位高權重。西晋時，又將使持節與持節相區分，成爲專用職名。有使持節職名得殺二千石以下官吏。北魏因之。

[3]大使：官名。代表帝王的特派使臣。

[4]李崇：人名。字繼長，小名繼伯，頓丘（今河南清豐縣西南）人。北魏官吏。見《北史》卷四三《李崇傳》。

[5]并州：北魏時治晋陽縣，在今山西太原市晋源區古城營村一帶。　高聰：人名。字僧智，勃海蓨（今河北景縣）人。北魏官

吏。見《北史》卷四〇《高聰傳》。

[6]大辟：即死刑。適用於重大罪犯。

[7]華州：北魏孝文帝太和十一年置，治李潤堡，在今陝西蒲城縣東北。宣武帝永平三年（510）移治華陰縣，在今陝西大荔縣。

[8]河南邑：地名。在今河南洛陽市東北。　中正：官名。魏晉南北朝時負責評定士族内部品第的官員。漢獻帝時置中正，負責品評本郡士族。三國魏齊王曹芳時在郡中正之上設州大中正，核實郡中正所報的品、狀，主管州内士族品第的評定，並有推舉和罷免郡中正的權力（須經司徒府通過）。兩晉南北朝沿置。州大中正由司徒選授，本州内鄉品二品的士族高門可以參預其推舉，出任者皆爲鄉品二品的士族高門，許多家族世代相襲。北魏後期選任漸濫。

[9]吏部尚書：官名。三國魏改選部尚書置。主管官吏銓選、考課、獎懲。北魏孝文帝太和二十三年改爲三品。　元暉：人名。字景襲。北魏宗室。見《北史》卷一五《常山王遵附元暉傳》。　度支尚書：官名。爲尚書省度支曹長官。統管度支、户部、金部、倉部四曹。掌軍國財賦的收支會計及漕運物價屯田之政令。北魏孝文帝太和二十三年定爲三品。　元匡：人名。字建扶。北魏宗室。見《北史》卷一七《廣平王洛侯附東平王匡傳》。　河南尹：官名。北魏孝文帝太和十七年遷都洛陽，置河南郡，設爲長官。掌京都洛陽地區行政。三品。　元萇：人名。一作“元長”。北魏宗室。見《北史》卷一五《高凉王孤附元萇傳》。

[10]高肇：人名。字首文，勃海蓨（今河北景縣）人。北魏官吏、外戚。見《北史》卷八〇《高肇傳》。

[11]中山：郡名。北魏時治盧奴縣，在今河北定州市。

[12]定州：北魏時治盧奴縣，在今河北定州市。

[13]左衛將軍：官名。北魏時與右衛將軍共掌宿衛營兵。孝文帝太和二十三年定爲三品。

延昌初，[1]除都官尚書，[2]領左衛、中正如故。又加散騎常侍。嘗因侍宴，賜之劍杖，舉酒屬忠曰："卿世執貞節，故恒以禁衛相委。昔以卿行忠，賜名曰忠。今以卿才堪禦侮，以所御劍杖相錫。[3]循名取義，意在不輕，出入恒以自防也。"遷侍中、領軍將軍。忠辭無學識，宣武曰："學識有文章者不少，但心直不如卿。欲使卿劬勞於下，[4]我當無憂于上。"

[1]延昌：北魏宣武帝的年號（512—515）。

[2]都官尚書：官名。北魏時爲尚書省都官曹長官。孝文帝太和二十三年定爲三品。

[3]錫：賞賜。

[4]劬勞：勞累。

及帝崩夜，忠與侍中崔光遣右衛將軍侯剛迎明帝于東宮而即位。[1]忠與門下議：以帝沖年，[2]未親機政，太尉高陽王雍屬尊望重，宜入居西柏堂，省决庶政；任城王澄明德茂親，[3]可爲尚書令，總攝百揆。奏中宫，[4]請即敕授。御史中尉王顯欲逞奸計，[5]與中常侍、給事中孫蓮等厲色不聽，[6]寢門下之奏。孫蓮等密欲矯太后令，以高肇録尚書事，顯與高猛爲侍中。[7]忠即殿中收顯殺之。

[1]崔光：人名。本名孝伯，字長仁，孝文帝賜名"光"，東清河鄃（今山東淄博市）人。北魏官吏。見《北史》卷四四《崔光傳》。　右衛將軍：官名。北魏時負責宫禁宿衛。孝文帝太和二

十三年定爲三品。　侯剛：人名。字乾之，河南洛陽（今河南洛陽市）人。北魏官吏。見《北史》卷九二《侯剛傳》。

[2]沖年：年幼。

[3]任城王：封爵名。任城，郡名。北魏時治任城縣，在今山東濟寧市。　澄：即元澄，人名。字道鏡，《魏書》卷一九《任城王雲附元澄傳》作"道鎮"。北魏宗室。見《北史》卷一八《任城王雲附元澄傳》。　明德：才德兼備。　茂親：有才德的親屬。

[4]中宫：皇后居住的地方。借指皇后。

[5]御史中尉：官名。北魏時爲御史中丞改稱，主御史臺，糾彈百官，參治刑獄。頗重其選。孝文帝太和十七年定爲三品上，二十三年定爲從三品。　王顯：人名。字世榮，陽平樂平（今山西昔陽縣）人。北魏官吏。見《北史》卷九〇《王顯傳》。

[6]中常侍：官名。北魏時置爲高級宦官，地位與諸少卿相等，侍從帝、后左右，傳達詔命，受理尚書、門下奏事，職權甚重。孝文帝太和十七年定爲三品上，二十三年改爲四品上。　給事中：官名。北魏時爲内朝官，常派往尚書省諸曹，參領政務，並負監察之責。孝文帝太和十七年定爲從三品，二十三年爲六品上。　孫蓮：人名。源氏校勘記云："《魏書》（'孫蓮'）作'孫伏連'。"

[7]高猛：人名。字豹兒，勃海蓨（今河北景縣）人。北魏外戚。見《北史》卷八〇《高肇附高猛傳》。

忠既居門下，又總禁衛，遂執朝政，權傾一時。初，太和中，軍國多事，孝文以用不足，百官禄四分減一。忠既擅朝，欲以惠澤自固，乃悉復所減之禄，職人進位一級。舊制：百姓絹布一匹之外，各輸綿麻八兩。忠悉以與之。乃白高陽王雍，自云宣武本許優轉。雍憚忠威權，便順意加忠車騎大將軍。[1]忠自謂新故之際，有安社稷功，諷百僚令加己賞。太尉雍、清河王懌、廣平王懷難違其意，[2]封忠常山郡公。[3]忠又難于獨受，乃諷朝廷，同在門下者加封邑。尚書左僕射郭祚、尚書裴植以忠權勢日盛，[4]勸雍出忠。忠聞之，逼有司誣奏其罪。祚有師傅舊恩，植擁地入國，忠並矯詔殺之。朝野憤忿，無不切齒，王公以下，畏之累跡。又欲殺高陽王雍，侍中崔光固執乃止，遂免雍太尉，以王還第。自此詔命生殺，皆出于忠。既尊靈太后爲皇太后，[5]居崇訓宫，[6]忠爲儀同三司、尚書令、崇訓衛尉，[7]侍中、領軍如故。

[1]車騎大將軍：官名。魏晋制度，驃騎、車騎、衛三將軍皆爲重號將軍，高於諸名號大將軍。本無須加“大”，其後將軍名號越來越濫，遂又增此號。多加元老重臣，以示尊崇。開府置僚屬，不領兵。北魏孝文帝太和十七年定爲一品中，二十三年改爲從一品。

[2]清河王：封爵名。清河，郡名。北魏時治清河縣，在今山東臨清市東北。　懌：即元懌，人名。字宣仁。北魏宗室。見《北史》卷一九《清河王懌傳》。　廣平王：封爵名。廣平，郡名。北魏時治曲梁城，在今河北永年縣東南。　懷：即元懷，人名。字宣義。北魏宗室。見《北史》卷一九《廣平王懷傳》。

[3]常山郡公：封爵名。常山，郡名。北魏時治安樂壘，在今河北藁城市西北。

[4]尚書左僕射：官名。北魏時尚書僕射列位宰相，然因録尚書、尚書令常置，故地位稍遜於南朝。掌都省庶務、執法、典選舉，左僕射兼掌糾彈百官。孝文帝太和二十三年定爲從二品。　郭祚：人名。字季祐，太原晋陽（今山西太原市晋源區古城營村一帶）人。北魏官吏。見《北史》卷四三《郭祚傳》。　裴植：人

名。字文遠，河東聞喜（今山西聞喜縣）人。北魏官吏。見《北史》卷四五《裴叔業附裴植傳》。

[5]靈太后：即北魏宣武帝皇后胡氏。靈爲其謚號。

[6]崇訓宮：在今河南洛陽市東北。

[7]儀同三司：多加於權臣元老，以示尊崇，開府置僚屬，不領兵。南北朝因之。北魏孝文帝太和十七年定爲一品中，二十三年改爲從一品。 崇訓衛尉：官名。掌太后宮禁，冠太后宮名爲官號，位略同於九卿。

靈太后臨朝，解忠侍中、領軍、崇訓衛尉，止爲儀同、尚書令、侍中。[1]忠爲令旬餘，[2]靈太后引門下侍官，問忠在端右聲聽。[3]咸曰不稱厥任，乃出爲冀州刺史。[4]太傅清河王等奏："忠擅殺樞納，[5]輒廢宰輔，朝野駭心，遠近怪愕。功過相除，悉不合賞，請悉追奪。"靈太后從之。

[1]止爲儀同尚書令侍中：中華本校勘記云："按上文云'解侍中'，下文又云止爲侍中，前後抵牾，疑下'侍中'二字衍，或更有脱文。"可從。儀同，爲儀同三司的省稱。儀同三司，謂官非三公而儀制待遇同於三公。魏晋時期，授予開府位從三公之文武官。南北朝時授予範圍不斷擴大，逐漸成爲官號。北魏孝文帝太和十七年定爲一品下，二十三年改爲從一品。位開府上。

[2]忠爲令旬餘：殿本缺"忠爲令"三字。

[3]端右：尚書令别稱，以居尚書省首列，故名。

[4]冀州：北魏時治信都縣，在今河北冀州市。

[5]樞納：指宰相等朝廷重臣。

熙平元年，[1]御史中尉元匡奏："忠以鴻勳盛德，受遇累朝，幸國大災，專擅朝命，無人臣之心。裴、郭受冤於既往，宰輔黜辱於明世。又自矯旨爲儀同三司、尚書令、領崇訓衛尉。原其此意，便欲無上自處。既事在恩後，宜加顯戮，請遣御史一人、令史二人，[2]就州行決。"靈太后令，以忠事經肆眚，遂不追罪。[3]又詔以忠歷任禁要，誠節皎然，賜爵靈壽縣公。[4]初，宣武崩後，高太后將害靈太后。[5]劉騰以告侯剛，[6]剛以告忠。忠請計于崔光。光曰："宜置胡嬪于別所，嚴兵守衛。"忠從之，具以此意啓靈太后，太后意乃安。故太后深德騰等四人，並有寵授。

[1]熙平：北魏孝明帝的年號（516—518）。

[2]令史二人：《魏書》作"令史一人"，《北史》諸本皆作"令史二人"。以事理推，當爲令史二人佐御史行事爲當。令史，官名。北魏時尚書臺、蘭臺、諸公及開府位從公者府屬諸曹皆置。除主文書外，又有主圖、主譜令史。實際已成爲各機關皆設的一種低級辦事官吏，唯尚書諸曹令史頗有實權。

[3]以忠事經肆眚（shěng）遂不追罪：源氏校勘記云："《魏書》'眚'作'宥'，'追'作'進'。"肆眚，寬恕罪人。

[4]靈壽縣公：封爵名。靈壽，縣名。治所在今河北靈壽縣。

[5]高太后：北魏宣武帝皇后高氏。爲靈太后所害。見《北史》卷一三《宣武皇后高氏傳》。

[6]劉騰：人名。字青龍，平原城（今山東平原縣）人。北魏官吏。見《北史》卷九二《劉騰傳》。

忠以毀之者多，懼不免禍，願還京，欲自營救。靈太后不許。二年四月，除尚書右僕射，[1]加侍中，將軍如故。神龜元年三月，[2]復儀同三司。疾，未拜。見裴、郭爲祟，自知必死，先表養亡弟第二子司徒掾永超爲子，[3]乞以爲嫡。靈太后許之。薨，贈司空。有司奏太常少卿元端議：[4]“案謚法，剛强理直曰武，怙威肆行曰醜，宜謚武醜公。”太常卿元脩義議：[5]“忠盡心奉上，翦除凶逆。依謚法，除僞寧真曰武，夙夜恭事曰敬，宜謚武敬公。”二卿不同。靈太后令依正卿議。

[1]尚書右僕射：官名。北魏時列位宰相，在録尚書事、尚書令下，職掌都省庶務及執法，或典選舉。職在左僕射下。孝文帝太和十七年定爲從一品中，二十三年改爲從二品。

[2]神龜：北魏孝明帝的年號（518—520）。

[3]掾：屬官統稱。

[4]太常少卿：官名。北魏置。爲太常副職，協助太常卿管理禮樂、宗廟祭祀事務。位在太常丞上。孝文帝太和十七年定爲三品上，二十三年改爲四品上。　元端：人名。字宣雅。北魏宗室。見《魏書》卷二一上《高陽王雍附元端傳》。

[5]太常卿：官名。爲太常的尊稱。主管祭祀社稷、宗廟和朝會、喪葬禮儀，管理皇帝陵墓、寢廟所在縣邑，每月巡視諸陵，兼管文化教育，博士和博士弟子的考核、薦舉、補吏。北魏孝文帝太和十七年定爲從一品下，二十三年改爲三品。　元脩義：人名。字壽安。北魏宗室。見《北史》卷一七《汝陰王天賜附元脩義傳》。

忠性多阻忌，不交勝己，唯與直閤將軍章初瓌、千牛備身楊保元爲斷金之交。[1]李世哲求寵于忠，[2]私以金帛貨初瓌、保元，二人談之，遂被賞愛，引爲腹心。忠擅權昧進爲崇訓之由，[3]皆世哲計也。

[1]直閤將軍：官名。爲皇帝左右侍衛之官，地位顯要。北魏時多以宗室任此職。孝文帝太和二十三年定爲從三品中。　千牛備身：官名。全稱爲千牛備身左右。北魏設，執御刀禁衛於皇帝左右。孝文帝太和二十三年定爲六品。北周沿置。　斷金：語出《易·繫辭上》："二人同心，其利斷金。"孔穎達疏："金是堅剛之物，能斷而截之，盛言利之甚也。"後謂齊心協力或情深意重。

[2]李世哲：人名。頓丘（今河南清豐縣西南）人。北魏官吏。見《北史》卷四三《李崇附李世哲傳》。

[3]權：局本訛作"灌"。

忠弟景，字百年。忠薨後，爲武衛將軍。謀廢元叉，叉黜爲懷荒鎮將。[1]及蠕蠕主阿那瓌叛，[2]鎮人請糧，景不給。鎮人遂執縛景及其妻，拘守别室，皆去其衣服，令景著皮裘，妻著故絳旗襖，[3]毀辱如此。月餘，乃殺之。

[1]懷荒：軍鎮名。治所在今河北張北縣。

[2]蠕蠕：族名。亦稱柔然，本爲東胡的一支，屬拓跋部。南北朝時始强大，活動於今蒙古國南部地區。以游牧爲生。見《北史》卷九八《蠕蠕傳》。

[3]絳旗襖：源氏校勘記云："《魏書》無'旗'字。"絳襖，深紅色的上衣。

烈弟果，嚴毅直亮，有父兄風。歷朔、華、并、恒四州刺史，[1]賜爵武城子。[2]果弟勁。

[1]朔：州名。北魏時治盛樂，在今内蒙古和林格爾縣西北。

[2]武城子：封爵名。武城，縣名。治所在今山東武城縣西北。

勁字鍾葵，頗有武略，位沃野鎮將，[1]賜爵富昌子。[2]宣武納其女爲后，封勁太原郡公，妻劉氏爲章武郡君。[3]後爲征北將軍、定州刺史。[4]卒，贈司空，謚曰恭莊公。自栗磾至勁，累世貴盛，一皇后，四贈公，三領軍，二尚書令，三開國公。勁雖以后父，但以順后早崩，竟不居公輔。[5]

[1]沃野：軍鎮名。北魏置。初在今内蒙古巴彦淖爾市臨河區西南巴拉亥附近。孝文帝太和十年移於今内蒙古杭錦旗西北。宣武帝正始後又移於今内蒙古烏拉特前旗蘇獨侖鄉的根子場古城。

[2]富昌子：封爵名。富昌，縣名。治所在今内蒙古准格爾旗東南。

[3]章武：郡名。北魏時治平舒縣，在今河北大城縣。　郡君：封號。漢始置，北魏亦見，無定制，多封皇后之母，高官之母、妻或郡公之妻，間或有封宫婢者。

[4]征北將軍：官名。北魏時爲四征將軍之一，多爲持節都督，出鎮方面，地位顯要。孝文帝太和二十三年定爲二品。

[5]“自栗磾”至“居公輔”：高敏《南北史考索》（第422頁）：“《魏書》卷三十一《于栗磾傳附于忠傳》之末，亦附此段話，其文曰：‘于氏自曾祖四世貴盛，一皇后，四贈三公，領軍，尚書令，三開國公。’把二者做一比較，即知其差異：一是《魏書》卷三十一以之列於《于忠傳》之後，祇有《魏書》卷八十三下《外戚傳下》以此段話列於《于勁傳》之末，但《外戚傳》原缺，係以《北史》補，足見《北史》本來就以此繫於《于勁傳》

之末，此《北史》繫時之誤；二是此條亦可補《魏書》之脱漏；因爲《魏書》所載‘四贈三公，領軍，尚書令’之前無數字，疑有脱漏，據唐長孺先生考證，以爲是‘四贈公，三領軍’，則‘二尚書令’句之數字，爲《北史》所補。可見《北史》與《外戚傳》所載，可補《魏書》之脱漏。《北史》校勘記失校。”

子暉，字宣明，后母弟也。少有氣幹。襲爵，位汾州刺史。[1]暉善事人，爲尒朱榮所親，[2]以女妻其子長儒。歷侍中、河南尹。後兼尚書僕射、東南道行臺，[3]與齊神武討平羊侃於兖州。[4]元顥入洛，[5]害之。

［1］汾州：北魏時治蒲子城，在今山西隰縣。

［2］尒朱榮：人名。字天寶，北秀容（今山西朔州市）人，契胡族。北魏官吏。見《北史》卷四八《尒朱榮傳》。

［3］尚書僕射：官名。北魏時職掌都省庶務及執法，或典選舉，輔助尚書令執行政務，參議大政，諫諍得失。孝文帝太和十七年定爲從一品中，二十三年定爲從二品。　東南道：指東南部。北魏後期，根據不同方位，對大使、征伐都督和行臺活動範圍的一種區域規定（參張鶴泉《北魏後期的“道”考略》，《古代文明》2008年第1期）。　行臺：官名。行臺長官的省稱。北魏時爲行臺尚書，職掌當地軍政事務，亦兼理民事。

［4］齊神武：即高歡。神武爲其謚號，北齊後主所追謚。　羊侃：人名。字祖忻，泰山梁甫（今山東新泰市）人。北魏、南朝梁官吏。見《梁書》卷三九《羊侃傳》。　兖州：北魏時治滑臺城，在今河南滑縣東。

［5］元顥：人名。字子明。北魏宗室。見《北史》卷一九《北海王詳附元顥傳》。

勁弟天恩，[1]位内行長、遼西太守。[2]贈平東將軍、燕州刺史。[3]

[1]勁弟天恩：中華本校勘記云："《魏書·于栗磾傳》無天恩事迹。按《北史》以天恩爲于勁弟，則當爲孝文、宣武時人。其四世孫爲于謹，據《謹傳》，謹死於周武帝天和三年，年七十六，則當生於魏孝文帝太和十七年，與天恩幾乎同時，疑無是理。《周書》卷一五《于謹傳》不言其爲于栗磾子孫，《北史》當是據于氏家傳，疑非事實。"可從。

[2]内行長：官名。北魏前期置。爲皇帝親信的高級官吏，人數、職掌皆不固定。按鮮卑制度而設的特殊職官，孝文帝改制後取消。　遼西：郡名。北魏時治肥如縣，在今河北盧龍縣西北。

[3]平東將軍：官名。爲四平將軍之一。權任很重，多持節都督或兼理某一地區的軍事，有時也作爲刺史兼理地方軍事的加官。北魏孝文帝太和二十三年定爲三品。　燕州：北魏時治廣寧，在今河北涿鹿縣。

天恩子仁生，位太中大夫。[1]

[1]太中大夫：官名。亦作"大中大夫"。北魏時多用於安置年老病退免官的九卿等大臣，亦用作加官、兼官，或供朝廷臨時差遣。孝文帝太和二十三年改爲從三品。

仁生子安定，平原郡太守、高平郡都將。[1]

[1]平原郡太守高平郡都將：源氏校勘記云："'原'《周書》作'凉'。"中華本校勘記云："《周書·于謹傳》'平原'作'平凉'，未知孰是。又《周書》無'都'字。按'郡將'不是正式官

稱，‘郡都將’無此官名，疑當作‘高平鎮都將’，高平本是北魏重鎮。”高平，軍鎮名。治所在今寧夏固原市。

安定子子提，隴西郡守、茂平縣伯。[1]周保定二年，[2]以子謹著勳，追贈太保、建平郡公。[3]

[1]隴西：郡名。北魏時治襄武縣，在今甘肅隴西縣東南。　茂平縣伯：源氏校勘記云：“‘茂’《周書》作‘茌’。”中華本校勘記云：“《周書》‘茂’作‘茌’，疑是。‘茌平’見《魏志》齊州東平原郡及濟州平原郡。‘茂平’不見地志。”可從。茌平，縣名。治所在今山東茌平縣西。

[2]保定：北周武帝的年號（561—565）。

[3]太保：官名。爲輔佐君王的重要大臣。北周時改號三公，正九命。　建平郡公：封爵名。建平，郡名。北周時治巫縣，在今重慶巫山縣。

謹字思敬，小名巨引。[1]沈深有識量，略窺經史，尤好《孫子》兵書。[2]屏居未有仕進志。[3]或有勸之者，謹曰：“州郡之職，昔人所鄙，台鼎之位，須待時來。”太宰元天穆見之，[4]歎曰：“王佐材也。”

[1]小名巨引：中華本校勘記云：“《周書》及《通志》卷一五六《于謹傳》‘引’作‘彌’，疑是。”可從。

[2]孫子：又稱《孫武兵法》《吴孫子兵法》《孫子兵書》《孫武兵書》等。目前認爲《孫子兵法》由孫武草創，後經其弟子整理成書。全書共十三篇。山東銀雀山一號漢墓曾出土《孫子兵法》竹簡。

[3]屏居：屏客獨居。

[4]太宰：官名。北魏時於太師、太傅、太保三師之上，别置太宰，皆一品。　元天穆：人名。亦稱元穆。北魏宗室。見《北史》卷一五《高凉王孤附上黨王天穆傳》。

及破六韓拔陵首亂北境，引蠕蠕爲援，[1]大行臺元纂討之，[2]夙聞謹名，辟爲鎧曹參軍事，[3]從軍北伐。蠕蠕逃出塞，纂令謹追之，前後十七戰，盡降其衆。後率輕騎出塞覘賊，屬鐵勒數千騎奄至，[4]謹以衆寡不敵，乃散其騎，使匿叢薄間。[5]又遣人升山指麾，若分部軍衆。賊望見，雖疑有伏，恃衆不以爲慮，乃進逼謹。謹以常乘駿馬一紫一騧賊先所識，[6]乃使二人各乘一馬，突陣而出。賊以爲謹，争逐之。乃率餘軍擊其追騎。賊走，因得入塞。

[1]及破六韓拔陵首亂北境引蠕蠕爲援：中華本《周書》卷一五《于謹傳》校勘記云："按《魏書》卷九《肅宗紀》，正光四年（523）二月茹茹主阿那瓌犯塞，四月李崇、元纂北征茹茹。這時破落汗拔陵尚未起義，完全談不到‘引茹茹爲援’。而起義之後，北魏政權即勾引阿那瓌參加鎮壓起義軍，茹茹可汗援助的是北魏政權而不是破六汗拔陵，更是史實昭然。校記例不考事，但此條顛倒事實，厚誣起義軍，不可不辯。"可從。破六韓拔陵，人名。亦作"破落汗拔陵""破六汗拔陵"。北魏末六鎮起義軍首領。

[2]大行臺：官名。北魏置。爲尚書省在各主要地區派出機構的長官，管理轄區内的軍政事務。　元纂：人名。字紹興。北魏宗室。見《魏書》卷一九下《南安王楨附元纂傳》。

[3]鎧曹參軍事：官名。晋設，掌相府、公府、軍府等處鎧曹，

管鎧甲府庫藏等。北魏因之。

[4]屬：恰好遇到。　鐵勒：族名。又作“敕勒”“赤勒”“高車”“狄歷”。其先爲匈奴之苗裔丁零。見《北史》卷九九《鐵勒傳》。

[5]叢薄：茂密的草叢。

[6]騧（guā）：黑嘴的黄馬。

正光四年，[1]行臺、廣陽王元深北伐，[2]引謹爲長流參軍。[3]特相禮接，使其世子佛陁拜焉。遂與廣陽破賊主斛律野穀禄等。[4]謹請馳往喻之。謹兼解諸國語，乃單騎入賊，示以恩信，於是西部鐵勒酋長也列河等三萬餘户並款附，[5]相率南遷。廣陽與謹至析郭嶺迎接之。[6]謹曰：“拔陵兵衆不少，聞也列河等款附，必來要擊。彼若先據險，則難與争鋒。今以也列河等餌之，當競來抄掠，然後設伏而待，必指掌破之。”廣陽然其計。拔陵果來要擊，破也列河於嶺上，部衆皆没。謹伏兵發，賊大敗，悉收也列河之衆。[7]

[1]正光：北魏孝明帝的年號（520—525）。

[2]廣陽王：封爵名。廣陽，郡名。北魏時治燕樂縣，在今河北隆化縣。　元深：人名。字智遠。北魏宗室。見《北史》卷一六《廣陽王建附元深傳》。

[3]長流參軍：官名。亦稱長流賊曹參軍。東晋設。於諸府内掌捕盗賊及治安等事。歷朝因之，官秩不一。

[4]斛律野穀禄：人名。高車族敕勒部。

[5]於是西部鐵勒酋長也列河等三萬餘户並款附：源氏校勘記云：“‘也’《周書》作‘乜’。”中華本《周書》卷一五《于謹傳》

作“乜列河”，《通典》卷一五六《兵九》作“也列河”。未詳孰是。高敏《南北史考索》（第423頁）：“以此言之，是于謹之‘請馳往喻之’者，是賊主斛律野穀禄。但據《周書》卷十五《于謹傳》，在‘遂與廣陽王破賊主斛律野穀禄等’句後，有‘時魏末亂，群盜蜂起，謹乃從容謂廣陽王曰：‘自正光以後，海内沸騰，郡國荒殘，農商廢業。今殿下奉義行誅，遠臨關塞，然醜類蟻聚，其徒實繁，若極武窮兵，恐非計之上者。謹願禀大王之威略，馳往喻之，必不勞甲兵，可致清蕩。’廣陽王然之。謹兼解諸國語，乃單騎入賊，示以恩信。於是西部鐵勒酋長乜列河等，領三萬餘户歸附’一大段話。據此，知于謹所‘往喻’者爲西部鐵勒乜列河等，而非斛律野穀禄；且其時間，在破斛律野穀禄之後。祇因《北史》删去‘時魏末亂，群盜蜂起’後一大段文字，從而致誤，故爲因删致誤也。”

［6］析郭嶺：山名。當在今内蒙古和林格爾縣以西。源氏校勘記云：“《周書》（‘析郭’）作‘折敷’。”《周書·于謹傳》作“折敷”，《通典》卷一五六作“析敦”。當爲字形相近而訛。

［7］悉收：底本“收”上有“破”字，中華本校勘記云：“諸本‘收’上有‘破’字。《周書》無‘破’字，‘收’下有‘得’字。《通志》無‘破’字，亦無‘得’字。按上文言乜列河是爲破六韓拔陵所‘破’，此處‘破’字衍，今據《通志》删。”今從改。

孝昌元年，[1]又隨廣陽王征鮮于脩禮。[2]軍次白牛邏，會章武王爲脩禮所害，遂停軍中山。[3]侍中元晏宣言於靈太后曰：“廣陽盤桓不進，坐圖非望。又有于謹者，智略過人，爲其謀主，恐非陛下純臣。”靈太后詔於尚書省門外立牓，募獲謹者，許以重賞。謹聞之，請詣闕披露腹心，廣陽許之。謹遂到牓下，曰：“吾知此人。”衆共詰之，謹曰：“我即是也。”有司以聞。靈后見之，大怒。謹備述廣陽忠款，兼陳停軍之狀。靈后遂捨之。

[1]孝昌：北魏孝明帝的年號（525—527）。

[2]鮮于脩禮：人名。北魏末河北起義軍首領。

[3]軍次白牛邏會章武王爲脩禮所害：底本“白牛羅”作“白斗牛羅”，中華本校勘記云：“諸本‘白’下衍‘斗’字，據《周書》删。本書卷四《孝明紀》、卷一八《章武王融傳》、卷一六《廣陽王深傳》並作‘白牛邏’。‘斗’乃涉‘牛’形似而衍。又《孝明紀》繫此事於孝昌二年，此作‘元年’，疑誤。又章武王融死時，義軍領袖已是葛榮，此作脩禮，誤。”今從改。白牛邏，城名。在今河北博野縣。章武王，封爵名。指元融。見《北史》卷一八《章武王太洛附元融傳》。

後從尒朱天光與齊神武戰於韓陵山。[1]天光敗，謹遂入關。

[1]尒朱天光：人名。北秀容（今山西朔州市）人，契胡族。北魏官吏。見《北史》卷四八《尒朱榮附尒朱天光傳》。　韓陵山：在今河南安陽市東北。

周文帝臨夏州，[1]以謹爲防城大都督，兼夏州長史。及賀拔岳被害，[2]周文赴平涼。[3]謹言於周文曰：“關中秦漢舊都，古稱天府。今若據其要害，招集英雄，足觀時變。且天子在洛，逼迫群兇。請都關右，然後挾天子而令諸侯，千載一時也。”周文大悦。會有敕追謹爲閤内大都督，[4]謹因進都關中策。

[1]文帝：即宇文泰。文爲其謚號，北周明帝所追謚。　夏州：北魏時治大夏（統萬城），在今陝西靖邊縣白城子村無定河北岸的毛烏素沙漠中（靠近今内蒙古烏審旗南境）。

[2]賀拔岳：人名。字阿斗泥，神武尖山（今山西神池縣）人。北魏名將。見《魏書》卷八〇《賀拔勝附賀拔岳傳》。

[3]平涼：郡名。北魏時治鶉陰縣，在今甘肅華亭縣西。

[4]會有敕追謹爲閤内大都督：底本“閤”作“關”，中華本校勘記云：“諸本‘閤’作‘關’。按此時宇文泰正爲關西大都督，不容同時更有關内大都督。‘關’乃‘閤’之訛。閤内都督爲魏孝武帝所置，見《魏書》卷八〇《斛斯椿傳》。侯莫陳順、楊寬、竇熾、趙剛等人皆曾爲此職。閤内都督，職任禁衛，于謹時在關中，故‘敕追’到洛陽赴任。若是任爲關内大都督，則于謹本在關中，何須‘敕追’？今改‘關’爲‘閤’。”今從改。

魏帝西遷，仍從周文征潼關，[1]破回洛城，[2]授北雍州刺史，[3]進爵藍田縣公。[4]大統三年，[5]大軍東伐，爲前鋒，進拔弘農，[6]禽東魏陝州刺史李徽伯。[7]神武至沙苑，[8]謹力戰，進爵常山郡公。又從戰河橋，拜大丞相府長史，[9]兼大行臺尚書。[10]再遷太子太保。[11]芒山之戰，[12]大軍不利，謹率麾下僞降，立於路左。神武乘勝逐北，不以爲虞。謹自後擊之，敵人人駭。獨孤信又收兵於後奮擊，[13]神武軍亂，以此大軍得全。十二年，拜尚書左僕射，領司農卿。[14]及侯景款附，[15]請兵爲援，謹諫以爲景情難測，周文不聽。尋兼大行臺尚書、大丞相長史，率兵鎮潼關，加授華州刺史，賜秬鬯一卣，[16]珪瓚副焉。[17]俄拜司空。恭帝元年，[18]除雍州刺史。[19]

[1]潼關：關隘名。在今陝西潼關縣東北黄河南岸。

[2]回洛城：在今河南孟津縣東。

[3]北雍州：西魏時治華原縣，在今陝西銅川市耀州區。

[4]藍田縣公：封爵名。藍田，縣名。治所在今陝西藍田縣西。

[5]大統：西魏文帝的年號（535—551）。

[6]弘農：郡名。西魏時治弘農縣，在今河南靈寶市東北。

[7]陝州：東魏時治陝縣，在今河南三門峽市西。　李徽伯：人名。即李裔。字徽伯，趙郡平棘（今河北趙縣）人。北魏、東魏官吏。見《北史》卷三三《李裔傳》。

[8]沙苑：地名。又名沙阜、沙海、沙窩。在今陝西大荔縣南洛、渭二河之間。

[9]大丞相：官名。南北朝時，丞相、相國不常置，皆非尋常人臣之位，多用來安置權位極高的重臣。西魏亦置。置有長史、司馬、參軍等僚屬。

[10]大行臺尚書：官名。北魏、東魏、西魏皆置，屬大行臺。如分曹治事，則冠以曹名，如大行臺吏部尚書、大行臺度支尚書等。

[11]太子太保：官名。東宫三師之一，掌訓導輔佐太子。西魏沿置。

[12]芒山：即今河南洛陽市北邙山。芒山之戰指西魏與東魏在芒山進行的一次戰役。公元543年二月，東魏北豫州刺史高仲密叛變，宇文泰率軍接應。三月，兩軍在芒山决戰。西魏軍大敗。

[13]獨孤信：人名。本名如願，雲中（今内蒙古和林格爾縣西北）人，鮮卑族獨孤部。北周名將。見《北史》卷六一《獨孤信傳》。

[14]司農卿：官名。南朝梁時改大司農爲司農卿，職掌勸農、倉儲、園苑、供應宫廷膳食等。北魏孝文帝太和二十三年後爲第三品。西魏沿置。

[15]侯景：人名。字萬景，懷朔鎮（今内蒙古固陽縣南）人，曾任北魏官吏，後叛至南朝。見《梁書》卷五六《侯景傳》（參李萬生《侯景的氏族及相關問題》，《北京大學學報》2000 年第 5 期）。

[16]秬（jù）鬯（chàng）：黑黍釀的祭祀用酒。 卣（yǒu）：盛酒的器具，口小腹大，有蓋和提梁。

[17]珪：同“圭”。帝王或諸侯在舉行典禮時拿的一種玉器，上圓（或劍頭形）下方。 瓚：祭祀用的一種像勺子的玉器。

[18]恭帝：即西魏皇帝元廓。恭爲其謚號。

[19]雍州：西魏時治長安縣，在今陝西西安市西北。

初，梁元帝於江陵嗣位，[1]密與齊交通，將謀侵軼。其兄子岳陽王詧時爲雍州刺史，[2]以梁元帝殺其兄譽，[3]遂結隙，據襄陽來附。[4]乃命謹出討。周文餞於青泥谷。[5]長孫儉曰：[6]“爲蕭繹計將如何？”謹曰：“曜兵漢沔，[7]席卷度江，直據丹陽，[8]是其上策；移郭内居人，退保子城，以待援至，是其中策；若難于移動，據守羅郭，是其下策。”儉曰：“裁繹出何策？”謹曰：“必用下。”儉曰：“何也？”對曰：“蕭氏保據江南，緜歷數紀。屬中原有故，未遑外略。又以我有齊氏之患，必謂力不能分。且繹懦而無謀，多疑少斷。愚人難與慮始，皆戀邑居，既惡遷移，當保羅郭。所以用下策。”謹令中山公護及大將軍楊忠等先據江津，[9]斷其走路。梁人豎木柵於外城，廣輪六十里。[10]尋而謹至，悉衆圍之。旬有六日，外城遂陷，梁主退保子城。翌日，率其太子以下，面縛出降。尋殺之。虜其男女十餘萬人，收其府庫珍寶，得宋渾天儀、梁日晷、銅表、魏相風烏、銅蟠螭趺、大玉徑四尺圍七尺及諸輿輦法物以獻，[11]軍無私焉。立蕭詧爲梁主，振旅而旋。周文親至其第，宴語極歡。賞謹奴婢一千口，及梁寶物，并金石絲竹樂一部，別封新野郡公。[12]謹固辭，不許。又令司樂作《常山公平梁歌》十首，[13]使工人歌之。

[1]梁元帝：即南朝梁皇帝蕭繹。元爲其謚號。　江陵：縣名。治所在今湖北江陵縣。

[2]岳陽王：封爵名。岳陽，郡名。南朝梁時治岳陽縣，在今湖南汨羅市東。　詧（chá）：即蕭詧，人名。字理孫。南朝梁宗室。見《周書》卷四八《蕭詧傳》。

[3]譽：即蕭譽，人名。字重孫。南朝梁宗室。見《梁書》卷五五《河東王譽傳》。

[4]襄陽：郡名。南朝梁時治襄陽縣，在今湖北襄樊市。

[5]青泥谷：在今陝西西安市東南。

[6]長孫儉：人名。本名慶明，代（今山西大同市東北）人。北魏、西魏、北周官吏。見《北史》卷二二《長孫嵩附長孫儉傳》。

[7]漢：即今長江中游支流漢江。

[8]丹陽：縣名。治所在今安徽當塗縣丹陽鎮。

[9]中山公：封爵名。中山，郡名。西魏時治盧奴縣，在今河北定州市。　護：即宇文護，人名。字薩保，代郡武川（今内蒙古武川縣西）人，鮮卑族。北周宗室、權臣。見《北史》卷五七《邵惠公顥附宇文護傳》。　楊忠：人名。小名奴奴，弘農華陰（今陝西華陰市東南）人。隋文帝楊堅之父。見《周書》卷一九《楊忠傳》。

[10]廣輪：土地的面積。　六十里：《南史》卷八《梁元帝

紀》作“七十里”。《通典》卷一五〇亦作“六十里”。

[11]相風烏：古代用來測定風向的氣象儀器。　銅蟠螭趺(fū)：澆鑄或雕刻有盤龍形的銅製器物底座。　輿輦：車駕。多指天子所乘。　法物：舊時帝王用於儀仗、祭祀的器物。

[12]新野郡公：封爵名。新野，郡名。西魏時治新野縣，在今河南新野縣。

[13]司樂：官名。掌樂之官。西魏時置於春官府，品秩不詳。

謹自以久當權重，功名既立，願保優閑，乃上先所乘駿馬及所著鎧甲等。周文識其意，曰：“今巨猾未平，公豈得便爾獨善？”遂不受。六官建，[1]拜大司寇。[2]

[1]六官：《周禮》按天地四時分設六卿，亦稱六官，即天官冢宰、地官司徒、春官宗伯、夏官司馬、秋官司寇、冬官司空。西魏仿《周禮》改制，設六官，即天官府、地官府、春官府、夏官府、秋官府、冬官府。

[2]大司寇：官名。《周禮》秋官之屬。掌國家法典，聽獄訟，制刑罰。北周時爲正七命。

及周文崩，孝閔帝尚幼，[1]中山公護雖受顧命而名位素下，群公各圖執政。護深憂之，密訪於謹。謹曰：“夙蒙丞相殊眷，今日必以死争之。若對衆定策，公必不得讓。”明日，群公會議。謹曰：“昔帝室傾危，丞相志存匡救。今上天降禍，奄棄百僚。嗣子雖幼，而中山公親則猶子，[2]兼受顧託，軍國大事，理須歸之。”辭色抗厲，衆皆悚動。護曰：“此是家事，護何敢有辭！”謹既周文等夷，[3]護每申禮敬。至是，謹乃起而言曰：“公若統理軍國，謹等便有所依。”遂再拜。群公迫於謹，亦拜。衆議始定。

[1]孝閔帝：即北周皇帝宇文覺。孝閔爲其謚號。
[2]猶子：侄子。
[3]等夷：同輩。

孝閔踐阼，進封燕國公，邑萬户，遷太傅、太宗伯，[1]與李弼、侯莫陳崇等參議朝政。[2]及賀蘭祥討吐谷渾，[3]明帝令謹遥統其軍，授以方略。

[1]太宗伯：官名。《周禮》六卿之一，爲春官之長。掌祭祀、禮儀，參議國政。西魏末、北周仿《周禮》建六官，復置爲春官府長官，亦稱大宗伯卿。正七命。

[2]李弼：人名。字景和，隴西成紀（今甘肅秦安縣）人，祖籍遼東襄平（今遼寧遼陽市）。西魏八柱國之一、北周功臣。見《北史》卷六〇《李弼傳》。　侯莫陳崇：人名。字尚樂，代武川（今内蒙古武川縣西）人，鮮卑族。北魏、西魏、北周將領。見《北史》卷六〇《侯莫陳崇傳》。

[3]賀蘭祥：人名。字盛樂，一作“盛洛”，代郡武川（今内蒙古武川縣西）人。西魏、北周官吏。見《北史》卷六一《賀蘭祥傳》。　吐谷（yù）渾：族名。又稱吐渾、退渾。原爲鮮卑族慕容部的一支，先祖游牧於徒河青山（今遼寧義縣東）。西晋時，遷徙於今甘肅、青海一帶。十六國時，先後受到前凉、西秦等追逐，幾乎亡國。後再度崛起，北魏太武帝時達到最强盛。在北魏打擊下，一度退到今新疆一帶。以游牧爲生。見《北史》卷九六《吐谷渾傳》。

保定二年，謹以年老，乞骸骨，優詔不許。三年，以謹爲三老，[1]固辭，又不許。賜延年杖。武帝幸太學以食之。[2]三老入門，皇帝迎拜屏間，三老答拜。有司設三老席於中楹，[3]南向。太師、晋公護升階，設席施几。[4]三老升席，南面憑几而坐，師道自居。大司寇、楚國公寧升階，[5]正舄。[6]皇帝升，立於斧扆之前，[7]西面。有司進饌，皇帝跪設醬豆，親自袒割。[8]三老食訖。皇帝又親跪授爵以酳。[9]有司撤訖。皇帝北面立訪道。[10]三老乃起立於席。皇帝曰："猥當天下重任，自惟不才，不知政術之要，公其誨之。"三老答曰："木從繩則正，君從諫則聖。自古明王聖主，皆虚心納諫，以知得失，天下乃安。惟陛下念之。"又曰："爲國之本，在乎忠信。古人去食去兵，信不可失。國家興廢，莫不由之，願陛下守而勿失。"又曰："爲國之道，必須有法。法者，國之綱紀，不可不正。所正在于賞罰。若有功必賞，有罪必罰，則爲善者日益，爲惡者日止。若有功不賞，有罪不罰，則天下善惡不分，下人無所措其手足。"又曰："言行者，立身之基，言出行隨，誠願陛下慎之。"三老言畢，皇帝再拜受之，三老答拜，禮成而出。

[1]三老：國三老。多以致仕三公任之。

[2]武帝：即北周皇帝宇文邕。武爲其謚號。

[3]楹：堂屋前部的柱子。

[4]几：古人憑依、坐卧的器具。

[5]楚國公寧：即豆盧寧。字永安，昌黎徒何（今遼寧義縣）人。西魏、北周將領。見《北史》卷六八《豆盧寧傳》。

［6］舄（xì）：重木底鞋。

［7］斧扆（yǐ）：亦作“斧依”。帝王朝堂所用的狀如屏風的器具，高八尺，東西當户牖之間。其上有斧形圖案，故名。

［8］袒割：袒右膊而割切牲肉。舊時天子敬老、養老之禮。語出《禮記·樂記》：“食三老、五更於大學，天子袒而割牲，執醬而饋，執爵而酳。”

［9］酳（yìn）：少飲。

［10］訪道：詢問治國之道。

及晉公護東伐，謹時有病，護以其宿將舊臣，猶請與同行，詢訪戎略。軍還，賜鍾磬一部。天和二年，[1]又賜安車一乘。[2]尋授雍州牧。[3]三年，薨，年七十六。武帝親臨，詔譙王儉監護喪事，[4]賜繒千段、粟麥千斛，[5]贈本官，加使持節、太師、雍恒等二十州諸軍事、雍州刺史，謚曰文。及葬，王公以下，咸送郊外。配享於文帝廟庭。[6]

［1］天和：北周武帝的年號（566—572）。

［2］安車：可以坐乘的小車。古車立乘，此爲坐乘，故稱安車。供年老高級官員或貴族婦女乘用。多用一馬，禮尊者則用四馬。

［3］雍州：北周時治長安縣，在今陝西西安市西北。　州牧：官名。漢成帝時改刺史爲此稱，爲州之最高行政長官。位次九卿。後時改稱刺史，時復置。或以刺史中望高資深者爲此稱。歷朝因之。

［4］譙王儉：即宇文儉。字侯幼突，代郡武川（今内蒙古武川縣西）人。北周宗室。見《北史》卷五八《譙孝王儉傳》。

［5］千斛：源氏校勘記云：“‘千斛’上《周書》有‘五’字。”

中華本《周書》卷一五《于謹傳》作“五千斛”。未知孰是。

[6]配享：合祭、祔祀。指功臣祔祀於帝王宗廟。享，通“饗”。

謹有智謀，善於事上。名位雖重，愈存謙挹，每朝參往來，不過從兩三騎而已。朝廷凡有軍國之務，多與謹決。謹亦竭其智能，故功臣中特見委信，始終若一，人無間言。每誡諸子，務存静退。加以年齒遐長，禮遇隆重，子孫繁衍，皆至顯達，當時莫比。子寔嗣。

寔字賓實，少和厚，以軍功封萬年縣子。[1]大統十四年，累遷尚書。是歲，周文帝與魏太子西巡，寔時從行。周文刻石隴山上，[2]録功臣名位，以次鐫勒，[3]預以寔爲開府儀同三司，[4]至十五年方授之。尋除渭州刺史，[5]特給鼓吹一部，進爵爲公。魏恭帝二年，羌東念姐率部落反，[6]西連吐谷渾。大將軍豆盧寧討之，踰時不剋。又令寔往，遂破之。周文手書勞問，賜奴婢一百口，馬百匹。

[1]萬年縣子：封爵名。萬年，縣名。治所在今陝西西安市西北。

[2]隴山：即隴坻、隴首、隴阪。在今陝西隴縣、寶雞市與甘肅清水縣、張家川回族自治縣之間。

[3]鐫勒：在金石上雕刻文字。多用於表彰人物的功業、事迹。

[4]開府儀同三司：爲大臣加號，謂與三司（太尉、司徒、司空）的禮制待遇相同，許開設府署，自辟僚屬。

[5]渭州：西魏時治襄武縣，在今甘肅隴西縣東南。源氏校勘記云：“《周書》作‘滑州’。”《周書》卷一五《于謹傳》作“滑

州”。西魏時似未置“滑州”，疑形近而訛。

[6]羌：族名。北朝時分布於今陝西、甘肅、四川地區。游牧爲生。　東念姐：人名。其餘不詳。源氏校勘記云：“‘姐’《周書》作‘如’。”

孝閔帝踐阼，授户部中大夫，[1]進爵延壽郡公。[2]天和二年，延州蒲川賊郝三郎反，[3]攻丹州。[4]遣寔討平之，仍除延州刺史。五年，襲燕國公，進位柱國。[5]以罪免。尋復本官，除凉州總管。[6]大象二年，[7]加上柱國，[8]拜大左輔。[9]隋開皇元年，[10]薨，贈司空，謚曰安。子顗。

[1]中大夫：官名。西魏、北周官制中多爲各司之主官，正五命。

[2]延壽郡公：封爵名。延壽，郡名。北周時治下邽縣，在今陝西渭南市下吉鎮。

[3]延州：北周時治廣武縣，在今陝西延安市東。　蒲川：縣名。治所在今山西蒲縣西北。

[4]丹州：北周時治義川縣，在今陝西宜川縣東北。

[5]柱國：官名。柱國大將軍的省稱。西魏文帝大統三年以宇文泰爲之，省稱柱國。十六年置八柱國，爲西魏最高官職。北周除授漸多，成爲無具體職掌的勳官，正九命。

[6]凉州：北周時治姑臧縣，在今甘肅武威市。　總管：官名。地方高級行政官員。北周明帝武成元年（559）由都督諸州軍事改名，加使持節，管理轄區軍事民政。所轄區域增減不定，多者可達數十州。

[7]大象：北周静帝的年號（579—580）。

[8]上柱國：官名。北周武帝建德四年（575）置爲最高級勳

官。正九命。

[9]大左輔：官名。北周宣帝大成元年（579），按《禮記》所説設之。爲四輔之一。地位同三師。北周亡，尋廢。

[10]開皇：隋文帝的年號（581—600）。

顗字元武，身長八尺，美鬚眉。周大冢宰宇文護見而器之，[1]以女妻之。以父勳，賜爵新野郡公。歷左右宮伯、郢州刺史。[2]大象中，以水軍總管從韋孝寬經略淮南。[3]尉遲迥之反，[4]時總管趙文表與顗素不協，[5]顗將圖之，因卧閤内，詐疾。文表獨至，顗殺之。因言文表與迥通謀，其麾下無敢動者。時隋文帝以迥未平，[6]慮顗復生邊患，因宥免之，即拜吴州總管。[7]以頻敗陳師，賜綵數百段。及隋受禪，文表弟詣闕稱兄無罪。上令按其事，太傅竇熾等議顗當死。[8]上以其門著勳績，特原之，貶爲開府。[9]後襲爵燕國公。尋拜澤州刺史。[10]免，卒于家。子世虔。顗弟仲文。

[1]大冢宰：官名。大冢宰卿的省稱。西魏恭帝三年（556）置，掌國家財政賦税、百官選授、考課等。正七命。北周因之。後因五府（地、春、夏、秋、冬官）總於天官，成爲實際宰相。

[2]左右宮伯：左右宮伯中大夫的簡稱。西魏恭帝三年設，爲天官府屬官。二者共掌侍衛禁軍武官。下屬有左右小宮伯下大夫、左右宮伯都上士等。正五命。北周因之。　郢州：北周時治長壽縣，在今湖北鍾祥市。

[3]水軍總管：官名。北周設。掌舟師。　韋孝寬：人名。即韋叔裕。字孝寬，京兆杜陵（今陝西西安市長安區東）人。西魏、北周名將。見《北史》卷六四《韋孝寬傳》。

[4]尉遲迥：人名。字薄居羅，代（今山西大同市東北）人。其先爲鮮卑族尉遲部。西魏、北周重臣。見《北史》卷六二《尉遲迥傳》。

[5]時總管趙文表與顗素不協：中華本校勘記云："按本書卷六九《趙文表傳》，文表時爲吴州總管，'時'下應有'吴州'二字。"可從。趙文表，人名。祖籍天水西（今甘肅天水市），後徙居南鄭（今陝西漢中市）。西魏、北周官吏。見《北史》卷六九《趙文表傳》。

[6]隋文帝：即隋高祖楊堅。文爲其謚號。

[7]吴州：北周時治廣陵縣，在今江蘇揚州市西北。

[8]竇熾：人名。字光成，扶風平陵（今陝西咸陽市西北）人。西魏、北周將領。見《北史》卷六一《竇熾傳》。

[9]開府：開府儀同三司的省稱。隋置爲散官名號，初爲正四品上，後改爲從一品，位次王公。

[10]澤州：隋朝時治丹川縣，在今山西晋城市東北。

仲文字次武，少聰敏，髫齓就學，[1]耽習不倦。父寔異之，曰："此兒必興吾宗。"九歲，嘗于雲陽宫見周文帝。[2]問曰："聞兒好讀書，書有何事？"對曰："資父事君，忠孝而已。"周文甚嗟嘆之。後就博士李詳受《周易》《三禮》，[3]略通大義。及長，倜儻有大志，氣調英拔。[4]

[1]髫齓：七八歲時。

[2]雲陽宫：在今陝西涇陽縣西北。

[3]博士：官名。春秋戰國已有其稱，泛指初學者。戰國末年齊、魏、秦等國置爲職官，秦、西漢初充當皇帝顧問，參與議政、制禮，典守書籍。魏晋南北朝專設五經博士、國子博士、太學博士

等學官，掌經學教授，設太常博士專掌議定禮制，地位漸輕。北朝郡國學或置博士爲學官，又設律學博士、醫學博士等，專精本行技藝，教授學生及服務於宫廷官府。　李詳：源氏校勘記云："《隋書》作'李祥'。"　三禮：儒家經典《周禮》《儀禮》《禮記》的合稱。

[4]氣調英拔：殿本、四部備要本"拔"訛作"不"。

起家爲趙王屬，安固太守。[1]有任、杜兩家各失牛，後得一牛，兩家俱認，州郡久不决。[2]益州長史韓伯儁曰：[3]"于安固少年聰察，可令决之。"仲文曰："此易解耳。"乃令二家各驅牛群至，乃放所認者，牛遂向任氏群中。又使人微傷其牛，任氏嗟惋，杜氏自若。仲文遂訶詰杜氏，服罪而去。始州刺史屈突尚，[4]宇文護之黨也，先坐事下獄，無敢繩者。仲文至郡，窮之，遂竟其獄。蜀中語曰："明斷無雙有于公，不避彊禦有次武。"徵爲御正下大夫，[5]封延壽郡公，以勳授儀同三司。

[1]起家爲趙王屬安固太守：中華本校勘記云："《隋書》卷六〇《于仲文傳》'屬'下有'尋遷'二字，《通志》卷一六一《于仲文傳》有'累遷'二字。按無二字，則似仲文起家即爲安固太守，非是。疑此脱。"可從。趙王，指宇文招。周文帝宇文泰之子。安固，郡名。北周時治興固縣，在今四川彭州市。

[2]州郡久不决：殿本、四部備要本"不"訛作"拔"。

[3]益州：北周時治成都縣，在今四川成都市。

[4]始州：北周時治普安縣，在今四川劍閣縣。

[5]御正下大夫：官名。亦作"小御正下大夫"。西魏恭帝三

年置，北周沿置。天官府御正司次官，佐御正中大夫，掌本司事務，正四命。

宣帝時，[1]爲東郡太守。[2]及尉遲迥作亂，使誘仲文，仲文拒之。迥遣儀同宇文威攻之，[3]仲文迎擊，大破威，以功授開府。[4]迥又遣其將宇文胄度石濟，[5]宇文威、鄒紹自白馬，[6]二道俱進，復攻仲文。郡人赫連僧伽、敬子哲率衆應迥。仲文自度不能支，棄妻子，潰圍而遁，達於京師。迥屠其三子一女。隋文帝引入卧内，爲之下泣，賜綵五百段，黄金二百兩。進位大將軍，[7]領河南道行軍總管，給鼓吹。馳傳詣洛陽發兵，討迥將檀讓。

[1]宣帝：即北周皇帝宇文贇。宣爲其謚號。

[2]東郡：北周時治滑臺城，在今河南滑縣東。

[3]儀同：毛本、殿本、四庫本、四部備要本作“其將”。

[4]開府：北周時爲府兵組織統兵官，府兵二十四軍各置一員，統兵二千人左右。

[5]宇文胄：人名。代郡武川（今内蒙古武川縣西）人，鮮卑族。北周官吏。見《北史》卷五七《邵惠公顥附宇文胄傳》。　石濟：即石濟津。又名棘津、南津。在今河南滑縣西南古黄河上。

[6]白馬：城名。在今山西臨汾市。

[7]大將軍：官名。北周時爲府兵專職統帥，十二人，各領一軍，分屬六柱國大將軍，下統開府、儀同諸將軍。正九命。

時韋孝寬拒迥於永橋，[1]仲文詣之，有所計議。總管宇文忻頗有自疑心，[2]因謂仲文曰：“尉遲迥誠不足平，正恐事寧後，更有藏弓之慮。”仲文懼忻生變，謂曰：“丞相寬仁大度，明識有餘，仲文在京三日，頻見三善，非常人也。”忻曰：“三善何如？”仲文曰：“有陳萬敵新從賊中來，[3]丞相即令其弟難敵召募鄉曲，從軍討賊。此大度一也。上士宋謙奉使勾檢，[4]謙緣此別求他罪。丞相責之曰：‘入網者自可推求，何須別訪，以虧大體。’此不求人私二也。言及仲文妻子，未嘗不潸泫。[5]此有仁心三也。”忻自是遂安。

[1]永橋：城名。在今河南武陟縣西。

[2]宇文忻：人名。字仲樂，其先冒黎大棘（今遼寧北票市章吉營子鄉三官營子村）人，後徙居夏州（今陝西靖邊縣白城子村）。北周將領。見《北史》卷六〇《宇文貴附宇文忻傳》。

[3]陳萬敵：人名。宜陽（今河南宜陽縣）人，陳忻之子。北周將領。

[4]上士：官名。西魏恭帝三年置，北周沿置。依職掌不同，稱小宗師上士、司勳上士等，正三命。　勾檢：考核檢查。

[5]潸泫：流淚。

仲文軍至汴州東，[1]頻破迥將。進攻梁郡，[2]迥守將劉孝寬棄城走。初，仲文在蓼堤，[3]諸將皆曰：“軍自遠來，疲弊不可決戰。”仲文令趣食列陳，[4]既而破賊。諸將問其故，笑曰：“吾所部將士皆山東人，果於速進，不宜持久。乘勢擊之，所以制勝。”諸將皆曰：“非所及也。”進擊曹州，[5]獲迥所署刺史李仲康及上儀同房勁。[6]檀讓以餘衆屯成武，[7]謂仲文未能卒至，方椎牛饗士。[8]仲文選騎襲之，遂拔成武。迥將席毗羅，衆十萬，屯沛縣，[9]將攻徐州。[10]其妻子在金鄉。[11]仲文遣人詐作毗羅使，謂金鄉城主徐善浄曰："檀讓明日午時到金鄉，將宣蜀公令，[12]賞將士。"金鄉人謂爲信然，皆喜。仲文簡精兵，僞建迥旗幟。善浄以爲檀讓至，出城迎謁。仲文執之，遂取金鄉。諸將勸屠之，仲文曰："當寬其妻子，其兵可自歸。如即屠之，彼皆絶矣。"衆皆稱善。於是毗羅恃衆來薄官軍，仲文背城結陣，設伏，兵發，俱拽柴鼓譟。毗羅軍潰，皆投洙水死，[13]水爲不流。獲檀讓，檻送京師，河南悉平。毗羅匿滎陽人家，[14]執斬之，傳首闕下。勒石紀功，樹于泗上。[15]入朝京師，文帝引入卧内，宴享極歡。賜雜綵千段，妓女十人，拜柱國。屬文帝受禪，不行。[16]

[1]汴州：北周時治浚儀縣，在今河南開封市西北。

[2]梁郡：北周時治睢陽縣，在今河南商丘市南。

[3]蓼堤：堤壩名。在今河南東部，西北起自今杞縣境，東南抵今商丘市境。

[4]趣：同"促"。催促，急促。

[5]曹州：北周時治左城縣，在今山東曹縣西北。

[6]上儀同：上儀同大將軍的省稱。北周武帝建德四年設。爲勳官之第七等，九命。

[7]成武：縣名。治所在今山東成武縣東南。源氏校勘記云："《隋書》作'城武'，下同。"

[8]椎（chuí）：打殺。源氏校勘記云："《隋書》'椎'作'槌'。"

[9]沛縣：治所在今江蘇沛縣。

［10］徐州：北周時治彭城縣，在今江蘇徐州市。

［11］金鄉：縣名。治所在今山東金鄉縣。

［12］蜀公：指尉遲迥。

［13］洙水：爲今小汶河上游，源自今山東泰安市。源氏校勘記云："《隋書》作'沫水'。"

［14］滎陽：郡名。北周時治滎陽縣，在今河南滎陽市。

［15］泗：又名清水、清泗。源自今山東泗水縣東蒙山南麓。

［16］不行：中華本校勘記云："《隋書》'柱國'下有'河南道大行臺'六字。按無此六字，則'不行'無所指。疑此脱。"可從。

未幾，其叔父太尉翼坐事下獄，仲文亦爲吏所簿，於獄中上書曰：

曩者尉迥逆亂，[1]所在景從。[2]臣任處關河，[3]地居衝要，嘗膽枕戈，誓以必死。迥時購臣，位大將軍，邑萬户。臣不顧妻子，不愛身命，冒白刃，潰重圍，三男一女，相繼淪没，披露肝膽，馳赴闕庭。蒙陛下授臣以高官，委臣以兵革。于時河南兇寇，狼顧鴟張。[4]臣以羸兵八千，掃除氛祲。[5]摧劉寬於梁郡，破檀讓於蓼堤，平曹州，復東郡，安成武，定永昌，[6]解亳州圍，[7]破徐州賊。席毗羅十萬之衆，一戰土崩。河南蝗聚之徒，[8]應時戡定。[9]

［1］尉迥：即尉遲迥。

［2］景從：喻趨從之盛。

［3］關河：謂關山河川。

［4］狼顧鴟張：如狼凶視，如鴟張翼。形容凶暴，囂張。

[5]氛祲：叛亂。

[6]永昌：郡名。北周時治宣漢縣，在今四川宣漢縣東北。

[7]亳州：北周時治小黄縣，在今安徽亳州市。

[8]螘（yǐ）聚：喻集結者衆多。

[9]戡定：平定。

當群兇問鼎之際，生靈乏主之辰，臣第二叔翼先在幽州，[1]總馭燕、趙，南鄰群寇，北掃旄頭，内安外撫，得免罪戾。臣第五叔智建旟黑水，[2]與王謙爲鄰，[3]式遏蠻陬，[4]鎮綏蜀道。臣兄顗作牧淮南，坐制勍敵，[5]乘機勦定，傳首京師。王謙竊據二州，叛換三蜀。臣第三叔義受脤廟庭，[6]恭行天罰。[7]自外父叔兄弟，皆當文武重寄。或銜命危難，或侍衛鈎陳，[8]合門誠款，冀有可明。伏願垂泣辜之恩，降雲雨之施，則寒灰更然，枯骨還肉。

上覽表，并翼釋之。

[1]幽州：北周時治薊縣，在今北京西南。

[2]建旟（yú）：本謂州里之長樹立軍旗，以爲冬季大閲之標志。後用指大將出鎮。　黑水：一名南廣溪。即今四川宜賓市東南長江支流南河。

[3]王謙：人名。字敕萬，太原（今山西太原市晉源區古城營村一帶）人。北周官吏。見《北史》卷六〇《王雄附王謙傳》。

[4]陬（zōu）：聚居地。

[5]勍（qíng）敵：强大的敵人。

[6]受脤（shèn）：受命統軍。

[7]天罰：上天的誅罰。舊時帝王自謂稟承天意行事，其誅罰

罪臣常以此爲名。

[8]鉤陳：用於防衛的儀仗。

明年，拜行軍元帥，統十二總管以擊胡。[1]出服遠鎮，[2]遇虜，破之。於是從金河出白道。[3]遣總管辛明瑾、元滂、賀蘭志、吕楚、段諧等二萬人出盛樂道，[4]趣那頡山。[5]至護軍州北，[6]與虜遇。可汗見仲文軍容整肅，不戰而退。仲文踰山追之。及還，上以尚書省文簿繁雜，吏多奸詐，令仲文勘録省中事，所發擿甚多。[7]上嘉其明斷，厚加勞賞。上每憂轉運不給，仲文請决渭水，[8]開漕渠。上然之，使仲文總其事。及伐陳之役，拜行軍總管。高智慧等作亂江南，[9]仲文復以行軍總管討之。時三軍乏食，米粟踊貴，仲文私糴軍糧，坐除名。明年，復官爵，率兵屯馬邑以備胡。[10]晋王廣以仲文有將領才，[11]每常屬意，[12]至是奏之，乃令督晋王軍府事。後突厥犯塞，晋王爲元帥，使仲文將前軍，大破賊而還。

[1]統十二總管以擊胡：底本“二”下有“州”，中華本校勘記云：“諸本‘二’下有‘州’字，《隋書》無。按行軍元帥所統當爲行軍總管，‘州’字衍文，今據删。”今從改。

[2]服遠鎮：軍鎮名。當在今内蒙古和林格爾縣東南。

[3]金河：即今大黑河，源出陰山，西南流經内蒙古呼和浩特市南，至托克托縣南入黄河。　白道：地名。在今内蒙古呼和浩特市西北，爲河套東北地區通往陰山以北的交通要道。北魏時南谷口有白道城，城北有白道嶺、白道川。

[4]盛樂道：地名。在今内蒙和林格爾縣。

[5]郍頡山：確址不詳。疑在今内蒙古和林格爾縣西北。四庫本、四部備要本、中華本“郍”作“那”。

[6]護軍州：地名。今地不詳。源氏校勘記云：“‘州’《隋書》作‘川’。”中華本校勘記云：“《隋書》《通志》‘州’作‘川’，疑是。”

[7]發擿（tī）：揭發。

[8]渭水：即今黄河中游支流渭河。

[9]高智慧：人名。一作“高智惠”，會稽（今浙江紹興市）人。隋文帝開皇十年，舉兵反隋。

[10]馬邑：城名。在今山西朔州市。

[11]晋王廣：即隋煬帝楊廣。見《隋書》卷三、四《煬帝紀》。

[12]每常屬意：局本“意”訛作“章”。

煬帝即位，遷右翊衛大將軍，[1]參掌文武選事。從帝討吐谷渾，進位光禄大夫，[2]甚見親重。

[1]右翊衛大將軍：官名。隋朝十二衛大將軍之一。煬帝大業三年（607）由右衛大將軍改置，爲右翊衛長官，員一人，總府事，並統諸鷹揚府事。正三品。底本“右”作“左”，源氏校勘記云：“《隋書》（‘左’）作‘右’。”中華本校勘記云：“諸本‘右’作‘左’，《隋書》作‘右’。按本書卷一二《隋煬帝紀》，大業元年，以宇文述爲左衛大將軍，于仲文爲右衛大將軍。據《隋書·百官志》，大業三年，左右衛改爲左右翊衛。此作‘翊衛’，乃史官用後改官名。宇文述既爲左，則于仲文當爲右，今據改。”今從改。

[2]光禄大夫：官名。隋初未置，煬帝大業三年加置，位在左、右光禄大夫上，爲文散官之首。

遼東之役,[1]仲文率軍指樂浪道。[2]次烏骨城,[3]仲文簡羸馬驢數千,置於軍後,既而率衆東過。高麗出兵掩襲輜重,仲文回擊,[4]大破之。至鴨緑水,[5]高麗將乙支文德詐降,[6]來入其營。仲文先奉密旨,若遇高元及文德者,[7]必禽之。至是,文德來,仲文將執之。時尚書右丞劉士龍爲慰撫使,[8]固止之。仲文遂捨文德。尋悔,遣人紿文德曰:[9]"更有言議,可復來也。"文德不從,遂濟。仲文選騎度水追之,每戰破賊。文德遺仲文詩曰:"神策究天文,妙算窮地理。戰勝功既高,知足願云止。"仲文答書諭之,文德燒栅而遁。時宇文述以糧盡欲還,[10]仲文議以精鋭追文德,可以有功。述固止之,仲文怒曰:"將軍杖十萬之衆,不能破小賊,何顏以見帝?且仲文此行也,固無功矣!"述因厲聲曰:"何以知無功?"仲文曰:"昔周亞夫之爲將也,[11]見天子,軍容不變。此決在一人,所以功成名遂。今者人各其心,何以赴敵?"初,帝以仲文有計畫,令諸軍諮禀節度,故有此言。由是述等不得已而從之。遂行,東至薩水。[12]宇文述以兵餒退歸,師遂敗績。帝以屬吏,諸將皆委罪於仲文。帝大怒,釋諸將,獨繫仲文。仲文憂恚發病,困篤,方出之,卒於家。時年六十八。撰《漢書刊繁》三十卷、《略覽》三十卷。有子九人,欽明最知名。

[1]遼東之役:隋煬帝大業八年三月辛卯,煬帝親帥大軍伐高麗,至遼水,爲高麗所拒。見《隋書》卷四《煬帝紀下》。

[2]樂浪道:隋煬帝東征高麗十二路之一。因在故樂浪郡(治

今遼寧義縣）内，故稱。

[3]烏骨城：地名。在今遼寧蓋州市東。

[4]仲文回擊：毛本、局本、四部備要本“回”訛作“因”。

[5]鴨緑水：即今鴨緑江。緑，底本作“渌”，今從中華本改。

[6]乙支文德：人名。其餘不詳。

[7]高元：人名。北朝時高麗國王高湯之子。

[8]尚書右丞：官名。北魏時爲尚書省佐官，位次尚書，與左丞共掌尚書省庶務。隋朝時爲從四品。　劉士龍：人名。弘農（今陝西華陰市）人。隋朝官吏。征伐高麗不利，被隋煬帝賜死。

[9]紿（dài）：哄騙。四庫本“紿”訛作“給”。

[10]宇文述：人名。字伯通，代郡武川（今内蒙古武川縣西）人。見《北史》卷七九《宇文述傳》。

[11]周亞夫：人名。沛（今江蘇沛縣）人。西漢名將。見《漢書》卷四〇《周勃附周亞夫傳》。

[12]薩水：即今朝鮮清川江。

寔弟翼，字文若，美風儀，有識度。年十一，尚文帝女平原公主，[1]拜員外散騎常侍，[2]封安平縣公。[3]大統十六年，進爵郡公，加大都督，[4]領文帝帳下左右，禁中宿衛。遷武衛將軍。謹平江陵，所賜得軍實，分給諸子，翼一無所取，唯簡賞口内名望子弟有士風者，[5]别待遇之。文帝聞之，賜奴婢二百口，翼固辭不受。尋授車騎大將軍、開府儀同三司。六官建，除左宫伯。

[1]平原公主：封號。平原，郡名。西魏時治陰盤縣，在今甘肅平凉市東涇水南岸。

[2]員外散騎常侍：官名。掌規諫，不典事，屬門下省。初無定員，晋以後有定員，成爲清望官。北魏置六員，孝文帝太和十七

年定爲從三品上，二十三年改爲五品上。西魏亦置。

[3]安平縣公：封爵名。安平，縣名。治所在今河北安平縣。

[4]大都督：官名。三國魏明帝時置，爲領兵將帥權重位尊者之加號。北魏後期戰事較多時置，西魏亦置。東、西魏分裂後，授予漸濫。

[5]口内：泛指長城以内地區。

孝閔帝踐阼，出爲渭州刺史。翼兄寔先莅此州，頗有惠政。翼又推誠布信，事存寬簡，夷夏感悦，比之大小馮君焉。[1]時吐谷渾入寇河右，涼、鄯、河三州咸被攻圍，[2]使來告急。[3]秦州都督遣翼赴援，[4]不從，僚屬咸以爲言。翼曰："攻取之術，非夷俗所長。此寇之來，不過鈔掠邊牧耳，安能頓兵城下，久事攻圍！掠而無獲，勢將自走。勞師以往，亦無所及。[5]翼揣之已了，幸勿復言。"數日，問至，果如翼所策。賀蘭祥討吐谷渾，翼率州兵，先鋒深入，以功增邑。尋徵拜右宫伯。

[1]大小馮君：指西漢馮代、馮立兄弟。上黨潞（今山西潞城市東北）人。兩人歷典邊郡，同爲太守，有治績，民以大、小馮君歌之。見《漢書》卷七九《馮奉世傳》。

[2]鄯：州名。北周時治西都縣，在今青海樂都縣。　河：州名。北周時治枹罕縣，在今甘肅臨夏市西南。

[3]使來告急：底本"來"作"必"，殿本、四庫本、四部備要本、中華本作"來"，源氏校勘記改"必"作"來"。按：《周書》卷三〇《于翼傳》作"來"。今從改。

[4]秦州：北周時治上邽縣，在今甘肅天水市。

[5]勞師以往亦無所及：底本"亦"作"非"，殿本、四庫本、

四部備要本、中華本作“亦”,源氏校勘記改“非”作“亦”。今從改。

明帝雅愛文史，立麟趾學,[1]在朝有藝業者，不限貴賤，皆聽預焉。乃至蕭撝、王褒等與卑鄙之徒同爲學士。[2]翼言於帝曰:“撝，梁之宗子；褒，梁之公卿。今與趨走同躋,[3]恐非尚賢貴爵之義。”帝納之，詔翼定其班次，於是有等差矣。

[1]麟趾學：麟趾即《詩·周南》之《麟之趾》。舊謂贊美文王子孫繁衍而多賢，後人遂以麟趾比喻子孫衆多與賢能。麟趾，在北周時也指殿名。在今陝西西安市。所謂麟趾學，或借指麟趾之原義而設立的專門之學，或指在麟趾殿講授的專門之學。

[2]蕭撝：人名。字智遐，南蘭陵（一説在今江蘇常州市，一説在今江蘇丹陽市）人。南朝梁宗室。見《北史》卷二九《蕭撝傳》。　王褒：人名。字子淵，《北史》避唐高祖李淵諱改爲“子深”，琅邪臨沂（今山東臨沂市）人。見《北史》卷八三《王褒傳》。　學士：官名。本爲在學士人的簡稱。南北朝時爲正式官稱。掌文學侍從及撰述、顧問、典校秘籍等事。各朝皆有館所爲其供職處。北周亦置。

[3]趨走：指奔走供役之人。

明帝崩，翼與晋公護同受遺詔，立武帝。保定元年，徙軍司馬。[1]三年，改封常山郡公。[2]天和初，遷司會中大夫。[3]三年，皇后阿史那氏至自突厥,[4]武帝行親迎之禮,[5]命翼總司儀制。狄人雖蹲踞無節,[6]然咸憚翼之禮法，莫敢違犯。遭父憂去職，居喪過禮，爲時輩所稱。尋有詔起令視事。武帝又以翼有人倫之鑒，[7]皇太子及諸王等相傅以下，並委翼選置。其所擢用，皆民譽也，時論僉謂得人。遷大將軍，[8]總中外宿衛兵事。

[1]軍司馬：官名。北周時隸屬夏官府，掌兵事。

[2]常山郡公：封爵名。常山，郡名。北周時治安樂壘，在今河北藁城市西北。

[3]司會中大夫：官名。北周時爲天官府司會司長官，職掌全國財政收支，協助大冢宰管理六府之事，員一人。正五命。

[4]皇后阿史郍氏：即周武成皇后阿史那氏。見《北史》卷一四《周武成皇后阿史那氏傳》。郍，中華本作“那”。

[5]親迎：婚禮中的六禮之一。夫婿親至女家迎新娘入室，行交拜合巹之禮。

[6]蹲踞：踞坐。舊時以此爲野蠻無禮的舉動。

[7]人倫：品評或選拔人才。

[8]遷大將軍：四庫本“遷”訛作“選”。

晉公護以帝委翼腹心，内懷猜忌，轉爲小司徒，[1]加拜柱國。雖外示崇重，實疏斥之。及誅護，帝召翼，遣往河東取護子中山公訓，[2]仍代鎮蒲州。[3]翼曰：“冢宰無君陵上，自取誅夷。元惡既除，餘孽宜殄。[4]然皆陛下骨肉，猶謂疏不間親。陛下不使諸王，而使臣異姓，非直物有横議，愚臣亦所未安。”帝然之，乃遣越王盛代翼。[5]

[1]小司徒：官名。爲小司徒上大夫的省稱。西魏、北周置。主要職責是輔助大司徒管理民户、賦役、土地、倉廩、教育以及山

澤漁獵等方面的事務。正六命。

[2]河東：郡名。北周時治蒲坂縣，在今山西永濟市西南蒲州鎮。　訓：即宇文訓，人名。代郡武川（今内蒙古武川縣西）人。北周宗室。見《周書》卷一一《晋蕩公護傳》。

[3]蒲州：北周時治蒲坂縣，在今山西永濟市西南蒲州鎮。

[4]殄（tiǎn）：絶。

[5]越王盛：即宇文盛。字立久突，代郡武川（今内蒙古武川縣西）人，鮮卑族。北周宗室。見《北史》卷五八《越野王盛傳》。

先是，與齊、陳二境，各脩邊防，雖通聘好，而每歲交兵。然一彼一此，不能有所克獲。武帝既親萬機，將圖東討，詔邊城鎮並益儲峙，[1]加戍卒。二國聞之，亦增修守禦。翼諫曰："壃埸相侵，[2]互有勝敗，徒損兵儲，非策之上者。不若解邊嚴，減兵防，繼好息人，[3]敬待來者。彼必喜於通和，懈而無備，然後出其不意，一舉而山東可圖。"帝納之。

[1]儲峙：儲備。

[2]壃：中華本作"疆"。

[3]繼好：繼續和好。多指兩國間的關係。　息人：猶息民。使人民得到休養生息。

建德二年，[1]出爲安州總管。[2]時大旱，溳水絶流。[3]舊俗每逢亢旱，禱白兆山祈雨。[4]帝先禁群祀，山廟已除。翼遣主簿祭之，即日澍雨，[5]歲遂有年。百姓感之，聚會歌舞頌之。

[1]建德：北周武帝的年號（572—578）。

[2]安州：北周時治安陸縣，在今湖北安陸市。

[3]溳水：即今湖北溳水。

[4]白兆山：在今湖北安陸市西。

[5]澍（shù）雨：大雨。

四年，武帝將東伐，朝臣未有知者，遣納言盧韞前後三乘馹詣翼問策。[1]翼贊成之。及軍出，詔翼自宛、葉趣襄城，[2]旬日下齊一十九城。所過秋毫無犯，所部都督輒入人村，即斬以徇。由是百姓欣悦，赴者如歸。屬帝有疾，班師，翼亦旋鎮。

[1]納言：官名。納言中大夫的簡稱。北周置。爲天官府屬官，掌侍從左右、對答顧問，員二人。正五命。下屬有納言下大夫、納言上士等。　馹（rì）：底本、元大德本作“馹”，其餘各本作“驛”。按：驛、馹皆爲駕乘驛馬疾行之意。可通。

[2]宛：縣名。治所在今河南南陽市。　葉：縣名。治所在今河南葉縣西南。　襄城：縣名。一作“新城”。治所在今河南襄城縣。

轉宜陽總管。[1]以宜陽地非襟帶，[2]請移鎮於陝。[3]詔從之，仍除陝州刺史，總管如舊。其年，大軍復東討，翼自陝入，徑到洛陽。齊洛州刺史獨孤永業開門降，[4]河南九州三十鎮，一時俱下。襄城人庶等喜復見翼，並壺漿道左。除河陽總管，[5]仍徙豫州。[6]陳將魯天念久圍光州，[7]聞翼到汝南，[8]望風退散。

[1]宜陽：郡名。北周時治宜陽縣，在今河南宜陽縣西。

[2]襟帶：謂山川屏障環繞如衣襟和腰帶，比喻險要的地理形勢。

[3]陝：州名。北周時治陝縣，在今河南三門峽市西。

[4]洛州：北齊時治洛陽縣，在今河南洛陽市東北。　獨孤永業：人名。字世基，中山（今河北定州市）人。本姓劉，以母改適獨孤氏，更姓獨孤。北齊官吏。見《北史》卷五三《獨孤永業傳》。底本"永"作"承"，中華本校勘記云："諸本'永'訛'承'，據《周書》卷三〇、《通志》卷一五六《于翼傳》改。《獨孤永業傳》見本書卷五三。"今從改。

[5]河陽：縣名。治所在今河南孟州市西南。

[6]豫州：北周時治上蔡縣，在今河南汝南縣。

[7]光州：北周時治掖縣，在今山東萊州市。

[8]汝南：郡名。北周時治上蔡縣，在今河南汝南縣。

大象初，徵拜大司徒。詔翼巡長城，立亭鄣。西自雁門，[1]東至碣石，[2]創新改舊，咸得其要害。仍除幽州總管。先是，突厥屢爲抄掠，居人失業。翼素有威武，兼明斥候，[3]自是不敢犯塞，百姓安之。

[1]雁門：郡名。北周時治廣武縣，在今山西代縣西南。

[2]碣石：山名。在今河北昌黎縣北。

[3]斥候：官名。春秋時即有此官，掌偵察或守候的小官。

及尉遲迥據相州舉兵，[1]以書招翼。翼執其使，并書送之。時隋文帝執政，賜翼雜繒一千五百段，并珍寶服翫等。[2]進位上柱國，封任國公增邑通前五千户，别食任城縣一千户，[3]收其租賦。翼又遣子讓通表勸進，并請入朝，許之。

［1］相州：北周時治鄴城，在今河北臨漳縣西南鄴鎮。
［2］并珍寶服翫等：毛本、局本"翫"訛作"衛"。
［3］任城：縣名。治所在今山東濟寧市。

隋開皇初，翼入朝，上降榻握手極歡。數日，拜太尉。或有告翼往在幽州，欲同尉遲迥。按驗，以無實見原。三年，薨於本位。加贈六州諸軍事、蒲州刺史，[1]謚曰穆。翼性恭儉，與物無競，常以滿盈自戒，故能以功名終。子璽嗣。

［1］蒲州：隋朝時治蒲坂縣，在今山西永濟市西南蒲州鎮。

璽字伯符，少有器幹。仕周，位職方中大夫，[1]封黎陽縣公。[2]宣帝嗣位，轉右勳曹中大夫。[3]尋領右忠義。[4]隋文帝受禪，加上大將軍，[5]進爵郡公。歷汴、邵二州刺史，[6]所歷並有恩惠。後檢校江陵總管，邵州人張願等數十人詣闕上表，請留璽。上嘉歎良久，令還邵州，父老相賀。尋歷洛、熊二州刺史，[7]亦粗有惠政。以疾還京師，卒于家，謚曰静。有子志本。

［1］職方中大夫：官名。西魏恭帝三年置。爲夏官府職方司主官，掌國之版圖及四方職貢。正五命。北周因之。

[2]黎陽縣公：封爵名。黎陽，縣名。治所在今河南浚縣東北。

[3]右勳曹中大夫：官名。北周設。與左勳曹中大夫共掌記功及勳位。正五命。副職有左右勳曹下大夫。

[4]右忠義：官名。北周時置。職掌、品秩不詳。

[5]上大將軍：官名。北周武帝時設此職爲勳官第三等，正九命。隋時爲散官，從二品。

[6]汴：州名。隋朝時治浚儀縣，在今河南開封市西北。　邵：州名。隋朝時治亳城縣，在今山西垣曲縣東南。

[7]熊：州名。隋朝時治宜陽縣，在今河南宜陽縣西。

璽弟詮，位上儀同三司、吏部下大夫、常山公。[1]

[1]上儀同三司：北周置，位居開府儀同三司之下、儀同三司之上。多爲大臣勳臣的加官。隋朝沿置，爲從四品散官，煬帝大業三年罷。　吏部下大夫：官名。西魏恭帝三年置。助掌官吏的選拔考察和頒勳頒禄等。北周因之。爲夏官府吏部司次官，員一人，佐吏部中大夫管理官員的選舉與遷轉。正四命。武帝建德二年省中大夫，遂爲吏部司長官，宣帝時復爲次官。

詮弟讓，儀同三司。

翼弟義。義字慈恭，少矜嚴，有操尚，篤志好學。大統末，以父功賜爵平昌縣伯。[1]後改封廣都縣公。[2]周閔帝踐阼，遷安武太守。[3]專崇教化，不尚威刑。有郡人張善安、王叔兒争財相訟，義曰："太守德薄不勝所致。"於是以家財分與二人，喻而遣去。善安等各懷耻愧，移貫他州。於是風化大洽。進封建平郡公。明、武世，歷西兗、瓜、邵三州刺史。[4]數從征伐，進位開府。

[1]平昌縣伯：封爵名。平昌，縣名。治所在今山西介休市。

[2]廣都縣公：封爵名。廣都，縣名。治所在今四川雙流縣。

[3]安武：郡名。北周時治安武縣，在今甘肅靈臺縣。

[4]西兖：州名。北周時治左城，在今山東定陶縣西。　瓜：州名。北周時治敦煌縣，在今甘肅敦煌市西。

宣帝即位，政刑日亂，義上疏諫帝。時鄭譯、劉昉以恩倖當權，[1]謂義不利于己，先惡之于帝。帝覽表色動，謂侍臣曰："于義謗訕朝廷也。"御正大夫顏之儀進曰：[2]"古先哲王立謗訕之木，置敢諫之鼓，猶懼不聞過。于義之言，不可罪也。"帝乃解。

[1]鄭譯：人名。字正義，滎陽開封（今河南開封市）人。北周、隋朝官吏。見《北史》卷三五《鄭羲附鄭譯傳》。　劉昉：人名。博陵望都（今河北唐縣東北）人。北周、隋朝官吏。見《北史》卷七四《劉昉傳》。

[2]御正大夫顏之儀進曰：按《周書》卷四〇《顏之儀傳》、《隋書》卷三八《劉昉傳》皆作顏之儀任"御正中大夫"，疑《北史》誤。御正中大夫，官名。西魏恭帝三年置。北周沿置。天官府御正司長官。在皇帝左右，負責宣傳詔令，參議刑罰爵賞及軍國大事。頒發詔書時，須由其連署。正五命。顏之儀，人名。字子升，琅邪臨沂（今山東費縣東）人。北朝官吏。見《北史》卷八三《顏之推附顏之儀傳》。

及王謙構逆，隋文帝謀將於高熲，[1]熲言義可爲元帥。文帝將任之，劉昉曰："梁睿任望素重，[2]不可居義下。”乃以睿爲元帥，義爲行軍總管，將左軍，破謙將達奚惎於開遠。[3]尋拜潼州總管，[4]賜奴婢五百口，雜綵三千段，超拜上柱國。歲餘，以疾免歸，卒于京師。贈豫州刺史，謚曰剛。子宣道、宣敏，並知名。[5]

[1]高熲：人名。一作“獨孤熲”，字昭玄，一名敏，勃海蓨（今河北景縣）人。隋朝官吏。見《北史》卷七二《高熲傳》。

[2]梁睿：人名。字恃德，安定烏氏（今甘肅涇川縣東）人。北周、隋朝將領。見《北史》卷五九《梁禦附梁睿傳》。局本“睿”訛作“濬”。

[3]達奚惎：人名。代（今山西大同市東北）人，鮮卑族。北周官吏。見《北史》卷六五《達奚武附達奚惎傳》。　開遠：縣名。治所在今江蘇邳州市。

[4]潼州：北周時治巴中縣，在今四川綿陽市東。

[5]“翼弟義”至“並知名”：高敏《南北史考索》（第423頁）：“《于栗磾傳附于義傳》，本爲《周書》所無，因其子于志寧在唐爲官，故《北史》補其傳；又《北史》卷二十三《于栗磾傳附于宣敏傳》，亦爲《周書》及《隋書》所無，而《北史》補之，因于志寧出於其叔父宣敏之故也。因此，這個例子，正可説明《北史》補傳的原則是：凡隋唐時有人爲官者，即補其祖先傳記。”

宣道字元明，性謹密，不交非類。仕周，以父功，賜爵城安縣男，[1]位小承御上士。[2]隋文帝爲丞相，引爲外兵曹。[3]及踐阼，遷内史舍人，[4]進爵爲子。父憂，水漿不入口者累日。歲餘，起令視事。免喪，拜車騎將軍，[5]兼右衛長史，[6]舍人如故。後遷太子左衛副率，[7]進位上儀同。卒。

[1]城安縣男：封爵名。城安，縣名。治所在今河南民權縣東。

[2]小承御上士：官名。北周置。承御大夫屬官，亦稱承御上士。在皇帝臨朝及出征時，皆侍衛左右。正三命。

[3]外兵曹：官署名。諸公、軍府僚屬諸曹之一。西晋末司馬睿始置於丞相府。東晋南北朝諸公、軍府沿置。設參軍掌其事。北周沿之。

[4]内史舍人：官名。隋朝内史省屬官，置八員。正六品上。文帝開皇三年加爲從五品。煬帝大業三年減爲四員。

[5]車騎將軍：官名。隋朝因襲北周府兵制度，各級組織名稱稍異，十二府所轄諸軍府，稱驃騎府或車騎府，分駐各地統領府兵，皆置車騎將軍，正五品上。

[6]右衛：官署名。禁軍指揮機構。隋朝時爲十二衛之一。置大將軍、將軍，掌宫廷禁禦；設有長史、司馬等曹參軍；又有直閤、直寢等將軍，掌宿衛侍從。煬帝大業三年改爲右翊衛。源氏校勘記云："《隋書》作'左衛'。"

[7]太子左衛副率：官名。隋朝始置。爲太子左衛率副貳，二員。從四品上。煬帝大業三年改名左侍副率。

子志寧，早知名。出繼叔父宣敏。

宣敏字仲達，少沈密，有才思。年十一，詣周趙王招，命之賦詩。宣敏爲詩，甚有幽貞之志。招大奇之，坐客莫不嗟賞。起家右侍上士，[1]遷千牛備身。

[1]右侍上士：官名。北周時置。天官府宫伯中大夫屬官。與左侍上士共同負責皇帝寢宫安全，皇帝臨朝及出行時亦隨侍左右。亦多用作起家官。正三命。

隋文帝踐阼，拜奉車都尉，[1]奉使撫慰巴、蜀。及還，上疏曰：

[1]奉車都尉：官名。漢武帝始置，職掌皇帝車輿。北周時列爲散官，五命。隋初左、右衛沿置，員六人，掌馭副車，從五品上，煬帝大業三年廢。

臣聞開磐石之宗，[1]漢室於是惟永；建維城之固，[2]周祚所以靈長。[3]昔秦皇置牧守而罷諸侯，魏后昵諂邪而疏骨肉，遂使宗社移於他族，神器傳於異姓。此事之明，甚於觀火。然山川設險，非親勿居。且蜀土沃饒，人物殷阜，西通邛、僰，[4]南屬荆、巫。[5]周德之衰，茲土遂成戎首；炎政失御，此地便爲禍先。是以明者防於無形，安者制其未亂，方可慶隆萬世，年逾七百。

[1]磐石：舊喻分封的宗室。

[2]維城：借指皇子或皇室宗族。

[3]祚：毛本訛作“士”，局本訛作“土”。

[4]邛（qióng）：州名。隋朝時治依政縣，在今四川邛崍市東南。底本“邛”作“印”，中華本校勘記云：“諸本‘邛’訛‘印’，據《隋書》卷三九《于義傳》改。”今從改。　僰（bó）：縣名。即僰道縣，治所在今四川宜賓市西南。

[5]巫：縣名。治所在今重慶巫山縣。

伏惟陛下日角龍顏，[1]膺樂推之運；[2]參天貳地，居揖讓之期。億兆宅心，百神受職。理須樹建藩屏，封植子孫，繼周、漢之宏圖，改秦、魏之覆軌。抑近習之權勢，崇公族之本枝。但三蜀、二齊，[3]古稱天險，分王戚屬，今正其時。若使利建合宜，封樹得所，則巨猾息其非望，奸臣杜其邪謀。盛業洪基，同天地之長久；英聲茂實，齊日月之照臨。臣雖學謝多聞，然情深體國，輒申管見，戰灼惟深。

[1]日角龍顔：舊時相術家用稱帝王之貴相。

[2]膺：接受。　樂推：樂於推舉。王朝更迭，常用“樂推”爲辭，言得衆人之擁戴。

[3]三蜀：地區名。漢初分蜀郡置廣漢郡，武帝時又分置犍爲郡，合稱三蜀。其地相當於今四川中部、貴州北部赤水河流域及雲南金沙江下游地區。《文選》左思《蜀都賦》：“三蜀之豪，時來時往。”劉逵注：“三蜀，蜀郡、廣漢、犍爲也。本一蜀國，漢高祖分置廣漢，漢武帝分置犍爲。”　二齊：源氏校勘記云：“《隋書》作‘三齊’。”三齊，古地區名。秦亡後，項羽於前206年以齊國故地封田市爲膠東王，都即墨（今山東平度市東南）；田都爲齊王，都臨淄（今山東淄博市東北）；田安爲濟北王，都博陽（今山東泰安市東南），合稱三齊。

帝省表嘉之，謂高熲曰：“于氏世有人焉。”竟納其言，遣蜀王秀鎮于蜀。[1]

[1]秀：即楊秀，人名。隋文帝楊堅第四子，被封爲蜀王。

宣敏常以盛滿之誡，昔賢所重，每懷静退，著《述志賦》以見志焉。未幾，卒官，年二十九。

義弟禮，上大將軍、趙州刺史、安平郡公。[1]

[1]上大將軍：底本“上”下無“大”字，中華本校勘記云：“諸本脱‘大’字，據《周書》卷一五《于謹傳》補。上大將軍，周建德四年始置，見本書卷一〇《周武帝紀》。當時無‘上將軍’官名。”今從改。　趙州：北齊文宣帝天保二年（551）改殷州置，治廣阿縣，在今河北隆堯縣東。隋煬帝大業三年改置趙郡。　安平郡公：封爵名。安平，郡名。北周時治端氏縣，在今山西沁水縣東北。

禮弟智，初爲開府，以受宣帝密旨，告齊王憲反，[1]遂封齊國公。尋拜柱國，位大司空。

[1]憲：即宇文憲，人名。字毗賀突，代郡武川（今内蒙古武川縣西）人，鮮卑族。周文帝宇文泰第五子。見《北史》卷五八《齊煬王憲傳》。

智弟紹，上開府、綏州刺史、華陽郡公。[1]

[1]綏州：北周時治安寧縣，在今陝西綏德縣東南。　華陽郡公：封爵名。華陽，郡名。北周時治華陽縣，在今陝西勉縣西。

紹弟弼，上儀同、平恩縣公。[1]

[1]平恩縣公：封爵名。平恩，縣名。治所在今河北曲周縣東南。

弼弟蘭，上儀同、襄陽縣開國公。[1]

[1]襄陽縣：封爵名。襄陽，縣名。治所在今湖北襄樊市。

蘭弟曠，上儀同。贈恒州刺史。

論曰：魏氏平定中原，于栗磾有武功於三世，兼以虚己下物，罰不濫加，斯亦諸將所稀矣。[1]洛拔任参内外，以功名自終。烈氣概沈遠，受任艱危之際，有柱石之質，殆禦侮之臣乎！忠以梗朴見親，乘非其據，遂擅威權，生殺自己。苟非女主之世，何以全其門族？不至誅滅，抑其幸也。謹負佐時之略，逢興運之期，爲大厦之棟梁，擬巨川之舟檝。卒以耆年碩德，譽高望重，禮備上庠，[2]功歌司樂。而常以滿盈爲誡，覆折是憂，[3]不有君子，何以能國。翼既功臣之子，地則姻親，荷累葉之恩，兼文武之寄，理同休戚，與存與亡。加以總戎馬之權，受扞城之託，[4]智能足以衛難，勢力足以勤王。曾無釋位之心，但務隨時之義。弘名節以高貴，豈所望于斯人！仲文博涉書記，以英略自許，尉迥之亂，遂立功名。自兹厥後，屢當推轂。[5]遼東之役，實喪師徒。斯乃大樹將顛，蓋非一繩之罪也。義運屬時來，宣其力用，崇基弗墜，[6]析薪克荷，[7]盛矣！

[1]魏氏平定中原于栗磾有武功於三世：底本“原”下有“之後”二字，中華本校勘記云：“諸本‘原’下有‘之後’二字。按《魏書》卷三一史臣論云：‘魏定中原，于栗磾有武功於三世。’三

世指道武、明元、太武，于栗磾歷仕三帝，並有戰功，故云。並非在此之後。‘之後’二字衍文，今據删。”今從改。

[2]上庠（xiáng）：大學。《禮記·王制》：“有虞氏養國老於上庠，養庶老於下庠。”鄭玄注：“上庠，右學，大學也。”

[3]覆折：傾覆摧折。

[4]扞（hàn）城：守衛疆土。

[5]推轂（gǔ）：帝王任命將帥時的隆重禮遇。

[6]崇基：高壇。

[7]析薪：繼承父業。出自《左傳》昭公七年：“古人有言曰：其父析薪，其子弗克負荷。施將懼不能任其先人之禄。”　克荷：能够承擔。

北史　卷二四

列傳第十二

崔逞　子頤　曾孫彧　彧孫冏　逞玄孫休　五世孫㥄　六世孫贍　儦　逞兄遹　王憲　曾孫昕　晞　皓　封懿　族曾孫回　回子隆之　回弟子肅　回族弟述

崔逞字叔祖，清河東武城人，[1]魏中尉琰之五世孫也。[2]曾祖諒，晋中書令。[3]祖遇，仕石氏，[4]爲特進。[5]父瑜，黄門郎。[6]

[1]清河：郡名。北魏時治清河縣，在今山東臨清市東北。東武城：縣名。治所在今山東武城縣西北。

[2]中尉：官名。西漢始置。魏晋時，與郎中令、大農並號三卿，以典兵爲職。　琰：即崔琰，人名。字季珪，清河東武城（今山東武城縣西北）人。初仕袁紹，後歸曹操。見《三國志》卷一二《魏書·崔琰傳》。　五世孫：源氏校勘記云："《魏書》作'六世'。"《魏書》卷三二《崔逞傳》作"六世孫"。

[3]中書令：官名。三國魏文帝時分秘書置中書省，下設中書監、中書令。中書令掌收納章奏、草擬及發布詔令，班次略低於中書監。西晋承魏制，傳宣皇帝政令，雖資位遜於尚書監，實權則過

之。入選皆文學之士，常以宰相、諸公兼領。

[4]石氏：代指十六國時羯族石勒建立的後趙政權。

[5]特進：官名。西漢末置，以賜列侯中有特殊地位者。三國兩晋成爲正式加官名號，用以安置閑退大臣。

[6]黄門郎：官名。亦簡稱黄門、黄門侍郎，全稱爲給事黄門侍郎。掌侍從左右、關通内外，因出入禁中故職任顯要。爲侍中省或門下省次官，與侍中俱掌門下省事，地位隨皇帝旨意或侍中地位而上下。

逞少好學，有文才。仕慕容暐，[1]補著作郎，[2]撰《燕記》。遷黄門侍郎。暐滅，苻堅以爲齊郡太守。[3]堅敗，仕晋，清河、平原二郡太守。[4]爲翟遼所虜，[5]以爲中書令。慕容垂滅翟釗，[6]以爲秘書監。[7]慕容寶東走和龍，[8]爲留臺吏部尚書。[9]

[1]慕容暐：人名。字景茂，昌黎棘城（今遼寧北票市章吉營子鄉三官營子村）人，鮮卑族。十六國時前燕末代君主。見《晋書》卷一一一《慕容暐載記》（參田立坤《棘城新考》，《遼海文物學刊》1996年第2期）。

[2]著作郎：官名。掌國史及起居注的修撰。

[3]苻堅：人名。字永固，略陽臨渭（今甘肅天水市東北）人，氐族。十六國時前秦君主。見《晋書》卷一一三、一一四《苻堅載記》。　齊郡：十六國前秦時治臨淄縣，在今山東淄博市東北。

[4]平原：郡名。東晋時治平原縣，在今山東平原縣西南。

[5]翟遼：人名。十六國時丁零族首領、翟魏政權的建立者。謀取洛陽時爲晋將朱序、劉牢之所敗，後卒。

[6]慕容垂：人名。字道明，昌黎棘城（今遼寧北票市章吉營

子鄉三官營子村）人，鮮卑族。十六國時後燕建立者。見《晉書》卷一二三《慕容垂載記》。　翟釗：人名。十六國時丁零族首領、翟魏政權的末代君主。

[7]秘書監：官名。掌圖書經籍之事。

[8]慕容寶：人名。字道裕，昌黎棘城（今遼寧北票市章吉營子鄉三官營子村）人，鮮卑族。十六國時後燕君主。見《北史》卷九三《慕容垂附慕容寶傳》。　和龍：城名。又稱龍城、黄龍城。在今遼寧朝陽市。

[9]留臺：官名。猶留守。帝王離京留在京師總攝政事之官。　吏部尚書：官名。東漢時置吏曹尚書，後改名選部尚書。三國魏改選部尚書爲吏部尚書，爲尚書臺（省）吏部曹長官，三品。兩晉南北朝沿置，位居列曹尚書之上。

及慕容驎立，[1]逞攜妻子歸魏。張衮先稱美之，[2]由是道武禮遇甚厚。[3]拜尚書，[4]録三十六曹，别給吏屬，居門下省。[5]尋除御史中丞。[6]

[1]慕容驎：人名。一作“慕容麟”，小字賀驎。十六國時後燕宗室。多次背叛父、兄，並一度稱燕帝。

[2]張衮：人名。字洪龍，上谷沮陽（今河北懷來縣東南）人。北魏官吏。見《北史》卷二一《張衮傳》。

[3]道武：即北魏皇帝拓跋珪。道武爲其謚號。

[4]尚書：官名。魏晉南北朝時分掌尚書省諸曹。北魏孝文帝太和十七年定吏部從一品下，列曹二品中，二十三年改皆三品。

[5]門下省：官署名。西晉置，掌尚書事。兼掌侍從左右，出納詔命，顧問應對。歷朝因之。南北朝時有封駁奏章之權。

[6]御史中丞：官名。掌監察、執法，職權甚重。魏晉南北朝及十六國皆置。北魏中後期改爲御史中尉，從三品。

道武攻中山，[1]未剋，六軍乏糧，問計於崑。崑曰："飛鴞食葚而改音，《詩》稱其事，可取以助糧。"[2]帝雖銜其侮慢，然兵既須食，乃聽人以葚當租。崑又言："可使軍人及時自取，過時則落盡。"帝怒曰："内賊未平，兵人安可解甲收葚乎！"以中山未拔，故不加罪。及姚興侵晉，[3]襄陽戍將郗恢馳使乞師於常山王遵，[4]書云"賢兄武步中原"，[5]道武以爲悖君臣之體，敕崑與張衮爲遵書答使，亦貶其主號以報之。崑、衮爲書，乃云"貴主"。帝怒其失旨，黜衮，遂賜崑死。

[1]中山：地名。十六國時後燕國都，在今河北定州市。

[2]鴞：貓頭鷹。　葚：桑椹。《詩·魯頌·泮水》："翩彼飛鴞，集於泮林。食我桑黮，懷我好音。"

[3]姚興：人名。字子略，南安赤亭（今甘肅隴西縣西）人，羌族。十六國時後秦君主。見《晋書》卷一一七、一一八《姚興載記》。

[4]襄陽：縣名。治所在今湖北襄樊市。　郗恢：人名。字道胤，高平金鄉（今山東金鄉縣）人。東晋官吏。見《晋書》卷六七《郗鑒附郗恢傳》。　常山王：封爵名。常山，郡名。北魏時治安樂壘，在今河北藁城市西北。　遵：即拓跋遵，人名。北魏宗室。見《北史》卷一五《常山王遵傳》。

[5]武步中原：稱雄於中原。《北史》避唐高祖祖父李虎諱改"虎"作"武"。

後晋荆州刺史司馬休之等數十人爲桓玄所逐，[1]皆將來奔。至陳留，[2]聞崑被殺，分爲二輩，[3]一奔長安，一奔廣固。[4]帝聞深悔，自是士人有過，多見優容。

[1]荆州：東晋時治江陵縣，在今湖北江陵縣。　司馬休之：人名。字季豫，河内温（今河南温縣）人。東晋皇族。見《北史》卷二九《司馬休之傳》。　桓玄：人名。字敬道，一名靈寶，譙國龍亢（今安徽懷遠縣西北）人，桓温子。晋安帝元興二年（403）稱帝。兵敗被斬。見《晋書》卷九九《桓玄傳》。

[2]陳留：縣名。治所在今河南開封市東南。

[3]輩：群。

[4]廣固：城名。在今山東青州市西北。

逞子毅、諲、禕、嚴、頤。[1]初，逞之内徙，終慮不免，乃使其妻張氏與四子歸慕容德於廣固，[2]獨與小子頤在代京。[3]及逞死，亦以此爲譴。

[1]逞子毅諲禕嚴頤：底本無"諲"字，局本有。中華本校勘記云："諸本無'諲'字。按《魏書》卷三二《崔逞傳》云：'逞七子，二子早亡，第三子義，義弟諲，諲弟禕，禕弟嚴，嚴弟頤。'《通志》卷一四六《崔逞傳》云：'逞子諲、毅、禕、嚴、頤。''毅''義'未知孰是。據下文'宋以其兄諲爲冀州刺史'，則頤兄固當有諲。此脱文，今從《魏書》補。"今從補。又"頤"，《魏書》獨百衲本作"賾"，中華本《魏書》卷三二《崔逞傳》校勘記云："按《墓誌集釋·盧令媛墓誌》稱曾祖度世，'夫人清河崔氏，父賾，散騎侍郎、大鴻臚卿、使持節、平東將軍、青冀二州刺史、清河侯'。歷官、封爵與此《傳》相符。知百衲本作'賾'獨是，今從之。"《魏書》因改爲"賾"。

[2]慕容德：人名。字玄明，昌黎棘城（今遼寧北票市章吉營子鄉三官營子村）人，鮮卑族。十六國時南燕君主。見《晋書》

卷一二七《慕容德載記》。

［3］代京：亦稱代都，即平城。在今山西大同市東北古城。

頤字太沖，[1]散騎常侍，[2]賜爵清河侯。[3]太武聞宋以其兄諲爲冀州刺史，[4]乃曰："義隆用其兄，我豈無冀州地邪？"乃以頤爲冀州刺史。[5]入爲大鴻臚，[6]持節策拜楊難當爲南秦王。[7]奉使數返，光揚朝命，太武善之。後與方士韋文秀詣王屋山造金丹，[8]不就。真君初，[9]卒。

［1］頤字太沖：《魏書》卷三二《崔逞傳》"太"作"泰"。中華本校勘記又云："按崔頤，此及《魏書》卷三二本傳、《魏書》卷二四《崔模傳》、卷三五《崔浩傳》、本書卷九六及《魏書》卷一〇一《氐傳》並作'頤'。本書卷二《太武紀》及《魏書》卷四上《世祖紀》（延和二年九月）、本書卷三三及《魏書》卷五三《李孝伯傳》並作'賾'。據頤字太沖，'沖''頤'義近，似作'頤'是。但《墓誌集釋·盧令媛墓誌》又作'賾'，今各仍其舊。"未詳孰是。

［2］散騎常侍：官名。三國魏文帝黄初初年置散騎，合於中常侍，謂之散騎常侍。北魏時掌侍從左右、圖書文翰、諫諍拾遺，收納轉呈文書奏事，兼領修史，但仍爲閑散之職。北魏初一度掌出令，位在中書令上。孝文帝太和十七年定爲二品下，二十三年定爲從三品。

［3］清河侯：封爵名。清河，縣名。治所在今山東臨清市東北。

［4］太武：即北魏皇帝拓跋燾。太武爲其謚號。　冀州：南朝宋文帝元嘉九年（432）僑治於濟南郡，治歷城縣，在今山東濟南市。

［5］冀州：北魏時治信都縣，在今河北冀州市。

［6］大鴻臚：官名。九卿之一，漢武帝太初年間改大行令稱大鴻臚。北魏沿置，稱大鴻臚卿，主管朝會禮儀，孝文帝太和十七年定爲二品上，二十三年改爲三品。

［7］楊難當：人名。仇池（今甘肅西和縣）人。氐族首領。見《北史》卷九六《氐傳》。　南秦王：封爵名。東晋時，楊氏世據仇池稱王一方，後降前秦苻堅，前秦置其地爲南秦州，治仇池，在今甘肅西和縣西南。後秦建初四年（389），其地復入楊氏，州遂廢。北魏太武帝太平真君七年（446）置仇池鎮。宣武帝正始初復爲南秦州。

［8］韋文秀：人名。見《魏書·釋老志》。　王屋山：在今河南濟源市。

［9］真君：即太平真君。北魏太武帝的年號（440—451）。

始崔浩與頤及滎陽太守模等，[1]年皆相次。浩爲長，次模，次頤。三人别祖，而模、頤爲親。浩恃其家世魏、晋公卿，常侮模、頤。[2]浩不信佛道，模深所歸向，雖糞壤中，[3]禮拜形像。浩大笑曰："持此頭顱，不净處跪是胡神也！"[4]模嘗謂人曰："桃簡可欺我，何容輕我周兒也！"浩小名桃簡，頤小名周兒。太武頗聞之，故浩誅時，二家獲免。[5]

［1］崔浩：人名。字伯淵，《北史》避唐高祖李淵諱改爲伯深，清河東武城（今山東武城縣西北）人。北魏大臣。見《北史》卷二一《崔宏附崔浩傳》。　滎陽：郡名。北魏時治滎陽縣，在今河南滎陽市。

［2］常侮模頤：底本無"頤"字，中華本校勘記云："諸本無'頤'字，《魏書》卷三五《崔浩傳》有。按下文模語云：'桃簡可

欺我，何容輕我周兒也。’周兒即頤，此脱文，今據補。”今從補。

[3]糞壤：穢土。

[4]胡神：南北朝時抑佛統治者對佛教徒所敬之佛的貶稱。

[5]“始崔浩”至“二家獲免”：高敏《南北史考索》（天津古籍出版社 2010 年版，第 425 頁）：“此段爲《魏書·崔逞傳》所無，《北史》補之也。據此可知崔模、崔頤得免於誅殺的原因。”

頤五子。少子叡以交通境外，伏誅。自逞之死，至叡之誅，三世，積五十餘年，在北一門盡矣。

彧字文若，頤兄褘之孫也。父勳之，字寧國，位大司馬、外兵郎，[1]贈通直郎。[2]彧與兄相如俱自宋入魏。相如以才學知名，早卒。

[1]大司馬：官名。北魏時爲加官，常典軍事，地位尊顯。一品。　外兵郎：官名。尚書省外兵曹長官通稱，亦稱外兵郎中。

[2]通直郎：官名。通直散騎侍郎的簡稱。晉武帝時使員外散騎常侍二人與散騎常侍通員當值，故名。東晉時增至四員，屬散騎省，職同散騎常侍，參平尚書奏事，並掌諷諫、侍從，地位頗重。北魏沿置。

彧少逢隱沙門，教以《素問》《甲乙》，[1]遂善醫術。中山王英子略曾病，[2]王顯等不能療。[3]彧針之，抽針即愈。後位冀州别駕。[4]性仁恕，見疹者，喜與療之。廣教門生，令多救療。其弟子清河趙約、勃海郝文法之徒，[5]咸亦有名。

[1]素問：又作《黄帝素問》《黄帝内經素問》。相傳爲黄帝所

作。約成書於春秋戰國時期。漢魏之後，傳本多有。後經唐代王冰整理補訂，編次成今本，定爲八十一篇，二十四卷。内容豐富，既記自然界事物運動變化，又有人體生理衛生知識，爲中國中醫學理論的創立奠定了基礎。　甲乙：即《黄帝甲乙經》。又作《黄帝三部針灸甲乙經》《針灸甲乙經》。西晋皇甫謐撰，十二卷。由《靈樞》《素問》《明堂孔穴針灸治要》三書組成，是中國最早的一部有系統的針灸學著作。

[2]中山王：封爵名。中山，郡名。北魏時治盧奴縣，在今河北定州市。　英：即元英，人名。字虎兒。北魏宗室。見《北史》卷一八《南安王楨附中山王英傳》。　略：即元略，人名。字儁興。北魏宗室。見《北史·南安王楨附東平王略傳》。

[3]王顯：人名。字世榮，陽平樂平（今山西昔陽縣）人。北魏官吏。見《北史》卷九〇《王顯傳》。

[4]别駕：官名。爲州刺史僚屬。因隨刺史行部，别乘傳車而名之。北魏因之。前期例用本州人，由刺史自辟，後期漸由朝廷任命。孝文帝太和十七年定司州别駕爲正四品中，二十三年改爲從四品上。他州别駕依州品不同，自正五品至正七品不等。

[5]勃海：郡名。北魏初治南皮縣，在今河北南皮縣東北。文成帝太安四年（458）移治東光縣，在今河北東光縣。

彧子景哲，豪率，亦以醫術知名。仕魏，太中大夫、司徒長史。[1]

[1]太中大夫：官名。亦作“大中大夫”。北魏時多用於安置老病退免的九卿等大臣，亦用作“加官”“兼官”，或供朝廷臨時差遣。孝文帝太和十七年定爲三品下，二十三年定爲從三品。　司徒長史：官名。爲司徒府僚屬之長，佐司徒總管府内諸曹。北魏孝文帝太和十七年定爲四品上，二十三年左長史改爲從三品。

景哲子冏，字法峻，幼好學，泛覽經傳，多伎藝，尤工相術。仕魏爲司空參軍。[1]齊天保初，[2]爲尚藥典御。[3]歷高陽太守、太子家令。[4]武平中，[5]爲散騎常侍、假儀同三司。[6]從幸晋陽，[7]嘗謂中書侍郎李德林曰：[8]"比日看高相王以下文武官人相表，[9]俱盡其事，口不忍言。唯弟一人更應富貴，當在他國，不在本朝，吾不及見也。"其精如此。冏性廉謹，恭儉自修，所得俸秩，必分親故。終鴻臚卿。[10]臨終，誡其二子曰："夫恭儉福之輿，傲侈禍之機。乘福輿者浸以康休，蹈禍機者忽而傾覆，汝其誡歟！吾没後，斂以時服，祭無牢饌，[11]棺足周屍，瘞不洩露而已。"[12]及卒，長子修遵父命。

[1]司空參軍：官名。司空府僚屬，掌參謀軍務。北魏時定爲七品。

[2]天保：北齊文宣帝的年號（550—559）。

[3]尚藥典御：官名。北齊置。爲門下省尚藥局主官，總掌御藥之事，員二人。正五品下。

[4]高陽：郡名。北齊時治高陽縣，在今河北高陽縣東。　太子家令：官名。秦設。掌太子之飲膳、車馬、倉儲、庫藏等政令。北齊亦置。

[5]武平：北齊後主的年號（570—576）。

[6]假：官制用語。原是代理、兼攝之意。北魏孝文帝時假官成爲制度，但僅爲虚職，無代理攝職之義。北齊沿之。　儀同三司：謂官非三公而儀制待遇同於三公。魏晋時期，授予開府位從三公之文武官。南北朝時授予範圍不斷擴大，逐漸成爲官號。北齊時爲二品，位三公下。

［7］晉陽：縣名。治所在今山西太原市晉源區古城營村一帶。

［8］中書侍郎：官名。北朝時多選用文學之士，掌草擬詔令。北齊時兼管伎樂，從四品。　李德林：人名。字公輔，博陵安平（今河北安平縣）人。北齊、隋朝官吏。見《北史》卷七二《李德林傳》。

［9］高相王：即高阿那肱。善無（今山西右玉縣南）人。北齊佞臣。見《北史》卷九二《高阿那肱傳》。

［10］鴻臚卿：官名。亦稱鴻臚寺卿。掌朝會時贊導禮儀。北齊時置爲鴻臚寺長官，三品。

［11］牢餼（xì）：供祭祀用的牛、羊、豕等。

［12］瘞（yì）：埋葬。

景哲弟景鳳，字鸞叔，位尚藥典御。

休字惠盛。曾祖諲，仕宋位青、冀二州刺史。[1]祖靈和，宋員外散騎侍郎。[2]父宗伯，始還魏，追贈清河太守。

［1］青：州名。南朝宋明帝泰始中與冀州合僑置於鬱洲，在今江蘇連雲港市東雲臺山一帶。

［2］員外散騎侍郎：官名。晉武帝置。屬散騎省，掌規諫等，品秩與散騎侍郎同。初無定員，南北朝後有定員。爲清閑之職，亦爲高門子弟起家官。南朝宋亦置。

休少孤貧，矯然自立。舉秀才，入京師，與宋弁、邢巒雅相知友。[1]尚書王嶷欽其人望，[2]爲長子娉休姊，贍以財貨，由是少振。孝文納休妹爲嬪。頻遷兼給事黄門侍郎。休勤學，公事軍旅之隙，手不釋卷。禮遇亞於宋弁、郭祚。[3]孝文南伐，以北海王詳爲尚書僕射，[4]統留臺事，以休爲尚書左丞。[5]詔以北海年少，百揆務殷，便以委休。轉長史，[6]兼給事黄門侍郎，參定禮儀。帝嘗閲故府，[7]得舊冠，題曰"南部尚書崔逞制"，顧謂休曰："此卿家舊事也。"後從駕南行。及還，幸彭城，[8]汎舟泗水，[9]詔在侍筵，觀者榮之。

[1]宋弁：人名。字義和，西河介休（今山西介休市）人。北魏官吏。見《北史》卷二六《宋隱附宋弁傳》。　邢巒：人名。字洪賓，河間鄚（今河北任丘市北）人。北魏官吏。見《北史》卷四三《邢巒傳》。

[2]人望：聲望。

[3]郭祚：人名。字季祐，太原晋陽（今山西太原市晋源區古城營村一帶）人。北魏官吏。見《北史》卷四三《郭祚傳》。

[4]北海王：封爵名。北海，郡名。北魏時治平壽城，在今山東昌樂縣東南。　詳：即元詳，人名。字季豫。北魏宗室。見《北史》卷一九《北海王詳傳》。　尚書僕射：官名。北魏時列位宰相，典選舉、執法等事務。孝文帝太和十七年定爲從一品中，二十三年定爲從二品。

[5]尚書左丞：官名。北魏時爲尚書省佐官，次尚書，與尚書右丞共掌尚書省庶務，居尚書右丞上。孝文帝太和十七年定爲四品上，二十三年定爲從四品上。

[6]長史：官名。北魏時丞相府、諸公府、軍府、諸王國、郡府、州府、都督府皆置。爲府中掾屬之長。孝文帝太和二十三年定皇子長史爲四品。

[7]故府：舊府庫。

[8]彭城：郡名。北魏時治彭城縣，在今江蘇徐州市。

[9]泗水：又名清水、清泗。源自今山東泗水縣東蒙山南麓。

宣武初,[1]休以祖父未葬，弟夤又亡，固求出爲勃海太守。性嚴明，雅長政體。下車先戮豪猾數人，姦盜莫不禽翦。清身率下，部内安之。時大儒張吾貴名盛山東,[2]弟子恒千餘人，所在多不見容。休招延禮接，使肄業而還，儒者稱爲口實。入爲吏部郎中,[3]遷散騎常侍，權兼選任，多所拔擢。廣平王懷數引談宴。[4]以與諸王交游，免官。後爲司徒右長史,[5]公平清潔，甚得時譽。歷幽、青二州刺史,[6]皆以清白稱，二州懷其德澤。入爲度支、七兵、殿中三尚書。[7]休久在臺閣，明習典故，每朝廷疑議，咸取正焉。諸公咸謂崔尚書下意處不可異也。卒，贈尚書右僕射,[8]謚曰文貞。

[1]宣武：即北魏皇帝元恪。宣武爲其謚號。

[2]張吾貴：人名。字吴子，中山（今河北定州市）人。北魏大儒。見《北史》卷八一《張吾貴傳》。

[3]吏部郎中：官名。北魏時與吏部郎互稱，爲尚書省吏部曹長官。資深者可轉侍郎。屬吏部尚書，主管官吏選任、銓叙、調動事務，對五品以下官吏任免有建議權。孝文帝太和二十三年定爲四品上。

[4]廣平王：封爵名。廣平，郡名。北魏時治曲梁城，在今河北永年縣東南。　懷：即元懷，人名。北魏宗室。見《北史》卷一九《廣平王懷傳》。　談宴：謂邊宴飲邊叙談。

[5]司徒右長史：官名。三國魏分司徒長史置。與左長史共掌府中吏事，佐司徒總管府内諸曹，位次左長史。北魏沿置，四品上。

[6]幽：州名。北魏時治薊縣，在今北京西南。　青：州名。

北魏時治東陽城，在今山東青州市。

[7]度支尚書：官名。魏晉南北朝時爲尚書省度支曹長官，統管度支、户部、金部、倉部四曹。掌軍國財賦的收支會計及漕運物價屯田之政令。北魏孝文帝太和二十三年定爲三品。　七兵尚書：官名。尚書省七兵曹長官。三國魏時始置五兵尚書，掌管軍事行政，領中兵、外兵、騎兵、别兵、都兵五曹。晋分中兵、外兵爲左右曹，其長官仍沿稱五兵尚書。十六國後燕始改此名爲七兵尚書。北魏定爲官稱。孝文帝太和十七年定爲從二品中，二十三年改爲三品。　殿中尚書：官名。北魏時領宫中兵馬，典宫禁宿衛及倉庫。孝文帝太和二十三年定爲三品。

[8]尚書右僕射：官名。北魏時列位宰相，職掌都省庶務及執法，或典選舉。孝文帝太和二十三年定爲從二品。

休少而謙退，事母孝謹。及爲尚書，子仲文娶丞相高陽王雍女，[1]女適領軍元叉庶長子舒，[2]挾恃二家，志氣微改，陵藉同列。尚書令李崇、左僕射蕭寶夤、右僕射元欽皆以此憚下之。[3]始休母房氏欲以休女妻其外孫邢氏，休乃違母情，以妻叉子，議者非之。

[1]高陽王：封爵名。高陽，郡名。北魏時治高陽縣，在今河北高陽縣東。　雍：即元雍，人名。字思穆。北魏宗室。見《北史》卷一九《高陽王雍傳》。

[2]領軍：官名。魏晋南北朝時，資深者稱領軍將軍，資輕者稱中領軍，職掌相同，多由中領軍遷領軍將軍，一般不並置。祇有北魏孝文帝太和十七年職員令中設有領軍，二品中。　元叉：人名。字伯儁，小字夜叉。靈太后妹夫，權傾一時。見《北史》卷一六《京兆王黎附元叉傳》。　舒：即元舒，人名。亦作“元稚”“元稚舒”。曾任秘書郎中，元叉被賜死後奔南朝梁。源氏校勘記

云："'稚舒'，避唐諱除'稚'。"

[3]尚書令：官名。北魏孝文帝改制後，尚書省權任頗重，尚書令爲尚書省副職，兼掌監察百官，位列宰相。孝文帝太和二十三年定爲二品。　李崇：人名。字繼長，小名繼伯，頓丘（今河南清豐縣西南）人。北魏官吏。見《北史》卷四三《李崇傳》。　蕭寶夤：人名。字智亮，南蘭陵（一說在今江蘇常州市，一說在今江蘇丹陽市）人。南朝齊宗室，北魏官吏。見《北史》卷二九《蕭寶夤傳》。　元欽：人名。字思若。北魏宗室。見《北史》卷一七《陽平王新成附元欽傳》。

㥄字長儒，狀貌偉麗，善於容止。少知名。爲魏宣武挽郎。[1]釋褐太學博士，[2]累遷散騎侍郎。坐事免歸鄉里。冀部豪傑之起，争召㥄兄弟，㥄中立無所就。高敖曹以三百騎劫取之，[3]以爲師友。[4]

[1]挽郎：官名。執事於皇帝、皇后等喪禮的儀仗隊員。北魏時選品官子弟擔任，爲入仕途徑之一。北魏制，被選挽郎後，可除奉朝請或將軍府參軍等官。

[2]釋褐：脱掉百姓穿的布衣。指入仕做官。　太學博士：官名。北魏時國子學、太學各置博士，教授學生。從七品。

[3]高敖曹：人名。即高昂。字敖曹，勃海蓨（今河北景縣）人。東魏大將。見《北史》卷三一《高允附高昂傳》。

[4]"坐事免歸鄉里"至"以爲師友"：高敏《南北史考索》（第425頁）："冀部豪傑之起，争召㥄兄弟，㥄中立無所就。高敖曹以三百騎劫取之，以爲師友。"該段爲《北齊書》卷二三《崔㥄傳》所未載，《北史》補之也。

齊神武至信都，[1]以爲開府諮議參軍，[2]歷給事黄門侍郎、衛將軍。[3]神武入洛，[4]議定廢立。太僕綦儁盛言節閔帝賢明，[5]可主社稷。㥄作色而前曰："若其賢明，自可待我高王。既爲逆胡所立，何得猶作天子？若從儁言，王師何名義舉？"由是節閔及中興主皆廢。[6]更立平陽王，[7]是爲孝武。[8]以建義功，封武城縣公。[9]

[1]神武：即高歡。神武爲其謚號，北齊後主所追謚。　信都：縣名。治所在今河北冀州市。

[2]開府諮議參軍：官名。北魏孝文帝太和二十三年定爲從四品。開府，建立府署並自選僚屬。諮議參軍，官名。東晋置。北朝時於丞相府諷議軍政事務，而後諸王府、公府、軍府等皆設。

[3]衛將軍：官名。北魏時位在諸名號大將軍上，多作爲軍府名號，加贈大臣、重要州郡長官，無具體職掌。孝文帝太和二十三年定爲二品。源氏校勘記云："《北齊》無'衛'字。"

[4]洛：城名。在今河南洛陽市東北。

[5]太僕：官名。北魏時掌供天子輿馬。孝文帝太和二十三年定爲三品。　綦儁：人名。字欈顯，河南洛陽（今河南洛陽市）人。北魏、東魏官吏。見《北史》卷五〇《綦儁傳》。　節閔帝：即北魏皇帝元恭。節閔爲其謚號。

[6]中興主：即安定王元朗。爲高歡所立，建年號中興，史稱廢帝。

[7]平陽王：封爵名。此指元脩。平陽，郡名。北魏時治白馬城，在今山西臨汾市。

[8]孝武：即北魏皇帝元脩。孝武爲其謚號。

[9]武城縣公：封爵名。武城，縣名。治所在今山東武城縣西北。局本"城"作"成"。

㥄恃預義旗，頗自矜縱。尋以貪污爲御史糾劾，逃還鄉里。時清河多盜，齊文襄以石愷爲太守，[1]令得專殺。愷經㥄宅，謂少年曰："諸郎輩莫作賊，太守打殺人!"㥄顧曰："何不答府君：下官家作賊，止捉一天子牽臂下殿，捉一天子推上殿；不作偷驢摸犢賊。"及遇赦出，復爲黄門。[2]

[1]齊文襄：即高澄。文襄爲其謚號，北齊文宣帝所追謚。

[2]"㥄恃"至"黄門"：高敏《南北史考索》（第425頁）：該段爲《北齊書》卷二三《崔㥄傳》所未載，《北史》補之。

天平中，[1]授徐州刺史，[2]給廣宗部曲三百，[3]清河部曲千。[4]㥄性暴慢。寵妾馮氏，長且姣，[5]家人號曰成母，朝士邢子才等多姦之。[6]至是假其威勢，恣情取受，風政不立。

[1]天平：東魏孝静帝的年號（534—537）。

[2]徐州：東魏時治彭城縣，在今江蘇徐州市。

[3]廣宗：郡名。東魏時治廣宗縣，在今河北威縣東。　部曲：本爲軍隊編制之稱。東漢末，演變爲私人武裝之稱，魏晋南北朝時，世族、豪族普遍擁有部曲。平時耕田從役，戰時隨主人作戰。父死子繼，地位低下。南北朝後期，地位稍微上升，有些經主人放免成爲平民。

[4]清河部曲千：高敏《南北史考索》（第425頁）："《北齊書》卷二十三《崔㥄傳》，'千'字下有'人'字；《通志》卷一百五十三《列傳》卷六十六同人傳亦有'人'字，與《北齊書》同，《北史》校勘記失校。"

[5]長且姣：毛本、局本"姣"作"狡"。

[6]“寵妾馮氏”至“朝士邢子才等多姦之”：高敏《南北史考索》（第425頁）：“長且姣，家人號曰成母，朝士邢子才等多姦之。”該段爲《北齊書·崔㥄傳》所無，《北史》補之也。邢子才，人名。即邢卲。字子才，小字吉，河間鄚（今河北任丘市北）人。北魏、東魏、北齊官吏。見《北史》卷四三《邢巒附邢卲傳》。

初，㥄爲常侍，求人修起居注，或曰：“魏收可。”[1]㥄曰：“收輕薄徒耳。”更引祖鴻勳爲之。[2]又欲陷收不孝之罪，乃以盧元明代收爲中書郎。[3]由是收銜之。及收聘梁，過徐州，㥄備刺史鹵簿迎之，[4]使人相聞收曰：“勿怪儀衛多，稽古力也。”收語蹇，急報曰：“崔徐州建義之勳，何稽古之有？”㥄自以門伐素高，[5]特不平此言。收乘宿憾，[6]故以此挫之。罷徐州，除秘書監，[7]以母憂去官。[8]服終，兼太常卿，[9]轉七兵尚書、清河邑中正。[10]

[1]魏收：人名。字伯起，小字佛助，鉅鹿下曲陽（今河北晋州市西）人。著《魏書》。見《北史》卷五六《魏收傳》。

[2]祖鴻勳：人名。涿郡范陽（今河北定興縣西南）人。北魏、東魏官吏。見《北史》卷八三《祖鴻勳傳》。

[3]盧元明：人名。字幼章，范陽涿（今河北涿州市）人。見《北史》卷三〇《盧玄附盧元明傳》。　中書郎：官名。又作“中書侍郎”。三國魏文帝時設，爲中書省副主官，掌起草書疏表檄。北魏孝文帝太和二十三年定爲從三品。東魏沿置。

[4]鹵簿：古代帝王出行時扈從的儀仗隊。出行目的不同，儀式亦有別。自漢以後亦用於后妃、太子、王公大臣。鹵，即櫓，甲楯之別名。凡兵衛以甲楯居外爲前導，捍蔽其前後，皆著之簿籍，

故名鹵簿。

[5]門伐：門第和閥閱的合稱。指世代爲官的名門望族，又稱門第、世族、士族、世家等。源氏校勘記云："'伐'《北齊》作'閥'。"

[6]宿憾：舊日結下的仇恨。

[7]秘書監：官名。北魏時爲秘書省長官，掌圖書經籍之事，領著作省。孝文帝太和十七年定爲從二品中，二十三年改爲三品。東魏沿置。

[8]母憂：母親的喪事。

[9]太常卿：官名。爲太常的尊稱。主管祭祀社稷、宗廟和朝會、喪葬禮儀，管理皇帝陵墓、寢廟所在縣邑，每月巡視諸陵，兼管文化教育，博士和博士弟子的考核、薦舉、補吏。北魏孝文帝太和十七年定爲從一品下，二十三年改爲三品。東魏沿置。

[10]中正：官名。三國魏初設。掌地方州郡人才的考察。即將當地士人按才能品德，參照門第分成九品，供吏部選用。兩晋南北朝隋唐沿置。

㥄有文學，偉風貌，寡言辭，端嶷如神，以簡貴自處。齊神武言："崔㥄應作令僕，[1]恨其精神太遒。"[2]趙郡李渾將聘梁，[3]名輩畢萃，詩酒正讙。㥄後到，一坐無復談話。鄭伯猷歎曰：[4]"身長八尺，面如刻畫，謦欬爲洪鍾響，[5]胸中貯千卷書，使人那得不畏服！"

[1]令僕：指尚書令與尚書僕射。泛指股肱重臣。

[2]"㥄有文學"至"恨其精神太遒"：高敏《南北史考索》(第425頁)："《北齊書》卷二十三《崔㥄傳》無，《北史》補之也。"

[3]趙郡：東魏時治平棘縣，在今河北趙縣。　李渾：人名。

字季初，趙郡平棘（今河北趙縣）人。東魏、北齊官吏。見《北史》卷三三《李靈附李渾傳》。

[4]鄭伯猷：人名。滎陽開封（今河南開封市）人。北齊官吏。見《北史》卷三五《鄭羲附鄭伯猷傳》。

[5]謦（qǐng）欬（kài）：本義爲咳嗽聲，引申爲談笑、談吐。

㥄以籍地自矜，常與蕭祇、明少遐等高宴終日，[1]獨無言。少遐晚謂㥄曰："驚風飄白日，忽然落西山。"㥄亦無言，直曰"爾"。每謂盧元明曰："天下盛門唯我與爾，博崔、趙李何事者哉！"[2]崔暹聞而銜之。[3]神武葬後，㥄又竊言："黄頷小兒堪當重任不？"[4]暹外兄李慎以告暹。[5]暹啓文襄，絶㥄朝謁。㥄要拜道左，文襄發怒曰："黄頷兒何足拜也！"於是鎖㥄赴晋陽，訊之，不服。暹引邢子才爲證，子才執無此言。㥄在禁謂邢曰："卿知我意屬太丘不？"[6]邢出，告㥄子瞻曰："尊公意，正應欲結姻陳元康。"[7]瞻有新生女，乃許妻元康子。元康爲言於文襄曰："崔㥄名望素重，不可以私語殺之。"文襄曰："若免其性命，當徙之遐裔。"[8]元康曰："㥄若在邊，或將外叛。以英賢資寇敵，非所宜也。"文襄曰："既有季珪之罪，[9]還令輸作可乎？"[10]元康曰："元康常讀《崔琰傳》，追恨魏武不弘。㥄若在作所而殞，[11]後世豈道公不殺也？"文襄曰："然則奈何？"元康曰："㥄合死。朝野皆知。公誠能以寬濟猛，特輕其罰，則仁德彌著，天下歸心。"段孝先亦言㥄勳舊，[12]乃舍之。㥄進謁奉謝，文襄猶怒曰："我雖無堪，忝當大任，被卿以爲黄頷小兒。金石可銷，此言難滅！"

［1］蕭祇：人名。字敬式，南蘭陵（一説在今江蘇常州市，一説在今江蘇丹陽市）人。南朝梁宗室。見《北史》卷二九《蕭祇傳》。　明少遐：人名。字處默，平原鬲（今山東平原縣西北）人。先後仕南朝梁、北齊。見《南史》卷五〇《明僧紹附明少遐傳》。

［2］"悛以籍地自矜"至"博崔趙李何事者哉"：高敏《南北史考索》（第425頁）："《北齊書》卷二十三《崔悛傳》所無，《北史》補之也。"博崔趙李，博陵崔氏、趙郡李氏皆爲魏晋以來世家大族。

［3］崔暹：人名。字季倫，博陵安平（今河北安平縣）人。東魏、北齊官吏。見《北史》卷三二《崔挺附崔暹傳》。

［4］黄頷：下巴上僅有黄色細毛。形容年少。

［5］李慎：人名。趙郡平棘（今河北趙縣）人。東魏、北齊官吏。見《魏書》卷三三《李順傳》。

［6］太丘：指東漢陳寔。因陳寔曾任太丘長，故稱其爲陳太丘。陳寔曾蒙冤入獄。見《後漢書》卷六二《陳寔傳》。

［7］陳元康：人名。字長猷，廣宗（今河北威縣東）人。東魏官吏。見《北史》卷五五《陳元康傳》。

［8］遐裔：邊遠之地。

［9］季珪之罪：指東漢末年崔琰因在書信中對曹操語出不遜而被殺。季珪，即崔琰。

［10］輸作：因犯罪罰作勞役。

［11］悛若在作所而殞：底本"作所"作"所作"，局本作"作所"，中華本校勘記云："諸本'作所'誤倒，據《北齊書》卷二三、《通志》卷一五三《崔悛傳》乙。'作所'即輸作之所。"今從改。

［12］段孝先：人名。即段韶。字孝先，小名鐵伐，姑臧武威（今甘肅武威市）人。東魏、北齊將領。見《北史》卷五四《段榮

附段韶傳》。

齊天保初，除侍中，[1]監起居。以禪代之際，參掌儀禮，别封新豐縣男，[2]回授第九弟子約。[3]

[1]侍中：官名。北朝時常總典機密，受遺詔輔政，權任尤重，時號“小宰相”。北魏孝文帝太和十七年定爲從一品中，二十三年改爲三品。北齊沿置。

[2]新豐縣男：封爵名。新豐，縣名。治所在今安徽宿州市東北辛豐村。

[3]回授：官員將所得的封贈呈請改授他人。　子約：即崔子約，人名。崔㥄弟。

㥄一門婚嫁，皆衣冠美族，吉凶儀範，[1]爲當時所稱。婁太后爲博陵王納㥄妹爲妃，[2]敕其使曰：“好作法用，勿使崔家笑人。”婚夕，文宣帝舉酒祝曰：[3]“新婦宜男，孝順富貴。”㥄跪對：“孝順乃自臣門，富貴恩由陛下。”

[1]吉凶：指喜事和喪事

[2]婁太后：即北齊神武帝皇后婁氏。見《北史》卷一四《齊武明皇后婁氏傳》。　博陵王：指高濟。北齊宗室，神武帝第十二子。見《北史》卷五一《博陵王濟傳》。博陵，郡名。北齊時治魯口城，在今河北饒陽縣。

[3]文宣帝：即北齊皇帝高洋。文宣爲其謚號。

五年，爲東兖州刺史，[1]復攜馮氏之部。爲馮氏厭蠱，[2]頗失精爽，尋遇偏風。馮氏受納狼籍，爲御史劾，與㥄俱召，詔付廷尉，諸囚多姦焉，獄中致競。尋别詔斬馮氏於都市，支解爲九段。㥄以疾卒獄中。

[1]東兖州：北齊時治瑕丘城，在今山東兖州市。局本“兖”訛作“充”。

[2]厭蠱：謂以巫術致災禍於人。

㥄歷覽群書，兼有辭藻，自中興迄於孝武，詔、誥、表、檄，多㥄所爲。然性侈，耽財色，於諸弟不能盡雍穆之美，[1]世論以此譏之。素與魏收不協，收後專典國史，㥄恐被惡言，乃悦之曰：“昔有班固，[2]今則魏子。”收縮鼻笑之，憾不釋。㥄子贍。

[1]雍穆：和睦，融洽。

[2]班固：人名。字孟堅，扶風安陵（今陝西咸陽市東北）人。東漢史學家。見《後漢書》卷四〇上《班彪附班固傳》、卷四〇下《班彪附班固傳》。

贍字彦通。潔白，善容止，神彩嶷然，言不妄發，才學風流爲後來之秀。初，潁川荀濟自江南入洛，[1]贍學於濟，故得經史有師法。侍中李神儁雅有風譽，[2]晚年無子，見贍，歎謂邢卲曰：“昨見崔㥄兒，便爲後生第一。我遂無此物，見此使人傷懷！”[3]

[1]潁川：郡名。北魏時治長社城，在今河南長葛市東北。荀濟：人名。字子通，潁川（今河南長葛市東北）人。東魏官吏。

見《北史》卷八三《荀濟傳》。

[2]李神儁：人名。即李挺。字神儁，小名提，隴西狄道（今甘肅臨洮縣）人。北齊官吏。見《北史》卷一〇〇《涼武昭王李暠附李神儁傳》。

[3]“才學風流爲後來之秀”至“見此使人傷懷”：高敏《南北史考索》（第425頁）：“按：《北齊書》卷二十三《崔瞻傳》無此段記載，《北史》補之也。”

年十五，刺史高昂召署主簿，[1]清河公高岳辟爲開府西閤祭酒。[2]博陵崔暹爲中尉，[3]啓除侍御史。[4]以父與暹隙，俄而去官。神武召與北海王晞俱爲諸子賓友，[5]仍爲相府中兵參軍，[6]轉主簿。文襄崩，秘未發喪，文宣命瞻兼相府司馬，[7]使鄴。[8]

[1]主簿：官名。掌文簿之事。諸軍府、王府、州郡府皆設。品秩隨府長官地位高下而不等。

[2]高岳：人名。字洪略，勃海蓨（今河北景縣）人。北齊宗室。見《北史》卷五一《清河王岳傳》。　西閤祭酒：官名。王府、公府、丞相府、將軍府僚屬。掌閤内文翰。北魏孝文帝太和二十三年定爲七品上。北齊三師、二大、三公府皆置，七品上；諸開府所置爲七品下。

[3]中尉：官名。御史中尉的簡稱。

[4]侍御史：官名。北魏時於分曹治事外，亦奉命監國，督察巡視州郡，收捕官吏，宣示詔命。又置監軍侍御史監察軍政。孝文帝太和十七年定爲從五品中，二十三年定爲八品。北齊時爲從七品。

[5]北海：郡名。東魏時治平壽城，在今山東昌樂縣東南。

[6]中兵參軍：官名。亦作“中兵參軍事”。兩晋南北朝諸公、

軍府僚屬之一，掌本府中兵曹事務，兼備參謀咨詢。其品位隨府主地位高低不等。

［7］司馬：官名。高級幕僚。其品位隨府主地位高低不等。

［8］鄴：城名。在今河北臨漳縣西南。

魏孝静帝以人日登雲龍門。[1]與其父悛俱侍宴爲詩。詔問邢卲等曰："今贍此詩何如其父？"咸曰："悛博雅弘麗，贍氣調清新，並詩人之冠冕。"宴罷，咸共嗟賞之，云："今日之宴，併爲崔贍父子。"楊愔欲引贍爲中書侍郎。[2]時盧思道直中書省，[3]愔問其文藻優劣。思道曰："崔贍文詞之美，實有可稱，但舉世重其風流，所以才華見没。"愔云："此言有理。"其日奏用之。愔又曰："昔裴瓚晋世爲中書郎，[4]神情高邁，每於禁門出入，宿衛者皆肅然動容。崔生堂堂，亦當無愧裴子乎？"

［1］魏孝静帝：即東魏皇帝元善見。孝静爲其謚號。　人日：舊俗以農曆正月初七爲人日。　雲龍門：三國魏起洛陽宫官城正南門爲雲龍門。北魏亦以宫城正南門稱雲龍門。

［2］楊愔：人名。字遵彦，小名秦王，弘農華陰（今陝西華陰市東南）人。東魏、北齊官吏。見《北史》卷四一《楊播附楊愔傳》。　中書侍郎：官名。北魏時多選用文學之士，掌草擬詔令，職位機要。孝文帝太和十七年定爲四品上，二十三年改爲從四品上。北齊略同。

［3］盧思道：人名。字子行，小字釋奴，范陽涿（今河北涿州市）人。北齊官吏。見《北史》卷三〇《盧玄附盧思道傳》。

［4］裴瓚：人名。字國寶，河東聞喜（今山西聞喜縣）人。西晋官吏。見《晋書》卷三五《裴秀附裴瓚傳》。

皇建元年，[1]除給事黄門侍郎。與趙郡李槩爲莫逆之友。[2]槩將東還，贍遺之書曰："仗氣使酒，我之常弊，詆訶指切，在卿尤甚。足下告歸，吾於何聞過也？"贍患氣，兼性遲重，雖居二省，竟不堪敷奏。

[1]皇建：北齊孝昭帝的年號（560—561）。

[2]李槩：人名。字季節，趙郡平棘（今河北趙縣）人。北齊官吏。見《北史》卷三三《李靈附李概傳》。

孝昭踐阼，[1]皇太子就傅受業，除太子中庶子，[2]徵赴晋陽。敕曰："東宫弱年，未陶訓義。卿儀形風德，人之師表，故勞卿朝夕遊處，開發幼蒙。一物三善，[3]皆以相寄。"贍專在東宫，調護講讀及進退禮度，皆歸委焉。太子納妃斛律氏，敕贍與鴻臚崔劼撰定婚禮儀注，[4]主司以爲後式。時詔議三恪之禮，[5]太子少傅魏收爲一議，[6]朝士莫不雷同。贍别立異議，收讀訖笑而不言。贍正色曰："聖上詔群臣議國家大典，少傅名位不輕，贍議若是，須贊其所長；若非，須詰其不允。何容讀國士議文，直此冷笑？崔贍居聖朝顯職，尚不免見疵，草萊諸生，[7]欲云何自進！"贍容貌方嚴，詞旨雄辯，收慚遽，竟無一言。[8]

[1]孝昭：即北齊皇帝高演。孝昭爲其謚號。

[2]太子中庶子：官名。北齊時屬門下坊，員四人。四品。

[3]一物三善：語出《禮記・文王世子》。一物，指太子就傅受業；三善，指臣事君、子事父、幼事長三種道德規範。謂行此一

事，三善皆得。

[4]崔劼：人名。字彦玄，東清河鄃（今山東淄博市）人。北齊官吏。見《北史》卷四四《崔光附崔劼傳》。

[5]三恪：又稱二王三恪、二代三恪等。古代禮制，屬賓禮之一。歷代王朝皆封前代王室後裔爵位，稱爲二王後、三恪，給予王侯名號，贈予封邑，祭祀宗廟，以示尊敬，顯示本朝所承繼統緒，表明正統地位。所謂“恪”，即表尊敬之意。杜佑《通典》考證“三恪二王後”，以爲封前二代後裔爲二王後，封前三代後裔則稱爲三恪。

[6]太子少傅：官名。北魏時掌訓導輔教太子，無具體職司。其職掌、品秩皆同太子太師，位太子太師下、太子太保上。孝文帝太和十七年定爲從一品上，二十三年改爲二品。北齊沿之。

[7]草萊：平民。

[8]“時詔議三恪之禮”至“竟無一言”：高敏《南北史考索》（第425頁）：“按：此段爲《北齊書》卷二十三同人傳所無，《北史》補之也。”

大寧元年，[1]除衛尉少卿。[2]尋兼散騎常侍，聘陳使主。行過彭城，讀道旁碑文未畢而絶倒，從者遥見，以爲中惡。此碑乃贍父徐州時所立，故哀感焉。贍經熱病，面多瘢痕，然雍容可觀，辭韻温雅，南人大相欽服。陳舍人劉師知見而心醉，[3]乃言：“常侍，前朝通好之日何意不來？今日誰相對揚者！”[4]其見重如此。還，襲爵武城公，再遷吏部郎中。因患耳，請急十餘日。舊式，百日不上，解官。吏部尚書尉瑾性褊急，[5]以贍舉措舒緩，曹務煩劇，附驛奏聞，因見代，遂免歸。天統末，[6]加驃騎大將軍，[7]就拜銀青光禄大夫。[8]卒，贈大理卿、濟州刺史，[9]謚曰文。

[1]大寧：北齊武成帝的年號（561—562）。

[2]衛尉少卿：官名。北齊時爲衛尉寺次官。四品。

[3]舍人：官名。南北朝時諸王國、公府、將軍府皆置，掌文檄之事。　劉師知：人名。沛國相人。歷仕南朝梁、陳。陳廢帝光大元年（567），因矯詔罪下獄賜死。見《陳書》卷一六《劉師知傳》。

[4]對揚：比美。

[5]吏部尚書：官名。職掌官吏銓選、考課、獎懲，其實權或大於尚書僕射。然重要官職的任免須與諸執政大臣合議，由皇帝、宰相裁定，亦常命尚書僕射領吏部事務或任命大臣參掌選事以分其權任。北魏孝文帝太和十七年定爲二品下，二十三年改爲三品。北齊略同。　尉瑾：人名。字安仁，代（今山西大同市東北）人。北齊官吏。見《北史》卷二〇《尉古真附尉瑾傳》、《北齊書》卷四〇《尉瑾傳》。　諞：炫耀。

[6]天統：北齊後主的年號（565—569）。

[7]驃騎大將軍：官名。授此職者以權臣元老居多，可開府置僚屬，不領兵。北齊時爲從一品。

[8]銀青光禄大夫：官名。凡光禄大夫授銀章青綬，故有此稱。爲元老重臣之加官或致仕之官，亦爲死者之贈官。

[9]大理卿：官名。亦稱大理寺卿。北齊時改廷尉爲大理而置，爲大理寺長官，列位九卿，員一人。三品。　濟州：北齊時治碻磝城，在今山東茌平縣西南。

瞻性簡傲，以才地自矜，所與周旋，皆一時名望。在御史臺，恒宅中送食，備盡珍羞，別室獨飡，處之自若。有一河東人士姓裴，[1]亦爲御史，伺瞻食，便往造焉。贍不與交言，又不命匕箸。裴坐觀贍食罷而退。明日，自攜匕箸，恣情飲噉。贍謂曰："我初不唤君食，亦不共君語，遂能不拘小節。昔劉毅在京口冒請鵝炙，[2]豈亦異是？君定名士。"於是每與之同食。性方重，好讀書，酒後清言，聞者莫不傾耳。自天保以後，重吏事，謂容止醞籍者爲潦倒，[3]而贍終不改焉。常見選曹以劉逖爲縣令，[4]謂之曰："官長正應子琮輩，[5]乃復屈名人！"馮子琮聞之大怒。及其用事，幾敗焉。有集二十卷。[6]

[1]河東：郡名。北齊時治蒲坂縣，在今山西永濟市西南蒲州鎮。

[2]劉毅：人名。字希樂，彭城沛（今江蘇沛縣）人。見《晋書》卷八五《劉毅傳》。　京口：即今江蘇鎮江市。爲長江下游軍事重鎮。

[3]容止：儀容舉止。　醞籍：寬和，有涵容。

[4]選曹：官署名。尚書省主管官吏銓選的機構。　劉逖：人名。字子長，彭城叢亭里（今江蘇徐州市）人。北齊官吏。見《北齊書》卷四五《劉逖傳》。

[5]子琮：即馮子琮，人名。字子琮，長樂信都（今河北冀州市）人。北齊官吏。見《北史》卷五五《馮子琮傳》。

[6]"性方重"至"有集二十卷"：高敏《南北史考索》（第425頁）："按：此段爲《北齊書》卷二十三同人傳所無，《北史》補之也。"

悛弟仲文，有文學。太和中，[1]爲丞相掾。[2]沙苑之敗，[3]仲文持馬尾度河，波中乍没乍出。神武望見，曰：

"崔掾也。"遽遣船赴接。及至，謂曰："卿爲君爲親，不顧萬死，可謂家之孝子，國之忠臣也。"後文襄欲使行青州，[4]聞其多醉，乃止。天保初，悛爲侍中，仲文爲銀青光禄大夫，同日受拜，時云兩鳳連飛。[5]嘗被敕召，宿酲未解，[6]文宣怒，將罰之，試使爲觀射詩十韻，操筆立成，乃原之。拜散騎常侍、光禄大夫。[7]卒。

[1]太和中：殿本、四庫本、四部備要本"太和"作"興和"，中華本校勘記云："殿本從《北齊書·崔悛傳》改'太和'爲'興和'。按'太和'是魏孝文帝年號，顯誤。但沙苑之戰在天平四年，此後兩年方改元興和。若崔仲文於興和中始爲丞相掾，則高歡不得於天平四年便稱之爲'崔掾'。疑'太和'是'太昌'之誤，太昌爲孝武帝年號，其時高歡始爲大丞相，仲文初爲丞相掾，當在此時。下距沙苑之戰五年。"可從。

[2]掾：屬官統稱。

[3]沙苑之敗：指宇文泰大破高歡於沙苑。沙苑，地名。又名沙阜、沙海、沙窩。在今陝西大荔縣南洛、渭二河之間。

[4]青州：東魏時治東陽城，在今山東青州市。

[5]時云兩鳳連飛：毛本、局本"時"訛作"詩"。

[6]宿酲（chéng）：前夜酒醉。

[7]光禄大夫：官名。掌議論，爲散官、加官。北魏孝文帝太和二十三年定爲三品。北齊沿置。

子偃，太子洗馬、尚書郎。[1]偃弟儦。

[1]太子洗馬：官名。東宫屬官。掌賓贊受事，太子出行則爲前導。北齊置八員，從五品上。"洗"亦作"先"。先馬即前驅。

尚書郎：官名。分掌尚書各曹。北齊時爲六品上。

儦字岐叔。少與范陽盧思道、隴西辛德源同志友善。[1]每以讀書爲務，負恃才地，大署其户曰："不讀五千卷書者，無得入此室。"初舉秀才，爲員外散騎侍郎。[2]遷殿中侍御史，[3]與熊安生、馬敬德等議五禮，[4]兼脩律令。尋兼散騎侍郎，使陳。還，待詔文林館。[5]歷尚書郎。與頓丘李若俱見稱重，[6]時人語曰："京師灼灼，崔儦、李若。"若每謂其子曰："盧思道、崔儦，杳然崖岸，吾所重也，汝其師之。"思道與儦嘗酒後相調，儦曰："偃邈無聞。"[7]思道譏儦云："高曾官薄。"齊亡，歸鄉。仕郡爲功曹，[8]補主簿。

[1]范陽：郡名。北齊時治涿縣，在今河北涿州市。　隴西：郡名。北齊時治襄武縣，在今甘肅隴西縣東南。　辛德源：人名。字孝基，隴西狄道（今甘肅臨洮縣）人。北齊、北周官吏。見《隋書》卷五八《辛德源傳》。

[2]員外散騎侍郎：官名。北齊時屬散騎省，多以公族、功臣子充任，爲閑散之職。七品上。

[3]殿中侍御史：官名。即殿中御史。居宫殿中糾察非法。北齊時員十二人，八品。

[4]熊安生：人名。字植之，長樂阜城（今河北阜城縣）人。北朝大儒，歷仕北齊、北周。見《北史》卷八二《熊安生傳》。　馬敬德：人名。河間（今河北河間市）人。北齊儒生、官吏。見《北史》卷八一《馬敬德傳》。　五禮：舊時的五種禮制。即吉禮、凶禮、軍禮、賓禮、嘉禮。《隋書・禮儀志一》："以吉禮敬鬼神，以凶禮哀邦國，以賓禮親賓客，以軍禮誅不虔，以嘉禮合姻好，謂

之五禮。”

[5]文林館：官署名。北齊後主武平四年置。引文學之士充之，稱待詔。

[6]頓丘：縣名。治所在今河南清豐縣西南。　李若：人名。頓丘（今河南清豐縣西南）人。北齊官吏。見《北史》卷四三《李崇附李若傳》。

[7]偃邈無聞：低矮懵懂，少爲人知。

[8]功曹：官名。北齊時九寺、郡縣皆置，職掌吏事或主選舉。凡郡功曹多用本地大族，權重，郡守常委事於功曹。

隋開皇四年，[1]徵授給事郎，[2]兼内史舍人。[3]後兼通直散騎侍郎，聘陳。還，授員外散騎侍郎。以聾，常得無事，一醉輒八日。越國公楊素時方貴幸，[4]重儦門地，[5]爲子玄縱娶其女爲妻，[6]娉禮甚厚。親迎之始，公卿滿坐，素令騎迎之，儦弊衣冠騎驢而至。素推令上坐，儦禮甚倨，言又不遜，素忿然拂衣而起，竟罷坐。後數日，儦方來謝，素待之如初。詔授易州刺史，[7]或言其未合，乃追停。儦語人曰：“易州刺史何必勝道義。”仁壽中，[8]卒於京師。子世濟。

[1]開皇：隋文帝的年號（581—600）。

[2]給事郎：官名。隋文帝開皇六年尚書省吏部置，八郎之一，正八品上，爲散官，常出使監察。煬帝時改隸門下省，掌省讀奏案，員四人，從五品。

[3]内史舍人：官名。隋朝始置。爲内史省屬官，員八人，正六品上。文帝開皇三年升爲從五品。

[4]楊素：人名。字處道，弘農華陰（今陜西華陰市東南）

人。隋朝官吏。見《北史》卷四一《楊敷附楊素傳》。

[5]門地：即門第。指家族的社會地位、等級。

[6]玄縱：即楊玄縱，人名。弘農華陰（今陝西華陰市東南）人。隋朝官吏。見《北史·楊敷傳》。

[7]易州：隋朝時治易縣，在今河北易縣。

[8]仁壽：隋文帝的年號（601—604）。

仲文弟叔仁，輕俠重衿期。[1]仕魏爲潁州刺史。[2]以貪汙，爲御史中丞高仲密劾，[3]賜死於宅。臨刑，賦詩五絶，與諸弟訣别，不及其兄悛，以其不甚營救也。

[1]輕俠：輕狂。　衿期：人與人之間相互期許。

[2]潁州：東魏時治汝陰縣，在今安徽阜陽市。

[3]高仲密：人名。即高慎。字仲密，勃海蓨（今河北景縣）人。東魏官吏。見《北史》卷三一《高祐附高慎傳》。

子彦武，有識用。隋開皇初，位魏州刺史。[1]

[1]魏州：隋朝時治貴鄉縣，在今河北大名縣東北。

叔仁弟叔義，魏孝莊時爲尚書庫部郎。[1]初，叔義父休爲青州刺史，放盜魁，令出其黨，遂以爲門客。在洛陽，與兄叔仁鑄錢。事發，闔家逃逸，叔義見執。時城陽王徽爲司州牧，[2]臨淮王彧以非其身罪，[3]驟爲致言。[4]徽以求婚不得，遂停赦書而殺之。

[1]魏孝莊：即北魏皇帝元子攸。孝莊爲其謚號。　尚書庫部

郎：官名。又省稱庫部郎，尚書省庫部曹長官。北魏前期爲庫部曹屬官，亦稱庫部郎中，資深者可轉侍郎。孝文帝太和十七年定郎中爲五品上，郎從五品中，二十三年皆稱郎中，六品。

[2]城陽王：封爵名。城陽，郡名。北魏時治所不詳，當在今河南境内。　徽：即元徽，人名。字顯順。北魏宗室。見《北史》卷一八《城陽王長壽附元徽傳》。　司州牧：官名。北魏京畿行政長官，治洛陽。孝文帝太和二十三年由司州刺史改名。從二品。司州，北魏孝文帝太和十七年改洛州爲司州，治洛陽縣，在今河南洛陽市東北。

[3]臨淮王：封爵名。臨淮，郡名。北魏時治赤坎城，在今安徽懷遠縣西北。　彧：即元彧，人名。字文若，本名亮，字仕明。北魏宗室。見《北史》卷一六《臨淮王譚附元彧傳》。

[4]驟：屢次。　致：表達。

叔義弟子侃，以寄名從軍竊級爲中書郎，爲尚書左丞和子岳彈糾，[1]失官。性兼使氣。後自修改，閉門讀書，當時稱爲博洽。後兼通直散騎常侍，[2]使梁，爲陽斐副。[3]恥居斐下，自負才地，呼斐爲陽子，語輒折之。還，卒於路。子拯，位太子僕、武德郡守。[4]

[1]和子岳：人名。其餘不詳。

[2]通直散騎常侍：官名。又省稱爲通直常侍。晉武帝時使員外散騎常侍二人與散騎常侍通員當值，故名。北魏孝文帝太和十五年亦置，掌侍從、諷諫，屬集書省，員六人，初定三品下，二十三年改爲四品。

[3]陽斐：人名。字叔鸞，北平無終（今天津薊縣）人。東魏、北齊官吏。見《北史》卷四七《陽尼附陽斐傳》。

[4]太子僕：官名。掌太子宫府之車馬、儀仗、喪禮及親屬的

叙次。北魏孝文帝太和二十三年定爲從四品上。東魏沿置。　武德：郡名。東魏時治州縣，在今河南沁陽縣東南。

子侃弟子植，位冀州别駕。走馬從禽，髮挂木而死。子珪。

子植弟子聿，位東莞太守。[1]

[1]東莞：郡名。北魏時治莒縣，在今山東莒縣東北。

子聿弟子約。五歲喪父，不肯食肉。後喪母，居喪哀毁骨立。人云："崔九作孝，風吹即倒。"禫月，[1]兄子度死，又百日不入房。長八尺餘，姿神儁異，潛觀梁使劉孝儀，[2]賓從見者駭目。武定中，[3]爲平原公開府祭酒。[4]與兄子瞻俱詣晋陽，寄居佛寺。瞻長於子約二歲，每退朝久立，子約凴几對之，儀望俱華，儼然相映。諸沙門竊窺之，以爲二天人也。乾明中，[5]爲考功郎。[6]病且卒，謂瞻曰："自諸兄殁而門業頽替，居家大唯吾與爾。[7]命之脩短，曾何足悲。汝能免之，吾不餒矣。"

[1]禫：祭名。舊時喪家除服的祭祀。

[2]劉孝儀：人名。即劉潛。字孝儀，彭城（今江蘇徐州市）人。南朝梁文士、官吏。見《梁書》卷四一《劉潛傳》。

[3]武定：東魏孝静帝的年號（543—550）。

[4]平原公：封爵名。平原，郡名。東魏時治聊城縣，在今山東聊城市東北。　祭酒：官名。祭祀以酒爲本，長者主之，故以祭酒爲稱，皆爲同階職官中資深功高者兼之。晋時爲定官，多爲諸府僚屬，主掌府内事。東魏因之。

[5]乾明：北齊廢帝的年號（560）。

[6]考功郎：官名。或爲考功郎中。三國魏曾置尚書考功郎，掌尚書考功曹。資歷淺者爲郎中，深者爲侍郎，皆稱郎。北魏孝文帝太和十七年定爲五品上，二十三年改爲六品。北齊沿置。

[7]居家大唯吾與爾：中華本校勘記云：“‘大’下疑有脱文。”可從。

休弟夤，字敬禮，位太子舍人。[1]卒，贈樂安太守。[2]妻，樂安王長女晋寧公主也，[3]貞烈有德行。

[1]太子舍人：官名。秦設，掌東宫宿衛。北魏孝文帝太和十七年定爲五品中，二十三年改爲從六品下。

[2]樂安：郡名。北魏時治千乘縣，在今山東廣饒縣北。

[3]晋寧公主：封號。亦省作“晋寧主”。北魏皇族。《魏書》卷六九《崔休附崔夤傳》云：“妻，安樂王長樂女晋寧主也。”安樂王長樂，即拓跋長樂，北魏文成帝子。

子㥄，字長謙，幼聰敏。濟州刺史盧尚之欲以長女妻休子㥄，[1]休爲長謙求尚之次女，[2]曰：“家道多由婦人，欲令姊妹爲妯娌。”尚之感其義，於是同日成婚。休誡諸子曰：“汝等宜皆一體，勿作同堂意。[3]若不用吾言，鬼神不享汝祭祀。”休亡，枕中有書，如平生所誡，諸子奉焉。長謙與休第二子仲文同年而月長，其家謂之大二、小二。長謙少與太原王延業俱爲著作佐郎，[4]監典校書。後爲青州司馬，賊圍城二百日，長謙讀書不廢，凡手抄八千餘紙，天文、律曆、醫方、卜相、風角、鳥言，[5]靡不閑解。[6]晚頗以酒爲損。遷司徒諮議，[7]修起居注，[8]加金紫光禄大夫。[9]後兼散騎常侍，[10]使梁。將行，謂人曰："我㞌在吴國，[11]忌在酉年，今恐不免。"及還，未入境，卒。年二十八。贈南青州刺史。[12]

[1]盧尚之：人名。字季儒，小字羡夏，范陽涿（今河北涿州市）人。北朝官吏。見《北史》卷三〇《盧玄附盧尚之傳》。

[2]欲以長女妻休子倰休爲長謙求尚之次女：底本作"欲以長女妻之休子倰爲長謙求尚之次女"，中華本校勘記云："張森楷云：'案尚之自欲以長女妻長謙，則不待求矣。玩下文"欲令姊妹爲妯娌"語，當是休以子倰年長，爲求尚之長女，而爲長謙求尚之次女，于事情乃合。'按疑是'妻'下衍'之'字，'倰'下脱'休'字。蓋尚之自欲以長女妻休子倰，而休復爲長謙求尚之次女。"今從改。

[3]同堂：同處一堂。

[4]太原：郡名。北魏時治晋陽縣，在今山西太原市晋源區古城營村一帶。　王延業：人名。太原晋陽（今山西太原市晋源區古城營村一帶）人。北魏官吏。見《北史》卷三五《王慧龍附王延業傳》。　著作佐郎：官名。三國魏明帝太和中置佐著作郎，協助著作郎修撰國史及起居注。東晋改此名（一説南朝宋改稱），屬著作省（局），掌搜集史料，供著作郎撰史。本用文學之士，但在南北朝後期，因其職務清閑，成爲士族高門子弟的起家之官。北魏時秘書省著作局員四人，孝文帝太和十七年定爲從五品上，二十三年改爲七品。

[5]卜相：看相以測吉凶禍福。　風角：古代占候法之一，以四方四隅之風而定吉凶。　鳥言：鳥叫聲。古代迷信以爲鳥能預告凶吉，懂鳥言者可預知吉凶。

[6]靡不閑解：底本"閑"作"開"，中華本校勘記云："諸本

‘閑’訛作‘開’，不可通，據《通志》卷一四六《崔逞傳》改。”今從改。按：“閑”通“嫻”，熟習之意。

[7]司徒諮議：官名。即司徒府諮議參軍。東晋設，於司徒府諷議軍務。北魏因之，孝文帝太和二十三年定爲從四品上。

[8]起居注：帝王言行的記録。

[9]金紫光禄大夫：官名。晋武帝設。凡資深勳重之光禄大夫授金章紫綬，故稱。爲元老重臣之加官或致仕之官，亦爲卒後贈官。北魏孝文帝太和十七年定爲從一品下，二十三年改爲從二品。

[10]後兼散騎常侍：四庫本“兼”訛作“遷”。

[11]戹（è）：厄劫。

[12]南青州：北魏時治團城，在今山東沂水縣沂水鎮。

逞兄遹。遹字寧祖，[1]亦有名於時。爲慕容垂尚書左丞，范陽、昌黎二郡太守。[2]

[1]遹字寧祖：高敏《南北史考索》（第426頁）：“《魏書》卷三十二《崔逞附兄崔適傳》，‘遹’作‘適’，且謂‘適字寧祖，亦有名於世’，可見《北史》之崔遹即《魏書》之‘崔適’，而‘遹’‘適’之異，《北史》校勘記失校。”

[2]昌黎：郡名。十六國後燕時治昌黎縣，在今遼寧朝陽市。

遹曾孫延壽，冀州主簿。輕財好施，甚收鄉曲譽。[1]

[1]鄉曲：以其偏處一隅，故稱鄉曲。引申爲鄉里。

延壽子隆宗，簡率友悌，居喪以孝聞。位蘭陵、燕二郡太守。[1]仁信待物，檢慎至誠，故見重於時。卒，贈齊州刺史，[2]謚曰孝。

[1]蘭陵：郡名。北魏時治承城，在今山東棗莊市東南。　燕：郡名。北魏時治薊縣，在今北京西南。

[2]齊州：北魏時治歷城縣，在今山東濟南市。

子敬保，冀州儀同府從事中郎。[1]卒，贈冀州刺史。

[1]儀同府從事中郎：官名。儀同府屬吏。掌諸曹、參謀議，地位較高。五品。儀同府，官署名。魏晋以降，凡爲儀同三司、儀同將軍、儀同大將軍者，皆開府。屬吏有長史、司馬、中郎、參軍等。

敬保子子恒，位魯郡太守，[1]早卒。

[1]魯郡：北魏時治魯縣，在今山東曲阜市。

子恒弟子安、子昇，武定中，連元瑾事伏法。[1]

[1]元瑾：人名。鮮卑族。東魏宗室。孝静帝武定五年，在孝静帝策劃下，與南朝梁降人荀濟等謀殺高澄，事泄，合門被殺。見《北史》卷一六《廣陽王建附元瑾傳》。

逞宗人模，字思範，琰兄霸之後也。父遵，慕容垂少府卿。[1]模仕宋爲滎陽太守。[2]神䴥中，[3]平滑臺，[4]歸降，後賜爵武城男。模長者篤厚，不營榮利，雖爲崔浩輕侮，而不爲浩屈。與崔頤相親，往來如一家。

[1]少府卿：官名。魏晋南朝時爲少府尊稱。主要管理宫廷手工業。十六國時後燕亦置。

[2]滎陽：郡名。南朝宋時治滎陽縣，在今河南滎陽市。

[3]神䴥：北魏太武帝的年號（428—431）。

[4]滑臺：城名。在今河南滑縣東。

始模在南，妻張氏，有二子，仲智、季柔。模至京師，賜妻金氏，生子幼度。仲智等以父隔遠，乃聚貨規贖歸之。其母張曰："汝父志懷無決，必不能來。"行人以賄至都，[1]模果顧念幼度等，指謂行人曰："何忍捨此輩，致爲刑辱。當爲爾取一人，使名位不減我。"乃授以申謨，宋東郡太守也，[2]神䴥中被執，賜妻，生子靈度。申謨聞此，乃棄妻子走還江外。靈度刑爲閹人。

[1]行人：官名。西漢時屬大鴻臚，掌出使諸侯及屬國。武帝時，改稱大行令。十六國、南北朝時或置或省。官秩不一。

[2]東郡：南朝宋時治鄄城縣，在今山東鄄城縣北。

初，真君末，模兄協子衮利爲宋魯郡太守，[1]以郡降。賜爵臨淄子，[2]拜廣甯太守，[3]卒。衮利二子，懷順、次恩，仍居宋青州。[4]懷順以父入魏，故不仕。及魏克青州，懷順迎衮利喪還青州云。

[1]魯郡：南朝宋時治鄒縣，在今山東鄒城市東南。

[2]臨淄子：封爵名。臨淄，縣名。治所在今山東淄博市東北。

[3]廣甯：郡名。北魏時治廣寧縣，在今河北涿鹿縣。

[4]青州：南朝宋時先治東陽城，在今山東青州市，後移治歷城，在今山東濟南市，孝武帝大明八年（464）還治東陽城。

王憲，字顯則，北海劇人也。[1]其先姓田，秦始皇滅齊，田氏稱王家子孫，因以爲氏。仍居海岱。[2]祖猛，[3]仕苻堅，位丞相。父休，河東太守。

[1]北海：郡名。北魏時治平壽城，在今山東昌樂縣東南。劇：縣名。治所在今山東壽光市南。

[2]海岱：今山東渤海至泰山之間的地帶。海，渤海。岱，泰山。高敏《南北史考索》（第426頁）："'其先姓田，秦始皇滅齊，田氏稱王家子孫，因以爲氏。仍居海岱。'按：此段爲《魏書》卷三三《王憲傳》所無，《北史》補也。"

[3]猛：即王猛，人名。字景略，北海劇（今山東昌樂縣西）人。見《晋書》卷一一四《苻堅載記附王猛傳》。

憲幼孤，隨伯父永在鄴。苻丕稱尊號，[1]復以永爲丞相。永爲慕容永所殺，[2]憲匿於清河人家。皇始中，[3]乃歸魏。道武見之，曰："此王猛孫也。"厚禮待之，以爲本州中正，領選曹事，兼掌門下。太武即位，遷廷尉卿。[4]出爲上谷太守，[5]賜爵高唐子。[6]清身率下，風化大行。尋拜外都大官，[7]復移中都。[8]歷任二曹，斷獄稱旨。進爵劇縣侯。出爲并州刺史，[9]又進北海公。境内清肅。及還京師，以憲年老，特賜錦繡布帛，珍羞醴膳。[10]天安初，[11]卒，年八十九。謚曰康。子崇襲。

[1]苻丕：人名。字永叔，氐族。十六國時前秦君主。見《晋書》卷一一五《苻丕載記》。

[2]慕容永：人名。字叔明，鮮卑族。十六國時西燕國君。見《北史》卷九三《慕容永傳》。

[3]皇始：北魏道武帝的年號（396—398）。

[4]廷尉卿：官名。北魏時爲廷尉之尊稱。爲國家最高司法審判機構主官，負責詔獄，修訂法律，審核州郡疑案，有封駁丞相、御史之權。後增少卿爲副職。孝文帝太和十七年定爲二品上。

[5]上谷：郡名。北魏時治居庸縣，在今北京延慶縣東。

[6]高唐子：封爵名。高唐，縣名。治所在今山東高唐縣。

[7]外都大官：官名。爲外都坐大官的省稱。與中都坐大官、内都坐大官合稱三都大官。北魏道武帝天興二年（399）始置。主掌畿外刑獄，統兵作戰，參與軍國大政的決策。多由宗室諸王、外戚及重臣擔任。職同尚書而位在尚書令下。孝文帝太和十七年罷（參周兆望《北魏“三都大官”若干問題考辨》，《文史哲》2002年第1期）。

[8]中都：官名。指中都大官或中都坐大官。北魏道武帝天興二年始置，主掌京城刑獄，統兵作戰，參與軍國大政的決策。多由宗室諸王、外戚及重臣擔任。職同尚書而位在尚書令下。孝文帝太和十七年罷。

[9]并州：北魏時治晋陽縣，在今山西太原市晋源區古城營子村一帶。

[10]醴：底本“醴”作“禮”，毛本、殿本、四庫本、局本、四部備要本、中華本作“醴”，《魏書》卷三三《王憲傳》亦作“醴”。今從諸本改。

[11]天安：北魏獻文帝的年號（466—467）。

崇弟嶷，字道長。孝文初，爲南部尚書，[1]在任十四年。時南州多事，訟者填門。嶷性儒緩不斷，終日昏睡。李訢、鄧宗慶等，[2]號爲明察，而二人終見誅戮。餘十數人或出或免，唯嶷卒得自保。時人語曰："實癡實昏，終得保存。"後封華山公，[3]入爲内都大官，[4]卒。

[1]南部尚書：官名。北魏道武帝皇始元年置。爲尚書省南部曹長官，管理南方州郡事務，統兵南進。多由本部屬官遷任。初設一員，後增爲二員以上。

[2]李訢：人名。字元盛，小名真奴，范陽（今河北涿州市）人。北魏官吏。見《北史》卷二七《李訢傳》。　鄧宗慶：人名。安定（今甘肅涇川縣北）人。北魏官吏。見《魏書》卷二四《鄧淵附鄧宗慶傳》。

[3]華山公：封爵名。華山，郡名。北魏時治華陰縣，在今陜西華陰市城區。

[4]内都大官：官名。爲内都坐大官的省稱。北魏道武帝天興二年始置。主掌畿内刑獄，統兵作戰，參與軍國大政的決策。多由宗室諸王、外戚及重臣擔任。職同尚書而位在尚書令下。孝文帝太和十七年罷。

子祖念襲爵。

祖念弟雲，字羅漢，頗有風尚，位南兖州刺史。[1]坐受所部荆山戍主杜虔財，[2]又取官絹，因染遂有割易，御史糾劾。會赦免。卒官，贈豫州刺史，[3]謚文昭。長子昕。

[1]南兖州：北魏時治譙城，在今安徽亳州市譙城區。按：《魏書》卷三三本傳作"兖州"，《北史》作"南兖州"。以南兖州、

荆山戍皆在今安徽地區，兖州則在今河南地區，當爲南兖州。《魏書》誤。

[2]荆山戍：戍所名。在今安徽懷遠縣西南荆山。　杜虔：人名。其餘不詳。源氏校勘記云："《魏書》作'杜虞'。"

[3]豫州：北魏時治懸瓠城，在今河南汝南縣。

昕字元景，少篤學，能誦書，日以中疊舉手極上爲率。與太原王延業俱詣魏安豐王延明，[1]延明歎美之。太尉、汝南王悦辟爲騎兵參軍。[2]舊事，王出則騎兵武服持刀陪從。昕恥之，未嘗肯依行列。悦好逸遊，或馳騁信宿，昕輒棄還。悦乃令騎馬在前，[3]手爲驅策。昕捨轡高拱，任馬所之。左右言其誕慢。悦曰："府望唯在此賢，[4]不可責也。"悦數散錢於地，令諸佐爭拾之，昕獨不拾。悦又散銀錢以目昕，[5]乃取其一。悦與府僚飲酒，起自移床，人爭進手，昕獨執板却立。悦作色曰："我帝孫，帝子，帝弟，帝叔，今親起輿牀，卿何偃蹇？"[6]對曰："元景位望微劣，不足使殿下式瞻儀形，[7]安敢以親王僚寀，[8]從廝養之役。"[9]悦謝焉。坐上皆引滿酣暢；昕先起，卧於閑室，頻召不至。悦乃自詣呼之，曰："懷其才而忽府主，可謂仁乎？"昕曰："商辛沈湎，[10]其亡也忽諸。府主自忽傲，僚佐敢任其咎？"悦大笑而去。

[1]安豐王：封爵名。安豐，郡名。北魏時治安豐縣，在今安徽霍邱縣西南。　延明：即元延明，人名。北魏宗室。見《北史》卷一九《安豐王猛附元延明傳》。

[2]太尉：官名。北魏時爲名譽宰相，多爲大臣加官。一品。　汝南王：封爵名。汝南，郡名。北魏時治上蔡縣，在今河南汝南縣。　悦：即元悦，人名。北魏宗室。見《北史》卷一九《汝南王悦傳》。　騎兵參軍：官名。西晋末置，騎兵曹長官。北魏時又稱騎兵參軍事，公府、將軍府置。自從六品上至從八品。

[3]悦乃令騎馬在前：底本“馬”作“兵”，中華本校勘記云：“諸本‘馬’作‘兵’，《北齊書》卷三一（補）《王昕傳》作‘馬’。按下文云：‘手爲驅策，昕舍轡高拱，任馬所之。’作‘馬’是，今據改。”今從改。

[4]府望：府署之人望。

[5]銀錢：高敏《南北史考索》(第426頁)：“《北齊書》卷三十一同人傳‘銀錢’作‘錢’無‘銀’字；《通志》卷一百五三同人傳亦作‘錢’，與《北齊書》同。《北史》校勘記失校。“

[6]偃蹇：傲慢。

[7]式瞻：敬仰。　儀形：楷模。

[8]僚寀（cǎi）：同僚。

[9]厮養：厮役。

[10]商辛：即商紂王。見《史記》卷三《殷本紀》。　沈湎：猶沉溺。

後除著作佐郎。以兵亂漸起，將避地海隅。侍中李琰之、黄門侍郎王遵業惜其名士，[1]不容外任，奏除尚書右外兵郎中。[2]出爲光州長史，[3]故免河陰之難。[4]遷東萊太守。[5]于時年凶，人多相食，昕勤恤人隱，多所全濟。昕少時與河間邢卲俱爲元羅賓友，[6]及守東萊，卲舉室就之。郡人以卲是邢杲從弟，[7]會兵將執之。昕以身蔽伏其上，呼曰：“欲執子才，當先執我。”卲乃免。

[1]李琰（yǎn）之：人名。又作“李琰”，字景珍，小字墨蠡，一作“默蠡”，隴西狄道（今甘肅臨洮市）人。北魏大臣、文學家。見《北史》卷一〇〇《凉武昭王李暠附李琰之傳》。

[2]尚書右外兵郎中：官名。西晋始置。爲尚書省右外兵曹長官通稱，亦稱右外兵郎。東晋南朝省。北魏復置，屬七兵尚書。孝文帝太和十七年定郎爲從五品中，郎中五品上；二十三年皆稱郎中，仍可通稱爲郎。六品。

[3]光州：北魏時治掖縣，在今山東萊州市。

[4]河陰之難：指北魏孝明帝武泰元年（528）權臣尒朱榮策劃並實施的一起針對皇族和百官公卿的屠殺事件，因事件發生在河陰縣而得名。河陰，縣名。治所在今河南孟津縣東。

[5]東萊：郡名。北魏時治掖城，在今山東萊州市。

[6]河間：郡名。北魏時治武垣縣，在今河北河間市南。　元羅：人名。字仲綱。北魏宗室。見《北史》卷一六《京兆王黎附元羅傳》。

[7]邢杲：人名。河間（今河北河間市）人。士族出身，北魏末年山東起義軍首領，降後被殺。

太昌初，[1]還洛。吏部尚書李神儁奏言：“比因多故，常侍遂無員限。今以王元景等爲常侍，定限八員。”加金紫光禄大夫。武帝或時袒露，與近臣戲狎，每見昕，即正冠而斂容焉。昕體素甚肥，遭喪後，遂終身羸瘠。楊愔重其德素，以爲人之師表。

[1]太昌：北魏孝武帝的年號（532）。

元象元年，[1]兼散騎常侍，聘梁，魏收爲副，並爲朝廷所重。使還，高隆之求貨不得，[2]諷憲臺劾昕、收在江東大將商人市易，並坐禁止。齊文襄營救之。累遷秘書監。

[1]元象：東魏孝静帝的年號（538—539）。

[2]高隆之：人名。字延興，洛陽（今河南洛陽市）人。東魏官吏。見《北史》卷五四《高隆之傳》。

昕雅好清言，詞無淺俗。在東萊時，獲殺其同行侣者，詰之未服。昕謂曰："彼物故不歸，卿無恙而反，何以自明？"邢卲後見文襄，説此言以爲笑樂。昕聞之，詣卲曰："卿不識造化。"還謂人曰："子才應死，我駡之極深。"頃之，以被謗，左遷陽平太守。[1]在郡有稱績。文襄謂人曰："王元景殊獲我力，由吾數戲之，其在吏事，遂爲良二千石。"

[1]陽平：郡名。東魏時治館陶縣，在今河北館陶縣。

齊文宣踐阼，拜七兵尚書。以參議禮，封宜君縣男。[1]嘗有鮮卑聚語，崔昂戲問昕曰：[2]"頗解此不？"昕曰："樓羅，[3]樓羅，實自難解。時唱染干，似道我輩。"

[1]宜君縣男：封爵名。宜君，縣名。治所在今陝西宜君縣西南。

[2]崔昂：人名。字懷遠，博陵安平（今河北安平縣）人。北魏、東魏、北齊官吏。見《北史》卷三二《崔挺附崔昂傳》。

[3]樓羅：形容北方鮮卑族説話聲。

文宣以昕疏誕，[1]非濟世才，罵曰："好門户，惡人身！"又有譖之者，云："王元景每嗟水運不應遂絶。"帝愈怒，乃下詔曰："元景本自庸才，素無勳行，早霑纓紱，[2]遂履清途。發自畿邦，[3]超居詹事。[4]俄佩龍文之劍，[5]仍啓帶礪之書。[6]語其器分，[7]何因到此？誠宜清心勵己，少酬萬一。尚書百揆之本，庶務攸歸。元景與奪任情，威福在己，能使直而爲枉，曲反成絃。害政損公，名義安在？僞賞賓郎之味，[8]好詠輕薄之篇，自謂模擬傖楚，[9]曲盡風制。[10]推此爲長，餘何足取。此而不繩，後將焉肅？在身官爵，宜從削奪。"於是徙幽州爲百姓。[11]昕任運窮通，不改其操。未幾，徵還，奉敕送蕭莊於梁爲主。[12]除銀青光禄大夫，判祠部尚書。[13]

[1]疏誕：放縱，不受拘束。

[2]纓紱（fú）：冠帶與印綬。借指官位。

[3]畿邦：京城附近地區。

[4]詹事：官名。魏晉南北朝時東宫地位極重，官署齊備，擬於朝廷，時號宫朝。詹事任總宫朝，當時稱其職比朝廷之尚書令、領軍將軍，位權甚重，有時亦參與朝政。北齊時，領東宫三寺、左右衛坊、門下坊、典書坊。三品。

[5]龍文：劍名。北周庾信《哀江南賦》："乃使玉軸揚灰，龍文折柱。"倪璠注："龍文，劍名。"

［6］帶礪：亦作“帶厲”。《史記·高祖功臣侯者年表》：“封爵之誓曰：‘使河如帶，泰山若厲。國以永寧，爰及苗裔。’”裴駰《集解》引應劭曰：“封爵之誓，國家欲使功臣傳祚無窮。帶，衣帶也；厲，砥石也。河當何時如衣帶，山當何時如厲石，言如帶厲，國乃絶耳。”後因以“帶厲”爲受皇家恩寵，與國同休之典。

［7］器分：個人的資質和才能。

［8］賓郎：即檳榔。舊時爲待客佳品。

［9］傖楚：北人對南人的蔑稱。

［10］曲盡：竭盡。　風制：風致。

［11］幽州：北齊時治薊縣，在今北京西南。

［12］蕭莊：人名。南蘭陵（一説在今江蘇常州市，一説在今江蘇丹陽市）人。南朝梁宗室。見《南史》卷五四《武烈世子方等附蕭莊傳》。

［13］祠部尚書：官名。東晋設。主掌尚書祠部曹，管祭祀禮儀。與尚書右僕射通職，二者不並置。南北朝因之，北齊時兼管主客虞曹、屯田、起部曹等。

帝怒臨漳令嵇曄及舍人李文師，[1]以曄賜薛豐洛，[2]文師賜崔士順爲奴。[3]鄭子默私誘昕曰：[4]“自古無朝士作奴。”昕曰：“箕子爲之奴，[5]何言無也？”子默遂以昕言啓文宣，仍曰：“王元景比陛下於紂。”楊愔微爲解之。帝謂愔曰：“王元景是爾博士，爾語皆元景所教。”帝後與朝臣酣飲，昕稱疾不至。帝遣騎執之，見其方摇膝吟詠，遂斬於御前，投屍漳水。[6]天統末，追贈吏部尚書。有文集二十卷。[7]

［1］臨漳：縣名。治所在今河北臨漳縣西南。　嵇曄：人名。

東魏、北齊官吏。　李文師：人名。趙郡高邑（今河北高邑縣）人。北齊官吏。見《北史》卷三三《李義深傳》。

[2]薛豐洛：人名。東魏、北齊官吏。初爲蒼頭、監厨，後蘭京與阿改等謀害高澄、高洋，其率宰人持薪而至，擒京等。由是得文宣帝高洋寵信。

[3]崔士順：人名。博陵安平（今河北安平縣）人。北魏官吏。見《魏書》卷五六《崔辯傳》。

[4]鄭子默：人名。即鄭頤。字子默，彭城（今江蘇徐州市）人。北齊官吏。見《北史》卷四一《鄭頤傳》。

[5]箕子：即胥餘。商朝宗室。因封國於箕（今山西太谷縣東北），爵爲子，故稱箕子。見《史記》卷三八《宋微子世家》。

[6]漳水：即今漳河。在今河北、河南兩省邊境。有清漳河、濁漳河兩源。

[7]有文集二十卷：高敏《南北史考索》（第426頁）：“《王憲傳附王昕傳》與《北齊書》卷三十一《王昕傳》頗有出入，而且内容較多，又稱廟號，與《北史》不同；又無論贊，與《北史》異。因此，可以斷定《北齊書》所缺之《王昕傳》，必非以《北史》補之。錢大昕《廿二史考異》卷三十一已考之，亦持此論。唐長孺《北齊書·王昕傳》校勘記謂《北齊書》此卷‘是以《高氏小史》之類的史抄補’，其叙事次序與《北史》不同，然則《北史》此傳的不少内容，實可視爲超出《北齊書》，以文長未録。”

子顗嗣。卒於燕郡太守。

昕母清河崔氏，學識有風訓。生九子，皆風流醖籍，世號王氏九龍。昕弟暉、昭、晞、晧最知名。

暉字元旭，少與昕齊名，兼多術藝。卒於中書舍人，[1]贈兖州刺史。[2]

[1]中書舍人：官名。中書省屬官。北朝時專掌草擬詔令，出納之職由門下省分任，古文職權較南朝爲輕。北魏孝文帝太和十七年定爲六品上，二十三年改爲六品下。

[2]兖州刺史：局本“兖”訛作“充”。

昭字仲亮，少好儒術，又頗以武藝自許。性敦篤，以友悌知名。卒於考功郎中。[1]

[1]考功郎中：官名。尚書省吏部考功曹長官中的資深者。掌考課官吏。北魏孝文帝太和十七年定爲五品上，二十三年改爲六品。北齊沿置，爲尚書省吏部屬下考功曹長官，掌考第等。

晞字叔朗，小名沙彌。幼而孝謹，淹雅有器度。好學不倦。美容儀，有風則。魏末，隨母兄東適海隅，與邢子良遊處。子良愛其清悟，與其在洛兩兄書曰：“賢弟彌郎，意識深遠，曠達不羈。簡於造次，[1]言必詣理。吟詠情性，麗絶當時。恐足下方難爲兄，不暇慮其不進也。”[2]

[1]造次：善辯。

[2]不暇慮其不進也：中華本《北齊書》卷三一《王昕附王晞傳》作“不假”，其校勘記云：“按‘不假’意即‘不須’。《通志》卷一五三《王晞傳》也作‘假’。此《傳》和《通志》都出於《北史》，知《北史》本來也作‘假’，‘暇’乃後人所改。”可從。

魏永安初，[1]第二兄暉聘梁，啓晞釋褐，除員外散騎侍郎，徵署廣平王開府功曹史。[2]晞願養母，竟不受署。母終後，仍屬遷鄴，遨遊鞏、洛，[3]悦其山水。與范陽盧元明、鉅鹿魏季景結侶同契，[4]往天陵山，[5]浩然有終焉之志。

[1]永安：北魏孝莊帝的年號（528—530）。

[2]功曹史：官名。漢朝始置，爲郡縣官府所屬功曹之長，亦稱功曹、主吏，職掌吏員賞罰任免事宜。在諸曹掾史中地位最高。三國時郡及晋時開府將軍、太子二傅、特進、郡縣皆置。北魏亦置。孝文帝太和二十三年定二藩王功曹史爲從六品。

[3]鞏：地名。在今河南鞏縣一帶。

[4]盧元明：人名。字幼章，范陽涿（今河北涿州市）人。北魏官吏。見《北史》卷三〇《盧玄附盧元明傳》。　鉅鹿：郡名。北魏孝莊帝永安二年（529）時分定州鉅鹿郡置，屬殷州，治癭遥縣，在今河北寧晋縣西南。　魏季景：人名。鉅鹿下曲陽（今河北晋州市西）人。北魏學者、官吏。見《北史》卷五六《魏季景傳》。

[5]天陵山：在今河南滎陽市西。

及西魏將獨孤信入洛，[1]署爲開府記室。[2]晞稱先被犬傷，困篤，不赴。有故人疑其所傷非猘，[3]書勸令赴。晞復書曰："辱告存念，見令起疾。循復眷旨，似疑吾所傷未必是猘。吾豈願其必猘？但理契無疑耳。就足下疑之，亦有過説。足下既疑其非猘，亦可疑其是猘，其疑半矣。若疑其是猘而營護，雖非猘亦無損。疑其非猘而不療，儻是猘則難救。然則過療則致萬全，過不療或至於死。若王晞無可惜也，則不足取。既取之，便是可惜。奈何奪其萬全，任其或死！且將軍威德所被，飈飛霧襄，方掩八紘，[4]豈在一介？若必從隗始，[5]先須濟其生靈。足下何不從容爲將軍言也?”於是方得見寬。俄而信返，晞遂歸鄴。

[1]獨孤信：人名。本名如願，雲中（今内蒙古和林格爾縣西北）人，鮮卑族獨孤部。北魏至北周名將。見《北史》卷六一《獨孤信傳》。

[2]記室：官名。主文書表報。兩晋南北朝以來有記室令史、記室督、記室參軍、中記室參軍等名目，省稱記室。

[3]猘（zhì）：狂犬。

[4]掩：遮蔽。　八紘（hóng）：八方極遠之地。亦泛指天下。

[5]隗（wěi）始：戰國時燕昭王爲報國仇，向郭隗請教如何招賢納士，郭隗遂提出黄金臺招賢之策，並言“先從隗始”。後人用“隗始”指以禮招賢。見《史記》卷三四《燕召公世家》。

齊神武訪朝廷子弟忠孝謹密者，令與諸子遊。晞與清河崔贍、頓丘李度、范陽盧正通首應此選。文襄時爲大將軍，[1]握晞等手曰：“我弟並向成長，志識未定，近善狎惡，不能不移。吾弟不負義方，[2]卿禄位常亞吾弟；若苟使回邪，[3]致相詿誤，[4]罪及門族，非止一身。”晞隨神武到晋陽，補中外府功曹參軍，[5]帶常山公演友。[6]

[1]大將軍：官名。北魏時與大司馬並號“二大”，共典軍政，常由權臣兼任。一品。東魏沿置。

[2]義方：行事應該遵守的規範和道理。

[3]回邪：不正、邪佞。

[4]詿（guà）誤：連累。

[5]中外府：官署名。都督中外諸軍事府的簡稱。都督中外諸軍事總統内外諸軍。兩晋南北朝時不常設，初時多爲他官兼任，無品階。北魏孝文帝太和十七年定爲一品下，二十三年改爲從一品。北齊亦置。　功曹參軍：官名。即功曹參軍事。功曹之長。南朝宋將軍兼刺史者置一員，爲僚屬，位記室下、户曹上，掌糾駁獻替。北魏時二大、三公、皇子、將軍、藩王府皆置。孝文帝太和二十三年定爲六品上至八品上。東魏亦置。

[6]常山公：封爵名。常山，郡名。東魏時治安樂壘，在今河北藁城市西北。　演：即高演，人名。字延安，高歡第六子，高洋之弟。北齊孝昭帝。見《北史》卷七《齊本紀·孝昭帝》。

齊天保初，行太原郡事。

及文宣昏逸，常山王數諫。帝疑王假辭於晞，欲加大辟。王私謂晞曰："博士，明日當作一條事，爲欲相活，亦圖自全，宜深體勿怪。"乃於衆中杖晞二十。帝尋發怒，聞晞得杖，以故不殺，髡鞭鉗，[1]配甲坊。[2]居三年，王又固諫争，大被毆撻，閉口不食。太后極憂之。帝謂左右曰："儻小兒死，奈我老母何！"於是每問王疾，謂曰："努力彊食，當以王晞還汝。"乃釋晞令往。王抱晞曰："吾氣息惙然，[3]恐不復相見！"晞流涕曰："天道神明，豈令殿下遂斃此舍。至尊親爲人兄，尊爲人主，安可與計？殿下不食，太后亦不食，殿下縱不自惜，不惜太后乎？"言未卒，王彊坐而飯。晞由是得免徒，還爲王友。

[1]髡（kūn）：剃髮之刑。　鉗：束頸之刑。

[2]甲坊：製造鎧甲的作坊。

[3]惙然：困頓虚弱。

王復録尚書事。新除官者必詣王謝職，去必辭。晞言於王曰："受爵天朝，拜恩私第，自古以爲干紀。朝廷文武，出入辭謝，宜一約絶。主上顒顒，[1]賴殿下扶翼。"王深納焉。常從容謂晞曰："主上起居不恒，卿耳目所具，[2]吾豈可以前逢一怒，遂爾結舌。[3]卿宜爲撰諫草，吾當伺便極諫。"晞遂條十餘事以呈，因切諫王曰："今朝廷乃爾，欲學介子匹夫，輕一朝之命，狂藥令人不自覺，刀箭豈復識親疏？一旦禍出理外，將奈殿下家業何！奈皇太后何！乞且將順，日慎一日。"王歔欷不自勝，曰："乃至是乎！"明日見晞，曰："吾長夜九思，今便息意。"便命火對晞焚之。後王承閒苦諫，[4]遂致忤旨。帝使力士反接伏，白刃注頸，駡曰："小子何知，欲以吏才非我！是誰教汝？"王曰："天下噤口，除臣誰敢有言？"帝催遣捶楚，[5]亂杖數十。會醉卧得解。爾後褻黷之好，[6]遍於宗戚。所往留連，俾晝作夜。[7]唯常山邸多無適而去。[8]

[1]顒（yóng）顒：期待盼望貌。

[2]具：瞭解。

[3]結舌：不敢講話。

[4]承閒：乘機。

[5]捶楚：鞭打，杖擊。爲古代刑罰之一。

[6]褻黷：同"褻瀆"。輕慢、冒犯。

[7]俾晝作夜：夜以繼日。

[8]無適：不快。

及帝崩，濟南嗣立。[1]王謂晞曰："一人垂拱，[2]吾曹亦保優閑。"因言："朝廷寬仁慈恕，真守文良主。"[3]晞曰："天保享祚，東宫委一胡人。今卒覽萬機，駕馭雄傑。如聖德幼沖，未堪多難，而使他姓出納詔命，必權有所歸。殿下雖欲守藩職，其可得也？假令得遂沖退，[4]自審家祚得保靈長不？"[5]王默然，思念久之，曰："何以處我？"晞曰："周公抱成王朝諸侯，[6]攝政七年，然後復子明辟。[7]幸有故事，惟殿下慮之。"王曰："我安敢自擬周公？"晞曰："殿下今日地望，[8]欲避周公得邪？"王不答。帝臨發，敕王從駕，除晞并州長史。

[1]濟南：代指北齊廢帝高殷。被太皇太后婁氏廢爲濟南王。字正道，小名道人，文宣帝長子。見《北史》卷七《齊本紀·廢帝》。

[2]垂拱：帝王無爲而治。

[3]守文：遵守先王法度。

[4]沖退：謙讓。

[5]家祚：家運。　靈長：廣遠綿長。

[6]周公：又稱周旦、公旦。姬姓，名旦。輔佐周成王治國理政。見《史記》卷三三《魯周公世家》。　成王：周武王之子姬誦。見《史記》卷四《周本紀》。

[7]復子明辟：還政於君。《尚書·洛誥》："周公拜手稽首曰：'朕復子明辟。'"

[8]地望：地位。

及王至鄴，誅楊、燕等。[1]詔以王爲大丞相、都督中外諸軍事，[2]督攝文武還并州。及至，延晞謂曰：“不早用卿言，使群小弄權，幾至傾覆。今君側雖獲暫清，終當何以處我？”晞曰：“殿下將往時地位，猶可以名教出處。今日事勢，遂關天時，非復人理所及。”有頃，奏趙郡王叡爲左長史，[3]晞爲司馬。每夜載入，晝則不與語，以晞儒緩，[4]恐不允武將之意。後進晞密室，曰：“比王侯諸貴每見煎迫，言我違天不祥，恐當或有變起，吾正欲以正法繩之。”晞曰：“朝廷比者疏遠親戚，[5]寧思骨血之重。殿下倉卒所行，非復人臣之事。芒刺在背，交戟入頸，上下相疑，何由可久？且天道不恒，虧盈迭至，神機變化，肸蠁斯集。[6]雖執謙挹，[7]粃糠神器，[8]便是違上玄之意，墜先人之基。”王曰：“卿何敢須發非所宜言！[9]須致卿於法。”晞曰：“竊謂天時人事，同無異揆，[10]是以冒犯雷霆，不憚斧鉞。今日得披肝膽，抑亦神明攸贊。”王曰：“拯難匡時，方俟聖哲，吾何敢私議，幸勿多言。”尋有詔，以丞相任重，普進府僚一班，晞以司馬領吏部郎中。丞相從事中郎陸杳將出使，[11]臨別，握晞手曰：“相王功格區宇，[12]天下樂推，歌謠滿道，物無異望。杳等伏隸，願披赤心。而忽奉外使，無由面盡短誠，寸心謹以仰白。”晞尋述杳言。王曰：“若内外咸有異望，趙彦深朝夕左右，[13]何因都無所論？自以卿意試密與言之。”晞以事隙問彦深。曰：“我比亦驚此音謡，每欲陳聞，則口噤心戰。弟既發論，吾亦欲昧死一披肝膽。”因亦同勸。是時諸王公將相日敦請，四方岳牧表陳符命。[14]乾明元年八月，昭帝踐阼。九月，除晞散騎常侍，仍領兼吏部郎中。

[1]誅楊燕等：北齊廢帝乾明元年二月乙巳，常山王高演矯詔誅尚書令楊愔、尚書右僕射燕子獻、領軍大將軍可朱渾天、侍中宋欽道、散騎常侍鄭子默。燕，即燕子獻。字季則，廣寧下洛（今河北涿鹿縣）人。北齊官吏。見《北史》卷四一《燕子獻傳》。

[2]大丞相：官名。魏晉南北朝時丞相、相國不常置，皆非尋常人臣之位，多用來安置權位極高的重臣。北齊沿之，得授此官者皆爲操縱軍國政事的權臣，權任極重。

[3]趙郡王：封爵名。趙郡，北齊時治平棘縣，在今河北趙縣。叡：即高叡，人名。高琛之子。東魏、北齊大臣。文宣帝受禪，進爵爲趙郡王。　左長史：官名。魏晉南北朝時相國、丞相府例置。當時司徒府諸曹辦理日常事務，司徒或置或缺，而左、右長史常置，統領諸曹。其餘諸公唯置長史一員，加崇者方置左、右。

[4]儒緩：和緩。

[5]比者：近來。

[6]肸（xī）蠁（xiǎng）斯集：殿本、四庫本、局本、四部備要本、《北齊書》“肸”作“肹”，源氏校勘記云：“司馬彪云，肸，過也。《説文》曰，肸，蠁布也。吕延濟曰，肸，天中氣也。”肸蠁，靈性相感應。

[7]謙挹：謙虛退讓。

[8]粃糠：無價值的東西。　神器：帝王的印璽，借指帝位、國家權力。

[9]卿何敢須發非所宜言：中華本校勘記云：“《北齊書》卷三一《王晞傳》無‘須’字。按疑是‘頻’之訛。”可從。

[10]揆（kuí）：原則。

[11]從事中郎：官名。西漢設。爲軍府僚屬，與長史共主府中

吏事，秩六百石。魏晋南北朝皆置。北齊時爲五品。 陸杳：人名。字雲邁，代（今山西大同市東北）人。北齊官吏。見《北史》卷二八《陸俟附陸杳傳》。

[12]相王：代指北齊孝昭帝高演。 格：匡正。 區宇：天下。

[13]趙彦深：人名。即趙隱。字彦深，南陽宛（今河南南陽市）人。東魏、北齊大臣。見《北史》卷五五《趙彦深傳》。

[14]岳牧：指州刺史。以四岳與九州牧相連，作爲尊稱。 符命：上天預示帝王受命的符兆。

後因奏事罷，帝從容曰：“比日何爲自同外客，略不可見？自今假非局司，[1]但有所懷，隨宜作一牒，候少隙即徑進也。”因敕與尚書陽休之、鴻臚卿崔劼等三人，[2]每日本職務罷，並入東廊。共舉録歷代廢禮墜樂，職司廢置，朝饗異同，輿服增損，或道德高儁，久在沈淪，或巧言眩俗，妖邪害政，爰及田市舟車、徵税通塞、婚葬儀軌、貴賤等衰，有不便於時而古今行用不已者，或自古利用而當今毁棄者，悉令詳思，以漸條奏。未待頓備，遇憶續聞。朝晡給典御食，[3]畢景聽還。[4]

[1]局司：官署中的主管官員。

[2]因敕與尚書陽休之鴻臚卿崔劼等三人：底本無“與”字，“陽”作“楊”。局本、四部備要本作“陽”，源氏校勘記云：“《北齊》‘楊’作‘陽’，下同。”中華本校勘記云：“諸本‘陽’訛‘楊’，據《北齊書·王晞傳》及本書卷四七《陽休之傳》改。又‘敕’下當脱‘與’字。”今從改。陽休之，人名。字子烈，北平無終（今天津薊縣）人。北魏、北周、隋朝官吏。見《北史》卷

四七《陽尼附陽休之傳》。崔劼，人名。字彦玄，東清河鄃（今山東淄博市）人。北魏、東魏、北齊官吏。見《北史》卷四四《崔光附崔劼傳》。

[3]朝晡給典御食：局本“典”訛作“與”。

[4]畢景：入暮。

時百官請建東宫，敕未許，[1]每令晞就東堂監視太子冠服，導引趨拜。尋拜爲太子太傅。[2]晞以局司奉璽授皇太子。太子釋奠，[3]又兼中庶子。[4]帝謂曰：“今既當劇職，[5]不得尋常舒慢也。”

[1]時百官請建東宫敕未許：中華本校勘記云：“按‘許’下疑脱叙立太子事。否則下文拜晞爲太子太傅，晞以局司奉璽授皇太子等語都不可解。”可從。

[2]太子太傅：官名。與太子少傅並稱太子二傅。北魏時設置、職掌、品秩皆同太子太師，掌訓導輔助太子，無具體職司。北齊時爲二品。

[3]釋奠：舊時在學校設置酒食以奠祭先聖先師的一種典禮。《禮記·文王世子》：“凡學，春官釋奠於其先師，秋冬亦如之。凡始立學者，必釋奠于先聖先師。”鄭玄注：“釋奠者，設薦饌酌奠而已。”

[4]中庶子：官名。漢置，爲太子侍從。北齊時屬門下坊，員四人，四品。

[5]劇職：重要職務。

帝將北征，敕問：“比何所聞？”晞曰：“道路傳言，車駕將行。”帝曰：“庫莫奚南侵，[1]我未經親戎，因此聊欲習武。”晞曰：“鑾駕巡狩，爲復何爾？若輕有征戰，恐天下失望。”帝曰：“此懦夫常慮，吾自當臨時斟酌。”帝使齋帥裴澤、主書蔡暉伺察群下，[2]好相誣枉，朝士呼爲裴、蔡。時二人奏“車駕北征後，陽休之、王晞數與諸人遊宴，不以公事在懷。”帝杖休之、晞脛各四十。帝斬人於前，問晞曰：“此人合死不？”晞曰：“罪實合死，但恨其不得死地。臣聞刑人於市，與衆棄之，殿廷非殺戮之所。”帝改容曰：“自今當爲王公改之。”

[1]庫莫奚：族名。亦名奚。屬東胡族。見《北史》卷九四《奚傳》。

[2]齋帥：官名。南朝宋、梁時置。在皇帝、諸王及州郡長官左右擔任侍衛、灑掃等職，地位較低。北朝時在皇帝左右的齋帥地位較高，常兼任其他重要官職。　裴澤：人名。河東聞喜（今山西聞喜縣）人。北齊官吏。見《北史》卷三八《裴延儁附裴澤傳》。

帝欲以晞爲侍中，苦辭不受。或勸晞勿自疏，晞曰：“我少年以來，閱要人多矣。充詘少時，[1]鮮不敗績。且性實疏緩，不堪時務。人主恩私，何由可保？萬一披猖，求退無地。[2]非不愛作熱官，[3]但思之爛熟耳。”百官嘗賜射，晞中的，當得絹，爲不書箭，有司不與。晞陶陶然曰：“我今段可謂武有餘文不足矣。”晞無子，帝將賜之妾，使小黄門就宅宣旨，[4]皇后相聞晞妻。晞令妻答，妻終不言，晞以手撩胸而退。帝聞之笑。

[1]充詘（qū）：亦作“充倔”。得意忘形貌。

[2]萬一披猖求退無地：底本“退”作“追”，宋本、局本作“退”，中華本校勘記云：“諸本‘退’訛‘追’，據《北齊書》及《通志》卷一五三《王晞傳》改。”今從改。

[3]熱官：權勢顯赫的官吏。

[4]小黄門：官名。東漢始置。初參用士人，後爲閹人專職。侍從皇帝出入，收受奏書。歷朝因之，官品不一。北魏時爲從五品中，北齊時爲從九品。

孝昭崩，晞哀慕殆不自勝，因以羸敗。武成本忿其儒緩，[1]由是彌嫌之，因奏事，大被訶叱，而雅步晏然。歷東徐州刺史、秘書監。[2]武平初，遷大鴻臚，[3]加儀同三司，監修起居注，待詔文林館。

[1]武成：即北齊皇帝高湛。武成爲其謚號。

[2]東徐州：北齊時治下邳城，在今江蘇睢寧縣古邳鎮北側。

[3]大鴻臚：官名。秦時稱典客，漢景帝時改名大行令，武帝時始改稱大鴻臚，掌管諸侯及少數民族事務。魏晋南北朝時接待賓客、管理少數民族事務之職移歸尚書省主客曹，本官漸成專司朝會禮儀之官。北魏孝文帝太和十七年定爲二品上，二十三年改爲三品。北齊時改稱鴻臚卿。

性閑澹寡欲，雖王事鞅掌，[1]而雅操不移。在并州，雖戎馬填閭，未嘗以世務爲累。良辰美景，嘯詠遨遊，[2]登臨山水，以談讌爲事，人士謂之“方外司馬”。[3]詣晋祠，賦詩曰：“日落應歸去，魚鳥見留連。”忽有相王使召，晞不時至。明日，丞相西閤祭酒盧思道謂晞曰："昨被召已朱顔，得無以魚鳥致怪?" 晞緩笑曰："昨晚陶然，頗以酒漿被責。卿輩亦是留連之一物，豈直在魚鳥而已?"

[1]鞅掌：事務繁忙。

[2]嘯詠遨遊：毛本、四庫本、局本、四部備要本"遨"訛作"邀"。

[3]人士謂之方外司馬：四庫本"士"訛作"世"。

及晉陽陷敗，[1]與同志避周兵東北走。山路險迴，懼有土賊，而晞温酒服膏，曾不一廢。每不肯疾去，行侶尤之，[2]晞曰："莫尤我，我行事若不悔，久作三公矣。"

[1]及晉陽陷敗：底本、元大德本"敗"作"改"，其餘諸本作"敗"，以文意推，當作"敗"，今從《北齊書》卷三一《王昕附王晞傳》改。

[2]尤：責備。

齊亡，周武帝以晞爲儀同大將軍、太子諫議。[1]隋開皇元年，卒於洛陽，年七十一。贈儀同三司、曹州刺史。[2]

[1]周武帝：即北周皇帝宇文邕。武爲其謚號。　儀同大將軍：官名。北周武帝建德四年，改車騎大將軍、儀同三司爲此稱。正九命。　太子諫議：官名。北周武帝建德三年置。員四人，選用飽學之士充任，掌規諫太子。底本作"太子諫議大夫"，中華本校勘記

云："按本書卷一〇《周武帝紀》，建德三年五月置太子諫議。疑此'大夫'二字衍。"今從改。

[2]曹州：隋朝時治左城縣，在今山東曹縣西北。

皓字季高，少立名行，爲士友所稱。遭母憂，居喪有至性。儒緩亦同諸兄。嘗從文宣北征，乘赤馬，旦蒙霜氣，遂不復識。自言失馬，虞候爲求覓不得。[1]須臾日出，馬體霜盡，繫在幕前，方云："我馬尚在。"爲司徒掾，[2]在府聽午鼓，蹀躞待去。[3]群僚嘲之曰："王七思歸何太疾？"季高曰："大鵬始欲舉，鷰雀何啾唧？"嘲者曰："誰家屋當頭，鋪首浪遊逸。"於是喧笑，季高不復得言。大寧初，兼散騎常侍、聘陳使主。[4]天統末，修國史。尋除通直散騎常侍。卒，贈郢州刺史。[5]子伯，奉朝請，[6]待詔文林館。

[1]虞候：官名。掌山澤之利的官員。

[2]司徒掾：司徒府僚屬。

[3]蹀（dié）躞（xiè）：小步行走。

[4]使主：代表國家的首席使臣之稱。一般冠以使命名號，如聘陳使主。其助手稱使副。

[5]郢（yǐng）州：北齊時治平陽縣，在今河南信陽市南。

[6]奉朝請：官名。兩漢時朝廷給予退休大臣、宗室、列侯等的一種政治優待。西晋時成爲加官名號。北齊時改爲職事官。掌獻納諫諍，隸集書省，員二百四十人。從七品。

皓弟曄，字季炎，卒於滄州司馬。[1]

［1］滄州：北齊時治饒安城，在今河北鹽山縣舊縣鎮。

封懿字處德，勃海蓨人也。[1]曾祖釋，晉東夷校尉。[2]父放，慕容暐吏部尚書。兄孚，[3]慕容超太尉。[4]

［1］蓨：縣名。治所在今河北景縣。

［2］東夷校尉：官名。即護東夷校尉。三國魏置，掌管東部少數民族事務。西晋沿置，駐平州（今遼寧遼陽市），四品。

［3］孚：即封孚，人名。字處道，勃海蓨（今河北景縣）人。初仕慕容寶，後入南燕爲官。見《晋書》卷一二八《慕容超載記附封孚傳》。

［4］慕容超：人名。字祖明，昌黎棘城（今遼寧北票市章吉營子鄉三官營子村）人。十六國時南燕君主。見《北史》卷九三《慕容德附慕容超傳》。

懿有才器，能屬文，與孚雖器行有長短，而名位略齊。仕慕容寶，位中書令、户部尚書。[1]寶敗，歸魏，除給事黄門侍郎、都坐大官、章安子。[2]道武引見，問以慕容舊事，懿應對疏慢，廢黜還家。明元初，[3]復征拜都坐大官，進爵爲侯。卒官。懿撰《燕書》，頗行於世。

［1］户部尚書：官名。漢置。六部中户部的最高長官，掌管國家户口、税收等。

［2］都坐大官：官名。有中都坐大官、内都坐大官、外都坐大官之分，合稱三都大官。　章安子：封爵名。章安，縣名。治所在今浙江臨海市東南章安街道。

[3]明元：指北魏明元帝拓跋嗣，明元爲其謚號。

子玄之，坐與司馬國璠、温楷等謀亂，[1]伏誅。臨刑，明元謂曰："終不令絶汝種也，將宥汝一子。"玄之曰：[2]"弟虔之子磨奴，字君明，早孤，乞全其命。"乃殺玄之四子，赦磨奴，刑爲宦人。崔浩之誅也，太武謂磨奴曰："汝本應全，所以致刑者，由浩也。"後爲中曹監，[3]使張掖，[4]賜爵富城子。[5]卒於懷州刺史，[6]贈勃海公，謚曰定。以族子叔念爲後。

[1]司馬國璠：人名。河内温（今河南温縣）人。北魏官吏。東晋末，與弟司馬叔璠北奔南燕，後又西投後秦。北魏太武帝時入魏，賜爵淮南公。因謀外叛，被司馬文思告發，伏誅。

[2]玄之曰：底本"曰"作"以"，源氏校勘記云："'以'《魏書》作'曰'。"今從改。

[3]中曹監：官名。職掌品秩不詳，或爲宦者名號。

[4]張掖：郡名。北魏時治永平縣，在今甘肅張掖市西北。

[5]富城子：封爵名。富城，縣名。治所在今山東肥城市西南。

[6]懷州：北魏時治野王縣，在今河南沁陽市。

回字叔念，孝文賜名焉，慕容暐太尉奕之後也。父鑒。初，磨奴既以回爲後，請於獻文，贈鑒寧遠將軍、滄水太守。[1]

[1]寧遠將軍：官名。三國魏始置。將軍名號。北魏孝文帝太和十七年定爲五品上。　滄水：郡名。北魏初改勃海郡置，治南皮縣，在今河北南皮縣東北。孝文帝太和二十一年復爲勃海郡。

回襲磨奴爵富城子。宣武時，累遷安州刺史。[1]山人顥朴，[2]父子賓旅同寢一室。回下車，勒令別處，其俗遂改。明帝時，[3]爲瀛州刺史。[4]時大乘寇亂之後，[5]加以水潦，表求振恤，免其兵調，州内賴之。歷度支、都官二尚書、冀州大中正。[6]

[1]安州：北魏時治方城，在今河北隆化縣隆化鎮。

[2]顥朴：樸實敦厚。

[3]明帝：即北魏孝明帝元翊，明爲其謚號。

[4]瀛州：北魏時治趙都軍城，在今河北河間市。

[5]大乘：代指冀州僧法慶與李歸伯。大乘爲其起義的國號。

[6]大中正：官名。掌一州之人物品第，以爲吏部選人之根據，並有委任州主簿及從事之權。

滎陽鄭雲諂事長秋卿劉騰，[1]貨紫纈四百匹，[2]得爲安州刺史。除書旦出，晚往詣回，坐未定，問回："安州興生，[3]何事爲便？" 回曰："卿荷國寵靈，位至方伯，雖不能拔園葵，去織婦，宜思方略以濟百姓，如何見造問興生乎？[4]封回不爲商賈，何以相示？" 雲慚失色。

[1]長秋卿：官名。北魏時爲大長秋的尊稱。漢景帝置，負責宣達皇后旨意，領受皇帝命令，職位尊顯，爲管理皇后後宫事務的最高官員。北魏孝文帝太和十七年定爲從二品上，二十三年改爲從三品。　劉騰：人名。字青龍，平原城（今山東平原縣）人。見《北史》卷九二《劉騰傳》。

[2]纈（xiè）：有花紋的織品。

[3]興生：經商求利。殿本、四部備要本“興”訛作“與”。

[4]拔園葵去織婦：謂爲官不與民争利。典出《史記》卷一一九《循吏列傳》。

轉七兵尚書，領御史中尉，劾奏尚書右僕射元欽與從兄麗妻崔氏姦通，[1]時人稱之。後爲殿中尚書、右光禄大夫。[2]莊帝初，[3]遇害河陰。贈司空公，[4]謚曰孝宣。長子隆之。

[1]麗：即元麗，人名。字寶掌。北魏宗室。見《北史》卷一七《濟陰王小新成附元麗傳》。

[2]右光禄大夫：官名。北魏時作爲在朝顯職官員的加官，以示優崇，或授予年老有病的致仕之官，亦常用於卒後贈官。無具體職掌。孝文帝太和二十三年定爲二品。

[3]莊帝：即北魏皇帝元子攸。莊爲其謚號。

[4]司空公：官名。爲司空的尊稱。漢光武帝時與太尉、司徒並稱三公。北魏時爲名譽宰相，多爲大臣加官，列三公之末。一品。

隆之字祖裔，小名皮，寬和有度量。延昌中，[1]道人法慶作亂冀州，[2]自號大乘，衆五萬人。[3]隆之以開府中兵參軍與大都督元遥討之，[4]獲法慶，賜爵武城子。累遷河内太守。[5]未到郡，屬尒朱兆入洛，[6]莊帝幽崩，隆之以父遇害，常懷報雪，因持節東歸，圖爲義舉。遂與高乾等夜襲冀州，[7]克之，乃推爲刺史。及齊神武自晉陽東出，隆之遣子子繪隨高乾奉迎於滏口。[8]

[1]延昌：北魏宣武帝的年號（512—515）。

[2]法慶：人名。冀州僧人。北魏宣武帝延昌四年聚衆五萬，自稱奉“大乘教”。所至焚毁寺院經像，殺不入教之僧人。同年被元遥擊敗，遭擒殺。

[3]衆五萬人：高敏《南北史考索》（第427頁）：“按：《北齊書》卷二十一同人傳‘衆五萬人’句作‘衆五萬餘’；《通志》卷一百五十三《北齊列傳》同人傳亦作‘衆五萬餘’，與《北齊書》同，《北史》校勘記失校。”

[4]中兵參軍：官名。兩晋南北朝時諸公、軍府僚屬之一。掌本府中兵曹事務，兼備參謀咨詢。其品位隨府主地位高低不等。北魏孝文帝太和十二、十三年定開府中兵參軍爲六品。　大都督：官名。北魏時爲領軍將帥權重位尊者之加號，亦有在戰事時臨時加置或以此銜都督某一地區軍事者。　元遥：人名。字太原。北魏宗室。見《北史》卷一七《京兆王子推附元遥傳》。

[5]河内：郡名。北魏時治野王縣，在今河南沁陽市。

[6]尒朱兆：人名。字萬仁，北秀容（今山西朔州市）人，契胡族。北魏官吏。見《北史》卷四八《尒朱榮附尒朱兆傳》。

[7]高乾：人名。字乾邕，勃海蓨（今河北景縣）人。北魏官吏。見《北史》卷三一《高祐附高乾傳》。

[8]滏口：地名。太行八陘之一。在今河北磁縣西北鼓山。

中興初，拜吏部尚書。韓陵之役，[1]留隆之鎮鄴城。未幾，徵爲侍中，封安德郡公。[2]于時朝議以尒朱榮宜配食明帝廟庭。[3]隆之議曰：“榮爲人臣，親行殺逆，豈有害人之母而與子對食之理？”以參議麟趾閣新制，[4]又贈其妻祖氏范陽郡君。隆之表以先爵富城子及武城子轉授弟子孝琬等，朝廷嘉而從之。後爲斛斯椿等所構，[5]逃歸鄉里，齊神武召赴晋陽。

[1]韓陵之役：北魏節閔帝普泰二年（532），尒朱氏集團與高歡爲控制北魏朝政，互相爭奪，在韓陵地區進行的戰爭。韓陵，山名。在今河南安陽市東北。

[2]安德郡公：封爵名。安德，郡名。北魏時治安德縣，在今山東平原縣東北。

[3]尒朱榮：人名。字天寶，北秀容（今山西朔州市）人，契胡族。北魏官吏。見《北史》卷四八《尒朱榮傳》。　配食：祔祭，配享。

[4]麟趾閣新制：指東魏興和三年（541）冬十月詔文襄王與群臣於麟趾閣議定新制，形成《麟趾新格》這一類魏律令，頒於天下。麟趾閣，殿名。故址在今河北臨漳縣西南。

[5]斛斯椿：人名。字法壽，廣牧富昌（今內蒙古准格爾旗東南）人。北魏官吏。見《北史》卷四九《斛斯椿傳》。

魏孝静立，除吏部尚書，尋加侍中。元象初，除冀州刺史，加開府，累遷尚書右僕射。及北豫州刺史高仲密將叛，[1]陰招冀州豪望爲内應。詔隆之馳驛慰撫，遂得安静。隆之首參神武經略，奇謀皆密以啓聞，手書削藁，罕知於外。卒於齊州刺史，[2]贈司徒。神武以追榮未盡，復啓贈太保，[3]謚宣懿。神武後至冀州北境，次交津，[4]追憶隆之，顧冀州行事司馬子如，[5]言其德美，爲之流涕。令以太牢就祭。[6]

[1]北豫州：東魏孝静帝天平初復置，治虎牢城，在今河南滎陽市西北。

[2]齊州：東魏時治歷城縣，在今山東濟南市。

[3]太保：官名。北魏、北齊時爲三師之一，位居太師、太傅之下，一品。北齊後主時曾增員而授，所施頗濫。

[4]次：駐札。　交津：津渡名。在今河北磁縣西清漳河與漳河合流處。

[5]冀州：東魏時治信都縣，在今河北冀州市。　行事：亦稱行某州、某府事，行某州軍事等。指以他官代行某官職權。　司馬子如：人名。字遵業，河内温（今河南温縣）人。北魏、東魏、北齊官吏。見《北史》卷五四《司馬子如傳》。

[6]太牢：舊時祭祀，牛羊豕三牲具備謂之太牢。

隆之歷事五帝，以謹素見知。凡四爲侍中，再爲吏部尚書，一爲僕射，四爲冀州刺史。每臨冀部，州中舊齒咸曰：[1]"我封公復來。"其得物情如此。[2]子子繪嗣。

[1]舊齒：耆舊。借指老臣。

[2]物情：民心。

子繪字仲藻，小名搔。性和理，有器局。釋褐秘書郎，[1]累遷平陽太守，[2]加散騎常侍。晉州北界霍山舊號千里徑者，[3]山坂高峻，每大軍往來，士馬勞苦。子繪請於舊徑東谷別開一路。神武從之，仍令子繪修開，旬日而就。徵補大行臺吏部郎中。[4]神武崩，秘未發喪，文襄以子繪爲勃海太守，執其手曰："誠知未允勳臣官望，但須鎮撫。且衣錦晝遊，古人所貴，宜善加經略，不勞習常太守向州參也。"仍聽收集部曲一千人。[5]大寧二年，[6]爲都官尚書。高歸彦作逆，[7]命子繪參贊軍事。

賊平，[8]敕子繪權行州事。徵拜儀同三司、尚書右僕射。卒，謚曰簡。[9]子寶蓋襲。[10]

[1]秘書郎：官名。三國魏文帝時置，秘書署屬官。掌整理典籍、考核舊文，删省浮穢。三國魏以來，多爲世族起家官。北魏孝文帝太和十七年定爲從五品上，二十三年以後稱秘書郎中。東魏亦置。

[2]平陽：郡名。東魏時治白馬城，在今山西臨汾市。

[3]晋州：東魏時治白馬城，在今山西臨汾市。　霍山：一作"霍泰山"，在今山西霍州市東南霍山。《北齊書》卷二一《封隆之傳》又作"霍太山"。

[4]大行臺吏部郎中：官名。北魏置。屬大行臺吏部尚書，協掌大行臺内官員選舉任免。可與大行臺吏部郎互稱。東魏沿置。

[5]仍聽收集部曲一千人：毛本、局本"聽"訛作"令"。

[6]大寧二年：底本"二"作"三"，中華本校勘記云："諸本'二'作'三'，《北齊書》卷二一《封隆之傳》作'二'。按大寧二年四月即改元河清，無三年。今據改。"今從改。

[7]高歸彦：人名。字仁英，勃海蓨（今河北景縣）人。東魏、北齊大臣。見《北史》卷五一《平秦王歸彦傳》。

[8]賊平：元大德本、毛本、局本、四部備要本"賊"訛作"敗"。

[9]簡：封子繪妻王楚英墓誌稱封子繪爲"僕射忠簡公"，據此其謚號應爲"忠簡"（參羅新、葉煒《新出魏晋南北朝墓誌疏證（修訂本）》，中華書局2016年版，第317頁）。

[10]寶蓋：即封子玄，人名。字寶蓋。據封子繪妻王楚英墓誌載："長子玄，字寶蓋。州辟主簿，不就。釋褐左丞相府參軍，轉司空府中兵參軍，加廣德將軍，襲爵安德郡開國公，遷通直散騎常侍、龍驤將軍，又除鴻臚少卿。屬齊滅，仕周爲威烈將軍、襄州總

管府掾。”（參羅新、葉煒《新出魏晋南北朝墓誌疏證（修訂本）》，第 318 頁）

子繪弟子繡，位霍州刺史。[1]陳將吴明徹侵淮南，[2]子繡城陷，送揚州。[3]齊亡後，逃歸。終於通州刺史。[4]子繡外貌儒雅，而使氣難犯。[5]兄女壻司空婁定遠爲瀛州刺史，[6]子繡爲勃海太守。定遠過之，對妻及諸女讌集言戲，微有褻慢。子繡鳴鼓集衆將攻之，定遠免冠拜謝，久之乃釋。

［1］霍州：北齊時治岳安縣，在今安徽霍山縣衡山鎮。

［2］吴明徹：人名。字通昭，秦郡（今江蘇南京市六合區）人。南朝陳將領。見《陳書》卷九《吴明徹傳》。

［3］揚州：北齊時治壽春縣，在今安徽壽縣。

［4］通州：北齊時治石城縣，在今四川達州市。

［5］使氣：恣逞意氣。

［6］兄女壻司空婁定遠：據此可知婁定遠爲封子繪女婿。又據封子繪妻王楚英墓誌載：“次女寶艷，小字徵男，適代郡婁定遠，即齊武明皇太后之弟子，司空公、尚書令、青瀛二州刺史、臨淮郡王。”可見婁定遠娶封子繪次女爲妻。婁定遠，人名。代郡平城（今山西大同市東北）人。北齊官吏。見《北史》卷五四《婁昭附婁定遠傳》。

隆之弟興之，字祖胄。經明行修，恬素清静。位瀛、冀二州刺史、平北府長史。[1]所歷有當官譽。卒，以隆之佐命功，[2]贈殿中尚書、雍州刺史，[3]謚曰文。

[1]平北府長史：官名。平北將軍府僚屬之長，總署府事，主持府務。

[2]以隆之佐命功：毛本、殿本、四庫本、局本、四部備要本“功”訛作“加”。佐命，舊時帝王得天下，自稱是上應天命，故稱輔佐帝王創業爲“佐命”。

[3]雍州：北齊時治長安縣，在今陝西西安市西北。

子孝琬，字士蒨，七歲而孤，爲隆之鞠養，[1]慈愛甚篤，隆之啓以父爵富城子授焉。位東宫洗馬。卒，贈太府少卿。[2]孝琬性恬静，頗好文詠。太子少師邢卲、七兵尚書王昕並先達高才，[3]與孝琬年位懸隔，晚相逢遇，分好遂深。[4]孝琬靈櫬言歸，二人送於郊外，悲哭悽慟，有感路人。

[1]鞠（jū）養：撫養。

[2]太府少卿：官名。北魏孝文帝時始置，爲太府副貳，位在丞上。北齊時置爲太府寺次官，員一人，四品上。

[3]太子少師：官名。東宫三少之一。北齊時掌訓導輔翊太子，無具體職司，東宫屬官皆隸太子詹事，三品。

[4]分好：情義。

孝琬弟孝琰，[1]字士光，少脩飭，學尚有風儀。位秘書丞、散騎常侍、聘陳使主，[2]在道遥授中書侍郎。還，坐受魏收囑，牒其門客從行事發，付南都獄，决鞭二百，除名。後除并省吏部郎中、南陽王友，[3]赴晋陽典機密。

[1]孝琰：即封孝琰，人名。孝琰事迹，史籍所載與墓誌所記基本相合。然墓誌載，"以齊武平三年十月卅日，終於鄴城，時年五十有一"，"大周建德六年正月廿六日，追贈使持節、儀同大將軍、廣州刺史、瀛州平舒縣開國男，邑三百户"。按：《北齊書》《北史》載封孝琰與崔季舒同案而死，皆在後主武平四年，或墓誌所載有誤（參羅新、葉煒《新出魏晋南北朝墓誌疏證（修訂本）》，第293—295頁）。

[2]秘書丞：官名。漢獻帝時置，員二人，輔佐秘書令典尚書奏事，權位甚重。北魏時多參領著作事，主修撰國史及起居注，並得參預議定禮儀制度。北齊時職掌略同，五品上。

[3]并：即并州。　南陽王：指高綽。字僧裕，勃海蓨（今河北景縣）人。北齊宗室、官吏。見《北史》卷三一《高允附高綽傳》。南陽，郡名。北齊時治南陽縣，在今河南郟縣西南。

和士開母喪，[1]託附者咸往奔哭。鄴中富商丁鄒、嚴興等並爲義孝，有一士人亦在哭限。孝琰入弔，出謂人曰："嚴興之南，丁鄒之北，有一朝士，號叫甚哀。"聞者傳之。士開知而大怒。其後會黄門郎李瓌奏南陽王綽驕恣，士開因譖之曰："孝琰從綽出外，乘其副馬，捨離部伍，别行戲語。"時孝琰女爲范陽王妃，[2]爲禮事，因假入辭，帝遂決馬鞭一百放出，又遣高阿那肱重決五十，[3]幾死。還鄴，在集書省上下。[4]自此沈廢。士開死後，爲通直散騎常侍。後與周和好，以爲聘周使副。

[1]和士開：人名。字彦通，清都臨漳（今河北臨漳縣西南）人。北齊官吏。見《北史》卷九二《和士開傳》。

[2]范陽王：指高紹義。北齊宗室，文宣帝第三子。初封廣陽王，廢帝時改封范陽王。周軍攻齊，兵敗馬邑，逃入突厥，稱帝。後爲突厥出賣，爲周所俘，徙於蜀，死於蜀中。范陽，郡名。北齊時治涿縣，在今河北涿州市。

[3]高阿那肱：人名。善無（今山西右玉縣南）人。北齊佞臣。見《北史》卷九二《高阿那肱傳》。

[4]集書省：官署名。南朝宋時改散騎省爲此稱，與中書、尚書、門下、秘書並稱五省，掌侍從左右、獻納得失及圖書文翰等，以散騎常侍爲主官。南朝齊、梁、陳因之。北魏後期亦設，爲門下三省之一，兼修起居注。北齊因之。

祖珽輔政，[1]奏入文林館撰御覽。孝琰文筆不高，但以風流自立，善談戲，威儀閑雅，容止進退，人皆慕之。以祖珽好自矜大，佞之云："是衣冠宰相，異於餘人。"近習聞之，大以爲恨。尋以本官兼尚書左丞。[2]其所彈射，多承意旨。時有道人曇獻者，爲皇太后所幸，賞賜隆厚，車服過度。又乞爲沙門統，[3]後主意不許，[4]但太后欲之，遂得居任。然後主常憾焉。因僧尼他事，訴者辭引曇獻，上令有司推劾。孝琰案其受賄，致於極法，其家珍異悉以没官。由是正授左丞，仍奏門下事。

[1]祖珽：人名。字孝徵，范陽遒（今河北淶水縣北）人。北齊官吏。見《北史》卷四七《祖瑩附祖珽傳》。

[2]尋以本官兼尚書左丞：底本"左"作"右"，源氏校勘記云："《北齊》（'右丞'）作'左丞'。"中華本校勘記云："諸本'左'作'右'，《北齊書·封隆之傳》作'左'。按下文云'由是正授左丞'，作'左'是，今據改。"今從改。

[3]沙門統：官名。北魏道武帝皇始中設道人統，文成帝和平初改道人統爲沙門統。掌國、州、郡之僧尼，寺産、宗教活動等。又按級分稱沙門都統、州統、郡統等。一般皆以僧人任之。北齊沿置。

[4]後主：即高緯。

性頗簡傲，不諧時俗，意遇漸高，[1]彌自矜誕，舉動舒遲，無所降屈，識者鄙之。與崔季舒等以正諫同死。[2]子君確、君静二人徙北邊，少子君嚴、君贊下蠶室。[3]南安敗，[4]君確等二人皆坐死。

[1]意遇漸高：殿本、四庫本、四部備要本、《北齊書》卷二一《封隆之附封孝琰傳》作"恩遇漸高"。按：意遇，猶知遇。恩遇，意爲受人恩惠知遇，側重恩惠。此處作"恩遇"似較通。

[2]崔季舒：人名。字叔正，博陵安平（今河北安平縣）人。東魏、北齊官吏。見《北史》卷三二《崔挺附崔季舒傳》。

[3]蠶室：執行宫刑及受宫刑者所居之獄室。

[4]南安：指南安王高思好。本名思孝，北齊文宣帝時改名。後主武平五年，舉兵反，自號大丞相，後兵敗投水自盡。見《北史》卷五一《高思好傳》。

興之弟延之，字祖業，少明辯，有世用。封郟城子，[1]位青州刺史，多所受納。後行晋州事。沙苑之敗，延之棄州北走，以隆之故，免其死。卒，贈尚書左僕射、司徒公，謚文恭。子纂嗣。

[1]封郟城子：底本、元大德本、毛本、殿本、局本、四部備

要本“郯”作“琰”，宋本、四庫本、中華本作“郯”，源氏校勘記云：“‘琰’《北齊》作‘郕’。”中華本校勘記云：“各本‘郯’作‘琰’，宋本及《通志》卷一五三《封隆之傳》作‘郯’。《北齊書》作‘郕’。《魏書》卷三二《封懿傳》作‘剡’。按郕城見《魏書·地形志下》荆州襄城郡；郯城見《地形志中》徐州郯郡，未知孰是。‘剡’即‘郯’，無‘琰城’，今從宋本。”今從改。郯城，縣名。治所在今山東郯城縣北。

鑒長子琳，字彦寶，位中書侍郎。與侍中、南平王馮誕等議定律令，[1]有識者稱之。歷位太尉長史、司宗下大夫、南青、夏二州刺史、光禄大夫。[2]琳弟子肅。

[1]馮誕：人名。字思正，長樂信都（今河北冀州市）人。北魏外戚。見《北史》卷八〇《馮熙附馮誕傳》。

[2]司宗下大夫：官名。北魏置。孝文帝太和十七年定爲四品上，二十三年復次職員令未見。　南青夏二州刺史光禄大夫：底本“青夏”作“夏青”，中華本校勘記云：“諸本‘青夏’二字誤倒，據《魏書·封懿傳》乙。《地形志》有南青州，無南夏州。”今從改。夏，州名。北魏時治大夏（統萬城），在今陝西靖邊縣白城子村無定河北岸的毛烏素沙漠中（靠近今内蒙古烏審旗南境）。

肅字元邕，博涉經史。太傅崔光見而賞焉。[1]位尚書左中兵郎中。[2]性恭儉，不妄交遊，唯與崔勵從兄鴻尤相親善。[3]所制文章多亡失，存者十餘卷。

[1]崔光：人名。本名孝伯，字長仁，孝文帝賜名“光”，東清河鄃（今山東淄博市）人。北魏大臣。見《北史》卷四四《崔

光傳》。

[2]尚書左中兵郎中：官名。西晉始置，爲尚書省左中兵曹長官通稱。又省稱爲左中兵郎中。西晉、北魏時與左中兵郎互稱。北魏時屬七兵尚書，孝文帝太和十七年定郎爲從五品中，郎中爲五品上，二十三年皆稱郎中，六品。

[3]崔勵：人名。字彦德，東清河鄃（今山東淄博市）人。北魏官吏。見《北史·崔光附崔勵傳》。勵，底本作“勱”，中華本校勘記云：“據《魏書》卷八五《封肅傳》及本書卷四四《崔光傳》改。”今從改。　鴻：即崔鴻，人名。字彦鸞，東清河鄃（今山東淄博市）人。北魏官吏。見《北史·崔光附崔鴻傳》。

懿從兄子愷，字思悌，奕之孫也。父勸，慕容垂侍中、太常卿。愷位給事黄門侍郎、散騎常侍。後入代都，名出懿子玄之右。俱坐司馬氏事死。愷妻，盧玄姊也。[1]愷子伯達，棄母及妻李氏南奔河表，改婚房氏。獻文末，伯達子休傑内入。祖母盧猶存，垂百歲矣，而李已死。休傑位冀州咸陽王府諮議參軍。[2]

[1]盧玄：人名。字子真，范陽涿（今河北涿州市）人。北魏名儒、官吏。見《北史》卷三〇《盧玄傳》。　姊：底本“姊”作“女”，源氏校勘記云：“‘女’《魏書》作‘姊’。”中華本校勘記云：“《魏書》卷三二‘女’作‘姊’。按封愷曾仕後燕，燕滅入魏，當在道武時。司馬璠被殺在明元泰常五年，愷坐其事死，也應在此年。盧玄在太武神䴥四年纔被徵仕魏（並見《魏書》本紀），年官都在封愷之後。愷妻當是玄姊，非玄女。”今從改。

[2]咸陽王：指元禧。字思永。北魏宗室。見《北史》卷一九《咸陽王禧傳》。咸陽，郡名。北魏時治池陽縣，在今陝西涇陽縣。　諮議參軍：官名。東晉始置，初在丞相府負責諷議軍政事務。後

諸王府、公府、軍府等皆設。北魏孝文帝太和二十三年定皇子諮議參軍爲從四品。

回族叔軌，字廣度。好學，通覽經傳。與光禄大夫武邑孫惠蔚同志友善。[1]惠蔚每推軌曰："封生之於經義，吾所弗如者多矣。"頗自脩潔，儀容甚偉。或曰："學士不事脩飾，此賢何獨如此？"軌聞，笑曰："君子整其衣冠，尊其瞻視，何必蓬頭垢面而後爲賢。"言者慚退。

[1]武邑：郡名。北魏時治武强縣，在今河北武强縣西南。孫惠蔚：人名。初單名蔚，"惠"爲北魏宣武帝所賜。字叔炳，小字陀羅，武邑武遂（今河北武强縣西北）人。北魏官吏。見《北史》卷八一《孫惠蔚傳》。

以兼員外散騎常侍銜命高麗。[1]高麗王雲恃其偏遠，[2]稱疾不親受詔。軌正色詰之，喻以大義，雲乃北面受旨。使還，轉考功郎中，除本郡中正。勃海太守崔休入爲吏部郎中，以己考事干軌。[3]軌曰："法者天下之事，不可以舊君故，虧之也。"休歎其守正。軌在臺中，稱爲儒雅。除國子博士，[4]假通直散騎常侍，慰勞汾州山胡。[5]

[1]銜命：接受使命。　高麗：國名。又作"高句麗"等，其先出自夫餘，地爲漢之玄菟郡，高句麗爲其三縣之一，因以爲國名。都名丸都，故治在今吉林集安市，南北朝時遷都於今朝鮮平壤市。見《北史》卷九四《高麗傳》。

[2]雲：即高雲，人名。北朝時高句麗王。高麗王高璉孫。北魏孝文帝太和十五年璉死，孝文帝遣使拜雲爲高麗王。見《北史·高麗傳》。

[3]以己考事干軌：毛本、殿本、四庫本、局本、四部備要本“己”作“兄”，宋本、元大德本“兄”作“己”，中華本校勘記云：“南、北、汲、殿四本及《魏書》卷三二‘己’作‘兄’。百衲本及《通志》卷一四六《封懿傳》作‘己’。按《崔休傳》不言其有兄，疑作‘己’是。今從百衲本。”

[4]國子博士：官名。晋武帝時立國子學，置一員，教授生徒儒學，並應對殿堂，備咨詢顧問，隸國子祭酒，地位高於太學博士。北魏孝文帝太和十七年定爲從五品上，二十三年升爲五品上。

[5]汾州：北魏時治蒲子城，在今山西隰縣。　山胡：族名。亦稱稽胡、步落稽。南北朝時居於今山西、陝西北部山谷間，與漢人錯居。北朝期間，各地山胡不斷起事。隋唐以後，漸與漢族融合。

司空、清河王懌表脩明堂、辟雍，[1]詔百僚集議。軌議曰：

[1]清河王：封爵名。清河，郡名。北魏時治清河縣，在今山東臨清市東北。　懌：即元懌，人名。字宣仁。北魏宗室。見《北史》卷一九《清河王懌傳》。　明堂：帝王宣明政教的地方。凡朝會、祭祀、慶賞、選仕等大典皆在此舉行。　辟雍：本爲西周天子所設大學，校址圓形，圍以水池，前門外有便橋。東漢以後，歷代皆有辟雍，除北宋末年爲太學之預備學校（亦稱“外學”）外，均爲行鄉飲、大射或祭祀之禮的地方。

《周官·匠人》職云：[1]夏后氏世室，[2]殷人重屋，周人明堂，五室，九階，四户，八窗。鄭玄曰：[3]“或舉宗廟，或舉王寢，[4]或舉明堂，互文以見同制。”然則三代明堂，其制一也。案周與夏、殷，損益不同，至於明堂，因而弗革，明五室之義，得天數矣。是以鄭玄又曰：“五室者，象五行也。”然則九階者法九土，四户者達四時，八窗者通八風，誠不易之大範，有國之恒式。若其上圓下方以則天地，通水環宮以節觀者，茅蓋白盛爲之質飾，[5]赤綴白綴爲之户牖，[6]皆典籍所載，制度之明義也。

[1]周官：即《周禮》。三禮之一，爲儒家經典。古文經學家認爲是周公所作，今文經學家認爲是西漢末年僞作。

[2]夏后氏：即夏部落，亦作“夏氏”。姒姓，相傳爲顓頊之後，其首領禹曾建立夏朝，因亦指夏朝。

[3]鄭玄：人名。字康成，北海高密（今山東高密市）人。東漢末經學大師。見《後漢書》卷三五《鄭玄傳》。

[4]王寢：毛本、殿本、四庫本、局本、四部備要本作“正寢”，宋本、元大德本、中華本及《魏書》卷三二作“王寢”。王寢爲帝王陵墓意，正寢爲住宅正房。毛本、殿本、四庫本、局本、四部備要本當爲形近而訛。

[5]白盛：粉飾墻壁使之潔白的蜃灰。《周禮·考工記·匠人》：“白盛。”鄭玄注：“蜃灰也，盛之言成也。以蜃灰堊牆，所以飾成宮室。”　質：樸素。　飾：裝飾。

[6]赤綴：明堂門上的紅色飾物。　白綴：明堂窗上的白色飾物。《大戴禮記·盛德》：“赤綴，户也；白綴，牖也。”盧辯注：“綴，飾也。”

秦焚滅五典，[1]非毀三代，變更先聖，不依舊憲。故《吕氏·月令》見九室之義，大戴之《禮》著十二堂之文。[2]漢承秦法，亦未能改，東西二京，俱爲九室。是以《黄圖》、《白武通》、蔡邕、應劭等咸稱九室以象九州，[3]十二堂以象十二辰。夫室以祭天，堂以布政。依行而祭，故室不過五；依時布政，故堂不踰四。州之與辰，非所可法。九與十二，厥用安在？今聖朝欲尊道訓人，備禮化物，宜則五室，以爲永制。至如廟學之嫌，臺沼之雜，[4]袁準之徒已論正矣。[5]

[1]五典：泛指古代典籍。

[2]大戴之禮：指《大戴禮記》，亦名《大戴禮》《大戴記》，相傳《禮》八十五篇爲戴德所作，故而得名。大戴，指西漢今文經學家戴德。

[3]黄圖：即《三輔黄圖》。《隋書·經籍志二》："《黄圖》一卷，記三輔宮觀陵廟明堂辟雍郊畤等事。"　白武通：即《白虎通》。《北史》避唐高祖祖父李虎諱改。又作《白虎通義》《白虎通德論》。東漢班固等撰。記録漢章帝建初四年（79）在白虎觀經學辯論之事。　蔡邕：人名。字伯喈，陳留圉（今河南杞縣）人。東漢文學家、書法家。見《後漢書》卷六〇下《蔡邕傳》。　應劭：人名。字仲遠，汝南南頓（今河南項城市西南）人。東漢官吏。見《後漢書》卷四八《應奉附應劭傳》。

[4]臺沼：中央官署機構。　雜：瑣碎。

[5]袁準：人名。字孝尼，陳郡陽夏（今河南太康縣西北）人。三國時魏官吏，以經學著名。《晋書》卷八三《袁瓌附袁準傳》。

後卒於廷尉少卿。[1]贈濟州刺史。[2]

[1]廷尉少卿：官名。北魏始置，爲廷尉卿次官。孝文帝太和十七年定爲三品上，二十三年改爲四品上。

[2]濟州：地名。北魏時治碻磝城，在今山東茌平縣西南。

初，軌深爲郭祚所知，祚常謂子景尚曰："封軌、高綽二人，並幹國之才，必應遠至。吾平生不妄進舉，而每薦此二人，非直爲國進賢，亦爲汝等之津梁。"其見重如此。軌既以方直自業，高綽亦以風概立名。高肇拜司徒，[1]綽送迎往來，軌竟不詣。綽顧不見軌，乃遽歸曰："吾一生自謂無愆規矩，今日舉措不如封生遠矣。"軌以務德慎言，脩身之本，姦回讒佞，世之巨害，乃爲《務德》《慎言》《遠佞》《防姦》四戒。文多不載。

[1]高肇：人名。字首文，勃海蓨（今河北景縣）人。北魏外戚、大臣。見《北史》卷八〇《高肇傳》。

長子偉伯，字君良，博學有才思。弱冠，除太學博士。每朝廷大議，偉伯參焉。雅爲太保崔光、僕射游肇所知賞。[1]太尉、清河王懌辟參軍事。懌親爲《孝經解詁》，命偉伯爲難例九條，皆發起隱漏。偉伯又討論《禮》《傳》《詩》《易》疑事數十條，儒者咸稱之。時朝廷將經始明堂，廣集儒學，議其制度，九五之論，久而不定。偉伯乃搜檢經、緯，上《明堂圖說》六卷。又撰《封氏本録》六卷。

[1]游肇：人名。字伯始，廣平任（今河北任縣東）人。北魏官吏。見《北史》卷三四《游雅附游肇傳》。

正光末，[1]尚書僕射蕭寶夤爲關西行臺，[2]引爲行臺郎。[3]及寶夤爲逆，偉伯與南平王冏潛結關中豪右韋子粲等，[4]謀舉義兵。事發，見殺。永安中，贈瀛州刺史，聽一子出身，無子，轉授弟翼。翼弟述。

[1]正光：北魏孝明帝的年號（520—525）。

[2]行臺：官名。即行臺尚書令，爲行臺長官。掌管當地軍政事務，亦兼理民事。

[3]行臺郎：官名。北魏置。亦稱行臺郎中。爲行臺諸曹郎中的泛稱，各曹皆冠以曹名。有時以稱不理具體曹務的官員。

[4]南平王冏：即元仲冏，亦稱元冏。本名暐，字仲冏。北魏官吏。底本“冏”作“固”，宋本作“冏”。中華本校勘記云：“各本‘冏’作‘固’，宋本作‘囧’，《魏書》及《通志》作‘冏’。張森楷云：‘按《廣平王連傳》（《魏書》卷一六）作“南平王仲冏”，《蕭寶夤傳》（《魏書》卷五九）同。此作“固”誤。’按《墓誌集釋·元暐墓誌》，暐字仲囧，爵南平王。‘囧’即‘冏’之俗體，今改作‘冏’。”今從改。 韋子粲：人名。字暉茂，京兆杜陵（今陝西西安市長安區東）人。北魏官吏。見《北史》卷二六《韋閬附韋子粲傳》。

述字君義，有幹用。太昌中，爲三公郎中。[1]時增損舊事，爲《麟趾新格》，[2]其名法科條皆述所删定。齊受禪，累遷大理卿。[3]河清三年，[4]敕與録尚書趙彦深、僕射魏收、尚書陽休之、國子祭酒馬敬德等議定律令。[5]歷位度支、五兵、殿中三尚書。[6]

［1］太昌中：底本作“天平中”，《北齊書》卷四三《封述傳》作“太昌中，除尚書三公郎中”“天平中，時增損舊事，爲《麟趾新格》”。此處當爲《北史》删削之誤。今從改。　三公郎中：官名。魏晋南北朝時與三公郎互稱，爲尚書省三公曹長官，北魏時屬殿中尚書，掌刑獄訴訟，擬定法律之政。孝文帝太和十七年定郎爲從五品中，郎中爲五品上。二十三年皆稱郎中，六品，仍可通稱爲郎。

［2］麟趾新格：東魏律令。又作《麟趾格》《麟趾新制》。已佚（參程樹德《九朝律考》，中華書局1963年版）。

［3］大理卿：官名。亦稱大理寺卿。北齊時改廷尉爲大理而置，爲大理寺長官，列位九卿，員一人。三品。

［4］河清三年：底本“河清”作“清河”，中華本校勘記云：“諸本‘河清’誤倒，據《北齊書》卷四三《封述傳》乙。”今從改。河清，北齊武成帝的年號（562—565）。

［5］尚書陽休之：毛本、局本“陽”訛作“楊”。　國子祭酒：官名。晋武帝時立國子學，置祭酒一員，教授生徒儒學，主管國子學，參議禮制，隸太常。北齊時置國子祭酒一員，從三品，不隸太常，改爲國子寺長官，領國子、太學、四門三學，主管全國教育行政。

［6］五兵尚書：官名。三國魏設。北齊沿置，領左中兵、右中兵、左外兵、右外兵、都兵五曹。管理全國軍事行政。三品。

述久爲法官，明解律令，議斷平允，深爲時人所稱。而厚積財産，一無分饋，雖至親密友，貧病困篤，亦絶於拯濟。朝野物論甚鄙之。外貌方整，而不免請謁，[1]回避進趣，[2]頗致嗤駭。前妻河内司馬氏。一息爲娶隴西李士元女，[3]大輪財聘。及將成禮，猶競懸違。述忽取所供養像，對士元打像爲誓。士元笑曰："封公何處常得應急像，須誓便用?"一息娶范陽盧莊之女，述又經府訴云："送騍乃嫌脚跛，[4]評田則云鹹薄，銅器又嫌古廢。"皆爲吝嗇所及，每致紛紜。

[1]請謁：請求。

[2]進趣：求取。

[3]息：兒子。　李士元：人名。隴西狄道（今甘肅臨洮縣）人。北齊官吏。見《北史》卷一〇〇《涼武昭王李暠附李虔傳》。

[4]送騍乃嫌脚跛：中華本校勘記云："《通志》卷一五三《封述傳》'騍'作'騾'，《北齊書》作'羸'。按'羸'即'騾'。'騍'音課，是牝馬，當是'騾'之訛。"可從。

子元蒨，[1]位太子舍人。

[1]子元蒨：源氏校勘記云："《北齊》無'蒨'字。"

述弟詢，字景文，闕涉經史，以清素自持。位尚書左丞、濟南太守，歷官皆有幹局才具，臨郡甚著聲績。隋開皇中卒。

論曰：崔暹文學器識，當年之俊，忽微慮遠，俱以爲災。休立身有本，當官著稱。長儒才望之美，禍因驕物，雖有周公之才，猶且爲累，况未足諭其高下，能無及乎？贍詞韻温雅，風神秀發，固人望也。王憲名公之孫，老見優異。元景昆季履道，[1]摽映人倫，[2]美哉！封回克光家世，隆之勤勞霸業，子繪寔隆堂構，[3]可謂載德者矣。[4]君義聚斂嗇吝，無乃鄙哉！

[1]昆季：兄弟。長爲昆，幼爲季。　履道：躬行正道。

[2]摽映：光耀特出。　倫：輩，類。

[3]堂構：喻繼承祖先的遺業。典出《尚書·大誥》："若考作室，既底法，厥子乃弗肯堂，矧肯構。"

[4]載德：積德。

北史　卷二五

列傳第十三

古弼　張黎　劉潔　丘堆　娥清　伊馛　乙瓌　周幾　豆代田　車伊洛　王洛兒　車路頭　盧魯元　陳建　來大干[1]　宿石　萬安國 嵇根　周觀　尉撥　陸真　吕洛拔　薛彪子 子琡　尉元　慕容白曜　和其奴　苟頽　宇文福

[1] 來大干：《魏書》卷三〇作“來大千”。

古弼，代人也。[1]少忠謹，善騎射。初爲獵郎，[2]門下奏事，[3]以敏正稱。明元嘉其直而有用，[4]賜名曰筆。後改名弼，言其有輔佐才也。令典西部，與劉潔等分綰機要，[5]敷奏百揆。[6]

[1] 代：北魏都城平城。在今山西大同市東北。

[2] 獵郎：官名。北魏道武帝天賜二年（405）設，掌騎射，隨皇帝行獵。無定員。

[3] 門下：魏晋南北朝時常爲門下三省即散騎省（集書省）、侍中省、西省之代稱，自南朝梁及北魏孝文帝改制後專指門下省。

[4]明元：即北魏皇帝拓跋嗣。明元爲其謚號。　直：底本作“真”，宋本、局本、中華本作“直”。中華本校勘記云：“諸本‘直’訛‘真’，據《魏書》卷二八、《通志》卷一四七《古弼傳》改。以筆譬其直，所以賜名‘筆’。”今從改。

[5]綰（wǎn）：總管。

[6]敷奏：陳進。　百揆：代指各種政務。

太武即位，[1]以功拜立節將軍，[2]賜爵靈壽侯。[3]歷位侍中、吏部尚書，[4]典南部奏事。後征馮弘。[5]弘將奔高麗，[6]高麗救軍至，弘乃隨之，令婦人被甲居中，其精卒及高麗陳兵於外。弼部將高苟子擊賊軍，[7]弼酒醉，拔刀止之，故弘得東奔。太武大怒，黜爲廣夏門卒。[8]尋復爲侍中，與尚書李順使凉州。[9]賜爵建興公，[10]鎮長安，甚有威名。及議征凉州，弼與順咸言凉州乏水草，不宜行，帝不從。既剋姑臧，[11]微嫌之，以其有將略，弗之責。

[1]太武：即北魏皇帝拓跋燾。太武爲其謚號。

[2]立節將軍：官名。十六國時後秦始置。北魏孝文帝太和十七年（493）定爲從三品下，二十三年定爲四品。

[3]靈壽侯：封爵名。靈壽，縣名。治所在今河北靈壽縣。

[4]侍中：官名。北魏時常總典機密，受遺詔輔政，權高位重，時號“小宰相”。孝文帝太和十七年定爲從一品中，二十三年定爲三品。　吏部尚書：官名。三國魏時改選部尚書置，主管官吏銓選、考課、獎懲。北魏沿置，孝文帝太和十七年定爲二品下，二十三年定爲三品。

[5]馮弘：人名。字文通，長樂信都（今河北冀州市）人。十

六國北燕君主。見《北史》卷九三《馮跋附馮弘傳》。

[6]高麗：國名。又作“高句麗”等。見《北史》卷九四《高麗傳》。

[7]高苟子：源氏校勘記云：“‘苟’《魏書》作‘荀’。”

[8]廣夏門：平城宫城西門。

[9]尚書：官名。魏晋南北朝時出爲朝官，分掌尚書省諸曹，品秩提高，但不再直接向皇帝奏事、承受詔命，成爲行政官員。北魏孝文帝太和十七年定吏部尚書爲從一品下，列曹爲二品中，二十三年皆定爲三品。　李順：人名。字德正，趙郡平棘（今河北趙縣）人。北魏官吏。見《北史》卷三三《李順傳》。　凉州：北魏時治姑臧縣，在今甘肅武威市。

[10]建興公：封爵名。建興，郡名。北魏時治陽阿縣，在今山西陽城縣西北。

[11]姑臧：城名。在今甘肅武威市。

宋將裴方明剋仇池，[1]立楊玄庶子保熾。[2]於是假弼節，[3]督隴右諸軍討仇池，[4]平之。未幾，諸氐復推楊文德爲主，[5]圍仇池。弼攻解其圍，文德走漢川。[6]時東道將皮豹子聞仇池圍解，[7]議欲還軍。弼使謂曰：“若其班師，寇衆復至，後舉爲難。不出秋冬，南寇必來，以逸待勞，百勝之策也。”豹子乃止。太武聞之曰：“弼言長策也。制有南秦，[8]弼謀多矣。”

[1]裴方明：人名。河東（今山西永濟市）人。南朝宋將領。後被宋文帝以貪污罪名下獄處死。見《宋書》卷四七《劉懷肅附裴方明傳》。方，底本作“古”，其餘諸本作“方”。今從《魏書》卷二八《古弼傳》改。　仇池：地名。在今甘肅西和縣。

[2]楊玄：人名。字黄眉，仇池（今甘肅西和縣）人。北魏時

氐族首領。見《北史》卷九六《氐傳》。　保熾：即楊保熾，人名。北魏時氐族首領。見《北史·氐傳》。

[3]假節：漢魏時，大臣受命出朝，持節或假節以示受權。假節位次低於持節。自西晋時起，成爲一種加官。

[4]隴右：地區名。泛指隴山以西地區，約當今甘肅隴山、六盤山以西，黄河以東一帶。

[5]楊文德：人名。仇池（今甘肅西和縣）人，楊玄之子。北魏時氐族首領。見《北史·氐傳》。

[6]漢川：即漢水。今四川漢源縣西北流沙河。

[7]皮豹子：人名。漁陽（今北京密雲縣西南）人。北魏將領。見《北史》卷三七《皮豹子傳》。

[8]制有：控制。　南秦：州名。北魏時治洛谷城，在今甘肅西和縣洛峪鎮。

景穆總攝萬機，[1]徵爲東宫四輔，與宜都王穆壽並參政事。[2]遷尚書令。[3]弼雖事務殷湊，而讀書不輟。端謹慎密，口不言禁中事。功名等於張黎，而廉不及也。

[1]景穆：即北魏太武帝太子拓拔晃。景穆爲其謚號，北魏文成帝所追謚。

[2]宜都王：封爵名。遥封。宜都，郡名。南朝宋時治夷道縣，在今湖北宜都市。　穆壽：人名。代（今山西大同市東北）人，鮮卑族。北魏大臣。見《北史》卷二〇《穆崇附穆壽傳》。

[3]尚書令：官名。北魏初不常置，亦不掌實際政務，孝文帝改制後，尚書省權任頗重，以録尚書事爲長官，尚書令爲副貳，兼掌監察百官，皆爲宰相。孝文帝太和十七年定爲從一品上，二十三年定爲二品。

上谷人上書，[1]言苑囿過度，人無田業，宜減太半，以賜貧者。弼入欲陳奏，遇帝與給事中劉樹碁，[2]志不聽事。弼侍坐良久，不獲申聞。乃起，於帝前捽樹頭，掣下牀，以手搏其耳，以拳毆其背，曰："朝廷不理，實爾之罪！"帝失容，放碁曰："不聽奏事，過在朕。樹何罪？置之！"弼具狀以聞。帝奇弼公直，[3]皆可其奏，以與百姓。弼曰："爲臣逞志於君前者，非無罪也。"乃詣公車，[4]免冠徒跣，自劾請罪。帝召之，謂曰："卿其冠履。吾聞築社之役，蹇蹶而築之，[5]端冕而事之，[6]神與之福。然則卿有何罪？自今以後，苟利社稷，益國便人者，[7]雖復顛沛造次，卿則爲之，無所顧也。"

[1]上谷：郡名。北魏時治居庸縣，在今北京延慶縣東。

[2]給事中：官名。北魏時爲内朝官，常派往尚書省諸曹，參領政務，並負監察之責。孝文帝太和十七年定爲從三品，二十三年定爲六品上。　碁（qí）：下棋。

[3]帝奇弼公直：元大德本缺"公"字。

[4]公車：官署名。爲衛尉的下屬機構。設公車令，職掌宫殿司馬門的警衛。後以指此類官署。

[5]蹇（jiǎn）蹶（jué）：困頓顛蹶。

[6]端冕而事之：主事者要慎重對待。端冕，帝王、貴族的禮服。端，玄端之服。冕，大冠也。

[7]益國便人者：《魏書》卷二八作"益國便民者"，《北史》避唐太宗李世民諱改"民"爲"人"。

太武大閲，將校獵於河西，弼留守。詔以肥馬給騎人，弼命給弱者。太武大怒曰："尖頭奴敢裁量朕也！

朕還臺，先斬此奴!”弼頭尖，帝常名之曰“筆頭”，時人呼爲“筆公”。屬官懼誅。弼告之曰：“吾謂事君使田獵不適盤游，[1]其罪小也。不備不虞，[2]使戎寇恣逸，其罪大也。今北狄孔熾，[3]南虜未滅，狡焉之志，窺伺邊境，是吾憂也。故選肥馬備軍實，爲不虞之遠慮。苟使國家有利，吾寧避死乎？明主可以理干，[4]此自吾罪。”帝聞而歎曰：“有臣如此，國之寶也。”賜衣一襲，馬二疋，鹿十頭。後車駕田於山北，獲麋鹿數千頭，詔尚書發車牛五十乘運之。[5]帝尋謂從者曰：“筆公必不與我，汝輩不如馬運之速。”遂還。行百餘里而弼表至，曰：“今秋穀懸黄，麻菽布野，[6]豬鹿竊食，鳥雁侵費，風波所耗，朝夕參倍。乞賜矜緩，[7]使得收載。”帝謂左右曰：“筆公果如朕卜，可謂社稷之臣。”

[1]適：底本作“過”，中華本、《魏書》卷二八作“適”。中華本校勘記云：“諸本‘適’作‘過’，《魏書》作‘適’。按‘不適盤遊’，意爲不能稱心游樂。作‘過’無義，今據改。”今從改。

[2]不虞：意料不到的事。

[3]孔熾：猖獗。

[4]理干：用道理去干預。

[5]五十乘：《魏書》卷二八作“五百乘”，上文言“獲麋鹿數千頭”，似作“五百乘”較爲恰當。

[6]麻菽：麻與豆。

[7]矜緩：哀憐寬緩。

初，楊難當之來也，[1]詔弼悉送其子弟於京師。楊玄少子文德，以黄金三十斤賂弼。[2]弼受金留文德，而遇之無禮，[3]文德亡入宋。太武以其正直，有戰功，弗加罪責。太武崩，吴王立，[4]以弼爲司徒。[5]文成即位，[6]與張黎並坐議不合旨，俱免。有怨謗之言，其家人告巫蠱，俱伏法。時人冤之。

[1]楊難當：人名。仇池（今甘肅西和縣）人。北魏時氐族首領。見《北史》卷九六《氐傳》。

[2]以黄金三十斤賂弼：源氏校勘記云："《魏書》（'三十'）作'四十'。"按：未詳孰是。

[3]遇：對待。

[4]吴王：即拓跋余。太武帝子。太武帝太平真君三年(442)，封吴王，後改封南安王。正平二年（452），太武帝暴崩，中常侍宗愛矯詔立拓拔余爲帝，後爲宗愛所殺。見《北史》卷一六《南安王余傳》。

[5]司徒：官名。與太尉、司空並稱三公，分掌宰相職能。北魏初曾令州郡公文先上司徒府，後改上丞相府。一品。

[6]文成：即北魏皇帝拓拔濬。文成爲其謚號。

張黎，雁門平原人也。[1]善書計，[2]道武知待之。[3]明元器其忠亮，賜爵廣平公，[4]管綜機要。太武以其功舊，任以輔弼，除大司農卿。[5]軍國大議，黎常與焉。以征赫連定功，[6]進號征北大將軍，[7]與樂安王範、濟南公崔徽鎮長安。[8]清約公平，甚著聲稱，代下之日，[9]家無餘財。太武征涼州，蠕蠕吴提乘虚入寇，[10]黎與司空長孫道生拒擊走之。[11]景穆初總百揆，黎與崔浩等輔政，[12]忠於奉上，非公事不言，詔賜浩、黎布帛各千疋，以褒舊勳。吴王余立，以黎爲太尉。[13]後文成即位，與古弼俱誅。

［1］雁門平原人也：中華本校勘記云："《魏書》卷二八《張黎傳》同。按'平原'當作'原平'。原平，前漢屬太原郡，後漢、晋、後魏屬雁門郡，各見《漢書》《後漢書》《晋書·地理志》及《魏書》卷一〇六《地形志上》肆州雁門郡。《地形志》廣武縣條也誤倒作'平原'。"可從。雁門，郡名。北魏時治廣武縣，在今山西代縣西南。原平，縣名。治所在今山西代縣西。

［2］書計：指六藝中的書數之學。

［3］道武：即北魏皇帝拓跋珪。道武爲其謚號。

［4］廣平公：封爵名。廣平，郡名。北魏時治曲梁城，在今河北永年縣東南。

［5］大司農卿：官名。爲大司農的尊稱。掌倉儲園苑及供膳之庶務。孝文帝太和十七年定爲二品上，二十三年定爲三品。

［6］赫連定：人名。小字直獗，匈奴鐵弗部人。十六國時夏君主。見《北史》卷九三《赫連屈丐附赫連定傳》。

［7］征北大將軍：官名。北魏時多統兵出鎮地方，都督數州諸軍事。孝文帝太和十七年定爲一品下，二十三年定爲二品。

［8］樂安王：封爵名。樂安，郡名。北魏時治千乘縣，在今山東廣饒縣北。　範：即元範，人名。北魏明元帝子。見《北史》卷一六《樂安王範傳》。　濟南公：封爵名。濟南，郡名。北魏時治歷城縣，在今山東濟南市。　崔徽：人名。字玄猷，清河東武城（今山東武城縣西北）人。北魏官吏。見《北史》卷二一《崔宏附崔徽傳》。

［9］代下：更换。

［10］蠕蠕：族名。亦稱柔然，本爲東胡的一支，屬拓跋部。見《北史》卷九八《蠕蠕傳》。　吴提：人名。北魏時柔然可汗。號敕連可汗。見《北史》卷九八《蠕蠕傳》。

[11]司空：官名。魏晋南北朝時爲名譽宰相，多爲大臣加官。北魏時爲正一品。　長孫道生：人名。河南洛陽（今河南洛陽市）人，鮮卑族。北魏大臣。見《北史》卷二二《長孫道生傳》。

[12]崔浩：人名。字伯淵，《北史》避唐高祖李淵諱改爲伯深，清河東武城（今山東武城縣西北）人。北魏大臣。見《北史》卷二一《崔宏附崔浩傳》。

[13]太尉：官名。又尊稱爲太尉公，列三公之首。北魏時爲名譽宰相，多爲大臣加官。一品。

劉潔，長樂信都人也。[1]昭成時，[2]慕容氏獻女，[3]潔祖父生爲公主家臣，乃隨入魏。賜以妻妾，生子堤，[4]位樂陵太守，[5]封信都男。卒。

[1]長樂：郡名。北魏時治信都縣，在今河北冀州市。　信都：縣名。治所在今河北冀州市。

[2]昭成：即代王拓跋什翼犍。昭成爲其謚號，北魏道武帝所追謚。

[3]慕容氏：由鮮卑族慕容部建立的政權，即前燕。

[4]生子堤：源氏校勘記云："'堤'《魏書》作'提'。"按：未詳孰是。

[5]樂陵：郡名。北魏時治樂陵縣，在今山東樂陵市東南。

潔襲堤爵。數從征討，進爵會稽公。[1]後與永安侯魏勤及功勞將軍元屈等擊吐京叛胡，[2]爲其所執，送赫連屈丐。[3]潔聲氣不撓，呼其字而與之言，神色自若。屈丐壯而釋之。後得還國，典東部事。明元寢疾，太武監國，潔與古弼等選侍東宫，對綜機要。

[1]會稽公：封爵名。會稽，郡名。北魏時治會稽縣，在今甘肅玉門市西北。

[2]永安侯：封爵名。永安，縣名。治所在今山西霍州市。　功勞將軍：官名。北魏置。職掌、品秩不詳。　元屈：人名。北魏宗室。因縱酒廢政事，積前後過失，被斬於市。見《北史》卷一五《文安公泥附元屈傳》。　吐京：郡名。北魏時治吐京縣，在今山西石樓縣西北。

[3]赫連屈丐：人名。本名勃勃，匈奴鐵弗部人。十六國時夏君主。見《北史》卷九三《赫連屈丐傳》。

太武即位，奇其有柱石用，[1]委以大任。及議軍國，朝臣咸推其能。遷尚書令，改爲鉅鹿公。[2]車駕西伐，潔爲前鋒。沮渠牧犍弟董來距戰於城南，[3]潔信卜者之言，以日辰不協，擊鼓却陣，故董來得入城。太武微嫌之。潔久在樞密，恃寵自專，帝心稍不平。

[1]柱石：比喻擔當重任。

[2]鉅鹿公：封爵名。鉅鹿，郡名。北魏時屬定州，治曲陽縣，在今河北晉州市西。

[3]沮渠牧犍：人名。一作“沮渠牧虔”，張掖臨松（今甘肅張掖市南）人，盧水胡沮渠部。十六國時北涼君主。見《北史》卷九三《沮渠蒙遜附沮渠牧犍傳》。

時議伐蠕蠕，潔言不如廣農積穀，以待其來，群臣皆從其議。帝决行，乃從崔浩議。既出，與諸將期會鹿渾谷，[1]而潔恨其計不用，欲沮諸將，乃矯詔更期，諸將不至。時虜衆大亂，景穆欲擊之，潔執不可。停鹿渾谷六日，諸將猶不集，賊已遠遁，追至石水，[2]不及而還。師次漠中，[3]糧盡，士卒多死。潔陰使人驚軍，勸帝棄軍輕還，帝不從。潔以軍行無功，奏歸罪於崔浩。帝曰："諸將後期，及賊不擊，罪在諸將，豈在於浩?"又潔矯詔事遂發，[4]輿駕至五原，收潔幽之。

[1]鹿渾谷：地名。在今蒙古後杭愛省沃勃吉特東南鄂爾渾河東。

[2]石水：水名。即今蒙古境内色楞格河上源哈努依河。

[3]漠：底本作"漢"，源氏校勘記云："'漢'《魏書》作'漠'。"中華本校勘記云："諸本'漠'訛作'漢'，據《魏書》卷二八《劉潔傳》改。"今從改。

[4]又潔矯詔事遂發：底本無"詔"字，中華本校勘記云："諸本脱'詔'字，據《通志》卷一四七《劉潔傳》補。按《魏書》作'浩又言潔矯詔，事遂發'。疑此脱'浩'字、'言'字。"今從補"詔"字。

太武之征也，潔私謂親人曰："若軍出無功，車駕不返，即吾當立樂平王。"[1]潔又使右丞張嵩求圖讖，[2]問："劉氏應王，繼國家後，我審有名姓不?"嵩對曰："有姓而無名。"窮驗款引，搜嵩家，果得讖書。潔與南康公狄鄰及嵩等皆夷三族，[3]死者百餘人。潔既居勢要，内外憚之，側目而視。籍其家，財産鉅萬。太武追忿，言則切齒。

[1]樂平王：封爵名。樂平，郡名。北魏時治樂平縣，在今山西昔陽縣西南。此指樂平王拓跋丕。見《北史》卷一六《樂平王

丕傳》。

[2]右丞：官名。爲尚書右丞的省稱。北魏時爲尚書省佐官，位次尚書，與左丞共掌尚書省庶務。孝文帝太和十七年定爲四品中，二十三年定爲從四品。　圖讖：古代方士或儒生宣揚符命占驗的書。多爲隱語、預言。始於秦，盛於東漢。

[3]秋鄰：人名。一作“狄鄰”。《魏書》卷二八作“狄鄰”。源氏校勘記改“秋”作“狄”。

丘堆，代人也。美容儀。初以忠謹入侍。明元即位，拾遺左右，稍遷散騎常侍。[1]太武監國臨朝，堆與太尉穆觀等爲右弼。[2]及即位，賜爵臨淮公，[3]位太僕。[4]

[1]散騎常侍：官名。三國魏文帝時置散騎，合於中常侍，謂之散騎常侍。兩晋南北朝沿置。南朝時屬集書省，職掌侍從左右，主掌圖書文翰、文章、撰述，諫諍拾遺，收納轉呈文書奏事。北朝時兼領修史，爲閑散之職。北魏初一度掌出令，位在中書令之上。孝文帝太和十七年定爲二品下，二十三年定爲從三品。

[2]穆觀：人名。字闥拔，代（今山西大同市東北）人，鮮卑族。北魏官吏。見《北史》卷二〇《穆崇附穆觀傳》。　右弼：官名。北魏明元帝泰常七年（422）置，太子拓跋燾監國，以重臣爲之。坐西厢東面，與左輔共掌百僚。

[3]臨淮公：封爵名。臨淮，郡名。北魏時治赤坎城，在今安徽懷遠縣西北。

[4]太僕：官名。又作“大僕”“太僕卿”。北魏時掌供天子輿馬。孝文帝太和十七年定爲二品上，二十三年定爲三品。

與宗正娥清略地關右，[1]而宜城王奚斤表留堆，[2]合軍與赫連昌相拒。[3]斤進擊赫連定，留堆守輜重。斤爲定禽，堆聞而棄甲走長安。帝大怒，遣西平公安頡斬堆。[4]

[1]宗正：官名。又尊稱爲宗正卿，北魏又稱大宗正卿。管理君主宗室親族事務。多以宗室擔任，亦任外姓。孝文帝太和十七年定爲二品上，二十三年定爲三品。　略地：巡視邊境。　關右：地區名。亦稱關西。泛指函谷關以西地區。

[2]宜城王：封爵名。遥封。宜城，郡名。南朝宋時治宜城縣大堤城，在今湖北宜城市北。　奚斤：人名。代（今山西大同市東北）人，鮮卑族。北魏官吏。見《北史》卷二〇《奚斤傳》。

[3]赫連昌：人名。一名折，字還國，匈奴鐵弗部人。十六國時夏君主。見《北史》卷九三《赫連屈丏附赫連昌傳》。

[4]西平公：封爵名。西平，郡名。北魏時治西都縣，在今青海西寧市。　安頡：人名。遼東（今遼寧遼陽市）胡人。北魏官吏。見《北史》卷二〇《安同附安頡傳》。

娥清，代人也。少有將略，累著戰功，稍遷給事黄門侍郎。[1]明元南巡，幸鄴，[2]以清爲中領軍將軍，[3]與宋兵將軍周幾等度河，略地至湖陸，[4]以功賜爵須昌侯。[5]與幾等遂鎮枋頭。[6]太武初，乃還京師，進爲東平公。[7]

[1]給事黄門侍郎：官名。亦簡稱黄門、黄門郎、黄門侍郎。掌侍從左右、關通内外，與侍中平省尚書奏事。因出入禁中，故職任顯要。魏晋南北朝時置爲侍中省或門下省次官，與侍中俱掌門下衆事，職掌略同，地位隨皇帝旨意或侍中地位而上下。北魏時一度

甚重之，孝文帝太和十七年定爲三品中，二十三年改爲四品上。

[2]鄴：城名。在今河北臨漳縣西南。

[3]中領軍將軍：官名。爲侍臣帶“領軍將軍”之稱者。北魏孝文帝太和十七年定爲二品上，二十三年定爲從二品。

[4]湖陸：縣名。治所在今山東魚臺縣東北。

[5]須昌侯：封爵名。須昌，縣名。治所在今山東東平縣西北。

[6]枋頭：軍鎮名。在今河南浚縣西南。

[7]東平公：封爵名。東平，郡名。北魏時治無鹽縣，在今山東東平縣東。

後從平統萬，[1]遂與奚斤討赫連昌，至安定。[2]及昌弟定西走，斤追之。清欲尋水往，斤不從，遂與斤俱爲定禽。剋平凉，[3]乃得還。後與古弼等東討馮弘，以不急戰，弘奔高麗，檻車徵，黜爲門卒而卒於家。

[1]統萬：軍鎮名。北魏太武帝始光四年（427）改統萬城置，治所在今陝西靖邊縣北白城子村無定河北岸的毛烏素沙漠中（靠近今内蒙古烏審旗南境）。

[2]安定：郡名。北魏時治安定縣，在今甘肅涇川縣北。

[3]平凉：郡名。北魏時治鶉陰縣，在今甘肅華亭縣西。

子延，賜爵南平公。

伊馛，代人也。少勇健，走及奔馬，善射，力曳牛却行。神䴥初，[1]擢爲侍郎，[2]轉三郎，[3]賜爵汾陽子。[4]太武將討凉州，議者咸以無水草諫，唯司徒崔浩勸行。群臣出後，馛曰：“凉州若無水草，何得爲國？宜從浩言。”帝善之。及剋凉州，大會於姑臧，帝謂群臣曰：

“崔公智計有餘，吾亦不復奇之。正奇馛弓馬士，所見能與崔同耳。”顧謂浩曰：“馛智力如此，終至公相。”浩曰：“何必讀書，然後爲學。衛青、霍去病亦不讀書而致公輔。”[5]帝欲以馛爲尚書，封郡公。馛以尚書務殷，公爵至重，辭之；中、秘二省，多諸文士，請參其次。帝賢之，遂拜秘書監，[6]賜爵河南公。[7]拜司空，清約自守，爲政舉大綱而已，不爲苛碎。

[1]神䴥：北魏太武帝的年號（428—431）。

[2]侍郎：官名。北魏初置於禁中，掌侍衛宫禁。

[3]三郎：官名。内三郎的省稱。北魏前期置。平時禁衛宫殿，亦隨皇帝四出征討。

[4]汾陽子：封爵名。汾陽，縣名。治所在今山西河津市。

[5]衛青：人名。河東平陽（今山西臨汾市）人。西漢名將。見《漢書》卷五五《衛青傳》。　霍去病：人名。河東平陽（今山西臨汾市）人。西漢名將。《漢書》卷五五《霍去病傳》。

[6]秘書監：官名。北魏時爲秘書省長官，掌圖書經籍，領著作省。孝文帝太和十七年定爲從二品中，二十三年定爲三品。

[7]河南公：封爵名。河南，郡名。北魏時治洛陽縣，在今河南洛陽市東北。

太安二年，[1]領太子太保。[2]三年，與司徒陸麗等並平尚書事。[3]薨。

[1]太安：北魏文成帝的年號（455—459）。底本作“大安”，中華本校勘記云：“諸本‘太’訛‘大’，據《魏書》卷四四《伊馛傳》改。太安，拓拔濬（即文成）年號。”今從改。

[2]太子太保：官名。掌訓導輔翊太子，無具體職事，隸屬太子詹事。北魏孝文帝太和十七年定爲從一品上，二十三年定爲二品。

[3]陸麗：人名。代（今山西大同市東北）人。北魏官吏。見《北史》卷二八《陸俟附陸麗傳》。

子蘭襲爵，位庫部尚書。[1]卒。

[1]庫部尚書：官名。北魏前期置，爲尚書省庫部曹長官。孝文帝改制罷。

子盆生，驍勇有膽氣，累有戰功，遂爲名將。以勳賜爵平城子。[1]爲西道都督，戰歿。[2]贈雍州刺史。[3]

[1]平城子：封爵名。平城，縣名。治所在今山西大同市。

[2]戰殁：殿本、四庫本、四部備要本缺“戰”字。

[3]雍州：北魏時治長安縣，在今陝西西安市西北。

乙瓌，代人也。其先世統部落。太武時，瓌父匹知遣瓌入貢，帝留之。瓌善騎射，手格猛獸。尚太武女上谷公主，除駙馬都尉，[1]賜爵西平公。從駕南征，都督前鋒諸軍事，勇冠三軍。後進爵爲王，又爲西道都將。[2]薨，年二十九，贈太尉公，謚曰恭。子乾歸襲爵。

[1]駙馬都尉：官名。簡稱駙馬。漢武帝時置，皇帝出行時掌副車，秩比二千石，爲侍從近臣，常用作加官。魏晉後多用於尚公主者。北魏孝文帝太和十七年定爲從四品上，二十三年定爲六品。

［2］都將：官名。北魏時所置武職之一，統禁軍侍衛皇帝左右或出征、鎮守在外。出外時多作爲一路主將。隨皇帝出征時，主管前鋒或中軍。地位很高，多自鎮將或三大都官遷此，亦有三公任此職者。孝文帝太和十七年及二十三年職員令皆未載。

乾歸有氣幹，頗習書疏，尤好兵法。尚景穆女安樂公主，除駙馬都尉、侍中。獻文初，爲秦州刺史，[1]有惠政。孝文即位，爲中道都將。卒，謚曰康。

［1］秦州：北魏時治上封城，在今甘肅天水市。

子海，字懷仁，位散騎侍郎。[1]卒，謚曰孝。

［1］散騎侍郎：官名。隸屬散騎省，掌侍從左右、諫諍糾劾，收納章奏。北朝時兼領修史，地位略高於南朝。北魏孝文帝太和十七年定爲四品上，二十三年定爲五品上。

海子瑗，字雅珍，尚孝文女淮陽公主，除駙馬都尉，累遷西兗州刺史。[1]天平元年，[2]舉兵應樊子鵠，[3]戰敗死。

［1］西兗州：北魏時治定陶縣，在今山東定陶縣西。
［2］天平：東魏孝静帝的年號（534—537）。
［3］樊子鵠：人名。代郡平城（今山西大同市東北）人。北魏官吏。見《北史》卷四九《樊子鵠傳》。

周幾，代人也。少以善射爲獵郎。明元即位，爲左部尚書，[1]以軍功封交趾侯。[2]太武以幾有智勇，遣鎮河南，威信著于外境。幾常嫌奚斤等綏撫關中失和，每至言論，形于聲色，斤等憚焉。進號宋兵將軍，率洛州刺史于栗磾以萬人襲陝城，[3]卒于軍，軍人無不歎惜之。歸葬京師。謚曰桓。子步襲爵。

[1]左部尚書：官名。爲尚書省左民曹長官。中華本校勘記云："《魏書》卷三〇《周幾傳》'部'作'民'。《北史》避唐諱改。"可從。

[2]交趾侯：封爵名。遥封。交趾，郡名。東晋時治龍編縣，在今越南河北省仙遊縣東。

[3]洛州：北魏時治洛陽縣，在今河南洛陽市東北。　于栗磾：人名。代（今山西大同市東北）人，鮮卑族。北魏將領。見《北史》卷二三《于栗磾傳》。　陝城：在今河南三門峽市西。

豆代田，代人也。明元時，以善騎射爲内細射。[1]從攻武牢，[2]詔代田登樓射賊，矢不虚發。以功遷内三郎。從討赫連昌，乘勝追賊，入其宫門。門閉，代田踰宫而出。太武壯之，拜勇武將軍。[3]後從討平凉，破赫連定，得奚斤等，以定妻賜之。詔斤膝行授酒於代田。敕斤曰："全爾身命者，代田功也。"以從討和龍戰功，[4]封長廣公。[5]卒於統萬鎮大將。贈長廣王，謚曰恭。子周求襲爵。[6]

[1]内細射：北魏前期置。爲皇帝宫室禁衛，亦隨皇帝四出征討，受内大將軍統率。

[2]武牢：關隘名。即虎牢。《北史》避唐高祖祖父李虎諱改。

在今河南滎陽市汜水鎮西。

[3]勇武將軍：官名。南朝梁時始置。北魏時由地位較低的士族出任。孝文帝太和十七年定爲從三品下，二十三年定爲四品。

[4]和龍：軍鎮名。又稱龍城、黄龍城。在今遼寧朝陽市。

[5]長廣公：封爵名。長廣，郡名。北魏時治膠東城，在今山東平度市。

[6]周求：《魏書》卷三〇作“求周”。按：未詳孰是。

車伊洛，焉耆胡也。[1]世爲東境部落帥，恒修職貢。延和中，[2]授平西將軍，[3]封前部王。伊洛規欲歸闕，[4]爲沮渠無諱斷路，[5]伊洛連戰破之。無諱卒，伊洛前後遣使招喻其子乾壽等，[6]及其户五百餘家，送之京師。又率部衆二千餘人伐高昌，[7]討破焉耆東關七城。

[1]焉耆：國名。漢時西域三十六國之一，國都在員渠城（今新疆焉耆回族自治縣西南）。見《北史》卷九七《焉耆傳》。

[2]延和：北魏太武帝的年號（432—434）。

[3]平西將軍：官名。魏晋時多兼鎮守地區的刺史，統管軍政事務。與平東、平南、平北將軍合稱四平將軍。北朝前期地位較高，後期漸成爲無職掌的散官。北魏孝文帝太和十七年定爲從二品上，二十三年定爲三品。

[4]規：謀劃。　歸闕：歸朝廷。

[5]沮渠無諱：人名。張掖臨松（今甘肅張掖市南）人，盧水胡沮渠部。十六國時北涼宗室。見《北史》卷九三《沮渠蒙遜附沮渠無諱傳》。

[6]乾壽：即沮渠乾壽，人名。張掖臨松（今甘肅張掖市南）人。盧水胡沮渠部。十六國時北涼宗室。見《北史·沮渠蒙遜傳》。

[7]高昌：國名。見《北史》卷九七《高昌傳》。

正平二年，[1]伊洛朝京師，拜都官尚書，將軍、王如故。[2]卒，謚康王，葬禮依盧魯元故事。子歇襲爵。

［1］正平：北魏太武帝的年號（451—452）。

［2］拜都官尚書將軍王如故：《魏書》卷三〇作“拜上將軍、王如故”。

王洛兒，京兆人也。[1]明元在東宫，以善騎射給事帳下，謹愿未嘗有過。明元嘗獵于灅南，[2]冰陷没馬。洛兒投水奉帝出，殆將凍死。帝解衣賜之，自是恩寵日隆。天賜末，[3]帝避難居外，洛兒晨夜侍衛，恭勤發於至誠。元紹之逆，[4]帝左右唯洛兒與車路頭。晝居山嶺，夜還洛兒家。洛兒鄰人李道潛相奉給，晨復還山。衆庶頗知，喜而相告。紹聞，收道斬之。洛兒猶冒難往返京都，通問於大臣，大臣遂出奉迎，百姓奔赴。明元還宫，社稷獲全，洛兒有功焉。

［1］京兆：郡名。北魏時治霸城縣，在今陝西西安市東北。

［2］灅（lěi）：即今桑乾河，流經平城南。

［3］天賜：北魏道武帝的年號（404—409）。

［4］元紹之逆：指元紹殺道武帝之事。後被明元帝平復。元紹，人名。字受洛拔，道武帝子。見《北史》卷一六《清河王紹傳》。

明元即位，拜散騎常侍，賜爵新息公，[1]加直意將軍，[2]又追贈其父爲列侯，賜僮隸五十户。卒，贈太尉、建平王。賜温明秘器，[3]載以輼輬車，[4]使殿中衛士爲之導從，親臨哀慟者數四焉。[5]乃鴆其妻周氏，與合葬。子長城襲爵。[6]

[1]新息公：封爵名。新息，縣名。治所在今河南息縣西南。

[2]直意將軍：官名。北魏前期設。爲雜號將軍之一。後期省。孝文帝太和十七年及二十三年職員令，皆未載。

[3]温明：古代葬器。《漢書》卷六八《霍光傳》“東園温明”，服虔注曰：“東園處此器，形如方漆桶，開一面，漆畫之，以鏡置其中，以懸屍上，大斂並蓋之。” 秘器：皇室、顯宦所用的棺材。

[4]轀（wēn）輬（liáng）車：喪車名。《漢書》卷六八《霍光傳》：“載光尸柩以轀輬車。”顔師古注：“轀輬本安車也，可卧倒息。後因載喪…故遂爲喪車耳。轀者密閉，輬者傍開窗牖，各别一乘，隨事爲名。後人既專以載喪，又去其一，總爲藩飾，而合二名之呼耳。”

[5]親臨哀慟者數四焉：底本“者”下無“數”字，中華本校勘記云：“諸本脱‘數’字，據《魏書》卷三四、《通志》卷一四七《王洛兒傳》補。又《魏書》‘親臨’上有‘太宗’二字，《通志》有‘帝’字。”今從補“數”字。

[6]子長城襲爵：源氏校勘記云：“《魏書》（‘長城’）作‘長成’。”

車路頭，代人也。少以忠厚選給東宫，爲帳下帥。天賜末，明元出於外，路頭隨侍竭力。及即位，封宣城公、忠意將軍。[1]帝性明察，群臣多以職事遇譴，至有杖罰，故路頭優游不任事。性無害，每評獄處理，常獻寬恕之議，以此見重於朝，帝亦敬納之。卒，明元親臨哀慟，贈太保、宣城王，[2]謚曰忠貞。喪禮一依安城王叔孫俊故事。[3]陪葬金陵。[4]子眷襲爵。

[1]宣城公：封爵名。宣城，郡名。北魏時治宛陵縣，在今安徽宣城市宣州區。　忠意將軍：官名。北魏置。職掌、品秩不詳。

[2]太保：官名。北魏時爲三師之一，輔佐君王之大臣，位在太傅、太師下。一品。源氏校勘記云："'保'《魏書》作'師'。"按：未詳孰是。

[3]安城王：封爵名。安城，縣名。治所在今河南汝南縣東南。　叔孫俊：人名。字醜歸，代（今山西大同市東北）人，鮮卑族。北魏將領。見《北史》卷二〇《叔孫建附叔孫俊傳》。

[4]金陵：北魏平城時代皇陵區。在今内蒙古和林格爾縣西北。

盧魯元，昌黎徒河人也。[1]曾祖副鳩，仕慕容氏，爲尚書令、臨澤公。[2]祖、父並至大官。

[1]昌黎：郡名。北魏時治昌黎縣，在今遼寧義縣。　徒河：縣名。治所在今遼寧錦州市。

[2]臨澤公：封爵名。臨澤，縣名。治所在今甘肅臨澤縣西北。

魯元寬和有雅度，明元時，選爲通直郎，[1]以忠謹給侍東宫，太武親愛之。即位，以爲中書侍郎，[2]寵待彌渥。而魯元益加謹肅，帝愈親待之。内外大臣，莫不敬憚。性多容納，善與人交，好掩人過揚人美，由是公卿咸親附之。以工書有文才，累遷中書監，[3]領秘書事。[4]賜爵襄城公，[5]贈其父爲信都侯。

[1]通直郎：官名。通直散騎侍郎的省稱。晋元帝時使員外散

騎侍郎二人與散騎侍郎通值而名之。北魏孝文帝太和十五年亦置，屬集書省，參平尚書奏事，兼掌侍從、諷諫。員六人。初定四品中，二十三年定爲從五品上。《魏書》卷三四作“直郎”。按：直郎，北魏置，多用於起家官，多以文學之士爲之。又《魏書》言“魯元敏而好學”，疑“直郎”是。

[2]中書侍郎：官名。北魏時掌承皇帝旨意、草擬政令等，員四人。孝文帝太和十七年定爲四品上，二十三年定爲從四品上。

[3]中書監：官名。南朝時中書省掌納奏、擬詔、出令，實權歸中書舍人，監、令名爲長官，然爲閑職。北魏與南朝略同。孝文帝太和十七年定爲從一品中，二十三年定爲從二品。

[4]秘書：官署名。秘書省的省稱。掌修撰國史及保管、點校書籍，並領著作省。以秘書監爲主官，佐副有秘書丞、秘書郎、校書郎、著作郎等。

[5]襄城公：封爵名。襄城，郡名。北魏時治襄城縣，在今河南襄城縣。

從征赫連昌，太武親追擊，入其城門，魯元隨帝出入。是日微魯元，[1]幾至危殆。後遷太保、録尚書事。[2]帝貴異之，臨幸其第，不出旬日。欲其居近，易往來，乃賜甲第於宫門南。[3]衣食車馬皆乘輿之副。

[1]微：没有。

[2]録尚書事：官名。北魏時爲尚書省長官，職權甚重，多以公卿權重者居之，總領尚書省政務。

[3]甲第：豪門貴族大的宅第。

真君三年，[1]駕幸陰山，魯元以疾不從。侍臣問疾，醫藥傳驛，相屬於路。及薨，帝甚悼惜之，還臨其喪，哭之哀慟。東西二宮，命太官日送奠，[2]晨昏哭臨，訖則備奏鍾鼓伎樂。輿駕比葬三臨之。[3]喪禮依安城王叔孫俊故事而賵送有加。[4]贈襄城王，謚曰孝。葬於崞山，[5]爲建碑闕。自魏興，貴臣恩寵，無與爲比。

[1]真君：即太平真君。北魏太武帝的年號（440—451）。三年：元大德本"三"訛作"二"。

[2]太官：官名。北魏時掌百官膳食，凡逢朝會及祭祀典禮，供九品以上官員膳食。

[3]三臨：哭吊三次的禮儀。

[4]賵（fèng）：送給喪家助葬的車馬。

[5]崞山：山名。在今山西渾源縣西南。

子統襲爵，以父任，侍東宫。太武以元舅陽平王杜超女南安長公主所生妻之。[1]車駕親自臨送，太官設供具，賞賚千計。文成即位，典選部、主客二曹。[2]卒，贈襄城王，謚曰景。無子。

[1]元舅：長舅。　陽平王：封爵名。陽平，郡名。北魏時治館陶縣，在今河北館陶縣。　杜超：人名。字祖仁，魏郡鄴（今河北臨漳縣西南鄴鎮）人。見《北史》卷八〇《杜超傳》。

[2]選部：官署名。即選部曹。掌内朝官員銓選。孝文帝改制後省。　主客：官署名。即主客曹。掌接待外邦及四蕃使節等。

弟彌娥襲。卒，贈襄城王，謚曰恭。

魯元少子内，給侍東宫。景穆深昵之，常與卧起，同衣食。父子有寵兩宫，勢傾天下。内性寬厚，有父風，而恭慎不及。正平初，宮臣伏誅。太武以魯元故，唯殺内而厚撫其兄弟。

陳建，代人也。以善騎射擢爲三郎，遷下大夫、内行長。[1]太武討山胡白龍，[2]輕之，單將騎數十，每自登山。白龍伏壯士，出不意，帝墜馬，幾至不測。建以身捍賊，奮擊，殺數人，被十餘瘡。帝壯之，賜别户二十。文成初，出爲幽州刺史，[3]假秦郡公。[4]帝以建貪暴懦弱，遣使就州罰杖五十。

[1]下大夫：官名。北魏置。尚書諸曹及内部、外部等曹皆置，位在諸曹令之上，多由此遷本部尚書。孝文帝太和十七年定爲四品上。　内行長：官名。北魏前期置。爲皇帝親信的高級官吏，員數、職掌皆不固定。按鮮卑制度而設的特殊職官，孝文帝改制後取消。

[2]白龍：人名。北魏山胡首領。

[3]幽州：北魏時治薊縣，在今北京西南。

[4]假：官制用語。原是代理、兼攝之意。北魏孝文帝時假官成爲制度，但僅爲虚職，無代理攝職之意。　秦郡公：封爵名。秦，郡名。北魏時治唐邑縣，在今江蘇南京市六合區北。

孝文初，徵爲尚書右僕射，[1]加侍中，進爵趙郡公。[2]建與晋陽侯元仙德、長樂王穆亮、平原王陸叡密表啓南伐，[3]帝嘉之。遷司徒，進爵魏郡王。帝與文明太后頻幸建第，[4]賜建妻宴於後庭。薨，子念生襲。[5]有罪，爵除。

[1]尚書右僕射：官名。北魏時列位宰相，在録尚書事、尚書

令下，職掌都省庶務及執法，或典選舉。職在左僕射下。孝文帝太和十七年定爲從一品中，二十三年定爲從二品。

［2］趙郡公：封爵名。趙，郡名。北魏時治平棘縣，在今河北趙縣。

［3］晋陽侯：封爵名。晋陽，縣名。治所在今山西太原市晋源區古城營村一帶。　穆亮：人名。字幼輔，代（今山西大同市東北）人。北魏大臣。見《北史》卷二〇《穆崇附穆亮傳》。　平原王：封爵名。平原，郡名。北魏時治陰槃縣，在今甘肅平凉市東南。　陸叡：人名。字思弼，代（今山西大同市東北）人。北魏官吏。見《北史》卷二八《陸俟附陸叡傳》。

［4］文明太后：即北魏文成皇后馮氏。文明爲其謚號。

［5］子念生襲：源氏校勘記云："《魏書》無'生'字。"

來大干，代人也。父初真，從道武避難叱候山，[1]參創業功。官至後將軍，[2]武原侯，[3]與在八議。[4]

［1］叱候山：在今内蒙古興和縣、察哈爾右翼前旗一帶。

［2］後將軍：官名。軍府名號，用作加官。北魏孝文帝太和十七年定爲從二品上，後定爲三品。

［3］武原侯：封爵名。武原，縣名。治所在今江蘇邳州市西北。

［4］八議：刑法中規定一些特殊人士犯罪時享有减免刑罰特權的制度。三國魏時正式列於律文，計有八種：議親、議故、議賢、議能、議功、議貴、議勤、議賓。此八種人犯有死罪（十惡除外），需先行奏報，由皇帝裁奪。一般均免死罪。流罪以下，照例予以减刑，並可納銀贖罪或以官品抵罪。

大干驍果善騎射。永興初，[1]襲爵，位中散。[2]至於朝賀之日，大干常著御鎧，盤馬殿庭，朝臣莫不嗟歎。

遷内三郎、幢將，[3]典宿衛禁旅。大干用法嚴明，上下齊肅。嘗從明元校獵，見獸在高巖上，[4]持矟直前刺之，[5]應手而死，帝嘉其勇壯。

[1]永興：北魏明元帝的年號（409—413）。

[2]中散：官名。北魏初置。爲内廷官，直宿禁中，隸屬幢將，無員限，無具體職掌，經常出使地方考察地方官員政績。中期以後分設主文中散、奏事中散等。若長期派駐某一官署，則冠其名，如秘書中散、外都曹奏事中散等。或作爲起家官。孝文帝太和十七年定爲五品中，二十三年復次職員令未見。

[3]幢將：官名。北魏時宿衛軍中的幢主稱爲幢將，其地位比一般幢主高，孝文帝時定爲從七品上。《魏書》卷三〇作"内幢將"。按：未見北魏時置有"内幢將"，疑《魏書》删削誤。

[4]獸：中華本校勘記云："《魏書》卷三〇、《通志》卷一四七《來大干傳》'獸'作'虎'。《北史》避唐諱改。"

[5]矟（shuò）：長矛。

太武踐阼，與襄城公盧魯元等七人俱爲常侍，常持仗侍衛，晝夜不離左右。累從征伐，以戰功賜爵廬陵公，[1]鎮雲中，[2]兼統白道軍事。[3]太武以其壯勇，數有戰功，兼悉北境險要，詔使巡撫六鎮，以防寇虜。經略布置，甚得事宜。

[1]廬陵公：封爵名。遥封。廬陵，郡名。南朝宋時治石陽縣，在今江西吉水縣東北。

[2]雲中：郡名。北魏時治盛樂縣，在今内蒙古和林格爾縣西北。

[3]白道：爲河套東北地區通往陰山以北的交通要道，在今内蒙古呼和浩特市西北。

後吐京胡反，以大干爲都將，討平之。在吐京卒。喪還，停於平城南。太武出游還，見而問之，左右以對，帝悼歎者良久。詔聽其喪入殯城内。贈司空，謚莊公。子丘頹襲爵，降爲晋興侯。[1]

[1]晋興侯：封爵名。晋興，縣名。治所在今廣西南寧市南。

宿石，朔方人，[1]赫連屈丐弟文陳之曾孫也。[2]天興中，文陳父子歸魏，道武嘉之，以宗女妻焉，拜上將軍。[3]祖若豆根，明元時賜姓宿氏，襲上將軍。父沓干，從太武征平凉有功，[4]賜爵漢安男。[5]後從討蠕蠕，戰没。

[1]朔方：郡名。西晋時治朔方縣，在今内蒙古烏拉特中旗南烏加河北。

[2]文陳：即赫連文陳，人名。匈奴鐵弗部。十六國時夏宗室。

[3]上將軍：官名。北魏時多用以安置投順的其他胡族酋帥，可世襲。諸王屬官亦有上將軍。諸皇子所屬爲從八品，其他王公所屬爲從九品上。

[4]從太武征平凉有功：殿本、四部備要本"太"訛作"大"。

[5]漢安男：封爵名。漢安，縣名。治所在今四川瀘州市納溪區西南。

石年十三襲爵，擢爲中散，遷内行令。[1]從於苑中游獵，石走馬引前，道峻馬倒，殞絶，久之乃蘇。由是御馬得制。文成嘉之，賜以綿帛、駿馬，改爵義陽子。[2]又常從獵，文成親欲射猛獸。[3]石叩馬諫，引帝至高原上。後猛獸騰躍殺人。褒美其忠，許後有犯罪，宥而勿坐，賜駿馬一疋。尚上谷公主，拜駙馬都尉。位吏部尚書，進爵太山公，[4]爲北征中道都大將。[5]卒，追贈太原王，[6]謚康，葬禮依盧魯元故事。太和初，[7]子倪襲爵。

[1]内行令：官名。北魏置。爲皇帝左右的侍從首領，皇帝出游時亦隨從。充任此職的有士人，亦有宦者，多由中散遷任。

[2]義陽子：封爵名。義陽，縣名。治所在今河南信陽市北。

[3]文成親欲射猛獸：中華本校勘記云："《魏書》卷三〇、《通志》卷一四七《宿石傳》'猛獸'作'虎'。《北史》避唐諱改。"下同。

[4]太山公：封爵名。太山，郡名。即泰山郡。北魏時治博平縣，在今山東泰安市東南。

[5]都大將：官名。北魏置。爲級别最高的統兵武官。本源於鮮卑軍制，其職高低的標志爲領兵數量。另有四鎮、四平等各種將軍名號，以示官品階位。

[6]太原王：封爵名。太原，郡名。北魏時治晋陽縣，在今山西太原市晋源區古城營村一帶。

[7]太和：北魏孝文帝的年號（477—499）。

萬安國，代人也。世爲酋帥。父振，尚高陽長公主，拜駙馬都尉，位長安鎮將，[1]爵馮翊公。[2]

[1]鎮將：官名。北魏始置。爲鎮的長官，在不設州郡的西、北諸鎮，兼統軍民；在設州郡的内地，主掌軍政，但兼任所駐州刺史時，亦兼理民政。孝文帝改制後，地位漸低。其下設副將、監軍、長史及司馬等僚佐。孝文帝太和十七年、二十三年職員令皆未載其品階。

[2]馮（píng）翊（yì）公：封爵名。馮翊，郡名。北魏時治高陸縣，在今陝西高陵縣。

安國少明敏，以國甥復尚河南公主，拜駙馬都尉。獻文特親寵之，與同卧起。拜大司馬、大將軍，[1]封安城王。安國先與神部長奚買奴不平，[2]承明初，[3]矯詔殺買奴於苑中。孝文聞之，大怒，遂賜死，年二十三。子翼襲王爵。

[1]大司馬：官名。北魏時與大將軍並稱“二大”，爲加官，常典軍事，地位尊顯。一品。　大將軍：官名。北魏時與大司馬並稱“二大”，共典軍政，常由權臣兼任。一品。

[2]神部長：官名。北魏置。尚書神部曹次官，佐尚書掌祭祀之事。一説爲祠部長之别稱。　奚買奴：人名。代（今山西大同市東北）人，鮮卑族。北魏官吏。見《魏書》卷二九《奚斤附奚買奴傳》。　不平：不和。

[3]承明：北魏孝文帝的年號（476）。

有嵇根者，世爲紇奚部帥。[1]皇始初，[2]率部歸魏，尚昭成女。生子拔，位尚書令。拔尚華陰公主，[3]生子敬。元紹之逆也，主有功，超授敬大司馬，封長樂王。薨，子護襲，拜外都大官。[4]根事迹遺落，故略附云。

[1]紇奚：族名。高車族諸部落之一。北魏時活動於意辛山，在今内蒙古達爾罕茂明安聯合旗以北與蒙古接壤處一帶。

[2]皇始：北魏道武帝的年號（396—398）。

[3]華陰公主：北魏道武帝女。

[4]外都大官：官名。爲外都坐大官的省稱，北魏道武帝時置，主掌畿外刑獄，統兵作戰，參與軍國大政的決策。多由宗室諸王、外戚及重臣擔任，職同尚書而位在尚書令下。與中都坐大官、内都坐大官合稱三都大官。孝文帝太和十七年罷（參周兆望《北魏"三都大官"若干問題考辨》，《文史哲》2002年第1期）。

周觀，代人也。驍勇有膂力。太武以軍功賜爵金城公，[1]位高平鎮將。[2]善撫士卒，號有威名。後拜内都大官，[3]出爲秦州刺史。撫馭失和，部人薛永宗聚衆汾曲以叛。[4]觀討永宗，爲流矢所中。太武幸蒲坂，[5]觀聞帝至，驚怖而起，瘡重遂卒。帝怒，絶其爵云。

[1]金城公：封爵名。金城，郡名。北魏時治子城縣，在今甘肅蘭州市西北。

[2]高平：軍鎮名。北魏時治高平城，在今寧夏固原市。

[3]内都大官：官名。爲内都坐大官的省稱，北魏道武帝時置，主掌畿内刑獄，統兵作戰，參與軍國大政的決策。多由宗室諸王、外戚及重臣擔任，職同尚書而位在尚書令下。與中都坐大官、外都坐大官合稱三都大官。孝文帝太和十七年罷。

[4]汾曲：水名。在今山西曲沃縣西北。汾水南流，至此西折，故名。

[5]蒲坂：城名。在今山西永濟市西南蒲州鎮。

尉撥，代人也。父那，[1]濮陽太守。[2]

［1］郍：宋本、元大德本、毛本、局作“郍”，殿本、四庫本、四部備要本作“郙”，中華本作“那”。按：郍，同“那”。

［2］濮陽：郡名。北魏時治甄城縣，在今山東鄄城縣北。

撥爲太學生，募從兖州刺史羅忸擊賊於陳、汝，[1]有功，賜爵介休男。[2]討和龍，擊吐谷渾，[3]皆有軍功，進爵爲子。累遷杏城鎮將，[4]大得人和。文成以撥清平有惠績，賜以衣服。獻文即位，爲北征都將。復爲都將，[5]南攻懸瓠。[6]進爵安城侯，位北豫州刺史。[7]卒，謚敬侯。

［1］兖州：北魏時治滑臺城，在今河南滑縣東。　陳：郡名。北魏時治項縣，在今河南沈丘縣一帶。　汝：水名。上游即今河南汝河，下游爲今洪河。

［2］介休男：封爵名。介休，縣名。治所在今山西介休市。

［3］吐谷渾：族名。又稱吐渾、退渾。原爲鮮卑族慕容部的一支，先祖游牧於徒河青山（今遼寧義縣東）。西晋時，遷徙於今甘肅、青海一帶。十六國時，先後受到前凉、西秦等追逐，幾乎亡國。後再度崛起，北魏太武帝時達到最强盛。在北魏打擊下，一度退到今新疆一帶。以游牧爲生。見《北史》卷九六《吐谷渾傳》。

［4］杏城：軍鎮名。在今陝西黄陵縣西南故邑。

［5］復爲都將：底本無此四字，中華本校勘記云：“諸本無‘復爲都將’四字，《魏書》卷三〇《尉撥傳》有。按上文言撥‘爲北征都將’，既是‘南攻’，不當官名‘北征’，知是因上下並有‘都將’二字而誤脱。今據補。”今從補。

［6］懸瓠：城名。亦作“懸壺”。在今河南汝南縣。

［7］北豫州：北魏明元帝泰常中復置，治虎牢城，在今河南滎

陽市西北。孝文帝太和十九年罷。

陸真，代人也。父洛侯，秦州刺史。

真少善騎射。太武以真膂力過人，拜内三郎。真君中，從討蠕蠕，以功賜爵關内侯。後攻懸瓠，登樓臨射城中，弦不虚發。從太武至江，還攻盱眙，[1]真功居多。文成即位，進爵都昌侯，[2]位選部尚書。[3]後拜長安鎮將。時初置長虵鎮，[4]真率衆築城未訖，而氐豪仇傉檀等反叛。[5]真擊平之，卒城長虵而還。東平王道符反于長安，[6]以真爲長安鎮將，賜爵河南公。長安兵人素伏其威信，[7]及至，皆怗然安静。在鎮數年，甚著威稱。卒，謚曰烈。

[1]還攻盱眙：底本作“還次盱台”，殿本、四庫本、四部備要本、中華本作“還攻盱眙”。源氏校勘記云：“‘次’《魏書》作‘攻’。”中華本校勘記云：“諸本‘攻’作‘次’，《魏書》卷三〇《陸真傳》作‘攻’。按《宋書》卷七四《臧質傳》，元嘉二十八年正月，‘燾自廣陵北返，便悉力攻盱眙’，則作‘攻’是。若作‘次’，與下文‘真功居多’不相應。今據《魏書》改。”今從改。盱眙，縣名。治所在今江蘇盱眙縣東北。

[2]都昌侯：封爵名。都昌，縣名。治所在今山東昌樂縣東北。

[3]選部尚書：官名。漢靈帝末由吏曹尚書改名，職掌選任官吏，隸尚書臺。魏晋時改名吏部尚書。北魏前期，或置選部尚書，或置吏部尚書，孝文帝時定爲“吏部尚書”。

[4]長虵鎮：軍鎮名。在今陝西寶雞市西北縣功鎮附近金陵河流域。

[5]仇傉檀：人名。北魏時氐族首領。見《北史》卷九六《氐

傳》。

[6]道符：即元道符，人名。北魏宗室。見《北史》卷一六《東平王翰附元道符傳》。

[7]長安：底本作"長安平"，中華本校勘記云："諸本'安'下衍'平'字，據《魏書》删。"今從改。　兵人：《魏書》卷三〇作"兵民"。《北史》避唐太宗李世民諱改。

子延，字契胡提，頗有氣幹。襲爵河南公，例降，改封汝陽侯。[1]位懷朔鎮大將、太僕卿。[2]受使綏慰秀容，[3]爲牧子所害。[4]

[1]汝陽侯：封爵名。汝陽，郡名。北魏時治汝陽縣，在今河南商水縣西北。

[2]懷朔：軍鎮名。北魏六鎮之一，在今内蒙古固陽縣百靈淖城圐圙古城。　鎮大將：官名。北魏時在邊緣之地設置鎮都大將，統兵作戰，與刺史品秩等同。城隍、倉庫等皆由鎮將管理，權力重於刺史，但不治理地方。　太僕卿：官名。北魏時掌供天子輿馬。孝文帝太和二十三年定爲三品。

[3]秀容：郡名。北魏時治秀容縣，在今山西忻州市西北。

[4]牧子：即牧户。北魏國家牧場上的牧民，爲國家依附民。來源於被征服的少數民族，世承其業。北魏後期地位有所提高，部分牧户被免爲平民，也有從軍及授官者。

吕洛拔，代人也。曾祖渴侯，昭成時率户五千歸魏。父匹知，太武時爲西部長，封滎陽公。[1]

[1]滎陽公：封爵名。滎陽，郡名。北魏時治滎陽縣，在今河南滎陽市。

洛拔以壯勇知名。文成末，爲平原鎮都將。[1]隨尉元攻宋將張永，[2]大敗之，賜爵成武侯。[3]卒。

[1]平原：軍鎮名。在今甘肅平凉市東涇水南岸。

[2]張永：人名。字景雲，吴郡吴（今江蘇蘇州市）人。南朝宋將領。見《宋書》卷五三《張茂度附張永傳》。

[3]成武侯：封爵名。成武，縣名。治所在今山東成武縣東南。

長子文祖，獻文以其勳臣子，補龍牧曹奏事中散。[1]以牧産不滋，坐徙武川鎮。[2]後文祖以舊語譯註皇誥，辭義通辯，爲外都曹奏事中散。[3]後坐事伏法。

[1]龍牧曹奏事中散：官名。北魏置。爲内廷派駐龍牧曹監察政務的官員，兼管畜牧事務。

[2]武川：軍鎮名。北魏沿邊六鎮之一。在今内蒙古武川縣西。

[3]外都曹奏事中散：官名。北魏置。爲内廷派駐外都曹監察政務的官員。

薛彪子，[1]代人也。祖達頭，自姚萇時率部落歸魏。[2]道武賜爵聊城侯，[3]待以上客禮，賜妻鄭氏。卒，贈冀州刺史，[4]謚曰悼。父野月者，并、太二州刺史，[5]封河東公，[6]有聲稱。卒，謚曰簡。

[1]薛彪子：源氏校勘記云："'彪'《北齊》作'豹'。"中華本校勘記云："《魏書》卷四四《薛野賭傳》'彪'字作'虎'，《北齊書》卷二六《薛琡傳》作'豹'。'彪''豹'都是避唐諱改。"

可從。

[2]姚萇：人名。字景茂，南安赤亭（今甘肅隴西縣西）人，羌族。十六國時後秦君主。見《晉書》卷一一六《姚萇載記》。

[3]聊城侯：封爵名。聊城，縣名。治所在今山東聊城市。

[4]冀州：北魏時治信都縣，在今河北冀州市。

[5]并太二州刺史：未見北魏時置"太州"。又其封河東公，河東屬泰州。古時"太""泰"二字通，故應爲"泰州"。并，州名。北魏時治晉陽縣，在今山西太原市晉源區古城營村一帶。泰，州名。北魏時治蒲坂縣，在今山西永濟市西南蒲州鎮。

[6]河東公：封爵名。河東，郡名。北魏時治蒲坂縣，在今山西永濟市西南蒲州鎮。

彪子姿貌壯偉，[1]明斷有父風。爲内行長，典奏諸曹事。當官正直，内外憚之。及文明太后臨朝，出爲枋頭鎮將。素剛簡，爲近臣所嫉，因小過，黜爲鎮門士。[2]及獻文南巡，次山陽，[3]彪子拜訴於路，復除枋頭鎮將。累遷開府、徐州刺史，[4]在州甚多惠政，百姓便之。沛郡太守邵安、下邳太守張攀，[5]咸以贓汙，彪子案之於法。安等遣子弟上書，誣彪子南通賊虜。孝文曰："此妄矣。"推案果虚。卒，謚曰文。子琡。

[1]彪子：源氏校勘記於"彪"字旁紅筆小字夾批"虎"字。

[2]鎮門士：北魏設。掌鎮城之門衛。無品秩。

[3]山陽：縣名。治所在今河南焦作市東南。

[4]開府：開府儀同三司的省稱。北魏時爲大臣加號，意謂與三司禮制待遇相同，許開辟府署，自辟僚屬。　徐州：北魏時治彭城縣，在今江蘇徐州市。

[5]沛郡：北魏時治沛縣，在今江蘇沛縣。　下邳：郡名。北魏時治下邳城，在今江蘇睢寧縣西北。

琡字曇珍，形貌瓌偉。少以幹用爲典客令。[1]每引見，儀望甚美。宣武謂曰："卿風度峻整，姿貌秀異，後當升進，何以處官？"琡答曰："宗廟之禮，不敢不敬；朝廷之事，不敢不忠。自此之外，非庸臣所及。"

[1]典客令：官名。爲典客署長官。

正光中，[1]行洛陽令，部内肅然。時以久旱，京師見囚悉召集於都亭，[2]理問冤滯。洛陽獄唯有三人。孝明嘉之，[3]賜縑百疋。琡本附元叉，叉廢，憂懼，由是政教廢弛，坐免官。李神軌有寵於靈太后，[4]琡復事之。

[1]正光：北魏孝明帝的年號（520—525）。

[2]京師見囚悉召集於都亭：《北齊書》卷二六《薛琡傳》作"悉召集華林"。華林，即華林園的省稱。《北史》卷一八《南安王楨傳》有"帝餞楨於華林都亭，詔並賦詩"。都亭，此處指華林園辦事廳堂。

[3]孝明：即北魏皇帝元詡。孝明爲其謚號。

[4]李神軌：人名。一名軌，小名青肫，頓丘（今河南清豐縣西南）人。北魏官吏。見《北史》卷四三《李崇附李神軌傳》。　靈太后：即北魏宣武帝皇后胡氏。靈爲其謚號。

累遷吏部郎中。[1]先是，吏部尚書崔亮奏立停年格，[2]不簡人才，[3]專問勞舊。琡乃上書曰："臣聞錦穀雖輕，[4]不委之以學割；[5]瑚璉任重，豈寄之以弱力。[6]若使選曹唯取年勞，[7]不簡賢否，使義均行雁，次若貫魚，勘簿呼名，一吏足矣。數人而用，何謂銓衡？今黎元之命繫於守長。若其得人，則蘇息有地；任非其器，爲患更深。請郡縣之職，吏部先盡擇才，并學通古今曉達政職者，以應其選。不拘入職遠近，年勳多少。其積勞之中，有才堪牧人者，自在先用之限。其餘不堪者，既壯藉其力，豈容老而棄之，將佐丞尉去人稍遠，小小當否，未爲多失，宜依次補叙，以酬其勞。"書奏，不報。[8]後因引見，復陳之曰："今四方初定，務在養人。臣請依漢氏更立四科，[9]令三公宰貴各薦時賢，以補郡縣。明立條格，防其阿黨之端。庶令塗炭之餘，戴仰有地。"詔下公卿議之，事亦寢。

[1]吏部郎中：官名。爲尚書省吏部曹長官通稱，又稱吏部郎，資深者可轉爲侍郎。隸屬吏部尚書，主管官吏選任調動事務，對五品以下官吏任免有建議權。歷朝皆重其選，地位高於尚書省諸曹郎。北魏孝文帝太和二十三年定爲四品上。

[2]崔亮：人名。字敬儒，清河東武城（今山東武城縣西北）人。北魏官吏。見《北史》卷四四《崔亮傳》。　停年格：崔亮所創選官制度。不問賢愚，專以年資深淺爲録用標準。

[3]簡：辨别。

[4]縠（hú）：縐紗。

[5]學割：指經驗、技藝、學問尚未成熟的人。

[6]瑚璉任重豈寄之以弱力：治國安邦責任重大，怎麽可以託付給能力不强的人。瑚、璉皆宗廟禮器，用以比喻治國安邦之才。

[7]年勞：任職的年數和勞績。爲官吏考績擢升的標準之一。

[8]報：答復。

[9]四科：指漢代以德行舉士的四條標準。《漢書》卷九《元帝紀》："（永光元年）二月，詔丞相、御史舉質樸敦厚遜讓有行者，光禄歲以此科第郎、從官。"

元天穆討邢杲，[1]以琡爲行臺尚書。[2]軍次東郡，[3]時元顥已據酇城，[4]邢杲又逼歷下，[5]天穆議其所先。議者咸以杲盛，宜先經略。唯琡以杲爲聚衆無名，雖强猶賊；元顥皇室昵親，[6]來稱義舉，自河陰之役，[7]人情駭怨，今有際會，易生感動。待顥事决，然後迴師。天穆以群情所願，遂先討杲。杲降，軍還至定陶，[8]天穆留琡行西兖州事。尋爲元顥所陷。顥執琡自隨。尒朱榮破顥，[9]天穆謂琡曰："不用君言，乃至於此！"

[1]元天穆：人名。北魏宗室。見《北史》卷一五《高凉王孤附上黨王天穆傳》。　邢杲：人名。河間（今河北河間市）人。北魏末年山東起義軍首領。降後被殺。

[2]行臺尚書：官名。北魏置，爲行臺長官。北魏末爲行臺屬官，分曹理事。在未設行臺尚書令或行臺僕射時，仍爲行臺長官。

[3]東郡：北魏時治滑臺城，在今河南滑縣東。

[4]元顥：字子明，北海王元詳之子。見《北史》卷一九《北海王詳附元顥傳》。　酇（cuó）城：在今湖北宜城市西北。

[5]歷下：地名。在今山東濟南市。

[6]皇：毛本、局本作"王"。

[7]河陰：縣名。治所在今河南孟津縣東。河陰之役指北魏孝明帝武泰元年（528）權臣尒朱榮策劃並實施的一起針對皇族和百官公卿的屠殺事件，因發生在河陰縣而得名。

[8]定陶：縣名。治所在今山東定陶縣西北。

[9]尒朱榮：人名。字天寶，北秀容（今山西朔州市）人，契胡族。北魏官吏。見《北史》卷四八《尒朱榮傳》。

天平初，拜七兵尚書。[1]齊神武引爲丞相府長史，[2]軍國之事，多所關知。琡亦推誠盡節，屢進忠讜。神武大舉西伐，將度蒲津。[3]琡諫曰："西賊連年饑饉，故冒死來入陝州。[4]但宜置兵諸道，勿與野戰。比及來年麥秋，人應餓死，寶炬、黑獺自然歸降。[5]願無渡河。"侯景亦曰：[6]"今舉兵極大，萬不一捷，卒難收斂。不如分爲二軍，相繼而進，前軍若勝，後軍合力；前軍若敗，後軍承之。"神武皆弗納，遂有沙苑之敗。[7]

[1]七兵尚書：官名。尚書省七兵曹長官。三國魏始置五兵尚書，掌管軍事行政，領中兵、外兵、騎兵、别兵、都兵五曹。北魏時定爲官稱。或説領别兵、騎兵、都兵、左右中兵、左右外兵七曹。孝文帝太和十七年定爲二品中，二十三年改爲三品。東魏沿置。

[2]丞相府長史：官名。丞相府幕僚之長。南北朝時丞相權位極重，非尋常人臣職，其掾屬地位亦重。其長史多分左右，丞相出征，置行軍長史掌軍旅事，留府長史掌留守，位皆尊崇。甚至有以尚書令、中書令等官兼任者。

[3]蒲津：地名。一作"蒲坂津"。在今山西永濟市蒲州鎮與陝西大荔縣朝邑鎮之間黄河上。

[4]陝州：東魏時治陝縣，在今河南三門峽市西。

[5]寶炬：即元寶炬，人名。北魏孝文帝之孫，西魏皇帝。見《北史》卷五《魏本紀·西魏文帝》。　黑獺：人名。指宇文泰。

代郡武川（今内蒙古武川縣西）人，鮮卑族。北周的奠基者。見《北史》卷九《周本紀·文帝》。

[6]侯景：人名。字萬景，懷朔鎮（今内蒙古固陽縣南）人。曾任北魏官吏，後叛至南朝（參李萬生《侯景的氏族及相關問題》，《北京大學學報》2000年第5期）。

[7]沙苑之敗：指宇文泰大破高歡於沙苑事。沙苑，在今陝西大荔縣南。

後范陽盧仲禮反，[1]琡與諸軍討平之。轉殷州刺史。[2]爲政嚴酷，吏人苦之。後歷位度支、殿中二尚書。[3]天保元年，[4]卒於兼尚書右僕射。[5]臨終，敕其子斂以時服，踰月便葬，不聽干求贈官。[6]自制喪車，不加彫飾，但用麻爲旒蘇，繩網絡而已。[7]明器等物，[8]並不令置。

[1]范陽：郡名。東魏時治涿縣，在今河北涿州市。　盧仲禮：人名。范陽涿（今河北涿州市）人。東魏孝静帝天平四年，反魏。次年，爲賀拔仁所殺。

[2]殷州：東魏時治廣阿縣，在今河北隆堯縣東。

[3]度支尚書：官名。爲尚書省度支曹長官。孝文帝太和十七年定爲二品中，二十三年定爲三品。東魏沿置。　殿中尚書：官名。北魏時領宫中兵馬，典宫禁宿衛及倉庫。孝文帝太和十七年定爲二品中，二十三年定爲三品。東魏沿置。

[4]天保：北齊文宣帝的年號（550—559）。

[5]尚書右僕射：官名。爲尚書令副職。參議大政，諫諍得失。北齊時爲從二品。

[6]不聽：不允許。　干求：求取。

[7]旒（liú）蘇：旒旗的垂飾。　網絡：底本作“綱絡”，中

華本校勘記云："諸本'網'訛作'綱'，據《通志》卷一五三、《北齊書》卷二六《薛琡傳》改。"今從改。

［8］明器：陪葬的器物。

琡久在省闥，[1]明閑簿領，[2]當官剖斷，[3]敏速如流。然天性險忌，情義不篤，外若方格，[4]内實浮動。受納貨賄，曲理舞法，深文刻薄，[5]多所傷害。人士畏惡之。魏東平王元匡妾張氏，[6]淫逸放恣。琡初與姦通，後納以爲婦。惑其讒言，遂棄前妻于氏，不認其子允。家人内忿，競相告列，深爲世所譏鄙。贈開府儀同三司、尚書左僕射、青州刺史。[7]謚曰威恭。子允嗣。

［1］省闥（tà）：禁中。舊時中央政府諸省設於禁中，後因作中央政府的代稱。

［2］明閑：熟悉。閑，通"嫻"。　簿領：官府記事的簿册或文書。

［3］當官剖斷：毛本、局本"當官"訛作"常言"。

［4］方格：方正而有標格。

［5］深文刻薄：《北齊書》卷二六作"深情刻薄"。按：據上下文意，當爲"深文刻薄"。深文，謂制定或援用法律條文嚴苛。

［6］元匡：人名。字建扶。北魏宗室。見《北史》卷一七《廣平王洛侯附東平王匡傳》。

［7］尚書左僕射：官名。爲尚書令副貳。北朝時列位宰相，職掌都省庶務及執法，或典選舉，兼掌糾彈百官。北齊時爲從二品。　青州：北齊時治東陽城，在今山東青州市。

尉元字苟仁，代人也。世爲豪宗。父目斤，勇略聞於當時，位中山太守。[1]元以善射稱，爲羽林中郎，[2]以匪懈見知。[3]稍遷駕部給事中，[4]賜爵富城男。[5]和平中，[6]遷北部尚書，[7]進爵太昌侯。[8]

[1]中山：郡名。北魏時治盧奴縣，在今河北定州市。

[2]羽林中郎：官名。北魏置。掌宿衛，多由宗室或拓跋族人充任，爲皇帝左右親近之職。孝文帝太和十七年定爲從四品上，二十三年職員令未見載。

[3]匪懈：不懈怠。　見知：爲人所知。

[4]駕部給事中：官名：北魏置。爲派駐尚書省駕部曹監察政務、兼理曹事的内廷官員。孝文帝太和十七年定爲從三品上。

[5]富城男：封爵名。富城，縣名。治所在今山東肥城市西南。

[6]和平：北魏文成帝的年號（460—465）。

[7]北部尚書：官名。北魏道武帝時置，爲尚書省北部曹長官。權任很重，略低於南部尚書。

[8]太昌侯：封爵名。太昌，縣名。確址不詳。

天安元年，[1]薛安都以徐州内附，[2]獻文以元爲持節、都督東道諸軍事，與城陽公孔伯恭赴之。[3]宋兗州刺史畢衆敬遣東平太守章仇嶽歸款，[4]元並納之，遂長驅而進。宋遣將張永、沈攸之等屯于下磕。[5]安都出城見元。元依朝旨，授其徐州刺史，遣中書侍郎高閭、李璨等與安都俱還入城。[6]别令孔伯恭撫安内外，然後元入彭城。[7]元以永仍據險要，乃命安都與璨等同守，身率精鋭，揚兵於外，分擊吕梁，[8]絶其糧運。永遂捐城夜遁。於是遣高閭與張讜對爲東徐州刺史；[9]李璨與畢衆敬對爲東兗州刺史。[10]拜元開府、都督、徐州刺史、淮陽公。

［1］天安：北魏獻文帝的年號（466—467）。

［2］薛安都：人名。字休達，河東汾陰（今山西萬榮縣西南）人。北魏、南朝宋將領。見《北史》卷三九《薛安都傳》。

［3］城陽公：封爵名。城陽，郡名。北魏時治所不詳，當在今河南境内。　孔伯恭：人名。魏郡鄴（今河北臨漳縣西南鄴鎮）人。北魏將領。見《北史》卷三七《孔伯恭傳》。

［4］兖州：南朝宋明帝泰始二年（466）僑置，治淮陰縣，在今江蘇淮安市淮陰區西南。　畢衆敬：人名。小名奈，東平須昌（今山東東平縣）人。南朝宋、北魏官吏。見《北史》卷三九《畢衆敬傳》。　東平：郡名。南朝宋時治秦城，在今山東東平縣西北。　歸款：歸順。

［5］沈攸之：人名。字仲達，吴興武康（今浙江德清縣西）人。南朝宋將領。見《宋書》卷七四《沈攸之傳》。　下磕：城名。在今江蘇徐州市東南。

［6］高閭：人名。本名驢，字閻士，漁陽雍奴（今天津武清區西北）人。北魏官吏。見《北史》卷三四《高閭傳》。　李璨：人名。字世顯，趙郡平棘（今河北趙縣）人。北魏官吏。見《北史》卷三三《李靈附李璨傳》。

［7］彭城：縣名。治所在今江蘇徐州市。

［8］吕梁：此指吕梁洪，在今江蘇銅山縣東南。《水經注·泗水》云："泗水之上有石梁焉，故曰吕梁也。"

［9］張讜：人名。字處言，清河東武城（今山東武城縣西北）人。北魏官吏。見《北史》卷四五《張讜傳》。　東徐州：北魏時治下邳城，在今江蘇睢寧縣古邳鎮北側。

［10］東兖州：北魏時治瑕丘城，在今山東兖州市。北魏以此爲東兖州，以區别於道武帝天興中置於滑臺城的兖州。

太和初，徵爲内都大官。既而出爲使持節、鎮西大將軍、開府、統萬鎮都將，[1]甚得夷人之心。[2]三年，進爵淮陽王，[3]以舊老見禮，聽乘步挽，[4]杖於朝。齊高帝既立，[5]多遣間諜，扇動新人，不逞之徒，[6]所在蜂起。以元威名夙振，使總率諸軍以討之。東南清晏，遠近帖然。入爲侍中、都曹尚書。[7]遷尚書令，進位司徒。

[1]使持節：漢朝官吏奉命外出時，由皇帝授予節杖，來提高其權威。魏晋之後，凡重要軍事長官出征或出鎮時，加使持節，可誅殺二千石以下官員。皇帝派遣大臣出巡或參加祭吊等事務時，亦使持節，以示權力與尊崇。次一等的稱持節，再次一等的稱假節。鎮西大將軍：官名。職掌同鎮西將軍，唯資歷深者得任此職。北魏孝文帝太和十七年定爲從一品上，位次尚書令，二十三年定爲二品。

[2]夷人：《魏書》卷五〇作“夷民”，《北史》避唐太宗李世民諱改。

[3]淮陽王：封爵名。淮陽，郡名。北魏時治角城，在今江蘇淮陰市清浦區西古泗水西岸。

[4]步挽：舊時一種供乘坐、用人力拉的車子。

[5]齊高帝：即蕭道成。字紹伯，南蘭陵蘭陵（一説在今江蘇常州市，一説在今江蘇丹陽市）人。南朝齊的建立者。見《南齊書》卷一、二《高帝紀》。

[6]不逞：作亂。

[7]都曹尚書：官名。北魏前期置。尚書省都曹長官，協助尚書令處理各曹事務，位在諸尚書上。常遷尚書令、僕射或三公。孝文帝改制廢。

十六年，[1]例降庶姓王爵，封山陽郡公。[2]其年，頻表以老乞身，詔許之。元詣闕謝老，引見於庭，命升殿勞宴，賜玄冠、素服。[3]又詔曰："前司徒山陽郡公尉元、前大鴻臚卿新泰伯游明根，[4]並元亨利貞，[5]明允誠素，位顯台宿，[6]歸老私第。可謂知始知卒，希世之賢也。公以八十之年，宜處三老之重；[7]卿以七十之齡，可充五更之選。"[8]於是養三老、五更於明堂，[9]國老、庶老於階下。[10]孝文再拜三老，親袒割牲，[11]執爵而饋；於五更行肅拜之禮；[12]賜國老、庶老衣服有差。既而元言曰："自天地分判，五行施則，人之所崇，莫重於孝順。然五孝六順，[13]天下之所先，願陛下重之，以化四方。臣既年衰，不究遠趣，心耳所及，敢不盡誠。"帝曰："孝順之道，天地之經。今承三老明言，銘之于懷。"明根言曰："夫至孝通靈，至順感幽，故《詩》云：'孝悌之至，通於神明，光于四海。'[14]如此則孝順之道，無所不格。願陛下念之，以濟黎庶。臣年志朽弊，識見昧然，在於愚慮，不敢不盡。"帝曰："五更助三老以言至範，敷展德音。當克己復禮，以行來授。"禮畢，乃賜步挽一乘。詔曰："夫尊老尚更，列聖同致，欽年敬德，綿哲齊軌。朕雖道謝玄風，識昧叡則，[15]然仰禀先誨，企遵猷旨。故推老以德，立更以元，父焉斯彰，兄焉斯顯矣。前司徒公元、前鴻臚卿明根，並以沖德懸車，[16]懿量歸老，故尊老以三，事更以五。雖老、更非官，耄耋罔禄，然况事既高，宜加殊養。三老可給上公禄，[17]五更可食元卿俸。供食之味，亦同其例。"

[1]十六年：底本作“十年”，源氏校勘記“十”下補“六”字。中華本校勘記云：“諸本脱‘六’字，據《魏書》卷五〇、《通志》卷一四七《尉元傳》補。降庶姓王爵事見《魏書》卷七下《高祖紀》太和十六年。”今從改。

[2]山陽郡公：封爵名。山陽，郡名。北魏時治山陽縣，在今河南焦作市東南。

[3]玄冠：朝服冠名。黑色。　素服：本色或白色的衣服。日常穿的便服。

[4]大鴻臚卿：官名。魏晋南北朝時爲專司朝會禮儀之官。北魏孝文帝太和十七年定爲二品上，二十三年定爲三品。　新泰伯：封爵名。新泰，縣名。治所在今山東新泰市。底本作“新太伯”，中華本、《魏書》卷五〇作“新泰伯”。今從《魏書》改。　游明根：人名。字志遠，廣平任（今河北任縣東）人。北魏官吏、學者。見《北史》卷三四《游雅附游明根傳》。

[5]元亨利貞：《易·乾卦》之四德。謂人通遂有成，善始善終。

[6]台宿：即三台星，代指三公。《後漢書》卷一一《劉玄傳》：“夫三公上應台宿，九卿下括河海，故天工人其代之。”李賢注引《春秋漢含孳》：“三公在天爲三台，九卿爲北斗。”

[7]三老：指國三老，多以致仕三公任之。《逸周書·大匡》：“王乃召冢卿、三老、三吏、大夫、百執事之人，朝於大庭。”朱右曾校釋：“三老，國老也。謂致仕者。”

[8]五更：鄉官名。用以安置年老致仕的官員。

[9]明堂：帝王宣明政教的地方。凡朝會、祭祀、慶賞、選士、養老、教學等大典，都在此舉行。

[10]國老：指告老退職的卿、大夫。　庶老：古時士之告老退休者。《禮記·王制》：“有虞氏養國老於上庠，養庶老於下庠。”孔穎達疏引熊安生云：“國老，謂卿大夫致仕者；庶老，謂士也。”

[11]袒（tǎn）割：袒右膊而割切牲肉。古時天子敬老、養老

之禮。

[12]肅拜：九拜之一。《禮記·少儀》："婦人吉事，雖有君賜，肅拜。"鄭玄注："肅拜，拜低頭也。"

[13]五孝：舊時天子、諸侯、卿大夫、士、庶人所行的孝道。　六順：謂君義、臣行、父慈、子孝、兄愛、弟敬。

[14]孝悌之至通於神明光于四海：中華本校勘記云："按此語出《孝經·感應章》，不出於《詩》。"可從。

[15]道謝玄風識昧叡則：道德行爲遜於天子清静無爲的教化，見識違背聖明的法則。玄風，天子清静無爲的教化。

[16]沖德：沖和的品德。底本作"汁德"，其餘諸本作"沖德"。從《魏書》卷五〇改。　懸車：致仕。古人一般至七十歲辭官家居，廢車不用，故云。

[17]上公：秩位名。居三公上。南北朝太宰、太傅、太保位上公。

十七年，元疾篤，帝親省疾。薨，謚景桓公，葬以殊禮，給羽葆鼓吹，[1]假黄鉞，[2]班劍四十人。[3]

[1]羽葆：古時一種儀仗。以鳥羽聚於柄頭如蓋。漢晋南北朝時，諸王及重要大臣有功則賜，大臣喪，亦或賜。以示尊崇。　鼓吹：演奏鼓吹樂的樂隊。本用於軍中，後賜予有功大臣，遂成爲皇帝賜予臣下的一種禮遇。

[2]假黄鉞：官制用語。三國魏文帝時始置。黄鉞即飾以黄金的鉞，本用於皇帝儀仗，特賜予出征的重臣，以示威重，令其專主征伐。

[3]班劍：本指飾有花紋之劍。漢制，朝服帶劍。晋朝以木爲劍，謂之班劍。後成爲隨從侍衛之代稱，且成爲皇帝對功臣之恩賜，可隨身帶入宫殿。亦作爲喪禮時的儀仗。

子翊襲爵。[1]遷洛，以山陽在畿内，改爲博陵郡公。[2]卒於恒州刺史，[3]謚曰順。

[1]子翊襲爵：源氏校勘記云："'翊'《魏書》作'羽'。"《魏書》爲避北魏孝明帝元翊諱而改。

[2]博陵郡公：封爵名。博陵，郡名。北魏時治魯口城，在今河北饒陽縣。

[3]恒州：北魏孝文帝太和十七年（493）以司州改名，治平城，在今山西大同市東北。

慕容白曜，慕容晃之玄孫也。[1]父琚，歷官以廉清著稱，賜爵高都侯。[2]終尚書左丞，[3]謚曰簡。

[1]慕容晃：人名。一作"慕容皝"，字元真，昌黎棘城（今遼寧北票市章吉營子鄉三官營子村）人，鮮卑族。十六國時前燕首領。見《北史》卷九三《慕容廆附慕容晃傳》。

[2]高都侯：封爵名。高都，縣名。治所在今山西晋城市東北。

[3]尚書左丞：官名。北魏時爲尚書省佐官，次尚書，掌尚書省庶務，監督諸尚書曹政務文書；監察糾彈百官，號稱監司。孝文帝太和十七年定爲四品上，二十三年定爲從四品上。

白曜少爲中書吏，以敦直給事宫中。[1]襲爵，稍遷北部尚書。文成崩，與乙渾共執朝政，[2]遷尚書右僕射，進爵南鄉公。[3]

[1]白曜少爲中書吏以敦直給事宫中：源氏校勘記云："'宫中'

《魏書》作‘東宫’。”中華本校勘記云：“《魏書》卷五〇《慕容白曜傳》‘宫中’作‘東宫’。按所謂‘給事東宫’，是指事景穆太子。《北史》作‘給事宫中’與原意不符。”可從。

［2］乙渾：人名。北魏大臣。位居諸王之上，以謀反罪伏誅。

［3］南鄉公：封爵名。南鄉，縣名。治所在今河南淅川縣西南。

宋徐州刺史薛安都、兖州刺史畢衆敬並以城内附，詔鎮南大將軍尉元、鎮東將軍孔伯恭赴之。[1]而宋東平太守申纂屯無鹽，[2]并州刺史房崇吉屯升城，[3]遏絶王使。皇興初，[4]加白曜使持節、都督諸軍事、征南大將軍，[5]進爵上黨公。[6]屯碻磝，[7]爲諸軍後繼。白曜攻纂於無鹽，拔其東郭。纂遁，遣兵追執之。迴攻升城。肥城戍主聞軍至，[8]棄城遁走，獲粟三十萬石。[9]又下襲破麋溝、垣苗二戍，[10]得粟十餘萬斛。由是軍糧充足。先是，淮陽公皮豹子再征垣苗不剋，白曜一旬内頻拔四城，威震齊土。獻文下詔褒美之。升城不降，白曜縱兵陵城，[11]殺數百人，崇吉夜遁。白曜撫其人，百姓懷之。獲崇吉母妻，待之以禮。宋遣將吴喜公欲寇彭城，[12]鎮南大將軍尉元請濟師，獻文詔白曜赴之。白曜到瑕丘，[13]遇患，因停。會崇吉與從弟法壽盗宋盤陽城以贖母妻。[14]白曜遣將軍長孫觀等率騎入自馬耳關赴之。[15]觀至盤陽，諸縣悉降。白曜自瑕丘進攻歷城。[16]二年，崔道固及兖州刺史梁鄒守將劉休賓並面縛而降。[17]白曜皆釋之，送道固、休賓及其僚屬于京師。後乃徙二城人望於下館，[18]朝廷置平齊郡懷寧、歸安二縣以居之。[19]自餘悉爲奴婢，分賜百官。白曜雖在軍旅，而接待人物，寬和有禮。所獲崇吉母妻、申纂婦女，皆别營安置，不令士卒喧雜。及進克東陽，[20]擒沈文秀。[21]凡獲倉粟八十五萬斛。始末三年，築圍攻擊，雖士卒死傷，無多怨叛。三齊欣然，[22]安堵樂業。剋城之日，以沈文秀抗倨不爲之拜，忿而撾撻，唯以此見譏。以功拜開府儀同三司、都督、青州刺史，進爵濟南王。

[1]鎮南大將軍：官名。職掌與鎮南將軍同，資歷深者得任此職。多爲持節都督，出鎮方面。北魏孝文帝太和十七年定爲從一品上，位次尚書令，二十三年定爲二品。　鎮東將軍：官名。北魏時多授持節都督，出鎮地方。孝文帝太和十七年定爲從一品下，二十三年定爲從二品。

[2]申纂：人名。本居魏郡（今河北臨漳縣西南鄴鎮），後遷於濟陰（今山東定陶縣西北）。南朝宋官吏。見《北史》卷三九《畢衆敬附申纂傳》。　無鹽：城名。在今山東東平縣。

[3]房崇吉：人名。清河繹幕（今山東淄博市西北）人。南朝宋、北魏官吏。　升城：在今山東濟南市長清區西南。底本作“斗城”，源氏校勘記云：“‘斗’《魏書》作‘升’。”中華本校勘記云：“諸本‘升’訛‘斗’，據《魏書》卷五〇《慕容白曜傳》、卷四三《房崇吉傳》改。升城見《魏書·地形志中》齊州太原郡太原縣。”今從改。

[4]皇興：北魏獻文帝的年號（467—471）。

[5]都督諸軍事：底本無“都”字，中華本校勘記云：“諸本脱‘都’字，據《魏書》補。”今從補。　征南大將軍：官名。北魏時爲將軍名號，多加授給統兵出鎮在外而都督數州軍事的重要州郡長官，位在四征將軍上。孝文帝太和十七年定爲一品下，二十三年定爲二品。

[6]上黨公：封爵名。上黨，郡名。北魏時治壺關城，在今山

西長治市北。

[7]碻磝：城名。在今山東茌平縣西南。

[8]肥城：城戍名。治所在今山東肥城市。

[9]石：《魏書》卷五〇作“斛”。按：斛、石，皆古時計量單位。十斗爲一斛（石）。

[10]麋溝：城戍名。在今山東濟南市長清區。　垣苗：城戍名。又名洛當城。在今山東濟南市長清區西南。

[11]陵：同“凌”，侵犯。

[12]吴喜公：人名。又作“吴喜”“吴憘公”臨安（今浙江臨安市）人。南朝宋將領。隨沈慶之征伐，以功升河東太守、建武將軍，封東封縣侯。後被宋明帝賜死。

[13]瑕丘：地名。在今山東兖州市東北。

[14]盤陽：城名。在今山東樂陵市西。

[15]長孫觀：人名。代（今山西大同市東北）人，鮮卑族。北魏大臣。見《北史》卷二二《長孫道生附長孫觀傳》。　馬耳關：在今山東章丘市西南馬兒山上。

[16]歷城：縣名。治所在今山東濟南市。

[17]梁鄒：城名。在今山東鄒平縣城。　劉休賓：人名。字處幹，本平原（今山東聊城市）人。本爲南朝宋輔國將軍、兖州刺史，後降北魏。見《北史》卷三九《劉休賓傳》。

[18]人：《魏書》卷五〇作“民”，《北史》避唐太宗李世民諱改。　下館：地名。在今山西朔州市朔城區（參李憑《北魏平城時代》第341—342頁）。

[19]平齊郡懷寧、歸安二縣：因安置降民而設，也應在下館附近。即今山西朔州市境内。　懷寧：縣名。治所在今山西朔州市東南。　歸安：縣名。治所在今山西朔州市南。

[20]東陽：城名。在今山東青州市。

[21]沈文秀：人名。字仲遠，吴興武康（今浙江德清縣西）人。南朝宋、北魏官吏。見《北史》卷四五《沈文秀傳》。

[22]三齊：地區名。在今山東中東部地區。秦漢之際項羽以齊國故地分爲齊、膠東、濟北三國，故名。

初，乙渾專權，白曜頗所挾附，後緣此追以爲責。四年，見誅，云謀反叛，時論冤之。

白曜少子真安，年十一，聞父被執，將自殺。家人止之曰："輕重未可知。"真安曰："王位高功重，若小罪，終不至此。我不忍見父之死。"遂自縊。太和中，著作佐郎成淹上表理白曜，[1]孝文覽表嘉愍之。

[1]著作佐郎：官名。協助著作郎修國史。北魏時秘書省著作局置四員，孝文帝太和十七年定爲從五品上，二十三年定爲七品。成淹：人名。字季文，上谷居庸（今北京延慶縣）人。初仕南朝宋，北魏獻文帝皇興中降魏。見《北史》卷四六《成淹傳》。

白曜弟子契，輕薄無檢。太和初，以名家子擢爲中散，遷宰官中散。[1]南安王楨有貪暴之響，[2]遣中散閭文祖詣長安察之。文祖受楨金寶之賂，爲楨隱而不言。事發，太后引見群臣，謂曰："前論貪清，皆云剋修。文祖時亦在中，後竟犯法。以此言之，人心信不可知。"孝文曰："卿等自審不勝貪心者，聽辭位歸第。"契進曰："小人之心無定，而帝王之法有常。以無恒之心奉有常之法，非所剋堪。乞垂退免。"帝曰："契若知心不可常，即知貪之惡矣，何爲求退？"遷宰官令，[3]賜爵定陶男。後卒於都督、朔州刺史，謚曰克。

［1］宰官中散：官名。北魏置。掌供御膳，位在宰官令下。《魏書》卷五〇作“宰官”。

［2］南安王：封爵名。南安，郡名。北魏時治南安縣，在今河南葉縣東北。　楨：即元楨，人名。北魏宗室。見《北史》卷一八《南安王楨傳》。

［3］宰官令：官名。北魏置。掌供御膳。

初，慕容氏破後，種族仍繁。天賜末，頗忌而誅之。時有免者，不敢復姓，皆以輿爲氏。[1]延昌末，[2]詔復舊姓。而其子女先入掖庭者，猶號慕容，特多於他族。

［1］輿：底本作“興”，殿本、四部備要本、中華本作“輿”，元大德本字迹模糊不可辨。源氏校勘記改“興”作“輿”。中華本校勘記云：“各本‘輿’作‘興’，殿本從《魏書》改作‘輿’。按本書卷一《道武紀》有慕容文，《通鑑》卷一〇五作慕輿文。疑‘慕容’即‘慕輿’，故慕容氏子孫改姓爲‘輿’。今從殿本。”今從改。

［2］延昌：北魏宣武帝的年號（512—515）。

和其奴，代人也。少有操行，善射御。初爲三郎。文成初，封平昌公，[1]累遷尚書左僕射。又與河東王閭毗、太宰常英等並平尚書事。[2]在官慎法，不受私請。遷司空，加侍中。文成崩，乙渾與林金閭擅殺尚書楊保年等。[3]時殿中尚書元郁率殿中宿衛士欲加兵於渾。[4]渾懼，歸咎於金閭，執以付郁。時其奴以金閭罪惡未分，出之爲定州刺史。[5]皇興元年，長安鎮將東平王道符反，詔其奴討之，未至而道符敗。軍還，薨，内外歎惜之。贈平昌王，謚曰宣。子受襲爵。[6]

[1]平昌公：封爵名。平昌，縣名。治所在今山西蒲縣西北。

[2]閭毗：人名。代（今山西大同市東北）人。本柔然人，後降於北魏。北魏外戚。見《北史》卷八〇《閭毗傳》。　太宰：官名。爲輔政大臣，多爲元老重臣之加官。　常英：人名。字世華。北魏官吏。因其妹爲文成帝乳母而得寵。見《北史》卷八〇《常英傳》。

[3]林金閭：人名。平原（今山東聊城市）人。北魏孝文貞皇后林氏叔父。有寵於常太后，官至尚書，封平涼公。

[4]元郁：人名。北魏宗室。見《北史》卷一五《順陽公郁傳》。

[5]定州：北魏時治盧奴縣，在今河北定州市。

[6]受：《魏書》卷四四作“天受”。按：未詳孰是。

苟頹，代人也。本姓若干。父洛拔，内行長。

頹厚重寡言，少嚴毅清直，武力過人。擢爲中散，小心謹敬。太武至江，賜爵建德男。[1]累遷司衛監、洛州刺史。[2]抑强扶弱，山蠻畏威，不敢爲寇。太和中，歷位侍中、都曹尚書，進爵河南公。

[1]建德男：封爵名。建德，縣名。治所在今遼寧建昌縣。

[2]司衛監：官名。北魏置。總督禁旅，掌宫禁秩序，權任重，由宗室和鮮卑著姓充任。孝文帝太和十七年定爲三品上。

頹方正好直言，雖文明太后生殺不允，頹亦言至懇切。李惠、李訢之誅,[1]頹並致諫。遷司空，進爵河東王。以舊老，聽乘步挽，杖於朝。大駕行幸三川,[2]頹留守京師。沙門法秀謀反,[3]頹率禁旅收掩畢獲,[4]内外晏然。薨，謚僖王。

[1]李惠：人名。中山（今河北定州市）人。北魏獻文帝思皇后父。爲文明太后所殺。見《北史》卷八〇《李惠傳》。　李訢：人名。字元盛，小名真奴，范陽（今河北涿州市）人。北魏官吏。見《北史》卷二七《李訢傳》。殿本、四庫本、四部備要本“訢”訛作“新”。

[2]三川：地名。在今陝西富縣。

[3]法秀：人名。北魏僧人。孝文帝太和五年，謀在平城起事，被捕殺。

[4]收掩：搜捕。

長子愷襲爵河東王，例降爲公。

宇文福，其先南單于之遠屬也。[1]世爲擁部大人。[2]祖活撥，仕慕容垂爲唐郡内史、遼東公。[3]道武之平慕容氏，活撥入魏，爲第一客。[4]

[1]遠屬：血統疏遠的親屬。

[2]擁部大人：部落首領名稱。大人爲魏晋時南北方少數民族部落首領的通稱。

[3]唐郡：十六國後燕時治所不詳。　内史：官名。爲王國掌民政之官，地位相當於郡太守。　遼東公：封爵名。遼東，郡名。十六國後燕時治襄平縣，在今遼寧遼陽市。

[4]第一客：北魏優待他國降附貴族的榮銜。

福少驍果，有膂力。太和中，累遷都牧給事。[1]及遷洛，敕福檢牧馬所。福規石濟以西，[2]河内以東，[3]拒黄河南北千里爲牧地，今之馬場是也。及從代移雜畜牧於其所，[4]福善於將養，並無損耗。孝文嘉之。尋補司衛監。後以勳封襄樂縣男，[5]歷位太僕卿、都官尚書、營州大中正、瀛州刺史。[6]性忠清，在公嚴毅，以信御人，甚得聲譽。後除都督懷朔沃野武川三鎮諸軍事、懷朔鎮將。[7]至鎮卒，謚曰貞惠。

[1]都牧給事：官名。北魏置。内廷派駐尚書省都牧曹監察政務的官員。亦助理曹務，掌牧養事。孝文帝改制時廢。

[2]石濟：即石濟津。又名棘津、南津。在今河南滑縣西南。

[3]河内：郡名。北魏時治野王縣，在今河南沁陽市。

[4]從：底本作“徙”，源氏校勘記改“徙”作“從”。中華本校勘記云：“諸本‘從’作‘徙’，《魏書》卷四四《宇文福傳》作‘從’。按此指從代北移雜畜於黄河兩岸放牧。非徙於代。‘徙’乃‘從’之訛，今據改。”今從改。

[5]襄樂縣男：封爵名。襄樂，縣名。治所在今甘肅寧縣東北。

[6]都官尚書：官名。尚書省都官曹長官。掌制定律令法制、糾劾違法、水利工程、官吏考課等。北魏孝文帝太和十七年定爲二品中，二十三年定爲三品。　營州：北魏時治龍城縣，在今遼寧朝陽市。　大中正：官名。魏晋南北朝時負責評定士族内部品第的官員。殿本、四庫本、四部備要本“大”訛作“太”。　瀛州：北魏時治趙都軍城，在今河北河間市。

[7]沃野：軍鎮名。北魏置。初在今内蒙古巴彦淖爾市臨河區西南布隆淖東北巴拉亥附近。孝文帝太和十年移於今内蒙古杭錦旗西北。

子延，字慶壽，體貌魁岸，眉目疏朗。位員外散騎侍郎。以父老，詔聽隨侍在瀛州。屬大乘妖黨突入州城，[1]延率奴客逆戰，身被重瘡。賊縱火燒齋閤，福時在内，延突火入，抱福出外，支體灼爛，鬢髮盡焦。於是勒衆與賊苦戰，賊乃散走，以此見稱。累遷直寢。[2]與万俟醜奴戰，[3]没。

[1]大乘妖黨：冀州僧人法慶於北魏宣武帝延昌四年聚衆五萬，自稱奉"大乘教"。所至焚毀寺院經像，殺不入教之僧人。同年被元遥擊敗，遭擒殺。

[2]直寢：官名。北魏置。爲皇帝左右的侍衛武官，多選用功臣子弟充任。源氏校勘記云："《魏書》（'寢'）作'閤'。似是。"

[3]万俟醜奴：人名。鮮卑族。北魏末年關隴起義軍首領。

論曰：古弼謀軍經國，[1]有柱石之量；張黎誠謹廉方，以勳舊見重。並纖介之間，[2]一朝隕覆。宥及十世，[3]乃徒言耳。劉潔咎之徒也。丘堆敗以亡身。娥清、伊馛俱以材力見用，而馛以謀猷取異，[4]其殆優乎。乙瓌之驍猛，周幾之智勇，代田之騎射，其位遇豈徒然也。車伊洛宅心自遠，[5]豈常戎乎。王洛兒、車路頭、盧魯元、陳建、來大干、宿石，或誠發于衷，竭節危難；或忠存衛主，義足感人，苟非志烈，亦何能若此。宜其生受恩遇，殁盡哀榮。至如安國，以至覆亡，害盈之義也。[6]周觀、尉撥、陸真、吕洛拔等，[7]咸以勇毅自進，而觀竟致貶黜，異夫數子者矣。薛彪子世載强正，曇珍克盛家聲，[8]美矣乎！魏之諸將，罕方面之績，尉元以寬雅之風，膺將帥之任，威名遠被，位極公老，自致乞言之地，[9]無乃近代之一人歟！白曜出專薄伐，[10]席卷三齊，考績圖勞，固不細矣。而功名難處，追猜嬰戮。宥賢議勤，未聞於斯日也。和其奴之貞正，苟頹之剛直，宇文福之氣幹，咸亦有用之士乎！

[1]謀軍：底本作“軍謀”。中華本校勘記云：“諸本‘謀軍’倒作‘軍謀’，《魏書》卷二八史臣論作‘謀軍’，與‘經國’相應。今據改。”今從改。

[2]纖介：細微。

[3]宥：寬恕。

[4]謀猷（yóu）：謀略。

[5]宅心：用心。

[6]害盈：驕傲自滿者會遭受禍害。

[7]陸真：毛本、局本“陸”訛作“洛”。

[8]克：能夠。　家聲：家族世傳的聲名美譽。

[9]乞言：舊時帝王及其嫡長子養一些德高望重的老人，向其求教，稱乞言。

[10]薄伐：征伐。

今注本二十四史

北史

一三

傳〔一〇〕

唐 李延壽 撰

李憑 靳寶 主持校注

中国社会科学出版社

北史　卷五〇

列傳第三十八

辛雄 族祖琛 琛子術 術族子德源　楊機　高道穆 兄謙之　綦儁　山偉　宇文忠之　費穆　孟威

辛雄，字世賓，隴西狄道人也。[1]父暢，汝南、鄉郡二郡太守。[2]

[1]隴西：郡名。北魏時治襄武縣，在今甘肅隴西縣東南。　狄道：縣名。治所在今甘肅臨洮縣。

[2]汝南：郡名。北魏時治上蔡縣，在今河南汝南縣。　鄉郡：北魏時治鄉縣，在今山西武鄉縣東南。

雄有孝性，居父憂，殆不可識。清河王懌爲司空，[1]辟爲左曹。[2]懌遷司徒，[3]仍授左曹。雄用心平直，加以閑明政事，經其斷割，莫不悦服。懌每謂人曰："必也無訟，辛雄有焉。"歷尚書駕部、三公郎。[4]會沙汰郎官，[5]唯雄與羊深等八人見留，[6]餘悉罷遣。

[1]清河王：封爵名。清河，郡名。北魏時治清河縣，在今山東臨清市東北。　懌：即元懌，人名。字宣仁。北魏宗室。孝文帝第四子。見《北史》卷一九《清河王懌傳》。　司空：官名。北魏時爲名譽宰相，多爲大臣加官，無實際職掌。一品。

[2]左曹：《魏書》卷七七《辛雄傳》作“户曹參軍”。按：《魏書》無“左曹”官職，《北史》僅此一例。疑《北史》有誤。户曹參軍，户曹參軍事的省稱。户曹長官。北魏時公府、將軍府置。依府主等級不同，自從六品至從八品。

[3]司徒：官名。北魏時爲三公之一，分掌丞相職能，多爲大臣加官。北魏初曾令州郡公文先上司徒府，後改上丞相府。孝文帝太和二十三年定爲一品。

[4]尚書駕部郎：官名。亦稱駕部郎。爲尚書省駕部曹長官，掌管車輿畜牧事務。北魏孝文帝太和二十三年定爲六品。　三公郎：官名。三公郎中的省稱。主尚書省三公曹，掌刑獄訴訟。北魏時爲六品。

[5]沙汰：挑選。

[6]羊深：人名。字文泉，《魏書》卷七七《羊深傳》作“字文淵”，《北史》避唐高祖李淵諱改。太山鉅平（今山東泰安市）人。北魏官吏。見《北史》卷三九《羊祉附羊深傳》。

先是，御史中丞、東平王匡復欲輿棺諫諍，[1]尚書令、任城王澄劾匡大不敬，[2]詔恕死。雄奏理匡曰：“竊惟白衣元匡，歷奉三朝，每蒙寵遇，諤諤之性，簡自帝心。故高祖錫之以匡名，[3]陛下任之以彈糾。當高肇之時，[4]匡造棺致諫，主聖臣直，卒以無咎。假欲重造，先帝已容之於前，陛下亦宜寬之於後。”未幾，匡除平州刺史。[5]右僕射元欽稱雄之美，[6]左僕射蕭寶夤曰：[7]

“吾聞游僕射云：[8]‘得如雄者四五人共省事，足矣。’今日之賞，何其晚哉！”

[1]御史中丞：官名。亦稱中丞、中執法。北朝時職權相當重要，爲御史大夫副職。居宮中蘭臺，爲宮掖近臣，掌管圖籍秘書，亦受公卿奏事。北魏時爲從三品。　東平王：封爵名。東平，郡名。北魏時治秦城，在今河南范縣東南舊城。　匡：即元匡，人名。字建扶。北魏宗室。見《北史》卷一七《東平王洛侯附東平王匡傳》。

[2]尚書令：官名。北魏初不常置，亦不掌實際政務，孝文帝改制後，尚書省權任頗重，以録尚書事爲長官，尚書令爲副貳，兼掌監察百官，皆爲宰相。孝文帝太和十七年定爲從一品上，二十三年定爲二品。　任城王：封爵名。任城，郡名。北魏時治任城縣，在今山東濟寧市南。　澄：即元澄，人名。字道鏡（《魏書》卷一九中作“字道鎮”）。北魏宗室。見《北史》卷一八《任城王雲附元澄傳》。

[3]高祖：即北魏孝文帝元宏。高祖爲其廟號。

[4]高肇：人名。字首文，勃海蓨（今河北景縣）人。北魏外戚。宣武帝元恪的舅父。見《北史》卷八〇《高肇傳》。

[5]平州：北魏時治肥如縣，在今河北盧龍縣北。

[6]右僕射：官名。尚書右僕射的省稱。北魏時列位宰相，掌都省庶務、執法，或典選舉。從一品中。　元欽：人名。字思若。北魏宗室。見《北史》卷一七《陽平王新成附元欽傳》。

[7]左僕射：官名。尚書左僕射的省稱。北魏時列位宰相，掌都省庶務、執法、典選舉，兼掌糾彈百官。從二品。　蕭寶夤：人名。字智亮，南蘭陵（一説在今江蘇常州市，一説在今江蘇丹陽市）人。南朝齊宗室、北魏將領。見《北史》卷二九《蕭寶夤傳》。

[8]游僕射：似指游肇。字伯始，廣平郡任縣（今河北任縣）人。北魏大臣。曾任尚書右僕射，游明根之子。參《北史》卷三四《游雅附游肇傳》。

初，廷尉少卿袁翻以犯罪之人，[1]經恩競訴，枉直難明。遂奏曾染風聞者，不問曲直，推爲獄成，悉不斷理。詔門下、尚書、廷尉議之。[2]雄議曰："《春秋》之義，不幸而失，寧僭不濫。僭則失罪人，濫乃害善人。今議者不忍罪姦吏，使出入縱情，令君子小人，薰蕕不別，豈所謂賞善罰惡，殷懃隱恤者也？古人唯患察獄之不精，未聞知冤而不理。"詔從雄議。自後每有疑議，雄與公卿駁難，事多見從。於是公能之名甚盛。

[1]廷尉少卿：官名。北魏始置。爲廷尉卿次官。孝文帝太和十七年定爲三品上，二十三年定爲四品上。　袁翻：人名。字景翔，陳郡項（今河南沈丘縣）人。北魏官吏。見《北史》卷四七《袁翻傳》。

[2]門下：北魏時爲門下省的泛稱。其官署設於禁中，官員可以出入宫禁，是皇帝的親近侍從。　尚書：官名。北魏時爲朝官，分掌尚書省諸曹，品秩提高，但不再向皇帝奏事、承受詔命，成爲行政官員。孝文帝太和二十三年定爲三品。　廷尉：官名。北魏時爲國家最高司法審判機構主官，負責詔獄，修訂法律，審核州郡疑案，有封駁丞相、御史之權。三品。

又爲《禄養論》，稱仲尼陳五孝，自天子至於庶人，無致仕之文。《禮記》：八十，一子不從政；九十，家不從政。鄭玄注云：[1]"復除之。"然則止復庶人，非公卿士大夫之謂。以爲宜聽禄養，不約其年。書奏，孝明納之。[2]後除司空長史。[3]時諸公皆慕其名，欲屈爲佐，莫能得也。

[1]鄭玄：人名。字康成，北海高密（今山東高密市西南）人。東漢末儒者。見《後漢書》卷三五《鄭玄傳》。

[2]孝明：即北魏皇帝元詡。孝明爲其謚號。

[3]司空長史：官名。司空府屬吏，掌參司空府政務，主管屬吏。

時諸方賊盛，而南寇侵境，山蠻作逆，孝明欲親討，以荆州爲先。[1]詔雄爲行臺左丞，[2]與臨淮王彧，[3]東趣葉城；[4]别將裴衍，[5]西通鵶路。衍稽留未進，彧師已次汝濱，逢北溝求救，[6]彧以處分道别，[7]不欲應之。雄曰："王執麾閫外，唯利是從，見可而進，何必守道?" 彧恐後有得失之責，要雄符下。雄以車駕將親伐，蠻夷必懷震動，乘彼離心，無往不破，遂符彧軍，令速赴擊。賊聞，果自走散。

[1]荆州：北魏時治穰城，在今河南鄧州市。

[2]行臺左丞：官名。行臺尚書左丞的省稱。爲行臺尚書省官員，負責監察臺内諸官，選授官吏、文書奏事等，職權甚重，員一人。孝文帝太和二十三年定爲從四品。

[3]臨淮王：封爵名。臨淮，郡名。北魏時治赤坎城，在今安徽懷遠縣西北。　彧：即元彧。人名。字文若。北魏宗室。見《北史》卷一六《臨淮王譚附元彧傳》。

[4]葉城：在今湖北建始縣。

［5］別將：官名。北魏設於軍鎮，地位略低於統軍。　裴衍：人名。字文舒，河東聞喜（今山西聞喜縣）人。北魏官吏。見《北史》卷四五《裴叔業附裴衍傳》。

［6］北溝：中華本校勘記云："《通志》卷一五一《辛雄傳》'溝'作'渣'。按《魏書》卷九《肅宗紀》孝昌元年十二月載孝明親征詔云：'北淯懸危，南陽告急。'所指即辛雄與元彧所參加的此次戰役。'北溝''北渣'疑並是'北淯'之訛。《魏書·地形志下》荆州有北清郡，錢氏《考異》卷三〇考證言當爲'北淯'。其地在今河南南陽之北，正在本傳裴衍進軍的鵶路上。"可從。

［7］彧：毛本、殿本、四庫本、四部備要本作"議"。按：據文意可知"議"誤，今從底本。

在軍上疏曰："凡人所以臨堅陳而忘身，觸白刃而不憚者，一則求榮名，二則貪重賞，三則畏刑罰，四則避禍難。非此數事，雖聖王不能勸其臣，慈父不能厲其子。明主深知其情，故賞必行，罰必信，使親疏貴賤，勇怯賢愚，聞鍾鼓之聲，見旍旗之列，莫不奮激，競赴敵場。豈厭久生而樂早死也？利害縣於前，欲罷不能耳。自秦、隴逆節，[1]將歷數年，蠻左亂常，稍已多載。凡在戎役，[2]數十萬人，三方之師，敗多勝少，迹其所由，不明賞罰故也。陛下欲天下之早平，愍征夫之勤悴，乃降明詔，賞不移時。然兵將之勳，歷稔不決，亡軍之卒，晏然在家，致令節士無所勸慕，[3]庸人無所畏懾。進而擊賊，死交而賞賒，退而逃散，身全而無罪，此其所以望敵奔沮，不肯進力者矣。若重發明詔，更量賞罰，則軍威必張，賊難可弭。臣聞必不得已，去食就信，以此推之，信不可斯須廢也。賞罰，陛下之所易，尚不能全而行之；攻敵，士之所難，欲其必死，寧可得也?”後爲吏部郎中。[4]

[1]秦州：北魏時治上封城，在今甘肅天水市。　隴：州名。北魏時治汧陰縣，在今陝西隴縣東南。

[2]役：殿本、四庫本、四部備要本作“殺”。按：據文意可知“殺”誤，今從底本。

[3]致令：殿本、四庫本、四部備要本作“致今”。按：據文意可知“致今”誤，今從底本。

[4]吏部郎中：官名。北魏時與吏部郎互稱，爲尚書省吏部曹長官，資深者可轉侍郎。主管官吏選任、銓叙、調動事務。孝文帝太和十七年定爲從四品上，二十三年定爲六品。

及尒朱榮入洛，[1]河陰之難，[2]人情未安，雄潛竄不出。孝莊欲以雄爲尚書，[3]門下奏曰：“辛雄不出，存亡未知。”孝莊曰：“寧失亡而用之，可失存而不用也?”遂除度支尚書。[4]

[1]尒朱榮：人名。字天寶，北秀容（今山西朔州市）人，契胡族。北魏官吏。見《北史》卷四八《尒朱榮傳》。

[2]河陰之難：指北魏孝明帝武泰元年（528）權臣尒朱榮策劃並實施的一起針對皇族和百官公卿的屠殺事件，因事件發生在河陰縣而得名。河陰，縣名。治所在今河南孟津縣東。

[3]孝莊：即北魏皇帝元子攸。孝莊爲其謚號。

[4]度支尚書：官名。北魏時爲尚書省度支曹長官，統管度支、户部、金部、倉部四曹，掌軍國財賦的收支會計及漕運物價屯田之政令。三品。

後以本官兼侍中、關西慰勞大使。[1]將發，請事五條，一言逋懸租調，宜悉不徵；二言簡罷非時徭役，以紓人命；三言課調之際，使豐儉有殊，令州郡量檢，不得均一；四言兵起歷年，死亡者衆，或父或子，辛酸未歇，見存耆老，請假板職，悦生者之意，慰死者之魂；五言喪亂既久，禮儀罕習，如有閨門和穆，孝悌卓然者，宜旌其門閭。莊帝從之，因詔人年七十者授縣，八十授郡，九十加四品將軍，百歲從三品將軍。

[1]侍中：官名。北魏時掌侍皇帝左右，顧問應對。此職親近皇帝，掌權便利，時有宰相之實。員六人，孝文帝太和二十三年定爲三品。　慰勞大使：官名。代表皇帝出巡慰問。

永熙二年，[1]兼吏部尚書。[2]時近習專恣，雄懼其讒慝，不能守正，論者頗譏之。孝武南狩，[3]雄兼左僕射，留守京師。永熙末，兼侍中。帝入關右，齊神武至洛，[4]於永寧寺大集朝士，[5]責雄及尚書崔孝芬、劉廞、楊機等曰：[6]"爲臣奉主，匡危救亂。若處不諫諍，出不陪隨，緩則耽寵，急便竄避，臣節安在？"乃誅之。

[1]永熙：北魏孝武帝的年號（532—534）。　二年：毛本、殿本、四庫本、局本、四部備要本作"三年"。按：《魏書》卷七七《辛雄傳》作"二年"，今從底本。

[2]吏部尚書：官名。爲尚書省吏部曹長官，職掌官吏銓選、考課、獎懲，其實權或大於尚書僕射。然重要官職的任免須與諸執政大臣合議，由皇帝、宰相裁定，亦常命尚書僕射領吏部事務或任

命大臣參掌選事以分其權任。北魏孝文帝太和十七年定爲二品下，二十三年定爲三品。

[3]孝武：即北魏皇帝元脩。孝武爲其謚號。

[4]齊神武：即高歡。神武爲其謚號，北齊後主所追謚。

[5]永寧寺：在今河南洛陽市。

[6]崔孝芬：人名。字恭梓，博陵安平（今河北安平縣）人。北魏官吏。見《北史》卷三二《崔挺附崔孝芬傳》。　劉廞：人名。字景興，彭城（今江蘇徐州市）人。北魏官吏。見《北史》卷四二《劉芳附劉欽傳》。　楊機：人名。字顯略，天水冀（今甘肅甘谷縣）人。北魏官吏。見《北史》卷五〇《楊機傳》。

二子，士璨、士貞，逃入關中。

雄從父兄纂，字伯將，學涉文史，温良雅正。初爲兗州安東府主簿，[1]與秘書丞同郡李伯尚有舊。[2]伯尚與咸陽王禧同逆，[3]逃竄投纂，事覺，坐免官。後爲太尉騎兵參軍，[4]每爲府主清河王懌所賞。至定考，懌曰："辛騎兵有學有才，宜爲上第。"

[1]兗州：北魏孝文帝太和十八年改東兗州置，治瑕丘城，在今山東兗州市新驛鎮東頓村南。　主簿：官名。北魏時爲丞相及三公府僚屬，掌文簿之事。後諸軍府、王府、州郡府皆設。品秩隨府長官地位高下而不等。

[2]秘書丞：官名。北魏時多爲參領著作事，主管修撰國史及起居注，並參與禮儀制度的制定。孝文帝太和二十三年定爲五品上。　李伯尚：人名。隴西狄道（今甘肅臨洮縣）人。北魏官吏。見《北史》卷一〇〇《凉武昭王李暠附李伯尚傳》。

[3]咸陽王：封爵名。咸陽，郡名。北魏時治池陽縣，在今陝西涇陽縣。　禧：即元禧，人名。字思永。北魏宗室。獻文帝之

子，孝文帝之弟。孝文帝死後，受遺詔輔政，但爲宣武帝所惡。後舉兵反叛，事泄被殺。見《北史》卷一九《咸陽王禧傳》。

［4］騎兵參軍：官名。爲騎兵曹長官。北魏時公府、將軍府置，自從六品上至從八品。

及梁將曹義宗攻新野，[1]詔纂爲荆州軍司。[2]纂善撫將士，人多用命，賊甚憚之。會孝明崩諱至，咸以對敵，欲秘凶問。纂曰："安危在人，豈關是也？"遂發喪號哭，三軍縞素，還入州城，申以盟約。尋爲義宗所圍，相率固守。孝莊即位，除兼尚書，仍行臺。後大都督費穆擊義宗禽之，[3]入城，因舉酒屬纂曰："微辛行臺之在斯，吾亦無由建此功也。"

［1］新野：縣名。治所在今河南新野縣。

［2］軍司：官名。爲諸軍府主要僚屬，佐主帥統帶軍隊，負有匡正監察主帥之責，地位很高，常繼任主帥。

［3］大都督：官名。高級軍事長官。在戰事時亦臨時設置，冠以名號。還有以次銜都督某一地區軍事者。北魏前中期未見，後期置。

永安二年，元顥乘勝至城下，爲顥禽。[1]及孝莊還宮，[2]纂謝不守之罪。帝曰："於時朕亦北巡，東軍不守，豈卿之過。"轉滎陽太守。[3]百姓姜洛生、康乞得者，舊是前太守鄭仲明左右，[4]豪猾偷竊，境内患之。纂伺捕禽獲，梟於郡市，百姓欣然。纂僑屬洛陽，[5]太昌中，[6]乃爲河南邑中正。[7]

［1］永安二年元顥乘勝至城下爲顥禽：中華本校勘記云："按此城承上文似指荆州的治所穰城。但元顥入洛，不由荆州。《魏書》卷七七《辛纂傳》，上文有'尋除平東將軍、中郎將'等語，然後云：'永安二年，元顥乘勝卒至城下，尒朱世隆狼狽退還，城内空虚，遂爲顥擒。'下文又有'還鎮虎牢'語。據本書卷四八《尒朱世隆傳》：'元顥逼大梁，詔爲前將軍、都督，鎮虎牢。顥既克滎陽，世隆懼而宵遁。'則此城乃指虎牢城。虎牢是北魏東中郎將的治所。辛纂乃是遷東中郎將後，在虎牢爲元顥所擒。《魏書》'中郎將'上脱'東'字。《北史》則在'永安'前當脱'尋除平東將軍、東中郎將'等語。"可從。永安，北魏孝莊帝的年號（528—530）。元顥，人名。字子明。北魏宗室。北海平王元詳長子，孝文帝元宏之侄。見《北史》卷一九《北海王詳附元顥傳》。

［2］及：毛本、四庫本、四部備要本作"之"。按：據文意可知"之"誤，今從底本。

［3］滎陽：郡名。北魏時治滎陽縣，在今河南滎陽市。

［4］鄭仲明：人名。滎陽開封（今河南滎陽市）人。北魏官吏。見《北史》卷三五《鄭羲附鄭儼傳》。

［5］洛陽：縣名。治所在今河南洛陽市東北。

［6］太昌：北魏孝武帝的年號（532）。

［7］中正：官名。由各郡長官推選本郡任職於中央的有德行之士人兼任，負責品評本郡士人，劃分等級，以爲吏部委任官員的依據。北魏前、中期此職權任頗重，後期選任漸濫。

永熙三年，除河内太守。[1]齊神武赴洛，兵集城下，纂出城謁，神武慰勉之。因命前侍中司馬子如曰：[2]"吾行途疲弊，宜代吾執河内手也。"尋爲兼尚書、南道行臺、西荆州刺史。[3]時蠻酋樊大能應西魏，纂攻之不剋而敗，爲西魏將獨孤信所害。[4]贈司徒公。

[1]河内：郡名。北魏時治野王縣，在今河南沁陽市。

[2]司馬子如：人名。字遵業，河内温（今河南温縣）人。北魏、東魏、北齊官吏。見《北史》卷五四《司馬子如傳》。

[3]行臺：官名。行臺尚書令省稱。北魏孝明帝正光末，在各地設行臺主管當地軍務，遂成爲常設的地方行政機構，亦兼理民事，以行臺尚書令爲長官，或以尚書僕射或左、右僕射及尚書主管行臺事務。　西荆州：東魏時治穰城，在今河南鄧州市。

[4]獨孤信：人名。本名如願，雲中（今内蒙古和林格爾縣西北）人，鮮卑族獨孤部。北魏、西魏、北周名將。見《北史》卷六一《獨孤信傳》。

雄族祖琛。琛字僧貴。祖敬宗，父樹寶，並代郡太守。[1]

[1]代郡：北魏時治平城，在今山西大同市東北。

琛少孤，曾過友人，見其父母無恙，垂涕久之。釋褐奉朝請、滎陽郡丞。[1]太守元麗性頗使酒，[2]琛每諫之。麗後醉，輒令閉閤，曰："勿使丞入也。"孝文南征，麗從輿駕，詔琛曰："委卿郡事，如太守也。"

[1]釋褐：脱掉百姓穿的布衣。指入仕做官。　奉朝請：官名。北魏時爲冗散官，有俸無職。孝文帝太和二十三年定爲從七品。

[2]元麗：人名。北魏宗室。見《北史》卷一七《濟陰王小新成附元麗傳》。

景明中，[1]爲揚州征南府長史。[2]刺史李崇，[3]多事産業，琛每諫折，崇不從，遂相糾舉，詔并不問。後加龍驤將軍、南梁太守。[4]崇因置酒謂琛曰："長史後必爲刺史，但不知得上佐何如人耳。"琛對曰："若萬一叨忝，得一方正長史，朝夕聞過，是所願也。"崇有慚色。卒於官。

[1]景明：北魏宣武帝的年號（500—503）。

[2]揚州：北魏時治壽春縣，在今安徽壽縣。　長史：官名。爲所在官署屬官之長。掌顧問參謀，主行營事務。不同名號的長史所負職責不同，品秩也不相同。

[3]李崇：人名。字繼長，小名繼伯，頓丘（今河南清豐縣西南）人。北魏將領。見《北史》卷四三《李崇傳》。

[4]龍驤將軍：官名。雜號將軍。三品。　南梁：郡名。北魏時治慎縣，在今安徽肥東縣梁園鎮。

琛寬雅有度量，涉獵經史，喜愠不形於色。當官奉法，所在有稱。

長子悠，字元壽，早有器業，爲侍御史，[1]監揚州軍。賊平，録勳書，時李崇猶爲刺史，欲寄人名，悠不許。崇曰："我昔逢其父，今復逢其子。"早卒。

[1]侍御史：官名。亦簡稱御史、侍御。北魏時於分曹治事外，亦奉命監國，督察巡視州郡，收捕官吏，宣示詔命。又置監軍侍御史監察軍政。孝文帝太和十七年定爲從五品中，二十三年定爲八品。

悠弟俊，字叔義，有文才。魏子建爲山南行臺，[1]以爲郎中。有軍國機斷。還京，於滎陽爲人所劫害。贈東秦州刺史。[2]俊弟術。

[1]魏子建：人名。字敬忠，鉅鹿下曲陽（今河北晋州市西）人。北魏官吏。見《北史》卷五六《魏收附魏子建傳》。

[2]東秦州：北魏時治杏城，在今陝西黄陵縣西南。

術字懷哲，少明敏，有識度，解褐司空胄曹參軍。[1]與僕射高隆之共典營構鄴都宫室，[2]術有思理，百工剋濟。再遷尚書右丞，[3]出爲清河太守，[4]政有能名。追授并州長史，遭父憂去職。清河父老數百人，詣闕上書，請立碑頌德。齊文襄嗣事，[5]與尚書左丞宋遊道、中書侍郎李繪等並追詣晋陽，[6]俱爲上客。累遷散騎常侍。[7]

[1]胄曹參軍：官名。具體職掌不詳。

[2]僕射：官名。尚書左僕射的省稱。北魏時位列宰相，掌管尚書省曹事務，典選舉，左僕射還負責彈劾百官。孝文帝太和二十三年定爲從二品。　高隆之：人名。字延興，洛陽（今河南洛陽市東北）人。東魏、北齊大臣。見《北史》卷五四《高隆之傳》。　鄴：城名。在今河北臨漳縣西南鄴鎮。

[3]尚書右丞：官名。爲尚書省佐官，位次尚書，與左丞共掌尚書省庶務。北魏孝文帝太和十七年定爲四品中，二十三年定爲從四品。東魏因之。從四品。

[4]清河：郡名。東魏時治清河縣，在今山東臨清市東北。

[5]齊文襄：即高澄。文襄爲其謚號，北齊文宣帝所追謚。

［6］尚書左丞：官名。北魏時爲尚書省佐官，位次尚書，掌尚書省庶務，居尚書右丞上。從四品上。北齊沿置。　宋遊道：人名。燉煌（今甘肅敦煌市）人。北魏、東魏、北齊官吏。見《北史》卷三四《宋繇附宋遊道傳》。　中書侍郎：官名。北魏時掌承皇帝旨意，草擬政令等。員四人。四品上。東魏因之。　李繪：人名。字敬文，趙郡平棘（今河北趙縣）人。東魏、北齊官吏。見《北史》卷三三《李靈附李繪傳》。　晉陽：縣名。治所在今山西太原市晉源區古城營村一帶。

［7］散騎常侍：官名。北魏時掌侍從左右、圖書文翰、諫諍拾遺，收納轉呈文書奏事，兼領修史，爲閑散之職。二品下。東魏因之。

武定六年，[1]侯景叛，[2]除東南道行臺尚書，[3]封江夏縣男。[4]與高岳等破侯景，[5]禽蕭明，[6]遷東徐州刺史，[7]爲淮南經略使。[8]齊天保元年，[9]侯景徵江西租税，術率諸軍度淮斷之，燒其稻數百萬石。還鎮下邳，[10]人隨術北度淮者三千餘家。東徐州刺史郭志殺郡守，文宣聞之，[11]敕術：自今所統十餘州地，諸有犯法者，刺史先啓聽報；以下先斷，後表聞。齊代行臺兼總人事，自術始也。安州刺史、臨清太守、盱眙蘄城二鎮將犯法，[12]術皆案奏殺之。睢州刺史及所部郡守，[13]俱犯大辟，[14]朝廷以其奴婢百口及貲財盡賜術。二辭不見許，術乃送詣所司，不復以聞。邢卲聞之，[15]遺術書曰：“昔鍾離意云[16]‘孔子忍渴於盜泉’，[17]便以珠璣委地。足下今能如此，可謂異代一時。”

［1］武定：東魏孝静帝的年號（543—550）。　六年：中華本

校勘記云:“按《魏書》卷一二、本書卷五《東魏孝静紀》、本書卷六《齊文襄紀》,侯景叛東魏在武定五年正月,此作‘六’年,誤。”可從。

[2]侯景:人名。字萬景,小字狗子,懷朔鎮(今内蒙古固陽縣南)人。曾任北魏官吏,後叛至南朝。見《梁書》卷五六《侯景傳》(參李萬生《侯景的氏族及相關問題》,《北京大學學報》2000年第5期)。

[3]行臺尚書:官名。北魏置。初爲行臺長官,北魏末爲行臺屬官,分曹理事。

[4]江夏:縣名。治所在今河南泌陽縣北。

[5]高岳:人名。字洪略,勃海蓨(今河北景縣)人。東魏大臣、北齊宗室。見《北史》卷五一《清河王岳傳》。

[6]蕭明:即蕭淵明,人名。《北史》避唐高祖李淵諱而改。蘭陵(一説在今江蘇常州市,一説在今江蘇丹陽市)人。南朝梁宗室。梁武帝蕭衍之侄,即梁閔帝。見《北齊書》卷三三《蕭明傳》。

[7]東徐州:東魏時治下邳城,在今江蘇睢寧縣古邳鎮北側。

[8]經略使:官名。東魏設,掌一方軍政。北齊因之。

[9]天保:北齊文宣帝的年號(550—559)。

[10]下邳:縣名。治所在今江蘇睢寧縣西北古邳鎮東。

[11]文宣:即北齊皇帝高洋。文宣爲其謚號。

[12]安州:北齊時寄治燕樂縣,在今北京密雲縣東北。　臨清:郡名。北齊時治下相縣,在今江蘇宿遷市西北。　盱眙:城名。在今江蘇盱眙縣東北。底本作“盱台”,中華本校勘記云:“諸本作‘盱台’,據《北齊書》卷三八《辛術傳》改。《魏書·地形志》中淮州、《隋書·地理志下》江都郡並作‘盱眙’。”今從改。　蘄城:治所在今安徽宿州市南。

[13]睢州:北齊時治竹邑縣,在今安徽宿州市北符離鎮。

[14]大辟:古代刑罰之一,即死刑。

［15］邢卲：人名。字子才，小字吉，河間鄚（今河北任丘市北）人。北魏、東魏、北齊官吏。見《北史》卷四三《邢巒附邢卲傳》。

［16］鍾離意：人名。字子阿，會稽山陰（今浙江紹興市）人。東漢官吏。交趾太守張恢貪污伏法，朝廷將其物資班賜群臣。鍾離意受賜珠璣，但他"悉以委地而不拜賜"。見《後漢書》卷四一《鍾離意傳》。

［17］孔子忍渴於盜泉：孔子路過該泉，因其名"盜泉"而忍渴不飲，後喻爲清廉避嫌。

及王僧辯破侯景，[1]術招攜安撫，城鎮相繼款附，前後二十餘州。於是移鎮廣陵，[2]獲傳國璽送鄴，文宣以璽告於太廟。[3]此璽即秦所制，方四寸，上紐交盤龍，其文曰："受命于天，既壽永昌。"二漢相傳，又歷魏、晉；晉懷帝敗，[4]没於劉聰；[5]聰敗，没於石氏；[6]石氏敗，晉穆帝永和中，[7]濮陽太守戴僧施得之，[8]遣督護何融送于建業；[9]歷宋、齊、梁，梁敗，侯景得之；景敗，侍中趙思賢以璽投景南兖州刺史郭元建，[10]送于術，故術以進焉。

［1］王僧辯：人名。字君才，太原祁（今山西祁縣東南）人。南朝梁大臣。見《梁書》卷四五《王僧辯傳》。

［2］廣陵：縣名。治所在今江蘇揚州市西北。

［3］太廟：皇帝的家廟。

［4］晉懷帝：即西晉皇帝司馬熾。懷爲其謚號。

［5］劉聰：人名。一名載，字玄明，新興（今山西忻州市）人。劉淵子。十六國時漢國君主。見《晉書》卷一〇二《劉聰載

記》。

［6］石氏：指石勒所建後趙。

［7］晋穆帝：即東晋皇帝司馬聃。穆爲其謚號。　永和：晋穆帝的年號（345—356）。

［8］濮陽：郡名。東晋時治甄城縣，在今山東鄄城縣北。

［9］建業：縣名。即建康。東晋都城。在今江蘇南京市。

［10］南兖州：南朝梁時寄治廣陵縣，在今江蘇揚州市西北。

尋徵爲殿中尚書，[1]領太常卿。[2]仍與朝賢，議定律令。遷吏部尚書，食南兖州梁郡幹。[3]遷鄴以後，大選之職，知名者數四，互有得失，未能盡美。文襄少年高朗，所弊也疏；袁叔德沈密謹厚，[4]所傷者細；楊愔風流辯給，[5]取士失於浮華；唯術性尚貞明，取士以才以器，循名責實，新舊參舉，管庫必擢，門閥不遺。考之前後銓衡，在術最爲折衷，甚爲當時所稱舉。天保末，文宣嘗令術選百員官，參選者二三千人，術題目士子，人無謗讟，其所旌擢，後亦皆致通顯。

［1］殿中尚書：官名。北齊時爲尚書省六曹尚書之一。管理宫殿禁衛、禮制、宫廷車馬及倉庫等事，領殿中、儀曹、三公、駕部四郎曹。三品。

［2］太常卿：官名。爲太常的尊稱。北齊時爲太常寺長官，掌管宗廟祭祀禮樂。三品。

［3］食南兖州梁郡幹：幹原爲漢至南北朝時一種身份和地位低下的官吏，後變爲供役使的奴僕。北齊時，官員可依品級高低，得到數量不等的幹。又因幹可納資代役，故北齊時盛行“食幹”之制。南兖州，北齊時治小黄縣，在今安徽亳州市。梁郡，北齊時治

睢陽縣，在今河南商丘市南。

[4]袁叔德：人名。即袁聿脩。字叔德，陳郡項（今河南淮陽縣南）人。北齊、隋朝官吏。見《北史》卷四七《袁翻附袁聿脩傳》。

[5]楊愔：人名。字遵彦，小名秦王，弘農華陰（今陝西華陰市東南）人。東魏、北齊官吏。見《北史》卷四一《楊播附楊愔傳》。

術清儉寡嗜欲，勤於所職，未嘗暫懈，臨軍以威嚴，牧人有惠政。少愛文史，晚更勤學，雖在戎旅，手不釋卷。及定淮南，凡諸貲物，一豪無犯。[1]唯大收典籍，多是宋、齊、梁時佳本，鳩集萬餘卷，并顧、陸之徒名畫，二王已下法書，數亦不少，俱不上王府，唯入私門。及還朝，頗以饟遺貴要，物議以此少之。十年卒，年六十。皇建二年，[2]贈開府儀同三司、中書監、青州刺史。[3]

[1]豪：殿本、四庫本、四部備要本、中華本作"毫"。按："豪"同"毫"，表示極小。

[2]皇建：北齊孝昭帝的年號（560—561）。

[3]開府儀同三司：多爲大臣的加號，與三司的禮制待遇相同，且允許開府，自辟僚屬。　青州：北齊時治東陽城，在今山東青州市。

子閤卿，尚書郎。[1]

[1]尚書郎：官名。北朝時凡尚書曹郎、郎中、侍郎皆可簡爲

此稱，掌收發文書奏章庶務，可直接向皇帝奏報。六品。

閣卿弟衡卿，有識學，開府參軍事。[1]隋大業初，[2]卒於太常丞。[3]

[1]開府參軍事：官名。南北朝時王、公、將軍府、都水臺以及諸州多置，品秩自六品至九品不等，皆由朝廷除授。

[2]大業：隋煬帝的年號（605—617）。

[3]太常丞：官名。掌宗廟祭祀禮儀。

術族子德源。德源字孝基，祖穆，魏平原太守。[1]父子馥，尚書左丞。

[1]平原：郡名。北魏時治聊城縣，在今山東聊城市東北。

德源沈静好學，十四解屬文，及長，博覽書記。美儀容，中書侍郎裴讓之特相愛好，[1]兼有龍陽之重。齊尚書僕射楊遵彦、殿中尚書辛術皆一時名士，並虚襟禮敬，同舉薦之。

[1]裴讓之：人名。字士禮，河東聞喜（今山西聞喜縣）人。東魏官吏。見《北史》卷三八《裴佗附裴讓之傳》。

後爲兼員外散騎侍郎，[1]聘梁使副。德源本貧素，因使，薄有資裝，遂餉執事，爲父求贈，時論鄙之。中書侍郎劉逖上表薦德源：[2]弱齡好古，晚節逾厲，枕藉

《六經》，漁獵百氏。文章綺豔，體調清華。恭慎表於閨門，謙撝著於朋執。實後進之辭人，當今之雅器。由是除員外散騎侍郎。後兼通直散騎常侍，[3]聘陳。及還，待詔文林館，[4]位中書舍人。[5]

[1]員外散騎侍郎：官名。南北朝時屬散騎省（東省、集書省），初多以公族、功臣子充任，爲閑散之職，常用以安置閑退官員、衰老人士。北齊時爲七品上。

[2]劉逖：人名。字子長，彭城（今江蘇徐州市）人。北齊官吏。見《北史》卷四二《劉芳附劉逖傳》。

[3]通直散騎常侍：官名。又簡稱通直常侍。參平尚書奏事，並掌諷諫、侍從。北齊時爲四品。

[4]文林館：官署名。北齊後主武平四年（573）置，引文學之士充之，稱待詔。

[5]中書舍人：官名。中書省屬官。北朝時專掌草擬詔令，出納之職由門下省分任。北魏孝文帝太和十七年定爲六品上，二十三年定爲六品下。北齊時爲六品。

齊滅，仕周爲宣納上士。[1]因取急詣相州，[2]會尉遲迥起逆，[3]以爲中郎，[4]德源辭不獲免，遂亡去。隋受禪，不得調者久之。隱林慮山，[5]鬱鬱不得志，著《幽居賦》以自寄。素與武陽太守盧思道友善，[6]時相往來。魏州刺史崔彦武奏德源潛爲交結，[7]恐有姦計，由是謫令從軍討南寧。[8]

[1]宣納上士：官名。北周置。爲宣納下大夫屬官，輔助其出納王命，宣傳詔令。正三命。

[2]相州：北周時治鄴城，在今河北臨漳縣西南鄴鎮。

[3]尉遲迥：人名。字薄居羅，代（今山西大同市東北）人。北周重臣。見《北史》卷六二《尉遲迥傳》。

[4]中郎：官名。魏晋南北朝時諸王府、公府、軍府皆有各種中郎爲其僚屬，總稱從事中郎。官秩不一。

[5]林慮山：在今河南林州市西二十里。

[6]武陽：郡名。隋朝時治貴鄉縣，在今河北大名縣東北。　盧思道：人名。字子行，小字釋奴，范陽涿（今河北涿州市）人。北齊、北周、隋朝官吏。見《北史》卷三〇《盧玄附盧思道傳》。

[7]魏州：隋朝時治貴鄉縣。在今河北大名縣東北。　崔彦武：人名。清河東武城（今山東武城縣西北）人。北齊、北周、隋朝官吏。見《北史》卷二四《崔逞傳》。

[8]南寧：州名。隋朝時治味縣，在今雲南曲靖市西。

及還，秘書監牛弘以德源才學顯著，[1]奏與著作郎王劭同修國史。[2]德源每於務隙撰集，注《春秋三傳》三十卷，[3]注《揚子法言》二十三卷。[4]蜀王秀奏以爲掾，[5]轉諮議參軍，[6]卒官。有集二十卷，又撰《政訓》《内訓》各二十卷。有子素臣。

[1]秘書監：官名。掌圖書經籍之事。隋初爲正三品，煬帝大業三年改爲從三品，後改名秘書令。　牛弘：人名。字里仁，安定鶉觚（今陝西長武縣相公鎮）人。北周、隋朝大臣。見《北史》卷七二《牛弘傳》。

[2]著作郎：官名。掌修國史及起居注。　王劭：人名。字君懋，太原晋陽（今山西太原市晋源區古城營村一帶）人。隋朝史官。見《北史》卷三五《王慧龍附王劭傳》。

[3]春秋三傳：指《春秋左氏傳》《穀梁傳》《公羊傳》。

［4］揚子法言：指西漢揚雄《法言》。

［5］秀：即楊秀，人名。弘農華陰（今陝西華陰市東南）人。隋文帝第四子。見《北史》卷七一《庶人秀傳》。

［6］諮議參軍：官名。掌顧問諫議。其位甚尊，在列曹參軍上，州所置者常代大郡太守，且有越次行府州事者，品秩依府主地位而定。隋朝時多稱諮議參軍事，親王府置，正五品上；上柱國、郡王府等置，視從六品。

德源從祖兄元植，齊天保中，司空司馬。[1]學涉有名，聞於世。

［1］司空司馬：官名。即軍司馬。北齊時爲領兵武職，掌營兵。

德源族叔珍之，少有氣俠，歷位北海太守，[1]後行平州事，[2]卒於州。贈驃騎大將軍、洛州刺史，[3]謚曰恭。

［1］北海：郡名。北齊時治平壽城，在今山東濰坊市西南。

［2］平州：北齊時治肥如縣，在今河北盧龍縣北。

［3］洛州：北齊時治洛陽縣，在今河南洛陽市東北。

子慤，武定末，開府鎧曹參軍。[1]

［1］鎧曹參軍：官名。掌相府、公府、軍府等處鎧曹，管鎧甲府庫藏等。

楊機，字顯略，天水冀人也。[1]祖伏恩，徙居洛陽，因家焉。

[1]天水：郡名。北魏時治上封縣，在今甘肅天水市。　冀：縣名。治所在今甘肅甘谷縣東。

機少有志節，爲士流所稱。[1]河南尹李平、元暉，[2]並召署功曹。[3]暉尤委以郡事。或謂暉曰："弗躬弗親，庶人弗信，何得委事於機，高卧而已。"暉曰："吾聞君子勞於求士，逸於任賢，吾既委得其才，何爲不可？"由是聲名更著。時皇子國官多非其人，詔選清直之士，機見舉爲京兆王愉國中尉，[4]愉甚敬憚之。後爲洛陽令，京輦伏其威風。訴訟者一經其前，後皆識其名姓，并記其事理。歷司州別駕、清河内史、河北太守，[5]並有能名。永熙中，[6]除度支尚書。

[1]士流：出身士族的人。

[2]河南尹：官名。爲京都洛陽所在河南郡長官，主管京都事務，地位高於一般郡守。三品。　李平：人名。字曇定，頓丘（今河南清豐縣西南）人。北魏官吏。見《北史》卷四三《李崇附李平傳》。　元暉：人名。字景襲。北魏宗室。見《北史》卷一五《常山王遵附元暉傳》。

[3]並召署功曹：據楊機墓誌載："年廿四，始應禮命，起家爲河南尹功曹。"可知，楊機任此職，時年二十四歲。楊機歷官有河陰令、平南長史、洛陽令、安南將軍、銀青光禄大夫、河南尹、都督華州諸軍事、華州刺史、度支尚書等職（參毛遠明《漢魏六朝碑刻校注》第七册，綫裝書局2008年版，第132—134頁）。功曹，官名。功曹書佐、功曹從事、功曹史等的省稱。北朝時掌記功及

選舉。

[4]京兆王：封爵名。京兆，郡名。北魏時治霸城縣，在今陝西西安市東北。　愉：即元愉，人名。字宣德。北魏宗室。孝文帝子。見《北史》卷一九《京兆王愉傳》。

[5]司州：北魏孝文帝太和十七年改洛州爲司州，治洛陽縣，在今河南洛陽市東北。　別駕：官名。又稱別駕從事、別駕從事史。爲州刺史僚屬。北魏後期漸由朝廷任命。其品秩依州品不同，自正五品至正七品不等。　清河：郡名。北魏時治清河縣，在今山東臨清市東北。

[6]永熙：北魏孝武帝的年號（532—534）。

機方直之心，久而彌厲，奉公正己，爲時所稱。家貧無馬，多乘小犢車，時論許其清白。與辛雄等並爲齊神武所誅。[1]

[1]與辛雄等並爲齊神武所誅：據楊機墓誌載："屬世途多難，横波不息。以永熙二年八月五日遘禍於位。"可知楊機死於北魏孝武帝永熙二年（參毛遠明《漢魏六朝碑刻校注》第七册，第132—134頁）。

高恭之，字道穆，自云遼東人也。[1]祖潛，獻文初，[2]賜爵陽關男。[3]詔以沮渠牧犍女賜潛爲妻，[4]封武威公主，拜駙馬都尉。[5]

[1]遼東：郡名。北魏時治襄平縣，在今遼寧遼陽市。

[2]獻文：即北魏皇帝拓跋弘。獻文爲其謚號。

[3]陽關男：《魏書》作"開陽男"。據《南齊書·州郡志上》，

開陽縣屬南彭城郡。陽關縣不見於《魏書》,《北史》也僅此一例。疑《北史》誤。

[4]沮渠牧犍：人名。張掖臨松（今甘肅張掖市南）人，盧水胡。十六國時北凉君主。見《北史》卷九三《沮渠蒙遜附沮渠牧犍傳》。

[5]駙馬都尉：官名。多用作宗室、外戚、功臣子、貴族、親近之臣的加官，或亦加於尚公主者。北魏孝文帝太和十七年定爲從四品上，二十三年定爲六品。

父崇，字積善，少聰敏，以端謹稱。家資富厚，而崇志尚儉素。初，崇舅氏坐事誅，公主痛本生絶胤，遂以崇繼牧犍後，改姓沮渠。景明中，啓復本姓，襲爵，除洛陽令。爲政清斷，吏人畏其威風，發擿不避强禦，縣内肅然。卒，贈滄州刺史，[1]謚曰成。

[1]滄州：北魏時治饒安縣，在今河北鹽山縣西南。

道穆以字行於世，學涉經史，所交皆名流俊士。幼孤，事兄如父。每謂人曰："人生厲心立行，貴於見知，當使夕脱羊裘，朝佩珠玉。若時不我知，便須退迹江海，自求其志。"御史中尉元匡高選御史，[1]道穆奏記求用於匡，匡遂引爲御史。

[1]御史中尉：官名。北魏時由御史中丞改稱。主管御史臺，頗重其選。孝文帝太和十七年定爲三品上，二十三年定爲從三品。　元匡：人名。字建扶。北魏宗室。見《北史》卷一七《廣平王洛侯東平王匡傳》。　御史：官名。北朝時爲侍御史、治書侍御史、

殿中侍御史等的省稱。北魏孝文帝太和十七年定爲從五品中，二十三年定爲八品。

其所糾擿，不避權豪。正光中，[1]出使相州。前刺史李世哲，[2]即尚書令崇之子，多有非法，逼買人宅，廣興屋宇，皆置鴟尾，[3]又於馬埒、堠上爲木人執節。[4]道穆繩糾，悉毁去之，并表發其贓貨。尒朱榮討蠕蠕，道穆監其軍事，榮甚憚之。蕭寶夤西征，以爲行臺郎中，[5]委以軍機之事。

[1]正光：北魏孝明帝的年號（520—525）。

[2]李世哲：人名。頓丘（今河南清豐縣西南）人。北魏官吏。見《北史》卷四三《李崇附李世哲傳》。

[3]鴟（chī）尾：宫殿屋脊正脊兩端的裝飾性構件。外形略似鴟尾，故稱。

[4]馬埒：馳道兩側的矮墻。 堠：土堡。

[5]行臺郎中：官名。北魏置。爲行臺諸曹郎中的泛稱，各曹皆冠以曹名。有時以稱不理具體曹務的官員。

後屬兄謙之被害，情不自安，遂託身於孝莊。孝莊時爲侍中，深相保護。及即位，賜爵龍城侯，[1]除太尉長史，領中書舍人。及元顥逼武牢，[2]或勸帝赴關西者，帝以問道穆，道穆言關中殘荒，請車駕北度，循河東下，帝然之。其夜到河内郡北，帝命道穆燭下作詔書，布告遠近，於是四方知乘輿所在。尋除給事黄門侍郎、安喜縣公。[3]於時尒朱榮欲迴師待秋，道穆謂榮曰："大王擁百萬之衆，輔天子而令諸侯，此桓、文之舉也。今若還師，令顥重完守具，可謂養虺成蛇，悔無及矣。”榮深然之。及孝莊反政，因宴次謂尒朱榮曰：“前若不用高黄門計，社稷不安，可爲朕勸其酒，令醉。”榮因陳其作監軍時，[4]臨事能決，實可任用，尋除御史中尉，仍兼黄門。

[1]龍城：縣名。治所在今遼寧朝陽市。

[2]武牢：關隘名。即虎牢，《北史》避唐高祖祖父李虎諱改。在今河南滎陽市汜水鎮西。

[3]給事黄門侍郎：官名。北魏時兼有黄門侍郎之職掌，與侍中俱管門下省事。爲門下省長官。孝文帝太和二十三年定爲四品上。　安喜：縣名。治所在今河北定州市。

[4]榮因：底本作“因榮”，中華本校勘記云：“諸本‘榮因’作‘因榮’，《通志》卷一五一《高恭傳》作‘榮因’。按《魏書》卷七七《高崇》附子《恭之傳》云：‘榮對曰：臣本北征蠕蠕，高黄門與臣作監軍，臨事能決，實可任用。’則是尒朱榮因莊帝命之勸酒而陳説舊事，並非高恭之因尒朱榮以陳述功績。《通志》是，今據乙。”今從改。

道穆外執直繩，内參機密，凡是益國利人之事，必以奏聞。諫争盡言，[1]無所顧憚。選用御史，皆當世名輩，李希宗、李繪、陽休之、陽斐、封君義、邢子明、蘇淑、宋世良等三十人。[2]

[1]争：殿本、四庫本、四部備要本作“諍”。按：“争”同“諍”。

[2]李希宗：人名。字景玄，趙郡平棘（今河北趙縣）人。北魏、東魏官吏。見《北史》卷三三《李順附李希宗傳》。　陽休之：人名。字子烈，北平無終（今天津薊縣）人。北魏、東魏、北齊官吏。見《北史》卷四七《陽尼附陽休之傳》。　陽斐：人名。字叔鸞，北平無終（今天津薊縣）人。北魏、東魏官吏。見《北史》卷四七《陽尼附陽斐傳》。　封君義：人名。即封述。字君義，勃海蓨（今河北景縣）人。北魏官吏。見《北史》卷二四《封懿附封述傳》。　邢子明：人名。即邢昕。字子明，河間鄚（今河北任丘市北）人。北魏、東魏官吏。見《北史》卷四三《邢巒附邢昕傳》。　蘇淑：人名。字仲和，武邑（今河北武强縣）人。北魏、東魏將領。見《北史》卷八六《蘇淑傳》。　宋世良：人名。字元友，西河介休（今山西介休市東南）人。北魏、東魏官吏。見《北史》卷二六《宋隱附宋世良傳》。

於時用錢稍薄，道穆表曰："百姓之業，錢貨爲本，救弊改鑄，王政所先。自頃以來，私鑄薄濫，官司糾繩，挂網非一。在市銅價，[1]八十一文得銅一斤，私鑄薄錢，斤餘二百。既示之以深利，又隨之以重刑，得罪者雖多，奸鑄者彌衆。今錢徒有五銖之文，而無二銖之實，薄甚榆莢，上貫便破，置之水上，殆欲不沈。因循有漸，科防不切，朝廷失之，彼復何罪。昔漢文帝以五分錢小，改鑄四銖。至武帝復改三銖爲半兩。此皆以大易小，以重代輕也。論今據古，宜改鑄大錢，文載年號，以記其始。則一斤所成，止七十六文。銅價至賤，五十有餘，其中人功、食料、錫炭、鉛砂，[2]縱復私營，不能自潤。直置無利，自應息心，況復嚴刑廣設也？以臣測之，必當錢貨永通，公私獲允。"後遂用楊侃計，[3]

鑄永安五銖錢。

[1]市：殿本、四部備要本作“布”。按：據文意作“布”誤，今從底本。

[2]鉛砂：底本作“松砂”，中華本校勘記云：“諸本‘鉛’作‘松’，《魏書》作‘鈆’，《通志》作‘鉛’。按‘鈆’即‘鉛’，爲鑄錢原料。作‘松’誤，今據改。”今從改。

[3]楊侃：人名。字士業，弘農華陰（今陝西華陰市東南）人。北魏官吏。見《北史》卷四一《楊播附楊侃傳》。

僕射尒朱世隆當朝權盛，[1]因内見，衣冠失儀，道穆便即彈糾。帝姊壽陽公主行犯清路，[2]執赤棒卒呵之不止，道穆令卒棒破其車。公主深恨，泣以訴帝。帝曰：“高中尉清直人，彼所行者公事，豈可私恨責之也？”道穆後見帝，帝曰：“一日家姊行路相犯，深以爲愧。”道穆免冠謝，帝曰：“朕以愧卿，卿反謝朕！”尋敕監儀注。又詔：“秘書圖籍及典書緗素，多致零落，可令道穆總集帳目，并牒儒學之士，編比次第。”

[1]尒朱世隆：人名。字榮宗，北秀容（今山西朔州市）人，契胡族。北魏官吏。見《北史》卷四八《尒朱榮附尒朱世隆傳》。

[2]壽陽公主：又稱壽陽長公主。孝莊帝姐，嫁蕭贊爲妻。孝莊帝永安三年（530），尒朱兆入洛陽，與贊同被逐，後被執還京。尒朱世隆欲相陵逼，公主守操而被害。　清路：指帝王或重臣出行時清掃道路，驅净行人。

道穆又上疏曰：“高祖太和之初，[1]置廷尉司直，[2]

論刑辟是非，雖事非古始，交濟時要。竊見御史出使，悉受風聞，雖時獲罪人，亦不無枉濫。何者？得堯之罰，不能不怨，守令爲政，容有愛憎，奸猾之徒，恒思報惡，多有妄造無名，共相誣謗。御史一經檢究，耻於不成，杖木之下，以虚爲實。無罪不能自雪者，豈可勝道哉！臣雖愚短，守不假器，繡衣所指，冀以清肅。若仍更踵前失，或傷善人，則尸禄之責，[3]無所逃罪。如臣鄙見，請依太和故事，還置司直十人，名隸廷尉，秩以五品，[4]選歷官有稱，心平性正者爲之。御史若出糾劾，即移廷尉，令知人數。廷尉遣司直與御史俱發，所到州郡，分居别館。御史檢了，移付司直。司直覆問事訖，與御史俱還。中尉彈聞，廷尉科案，一如舊式。庶使獄成罪定，無復稽寬，爲惡取敗，不得稱枉。若御史、司直糾劾失實，悉依所斷獄罪之。聽以所檢，迭相糾發。如二使阿曲，有不盡理，聽罪家詣門下通訴，别加案檢。如此則肺石之傍，怨訟可息，蘩棘之下，受罪吞聲者矣。”詔從之，復置司直。

[1]高祖：即北魏孝文帝元宏。高祖爲其廟號。　太和：北魏孝文帝的年號（477—499）。

[2]廷尉司直：官名。北魏孝莊帝時置。隸廷尉，掌覆審御史檢核之案件。

[3]尸禄：空占著職位而不做事。

[4]秩以五品：底本無“秩”字，中華本校勘記云：“諸本脱‘秩’字，據《魏書》補。大理司直班在從五品，見《隋書·百官志中》。”今從改。

及尒朱榮死，帝召道穆，付赦書，令宣於外。謂曰：“今當得精選御史矣。”先是榮等常欲以其親黨爲御史，故有此詔。及尒朱世隆等戰於大夏門北，[1]道穆受詔督戰。又贊成太府卿李苗斷橋之計，[2]世隆等於是北遁。加衛將軍、大都督，[3]兼尚書右僕射、南道大行臺。[4]時雖外託征蠻，而帝恐北軍不利，欲爲南巡之計。未發，會尒朱兆入洛，道穆慮禍，託病去官。世隆以其忠於前朝，遂害之。太昌中，贈車騎大將軍、儀同三司、雍州刺史。[5]

[1]大夏門：北魏京都洛陽城北有大夏、廣莫二門。

[2]太府卿：官名。南朝梁武帝時始置，掌管金帛庫藏出納、關市税收，以供國家、宫廷用度。北朝位列九卿，兼南朝太府、少府二卿之職。北魏孝文帝太和中改少府置，亦簡稱太府。孝文帝太和二十三年定爲三品。　李苗：人名。字子宣，梓潼涪（今四川綿陽市）人。見《北史》卷四五《李苗傳》。

[3]衛將軍：官名。北魏時位在諸號大將軍上，多作爲軍府名號，加贈大臣、重要州郡長官，無具體職掌。二品。

[4]大行臺：官名。大行臺長官的省稱。北魏時置大行臺，爲尚書省設在各主要地區的派出機構，代行尚書省的權力，管理轄區内的軍政事務，爲地方最高行政機構。設大行臺尚書令爲長官，大行臺尚書僕射協助管理大行臺事務。

[5]車騎大將軍：官名。爲重要將軍名號。多爲元老重臣加官，品秩不一。　雍州：北魏時治長安縣，在今陜西西安市西北。

子士鏡襲爵，爲北豫州刺史。[1]道穆兄謙之。

[1]北豫州：東魏孝静帝天平初復置，治虎牢城，在今河南滎陽市西北。

謙之，字道讓，少事後母以孝聞。專意經史，天文、算歷、圖緯之書，[1]多所該涉。好文章，留心《老》《易》。襲父爵。

[1]圖：《河圖》的簡稱，讖緯之書。　緯：爲方士化的儒士所編集附會儒家經典的各種著作。

孝昌中，[1]行河陰令。先是有人囊盛瓦礫，指作錢物，詐市人馬，因而逃去。詔令追捕，必得以聞。謙之乃僞枷一囚，立於馬市，宣言是前詐市馬賊，今欲刑之。密遣腹心，察市中私議者。有二人相見忻然曰："無復憂矣！"執送案問，悉獲其黨。并出前後盜處，失物之家，各得其本物，具以狀告。尋正河陰令。在縣二年，損益政體，多爲故事。時道穆爲御史，亦有能名，世美其父子兄弟並著當官之稱。

[1]孝昌：北魏孝明帝的年號（525—527）。

舊制，二縣令得面陳得失，時佞幸之輩，惡其有所發聞，遂共奏罷。謙之乃上疏曰："臣以無庸，謬宰神邑，實思奉法不撓，稱是官方。酬朝廷無貲之恩，盡人臣守器之節。但豪家支屬，戚里親媾，縲紲所及，舉目多是。皆有盜憎之色，咸起惡上之心。縣令輕弱，何能克濟？先帝昔發明詔，得使面陳所懷。臣亡父先臣崇之爲洛陽令，常得入奏是非，所以朝貴斂手，無敢干政。近年已來，此制遂寢，致使神宰威輕，下情不達。今二聖遠遵堯、舜，憲章高祖，愚臣亦望策其駑蹇，少立功名。乞行新典，[1]更明往制，庶奸豪知禁，頗自屏心。”詔付外量聞。

[1]乞行新典：中華本校勘記云：“《魏書·高崇附子謙之傳》作‘乞新舊典’。按高謙之是請恢復舊制，《魏書》是。”可從。

謙之又上疏，以爲“自正光以來，邊城屢擾，命將出師，相繼於路。但諸將帥，或非其才，多遣親者，妄稱入募，唯遣奴客充數而已。對寇臨敵，略不彎弓。則是王爵虛加，征夫多闕，賊虜何可殄除？忠貞何以勸誡也？且近習侍臣，戚屬朝士，請託官曹，擅作威福。如有清貞奉法不爲回者，咸共譖毀，橫受罪罰。在朝顧望，誰肯申聞？[1]蔽上擁下，虧風損政，使讒諂甘心，忠讜息義。且頻年以來，多有徵發，人不堪命，動致流離，苟保妻子，競逃王役，不復顧其桑井，憚此刑書。正由還有必困之理，歸無自安之路。若聽歸其本業，徭役微甄，則還者必衆，墾田增闢，數年之後，大獲課入。今不務以理還之，但欲嚴符切勒，恐數年之後，走者更多。故有國有家者，不患人不我歸，唯患政之不立；不恃敵不我攻，唯恃吾不可侮。此乃千載共遵，百王一致。伏願少垂覽察”。靈太后得其疏，以責左右近侍，諸寵要者由是疾之。乃啓太后，云謙之有學藝，除爲國子博士。[2]

[1]誰肯申聞：底本作“肯肯申聞”，毛本、殿本、四庫本、局本、四部備要本皆作“誰肯申聞”。按：《魏書》卷七七《高謙之傳》作“誰肯申聞”，底本誤，今從改。

[2]國子博士：官名。教授生徒儒學，並應對殿堂，備咨詢顧問，隸國子祭酒，地位上高於太學博士。北魏孝文帝太和十七年定爲從五品，二十三年定爲五品上。

謙之與袁翻、常景、酈道元、温子昇之徒，[1]咸申款舊。[2]好施贍恤，言諾無虧。居家僮隸，對其兒不撻其父母，生三子便免其一世。無髡黥奴婢，常稱：“俱稟人體，如何殘害？”謙之以父舅氏沮渠蒙遜曾據涼土，[3]國書漏闕，乃修《涼書》十卷，[4]行於世。涼國盛事佛道，爲論貶之，稱佛是九流之一家。當世名流，競以佛理來難，謙之還以佛義對之，竟不能屈。以時所行曆多未盡善，乃更改元修撰，[5]爲一家之法。雖未行於世，識者歎其多能。

[1]常景：人名。字永昌，河内温（今河南温縣）人。北魏、東魏官吏。見《北史》卷四二《常爽附常景傳》。　酈道元：人名。字善長，范陽涿鹿（今河北涿鹿縣東南）人。北魏官吏。著《水經注》。見《北史》卷二七《酈範附酈道元傳》。　温子昇：人名。字鵬舉，濟陰冤句（今山東菏澤市西南）人。北魏、東魏官吏。見《北史》卷八三《温子昇傳》。

[2]咸：四庫本、四部備要本作“或”。按：《魏書》卷七七《高謙之傳》作“咸”，今從底本。

[3]沮渠蒙遜：人名。張掖臨松（今甘肅張掖市南）人。盧水胡人部落首領。十六國時北凉創建者。見《北史》卷九三《沮渠蒙遜傳》。

[4]凉書：書名。記十六國北凉史事，久佚。

[5]乃更改元修撰：底本"修"下有"者"字，中華本校勘記云："諸本'修'下衍'者'字，據《魏書》删。"今從改。

時朝議鑄錢，以謙之爲鑄錢都將長史，乃上表求鑄三銖錢曰：

蓋錢貨之立，本以通有無，便交易，故錢之輕重，世代不同。太公爲周置九府圜法。[1]至景王時，[2]更鑄大錢。秦兼海内，錢重半兩。漢興，以秦錢重，改鑄榆莢錢。[3]至文帝五年，[4]復爲四銖。孝武時悉復銷壞，[5]更鑄三銖。至元狩中，[6]變爲五銖。又造赤仄之錢，[7]以一當五。王莽攝政，錢有六等：大錢重十二銖，次九銖，次七銖，次五銖，次三銖，次一銖。魏文帝罷五銖錢，[8]至明帝復立。[9]孫權江左鑄大錢，一當五百。權赤烏年，[10]復鑄大錢，一當千。輕重大小，莫不隨時而變。

[1]太公：指姜太公，即姜尚。輔助周文王成就大業。見《史記》卷三二《齊太公世家》。　九府圜法：史傳西周初實行的貨幣制度。

[2]景王：指周景王。名貴。公元前544至公元前520年在位。

[3]榆莢錢：漢朝時一種輕而薄的錢幣。因形似榆莢，故名。重三銖。

[4]文帝：即西漢皇帝劉恒。文爲其謚號。

[5]孝武：即西漢皇帝劉徹。孝武爲其謚號。

[6]元狩：漢武帝的年號（前122—前117）。

[7]赤仄（zè）之錢：即赤仄錢。亦稱赤側、紫紺錢、子紺錢。漢武帝時始鑄，一種外沿爲赤銅的錢幣。

[8]魏文帝：即三國魏皇帝曹丕。文爲其謚號。

[9]明帝：即三國魏皇帝曹叡。明帝爲其謚號。

[10]赤烏：三國吴大帝的年號（238—251）。

竊以食貨之要，八政爲首，聚財之貴，詒訓典文。是以昔之帝王，乘天地之饒，御海内之富，莫不腐紅粟於太倉，藏朽貫於泉府，儲畜既盈，人無困弊，可以寧謐四海，如身使臂者矣。昔漢之孝武，地廣財饒，外事四戎，遂虚國用。於是草茅之臣，出財助國，[1]興利之計，納税廟堂，市列榷酒之官，[2]邑有告緡之令，[3]鹽鐵既興，[4]錢幣屢改，少府遂豐，[5]上林饒積。[6]外闢百蠻，内不增賦者，皆計利之由也。

[1]國：毛本、殿本、四庫本、局本作“邊”。按：《魏書》卷七七《高謙之傳》作“國”，今從底本。

[2]榷酒：漢以後歷代政府所行壟斷酒的産銷制度。

[3]告緡：打擊富商大賈的措施。漢武帝元狩四年發布“緡錢令”，徵收富商大賈的財産税。由於商賈隱匿或虚報，又於元鼎三年（前114）發布“告緡令”，對隱匿不報或報而不實者，没收其財産，並奬勵告發，查實後奬給所没收財産的一半。在楊可主持下，派使者至各地加以貫徹，中家以上大抵皆遇告，所没收的財産以億計，奴婢以千萬數，田地大縣數百頃，小縣百餘頃，中等以上

的商賈大批破産。

[4]鹽鐵：毛本、殿本、四庫本、局本作“鹽法”。按：《魏書·高謙之傳》作“鹽鐵”，今從底本。

[5]少府：官名。漢朝時爲九卿之一。掌山海池澤之税以供皇室，兼管官營手工業。

[6]上林：即上林令。西漢設，爲上林苑主官。

今群祆未息，四郊多壘，徵税既煩，千金日費，倉儲漸耗，財用將竭，誠楊氏獻税之秋，[1]桑兒言利之日。[2]夫以西京之盛，錢猶屢改，並行大小，子母相權；况今寇難未除，州郡淪敗，人物彫零，軍國用少，別鑄小錢，可以富益，何損於政，何妨於人也？且政興不以錢大，政衰不以錢小，唯貴公私得所，政化無虧，既行之於古，亦宜效之於今矣。昔禹遭大水，以歷山之金鑄錢，[3]救人之困。湯遭大旱，以莊山之金鑄錢，[4]贖人之賣子者。今百姓窮悴，甚於曩日，欽明之主，豈得垂拱而觀之哉？臣今此鑄，以濟交乏，五銖之錢，任使并用，行之無損，國得其益。

[1]楊氏：指楊可。

[2]桑兒言利：指桑弘羊、兒寬重視增加西漢政府的財政收入。事見《漢書·食貨志下》。

[3]歷山：在今河北涿鹿縣西南。

[4]莊山：具體位置不詳。

詔將從之，事未就，會卒。

初，謙之弟道穆，正光中爲御史，糾相州刺史李世哲事，大相挫辱，其家恒以爲憾。至是世哲弟神軌爲靈太后深所寵任，[1]會謙之家僮訴良，神軌左右之，入諷尚書，判禁謙之於廷尉。時將赦，神軌乃啓靈太后，發詔於獄賜死。朝士莫不哀之。所著文章百餘篇，别有集録。永安中，贈營州刺史，[2]謚曰康。又除一子出身，以明冤屈。

謙之弟謹之，字道脩。父崇既還本姓，以謹之繼沮渠氏。

[1]李神軌：人名。一名軌，小名青肫，頓丘（今河南清豐縣西南）人。北魏官吏。見《北史》卷四三《李崇附李神軌傳》。

[2]營州：北魏時治龍城縣，在今遼寧朝陽市。

綦儁，字檲顯，河南洛陽人也。[1]其先居代。儁孝莊時仕，累遷爲滄州刺史，甚爲吏人畏悦。尋除太僕卿。[2]及尒朱世隆等誅，齊神武召文武百司，下及士庶，議所立，莫有應者。儁避席曰："廣陵王雖爲尒朱扶戴，[3]當今之聖主也。"神武將從之，時黄門崔㥄議不同，[4]高乾、魏蘭根等固執㥄言，[5]遂立孝武帝。及帝入關，神武深思儁言，常以爲恨。

[1]河南：郡名。北魏時治洛陽縣，在今河南洛陽市東北。

[2]太僕卿：官名。掌皇家輿馬及畜牧之政。孝文帝太和十七年定爲二品上，二十三年定爲三品。

[3]廣陵王：封爵名。即北魏節閔帝元恭。

[4]黄門：官名。給事黄門侍郎的省稱。

[5]高乾：人名。字乾邕，勃海蓨（今河北景縣）人。北魏大臣。見《北史》卷三一《高允附高乾傳》。　魏蘭根：人名。鉅鹿下曲陽（今河北晋州市西）人。北魏官吏。見《北史》卷五六《魏蘭根傳》。

尋除御史中尉，於路與僕射賈顯度相逢。[1]顯度恃勳貴，排儁騶列倒。儁忿見於色，自入奏之。尋加散騎常侍、驃騎大將軍、左光禄大夫、儀同三司。[2]儁佞巧，能候當塗，斛斯椿、賀拔勝皆與友善。[3]性多詐，賀拔勝出鎮荆州，過儁别，因辭儁母，儁故見敗氈弊被，勝更遺之錢物。後兼吏部尚書，復爲滄州刺史。徵還，兼中尉，[4]章武縣伯。[5]尋除殷州刺史，[6]薨於州。贈司空公，[7]謚曰文貞。

[1]賈顯度：人名。亦作“賈顯”，中山無極（今河北無極縣）人。北魏官吏。見《北史》卷四九《賈顯度傳》。

[2]左光禄大夫：官名。爲在朝顯職的加官，以示恩寵，或授予年老有病者爲致仕之官，亦常用於卒後贈官，無具體職掌。二品。

[3]斛斯椿：人名。字法壽，廣牧富昌（今内蒙古准格爾旗東南）人。北魏官吏。見《北史》卷四九《斛斯椿傳》。　賀拔勝：人名。字破胡，神武尖山（今山西神池縣）人。北魏、西魏名將。見《北史》卷四九《賀拔允附賀拔勝傳》。

[4]中尉：官名。御史中尉的省稱。

[5]章武：縣名。治所在今河北黄驊縣北。

[6]殷州：北魏時治廣阿縣，在今河北隆堯縣。

[7]司空公：官名。司空的尊稱。列三公之末。北魏時爲名譽宰相，多爲大臣加官。一品。

子洪寔，字巨正，[1]位尚書左右郎、魏郡邑中正。嗜酒好色，無行檢，卒官。

[1]洪寔：殿本作"實"。按：未詳孰是。

山偉，字仲才，河南洛陽人也。其先居代。祖强，美容貌，身長八尺五寸，工騎射，彎弓五石，爲奏事中散。[1]從獻文獵方山，[2]有兩狐起於御前，詔强射之，百步内，二狐俱獲。位内行長。[3]父幼之，[4]位金明太守。[5]

[1]奏事中散：官名。北魏中期由中散官分化而來，專司奏案，地位略高於中散。長期任職於某一曹署者，冠以機構名，如秘書中散、外都曹奏事中散等。

[2]方山：即今山西大同市東北方山。

[3]内行長：官名。北魏前期置，按鮮卑制度而設的特殊職官。爲皇帝親信的高級官吏，人數、職掌皆不固定。孝文帝改制後罷。

[4]幼：中華本校勘記云："《魏書》卷八一《山偉傳》'幼'作'稚'，《北史》避唐諱改。"可從。

[5]金明：郡名。北魏時治永豐縣，在今陝西安塞縣西北。

偉涉獵文史，孝明初，元匡爲御史中尉，以偉兼侍御史。[1]入臺五日，便遇正會，偉司神武門，[2]其妻從叔爲羽林隊主，擿直長於殿門，[3]偉即劾奏。匡善之，俄然奏正，帖國子助教，[4]遷員外郎、廷尉評。[5]

[1]侍御史：官名。亦簡稱“御史”、“待御”，西漢爲御史大夫屬官。北魏時侍御史於分曹治事外，亦奉命監國，督察巡視州郡，收捕官吏，宣示詔命。北魏孝文帝太和十七年定爲從五品中，二十三年定爲八品。

[2]神武門：即洛陽都城西門。

[3]直長：官名。北魏設。爲皇帝近侍親信，間有左右之分，多以他官兼領。

[4]國子助教：官名。協助博士教授生徒。

[5]員外郎：官名。員外散騎侍郎的省稱。北魏初沿例授予南朝北奔之士，班比吏部郎。孝文帝太和十七年定爲從四品下，二十三年定爲七品上。　廷尉評：官名。即廷尉平。廷尉屬官，負責案件的審理，地位低於正、監。北魏孝文帝太和十七年定爲五品中，二十三年定爲六品。

時天下無事，進仕路難，代遷之人，多不霑預。及六鎮、隴西二方起逆，[1]領軍元叉欲用代來寒人爲傳詔，[2]以慰悦之。而牧守子孫投狀求者百餘人，[3]叉因奏立勳附隊，令各依資出身，自是北人，悉被收叙。偉遂奏記，贊叉德美。叉素不識偉，訪侍中安豐王延明、黄門郎元順，[4]順等因是稱薦之。叉令僕射元欽引偉兼尚書二千石郎，後正名士郎，修起居注。僕射元順領選，表薦爲諫議大夫。[5]

[1]六鎮：北魏沿邊六軍事重鎮的合稱。北魏初年於平城北自西而東設置六鎮以備柔然，即沃野（今内蒙古五原縣東北）、懷朔

（今内蒙古固陽縣百靈淖城圐圙古城）、武川（今内蒙古武川縣西）、撫冥（今内蒙古四子王旗東南）、柔玄（今内蒙古興和縣西北）、懷荒（今河北張北縣）。

[2]元叉：人名。字伯儁，小字夜叉。北魏宗室。見《北史》卷一六《京兆王黎附元叉傳》。

[3]牧守：官名。即州牧、太守的合稱，亦爲地方官的代稱。

[4]安豐王：封爵名。安豐，郡名。北魏時治安豐縣，在今安徽霍邱縣西南。　延明：即元延明，人名。北魏宗室、大臣。見《北史》卷一九《安豐王猛附元延明傳》。　黄門郎：官名。給事黄門侍郎的省稱。　元順：人名。字子和。北魏宗室。見《北史》卷一八《任城王雲附元順傳》。

[5]諫議大夫：官名。北魏時置七十人，隸集書省，掌諫諍議論。四品下。

尒朱榮之害朝士，偉時守直，故免禍。及孝莊入宫，仍除偉給事黄門侍郎。先是偉與儀曹郎袁昇、屯田郎李延考、外兵郎李奂、三公郎王延業方駕而行，[1]偉少居後，路逢一尼，望之歎曰："此輩緣業，同日而死。"謂偉曰："君方近天子，當作好官。"而昇等四人皆於河陰遇害，果如其言。

[1]儀曹郎：官名。北魏時爲儀曹尚書屬官，協助儀曹尚書掌車服、羽儀、朝覲、郊廟、饗宴等吉凶禮制。孝文帝太和十七年定郎中爲五品上，郎從五品中；二十三年皆稱郎中，六品，仍可通稱爲郎。　屯田郎：官名。尚書省屯田曹長官，與屯田郎中互稱。北魏孝文帝太和十七年定郎爲從五品中，郎中爲五品上。二十三年皆稱郎中，六品。　李延考：人名。《魏書》卷八一《山偉傳》作"李延孝"。《北史》卷一〇〇《凉武昭王李暠附李信則傳》："休纂

弟延孝，位尚書屯田郎中。於河陰遇害，贈侍中、車騎大將軍、司空公、定州刺史，進封臨潁縣公。”疑“考”爲“孝”字形相近致訛。　外兵郎：官名。北魏時左、右外兵郎並置，屬七兵尚書。孝文帝太和十七年定郎爲從五品中，郎中五品上；二十三年通稱郎中，六品。　三公郎：爲尚書省三公曹長官的通稱。北魏時隸屬殿中尚書。六品。　王延業：人名。太原晉陽（今山西太原市晉源區古城營村一帶）人。北魏官吏。見《北史》卷三五《王慧龍附王延業傳》。

俄領著作郎，節閔帝立，除秘書監，仍著作。初，尒朱兆入洛，官守奔散，國史典書高法顯密埋史書，[1]故不遺落。偉自以爲功，訴求爵賞。偉挾附世隆，遂封東阿縣伯，[2]而法顯止獲男爵。偉尋進侍中，孝静初，除衛大將軍，[3]中書令，[4]監起居。後以本官復領著作，卒官。贈驃騎大將軍、開府儀同三司、都督、幽州刺史，[5]謚曰文貞公。

[1]國史典書：官名。北魏置，爲秘書監著作局屬官。

[2]東阿：縣名。治所在今山東陽穀縣東北阿城鎮。

[3]衛大將軍：官名。十六國時後燕置。爲高級武職，位在儀同三司下。北魏孝文帝太和十七年定爲一品下，位在儀同三司之下，二十三年定爲二品。東魏因之。

[4]中書令：官名。南北朝時因逐漸脱離機務，隨名位增高而成爲閑職，多用作重臣加官。北魏孝文帝太和十七年定爲二品中，二十三年定爲三品。東魏因之。

[5]幽州：東魏時治薊縣，在今北京西南。

國史自鄧彦海、崔深、崔浩、高允、李彪、崔光以還，[1]諸人相繼撰録。綦儁及偉等諂説上黨王天穆及尒朱世隆，[2]以爲國書正應代人修緝，不宜委之餘人，是以儁、偉等更主大籍。[3]守舊而已，初無述著，故自崔鴻死後，[4]迄終偉身，二十許載，時事蕩然，萬不記一。後人執筆，無所憑據，史之遺闕，偉之由也。

[1]崔深：人名。中華本校勘記云："《魏書》'深'作'琛'。按本書卷二一、《魏書》卷三五《崔浩傳》，本書卷四〇、《魏書》卷六二《李彪傳》，本書卷五七《魏收傳》，所稱預修'國史'者，並無'崔深'或'崔琛'，疑並訛誤。"可從。　鄧彦海：人名。安定（今甘肅鎮原縣北）人。北魏官吏。見《北史》卷二一《鄧彦海傳》。　崔浩：人名。小名桃簡，字伯淵，《北史》避唐高祖李淵諱改作"伯深"，清河東武城（今山東武城縣西北）人。北魏大臣。見《北史》卷二一《崔宏附崔浩傳》。　高允：人名。字伯恭，勃海蓨（今河北景縣）人。北魏大臣。見《北史》卷三一《高允傳》。　李彪：人名。字道固，頓丘衛國（今河南清豐縣東南）人。北魏官吏。見《北史》卷四〇《李彪傳》。　崔光：人名。本名孝伯，字長仁，東清河鄃（今山東淄博市）人。北魏官吏。見《北史》卷四四《崔光傳》。

[2]上黨王：封爵名。上黨，郡名。北魏時治壺關城，在今山西長治市北。　天穆：即元天穆，人名。亦稱元穆。北魏宗室、官吏。見《北史》卷一五《高凉王孤附上黨王天穆傳》。

[3]儁：底本作"纂"，殿本作"綦"，四庫本作"儁"。中華本校勘記云："諸本'儁'誤作'纂'，據《魏書》改。"今從改。

[4]崔鴻：人名。字彦鸞，東清河鄃（今山東淄博市）人。北魏官吏。見《北史》卷四四《崔光附崔鴻傳》。

外示沈厚，内實矯競。與綦儁少甚相得，晚以名位之間，遂若水火。與宇文忠之之徒代人爲黨，時賢畏惡之。而愛尚文史，老而彌篤。偉弟少亡，偉撫寡訓孤，同居二十餘載，恩義甚篤。不營産業，身亡之後，賣宅營葬，妻子不免飄泊，士友歎愍之。長子昂襲爵。

宇文忠之，河南洛陽人也。其先南單于之遠屬，世據東部，後居代都。父侃，卒於書侍御史。[1]

[1]書侍御史：官名。北魏時爲御史中丞佐貳，置二至四員，分領侍御史諸曹，監察、彈劾較高級官員，亦出使地方，收捕犯官。五品上。

忠之涉獵文史，頗有筆札，釋褐太學博士。[1]天平初，[2]除中書侍郎。裴伯茂與之同省，[3]常侮忽之，以忠之色黑，呼爲“黑宇”。後敕修國史。元象初，[4]兼通直散騎常侍，副鄭伯猷，[5]使梁。武定初，爲尚書右丞，仍修史。未幾，以事除名。

[1]太學博士：官名。掌教授太學生，亦備咨詢，參議禮儀，隸太常。北魏孝文帝太和二十三年定爲從七品。

[2]天平：東魏孝静帝的年號（534—537）。

[3]裴伯茂：人名。河東聞喜（今山西聞喜縣）人。北魏、北齊官吏、辭賦家。見《北史》卷三八《裴延儁附裴伯茂傳》。

[4]元象：東魏孝静帝的年號（538—539）。

[5]鄭伯猷：人名。滎陽開封（今河南開封市）人。北魏官吏。見《北史》卷三五《鄭羲附鄭伯猷傳》。

忠之好榮利，自爲中書郎六七年矣，[1]遇尚書省選右丞，預選者皆射策，[2]忠之試焉。既獲丞職，大爲忻滿，志氣囂然，有驕物之色。識者笑之。既失官爵，怏怏發疾，卒。子君山。

[1]中書郎：官名。魏晋南北朝時常用作中書侍郎、中書通事郎的省稱。北魏時負責草擬詔令。孝文帝太和十七年定爲四品上，二十三年定爲從四品上。

[2]射策：即設科射策。漢代選官考試的一種方法。其法，將試題書於簡策，按難易分爲甲、乙兩科，應試者任意取策，主考者依其答案定優劣。朝廷依成績分别授予相應官職。魏、晋、南北朝沿之。與對策並用。

費穆，字朗興，代人也。祖于，位商賈二曹令、懷州刺史，[1]賜爵松陽男。[2]父萬襲爵，位梁州鎮將，[3]贈冀州刺史。[4]

[1]商賈二曹令：官名。具體職掌不詳。　懷州：北魏時治野王縣，在今河南沁陽市。

[2]松陽：縣名。治所在今浙江遂昌縣東南古市鎮。

[3]梁州鎮將：中華本校勘記云："《魏書》卷四四《費于傳》'州'作'國'。按《魏書·地形志》中南兖州梁郡注云：'漢高帝爲梁國，後改，治梁國城。'梁國鎮將當即鎮梁國城。他處亦作'梁城鎮將'。疑作'州'誤。"可從。梁州，北魏時治南鄭縣，在今陝西漢中市。鎮將，官名。北魏置，爲軍鎮的長官。在不設州郡的西、北諸鎮，兼統軍民；在設州郡的内地，主要掌軍政，兼任所駐州刺史時，亦兼理民政。孝文帝改制後，地位漸低。其下設副

將、監軍、長史及司馬等僚佐。孝文帝太和十七年及二十三年職員令皆未載其品階。

[4]冀州：北魏時治信都縣，在今河北冀州市。

穆性剛烈，有壯氣，頗涉文史，好尚功名。宣武初，襲爵，稍遷涇州平西府長史。[1]時刺史皇甫集，[2]靈太后之元舅，恃外戚之親，多爲非法。穆正色匡諫，集亦憚之。

[1]涇州：北魏時治安定縣，在今甘肅涇川縣北。

[2]皇甫集：人名。字元會，安定朝那（今寧夏固原市東南）人。北魏外戚。見《北史》卷八〇《胡國珍附皇甫集傳》。

後蠕蠕主婆羅門自凉州歸降，[1]其部衆因飢侵掠邊邑，詔穆銜旨宣慰，莫不款附。明年復叛，入寇凉州。除穆兼尚書右丞、西北道行臺，仍爲别將，往討之。穆至凉州，蠕蠕遁走。穆謂其所部曰："夷狄獸心，見敵便走，若不令其破膽，終恐疲於奔命。"乃簡練精騎，伏於山谷，使羸步之衆爲外營，以誘之。賊騎覘見，俄而競至，伏兵奔擊，大破之。

[1]婆羅門：人名。北魏時柔然君主。見《北史》卷九八《蠕蠕傳》。　凉州：北魏時治姑臧縣，在今甘肅武威市。

及六鎮反叛，穆爲别將，隸都督李崇北伐。都督崔暹失利，崇將議班師，以朔州是白道之衝，[1]賊之咽喉，若不全，則并、肆危，選將鎮捍，僉議舉穆。崇乃請穆爲朔州刺史。尋改雲州刺史。[2]穆招離聚散，頗得人心，北境州鎮皆没，唯穆獨存。久之，援軍不至，穆乃棄城南走，投尒朱榮於秀容。[3]既而詣闕請罪，詔原之。孝昌中，以都督討平二絳反蜀，[4]拜散騎常侍。後祆賊李洪於陽城起逆，[5]連結蠻左，詔穆兼武衛將軍擊破之。[6]

[1]朔州：北魏時治盛樂，在今内蒙古和林格爾縣西北。

[2]雲州：北魏孝武帝永熙中改朔州置，寄治并州界，在今山西祁縣西。

[3]秀容：郡名。北魏時治秀容縣，在今山西忻州市西北。

[4]二絳：指南絳郡和北絳郡。南絳，北魏時治澮交川，在今山西絳縣。北絳，北魏時治北絳縣，在今山西翼城縣東南。

[5]陽城：郡名。北魏時治陽城縣，在今河南登封市東南。

[6]武衛將軍：官名。掌宿衛禁軍。北魏孝文帝太和十七年定爲從二品下，二十三年定爲從三品。

及尒朱榮向洛，靈太后徵穆，令屯小平。[1]榮推奉孝莊，穆遂先降。榮素知穆，見之甚悦。穆潛説榮曰："公士馬不出萬人，長驅向洛，前無横陳者，政以推奉主上，順人心故。今以京師之衆，百官之盛，一知公之虚實，必有輕侮之心。若不大行誅罰，[2]更樹親黨，公還北之日，恐不得度太行而内難作矣。"[3]榮心然之，於是有河陰之事。天下聞之，莫不切齒。榮入洛，穆爲吏部尚書、魯縣侯，[4]進封趙平郡公。[5]爲侍中、前鋒大都督，[6]與大將軍元天穆討平邢杲。[7]

[1]小平：渡口名。又作“河陽津”。在今河南孟津縣東北黄河上。

[2]行：毛本、殿本、四庫本、局本作“作”。按：《魏書》卷四四《費穆傳》作“行”，今從底本。

[3]作：底本作“行”，中華本校勘記云：“諸本‘作’訛作‘行’，據《魏書·費于傳》改。”今從改。

[4]魯縣侯：封爵名。魯縣，治所在今山東曲阜市東古城。

[5]趙平郡公：封爵名。趙平，郡名。北魏時治鶉觚縣，在今甘肅涇川縣東南。

[6]前鋒大都督：官名。統率前鋒部隊。

[7]邢杲：人名。河間（今河北河間市）人。北魏末山東起義軍首領。降後被殺。

時元顥入京師，穆與天穆既平齊地，將擊顥。穆圍武牢，將拔，屬天穆北度，既無後繼，穆遂降顥。顥以河陰酷濫，事起於穆，引入詰讓，殺之。孝莊還宫，贈侍中、司徒公，謚曰武宣。

孟威，字能重，河南洛陽人也。頗有氣尚，尤知北土風俗。歷東宫齋帥、羽林監。[1]後以明解北人語，敕在著作，以備推訪。累遷沃野鎮將。前後頻使遠藩，粗能稱旨。普泰中，[2]除大鴻臚卿，[3]卒。贈司空公。子恂嗣。

[1]東宫齋帥：官名。即太子齋帥。北魏置。北齊時爲太子門下坊齋帥局長官，員二人，八品。　羽林監：官名。漢朝時設，分左、右監，分主羽林左、右騎，秩六百石。三國魏因之。晋朝時省爲一監，掌扈從御駕。南北朝因之，官秩不一。

［2］普泰：北魏節閔帝的年號（531—532）。

［3］大鴻臚卿：官名。專司朝會禮儀之官。北魏孝文帝太和十七年定爲二品上，二十三年定爲三品。

論曰：辛雄吏能歷職，琛以公方行己，懷哲體有清監，德源雅業無虧，並素門之所得也。[1]楊機清斷在公。道穆兄弟有政事之用。綦儁遭逢受職。山偉位行頗爽。忠之雖文史足用，而雅道蔑聞。費穆出身效力，功名著矣，末路一言，禍延簪帶，其死也宜哉！孟威以方言陳力，其勤亦可稱矣。

［1］素門：亦作素族。魏晉南北朝時，凡不屬於皇族的家族統稱爲素族。

北史　卷五一

列傳第三十九

齊宗室諸王上

趙郡王琛 子叡　清河王岳 子勱　廣平公盛　陽州公永樂　襄樂王顯國　上洛王思宗 子元海 弟思好　平秦王歸彦 兄子普　長樂太守靈山[1]　神武諸子

[1]長樂太守：底本作“長樂王”。按：《北齊書》卷一四《長樂太守靈山傳》作“長樂太守”，《北史》和《北齊書》均無記載靈山封王事，今從改。

趙郡王琛，字元寶，[1]齊神武皇帝之弟也。[2]少便弓馬，有志氣。封南趙郡公，[3]累遷定州刺史、六州大都督，[4]甚有聲譽。及斛斯椿等釁結，[5]神武帥師入洛陽，以晋陽根本，[6]召琛留總相府政事。天平中，[7]除御史中尉，[8]正色糾彈，無所回避，遠近肅然。尋亂神武後庭，[9]因杖而斃，時年二十三。贈太尉、尚書令，[10]謚曰貞。天統三年，[11]又贈假黄鉞、左丞相、太師、録尚書事，[12]進爵爲王。配享神武廟廷。子叡嗣。

[1]趙郡王：封爵名。趙郡，北齊時治平棘縣，在今河北趙縣。　元寶：源氏校勘記云："《北齊》作'永寶'。"

[2]神武：即高歡。神武爲其謚號，爲北齊後主所追謚。

[3]南趙郡公：封爵名。南趙，郡名。北魏改南鉅鹿郡置，治廣阿縣，在今河北隆堯縣東。

[4]定州：北魏改安州置，治盧奴縣，在今河北定州市。　六州大都督：官名。北魏末置，東魏、北齊沿置。掌管恒、雲、燕、朔、顯、蔚六州的軍政事務。該六州均由軍鎮改置，居民爲構成高歡軍事力量的主體，故此職地位很重要。

[5]斛斯椿：人名。字法壽，廣牧富昌（今内蒙古准格爾旗東南）人。北魏、東魏、北齊官吏。見《北史》卷四九《斛斯椿傳》。　釁結：仇怨聚積，禍亂頻發。

[6]晋陽：城名。在今山西太原市晋源區古城營村一帶。

[7]天平：東魏孝静帝的年號（534—537）。

[8]御史中尉：官名。十六國時前燕始置。北魏時由御史中丞改稱。主管御史臺，頗重其選。孝文帝太和二十三年（499）定爲從三品。東魏因之。

[9]後庭：後宫。庭，毛本、局本、四部備要本作"廷"。按："廷"同"庭"。

[10]太尉：官名。魏晋以後多爲大臣加官，無實際職掌，北魏、東魏、北齊時皆一品。　尚書令：官名。秦始置。魏晋以來，總掌全國行政。東晋南北朝時，如設有録尚書事，則尚書令職權往往在其下。品秩不一，雖多低於三公，但在多數情况下是實際上的丞相。東魏時爲二品。

[11]天統：北齊後主的年號（565—569）。底本作"天平"，

中華本校勘記云："諸本'統'作'平'，《北齊書》卷一三《趙郡王琛傳》作'統'，按琛追贈配享事見本書卷八《齊後主紀》天統三年十二月，又見下文其子叡傳，今據改。"今從改。

[12]假黄鉞：一般授予最高武官，受此號者，則專主征伐，或代表皇帝親征。魏晋南北朝時皆有此稱號。黄鉞，飾以黄金的鉞，本用於皇帝儀仗。　左丞相：官名。戰國秦始置。左、右丞相各一人。秦及漢初沿置，爲百官之長，掌佐助天子處理全國政務。但秦以左丞相爲上，漢以右爲尊。北齊時特爲權臣專設之名號，不處理實際政務。一品。　太師：官名。西周始置。輔政大臣。自戰國至三國，其間唯西漢及東漢末短暫設置。三國魏末復置，爲三上公之一。北朝因之，皆爲元老重臣之加官。一品。　録尚書事：官名。初稱領尚書事，西漢後期始置。東漢章帝時始有録尚書之名，和帝以後，每帝即位，輒置太傅、録尚書事。録是總領的意思，録尚書事獨攬大權。三國、晋、南北朝，凡掌重權大臣每帶此名號，北魏多以諸王領此官，時人稱"録公"。隋以後廢。

叡小名須拔，幼孤，聰慧夙成，特爲神武所愛，養於宮中，令游娘母之，[1]恩異諸子。魏興和中，[2]襲爵南趙郡公。年至四歲，未嘗識母。其母魏華陽公主也，[3]其從母姊鄭氏戲謂曰："汝是我姨兒，何倒親游氏？"叡因訪問，遂失精神。神武疑其感疾，叡曰："兒無患苦，但聞有所生，欲得暫見。"神武驚，命元夫人至，[4]就宮見之，叡前跪拜，因抱頸大哭。神武甚悲傷，謂平秦王曰：[5]"此兒至孝，吾子無及者。"遂爲休務一日。叡讀《孝經》，至"資於事父"，[6]輒流涕歔欷。十歲喪母，神武親送至領軍府，[7]爲發哀，舉聲殞絶，三日水漿不入口。神武與武明太后殷勤敦譬，[8]方漸順旨。居喪長齋，骨立，杖而後起。神武令常山王與同卧起，[9]日夜喻之，并敕左右，不許進水。雖絶清漱，午輒不肯食，由是神武食必呼與同案。神武崩，哭泣歐血。及壯，將婚，貌有戚容。文襄謂曰：[10]"我爲爾娶鄭述祖女，[11]何嫌而不樂?"對曰："自痛孤遺，方從婚冠，彌用感切。"言未卒，嗚咽不自勝，文襄爲之憫然。勵之勤學，常夜久方罷。

[1]游娘：高歡妾。

[2]興和：東魏孝静帝的年號（539—542）。

[3]華陽公主：即元季艷，北魏出帝元修之妹。華陽，郡名。北魏時治華陽縣，在今陝西勉縣東南。底本作"華山"，中華本校勘記云："諸本'陽'作'山'。按下文作'陽'。趙明誠《金石録》卷二二《北齊華陽公主碑跋》言公主即高叡之母。作'陽'是。今據《北齊書》卷一三及《通志》卷八五《高叡傳》改。"今從改。

[4]元夫人：即華陽公主。

[5]平秦王：封爵名。此處指高歸彦。字仁英，勃海蓨（今河北景縣）人。東魏、北齊大臣。北齊文宣帝天保元年（550）封平秦王。見《北史》卷五一《平秦王歸彦傳》。平秦，郡名。北齊時治雍縣，在今陝西鳳翔縣南。

[6]資於事父：出自《孝經・士章》："資於事父以事母，而愛同；資於事父以事君，而敬同。"

[7]領軍府：官署名。北齊置，以領軍將軍或中領軍爲主官，掌禁衛宮掖。主朱華閣外禁衛官。輿駕出入時，督攝仗衛。

[8]武明太后：即北齊皇帝高歡皇后婁昭君。見《北史》卷一四《齊武明皇后婁氏傳》　敦譬：規勸曉諭。

[9]常山王：封爵名。此處指北齊孝昭帝高演。字延安，高歡

第六子，初封常山王。見《北史》卷七《齊本紀·孝昭帝》。常山，郡名。北齊時治安樂壘，在今河北藁城市西北。

[10]文襄：即高澄。文襄爲其謚號，爲北齊文宣帝所追謚。見《北齊書》卷三《文襄帝紀》。

[11]鄭述祖：人名。字恭文，滎陽開封（今河南開封市）人。東魏、北齊官吏。見《北史》卷三五《鄭羲附鄭述祖傳》。

文宣受禪，[1]進爵爲王。叡身長七尺，容儀甚偉，閑習吏事，有知人之鑒。天保二年，[2]出爲定州刺史、六州大都督，時年十七，稱爲良牧。[3]六年，詔叡領兵監築長城。于時六月，叡途中屏蓋扇，[4]親與軍人同勞苦。定州先常藏冰，長史宋欽道以叡冒熱，[5]遣倍道送冰，正遇炎盛，咸謂一時之要。叡對之歎曰："三軍皆飲温水，吾何義獨進寒冰！"遂至銷液，竟不一嘗，兵人感悦。先是役罷，任其自歸，丁壯先返，羸弱多致僵殞。叡於是親帥營伍，强弱相持，賴全者十三四焉。

[1]文宣：即北齊皇帝高洋。文宣爲其謚號。見《北齊書》卷四《文宣帝紀》。

[2]天保：北齊文宣帝的年號（550—559）。

[3]良牧：清廉賢能的州官。

[4]屏蓋扇：撤去車蓋與扇子。

[5]長史：官名。戰國秦置，爲所在官署的掾屬之長。掌顧問參謀，主行營事務。不同名號的長史所負職責不同，品秩也不相同。　宋欽道：人名。西河介休（今山西介休市）人。東魏、北齊官吏。見《北史》卷二六《宋欽道傳》。

八年，除都督、北朔州刺史。[1]叡撫慰新遷，量置烽戍，備有條法，大爲兵人所安。無水處禱而掘井，泉源湧出，至今號曰趙郡王泉。九年，濟南以太子監國，[2]因立大都督府，[3]與尚書省分理衆事，仍開府置佐史。文宣特崇其選，除叡侍中，[4]攝大都督府長史。叡後因侍宴，帝從容謂常山王演等曰："由來亦有如此長史不?"

[1]都督：官名。三國魏文帝時始置。北魏因之。爲地方軍政長官。分使持節、持節、假節三種，職權各有不同。使持節者得殺二千石以下官員，持節者得殺無官位者，假節者唯有軍事上得殺犯軍令者。北齊沿置。　北朔州：北齊時治馬邑城，在今山西朔州市。

[2]濟南：即北齊廢帝高殷。北齊第二任皇帝，文宣帝長子。乾明元年（560），常山王高演篡位，廢黜高殷爲濟南王，故稱。

[3]大都督府：官署名。大都督始置於三國時期，是因戰争而臨時設立的加官。晋、南北朝皆不常置。北齊文宣帝天保九年，濟南王高殷以太子監國，立大都督府，與尚書省分理衆事，開府置佐，爲中樞軍政機構，趙郡王高叡以侍中攝大都督府長史。

[4]侍中：官名。北魏時掌侍皇帝左右，贊導衆事，顧問應對。此職親近皇帝，掌權便利，時有宰相之實，員六人，三品。北齊沿置。

皇建初，[1]兼并州事。孝昭帝臨崩，預受顧託，奉迎武成於鄴，[2]拜尚書令。天統中，追贈父琛假黄鉞；母元氏贈趙郡王妃，謚曰貞昭，華陽長公主如故。有司備禮儀，就墓拜受。[3]時隆冬盛寒，叡跣步號哭，[4]面皆破裂，歐血數升。及還，不堪參謝。帝親就第看問，拜司空、攝録尚書事。[5]

[1]皇建：北齊孝昭帝的年號（560—561）。

[2]武成：即北齊皇帝高湛。武成爲其謚號。見《北史》卷八《齊本紀·武成帝》。　鄴：城名。北齊國都，在今河北臨漳縣西南。

[3]受：中華本作“授”。按：“受”同“授”。

[4]跣步：赤脚步行。

[5]司空：官名。又尊稱爲司空公。與太尉、司徒並稱三公，列三公之末。北齊時爲名譽宰相，多爲大臣加官。一品。

河清三年，[1]周師及突厥至并州。武成戎服，將以宫人避之。叡叩馬諫，[2]乃止。帝親御戎，六軍進止，並令取叡節度，而使段孝先總焉。[3]帝與宫人被緋甲，登故北城以望，軍營甚整。突厥咎周人曰：“爾言齊亂，故來伐之；今齊人眼中亦有鐵，何可當邪！”乃還，至陘嶺，[4]凍滑，乃鋪氈以度。胡馬寒瘦，膝已下皆無毛，比至長城，死且盡，乃截矟杖之以歸。是役也，段孝先持重，不與賊戰，自晋陽失道，爲虜所屠，無遺類焉。斛律光自三堆還，[5]帝以遭大寇，抱其頭哭。任城王湝進曰：[6]“何至此！”乃止。光面折孝先於帝前曰：“段婆善爲送女客。”於是以叡爲能，加尚書令，封宣城郡公，[7]拜太尉，監五禮。[8]晚節頗以酒色爲和士開所構。[9]叡久典朝政，譽望日隆，漸被疏忌，乃撰《古忠臣義士》，號曰《要言》，以致其意。

[1]河清：北齊武成帝的年號（562—565）。

[2]叩馬諫：勒馬直諫。

[3]段孝先：人名。即段韶。字孝先，姑臧武威（今甘肅武威市）人。東魏、北齊將領。見《北齊書》卷一六《段榮附段韶傳》。

[4]陘嶺：即句注山，一名西陘山，又稱雁門山。在今山西代縣西北。歷代爲北方重要屏障。

[5]斛律光：人名。字明月，朔州（今山西朔州市）敕勒部人。北齊將領。見《北史》卷五四《斛律金附斛律光傳》。　三堆：地名。一名三堆戍。在今山西静樂縣。

[6]任城王：封爵名。任城，郡名。北齊時改魯郡置，治魯縣，在今山東曲阜市東北。　湝：即高湝，人名。北齊宗室。高歡第十子，文宣帝天保元年封任城王。見《北齊書》卷一〇《任城王湝傳》。

[7]宣城郡公：封爵名。宣城，郡名。北齊時治宛陵縣，在今安徽宣城市。

[8]監：中華本校勘記云："《北齊書》'監'下有'議'字，是。"可從。　五禮：古代禮儀總稱。以祭祀之事爲吉禮，喪葬之事爲凶禮，軍旅之事爲軍禮，賓客之事爲賓禮，冠婚之事爲嘉禮，合稱五禮。

[9]和士開：人名。字彦通，清都臨漳（今河北臨漳縣）人。北齊官吏。見《北史》卷九二《和士開傳》。

武成崩，葬後數日，叡與馮翊王潤、安德王延宗及元文遥奏後主云：[1]"和士開不宜仍居内。"并入奏太后。因出士開爲兖州刺史。[2]太后欲留過百日，叡正色不許。太后令酌酒賜叡，叡正色曰："今論國家大事，非爲卮酒。"言訖便出。其夜，叡方寢，見一人長可丈五尺，臂丈餘，當門向床，以臂壓叡，良久遂失。甚惡之，起坐歎曰："大丈夫運命一朝至此！"且欲入朝，妻子咸諫止之。叡曰："社稷事重，吾當以死效之，吾寧死事先皇，不忍見朝廷顛沛。"至殿門，又有人曰："願勿入。"叡曰："吾上不負天，死亦無恨。"入見太后，太后復以爲言，叡執之彌固。出至永巷，被執送華林園，[3]於雀離佛院令劉桃枝拉殺之，[4]時年三十六。大霧三日，朝野冤惜之。其年，詔聽以王禮葬，竟無贈謚。

[1]馮翊王：封爵名。馮翊，郡名。北魏時治高陸縣，在今陝西高陵縣。　安德王：封爵名。安德，郡名。北齊時治安德縣，在今山東平原縣東北。　元文遥：人名。字德遠，河南洛陽（今河南洛陽市東北）人，鮮卑族。東魏、北齊大臣。見《北史》卷五五《元文遥傳》。

[2]兖州：北齊時治瑕丘縣，在今山東兖州市西。

[3]被執送華林園：底本無"執"字，中華本校勘記云："諸本脱'執'字，據《北齊書》《通志》補。"今從改。　華林園：十六國後趙石虎都鄴後建。在今河北臨漳縣西南古鄴城東。後爲北齊武成帝增飾，若神仙所居，遂改名仙都苑。

[4]雀離佛院：寺院名。在今河北臨漳縣西南。底本作"崔離佛院"，中華本校勘記云："諸本'雀'訛作'崔'，據《北齊書》改。雀離佛圖見本書卷九七《西域傳·乾陀國》。當時鄴都蓋仿其形制建塔，故有雀離佛院。"今從改。　劉桃枝：人名。北齊官吏。初爲高歡驅使，甚受寵信。齊建，位至領軍、開府，封王爵。上黨王涣、琅邪王儼、平秦王歸彦、斛律光等皆爲其親手所殺。

子整信嗣，好學有行檢，位儀同三司，[1]後終於長安。

[1]儀同三司：謂官非三公而儀制待遇同於三公。西魏時凡開府，皆加儀同三司。西魏文帝大統年間置府兵，其二十四開府所統儀同府主管將軍，其軍號爲車騎大將軍、儀同三司，又簡稱爲儀同將軍或儀同。此皆爲當時中高級武官之稱號。

清河王岳字洪略，[1]神武從父弟也。父翻，字飛雀，以器度知名，卒於侍御中散。[2]元象中，[3]贈假黄鉞、大將軍、太傅、太尉、録尚書事，[4]謚孝宣公。

[1]清河王：封爵名。清河，郡名。北魏時治清河縣，在今山東臨清市東北。

[2]侍御中散：官名。北魏設。近侍皇帝左右，多以鮮卑族及功臣子弟任之。孝文帝太和十七年時爲五品上。

[3]元象：東魏孝静帝的年號（538—539）。

[4]大將軍：官名。戰國時楚國始置，漢朝亦設大將軍，負責統兵征戰，有時在大將軍之上加以稱號。三國至南北朝，執政大臣多兼大將軍之號。　太傅：官名。北魏時，與太師、太保並號三師，位居太師下、太保上，爲輔弼君王的大臣。孝文帝太和二十三年定爲一品。

岳幼孤貧，人未之知。長而敦直，姿貌嶷然，深沉有器量。初居洛邑，神武每使入洛，必止岳舍。岳母山氏嘗夜起，見神武室中無火而有光，移於别室，如前所見。怪之，詣卜者筮，遇《乾》之《大有》。[1]占者曰："吉。《易》稱'飛龍在天，大人造也'，貴不可言。"

山氏歸報神武。神武後起兵於信都。[2]山氏謂岳曰："赤光之瑞，今當驗矣，汝可從之。"岳遂往信都，神武見之大悦。

[1]之：毛本、殿本、四庫本、局本、四部備要本作"卦"。按：《北齊書》卷一三《清河王岳傳》作"之"。今從底本。

[2]兵：底本作"岳"，殿本、四庫本、四部備要本、中華本作"兵"，源氏校勘記改"岳"作"兵"。今從改。　信都：縣名。治所在今河北冀州市。

及戰於韓陵，[1]神武將中軍，高昂將左軍，[2]岳將右軍。中軍敗，岳舉麾大呼，横衝賊陣，神武因大破賊。以功除衛將軍、左光禄大夫，[3]封清河郡公。母山氏封郡君，授女侍中，[4]入侍皇后。天平二年，除侍中、六州軍事都督，[5]尋加開府。[6]岳辟引時賢，以爲僚屬，論者美之。尋授使持節、六州大都督、冀州大中正。[7]俄拜京畿大都督，[8]其六州事悉隸京畿。時神武統務晋陽，岳與侍中孫騰等京師輔政。[9]岳性至孝，母疾，衣不解帶。及遭喪去職，哀毁骨立，神武憂之，每日遣人勞勉。尋起復本位，歷冀晋二州刺史、西南道大都督，[10]有綏邊之稱。

[1]韓陵：地名。在今河南安陽市東北。

[2]高昂：人名。字敖曹，勃海蓨（今河北景縣）人。東魏將領。見《北史》卷三一《高祐附高昂傳》。

[3]衛將軍：官名。西漢初始置。北魏時位在諸名號大將軍上，多作爲軍府名號，加贈大臣、重要州郡長官，無具體職掌。二品。

左光禄大夫：官名。三國魏置。作爲在朝顯職的加官，以示優待，或授予年老有病者爲致仕之官，亦常用作卒後贈官，無職掌。西晋、南北朝沿置。北魏孝文帝太和十七年定爲從一品下，二十三年定爲二品。

［4］女侍中：女官名。北魏置，陪侍皇后或皇太后，多以能解詩書之近臣妻、母擔任，與其他後宫女職由宫女充任不同。北魏、東魏時視二品。

［5］六州軍事都督：官名。東魏置。掌管六州軍事，位在六州大都督之下。

［6］開府：爲開府儀同三司的省稱。三國魏始置。東魏時爲大臣加號，意謂與三司禮制待遇相同，許開辟府署，自辟僚屬。北齊沿置。

［7］使持節：即持節出使。自漢起，節爲皇帝授予號令賞罰之權的信物，故持節者比不持節者位高而權重。自西晋起，又將使持節與持節相區分，成爲專用職名。此職名在上，得殺二千石以下。而持節除督軍事時與使持節相同外，平時僅有權殺無官位之人。東魏因之。　冀州：東魏時治信都縣，在今河北冀州市。　大中正：官名。三國魏文帝時實行九品中正制，郡置中正，州置大中正，掌管地方選拔官吏事宜。南北朝同。州大中正由司徒選授，本州内鄉品二品的士族高門可以參與其推舉，出任者皆爲鄉品二品的士族高門，許多家族世代相襲。北魏後期選授較濫，恩幸、閹官亦有任此職者。

［8］京畿大都督：官名。北魏末年始置，掌京城宿衛兵。東魏時兼統六州軍事，權力較前增大。北齊時皆以親王爲之，總領宿衛兵。

［9］孫騰：人名。字龍雀，咸陽石安（今陝西咸陽市東北）人。東魏大臣。見《北史》卷五四《孫騰傳》。

［10］晋：州名。北齊時治白馬城，在今山西臨汾市。

及神武崩，侯景叛。[1]梁武乘間遣其貞陽侯明於寒山擁泗水灌彭城，[2]與景爲犄角聲援。岳總諸軍南討，與行臺慕容紹宗擊破明，[3]禽之。景仍於渦陽與左衛將軍劉豐等相持，[4]岳又破之。以功除太尉。又統慕容紹宗、劉豐等攻王思政於長社，[5]岳引洧水灌城。[6]紹宗、劉豐爲思政所獲，西魏出兵援思政，岳内外防禦，城不没者三板。會文襄親臨，數日剋城，獲思政等。以功別封真定縣男。[7]文襄以爲己功，故賞典不弘。

[1]侯景：人名。字萬景，懷朔鎮（今内蒙古固陽縣南）人。曾任北魏官吏，後叛至南朝。見《梁書》卷五六《侯景傳》（參李萬生《侯景的氏族及相關問題》，《北京大學學報》2000年第5期）。

[2]貞陽侯：封爵名。貞陽，縣名。治所在今廣東英德市東。　明：即蕭淵明，人名。南蘭陵（一説在今江蘇常州市，一説在今江蘇丹陽市）人。南朝梁宗室。見《北齊書》卷三三《蕭明傳》。　寒山：地名。在今江蘇徐州市東南。　泗水：又名清水、清泗。源出今山東泗水縣東蒙山南麓，古入淮河，今入運河。　彭城：縣名。治所在今江蘇徐州市。

[3]行臺：官名。行臺長官的省稱。北魏時爲行臺尚書，職掌當地軍政事務，亦兼理民事。慕容紹宗在侯景之亂期間，以東南道行臺之職總領平叛事宜。　慕容紹宗：人名。字紹宗。東魏、北齊官吏。參與擊討梁蕭淵明所率之軍，大捷。見《北史》卷五三《慕容紹宗傳》。

[4]渦陽：縣名。治所在今安徽蒙城縣。　左衛將軍：官名。西晉武帝設。與右衛將軍共掌宿衛營兵，四品。有司馬、功曹等屬官。北魏、北齊亦置，秩正三品。北齊時左右衛將軍主朱華閣以外

左右厢的警衛事務。　劉豐：人名。字豐生，普樂（今寧夏靈武市）人，或説本出河間樂城（今河北獻縣北）。東魏將領。見《北史》卷五三《劉豐傳》。

[5]王思政：人名。字思政，太原祁（今山西祁縣東南）人。西魏將領。見《北史》卷六二《王思政傳》。　長社：縣名。西漢置。治所在今河南長葛市東。東魏孝静帝武定六年（548）圍攻西魏將王思政於此，次年攻克，因城多崩壞，移治潁陰縣（今河南許昌市）。

[6]洧水：即今河南雙洎河。源出今河南登封市東陽城山，東流至西華縣西入潁水。

[7]真定縣男：封爵名。真定，縣名。治所在今河北正定縣南。

文襄崩，文宣出撫晋陽，令岳以本官兼尚書左僕射，[1]留鎮鄴。天保初，進封清河郡王。五年，加太保，[2]尋爲西南道大行臺，統司徒潘相樂等救江陵。[3]師次義陽，[4]西魏克荆州。[5]因略地，剋郢州，[6]獲梁郢州刺史陸法和，[7]送鄴。詔岳旋師。

[1]尚書左僕射：官名。秦朝初置，爲尚書次官，佐尚書令統諸尚書。漢朝沿置，東漢獻帝時分置左、右，稱尚書左、右僕射。魏、晋、南北朝、隋、唐沿置，爲尚書次官，佐尚書令處理朝政，兼糾彈百官，權任甚重。多分置左、右，如僅置一人，則稱尚書僕射。

[2]太保：官名。北魏時爲三師之一，位在太傅、太師下。爲輔佐君王的重要大臣，一品。北齊因之。

[3]大行臺：官名。北魏、南朝梁、東魏、西魏、北齊時多作爲大行臺長官的省稱。北魏時置大行臺，爲尚書省在各主要地區的派出機構，代行尚書省職權，管理轄區内的軍政事務，是地方最高

行政機構。東魏、北齊沿置。　司徒：官名。漢光武帝時改大司徒置。北齊亦置，與太尉、司空並爲三公。一品。　潘相樂：人名。一名潘樂，廣寧石門（今山西朔州市）人。東魏、北齊官吏。見《北史》卷五三《潘樂傳》。　江陵：縣名。治所在今湖北江陵縣。

[4]義陽：縣名。治所在今河南信陽市北。

[5]荆州：北齊時治穰縣，在今河南鄧州市。

[6]郢州：南梁時治義陽，在今河南信陽市。

[7]陸法和：人名。南朝梁、北齊官吏。見《北史》卷八九《陸法和傳》。

岳自討寒山、長社及出隨、陸，並有功，威名彌重。性華侈，尤悦酒色，歌姬舞女，陳鼎擊鍾，諸王皆莫及。初，高歸彦少孤，神武令岳撫養。輕其年幼，情禮甚薄，歸彦内銜之。[1]及歸彦爲領軍，岳謂其德己，更倚仗之。歸彦密構其短，奏岳造城南大宅，僭擬爲永巷，但無闕耳。帝後夜行，見壯麗，意不平。仍屬帝召鄴下婦人薛氏入宫，而岳先嘗迎之至宅，由其姊也。帝縣薛氏姊而鋸殺之，讓岳，以爲姦人女。岳曰："臣本欲取之，嫌其輕薄，非姦也。"帝益怒，使高歸彦就宅賜以鴆。岳曰："臣無罪。"彦曰："飲之！"飲而薨。朝野惜之。時年三十四。[2]詔大鴻臚護喪事，[3]贈太宰、太傅、假黄鉞、給轀輬車，[4]謚曰昭武。敕以城南宅爲莊嚴寺。

[1]銜：懷恨。

[2]三十四：中華本校勘記云："《北齊書》卷一三《清河王岳傳》作'四十四'。張森楷云：'案岳從高歡起兵在魏永安末年，

距齊天保六年凡二十六年，若岳卒年三十四，則起兵時衹八歲，無是理也。《北史》蓋誤。’按高歡起兵實在普泰元年六月，張説誤提前一年，但結論不錯，當從《北齊書》作‘四十四’。”可從。

[3]大鴻臚：官名。九卿之一。秦稱典客，漢景帝時改名大行令。魏晉南北朝時接待賓客、管理少數民族事務之職移歸尚書省主客曹，本官漸成專司朝會禮儀之官。北魏孝文帝太和十七年定爲二品上，二十三年改爲三品。北齊沿置。

[4]太宰：官名。西晉置太師、太傅、太保三上公，因避司馬師諱，改太師爲太宰，位三公之首。北魏時於太師、太傅、太保三師之上，别置太宰，皆一品。北齊沿置。　轀輬車：喪車名。本爲一種封閉而又有通風設備的卧車。因秦始皇在巡游途中病逝，丞相李斯唯恐各位皇子及天下發生變故，秘不發喪，將其棺藏於轀輬車中，以掩人耳目。後世遂以轀輬車作爲喪車的專名。

初，岳與神武經綸天下，[1]家有私兵戎器、儲甲千餘領。[2]文襄末，岳表求納之，文襄推心相任，不許。文宣時，亦頻請納，又不許。將薨，遺表謝恩，并請上甲。葬畢，方許納焉。皇建中，配享文襄廟庭。後歸彦反，武成知其前譖，以歸彦良賤百口贈岳家。贈岳太師、太保，餘如故。子勱。

[1]經綸：原意爲整理蠶絲，引申指籌劃治理國家大事。

[2]領：件。

勱字敬德，幼聰敏，美風儀，以仁孝聞。七歲襲爵清河王，十四爲青州刺史，歷祠部尚書、開府儀同三司，[1]改封安樂侯。[2]性剛直，有才幹，斛律光雅敬之，每征伐則引爲副。遷侍中、尚書右僕射。[3]

[1]祠部尚書：官名。東晋始置，南北朝沿置。北齊時領祠部、主客、虞曹、屯田、起部五曹郎。與尚書右僕射不並置，闕祠部尚書時，以尚書右僕射兼攝祠部事；闕尚書右僕射時，亦常置祠部尚書兼右僕射事。三品。　開府儀同三司：三國魏始置。爲大臣加號，謂與三司即太尉、司徒、司空的禮制待遇相同，許開設府署，自辟僚屬。兩晋、南北朝因之。

[2]安樂侯：封爵名。安樂，縣名。治所在今江蘇灌雲縣。源氏校勘記云："《北齊》（'安樂'）作'樂安'。《隋書》同。"中華本校勘記云："錢氏《考異》卷四〇云：'按《齊書》卷一三《高勱傳》："以清河地在畿内，改封樂安王。"此云"安樂侯者"誤。'按《通志》卷八五及《隋書》卷五五《高勱傳》並作'樂安王'。但《册府》卷二七一作'安樂王'。作'侯'必誤，'樂安''安樂'未知孰是，今不改。"可從。

[3]尚書右僕射：官名。北齊時列位宰相，職掌都省庶務及執法，或典選舉。從二品。

及後主爲周師所敗，勱奉太后歸鄴。時宦官放縱，儀同苟子溢尤幸，[1]勱將斬以徇，太后救之，乃得釋。劉文殊竊謂勱曰："子溢之徒，言成禍福，何得如此！"勱攘袂曰：[2]"今西軍日侵，朝貴多叛，正由此輩弄權。若今日殺之，明日就誅，無恨。"文殊甚愧之。勱勸後主，五品已上家累悉置三臺上，[3]脅之曰"若戰不捷，則燒之"。此輩必死戰，乃可捷也。後主不從，遂棄鄴東遷。勱恒後殿，爲周軍所得。武帝與語，大悦，因問齊亡所由，勱發言流涕，悲不自勝，帝爲改容。授開府儀同三司。

[1]苟子溢：人名。北齊宦官。後主時授開府儀同三司，甚得寵愛。在朝敗政虐人，爲非作歹。

[2]攘袂：捋起衣袖。常形容激奮而起的樣子。

[3]已上：底本作“已下”，中華本校勘記云：“諸本‘已上’作‘已下’，《北齊書》《隋書》作‘已上’。按《北齊書》上文云：‘今所翻叛，多是貴人，至於卒伍，猶未離貳。’作‘已上’是，若五品以下，則人數甚多，安能悉置三臺上。今據改。”今從改。　家累：殿本、四庫本、四部備要本作“家略”。按：《隋書》卷五五《高勱傳》作“家累”，作“家略”不可解，今從底本。　三臺：臺名。銅雀臺、金獸臺、冰井臺之合稱。在今河北臨漳縣西南，魏武帝曹操所建。北齊文宣帝高洋在曹操三臺的舊基上加以擴建，改銅雀爲金鳳、金虎爲聖應、冰井爲崇光。

隋文帝爲丞相，謂曰：“齊亡由任邪佞，公父子忠良，聞於鄰境，宜善自愛。”勱拜謝曰：“勱，亡齊末屬，不能扶危定傾，既蒙獲宥，已多優幸，況濫叨名級，致速官謗。”[1]帝甚器之。再遷楚州刺史。[2]城北有伍子胥廟，[3]其俗敬鬼，祈者必以牛酒，至破產業。勱歎曰：“子胥賢者，豈宜損百姓乎！”告諭所部，自是遂止，百姓賴之。

[1]官謗：因居官不稱職而受到責難和非議。

[2]楚州：隋文帝開皇元年（581）置，治壽張縣，三年改名淮陰縣（今江蘇淮安市西南），十二年移治山陽縣（今江蘇淮安市楚州區）。

[3]伍子胥：人名。即伍員。字子胥，春秋時期楚國人。因父兄都被楚平王殺死，他隻身到吴國，輔佐吴王伐楚復仇。見《史記》卷六六《伍子胥列傳》。

開皇七年，[1]轉光州刺史。[2]上表曰："陳氏數年已來，荒悖滋甚，天厭亂德，妖實人興。或空裏時有大聲，或行路共傳鬼怪，或刳人肝以祠天狗，或自捨身以厭妖訛。人神怨憤，怪異荐發。臣以庸才，猥蒙朝寄，頻歷蕃守，與其鄰接，密邇仇讎，知其動静。天討有罪，此即其時。若戎車雷動，戈船電邁，臣雖駑怯，請效鷹犬。"并上平陳五策，帝嘉之，答以優詔。及大舉伐陳，以勱爲行軍總管，[3]從宜陽公王世積下陳江州，[4]以功拜上開府，[5]賜物三千段。

[1]開皇：隋文帝的年號（581—600）。

[2]光州：隋朝時，治光城縣，在今河南光山縣。隋煬帝大業初改爲弋陽郡。

[3]行軍總管：官名。北周設。爲軍隊出征臨時委派的統帥。隋初沿置。

[4]宜陽公：封爵名。宜陽，郡名。隋朝時治宜陽縣，在今河南宜陽縣西。　王世積：人名。闡熙新囶（今陝西靖邊縣西）人。北周、隋官吏。見《隋書》卷四〇《王世積傳》。　江州：隋朝時治宜昌縣，在今湖北宜昌市西北長江南岸。

[5]上開府：上開府儀同大將軍、上開府儀同三司的簡稱。爲北周、隋之勳官。

時隴右諸羌，數爲寇亂，朝廷以勱有威名，拜洮州刺史。[1]下車大崇威惠，人夷悦附，豪猾屏迹，路不拾遺，以善政稱。後吐谷渾來寇，[2]勱時遇疾，不能拒戰，賊遂大掠而去。憲司奏勱亡户口，[3]坐免，卒于家。大唐褒顯前代名臣，追贈都督四州諸軍事、定州刺史。

[1]洮州：北周武帝時置。治所在今甘肅臨潭縣。隋煬帝大業三年（607）廢。

[2]吐谷渾：族名。又稱吐渾、退渾。原爲鮮卑族慕容部的一支，先祖游牧於徒河青山（今遼寧義縣東）。西晋時，遷徙於今甘肅、青海一帶。十六國時，先後受到前凉、西秦等追逐，幾乎亡國。後再度崛起，北魏太武帝時達到最强盛。在北魏打擊下，一度退到今新疆一帶。以游牧爲生。見《北史》卷九六《吐谷渾傳》。

[3]憲司：魏晋以來對御史的别稱。

子士廉最知名。

廣平公盛，[1]神武從叔祖也。[2]寬厚有長者風。神武起兵於信都，盛來赴，以爲中軍大都督，[3]封廣平郡公。歷位司徒、太尉。天平三年，薨於位，贈假黄鉞、太尉、太師、録尚書事。無子，以兄子子瑗嗣。天保初，改封平昌王，[4]卒於魏尹。[5]

[1]廣平公：封爵名。廣平，郡名。北齊時治曲梁城，在今河北永年縣東南。

[2]神武從叔祖也：中華本校勘記云："按《魏書》卷三二《高湖傳》，盛父各拔與高歡祖謐爲兄弟，則盛乃歡從叔。高歡世系可疑。《魏書》《北齊書》之不同，或即史臣編造失檢所致。"可從。

[3]中軍大都督：官名。北魏末置。東、西魏沿置，統率中軍。

[4]平昌王：封爵名。平昌，郡名。北齊時治黔陬縣，在今山東膠州市西南。

[5]魏尹：官名。十六國時後趙及前燕皆曾都鄴，鄴爲魏郡治所，故皆以魏郡守爲魏尹。東魏孝静帝天平元年自洛陽遷都於鄴（魏郡郡治），以魏郡爲畿郡，亦以魏郡守爲魏尹。職掌略同京兆尹。北齊文宣帝天保元年改魏尹爲清都尹。

陽州公永樂，[1]神武從祖兄子也。太昌初，[2]封陽州縣伯，進爵爲公，累遷北豫州刺史。[3]河橋之戰，[4]司徒高昂失利奔退，永樂守河陽南城，[5]昂走趣城南，西軍追者將至，永樂不開門，昂遂爲西軍所禽。神武大怒，杖之二百。

[1]陽州：中華本校勘記云："按本書卷七《齊文宣紀》天保元年見楊州縣開國公高孝緒，即永樂嗣子。《册府》卷四五〇亦作'楊州'。唯《册府》卷二八四作'陽周'。陽周縣見《魏書·地形志下》豳州趙興郡。'陽州''楊州'皆當是'陽周'之訛。"可從。陽周，縣名。北魏孝文帝太和十一年置，治所在今甘肅寧縣東。

[2]太昌：北魏孝武帝的年號（532）。

[3]北豫州：東魏孝静帝天平初復置，治虎牢城，在今河南滎陽市西北。

[4]河橋：橋名。在今河南孟津縣東、孟州市西南黄河上。

[5]河陽南城：指河陽三城中的南城。北魏、東魏時於黄河孟津兩岸和河中洲上築北中城、中潬城、南城三城，合稱"河陽三城"。黄河二派流貫三城之間，有河橋相連，爲洛陽北面津要。自北魏至五代，歷爲軍事重鎮。南城，東魏孝静帝元象元年築，在今

河南孟州市西南黄河南岸。河陽，底本“河”作“洛”，中華本校勘記云：“諸本‘河’訛作‘洛’，據《北齊書》卷一四（補）《陽州公永樂傳》改。本書卷三一《高昂傳》及《通鑑》卷一五八並作‘河陽南城’。此役洛陽爲西魏將獨孤信所據，高永樂不得在洛陽。”今從改。

後罷豫州，家産不立。神武問其故，對曰：“裴監爲長史、辛公正爲别駕，[1]受王委寄，斗酒隻雞不敢入。”神武乃以永樂爲濟州，[2]仍以監、公正爲長史、别駕。謂永樂曰：“爾勿大貪，小小義取莫復畏。”永樂至州，監、公正諫不見聽，以狀啓神武。神武封啓以示永樂，然後知二人清直，並擢用之。永樂卒於州，贈太師、太尉、録尚書事，謚曰武昭。

[1]别駕：官名。又作“别駕從事”“别駕從事史”。漢元帝時始置。北魏後期漸由朝廷任命。其位雖崇，但職任漸爲府佐所奪。其品秩依州品不同，自正五品至正七品不等。北齊因之。

[2]濟州：東魏時治碻磝城，在今山東茌平縣西南。

無子，從兄思宗以第二子孝緒爲後，襲爵。天保初，改封脩城郡王。[1]

[1]脩城郡王：封爵名。遥封。脩城，郡名。北魏孝文帝太和中置。治所在今甘肅成縣東南。

永樂弟長弼，小名阿伽。性粗武，出入城市，好毆擊行路，時人皆呼爲阿伽郎君。以宗室封廣武王。[1]時有天恩道人，至凶暴，横行閭肆，後入長弼黨，專以鬬爲事。文宣并收掩付獄，天恩等十餘人皆棄市，長弼鞭一百。尋爲南營州刺史，[2]在州無故自驚走，叛亡入突厥，竟不知死所。

[1]廣武王：封爵名。廣武，郡名。北齊時治中牟城，在今河南中牟縣東。按：王仲犖《北周地理志》認爲此廣武郡治在今甘肅永登縣東南。

[2]南營州：北魏孝武帝永熙二年（533）僑置，領昌黎、遼東、建德、營丘、樂良五郡。寄治英雄城，在今河北徐水縣西。北齊時僅領昌黎郡。

襄樂王顯國，[1]神武從祖弟也。無才伎，直以宗室謹厚，天保元年，封襄樂郡王。位右衛將軍，[2]卒。

[1]襄樂王：封爵名。遥封。襄樂，郡名。北魏孝文帝太和十一年置。治襄樂縣，在今甘肅寧縣湘樂鎮。

[2]右衛將軍：官名。三國魏元帝咸熙二年（265）司馬炎分中衛將軍爲左、右衛將軍。北齊時負責宫禁宿衛，與左衛將軍共主皇宫朱華閣以外禁衛事務。三品。

上洛王思宗，[1]神武從子也。性寬和，頗有武幹。天保初，封上洛郡王，歷位司空、太傅，薨於官。

[1]上洛王：封爵名。上洛，郡名。北齊時治上洛縣，在今陝西商洛市商州區。

子元海，累遷散騎常侍，[1]願處山林，修行釋典，[2]文宣許之。乃入林慮山，[3]經二年，絶棄人事。志不能固，自啓求歸。徵復本任，便縱酒肆情，廣納姬侍。又除領軍將軍。[4]器小志大，頗以智謀自許。

[1]散騎常侍：官名。三國魏文帝時置散騎，合於中常侍，謂之散騎常侍。北齊時掌侍從左右、圖書文翰、諫諍拾遺，收納轉呈文書奏事，兼領修史，但仍爲閑散之職。

[2]釋典：佛經。

[3]林慮山：在今河南林州市西二十里。本名隆慮山，東漢避殤帝劉隆諱改名。

[4]領軍將軍：官名。東漢末設。統掌中軍禁兵，中領軍之資望深者則獲此稱。從二品。北齊因之。

皇建末，孝昭幸晋陽，武成居守，元海以散騎常侍留典機密。初，孝昭之誅楊愔等，[1]謂武成云，事成，以汝爲皇太弟。及踐位，乃使武成在鄴主兵，立子百年爲皇太子，武成甚不平。

[1]楊愔：人名。字遵彦，小名秦王，弘農華陰（今陝西華陰市東南）人。東魏、北齊官吏。見《北齊書》卷三四《楊愔傳》。

先是，恒留濟南於鄴，[1]除領軍厙狄伏連爲幽州刺史，[2]以斛律豐樂爲領軍，[3]以分武成之權。武成留伏連而不聽豐樂視事。[4]乃與河南王孝瑜僞獵，[5]謀於野，暗乃歸。先是童謡云："中興寺内白鳧翁，四方側聽聲雍雍，道人聞之夜打鐘。"時丞相府在北城中，即舊中興寺也；凫翁謂雄雞，蓋指武成小字步落稽也；[6]道人，濟南王小名也；打鐘，言將被擊也。既而太史奏言，北城有天子氣，昭帝以爲濟南應之，乃使平秦王歸彦之鄴，迎濟南赴并州。武成先告元海，并問自安之計。元海曰："皇太后萬福，至尊孝性非常，殿下不須别慮。"武成曰："此豈我推誠之意邪?"元海乞還省一夜思之。武成即留元海後堂，元海達旦不眠，唯遶床徐步。[7]夜漏未盡，武成遽出曰："神算如何?"答云："夜中得三策，恐不堪用耳。"因説梁孝王懼誅入關事，[8]請乘數騎入晉陽，先見太后求哀，後見主上，請去兵權，以死爲限，求不干朝政，必保太山之安，[9]此上策也。若不然，當具表云威權大盛，恐取謗衆口，請青、齊二州刺史，沉靖自居，必不招物議，此中策也。更問下策，曰："發言即恐族誅。"因逼之，答曰："濟南世嫡，主上假太后令而奪之，今集文武，示以此敕，執豐樂，斬歸彦，尊濟南，號令天下，以順討逆，此萬世一時也。"武成大悦，狐疑，竟未能用。乃使鄭道謙卜之，[10]皆曰："不利舉事，静則吉。"又召曹魏祖問之國事，對曰："當有大凶。"又時有林慮令在潘，[11]知占候，密謂武成曰："宫車當晏駕，[12]殿下爲天下主。"武成拘之於内以候之。又令巫覡卜之，[13]多云不須舉兵，自有大慶。武成乃奉詔，令數百騎送濟南於晉陽。

[1]濟南：即北齊廢帝高殷。北齊第二任皇帝，後被廢爲濟南王。因以代稱。

[2]領軍：官名。此處爲領軍將軍的省稱。　庫狄伏連：人名。

字仲山，本名伏憐，代（今山西大同市東北）人。北齊官吏。見《北史》卷五三《慕容儼附厙狄伏連傳》。　幽州：北齊時治薊縣，在今北京西南。

[3]斛律豐樂：人名。即斛律羡。字豐樂，一作“豐洛”，朔州（今山西朔州市）敕勒部人。北齊將領。見《北史》卷五四《斛律金附斛律羡傳》。

[4]視事：就職。

[5]河南王：封爵名。河南，郡名。北齊時治宜遷縣，在今河南洛陽市。底本作“河陽王”，中華本校勘記云：“諸本‘南’誤作‘陽’，據《通志》卷八五《高元海傳》及本書卷五二孝瑜本傳改。”今從改。　孝瑜：即高孝瑜，人名。字正德，勃海蓨（今河北景縣）人。北齊宗室，高澄長子。見《北史》卷五二《河南王孝瑜傳》。

[6]武成：毛本、殿本、四庫本、局本、四部備要本作“武城”。按：《北齊書》一四《上洛王思宗附高元海傳》作“武成”，今從底本。

[7]遶（rào）：同“繞”。

[8]梁孝王：即劉武。漢文帝次子，景帝同母弟。備受寵愛。因爭繼帝位問題，暗中派人刺殺袁盎等多位大臣。事發後，漢景帝欲治其罪，劉武乃派人通過長公主劉嫖向竇太后認罪，請求寬宥，最終得到景帝寬恕。見《史記》卷五八《梁孝王世家》。

[9]太山：即泰山。此處爲安若泰山之意。

[10]鄭道謙：人名。北齊方士，善卜。

[11]林慮：縣名。治所在今河南林州市。　潘：底本作“藩”，中華本校勘記云：“諸本‘潘’訛作‘藩’，據《北齊書》卷一四《高元海傳》改。《通鑑》卷一六八作‘林慮令潘子密’。”今從改。

[12]宮車當晏駕：宮車遲出。帝王死亡的諱辭。宮車，指帝王所乘之車。晏，遲。

[13]巫覡（xí）：男女巫師的合稱。巫，女巫。覡，男巫。

及孝昭崩，武成即位，除元海侍中、開府儀同三司、太子詹事。[1]河清二年，元海爲和士開譖，被馬鞭六十，責云："爾在鄴城說我以弟反兄，幾許不義！以鄴城兵馬抗并州，幾許無智！不義無智，若爲可使？"出爲兗州刺史。

[1]太子詹事：官名。亦稱詹事。戰國時始置。負責教導太子。北齊時掌管東宫一切事務、官屬。領東宫三寺及左右衛坊、門下坊、典書坊。三品。

元海後妻，陸太姬甥也，[1]故尋被追任使。[2]武平中，[3]與祖珽共執朝政。[4]元海多以太姬密語告珽。珽求領軍，元海不可，珽乃以其所告報太姬。姬怒，出元海爲鄭州刺史。[5]鄴城將敗，徵爲尚書令。周建德七年，[6]於鄴城謀逆，伏誅。

[1]陸太姬：人名。即陸令萱，亦稱陸媪。見《北史》卷九二《穆提婆傳》。

[2]被追任使：被恢復官職。

[3]武平：北齊後主的年號（570—576）。

[4]祖珽：人名。字孝徵，范陽遒（今河北淶水縣北）人。東魏、北齊官吏。見《北史》卷四七《祖瑩附祖珽傳》。

[5]鄭州：北齊時治潁陰縣，在今河南許昌市。

[6]建德：北周武帝的年號（572—578）。

元海好亂樂禍，然詐仁慈，不飲酒噉肉。文宣天保末年，敬信内法，[1]乃至宗廟不血食，皆元海所爲。及爲右僕射，又説後主禁屠宰，斷酤酒。然本心非靖，故終致覆敗。

[1]内法：佛教教義。

思宗弟思好，本浩氏子也，思宗養以爲弟，遇之甚薄。少以騎射事文襄。及文宣受命，爲左衛大將軍。[1]本名思孝，天保五年討蠕蠕，[2]文宣悦其驍勇，謂曰："爾擊賊如鶻入鵶群，宜思好事。"[3]故改名焉。累遷尚書令、朔州道行臺、朔州刺史、開府、南安王。[4]甚得邊朔人心。

[1]左衛大將軍：官名。北齊置。侍奉嗣主左右，兼知内外機要事。

[2]蠕蠕：族名。亦稱柔然，本爲東胡的一支，屬拓跋部。南北朝時始强大，活動於今蒙古國南部地區。以游牧爲生。見《北史》卷九八《蠕蠕傳》。

[3]鶻：一種鷹類的猛禽。　鵶（yā）：烏鴉。

[4]南安王：封爵名。南安，郡名。北齊時治南安縣，在今河南葉縣東北。

後主時，斫骨光弁奉使至州，[1]思好迎之甚謹，光弁倨傲，思好因心銜恨。武平五年，遂舉兵反，與并州諸貴書曰："主上少長深宫，未辨人之情僞，昵近凶狡，疏遠忠良。遂使刀鋸刑餘，[2]貴溢軒階，[3]商胡醜類，擅權帷幄。剥削生靈，劫掠朝市，闇於聽受，專行忍害。幽母深宫，無復人子之禮；二弟殘戮，頓絶孔懷之義。[4]仍縱子立奪馬於東門，[5]光弁擊鷹於西市。駮龍得儀同之號，逍遥受郡君之名。[6]犬馬班位，榮冠軒冕，人不堪役，思長亂階。趙郡王叡，實曰宗英，社稷惟寄；左丞相斛律明月，世爲元輔，威著鄰國：並非有辜，奄見誅殄。[7]孤既忝預皇枝，實蒙殊奬，今便擁率義兵，指除君側之害，幸悉此懷，無致疑惑。”行臺郎王行思之辭也。

[1]斫骨光弁：人名。亦作“斫胥光弁”“研胥光弁”。北齊宦官。後主時貴寵。位中常侍。中華本校勘記云：“錢氏《考異》云：‘《廣韻》（入聲十八藥）漢複姓有斫胥氏。何氏《姓苑》云：‘今平陽人。’此作‘骨’，字相似而訛也。《恩倖傳》（本書卷九二）作‘研胥光弁’，‘研’又‘斫’之訛，即一人。”可從。

[2]刀鋸刑餘：指宦官。

[3]軒階：堂前的臺階。指皇宫。

[4]孔懷之義：兄弟之情。《詩·小雅·常棣》：“死喪之威，兄弟孔懷。”鄭玄箋：“維兄弟之親，甚相思念。”

[5]子立：人名。北齊宦官。受寵，爲非作歹。

[6]駮龍：駮龍、逍遥，均爲北齊幼主高恒所養走馬鷹犬之名。《北齊書》卷八《幼主紀》：“狗則飼以粱肉。馬及鷹犬乃有儀同、郡君之號，故有赤彪儀同、逍遥郡君、凌霄郡君，高思好書所謂‘駮龍、逍遥’者也。”

[7]奄見：忽然遭到。

思好至陽曲，[1]自號大丞相，[2]置百官，以行臺左丞王尚之爲長史。[3]武衛趙海在晉陽掌兵，[4]時倉卒，不暇奏，矯詔發兵拒之。軍士皆曰："南安王來，我輩唯須唱萬歲奉迎耳。"帝聞變，使唐邕、莫多婁敬顯、劉桃枝、中領軍厙狄士文馳之晉陽，[5]帝勒兵續進。思好軍敗，與行思投水而死。其麾下二千人，桃枝圍之，且殺且招，終不降，以至於盡。

[1]陽曲：縣名。治所在今山西太原市北。

[2]大丞相：官名。北魏末置，授予控制朝政的權臣，位在百官之上。東、西魏沿置，任此職者皆獨攬軍政大權，成爲國家實際統治者。

[3]行臺左丞：官名。即行臺尚書左丞。北魏置。在行臺内職掌同尚書左丞。北齊因之。

[4]武衛：官名。三國魏文帝時置武衛將軍以統率禁旅。北齊因之。

[5]唐邕：人名。字道和，太原晉陽（今山西太原市晉源區古城營村一帶）人。北齊官吏。見《北史》卷五五《唐邕傳》。　莫多婁敬顯：人名。太安狄那（今山西壽陽縣西）人，羌族。北齊官吏。見《北史》卷五三《莫多婁貸文附莫多婁敬顯傳》。　中領軍：官名。漢獻帝建安年間曹操始置。北魏時侍臣帶領軍者，稱中領軍，三品。北齊因之。　厙狄士文：人名。善無（今山西代縣）人，鮮卑族。歷仕北齊、北周、隋。見《北史》卷五四《厙狄干附厙狄士文傳》。

時帝在道，叱奴世安自晉陽送露布，[1]於城平都遇斛斯孝卿。[2]孝卿誘使食，因馳詣行宮，叫"已了"。帝大懽，[3]左右呼萬歲。良久，世安乃以狀自陳。帝曰：

“告爾何物事？[4]乃得坐食！”於是賞孝卿而免世安罪。暴思好屍七日，然後屠剥焚之，烹尚之於鄴市，令内參射其妃於宫内，[5]仍火焚殺之。

[1]叱奴世安：人名。其餘不詳。 露布：一種寫有文字並用以通報四方的帛製旗子，多用來傳遞軍事捷報。

[2]城平都：源氏校勘記云：“《北齊》無‘城’字。”中華本校勘記云：“《北齊書》卷一四《高思好傳》無‘城’字。按‘城平都’當作‘平都城’，參卷三一《高德政傳》校記。”可從。平都城，在今山西和順縣儀城村。 斛斯孝卿：人名。太安（今山西寧武縣）人。北齊大臣。見《北史》卷五三《斛律羌舉附斛律孝卿傳》。中華本校勘記云：“本書卷五三、《北齊書》卷二〇《斛律羌舉傳》，羌舉子名孝卿，於後主時典機密。‘斛斯’當是‘斛律’之訛。”可從。

[3]懽：殿本、中華本作“歡”。按：懽，同“歡”。

[4]告爾：中華本校勘記云：“《北齊書》‘告爾’作‘告示’，《通志》卷八五《高思好傳》作‘爾告’。疑《通志》是。”可從。

[5]内參：太監、宦官。

思好反前五旬，有人告其謀反。韓長鸞女適思好子，[1]故奏言“有人誣告諸貴，事相擾動，不殺無以息後”。乃斬之。思好既誅，死者弟伏闕下訴求贈兄，長鸞不爲通也。

[1]韓長鸞：人名。即韓鳳。字長鸞，昌黎（今遼寧朝陽市）人。北齊官吏。見《北史》卷九二《韓鳳傳》。

平秦王歸彦字仁英，神武族弟也。父徽，魏末坐事當徙涼州。[1]行至河、渭間，遇賊，以軍功得免流。因於河州積年，以解胡言爲西域大使，[2]得胡師子，[3]以功行河州事，[4]遂死焉。徽於神武，舊恩甚篤。及神武平京洛，迎徽喪，與穆同營葬。[5]贈司徒，謚曰文宣。

[1]涼州：北魏時治姑臧縣，在今甘肅武威市。

[2]大使：指受帝王特遣之官員。北朝時執行範圍很廣，多以貴臣高官臨時任之。

[3]師子：獅子。

[4]河州：底本作"河東"，中華本校勘記云："諸本'州'作'東'，《通志》卷八五《高歸彦傳》作'州'。按《魏書》卷三二《高湖傳》附見高徽。言其出使還，至河州，遇莫折念生起義，河州刺史元祚以憂死，因被推行河州事，後爲梁景進所殺。此事亦見《魏書》卷九《肅宗紀》孝昌元年十月。作'州'是，今據《通志》改。"今從改。

[5]與穆同營葬：源氏校勘記云："'與'《北齊》作'以'。"中華本校勘記云："《通志》'與穆同營葬'作'爲之營葬'。按上文不見穆事迹，疑有脱誤。"可從。

初，徽嘗過長安市，與婦人王氏私通而生歸彦，至是年已九歲。神武追見之，撫對悲喜。稍遷徐州刺史。[1]歸彦少質朴，後更改節，放縱好聲色，朝夕酣歌。妻魏上黨王元天穆女也，[2]貌不美而甚嬌妒，數忿争，密啓文宣求離，事寢不報。天保元年，封平秦王，嫡妃康及所生母王氏，並爲太妃。[3]善事二母，以孝聞。徵爲兼侍郎，稍被親寵。以討侯景功，别封長樂郡公，[4]

除領軍大將軍。[5]領軍加大，自歸彥始也。文宣誅高德正，[6]金寶財貨，悉以賜之。乾明初，[7]拜司徒，仍總知禁衛。

[1]徐州：東魏時治彭城縣，在今江蘇徐州市。

[2]上黨王：封爵名。上黨，郡名。北魏時治壺關城，在今山西長治市北。　元天穆：人名。亦稱元穆。北魏宗室、官吏。見《北史》卷一五《高凉王孤附上黨王天穆傳》。

[3]嫡妃康及所生母王氏並爲太妃：中華本校勘記云："張森楷云：'上"妃"當作"母"，若如此文，則似歸彥妃矣。'"可從。

[4]長樂郡公：封爵名。長樂，郡名。北齊時治信都縣，在今河北冀州市。

[5]領軍大將軍：官名。北齊文宣帝天保中置，爲領軍府長官。總掌禁衛諸軍，在領軍將軍之上，位次尚書令。二品。

[6]高德正：人名。一作"高德政"，字士貞，勃海蓨（今河北景縣）人。北齊官吏。見《北齊書》卷三〇《高德政傳》。

[7]乾明：北齊廢帝的年號（560）。

濟南自晋陽之鄴，楊愔宣敕，留從駕兵五千於西中，陰備非常。至鄴數日，歸彥乃知之，由是陰怨楊、燕等。[1]楊、燕等欲去二王，問計於歸彥。歸彥詐喜，請共元海量之。元海亦口許心違，馳告長廣。[2]長廣於是誅楊、燕等。孝昭將入雲龍門，[3]都督成休寧列仗拒而不内，[4]歸彥諭之，然後得入。進向柏閣、永巷亦如之。孝昭踐阼，以此彌見優重，每入，常在平原王段韶上。[5]以爲司空，兼尚書令。齊制，宫内唯天子紗帽，臣下皆戎帽，特賜歸彥紗帽以寵之。孝昭崩，歸彥從晋陽迎武成於鄴。及武成即位，進位太傅，領司徒，常聽將私部曲三人，[6]帶刀入杖。從武成還都，諸貴戚等競要之。其所往處，一坐盡傾。

[1]燕：即燕子獻。字季則，廣漢下洛（今河北涿鹿縣）人。北齊官吏。見《北史》卷四一《楊播附燕子獻傳》。

[2]長廣：郡名。北齊時治黄縣，在今山東龍口市東萊街道。此處指長廣王高湛。小字步落稽，神武子。北齊第四任皇帝。見《北史》卷八《齊本紀·武成帝》。

[3]雲龍門：鄴城宮門名。

[4]成休寧：人名。北齊將領。位至都督、開府。

[5]平原王：封爵名。平原，郡名。北齊時治聊城縣，在今山東聊城市東北。　段韶：人名。字孝先，姑臧武威（今甘肅武威市）人。東魏、北齊將領。見《北史》卷五四《段榮附段韶傳》。

[6]部曲：本爲軍隊編制之稱。東漢末，演變爲私人武裝之稱。魏晋南北朝時，世族、豪族普遍擁有部曲，平時耕田從役，戰時隨主人作戰，父死子繼，地位低下。南北朝後期，地位稍爲上升，有一些經主人放免成爲平民。

歸彦既地居將相，志氣盈滿，發言陵侮，傍若無人。議者以威權震主，必爲禍亂；上亦尋其前翻覆之迹，漸忌之。高元海、畢義雲、高乾和等咸數言其短。[1]上幸歸彦家，召魏收對御作詔草，[2]欲加右丞相。收曰：“至尊以右丞相登帝位，今爲歸彦威名太盛，故出之，豈可復加此號？”乃拜太宰、冀州刺史，即乾和繕寫。晝日，仍敕門司不聽輒内。時歸彦在家縱酒，經宿不知。至明，欲參，至門知之，大驚而退。及通名謝，敕令早發，别賜錢帛、鼓吹、醫藥，[3]事事周備。又敕武職督將，悉送至清陽宫。[4]拜而退，莫敢共語。唯與趙郡王叡久語，時無聞者。

[1]畢義雲：人名。東平須昌（今山東東平縣）人。東魏、北齊官吏。見《魏書》卷六一《畢衆敬附畢祖朽傳》。　高乾和：人名。冀州（今河北冀州市）人。東魏、北齊官吏。曾任黄門郎，與高元海、畢義雲向皇帝進讒言迫害高歸彦。後因和士開被皇帝疏遠。

[2]上幸歸彦家召魏收對御作詔草：中華本校勘記云："《通鑑》卷一六八云：'帝亦尋其反覆之迹，伺歸彦還家，召魏收於帝前作詔草。'按欲出歸彦，安得至其家作詔？下文云：'仍敕門司，不聽輒納，時歸彦在家縱酒，經宿不知，至明欲參，至門知之。'足証作詔必不在歸彦家。此'歸彦'下當脱'還'字。"可從。魏收，人名。字伯起，小字佛助，鉅鹿下曲陽（今河北晋州市西）人。北齊學者。見《北史》卷五六《魏收傳》。

[3]鼓吹：演奏鼓吹樂的樂隊。本用於軍中，後賜予有功大臣，遂成爲皇帝賜予臣下的一種禮遇。

[4]清陽宫：北齊别宫，在今河北清河縣。

至州不自安，謀逆，欲待受調訖，班賜軍士。望車駕如晋陽，乘虚入鄴。爲其郎中令吕思禮所告，[1]詔平原工段韶襲之。歸彦舊於南境置私驛，聞軍將逼，報之，便嬰城拒守。[2]先是冀州長史宇文仲鸞、司馬李祖挹、别駕陳季璩、中從事房子弼、長樂郡守尉普興等疑歸彦有異，[3]使連名密啓，[4]歸彦追而獲之，遂收禁仲鸞等五人。仍並不從，皆殺之。軍已逼城，歸彦登城大叫云："孝昭皇帝初崩，六軍百萬衆，悉由臣手，投身向鄴迎陛下，當時不反，今日豈有異心？正恨高元海、畢義雲、高乾和誑惑聖上，疾忌忠良。但爲殺此三人，即臨城自刎。"

[1]郎中令：官名。漢朝始置。北魏時諸王、公、侯、伯、子、男國皆置，品秩頗低。北齊因之。　吕思禮：人名。東平壽張（今山東東平縣西南）人。北魏、西魏官吏。見《北史》卷七〇《吕思禮傳》。

[2]嬰城：猶言據城，謂繞城而自守。

[3]司馬：官名。漢設。北魏時諸公府多置，爲公府高級幕僚，管理府内武職，與長史共參府務，位次長史。北齊因之。　中從事：官名。北魏設，爲皇帝皇子府、諸王府、公府、持節府、州府等屬官，掌府中吏事，官秩隨府主地位而高低。北齊因之。

[4]使：中華本校勘記云："《通志》'使'作'亦'。按疑是'便'之訛。"可從。

其後城破，單騎北走。至交津，[1]見獲，鎖送鄴。帝令趙郡王叡私問其故，歸彦曰："使黄頷少兒牽挽我，[2]何可不反？"曰："誰邪？"歸彦曰："元海、乾和，豈是朝廷老宿？如趙家老公時，又詎懷怨？"於是帝又使讓焉，對曰："高元海受畢義雲宅，用作本州刺史，給後部鼓吹；臣爲蕃王、太宰，仍不得鼓吹。正殺元海、義雲而已。"上令都督劉桃枝牽入，歸彦猶作前語，望活。帝命議其罪，皆云不可赦。乃載以露車，[3]銜枚面縛，[4]劉桃枝臨之以刃，擊鼓隨之，并子孫十五人，皆棄市。贈仁州刺史。[5]

[1]交津：地名。又名交漳口，在今河北磁縣西清漳河與濁漳河合流處。

[2]黄頷：下巴上僅有黄色細毛，形容年輕。

[3]露車：無帷蓋的車子。

[4]銜枚面縛：口中横銜著枚（狀如箸，口銜以防喧嘩），兩手反綁。

[5]仁州：北齊時治赤坎城，在今安徽懷遠縣西北。

魏時山崩，得石角二，藏在武庫。文宣入庫，賜從臣兵器，特以二石角與歸彦，謂曰："爾事常山不得反，事長廣得反，反時，將此角嚇漢。"[1]歸彦額骨三道，著幘不安，文宣見之怒，使以馬鞭擊其額，血被面曰："爾反時，當以此骨嚇漢。"其言反，竟驗云。

[1]嚇漢：嚇唬漢兒。漢兒，北朝時對漢人或漢化了的北方民族的稱呼。

武興王普字德廣，[1]歸彦兄歸義之子也。性寬和，有度量。九歲與歸彦自河州俱入洛，[2]神武使與諸子同游處。天保初，封武興郡王。武平二年，累遷司空。六年，爲豫州道行臺尚書令。[3]後主奔鄴，就加太宰。周師逼，乃降。卒於長安，贈上開府、豫州刺史。

[1]武興王：封爵名。遥封。武興，郡名。北周時治武興縣，在今陝西略陽縣。

[2]九歲與歸彦自河州俱入洛：底本"歸彦"上無"與"字，

中華本校勘記云："諸本脱'與'字，據《通志》補。"今從改。

[3]行臺尚書令：官名。北齊時所設諸行臺最高行政長官，總領所轄地區軍政、民政。

長樂太守靈山，字景嵩，神武族弟也。從神武起兵信都，終長樂太守，贈大將軍、司空，謚曰文宣。子懿，卒於武平鎮將。[1]無子，文宣以靈山從父兄齊州刺史建國子伏護爲靈山後。[2]

[1]武平：縣名。治所在今河南鹿邑縣西北。　鎮將：官名。北魏置，爲鎮之主官，掌一鎮兵馬及鎮之守衛。品秩按所帶將軍號而定。北齊因之。

[2]齊州：北齊時治歷城縣，在今山東濟南市。

伏護字臣援，粗有刀筆。天統初，累遷黄門侍郎。[1]伏護歷事數朝，恒參機要，而性嗜酒，每多醉失。末路逾劇，[2]乃至連日不食，專事酣酒，神識恍惚，遂以卒。贈兖州刺史、建國侯。孫乂襲。[3]

[1]黄門侍郎：官名。秦、西漢時給郎官加以給事黄門的省稱，亦稱黄門郎，爲中朝官員，侍從皇帝、顧問應對，出則陪乘。東漢與給事黄門合爲一官，遂成給事黄門侍郎的省稱。魏、晋、南北朝因之。北魏孝文帝太和二十三年爲四品上。北齊因之。

[2]末路：晚年。

[3]贈兖州刺史建國侯孫乂襲：中華本校勘記云："《墓誌集釋補遺·高虯墓誌》稱'虯字龍乂'，趙萬里以爲龍乂即此傳之乂。又以爲'侯'當作'從'。按伏護本生父名建國，不當贈爵建國

侯，趙説疑是。”可從。

又少謹，武平末，給事黄門侍郎。隋開皇中爲太府少卿，[1]坐事死。

[1]太府少卿：官名。北魏置。掌倉儲出納，兩京諸市，通判各署事務。隋初爲正四品上，煬帝時改爲從四品。

神武皇帝十五男：武明婁皇后生文襄皇帝、文宣皇帝、孝昭皇帝、襄城景王淯、武成皇帝、博陵文簡王濟。[1]王氏生永安簡平王浚。[2]穆氏生平陽靖翼王淹。[3]大尒朱氏生彭城景思王浟、華山王凝。[4]韓氏生上黨剛肅王涣。[5]小尒朱氏生任城王湝。[6]游氏生高陽康穆王湜。[7]鄭氏生馮翊王潤。[8]馬氏生漢陽敬懷王洽。[9]

[1]襄城景王：封爵名。謚號曰景。襄城，郡名。北齊時治襄城縣，在今河南襄城縣。　淯：即高淯，人名。北齊宗室，神武帝高歡第八子。見《北齊書》卷一〇《襄城景王淯傳》。底本作“清”，中華本校勘云：“諸本‘淯’作‘清’。按《北齊書》卷一〇《高祖十一王傳》，本書卷七、《北齊書》卷四《文宣紀》天保元年及二年，《册府》卷二七七並作‘淯’。‘清’乃‘淯’之訛，今據改。”今從改。　武成皇帝：毛本作“武城皇帝”。按：《北齊書》卷七《武成帝紀》作“武成”。今從底本。　博陵文簡王：封爵名。謚號曰文簡。博陵，郡名。北齊時治安平縣，在今河北安平縣。　濟：即高濟，人名。北齊宗室，神武帝高歡第十二子。見《北齊書》卷一〇《博陵文簡王濟傳》。

[2]王氏：高歡妃。見《北史》卷一四《高陽太妃游氏傳》。

永安簡平王：封爵名。謚號曰簡平。永安，郡名。北齊時治永安縣，在今山西霍州市。

[3]平陽靖翼王：封爵名。謚號曰靖翼。平陽，郡名。北齊時治平陽縣，在今山西臨汾市。

[4]大尒朱氏：高歡妃。見《北史》卷一四《彭城太妃尒朱氏傳》。　彭城景思王：封爵名。謚號曰景思。彭城，郡名。北齊時治彭城縣，在今江蘇徐州市。　華山王：封爵名。華山，郡名。北齊時治鄭縣，在今陝西華縣西南。

[5]韓氏：高歡妃。見《北史》卷一四《上黨太妃韓氏傳》。　上黨剛肅王：封爵名。謚號曰剛肅。上黨。郡名。北齊時治壺關城，在今山西長治市北。

[6]小尒朱氏：高歡妃。見《北史·彭城太妃尒朱氏附小尒朱氏傳》。

[7]游氏：高歡妃。見《北史》卷一四《高陽太妃游氏傳》。　高陽康穆王：封爵名。謚號曰康穆。高陽，郡名。北齊時治高陽縣，在今河北高陽縣。

[8]鄭氏：高歡妃。見《北史》卷一四《馮翊太妃鄭氏傳》。

[9]漢陽敬懷王：封爵名。謚號曰敬懷。漢陽，郡名。遥封。北周時治蘭倉縣，在今甘肅禮縣。

永安簡平王浚字定樂，神武第三子也。初神武納浚母，當月而有孕，及産浚，疑非己類，不甚愛之。而浚早慧，後更被寵。年八歲，謂博士盧景裕曰：[1]“‘祭神如神在’，爲有神邪？無神邪？”對曰：“有。”浚曰：“有神，當云‘祭神神在’，何煩‘如’字？”景裕不能答。及長，嬉戲不節，曾以屬請受納，大見杖罰，拘禁府獄，既而見原。[2]後稍折節，頗以讀書爲務。

[1]博士：官名。北魏明元帝時將國子學改稱中書學，國子博士改爲此稱，轉隸於中書省。除掌教中書學生外，還處理中書省機要，議政議禮，出使敵國等。無定員，俱以漢人任之。北齊因之。盧景裕：人名。字仲孺，小字白頭，范陽涿（今河北涿州市）人。北魏、東魏官吏。見《北史》卷三〇《盧同附盧景裕傳》。底本無“景”字，中華本校勘記云：“諸本脱‘景’字，據下文及《北齊書》、《通志》卷八五《神武諸子傳》補。”今從改。

[2]見原：見諒。

元象中，封永安郡公。豪爽有氣力，善騎射，爲文襄所愛。文宣性雌懦，每參文襄，有時洟出。[1]浚恒責帝左右：“何因不爲二兄拭鼻？”由是見銜。累遷中書監、兼侍中。[2]出爲青州刺史，[3]雖頗好畋獵，聰明矜恕，上下畏悦之。天保初，[4]進爵爲王。

[1]洟（yí）：鼻涕。

[2]中書監：官名。魏晉南北朝時爲中書省長官之一。三國魏文帝初分秘書省置中書省。南朝中書省掌納奏、擬詔、出令，然權歸中書舍人，監、令名爲長官，品秩升高，多用作重臣加官，時人視爲閑職。北魏、北齊與南朝略同。北魏孝文帝太和十七年定爲從一品中，二十三年改爲從二品。北齊因之。

[3]青州：東魏時治東陽城，在今山東青州市。

[4]天保：底本作“保定”，中華本校勘記云：“諸本‘天保’作‘保定’。按‘保定’乃周武帝年號，誤。高浚封永安王見本書卷七、《北齊書》卷四《文宣紀》天保元年。今據改。”今從改。

文宣末年多酒，浚謂親近曰：“二兄舊來，不甚了了，自登阼已後，識解頓進。今因酒敗德，朝臣無敢諫者，大敵未滅，吾甚以爲憂。欲乘驛至鄴面諫，不知用吾不？”人有知，密以白帝，又見銜。八年，來朝，從幸東山。[1]帝裸裎爲樂，[2]雜以婦女，又作狐掉尾戲。浚進言，此非人主所宜，帝甚不悦。浚又於屏處召楊遵彦，譏其不諫。帝時不欲大臣與諸王交通，遵彦懼，以奏帝。大怒曰：“小人由來難忍！”遂罷酒還宫。浚尋還州，又上書切諫。詔令徵浚，浚懼禍，謝疾不朝。上怒，馳驛收浚，老幼泣送者數千人。至，盛以鐵籠，與上黨王涣俱置北城地牢下，飲食溲穢，共在一所。

[1]東山：確址不詳，疑在今河北臨漳縣附近。
[2]裸裎（chéng）：赤身露體。

明年，帝親將左右，臨穴歌謳，令浚等和之。浚等惶怖且悲，不覺聲戰。帝爲愴然，因泣，將赦之。長廣王湛先與浚不睦，進曰：“猛獸安可出穴？”帝默然。浚等聞之，呼長廣王小字曰：“步落稽，皇天見汝！”左右聞者，莫不悲傷。浚與涣皆有雄略，爲諸王所傾服，帝恐爲害，乃自刺涣，又使壯士劉桃枝就籠亂刺。槊每下，[1]浚、涣輒以手拉折之，號哭呼天，於是薪火亂投籠，燒殺之，填以石土。後出，皮髮皆盡，屍色如炭，天下爲之痛心。

[1]槊（shuò）：兵器，即長矛。

後帝以其妃陸氏配儀同劉郁捷，舊帝蒼頭也，[1]以軍功見寵。時令郁捷害浚，故以配焉。後數日，帝以陸氏先無寵於浚，敕與離絶。乾明元年，贈太尉。無子，詔以彭城王激第二子準，[2]字茂則，嗣。

[1]舊帝：四庫本作“帝舊”。按：《北齊書》卷一〇作“舊帝”，今從底本。　蒼頭：私家奴僕。

[2]準：即高準，人名。過繼給高浚爲子。據李君穎墓誌，“長兄女適齊神武皇帝孫永安王茂則妃”，君穎長兄爲李君策，君穎、君策均爲李祖牧之子，可見高準娶李祖牧孫女爲妻（參羅新、葉煒《新出魏晋南北朝墓誌疏證（修訂本）》，中華書局 2016 年版，第 214—215 頁）。

平陽靖翼王淹字子邃，神武第四子也。元象中，封平陽郡公，累遷尚書左僕射。天保初，進爵爲王，歷位尚書令、開府儀同三司、司空、太尉。[1]皇建初，爲太傅，與彭城、河間王並給仗身羽林百人。[2]大寧元年，[3]遷太宰。性沉謹，以寬厚稱。河清三年，薨於晋陽。或云以酖終。還葬鄴，贈假黄鉞、太宰、録尚書事。子德素嗣。

[1]尚書令：底本無“令”字，中華本校勘記云：“諸本脱‘令’字，據《北齊書》《通志》補。高淹遷尚書令見本書卷七《文宣紀》天保元年七月。”今從改。

[2]仗身羽林百人：殿本、四庫本、局本、四部備要本作“仗衛羽林百人”。未詳孰是。

[3]大寧：北齊武成帝的年號（561—562）。毛本、殿本、四

庫本、局本、四部備要本作“太寧”。按:“太”“大”古通。

彭城景思王浟字子深，神武第五子也。元象二年，拜通直散騎常侍,[1]封長樂郡公。博士韓毅教浟書,[2]見浟筆迹未工，戲浟曰:“五郎書畫如此，忽爲常侍、開國,[3]今日後，宜更用心!”浟正色答曰:“昔甘羅爲秦相,[4]未聞能書。凡人唯論才具何如，豈必勤勤筆迹。博士當今能者，何爲不作三公?”時年蓋八歲矣，毅甚慚。

[1]通直散騎常侍:官名。晋武帝時設，因將員外散騎常侍與散騎常侍通員值班而得名。職掌品秩與散騎常侍略同。東晋時定爲專官，員四人，屬散騎省，爲清望官。歷朝因之，品秩不一。自南朝宋起屬集書省。

[2]韓毅:人名。潁川（今河南許昌市）人。東魏官吏。以工書法著稱。

[3]開國:封爵名。始於晋代。賜與參與王朝創建的宗室、功臣。在公、侯、伯、子、男五等封爵前所加的稱號。連稱即爲開國公、開國侯、開國伯等。

[4]甘羅爲秦相:戰國末期，甘羅十二歲因爲國立功而被封爲秦國上卿。見《史記》卷七一《樗里子甘茂列傳》。

武定六年,[1]出爲滄州刺史。[2]爲政嚴察，部内肅然。守令參佐，下及胥吏，行游往來，皆自齎糧食。浟纖介知人間事,[3]有濕沃縣主簿張達,[4]嘗詣州，夜投人舍食雞羹，浟察知之。守令畢集，浟對衆曰:“食雞羹何不還他價直也?”[5]達即伏罪，合境號爲神明。又有一人從幽州來，驢馱鹿脯，至滄州界，脚痛行遲，偶會一人爲伴，遂盗驢及脯去。明旦告州，洮乃令左右及府僚吏分市鹿脯，不限其價。其主見脯識之，推獲盗者。轉都督、定州刺史。時有人被盗黑牛，背上有白毛。長史韋道建謂中從事魏道勝曰：[6]“使君在滄州日，[7]禽姦如神。若捉得此賊，定神矣。”洮乃詐爲上符，[8]市牛皮，倍酬價直。使牛主認之，因獲其盗。建等歎服。又有老母姓王，孤獨，種菜三畝，數被偷。洮乃令人密往書菜葉爲字，明日，市中看菜葉有字，獲賊。爾後境内無盗，政化爲當時第一。

[1]武定：東魏孝静帝的年號（543—550）。

[2]滄州：東魏時治饒安縣，在今河北鹽山縣西南。

[3]纖介：細微。

[4]濕沃：縣名。治所在今山東商河縣。底本作“隰沃”，中華本校勘記云：“諸本‘濕’訛‘隰’，據《北齊書》改。濕沃見《魏書·地形志上》滄州樂陵郡及《漢書·地理志》千乘郡。”今從改。

[5]直：同“值”。

[6]韋道建：人名。京兆杜陵（今陜西西安市長安區東）人。東魏孝静帝武定末，爲定州儀同開府長史，帶中山太守。北齊文宣帝天保末，卒於司農少卿。見《魏書》卷四五《韋閬傳》、《北齊書》卷四五《韋道遜傳》。

[7]使君：底本作“史君”，殿本、局本、四部備要本、中華本作“使君”。按：《北齊書》卷一〇《彭城景思王浟傳》作“使君”，今據《北齊書》改。

[8]上符：上等的符節，因需綴以牛尾，故市牛皮。

天保初，封彭城王。四年，徵爲侍中，人吏送别悲號。有老公數百人，相率具饌白浟曰："自殿下至來五載，人不識吏，吏不欺人。百姓有識已來，始逢今化。殿下唯飲此鄉水，未食百姓食，聊獻疏薄。"浟重其意，爲食一口。七年，轉司州牧，[1]選從事皆取文才士明剖斷者，當時稱爲美選。州舊案五百餘，浟未期悉斷盡。[2]别駕羊脩等恐犯權戚，乃詣閤諮陳。[3]浟使告曰："吾直道而行，何憚權戚？卿等當成人之美，反以權戚爲言！"脩等慚悚而退。後加特進，[4]兼司空、太尉，州牧如故。太妃薨，解任。尋詔復本官。俄拜司空，兼尚書令。濟南嗣位，除開府儀同三司、尚書令，領大宗正卿。[5]皇建初，拜大司馬，[6]兼尚書令，轉太保。武成入承大業，遷太師、録尚書。

[1]司州牧：官名。北魏京畿行政長官，治洛陽。北魏孝文帝太和二十三年由司州刺史改名，從二品。東魏孝静帝遷都於鄴，改原相州刺史爲司州牧。北齊沿置。

[2]未期：不到一年。期，一整年。

[3]閤：官署。

[4]特進：官名。北齊時爲加官名號，贈致仕大臣。二品。

[5]大宗正卿：官名。秦漢以後，歷代皆置宗正管理皇族事務。北魏時始改爲此名。多以宗族擔任，亦任外姓。

[6]大司馬：官名。漢武帝始置。八官之一，居三公之上、三師之下，開府置僚屬，然無具體職司。後多爲大臣加官。

浟明練世務，果於斷決，事無大小，咸悉以情。趙郡李公統預高歸彥之逆，[1]其母崔氏，即御史中丞崔昂從父姊，[2]兼右僕射魏收之内妹也。依令：年出六十，例免入官。崔增年陳訴，所司以昂、收故，崔遂獲免。湝擿發其事，[3]昂等以罪除名。自後車駕巡幸，湝常留鄴。

[1]李公統：人名。趙郡平棘（今河北趙縣）人。北齊官吏。位員外郎。武成帝河清二年高歸彦反，其爲謀主。歸彦敗，伏誅。

[2]御史中丞：官名。西漢始置，爲御史大夫的副貳，魏晋南北朝及十六國皆置。北魏時改名御史中尉，北齊時復舊，皆甚重其職。　崔昂：人名。字懷遠，博陵安平（今河北安平縣）人。北魏、東魏、北齊官吏。見《北史》卷三二《崔挺附崔昂傳》。

[3]擿：中華本作“摘”。按：“擿”同“摘”。

河清三年三月，群盗白子禮等數十人，謀劫湝爲主。詐稱使者，徑向湝第，至内室，稱敕呼湝，牽上馬，臨以白刃，欲引向南殿。湝大呼不從，遂遇害，時年三十二。朝野痛惜焉。初湝未被劫前，其妃鄭氏夢人斬湝頭持去，惡之。數日而湝見殺。贈假黄鉞、太師、太尉、録尚書事，給轀輬車。

子寶德嗣。位開府，兼尚書左僕射。

上黨剛肅王涣字敬壽，神武第七子也。天姿雄傑，俶儻不群，雖在童幼，恒以將略自許。神武壯而愛之，曰：“此兒似我。”及長，力能扛鼎，材武絶倫。每謂左右曰：“人不可無學，但要不爲博士耳。”故讀書頗知梗概，而不甚耽習。

元象中，封平原郡公。文襄之遇賊，涣年尚幼，在西學，[1]聞宫中讙，[2]驚曰："大兄必遭難矣！"彎弓而出。武定末，除冀州刺史，在州有美政。天保初，封上黨王，歷中書令、尚書左僕射。[3]與常山王演等築伐惡諸城。[4]遂聚鄴下輕薄，[5]陵犯郡縣，爲法司所糾。文宣戮其左右數人，涣亦被譴。六年，率衆送梁王蕭明還江南，仍破東關，[6]斬梁特進裴之横等，[7]威名甚盛。

[1]西學：古代的學校。周以來，有大學、小學之分。東學爲大學，西學爲小學，掌教貴族子弟。

[2]讙（huān）：喧嘩。

[3]中書令：官名。魏晋南北朝時中書省長官，掌納奏、擬詔、出令，然權歸中書舍人，監、令名爲長官，多用作重臣加官。北齊時爲三品。

[4]伐惡諸城：即伐惡城、新城、嚴城、河南城，在今河南洛陽市西南。

[5]輕薄：輕佻浮薄之人。

[6]東關：一名武陽關，在今河南羅山縣南；一説即今河南信陽市東南武勝關。

[7]裴之横：人名。字如岳，河東聞喜（今山西聞喜縣）人。南朝梁官吏。見《梁書》卷二八《裴邃附裴之横傳》。

八年，録尚書事。初，術士言亡高者黑衣，由是自神武後每出行不欲見桑門，[1]爲黑衣故也。是時文宣幸晋陽，以所忌問左右曰："何物最黑？"對曰："莫過漆。"帝以涣第七，爲當之，乃使庫真都督破六韓伯昇之鄴徵涣。[2]涣至紫陌橋，[3]殺伯昇以逃，憑河而度，土人執以送帝。鐵籠盛之，與永安王浚同置地牢下。歲餘，與浚同見殺，時年二十六。

[1]桑門：僧侣。沙門的異譯。

[2]庫真都督：官名。一作“庫直都督”。北齊置，爲鮮卑語，意爲親信。庫真都督即親信都督。　破六韓伯昇：人名。其餘不詳。

[3]紫陌橋：位於今河北臨漳縣西。魏晋時期，將京郊外的道路稱爲“紫陌”。

以其妃李氏配馮文洛，[1]是帝家舊奴，積勞位至刺史。帝令文洛等殺渙，故以其妻妻焉。至乾明元年，收二王餘骨葬之，贈司空，謚曰剛肅。有敕李氏還第，而文洛尚以故意脩飾詣李。李盛列左右，引文洛立於階下，數之曰：“遭難流離，以至大辱，志操寡薄，不能自盡。幸蒙恩詔，得反蕃闈。[2]汝是誰家孰奴？猶欲見侮！”於是杖之一百，流血灑地。

[1]馮文洛：人名。高歡家臣，因在邙山之役中救高歡而得寵。

[2]蕃：局本、中華本作“藩”。按：蕃，同“藩”。

渙無嫡子，庶長子寶嚴，以河清二年襲爵。位終金紫光禄大夫、開府儀同三司。[1]

[1]金紫光禄大夫：官名。晋初光禄大夫加賜金章紫綬者。北齊時其禄賜、班位、車服、珮玉等所賜皆與特進同，爲加官者，唯假章綬、禄賜、班位，不别給車服、吏卒。

襄城景王淯，[1]神武第八子也。容貌甚美，弱年有器望。元象中，封章武郡公。[2]天保初，封襄城郡王。二年春，薨。齊氏諸王選國臣府佐，多取富商群小，鷹犬少年。唯襄城、廣寧、蘭陵王等，[3]頗引文藝清識之士，當時以此稱之。乾明元年二月，贈假黄鉞、太師、太尉、録尚書事。無子，詔以常山王演第二子亮嗣。

[1]淯：底本作“清”，中華本校勘云：“諸本‘淯’作‘清’。按《北齊書》卷一〇《高祖十一王傳》，本書卷七、《北齊書》卷四《文宣本紀》天保元年及二年，《册府》卷二七七並作‘淯’。‘清’乃‘淯’之訛，今據改。”今從改。

[2]章武郡公：封爵名。章武，郡名。東魏時治平舒縣，在今河北大城縣。

[3]廣寧王：封爵名。即高孝珩，北齊神武帝高歡之孫，文襄帝高澄次子廣寧，郡名。北齊時治新蔡縣，在今河南新蔡縣。　蘭陵王：封爵名。即高長恭，北齊神武帝高歡之孫，文襄帝高澄第四子。蘭陵，郡名。北齊時治承城，在今山東棗莊市東南。

亮字彦道，性恭孝，美風儀，好文學。爲徐州刺史，坐奪商人財物，免官。後主敗，奔鄴，亮從焉。遷兼太尉、太傅。周師入鄴，亮於啓夏門拒守，[1]諸軍皆不戰而敗，周軍於諸城門皆入，亮軍方退走。亮入太廟行馬内，[2]慟哭拜辭，然後爲周軍所執。入關，依例授儀同，分配遠邊，卒於龍州。[3]

[1]啓夏門：城門名。北齊都城鄴城南面三門之一，在今河北臨漳縣西南。

[2]太廟：皇帝的家廟。　行馬：阻礙車馬通行的木架，一般僅用於官署門前或者高門大户之家。

[3]龍州：北周時治江油縣，在今四川平武縣東南。

任城王湝，神武第十子也。少明慧，天保初封。自孝昭、武成時，車駕還鄴，嘗令湝鎮晋陽，總并省事。[1]歷司徒、太尉、并省録尚書。天統三年，拜太保，并州刺史，别封正平郡公。[2]

[1]總并省事：總管并州行政事務。并，即并州。

[2]正平郡公：封爵名。正平，郡名。北齊時治臨汾縣，在今山西新絳縣。

時有婦人臨汾水浣衣，[1]有乘馬人换其新靴馳而去者，婦人持故靴詣州言之。湝召居城諸嫗，以靴示之，紿曰：[2]"有乘馬人於路被賊劫害，遺此靴，焉得無親屬乎？"一嫗撫膺哭曰："兒昨着此靴向妻家。"如其語，捕獲之，時稱明察。

[1]汾水：今山西境内黄河支流汾河中游。

[2]紿：同"詒"，欺騙。

武平初，遷太師、司州牧。出爲冀州刺史，加太宰，遷右丞相、都督、青州刺史。湝頻牧大蕃，雖不潔己，然寬恕，爲吏人所懷。五年，青州人崔蔚波等夜襲州城。湝部分倉卒之際，咸得齊整，擊賊大破之。拜左丞相，轉瀛州刺史。[1]

[1]瀛州：北齊時治趙都軍城，在今河北河間市。

及後主奔鄴，加湝大丞相。及安德王稱尊號於晋陽，使劉子昂脩啓於湝：[1]“至尊出奔，宗廟既重，群公勸迫，權主號令。事寧終歸叔父。”湝曰：“我人臣，何容受此啓。”執子昂送鄴。帝至濟州，禪位於湝，竟不達。

[1]脩啓：寫書信。啓，書信。

湝與廣寧王孝珩於冀州召募，[1]得四萬餘人，拒周軍。周齊王憲來伐，[2]先遣送書，并赦詔，湝並沉諸井。戰敗，湝、孝珩俱被禽。憲曰：“任城王，何苦至此！”湝曰：“下官神武帝子，兄弟十五人，幸而獨存。逢宗社顛覆，今日得死，無愧墳陵。”憲壯之，歸其妻子。將至鄴城，湝馬上大哭，自投于地，流血滿面。至長安，尋與後主同死。

[1]孝珩：即高孝珩，人名。北齊宗室，文襄第二子。見《北齊書》卷一一《廣寧王孝珩傳》。

[2]憲：即宇文憲，人名。字毗賀突，代郡武川（今内蒙古武川縣西）人，鮮卑族。西魏、北周大臣。見《周書》卷一二《齊煬王憲傳》。

妃盧氏，賜斛斯徵。[1]盧蓬首垢面，長齋不言笑。徵放之，乃爲尼。隋開皇三年，表請文帝，葬湝及五子於長安北原。

[1]斛斯徵：人名。字士亮，廣牧富昌（今内蒙古准格爾旗東南）人，《周書》作“河南洛陽人”，鮮卑族。西魏、北周、隋朝官吏。見《北史》卷四九《斛斯椿附斛斯徵傳》。

高陽康穆王湜，神武第十一子也。天保元年封。十年，稍遷尚書令。以滑稽便辟，有寵於文宣，在左右行杖，以撻諸王，太后深銜之。其妃父護軍長史張晏之，[1]嘗要道拜湜，湜不禮焉。帝問其故，對曰：“無官職漢，何須禮！”帝於是擢拜晏之爲徐州刺史。文宣崩，湜兼司徒，導引梓宫。[2]吹笛云：“至尊頗知臣不？”又擊胡鼓爲樂。太后杖湜百餘，未幾，薨。太后哭之哀，曰：“我恐其不成就，與杖，何期帶創死也！”乾明初，贈假黄鉞、太師、司徒、録尚書事。子士義襲爵。

[1]護軍長史：官名。護軍之屬吏，掌顧問參謀，爲諸佐僚之長。歷朝略同。　張晏之：人名。亦作“張宴之”，字熙德，清河東武城（今山東武城縣西北）人。東魏、北齊官吏。見《北史》卷四三《張彝附張晏之傳》。

[2]梓宫：指用梓木做的棺槨，一般衹有皇帝或特許的貴族、大臣纔可享有。

博陵文簡王濟，神武第十二子也。天保元年封。濟嘗從文宣巡幸，在路忽憶太后，遂逃歸。帝怒，臨以白刃，因以驚怳。[1]歷位太尉。河清初，出爲定州刺史。天統五年，在州語人云："計次第，亦應到我。"後主聞之，陰使人殺之。贈假黄鉞、太尉、録尚書事。子智襲爵。

[1]驚怳（huǎng）：即驚恍。神魂不定，精神恍惚。

華山王凝，神武第十三子也。天保元年，封新平郡王。[1]九年，改封安定。[2]十年，[3]封華山。歷位中書令、齊州刺史，就加太傅。薨於州，贈左丞相、太師、録尚書。凝諸王中最爲孱弱，妃王氏，太子洗馬王洽女也，[4]與蒼頭姦，凝知而不能限禁。後事發，王氏賜死，詔杖凝一百，其愚如此。

[1]新平郡王：封爵名。新平，郡名。北齊時治白土縣，在今陝西彬縣。

[2]安定：郡名。遥封。北周時治安定縣，在今甘肅涇川縣北。

[3]十年：底本作"十五年"，中華本校勘記云："諸本'十'下有'五'字。按天保祇十年，'五'字衍文，今删去。"今從改。

[4]太子洗馬：官名。秦始置，漢因之。掌賓贊受事，太子出行時爲前導，故名。北魏時爲太子詹事屬官，掌太子圖籍、經，太子出行則前導威儀。北齊時置八員，掌賓贊受事，太子出行則爲前導。從五品上。

馮翊王潤字子澤，神武第十四子也。幼時，神武稱曰："此吾家千里駒也。"天保初封，歷位東北道行臺右僕射、都督、定州刺史。[1]潤美姿儀，年十四五，母鄭妃與之同寢，有穢雜之聲。

[1]東北道行臺：官名。總管東北軍事區域的行政事務（參張鶴泉《東魏、北齊時期的“道”探討》，《史學集刊》2008 年第 3 期）。　行臺右僕射：官名。行臺尚書右僕射的簡稱，職掌略同尚書右僕射。若左、右並置，則右居左下。

及長，廉慎方雅，習於吏職。至於摘發隱僞，姦吏無所匿其情。開府王回洛與六州大都督獨孤枝侵竊官田，受納賄賂，潤按舉其事。二人表言：“王出送臺使，[1]登魏孝文舊壇，[2]南望歎息，不測其意。”武成使元文遥就州宣敕曰：“馮翊王少小謹慎，在州不爲非法，朕信之熟矣。登高遠望，人之常情，鼠輩欲輕相間構，曲生眉目。”於是回洛決鞭二百，獨孤枝決杖一百。

[1]臺使：朝廷使者。

[2]魏孝文：中華本校勘記云：“《北齊書》無‘孝’字。按魏孝文帝不聞曾在中山（即定州治）築壇。《史記·魏世家》言魏文侯使樂羊伐中山，疑中山之魏文舊壇，是因魏文侯得名，與魏孝文無涉。”可從。

尋爲尚書令，領太子少師，[1]歷司徒、太尉、大司馬、司州牧、太保、河南道行臺、録尚書，別封文成郡公，[2]太師、太宰，復爲定州刺史。薨，贈假黄鉞、左丞相。子茂德嗣。

[1]太子少師：官名。晋武帝時始設。爲東宫三少之首，負責

訓導輔佐太子，無具體職司。北魏孝文帝太和二十三年改爲三品，北齊因之。

[2]文成郡公：封爵名。文成，郡名。北齊時治武陽縣，在今河南西平縣西南。

漢陽敬懷王洽字敬延，神武第十五子也。天保元年封，五年薨，年十三。乾明元年，贈太保、司空。無子，以任城王第二子建德爲後。

論曰：趙郡王以跗蕚之親，[1]當顧命之重，安夫一德，固此貞心，踐畏途而不疑，履危機而莫懼，以斯忠義，取斃凶慝。豈道光四海，不遇周成之明；[2]將朝去三仁，終見殷墟之禍。[3]不然，則邦國殄瘁，[4]何若斯之速歟？清河屬經綸之期，青雲自致，[5]出將入相，翊成鴻業。雖漢朝劉賈，[6]魏室曹洪，[7]俱未足論其風烈，適足以彰文宣之失德焉。[8]思好屬昏亂之機，歸彦因猜嫌之釁，咫尺鄴都，以速其禍，智小謀大，理則宜然。神武諸王，多有聲譽。永安以諫争遇禍，固齊室之比干。[9]彭城涖人布政，乃與循良比迹，求之近古，未爲易遇。上黨申威淮海，受辱牢穽，以英俠之氣，迫悲歌之思，欲食藜藿之羹，[10]處茅茨之下，[11]其可得乎！馮翊廉慎閑明，妄被讒慝，以武成陰忌之朝，而見免夫角弓之刺，[12]已爲幸矣。

[1]跗蕚：亦作“跗鄂”，花蕚相依。用以比喻關係親密的兄弟。《詩·小雅·常棣》：“常棣之華，鄂不韡韡，凡今之人，莫如兄弟。”

[2]周成：姓姬，名誦，周武王之子，西周第二代天子，謚號成王，是有名的明君。見《史記》卷四《周本紀》。

[3]將朝去三仁終見殷墟之禍：商朝失去了三位仁人，導致了滅亡。三仁，指殷末之微子、箕子、比干。《論語·微子》："微子去之，箕子爲之奴，比干諫而死。孔子曰：'殷有三仁焉。'"

[4]邦國殄瘁：指國家衰微。殄瘁，窮困、凋謝。《詩經·大雅·瞻印》："人之云亡，邦國殄瘁。"

[5]青雲自致：比喻憑自己的能力取得高官顯爵。《史記》卷七九《范雎蔡澤列傳》："須賈頓首言死罪，曰：'賈不意君能自致於青雲之上。'"

[6]劉賈：人名。西漢諸侯王。高祖從父兄（一説從父弟）。高祖元年（前 206），隨高祖還定三秦，任將軍。繼而東擊項羽，屢建戰功。見《漢書》卷三五《荆王劉賈傳》。

[7]曹洪：人名。字子廉，沛國譙（今安徽亳州市）人。三國魏將領。曹操從弟，有才幹。曹丕對他有成見，被免爲庶民。見《三國志》卷九《魏書·曹洪傳》。

[8]俱未足論其風烈適足以彰文宣之失德焉：中華本校勘記云："《北齊書》卷一三史臣論作'俱未足論其高下。天保不辰，易生悔吝，固不可掩其風烈，適足以彰顯祖之失德云'。疑此在'論'字下脱'其高下，天保不辰，易生悔吝，固不可掩'十五字。否則'適足以彰文宣之失德'無所承。"可從。

[9]比干：人名。商朝大臣。商紂王的叔父，官至少師，見商紂王對内重刑厚斂，對外窮兵黷武，又任用奸佞，耽於酒色，國勢日危，以死力諫，被紂王剖心而死。見《史記》卷三《殷本紀》。

[10]藜（lí）藿（huò）：藜和藿，泛指粗劣的飯菜。

[11]茅茨：用茅草蓋的屋頂，比喻平民之家。

[12]角弓：即《詩·小雅·角弓》。《毛詩序》："《角弓》，父兄刺幽王也。不親九族而好讒佞，骨肉相怨，故作是詩也。"

北史　卷五二

列傳第四十

齊宗室諸王下

文襄諸子　文宣諸子　孝昭諸子　武成諸子　後主諸子

文襄六男[1]：文敬元皇后生河間王孝琬。[2]宋氏生河南王孝瑜。[3]王氏生廣寧王孝珩。[4]蘭陵王長恭不得母氏姓。[5]陳氏生安德王延宗。[6]燕氏生漁陽王紹信。[7]

[1]文襄：即高澄。文襄爲其謚號，北齊文宣帝所追謚。

[2]文敬元皇后：即北齊文襄帝皇后。敬爲其謚號。　河間王：封爵名。河間，郡名。北齊時治武垣縣，在今河北河間市南。

[3]河南王：封爵名。河南，郡名。北齊時治宜遷縣，在今河南洛陽市。

[4]廣寧王：封爵名。廣寧，郡名。北齊時治新蔡縣，在今河南新蔡縣。

[5]蘭陵王：封爵名。蘭陵，郡名。北齊時治承城，在今山東

棗莊市東南。

[6]安德王：封爵名。安德，郡名。北齊時治安德縣，在今山東平原縣東北。

[7]漁陽王：封爵名。漁陽，郡名。北齊時治潞縣，在今北京通州區東。

河南康獻王孝瑜，字正德，文襄長子也。初封河南郡公，齊受禪，進爵爲王。歷位中書令、司州牧。[1]初，孝瑜養於神武宫中，[2]與武成同年相愛。[3]將誅楊愔等，[4]孝瑜預其謀。及武成即位，禮遇特隆。帝在晋陽，手敕之曰：[5]"吾飲汾清二盃，[6]勸汝於鄴酌兩盃。"[7]其親愛如此。

[1]中書令：官名。魏晋南北朝時爲中書省長官，掌納奏、擬詔、出令，然權歸中書舍人，監、令名爲長官，多用作重臣加官。北齊時爲三品。　司州牧：北魏京畿行政長官，治洛陽。孝文帝太和二十三年由司州刺史改名，從三品。東魏孝静帝遷都鄴，改原相州刺史爲司州牧，北齊沿置。

[2]神武：即高歡。神武爲其謚號，北齊後主所追謚。

[3]武成：即北齊皇帝高湛。武成爲其謚號。

[4]楊愔：人名。字遵彦，小名秦王，弘農華陰（今陝西華陰市東南）人。東魏、北齊官吏。見《北史》卷四一《楊播附楊愔傳》。

[5]晋陽：縣名。治所在今山西太原市晋源區古城營村一帶。

[6]汾清：汾河中的清水。汾，水名。今山西境内黄河支流汾河。　二盃：毛本、殿本、四庫本、局本、四部備要本作"三盃"。按：《北齊書》卷一一《河南王孝瑜傳》作"二盃"，今從底本。盃，同"杯"。

[7]鄴：城名。在今河北臨漳縣西南。

孝瑜容貌魁偉，精彩雄毅，謙慎寬厚，兼愛文學，讀書敏速，十行俱下，覆棋不失一道。初，文襄於鄴東起山池游觀，時俗眩之。孝瑜遂於第作水堂、龍舟，[1]植幡矟於舟上，數集諸弟，宴射爲樂。武成幸其第，見而悦之，故盛興後園之翫。於是貴賤慕斆，[2]處處營造。

[1]水堂：臨水的廳堂。

[2]斆（xiào）：效法。

武成嘗使和士開與胡后對坐握槊。[1]孝瑜諫曰："皇后天下之母，不可與臣下接手。"帝深納之。後又言趙郡王父死非命，[2]不可而親。由是叡及士開皆側目。[3]士開密告其奢僭；叡又言山東唯聞河南王，不聞有陛下。帝由是忌之。尒朱御女名摩女，[4]本事太后，孝瑜先與之通，後因太子婚夜，孝瑜竊與之言。武成大怒，頓飲其酒三十七盃。體至肥大，腰帶十圍，使婁子彦載以出，[5]酖之於車。至西華門，[6]煩熱躁悶，投水而絶。贈太尉、録尚書事。[7]子弘節嗣。

[1]和士開：人名。字彦通，清都臨漳（今河北臨漳縣）人。北齊官吏。見《北史》卷九二《和士開傳》。　胡后：即北齊武成帝皇后胡氏。見《北史》卷一四《武成皇后胡氏傳》。　握槊：博戲名。與雙陸類似。一説即雙陸。傳自天竺（印度），盛於南北朝、隋、唐。雙陸的玩法：下鋪一特製盤，雙方各用十六枚棒槌形的

"馬"立於己方，按投骰子的點數各占步數，先走到對方者爲勝。亦名雙鹿。

[2]趙郡王：封爵名。即高叡，北齊神武帝高歡之侄，趙郡王高琛之子。趙郡，北齊時治平棘縣，在今河北趙縣。　父：即高叡之父高琛，北齊神武帝高歡之弟。因淫亂後宫，受杖擊而死。見《北史》卷五一《趙郡王琛傳》。

[3]叡：即高叡，人名。小名須拔。北齊宗室、大臣。因直諫被殺。見《北史》卷五一《趙郡王琛附高叡傳》。

[4]佘朱御女：北齊宫女，侍神武皇后婁氏。

[5]婁子彦：人名。代郡平城（今山西大同市東北）人。北齊官吏。見《北史》卷五四《婁昭傳》。

[6]西華門：即皇城西門。

[7]太尉：官名。秦置。秦、西漢時爲全國性軍政長官。東漢時改大司馬置，列三公之首。魏晋以後多爲大臣加官，無實際職掌，北魏、東魏、北齊皆爲一品。　録尚書事：官名。漢章帝時設，爲三公等重臣總領、總理尚書臺政務之加職。歷朝因之。魏晋以降，權愈重，位在尚書令之上，不常設。南朝齊、北朝時爲正式官稱。

孝瑜母，魏吏部尚書宋弁孫也。[1]本魏潁川王斌之妃，[2]爲文襄所納，生孝瑜。孝瑜還第，爲太妃。[3]孝瑜妃盧正山女，[4]武成胡后之内姊也。孝瑜薨後，宋太妃爲盧妃所譖訴，武成殺之。

[1]吏部尚書：官名。三國魏時改選部尚書置，爲尚書省吏部曹長官。兩晋南北朝沿置，職掌官吏銓選、考課、獎懲，其實權或大於尚書僕射。然重要官職的任免須與諸執政大臣合議，由皇帝、宰相裁定，亦常命尚書僕射領吏部事務或任命大臣參掌選事以分其

權任。北魏孝文帝太和十七年（493）定爲二品下，二十三年定爲三品。　宋弁：人名。字義和，西河介休（今山西介休市）人。北魏官吏。見《北史》卷二六《宋隱附宋弁傳》。

［2］潁川王：封爵名。潁川，郡名。北魏時治長社縣，在今河南長葛市東北。　斌之：即元斌之，人名。字子爽。北魏宗室。見《北史》卷一九《安樂王長樂附元斌之傳》。

［3］太妃：作爲皇帝之妾及諸王正妻的諸妃，在皇帝或諸王歿後都被尊爲太妃。

［4］盧正山：人名。范陽涿（今河北涿州市）人。北齊官吏。出身士族，位永昌郡守。後主武平中，以外戚身份得優贈。見《北史》卷三〇《盧玄傳》。

廣寧王孝珩，文襄第二子也。歷位司州牧、尚書令、司空、司徒、録尚書、大將軍、大司馬。[1]孝珩愛賞人物，學涉經史，好綴文，有技藝。嘗於廳事壁自畫一蒼鷹，見者皆以爲真。又作《朝士圖》，亦當時之妙絶。

［1］尚書令：官名。北齊時總掌全國行政，雖低於三公，但在多數情況下是實際上的丞相。　司空：官名。漢光武帝時與太尉、司徒並稱三公，列三公之末。北齊時爲名譽宰相，多爲大臣加官。一品。　司徒：官名。漢光武帝時將大司徒改爲此稱。北齊時與太尉、司空並爲三公。一品。　大將軍：官名。戰國時楚國始置，漢朝亦設大將軍，負責統兵征戰，有時在大將軍之上加以稱號。三國至南北朝，執政大臣多兼大將軍之號。　大司馬：官名。漢武帝時始置。八官之一，居三公之上、三師之下，開府置僚屬，然無具體職司。三國時以大司馬掌武事，晉、北魏、北齊大司馬爲諸公之一，爲加官或贈官，若無兼職，僅爲大臣虚號。

後主自晋州敗，[1]奔鄴，詔王公議於含光殿。[2]孝珩以大敵既深，事藉機變，宜使任城王領幽州道兵入土門，[3]揚聲趣并州；[4]獨孤永業領洛州道兵趣潼關，[5]揚聲取長安；臣請領京畿兵出滏口，[6]鼓行逆戰。敵聞南北有兵，自然潰散。又請出宫人寶物賞將士。帝不能用。

[1]後主：即北齊皇帝高緯。見《北史》卷八《齊本紀·後主》。　晋州：北齊時治白馬城，在今山西臨汾市。

[2]含光殿：在今河北臨漳縣西南古鄴城宫内。

[3]任城王：封爵名。此指高湝。北齊宗室，高歡第十子。文宣帝天保元年（550）封任城王。見《北史》卷五一《任城王湝傳》。任城，郡名。北齊時改魯郡置，治魯縣，在今山東曲阜市東北。　幽州：北齊時治薊縣，在今北京西南。　土門：地名。一作“土門口”“土門關”。即井陘關。在今河北井陘縣北井陘山上。地當太行山區進入華北平原的關隘，爲山西通向河北的要道。

[4]并州：北齊時治晋陽，在今山西太原市晋源區古城營村一帶。

[5]獨孤永業：人名。字世基，中山（今河北定州市）人。北齊官吏。見《北史》卷五三《獨孤永業傳》。　洛州：北齊時治洛陽縣，在今河南洛陽市東北。　潼關：在今陝西潼關縣北，渭河入黄河處南岸。

[6]京畿：京都及其行政所轄地區。　滏口：古隘道名。太行八陘之一。在今河北磁縣西北鼓山。

承光即位，[1]以孝珩爲太宰，[2]與呼延族、莫多婁敬顯、尉相願同謀，[3]期二月五日，[4]孝珩於千秋門斬高阿那肱；[5]相願在内，以禁兵應之；族與敬顯自游豫園勒兵出。[6]既而阿那肱從别宅取便路入宫，事不果。乃求出拒西軍，謂阿那肱、韓長鸞、陳德信等云：[7]“朝廷不賜遣擊賊，豈不畏孝珩反邪？破宇文邕遂至長安，[8]反時何與國家事？以今日之急，猶作如此猜！”高、韓恐其變，出孝珩爲滄州刺史。[9]

[1]承光：北齊幼主的年號（577）。此處代指幼主高恒。

[2]太宰：官名。即大宰或冢宰。商周時已有，爲輔政大臣。春秋時因之。自戰國至三國皆不設。西晋因避司馬師諱，改太師爲太宰，與太傅、太保爲上公，執掌朝政，不常授。東晋、南朝沿置，多用以安置元老勳舊，位尊而無職掌。北魏、北齊時則在太師、太傅、太保之上别置太宰，一品。

[3]呼延族：人名。北齊將領。少從高昂起兵，後仕齊，後主武平元年（570）從斛律光率軍與周宇文憲戰，大敗周軍。　莫多婁敬顯：人名。太安狄那（今山西壽陽縣北）人，羌族。北齊官吏。見《北史》卷五三《莫多婁貸文附莫多婁敬顯傳》。　尉相願：人名。代（今山西大同市東北）人。北齊官吏。後主武平末任領軍將軍，曾設計殺高阿那肱，廢齊後主，立廣寧王，事敗。見《北史》卷五三《張保洛附尉相願傳》。

[4]二月：底本作“二”，諸本作“正月”。《北齊書》卷一一《廣寧王孝珩傳》亦作“正月”，未詳孰是。

[5]千秋門：北齊都鄴城宫城之西門，在今河北臨漳縣西南。　高阿那肱：人名。又作“高阿那瓌”，善無（今山西右玉縣南）人。北齊、北周官吏。見《北史》卷九二《高阿那肱傳》。

[6]游豫園：北齊後主時以華林園改築。在今河北臨漳縣西南古鄴城西。

[7]韓長鸞：人名。即韓鳳。字長鸞，昌黎（今遼寧朝陽市）人。北齊官吏。見《北史》卷九二《韓鳳傳》。　陳德信：人名。北齊宦官。後主即位，寵用宦官，時其與鄧長顒並至開府，封王，俱爲侍中、左右光禄大夫，領侍中，參宰朝政。

[8]宇文邕：人名。字禰羅突，代郡武川（今内蒙古武川縣西）人，鮮卑族。即北周武帝。見《北史》卷一〇《周本紀·武帝》。

[9]滄州：北齊時治饒安縣，在今河北鹽山縣西南。

至州，以五千人會任城王於信都，[1]共爲匡復計。周齊王憲來伐，[2]兵弱不能敵。怒曰："由高阿那肱小人，吾道窮矣！"齊叛臣乞扶令和以矟刺孝珩墜馬，[3]奴白澤以身扞之，[4]孝珩猶傷數處，遂見虜。

[1]信都：縣名。治所在今河北冀州市。

[2]憲：即宇文憲，人名。字毗賀突，代郡武川（今内蒙古武川縣西）人，鮮卑族。西魏、北周大臣，周文帝宇文泰第五子（《獨孤藏墓誌》作第七子，可能有兩兄早夭）。見《北史》卷五八《齊煬王憲傳》。

[3]乞扶令和：人名。即乞伏慧。字令和，馬邑（今山西朔州市）人，鮮卑族。北齊、北周、隋朝官吏。見《北史》卷七三《乞伏慧傳》。　矟（shuò）：同"槊"。長矛。

[4]扞：護衛，捍衛。

齊王憲問孝珩齊亡所由，孝珩自陳國難，辭淚俱下，俯仰有節。憲爲之改容，親爲洗瘡傅藥，禮遇甚厚。孝珩獨歎曰："李穆叔言齊氏二十八年，[1]今果然矣！自神武皇帝以外，吾諸父兄弟無一人得至四十者，命也。嗣君無獨見之明，宰相非柱石之寄，[2]恨不得握兵符，受廟算，[3]展我心力耳。"至長安，依例受開府、縣侯。[4]

[1]李穆叔：人名。即李公緒。字穆叔，趙郡平棘（今河北趙縣）人。北齊文士。見《北史》卷三三《李靈附李公緒傳》。

[2]柱石：頂梁的柱子和墊柱的礎石。比喻擔當重任的人。

[3]廟算：朝廷或帝王對戰事進行謀劃。《孫子·計》："夫未戰而廟算勝者，得算多也；未戰而廟算不勝者，得算少也。"張預注："古者興師命將，必致齋於廟，授以成算，然後遣之，故謂之廟算。"

[4]開府：開府儀同三司的省稱。三國魏始置。北魏時爲大臣加號，意謂與三司禮制待遇相同，許開辟府署，自辟僚屬。北齊、北周沿置。　縣侯：封爵名。食邑爲縣的列侯。

後周武帝在雲陽宴齊君臣，[1]自彈胡琵琶，命孝珩吹笛。辭曰："亡國之音，不足聽也。"固命之，舉笛裁至口，淚下嗚咽，武帝乃止。其年十月疾甚，啓歸葬山東，從之。尋卒，還葬鄴。

[1]雲陽：縣名。治所在今陝西涇陽縣西北。

河間王孝琬，文襄第三子也。天保元年封。[1]天統中，[2]累遷尚書令。初，突厥與周師入太原，[3]武成將避之而東，孝琬叩馬諫，[4]請委趙郡王部分之，必整齊。帝從其言。孝琬免胄將出，帝使追還之。周軍退，拜并州刺史。

[1]天保：北齊文宣帝的年號（550—559）。

[2]天統：北齊後主的年號（565—569）。

[3]突厥：族名。對中亞游牧民族的稱呼。先世源出於丁零、鐵勒，南北朝時由葉尼塞河遷居至阿爾泰山，再由阿爾泰山遷居至蒙古。見《北史》卷九九《突厥傳》。　太原：郡名。北齊時治晋陽，在今山西太原市晋源區古城營村一帶。

[4]叩馬諫：勒馬直諫。

孝琬以文襄世嫡，驕矜自負。河南王之死，諸王在宫内，莫敢舉聲，唯孝琬大哭而出。又怨執政，爲草人而射之。和士開與祖珽譖之云：[1]"草人擬聖躬也。又前突厥至州，孝琬脱兜鍪抵地云：[2]'豈是老嫗，須著此！'此言屬大家也。"[3]初魏世謡言："河南種穀河北生，白楊樹頭金雞鳴。"珽以説曰："河南河北，河間也；[4]金雞鳴，孝琬將建金雞而大赦。"[5]帝頗惑之。

[1]祖珽：人名。字孝徵，范陽遒（今河北淶水縣北）人。東魏、北齊官吏。見《北史》卷四七《祖瑩附祖珽傳》。

[2]兜鍪（móu）：古代士兵戴的頭盔。

[3]大家：宫中近臣或后妃對皇帝的稱呼。

[4]河間：郡名。北齊時治武垣縣，在今河北河間市南。

[5]建金雞而大赦：北魏、北齊時頒布赦令所用的一種金首鷄形的儀仗。

時孝琬得佛牙，置於第内，夜有神光。昭玄都法順請以奏,[1]不從。帝聞，使搜之，得填庫矟幡數百。帝聞，以爲反狀，訊其諸姬。有陳氏者，無寵，誣對曰:“孝琬畫作陛下形哭之。”然實是文襄像，孝琬時時對之泣。帝怒，使武衛赫連輔玄倒鞭撾之。[2]孝琬呼“阿叔”。帝怒曰:“誰是爾叔？敢喚我作叔!”孝琬曰:“神武皇帝嫡孫，文襄皇帝嫡子，魏孝静皇帝外甥,[3]何爲不得喚作‘叔’也?”帝愈怒，折其兩脛而死。瘞諸西山,[4]帝崩後乃改葬。

[1]昭玄都：官名。即昭玄大統。北齊設。爲昭玄寺主官。掌全國之僧尼、寺院、宗教活動等。由僧人任之。有昭玄統、都維那位副職。下屬還有主簿、功曹等。底本作“照玄都”，中華本校勘記云:“諸本‘昭’作‘照’。按北齊管理佛教機關名昭玄寺，置大統一人，稱‘昭玄統’，又名‘昭玄都’。本書卷三二《崔暹傳》,《北齊書》卷二四《杜弼傳》，並見此名。‘昭’，北朝人常寫作‘照’，屢見碑誌，今改‘照’作‘昭’。”今從改。

[2]武衛：官名。即武衛將軍。三國魏文帝時將武衛中郎將改爲此稱。北朝時掌宿衛兵。北魏孝文帝太和二十三年定爲從三品。北齊因之。　撾（zhuā）：打。

[3]魏孝静皇帝：即東魏皇帝元善見。孝静爲其謚號。

[4]瘞（yì）：埋葬。

子正禮嗣。幼聰穎，能誦《左氏春秋》。齊亡，遷綿州。[1]卒。

[1]綿州：隋朝時治巴西縣，在今四川綿陽市東。

蘭陵武王長恭，一名孝瓘，文襄第四子也。累遷并州刺史。突厥入晉陽，長恭盡力擊之。芒山之敗，[1]長恭爲中軍，率五百騎再入周軍，遂至金墉之下，[2]被圍甚急。城上人弗識，長恭免冑示之面，乃下弩手救之，於是大捷。武士共歌謡之，爲《蘭陵王入陣曲》是也。歷司州牧、青瀛二州，[3]頗受財貨。後爲太尉。與段韶討柏谷，[4]又攻定陽。[5]韶病，長恭總其衆。前後以戰功，别封鉅鹿、長樂、樂平、高陽等郡公。[6]

[1]芒山：即邙山。在今河南洛陽市北。　敗：中華本校勘記云："《通志》卷八五《文襄諸子傳》'敗'作'役'，《册府》卷二一八作'戰'。按河清三年芒山之戰，齊軍得勝，見《北齊書》卷一六《段韶傳》、卷一七《斛律光傳》。本傳下文亦言'大捷'。'敗'字必誤。"可從。

[2]金墉：城名。在今河南洛陽市東北，漢魏故城西北隅。

[3]青：州名。北齊時治東陽城，在今山東青州市。　瀛：州名。北齊時治趙都軍城，在今河北河間市。

[4]段韶：人名。字孝先，姑臧武威（今甘肅武威市）人。東魏、北齊將領。見《北史》卷五四《段榮附段韶傳》。　柏谷：城名。在今河南宜陽縣。

[5]定陽：郡名。北齊時治平昌縣，在今山西介休市。

[6]鉅鹿：郡名。北齊時治藁城縣，在今河北藁城市西南。　長樂：郡名。北齊時治信都縣，在今河北冀州市。　樂平：郡名。北齊時治樂平縣，在今山西昔陽縣西南。　高陽：郡名。北齊時治高陽縣，在今河北高陽縣東。

芒山之捷，後主謂長恭曰："入陣太深，失利悔無所及。”對曰：“家事親切，不覺遂然。”帝嫌其稱家事，遂忌之。及在定陽，其屬尉相願謂曰：“王既受朝寄，[1]何得如此貪殘？”長恭未答。相願曰：“豈不由芒山大捷，恐以威武見忌，欲自穢乎？”長恭曰：“然。”相願曰：“朝廷若忌王，於此犯便當行罰，求福反以速禍。”長恭泣下，前膝請以安身之術。相願曰：“王前既有勳，今復告捷，威聲大重，宜屬疾在家，勿預時事。”長恭然其言，未能退。及江淮寇擾，恐復爲將，歎曰：“我去年面腫，今何不發？”自是有疾不療。武平四年五月，[2]帝使徐之範飲以毒藥。[3]長恭謂妃鄭氏曰：“我忠以事上，何辜於天而遭鴆也？”妃曰：“何不求見天顔？”長恭曰：“天顔何由可見！”遂飲藥而薨。贈太尉。

[1]朝寄：朝廷的委託。

[2]武平：北齊後主的年號（570—576）。

[3]徐之範：人名。丹陽（今江蘇南京市）人。北齊官吏。以醫術見知。見《北史》卷九〇《徐謇附徐之範傳》。

長恭貌柔心壯，音容兼美。爲將，躬勤細事，每得甘美，雖一瓜數果，必與將士共之。初在瀛州，行參軍陽士深表列其贓，[1]免官。及討定陽，士深在軍，恐禍及。長恭聞之曰：“吾本無此意。”乃求小失，杖深二十，以安之。嘗入朝而出，僕從盡散，唯有一人。長恭獨還，無所譴罰。武成賞其功，命賈護爲買妾二十人，唯受其一。有千金責券，[2]臨死悉燔之。

[1]行参軍：官名。三國蜀置。由諸府主辟召之參軍。分掌府内各曹事，爲正參軍之副職。歷朝因之。官秩隨朝代不同及府主地位高低而不一。北魏時爲七品上至九品，北齊時爲七品上至八品。

[2]責：同“債”。

安德王延宗，文襄第五子也。母陳氏，廣陽王妓也。[1]延宗幼爲文宣所養，[2]年十二，猶騎置腹上，令溺己臍中。[3]抱之曰：“可憐，止有此一箇。”問欲作何王，對曰：“欲作衝天王。”文宣問楊愔。愔曰：“天下無此郡名。願使安於德。”於是封安德焉。爲定州刺史，於樓上大便，使人在下，張口承之；以蒸猪糝和人糞以飼左右，[4]有難色者鞭之。孝昭帝聞之，使趙道德就州杖之一百。[5]道德以延宗受杖不謹，又加三十。又以囚試刀，驗其利鈍。驕縱多不法。武成使撻之，殺其昵近九人，[6]從是深自改悔。

[1]廣陽王：封爵名。此處廣陽王當爲東魏廣陽王元湛。元湛，字士深，北魏、東魏宗室大臣，北魏廣陽忠武王元淵之子。廣陽，郡名。東魏時治燕樂縣，在北京密雲區東北。

[2]文宣：即北齊皇帝高洋。文宣爲其謚號。

[3]臍：南監本、毛本、殿本、四庫本、局本、四部備要本作“齊”。源氏校勘記在“齊”旁紅筆小字夾批“臍”同。按：“齊”同“臍”。

[4]猪糝（sǎn）：猪食。

[5]趙道德：人名。北齊皇帝高氏的家奴。

[6]昵：寵幸的人。

蘭陵王芒山凱捷，自陳兵勢，諸兄弟咸壯之。延宗獨曰：“四兄非大丈夫，何不乘勝徑入？使延宗當此勢，關西豈得復存！”及蘭陵死，妃鄭氏以頸珠施佛。廣寧王使贖之。延宗手書以諫，而淚滿紙。河間死，[1]延宗哭之，淚赤。又爲草人以像武成，鞭而訊之曰：“何故殺我兄！”奴告之，武成覆卧延宗於地，馬鞭撾之二百，幾死。後歷司徒、太尉。

[1]河間：指河間王高孝琬。

及平陽之役，[1]後主自禦之，命延宗率右軍，先戰城下，禽周開府宗挺。及大戰，延宗以麾下再入，周軍莫不披靡。諸軍敗，延宗獨全軍。後主將奔晋陽，延宗言：“大家但在營莫動，以兵馬付臣，臣能破之。”帝不納。及至并州，又聞周軍已入雀鼠谷，[2]乃以延宗爲相國、并州刺史，[3]總山西兵事。謂曰：“并州阿兄取，[4]兒今去也。”延宗曰：“陛下爲社稷莫動，臣爲陛下出死力戰。”駱提婆曰：[5]“至尊計已成，王不得輒沮。”後主竟奔鄴。

[1]平陽之役：北周武帝建德五年十月始，北周爲攻取北齊晋州治所平陽（今山西臨汾市）對北齊發動的一場重要戰役。戰役最終以北周大勝而結束。北齊軍自此一蹶不振，周軍乘勝追擊。次年，北齊亡。

[2]雀鼠谷：山谷名。在今山西介休市西南、霍州市之北的汾河河谷。雀，底本、三朝本、北本、南本、殿本“雀”作“鼱”，

即“貂”字。毛本、局本作“鼦”，不成字。中華本《北齊書》校勘記云：“按《水經注》卷六汾水‘又南過冠爵津’，注云：‘汾津名，在界休縣之西南，俗謂之雀鼠谷，數十里間道險隘。’《通鑑》卷一七二叙周軍追齊後主事，胡注引宋白曰：‘靈石縣東南有高壁嶺、雀鼠谷、汾水關，皆汾西險固之地。’雀鼠谷是周軍自晋州經靈石、介休向太原進軍的必經之路，别無所謂‘鼦鼠谷’，今改正。”可從。

[3]相國：官名。春秋戰國時設，掌輔佐國君，總掌行政。秦漢以降，或爲丞相之别稱，或與丞相並置或更置，職掌與丞相同，然位更尊。魏晋南北朝不常設，位尊於丞相，職權品秩略同，非尋常人臣之職。

[4]阿兄：叔父。梁章鉅《稱謂録·父之弟》：“《北齊書》文襄子延宗，後主叔父也，而後主呼爲阿兄。案南齊諸王皆呼父爲兄兄，母爲家家，亦呼母爲姊，故呼叔爲兄耳。”

[5]駱提婆：人名。即穆提婆。本姓駱，漢陽（今甘肅天水市）人。北齊官吏、佞臣。見《北史》卷九二《穆提婆傳》。

在并將帥咸請曰：[1]“王若不作天子，諸人實不能與王出死力。”延宗不得已，即皇帝位。下詔曰：“武平孱弱，政由宦竪，[2]釁結蕭墻，[3]盜起疆埸。斬關夜遁，莫知所之，則我高祖之業，將墜於地。王公卿士，猥見推逼，今便祗承寶位，可大赦天下。”改武平七年爲德昌元年，[4]以晋昌王唐邕爲宰輔，[5]齊昌王莫多婁敬顯、沭陽王和阿于子、右衛大將軍段暢、武衛將軍相里僧伽、開府韓骨胡、侯莫陳洛州爲爪牙。[6]衆聞之，不召而至者前後相屬。延宗容貌充壯，[7]坐則仰，偃則伏，人皆笑之；及是，赫然奮發，氣力絶異，馳騁行陣，勁捷若飛。傾府藏及後宫美女以賜將士，籍没内參千餘家。[8]後主謂近臣曰："我寧使周得并州，不欲安德得之！"左右曰："理然。"延宗見士卒，皆親執手陳辭，自稱名，流涕嗚噎。衆皆争爲死，童兒女子亦乘屋攘袂，[9]投磚石以禦周軍。

[1]并：指并州。　將帥：底本作"將卒"，中華本校勘記云："諸本'帥'作'卒'，《北齊書》卷一一《文襄六王傳》作'率'，《通鑑》卷一七二作'帥'。按'率'即'帥'，'卒'乃'率'之訛，今從《通鑑》改。"今從改。

[2]宦竪：對宦官的賤稱。

[3]蕭墻：古代宫室内作爲屏障的矮墻。《論語·季氏》："吾恐季孫之憂，不在顓臾，而在蕭墻之内也。"何晏《集解》引鄭玄曰："蕭之言肅也；墻謂屏也。君臣相見之禮，至屏而加肅敬焉，是以謂之蕭墻。"後因以"蕭墻"代指内部。

[4]德昌：北齊安德王的年號（576）。

[5]晋昌王：封爵名。晋昌，郡名。北齊時治龍亭縣，在今陝西洋縣。　唐邕：人名。字道和，太原晋陽（今山西太原市晋源區古城營村一帶）人。北齊官吏。見《北史》卷五五《唐邕傳》。　宰輔：輔政的重臣。

[6]齊昌王：封爵名。齊昌，郡名。北齊時治齊昌縣，在今湖北蘄春縣西南。　沭陽王：封爵名。沭陽，郡名。北齊時治懷文縣，在今江蘇沭陽縣東。底本作"沐陽王"，中華本校勘記云："諸本'沭'訛'沐'，據《通志》及《通鑑》改。沭陽見《隋書·地理志下》東海郡。"今從改。　和阿于子：人名。其餘不詳。　右衛大將軍：官名。北齊置，侍奉嗣主左右，兼知内外機要事。　段暢：人名。北齊將領。位開府儀同三司，後主武平七年，安德王高延宗稱帝，拜爲右衛大將軍，後周軍攻晋陽，其與和阿于子拒城

東，兵敗投周。　相里僧伽：人名。北齊官吏。其餘不詳。　韓骨胡：人名。北齊官吏。後周軍圍攻晋陽，其與莫多婁敬顯拒守城南，大敗周軍。　侯莫陳洛州：人名。北齊官吏。其餘不詳。

[7]充壯：健壯。

[8]内參：太監。

[9]攘袂：捋上衣袖。常形容奮起的樣子。

特進、開府那盧安生守太谷，[1]以萬兵叛。周軍圍晋陽，望之如黑雲四合。延宗命莫多婁敬顯、韓骨胡拒城南，和阿于子、段暢拒城東。延宗親當周齊王於城北，奮大矟往來督戰，所向無前。尚書令史沮山亦肥大多力，[2]捉長刀步從，殺傷甚多。武衛蘭芙蓉、綦連延長皆死於陣。和阿于子、段暢以千騎投周軍。周軍攻東門，際昏遂入。[3]進兵焚佛寺門屋，飛焰照天地。延宗與敬顯自門入，夾擊之，周軍大亂，争門相填，齊人從後斫刺，[4]死者二千餘人。[5]周武帝左右略盡，自拔無路，承御上士張壽輒牽馬頭，[6]賀拔佛恩以鞭拂其後，[7]以崎嶇僅得出，齊人奮擊，幾中焉。城東阸曲，[8]佛恩及降者皮子信爲之導，[9]僅免。時四更也。延宗謂周武帝崩於亂兵，使於積屍中求長鬣者，[10]不得。

[1]特進：官名。北齊時爲加官名號，贈致仕大臣。二品。　那盧安生：人名。其餘不詳。毛本、殿本、四庫本、局本、四部備要本作“那盧安得”。源氏校勘記云：“‘安’下，《北齊》有‘生’字。”今從底本。　太谷：縣名。治所在今山西太谷縣。

[2]尚書令史：官名。即尚書臺令史。令史，戰國秦時置，縣府屬吏。漢朝時尚書臺等府皆置令史，位在諸曹掾下。三國、晋皆

沿置。所主除文書，又有主圖、主譜令史等。實已成爲各機關皆設的一種低級辦事官吏。然尚書諸曹之令史頗有實權。南朝梁、陳沿之。北魏亦同。北齊時尚書臺也置令史。

[3]際昏：接近黄昏。

[4]齊人從後斫刺：底本作“齊人後斫刺”，源氏校勘記云：“‘後’上，《北齊》有‘從’字。”中華本校勘記云：“諸本脱‘從’字，據《北齊書》《通志》補。”今從改。

[5]二千：殿本、四部備要本作“一千”。按：《北齊書》卷一一《安德王延宗傳》作“二千”，今從底本。

[6]承御上士：官名。西魏恭帝三年（556）置。侍衛皇帝左右，佩承御刀。正三命。北周因之。　張壽：人名。北周、隋朝官吏。初爲承御上士，隨周武帝攻齊。隋朝時遷大將軍，歷位光禄大夫、右禦衛大將軍。

[7]賀拔佛恩：人名。鮮卑族。北齊、北周官吏。初爲中領軍，奉命捕殺獨孤永業於州，後遷開府儀同三司。後主武平七年降周，周武帝攻晋陽，爲安德王高延宗擊潰，其力保武帝免於難。由是爲武帝所寵重，拜上柱國，封部國公。

[8]阨（è）曲：狹窄曲折。

[9]皮子信：人名。琅邪下邳（今江蘇睢寧縣）人。北齊、北周、隋朝官吏。見《北史》卷五三《皮景和傳》。

[10]鬣：鬍鬚。

時齊人既勝，入坊飲酒，盡醉卧，延宗不復能整。周武帝出城，飢甚，欲爲遁逸計。齊王憲及柱國王誼諫，[1]以爲去必不免。延宗叛將段暢亦盛言城内空虚，周武帝乃駐馬，鳴角收兵，俄傾復振。詰旦，[2]還攻東門，克之。又入南門。延宗戰，力屈，走至城北，於人家見禽。周武帝自投下馬，執其手。延宗辭曰：“死人手何敢迫至尊！”帝曰：“兩國天子，有何怨惡，直爲百姓來耳！勿怖，終不相害。”使復衣帽，禮之。

［1］柱國：官名。戰國時楚、趙等國始設，兼掌軍政，西魏時設八員，爲府兵最高指揮官。北周因之。正九命。　王誼：人名。字宜君，其先樂浪（今遼寧義縣）人。北周、隋朝將領。見《北史》卷六一《王盟附王誼傳》。

［2］詰旦：清晨。

先是，高都郡有山焉，[1]絶壁臨水，忽有墨書云：“齊亡延宗。”洗視逾明。帝使人就寫，使者改亡爲上。至是應焉。延宗敗前，在鄴聽事，見兩日相連置。[2]以十二月十三日晡時受敕守并州，[3]明日建尊號，不間日而被圍，經宿至食時而敗。[4]年號德昌，好事者言其得二日云。

［1］高都：郡名。北齊時治高都縣，在今山西晋城市東。

［2］在鄴聽事見兩日相連置：底本無“見兩日相連置”六字，中華本校勘記云：“諸本脱‘見兩日相連置’六字，據《北齊書》補。下文‘好事者言其得二日’亦指此。《北齊書·高延宗傳》本是用《北史》補，《北史》原文當有此六字。”今從改。

［3］晡（bū）時：即申時，相當於下午三時至五時。

［4］食時：十二時之一，又名早食，即進吃早飯時間。相當於上午七時至九時。

既而周武帝問取鄴計，辭曰：“亡國大夫不可以圖存，此非臣所及。”强問之，乃曰：“若任城王援鄴，臣不能知；若今主自守，陛下兵不血刃。”

及至長安，周武與齊君臣飲酒，令後主起舞，延宗悲不自持。屢欲仰藥自裁，傅婢苦執諫而止。[1]未幾，周武誣後主及延宗等，云遥應穆提婆反，使並賜死。皆自陳無之，延宗攘袂，泣而不言。以椒塞口而死。明年，李妃收殯之。

[1]傅婢：侍婢。

後主之傳位於太子也，孫正言竊謂人曰：[1]“我昔武定中爲廣州士曹，[2]聞襄城人曹普演有言：[3]高王諸兒，阿保當爲天子，至高德之承之，當滅。阿保謂天保，德之謂德昌也，承之謂後主年號承光，[4]其言竟信云。”[5]

[1]孫正言：人名。東魏、北齊方士。東魏孝静帝武定中，爲廣州士曹。好相術。

[2]武定：東魏孝静帝的年號（543—550）。

[3]曹普演：人名。東魏、北齊方士。襄城（今河南襄城縣）人。擅長推命、相術。

[4]承光：毛本、殿本、四庫本、四部備要本作“承元”。按：《北齊書》卷一一《安德王延宗傳》作“承光”，北齊幼主年號爲承光，今從底本。

[5]“後主之傳位於太子也”至“其言竟信云”：中華本校勘記云：“按此段文字又見於卷八九《綦母懷文傳》，前後複出。”

漁陽王紹信，文襄第六子也。歷特進、開府、中領軍、護軍、青州刺史。[1]行過漁陽，與大富人鍾長命同床坐，太守鄭道蓋來謁。[2]長命欲起，紹信不聽曰："此何物小人，主人公爲起!"乃與長命結爲義兄弟，妃與長命妻爲姊妹，責其闔家長幼皆有贈賄，鍾氏因此遂貧。齊滅，死於長安。

[1]中領軍：官名。漢獻帝建安年間曹操始置。北魏時侍臣帶領軍者，稱中領軍。北齊沿置。　護軍：官名。又爲護軍都尉、護軍中尉、護軍將軍、中護軍等省稱。漢獻帝時始置。掌監護諸軍、武官選拔考核等，屬官有長史、司馬、功曹、主簿等。

[2]鄭道蓋：人名。北齊官吏。位漁陽太守。曾參與誣陷斛律光。

文宣五男：李后生廢帝及太原王紹德。[1]馮世婦生范陽王紹義。[2]裴嬪生西河王紹仁。[3]顔嬪生隴西王紹廉。[4]

[1]李后：即北齊文宣帝皇后李祖娥。　廢帝：即北齊皇帝高殷。

[2]范陽王：封爵名。范陽，郡名。北齊時治涿縣，在今河北涿州市。

[3]西河王：封爵名。西河，郡名。北齊時治隰城縣，在今山西汾陽市城區。

[4]隴西王：封爵名。遥封。隴西，郡名。北周時治襄武縣，在今甘肅隴西縣東南。

太原王紹德，文宣第二子也。天保末，爲開府儀同三司。武成因怒李后，駡紹德曰："爾父打我時，竟不來救。"以刀環築殺之，親以土埋之游豫園。

武平元年，詔以范陽王子辯才爲後，襲太原王。

范陽王紹義，文宣第三子也。初封廣陽，徙封范陽。歷位侍中、清都尹。[1]好與群小同飲，擅致内參，打殺博士任方榮。[2]武成嘗杖之二百，送付昭信后，[3]后又杖一百。

[1]侍中：官名。北齊時掌侍皇帝左右，贊導衆事，顧問應對，此職親近皇帝，掌權便利，時有宰相之實。三品。　清都尹：官名。北齊都鄴，其政區爲清都郡，置清都尹爲京師長官，多由宗室擔任，職比京兆尹。三品。

[2]博士：官名。春秋戰國已有其稱，初泛指初學者，戰國末年齊魏秦等國置爲職官，秦、漢時充當皇帝顧問，參與議政、制禮，典守書籍，秩四百石，雖秩卑而位尊顯。北魏明元帝時將國子學改稱中書學，國子博士改爲此稱，轉隸於中書省。除掌教中書學生外，還處理中書省機要，議政議禮，出使敵國等。人無定員，全以漢人任之。北齊因之。

[3]昭信后：即北齊文宣帝皇后李祖娥。

及後主奔鄴，以紹義爲尚書令、定州刺史。[1]周武帝克并州，以封輔相爲北朔州總管。[2]此地齊之重鎮，諸勇士多聚焉。前長史趙穆、司馬王當萬等謀執輔相，[3]迎任城王於瀛州。事不果，迎紹義。紹義至馬邑。輔相及其屬韓阿各數奴等十人，[4]皆齊叛臣，自肆州以北城戍二百八十餘，[5]盡從輔相；及紹義至，皆反焉。紹義與靈州刺史袁洪猛引兵南出，[6]欲取并州。至新興而肆州已爲周守，[7]前隊二儀同，以所部降周。周兵擊顯州，[8]執刺史陸瓊，又攻陷諸城。紹義還保北朔。周將宇文神舉軍逼馬邑，[9]紹義遣杜明達拒之，兵大敗。紹義曰："有死而已，不能降人。"遂奔突厥。衆三千家，令之曰："欲還者任意。"於是哭拜别者太半。

[1]定州：北齊時治安喜縣，在今河北定州市。

[2]封輔相：人名。北齊將領。歷任儀同三司、武衛大將軍。北齊後主武平七年，周武帝率軍攻齊晋州，其與賀拔伏恩等投周，拜上柱國、封郡公，武帝平并州，以其爲朔州總管。見《北史》卷五三《張保洛附封輔相傳》。　北朔州：北齊、北周時治馬邑城，在今山西朔州市。

[3]趙穆：人名。北齊官吏。位長史，後從范陽王高紹義奔突厥。紹義稱帝，封其爲天水王。　司馬：官名。北齊時諸公府多置，爲公府高級幕僚，管理府内武職，與長史共參府務，位次長史。

[4]韓阿各數奴等十人：中華本作"韓阿各奴等數十人"。

[5]肆州：北齊時治九原城，在今山西忻州市。　城戍：城堡。

[6]靈州：北齊時寄治汾州隰城縣，在今山西汾陽市。

[7]新興：郡名。北齊時治定襄縣，在今山西定襄縣。

[8]顯州：北齊時寄治汾州六壁城，在今山西孝義市西。

[9]宇文神舉：人名。代郡武川（今内蒙古武川縣西）人，鮮卑族。北周將領。周文帝宇文泰族子。見《北史》卷五七《東平公神舉傳》。

突厥他鉢可汗謂文宣爲英雄天子，[1]以紹義重踝似之，[2]甚見愛重。凡齊人在北者，悉隸紹義。高寶寧在營州，[3]表上尊號，紹義遂即皇帝位，稱武平元年，[4]以趙穆爲天水王。[5]他鉢聞寶寧得平州，亦招諸部，各舉兵南向，云共立范陽王作齊帝，爲其報讎。周武帝大集兵於雲陽，將親北伐，遇疾暴崩。紹義聞之，以爲天贊己。盧昌期據范陽，[6]亦表迎紹義。俄而周將宇文神舉攻滅昌期。其日，紹義適至幽州，聞周總管出兵于外，欲乘虚取薊城。[7]列天子旌旗，登燕昭王冢，[8]乘高望遠，部分兵衆。神舉遣大將軍宇文恩將四千人馳救幽州，半爲齊軍所殺。

[1]他鉢可汗：突厥首領。北周武帝天和四年（569），俟斤死，其嗣位，稱他鉢可汗，亦作“他鉢略可汗”。統治期間對外實行和親政策，對内大力宣揚佛教。北周静帝大象二年（580）病卒。見《北史》卷九九《突厥傳》。

[2]重踝：雙重足踝。

[3]高寶寧：人名。亦作“高保寧”，代（今山西大同市東北）人。北齊末年官吏。北齊滅亡後繼續復齊基業。見《北史》卷五三《傅伏附高寶寧傳》。　營州：北齊時治龍城縣，在今遼寧朝陽市。

[4]元年：中華本校勘記云：“錢氏《考異》云：‘“元年”當作“九年”。蓋後主以武平八年失國，紹義逃奔突厥，至次年，因高寶寧上表勸進，乃稱帝，仍用武平之號，不自改元也。《通鑑》（卷一七三）書此事於前一年，乃云“改元武平”，殊失其實。然因此知北宋本已誤“九”爲“元”，而温公亦未能校正也。’按錢説是。但《北齊書》《通志》及《册府》卷二八九並作‘元年’，今不改。”可從。

[5]天水王：封爵名。天水，郡名。治上邽縣，在今甘肅天水市。

[6]盧昌期：人名。范陽涿（今河北涿州市）人，盧道虔之子。北齊將領。北周平齊後，據范陽，旋被周兵攻破。

[7]薊城：在今北京西南。

[8]燕昭王：即姬平。一説名職，燕王噲庶子。戰國時燕國國君。昭爲其謚號。見《史記》卷三四《召公世家》。

紹義聞范陽城陷，素服舉哀，回軍入突厥。周人購之於他鉢，又使賀若誼往説之。[1]他鉢猶不忍，[2]遂僞與紹義獵於南境，使誼執之，流于蜀。紹義妃，勃海封孝琬女，[3]自突厥逃歸。紹義在蜀，遺妃書云："夷狄無信，送吾於此。"竟死蜀中。

[1]賀若誼：人名。字道機，河南洛陽（今河南洛陽市東北）人。北周、隋朝官吏。見《北史》卷六八《賀若敦附賀若誼傳》。

[2]猶：四庫本、四部備要本作"又"。按：《北齊書》卷一一《范陽王紹義傳》作"猶"，今從底本。

[3]封孝琬：人名。字子蒨，又作"士蒨"，勃海蓨（今河北景縣）人。北齊官吏。見《北史》卷二四《封懿附封孝琬傳》。

西河王紹仁，文宣第四子也。天保末，爲開府儀同三司。尋薨。

隴西王紹廉，文宣第五子也。初封長樂，後改焉。性粗暴，嘗拔刀逐紹義，紹義走入廄，閉門拒之。紹義初爲清都尹，未及理事，紹廉先往，唤囚悉出，率意決遣之。能飲酒，一舉數升，終以此薨。

孝昭七男：元皇后生樂陵王百年。[1]桑氏生襄城王亮，[2]出後襄城景王。諸姬生汝南王彦理、始平王彦德、城陽王彦基、定陽王彦康、汝陽王彦忠。[3]

[1]樂陵王：封爵名。樂陵，郡名。北齊時治樂陵縣，在今山東樂陵市。

[2]襄城王：封爵名。襄城，郡名。北齊時治襄城縣，在今河南襄城縣。

[3]汝南王：封爵名。汝南，郡名。北齊時治上蔡縣，在今河南汝南縣。　始平王：封爵名。始平，郡名。北齊時治武當縣，在今湖北丹江口市西北。　城陽王：封爵名。城陽，郡名。北齊時治義興縣，在今河南信陽市東北。　汝陽王：封爵名。汝陽，郡名。北齊時治汝陽縣，在今河南商水縣西北。

樂陵王百年，孝昭第二子也。[1]孝昭初即位，在晋陽，群臣請建中宫及太子，[2]帝謙未許。都下百僚又請，乃稱太后令，立爲皇太子。帝臨崩，遺詔傳位於武成，并有手書。其末曰："百年無罪，汝可以樂處置之，勿學前人。"大寧中，[3]封樂陵王。

[1]樂陵王百年孝昭第二子也：中華本校勘記云："張森楷云：'百年不聞有兄而云第二子，殊不可解。且《襄城景王淯傳》云"以孝昭第二子亮嗣"。據序，亮在百年之次。亮第二，則百年益不得爲第二。此"第二"疑當爲"嫡長"之誤。'按下文《南陽王綽傳》云：'武成以綽母李夫人非正嫡，故貶爲第二。'高亮之爲第二，當是同一原因。本傳就實際言，故云百年第二。"可從。

[2]中宫：皇后居住之處。因以借指皇后。

[3]大寧：北齊武成帝的年號（561—562）。毛本、殿本、四庫本、局本、四部備要本作"太寧"。按：古"大""太"可通。

河清三年五月，[1]白虹圍日再重，[2]又横貫而不達。赤星見，帝以盆水承星影而蓋之，一夜盆自破。欲以百年厭之。會博陵人賈德胄教百年書，[3]百年嘗作數“敕”字，德胄封以奏。帝又發怒，使召百年。百年被召，自知不免，割帶玦，留與妃斛律氏。見帝於玄都苑凉風堂。[4]使百年書“敕”字，驗與德胄所奏相似。遣左右亂捶擊之，又令人曳百年遶堂且走且打，所過處，血皆遍地。氣息將盡，曰：“乞命，願與阿叔作奴。”遂斬之，棄諸池，池水盡赤，於後園親看埋之。

[1]河清：北齊武成帝的年號（562—565）。

[2]白虹圍日再重：白色長虹圍住太陽兩重。一種罕見的日暈天象。古人認爲人間有非常之事發生時，會出現這種天象。

[3]博陵：郡名。北齊時治安平縣，在今河北安平縣。

[4]玄都苑：園林名。即仙都苑。本爲十六國後趙石虎都鄴後所建華林園。在今河北臨漳縣西南古鄴城東，園墻周圍數十里。後爲北齊武成帝增飾，若神仙所居，遂改名仙都苑。　凉風堂：玄都苑中建築。

妃把玦哀號，不肯食，月餘亦死。玦猶在手，拳不可開，時年十四。其父光自擘之，乃開。

後主時，改九院爲二十七院，掘得小屍，緋袍金帶，一髻一解，一足有靴。諸内參竊言，百年太子也。或以爲太原王紹德。

詔以襄城王子白澤襲爵樂陵王。齊亡入關，徙蜀死。

汝南王彦理，武平初封王，位開府、清都尹。齊亡入關，隨例授儀同大將軍、封縣子。[1]女入太子宫，故得不死。隋開皇初，[2]卒於并州刺史。

[1]儀同大將軍：官名。北周武帝建德四年（575），改車騎大將軍、儀同三司爲此稱。正九命。　縣子：爵位名。北周始置，秩正六命，地位在縣伯之下。

[2]開皇：隋文帝的年號（581—600）。

始平王彦德、城陽王彦基、定陽王彦康、汝陽王彦忠與汝南王同受封，[1]並加儀同三司。後事闕。

[1]汝陽王：底本作“汝南王”，中華本校勘記云：“諸本‘陽’訛作‘南’，據《北齊書》卷一二《孝昭六王傳》及本卷《孝昭六王序》改。”今從改。

武成十三男：胡皇后生後主及琅邪王儼。[1]李夫人生南陽王綽。[2]後宫生齊安王廓、北平王貞、高平王仁英、淮南王仁光、西河王仁機、樂平王仁邕、潁川王仁儉、安樂王仁雅、丹陽王仁直、東海王仁謙。[3]

[1]琅邪王：封爵名。琅邪，郡名。北齊時治即丘縣，在今山東臨沂市西。

[2]南陽王：封爵名。南陽，郡名。北齊時治南陽縣，在今河南郟縣西南。

[3]齊安王：封爵名。齊安，郡名。北齊時治齊安縣，在今河南信陽市東南。　北平王：封爵名。北平，郡名。北齊時治新昌

縣，在今河北盧龍縣。　高平王：封爵名。高平，郡名。北齊時治任城縣，在今山東濟寧市南。　淮南王：封爵名。淮南，郡名。北齊時治壽春縣，在今安徽壽縣。　樂平王：封爵名。樂平，郡名。北齊時治樂平縣，在今山西昔陽縣西南。　丹陽王：封爵名。丹陽，郡名。北齊時治秣陵縣，在今河南沈丘縣。　東海王：封爵名。東海，郡名。北齊時治安流縣，在今江蘇連雲港市東南。

南陽王綽字仁通，武成長子也，以五月五日辰時生。[1]至午時，後主乃生。武成以綽母李夫人非正嫡，故貶爲第二。初名融，字君明，出後漢陽王。[2]河清三年，改封南陽，别爲漢陽置後。

[1]辰：底本作“景”，其餘諸本作“辰”。按：《北齊書》卷一二作“辰”，今從改。

[2]出後：過繼給他人爲後代。　漢陽王：封爵名。即高洽，北齊神武帝高歡第十五子。漢陽，郡名。北魏時治蘭倉縣，在今甘肅禮縣。

始十餘歲，留守晋陽。愛波斯狗，尉破胡諫之，[1]欻然斫殺數狗，[2]狼藉在地，破胡驚走，不敢復言。後爲司徒、冀州刺史。[3]好裸人，畫爲獸狀，縱犬噬而食之。[4]左轉定州。汲井水爲後池，在樓上彈人。好微行，游獵無度，恣情强暴，云學文宣伯爲人。有婦人抱兒在路，走避入草。綽奪其兒飼波斯狗，婦人號哭。綽怒，又縱狗使食。狗不食，塗以兒血，乃食焉。

[1]尉破胡：人名。北齊將領。位開府儀同三司、將領將軍。

後主武平四年，陳將吴明徹率軍伐齊，其奉敕出援秦州，與明徹戰於吕梁南，後敗。

[2]欻（xū）然：忽然。

[3]冀州：北齊時治信都縣，在今河北冀州市。

[4]犬：殿本、四庫本、四部備要本作“大”。按：疑字形相近而訛，今從底本。

後主聞之，詔鎖綽赴行在所。[1]至而宥之，[2]問在州何者最樂。對曰：“多取蠍，[3]將狙混看，[4]極樂。”後主即夜索蠍一斗，比曉，[5]得二三升。置諸浴斛，[6]使人裸卧浴斛中，號叫宛轉。帝與綽臨觀，喜噱不已。謂綽曰：“如此樂事，何不早馳驛奏聞？”綽由是大爲後主寵，拜大將軍，朝夕同戲。

[1]行在所：天子巡行所到的地方。

[2]宥：寬恕、赦免。

[3]蠍：同“蝎”。

[4]狙：底本作“蛆”，中華本校勘記云：“諸本‘狙’作‘蛆’，《通鑑》卷一七一作‘多聚蠍於器，置狙其中，觀之極樂’。按狙即猴，與人類似，故下文後主改用人，以發洩其封建統治者的暴虐狂。今據《通鑑》改。”今從改。

[5]比曉：到拂曉。

[6]浴斛：澡盆。

韓長鸞聞之，[1]除齊州刺史。[2]將發，長鸞令綽親信誣告其反，奏云：“此犯國法，不可赦。”後主不忍顯戮，使寵胡何猥薩後園與綽相撲，[3]搤殺之。瘞於興聖佛寺，[4]經四百餘日乃大斂，顏色毛髪皆如生。俗云五月五日生者，腦不壞。

［1］間：底本作“聞”，源氏校勘記改“聞”作“間”。中華本校勘記云：“諸本‘間’訛‘聞’，據《北齊書》卷一二《武成十二王傳》改。”今從改。

［2］齊州：北齊時治歷城縣，在今山東濟南市。

［3］何猥薩：人名。以善相撲，被選送入朝，爲後主寵信。相撲：角抵，猶今之摔跤。

［4］興聖佛寺：即興聖寺。北齊時築，在今河北臨漳縣西南。

綽兄弟皆呼父爲兄兄，嫡母爲家家，乳母爲姊姊，婦爲妹妹。[1]

［1］綽兄弟皆呼父爲兄兄嫡母爲家家乳母爲姊姊婦爲妹妹：中華本校勘記云：“按此數語與前後文不連屬，疑是《琅邪王儼傳》文，誤移於此。‘綽’亦當是‘儼’之訛。又《儼傳》云：‘兄兄喚，兒何不去?’‘兄兄’指後主，即儼之兄，與此云‘呼父爲兄兄’不同。”可從。

齊亡，妃鄭氏爲周武帝所幸。請葬綽。敕所司葬於永平陵北。[1]

［1］永平陵：北齊武成帝高湛之墓。在今河北臨漳縣西南。

琅邪王儼字仁威，武成第三子也。初封東平王，[1]拜開府、侍中、中書監、京畿大都督、領軍大將軍，[2]

領御史中丞,[3]遷大司徒、尚書令、大將軍、録尚書事、大司馬。[4]

[1]東平王：封爵名。東平，郡名。北齊時治博平縣，在今山東泰安市東南。

[2]中書監：官名。魏晋南北朝時爲中書省長官之一。三國魏文帝初年分秘書省置中書省。南朝時中書省掌納奏、擬詔、出令，然權歸中書舍人，監、令名爲長官，品秩升高，多用作重臣加官，時人視爲閑職。北魏、北齊與南朝略同。北魏孝文帝太和十七年定爲從一品中，二十三年定爲從二品。北齊因之。　京畿大都督：官名。北魏末始置。統領京畿軍士，爲京都最高軍事長官。北齊時多任用宗室諸王，後主武平二年罷，其職掌併入領軍府。　領軍大將軍：官名。北齊文宣帝天保中置，爲領軍府長官，總掌禁衛諸軍，在領軍將軍之上，權勢極重，位次尚書令。

[3]御史中丞：官名。西漢始置，爲御史大夫的副貳，魏晋南北朝及十六國皆置。北魏時改名爲御史中尉，主掌御史臺。糾彈百官，參治刑獄。北齊時復舊，皆甚重其職。從三品。

[4]大司徒：中華本校勘記云："按北齊司徒不加大，'大'字衍文。"可從。

魏氏舊制：中丞出，千步清道，與皇太子分路行；王公皆遥住車，去牛頓軛於地，[1]以待中丞過。其或遲違，則赤棒棒之。[2]自都鄴後，此儀浸絶。武成欲雄寵儼，乃使一依舊制。儼初從北宫出，[3]將上中丞，凡京畿步騎，領軍之官屬，中丞之威儀，司徒之鹵簿，[4]莫不畢備。帝與胡后在華林園東門外，[5]張幕隔青紗步障觀之。遣中貴驟馬趣仗，[6]不得入。自言奉敕，赤棒應聲碎其鞍，馬驚人墜。帝大笑，以爲善。更敕令駐車，傳語良久，觀者傾京邑。

[1]軶：車的附件。形狀略呈人字形，駕車時套在牛馬的頸部。

[2]赤棒：赤色的棒。古代大官出行，前導儀仗中兵器之一。

[3]北宫：皇后所居之宫。

[4]鹵簿：帝王駕出時扈從的儀仗隊。自漢以後亦用於后妃、太子、王公大臣。

[5]華林園：十六國後趙石虎都鄴後建。在今河北臨漳縣西南，後爲北齊武成帝高湛增飾。

[6]中貴：即中官、宦官。

儼恒在宫中，坐含章殿以視事，[1]諸父皆拜焉。帝幸并州，儼恒居守，每送駕，或半路，或至晋陽乃還。王師羅嘗從駕，[2]後至。武成欲罪之。辭曰："臣與第三子别，留連不覺晚。"武成憶儼，爲之下泣，舍師羅不問。儼器服翫飾皆與後主同，所須悉官給。於南宫嘗見新冰緑李，還，怒曰："尊兄已有，我何意無？"從是，後主先得新奇，屬官及工匠必獲罪。太上、胡后猶以爲不足。[3]儼嘗患喉，使醫下針，張目不瞬。又言於帝曰："阿兄懦，何能率左右！"帝每稱曰："此黠兒也，[4]當有所成。"以後主爲劣，有廢立之意。武成崩，改封琅邪。

[1]含章殿：在今河北臨漳縣西南古鄴城。　視事：辦公。

[2]王師羅：人名。即王紘。字師羅，太安狄那（今山西壽陽縣北）人。北齊官吏。見《北史》卷五五《王紘傳》。

[3]太上：即北齊武成帝高湛。因傳位於太子高緯，自爲太上皇帝，故稱“太上”。

[4]黠（xiá）兒：聰慧的小兒。

儼以和士開、駱提婆等奢恣，盛修第宅，意甚不平。嘗謂曰：“君等所營宅，早晚當就，何太遲也？”二人相謂曰：“琅邪王眼光弈弈，數步射人，向者暫對，不覺汗出。天子門奏事，尚不然。”由是忌之。

武平二年，出儼居北宮，五日一朝，不復得無時見太后。四月，詔除太保，餘官悉解，猶帶中丞，督京畿。[1]以北城有武庫，欲移儼於外，然後奪其兵權。書侍御史王子宜與儼左右開府高舍洛、中常侍劉辟强説儼曰：[2]“殿下被疏，正由士開間構，何可出北宫，入百姓叢中也？”儼謂侍中馮子琮曰：“士開罪重，兒欲殺之。”[3]子琮心欲廢帝而立儼，因贊成其事。儼乃令子宜表彈士開罪，請付禁推。[4]子琮雜以他文書奏之，後主不審省而可之。儼誑領軍厙狄伏連曰“奉敕，令領軍收士開”。[5]伏連以諮子琮，且請覆奏。[6]子琮曰：“琅邪王受敕，何須重奏。”伏連信之，伏五十人於神獸門外，[7]詰旦，執士開送御史。儼使馮永洛就臺斬之。

[1]督：底本、毛本、殿本、局本、四部備要本作“且”，源氏校勘記云：“‘且’《北齊》作‘督’。”中華本校勘記云：“諸本‘督’訛作‘且’，據《北齊書》改。下文言儼以京畿兵反，可知其仍爲京畿大都督。”今從改。

[2]書侍御史：官名。即治書侍御史。漢宣帝時始置。北齊時

爲御史中丞佐貳，置二至四員，分領侍御史諸曹，監察、彈劾較高級官員，亦出使地方，收捕犯官。從五品。　王子宜：人名。一作“王子宣”。北齊官吏。　左右開府：具體職掌不詳。　高舍洛：人名。北齊官吏。初爲高祖驅使，後爲琅邪王儼左右。　中常侍：官名。秦始置，漢沿置，出入宮廷，侍從皇帝，通常爲列侯至郎中的加官。後專由宦者任之，增典內庭事務。北齊因之。　劉辟强：人名。北齊官吏。

[3]馮子琮：人名。字子琮，長樂信都（今河北冀州市）人。北齊大臣。見《北史》卷五五《馮子琮傳》。

[4]禁推：拘禁犯人加以推究審問。

[5]厙狄伏連：人名。字仲山，本名伏憐，代（今山西大同市東北）人。北齊官吏。見《北史》卷五三《慕容儼附厙狄伏連傳》。

[6]覆奏：人犯在執行死刑前向皇帝奏報的司法程序。

[7]神獸門：爲北齊鄴宮西門。在今河北臨漳縣西南古鄴鎮。中華本校勘記云：“‘神獸門’即‘神虎門’，《北史》避唐諱改。本書卷九二《和士開傳》又作‘神武門’。”可從。

儼徒本意，唯殺士開。及是，因逼儼曰：“事既然，不可中止。”儼遂率京畿軍士三千餘人，屯千秋門外。帝使劉桃枝將禁兵八十人召儼。[1]桃枝遥拜，儼命反縛，將斬之，禁兵散走。帝又使馮子琮召儼。儼辭曰：“士開昔來實合萬死，謀廢至尊，剃家家頭使作阿尼，故擁兵馬欲坐著孫鳳珍宅上。臣爲是，矯詔誅之。尊兄若欲殺臣，不敢逃罪；若放臣，願遣姊姊來迎臣，臣即入見。”姊姊即陸令萱也。[2]儼欲誘出殺之。令萱執刀帝後，聞之戰慄。又使韓長鸞召儼。儼將入，劉辟强牽衣諫曰：“若不斬提婆母子，殿下無由得入。”廣寧、安德二王適從西來，欲助成其事，曰：“何不入？”辟强曰：“人少。”[3]安德王顧衆而言曰：“孝昭殺楊遵彦，止八十人，今乃數千，何言人少？”

[1]劉桃枝：人名。北齊官吏。初爲高歡驅使，甚受寵信。齊建，位至領軍、開府，封王。上黨王涣、琅邪王儼、平秦王歸彦、斛律光等皆其親手所殺。

[2]陸令萱：人名。亦稱陸媪。北齊佞臣。見《北史》卷九二《穆提婆傳》。

[3]人少：殿本、四部備要本作“人年”。按：作“人年”不可解，今從底本。

後主泣啓太后曰：“有緣，更見家家；[1]無緣，永别。”乃急召斛律光，[2]儼亦召之。光聞殺士開，撫掌大笑曰：“龍子作事，固自不似凡人。”入見後主於永巷。帝率宿衛者步騎四百，授甲將出。光曰：“小兒輩弄兵，與交手即亂。鄙諺云：‘奴見大家心死。’至尊宜自至千秋門，琅邪必不敢動。”皮景和亦以爲然，[3]後主從之。光步道，使人走出曰：“大家來。”儼徒駭散。帝駐馬橋上，遥呼之，儼猶立不進。光就謂曰：“天子弟殺一漢，何苦？”執其手，强引以前。請帝曰：“琅邪王年少，腸肥腦滿，輕爲舉措，長大自不復然，願寬其罪。”帝拔儼帶刀環亂築，辯頭，[4]良久乃釋之。收伏連及高舍洛、王子宜、劉辟强、都督翟顯貴於後園，[5]帝親射之而後斬，皆支解，暴之都街下。[6]文武職吏，盡欲殺之。光以皆勳貴子弟，恐人心不安，趙彦深亦云"《春秋》責帥"，[7]於是罪之各有差。

[1]家（gū）家（gū）：對嫡母的稱呼。

[2]斛律光：人名。字明月，朔州（今山西朔州市）敕勒部人，斛律金子。北齊將領。見《北史》卷五四《斛律金附斛律光傳》。

[3]皮景和：人名。琅邪下邳（今江蘇睢寧縣）人。北齊將領。見《北史》卷五三《皮景和傳》。

[4]辮頭：絞住頭髮。

[5]都督：官名。魏文帝黄初中置。北朝前期爲統率全國或地方兵馬的指揮官，其爲州郡軍事長官者，兼理民政。至北朝後期則爲率領鄉兵、畜牧軍馬的中低級軍官。　翟顯貴：人名。北齊官吏。

[6]都街：鬧市。

[7]趙彦深：人名。即趙隱。字彦深，避北齊神武帝高歡六世祖高隱諱，以字行，南陽郡宛縣（今河南南陽市）人。北齊大臣。見《北史》卷五五《趙彦深傳》。　春秋責帥：按《春秋》大義，軍隊戰敗該督責主帥。

儼之未獲罪也，鄴北城有白馬佛塔，[1]是石季龍爲澄公所作。[2]儼將修之，巫曰："若動此浮圖，北城失主。"[3]不從，破至第二級，得白蛇，長數丈，回旋失之，數旬而敗。

[1]白馬佛塔：亦稱白馬浮圖。在今河北臨漳縣西南。

[2]石季龍：人名。即石虎。字季龍，上黨武鄉（今山西榆社縣）人，羯族。十六國時後趙君主。見《魏書》卷九五《羯胡石

勒附石虎傳》。按：《北史》避唐高祖祖父李虎諱稱其字，《魏書》作“石虎”。　澄公：即佛圖澄。西域人。能誦經數十萬言，善解文意，學識淵博。門下受業追隨者常有數百。

[3]北城：毛本、四庫本、局本、四部備要本作“此”。按：此段上文言“鄴北城有白馬佛塔”，可知應爲“北城”，疑字形相近而訛，今從底本。

自是，太后處儼於宮内，食必自嘗之。陸令萱説帝曰：“人稱琅邪王聰明雄勇，當今無敵，觀其相表，[1]殆非人臣。自專殺以來，常懷恐懼，宜早爲計。”何洪珍與和士開素善，[2]亦請殺之。未決，以食轝密迎祖珽問之。[3]珽稱周公殺管叔，[4]季友酖慶父。[5]帝納其言。以儼之晋陽，使右衛大將軍趙元侃誘執儼。元侃曰：“臣昔事先帝日，見先帝愛王，今寧就死，不能行。”帝出元侃爲豫州刺史。[6]九月下旬，帝啓太后曰：“明旦欲與仁威出獵，須早出早還。”[7]是夜四更，帝召儼。儼疑之。陸令萱曰：“兄兄喚，兒何不去？”儼出至永巷，劉桃枝反接其手。儼呼曰：“乞見家家、尊兄！”桃枝以袖塞其口，反袍蒙頭負出，至大明宮，[8]鼻血滿面，立殺之，時年十四。不脱靴，裹以席，埋於室内。帝使啓太后，臨哭十餘聲，便擁入殿。明年三月，葬於鄴西，贈謚曰楚恭哀帝，[9]以慰太后。

[1]相：底本作“根”，中華本校勘記云：“諸本‘相’訛‘根’。據《北齊書》《通志》改。”今從改。

[2]何洪珍：人名。北齊官吏。初以富家子弟選送入朝，爲後

主寵佞。後主武平中，封王，位開府。在朝與和士開勾結，弄權賣官。

[3]食轝：一種代步工具。即竹輿床，竹橋。　祖珽：人名。字孝徵，范陽遒（今河北淶水縣北）人。北魏、北齊官吏。博學善文，尤長醫學。見《北史》卷四七《祖瑩附祖珽傳》。毛本、殿本、四庫本、四部備要本作“祖班”。按：作“祖班”誤。見《北史·祖瑩附祖珽傳》。今從底本。

[4]周公殺管叔：周公旦因其弟管叔謀亂而殺了他。見《史記》卷三五《管蔡世家》。

[5]季友酖慶父：源氏校勘記云：“慶父自縊，季友所鴆者，其弟公子牙也。”見《左傳》莊公三十二年。

[6]豫州：北齊時治上蔡縣，在今河南汝南縣。

[7]須早出早還：底本作“須早還”，中華本校勘記云：“諸本脱‘早出’二字，據《北齊書》《通志》補。下文言後主四更召儼，即僞欲早出。”今從改。

[8]大明宮：亦稱大明殿。北齊後主天統元年始建。在北齊陪都晉陽（今山西太原市晉源區古城營村一帶）。

[9]明年三月葬於鄴西贈謚曰楚恭哀帝：中華本校勘記云：“按本書卷八《齊後主紀》武平三年正月‘追贈故琅邪王儼爲楚帝’。此‘三’字當是‘正’之訛。”可從。

有遺腹四男，生數月皆幽死。以平陽王淹孫世俊嗣。[1]儼妃李祖欽女也，[2]進爲楚帝后，居宣則宮，[3]齊亡乃嫁焉。

[1]平陽王：封爵名。北齊時治平陽縣，在今山西臨汾市。　淹：即高淹，人名。字子邃。北齊宗室。神武帝第四子，初封平陽郡公。見《北史》卷五一《平陽王淹傳》。

[2]李祖欽：人名。趙郡平棘（今河北趙縣）人。北齊外戚。後主武平中，封竟陵王，位光禄卿。見《北史》卷三三《李順傳》。

[3]宣則宫：今址不詳。

齊安王廓字仁弘，武成第四子也。性長者，無過行，位特進、開府儀同三司、定州刺史。

北平王貞字仁堅，武成第五子也。沈審寬恕，帝常曰："此兒得我鳳毛。"位司州牧、京畿大都督、兼尚書令、録尚書事。帝行幸，總留臺事。積年，後主以貞長大，漸忌之。阿那肱承旨，[1]令馮士幹劾，繫貞於獄，奪其留後權。[2]

[1]阿那肱：即高阿那肱，人名。一作"高阿那瓌"，善無（今山西右玉縣南）人。北齊官吏。見《北史》卷九二《高阿那肱傳》。

[2]留後：官名。猶留守、留臺。帝王離京留在京師總攝政事之官。

高平王仁英，武成第六子也。舉止軒昂，精神無檢格。[1]位定州刺史。

[1]檢格：約束。

淮南王仁光，武成第七子也。性躁又暴，位清都尹。次西河王仁機，生而無骨，不自支持。次樂平王仁邕；次潁川王仁儉；次安樂王仁雅，從小有瘖疾；[1]次丹楊王仁直；次東海王仁謙：皆養於北宫。

[1]瘖（yīn）疾：由於生理缺陷或疾病而不能説話。

琅邪王死後，諸王守禁彌切。武平末年，仁邕已下，始得出外，供給儉薄，取充而已。尋後主窮蹙，[1]以廓爲光州，[2]貞爲青州，仁英爲冀州，仁儉爲膠州，[3]仁直爲濟州刺史。[4]自廓已下，多與後主死於長安。仁英以清狂，仁雅以瘖疾，獲免，俱徙蜀。隋開皇中，追仁英，詔與蕭琮、陳叔寶脩其本宗祭祀。[5]未幾而卒。

[1]窮蹙（cù）：窘迫、困厄。

[2]光州：北齊時治掖縣，在今山東萊州市。

[3]膠州：北齊時治東武縣，在今山東諸城市。

[4]濟州：北齊時治碻磝城，在今山東茌平縣西南。

[5]蕭琮：人名。字温文，南蘭陵（一説在今江蘇常州市，一説在今江蘇丹陽市）人。西梁皇帝。見《北史》卷九三《蕭詧附蕭琮傳》。　陳叔寶：人名。字元秀，小字黄奴，吴興長城（今浙江長興縣東）人。南朝陳後主。陳宣帝長子。見《陳書》卷六《後主傳》。

後主五男：穆皇后生幼主。[1]諸姬生東平王恪。次善德，次買德，次質錢。胡太后以恪嗣琅邪王，尋夭折。

[1]穆皇后：即北齊後主皇后穆氏。見《北史》卷一四《後主皇后穆氏傳》。

齊滅，周武帝以任城已下大小三十王歸長安，皆有封爵。其後不從戮者，散配西土，[1]皆死邊。

[1]西土：泛指西部邊疆。

論曰：文襄諸子，咸有風骨。雖文雅之道，有謝間、平；[1]然武藝英姿，多堪禦侮。縱咸陽賜劍，[2]殲覆有徵，[3]若使蘭陵獲全，未可量也。而終見誅翦，以至土崩，可爲太息者矣。[4]安德以時艱主暗，晦迹韜光，及平陽之陣，奮其忠勇，蓋以臨難見危，義深家國。德昌大舉，事迫群情，理至淪亡，無所歸命。廣寧請出後宫，竟不獲遂，非孝珩辭致有謝李同，[5]自是後主心識去平原已遠。[6]存亡事異，安可同年而說。武成殘忍姦穢，事極人倫。太原迹異猜嫌，情非釁逆，禍起昭信，遂及淫刑。嗟乎！[7]欲求長世，未之有也。以孝昭德音，庶可慶流後嗣，百年之酷，蓋濟南之濫觴，[8]其云"莫效前人"之言，可爲傷歎。各愛其子，豈其然乎？琅邪雖無師傅之資，而早聞氣尚。士開淫亂，多歷歲年，一朝勦絶，慶集朝野，以之受斃，深可痛焉。然專戮之釁，未之或免。贈帝謚恭，矯枉過直，觀過知仁，不亦異於是乎？

[1]謝：遜，不如。　間平：指漢河間獻王劉德、東平憲王劉蒼。兩人皆有賢名。後因以"間平"指宗室藩王中之賢者。劉德，見《漢書》卷五三《景十三王傳》。劉蒼，見《後漢書》卷四二《東平憲王蒼傳》。

［2］咸陽賜劍：指戰國秦昭王賜劍白起，令其自殺事。事見《史記》卷七三《白起王翦列傳》。

［3］殲覆：覆滅。

［4］太息：歎息。

［5］李同：人名。即李談。苦縣（今河南鹿邑縣）人，戰國時期趙國舍人子。趙孝成王十年（前257），秦大軍圍邯鄲。李談往見平原君趙勝，説其散財養士，平原君從之，果得敢死士三千人，命談率衆擊敵，迫使秦師後退三十餘里。談戰死軍中。趙王詔封其爲俠義侯。司馬遷作《史記》時，因避其父談之諱，稱“李同”。後世史書皆沿之。事見《史記》卷七六《平原君虞卿列傳》。

［6］平原：即平原君趙勝。戰國四公子之一，號平原君。趙武靈王之子，趙惠文王之弟。因賢能而聞名。見《史記·平原君虞卿列傳》。

［7］嗟乎：四庫本、局本、四部備要本作“嗟呼”。按：“乎”同“呼”。

［8］濟南：即北齊廢帝高殷。北齊第二任皇帝，文宣帝長子。乾明元年，孝昭帝高演篡位，廢高殷爲濟南王。後爲高演所殺。

北史　卷五三

列傳第四十一

万俟普 子洛　可朱渾元　劉豐　破六韓常　金祚　劉貴　蔡儁　韓賢　尉長命　王懷　任祥 子冑　莫多婁貸文 子敬顯　厙狄迴洛[1]　厙狄盛　張保洛 賀拔仁 獨珍 段琛 尉摽 摽子相貴 康德 韓建業 封輔相 范舍樂 牒舍樂　侯莫陳相　薛孤延　斛律羌舉 子孝卿　張瓊　宋顯　王則　慕容紹宗　叱列平　步大汗薩　薛脩義　慕容儼 厙狄伏連　潘樂　彭樂　暴顯　皮景和　綦連猛　元景安　獨孤永業　鮮于世榮　傅伏 高寶寧

[1]厙（shè）：底本作“庫”，中華本作“厙”，今從改。

万俟普，字普撥，太平人，[1]其先匈奴之别也。少雄果，有武力。正光中，[2]破六韓拔陵構逆，[3]逼授太尉。[4]後歸魏，累遷第二鎮人酋長。[5]孝武帝初，[6]封清水郡公。[7]隨入關，拜司空。[8]神武平夏州，[9]普自覆鞅城率部歸齊神武。[10]神武躬自迎接，封河西郡公，[11]位太尉，薨。贈太師、大司馬、録尚書事。[12]子洛。

［1］太平：郡名。北魏時治太平縣，在今山西寧武縣東北。

［2］正光：北魏孝明帝的年號（520—525）。

［3］破六韓拔陵：人名。亦作“破落汗拔陵”“破六汗拔陵”。北魏末六鎮起義軍首領。兵敗，被柔然貴族所殺。

［4］太尉：官名。秦置。秦、西漢時爲全國性軍政長官。東漢時改大司馬置，列三公之首。魏晋以後多爲大臣加官，無實際職掌，北魏、東魏、北齊時皆爲一品。

［5］累遷第二鎮人酋長：中華本校勘記云：“《北齊書》卷二七《万俟普傳》‘鎮’作‘領’。按《隋書·百官志》中叙魏齊官制有領人酋長、不領人酋長、領人庶長、不領人庶長等。作‘領’是。”可從。領人酋長，官名。即領民酋長，《北史》避唐太宗李世民諱改稱“領人酋長”。北魏時給予所歸附部落首領的封號。其對所屬部落有統治權，世襲。按所領部落的大小有第一、第二、第三之分，又按部落内地位高低有酋長、庶長之分。至後期則按部衆多少而分。

［6］孝武帝：即北魏皇帝元脩。孝武爲其謚號。

［7］清水：郡名。北魏時治清水縣，在今甘肅清水縣西。

［8］司空：官名。又尊稱爲司空公。漢光武帝時與太尉、司徒並稱三公，列三公之末。東魏、北齊時爲名譽宰相，多爲大臣加官。一品。

［9］神武：即高歡。神武爲其謚號，北齊後主所追謚。　夏州：北魏時治大夏（統萬城），在今陝西靖邊縣白城子村無定河北岸的毛烏素沙漠中（靠近今内蒙古烏審旗南境）。

［10］覆鞦城：地名。約在今陝西境内。

［11］河西：郡名。北魏時治夏陽縣，在今山西臨汾市。

［12］太師：官名。西周始置。輔政大臣。自戰國至三國，其間唯西漢及東漢末短暫設置。三國魏末復置，爲三上公之一，北朝因之，皆爲元老重臣之加官。一品。　大司馬：官名。漢武帝時始

置。居三公之上、三師之下，開府置僚屬，多爲大臣加官，然無具體職司。北魏孝文帝太和二十三年定爲一品。　録尚書事：官名。漢章帝時設，爲三公等重臣總領、總理尚書臺政務之加職。歷朝因之。魏晋以降，權愈重，位在尚書令之上，不常設。南朝齊、北朝時爲正式官稱。

洛，字受洛干，隨孝武入關，除尚書左僕射。[1]天平中，[2]隨父東歸，封建昌郡公，[3]再遷領軍將軍。[4]初，神武以其父普尊老，特崇禮之，嘗親扶上馬。洛免冠稽首，願出萬死力以報深恩。及河陰之戰，[5]諸軍北度橋，洛以一軍不動，謂西人曰："万俟受洛干在此，能來可來也！"西人畏而去之。神武名其所營地爲迴洛城。[6]洛慷慨有氣節，勇鋭冠世。卒，贈太師、大司馬、太尉、録尚書，謚曰武。

[1]尚書左僕射：官名。秦置，漢因之。尚書僕射分左右自漢獻帝時始，自此以後，或二或一，置二人則分左右。職掌都省庶務及執法，或典選舉，左僕射權力大於右僕射，兼掌糾彈百官。北魏孝文帝太和十七年定爲從一品中，二十三年定爲從二品。

[2]天平：東魏孝静帝的年號（534—537）。

[3]建昌郡公：封爵名。建昌，郡名。東魏時治榆中縣，在今甘肅蘭州市。

[4]領軍將軍：官名。三國魏文帝時始置，歷朝因之。爲禁衛軍之最高統帥，權勢極重。北魏時如侍臣任此職，則稱中領軍將軍。孝文帝太和十七年定爲二品上，二十三年定爲從二品（參張金龍《北魏後期禁衛武官制度考論》，《蘭州大學學報》2001 年第 6 期）。

［5］河陰之戰：即河橋之戰。公元537年西魏宇文泰乘沙苑之捷，攻占東魏的蒲坂和洛陽的金墉城。公元538年東魏大將侯景反攻洛陽，宇文泰率兵救援。侯景北據河橋（今河南孟州市西南），南依邙山，迎戰西魏軍。最終西魏大敗。此役史稱"河橋之役"。

［6］迴洛城：底本作"迴洛"，中華本校勘記云："諸本脱'城'字，據《北齊書》補。"今從改。

可朱渾元，字道元，自云遼東人也。[1]曾祖護野肱，爲懷朔鎮將，[2]遂家焉。元寬仁有武略，少與神武相知。尒朱榮以爲别將，[3]隸尒朱天光。[4]平万俟醜奴等，[5]以功封東縣伯。[6]孝武帝立，累遷渭州刺史。[7]

［1］遼東：郡名。北魏時治襄平縣，在今遼寧遼陽市。

［2］懷朔鎮：軍鎮名。北魏六鎮之一，在今内蒙古固陽縣百靈淖城圐圙古城。鎮一般設於邊要形勝之地，魏晉以來多有設置（參張文平、苗潤華《長城資源調查對於北魏長城及六鎮鎮戍遺址的新認識》，《陰山學刊》2014年第6期）。

［3］尒朱榮：人名。字天寶，北秀容（今山西朔州市）人，契胡族。見《北史》卷四八《尒朱榮傳》。　别將：官名。北魏時爲别道都將的省稱，負責非主要作戰方向的軍事。

［4］尒朱天光：人名。北秀容（今山西朔州市）人，契胡族。北魏官吏。見《北史》卷四八《尒朱榮附尒朱天光傳》。

［5］万俟醜奴：人名。鮮卑族。北魏末關隴起義軍首領。本爲胡琛部屬。胡琛死，盡領其衆。孝莊帝建義元年（528），稱帝，置百官，年號神虎。其後攻占魏東秦州（今甘肅天水市），復圍岐州（今陝西鳳翔縣）。永安三年（530），戰敗被俘，死於洛陽。

［6］東縣伯：封爵名。東縣，今址不詳。

［7］渭州：北魏時治襄武縣，在今甘肅隴西縣東南。

元既早爲神武知遇，兼其母兄在東，恒表疏與神武往來。周文帝有疑心。[1]元乃率所部三千户，發渭州，西北度烏蘭津，[2]歷河、源二州境，[3]乃得東出。靈州刺史曹埿待元甚厚。[4]埿女婿劉豐生與元深相結，遂資遣元。元從靈州東北入雲州界。[5]周文每遣兵邀元，[6]元戰必摧之。神武聞其來，遣平陽太守高崇持金環一枚賜元，[7]并運資糧候接。元至，引見執手。後拜并州刺史，[8]以貪污被劾，[9]特見原。累以軍功拜司空。[10]

[1]周文帝：即宇文泰。文爲其謚號，北周明帝所追謚。

[2]烏蘭津：在今甘肅靖遠縣境。

[3]河：州名。西魏時治枹罕縣，在今甘肅臨夏市。　源：中華本校勘記云："按魏無'源州'，疑'源'爲'凉'之訛。"可從。凉，州名。漢武帝元封五年（前106）置，爲十三州刺史部之一。東漢時治所在隴縣（今甘肅張家川回族自治縣）。三國文帝魏黄初中移治姑臧縣（今甘肅武威市）。十六國前凉、後凉、北凉皆在此建國。隋大業初改爲武威郡。

[4]靈州：東魏時寄治汾州隰城縣，在今山西汾陽市。曹埿：人名。一作"曹泥"。北魏官吏。先仕西魏，官至靈州刺史。後降東魏，爲宇文泰所攻。

[5]雲州：北魏孝武帝永熙中改朔州置，寄治并州界，在今山西祁縣西。

[6]邀：阻攔，截擊。

[7]平陽：郡名。東魏時治平陽縣，在今山西臨汾市。

[8]拜：殿本、四部備要本作"進"。按：《北齊書》卷二七《可朱渾元傳》作"拜"，作"拜"是，今從底本。　并州：東魏

時治晉陽，在今山西太原市晉源區古城營村一帶。

[9]以貪污被劾：底本作“以貪污劾”，中華本校勘記云：“諸本脱‘被’字，據《通志》卷一五二《可朱渾元傳》補。”今從改。

[10]司空：官名。三公之一。漢成帝時改御史大夫爲大司空，漢光武帝時改名爲司空，與太尉、司徒並稱三公。歷代沿置，爲三公之末。魏晉南北朝時爲名譽宰相，多爲大臣加官。北魏時爲正一品。北齊因之。

天保初，[1]封扶風郡王，[2]位太傅、太師。[3]薨，贈假黄鉞、太宰、太師、録尚書。[4]元用兵務持重，未嘗敗。皇建初，[5]配享文襄廟庭。[6]子長舉襲。[7]

[1]天保：北齊文宣帝的年號（550—559）。

[2]扶風郡王：封爵名。遥封。扶風，郡名。北魏初治好畤縣，在今陝西乾縣東好畤村。孝莊帝永安元年（528）移治始平縣，在今陝西興平縣東北。

[3]太傅：官名。西周置。北齊時與太師、太保並號三師。位居太師下、太保上，爲輔弼君王的大臣。一品。

[4]假黄鉞：魏、晉、南北朝時，在權位最高的大臣出征時，常加以“假黄鉞”之稱號，即代表皇帝出征。　太宰：官名。西晉置太師、太傅、太保爲三上公，因避司馬師諱，改太師爲大宰，位三公之首。常與太傅、太保並掌朝政，一品。北魏、北齊則於太師、太傅、太保三師之上，别置太宰，皆一品。

[5]皇建：北齊孝昭帝的年號（560—561）。

[6]文襄：即高澄。文襄爲其謚號，北齊文宣帝所追謚。

[7]長舉：即可朱渾孝裕，人名。據可朱渾孝裕墓誌載，“王諱字孝裕，太安郡狄那縣人也”，“祖買奴（可朱渾昌），魏儀同三

司，朔夏二州諸軍事，朔州刺史。父道元（可朱渾道元），假黄鉞、太宰、太師、司空公、司徒公、并州刺史、扶風王”。“河清元年十二月中，襲扶風郡王”，後累官至右衛大將軍，北齊武平四年率軍阻擊陳朝吴明徹北伐，在壽陽之戰中被俘，未能生還。墓誌又載，“以大齊武平五年五月十一日薨於揚州之地，春秋年卅八”（參羅新、葉煒《新出魏晋南北朝墓誌疏證（修訂本）》，中華書局2016年版，第216—219頁）。

道元弟天元，亦有將略，便弓馬，封昌陽縣伯。[1]天保初，位殿中、七兵二尚書卒。[2]贈都督、滄州刺史，[3]謚曰恭武。

[1]昌陽縣伯：封爵名。昌陽，縣名。治所在今山東萊陽市東南。

[2]殿中：官名。即殿中尚書。晋武帝太康年間設，領殿中等曹。北齊時領兵馬倉庫，也帶兵出征，統殿中、儀曹、三公、駕部等曹。　七兵尚書：官名。三國魏時始設五兵尚書，十六國時後燕時改名爲七兵尚書。北魏時爲尚書臺屬官，領別兵、騎兵、都兵、左右中兵、左右外兵等。孝文帝太和十七年定爲二品中，二十三年定爲三品。北齊沿置。

[3]滄州：北齊時治饒安縣，在今河北鹽山縣西南。

天元弟天和，以道元勳重，尚東平長公主，[1]賜爵宜安鄉男。[2]文宣受禪，[3]加駙馬都尉，[4]位開府儀同三司，[5]封成皋郡公。[6]濟南即位，[7]加特進，[8]改封博陵郡公。[9]與楊愔同被殺，[10]追贈司空。

[1]東平長公主：封號。東平，郡名。東魏時治秦城縣，在今河南范縣東南舊城。

[2]宜安鄉男：封爵名。宜安，地名。在今河北藁城市西南。

[3]文宣：即北齊皇帝高洋。文宣爲其謚號。

[4]駙馬都尉：官名。漢武帝時始置。多用作宗室、外戚、功臣子、貴族、親近之臣的加官，或亦加於尚公主者。北齊沿置，專加帝婿。從五品。

[5]開府儀同三司：三國魏始置。爲大臣加號，謂與三司（太尉、司徒、司空）的禮制待遇相同，許開設府署，自辟僚屬。北魏孝文帝太和二十三年定爲從一品。北齊因之。

[6]成皋郡公：封爵名。成皋，郡名。北齊時治滎陽縣，在今河南滎陽市汜水鎮西北。

[7]濟南：郡名。北齊時治歷城縣，在今山東濟南市。此處代指北齊廢帝高殷。被廢爲濟南王，故稱。

[8]特進：官名。西漢置。北齊時爲加官名號，贈致仕大臣。二品。

[9]博陵郡公：封爵名。博陵，郡名。北齊時治安平縣，在今河北安平縣。

[10]楊愔：人名。字遵彦，小名秦王，弘農華陰（今陝西華陰市東南）人。東魏、北齊官吏。見《北史》卷四一《楊播附楊愔傳》。

劉豐字豐生，普樂人也。[1]有雄姿壯氣，果毅絶人。破六韓拔陵之亂，以守城功，除普樂太守，山鹿縣公，[2]靈州鎮城大都督。[3]賀拔岳與靈州刺史曹遲不睦，[4]豐助遲守。岳將自討遲，爲侯莫陳悦所殺。[5]周文帝遣行臺趙善、大都督万俟受洛干復來攻圍，[6]引河灌之，遲與豐堅守不下。

［1］普樂：郡名。北魏時治迴樂縣，在今寧夏靈武市西南。

［2］山鹿：縣名。治所在今陝西靖邊縣西南。

［3］鎮城大都督：官名。北魏孝明帝孝昌初始置，稱防城都督，後諸州皆置。或稱鎮城都督。孝莊帝以後，又有防城大都督或鎮城大都督之稱。掌州城之防衛，與州將軍府之上佐長史、司馬同爲重職。

［4］賀拔岳：人名。字阿斗泥，神武尖山（今山西神池縣）人。北魏將領。見《北史》卷四九《賀拔允附賀拔岳傳》。

［5］侯莫陳悦：人名。代（今山西大同市東北）人。北魏將領。見《北史》卷四九《侯莫陳悦傳》。

［6］行臺：官名。三國魏置。北魏初曾在鄴及中山置行臺，以尚書爲長官，執掌當地的軍政事務。旋罷。北魏孝明帝正光末，在各地陸續設立行臺主管當地軍務，遂成爲常設的地方行政機構。趙善：人名。字僧慶，天水南安（今甘肅隴西縣）人。西魏大臣。見《北史》卷五九《趙貴附趙善傳》。

豐乃東奔神武，神武以豐爲南汾州刺史。[1]河陰之役，豐功居先，神武執其手嗟賞之。

［1］南汾州：東魏時治定陽縣，在今山西吉縣。

及王思政據長社，[1]豐與高岳等攻之。[2]先是訛言大魚道上行，百姓苦之。豐建水攻策，遏洧水灌城，[3]水長，魚鱉皆游焉。城將陷，豐與行臺慕容紹宗見北有白氣，同入船。[4]忽有暴風從東北來，正晝昏暗，飛沙走礫，船纜忽絶，漂至城下。豐拍浮向土山，[5]爲浪激，不時至。西人鉤之，并爲敵所害。豐壯勇善戰，死日，朝野駭惋。贈大司馬、司徒公、尚書令，[6]謚武忠。子曄嗣。

[1]王思政：人名。字思政，太原祁（今山西祁縣東南）人。北魏、西魏官吏。見《北史》卷六二《王思政傳》。　長社：縣名。治所在今河南長葛市東北。

[2]高岳：人名。字洪略，勃海蓨（今河北景縣）人。東魏、北齊宗室、大臣。見《北史》卷五一《清河王岳傳》。

[3]洧水：水名。源出今河南登封市東陽城山，東流經新密市會溱水。

[4]豐與行臺慕容紹宗見北有白氣同入船：底本作“豐與行臺慕容紹宗見”，中華本校勘記云：“諸本脱‘北有白氣，同入船’七字，據《北齊書》卷二七《劉豐傳》補。”今從改。

[5]拍浮：浮游，游泳。

[6]司徒公：官名。司徒的尊稱。漢光武帝時以大司徒改稱。北齊時名義上參議大政，其位多曠，遇有典禮，以他官攝行其事。一品。　尚書令：官名。秦、西漢時爲尚書署長官，掌收發文書，隸少府。歷代沿置。北魏初不常置，亦不掌實際政務，孝文帝改制後，尚書省權任頗重，以録尚書事爲長官，尚書令爲副貳，兼掌監察百官，皆爲宰相。孝文帝太和十七年定爲從一品上，二十三年定爲二品。

第三子龍，有巧思，位亦通顯。[1]隋開皇中，[2]歷將作大匠，[3]卒於領軍大將軍。[4]

[1]通顯：官高、名顯。

[2]開皇：隋文帝的年號（581—600）。

[3]將作大匠：官名。漢景帝時由將作少府改名。隋朝時掌領徒隸修建宫室、宗廟、陵寢及其他土木工程。正四品。

[4]領軍大將軍：官名。北齊文宣帝天保中置，爲領軍府長官，總掌禁衛諸軍，在領軍將軍之上，權勢極重，位次尚書令。二品。隋朝沿置，設左右領軍府，與十二府中的其他十府共掌禁衛軍。

八子俱非嫡妻所生，[1]每一子所生喪，[2]諸子皆爲制服三年。武平中，[3]暐所生喪，[4]諸弟並請解官，朝廷義而不許。

[1]八子俱非嫡妻所生：中華本校勘記云："按疑'八'上脱'豐'字。"可從。

[2]所生：生母。

[3]武平：北齊後主的年號（570—576）。

[4]暐：中華本校勘記云："《通志》卷一五二《劉豐傳》'暐'作'曄'。按上文不見暐名，若非有脱文，即是'曄'之誤。"可從。

破六韓常，單于之裔也。[1]初呼厨貌入朝漢，[2]爲魏武所留，[3]遣其叔父右賢王去卑監本國户。[4]魏氏方興，率部南轉，去卑遣弟右谷蠡王潘六奚率軍北禦。[5]軍敗，奚及五子俱没于魏，其子孫遂以潘六奚爲氏。後人訛誤，以爲破六韓。世領部落。父孔雀，少驍勇，背其宗人拔陵，率部降尒朱榮。詔封永安縣侯、第一領人酋長。[6]

[1]破六韓常單于之裔也：中華本校勘記云："錢氏《考異》卷

四〇云：‘按《齊書》（卷二七），常字保年，附化人。延壽削而不書，則總論中“保年之於關右，義異策名”二句，殊無謂矣。’按錢説是。又《北齊書》‘單于’上有‘匈奴’二字，亦不應删。”可從。

［2］呼厨貌：人名。東漢末匈奴南單于。中華本校勘記云：“錢氏《考異》云：‘“貌”當作“泉”，“泉”訛爲“皃”，後人又妄加豸旁。’按呼厨泉歸漢，見《後漢書》卷八九《南匈奴傳》。錢説是。”可從。

［3］魏武：即三國魏武帝曹操。武爲其謚號。

［4］去卑：人名。其餘不詳。

［5］潘六奚：人名。其餘不詳。

［6］永安縣侯：封爵名。永安，縣名。治所在今山西霍州市。

第一領人酋長：底本作“第第一領人酋長”，毛本、殿本、四部備要本、中華本作“第一領人酋長”，四庫本、局本作“加第一領人酋長”。按：《北齊書》卷二七《破落韓常傳》作“第一領人酋長”，今從《北齊書》改。

常，孔雀少子，沈敏有膽略，善騎射。尒朱榮死，常歸河西。天平中，與冀州刺史万俟受洛干等東歸，[1]神武上爲武衛將軍。[2]齊受禪，封廣川縣公，[3]拜太子太保。[4]卒於滄州刺史。贈尚書令、司徒公、太傅、第一領人酋長、假王，[5]謚曰忠武。

［1］冀州：東魏時治信都縣，在今河北冀州市。

［2］武衛將軍：官名。三國魏文帝時將武衛中郎將改爲此稱。東魏掌宿衛兵。從三品。

［3］廣川縣公：封爵名。廣川，縣名。治所在今河北景縣西南。

［4］太子太保：官名。東宫三師之一，位在太子太師、太傅下。

北魏時掌訓導輔翊太子，無具體職司，東宫屬官皆隸太子詹事。孝文帝太和十七年定爲從一品上，二十三年定爲二品。北齊因之。

[5]假王：封爵名。西漢時爲臨時署理，權借稱號之王爵。北魏時則爲一種爵號，低於王爵，高於公爵。北齊沿置。

金祚字神敬，安定人也。[1]性驍雄，尚氣俠。魏末，以軍功至太中大夫，[2]隨元天穆討平邢杲，[3]歷涇、岐二州刺史。[4]後大行臺賀拔岳表授東雍州刺史，[5]令討仇池氐楊紹先於百頃。[6]未還，岳爲侯莫陳悦所殺。祚克仇池還，莫知所歸。俄而神武遣行臺侯景慰諭，[7]祚遂解甲而還，封安定縣公。

[1]安定：郡名。北魏時治安定縣，在今甘肅涇川縣北。

[2]太中大夫：官名。亦作“大中大夫”。北魏時多用於安置年老病退免官的九卿等大臣，亦用作加官、兼官，或供朝廷臨時差遣。從三品。

[3]元天穆：人名。亦作“元穆”。北魏宗室、官吏。見《北史》卷一五《高凉王孤附上黨王天穆傳》。　邢杲：人名。河間（今河北河間市）人。北魏末山東起義軍首領。後因衆寡懸殊，在濟南爲元天穆和尒朱兆的軍隊所敗，降後被殺。

[4]涇：州名。北魏時治安定縣，在今甘肅涇川縣北。　岐：州名。北魏時治雍縣，在今陝西鳳翔縣東南。

[5]大行臺：大行臺長官的省稱。北魏置。大行臺爲尚書省設在主要地區的派出機構，代行尚書省的權力，管理區内的軍政事務，是地方最高行政機構。東魏因之。　東雍州：北魏時治臨汾縣，在今山西新絳縣。

[6]仇池：國名。在今甘肅西和縣西南。　氐：族名。分布於今甘肅、陝西、四川等省的鄰接地帶。以畜牧業、農業爲生。西晋

末曾建立過仇池、前秦、後凉等政權。見《北史》卷九六《氐傳》。　楊紹先：人名。仇池（今甘肅西和縣西南）人。北魏時氐族首領。楊集始子，少繼父位，受魏封爲都督、南秦州刺史、漢中郡公、武興王。宣武帝正始二年（505），受其叔父集起推爲帝，起兵反魏，兵敗，復降於魏。　百頃：山名。即仇池山。因山頂有平地百頃得名。在今甘肅西和縣西南。

[7]侯景：人名。字萬景，小字狗子，懷朔鎮（今内蒙古固陽縣南）人。南朝梁武帝時叛將。見《梁書》卷五六《侯景傳》（參李萬生《侯景的氏族及相關問題》，《北京大學學報》2000年第5期）。

後隨魏孝武西入，周文帝以祚爲兖州刺史。[1]歷太僕、衛尉二卿。[2]尋除東北道大都督、晋州刺史，[3]入據東雍州。神武遣尉景攻降之。芒山之戰，[4]以大都督從破西軍，除華州刺史。[5]文宣受禪，加開府儀同三司，别封臨濟縣子。[6]卒，贈司空公。

[1]兖州：西魏時治瑕丘縣，在今山東兖州市西。

[2]太僕：官名。北魏時掌供天子輿馬。孝文帝太和二十三年定爲三品。　衛尉：官名。秦朝時置，漢朝時爲九卿之一，景帝初更名中大夫令，後復稱衛尉，掌宫門衛屯兵。魏晋南北朝時多沿置，北魏時亦稱衛尉卿，至北齊時改稱衛尉寺卿。

[3]晋州：西魏時治白馬城，在今山西臨汾市。

[4]芒山之戰：東魏和西魏間的一次戰役。公元543年，東魏北豫州刺史高仲密據虎牢叛變，西魏柱國大將軍宇文泰率軍接應。東、西魏兩軍在芒山决戰，西魏軍大敗。芒山，即邙山。在今河南洛陽市北。

[5]華州：東魏時治華陰縣，在今陝西大荔縣。

[6]臨濟縣子：封爵名。臨濟，縣名。治所在今山東高青縣西南。

劉貴，秀容陽曲人也。[1]剛格有氣斷。歷尒朱榮府騎兵參軍。[2]榮性猛急，貴尤嚴峻，任使多愜榮心。普泰初，[3]行汾州事，[4]棄戍歸齊神武。累遷御史中尉、肆州大中正，[5]加開府、西道行臺僕射。[6]

[1]秀容：郡名。北魏時治秀容縣，在今山西忻州市西北。陽曲：縣名。治所在今山西太原市北。

[2]騎兵參軍：官名。西晋末丞相府置爲僚屬，爲騎兵曹長官。北魏時公府、將軍府置，自從六品上至從八品。

[3]普泰：北魏節閔帝的年號（531—532）。

[4]行汾州事：行事指代行州軍府長官職權者的稱謂，亦稱行某州或某府事。汾州，北魏時治蒲子城，在今山西隰縣。

[5]御史中尉：官名。北魏時由御史中丞改稱，主御史臺，糾彈百官，參治刑獄。頗重其選。孝文帝太和十七年定爲三品上，二十三年定爲從三品。　肆：州名。北魏時治九原城，在今山西忻州市西北。　州大中正：官名。三國魏齊王曹芳時始置，全稱爲州都大中正，掌一州之人物品第，以爲吏部銓選之根據，並有委任州主簿及從事之權。魏晋時州一級中正皆可稱州大中正或簡稱州中正、大中正、州都、都士等，南北朝時則常特稱小州之中正爲州中正。冠“大”字者則爲大州之中正。

[6]開府：開府儀同三司的省稱。　行臺僕射：官名。行臺尚書僕射的省稱。北魏、北齊時所設諸行臺高級官員，爲行臺尚書令副職，尚書令缺或未置，則爲行臺最高長官，分左、右則左居右上。

貴所歷莫不肆其威酷，非理殺害，視下如草芥。性峭直，攻訐無所回避。雖非佐命元功，[1]然與神武布衣舊，特見親重。卒，贈太保、太尉公、録尚書事，[2]謚忠武。齊受禪，詔祭告其墓。皇建中，配享神武廟庭。

[1]元功：大功，首功。

[2]太保：官名。西周始置，爲輔弼的重要大臣。漢平帝時復置，名爲皇帝師傅，位上公，無實際職掌。三國魏末復置，位在三司上，安置元老重臣，無職掌。兩晋與太宰、太傅並爲上公，執掌朝政，開府辟僚屬，爲宰相之任。北魏時爲三師之一，位居太師、太傅之下，一品。北齊因之。　太尉公：太尉的尊稱。

次子洪徽嗣樂縣男。[1]卒，贈都督、燕州刺史。[2]

[1]樂縣男：封爵名。中華本校勘記云："《北齊書》卷十九《劉貴傳》無'樂縣男'三字，《通志》卷一五二《劉貴傳》作'樂安縣男'。按《北齊書》言貴封敷城縣公，不云封'樂縣男'。此云'嗣樂縣男'，當是别封。但地志無'樂縣'，疑《通志》作'樂安'是。"可從。樂安，縣名。治所在今山東博興縣南。

[2]燕州：北齊時寄治并州壽陽縣，在今山西文水縣北。

蔡儁，廣寧石門人也。[1]父普，北方擾亂，走奔五原，[2]守戰有功，拜寧朔將軍。[3]卒，贈燕州刺史。

[1]廣寧：郡名。北魏時治石門縣，在今山西朔州市。　石門：縣名。治所在今山西朔州市。

[2]五原：郡名。北魏時治九原縣，在今内蒙古包頭市西。

［3］寧朔將軍：官名。三國魏時設，爲雜號將軍之一，階四品，有長史、司馬等官屬。北魏因之，孝文帝太和十七年定爲四品上，二十三年定爲從四品。

儁豪爽有膽略，齊神武微時，深相親附。儁初爲杜洛周所虜。[1]時神武亦在洛周軍中，神武謀誅洛周，儁預其計。事泄奔葛榮。[2]仍背榮歸尒朱榮。從入洛。及從破葛榮，平元顥，[3]封烏洛縣男。[4]隨神武舉義，及平鄴，[5]破韓陵，[6]并有戰功，進爵爲侯。出爲濟州刺史。[7]爲政嚴暴，又多受納。然亦明解，[8]有部分，[9]吏人畏服之。性好賓客，頗稱施惠。

［1］杜洛周：人名。北魏末六鎮起義軍首領。後爲葛榮所害。

［2］葛榮：人名。北魏末河北義軍首領。爲尒朱榮所擒，送入京師，被斬於市中。

［3］元顥：人名。字子明。北魏宗室。見《北史》卷一九《北海王詳附元顥傳》。

［4］烏洛縣男：封爵名。烏洛，縣名。今地不詳。

［5］鄴：縣名。治所在今河北臨漳縣西南鄴鎮。

［6］韓陵：山名。亦名七里岡。在今河南安陽市東北。高歡破尒朱兆兄弟於此山下。

［7］濟州：北魏時治碻磝城，在今山東茌平縣西南。底本作“齊州”。中華本校勘記云：“諸本‘濟’作‘齊’，《北齊書》卷十九《蔡儁傳》作‘濟’。按本書卷六《齊神武紀》天平元年見‘濟州刺史蔡儁’。《魏書》卷十一《孝武紀》太昌元年七月，言儁爲濟州刺史，與齊州刺史尉景共同鎮壓郭遷。永熙二年六月，又見‘濟州刺史大都督蔡儁’。作‘濟’是，今據改。”今從改。

［8］明解：明達，對事理認識透徹。

[9]部分：部署安排。

天平中，卒於揚州刺史，[1]贈尚書令、司空公，謚曰威武。齊受禪，詔祭告其墓。皇建初，配享神武廟庭。

[1]揚州：東魏時治壽春縣，在今安徽壽縣。

韓賢字普賢，廣寧石門人也。壯健有武用。初隨葛榮作逆。榮破後，尒朱榮擢充左右。榮死，尒朱度律以賢爲帳内都督，[1]封汾陽縣伯。[2]後爲廣州刺史。[3]及齊神武起義，度律以賢素爲神武所知，恐有變，遣使徵之。不願去，乃密遣群蠻多舉烽，若有寇至。使者遂爲啓，得停。賢仍潛使人通誠於神武。後拜建州刺史。[4]

[1]尒朱度律：人名。北秀容（今山西朔州市）人，契胡族，尒朱榮從父弟。見《北史》卷四八《尒朱榮附尒朱度律傳》。　帳内都督：官名。北魏末始置。統領主帥左右的侍衛軍士。

[2]汾陽：縣名。治所在今山西河津市。

[3]廣州：北魏時治山北縣，在今河南魯山縣。

[4]建州：北魏時治高都縣，在今山西晋城市東。

天平初，爲洛州刺史。[1]州人韓木蘭等起兵，[2]賢破之。親自案檢收甲仗，[3]有一賊窘迫藏屍間，見將至，忽起斫賢，斷其脛而卒。始漢明帝時，[4]西域以白馬負佛經送洛，因立白馬寺。其經函傳於此寺，形制厚朴，世以古物，歷代寶之。賢知，故斫破之，未幾而死。論者謂因此致禍。贈尚書令、司空公。[5]子裔嗣。

[1]洛州：東魏時治洛陽縣，在今河南洛陽市東北。

[2]韓木蘭：人名。即韓雄。字木蘭，河南東垣（今河南新安縣）人。西魏、北周將領。見《北史》卷六八《韓雄傳》。

[3]甲仗：鎧甲武器。

[4]漢明帝：即東漢皇帝劉莊。明爲其謚號。

[5]司空公：毛本、殿本、四庫本、四部備要本作“司空”。

尉長命，太安狄那人也。[1]父顯，魏代郡太守。[2]

[1]太安：郡名。北魏僑置。治所在今山西壽陽縣西。　狄那：縣名。北魏僑置，治所在今山西壽陽縣西。

[2]代郡：北魏時治平城，在今山西大同市東北。

長命性和厚，有器識。參預齊神武起兵，破尒朱氏於韓陵，拜安南將軍。[1]樊子鵠據兗州反，[2]除東南道大都督，與諸軍討平之。徙幽州刺史，[3]督安、平二州。[4]雖多聚斂，然以恩撫人，少得安集。卒，贈司空，謚曰武壯。

[1]安南將軍：官名。漢獻帝時始置。北魏時與安東、安北、安西將軍合稱四安將軍，是出鎮南方地區的軍事長官，或作爲刺史等地方官員兼理軍務時的加官。三品。

[2]樊子鵠：人名。代郡平城（今山西大同市東北）人。北魏官吏。見《北史》卷四九《樊子鵠傳》。　兗州：北魏孝文帝太和

十八年改東兖州置，治瑕丘城，在今山東兖州市新驛鎮東頓村南。

[3]幽州：北魏時治薊縣，在今北京西南。

[4]安：州名。北魏時治方城，在今河北隆化縣隆化鎮。　平：州名。北魏時治肥如縣，在今河北盧龍縣北。

子興，字敬興。[1]便弓馬，有武藝，位冠軍將軍。[2]

[1]字敬興：源氏校勘記云："《北齊》作'字興敬'。"中華本校勘記云："《北齊書》卷十九《尉長命傳》'敬興'作'興敬'。錢氏《考異》以爲'興敬'即附見本卷《綦連猛傳》之'尉興慶'。作'敬'是北齊史臣避北齊廟諱改（高歡五世祖名慶）。這裏作'敬興'，是轉寫倒誤。按錢説是。《金石録》卷二二《北齊大安樂寺碑跋》言碑文載長命子名興敬，與《北齊書》合。"可從。

[2]冠軍將軍：官名。三國魏時始置。北朝亦置冠軍將軍，用以褒賞勳庸，北魏、北齊從三品。

王懷字懷周，不知何許人也。少好弓馬，頗有氣尚。隨齊神武於冀州起兵，討破尒朱兆於廣阿，[1]又從破四胡於韓陵，[2]以功封盧鄉縣侯。[3]天平中，爲都督、廣州刺史。後從神武襲克西夏州。[4]還，爲大都督，鎮下館。[5]除車騎大將軍、儀同三司。[6]卒，贈司徒公、尚書僕射。[7]

[1]尒朱兆：人名。字萬仁，北秀容（今山西朔州市）人，契胡族。見《北史》卷四八《尒朱榮附尒朱兆傳》。　廣阿：縣名。治所在今河北隆堯縣東。

[2]四胡：指尒朱軍事集團的尒朱兆、尒朱仲遠、尒朱世隆以及尒朱天光。

[3]盧鄉縣侯：封爵名。盧鄉，縣名。治所在今山東平度市西北。

[4]西夏州：東魏時寄治於并州界，在今山西太原市西南。

[5]下館：城名。在今山西朔州市朔城區滋潤鄉夏關城村。

[6]車騎大將軍：官名。晋制度，驃騎、車騎、衛三將軍皆爲重號將軍，高於諸名號大將軍，本無須加“大”。其後將軍名號越來越濫，遂又增此號，多加元老重臣，以示尊崇，一品，開府置僚屬，不領兵。北魏孝文帝太和十七年定爲一品中，二十三年定爲從一品。北齊沿置。　儀同三司：東漢置。魏晋時期，授予開府位從三公之文武官。北齊時授予範圍不斷擴大，逐漸成爲官號。二品。

[7]尚書僕射：官名。秦始置。北魏時執掌都省庶務及執法，或典選舉，輔助尚書令執行政務，參議大政，諫諍得失。左僕射兼掌糾彈百官，居右僕射上。孝文帝太和十七年定爲從一品中，二十三年定爲從二品。北齊因之。

懷以武藝勳誠，[1]爲神武所知。志力未申，論者惜其不遂。皇建初，配饗神武廟庭。

[1]勳誠：功勞。

任祥字延敬，廣寧人也。[1]少和厚，有器度。初從葛榮，榮署爲王。榮敗，擁所部先降，拜廣寧太守，賜爵西河縣公。[2]隨神武起兵，封魏郡公。[3]後兼尚書左僕射，進位開府儀同三司。祥位望既重，能以寬和接物，人士稱之。及斛斯椿釁發，[4]祥棄官北走，歸神武。天平初，拜侍中，還徐州刺史。[5]在州大有受納，[6]然政不殘，不爲人所疾苦。潁州長史賀若徽執刺史田迅，[7]據城降西魏。祥戰失利，還北。[8]與行臺侯景、司徒高昂共攻拔潁川。[9]元象元年，[10]卒於鄴。贈太尉公、録尚書事。

[1]任祥字延敬廣寧人也：據其墓誌載："公諱祥，字延慶，西河隰城（今山西汾陽市）人。"與本傳記載有異。

[2]西河縣公：封爵名。西河，縣名。治所在今山西陽城縣西。

[3]魏郡：北魏時治鄴縣，在今河北臨漳縣西南鄴鎮。

[4]斛斯椿：人名。字法壽，廣牧富昌（今内蒙古准格爾旗東南）人。北魏官吏。見《北史》卷四九《斛斯椿傳》。

[5]徐州：東魏時治彭城縣，在今江蘇徐州市。

[6]受納：接受賄賂。

[7]潁州：東魏時治汝陰縣，在今安徽阜陽市。底本作"潁川"，中華本校勘記云："諸本'州'作'川'。張森楷云'"川"乃"州"之誤。州有長史，潁川是郡，不得有長史也。'按張説是，本書卷六〇《宇文貴傳》、卷二〇《堯雄傳》正作'州'。今據改。"今從改。　長史：官名。戰國秦置，掌顧問參謀。秦漢因之。丞相長史職權尤重。邊郡於丞之外復置長史，佐太守掌兵馬。内郡或置之。魏晋南北朝時沿置，大抵略同。

[8]還北：中華本校勘記云："《北齊書》卷一九《任延敬傳》'還北'作'收還北豫'。按這裏疑脱'豫'字。北豫州治虎牢，與潁川甚近，所以下文説他與侯景、高昂'共攻拔潁川'。"可從。

[9]高昂：人名。字敖曹，勃海蓨（今河北景縣）人。東魏將領。見《北史》卷三一《高祐附高昂傳》。

[10]元象：東魏孝静帝的年號（538—539）。

子胄，性輕俠，頗敏慧，少在神武左右。天平中，擢爲東郡太守。[1]家本豐財，又多聚斂，動極豪華，賓客往來，將迎至厚。[2]興和末，[3]神武攻玉壁還，[4]留清河公岳爲行臺，[5]鎮守晋州，以胄隸之。胄飲酒游縱，不勤防守，神武責之。懼，遂潛遣使送款於周。[6]爲人所糾，推勘未得實，神武特免之。胄内不自安，乃與儀同尒朱文暢、參軍房子遠、鄭仲禮等陰圖弒逆。[7]伏誅。

[1]東郡：東魏時治滑臺城，在今河南滑縣東舊址。

[2]將迎：送往迎來。

[3]興和：東魏孝静帝的年號（539—542）。

[4]玉壁：城名。在今山西稷山縣西南。

[5]清河公：封爵名。清河，郡名。東魏時治清河縣，在今山東臨清市東北。

[6]送款：投誠，歸降。

[7]儀同：儀同三司的省稱。　尒朱文暢：人名。北秀容（今山西朔州市）人，契胡族，尒朱榮子。見《北史》卷四八《尒朱榮附尒朱文暢傳》。　參軍：官名。即參軍事。東漢設。於丞相府、諸公府參議軍事。魏晋之後諸軍府、王府、州郡府等皆設，分主諸曹事。官秩不一。　房子遠：人名。河南洛陽（今河南洛陽市東北）人，房謨子。東魏將領。任開府參軍。見《北史》卷五五《房謨附房子遠傳》。　鄭仲禮：人名。滎陽開封（今河南開封市）人。東魏官吏。爲高歡親信，出入隨從。見《北史》卷三五《鄭羲附鄭仲禮傳》。

莫多婁貸文，太安狄那人也。驍果有膽氣。從神武起兵，破尒朱兆於廣阿，封石城縣子。[1]從破四胡於韓陵，進爵爲侯。從平尒朱兆於赤谼嶺，[2]兆自縊，貸文獲其屍。天平中，進爵爲公，晋州刺史。

[1]石城縣子：封爵名。石城，縣名。治所在今山西原平市北。

[2]赤谼嶺：山名。一作“赤洪嶺”，在今山西吕梁市離石區東北。

元象初，除車騎大將軍、儀同三司、南道大都督，與行臺侯景攻獨孤信於金墉城。[1]周文帝出函谷，[2]景與高昂議待其至，貸文請率所部擊其前鋒，景等固不許。貸文性勇而專，不受命，以輕騎一千，軍前斥堠，[3]死於周軍。贈尚書左僕射、司徒公。

[1]獨孤信：人名。本名如願，雲中（今内蒙古和林格爾縣西北）人，鮮卑族獨孤部。北魏、西魏、北周名將。見《北史》卷六一《獨孤信傳》。　金墉城：在今河南洛陽市東北。

[2]函谷：即函谷關。在今河南靈寳市北。

[3]軍前斥堠：在部隊前面偵察。

子敬顯嗣，强直勤幹，少以武力見知。恒從斛律光征討，[1]數有戰功。光每令敬顯前驅置營，中夜巡察，或達旦不眠，臨敵置陣，亦命部分將士，深見重。位至開府儀同三司。武平七年，從後主平陽敗歸，在并州與唐邕等推立安德王稱尊號。[2]安德敗，武將皆投周軍，唯敬顯走還鄴，授司徒。周武帝平鄴，執之，斬於閶闔門外，[3]責其不留晋陽也。

[1]斛律光：人名。字明月，朔州（今山西朔州市）敕勒部人，斛律金子。北齊將領。見《北史》卷五四《斛律金附斛律光傳》。

[2]唐邕：人名。字道和，太原晋陽（今山西太原市晋源區古城營村一帶）人。北齊官吏。見《北史》卷五五《唐邕傳》。　安德王：封爵名。即高延宗，北齊文襄帝高澄第五子。安德，郡名。北齊時治安德縣，在今山東平原縣東北。

[3]閶闔門：鄴都南城的正南門（參錢國祥、劉瑞、郭曉濤《河南洛陽漢魏故城北魏宫城閶闔門遺址》，《考古》2003 年第 7 期）。

厙狄迴洛，代人也。少有武力，儀貌魁偉。初事尒朱榮。榮死，隸尒朱兆。神武舉兵於信都，[1]迴洛擁衆來歸。從破四胡於韓陵，以軍功封順陽縣子，[2]累遷夏州刺史。昭帝即位，封順陽郡王。[3]大寧初，[4]爲朔州刺史，[5]轉太子太師。[6]卒，贈太尉、定州刺史。[7]

[1]信都：縣名。治所在今河北冀州市。

[2]順陽：縣名。治所在今河南淅川縣南。

[3]順陽郡王：封爵名。順陽，郡名。北齊時治龍山縣，在今河南郟縣。

[4]大寧：北齊武成帝的年號（561—562）。

[5]朔州：北齊文宣帝天保八年置。因南有朔州，故又稱“北朔州”。治新城，在今山西朔州市西南，八年移治招遠縣（今山西朔州市）。

[6]太子太師：官名。東宫三師之首。晋惠帝時始置，掌輔導太子。北魏仍置，掌訓導輔翼太子，無具體職掌。孝文帝太和十七年定爲從一品上。北齊因之。

[7]定州：北齊時治安喜縣，在今河北定州市。

厙狄盛，字安盛，懷朔人也。性和柔，少有武用。初爲神武親信都督，[1]從征伐，累遷幽州刺史，封長廣縣公。[2]齊受禪，改封華陽縣公，[3]後拜特進。卒，贈太尉公。

[1]親信都督：官名。北魏末尒朱榮置，東魏沿置。統領主帥左右的侍衛。選善於騎射者爲之。

[2]長廣縣公：封爵名。長廣，縣名。治所在今山東萊陽市東。

[3]華陽縣公：封爵名。華陽，縣名。治所在今陝西勉縣東。

張保洛，自云本出南陽西鄂。[1]家世好賓客，尚氣俠，頗爲北土所知。保洛少便弓馬。初從葛榮。榮敗，仍爲尒朱榮統軍。[2]後隸齊神武。神武起兵，保洛爲帳内。[3]從破尒朱兆於廣阿及韓陵戰。元象初，爲西夏州刺史，以前後功，封安武縣伯。[4]又從戰芒山，進爵爲侯。文襄嗣事，歷梁州刺史，[5]進爵爲公。齊受禪，加開府，仍爲刺史。聚斂，爲百姓所患。濟南初，兼侍中，尋出爲滄州刺史，封敷城郡王。[6]以聚斂免官，奪王爵。卒，贈前官，追復本封。

[1]南陽：郡名。北魏時治南陽縣，在今河南郟縣西南。　西鄂：縣名。治所在今河南南陽市北。

[2]統軍：官名。北魏時爲統兵武官，位在都將（鎮將）、别將之下，軍主之上。

[3]帳内：即帳内都督。

[4]安武縣伯：封爵名。安武，縣名。治所在今甘肅鎮原縣西南。

[5]梁州：東魏時治大梁城，在今河南開封市西北。

[6]敷城郡王：封爵名。敷城，郡名。治所在今山西臨汾市。

從神武出山東，[1]又有賀拔仁、斛珍、段琛、尉摽、子相貴、康德、韓建業、封輔相、范舍樂、牒舍樂，[2]并以軍功至大官，史失其事。

[1]山東：指太行山以東地區。

[2]康德：源氏校勘記云："'康'上，《北齊》有'王'字。"中華本校勘記云："《北齊書》卷十九《張保洛傳》作'王康德'。張森楷云'據《周書》（卷一二）《齊王憲傳》有（新蔡王）王康德，則有"王"字是也，此誤脱文。'按本書卷八《齊後主紀》武平七年十二月亦見'王康德'。但本傳下文單稱'德'。卷五八《周宗室諸王傳》稱'新蔡王康德'。"

仁字天惠，善無人。[1]以帳内都督從神武破尒朱氏於韓陵，力戰有功。天保初，封安定郡王，歷數州刺史、太保、太師、右丞相、録尚書事。[2]武平元年薨，贈假黄鉞、相國、太尉、録尚書、十二州諸軍事、朔州刺史，[3]謚曰武。

[1]善無：郡名。北魏時治善無縣，在今山西右玉縣南。底本作"無善"，中華本校勘記云："諸本'善無'倒作'無善'，據《通志》卷一五二《張保洛傳》乙。善無郡見《魏書·地形志上》恒州。"今從改。

[2]右丞相：官名。戰國時秦始置。輔助皇帝管理國家政務，亦省稱丞相。北齊時爲權臣專設之名號，並非處理實際政務的宰相。一品。

[3]十二州諸軍事：官名。負責十二州的軍政、民政。

珍字舍洛，[1]西平酒泉人。[2]壯勇善騎射，[3]以帳内從神武。天統中，[4]封安康郡王。[5]武平初，爲豫州道行臺尚書令、豫州刺史。[6]卒，贈太尉。

[1]舍洛：四庫本、四部備要本作“舍樂”。

[2]西平：郡名。治西都縣，在今青海西寧市。　酒泉：縣名。治所在今甘肅張掖市西北。

[3]壯勇善騎射：底本作“壯勇騎射”，源氏校勘記於“騎”下補“善”字。中華本校勘記云：“諸本脱‘善’字，據《北齊書》《通志》補。”今從改。

[4]天統：北齊後主的年號（565—569）。

[5]安康郡王：封爵名。安康，郡名。北齊時治安康縣，在今陝西石泉縣東南。

[6]豫州：北齊時治上蔡縣，在今河南汝南縣。　行臺尚書令：官名。北魏、北齊時所設諸行臺最高行政長官，總領所轄地區軍政、民政。

琛字懷寶，代人。少有武用，從起兵。天保中，開府儀同三司、兗州刺史。

摽，代人。太寧初，[1]位司徒，封海昌王。[2]卒，子相貴嗣。

[1]太寧：北齊武成帝的年號（561—562）。中華本作“大”。按：古“大”“太”可通。

[2]海昌王：封爵名。遥封。海昌，郡名。南朝陳時治寧化縣，在今廣東高州市東北。

相貴，武平末，開府儀同三司、晋州道行臺尚書僕射、晋州刺史。及行臺左丞侯子欽等密啓周武帝請師，[1]求爲内應。周武自率衆至城下。子欽等夜開城門，引軍入，鎖相貴送長安，卒。

[1]行臺左丞：官名。北齊時爲行臺尚書省官員，負責監察臺内諸官，選授官吏、文書奏事等，職權甚重。從四品。　侯子欽：人名。即侯明。字子欽，燕州上谷（今北京延慶縣）人。北周官吏。據侯子欽墓誌載：“禀性慈仁，志力雄毅。魏永熙徵授左箱直閤將軍。齊業始基，敕授前軍將軍。累遷太常卿、使持節、都督荆州諸軍事、荆州刺史、儀同三司、晋州道行臺左丞。矚齊運將終，主昏政亂，公深覩未萌，即於晋州率衆歸附。周武帝拜上開府，封平陽縣公，邑一千户，武皇帝深相敬納。遂定東夏，海内一統，尋除工部，又進爵東平郡公。後遷使持節、都督成州諸軍事、成州刺史。公在家孝友，臨戎果决，勳猷盛業，昭映當時。方應股肱帝室，高步臺鼎，倏爾山崩，奄從川逝，春秋七十有五。大隋開皇四年十一月庚申朔九日戊辰，薨於大興都邑。”（參李磊《〈侯子欽墓誌〉釋考》，《古籍整理研究學刊》2005年第5期）

弟相願，强幹有膽略。武平末，開府儀同三司、領軍大將軍。自平陽至并州及到鄴，每立計將殺高阿那肱、廢後主立廣寧王，[1]事竟不果。及廣寧被出，相願拔佩刀斫柱而歎曰："大事去矣，知復何言！"

[1]高阿那肱：人名。一作"高阿那瓌"，善無（今山西右玉縣南）人。北齊官吏。見《北史》卷九二《高阿那肱傳》。

德，代人。歷數州刺史、并省尚書左僕射、開府儀同三司，封新蔡王。[1]

[1]新蔡王：封爵名。新蔡，郡名。北齊時治包信縣，在今河南息縣東北包信鎮。

建業、輔相俱不知所從來。建業位領軍大將軍、并州刺史。以輔相爲朔州總管。[1]

[1]建業位領軍大將軍并州刺史以輔相爲朔州總管：中華本校勘記云："李慈銘云：'按建業、輔相俱由齊降周。建業之爲領軍大將軍、并州刺史者，齊官也。輔相之爲朔州總管者，周官也。《北齊書》言建業授上柱國，封郇國公，隋開皇中卒，輔相授上柱國，封郡公，周武平并州，即以爲朔州總管。所叙建業、輔相兩人之官，皆入周所授。此傳當有脱文。'按李説是，'并州刺史'下當脱建業、輔相降周授官經過。"可從。總管，官名。北周明帝武成元年（559）改都督諸州軍事爲此稱。掌一州或數州軍務，兼理民政。品秩分三等，上總管從二品，中總管正三品，下總管從三品。

范舍樂，代人。有武藝，筋力絶人。位東雍州刺史、開府儀同三司，封平舒侯。[1]

[1]平舒侯：封爵名。平舒，縣名。治所在今河北大城縣。

牒舍樂，武威人。[1]開府儀同三司、營州刺史，[2]封漢中郡公，[3]戰殁關中。[4]

[1]武威：郡名。治姑臧縣，在今甘肅武威市。

[2]營州：治龍城縣，在今遼寧朝陽市。

[3]漢中郡公：封爵名。漢中，郡名。北齊時治南鄭縣，在今陝西漢中市。

[4]戰殁關中：中華本校勘記云："按《北齊書》卷二〇《慕容儼傳》附牒舍樂事迹云：'天保初，封漢中郡公。後因戰，没於關中。'北齊自沙苑之戰後，從未入關作戰。天保距沙苑之戰（天平四年）已十餘年，不得有戰死於關中的事。'殁'當是'没'之訛，即爲周軍所俘虜之意。"可從。

侯莫陳相，代人也。祖社伏頹，魏第一領人酋長。父解古提，朔州刺史，白水公。[1]

[1]白水公：封爵名。白水，郡名。北魏時治白水縣，在今陝西白水縣。

相七歲喪父，號慕過人。及長，性雄傑。後從神武起兵，破四胡於韓陵，力戰有功，封陽平縣伯，[1]後改封白水郡公。天保初，累遷司空公，進爵白水王。又遷大將軍，拜太尉公，兼瀛州刺史，[2]歷太保、朔州刺史，又授太傅，别封義寧郡公。[3]薨於州，贈假黄鉞、右丞相、太宰、太尉、都督、朔州刺史。

[1]陽平縣伯：封爵名。陽平，縣名。治所在今河南泌陽縣。

[2]瀛州：北齊時治趙都軍城，在今河北河間市。

[3]義寧郡公：封爵名。義寧，郡名。北齊時治沁源縣，在今山西沁源縣。

次子晋貴，嚴重有文武幹略，襲爵白水王，武衛將軍、開府儀同三司、梁州刺史。[1]歸周，授上大將軍，[2]封信安縣公。[3]子仲宣，太常丞。[4]子弘穎、弘信，雍州司士參軍。[5]子行方、行儉、行恭。

[1]武衛將軍：官名。三國魏文帝時將武衛中郎將改爲此稱。北齊時掌宿衛兵。從三品。

[2]上大將軍：官名。三國吴始置。北周武帝建德四年（575）置，位大將軍上，爲高級武官名號。正九命。

[3]信安縣公：封爵名。信安，縣名。治所在今湖北麻城市東北。

[4]太常丞：官名。北魏時置少卿爲太常之副，丞居其下，員一人，掌管宗廟祭祀禮儀的具體事務。北周沿置。

[5]雍州：北魏、北周時治長安縣，在今陝西西安市西北。司士參軍：官名。即司士參軍事，爲諸州府士曹長官，掌津梁舟船、宅舍公廨及百工諸事。

薛孤延，代人也。少驍果，從神武起兵，以功累加儀同三司。從西征，至蒲津。[1]及竇泰失利，[2]神武班師，延後殿，且戰且行，一日斫折十五刀。神武嘗閲馬於北牧，[3]道逢暴雨，大雷震地，火燒浮圖，神武令延視之。延案矟直前，大呼繞浮圖走，火遂滅。延還，鬚及馬鬃尾皆焦。神武歎其勇决，曰："延乃能與霹靂鬬！"後封平秦公，[4]與諸將討潁川，延專監造土山，以酒醉，爲敵所襲據。潁川平，諸將還京師，讌華林園，文襄啓魏帝，坐延階下以辱之。齊受禪，别賜爵都昌縣公。[5]

延性好酒，率多昏醉。以善戰，每大軍征討，常爲前鋒。位太子太保、太傅。

[1]蒲津：一作"蒲阪津"。在今山西永濟市蒲州鎮與陝西大荔縣朝邑鎮之間黄河上。

[2]竇泰：人名。字世寧，太安捍殊（今山西壽陽縣北）人。北魏、東魏將領。見《北史》卷五四《竇泰傳》。

[3]閲馬：對軍馬進行檢查。　北牧：北方牧場。

[4]平秦公：封爵名。平秦，郡名。東魏時治雍縣，在今陝西鳳翔縣南。

[5]都昌縣公：封爵名。都昌，縣名。治所在今山東昌樂縣東北。

斛律羌舉，太安人也。世爲部落酋長。羌舉少驍果，從尒朱兆。兆破，乃歸誠神武。神武以其忠於所事，亦加嗟賞。天平中，除大都督。

後從神武戰於沙苑，[1]時議進趣計，[2]羌舉曰："黑獺若欲固守，[3]無糧援可恃。今揣其情，欲一死决，有同猘犬，[4]或能噬人。且渭曲土濘，[5]無所用力。若不與戰，徑趣咸陽，咸陽空虚，可不戰而剋。拔其根本，則黑獺之首，可懸軍門。”神武欲縱火焚之，侯景曰：“當禽以示百姓，燒殺誰復信之？”諸將議既有異同，遂戰於渭曲，大軍敗績。

[1]沙苑：地名。又名沙阜、沙海、沙窩。在今陝西大荔縣南洛、渭二河之間。

[2]進趣：進攻。

[3]黑獺：即宇文泰，人名。字黑獺，故稱。

[4]猘（zhì）犬：狂犬，瘋狗。

[5]渭曲：地名。在今陝西大荔縣東南。

後封密縣侯，[1]爲東夏州刺史。[2]有疫疾，刺胸，[3]竹箭吮之，[4]垂愈，因怒，創裂而卒。贈儀同三司。子孝卿嗣。

[1]密縣侯：封爵名。密縣，治所在今河南新密市東。

[2]東夏州：僑置。治廣武縣，在今陝西延安市東。

[3]刺胸：底本、毛本、殿本、四庫本、局本、四部備要本作“刺匈”。按：“匈”同“胸”。

[4]竹箭：竹管。

孝卿少聰敏，機悟有風檢。[1]武平末，位侍中、開府儀同三司，封義寧王，知内省事，典外兵、騎兵機密。時政由群豎，自趙彦深死後，[2]朝貴典機密者，唯孝卿一人差居雅道，不至貪穢。後主至齊州，[3]以孝卿爲尚書令，又以中書侍郎薛道衡爲侍中，[4]封北海王。[5]二人勸後主作承光詔，[6]禪位任城王。[7]令孝卿齎詔策及傳國璽往瀛州，[8]孝卿便詣鄴。仍從周武帝入關，授儀同大將軍、宣納上士。[9]隋開皇中，位太府卿、户部尚書。[10]

[1]風檢：對自身檢點約束。

[2]趙彦深：人名。即趙隱。字彦深。南陽宛（今河南南陽市）人。東魏、北齊大臣。見《北史》卷五五《趙彦深傳》。

[3]齊州：北齊時治歷城縣，在今山東濟南市。

[4]中書侍郎：官名。三國魏文帝時置。北魏時多選用文學之士，掌草擬詔令，職位機要。置四人。孝文帝太和十七年定爲四品上，二十三年定爲從四品上。北齊沿置。

[5]北海王：封爵名。北海，郡名。北齊時治平壽城，在今山東濰坊市西南。

[6]承光：北齊幼主的年號（577）。

[7]任城王：封爵名。即高湝，北齊神武帝高歡第十子。任城，郡名。北齊時改魯郡置，治魯縣，在今山東曲阜市東北。

[8]齎（jī）：攜帶。

[9]儀同大將軍：官名。北周武帝建德四年改車騎大將軍、儀同三司爲此稱。正九命。　宣納上士：官名。一説即納言上士。北周設。掌出入皇命。正三命。中華本校勘記云："《北齊書》卷二〇《斛律羌舉傳》'宣納'作'納言'。按此官不見於《通典》卷三九《後周官品》。唯《通典》卷二一侍中條，稱周武帝保定四年改御伯爲納言，御伯下大夫爲納言下大夫。這是侍中和黄門侍郎的改名。《通典·後周官品》有'御伯上士'，按例也當改名爲'納言上士'。這裏'宣納'當作'納言'。"可從。

[10]太府卿：官名。南朝梁武帝時始置。隋朝時掌庫藏出納、貿易商税事務，仰承尚書省户部政令。隋初爲正三品，煬帝時改爲從三品。　户部尚書：官名。即民部尚書，《北史》避唐太宗李世

民諱改。十六國時後凉、後燕皆置。隋文帝開皇三年由度支尚書改名，置爲尚書省六部長官之一，統管度支、户部、金部、倉部四曹，掌軍國財賦的收支會計及漕運物價屯田之政令。正三品。

張瓊字連德，[1]代人也。[2]少壯健，有武用。初隨葛榮爲亂。榮敗，尒朱榮以爲都督。後歷位濟州刺史。及尒朱氏敗，歸神武，拜滄州刺史，加驃騎大將軍、開府儀同三司。[3]天平中，神武襲剋夏州，以瓊爲慰勞大使，[4]留鎮之。尋爲周文帝所陷，卒。贈司徒、都督、恒州刺史。[5]

[1]連德：毛本、殿本、四庫本、局本、四部備要本作"德連"。《北齊書》卷二〇《張瓊傳》作"連德"。據張瓊墓誌載："君諱瓊，字德連。"（參葉煒、劉秀峰《墨香閣藏北朝墓誌》，上海古籍出版社2016年版，第72—73頁）當以"德連"爲正。

[2]代：據張瓊墓誌載："君諱瓊，字德連，燉煌人也"，"大魏并凉，乃居朔土"（參葉煒、劉秀峰《墨香閣藏北朝墓誌》，第72—73頁）。可見徙居代地的張氏仍以故鄉爲籍貫，但燉煌或係僞託，因燉煌張氏當時爲望族，有助於凸顯尊貴地位（參劉東升《東魏張瓊墓誌考釋》，《内蒙古社會科學（漢文版）》2015年第6期）。

[3]驃騎大將軍：官名。東漢初臨時設置，統兵征戰，事訖則罷。魏晋制度，驃騎將軍爲重號將軍，僅次大將軍，本不須加"大"，然兩晋將軍名號愈來愈濫，遂又增此號，居諸名號將軍之首。多加於權臣元老，以示尊崇，開府置僚屬，不領兵。南北朝因之。北魏孝文帝太和十七年定爲一品中，二十三年定爲從一品。

[4]慰勞大使：官名。北魏、北齊、北周時每於兵興之際，或其後向兵興之地派遣慰勞大使或吊慰大使，以慰勞、安撫、處理善後。

[5]恒州：東魏時治平城，在今山西大同市東北。

瓊子欣，[1]尚魏平陽公主，[2]除駙馬都尉、驃騎大將軍、開府儀同三司、建州刺史，南鄭伯。[3]瓊常憂其太盛，每謂親識曰："凡人官爵，莫若處中。欣位秩太高，深爲憂慮。"而欣豪險，遂與公主情好不篤，尋爲孝武所害。時人稱瓊先見。

[1]欣：中華本校勘記云："《北齊書》卷二〇《張瓊傳》'欣'作'忻'。錢氏《考異》云：'按《后妃傳》（本書卷十四），魏孝武帝妹平原公主適開府張歡，歡遇之無禮。帝殺歡，改封爲馮翊公主以配周文帝。即此公主也。齊史避諱，改"歡"爲"欣"。'按錢說是。《魏書》卷七五《尒朱彦伯》《尒朱世隆傳》又改作'勸'，都是避高歡諱。參見卷四八《尒朱彦伯傳》校記。"可從。

[2]平陽公主：封號。北魏孝武帝之妹，嫁張欣（張歡）。孝武帝殺欣，改封馮翊公主，嫁宇文泰，生孝閔帝。周初，追尊爲王后。武成初，又追尊爲皇后。見《北史》卷一四《周文皇后元氏》。平陽，郡名。北魏時治平陽縣，在今山西臨汾市。

[3]南鄭伯：封爵名。南鄭，縣名。治所在今陝西漢中市東。

宋顯字仲華，敦煌効穀人也。[1]性果毅，有幹用。初事尒朱榮，稍遷爲記室參軍。[2]榮死，世隆等以爲晋州刺史。後歸神武爲行臺左丞，拜西兖州刺史。[3]在州多所受納，然勇決有氣幹，檢御左右，[4]咸得其心力。及河陰之戰，深入，没于行陣。贈司徒公。

[1]敦煌：郡名。北魏時治敦煌縣，在今甘肅敦煌市西。　効

穀：縣名。治所在今甘肅安西縣。

［2］記室參軍：官名。漢朝自三公府至郡縣皆置爲佐吏，具體名稱不一，皆主文書表報。兩晋南北朝以來有記室令史、記室督、記室參軍、中記室參軍等名目，簡稱記室。品秩自七品至九品不等。

［3］西兖州：東魏時治左城，在今山東定陶縣。

［4］檢御：督察駕馭。

王則字元軌，自云太原人也。[1]少驍果，有武藝。初隨叔父魏廣平内史老生征討，[2]每有戰功。老生爲朝廷所知，則頗有力。初以軍功賜白水子。[3]元顥入洛，則與老生俱降顥。顥疑老生，遂殺之。則奔廣州刺史鄭先護，[4]與同拒顥。顥敗，爲東徐州防城都督。[5]尒朱榮之死也，東徐州刺史斛斯椿是其枝黨，内懷憂懼。時梁立魏汝南王悦爲魏主，[6]資其士馬，送之境上，[7]椿遂降悦。則與蘭陵太守李義擊其偏師，[8]破之。魏因以則行北徐州事，[9]隸尒朱仲遠。[10]仲遠敗，乃歸神武。

［1］太原：郡名。北魏時治晋陽縣，在今山西太原市晋源區古城營村一帶。

［2］廣平：郡名。北魏時治曲梁城，在今河北永年縣東南。内史：官名。北魏時爲執掌民政的官員。孝文帝太和二十三年後定上郡爲四品，中郡爲五品，下郡爲六品。

［3］白水子：封爵名。白水，縣名。治所在今陝西白水縣。

［4］鄭先護：人名。滎陽開封（今河南開封市）人。北魏官吏。見《北史》卷三五《鄭羲附鄭先護傳》。

［5］東徐州：北魏時治下邳城，在今江蘇睢寧縣古邳鎮北側。

防城都督：官名。北魏末諸州置，負責城防事務，位在長史、司馬下。

[6]汝南王：封爵名。汝南，郡名。北魏時治上蔡縣，在今河南汝南縣。　悦：元悦，人名。北魏宗室。見《北史》卷一九《汝南王悦傳》。

[7]送之境上：殿本、四部備要本作“送之境土”。按：作“送之境土”不妥，今從底本。

[8]蘭陵：郡名。北魏時治承城，在今山東棗莊市東南。

[9]北徐州：北魏孝莊帝永安二年（529）置，治即丘縣，在今山東臨沂市西。

[10]尒朱仲遠：人名。北秀容（今山西朔州市）人，契胡族，尒朱榮從弟。見《北史》卷四八《尒朱榮附尒朱仲遠傳》。

天平初，頻以軍功，都督、荆州刺史。[1]則有威武，邊人畏伏之。渭曲之役，則爲西師圍逼，棄城奔梁。梁尋放還，神武恕而不責。元象初，洛州刺史。以前後勳，封太原縣伯。[2]則性貪，在州不法，舊京諸像，毁以鑄錢，于時號河陽錢，[3]皆出其家。以武用，除徐州刺史，取受狼籍。令送晋陽，文襄恕其罪。卒，贈司空，謚烈懿。

[1]荆州：東魏時治穰縣，在今河南鄧州市。

[2]太原縣伯：封爵名。太原，縣名。治所在今山西太原市西南。

[3]河陽：縣名。治所在今河南孟州市西南。河陽有三城，即北城、中城和南城，三城以河橋相連，自北朝起，當洛陽北面津要，常爲軍事重鎮。

則弟敬寶，位東廣州刺史，[1]與蕭軌攻建業，[2]不剋，死焉。

[1]東廣州：北齊時治廣陵縣，在今江蘇揚州市東北。

[2]蕭軌：人名。北齊官吏。文宣帝天保七年與梁師戰於鍾山之西，遇雨失利，與都督李希光等陣亡。　建業：縣名。即今江蘇南京市。東晋及南朝宋、齊、梁、陳皆定都於此。

慕容紹宗，字紹宗，晃第四子太原王恪之後也。[1]曾祖騰，歸魏，遂居代。祖郁，岐州刺史。父遠，恒州刺史。

[1]恪：即慕容恪，人名。字玄恭，昌黎棘城（今遼寧北票市章吉營子鄉三官營子村）人，鮮卑族。十六國時前燕軍事統帥。見《晋書》卷一一一《慕容恪載記》。

紹宗容貌恢毅，少言，深沉有膽略。尒朱榮即其從舅子也。榮入洛，私告曰："洛中人士繁盛，驕侈成俗，不除翦，恐難制。吾欲因百官出迎，悉誅之，若何？"對曰："太后淫虐，天下共棄。公既執忠義，忽欲殲夷多士，[1]實謂非策。"不從。後以軍功封索盧侯，[2]遷尒朱兆長史。及兆敗，紹宗於烏突城見神武，[3]遂攜尒朱榮妻子并兆餘衆自歸神武。神武仍加恩禮，所有官爵並如故，軍謀兵略，時參預焉。

[1]殲夷：誅滅、誅殺。

[2]索盧侯：封爵名。索盧，縣名。治所在今河北棗强縣東。

[3]烏突城：在今山西臨縣西。底本作“焉突城”，中華本《北史》卷六《齊神武帝紀》校勘記云：“諸本‘烏’作‘焉’，本書卷五三《慕容紹宗傳》作‘烏’。按《北齊書》卷一七《斛律金傳》，言武定三年，高歡攻山胡，‘度赤䃳嶺，會金於烏突戍’。‘赤䃳嶺’自即此紀之‘赤洪嶺’。‘烏突戍’自即‘烏突城’。《隋書》卷三〇《地理志中》離石郡太和縣條、《太平寰宇記》卷四二石州臨泉縣條，都説北周於此地置烏突郡烏突縣。自是因原有烏突城而得名。作‘焉’誤，今據改。”今從改。

及遷鄴，令紹宗與高隆之共知府庫、圖籍諸事。[1]累遷青州刺史。時丞相記室孫搴屬紹宗，以其兄爲州主簿，[2]紹宗不用。搴譖之神武曰：“紹宗嘗登廣固城長歎，[3]謂所親云：‘大丈夫有復先業理不?’”[4]由是徵還。元象初，以軍功進爵爲公，累遷御史中尉。屬梁人劉烏黑入寇徐方，[5]授徐州刺史，執烏黑殺之。還，除尚書左僕射。[6]

[1]高隆之：人名。本姓徐，字延興，洛陽（今河南洛陽市東北）人。東魏、北齊大臣。見《北史》卷五四《高隆之傳》。

[2]主簿：官名。漢朝時始於中央及郡縣官署設置，典領文書，辦理事務。魏晋以後漸爲統兵大臣重要僚屬，參與機要，職權甚重。北魏因之。

[3]廣固城：晋懷帝時築。在今山東青州市西北堯王山南。

[4]復先業理：恢復先前事業的道理。

[5]屬：適逢。

[6]還除尚書左僕射：中華本本校勘記云：“《北齊書》卷二〇《慕容紹宗傳》無此語。按下文云：‘侯景反，命紹宗爲東南道

行臺。'似紹宗還朝除左僕射在前，侯景之反在後。但《北齊書》卷二四《陳元康傳》言侯景叛時，'紹宗在遠，世宗欲召之，恐其驚叛'。則紹宗尚在徐州未還。考《魏書》卷十二《孝静紀》武定五年正月侯景叛，五月'以徐州刺史慕容紹宗爲尚書左僕射'，十月'以尚書左僕射慕容紹宗爲東南道行臺'。與《陳元康傳》相合。這裏叙述失次。"可從。

侯景反，命紹宗爲東南道行臺，加開府，改封燕郡公，又與大都督高岳禽梁貞陽侯蕭明於寒山。[1]迴軍討侯景於渦陽。[2]時景軍甚盛，初聞韓軌往討之，曰："噉豬腸小兒。"[3]聞高岳往，曰："此兵精人凡爾。"諸將被輕。及聞紹宗至，扣鞍曰："誰教鮮卑小兒解遣紹宗來？若然，高王未死邪？"[4]及與景戰，諸將頻敗，無肯先者。紹宗麾兵徑進，諸將從之，因大捷。

[1]貞陽侯：封爵名。貞陽，縣名。治所在今廣東英德市東。　蕭明：人名。即蕭淵明。《北史》避唐高祖李淵諱而改。南朝梁宗室。見《北齊書》卷三三《蕭明傳》。　寒山：在今江蘇徐州市東南。

[2]渦陽：縣名。治所在今安徽蒙城縣。

[3]噉：同"啖"。吃。

[4]高王：指高歡。

西魏遣王思政據潁川。又以紹宗爲南道行臺，與太尉高岳、儀同劉豐圍擊之，堰洧水灌城。時紹宗數有凶夢，每惡之，私謂左右曰："吾自數年已還，恒有蒜髪，[1]昨來忽盡。蒜者算也，其算盡乎！"未幾，與劉豐臨堰，見北有塵氣，乃入艦同坐。暴風從東北來，纜斷飄艦，徑向敵城。紹宗自度不免，遂投水卒。三軍將士，莫不悲惋，朝廷嗟傷焉。贈太尉，謚曰景惠。

[1]蒜髮：壯年人的花白頭髮。

長子士肅，以謀反伏法。朝廷以紹宗功，罪止士肅身。皇建初，配享文襄廟庭。士肅弟三藏。

三藏幼聰敏，多武略，頗有父風。武平初，襲爵燕郡公。以軍功，歷位武衛大將軍。[1]周師入鄴，齊後主東遁，委三藏留守鄴宮。[2]齊王公已下皆降，三藏猶拒戰。及齊平，武帝引見，恩禮甚厚，授儀同大將軍。

[1]武衛大將軍：官名。即武衛將軍加“大”者。北魏置，掌宿衛禁軍，權任很重。孝文帝太和十七年定爲二品。北齊沿置。

[2]鄴宮：在今河北臨漳縣西南。

隋開皇元年，授吴州刺史。[1]九年，副襄陽公韋洸討平嶺南。[2]至廣州，洸中流矢卒，詔三藏檢校廣州道行軍事。以功授大將軍。後遷廓州刺史，[3]人歌頌之，文帝數有勞問。又畜産繁滋，獲醍醐奉獻，[4]賚物百段。[5]十三年，州界連雲山響，[6]稱萬歲者三，詔頒郡國，仍遣使醮山所。[7]其日景雲浮於上，雉兔馴壇側。使還以聞，上大悦，改封河内縣男。[8]歷疊州總管、和州刺史、淮南郡太守，[9]所在有惠政。改授金紫光禄大夫。[10]大業七年卒。[11]

[1]吴州：陳宣帝太建十一年（579），南兖州入北周，改名吴州。隋文帝開皇九年（589）改名揚州。故此吴州爲北周時吴州，隋初沿置，治廣陵縣，在今江蘇揚州市城區。

[2]襄陽公：封爵名。襄陽，郡名。隋朝時治襄陽縣，在今湖北襄樊市。　韋洸：人名。字世穆，京兆杜陵（今陝西西安市長安區東）人。北周、隋朝官吏。見《北史》卷六四《韋孝寬附韋洸傳》。　嶺南：地區名。指五嶺以南地區，相當於今廣東、廣西二省及越南北部一帶。

[3]廓州：北周武帝建德五年，得吐谷渾河南地，取廓清之義，置此州。治澆河城，在今青海貴德縣一帶。

[4]醍醐：最精純的酥酪，古代常被視爲不可多得的名貴食品。

[5]賚：賞賜。

[6]連雲山：在今青海貴南縣東北。

[7]醮（jiào）：祈禱神靈的祭禮。

[8]河内：縣名。治所在今河南沁陽市。

[9]疊州：隋朝時治疊川縣，在今甘肅迭部縣。　和州：隋朝時治歷陽縣，在今安徽和縣。　淮南郡：隋朝時治壽春縣，在今安徽壽縣。

[10]金紫光禄大夫：官名。西晋初始設光禄大夫，加賜金章紫綬者爲金紫光禄大夫。禄賜、班位、冠幘、車服、佩玉、置吏卒羽林等，諸所賜給與特進等同。作爲加官，唯授章綬、禄賜、班位，不給車服、吏卒。隋初爲從二品散官，煬帝改爲正三品。

[11]大業：隋煬帝的年號（605—617）。

叱列平，字殺鬼，代郡西部人，世爲酋帥。平有容貌，美鬚髯，善射馭。襲第一領人酋長、臨江伯。[1]魏末，以軍功至武衛將軍。隨尒朱榮破葛榮，平元顥，封瘻陶縣伯。[2]榮死，介朱氏陵僭，平懼禍，後歸神武。從破四胡於韓陵。以軍功，天保初累遷兖州刺史，開府儀同三司。卒，贈都督、瀛州刺史，謚曰莊惠。子孝沖嗣。

[1]臨江：縣名。治所在今重慶忠縣。

[2]瘻陶縣伯：封爵名。瘻陶，縣名。即廮陶，治所在今河北平鄉縣艾村。

孝沖弟長叉，武平末，侍中、開府儀同三司，封新寧王。[1]隋開皇中，位上柱國，[2]卒於涇州刺史。[3]長叉無他才技，在官以清幹稱。[4]

[1]新寧王：封爵名。遥封。新寧，郡名。北周時治三岡縣，在今四川達縣西南。

[2]上柱國：官名。戰國楚始設，兼掌軍政，名位在柱國之上。北周武帝建德四年復設此官，正九命，位高權重，後轉爲勳官之第一等。隋因之。

[3]涇州：隋朝時治安定縣，在今甘肅涇川縣北。

[4]清幹：清廉幹練。

步大汗薩，代郡西部人。祖榮，代郡太守。父居，龍驤將軍、領人别將。[1]

[1]龍驤將軍：官名。西晋設。北魏時爲較重要之雜號將軍。孝文帝太和十七年定爲三品上，二十三年定爲從三品。　領人别將：官名。即領民别將。《北史》避唐太宗李世民諱改。職掌不詳。

薩初從尒朱榮入洛。及平葛榮，累功爲都督。榮死，又從兆入洛。及韓陵之敗，以所部降神武。稍遷車騎大將軍，封行唐縣公，[1]晋州刺史。齊受禪，改封義陽郡公。[2]

[1]行唐縣公：封爵名。行唐，縣名。治所在今河北行唐縣東北。

[2]義陽郡公：封爵名。義陽，郡名。北齊時寄治真陽縣，在今河南正陽縣西南。

薛脩義，字公讓，河東汾陰人也。[1]曾祖紹，魏七兵尚書。祖壽仁，秦州刺史、汾陰公。父寶集，定陽太守。[2]

[1]河東：郡名。北魏時治蒲坂縣，在今山西永濟市西南蒲州鎮。　汾陰：縣名。治所在今山西萬榮縣西南。

[2]定陽：郡名。北魏時治定陽縣，在今山西吉縣。

脩義少而姦俠，輕財重義。魏正光末，天下兵起，特詔募能得三千人者，用爲别將，脩義得七千餘人，假安北將軍、西道别將。[1]以軍功，拜龍門鎮將。[2]

[1]安北將軍：官名。三國魏文帝時始置。北魏時爲出征北方某一地區的軍事長官，或作爲刺史等地方官員兼理軍務時的加官，權任重。三品。

[2]龍門：鎮名。在今山西河津市西北。　鎮將：官名。北魏

置。爲鎮之主官，掌一鎮兵馬及鎮之守衛。品秩按所帶將軍號而定。

後宗人鳳賢等作亂，圍鎮城，脩義以天下紛擾，遂爲逆，自號黄鉞大將軍。[1]詔都督宗正珍孫討之，[2]軍未至，脩義慚悔，遣表乞一大將招慰，乃降。鳳賢等猶據險不降，脩義與書，降之。乃授鳳賢龍驤將軍，陽夏子，[3]改封汾陰縣侯。[4]尒朱榮以脩義反覆，録送晋陽，與高昂等並見拘防。榮赴洛，並以自隨，置於駝牛署。[5]

[1]黄鉞大將軍：官名。三國魏置，指加“假黄鉞”名義之大將軍，權任極重，位在三公之上。北魏亦置，薛脩義起兵反魏，自以爲號。

[2]宗正珍孫：人名。北魏將領。歷任安西將軍、光禄大夫、都督，曾征討汾、絳等少數民族。後爲尒朱榮所殺。

[3]陽夏：源氏校勘記云：“‘陽夏’《北齊》作‘夏陽’。”中華本校勘記云：“《北齊書》卷二〇《薛循義傳》‘陽夏’作‘夏陽’，又云：‘封循義汾陰縣侯。’按《魏書·地形志下》華州華山郡有夏陽縣。即本書卷三六《薛辯傳》及《周書》卷三五《薛端傳》所説的‘馮翊之夏陽’，爲薛氏族居的地方。按當時慣例，地方豪强的封邑，多在本地。疑作‘夏陽’是。‘陽夏’見於《地形志中》梁州、合州、霍州，與薛氏無關，疑誤。”可從。夏陽，縣名。治所在今陝西韓城市。

[4]改封脩義汾陰縣侯：底本無“脩義”二字，中華本校勘記云：“又據《北齊書》，‘汾陰侯’是薛循義（即脩義）的封爵。這裏‘封’下當脱‘脩義’二字。”

[5]駝牛署：官署名。北魏置。掌飼駝騾驢牛。以駝牛令爲主

官，下有丞、直長等。

榮死，魏孝莊以倄義爲弘農、河北、河東、正平四郡大都督。[1]時神武爲晋州刺史，見之，相待甚厚。及韓陵之捷，以倄義行并州事。孝武帝入關，神武以倄義爲關右行臺，[2]自龍門濟河，招下西魏北華州刺史薛崇禮。[3]

[1]弘農：郡名。北魏時治弘農縣，在今河南靈寶市北。　河北：郡名。北魏時治大陽縣，在今山西平陸縣西南。　正平：郡名。北魏時治臨汾縣，在今山西新絳縣。

[2]關右：地區名。古人以西爲右，亦稱“關西”。泛指函谷關或潼關以西地區。

[3]北華州：西魏時治杏城，在今陝西黄陵縣西南。

初，神武欲大城晋，中外府司馬房毓曰：[1]“若使賊到此處，雖城何益?”乃止。及沙苑之敗，徙秦、南汾、東雍三州人於并州，[2]又欲棄晋，以遣家屬向英雄城。[3]倄義諫曰：“若晋州敗，定州亦不可保。”神武怒曰：“爾輩皆負我，前不聽我城并州城，[4]使我無所趣。”倄義曰：“若失守，則請誅。”斛律金曰：[5]“還仰漢小兒守，收家口爲質，勿與兵馬。”神武從之，以倄義行晋州事。及西魏儀同長孫子彦圍逼城下，[6]倄義開門伏甲待之，子彦不測虚實，於是遁去。神武嘉之，就拜晋州刺史。

[1]中外府：官署名。都督中外諸軍事府的省稱。北魏時置。設長史、司馬、司録、從事中郎、掾、屬、諸曹參軍、行參軍等府佐。因北魏末高歡父子、西魏宇文泰及北周宇文護等皆以都督中外諸軍事身份控制朝政，故府佐的實際地位很高。　司馬：官名。軍府高級幕僚，掌參贊軍務，管理府内武職，位僅次於長史，其品秩隨府主而定，高低不等。　房毓：人名。河南洛陽（今河南洛陽市東北）人。東魏官吏。見《北史》卷五五《房謨傳》。

[2]秦：州名。東魏時治上封城，在今甘肅天水市。

[3]英雄城：在今河北徐水縣西。

[4]前不聽我城并州城：中華本校勘記云："按上文'神武欲大城晋'，及'又欲棄晋'，兩'晋'字下，《通志》卷一五二《薛脩義傳》都有'州'字。以上文'若晋州敗，定州亦不可保'及下文'以脩義行晋州事'證之，《通志》是。并州即晋陽，自尒朱榮以後，爲高歡根本重鎮，城池堅固，高歡豈有輕易放棄之理？當時所欲築城和準備放棄的，應是晋州，即平陽城。這裏'并州'疑是'晋州'之誤。"可從。

[5]斛律金：人名。本名斛律敦，後改名爲斛律金，字阿六敦，朔州（今山西朔州市）敕勒部人。北齊將領。見《北史》卷五四《斛律金傳》。

[6]長孫子彦：人名。本名長孫儁，代郡（今山西大同市東北）人。西魏大臣。見《北史》卷二二《長孫道生附長孫子彦傳》。

後除齊州刺史，以黷貨除名。追其守晋州功，復其官爵。俄以軍功，進正平郡公，加開府。天保中，卒於太子太保，贈司空。子文殊嗣。

脩義從弟嘉族，性亦豪爽。從神武平四胡於韓陵。歷華、陽二州刺史，[1]卒官。子震，字文雄，位廉州刺史，[2]亦著軍功。又歷南汾、譙二州刺史。[3]

[1]陽：州名。東魏時治宜陽縣，在今河南宜陽縣西。

[2]廉州：隋文帝開皇十年置，治藁城縣，在今河北藁城市西南。源氏校勘記改“廉”作“廣”。中華本校勘記云：“《北齊書》‘廉’作‘廣’。按《隋書·地理志中》趙郡稾城縣下注云：‘（開皇）十年置廉州。’則魏、齊之際尚未有廉州。廣州治魯陽，見《魏書·地形志中》。‘廉’疑是‘廣’之訛。”可從。廣州，北魏孝莊帝永安二年置，治山北縣（北魏孝文帝太和十一年改魯陽縣爲山北縣），在今河南魯山縣。東魏孝静帝武定中移治襄城縣，在今河南襄城縣。北周時改名魯州。

[3]譙州：東魏時治渦陽城，在今安徽蒙城縣。

慕容儼，字恃德，清都人，[1]廆之後也。容貌出群，衣冠甚偉，不好讀書，頗學兵法。尒朱氏敗，歸神武。以勳，累遷五城太守。[2]見東雍州刺史潘相樂，長揖而已。丞尉已下，數羅其罪，乃謂儼曰：“府君，少爲群下屈節。”儼攘袂曰：“吾狀貌如此，行望人拜，豈可拜人！”神武聞二人在邊不和，[3]徵相樂還朝，以儼代爲刺史。遷東荆州刺史，[4]行次長社，忽爲其部下人所執，將投山賊張儉，爲守人王崇祖私放，獲免。神武仍授以軍司，[5]共擊平儉，始得達州。沙苑之敗，時諸州多翻陷，唯儼獲全。

[1]清都：郡名。治鄴城，在今河北臨漳縣西南。

[2]五城：郡名。治五城縣，在今山西吉縣東北。

[3]二人：底本作“三人”，中華本校勘記云：“諸本‘二’作

‘三’，《通志》卷一五二《慕容儼傳》作‘二’。按上下文都祇涉及儼與相樂兩人，别無第三者，今從《通志》改。”今從改。

[4]東荆州：北魏時治沘陽縣，在今河南泌陽縣。

[5]軍司：官名。晋朝時爲避司馬師諱，改軍師爲軍司，凡諸軍皆置之，以爲常員。北魏太武帝時李祥以中書博士出爲軍司，自後常置，以他官臨時擔任。東魏時置軍司大都督，統七十六都督。

天保初，以軍功，除開府儀同三司。六年，梁司徒陸法和、儀同宋茝等以郢州城内附。[1]時清河王岳帥師江上，議以城在江外，求忠勇過人者守之，衆推儼，遂遣鎮郢城。始入而梁大都督侯瑱、任約率水陸軍奄至城下，[2]於上流鸚鵡洲造荻蒸，[3]竟數里，以塞船路。衆懼，儼悦以安之。城中先有神祠一所，俗號城隍神，儼於是順士卒心祈請，[4]須臾，衝風驚波，漂斷荻蒸。約復以鐵鎖連緝，防禦彌切。儼還共祈請，風浪夜驚，蒸復斷絶。如此再三，城人大喜，以爲神助。儼出城奮擊，大破之。瑱、約又并力圍城。唯煮槐楮葉，并紵根、水萍、葛、艾等，[5]及靴、皮帶、筋角等，食之。人死，即火别分食，唯留骸骨。儼猶信賞必罰，分甘同苦。自正月至六月，人無異志。後蕭方智立，[6]請和。文宣以城在江表，有詔還之。及至，望帝悲不自勝。帝親執其手，捋儼鬚，脱帽看髮，歎息久之。曰：“自古忠烈，豈過此也！”除趙州刺史。[7]

[1]陸法和：人名。南朝梁、北齊官吏。見《北史》卷八九《陸法和傳》。　宋茝：人名。一作“宋莅”。其餘不詳。　郢州：

南朝宋時置，治所在今湖北武漢市武昌區。

[2]侯瑱：人名。字伯玉，巴西充國縣（今四川閬中市）人。南朝梁、陳大臣。見《南史》卷六六《侯瑱傳》。　任約：人名。南朝梁官吏。初爲西魏將領，後率部降附侯景。南朝梁武帝太清三年（549）春，以臺城久攻不下，奉侯景命於城下乞和。侯景復以其爲儀同三司。及城陷，侯景以其爲南道行臺，鎮姑熟（今安徽當塗縣）。又爲領軍將軍，開府儀同三司。簡文帝大寶元年（550），爲侯景攻略郢、荆諸州。大寶二年，進位司空。奉侯景之命將兵趨江陵，爲湘東王軍大敗於赤亭，被俘至江陵。

[3]鸚鵡洲：地名。在今湖北武漢市西南長江中。　荻濮：用荻做成的置於水中以阻塞航道的障礙物。

[4]順士卒心：殿本、四部備要本作"順士心卒"。按：作"順士心卒"不可解，今從底本。

[5]紵根：紵麻的根。　水菰：水草名。一年生草本，花果可入葯。

[6]蕭方智：人名。即梁敬帝。見《梁書》卷六《敬帝紀》。

[7]趙州：北齊時治廣阿縣，在今河北隆堯縣東。

天統四年，别封寄氏縣公，[1]并賜金銀酒鍾各一枚、胡馬一疋。五年，進爵爲義安王。[2]武平元年，爲光州刺史。儼少從征討，經略雖非所長，而有將帥之節。所歷諸州，雖不能清白守道，亦不貪殘害物。卒，贈司徒。

[1]寄氏縣公：封爵名。寄氏，縣名。治所在今山西屯留縣西南。源氏校勘記云："《北齊》作'猗氏'。"

[2]義安王：封爵名。義安，郡名。北齊時治宣漢縣，在今四川儀隴縣東。

子子會，位郢州刺史。周武帝平鄴，使其子送敕喻之，子會枷其子，付獄。尋赦書至，云行臺武王已降，[1]子會乃與僚屬北面慟哭，然後奉命。

[1]武王：即北齊武興王高普。字德廣，勃海蓨（今河北景縣）人。見《北齊書》卷一四《武興王普傳》。

尒朱氏將帥歸神武者，又有代人厙狄伏連，字仲山，本名伏憐，訛音連。[1]事尒朱榮至直閤將軍。[2]後從神武，賜爵蛇丘男。[3]天保初，儀同三司，尋加開府。性質朴，勤公事，直衛宮闕，曉夕不離帝所，頗以此見知。然鄙吝愚狠。爲鄭州刺史，[4]好聚斂。又嚴酷，居室患蠅，杖門者曰："何故聽入！"其妻病，以百錢買藥，每自恨之。不識士流，開府參軍，多是衣冠士族，皆加捶撻，逼遣築牆。武平中，封宜都郡王，[5]除領軍大將軍。尋與琅邪王矯殺和士開，[6]伏誅，被支解。

[1]訛音連：底本作"語音連"，中華本校勘記云："諸本'訛'作'語'，據《通志》卷一五二《慕容儼附厙狄伏連傳》改。"今從改。

[2]直閤將軍：官名。南朝及北魏、北齊時置。爲皇帝左右侍衛之官，地位顯要。

[3]蛇丘男：封爵名。蛇丘，縣名。治所在今山東肥城市東南。

[4]鄭州：北齊時治潁陰城，在今河南許昌市。

[5]宜都郡王：封爵名。宜都，郡名。北齊時治夷道縣，在今湖北宜都市。

[6]琅邪王：封爵名。即高儼，北齊武成帝高湛第三子。琅邪，郡名。北齊時治即丘縣，在今山東臨沂市西。　和士開：人名。字彦通，清都臨漳（今河北臨漳縣）人。北齊官吏。見《北史》卷九二《和士開傳》。

伏連家口百餘，盛夏，人料倉米二升，不給鹽菜，常有饑色。冬至日，親表稱賀，其妻爲設豆餅。問豆餅得處，云於馬豆中分減。伏連大怒，典馬、掌食人並加杖罰。積年賜物，藏在别庫，遣一婢專掌管籥。[1]每入庫檢閲，必語妻子，此官物，不得輒用。至死時，唯着敝褌；[2]而積絹至二萬疋，簿録並歸天府。[3]

[1]管籥（yuè）：鎖匙。

[2]褌（kūn）：褲子。

[3]天府：國庫。

潘樂字相貴，廣寧石門人也。本廣宗大族，魏世分鎮北邊，因家焉。父永，有技藝，襲爵廣宗男。[1]

[1]廣宗男：封爵名。廣宗，郡名。北魏時治廣宗縣，在今河北威縣東。

樂初生，有一雀止其母左肩，占者咸言富貴之徵，因名相貴，後始爲字。及長，寬厚有膽略。初歸葛榮，榮授京兆王，[1]時年十九。榮敗，隨尒朱榮。爲别將討元顥，以功封敷城縣男。[2]

[1]京兆王：封爵名。京兆，郡名。北魏時治霸城縣，在今陝西西安市東北。

[2]敷城縣男：封爵名。敷城，縣名。治所在今陝西洛川縣東南鄜城。

齊神武出牧晋州，引樂爲鎮城都將。[1]後從破尒朱兆於廣阿，進爵廣宗縣伯。累以軍功，拜東雍州刺史。神武嘗議欲廢州，樂以東雍地帶山河，境連胡、蜀，形勝之會，不可棄也，遂如故。後從破周師於河陰，議欲追之，令追者在西，不願者東，唯樂與劉豐居西。神武善之，以衆之不同而止。改封金門郡公。[2]

[1]鎮城都將：官名。北魏置。爲地方上負責軍事的武職。

[2]金門郡公：封爵名。金門，郡名。東魏時治金門縣，在今河南洛寧縣西。

文宣嗣事，鎮河陽，[1]破西將楊摽等。[2]時帝以懷州刺史平鑒等所築城深入敵境，[3]欲棄之。樂以軹關要害，[4]必須防固，乃更脩理，增置兵將而還。還鎮河陽，拜司空。齊受禪，樂進璽綬，進封河東郡王，遷司徒。

[1]河陽：縣名。治所在今河南孟州市西南。

[2]楊摽：人名。又作"楊摽"，字顯進，正平高凉（今山西稷山縣東南）人。西魏、北周將領。見《北史》卷六九《楊摽傳》。

[3]懷州：東魏時治野王縣，在今河南沁陽市。　平鑒：人名。字明達，燕郡薊（今北京西南）人。北魏、東魏、北齊官吏。見

《北史》卷五五《平鑒傳》。

[4]軹關：關當軹道之險，故名。在今河南濟源市西北。乃豫北平原進入山西高原之要衝，爲太行八陘之第一陘。

周文東至崤、陝，[1]遣其行臺侯莫陳崇自齊子嶺趣軹關；[2]儀同楊摽從鼓鍾道出建州，[3]陷孤公戍。[4]詔樂總大衆禦之。樂晝夜兼行，至長子，[5]遣儀同韓永興從建州西趣崇，[6]崇遂遁。

[1]崤陝：指今河南、陝西一帶。

[2]侯莫陳崇：人名。字尚樂，代武川（今内蒙古武川縣西）人，鮮卑族。西魏、北周將領。見《北史》卷六〇《侯莫陳崇傳》。　自齊子嶺趣軹關：底本"齊"上無"自"字，中華本校勘記云："諸本脱'自'字，據《北齊書》卷十五、《通志》卷一五二《潘樂傳》補。"今從改。齊子嶺，山名。又作"秦嶺"。在今河南濟源市西北。北齊、北周以此爲界。

[3]鼓鍾：軍鎮名。或稱"鐘鼓"，在今山西垣曲縣東。　建州：北魏孝莊帝永安年間改建興郡爲建州，治所在高都城（今山西晉城市東北）。北齊、北周因之。殿本、四部備要本作"劍州"。按：無"劍州"地名，作"劍州"誤，今從底本。

[4]孤公戍：戍名。在今山西沁水縣西南。

[5]長子：縣名。治所在今山西長子縣西南。

[6]韓永興：人名。昌黎（今遼寧朝陽市）人。北齊官吏。見《北史》卷九二《韓鳳傳》。

又爲南道大都督討侯景。樂發石鱉，[1]南度百餘里，至梁涇州。[2]涇州舊在石梁，[3]侯景改爲淮州。[4]樂獲其地，仍立涇州。又克安州之地。[5]除瀛州刺史，仍略淮、漢。天保六年，薨於懸瓠。[6]贈假黄鉞、太師、大司馬、尚書令。

[1]石鱉：縣名。治所在今江蘇寶應縣西。

[2]涇州：南朝梁時置，治沛縣，在今安徽天長市西北石梁鎮。

[3]石梁：郡名。由沛郡而改，沛縣亦改爲石梁縣。在今安徽天長市西北石梁鎮。

[4]淮州：南朝梁時治淮陰城，在今江蘇淮安市東南。

[5]安州：南朝梁武帝天監初置，治定遠郡定遠縣，在今安徽定遠縣東南。

[6]懸瓠：城名。在今河南汝南縣。

子子晃嗣。諸將子弟，率多驕縱，子晃沈密謹愨，[1]以清靖自居。尚公主，拜駙馬都尉。武平末，爲幽州道行臺右僕射、幽州刺史。[2]周師將入鄴，子晃率突騎數萬赴援，至博陵，知鄴城不守，詣冀州降周齊王軍。[3]授上開府。[4]隋大業初卒。

[1]沈密謹愨（què）：深沉嚴謹，厚重樸實。

[2]行臺右僕射：官名。行臺尚書右僕射的省稱。職掌略同尚書右僕射。若左、右並置，則右居左下。

[3]周齊王：即宇文憲。字毗賀突，代郡武川（今内蒙古武川縣西）人。周文帝宇文泰第五子。西魏、北周官吏。見《北史》卷五八《齊煬王憲傳》。

[4]上開府：上開府儀同大將軍的省稱。北周武帝建德四年置，位在開府儀同大將軍上。主要授予有軍勳的功臣及北齊降官，無具

體職掌。九命。

彭樂字興，安定人也。驍勇善騎射。初隨杜洛周賊，知其不立，降尒朱榮。從破葛榮於滏口。[1]又爲都督，從神武與行臺僕射于暉討破羊侃于瑕丘。[2]叛投逆賊韓樓，[3]封北平王。[4]及尒朱榮遣大都督侯深擊樓，[5]樂又叛樓降深。神武出山東，樂又隨從。韓陵之役，樂先登陷陣，賊衆大崩，封樂城縣公。[6]後以軍功，進爵汨陽郡公，[7]除肆州刺史。

[1]滏口：地名。太行八陘之一。在今河北磁縣西北鼓山。

[2]于暉：人名。字宣明，代（今山西大同市東北）人。北魏官吏、外戚。見《北史》卷二三《于栗磾附于暉傳》。　羊侃：人名。字祖忻，泰山梁甫（今山東新泰市）人，羊祉之子。南朝梁官吏。見《梁書》卷三九《羊侃傳》。　瑕丘：縣名。治所在今山東兗州市東北。

[3]韓樓：人名。一作“韓婁”。爲葛榮部將，與北魏作戰，戰敗而死。

[4]北平王：封爵名。北平，郡名。北魏時治新昌縣，在今河北盧龍縣。

[5]侯深：人名。一作“侯淵”，《北史》避唐高祖李淵諱改。神武尖山（今山西神池縣）人。北魏將領。見《北史》卷四九《侯深傳》。

[6]樂城縣公：封爵名。樂城，縣名。治所在今河北獻縣東南。

[7]汨陽郡公：封爵名。汨陽，郡名。治所不詳。

天平四年，從神武西討，與周文相拒。神武欲緩持之，樂氣奮請決戰，曰："我衆賊少，百人取一，差不可失也。"神武從之。樂因醉入深，被刺腸出，内之不盡，截去復戰，身被數創，軍勢遂挫，不利而還。神武每追諭以戒之。

高仲密之叛也，[1]周文援之，神武迎擊於芒山。候騎言賊去洛州四十里，蓐食乾飯，[2]神武曰："自應渴死，何待我殺！"乃勒陣以待之。西軍至皆喉燥。[3]樂以數千精騎爲右甄，[4]衝西軍北垂，所向奔退，遂馳入周文營。人告樂叛，神武曰："樂棄韓樓事尒朱榮，背尒朱歸我，又叛入西。事成敗豈在一樂？但念小人反覆爾。"俄而西北塵起，樂使告捷，虜西魏臨洮王柬、蜀郡王榮宗、江夏王昇、鉅鹿王闡、譙郡王亮、詹事趙善，[5]督將僚佐四十八人，皆係頸反接手，[6]臨以刃，歷兩陣而唱名焉。諸將乘勝，斬首三萬餘。

[1]高仲密：人名。即高慎。字仲密，勃海蓨（今河北景縣）人。東魏官吏。見《北史》卷三一《高祐附高慎傳》。

[2]蓐食：早晨未起身，在床席上進餐。謂早餐時間很早。

[3]燥（zào）：通"燥"。乾燥。

[4]右甄：右翼。甄，軍隊的兩翼。

[5]西魏：《魏書》卷一二《孝静帝紀》亦載此事，稱此下五王均元寶炬兄子。但"臨洮王柬"作"臨洮王森"。　臨洮王：封爵名。臨洮，郡名。西魏時治臨洮縣，在今甘肅岷縣。　蜀郡王：封爵名。蜀郡，西魏時治成都縣，在今四川成都市。　江夏王：封爵名。江夏，郡名。西魏時治江夏縣，在今河南泌陽市北。　鉅鹿王：封爵名。遥封。鉅鹿，郡名。西魏時治藁城縣，在今河北藁城市西南。　譙郡王：封爵名。譙郡，西魏時治渦陽縣，在今安徽蒙

城縣。　詹事：官名。太子詹事的省稱。秦設。掌太后、皇后、太子宫内庶務及領諸侍奉之臣。西漢因之，東漢時省。魏晋以降唯太子宫設，故有此稱。初不常設，自晋惠帝後常設。兩晋南北朝時總領東宫内外事務及諸官屬，官秩不一。　趙善：人名。字僧慶，天水南安（今甘肅隴西縣）人。西魏大臣。見《北史》卷五九《趙貴附趙善傳》。

[6]手：毛本、四庫本、局本作“平”。按：作“平”不可解，今從底本。

西軍退，神武使樂追之。周文大窘而走，曰：“癡男子！今日無我，明日豈有汝邪？何不急還前營收金寶？”樂從其言，獲周文金帶一束以歸。言周文漏刃破膽矣。[1]神武詰之，樂以周文言對。且曰“不爲此語放之”。神武雖喜其勝，且怒，令伏諸地，親稱其頭，連頓之，并數沙苑之失，舉刀將下者三，噤齘良久，[2]乃止。更請五千騎取周文。神武曰：“爾何放而復言捉邪？”取絹三千疋壓樂，因賜之。

[1]漏刃：從兵刃下脱漏。意爲免於被殺。

[2]噤（jìn）齘（xiè）：咬牙切齒的樣子。

累遷司徒。天保初，封陳留王，[1]遷太尉。二年，謀反，爲前行襄州事劉章等告，[2]伏誅。

[1]陳留王：封爵名。陳留，郡名。北齊時治浚儀縣，在今河南開封市。

[2]襄州：北齊時治葉縣，在今河南葉縣西南。

暴顯字思祖，魏郡斥丘人也。祖喟，仕魏，爲朔州刺史，因家焉。父誕，恒州刺史、樂安公。[1]

[1]樂安公：封爵名。樂安，郡名。北魏時治千乘縣，在今山東高青縣東南。

顯幼時，見一沙門，指之曰："此郎子好相表，大必爲良將，貴極人臣。"語終失之。顯善騎射，曾從魏孝莊獵，一日中，手獲禽獸七十三。後從齊神武起義信都，累遷北徐州刺史，封屯留公。[1]天保中，以贓貨解州，[2]大理禁止。[3]處判未訖，爲合肥被圍，遣顯與步大汗薩等攻梁北徐州，禽其刺史王彊。天統中，累遷，位特進，封定陽王，卒。

[1]屯留公：封爵名。屯留，縣名。治所在今山西屯留縣東北。

[2]天保中以贓貨解州：中華本校勘記云："按《北齊書》卷四一《暴顯傳》，顯任北徐州刺史後，又歷廣州、潁州、鄭州等刺史，到天保三年，以贓貨解鄭州。《北史》删節，似所解爲徐州。誤。"可從。

[3]大理：官署名。即大理寺。秦置廷尉，掌司法，歷代沿置，有時改稱大理。至梁、陳與北齊始加寺字稱大理寺。北齊以大理寺卿與少卿爲正副主官，丞助理寺事。掌决正刑獄。

皮景和，琅邪下邳人也。[1]父慶賓，魏淮南王開府中兵參軍。[2]正光中，因使遇亂，遂家廣寧之石門縣。

[1]下邳：縣名。治所在今江蘇睢寧縣西北古邳鎮東。

[2]中兵參軍：官名。亦作中軍參軍事。兩晋南北朝時諸公、軍府僚屬之一。掌本府中兵曹事務，兼備參謀咨詢。其品位隨府主地位高低不等。

景和少通敏，善騎射。初以親信事神武。後征步落稽，疑賊有伏，令景和將五六騎深入一谷。[1]遇賊百餘人，便戰。景和射數十人，莫不應弦而倒。神武嘗令景和射一野豕，一箭獲之，深見賞異。除庫直正都督。[2]

[1]後征步落稽疑賊有伏：中華本校勘記云："《北齊書》卷四一《皮景和傳》作：'初以親信事高祖，後補親信都督。武定二年，征步落稽，世宗疑賊有伏。'則'疑賊有伏'者，非高歡，乃高澄。疑《北史》誤。"可從。步落稽，族名。亦稱"稽胡"。源於南匈奴，一說爲山戎、赤狄之後。南北朝時居於今山西、陝西北部山谷間，與漢人錯居（參周偉洲《中國中世西北民族關係研究》，廣西師範大學出版社 2007 年版，第 147 頁；林梅村《稽胡史迹考——太原新出隋代虞弘墓誌的幾個問題》，《中國史研究》2002 年第 1 期）。

[2]庫直：官名。亦作"庫真"。東魏、北齊時置。諸王及主要大臣的侍衛。

天保初，授通州刺史，[1]封永寧縣子。[2]景和趫捷，有武用，從襲庫莫奚，[3]度黄龍，[4]征契丹，定稽胡，討蠕蠕，[5]每有戰功。累遷殿中尚書、侍中。[6]景和於武職中兼長吏事，[7]又性識平均，故頻有美授。周通好後，冠蓋往來，常令景和對接。每與同射，百發百中，甚見推重。

［1］通州：北齊時治石城縣，在今四川達州市。

［2］永寧縣子：封爵名。永寧，縣名。治所在今山西沁水縣西。

［3］庫莫奚：族名。分布在饒樂水（今西拉木倫河）流域。東接契丹，西至突厥，南拒白狼河，北鄰霫。初臣屬於突厥，後稍强盛，分爲辱紇主（一作“辱紇王”）、莫賀弗、契箇、木昆、室得等五部。習俗與突厥相似，以游牧爲主，兼以射獵。

［4］黄龍：山名。即黄龍岡。在今遼寧開原市西北。

［5］蠕蠕：族名。亦稱柔然。本爲東胡族的一支，屬拓拔部。南北朝時始强大，活動於今蒙古國南部地區。以游牧爲生。見《北史》卷九八《蠕蠕傳》。

［6］殿中尚書：官名。晋武帝時始置，爲尚書省六曹尚書之一，職掌不詳。北魏復置，領宫中兵馬，典宫禁宿衛及倉庫，或説領殿中、直事、三公、駕部四郎曹。孝文帝太和十七年定爲二品中（參張金龍《北魏前期禁衛武官制度考論——以史籍記載爲中心》，《歷史研究》2003 年第 3 期）。北齊亦置。

［7］長：殿本、四庫本、四部備要本作“掌”。

武平中，詔獄多令中黄門等監之，[1]恒令景和案覆，據理執正，由是過無枉濫。後除特進，封廣漢郡公，[2]遷領軍將軍。琅邪王之殺和士開，兵指西闕，内外莫知所爲。景和請後主出千秋門，[3]自號令。事平，除尚書右僕射。[4]

［1］中黄門：宦官名。西漢置，掌給事禁中，秩比百石至三百石。歷朝因之，北朝時權位重於小黄門。北齊時爲正九品。

［2］廣漢：郡名。治雒縣，在今四川廣漢市北。

［3］千秋門：鄴都宫城西門。

［4］尚書右僕射：毛本、殿本、四庫本、局本、四部備要本作“尚書左僕射”。中華本校勘記云：“張森楷云：‘《北齊書》下有“趙州刺史”四字，據本紀無景和爲僕射文。蓋以僕射爲州，如後世使相，非真搽也。此删去之，便似真爲僕射者然。’按所除疑是‘行臺尚書右僕射’，故本紀不書。《北齊書》下文更有‘尋遷河南行臺尚書右僕射、洛州刺史’語，則此當是河北行臺，故兼趙州刺史。”可從。

陳將吴明徹寇淮南，[1]令景和拒之。除領軍大將軍，封文城郡王。[2]又有陽平人鄭子饒，[3]詐依佛道設齋會，用米麫不多，供贍甚廣，密從地藏，漸出餅飯。愚人以爲神力，見信於魏、衛之間。將爲逆亂，謀泄。乃潛度河聚衆，自號長樂王，已破乘氏縣。[4]景和遣騎擊破之，禽子饒，送鄴烹之。及吴明徹圍壽陽，[5]敕景和與賀拔伏恩救之。[6]是時，拒明徹者多傾覆，唯景和全軍而還。除尚書令。

［1］吴明徹：人名。字通昭，秦郡（今江蘇南京市六合區）人。南朝陳將領。見《陳書》卷九《吴明徹傳》。

［2］文城郡王：封爵名。文城，郡名。北齊時治武陽縣，在今河南西平縣西南。

［3］陽平：底本作“平陽”，源氏校勘記云：“《北齊》作‘陽平’。”中華本校勘記云：“諸本‘陽平’倒作‘平陽’，《北齊書》作‘陽平’。按《魏書·地形志》，平陽屬晋州，在今山西臨汾。陽平屬司州，在今山東莘縣。下文言‘見信於魏、衛之間’，又曾破乘氏縣（今山東荷澤市），則作‘陽平’是。且皮景和出拒陳

師，順道鎮壓，必不得繞至平陽。今據乙。”今從改。

[4]乘氏縣：治所在今山東菏澤市。

[5]壽陽：縣名。治所在今安徽壽縣。

[6]賀拔伏恩：人名。亦作“賀拔佛恩”，鮮卑族。北齊官吏。初爲中領軍，奉命捕殺獨孤永業於州。後遷開府儀同三司。後主武平七年降周，周武帝攻晋陽，爲安德王高延宗擊潰，其力保武帝免於難。由是爲武帝所寵重，拜上柱國，封部國公，亦云部公。

武平六年，卒。贈太尉、録尚書。

長子信，機悟有風神。位開府儀同三司、武衛將軍，於勳貴子弟中，稱其識鑒。降周軍，授上開府、軍正中大夫。[1]隋開皇中，卒於洮州刺史。[2]

[1]軍正中大夫：官名。西漢設。掌軍中司法。北周時簡稱軍正，職掌略同。正五命。

[2]洮州：隋朝時治洮陽城，在今甘肅卓尼縣西。

少子宿達，開皇中，通事舍人。[1]母憂起復，將赴京，辭靈，慟哭而絶，久而獲蘇，不能下食，三日而死。

[1]通事舍人：東晋始置，掌呈奏案章。隋初沿北齊之制置謁者臺，罷謁者官，置通事舍人十六人，承旨宣傳。隋文帝開皇三年又增爲二十四人。

綦連猛字武兒，[1]代人也。其先姬姓。六國末，避亂出塞，保祈連山，因以山爲姓。北人語訛，故曰綦連。父元成，燕郡太守。

[1]武兒：中華本校勘記云："《通志》卷一五二《綦連猛傳》'武'作'虎'。按《北齊書》卷四一《綦連猛傳》亦作'武'，當是避唐諱改。"可從。

猛少有志氣，便弓馬。初爲尒朱榮親信。榮被害，從尒朱兆入洛。猛父母兄弟皆在山東，尒朱京纏欲投神武，[1]召之與俱。舉矟謂曰："不從我者死!"乃從之。去城五十餘里，猛以素蒙兆恩，即背京纏復歸兆。兆敗，猛與斛律羌舉、乞伏貴和逃亡。[2]及見獲，各杖一百。以猛配尉景，[3]貴和配婁昭。[4]羌舉以故酋長子，故無所配。既而三人並爲神武親信。後都督尒朱文暢將爲逆，猛曰："昔事其父兄，寧今日受死，不忍告而殺之。"神武聞之曰："事人當如此。"舍其罪而益親之。

[1]尒朱京纏：人名。北魏將領。初依尒朱兆。及尒朱兆敗，投附高歡。

[2]乞伏貴和：人名。馬邑（今山西朔州市）人，鮮卑族。北齊官吏。見《北齊書》卷一九《張保洛附乞伏貴和傳》。

[3]尉景：人名。字士真，善無（今山西右玉縣南）人。北齊官吏。見《北史》卷五四《尉景傳》。

[4]婁昭：人名。字菩薩，代郡平城（今山西大同市東北）人。東魏大臣。見《北史》卷五四《婁昭傳》。

以軍功，封廣興縣侯。[1]梁使來聘，云求角武藝。文襄遣猛就館接之，雙帶兩鞬，[2]左右馳射。校挽彊弓，梁人引弓兩張，皆三石；猛遂并取四張，疊挽之，過度。梁人嗟服。天保初，除東秦州刺史。[3]河清二年，[4]加開府。突厥侵逼晋陽，敕猛覘。[5]賊中一騎將超出來鬭，猛即斬之。

[1]廣興縣侯：封爵名。廣興，縣名。治所在今河北徐水縣。

[2]鞬（jiàn）：馬上的盛弓器。

[3]東秦州：治所在汧城，在今陝西隴縣東南。

[4]河清：北齊武成帝的年號（562—565）。　二年：底本作"三年"，源氏校勘記云："《北齊》作'二年'。"中華本校勘記云："《北齊書》卷四一《綦連猛傳》'三'作'二'。按本書卷八《齊武成紀》，突厥圍晋陽在河清二年底至三年初。猛加開府在前，則當作'二年'。"可從改。

[5]覘（chān）：察看，偵察。

天統五年，除并省尚書令、領軍大將軍，封山陽王。[1]猛自和士開死後，漸預朝政，疑議與奪，咸亦咨禀。[2]趙彦深以猛武將之中，頗疾姦佞，言議時有可采，故引知機事。祖珽奏言猛與彦深前推琅邪王，[3]事有意故。於是出猛爲定州刺史，彦深爲西兖州刺史，即日首途。先是，謡曰："七月刈禾太早，九月噉餻未好，本欲尋山射虎，激箭旁中趙老。"至是，其言乃驗。猛行至牛蘭，[4]有人告和士開被害時猛亦知情，遂被追還，削王爵，以開府赴州。在任寬惠清慎，吏人稱之。淮陰王阿那肱與猛有舊，[5]每欲攜引之，韓長鸞等沮難。[6]復授膠州刺史。[7]後除大將軍。齊亡入周，卒。

[1]山陽王：封爵名。山陽，郡名。北齊時治山陽縣，在今江蘇淮安市楚州區。

[2]咨稟：請教，稟告。

[3]祖珽：人名。字孝徵，范陽遒（今河北淶水縣北）人。東魏、北齊官吏。見《北史》卷三九《祖瑩附祖珽傳》。

[4]牛蘭：山名。在今河南魯山縣西北。

[5]淮陰王：封爵名。淮陰，郡名。北齊時治懷恩縣，在今江蘇淮安市淮陰區西南。阿那肱，即高阿那肱，善無（今山西右玉縣南）人。北齊官吏。見《北史》卷九二《高阿那肱傳》。

[6]韓長鸞：人名。即韓鳳。字長鸞，昌黎（今遼寧朝陽市）人。北齊官吏。見《北史》卷九二《韓鳳傳》。

[7]膠州：北齊時治東武縣，在今山東諸城市。

初，猛與尉興慶、謝猥餒並善射小心，[1]給事神武左右。神武使相者視之，曰："猛大貴，尉、謝無官。"及芒山之役，興慶救神武之窘，爲軍所殺。神武嘆曰："富貴定在天也！"猛竟如相者言，卒以榮寵自畢。

[1]尉興慶：中華本校勘記云："按尉興慶即尉長命子興敬，見本卷《尉長命傳》校記。《北史》誤分爲兩人。"可從。

興慶事見《齊本紀》。興慶每入陣，常自署名於背。神武使求其尸，祭之。於死處立浮圖，世謂高王浮圖云。於是超贈儀同、涇州刺史，[1]謚曰閔壯。

[1]超贈：破例追贈。

元景安，河南洛陽人，[1]魏昭成皇帝之五世孫也。[2]高祖虔，陳留王。景安沈敏有幹局，少工騎射，善於事人。父永啓迴代郡公授之。[3]隨魏孝武帝西入關。天平末，周、齊交戰，[4]景安臨陣東歸。芒山之戰，以功賜爵西華縣男，[5]代郡公如故。景安妙閑馳騁，有容則。每梁使至，恒與斛律光、皮景和等對客騎射，見者稱善。天保初，別封興勢伯，[6]帶定襄縣令，[7]賜姓高氏，累遷兼七兵尚書。

[1]河南：郡名。北魏時治洛陽縣，在今河南洛陽市東北。

[2]昭成皇帝：即拓跋什翼犍。昭成爲其謚號，北魏道武帝所追謚。

[3]永：即元永，人名。北齊官吏。初仕魏，後經元天穆所薦爲尒朱榮所用。以參立孝莊之謀賜爵代郡公，加將軍、太中大夫。尒朱榮敗，歸高歡。

[4]天平末周齊交戰：中華本校勘記云："《北齊書》卷四一《元景安傳》'周齊交戰'作'大軍西討'。按天平乃東魏静帝年號。其時祇有東西魏，並無周、齊。《北史》誤改。"可從。

[5]西華縣男：封爵名。西華，縣名。治所當在今安徽壽縣附近。

[6]興勢伯：封爵名。興勢，縣名。治所在今陜西洋縣東北。

[7]定襄：縣名。治所在今山西定襄縣東南。

時初築長城，鎮戍未立，詔景安與諸將緣塞以備守。督領既多，且所部軍人，富於財物，遂賄貨公行。文宣聞之，遣使推檢，唯景安纖毫無犯。帝深嘉歎，乃以所歛贓絹五百匹賜之，[1]以彰清節。孝昭嘗與功臣西園宴射，侯去堂一百三十步，[2]中的者賜以良馬及金玉錦綵。有一人射中獸頭，去鼻寸餘，唯景安最後，有矢未發。帝令景安解之。景安引滿，正中獸鼻。帝嗟異稱善，特賞馬二匹，玉帛雜物，又加常等。

[1]賜之：底本無“之”字，中華本校勘記云：“諸本脱‘之’字，據《北齊書》卷四一、《通志》卷一五二《元景安傳》補。”今從改。

[2]侯：箭靶。

天統四年，除豫州刺史，加開府儀同三司。武平三年，授行臺尚書令，刺史如故，封歷陽郡王。[1]景安久在邊州，人物安之。又管内蠻多華少，景安被以恩威，咸得寧輯。武平末，徵拜領軍大將軍。入周，以大將軍、義寧郡公討稽胡，戰没。

[1]歷陽郡王：封爵名。歷陽，郡名。北齊時治歷陽縣，在今安徽和縣。

初，永兄祚襲爵陳留王。祚卒，子景皓嗣。天保時誅諸元親近者，如景安之徒疏宗，[1]議請姓高氏。景皓云：“豈得棄本宗，逐他姓？[2]大丈夫寧可玉碎，不能瓦全。”景安以白文宣，乃收景皓誅之，家屬徙彭城。[3]由是景安獨賜姓高氏，自外聽從本姓。

[1]徒：底本作“徙”，中華本校勘記云：“諸本‘徒’訛‘徙’，據《北齊書》《通志》改。”可從改。

［2］逐：底本作“遂”，中華本校勘記云：“諸本‘逐’訛作‘遂’，據《北齊書》《通志》改。”可從改。

［3］彭城：縣名。治所在今江蘇徐州市。

永弟种子豫，字景豫，美容儀，有器幹。景安告景皓慢言，引豫，云相應和。豫占云：[1]“爾時以衣袖掩景皓口，云‘莫妄言’。”問景皓，與豫同，獲免。卒於東徐州刺史。

［1］占：口供。

獨孤永業，字世基。本姓劉，中山人也，[1]母改適獨孤氏，永業幼隨母，爲獨孤家養，遂從其姓。天保初，除中書舍人。[2]永業解書計，善歌舞，甚爲文宣所知。

［1］中山：郡名。東魏時治盧奴縣，在今河北定州市。

［2］中書舍人：官名。三國魏置，爲中書省屬官，與通事共掌收納、轉呈章奏。北朝時專掌草擬詔令，權任較南朝爲輕。北魏孝文帝太和十七年定爲六品上，二十三年定爲六品下。東魏、北齊沿置。

後爲洛州刺史、河陽行臺左丞，甚有威信。遷行臺尚書。[1]永業久在河陽，善於招撫，周人憚之。性鯁直，不交權勢。斛律光求二婢弗得，毀之於朝廷。河清末，徵爲太僕卿，[2]以乞伏貴和代之。於是西境蹙弱，河洛人情騷動。[3]武平三年，遣永業取斛律豐洛，[4]因以爲北道行臺僕射、幽州刺史。河洛人庶多思永業，又除河陽道行臺、洛州刺史。

[1]行臺尚書：官名。北魏置。初爲行臺長官，北魏末期爲行臺屬官，分曹理事。北齊因之。

[2]太僕卿：官名。東漢至南北朝前期常作爲太僕的尊稱。南朝梁時正式定爲官稱。北齊時爲太僕寺長官，亦稱太僕寺卿。掌皇室車馬及國家畜牧業。三品。

[3]河洛：今河南洛陽周圍地區。

[4]斛律豐洛：人名。即斛律羨。字豐樂，亦作“豐洛”（參羅新《新見北齊〈豐洛墓誌〉考釋》，載《北朝史研究——中國魏晉南北朝史國際學術討論會論文集》，商務出版社 2004 年版），朔州（今内蒙古和林格爾縣北）敕勒部人，斛律金之子、斛律光之弟。北齊大臣。見《北史》卷五四《斛律金附斛律羨傳》。

周武帝親攻金墉，永業出兵禦之，問是何達官，作何行動。周人曰：“至尊自來，主人何不出看客？”永業曰：“客行匆匆，故不出看。”乃通夜辦馬槽二千。周人聞之，以爲大軍至，乃去。進位開府、臨川王。[1]有甲士三萬，聞晋州敗，請出兵北討，奏寢不報，[2]永業慨憤。又聞并州亦陷，乃遣子須達告降於周。授上柱國、應公。宣政末，[3]爲襄州總管。大象二年，[4]爲行軍總管崔彦睦所殺。[5]

[1]臨川王：封爵名。遥封。臨川，郡名。南朝梁時治臨汝縣，在今江西撫州市西。

[2]奏寢不報：奏疏被擱置没有上報。寢，擱置。

[3]宣政：北周武帝的年號（578）。

[4]大象：北周静帝的年號（579—580）。

[5]行軍總管：官名。北周時設有行軍大總管、行軍總管等職位，爲軍隊出征臨時委派的統帥。　崔彦睦：人名。字彦穆，清河東武城（今山東武城縣西北）人。西魏、北周將領。見《北史》卷六七《崔彦穆傳》。

鮮于世榮，漁陽人也。[1]父寶業，懷朔鎮將。武平初，贈儀同三司、祠部尚書。[2]

[1]漁陽：郡名。北魏時治漁陽縣，在今北京密雲縣西南。

[2]祠部尚書：官名。東晉始置，南北朝沿置。北齊時領祠部、主客、虞曹、屯田、起步五曹郎。與尚書右僕射不並置，闕祠部尚書時，以尚書右僕射兼攝祠部事；闕尚書右僕射時，亦常置祠部尚書兼右僕射事。三品。

世榮少沈敏，有器幹。興和二年，爲神武親信都督，稍遷平西將軍，[1]賜爵石門縣子。天統二年，累加開府儀同三司，除鄭州刺史。武平中，以領軍從平高思好，[2]封義陽郡王，領軍大將軍、太子太傅。及周武帝入代，[3]送馬腦酒鍾與之，[4]得便撞破。周兵入鄴，諸將皆降，世榮在三臺之前，[5]獨鳴鼓不輟。及被執不屈，乃見殺。

[1]平西將軍：官名。北魏時多持節都督或監某一地區的軍事，有時亦作爲刺史等地方官員兼理軍務時的加官。三品。

[2]高思好：人名。本名思孝，文宣帝時改名思好，勃海蓨

（今河北景縣）人。北齊宗室、將領。見《北史》卷五一《上洛王思宗附高思好傳》。

［3］及周武帝入代：中華本校勘記云："按周師滅齊，未嘗至代（今山西大同），'代'字疑誤。"可從。

［4］馬腦：毛本、殿本、四庫本、局本、四部備要本作"瑪瑙"。按："馬腦"亦作"瑪瑙"。

［5］三臺：臺閣名。在鄴城（今河北臨漳縣西）西北隅。漢獻帝時，曹操主持修築。北齊文宣帝在舊基上重修三臺，於天保八年落成。

世榮雖武人無文藝，以朝危政亂，每常竊歎。見徵稅無厭，賞賜過度，發言歎息焉。

子貞，武平末，假儀同三司。

傅伏，太安人也。少從戎，以戰功，稍至開府、永橋領人大都督。[1]周武帝前攻河陰，伏自永橋夜入中潬城。[2]南城陷，[3]被圍二旬不下。救兵至，周師還。

［1］永橋：城名。在今河南武陟縣西。

［2］中潬城：爲河陽三城之一。在今河南孟州市南黄河中沙洲上。

［3］南城：河陽三城之一。東魏孝静帝元象元年築，在今河南孟津縣東老城村。

後除東雍州刺史。周剋晋州，執行臺尉相貴。招伏，伏不從。周剋并州，遣韋孝寬以伏子世寬來招伏，[1]授上大將軍、武鄉郡公，[2]即給告身，[3]以金馬腦二酒鍾爲信。伏不受曰："事君，有死無二。此兒爲臣不能竭忠，爲子不能盡孝，人所讎疾，願即斬之，以號令天下。”周武自鄴還至晋州，遣高阿那肱等臨汾召伏。伏聞後主已被獲，仰天大哭，率衆入城，於廳事前，[4]北面哭良久，然後降。周武見曰：“何不早降？”伏流涕曰：“臣三世衣食齊家，被任如此，革命不能自死，[5]羞見天地。”周武親執手曰：“爲臣當若此。朕平齊，唯見公一人。”乃自食一羊肋，以骨賜伏，曰：“骨親肉疏，所以相付。”遂引與同食。令於侍伯色宿衛，[6]授上儀同，[7]敕之曰：“若即與公高官，恐歸投者心動。勿慮不富貴。”又問：“前救河陰得何官？”曰：“蒙一轉，[8]授特進、永昌郡公。”[9]周武謂後主曰：“朕前三年，决意取河陰，正爲傅伏不可動。公當時賞授，何其薄也？”賜伏金酒卮。後以爲岷州刺史，[10]尋卒。

[1]韋孝寬：人名。即韋叔裕。字孝寬，京兆杜陵（今陝西西安市長安區東）人。北魏、西魏、北周將領。見《北史》卷六四《韋孝寬傳》。

[2]武鄉郡公：封爵名。武鄉，郡名。北周時治武鄉縣，在今陝西大荔縣。

[3]即給告身：立即給予委任。告身，古代授官的文憑。

[4]廳事：亦作“聽事”，官署視事問案的廳堂。

[5]革命：朝代更替，君主易姓。

[6]侍伯色宿衛：於侍伯名色下宿衛。侍伯，官名。北周時設前侍伯、左侍伯、右侍伯諸中大夫，分掌禁兵，府屬不詳。均爲正五命。

[7]上儀同：北周、隋時勳官上儀同大將軍及上儀同三司的省稱。

[8]蒙一轉：得到一次改任。

[9]永昌郡公：封爵名。永昌，郡名。北齊時治成武城縣，在今山東成武縣。

[10]岷州：北周時治溢樂縣，在今甘肅岷縣。

齊軍晋州敗後，兵將罕有全節者。[1]其殺身成仁者，有儀同叱干苟生。[2]鎮南兗州。[3]周武破鄴，赦書至，苟生自縊死。

[1]者：底本作"有"，中華本校勘記云："諸本'者'訛作'有'，據《北齊書》卷四一《傅伏傳》改。"今從改。

[2]叱干苟生：底本"干"作"于"，中華本校勘記云："諸本'干'訛作'于'，據《北齊書》卷四一、《通志》卷一五二《傅伏傳》改。"今從改。

[3]南兗州：北齊時治小黄縣，在今安徽亳州市。

又有開府、中侍中、宦者田敬宣，[1]本字鵬，蠻人也。年十四五，便好讀書。既爲閽寺，[2]伺隙便周章詢請。每至文林館，[3]氣喘汗流，問書之外，不暇他語。及視古人節義事，未嘗不感激沈吟。顔之推重其勤學，[4]甚加開獎。後遂通顯。後主之奔青州，遣其西出參伺動静，爲周軍所獲。問齊主何在，紿云已去。[5]毆捶服之，每折一支，[6]辭色愈厲，竟斷四體而卒。

[1]中侍中：官名。北魏設，爲宦官最高職，主掌内庭庶務及宫城門閤。北齊因之，爲中侍中省主官，職掌與北魏同，從三品。

[2]閽（hūn）寺：指宦官。

[3]文林館：官署名。北齊後主武平四年置，引文學之士充之，稱待詔。

[4]顔之推：人名。字介，琅邪臨沂（今山東費縣東）人。南北朝時文學家。見《北史》卷八三《顔之推傳》。

[5]紿（dài）：同“詒”。欺騙，欺詐。

[6]支：中華本作“肢”。按：“支”同“肢”。

又有雷顯和，晋州敗後，爲建州道行臺左僕射。周武帝使其子招焉，顯和禁其子而不受。聞鄴城敗，乃降。

後主失并州，使開府紇奚永安告急於突厥他鉢略可汗。[1]及聞齊滅，他鉢處永安於吐谷渾使下。[2]永安抗言曰：“本國既敗，永安豈惜賤命？欲閉氣自絶，恐天下不知大齊有死節臣。唯乞一刀，以顯示遠近。”他鉢嘉之，贈馬七十疋，歸之。

[1]他鉢略可汗：突厥首領。俟斤弟。北周武帝天和四年（569），俟斤死，其嗣位，稱他鉢可汗，亦云他鉢略可汗。對外實行和親政策，對内大力宣揚佛教。北周静帝大象二年病卒。見《北史》卷九九《突厥傳》。

[2]吐谷渾：族名。又稱吐渾、退渾。原爲鮮卑族慕容部的一支，先祖游牧於徒河青山（今遼寧義縣東）。西晋時，遷徙於今甘肅、青海一帶。十六國時，先後受到前凉、西秦等追逐，幾乎亡國。後再度崛起，北魏太武帝時達到最强盛。在北魏打擊下，一度退到今新疆一帶。以游牧爲生。見《北史》卷九六《吐谷渾傳》。

又有代人高寶寧。武平末，爲營州刺史，鎮黄龍。

夷夏重其威信。周武帝平齊，遣信招慰，不受敕書。范陽王紹義在突厥中，[1]寶寧上表勸進。范陽王署寶寧爲丞相。及盧昌期據范陽起兵，寶寧引紹義集夷夏兵數萬救之。[2]至潞河，[3]知周將宇文神舉屠范陽，[4]還據黄龍。

[1]范陽王：封爵名。范陽，郡名。北齊時治涿縣，在今河北涿州市。　紹義：即高紹義，人名。勃海蓨（今河北景縣）人。北齊宗室。見《北史》卷五二《范陽王紹義傳》。

[2]救：底本作“敕”，毛本、四庫本、局本、四部備要本、中華本作“救”。按：《北齊書》卷四一《高保寧傳》作“救”，作“敕”不可解，今從《北齊書》改。

[3]潞河：一作“潞水”，今北京通州區以下白河。

[4]宇文神舉：人名。代郡武川（今内蒙古武川縣西）人，鮮卑族。北周宗室、將領。周文帝宇文泰族子。見《北史》卷五七《東平公神舉傳》。

論曰：尒朱殘逆，遠效誠款，知神武陵逼，隨帝西遷，去就之途，未爲失節。[1]道元感母兄之戀，荷知遇之恩，思親懷舊，固其宜矣。生不屈西朝，[2]歸誠河朔；保年之於開，[3]義異策名。[4]並乘幾獨運，異夫盗寶竊邑者也。神武招攜，理殊納叛；諸將擇木，情非背恩。故能各立功名，終極榮寵。神敬力屈東雍，[5]未虧臣節，其被恩化，蓋亦明主之仁焉。劉貴、蔡儁有先見之明，匡贊霸業，配饗清廟，豈徒然也。

[1]尒朱殘逆遠效誠款知神武陵逼隨帝西遷去就之途未爲失節：中華本校勘記云：“按此是論万俟普父子。不具姓名，莫知所指，

疑上有脱文。又傳文簡略，全未反映論中所舉事實，亦删節之失。”可從。

［2］生：中華本校勘記云：“按此論劉豐。豐字豐生，疑上脱‘豐’字。”可從。

［3］保年之於開：中華本校勘記云：“按此論破六韓常。常字保年，本傳删去，遂使人莫解。‘開’，錢氏《考異》作‘關右’，未知所據何本。常曾仕西魏，作‘關右’疑是。”可從。

［4］策名：“策名委質”之省。用以指因仕宦而獻身於朝廷之事。

［5］東雍：底本作“東維”，中華本校勘記云：“諸本‘雍’作‘維’。按金祚本傳云：‘入據東雍州，神武遣尉景攻降之。’《北齊書》卷二七《可朱渾元傳》云：‘討西魏儀同金祚、皇甫智達於東雍，擒之。’‘維’乃‘雍’之訛，今據改。”今從改。

韓賢、尉長命、王懷、任祥、莫多婁貸文、厙狄迴洛、厙狄盛、張保洛、侯莫陳相、薛孤延、斛律羌舉、張瓊、宋顯、王則等，並運屬時來，或因羈旅，[1]馮附末光，申其志力，代爲王侯，固爲宜矣。孝卿功臣之胤，自致公卿，立履之地，亦足稱也。

［1］羈旅：寄居異鄉。

慕容紹宗兵機武略，在世見重，昔事尒朱，固執忠義，不用范增之言，終見烏江之禍。[1]侯景狼戾，固非後主之臣；神武遺言，實表知人之鑒。寒山、渦水，[2]往若摧枯。算盡數奇，逢斯禍酷，悲夫！三藏連屬危亡，[3]貞概自處，可謂不隕門節矣。

[1]不用范增之言終見烏江之禍：項羽因不聽范增的計策，導致最終被迫在烏江邊自殺的結局。見《史記》卷七《項羽本紀》。增，底本作“曾”，中華本校勘記云：“諸本‘增’作‘曾’，據《北齊書》卷二〇史臣論改。”今從改。

[2]渦水：在今安徽亳州市。

[3]連：中華本校勘記云：“按‘連’當爲‘運’之訛。”可從。

叱列平、步大汗薩、薛脩義、慕容儼、潘樂、彭樂、暴顯、皮景和、綦連猛、元景安等，策名戎幕，備開夷險，[1]位高任重，咸遂本誠。[2]永業、世榮之徒，國危方見忠節。不然，則丹青簡册，安所貴乎。

[1]備開夷險：都能化險爲夷。

[2]咸遂本誠：最終能够實現自己最初的願望。

北史　卷五四

列傳第四十二

孫騰　高隆之　司馬子如 子消難 裴藻 兄子膺之　竇泰　尉景　婁昭 兄子叡　厙狄干[1] 孫士文　韓軌　段榮 子韶 孝言　斛律金 子光 羡

[1]厙（shè）：底本作“庫”，中華本作“厙”，今從改。

孫騰，字龍雀，咸陽石安人也。[1]祖通，仕沮渠氏，[2]爲中書舍人。[3]沮渠氏滅，因徙居北邊。及騰貴，魏朝贈司徒。[4]父機，贈太尉。[5]

[1]咸陽：郡名。北魏時治池陽縣，在今陝西涇陽縣。　石安：縣名。治所在今陝西咸陽市東北。

[2]沮渠氏：又作“且渠”，匈奴氏族之一。因其先世爲匈奴左沮渠，遂以官爲氏。十六國時期，一度依附後涼。晋安帝隆安元年（397），該部首領沮渠蒙遜擁段業建立北涼。五年，蒙遜自稱張掖公，都張掖（今甘肅張掖市），稱河西王。後又遷都姑臧（今甘肅武威市）。先後敗南涼、西秦，滅西涼，據有今甘肅西部。該部首領曾依附於北魏，受封涼王。後被北魏所滅。

[3]中書舍人：官名。三國魏始置。北魏時專掌草擬詔令，爲中書省屬官。六品下。

[4]司徒：官名。漢哀帝時改丞相爲大司徒，漢光武帝時改司徒，與太尉、司空並稱三公，分掌宰相職能。北魏初曾令州郡公文先上司徒府，後改上丞相府。一品。

[5]太尉：官名。秦置。秦、西漢時爲全國性軍政長官。東漢時改大司馬置，列三公之首。魏晋以後多爲大臣加官，無實際職掌，北魏、東魏、北齊時皆一品。

騰少質直，明解吏事。魏正光中，[1]北方擾，歸尒朱榮。尋爲齊神武都督長史。[2]神武爲晋州，[3]又引爲長史，封石安縣伯。[4]及起兵於信都，[5]常以誠款預謀策。[6]累遷郡公，[7]入爲侍中，[8]尋兼尚書左僕射。[9]時魏京兆王愉女平原公主寡，[10]騰願尚之，而公主欲侍中封隆之。[11]騰妒隆之，遂相間構。神武啓免騰官，俄而復之。與斛斯椿同掌機密，[12]見忌慮禍，奔晋陽。[13]神武入討椿，留騰行并州事。[14]入爲尚書左僕射，内外之事，騰咸知之。兼司空，[15]除侍中，兼尚書令。[16]

[1]正光：北魏孝明帝的年號（520—525）。

[2]神武：即高歡。神武爲其謚號，北齊後主所追謚。見《北史》卷六《齊本紀·神武帝》。　長史：官名。戰國秦置，掌顧問參謀。秦漢因之，丞相長史職權尤重。邊郡於丞之外復置長史，佐太守掌兵馬；内郡或置之。東漢、魏晋南北朝沿置，大抵略同。

[3]晋州：北魏時治白馬城，在今山西臨汾市。

[4]石安縣伯：封爵名。石安，縣名。治所在今陝西咸陽市東北。

[5]信都：縣名。治所在今河北冀州市。

[6]誠款：忠誠，真誠。

[7]累遷郡公：中華本校勘記云："按'累遷'通常指官職，不指封爵，'遷'下當有脱文。《北齊書》卷一八《孫騰傳》云：'及平鄴，授相州刺史，改封咸陽郡公。'"可從。郡公，封爵名。魏晋始置，初定爲"公"的一個等級，高於縣公。其後各朝多置。

[8]侍中：官名。秦置。北魏時掌侍從皇帝左右，贊導衆事，顧問應對。此職親近皇帝，掌權便利，時有宰相之實。三品。

[9]尚書左僕射：官名。秦官，漢因之。尚書僕射分左右自漢獻帝時始。自此以後，或二或一，置二人則分左右。職掌都省庶務及執法，或典選舉，左僕射權力大於右僕射，兼掌糾彈百官。北魏孝文帝太和十七年（493）定爲從一品中，二十三年改爲從二品。

[10]京兆王：封爵名。京兆，郡名。北魏時治霸城縣，在今陝西西安市東北。　愉：即元愉，人名。字宣德。北魏宗室，孝文帝子。見《北史》卷一九《京兆王愉傳》。　平原公主：封號。平原，郡名。北魏時治聊城縣，在今山東聊城市東北。

[11]封隆之：人名。字祖裔，小名皮，勃海蓨（今河北景縣）人。東魏、北齊官吏。見《北齊書》卷二一《封隆之傳》。

[12]斛斯椿：人名。字法壽，廣牧富昌（今内蒙古准格爾旗東南）人。北魏官吏。見《北史》卷四九《斛斯椿傳》。

[13]晋陽：縣名。治所在今山西太原市晋源區古城營村一帶。

[14]并州：東魏時治晋陽縣，在今山西太原市晋源區古城營村一帶。

[15]司空：官名。漢光武帝時與太尉、司徒並稱三公，列三公之末。北齊時爲名譽宰相，多爲大臣加官。一品。

[16]尚書令：官名。北魏初不常置，亦不掌實際政務，孝文帝改制後，尚書省權任頗重，以録尚書事爲長官，尚書令爲副貳，兼掌監察百官，皆爲宰相。孝文帝太和十七年定爲從一品上，二十三年定爲二品。東魏、北齊沿置。

時西魏攻南兖州，[1]詔騰率諸將討之。騰性怯無威略，失利而還。又除司徒，餘官如故。初北境亂，騰亡一女。及貴，推訪不得，[2]疑其爲人婢。及爲司徒，奴婢訴良者皆免之，願免千人，冀得其女。神武知之大怒，解司徒。尋爲尚書左僕射、太保，[3]仍侍中，遷太傅。[4]

[1]南兖州：東魏時治小黄縣，在今安徽亳州市。

[2]推訪：查訪。

[3]太保：官名。北魏時爲三師之一，爲輔佐君王的重要大臣，位在太傅、太師下。一品。

[4]太傅：官名。北魏時與太師、太保並號三師，位居太師下、太保上，爲輔弼君王的大臣。一品。

初，博陵崔孝芬取貧家子賈氏爲養女。[1]孝芬死，其妻元更適鄭伯猷，[2]攜賈於鄭氏。賈有色，騰納之爲妾。其妻袁死，騰以賈有子，正以爲妻，詔封丹楊郡君。[3]復請以袁氏爵回授其女。其違禮肆情，多此類也。

[1]博陵：郡名。北魏時治魯口城，在今河北饒陽縣。　崔孝芬：人名。字恭梓，博陵安平（今河北安平縣）人。北魏將領。見《北史》卷三二《崔挺附崔孝芬傳》。

[2]鄭伯猷：人名。滎陽開封（今河南開封市）人。北魏官吏。見《魏書》卷五六《鄭羲附鄭伯猷傳》。

[3]丹楊郡君：命婦之稱。始於漢武帝封王太后母臧兒爲平原君。平原爲漢郡名，故稱郡君。後世沿置。丹楊，郡名。東魏時治

秣陵縣，在今河南沈丘縣。

騰早依神武。神武深信待之，置於魏朝，寄以心腹。遂志氣驕盈，與奪自己。納賄不知紀極，官贈非財不行，餚藏銀器，[1]盜爲家物，親狎小人，專爲聚斂。與高岳、高隆之、司馬子如，[2]號四貴，非法專恣，騰爲甚焉。神武、文襄，[3]屢加誚讓，終不悛改，朝野深非笑之。

[1]餚藏銀器：吃飯時私藏銀器。

[2]高岳：人名。字洪略，勃海蓨（今河北景縣）人。東魏、北齊宗室、大臣，高歡從父弟。見《北史》卷五一《清河王岳傳》。

[3]文襄：即高澄。文襄爲其謚號，北齊文宣帝所追謚。見《北史》卷六《齊本紀·文襄帝》。

武定六年薨，[1]贈太師、開府、録尚書事，[2]謚曰文。天保初，[3]以騰佐命，詔祭告其墓。皇建中，[4]配饗神武廟庭。

[1]武定：東魏孝静帝的年號（543—550）。

[2]太師：官名。商周時已有，爲輔政大臣。東魏時，皆爲元老重臣之加官。　開府：爲開府儀同三司的省稱。東魏時爲大臣加號，意謂與三司禮制待遇相同，許開辟府署，自辟僚屬。　録尚書事：官名。漢章帝時設，爲三公等重臣總領、總理尚書臺政務之加職。歷朝因之。魏晋以降，權愈重，位在尚書令之上，不常設。南朝齊、北朝時爲正式官稱。隋省。

[3]天保：北齊文宣帝的年號（550—559）。

[4]皇建：北齊孝昭帝的年號（560—561）。

子鳳珍嗣，性庸暗，卒於儀同三司。[1]

[1]儀同三司：魏晋時授予開府位從三公之文武官。北齊時授予範圍不斷擴大，逐漸成爲官號。二品。

高隆之，字延興，洛陽人也。爲閹人徐成養子。少時，以賃升爲事。[1]或曰，父幹爲姑壻高氏所養，因從其姓。隆之後有參定功，[2]神武命爲弟，仍云勃海蓨人。[3]幹贈司徒公。[4]

[1]賃（lìn）升：給人做雇工。

[2]參定：參酌商定。

[3]勃海：郡名。東魏時治東光縣，在今河北東光縣東南。蓨：縣名。治所在今河北景縣東。

[4]司徒公：官名。對司徒的尊稱。

隆之身長八尺，美鬚髯，深沉有志氣。初，行臺于暉引爲郎中，[1]與神武深相結託。後從起兵於山東，累遷并州刺史，入爲尚書右僕射。[2]時初給人田，權貴皆占良美，貧弱咸受墝薄，隆之啓神武，更均平之。又領營構大將，[3]以十萬夫徹洛陽宮殿，運於鄴，[4]構營之制，皆委隆之。增築南城，周二十五里。以漳水近帝城，[5]起長堤以防汎溢；又鑿渠引漳水，周流城郭，造水碾磑。[6]並有利於時。

[1]行臺：三國魏始置。北魏孝明帝正光末，在各地設行臺主管當地軍務，遂成爲常設的地方行政機構，北魏末期兼理民事，以行臺尚書令爲長官，也有以尚書僕射或左、右僕射及尚書來主管行臺事務者。　于暉：人名。字宣明，代（今山西大同市東北）人，鮮卑族。北魏外戚官吏。見《魏書》卷八三下《于勁傳》。　郎中：官名。始於戰國，爲侍衛之官。秦漢沿置，屬光禄勳。初時郎中分部爲車郎、户郎、騎郎諸職，分别爲皇帝的車騎侍從和守衛門户。其後則五官、左、右三中郎將署與虎賁中郎將署均置郎中。東時漢轉爲尚書臺的屬官，初任稱郎中，一年後稱尚書郎，主管曹司事務。晋至南北朝時爲尚書曹司長官。

[2]尚書右僕射：官名。北魏時列位宰相，掌都省庶務、執法及選舉。孝文帝太和十七年定爲從一品中，二十三年定爲從二品。

[3]營構大將：官名。東魏置。掌京都鄴城宫殿、城郭、堤防等營建，兼管繕治三署樂器、衣服及百戲之屬。

[4]鄴：都邑名。在今河北臨漳縣西南。

[5]漳水：即今漳河，在今河北、河南兩省邊境。有清漳河、濁漳河兩源。

[6]碾磑（wèi）：利用水力啓動的石磨。

魏自孝昌之後，[1]天下多難，刺史、太守皆爲當部都督，雖無兵事，皆立佐僚，所在頗爲煩擾。隆之請非實在邊要，見有兵馬者，[2]悉斷之。[3]又朝貴多假常侍以取貂蟬之飾，[4]隆之自表解侍中，并陳諸假侍中服者，請亦罷之，詔皆如表。自軍國多事，冒名竊官者，不可勝數，隆之奏請檢括，[5]旬日獲五萬餘人。而群小讙讙䚟，[6]隆之懼而止。詔監起居事，進位司徒。

[1]孝昌：北魏孝明帝的年號（525—527）。

[2]隆之請非實在邊要見有兵馬者：底本“實”下無“在”，“見”下無“有”字，源氏校勘記云：“‘見’下，《北齊》有‘有’字。爲是。”中華本校勘記云：“諸本脱‘在’‘有’二字，據《北齊書》補。《通志》卷一五三《孫騰傳》亦有‘在’字。‘有’字作‘掌’。”今從改。

[3]斷：取消。

[4]常侍：官名。此處爲通直散騎常侍的省稱。晋武帝時使員外散騎常侍二人與散騎常侍通員當值，故名。北魏孝文帝太和十五年亦置，掌侍從、諷諫，隸集書省，員六人。三品下。　貂蟬：貂尾和附蟬，古代爲侍中、常侍等貴近之臣的冠飾。

[5]檢括：查察，清查。

[6]讙䚟：喧嘩吵鬧。

武定中，除尚書令，遷太保。文襄作宰，風俗肅清，隆之時有受納，文襄於尚書省大加責讓。齊受禪，進爵爲王。尋以本官録尚書事，領大宗正卿，[1]監國史。隆之性好小巧，至於公家羽儀，百戲服制，時有改易，不循典故，時論非之。於射堋上立三人像，[2]爲壯勇之勢。文宣曾至東山，因射，謂隆之曰：“堋上可作猛獸，以存古義，何爲終日射人？”隆之無以對。

[1]大宗正卿：官名。秦漢以後，歷代皆置宗正管理皇族事務。北魏時始改此名。多以宗族擔任，亦任外姓。三品。北齊因之。

[2]於射堋上立三人像：底本‘堋’下有‘土’字，中華本校

勘記云："諸本'堋'下有'土'字。李慈銘云：'"土"字衍，《北齊書》（卷一八）無。'按《通志》卷一五三《高隆之傳》亦無'土'字，此涉'上'字形似而衍，今删去。"今從改。射堋，箭靶。

先是，文襄委任崔暹、崔季舒等。[1]及文襄崩，隆之啓文宣，並欲害之，不見許。文宣以隆之舊齒，[2]委以政事。隆之子涇於楊遵彦前妻，[3]帝妹也，故遵彦讒毁日至。崔季舒等仍以前隙，譖云："隆之每見訴訟者，輒加哀矜之意，以示非己能裁。"文宣以其受任既久，知有冤狀，便宜申滌，[4]何過要名，[5]非大臣義。天保五年，禁止尚書省。隆之曾與元昶宴，[6]語昶曰："與王交遊，當死生不相背。"人有密言之者。又帝未登庸日，[7]隆之意常侮帝。帝將受禪，大臣咸言未可，隆之又在其中，帝深銜之。因此大怒，罵曰："徐家老公。"令壯士築百餘拳，放出。渴，將飲水。人止之，隆之曰："今日何在!"遂飲之。因從駕，死於路中。贈太尉、太保、陽夏王，[8]竟不得謚。

[1]崔暹：人名。字季倫，博陵安平（今河北安平縣）人。東魏、北齊官吏。見《北史》卷三二《崔挺附崔暹傳》。 崔季舒：人名。字叔正，博陵安平（今河北安平縣）人。東魏、北齊官吏。見《北齊書》卷三二《崔挺附崔季舒傳》。

[2]舊齒：耆舊，老臣。

[3]楊遵彦：人名。即楊愔。字遵彦，小名秦王，弘農華陰（今陝西華陰市東南）人，楊津子。東魏、北齊官吏。見《北齊書》卷三四《楊愔傳》。

［4］申滌：申雪。

［5］何過要名：中華本校勘記云："《北齊書》卷一八《高隆之傳》作'何得委過要名'。疑此脱'得委'二字。"可從。

［6］元昶：中華本校勘記云："《通鑑》卷一六五'昶'作'旭'。按元昶見《魏書》卷二一《咸陽王禧傳》，早已死於天平二年（525），下距隆之死時（天保五年，554）已十九年。元旭見《魏書》卷一九《城陽王長壽傳》，死於天保五年八月乙亥，與高隆之死日（八月己卯）相差衹四天（均見《北齊書》卷四《文宣紀》），可見二人是連坐同死。疑《通鑑》是。"可從。元旭，人名。字顯和。北魏宗室。見《魏書》卷一九下《城陽王長壽傳》。

［7］登庸：登帝位。

［8］陽夏王：封爵名。陽夏，郡名。北齊時治雍丘城，在今河南杞縣。

隆之雖不學涉，而欽尚文雅，搢紳名流，必存禮接。寡姊爲尼，事之如母。訓督諸子，必先文義。世以此稱之。

文宣末年，多猜害。追忿隆之，執其子司徒中兵慧登等二十人於前。[1]慧登言乞命。帝曰："不得已。"以鞭扣鞍，一時頭絶，並投之漳水。發隆之冢，出屍，其貌不敗，斬骸骨焚之，棄於漳流。天下寃之。隆之嗣遂絶。乾明中，[2]詔其兄子子遠爲隆之後，襲爵陽夏王，還其財産。

［1］司徒中兵：官名。即司徒府中兵參軍。中兵參軍，官名。亦作"中兵參軍事"，兩晋南北朝諸公、軍府僚屬之一。掌本府中兵曹事務，兼參謀諮詢。其品秩隨府主地位而定。

[2]乾明：北齊廢帝的年號（560）。

隆之見信神武，性陰毒。儀同三司崔孝芬以結婚姻不果，太府卿任集同知營構，[1]頗相乖異，瀛州刺史元晏請託不遂，[2]並構成其罪，誅害之。終至家門殄滅，論者謂有報應焉。

[1]太府卿任集同知營構：底本"太府卿"作"太僕卿"，"知"作"加"，中華本校勘記云："《北齊書》《通志》及《通鑑》卷一五七'僕'作'府'。按太僕掌車輦、馬牛、畜産，與營構無關；太府掌金帛、府庫，營造器物（均見《隋書·百官志中》）。疑作'太府'是。又諸本'知'訛作'加'，據《北齊書》《通志》改。"今從改。太府卿，官名。北魏時改少府爲此稱，爲六卿之一。掌山海池澤之税，兼管官營手工業。三品。

[2]瀛州：東魏時治趙都軍城，在今河北河間市。　元晏：人名。東魏官吏。東魏初，累遷吏部尚書。平心不撓，時論稱之，出任瀛州刺史。好集圖籍，家書多秘閣。

司馬子如，字遵業，自云河内温人也，[1]徙居雲中，[2]因家焉。子如初爲懷朔鎮省事，[3]與齊神武相結託，分義甚深。[4]孝昌中，北州淪陷，[5]子如南奔肆州，[6]爲尒朱榮所禮，封平遥子，[7]稍遷大行臺郎。[8]榮死，隨榮妻子與尒朱世隆等走出京城。節閔帝立，[9]以前後功，進爵陽平郡公。[10]神武入洛，以爲大行臺尚書，[11]朝夕左右，參知軍國。天平初，[12]除尚書左僕射、開府，與高岳、孫騰、高隆之等共知朝政，甚見信重。神武鎮晋陽，子如時往謁見。及還，神武、武明后俱有賫遺，[13]率以爲常。

[1]河内：郡名。北魏時治野王縣，在今河南沁陽市。　温：縣名。治所在今河南温縣。

[2]雲中：郡名。北魏時治盛樂，在今内蒙古和林格爾縣西北。

[3]懷朔鎮：北魏六鎮之一，在今内蒙古固陽縣百靈淖城圐圙古城。鎮一般設於邊要形勝之地，魏晋以來多有設置（參張文平、苗潤華《長城資源調查對於北魏長城及六鎮鎮戍遺址的新認識》，《陰山學刊》2014年第6期）。　省事：官名。西晋置，屬尚書省，掌誦讀文書，員四人。以後諸官署多設。北魏因之，與典籤並列，作用漸重。

[4]分義：情分，情義。

[5]北州：毛本、殿本、四庫本、局本、四部備要本作“并州”。按：《北齊書》卷一八《司馬子如傳》作“北州”。

[6]肆州：北魏時治九原城，在今山西忻州市。

[7]平遥子：封爵名。平遥，縣名。治所在今山西平遥市。

[8]大行臺郎：官名。大行臺郎中的省稱。北魏、東魏、西魏置。爲大行臺屬官，分理曹務。權力極大。

[9]節閔帝：即北魏皇帝元恭。節閔爲其謚號。見《北史》卷五《魏本紀·節閔帝》

[10]陽平郡公：封爵名。陽平，郡名。北魏時治館陶縣，在今河北館陶縣。

[11]大行臺尚書：官名。北魏置。大行臺主要屬官。如分曹理事，則冠以曹名，如大行臺吏部尚書、大行臺度支尚書等。

[12]天平：東魏孝静帝的年號（534—537）。

[13]武明后：即北齊神武帝皇后婁昭君。武明爲其謚號。代郡平城（今山西大同市東北）人，鮮卑族。見《北史》卷一四《齊武明皇后婁氏傳》。　賫（jī）遺（wèi）：饋贈，賞賜。

子如性既豪爽，兼恃恩舊，簿領之務，[1]與奪任情，公然受納。興和中，[2]以北道行臺巡檢諸州守令已下。[3]至定州，斬深澤令；[4]至冀州，[5]斬東光令：[6]皆稽留時刻致之極刑。進退少不合旨者，便令武士頓曳，[7]白刃臨頸。士庶惶懼，不知所爲。轉尚書令。

[1]簿領：官府記事的簿册或文書。

[2]興和：東魏孝静帝的年號（539—542）。

[3]已下：中華本校勘記云：“《北齊書》卷一八、《通志》卷一五三《司馬子如傳》‘已下’下有‘委其黜陟’四字，此疑脱。”可從。

[4]深澤：縣名。治所在今河北深澤縣東南。

[5]冀州：東魏時治信都縣，在今河北冀州市。

[6]東光：縣名。治所在今河北東光縣東。

[7]頓曳：牽引拖拉。頓，通“扽”。

及文襄輔政，以賄爲御史中尉崔暹劾，[1]在獄一宿而髮皆白。辭曰：“司馬子如本從夏州策一杖投相王，[2]王給露車一乘，[3]犞牸牛犢。[4]犢在道死，唯犞角存。此外，皆人上取得。”神武書敕文襄曰：“馬令是吾故舊，汝宜寬之。”文襄駐馬行街，以出子如，脱其鎖。子如懼曰：“非作事邪？”於是，除削官爵。神武後見之，哀其顦悴，以膝承其首，親爲擇蝨，賜酒百瓶，羊五百口，粳米五百石。子如曰：“無事尚被囚幾死，若受此，豈有生路邪？”未幾，起行冀州事，能自改厲，[5]甚有聲譽。詔復官爵，别封野王縣男。[6]齊受禪，以翼贊功，[7]

别封須昌縣公。[8]尋除司空。

[1]御史中尉：官名。北魏時由御史中丞改稱，主御史臺，糾彈百官，参治刑獄。頗重其選。孝文帝太和十七年定爲三品上，二十三年定爲從三品。東魏、北齊因之。

[2]夏州：北魏時治大夏（統萬城），在今陝西靖邊縣白城子村無定河北岸的毛烏素沙漠中（靠近今内蒙古烏審旗南境）。　策一杖：即策杖。也稱杖策、執馬鞭，借指追隨。　相王：對擔任宰相而又封王者的尊稱。此處指高歡。

[3]露車：無帷蓋的車子。

[4]觠（quán）牸（zì）牛犢：長著卷角的母牛和小牛犢。觠，卷曲的獸角。牸，雌性牲畜。

[5]改厲：亦作“改勵”。改過自勉。

[6]野王縣男：封爵名。野王，縣名。治所在今河南沁陽市。

[7]翼贊：輔佐。

[8]須昌縣公：封爵名。須昌，縣名。治所在今山東東平縣。

子如性滑稽，不事檢裁，言戲穢褻，識者非之。而事姊有禮，撫諸兄子慈篤，當時名士，並加欽愛，復以此稱之。然素無鯁正，[1]不能以平道處物。文襄時，中尉崔暹、黄門郎崔季舒俱被任用。[2]文襄崩，暹等赴晋陽，子如以糾劾之釁，[3]乃啓文宣，言其罪，勸帝誅之。後子如以馬度關，爲有司所奏。文宣讓之曰：“崔暹、季舒事朕先世，有何大罪，卿令我殺之！”因此免官。久之，猶以先帝之舊，拜太尉。尋以疾薨，贈太師、太尉，謚曰文明。長子消難嗣。

[1]鯁正：耿直正派。

[2]黄門郎：官名。黄門侍郎或給事黄門侍郎之簡稱。北魏、東魏、北齊時爲郎官之加官，侍從皇帝於宫門之内，與侍中俱掌門下事。

[3]糾核之釁：指過去曾被他們檢舉彈劾的仇怨。

消難，字道融。幼聰慧，微涉經史，有風神，[1]好自矯飾，以求名譽。子如既當朝貴盛，消難亦愛賓客，邢子才、王元景、魏收、陸卬、崔瞻等皆遊其門。[2]稍遷光禄卿，[3]出爲北豫州刺史。[4]

[1]風神：風采，神態。

[2]邢子才：人名。即邢卲。字子才，小字吉，河間鄚（今河北任丘市北）人。北魏、東魏、北齊官吏。見《北史》卷四三《邢巒附邢卲傳》。　王元景：人名。太原晋陽（今山西太原市晋源區古城營村一帶）人。北魏官吏。見《魏書》卷九三《王叡傳》。　魏收：人名。字伯起，小字佛助，鉅鹿下曲陽（今河北晋州市西）人。北齊學者。見《北齊書》卷三七《魏收傳》。　陸卬：人名。字雲駒，代（今内蒙古武川縣西）人。東魏、北齊官吏。見《北史》卷二八《陸俟附陸卬傳》。　崔瞻：人名。名或作“贍”，字彦通，清河東武城（今山東武城縣西北）人。北齊官吏。見《北史》卷一四《崔逞附崔瞻傳》。

[3]光禄卿：官名。又名光禄勳。漢武帝時改郎中令始設。北魏、東魏、北齊因之。掌管宫殿門禁宿衛以及百官的膳食。北魏孝文帝太和十七年定爲從一品下，二十三年改爲三品。

[4]北豫州：東魏孝静帝天平初復置，治虎牢城，在今河南滎陽市西北。

文宣末年，昏虐滋甚，消難常有自全之謀，曲意撫納，頗爲百姓所附。不能廉潔，爲御史所劾。又尚公主，而情好不睦，公主愬之。屬文宣在并州，驛召上黨王渙，[1]渙懼害，斬使者東奔，鄴中大擾，後竟獲於濟州。[2]渙之初走，朝士疑赴成皋，[3]云："若與司馬北豫連謀，[4]必爲國患。"此言達於文宣，頗見疑。消難懼，密令所親人河東裴藻間行入關，[5]請降。

[1]上黨王：封爵名。上黨，郡名。北齊時治壺關城，在今山西長治市北。　渙：即高渙，人名。字敬壽，勃海蓨（今河北景縣）人。北齊宗室。見《北史》卷五一《上黨王渙傳》。底本作"煥"，中華本校勘記云："諸本'渙'作'煥'，據《周書》卷二一《司馬消難傳》改。高歡諸子，名皆從水，見卷五一《神武諸子傳》。"今從改。

[2]濟州：北齊時治碻磝城，在今山東茌平縣西南。

[3]成皋：郡名。北齊時治滎陽縣，在今河南滎陽市汜水鎮西北。

[4]司馬北豫：即司馬消難。因其曾做北豫州刺史，故有司馬北豫、司馬北豫州之稱。

[5]河東：郡名。北齊時治蒲坂縣，在今山西永濟市西南蒲州鎮。

入周，封滎陽郡公，[1]累遷大司寇。[2]武帝東伐，還除梁州總管。[3]大象初，[4]遷大後丞，[5]女爲静帝后。尋出爲邳州總管。[6]及隋文帝輔政，消難乃與蜀公尉遲迥合勢舉兵，[7]使其子永質於陳，以求援。隋文帝命襄州總管王誼討之，[8]消難奔陳。位司空，隨郡公。[9]

［1］滎陽郡公：封爵名。滎陽，郡名。北周時治滎陽縣，在今河南滎陽市。

［2］大司寇：官名。《周禮》秋官之屬。掌國家法典，聽獄訟，制刑罰。北周時爲正七命。

［3］梁州：北周時治光義縣，在今陝西漢中市。　總管：官名。北周明帝武成元年（559）改都督諸州軍事爲此稱。掌一州或數州軍務，兼理民政。品秩分三等，上總管從二品，中總管正三品，下總管從三品。

［4］大象：北周静帝的年號（579—580）。

［5］大後丞：官名。北周置。爲四輔之一。地位之尊同於三師。

［6］郧州：即鄖州。北周置，治安陸縣（今湖北安陸市）。

［7］尉遲迥：人名。字薄居羅，代（今山西大同市東北）人。西魏、北周重臣。見《北史》卷六二《尉遲迥傳》。

［8］襄州：北周時治襄陽縣，在今湖北襄樊市。　王誼：人名。字宜君，其先樂浪（今遼寧義縣）人。北周、隋朝將領。見《北史》卷六一《王盟附王誼傳》。

［9］隨郡公：封爵名。隨郡，隋朝時治隨縣，在今湖北隨州市。底本、毛本、殿本、四庫本、局本、四部備要本作“隋郡公”。按：《陳書》卷五《宣帝紀》和《南史》卷一〇《宣帝紀》作“隨郡公”，今從《陳書》《南史》改。

初，隋武元帝之迎消難，[1]結爲兄弟，情好甚篤，隋文每以叔禮事之。及平陳，消難至，特免死配爲樂户，[2]二旬而免。猶以舊恩，特被引見。尋卒於家。

［1］武元帝：即楊忠。隋文帝楊堅之父。小名奴奴，弘農華陰（今陝西華陰市東南）人。西魏、北周將領。見《周書》卷一九

《楊忠傳》。

［2］樂户：古代以音樂歌舞爲業之人户。地位卑賤，不屬於良民之列。歷代常將犯罪婦女或罪犯妻女没官爲伎，名隸樂籍。

消難性貪淫，輕於去就，故世言反覆者，皆以方之。其妻高，齊神武女也，在鄴極加禮敬，入關便相棄薄。及赴郧州，留妻及三子在京。妻言於文帝曰："滎陽公攜寵自隨，必不顧妻子，願防慮之。"及消難入陳，高母子因此獲免。子譚，即高氏所生。以消難勳，拜儀同大將軍，[1]坐消難除名。

［1］儀同大將軍：官名。北周武帝建德四年，改車騎大將軍、儀同三司爲此稱。正九命。

裴藻，字文芳。少機辯，有不羈之志，爲子如太傅主簿。[1]消難鎮北豫，又以爲中兵參軍。[2]入周，封聞喜縣男，[3]除晋州刺史。

［1］主簿：官名。西漢始置。東魏、北齊時爲丞相及三公府僚屬，掌文簿之事。後諸軍府、王府、州郡府皆設。品秩隨府長官地位高下而不等。

［2］中兵參軍：官名。晋設。爲丞相府及諸王府、公府、軍府之中兵曹主官，掌有關兵事及本府親兵。北魏、北齊亦置。

［3］聞喜縣男：封爵名。聞喜，縣名。治所在今山西新絳縣西南。

子如兄纂。纂長子世雲，輕險無行。累遷潁州刺史，[1]肆行姦穢，將見推，[2]懼，遂從侯景。[3]文襄猶以子如恩舊，免其諸弟死罪，徙北邊。世雲以侯景敗於渦陽，[4]復有異志，爲景所殺。世雲弟膺之。

[1]潁州：東魏時治汝陰縣，在今安徽阜陽市。

[2]見推：被問罪。

[3]侯景：人名。字萬景，懷朔鎮（今内蒙古固陽縣南）人。曾任北魏官吏，後判至南朝。見《梁書》卷五六《侯景傳》（參李萬生《侯景的氏族及相關問題》，《北京大學學報》2000 年第 5 期）。

[4]渦陽：郡名。東魏時治渦陽縣，在今安徽蒙城縣。

膺之，字仲慶。美鬚髯，有風貌，好學，厚自封植，[1]神氣甚高。歷中書、黄門侍郎。[2]天平中，叔父子如執鈞當軸。[3]膺之既宰相猶子，[4]兼自有名望，所與遊集，盡一時名流。與邢子才、王元景等並爲莫逆之交。[5]及兄世雲陷於逆亂，期親皆應誅。膺之及諸弟並有人才，爲朝廷所惜，文襄特減死徙近鎮。文宣嗣業，得還。齊受禪，子如别封須昌縣公，迴授膺之。子如撫愛甚慈，膺之昆季，事之如父。

[1]厚自封植：注重自我修養。封植，培養人才。

[2]中書黄門侍郎：即中書侍郎和黄門侍郎。中書侍郎，官名。三國魏文帝黄初中置。北魏時多選用文學之士，掌草擬詔令，職位機要，置四人。孝文帝太和十七年定爲四品上，二十三年改爲從四品上。

[3]執鈞當軸：官居要職。

［4］猶子：侄子。

［5］王元景：人名。即王昕。字元景，北海劇（今山東壽光市東南）人。北魏、東魏、北齊官吏。見《北史》卷二四《王憲附王昕傳》。底本作“王景”，中華本校勘記云：“諸本脱‘元’字，據《北齊書》《通志·司馬子如傳》補。王元景即王昕，見本書卷二四。”今從改。

性方古，不會俗舊。與楊愔同爲黄門郎，至愔爲尚書令，抗禮如初。[1]愔嘗有從姊慘，[2]尚書卿尹皆跪弔，膺之執手而出。曾路逢愔，威儀道引，乃於樹下側避之。愔於車望見，令呼謂曰：“兄何意避弟？”膺之曰：“我自避赤棒，[3]本不避卿。”愔甚重之，然以其疏簡傲物，竟天保閒淪滯不齒。[4]乾明中，除衛尉少卿，[5]遷國子祭酒。[6]河清末，[7]拜金紫光禄大夫。[8]患泄痢，積年不起。武平中，[9]就家拜儀同三司。班台之貴，[10]近世專以賞勳勤，膺之雖爲猥雜，名器猶重。[11]初，司徒趙彦深起自孤微，[12]爲子如管記，[13]膺之甚相忽略，不爲之禮。及彦深爲宰相，朝士輻湊，膺之自念，故被延請，永不至門。每與相見，捧袂而已。太常卿段孝言，[14]左丞相孝先之弟也，[15]位望甚隆。嘗詣其弟幼之，舉座傾敬。膺之時牽疾，在外齋馮几而坐，不爲動容，直言：“我患痢久，太常不得致怪。”黄門郎陸杳，[16]貴遊後進，[17]膺之嘗與棋。杳忽後至，寒温而已，[18]棋遂輟。園宅閑素，門無雜客，性不飲酒，而不愛重賓遊。病久，不復堪讀書，或以奕棋永日。名士有素懷者，時相尋候，無雜言，唯論經史。好讀《太玄經》，[19]又注揚雄《蜀都賦》。[20]每云：“我欲與揚子雲周旋。”患痾十七年，竟不愈。齊亡歲，[21]以痾疾終。

[1]抗禮：又作“亢禮”“伉禮”。行平等的禮。

[2]從姊：堂姊。　慘：去世。

[3]赤棒：赤色的棒。古代大官出行，前導儀仗中的兵器。

[4]淪滯不齒：滯留原職，没有得到提拔任用。

[5]衛尉少卿：官名。北魏始置，位在丞上。北齊沿置，爲衛尉寺次官，協助衛尉卿處理本寺事務，四品。

[6]國子祭酒：官名。晋武帝咸寧中立國子學，置一員爲長官，掌教授生徒儒學，主管國子學，參議禮制，隸太常。南北朝沿置。北魏孝文帝太和十七年定爲第四品上，二十三年改爲從三品。

[7]河清：北齊武成帝的年號（562—565）。

[8]金紫光禄大夫：官名。西晋初有光禄大夫，授銀章青綬，如加賜金章紫綬，則爲金紫光禄大夫，二品，諸所賜給皆與特進同。其以爲加官者，唯假章綬、禄賜、班位，不别給車服、吏卒。北齊時爲從二品。

[9]武平：北齊後主的年號（570—576）。

[10]班台：古代以司馬、司空、司徒爲三臺，故以泛稱朝官之前列顯要者。

[11]膺之雖爲猥雜名器猶重：中華本校勘記云：“按‘膺之’二字疑衍，‘重’下亦當有脱文。”可從。

[12]趙彦深：人名。即趙隱。字彦深，平原（今山東平原縣）人。北齊將領。見《北史》卷五五《趙彦深傳》。

[13]管記：即書記。掌管文書的官職。

[14]太常卿：官名。太常的尊稱。漢景帝時由奉常改名，位列九卿之首，主管祭祀社稷、宗廟和朝會、喪葬禮儀，管理皇帝陵墓、寢廟所在縣邑，每月巡視諸陵，兼管文化教育，博士和博士弟

子的考核、薦舉、補吏。北魏孝文帝太和十七年定爲從一品下，二十三年改爲三品。北齊沿置。

[15]左丞相：官名。即尚書左丞相。戰國秦始置。北齊時爲權臣專設之名號，並非處理實際政務的宰相。一品。

[16]陸杳：人名。字雲邁，代（今山西大同市東北）人。北齊官吏。見《北史》卷二八《陸俟附陸杳傳》。

[17]貴遊後進：還未做官的貴族後生。

[18]寒温：寒暄。

[19]太玄經：亦作《太玄》《楊紫太玄經》，漢代楊雄撰，十卷。

[20]揚雄：人名。字子雲，蜀都成都（今四川成都市）人。西漢辭賦家。見《漢書》卷八七《揚雄傳》。

[21]齊亡歲：底本無"齊"字，中華本校勘記云："諸本脱'齊'字，據《北齊書》及《御覽》卷七四三引《北史》補。"今從改。

膺之弟子瑞，爲御史中丞，[1]正色舉察，爲朝廷所許。以疾去職，就拜祠部尚書。[2]卒，贈儀同三司、瀛州刺史，謚曰文節。子瑞妻，陸令萱妹。[3]及令萱得寵於後主，重贈子瑞開府儀同三司、中書監、温縣伯，[4]諸子亦並居顯職：同遊，給事黄門侍郎；同回，太常少卿；[5]同憲，通直常侍。[6]同遊終爲佳吏，隋開皇中，[7]爲尚書户部侍郎，[8]卒於遂州刺史。[9]

[1]御史中丞：官名。北齊時主掌御史臺，糾彈百官，參治刑獄。從三品。

[2]祠部尚書：官名。東晉始置，南北朝沿置。北齊時領祠部、

主客、虞曹、屯田、起步五曹郎。與尚書右僕射不並置。無祠部尚書時，以尚書右僕射兼攝祠部事；無尚書右僕射時，亦常置祠部尚書兼右僕射事。三品。

[3]陸令萱：人名。亦稱陸媪。見《北史》卷九二《穆提婆附陸令萱傳》。

[4]開府儀同三司：三國魏始置，爲大臣加號，與三司即太尉、司徒、司空的禮制待遇相同，許開設府署，自辟屬僚。兩晋南北朝因之。　中書監：官名。北齊時中書省掌納奏、擬詔、出令，然權歸中書舍人，監、令名爲長官，實爲閑職。從二品。

[5]太常少卿：官名。北魏始置。爲太常副貳，位在丞上。北齊時置爲太常寺次官，位列諸寺少卿之首，員一人。四品上。

[6]通直常侍：官名。晋武帝時使員外散騎常侍二人與散騎常侍通員當值，故名。北魏孝文帝太和十五年亦置，掌侍從、諷諫，屬集書省，員六人，四品。北齊沿置。

[7]開皇：隋朝文帝的年號（581—600）。

[8]户部侍郎：官名。隋文帝時設。爲度支尚書屬官，掌户籍、租調、財政收支等，員二人。正六品。

[9]遂州：隋朝時治方義縣，在今四川遂寧市。

子瑞弟幼之，清貞有行。武平末，爲大理卿。[1]開皇中，卒於眉州刺史。[2]

[1]大理卿：官名。亦稱大理寺卿。秦置廷尉，掌司法，歷代沿置，有時改稱大理。至北齊始加“寺”字，稱大理寺。北齊時以大理寺卿與少卿爲正副長官，掌决正刑獄。

[2]眉州：隋朝時治齊通縣，在今四川眉山市。

竇泰，字世寧，太安捍殊人也。[1]本出清河觀津胄。[2]祖羅，魏統萬鎮將，[3]因居北邊。父樂，魏末破六韓拔陵爲亂，[4]與鎮將楊鈞固守，[5]遇害。泰貴，追贈司徒。

[1]太安：郡名。北魏僑置。治所在今山西壽陽縣。　捍殊：縣名。治所在今山西壽陽縣北。

[2]清河：郡名。北魏時治清河縣，在今山東臨清市東北。　觀津：縣名。治所在今河北武邑縣東南。

[3]統萬：軍鎮名。在今陝西靖邊縣北白城子村。　鎮將：官名。北魏置。爲鎮之主官，掌一鎮兵馬及鎮之守衛。品秩按所帶將軍號而定。

[4]破六韓拔陵：人名。亦作“破落汗拔陵”“破六汗拔陵”。北魏末六鎮起義軍首領。孝明帝孝昌元年，兵敗，爲柔然黨族所殺。

[5]楊鈞：人名。弘農華陰（今陝西華陰市東南）人。北魏官吏。見《北史》卷四一《楊敷傳》。

初，泰母夢風雷暴起，若有雨狀，出庭觀之，見電光奪目，駃雨霑灑，[1]寤而驚汗，遂有娠。朞而不産，大懼。有巫曰：“度河湔裠，[2]産子必易。”便向水所，忽見一人曰：“當生貴子，可徙而南。”泰母從之，俄而生泰。及長，善騎射，有勇略。泰父兄戰歿於鎮，泰身負骸骨歸尒朱榮。以從討邢杲功，[3]賜爵廣阿子。[4]神武之爲晉州，請泰爲鎮城都督，[5]參謀軍事。累遷侍中、京畿大都督，[6]尋領御史中尉。泰以勳戚居臺，雖無多糾舉，而百僚畏懼。

[1]駛雨霑灑：急雨灑落濡濕衣物。

[2]湔（jiān）：用水洗。　裠：同“裙”。

[3]邢杲：人名。河間（今河北河間市）人。北魏末山東起義軍首領。義軍發展到十餘萬人，攻占光州（今山東萊州市）等地。後因衆寡懸殊，在濟南爲元天穆和尒朱兆的軍隊所敗，降後被殺。

[4]廣阿子：封爵名。廣阿，縣名。治所在今河北隆堯縣東。

[5]鎮城都督：官名。北魏末、東魏各州置，負責城防等軍事事務。員數可在一人以上。

[6]京畿大都督：官名。北魏末始置。統領京畿軍士，爲京都最高軍事長官。東魏時兼統六州軍事，權力較前增大。

天平三年，神武西討，令泰自潼關入。[1]四年，泰至小關，[2]爲周文帝所襲，衆盡没，泰自殺。初，泰將發鄴，鄴有惠化尼，謡云：“竇行臺，去不迴。”未行之前夜，三更，忽有朱衣冠幘數千人入臺，云收竇中尉。宿直兵吏皆驚。其人入數屋，俄頃而去。旦視關鍵不異，[3]方知非人。皆知其必敗。贈大司馬、太尉、録尚書事，[4]謚曰武貞。

[1]潼關：關隘名。故址在今陝西潼關縣東北黄河南岸。

[2]小關：關隘名。又稱禁谷，在今陝西潼關縣東，北去舊潼關十里。

[3]關鍵：門閂、關閉門户的横木。

[4]大司馬：官名。漢武帝始置。晉、北魏、北齊大司馬爲諸公之一，爲加官或贈官，若無兼職，僅爲大臣的虚號。

泰妻，武明婁后妹也。泰雖以親見待，而功名自建。齊受禪，祭告其墓。皇建初，配享神武廟庭。

子孝敬嗣，位儀同三司。

尉景，字士真，善無人也。[1]秦、漢置尉堠官，[2]其先有居此職者，因以氏焉。

[1]善無：郡名。北魏時治善無縣，在今山西右玉縣南。

[2]尉堠官：官名。也作“尉候”，秦、漢有此官，掌瞭望敵情、烽火報警等。源氏校勘記云：“‘堠’《北齊》作‘候’。”

景性温厚，頗有俠氣。魏孝昌中，北鎮反，景與神武入杜洛周中，[1]仍共歸尒朱榮。以軍功，封博野縣伯。[2]後從神武起兵信都。韓陵之戰，[3]唯景所統失利。神武入洛，留景鎮鄴。尋進封爲公。景妻常山君，[4]神武之姊也。以勳戚，每有軍事，與厙狄干常被委重。而不能忘懷財利，神武每嫌責之。轉冀州刺史，又大納賄，發夫獵，死者三百人。厙狄干與景在神武坐，請作御史中尉。神武曰：“何意下求卑官?”干曰：“欲捉尉景。”神武大笑，令優者石董桶戲之。[5]董桶剥景衣曰：“公剥百姓，董桶何爲不剥公?”神武誡景曰：“可以無貪也。”景曰：“與爾計生活孰多，我止人上取，爾割天子調。”神武笑不答。

[1]杜洛周：人名。北魏末六鎮起義軍首領。後爲葛榮所害。

[2]博野縣伯：封爵名。博野，縣名。治所在今河北蠡縣。

[3]韓陵：山名。在今河南安陽市東北十七里。高歡破尒朱兆兄弟於此山下。

[4]常山君：命婦之稱。常山，縣名。治所在今河北正定縣。
[5]石董桶：人名。又作“石動筩”“石動桶”。

改封長樂郡公，[1]歷位太保、太傅。坐匿亡人，見禁止。使崔暹謂文襄曰：“語阿惠，[2]兒富貴，欲殺我邪?”神武聞之泣，詣闕曰：“臣非尉景無以至今日。”三請，帝乃許之。於是黜爲驃騎大將軍、開府儀同三司。[3]神武造景，景恚，卧不動，叫曰：“殺我時趣邪?”常山君謂神武曰：“老人去死近，何忍煎迫至此!”又曰：“我爲爾汲水，胝生。”[4]因出其掌。神武撫景，爲之屈膝。先是，景有果下馬，[5]文襄求之。景不與，曰：“土相扶爲牆，人相扶爲王；一馬亦不得畜而索也?”神武對景及常山君責文襄而杖之。常山君泣救之，景曰：“小兒慣去，放使作心腹，何須乾啼濕哭，不聽打邪!”

[1]長樂郡公：封爵名。長樂，郡名。東魏時治信都縣，在今河北冀州市。
[2]阿惠：指高澄。小字阿惠。
[3]驃騎大將軍：官名。漢光武帝時置。北齊時位尊於驃騎將軍，戰時統兵出征，位在三公之下，多作大臣加官。
[4]胝：手、脚掌上的繭子。
[5]果下馬：一種矮馬，因騎之能穿行於果樹下而得名。

尋授青州刺史，[1]操行頗改，百姓安之。徵授大司馬，遇疾，薨於州。贈太師、尚書令。齊受禪，以景元勳，詔祭告其墓。皇建初，配享神武廟庭，追封長樂王。

[1]青州：東魏時治東陽城，在今山東青州市。

子粲，少歷顯職，性粗武。天保初，封厙狄干等爲王，粲以父不預王爵，大恚恨，十餘日閉門不朝。帝怪，遣使就宅問之。隔門謂使人曰："天子不封粲父作王，粲不如死。"使云："須開門受敕。"粲遂彎弓隔門射。使者以狀聞之，文宣使段韶諭旨。粲見韶，唯撫膺大哭，不答一言。文宣親詣其宅慰之，方復朝請。尋追封景長樂王，粲襲爵。位司徒、太傅，薨。

子世辯嗣。周師將入鄴，令世辯率千餘騎覘候。[1]出滏口，[2]登高阜西望，遥見群烏飛起，[3]謂是西軍旗幟，即馳還，比至紫陌橋，[4]不敢顧。隋開皇中，卒於淅州刺史。[5]

[1]覘（chān）候：窺視，偵察。

[2]滏口：即滏口陘，古隘道，太行八陘之一。在今河北邯鄲市西南石鼓山。

[3]烏：底本作"鳥"，中華本校勘記云："諸本'烏'作'鳥'，《御覽》卷九二〇、《通鑑》卷一七三作'烏'。胡注云：'西軍旗幟皆黑，齊人時恇懼，望見烏飛，以爲周師已至。'按北周服色尚烏，見《周書》卷三《閔帝紀》。胡注是，今據改。"今從改。

[4]紫陌橋：位於今河北臨漳縣西。魏晉南北朝時將京郊外的道路稱爲"紫陌"。

[5]淅州：隋朝時治脩陽縣，在今河南西峽縣北。毛本、殿本、四庫本、局本、四部備要本作"浙州"。按：無"浙州"此地名，

《隋書·地理志》云“西魏置淅州”，今從底本。

婁昭，字菩薩，代郡平城人也，[1]武明皇后之母弟也。祖父提，雄傑有識度，家僮千數，牛馬以谷量。性好周給，士多歸附之。魏太武時，[2]以功封真定侯。[3]父內干，有武力，未仕而卒。昭貴，魏朝贈司徒。齊受禪，追封太原王。[4]

[1]代郡：北魏時治平城，在今山西大同市東北。平城：縣名。治所在今山西大同市東北。

[2]太武：即北魏皇帝拓跋燾。太武爲其謚號。見《北史》卷二《魏本紀·太武帝》。

[3]真定侯：封爵名。真定，縣名。治所在今河北正定縣南。

[4]太原王：封爵名。太原，郡名。北齊時治晋陽縣，在今山西太原市晋源區古城營村一帶。

昭方雅正直，有大度深謀，腰帶八尺，弓馬冠時。神武少親重之，昭亦早識人雄，曲盡禮敬。數隨神武獵，每致請，不宜乘危歷險。神武將出信都，昭贊成大策，即以爲中軍大都督。[1]從破尒朱兆於廣阿，封安喜縣伯，[2]改濟北公，[3]又徙濮陽郡公，[4]授領軍將軍。[5]魏孝武將貳於神武，昭以疾辭還晋陽。後從神武入洛。

[1]中軍大都督：官名。北魏末置。統率中軍。

[2]安喜縣伯：封爵名。安喜，縣名。治所在今河北定州市。

[3]濟北公：封爵名。濟北，郡名。北魏時治盧子城，在今山東平陰縣西南。

[4]濮陽郡公：封爵名。濮陽，郡名。北魏時治甄城縣，在今山東鄄城縣北。

[5]領軍將軍：官名。三國魏文帝時始置，歷代因之。爲禁衛軍之最高統帥，權勢極重。北魏時如侍臣帶此職，則稱中領軍將軍。孝文帝太和十七年定爲二品上，二十三年改爲從二品。

兗州刺史樊子鵠反，[1]以昭爲東道大都督討之。[2]子鵠既死，諸將勸昭盡捕誅其黨，昭曰："此州無狀，横被殘賊，其賊是怨，其人何罪？"遂皆捨焉。後轉大司馬，仍領軍。遷司徒，出爲定州刺史。昭好酒，晚得偏風，[3]雖愈，猶不能處劇務。[4]在州，事委僚屬，昭舉其大綱而已。薨於州，贈假黄鉞、太師、太尉，[5]謚曰武。齊受禪，詔祭告其墓，封太原王。皇建初，配享神武廟庭。

[1]兗州：東魏時治瑕丘縣，在今山東兗州市西。　樊子鵠：人名。代郡平城（今山西大同市東北）人。北魏官吏。見《北史》卷四九《樊子鵠傳》。

[2]大都督：官名。三國魏明帝時始置。北魏、東魏沿置，亦有在戰事時臨時加置，或以此銜都督某一地區軍事者。

[3]偏風：又稱偏枯，中風。

[4]劇務：複雜的公務。

[5]假黄鉞：官制用語。三國魏始設。黄鉞即飾以黄金的鉞，本用於皇帝儀仗。後特賜予出征的重臣，以示威重，令其專主征伐。所加者多爲最高軍事長官。

長子仲達嗣，改封濮陽王。

次子定遠，少歷顯職。外戚中，偏爲武成愛狎，别封臨淮郡王。[1]武成大漸，[2]與趙郡王等同受顧命，[3]位司空。趙郡王之奏黜和士開，[4]定遠與其謀。遂納士開賄賂，成趙郡之禍，其貪鄙如此。尋除瀛州刺史。初，定遠弟季略，穆提婆求其伎妾，[5]定遠不許。因高思好作亂，[6]提婆令臨淮國郎中令告定遠陰與思好通。[7]後主令開府段暢率三千騎掩之；[8]令侍御史趙秀通至州，[9]以贓貨事劾定遠。定遠疑有變，遂縊而死。昭兄子叡。

[1]臨淮郡王：封爵名。臨淮，郡名。北齊時治臨淮縣，在今江蘇泗洪縣東南。

[2]大漸：病危。

[3]趙郡王：即高叡，北齊宗室、大臣，神武帝高歡之侄，趙郡王高琛之子。見《北史》卷五一《趙郡王琛附高叡傳》。趙郡，北齊時治平棘縣，在今河北趙縣。

[4]和士開：人名。字彦通，清都臨漳（今河北臨漳縣）人。北齊官吏。見《北史》卷九二《和士開傳》。

[5]穆提婆：人名。本姓駱，故亦作“駱提婆”，漢陽（今甘肅天水市）人。北齊官吏、佞臣。見《北史》卷九二《穆提婆傳》。

[6]高思好：人名。本名思孝，北齊文宣帝時改名思好，高思宗之養弟。北齊將領，見《北史》卷五一《上洛王思宗附高思好傳》。

[7]提婆令臨淮國郎中令告定遠陰與思好通：底本“令告定”作“金造”，源氏校勘記改“金造”作“令告定”，中華本校勘記云：“諸本‘令告定’三字訛脱作‘金造’二字，據《北齊書》卷十五、《通志》卷一五二《婁昭傳》改補。”今從改。郎中令，官名。漢朝時置爲諸侯王國屬官，侍從左右，戍衛王宫，其職甚重，

領諸大夫、郎官等。北朝時諸王、公、侯、伯、子、男國皆置，品秩頗低。北齊沿置。

[8]段暢：人名。北齊將領。位開府儀同三司，後主武平七年，安德王高延宗稱帝，拜爲右衛大將軍，後周軍攻晋陽，其與和阿于子拒城東，兵敗投周。　掩：偷襲。

[9]侍御史：官名。亦簡稱御史、侍御。西漢始置。北魏侍於分曹治事外，亦奉命監國，督察巡視州郡，收捕官吏，宣示詔命。又置監軍侍御史監察軍政。孝文帝太和十七年定爲從五品中，二十三年定爲八品。北齊時爲從七品。

叡，字佛仁。父拔，魏南部尚書。[1]叡幼孤，被叔父昭所養。爲神武帳内都督，[2]封掖縣子。[3]累遷光州刺史，[4]在任貪縱，深爲文襄所責。後改封九門縣公。[5]齊受禪，除領軍將軍，别封安定侯。[6]叡無他器幹，以外戚貴幸，縱情財色。爲瀛州刺史，聚斂無厭。皇建初，封東安王。[7]大寧元年，[8]進位司空。平高歸彦於冀州，[9]還拜司徒。河清三年，濫殺人，爲尚書左丞宋仲羨彈奏。[10]經赦乃免。尋爲太尉，以軍功進大司馬。武成至河陽，[11]仍遣總偏師赴懸瓠。[12]叡在豫境，留停百餘日，專行非法。詔免官，以王還第。尋除太尉，薨。贈大司馬。

[1]南部尚書：官名。北魏置。管理南方州郡的考課、選舉、辭訟以及巡察等事務。

[2]帳内都督：官名。北魏末始置。統領主帥左右的侍衛軍士。

[3]掖縣子：封爵名。掖縣，治所在今山東萊州市。

[4]光州：東魏時治掖縣，在今山東萊州市。

[5]九門縣公：封爵名。九門，縣名。治所在今河北藁城市西北。

[6]安定侯：封爵名。安定，縣名。治所在今甘肅涇川縣北。

[7]東安王：封爵名。東安，郡名。北齊時治蓋縣，在今山東沂水縣。

[8]大寧：北齊武成帝的年號（561—562）。

[9]高歸彦：人名。字仁英，勃海蓨（今河北景縣）人。東魏、北齊將領。見《北齊書》卷一四《平秦王歸彦傳》。

[10]尚書左丞：官名。魏晋南朝時爲尚書省佐官，位次尚書，與右丞共掌尚書省庶務，監察糾彈尚書令、僕射、尚書等文武百官，號稱監司；分管宗廟祭祀、朝儀禮制、選授官吏等文書奏事，職權甚重。北朝略同。北魏孝文帝太和十七年定爲四品上，二十三年改爲從四品上。北齊因之。

[11]河陽：縣名。治所在今河南孟州市西南。

[12]懸瓠：城名。在今河南汝南縣。

子子彦嗣，[1]位開府儀同三司。

[1]子子彦嗣：底本"彦"作"産"，中華本校勘記云："諸本'彦'作'産'。按《八瓊室金石補正》卷二一《司徒公婁叡華嚴經碑跋》引《安陽金石志》，稱碑側題名有王世子子彦，第二子仲彦。又本書卷五二《北齊宗室·河南王孝瑜傳》見婁子彦。'産'乃'彦'之訛，今據改。"今從改。

厙狄干，善無人也。曾祖越豆眷，魏道武時，以功割善無之西臘汗山地方百里以處之。[1]後率部落北遷，因家朔方。

[1]臘汗山：在今山西右玉縣東南。

干鯁直少言，有武藝。魏正光初，除掃逆黨，授將軍，宿衛於内。以家在寒鄉，不宜毒暑，冬得入京師，夏歸鄉里。孝昌元年，北邊擾亂，奔雲中，[1]爲刺史費穆送于尒朱榮。[2]以軍主隨榮入洛。[3]後從神武起兵，破四胡於韓陵，[4]封廣平縣公，尋進郡公。河陰之役，[5]諸將大捷，唯干兵退。神武以其舊功，竟不責黜。尋轉太保、太傅。

[1]雲中：郡名。北魏時治盛樂，在今内蒙古和林格爾縣西北。

[2]費穆：人名。字朗興，代（今山西大同市東北）人。北魏將領。見《北史》卷五〇《費穆傳》。

[3]軍主：官名。南北朝置，爲軍的主將，其下設有軍副。所統兵力無定員，自數百人至萬人以上不等。除統率步兵的軍主外，還有馬軍主、水軍主；因任務不同又有帳内軍主、游蕩軍主、伐蠻軍主、前軍軍主、山陵軍主等名目；以官署名則有臺軍主、左廂軍主等。

[4]四胡：指尒朱氏軍事集團的尒朱兆、尒朱仲遠、尒朱世隆以及尒朱天光。

[5]河陰之役：即河橋之戰。公元537年西魏宇文泰乘沙苑之捷，攻占東魏的蒲坂和洛陽的金墉城。公元538年東魏大將侯景反攻洛陽。宇文泰率兵救援。侯景北據河橋，南依邙山，迎戰西魏軍。最終西魏軍大敗。史稱“河橋之役”。

及高仲密以武牢叛。[1]神武討之，以干爲大都督，前驅。干上道不過家，見侯景，不遑食。景使騎追饋之。時周文自將兵至洛陽，軍容甚盛。諸將未欲南度，干決計濟河，神武大兵繼至，遂大破之。還爲定州刺史，不閑吏事，[2]事多煩擾，然清約自居，不爲吏人所患。遷太師。天保初，[3]以干元勳佐命，封章武郡王，[4]轉太宰。[5]

[1]高仲密：人名。名慎，字仲密，勃海蓨（今河北景縣）人。東魏官吏。見《北史》卷三一《高祐附高慎傳》。　武牢：關隘名。即虎牢，《北史》避唐高祖祖父李虎諱改。在今河南滎陽市汜水鎮西。

[2]閑：通“嫻”。熟悉、熟練。

[3]天保：底本、毛本、殿本、四庫本、局本、四部備要本作“天平”，中華本校勘記云：“諸本‘保’作‘平’。按干封章武郡王，見本書卷七《齊文宣紀》天保元年六月。作‘天平’誤，今從《北齊書》卷十五《厙狄干傳》改。”今從改。

[4]章武郡王：封爵名。章武，郡名。北齊時治平舒縣，在今河北大城縣。

[5]太宰：官名。即大宰、冢宰。北魏、北齊時在太師、太傅、太保之上別置太宰，同爲一品。

干尚神武妹樂陵長公主，[1]以親地見待。自預勤王，常總人衆，威望之重，爲諸將所伏，而最爲嚴猛。曾詣京師，魏譙王元孝友於公門言戲過常，[2]無能面折者。干正色責之，孝友大慚，時人稱善。薨，贈假黄鉞、太宰，給轀輬車，[3]謚曰景烈。

[1]樂陵長公主：封號。樂陵，郡名。東魏時治樂陵縣，在今

山東樂陵市。

［2］魏譙王元孝友於公門言戲過常：中華本校勘記云："張森楷云：'按孝友始爲臨淮王，齊世爲臨淮公，未常改封譙，"譙"疑誤。'按《元孝友傳》見本書卷十六《臨淮王譚傳》，'譙'疑是'淮'之訛，又脱'臨'字。"可從。譙王，封爵名。譙，郡名。東魏時治渦陽縣，在今安徽蒙城縣。元孝友，人名。河南洛陽（今河南洛陽市東北）人。東魏、北齊官員。見《北史》卷一六《臨淮王譚附元孝友傳》。

［3］轀輬車：本爲古代的一種封閉而又有通風設備的卧車。因秦始皇在巡游途中病逝，丞相李斯唯恐各位皇子及天下發生變故，秘不發喪，將其棺藏於轀輬車中，以掩人耳目。後世遂以轀輬車作爲喪車的專名。

干不知書，署名爲干字，逆上畫之，時人謂之穿錐。又有武將王周者，署名先爲吉，而後成其外。二人至孫，始并知書。干，皇建初配享神武廟庭。

子伏敬，位儀同三司。卒，子士文嗣。

士文性孤直，雖鄰里親，莫與通狎。[1]在齊，襲封章武郡王，位領軍將軍。周武帝平齊，山東衣冠多來迎，[2]唯士文閉門自守。帝奇之，授開府儀同三司、隨州刺史。[3]

［1］通狎：交往親近。

［2］衣冠：縉紳、名門世族。

［3］隨州：北周時治隨縣，在今湖北隨州市。

隋文受禪，加上開府，封湖陂縣子，[1]尋拜貝州刺史。[2]性清苦，不受公料，[3]家無餘財。其子嘗噉官厨餅，士文枷之於獄累日，杖之二百，步送還京。僮隸無敢出門。所買鹽菜，必於外境。凡有出入，皆封署其門，親故絶迹，慶弔不通。法令嚴肅，吏人股戰，道不拾遺。有細過，必深文陷害。嘗入朝，遇上賜公卿入左藏，[4]任取多少。人皆極重，士文獨口銜絹一匹，兩手各持一匹。上問其故，士文曰："臣口手俱足，餘無所須。"上異之，别賞遺之。

[1]上開府：爲北周、隋之勳官，上開府儀同大將軍及上開府儀同三司的簡稱。　湖陂縣子：封爵名。湖陂，縣名。治所在今江西瑞金市東北。

[2]貝州：隋朝時治武城縣，在今河北清河縣西北。

[3]公料：公家給予官吏俸禄外的一種津貼。

[4]左藏：古代國庫之一，以其在左方，故稱左藏。

士文至州，發摘姦諂，長吏尺布斗粟之贓，無所寬貸，得千人，奏之，悉配防嶺南。親戚相送，哭聲遍於州境。至嶺南遇瘴厲，[1]死者十八九。於是父母妻子，唯哭士文。士文聞之，令人捕搦，[2]捶楚盈前而哭者彌甚。[3]司馬京兆韋焜、清河令河東趙達，[4]二人並苛刻，唯長史有惠政。時人語曰："刺史羅殺政，[5]司馬蝮蛇瞋，長史含笑判，清河生喫人。"上聞，歎曰："士文暴過猛獸！"[6]竟坐免。未幾，爲雍州長史。[7]謂人曰："我向法深，不能窺候貴要，無乃必死此官！"及下車，執法嚴正，不避貴戚，賓客莫敢至門，人多怨望。

[1]瘴厲：即瘴癘。指因瘴氣而患病。

[2]捕搦（nuò）：捉拿。

[3]捶楚：鞭杖之刑。

[4]司馬：官名。即軍司馬。漢設。隋沿置，爲領兵武職，掌營兵。亦有爲校尉副職，助掌營兵。　京兆：郡名。隋朝時治長安縣，在今陝西西安市西北。　河東：郡名。隋朝時治蒲坂縣，在今山西永濟市西南蒲州鎮。

[5]羅殺：佛教中指惡鬼。

[6]猛獸：底本、毛本、殿本、四庫本、局本、四部備要本"猛"作"獨"，中華本校勘記云："百衲本、南本'猛'作'獨'，北、汲、殿三本作'毒'。《隋書》卷七四、《通志》卷一七一《厙狄士文傳》作'猛'。按'獨'乃'猛'之訛，今據改。'猛獸'即'猛虎'，《隋書》《北史》避唐諱，故作'猛獸'。"今從改。

[7]雍州：隋朝時治長安縣，在今陝西西安市西北。

士文從妹爲齊氏嬪，有色，齊滅後，賜薛公長孫覽。[1]覽妻鄭氏妒，譖之文獻后，[2]令覽離絶。士文耻之，不與相見。後應州刺史唐君明居母憂，[3]娉以爲妻。由是君明、士文並爲御史劾。士文性剛，在獄數日，憤恚而死。家無餘財，有三子，朝夕不繼，親賓無贍之者。

[1]長孫覽：人名。字休因，河南洛陽（今河南洛陽市東北）人，鮮卑族。北周、隋朝大臣。見《北史》卷二二《長孫道生附長孫覽傳》。

[2]文獻后：即隋文帝楊堅皇后獨孤伽羅。文獻爲其謚號。河南洛陽（今河南洛陽市東北）人。見《北史》卷一四《隋文獻皇

后獨孤氏傳》。

[3]應州：隋朝時治應山縣，在今湖北廣水市。　唐君明：人名。太原晋陽（今山西太原市晋源區古城營村一帶）人。東魏、北齊官吏。見《北史》卷五五《唐邕傳》。

韓軌字伯年，太安狄那人也。[1]少有志操，深沈，喜怒不形於色。神武鎮晋州，引爲鎮城都督。及起兵於信都，軌贊成大策。從破尒朱兆於廣阿，又從韓陵陣，封平昌縣侯。[2]仍督中軍，從破尒朱兆於赤谼嶺。[3]再遷秦州刺史，[4]甚得邊和。神武巡秦州，欲以軌還，仍賜城人户别絹布兩疋，[5]州人田昭等七千户皆辭不受，唯乞留軌。神武嘉歎，乃留焉。頻以軍功，進封安德郡公，[6]遷瀛州刺史。在州聚斂，爲御史糾劾，削除官爵。未幾，復其安德郡公。歷位中書令、司徒。齊受禪，封安德郡王。

[1]太安：郡名。北魏僑置。治所在今山西壽陽縣。　狄那：縣名。北魏僑置，治所在今山西壽陽縣西。

[2]平昌縣侯：封爵名。平昌，縣名。治所在今山東安丘市東南。

[3]赤谼嶺：山名。在今山西吕梁市離石區東北。源氏校勘記於“谼”旁藍筆夾批“胡東反”。

[4]秦州：東魏時治上封城，在今甘肅天水市。

[5]别：各，各自。

[6]安德郡公：封爵名。安德，郡名。東魏時治安德縣，在今山東平原縣東北。

軌妹爲神武所納，生上黨王涣，復以勳庸，歷登台鉉，[1]常以謙恭自處，不以富貴驕人。後拜大司馬，從文宣征蠕蠕，[2]在軍暴疾，薨。贈假黄鉞、太宰、太師，謚曰肅武。皇建初，配享文襄廟庭。

[1]台鉉（xuàn）：猶台鼎。鉉，鼎耳，以代鼎。鼎三足，有三公之象，故以喻宰輔重臣。

[2]蠕蠕：族名。亦稱柔然，本爲東胡族的一支，屬拓拔部。南北朝時始强大，活動於今蒙古國南部地區。以游牧爲生。見《北史》卷九八《蠕蠕傳》。

子晋明嗣。天統中，[1]改封東萊王。[2]晋明有俠氣，諸勳貴子孫中，最留心學問。好酒誕縱，招引賓客，一席之費，動至萬錢，猶恨儉率。朝廷欲處之貴要地，必以疾辭，告人云："廢人飲美酒，對名勝。[3]安能作刀筆吏，披反故紙乎？"[4]武平末，除尚書左僕射，百餘日，便謝病解官。

[1]天統：北齊後主的年號（565—569）。

[2]東萊王：封爵名。東萊，郡名。北齊時治掖縣，在今山東萊州市。

[3]對名勝：游覽古迹和美景。

[4]披反：披覽。　故紙：代指官署文牘（參丁喜霞《釋"反故""反故紙""披反故紙"》，《中國典籍與文化》2009年第3期）。

段榮，字子茂，姑臧武威人也。[1]祖信，仕沮渠氏。

後入魏，以豪族徙北邊，仍家於五原郡。[2]父連，安北府司馬。

[1]姑臧武威：當作“武威姑臧”。武威，郡名。北魏時治姑臧縣，在今甘肅武威市。

[2]五原：郡名。北魏時治九原縣，在今内蒙古包頭市西。

榮少好歷術，[1]專意星象。正光中，謂人曰：“吾今觀玄象，[2]察人事，不及十年，當有亂矣。亂起此地，天下因此横流，無可避也。”未幾如言。榮初之杜洛周，因奔尒朱榮。及神武起兵，榮贊成之。神武南討鄴，留榮鎮信都，仍授定州刺史。時攻鄴未克，榮轉輸無闕。[3]神武入洛，論功封姑臧縣侯，轉授瀛州刺史。榮妻，武明皇后長姊也。榮恐神武招私親之議，固推諸將，竟不之州。尋歷相、濟、秦三州，[4]所在百姓愛之。神武將圖關右，榮稱未可。及渭曲敗，[5]神武曰：“不用段榮言，以至於此。”尋除山東大行臺，[6]領本州流人大都督，[7]甚得物情。卒，贈太尉，謚曰昭景。皇建初，配享神武廟庭。二年，重贈大司馬、尚書令、武威王。長子韶嗣。

[1]歷術：曆法。

[2]玄象：天象。

[3]轉輸：運輸。

[4]相：州名。東魏時治鄴縣，在今河北臨漳縣西南。

[5]渭曲：地名。在今陝西大荔縣東南。

[6]山東：地區名。建都於平城的北魏以地居太行山之西，又

稱太行山以東地區爲山東。　大行臺：官名。北魏始設。大行臺之主官，亦爲大行臺尚書令之簡稱。

［7］領本州流人大都督：中華本校勘記云："《通志》卷一五二《段榮傳》'人'作'民'。《北齊書》卷一六《段榮傳》無'本州流人'四字。按《北齊書》卷一八《孫騰傳》'尋加六州流民大都督、北道大行臺'。本書卷五一《馮翊王潤傳》見'六州大都督獨孤枝'，《趙郡王琛傳》琛及其子叡並曾爲'定州刺史、六州大都督'。此'本州'當爲'六州'之訛。《北齊書》省'六州流民'四字，非。"可從。

韶，字孝先，少工騎射，有將領才略。以武明皇后甥，神武益器愛之，常置左右，以爲心腹，領親信都督。[1]

［1］親信都督：官名。北魏末尒朱榮置，東魏高歡父子沿置。統領主帥左右的侍衛，選工於騎射者爲之。

神武拒尒朱兆於廣阿，憚兆兵衆。韶曰："所謂衆者，得衆人之死，所謂彊者，得天下之心。尒朱裂冠毀冕，拔本塞原，[1]芒山之會，[2]搢紳何罪，殺主立君，不脱旬朔。[3]天下從亂，十室而九。王躬昭德義，誅君側之惡，何往而不克哉！"神武曰："吾雖以順討逆，恐無天命。"韶曰："聞小能敵大，小道大淫，皇天無親，唯德是輔。今尒朱外賊天下，内失善人，智者不爲謀，勇者不爲鬥。不肖失職，賢者取之，復何疑也！"遂與挑戰，敗之。頻以軍功，封下洛縣男，[4]後迴賜父爵姑臧縣侯。芒山之役，爲賀拔勝所窘，[5]韶從傍馳馬反射，斃其馬，追騎不敢進，遂免。賜鞍馬并金，[6]進爵爲公。

[1]裂冠毀冕拔本塞原：典出《左傳》昭公九年，喻諸侯背棄禮法，侵犯天子的直接領地。後用作臣下推翻國君，奪取王位的代稱。

[2]芒山：位於在今河南洛陽市北。

[3]旬朔：十天或一個月。亦泛指不長的時日。

[4]下洛縣男：封爵名。下洛，縣名。治所在今河北涿鹿縣。

[5]芒山之役爲賀拔勝所窘：中華本校勘記云："按《北齊書》卷一六《段韶傳》云：'從高祖禦周文於邙山，高祖身在行間，爲西魏將賀拔勝所識，率鋭來逼。'是受窘者乃高歡。此事亦見卷六《齊神武紀》、卷四九《賀拔勝傳》。這裏'爲'上當脱'神武'二字。"可從。

[6]賜鞍馬并金：底本"鞍"作"鞍下"，中華本校勘記云："諸本'鞍'下有'下'字，《北齊書》無'鞍下'二字，《通志》卷一五二《段榮傳》無'下'字。按'下'字衍文，今據删。"今從改。

及征玉壁，[1]攻城未下，神武不豫，謂大司馬斛律金、司徒韓軌、左衛將軍劉豐等曰[2]："吾每謂孝先論兵，殊有英略，若比來用其謀，可無今日之勞矣。吾患危篤，欲委孝先以鄴下事，若何？"金等咸曰："知臣莫若君，實無出孝先者。"仍令韶從文宣鎮鄴，召文襄赴軍顧命。文襄以孝先爲託，令軍旅大事，並與籌之。及神武崩，侯景反，文襄還鄴，留韶守晋陽，委以軍事。加驃騎大將軍、開府儀同三司。文宣受禪，除尚書右僕射，遷冀州刺史。

[1]玉壁：地名。在今山西稷山縣西南。

[2]左衛將軍：官名。晉武帝始置。北魏沿置，與右衛將軍共掌宿衛營兵。三品。　劉豐：人名。字豐生，普樂（今寧夏靈武市）人。北魏、東魏官吏。見《北史》卷五三《劉豐傳》。

天保四年，梁將東方白額潛至宿豫，[1]詔韶討之。既至，會梁將嚴超達等軍逼涇州，陳霸先將攻廣陵，[2]尹令思謀襲盱眙，[3]三軍咸懼。韶謂諸將曰："自梁氏喪亂，國無定主，人懷去就。霸先外託同德，内有離心，吾揣之熟矣。"乃留儀同三司敬顯儁等圍宿豫，[4]自倍道赴涇州。[5]塗出盱眙，令思不虞大軍卒至，望旗而奔。進破超達軍。迴赴廣陵，霸先遁走。旋師宿豫，遣辯士喻白額，白額開門請盟。盟訖，度白額終不爲用，斬之，并其諸弟，並傳首京師。封平原郡王，[6]歷司空、司徒、大將軍、尚書令、太子太師。[7]以繼母憂，去職。尋起爲大司馬，仍爲尚書令，遷録尚書事、并州刺史。後與東安王婁叡平高歸彦，[8]遷太傅，仍涖并州。爲政不存小察，甚得人和。周文遣將率羌夷與突厥合衆逼晉陽，武成自鄴倍道赴之。時大雪，諸將或欲逆之，韶曰："不如陣以待之，彼勞我逸，破之必矣。"遂大破之。進位太師。

[1]東方白額：人名。南朝梁將領。梁元帝時，於宿豫一帶，招誘邊民，擾亂齊境。　宿豫：郡名。北齊時治宿豫縣，在今江蘇宿遷市東南。

[2]陳霸先：人名。即陳武帝。見《陳書》卷一、二《高祖紀》。　廣陵：郡名。北齊時治宋安縣，在今河南息縣西南。

[3]尹令思：人名。南朝梁將領。　盱眙：郡名。北齊時治盱眙縣，在今江蘇盱眙縣東北。

[4]敬顯儁：人名。字孝英，平陽（今山西臨汾市）人。北齊官吏。見《北齊書》卷二六《敬顯儁傳》。

[5]倍道：兼程而行。

[6]平原郡王：封爵名。平原，郡名。北齊時治聊城縣，在今山東聊城市東北。

[7]大將軍：官名。北魏時統兵事，或兼掌朝政，與大司馬共稱“二大”，位尊權重。孝文帝太和二十三年定爲一品。北齊沿置。　太子太師：官名。東宮三師之首。北魏時掌訓導輔翼太子，無具體職掌。孝文帝太和十七年定爲從一品上。北齊因之。

[8]婁叡：人名。字佛仁，代郡平城（今山西大同市東北）人。北齊大臣。見《北齊書》卷四八《婁叡傳》。

周冢宰宇文護母閻氏，[1]先配中山宮。[2]護聞尚存，乃因邊境移書，請還其母，并通鄰好。韶以爲護外託爲相，其實王也。爲母請和，不通一介之使，據移送書，恐示以弱。[3]且外許之，[4]待通和往復，放之未晚。不聽，遂遣使以禮將送。護得母，仍遣將尉遲迥等襲洛陽。詔蘭陵王長恭、大將軍斛律光擊之。[5]軍次芒山下，逗留未進。武成召韶，欲赴洛陽圍，但以突厥爲慮。韶曰：“北虜侵邊，事等疥癬；西羌闚逼，是膏肓之病。”帝仍令韶督精騎一千發晉陽，五日便濟河。遇周軍於大和谷，[6]與諸將陣以待之，韶爲左軍，蘭陵王爲中軍，斛律光爲右軍。上山逆戰，[7]韶且却引，待其力弊，下馬擊之，周人大潰。洛城圍亦即奔遁。除太宰，封靈武縣公。[8]天統三年，除左丞相。四年，別封永昌郡公，[9]食滄州幹。[10]

[1]冢宰：官名。即宰輔。輔政的重臣。　宇文護：人名。字薩保，代郡武川（今内蒙古武川縣西）人，鮮卑族。北周宗室、權臣。見《北史》卷五七《邵惠公顥附宇文護傳》。

[2]中山宫：十六國後燕首都中山城之宫室。北魏滅後燕而定名中山宫，此後成爲别宫。故址在今河北定州市。

[3]據移送書恐示以弱：中華本校勘記云："《北齊書》《通志》並作'仍據移書，即送其母，恐示之弱'。按這裏'書'疑是'母'字之誤，或是'書送'二字誤倒。"可從。

[4]外許：表面上答應。

[5]蘭陵王：封爵名。蘭陵，郡名。北齊時治承城，在今山東棗莊市東南。　長恭：即高長恭，人名。一名孝瓘，勃海蓨（今河北景縣）人。北齊宗室，文襄帝第四子。見《北史》卷五二《蘭陵王長恭傳》。

[6]大和谷：確址不詳，疑在今河南孟州市南之邙山。

[7]上山逆戰：中華本校勘記云："《北齊書》《通志》此上有'周軍仍以步人在前'八字。按此不當删，疑是脱文。"可從。

[8]靈武縣公：封爵名。靈武，縣名。治所在今陝西涇陽縣東。

[9]永昌郡公：封爵名。永昌，郡名。北齊時治成武城，在今山東成武縣。

[10]滄州：北齊時治饒安縣，在今河北鹽山縣西南。　幹：魏晋南北朝時期政府依附民。吏户的一種。北齊時官員有"食幹"之賜，作爲官府給予官僚的依附勞動力。後來可納絹代役。所納之絹成爲官僚俸禄的一部分。

武平二年，出晋州道，到定隴，[1]築威敵、平寇二城而還。[2]二月，周師來寇，遣韶與右丞相斛律光、太尉蘭陵王長恭往。行達西境。有栢谷城者，[3]敵之絶險，諸將莫肯攻圍。韶曰："汾北河東，勢爲國家之有。若不去栢谷，事同痼疾。計彼會兵在南道，今斷其要路，救不能來，城勢雖高，其中甚狹，火弩射之，一旦可盡。"遂攻之，城潰。仍城華谷，[4]置戍而還。封廣平郡公。[5]是月，周又遣將攻邊，斛律光先率軍禦之，韶亦請行。五月，到服秦城。[6]西人於姚襄城南更起城鎮，[7]韶抽壯士從北襲之，使人潛度河告姚襄城中，内外相應，進戰大破之。諸將咸欲攻其新城，韶曰："此城一面阻河，三面地險，不可攻。不如更作一城，壅其要道。破服秦，併力圖之。"從之。六月，徙圍定陽。[8]七月，屠其外城。時韶病在軍中，謂蘭陵王曰："此城三面重澗，並無走路，唯慮東面一處耳。賊若突圍，必從此出。"長恭乃設伏，其夜，果如策，伏兵擊之，大潰。韶竟以病薨。賜温明秘器、轀輬車。[9]軍校之士，陣送至平恩墓所，[10]發卒起冢。贈假黄鉞、相國、太尉、録尚書事，謚忠武。

[1]定隴：地名。確址不詳，疑在今陝西宜川縣附近。

[2]威敵平寇：皆爲城名。確址不詳，疑在今陝西宜川縣附近。

[3]栢谷城：在今河南宜陽縣南。

[4]華谷：城名。在今山西稷山縣西北華峪鎮。

[5]廣平郡公：封爵名。廣平，郡名。北齊時治曲梁城，在今河北永年縣東南。

[6]服秦城：在今山西吉縣西黄河東岸。

[7]姚襄：城名。在今山西吉縣西北黄河東岸。

[8]定陽：郡名。北周時治定陽縣，在今山西吉縣。

[9]温明秘器：梓宫的别稱，或稱第一秘器，爲最高級别的葬棺（參韓國河《温明、秘器與便房考》，《文史哲》2003 年第 4 期）。

[10]平恩：縣名。治所在今河北曲周縣東南。

韶出總軍旅，入參幃幄，功既居高，重以婚媾之故，望傾朝野。而長於計略，善於御衆，得將士之心。又雅性温慎，有宰相之風。教訓子弟，閨門雍肅，事後母以孝聞。齊代勳貴家，罕有及者。然僻於好色，雖居要重，微服間行。魏黄門郎元瑀妻皇甫氏，緣瑀謀逆没官。韶美之，上啓固請，文襄賜之。别宅處之，禮同正嫡。尤嗇於財，親戚故舊，略無施與。其子深尚公主，并省丞郎在家佐事十餘日，[1]事畢辭還，人唯賜一盃酒。

[1]丞郎：官名。尚書左右丞及六部侍郎、郎中通稱。

元妃所生三子懿、深、亮，皆宦達。

懿，字德猷，尚潁川長公主，[1]拜駙馬都尉，[2]襲封平原王。位行臺右僕射，[3]兼殿中尚書，[4]卒。

[1]潁川長公主：封號。潁川，郡名。北魏時治長社縣，在今河南長葛市東北。

[2]駙馬都尉：官名。漢武帝始置。多用作宗室、外戚、功臣子、貴族、親近之臣的加官，或亦加於尚公主者。北齊沿置，專加

帝婿，從五品。

[3]行臺右僕射：官名。行臺尚書右僕射的簡稱。北齊時職掌略同尚書右僕射。若左、右並置，則右居左下。

[4]殿中尚書：官名。晋武帝太康中始置，爲尚書省六曹尚書之一，職掌不詳。北魏復置，領宫中兵馬，典宫禁宿衛及倉庫，或説領殿中、直事、三公、駕部四郎曹。孝文帝太和十七年定爲二品中（參張金龍《北魏前期禁衛武官制度考論——以史籍記載爲中心》，《歷史研究》2003 年第 3 期）。北齊因之。

子寶鼎，尚中山長公主。[1]隋開皇中，開府儀同三司。大業初，[2]卒於饒州刺史。[3]

[1]中山長公主：封號。中山，郡名。北齊時治安喜縣，在今河北定州市。

[2]大業：隋煬帝的年號（605—617）。

[3]饒州：隋朝時治鄱陽縣，在今江西鄱陽縣。

深，字德深，美容貌，寬謹有父風。天保中，受父封姑臧縣公，尚東安公主，位侍中。韶病篤，詔封深濟北王，以慰其意。入周，拜大將軍、郡公，坐事死。

亮，字德堪。隋大業初，位汴州刺史。[1]卒於汝南郡守。[2]

[1]汴州：隋朝時治浚儀縣，在今河南開封市。

[2]汝南：郡名。隋朝時治上蔡縣，在今河南汝南縣。

韶弟孝言，少警發，[1]有風儀。齊受禪，其兄韶以别封霸城縣侯授之。[2]歷中書黄門侍郎，典機密。又歷秘書監、度支尚書、清都尹。[3]

[1]警發：機警出衆。

[2]霸城縣侯：封爵名。霸城，縣名。治所在今陝西西安市東北。

[3]秘書監：官名。漢桓帝時置員一人，秩六百石，掌典圖書秘記，校定文字，屬太常。後省。南北朝時爲秘書省長官，仍掌圖書經籍之事，領著作省。北魏孝文帝太和十七年定爲從二品中，二十三年改爲三品。北齊沿置。　度支尚書：官名。魏晋南北朝至隋初爲尚書省度支曹長官。統管度支、户部、金部、倉部四曹。掌軍國財賦的收支會計及漕運、物價、屯田之政令。北齊時爲三品。　清都尹：官名。北齊時改魏尹爲清都尹。主要管理京畿地區，也作爲京官參與朝政，地位顯要。

孝言本以勳戚致位通顯，驕奢無憚。曾夜過其客宋孝王家，[1]呼坊人防援，不時赴，遂拷殺之。又與諸淫婦密遊，其夫覺，又拷掠而殞。時苑内須果木，課人間及僧寺備輸，[2]孝言悉分向其私宅種植。又殿内及園中須石，差車從漳河運載，復分車迴取。事發，出爲海州刺史。[3]累遷吏部尚書。祖珽執政，[4]將廢趙彦深，引孝言爲助，加侍中。孝言待物不平，抽擢非賄則舊。[5]有將作丞崔成於衆中抗言：[6]“尚書，天下尚書，豈獨段家尚書也!”孝言無辭以對，唯厲色遣下。尋除中書監，加特進。[7]又託韓長鸞共構祖珽之短。[8]及珽出後，孝言除尚書右僕射，仍掌選。恣情用捨，請謁大行。[9]敕浚京城北隍，孝言監作。儀同三司崔士順、將作大匠元士將、太府少卿酈孝裕、尚書左户郎中薛叔昭、司州中從事崔龍子、清都尹丞李道隆、鄴縣令尉長卿、臨漳令崔象、成安令高子徹等，[10]並在孝言部下典作。日别置酒高會，諸人膝行跪伏，稱觴上壽，或自陳屈滯，更請轉官。孝言意色揚揚，以爲己任，皆隨事報答，許有加授。富商大賈，多被銓擢，所進用人士，咸是險縱之流。尋遷左僕射，特進、侍中如故。孝言富貴豪侈，尤好女色。後取婁定遠妾董氏，大耽愛之。爲此内外不和，更相糾列。又於晋陽監作，坐事除名，徙光州。隆化主敗後，[11]有敕追還。

[1]宋孝王：人名。西河介休（今山西介休市）人。北齊文吏。見《北史》卷二六《宋隱附宋孝王傳》。

[2]課人：即課丁。指納税服役的丁口。

[3]海州：北齊時治朐山縣，在今江蘇連雲港市。

[4]祖珽：人名。字孝徵，范陽遒（今河北淶水縣北）人。東魏、北齊官吏。見《北史》卷四七《祖瑩附祖珽傳》。

[5]抽擢：提拔。

[6]將作丞：官名。北齊時爲將作寺次官，員四人。從七品上。

[7]特進：官名。北齊時爲加官名號，贈致仕大臣。二品。

[8]韓長鸞：人名。即韓鳳。字長鸞，昌黎（今遼寧朝陽市）人。北齊官吏。見《北史》卷九二《韓鳳傳》。

[9]大行：官名。大行令或大行人的簡稱。掌外交迎賓之事。

[10]將作大匠：官名。漢景帝時由將作少府改名。掌管宫室修建事務，領將作都將、將作監管等。孝文帝太和十七年定爲從二品下，二十三年改爲從三品。　太府少卿：官名。北魏置。掌倉儲出納，兩京諸市，通判各署事務。孝文帝太和二十三年定爲四品上。

北齊沿置。　尚書左户郎中：官名。北魏、北齊置。爲尚書省左户曹長官。六品上。　司州：北齊時治鄴城，在今河北臨漳縣西南。　中從事：官名。治中從事史的省稱，《北史》避唐高宗李治諱改。漢代始置的州郡佐吏，例用本地人，主選署及文書案卷。歷代沿置。主選署及文書案卷，有書佐。北齊時司州治中爲從四品下，上州爲中六品下，中州爲從六品下，下州無。　鄴：縣名。治所在今河北臨漳縣西南鄴鎮。　臨漳：縣名。治所在今河北臨漳縣。　成安：縣名。治所在今河北臨漳縣西南鄴鎮。

[11]隆化主：即齊後主高緯。以後主年號隆化，故稱。

孝言雖黷貨無厭，恣情酒色，然舉止風流，招致名士，美景良辰，未嘗虚棄，賦詩奏伎，以盡歡洽。雖草萊之士，粗關文藝，多引入賓館，與同興賞。其貧躓者，[1]亦時乞遺。時論復以此多之。齊亡入周，位上開府。

[1]貧躓（zhì）：潦倒，不得意。

斛律金，字阿六敦，朔州敕勒部人也。[1]高祖倍侯利，[2]魏道武時内附，位大羽真，[3]賜爵孟都公。祖幡地斤，殿中尚書。父那瓌，光禄大夫，[4]贈司空。

[1]朔州：北魏時治盛樂，在今内蒙古和林格爾縣西北。　敕勒：族名。即高車。北魏時活動於今蒙古高原，以游牧爲生。見《北史》卷九八《高車傳》。

[2]倍侯利：人名。北朝時敕勒斛律部帥。北魏初，柔然首領社崙入侵高車，倍侯利率部落反擊，敗社崙。因不加防備，復遭社

崘襲擊，勢力大損。攜殘部入魏，封盂都公。卒，謚曰忠壯王。見《北史·高車傳》。

[3]大羽真：官名。北魏置。爲皇帝身邊侍從近臣。

[4]光禄大夫：官名。漢武帝太初元年設，掌議論。無定員，秩比二千石。歷朝因之，官秩不一。西漢後期漸成散官、加官。晋武帝時始有左、右之分，並稱加金章紫綬者爲金紫光禄大夫，加銀章青綬者爲銀青光禄大夫。北魏孝文帝太和十七年定爲從二品中，二十三年改爲三品。

金性敦直，善騎射，行兵用匈奴法，望塵知馬步多少，嗅地知軍度遠近。初爲軍主，與懷朔鎮將楊鈞送蠕蠕主阿那瓌。[1]瓌見金獵射，歎其工。及破六韓拔陵構逆，金擁衆屬焉，署金爲王。金度陵終敗，乃統所部叛陵，詣雲州。[2]魏除爲第二領人酋長，[3]秋朝京師，春還部落，號曰雁臣。仍稍引南出黄瓜堆，[4]爲杜洛周所破。與兄平二人脱身歸尒朱榮，爲別將。孝莊立，賜爵阜城男，[5]位金紫光禄大夫。神武密懷匡復，[6]金贊成大謀。太昌初，[7]爲汾州刺史，[8]進爵爲侯。從神武破紇豆陵於河西。[9]

[1]阿那瓌：人名。北魏時柔然可汗。見《北史》卷九八《蠕蠕傳》。

[2]雲州：北魏孝武帝永熙中改朔州置，寄治并州界，在今山西祁縣西。

[3]領人酋長：官名。即領民酋長。《北史》避唐太宗李世民諱改“民”爲“人”。北魏時給予所歸附部落首領的封號。其對所屬部落有統治權，世襲。按所領部落的大小有第一、第二、第三之

分，又按部落内地位高低有酋長、庶長之分。至後期則按部衆多少而分。

［4］黄瓜堆：即今山西山陰縣、懷仁縣和應縣交界處的黄花梁（參孫靖國《桑乾河流域歷史城市地理研究》，中國社會科學出版社 2015 年版，第 96—97 頁）。

［5］阜城男：封爵名。阜城，縣名。治所在今河北阜城縣。

［6］神武密懷匡復：中華本校勘記云："《北齊書》卷一七、《通志》卷一五二《斛律金傳》'神武'上有'及尒朱兆等逆亂'七字。按文義不當删，疑是脱文。"可從。

［7］太昌：北魏孝武帝的年號（532）。

［8］汾州：北魏時治蒲子城，在今山西隰縣。

［9］紇豆陵：即紇豆陵步蕃。姓紇豆陵，名步蕃，河西（約今山西吕梁山以西黄河兩岸）人，鮮卑族。孝莊帝永安三年（530），受詔率軍東上進攻尒朱兆，連連獲勝。兵勢日强。後在平樂郡（今山西昔陽縣）爲高歡與尒朱兆聯軍所敗，被斬於石鼓山。

沙苑之役，[1]神武以地阨少却，軍爲西師所乘，遂亂。張華原以簿帳歷營點兵，[2]莫有應者。神武將集兵更戰，[3]金曰："衆散將離，其勢不可復用，宜急向河東。"神武據鞍未動，金以鞭拂馬，神武乃還。於是大崩，喪甲士八萬。侯景斂。[4]西魏力人持大棒守河橋，衣甲厚，射之不入，賀拔仁候其轉面，[5]射，一發斃之。是役也，無金先請還，幾至危矣。及高仲密西叛，周文攻洛陽，從神武破之。還，除大司馬，改封石城郡公。[6]

［1］沙苑之役：東魏孝静帝天平四年（537）十月，高歡率軍

攻打西魏宇文泰率軍迎擊，雙方在沙苑展開激戰，高歡大敗。沙苑，地名。又名沙阜、沙海、沙窩。在今陝西大荔縣南洛、渭二河之間。

[2]張華原：人名。字滿國，代（今山西大同市東北）人。東魏官吏。見《北史》卷八六《張華原傳》。

[3]更：底本作“便”，中華本校勘記云：“諸本‘更’訛作‘便’，據《通志》改。”今從改。

[4]侯景斂：中華本校勘記云：“按語意未完，當有脱文。”可從。

[5]賀拔仁：人名。字天惠，善無（今山西右玉縣南）人。東魏、北齊官吏。見《北史》卷五三《張保洛附賀拔仁傳》。

[6]石城郡公：封爵名。石城，郡名。東魏時治石城縣，在今山西蒲縣東南。

金性質直，不識文字。本名敦，苦其難署，改名爲金，從其便易，猶以爲難。司馬子如教爲金字，作屋況之，其字乃就。神武重其古質，每誡文襄曰：“爾所使多漢，有讒此人者，勿信之。”

及文襄嗣事，爲肆州刺史。文宣受禪，封咸陽郡王。[1]天保三年，就除太師。四年，解州，以太師還晋陽。車駕幸其第，六宫及諸王盡從，置酒極夜方罷。帝欣甚，詔金第二子豐樂爲武衛大將軍，[2]賜帛五千匹。謂曰：“公元勳佐命，父子忠誠，朕當結以婚姻，永爲藩衛。”仍詔金孫武都尚義寧公主，[3]成禮之日，帝從皇太后幸金宅，皇后、太子、諸王皆從。其見待如此。後蠕蠕爲突厥破散，慮其犯塞，詔金屯兵白道以備之。[4]多所俘獲，并表陳虜可取狀。文宣乃與金共討之。進位右丞相，食齊州幹。[5]遷左丞相。帝晚年敗德，嘗持矟走馬以擬金胷者三，金立不動，於是賜物千段。

[1]咸陽郡王：封爵名。咸陽，郡名。北齊時治池陽縣，在今陝西涇陽縣。

[2]武衛大將軍：官名。即武衛將軍加“大”者。北魏置，掌宿衛禁軍，權任很重。孝文帝太和十七年定爲二品。北齊沿置。

[3]義寧公主：封號。義寧，郡名。北齊時治沁源縣，在今山西沁源縣。

[4]白道：地名。在今内蒙古呼和浩特市西北，爲河套東北地區通往陰山以北的交通要道。

[5]齊州：北齊時治歷城縣，在今山東濟南市。

孝昭踐阼，納其孫女爲皇太子妃。詔金朝見，聽乘步挽車至階。[1]武成即位，禮遇彌重，又納其孫女爲太子妃。金曾遣人獻食，中書舍人李若誤奏，云金自來。武成出昭陽殿，[2]敕侍中高文遥將羊車引之。[3]若知事誤，更不敢出映廊下。文遥還覆奏，帝罵若云：“空頭漢，合殺!”亦不加罪。

[1]步挽車：一種供乘坐的、用人力拉的車子。

[2]昭陽殿：位於今河北臨漳縣西南。

[3]高文遥：人名。即元文遥。字德遠，河南洛陽（今河南洛陽市東北）人，鮮卑族。北齊大臣。見《北史》卷五五《元文遥傳》。

金長子光，大將軍；次子羨及孫武都，並開府儀同三司，出鎮方岳；[1]其餘子孫，皆封侯貴達。一門一皇后，二太子妃，三公主，尊寵，當時莫比。金嘗謂光曰："我雖不讀書，聞古來外戚梁冀等，[2]無不傾滅。女若有寵，諸貴人妒，女若無寵，天子嫌之。我家直以立勳抱忠致富貴，豈藉女也？"辭不獲免，常以爲憂。天統三年薨，年八十，贈假黄鉞、相國、太尉公，[3]贈錢百萬。謚曰武。子光嗣。

[1]方岳：指州郡。

[2]梁冀：人名。字伯卓，安定烏氏（今甘肅涇川縣東）人。東漢大臣、外戚。見《後漢書》卷三四《梁統附梁冀傳》。

[3]太尉公：官名。太尉的尊稱。

光，字明月，馬面彪身，神爽雄傑，少言笑，工騎射。初爲侯景部下，彭樂謂高敖曹曰：[1]"斛律家小兒，不可三度將行，後奪人名。"以庫直事文襄。[2]從出野，見雁雙飛來，文襄使光馳射之，以二矢俱落焉。後從金西征，周文帝長史莫孝暉在行間。[3]光年十七，馳馬射中之，因禽於陣。神武即擢授都督，封永樂子。[4]又嘗從文襄於洹橋校獵，雲表見一大鳥，[5]射之正中其頸，形如車輪，旋轉而下，乃鵰也。丞相屬邢子高歎曰："此射鵰手也。"當時號落鵰都督。

[1]彭樂：人名。字興，安定（今甘肅涇川縣北）人。北魏、東魏將領。見《北史》卷五三《彭樂傳》。　高敖曹：人名。即高昂。字敖曹，勃海蓨（今河北景縣）人。東魏將領。見《北齊書》

卷二一《高乾附高昂傳》。

［2］庫直：官名。亦作“庫真”。東魏、北齊置。是諸王及主要大臣的侍衛。

［3］莫孝暉：中華本校勘記云：“《北齊書》三朝本‘孝’作‘者’。按《册府》卷三九五作‘莫暉者’，乃是‘莫者暉’之誤倒。‘莫者’複姓，見《元和姓纂輯本》卷十、《廣韻》五及《通志》卷二九《氏族略》代北複姓。本書卷九三《西秦乞伏氏傳》見莫者胡。此‘孝’字當是‘者’之訛。”可從。

［4］永樂子：封爵名。永樂，縣名。治所在今河北滿城縣西北。

［5］雲表：雲外，借指天空。

齊受禪，别封西安縣子。[1]皇建元年，進爵鉅鹿郡公。[2]時樂陵王百年爲皇太子，[3]求妃。孝昭以光世載醇謹，納其長女爲太子妃。歷位太子太保、尚書令、司空、司徒。[4]

［1］西安縣子：封爵名。西安，縣名。治所在今山東臨朐縣西南。

［2］鉅鹿郡公：封爵名。鉅鹿，郡名。北齊時治藁城縣，在今河北藁城市西南。

［3］百年：即高百年，人名。勃海蓨（今河北景縣）人。北齊宗室，孝昭帝子。見《北史》卷五二《樂陵王百年傳》。

［4］太子太保：官名。東宫三師之一。北魏時掌訓導輔翊太子，無具體職司，東宫屬官皆隸太子詹事。位在太子太師、太傅下。孝文帝太和十七年定爲從一品上，二十三年之後爲二品。北齊因之。

河清三年，周大司馬尉遲迥、齊公憲、庸公王雄等衆十萬攻洛陽。[1]光率騎五萬馳往，戰於芒山，迥等大敗。光親射雄殺之，迥、憲僅而獲免。仍築京觀。[2]武成幸洛陽策勳，遷太尉。

[1]憲：即宇文憲，人名。字毗賀突，代郡武川（今内蒙古武川縣西）人，鮮卑族。西魏、北周官吏。周文帝宇文泰之第五子。見《北史》卷五八《齊煬王憲傳》。　王雄：人名。字雄胡布頭，太原（今山西太原市晋源區古城營村一帶）人。西魏、北周將領。見《北史》卷六〇《王雄傳》。

[2]京觀：古代戰争，勝利者爲了炫耀武功，收集敵人尸首，封土而成的高冢。

初，文宣時，周人常懼齊兵之西度，恒以冬月，守河椎冰。及帝即位，朝政漸紊，齊人椎冰，懼周兵之逼。光憂曰："國家常有吞關隴之志，今日至此，而唯翫聲色！"先是，武成納光第二女爲太子妃。天統元年，拜皇后，光轉大將軍。三年六月，父喪去官。其月，詔起光及弟羡，並復位。秋，除太保，襲爵咸陽王，遷太傅。

十二月，周軍圍洛陽，壅絶糧道。武平元年正月，詔光率步騎三萬禦之，鋒刃纔交，周將宇文桀衆大潰，[1]直到宜陽。[2]軍還，擊周齊王憲等衆大潰。詔加右丞相、并州刺史。其年冬，光又率步騎五萬於玉壁築華谷、龍門二城，[3]與憲相持，憲不敢動。二年，率衆築平隴等鎮戍十三所。[4]周柱國枹罕公普屯威、柱國韋孝寬等來逼平隴，[5]光與戰於汾水，[6]大破之。周遣其柱國紇干廣略圍宜陽，[7]光率步騎五萬赴之，戰於城下，取周建安等四戍，[8]捕千餘人而還。

[1]宇文桀：人名。即王傑。本名文達，金城直城（今陝西漢陰縣西）人。因在潼關、沙苑等戰役中表現勇猛而被賜姓宇文氏。西魏、北周將領。見《北史》卷六六《王傑傳》。

[2]宜陽：郡名。北周時治宜陽縣，在今河南宜陽縣西。

[3]龍門：城名。在今山西河津市西北。

[4]平隴：城名。在今山西稷山縣西平隴村。

[5]枹罕公：封爵名。枹罕，郡名。北周時治枹罕縣，在今甘肅臨夏縣。　普屯威：人名。即辛威。隴西（今甘肅隴西縣）人。西魏、北周將領。見《北史》卷六五《辛威傳》。　韋孝寬：人名。即韋叔裕。字孝寬，京兆杜陵（今陝西西安市長安區東）人。北魏、西魏、北周將領。見《北史》卷六四《韋孝寬傳》。

[6]汾水：即今山西境內黄河支流汾河中游。

[7]紇干廣略：人名。其餘不詳。

[8]建安：戍名。在今河南宜陽縣西。

軍未至鄴，敕令便放兵散。光以功勳者未得慰勞，若散，恩澤不施。乃密表，請使宣旨，軍仍且進。朝廷發使遲留，軍還將至紫陌，光駐營待使。帝聞光軍營已逼，心甚惡之，急令舍人追光入見，然後宣勞散兵。拜左丞相，別封清河郡公。

光嘗在朝堂，垂簾而坐，祖珽不知，乘馬過其前。光怒，謂人曰："此人乃敢爾！"後珽在内省，言聲高慢，光過聞之，又怒。珽知光忿，賂其從奴搕頭。[1]曰："自公用事，相王每夜抱膝歎曰：'盲人用權，國必破矣！'" 珽省事褚士達夢人倚户授其詩曰：[2] "九升八合粟，角斗定非真，堰却津中水，將留何處人。"以告珽。珽占之曰："角斗，斛字；津却水，何留人，合成律字；非真者，解斛律於我不實。"士達又言所夢狀，乃其父形也。珽由是懼。又穆提婆求娶光庶女，不許。帝賜提婆晋陽之田，光言於朝曰："此田，神武以來，常種禾飼馬，以擬寇難。今賜，無乃闕軍務也？"帝又以鄴清風園賜提婆租賃之。於是官無菜，賒買於人，負錢三百萬，其人訴焉。光曰："此菜園賜提婆，是一家足；若不賜提婆，便百官足。"由是祖、穆積怨。

[1]揢頭：人名。其餘不詳。

[2]省事：誦讀文書的小吏。西晋始置，隸尚書令。北魏時於尚書、中書省外，其餘省、局亦置，孝文帝太和十七年定爲從八品上。北齊因之。

周將韋孝寬懼光，乃作謡言，令間諜漏之於鄴曰："百升飛上天，[1]明月照長安。"又曰："高山不推自崩，槲樹不扶自竪。"珽續之曰：[2] "盲老公背上下大斧，饒舌老母不得語。"令小兒歌之於路。提婆聞，以告其母。令萱以饒舌爲斥己，盲老公謂祖珽也，遂協謀，以謡言啓帝曰："斛律累世大將，明月聲震關西，豐樂威行突厥，女爲皇后，男尚公主，謡言可畏。"帝以問韓長鸞。鸞以爲不可，事寢。光又嘗謂人曰："今軍人皆無褌袴；[3]後宫内參，一賜數萬匹，府藏稍空，此是何理？"受賜者聞之，皆曰："天子自賜我，關相王何事？"珽又通啓求見，帝使以庫車載入，珽因請間，[4]唯何洪珍在側，[5]帝曰："前得公啓，即欲施行，長鸞以爲無此理，未可。"珽未對。洪珍進曰："若本無意，則可，既有此意，不决行，萬一事泄，如何！"帝然洪珍言，而猶預未决。珽令武都妾兄顔玄，告光謀爲不軌，又令曹魏祖奏，言上將星盛，[6]不誅，恐有災禍。先是天狗西流，[7]占曰秦地。案秦即咸陽也。自太廟及光宅，並見血。先是三日，鼠常晝見光寢室，常投食與之，一朝三鼠俱死。又床下有二物如黑豬，從地出走，其穴膩滑。大蛇屢見。屋脊有聲，如彈丸落。又大門横木自焚，擣衣石自移。

[1]升：底本作"斗"，中華本校勘記云："諸本'升'作'斗'，《北齊書》《通志》及本書卷四七《祖珽傳》作'升'。按百升爲一斛，暗寓'斛'字，今據改。"今從改。

[2]續：底本作"讀"，源氏校勘記改"讀"作"續"，中華本校勘記云："諸本'續'訛作'讀'，據《北齊書》《通志》改。"今從改。

[3]褌（kūn）袴（kù）：亦作"裩褲"，指褲子。

[4]請間：請求在空隙之時白事，不欲對衆言之。

[5]何洪珍：人名。北齊官吏。初以富家子弟選送入朝，爲後主寵佞。後主武平中，封王，位開府。在朝與和士開勾結，弄權賣官。

[6]上將星：象徵大將的星宿。

[7]天狗：又稱犬星，即天狼星。

既而丞相府佐封士讓密啓云："光前西討還，敕令便放兵散，光令軍逼帝京，將爲不軌，不果而止。家藏弩甲，奴僮千數，每使豐樂、武都處，陰謀往來。若不早圖，恐事不可測。”帝謂何洪珍曰：“人心亦大聖，我前疑其欲反，果然。”帝性怯，恐即有變，令洪珍馳召祖珽告之。又恐追光不從命，珽因請賜其一駿馬，令明日乘至東山遊觀，須其來謝，因執之。帝如其言。光將上馬，頭眩。及至，引入涼風堂，[1]劉桃枝自後撲之，[2]不倒。光曰：“桃枝常作如此事，我不負國家。”桃枝與力士三人，以弓絃罥其頸，[3]遂拉殺之，年五十八。血流於地，剗之迹終不滅。於是下詔稱其反，族滅之。

[1]涼風堂：在今河北臨漳縣西南。

[2]劉桃枝：人名。北齊官吏。初爲高歡驅使，甚受寵信。齊建，位至領軍、開府，封王爵。上黨王渙、琅邪王儼、平秦王歸彦、斛律光等皆其親手所殺。

[3]罥（juàn）：纏繞。

使二千石郎邢祖信掌簿籍其家。[1]珽於都省問所得物，[2]祖信曰：“得弓十五張，宴射箭一百，貝刀七口，賜矟二張。”珽又厲聲曰：“更得何物？”曰：“得棗子枝二十束，擬奴僕與人鬭者，不問曲直，即以杖之一百。”珽大慚，乃下聲曰：“朝廷已加重刑，郎中何可分雪？”[3]及出，人尤其抗直。祖信慨然曰：“好宰相尚死，我何惜餘生！”祖信少年時，父遜爲李庶所卿，[4]因詣庶，謂庶曰：“暫來見卿，還辭卿去。”庶父諧杖庶而謝焉。

[1]二千石郎：官名。尚書省二千石曹長官通稱。三國魏始置，資淺者亦稱郎中，資深者可轉侍郎。北齊沿置，隸都官尚書，六品上。

[2]都省：官署名。即尚書都省。亦稱尚書上省、尚書都坐。魏、晋、南北朝時尚書省長官辦公場所。

[3]分雪：辯白。

[4]李庶：人名。頓丘（今河南清豐縣西南）人。北齊官員。見《北史》卷四三《李崇附李庶傳》。

光居家嚴肅，見子弟若君臣。雖極貴盛，性節儉，簡聲色，不營財利，杜絶饋餉。門無賓客，罕與朝士交言，不肯預政事。每會議，常獨後言，言輒合理。將有表疏，令人執筆，口占之，務從省實。行兵用匈奴卜法，吉凶無不中。軍營未定，終不入幕，或竟日不坐。身不脱介胄，常爲士卒先。有罪者，唯大杖撾背，未嘗妄殺。衆皆争爲之死。宜陽之役，謂周人曰："歸我七年人，不然取爾十倍。"周人即歸之。在西境築定誇諸城，[1]馬上以鞭指畫，所取地皆如其言，拓地五百里而未嘗伐功。板築之役，鞭撻人士，頗稱其嚴。自結髮從戎，未嘗失律，深爲鄰敵懾憚。罪既不彰，一旦屠滅，朝野惜之。周武帝聞光死，赦其境内。後入鄴，追贈上柱國、崇國公。[2]指詔書曰："此人若在，朕豈得至鄴？"

[1]在西境築定誇諸城：中華本校勘記云："'誇'字疑誤。"

[2]上柱國：官名。戰國楚始設，北周武帝置爲最高級别的勳官，正九命。

长子武都，位特進、開府儀同三司、梁兗二州刺史，所在唯事聚斂。光死，遣使於州斬之。

小子鍾，年甫數歲，獲免。周朝襲封崇國公。隋開皇中，卒於車騎將軍。[1]

[1]車騎將軍：官名。隋朝因襲北周府兵制，十二府所轄諸軍府，稱驃騎府或車騎府，分駐各地統領府兵，皆置車騎將軍。正五品上。置於驃騎府者爲次官，置於車騎府者爲長官。煬帝時改諸驃騎府、車騎府爲鷹揚府，改車騎將軍爲鷹揚副郎將、鷹擊郎將。

羡，字豐樂，少機警，善騎射。河清三年，爲都督、幽州刺史。[1]其年，突厥十餘萬寇州境，羡總諸將禦之，突厥望見軍容齊整，遂不敢戰，遣使求款附。[2]天統元年五月，突厥可汗遣使請朝貢，自是歲時不絶，羡有力焉。詔加行臺僕射。[3]羡以虜屢犯邊塞，自庫推戍東拒於海，[4]二千餘里，其間凡有險要，或斬山築城，斷谷起障，并置立戍邏五十餘所。[5]又導高梁水，[6]北合易京，[7]東會於潞，[8]因以灌田，公私獲利。在州養馬二千匹，部曲三千，以備邊，突厥謂之南面可汗。四年遷行臺尚書令，[9]别封高城縣侯。[10]

[1]幽州：北齊時治薊城，在今北京西南。

[2]款附：誠心歸附。

[3]行臺僕射：官名。行臺尚書僕射的簡稱。北魏、北齊時所設諸行臺高級官員，爲行臺尚書令副職，尚書令缺或未置，則爲行

臺最高長官，分左、右則左居右上。

［4］庫推戍：戍名。具體位置不詳。源氏校勘記云："'推'《北齊》作'堆'。"中華本校勘記云："《北齊書》《通志》'推'作'堆'。疑'推'誤。"可從。

［5］戍邏：邊防駐軍的城堡。

［6］高梁水：又名高梁河或高良河。源於今北京市西北，東南流入永定河的支流溫榆河。

［7］易京：城名。在今河北雄縣西北。

［8］潞：即今北京通州區之白河。

［9］遷：底本作"遣"，源氏校勘記改"遣"作"遷"，中華本校勘記云："諸本'遷'訛作'遣'，據《北齊書》《通志》改。"今從改。　行臺尚書令：官名。北魏、北齊時所設諸行臺最高行政長官，總領所轄地區軍政、民政。隋朝時爲行臺省長官，員一人，視正二品。

［10］高城縣侯：封爵名。高城，縣名。治所在今河北藁城市西南。

羨歷事數帝，以謹直稱，雖極榮寵，不自矜尚。以合門貴盛，深以爲憂。武平元年，乃上書推讓，乞解所職，詔不許。其年秋，進爵荆山郡王。[1]羨慮禍，使人騎快騾迎至鄴，[2]無日不得音問。後二日鄴使不至，家人乞養憂之。[3]又夢著枷鎖，勸豐樂速奔突厥，羨不從。占其夢曰："枷者加官，鎖者鎖鎖吉利。"[4]及光誅，敕中領軍賀拔伏恩等十餘人馳驛捕之，[5]遣領軍大將軍鮮于桃枝、洛州行臺僕射獨孤永業便發定州騎卒續進。[6]伏恩等既至，門者白羨曰："使人衷甲馬汗，宜閉城門。"羨曰："敕使豈可疑拒！"出迎之，遂見執，死於長史廳事。謂其妻曰："啓太后，臣兄弟死自當知。"臨刑歎曰：“富貴如此，女爲皇后，公主滿家，常使三百兵，何得不敗?”并害五子，年十五已下者宥之。羨未誅前，忽令其在州諸子五六人，鎖頸乘驢出城，合家泣送之至閤，日晚而歸。吏人莫不驚異。行燕郡守馬嗣明，[7]道術之士也，爲羨所欽，竊問之，答云：“須有禳厭。”[8]數日而有此變。

[1]荆山郡王：封爵名。荆山，郡名。北齊時治馬頭縣，在今安徽懷遠縣西南。

[2]迎：中華本校勘記云：“《通志》‘迎’作‘遞’，疑是。”

[3]養憂：請求辭職回家奉養父母。此處當指辭官。

[4]鎖鎖：中華本校勘記云：“‘鎖鎖’當是誤。”

[5]中領軍：官名。北齊時掌禁衛宫掖。秩爲正三品，資深者爲領軍將軍，秩爲從二品。　賀拔伏恩：人名。亦作“賀拔佛恩”，鮮卑族。初爲中領軍，奉命捕殺獨孤永業於州。後遷開府儀同三司。北齊後主武平七年降周，周武帝攻晋陽，爲安德王高延宗擊潰，其力保武帝免於難。由是爲武帝所寵重，拜上柱國，封郜國公，亦云郜公。

[6]領軍大將軍：官名。北齊文宣帝天保中置，爲領軍府長官，總掌禁衛諸軍，在領軍將軍之上，權勢極重，位次尚書令。二品。

[7]燕郡：北齊時治薊縣，在今北京西南。　馬嗣明：人名。河内野王（今河南沁陽市）人。北齊、隋朝官吏。見《北史》卷九〇《馬嗣明傳》。

[8]禳厭：謂禳除邪惡災禍。

羨及光並工騎射。少時獵，父金命子孫會射而觀之，泣曰：“明月、豐樂用弓不及我，諸孫又不及明月、豐樂，世衰矣。”每日令出田，[1]還即效所獲。光獲少，必麗龜達腋；[2]羡獲雖多，非要害之所。光恒蒙賞，羡或被捶。人問其故，云：“明月必背上著箭，豐樂隨處即下手，數雖多，去兄遠矣。”聞者服其言。

[1]出田：亦作“出畋”。出外打獵。

[2]必麗龜達腋：古代田獵以箭先著背以達於腋爲善射。麗，著也。龜，背之隆高當心。

金兄平，少便弓馬。神武起，以都督從。皇建初，封定陽郡公。後爲青州刺史。卒，贈太尉。

論曰：齊神武以晋陽戎馬之地，霸圖攸屬，練兵訓旅，遥制朝權，鄴都機務，情寄深遠。孫騰、高隆之、司馬子如等俱不能清貞守道，以康亂爲懷，而厚斂貨財，填彼溪壑。昔蕭何之鎮關中，[1]荀彧之居許下，[2]不亦異於是乎！賴文襄入輔，責以驕縱，厚遇崔暹，奮其霜簡，[3]不然則君子屬厭，豈易聞焉。子如徒以少相親重，情深昵狎，義非草昧，恩結寵私，勳德莫聞，坐致台輔。消難去齊歸周，義非殉國，向背不已，晚又奔陳，一之謂甚，胡可而再。膺之風素可重，幼之清簡自立，有足稱者。

[1]蕭何之鎮關中：秦末劉邦、項羽争霸天下，蕭何在關中鎮守。蕭何，人名。豐縣（今江蘇豐縣）人。西漢開國功臣。見《史記》卷五三《蕭相國世家》。

[2]荀彧之居許下：東漢末年荀彧在許昌坐鎮。荀彧，人名。字

文若，潁川潁陰（今河南許昌市）人。東漢末年曹操帳下謀臣。見《三國志》卷一〇《魏書·荀彧傳》。許，地名。在今河南許昌市東。

[3]霜簡：御史彈劾大臣的奏章。

竇泰、尉景、婁昭、厙狄干、韓軌等，並以外戚近親，屬雲雷之舉，位非寵進，功籍勢成，附翼攀鱗，鬱爲佐命之首。定遠以常人之才，而因趙郡忠正，將以志除朝蠹，謀逐佞臣，而信納姦凶，反受其亂。遂使庸豎肆毒，賢戚見誅，敗政害時，莫大於此。鄙語曰“利以昏智”，况定遠非智者乎。

段榮以姻戚之重，遇時來之會，功伐之地，亦足稱焉。

韶光輔七君，克隆門業，每出當閫外，[1]或任處留臺。以猜忌之朝，終其眉壽；屬亭候多警，[2]爲有齊上將。豈其然乎！當以志謝矜功，名不渝實，不以威權御物，不以智數要時，欲求覆餗，[3]其可得也。禮云“率性之謂道”，此其效歟！

[1]閫外：外任的將吏。

[2]亭候多警：指邊境多有戰事。

[3]覆餗：謂傾覆鼎中的珍饌。餗，鼎中的食物。後因以“覆餗”喻力不勝任而敗事。典出《易·鼎》：“鼎折足，覆公餗。”

斛律金以神武撥亂之始，翼成王業，忠款之至，成此大功，故能終享遐年，位高百辟。[1]視其盈滿之戒，動之微也，纔及後嗣，遂至誅夷。既處威權之重，蓋符道家所忌。

[1]百辟：百官。

光以上將之子，有沈毅姿，戰將兵權，[1]暗同韜略，臨敵制勝，變化無方。自關、河分隔，年將四紀，以高氏霸王之期，屬宇文草創之日，出軍薄伐，屢挫兵威。而大寧已還，東鄰浸弱，關西前收巴蜀，又殄江陵，[2]叶建瓴而用武，[3]成并吞之壯志。光每臨戎誓衆，式遏邊鄙，戰則前無完陣，攻則罕有全城，齊氏必致拘原之師，秦人無復啓關之策。而世亂讒勝，詐以震主之威；主暗時艱，自毁藩籬之固。昔李牧之爲趙將也，[4]北翦胡寇，西却秦軍，郭開譖之，[5]牧死趙滅。其議誅光者，豈秦之反間歟？何同術而同亡也！内令諸將解體，外爲彊鄰滅讎。嗚呼！後之君子，可爲深戒者歟！

[1]戰將兵權：中華本校勘記云："《北齊書》卷一七《史臣論》'將'作'術'。疑是。"可從。

[2]江陵：縣名。治所在今湖北江陵縣。

[3]叶：同"協"。　建瓴：築在屋頂上的瓦溝。比喻居高臨下的好形勢。

[4]李牧：人名。戰國時趙國將領。見《史記》卷八一《廉頗藺相如列傳》。

[5]郭開：人名。戰國時趙國宦官。與廉頗有仇，趙悼襄王欲起用老將廉頗，派使者往視，其以金賄使者，使廉頗不得起用。又受秦賄賂，誣李牧謀反，趙殺李牧，自毁長城，遂至國滅。

今注本二十四史

北史

一四

傳〔二〕

唐 李延壽 撰

李憑 靳寶 主持校注

中国社会科学出版社

北史　卷五五

列傳第四十三

孫搴　陳元康　杜弼 子臺卿　房謨 子恭懿　張纂　張亮 趙起 徐遠　張曜　王峻　王紘　敬顯儁　平鑒　唐邕　白建　元文遥　趙彦深　赫連子悦　馮子琮 子慈明　郎基 子茂

孫搴，字彦舉，樂安人。[1]世寒賤，少勵志勤學。自檢校御史再遷國子助教。[2]太保崔光引修國史。[3]歷行臺郎。[4]後預崔祖螭反，[5]逃於王元景家，[6]遇赦乃出。孫騰以宗情，[7]薦之齊神武，[8]未被知也。

[1]樂安：郡名。北魏時治千乘縣，在今山東廣饒縣北。

[2]檢校御史：官名。東晋始置，沿承漢代司隸校尉之職。負責監察百官和糾察事務。北魏於孝文帝太和末復置，爲九品上。　國子助教：官名。國子監諸學置，協助博士教授生徒。晋武帝咸寧中初立國子學置。歷代沿置。

[3]太保：官名。西周始設，歷代因之。爲三師之一，位在太傅、太師下，是輔佐君王的重要大臣。北魏孝文帝太和二十三年(499）定爲一品。　崔光：人名。本名孝伯，孝文帝賜名光，字長

仁，東清河鄃（今山東淄博市）人。北魏大臣。見《北史》卷四四《崔光傳》。

[4]行臺郎：官名。行臺郎中的省稱。北魏置，北齊沿置。爲行臺各曹郎中的泛稱，有時也爲諸開府屬僚的泛稱。

[5]崔祖螭：人名。小字社客，清河東武城（今山東武城縣西北）人。北魏將領。見《北史》卷四四《崔亮附崔祖螭傳》。底本、殿本、四庫本、局本、四部備要本、中華本作“崔祖螭”。毛本作“瞿祖螭”，按：“崔”與“瞿”當爲字形相近而訛，今從底本。

[6]王元景：人名。即王昕。字元景，北海劇（今山東壽光市東南）人。北魏、北齊大臣。見《北史》卷二四《王憲附王昕傳》。

[7]孫騰：人名。字龍雀，咸陽石安（今陝西咸陽市東北）人。東魏大臣。見《北史》卷五四《孫騰傳》。

[8]神武：即高歡。神武爲其謚號，北齊後主所追謚。

會神武西征，登風陵，[1]命中外府司馬李義深、相府城局李士略共作檄文，[2]皆辭，請以搴代。神武乃引搴入帳，自爲吹火，[3]催促之。搴神色安然，援筆立就，其文甚美。神武大悦，即署相府主簿，[4]專典文筆。又能通鮮卑語，兼宣傳號令，當煩劇之任，大見賞重。賜妻韋氏，既士人子女，又兼色貌，時人榮之。

[1]風陵：底本作“鳳陵”，中華本校勘記云：“諸本‘風’作‘鳳’,《北齊書》卷二四《孫搴傳》作‘風’。按風陵見《水經注》卷四《河水注》及《太平寰宇記》卷四六《蒲州》。高歡進攻西魏自蒲津渡河，故登風陵。今據改。”按：鳳陵，關隘名。故址在今河南陝縣。風陵，即風陵渡，一名風陵津，又作“封陵渡”，在今

山西芮城縣西南黄河北岸。據文意，今從中華本改。

［2］中外府司馬：官名。都督中外諸軍事府司馬的省稱。東魏時爲中外府的屬官，主要職責是管理武官，參與軍務，實際地位很高。　李義深：人名。趙郡高邑（今河北柏鄉縣北）人。北魏、北齊官吏。見《北史》卷三三《李義深傳》。　相府城局：官名。相府城局參軍的省稱。東晋始置，爲丞相府的城局曹長官，掌城防禁令。北魏孝文帝太和二十三年定爲從六品上，東魏、北齊因之。

［3］吹火：點燈照明。

［4］相府主簿：官名。北魏末期權臣把持朝政，相府屬官掌握實權，地位尊崇。北齊時主要職責是掌管丞相府的文書以及經辦各種賬簿圖籍事務。

文襄初欲之鄴總知朝政，[1]神武以其年少，未許。搴爲致言，乃果行。恃此，自乞特進，[2]文襄但加散騎常侍。[3]時大括人爲軍士，[4]逃隱者，身及主人、三長、守、令，[5]罪以大辟，[6]没其家。於是所獲甚衆，搴之計也。

［1］文襄：即高澄。文襄爲其謚號，北齊文宣帝所追謚。　鄴：東魏都城，在今河北臨漳縣西南。

［2］特進：官名。西漢末置，以賜列侯中有特殊地位者。三國、兩晋、南北朝時成爲正式加官名號，用以安置閑退大臣。北魏孝文帝太和二十三年定爲第二品，東魏、北齊因之。

［3］散騎常侍：官名。秦時置散騎，又置中常侍。三國魏黄初時置散騎一職，後與中常侍合併，稱之爲散騎常侍。北魏、北齊時屬集書省，掌諷議左右，從容獻納，兼領修史，實際地位略高於南朝，但仍爲閑散之職。北魏孝文帝太和二十三年後爲從三品，東魏、北齊因之。

［4］括：搜求。

［5］三長：北魏時設置，爲基層行政組織，即鄰長、里長、黨長的合稱。

［6］大辟：死刑。

搴學淺行薄，邢卲嘗謂曰："須更讀書。"[1]搴曰："我精騎三千，足敵君羸卒數萬。"搴少時與温子昇齊名，[2]嘗謂子昇："卿文何如我？"子昇謙曰："不如卿。"搴要其爲誓。子昇笑曰："但知劣於卿便是，何勞旦旦？"搴悵然曰："卿不爲誓，事可知矣！"搴常服棘刺丸，[3]李諧調之曰：[4]"卿應自足，[5]何假外求？"坐者皆笑。

［1］邢卲：人名。字子才，小字吉，河間鄚（今河北任丘市北）人。北魏、東魏、北齊官吏。北朝三才之一。見《北史》卷四三《邢巒附邢卲傳》。　須更：《北齊書》作"更須"。《册府元龜》同《北齊書》。

［2］温子昇：人名。字鵬舉，濟陰冤句（今山東菏澤市西南）人。北魏、東魏官吏、文學家。見《北史》卷八三《温子昇傳》。

［3］棘刺丸：主治虚勞諸氣不足，夜夢遺精。

［4］李諧：人名。頓丘（今河南清豐縣西南）人。北魏、東魏官吏。見《北史》卷四三《李崇附李諧傳》。

［5］卿應自足：《北齊書》卷二四《孫搴傳》"卿"後有"棘刺"二字。按：《北史》文意更爲通順，今從底本。

司馬子如與高季式召搴飲酒，[1]醉甚而卒。神武親臨之曰："折我右臂。"贈吏部尚書、青州刺史。[2]

［1］司馬子如：人名。字遵業，河内温（今河南温縣）人。北魏、東魏、北齊官吏。見《北史》卷五四《司馬子如傳》。　高季式：人名。字子通，勃海蓨（今河北景縣）人。東魏將領。見《北史》卷三一《高祐附高季式傳》。

［2］吏部尚書：官名。北齊時爲尚書吏部曹主官，掌官吏銓選、封爵、考課之政。三品。　青州：北齊時治東陽城，在今山東青州市。

陳元康，字長猷，廣宗人也。[1]父終德，魏濟陰内史，[2]元康貴，贈度支尚書，[3]謚曰貞。

［1］廣宗：郡名。北魏時治廣宗縣，在今河北威縣東南。

［2］濟陰：郡名。北魏時治左城，在今山東曹縣西北。　内史：官名。春秋始置，初爲史官名。北魏時爲執掌民政的官員。孝文帝太和二十三年後定上郡爲四品，中郡爲五品，下郡爲六品。

［3］度支尚書：官名。北魏、北齊時統管度支、户部、金部、倉部四曹，掌軍國財賦的收支會計及漕運、物價、屯田之政令。北齊時爲三品。

元康頗涉文史，機敏有幹用。魏正光中，[1]從李崇北伐，[2]以軍功賜爵臨清男。[3]普泰中，[4]除主書，[5]累遷司徒高昂記室。[6]初，司馬子如、高季式與孫搴劇飲，搴醉死，神武命求好替，子如舉魏收。[7]他日，神武謂季式曰："卿飲殺我孫主簿，魏收作文書，都不稱我意。司徒嘗道一人謹密，是誰？"季式以元康對，曰："是能夜闇書，[8]快吏也。"召之，一見便授大丞相功曹，[9]内掌機密。善陳事意，不爲華藻。遷大行臺都官郎，[10]封安平子。[11]軍國多務，元康問無不知。神武臨行，留元康在後，馬上有所號令九十餘條，元康屈指數之，盡能記憶。神武甚親之，曰："如此人，世間希有，我今得之，乃上天降佐也。"時趙彦深亦知機密，人謂之陳、趙，而元康勢居趙前。性又柔謹。神武之伐劉蠡升，[12]天寒雪深，使人舉氈，元康於氈下作軍書，颯颯運筆，筆不及凍，俄頃數紙。及出，神武目之曰："此何如孔子邪？"

[1]正光：北魏孝明帝的年號（520—525）。

[2]李崇：人名。字繼長，小名繼伯，頓丘（今河南清豐縣西南）人。北魏大臣。見《北史》卷四三《李崇傳》。

[3]臨清男：封爵名。臨清，縣名。治所在今山東臨清縣西。

[4]普泰：北魏節閔帝的年號（531—532）。

[5]主書：官名。爲主書令史之簡稱。掌簿書文案，屬秘書監。歷朝因之，或屬中書、或屬尚書。官秩不一。北齊時去"令史"以此爲職名全稱。

[6]司徒：官名。爲三公之一。北魏時多爲名譽宰相，以分掌宰相職權。地位尊崇，多爲大臣的加官、贈官。孝文帝太和二十三年定爲一品。　高昂：人名。字敖曹，勃海蓨（今河北景縣）人。東魏將領。見《北史》卷三一《高祐附高昂傳》。　記室：官名。東漢置，王公及大將軍府都設此官，掌章表書記文檄等。後代因之，或稱記室令史，或稱記室督，或稱記室參軍等。

[7]魏收：人名。字伯起，小字佛助，鉅鹿下曲陽（今河北晉州市西）人。北魏、東魏、北齊官吏、史學家。見《北史》卷五六《魏收傳》。

[8]是能夜闇書：底本“夜”下缺字，毛本、殿本、四庫本、局本、四部備要本、中華本皆作“是能夜闇書”，今從諸本補之。闇書，黑暗中寫字。

[9]大丞相功曹：官名。北魏時相府屬官之一，爲功曹長官，主要職責是參謀軍務。孝文帝太和二十三年定爲第六品，北魏末至北齊初時地位極高。

[10]大行臺都官郎：官名。亦稱大行臺都官郎中。北魏末置，爲大行臺屬官，掌管違法之事。

[11]安平子：封爵名。安平，縣名。治所在今河北安平縣。

[12]劉蠡升：人名。山胡起義軍首領。北魏孝明帝孝昌中，舉行起義，自稱天子，年號神嘉，居雲陽谷。東魏孝静帝天平二年(535)，爲高歡鎮壓。

神武嘗怒文襄，親加毆蹋，極口肆駡。以告元康，元康俯伏泣下霑地曰：“王教世子過矣！”神武曰：“我性急，瞋阿惠，[1]常如此。”元康大啼曰：“一度爲甚，况常然邪！”神武自是爲之懲忿。[2]時或恚撻，[3]輒曰：“勿使元康知。”又謂左右曰：“元康用心誠實，必與我兒相抱死。”高仲密之叛，[4]神武知其由崔暹，[5]將殺之。文襄匿暹，爲之請。神武曰：“我爲爾不殺，然須與苦手。”[6]文襄乃出暹而謂元康曰：“暹若得杖，不須見我。”及暹見神武，將解衣受罰。元康趨入，止伍伯，[7]因歷階升曰：[8]“王方以天下付世子，世子有一崔暹不能免其杖，父子尚爾，况世間人邪。”神武意解曰：“不由元康，崔暹得一百。”乃捨之。

[1]阿惠：北齊文襄帝高澄小名。

[2]懲忿：克制忿怒。

[3]恚撻：憤怒鞭打。

[4]高仲密：人名。即高慎。字仲密，勃海蓨（今河北景縣）人。東魏官吏。見《北史》卷三一《高祐附高慎傳》。

[5]崔暹：人名。字季倫，博陵安平（今河北安平縣）人。東魏、北齊官吏。見《北史》卷三二《崔挺附崔暹傳》。

[6]苦手：重責，痛打。

[7]伍伯：亦作“伍百”。役卒。掌導從、護衛、行杖等事。

[8]歷階：越階而上。

文襄入輔，居鄴下，崔暹、崔季舒、崔昂等並被任用，[1]張亮、張徽纂並爲神武待遇，然皆出元康下。神武每與元康久語，文襄門外待接之。時人語曰：“三崔二張，不如一康。”左衛將軍郭瓊以罪死，[2]子婦范陽盧道虔女也，[3]没官。神武啓以賜元康爲妻。元康地寒，[4]時以爲殊賞。元康遂棄故妻李氏，識者非之。元康便辟善事人，[5]而不能平心處物。溺於財利，受納金帛，不可勝紀，責負交易，[6]遍於州郡，爲清論所譏。

[1]崔季舒：人名。字叔正，博陵安平（今河北安平縣）人。東魏、北齊官吏。見《北史》卷三二《崔挺附崔季舒傳》。　崔昂：人名。字懷遠，博陵安平（今河北安平縣）人。北魏、東魏、北齊官吏。見《北史·崔挺附崔昂傳》。

[2]左衛將軍：官名。晋武帝始設。北魏沿置，與右衛將軍共掌宿衛營兵。孝文帝太和二十三年定爲三品。源氏校勘記云：“‘左’《魏書》作‘右’。”

[3]范陽：郡名。北魏時治涿縣，在今河北涿州市。　盧道虔：

人名。字慶祖，范陽涿（今河北涿州市）人。北魏、東魏將領。見《北史》卷三〇《盧玄附盧道虔傳》。底本作“盧道虞”，中華本校勘記云：“《北齊書》卷二四《陳元康傳》（三朝本）及《册府》卷九四三作‘處’，《通志》卷一五四《陳元康傳》作‘虔’。按盧道虔見本書卷三〇《盧玄傳》，死後贈‘尚書右僕射’，與《北齊書》稱之爲‘魏尚書僕射’相符。魏時别無官尚書僕射之盧道虞或盧道處，‘虞’‘處’皆‘虔’之訛。今據《通志》改。”今從改。

[4]地寒：出身微賤。

[5]便辟：亦作“便僻”。諂媚逢迎。

[6]責負交易：放債經商。

從神武於芒山，[1]將戰，遺失陣圖，元康冒險求得之。西師既敗，神武會諸將，議進取策。[2]或以爲人馬疲瘦，不可遠追。元康曰：“兩雄交争，歲月已久，今得大捷，便是天授，時不可失，必須乘勝追之。”神武曰：“若遇伏兵，孤何以濟？”元康曰：“前沙苑還軍，[3]彼尚無伏，今者奔敗，何能遠謀？捨之必成後患。”神武不從。累遷大行臺左丞。[4]及神武疾篤，謂文襄曰：“芒山之戰，不用元康言，方貽汝患，以此爲恨，死不瞑目。事皆當與元康定也。”

[1]芒山：即邙山，在今河南洛陽市東北。

[2]進取策：中華本校勘記云：“《北齊書》‘取’作‘退’。按下文言高歡不從陳元康之計而退，則所議是進退之宜，非祇議進取。作‘退’是。”可從。

[3]沙苑：地名。又名沙阜、沙海、沙窩。在今陝西大荔縣南，洛、渭二河之間。沙苑之戰，指東魏孝静帝天平四年（537）十月，

東魏丞相高歡率軍攻打西魏，西魏帝派遣宇文泰前來迎擊，雙方在沙苑展開激戰，高歡狼狽而逃。

[4]大行臺左丞：官名。大行臺尚書左丞的省稱。北魏置，爲大行臺的屬官，與右丞共掌臺事，率領都令史監督稽核諸曹務，職權甚重。

神武崩，秘不發喪，唯元康知之。文襄嗣事，自晉陽將之鄴，[1]令元康預作神武條教數十紙，留付段孝先、趙彦深，[2]在後以次行之。别封昌國縣公，[3]以從嘉名。侯景反，[4]文襄逼於諸將，欲殺崔暹以謝之。元康諫曰："今枉殺無辜，虧廢刑典，豈直上負天神，何以下安黎庶？鼂錯前事，[5]願公慎之。"文襄乃止。高岳討侯景未克，[6]文襄欲遣潘相樂副之。[7]元康曰："相樂緩於機變，不如慕容紹宗。[8]且先王有命，稱堪敵景。"時紹宗在遠，文襄欲召見之，恐其驚叛。元康曰："紹宗知元康特蒙顧待，新使人來餉金，以致誠款。元康欲安其意，故受之而厚答其書，保無異也。"乃任紹宗，遂破景，賞元康金五十斤。

[1]晉陽：縣名。治所在今山西太原市晉源區古城營村一帶。

[2]段孝先：人名。即段韶。字孝先，姑臧武威（今甘肅武威市）人。東魏、北齊將領。見《北史》卷五四《段榮附段韶傳》。

[3]昌國縣公：封爵名。昌國，縣名。東魏孝静帝武定元年(543）置，治雁門川，在今山西繁峙縣西。

[4]侯景：人名。字萬景，懷朔鎮（今内蒙古固陽縣南）人，羯族。曾任北魏官吏，後叛至南朝。見《梁書》卷五六《侯景傳》(參李萬生《侯景的氏族及相關問題》，《北京大學學報》2000年第

5期）。

［5］晁錯：人名。潁川（今河南禹州市）人。西漢大臣。因建議削藩而被殺。見《漢書》卷四九《晁錯傳》。晁，底本作“朝”，其餘諸本均作“晁”。按：底本誤，今從諸本改。

［6］高岳：人名。字洪略，勃海蓨（今河北景縣）人。東魏、北齊宗室、大臣。見《北史》卷五一《清河王岳傳》。

［7］潘相樂：人名。一名潘樂，字相貴，廣寧石門（今山西朔州市）人。東魏、北齊官吏。見《北史》卷五三《潘樂傳》。

［8］慕容紹宗：人名。字紹宗，昌黎棘（今遼寧北票市章吉營子鄉三官營子村）人，鮮卑族。東魏、北齊官吏。見《北史》卷五三《慕容紹宗傳》。

王思政入潁城，[1]諸將攻之不能拔。元康進曰：“公自匡朝政，未有殊功，雖敗侯景，本非外賊。今潁城將陷，願公因而乘之，足以取威定業。”文襄令元康馳驛觀之，復命曰：“必可拔。”文襄乃親征潁川，[2]益發衆軍，决既至而克之，[3]賞元康金百鋌。[4]

［1］王思政：人名。太原祁（今山西祁縣東南）人。北魏、西魏大將。見《北史》卷六二《王思政傳》。　潁城：在今安徽潁上縣。

［2］潁川：郡名。北魏時治長社縣，在今河南長葛市東北。

［3］决既至而克之：中華本校勘記云：“《通志》‘决’作‘往’。按疑是‘决’下有脱文。”可從。

［4］鋌：度量單位。舊例銀每鋌五十兩。

初，魏朝授文襄相國、齊王，[1]諸將皆勸恭膺朝命。

元康以爲未可。崔暹因間之，薦陸元規爲大行臺郎，[2]欲分元康權。元康既貪貨賄，文襄内漸嫌之，又欲用爲中書令，[3]以閑地處之，事未施行。

[1]相國：官名。春秋戰國始設。職掌與丞相相同，但地位更尊。北魏末期，相國一職多由權臣擔任，掌握最高政治權力。

[2]陸元規：人名。鮮卑族。東魏官吏。東魏孝静帝武定中任尚書郎、中書侍郎等職。　大行臺郎：官名。大行臺郎中的省稱。北魏後期始設，爲大行臺屬官，分掌諸曹事。北魏末、東魏、西魏時權力極大，常由高級官職擔任或他官兼任。

[3]中書令：官名。漢朝時中書謁者令的省稱，魏晋爲中書省的長官之一。三國魏文帝改秘書令爲中書令，掌機密，贊詔命，記會時事，典作文書。晋、南北朝皆沿置。北魏時隨名位增高而成爲閑職，孝文帝太和二十三年定爲三品。北齊因之。

屬將受魏禪，元康與楊愔、崔季舒並在坐，[1]將大遷除朝士，[2]共品藻之。[3]文襄家倉頭蘭固成掌厨，[4]與其弟阿改，謀害文襄。阿改時事文宣，[5]常執刀從，期聞東齋叫，即加刃於文宣。時文宣别有所之，未還而難作。固成因進食，置刀盤下，而殺文襄。元康抱文襄。文襄曰："可惜！可惜！"與賊争力，[6]髻解，被刺，傷重腸出，猶手書辭母，口占祖孝徵陳權宜。[7]至夜而終，時年四十三。時楊愔狼狽走出，遺一靴，崔季舒逃匿于厠，庫直紇奚舍樂捍賊死，[8]散都督王師羅戰傷。[9]監厨倉頭薛豐洛率宰人持薪以赴難，乃禽盗。固成一名京，事見《齊本紀》。秘文襄凶問，故殯元康於宫中。託以出使南境，虛除中書令。明年，乃贈司空，[10]謚曰文穆。元康卒後，母李氏哀感發病而終，贈廣宗郡君，[11]謚曰貞昭。元康子善藏嗣。

[1]楊愔：人名。字遵彦，小名秦王，弘農華陰（今陝西華陰市東南）人，楊津子。東魏、北齊官吏。見《北史》卷四一《楊播附楊愔傳》。

[2]遷除：官職之升遷除授。

[3]品藻：品評，鑒定。

[4]倉頭：奴僕。漢時奴僕以深青色布包頭，故稱。倉，通“蒼”。　蘭固成：人名。蘭欽之子。爲東魏所俘。

[5]文宣：即北齊皇帝高洋。文宣爲其謚號。

[6]與賊争力：毛本、殿本、四庫本、四部備要本作“與賊争刀”。

[7]祖孝徵：人名。即祖珽。字孝徵，范陽遒（今河北容城縣）人。北齊官吏。見《北史》卷四七《祖瑩附祖珽傳》。

[8]庫直：官名。亦稱庫真。東魏、北齊置。爲諸王及主要大臣的侍衛。　紇奚舍樂：人名。北齊官吏。位庫直都督。

[9]散都督：官名。即勳武前鋒散都督。北齊置。爲左、右衛府直突屬官，在直突都督之下。佐其負責宫禁侍衛。從七品。

[10]司空：官名。北魏、北齊時爲名譽宰相，多爲大臣加官。北魏孝文帝太和二十三年定爲第一品，北齊因之。

[11]廣宗郡君：命婦之稱。廣宗，郡名。北齊時治廣宗縣，在今河北威縣東南。

善藏温雅有鑒裁，位給事黄門侍郎。[1]隋開皇中，[2]尚書郎。[3]大業初，[4]卒於彭城郡贊務。[5]

[1]給事黄門侍郎：官名。北魏時兼有黄門侍郎之職掌，與侍中俱管門下省之事，爲門下省長官。孝文帝太和二十三年改爲四品上。北齊置六員，爲四品。

[2]開皇：隋文帝的年號（581—600）。

[3]尚書郎：官名。凡尚書曹郎、郎中、侍郎皆可簡爲此稱。西漢置。按資歷深淺有不同稱呼：大體上初任稱郎中，任期過一年則稱郎，過三年則稱侍郎。歷朝因之，品秩不一。掌收發文書奏章庶務，可直接向皇帝奏報本職政務。北魏孝文帝太和二十三年定爲六品，北齊時置郎曹二十八，皆爲六品。隋煬帝以侍郎爲尚書副職，高於郎或郎中。

[4]大業：隋煬帝的年號（605—617）。

[5]彭城：郡名。隋朝時治彭城縣，在今江蘇徐州市。　贊務：官名。隋置，爲郡守的屬官，協助郡守處理政務。

杜弼，字輔玄，中山曲陽人也。[1]祖彦衡，淮南太守。[2]父慈度，繁畤令。[3]

[1]中山：郡名。北魏時治盧奴縣，在今河北定州市。　曲陽：縣名。治所在今河北曲陽縣。

[2]淮南：郡名。北魏時治壽春縣，在今安徽壽縣。

[3]繁畤：縣名。治所在今山西渾源縣西南。

弼幼聰敏，家貧無書，年十三，[1]寄郡學受業。同郡甄琛爲定州刺史，[2]簡試諸生，見而策問，應答如響，大歎異之，命其二子楷、寬與交。州牧任城王澄聞而召問，[3]深相嗟賞，許以王佐之才。澄、琛還洛稱之，丞相高陽王等多相招命。[4]但父祖官薄，不獲優叙。[5]以軍功，起家征虜府墨曹參軍，[6]典管記。弼長於筆札，每爲時輩所推。孝昌初，[7]除太學博士。[8]遷光州曲城令，[9]爲政清静，遠近稱之。弼父在鄉，爲賊所害，弼居喪六年。以常調，[10]除侍御史，[11]臺中彈奏，皆見信任。儀同竇泰西伐，[12]詔弼監軍。及泰失利自殺，弼與其徒六人，走還陝州。[13]刺史劉貴鎖送晋陽。神武責以不諫争，賴房謨諫以免。

[1]十三：毛本、殿本、四庫本、局本、四部備要本作“十二”，《北齊書》《册府元龜》作“十二”，《通志》作“十三”。

[2]同郡甄琛爲定州刺史：中華本校勘記云：“《北齊書》卷二四《杜弼傳》‘刺史’作‘長史’。按《魏書》卷六八《甄琛傳》，琛在孝文時曾爲定州長史，孝明時曾爲定州刺史。據《北齊書》，弼死於天保十年，年六十九，上推至其年十三時，當爲宣武景明四年。其時琛已非長史，尚未爲刺史。但據《琛傳》，琛其時正自侍中貶歸本郡，或曾臨時兼定州長史。下文云‘州牧任城王澄聞而召問’，則刺史方是元澄，琛必不得同時爲刺史。《北史》疑誤。”可從。甄琛，人名。字思伯，中山毋極（今河北無極縣）人。北魏官吏。見《北史》卷四〇《甄琛傳》。定州，北魏時治盧奴縣，在今河北定州市。

[3]任城王：封爵名。任城，郡名。北魏時治任城縣，在今山東濟寧市。　澄：即元澄，人名。字道鏡。北魏宗室。見《北史》卷一八《任城王雲附元澄傳》。

[4]丞相：官名。初置於戰國，爲百官之長。秦代以後爲國家官僚組織中的最高官職，幫助皇帝綜理萬機。漢初置相國，後復改丞相，與太尉、御史大夫合稱三公。漢末改丞相爲大司徒，東漢末復稱丞相。魏晋南北朝因之，或稱丞相或改司徒，或稱大丞相、相國，廢置不常。　高陽王：封爵名。代指高陽王元雍。字思穆，獻

文帝子，孝文帝弟。見《北史》卷一九《高陽王雍傳》。高陽，郡名。北魏時治高陽縣，在今河北高陽縣東。

［5］優叙：從優叙功；晋升官職。

［6］征虜府墨曹參軍：官名。爲征虜將軍府屬官，掌管文翰。七品。征虜將軍爲名號將軍之一。北魏孝文帝太和二十三年定爲三品。

［7］孝昌：北魏孝明帝的年號（525—527）。

［8］太學博士：官名。漢武帝置太學後，爲太學教授的統稱，歷代相承。北魏孝文帝太和二十三年定爲從七品。

［9］光州：北魏時治掖縣，在今山東萊州市。底本作“先州”，唯中華本作“光州”。按：《北齊書》卷二四作“光州”，據《水經注疏》“先州”在今河南滎陽市一帶，而曲城在今山東萊州市，若作“先州”則與地理位置不符，今從改。　曲城：縣名。治所在今山東萊州市。

［10］常調：按常規遷選官吏。

［11］侍御史：官名。亦簡稱御史、侍御。西漢始設。北魏時置八員，分掌治書、課第等諸曹。亦奉命監國，督察巡視州郡，收捕官吏，宣示詔命等。北魏頗重其選，必以對策高第者補之。孝文帝太和十七年定爲從五品中，二十三年改爲八品。北齊時爲從七品。

［12］儀同：儀同三司的省稱。謂非三公而享受三公的儀制待遇。魏晋時始設，南北朝時授予範圍逐漸擴大。北魏孝文帝太和十七年定爲一品下，二十三年改爲從一品，位在開府上。北齊時爲二品，位在三公之下。　竇泰：人名。字世寧，太安捍殊（今山西壽陽縣北）人。北魏、東魏將領。見《北史》卷五四《竇泰傳》。

［13］陜州：北魏時治陜縣，在今河南三門峽市西。

累遷大行臺郎中，又引典掌機密，甚見信待。或有造次不及書教，[1]直付空紙，即令宣讀。承間密勸受禪，神武舉杖擊走之。相府法曹辛子炎諮事云“取署”，[2]子炎讀“署”爲“樹”，神武怒其犯諱，[3]杖之於前。弼進曰：“孔子言‘徵’不言‘在’，[4]子炎可恕。”神武罵曰：“眼看人瞋，乃復牽經引《禮》！”叱令出去。弼行十許步，呼還，子炎亦蒙宥。文襄在鄴聞之，謂楊愔曰：“王左右賴此人，天下蒙利，豈獨吾家也？”

[1]書教：寫成書面的教令。

[2]相府法曹：官名。爲丞相府的法曹長官。南北朝時期各公府、將軍府以及丞相府均置，掌管郵驛、道路等事務。品秩隨府主而不同。北魏末至北齊初丞相多爲掌握政權的大臣，其府屬的地位極高。孝文帝太和二十三年定爲七品，北齊時爲七品上。 辛子炎：人名。隴西狄道（今甘肅臨洮縣）人。東魏官吏。孝静帝武定中，爲博陵太守。 取署：源氏校勘記云：“‘取’上《北齊》有‘須’字。”

[3]犯諱：高歡之父名高樹生，故稱犯諱。高歡父名，正史記載有高樹、高樹生兩説，按《高樹生墓誌》當爲“高樹生”（參《高樹生墓誌》，《1996—2012北京大學圖書館新藏金石拓本菁華》，北京大學出版社2013年版）。

[4]孔子言徵不言在：典出《禮記·曲禮上》：“二名不偏諱。”鄭玄註：“謂二名不一一諱也。孔子之母名‘徵在’，言‘在’不稱‘徵’，言‘徵’不稱‘在’。”

初，神武自晉陽東出，改尒朱氏貪政，使人入村，不敢飲社酒。[1]及平京洛，貨賄漸行。弼以文武在位，罕有廉潔，言之神武。神武曰：“弼來，我語爾。天下濁亂，習俗已久，今督將家屬，多在關西，黑獺常相招誘，[2]人情去留未定；江東復有一吴老翁蕭衍，[3]專事衣冠禮樂，中原士大夫望之，以爲正朔所在。[4]我若急作法網，恐督將盡投黑獺，士子悉奔蕭衍，則何以爲國？爾宜少待，吾不忘之。”及將有沙苑之役，弼又請先除内賊，却討外寇，指諸勳貴掠奪百姓。神武不答，因令軍人皆張弓挾矢，舉刀按矟以夾道，使弼冒出其間，曰：“必無傷也。”弼戰慄流汗。神武然後喻之曰：“箭雖注不射，刀雖舉不擊，矟雖按不刺，爾猶頓喪魂膽。諸勳人觸鋒刃，百死一生，縱其貪鄙，所取處大。”弼頓顙謝曰：[5]“愚人不識至理。”後破芒山軍，命爲露布，[6]弼即書絹，曾不起草。以功賜爵定陽縣男。[7]

[1]社酒：社日祭祀土神時所供之酒或宴飲用酒。

[2]黑獺：即宇文泰，小名黑獺。

[3]蕭衍：人名。字叔達，南蘭陵（一説在今江蘇常州市，一説在今江蘇丹陽市）人。南朝梁建立者。見《梁書》卷一、二、三《武帝紀》。

[4]正朔：代表改朝换代時被奉爲正統的王朝。

[5]頓顙（sǎng）：屈膝下拜，多表示請罪或投降。

[6]露布：又稱露板。指不加封檢、公開宣布之制書。

[7]定陽縣男：封爵名。定陽，縣名。治所在今山西吉縣。

奉使詣闕，[1]魏帝見之九龍殿，曰：“聞卿精學，聊有所問。經中佛性法性，爲一爲異？”[2]弼曰：“正是一理。”又問曰：“説者妄，皆言法性寬，佛性愜，如何？”[3]弼曰：“在寬成寬，在愜成愜，若論性體，非愜非寬。”詔曰：“既言成寬成帹，何得非帹非寬？”弼曰：“若定是寬，則不能爲帹；若定是帹，亦不能爲寬。以非寬非帹，所成雖異，能成恒一。”[4]上稱善，引入經庫，賜《地持經》一部，[5]帛百疋。弼性好名理，探味玄宗，[6]在軍恒帶經行。注老子《道德經》二卷，表上之。遷廷尉卿。[7]

[1]闕：借指宫廷，帝王所居之處。東魏皇宫在今河北臨漳縣。

[2]爲一爲異：底本無“爲一”，中華本校勘記云：“諸本脱‘爲一’二字，據《北齊書》補。”今從改。

[3]説者妄皆言法性寬佛性帹如何：中華本校勘記云：“《北齊書》無‘妄’字，《通志》卷一五四《杜弼傳》‘妄皆’作‘皆妄’。按魏帝此問，無以説者爲妄之意。‘妄’字當是衍文。”可從。

[4]“詔曰”至“能成恒一”：中華本校勘記云：“《北齊書》作‘詔問曰：“既言成寬成狹，何得非寬非狹？若定是狹，亦不能成寬。對曰：‘以非寬帹，故能成寬狹。寬狹所成雖異，能成恒一。’按疑各有所略。而《北史》不如《北齊書》明白。這裏‘以非寬非狹’下疑脱‘故能成寬狹’五字。”可從。

[5]地持經：佛經名。亦稱爲《菩薩地持經》《菩薩戒經》《菩薩地持論》等。共十卷（一説八卷），傳説爲記録彌勒説法之書。

[6]玄宗：道家所謂道的深奥旨意。

[7]廷尉卿：官名。北魏、北齊時爲國家最高司法審判機構主官，負責詔獄，修訂法律，覆審御史所檢劾案件，審核州郡疑案，有封駁丞相、御史之權。後增少卿爲副職。北魏孝文帝太和二十三年定爲第三品，北齊因之。

會梁貞陽侯蕭明等入寇彭城,[1]大都督高岳、行臺慕容紹宗討之,[2]詔弼爲軍司,[3]攝行臺左丞。[4]臨發,文襄賜胡馬一疋,曰:“此廄中第二馬,孤恒自乘,聊以爲贈。”又令陳政要可爲鑒誡者。弼曰:“天下大務,莫過刑賞二端。賞一人使天下之人喜,罰一人使天下之人服,二事得衷,自然盡美。”文襄大悦,曰:“言雖不多,於理甚要。”握手而别。破蕭明迴,破侯景於渦陽。[5]後魏帝集名僧於顯陽殿講説佛理,敕弼升師子座,[6]莫有能屈。帝歎曰:“此賢若生孔門,則何如也!”關中遣王思政據潁州,[7]朝廷以弼行潁州,攝行臺左丞。及潁州平,文襄曰:“卿試論思政所以禽。”弼曰:“思政不察逆順之理,不識大小之形,不度强弱之勢,有此三蔽,宜其俘獲。”文襄曰:“古有逆取順守,大吴困於小越,弱燕能破强齊,卿之三義,何以自立?”弼曰:“王若順而不大,大而不强,强而不順,於義或偏,得如聖旨。今既兼備,鄙言可以還立。”

[1]貞陽侯:封爵名。貞陽,縣名。治所在今廣東英德市東。　蕭明:人名。即蕭淵明,《北史》避唐高祖李淵諱而省作“蕭明”。字靖通,南朝梁宗室。見《南史》卷五一《長沙宣武王懿附蕭明傳》。　彭城:縣名。治所在今江蘇徐州市。

[2]大都督:官名。三國魏始設。北魏、北齊沿置,亦有在戰時臨時加置,或以此銜都督某一地區軍事者。　行臺:北魏肅宗正光末,在各地設行臺主管當地軍務,成爲常設的地方行政機構,兼理民事,行臺尚書令爲長官,以尚書僕射或左僕射及尚書來主管行臺事務。

[3]軍司:官名。西晋時改軍師爲此稱。北魏、北齊時掌管軍

中監察，負有輔助主帥領兵作戰之責。

[4]行臺左丞：官名。行臺尚書左丞的省稱。北魏後期設立。職責同於尚書左丞。爲行臺尚書省官員，輔省内左三部十二司，員一人。從四品。

[5]渦陽：郡名。東魏時治渦陽縣，在今安徽蒙城縣。

[6]師子座：寺院中佛、菩薩的臺座以及佛教高僧説法時的坐席。

[7]潁州：東魏時治汝陰縣，在今安徽阜陽市。

文宣作相，位中書令，仍長史，[1]進爵爲侯。弼志在匡贊，知無不爲。及受命，以預定策功，遷衛尉卿，[2]别封長安縣伯。[3]

[1]長史：官名。戰國秦置。爲所在官署的屬官之長。北魏時相府長史總領丞相府事務，置左右二員。不同名號的長史所負職責不同，品秩也不相同。

[2]衛尉卿：官名。東漢魏晋時常作爲衛尉的尊稱。北齊時置爲衛尉寺長官，位列九卿。主管宫殿、京城諸門禁衛，武器、儀仗庫藏。三品。

[3]長安縣伯：封爵名。長安，縣名。治所在今山西太原市。

常與邢卲扈從東山，共論名理。邢以爲人死還生，恐是爲蛇畫足。弼曰："物之未生，本亦無也。無而能有，不以爲疑；因前生後，何獨致怪？"邢云："聖人設教，本由勸奬，故懼以有來，望各遂其性。"弼曰："聖人合德天地，齊信四時，言則爲經，行則爲法，而云以虚示物，以詭勸人，安得使北辰降光，[1]龍宫韞櫝。[2]既如所論，[3]福果可以鎔鑄性靈，弘獎風教，爲益之大，莫極於斯。此即真教，何謂非實？”邢云：“季札言無不之，[4]亦言散盡，若復聚而爲物，不得言無不之也。”弼曰：“骨肉下歸於土，魂氣則無不之，此乃形墜魂游，往而非盡。由其尚有，故云無所不之。若也全無，之將焉適？”邢云：“神之在人，猶光之在燭，燭盡則光窮，人死則神滅。”弼曰：“燭則因質生光，質大光亦大；人則神不係形，形小神不小。故仲尼之智，必不短於長狄；[5]孟德之雄，[6]乃遠奇於崔琰。”[7]其後，別與邢書，前後往復再三，邢理屈而止。文多不載。

[1]北辰：即北極星。代指帝王或受尊崇的人。

[2]龍宮：唯四庫本“宮”作“官。”按：《左傳》昭公十七年作“有龍瑞，故以龍命官”，《資治通鑑》作“魏主珪臨昭陽殿改補百官，……其官名多不用漢魏之舊，倣上古龍官、鳥官，謂諸曹之使爲鳧鴨，取其飛之迅疾也”。　韞（yùn）櫝（dú）：隱没其才不爲世用，或隱藏其才以待時機。

[3]既如所論：中華本校勘記云：“《北齊書》作‘就如所論’，是退一步言之，疑作‘就’是。或‘既’是‘即’之訛。”

[4]季札：人名。春秋時吴國公子。曾歷聘魯齊鄭衛晋諸國，以博聞多識而著稱，爲春秋之賢者。

[5]長狄：本爲古代西北少數民族。借指身材高大的人。

[6]孟德：即曹操。字孟德，沛國譙（今安徽亳州市）人。見《三國志》卷一《魏書·武帝紀》。

[7]崔琰：人名。字季珪，清河東武城（今山東武城縣西北）人。東漢官吏。見《三國志》卷一二《魏書·崔琰傳》。

又以本官行鄭州事，[1]未發，爲家客告弼謀反，案察無實，久乃見原，因此絶朝見。復坐第二子廷尉監臺卿斷獄稽遲，[2]與寺官俱爲郎中封静哲所訟，[3]徙臨海鎮。[4]時楚州人東方白額謀反，[5]鎮爲賊帥張綽、潘天合等所攻，[6]弼率厲城人，[7]終得全固。文宣嘉之，敕行海州事。[8]後除膠州刺史。[9]弼所在清静廉潔，爲吏人懷之。耽好玄理，注《莊子·惠施篇》并《易·上下繫》，名曰《新注義苑》，並行於世。

[1]鄭州：北齊時治潁陰縣，在今河南許昌市。

[2]廷尉監：官名。秦始設。執行具體案件審理，亦參議案例，審理疑獄。北魏孝文帝太和二十三年定爲六品。北齊沿置。

[3]郎中：官名。尚書郎中的省稱。西漢設。分掌尚書各曹。按資歷深淺有不同的稱呼，大體上初任稱郎中。北魏孝文帝太和二十三年之後郎與郎中通稱。北齊略同。

[4]臨海鎮：鎮名。東魏時置於郁洲上。在今江蘇連雲港市東北雲臺山一帶。

[5]楚州：治楚城，在今河南息縣西。　東方白額：人名。南朝梁將領。梁元帝時，於宿豫一帶，招誘邊民，擾亂齊境。後爲齊將段韶所殺。

[6]潘天合：毛本、四庫本、四部備要本作“潘天命”。《北齊書》《通志》同底本。

[7]率厲：亦作“率勵”，率領督促。

[8]海州：北齊時治朐山縣，在今江蘇連雲港市海州鎮。

[9]膠州：北齊時治東武縣，在今山東諸城市。

性質直，在霸朝多所匡正。[1]及文宣作相，致位僚首，初聞揖讓之議，猶有諫言。帝又嘗問弼："治國當用何人？"對曰："鮮卑車馬客，會須用中國人。"帝以爲譏己。高德正居要，[2]不能下之，乃至於衆前面折德正。德正深以爲恨，數言其短。又令主書杜永珍密啓弼在長史日，受人屬，大營婚嫁，帝内銜之。弼恃舊，仍有公事陳請。十年夏，上因飲酒，積其愆失，遣使就州斬之。尋悔，驛追不及。子蕤及遠徙臨海鎮。[3]次子臺卿，先徙東豫州。[4]乾明初，[5]並得還鄴。天統五年，[6]追贈弼開府儀同三司、尚書右僕射。[7]武平元年，[8]又贈驃騎大將軍，[9]謚曰文肅。

[1]霸朝：指魏、晉、南北朝時控制政府，作稱帝準備的權臣的府署。

[2]高德正：人名。一作"德政"，字士貞，勃海蓨（今河北景縣）人。北齊官吏。見《北齊書》卷三〇《高德政傳》。

[3]子蕤及遠徙臨海鎮：中華本校勘記云："《北齊書》無'及'字而有'第四子光'四字。疑此'及'下脱'第四子光'四字。"可從。

[4]東豫州：北齊時治廣陵城，在今河南息縣城關鎮。

[5]乾明：北齊廢帝的年號（560）。

[6]天統：北齊後主的年號（565—569）。

[7]開府儀同三司：三國魏始置。爲大臣加號，謂與三司即太尉、司徒、司空的禮制待遇相同，許開設府署，自辟僚屬。北魏孝文帝太和二十三年定爲從一品。北齊因之。　尚書右僕射：官名。執掌都省庶務及執法，或典選舉。左、右僕射輔助尚書令執行政務，參議大政，諫諍得失。左僕射兼掌糾彈百官，居右僕射上。北魏時爲從二品，北齊因之。

[8]武平：北齊後主的年號（570—576）。

[9]驃騎大將軍：官名。漢光武帝時始設。北魏時位尊於驃騎將軍，僅次於大將軍，高於諸名號大將軍。本不須加“大”，然兩晋將軍名號過濫，遂又增此號。授此職者以權臣元老居多，可開府置僚屬，一般不領兵，戰時統兵出征。位在三公之下，多作大臣加官。北魏孝文帝太和二十三年定爲從一品，北齊因之。

蕤，字子美，學業不如弟臺卿而幹局過之。[1]武平中，位大理少卿，[2]兼散騎常侍、聘陳使主、吏部郎中。[3]隋開皇中，終於開州刺史。[4]

[1]幹局：辦事的才幹器局。

[2]大理少卿：官名。北齊置，掌管刑訴事務，員一人，四品。

[3]使主：官名。北齊時代表國家出使到其他政權的首席使臣的稱呼，一般冠以使命名號，例如聘陳使主、聘周使主等。　吏部郎中：官名。三國魏、蜀始設。北魏時與吏部郎互稱，屬吏部尚書，爲尚書省吏部曹長官，亦稱郎中。主管官吏選任、銓叙、授予、升遷、調動事務，對五品以下官吏任免有建議權。

[4]開州：隋朝時治西流縣，在今重慶開縣西北。

子公贍，仕隋，位安陽令。[1]

[1]安陽：縣名。治所在今河南安陽市。

公贍子之松，大業中，起居舍人。[1]

[1]起居舍人：官名。隋煬帝時始置。爲内史省屬官，負責掌

管記録皇帝日常行動與國家大事，以作爲修史的資料。煬帝大業三年定爲從六品。底本作“起舍人”，餘本作“起居舍人”。今從改。

臺卿，字少山，好學博覽，解屬文。[1]仕齊，位中書、黄門侍郎，[2]修國史。既居清顯，忌害人物。趙彦深、和士開、高阿那肱等親信之。[3]後兼尚書左丞，[4]省中以其耳聾，多戲弄之。下辭不得理者，乃至大罵。臺卿見其口動，謂爲自陳。令史又故不曉喻，訓對往往乖越，聽者以爲嗤笑。及周武平齊，[5]歸鄉里。以《禮記》《春秋》講授子弟。隋開皇初，被徵入朝。臺卿采《月令》，[6]觸類廣之，爲書名《玉燭寶典》十二卷，至是奏之，賜帛二百疋。患耳，不堪吏職，請修國史，拜著作郎。[7]後致仕，終於家。有集十五卷，撰《齊記》二十卷，並行於世。無子。

[1]解屬文：局本作“解屬文武”。

[2]中書：官名。北齊時爲郎官之加官，侍從皇帝於宫門之内，與侍中俱掌門下事。　黄門侍郎：官名。魏晋南北朝時爲侍中省或門下省次官，與侍中俱掌門下衆事，職掌略同，地位隨皇帝旨意或侍中地位而上下。北魏孝文帝太和十七年定爲三品中，二十三年改爲四品上。北齊因之。

[3]和士開：人名。字彦通，清都臨漳（今河北臨漳縣）人。北齊官吏。見《北史》卷九二《和士開傳》。　高阿那肱：人名。一作“高阿那瓌”，善無（今山西右玉縣東南）人。北齊官吏。見《北史》卷九二《高阿那肱傳》。

[4]尚書左丞：官名。北齊時掌臺内庶務、文吏及文案奏章，兼掌監察百官。從四品上。

[5]周武：即北周皇帝宇文邕。武爲其謚號。

[6]月令：《禮記》中的一篇。按照一年十二個月的時令，記述朝廷的祭祀禮儀、職務、法令、禁令，並把它們歸納在五行相生的系統中。

[7]著作郎：官名。三國魏明帝太和中初設，掌修國史及爲皇帝修撰碑誌、祝文、祭文等。歷朝因之。北魏時爲正五品上。北齊時設二人，從五品。隋略同。

房謨，字敬放，河南洛陽人也。[1]其先代人，本姓屋引氏。少淳厚，雖無造次能，而沈深内敏。正光末，歷位昌平、代郡太守，[2]所在著廉惠。及六鎮亂，謨率郡人入九峥山，結壘拒守。時外無救援，乃率所部奔中山。遇鮮于脩禮之亂，[3]朝廷以謨得北邊人情，以爲假燕州事。[4]北轉至幽州南，[5]爲脩禮所執，仍陷葛榮。[6]榮敗，尒朱榮啓授行冀州事。[7]尋除太寧太守。[8]榮死，其黨徵兵，謨不應，前後斬其三使。遣弟毓詣闕，孝莊以毓爲都督，[9]毓弟欽爲行臺，並持節詣謨，[10]同爲經略。

[1]河南：郡名。北魏時治洛陽縣，在今河南洛陽市東北。洛陽：縣名。治所在今河南洛陽市東北。

[2]昌平：郡名。北魏時治昌平縣，在今河北陽原縣東壺流河西岸。　代郡：北魏時治平城，在今山西大同市東北。

[3]鮮于脩禮：人名。丁零族。北魏末河北起義軍首領，後爲部下元洪業所殺。

[4]燕州：北魏時治下洛城，在今河北涿鹿縣涿鹿鎮。

[5]幽州：北魏時治薊縣，在今北京西南。

［6］葛榮：人名。北魏末河北義軍首領。

［7］尒朱榮：人名。字天寶，北秀容（今山西朔州市）人，契胡族。北魏大臣。見《北史》卷四八《尒朱榮傳》。　冀州：北魏時治信都縣，在今河北冀州市。

［8］太寧：郡名。北魏時治隰川縣，在今山西隰縣。

［9］都督：官名。北朝前期爲統率全國或地方兵馬的指揮官，有時爲州郡軍事長官者，兼理民政。後期則爲率領鄉兵、畜牧軍馬的中低級軍官。

［10］持節：自漢起，節爲皇帝號令賞罰的信物，故持節比不持節位高權重。歷朝因之。自西晋起，實際成爲一種加職，在使持節下、假節上。督軍時與使持節同，有權殺二千石以下官員，平時衹能殺無官位之人。

及京都淪覆，爲賊黨建州刺史是蘭安定執繫州獄。[1]蜀人聞謨被囚，並叛。安定於是給謨弱馬，令軍前慰勞。諸賊見謨，莫不遥拜。謨先所乘馬，安定别給將士。戰敗，蜀人得之，謂謨遇害，莫不悲泣。善養其馬，不聽乘騎，兒童婦女，競投草粟，皆言此房公馬也。其結愛人心如此。尒朱世隆聞而嘉之，[2]捨其罪，以爲東北道行臺。[3]及尒朱氏敗，濟州刺史侯景以謨先款附，[4]推謨降首。謨以受眷尒朱，不宜先爲反覆，不從其計。

［1］建州：北魏時治高都城，在今山西晋城市東北高都鎮。　是蘭安定：人名。其餘不詳。

［2］尒朱世隆：人名。字榮宗，北秀容（今山西朔州市）人，契胡族。北魏末大臣。見《北史》卷四八《尒朱榮附尒朱世隆

傳》。

［3］東北道行臺：官名。總管東北軍事區域的行政事務（參張鶴泉《東魏、北齊時期的“道”探討》，《史學集刊》2008 年第 3 期）。

［4］濟州：北魏時治碻磝城，在今山東茌平縣西南。

神武入洛，再遷潁川太守。魏孝武帝入關，[1]神武以謨忠貞，遣其弟毓爲大使，持節勞問。時軍國未寧，徵發煩速，至有數使同徵一物，公私勞擾。謨請事遣一使，下自催勒，朝廷從之。徵爲丞相右長史，[2]以清直甚被賞遇。謨悉心盡力，知無不爲。前後賜其奴婢，率多免放，神武後賜其生口，[3]多黥面爲房字而付之。神武討關右，以謨兼大行臺左丞，長史如故，總知府省務。天平三年，[4]行定州事。請在左右，拾遺補闕，固不肯行，神武責而罷之。

［1］孝武：即北魏皇帝元脩。孝武爲其謚號。

［2］丞相右長史：官名。北魏時爲丞相府屬官，掌顧問參謀，主管行營事務。

［3］生口：奴隸。

［4］天平：東魏孝静帝的年號（534—537）。

未幾，出爲兗州刺史。[1]謨選用廉清，廣在恩信，僚屬守令，有犯必知，雖號細密，百姓安之。轉徐州刺史。[2]始謨在兗州，彭城慕其政化，及爲刺史，合境欣悦。謨爲政如在瑕丘。[3]先是，當州兵皆僚佐驅使，飢寒死病，動至千數。謨至，皆加檢勒，不令煩擾，以休假番代洗沐，督察主司，親自檢視。又使傭賃，令作衣服，終歲還家，無不温飽，全濟甚多。時梁、魏和好，使人入其界者，咸稱歎之。神武與諸州刺史書，叙謨及廣平太守羊敦、廣宗太守竇瑗、平原太守許季良等清能，[4]以爲勸勵。謨曾啓神武，以天下未寧，宜降婚勳將，收將士心，深見納。魏朝以河南數州，鄉俗絹濫，退絹一疋，徵錢三百，人庶苦之。謨乃表請錢絹兩受，任人所樂，朝廷從之。徵拜侍中，[5]監國史。謨無他材學，每求退身，不許。尋兼吏部尚書，加衛大將軍。[6]以子子遠罪，解官。久之，詔復本將軍，起爲大丞相左長史。

[1]兖州：東魏時治瑕丘縣，在今山東兖州市。

[2]徐州：東魏時治彭城縣，在今江蘇徐州市。

[3]瑕丘：縣名。治所在今山東兖州市東北。

[4]廣平：郡名。東魏時治曲梁城，在今河北永年縣東南。羊敦：人名。字元禮，太山鉅平（今山東泰安市）人。東魏官吏。見《北史》卷三九《羊祉附羊敦傳》。　廣宗：郡名。東魏時治廣宗縣，在今河北威縣東南。　竇瑗：人名。字世珍，遼西陽洛（今河北撫寧縣）人。東魏官吏。見《北史》卷八六《竇瑗傳》。　平原：郡名。東魏時治聊城縣，在今山東聊城市東北。　許季良：人名。即許惇。字季良，高陽新城（今河北高碑店市）人。北齊官吏。見《北史》卷二六《許彦附許惇傳》。

[5]侍中：官名。爲門下省長官。負責切問近對，拾遺補缺。北魏時常總典機密，受遺詔輔政，權任尤重，時號“小宰相”。孝文帝太和十七年定爲從一品中，二十三年改爲三品。北齊因之。

[6]衛大將軍：官名。十六國時後燕置。爲高級武官，地位在

衛將軍之上。北魏孝文帝太和十七年定爲一品下，位在儀同三司之下，二十三年定爲二品。北齊因之。

後除晉州刺史，[1]加驃騎大將軍，又攝南汾州事。[2]先時境接西魏，土人多受其官，爲之防守。至是，酋長、鎮將及都督、守、令前後降附者三百餘人，謨撫接殷勤，人樂爲用。爰及深險胡夷，咸來歸服。謨常以己禄物，充其饗賚，[3]文襄嘉之，聽用公物。西魏懼，乃增置城戍。慕義者，自相糾合，擊破之。自是龍門已北，[4]西魏戍皆平。文襄特賜粟千石、絹二百疋，班示天下。卒於州，州府相帥贈物及車牛，妻子遵其遺志，拒而不納。謨寡嗜慾，貞白自守；然内營家産，足爲富贍，不假官俸，是以世稱清白。贈司空，謚曰文惠。

[1]晉州：東魏時治白馬城，在今山西臨汾市。

[2]南汾州：東魏時治定陽縣，在今山西吉縣西南。

[3]饗賚：宴請與饋贈。

[4]龍門：郡名。東魏置，治龍門縣，在今山西河津市東南。

謨與子結婚盧氏，謨卒後，盧氏將改適他姓。有平陽廉景孫者，[1]少厲志節，以明經舉郡孝廉，爲謨所重，至是訟之，臺府不爲理。乃持繩詣神廟前北面大呼曰："房謨清吏，忠事高祖，及其死也，妻子見陵。[2]神而有知，當助申之。今引決，訴於地下。"便以繩自經於樹。衛士見之，救解送所司。朝廷哀其至誠，命女歸房族。

[1]平陽：郡名。北齊時治平陽縣，在今山西臨汾市東北。

[2]陵：通“凌”。欺壓、凌辱。

謨前妻子子遠險薄，謨甚嫌之，不以爲子例。[1]時以謨爲後妻盧氏所譖，神武亦以責謨。謨陳其惡。神武弗信，自收恤之，令與諸子同學，久乃令還。後與任胄等謀殺神武，[2]事發，神武歎曰：“知子莫若父，信哉！”因上言房謨、鄭述祖、李道璠三家，[3]理宜從法，竊以謨立身清白，履行忠謹；鄭仲禮、嚴祖庶兒，[4]晚始收拾；李世林生自外養，屬絶本宗。三人特乞罪止一房，魏帝許焉。及謨卒，子廣嗣。廣弟恭懿。

[1]不以爲子例：毛本、殿本、四庫本、四部備要本作“不以爲子列”。按：“例”與“列”當爲字形相近而訛。

[2]任胄：人名。廣寧（今河北涿鹿縣）人。東魏官吏。見《北史》卷五三《任祥附任胄傳》。

[3]鄭述祖：人名。字恭文，滎陽開封（今河南開封市）人。東魏官吏。見《北史》卷三五《鄭羲附鄭述祖傳》。　李道璠：人名。即李璵。字道璠，隴西成紀（今甘肅秦安縣）人。東魏官吏。見《北史》卷一〇〇《涼武昭王李暠附李璵傳》。

[4]鄭仲禮：人名。滎陽開封（今河南開封市）人。東魏官吏。見《北史·鄭羲附鄭仲禮傳》。　嚴祖：即鄭嚴祖，人名。鄭道昭子。北魏、東魏大臣。見《北史·鄭羲附鄭嚴祖傳》。

恭懿，字慎言，沈深有局量，達於從政。仕齊，歷平恩令、濟陰太守，[1]並有能名。齊亡，不得調。後預尉遲迥亂，[2]廢于家。隋開皇初，吏部尚書蘇威舉爲新豐令，[3]政爲三輔最。[4]上聞而嘉之，賜物四百段。以所得賜，分給窮乏。未幾，復賜米三百石，又振貧人。上聞止之。時雍州諸縣令，[5]每朔朝謁，上必呼恭懿至榻前，訪以化下之術。威又薦之，歷澤、德二州司馬。[6]盧愷復奏其政美，[7]上甚異之，復賜以帛。諸州朝集，稱爲勸勵之首，[8]以爲"上天宗廟之所祐助，豈朕寡薄能致？朕即拜爲刺史，卿等宜師之"。乃下詔褒美，因授海州刺史。[9]

[1]平恩：縣名。北齊時治斥漳城，在今河北曲周縣東南。 濟陰：郡名。北齊時治左城，在今山東曹縣西北。

[2]尉遲迥：人名。字薄居羅，代（今山西大同市東北）人。西魏、北周重臣。見《北史》卷六二《尉遲迥傳》。

[3]蘇威：人名。字無畏，京兆武功（今陝西武功縣西北）人。北周、隋朝官吏。見《北史》卷六三《蘇綽附蘇威傳》。 新豐：縣名。治所在今陝西西安市東北新豐鎮。

[4]三輔：地區名。西漢時於京畿之地所設京兆尹、左馮翊、右扶風的合稱。治所皆在長安城中，轄境相當於今陝西中部。後世政區劃分雖時有變動，習慣上仍稱這一地區爲"三輔"。

[5]雍州：隋朝時治長安縣，在今陝西西安市西北。

[6]澤：州名。隋朝時治丹川縣，在今山西晉城市東北。 德：州名。隋朝時治安德縣，在今山東陵縣。

[7]盧愷：人名。字長仁，范陽涿（今河北涿州市）人。北周、隋朝官吏。見《北史》卷三〇《盧柔附盧愷傳》。

[8]諸州朝集稱爲勸勵之首：源氏校勘記云："'諸州'至'之首'，文不連續，恐有缺文。按《隋書》作'因謂諸州朝集使曰'。"可從。

［9］海州：隋朝時治朐山縣，在今江蘇連雲港市西南。

未幾，國子博士何妥奏恭懿尉遲迥之黨，[1]威、愷曲相舉薦。上大怒，恭懿竟放嶺南。未幾徵還，至洪州卒。[2]論者冤之。

［1］國子博士：官名。晋武帝時置，主要職責爲教授國子學的學生。隋朝時置五人，正五品上。　何妥：人名。字栖鳳，西城（今陝西安康市西北）人。隋朝官吏、學者。見《北史》卷八二《何妥傳》。

［2］洪州：隋朝時治豫章縣，在今江西南昌市。

張纂，字徽纂，代郡平城人也。[1]初事尒朱榮，又爲尒朱兆長史，[2]使於神武，遂被顧識。及相州城拔，[3]參丞相軍事，封武安縣伯。[4]累遷神武行臺右丞。[5]從征玉壁，[6]大軍將還山東，[7]至晋州忽遇寒雨，士卒饑凍有死者。州以邊禁，不聽入城。時纂爲别使，遇見，輒令開門内之，分寄人家，給其火食，多所全濟。神武聞而善之。

［1］平城：在今山西大同市東北。

［2］尒朱兆：人名。字萬仁，北秀容（今山西朔州市）人，契胡族。北魏大臣。見《北史》卷四八《尒朱榮附尒朱兆傳》。

［3］相州：北魏時治鄴城，在今河北臨漳縣西南鄴鎮。

［4］武安縣伯：封爵名。武安，縣名。治所在今河北武安市西南。

［5］行臺右丞：官名。爲大行臺屬官，職掌同尚書右丞。

[6]玉壁：城名。在今山西稷山縣西南。

[7]山東：地區名。太行山以東。

纂性便僻，事神武二十餘歲，通傳教令，甚見親賞。文宣時，卒於護軍將軍。[1]

[1]護軍將軍：官名。亦省稱爲護軍。漢獻帝時始設。北魏沿置，掌監護諸軍、武官選拔考核及部分中軍兵，屬大將軍府。屬官有長史、司馬、功曹、主簿等。孝文帝太和二十三年定爲從三品。北齊因之。

張亮，字伯德，西河隰城人也。[1]初事尒朱兆，兆奔秀容，[2]左右皆密通誠款，唯亮獨無啓疏。及兆敗，竄於窮山，令亮及倉頭陳山提斬己首以降，[3]皆不忍。兆乃自縊於樹，亮因伏屍哭。神武嘉歎之，授丞相府參軍，[4]漸見親待，委以書記之任。天平中，爲文襄行臺郎中，典七兵事。[5]雖爲臺郎，常在神武左右。遷右丞。[6]

[1]西河：郡名。北魏時治兹氏城，在今山西汾陽市城區。隰城：縣名。治所在今山西汾陽市。

[2]秀容：縣名。治所在今山西忻州市北。

[3]陳山提：人名。潁川（今河南許昌市）人。北周外戚。見《北史》卷一四《宣皇后陳氏傳》。

[4]參軍：官名。東漢末車騎將軍幕府置爲僚屬，掌參謀軍務。南北朝時王、公、將軍府、都水臺以及諸州多置爲僚屬，品秩自六品至九品不等，皆由朝廷除授。

［5］七兵：尚書省七兵曹及其長官的省稱。三國魏置五兵尚書，謂中兵、外兵、騎兵、別兵、都兵。晋又分中、外兵各爲左右，但尚書仍置五兵。至北魏時始有七兵尚書。

［6］右丞：官名。行臺右丞的省稱。

高仲密之叛，與大司馬斛律金守河陽。[1]周文帝於上流放火船，欲燒河橋。亮乃備小艇百餘，皆載長鎖，鎖頭施釘，火船將至，即馳小船，以釘釘之，引鎖向岸，火船不得及橋。橋全，亮之計也。後自太中大夫拜幽州刺史。[2]薛琡嘗夢亮於山上挂絲，[3]以告亮，且占之曰："山上絲，幽字也，君其爲幽州乎。"數月而驗。累遷尚書右僕射、西南道行臺。

［1］大司馬：官名。漢武帝始置。居三公之上、三師之下，開府置僚屬，多爲大臣加官，然無具體職司。北魏孝文帝太和二十三年定爲第一品。　斛律金：人名。本名敦，後改名爲金，字阿六敦，朔州（今山西朔州市）敕勒部人。北齊將領。見《北史》卷五四《斛律金傳》。　河陽：縣名。治所在今河南孟州市西南。

［2］太中大夫：官名。侍從皇帝左右，顧問應對，參謀議政，奉詔出使，多以寵臣貴戚充任。東魏、北齊時爲從三品。

［3］薛琡：人名。本姓叱干氏，字曇珍，郡人。北魏、東魏官吏。見《北史》卷二五《薛彪子附薛琡傳》。　挂絲：毛本、殿本、四庫本、四部備要本、《北齊書》卷二五作"持絲"，《通志》《太平寰宇記》《太平御覽》《册府元龜》作"挂絲"。

亮性質直，勤力强濟，深爲神武、文襄信委。然少風格，好財利，久在左右，不能廉潔。及歷數州，咸有黷貨之號。天保初，[1]别封安定縣男，[2]位中領軍。[3]卒，贈司空。

[1]天保：北齊文宣帝的年號（550—559）。

[2]安定縣男：封爵名。西晋設男爵，北魏時正式定爲爵級，在縣子之下，鄉男之上，階第五品。北齊、北周因之，品秩、位次不一。安定，縣名。治所在今甘肅涇川縣北。

[3]中領軍：官名。漢獻帝建安中曹操改領軍置，與中護軍共同掌管禁軍。北齊時爲從二品。

時霸府又有趙起、徐遠者，並見任委。

起，廣平人，[1]性沈謹。神武頻以爲相府騎兵二局，[2]典兵馬十餘載。至文宣即位，累遷大鴻臚卿。[3]雖歷九卿、侍中，常以本官監兵馬，出内居腹心寄，與二張相亞。武平中，卒於師，[4]贈都督、滄州刺史。[5]

[1]廣平：郡名。北魏時治曲梁城，在今河北永年縣東南。

[2]騎兵：官署名。尚書省騎兵曹的省稱。三國魏設，掌馬軍。以郎官爲主官。歷朝因之。東魏時則由丞相府騎兵曹主馬軍，北齊時由騎兵省主之。此兩機構亦可以此簡稱之。隋則統入兵部。

[3]大鴻臚卿：官名。秦始設，歷代沿置。東魏、北齊時掌管接待少數民族賓客、朝會以及吉凶禮儀等事務。北齊時爲三品。

[4]武平中卒於師：《北齊書》作“天統初，轉太常卿，食琅邪郡幹。二年，除滄州刺史，加六州都督。武平中，卒於官”。按：北齊後主武平年間衹有陳將吴明徹進攻淮南這一戰事，但是上下文並没有提及戰事，此處言“卒於師”，文意不合。當從《北齊書》。

[5]滄州：北齊時治饒安縣，在今河北鹽山縣西南。

遠，廣寧人，[1]爲丞相騎兵參軍事，[2]深爲神武所知。累遷東楚州刺史，[3]政有恩惠。郭邑大火，城人亡產業，遠躬自赴救，對之流涕，仍爲經營，皆得安立。卒於衛尉卿。起、遠前書並有傳，更無異迹，今附此云。

[1]廣寧：郡名。北魏時治涿鹿縣，在今河北涿鹿縣西。

[2]騎兵參軍事：官名。爲騎兵曹長官。北魏孝文帝太和二十三年定爲從六品上。北魏、北齊時丞相府、諸公、將軍府置。

[3]東楚州：東魏時治宿豫縣，在今江蘇宿遷市東南。

張曜，字靈光，上谷昌平人也。[1]少貞謹。韓軌爲御史劾，[2]州府僚佐及軌左右以贓挂網者百餘人，唯曜以清白免。天保初，賜爵都鄉男，[3]累遷尚書右丞。[4]文宣曾近出，令曜居守。帝夜還，曜不時開門，勒兵嚴備。帝駐蹕門外久之，催迫甚急。曜以夜深，須火至面識，門乃可開。於是獨出見帝。帝笑曰："卿欲效郅君章也？"[5]乃使曜前開門，然後入。嗟賞之，賜以錦綵。大寧初，[6]遷秘書監。[7]

[1]上谷：郡名。北齊時治居庸縣，在今北京延慶縣東。　昌平：縣名。治所在今北京昌平區西南。

[2]韓軌：人名。字伯年，太安狄那（今山西壽陽縣西）人。東魏官吏。見《北史》卷五四《韓軌傳》。　御史：官名。侍御史的省稱。西漢時爲御史大夫屬官。北魏時侍御史除分曹治事外，亦奉命監國，督察巡視州郡，收捕官吏，宣示詔命等。頗重其選，必以對策高第者補之，置侍御史八人。北魏孝文帝太和二十三年定爲

從七品。東魏、北齊因之。

[3]都鄉男：封爵名。都鄉，具體位置不詳。

[4]尚書右丞：官名。東漢始設。北魏時爲尚書省佐官，位次尚書，與左丞共掌尚書省庶務，率諸都令史監督彈劾諸尚書曹、督録近道文書章奏；監察彈劾百官、分管本省庫藏廬舍、督録遠道州郡文書章奏，凡士兵百工名籍、内外庫藏穀帛、刑獄訴訟、户籍、行政區劃等文書奏事皆屬之。孝文帝太和十七年定爲四品中，二十三年定爲從四品。北齊因之。

[5]郅君章：人名。即郅惲。字君章，汝南西平（今河南西平縣）人。東漢官吏。因剛正不阿、直言上書而聞名。見《後漢書》卷二九《郅惲傳》。

[6]大寧：北齊武成帝的年號（561—562）。

[7]秘書監：官名。北魏時爲秘書省主官，掌古今圖書，考校文字異同，領著作省。孝文帝太和十七年定爲三品。北齊因之。

曜歷事累世，奉職恪勤，咸見親待，未嘗有過。每得禄賜，輒散之宗族。性節儉率素，車服飲食，取給而已。好讀《春秋》，月一遍，時人比之賈梁道。[1]趙彦深嘗謂之曰："君研尋《左氏》，豈求杜、服繆邪？"[2]曜曰："何爲其然乎？《左氏》之書，備敘言事，惡者可以自戒，善者可以庶幾。故勵己温尋，非欲詆訶古人得失也。"

[1]時人比之賈梁道：毛本作"時人北之賈梁道"。《北齊書》卷二五、《通志》卷一五四、《太平御覽》卷六一〇作"時人比之賈梁道"。按：當爲字形相近而訛。中華本校勘記云："張森楷云：'按治《春秋》者是賈景伯之賈逵，非賈梁道之賈逵，原文已誤。'"可從。賈逵，字景伯，扶風平陵（今陝西咸陽市西北）人。

東漢經學家、天文學家。見《後漢書》卷三六《賈逵傳》。

［2］左氏：書名。即《春秋左氏傳》，又名《左氏春秋》《春秋左氏》，簡稱《左傳》。相傳是春秋末年魯國的左丘明爲《春秋》做注解的一部史書，與《公羊傳》《穀梁傳》合稱“春秋三傳”，也是中國第一部叙事詳細的編年體史書。　杜：指杜預。字元凱，京兆杜陵（今陝西西安市長安區東）人。西晋政治家、軍事家、學者。　服：指服虔。字子慎，河南滎陽（今河南滎陽市）人。東漢經學家。

天統元年，奏事，暴疾，僕於御前。武成下坐臨視，呼不應。帝泣曰："失我良臣也。"旬日卒，贈尚書右僕射，謚曰貞簡。

王峻，字巒嵩，靈丘人也。[1]明悟有幹略。歷事神武、文襄，爲相府佐，賜爵北平男，[2]除營州刺史。[3]營州地接邊賊，數爲人患。峻至州，遠設斥候，[4]廣置疑兵，賊不敢發，合境獲安。[5]先是，刺史陸士茂詐殺室韋八百餘人，[6]因此朝貢遂絶。至是，峻要其行路，大破之。虜其酋帥，厚加恩禮，放遣之。室韋遂獻誠款，朝貢不絶，峻有力焉。蠕蠕主菴羅辰東徙，[7]峻設伏大破之，於此遁走。歷位尚書。

［1］靈丘：郡名。治所在今山西靈丘縣。

［2］北平男：封爵名。北平，縣名。治所在今河南方城縣東南。

［3］營州：東魏時治龍城縣，在今遼寧朝陽市。

［4］斥候：偵察兵。

［5］廣置疑兵賊不敢發合境獲安：《北齊書》卷二五作“廣置疑兵，每有賊發，常出其不意要擊之，賊不敢發，合境獲安”。

［6］室韋：族名。一説是鮮卑的同名異譯。源出東胡，爲北魏至唐、遼時居今内蒙古呼倫貝爾盟及其周圍地區原始部落的統稱。南北朝時分爲五部。見《北史》卷九四《室韋傳》。

［7］蠕蠕：族名。亦稱柔然，本爲東胡的一支，屬拓跋部。南北朝時始强大，活動於今蒙古國南部地區，以游牧爲生。見《北史》卷九八《蠕蠕傳》。　菴羅辰：人名。阿那瓌之子，爲柔然第二十位可汗。數次與北齊發生戰事。

河清中，[1]位南道行臺，坐違格私度禁物，并盜截軍糧，有司定處斬刑，家口配没。詔決鞭一百，除名配甲坊，[2]蠲其家口。武平初，卒於侍中，贈司空。

［1］河清：北齊武成帝的年號（562—565）。

［2］甲坊：製造鎧甲的作坊。底本、《北齊書》卷二五、《通志》卷一五四作“甲坊”，殿本、四部備要本作“里坊”。據本書卷五六“但帝先重收才，不欲加罪。時太原王松年亦謗史，及斐、庶並獲罪，各被鞭配甲坊，或因以致死”，《資治通鑑》卷一六五“帝怒，於是（盧）裴、（李）庶及尚書郎中王松年皆坐謗史，鞭二百，配甲坊”，當從底本。

王紘，字師羅，太安狄那人也。[1]父基，頗讀書，有智略。初從葛榮，與周文帝相知。及周文據關中，神武遣基與長史侯景同往焉。周文留基不遣，後乃逃歸。歷南益、北豫二州刺史，[2]所歷皆好聚斂，然性和直，吏人不甚怨苦。後爲奴所害，贈吏部尚書。

［1］太安：郡名。北魏僑置。治所在今山西壽陽縣。　狄那：

縣名。北魏僑置，治所在今山西壽陽縣西。

[2]南益：州名。治所不詳。　北豫：州名。東魏孝静帝天平初復置，治虎牢城，在今河南滎陽市西北。

紘善騎射，愛文學，性敏捷。年十三，見揚州刺史太原郭元貞，[1]撫其背曰："讀何書？"曰："誦《孝經》。"曰："《孝經》云何？"曰："在上不驕，爲下不亂。"元貞曰："吾豈驕乎？"紘曰："君子防未萌，亦願留意。"元貞稱善。十五，隨父在北豫州，行臺侯景與人論掩衣法爲當左右。尚書敬顯雋曰："孔子云：'微管仲吾其被髮左衽'。以此言之，右衽應是。"紘進曰："國家龍飛朔野，[2]雄步中原，五帝異儀，三王殊制，掩衣左右，何足是非？"景奇其早慧，賜以名馬。興和中，[3]文襄召爲庫直、奉朝請。[4]文襄遇禍，紘冒刃捍禦。以忠節，進爵平春縣男。[5]

[1]揚州：東魏時治壽春縣，在今安徽壽縣。　太原：郡名。北魏、東魏時治晋陽縣，在今山西太原市晋源區古城營村一帶。郭元貞：人名。東魏官吏。孝静帝武定末，爲定州驃騎府長史。後遷揚州刺史。

[2]朔野：北方荒野之地。

[3]興和：東魏孝静帝的年號（539—542）。

[4]奉朝請：官名。西漢始設。北魏時爲冗散官，有俸無職。孝文帝太和十一年置二百人，十七年定爲六品下，二十三年改爲從七品。東魏、北齊時負責諫諍進納，屬集書省，從七品。

[5]平春縣男：封爵名。平春，縣名。治仁順城，在今河南信陽市。

頗爲文宣所知，爲領左右都督。[1]帝嘗與左右飲酒，[2]曰："快哉大樂！"紘曰："亦有大苦。"帝曰："何苦？"紘曰："長夜荒飲，不悟國破，是謂大苦。"帝默然。後責紘曰："爾與紇奚舍樂同事我兄，舍樂死，爾何不死？"紘曰："君亡臣死，自是常節，但賊豎力薄，[3]故臣不死。"帝使燕子獻反縛之，[4]長廣王捉頭，[5]帝手刃將下。紘呼曰："楊遵彥、崔季舒逃難，[6]位至僕射、尚書；冒危效命之士，翻見屠戮。曠古未有此事。"帝投刃於地曰："王師羅不得殺。"遂舍之。

[1]領左右都督：官名。北魏始置，北齊沿置。爲領左右府的次官，侍衛皇帝左右。品秩未詳。

[2]帝嘗與左右：底本無"帝"字，中華本校勘記云："諸本脱'帝'字，據《北齊書》卷二五《王紘傳》補。"今從改。

[3]但賊豎力薄：底本作"堅"，中華本校勘記云："諸本'豎'作'堅'，《北齊書》云：'但賊豎力薄斫輕，故臣不死。'按'堅'顯爲'豎'之訛，今據改。"今從改。

[4]燕子獻：人名。字季則，廣漢下洛（今河北涿鹿縣）人。西魏、北周官吏。見《北史》卷四一《燕子獻傳》。

[5]長廣王：封爵名。即北齊武成帝高湛。長廣，郡名。北齊時治黄縣中郎城，在今山東龍口市東。

[6]崔季舒：人名。字叔正，博陵安平（今河北安平縣）人。東魏、北齊官吏。見《北齊書》卷三二《崔挺附崔季舒傳》。

後拜驃騎大將軍。武平初，加開府儀同三司。上言突厥與周男女來往，[1]必相影響，南北寇邊，宜爲之備。

五年，[2]陳人寇淮南，封輔相議討之。[3]紘曰："若復出頓江、淮，[4]恐北狄西寇，乘弊而來。莫若薄賦省徭，息人養士，使朝廷協睦，遐邇歸心，征之以仁義，鼓之以道德，天下皆當肅清，豈直江南僞陳而已。"高阿那肱謂衆曰："從王武衛者南席。"衆皆同焉。尋兼侍中，聘周。使還即正。未幾卒。

[1]突厥：族名。先世源於丁零、鐵勒。南北朝時由葉尼塞河遷居至阿爾泰山，後由阿爾泰山遷居至蒙古。見《北史》卷九九《突厥傳》。　男女來往：婚姻往來。

[2]五年：中華本校勘記云："按本書卷八《齊後主紀》記此事於武平四年，《陳書》卷五《宣帝紀》在太建五年（即齊武平四年），這裏作'五年'誤。"

[3]封輔相：人名。北齊將領。歷任儀同三司、武衛大將軍。北齊後主武平七年，周武帝率軍攻齊晋州，其與賀拔伏恩等投周，拜上柱國、封郡公。武帝平并州，以其爲朔州總管。

[4]頓：止宿，屯駐。

紘好著述，作《鑒誡》二十四篇。

敬顯儁，字孝英，平陽太平人也。[1]少英俠，從神武信都義舉，[2]歷位度支尚書。神武攻鄴，顯儁督造土山，以功封永安縣侯。[3]出内多歷顯官，所在著名。河清中，卒於兗州刺史。

[1]平陽：郡名。北魏時治平陽縣，在今山西臨汾市東北。底本作"陽平"，中華本校勘記云："諸本'平陽'誤倒，據《北齊書》卷二六《敬顯儁傳》及《金石萃編》卷三〇《敬史君（即顯

傷）碑》乙。”今從改。　太平：縣名。治所在今山西山陰縣東南。

[2]信都：縣名。治所在今河北冀州市。

[3]永安縣侯：封爵名。永安，縣名。治所在今山西霍州市。

子長瑜，武成時爲廣陵太守，[1]多所受納，刺史陸駿將表劾之。[2]以貨事和士開，以書屏風詐爲長瑜獻，武成大悦。駿表尋至，遂不問焉。遷合州刺史，[3]陷於陳，卒。子德亮，齊亡後，負屍歸。

[1]廣陵：郡名。東魏孝静帝興和中析東豫州置，治宋安縣，在今河南息縣。

[2]陸駿：人名。字雲驪，鮮卑族。北魏官吏。見《北史》卷二八《陸俟附陸卬傳》。

[3]合州：北齊時治汝陰縣，在今安徽合肥市西。

德亮，隋開皇中，卒於尚書郎。

平鑒，字明達，燕郡薊人也。[1]祖延，魏安平太守。[2]父勝，安州刺史。[3]

[1]燕郡：北魏時治薊縣，在今北京西南。　薊：縣名。治所在今北京西南。

[2]安平：郡名。北魏時治端氏縣，在今山西沁水縣東北。

[3]安州：北魏時治方城，在今河北隆化縣隆化鎮。

鑒少聰敏，受學於徐遵明，[1]受《詩》《禮》於弘農楊文懿，[2]通大義，不爲章句。[3]雅有豪俠氣。孝昌末，見天下將亂，乃之洛陽，與慕容儼以客騎馬爲業，[4]兼習弓矢。鑒性巧，夜則胡畫，[5]以供衣食。俄奔尒朱榮，榮大奇之。以軍功，累遷襄州刺史。[6]神武起兵信都，鑒棄州自歸，即授本官。

[1]徐遵明：人名。字子判，華陰（今陝西渭南市）人。北魏經學家。南北朝時"北學"的代表人物之一。見《北史》卷八一《徐遵明傳》。

[2]弘農：郡名。北魏時治陝城，在今河南三門峽市。

[3]章句：剖章析句，指一種解經説義的方式。

[4]慕容儼：人名。字恃德，清都成安（今河北成安縣）人，鮮卑族。東魏、北齊將領。見《北史》卷五三《慕容儼傳》。

[5]胡畫：古代的一種博戲。

[6]襄州：北魏時治北平縣，在今河南方城縣東南。

文襄輔政，封西平縣伯，[1]遷懷州刺史。[2]鑒奏請於州西故軹關道築城，[3]以防西軍，從之。尋西魏將楊摽來攻。[4]時新築之城，糧仗未集。素乏水，南門内有大井，隨汲即竭。鑒具衣冠，俯井而祝，至旦而井泉湧溢，有異於常，合城取足，揚示敵人。將士既睹非常，勇氣自立。楊摽敗，以功進開府儀同三司。累遷揚州刺史。其妻生男，鑒因喜酣醉，擅免境内囚，誤免關中細作二人。[5]醒而知之，上表自劾。文宣特原其罪，賜犢百頭、羊二百口、酒百石，令作樂。

[1]西平縣伯：封爵名。西平，縣名。治所在今河南西平縣西。

[2]懷州：東魏時治野王縣，在今河南沁陽市。

[3]軹關：在今河南濟源市西。關當孔道，因曰軹關。形勢險

峻，自古爲用兵之地。

[4]尋西魏將楊摽來攻：底本“西”作“而”，中華本校勘記云：“諸本‘西’作‘而’，《北齊書》卷二六《平鑒傳》作‘而西’二字，《通志》卷一五四《平鑒傳》作‘西’。按‘而’乃‘西’之訛，今從《通志》改。”今從改。楊摽，人名。又作“楊擲”，字顯進，正平高凉（今山西稷山縣東南）人。西魏、北周將領。見《北史》卷六九《楊擲傳》。

[5]細作：間諜、探子。

河清二年，重拜懷州刺史。時和士開使求鑒愛妾阿劉，即送之。仍謂人曰：“老公失阿劉，與死何異？要自爲身計，不得不然。”後卒於都官尚書，[1]贈司空，謚曰文。

[1]都官尚書：官名。南北朝設，爲尚書省諸尚書之一。南朝宋領都官、水部、庫部、功論等曹事務，階第三品。齊、梁、陳因之，職掌略同，品秩不一。北魏時此職仿宋制，兼掌殿中執法。北齊時統都官、二千石、比部、水部、膳部諸曹事務，階第三品。

子子敬嗣，輕險無賴，姦穢所至，禽獸不若。隋開皇中，爲晋州行參軍，[1]爲并州總管秦王所殺。[2]

[1]行參軍：官名。三國蜀置。由諸府主辟召之參軍。分掌府内各曹事務。歷朝因之。官秩隨朝代不同及府主地位高低而不一。

[2]并州：隋朝時治晋陽，在今山西太原市晋源區古城營村一帶。　總管：官名。北周明帝武成元年由都督諸州軍事改名，爲地方高級軍政官員。加使持節，管理轄區軍政民政。所轄區域增減無

常，一般轄數州，多者可達數十州。隋及唐初因之。　秦王：封爵名。此代指楊俊。字阿祇，隋文帝第三子。文帝開皇元年立爲秦王。見《隋書》卷四五《秦孝王俊傳》。

唐邕，字道和，太原晋陽人也。其先自晋昌徙焉。[1]父靈芝，魏壽陽令，[2]邕貴，贈司空公。

[1]晋昌：郡名。魏時治龍亭縣，在今陝西洋縣東。

[2]壽陽：縣名。治所在今山西壽陽縣北。

邕少明敏，有材幹。初直神武外兵曹，[1]以幹濟見知，擢爲文襄大將軍督護。[2]文襄崩，事出倉卒，文宣部分將校，[3]鎮壓四方，夜中召邕支配，造次便了。帝甚重之。天保初，稍遷給事中，[4]兼中書舍人，[5]封廣漢鄉男。及從征奚虜，[6]黄門侍郎袁猛舊典騎兵事，至是爲割配遲留，鞭杖一百，仍令邕監騎兵事，以猛賜邕。文宣頻年出塞，邕必陪從，專掌兵機，承受敏速。自軍吏已上勞效由緒，[7]無不諳練，占對如響。[8]或御前簡閱，邕多不執文簿，唱官名未嘗謬誤。七年，於羊汾堤講武，[9]令邕總爲諸軍節度。事畢，仍監宴射之禮。[10]親執其手，引至太后前，坐於丞相斛律金上。啓太后云："邕一人當千。"仍别賜錢綵。邕非唯强濟明辯，亦善揣上意，是以委任彌重。帝嘗白太后云："邕手作文書，口且處分，耳又聽受，實是異人。"一日中六度賜物。又嘗解所服青鼠皮裘賜邕云："朕意在與卿共弊。"[11]除兼給事黄門、中書舍人。[12]文宣嘗登并州童子佛寺望并州城,[13]曰:“此何等城?”或曰:“金城湯池,天府之國。”帝云:“我謂唐邕是金城,此非也。”後謂邕云:“高德正妄説卿短,而薦主書郭敬,朕已殺之。卿劬勞既久,欲除卿作州,頻敕楊遵彦求堪代卿者,如卿實不可得,所以遂停。”文宣或切責侍臣云:“觀卿等,不中與唐邕作奴!”其愛遇如此。

[1]外兵曹:官署名。諸公、軍府僚屬諸曹之一。西晋末司馬睿始置於丞相府,東晋南北朝諸公、軍府沿置。設參軍掌其事。高歡爲東魏丞相時,相府外兵曹掌全國軍隊之政令。

[2]擢爲文襄大將軍督護:《北齊書》卷四〇作“擢爲世宗大將軍府參軍”。大將軍,官名。戰國楚懷王時始置。北魏孝文帝太和二十三年定爲第一品。東魏、北齊時爲名譽職銜,作爲加授給大臣、重要州郡長官的戎號。凡加戎號者可開府。督護,官名。兩晋南北朝置。州郡以及鎮防之所皆置,掌管兵事,地位較低,但隸屬於將軍府者地位較高。

[3]部分:部署,安排。

[4]給事中:官名。北齊時屬集書省,掌諫議獻納,置員六十人,爲從六品上。

[5]中書舍人:官名。亦稱中書通事舍人。三國魏始置,歷朝因之。北魏末、北齊時爲中書省屬官,掌呈奏表。北齊時爲六品上。

[6]奚:東北古族名。源出東胡,爲鮮卑宇文部後裔(一説源於匈奴)。本稱庫莫奚,後簡稱奚。見《北史》卷九四《奚傳》。

[7]由緒:來歷,來由。

[8]占對如響:對答迅速,像回聲一樣快。占對,應對,對答。

[9]羊汾堤:地名。在北齊鄴都西,今河北臨漳縣西南。

[10]宴射:古射禮之一。聚飲習射稱宴射。

[11]共弊：亦作“共敝”。典出《論語·公冶長》：“子路曰：‘願車馬，衣輕裘，與朋友共，敝之而無憾。’”謂甘願始終共享車馬衣裘等物。後用爲同甘共苦的典實。

[12]給事黄門：官名。東漢始設。東魏、北齊時爲侍中省或門下省次官，與侍中俱掌門下省事務，負責侍從皇帝左右，與侍中共同參議政事，職任顯要，但是地位隨皇帝旨意或侍中地位而上下變化。北齊時置六員，四品。

[13]童子佛寺：位於今山西太原市西南二十公里龍山。爲名僧宏禮禪師於北齊文宣帝天保七年創建。

孝昭作相，[1]署相府司馬。[2]皇建元年，[3]除給事黄門侍郎。大寧元年，除大司農卿。[4]河清元年，突厥入寇，遣邕驛赴晋陽，纂集兵馬。在路聞虜將逼，邕斟酌事宜，改敕，更促期會，由此兵士限前畢集。後拜侍中、并州大中正、護軍將軍。[5]從武成幸晋陽，帝至武軍驛，[6]因醉責虞候都督范洪，[7]將殺之。邕諫，以爲若非酒行戮，族誅人無所怨；假實有大罪，因酒殺人，恐招横議。洪因得免死。邕又以軍人教習田獵，依令十一月，[8]月别三圍，以爲疲弊，請每月兩圍。又奏河陽、晋州，與周連境，請於河陽、懷州、永橋、義寧、烏藉各徙六州軍人并家，[9]立軍府安置，以備機急之用。帝並從之。未幾，出爲趙州刺史，[10]侍中、護軍、大中正悉如故。謂曰：“朝臣未有帶侍中、護軍、中正臨州者，以卿舊勳，故有此舉。放卿百餘日休息，至秋間，當即召。”邕政頗嚴酷，然抑挫豪强，公事甚理。尋除中書監，[11]仍侍中，遷尚書右僕射。

[1]孝昭：即北齊皇帝高演。孝昭爲其謚號。

[2]相府司馬：官名。相府屬官，掌相府軍事。東魏時大丞相由高氏父子擔任，掌握實權，因此丞相府屬僚的地位尊崇。四品。

[3]皇建：北齊孝昭帝的年號（560—561）。

[4]大司農卿：官名。大司農的尊稱。漢武帝時改大農令置。北魏、北齊時負責倉儲園苑及供膳事務。北魏孝文帝太和二十三年定爲三品，北齊因之。

[5]大中正：官名。魏晋南北朝時期負責評定士人品第的官員。即將當地士人按才能品德，參照門第分成九品，供吏部選用。此職多由世家大族世代相襲。北魏時，大中正無品無禄，但犯罪時可當刑罰。北齊時規定州大中正須由京官擔任，各州大中正爲五品。

[6]武軍驛：驛站名。在今山西潞城市。

[7]虞候都督：官名。主要掌偵察、巡邏等。品命不詳。

[8]十一月：底本、《通志》卷一五四、《册府元龜》卷四一三作“十一月”，毛本、殿本、四庫本、局本、四部備要本、《北齊書》卷四〇作“十二月”。

[9]永橋：城名。在今河南武陟縣西。　義寧：縣名。治所在今山西安澤縣北。　烏藉：地名。確址不詳。

[10]趙州：北齊時治廣阿縣，在今河北隆堯縣東。

[11]中書監：官名。東魏、北齊時爲中書省長官之一，掌納奏、擬詔、出令，然權歸中書舍人，監、令名爲長官，品秩升高，多用作重臣加官，時人視爲閑職。北齊時爲從二品。

武平初，坐斷事阿曲，爲御史所劾，除名。久之，以舊恩，復除將軍、開府，累遷尚書令，[1]封晋昌王。[2]高思好構逆，[3]令邕赴晋陽監勒諸軍。事平，録尚書事。[4]屬周師攻洛陽，右丞相高阿那肱赴援，邕配割不甚從允，那肱譖之，由是被疏。七年，車駕將幸晋陽，敕斛律孝卿總騎兵,[5]事多自決。邕恃舊,一旦爲孝卿所輕,鬱怏形於辭色。帝從平陽敗後,狼狽歸鄴,邕懼那肱譖愬,恨孝卿輕己,遂留晋陽,與莫多婁敬顯等樹安德王爲帝。[6]尋降周,邕依例授上開府儀同大將軍。[7]再遷户部,轉少司馬,[8]封安福郡公,[9]遷鳳州刺史。[10]隋開皇初,卒。

[1]尚書令:官名。秦始設。魏晋以來,總掌全國行政。東晋南北朝時,如設有録尚書事,則尚書令職權往往在其下。品秩不一,雖多低於三公,但多數情况下爲實際上的丞相。北齊時爲二品。

[2]晋昌王:封爵名。晋昌,郡名。北齊時治龍亭縣,在今陝西洋縣東。

[3]高思好:人名。本名思孝,北齊文宣帝時改名思好,高思宗之養弟。北齊將領。見《北史》卷五一《上洛王思宗附高思好傳》。

[4]録尚書事:官名。東漢始置。北魏、北齊時爲尚書省長官,總領尚書省政務,尚書令、僕射爲其副貳,職權甚重,多以公卿權重者居之,負責綜理政務,總知國事。隋廢。

[5]斛律孝卿:人名。太安(今山西壽陽縣)人。北齊大臣。見《北史》卷五三《斛律羌舉附斛律孝卿傳》。

[6]莫多婁敬顯:人名。太安狄那(今山西壽陽縣西)人,羌族。北齊官吏。見《北史》卷五三《莫多婁貸文附莫多婁敬顯傳》。　安德王:封爵名。安德,郡名。北齊時治安德縣,在今山東陵縣東南。

[7]上開府儀同大將軍:官名。北周武帝建德四年置,位在開府儀同大將軍之上。主要授予有軍功或北齊的降官,爲勳官的第五等,無具體職掌。北周時爲九命。

[8]少司馬：官名。小司馬上大夫的省稱。西魏、北周置。爲夏官府大司馬的屬官，協助大司馬卿管理全國的軍務以及官員的遷調。正六命。

[9]安福郡公：封爵名。安福，郡名。北周時治廣福縣，在今湖北安福縣。

[10]鳳州：北周時治梁泉縣，在今陝西鳳縣東北。

邕性識明敏，在齊一代，典執兵機。是以九州軍士，四方勇募，强弱多少，番代往還，器械精粗，糧儲虛實，精心勤事，莫不諳知。自大寧以來，奢侈糜費，比及武平之末，府藏漸虛，邕支度取捨，大有裨益。然既被任遇，意氣漸高，其未經府寺陳訴起覽辭牒，[1]條數甚多，俱爲憲臺及左丞彈劾，並御注放免。司空從事中郎封長業、太尉記室參軍平濤並爲徵官錢違限，[2]邕各杖背三十。齊時宰相，未有撾撻朝士，至是，大駭物望。

[1]其未經府寺陳訴起覽辭牒：源氏校勘記云："'起'《北齊》作'越'。爲是。"中華本校勘記云："《北齊書》卷四〇《唐邕傳》'起'作'越'。按'起覽'無義，'越覽'即未經陳訴，超越府寺而收攬辭牒之意。'覽'與'攬'通。'起'疑是'越'之訛。"可從。

[2]司空從事中郎：官名。亦稱從事中郎。西漢始設，歷代沿置。爲軍府僚屬，與長史共主府中事務。北齊時爲第五品。　封長業：人名。勃海蓨（今河北景縣）人，封津兄子。東魏、北齊官吏。　太尉：官名。秦置。漢光武帝時與太師、司徒並稱三公，列三公之首。北魏時爲名譽宰相，多爲大臣加官。孝文帝太和二十三

年後爲第一品。北齊因之。　記室參軍：官名。西晋始設。北魏、北齊時爲諸開府、公府、軍府的記室曹長官，掌文書表奏。品級自七品至九品不等。

三子：長子君明，開府儀同三司，開皇初，卒於應州刺史。[1]次子君徹，中書舍人，隋戎、順二州刺史，[2]大業中，卒於武賁郎將。[3]少子君德，以邕降周，伏法。

[1]應州：隋朝時治應山縣，在今湖北廣水市。

[2]戎：州名。隋朝時治僰道縣，在今四川宜賓市西南。　順：州名。隋朝時治厲城縣，在今湖北隨州市北。

[3]武賁郎將：官名。亦稱虎賁郎將。《北史》避唐高祖祖父李虎諱改。隋煬帝大業三年，改十二衛護軍置，爲正四品。

齊朝因神武作相，丞相府外兵、騎兵曹，分掌兵馬。及受禪，諸司咸歸尚書，唯此二曹不廢，令唐邕、白建主之，謂之外兵省、騎兵省。後邕、建位望轉隆，各置省主，令中書舍人分判二省事，故世稱唐、白云。

白建，字彦舉，太原陽邑人。[1]初入大丞相府任騎兵曹，典文帳，[2]明解書計，[3]爲同局所推。天保末，兼中書舍人。孝昭輔政，除大丞相騎兵參軍。[4]河清二年，除員外散騎常侍，[5]仍舍人。三年，突厥入境，代、忻二牧，悉是細馬，[6]合數萬疋，在五臺山北柏谷中避賊。賊退，敕建送馬定州，付人養飼。建以馬瘦，違敕以便宜從事。戎馬無損，建有力焉。武平末，歷位尚書、特進、侍中、中書令，封高昌郡公。[7]父長命，贈開府儀同三司、都官尚書。

［1］陽邑：縣名。治所在今山西太谷縣東南。

［2］文帳：公文案卷。

［3］書計：指六藝中的書數之學。

［4］騎兵參軍：官名。省稱騎兵。西晋末司馬睿丞相府始置爲僚屬，爲騎兵曹長官。東晋諸公、將軍府置，南朝沿置。北魏至唐稱騎兵參軍事。北齊時諸公、將軍府置，從六品上至從七品上。

［5］員外散騎常侍：官名。三國魏末始設，歷代沿置。初爲正員之外添差之散騎常侍，無員數，後爲散騎省屬官。北齊時置二十員，爲正五品。

［6］細馬：駿馬。

［7］高昌郡公：封爵名。虚封。高昌，郡名。東魏孝静帝武定中僑置，屬南廣州。治高陽縣，在今河南襄城縣。

建雖無他才伎，勤於在公，以温柔自處。與唐邕俱以典執兵馬，致位卿相。諸子幼弱，俱爲州郡主簿；［1］男女婚嫁，皆得勝流。卒，贈司空。

［1］主簿：官名。漢朝中央及州郡官府均置，典領文書以及賬簿圖籍等，經辦事務。北魏、北齊時諸將軍、五校尉等軍府、列卿寺監、光禄大夫等皆置，其品位秩級隨府長官而不等。州、郡、縣亦置。

元文遥，字德遠，河南洛陽人也。魏昭成皇帝六世孫也。［1］五世祖常山王遵。［2］父晞，有孝行，父卒，廬於墓側而終。文遥貴，贈特進、開府儀同三司、中書監，謚曰孝。

［1］昭成皇帝：即拓拔什翼犍。昭成爲其謚號，北魏道武帝拓跋珪所追謚。　六世孫：中華本校勘記云："張森楷云：'按《魏書》卷一五《昭成子孫傳》，言遵是昭成子壽鳩之子，則是昭成孫也，遵既爲五世祖，豈得爲昭成六世孫？"六"當爲"七"之誤。'"可從。

［2］常山王：封爵名。常山，郡名。北魏時治真定縣安樂壘，在今河北正定縣南。　遵：即元遵，人名。北魏宗室、大臣。見《北史》卷一五《常山王遵傳》。

文遥敏慧夙成，濟陰王暉業每云："此子王佐才也。"[1]暉業常大會賓客，時有人將《何遜集》初入洛，[2]諸賢皆贊賞之。河間邢卲試命文遥誦之，[3]幾遍可得？文遥一覽便誦，時年始十餘歲。[4]濟陰王曰："我家千里駒，今定如何？"邢云："此殆古來未有。"起家員外散騎侍郎。[5]遭父喪，服闋，除太尉東閤祭酒。[6]以天下方亂，遂解官侍養，隱於林慮山。[7]

［1］濟陰王：封爵名。濟陰，郡名。北魏時治左城，在今山東曹縣西北。　暉業：即元暉業，人名。字紹遠。東魏、北齊大臣。見《北史》卷一七《濟陰王小新成附元暉業傳》。

［2］何遜集：南朝梁何遜撰。王僧孺曾集其文爲八卷，《隋書·經籍志》著録七卷。南宋時僅存二卷（參《何遜集》三卷，中華書局1980年版）。

［3］河間邢卲試命文遥誦之：底本"河"上有"召"字，中華本校勘記云："諸本'河'上有'召'字，《通志》卷一五四《元

文遥傳》有‘王召’二字，《北齊書》卷三八（補）《元文遥傳》無‘召’字。按上言元暉業大會賓客，邢卲即賓客之一，何須另召？‘召’字衍文，今據删。”今從改。河間，郡名。北魏時治武垣縣，在今河北河間市南。

[4]時年始十餘歲：《册府元龜》卷二七四作“時年十歲”。

[5]員外散騎侍郎：官名。爲正員之外添差之散騎侍郎，爲閑散之職，用以安置閑退人員、衰老人士。北魏時用來授予南朝北奔人士，地位等同於吏部郎。孝文帝太和二十三年定爲七品上。

[6]東閤祭酒：官名。爲東西閤祭酒之一。北魏、北齊時爲諸公府、從公府屬官，掌閤内文翰。後諸王府、軍府等亦設。北齊時三師、二大、三公府皆置。北魏孝文帝太和二十三年定爲七品上，北齊因之。

[7]林慮山：亦名隆慮山，在今河南林州市西。

武定中，文襄徵爲大將軍府功曹。齊受禪，於登壇所授中書舍人，宣傳文武號令。楊遵彦每云：“堪解穰侯印者，[1]必在斯人。”後忽中旨幽執，[2]竟不知所由。如此積年。文宣後自幸禁獄，執手愧謝，親解所著金帶及御服賜之，即日起爲尚書祠部郎中。[3]孝昭攝政，除大丞相府功曹，[4]參典機密。及踐祚，除中書侍郎，[5]封永樂縣伯，[6]參軍國大事。及帝大漸，[7]與平秦王歸彦、趙郡王叡等同受顧託，[8]迎立武成。武成即位，任遇轉隆，歷給事黄門侍郎、散騎常侍、侍中、中書監。天統二年，詔特賜姓高氏，籍屬宗正，[9]子弟依例，歲時入廟朝祀。再遷尚書左僕射，[10]進封寧都郡公，[11]仍侍中。

[1]穰侯：即魏冄。戰國時秦國大臣，楚人。秦昭王母宣太后

異父弟。昭王年幼即位，太后臨朝，魏冄任相國，封於穰（今河南鄧州市東南），號穰侯。在任專横獨斷，後被罷免，不久死於定陶。見《史記》卷七二《穰侯列傳》。

［2］中旨：皇帝的詔諭。　幽執：囚禁。

［3］尚書祠部郎中：官名。亦稱祠部郎。北魏、北齊時爲祠部曹主官，掌祭祀禮儀。北魏孝文帝太和二十三年定爲第六品，北齊因之。

［4］除大丞相府功曹：底本“大”上無“除”字，源氏校勘記在“大”上補“除”字，中華本校勘記云：“諸本無‘除’字，《北齊書》有，《通志》作‘遷’。按無‘除’或‘遷’字，文義不明，今從《北齊書》補。”今從改。

［5］中書侍郎：官名。又稱中書郎，爲中書省副主官。掌起草書疏表檄，五品。歷朝因之。南朝時漸成清閑之職，成爲起家官。

［6］永樂縣伯：封爵名。永樂，縣名。治所在今河北滿城縣西北。

［7］大漸：病危。

［8］平秦王：封爵名。平秦，郡名。北齊時治雍縣，在今陝西鳳翔縣東南。　歸彦：即高歸彦，人名。字仁英，勃海蓨（今河北景縣）人。東魏、北齊將領。見《北史》卷五一《平秦王歸彦傳》。　趙郡王：封爵名。趙郡，北齊時治平棘縣，在今河北趙縣。　叡：即高叡，人名。小名須拔，勃海蓨（今河北景縣）人。東魏、北齊大臣。見《北史》卷五一《趙郡王琛附高叡傳》。

［9］宗正：官名。掌管皇族事務。北朝時定名大宗正，官署名爲大宗正寺。

［10］尚書左僕射：官名。爲尚書令副貳。北朝時列位宰相，職掌都省庶務及執法，或典選舉，兼掌糾彈百官。北齊時爲從二品。

［11］寧都郡公：封爵名。寧都，郡名。治寧都縣，在今陝西紫陽縣西北。

文遥歷事三主，[1]明達世務，每臨軒大集，[2]多令宣敕，號令文武，聲韻高朗，發吐無滯。然探測上旨，時有委巷之言，故不爲知音所重。齊因魏，宰縣多用厮濫，至於士流，耻居百里。[3]文遥以縣令爲字人之切，[4]遂請革選。於是密令搜揚貴游子弟，[5]發敕用之。猶恐其披訴，總召集神武門，[6]令趙郡王叡宣旨唱名，厚加慰喻。士人爲縣，自此始也。既與趙彦深、和士開同被任遇，雖不如彦深清貞守道，又不爲士開貪淫亂政，在於季孟之間。[7]然性和厚，與物無競，故時論不在彦深之下。初，文遥自洛遷鄴，唯有地十餘頃，家貧，所資衣食。魏之將季，宗姓被侮，有人冒相侵奪，文遥即以與之。及貴，此人尚在，乃將家逃竄。文遥大驚，追加慰撫，還以與之，彼人愧而不受。彼此俱讓，遂爲閑田。

[1]文遥歷事三主：底本“主”作“王”，中華本校勘記云：“諸本‘主’訛作‘王’，據《北齊書》《通志》改。”今從改。

[2]臨軒大集：皇帝親臨大朝會。臨軒，皇帝不坐正殿而御前殿。殿前堂陛之間近檐處兩邊有檻楯，如車之軒，故稱。

[3]百里：借指縣令。

[4]字人：撫治民人。

[5]搜揚：訪求薦拔。　貴游子弟：王公貴族未仕的子弟。

[6]神武門：即神虎門。《北史》避唐高祖祖父李虎諱改。

[7]在於季孟之間：底本無“在”字，中華本校勘記云：“諸本脱‘在’字，據《北齊書》《通志》補。”今從之。季孟之間，指在季、孟兩者之間，謂比上不足，比下有餘。典出《論語·微子》：“齊景公待孔子曰：‘若季氏，則吾不能；以季孟之間待之。’”季、

孟爲春秋魯國三家大貴族中勢力最大的季氏和勢力最弱的孟氏。

至後主嗣位，趙郡王叡、婁定遠等謀出和士開，[1]文遥亦參其議。叡見殺，文遥由是出爲西兖州刺史。[2]詣士開别，士開曰："處得言地，使元家兒作令僕，深負朝廷。"既言而悔，仍執手慰勉之。猶慮文遥自疑，用其子行恭爲尚書郎，以慰其心。士開死，自東徐州刺史徵入朝，[3]竟不用，卒。

[1]婁定遠：人名。代郡平城（今山西大同市東北）人。北齊官吏。見《北史》卷五四《婁昭附婁定遠傳》。

[2]西兖州：北齊時治左城，在今山東定陶縣西南。

[3]東徐州：北齊時治下邳城，在今江蘇睢寧縣古邳鎮北側。

行恭美姿貌，有父風，兼俊才。位中書舍人，待詔文林館。[1]齊亡，與陽休之等十八人同入關，[2]稍遷司勳下大夫。[3]隋開皇中，位尚書郎，坐事徙瓜州而卒。[4]行恭少頗驕恣，文遥令與范陽盧思道交游。[5]文遥嘗謂思道云："小兒比日微有所知，是大弟之力。然白擲劇飲，[6]甚得師風。"思道答云："六郎辭情俊邁，自是克荷堂構。[7]而白擲劇飲，亦天性所得。"

[1]文林館：官署名。北齊置，掌著作及校理典籍，兼教授生徒。

[2]齊亡與陽休之等十八人同入關：底本無"與"字，中華本校勘記云："諸本脱'與'字，據《通志》補。又諸本'關'字作

‘闕’，《北齊書》（南、殿二本）作‘關’，《通志》亦作‘關’。按‘闕’乃‘關’之訛，今據改。”今從改。陽休之，人名。字子烈，北平無終（今天津薊縣）人。北魏、東魏、北齊官吏。見《北史》卷四七《陽尼附陽休之傳》。

［3］司勳下大夫：官名。北周置，爲夏官府司勳司次官。輔助司勳中大夫掌管六勳之賞，以功論賞。正四命。

［4］瓜州：隋朝時治敦煌縣，在今甘肅敦煌市西。

［5］盧思道：人名。字子行，小字釋奴，范陽涿（今河北涿州市）人。北齊、北周、隋朝官吏。見《北史》卷三〇《盧玄附盧思道傳》。

［6］白擲劇飲：痛飲，豪飲。

［7］堂構：比喻子承父業。

行恭弟行如，亦聰慧早成。武平末，著作佐郎。[1]

［1］著作佐郎：官名。三國魏置。協助著作郎修撰國史及起居注。北齊時爲七品。

趙隱，字彦深，自云南陽宛人，[1]漢太傅喜之後。[2]高祖父難爲齊州清河太守，[3]有惠政，遂家焉。清河後改爲平原，故爲平原人也。隱避齊廟諱，[4]改以字行。父奉伯，仕魏，位中書舍人，行洛陽縣令。彦深貴，贈司空。

［1］南陽：郡名。北魏時治宛縣，在今河南南陽市。　宛：縣名。治所在今河南南陽市。

［2］太傅：官名。西周置。東漢時與太師、太保並號三師，位居太師下、太保上，爲輔弼君王的大臣。一品。　喜：即趙憙，人

名。字伯陽，南陽宛（今河南南陽市）人。東漢官吏。見《後漢書》卷二六《趙憙傳》。

[3]齊州：北魏時治歷城縣，在今山東濟南市。　清河：郡名。北魏時治清河縣，在今山東臨清市東北。

[4]避齊廟諱：指避齊神武帝高歡六世祖高隱名諱。

彦深幼孤貧，事母甚孝。年十歲，曾候司徒崔光。[1]光謂賓客曰："古人觀眸子以知人，此人當必遠至。"性聰敏，善書計，安閑樂道，不雜交游，爲雅論所歸服。[2]昧爽，[3]輒自掃門外，不使人見，率以爲常。

[1]崔光：人名。本名孝伯，字長仁，東清河鄃（今山東淄博市）人。北魏官吏、文學家。見《北史》卷四四《崔光傳》。

[2]雅論：高雅的輿論。

[3]昧爽：拂曉、黎明。

初爲尚書令司馬子如賤客，[1]供寫書。子如善其無誤，欲將入觀省舍。[2]隱靴無氈，衣帽穿弊，子如給之。用爲書令史，[3]月餘，補正令史。[4]神武在晋陽，索二史，子如舉彦深。後拜子如開府參軍，超拜水部郎。[5]及文襄爲尚書令攝選，[6]沙汰諸曹郎，隱以地寒，被出爲滄州别駕，[7]辭不行。子如言於神武，[8]徵補大丞相功曹參軍，專掌機密。文翰多出其手，稱爲敏給。神武曾與對坐，遣造軍令，以手捫其額曰："若天假卿年，必大有所至。"每謂司徒孫騰曰："彦深小心恭慎，曠古絶倫。"

[1]賤客：下等門客。

[2]省：指尚書省。

[3]書令史：官名。魏晋南北朝皆設。爲令史之一種，掌抄行署文書，品秩不一。東魏、北齊時爲從八品下。

[4]正令史：官名。三國魏置。秦漢官署中置令史，掌文書。三國魏、晋、南北朝沿置，稱正令史，職位高於書令史。

[5]超拜：超級升授官職。　水部郎：官名。亦稱水部郎中，資深者稱侍郎。尚書水部曹長官。北魏孝文帝太和二十三年皆稱郎中，定爲六品，仍可通稱爲郎。東魏因之。

[6]及文襄爲尚書令攝選：底本"攝選"作"攝令選"，中華本校勘記云："諸本'攝'下有'令'字。按本書卷六《齊文襄紀》，高澄以天平元年爲尚書令，元象元年攝吏部尚書。所謂'攝吏部尚書'，即是'攝選'。此當時專用語，如本卷《馮子琮傳》，言子琮'以尚書右僕射攝選'。'攝'下'令'字衍文，今删。"今從改。

[7]别駕：官名。别駕從事、别駕從事史的省稱。秩輕職重，位居州吏之上，與治中從事史同爲州的高級署吏，事無不統。魏晋、北朝前期，别駕例用本州人，由刺史自辟，後期漸由朝廷任命。北齊時定司州别駕從四品上，上州爲正六品上，中州爲從六品上，下州爲正七品上。

[8]子如言於神武：毛本作"子如言於成武"，《北齊書》卷三八、《通志》卷一五四、《册府元龜》卷四六八作"子如言於神武"。按：神武帝時，無"成武"稱號。今從底本。

及神武崩，秘喪事，文襄慮河南有變，仍自巡撫，乃委彦深後事，轉大行臺都官郎中。臨發，握手泣曰："以母弟相託，幸得此心。"既而内外寧静，彦深之力。及還發喪，深加褒美，乃披郡縣簿爲選，封安國縣伯。[1]從征潁川，時引水灌城，城雉將没，西魏將王思政猶欲死戰。文襄令彦深單身入城告喻，即日降之，便手牽思政出城。文襄大悦。先是文襄謂彦深曰："吾昨夜夢獵，遇一群豕，吾射，盡獲之。獨一大豕不可得，卿言當爲吾取，須臾獲豕而進。"至是，文襄笑曰："夢驗矣。"即解思政佩刀與彦深曰："使卿常獲此利。"

[1]安國縣伯：封爵名。安國，縣名。治所在今河北安國市東南。

文宣嗣位，仍典機密，進爵爲侯。天保初，累遷秘書監。以爲忠謹，每郊廟，[1]必令兼太僕，[2]執御陪乘。轉大司農。帝或巡幸，即輔贊太子知後事。出爲東南道行臺尚書、徐州刺史。[3]爲政尚恩信，爲吏人所懷。多所降下，所營軍處，士庶追思，號趙行臺頓。文宣璽書勞勉，徵爲侍中，仍掌機密。

[1]郊廟：天子祭天地與祖先。

[2]太僕：官名。西周始設，亦稱爲大僕、太僕卿。負責管理天子車輿馬匹，傳達王命。北魏孝文帝太和定爲三品。北齊因之。

[3]出爲東南道行臺尚書：底本無"出"字，中華本校勘記云："諸本脱'出'字，據《北齊書》卷三八（補）《趙彦深傳》補。"今從改。行臺尚書，官名。北魏末爲行臺屬官，分曹理事。在未設行臺尚書令或行臺僕射時，仍爲行臺長官。北齊沿置。

河清元年，進爵安樂公。[1]累遷尚書左僕射、齊州大中正，監國史，遷尚書令，位特進，封宜陽王。[2]武平二年，拜司空。爲祖珽所間，出爲西兗州刺史。四年，徵爲司空，轉司徒。丁母憂，尋起爲本官。七年六月，暴疾薨，時年七十。

[1]安樂公：封爵名。安樂，郡名。北齊時治安樂縣故城，在今河北承德縣東北老牛河之東。

[2]宜陽王：封爵名。宜陽，郡名。北齊時治宜陽縣，在今河南宜陽縣西。

彦深歷事累朝，常參機近，温柔謹慎，喜怒不形於色。自皇建以還，禮遇稍重，每有引見，或升御榻，常呼官號而不名也。凡諸選舉，[1]先令銓定，提獎人物，皆行業爲先，輕薄之徒，弗之齒也。孝昭既執朝權，群臣密多勸進，彦深獨不致言。孝昭嘗謂王晞云：[2]“若言衆心皆謂天下有歸，何不見彦深有語?”晞以告，彦深不獲已，陳請。其爲時重如此。常遜言恭己，未嘗以驕矜待物，所以或出或處，去而復還。

[1]凡諸選舉：毛本、殿本、四庫本、四部備要本作“凡諸選貢”。按：《北齊書》卷三八、《通志》卷一五四、《册府元龜》卷六二〇作“凡諸選舉”。今從底本。

[2]王晞：人名。小名沙彌，字叔朗，北海劇（一説今山東昌樂縣西，一説今山東壽光市東南）人。北齊官吏。見《北史》卷二四《王憲附王晞傳》。

母傅氏，雅有操識。彦深三歲，傅便孀居，家人欲以改適，自誓以死。彦深五歲，傅謂之曰：“家貧兒小，何以能濟?”彦深泣而言曰:“若天哀矜,兒大當仰報。”傅感其意,對之流涕。及彦深拜太常卿,[1]還,不脱朝服,先入見母,跪陳幼小孤露,蒙訓得至於此。母子相泣久之,然後改服。後爲宜陽國太妃。[2]

[1]太常卿:官名。北魏時爲太常的尊稱,亦稱樂卿。北齊時爲太常寺長官,掌管宗廟祭祀禮樂,三品。

[2]宜陽國太妃:封號。宜陽,郡名。北齊時治宜陽縣,在今河南宜陽縣西。

彦深有七子,仲將知名。沈敏有父風,温良恭儉,雖妻子亦未嘗怠慢,終日儼然。學涉群書,善草隸,雖與弟書,書字楷正。云:“草不可不解,若施之於人,即似相輕易;若當家卑幼,又恐其疑所在宜爾。是以必須録筆。”彦深乞轉萬年縣子授之,[1]位給事黄門侍郎、散騎常侍。隋開皇中,位吏部郎,終於安州刺史。[2]

[1]萬年縣子:封爵名。萬年,縣名。治所在今北京昌平區西南。

[2]安州:隋朝時治安陸縣,在今湖北安陸市。

齊朝宰相,善始令終唯彦深一人。然諷朝廷以子叔堅爲中書侍郎,頗招物議。時馮子琮子慈明、祖珽子君信並相繼居中書,[1]故時語云:“馮、祖及趙,穢我鳳池。”[2]然叔堅身才最劣。

[1]君信：即祖君信，人名。范陽遒（今河北淶水縣北）人。北齊、北周、隋朝官吏。見《北史》卷四七《祖瑩附祖君信傳》。

[2]鳳池：即鳳凰池。禁苑中池沼。魏晋南北朝時設中書省於禁苑，掌管機要，接近皇帝，故以此稱中書省。

赫連子悦，字士欣，僭夏赫連勃勃之後也。[1]神武起兵時，爲濟州别駕，[2]勸刺史侯景赴神武。後除林慮太守。[3]文襄往晋陽，由郡境，問所不便。悦云："臨水、武安，[4]去郡遥遠，山嶺重疊。若東屬魏郡，[5]則地平路近。"文襄笑曰："卿徒知便人，不覺損幹。"悦答曰："所言者人所疾苦，不敢以私潤負公心。"文襄善之，乃敕依事施行。自是人屬近便，行路稱之。

[1]僭夏：對十六國夏政權的蔑稱。　赫連勃勃：人名。又名赫連屈丐。十六國時夏君主。見《北史》卷九三《赫連屈丐傳》。

[2]濟州：北魏時治碻磝城，在今山東茌平縣西南。

[3]林慮：郡名。北魏時治林慮縣，在今河南林州市。

[4]臨水：縣名。治所在今河北磁縣。　武安：縣名。治所在今河北武安市西南。

[5]若東屬魏郡：殿本、四庫本、四部備要本作"若更屬魏郡"。按，《北齊書》卷四〇、《通志》卷一五四、《日知録》卷八作"若東屬魏郡"。今從底本。魏郡，北魏時治鄴縣，在今河北臨漳縣西南鄴鎮。

天保中，爲揚州刺史。[1]先是城門早閉晚開，廢於農作。子悦到，乃命以時開閉，人吏便之。累遷鄭州刺史，[2]政爲天下之最。入爲都官尚書。鄭州人馬子韶、崔孝政等八百餘人，請立碑頌德，有詔許焉。加位開府，歷行北豫州事，[3]兼吏部尚書。子悦在官，唯以清勤自守，既無學術，又闕風儀，人倫清鑒，去之彌遠，一旦居銓衡之首，大招物議。由是除太常卿，兼侍中，聘周使主，卒。

[1]天保中爲揚州刺史：中華本校勘記云："按《墓誌集釋·赫連子悦墓誌》言子悦曾爲陽州刺史，而無爲揚州的記載。疑此'揚'爲'陽'之訛。陽州見《魏書·地形志中》，即宜陽。地接西魏，故城門早閉晚開。"可從。

[2]鄭州：北齊時治潁陰縣，在今河南許昌市。

[3]北豫州：北齊時治虎牢城，在今河南滎陽市西北。

子仲章，中書舍人。

馮子琮，字子琮，長樂信都人，北燕主馮弘之後也。[1]祖嗣興，相州刺史。父靈紹，尚書郎、太中太夫。子琮貴，贈開府儀同三司。

[1]馮弘：人名。字文通，長樂信都（今河北冀州市）人。十六國時北燕君主。見《北史》卷九三《馮跋附馮弘傳》。

子琮性識聰敏，爲外祖滎陽鄭伯猷所異。[1]初襲爵滎陽縣子。[2]齊天保初，改爲長安縣男。[3]皇建初，爲尚書駕部郎中，[4]攝庫部。[5]孝昭曾閱簿領，試令口陳。子琮闇對無有遺失。時梁丞相王琳歸國，[6]孝昭詔子琮觀其形勢。琳即與赴鄴，甚見嘉賞。子琮妻，胡皇后妹也，[7]故詔與胡長粲輔導太子。[8]後轉太子中庶子。[9]

［1］滎陽：郡名。北魏時治滎陽縣，在今河南滎陽市東北。鄭伯猷：人名。滎陽開封（今河南開封市）人。北魏官吏。見《北史》卷三五《鄭羲附鄭伯猷傳》。

［2］滎陽縣子：封爵名。滎陽，縣名。治所在今河南滎陽市東北。

［3］長安縣男：封爵名。長安，縣名。治所在今山西太原市。

［4］尚書駕部郎中：官名。亦稱駕部郎。爲尚書省駕部曹長官。掌管車輿畜牧事務。北魏孝文帝太和二十三年定爲六品，北齊時爲六品上。

［5］庫部：官署名。魏晋南北朝尚書省諸曹之一。多設郎（郎中）爲長官，掌軍械製造、保管之政。或説魏晋隸度支尚書。北魏前期設尚書、令、郎中、少卿、弩庫曹下大夫等職，及内廷派駐的給事中、給事等，孝文帝改制，改爲郎曹，以郎中爲長官，隸度支尚書。北齊沿置。

［6］王琳：人名。字子珩，會稽山陰（今浙江紹興市）人。南朝梁將領、外戚。見《北齊書》卷三二《王琳傳》。

［7］子琮妻胡皇后妹也：底本"妹"作"姊"，中華本校勘記云："諸本'妹'作'姊'，《北齊書》卷四〇（補）《馮子琮傳》作'妹'。按下文云：'子琮太后妹夫'，則作'妹'是，今據改。"今從改。胡皇后，即北齊武成帝高湛的皇后。見《北史》卷一四《武成皇后胡氏傳》。

［8］胡長粲：人名。安定臨涇（今甘肅鎮原縣東南）人。北齊官吏、外戚。見《北史》卷八〇《胡國珍附胡長粲傳》。

［9］太子中庶子：官名。北齊時屬門下坊，爲太子侍從，員四人，四品。

天統元年，武成禪位後主，謂子琮曰："少君左右，宜得正人，以卿心存正直，今以後事相委。"再遷散騎常侍，奏門下事。尋兼并省祠部尚書。[1]後與胡長粲有隙，武成深誡之曰："脣亡齒寒，勿復如此。"武成在晋陽，既居舊殿，少帝未有别所，詔子琮監造大明宫。[2]成，帝怪其不宏麗，子琮曰："至尊幼承大業，欲令敦儉，以示萬邦。兼此北連天闕，不宜崇峻。"帝稱善。又詔子琮監議五禮，[3]與趙郡王叡分争異同，略無降下，大爲識者所鄙。

[1]祠部尚書：官名。東晋始置，南北朝沿置。北齊時領祠部、主客、虞曹、屯田、起部五曹郎。與尚書右僕射不並置。闕祠部尚書時，以尚書右僕射兼攝祠部事；闕尚書右僕射時，亦常置祠部尚書兼右僕射事。三品。

[2]大明宫：位於北齊陪都晋陽，在今山西太原市。

[3]五禮：古代的五種禮制，即吉禮、凶禮、軍禮、賓禮、嘉禮。

及武成崩，和士開秘喪三日。子琮問其故。士開引神武、文襄初崩，並秘不舉喪，至尊年少，恐王公貳，欲追集，然後與詳議。時趙郡王叡先預帷幄之謀，子琮素知士開忌叡及領軍婁定遠，[1]恐其矯遺詔出叡外任，奪定遠禁衛權，因答云："大行，[2]神武之子，今上又是先皇傳位，群臣富貴，皆至尊父子之恩，但令一無改易，必無異望。世異事殊，不得與霸朝相比。且公不出宫門，已經數日，升遐之事，[3]行路皆傳，久而不舉，恐有他變。”

[1]領軍：官名。領軍將軍的省稱。北齊時爲禁衛軍之最高統帥，權勢極重。從二品。

[2]大行：皇帝新故，未有謚號時之稱呼。

[3]升遐：又作“升假”“登遐”“登假”，帝王、后妃死亡的借稱。

及發喪，元文遥以子琮太后妹夫，恐其獎成太后干政，説趙王叡及和士開出之。拜鄭州刺史。既非後主本意，賞賜甚厚。仍轉滄州别駕，封寧都縣伯。[1]太后爲齊安王納子琮長女爲妃，[2]子琮因請假赴鄴，遂授侍中、轉吏部尚書。其妻放縱，請謁公行，賄貨填積。守宰除授，先定錢帛，然後奏聞。其所通致，事無不允。子琮亦不禁制。又廣拓傍鄰，增修宅宇，以夜繼晝，未曾休息。斛律光將兵度玉壁，[3]至龍門。周有移書，别須籌議。詔子琮乘傳赴軍，與周將韋孝寬面相要結。[4]龍門等五城，因此内附。後主以爲子琮之功，封昌黎郡公。[5]遷尚書右僕射，仍攝選，侍中如故。

[1]仍轉滄州别駕封寧都縣伯：中華本校勘記云：“張森楷云：‘别駕是刺史屬，滄州非大州，子琮豈宜得此劣轉？疑文有誤。’按張説是。當是衍‘駕’字，‘别’字從下讀。”可從。寧都縣伯，封爵名。寧都，縣名。治所在今陝西紫陽縣西北。

[2]齊安王：封爵名。即高廓，北齊武成帝高湛第四子。齊安，郡名。北齊時治齊安縣，在今河南信陽市東南。

[3]斛律光：人名。字明月，朔州（今山西朔州市）敕勒部

人。北齊將領。見《北史》卷五四《斛律金附斛律光傳》。

［4］韋孝寬：人名。即韋叔裕。字孝寬，京兆杜陵（今陝西西安市長安區東）人。北魏、西魏、北周將領。見《北史》卷六四《韋孝寬傳》。

［5］昌黎郡公：封爵名。昌黎，郡名。北齊時治英雄城，在今河北徐水縣西遂城鎮。

和士開居要日久，子琮舊所附託，中雖阻異，其後還相彌縫。士開弟士休與盧氏成婚，[1]子琮檢校趨走，與士開府僚不異。時内外除授，多由士開奏擬，子琮既恃内戚，兼帶選曹，自擅權寵，頗生間隙。時陸媪勢震天下，[2]太后與之結爲姊妹，而和士開於太后有醜聲。子琮欲陰殺陸媪及士開，因廢帝而立琅邪王儼。[3]以謀告儼，儼許之，乃矯詔殺士開。及儼見執，言子琮教己。太后怒，又使執子琮，遣右衛大將軍侯吕芬就内省以弓弦絞殺之。[4]使内參以庫車載尸歸其家。[5]諸子方握槊，聞庫車來，以爲賜物，大喜，開視乃哭。

［1］士休：即和士休，人名。清都臨漳（今河北臨漳縣）人。北齊官吏。見《北史》卷九二《和士開傳》。

［2］陸媪：即陸令萱。初嫁漢陽駱超，超以謀叛伏法，陸令萱配入掖庭，以鞠養後主爲胡太后所昵愛。見《北史》卷九二《穆提婆傳》。

［3］琅邪王：封爵名。琅邪，郡名。北齊時治即丘縣，在今山東臨沂市西。　儼：即高儼，人名。字仁威，勃海蓨（今河北景縣）人。北齊宗室，武成帝子。見《北史》卷五二《瑯琊王儼傳》。

[4]右衛大將軍：官名。北齊始設。掌管宫掖禁禦，督攝仗衛。品命不詳。　侯吕芬：人名。一作“吕芬”。北齊將領。歷位右衛大將軍、武衛將軍。與和士開交結，排擠祖珽，誅殺異己。　内省：官署名。即殿内省。北齊時建官署，屬門下省。

[5]内參：宦官别稱。

子琮微有識鑒，頗慕存公。及位望轉隆，宿心頓改，擢引非類，公爲深交，縱其子弟，不依倫次。[1]又專營婚媾，歷選上門，例以官爵許之，旬月便驗。頓丘李克、范陽盧思道、隴西李胤伯、李子希、滎陽鄭庭堅並其女婿，[2]皆至超遷。其矯縱如此。祖珽先與子琮有隙，於後具奏此事，諸子並坐此除名。太后以爲言，又被擢用。子琮有五子，慈明最知名。

[1]縱其子弟不依倫次：中華本校勘記云：“《北齊書》、《通志》卷一五四《馮子琮傳》‘不’上有‘官位’二字。疑此脱。”可從。

[2]頓丘：郡名。北魏時治頓丘縣，在今河南清豐縣西南。　李克：人名。頓丘（今河南清豐縣西南）人。北齊官吏。見《北史》卷四三《李崇附李獎傳》。　隴西：郡名。北魏時治襄武縣，在今甘肅隴西縣東南。

慈明，字無佚，在齊爲中書舍人。隋開皇中，兼内史舍人。大業中，位尚書兵部郎，加朝請大夫。[1]十三年，攝江都郡丞事。[2]

[1]朝請大夫：官名。隋煬帝大業三年始設。正五品散官。

[2]江都：郡名。隋朝時治江陽縣，在今江蘇揚州市西北。

李密之逼東都，[1]詔慈明追兵擊密，爲密黨崔樞所執。密延與坐，論以舉兵之意。慈明曰："慈明直道事人，有死而已，不義之言，非所敢對。"密厚禮之，冀其從己。慈明潛使奉表江都，及致書東都留守，論賊形勢。密知，又義而釋之。出至營門，爲賊帥翟讓所瞋責。[2]慈明勃然曰："天子使我來，正欲除爾輩，不圖爲賊黨所獲，我豈從汝求活邪？須殺但殺，何須罵詈！"讓益怒，亂刀斬之。梁郡通守楊汪上狀，[3]煬帝歎惜之，贈銀青光禄大夫，[4]拜其二子怦、惇俱爲尚書承務郎。[5]王世充推越王侗爲主，[6]重贈柱國、户部尚書、昌黎郡公，[7]謚曰壯武。

[1]李密：人名。字玄邃，又字法主，祖籍遼東襄平（今遼寧遼陽市），後遷於京兆長安（今陝西西安市）。隋末起義軍首領之一。見《北史》卷六〇《李弼附李密傳》。

[2]翟讓：人名。東郡韋城縣（今河南滑縣東南）人。隋末起義軍瓦崗軍前期首領。

[3]梁郡通守楊汪：毛本作"梁郡通守楊江"。"汪""江"當爲形近而訛，今從底本。梁郡，隋朝時治睢陽縣，在今河南商丘市南。通守，官名。隋煬帝設。爲郡守之副職，每郡一人，助太守掌郡之行政事務。楊汪，人名。字元度，弘農華陰（今陝西華陰市東南）人。隋朝官吏。見《隋書》卷五六《楊汪傳》。

[4]銀青光禄大夫：官名。東晉始置。光禄大夫授銀章青綬者，稱銀青光禄大夫。隋時爲元老重臣之加官或致仕之官，亦爲死者之贈官。隋初爲正三品散官，煬帝大業三年改爲從三品。

[5]尚書承務郎：官名。隋煬帝大業三年置，代替原來尚書省二十四司員外郎，以掌管籍賬。從五品。

[6]王世充：人名。字行滿，新豐（今陝西潼關縣東北）人。隋朝官吏。見《舊唐書》卷五四《王世充傳》。　侗：即楊侗，人名。字仁謹，弘農華陰（今陝西華陰市東南）人。隋朝宗室。見《北史》卷七一《越王侗傳》。

[7]柱國：官名。戰國時楚、趙等國始置。西魏時爲最高軍事長官，隋朝時爲功臣元勳的加官，爲勳官之第二等。　户部尚書：官名。即民部尚書。避唐太宗諱改“民”爲“户”。隋文帝開皇三年置爲尚書省六部長官之一，負責管理全國的財賦户籍。正三品。　昌黎郡公：底本無“昌”字，源氏校勘記云：“‘黎’上，《隋書》有‘昌’字。”中華本校勘記云：“諸本脱‘昌’字，據《隋書》卷七一《馮慈明傳》補。馮氏本出昌黎，故以爲封號。”今從改。

長子忱，先在東都。王世充破李密，忱亦在軍中，遂遣奴負父屍柩詣東都，身不自送。未幾，又盛華燭納室，[1]時論醜之。

[1]納室：娶妻。

郎基，字世業，中山新市人也。[1]祖智，魏魯郡太守，[2]贈兗州刺史。父道恩，開府、陽平郡守。[3]

[1]新市：縣名。治所在今河北正定縣東北新城鋪鎮。

[2]魯郡：北魏時治魯縣，在今山東曲阜市東。

[3]陽平：郡名。北魏時治館陶縣，在今河北館陶縣。

基身長八尺，美鬚髯，汎涉墳籍，尤長吏事。齊天保四年，除海西鎮將。[1]遇東方白額稱亂淮南，州郡皆從逆。梁將吴明徹攻圍海西，[2]基固守，乃至削木爲箭，剪紙爲羽。圍解還朝，僕射楊愔迎勞之曰："卿本文吏，遂有武略，削木剪紙，皆無故事，班、墨之思，[3]何以相過。"御史中丞畢義雲引爲侍御史。[4]趙州刺史尉粲，[5]文宣外弟；揚州刺史郭元貞，楊愔妹夫；基不憚權威，並劾其贓罪。

[1]海西：郡名。北齊時治海西縣，在今江蘇灌南縣東南。　鎮將：官名。北魏置，爲鎮的長官。在不設州郡的地區，兼統軍民；在設州郡的内地，主要掌軍政，但兼任駐在州刺史時，亦兼理民政。其下設副將、監軍及長史、司馬等佐僚。北齊時三等鎮將爲四品。

[2]吴明徹：人名。字通昭，秦郡（今江蘇南京市六合區）人。南朝陳將領。見《陳書》卷九《吴明徹傳》。

[3]班墨之思：形容智巧非凡。班墨，指春秋戰國時魯人公輸班和墨翟。

[4]御史中丞：官名。西漢置，爲御史大夫之佐職，在殿中蘭臺，也稱御史中執法。掌圖籍秘書，外督部刺史，内領侍御史十五人，受公卿奏事，舉核按章。漢成帝時改御史大夫爲大司空，御史中丞爲事實上的御史臺統領，其權極重。北魏時改御史中丞爲御史中尉。北齊因之。　畢義雲：人名。東平須昌（今山東東平縣）人。東魏、北齊官吏。見《北史》卷三九《畢衆敬附畢義雲傳》。

[5]尉粲：人名。善無（今山西右玉縣東南）人。北齊大臣。見《北史》卷五四《尉景附尉粲傳》。

皇建初，除鄭州長史，帶潁川郡守。西界與周接境，因侯景背叛，其東西分隔，[1]士人仍緣姻舊，私相貿易。而禁格嚴重，犯者非一。基初莅職，披檢格條，多是權時，不爲久長。州郡因循，失於請讞，[2]致密網久施，[3]得罪者衆。遂條件申臺省，仍以情量事科處，自非極刑，一皆决放。積年留滯，案狀膠加，數日之中，剖判咸盡。尋而臺省報下，並允基所陳。條綱既疏，獄訟清静。基性清慎，無所營求，嘗語人云："任官之所，木枕亦不須作，况重於此乎?"唯頗令人寫書。潘子義曾遺之書云：[4]"在官寫書，亦是風流罪過。"基答云："觀過知仁，斯亦可矣。"卒於官，贈驃騎大將軍、和州刺史，[5]謚曰惠。柩將還，遠近赴送，莫不攀轅悲哭，哀不自勝。

[1]因侯景背叛其東西分隔：中華本校勘記云："按'其'下當有脱字"。可從。

[2]請讞（yàn）：下級官吏遇到疑難案件不能决斷，請求上級機關審核定案。

[3]致密網久施：底本"施"作"放"，中華本校勘記云："諸本'施'作'放'，文義不洽，據《通志》卷一七〇《郎基傳》改。"今從改。

[4]潘子義：人名。長樂廣宗（今河北威縣東）人。北齊、北周、隋朝官吏。位散騎常侍，以才幹知名。齊亡，入仕周、隋，官至尚書右丞。

[5]和州：北齊時治歷陽縣，在今安徽和縣。

初，基任瀛州騎兵時，[1]陳元康爲司馬，畢義雲爲屬，與基並有聲譽，爲刺史元嶷所目："三賢俱有當世才，後來皆當遠至。唯郎騎兵任真過甚，恐不足自達。"陳、畢後並貴顯，而基位止郡守。子茂。

[1]瀛州：北齊時治趙都軍城，在今河北河間市。

茂，字慰之，少敏慧，七歲誦《騷》《雅》，[1]日千餘言。十五，師事國子博士河間權會，[2]受《詩》《易》《三禮》及玄象刑名之學。[3]又就國子助教長樂張奉禮受《三傳》群言，[4]至忘寢食。家人恐成病，常節其燭。及長，以博學稱，歷位保城令，[5]有能名。周平齊，上柱國王誼薦之，[6]授陳州户曹。[7]屬隋文帝爲亳州總管，[8]命掌書記。

[1]騷：即《離騷》。爲戰國時期楚國人屈原所著。　雅：代指《詩經》。《詩經》按照樂調的不同分爲風、雅、頌三部分。雅主要是周王室直轄地區的音樂，主要用於朝會、宴享之時。分爲大雅、小雅兩種。

[2]國子博士：官名。晉武帝時立國子學，設國子博士以教授生徒。北齊時爲五品。　權會：人名。字正理，河間鄚（今河北任丘市北）人。東魏、北齊大儒。精通《詩》《書》《三禮》，通曉玄學。見《北史》卷八一《權會傳》。

[3]三禮：指《儀禮》《禮記》和《周禮》。　玄象：天象。謂日月星辰在天所成之象。

[4]國子助教：官名。晉武帝始立國子學，置助教十五人，掌協助博士分經教授。晉孝武帝太元十年（385）減爲十人，分掌十經，官品同南臺御史。南北朝沿置。　張奉禮：源氏校勘記云：

"'奉'《隋書》作'率'。" 三傳：指《左傳》《公羊傳》《穀梁傳》。

[5]保城：縣名。治所在今河南汝南縣南。

[6]王誼：人名。字宜君，洛陽（今河南洛陽市東北）人。北周、隋朝將領。見《北史》卷六一《王盟附王誼傳》。

[7]陳州：北周時治秣陵縣，在今河南沈丘縣南。 户曹：官署名。諸郡、縣府屬曹之一，掌民户、祠祀、農桑等事務，以掾爲長官。北朝後期諸州設參軍事爲長官。

[8]亳州：北周時治小黄縣，在今安徽亳州市。

周武帝爲《象經》，[1]隋文從容謂茂曰："人主之所爲也，感天地，動鬼神，而《象經》多亂法，何以致人。"[2]茂竊歎曰："此言豈常人所及！"陰自結納。隋文亦親禮之。後還家，爲州主簿。及隋文爲丞相，以書召之，言及疇昔，甚歡。授衛州司録，[3]有能名。

[1]象經：北周武帝宇文邕所著。已亡佚。《隋書·經籍志》列入兵書類，和《棋勢》《雜博戲》並列。

[2]何以致人：殿本、四庫本、局本、四部備要本作"何以致久"，《通志》卷一六三、《管城碩記》卷三〇作"何以致人"，《北齊書》卷六六作"何以致治"。按：今從底本。致，通"制"，控制。

[3]衛州：北周時治枋頭城，在今河南滑縣西南淇門渡。 司録：官名。西魏、北周時設。爲大丞相府、中外府、諸開府、州府屬僚。職能與歷朝録事參軍略同，掌隸一府之事。命品隨府主地位高低而定。

尋除衛國令。[1]時有繫囚二百，茂親自究審，數日釋免者百餘人。歷年辭訟，不詣州省。魏州刺史元暉謂曰："長史言衛國人不敢申訴者，畏明府耳。"[2]茂曰："人猶水也，法令爲隄防，隄防不固，必致奔突，苟無決溢，使君何患哉！"暉無以應。有部人張元預與從父弟思蘭不睦，[3]丞尉請加嚴法。茂曰："元預兄弟，本相憎嫉，又坐得罪，彌益其忿，非化人之意也。"乃遣縣中耆舊，[4]更往敦諭，道路不絕。元預等各生感悔，詣縣頓首請罪。茂曉之以義，遂相親睦，稱爲友悌。

[1]衛國：縣名。治所在今河南清豐縣東南。

[2]魏州：北周時治貴鄉縣，在今河北大名縣東北。　元暉：人名。字叔平，河南洛陽（今河南洛陽市東北）人。北魏宗室。北周、隋朝大臣。見《北史》卷一五《陳留王虔附元暉傳》。　明府：太守、縣令等的别稱。

[3]部人：轄境内的居民。　從父弟：堂弟。

[4]耆舊：指在社會上有名望的老年人。

開皇中，累遷户部侍郎。時尚書右僕射蘇威立條章，每歲責人間五品不遜。[1]或答者乃云："管内無五品家。"不相應領，類多如此。又爲餘糧簿，擬有無相贍。茂以爲繁紆不急，皆奏罷之。又奏身死王事者，子不退田；品官左貶不減地。[2]皆發於茂。茂性明敏，剖決無滯，當時以吏幹見稱。

[1]五品：謂君臣、父子、兄弟、夫婦、朋友五種倫理或社會關係，即父子有親、君臣有義、夫婦有別、長幼有序、朋友有信。

［2］品官左貶不減地：中華本校勘記云："《隋書》卷六六《郎茂傳》'左貶'作'年老'，《通志》卷一六二《郎茂傳》作'左貶'。按《隋書》卷二四《食貨志》，謂楊堅即位後頒新令，'自諸王已下至于都督，皆給永業田各有差，多者至一百頃，少者至四十畝'。多少的差别，自然是依據官品的高低。但官位有升遷貶降，大約郎茂建議衹按升級的加，不按降級的減，所以'品官左貶不減地'。既爲永業，年老不需退田，不存在'減地'問題，疑作'年老'非。"可從。

煬帝即位，爲尚書左丞，參掌選事。茂尤工政理，爲世所稱。時工部尚書宇文愷、右翊衛大將軍于仲文競河東銀窟，[1]茂奏劾："愷位望已隆，禄賜優厚，拔葵去織，[2]寂爾無聞，求利下交，曾無愧色；仲文大將，宿衛近臣，趨侍階庭，朝夕聞道，虞、芮之風，[3]抑而不慕，分銖之利，知而必争。何以貽範庶僚，示人軌物？"愷與仲文，竟坐得罪。茂與崔祖濬撰《州郡圖經》一百卷奏之，賜帛百段。

［1］工部尚書：官名。隋朝始置。爲尚書省工部長官，掌百工、屯田、山澤等政令。置一人，正三品。　宇文愷：人名。字安樂。隋朝大臣、建築家。見《北史》卷六〇《宇文貴附宇文愷傳》。　右翊衛大將軍：官名。隋煬帝大業三年置，爲十二衛大將軍之一，總管府事，並統管鷹揚府。員一人，正三品。　于仲文：人名。字次武，洛陽（今河南洛陽市東北）人。北周、隋朝官吏。見《北史》卷二三《于栗磾附于仲文傳》。　銀窟：銀礦。

［2］拔葵去織：典出《漢書》卷五六《董仲舒傳》："公儀子相魯，之其家見織帛，怒而出其妻，食於舍而茹葵，愠而拔其葵，

曰：‘吾已食禄，又奪園夫紅女利虖！’”葵，即冬葵，一種蔬菜。去織，放棄織帛。後用“拔葵去織”比喻爲官的人不與民争利。

[3]虞芮之風：典出《詩·大雅·綿》：“虞芮質厥成，文王蹶厥生。”《史記》卷四《周本紀》：“於是虞、芮之人有獄不能决，乃如周。入界，耕者皆讓畔，民俗皆讓長……遂還，俱讓而去。”虞、芮爲殷周時二國名，相傳兩國有人曾因争地興訟，到周求西伯姬昌評斷，爲周人之風所感。後因以“虞芮”代指能謙讓息訟者。

時帝每巡幸，王綱已紊，茂既先朝舊臣，明習世事，然無謇諤之節，見帝忌刻，不敢措言，唯竊歎而已。以年老乞骸骨，不許。會帝征遼，以茂爲晋陽宫留守。其年，恒山贊務王文同與茂有隙，[1]奏茂附下罔上。詔納言蘇威、御史大夫裴藴雜推之。[2]茂素與二人不平，因深文其罪，及弟司隸別駕楚之，[3]皆除名徙且末郡。茂怡然任命，不以爲憂，在途作登隴賦以自慰。後附表自陳，帝頗悟。十年，追還京兆，歲餘卒。子知年。

[1]其年恒山贊務王文同與茂有隙：底本作“其常山贊務王文同與茂有隙”，源氏校勘記在“其”下補“年”字，中華本校勘記云：“諸本脱‘年’字，據《隋書》補。又《隋書》《通志》‘常山’作‘恒山’。按《隋書·地理志中》恒山郡真定縣注云：‘舊置常山郡，開皇中郡廢，十六年分置常山縣，大業初置恒山郡，省常山入焉。’則當煬帝時，常山郡縣皆無，作‘恒山’是。又‘贊務’，《隋書》作‘贊治’，《北史》避唐諱改。”今從改。王文同，人名。京兆頻陽（今陝西富平縣）人。隋朝酷吏。見《北史》卷八七《王文同傳》。

[2]納言：官名。亦作“内言”。相傳舜時已有。主要職責爲

承上啓下、宣傳上命，受奏納言。後世多作侍中的别稱。隋朝因避隋文帝諱，改侍中爲納言，爲門下省長官。隋初爲正三品。　裴藴：人名。河東聞喜（今山西聞喜縣）人。隋朝大臣。見《隋書》卷六七《裴藴傳》。

[3]楚之：即郎穎，人名。字楚之。少與兄蔚之俱有重名。隋煬帝大業初，爲司隸别駕，與兄並坐朋黨，配流漫頭赤水。後入爲尚書民曹郎。唐高祖武德元年（618），任大理卿，與李綱、陳叔達等人撰定律令。二年，受詔招諭山東，爲竇建德所獲，不爲所脅。及還，以年老致仕。太宗貞觀初卒，年八十，謚平。

論曰：孫搴入幕未久，[1]倉卒致斃，神武以情寄之重，義切折肱，若不愛惜才子，何以成夫王業。元康以知能才幹，委質霸朝，綢繆帷幄，任寄爲重，及難無苟免，忘生殉義，可謂得其地焉。杜弼識學甄明，發言讜正，禪代之際，先起異圖，王怒未終，卒蒙顯戮，[2]直言多矣，能無及於此乎？房謨忠勤之操，始終若一。恭懿循良之風，可謂世有人矣。張纂、張亮、張曜、王峻、王紘等並事霸朝，申其力用，皆有齊之良臣也。伯德之慟哭伏屍，靈光之拒關駐驛，有古人之風焉。顯儁明達，文武驅馳，盡其知力，不遑寧處。可謂德以稱位，能以稱官。

[1]孫搴入幕未久：底本“搴”作“騫”，中華本校勘記云：“諸本“搴”訛作“騫”，據《北齊書》卷二四史臣論及搴本傳改。”今從改。

[2]顯戮：明正典刑，當衆處决。

道和爰從霸府，以終末路，四十餘載，典綜兵機，識用閑明，甚爲朝臣所服。及于後主奔遁，莫知所之，首贊延宗，以從權變。既而晋陽傾覆，運極途窮，還鄴則義隔德昌，死事則情乖舊主，雖復全生握節，[1]豈比背叛之流歟？

[1]握節：典出《左傳》文公八年："司馬握節以死，故書以官。"謂持守符節，不辱君命。

夫縣宰之寄，綿歷古今，親人任功，莫尚於此。漢氏官人，尚書郎出宰百里；晋朝設法，不宰縣不得爲郎。皆所以貴方城之職，[1]重臨人之要。[2]後魏令長，多選舊令史爲之，故縉紳之流，耻居其位。爰逮有齊，此途未改。寧都公革斯流弊，弘之在人，固爲美矣。

[1]方城：地方官吏。
[2]臨人：謂選拔人才。

司徒器度沈遠，有宰臣之量，始從文吏，終致臺輔，出内有常，夷險若一。而世人諭之胡廣，[1]譏其不能廷争。然古稱"見幾而作"，又曰"相時而動"，若時有開悟，或可希舜一功，[2]而終遇姦回，便恐舟壑俱運，斯蓋趙公之志也。

[1]胡廣：人名。字伯始，南郡華榮（今湖北監利縣）人。東漢官吏。見《後漢書》卷四四《胡廣傳》。

[2]希舜一功：希望像舜輔佐堯一樣建立功勞。

子悦牧宰流譽，子琮簿領見知，及居藻鏡，[1]俱稱尸禄。[2]馮溺於賄貨，於斯爲甚。慈明赴蹈之義，蓋有銜鬚之節。[3]郎基政績有聞，蔚之克荷堂構，美矣乎！

[1]藻鏡：即藻鑑。品藻和鑒别人才，後引申爲擔任品評鑒别人才的職務。

[2]尸禄：空占著職位而不做事。

[3]銜鬚：口含胡鬚。東漢温序爲隗囂别將苟宇所拘劫，堅强不屈，拒絶投降。宇賜劍使自裁。“序受劍，銜鬚於口，顧左右曰：‘既爲賊所迫殺，無令鬚汙土。’遂伏劍而死。”見《後漢書》卷八一《温序傳》。後因以“銜鬚”表示臨難不屈、大義凜然。

北史　卷五六

列傳第四十四

魏收　魏長賢　魏季景 子澹　魏蘭根 族子愷

魏收，字伯起，小字佛助，鉅鹿下曲陽人也。[1]自序：漢初魏無知封高良侯，[2]子均。均子恢。恢子彦。彦子歆，字子胡，幼孤，有志操，博洽經史，位終本郡太守。[3]子悦，字處德，[4]性沉厚，有度量，宣城公趙國李孝伯見而重之，[5]以女妻焉。位濟陰太守，[6]以善政稱。

[1]鉅鹿：郡名。北魏時屬定州，治曲陽縣，在今河北晋州市西。北魏孝莊帝永安二年（529）時分定州鉅鹿郡置，屬殷州，治癭遥縣，在今河北寧晋縣西南。　下曲陽：縣名。治所在今河北晋州市西。

[2]魏無知：人名。魏國公子魏無忌之孫，楚漢戰争時跟隨劉邦，向劉邦推薦陳平。《漢書》卷八九《循吏傳·朱邑》云："昔陳平雖賢，須魏倩而後進。"蘇林曰："魏無知也。"韋昭曰："無知，字也。"顏師古曰："倩，士之美稱，故云魏倩也，而韋氏便以爲無知之字，非也。"可知魏無知又美稱爲魏倩。　高良侯：封爵

名。高良，縣名。治所不詳。

[3]位終本郡太守：中華本校勘記云："《魏書》卷一〇四（補）《自序》作'成帝世，位終鉅鹿太守，仍家焉'。則魏氏之爲鉅鹿人，始於魏歆之爲鉅鹿太守。此作'位終本郡太守'，則似本爲鉅鹿人，疑誤。"可從。

[4]子悦字處德：中華本校勘記云："錢氏《考異》卷四〇云：'按魏悦與李孝伯同時，孝伯以女妻之，蓋在太武之世。自漢初至後魏太武時，計六百餘年，而無知至魏悦僅傳六世，此理之所必無也。魏收《自序》今已不傳，後人又取此篇補之。要之，必有脱文矣。'按《元和姓纂》輯本卷八，魏歆漢成帝時人。歆八代孫植，晉御史中丞。植孫攀，攀玄孫子建。則自歆至子建共十四代。又《魏書》卷九二《魏溥妻房氏傳》云：'溥子緝，事在《序傳》。緝子悦，爲濟陰太守。'則《魏書·自序》本有魏緝事迹，今本不載，顯是脱缺。今本《魏書》'子悦'上有'歆'字，乃後人妄加。《北齊書》卷三七（補）《魏收傳》稱收'曾祖緝，祖韶，父子建'，則又誤'悦'作'韶'。參《北齊書》卷三七校勘記。"可從。

[5]宣城公：封爵名。宣城，郡名。北魏時治宛陵縣，在今安徽宣城市。　趙國：代指趙郡。趙郡，北魏時治平棘縣，在今河北趙縣。　李孝伯：人名。趙郡平棘（今河北趙縣）人。北魏大臣。見《北史》卷三三《李孝伯傳》。

[6]濟陰：郡名。北魏時治左城，在今山東曹縣西北。

悦子子建，字敬忠，釋褐奉朝請，[1]累遷太尉從事中郎。[2]初，宣武時平氐，[3]遂於武興立鎮，[4]尋改爲東益州。[5]其後鎮將刺史，乖失人和，群氐作梗，遂爲邊患。乃除子建東益州刺史。子建布以恩信，遠近清静。正光五年，[6]南北二秦城人莫折念生、韓祖香、張長命相繼構逆。[7]僉以州城之人，[8]莫不勁勇，同類悉反，宜先收其器械。子建以爲城人數當行陣，盡皆驍果，安之足以爲用，急之腹背爲憂。乃悉召居城老壯，曉示之，并上言諸城人本非罪坐而來者，悉求聽免。明帝優詔從之。[9]子建漸分其父兄子弟，外居郡戍，内外相顧，終獲保全。及秦賊乘勝，屯營黑水，[10]子建乃潛使掩襲，前後斬獲甚衆，威名赫然。先反者，及此悉降。乃間使上聞，帝甚嘉之，詔子建兼尚書爲行臺，[11]刺史如故。於是威振蜀土。其梁、巴、二益、兩秦之事，[12]皆所節度。

[1]釋褐：脱去平民衣服。喻始任官職。　奉朝請：官名。本來是兩漢給予退休大臣、權貴的一種政治優待。西晋時成爲加官名號。東晋時獨立爲官，亦作加官。南朝時列爲散騎（集書）省屬官，安置閑散，所施亦濫。北魏時亦爲冗散官，有俸無職。

[2]太尉：官名。北魏時與司徒、司空並稱三公，列三公之首，爲名譽宰相，多爲大臣加官，無實際職掌。孝文帝太和二十三年（499）定爲一品。　從事中郎：官名。東漢大將軍府、車騎將軍府屬官。魏晋南北朝皆置，其職依時依府而異，或主吏，或分掌諸曹，或掌機密，或參謀議，地位較高。

[3]宣武：即北魏皇帝元恪。宣武爲其謚號。　氐：族名。分布於今甘肅、陝西、四川等省的臨接地帶，以畜牧業、農業爲生。西晋末曾建立過仇池、前秦、後凉等政權。詳見《北史》卷九六《氐傳》。

[4]武興：郡名。北魏時治武興縣，在今陝西略陽縣。

[5]東益州：北魏時治武興縣，在今陝西略陽縣。

[6]正光：北魏孝明帝的年號（520—525）。

[7]南北二秦：指南秦州與秦州。南秦州，北魏時治洛谷城，在今甘肅西和縣洛峪鎮。北秦州，北魏時治上封城，在今甘肅天水市。　莫折念生：人名。秦州（今甘肅天水市）人，羌族。北魏末關隴義軍將領。　韓祖香張長命：均爲北魏南秦州（今甘肅西和縣洛峪鎮）人。北魏孝明帝正光五年，秦州城人殺刺史李彦並反叛。祖香、長命亦響應，率部人起兵攻殺本州刺史崔游。後失敗。

[8]僉（qiān）：皆。

[9]優詔：褒美嘉獎的詔書。

[10]黑水：城名。在今陝西韓城市。

[11]尚書：官名。魏晋南北朝時出爲朝官，分掌尚書省諸曹，品秩提高，但不再直接向皇帝奏事、承受詔命。北魏孝文帝太和十七年定吏部從一品下，列曹二品中，二十三年改爲三品。　行臺：官署名。北魏初曾於鄴及中山置行臺，以尚書爲長官，執掌當地軍政事務，旋罷。孝明帝正光末，在各地陸續設立行臺主管當地軍務，成爲地方常設行政機構。到北魏末期漸理民務，以行臺尚書令爲長官，也有以尚書僕射或左右僕射及尚書來主管行臺事務者，下設行臺尚書左右丞，各部尚書及郎中處理具體事務。

[12]梁：州名。北魏時治南鄭縣，在今陝西漢中市。　巴：州名。北魏時治化成縣，在今四川巴中市。　二益州：指北魏之益州及東益州。益州，北魏時治晋壽縣，在今四川廣元市。

梁州刺史傅竪眼子敬仲心以爲愧，[1]在洛大行貨賄，以圖行臺。先是子建亦屢求歸京師，至此，乃遣刺史唐永代焉。[2]竪眼因爲行臺。子建將還，群氐慕戀，相率斷道。主簿楊僧覆先行曉喻，[3]諸氐忿曰："我留刺史，爾送出也?"斫之數創，幾死。子建徐加慰譬，旬月方得前行。吏人贈遺，一無所受。而東益氐、蜀尋反，攻逼唐永，永棄城而走，乃喪一藩矣。初永之走，子建客有沙門曇璨及鉅鹿人耿顯皆没落氐手，及知子建之客，垂泣追衣物還之，送出白馬。[4]遺愛所被如此。

[1]傅豎眼：人名。清河（今山東臨清市東北）人。北魏大臣。見《北史》卷四五《傅豎眼傳》。　敬仲：底本作“故中”。中華本校勘記云：“諸本‘敬仲’訛作‘故中’，據《通志》卷一五〇《魏子建傳》改。《魏書·自序》作‘敬和’。按傅豎眼二子，長敬和，次敬仲。‘中’顯是‘仲’之訛，故從《通志》。”今從改。

[2]乃遣刺史唐永代焉：中華本校勘記云：“按‘刺史’上脱州名。據本書卷六七《唐永傳》，永於正光中曾爲南豳州刺史，則永當是自南豳還東益以代子建。疑此脱‘南豳州’三字。”可從。唐永，人名。北海平壽（今山東昌樂縣西）人。北魏、西魏官吏。見《北史》卷六七《唐永傳》。

[3]主簿：官名。漢朝中央及州郡官府均置，典領文書以及各種賬簿圖籍，經辦事務。北魏時諸將軍、五校尉等軍府、列卿寺監、光禄大夫等皆置，其品位秩級隨府長官而不等。州、郡、縣亦置。雖非掾史之首，然地位較高，縣之主簿較州之主簿更甚。

[4]白馬：城名。在今甘肅成縣西南。本爲白馬氐所居。

初，子建爲前軍將軍，[1]十年不徙，在洛閑暇，與吏部尚書李韶、韶從弟延寔頗爲弈棋，[2]時人謂爲耽好。子建每曰：“棋於廉勇之際，得之深矣。且吾未爲時用，博弈可也。”及一臨邊事，凡經五年，未曾對局。

[1]前軍將軍：官名。晋武帝泰始初置，與後軍、左軍、右軍將軍合稱四軍將軍，各領營兵千人，主要禁軍將領之一。北魏時員

一人，孝文帝太和二十三年後定爲從四品上。

[2]吏部尚書：官名。北魏時爲尚書吏部曹主官，掌官吏銓選、封爵、考課之政。孝文帝太和二十三年定爲三品。　李韶：人名。字元伯，隴西狄道（今甘肅臨洮縣）人。北魏官吏。見《北史》卷一〇〇《涼武昭王李暠附李韶傳》。毛本、殿本、四庫本、四部備要本"韶"作"歆"。據《北史·涼武昭王李暠附李韶傳》、《魏書》卷三九《李寶傳》作"李韶"，"歆"與"韶"當爲字形相近而訛。　延寔：即李延寔，人名。字禧，隴西狄道（今甘肅臨洮縣）人。北魏官吏。見《北史》卷一〇〇《涼武昭王李暠附李延寔傳》。

還洛後，累遷衛尉卿。[1]初，元顥内逼，[2]莊帝北幸，[3]子建謂所親盧義僖曰：[4]"北海自絶社稷，[5]稱藩蕭衍，[6]吾老矣，豈能爲陪臣！"遂攜家口居洛南。顥平乃歸。先苦風痺，[7]及此遂甚。以卿任有務，屢上書乞身，特除右光禄大夫。[8]邢杲之平，[9]太傅李延寔子侍中彧爲大使，[10]撫慰東土。時外戚貴盛，送客填門，子建亦往候别。延寔曰："小兒今行，何以相勗？"子建曰："益以盈滿爲誡。"延寔悵然久之。及莊帝殺尒朱榮，[11]遇禍於河陰者，[12]其家率相弔賀。太尉李虔第二子仁曜，[13]子建之女婿，往亦見害。子建謂姨弟盧道虔曰：[14]"朝廷誅翦權强，凶徒尚梗，未聞有奇謀異略，恐不可濟。此乃李門禍始，弔賀無乃怱怱！"[15]及永安之後，[16]李氏宗族流離，或遇誅夷，如其所慮。後歷左光禄大夫，[17]加散騎常侍、驃騎大將軍。[18]

[1]衛尉卿：官名。專掌宫禁及京城防衛。北魏孝文帝太和二

十三年定爲一品下。

[2]元顥：人名。字子明。北魏宗室、大臣。見《北史》卷一九《北海王詳附元顥傳》。

[3]莊帝：即北魏皇帝元子攸。莊爲其謚號。

[4]盧義僖：人名。字遠慶，范陽涿（今河北涿州市）人。北魏官吏。見《北史》卷三〇《盧玄附盧義僖傳》。

[5]北海：代指元顥。襲父爵爲北海王，故稱。

[6]蕭衍：人名。字叔達，南蘭陵（一説在今江蘇常州市，一説在今江蘇丹陽市）人。南朝梁建立者。見《梁書》卷一、二、三《武帝紀》。

[7]風痺：指因風寒侵襲而引起的肢節疼痛或麻木的病癥。

[8]右光禄大夫：官名。三國魏始設。爲在朝顯職的加官，以示優崇，或授予年老有病者爲致仕之官，亦常用爲卒後贈官。無職掌。北魏孝文帝太和十七年定爲從一品下，二十三年後爲二品。

[9]邢杲：人名。河間（今河北河間市）人。北魏末山東起義軍首領。

[10]太傅：官名。北魏時與太師、太保並號三師，位居太師下、太保上，地位極尊，多爲大臣加官。孝文帝太和二十三年定爲一品。　侍中：官名。北魏時掌侍皇帝左右，顧問應對。此職親近皇帝，掌權便利，時有宰相之實。孝文帝太和二十三年後爲三品。　彧：即李彧，人名。字子文，隴西狄道（今甘肅臨洮縣）人。北魏、東魏官吏。見《北史》卷一〇〇《凉武昭王李暠附李彧傳》。　大使：指受帝王特遣之官員。北朝時執行範圍很廣，多以貴臣高官臨時任之。

[11]尒朱榮：人名。字天寶，北秀容（今山西朔州市）人，契胡族。北魏大臣。見《北史》卷四八《尒朱榮傳》。

[12]河陰：此指河陰之難。北魏孝明帝武泰元年（528），權臣尒朱榮策劃並實施的一起針對皇族和百官公卿的屠殺事件，因事件發生在河陰縣而得名。河陰，縣名。治所在今河南孟津縣東。

［13］李虔：人名。字叔恭，隴西狄道（今甘肅臨洮縣）人。北魏官吏。見《北史》卷一〇〇《涼武昭王李暠附李虔傳》。　仁曜：即李昞。字仁曜，隴西狄道（今甘肅臨洮縣）人。北魏官吏。見《北史》卷一〇〇《涼武昭王李暠附李昞傳》。

［14］盧道虔：人名。字慶祖，范陽涿（今河北涿州市）人。北魏、東魏將領。見《北史》卷三〇《盧玄附盧道虔傳》。

［15］弔賀無乃忽忽：底本、局本"忽忽"作"忽忽"，《魏書》卷一〇四《自序》作"弔賀無乃忽忽"。今從改。"忽"與"忽"當爲字形相近而訛。

［16］永安：北魏孝莊帝的年號（528—530）。

［17］左光禄大夫：官名。三國魏始設。爲在朝顯職的加官，以示恩寵，或授予年老有病者爲致仕之官，亦常用於卒後贈官，無具體職掌。北魏沿置，孝文帝太和十七年定爲從一品下，二十三年後爲二品。

［18］散騎常侍：官名。三國魏置散騎一職，後與中常侍合併，稱之爲散騎常侍。主要職責是侍從皇帝左右，諫諍得失，顧問應對，與侍中等共平尚書奏事，有異議得駁奏。亦常用作宰相、諸公等加官，得入宫禁議政。北魏、北齊時以兼領修史，實際地位略高於南朝，但仍爲閑散之職。北魏孝文帝太和二十三年後爲從三品。　驃騎大將軍：官名。魏晋制度，爲重號將軍。僅次於大將軍，高於諸名號大將軍。本不須加"大"，然兩晋將軍名號過濫，遂又增此號。授此職者以權臣元老居多，可開府置僚屬，一般不領兵，戰時統兵出征。位在三公之下，多作大臣加官。北魏孝文帝太和二十三年定爲從一品，北齊因之。

子建自出爲藩牧，董司山南，[1]居脂膏之中，遇天下多事，正身潔己，不以財利經懷。及歸京師，家人衣食，常不周贍，清素之迹，著於終始。性存重慎，不雜交游，唯與尚書盧義僖、姨弟涇州刺史盧道裕雅相親昵。[2]及疾篤，顧敕二子曰：“死生大分，含氣所同。世有厚葬，吾平生不取；蘧篨裸身，[3]又非吾意。氣絶之後，斂以時服。吾平生契闊，[4]前後三娶，合葬之事，[5]抑又非古。且汝二母，先在舊塋，墳地久固，已有定别。唯汝次母墓在外耳，可遷入兆域，[6]依班而定行於吾墓之後，如此足矣，不須祔合。[7]當順吾心，勿令吾有遺恨。”永熙二年春，[8]卒于洛陽孝義里舍，時年六十。又贈儀同三司、定州刺史，[9]謚曰文静。

[1]董司：監督掌管。　山南：泛指華山、終南山以南的地區。

[2]盧義僖：人名。字遠慶，范陽涿縣（今河北涿州市）人。北魏官吏。見《北史》卷三〇《盧玄附盧義僖傳》。　涇州：北魏時治安定縣，在今甘肅涇川縣北。　盧道裕：人名。字寧祖，范陽涿（今河北涿州市）人。北魏官吏。見《北史》卷三〇《盧玄附盧道裕傳》。

[3]蘧篨：亦作“蘧除”。用竹或葦編的粗席。

[4]契闊：離合，聚散。

[5]合葬之事：毛本、殿本、四庫本作“合葬一事”。據《魏書》卷一〇四《自序》、《通志》卷一五〇下作“合葬之事”。今從底本。

[6]兆域：墓地。

[7]祔合：合葬。

[8]永熙：北魏孝武帝的年號（532—534）。

[9]時年六十又贈儀同三司：中華本校勘記云：“《魏書》‘又’作‘三’。按不見初贈，何來又贈？疑當從《魏書》。”可從。儀同三司，多爲大臣的加官，與三司即太尉、司徒、司空的禮制待遇相

同。北魏孝文帝太和二十三年定爲從一品。　定州：北魏時治盧奴縣，在今河北定州市。

二子，收、祚。

收少機警，不持細行。[1]年十五，頗已屬文。及隨父赴邊，好習騎射，欲以武藝自達。滎陽鄭伯調之曰：[2]"魏郎弄戟多少？"收慚，遂折節讀書。[3]夏月，坐板床，隨樹陰諷誦。積年，床板爲之鋭減，而精力不輟。以文華顯。

[1]不持細行：不拘小節。

[2]滎陽：郡名。北魏時治滎陽縣，在今河南滎陽市東北。

[3]折節：改變以前的志向和行爲。

初除太學博士。[1]及尒朱榮於河陰濫害朝士，收亦在圍中，以日晏獲免。吏部尚書李神儁重收才學，奏授司徒記室參軍。[2]永安三年，除北主客郎中。[3]節閔帝立，[4]妙簡近侍，[5]詔試收爲封禪書。收下筆便就，不立藁草，文將千言，所改無幾。時黄門郎賈思同侍立，[6]深奇之，白帝曰："雖七步之才，[7]無以過此。"遷散騎侍郎，[8]尋敕典起居注，[9]并修國史，俄兼中書侍郎，[10]時年二十六。

[1]太學博士：官名。漢魏於太學置五經博士，分經教授弟子員。北魏孝文帝太和二十三年定爲從七品。

[2]李神儁：人名。名挺，字神儁，小名提，隴西狄道（今甘

肅臨洮縣）人。北魏、東魏官吏。見《北史》卷一〇〇《涼武昭王李暠附李神儁傳》。　司徒：指司徒府。司徒，北魏時爲三公之一，多爲名譽宰相，地位尊崇。孝文帝太和二十三年定爲一品。　記室參軍：官名。主記室曹，掌起草文書奏章等。

[3]北主客郎中：官名。西晋始設，爲尚書省北主客曹長官。北魏孝文帝太和二十三年爲六品。

[4]節閔帝：即北魏皇帝元恭。節閔爲其謚號。

[5]妙簡：精選。

[6]黄門郎：官名。爲黄門侍郎、給事黄門侍郎的省稱。秦始設。北魏時爲郎官之加官，侍從皇帝於宫門之内，與侍中俱掌門下事。孝文帝太和二十三年定爲四品上。　賈思同：人名。字仕明，齊郡益都（今山東青州市）人。北魏、東魏官吏。見《北史》卷四七《賈思伯附賈思同傳》。

[7]七步之才：典出《世説新語·文學》，指曹植有七步成詩之才能。比喻人有才氣，文思敏捷。

[8]散騎侍郎：官名。三國魏文帝時設。北魏時掌規諫，與散騎常侍、侍中、黄門侍郎等評斷尚書奏事。孝文帝太和二十三年爲五品上。

[9]起居注：帝王言行録，爲修史的重要依據。魏晋以下設有著作郎、起居舍人、起居郎等職，以編纂起居注。

[10]中書侍郎：官名。三國魏置。北魏時多選用文學之士，掌草擬詔令。孝文帝太和二十三年爲從四品上。

孝武初，又詔收攝本職，文誥填積，事咸稱旨。黄門郎崔㥄從齊神武入朝，[1]熏灼於世，收初不詣門。㥄爲帝登阼赦云：[2]“朕託體孝文。”收嗤其率直。正員郎李慎以告之，[3]㥄深忿忌。時節閔帝殂，令收爲詔。㥄乃宣言：收普泰世出入幃幄，[4]一日造詔，優爲詞旨，然則義旗之士，盡爲逆人。又收父老，合解官歸侍。南臺將加彈劾，[5]賴尚書辛雄爲言於中尉綦儁，[6]乃解。收有賤生弟仲同，先未齒録，[7]因此怖懼，上籍，遣還鄉扶侍。孝武嘗大發士卒，狩於嵩少之南，[8]旬有六日。時寒，朝野嗟怨。帝與從官及諸妃主，[9]奇伎異飾，多非禮度。收欲言則懼，欲默不能已，乃上《南狩賦》以諷焉，年二十七。雖富言淫麗，而終歸雅正。帝手詔報焉，甚見褒美。鄭伯謂曰："卿不遇老夫，猶應逐兔。"

[1]崔㥄：人名。字長儒，清河東武城（今山東武城縣西北）人。北魏、東魏、北齊官吏。見《北史》卷二四《崔逞附崔㥄傳》。　齊神武：即高歡。神武爲其謚號，北齊後主所追謚。

[2]爲帝登阼赦云：殿本作"爲齊登祚赦云"。

[3]正員郎：官名。魏晋南北朝時編制以内的散騎侍郎，與員外散騎侍郎相對。孝文帝太和二十三年爲五品上。　李慎：人名。趙郡平棘（今河北趙縣）人。東魏官吏。孝静帝武定中爲東平太守。見《北史》卷三三《李裔附李慎傳》。

[4]普泰：北魏節閔帝的年號（531—532）。

[5]南臺：御史臺。以在宫闕西南隅，故稱。

[6]辛雄：人名。字世賓，隴西狄道（今甘肅臨洮縣）人。北魏官吏。見《北史》卷五〇《辛雄傳》。　中尉：官名。御史中尉的簡稱。十六國時前燕始設。北魏時由御史中丞改稱。主管御史臺，頗重其選。孝文帝太和十七年定爲三品上。　綦儁：人名。字欄顯，河南洛陽（今河南洛陽市東北）人。北魏、東魏官吏。見《北史》卷五〇《綦儁傳》。

[7]齒録：收録，録用。

[8]狩於嵩少之南：毛本、殿本、四庫本、局本、四部備要本

作“狩於嵩山之南”。據《魏書》卷一〇四《自序》、《北齊書》卷三七《魏收傳》作“狩於嵩少之南”，從底本。嵩少，嵩山與少室山的並稱。亦用爲嵩山的别稱。

［9］帝與從官及諸妃主：底本“主”作“王”，中華本校勘記云：“諸本‘主’訛作‘王’，據《魏書》、《北齊書》卷三七、《通志》卷一五五《魏收傳》改。又《魏書》作：‘帝與從官皆胡服而騎，宫人及諸妃主雜其間。’疑《北史》有脱文。”今從改。

初，神武固讓天柱大將軍，［1］魏帝敕收爲詔，令遂所請。欲加相國，［2］問收相國品秩，收以實對，帝遂止。收既未測主、相之意，以前事不安，求解，詔許焉。久之，除帝兄子廣平王贊開府從事中郎，［3］收不敢辭，乃爲《庭竹賦》以致己意。尋兼中書舍人。［4］與濟陰温子昇、河間邢子才齊譽，［5］世號三才。時孝武内有間隙，收遂以疾固辭而免。舅崔孝芬怪而問之，［6］收曰：“懼有晋陽之甲。”［7］尋而神武南上，［8］帝西入關。

［1］初神武固讓天柱大將軍：底本無“初”字，中華本校勘記云：“諸本無‘初’字，《魏書》《北齊書》《通志》有。按《魏書》卷一一《出帝紀》，高歡讓天柱大將軍，在永熙元年五月，孝武獵嵩山，在二年十二月。高歡事在前而叙在後，顯是追述，當有‘初’字，今據補。”今從改。天柱大將軍，官名。掌全國兵馬軍務，位在三師及柱國大將軍之上。

［2］相國：官名。春秋戰國始置。職掌與丞相相同，位更尊。北魏時相國一職多由權臣擔任。

［3］廣平王：封爵名。廣平，郡名。北魏時治曲梁城，在今河北永年縣東南。　贊：即元贊，人名。北魏宗室、西魏大臣。曾任

驃騎大將軍、開府儀同三司等職。　開府：高級官員（如三公、大將軍、將軍等）成立府署，選置僚屬。

[4]中書舍人：官名。即中書通事舍人。三國魏設置。北魏時專掌草擬詔令，由於此職原品秩較低，一般由寒庶之士任之，史稱“寒人掌機要”。孝文帝太和二十三年爲六品下。

[5]濟陰：郡名。北魏時治左城，在今山東曹縣西北。　温子昇：人名。字鵬舉，濟陰冤句（今山東菏澤市西南）人。北魏、東魏官吏。見《北史》卷八三《温子昇傳》。　河間：郡名。北魏時治武垣縣，在今河北河間市南。　邢子才：人名。即邢卲。字子才，河間鄚（今河北任丘市北）人。北魏、東魏、北齊官吏。見《北史》卷四三《邢巒附邢卲傳》。

[6]崔孝芬：人名。字恭梓，博陵安平（今河北安平縣）人。北魏將領。見《北史》卷三二《崔挺附崔孝芬傳》。

[7]晉陽之甲：典出《公羊傳》定公十三年：“趙鞅取晉陽之甲，以逐荀寅、士吉射。曷爲此？逐君側之惡人也。”

[8]尋而神武南上：中華本校勘記云：“按自晉陽向洛，當云‘南下’。疑‘上’字誤。”可從。

收兼通直散騎常侍，副王昕聘梁。[1]昕風流文辯，收辭藻富逸，梁主及其群臣咸加敬異。先是，南北初和，李諧、盧元明首通使命，[2]二人才器，並爲鄰國所重。至此，梁主稱曰：“盧、李命世，[3]王、魏中興，未知後來，復何如耳。”收在館，遂買吴婢入館；其部下有買婢者，收亦喚取，遍行奸穢。梁朝館司，皆爲之獲罪。人稱其才，而鄙其行。在途作《聘游賦》，辭甚美盛。使還，尚書右僕射高隆之求南貨於昕、收，[4]不能如志，遂諷御史中尉高仲密禁止昕、收於其臺，[5]久之得釋。

[1]收兼通直散騎常侍副王昕聘梁：中華本校勘記云："《通志》'收'上有'天平初，與邢卲等同召赴鄴，詔'十二字。按魏收與邢卲於天平初被召入朝，事見本書卷四二《邢昕傳》、《邢卲傳》。據《魏書》卷一二《孝静紀》，王昕等使梁在興和元年，距孝武入關已六年。上文言收已辭中書舍人，中間未言其復職轉官與否，逕即叙其使梁，甚爲突兀，疑是中間有脱文。此十二字即脱文之一部分。"可從。通直散騎常侍，官名。省稱通直常侍。晋武帝時設，因將員外散騎常侍與散騎常侍通員當值而得名。職掌品秩與散騎常侍略同。北魏孝文帝太和十五年亦置，掌侍從、諷諫，屬集書省，員六人。初定三品下，二十三年改爲四品。王昕，人名。字元景，北海劇（今山東昌樂縣西，一説爲山東壽光市東南）人。北魏、東魏、北齊官吏。見《北史》卷二四《王憲附王昕傳》。

[2]李諧：人名。字虔和，頓丘（今河南清豐縣西南）人。北魏、東魏官吏。見《北史》卷四三《李崇附李諧傳》。 盧元明：人名。字幼章，范陽涿（今河北涿州市）人。北魏、東魏官吏。見《北史》卷三〇《盧玄附盧元明傳》。

[3]命世：典出《漢書》卷三六《楚元王傳》："聖人不出，其間必有命世者焉。"後多用以稱譽有治國之才者。

[4]尚書右僕射：官名。北魏時位列宰相，職掌都省庶務及執法，或典選舉。孝文帝太和二十三年定爲從二品。 高隆之：人名。本姓徐，後高歡認爲從弟，改姓高。字延興，高平金鄉（今山東金鄉縣東南）人。東魏、北齊大臣。見《北史》卷五四《高隆之傳》。

[5]高仲密：人名。名慎，字仲密，勃海蓨（今河北景縣）人。北魏、東魏官吏。見《北史》卷三一《高祐附高慎傳》。

及孫搴死，[1]司馬子如薦收，[2]召赴晉陽，[3]以爲中外府主簿。[4]以受旨乖忤，頻被嫌責，加以箠楚，[5]久不得志。會司馬子如奉使霸朝，[6]收假其餘光。子如因宴戲言於神武曰："魏收，天子中書郎，一國大才，願大王借與顔色。"由此轉府屬，然未甚優禮。

[1]孫搴：人名。字彦舉，樂安（今山東廣饒縣北）人。北魏、東魏官吏。見《北史》卷五五《孫搴傳》。

[2]司馬子如：人名。字遵業，河内温（今河南温縣）人。北魏、東魏、北齊官吏。見《北史》卷五四《司馬子如傳》。

[3]晉陽：縣名。治所在今山西太原市晉源區古城營村一帶。

[4]中外府：即都督中外諸軍事府。魏晉南北朝時置。總統禁衛軍和地方軍隊，爲全國最高軍事官署。最高長官多由權臣擔任，掌握真正的政治權力，屬官地位很高。

[5]箠楚：鞭杖之類刑具。亦稱鞭杖之刑。

[6]霸朝：指魏晉南北朝時控制朝政，做稱帝準備的權臣的官府。此指北魏、東魏權臣高歡。

收從叔季景有文學，[1]歷官著名，並在收前，然收常所欺忽。季景、收初赴并，[2]頓丘李庶者，[3]故大司農諧之子也，[4]以華辯見稱，曾謂收曰："霸朝便有二魏。"收率爾曰："以從叔見比，便是邪輸之比卿。"邪輸者，故尚書令陳留公繼伯之子，[5]愚癡有名，好自入市肆，高價買物，商賈共所嗤玩。收忽以季景方之，[6]不遜例多如此。

[1]收從叔季景有文學：底本無"從"字，中華本校勘記云：

“諸本無‘從’字，《北齊書》有。按下文即作‘從叔’，此脱文，今據補。”今從改。

［2］并：指并州。北魏時治晋陽縣，在今山西太原市晋源區古城營村一帶。

［3］頓丘：郡名。北魏時治頓丘縣，在今河南清豐縣西南。　李庶：人名。頓丘（今河南清豐縣西南）人。北齊官吏。見《北史》卷四三《李崇附李庶傳》。

［4］大司農：官名。漢置。掌管全國租賦收入和國家財政開支。東晋南北朝國家財政歸尚書省主管，大司農或置或省，所掌唯倉儲園苑及供膳之庶務。北魏孝文帝太和十七年定爲二品上，二十三年改爲三品。　諧：即李諧，人名。字虔和，頓丘（今河南清豐縣西南）人。北魏、東魏官吏。見《北史》卷四三《李崇附李諧傳》。

［5］尚書令：官名。北魏時爲尚書省長官，對皇帝負責，總攬一切政令。孝文帝太和二十三年定爲二品。　陳留公：封爵名。陳留，郡名。北魏時治陳留縣，在今河南開封市東南陳留故城。　繼伯：即李崇，人名。字繼長，小名繼伯，頓丘（今河南清豐縣西南）人。北魏將領。見《北史》卷四三《李崇傳》。

［6］收忽以季景方之：《北齊書》作“收忽季景，故方之”。

收本以文才，必望穎脱見知，位既不遂，求修國史。崔暹爲言於文襄曰：[1]“國史事重，公家父子霸王功業，皆須具載，非收不可。”文襄乃啓收兼散騎常侍，修國史。武定二年，[2]除正常侍，[3]領兼中書侍郎，仍修國史。

［1］崔暹：人名。字季倫，博陵安平（今河北安平縣）人。東魏、北齊官吏。見《北史》卷三二《崔挺附崔暹傳》。　文襄：即高澄。文襄爲其謚號，北齊文宣帝所追謚。

［2］武定：東魏孝静帝的年號（543—550）。

［3］正常侍：官名。西漢始置，與員外散騎常侍相對。魏晋南北朝時爲王、公等的屬官。主要職責是侍從左右，參謀諫諍等。北魏孝文帝太和二十三年定爲正九品至從八品不等。

魏帝宴百僚，問何故名“人日”，皆莫能知。收對曰：“晋議郎董勛《答問禮俗》云：[1]“正月一日爲雞，二日爲狗，三日爲豬，四日爲羊，五日爲牛，六日爲馬，七日爲人。”時邢卲亦在側，甚恧焉。[2]自魏、梁和好，書下紙每云：“想彼境内寧静，此率土安和。”梁後使其書乃去“彼”字，自稱猶著“此”，欲示無外之意。收定報書云：“想境内清晏，今萬國安和。”梁人復書，依以爲體。

［1］議郎：官名。西漢始置。爲光禄勳屬官，高級郎官，掌顧問應對，參政議政，爲皇帝近臣。多由儒學名士、高級官吏擔任。董勛：人名。三國魏、西晋官吏。著有《問禮俗》。

［2］恧（nǜ）：慚愧。

後神武入朝，静帝授相國，[1]固讓，令收爲啓。[2]啓成呈上，文襄時侍側，神武指收曰：“此人當復爲崔光。”[3]四年，神武於西門豹祠宴集，[4]謂司馬子如曰：“魏收爲史官，書吾善惡，聞北伐時諸貴常餉史官飲食，司馬僕射頗曾餉不？”因共大笑。仍謂收曰：“卿勿見元康在吾目下趨走，[5]謂吾以爲勤勞。我後世身名在卿手，勿謂我不知。”尋加兼著作郎。[6]

[1]静帝：即東魏皇帝元善見。静爲其謚號。

[2]啓：即書啓。古代專指下級給上級的信件，後來用爲信劄的通稱。

[3]崔光：人名。本名孝伯，北魏孝文帝賜名光，字長仁，東清河鄃（今山東淄博市）人。北魏官吏。見《北史》卷四四《崔光傳》。

[4]西門豹祠：在今河北臨漳縣。

[5]元康：即陳元康，人名。字長猷，廣宗（今河北威縣東）人。北魏、東魏官吏。見《北史》卷五五《陳元康傳》。

[6]著作郎：官名。三國魏明帝太和年間設，掌修國史及爲皇帝修撰碑誌、祝文、祭文等。北魏孝文帝太和二十三年改爲從五品上。東魏因之。

收昔在京洛，輕薄尤甚，人號云“魏收驚蛺蝶”。文襄曾游東山，[1]令給事黄門侍郎顥等宴。[2]文襄曰：“魏收恃才無宜適，須出其短。”往復數番，收忽大唱曰：“楊遵彦理屈，[3]已倒。”愔從容曰：“我綽有餘暇，山立不動。若遇當塗，[4]恐翩翩遂逝。”當塗者魏，翩翩者蝶也。文襄先知之，大笑稱善。文襄又曰：“向語猶微，宜更指斥。”愔應聲曰：“魏收在并作一篇詩，[5]對衆讀訖，云：‘打從叔季景出六百斗番，[6]亦不辨此。’遠近所知，非敢妄説。”文襄喜曰：“我亦先聞。”衆人皆笑。收雖自申雪，不復抗拒，終身病之。

[1]東山：疑在今河北臨漳縣附近。

[2]令給事黄門侍郎顥等宴：中華本校勘記云：“按‘顥’上無姓，當有脱誤。”可從。給事黄門侍郎，官名。秦、西漢時給郎官

加以給事黄門的稱呼。給事於宫門之内，侍從皇帝、顧問應對，出則陪乘。與皇帝關係密切，多以重臣、外戚子弟、公主婿爲之。魏晋至隋初因之，爲門下省次官，位頗重要。北魏孝文帝太和二十三年爲四品上。北齊時置六員。四品。

[3]楊遵彦：人名。名愔，字遵彦，弘農華陰（今陝西華陰市東南）人。東魏、北齊官吏。見《北史》卷四一《楊播附楊愔傳》。

[4]當塗：據説讖書中有“代漢者當塗高”的説法，後以當塗代指曹魏。此指魏收。

[5]并：即并州。

[6]打從叔季景出六百斗番：毛本、殿本、四庫本、局本、四部備要本“斗番”作“斛米”。中華本校勘記云：“南、北、汲、殿四本及《北齊書》‘斗番’作‘斛米’。百衲本及《通志》作‘斗番’。按俱不可解，疑有訛誤。”可從。

侯景叛入梁，[1]寇南境。文襄時在晋陽，令收爲檄五十餘紙，不日而就。又檄梁朝，令送侯景，初夜執筆，三更便了，文過七紙。文襄善之。魏帝曾季秋大射，普令賦詩，收詩末云：“尺書徵建鄴，折簡召長安。”[2]文襄壯之，顧謂人曰：“在朝今有魏收，便是國之光采。雅俗文墨，通達縱横。我亦使子才、子昇，[3]時有所作，至於詞氣，並不及之。吾或意有所懷，忘而不語，語而不盡，意有未及，收呈草，皆以周悉。此亦難有。”又敕兼主客郎，[4]接梁使謝珽、徐陵。[5]侯景既陷梁，梁鄱陽王範時爲合州刺史，[6]文襄敕收以書喻之。範得書，仍率部伍西上，州刺史崔聖念入據其城。[7]文襄謂收曰：“今定一州，卿有其力，猶恨‘尺書徵建鄴’

未效耳。”

［1］侯景：人名。字萬景，小字狗子，懷朔鎮（今内蒙古固陽縣南）人。東魏、西魏、南朝梁將領。見《梁書》卷五六《侯景傳》。

［2］尺書：《漢書》卷三四《韓信傳》顔師古注曰：“八寸曰咫。咫尺者，言其簡牘或長咫，或長尺，喻輕率也。今俗言尺書，或言尺牘，蓋其遺語耳。” 建鄴：在今江蘇南京市。又稱建業、建康。爲三國吴、東晋、南朝梁等都城。 折簡：《後漢書》卷七九下《儒林傳》李賢注曰：“折簡而召，言不勞重命也。”

［3］子才子昇：即温子昇、邢子才。

［4］主客郎：官名。亦稱爲主客郎中。三國魏時置。爲尚書省主客曹長官。北魏孝文帝太和十七年定郎中爲五品上，郎爲五品中，二十三年皆稱郎，爲六品。北齊時爲六品上，也可統稱爲郎中。

［5］謝珽：人名。一作“謝挺”。南朝梁官吏。任散騎常侍。梁武帝大清二年（548）出使東魏，至簡文帝大寶三年（552）侯景兵敗被殺之後纔得以返回江南。 徐陵：人名。字孝穆，東海郯（今山東郯城縣）人。南朝梁、陳官吏。見《陳書》卷二六《徐陵傳》。

［6］鄱陽王：封爵名。鄱陽，郡名。南朝梁時治鄱陽縣，在今江西鄱陽縣。 範：即蕭範，人名。字世儀，南蘭陵中都里（一説在今江蘇常州市，一説在今江蘇丹陽市）人。南朝梁宗室、大臣。見《梁書》卷二二《鄱陽王恢附蕭範傳》。 合州：南朝梁時治合肥城，在今安徽合肥市西。

［7］崔聖念：人名。博陵安平（今河北安平縣）人。北齊官吏。高昂兄高乾曾向其女求婚。

文襄崩，文宣如晉陽，[1]令與黄門郎崔季舒、高德正、吏部郎中尉瑾於北第參掌機密。[2]轉秘書監，[3]兼著作郎，又除定州大中正。[4]時齊將受禪，楊愔奏收置之别館，令撰禪代詔册諸文，遣徐之才守門，[5]不聽出。

[1]文宣：即北齊皇帝高洋。文宣爲其謚號。

[2]崔季舒：人名。字叔正，博陵安平（今河北安平縣）人。東魏、北齊官吏。見《北史》卷三二《崔挺附崔季舒傳》。　高德正：人名。字士貞，勃海蓨（今河北景縣）人。北齊官吏。見《北史》卷三一《高祐附高德正傳》。　吏部郎中：官名。魏晋南北朝時與吏部郎互稱。爲尚書省吏部曹主官，資深者可轉侍郎。屬吏部尚書，掌官吏銓選。北魏孝文帝太和二十三年後爲六品。　尉瑾：人名。字安仁，代（今山西大同市東北）人。北齊官吏。見《北齊書》卷四〇《尉瑾傳》。

[3]秘書監：官名。南北朝時爲秘書省長官。主要管理圖書經籍，領著作省。北魏孝文帝太和二十三年爲三品，北齊時爲三品。

[4]大中正：官名。魏晋南北朝時負責評定士人品第的官員。即將當地士人按才能品德，參照門第分成九品，供吏部選用。

[5]徐之才：人名。丹陽（今江蘇南京市）人。北魏、東魏、北齊官吏。見《北齊書》卷三三《徐之才傳》。

天保元年，[1]除中書令，[2]仍兼著作郎，封富平縣子。[3]二年，詔撰《魏史》。四年，除魏尹，[4]故優以禄力，專在史閣，不知郡事。初，帝令群臣各言志，收曰："臣願得直筆東觀，早出《魏書》。"故帝使收專其任。又詔平原王高隆之總監之，[5]署名而已。帝敕收曰："好直筆，我終不作魏太武誅史官。"[6]

［1］天保：北齊文宣帝的年號（550—559）。

［2］中書令：官名。漢武帝時置，掌管機要，處理國務。歷代沿置。東晉、南北朝時因逐漸脱離機務，隨名位增高而成爲閑職，多用作重臣加官。北魏孝文帝太和十七年定爲二品中，二十三年改爲三品。

［3］仍兼著作郎封富平縣子：底本無“封”字，中華本校勘記云：“諸本脱‘封’字，據《魏書》《北齊書》《通志》補。”今從改。富平縣子，封爵名。富平，縣名。治所在今甘肅慶陽市西南。

［4］魏尹：官名。十六國時後趙及前燕皆曾都鄴，鄴爲魏郡治所，故皆以魏郡守爲魏尹。東魏孝静帝天平元年（534）自洛陽遷都於鄴（魏郡郡治），以魏郡爲畿郡，亦以魏郡守爲魏尹。職掌略同京兆尹。北齊文宣帝天保元年改魏尹爲清都尹。

［5］平原王：封爵名。平原，郡名。北齊時治聊城縣，在今山東聊城市東北。

［6］魏太武：即北魏太武帝拓跋燾。毛本、局本作“魏大武”。“大”與“太”當爲字形相近而訛，今從底本。北魏太武帝時發生崔浩國史之獄。

始，魏初鄧彦海撰《代記》十餘卷，[1]其後崔浩典史，[2]游雅、高允、程駿、李彪、崔光、李琰之郎知世修其業。[3]浩爲編年體，彪始分作紀、表、志、傳，書猶未出。宣武時，命邢巒追撰《孝文起居注》，[4]書至太和十四年。[5]又命崔鴻、王遵業補續焉，[6]下訖孝明，[7]事甚委悉。濟陰王暉業撰《辨宗室録》三十卷。[8]收於是與通直常侍房延祐、司空司馬辛元植、國子博士刁柔、裴昂之、尚書郎高孝幹博總斟酌，以成《魏書》。[9]

辯定名稱，隨條甄舉。又搜採亡遺，綴續後事，備一代史籍，表而上聞之。勒成一代大典：凡十二紀，[10]九十二列傳，合一百一十卷。五年三月，奏上之。秋，除梁州刺史。收以志未成，奏請終業，許之。十一月復奏十志：《天象》四卷，《地形》三卷，《律曆》二卷，《禮樂》四卷，《食貨》一卷，《刑罰》一卷，《靈徵》二卷，《官氏》二卷，《釋老》一卷，凡二十卷。續於紀傳，合一百三十卷。分爲十二袠，[11]其史三十五例，二十五序，九十四論，前後二表一啓，皆獨出於收。

[1]鄧彦海：人名。安定（今甘肅涇川縣北）。北魏官吏。見《北史》卷二一《鄧彦海傳》。　代記：書名。記載北魏早期歷史。

[2]崔浩：人名。小名桃簡，字伯淵，《北史》避唐高祖李淵諱改爲伯深，清河東武城（今山東武城縣西北）人。北魏官吏。見《北史》卷二一《崔宏附崔浩傳》。

[3]游雅高允：底本無“雅高”二字，中華本校勘記云：“諸本脱‘雅高’二字，據《魏書》補。二人参預修史，事見本書卷三一《高允傳》，《魏書》卷五四《游雅傳》。”今從改。游雅，人名。字伯度，小名黄頭，廣平任（今河北任縣東）人。北魏官吏。見《北史》卷三四《游雅傳》。高允，人名。字伯恭，勃海蓨（今河北景縣）人。北魏官吏。見《北史》卷三一《高允傳》。　程駿：人名。字驎駒，廣平曲安（今河北曲周縣東北）人。北魏官吏。見《北史》卷四〇《程駿傳》。　李彪：人名。字道固，頓丘衛國（今河南清豐縣東南）人。北魏官吏。見《北史》卷四〇《李彪傳》。　李琰之郎知世修其業：中華本校勘記云：“《魏書》無‘郎知’二字。《北齊書》三朝本作‘徒知’，殿本作‘徒’一字。按‘郎知’似是人名，而不見史籍，疑是衍文。”可從。李琰之，人

名。一名李琰，字景珍，小字墨蠡，隴西狄道（今甘肅臨洮縣）人。北魏官吏。見《北史》卷一〇〇《涼武昭王李暠附李琰之傳》。

[4]邢巒：人名。字洪賓，河間鄚（今河北任丘市北）人。北魏將領。見《北史》卷四三《邢巒傳》。　孝文：即北魏皇帝元宏。孝文爲其謚號。

[5]太和：北魏孝文帝的年號（477—499）。

[6]崔鴻：人名。字彦鸞，東清河鄃（今山東淄博市）人。北魏官吏。見《北史》卷四四《崔光附崔鴻傳》。　王遵業：人名。太原晋陽（今山西太原市晋源區古城營村一帶）人。北魏官吏。見《北史》卷三五《王慧龍附王遵業傳》。

[7]孝明：即北魏皇帝元詡。孝明爲其謚號。

[8]暉業：即元暉業，人名。字紹遠。東魏、北齊大臣。見《北史》卷一七《濟陰王小新成附元暉業傳》。

[9]通直常侍：官名。爲通直散騎常侍的省稱。西晋始設。當時集書省設通直散騎常侍六人，北齊沿置，除集書省置六員外，集書省所轄起居省亦設一員，職掌略同散騎常侍。北魏孝文帝太和二十三年定爲五品上。北齊時爲四品。　房延祐：人名。清河東武城（今山東武城縣西北）人。東魏、北齊官吏。見《北史》卷三九《房法壽附房延祐傳》。　司空司馬：官名。爲司空的高級幕僚。主要參贊軍務，管理府内武職人員。北魏孝文帝太和二十三年後爲四品。　辛元植：人名。隴西狄道（今甘肅臨洮縣）人。東魏、北齊官吏。參與修撰《魏書》。官至儀同府司馬。　國子博士：官名。晋武帝時立國子學，以教授生徒。北齊時爲五品。　刁柔：人名。字子温，勃海饒安（今河北鹽山縣西南）人。北魏、東魏、北齊官吏。見《北史》卷二六《刁雍附刁柔傳》。　尚書郎：官名。漢武帝時始置，歷代因之。分掌尚書各曹，掌收發文書章奏庶務。初上尚書臺任職稱守尚書郎中，滿一年稱尚書郎，三年稱侍郎。北齊時爲六品上。　高孝幹：人名。勃海蓨（今河北景縣）人。東魏、北

齊官吏。位司空東閤祭酒。參與《魏書》寫作。　博總斟酌以成魏書：底本“博”作“傳”，毛本、殿本、四庫本、局本、四部備要本“傳”作“專”，中華本校勘記云：“南、北、汲、殿四本‘博’作‘專’，百衲本作‘傳’。按《册府》卷五五六作‘博’。‘博總’即‘博綜’，諸本並誤，今從《册府》改。”今從改。

[10]凡十二紀：底本“二”作“一”，中華本校勘記云：“諸本‘二’作‘一’。按今本《魏書》共十二紀，其中《孝静紀》雖是後人所補，但魏收原書必有此紀。作‘十一’誤，今從《魏書》、《北齊書》改。”今從改。

[11]袠：同“帙”。

收所引史官，恐其陵逼，唯取學流先相依附者。其房延祐、辛元植、眭仲讓雖夙涉朝位，[1]並非史才；刁柔、裴昂之以儒業見知，全不堪編緝；高孝幹以左道求進。修史諸人，宗祖姻戚，多被書録，飾以美言。收頗急，不甚能平，夙有怨者，多没其善。每言：“何物小子，敢共魏收作色！舉之則使上天，按之當使入地。”初，收在神武時爲太常少卿，修國史，得陽休之助。[2]因謝休之曰：“無以謝德，當爲卿作佳傳。”休之父固，[3]魏世爲北平太守，[4]以貪虐爲中尉李平所彈獲罪，[5]載在《魏起居注》。收書云：“固爲北平，甚有惠政，坐公事免官。”又云：“李平深相敬重。”尒朱榮於魏爲賊，收以高氏出自尒朱，且納榮子金，故減其惡而增其善，論云：“若修德義之風，則韋、彭、伊、霍，夫何足數。”[6]

[1]眭仲讓：人名。趙郡高邑（今河北高邑縣）人。北齊文宣

帝天保年間位至尚書右丞。

[2]陽休之：人名。字子烈，北平無終（今天津薊縣）人。北魏、東魏、北齊官吏。見《北史》卷四七《陽尼附陽休之傳》。

[3]固：即陽固，人名。字敬安，北平無終（今天津薊縣）人。北魏官吏。見《北史·陽尼附陽固傳》。

[4]北平：郡名。北魏時治新昌縣，在今河北盧龍縣。

[5]中尉：官名。爲御史中尉的省稱。掌管御史臺事務，糾彈百官，參治刑獄。北魏孝文帝太和二十三年後爲從三品。　李平：人名。字雲定，頓丘（今河南清豐縣西南）人。北魏官吏。見《北史》卷四三《李崇附李平傳》。

[6]則韋彭伊霍夫何足數：底本"韋"作"韓"，中華本校勘記云："諸本'韋'作'韓'。錢氏《考異》云：'《魏書》（卷七四）《尒朱榮論》本作彭、韋，謂大彭、豕韋也。此作韓、彭，亦後人妄改。'按錢説是。《北齊書》三朝本正作'韋彭'，今據改。"今從改。韋彭，指大彭、豕韋，是傳説中的商代霸主。伊，即伊尹。爲殷商初的丞相、政治家。霍，即霍光。字子孟，河東平陽（今山西臨汾市西南）人。霍去病異母弟，先後輔佐武帝、昭帝，迎立昌邑王劉賀，立宣帝，前後秉政二十年，遵循武帝法度，輕徭薄賦，與民休息。見《漢書》卷六八《霍光傳》。

時論既言收著史不平，文宣詔收於尚書省與諸家子孫共加論討。前後投訴，百有餘人，云遺其家世職位；或云其家不見記録；或云妄有非毁。收皆隨狀答之。范陽盧斐父同附出族祖玄傳下；[1]頓丘李庶家傳，稱其本是梁國蒙人。[2]斐、庶譏議，云史書不直。收性急，不勝其憤，啓誣其欲加屠害。帝大怒，親自詰責。斐曰："臣父仕魏，位至儀同，[3]功業顯著，名聞天下，與收無親，遂不立傳。博陵崔綽，[4]位至本郡功曹，[5]更無事迹，是收外親，乃爲傳首。"[6]收曰："綽雖無位，道義可嘉，所以合傳。"帝曰："卿何由知其好人？"收曰："高允曾爲綽讚，稱有道德。"帝曰："司空才士，爲人作讚，正應稱揚。亦如卿爲人作文章，道其好者，豈能皆實？"收無以對，戰慄而已。但帝先重收才，不欲加罪。時太原王松年亦謗史，[7]及斐、庶並獲罪，各被鞭配甲坊，[8]或因以致死。盧思道亦抵罪。然猶以群口沸騰，敕魏史且勿施行，令群官博議。聽有家事者入署，不實者陳牒。於是衆口諠然，號爲"穢史"，投牒者相次，收無以抗之。時左僕射楊愔、右僕射高德正二人勢傾朝野，[9]與收皆親。收遂爲其家並作傳，二人不欲言史不實，抑塞訴辭，終文宣世，更不重論。

[1]范陽：郡名。北魏時治涿縣，在今河北涿州市。　盧斐：人名。字子章，范陽涿（今河北涿州市）人。北齊酷吏。見《北史》卷三〇《盧同附盧斐傳》　同：即盧同，人名。字叔倫，范陽涿（今河北涿州市）人。北魏官吏。見《北史》卷三〇《盧同傳》。　玄：即盧玄，人名。字子真，范陽涿（今河北涿州市）人。北魏官吏。見《北史》卷三〇《盧玄傳》。

[2]頓丘李庶家傳稱其本是梁國蒙人：底本"蒙"作"家"，中華本校勘記云："諸本'蒙'作'家'。李慈銘云：'"家人"當作"蒙人"。李庶爲魏文成元皇后兄嶷之曾孫。《魏書·元皇后傳》云："梁國蒙縣人。"又《外戚李峻傳》亦同，峻即嶷之兄也。'按李説是。李庶欲附頓丘郡望，故以《魏書》爲不直。今據改。"今從改。蒙，縣名。治所在今河南商丘市東北。

[3]儀同：爲儀同三司的省稱。指非三公而享受三公的儀制待

遇。魏晋時始設，南北朝時授予的範圍逐漸擴大，成爲官號。北魏孝文帝太和十七年定爲一品下，二十三年改爲從一品，位在開府上。

[4]博陵：郡名。北魏時治安平縣，在今河北安平縣。　崔綽：人名。博陵安平（今河北安平縣）人，崔鑒父。北魏官吏。見《北史》卷三二《崔鑒傳》。

[5]功曹：官名。西漢始設。爲地方政府職事官，掌管人事。郡稱功曹，縣稱功曹掾。北魏孝文帝太和二十三年定爲六品到從九品。

[6]乃爲傳首：毛本、殿本、四庫本、局本、四部備要本作“乃爲首傳”。《通志》卷一五〇上、《太平御覽》卷六〇三、《册府元龜》卷五六二作“乃爲傳首”。從底本。

[7]太原：郡名。北齊時治龍山縣（改晋陽縣爲此稱），在今山西太原市晋源區古城營村一帶。　王松年：人名。太原晋陽（今山西太原市晋源區古城營村一帶）人。北齊官吏。見《北史》卷三五《王慧龍附王松年傳》。

[8]甲坊：製造鎧甲的作坊。

[9]左僕射：官名。爲尚書左僕射的簡稱。尚書令副手，位比宰相，職掌都省庶務及執法，或典選舉，兼掌糾彈百官。北齊時爲從二品。　右僕射：官名。爲尚書右僕射的簡稱。北齊時職掌全國政務，兼掌儀曹事，從二品。

又尚書陸操嘗謂愔曰：[1]“魏收《魏書》可謂博物宏才，有大功於魏室。”愔嘗謂收曰：“此謂不刊之書，傳之萬古。但恨論及諸家枝葉親姻，過爲繁碎，與舊史體例不同耳。”收曰：“往因中原喪亂，人士譜牒遺逸略盡，是以具書其枝派。望公觀過知仁，以免尤責。”

[1]尚書：官名。北魏、北齊時爲行政官員，主管尚書省諸曹。北魏孝文帝太和二十三年後爲三品，北齊時爲三品。　陸操：人名。字仲志，代（今山西大同市東北）人，鮮卑族。東魏、北齊官吏。見《北史》卷二八《陸俟附陸操傳》。

八年夏，除太子少傅，[1]監國史。復參脩律令。三臺成，[2]文宣曰："臺成，須有賦。"愔先以告收，收上《皇居新殿臺賦》，其文甚壯麗。時所作者自邢卲已下，咸不逮焉。收上賦前數日，乃告邢卲，卲後告人曰："收甚惡人，不早言之。"帝曾游東山，敕收作詔，宣揚威德，譬喻關西。俄頃而訖，辭理宏壯，帝對百僚大嗟賞之。仍兼太子詹事。[3]收娶其舅女，崔昂之妹，[4]産一女，無子。魏太常劉芳孫女、中書郎崔肇師女，[5]夫家坐事，帝並賜收爲妻。時人比之賈充置左右夫人。[6]然無子。後病甚，恐身後嫡媵不平，乃放二姬。及疾瘳追憶，作《懷離賦》以申意。

[1]太子少傅：官名。西漢始置。與太子太傅並稱二傅，主要負責太子的道德教化，兼領太子屬官。北齊時爲二品。

[2]三臺：銅雀臺、金獸臺、冰井臺之合稱。故址座落於今河北臨漳縣西南，魏武帝曹操建。北齊文宣帝時在三臺舊基上加以擴建，改銅雀爲金鳳、金獸爲聖應、冰井爲崇光。

[3]太子詹事：官名。亦稱詹事。戰國時始置。負責教導太子，掌管東宫一切事務、官屬，領東宫三寺及左右衛坊、門下坊、典書坊。北魏孝文帝太和二十三年後爲三品，北齊因之。

[4]收娶其舅女崔昂之妹：底本無"昂"字，中華本校勘記云："諸本脱'昂'字，據《北齊書》補。魏收爲崔昂妹夫，見

《北齊書》卷三〇《崔昂傳》。”今從改。崔昂，人名。字懷遠，博陵安平（今河北安平縣）人。北魏、東魏、北齊官吏。見《北史》卷三二《崔挺附崔昂傳》。”

[5]太常：官名。掌禮樂祭祀，其位尊而職閑。北魏孝文帝太和二十三年定爲三品。　劉芳：人名。字伯支，彭城（今江蘇徐州市）人。北魏官吏。見《北史》卷四二《劉芳傳》。　中書郎：官名。亦稱中書侍郎、中書通事郎。漢代置。負責草擬詔令。北魏孝文帝太和二十三年後爲從三品，北齊因之。　崔肇師：人名。清河東武城（今山東武城縣西北）人。東魏、北齊官吏。見《北史》卷四四《崔亮附崔肇師傳》。

[6]賈充：人名。字公閭，平陽襄陵（今山西臨汾市東南）人。西晋大臣。見《晋書》卷四〇《賈充傳》。

文宣每以酣宴之次，云太子性懦，宗社事重，終當傳位常山。[1]收謂楊愔曰："古人云：太子國之根本，不可動摇。至尊三爵後，[2]每言傳位常山，令臣下疑貳，若實，便須决行；[3]若戲此言，[4]魏收既忝師傅，正當守之以死，但恐國家不安。"愔以收言奏帝，自此便止。帝數宴喜，收每預侍從。皇太子之納鄭良娣也，有司備設牢饌。帝既酣飲，起而自毁覆之，仍詔收曰："知我意不?"收曰："臣愚謂良娣既東宫之妾，理不須牢，仰惟聖懷，緣此毁去。"帝大笑，握收手曰："卿知我意。"安德王延宗納趙郡李祖收女爲妃，[5]後帝幸李宅宴，而妃母宋氏薦二石榴於帝前。問諸人莫知其意，帝投之。收曰："石榴房中多子，王新婚，妃母欲子孫衆多。"帝大喜，詔收："卿還將來。"仍賜收美錦二匹。

[1]常山：即北齊孝昭帝高演，時封常山王，爲文宣帝高洋同母弟。

[2]三爵後：喝下三杯酒後。爵，雀形酒杯。

[3]令臣下疑貳若實便須决行：底本叠“疑貳”二字，中華本校勘記云：“諸本誤叠‘疑貳’二字，據《北齊書》删。”今從改。

[4]若戲此言：中華本校勘記云：“《北齊書》殿本作‘此言若戲’，三朝本及《册府》卷七一五作‘此言非戲’。按於文作‘此言非戲’較長。但《通志》也作‘若戲此言’，疑是‘戲’下脱‘爲’字。”可從。

[5]安德王延宗納趙郡李祖收女爲妃：中華本校勘記云：“《墓誌集釋·李憲墓誌》末，稱憲長子希遠妻廣平宋氏。希遠子祖牧。趙萬里考釋以爲本傳之祖收即祖牧之訛，當是。”可從。安德王，封爵名。安德，郡名。北齊時治安德縣，在今山東陵縣東南。延宗，即高延宗，人名。勃海蓨（今河北景縣）人。北齊宗室。見《北史》卷五二《安德王延宗傳》。李祖收，人名。字翁伯，趙郡平棘（今河北趙縣）人。據其墓誌稱：“襲爵濮陽伯……依例降伯，爲始平子。”（參羅新、葉煒《新出魏晋南北朝墓誌疏證（修訂本）》，中華書局2016年版，第211—213頁）

十年，除儀同三司。帝在宴席，口敕以爲中書監，[1]命中書郎李愔於樹下造詔。[2]愔以收一代盛才，難於率爾，久而未訖。比成，帝已醉醒，遂不重言，愔仍不奏，事竟寢。及帝崩於晋陽，驛召收及中山太守陽休之參議吉凶之禮，[3]并掌詔誥。仍除侍中，遷太常卿，[4]文宣謚及廟號、陵名，皆收議也。

[1]中書監：官名。魏晋南北朝時爲中書省長官之一，掌納奏、擬詔、出令，但權歸中書舍人，監、令名爲長官，品秩升高，多用

作重臣加官。北齊時爲從二品。

[2]李愔：人名。趙郡平棘（今河北趙縣）人。東魏、北齊官吏。襲父李育爵趙郡公。東魏孝静帝武定末，任高澄大將軍府記室參軍，後爲太子舍人。齊受魏禪，依例降爵爲侯。

[3]中山：郡名。北齊時治盧奴縣，在今河北定州市。

[4]太常卿：官名。爲太常的尊稱。北齊時置爲太常寺長官，掌管宗廟祭祀、禮樂。三品。

及孝昭居中宰事，[1]命收禁中爲諸詔文，積日不出。轉中書監。皇建元年，[2]除兼侍中、右光禄大夫，仍儀同，監史。收先副王昕使梁，不相協睦，時昕弟晞親密，而孝昭别令休之兼中書，在晉陽典誥詔，收留在鄴，蓋晞所爲。收大不平，謂太子舍人盧詢祖曰：[3]"若使卿作文誥，我亦不言。"又除祖珽爲著作郎，[4]欲以代收。司空主簿李翥，[5]文詞士也，聞而告人曰："詔誥悉歸陽子烈，著作復遣祖孝徵，文史頓失，恐魏公發背。"[6]於時詔議二王三恪，[7]收執王肅、杜預義，[8]以元、司馬氏爲二王，通曹備三恪。詔諸禮學之官皆執鄭玄五代之議。[9]孝昭后姓元，議恪不欲廣及，故議從收。又除兼太子少傅，解侍中。

[1]孝昭：即北齊皇帝高演。孝昭爲其謚號。

[2]皇建：北齊孝昭帝的年號（560—561）。

[3]太子舍人：官名。秦朝始置。兩漢因之，秩二百石，無員額。東漢隸太子少傅，太子闕位則隸少府。魏晉南北朝沿置。北魏孝文帝太和十七年定爲五品中，二十三年改從六品下。北齊時置二十八人，從六品下，隸詹事府典書坊。　盧詢祖：人名。范陽涿

（今河北涿州市）人。北齊官吏。見《北史》卷三〇《盧觀附盧詢祖傳》。

[4]祖珽：人名。字孝徵，范陽遒（今河北淶水縣北）人。東魏、北齊官吏。見《北史》卷四七《祖瑩附祖珽傳》。　著作郎：官名。三國時魏明帝太和年間設，掌修國史及爲皇帝修撰碑誌、祝文、祭文等。北齊時爲從五品。

[5]司空：官名。北魏、北齊時爲名譽宰相，多爲大臣加官。北魏孝文帝太和二十三年定爲一品，北齊因之。　李翥：人名。字彦鴻，柏仁（今河北隆堯縣西南）人。北齊官吏。見《北史》卷三三《李義深附李翥傳》。

[6]發背：猶言産生抵觸情緒。

[7]二王三恪：古代政治禮制，屬賓禮之一。歷代王朝皆封前代王室後裔爵位，稱爲二王後、三恪。給予王侯名號，贈予封邑，祭祀宗廟，以示尊敬，顯示本朝所承繼統緒，表明正統地位。

[8]王肅：人名。字子雍，東海郡郯（今山東郯城縣西南）人。見《三國志》卷一三《魏書·王朗附王肅傳》。　杜預：人名。字元凱，京兆杜陵（今陝西西安市長安區東）人。西晋經學家。見《晋書》卷三四《杜預傳》。

[9]詔諸禮學之官皆執鄭玄五代之議：中華本校勘記云："按疑'詔'字衍。"可從。鄭玄，人名。字康成，北海高密（今山東高密市西南）人。東漢末經學家。見《後漢書》卷三五《鄭玄傳》。

帝以《魏史》未行，詔收更加研審，收奉詔，頗有改正。及詔行《魏史》，收以爲直置秘閣，外人無由得見，於是命送一本付并省，[1]一本付鄴下，[2]任人寫之。

[1]并省：官署名。爲并州尚書省的省稱。爲適應當時北齊的統治需要，在晋陽設置并州尚書省，其權位低於中央尚書省，但高

於行臺尚書省。

[2]鄴下：即鄴城。爲北齊都城，在今河北臨漳縣西南。

太寧元年，[1]加開府。河清二年，[2]兼右僕射。[3]時武成酣飲終日，[4]朝事專委侍中高元海，[5]凡庸不堪大任。以收才名振俗，都官尚書畢義雲長於斷割，[6]乃虚心倚仗。收畏避，不能匡救，爲議者所譏。帝於華林别起玄洲苑，[7]備山水臺觀之麗，詔於閣上畫收，其見重如此。

[1]太寧：北齊武成帝的年號（561—562）。

[2]河清：北齊武成帝的年號（562—565）。

[3]右僕射：官名。爲尚書右僕射的簡稱。

[4]武成：即北齊皇帝高湛。武成爲其謚號。

[5]高元海：人名。勃海蓨（今河北景縣）人。北齊宗室、大臣。見《北史》卷五一《上洛王思宗附高元海傳》。

[6]都官尚書：官名。尚書省都官曹長官。掌制定律令法制、糾劾違法、水利工程、官吏考課等。北魏孝文帝太和十七年定爲二品中，二十三年改爲三品。北齊時爲三品。　畢義雲：人名。東平須昌（今山東東平縣）人。東魏、北齊官吏。見《北史》卷三九《畢衆敬附畢義雲傳》。

[7]華林：故址在今河北臨漳縣西南。　玄洲苑：故址在今河北臨漳縣西南。其名源自於漢武帝時傳説。西王母云海上有十大名洲，玄洲是其中之一。

始收比温子昇、邢卲稍爲後進，卲既被疏出，子昇以罪死，收遂大被任用，獨步一時。議論更相訾毁，各有朋黨。收每議陋邢文。卲又云："江南任昉，[1]文體本疏，魏收非直模擬，亦大偷竊。"收聞乃曰："伊常於沈約集中作賊，[2]何意道我偷任。"任、沈俱有重名，邢、魏各有所好。武平中，[3]黄門郎顔之推以二公意問僕射祖珽。[4]珽答曰："見邢、魏之臧不，即是任、沈之優劣。"收以温子昇全不作賦，邢雖有一兩首，又非所長，常云："會須能作賦，始成大才士。唯以章表碑志自許，此外更同兒戲。"[5]自武定二年以後，國家大事詔命，軍國文詞，皆收所作。每有警急，受詔立成。或時中使催促，收筆下有同宿構，[6]敏速之工，邢、温所不逮也。其參議典禮，與邢相埒。

[1]任昉：人名。字彦升，樂安博昌（今山東壽光市）人。南朝宋、齊大臣。見《南史》卷五九《任昉傳》。

[2]沈約：人名。字休文，吴興武康（今浙江德清縣）人。南朝宋、齊、梁大臣，史學家、文學家。見《梁書》卷一三《沈約傳》。

[3]武平：北齊後主的年號（570—576）。

[4]顔之推：人名。字介，原籍琅邪臨沂（今山東費縣東），世居建康（今江蘇南京市）。南朝梁、齊、北周官吏。見《北史》卷八三《顔之推傳》。

[5]唯以章表碑志自許此外更同兒戲：中華本校勘記云："按此語，與上文'會須能作賦，始成大才士'之意不符。《御覽》卷五八七引《三國典略》作：'唯以章表自許，此同兒戲。'似是。"可從。

[6]宿構：預先構思、草擬。多指詩文。

既而趙郡公增年獲免，[1]收知而過之，事發除名。其年，又以託附陳使封孝琰，[2]牒令其門客與行，遇崑崙舶至，[3]得奇貨：猓然褥表、美玉盈尺等數十件。[4]罪當流，以贖論。三年，起除清都尹。[5]尋遣黄門郎元文遥敕收曰："卿舊人，事我家最久，前者之罪，情在可恕。比令卿爲尹，非謂美授，但初起卿，斟酌如此。朕豈可用卿之才而忘卿身？待至十月，當還卿開府。"天統元年，[6]除左光禄大夫。二年，行齊州刺史，[7]尋爲真。

[1]既而趙郡公增年獲免：中華本校勘記云："張森楷云：'據崔昂（本書卷三二）及《彭城王浟傳》（本書卷五一），當是趙郡李公統母崔氏增年獲免。此誤脱文'。按張説是。"可從。

[2]封孝琰：人名。字士光，勃海蓨（今河北景縣）人。北齊官吏。見《北史》卷二四《封隆之附封孝琰傳》。

[3]崑崙舶：古代南海諸國的商船。

[4]猓然褥表：可以做褥子的長尾猿皮。底本、毛本作"果然褥表"，中華本作"猓然褥表"，今從中華本改。

[5]三年起除清都尹：底本"都"作"郡"，中華本校勘記云："諸本'都'訛'郡'，據《北齊書》、《通志》改。清都尹見《隋書·百官志》中，及本書卷五二《齊宗室諸王下·文宣諸子傳》。"今從改。清都尹，官名。北齊時改魏尹爲清都尹。主要管理京畿地區，也作爲京官參與朝政，地位顯要。

[6]天統：北齊後主的年號（565—569）。

[7]齊州：北齊時治歷城縣，在今山東濟南市。

收以子姪年少，申以戒厲，著《枕中篇》。其詞曰：

吾曾覽管子之書，其言曰："任之重者莫如身，途之畏者莫如口，期之遠者莫如年。以重任行畏途至遠期，惟君子爲能及矣。"追而味之，喟然長息。

若夫岳立而重，有潛戴而不傾；山藏稱固，亦趨負而不停；吕梁獨浚，[1]能行歌而匪惕；焦原作險，或躋踵而不驚。[2]九陔方集，[3]故眇然而迅舉；[4]五紀當定，[5]想窅乎而上征。[6]苟任重也有度，則任之而愈固。乘危也有術，蓋乘之而靡恤。彼期遠而能通，果應之而可必。豈神理之獨爾，亦人事其如一。

[1]吕梁獨浚：指大禹疏浚吕梁洪水的典故。

[2]焦原作險或躋踵而不驚：底本"躋"作"削"，源氏校勘記云："'削'《北齊》一本作'躋'。萬曆廿四年本同此書。"中華本校勘記云："諸本'躋'作'削'，《北齊書》（三朝本）作'躋'。按《尸子》云：'莒國有名焦原者，長五十步，臨百仞之溪，莒國莫敢近也。有以勇見莒子者，獨却行齊踵焉。''齊'與'躋'通。《禮記·樂記》：'地氣上齊。'鄭注云：'齊讀爲躋，躋升也。'則字當作'躋'，今據改。"今從改。

[3]九陔：亦作"九晐""九垓"。中央至八極之地，後泛指天下。

[4]故眇然而迅舉：底本、毛本作"故然而迅舉"，中華本作"故眇然而迅舉"。按：《北齊書》卷三七《魏收傳》作"故眇然而迅舉"，今從改。

[5]五紀：《尚書·洪範》云："五紀：一曰歲，二曰月，三曰日，四曰星辰，五曰曆數。"孔穎達疏云："凡此五者，皆所以紀天時，故謂之五紀也。"

[6]窅（yǎo）：深遠。

嗚呼！處天壤之間，勞死生之地，攻之以嗜欲，牽之以名利，粱肉不期而共臻，珠玉無足而俱致，於是乎驕奢仍作，危亡旋至。然則上智大賢，惟幾惟哲，或出或處，不常其時。[1]其舒也齊世成務，其卷也聲銷迹滅。玉帛子女，椒蘭律吕，[2]諂諛無所先；稱肉度骨，膏唇挑舌，怨惡莫之前。[3]勳名共山河同久，志業與金石比堅。斯蓋厚棟不橈，[4]游刃砉然。[5]逮於厥德不常，喪其金璞，馳騖人世，鼓動流俗，挾湯日而謂寒，包溪壑而未足。源不清而流濁，表不端而影曲。嗟乎！膠漆詎堅，寒暑甚促，反利而成害，化榮而就辱，欣戚更來，得喪仍續。至有身禦魑魅，魂沉狴獄。詎非足力不强，迷在當局！孰可謂車戒前傾，人師先覺？

[1]不常其時：中華本校勘記云："按'時'與上文'哲'，下文'滅'不同韻，《北齊書》'時'作'節'。"

[2]椒蘭律吕：椒、蘭和用以校正樂律的律吕。底本"椒"作"撫"，其餘諸本作"椒"。今從改。

[3]膏唇挑舌怨惡莫之前：底本無"唇"字，"之前"作"不"，中華本校勘記云："諸本脱'唇'字，'之前'作'不'字，語不可通。今據《北齊書》補改。"今從改。

[4]厚棟不橈：指有德行的人纔能擔任重任。厚棟，房屋正梁。

[5]游刃砉然：指技藝純熟。源自《莊子·養生主》庖丁解牛的故事。

聞諸君子，雅道之士，游遨經術，厭飫文史。[1]育筆有奇鋒，談有勝理。孝悌之至，神明通矣。審蹈而行，[2]量路而止。自我及物，先人後己。情無繫於榮悴，心靡滯於慍喜。不養望於丘壑，[3]不待價於城市。言行相顧，慎終猶始。有一於斯，鬱爲羽儀。恪居展事，知無不爲，或左或右，則髦士攸宜，[4]無悔無吝，故高而不危。異乎勇進忘退，苟得患失；射千金之產，徼萬鍾之秩；[5]投烈風之門，趣炎火之室。載蹶而墜其貽宴，或蹲乃喪其貞吉。可不畏歟！可不戒歟！

[1]飫（yù）：飽食。

[2]審蹈而行：毛本、殿本、四部備要本作“審道而行”。

[3]養望：隱退閑居。　丘壑：泛指鄉村、清幽之所。

[4]或左或右則髦士攸宜：典出《詩・大雅・棫樸》：“濟濟辟王，左右奉璋。奉璋峨峨，髦士攸宜。”

[5]徼：通“邀”。

門有倚禍，事不可不密；墻有伏寇，言不可而失。宜諦其言，宜端其行。言之不善，行之不正，鬼執强梁，[1]人囚徑挺，[2]幽奪其魄，明夭其命。不服非法，不行非道。公鼎爲己信，私玉非身寶。過涅爲紺，[3]踰藍作青，持繩視直，置水觀平。時然後取，未若無欲，知止知足，庶免於辱。是以爲必察其幾，舉必慎於微。知幾慮微，斯亡則稀；既察且慎，福禄攸歸。昔蘧瑗識四十九非，[4]顔子鄰幾三月不違。[5]跬步無已，至於千里；覆簣而進，[6]及於萬仞。故云行遠自邇，登高自卑，[7]可大可久，與世推移。

[1]强梁：亦作“强良”。古代傳説中能食鬼的神。

[2]徑挺：指常有人穿行而過的殿廷。挺，同“廷”。

[3]涅：黑色。源氏校勘記云：“‘涅’《北齊》作‘緇’。”紺：微帶紅的黑色。

[4]蘧瑗：人名。春秋時衛國大夫，年五十而知四十九非。後“知非”成爲五十歲的代稱。“蘧瑗知非”後代指不斷地行善改過。

[5]顔子：即顔回。春秋時魯國人，孔子弟子。勤奮好學，能做到“不遷怒，不貳過”；實踐仁道，能做到“三月不違仁”；貧能安心守道，可以做到“用之則行，舍之則藏”；爲人志向高遠，又謙虚謹慎。

[6]覆簣而進：典出《論語·子罕》：“譬如平地，雖覆一簣，進，吾往也。”

[7]故云行遠自邇登高自卑：底本無“自邇登高”四字，源氏校勘記於“遠”下補“自邇登高”四字。中華本校勘記云：“諸本脱‘自邇登高’四字，據《北齊書》及《册府》卷八一七補。”今從改。

月滿如規，從夜則虧；[1]槿榮于枝，望暮而萎。夫奚益而不損？孰有損而不害？益不欲多，利不欲大。唯居德者畏其甚，體真者懼其大。[2]道尊則群謗集，任重而衆怨會。其達也則尼父栖遑，其忠也而周公狼狽。無曰人之我狹，在我不可而覆；無曰人之我厚，在我不可而咎。如山之大，無不有也；

如谷之虚，無不受也。能剛能柔，重可負也；能信能順，險可走也；能智能愚，期可久也。

[1]從夜則虧：毛本、殿本、四庫本、局本、四部備要本作“後夜則虧”。

[2]體真：佛教用語。以其徹達因緣，和合諸法，空無自性，故能止息一切攀緣妄想，而證空理“空即是真”。

周廟之人，三緘其口，[1]漏卮在前，欹器留後，俾諸來裔，傳之坐右。[2]

[1]周廟之人三緘其口：典出《論語·孔子觀周廟》，孔子與守廟之人關於欹器的對話，從而來達到勸解人們奉行中庸之道的目的。

[2]漏卮在前欹器留後：人説話的時候不要像漏卮那樣隨便就説出來、做出來，而應該像欹器那樣發必中節、行必執中。漏卮，滲漏的酒器。古代的禮器的一種。起到警戒的作用。欹器，一種容器。依其盛水多少，重心將發生變化。從而顯出或欹或正或覆的狀態。起到慎戒的作用。坐右，座右銘。

其後群臣多言《魏史》不實，武成復敕更審。收又迴换，遂爲盧同立傳，崔綽反更附出。楊愔家傳本云“有魏以來，一門而已”，至是改此八字。[1]又先云“弘農華陰人”，[2]乃改“自云弘農”，以配王慧龍“自云太原人”，[3]此其失也。尋除開府、中書監。

[1]改此八字：底本“改”作“加”，中華本校勘記云：“諸本

‘改’作‘加’。《册府》卷五六二作‘改’。按《北史》卷四一卷末論楊播等人，全襲《魏書》史臣論，獨多‘有魏以來，一門而已’八字。蓋魏收原論，本有此語，後來删去。李延壽以爲不當删，故重復增入。《册府》作‘改’是，今從之。”今從改。

[2]弘農：郡名。北魏時治陝城，在今河南三門峽市。　華陰：縣名。治所在今陝西華陰市東南。

[3]王慧龍：人名。太原晋陽（今山西太原市晋源區古城營村一帶）人。北魏將領。見《北史》卷三五《王慧龍傳》。

武成崩，未發喪，在内諸公以後主即位有年，疑於赦令。諸公引收訪焉。收固執宜有恩澤，乃從之。掌詔誥，除尚書右僕射，總議監五禮事，[1]位特進。[2]收奏請趙彦深、和士開、徐之才共監，[3]先以告士開，士開驚，辭以不學。收曰：“天下事皆由王，[4]五禮非王不决。”士開謝而許之。多引文士令執筆，儒者馬敬德、熊安生、權會實主之。

[1]五禮：古代的五種禮制。即吉禮、凶禮、軍禮、賓禮、嘉禮。

[2]特進：官名。北齊時作爲加官贈給致仕大臣，被特許在朝會越次而位於三公之下。二品。

[3]徐之才：人名。丹陽（今江蘇南京市）人。北魏、東魏、北齊官吏。見《北史》卷九〇《徐謇附徐之才傳》。

[4]天下事皆由王：底本無“王”字，源氏校勘記云：“‘由’下《北齊》有‘王’字。爲是。”中華本校勘記云：“諸本脱‘王’字，據《北齊書》補。”今從改。

武平三年，薨，贈司空、尚書左僕射，[1]謚文貞。有集七十卷。

[1]司空：官名。魏晋南北朝時爲名譽宰相，多爲大臣加官，無實際職掌，北齊時爲一品。　尚書左僕射：官名。北魏時列位宰相，掌都省庶務、執法、典選舉，兼掌糾彈百官。北齊時爲從二品。

收碩學大才，然性褊，不能達命體道。見當塗貴游，每以言色相悦。然提獎後輩，以名行爲先，浮華輕險之徒，雖有才能，弗重也。初，河間邢子才、子明及季景與收，[1]並以文章顯，世稱大邢小魏，言尤俊也。收少子才十歲，子才每曰："佛助，僚人之偉。"後收稍與子才争名，文宣貶子才曰："爾才不及魏收。"收益得志，自序云："先稱温、邢，後曰邢、魏。"然收内陋邢，心不許也。收既輕疾，好聲樂，善胡舞。文宣末，數於東山與諸優爲獮猴與狗鬭，帝寵狎之。收外兄博陵崔巖嘗以雙聲嘲收曰："遇魏收衰曰愚魏。"[2]魏答曰："顔巖腥瘦，是誰所生，羊頤狗頰，頭團鼻平，飯房笭籠，著孔嘲玎。"[3]其辯捷不拘若是。既緣史筆，多憾於人，齊亡之歲，收冢被發，棄其骨于外。

[1]子明：即邢昕，人名。字子明，河間鄚（今河北任丘市北）人。北魏、東魏官吏。見《北史》卷四三《邢巒附邢昕傳》。

[2]崔巖：人名。博陵安平（今河北安平縣）人。東魏、北齊官吏。官至員外常侍。　遇魏收衰曰愚魏：《北齊書》作"愚魏衰

收”。

［3］著孔嘲玎：中華本校勘記云：“錢氏《考異》云：‘“孔”與“著”非雙聲，當是“札”之訛。或云：“著”當作“看”。’”可從。

先養弟子仁表爲嗣，位至尚書膳部郎中。[1]隋開皇中，卒於温縣令。[2]

［1］尚書膳部郎中：官名。北齊時爲都官尚書所管轄的膳部曹長官。六品上。

［2］温縣：治所在今河南温縣西南。

子建族子惇，字仲讓。容貌魁偉，性通率。永安末，除安東將軍、光禄大夫。[1]尒朱仲遠鎮東郡，[2]以事捕惇，遇出外，執惇兄子胤而去。惇聞哭曰：“若害胤，寧無吾也。”乃見仲遠，叩頭曰：“家事在惇，胤何知也？乞以身罪。”仲遠義而捨之。天平中，[3]拜衛將軍，[4]右光禄大夫，卒。

［1］安東將軍：官名。北魏、北齊時爲出鎮某一地區的軍事長官，或作爲州刺史兼理軍務時的加官。北魏孝文帝太和二十三年後爲三品。　光禄大夫：官名。多爲大臣的加官或朝廷的贈官。北魏孝文帝太和二十三年定爲三品。

［2］尒朱仲遠：人名。北秀容（今山西朔州市）人，契胡族。北魏官吏。見《北史》卷四八《尒朱榮附尒朱仲遠傳》。　東郡：北魏時治滑臺城，在今河南滑縣東。

［3］天平：東魏孝静帝的年號（534—537）。

[4]衛將軍：官名。魏晉南北朝時位在諸名號大將軍之上，無具體職權。北魏孝文帝太和二十三年定爲二品。

惇叔偃，字盤虬。有當世幹用，位驍騎將軍。[1]性浮動，晚乃曲附高肇。[2]彭城王勰之死也，[3]偃構成其事，爲時所患。

[1]驍騎將軍：官名。北魏、北齊時統率親軍，負責宿衛之事，是護衛皇宫的主要將領之一。北魏孝文帝太和二十三年之後改爲四品上。北齊時，權漸輕，但仍擔任護衛皇宫的事務。四品上。

[2]高肇：人名。字首文，勃海蓨（今河北景縣）人。北魏大臣、外戚。見《北史》卷八〇《高肇傳》。

[3]彭城王：封爵名。彭城，郡名。北魏時治彭城縣，在今江蘇徐州市。　勰：即元勰，人名。字彦和。北魏宗室、大臣。見《北史》卷一九《彭城王勰傳》。

子質，字懷素。幼有立志，年十四，啓母求就徐遵明受業，[1]母以其年幼不許。質遂密將一奴，遠赴徐學，留書一紙，置所卧床。内外見之，相視悲嘆。五六年中，便通諸經大義。自學言歸，生徒輻湊，[2]皆同衣食，情若兄弟。後避葛榮難，[3]客居趙國飛龍山，[4]爲亂賊所害。士友傷惜之。興和二年，[5]侍中李神儁、秘書監常景等三十二人申辭於尚書，[6]爲請贈謚。事下太常，博士考行，謚曰貞烈先生。

[1]徐遵明：人名。字子判，華陰（今陝西華陰市東南）人。見《北史》卷八一《徐遵明傳》。

[2]生徒輻湊：毛本、局本作“生徒輻轃”。

[3]葛榮：人名。北魏末河北起義軍首領。孝明帝孝昌元年（525），發動起義。孝莊帝建義元年（528）八月，圍攻相州，戰敗，爲尒朱榮所捕。十月，送入京師，被殺。

[4]飛龍山：又名封龍山。位於今河北鹿泉市、元氏縣之間。

[5]興和：東魏孝静帝的年號（539—542）。

[6]侍中李神儁：底本無“神”字，中華本校勘記云：“諸本脱‘神’字，據《通志》補。李神儁於東魏孝静帝時曾官侍中，見《北史》卷一〇〇《序傳》。”今從改。　常景：人名。字永昌，河内温（今河南温縣）人。北魏、東魏官吏。見《北史》卷四二《常爽附常景傳》。

魏長賢，收之族叔也。祖釗，本名顯義，字弘理，魏世祖賜名，[1]仍命以顯義爲字。雅性俊辯，博涉群書，有當世才，兼資文武，知名梁、楚、淮、泗之間。世祖南伐，聞而召之，既至，與語大悦。謂釗曰：“今我此行，是卿建功之日，勉之，勿憂不富貴也。”授内都直，[2]侍左右。師次淮南，諸城未有下者。釗乃進曰：“陛下百萬之軍，風行電掃，攻城略地，所向無前，雖有智者，莫能爲計。然而師次淮南，已經累日，義陽諸城，[3]猶敢拒守，此非不懼亡滅自謂必可保全也。但陛下卒徒果鋭，殺掠尚多，人皆畏威，未甚懷惠，恐一旦降下，妻子不全，所以遲疑，未肯先發。臣請間入城内，見其豪右，宣達聖心，示以誠信，必當大小相率，面縛請罪。[4]陛下拔其英楚，因而任之，此外諸城，可不勞兵而自定。”世祖大喜曰：“所以召卿，本爲是耳。卿今所言，副吾所望。”釗遂夜入城中，示以危亡之期，開以生全之路，城中大小欣悦，明旦開門出降。自此而南，望塵款附。[5]世祖謂釗曰："卿之一言，踰於十萬之師。揚我信義，播于四表，實卿一人之力。"即授義陽太守、陵江將軍。[6]又令釗與諸將，統兵討襲，所當無不摧破，軍中服其勇敢。世祖益喜，謂群臣曰："中國士人，吾拔擢咸盡，文武膽略，未有若釗儔。"加授建忠將軍，[7]追贈其父處順州刺史。[8]時經略江左，[9]方大用之，遇風疾發動，頻降醫藥，竟不痊復。卒時年六十四。

[1]魏世祖賜名：中華本校勘記云："《通志》卷一五〇下《魏釗傳》，'世祖'作'孝文'，下同。按《北史》例稱謚號，此稱廟號，與慣例不合。且'世祖'謚'太武'，'高祖'方謚'孝文'。據下文言世祖召魏釗從軍南伐，説下義陽（今河南信陽附近）。考魏時親自率軍南伐者惟太武、孝文二帝。太武於太平真君十一年四路進攻劉宋，直到瓜步，但未聞進攻義陽（見《魏書》卷四下《世祖紀》）。孝文於太和十八年十二月南伐，一路由劉昶率領進攻義陽（見《魏書》卷七下《高祖紀》）。到二十二年，又遣王肅進攻義陽（見《魏書》卷六三《王肅傳》）。則魏釗之游説義陽，當在孝文時。又下文言其子彦爲趙郡王幹（孝文弟）辟開府參軍，則魏釗亦不得早在太武之世，疑《通志》是。《魏書》無《魏釗傳》，《北史》當是據魏徵家傳補。語涉誇誕，不可盡信。"可從。

[2]内都直：官名。内庭侍衛。

[3]義陽：郡名。北魏時治義陽縣，在今河南信陽市西北。

[4]面縛：雙手反綁於背而面向前，古代用以表示投降。

[5]款附：誠心歸附。

[6]陵江將軍：官名。用於獎勵功高勳重之官的加官，無具體

職權。北魏孝文帝太和十七年定爲從五品上，二十三年爲從五品下。

[7]建忠將軍：官名。用於獎勵功高勳重之官的加官，無具體職權。北魏孝文帝太和十七年定爲從三品下，二十三年定爲四品。

[8]順州：北魏時治厲城縣，在今湖北隨州市北。

[9]江左：長江以北之地。

父彦，字惠卿，博學善屬文。趙郡王幹辟開府參軍，[1]廣陵王羽辟記室，[2]並不行。陳留公李崇甚重之，引爲鎮西參軍事。[3]崇討叛氐楊靈珍、叛蠻魯北燕，[4]又請爲記室參軍。中山王英討淮南，[5]又請爲記室參軍。軍還，求爲著作郎，思樹不朽之業。以《晋書》作者多家，體制繁雜，欲正其紕繆，删其游辭，勒成一家之典。俄而彭城王聞李崇稱之，復請爲掾，兼知主客郎中，[6]書遂不成。王遇害，退歸田里。清河王復引爲諮議。[7]王勢高名重，深爲權倖所疾，恐罹其禍，固辭以疾。[8]肅宗初，[9]拜驃騎長史，[10]尋轉光州刺史。[11]年六十八，卒。

[1]幹：即元幹，人名。北魏宗室。見《北史》卷一九《趙郡王幹傳》。　開府參軍：官名。爲諸開府的屬官。主要職責是協助處理府事。品秩因開府的地位而定。

[2]廣陵王：封爵名。遥封。廣陵，郡名。南朝齊時治廣陵縣，在今江蘇揚州市西北。　羽：即元羽，人名。北魏宗室。見《北史》卷一九《廣陵王羽傳》。　記室：即記室參軍。

[3]鎮西參軍事：官名。即鎮西大將軍參軍事。爲鎮西大將軍屬官。鎮西大將軍在北魏孝文帝太和二十三年定爲二品，二品將軍

的列曹參軍爲七品。

[4]崇討叛氐楊靈珍：底本“楊”作“陽”，中華本校勘記云：“諸本‘楊’作‘陽’，《通志》卷一五〇《魏釗傳》作‘楊’。按楊靈珍見本書卷四三《李崇傳》及卷九六《氐傳》，今據改。”今從改。楊靈珍，人名。北魏將領。任平西將軍、仇池鎮將。後起兵反魏，兵敗投歸南朝梁。任征虜將軍，假武都王。後爲夏侯道所殺。　魯北燕：人名。北魏宣武帝景明三年（502）與柳北喜起兵攻取魏潁州、湖陽，很快被鎮壓。之後北魏徙蠻族萬餘人於幽、并及六鎮。後大多因南逃被殺。

[5]英：即元英，人名。字虎兒。北魏宗室、將領。見《北史》卷一八《南安王楨附中山王英傳》。

[6]知：官制用語。初爲兼官形式之一，以他官暫時主持某一官署事務。

[7]清河王：封爵名。即元懌。北魏宗室，孝文帝元宏第四子。清河，郡名。北魏時治清河縣，在今山東臨清市東北。　諮議：官名。爲諮議參軍的簡稱。東晋始置。初在丞相府負責諷議軍政事務，後諸王府、公府、軍府等皆設。北魏孝文帝太和二十三年定二蕃王諮議參軍爲從五品上。

[8]恐罹其禍固辭以疾：中華本校勘記云：“《通志》上有‘彦’字。”可從。

[9]肅宗：即北魏孝明帝元詡。肅宗爲其廟號。

[10]驃騎長史：官名。爲驃騎府屬官之長，負責處理政務。北魏孝文帝太和二十三年後從一品將軍長史爲四品。

[11]光州：北魏時治掖縣，在今山東萊州市。

兄伯胤之歸也，[1]留長賢與弟德振，使宦學於洛中。孝静北遷，[2]亦徙居鄴。博涉經史，詞藻清華，舉秀才，除汝南王悦參軍事。[3]入齊，平陽王淹辟爲法曹參軍，[4]

轉著作佐郎。[5]更撰《晋書》，欲還成先志。

[1]兄伯胤之歸也：中華本校勘記云："按此上當有脱文。"可從。

[2]孝静：即東魏皇帝元善見。孝静爲其謚號。

[3]除汝南王悦參軍事：中華本校勘記云："張森楷云：'悦死於永熙末，不及見孝静之立。此叙於還鄴後，疑有訛誤。'"可從。汝南王，封爵名。汝南，郡名。北魏時治上蔡縣，在今河南汝南縣。悦，即元悦，人名。北魏宗室。見《北史》卷一九《汝南王悦傳》。

[4]平陽王：封爵名。平陽，郡名。北魏時治平陽縣，在今山西臨汾市東北。　淹：即高淹，人名。字子邃，勃海蓨（今河北景縣）人。北齊宗室。神武帝第四子。見《北史》卷五一《平陽王淹傳》。　法曹參軍：官名。北魏、北齊時爲丞相府、諸公府、將軍府屬官，五二法曹長官，主管郵所驛站、執行法律和糾察治安。北魏孝文帝太和二十三年定二蕃王列曹參軍事爲七品。

[5]著作佐郎：官名。三國魏置。協助著作郎修撰國史及起居注。北魏孝文帝太和二十三年爲七品。北齊因之。

河清中，上書譏刺時政，大忤權幸，爲上黨屯留令。[1]親故以長賢不相時而動，或爲書以相規責。長賢復書曰：

[1]上黨：郡名。北齊時治壺關城，在今山西長治市北。　屯留：縣名。治所在今山西屯留縣東北。

日者惠書，義高旨遠。誨僕以自求諸己，思不出位，國之大事，君與執政所圖。又謂僕禄不足以代耕，[1]位不登於執戟，[2]干非其議，[3]自貽悔咎。勤勤懇懇，誠見故人之心。静言再思，無忘寤寐。

[1]代耕：舊時官吏不耕而食，因稱爲官食禄爲代耕。

[2]執戟：宫廷的侍衛，因值勤時手執戟而得名。

[3]干非其議：殿本、四部備要本作“千非其議”。

僕雖固陋，亦嘗奉教於君子矣。以爲士之立身，其路不一。故有負鼎俎以趨世，[1]隱漁釣以待時，[2]操築傅巖之下，[3]取履圯橋之上者矣。[4]或有釋賃車以匡霸業，[5]委挽輅以定王基，[6]由斬袪以見禮，[7]因射鈎而受相者矣。[8]或有三黜不移，屈身以直道；[9]九死不悔，甘心於苦節者矣。[10]皆奮於泥滓，自致青雲。雖事有萬殊，而理終一致，權其大要，歸乎忠孝而已矣。

[1]負鼎俎以趨世：典故。指伊尹作爲莘國的厨師，看到商湯可以擔當滅夏的任務，背負鼎俎爲商湯烹飪，以烹調、五味爲引子，向商湯陳述爲政之道和天下大勢。

[2]隱漁釣以待時：典故。指姜太公釣魚遇到周文王的賞識，幫助文王成就大業。

[3]操築傅巖之下：典故。指商代中興時名相傅説曾經在傅巖之地修築寺廟，後得商王武丁重用。

[4]取履圯橋之上：典故。指西漢大臣張良取履受書之事。

[5]釋賃車以匡霸業：典故。指齊桓公時名士甯戚趕著裝載貨物的車到臨淄，受到齊桓公開城迎接，從而幫助齊桓公治理齊國

之事。

[6]挽輅以定王基：典故。指漢高祖時大臣婁敬以布衣身份勸諫劉邦定都長安之事。

[7]斬袪以見禮：典故。指春秋時晋國寺人披勃鞮欲刺殺公子重耳，曾割斷他的袖子，文公即位後不計前嫌委以任用之事。

[8]射鈎而受相者：典故。指春秋時齊國管仲幫助公子糾與公子小白争奪齊國政權，曾射中小白的帶鈎，齊桓公即位後不計前仇，任命管仲爲相之事。

[9]三黜不移屈身以直道：典故。指春秋時魯國柳下惠執法嚴正，得罪權貴歸隱於柳下之地，後世尊其爲和聖，成爲道德楷模之事。

[10]九死不悔甘心於苦節者：典故。指戰國時楚國屈原雖然受到楚懷王疏離，但他忠於祖國的志節不曾改變之事。

夫孝則竭力所生，忠則致身所事，未有孝而遺其親，忠而後其君者也。僕自射策金馬，[1]記言麟閣，[2]寒暑迭運，五稔于兹。不能勒成一家，[3]潤色鴻業，[4]善述人事，功既闕如，顯親揚名，邈焉無冀。每一念之，曷云其已。自頃王室板蕩，[5]彝倫攸斁，[6]大臣持禄而莫諫，小臣畏罪而不言，虚痛朝危，空哀主辱。匪躬之故，徒聞其語；有犯無隱，未見其人。此梅福所以獻書，[7]朱雲所以請劍者也。[8]抑又聞之，嫠不恤緯而憂宗周之亡，[9]女不懷歸而悲太子之少，况僕之先人，世傳儒業，訓僕以爲子之道，[10]厲僕以事君之節？今僕之委質，[11]有年世矣，安可自同於匹庶，取笑於兒女子哉！是以腸一夕而九回，[12]心終朝而百慮，懼當年之不立，恥没世而無聞，慷慨懷古，自强不息，庶幾伯夷之風，[13]以立懦夫之志。吾子又謂僕干進務入，不畏友朋；居下訕上，欲益反損。僕誠不敏，以貽吾子之羞，默默苟容，又非平生之意。故願得鋤彼草茅，逐兹鳥雀，去一惡，樹一善，不違先旨，以没九泉。求仁得仁，其誰敢怨？

[1]射策：一種以經術爲内容的選士方法。主試者提出問題，書之於策，覆置案頭，受試人拈取其一，稱“射”；按所射之策的題目作答。　金馬：即金馬門。宫門名。學士待詔處。

[2]麟閣：即麒麟閣。漢武帝建於未央宫之中，因漢武帝元狩年間打獵獲得麒麟而命名。主要用於藏歷代記載資料和秘密歷史文件。

[3]不能勒成一家：殿本、四部備要本作“不能勤成一家”。據《通志》卷一五五作“不能勒成一家”，今從底本。

[4]潤色鴻業：毛本作“潤色鴻葉”，據《通志》卷一五五作“潤色鴻業”，今從底本。

[5]板蕩：《詩·大雅》有《板》《蕩》兩篇，都是寫當時政治黑暗、人民痛苦的。後來用“板蕩”代指政局混亂、社會動蕩不安。

[6]彝倫攸斁（dù）：語出《尚書·洪範》。指倫常敗壞。

[7]梅福：人名。字子真，九江壽春（今安徽壽縣）人。西漢末大臣。見《漢書》卷六七《梅福傳》。

[8]朱雲：人名。字游。西漢官吏。漢成帝時曾進諫，攻擊丞相張禹爲佞臣，要求皇帝賜予尚方寶劍斬殺張禹。見《漢書》卷六七《朱雲傳》。

[9]嫠不恤緯：典出《左傳》昭公二十四年：“嫠不恤其緯，而憂宗周之隕，爲將及焉。”意謂寡婦不怕布織的少，而怕亡國之禍。

比喻憂國憂民。

[10]訓僕以爲子之道：毛本作“誨僕以爲子之道”。據《通志》卷一五五作“訓僕以爲子之道”，今從底本。

[11]委質：向君主獻禮，表示獻身。

[12]腸一夕而九回：語出司馬遷《報任少卿書》，指内心悲愁鬱積，不時翻騰回轉。毛本作“腸一夕而九□”。據《通志》卷一五五作“腸一夕而九回”，從底本。

[13]伯夷：人名。商末孤竹君長子。孤竹君以伯夷弟叔齊爲繼承人，孤竹君死後，叔齊讓位，伯夷不受。後二人都反對周武王進軍討伐商王朝。武王滅商後，他們又逃到首陽山，不食周粟而死。見《史記》卷六一《伯夷列傳》。

但言與不言在我，用與不用在時。若國道方屯，[1]時不我與，以忠獲罪，以信見疑，貝錦成章，[2]青蠅變色，[3]良田敗於邪徑，黄金鑠於衆口，窮達運也，其如命何！吾子忠告之言，敢不敬承嘉惠。然則僕之所懷，未可一二爲俗人道也。投筆而已，夫復何言！

[1]屯（zhūn）：艱難。

[2]貝錦：喻誣陷他人、羅織成罪的讒言。

[3]青蠅變色：典出《詩·小雅　青蠅》。指忠直高潔的人因受到奸佞小人的陷害而遭受不幸。青蠅，蒼蠅。蠅色黑，故稱。後以青蠅喻讒佞之人。

是出也，人皆爲之怏怏，而長賢處之怡然，不屑懷抱，識者以此多焉。

武平中，辭疾去職，終於齊代，不復出仕。周武平齊，[1]搜揚才俊，辟書屢降，固以疾辭。卒年七十四。貞觀中，[2]贈定州刺史。子徵。[3]

[1]周武：即北周皇帝宇文邕。武爲其謚號。

[2]貞觀：唐太宗的年號（627—649）。

[3]徵：即魏徵，人名。字玄成。鉅鹿曲城（今河北晋州市）人。見《舊唐書》卷七一《魏徵傳》。

魏季景，收族叔也。父鸞，字雙和，爲魏文賜名。[1]有器幹，體貌魁偉，以有容儀，爲奉車都尉。[2]曾升輅車，[3]觸毀金翼，斂容請罪。帝笑曰："卿體貌過人，素不便習，何足懼也？"車駕南征漢陽，除鸞統軍。[4]帝歷幸其營，嘆賞之。及在馬圈不豫，[5]敕兼武衛將軍，[6]領宿衛左右。景明中，[7]六輔之廢，鸞頗預其事。後除光州刺史，更滿還朝，卒。謚曰夷。

[1]魏文：即北魏孝文帝。

[2]奉車都尉：官名。漢武帝時始設。掌管皇帝車輿，入侍左右。北魏時列爲冗官。孝文帝太和十七年定爲從四品上，二十三年改爲從五品上。宣武帝正始四年（507）置二十人，定爲從五品。

[3]輅車：天子的乘車。

[4]統軍：官名。爲統兵武官，位在軍主之上、别將之下。北魏孝文帝太和二十三年定爲從八品。

[5]馬圈：城名。在今河南鎮平縣南。

[6]武衛將軍：官名。三國魏文帝將武衛中郎改爲此稱。掌宿衛禁軍。北魏孝文帝太和十七年定爲從二品下，二十三年改爲從

三品。

[7]景明：北魏宣武帝的年號（500—503）。

季景少孤，[1]清苦自立，博學有文才，弱冠有名京師。時邢子明稱有才學，殆與子才相侔，[2]季景與收相亞，洛中號兩邢二魏。莊帝時，爲中書侍郎。普泰中，[3]爲尚書右丞。[4]季景善附會，宰要當朝，必先事其左右。尒朱世隆特賞愛之。[5]於時才名甚盛，頗過其實。太昌中，[6]位給事黄門侍郎，甚見信待，除定州大中正。孝武帝釋奠，[7]季景與温子昇、李業興、竇瑗等俱爲摘句。[8]天平初，因還都，遂居柏人西山。[9]内懷憂悔，乃爲《擇居賦》。元象初，[10]兼給事黄門侍郎，後兼散騎常侍，使梁。還，歷大司農卿、魏郡尹。[11]卒，家無餘財，遺命薄葬，贈散騎常侍、衛尉卿。[12]所著文筆二百餘篇。子澹知名。

[1]季景少孤：底本“季景”上有“子”字，中華本校勘記云：“諸本‘季景’上有‘子’字。按上文已見‘父鸞’，則此不應有‘子’字，今從《通志》卷一五〇下《魏季景傳》删。”今從改。

[2]殆與子才相侔：毛本、殿本、四部備要本作“始與子才相侔”。據《通志》卷一五〇下，今從底本。

[3]普泰：北魏節閔帝的年號（531—532）。

[4]尚書右丞：北魏時爲尚書省佐官，位次尚書，與左丞共掌尚書省庶務。孝文帝太和十七年定爲四品中，二十三年定爲從四品。

[5]尒朱世隆：人名。字榮宗，北秀容（今山西朔州市）人，

契胡族。見《北史》卷四八《尒朱榮附尒朱世隆傳》。

[6]太昌：北魏孝武帝的年號（532）。

[7]孝武帝：即北魏皇帝元脩。孝武爲其謚號。　釋奠：陳設酒食祭祀先師聖人。

[8]李業興：人名。上黨長子（今山西長子縣）人。北魏、東魏官吏。見《北史》卷八一《李業興傳》。　竇瑗：人名。字世珍，遼西陽洛（今河北撫寧縣）人。北魏、東魏官吏。見《北史》卷八六《竇瑗傳》。　擿（tī）句：搜章摘句。

[9]柏人：縣名。東魏時治所在今河北隆堯縣西。

[10]元象：東魏孝静帝的年號（538—539）。

[11]大司農卿：官名。爲大司農的尊稱。　魏郡尹：官名。即魏尹。

[12]衛尉卿：官名。東漢魏晋時常作爲衛尉的尊稱。位列九卿，主管宫殿、京城諸門禁衛，武器、儀仗庫藏。北魏孝文帝太和二十三年後爲一品下，北齊、隋時爲三品。

澮字彦深。年十五而孤，專精好學，高才善屬文。仕齊，殿中侍御史，[1]預修五禮，及撰《御覽》。[2]除殿中郎、中書舍人，[3]與李德林修國史。[4]入周爲納言中士。[5]隋初，爲行臺禮部侍郎，[6]尋爲聘陳使主。還，除太子舍人。廢太子勇深禮之，[7]令注《庾信集》，[8]撰《笑苑》，[9]世稱博物。遷著作郎，仍爲太子學士。[10]

[1]殿中侍御史：官名。亦稱殿中御史。三國魏始置，居殿中糾察非法。北魏時或掌宿衛禁兵。孝文帝太和十七年定爲從五品中，二十三年爲從八品上。北齊時爲八品。

[2]御覽：北齊後主武平三年（572）二月高緯命祖珽編纂的《玄洲苑御覽》。八月修成後改名《聖壽堂御覽》，交付史閣後又改

名爲《修文殿御覽》。

[3]殿中郎：官名。十六國時前秦置，爲殿中侍衛武官，掌管宫殿禁衛、倉庫。北魏孝文帝太和二十三年改爲六品，北齊時爲六品上。

[4]李德林：人名。字公輔，博陵安平（今河北安平縣）人。北齊、隋朝官吏。見《北史》卷七二《李德林傳》。

[5]納言中士：官名。北周時天官府納言中大夫屬官，隋文帝開皇元年（581）罷。

[6]行臺禮部侍郎：官名。北魏置。職掌類似於禮部侍郎，掌管行臺府禮部曹事。隋朝時爲正六品上。

[7]勇：即楊勇，人名。隋文帝楊堅長子。見《北史》卷七一《房陵王勇傳》。

[8]庾信：人名。字子山，南陽新野（今河南新野縣）人。見《北史》卷八三《庾信傳》。

[9]笑苑：魏晋南北朝時小説，收録於《隋書·經籍志》中。

[10]太子學士：官名。爲太子東宫屬官，掌管典禮、編纂、撰述、修史之事。隋朝時爲五品上。

帝以魏收所撰《後魏書》褒貶失實，平繪爲《中興書》事不倫序，詔澹别成《魏史》。澹自道武下及恭帝，爲十二紀，七十八列傳。别爲史論及例，各一卷，合九十二卷。義例與魏收多所不同。

其一曰："臣聞天子者繼天立稱，終始絶名。故《穀梁傳》：[1]'太上不名。'《曲禮》：[2]'天子不言出，諸侯不生名。'諸侯尚不生名，況天子乎？若爲太子，必須書名。良由子者對父生稱，父前子名，禮之意也。至如馬遷，[3]周之太子，並皆言名，漢之儲兩，[4]俱没其諱，以尊漢卑周，臣子之意也。竊謂雖立此理，恐非其義。何者？《春秋》《禮記》，太子必書名，天王不言出，此仲尼之褒貶，皇王之稱謂，非當時與異代，遂爲優劣也。班固、范曄、陳壽、王隱、沈約參差不同，[5]尊卑失序。至於魏收諱儲君之名，書天子之字，過又甚焉。今所撰，諱皇帝名，書太子字，欲尊君卑臣，依《春秋》之義。”

[1]穀梁傳：即《春秋穀梁傳》。儒家經典，與《左傳》《公羊傳》同爲解説《春秋》的三傳之一。其作者相傳是子夏的弟子，戰國時魯人穀梁赤（赤或作“喜”“嘉”“俶”“寘”）。初爲口頭傳授，至西漢時成書。

[2]曲禮：《禮記》篇名。以其委曲説吉、凶、賓、軍、嘉五禮之事，故名。

[3]馬遷：即司馬遷，人名。字子長，夏陽（今陝西韓城市）人。西漢史學家。著《史記》。見《史記》卷一三〇《太史公自序》。

[4]儲兩：即儲貳。太子。

[5]班固：人名。字孟堅，扶風安陵（今陝西咸陽市東北）人。東漢史學家。著《漢書》。見《後漢書》卷四〇《班彪附班固傳》。　范曄：人名。字蔚宗，順陽（今河南淅川縣）人。南朝宋史學家。著《後漢書》。見《南史》卷三三《范泰附范曄傳》。　陳壽：人名。字承祚，巴西安漢（今四川南充市北）人。西晉史學家。著《三國志》。見《晉書》卷八二《陳壽傳》。　王隱：人名。字處叔，陳郡陳（今河南淮陽縣）人。東晉官吏。見《晉書》卷八二《王隱傳》。

二曰："魏氏平文以前，[1]部落之君長耳。太祖遠追二十八帝，[2]並極崇高，違堯舜憲章，越周公典禮。但道武出自結繩，[3]未師典誥，當須南董直筆，[4]裁而正之；反更飾非，豈是觀過？但力微天女所誕，[5]靈異絶世，尊爲始祖，得禮之宜。平文、昭成，[6]雄據塞表，[7]英風漸盛，圖南之業，基自此始。長孫斤之亂也，[8]兵交御坐，太子授命，昭成獲免。道武此時，后緡方娠，[9]宗廟復存，社稷有主，大功大孝，實在獻明。[10]此之三世，稱謚可也；自玆以外，未之敢聞。"

[1]平文：即拓跋鬱律。平文爲其謚號，北魏道武帝所追謚。

[2]太祖：即北魏皇帝拓跋珪。太祖爲其廟號。

[3]道武：即北魏皇帝拓跋珪。道武爲其謚號。

[4]南董直筆：南董指春秋時齊國史官南史氏、晋國史官董狐。皆以直筆不諱著稱。

[5]力微：即北魏神元皇帝拓跋力微。

[6]昭成：即拓跋什翼犍。昭成爲其謚號，北魏道武帝所追謚。

[7]塞表：塞外，指長城以北的地區。

[8]長孫斤：人名。十六國時代國官吏。後爲拓跋什翼犍所殺。

[9]后緡方娠：典故。后緡是夏代第四個皇帝相的妻子，生子少康，出現少康中興的局面。在此借指道武帝重新建立代國。

[10]獻明：即拓拔寔。十六國時期代王拓跋什翼犍子，被立爲拓跋部世子。獻明爲其謚號，北魏道武帝所追謚。

其三曰："幽王死於驪山，[1]厲王出奔於彘，[2]未嘗隱諱，直筆書之，欲以勸善懲惡，詒誡將來。而太武、獻文，[3]並遭非命，前史立紀，不異天年，言論之間，頗露首尾。殺主害君，莫知姓名，逆臣賊子，何所懼哉？今分明直書，不敢回避。”

［1］幽王：西周君王。寵愛妃子褒姒，爲博得褒姒一笑，烽火戲諸侯。見《史記》卷四《周本紀》。　驪山：在今陝西西安市臨潼區城南，爲秦嶺支脉。

［2］厲王：西周君王。在位期間横徵暴斂，高壓專制，使得百姓衹能道路以目。之後引起國人暴動，被流放於彘（今山西霍州市東北）。見《史記·周本紀》。

［3］而太武獻文：毛本、殿本、四庫本、局本、四部備要本作“如太武獻文”。據《隋書》卷五八、《通志》卷一五二，今從底本。

四曰：“自晉德不競，宇宙分崩，或帝或王，各自署置。其生略如敵國，書死便同庶人。凡處華夏之地者，皆書曰‘卒’，同之吴、楚。”[1]

［1］其生略如敵國書死便同庶人凡處華夏之地者皆書曰卒同之吴楚：中華本校勘記云：“《隋書》卷五八《魏澹傳》作：‘當其生日，聘使往來，略如敵國；及其終也，書之曰死，便同庶人。存没頓殊，能無懷愧？今所撰史，諸國凡在華夏之地者皆書曰卒，同之吴、楚。’按《北史》删節後，文意不明。‘今所撰史’四字，尤不應删。‘其生略如敵國，書死便同庶人’，是魏澹譏前史之失。‘凡處華夏之地，皆書曰卒’，是魏澹仿《春秋》書吴楚之君曰卒所定的體例。無此四字，便混淆不清。”可從。敵國，對等的國家。

澹又以爲“司馬遷創立紀傳已來，述者非一，人無善惡，皆爲立論。計在身行迹，具在正書，事既無奇，不足懲勸，再述乍同銘頌，重叙唯覺繁文。案丘明亞聖之才，[1]發揚聖旨，言‘君子曰’者，無非甚泰；其間尋常，直言而已。今所撰史，竊有慕焉，可爲勸戒者，論其得失；其無損益者，所不論也”。[2]上覽而善之。未幾而卒。有集三十卷。子罕言。

[1]丘明：即左丘明，人名。春秋末期魯國人，博學多才，曾任魯國太史。撰《左傳》。

[2]其無損益者所不論也：底本無“損”字，中華本校勘記云：“諸本脱‘損’字，據《隋書》補。”今從改。

澹弟彦玄，位洧州司馬。[1]子滿行。

[1]洧州：北齊時治鄢陵縣，在今河南西平縣。

魏蘭根，字蘭根，收族叔也。父伯成，中山太守。[1]

[1]父伯成中山太守：《北齊書》作“父伯成魏太山太守”。據《通志》卷一五五作“父伯成中山太守”，今從底本。

蘭根身長八尺，儀貌奇偉，博學高才，機警有識悟。起家北海王國侍郎。[1]母憂，居喪有孝稱。將葬，常山郡境先有董卓祠，[2]祠有柏樹，蘭根以卓凶逆，不應遺祠至今，乃啓刺史，請伐爲槨。左右人言有靈，蘭根了無疑懼。父喪，廬於墓側，負土成墳，憂毀殆於滅性。[3]

[1]北海：郡名。北魏時治平壽城，在今山東濰坊市西南。　王國侍郎：官名。爲侍郎的一種，王國屬官。西漢始設，北魏、北齊沿置，負責贊相威儀，通傳教令。北魏孝文帝太和二十三年定爲九品，北齊因之。

[2]董卓：人名。字仲穎，隴西臨洮（今甘肅岷縣）人。東漢大臣。見《後漢書》卷七二《董卓傳》。

[3]憂毀：謂居父母之喪哀傷過度而損害身體。　滅性：謂因喪親過哀而毀滅生命。

正光末，尚書令李崇爲大都督，討蠕蠕，[1]以蘭根爲長史。因説崇曰："緣邊諸鎮，控攝長遠，昔時初置，地廣人稀，或徵發中原强宗子弟，或國之肺腑寄以爪牙。中年以來，有司乖實，號曰府户，[2]役同廝養，官婚班齒，[3]致失清流。而本宗舊類，各各榮顯，顧瞻彼此，理當憤怨。宜改鎮立州，分置郡縣。凡是府户，悉免爲平人，入仕次第，一準其舊。此計若行，國家庶無北顧之慮。"崇以奏聞，事寢不報。

[1]蠕蠕：北魏時統治者對柔然的蔑稱。本爲東胡族的一支，屬拓跋部。南北朝時始强大，活動於今蒙古國南部地區。以游牧爲生。見《北史》卷九八《蠕蠕傳》。

[2]府户：指北魏時隸屬於軍府、世代執兵役的人户。

[3]官婚班齒：官府按照其年齡實行婚配。

孝昌初，爲岐州刺史，[1]從行臺蕭寶夤討破宛川。[2]俘其人爲奴婢，以美女十人賞蘭根。蘭根辭曰："此縣介於强虜，故成背叛。今當恤其飢寒，奈何並充僕隸？"於是盡以歸其父兄。部内麥多五穗。鄰州田鼠爲灾，犬牙不入岐境。[3]及蕭寶夤敗於涇州，岐州人囚蘭根降賊。寶夤兵威復振，城人復斬賊刺史侯莫陳仲和，[4]推蘭根復任。朝廷以蘭根得西土人心，加都督涇、岐、東秦、南岐四州諸軍事，[5]兼四州行臺尚書。

[1]岐州：北魏時治雍城鎮，在今陝西鳳翔縣東。

[2]蕭寶夤：人名。南蘭陵（一説在今江蘇常州市，一説在今江蘇丹陽市）人。北魏將領。見《北史》卷二九《蕭寶夤傳》。　討破宛川：毛本作"討破宛□"。宛川，縣名。治所在今陝西寶雞市東陳倉鎮。

[3]犬牙不入岐境：毛本、殿本、四部備要本作"犬牙不入其境"。據《北齊書》卷二三《魏蘭根傳》、《通志》卷一五五，今底本。

[4]侯莫陳仲和：人名。北魏官吏。位雍州刺史。孝明帝孝昌中於秦隴一帶起兵叛魏，爲蕭寶夤討平，被斬殺。

[5]東秦：州名。北魏時治汧城，在今陝西隴縣東南。　南岐：州名。北魏孝明帝孝昌中置，治梁泉縣，在今陝西鳳縣東北鳳州鎮。

孝昌末，河北流人南度，以蘭根兼尚書，使齊、濟、二兖四州安撫，[1]并置郡縣。蘭根甥邢杲反於青、光間，[2]復詔蘭根慰勞。杲不下，仍隨元天穆討之。[3]還，拜中書令。

[1]濟：州名。北魏時治碻磝城，在今山東茌平縣西南。　二兗：西兗州和南兗州。西兗州，北魏時治定陶城，在今山東定陶縣西北。南兗州，北魏時治廣陵縣，在今江蘇揚州市西北。

[2]蘭根甥邢杲反於青光間：源氏校勘記改“光”作“兗”。按：中華本《北齊書》作“河間邢杲反於青、兗間”。

[3]元天穆：人名。亦稱元穆。北魏宗室、官吏。見《北史》卷一五《高凉王孤附上黨王天穆傳》。

莊帝之將誅尒朱榮，蘭根泄之於兄子周達，周達告尒朱世隆。[1]及榮死，蘭根憂，不知所出。時應詔王道習見信於莊帝，[2]蘭根乃託附之，求出立功。乃兼尚書右僕射、河北行臺，於定州率募鄉曲，[3]欲防井陘。[4]爲榮將侯深所敗，[5]走依勃海高乾。[6]屬乾兄弟義舉，因在其中。[7]神武以宿望深禮之。中興初，[8]爲尚書右僕射。

[1]莊帝之將誅尒朱榮蘭根泄之於兄子周達周達告尒朱世隆：《北齊書》作“莊帝之將誅尒朱榮也，蘭根聞其計，遂密告尒朱世隆”。

[2]應詔：官名。北魏置。爲皇帝左右的親信。　王道習：人名。東萊（今山東萊州市）人。北魏官吏。孝莊帝時，爲應詔郎。

[3]於定州率募鄉曲：底本無“於”字，中華本校勘記云：“諸本脱‘於’字，據《通志》卷一五五《魏蘭根傳》改。”今從改。

[4]井陘：地名。在今河北石家莊市。

[5]侯深：人名。一作“侯淵”，《北史》避唐高祖李淵諱改。神武尖山（今山西神池縣）人。北魏將領。見《北史》卷四九《侯深傳》。

[6]勃海：郡名。北魏時治東光縣，在今河北東光縣城。 高乾：人名。字乾邕，勃海蓨（今河北景縣）人。北魏大臣。見《北史》卷三一《高祐附高乾傳》。

[7]因在其中：底本“因”作“固”，中華本校勘記云：“諸本‘因’訛作‘固’，據《北齊書》卷二三《魏蘭根傳》改。”今從改。

[8]中興：北魏安定王的年號（531—532）。

神武將入洛陽，時廢立未决，令蘭根察節閔帝。帝神采高明，蘭根恐於後難測，遂與高乾兄弟及黄門侍郎崔㥄同請。神武不得已，遂立武帝。大昌初，加侍中、開府儀同三司、鉅鹿縣侯，[1]啓授兄子周達。蘭根既預勳業，位居端副，[2]始叙復岐州勳，封永興侯。[3]高乾之死，蘭根懼，以病免。天平初，言病篤，以開府儀同歸本鄉，門施行馬。[4]武定三年，薨。[5]贈司徒公，謚曰文宣。長子相如襲爵。

[1]鉅鹿縣侯：封爵名。鉅鹿，縣名。治所在今河北平鄉縣。

[2]端副：即端貳。尚書僕射的别稱。

[3]永興侯：封爵名。永興，縣名。治所在今河北涿鹿縣。

[4]行馬：阻礙車馬通行的木架，一般祇能用於官署門前或者高門大户之家。

[5]武定三年薨：中華本校勘記云：“《北齊書》作‘天平二年’。按《金石録》卷二一《魏蘭根碑跋》稱：‘碑云：死於天平二年。’《北齊書》是。”可從。

相如性亢直，有文藻，與族兄愷齊名，雅爲當時所貴。早卒。孝昭時，佐命功臣配饗，不及蘭根，次子敬仲表訴，竟不允。敬仲以才器稱，卒於章武太守。[1]子餉，字孝衡。幼孤，學涉有時譽，居喪以孝聞。隋饒州司倉參軍事。[2]子景義、景禮並有才行，鄉人呼爲雙鳳，早卒。敬仲弟少政，位至洛州刺史。[3]子孝該、孝幾。

[1]章武：郡名。北齊時治平舒縣，在今河北大城縣。

[2]饒州：隋朝時治鄱陽縣，在今江西鄱陽縣。　司倉參軍事：官名。隋文帝開皇三年改倉曹參軍事而置，掌管租稅、倉庫等。上州爲從七品下，中州爲正八品下，下州爲從八品下。

[3]洛州：隋朝時治河南縣，在今河南洛陽市。

愷自散騎常侍遷青州長史，[1]固辭。文宣大怒曰："何物漢子，與官不就！"時帝已失德，朝廷爲之懼，愷容色坦然。帝曰："死與長史，任卿所擇。"答曰："能殺臣者陛下，不受長史者愚臣。"帝謂楊愔曰："何慮無人，苦用此漢！放還，永不須收。"由是積年沈廢。後遇愔於路，微自陳。愔云："咸由中旨。"愷應聲曰："雖復零雨自天，終待雲興四岳，公豈得言不知？"楊愔欣然曰："此言極爲簡要。"數日，除霍州刺史，[2]在職有政理。後卒於膠州刺史。[3]

[1]青州：北齊時治東陽城，在今山東青州市。

[2]霍州：北齊時治岳安縣，在今安徽霍山縣。

[3]膠州：北齊時治東武縣，在今山東諸城市。

論曰：伯起少頗疏放，不拘行檢，及折節讀書，鬱爲偉器。學博今古，才極從横，體物之旨，尤爲富贍，足以入相如之室，[1]游尼父之門。勒成魏籍，追蹤班、馬，婉而有則，繁而不蕪，持論序言，鈎深致遠。但意存實録，好抵陰私，至於親故之家，一無所説，不平之議，見於斯矣。王松年、李庶等並論正家門，未爲謗議，遂憑附時宰，[2]鼓動淫刑，庶因鞭撻而終，此公之失德。

[1]相如：即司馬相如，人名。字長卿，蜀郡成都（今四川成都市）人。西漢文學家。見《史記》卷一一七《司馬相如傳》。

[2]時宰：猶時相。

長賢思樹風聲，抗言昏俗，有朱子游之風。季景父子，雅業相傳，抑弓冶之義。[1]蘭根道冠時英，功參霸業，亦一代之偉人也。

[1]弓冶：父子相傳的事業。語出《禮記·學記》："良冶之子，必學爲裘；良弓之子，必學爲箕。"

北史　卷五七

列傳第四十五

周宗室

邵惠公顥 子什肥 導 護 叱羅協 馮遷　杞簡公連　莒莊公洛生　虞國公仲　廣川公測 弟深 深子孝伯　東平公神舉 弟慶

邵惠公顥，周文帝之長兄也。[1]德皇帝娶樂浪王氏，[2]是爲德皇后。生顥，性至孝，居德皇后喪，哀毁過禮。德皇帝與衛可瓌戰，[3]墜馬，顥與數騎奔救，乃免。顥遂戰殁。保定初，[4]追贈大冢宰，[5]封邵國公，謚曰惠。三子，什肥、導、護。

[1]周文帝：即宇文泰。文爲其謚號，北周明帝所追謚。

[2]德皇帝：即宇文肱。德爲其謚號，北周孝閔帝所追謚。樂浪：郡名。北魏時治連城，在今遼寧北票市東南大凌河西岸。

[3]衛可瓌：人名。又名衛可環、衛可孤。北魏六鎮起義軍將

領。兵敗被殺。

[4]保定：北周武帝的年號（561—565）。

[5]大冢宰：官名。亦稱大冢宰卿。爲居六官之首的天官府長官。西魏恭帝三年（556）置，北周沿置。掌管宫廷供奉以及全國的財政收支、賦役收入、百官俸禄等事務。正七命。

什肥事母以孝聞。文帝入關，不能離母，遂留晋陽。文帝定秦、隴，[1]什肥爲齊神武所害。[2]保定初，追贈大將軍、小冢宰，[3]襲爵邵國公，謚曰景。子冑嗣。

[1]秦：州名。北魏時治上封城，在今甘肅天水市。　隴：州名。北魏時治汧陰縣，在今陝西隴縣東南。

[2]齊神武：即高歡。神武爲其謚號，北齊後主所追謚。

[3]大將軍：官名。高級軍事統帥。西魏、北周時爲府兵專職統帥官號，凡十二人，各領一軍，分隸六柱國大將軍，下統開府、儀同諸將軍。　小冢宰：官名。小冢宰上大夫的省稱。西魏恭帝三年始置。北周沿置，爲天官府次官，輔佐大冢宰卿掌宫廷供奉、侍衛以及全國財政收支、百官俸給等事務。正六命。

冑少孤，頗有幹略。景公之見害，以年幼下蠶室。[1]保定初，詔以晋公護子會紹景公封。天和中，[2]與齊通好，冑歸，襲爵邵國公。及隋文帝輔政，[3]冑爲滎州刺史，[4]舉兵應尉遲迥，[5]爲清河公楊素所殺。[6]國除。

[1]蠶室：本指養蠶的地方，後代引爲受宫刑的牢獄，亦代指宫刑。

[2]天和：北周武帝的年號（566—572）。

[3]隋文帝：即隋朝皇帝楊堅。文爲其謚號。

[4]滎州：北周時治成皋縣，在今河南滎陽市。

[5]尉遲迥：人名。字薄居羅，代（今山西大同市東北）人。西魏、北周大臣。見《北史》卷六二《尉遲迥傳》。

[6]清河公：封爵名。清河，郡名。北周時治武城縣，在今河北清河縣西北。　楊素：人名。字處道，弘農華陰（今陝西華陰市東南）人。隋朝大臣。見《北史》卷四一《楊敷楊素傳》。

會字乾仁，胄至自齊，改封譚國公。後與護同誅。建德三年，[1]追復封爵。

[1]建德：北周武帝的年號（572—578）。

章武公導，字菩薩，[1]少雄豪。初與諸父在葛榮中，[2]榮敗，遷晋陽。[3]與文帝隨賀拔岳入關，[4]常從征伐。文帝討侯莫陳悦，[5]導追斬之牽屯山，[6]以功封饒陽縣伯。[7]及魏文帝東征，[8]留導爲華州刺史。[9]既而趙青雀、于伏德、慕容思慶等作亂，[10]導禽伏德，斬思慶，屯渭橋會文帝軍。及事平，進爵章武郡公，加侍中。[11]及高仲密以北豫州降，[12]文帝東征，復以導爲大都督，行華州刺史，甚得守扞之方。[13]及大軍不利，東魏追至稠桑，[14]知關中有備，乃退。侯景來附，[15]詔徵隴右大都督獨孤信東下，[16]令導代信爲秦州刺史、大都督、十五州諸軍事。及齊氏稱帝，文帝討之，魏文帝遣齊王廓鎮隴右，[17]徵導拜大將軍、大都督、二十三州諸軍事，屯咸陽。[18]大軍還，乃旋舊鎮。

[1]章武公：封爵名。章武，郡名。北周時治平舒縣，在今河北大城縣。底本“章”作“常”，中華本校勘記云：“諸本‘章’作‘常’，‘常武公’三字在上文‘追復封爵’下。按地志無‘常武郡’，‘常’乃‘章’之訛。章武公是宇文導封爵，非宇文會原爵。”今從改。

[2]葛榮：人名。北魏時河北起義軍首領。戰敗，爲尒朱榮所捕，被殺。

[3]晉陽：縣名。治所在今山西太原市晉源區古城營村一帶。

[4]賀拔岳：人名。字阿斗泥，神武尖山（今山西神池縣）人。北魏將領。見《北史》卷四九《賀拔允附賀拔岳傳》。

[5]侯莫陳悦：人名。代郡（今山西大同市東北）人。北魏將領。見《北史》卷四九《侯莫陳悦傳》。

[6]牽屯山：即今寧夏固原市六盤山。

[7]饒陽縣伯：封爵名。饒陽，縣名。治所在今河北饒陽縣東北。源氏校勘記云：“《周書》（‘縣伯’）作‘縣侯’。”《文獻通考》卷二七四、《通志》卷八五下作“饒陽縣伯”。

[8]魏文帝：即西魏皇帝元寶炬。文爲其謚號。

[9]華州：北魏獻文帝皇興二年（468）置，治定安縣，在今甘肅寧縣。孝文帝延興二年（472）改置三縣鎮。太和十一年又置華州，治李潤堡，在今陝西蒲城縣東北。宣武帝永平三年（510）移治華陰縣，在今陝西大荔縣。

[10]趙青雀：人名。曾任北齊都督，沙苑之戰被俘投歸北周。　于伏德：人名。雍州（今陝西西安市西北）人。西魏文帝大統四年（538）舉兵反，據咸陽。尋爲華州刺史宇文導所擒。　慕容思慶：人名。鮮卑族。南燕慕容氏後裔，任咸陽太守。

[11]侍中：官名。北朝時總典機密，受遺詔輔政，權任尤重，時號“小宰相”。北魏孝文帝太和十七年（493）定爲從一品中，二十三年定爲三品。

[12]高仲密：人名。即高慎。字仲密，勃海蓨（今河北景縣）

人。東魏官吏。見《北史》卷三一《高祐附高慎傳》。　北豫州：東魏孝静帝天平初復置，治虎牢城，在今河南滎陽市西北。

［13］守扞：守衛抵禦。扞，通“捍”。

［14］稠桑：地名。在今河南靈寶市北。

［15］侯景：人名。字萬景，小字狗子，懷朔鎮（今内蒙古固陽縣南）人。東魏、西魏、南朝梁將領。見《梁書》卷五六《侯景傳》（參李萬生《侯景的氏族及相關問題》，《北京大學學報》2000年第5期）。

［16］隴右：地區名。即今陝西、甘肅交接的隴山以西地區。　大都督：官名。高級軍事長官。北魏前、中期未見，孝文帝太和十七年及二十三年職員令皆未載。後期戰事較多時置，統兵出征，有時又加以各種名號，如南道大都督、徐州大都督等。東、西魏分裂後，授予漸濫。　獨孤信：人名。本名如願，雲中（今内蒙古和林格爾縣西北）人。北魏、北周將領。見《北史》卷六一《獨孤信傳》。

［17］廓：即元廓，人名。即西魏恭帝。見《北史》卷五《魏本紀·西魏恭帝》。

［18］咸陽：郡名。西魏時治池陽縣，在今陝西涇陽縣西北。

導性寬明，善撫御，文帝每出征，導恒居守，深爲吏人所附，朝廷重之。薨於上邽，[1]魏帝遣侍中、漁陽王綱監護喪事，[2]贈尚書令，[3]謚曰孝。朝議以導撫和西戎，威恩顯著，欲令世鎮隴右，以彰厥德。乃葬上邽城西無疆原，華戎會葬者萬餘人，奠祭於路，悲號振野，皆曰：“我君捨我乎。”大小相與負土成墳，高五十餘尺，周回八十餘步。爲官司所止，然後泣辭而去。天和五年，重贈太師、柱國、豳國公。[4]

[1]上邽：縣名。治所在今甘肅天水市。

[2]漁陽王：封爵名。漁陽，郡名。治漁陽縣，在今北京密雲縣西南。　綱：即元綱，人名。西魏、北周大臣。隋代官吏元弘嗣祖父。源氏校勘記云："'綱'《周書》作'繩'。"

[3]尚書令：官名。北魏初不常置，亦不掌實際政務，孝文帝改制後，尚書省權任頗重，以録尚書事爲長官，尚書令爲副貳，兼掌監察百官，皆爲宰相。孝文帝太和十七年定爲從一品上，二十三年定爲二品。西魏因之。

[4]太師：官名。爲輔弼君王的重要大臣。東晋南朝時用作贈官。北朝時爲三師之一，位在太傅、太保之上，一品。居百官之首，名位極尊。北周時改名號三公。正九命。　柱國豳國公：底本無"豳國"二字，中華本校勘記云："諸本脱'豳國'二字，據《周書》卷一〇《宇文導傳》補。"今從改。柱國，官名。柱國大將軍的省稱。十六國時後燕慕容垂燕元元年始置，位高權重。北周時授予漸濫，成爲没有具體職掌的勳官，正九命。

導五子：廣、亮、翼、椿、衆。亮、椿出後於杞。[1]

[1]出後：出繼，過繼給他人爲後代。　杞：即杞簡公宇文連。

廣，字乾歸，少方嚴，好文學。武成初，[1]位大將軍、梁州總管，[2]進封蔡國公，累遷秦州刺史、總管十三州諸軍事。性明察，善撫綏，人庶畏悦之。時晋公護諸子及廣弟杞公亮等侈靡踰制，廣獨率禮，又折節待士，朝野稱焉。曾侍於武帝所，食瓜美，持以奉進，帝悦之。廣以晋公護擅權，勸令挹損，護不能納。後除陝州總管，[3]以病免。及孝公追封豳國公，詔廣襲爵。初、廣母李氏以廣患，憂而成疾，[4]遂殁。廣居喪加篤，乃以毁薨。[5]世稱母爲廣病，廣爲母死，慈孝之道，極於一門。武帝素服親臨。其故吏儀同李充信等上表褒述，[6]申其宿志，庶存儉約。詔曰："昔河間才藻，[7]追叙於中尉；東海謙約，[8]見稱於身後。可斟酌前典，率由舊章，使易簀之言，[9]得申遺志，黜殯之請，[10]無虧令終。"於是贈本官，加太保、隴右十四州諸軍事、秦州刺史，[11]謚曰文。葬於隴右，所司一遵儉約之典。子洽嗣，隋文輔政，被害，國除。

[1]武成：北周明帝的年號（559—560）。

[2]梁州：北周時治南鄭縣，在今陝西漢中市。 總管：官名。地方高級行政官員。北周明帝武成元年由都督諸州軍事改名，加使持節，管理轄區軍事民政。所轄區域增減不定，多者可達數十州。品秩分三等，上總管從二品，中總管正三品，下總管從三品。

[3]陝州：北周時治陝縣，在今河南三門峽市西。

[4]初廣母李氏以廣患憂而成疾：底本"以"下無"廣"字，源氏校勘記云："'以患'，《周書》作'以廣患彌年'五字。爲是。"中華本校勘記云："諸本'以'下無'廣'字，《周書》卷一〇《宇文廣傳》有。按下文云：'母爲廣病。'有'廣'字是，今據補。"今從改。

[5]毁薨：因服喪過哀而死。

[6]儀同：北周時爲儀同大將軍、儀同將軍省稱。武帝建德四年改儀同三司置。主要授予有功勳的大臣和北齊的降臣，無具體職掌，初加使持節、大都督、車騎大將軍、散騎常侍等職。九命。

[7]河間：指西漢河間獻王劉德，有賢名。後因指宗室藩王中

之賢者。見《漢書》卷五三《景十三王傳》。

[8]東海：即東漢東海恭王劉彊。光武帝長子，爲郭皇后所生。見《後漢書》卷四二《東海恭王彊傳》。

[9]易簀：指病危將死。

[10]黜殯：在内室殯斂，不居正堂。

[11]太保：官名。爲輔弼君王的重要大臣。北魏、北齊時爲三師之一，位居太師、太傅之下，一品。北齊後主時曾增員而授，所施頗濫。北周時改名號爲三公。正九命。

翼，字乾宜，封西陽郡公，[1]早薨，謚曰昭。無子，以杞公亮子温嗣，後坐亮反誅，國除。衆，字乾道，少不慧，封天水郡公，[2]爲隋文所誅。

[1]西陽郡公：封爵名。西陽，郡名。北周時治西陽縣，在今湖北黄岡市東南。

[2]天水郡公：封爵名。天水，郡名。北周時治上邽縣，在今甘肅天水市。

護，字薩保，幼方正有志度，特爲德皇帝所愛。文帝之入關，以年小不從。普泰初，[1]始自晋陽至平凉，時年十七。[2]文帝諸子並幼，遂委以家務，内外無不嚴肅。[3]文帝歎之，以爲類己。及臨夏州，[4]留護事賀拔岳。岳被害，文帝至平凉，以護爲都督，從破侯莫陳悦。後以迎魏帝功，封水池縣伯。[5]從文帝禽竇泰，[6]復弘農，[7]破沙苑，[8]戰河橋，[9]並有功。芒山之役，[10]爲敵人所圍，賴都督侯伏侯龍恩救，乃免。[11]坐免官，尋復本位。大統十三年，進封中山公。[12]十五年，遷大將軍。與于謹征江陵，[13]進兵徑至江陵城下，以待大軍至，圍而剋之。師還，護又討平襄陽蠻帥向天保等萬餘落。[14]初行六官，拜小司空。[15]

[1]普泰：北魏節閔帝的年號（531—532）。

[2]時年十七：中華本《周書》卷一一《晋蕩公護傳》校勘記云："顥隨父肱和六鎮起義軍作戰而死。卷一四《賀拔勝傳》，宇文肱組織豪强武裝，在起義軍佔領武川後。起義軍佔領武川年月史無明文。據《魏書》卷六六《李崇傳》，在臨淮王彧和李叔仁被起義軍擊敗後，孝明帝在一次會議上有'武川乖防，復陷凶手'的話，又説'去歲阿那瓌叛逆，遣李崇令北征'。據卷九《肅宗紀》，李崇北征阿那瓌在正光四年（523），臨淮王彧之敗在五年（524）。則起義軍占領武川，宇文肱組織武裝反抗，宇文顥戰死，均不得早於五年。本傳載其母閻姬與護書説她三子'大者（什肥）屬鼠，次者（導）屬兔，汝（護）身屬蛇'。什肥年歲不合，已見上卷校記第一條。宇文護屬蛇，應生於延昌二年癸巳（513），到正光五年乃十二歲。""自延昌二年（513）到普泰元年（531）應年十九，非十七。"可從。

[3]内外無不嚴肅：源氏校勘記云："《周書》作内外不嚴而肅。"

[4]夏州：北魏時治大夏（統萬城），在今陝西靖邊縣白城子村無定河北岸的毛烏素沙漠中（鼎近今内蒙古烏審旗南境）。

[5]水池縣伯：封爵名。水池，縣名。治所在今甘肅臨洮縣西南洮水西岸。

[6]竇泰：人名。字世寧，太安捍殊（今山西壽陽縣北）人。北魏、東魏將領。見《北史》卷五四《竇泰傳》。

[7]弘農：縣名。治所在今河南靈寶市東北故函谷關城。

[8]沙苑：即沙苑之戰，東魏孝静帝天平四年，東魏與西魏在

沙苑展開的激戰，東魏大敗。沙苑，地名。又名沙阜、沙海、沙窩。在今陝西大荔縣南洛、渭二河之間，東西八十里，南北三十里。

［9］戰河橋：即河橋之戰。西魏文帝大統四年（538），東西魏之間的一場大戰。河橋，在今河南孟津縣東、孟州市西南黃河上。

［10］芒山之役：公元543年東西魏在邙山進行的一場大戰，西魏軍大敗。芒山，在今河南洛陽市東北。

［11］賴都督侯伏侯龍恩救乃免：底本"龍"上無"侯"字，中華本校勘記云："諸本無下'侯'字，《周書》卷一一《晋蕩公護傳》有。按下文亦作'侯伏侯龍恩'。今據補。"今從改。侯伏侯龍恩，人名。西魏、北周將領。西魏文帝大統九年因軍功封平安公。後授柱國。因宇文護被誅，侯伏侯龍恩以同黨罪被殺。

［12］大統十三年進封中山公：《周書》卷一一作"十二年，加驃騎大將軍、開府儀同三司，進封中山公"。《通志》卷八十五下作"大統十三年，進封中山公"。據《周書》卷二七《宇文測傳》"十二年十月，卒於位，時年五十八。太祖傷悼，親臨慟焉。仍令水池公護監護喪事"，可知《周書》有誤。大統，西魏文帝的年號（535—551）。中山公，封爵名。中山，郡名。北魏時治盧奴縣，在今河北定州市。

［13］于謹：人名。字思敬，小名巨引，代（今山西大同市東北）人。北魏、北周將領。見《北史》卷二三《于栗磾附于謹傳》。　江陵：城名。在今湖北江陵縣。

［14］襄陽：郡名。西魏時治襄陽縣，在今湖北襄樊市。　蠻帥：毛本作"蠻師"，"師"與"帥"當爲字形相近而訛。今從底本。

［15］初行六官拜小司空：底本無"小"字，源氏校勘記云："'司'上《周書》有'小'字。"中華本校勘記云："諸本無'小'字，《周書》及《通志》卷八五《宇文護傳》有。按周制，司空分大小，不單稱司空。據《周書》卷二《文帝紀》，初建六官

時，侯莫陳崇爲大司空，則宇文護當是小司空。今據補‘小’字。”今從改。六官，指天官、地官、春官、夏官、秋官、冬官六府。小司空，官名。冬官府小司空上大夫的省稱。西魏、北周時置。負責建築興造事務，協助大司空卿管理國家各種工匠。員二人，正六命。

文帝西巡，至牽屯山遇疾，召護至涇州，見文帝。帝曰：“吾形容若此，必不濟。諸子幼，天下事以屬汝。”護涕泣奉命。行至雲陽，[1]文帝崩，護秘之，至長安乃發喪。[2]時嗣子沖幼，强寇在近，人情不安。護綱紀内外，撫循文武，衆心乃定。先是，文帝常云“我得胡力”，當時莫曉其指，時人以“護”字當之。尋拜柱國。文帝山陵畢，護以天命有歸，遣諷魏帝以禪代事。孝閔踐阼，[3]拜大司馬，[4]封晋國公，邑萬户。趙貴、獨孤信等將謀襲護，[5]護因貴入朝，執之，黨與皆伏誅。拜大冢宰。

[1]雲陽：縣名。治所在今陝西涇陽縣西北。

[2]長安：城名。在今陝西西安市西北。

[3]孝閔：即北周皇帝宇文覺。孝閔爲其謚號。

[4]大司馬：官名。西魏末、北周仿《周禮》建六官，置爲夏官府長官，亦稱大司馬卿。掌握全國軍政，權任極重。正七命。

[5]趙貴：人名。字元賓，一作“元貴”，天水南安（今甘肅隴西市）人。西魏、北周將領。見《北史》卷五九《趙貴傳》。

時司會李植、軍司馬孫恒等密要宫伯乙弗鳳、張光洛、賀拔提、元進等爲腹心，[1]説帝，言護不守臣節，宜圖之。帝然之，數將武士於後園，爲執縛勢。護微知之，出植爲梁州，恒爲潼州，[2]欲遏其謀。後帝思植等，每欲召之。護諫曰："天下至親，不過兄弟。若兄弟自搆嫌隙，他人何易可親？但恐除臣後，姦回得逞其欲，非唯不利陛下，亦危社稷。"因泣涕，久之乃止。帝猶猜，鳳等益懼，密謀滋甚，遂克日將誅護。[3]光洛告護，護乃召柱國賀蘭祥、小司馬尉遲綱等以鳳謀告之。[4]祥並勸廢帝。時綱總領禁兵，護乃遣綱入宫，[5]召鳳等議事，以次執送護第。因罷散宿衛兵，遣祥逼帝，幽於舊邸。

[1]司會：官名。司會中大夫的省稱。西魏恭帝三年置，北周沿置。天官府司會司長官，職掌全國財政收支，協助大冢宰管理六府之事。員一人，下設司會上士、中士、旅下士等職。正五命。　李植：人名。西魏、北周大臣。隴西成紀（今甘肅秦安縣）人。見《北史》卷五九《李賢附李植傳》。　軍司馬：官名。軍司馬中大夫的省稱。西魏恭帝三年置，北周沿置。爲夏官府軍司馬司長官，掌管軍隊，職權極重。下設軍司馬上士、軍司馬中士、軍司馬旅下士。正五命。　宫伯：官名。宫伯中大夫的省稱。西魏恭帝三年置，北周沿置。爲天官府宫伯司長官，分置左、右。掌管宫中宿衛，左、右宫伯輪番值勤並負責上朝及出行的警衛。正五命。

[2]潼州：北周時治巴中縣，在今四川綿陽市東。底本作"同州"，源氏校勘記云："'同'《周書》作'潼'。"中華本校勘記云："諸本'潼'作'同'，《周書》作'潼'。按本書卷九、《周書》卷三《孝閔帝紀》並作'潼'。潼州見《隋書·地理志上》金山郡注。同州是北周重鎮，孫恒被出，不得居此。今據改。"今從改。

[3]克日：約定期限。

[4]賀蘭祥：人名。字盛樂，一作“盛洛”，代郡武川（今内蒙古武川縣西）人。西魏、北周官吏。見《北史》卷六一《賀蘭祥傳》。 尉遲綱：人名。字婆羅，代（今山西大同市東北）人。西魏、北周官吏。見《北史》卷六二《尉遲迥附尉遲綱傳》。

[5]遣：局本作“遷”，今從底本。

於是召公卿畢集護第。護曰：“先王勤勞王業三十餘年，寇賊未平，奄棄萬國。寡人地則猶子，親受顧命，以略陽公既居正嫡，與公等立而奉之，革魏興周，[1]爲四海主。自即位已來，荒淫無度，昵近群小，疏忌骨肉，大臣重將，咸欲誅夷。若此謀遂行，社稷必致傾覆。寡人若死，將何面目以見先王？今日寧負略陽公，豈可負社稷！寧都公年德兼茂，[2]仁孝聖慈，今欲廢昏立明，公等以爲何如？”群公咸曰：“此公之家事，敢不唯命是聽！”於是斬鳳等於門外，并誅植、恒。尋弑帝，迎明帝於岐州而立之。[3]

[1]革：四部備要本作“華”，“華”與“革”當爲字形相近而訛，今從底本。

[2]寧都公：封爵名。即北周明帝宇文毓。寧都，郡名。北周時治寧都縣，在今陝西紫陽縣西北。

[3]明帝：即北周皇帝宇文毓。明爲其謚號。 岐州：北周時治雍縣，在今陝西鳳翔縣南。

二年，拜太師，賜路車冕服，[1]封子至爲崇業郡公。[2]初改雍州刺史爲牧，以護爲之，并賜金石之樂。[3]

［1］路車：古代天子或諸侯貴族所乘坐的車。　冕服：古代皇帝最隆重的服裝，用於祭典。

［2］崇業郡公：封爵名。崇業，郡名。治所在今湖北隨州市。

［3］金石之樂：使用鐘磬等樂器演奏的音樂。常指廟堂之樂。按照身份享有不同數量的鐘磬，因此成爲禮樂制度的標志性器物。

武成元年，護上表歸政，帝許之，軍國大事尚委於護。帝性聰睿，有識量，護深憚之。有李安者，本以鼎俎得寵於護，擢爲膳部下大夫。[1]至是，護令安因進食加毒，[2]帝遂崩。護立武帝，[3]百官總己以聽護。[4]

［1］膳部下大夫：官名。西魏恭帝三年置，北周沿置。爲天官府膳部司長官膳部中大夫的屬官。正一命。

［2］護令安因進食加毒：底本"安"下有"自"字，中華本校勘記云："諸本'安'下衍'自'字，據《周書》刪。"今從改。

［3］武帝：即北周皇帝宇文邕。武爲其謚號。

［4］總己：總攝己職。

自文帝爲丞相，立左右十二軍，總屬相府。文帝崩後，皆受護處分，凡所徵發，非護書不行。護第屯兵禁衛，盛於宮闕。事無巨細，皆先斷後聞。保定元年，[1]以護爲都督中外諸軍事，[2]令五府總於天官。[3]或有希護旨者，云周公德重，[4]魯立文王之廟，[5]以護功比周公，宜用此禮。於是詔於同州晉國第立德皇帝別廟，[6]使護祭焉。三年，詔自今詔誥及百司文書並不得稱公名，以彰殊禮。護抗表固讓。初，文帝創業，即與突厥和親，[7]謀爲掎角，共圖高氏。是年，乃遣柱國楊忠與突厥東伐，[8]破齊長城，至并州而還，[9]期後年更舉，南北相應。齊主大懼。

[1]保定：北周武帝的年號（561—565）。

[2]都督中外諸軍事：官名。魏晋南北朝時置，爲全國最高軍事統帥，權力極大。正九命。

[3]天官：官署名。西魏、北周時爲天官府省稱。西魏恭帝三年置，北周沿置。爲六府之首，長官爲大冢宰卿，負責宫廷的侍衛、供奉及掌管全國的財政收支、賦役、官員的升調等。爲全國最高的行政機構。

[4]周公：人名。姓姬，名旦。周文王姬昌第四子。封地在周（今陕西岐山縣北）。西周政治家、軍事家、思想家。見《史記》卷三三《魯周公世家》。

[5]魯：西周時的諸侯國。　文王：即西周天子姬昌。

[6]同州：北周時治武鄉縣，在今陕西大荔縣。

[7]突厥：族名。先世源出於丁靈、鐵勒。南北朝時由葉尼塞河遷居至阿爾泰山。由阿爾泰山遷居至蒙古。見《北史》卷九九《突厥傳》。

[8]楊忠：人名。小名奴奴，弘農華陰（今陕西華陰市東南）人。西魏、北周將領。隋文帝楊堅之父。見《周書》卷一九《楊忠傳》。

[9]并州：北周時治晋陽縣，在今山西太原市晋源區古城營村一帶。

先是，護母閻與皇第四姑及諸戚屬並没齊，皆被幽縶。護居宰相後，每遣間使尋求，莫知音息。至是，並許還朝，且請和好。四年，皇姑先至。齊主以護權重，乃留其母，以爲後圖。仍令人爲閻作書與護曰：

吾念十九入汝家，今以八十矣。凡生汝輩三男二女，[1]今日目下，不睹一人，興言及此，悲纏肌骨。賴皇齊恩恤，差安衰暮。又得與汝楊氏姑及汝叔母紇干、汝嫂劉及汝新婦等同居，[2]頗以自適。但爲微有耳疾，大語方聞，行動飲食，幸無多損。

［1］三男二女：源氏校勘記云："《周書》（'二女'）作'三女'。"

［2］紇干：毛本、局本作"紇于"，今從底本。

汝與吾别之時，年尚幼小，以前家事，或不委曲。昔在武川鎮，[1]生汝兄弟，大者屬鼠，第二屬兔，汝身屬蛇。鮮于脩禮起日，[2]吾合家大小先在博陵郡住，[3]相將欲向左人城。[4]至唐河北，[5]被定州官軍打敗。[6]汝祖及第二叔時俱戰亡。叔母賀拔及兒元寶、汝叔母紇干及兒菩提并吾與汝六人，同被禽捉入定州城。[7]未幾間，[8]將吾及汝送與元寶掌，賀拔、紇干各别分散。寶掌軍營在唐城内，[9]經停三日。寶掌所掠得男夫女婦可六七千人，悉送向京。吾時與汝同被送限。至定州城南，夜宿同鄉人姬庫根家。蠕蠕奴望見鮮于脩禮營火，[10]語吾云："我今走向本軍。"既至營，遂告吾輩在此。明旦日出，汝叔將兵邀截，吾及汝等還得向營。汝時年十二，共吾並乘馬隨軍，可不記此事由緣也？後吾共汝在壽陽住。[11]時元寶、菩提及汝姑兒賀蘭盛洛，并汝身四人同學。博士姓成，爲人嚴惡，汝等四人謀欲加害。吾共汝叔母聞知，各捉其兒打之。唯盛洛無母，獨不被打。後尒朱天柱亡歲，[12]賀拔阿斗泥在關西，遣人迎家累。汝叔亦遣奴來富迎汝及盛洛等。汝時著緋綾袍、銀裝帶，盛洛著紫織成纈通身袍，[13]黄綾裏，並乘騾同去。盛洛小於汝，三人並喚吾作阿摩敦。[14]如此之事，當分明記之。今又寄汝小時所著錦袍表一領，至宜檢看，知吾含悲抱戚，多歷年祀。

［1］武川鎮：軍鎮名。北魏設，在今内蒙古武川縣與達茂旗境内的希拉穆仁城圐圙古城（參包頭市文物管理處、達茂旗文物管理所《達茂旗希日穆仁城圐圙古城調查》，《内蒙古文物考古文集》（第二輯），中國大百科全書出版社 1997 年版，第 474—477 頁；張文平、苗潤華《長城資源調查對於北魏長城及六鎮鎮戍遺址的新認識》，《陰山學刊》2014 年第 6 期）。鎮一般設於邊要形勝之地，魏晋以來多有設置。

［2］鮮于脩禮：人名。懷朔（今内蒙古固陽縣百靈淖城圐圙古城）人。六鎮起義失敗後，餘衆被置於冀、定、瀛三州，稱爲降户。北魏孝明帝孝昌二年，鮮于脩禮率降户於定州左人城起義，後爲部將元洪業所殺，葛榮殺元洪業並領餘衆。

［3］博陵：郡名。北魏時治安平縣，在今河北安平縣。

［4］左人城：在今河北唐縣西北。四庫本作“左入城”，“入”與“人”當爲字形相近而訛，今從底本。

［5］唐河：發源於山西靈丘縣，向東南流向河北定州市。

［6］定州：北魏時治盧奴縣，在今河北定州市。

［7］同被禽捉入定州城：底本無“州”字，中華本校勘記云：“諸本脱‘州’字，據《周書》補。”今從改。

[8]間：底本作“聞”，中華本校勘記云：“諸本‘間’訛作‘聞’。據《周書》改。”今從改。

[9]唐城：在今河北定州市。

[10]蠕蠕：族名。亦稱柔然、芮芮、茹茹、蝚蠕等。匈奴的一支，公元四世紀末至六世紀中葉，他們成爲繼匈奴、鮮卑之後，活動於大漠南北和西北廣大地區的主要民族，主要有柔然和敕勒兩部。見《北史》卷九八《蠕蠕傳》。

[11]在壽陽住：底本作“在壽陽任”，源氏校勘記云：“《周書》作‘在壽陽住’。”中華本校勘記云：“諸本‘住’訛作‘任’，據《周書》改。”今從改。壽陽，縣名。治所在今山西壽陽縣北。

[12]尒朱天柱：人名。即尒朱榮。因尒朱榮最早被授予天柱大將軍一職，後以此代指。

[13]盛洛著紫織成纈通身袍：底本無“袍”字，中華本校勘記云：“諸本脱‘袍’字，據《周書》補。”今從改。

[14]阿摩敦：古鮮卑語。母親。

禽獸草木，母子相依，吾有何罪，與汝分隔，今復何福，還望見汝。世間所有，求皆可得，母子異國，何處可求！假汝貴極公王，富過山海；有一老母，八十之年，飄然千里，死亡旦夕，不得一朝暫見，不得一日同處，寒不得汝衣，饑不得汝食，汝雖窮榮極盛，光耀世間，汝何用爲？於吾何益？吾今日之前，汝既不得申其供養，事往何論。今日以後，吾之殘命，唯繫於汝。戴天履地，中有鬼神，勿云冥昧，[1]而可欺負。

楊氏姑今雖炎暑，猶能先發。關、河阻遠，隔絶多年，書依常體，慮汝致惑，是以每存款質，兼亦載吾姓名，當識此理，勿以爲怪。

[1]冥昧：神靈。

護性至孝，得書悲不自勝，左右莫能仰視。報書云：

區宇分崩，遭遇災禍，違離膝下，三十五年。受形禀氣，[1]皆知母子，誰知薩保，如此不孝！宿殃積戾，[2]唯應賜鍾，[3]豈悟網羅，[4]上嬰慈母。但立身立行，不負一物，明神有識，宜先哀憐。而子爲公侯，母爲俘隸，熱不見母熱，寒不見母寒，衣不知有無，食不知饑飽，泯如天地之外，無由暫聞。晝夜悲號，繼之以血，分懷冤酷，終此一生，死若有知，冀奉見於泉下耳。不謂齊朝解綱，惠以德音，摩敦、四姑，並許哀放。初聞此旨，魂爽飛越，號天叩地，不能自勝。四姑即蒙禮送，平安入境，以今月十八日於河東拜見。[5]遥奉顔色，崩慟肝腸。但離絶多年，存亡阻隔，相見之始，口未忍言。唯叙齊朝寬弘，每存大德，云與摩敦雖處宫禁，常蒙優禮，今者來鄴，恩遇彌隆。重降矜哀，聽許摩敦垂敕，曲盡悲酷，備述家事。伏讀未周，五情屠割。[6]書中所道，無一事敢忘。摩敦年尊，又加憂苦，常謂寢食貶損，或多遺漏。伏奉論述，次第分明。一則以悲，一則以喜。當鄉里破敗之日，薩保年以十餘歲，[7]鄰曲舊事，猶自記憶；况家門禍難，親戚流離？奉辭時節，[8]先後慈訓，刻肌刻骨，常纏心府。

[1]受形：形成身體之形。　稟氣：天賦氣性。

[2]宿殃：前世注定的災禍。

[3]賜鍾：加聚。鍾，匯聚。

[4]網羅：捕鳥工具。代指被俘者。

[5]河東：地區名。泛指山西西南部。

[6]五情：猶言五臟，指内心。

[7]當鄉里破敗之日薩保年以十餘歲：底本“破”作“被”，無“餘”字，源氏校勘記云：“《周書》‘被’作‘破’，‘十’下有‘餘’字。”中華本校勘記云：“諸本‘破’訛‘被’，又脱‘餘’字，據《周書》改補。護母書言當鮮于脩禮敗時，護年十二。可證當有‘餘’字。”今從改。

[8]奉辭：行告别之禮。

天長喪亂，四海横流，太祖乘時，[1]齊朝撫運，兩河三輔，[2]各遇神機。源其事迹，非相負背。太祖升遐，未定天保，[3]薩保屬當猶子之長，親受顧命。雖身居重任，職當憂責，至於歲時稱慶，子孫在庭，顧視悲摧，心情斷絶，胡顏履戴，[4]負愧神明。齊朝霈然之恩，既已霑洽，愛敬之至，施及傍人。草木有心，禽魚感澤，况在人倫，而不銘戴？有國有家，信義爲本，伏度來期，已應有日。一得奉見慈顔，永畢生願。生死肉骨，豈過今恩，負山戴岳，未足勝荷。二國分隔，理無書信，主上以彼朝不絶母子之恩，亦賜許奉答。不期今日，得通家問，伏紙嗚咽，言不宣心。蒙寄薩保别時所留錦袍表，年歲雖久，宛然猶識，抱此悲泣，至于拜見，事歸忍死，知復何心！

[1]太祖：即宇文泰。太祖爲其廟號，北周明帝追封。

[2]兩河：戰國秦漢時，黄河自今河南武陟縣以下東北流，經山東西北隅北折至今河北滄縣東北入海，略呈南北流向，與上游今晋陝間的北南流向一段東西相對，當時合稱兩河。　三輔：地區名。西漢京兆尹、左馮翊、右扶風地區，後指代長安京畿地區。

[3]太祖升遐未定天保：底本無“天保”二字，中華本校勘記云：“諸本無‘天保’二字，《周書》有。按‘未定天保’，猶言‘天命未定’。今從《周書》補。”今從改。

[4]胡顔履戴：有何面目存在於世。胡顔，有何面目。履戴，原意爲履地戴天，後指生存於天地之間。

齊朝不即發遣，更令重與護書，要護重報。護復書，往返至於再三，而母竟不至。朝議以其失信，令有司移齊，[1]移未送而母至。舉朝慶悦，大赦天下。護與母暌隔多年，一朝聚集，凡所資奉，窮極華盛。每四時伏臘，武帝率諸親戚，行家人禮，稱觴上壽，榮貴之極，振古未聞。

[1]移：文書名。指平級之間傳遞公文。

是年，突厥復率衆赴期。[1]護以齊氏初送國親，未欲即行，復慮失信蕃夷，不得已，遂請東征。九月，詔徵二十四軍及左右廂散隸、秦隴巴蜀兵、諸蕃國衆二十萬人。十月，帝於廟庭授護斧鉞。[2]出軍至潼關，[3]乃遣柱國尉遲迥爲前鋒，大將軍權景宣率山南兵出豫州，[4]少師楊標出軹關。[5]護連營漸進，屯軍弘農。迥圍洛陽，柱國齊王憲、鄭公達奚武等營芒山。[6]護性無戎略，此行又非本心，故師出雖久，無所克獲。以無功，與諸將稽首請罪，帝弗之責。天和二年，護母薨，尋詔起令視事。五年，詔賜護軒懸之樂，六佾之舞。[7]

[1]期：底本作“朝”，中華本校勘記云：“諸本‘期’作‘朝’。《周書》《通志》作‘期’。按下文言‘復慮失信蕃夷’，則是先有期約。‘朝’乃‘期’之訛，今據改。”今從改。

[2]斧鉞：古代兵器，亦爲軍權和國家統治權的象徵。

[3]潼關：在今陝西潼關縣北。

[4]權景宣：人名。字暉遠，天水顯親（今甘肅秦安縣西北）人。西魏、北周將領。見《北史》卷六一《權景宣傳》。　山南：地區名。即今河南南部，湖北北部、中部地區。因其在終南、太華諸山之南，故名。　豫州：北周時治上蔡縣，在今河南汝南縣。

[5]少師：官名。西周置，與少傅、少保並稱三少或三孤，輔佐君王。北周時爲大臣加官，地位尊崇，無實際職掌。正八命。　楊標：人名。字顯進，正平高凉（今山西稷山縣東南）人。西魏、北周將領。見《北史》卷六九《楊摽傳》。　軹關：當軹道之險，故名。爲太行八陘中第一陘。在今河南濟源市西。

[6]達奚武：人名。字成興，代（今山西大同市東北）人，鮮卑族。西魏、北周將領。見《北史》卷六五《達奚武傳》。毛本、局本作“達奚成”，據《北史·達奚武傳》，今從底本。

[7]軒懸之樂六佾之舞：諸侯的禮儀。軒懸制度是指禮儀中鐘磬懸挂的位置；王“宮懸”，諸侯“軒懸”，卿大夫“判懸”，士“特懸”。六佾是指周諸侯所用樂舞之格局：六列，每列六人，共三

十六人，或每列八人，六列共四十八人。

護性甚寬和，然暗於大體。自恃建立功，久當權軸，所任皆非其人。兼諸子貪殘，僚屬縱溢，[1]莫不蠹政害人。帝以其暴慢，密與衛王直圖之。[2]七年三月十八日，護自同州還，帝御文安殿見護訖，[3]引入含仁殿，[4]朝皇太后。先是，帝於禁中見護，常行家人禮。護謁太后，太后必賜之坐，帝每立侍。至是，護將入，帝謂曰："太后春秋既尊，頗好酒，諸親朝謁，或廢引進。喜怒有時乖爽。比諫，[5]未蒙垂納。兄今願更啓請。"因出懷中《酒誥》授護曰：[6]"以此諫太后。"護入，如帝所誡，讀示太后。未訖，帝以玉珽自後擊之，[7]踣地，又令宦者何泉以御刀斫之。泉懼，斫不能傷。時衛王直先匿於户内，乃出斬之。

[1]縱溢：《周書》作"縱逸"。"逸"與"溢"當爲同音通用。

[2]直：即宇文直，人名。字豆羅突，代郡武川（今内蒙古武川縣西）人，鮮卑族。北周宗室。見《北史》卷五八《衛剌王直傳》。

[3]文安殿：在今陝西西安市西北。

[4]含仁殿：在今陝西西安市。

[5]比諫：屢次勸諫。

[6]酒誥：《尚書》中的一篇。爲周公平定武庚、管、蔡之亂後，封康叔於殷都舊地，對衛國君臣頒布禁酒令的誥辭。

[7]玉珽：即玉笏，玉製手板。

初，帝欲圖護，王軌、宇文神舉、宇文孝伯頗預其謀。[1]是日，軌等並在外，更無知者。殺護訖，乃召宫伯長孫覽等，[2]即令收護子柱國譚國公會、大將軍莒國公至、崇業公静、正平公乾嘉及乾基、乾光、乾蔚、乾祖、乾威等，[3]并柱國侯伏侯龍恩、龍恩弟大將軍萬壽、大將軍劉勇、中外府司録尹公正、袁傑、膳部下大夫李安等，[4]於殿中殺之。齊王憲曰："安出自皁隸，所典庖厨而已，未足加戮。"帝曰："汝不知耳，世宗之崩，[5]安所爲也。"十九日，乃詔暴護等罪，大赦，改天和七年爲建德元年。護世子訓爲蒲州刺史，其夜遣柱國越公盛乘傳鎮蒲州，[6]徵訓赴京師，至同州賜死。護長史叱羅協、司録馮遷及所親任者皆除名。護子昌城公深使突厥，[7]遣開府宇文德齎璽書就殺之。三年，詔復護及諸子先封，謚護曰"蕩"，並改葬之。

[1]王軌：人名。小名沙門，太原祁（今山西祁縣東南）人。北周將領。見《北史》卷六二《王軌傳》。

[2]長孫覽：人名。字休因，代（今山西大同市東北）人，鮮卑族。北周、隋朝大臣。見《北史》卷二二《長孫道生附長孫覽傳》。

[3]正平公：封爵名。正平，郡名。北周時治正平縣，在今山西新絳縣西南。

[4]萬壽：即侯伏侯萬壽，人名。北周將領。位大將軍，封武平公。北周開府侯植的從兄弟，西魏文帝大統元年賜姓侯伏侯。　中外府司録：官名。西魏、北周置。爲中外府的重要屬官，總管一府之事。位在長史、司馬之下。　尹公正：人名。北周官吏。曾任司門下大夫、中外府司録等職。

［5］世宗：即北周明帝宇文毓。世宗爲其廟號。

［6］蒲州：北周時治蒲坂縣，在今山西永濟市西南蒲州鎮。

［7］昌城公：封爵名。昌城，郡名。北周時治郪縣，在今四川三台縣。　深：底本作“滐”，中華本校勘記云：“諸本‘深’作‘滐’，《周書》作‘深’。按本書卷一〇、《周書》卷五《武帝紀》建德元年二月並作‘深’，今據改。”今從改。

叱羅協，代郡人，[1]本名與武帝諱同，後改焉。少寒微，嘗爲州小吏，以恭謹見知。竇泰爲御史中尉，[2]以協爲書侍御史。[3]泰向潼關，協爲監軍。[4]泰死，協見獲。文帝授大丞相東閤祭酒，[5]累遷相府屬、從事中郎。[6]協歷事二京，詳練故事，又深自剋勵，文帝頗委任之。然猶以家屬在東，疑其戀本。及河橋戰敗，協隨軍還。文帝知協不貳，封冠軍縣男，[7]進爵爲侯。後爲大將軍尉遲迥長史，率兵伐蜀，行潼州事。魏恭帝三年，文帝徵協入朝，論蜀中事，乃賜姓宇文氏。

［1］代郡：北魏時治平城，在今山西大同市東北。其墓誌載：“公諱協，字慶和，代郡太平縣人。因國命氏，有自來矣。”（參羅新、葉煒《新出魏晋南北朝墓誌疏證（修訂本）》，中華書局2016年版，第256—259頁）

［2］御史中尉：官名。北魏時由御史中丞改稱，主御史臺，頗重其選。孝文帝太和十七年定爲三品上，二十三年定爲從三品。

［3］書侍御史：官名。即治書侍御史，亦稱治書御史，簡稱御史、侍御。魏晋南北朝時爲御史中丞佐貳、御史臺要職，分領侍御史諸曹，監察、彈劾較高級官員，亦奉命出使，收捕犯官等。南朝時不爲世族所重，而北朝時威權甚重。北魏孝文帝太和十七年定爲

五品上，二十三年定爲六品上。

[4]監軍：官名。戰國時始於出征軍隊中設此職，以監督諸將。以後歷代皆沿置，但無定制，根據需要臨時委派。

[5]大丞相：官名。魏晋南北朝時丞相、相國不常置，皆非尋常人臣之位，多用來安置權位極高的重臣。北魏、西魏、北齊、北周、隋朝沿置，得授此官者皆爲操縱軍國政事的權臣，權任極重。東閤祭酒：官名。王府、公府、丞相府、將軍府屬官。主要職責爲掌管文書。北魏孝文帝太和二十三年後爲七品上。

[6]從事中郎：官名。東漢始設。魏晋南北朝因之，或主吏，或分掌諸曹，或掌機密，地位較高。北魏時公府、皇子開府、庶姓開府俱置。北周時丞相府置爲五品。

[7]冠軍縣男：封爵名。冠軍，縣名。治所在今河南鄧州市冠軍村。

晋公護既殺孫恒、李植等，[1]欲委腹心於司會柳慶、司憲令狐整等，[2]二人並辭，俱薦協。護遂徵協入朝，引與同宿，深寄託之。協誓以軀命自效，護大悦，以爲得協之晚。稍遷護府長史，進爵爲公，常在護側。明帝知其材識庸淺，每按抑之，數謂曰："汝何知也!"猶以護所親任，每含容之。及明帝崩，便授協司會中大夫、中外府長史。[3]協形貌瘦小，舉措褊急，既以得志，每自矜高；及其所言，[4]多乖事衷，當時莫不笑之。護以其忠己，每提奬之。[5]協既受護重委，冀得婚連帝室，乃求復舊姓叱羅氏，許之。[6]又進位柱國。護以協年老，許其致仕，而協貪榮，未肯告退。[7]及護誅，除名。建德三年，以協宿齒，授儀同三司、賜爵南陽郡公。[8]卒，[9]子金剛嗣。

[1]李植：四庫本作“李直”，誤。

[2]柳慶：人名。字更興，解縣（今山西臨猗縣西南）人。西魏、北周大臣。見《北史》卷六四《柳虯附柳慶傳》。　司憲：官名。司憲中大夫的省稱。西魏恭帝三年置，北周沿置，爲秋官府長官，輔佐大司寇卿制定刑法、審理判定罪罰輕重。正五命。　令狐整：人名。字延保，敦煌（今甘肅敦煌市）人。西魏、北周將領。見《北史》卷六七《令狐整傳》。

[3]中外府長史：官名。北周時爲中外府都督諸軍事的屬官之長，掌參謀顧問，地位顯要。正七命。

[4]及：四部備要本作“各”，據《周書》卷一一，當爲四部備要本刊刻失誤，今從底本。

[5]之：毛本、局本作“言”。據《周書》卷一一、《通志》卷八五下，今從底本。

[6]“協既受護重委”至“許之”：此事與叱羅協墓誌所載有一定差異：“天和元年，詔以公舊望隆重，功績文宣，暫逢事限，忝參皇族，宜依太祖遺旨，還復舊姓。”（參羅新、葉煒《新出魏晋南北朝墓誌疏證（修訂本）》，第256—259頁）

[7]未肯告退：除底本、中華本外，其餘諸本作“未肯告休”。據《周書》卷一一、《通志》卷八五下，今從底本。

[8]儀同三司：謂官非三公而儀制待遇同於三公。南北朝時授予範圍不斷擴大，逐漸成爲官號。北魏孝文帝太和十七年定爲一品下，二十三年以後改爲從一品，位開府上。北周時爲九命。　南陽郡公：封爵名。南陽，郡名。北周時治順義縣，在今湖北隨州市北。

[9]卒：據叱羅協墓誌載：“以建德三年十月十七日薨於私第，春秋七十有五。”可見，叱羅協死於北周武帝建德三年，生於北魏宣武帝景明元年（500）（參羅新、葉煒《新出魏晋南北朝墓誌疏

證（修訂本）》，第256—259頁）。

馮遷，字羽化，弘農人。少修謹，有幹能，爲護府司録。[1]性質直，小心畏慎，兼明練時事，善於斷決，每校閲文簿，孜孜不倦，以此甚爲護委任。後授陝州刺史。遷本寒微，不爲時輩所重。一旦刺舉本州，唯以謙恭接待鄉邑，人無怨者。復入爲司録，累遷小司空。自天和後，以年老，委任稍衰。及護誅，猶除名。卒於家。子恕，位儀同三司。

[1]司録：官名。西魏、北周置。爲大丞相府、都督中外諸軍事府及開府將軍、諸州府重要僚屬，總録一府之事。位在長史、司馬下。置於大丞相府、都督中外諸軍事府者地位尤重，命品同長史、司馬。

杞簡公連，幼而謹厚，臨敵果毅。隨德皇帝遇定州軍於唐河，俱戰歿。保定初，追贈太傅、柱國大將軍、大司徒，封杞國公，謚曰簡。子元寶，爲齊神武所害。保定初，追贈大將軍、小司徒，襲封杞國公，謚曰烈，以章武公導子亮嗣。

亮，字乾德，位梁州總管。及豳國公廣薨，以亮爲秦州總管，廣所部悉以配焉。在州甚無政績。尋進柱國，從東伐，進上柱國。[1]仍從平鄴，[2]遷大司徒。[3]大象初，[4]以行軍總管與元帥鄖國公韋孝寬等伐陳。[5]還至豫州，密謀襲孝寬營，將反逆，孝寬追斬之。子胲明，[6]坐亮誅，詔以亮弟椿爲烈公後。

［1］上柱國：官名。北周武帝建德四年置爲最高級勳官。正九命。

［2］鄴：城名。在今河北臨漳縣西南。

［3］大司徒：官名。亦稱大司徒卿。西魏末、北周仿《周禮》建六官，置爲地官府長官。正七命。

［4］大象：北周静帝的年號（579—580）。

［5］行軍總管：官名。北周置。戰時臨時任命，負責統兵作戰。戰事結束，解職。在重大的軍事行動中，隸屬於行軍元帥。　鄖：底本作“鄭”，中華本校勘記云：“諸本‘鄖’作‘鄭’，《周書》卷一〇《宇文亮傳》作‘鄖’。按韋孝寬封鄖國公，見本書卷六四本傳。今據改。”今從改。　韋孝寬：人名。即韋叔裕。字孝寬，京兆杜陵（今陝西西安市長安區東）人。北魏、西魏、北周將領。見《北史》卷六四《韋孝寬傳》。

［6］子胲明：底本無“子”字，中華本校勘記云：“諸本無‘子’字，《周書》作‘子明’，《通志》卷八五作‘子胲明’。張森楷謂‘胲’字無誼，當誤。按‘胲’與‘子’音形相去甚遠，不可能由‘子’訛爲‘胲’。今從《通志》補‘子’字。”今從改。

椿，字乾壽，位上柱國、大司徒。大定中，爲隋文帝所害，并其五子。

莒莊公洛生，少任俠，好施愛士，北州賢俊皆與之游，而才能多出其下。及葛榮破鮮于脩禮，[1]以洛生爲漁陽王，仍領德皇帝餘衆，時人皆呼爲洛生王。洛生善撫將士，是以克獲常冠諸軍。[2]尒朱榮定山東，[3]時洛生在虜中，榮雅聞其名，心憚焉。尋爲榮所害。保定初，追贈大將軍，[4]封莒國公，謚曰莊。

[1]及葛榮破鮮于脩禮：中華本校勘記云："《通志》卷八五《莒莊公洛生傳》'破'作'殺'。按鮮于脩禮爲叛徒元洪業所殺，見《魏書》卷九《肅宗紀》孝昌二年八月及《魏書》卷五八《楊津傳》。這裏作'破'作'殺'都不確。"可從。

[2]克獲：謂戰勝並有所擄獲。

[3]定：毛本作"字"，誤。

[4]保定初追贈大將軍：中華本校勘記云："《周書》卷一〇《莒莊公洛生傳》'大將軍'上有'柱國'二字。按《周書》同卷言洛生兄顥、連並於保定初贈柱國大將軍，則洛生贈官亦當相同。此脫'柱國'二字。"可從。

子菩提，爲齊神武所害。[1]保定初，追贈大將軍、小宗伯，[2]襲爵，謚曰穆，以晋公護子至嗣。

[1]提：底本作"薩"，中華本校勘記云："諸本'提'作'薩'，《周書》作'提'。按菩提見前宇文護母與護書。又宇文導字菩薩，從兄弟不當同字。作'薩'誤，今據改。"今從改。

[2]小宗伯：官名。西魏、北周置。春官府小宗伯上大夫的省稱。協助大宗伯卿管理禮樂、祭祀、天文曆法等方面的事務，員二人。正六命。

至，字乾附，後坐父護誅，詔以衛王直子賓爲穆公後。賓，字乾瑞，尋坐直誅，而齊王憲子廣都郡公貢襲。貢，字乾貞，宣帝初，被誅，國除。

虞國公仲，德皇帝從父兄也。卒于代。保定初，追贈太傅、柱國大將軍、大司徒，封虞國公。子興嗣。

興生，屬兵亂，與仲相失，年幼莫知其戚屬遠近，與文帝兄弟，初不相識。沙苑之敗，預在行間，被虜，隨例散配諸軍。興性弘厚，有志度，雖流離世故，而風範可觀。保定二年，詔訪仲子孫，興始附屬籍。[1]武帝以興帝戚近屬，尊禮之甚厚。位開府儀同三司、宗師，[2]襲爵虞國公。薨，武帝親臨慟焉。詔大司空、申國公李穆監護喪事，[3]贈柱國大將軍，[4]謚曰靖。

[1]保定二年詔訪仲子孫興始附屬籍：《周書》卷一〇作“保定二年，詔仲子興始附屬籍”。《通志》卷八五下作“保定二年，詔訪仲子孫興始附屬籍”。《周書》文意缺失，當從底本。

[2]宗師：官名。宗師中大夫的省稱。西魏恭帝三年置，北周沿置。爲天官府宗師司長官，掌管宗室定世系、辨昭穆等事務，並負有訓導之責，由宗室中的親賢者任職。正五命。

[3]李穆：人名。字顯慶，隴西成紀（今甘肅秦安縣）人。西魏、北周將領。見《北史》卷五九《李賢附李穆傳》。

[4]柱國大將軍：官名。十六國時後燕慕容垂時始置。北魏初置，位在太尉之上，後罷。北魏末復置，位在丞相之上，授予權臣。西魏文帝大統三年，簡稱柱國。大統十六年前共任命八人，稱八柱國，是西魏的最高官職。其中六人分掌全國府兵。北周時爲無具體職掌的勳官，正九命。

子洛嗣，位儀同三司。隋初爲介國公，爲隋室賓云。

廣川公測，字澄鏡，[1]文帝之族子也。高祖中山、曾祖豆頹、祖騏驎、父永，仕魏位並顯達。

[1]廣川公：封爵名。廣川，郡名。治廣川縣，在今河北景縣西南。

測性沈密，少篤學，仕魏，位司徒右長史，[1]尚宣武女陽平公主，[2]拜駙馬都尉。[3]及孝武疑齊神武，詔測詣文帝，密爲之備。還，封廣川縣伯。尋從孝武西遷，進爵爲公。文帝爲丞相，以測爲右長史，委以軍國，又令測詳定宗室昭穆遠近，附於屬籍。

[1]司徒右長史：爲司徒府僚屬長之副，位次左長史，掌佐司徒主各曹等。

[2]宣武：即北魏皇帝元恪。宣武爲其謚號。

[3]駙馬都尉：官名。爲侍從近臣，常用作加官。魏晋時與奉車、騎都尉並號三都尉，多用作宗室、外戚、功臣子、貴族、親近之臣的加官，或亦加於尚公主者。東晋、南朝時隸集書省，無實職。至梁、陳皆成定制，專加尚公主者。北朝略同，雖位至卿尹，此號不去，專加帝婿。簡稱駙馬。北魏孝文帝太和十七年定爲從四品上，二十三年定爲六品。

歷位侍中、開府儀同三司，行汾州事。[1]政在簡惠，頗得人和。地接東魏，數相抄竊，或有獲其爲寇者，多縛送之。測皆命解縛，置之賓館，然後引與相見，如客禮焉。仍宴設，放還其國，衛送出境。自是東魏人大慚，乃不爲寇，兩界遂通慶弔，[2]時論方之羊叔子。[3]或有告測懷貳，文帝怒曰："測爲我安邊，何爲間骨肉！"乃命斬之。仍許測便宜從事。轉行綏州事。[4]每歲河冰合後，突厥即來寇掠。先是，常預遣居人入城堡以避之。測至，皆令安堵。乃於要路數百處並多積柴，仍遠斥候，知其動静。是年十二月，突厥從連谷入寇，[5]去界數十里，測命積柴處一時縱火。突厥謂大軍至，懼而遁走，委棄雜畜輜重不可勝數。自是不敢復至。測因請置戍兵以備之。後卒於太子少保，[6]文帝親臨慟焉，仍令水池公監護喪事，謚曰靖。

[1]汾州：西魏時治龍泉城，在今山西隰縣北。

[2]慶弔：慶賀和吊慰，代指喜事和喪事。

[3]羊叔子：人名。即羊祜。字叔子，泰山南城（今山東新泰市）人。西晋將領。見《晋書》卷三四《羊祜傳》。

[4]綏州：西魏時治安寧郡安寧縣，在今陝西綏德縣。

[5]連谷：地名。在今陝西神木縣。

[6]太子少保：官名。爲東宫三少之一，位居太子少師、少傅之下，但其設置、職掌、品秩同太子少師。主要負責教導輔助太子。

測性仁恕，好施與。在洛陽之日，曾被竊盜，所失物即其妻陽平公主之衣服也。州縣禽盜，并物俱獲。測恐此盜坐之以死，不認焉，遂遇赦免。盜既感恩，請爲測左右，及測從孝武西遷，事極狼狽，盜人亦從測入關，並無異志。子該嗣，位徐州刺史。[1]測弟深。

[1]徐州：北周時治彭城縣，在今江蘇徐州市。底本作“除州”，中華本校勘記云：“諸本‘徐’作‘除’。按地志無‘除州’，‘除’乃‘徐’之訛。今據《通志》卷八五《廣川公測傳》改。”

今從改。

深，字奴干，[1]性鯁正，有器局。年數歲，便累石爲營，折草作旌旗，布置行伍，皆有軍陣之勢。父永遇見之，喜曰："汝自然知此，後必爲名將。"孝武西遷，事起倉卒，人多逃散。深時爲子都督，[2]領宿衛兵，撫循所部，並得入關。以功賜爵長樂縣伯。[3]大統中，累轉尚書直事郎中。

[1]奴干：底本作"奴于"，四部備要本作"奴于"，中華本、毛本作"奴干"，據《周書》卷一〇，今從中華本改。

[2]子都督：官名。北魏置，西魏沿之。爲統兵武官，位在都督下。亦可作爲起家官。

[3]長樂縣伯：封爵名。長樂，縣名。治所在今山東高青縣東南高城鎮西北。

及齊神武屯蒲坂，[1]分遣其將竇泰趨潼關，高敖曹圍洛州。[2]周文帝將襲泰，諸將咸難之。帝隱其事，陽若未有謀，獨問策於深。深曰："竇氏，高歡驍將，歡每仗之禦侮。今大軍就蒲坂，則歡拒守，竇必援之，内外受敵，取敗道也。不如選輕鋭潛出小關，竇性躁急，必來决戰，高歡持重，未即救之，則竇可禽也。虜竇，歡勢自沮，迴師禦之，可以制勝。"文帝喜曰："是吾心也。"軍遂行，果獲泰，齊神武亦退。深又説文帝進取弘農，復剋之。文帝大悦，謂深曰："君即吾家陳平也。"[3]

[1]蒲坂：縣名。治所在今山西永濟西南蒲州鎮。地當河東通往關中的要衝，歷代爲兵家攻守重地。

[2]高敖曹：人名。即高昂。字敖曹，勃海蓨（今河北景縣）人。東魏將領。見《北史》卷三一《高祐附高昂傳》。　洛州：東魏時治洛陽縣，在今河南洛陽市東北。

[3]陳平：人名。陽武（今河南原陽縣東南）人。西漢初大臣。見《漢書》卷四〇《陳平傳》。

是冬，齊神武又率大衆至沙苑，諸將皆懼，惟深獨賀。文帝問其故，對曰："歡撫河北，甚得衆心，雖乏智謀，人皆用命，以此自守，未易可圖。今懸師度河，非衆所欲，唯歡耻失竇氏，愎諫而來，[1]所謂忿兵，一戰可禽也。不賀何爲。"文帝然之。尋大破齊軍，果如所策。

俄進爵爲侯。[2]六官建，拜小吏部下大夫，[3]遷中大夫。[4]武成元年，遷豳州刺史，[5]改封安化縣公。[6]保定初，除京兆尹，[7]入爲司會中大夫。

[1]愎諫：堅持己見，不聽規勸。

[2]尋大破齊軍果如所策俄進爵爲侯：據《周書》卷二七作"尋而大破齊神武軍，如深所策。四年，從戰河橋。六年，别監李弼軍討白額稽胡，並有戰功。俄進爵爲侯"，《北史》删節過當，導致文意表述不清，易引起歧義。

[3]小吏部下大夫：官名。亦稱小吏部。西魏恭帝三年置，北周沿置。北周武帝建德二年，省六府諸司中大夫，遂爲吏部長官。宣帝即位，復置六府諸司中大夫後，仍爲次官。正四命。

［4］中大夫：官名。即吏部中大夫。西魏恭帝三年置。爲夏官府吏部司長官，掌管官員的選舉，權任極重。員一人，正五命。

［5］豳州：北周時治新平縣，在今陝西彬縣。

［6］安化縣公：封爵名。安化，縣名。治所在今湖北隨州市東南。

［7］京兆尹：官名。西漢始置，爲京畿地方行政長官之一。職掌如同地方郡守，地位却高於郡守，位列九卿。十六國時前秦、後秦，西魏亦於京師長安置之，北周初改爲京兆郡守，周明帝二年（558）復爲京兆尹。八命。

深少喪父，事兄甚謹。性多奇譎，好讀兵書，既居近侍，每進籌策。及在選曹，[1]頗有時譽。性仁愛，從弟神舉、神慶幼孤，深撫訓之，義均同氣，世亦以此稱焉。卒於位，謚曰成康。子孝伯。

［1］選曹：魏、晋、南北朝尚書選曹及尚書選曹郎、郎中省稱。

孝伯，字胡王，[1]其生與武帝同日，文帝甚愛之，養於第内。及長，又與武帝同學。武成元年，拜宗師上士，[2]時年十六。性沈正謇諤，好直言。

［1］胡王：《周書》卷四〇作“胡三”。中華本《周書》卷四〇校勘記云：“《北史》卷五七《宇文測附從子孝伯傳》‘三’作‘王’，《册府》卷二六九作‘玉’。張森楷云：‘“王”字是，作“三”無義。’按《周書》中所謂字，多鮮卑名，不能以音譯之有義無義斷是非。”可從。

［2］宗師上士：官名。亦稱小宗師上士。西魏恭帝三年置，北

周沿置。爲天官府宗師司次官，輔助宗師中大夫掌管宗室事務。正四命。

武帝即位，欲引置左右。時政在冢臣，[1]不得專制，乃託言少與同業受經，思相啓發。由是護弗之猜，得入爲右侍上士，[2]恒侍讀。及遭父憂，詔令服中襲爵。武帝嘗謂曰："公於我，猶漢高與盧綰也。"賜以十三環金帶。[3]自是恒侍左右，出入卧内，朝務皆得預焉。孝伯亦竭心盡力，無所回避。至於時政得失，外間細事，皆以奏聞。帝信委之，當時莫比。及將誅晋公護，密與衛王直圖之，惟孝伯及王軌、宇文神舉等頗得參預。護誅，授開府儀同三司，歷司會中大夫、左宫正。[4]

[1]冢：底本作"家"，源氏校勘記云："'家'《周書》作'冢'。爲是。"中華本校勘記云："諸本'冢'作'家'，《周書》卷四〇《宇文孝伯傳》作'冢'。按'冢臣'指宇文護，時爲大冢宰執政。作'家'誤，今據改。"今從改。

[2]右侍上士：官名。西魏、北周時置。爲天官府宫伯中大夫屬官，與左侍上士共同負責皇帝寢宫安全，皇帝臨朝及出行時亦隨侍左右。正三命。北周時多作爲起家官。

[3]十三環金帶：一種帶有鈎、銙的皮質腰帶，多用於皇帝。

[4]左宫正：官名。亦稱太子宫正。北周武帝建德二年改東宫官員時置，分左、右宫正。負責輔佐太子。底本作"左官正"，中華本校勘記云："諸本'宫'訛作'官'。據《周書》《通志》及本傳下文改正。"今從改。

皇太子既無令德，孝伯言於帝曰："皇太子德聲未聞，請妙選正人爲其師友，調護聖質，不然，悔無所及。”帝斂容曰：“卿世載鯁正，竭誠所事，觀卿此言，有家風矣。”孝伯拜謝曰：“非言之難，受之難也，深願陛下思之。”帝曰：“正人豈復過君？”於是以尉遲運爲右宫正，[1]孝伯仍爲左宫正、宗師中大夫。[2]累遷右宫伯。嘗因侍坐，帝問：“我兒比進不？”答曰：“皇太子比懼天威，更無罪失。”及王軌因内宴捋帝鬚，言太子之不善。帝罷酒，責孝伯曰：“公常謂我云太子無過，今軌有此言，公爲誑矣。”孝伯拜曰：[3]“臣聞父子之際，人所難言，臣知陛下不能割情忍愛，遂爾結舌。”帝知其意，默然久之，乃曰：“朕已委公，公其勉之。”

[1]尉遲運：人名。代（今山西大同市東北）人，尉遲綱次子。北周將領。見《北史》卷六二《尉遲迥附尉遲運傳》。

[2]孝伯仍爲左宫正宗師中大夫：《周書》卷四〇作“孝伯仍爲左宫正，尋拜宗師中大夫”。據上文，孝伯並未被授予宗師中大夫一職，疑《北史》脱字。

[3]孝伯拜曰：《周書》卷四〇作“孝伯再拜曰”。

及大軍東討，拜内史下大夫，[1]令掌留臺事。[2]軍還，帝曰：“居守之重，無忝戰功。”於是加授大將軍，進爵廣陵郡公，[3]并賜金帛女妓等。復爲宗師。每車駕巡幸，常令居守。[4]後帝北討，至雲陽宫寢疾，[5]驛召孝伯赴行在所，[6]執其手曰：“吾自量必無濟理，以後事付君。”是夜，授司衛上大夫，[7]總宿衛兵馬，令馳驛入京鎮守。

［1］内史下大夫：官名。又稱小内史下大夫、内史次大夫。西魏恭帝三年置，北周沿置。爲春官府内史司次官，輔助内史中大夫掌管綸誥，並參議刑罰爵賞以及軍國大事。正四命。

［2］留臺：古代帝王因故離京，奉命留守京師之官及其機構。古稱禁城爲臺城，故名。

［3］廣陵郡公：封爵名。遥封。廣陵，郡名。南朝陳時治廣陵縣，在今江蘇揚州市西北。

［4］每車駕巡幸常令居守：底本“常”下有“執其手”三字，中華本校勘記云：“諸本‘常’下有‘執其手’三字，《周書》無。按此涉下文‘執其手曰’而誤衍。今據删。”今從改。

［5］雲陽宫：在今陝西咸陽市。

［6］驛召孝伯赴行在所：底本“所”上無“在”字，中華本校勘記云：“諸本脱‘在’字，據《周書》《通志》補。”行在所，天子巡行暫住的地方。

［7］司衛上大夫：官名。簡稱司衛。北周置，爲侍衛長官，掌管東宫衛士，在非常時期亦可統率皇帝宿衛親兵，權任甚重。正六命。

宣帝即位，[1]授小冢宰。帝忌齊王憲，意欲除之，謂孝伯曰：“公能圖之，當以其官位相授。”孝伯叩頭曰：“齊王戚近功高，棟梁所寄。臣若順旨，則臣爲不忠，陛下爲不孝之子也。”[2]帝因疏之，乃與于智、鄭譯等圖其事。[3]令智告憲謀逆，遣孝伯召入，誅之。

［1］宣帝：即北周皇帝宇文贇。宣爲其謚號。

［2］則臣爲不忠陛下爲不孝之子也：底本無“爲”字，中華本校勘記云：“諸本‘陛下’下無‘爲’字。《通志》有。按《周書》

此句作‘則臣爲不忠之臣，陛下爲不孝之子也’。‘爲’字不可少，今據《通志》補。”今從改。

[3]于智：人名。代（今山西大同市東北）人，鮮卑族。北周大臣。見《北史》卷二三《于栗磾附于智傳》。　鄭譯：人名。字正義，滎陽開封（今河南開封市）人。北周、隋朝官吏。見《北史》卷三五《鄭羲附鄭譯傳》。

帝之西征也，在軍有過行，鄭譯時亦預焉。軍還，孝伯及王軌盡以白武帝。武帝怒，撻帝數十，乃除譯名。至是，帝追憾被杖，乃問譯："我脚上杖痕誰所爲也?"譯曰："事由宇文孝伯及王軌。"譯又説軌捋帝鬚事，帝乃誅軌。尉遲運懼，私謂孝伯曰："吾徒必不免禍，奈何?"孝伯曰："今堂上有老母，地下有武帝，爲臣爲子，知欲何之！且委質事人，本徇名義，諫而不入，將焉逃死？足下若爲身計，宜且遠之。"於是各行其志。運尋出爲秦州總管。帝荒淫日甚，誅戮無度。孝伯頻諫不從，由是益疏。後稽胡反，[1]令孝伯爲行軍總管，從越王盛討平之。及軍還，帝將殺之，乃託以齊王事誚之曰："公知齊王謀反，何以不言?"對曰："臣知齊王忠於社稷，爲群小媒櫱，[2]加之以罪。臣以言必不用，所以不言。且先帝屬微臣輔陛下，今諫而不從，實負顧託。以此爲罪，是所甘心。"帝慚，俛首不語。令賜死于家，時年三十六。

[1]稽胡：亦稱山胡、步落稽。南北朝時居於今山西、陝西北部山谷間，與漢人錯居。關於稽胡的族源，學界分歧較大。一説源

於南匈奴，一説爲山戎、赤狄之後（參周偉洲《中國中世西北民族關係研究》，廣西師範大學出版社 2007 年版，第 147 頁；林梅村《稽胡史迹考——太原新出隋代虞弘墓誌的幾個問題》，《中國史研究》2002 年第 1 期）。

[2]媟蘖（niè）：亦作“媒孽”，比喻借端誣構陷害，釀成其罪。

及隋文帝踐極，以孝伯、王軌忠而獲罪，並令收葬，復其官爵。嘗謂高熲曰：[1]“宇文孝伯實有周良臣，若此人在朝，我輩無措手處。”子歆嗣。

[1]高熲：人名。字昭玄，一名敏，勃海蓨（今河北景縣）人。北周、隋朝大臣。見《北史》卷七二《高熲傳》。

東平公神舉，文帝之族子也。高祖普陵、曾祖求男，[1]仕魏位並顯達。祖金殿，魏兗州刺史、安喜縣侯。[2]

[1]普陵：源氏校勘記云：“《周書》作晋陵。”“晋”與“普”當爲字形相近而訛。

[2]兗州：北魏孝文帝太和十八年改東兗州置，治瑕丘城，在今山東兗州市新驛鎮東頓村南。　安喜縣侯：封爵名。安喜，縣名。治所在今河北定州市。

父顯和，[1]少而襲爵，性矜嚴，頗涉經史，膂力絶人，彎弓數百斤，能左右馳射。孝武之在蕃，[2]顯和早蒙眷遇。時屬多難，嘗問計於顯和。顯和具陳宜杜門晦跡，相時而動，帝深納焉。及即位，拜閤内都督，[3]封城陽縣公，[4]以恩舊遇之甚厚。顯和所居隘陋，乃撤殿省賜爲寢室，其見重如此。

[1]父顯和：即宇文顯和，人名。據其墓誌載："公諱顯，字顯和，上黨武鄉人也……以魏後元季二月疾甚，薨於同州，春秋五十有八。"（參毛遠明《漢魏六朝碑刻校注》第十册，綫裝書局2008年版，第267—271頁）

[2]孝武：即北魏皇帝元脩。孝武爲其謚號。

[3]閤内都督：官名。北魏末置，輔助閤内大都督統率皇帝左右的禁衛軍。

[4]城陽縣公：封爵名。城陽，縣名。治所在今河南信陽市北楚王城。

及齊神武專政，帝每不自安，問顯和曰："天下洶洶，將如之何?"對曰："莫若擇善而從。"因誦《詩》云："彼美人兮，西方之人兮。"帝曰："是吾心也。"遂定入關策。[1]以其母老，令預爲計。對曰："今日之事，忠孝不並。[2]然臣不密則失身，安敢預爲私計。"帝愴然改容曰："卿，我之王陵也。"[3]遷朱衣直閤、閤内大都督，[4]改封長廣縣公。[5]從孝武入關。至溱水，周文帝素聞其善射而未之見，俄而水傍有一小鳥，顯和射中之。文帝笑曰："我知卿工矣。"[6]進位車騎大將軍、儀同三司、散騎常侍。[7]卒。建德三年，追贈驃騎大將軍、開府儀同三司。[8]

［1］“帝每不自安”至“遂定入關策”：據宇文顯和墓誌載：“永熙三季，幽、并叛換，有無君之心。帝顧謂公曰：‘天下凶凶，將若之何?’公曰：‘擇善而從之。’乃誦《詩》云：‘彼美人兮，西方之人兮。’帝曰：‘是吾心也。’”（參毛遠明《漢魏六朝碑刻校注》第十册，第267—271頁）

［2］今日之事忠孝不並：底本無“日”字，中華本校勘記云：“諸本脱‘日’字，據《周書》卷四〇、《通志》卷八五《宇文神慶傳》補。”今從改。

［3］“以其母老”至“我之王陵也”：據宇文顯和墓誌載：“帝以公母老家大，令預爲計。公曰：‘今日之事，忠孝不並。君不密則失臣，臣不密則失身。’帝愴然改容曰：‘卿是我王陵也。’”（參毛遠明《漢魏六朝碑刻校注》第十册，第267—271頁）王陵，人名。沛縣（今江蘇沛縣）人。西漢大臣。楚漢戰争時，其母身陷項羽營中，爲力促王陵事漢，伏劍自殺，爲楚軍所烹。見《漢書》卷四〇《王陵傳》。

［4］朱衣直閤：官名。亦稱朱衣直閤將軍，負責宫廷侍衛。北魏孝文帝太和二十三年定爲從四品。　閤内大都督：官名。北魏末置。統領皇帝左右的侍衛親軍。位在閤内都督之上。

［5］長廣縣公：封爵名。長廣，縣名。治所在今山東萊陽市東。

［6］“從孝武入關”至“我知卿工矣”：據宇文顯和墓誌載：“武帝初至潼關，大祖文皇帝親迎溱水。大祖素知公名，而未之識也。目於衆中，疑而不問，直云：‘令此人射水傍小鳥。’應手即著。大祖憙云：‘我知卿名矣。’”（參毛遠明《漢魏六朝碑刻校注》第十册，第267—271頁）

［7］車騎大將軍：官名。西漢始置。魏晋南北朝沿置，位低於驃騎將軍，在諸名號大將軍之上，多爲軍府名號，用來加授大臣、重要州郡長官，無具體職掌。北周時爲正八命。　儀同三司：西魏、北周府兵二十四開府府下屬的儀同府主管將軍，軍號爲車騎大將軍、儀同三司，簡稱儀同將軍。北周時爲九命，僅次於三公。

散騎常侍：官名。三國魏文帝時置散騎一職，後與中常侍合併，稱爲散騎常侍。主要職責是侍從皇帝左右，諫諍得失，顧問應對，與侍中等共平尚書奏事，有異議得駁奏。亦常用作宰相、諸公等的加官，得入宫禁議政。北朝時以兼領修史，實際地位略高於南朝，但仍爲閑散之職。

[8]驃騎大將軍：官名。東漢始置。西魏、北周時實行府兵制，主要是作爲開府府長官的軍號。九命。　開府儀同三司：三國魏始設，多爲大臣的加號，意與三司即太尉、司徒、司空的禮制待遇相同。允許開府，自辟屬僚。北周時爲勳官。九命。

神舉早孤，有夙成之量。及長，神情倜儻，志略英贍，眉目疏朗，儀貌魁梧。明帝初，起家中侍上士。[1]帝留意翰林，而神舉雅好篇什，[2]每游幸，神舉恒從。襲爵長廣縣公。天和元年，累遷右宫伯中大夫，進爵清河郡公。[3]建德三年，自京兆尹出爲熊州刺史，[4]齊人憚其威名。及帝東伐，從平并州，即授刺史。州既齊氏别都，多有姦猾，神舉示以威恩，遠近悦服。改封武德郡公，[5]進柱國大將軍，又改封東平郡公。[6]宣政元年，[7]轉司武上大夫。[8]及幽州人盧昌期等據范陽反，[9]詔神舉討禽之。時齊黄門侍郎盧思道亦在反中，[10]賊平，將解衣伏法，神舉乃釋而禮之，即令草露布。[11]屬稽胡反，寇西河，[12]神舉與越王盛討之。時突厥赴救，神舉以奇兵擊之，突厥敗走，稽胡款服。即授并州總管。

[1]中侍上士：官名。西魏恭帝三年始設，北周沿置。爲天官府宫伯中大夫屬官，分置左右二人，負責皇帝寢宫的安全。正三命。

[2]篇什：《詩經》的《雅》《頌》以十篇爲一什，後用篇什指詩篇。

[3]清河郡公：封爵名。清河，郡名。北周時治武城縣，在今河北清河縣西北。

[4]熊州：北周時治宜陽縣，在今河南宜陽縣。

[5]武德郡公：封爵名。武德，郡名。北周時治州縣，在今河南温縣北。

[6]東平郡公：封爵名。東平，郡名。北周時治范縣，在今河南范縣東南。

[7]宣政：北周武帝的年號（578）。

[8]司武上大夫：官名。北周武帝宣政元年置，亦稱大司武。原設中大夫爲司武長官，後因尉遲運任此職時，防衛宇文直有功，特置上大夫爲長官，分置左右，各一人。總管宫廷宿衛軍事。正六命。

[9]盧昌期：人名。范陽涿（今河北涿州市）人，盧道虔子。北齊將領。北周平齊後，他屯據范陽，旋被周兵攻破。　范陽：郡名。北周時治涿縣，在今河北涿州市。

[10]黄門侍郎：官名。給事黄門侍郎的省稱。秦朝時置，無員數。爲中朝官員，給事於宫門之内，侍從皇帝、顧問應對，出則陪乘。與皇帝關係密切，多以重臣、外戚子弟、公主婿爲之。魏晋至隋初因之，爲侍中省或門下省次官，位頗重要。北魏孝文帝太和二十三年定爲四品上。北周因之。　盧思道：人名。字子行，小字釋奴，范陽涿（今河北涿州市）人。北齊、北周、隋朝官吏。見《北史》卷三〇《盧玄附盧思道傳》。

[11]露布：又稱露板。指不加封檢的奏章文書。

[12]西河：郡名。北周時治隰城縣，在今山西汾陽市城區。

神舉見侍於武帝，處心腹之任，王軌、宇文孝伯等屢言皇太子之短，神舉亦頗預焉。[1]及宣帝即位，荒淫無度，神舉懼及禍，懷不自安。初定范陽之後，威聲甚振，帝亦忌其名望，兼以宿憾，遂使人齎酖酒賜之，薨於馬邑，[2]時年四十八。

[1]神舉亦頗預焉：《周書》卷四〇作“神舉亦頗與焉”。“與”與“預”音同而通用。

[2]馬邑：縣名。治所在今山西朔州市。

神舉美風儀，善辭令，博涉經史，性愛篇章，尤工騎射。臨戎對寇，勇而有謀，蒞職當官，每著聲績。兼好施愛士，以雄豪自居，故得任兼文武，聲彰外內。百僚無不仰其風則，先輩舊齒至于今稱之。

子同嗣，位至儀同大將軍。[1]神舉弟慶。

[1]儀同大將軍：官名。北周武帝建德四年改儀同三司爲此稱。主要授予有軍勳的功臣及北齊降官，無具體職掌。正九命。

慶，字神慶，沈深有器局，少以聰敏見知。初受業東觀，頗涉經史。既而謂人曰：“書足記姓名而已，安能久事筆硯爲腐儒業乎?”時文州賊亂，[1]慶應募從征，以功授都督。衛王直鎮山南，引爲左右。慶善射，有膽氣，好格猛獸，直甚壯之。稍遷車騎大將軍、儀同三司。及誅宇文護，慶有謀焉。進授驃騎大將軍，加開府。從武帝攻河陰，先登攀堞，與賊短兵接，中石乃墜，絶而後蘇。[2]帝勞之曰：“卿勇可以賈人也。”[3]復從武帝拔晉州，[4]齊兵大至，慶與齊王憲輕騎覘之，卒與賊相遇，爲賊所窘。[5]憲挺身而遁。慶退據汾橋，衆賊争進，慶射之，所中人馬必倒，賊乃稍却。及拔高壁，[6]剋并州，下信都，[7]禽高湝，[8]功並居最。進位大將軍，封汝南郡公。[9]尋以行軍總管擊延安反胡，[10]平之。歷延、寧二州總管。[11]

[1]文州賊：指文州夷氐叛亂事。文州，北周時治建昌縣，在今甘肅文縣西南。

[2]絶而後蘇：四庫本作“絶而復蘇”，“復”與“後”當爲字形相近而訛。

[3]卿勇可以賈人也：《隋書》卷五〇、《册府元龜》卷三九五下、《太平御覽》卷四三六作“卿之餘勇，可以賈人也”。《隋書》文意似更完整。

[4]晉州：北齊時治白馬城，在今山西臨汾市。

[5]慶與齊王憲輕騎覘之卒與賊相遇爲賊所窘：底本無“之”字，“賊”後無“相遇爲賊所”五字。中華本校勘記云：“諸本脱‘之’字，據《通志》卷八五《宇文神舉附弟神慶傳》補。又脱‘相遇爲賊所’五字，據《隋書》卷五〇《宇文神慶傳》補。”今從改。

[6]高壁：地名。在今山西靈石縣東南。

[7]信都：縣名。治所在今河北冀州市。

[8]高湝：人名。勃海蓨（今河北景縣）人。北齊宗室。見《北史》卷五一《任城王湝傳》。

[9]汝南郡公：封爵名。汝南，郡名。北周時治上蔡縣，在今河南汝南縣。

[10]延安：縣名。治所在今陕西延安市西南。

[11]延：州名。北周時治廣武縣，在今陕西延安市東。　寧：

州名。北周時治安定縣，在今甘肅寧縣。

隋文帝爲丞相，以行軍總管征江表，[1]次白帝，[2]以勞進上大將軍。[3]帝與慶有舊，甚見親待，令督丞相軍事，委以心腹。尋加柱國。開皇初，拜左武衛將軍，[4]進上柱國。數年，除涼州總管。[5]歲餘徵還，不任以職。

[1]江表：地區名。指長江以南的地區。從中原來説，地處長江以外，因此稱爲江表。

[2]白帝：城名。即白帝城。在今重慶奉節縣東白帝山上。

[3]上大將軍：官名。三國吴始置，位在大將軍之上。十六國時漢、前燕、北燕亦置。北周武帝建德四年置，爲高級武官名號，正九命。

[4]左武衛將軍：官名。隋朝十二衛將軍之一，置左右武衛將軍二員，總管府事，並統管諸鷹揚府。隋開皇初爲從三品。

[5]涼州：北周時治姑臧縣，在今甘肅武威市。

初，文帝龍潛時，[1]嘗與慶言，謂曰："天元質無積德，[2]其相貌壽亦不長，加以法令繁苛，耽恣聲色，以吾觀之，殆將不久。又諸侯微弱，各令就國，曾無深根固本之計，羽翮既翦，何能及遠？尉遲迥貴戚，早著聲望，國家有釁，必爲亂階。然智量庸淺，子弟輕佻，貪而少惠，終致亡滅。司馬消難反覆之虜，[3]亦非池内之物，變在俄頃。但輕薄無謀，未能爲害，不過自竄江南耳。庸蜀險隘，[4]易生艱阻，王謙愚蠢，[5]素無籌略，但恐爲人所誤，不足爲虞。"未幾，上言皆驗。及此，慶恐上遺忘，不復收用，欲見舊蒙恩顧，具録前言，爲表奏之。上省表大悦，下詔曰："朕言之驗，自是偶然；公乃不忘，彌表誠節。深感至意，嘉尚無已。"自是上每加優禮。卒於家。

[1]龍潛：語出《易·乾卦》："潛龍勿用，陽氣潛藏。"喻帝王未即位。

[2]天元：即北周宣帝宇文贇。静帝大象元年禪位於長子宇文衍，自稱天元皇帝，故稱。

[3]司馬消難：人名。字道融，河内温（今河南温縣）人。北周、隋朝大臣。見《北史》卷五四《司馬子如附司馬消難傳》。

[4]庸蜀：地區名。泛指今四川一帶。庸、蜀皆古國名。庸在今四川夔州縣一帶，蜀在今成都市一帶。

[5]王謙：人名。字敕萬，太原（今山西太原市晋源區古城營村一帶）人。北周大臣。見《北史》卷六〇《王雄附王謙傳》。

子静亂，[1]尚隋文女廣平公主，[2]位儀同、安德縣公、熊州刺史。[3]先慶卒。

[1]子静亂：中華本校勘記云："《隋書》'亂'作'禮'。張森楷謂'禮'是。按當由'禮'之簡體'礼'，與'亂'之簡體'乱'形似而訛，張説疑是。"可從。

[2]廣平：郡名。隋朝時治曲梁縣，在今河北永年縣東南。

[3]安德縣公：封爵名。安德，縣名。治所在今山東陵縣東南。

静亂子協，位右翊衛將軍。[1]宇文化及之亂，[2]遇害。

[1]右翊衛將軍：官名。即右衛將軍。三國魏元帝時始設。隋初爲十二衛中的左右衛副長官，協助右衛大將軍掌管宫掖禁衛，煬帝大業初改左右衛爲左右翊衛，此職改爲右翊衛大將軍，大業三年（607）定爲從三品。

[2]宇文化及：人名。代郡武川（今内蒙古武川縣西）人。見《北史》卷七九《宇文述附宇文化及傳》。

協弟皛，字婆羅門，大業中養于宫内，後爲千牛左右。[1]煬帝甚親昵之，每有游宴，必侍從。至於出入卧内，伺察六宫，往來不限門禁。時人號爲宇文三郎。與宫人淫亂，至於妃嬪公主亦有醜聲。蕭后言於帝，皛聞，懼不敢見。協因奏皛壯，不可久在宫掖。帝不之罪，召入，待之如初。化及殺逆際，爲亂兵所害。

[1]千牛左右：官名。隋煬帝大業三年改左右領左右府爲左右備身府後，執掌千牛宿衛。左右各置十六員，正六品。

論曰：自古受命之君及守文之主，非獨異姓之輔，亦有骨肉之助焉。其茂親則有魯衛、梁楚，[1]其疏屬則有凡蔣、荆燕，[2]咸能飛聲騰實，不滅於百代之後。至若豳孝公之勳烈，加之以善政，蔡文公之純孝，飾之以儉約，峨峨焉足以轥轢於前載矣。[3]

[1]茂親：皇室宗親。　魯：國名。西周時姬姓諸侯國，爲周公旦的封國。領地大致在今山東半島。　衛：國名。西周時姬姓諸侯國，爲文王幼子康叔的封國。都邑在朝歌，在今河南淇縣一帶。

梁：國名。西周時姬姓諸侯國，爲平王子姬唐的封國。封地在南梁，在今甘肅隴西縣一帶。　楚：國名。西周時諸侯國，其先鬻熊爲文王的老師，成王時封爲楚子。領地大致在今河南、湖北、四川、湖南一帶。

[2]凡：國名。西周時姬姓諸侯國，周成王封周公庶子於凡國，在今河南輝縣市西南。　蔣：國名。西周時姬姓諸侯國，成、康之際爲周公第四子伯齡的封國，在今河南尉氏縣西。　荆：楚國的别稱。　燕：國名。西周時姬姓諸侯國，爲召公奭的封國。都城爲薊城，封地在今北京。河北中、北部。

[3]峨峨焉足以轥（lìn）轢（lì）於前載矣：底本無“轢”字，中華本校勘記云：“諸本無‘轢’字，《周書》卷十史臣論有。按‘轥轢’同‘轔轢’，踐越之意，今據補。”今從改。

有周受命之始，宇文護實預艱難。及文后崩殂，諸子沖幼，群公懷等夷之志，[1]天下有去就之心，卒能變魏爲周，捍危獲乂者，護之力也。向使加之以禮讓，經之以忠貞，[2]桐宫有悔過之期，[3]未央終天年之數，[4]則前史所載，焉足道哉。然護寡於學術，昵近群小，威福在己，征伐自出，有人臣無君之心，爲人主不堪之事，終於妻子爲戮，身首横分，蓋其宜也。

[1]等夷：同等、同輩。　志：底本作“士”，中華本校勘記云：“諸本‘志’訛作‘士’，據《周書》卷十一史臣論改。”今從改。

[2]經之以忠貞：中華本校勘記云：“《周書》‘經’作‘繼’。疑此訛。”可從。

[3]桐宫：爲殷商桐地的宫室、商湯的葬地，在今河北臨漳縣。

相傳伊尹曾流放太甲於此地。後借指被貶的帝王或幽禁帝王的地方。此處借指北周孝閔帝宇文覺。

[4]未央：西漢時的王宫，在今陝西西安市西北。此處借指北周明帝宇文毓。

當隋氏之起，假天威而服海内，胄以葭莩之親，[1]據一州而叶義舉，可謂忠而能勇。功業不遂，悲夫！亮實庸才，圖非常於巨逆，古人稱不度德、不量力者，其斯之謂歟。宇文測兄弟驅馳於經綸之日，孝伯、神舉盡言於父子之間，觀其智勇忠概，並可追蹤於古人矣。

[1]葭莩之親：比喻關係疏遠的親戚。葭莩，蘆葦杆内壁的薄膜。

北史　卷五八

列傳第四十六

周室諸王

文帝十王　孝閔帝一王　明帝二王　武帝六王　宣帝二王

周文帝十三子：姚夫人生明帝。後宮生宋獻公震。文元皇后生孝閔皇帝。文宣叱奴皇后生武帝、衛剌王直。達步干妃生齊煬王憲。[1]王姬生趙僭王招。後宮生譙孝王儉、陳惑王純、越野王盛、代奰王達、冀康公通、滕聞王逌。

[1]達步干妃生齊煬王憲：底本無"干"字，源氏校勘記云："'步'下《周書》有'干'字。"中華本校勘記作："諸本無'干'字，《周書》卷十三《文閔明武宣諸子傳》有。按達步干氏，《姓纂》及《廣韻》作達步氏，省'干'字。但本卷下文亦云'憲所生達步干氏'，一卷之中，自應統一，今據補。"今從改。

宋獻公震，字彌俄突，幼而敏達。大統十六年，[1]封武邑公，[2]尚魏文帝女。[3]其年薨。保定元年，[4]追贈大司馬，[5]封宋國公。

[1]大統：西魏文帝的年號（535—551）。

[2]武邑公：封爵名。武邑，郡名。西魏時治武强縣，在今河北武强縣西南。

[3]魏文帝：即西魏皇帝元寶炬。文爲其謚號。

[4]保定：北周武帝的年號（561—565）。

[5]大司馬：官名。《周禮》六卿之一，爲夏官府長官，職掌軍政大務、禁暴糾察、訓練軍隊、統兵作戰。西魏末、北周仿《周禮》建六官，置爲夏官府長官，亦稱大司馬卿。掌握全國軍政，權任極重。正七命。

無子，以明帝第三子實嗣。建德三年，[1]進爵爲王。大象中，[2]爲大前疑，[3]尋爲隋文帝害，國除。

[1]建德：北周武帝的年號（572—578）。

[2]大象：北周静帝的年號（579—580）。

[3]大前疑：官名。北周宣帝大成元年（579）置，爲四輔官之首、主要的執政大臣。

衛剌王直，字豆羅突。魏恭帝三年，[1]封秦郡公。[2]武成初，[3]進封衛國公，歷雍州牧、大司空、襄州總管。[4]直，武帝母弟也，性浮詭。以晋公護執政，遂貳於帝而昵護。及南討軍敗，愠於免黜，又請帝除護。帝宿有誅護意，遂與直謀之。及護誅，帝以齊王憲爲大冢宰。[5]直既乖本望，又請爲大司馬，欲擅威權。帝知其意，謂曰："汝兄弟長幼有序，何反居下列也？"以爲大司徒。[6]建德三年，進爵爲王。

[1]魏恭帝：即西魏皇帝元廓。恭爲其謚號。

[2]秦郡公：封爵名。秦，郡名。西魏時治禮泉縣，在今陝西禮泉縣。

[3]武成：北周明帝的年號（559—560）。

[4]雍州牧：官名。爲雍州（北周時京畿地區）的最高行政長官，多由親王擔任此職。品命高於一般的州長官。九命。　大司空：官名。《周禮》六卿之一，爲冬官之長。掌土木工程。西魏末、北周仿《周禮》建六官，復置爲冬官之長，亦稱大司空卿。北周時爲正七命。　襄州：北周時治襄陽縣，在今湖北襄樊市。　總管：官名。地方高級軍政官員。北周明帝武成元年改都督諸州軍事爲總管。加使持節，主要職責是管理轄區軍政民事。轄區大小增減不定，一般管轄數州，多者可達數十州。

[5]大冢宰：官名。又稱大冢宰卿。西魏恭帝三年置，北周沿置。位居六官之首的天官府長官，掌管宫廷供奉以及全國的財政收支、賦役收入、百官俸禄等事務。正七命。

[6]大司徒：官名。亦稱大司徒卿。《周禮》六卿之一，爲地官之長。掌國家土地圖籍、户口，管理土地使用、諸侯封邑、人民教化。西魏末、北周仿《周禮》建六官，置爲地官府長官。正七命。

初，帝以直第爲東宫，更使直自擇所居。直歷觀府署，無稱意者，至廢陟屺佛寺，[1]遂欲居之。齊王憲謂曰："弟兒女成長，此寺褊小，詎是所宜？"直曰："一身尚不自容，何論兒女！”憲怪而疑之。直嘗從帝校獵而亂行，帝怒，對衆撻之。自是，憤怨滋甚。及帝幸雲陽宫，直在京師反，攻肅章門，[2]司武尉遲運閉門，[3]不得入，退走。追至荆州獲之，[4]免爲庶人，囚諸宫中。尋有異志，及其子十人並誅之，國除。

［1］陟屺佛寺：在今陝西西安市。

［2］肅章門：爲西魏長安宫的西南門。

［3］司武：官名。司武中大夫的省稱。西魏恭帝三年置，北周沿置。一説爲夏官府的屬官，一説爲東宫屬官，今據王仲犖《北周六典》一書歸爲六官餘録。主要職責是掌管宫廷宿衛軍事。正六命。　尉遲運：人名。代（今山西大同市東北）人。北周大臣。見《北史》卷六二《尉遲迥附尉遲運傳》。

［4］荆州：北周時治穰縣，在今河南鄧州市。

齊煬王憲，字毗賀突。性通敏，有度量。初封涪城縣公。[1]少與武帝俱受《詩》《傳》，咸綜機要，得其指歸。文帝嘗賜諸子良馬，唯其所擇。憲獨取駁者。[2]帝問之，對曰：“此馬色類既殊，或多駿逸。若從軍征伐，牧圉易分。”帝喜曰：“此兒智識不凡，當成重器。”後從上隴，[3]經官馬牧，文帝每見駁馬，[4]輒曰：“此我兒馬也”，命取以賜之。魏恭帝元年，進封安城郡公。[5]明帝即位，授大將軍。[6]

［1］涪城縣公：封爵名。涪城，縣名。治所在今四川三台縣西北。

［2］駁：毛色斑駁之馬。

[3]後從上隴：源氏校勘記云："《周書》作'隴上'。"《周書》卷一二作"後從獵隴上"。《通志》卷八五下"後從獵上隴"，《册府元龜》卷一四八作"後從獵隴上"，《周書》卷一《文帝紀上》作"夏四月，引兵上隴"。"隴上"與"上隴"當爲顛倒而訛。

[4]駁馬：底本、毛本、局本作"駿馬"，中華本作"駁馬"。駁、駿爲字形相近，據上文"此馬色類既殊"，當爲"駁馬"。

[5]魏恭帝元年進封安城郡公：《文苑英華》卷八九〇作"周元年，進爵安城郡公"。安城郡公，封爵名。安城，郡名。西魏時治涪城縣，在今四川三台縣西北。

[6]大將軍：官名。高級軍事統帥。北周時爲府兵專職統帥，十二人，各領一軍，分屬六柱國大將軍，下統開府、儀同諸將軍。正九命。

武成初，除益州總管，[1]進封齊國公。初，平蜀之後，文帝以其形勝之地，不欲使宿將居之。諸子中欲有推擇，遍問武帝以下，誰欲此行，[2]並未及對，而憲先請。文帝曰："刺史當撫衆臨人，非爾所及。以年授者，當歸爾兄。"憲曰："才用殊不關大小，試而無效，甘受面欺。"文帝以憲年尚幼，未之遣。明帝追遵先旨，故有此授。憲時年十六，善於撫綏，留心政術，辭訟輻湊，聽受不疲。蜀人悦之，共立碑頌德。

[1]益州：北周時治成都縣，在今四川成都市。

[2]誰欲此行：《周書》卷一二作"誰能此行"。

保定中，徵拜雍州牧。及晉公護東伐，以尉遲迥爲前鋒，[1]圍洛陽。齊兵數萬，奄出軍後，諸軍恇駭，並各退散。唯憲與王雄、達奚武拒之，[2]而雄爲齊人所敗，[3]三軍震懼。憲親自督勵，衆心乃安。時晋公護執政，雅相親委，賞罰之際，皆得預焉。天和三年，[4]以憲爲大司馬，行小冢宰，[5]雍州牧如故。四年，齊將獨孤永業來寇，[6]詔憲與柱國李穆出宜陽，[7]築崇德等五城，[8]絶其糧道。齊將斛律明月築壘洛南。[9]五年，憲涉洛邀之，明月遁走。是歲，明月又於汾北築城，西至龍門。[10]晋公護問計於憲，憲曰："兄宜暫出同州爲威容，[11]憲請以精兵居前，隨機攻取。"六年，憲率衆出自龍門，齊將新蔡王康德潛軍宵遁。[12]憲乃度河，攻其伏龍等四城，[13]二日盡拔。又攻張壁，[14]克之。斛律明月時在華谷，[15]弗能救，乃北攻姚襄城陷之。[16]汾州又見圍日久，[17]憲遣柱國宇文盛運粟饋之。[18]憲自入兩乳谷，[19]襲克齊伯杜城。[20]使柱國譚公會築石殿城以爲汾州之援。[21]齊平原王段孝先、蘭陵王高長恭引兵大至，[22]大將軍韓歡爲齊人所乘，遂退。憲身自督戰，齊衆稍却。會日暮，乃各收軍。

[1]尉遲迥：人名。字薄居羅，代（今山西大同市東北）人。西魏、北周重臣。見《北史》卷六二《尉遲迥傳》。

[2]王雄：人名。字雄胡布頭，太原（今山西太原市晋源區古城營村一帶）人。西魏、北周將領。見《北史》卷六〇《王雄傳》。　達奚武：人名。字成興，代（今山西大同市東北）人，鮮卑族。西魏、北周將領。見《北史》卷六五《達奚武傳》。

[3]而雄爲齊人所敗：中華本校勘記云："《周書》卷十二《齊煬王憲傳》'敗'作'斃'。按本書卷六〇《王雄傳》，雄爲斛律光

射死。疑‘敗’是與‘斃’音近而訛。”可從。

[4]天和：北周武帝的年號（566—572）。

[5]小冢宰：官名。又稱小冢宰上大夫。西魏恭帝三年置，北周沿置。爲天官府次官，輔佐大冢宰管理行政事務。員二人，正六命。

[6]獨孤永業：人名。字世基，中山（今河北定州市）人。北齊官吏。見《北史》卷五三《獨孤永業傳》。

[7]柱國：官名。柱國大將軍的省稱。十六國時後燕慕容垂時始置，位高權重。北周時授予漸濫，成爲没有具體職掌的勳官。正九命。　李穆：人名。字顯慶，隴西成紀（今甘肅秦安縣）人。西魏、北周將領。見《北史》卷五九《李賢附李穆傳》。　宜陽：郡名。北周時治宜陽縣，在今河南宜陽縣西。

[8]崇德：城名。在今河南宜陽縣西北。

[9]斛律明月：人名。即斛律光。字明月，朔州（今山西朔州市）敕勒部人。北齊大臣。見《北史》卷五四《斛律金附斛律光傳》。

[10]龍門：地名。一名禹門口。在今山西河津市西北黄河西岸。

[11]同州：北周時治武鄉縣，在今陝西大荔縣。

[12]新蔡王：封爵名。新蔡，郡名。北齊時治固始縣，在今河南固始縣東。康德，人名。代（今山西大同市東北）人。北齊官吏。初從高歡征戰。齊建，歷數州刺史、并省尚書，封新蔡郡王。

[13]伏龍：城名。在今山西河津市西南。

[14]張壁：城名。在今山西介休市東南。

[15]華谷：城名。在今山西稷山縣。底本作“華容”，中華本校勘記云：“諸本‘華谷’作‘華容’。錢氏《考異》卷四〇云：‘“華容”當作“華谷”。《斛律光傳》（本書卷五四），武平元年冬，率步騎五萬於玉壁築華谷、龍門二城。’按錢説是，《周書》正作‘華谷’，今據改。”今從改。

［16］乃北攻姚襄城陷之：《周書》卷一二無“乃”字，其校勘記云：“《北史》卷五八《周室諸王傳》、《御覽》卷三〇九‘北’上有‘乃’字。按攻陷姚襄城者乃斛律光之齊軍，無‘乃’字，似周軍攻陷姚襄城。疑當有‘乃’字。”今從改。姚襄，城名。在今山西吉縣西。

［17］汾州：北周時治蒲子城，在今山西隰縣。

［18］遣：底本作“追”，源氏校勘記改“追”作“遣”。中華本校勘記云：“諸本‘遣’訛‘追’，據《周書》及《通志》卷八五《後周宗室傳》改。”今從改。

［19］兩乳谷：在今山西吉縣西北黄河東岸。

［20］伯杜城：地名。在今山西襄汾縣。源氏校勘記云：“《周書》作‘柏社城’。”中華本校勘記云：“《周書》‘伯杜’作‘柏社’，疑是。”可從。

［21］會：即宇文會，人名。代郡武川（今内蒙古武川縣西）人。北周宗室、大臣，宇文護第三子。　石殿城：在今山西吉縣附近。

［22］平原王：封爵名。平原，郡名。北齊時治聊城縣，在今山東聊城市東北。　段孝先：人名。即段韶。字孝先，小名鐵伐，姑臧武威（今甘肅武威市）人。東魏、北齊將領。見《北史》卷五四《段榮附段韶傳》。　蘭陵王：封爵名。蘭陵，郡名。北齊時治承縣，在今山東棗莊市東南。　高長恭：人名。一名孝瓘，勃海蓨（今河北景縣）人。北齊宗室。見《北史》卷五二《蘭陵王長恭傳》。

及晉公護誅，武帝召憲入，免冠拜謝。[1]帝謂曰：“汝親則同氣，休戚共之，事不相涉，何煩致謝？”乃詔憲往護第，收兵符及諸簿籍等。尋以憲爲大冢宰。時帝既誅宰臣，親覽朝政，方欲齊之以刑，爰及親親，亦爲刻薄。憲既爲護所任，自天和後，威勢漸隆。護欲有所陳，多令憲奏。其間或有可不，[2]憲慮主相嫌隙，每曲而暢之。帝亦悉其此心，[3]故得無患。然猶以威名過重，終不能平，雖遷授冢宰，實奪其權也。[4]開府裴文舉，[5]憲之侍讀，帝嘗御内殿引見，謂曰："昔魏末不綱，太祖匡輔元氏；有周受命，晋公復執威權。積習生常，便謂法應須爾。豈有三十歲天子可爲人所制乎？且近代以來，又有一弊，暫經隸屬，便即禮若君臣，[6]此乃亂時權宜，非經國之術。爾雖陪侍齊公，不得即同臣主。[7]且太祖十兒，寧可悉爲天子？卿宜規以正道，無令兄弟自致嫌疑。"文舉再拜而出，歸以白憲。憲指心撫几曰："吾心公寧不悉？但當盡忠竭節耳，知復何言！"

[1]武帝召憲入免冠拜謝：《周書》作"高祖召憲入，憲免冠拜謝"。《資治通鑑》卷一七一、《通志》卷八五下、《通鑑紀事本末》作"及護死，召憲入，憲免冠拜謝"。《北史》删削過當，致文意不清。

[2]其間或有可不：毛本作"其間或有不可"。據《周書》卷一二、《通鑑紀事本末》卷二四下，今從底本。

[3]帝亦悉其此心：中華本《周書》卷一二無"此"字，其校勘記云："宋本《周書》'其'字，下有空格。《北史》卷五八《周室諸王傳》作'悉其此心'，'其''此'連在一起，語法不妥，但可證這裏'其'字下確脱一字。"可從。

[4]雖遷授冢宰實奪其權也：《周書》卷一二作"雖遥授冢宰，寔奪其權也"。據上下文意，"遥"與"遷"當爲字形相近而訛，今從《北史》。

[5]開府：西魏、北周時置開府將軍，爲府兵軍事官一級。府

兵二十四軍各設一員，統兵二千人左右。　裴文舉：人名。字道裕，河東聞喜（今山西聞喜縣）人。西魏、北周官吏。見《北史》卷三八《裴文舉傳》。

[6]便：殿本、四部備要本作“使”，當爲字形相近而訛，今從底本。

[7]爾雖陪侍齊公不得即同臣主：中華本《周書》卷一二作“一人者，止據天子耳。雖陪侍齊公，不得即同臣主”。其校勘記云：“宋本和《北史》卷五八《周室諸王傳》‘耳’作‘爾’，屬下讀，後人誤以‘爾’作虛字，改作‘耳’。但屬上讀亦通，今不改。”可從。

建德三年，進爵爲王。憲友劉休徵獻《王箴》一首，憲美之。休徵後又以箴上之，帝方翦削諸弟，甚悅其文。憲嘗以兵書繁廣，自刊爲《要略》五篇，至是表陳之。帝覽而稱善。

其秋，帝於雲陽寢疾，[1]衛王直於京師舉兵。帝召憲謂曰：“汝爲前軍，吾亦續發。”直尋敗走。帝至京師，憲與趙王招俱入拜謝。帝曰：“管、蔡爲戮，[2]周公作輔，人心不同，有如其面。但愧兄弟親尋干戈，於我爲不能耳。”[3]初，直内忌憲，憲隱而容之，且以帝母弟，每加友敬。晋公護之誅也，直固請及憲。帝曰：“齊公心迹，吾自悉之，不得更有所疑。”及文宣皇后崩，直又密啓憲飲酒食肉與平昔不異。帝曰：“吾與齊王異生，俱非正嫡，特爲吾意，今袒括是同。[4]汝當愧之，何論得失。汝親太后之子，但須自勗。”直乃止。

[1]雲陽：即雲陽宫。據《長安志》，雲陽宫在雲陽縣（今陝

西涇陽縣西北）西北。

[2]管蔡爲戮：西周時周武王的弟弟管叔、蔡叔二人在武王死後、成王年幼之時，不服周公攝政，揚言周公將不利於成王，和商紂王之子武庚一起作亂，史稱“三監之亂”。周公東征，平定管蔡作亂。管叔、武庚被殺，蔡叔被逐。

[3]但愧兄弟親尋干戈於我爲不能耳：中華本校勘記云：“張森楷云：‘《周書》“能”作“足”，於誼較長。’按親尋干戈，已是事實，何謂‘不能’？‘能’字當誤。”可從。

[4]今祖括是同：毛本作“今祖括是同”，當爲字形相近而訛，今從底本。

四年，帝將東討，獨與内史王誼謀之，[1]餘人莫知。後以諸弟才略，無出憲右，遂告之。憲即贊成其事。及大軍將出，憲表上金寶等一十六件以助軍資。詔不納，以憲表示公卿曰：“人臣當如此，朕貴其心耳，寧資此物。”[2]乃詔憲爲前軍，趣黎陽。[3]帝親圍河陰，[4]未剋。憲攻拔武濟，[5]進圍洛口，[6]拔其東西二城。以帝疾班師。是歲，初置上柱國官，[7]以憲爲之。

[1]内史：官名。内史中大夫的省稱。西魏恭帝三年置，北周沿置。爲春官府内史司長官，負責著述撰寫、商議刑罰以及軍國大事，並修撰國志及起居注。正五命。　王誼：人名。字宜君，洛陽（今河南洛陽市東北）人。北周、隋朝將領。見《北史》卷六一《王盟附王誼傳》。

[2]寧資此物：《周書》卷一二作“寧須物乎”。

[3]黎陽：郡名。北齊時治黎陽縣，在今河南浚縣東北。

[4]河陰：郡名。北齊時治河陰縣，在今河南孟津縣東。

[5]武濟：地名。在今河南孟津縣。

[6]洛口：地名。在今河南鞏義市東北，爲洛水入黄河處。

[7]上柱國：官名。戰國時楚國置，位極尊，僅次於令尹，掌軍政。北周武帝建德四年置爲最高級勳官，正九命。

五年，大舉東討，憲復爲前鋒，守雀鼠谷。[1]帝親圍晋州，[2]憲進克洪洞、永安二城，[3]更圖進取。齊主聞晋州見圍，自來援之。時陳王純頓千里徑，[4]大將軍永昌公椿屯雞棲原，[5]大將軍宇文盛守汾水關，[6]並受憲節度。憲密謂椿曰："兵者詭道，汝今爲營，不須張幕，可伐柏爲菴，示有處所。令兵去之後，賊猶致疑。"時齊主分軍萬人向千里徑，又令其衆出汾水關，自率大兵與椿對。宇文盛馳告急，憲自救之，齊人遽退。盛與柱國侯莫陳芮逐之，[7]多有斬獲。俄而椿告齊衆稍逼，憲又救之。會椿被敕追還，[8]率兵夜反。齊人果謂柏菴爲帳幕，不疑軍退，翌日始悟。時帝已去晋州，留憲後拒。憲阻水爲陣。齊領軍段暢至橋。[9]憲隔水問暢姓名，暢曰："領軍段暢也，公復爲誰？"憲曰："我虞候大都督耳。"[10]暢曰："觀公言語，不是凡人，何用隱名位。"憲乃曰："我齊王也。"遍指陳王純已下，並以告之。暢鞭馬去，憲即命旋軍。齊人遽追之，戈甲甚鋭。憲與開府宇文忻爲殿拒之，[11]斬其驍將賀蘭豹子、山褥瓌等，齊衆乃退。

[1]雀鼠谷：位於山西介休市西南、霍州市之北的汾河河谷。

[2]晋州：北齊時治白馬城，在今山西臨汾市。

[3]洪洞：縣名。治所在今山西洪洞縣。中華本《周書》卷一二作“洪同”。其校勘記云“張森楷云：‘“同”疑當作“洞”。’按《北史》卷五八《周室諸王傳》、《通鑑》卷一七二正作‘洪洞’。”且北周並無洪同縣。今從底本。　永安：縣名。治所在今山西霍州市。

[4]千里徑：古道名。在今山西晉州市北界霍太山一帶。

[5]永昌公：封爵名。永昌，郡名。北周時治宣漢縣，在今四川宣漢縣東北。　椿：即宇文椿，人名。字乾壽，代郡武川（今内蒙古武川縣西）人。北周宗室、大臣。宇文導第四子。　雞棲原：地名。在今山西霍州市東北。

[6]宇文盛：人名。字保興，代郡武川（今内蒙古武川縣西）人，鮮卑族。見《周書》卷二九《宇文盛傳》。　汾水關：關名。在今山西靈石縣東南。

[7]侯莫陳芮：人名。代武川（今内蒙古武川縣西）人，鮮卑族。北周將領。見《北史》卷六〇《侯莫陳崇附侯莫陳芮傳》。

[8]會椿被敕追還：底本無“椿”字，源氏校勘記云：“‘會’下《周書》有‘椿’字。爲是。”中華本校勘記云：“諸本無‘椿’字。《周書》及《通志》卷八五《後周宗室傳》並有‘椿’字。按上文言憲令椿伐栢爲菴，下文言齊人疑栢菴爲帳幕，知被敕追還的是椿軍。若無‘椿’字，便似憲被追還，誤。今據補。”今從改。

[9]領軍：官名。領軍將軍的省稱。漢獻帝時曹丕始設。爲禁衛軍之最高統帥，權勢極重。北齊時爲從二品。　段暢：人名。北齊將領。任開府儀同三司。安德王高延宗稱帝時，拜右衛大將軍，北周攻晋陽後，兵敗降周。

[10]虞候大都督：官名。北魏置，北周沿置。主要職責爲出征之時帶領候騎，晝夜巡察。

[11]宇文忻：人名。字仲樂，夏州（今陝西横山縣西）人。北周、隋朝將領。見《北史》卷六〇《宇文貴附宇文忻傳》。

帝又命憲援晋州。齊主攻圍晋州，帝次于高顯，[1]憲率所部先向晋州。明日，諸軍總集，稍逼城下。齊人大陣於營南，帝召憲馳往觀之。憲反命曰："請破之而後食。"帝悦。既而諸軍俱進，應時大潰，齊主遁走。齊人復據高壁及洛女，[2]帝命憲攻洛女，破之。齊主已走鄴，[3]留其安德王延宗據并州。[4]帝進圍其城，憲攻其西面，剋之。延宗遁走，追而獲之。以功進封第二子安城公質爲河間王，[5]拜第三子賓爲大將軍。仍詔憲趣鄴，進剋鄴城。

[1]高顯：縣名。治所在今山西曲沃縣。

[2]洛女：地名。在今山西靈石縣。

[3]鄴：城名。在今河北臨漳縣西南。

[4]安德王：封爵名。安德，郡名。北齊時治安德縣，在今山東陵縣東南。　延宗：即高延宗，人名。勃海蓨（今河北景縣）人。北齊宗室。見《北史》卷五二《安德王延宗傳》。　并州：北齊時治晋陽縣，在今山西太原市晋源區古城營村一帶。

[5]河間王：封爵名。河間，郡名。北周時治武垣縣，在今河北河間市南。

憲善兵謀，長於撫御，摧鋒陷陣，爲士卒先。齊人聞風，憚其勇略。齊任城王湝、廣寧王孝珩等守信都，[1]復詔憲討之。仍令齊主手書招湝，湝不納。憲軍過趙州，[2]湝令間諜二人覘，候騎執以白憲。憲乃集齊舊將，遍將示之曰："吾所争者大，不在汝等。"即放還，令充使，乃與湝書。憲至信都，湝陣於城南，憲登張耳冢望之。[3]俄而湝所署領軍尉相願僞出略陣，[4]遂降，湝殺其妻子。明日擒湝及孝珩等。

[1]任城王：封爵名。任城，郡名。北齊時治任城縣，在今山東曲阜市。　湝：即高湝，人名。勃海蓨（今河北景縣）人。北齊宗室、大臣。見《北史》卷五一《任城王湝傳》。　廣寧王：封爵名。廣寧，郡名。北齊時治廣寧縣，在今河北涿鹿縣西。　孝珩：即高孝珩，人名。勃海蓨（今河北景縣）人。北齊宗室。見《北史》卷五二《廣寧王孝珩傳》。　信都：縣名。治所在今河北冀州市。

[2]趙州：北齊時治廣阿縣，在今河北隆堯縣東。

[3]憲登張耳冢望之：底本無“憲”字，源氏校勘記云：“‘登’上《周書》有‘憲’字。爲是。”中華本校勘記云：“諸本脱‘憲’字，據《周書》《通志》補。”今從改。張耳，人名。大梁（今河南開封市西北）人。見《漢書》卷三二《張耳傳》。

[4]尉相願：人名。代（今山西大同市東北）人。北齊官吏。見《北史》卷五三《張保洛附尉相願傳》。

先是稽胡劉没鐸自稱皇帝，[1]又詔憲督趙王招等平之。

[1]稽胡：亦稱山胡、步落稽。南北朝時居於今山西、陝西北部山谷間，與漢人錯居。關於稽胡的族源，學界分歧較大。一説源於南匈奴，一説爲山戎、赤狄之後（參周偉洲《中國中世西北民族關係研究》，廣西師範大學出版社 2007 年版，第 147 頁；林梅村《稽胡史迹考——太原新出隋代虞弘墓誌的幾個問題》，《中國史研究》2002 年第 1 期）。　劉没鐸：人名。劉蠡升之孫。稽胡首領，曾於雲陽谷（今山西右玉縣東北）聚衆起事。

憲自以威名日重，潛思屏退。及帝欲親征北蕃，乃辭以疾。尋而帝崩，宣帝嗣位，[1]以憲屬尊望重，深忌之。時尚未葬，諸王在内居服。司衛長孫覽總兵輔政，[2]恐諸王有異志，奏令開府于智察其動静。[3]及山陵還，[4]帝又命智就宅候憲，因是告憲有謀。帝遣小冢宰宇文孝伯謂憲曰：[5]“今欲以叔爲太師，[6]九叔爲太傅，[7]十一叔爲太保，[8]何如？”憲辭以才輕。孝伯返命，復來曰：“詔王晚共諸王俱入。”既至殿門，憲獨被引進。帝先伏壯士於别室，至即執之。憲辭色不撓，固自陳説。帝使于智對憲。憲目光如炬，與智相質。或曰：“以王今日事勢，何用多言！”憲曰：“我位重屬尊，一旦至此，死生有命，寧復圖存？但老母在堂，恐留慈恨耳。”因擲笏於地，乃縊之。時年三十五。[9]帝以于智爲柱國，封齊國公。又殺上大將軍安邑公王興、上開府獨孤熊、開府豆盧紹等，[10]皆以昵於憲也。帝既誅憲，無以爲辭，故託興等與憲結謀，遂加戮焉。時人知其冤酷，咸云伴憲死也。

[1]宣帝：即北周皇帝宇文贇。宣爲其謚號。

[2]司衛：官名。司衛上大夫的省稱。北周置。侍衛長官，掌管東宫衛士，在非常時期亦可統率皇帝宿衛親兵，權任甚重。正六命。　長孫覽：人名。字休因，代（今山西大同市東北）人，鮮卑族。北周、隋朝大臣。見《北史》卷二二《長孫道生附長孫覽傳》。

[3]于智：人名。代（今山西大同市東北）人，鮮卑族。北周

大臣。見《北史》卷二三《于栗磾附于智傳》。

[4]山陵：帝王的墳墓。此處指安葬北周武帝。

[5]宇文孝伯：人名。字胡王，代郡武川（今内蒙古武川縣西）人，鮮卑族。北周宗室、大臣。見《北史》卷五七《廣川公測附宇文孝伯傳》。

[6]太師：官名。北魏時，與太傅、太保并號三師。位在太傅、太保之上，一品。居百官之首，名位極尊。北周時改號三公。正九命。

[7]太傅：官名。北魏時與太師、太保並號三師，位居太師下、太保上，爲輔弼君王的大臣。北魏孝文帝太和二十三年定爲一品。北周時改號三公，正九命。

[8]太保：官名。北魏時與太師、太傅并號三師。位居太師、太傅之下，一品。北周時改號三公。正九命。

[9]三十五：底本作“四十”，源氏校勘記云：“《周書》作‘三十五’。”中華本校勘記云：“諸本作‘時年四十’，《周書》《通志》皆作‘三十五’。按憲爲武帝之弟，卷一〇《周武帝紀》言武帝死時年三十六，憲與武帝同死於宣政元年六月，不得年四十。又上文言憲於武成初除益州總管時年十六。自武成元年至宣政元年，共十九年，則憲死時當爲三十五歲。今據改。”今從改。

[10]上大將軍：官名。三國吴始設，北周武帝建德四年置，位在大將軍之上，爲高級武官的名號。正九命。　安邑公：封爵名。安邑，郡名。北周時治夏縣，在今山西夏縣西北。　上開府：勳官名。上開府儀同大將軍的省稱。北周武帝建德四年置，位在開府儀同大將軍之上。主要授予有軍功的勳官和北齊的降官，無具體職掌。初任此職者加使持節、大都督、驃騎大將軍、侍中等職，九命。

憲所生達步干氏，[1]蠕蠕人也。[2]建德三年，上册爲齊國太妃。憲有至性，事母以孝聞。太妃舊患，屢經發動，[3]憲衣不解帶，扶持左右。憲或東西從役，每心驚，母必有疾，乃馳使參問，果如所慮。六子，貴、質、賓、貢、乾禧、乾洽。

[1]憲所生達步干氏：源氏校勘記云："'所生'下《周書》有'母'字。"可從。

[2]蠕蠕：族名。即柔然，本爲東胡族的一支。南北朝時始强大，活動於今蒙古草原南部地區。見《北史》卷九八《蠕蠕傳》。

[3]屢經發動：源氏校勘記在"發動"上補"風熱"二字。

貴，字乾福，少聰敏，尤便騎射。始讀《孝經》，便謂人曰："讀此一經，足爲立身之本。"十歲，封安定郡公。[1]文帝始封此郡，未嘗假人，至是封焉。年十一，從憲獵於鹽州，[2]一圍中，手射野馬及鹿一十有五。建德二年，拜齊國世子。後出爲豳州刺史。[3]貴雖出自深宫，而留心庶政。性聰敏，過目輒記，嘗道逢二人，謂其左右曰："此人是縣黨，何因輒行？"左右不識，貴便説其姓名，莫不嗟伏。白獸烽經爲商人所燒，烽帥受貨，[4]不言其罪。他日，此帥隨例來參，[5]貴乃問云："商人燒烽，何因私放？"烽帥愕然，遂即首伏。其明察如此。卒時年十七，武帝甚痛惜之。

[1]安定郡公：封爵名。安定，郡名。北周時治安定縣，在今甘肅涇川縣北。

[2]鹽州：北周時治五原縣，在今陝西定邊縣。

［3］豳州：北周時治新平縣，在今陝西彬縣。

［4］烽帥：邊防地區掌管烽火的低級軍官。

［5］此帥隨例來參：毛本作"此師隨例來參"，當爲字形相近而訛，今從底本。

質，字乾祐，以憲勳封河間郡王。賨，字乾禮，中壩公。[1]貢出後莒莊公。乾禧，安城公。[2]乾洽，龍涸公。[3]並與憲俱被誅。

［1］中壩公：封爵名。中壩，確址不詳。源氏校勘記云："壩，必駕切。"

［2］安城公：封爵名。安城，郡名。北周時治涪城縣，在今四川三台縣西北。

［3］龍涸公：封爵名。龍涸，郡名。北周時治嘉誠縣，在今四川松潘縣東。

趙僭王招，字豆盧突。幼聰穎，博涉群書，好屬文，學庾信體，[1]詞多輕艷。魏恭帝三年，封正平郡公。[2]武成初，進封趙國公。歷益州總管、大司空、大司馬，進爵爲王，除雍州牧。建德五年，從東伐，以功進位上柱國。又與齊王憲討平稽胡，斬賊帥劉没鐸。宣政中，拜太師。大象元年，詔以洺州襄國郡邑萬户爲趙王國，[3]招出就國。二年，宣帝不豫，徵招及陳、越、代、滕五王赴闕。比招等至而帝已崩。[4]隋文帝輔政，加招等殊禮，入朝不趨，劍履上殿。

［1］庾信：人名。字子山，南陽新野（今河南新野縣）人。南

朝梁官吏。見《北史》卷八三《庾信傳》。

[2]正平郡公：封爵名。正平，郡名。西魏時治臨汾縣，在今山西新絳縣。

[3]洺州：北周時治廣年縣，在今河北永年縣東南。　襄國：郡名。北周時治易陽縣，在今河北永年縣。

[4]比招等至：殿本、四部備要本作"此招等至"，當爲字形相近而訛，今從底本。

隋文帝將遷周鼎，招密欲圖之，以匡社稷。乃要隋文帝至第，飲於寢室。招子員、貫及妃弟魯封、所親人史胄，皆先在左右，佩刀而立。又藏兵刃於帷席間，後院亦伏壯士。隋文帝從者多在閤外，惟楊弘、元胄、胄弟威及陶徹坐户側。[1]招屢以佩刀割瓜啖隋文，隋文未之疑。元胄覺變，扣刀而入。招乃以大觴親飲胄酒，[2]又命胄向厨取漿。[3]胄不爲之動。滕王逌後至，隋文降階迎，胄因得耳語曰："公宜速出。"隋文共逌等就坐，須臾辭出。後事覺，陷以謀反，其年秋，誅招及其子德廣公員、永康王貫、越公乾銑、弟乾鏗等，[4]國除。

招所著《文集》十卷。

[1]楊弘：人名。字辟惡，弘農華陰（今陝西華陰市東南）人。隋朝宗室。隋文帝開皇元年進爵永康郡公，後進封河間王。見《北史》卷七一《河間王弘傳》。　元胄：人名。河南洛陽（今河南洛陽市東北）人。北魏宗室、隋朝大臣。見《北史》卷七三《元胄傳》。

[2]招乃以大觴親飲胄酒：底本無"招"字，中華本校勘記云："諸本脱'招'字，據《周書》卷十三《文閔明武宣諸子傳》、

《通志》卷八五《後周宗室傳》補。”今從改。

[3]又命胄向厨取漿：毛本、局本作“又命胄向厨取醬”，據《周書》卷一三，今從底本。

[4]其年秋誅招及其子德廣公員永康王貫越公乾銑弟乾鏗等：底本“秋”作“伏”，中華本校勘記云：“諸本‘秋’作‘伏’，《周書》作‘秋’。按本書卷一〇《周静帝紀》，趙王招被殺在大象二年秋七月。這裏作‘伏’是形似致訛。今從改。又中華本校勘記云：“《周書》‘永康王’作‘永康公’。按其兄弟爵皆是公，‘王’字當誤。又《周書》‘越公乾銑’作‘越攜公乾銑’。《册府》卷二六五載趙王招子云‘乾封甌越公’，脱‘銑’字。按‘越攜’‘甌越’都非郡縣名，無作爲邑號的可能。單作‘越公’，則與其叔越王盛同封號，亦無是理。張森楷疑‘越攜’是‘越巂’之訛，《北史》脱‘巂’字，疑是。”可從。德廣公，封爵名。德廣，郡名。北周時治上洪縣，在今湖北宜城市東。永康王，封爵名。永康，縣名。治所在今四川安岳縣西南。

譙孝王儉，字侯幼突。[1]武成初，封譙國公。建德三年，進爲王。從平鄴，拜大冢宰。[2]薨，[3]子乾惲嗣，爲隋文帝所害，國除。

[1]譙孝王儉字侯幼突：此處所載與其墓誌有異，宇文儉墓誌云：“王諱儉，字侯紐突，太祖文皇帝第八子也。”可知，“侯幼突”應作“侯紐突”（參羅新、葉煒《新出魏晋南北朝墓誌疏證（修訂本）》，中華書局2016年版，第270—271頁）。

[2]拜大冢宰：宇文儉歷官之迹，其墓誌載：“初封譙國公，歷位開府、使持節、大將軍、寧州刺史、寧州總管，同州刺史、柱國，益州總管、益州刺史，進爵爲王，拜大冢宰。”（參羅新、葉煒《新出魏晋南北朝墓誌疏證（修訂本）》，第270—271頁）

[3]薨：據其墓誌所載："建德七年歲次戊戌二月五日癸卯，寢疾薨於洛陽，春秋廿有八。詔贈使持節、上柱國、大冢宰、并朔燕幽青齊冀趙滄瀛恒潞洺貝十五州刺史、譙王、謚曰忠孝。"可見，宇文儉死於北周武帝建德七年，則生於西魏文帝大統十七年，終年二十八歲（參羅新、葉煒《新出魏晋南北朝墓誌疏證（修訂本）》，第270—271頁）。

陳惑王純，字堙智突。武成初，封陳國公。保定中，使突厥迎皇后，歷秦、陝二州總管。[1]建德三年，進爵爲王。從平齊，進位上柱國。歷并州總管、雍州牧、太傅。大象元年，詔以濟南郡邑萬户爲陳國，[2]純出就國。二年，朝京師，并其子爲隋文帝所害，國除。[3]

[1]秦：州名。北周時治上邽縣，在今甘肅天水市。　陝：州名。北周時治陝縣，在今河南三門峽市西。

[2]濟南：郡名。北周時治歷城縣，在今山東濟南市。

[3]二年：殿本、四庫本、四部備要本作"三年"，據《周書》卷一三，今從底本。

越野王盛，字立久突。武成初，封越國公。建德三年，進爵爲王。從平齊，進位上柱國。歷相州總管、大冢宰。[1]大象元年，遷大前疑、太保。其年，詔以豐州武當、安富二郡邑萬户爲越國，盛出就國。[2]二年，朝京師，并其子爲隋文帝所害，國除。

[1]相州：北周時治鄴城，在今河北臨漳縣西南鄴鎮。

[2]詔以豐州武當安富二郡邑萬户爲越國：底本“安富”作“安昌”，源氏校勘記云：“《周書》(‘安昌’）作‘安富’。”中華本《周書》卷一三作“詔以豐州武當、安富二郡邑萬户爲越”，《通志》卷八五下、《册府元龜》卷二六五作“詔以豐州武當、安昌二郡邑萬户爲越國”。豐州下轄的爲“安富郡”，而“安昌郡”則屬於黄州。因此《北史》錯誤，今從《周書》改。豐州，北周時治武當縣，在今湖北丹江口市西北。武當，郡名。北周時治武當縣，在今湖北丹江口市西北。安富，郡名。北周時治安富縣，在今湖北鄖縣東。

代奰王達，字度斤突。性果決，善騎射。武成初，封代國公。建德初，進位柱國。出爲荆州刺史，有政績，武帝手敕褒美之。所管禮州刺史蔡澤黷貨被訟。[1]達以其勳庸，不可加戮，若曲法貸之，又非奉上之體，乃令所司精加案劾，密表奏之。事竟得釋，終亦不言。其處事周慎如此。雅好節儉，食無兼膳，侍姬不過數四，皆衣綈衣。[2]又未嘗營産，國無儲積。左右嘗以爲言。達曰：“君子憂道不憂貧，何煩於此。”三年，進爲王。從平齊。齊淑妃馮氏尤爲齊後主所幸，[3]見獲，帝以達不邇聲色，特以馮氏賜之。宣帝即位，進上柱國。大象元年，拜大右弼。[4]其年，詔以潞州上黨郡邑萬户爲代國，[5]達出就國。二年，朝京師，及其子爲隋文帝所害，國除。

[1]所管禮州刺史蔡澤黷貨被訟：源氏校勘記云：“‘禮’《周書》作‘澧’。”中華本《周書》卷一三作“所管澧州刺史蔡澤黷貨被訟”。中華本《周書》卷二七校勘記云：“宋本和《北史》卷五

八‘澧’作‘禮’。卷一三《代王達傳》作‘澧’。錢氏《考異》卷三二疑是豐州之訛。按卷三七《郭彥傳》亦見‘澧州’，恐别有其地。”可從。蔡澤，人名。祖籍陳留圉縣（今河南杞縣西），世居高平（今山西高平市西北）。西魏、北周官吏。見《周書》卷二七《蔡祐傳》。

[2]綈（tí）衣：厚繒製成之衣。

[3]齊淑妃馮氏：北齊後主的寵妃。見《北史》卷一四《馮淑妃傳》。　齊後主：即北齊皇帝高緯。

[4]大右弼：官名。北周宣帝大成元年（579）置，爲四輔官之一，是主要的執政大臣。

[5]潞州：北周時治襄垣縣，在今山西襄垣縣北。　上黨郡：北周時治壺關城，在今山西長治市北。

冀康公通，字屈率突。武成初，封冀國公。薨，子絢嗣。建德三年，進爲王。大定中，亦爲隋文帝所害，[1]國除。

[1]大定：北周静帝的年號（581）。源氏校勘記改“定”作“象”。按：中華本《周書》卷一三作“大象”。

滕聞王逌，字爾固突。[1]少好經史，解屬文。武成初，封滕國公。建德三年，進爵爲王。宣政元年，進位上柱國。大象元年，詔以荆州新野郡邑萬户爲滕國，[2]逌出就國。二年，朝京師，爲隋文帝所害，并其子，國除。

逌所著文章頗行於世。

[1]滕聞王逌字爾固突：據其墓誌云："公諱逌，字爾固突，河南洛陽人也。大祖文皇帝第十五子，以大象二年二月廿一日遘疾，薨于京第，時年廿五，有詔贈滕國公，謚曰聞，以其月廿七日窆於京兆萬年縣。"由此可知，宇文逌死於北周静帝大象二年，而生於西魏恭帝三年，終年二十五歲。另據墓誌，宇文逌謚號爲"聞"。《隋書·經籍志》收有"滕簡王集"。"聞""簡"可通假。宇文逌生前並無失德之舉，且文才出衆。故"簡"（聞）可能是他最初的謚號，在楊堅篡位後纔改爲惡謚"聞"（參牛敬飛《北周宇文逌墓誌考釋》，載《唐史論叢》第十八輯，陝西師範大學出版社 2014 年版）。

[2]新野：郡名。北周時治新野縣，在今河南新野縣。

孝閔帝一男[1]：陸夫人生紀厲王康，字乾安。[2]保定初，封紀國公。建德三年，進爵爲王，出爲利州總管。[3]康驕侈無度，遂有異謀，司録裴融諫，[4]康殺之。五年，詔賜康死。子湜嗣，大定中，爲隋文帝所害，國除。

[1]孝閔帝：即北周皇帝宇文覺。孝閔爲其謚號。

[2]乾安：源氏校勘記云："《周書》作'乾定'。"

[3]利州：北周時治興安縣，在今四川廣元市。

[4]司録：官名。西魏、北周時置。爲大丞相府、中外府、諸開府、州府僚屬。職能與歷朝録事參軍略同，掌隸一府之事。命品隨府主高低而定。　裴融：人名。《北史》所記不詳，然據其墓誌所載："齊故太尉府諮議參軍事、東燕州長史裴融，字宣景，乾明元年五月五日遇患薨於燕州，春秋七十有二。"其生卒、歷官可見一斑（參葉煒、劉秀峰《墨香閣藏北朝墓誌》，上海古籍出版社 2016 年版，第 122—123 頁）。

明帝三男：徐妃生畢剌王賢。後宫生酆王貞、宋王實。實出後宋獻公震。

畢剌王賢，字乾陽。保定四年，封畢公。建德三年，進爵爲王。歷荆州總管、大司空。大象初，進上柱國、雍州牧、太師。明年，宣帝崩。賢性强濟，有威略，慮隋文帝傾覆宗祏。言泄，并其子被害，國除。

酆王貞，字乾雅。初封酆國公，建德三年，進爵爲王。大象初，爲大冢宰。大定中，并其子爲隋文帝所害，國除。

武帝七男：李皇后生宣帝、漢王贊。庫汗姬生秦王贄、曹王允。馮姬生道王允。薛世婦生蔡王兑。鄭姬生荆王元。

漢王贊，字乾依。初封漢國公，[1]建德三年，進爵爲王。大象末，隋文帝輔政，欲順物情，乃進贊位上柱國，拜右大丞相。[2]外示尊崇，實無所綜理。轉太師。尋及秦王贄、曹王允、道王充、蔡王兑、荆王元並爲隋文帝所害，國除。

[1]初封漢國公：殿本作“可封漢國公”，當爲刊刻錯誤，今從底本。

[2]右大丞相：官名。北魏以後常在丞相上加“大”字以示尊崇。北周静帝大象二年置左右大丞相，右大丞相位在左大丞相之下。

宣帝三子：朱皇后生静皇帝。王姬生萊王衎。[1]皇甫姬生郢王術。衎及術並大象二年封，並爲隋文帝所害，國除。

[1]衎：底本作“衍”。中華本校勘記云：“諸本‘衎’作‘衍’。按静帝初名‘衍’，其弟不當同名。今據《周書》卷八《静帝紀》改。”今從改。

論曰：昔賢之議者，咸以周建五等，歷載八百；秦立郡縣，二世而亡。雖得失之迹可尋，是非之理互起，而因循莫變，復古未聞。良由著論者溺於貴遠，[1]司契者難於易業，詳求適變之道，並未窮於至當也。嘗試論之。

[1]良由著論者溺於貴遠：《周書》卷一三作“良由著論者溺於貴達”。

夫皇王迭興，爲國之道匪一；聖賢間出，立德之指殊塗。斯豈故爲相反哉，亦云爲政而已矣。[1]何則？五等之制，行於商、周之前；郡縣之設，始於秦、漢之後。論時則澆淳理隔，易地則用捨或殊。譬猶干戚日用，[2]難以成垓下之業；[3]稷嗣所述，不可施成周之朝。是知因時制宜者，爲政之上務也；觀人立教者，經國之長策也。且夫裂封疆，建侯伯，擇賢能，署牧守，循名雖曰異軫，責實抑亦同歸。盛則與之共安，衰則與之共患。共安繫乎善惡，非禮義無以敦風；共患寄以存亡，非甲兵不能靖亂。是以齊、晉帥禮，[4]鼎業傾而復振；

温、陶釋位，[5]王綱弛而更張。[6]然則周之列國，非一姓也，晋之群臣，非一族也，豈齊、晋忠於列國，温、陶賢於群臣哉。蓋位重者易以立功，權輕者難以盡節故也。由斯言之，建侯置守，乃古今之異術；兵權爵位，蓋安危之所階乎。

[1]亦云爲政而已矣：《周書》卷一三作"亦云治而已矣"。《北史》避唐高宗李治諱改。

[2]干戚：盾與斧。借指征戰。底本作"工戚"，中華本校勘記云："諸本'干'訛'工'，今從《周書》卷十三史臣論改。"今從改。

[3]垓下：地名。在今安徽靈璧縣東南。楚漢相争時項羽與劉邦決戰之地。

[4]齊晋：指春秋時的齊桓公和晋文公。

[5]温陶：指西晋温嶠、陶侃。晋成帝時，二人以協同平息蘇峻叛亂而齊名。温嶠，字太真，太原祁縣（今山西祁縣）人。東晋大臣。見《晋書》卷六七《温嶠傳》。陶侃，字士行，鄱陽（今江西鄱陽縣）人。東晋大臣。見《晋書》卷六六《陶侃傳》。

[6]王綱弛：毛本、局本作"主綱弛"。"主"與"王"當爲字形相近而訛，今從底本。

周文之初定關右，[1]日不暇給，既以人臣禮終，未遑蕃屏之事。晋蕩輔政，爰樹其黨，宗室長幼，並握兵權，雖海内謝隆平之風，而國家有盤石之固矣。武皇克翦芒刺，思弘政術，懲專朝之爲患，忘維城之遠圖，[2]外崇寵任，内結猜阻。自是配天之基，潛有朽壤之墟矣。宣皇嗣位，凶暴是崇，芟刈先其本枝，削黜遍於公族。以齊王之奇姿傑出，足可牢寵於前載。處周公之地，居上將之重，智勇冠俗，攻戰如神，敵國繫以存亡，鼎命由其輕重。屬道消之日，[3]挾震主之威，斯人而嬰斯戮，君子是以知國祚之不永也。其餘雖地惟叔父，親則同生，假文能輔主，武能威敵，莫不謝卿士於當年，從侯服於下國，[4]號爲千乘，[5]位侔疋夫。是以權臣乘其機，謀士因其隙，遷龜鼎速於俯拾，[6]殲王侯烈於燎原，悠悠邃古，[7]未聞玆酷。豈非摧枯振朽，易爲力乎。

[1]關右：地區名。古人以西爲右，亦稱關西。泛指函谷關或潼關以西地區。

[2]維城：指連城以衛國。借指皇子或皇室宗族。典出《詩·大雅·板》："懷德維寧，宗子維城。"

[3]道消：顛危，覆亡。

[4]侯服：古代王城周邊，按距離遠近劃分的區域之一。《周禮·夏官·職方氏》："乃辨九服之邦國，方千里曰王畿，其外方五百里曰侯服，又其外方五百里曰甸服。"

[5]千乘：戰國時的諸侯國，小的稱千乘，大的稱萬乘。

[6]龜鼎：分指元龜與九鼎，古時兩者爲國之重器，因以比喻帝位。

[7]邃：底本作"遂"，中華本校勘記云："諸本'邃'訛作'遂'，據《周書》史臣論改。"今從改。

向使宣皇擇姬、劉之制，[1]覽聖哲之術，分命賢戚，布於內外，料其輕重，[2]間以親疏，首尾相持，遠近爲用，使其位足以扶危，其權不能爲亂，事業既定，僥倖自息，雖使臥赤子，朝委裘，社稷固以久安，億兆可以無患矣。何后族之地而能窺其神器哉。

[1]姬劉：指周朝與漢朝。

[2]料其輕重：毛本、局本作“科其輕重”。據《周書》卷一三論，今從底本。

昔張耳、陳餘，[1]賓客厮役，所居皆取卿相，而齊王之文武僚吏，其後亦多台牧，異代相符，可謂賢矣哉。

[1]陳餘：人名。大梁（今河南開封市西北）人。秦末漢初封爲代王。見《史記》卷八九《張耳陳餘列傳》。

北史　卷五九

列傳第四十七

寇洛　趙貴 從祖兄善　李賢 子詢 崇 孫敏 弟遠　穆 穆子渾
梁禦 子睿

寇洛，上谷昌平人也。[1]累世爲將吏。父延壽，魏和平中，[2]以良家子鎮武川，[3]因家焉。

[1]上谷：郡名。北魏時治居庸縣，在今北京延慶縣東。　昌平：縣名。治所在今北京昌平區西南。

[2]和平：北魏文成帝的年號（460—465）。

[3]良家子：舊時用以指家世清白的平民子女。亦指名門貴族家庭的子女。　武川：軍鎮名。在今内蒙古武川縣西。

洛性明辯，不拘小節。賀拔岳西征，[1]洛與岳鄉里，乃募從入關。以功封安鄉縣子。[2]及岳爲大行臺，[3]以洛爲右都督。[4]侯莫陳悦既害岳，[5]欲併其衆。時初喪元帥，洛於諸將中最爲舊齒，[6]素爲衆信，乃收集將士，志在復讎。既至原州，[7]衆推洛爲盟主，統岳之衆，至平凉。[8]周文帝至，[9]以洛爲右都督。從討侯莫陳悦，平之。拜涇州刺史。[10]大統初，[11]詔加開府，[12]進爵京兆郡公，[13]封洛母宋爲襄城郡君。[14]四年，鎮東雍州。[15]五年，卒於鎮，贈太尉、尚書令，[16]謚曰武。

[1]賀拔岳：人名。字阿斗泥，神武尖山（今山西神池縣）人。北魏將領。見《北史》卷四九《賀拔允附賀拔岳傳》。

[2]安鄉縣子：封爵名。安鄉，縣名。治所在今湖南安鄉縣。

[3]大行臺：官名。北魏、東魏、西魏時皆置。如分曹治事，則冠以曹名，如大行臺吏部尚書、大行臺度支尚書等。其職掌與同號尚書略同。

[4]右都督：官名。北魏、西魏時置，爲統兵將帥，位在大都督之下。

[5]侯莫陳悦：人名。代郡（今山西大同市東北）人。北魏將領。見《北史》卷四九《侯莫陳悦傳》。

[6]舊齒：耆舊，老臣。

[7]原州：北魏時治平高縣，在今寧夏固原市。

[8]平凉：縣名。治所在今甘肅平凉市。

[9]周文帝：即宇文泰。文爲其謚號，北周明帝所追謚。

[10]涇州：北魏時治安定縣，在今甘肅涇川縣北。

[11]大統：西魏文帝的年號（535—551）。

[12]開府：指開設府署，辟置僚屬。始於漢朝，通常祇許三公開府，東漢時又許車騎將軍開府。魏晋南北朝時常以此作爲對高級官員的寵遇。北魏孝文帝太和十七年（493）定爲一品下，二十三年定爲從一品。西魏因之。

[13]京兆郡公：封爵名。京兆，郡名。西魏時治霸城縣，在今陝西西安市東北。

[14]襄城郡君：封號。襄城，郡名。西魏時治襄城縣，在今河

南襄城縣。郡君，命婦封號。漢朝時始有，北魏亦見，無定制，多封皇后之母，高官之母、妻或郡公之妻，間或有封宫婢者。

[15]東雍州：西魏時治臨汾縣，在今山西新絳縣。

[16]太尉：官名。西漢時爲三公之一，秩萬石，擔任臨時性的高級軍事統帥，或爲皇帝的軍事顧問，並無發兵領兵的實際職權。東漢時改大司馬爲太尉，列三公之首，與司徒、司空共同行使宰相職能。至曹操爲丞相，太尉府屬官轉歸相府，職權隨之旁落。魏晋南北朝時列三公之首，爲名譽宰相，位居一品，多爲大臣加官，無實際職掌。　尚書令：官名。秦朝、西漢時爲尚書署長官，掌收發文書，隸少府。漢武帝以後職權稍重。兩晋、南朝宋時爲尚書省長官，總理全國政務，出居外朝，成爲高級政務長官，參議大政。雖位三品，實權有如宰相。北魏初不常置，亦不掌實際政務，孝文帝改制後，尚書省權任頗重，以録尚書事爲長官，尚書令爲副貳，兼掌監察百官，皆爲宰相。孝文帝太和十七年定爲從一品上，二十三年定爲二品。西魏因之。

子和嗣。明帝二年，録舊勳，以洛配享文帝廟庭，賜和姓若口引氏，[1]改封松陽郡公。[2]

[1]賜和姓若口引氏：底本無“口”字，源氏校勘記云：“‘引’上，《周書》有‘口’字。”中華本校勘記云：“諸本無‘口’字，《周書》卷一五《寇洛傳》有。按《魏書》卷一一三《官氏志》云：‘若口引氏後改爲寇氏。’本書卷二七《寇讚傳》，讚曾孫儁亦賜姓若口引氏。此脱‘口’字，今據補。”今從改。

[2]松陽郡公：封爵名。松陽，郡名。北周時治松陽縣，在今浙江遂昌縣東南。四庫本作“嵩陽”，據《周書》卷一五、《通志》卷一五六，應作“松陽”。“松”與“嵩”當爲音同而訛。

趙貴，字元寶，[1]天水南安人也，[2]祖仁，以良家子鎮武川，因家焉。

[1]元寶：源氏校勘記云："《周書》作'元貴'。"《通志》卷一五六作"元寶"，《册府元龜》卷三百九作"元貴"。

[2]天水：郡名。北魏時治上封縣，在今甘肅天水市。　南安：縣名。治所在今甘肅隴西縣東南。

貴少有節概，尒朱榮以爲别將，[1]從討元顥有功，[2]賜爵燕樂縣子。[3]從賀拔岳平關中，累遷大都督。[4]岳爲侯莫陳悦所害，將吏奔敗，[5]莫有守者。貴謂其黨曰："吾聞仁義豈有常哉，行之則爲君子，違之則爲小人。朱伯厚、王脩感意氣微恩，[6]尚能蹈履名節，况吾等荷賀拔公國士之遇，寧可自同衆人乎？"因涕泣歔欷，從之者五十人。乃詣悦詐降，悦信之。因請收葬岳，言辭慷慨，悦壯而許之。貴乃收岳屍還營，與寇洛等奔平凉，共圖拒悦。貴乃首議迎周文帝。周文至，以貴爲大都督，領府司馬。[7]悦平，行秦州事。[8]

[1]尒朱榮：人名。字天寶，北秀容（今山西朔州市）人，契胡族。北魏權臣。見《北史》卷四八《尒朱榮傳》。

[2]元顥：人名。字子明。北魏宗室、大臣。見《北史》卷一九《北海王詳附元顥傳》

[3]燕樂縣子：封爵名。燕樂，縣名。治所在今河北隆化縣。

[4]大都督：官名。高級軍事長官，三國吴、魏初於戰争時臨時設置，作爲加官，後漸成爲常設官職，地位極高。兩晋、南朝沿置。在有戰事時亦臨時加置，冠以名號。還有以次銜都督某一地區

軍事者。北魏前、中期未見，後期戰事較多時置，統兵出征，有時又加以各種名號，如南道大都督、徐州大都督等。

[5]將吏奔敗：中華本校勘記云："《周書》卷一六、《通志》卷一五六《趙貴傳》'敗'作'散'。作'敗'當是形訛。"

[6]朱伯厚：人名。即朱震。字伯厚。東漢官吏。執法不避權貴。見《後漢書》卷六六《陳蕃傳》。　王脩：人名。字叔治，北海營陵（今山東昌樂縣）人。三國魏官吏。爲人正義，抑强扶弱。見《三國志》卷一一《魏書·王脩傳》。中華本校勘記云："《周書》'王脩'作'王叔治'。按《三國志》卷一一《王脩傳》，脩字叔治。《北史》避唐諱，改稱其名。"

[7]司馬：官名。軍府的高級幕僚，掌管參贊軍務、管理府内武職，地位僅次於長史。兩漢魏晋南北朝時諸將軍府等皆置，其品秩隨府主而定。

[8]秦州：北魏時治上封城，在今甘肅天水市。

後以預立魏文帝勳，進爵爲公。梁仚定稱亂河右，[1]以貴爲隴西行臺討破之。[2]從復弘農，戰沙苑，[3]進爵中山郡公。[4]河橋之戰，[5]貴與怡峰爲左軍，[6]戰不利，先還。及高仲密以北豫州降，[7]周文迎之，與東魏人戰於芒山。[8]貴爲左軍，失律，坐免官。尋復官爵。後拜柱國大將軍，[9]賜姓乙弗氏。六官建，爲太保、大宗伯，[10]改封南陽郡公。[11]周孝閔帝踐阼，[12]遷大冢宰，[13]進封楚國公，邑萬户。

[1]梁仚定：人名。北魏、西魏時宕昌國君主。在北魏分裂之後漸生叛心，屢犯魏邊境。　河右：地區名。指黄河以西的地區。

[2]隴西：地區名。指今甘肅隴山以西地區。　行臺：官名。

行臺尚書的省稱。西魏、北周時爲行臺長官。執掌當地的軍政事務，後逐步演變成爲最高的地方行政長官。

[3]從復弘農戰沙苑：底本無“戰”字，源氏校勘記云：“‘沙’上《周書》有‘戰’字。”中華本校勘記云：“諸本無‘戰’字，《周書》《通志》有。按沙苑不曾爲東魏所得，不可稱‘復’，此脱‘戰’字，今據補。”今從改。弘農，郡名。西魏時治陝城，在今河南三門峽市。沙苑，地名。又名沙阜、沙海、沙窩。在今陝西大荔縣南洛、渭二河之間，東西八十里，南北三十里。

[4]中山郡公：封爵名。中山，郡名。北魏時治盧奴縣，在今河北定州市。

[5]河橋之戰：西魏文帝大統四年（538），東西魏之間的一場大戰。西魏占據東魏蒲坂。河橋，在今河南孟津縣東。

[6]怡峰：人名。字景阜，遼西（今河北盧龍縣）人。西魏、北周官吏。見《北史》卷六五《怡峰傳》。

[7]高仲密：人名。即高慎。字仲密，勃海蓨（今河北景縣）人。東魏官吏。見《北史》卷三一《高祐附高慎傳》。　北豫州：北齊時治虎牢城，在今河南滎陽市西北。

[8]芒山：在今河南洛陽市東北。

[9]柱國大將軍：官名。十六國後燕慕容垂時置，北魏初曾置，後罷。北魏末復置，位在丞相之上，授予權臣。在西魏文帝大統十六年（550）之前，共授予八人，因此稱“八柱國”，是西魏最高的官職，其中六人分掌全國府兵。授予此職者，並加使持節、大都督。北周時除授漸濫，成爲没有具體職掌的勳官。正九命。源氏校勘記云：“《周書》無‘大’字。”

[10]太保：官名。北魏時爲三師之一，位居太師、太傅之下，一品。北周時改號三公，正九命。　大宗伯：官名。掌管禮樂、祭祀、天文曆法、著作等方面事務。原爲《周禮》六卿之一，爲春官之長。西魏末、北周仿《周禮》建六官，復置爲春官之長，亦稱大宗伯卿。北周時爲正七命。

[11]南陽郡公：封爵名。南陽，郡名。西魏時治順義縣，在今湖北隨州市北。

[12]孝閔帝：即北周皇帝宇文覺。孝閔爲其謚號。

[13]大冢宰：官名。又稱大冢宰卿。西魏恭帝三年（556）置，北周沿置。爲位居六官之首的天官府長官，掌管宫廷供奉以及全國的財政收支、賦役收入，百官俸禄等事務。正七命。

初，貴與獨孤信等皆與文帝等夷。[1]及晋公護攝政，貴自以元勳，每懷怏怏，與信謀殺護，爲開府宇文盛告，[2]被誅。

[1]等夷：同等。

[2]宇文盛：人名。字保興，代郡武川（今内蒙古武川縣西），鮮卑族。見《周書》卷二九《宇文盛傳》。

善，字僧慶，貴之從祖兄也。少好學，美容儀，沉毅有遠量。尒朱天光討邢杲、万俟醜奴，[1]以爲長史。[2]普泰初，[3]爲大行臺尚書，[4]封山北縣伯。[5]天光拒齊神武於韓陵，[6]敗，見殺。善請收葬其屍，齊神武義而許之。賀拔岳總關中，迎善，復以爲長史。岳爲侯莫陳悦所殺，善共諸將翊戴周文帝。[7]魏孝武西遷，改封襄城縣伯。[8]歷位尚書左右僕射，[9]進爵爲公。善性温恭，有器局，雖位居端右，[10]而愈自謙退。其職務克舉，則曰某官之力；有罪責，則曰善之咎也。時人稱其有公輔量。

［1］尒朱天光：人名。北秀容（今山西朔州市）人，契胡族。北魏末將領。見《北史》卷四八《尒朱榮附尒朱天光傳》。　邢杲：人名。河間（今河北河間市）人。士族出身，北魏末山東起義軍首領。降後被殺。　万俟醜奴：人名。鮮卑族。北魏末關隴起義軍首領。後在洛陽被殺。

［2］長史：官名。爲所在官署的屬官之長。北魏時相府長史總領丞相府事務，置左右二員。不同名號的長史所負職責不同，品秩也不相同。

［3］普泰：北魏節閔帝的年號（531—532）。

［4］大行臺尚書：官名。北魏、東魏、西魏時皆置。屬大行臺，如分曹治事，則冠以曹名，如大行臺吏部尚書、大行臺度支尚書等。其職掌與同號尚書略同，北魏孝文帝太和二十三年定爲正四品。

［5］山北縣伯：封爵名。山北，縣名。治所在今河南魯山縣東。

［6］韓陵：山名。在今河南安陽市東北。

［7］翊戴：輔佐擁戴。

［8］襄城縣伯：封爵名。襄城，縣名。治所在今河南襄城縣。

［9］尚書左右僕射：官名。秦、西漢時爲尚書令副貳，東漢時爲尚書臺次官，職權益重。職掌拆閱章奏文書，參議政事，監察百官。漢獻帝時分設左、右，歷代沿置。魏晋時爲尚書省次官，三品。或單置，或並置左右，左僕射居右僕射上，輔助尚書令執行政務，參議大政，諫諍得失，監察百官。常受命主管官吏選舉。南朝時尚書令爲宰相之任，尚書省日常政務常由僕射主持。諸曹奏事由左右僕射審議聯署。左僕射又領殿中、主客二郎曹，右僕射與祠部尚書通職，不並置。北朝時亦列位宰相，但地位稍遜於南朝，職掌都省庶務及執法，或典選舉。左僕射兼掌糾彈百官。北魏孝文帝太和十七年定爲從一品中，二十三年定爲從二品。西魏因之。

［10］雖位居端右：殿本作“雖未居端右”，“位”與“未”當爲音同而訛。今從底本。端右，指尚書省長官。

大統九年，從戰芒山，屬大軍不利，善爲敵所獲，卒於東魏。建德初，周、齊通好，齊人乃歸其柩。其子詢，[1]表請贈謚。詔贈大將軍、大都督、四州諸軍事、岐州刺史，[2]謚曰敬。

[1]其子詢：源氏校勘記云："'詢'《周書》作'絢'。"

[2]岐州：北周時治雍縣，在今陝西鳳翔縣南。

李賢，字賢和，自云隴西成紀人，[1]漢騎都尉陵之後也。[2]陵没匈奴，子孫因居北狄。後隨魏南遷，復歸汧、隴。[3]曾祖富，魏太武時以子都督討兩山屠各，[4]殁於陣，贈寧西將軍、隴西郡守。[5]大統末，以賢兄弟著勳，追贈司空公。[6]

[1]隴西：郡名。西漢時治襄武縣，在今甘肅隴西縣東南。成紀：縣名。治所在今甘肅秦安縣。

[2]騎都尉：官名。秦末漢初爲統率騎兵的武職官員，不統兵時爲宿衛武官。無定員，也無具體的職掌。漢朝時爲二千石。陵：即李陵，人名。字少卿，隴西成紀（今甘肅秦安縣）人。西漢名將李廣之孫。被迫投降匈奴，後病死於匈奴。見《漢書》卷五四《李廣附李陵傳》。

[3]汧隴：汧水和隴山地帶。汧，水名。千河的古稱，源出今甘肅省，流經陝西省入渭河。隴山，位於今寧夏、甘肅、陝西交界處，是陝北黄土高原和隴西黄土高原的界山，及渭河與涇河的分水嶺。

[4]子都督：官名。北魏置，西魏沿置，爲統兵武官，位在都

督之下。亦常作爲起家官。　屠各：匈奴部落名。兩晋、北魏時生活在中國的西部邊陲諸郡。

[5]寧西將軍：官名。十六國時前趙趙曜置，後趙及北魏沿置。多爲統率邊疆少數民族的官員，相當於鎮西將軍。

[6]大統末以賢兄弟著勳追贈司空公：中華本校勘記云："按此承上文，似贈司空者是賢曾祖富。但《周書》卷二五《李賢傳》此上有'祖斌襲，領父兵，鎮於高平，因家焉。父文保早卒'十八字。《隋書》卷三七《李穆傳》亦叙其祖斌、父文保事。則贈司空者是其父文保。宋本每行十八字，此當是抄脱一行。"可從。司空公，官名。司空的尊稱。漢光武帝時始設，位在三公之末。北朝時爲名譽宰相，多爲大臣加官。北魏孝文帝太和二十三年定爲一品。西魏因之。

賢幼有志節，不妄舉動。嘗出遊，逢一老人，鬢眉皓白，謂曰："我年八十，觀士多矣，未有如卿。卿必爲臺牧，[1]努力勉之。"九歲，從師受業，略觀大指而已。或譏其不精，答曰："賢豈能領徒授業？至如忠孝之道，實銘於心。"問者慚服。十四遭父憂，撫訓諸弟，友愛甚篤。

[1]臺牧：指高官。

魏永安中，[1]万俟醜奴據岐、涇等州反，孝莊遣尒朱天光擊破之。天光令都督長孫邪利行原州事，[2]以賢爲主簿。[3]累遷高平令。[4]賀拔岳爲侯莫陳悦所害，周文帝西征，賢與其弟遠、穆等密應侯莫陳崇。[5]以功授都督，仍守原州。及大軍至秦州，悦棄城走。周文命兄子導追之，以賢爲先鋒，至牽屯山及之。[6]以功授假節、撫軍將軍、大都督。[7]

[1]永安：北魏孝莊帝年號（528—530）。

[2]孝莊遣尒朱天光擊破之天光令都督長孫邪利行原州事：底本無兩“天”字，源氏校勘記云：“‘光’《周書》作‘天光’。爲是。”中華本校勘記云：“諸本兩‘光’字上並脱‘天’字，據《周書》及《通志》卷一五六《李賢傳》補。”今從改。都督，官名。三國魏文帝初置。北朝前期爲統率全國或地方兵馬的指揮官職，有時爲州郡軍事長官者，兼理民政。至北朝後期則爲率領鄉兵、畜牧軍馬的中低級軍官。

[3]主簿：官名。漢朝時中央及州郡官府均置，典領文書及賬簿圖籍，經辦事務。北魏、北齊時諸將軍、五校尉等軍府、列卿寺監、光禄大夫等皆置，其品位秩級隨府長官而不等。州、郡、縣亦置。雖非掾史之首，然地位較高。

[4]高平：縣名。治所在今寧夏固原市。

[5]侯莫陳崇：人名。字尚樂，代武川（今内蒙古武川縣西）人，鮮卑族。西魏、北周將領。見《北史》卷六〇《侯莫陳崇傳》。

[6]牽屯山：即寧夏固原市六盤山。

[7]假節：漢魏時大臣受命出朝，持節或假節以示授權。假節位次低於持節。歷朝因之，自西晋起，實際爲一種加官，低於使持節及持節，僅督軍時有權殺犯軍令者。　撫軍將軍：官名。三國蜀後主時置。北魏時爲將軍名號，地位較高，孝文帝太和十七年定爲從一品下，二十三年定爲從二品。

魏孝武西遷，周文令賢率騎迎衛，封上邽縣公。俄授左大都督，[1]還鎮原州。大統二年，[2]州人豆盧狼害都督大野樹兒等，據州城反。賢率敢死士一戰敗之，狼斬關遁走，賢追斬之。八年，授原州刺史。周文之奉魏太子西巡，至原州，遂幸賢第，讓齒而坐，行鄉飲酒禮。[3]後帝復至原州，令賢乘路車，[4]備儀服，以諸侯會遇禮相見。[5]然後幸賢第，歡宴終日，凡是親族，頒賜有差。恭帝元年，[6]進爵西河郡公。[7]後以弟子植被誅，賢坐除名。保定二年，[8]詔復賢官爵，仍授瓜州刺史。[9]

[1]封上邽縣公俄授左大都督：源氏校勘記云："《周書》'上'作'下'，無'大'字。"按：中華本《周書》卷二五《李賢傳》作"封下邽縣公，邑一千户，俄授左都督"。其校勘記云："《北史》本傳'下'作'上'。按《魏書》卷一〇六下《地形志下》無下邽縣，雍州馮翊郡蓮芍縣注云："有下封城。"下封即下邽，避拓跋珪諱改，志云下封城，明此縣魏末已廢。《隋書》卷二九《地理志上》馮翊郡有下邽縣，没有説縣的廢置，當是西魏復置。李賢封公在孝武初入關時，疑尚無此縣。上邽魏改上封，是秦州天水郡治。不論李賢所封是上邽或下邽，'邽'字都應作'封'。"可從。左大都督，官名。北魏末置，西魏、北周沿置。又稱左廂大都督。掌管左廂禁衛兵。《通志》卷一五六作"左大都督"，《册府元龜》卷三八二作"左都督"。

[2]大統二年：毛本、殿本、四庫本、局本、四部備要本作"大統三年"，《周書》卷二五作"大統二年"。《册府元龜》卷三六五作"大統二年"，卷三八二作"大統三年"。《通志》卷一五六作"大統三年"。

[3]鄉飲酒禮：亦稱鄉飲酒。周朝時鄉學三年業成大比，考其德行道藝優異者，薦於諸侯。將行之時，由鄉大夫設酒宴以賓禮相待，謂之鄉飲酒禮。亦指地方官按時在儒學舉行的一種敬老儀式。

[4]路車：古代天子或諸侯貴族所乘的車。

[5]會遇：會見，聚會。

[6]恭帝：即西魏皇帝元廓。恭爲其謚號。

[7]西河郡公：封爵名。西河，郡名。西魏時治隰城縣，在今山西汾陽市城區。源氏校勘記云："《周書》（'西河'）作'河西'。"未知孰是。河西，郡名。西魏時治夏陽縣，在今山西臨汾市。

[8]保定：北周武帝的年號（561—565）。

[9]瓜州：北周時治鳴沙縣，在今甘肅敦煌市城關黨河東岸。

武帝及齊王憲之在襁褓，不利居宮中，周文令於賢家處之，六載乃還宮。因賜賢妻吴姓宇文氏，養爲姪女，賜與甚厚。及武帝西巡原州，幸賢第，詔曰："朕昔沖幼，爰寓此州。使持節、驃騎大將軍、開府儀同三司、大都督、瓜州諸軍事、瓜州刺史賢，斯土良家，勳德兼著，受委居朕，輔導積年。念其規弼，功勞甚茂。今巡撫届此，不殊代邑，舉目依然，益增舊想。賢雖無屬籍，朕處之若親，[1]凡厥昆季，乃至子姪等，可並預宴賜。"於是令中侍上士尉遲愷往瓜州，[2]降璽書勞賢。賜衣一襲及被褥，并御所服十三環金帶一腰、中厩馬一疋、金裝鞍勒、雜綵五百段、銀錢一萬。[3]賜賢弟申國公穆亦如之。子姪男女中外諸孫三十四人各賜衣一襲。拜賢甥厙狄樂爲儀同。賢門生昔經侍奉者，二人授大都督，四人授帥都督，[4]六人别將。[5]奴已免賤者五人，授軍主；[6]未免賤者十二人，酬替放之。

[1]朕處之若親：底本"親"上有墨丁，中華本校勘記云："百衲本'親'上有墨丁，南、北、汲、殿四本有'至'字。按《周

書》《通志》並無‘至’字，《通志》此傳全據《北史》，則所見本亦當無‘至’字。當是大德本誤衍墨丁，南本以意補，北、汲、殿本承之。今從《通志》。”今從改。

[2]中侍上士：官名。西魏恭帝三年置，北周沿置。天官府宫伯中大夫屬官，分置左、右，皆正三命。負責皇帝寢宫侍衛，皇帝出行或臨朝時亦隨從護衛。

[3]中厩：官署名。爲宫中的車馬房。

[4]帥都督：官名。西魏文帝大統年間始設。多授予地方豪族、鄉望，以統率鄉兵。北周時爲正七命。

[5]别將：官名。秦漢始設。北魏中期之後根據出軍之制，軍之統帥爲都督，與主力分道的輔翼將領稱别道都將，亦稱都將，成爲一級武官的名稱，位在統軍之上。北周時隸屬諸州總管。六命。

[6]軍主：官名。南北朝時始設，爲軍的主將，下屬軍副。所統帥的兵員無定數，同時根據所統帥軍隊的性質和任務不同冠以各種名稱，例如水軍主、游蕩軍主等。北周時爲四命。

四年，王師東討，西道空虚，慮羌、渾侵擾，[1]乃授賢河州總管。[2]河州舊非總管，至是創置。賢乃大營屯田，以省運漕，多設斥候，[3]以備寇戎，於是羌、渾斂跡。五年，宕昌寇邊，[4]乃於洮州置總管府以鎮遏之。[5]遂廢河州總管，改授賢洮州總管。屬羌寇侵擾，賢頻破之，虜遂震懾，不敢犯塞。俄廢洮州總管，還於河州置總管府，復以賢爲之。

[1]羌：族名。南北朝時分布在今青海、甘肅、四川邊緣地帶。族衆以姓氏結成部落，互不統屬，以游牧爲生。見《北史》卷九六《党項傳》。　渾：族名。又稱吐渾、退渾。原爲鮮卑族慕容部的一

支，先祖游牧於徒河青山（今遼寧義縣東）。西晋時，遷徙於今甘肅、青海一帶。十六國時，先後受到前涼、西秦等追逐，幾乎亡國。後再度崛起，北魏太武帝時達到最强盛。在北魏打擊下，一度退到今新疆一帶。以游牧爲生。見《北史》卷九六《吐谷渾傳》。

[2]河州：北周時治枹罕縣，在今甘肅臨夏縣。

[3]斥候：也作“斥堠”，即偵察兵。

[4]宕昌：即宕昌羌，古代羌族之一，魏晋南北朝時活動在今甘肅南部白龍江上游一帶。曾建立宕昌國，北周武帝時被攻滅，於其地置宕州。

[5]洮州：北周時治洮陽城，在今甘肅卓尼縣西，洮水南岸。

武帝思賢舊恩，徵拜大將軍。[1]於左右。贈使持節、柱國大將軍、大都督、十州諸軍事、原州刺史，謚曰桓。子端嗣。

[1]大將軍：官名。戰國秦時始設，高級軍事統帥。北周時爲府兵專職統帥，十二人，各領一軍，分屬六柱國大將軍，下統開府、儀同諸將軍。正九命。

端位開府儀同三司，從平齊，戰没，贈上大將軍，追封襄陽公，[1]謚曰果。

[1]襄陽公：封爵名。襄陽，郡名。北周時治襄陽縣，在今湖北襄樊市。

端弟吉，儀同三司。[1]

[1]儀同三司：西魏、北周時爲儀同府主管將軍，亦稱儀同將軍。主要授予有軍功的大臣以及北齊的降官，無具體職掌。北周時爲九命。

吉弟孝軌，[1]開府儀同大將軍、升遷縣伯，[2]後封奇章公。[3]孝軌弟詢。

[1]吉弟孝軌：中華本《周書》卷二五《李賢傳》作“吉弟崇”，其校勘記云：“張森楷云：‘《北史》作“吉弟孝軌”，崇則孝軌弟詢之弟也。’按《周書》，李崇行第在三，《北史》在五。《隋書》卷三七《李穆傳》附兄子詢，詢弟崇。但也有可疑。據《崇傳》，他死於開皇三年（583），年四十八。而《詢傳》稱詢死時年四十九。《隋書》卷二《高祖紀下》，詢死於開皇八年（588），那時李崇已前卒五年了。據此則詢小於崇四歲，疑《周書》所記行第是。”可從。

[2]開府儀同大將軍：官名。北周武帝建德四年（575）改開府儀同三司置，位在儀同大將軍之上。主要授予有軍功的大臣以及北齊的降官，無具體職掌。九命。　升遷縣伯：封爵名。升遷，縣名。治所在今四川雙流縣。

[3]奇章公：封爵名。奇章，縣名。治所在今四川巴中市。

詢，字孝詢，深沉有大略，頗涉書記。[1]仕周，累遷司衛上士。[2]武帝幸雲陽宫，[3]委以留府事。衛王直作亂，[4]焚肅章門，詢於内益火，故賊不得入。武帝善之。[5]累遷英果中大夫，[6]屢以軍功，加位大將軍，賜爵平高郡公。[7]隋文帝爲丞相，尉遲迥作亂，[8]遣韋孝寬擊之，[9]以詢爲元帥長史，委以心膂。軍至永橋，[10]諸將不一。詢密啓請重臣監護。文帝令高熲監軍。[11]與熲同心，唯詢而已。及迥平，進位上柱國，[12]改封隴西郡公。[13]

[1]熲涉書記：毛本作“熲涉群書”。

[2]司衛上士：官名。北周置，爲司衛上大夫的屬官，輔助司衛上大夫掌管東宫衛士。正三命。

[3]雲陽宫：在今陝西涇陽縣西北。

[4]直：即宇文直，人名。字豆羅突，代郡武川（今内蒙古武川縣西）人，鮮卑族。北周宗室，周文帝宇文泰之子。見《北史》卷五八《衛剌王直傳》。

[5]武帝善之：毛本作“重平善之”。當爲刊刻錯誤。

[6]英果中大夫：官名。北周置，府屬不詳。正五命。

[7]平高郡公：封爵名。平高，郡名。北周時治平高縣，在今寧夏固原市。

[8]尉遲迥：人名。字薄居羅，代（今山西大同市東北）人。西魏、北周大臣。見《北史》卷六二《尉遲迥傳》。

[9]韋孝寬：人名。即韋叔裕。字孝寬，京兆杜陵（今陝西西安市長安區東）人。北魏、西魏、北周將領。見《北史》卷六四《韋孝寬傳》。毛本作“韋孝”，漏刻“寬”字。

[10]永橋：又稱“河橋”。故址在今河南孟津縣東、孟州市西南黄河上。

[11]高熲：人名。字昭玄，一名敏，勃海蓨（今河北景縣）人。北周、隋朝大臣。見《北史》卷七二《高熲傳》。

[12]上柱國：官名。北周武帝建德四年置爲最高級勳官。正九命。

[13]隴西郡公：封爵名。隴西，郡名。北周時治襄武縣，在今甘肅隴西縣東南。

開皇初，[1]歷位隰州總管，[2]以疾徵還京師。卒，帝悼惜者久之，謚曰襄。子元方嗣。

[1]開皇：隋文帝楊堅的年號（581—600）。

[2]隰州：隋朝時治隰川縣，在今山西隰縣。

詢弟崇，字永隆，英果有籌筭，膽力過人。周元年，以父賢勳，封迴樂縣侯。[1]時年尚小，拜爵日，親族相賀，崇獨泣下。賢問之，對曰："無勳於國，幼少封侯，當報主恩，不得終於孝養，是以悲耳。"賢由此大奇之。起家州主簿，[2]非其好也，辭不就職，求爲將兵都督。[3]隨宇文護伐齊，[4]以功最，授儀同三司。歷位少侍伯大夫、少承御大夫，[5]攝太子宫正。[6]周武平齊，引參謀議，以勳加授開府，封襄陽縣公，[7]尋改封廣宗縣公。[8]

[1]迴樂縣侯：封爵名。迴樂，縣名。治所在今寧夏靈武市西南。

[2]起家州主簿：毛本作"起家州二簿"。當爲刊刻錯誤。

[3]將兵都督：官名。源自西晋時的將兵都尉，多爲戰時臨時設置，因此未加名號。

[4]宇文護：人名。字薩保，代郡武川（今内蒙古武川縣西）人，鮮卑族。北周宗室、權臣。見《北史》卷五七《邵惠公顥附宇文護傳》。

[5]少侍伯大夫：官名。小侍伯下大夫的别稱。西魏恭帝三年置，爲侍伯中大夫的屬官，掌宿衛禁兵。正四命。　少承御大夫：

官名。亦稱小承御大夫。北周置，爲承御大夫的屬官，侍衛皇帝左右。正四命。

[6]太子宫正：官名。北周武帝建德二年增改東宫官員時置，分爲左、右宫正，負輔佐太子之責。命品不詳。

[7]襄陽縣公：封爵名。襄陽，縣名。治所在今湖北襄樊市。

[8]廣宗縣公：封爵名。廣宗，縣名。治所在今河北威縣東南。

隋文帝爲丞相，加授上開府儀同大將軍、懷州刺史，[1]進爵郡公。尉遲迥反，遣使招之。崇初欲相應，後知叔父穆以并州附文帝，[2]慨然太息曰："合家富貴數十人，遇國有難，竟不能扶傾繼絶，何面目處天地間乎！"韋孝寬亦疑之，與俱卧起。其兄詢時爲元帥長史，每諷諭之。崇由是亦歸心焉。及迥平，授徐州總管，[3]進位上柱國。

[1]上開府儀同大將軍：官名。北周武帝建德四年置，位在開府儀同大將軍之上。主要授予有軍功的大臣或者是北齊的降官，無具體的職掌。九命。　懷州：北周時治河内縣，在今河南沁陽市。

[2]并州：北周時治晋陽縣，在今山西太原市晋源區古城營村一帶。

[3]徐州：北周時治彭城縣，在今江蘇徐州市。

開皇三年，除幽州總管。突厥犯塞，[1]崇輒破之。奚、霫、契丹等讋其威略，[2]争來内附。後突厥大爲侵掠，崇率步騎三千拒之。轉戰十餘日，師人多死，遂保于沙城。[3]突厥圍之，死亡略盡。突厥欲降之，[4]謂曰："降者封爲特勤。"[5]崇知不免，令其士卒曰："吾喪師徒，罪當萬死，今效命以謝國家。看吾死，且可降賊，方便散走。還見至尊，道此意也。”乃挺刃突賊，復殺二人，没於陣。贈六州諸軍事、豫州刺史，[6]謚曰壯。子敏嗣。

[1]突厥：族名。先世源出於丁零、鐵勒。南北朝由葉尼塞河遷居至阿爾泰山，又由阿爾泰山遷居至蒙古。見《北史》卷九九《突厥傳》。

[2]奚：東北古族名。本稱庫莫奚，後簡稱奚，源出東胡，爲鮮卑宇文部後裔（一説源於匈奴）。見《北史》卷九四《奚傳》。　霫（xí）：族名。古代東北少數民族的一支。隋唐以前主要居住在今内蒙古潢水（今西拉木倫河）以北，後併於奚。　契丹：族名。古代東北少數民族的一支，源於東胡後裔鮮卑的柔然部。北魏之後柔然分化爲南北兩部，北柔然成爲蒙古人的祖先室韋，南柔然成爲契丹。見《北史》卷九四《契丹傳》。　讋（zhé）：懼怕，震懾。

[3]沙城：地名。在今北京西部。源氏校勘記云：“《隋書》作‘砂城’。”

[4]突厥欲降之：底本無“欲”字，源氏校勘記云：“‘降’上恐有脱誤。《隋書》有‘意欲’二字。”中華本校勘記云：“諸本無‘欲’字，《通志》卷一六〇《李崇傳》有。《隋書》卷三七《李崇傳》作“意欲”二字。今從《通志》補。”今從改。

[5]特勤：突厥語音譯。又譯爲狄銀、的斤、惕隱等。突厥、回紇等汗國官名。多由可汗子弟擔任，地位次於葉護和設，祇統部落，不領兵馬。底本作“特勒”，中華本校勘記云：“諸本‘勤’訛作‘勒’，據《隋書》改。”今從改。

[6]豫州：隋朝時治上蔡縣，在今河南汝南縣。

敏，字樹生，文帝以其父死王事，養於宫中。及長，襲爵廣宗公，起家左千牛。[1]美姿容，善騎射，工歌舞弦管。開皇初，周宣帝后樂平公主有女娥英，[2]妙擇婚對，敕貴公子弟集弘聖宫者，[3]日以百數。公主選取敏，禮儀如尚帝女。後將侍宴，公主謂敏曰："我以天下與至尊，唯一女夫，當爲汝求柱國。[4]若授餘官，慎無謝。"及進見上，上親御琵琶，遣敏歌舞，大悦，謂公主曰："敏何官？"對曰："一白丁耳。"謂敏曰："今授儀同。"[5]敏不答。上曰："不滿爾意耶？今授開府。"又不謝。上曰："公主有大功於我，我何得向其女壻惜官，今授卿柱國。"敏迺拜而蹈舞。遂於坐發詔授柱國，以本官宿衛。

[1]左千牛：官名。千牛備身的省稱。掌管千牛刀，宿衛侍從。隋朝時置左、右領左右府，各十二人。正六品。

[2]樂平公主：封號。即楊麗華，隋文帝楊堅長女。樂平，郡名。北周時治樂平縣，在今山西昔陽縣西南。

[3]弘聖宫：在今陝西西安市。

[4]柱國：官名。北魏初爲功臣元勳之加官。北魏末孝莊帝時復設此官，爲國之執政。西魏時爲最高軍事長官。北周、隋朝時爲勳官之第二等。

[5]儀同：儀同大將軍、儀同將軍省稱。北周武帝建德四年改儀同三司置。隋朝時主要授予有功勳的大臣和北周的宗室後裔，無具體職掌，地位尊崇。

後避煬帝諱，改封經城縣公。[1]歷豳、金、華、岐數州刺史，[2]多不莅職，常留京師。往來宫内，侍從遊宴，賞賜超於功臣。大業初，[3]轉衛尉卿。[4]樂平公主將薨，遺言於煬帝曰：[5]“妾唯一女，不自憂死，深憐之。湯沐乞迴與敏。”帝從之，竟食五千户。攝屯衛將軍。[6]楊玄感反後，[7]城闕大興，敏之策也。轉將作監。[8]從征高麗，[9]領新城道軍，[10]加光禄大夫。[11]十年，帝復征遼東，遣敏黎陽督運。[12]

[1]經城縣公：封爵名。經城，縣名。治所在今河北威縣北經鎮。

[2]豳：州名。隋朝時治新平城，在今陝西彬縣。　金：州名。隋朝時治金川縣，在今甘肅金昌市。　華：州名。隋朝時治鄭縣，在今陝西華縣西。　岐：州名。隋朝時治雍縣，在今陝西鳳翔縣。

[3]大業：隋煬帝的年號（605—617）。

[4]衛尉卿：官名。戰國秦始設。隋文帝開皇十二年置，掌管儀仗帷幕供應，武器庫藏等事務。正三品。煬帝大業三年改爲從三品。

[5]遺言於煬帝曰：殿本作“遣言於煬帝曰”。“遺”與“遣”當爲字形相近而訛，今從底本。

[6]屯衛將軍：官名。隋煬帝大業三年由領軍衛將軍改之，分左、右掌禁衛親兵。置二員，從三品。

[7]楊玄感：人名。弘農華陰（今陝西華陰市東南）人。隋朝官吏。見《北史》卷四一《楊敷附楊玄感傳》。

[8]將作監：官名。西漢始設。掌管營造宫室宗廟、諸王府中央官署以及京都其他土木工程。隋朝時爲正四品。

[9]高麗：國名。又作“高句麗”，其先出自夫餘。漢朝時有玄菟郡，高句麗爲其三縣之一，因以爲國名。都名丸都，故治在今吉林集安市，南北朝時遷都於今朝鮮的平壤市。見《北史》卷九四《高麗傳》。

[10]新城道：隋朝時臨時的軍事區域。大致在今遼東一帶。

[11]光禄大夫：官名。漢武帝時設，歷朝因之，官秩不一。隋初未置，隋煬帝大業三年加置，位在左右光禄大夫之上，爲文職散官之首。從一品。

[12]黎陽：郡名。隋朝時治黎陽縣，在今河南浚縣東北。

時或言敏一名洪兒，帝疑“洪”字當讖，嘗面告之，冀其引决。[1]敏由是大懼，數與金才、善衡等屏人私語。[2]宇文述知而奏之，[3]竟與渾同誅。其妻宇文氏尋亦賜鴆而終。

[1]引决：自殺。

[2]善衡：即李善衡，人名。隴西成紀（今甘肅秦安縣）人。隋朝官吏。曾受李渾之命殺李穆嫡孫筠。後因被誣告謀反，與渾同時被誅。

[3]宇文述：人名。字伯通，代郡武川（今内蒙古武川縣西）人，鮮卑族。北周、隋朝大臣。見《北史》卷七九《宇文述傳》。

賢弟遠。遠，字萬歲，幼有器局，嘗與群兒爲戰鬬戲，指麾便有軍陣之法。郡守見而異之，召使更戲。群兒散走，遠持杖叱之，復爲向陣，[1]意氣雄壯，殆甚於前。郡守曰：“此小兒必爲將帥，非常人也。”

[1]復爲向陣：《周書》卷二五作“復爲向勢”。

及長，涉獵書傳。魏正光末，[1]天下鼎沸，敕勒賊胡琮侵逼原州。[2]遠昆季率勵鄉人，[3]欲圖拒守，而衆情頗有異同。遠乃按劍喻以節義，因曰：“有異議者，請斬之。”[4]衆懼，乃聽命，相與盟歃，深壁自守。無援，城陷，其徒多被害，唯遠兄弟並爲人所匿，得免。遠乃使賢晦迹和光，潛身間行，入朝求援。[5]魏朝嘉之，授武騎常侍，[6]俄轉別將。及尒朱天光西伐，配遠精兵爲鄉導。天光欽遠才望，除爲長城郡守。[7]後以應侯莫陳崇功，遷高平郡守。[8]周文見而悦之，令居麾下。

[1]正光：北魏孝明帝的年號（520—525）。

[2]敕勒：族名。又稱高車、丁零等。最早生活在今俄羅斯貝加爾湖一帶，北魏時稱其爲高車，主要生活在大漠南北和西北地區。見《北史》卷九八《高車傳》。　胡琮：中華本校勘記云：“張森楷云：‘“琮”當作“琛”。’按《魏書》卷九《肅宗紀》（正光五年），及本書卷四八《尒朱天光傳》，並作‘胡琛’。‘琮’當是‘琛’之訛。但諸本及《周書》卷二五、《通志》卷一五六《李遠傳》都作‘琮’，今不改。”可從。

[3]昆季：兄弟。長爲昆，幼爲季。　率勵：亦作“率厲”。率領督促。

[4]有異議者：底本“異”下有“同遠”二字，中華本校勘記云：“諸本‘異’下有‘同遠’二字。《周書》卷二五《李遠傳》無。張森楷云：‘“同”字不當有。’按此乃涉上文‘同遠’二字而衍，今據《周書》删。”今從改。

[5]遠乃使賢晦迹和光潛身間行入朝求援：中華本校勘記云：“按《周書》言遠自欲間行入朝，而使賢留高平，伺機内應。此文則似遠留而賢行，與事實不符。疑‘潛身’上脱‘自’字。”可從。

[6]武騎常侍：官名。西漢時爲加官，又稱常侍武騎，爲皇帝的近侍護衛之一。北魏時隸屬中領軍，從七品。北周時列爲散官，

三命。

[7]長城：郡名。北魏時治黄石縣，在今甘肅平凉市西北。

[8]高平：郡名。北魏時治高平縣，在今寧夏固原市。

及魏孝武西遷，[1]封安定縣伯。[2]魏文帝嗣位之始，[3]思享遐年，以遠字可嘉，令扶帝升殿。進爵爲公，仍領左右。從征竇泰，[4]復弘農，並有殊勳。授都督、原州刺史。周文謂遠曰："孤有卿，若身之有臂，本州之榮，乃私事爾。"遂令遠兄賢代行州事。沙苑之役，遠功居最，進爵陽平郡公。[5]尋除大丞相府司馬，[6]參軍國機務。時河東初復，人情未安。周文以河東爲國之要領，乃授河東郡守。[7]遠敦獎風俗，勸課農桑，肅遏姦非，兼脩守禦之備，曾未期月，百姓懷之。周文降書勞問。徵爲侍中，[8]遷太子少師。[9]

[1]魏孝武：即西魏皇帝元脩。孝武爲其謚號。

[2]安定縣伯：封爵名。安定，縣名。治所在今甘肅涇川縣北。

[3]魏文帝：即西魏皇帝元寶炬。文爲其謚號。

[4]竇泰：人名。字世寧，太安捍殊（今山西壽陽縣北）人。北魏、東魏將領。見《北史》卷五四《竇泰傳》。

[5]陽平郡公：封爵名。陽平，郡名。西魏時治館陶，在今河北館陶縣。

[6]大丞相府司馬：官名。大丞相府屬官，掌相府軍事。西魏時大丞相由掌握實權的宇文氏父子擔任，因此大丞相府屬僚的地位尊崇。

[7]河東：郡名。西魏時治蒲坂縣，在今山西永濟市西南蒲州鎮。　領乃：底本作"乃領"，中華本校勘記云："諸本'領乃'倒

作‘乃領’。張森楷云：‘《周書》作“國之要鎮”，此似改作“國之要領”，傳刻誤倒，遂不可通。’按《通志》卷一五六作‘河東爲國之要領’，今據乙。”今從改。

[8]侍中：官名。秦朝始置，原爲丞相史，往來殿中奏事，故名。西漢時爲加官，東漢時爲正式職官，職掌殿内門下衆事，侍從左右，顧問應對，諫諍糾察，向公卿傳諭御旨，皇帝出行則參乘騎從。名義上隸少府，地位尊貴親近。東晋、南朝宋沿置，兼統宫廷内侍諸署，皆三品。北朝時常總典機密，受遺詔輔政，權任尤重，時號“小宰相”。北魏孝文帝太和十七年定爲從一品中，二十三年定爲三品。西魏因之。

[9]太子少師：官名。西晋始置，與太子少保、太子少傅合稱東宫三少。東晋沿置，南朝梁、陳皆不置。北魏復置，西魏因之，掌奉皇太子，以觀三師之德。

東魏北豫州刺史高仲密請舉州來附，[1]周文以仲密所據遼遠，難爲應接。諸將皆憚此行。遠曰：“北豫遠在賊境，高歡又屯兵河陽，常理而論，寔難救援。但不入獸穴，不得獸子，[2]若以奇兵出其不意，事或可濟。脱有利鈍，故是兵家之常。如其顧望不行，便無克定之日。”周文喜曰：“李萬歲所言，差强人意。”乃授行臺尚書，[3]前驅東出。周文率大軍繼進。遠乃潛師而往，拔仲密以歸。仍從周文戰於芒山，時大軍不利，遠獨整所部爲殿。

[1]北豫州：東魏孝静帝天平初復置，治虎牢城，在今河南滎陽市西北。

[2]但不入獸穴不得獸子：中華本校勘記云：“《通志》‘獸’

作‘虎’。按此乃《北史》避唐諱。”可從。

[3]行臺尚書：官名。北魏置，爲行臺長官。主管各地軍務，兼理民事。北魏末期爲行臺屬官，分曹理事。在未設行臺尚書令或行臺僕射時，仍爲行臺長官。東、西魏、北齊、隋朝沿置。

尋授都督義州弘農等二十一郡諸軍事。[1]遠善撫馭，有幹略，戰守之備，無不精鋭。每厚撫境外之人，使爲間諜，敵中動静，必先知之。至有事泄被誅，亦不以爲悔。嘗獵於莎栅，[2]見石於叢薄中，[3]以爲伏兔，射之，鏃入寸餘，視之乃石。周文聞而異之，賜書曰："昔李將軍親有此事，公今復爾，可謂世載其德矣。"東魏將段孝先趣宜陽，[4]以送糧爲名，實有窺窬之意。遠密知其計，遣兵襲破之。孝先遁走。周文賜所乘馬及金帶牀帳衣被等，并綵二千匹，拜大將軍。頃之，除尚書左僕射，固辭。周文不許，遠不得已，方拜職。周文又以第十一子代王達令遠子之，[5]其見親待如此。

[1]尋授都督義州弘農等二十一郡諸軍事：源氏校勘記云："‘郡’《周書》作‘防’。"中華本校勘記云："《周書》‘郡’作‘防’。按西魏、北周邊境鎮戍稱‘防’，疑作‘防’是。錢氏《考異》卷三二引《隋書·地理志中》弘農郡盧氏縣條，以爲‘義州’當作‘義川’。楊守敬《隋書地理志考證》卷三引《太平寰宇記》卷六虢州盧氏縣條言西魏大統中於盧氏縣立東義州，認爲《隋志》脱‘義州’二字。則此作‘義州’不誤。既爲州，則下更不得言‘郡’。"可從。義州，西魏時治衛縣，在今河南滑縣西南。

[2]莎栅：地名。在今河南洛寧縣東北。

[3]見石於叢薄中：《周書》卷二五作"見石於叢蒲中"，"薄"

與“蒲”，當爲字形相近而訛。

[4]段孝先：人名。即段韶。字孝先，小名鐵伐，姑臧武威（今甘肅武威市）人。東魏、北齊將領。見《北史》卷五四《段榮附段韶傳》。　宜陽：縣名。治所在今河南宜陽縣西。

[5]達：即宇文達，人名。字度斤突，代（今内蒙古武川縣西）人，鮮卑族。北周宗室，宇文泰子。見《北史》卷五八《代奰王達傳》。

時周文嫡嗣未建，明帝居長，[1]已有成德；孝閔處嫡，年尚幼沖。乃謂群公曰：“孤欲立子以嫡，恐大司馬有疑。”大司馬即獨孤信，[2]明帝敬后父也。[3]衆未有答。遠曰：“立子以嫡不以長，略陽公爲嗣，[4]公何疑焉？若以信爲嫌，請即斬信。”便起拔劍。周文亦起曰：“何事至此！”信又自陳説，遠乃止。於是群公並從遠議。遠出外，拜謝信曰：“臨大事不得不爾。”信亦謝遠曰：“今日賴公决此大議。”六官建，授小司寇。[5]周孝閔帝踐祚，進位柱國大將軍，復鎮弘農。

[1]明帝：即北周皇帝宇文毓。明爲其謚號。

[2]大司馬：官名。《周禮》六卿之一，爲夏官府長官，職掌軍政大務、禁暴糾察、訓練軍隊、統兵作戰。西魏末、北周仿《周禮》建六官，復置爲夏官府長官，亦稱大司馬卿。掌握全國軍政，權任極重。正七命。　獨孤信：人名。本名如願，雲中（今内蒙古和林格爾縣西北）人，鮮卑族獨孤部。北魏、西魏、北周將領。見《北史》卷六一《獨孤信傳》。

[3]敬后：即北周明帝皇后獨孤氏。敬爲其謚號。

[4]略陽公：封爵名。略陽，郡名。北周時治隴城縣，在今甘

肅秦安縣。

［5］小司寇：官名。小司寇上大夫的省稱。西魏恭帝三年置，北周因之。爲秋官府次官，輔助大司寇掌管刑政、主持刑法的制定以及執行，員二人，正六命。

遠子植，文帝時已爲相府司録，[1]參掌朝政。及晉公護執權，密欲誅護，頗泄，護乃出植爲梁州刺史。[2]尋而廢帝，召遠及植還朝。遠恐有變，沉吟良久，乃曰："大丈夫寧爲忠鬼，安能作叛臣乎！"遂就徵，至京師。護以遠功名素重，猶欲全宥之，謂曰："公兒遂有異謀，可早爲之所。"乃以植付遠。遠素愛植，植又有口辯，云初無此謀。遠信之，詰朝將植謁護。護謂植已死，乃曰："陽平公何意自來？"左右云："植亦在門外。"護大怒曰："陽平公不信我矣！"召入，命遠同坐，令帝與植相質於遠前。植辭窮，謂帝曰："本爲此謀，欲安社稷，利至尊耳。今日至此，何事云云。"遠聞之，自投於牀，曰："若爾，誠合萬死。"於是護乃害植，并逼遠自殺。

［1］相府司録：官名。爲大丞相府屬官。西魏、北周時置。大丞相府、都督中外諸軍事府以及開府將軍、諸州府重要屬僚，總管一府之事，位在長史、司馬之下。而大丞相府、都督中外諸軍事府的司録地位尤其重要，品命與長史、司馬相同。

［2］梁州：北周時治光義縣，在今陝西漢中市。

建德元年，[1]晉公護誅，贈本官，加太保，謚曰忠。[2]隋開皇初，追贈上柱國，改謚曰懷。植及諸弟並加贈謚。

[1]建德：北周武帝的年號（572—578）。

[2]贈本官加太保謚曰忠：《周書》卷二五作“贈本官，加陝熊等十五州諸軍事、陝州刺史。謚曰忠”。

植弟基，字仲和，幼有聲譽，美容儀，善談論，涉獵群書，尤工騎射。周文令尚義歸公主。[1]以父勳，封建安縣公。[2]累遷大都督，進爵清河郡公。[3]及魏廢帝即位之後，[4]猜隙彌深。時周文諸子年皆幼沖，章武公導、中山公護復東西作鎮，[5]唯託意諸婿，以爲心膂。基與義城公李暉、常山公于翼等俱爲武衛將軍，[6]分掌禁旅。魏帝深憚之，故密謀遂泄。魏恭帝即位，[7]進爵敦煌郡公，[8]尋進位驃騎大將軍、開府儀同三司，拜陽平國世子。六官建，授御正中大夫。[9]

[1]義歸公主：封號。北周文帝宇文泰之女。

[2]建安縣公：封爵名。建安，縣名。治所在今寧夏平羅縣。

[3]清河郡公：封爵名。清河，郡名。西魏時治清河縣，在今山東臨清市東北。

[4]魏廢帝：即西魏皇帝元欽。

[5]章武公：封爵名。章武，郡名。西魏時治平舒縣，在今河北大城縣。　導：即宇文導，人名。字菩薩，代郡武川（今內蒙古武川縣西）人，鮮卑族。北周宗室、大臣。見《北史》卷五七《邵惠公顥附宇文導傳》。　中山公：封爵名。中山，郡名。北周時治盧奴縣，在今河北定州市。

[6]義城公：封爵名。義城，郡名。西魏時治繇谷縣，在今四川廣元市。　李暉：人名。一作“李輝”，隴西成紀（今甘肅秦安縣）人。西魏、北周將領。見《北史》卷六〇《李弼附李暉傳》。　常山公：封爵名。常山，郡名。西魏時治真定縣，在今河北正定縣南。　于翼：人名。字文若，代（今山西大同市東北）人。西魏、北周大臣。見《北史》卷二三《于栗磾附于翼傳》。　武衛將軍：官名。三國魏文帝時將武衛中郎改爲此稱，掌宿衛禁軍。北魏孝文帝太和十七年定爲從二品下，二十三年定爲從三品。西魏因之。

[7]魏恭帝：即西魏皇帝元廓。恭爲其謚號。

[8]敦煌郡公：封爵名。敦煌，郡名。西魏時治燉煌縣，在今甘肅敦煌市西。

[9]御正中大夫官名。西魏恭帝三年置，北周沿置。爲天官府御正司長官，負責宣傳詔命，參議刑罰爵賞及軍國大事，頒發詔書時須由其連署。北周明帝武成元年（559）於其上置上大夫，遂降爲副職。武帝建德二年省，以下大夫主司務，静帝大象元年（579）復，仍在上大夫下。正五命。

周孝閔帝踐阼，出爲淅州刺史。[1]尋爲兄植合坐死，以主壻，[2]又爲季父穆所請，得免。武成二年，除江州刺史。[3]既被譴謫，常憂憤不得志。保定元年，卒於位。穆尤所鍾愛，每哭輒悲慟，謂所親曰：“好兒捨我去，門户豈是欲興！”宣政元年，[4]追贈使持節、上開府儀同大將軍、曹徐譙三州刺史、敦煌郡公，[5]謚曰孝。子威嗣。

[1]淅州：北周時治脩陽縣，在今河南陝縣北。底本作“浙

州”，源氏校勘記云：“‘淅’《周書》作‘海’。”中華本校勘記云：“諸本‘淅’作‘浙’，《周書》作‘海’，《通志》作‘淅’。按周無‘海州’‘浙州’。《隋書·地理志中》淅陽郡條云：‘西魏置淅州。’《周書》卷三〇《李穆傳》亦言基時任淅州刺史，今據改。”可從改。

[2]主壻：底本作“王壻”，中華本校勘記云：“諸本‘主’訛作‘王’，據《通志》改。”今從改。

[3]江州：北周時治宜昌縣，在今湖北宜昌市西北。

[4]宣政：北周武帝的年號（578）。

[5]曹：州名。北周時治左城縣，在今山東定陶縣西北。　徐：州名。北周時治彭城縣，在今江蘇徐州市。　譙：州名。北周時治渦陽縣，在今安徽蒙城縣。

威字安人，[1]又改襲遠爵陽平郡公，加上開府。[2]大象末，進至柱國，[3]封公。

[1]威字安人：中華本校勘記云：“《周書》‘人’作‘民’，《北史》避唐諱改。”可從。

[2]上開府：上開府儀同大將軍的省稱。

[3]大象末進至柱國封公：中華本校勘記云：“《周書》作‘大象末，位至柱國’。按《隋書》卷三七《李穆附子渾傳》云：‘從父兄威，開皇初以平蠻功官至上柱國、黎國公。’這裏當云：‘大象末，位至柱國。開皇初，進上柱國，封黎國公’。”可從。大象，北周静帝的年號（579—580）。

賢弟穆。穆，字顯慶，少明敏有度量。文帝入關，便給事左右，深被親遇。穆亦小心謹肅，未嘗懈怠。及侯莫陳悦害賀拔岳，周文自夏州赴難，[1]而悦黨史歸據原州，猶爲悦守。周文令侯莫陳崇襲之，穆時先在城中，與兄賢、遠應崇，遂禽歸。以功授都督。從迎魏孝武，封永平縣子。[2]又領鄉兵。禽竇泰，復弘農，並有戰功。沙苑之捷，穆言："歡今日已喪膽矣，請速逐之，則歡可禽也。"周文不聽。論前後功，進爵爲公。

[1]夏州：北魏時治大夏（統萬城），在今陝西靖邊縣白城子村無定河北岸的毛烏素沙漠中（靠近今内蒙古烏審旗南境）。

[2]永平縣子：封爵名。永平，縣名。治所在今甘肅張掖市西北。

芒山之戰，[1]周文馬中流矢，驚逸墜地。敵人追及，左右皆散。穆下馬，以策擊周文背，因大罵曰："籠東軍士，[2]爾曹主何在？爾獨住此！"敵人見其輕侮，不疑是貴人，遂捨而過。穆以馬授周文，遂俱逸。是日微穆，周文已不濟矣。既而與穆相對而泣，自是恩眄更隆。顧左右曰："成我事者，其此人乎！"擢授武衛將軍、儀同三司，進封安武郡公。[3]前後賞賜，不可勝計。周文歎其忠節，曰："人所貴唯命，穆遂輕命濟孤，爵位玉帛，未足爲報。"乃特賜鐵券，恕以十死。進驃騎大將軍、開府儀同三司、侍中。初，芒山之敗，穆授周文驄馬，後中廐有此色者，悉以賜之。又賜穆嗣子惇安樂郡公，[4]姊一人爲郡君，自餘姊妹並爲縣君，兄弟子姪及緦麻已上親并舅氏皆霑厚賜。其褒崇如此。

[1]芒山之戰：中華本校勘記云："《周書》卷三〇《李穆傳》

‘芒山’作‘河橋’。按河橋之戰，指西魏大統四年援獨孤信於洛陽之役；芒山之戰指大統九年迎高仲密之役。此乃大統四年事，當作‘河橋之戰’。”可從。

[2]籠東軍士：殿本作“籠陳軍士”。“東”與“陳”當爲字形相近而訛，今從底本。籠東，猶東籠。摧敗披靡之貌。

[3]安武郡公：封爵名。安武，郡名。西魏時治朝那縣，在今甘肅靈臺縣。

[4]安樂郡公：封爵名。安樂，郡名。西魏時治玉城縣，在今河南靈寶市東南。

從解玉壁圍，[1]拜安定國中尉。[2]歷同州刺史、太僕卿。[3]從于謹平江陵，[4]以功别封一子長城縣侯。[5]尋進位大將軍，賜姓拓拔氏。又擊曲沔蠻破之。[6]俄除原州刺史，拜世子惇爲儀同三司，以賢子爲平高郡守，遠子爲平高縣令，並加鼓吹。[7]穆自以叔姪一家三人皆牧宰鄉里，恩遇過隆，固辭不拜。周文不許。後入爲雍州刺史，兼小冢宰。[8]周孝閔帝踐祚，又封一子爲升遷縣伯。[9]穆請迴授賢子孝軌，許之。

[1]玉壁：地名。在今山西稷山縣西南。

[2]中尉：官名。諸侯國軍事長官。掌王國治安，督察軍吏。魏晋南北朝時地位稍減，與郎中令、大農並號三卿。其品秩隨國之地位而定。

[3]同州：西魏時治武鄉縣，在今陝西大荔縣。　太僕卿：官名。東漢至北魏時期對太僕的尊稱。爲太僕寺長官，管理全國畜牧事務、宫廷車馬。北魏孝文帝太和二十三年定爲三品。西魏因之。

[4]于謹：人名。字思敬，小名巨引，代（今山西大同市東

北）人。北魏、西魏、北周將領。見《北史》卷二三《于栗磾附于謹傳》。

[5]長城縣侯：封爵名。長城，縣名。西魏改黄石縣置，爲長城郡治在今甘肅平涼市西北。

[6]曲沔蠻：活動於今湖北北部沔水流域的少數民族。中華本校勘記云："《通志》同。'曲沔'疑當作'沔曲'。"可從。

[7]鼓吹：演奏鼓吹樂的樂隊。本用於軍中，後賜予有功大臣，遂成爲皇帝賜予臣下的一種禮遇。

[8]後入爲雍州刺史兼小冢宰：《周書》卷三〇作"後轉雍州刺史，入爲小冢宰"。雍州，西魏時治長安縣，在今陝西西安市西北。小冢宰，官名。又稱小冢宰上大夫。西魏恭帝三年置，北周沿置，爲天官府次官，輔佐大冢宰處理行政事務。員二人，正六命。

[9]又封一子爲升遷縣伯：《隋書》卷三七作"又别封一子爲升遷伯"。升遷縣伯，封爵名。升遷，縣名。治所在今四川雙流縣。

及兄子植謀害宇文護被誅，穆亦坐除名。先是穆知植非保家主，每勸遠除之，遠不能用。及遠臨刑，泣謂穆曰："顯慶，吾不用汝言以至此，將奈何！"穆以此獲免，及其子弟亦免官。時植弟基當從坐戮，穆求以子惇、怡等代死，辭理酸切，聞者莫不動容。護矜之，遂特免基死。

明帝即位，拜驃騎大將軍、開府儀同三司、大都督，[1]復爵安武郡公，拜直州刺史。[2]武成中，[3]子弟免官爵者悉復之。累遷大司空。[4]天和二年，[5]進封申國公，舊爵迴授一子。建德元年，遷太保，尋出爲原州總管。四年，武帝東征，令穆别攻軹關及河北諸縣，[6]並破之。後以帝疾班師，棄而不守。六年，進位上柱國，除并州總管。時東夏初平，[7]人情尚擾，穆靖以鎮守，百姓懷之。大象元年，加邑至九千户，遷大左輔，[8]總管如舊。二年，詔加太傅，仍總管。

[1]開府儀同三司：三國魏始置，爲大臣加號，意謂與三司即太尉、司徒、司空的禮制待遇相同，許開設府署，自辟僚屬。兩晋南北朝因之。北魏孝文帝太和二十三年定爲從一品。北周時爲勳官，武帝建德四年改爲開府儀同大將軍。九命。

[2]直州：北周時治安康縣，在今陝西石泉縣南。

[3]武成：北周明帝的年號（559—560）。

[4]大司空：官名。《周禮》六卿之一，爲冬官之長。掌土木工程。西魏末、北周仿《周禮》建六官，復置爲冬官之長，亦稱大司空卿。北周時爲正七命。

[5]天和：北周武帝的年號（566—572）。

[6]軹關：關當軹道之險，故名。在今河南濟源市西北，爲太行八陘的第一陘，歷代爲兵家必争之地。

[7]時東夏初平：《周書》卷三〇作“時東夏再平”。東夏，指北齊政權。

[8]大左輔：官名。北周宣帝大成元年（579）置，爲四輔官之一，是主要執政大臣。

及隋文作相，尉遲迥舉兵，遣使招穆，穆鎖其使，上其書。穆子士榮以穆所居天下精兵處，陰勸穆應之。穆弗聽，曰：“周德既衰，愚智共悉，天時若此，豈能違天？”乃遣使謁隋文帝，并上十三環金帶，蓋天子服也，以微申其意。時迥子誼爲朔州刺史，[1]亦執送京師。迥令其署行臺韓長業攻陷潞州，[2]執刺史趙威，署城人郭子勝爲刺史。[3]穆遣兵討獲子勝。文帝嘉之，以穆勞同破鄴城第一勳，加三轉，[4]聽分授其二子榮、才及賢子孝軌。榮及才並儀同大將軍，孝軌進開府儀同大將軍，又别封子雄爲密國公。[5]穆又密表勸進。文帝既受禪，詔曰："公既舊德，且又父黨，敬惠來旨，便以今月十三日恭膺天命。"俄而穆來朝，文帝降座禮之。拜太師，[6]贊拜不名，真食成安縣三千户。穆子孫雖在襁褓，悉拜儀同，其一門執象笏者百餘人，貴盛當時無比。穆上表乞骸骨，詔曰："公年既耆舊，筋力難煩，今勒所司，敬蠲朝集。如有大事，須共謀謨，别遣侍臣，就第詢訪。"

[1]朔州：北周時治招遠縣，在今山西朔州市。

[2]行臺：官名。行臺尚書的省稱。　潞州：北周時治襄垣縣，在今山西襄垣縣北。

[3]署城人郭子勝爲刺史：《周書》卷三〇作"署城民郭子勝爲刺史"。"人"當爲《北史》避唐太宗李世民諱改。

[4]轉：勳級每升一級稱一轉。

[5]密：底本作"容"，源氏校勘記云："'容'《周書》作'密'。"中華本校勘記云："諸本'密'作'容'，《周書》作'密'。按下文云：'直弟雄位柱國、驃騎將軍、密國公'，《隋書》《通志》並同。作'容'誤，今據改。"今從改。

[6]太師：官名。三國魏末時置，爲三上公之一。東晋南朝沿置，用作贈官。十六國、北朝時仍稱太師，爲三師之一，位在太傅、太保之上，一品。居百官之首，名位極尊。北周時改號三公。正九命。

時太史奏當有移都事，[1]帝以初受命，甚難之。穆乃上表極言宜移都之便。帝素嫌臺城制度迮小，又宫内多鬼妖。蘇威嘗勸遷，[2]上不納，遇太史奏狀，意乃惑之。至是省穆表，帝曰："天道聰明，已有徵應，太師人望，復抗此請，則可矣。"遂從之。

[1]太史：官名。又作"大史"。相傳殷朝時爲六大之一。掌起草文書，參與册命貴族典禮，代王宣命，記載史事，編撰史書，保管國家典籍、文書檔案，規諫君王，兼管天文曆法、祭祀事務。秦、西漢時爲太常屬官太史令的省稱，地位漸低。東漢後，爲專司占候天文、修訂曆法的官署名稱。

[2]蘇威：人名。字無畏，武功（今陝西武功縣西北）人。北周、隋朝官吏。見《北史》卷六三《蘇綽附蘇威傳》。

歲餘，下詔："穆自今已後，雖有愆罪，但非謀逆，縱有百死，終不推問。"開皇六年薨，時年七十七，遺令以不得陪駕岱宗爲恨。[1]詔遣黄門侍郎監護喪事，[2]贈十州諸軍事、冀州刺史，[3]謚曰明。賜以石槨、前後部羽葆鼓吹、輼輬車，[4]百僚送之郭外。詔太常卿牛弘齎哀册文，祭以太牢。[5]

[1]遺令以不得：殿本作"遺命以不得"，"令"與"命"當爲字形相近而訛。今從底本。

[2]黄門侍郎：官名。秦朝時始置。秦、西漢時爲郎官加給事黄門侍郎省稱，無定員。爲中朝官員，給事於宫門之内，侍從皇帝，顧問應對，出則陪乘。與皇帝關係密切，多以重臣、外戚子弟、公主婿爲之。隋朝時爲門下省次官。正四品上。

[3]冀州：隋朝時治信都縣，在今河北冀州市。

[4]羽葆：古時一種儀仗。以鳥羽聚於柄頭如蓋。漢晋南北朝時，諸王及重要大臣有功則賜，大臣喪，亦或賜。以示尊崇。　鼓吹：演奏鼓吹樂的樂隊。本用於軍中，後賜予有功大臣，遂成爲皇帝賜予臣下的一種禮遇。　轀輬車：本爲古代的一種封閉而又有通風設備的卧車。因秦始皇在巡遊途中病逝，秘不發喪，將其棺藏於轀輬車中，以掩人耳目。後世遂以轀輬車作爲喪車的專名。

[5]牛弘：人名。字里仁，安定鶉觚（今陝西長武縣）人。隋朝大臣。見《北史》卷七二《牛弘傳》。　太牢：古代祭祀時，牛、羊、豕三牲皆備稱“太牢”。

長子惇，字士獻。[1]周文帝令功臣長子並與略陽公遊處，[2]惇於輩流中特被引接，每有遐方服翫珍奇，無不班賜。封安樂郡公，位驃騎大將軍、開府儀同三司、鳳州刺史。[3]先穆卒。子筠，襲祖爵。

[1]長子惇字士獻：《周書》卷三〇作“穆長子惇，字士宇。”據《隋書》卷三七《李穆傳》，今從《北史》。

[2]略陽公：封爵名。略陽，郡名。北魏時治隴城縣，在今甘肅秦安縣。底本無“公”字，中華本校勘記云：“諸本脱‘公’字，據《周書》《通志》補。宇文覺初封略陽公，見本書卷九《周孝閔帝紀》。”

[3]鳳州：北周時治梁泉縣，在今陝西鳳縣東北。

惇弟怡，位儀同三司，贈渭州刺史。[1]

[1]渭州：北魏孝莊帝永安三年置，治襄武縣，在今甘肅隴西

縣東南。北周、隋朝因之。

怡弟雅，少有識量。仕周，以軍功封西安縣男，[1]位荆州總管。[2]開皇初，進爵爲公。

[1]西安縣男：封爵名。西安，縣名。治所在今山東臨朐縣西南。

[2]荆州：北周時治穰縣，在今河南鄧州市。

雅弟恒，位鹽州刺史，[1]封曲陽侯。

[1]鹽州：北周時治五原縣，在今陜西定邊縣。

恒弟榮，位合州刺史，[1]長城縣公。[2]

[1]合州：北周時治石鏡縣，在今重慶合川市。

[2]長城縣公：封爵名。長城，縣名。治所在今陜西富縣西南。

榮弟直，位車騎將軍、歸政縣侯。[1]

[1]車騎將軍：官名。西漢時始設。魏晋南北朝時多爲加官，位在驃騎將軍之下各名號將軍之上。北周時爲八命。　歸政縣侯：封爵名。歸政，縣名。治所在今江蘇睢寧縣。

直弟雄，位柱國、驃騎將軍、密國公。[1]

[1]驃騎將軍：官名。西漢時始設。魏晋南北朝時爲重號將軍，

位在各名號將軍之上，僅次於驃騎大將軍。多用以褒賞勳庸。北魏孝文帝太和二十三年定爲二品。北周時爲正八命。

雄弟渾，仁壽初，[1]忿筠慳嗇，[2]遣兄子善衡賊之。求盜不得，文帝大怒，盡追其親族。初，筠與從父弟瞿曇有隙，渾遂證瞿曇殺之，而善衡獲免。筠死，帝議立嗣。邳公蘇威奏筠不軌，請絶其封。帝不許，乃以渾嗣。

[1]仁壽：隋文帝的年號（601—604）。

[2]忿筠慳嗇：底本作“筠忽慳嗇”，源氏校勘記云：“‘筠忽慳嗇’《隋書》作‘渾忿其悋嗇。’”中華本校勘記云：“諸本‘忿’作‘忽’，在‘筠’字下。張森楷謂‘忿’當作‘忽’，在‘筠’字上。按《隋書·李穆傳》敘筠事云：‘仁壽初，叔父渾忿其吝嗇，陰遣兄子善衡賊殺之’。張説是，今據乙。”今從改。

渾，字金才，姿貌瓌偉，美鬚髯。起家左侍上士。[1]尉遲迥反於鄴，時穆在并州，隋文帝甚慮迥，遣渾乘驛詣穆。穆遽令渾入京奉熨斗曰：“願執柄以慰天下也。”文帝大悦。又遣渾詣韋孝寬所而述穆意。會鄴平，以功授上儀同三司，[2]封安武郡公。[3]開皇中，晋王廣出藩，[4]渾以驃騎將軍領親信，從往揚州。[5]

[1]左侍上士：官名。西魏、北周時爲天官府宫伯中大夫屬官。負責皇帝的安全，皇帝出行伴隨左右。正三命。

[2]上儀同三司：官號。北周置，位居開府儀同三司之下、儀同三司之上。多爲大臣勳臣的加官。隋朝沿置，爲從四品散官，隋

煬帝大業三年罷。

［3］安武郡公：底本作“武安郡公”，源氏校勘記云：“《隋書》（‘武安’）作‘安武’。”中華本校勘記云：“諸本作‘武安’，《隋書》《通志》並作‘安武’。按李穆曾封安武郡公，渾當是承襲父爵，作‘安武’是，今據乙。”今從改。

［4］廣：即楊廣，人名。隋煬帝見《北史》卷一二《隋本紀·煬帝》。

［5］揚州：隋朝時治江都縣，在今江蘇揚州市。

及筠死，渾規欲紹之，謂妻兄太子左衛率宇文述曰：[1]“若得襲封，當以國賦之半，每歲相奉。”述因入白皇太子，奏文帝，竟詔渾襲申公以奉穆嗣。大業六年，追改穆封爲郕公，渾仍襲焉。累加光禄大夫，遷右驍騎衛大將軍。[2]渾既紹父業，日增豪侈。二歲後不以奉物分述。述大恚，因醉謂其友人于象賢曰：“我竟爲金才所賣，死且不忘。”渾聞之，由是結隙。

［1］太子左衛率：官名。晋武帝時設，歷代沿置。隋朝時置一員，掌宫中宿衛，下置司馬、長史、諸曹參軍等屬官。正四品。煬帝大業三年改爲左侍率。

［2］遷右驍騎衛大將軍：《隋書》卷四《煬帝紀下》作“辛丑以右驍騎將軍李渾爲右驍衛大將軍”。疑是。右驍騎衛大將軍，官名。職掌、品秩不詳。

及帝討遼東，有方士安伽陁謂帝曰：“李氏應爲天子，宜盡誅天下李姓。”述知之，因構渾於帝曰：“臣與金才夙親，聞其數與李敏、善衡等日夜屏語，或終夕不寢。渾大臣也，家世隆盛，身捉禁兵，不宜然。”帝曰：“卿可覓其事。”述乃遣武賁郎將裴仁基表告渾反，[1]即日遣述掩其家。遣左丞元文都、御史大夫裴藴雜推之，[2]數日不得反狀。

[1]武賁郎將：官名。即虎賁郎將。《北史》避唐高祖祖父李虎諱改。漢晋時爲虎賁中郎將的省稱。北魏時設爲專職，爲軍内中級軍官。隋煬帝時爲十二衛長官，正四品。　裴仁基：人名。字德本，河東（今山西永濟市）人。隋朝將領。見《北史》卷三八《裴仁基傳》。

[2]左丞：即尚書左丞，官名。東漢時始設。隋朝時爲監察禮部、户部、吏部三部十二司官員。從四品。　元文都：人名。洛陽（今河南洛陽市東北）人。北周、隋朝官吏。後爲王世充所殺。見《隋書》卷七一《元文都傳》。　御史大夫：官名。秦朝始設，歷代沿置。隋朝時爲御史臺長官，專管監察彈劾百官，地位尊隆。從四品。　裴藴：人名。河東聞喜（今山西聞喜縣）人。南朝陳、隋朝官吏。初仕南朝陳，陳亡入隋。見《北史》卷七四《裴藴傳》。

帝更遣述推。述入獄中召出敏妻宇文氏，謂曰：“夫人，帝甥也，何患無賢夫？李敏、金才名當祅讖，夫人當自求全。”因教言金才嘗告敏云：“汝應圖籙，當爲天子。今主上好兵，[1]勞擾百姓，此亦天亡隋時也。若復度遼，吾與汝必爲大將軍，[2]每軍二萬餘兵，固以五萬人矣。又發諸房子姪内外親婭並募從征，吾家子弟決爲主帥，分領兵馬，散在諸軍。吾與汝前發，襲取御營，子弟響赴，一日之間，天下定矣。”述口自傳授，令敏妻寫表，封云：“上密”。述持入奏云：“已得金才反狀，并有敏妻密表。”帝覽之，泣曰：“吾宗社幾傾，賴親家公而獲全耳。”於是誅渾、敏等，自餘無少長皆徙嶺表。[3]

[1]主：底本作“王”，中華本作“主”，是。今從改。

[2]吾與汝必爲大將軍：中華本校勘記云：“《隋書》無‘軍’字。按《隋書》卷八《禮儀志三》、《通鑑》卷一八一言隋煬帝攻高麗，分二十四軍，每軍大將、亞將各一人。這裏‘軍’字當是衍文。”可從。

[3]嶺表：地區名。即嶺南。今兩廣之地。

梁禦，字善通，其先安定人也。[1]後因官北邊，遂家於武川，改姓紇豆陵氏。高祖俟力提，從魏太武征討，位揚武將軍、定陽侯。[2]

[1]安定：郡名。北魏時治安定縣，在今甘肅涇川縣北。

[2]揚武將軍：官名。東漢始置，掌征伐。三國魏沿置，四品。兩晋南朝時成爲加官、散官性質的將軍，四品。北魏時亦置揚武將軍，用以褒賞勳庸。從四品。毛本作“揚風將軍”。據《周書》卷一七《梁禦傳》、《通志》卷一五六，今從底本。　定陽侯：封爵名。定陽，縣名。治所在今山西吉縣。

禦少好學，進趣詳雅，及長，更好弓馬。尒朱天光西討，知禦有志略，引爲左右。共平關、隴，除益州刺史，[1]第一領人酋長，[2]封白水縣侯。[3]從賀拔岳鎮長安。及岳被害，禦與諸將同謀翊戴周文帝。周文既平秦、隴，欲引兵東下。雍州刺史賈顯持兩端，[4]通使於齊神武。周文知其意，以檦爲大都督、雍州刺史，領前軍先行。及與顯相見，因説顯，顯即出迎周文，檦遂入鎮雍州。大統元年，進爵信都縣公，[5]授尚書右僕射。[6]

[1]益州：北魏時治晋壽縣，在今四川廣元市。

[2]第一領人酋長：官名。即第一領民酋長。《北史》避唐太宗李世民諱改。北魏時用於封賞歸附的部落首領。

[3]白水縣侯：封爵名。白水，縣名。治所在今甘肅隴南市武都區東南。

[4]雍州刺史賈顯持兩端：中華本校勘記云："張森楷云：'"顯"下當有"度"字，《魏書》（卷八〇）《賈顯度傳》可證。'按張説是，顯度有弟名顯智，省作'賈顯'，易生混淆。"可從。賈顯，即賈顯度，人名。中山無極（今河北無極縣）人。北魏官吏。見《北史》卷四九《賈顯度傳》。

[5]信都縣公：封爵名。信都，縣名。治所在今河北冀州市。

[6]尚書右僕射：官名。秦朝時置，歷代因之。北朝時位列宰相，主管尚書省政務或掌選舉。北魏孝文帝太和十七年定爲從一品中，二十三年定爲從二品。西魏因之。

從周文復弘農，破沙苑，加侍中、開府儀同三司，進爵廣平郡公。[1]出爲東雍州刺史，爲政舉大綱而已，人庶稱之。薨於州，臨終唯以國步未康爲恨，言不及家。贈太尉、尚書令、雍州刺史，謚曰武昭。子睿。

[1]廣平郡公：封爵名。廣平，郡名。西魏時治曲梁城，在今河北永年縣東南。

睿，字恃德，少沉敏有行檢。周文帝時，以功臣子養宫中，復命與諸子遊處。七歲，襲爵廣平郡公。累加儀同三司、本州大中正、開府，[1]改封五龍郡公，[2]渭州刺史。周閔帝受禪，[3]徵爲御伯。[4]出爲中州刺史，[5]鎮新安以備齊。[6]齊人來寇，睿輒挫之。帝甚嘉歎，拜大將軍。以禦佐命功，進爵蔣國公。入爲司會。[7]後從齊王憲拒齊將斛律明月於洛陽，[8]每戰有功，遷小冢宰。歷敷州刺史、凉安二州總管，[9]俱有惠政，進位柱國。

[1]大中正：官名。魏晋南北朝時負責評定士族内部品第的官員。漢獻帝時置中正，評定士族品第。三國魏齊王時在郡中正之上設州大中正，核實郡中正所報的品、狀，主管州内士族品第的評定，並有推舉和罷免郡中正的權力（須經司徒府通過）。兩晋南北朝沿置。州大中正由司徒選授，本州内鄉品二品的士族高門可以參預其推舉，出任者皆爲鄉品二品的士族高門，許多家族世代相襲。北魏後期選任漸濫，恩幸、閹官亦有任此職。

[2]五龍郡公：封爵名。五龍，郡名。建置未詳。王仲犖《北周地理志》疑爲“五龍戍”改置。

[3]周閔帝：即北周皇帝宇文覺。閔爲其謚號。

[4]御伯：官名。御伯中大夫的省稱。西魏恭帝三年置，爲天官府屬官。員二人。正五命。北周因之。

[5]中州：北周明帝初置，治新安郡，在今河南澠池縣東。北周武帝保定五年移治通洛防，在今河南新安縣。

[6]新安：縣名。治所在今河南新安縣。

[7]司會：官名。司會中大夫的省稱。西魏恭帝三年置，北周沿置。爲天官府司會司長官，職掌全國財政收支，協助大冢宰管理六府之事。下設司會上士、中士、旅下士等職。正五命。

［8］憲：人名。即宇文憲，字毗賀突，鮮卑族。北周宗室。性聰敏，有度量，善兵謀，因遭誣陷謀反被殺。見《北史》卷五八《齊煬王憲傳》。　斛律明月：人名。即斛律光。字明月，朔州（今山西朔州市）敕勒部人。北齊將領。見《北史》卷五四《斛律金附斛律光傳》。

［9］敷州：北周時治中部縣，在今陝西黄陵縣西南。　凉：州名。北周時治姑臧縣，在今甘肅武威市。　安：州名。北周時治安陸縣，在今湖北安陸市。

隋文帝總百揆，代王謙爲益州總管。[1]行至漢川西，[2]謙反，攻始州，[3]睿不得進。文帝命睿爲行軍元帥，[4]率行軍總管于義、[5]張威、達奚長儒、梁昇、石孝義步騎二十萬討之。謙遣開府李三王守通谷，[6]睿使張威擊破之。進至龍門，[7]謙將趙儼、秦會擁衆十萬，據險爲營，周亘三十里。睿令將士銜枚，出自間道，四面奮擊，力戰破之，遂鼓行而進。謙將敬豪守劍閣，[8]梁巖拒平林，[9]並懼而來降。謙又命高阿那瓌、達奚惎等以盛兵攻利州。[10]聞睿將至，惎分兵據開遠。睿遣上開府拓拔宗趣劍閣，[11]大將軍宇文敻指巴西，[12]大將軍趙達水軍入嘉陵。[13]遣張威、王倫、賀若震、于義、韓相貴、阿那惠等分道攻惎，自午及申，破之。惎奔歸于謙。睿逼成都，[14]謙令達奚惎、乙弗虔守城，[15]親帥精兵五萬，背城結陳。睿擊敗之。謙將入城，惎、虔以城降。謙將麾下三十騎遁走，新都令王寶執之，[16]睿斬謙于市，劍南悉平。進位上柱國，總管如故，賜物五千段、奴婢一千口、金二千兩、銀三千兩，邑千户。

［1］百揆：指總理國政。　王謙：人名。字敕萬，太原（今山西太原市晋源區古城營村一帶）人。北周大臣。見《北史》卷六〇《王雄附王謙傳》。

［2］漢川：郡名。北周時治光義縣，在今陝西漢中市東。

［3］始州：北周時治普安縣，在今四川劍閣縣城關。

［4］行軍元帥：官名。北周時爲最高統兵官，位在行軍總管之上。統一道或數道行軍總管，兵停則罷。多以親王或重臣爲之。

［5］行軍總管：底本無"行"字，中華本校勘記云："諸本脱'行'字，據《隋書》《通志》補。"今從改。　于義：人名。字慈恭，代（今山西大同市東北）人。北周大臣。見《北史》卷二三《于栗磾附于義傳》。　行軍總管：武官名。北周置，爲行軍出師時統兵之官，受行軍元帥的節制。

［6］通谷：山谷名。在今河南洛陽市南。

［7］龍門：地名。一名禹門口。在今山西河津市西北黄河西岸。

［8］劍閣：縣名。治所在今四川劍閣縣東北。

［9］平林：縣名。治所在今湖北隨州市東北。

［10］高阿那瓌：人名。即高阿那肱。善無（今山西右玉縣東南）人。北齊官吏。見《北史》卷九二《高阿那肱傳》。　達奚惎：人名。代（今山西大同市東北）人，鮮卑族。北周官吏。因從王謙反，兵敗被殺。見《北史》卷六五《達奚武傳》。　利州：北周時治興安縣，在今四川廣元市。

［11］拓拔宗：底本作"託拔宗"，源氏校勘記改"託"作"拓"。中華本校勘記云："諸本'拓'作'託'，據《隋書》《通志》改。"今從改。

［12］巴西：郡名。北周時治巴西縣，在今四川綿陽市東。

［13］嘉陵：水名。發源於今秦嶺，西南流經四川、重慶，後匯入長江。

［14］成都：縣名。治所在今四川成都市。

［15］乙弗虔：人名。北周將領。官至益州總管府長史、大將

軍。北周宣帝大成元年，楊堅輔政，益州總管王謙以匡復周室爲名，舉兵反抗，虔等勸謙憑藉天險以觀時變。堅以大兵討謙，虔阻擊不利，退保成都，尋敗降，以首謀罪被殺。

[16]新都：縣名。治所在今四川成都市。

睿時威振西州，夷獠歸附，唯南寧首帥爨震恃遠不賓。[1]睿上疏曰："南寧州，漢牂柯之地。[2]近代已來，分置興古、雲南、建寧、朱提四郡，[3]户口殷衆，金寶富饒，二河有駿馬明珠，益、寧出鹽井犀角。晋泰始七年以益州曠遠，[4]分置寧州。[5]至僞梁，南寧州刺史徐文盛被湘東徵赴荆州。[6]屬東夏尚阻，未遑遠略，土人爨瓚遂竊據一方。[7]國家遥授刺史，其子震相承至今。而震臣禮多虧，貢賦不入。如聞彼人苦其苛政，思被皇風，幸因平蜀士衆，不煩重興師旅，押獠既訖，即請略定南寧。"[8]文帝深納之，然以天下初定，恐人心不安，故未之許。後竟遣史萬歲討平之，[9]並因睿之策也。

[1]南寧：州名。北周改寧州置，治所在味縣，在今雲南曲靖市西。　爨震：人名。南寧地區少數民族首領。降隋後任昆州刺史。後叛隋自立，爲隋將史萬歲所俘，以重金賄賂萬歲得釋。

[2]牂（zāng）柯：郡名。隋朝時治且蘭縣，在今貴州貴陽市。

[3]興古：郡名。東晋時治宛温縣，在今雲南硯山縣北。　雲南：郡名。東晋時治雲南縣，在今雲南永勝縣東。　建寧：郡名。東晋時治味縣，在今雲南曲靖市西北。　朱提：郡名。東晋時治朱提縣，在今雲南昭通市。

[4]泰始：晋武帝的年號（265—274）。

［5］寧州：西晋時治滇池縣，在今雲南晋寧縣東北晋城鎮。

［6］徐文盛：人名。字道茂，彭城（今江蘇徐州市）人。南朝梁官吏。歷任寧州刺史、散騎常侍、左衛將軍等職。見《梁書》卷四六《徐文盛傳》。

［7］爨瓚：人名。南北朝時期南寧地區少數民族首領。於梁元帝承聖二年（553）降於北周，授予南寧州刺史。

［8］幸因平蜀士衆不煩重興師旅押獠既訖即請略定南寧：底本無“旅”字，且“押”作“狎”，中華本校勘記云：“諸本脱‘旅’字，據《隋書》《通志》補。又‘押’訛‘狎’，據《隋書》改。‘押獠’亦作‘壓獠’，即鎮壓獠族的反抗。見本書卷九五《獠傳》。”今從改。

［9］史萬歲：人名。京兆杜陵（今陝西西安市長安區東）人。北周、隋朝將領。見《北史》卷七三《史萬歲傳》。

睿威惠兼著，人夷悦服，聲望逾重，文帝陰憚之。薛道衡從軍在蜀，[1]説睿勸進，文帝大悦。及受禪，顧待彌隆。睿復上平陳策，帝善之，下詔曰：“昔公孫、隗囂，[2]漢之賊也，光武與其通和，[3]稱爲皇帝。尉他之於高祖，[4]初猶不臣。孫皓之答晋文，[5]書尚云“白”。或尋款服，或即滅亡。王者體大，義存遵養，雖陳國來朝，未盡蕃節，如公大略，誠須責罪，尚欲且緩其誅，宜如此意。淮海未滅，必興師旅，若命水襲，終當相屈，[6]以身許國，無足致辭也。”睿乃止。睿時見突厥方强，恐爲邊患，復陳鎮守之策十餘事。帝嘉歎久之，答以厚意。

［1］薛道衡：人名。字玄卿，河東汾陰（今山西萬榮縣西南）

人。隋朝官吏。見《北史》卷三六《薛辯附薛道衡傳》。

[2]公孫：即公孫述，人名。字子陽，扶風茂陵（今陝西興平市）人。新莽末年、東漢初年割據勢力。見《後漢書》卷一三《公孫述傳》。　隗囂：人名。字季孟，天水成紀（今甘肅秦安縣）人。西漢末、王莽新朝政權官吏。曾建立割據政權。見《後漢書》卷一三《隗囂傳》。

[3]光武：即東漢皇帝劉秀。光武爲其謚號。

[4]尉他：即趙佗，人名。真定（今河北正定縣南）人。西漢時南越王。見《史記》卷一一三《南越列傳》。

[5]孫皓：人名。字元宗，一名彭祖。三國時吴國末代皇帝。見《三國志》卷四八《吴書·孫皓傳》。　晋文：即西晋皇帝司馬昭。文爲其謚號。

[6]若命水襲終當相屈：中華本校勘記云："各本及《隋書》'水'並作'永'，獨百衲本作'水'。按梁睿當時鎮蜀，居陳上游，此言以水軍襲陳，則將用睿也。今從百衲本。"是。

睿時自以周代舊臣，久居重鎮，内不自安，屢請入朝，於是徵還京師。及引見，上爲之興，命睿升殿，握手極歡。睿退謂所親曰："功遂身退，今其時也。"遂謝病，闔門自守，不交當時。帝賜以板輿，[1]每有朝覲，必令三衛輿上殿。睿初平王謙之始，自以威名太盛，恐爲時所忌，遂大受金賄以自穢。由是勳簿多不以實，詣朝堂稱屈者，前後百數人。上令有司案驗其事，主者多獲罪。睿懼，上表陳謝，請歸大理。[2]上慰喻遣之。十五年，從至洛陽而卒，謚曰襄。

[1]板輿：古代的一種用人擡的代步工具，多爲老人乘坐。

[2]大理：官名。亦稱大理寺卿。北齊時改廷尉爲大理而置，爲大理寺長官，列位九卿。員一人，三品。掌管國家刑獄審判、執行法律的事務。隋朝時爲從三品。

子洋嗣，歷位嵩徐二州刺史、武賁郎將。[1]大業六年，詔追改睿封爲戴公，命以洋襲焉。

[1]嵩：州名。隋朝時治陽城縣，在今河南登封市東。

論曰：賀拔岳變起倉卒，侯莫陳悦意在兼并，于時人有離心，士無固志。寇洛撫循散亂，抗禦仇讎，全師而還，敵人絶覬覦之望；度德而處，霸王建匡合之謀。趙貴居二闕之險，周室定二分之功。[1]彼此一時，其功固不細也。

[1]趙貴居二闕之險周室定二分之功：中華本校勘記云："按《周書》卷十六史臣論云：'趙貴志懷忠義，首倡大謀，爰啓聖明，克服讎耻，關中全百二之險，周室定三分之業。'文意明白。這裏語意不明，疑有脱訛。"可從。

李賢和兄弟屬亂離之際，居戎馬之間，志略從横，忠勇奮發，頻摧勍敵，屢涉艱危。及逢時遇主，策名委質，荷生成之恩，蒙國士之遇，俱縻好爵，各著勳庸。遂得任兼文武，聲彰出内，位高望重，光國榮家，跗蕚連暉，[1]椒聊繁衍，[2]冠冕之盛，當時莫與比焉。自周迄隋，鬱爲西京盛族，雖金、張在漢，[3]不之尚也。然而周文始崩，嗣君沖幼，内則功臣放命，外則强寇臨邊，晋公以猶子之親，膺負圖之託，遂能撫寧家國，開翦異端，革魏興周，遠安邇悦，功勤已著，過惡未彰。李植受遇先朝，宿參機務，慮威權之去己，懼將來之不容，生此厲階，[4]成兹貝錦，[5]乃以小謀大，由疏間親。主無昭帝之明，[6]臣有上官之訴，[7]嫌隙既兆，釁故因之，啓冢宰無君之心，成閔帝廢弑之禍，植之由也。李遠闕義方之訓，又無先見之明，以至誅夷，非爲不幸。

[1]跗（fū）萼連暉：代指兄弟都是顯貴榮耀之士。典出《詩·小雅·常棣》："常棣之華，鄂不韡（wěi）韡，凡今之人，莫如兄弟。"

[2]椒聊：指子孫繁多。椒，指的是花椒。聊，一説爲語氣助詞，一説爲山楂。底本作"聊椒"，中華本校勘記云："諸本'椒聊'作'聊椒'，《周書》卷二五史臣論作'椒聊'。按《詩·唐風》：'椒聊之實，蕃衍盈升。'此誤倒，今據乙。"今從改。

[3]金張：指金日（mì）磾（dī）、張安世。金日磾，字翁叔。西漢時駐守武威的匈奴休屠王太子。漢武帝時因打敗匈奴休屠王時用金人祭天，而賜姓爲金。見《漢書》卷六八《金日磾傳》。張安世，字子孺，京兆杜陵（今陝西西安市長安區東）人，張湯之子。西漢大臣。家世顯赫，子孫七世爲官。見《漢書》卷五九《張湯傳》。

[4]厲階：禍端，禍患的來由。典出《詩·大雅·桑柔》："誰生厲階，至今爲梗。"

[5]貝錦：喻誣陷他人、羅織成罪的讒言。

[6]昭帝：即漢昭帝劉弗陵。昭爲其謚號。

[7]上官：即上官桀。字少叔，隴西上邽（今甘肅天水市）

人。西漢大臣、外戚。漢昭帝皇后上官氏的祖父。後因聯合御史大夫桑弘羊、燕王劉旦等人謀殺霍光，事敗被殺。

梁禦豫奉興王，參謀締構，驅馳畢力，夷險備嘗，雖遠志未申，亦云遇其時矣。

穆及梁睿皆周室功臣，隋文王業初基，俱受腹心之寄，故穆首登師傅，睿終膺殊寵，觀其見機而動，抑亦人之先覺。然方魏朝之貞烈，有愧王淩；[1]比晋室之忠臣，終慚徐廣。[2]穆之子孫，特爲隆盛，朱輪華轂，[3]凡數十人，見忌當時，禍難遄及，得之非道，可不戒歟。

[1]王淩：人名。字彦雲，太原祁（今山西祁縣東南）人，爲漢末王允之侄。三國魏將領。官至太尉。與令狐愚起兵反對司馬懿，事敗自殺。見《三國志》卷二八《魏書·王淩傳》。

[2]徐廣：人名。字野民，東莞姑幕（今山東諸城市）人。東晋大臣。忠於晋朝。晋恭帝遜位之時，慟哭後回歸鄉里。見《晋書》卷八二《徐廣傳》。

[3]朱輪華轂：指古代王侯貴族乘坐的裝飾華麗的車子。比喻顯貴。朱、華，形容裝飾華麗。轂，車輪中心的圓木。

今注本二十四史

北史

一五

傳〔一二〕

唐 李延壽 撰

李憑 靳寶 主持校注

中国社会科学出版社

北史　卷六〇

列傳第四十八

李弼 曾孫密　宇文貴 子忻 愷　侯莫陳崇 子穎 崇兄順　王雄 子謙

李弼，字景和，隴西成紀人。[1]六世祖振，慕容垂黄門郎。[2]父永，魏太中大夫，[3]贈凉州刺史。[4]

[1]隴西成紀人：源氏校勘記云："《周書》作'遼東襄平人'。按:《舊唐書·李密傳》同。"隴西，郡名。北魏時治襄武縣，在今甘肅隴西縣東南。成紀，縣名。治所在今甘肅秦安縣北。

[2]慕容垂：人名。字道明。初名霸，字道業，昌黎棘城（今遼寧北票市章吉營子鄉三官營子村）人，鮮卑族。十六國時後燕君主。見《北史》卷九三《慕容垂傳》。　黄門郎：官名。秦、西漢時給郎官加以給事黄門的省稱，亦稱黄門侍郎。爲中朝官員，給事於宫門之内，侍從皇帝，顧問應對，出則陪乘。與皇帝關係密切，多以重臣、外戚子弟、公主婿爲之。東漢時與給事黄門合爲一官，遂成爲給事黄門侍郎的省稱。魏晋南北朝因之，爲侍中省或門下省次官，與侍中俱掌門下衆事，職掌略同，地位隨皇帝旨意或侍中地位而上下。

［3］太中大夫：官名。亦作“大中大夫”。秦、漢初位居諸大夫之首，侍從皇帝左右，掌管顧問應對、參政議政，奉詔出使，多由寵臣貴戚擔任。北魏至隋朝品秩與卿相近，多用以安置年老退免的九卿大臣，無具體的職責。北魏孝文帝太和十七年（493）爲三品下，二十三年改爲從三品。

［4］凉州：北魏時治姑臧縣，在今甘肅武威市。

弼少有大志，膂力過人。屬魏亂，謂所親曰：“大丈夫生世，會須履鋒刃，平寇難，以取功名，安能碌碌依階以求仕。”初爲别將，從尒朱天光西討，[1]破赤水蜀，[2]以功封石門縣伯。[3]又與賀拔岳討万俟醜奴、万俟道洛、王慶雲，皆破之。[4]賊咸畏之曰：“莫當李將軍前也。”

［1］尒朱天光：人名。北秀容（今山西朔州市）人，契胡族。北魏官吏。見《北史》卷四八《尒朱榮附尒朱天光傳》。

［2］赤水蜀：古代西北部族。爲蜀人遷居關中之一部，活動於渭河支流灌水流域，其地爲關中通往蜀地的孔道。赤水，城名。在今青海興海縣東南（參秦裕江《赤水與赤水戍——吐谷渾地理考察之二》，《青海社會科學》1996年第1期）。

［3］石門縣伯：封爵名。石門，縣名。治所在今甘肅隴南市武都區東南。

［4］賀拔岳：人名。字阿斗泥，神武尖山（今山西神池縣）人。北魏名將。見《北史》卷四九《賀拔允附賀拔岳傳》。　万俟醜奴：人名。鮮卑族。北魏末關隴各族起義軍首領。後在洛陽被殺。　万俟道洛：人名。又稱万俟道樂，鮮卑族。北魏末關隴各族起義軍首領。與尒朱天光戰於水洛城（今甘肅莊浪縣），被殺。　王慶雲：人名。略陽（今甘肅秦安縣東北）人，龍涸胡。北魏長廣

王建明元年（530）在水洛城稱帝，不久兵敗，被尒朱天光坑殺。

及天光赴洛，弼隸侯莫陳悦，[1]征討屢有剋捷。及悦害賀拔岳，周文帝自平凉討悦。[2]弼諫悦，令解兵謝之。悦惶惑，計無所出。弼知悦必敗。周文帝至，悦乃棄秦州南出，[3]據險以自固。是日，弼密通於周文，[4]許背悦。至夜，弼乃勒所部，云悦欲向秦州，命皆裝束。弼妻，悦之姨也，時爲悦所親委，衆咸信之，人皆散走。弼慰輯之，遂擁以歸周文。悦由此敗。周文謂曰："公與吾同心，天下不足平也。"

[1]侯莫陳悦：人名。代郡（今山西大同市東北）人。北魏將領。見《北史》卷四九《侯莫陳悦傳》。

[2]周文帝：即宇文泰。文爲其謚號，北周明帝所追謚。　平凉：縣名。治所在今甘肅平凉市西北。

[3]秦州：北魏時治上封城，在今甘肅天水市。

[4]是日弼密通於周文：《周書》卷一五《李弼傳》作"翌日，弼密通使太祖"。《通志》卷一五六作"是日，弼密通使於文帝"。

大統初，進位驃騎大將軍、開府儀同三司。[1]從平竇泰，[2]斬獲居多。周文以所乘騅馬及泰所著牟甲賜弼。[3]又從平弘農。[4]與齊神武戰於沙苑，[5]弼率軍居右，而左軍爲敵所乘。[6]弼將其麾下九十騎横截之，賊分爲二，因大破之。以功進爵趙郡公。[7]四年，從周文東討洛陽，[8]弼爲前驅。東魏將莫多婁貸文率衆至穀城，[9]弼倍道而前，遣軍士鼓譟，[10]曳柴揚塵。貸文以爲大軍至，遂走。弼追斬貸文，傳首大軍。翌日，又從周文與齊神武戰河橋，[11]身被七創，遂爲所獲，陽隕絶於地，[12]睨其傍有馬，因躍上得免。歷位司空、太保、柱國大將軍。[13]廢帝元年，[14]賜姓徒何氏。[15]六官建，拜太傅、大司徒。[16]及晋公護執政，[17]朝之大事，皆與于謹及弼等參議。[18]周孝閔帝踐阼，[19]除太師，[20]進封趙國公，邑萬户，前後賞賜鉅萬。

[1]大統：西魏文帝的年號（535—551）。　驃騎大將軍：官名。東漢初臨時設置，統兵征戰，事訖則罷。魏晋時，驃騎將軍爲重號將軍，僅次於大將軍，高於諸名號大將軍。本不須加“大”，然兩晋將軍名號愈來愈濫，遂又增此號，居諸名號將軍之首，多加於權臣元老，以示尊崇，開府置僚屬，不領兵，一品。十六國、南北朝因之。北魏孝文帝太和十七年（493）定爲一品中，二十三年改爲從一品。北齊因之。西魏、北周實行府兵制，用作開府府長官軍號，九命。　開府儀同三司：三國魏始置，爲大臣加號，意謂與三司即太尉、司徒、司空的禮制待遇相同，許開設府署，自辟屬僚。兩晋南北朝因之。北魏孝文帝太和二十三年定爲從一品。北周時爲勳官，爲九命。

[2]竇泰：人名。字世寧，太安捍殊（今山西壽陽縣北）人。北魏、東魏將領。見《北史》卷五四《竇泰傳》。

[3]牟甲：即盔甲。牟，通“鍪”。

[4]弘農：郡名。西魏時治陝城，在今河南三門峽市。

[5]齊神武：即高歡。神武爲其謚號，北齊後主所追謚。　沙苑：又名沙阜、沙海、沙窩。在今陝西大荔縣南洛、渭二河之間，東西八十里，南北三十里。

[6]弼率軍居右而左軍爲敵所乘：底本無“率軍居右而左”六字，中華本校勘記云：“諸本脱‘率軍居右而左’六字，據《周書》

卷一五、《通志》卷一五六《李弼傳》補。沙苑之戰，‘李弼爲右拒，趙貴爲左拒，齊軍總萃於左軍。’見《周書》卷二《文帝紀》大統三年。”今從改。

[7]趙郡公：封爵名。趙郡，西周時治平棘縣，在今河北趙縣。

[8]洛陽：城名。在今河南洛陽市東北。

[9]莫多婁貸文：人名。太安狄那（今山西壽陽縣西）人，羌族。東魏將領。見《北史》卷五三《莫多婁貸文傳》。　穀城：地名。在今河南洛陽市西北。

[10]弼倍道而前遣軍士鼓譟：底本“遣”作“進”，中華本校勘記云：“諸本‘遣’訛作‘進’，據《周書·李弼傳》改。”今從改。倍道，兼程而行，指一日走兩日的路程。

[11]河橋：在今河南孟津縣東、孟州市西南黄河上。

[12]陽：通“佯”。

[13]司空：官名。漢成帝時改御史大夫爲大司空，漢光武帝時改名司空，與太尉、司徒並爲三公，分掌宰相職能。本職掌水土工程，並參議大政，實際上權歸尚書。歷代沿置，名列三公之末。魏晋南北朝時爲名譽宰相，多爲大臣加官，位居一品，無實際職掌。　太保：官名。西周始置，與太師、太傅並號三公。漢平帝時復置，與太師、太傅、少傅並號四傅，名爲皇帝師傅，位上公，無實際職掌。不久罷。三國魏末年復置，位在三司上，安置元老重臣，無職掌，一品。兩晋與太宰、太傅並爲上公，一品。執掌朝政，開府辟僚屬，爲宰相之任。南朝沿置，用作贈官。北魏、北齊時爲三師之一，位居太師、太傅之下，一品。北周時改號三公，正九命。　柱國大將軍：官名。十六國時後燕慕容垂始置。北魏初置，位在太尉之上，後罷。北魏末復置，位在丞相之上，授予權臣。西魏文帝大統三年，省稱柱國。在大統十六年前共任命八人，稱八柱國，是西魏的最高官職。其中六人分掌全國府兵。北周時成爲没有具體職掌的勳官，正九命。

[14]廢帝：即西魏皇帝元欽。

［15］賜姓徒何氏：中華本《周書》卷一五《李弼傳》作“賜姓徒河氏”，其校勘記云：“《舊唐書》卷五三、《新唐書》卷八四《李密傳》也都作‘何’。但《隋書》卷三九《豆盧勣傳》却作‘徒河’。譯音無定字，今不改。”可從。

［16］太傅：官名。西周始置，與太師、太保並號三公。春秋戰國沿置，輔導君王，執掌軍政。西漢不常置，東漢不置太師、太保，上公唯置太傅一人，秩萬石，居百官之首，以授元老重臣，位尊而無常職。魏晋沿置，位上公，在三司上，一品。南朝用作贈官。北魏、北齊時與太師、太保並號三師。位居太師下、太保上，一品。北周時改號三公，正九命。　大司徒：官名。《周禮》六卿之一，爲地官之長。掌國家土地圖籍、户口，管理土地使用、諸侯封邑、人民教化。西魏末、北周仿《周禮》建六官，復置爲地官府長官。亦稱大司徒卿，正七命。

［17］護：即宇文護，人名。字薩保，鮮卑族。北周宗室、權臣。見《北史》卷五七《邵惠公顥附宇文護傳》。

［18］于謹：人名。字思敬，代（今山西大同市東北）人。北魏、北周名將。見《北史》卷二三《于栗磾附于謹傳》。

［19］周孝閔帝：即北周皇帝宇文覺。孝閔爲其謚號。

［20］太師：官名。西周始置，與太傅、太保並號三公。自戰國至三國，其間唯西漢及東漢末短暫設置。三國魏末復置，爲三上公之一。東晋南朝沿置，用作贈官。十六國、北朝仍稱太師，爲三師之一，位在太傅、太保之上，一品。居百官之首，名位極尊。北周時改號三公，正九命。

弼每征討，朝受命，夕便引路，略不問私事，亦未嘗宿於家。兼性沈雅，有深識，故能以功名終。薨於位，明帝即日舉哀，[1]比葬，三臨其喪。發卒穿冢，給大路、龍旂，[2]陳軍至墓。謚曰武。尋追封魏國公，配食文帝廟庭。

[1]明帝即日舉哀：底本無"日"字，中華本校勘記云："諸本脱'日'字，據《周書》《通志》補。"

[2]大路：亦稱大輅、玉輅，古時天子所乘之車。　龍旂：畫有兩龍蟠結的旗幟，爲天子儀仗。

子曜居長，以次子暉尚文帝女義安長公主，[1]故遂以爲嗣。

[1]子曜居長以次子暉尚文帝女義安長公主：源氏校勘記云："《周書》'曜'作'暉'，'暉'作'曜'。下放此。"中華本《周書》卷一五《李弼傳》校勘記云："張森楷云：'《北史》（卷六〇《李弼傳》）稱"子曜居長，以次子暉尚文帝女"，與此長幼互異，《北史》是也。'張以爲《北史》是，却没有説明理由。今按本條既云嗣爵者名耀，下文却又説輝襲爵趙國公，改魏國公。趙是弼始封，魏是改封，顯然嗣弼者爲輝。前後自相矛盾，其證一。卷二五《李賢傳附從子基傳》稱宇文泰'唯託意諸壻，以爲心膂。基與義成公李暉、常山公于翼等俱爲武衛將軍，分掌禁旅'。據此，宇文泰的女壻是李輝而非李耀，其證二。這裏長次顛倒，今改正。又'耀''輝'，《北史》作'曜''暉'。按'李暉'屢見《周書》卷五《武帝紀》天和六年（571）正月，建德元年（572）四月，卷二五《李賢附從子基傳》，卷四九《異域僚傳》。李曜見《舊唐書》卷五三、《新唐書》卷八四《李密傳》，《文苑英華》卷九四八魏徵撰《李密墓誌銘》。祇有《隋書》卷七〇《李密傳》，《唐書》卷七二上《宰相世系表》作'耀'。疑作'曜''暉'是。"可從。義安長公主，封號。義安，縣名。治所在今湖北襄樊市西。

暉初賜爵義城郡公，[1]嘗卧疾期年，文帝憂之，賜錢一千萬，[2]供其藥石之費。魏恭帝二年，[3]加驃騎大將軍、開府儀同三司。出爲岐州刺史。[4]從文帝西巡，率公卿子弟别爲一軍。後襲趙國公，改襲魏國公。天和六年，[5]進位柱國。[6]建德元年，[7]出爲梁州總管。[8]時渠、蓬二州生獠積年侵暴，[9]至州綏撫，並來歸附。璽書勞之。

[1]義城郡公：封爵名。義城，郡名。西魏時治義成縣，在今湖北丹江口市。

[2]賜錢一千萬：《周書》卷一五《李弼附李輝傳》作"日賜錢一千"，《通志》卷一五六、《册府元龜》卷三〇三作"文帝憂之，賜錢一千萬"。

[3]魏恭帝：即西魏皇帝元廓。恭爲其謚號。

[4]岐州：西魏時治雍城鎮，在今陝西鳳翔縣東。

[5]天和：北周武帝的年號（566—572）。

[6]柱國：官名。爲柱國大將軍的省稱。

[7]建德：北周武帝的年號（572—578）。

[8]梁州：北周時治光義縣，在今陝西漢中市。

[9]時渠蓬二州生獠：底本作"時蓬二州生獠"，毛本、殿本、四庫本、局本、四部備要本、中華本皆作"时渠蓬二州生獠"。今從諸本補"渠"字。渠，州名。北周時治流江縣，在今四川渠縣。蓬，州名。北周時治安固縣，在今四川營山縣東北。生獠，古代對未入州城定居的獠人的蔑稱。獠，古族名。分布在今廣東、廣西、湖南、四川、雲南、貴州等地區，是今壯族的先民。

暉弟衍，字拔豆，少專武藝，慨慷有志略。仕周，爲義州刺史，[1]封真鄉公。[2]王謙作亂，以行軍總管從梁睿擊平之，[3]進上大將軍。[4]隋開皇元年，[5]以行軍總管討平叛蠻，進位柱國。後拜安州總管，[6]以疾還京，卒。子仲威嗣。

[1]義州：北周時治義城郡，在今湖北羅田縣東。

[2]真鄉公：封爵名。真鄉，郡名。即中鄉郡。隋朝時避隋文帝之父楊忠諱改爲真鄉。北周時治中鄉縣，在今陝西佳縣西。

[3]行軍總管：官名。北周置。戰時臨時任命大臣擔任此職，統兵出征，戰事結束則任職完成。在重大軍事行動中，隸屬於行軍元帥。隋沿置，逐漸成爲地方軍政長官。　梁睿：人名。字恃德，安定（今甘肅涇川縣北）人。北周、隋朝將領。見《北史》卷五九《梁禦附梁睿傳》。

[4]上大將軍：官名。三國吴始置，位在大將軍之上。十六國時漢、前燕、北燕亦置。北周武帝建德四年置，爲高級武官名號，正九命。

[5]開皇：隋文帝的年號（581—600）。

[6]安州：隋朝時治安陸縣，在今湖北安陸市。

衍弟綸，[1]最知名，有文武才用。以功臣子少居顯職，位至司會中大夫、開府儀同三司，[2]封河陽郡公。[3]爲聘齊使主，[4]卒。

[1]綸：即徒何綸，人名。據其墓誌載："君諱綸，字毗羅，梁成郡泉洪縣人。"又稱其爲"使持節、驃騎大將軍、開府儀同三司、大都督、洛鳳興三州諸軍事、三州刺史、河陽郡開國公"（參羅新、葉煒《新出魏晋南北朝墓誌疏證（修訂本）》，中華書局 2016 年

版，第253—255頁）。

[2]司會中大夫：官名。西魏恭帝三年（556）置，北周沿置。爲天官府司會司長官，職掌全國財政收支，協助大冢宰管理六府之事。下設司會上士、中士、旅下士等職。正五命。

[3]河陽郡公：封爵名。河陽，郡名。北周時治河陽縣，在今河南孟州市。

[4]使主：官名。爲北朝時期代表國家出使到其他政權的首席使臣。一般冠以使命名號，例如聘陳使主、聘齊使主等。

子長雅嗣，尚隋文帝女襄國公主，位内史侍郎、河州刺史、檢校秦州總管。[1]

[1]内史侍郎：官名。隋朝時爲内史省次官，置四員，正四品。煬帝大業三年（607）減爲二員，十二年改爲内書侍郎。　河州：隋朝時治枹罕縣，在今甘肅臨夏市。

綸弟晏，開府儀同三司、趙郡公，從平齊，歿并州。[1]子愫，以晏死王事，即襲其官爵。

[1]并州：北周時治龍山縣，在今山西太原市晋源區古城營村一帶。

曜既不得嗣，朝廷以弼功重，封曜邢國公，位開府。[1]

[1]開府：北魏置。孝文帝太和十七年定爲第一品下，二十三年定爲從一品。北齊沿置，地位漸低。北周時置爲府兵組織統兵

官，府兵二十四軍各設一員，統兵二千人左右。隋朝時左右衛、武衛、武候、領軍府及東宫領府兵率府所統親衛、左勳衛及左翊四府皆置一人，領本府府兵；東宫左右虞候府各置一人，領斥候事，煬帝大業三年改左右虞候開府爲左右虞候率。

子寬，幹略過人，自周及隋，數經將領，位柱國、蒲山郡公，[1]號爲名將。

[1]蒲山郡公：封爵名。蒲山，郡名。建置待考。

弼弟摽，字雲傑，[1]長不盈五尺，性果決，有膽氣。魏永安元年，[2]以兼别將從尒朱榮破元顥。[3]榮誅，隨尒朱兆入洛。[4]及魏孝武西遷，摽從都督元斌之與齊神武戰，[5]敗，遂與斌之奔梁。後得逃歸，進封晋陽縣子。[6]尋爲周文帝帳内都督，[7]從復弘農，破沙苑。摽時跨馬運矛，衝堅陷陣，隱身鞍甲之中。敵人見之，皆曰："避此小兒。"[8]不知摽之形貌，正自如此。周文初亦聞摽驍悍，未見其能，至是方嗟歎之。謂曰："但問膽決如何，何必要須八尺之軀也。"以功進爵爲公。武成初，[9]從豆盧寧征稽胡，[10]進爵汝南郡公。[11]出爲總管延綏丹三州諸軍事、延州刺史，[12]卒官。

[1]雲傑：源氏校勘記云："《周書》作'靈傑'。"

[2]永安：北魏孝莊帝的年號（528—530）。

[3]尒朱榮：人名。字天寶，北秀容（今山西朔州市）人，契胡族。北魏官吏。見《北史》卷四八《尒朱榮傳》。　元顥：人

名。字子明。北魏宗室、大臣。見《北史》卷一九《北海王詳附元顥傳》。

［4］尒朱兆：人名。字萬仁，北秀容（今山西朔州市）人，契胡族。北魏大臣。見《北史·尒朱榮附尒朱兆傳》。

［5］都督：官名。地方軍政長官。三國魏文帝置，稱都督諸州軍事，領駐在州刺史，兼理民政。無固定品級，多帶將軍名號。晉、南北朝沿置，爲地方軍政長官，分使持節、持節、假節三種，職權各有不同。　元斌之：人名。字子爽，河南洛陽（今河南洛陽市東北）人。北魏宗室，北周大臣。見《北史》卷一九《安樂王長樂附元斌之傳》。

［6］晋陽縣子：封爵名。晋陽，縣名。治所在今山西太原市晋源區古城營村一帶。

［7］帳内都督：官名。北魏末、東魏、西魏置。爲統領主帥左右的侍衛軍士，東魏時中外府、西魏時大丞相府皆設置。

［8］皆曰避此小兒：底本“皆”下無“曰”字，源氏校勘記於“皆”下補“曰”字。中華本校勘記云：“諸本脱‘曰’字，據《周書》《通志》補。”今從改。

［9］武成：即北齊皇帝高湛。武成爲其謚號。

［10］豆盧寧：人名。字永安，昌黎徒何（今遼寧錦州市）人。西魏、北周將領。其先本鮮卑慕容氏，前燕之支族，後歸附北魏，賜姓豆盧氏。見《北史》卷六八《豆盧寧傳》。　稽胡：亦稱山胡、步落稽。南北朝時居於今山西、陝西北部山谷間，與漢人錯居。關於稽胡的族源，學界分歧較大。一説源於南匈奴，一説爲山戎、赤狄之後（參周偉洲《中國中世紀西北民族關係研究》，廣西師範大學出版社 2007 年版，第 147 頁；林梅村《稽胡史迹考——太原新出隋代虞弘墓誌的幾個問題》，《中國史研究》2002 年第 1 期）。

［11］汝南郡公：封爵名。汝南，郡名。北周時治上蔡縣，在今河南汝南縣。

[12]延：州名。北周時治廣武縣，在今陝西延安市東。　綏：州名。北周時治安寧縣，在今陝西綏德縣。　丹：州名。北周時治義川縣，在今陝西宜川縣東北。

無子，以弼子椿嗣，[1]位開府儀同大將軍、右宫伯，改封河東郡公。[2]

[1]椿：即李椿，人名。據李椿墓誌載："公諱椿，字牽屯，隴西燉煌人也……公即武公（李弼）第七子也，别繼叔父大將軍汝南公檦之後……論交莫尚，以開皇十三年正月廿七日遘疾，薨於京師之永吉里第，春秋五十。"（參羅新、葉煒《新出魏晋南北朝墓誌疏證（修訂本）》，第403—407頁）

[2]位開府儀同大將軍右宫伯改封河東郡公：李椿歷官之迹，其墓誌記載頗詳，曰："公起家以勳胄子，封魏平縣開國子，邑四百户。保定二年，判司邑下大夫。管轄胥徒，薄領繁湊，一官既效，萬事皆理。俄除大都督，出鎮延州，强虜畏威，緣邊仰化，奸豪於是屏跡，民史於是來蘇。周武帝特嘉其能，追入宿衛，授左侍上士，餘官、封如故。公言無可擇，行必可師，以義感人，以誠簡帝。保定六年，帝深異之，除使持節、車騎大將軍、儀同三司，餘封如舊……屬蒲坂舊城，襟帶之處，子來不日，非公莫可。仍以其年詔使修築朱樓翠觀、浮彩大河，危堞崇墉，作固勝部。還，又詔築羌城，民勞無怨。建德四年，以大寧艱險，表裏戎居，帝思安静，推公作鎮。爾其板屋之地，俄見華風，穹谿之鄉，翻爲盛俗。久之，又追同州監領。暨吐谷渾放命蕃虞，肆凶方面，王赫斯怒，出車關右。乃從儲君，星言薄伐，公雄圖厝算，拔萃絶倫，氣冠行伍，身先士卒，摧獻麋之士，破射雕之人，丑類滌除，公有力矣。凱旋，以功賞奴婢一十三口，絹布一百匹、粟麥一百石。五年，周武帝平齊，仍居偏將。詘指而陳成敗，借箸而畫是非。所向無前，

咸推第一……論公效績，與彼儔焉，仍留鎮相州，進爵爲伯。宣政元年，序勳，特封河東郡開國公，邑貳遷户。大象元年，入爲左少武伯下大夫。二年，累遷上儀同大將軍、左司武中大夫。十月，又轉右宫伯中大夫……其年十二月，除使持節、開府儀同大將軍，餘封如故。大隋建極，海内清蕩，以漳滏經離，風塵始滅，眷言撫壓，是屬勳賢。開皇二年，敕領東土相州十二州兵……十年，授驃騎將軍，餘官、封、領如舊。十二年，公以久居蕃部，思謁帝閽，詔許入朝。”（參羅新、葉煒《新出魏晋南北朝墓誌疏證（修訂本）》，第403—407頁）右宫伯，官名。即宫伯中大夫。西魏恭帝三年置，北周沿置。爲天官府宫伯司長官，分置左、右。掌管宫中宿衛，左、右宫伯輪番值勤並負責上朝及出行的警衛。正五命。河東郡公，封爵名。河東，郡名。北周時治蒲坂縣，在今山西永濟市西南蒲州鎮。

密，字法主，蒲山公寬之子也。才兼文武，志氣雄遠，少襲爵蒲山公。養客禮賢，無所愛吝。與楊玄感爲刎頸交。[1]後更折節耽學，尤好兵書，誦皆在口。師事國子助教包愷，[2]受《史記》《漢書》。愷門徒皆出其下。大業初，[3]授親衛大都督，[4]以疾歸。

[1]楊玄感：人名。弘農華陰（今陝西華陰市東南）人。隋朝官吏。見《北史》卷四一《楊敷附楊玄感傳》。

[2]國子助教：官名。晋武帝時置，掌幫助國子博士教授國子監學生。歷朝因之。隋朝時置五員，從七品。　包愷：人名。字和樂，東海（今江蘇連雲港市）人。隋朝官吏、學者。見《北史》卷八二《包愷傳》。

[3]大業：隋煬帝的年號（605—617）。

[4]親衛大都督：官名。隋朝時置左、右親衛，設大都督，掌

皇宫侍衛。隋煬帝時改名爲校尉。

及玄感有逆謀，召密，令與弟玄挺赴黎陽，[1]以爲謀主。密進三計曰：“今天子遠在遼外，公長驅入薊，[2]直扼其喉，前有高麗，[3]退無歸路，不戰而禽，此計上也。又關中四塞，衛文昇不足爲意，[4]今率衆務早入西，萬全之勢，此計中也。若隨近先向東都，[5]以引歲月，此計之下也。”玄感曰：“公下計乃上策矣。今百官家口並在東都，若不取之，安能動物？[6]且經城不拔，何以示威？”密計不行。玄感既至東都，自謂功在朝夕。及獲韋福嗣，既非同謀，設籌皆持兩端。[7]玄感後使作檄文，固辭不肯。密揣知其情，請斬之。玄感不從。密退謂所親曰：“楚公好反而不欲勝，吾屬今爲虜矣。”後玄感將西入，福嗣竟亡歸東都。時李雄勸玄感速稱尊號，[8]玄感以問密，密以爲不可。玄感笑而止。及宇文述、來護等軍且至，[9]玄感謂密計將安出。密曰：“元弘嗣統强兵於隴右，[10]今可揚言其反，遣使迎公，因此入關，可得給衆。”[11]玄感遂用密謀號令。西至陜縣，[12]圍弘農不拔，西至閿鄉，[13]追兵至，玄感敗。

[1]黎陽：縣名。治所在今河南浚縣東北。

[2]薊：縣名。治所在今北京西南。

[3]高麗：又作“高句麗”等，其先出自夫餘，原所在地爲漢之玄菟郡，高句麗爲其三縣之一，因以爲國名。都名丸都，在今吉林集安市，南北朝時遷都於今朝鮮平壤市。見《北史》卷九四《高麗傳》。

［4］衛文昇：人名。即衛玄。字文昇，河南洛陽（今河南洛陽市東北）人。隋朝大將。見《北史》卷七六《衛玄傳》。

［5］東都：都城名。即洛陽。在今河南洛陽市西。

［6］動物：指動摇人心。毛本作“安能勤物”，當爲字形相近而訛。

［7］及獲韋福嗣既非同謀設籌皆持兩端：中華本校勘記云：“《隋書》卷七〇《李密傳》‘福嗣’下有‘又委以腹心，是以軍旅之事，不專歸密。福嗣’十七字。疑《北史》是因上下兩‘福嗣’而誤脱。”可從。韋福嗣，京兆杜陵（今陝西西安市長安區東）人。韋世康次子。位内史舍人，後以罪黜。楊玄感之亂，從衛玄戰，敗於城北，爲玄感所獲。令爲文檄，詞甚不遜。尋背玄感還東都，被車裂於高陽。

［8］李雄：人名。又稱李子雄。趙郡平棘（今河北趙縣）人。隋朝將領。見《北史》卷三三《李裔附李子雄傳》。

［9］宇文述：人名。字伯通，代郡武川（今内蒙古武川縣西）人，鮮卑族。隋朝大臣。見《北史》卷七九《宇文述傳》。　來護：人名。又稱來護兒，字崇善，本南陽新野（今河南新野縣南）人，其曾祖時徙居廣陵（今江蘇揚州市西北）。隋朝將領。見《北史》卷七六《來護兒傳》。

［10］元弘嗣：人名。河南洛陽（今河南洛陽市東北）人。北魏宗室，隋朝官吏。見《北史》卷八七《元弘嗣傳》。　隴右：地區名。泛指隴山以西地區，約指今甘肅隴山、六盤山以西和黄河以東一帶。

［11］可得紿衆：源氏校勘記云：“紿，湯亥反，欺也。”

［12］陝縣：治所在今河南三門峽市。

［13］閿鄉：地名。在今河南靈寶市西北。

密間行入關，與玄感從叔詢相隨，[1]匿馮翊詢妻家。[2]尋爲鄰人告，被捕，與其黨俱送帝所。在途，與其衆謀逃。其徒多金，密令出示使者曰："吾等死日，此金留付公，幸用相瘞，[3]其餘即皆報德。"使者利金，遂相許。及出關，密每夜宴飲。行次邯鄲，[4]夜宿村中，密等七人皆穿墻而遁。與王仲伯亡抵平原賊帥郝孝德，[6]孝德不甚禮之。備遭饑饉，削樹皮而食之。仲伯潛歸天水。[6]密詣淮陽，[7]舍於村中，變姓名稱劉智遠，聚徒教授。經數月，鬱鬱不得志，爲五言詩，詩成，泣下數行。時人有怪之，以告太守趙他，下縣捕之。密亡抵其妹夫雍丘令丘君明。[8]君明從子懷義後告之，密得遁去，君明竟坐死。

[1]詢：即楊詢，人名。弘農華陰（今陝西華陰市東南）人。楊素族弟。

[2]馮翊：郡名。隋朝時治馮翊縣，在今陝西大荔縣。

[3]瘞（yì）：掩埋，埋葬。

[4]邯鄲：縣名。治所在今河北邯鄲市。

[5]王仲伯：人名。天水（今甘肅天水市）人。隋朝將領。任虎賁郎將。隨楊玄感反叛，後歸附李密。　平原：縣名。治所在今山東平原縣西南。　郝孝德：人名。平原（今山東平原縣）人。隋末河北起義軍首領。煬帝大業九年聚衆起義，先後與隋末的竇建德、王溥等起義軍聯合。後被隋朝大將張須陁擊敗，歸於瓦崗軍。

[6]天水：郡名。隋朝時治上邽縣，在今甘肅天水市。

[7]淮陽：郡名。隋朝時治宛丘縣，在今河南淮陽縣。

[8]雍丘：縣名。治所在今河南杞縣。

密投東郡賊帥翟讓，[1]乃因王伯當以策干讓。[2]遣說諸小賊，所至輒降，讓始敬焉，召與計事。密以兵衆無糧，勸讓直趣滎陽，[3]休兵館穀，然後爭利。讓從之，乃掠下滎陽。太守郇王慶及通守張須陁以兵討讓。[4]讓數爲須陀敗，將遠避之。密勸讓列陣以待，密以奇兵掩擊，大破之，斬須陀於陣。讓於是令密建牙，别統所部。復説讓以廓清天下爲事，令掩據興洛倉，[5]發粟以振窮乏。於是與讓以義寧元年春出陽城，[6]北踰方山，自羅口襲興洛倉，[7]破之，開倉振百姓。越王侗遣武賁郎將劉長恭討密。密一戰破之，長恭僅以身免。讓於是推密爲主。[8]密城洛口周回四十里以居之。讓上密號爲魏公，設壇場即位，稱元年。以房彦藻爲左長史，邴元真爲右長史，[9]楊德方爲左司馬，鄭德韜爲右司馬。拜讓爲司徒，封東郡公。長白山賊孟讓掠東都，燒豐都市而歸。[10]密攻下鞏縣，[11]獲縣長柴孝和，[12]拜爲護軍。[13]武賁郎將裴仁基以武牢歸密，[14]密因遣仁基與孟讓襲破回洛倉，據之。俄而德韜、德方俱死，復以鄭頲爲左司馬，鄭虔象爲右司馬。

[1]東郡：隋煬帝大業三年（607）改充州爲東郡治白馬縣，在今河南滑縣東。　翟讓：人名。東郡韋城縣（今河南滑縣東南）人。隋末瓦崗軍前期首領，煬帝大業十三年被李密設計殺害。

[2]王伯當：人名。滎陽浚儀（今河南開封市）人。隋末瓦崗軍將領。李密殺翟讓之後，伯當統率其衆。後從李密歸唐，復叛，失敗被殺。

[3]滎陽：縣名。治所在今河南滎陽市東北。

[4]慶：即楊慶，人名。隋朝宗室。見《北史》卷七一《河間

王弘附楊慶傳》。 通守：官名。隋煬帝時設。爲郡守之副職，每郡一人，助太守掌郡之行政事務。 張須陁：人名。弘農閿鄉（今河南靈寶市閿鄉）人。隋朝大將。見《北史》卷八五《張須陁傳》。

［5］興洛倉：在今河南鞏義市東南。

［6］義寧：隋恭帝的年號（617—618）。 陽城：地名。在今河南登封市。

［7］羅口：地名。在今河南鞏義市羅口村。

［8］越王侗遣武賁郎將劉長恭討密密一戰破之長恭僅以身免讓於是推密爲主：底本無“密一戰破之長恭僅以身免讓於是推密爲主”十八字，中華本校勘記云：“諸本無‘密一戰破之，長恭僅以身免。讓於是推密爲主’十八字。《隋書》及《舊唐書》卷五三《李密傳》並有。按此乃涉上下兩‘密’字而誤脱一行。無此十八字，文意不貫，今據補。”今從改。侗，即楊侗，人名。字仁謹，弘農華陰（今陝西華陰市東南）人。隋朝宗室。見《北史》卷七一《越王侗傳》。武賁郎將，官名。即虎賁郎將。《北史》避唐高祖祖父李虎諱改。漢晋時亦爲虎賁中郎將之簡稱。北魏時設爲專職，爲軍内中級軍官。隋煬帝時爲十二衛長官，正四品。

［9］房彦藻爲左長史邴元真爲右長史：源氏校勘記云：“《新唐書》作‘邴元真左長史，房彦藻右長史’。”房彦藻，人名。隋末瓦崗軍將領。爲李密部屬，曾説服豫州守將，使得豫州不攻而克。左長史，官名。戰國秦置。爲所在官署的屬官之長。北魏、北周時諸開府長史總領府事務，置左右二員。不同名號的長史所負職責不同，品秩也不相同。邴元真，人名。隋末瓦崗軍官吏，後歸順王世充。

［10］長白山賊孟讓掠東都燒豐都市而歸：底本“東都”作“東郡”，中華本校勘記云：“諸本‘東都’作‘東郡’。本書卷一二《隋煬帝紀》大業十三年四月條作‘東都’。按《隋書·百官志中》：‘東都東市曰豐都。’作‘郡’誤，今據改。”今從改。長白

山，今山東鄒平縣西南會仙山。孟讓，人名。齊郡（今山東濟南市）人。隋末起義軍首領。煬帝大業九年聚衆起義，後被隋江都丞王世充擊敗，北走瓦崗軍。豐都市，集市名。爲東市别稱，故址在今河南洛陽市内。屬太府寺管轄。

[11]鞏縣：治所在今河南鞏義市西南。

[12]柴孝和：人名。隋朝將領。初任職於鞏縣，後投降李密，爲護軍，曾勸密西攻長安。煬帝大業十三年王世充率江淮五萬勁卒討伐李密時，其溺死於洛水。

[13]護軍：官名。爲護軍將軍省稱。漢獻帝時始設。隋煬帝大業三年置爲隋朝十二衛的屬官，爲將軍的副職，正四品。後改爲虎賁郎將。

[14]裴仁基：人名。字德本，河東（今山西永濟市）人。隋朝將領。見《北史》卷三八《裴仁基傳》。　武牢：即虎牢關。《北史》避唐高祖祖父李虎諱改。在今河南滎陽市汜水鎮西。

柴孝和説密，令裴仁基守回洛，翟讓據洛口，身率精鋭，西襲長安，不然他人我先。密曰："此誠上策，然我之所部並山東人，既見未下洛陽，恐不肯西入。"孝和請間行觀隙，[1]乃與數十騎至陝縣，賊歸之者萬餘人。密時兵鋒甚鋭，每入苑與官軍連戰。[2]會密爲流矢所中，卧於營内，東都出兵擊之，密衆大潰，棄回洛倉歸洛口。孝和之衆聞密敗，各分散而去，孝和輕騎歸密。煬帝遣王世充率江淮勁卒五萬討密，敗之。孝和溺洛水死，密甚傷之。

[1]孝和請間行觀隙：底本"間行"作"行間"，中華本校勘記云："諸本'間行'倒作'行間'，據《隋書》卷七〇、《通志》

卷一六四《李密傳》乙。”今從改。

［2］每入苑與官軍連戰：殿本、四部備要本作“每入死與官軍連戰”，據《隋書·李密傳》，今從底本。

世充營於洛西，與密相拒百餘日。武陽郡丞元寶藏、黎陽賊帥李文相、洹水賊帥張昇、清河賊帥趙君德、平原賊帥郝孝德並歸密，[1]共襲破黎陽倉，據之。周法明舉江、黄之地以附密。齊郡賊帥徐圓朗、任城大俠徐師仁、淮陽太守趙他等前後款附以千百數。[2]

［1］武陽：郡名。隋朝時治貴鄉，在今河北大名縣東。　郡丞：官名。秦漢始設，爲郡守的副職，輔助郡守掌管郡縣政事民務。隋朝亦置，從八品。　洹水：縣名。治所在今河北魏縣東南。　清河：郡名。隋朝時治武城縣，在今河北清河縣西北。

［2］齊郡：隋朝時治歷城縣，在今山東濟南市。　徐圓朗：人名。魯郡（今山東曲阜市）人，隋末起義軍首領之一。唐高祖武德六年（623），李世民遣李神通、李世勣攻殺之。　任城：縣名。治所在今山東濟寧市。

翟讓所部王儒信勸讓爲太宰，總衆務以奪密權。[1]兄寬復謂讓曰：“天子止可自作，安得與人？汝若不作，我當爲之。”密聞，惡之。會讓拒世充，軍退數百步，密與單雄信等赴之，[2]世充敗走。讓欲乘勝破其營，會日暮，固止之。明日，讓與數百人至密所，欲爲宴樂。其所將左右各就食，諸門並設備，讓不覺。密引讓入坐，令讓射。引滿將發，密遣壯士蔡建自後斬之。遂殺其兄寬及儒信等，從者亦有死焉。讓部將徐世勣爲亂兵所斫，[3]中重創，密止之，僅得免。雄信等皆叩頭求哀，密並釋而慰之。於是詣讓營，遣王伯當、邴元真、單雄信等告以殺讓意，令世勣、雄信、伯當分統其衆。

[1]翟讓所部王儒信勸讓爲太宰總衆務以奪密權：中華本校勘記云："按《隋書》及《舊唐書》卷五三《李密傳》'太宰'作'大冢宰'，《北史》當脱'冢'字。"可從。王儒信，人名。隋末起義軍將領。翟讓部將。煬帝大業十三年與翟讓同被李密殺死。

[2]單雄信：人名。曹州濟陰（今山東曹縣西北）人。隋末、唐初將領。初爲李密部將，驍勇，軍中號爲飛將，後降王世充，爲大將。王世充降唐，被斬。見《新唐書》卷八四《單雄信傳》。

[3]徐世勣：人名。一名徐勣，字茂功，曹州離狐（今山東東明市東南）人。隋末反隋首領之一。家富有，隋末大起義時，投瓦崗軍。初爲翟讓部將，後歸李密。瓦崗軍失敗後投唐，封曹國公，賜姓李。高宗時官至司空。見《舊唐書》卷六七《李勣傳》。

世充夜襲倉城，[1]密拒破之，斬武賁郎將費青奴。世充復營洛北，於洛水構浮橋，悉衆擊密。密拒之，不利而退。世充因薄其城下，密擊之，大潰，争橋，橋陷，溺水者數萬人。武賁郎將楊威、王辨、霍世舉、劉長恭、梁德重、董智通等皆没于陣。[2]世充僅而獲免，不敢還東都，遂走河陽。其夜大雪，餘衆死亡殆盡。密乃修金墉故城居之，[3]衆三十餘萬，攻上春門。[4]留守韋津出戰，[5]被執。其黨勸密即尊號，密不許。及義師圍東都，[6]密出軍争之，交綏而退。

[1]倉城：又名洛口倉城。在今河南鞏義市東北。

［2］梁德重：中華本校勘記云："《舊唐書·李密傳》無'重'字。按本書卷一二《隋恭帝紀》義寧二年正月亦作'梁德'。'重'疑是涉下文'董'字形似而衍。"可從。

［3］金墉：城名。在今河南洛陽市西北晋洛陽故城西北隅。

［4］上春門：即隋洛陽城（今河南洛陽市東北）東城最北門。

［5］韋津：人名。京兆杜陵（今陝西西安市長安區東）人。隋朝官吏。

［6］及義師圍東都：底本"義師"作"義士"，中華本校勘記云："諸本'義師'作'義士'，《通志》作'唐師'，《隋書》作'義師'。按此指義寧二年李建成、李世民'徇地東都'事。作'士'誤，今據改。"今從改。

俄而宇文化及弑逆，自江都北指黎陽，密拒之。會越王侗稱尊號，遣使授密太尉、尚書令、東南道大行臺、行軍元帥、魏國公，[1]令先平化及，然後入朝輔政。化及至黎陽，徐世勣守倉城不下。密共化及隔水語，密數之曰："卿本匈奴皂隸破野頭耳，父與兄弟皆受隋恩，豈容躬行殺虐？今若速來歸義，尚可全後嗣。"化及默然，俯仰良久，乃瞋目大言曰："共你論相殺事，何須作書傳雅語！"密謂從者曰："化及庸懦如此，忽欲圖帝王，吾當折杖驅之。"知其糧且盡，因僞與之和。化及大喜，恣其兵食，冀密饋之。會密下有人獲罪，亡投之，具言密情。化及大怒，又食盡，迺與密戰于童山下。[2]自辰達酉，密中流矢，頓於汲縣。[3]化及掠汲郡，[4]北趣魏縣，[5]以輜重留於東郡，遣其刑部尚書王軌守之。[6]軌以郡降，密以軌爲滑州總管。[7]

[1]太尉：官名。西漢時爲三公之一，東漢時列三公之首，與司徒、司空共同行使宰相職能。至曹操爲丞相，太尉府屬官轉歸相府，職權隨之旁落。魏晋南北朝列三公之首，爲名譽宰相，位居一品，多爲大臣加官，無實際職掌。隋朝時爲正一品。　尚書令：官名。秦置，爲尚書省長官。魏晋南北朝時隨著尚書省職權漸重，尚書令負責監察百官，實爲宰相。　大行臺：官名。即大行臺尚書令。大行臺長官。大行臺，官署名。北魏置，隋因之。爲尚書省在各主要地區的派出機構，代行尚書省權力管理轄區内的軍政事務。　行軍元帥：官名。北周置，隋因之，爲臨時設置的最高級統兵作戰官員。統一道或數道行軍總管。多由宗室親王或者重臣擔任。戰事結束則罷。

[2]童山：即今河南浚縣西南同山。

[3]汲縣：治所在今河南衛輝市。

[4]汲郡：隋朝時治衛縣，在今河南浚縣西南。

[5]魏縣：治所在今河北魏縣。

[6]刑部尚書：官名。隋朝始設。文帝開皇三年由都官尚書改名而置。負責制定律法、糾察違法。正三品。　王軌：人名。京兆霸城（今陝西西安市東北）人。隋朝官吏。隋末被宇文化及任爲刑部尚書、東郡（今河南滑縣）通守。尋獻郡投降李密，被任爲滑州總管。

[7]滑州：文帝開皇十六年（596）改杞州置，治白馬城，在今河南滑縣東舊滑臺城。隋煬帝大業三年（607）改稱東郡。

密引兵而西，遣記室參軍李儉朝于東都，[1]執弑帝人于弘達以獻越王侗。[2]侗以儉爲司農少卿，[3]使召密入朝。密至温縣，[4]聞世充已殺元文都、盧楚等，[5]乃歸金墉城。世充既擅權，乃厚賜將士。時密兵少衣，世充乏食，乃請交易。邴元真等各求私利，遽勸密，密許焉。

初東都絶糧，人歸密者日有數百，至此得食，降人益少。密悔而止。密雖據倉，無府庫，兵數戰不賞，又厚撫初附兵，於是衆心漸怨。時邴元真守洛口倉，性貪鄙。宇文温每謂密曰：[6]“不殺元真，公難未已。”密不答。而元真知之，謀叛。楊慶聞而告密，密因疑焉。

[1]記室參軍：官名。又名記室參軍事。西晋始設，爲記室曹長官，掌管文書奏表。隋朝時置於親王府。從六品。

[2]于弘達：人名。隋朝將領。從宇文化及反叛，親手殺死隋煬帝。後在東都爲李儉所俘，被烹。

[3]司農少卿：官名。大司農少卿的省稱。爲司農寺次官。隋初爲正四品，煬帝改爲從四品。

[4]温縣：治所在今河南温縣。

[5]元文都：人名。河南洛陽（今河南洛陽市東北）人。北魏宗室，北周、隋朝官吏。見《北史》卷一七《汝陰王天賜附元文都傳》。　盧楚：人名。涿郡范陽（今河北定興縣西南）人。隋朝官吏。見《北史》卷八五《盧楚傳》。

[6]宇文温：人名。朔方夏州（今陝西靖邊縣東北）人。隋朝官吏。任起部承務郎，後歸附李密。

會世充悉衆來戰，密留王伯當守金墉，自就偃師，[1]北阻芒山以待之。[2]世充令數百騎度御河，密遣裴行儼等逆之。[3]會日暮，行儼、孫長樂、程咬金等驍將十數人皆重創，[4]密甚惡之。世充夜濳濟，詰朝而陣，密方覺之。狼狽出戰，敗績，馳向洛口。世充夜圍偃師，守將鄭頲爲其部下翻，城而降世充。[5]密將入洛口倉城，元真已遣人引世充。密陰知之，不發其事，欲待世充兵半度洛水，然後擊之。密候騎不時覺，比將出戰，世充軍悉已濟。密引騎而遁，元真以城降世充。

[1]偃師：縣名。治所在今河南偃師市。

[2]芒山：在今河南洛陽市東北。

[3]裴行儼：人名。河東（今山西永濟市）人。隋朝將領。見《北史》卷三八《裴仁基附裴行儼傳》。

[4]孫長樂：人名。李密親信，原爲河南起義軍的一員，後歸順李密，戰死。　程咬金：人名。後更名知節，濟州東阿（今山東東平市西南）人。隋末加入瓦崗軍，後投王世充。唐時封爲魯國公，爲凌煙閣二十四功臣之一。見《舊唐書》卷六八《程知節傳》。

[5]守將鄭頲爲其部下翻城而降世充：《隋書》卷七〇《李密傳》作“守將鄭頲爲其部下所翻，以城降世充”。可從。

密衆漸離，將如黎陽。人或曰：“殺翟讓之際，徐世勣幾死，其心安可保。”密乃止。時王伯當棄金墉城，保河陽，密自武牢濟，歸之。謂曰：“久苦諸君，我今日自刎以謝衆。”衆皆泣，莫能仰視。密復曰：“諸君幸不相棄，當共歸關中。密身雖愧無功，諸君必保富貴。”其府掾柳燮曰：“明公與長安宗族，有疇昔之遇，雖不陪起義，然阻東都，斷隋歸路，使唐國不戰而得京師，此公之功也。”衆咸曰：“然。”密遂歸朝，封邢國公，拜光禄卿。[1]尋奉使出關安撫，至熊州而逃叛，[2]見殺。

[1]光禄卿：官名。南朝梁武帝天監七年（508）改光禄勳置。隋朝時掌管祭祀、朝會、宴享的供設。隋初爲正三品，煬帝時改爲

从三品。

［2］熊州：唐朝時治宜陽縣，在今河南宜陽縣。

宇文貴，字永貴，其先昌黎大棘人也，[1]徙居夏州。[2]父莫豆干，保定中，[3]以貴勳追贈柱國大將軍、少傅、夏州刺史、安平郡公。[4]貴母初孕貴，夢老人抱一子授之曰："賜爾是子，俾壽且貴。"及生，形類所夢，故以永貴字之。

［1］昌黎：郡名。北魏時治昌黎縣，在今遼寧朝陽市。　大棘：縣名。治所在今遼寧北票市章吉營子鄉三官營子村。

［2］夏州：北魏時治大夏（統萬城），在今陝西靖邊縣白城子村無定河北岸的毛烏素沙漠中（靠近今内蒙古烏審旗南境）。

［3］保定：北周武帝的年號（561—565）。

［4］少傅：官名。西周始設，與少師、少保並稱三少或三孤，居少師之下、少保之上。北周復置，與三公並爲大臣加官，地位崇高，無具體的職掌。正八命。　安平郡公：封爵名。安平，郡名。北周時治端氏縣，在今山西沁水縣東北。

貴少從師受學，嘗輟書歎曰："男兒當提劍汗馬以取公侯，何能爲博士也！"魏正光末，[1]破六韓拔陵圍夏州，[2]刺史源子邕嬰城固守，[3]以貴爲統軍。[4]後從尒朱榮禽葛榮於滏口，[5]加别將。[6]又從元天穆平邢杲，[7]轉都督。元顥入洛，貴率鄉兵從尒朱榮有功，封革融縣侯。[8]除郢州刺史，[9]入爲武衛將軍、閤内大都督。[10]從魏孝武西遷，[11]進爵化政郡公。[12]貴善騎射，有將帥才。周文帝又以宗室，甚親委之。

[1]正光：北魏孝明帝的年號（520—525）。

[2]破六韓拔陵：人名。亦作“破落汗拔陵”“破六汗拔陵”。北魏末六鎮起義軍首領。孝明帝正光四年，率兵民在沃野鎮（今内蒙古五原縣北）起義，殺鎮將，建元真王。兵敗，被柔然黨族所殺。

[3]源子邕：人名。字靈和，西平樂都（今青海樂都縣）人。見《北史》卷二八《源賀附源子邕傳》。　嬰城：謂環城而守。

[4]以貴爲統軍：中華本《周書》卷一九《宇文貴傳》作“以貴爲統軍救之”。其校勘記云：“《北史》卷六〇《宇文貴傳》、《册府》卷三九五無‘救之’二字。按‘救之’二字文義不順，似乎另外有人委他爲統軍去救源子雍。却又並無主名。《册府》此條雖有訛字，也有删節，但下文“前後數十戰”等語是《北史》本傳所没有的，知採自《周書》，却同《北史》無‘救之’二字。疑原文本無此二字。”可從。

[5]葛榮：人名。鮮卑族。北魏末河北起義軍首領。　滏口：地名。太行八陘之一，位於今河北磁縣西北鼓山。滏水發源於此。

[6]别將：官名。秦漢始設。北魏中期之後根據出軍之制，軍之統帥爲都督，與主力分道的輔翼將領稱爲别道都將，亦稱都將，成爲一級武官的名稱，位在統軍之上。北周時隸屬諸州總管，六命。

[7]元天穆：人名。亦稱元穆。北魏宗室、官吏。見《北史》卷一五《高凉王孤附上黨王天穆傳》。　邢杲：人名。河間（今河北河間市）人。士族出身，曾任幽州平北府主簿。降後被殺。

[8]革融縣侯：封爵名。革融，縣名。治所在今陝西榆林市。

[9]郢州：北魏時治義陽縣，在今河南信陽市。

[10]入爲武衛將軍閤内大都督：底本“閤”作“闞”，中華本校勘記云：“諸本‘閤’作‘闞’。張森楷云：‘“闞”疑當作

“閤”，閤内大都督是宿衛官，見《竇熾傳》（本書卷六一）。關内則方面矣，非也。’按張説是，今據改。”今從改。武衛將軍，官名。東漢後期置，掌管宿衛禁軍。北魏孝文帝太和二十三年之後改爲從三品。北齊時爲左右衛府次官，輔助左右衛將軍掌管宫中禁軍，從三品。北周亦置，品命不詳。閤内大都督，官名。北魏末置。統領皇帝左右的侍衛親軍，位在閤内都督之上。

[11]魏孝武：即北魏皇帝元脩。孝武爲其謚號。

[12]化政郡公：封爵名。化政，郡名。北周時治巖緑縣，在今陝西靖邊縣白城子村無定河北岸的毛烏素沙漠中（靠近今内蒙古烏審旗南境）。

大統初，與獨孤信入洛陽。[1]東魏潁州長史賀若統據潁川來降，[2]東魏遣將堯雄、趙育、是云寶率衆二萬攻潁川。[3]貴自洛陽率步騎二千救之，軍次陽翟。[4]雄等去潁川四十里，[5]東魏行臺任祥又率衆四萬，[6]將與雄合。諸將咸以彼衆我寡，不可争鋒。貴曰：“若賀若一陷，吾輩坐此何爲？”遂入潁川。雄等稍進，貴率千人背城爲陣，與雄合戰。貴馬中流矢，乃短兵步鬬，雄大敗輕走，趙育於是降。任祥聞雄敗，遂不敢進。貴乘勝逼祥，敗之。是云寶亦降。師還。魏文帝在天游園，[7]以金巵置侯上，[8]令公卿射中者即賜之。貴一發而中。帝笑曰：“由基之妙，[9]正當爾耳。”進侍中、驃騎大將軍、開府儀同三司。[10]十六年，遷中外府左長史，[11]進位大將軍。[12]

[1]獨孤信：人名。本名如願，雲中（今内蒙古和林格爾縣西北）人，鮮卑族獨孤部。北魏、北周名將。見《北史》卷六一

《獨孤信傳》。

[2]潁州：東魏時治汝陰縣，在今安徽阜陽市。　賀若統：人名。代（今山西大同市東北）人，鮮卑族，賀若敦之父。北魏、東魏官吏。　潁川：縣名。治所在今河南許昌市。

[3]堯雄：人名。字休武，上黨長子（今山西長治市東）人。北魏、東魏官吏。見《北史》卷二七《堯暄附堯雄傳》。　趙育：人名。東魏將領。東魏孝静帝天平四年（537），與堯雄、是云寶率衆二萬攻潁川，欲收復失地，爲西魏宇文貴、梁遷所敗。育投降，拜車騎大將軍。　是云寶：人名。鮮卑族。西魏、北周將領。初仕東魏爲揚州刺史。西魏文帝大統三年以州歸附宇文氏，拜車騎大將軍、儀同三司。官至大將軍、都督涼甘瓜州諸軍事、涼州刺史，封爵洞城郡公。北周明帝武成元年（559），吐谷渾侵掠涼州，戰死。

[4]陽翟：地名。在今河南禹州市。

[5]四十里：源氏校勘記云："'四'《周書》作'三'。"

[6]任祥：人名。字延敬，廣寧（今河北涿鹿縣）人。北魏、東魏官吏。見《北史》卷五三《任祥傳》。

[7]天游園：故址在今陝西西安市。

[8]金卮（zhī）：亦作"金巵"。金製酒器。亦爲酒器之美稱。　侯：箭靶。

[9]由基：即養由基，人名。嬴姓，養氏，名由基（一作"繇基"），字叔。春秋時楚國將領，著名的神射手。

[10]侍中：官名。秦朝始置。原丞相史，往來殿中奏事，故名。西漢時爲加官。東漢時爲正式職官，職掌殿内門下衆事，侍從左右，顧問應對，諫諍糾察，向公卿傳諭御旨，皇帝出行則參乘騎從。名義上隸少府，地位尊貴親近。東晉、南朝宋沿置，兼統宫廷内侍諸署，皆三品。北朝常總典機密，受遺詔輔政，權任尤重，時號"小宰相"。北魏孝文帝太和十七年定爲從一品中，二十三年改爲三品。西魏因之。

[11]中外府：官署名。都督中外諸軍事府的簡稱。北朝置，設

長史、司馬、司録、從事中郎、掾、屬、諸曹參軍、行參軍等府佐。因北魏末高歡父子、西魏宇文泰及北周宇文護等皆以都督中外諸軍事身份控制朝政，故府佐的實際地位很高。

[12]大將軍：官名。高級軍事統帥。戰國、秦、漢皆有，非常設，遇有戰事，臨時委任統兵，事畢即罷。西魏、北周時置爲府兵專職統帥官號，凡十二人，各領一軍，分隸六柱國大將軍，下統開府、儀同諸將軍。

宕昌王梁彌定爲宗人獠甘所逐，[1]來奔。又有羌酋傍乞鐵怱，因梁仚定反後，[2]據有渠株川，[3]擁隸數千家，與渭州人鄭五醜同反。[4]周文令貴與豆盧寧、史寧討之，貴等禽斬鐵怱及五醜，史寧又別擊獠甘破之。[5]乃納彌定，并於渠株川置岷州。[6]朝廷重功，遂於粟坂立碑，以紀其績。

[1]宕昌王：封爵名。宕昌，國名。都宕昌城，在今甘肅宕昌縣東南。　梁彌定：人名。西魏、北周時宕昌國主。北周武帝保定初向北周納貢稱臣。保定四年，梁彌定侵犯北周的洮州，被李賢打敗。後又引吐谷渾共犯北周。武帝命大將田弘討滅宕昌國，在原地建立宕州。彌定下落不明。

[2]梁仚定：人名。北魏、西魏時宕昌國主。在北魏分裂之後漸生叛心，屢犯魏邊境。後爲西魏所破，任命其爲撫軍將軍。西魏文帝大統四年爲洮州刺史，要安藩王。七年，舉兵犯魏。西魏命獨孤信討伐，仚定爲部下所殺。

[3]渠株川：地名。在今甘肅岷縣一帶。

[4]渭州：西魏時治襄武縣，在今甘肅隴西縣東南。　鄭五醜：人名。西魏時渭州（今甘肅隴西縣東南）羌族首領。

[5]周文令貴與豆盧寧史寧討之貴等禽斬鐵怱及五醜史寧又別

擊獠甘破之：底本“豆盧寧”下無“史寧”，“五醜”下無“史”字，中華本校勘記云：“諸本脱上‘史寧’及下‘史’字，據《周書》卷一九《宇文貴傳》補。史寧别擊獠甘，見本書卷六一《史寧傳》。”今從改。史寧，人名。字永和，建康表氏（今甘肅高臺縣）人。西魏名將。見《北史》卷六一《史寧傳》。

[6]岷州：西魏時治溢樂縣，在今甘肅岷縣。

廢帝三年，詔貴代尉遲迥鎮蜀。[1]時隆州人開府李光易反於鹽亭，攻圍隆州；而隆州人李拓亦聚衆反，開府張道應之。[2]貴乃命開府叱奴興救隆州，[3]又令開府成亞擊拓及道，降之，並送京師。除益州刺史，就拜小司徒。[4]先是蜀人多劫盜，貴乃召任俠傑健者署爲游軍二十四部，令其督捕，由是頗息。

[1]尉遲迥：人名。字薄居羅，代（今山西大同市東北）人。西魏、北周重臣。見《北史》卷六二《尉遲迥傳》。

[2]時隆州人開府李光易反於鹽亭攻圍隆州而隆州人李拓亦聚衆反開府張道應之：中華本校勘記云：“按本書卷三八《裴果傳》云：‘廢帝三年，授龍州刺史，封冠軍縣侯。俄而州人張遁（《周書》卷三六《裴果傳》作“道”）、李拓驅率百姓，圍逼州城。’則張道、李拓是龍州人。此作‘隆州’，當是涉上文‘隆州’而訛。不然，宇文貴何必分兵兩路，一救隆州，一擊張道、李拓？（龍州見《隋書·地理志上》平武郡。隆州見同卷巴西郡）”隆州，北魏時治閬中縣，在今四川閬中市。李光易，人名。一作“李光賜”，隆州（今四川閬中市）人。西魏將領。位開府。廢帝三年（554），反於鹽亭，與譙淹、帛玉成等圍攻隆州。後爲宇文貴所敗。鹽亭，縣名。治所在今四川鹽亭縣。

[3]貴乃命開府叱奴興救隆州：底本“興救”作“與牧”，中

華本校勘記云:“諸本‘興救’作‘與牧’,《周書》作‘興救’,《通志》卷一五六《宇文貴傳》、《册府》卷四二三作‘興攻’。按‘開府叱奴興’又見本書卷六二《尉遲迥傳》,作‘與’顯誤。李光易圍隆州,叱奴興自是去救援,作‘牧’作‘攻’,都是形訛。今據《周書》改。”今從改。叱奴興,人名。鮮卑族。西魏將領。位開府。廢帝二年從尉遲迥伐蜀。三年,隆州民反,奉命救隆州。北周閔帝元年(557)二月,趙貴以謀反被誅,興受株連被殺。

[4]除益州刺史就拜小司徒:底本“就”上有“未”字,中華本校勘記云:“諸本‘就’上有‘未’字,《周書》無。按下文言貴在蜀督捕‘劫盜’,則不得言‘未就’。今據《周書》删。”益州,西魏時治成都縣,在今四川成都市。今從改。小司徒,官名。爲小司徒上大夫省稱。西魏、北周置。主要職責是輔助大司徒管理民户、賦役、土地、倉廩、教育以及山澤漁獵等方面的事務。正六命。

周孝閔帝踐阼,進位柱國,拜御正中大夫。[1]武成初,[2]與賀蘭祥討吐谷渾。[3]軍還,進封許國公、邑萬户,舊爵回封一子。遷大司空,[4]行小冢宰,[5]歷大司徒,遷太保。

[1]御正中大夫:官名。西魏恭帝三年置,北周沿置。天官府御正司長官,正五命。在皇帝左右,負責宣傳詔命,參議刑罰爵賞及軍國大事,頒發詔書時須其連署。北周明帝武成元年於其上置上大夫,遂降爲副職。武帝建德二年省,以下大夫主司務,静帝大象元年(579)復,仍在上大夫下。

[2]武成:北周明帝的年號(559—560)。

[3]賀蘭祥:人名。字盛樂,一作“盛洛”,代郡武川(今内蒙古武川縣西)人,鮮卑族。西魏、北周官吏。見《北史》卷六

一《賀蘭祥傳》。　吐谷渾：族名。又稱吐渾、退渾。原爲鮮卑族慕容部的一支，先祖游牧於徒河青山（今遼寧義縣東）。西晋時，遷徙於今甘肅、青海一帶。十六國時，先後受到前凉、西秦等追逐，幾乎亡國。後再度崛起，北魏太武帝時達到最强盛。在北魏打擊下，一度退到今新疆一帶。以游牧爲生。見《北史》卷九六《吐谷渾傳》。

[4]大司空：官名。《周禮》六卿之一，爲冬官之長。掌土木工程。西魏末、北周仿《周禮》建六官，復置爲冬官之長，亦稱大司空卿。北周時爲正七命。

[5]小冢宰：官名。又稱小冢宰上大夫。西魏恭帝三年置，北周沿置。爲天官府次官，輔佐大冢宰的行政事務。員二人，正六命。

貴好音樂，耽奕棋，留連不倦。然好施愛士，時人頗以此稱之。保定末，使突厥，[1]迎皇后。天和二年，還至張掖，[2]薨。贈太傅，謚曰穆。

[1]突厥：先世源出於丁靈、鐵勒。南北朝時由葉尼塞河遷居至阿爾泰山，後又遷居至今蒙古高原，由蒙古高原前往中亞。見《北史》卷九九《突厥傳》。

[2]張掖：縣名。治所在今甘肅張掖市。

子善嗣。善弘厚有武藝。大象末位上柱國，[1]封許國公。隋文帝受禪，遇之甚厚，拜其子穎上儀同。[2]及善弟忻誅，[3]並廢於家。善未幾卒。

[1]大象：北周静帝的年號（579—580）。　上柱國：官名。

戰國時楚國置，位極尊，僅次於令尹，掌軍政。北周武帝建德四年置爲最高級勳官。正九命。

[2]上儀同：上儀同大將軍、上儀同三司的簡稱。北周武帝建德四年置，位在儀同大將軍上，授予有軍勳的功臣及其子弟，無具體職掌。九命。

[3]及善弟忻誅：底本"忻"作"愷"，中華本校勘記云："諸本'忻'作'愷'，《隋書》卷四〇《宇文忻附兄善傳》作'忻'。按下文，被殺者是忻非愷，今據改。"今從改。

穎，大業中，位司農少卿，[1]後没李密。善弟忻。

[1]司農少卿：官名。大司農少卿的簡稱。協助大司農管理租稅、園苑、倉儲，爲司農寺的次官。隋初爲正四品，煬帝時改爲從四品。

忻，字仲樂，幼而敏慧，爲童兒時，與群輩戲，輒爲部伍，進止行列，無不用命者。年十二，能左右馳射，驍捷若飛。恒謂所親曰："自古名將，唯以韓、白、衛、霍爲美談，[1]吾察其行事，未足多尚，使與僕並時，不令豎子獨擅高名。"

[1]韓：即韓信。淮陰（今江蘇淮陰市西）人。西漢開國功臣。見《史記》卷九二《淮陰侯列傳》。　白：即白起。亦稱公孫起，郿（今陝西眉縣東北）人。戰國時秦國大將。見《史記》卷七三《白起王翦列傳》。　衛：即衛青。字仲卿，河東平陽（今山西臨汾市）人。西漢名將。見《史記》卷一一一《衛將軍驃騎列傳》。　霍：即霍去病。河東平陽（今山西臨汾市）人。西漢名

將。見《史記·衛將軍驃騎列傳》。

年十八，從周齊王憲討突厥，[1]以功拜儀同三司，[2]賜爵興固縣公。[3]韋孝寬以忻驍勇，[4]請與鎮玉壁，[5]以戰功加開府，進爵化政郡公。從武帝攻拔晉州。[6]齊後主親總兵，六軍憚之，欲旋。忻諫曰："以陛下之聖武，乘敵人之荒縱，何往而不剋？若齊人更得令主，君臣協力，未易平也。"帝從之，乃戰，遂大剋。及帝攻陷并州，先勝後敗。帝爲賊所窘，挺身而遁。諸將多勸帝還，忻勃然曰："破城士卒輕敵，微有不利，何足爲懷？今破竹形已成，奈何棄之而去！"帝納其言，明日復戰，拔晉陽。[7]齊平，進位大將軍。尋與烏丸軌破陳將吴明徹於吕梁，[8]進位柱國，除豫州總管。[9]

[1]憲：即宇文憲，人名。字毗賀突，代郡武川（今内蒙古武川縣西）人，鮮卑族。西魏、北周大臣，宇文泰第五子。見《北史》卷五八《齊煬王憲傳》。

[2]儀同三司：西魏、北周時府兵二十四開府府下屬的儀同府主管將軍，軍號爲車騎大將軍、儀同三司，簡稱儀同將軍。北周時爲九命，僅次於三公。

[3]興固縣公：封爵名。興固，縣名。治所在今四川彭州市。

[4]韋孝寬：人名。即韋叔裕。字孝寬，京兆杜陵（今陝西西安市長安區東）人。北魏、西魏、北周、隋朝將領。見《北史》卷六四《韋孝寬傳》。

[5]玉壁：城名。在今山西稷山縣西南。

[6]晉州：北周時治白馬城，在今山西臨汾市。

[7]晉陽：縣名。治所在今山西太原市晉源區古城營村一帶。

［8］烏丸軌：即王軌，人名。小名沙門，太原祁（今山西祁縣東南）人。北周將領。見《北史》卷六二《王軌傳》。　吴明徹：人名。字通昭，秦郡（今江蘇南京市六合區）人。南朝陳將領。見《陳書》卷九《吴明徹傳》。　吕梁：此指吕梁洪，在今江蘇銅山縣東南。《水經注·泗水》云："泗水之上有石梁焉，故曰吕梁也。"

［9］豫州：北周時治上蔡縣，在今河南汝南縣。

隋文帝龍潛時，[1]與忻情好甚協，及爲丞相，恩顧彌隆。尉遲迥作亂，以忻爲行軍總管，隨韋孝寬擊之。時兵屯河陽，帝令高熲馳驛監軍，[2]與熲密謀進取者，唯忻而已。迥遣子惇盛兵武陟，[3]忻擊走之。進臨相州，[4]迥遣精甲三千伏野馬岡，[5]忻以五百騎襲之，斬獲略盡。進至草橋，[6]迥又拒守，忻以奇兵破之，直趨鄴下。迥背城結陣，大戰，官軍不利。時鄴城士庶觀戰者數萬人，忻謂左右曰："事急矣，吾當以權道破之。"於是射觀者走之，轉相騰籍，聲如雷霆。忻乃傳呼曰："賊敗矣！"衆復振，齊力急擊之，迥軍大敗。及平鄴，以功遷上柱國。文帝謂曰："尉遲迥傾山東之衆，連百萬之師，公舉無遺算，策無全陣，[7]誠天下英傑也。"進封英國公。

［1］龍潛：語出《易·乾卦》："潛龍勿用，陽氣潛藏。"喻帝王未得位。

［2］高熲：人名。字昭玄，勃海蓨（今河北景縣）人。北周、隋朝大臣。見《北史》卷七二《高熲傳》

［3］盛兵武陟：底本、毛本作"盛共武陟"，殿本、四庫本、

局本、四部備要本皆作“盛兵武陟”，今從其諸本改。武陟，縣名。治所在今河南武陟縣。

［4］相州：北周時治鄴，在今河北臨漳縣西南。

［5］野馬岡：地名。在今河北臨漳縣鄴鎮西南。

［6］草橋：地名。在今河北臨漳縣豐樂鎮。

［7］公舉無遺算策無全陣：中華本校勘記云：“《隋書》《通志》作‘舉無遺策，戰無全陣’。此疑誤。”可從。

自是每參帷幄，出入卧内，禪代之際，忻有力焉。後拜右領軍大將軍，[1]寵顧彌重。忻解兵法，馭戎齊整，當時六軍有一善事，雖非忻建，在下輒相謂曰：“此必英公法也。”其見推服如此。後改封杞國公。

［1］後拜右領軍大將軍：底本“右”作“左”，源氏校勘記云：“《隋書》（‘左’）作右。”中華本校勘記云：“諸本‘右’作‘左’，《隋書》、《通志》卷一六一《宇文忻傳》作‘右’。按本書卷一一《隋文帝紀》開皇五年三月，記以高熲爲左領軍大將軍，宇文忻爲右領軍大將軍。作‘右’是，今據改。”今從改。右領軍大將軍，官名。北齊時設領軍大將軍，隋因之，分左、右，掌禁衛。一説此爲右領左右府大將軍之誤，亦掌侍衛。正三品。隋煬帝時改爲他稱。

上嘗欲令忻擊突厥，高熲曰：“忻有異志，不可委以大兵。”乃止。忻既佐命功臣，頻經將領，甚有威名，上由是微忌之，以譴去官。與梁士彦昵狎，[1]數相往來。士彦時亦怨望，陰圖不軌。忻謂士彦曰：“帝王豈有常乎？相扶即是。公於蒲州起事，[2]我必從征，兩陣相當，然後連結，天下可圖也。”謀泄伏誅，家口籍没。忻弟愷。

［1］梁士彦：人名。字相如，安定烏氏（今甘肅涇川縣東）人。北周、隋朝將領。見《北史》卷七三《梁士彦傳》。

［2］蒲州：隋朝時治蒲坂縣，在今山西永濟市西南蒲州鎮。

愷，字安樂，在周以功臣子，年三歲賜爵雙泉伯，[1]七歲進封安平公。[2]愷少有器局，[3]諸兄並以弓馬自達，愷獨好學。博覽書記，解文，多伎藝，爲名公子。

［1］雙泉伯：封爵名。雙泉，縣名。治所在今湖北襄樊市。

［2］安平公：封爵名。安平，縣名。治所在今河北安平縣。

［3］愷少有器局：底本作“愷多有器局”，諸本作“愷少有器局”，據《隋書》卷六八《宇文愷傳》，今從其餘諸本改。

累遷御正中大夫、儀同三司。隋文帝爲丞相，加上開府，匠師中大夫。[1]及踐阼，誅宇文氏，愷亦將見殺，以與周本别，又兄忻有功，故見赦。後拜營宗廟副監、太子左庶子。[2]廟成，别封甑山縣公。[3]及遷都，上以愷有巧思，詔領營新都副監。高熲雖總大綱，凡所規畫，皆出於愷。及決渭水達河以通運漕，詔愷總督其事。後拜萊州刺史，[4]甚有能名。坐兄忻誅，除名於家，久不得調。

[1]加上開府匠師中大夫：底本“匠師”作“近師”，源氏校勘記云：“《隋書》無‘近師’二字。”中華本校勘記云：“諸本‘匠師’作‘近師’，《通志》卷一六一《宇文愷傳》作‘進師’，《隋書》卷六八《宇文愷傳》無此兩字。按《通典》卷三九《後周官品》，中大夫無‘近師’‘進師’，而有‘匠師’。‘近’乃‘匠’之訛，‘進’又‘近’之譌。今據改。《隋書》單作‘中大夫’，顯脱兩字。”今從改。上開府，上開府儀同大將軍的省稱。北周武帝建德四年置，位在開府儀同大將軍之上。主要授予有軍功的勳官和北齊的降官，無具體職掌。九命。初任此職者加使持節、大都督、驃騎大將軍、侍中等職。静帝大象元年罷此制，下設屬僚。隋文帝開皇元年廢止。匠師中大夫，官名。西魏恭帝三年置，北周沿置。爲冬官府長官，掌管城郭、宫室、陵寢以及器物、度量等方面的事務。正五命。

[2]太子左庶子：官名。秦漢置太子庶子，西晋始分左右。隋朝時爲太子門下坊長官，負責侍從、駁正啓奏。正四品上。

[3]甑山縣公：封爵名。甑山，縣名。治所在今湖北漢川市東。

[4]萊州：隋朝時治掖縣，在今山東萊州市。

會朝廷以魯班故道，[1]久絶不行，令愷脩之。既而上建仁壽宫，[2]右僕射楊素言愷有巧思，[3]於是檢校將作大匠。[4]歲餘，拜仁壽宫監，授儀同三司，尋爲將作少監。[5]文獻皇后崩，[6]愷與楊素營山陵。上善之，復爵安平郡公。[7]煬帝即位，遷都洛陽，以愷爲營東都副監，尋遷將作大匠。愷揣帝心在宏侈，於是東都制度，窮極壯麗。帝大悦，進位開府，拜工部尚書。[8]及長城之役，詔愷規度之。時帝北巡，欲誇戎狄，令愷爲大帳，其下坐數千人。帝大悦，賜物千段。又造觀風行殿，[9]上容衛者數百人，離合爲之，下施輪軸，推移倏忽，有若神功。[10]戎狄見之，莫不驚駭。帝彌悦，前後賞賜不可勝紀。

[1]魯班：人名。春秋末戰國初魯國人。中國古代著名的建築家、發明家。被後代的建築工匠奉爲祖師。

[2]仁壽宮：在今陝西麟游縣西。

[3]右僕射：官名。即尚書右僕射。隋朝時僕射成爲正宰相。右僕射掌判都官、度支、工部三部事，兼管開支用度。從二品。楊素：人名。字處道，弘農華陰（今陝西華陰市東南）人。隋朝權臣。見《北史》卷四一《楊敷附楊素傳》。

[4]將作大匠：官名。漢景帝時由將作少府改名，亦簡稱將作、大匠，掌領徒隸修建宮室、宗廟、陵寢及其他土木工程，植樹於道旁。兩晋南朝時有事則臨時設置，事畢則罷。北魏仍置，領將作都將、將作監等官，孝文帝太和十七年定爲從二品下，二十三年改爲從三品。北齊、隋朝初爲將作寺長官，從三品。

[5]將作少監：官名。隋煬帝大業五年由將作少匠改名，爲將作監次官。十三年改名將作少令。五品。

[6]文獻皇后：即隋文帝獨孤皇后。文獻爲其謚號。

[7]安平郡公：封爵名。安平，郡名。隋朝時治端氏縣，在今山西沁水縣東北。

[8]工部尚書：官名。隋朝始設，爲尚書省工部長官，負責百工、屯田、山澤政令。正三品。

[9]觀風行殿：一種可拆裝的宮殿。下有輪子，轉動自如，上可容幾百人，專爲隋煬帝巡行邊境時特製。觀風，觀察各地民情風俗。行殿，活動的宮殿。

[10]有若神功：毛本作“若有神功”。據《隋書》《通志》，今從底本。

是時將復古制明堂，[1]議者皆不能決。愷博考群籍，爲明堂圖様奏之。又以“張衡渾象用三分爲一度，[2]裴秀輿地以一寸爲千里，[3]臣之此圖以一分爲一尺，推而演之”。又引於時議者，或以綺井爲重屋，[4]或以圓楣爲隆棟，[5]將爲臆説，事不經見。今録其疑難，爲之通釋，皆出證據，以相發明。爲議曰：

[1]明堂：中國古代重要的禮制建築。與靈臺、辟雍合稱三雍，是古代帝王會見諸侯、進行祭祀活動的場所。

[2]張衡：人名。字平子，南陽西鄂（今河南南陽市）人。東漢大臣、天文學家、數學家、地理學家、詩人。見《後漢書》卷五九《張衡傳》。　渾象：古代展示天象運轉的儀器，也稱渾天儀。

[3]裴秀：人名。字季彦，河東聞喜（今山西聞喜縣）人。三國魏、西晋官吏、地圖學家。見《晋書》卷三五《裴秀傳》。　輿地：輿地圖，即地圖。

[4]綺井：即藻井，用彩色圖案裝飾的天花板，形狀與井口圍欄相似，故稱之爲綺井。　重屋：重檐之屋，即屋頂分兩層的房屋。相傳爲商代天子用以宣明政教的大廳堂。亦指樓閣。

[5]楣：指房屋的横梁。　隆棟：高大的梁棟。

臣愷謹按《淮南子》曰：[1]“昔者神農之御天下也，甘雨以時，五穀蕃植，春生夏長，秋收冬藏，月省時考，終歲獻貢，以時嘗穀，祀於明堂。明堂之制，有蓋而無四方，風雨不能襲，燥濕不能傷，遷延而入之。”[2]臣愷以爲上古朴略，刱立典刑。《尚書帝命驗》曰：[3]“帝者承天，立五府以尊天重象，赤曰文祖，黄曰神斗，白曰顯紀，黑曰玄矩，蒼曰靈府。”注云：“唐虞之天府，[4]夏之世室，殷之重屋，周之明堂，皆同矣。”《尸子》曰：“有虞氏曰總章。”[5]《周官·考工記》曰：[6]“夏后氏世室，堂脩二七，博四脩一。”注云：“脩，南北之深也。夏度以步，合堂脩十四步，其博益以四分脩之一，則堂博十七步半也。”臣愷案：三王之世，夏最爲古，從質尚文，理應漸就寬大，何因夏室乃大殷堂？相形爲論，理恐不爾。《記》云：“堂脩二七，博四脩一。”[7]若夏度以步，則應脩七步。注云：“今堂脩十四步。”乃是增益《記》文。殷、周二堂，獨無加字，便是義類例不同。山東《禮》本輒加二七之字，何得殷無加尋之文，周闕增筵之義？研窮其趣，或是不然。讎校古書，並無“二”字。此乃桑間俗儒，信情加減。《黄圖》議云：[8]“夏后氏益其堂之大百四十四尺，周人明堂以爲兩杼間。”馬宫之言，[9]止論堂之一面。據此爲準，則三代堂基並方，得爲上圓之制。諸書所説，並爲下方，鄭注《周官》，[10]獨爲此義，非直與古違異，亦乃乖背禮文。尋文求理，深恐未愜。

[1]淮南子：西漢初年淮南王劉安招集門客所撰。包括内篇二十一卷，外篇三十一卷。内篇論道，外篇雜説。今存内篇二十一卷。

[2]“昔者神農”至“遷延而入之”：見《淮南子·主術訓》。神農，即神農氏，因他發明農耕技術，故稱。後世也有人稱之爲炎

帝，與黄帝同爲中華民族的祖先。

[3]尚書帝命驗：爲《尚書緯》中的一種。

[4]唐：即唐堯。傳説中五帝之一。　虞：即虞舜。傳説中五帝之一。

[5]尸子：相傳爲戰國時期思想家尸佼所作。

[6]周官考工記：先秦古籍中重要的科學技術著作。

[7]記云堂脩二七博四脩一：中華本校勘記云："《隋書》無'二'字。按今本《周禮·考工記》作'堂脩二七，廣四脩一'。這裏'廣'作'博'，是宇文愷避煬帝名改。但本傳下文云'若夏度以步，則應脩七步。注云："今堂脩十四步。"乃是增益記文。'又云'山東《禮》本輒加二七之字'，'讎校古書，並無"二"字，此乃桑間俗儒，信情加減'。則宇文愷認爲《考工記》原文無'二'字。《北史》誤衍。"可從。

[8]黄圖：即《三輔黄圖》，又名《西京黄圖》，簡稱《黄圖》。古代地理書籍，作者佚名。

[9]馬宫：人名。字游卿，東海戚（今山東臨沂市）人。西漢官吏、學者。見《漢書》卷八一《馬宫傳》。

[10]鄭：即鄭玄。字康成，北海高密（今山東高密市）人。東漢末經學大師。見《後漢書》卷三五《鄭玄傳》。

《尸子》曰："殷人陽館。"《考工記》曰："殷人重屋，堂脩七尋，堂崇三尺，四阿重屋。"注云："其脩七尋，五丈六尺。放夏周，則其博九尋，[1]七丈二尺。"又曰："周人明堂，度九尺之筵，東西九筵，南北七筵，堂崇一筵，五室，凡室二筵。"《禮記·明堂位》曰："天子之廟，複廟重檐。"鄭注云："複廟，重屋也。"注《玉藻》云：[2]"天子廟及路寢，[3]皆如明堂制。”《禮圖》云：“於内室之上，起通天之觀，觀八十一尺，得宫之數，其聲濁，君之象也。”《大戴禮》曰：[4]“明堂者，古有之。凡九室，室有四户八牖，以茅蓋，上圓下方。外水曰璧雍。赤綴户，白綴牖。堂高三尺，東西九仞，南北七筵。其宫方三百步。”“凡人疾、六畜疫、五穀災，生於天道不順。天道不順，生於明堂不飾。故有天災則飾明堂。”《周書》曰：[5]“明堂方百一十二尺，高四尺，階博六尺三寸，室居内，方百尺，室内方六十尺，高八尺，博四尺。”[6]《作洛》曰：[7]“明堂、太廟、路寢咸有四阿，[8]重亢重廊。”孔氏注云：[9]“重亢累棟，重廊累屋。”

[1]放夏周則其博九尋：底本“夏周”作“周夏”，源氏校勘記云：“元文及《隋書》作‘夏周’。”中華本校勘記云：“諸本‘夏周’倒作‘周夏’，據《隋書》《通志》及《周禮·考工記》鄭注乙。”今從改。

[2]玉藻：《禮記》篇名，爲記述禮制的篇章之一。

[3]路寢：又稱露寢，爲君王正殿。

[4]大戴禮：即《大戴禮記》。相傳爲西漢禮學家戴德（世稱大戴）編纂。

[5]周書：原名《周書》，晋代始稱《逸周書》，相傳乃孔子所删《書》百篇之餘，是一部記録周代誥誓辭命的史書。

[6]高八尺博四尺：中華本校勘記云：“《隋書》上有‘户’字，此當是脱文。”可從。

[7]作洛：《逸周書》篇名，主要内容是關於武王伐紂和周公營建雒邑之事。

[8]太廟：皇帝家廟，爲體現敬天法祖思想的禮制建築。

[9]孔氏注：即西晋孔鼂爲《逸周書》所作的注。

《禮圖》曰："秦明堂，九室十二階，各有所居。"《吕氏春秋》曰：[1]"有十二堂。"與月令同。並不論尺丈。臣愷案：十二階雖不與禮合，一月一階，非無理思。

[1]吕氏春秋：又名《吕覽》。戰國末年秦國丞相吕不韋組織門客所撰寫的一部雜家著作。分爲十二紀、八覽、六論，共十二卷，一百六十篇。

《黄圖》曰："堂方百四十四尺，坤之策也，[1]方象地；屋圓，楣徑二百一十六尺，乾之策也，[2]圓象天。室九宫，法九州；[3]太室方六丈，法陰之變數；[4]十二堂，法十二月；三十六户，法極陰之變數；[5]七十二牖，法五行所得日數；[6]八達象八風，[7]法八卦；通天臺徑九尺，法乾以九覆六；高八十一尺，法黄鍾九九之數；[8]二十八柱，象二十八宿；[9]堂高三尺，土階三等，法三統；[10]堂四向五色，法四時五行；殿門去殿七十二步，法五行所行。門堂長四丈，取太室三之二。垣高無蔽目之照，牖六尺，其外倍之。殿垣方，在水内，法地陰也；水四周於外，象四海，圓法陽也；水闊二十四丈，應二十四氣；[11]水内徑三丈，應觀禮經。"武帝元封二年，[12]立明堂汶上，[13]無室，其外略依此制。《泰山通義》今亡，不可得而辨也。

[1]坤之策：坤卦的數字用一百四十四。《易·繫辭》載陰爻六，一爻二十四策，六爻當爲一百四十四。

[2]乾之策：乾卦的數字用二百一十六。《易·繫辭》載陽爻九，一爻三十六策，六爻當爲二百一十六。

[3]室九宫法九州：《隋書》作“太室九宫，法九州”。

[4]陰之變數：《易》中陰爻用“六”表示，因此在凡有陰爻的地方都用“六”來表示。

[5]極陰之變數：陰爻依次稱爲初六、六二、六三、六四、六五、上六，從《易》太陰數六推演出六六三十六作爲極陰之數。

[6]五行所得日數：一年三百六十日分成五個七十二日，並分别用木、火、土、金、水五行與之相配，構成木季、火季、土季、金季和水季。

[7]八達：指一室四面墻開八個窗户。　八風：《吕氏春秋·有始》：“何謂八風？東北曰炎風，東方曰滔風，東南曰熏風，南方曰巨風，西南曰淒風，西方曰飂風，西北曰厲風，北方曰寒風。”《淮南子·墬形訓》作：炎風、條風、景風、巨風、涼風、飂風、麗風、寒風。《説文解字》則作：“東方曰明庶風，東南曰清明風，南方曰景風，西南曰涼風，西方曰閶闔風，西北曰不周風，北方曰廣莫風，東北曰融風。”

[8]黄鍾九九之數：黄鐘爲十二律之一。在宫、商、角、徵、羽五音之中，宫屬於中央黄鐘，五音十二律由此而分。

[9]二十八宿：中國古代天文學家把黄道與天赤道之間的天空分爲二十八區，稱爲二十八宿。東、西、南、北四方各七宿。東方青龍七宿爲角、亢、氐、房、心、尾、箕，西方白虎七宿是奎、婁、胃、昴、畢、觜、參，南方朱雀七宿是井、鬼、柳、星、張、翼、軫，北方玄武七宿是斗、牛、女、虚、危、室、壁。

[10]三統：又稱爲三正。指夏、商、周三代的正朔。夏正建寅爲人統，商正建丑爲地統，周正建子爲天統。

[11]二十四氣：即二十四節氣。分爲十二節氣和十二中氣。十二節氣爲立春、驚蟄、清明、立夏、芒種、小暑、立秋、白露、寒露、立冬、大雪、小寒，十二中氣爲雨水、春分、谷雨、小滿、夏至、大暑、處暑、秋分、小雪、冬至、大寒。

[12]武帝：即西漢皇帝劉徹。武爲其謚號。　元封：漢武帝的年號（前110—前105）。

[13]汶上：縣名。治所在今山東汶上縣。

元始四年八月，[1]起明堂、璧雍長安城南門，[2]制度如儀。一殿，垣四面，門八觀，水外周堤，壤高。四方和會，築作三旬。[3]五年正月六日辛未，始郊太祖高皇帝以配天。[4]二十二日丁亥，宗祀孝文皇帝於明堂以配上帝。[5]及先賢百辟卿士有益者，於是秩而祭之。親扶三老五更，[6]袒而割牲，跪而進之。因班時令，宣恩澤。諸侯宗室、四夷君長、匈奴西國侍子，[7]悉奉貢助祭。

[1]元始：漢平帝的年號（1—5）。

[2]璧雍長安城南門：《隋書》卷六八《宇文愷傳》作“辟雍長安城南門”。

[3]水外周堤壤高四方和會築作三旬：《隋書·宇文愷傳》作：“水外周，堤壤高四尺，和會，築作三旬。”中華本校勘記云：“《隋書》‘方’作‘尺’。按作‘尺’，則‘和會’語意不完。疑作‘方’是，‘高’下有脱文。”可從。

[4]太祖：漢高祖劉邦的廟號。　高皇帝：即西漢皇帝劉邦。

高爲其謚號。　配天：古代禮制規定皇帝祭天時以先祖配祭。

[5]孝文皇帝：即西漢皇帝劉恒。孝文爲其謚號。

[6]三老五更：指鄉間負責教化的人員。多由年老有聲望的人擔任，其中五更由年老致仕的官員擔任。

[7]侍子：古代藩屬國或諸侯國遣王子入朝陪侍天子，稱侍子。

《禮圖》曰："建武三十年作明堂，[1]堂上圓下方。圓法天，方法地。十二堂法日辰，九室法九州，八窗象八風，八九七十二，法一時之王。[2]室有二户，二九十八户，法土王十八日。[3]内堂正壇高三尺，土階三等。"胡伯始注《漢官》云：[4]"古清廟蓋以茅，今蓋以瓦，瓦下藉茅，以存古制。"《東京賦》曰：[5]"乃營三宫，布政頒常。複廟重屋，八達九房。造舟清池，惟水泱泱。"薛綜注云："複重廟覆，謂屋平覆重棟也。"[6]《續漢書·祭祀志》曰：[7]"明帝永平二年，[8]祀五帝於明堂。五帝坐各處其方，黄帝在未，[9]皆如南郊之位。[10]光武位在青帝之南，少退，西面，各一犢，[11]奏樂如南郊。"臣愷案《詩》云："《我將》，[12]祀文王於明堂也。我將我享，維羊維牛。"據此，則備大牢之祭。今云一犢，恐與古殊。自晋以前，未有鴟尾，[13]其門墻璧水，[14]一依本圖。

[1]建武：漢光武帝的年號（25—56）。

[2]八九七十二法一時之王：古代曆法規定，凡於辰、戌丑、未四季月，當立春、立夏、立秋、立冬之前，各土王用事十八日，

一歲共計七十二日。凡每季三月各得九十日，於九十日中除去十八日，則每季亦止七十二日，爲五行分王之數。

[3]土王十八日：《禮記·月令》："中火土。"孔穎達《正義》云："四時布於三百六十日間，以木配春，以火配夏，以金配秋，以水配冬，以土則每時輒寄王十八日也，雖每分寄而位本未宜。"所謂"位本未宜"，以四季言當辰、戌、丑、未月末各十八日，即四時末月之最後十八日寄王，合而共計七十二日之數。

[4]胡伯始：人名。即胡廣。字伯始，南郡華容（今湖北監利縣）人。東漢大臣、文學家。見《後漢書》卷四四《胡廣傳》。漢官：即《漢官解詁》。原名《小學漢官篇》，計三篇。東漢初新汲令王隆撰。胡廣爲其作注。

[5]東京賦：東漢張衡所作。是關於東漢時洛陽景象的著名漢賦。

[6]薛綜注云複重廟覆謂屋平覆重棟也：源氏校勘記云："元注作：'複廟，重覆也；重屋，重棟也。'"中華本校勘記云："李慈銘云：'薛綜注作"複廟，重覆也。重屋，重棟也"。此文錯訛不可解。'"可從。薛綜，人名。字敬文，沛郡竹邑（今安徽濉溪縣）人。三國吴大臣。善屬文。見《三國志》卷五三《吴書·薛綜傳》。

[7]續漢書：西晉史學家司馬彪所著，紀傳已經散佚，八志因併入范曄的《後漢書》而保存下來。

[8]明帝：即東漢皇帝劉莊。明爲其謚號。　永平：漢明帝的年號（58—75）。

[9]未：西南偏南。中國古代按照十二地支分爲十二個方位。子爲北方，丑爲東北偏北，寅爲東北偏東，卯爲東方，辰爲東南偏東，巳爲東南偏南，午爲南方，未爲西南偏南，申爲西南偏西，酉爲西方，戌爲西北偏西，亥爲西北偏北。

[10]南郊：指皇帝在都城南郊祭天。

[11]光武位在青帝之南少退西面各一犢：底本"南"作

“面”，中華本校勘記云：“諸本‘面’作‘南’，《隋書》《通志》作‘面’。按《續漢志》卷八《祭祀志》作‘面’，今據改。”今從改。

[12]我將：《詩·周頌》的一篇。

[13]鴟尾：屋脊正脊兩端的飾物。一説爲蚩尾之形，以避除火災。

[14]其門墻壁水：源氏校勘記云：“‘門’《隋書》作‘圓’。”《隋書》卷六八《宇文愷傳》“門”作“圓”。“門”與“圓”當爲字形相近而訛。《隋書》似更合理。

《晋起居注》：“裴頠議曰：[1]‘尊祖配天，其義明著，廟宇之制，理據未分。直可爲一殿以崇嚴祀，其餘雜碎，一皆除之。’”臣愷案：“天垂象，聖人則之。辟雍之星，[2]既有圖狀，晋室方構，不合天文。既闕重樓，[3]又無壁水，空堂乖五室之義，[4]直殿違九階之文。[5]非古欺天，一何過甚！”

[1]裴頠：人名。字逸民，河東聞喜（今山西聞喜縣）人。西晋大臣。見《晋書》卷三五《裴秀附裴頠傳》。

[2]辟雍：本爲西周天子爲教育貴族子弟設立的大學，西漢以後，多爲祭祀之用。

[3]闕：缺失。

[4]五室：古人在明堂設置木室、火室、金室、水室、土室五室。

[5]九階：天子明堂有九個臺階。

後魏於北臺城南，造圓墻，在璧水外，[1]門在水内迴立，不與墻相連。其堂上九室，三三相重，不依古制。室間通巷，違舛處多。其室皆用墼累，極成褊陋。《後魏·樂志》曰："孝昌二年立明堂，議者或言九室，或言五室，詔斷從五室。後元叉執政，復改爲九室。遭亂不成。"[2]

[1]造圓墻在璧水外：中華本校勘記云："李慈銘云：'"造"下當有脱文。'按《魏書》卷七下《高祖紀》太和十年九月，'詔起明堂辟雍'。此明堂當在平城，即所謂'北臺'。疑此脱'明堂'等字。"

[2]"後魏樂志曰"至"遭亂不成"：中華本校勘記云："按《魏書》卷一〇八之二《禮志二》云：'初，世宗永平、延昌中，欲建明堂，而議者或云五室，或云九室，頻屬年饑，遂寢。至是（熙平二年），復議之，詔從五室。及元叉執政，遂改營九室，值世亂不成。'這裏'樂志'當爲'禮志'之誤，'孝昌'當爲'延昌'之誤。元叉死於孝昌元年，安得至二年後尚執政？顯誤。"可從。

《宋起居注》曰："孝武大明五年立明堂，[1]其墻宇規範，擬則太廟，唯十二間，以應期數。依漢汶上圖儀，設五帝位，太祖文皇帝對饗。鼎俎簠簋，[2]一依廟禮。"[3]

[1]孝武：即南朝宋皇帝劉駿。孝武爲其謚號。　大明：南朝宋孝武帝的年號（457—464）。

[2]簠簋：祭祀時用於盛放黍稷稻粱的禮器。

[3]一依廟禮：殿本、四部備要本作"一依商禮"，據《隋書》卷六八《宇文愷傳》、《通志》卷一六一，今從底本。

梁武即位之後，[1]移宋時太極殿以爲明堂，無室，十二間。《禮疑議》云："祭用純，漆俎瓦樽，文於郊，質於廟，止一獻，[2]用清酒。"平陳之後，臣得目觀，遂量步數，記其尺丈。猶見焚燒殘柱，毀破之餘，入地一丈，儼然如舊。柱下以樟木爲跗，長丈餘，闊四尺許，兩兩相並，凡安數重。宫城處所，乃在郭内。雖湫隘卑陋，未合規摹，但祖宗之靈，得崇嚴祀。

[1]梁武：即南朝梁皇帝蕭衍。武爲其謚號。

[2]止一獻：殿本、四部備要本作"上一獻"，據《隋書》卷六八《宇文愷傳》、《通志》卷一六一，殿本、四部備要本因字形相近而訛，今從底本。

周齊二代，闕而不修，大饗之典，於焉靡託。[1]

[1]於焉靡託：殿本、四部備要本作"於焉靡記"，據《隋書》卷六八《宇文愷傳》、《通志》卷一六一，殿本、四部備要本因字形相近而訛，今從底本。

自古《明堂圖》唯有二本。一是宗周，[1]劉熙、阮諶、劉昌宗等作，[2]三圖略同。一是後漢建武三十年作，《禮圖》有本，不詳撰人。臣遠尋經傳，傍求子史，研究衆説，總撰今圖。其様以木爲之，下爲方堂，堂有五室，上爲圓觀，觀有四門。”

[1]宗周：西周。此指源自西周的明堂圖。

[2]劉熙：人名。又名劉熹，字成國，北海（今山東昌樂縣）人。東漢官吏、經學家。官至南安太守，東漢末曾避地交州。著有《釋名》和《孟子注》。　阮諶：人名。東漢禮學家。著有《三禮圖》。　劉昌宗：人名。東晋經學家。

帝可其奏。會遼東之役，事不果行。

以度遼之功，進位金紫光禄大夫。[1]其年卒官，帝甚惜之，謚曰康。撰《東都圖記》二十卷、《明堂圖議》二卷、《釋疑》一卷，見行於世。

[1]金紫光禄大夫：官名。西晋初始設光禄大夫，加賜金章紫綬者爲金紫光禄大夫。禄賜、班位、冠幘、車服、佩玉、置吏卒羽林等，諸所賜給與特進同。作爲加官，唯授予章綬、禄賜、班位，不給予車服、吏卒。隋初爲從二品散官，煬帝時改爲正三品。

長子儒童，游騎尉。[1]少子温，起部承務郎。[2]

[1]游騎尉：官名。隋文帝開皇六年吏部所置散官八尉之一，從七品下。隋煬帝大業三年罷。

[2]起部：官署名。爲尚書省郎曹之一。設郎、侍郎爲長官，西晋始設，負責土木工程、工匠勞役。隋初改名工部，隋煬帝大業三年復舊名。　承務郎：官名。隋煬帝大業三年置，代替原來尚書省二十四司員外郎，掌管籍帳。從五品。

侯莫陳崇，字尚樂，代武川人也。[1]其先魏之別部，居庫斛真水。[2]祖元，以良家子鎮武川，因家焉。[3]父興，殿中將軍、羽林監，[4]後以崇著勳，追贈柱國、太保、清河郡公。[5]

[1]代：郡名。北魏時治平城，在今山西大同市東北。　武川：軍鎮名。在今内蒙古武川縣西。

[2]庫斛真水：在今内蒙古東北。

[3]祖元以良家子鎮武川因家焉：底本“武”下有“代”字，中華本校勘記云：“諸本‘武川’下衍‘代’字，據《周書》卷一六、《通志》卷一五六《侯莫陳崇傳》删。”今從改。祖元，源氏校勘記云：“‘元’《周書》作‘允’。”《通志》卷一五六作“祖元”。

[4]殿中將軍：官名。爲雜號將軍名，三國魏置，掌殿中禁兵，督守殿廷，員一人，六品。西晋置殿中將軍十人，分屬左衛將軍和右衛將軍，朝會宴饗及乘輿外出，值侍左右。夜開宫城諸門，則執白虎幡監之。南北朝沿置，掌侍衛，員數漸多，品秩漸低。北魏孝文帝太和十七年定爲五品中，二十三年改爲八品上。　羽林監：官名。漢宣帝時命騎都尉與羽林中郎將並爲監羽林騎。東漢時又設羽林左右監以監羽林左右騎，秩六百石，屬光禄勳。三國魏沿置，蜀唯稱羽林監，不分左右，吴無。晋唯置羽林左監。南朝宋、齊、梁、陳置羽林監，轉屬中領軍，爲禁衛軍將領之一。北魏亦置，正六品下。

[5]清河郡公：封爵名。清河，郡名。北魏時治清河縣，在今山東臨清市東北。

崇少驍勇，善馳射，[1]謹慤少言。[2]年十五，隨賀拔岳與尒朱榮征葛榮。後從岳入關，[3]破赤水蜀。又從岳力戰，破万俟醜奴。崇與輕騎逐北，至涇州長坑及之。[4]賊未成列，崇單騎入賊中，於馬上生禽醜奴，遂大破之。封臨涇縣侯。[5]

[1]善馳射：毛本、局本作“善騎射”，據《周書》卷一六《侯莫陳崇傳》，今從底本。

[2]謹慤（què）：謹慎誠實。

[3]後從岳入關：毛本、局本作“後崇岳入關”，據《周書·侯莫陳崇傳》，今從底本。

[4]涇州：北魏時治安定縣，在今甘肅涇川縣北。　長坑：地名。亦作“長平坑”。確址不詳，當在今甘肅平涼市附近。

[5]臨涇縣侯：封爵名。臨涇，縣名。治所在今甘肅鎮原縣東南。

及岳爲侯莫陳悦所害，崇與諸將同謀迎周文帝。文帝至軍，原州刺史史歸猶爲悦守。[1]周文遣崇襲歸，直到城下，即據城門。時李遠兄弟在城内，先知崇來，中外鼓譟，伏兵悉起，遂禽歸斬之。以崇行原州事，仍從平悦，別封廣武縣伯。[2]累遷儀同三司，改封彭城郡公。[3]從禽竇泰，復弘農，破沙苑，戰河橋，又別討平稽胡，累戰皆有功，進位柱國大將軍。六官建，拜大司空。周孝閔踐阼，進封梁國公，加太保。歷大宗伯、大司徒。[4]

[1]原州：北魏時治平高縣，在今寧夏固原市。　史歸：北魏官吏。任原州刺史，爲賀拔岳親信。賀拔岳爲侯莫陳悦所害，歸附悦，守原州，爲侯莫陳崇襲擒。

[2]廣武縣伯：封爵名。廣武，縣名。治所在今甘肅永登縣東南。

[3]彭城郡公：封爵名。彭城，郡名。治彭城縣，在今江蘇徐州市。

[4]大宗伯：官名。掌管禮樂、祭祀、天文曆法、著作等方面事務。原爲《周禮》六卿之一，爲春官之長。西魏末、北周仿《周禮》建六官，復置爲春官之長，亦稱大宗伯卿。北周時爲正七命。

保定三年，從武帝幸原州。時帝夜還京師，竊怪其故。崇謂所親人常昇曰："吾比日聞卜筮者言，[1]晋公今年不利，車駕今忽夜還，不過是晋公死耳。"於是皆傳之。或有發其事者，帝集諸公卿於大德殿責崇，崇惶懼謝罪。其夜，護遣使將兵就崇宅，逼令自殺。葬禮如常儀，謚曰躁。護誅，改謚曰莊閔。

[1]吾比日聞卜筮者言：底本"者"下無"言"字，中華本校勘記云："諸本脱'言'字，據《周書》《通志》補。"今從改。

子芮嗣，位柱國。從武帝東伐，率衆守太行道。[1]并州平，授上柱國。仍從平鄴，拜大司馬。[2]隋大業初，[3]以譴，詔流配嶺南。芮弟穎。

[1]太行道：即太行陘。爲太行八陘之一，是豫北通往晋東南的要道。南起今河南沁陽市山王莊的馬鞍山，北到山西的晋城市和陽城縣。

[2]大司馬：官名。《周禮》六卿之一，爲夏官府長官，職掌

軍政大務、禁暴糾察、訓練軍隊、統兵作戰。西魏末、北周仿《周禮》建六官，復置爲夏官府長官，掌握全國軍政，權任極重。亦稱大司馬卿。正七命。

［3］隋大業初：底本“隋”下有“文”字，中華本校勘記云：“諸本‘隋’下有‘文’字。按‘大業’，煬帝年號，‘文’字衍，今删。”今從改。

穎，字遵道，少有器量，風神警發，爲時輩所推。魏大統末，以父軍功，賜爵廣平侯，[1]累遷開府儀同三司。周武帝時，從滕王逌擊龍泉、文城叛胡。[2]穎與柱國豆盧勣分路而進，[3]穎懸軍五百餘里，破其三栅。先是稽胡叛亂，輒略邊人爲奴婢。至是，詔胡有厭匿良人者誅，籍没其妻子。有人言爲胡村所隱匿者，勣將誅之。穎曰：“將在外，君命有所不行。諸胡固非悉反，但相迫脅爲亂。今慰撫，自可不戰而定；如即誅之，轉相驚恐，爲難不細。未若召其渠帥，以隱匿者付之，令自歸首，則群胡可安。”勣從之，諸胡争降附，北土以安。遷司武，[4]加振威中大夫。[5]

［1］廣平侯：封爵名。廣平，郡名。西魏時治曲梁城，在今河北永年縣東南。

［2］滕王逌：即宇文逌。字爾固突，代郡武川（今内蒙古武川縣西）人，鮮卑族。北周宗室。見《北史》卷五八《滕聞王逌傳》。　龍泉：地名。在今甘肅永登縣龍泉鎮。　文城：地名。在今甘肅天水市。

［3］豆盧勣：人名。本姓慕容，字定東，昌黎徒何（今遼寧錦州市）人。北周、隋朝官吏。見《北史》卷六八《豆盧寧附豆盧

勳傳》。

[4]司武：官名。即司武中大夫。北周置，掌管宿衛軍事。正五命。

[5]振威中大夫：官名。北周置，爲武官名稱。正五命。

隋文帝受禪，加上開府，進爵昇平郡公。[1]平陳之役，以行軍總管從秦王俊出魯山道，[2]與行軍總管段文振度江，[3]安集歸附。再遷瀛州刺史，[4]甚有惠政。後坐與秦王俊交通，免官。百姓送者莫不流涕，因相與立碑，頌穎清德。後拜邢州刺史。[5]仁壽中，[6]吏部尚書牛弘持節巡撫山東，[7]以穎爲第一，上優詔褒揚。時朝廷以嶺南刺史縣令多貪鄙，蠻夷怨叛，妙簡清吏。[8]於是徵穎入朝。上與言及平生，以爲歡笑，即日進位大將軍，拜桂州總管、十七州諸軍事。[9]及至官，大崇恩信，人夷悦服。

[1]昇平郡公：封爵名。昇平，郡名。隋朝時治湖陽縣，在今河南唐縣。

[2]秦王俊：即楊俊。小字阿祇，隋文帝第三子。見《北史》卷七一《秦王俊傳》。　魯山道：在今河南魯山縣與汝陽縣之間，上有魯陽關、分水嶺關、木扎嶺關三個重要的關隘，是進入洛陽的重要通道。

[3]段文振：人名。北海期原（今山東青州市）人。隋朝將領。見《北史》卷七六《段文振傳》。

[4]瀛州：隋朝時治趙都軍城，在今河北河間市。

[5]邢州：隋朝時治龍岡縣，在今河北邢臺市西南。

[6]仁壽：隋文帝的年號（601—604）。

[7]吏部尚書：官名。東漢始設吏曹尚書。魏晋南北朝時位居列曹尚書之上，掌管官吏的選拔獎懲，其實權大於尚書僕射，但重要官職仍須與執政大臣合議。隋朝時爲尚書省六部長官之首。正三品。　牛弘：人名。字里仁，安定鶉觚（今甘肅靈臺縣）人。隋朝官吏。見《北史》卷七二《牛弘傳》。

[8]妙簡：精選。

[9]桂州：隋朝時治始安縣，在今廣西桂林市。

煬帝即位，穎兄梁國公芮坐事徙邊，朝廷恐穎不自安，徵還京師。後拜恒山太守。[1]其年，嶺南、閩越多不附，帝以穎前在桂州有惠政，爲南方所信伏，拜南海太守。[2]卒官，謚曰定。子虔會最知名。

[1]恒山：郡名。隋朝時治真定縣，在今河北正定縣。

[2]南海：郡名。隋朝時治南海縣，在今廣東廣州市。

崇兄順，少豪俠有志度。[1]初事尒朱榮爲統軍。普泰元年，[2]封木縣子。[3]後從魏孝武入關。順與周文帝同里閈，[4]素相友善，且崇先在關中，周文見之甚歡，進爵彭城郡公。及梁仚定圍逼河州，以順爲大都督，與趙貴討破之，[5]即行河州事。

[1]少豪俠有志度：毛本作“少豪俠有氣度”，據《周書》卷一九《侯莫陳順傳》、《通志》卷一五六，今從底本。

[2]普泰：北魏節閔帝的年號（531—532）。

[3]封木縣子：源氏校勘記云：“《周書》作‘本門縣子’。”中華本校勘記云：“南本及《通志》卷一五六《侯莫陳順傳》‘木’

作‘本’，《周書》卷一九《侯莫陳順傳》‘木’下有‘門’字。按本縣指武川，疑是。”可從。

[4]里閈（hàn）：里門、鄉里。

[5]趙貴：人名。字元貴，又字元寶，天水南安（今甘肅隴西縣東南）人。西魏、北周名將。見《北史》卷五九《趙貴傳》。

大統四年，魏文帝東討，順與太尉王盟、僕射周惠達等留鎮長安。[1]時趙青雀反，[2]盟及惠達奉魏太子出次渭北。順於渭橋與賊戰，頻破之。魏文帝還，執順手曰："渭橋之戰，卿有殊力。"便解所服金鏤玉梁帶賜之。南岐州氐符安壽。遂率部落一千家款附。[3]時順弟崇又封彭城郡公，遂改封順河間郡公。[4]六年，加驃騎大將軍、開府儀同三司，行西夏州事，[5]改封平原郡公。[6]周孝閔帝踐阼，拜少師，[7]進位柱國。其年薨。

[1]王盟：人名。字仵，祖籍樂浪（今遼寧義縣），後遷居武川（今内蒙古武川縣西）。西魏大臣。見《北史》卷六一《王盟傳》。　僕射：官名。爲尚書僕射的簡稱。爲尚書省次官。北魏時位列宰相，掌管省曹事務，典選舉。左僕射負責彈劾百官。孝文帝太和二十三年之後改爲從二品。西魏因之。　周惠達：人名。字懷文，章武文安（今陝西延川縣西南）人。西魏、北周大臣。見《北史》卷六三《周惠達傳》。

[2]趙青雀：人名。東魏都督，在沙苑之戰中被西魏俘虜。後收攏東魏降卒起兵，占據長安所屬的小城，兵敗被殺。

[3]南岐州氐苻安壽遂率部落一千家款附：底本“氐”下有“羌”字，中華本校勘記云：“諸本‘氐’下有‘羌’字，《周書》《通志》無。按事見本書卷九六《氐傳》。苻乃氐族大姓，‘羌’字

衍，今删。又《周書》於‘苻安壽’下敘其反抗西魏及順領軍鎮壓，然後乃敘安壽‘歸附’。這裏‘壽’下應有脱文。”今從改。南岐州，西魏時治梁泉縣，在今陝西鳳縣東北。苻安壽，人名。南岐州氐族首領。西魏文帝大統年間，自號太白王，舉兵攻破武都（今甘肅隴南市武都區），後中魏軍的反間計而敗降。

[4]河間郡公：封爵名。河間，郡名。西魏時治武垣縣，在今河北河間市南。

[5]西夏州：西魏時寄治并州界，在今山西太原市西南。

[6]平原郡公：封爵名。平原，郡名。西魏時治陰槃縣，在今甘肅平凉市東。源氏校勘記云：“《周書》作‘安平郡公’。”

[7]少師：官名。西周始設，與少傅、少保並稱三少或三孤。北周時復置三孤官，與三公並爲大臣的加官，地位崇高，無具體職掌。正八命。

崇弟瓊，歷位荆州總管、上柱國，封脩武郡公。[1]

[1]荆州：北周時治穰縣，在今河南鄧州市。　脩武郡公：封爵名。脩武，郡名。北周時治南修武縣，在今河南獲嘉縣。源氏校勘記云：“《周書》卷一六《侯莫陳崇附侯莫陳瓊傳》作‘武威郡公’。”《周書》卷八《静帝紀》大象二年六月見“脩武公侯莫陳瓊”。

瓊弟凱，以軍功賜爵下蔡縣男。[1]崇以平原州功，賜爵靈武縣侯，[2]詔聽轉授凱。孝閔踐阼，進位開府儀同三司，進爵爲公。天和中，爲司會中大夫。建德二年，爲聘齊使主。

[1]下蔡縣男：封爵名。下蔡，縣名。治所在今安徽鳳臺縣北。

[2]靈武縣侯：封爵名。靈武，縣名。治所在今陝西涇陽縣東。

王雄，字雄胡布頭，太原人也。[1]父崙，以雄著勳，追贈柱國大將軍、少傅、安康郡公。[2]

[1]太原：郡名。北魏時治晋陽縣，在今山西太原市晋源區古城營村一帶。

[2]安康郡公：封爵名。安康，郡名。北魏時治安康縣，在今陝西石泉縣東南。

雄儀貌魁梧，少有謀略。魏末，從賀拔岳入關，除金紫光禄大夫。孝武西遷，封臨貞縣伯。[1]大統中，進爵武威郡公，[2]累遷大將軍，行同州事。[3]恭帝元年，賜姓可頻氏。周孝閔帝踐阼，授少傅，進位柱國大將軍。武成初，進封庸國公，邑萬户。出爲涇州總管。

[1]臨貞縣伯：封爵名。臨貞，縣名。即臨真。治所在今陝西延安市東南。

[2]武威郡公：封爵名。武威，郡名。西魏時治姑臧縣，在今甘肅武威市。

[3]同州：西魏時治武鄉縣，在今陝西大荔縣。

保定四年，從晋公護東征，至芒山，[1]與齊將斛律明月戰。退走，[2]左右皆散，矢又盡，唯餘一奴一矢在焉。雄案矟不及明月者丈餘，曰："惜爾，不得殺，但生將爾見天子。"明月反射雄中額，抱馬走至營，薨。

贈使持節、太保、同華等二十州諸軍事、同州刺史,[3]謚曰忠。子謙。

[1]至芒山：毛本、殿本、四庫本、四部備要本作“至甚山”。據《通志》卷一五六，今從底本。

[2]與齊將斛律明月戰退走：中華本校勘記云：“按《周書》卷一九《王雄傳》云：‘與齊將斛律明月接戰，雄馳馬衝之，殺三人，明月退走。’這裏‘退走’上當有‘明月’二字，或更有脱文。”可從。斛律明月，人名。即斛律光。字明月，朔州（今陜西朔州市）敕勒部人。北齊將領。見《北史》卷五四《斛律金附斛律光傳》。

[3]使持節：漢朝官吏奉命外出時，由皇帝授予節杖，以顯示其權威。魏晋之後，當重要的軍事長官出征或者出鎮時，通常加以使持節，憑此可誅殺二千石以下的官員。皇帝派遣大臣重要事情時，也加以此職，以示尊崇。次一等的稱持節，再次一等的稱假節。　華：州名。北周時治鄭縣，在今陜西華縣西南。

謙，字敕萬，性恭謹，無他才能，以父功封安樂縣伯。[1]保定二年，父雄封庸國公，以武威郡公回封謙，安樂伯回封第三弟震。雄死，朝議以謙父殞行陣，特加殊寵，授柱國大將軍，襲爵庸國公。建德五年，武帝東征，謙力戰，進位上柱國。

[1]安樂縣伯：封爵名。安樂，縣名。北周明帝二年（558）改通義縣置，治所在今四川眉山市東坡區東北。

六年，授益州總管、十八州諸軍事。及宣帝崩，隋文帝輔政，以梁睿爲益州總管。時謙使司録賀若昂奉表詣闕。昂還，具陳京師事。謙以父子受國恩，將圖匡復，遂舉兵，署置官司。總管長史乙弗虔、益州刺史達奚惎勸謙憑險觀變。[1]隆州刺史高阿那肱爲謙畫三策曰：[2]"公親率精鋭，直指散關，[3]蜀人知公有勤王之節，必當各思效命，此上策也；出兵梁、漢，[4]以顧望天下，此中策也；坐守劍南，[5]發兵自衛，此下策也。"謙參用其中下之策。

[1]乙弗虔：人名。北周將領。官至益州總管府長史、大將軍。宣帝大成元年（579），楊堅輔政，益州總管王謙以匡復周室爲名，舉兵反抗，虔等勸謙憑藉天險以觀時變。堅以大兵討謙，虔阻擊不利，退保成都，尋敗降，以首謀罪被殺。　達奚惎：人名。代（今山西大同市東北）人，鮮卑族。北周官吏。後因北周静帝大象年間從王謙反，兵敗被殺。毛本作"達奚甚"，疑因字形相近而訛，今從底本。

[2]高阿那肱：人名。一作"高阿那瓌"，善無（今山西右玉縣東南）人。北齊、北周官吏。見《北史》卷九二《高阿那肱傳》。

[3]散關：在今陝西寶雞市西南大散嶺上。

[4]梁：州名。北周時治南鄭縣，在今陝西漢中市。　漢：長江的最大支流，發源於今陝西寧强縣米倉山，流經陝西南部、湖北中西部，在武漢匯入長江。

[5]劍南：指劍門關以南地區。劍門關在今四川劍閣縣東北大劍山上。

梁睿未至大劍，[1]謙先遣兵鎮始州。[2]隋文帝即以睿爲行軍元帥，便發利、鳳、文、秦、成諸州兵討之。[3]謙所署柱國達奚惎、高阿那肱、大將軍乙弗虔、楊安、任峻、侯翕、景孱等衆號十萬，盡鋭攻利州，總管、楚國公豆盧勣拒戰將四旬。惎等諸軍聞睿將至，衆遂潰。謙所署大將軍符子英攻巴州，[4]又爲刺史吕珍所破。睿乘其弊，縱兵深入。惎、虔密遣使詣睿，請爲内應以贖罪。謙不知惎、虔之反己也，並令守成都。[5]謙先無籌略，且所任用多非其才，及聞睿兵奄至，惶懼計無所出，乃自率衆逆戰，又以惎、虔之子爲左右軍。行數十里，左右軍皆叛，謙奔新都，[6]縣令王寶執而斬之，傳首京師。惎、虔以成都降。隋文帝以惎、虔首謀，令殺之於蜀市。餘衆並散。阿那肱尋亦被誅。

[1]大劍：山名。在今四川劍閣縣東北。

[2]始州：北周時治普安縣，在今四川劍閣縣。

[3]利：州名。北周時治興安縣，在今四川廣元市。　鳳：州名。北周時治梁泉縣，在今陝西鳳縣東北。　文：州名。北周時治建昌縣，在今甘肅文縣西南。　秦：州名。北周時治上邽縣，在今甘肅天水市。　成：州名。北周時治洛谷城，在今甘肅西和縣洛峪鎮。

[4]巴州：北周時治化成縣，在今四川巴中市。

[5]成都：縣名。治所在今四川成都市。

[6]新都：縣名。治所在今四川成都市。

論曰：李弼懷佐時之略，逢興運之期，締構艱難，綢繆顧遇，[1]方面宣其庸績，帷幄盡其謀猷，非唯攀附成名，抑亦材謀自取。密遭風雲之會，奮其鱗翼，[2]思封函谷，[3]將割鴻溝，[4]期月之間，衆數十萬，威行萬里，聲動四方。雖事屈興王，運乖天眷，而雄名克振，何其壯歟！然志性輕狡，終致顛覆，固其宜也。宇文貴負將帥之材，藴剛鋭之氣，遭逢喪亂，險阻備嘗，自致高位，亦云美矣。忻武藝之風，名高一代。及晚節遇禍，雖鳥盡弓藏，然亦器盈斯概，[5]夷戮非爲不幸。愷學藝兼該，思理通贍，規矩之妙，參蹤班、爾，[6]當時制度，咸取則焉。其起仁壽宫，營建洛邑，要求時幸，窮侈極麗，使文皇失德，煬帝亡身，危亂之原，抑亦由此。至於考覽書傳，定《明堂圖》，雖意過其通，有足觀者。侯莫陳崇以勇悍之氣，逢戰争之秋，輕騎啓高平之扉，疋馬得長坑之俊。[7]以宏材遠略，附鳳攀龍，茂績元勳，位居上衮，[8]而識慚明哲，遂以凶終，惜哉！王雄身參佐命，謙寵列山河，及投袂勤王，志匡社稷，雖忠君之效未宣，與夫懷禄圖存者異也。

[1]綢繆：情意殷切。龍鱗與鳳翼。比喻權貴勢力。　顧遇：被賞識而受到優遇。

[2]鱗翼：翅膀。

[3]函谷：關隘名。在今河南靈寶市北。

[4]鴻溝：古運河名。在今河南境内，爲楚漢戰争時兩軍對峙臨時的分界綫。

[5]器盈：指器局狹小，容易自滿。　概：刮平，不使過量。

[6]班：即魯班，人名。古代巧匠。　爾：即王爾，人名。古代巧匠。

[7]疋馬得長坑之俊：底本“疋”作“迮”，中華本校勘記云：“諸本‘疋’作‘迮’，《周書》卷一六史臣論作‘疋’。按‘迮’義爲‘迫蹙’，於文義不洽。崇本傳言其單騎入陣擒万俟醜奴，作‘疋’是。今據改。”今從改。

[8]上衮：指宰輔。

初，魏孝莊帝以尒朱榮有翊戴之功，拜榮柱國大將軍，位在丞相上。榮敗後，[1]此官遂廢。大統三年，魏文帝復以周文帝建中興之業，始命爲之。其後功参佐命，望實俱重者亦居此職。自大統十六年已前，任者凡有八人。周文帝位總百揆，[2]都督中外軍事。魏廣陵王欣，[3]元氏懿戚，[4]從容禁闥而已。[5]此外六人，各督二大將軍，分掌禁旅，當爪牙禦侮之寄。當時榮盛，莫與爲比。故今之稱門閥者，咸推八柱國家。今并十二大將軍録之於左。

[1]榮敗後：四庫本作“榮拜後”，今從底本。

[2]周文帝位總百揆：底本無“文”字，中華本校勘記云：“諸本脱‘文’字，據《通志》卷一五六補。”今從改。百揆，指宰相。

[3]廣陵王：封爵名。遥封。廣陵，郡名。南朝梁時治廣陵縣，在今江蘇揚州市西北。　欣：即元欣，人名。字慶樂。西魏宗室、大臣。見《北史》卷一九《廣陵王羽附元欣傳》。

[4]懿戚：指皇親國戚。

[5]禁闥：宫廷門户。這裏指宫廷、朝廷。

使持節、太尉、柱國大將軍、大都督、尚書左僕射、隴右行臺、少師、隴西郡開國公李虎。[1]

[1]尚書左僕射：官名。位列丞相，職掌都省事務及執法，或掌管選舉，兼掌糾察彈劾百官。北魏孝文帝太和二十三年之後改爲從二品。　隴西郡開國公李虎：底本“虎”作“諱”，中華本校勘記云：“諸本‘虎’作‘諱’，是避唐諱。今從《通志》改作‘虎’。”今從改。隴西郡開國公，封爵名。隴西，郡名。西魏時治襄武縣，在今甘肅隴西縣東南。李虎，人名。字文彬，代郡武川（今内蒙古武川縣西）人。北魏、西魏將領。唐高祖祖父。

使持節、太傅、柱國大將軍、大宗師、大司徒、廣陵王元欣。[1]

[1]大宗師：官名。爲宗師中大夫的省稱。西魏恭帝三年置，爲天官府宗師司長官。掌管宗室，定世系、辨昭穆，並兼管訓導之事，多以宗室中長賢者任之。

使持節、柱國大將軍、大都督、大宗伯、趙郡開國公李弼。[1]

[1]趙郡開國公：封爵名。趙郡，西魏時治平棘縣，在今河北趙縣。

使持節、柱國大將軍、大都督、大司馬、河内郡開國公獨孤信。[1]

[1]河内郡開國公：封爵名。河内，郡名。西魏時治野王縣，

在今河南沁陽市。

使持節、柱國大將軍、大都督、大司寇、南陽郡開國公趙貴。[1]

[1]大司寇：官名。《周禮》秋官之屬。掌國家法典，聽獄訟，制刑罰。北周時爲正七命。　南陽郡開國公：封爵名。南陽，郡名。西魏時治南陽縣，在今河南南陽市。

使持節、柱國大將軍、大都督、大司空、常山郡開國公于謹。[1]

[1]常山郡開國公：封爵名。常山，郡名。西魏時治真定縣，在今河北正定縣南。

使持節、柱國大將軍、大都督、少傅、彭城郡開國公侯莫陳崇。

與周文帝爲八柱國。

使持節、大將軍、大都督、少保、廣平王元贊。[1]

[1]廣平王：封爵名。廣平，郡名。西魏時治曲梁城，在今河北永年縣東南。　元贊：人名。北魏宗室，西魏大臣。

使持節、大將軍、大都督、淮安王元育。[1]

[1]淮安王：封爵名。淮安，郡名。西魏時治慕化縣，在今河

南信陽縣西。　元育：人名。西魏宗室。封淮安王，官至大將軍。西魏廢帝三年，尚書元烈爲宇文泰所誅，帝有怨言，育苦諫不聽，帝遂被廢。另據拓跋育墓誌載："公諱育，字僧會，文成皇帝之曾孫，獻文皇帝之孫，高陽文穆王雍之第十子。魏後二年，改封淮安公。二年二月十七日薨。謚曰思。"（參羅新、葉煒《新出魏晋南北朝墓誌疏證（修訂本）》，第231—232頁）

使持節、大將軍、大都督、齊王元廓。[1]

[1]元廓：人名。西魏恭帝。見《北史》卷五《魏本紀·西魏恭帝》。

使持節、大將軍、大都督、平原郡開國公侯莫陳順。

使持節、大將軍、大都督、七州諸軍事、秦州刺史、章武郡開國公宇文導。[1]

[1]七州諸軍事：毛本、殿本、四庫本、四部備要本作"北州諸軍事"。據《周書》卷一六，今從底本。　章武郡開國公：封爵名。章武，郡名。西魏時治平舒縣，在今河北大城縣。　宇文導：人名。字菩薩，代郡武川（今内蒙古武川縣西）人，鮮卑族。北周宗室、大臣。見《北史》卷五七《邵惠公顥附宇文導傳》。底本"導"作"遵"，源氏校勘記云："'遵'《周書》作'導'。"中華本校勘記云："諸本'導'訛作'遵'，據《周書》及本書卷五七宇文導本傳改。"今從改。

使持節、大將軍、大都督、雍州諸軍事、雍州刺史、高陽郡開國公達奚武。[1]

[1]雍州：西魏時治長安縣，在今陝西西安市西北。　高陽郡開國公：封爵名。高陽，郡名。西魏時治高陽縣，在今河北高陽縣東。　達奚武：人名。字成興，代（今山西大同市東北）人，鮮卑族。西魏、北周將領。見《北史》卷六五《達奚武傳》。

使持節、大將軍、大都督、陽平郡開國公李遠。[1]

[1]陽平郡開國公：封爵名。陽平，郡名。西魏時治館陶縣，在今河北館陶縣。　李遠：人名。字萬歲，隴西成紀（今甘肅秦安縣）人。西魏、北周大臣。見《北史》卷五九《李賢附李遠傳》。

使持節、大將軍、大都督、范陽郡開國公豆盧寧。[1]

[1]范陽郡開國公：封爵名。范陽，郡名。北周時治涿縣，在今河北涿州市。

使持節、大將軍、大都督、化政郡開國公宇文貴。

使持節、大將軍、大都督、荆州諸軍事、荆州刺史、博陵郡開國公賀蘭祥。[1]

[1]博陵郡開國公：封爵名。博陵，郡名。西魏時治安平縣，在今河北安平縣。

使持節、大將軍、大都督、陳留郡開國公楊忠。[1]

[1]陳留郡開國公：封爵名。陳留，郡名。西魏時治浚儀縣，在今河南開封市。殿本、四部備要本作"陳當郡開國公"，據《周書》卷一六，當爲字形相近而訛，今從底本。　楊忠：人名。小名奴奴，弘農華陰（今陝西華陰市東南）人。西魏、北周名將，隋文帝之父。見《周書》卷一九《楊忠傳》。

使持節、大將軍、大都督、岐州諸軍事、岐州刺史、武威郡開國公王雄。

是爲十二大將軍。每大將軍督二開府，凡爲二十四員，分團統領，[1]是二十四軍。每一團，儀同二人。自相督率，不編户貫。都十二大將軍。十五日上，則門欄陛戟，警晝巡夜；[2]十五日下，則教旗習戰。無他賦役。每兵唯辦弓刀一具，月簡閲之。甲槊戈弩，並資官給。

[1]分團統領：殿本、四部備要本作"分開國領"。據《通志》卷一五六，今從底本。

[2]警晝巡夜：毛本作"警畫巡夜"。

自大統十六年以前，十二大將軍外，念賢及王思政亦拜大將軍。[1]然賢作牧隴右，思政出鎮河南，並不在領兵之限。此後功臣位至柱國及大將軍者衆矣，不限此秩，[2]無所統御。六柱國、十二大將軍之後，有以位次嗣掌其事者，而德望素在諸公之下，並不得預於此例。

[1]念賢：人名。字蓋盧，金城枹罕（今甘肅臨夏市）人。西

魏將領。見《北史》卷四九《念賢傳》。　王思政：人名。字思政，太原祁（今山西祁縣東南）人。北魏、西魏將領。見《北史》卷六二《王思政傳》。

［2］不限此秩：中華本校勘記云："《周書》作'咸是散秩'。按下文言'無所統御'，則作'咸是散秩'是。"可從。

北史　卷六一

列傳第四十九

王盟 子勱 從孫誼　獨孤信 子羅　竇熾 子榮定 兄子毅　賀蘭祥　叱列伏龜　閻慶 子毗　史寧 子雄 祥　權景宣

王盟，字仵，[1]明德皇后之兄也，[2]其先樂浪人。[3]六世祖波，前燕太宰。[4]祖珍，魏黄門侍郎，[5]贈并州刺史、樂浪公。[6]父羆，伏波將軍，[7]以良家子鎮武川，[8]因家焉。

[1]仵：源氏校勘記云："'仵'上《周書》有'子'字。"

[2]明德皇后：即宇文肱之妻王氏。宇文泰之母。北周明帝時追謚爲德皇后。見《周書》卷一《文帝紀》、《周書》卷一〇《邵惠公顥傳》。

[3]樂浪：郡名。西晋愍帝建興元年（313）與朝鮮縣同僑治棘城，在今遼寧義縣西南。

[4]太宰：官名。三公之首。常與太傅、太保並掌朝政，爲宰相之任。一品。

[5]黄門侍郎：官名。給事黄門侍郎的省稱。爲侍中省或門下省次官，位頗重要。掌侍從皇帝、顧問應對，出則陪乘。與皇帝關

係密切，多以重臣、外戚子弟、公主婿爲之。北魏孝文帝太和十七年定爲三品中，二十三年改爲四品上。

[6]并州：北魏時治晋陽縣，在今山西太原市晋源區古城營村一帶。

[7]伏波將軍：官名。北魏時爲將軍名號。孝文帝太和十七年（493）爲五品上，二十三年改爲從五品上。

[8]武川：軍鎮名。在今内蒙古武川縣西。

魏正光中，[1]破六韓拔陵攻陷諸鎮，[2]盟亦爲其所擁。拔陵平後，流寓中山，[3]復以積射將軍從蕭寶夤西征。[4]寶夤僭逆，盟遂逃匿人間。及尒朱天光入關，[5]盟從之。隨賀拔岳禽万俟醜奴，[6]平秦隴，[7]常先登力戰。及周文帝平侯莫陳悦，[8]除盟原州刺史。[9]孝武至長安，[10]封魏昌縣公。[11]大統三年，[12]徵拜司空，[13]轉司徒。[14]迎魏文帝悼后於蠕蠕，[15]加侍中，[16]遷太尉。[17]魏文帝東征，以留後大都督行雍州事，[18]節度關中諸軍。趙青雀之亂，[19]盟與開府李虎輔太子出頓渭北。[20]事平，進長樂郡公，[21]賜姓拓王氏。[22]遷太保。[23]九年，進位太傅，[24]加開府儀同三司。[25]

[1]正光：北魏孝明帝的年號（520—525）。

[2]破六韓拔陵：人名。亦作“破落汗拔陵”“破六汗拔陵”。北魏末六鎮起義軍首領。兵敗，被柔然黨族所殺。

[3]中山：郡名。北魏時治盧奴縣，在今河北定州市。

[4]積射將軍：官名。掌征伐。正七品上。　蕭寶夤：人名。字智亮，南蘭陵（一説在今江蘇常州市，一説在今江蘇丹陽市）人。南朝齊明帝第六子，北魏將領。見《北史》卷二九《蕭寶夤

傳》。

［5］尒朱天光：人名。北秀容（今山西朔州市）人。北魏將領。見《北史》卷四八《尒朱榮附尒朱天光傳》。

［6］賀拔岳：人名。字阿斗泥，神武尖山（今山西神池縣）人。北魏名將。見《魏書》卷八〇《賀拔勝附賀拔岳傳》。　万俟醜奴：人名。北魏末關隴起義軍首領。兵敗被俘，後在洛陽被殺。

［7］秦隴：地區名。秦嶺和隴山的並稱。泛指今陝西、甘肅之地。

［8］周文帝：即宇文泰。文爲其謚號，北周明帝所追謚。　侯莫陳悦：人名。代（今山西大同市東北）人。北魏將領。見《北史》卷四九《侯莫陳悦傳》。

［9］原州：北魏時治平高縣，在今寧夏固原市。

［10］孝武：即北魏皇帝元脩。孝武爲其謚號。

［11］魏昌縣公：封爵名。魏昌，縣名。治所在今河北定州市西南。

［12］大統：西魏文帝的年號（535—551）。

［13］司空：官名。三公之一。爲名譽宰相，多爲大臣加官，無實際職掌。一品。

［14］司徒：官名。三公之一。多爲大臣加官。一品。

［15］迎魏文帝悼后於蠕蠕：底本無"魏"字，中華本校勘記云："諸本脱'魏'字，與周文帝混，據《周書》卷二〇《王盟傳》補。"今從補。魏文帝，即西魏皇帝元寶炬。文爲其謚號。蠕蠕，亦稱柔然、芮芮、茹茹、蝚蠕等。見《北史》卷九八《蠕蠕傳》。

［16］侍中：官名。總典機密，受遺詔輔政，權任尤重，時號"小宰相"。北魏孝文帝太和十七年定爲從一品中，二十三年改爲三品。西魏沿置。

［17］太尉：官名。三公之首，爲名譽宰相，多爲大臣加官，無實際職掌。一品。

［18］留後大都督：官名。北魏末置，西魏沿置。在最高統治者

親自出征時，掌管後方軍務。　雍州：西魏時治長安縣，在今陝西西安市西北。

[19]趙青雀：人名。東魏將領。西魏文帝大統三年，宇文泰大敗東魏於沙苑，俘獲趙青雀等。次年，趙青雀與雍州民宇伏德舉兵反。宇文泰命華州刺史宇文導、太尉王盟率軍平叛。

[20]李虎：人名。字文彬，代郡武川（今内蒙古武川縣西）人。北魏、西魏將領，西魏八柱國之一。爲唐高祖祖父。唐建立後被追謚爲景皇帝，廟號太祖。底本作“李諱”，中華本校勘記云：“《北史》原文避唐諱，‘虎’作‘諱’。據《通志》卷一五六《王盟傳》改。”今從改。

[21]長樂郡公：封爵名。長樂，郡名。西魏時治信都縣，在今河北冀州市。

[22]拓王氏：底本作“拓跋氏”，中華本校勘記云：“諸本‘王’作‘拔’，《周書》（三朝本）、《通志》作‘王’。按《元和姓纂》輯本卷一九‘拓王氏條’，言王羆賜姓拓王氏。此王羆即盟之父。作‘拔’乃後人誤改，今改正。”今從改。

[23]太保：官名。北魏時與太師、太傅並號三師，位居太師、太傅之下，一品。西魏沿置。

[24]太傅：官名。北魏時爲三師之一，位居太師下、太保上，一品。西魏沿置。

[25]開府儀同三司：爲大臣加號，謂與三司即太尉、司徒、司空的禮制待遇相同，許開設府署，自辟僚屬。北魏孝文帝太和二十三年定爲從一品。西魏沿置。

盟姿度弘雅，仁而汎愛。雖居師傅，禮冠群后，而謙恭自處，未嘗以勢位驕人。魏文帝甚尊重之。及疾，數幸其第，親問所欲。十一年，薨，贈本官，謚曰孝定。

子勱，[1]字醜興，性忠果有材幹。年十七，從周文帝入關。及平秦隴，定關中，周文嘗謂曰："爲將坐見成敗者上也，被堅執鋭者次也。"勱曰："意欲兼被之。"[2]周文大笑。尋拜散騎常侍，[3]賜爵梁甫縣公。[4]大統初，爲千牛備身直長，[5]領左右，出入卧内，小心謹厚。魏文帝常曰："王勱可謂不二心臣也。"沙苑之役，[6]勱以都督領禁兵，居左翼，當其前者死傷甚衆。勱亦被傷重，遂卒於行間。周文深悼焉。贈使持節、太尉、尚書令、十州諸軍事、雍州刺史，[7]追封咸陽郡公，[8]謚曰忠武。

[1]子勱：中華本校勘記云："《周書》'勱'作'勵'。

[2]意欲兼被之：中華本校勘記云："《通志》'被'作'備'，《周書》無此字。按疑當從《通志》。"

[3]散騎常侍：官名。南朝時屬集書省，職掌侍從左右，主掌圖書文翰、文章、撰述、諫諍拾遺，收納轉呈文書奏事。北朝時兼領修史，實際地位略高於南朝，仍爲閑散之職。北魏初一度掌出令，位在中書令之上。孝文帝太和十七年定爲二品下，二十三年改爲從三品。

[4]梁甫縣公：封爵名。梁甫，縣名。又名梁父，治所在今山東泰安市南。

[5]千牛備身：官名。北魏置，掌執千牛刀，宿衛侍從。孝文帝太和二十三年後爲六品。　直長：官名。北魏始設，爲皇帝近衛親侍。有左右之分，多由他官兼領。

[6]沙苑之役：指西魏文帝大統三年，以高歡爲首的東魏軍隊與以宇文泰爲首的西魏軍隊進行的第二次大戰。沙苑，又名沙阜、沙海、沙窩。在今陝西大荔縣南洛、渭二河之間。

[7]贈使持節太尉尚書令：《周書》卷二〇《王盟附王勱傳》

作“贈使持節、太尉、領尚書令”。《通志》卷一五六同《北史》。使持節，漢朝官吏奉命外出時，由皇帝授予節杖，來提高其權威。魏晋之後，重要的軍事長官出征或者出鎮，通常加以使持節，可誅殺二千石以下的官員。皇帝派遣大臣參與重要事情時，也加以此職，以示尊崇。次一等的稱持節，再次一等的稱假節。尚書令，官名。爲尚書省長官。隨著尚書省職權漸重，尚書令負責監察百官，實爲宰相。北魏孝文帝太和二十三年後爲正二品。西魏沿置。

[8]咸陽郡公：封爵名。咸陽，郡名。西魏時治池陽縣，在今陝西涇陽縣。

子弼襲爵，尚魏安樂公主，[1]位大都督、通直散騎常侍。[2]

[1]安樂公主：西魏文帝元寶炬之女。

[2]大都督：官名。高級軍事長官，負責統兵作戰。　通直散騎常侍：官名。參平尚書奏事，並掌諷諫、侍從，位頗重。北魏孝文帝太和二十三年爲四品。西魏沿置。

勱弟懋，字小興。盟之西征也，以懋尚幼，留在山東。永安中，始入關，與盟相見，遂從征伐。[1]大統初，賜爵安平縣子。[2]後進爵爲公，累遷右衛將軍。[3]于時疆場交兵，未申喪紀，服齊斬者並墨縗從事。[4]及盟薨，懋上表辭位，乞終喪制，魏文帝不許。累遷開府儀同三司、侍中、左衛將軍、領軍將軍。[5]懋温和，小心敬慎，宿衛宫禁十有餘年，勤恪當官，未嘗有過。廢帝二年，[6]除南岐州刺史，[7]賜爵安寧郡公。[8]後拜小司寇，[9]卒於官。

[1]永安中始入關：四部備要本作"永平中始入關"。據《周書》卷二〇《王盟附王懋傳》、《通志》卷一五六，今從底本。永安，北魏孝莊帝的年號（528—530）。

[2]安平縣子：封爵名。安平，縣名。治所在今河北安平縣。

[3]右衛將軍：官名。負責宫禁宿衛。北魏孝文帝太和十七年定爲從二品下，二十三年改爲三品。西魏沿置。

[4]服齊斬者並墨縗從事：本來應該在家中守喪，穿白色喪服，但因有戰事，不得不在軍中任職，衹能用黑色衣服替代。齊斬，禮制規定父母去世當服三年之喪，稱爲齊斬。墨縗，黑色喪服。借指父母去世時不離任，僅以黑色喪服守禮。

[5]左衛將軍：官名。負責宫禁宿衛。北魏孝文帝太和十七年定爲從二品下，二十三年改爲三品。西魏沿置。　領軍將軍：官名。爲禁衛軍最高統帥，北魏時如侍臣帶此職，則稱中領軍將軍。孝文帝太和十七年定爲二品上，二十三年改爲從二品。西魏沿置。

[6]廢帝：即西魏皇帝元欽。

[7]南岐州：西魏時治梁泉縣，在今陝西鳳縣東北。

[8]安寧郡公：封爵名。安寧，郡名。西魏時治安寧縣，在今陝西綏德市。

[9]小司寇：官名。小司寇上大夫的省稱。爲秋官府次官，輔助大司寇掌管刑政、主持刑法的制定及執行。員二人，正六命。

子悦嗣，位大將軍、同州刺史，[1]改封濟南郡公。[2]

[1]大將軍：官名。高級軍事統帥。北周時爲府兵專職統帥，十二人，各領一軍，分屬六柱國大將軍，下統開府、儀同諸將軍，正九命。　同州：北周時治武鄉縣，在今陝西大荔縣。

[2]濟南郡公：封爵名。濟南，郡名。北周時治歷城縣，在今

山東濟南市歷城區。

盟兄子顯，幼而敏悟，沉静少言。初爲周文帳内都督，[1]累遷驃騎大將軍、開府儀同三司、光禄卿、鳳州刺史。[2]賜爵洛邑縣公，[3]進位大將軍，卒。子誼。

[1]帳内都督：官名。統領主帥左右的侍衛軍士。

[2]驃騎大將軍：官名。西魏、北周時實行府兵制，用作開府府長官軍號，九命。　光禄卿：官名。又名光禄勳。掌宫殿門户、帳幕器物、百官朝會膳食等。北魏孝文帝太和十七年定爲從一品下，二十三年改爲三品。西魏沿置。　鳳州：西魏廢帝三年改南岐州置，治梁泉縣，在今陜西鳳縣東北。

[3]洛邑縣公：封爵名。洛邑，縣名。治所在今陜西寶雞市。

誼，字宜君，少有大志，便弓馬，博覽群言。周閔帝時，[1]爲左中侍上士。[2]時大冢宰宇文護執政，[3]帝拱默無所關預。有朝士於帝側微不恭，誼勃然而進，將擊之。其人惶懼請罪，乃止。自是朝臣無敢不肅。遷御正大夫。[4]丁父艱，[5]毁瘁過禮，廬於墓側，負土成墳。

[1]周閔帝：即北周皇帝宇文覺。閔爲其謚號。

[2]左中侍上士：官名。爲天官府宫伯中大夫屬官，負責皇帝寢宫安全，出行及臨朝時護衛左右。正三命。

[3]大冢宰：官名。又稱大冢宰卿，爲天官府長官。掌管宫廷供奉及全國的財政收支、賦役收入、百官俸禄等事務。正七命。　宇文護：人名。字薩保。北周宗室、權臣。見《北史》卷五七《邵惠公顥附宇文護傳》。

[4]御正大夫：官名。爲天官府御正司長官。北周明帝武成元年（559）在其上置上大夫，後成爲副職。在皇帝左右負責宣傳詔令，參議刑罰爵賞及軍國大事。頒發詔書時，須由其連署。正五命。

[5]丁父艱：即丁父憂。指遭逢父親喪事。底本無“丁”字，中華本校勘記云:“諸本脱‘丁’字，據《隋書》卷四〇、《通志》卷一六四《王誼傳》補。”今從補。

武帝即位，[1]累遷内史大夫，[2]封楊國公。[3]從帝伐齊，至并州。帝既入城，反爲齊人所敗，左右多死。誼率麾下驍雄赴之。齊平，自相州刺史徵爲大内史。[4]汾州稽胡亂，[5]誼擊之。帝弟越王盛、譙王儉雖爲總管，[6]並受誼節度。賊平，封一子開國公。帝臨崩，謂皇太子曰:“王誼社稷臣，宜處以機密，不須遠任。”皇太子即位，是爲宣帝，[7]憚誼剛正，出爲襄州總管。[8]

[1]武帝：即北周武帝宇文邕。武爲其謚號。

[2]内史大夫：官名。北周時設有内史中大夫、内史上大夫等，似無内史大夫一職。具體待考。

[3]楊國公：局本、四部備要本、中華本作“揚國公”，《通志》卷一六四、《隋書》卷四〇《王誼傳》作“楊國公”。

[4]齊平自相州刺史徵爲大内史：《隋書·王誼傳》作“及齊平，授相州刺史。未幾，復徵爲大内史”。相州，北周時治鄴縣，在今河北臨漳縣西南。大内史，官名。内史中大夫的簡稱。西魏恭帝三年（556）置，北周沿置。爲春官府内史司長官，掌管皇帝詔書的撰寫與宣讀，參議刑罰爵賞及軍國大事。正五命。北周静帝大象元年（579），其上置内史上大夫，遂降爲内史司次官。隋文帝開

皇元年（581）罷。

［5］汾州：北周時改南汾州置，治定陽縣，在今山西吉縣。　稽胡：亦稱山胡、步落稽。南北朝時居於今山西、陝西北部山谷間，與漢人錯居。關於稽胡的族源，學界分歧較大。一説源於南匈奴，一説爲山戎、赤狄之後（參周偉洲《中國中世紀西北民族關係研究》，廣西師範大學出版社 2007 年版，第 147 頁；林梅村《稽胡史迹考——太原新出隋代虞弘墓誌的幾個問題》，《中國史研究》2002 年第 1 期）。

［6］越王盛：即宇文盛。字立久突，鮮卑族。北周宗室，宇文泰子。見《北史》卷五八《越野王盛傳》。　譙王儉：即宇文儉。字侯幼突，鮮卑族。北周宗室。宇文泰子。見《北史》卷五八《譙孝王儉傳》。　總管：官名。此指行軍總管，爲軍隊出征時臨時委派的統帥。

［7］宣帝：即北周皇帝宇文贇。宣爲其謚號。

［8］襄州：北周時治襄陽縣，在今湖北襄樊市。　總管：官名。地方高級行政官員。北周明帝武成元年由都督諸州軍事改名，加使持節，管理轄區軍事民政。所轄區域增減不定，多者可達數十州。品秩分三等，上總管從二品，中總管正三品，下總管從三品。

及隋文帝爲丞相，[1]鄖州總管司馬消難舉兵反，[2]帝以誼爲行軍元帥討之。[3]未至而消難奔陳。于時北至商洛，[4]南拒江淮，東西二千餘里，巴蠻多叛，共推渠帥蘭洛州爲主。洛州自號河南王以附消難，北連尉遲迥。[5]誼分兵討之，旬月皆平。帝遣使勞問，冠蓋不絶，以第五女妻其子奉孝。尋拜大司徒。[6]誼自以與帝有舊，亦歸心焉。及隋受禪，顧遇彌厚。帝親幸其第，與之極歡。

[1]隋文帝：即隋朝皇帝楊堅。文爲其謚號。

[2]鄖州：北周時治安陸縣，在今湖北安陸市。　司馬消難：人名。字道融，河内温（今河南温縣）人。北周、隋朝大臣。見《北史》卷五四《司馬子如附司馬消難傳》。

[3]行軍元帥：官名。北周時設置的最高統兵官，位在行軍總管之上。統一道或數道行軍總管，兵停則罷。多以親王或重臣爲之。

[4]商洛：上雒（縣）與商（縣）的地域合稱。因地處秦嶺山地，境内有商山洛水而得名。商，山名。在今陝西丹鳳縣西丹江南岸。洛，水名。發源於今陝西洛南縣，流經河南西部。

[5]尉遲迥：人名。字薄居羅，代（今山西大同市東北）人。西魏、北周重臣。見《北史》卷六二《尉遲迥傳》。

[6]大司徒：官名。亦稱大司徒卿。西魏末、北周時仿《周禮》建六官，復置爲地官府長官。正七命。

太常卿蘇威議，[1]以爲户口滋多，人田不贍，欲減功臣之地以給人。誼奏曰："百官者，歷世勳賢，方蒙爵土，一旦削之，未見其可。"帝以爲然，竟寢威議。帝將幸岐州，[2]誼諫曰："陛下初臨萬國，人情未洽，何用此行。"上戲之曰："吾昔與公位望齊等，一朝屈節爲臣，或當耻愧，是行也，振揚威武，欲以服公心耳。"誼笑而退。尋奉使突厥，[3]帝嘉其稱旨，進郢國公。

[1]太常卿：官名。太常的尊稱。北齊時爲太常寺長官，掌管宗廟祭祀禮樂。隋朝時爲正三品。　蘇威：人名。字無畏，武功（今陝西武功縣西北）人，蘇綽子。北周、隋朝官吏。見《北史》卷六三《蘇綽附蘇威傳》。

[2]岐州：隋朝時治雍縣，在今陝西鳳翔縣。

[3]突厥：見《北史》卷九九《突厥傳》。

未幾，其子奉孝卒。踰年，誼上表言公主少，請除服。御史大夫楊素劾誼曰：[1]“臣聞喪服有五，親疏異節；喪制有四，降殺殊文。[2]王者之所常行，故曰不易之道也。而儀同王奉孝既尚蘭陵公主，[3]以去年五月身喪，始經一周，而誼便請除釋。竊以雖曰王姬，[4]終成下嫁之禮；公則主之，猶在移天之義。[5]況復三年之喪，自上達下，及期釋服，[6]在禮未詳。然夫婦之則，人倫攸始，喪紀之制，人道至大，苟不重之，取笑君子。故鑽燧改火，[7]責以居喪之速；朝祥暮歌，[8]譏以忘哀之早。然誼雖不自彊，爵位已重，欲爲無禮，其可得乎？乃薄俗傷教，爲父則不慈；輕禮易喪，致婦於無義。若縱而不正，恐傷風俗。”有詔不問。然恩禮稍薄，誼頗怨望。

[1]御史大夫：官名。爲御史臺長官，專管監察彈劾百官，隋初爲從四品。　楊素：人名。字處道，弘農華陰（今陝西華陰市東南）人。隋朝權臣。見《北史》卷四一《楊敷附楊素傳》。

[2]降殺：遞減。

[3]蘭陵公主：隋文帝楊堅之女。

[4]王姬：帝王或諸侯之女。

[5]移天：猶出嫁。古代封建禮法以爲女子在家尊父爲天，出嫁則尊夫爲天。

[6]期：一周年。　釋服：除去喪服。

[7]鑽燧改火：古時鑽木取火，因季節不同而用不同的木材。

《論語·陽貨》:“舊穀既没，新穀既升，鑽燧改火，期可已矣。”何晏《集解》引馬融曰:“《周書·月令》有更火之文：春取榆柳之火，夏取棗杏之火，季夏取桑柘之火，秋取柞楢之火，冬取槐檀之火。一年之中，鑽火各異木，故曰改火也。”

[8]朝祥暮歌：早上行祥祭，傍晚就唱歌。《禮記·檀弓上》:“魯人有朝祥而莫歌者，子路笑之。”孔穎達疏:“祥，謂二十五月大祥。歌哭不同日，故仲由笑之也。”

或告誼謀反，帝令案其事。主者奏誼有不遜之言，實無反狀。帝賜酒而釋之。時上柱國元諧亦頗失意，[1]誼數與往來，言論醜惡。胡僧告之。公卿奏誼大逆不道，罪當死。帝見誼，愴然曰:“朕與公舊同學，甚相憐愍，將奈國法何。”於是詔曰:“誼，有周之世，早預人倫。朕共游庠序，[2]遂相親好。然性懷險薄，巫覡盈門，[3]鬼言怪語，稱神道聖。朕受命之初，深存戒約，口云改悔，心實不悛。乃説四天王神道，誼應受命，書有誼讖，天有誼星，桃、鹿二川，岐州之下，歲在辰巳，興帝王之業。密令卜問，伺殿省之災。又説其身是明王聖主。信用左道，所在詿誤。[4]自言相表，當王不疑。此而赦之，將或爲亂。禁暴除惡，宜伏國刑。”帝復令大理正趙綽謂誼曰:[5]“時命如此，將若之何!”乃賜死於家，時年四十六。

[1]上柱國：官名。隋朝時爲從一品散實官，煬帝大業三年(607)罷。　元諧：人名。河南洛陽(今河南洛陽市東北)人，鮮卑族。北周、隋朝大臣。見《北史》卷七三《元諧傳》。

[2]庠序：本指地方學校，後泛指學校。

[3]覡（xí）：男巫。

[4]詿（guà）誤：失誤，欺騙。

[5]大理正：官名。亦稱大理寺正，爲大理寺屬官。掌管刑獄。隋朝時爲正六品下。　趙綽：人名。河東（今山西永濟市）人。北周、隋朝官吏。見《隋書》卷六二《趙綽傳》。

獨孤信，雲中人也，[1]本名如願。魏初有四十六部，[2]其先伏留屯者爲部落大人，[3]與魏俱起。祖俟尼，和平中，[4]以良家子自雲中鎮武川，因家焉。父庫者，爲領人酋長，[5]少雄豪有節義，北州咸敬服之。

[1]雲中：郡名。北魏時治盛樂縣，在今内蒙古和林格爾縣西北。據其墓誌云："公姓獨孤，諱信，字期彌頭，河南洛陽人。"（參北京圖書館金石組編《北京圖書館藏中國歷代石刻拓本匯編》第8册，中州古籍出版社1990年版，第98頁）

[2]四十六：源氏校勘記云："《周書》作'三十'。"中華本校勘記云："《周書》卷一六《獨孤信傳》'四'作'三'。按《魏書》卷一《序紀》、《周書》卷二《文帝紀》並言魏初'統國三十六'，疑此誤。"

[3]大人：部落首領的稱號。四庫本、四部備要本作"大夫"。按："人""夫"當爲字形相近而訛。

[4]和平：北魏文成帝的年號（460—465）。

[5]領人酋長：官名。即領民酋長。《北史》避唐太宗李世民諱改。北魏時給予所歸附部落首領的封號，可世襲。按所領部落的大小有第一、第二、第三之分，又按部落内地位高低有酋長、庶長之分。至後期則按部衆多少而分。

信美容儀，善騎射。正光末，與賀拔度等同斬衛可瓌，[1]由是知名。後爲葛榮所獲。[2]信既少年，自修飾服章，軍中號爲獨孤郎。及尒朱氏破葛榮，以信爲别將。從征韓婁，[3]信匹馬挑戰，禽賊漁陽王袁肆周。[4]後以破元顥黨，[5]賜爵受德縣侯，[6]遷武衛將軍。[7]賀拔勝出鎮荆州，[8]乃表信爲大都督。及勝弟岳爲侯莫陳悦所害，勝乃令信入關，撫岳餘衆。屬周文帝已統岳兵，與信鄉里，少相友善，相見甚歡，因令信入洛請事。至雍州，[9]大使元毗又遣信還荆州。[10]尋徵入朝，魏孝武雅相委任。

[1]賀拔度：人名。神武尖山（今山西神池縣）人，鮮卑族。北魏末鎮將。見《北史》卷四九《賀拔允傳》。《北史》卷四九、《周書》卷一四皆作“賀拔度拔”。《資治通鑑》亦作“賀拔度拔”。衛可瓌：人名。又作“衛可環”“衛可孤”。北魏時六鎮起義軍將領。兵敗被殺。

[2]葛榮：人名。北魏末河北起義軍首領。戰敗，爲尒朱榮所捕，後被殺。

[3]韓婁：人名。亦作“韓樓”。爲葛榮部將，與北魏軍作戰，戰敗而死。

[4]禽賊漁陽王袁肆周：底本“袁肆周”作“袁賜周”，中華本校勘記云：“諸本‘袁肆’作‘表賜’，《周書》及《通志》卷一五六《獨孤信傳》作‘袁肆’。按姓氏無‘表’姓，《通志》所據是《北史》，可證《北史》原文亦當作‘袁肆’，今據改。”今從改。漁陽王，封爵名。漁陽，郡名。北魏時治雍奴縣，在今天津武清區西北。

[5]元顥：人名。字子明。北魏宗室、大臣。見《北史》卷一九《北海王詳附元顥傳》。

［6］受德縣侯：封爵名。《周書》卷一六《獨孤信傳》作“爰德縣侯”,《通志》卷一五六作“受德縣侯”。受德，縣名。治所在今甘肅涇川縣東南。

［7］武衛將軍：官名。北魏時掌宿衛禁軍。孝文帝太和十七年定爲從二品下，二十三年定爲從三品。

［8］賀拔勝：人名。字破胡，神武尖山（今山西神池縣）人。北魏、西魏名將。見《北史》卷四九《賀拔允附賀拔勝傳》。　荆州：北魏時治穰縣，在今河南鄧州市。

［9］雍州：北魏時治長安縣，在今陝西西安市西北。

［10］大使：官名。執行特殊任務的正使。　元毗：人名。字休弼。北魏宗室。爲孝武帝親近隨從。見《北史》卷一五《常山王遵附元毗傳》。

及孝武西遷，事起倉卒，信單騎及之於瀍澗。[1]孝武嘆曰:“武衛遂能辭父母，捐妻子從我，世亂識忠良，豈虛言哉!”進爵浮陽郡公。[2]時荆州雖陷東魏，人心猶戀本朝，乃以信爲衛大將軍、都督三荆州諸軍事，[3]兼尚書右僕射、東南道行臺、大都督、荆州刺史，[4]以招懷之。既至，東魏刺史辛纂出戰。[5]信縱兵擊纂，大敗之。都督楊忠等前驅斬纂，[6]於是三荆遂定。

［1］瀍澗：地名。即今河南洛陽市周邊地區。

［2］浮陽郡公：封爵名。浮陽，郡名。遥封。東魏時治浮陽縣，在今河北滄州市東南。

［3］衛大將軍：官名。爲高級武官，地位在衛將軍之上。北魏孝文帝太和十七年定爲一品下，位在儀同三司之下，二十三年改爲二品。西魏沿置。　三荆州：指荆州、南荆州、東荆州。北魏時置

荆州於穰縣，在今河南鄧州市；置南荆州於安昌縣，在今河南確山縣；置東荆州於沘陽縣，在今河南泌陽縣。

[4]尚書右僕射：官名。北魏時列位宰相，在録尚書事、尚書令下，職掌都省庶務及執法，或典選舉。職在左僕射下。西魏時爲從二品。

[5]辛纂：人名。字伯將，隴西狄道（今甘肅臨洮縣）人。北魏、東魏官吏。見《北史》卷五〇《辛雄附辛纂傳》。

[6]楊忠：人名。小名奴奴，弘農華陰（今陝西華陰市東南）人，隋文帝之父。西魏、北周名將。見《周書》卷一九《楊忠傳》。

東魏又遣其將高敖曹、侯景等奄至。[1]信以衆寡不敵，遂率麾下奔梁。居三載，梁武帝方許信還北。[2]信父母既在山東，梁武帝問信所往，答以事君無二。梁武義之，禮送甚厚。

[1]高敖曹：人名。即高昂。字敖曹，勃海蓨（今河北景縣）人。東魏名將。見《北史》卷三一《高允附高昂傳》。　侯景：人名。字萬景，懷朔鎮（今内蒙古固陽縣南）人。東魏、西魏、南朝梁將領。初從高歡，頻立戰功，後投歸西魏。又因不願受制於宇文泰，歸降南朝梁武帝。後在壽陽起兵反梁。見《梁書》卷五六《侯景傳》。

[2]梁武帝：即南朝梁皇帝蕭衍。武爲其謚號。

大統三年至長安，以虧損國威，上書謝罪。魏文帝付尚書議之。[1]七兵尚書、陳郡王玄等議，[2]以爲既經恩降，請赦罪復職。詔轉驃騎大將軍，[3]加侍中、開府。[4]

尋拜領軍將軍。仍從復弘農，[5]破沙苑，改封河内郡公。[6]俘虜中有信親屬，始得父凶問，[7]乃發喪行服。尋起爲大都督，與馮翊王元季海入洛陽，[8]潁、豫、襄、廣、陳留之地並款附。[9]四年，東魏將侯景等圍洛陽，信據金墉城，[10]隨方拒守旬有餘日。及周文帝至瀍東，景等退走。信與李遠爲右軍，[11]戰不利，東魏遂有洛陽。六年，侯景寇荆州，周文令信與李弼出武關，[12]景退。即以信爲大使，慰撫三荆。

[1]尚書：官署名。尚書省的省稱。中央最高政府機構之一，長官爲尚書令，主管尚書省諸曹。

[2]七兵尚書：官名。尚書省七兵曹長官。三國時曹魏置五兵尚書，北魏改五兵尚書爲七兵尚書，西魏沿置。　陳郡王：封爵名。陳，郡名。西魏時治陳縣，在今河南淮陽縣。　玄：即元玄，人名。字彦道。北魏宗室、西魏大臣。見《北史》卷一五《常山王遵附元玄傳》。

[3]驃騎大將軍：官名。居諸名號將軍之首。多加於權臣元老，以示尊崇，開府置僚屬，不領兵。北魏孝文帝太和十七年定爲一品中，二十三年改爲從一品。西魏沿置。

[4]開府：開府儀同三司的省稱。北魏時爲大臣加號，意謂與三司的禮制待遇相同，許開辟府署，自辟僚屬。後期授予較多。西魏沿置。

[5]弘農：郡名。西魏時治陝城，在今河南三門峽市。

[6]河内郡公：封爵名。河内，郡名。西魏時治野王縣，在今河南沁陽市。

[7]凶問：死訊，噩耗。

[8]馮翊王：封爵名。馮翊，郡名。西魏時治高陸縣，在今陝西大荔縣。　元季海：人名。亦稱元海，字元泉。北魏宗室、西魏

大臣。見《北史》卷一五《常山王遵附元季海傳》。

[9]潁：州名。東魏時治汝陰縣，在今安徽阜陽市。　豫：州名。東魏時治上蔡縣，在今河南汝南縣。　襄：州名。東魏時治南安縣，在今河南葉縣南。　廣：州名。東魏時治襄城縣，在今河南襄城縣。　陳留：郡名。東魏時治浚儀縣，在今河南開封市。

[10]金墉城：在今河南洛陽市東北。

[11]李遠：人名。字萬歲，隴西成紀（今甘肅秦安縣）人。西魏大臣。見《北史》卷五九《李賢附李遠傳》。

[12]李弼：人名。字景和，隴西成紀（今甘肅秦安縣）人。西魏、北周大臣。見《北史》卷六〇《李弼傳》。　武關：關隘名。在今陝西丹鳳縣東。

尋除隴右十一州大都督、秦州刺史。[1]先是守宰闇弱，政令乖方，人有冤訟，歷年不能斷決。乃信在州，事無擁滯。示以禮教，勸以耕桑，數年之中，公私富實，流人願附者數萬家。周文以其信著遐邇，故賜名爲信。七年，岷州刺史赤水蕃王梁仚定舉兵反，[2]詔信討之。仚定尋爲其部下所殺，而仚定子弟仍收其餘衆。信乃勒兵向萬年，[3]頓三交谷口。[4]賊併力拒守。信因詭道趣稠松嶺。[5]賊不虞信兵之至，望風奔潰。乘勝逐北，徑至城下，賊並出降。加授太子太保。[6]

[1]秦州：西魏時治上封城，在今甘肅天水市。　十一州：《周書》卷一六作“十州”，《册府元龜》卷三〇九、三四五作“十一州”。

[2]岷州：西魏時治溢樂縣，在今甘肅岷縣。　梁仚定：人名。北魏、西魏時宕昌國君主。源氏校勘記云：“‘仚’《周書》作

‘企’。”

［3］萬年：縣名。治所在今陝西西安市。

［4］三交谷口：《周書》卷一六作“三交口”，《册府元龜》卷四二〇作“三交谷中”，《太平御覽》卷二八八作“三交谷口”。今從《北史》。三交谷，地名。確址不詳。當在今甘肅天水市與岷縣之間。

［5］詭道：間道，捷徑。　稠松嶺：地名。約在今陝西西安市臨潼區。

［6］太子太保：官名。爲東宫三師之一，位在太子太師、太子太傅之下。主要職責是訓導輔助太子。北魏孝文帝太和二十三年之後爲二品。西魏沿置。

芒山之戰，[1]大軍不利。信與于謹帥散卒自後擊之，[2]齊神武追騎驚擾，[3]諸軍因此得全。及凉州刺史宇文仲和據州不受代，[4]周文令信率開府怡峰討之。[5]仲和嬰城固守，[6]信夜令諸將以衝梯攻其東北，[7]信親率壯士襲其西南，達明克之。[8]禽仲和，虜其六千户送于長安。拜大司馬。[9]十三年，大軍南討。[10]時以蠕蠕爲寇，令信移鎮河陽。[11]十四年，進位柱國大將軍，[12]録前後功增封，[13]聽回授諸子。於是第二子善，封魏寧縣公；[14]第三子穆，必要縣侯；[15]第四子藏，[16]義寧縣侯，[17]邑各一千户。第五子順，武成縣侯；[18]第六子陁，建忠縣伯，[19]邑各五百户。信在隴右歲久，[20]啓求還朝，周文不許。或有自東魏來者，又告其母凶問，信發喪行服。信陳哀苦，請終禮制，又不許。於是追贈信父庫者司空公，追封信母費連氏常山郡君。[21]十六年，遷尚書令。六官建，拜大司馬。

[1]芒山之戰：又作邙山之戰。南北朝時東西魏之間的一次戰役。芒山，在今河南永成縣東北。

[2]于謹：人名。字思敬，代（今山西大同市東北）人。北魏、北周名將。見《北史》卷二三《于栗磾附于謹傳》。

[3]齊神武：即高歡。神武爲其謚號，北齊後主所追謚。

[4]凉州：西魏時治姑臧縣，在今甘肅武威市。 宇文仲和：人名。武川（今内蒙古武川縣西）人，鮮卑族。西魏、北周官吏。西魏文帝大統年間，爲凉州刺史。

[5]怡峰：人名。字景阜，遼西（今河北盧龍縣）人。西魏、北周將領。見《北史》卷六五《怡峰傳》。

[6]嬰城：環城而守。

[7]衝梯：古戰具。即衝車和雲梯。

[8]達明克之：中華本校勘記云："《通志》'達'作'遲'，《周書》作'值'。按《資治通鑑》卷一五九亦作'遲'。作'達'當是形訛。但《册府》卷三六九亦作'達'，今不改。"達明，指到天亮。

[9]大司馬：官名。西魏末、北周時仿《周禮》建六官，復置爲夏官府長官，亦稱大司馬卿。掌全國軍政，權任極重。正七命。

[10]南討：源氏校勘記云："《周書》作'東討'。"按：《周書》卷一六《獨孤信傳》作"東討"，《通志》卷一五六作"南討"。

[11]河陽：縣名。治所在今河南孟州市西南。

[12]柱國大將軍：官名。北周時爲勳官，無具體職掌。正九命。北周武帝建德四年（575），在其上置上柱國。

[13]録前後功增封：底本"增"作"贈"，源氏校勘記改作"增"。中華本校勘記云："諸本'增'訛作'贈'，據《周書》《通志》改。"今從改。

[14]魏寧縣公：封爵名。魏寧，縣名。治所在今陝西石泉縣。

[15]必要縣侯：中華本《周書·獨孤信傳》作“文侯縣侯”，其校勘記云:“按《册府》卷一三〇作‘必安縣侯’。考《北齊書》卷一七《斛律金附子光傳》稱光曾攻取周‘文侯鎮’，其地可能曾置縣。”

[16]藏：即獨孤藏，人名。其墓誌云：“公諱藏，字達磨，朔州人也……公即河内公之寵子也……年八歲，以父功封武平縣開國公，食邑一千九百户。高祖孝武皇帝第七弟齊王，初啓盛府，選擇名賢，辟爲上佐。”後爲譙王所用，出爲隆山太守，治理當地頗有成效。“罷郡之日，吏民流涕。昔在母憂，居喪過禮，遂感舊疾，昊天不弔，殲此良人。以宣政元年八月四日，薨于長安大司馬坊第，春秋卅五”。獨孤藏死時三十五歲，卒年爲北周宣帝宣政元年(578)，則其生年當爲西魏文帝大統十年（544）（參羅新、葉煒《新出魏晋南北朝墓誌疏證（修訂本)》，中華書局2016年版，第279—282頁)。

[17]義寧縣侯：封爵名。義寧，縣名。治所在今山西安澤縣北。

[18]武成縣侯：封爵名。武成，縣名。治所在今河北清河縣北。源氏校勘記云:“‘武成’《周書》作‘項成’。”按：中華本《周書·獨孤信傳》作“項成縣伯”，其校勘記云:“《册府》卷一三〇作‘武城縣伯’。”

[19]建忠縣伯：封爵名。建忠，縣名。治所不詳。

[20]隴右：指今陝西、甘肅交界的隴山以西地區。

[21]常山：郡名。東魏時治真定縣，在今河北正定縣南。

周孝閔帝踐阼，遷大宗伯,[1]進封衛國公，邑萬户。趙貴誅後,[2]信以同謀坐免。居無幾,[3]晋公護又欲殺之,[4]以其名望素重，不欲顯其罪過，逼令自盡於家，時年五十五。

[1]遷大宗伯：中華本校勘記云："《周書》'遷'下有'太保'二字。按信遷太保、大宗伯見《周書》卷三《孝閔帝紀》。"大宗伯，官名。掌管禮樂、祭祀、天文曆法、著作等方面事務。原爲《周禮》六卿之一，爲春官之長。西魏末、北周仿《周禮》建六官，復置爲春官之長，亦稱大宗伯卿。北周時爲正七命。

[2]趙貴：人名。字元寶，天水南安（今甘肅隴西縣東南）人。西魏、北周名將。見《北史》卷五九《趙貴傳》。

[3]居無幾：毛本、局本作"官無幾"。

[4]晉公護：即宇文護。

信美風度，雅有奇謀大略。周文初啓霸業，唯有關中之地，以隴右形勝，故委信鎮之。既爲百姓所懷，聲震鄰國。東魏將侯景之南奔梁也，魏收爲檄梁文，[1]矯稱信據隴右，不從宇文氏，乃云"無關西之憂"，欲以委梁人也。[2]又信在秦州，嘗因獵日暮，馳馬入城，其帽微側。詰旦而吏人有戴帽者，[3]咸慕信而側帽焉。其爲鄰境及士庶所重如此。

[1]魏收爲檄梁文：毛本作"魏收又檄梁文"。魏收，人名。字伯起，小字佛助，鉅鹿下曲陽（今河北晋州市西）人。北齊官吏、史學家。見《北史》卷五六《魏收傳》。

[2]欲以委梁人也：中華本校勘記云："《周書》'委'作'威'，《通志》作'委'。按魏收詭稱獨孤信反對宇文氏，東魏無西顧之憂，可以悉力拒梁，作'威'是。'委'當是音近致訛。"

[3]詰旦：清晨。

子羅，先在東魏，乃以次子善爲嗣。及齊平，羅至而善卒，又以羅主嗣。[1]信長女周明敬后，[2]第四女元貞后，[3]第七女隋文獻后。[4]周、隋及皇家三代皆爲外戚，自古以來，未之有也。隋文帝踐極，乃下詔褒贈信太師、上柱國、十州諸軍事、冀州刺史，[5]封趙國公，邑一萬户，謚曰景；追贈信父庫者使持節、太尉、上柱國、六州諸軍事、定州刺史，[6]封趙國公，邑一萬户，謚曰恭；信母費連氏贈太尉趙恭公夫人。

[1]及齊平羅至而善卒又以羅主嗣：中華本校勘記云："《周書》無'而'字。按下文《獨孤羅傳》，言楊堅於齊亡後遣人求羅得之，及稱帝後，以羅'襲爵趙國公，以其弟善爲河内郡公'。則善不死於羅至之歲，又非善卒始以羅主嗣。"

[2]周明敬后：即北周明帝皇后獨孤氏。

[3]元貞后：即唐高祖李淵的母親，唐國公李昞的妻子。被追封爲元貞后。

[4]隋文獻后：即隋文帝皇后獨孤氏。

[5]太師：官名。爲三師之一，位在太傅、太保之上，一品。居百官之首，名位極尊。北周時改號三公，正九命。　上柱國：官名。北周武帝建德四年置爲最高級勳官，正九命。隋朝時爲從一品散實官，煬帝大業三年罷。　冀州：隋朝時治信都縣，在今河北冀州市。

[6]定州：隋朝時治盧奴縣，在今河北定州市。

羅，字羅仁。[1]父信隨魏孝武入關中，羅遂爲高氏所囚。及信爲宇文護誅，羅始見釋。寓居中山，孤貧無以自給。齊將獨孤永業以宗族故，哀之，爲買田宅，遺以資畜。

[1]羅字羅仁：據獨孤羅墓誌載："公諱羅，字羅仁，雲内盛樂人，後居河南之洛陽縣。"（參羅新、葉煒《新出魏晋南北朝墓誌疏證（修訂本）》，第441—443頁）

初，信入關後，復娶二妻。郭氏生子六人，善、穆、藏、順、陁、整；崔氏生隋獻皇后。及齊亡，隋文帝爲定州總管，獻皇后遣人求羅，得之。相見悲不自勝，侍御者皆泣。於是厚遺車馬財物。[1]未幾，周武帝以羅功臣子，久淪異域，徵拜楚安郡太守。[2]以疾去官，歸京師。諸弟見羅少長貧賤，每輕侮，不以兄禮事之。[3]然性長者，亦不與諸弟校競長短。后由是重之。

[1]厚：底本作"後"，毛本、殿本、四庫本、四部備要本作"厚"。據文意，今從諸本改。

[2]楚安：郡名。北周時治定遠縣，在今安徽定遠縣。

[3]不以兄禮事之：毛本作"不以師禮事之"。

文帝爲丞相，拜羅儀同，[1]常置左右。既受禪，詔追贈羅父。其諸弟以羅母没齊，先無夫人號，不當承襲。上以問后，后曰："羅誠嫡長，不可誣也。"於是襲爵趙國公。以其弟善爲河内郡公，穆爲金泉縣公，[2]藏爲武平縣公，[3]陁爲武喜縣公，[4]整爲千牛備身。擢拜羅爲左領左右將軍，[5]遷左衛將軍，[6]前後賞賜不可勝計。出爲凉州總管，[7]進位上柱國，徵拜左武衛大將軍。[8]煬帝嗣位，[9]改封蜀國公。未幾卒官，謚曰恭。[10]

[1]儀同：北周時爲儀同大將軍、儀同將軍的省稱。武帝建德四年改儀同三司置，主要授予有功勳的大臣和北齊的降臣，無具體職掌，初加使持節、大都督、車騎大將軍、散騎常侍等職。九命。

[2]金泉縣公：封爵名。金泉，縣名。治所在今四川金堂縣東南。

[3]武平縣公：封爵名。武平，縣名。治所在今河南鹿邑縣西北。

[4]武喜縣公：封爵名。武喜，縣名。治所不詳。

[5]左領左右將軍：官名。隋朝時爲左領左右府次官，輔助大將軍掌領侍衛左右，供御兵仗。隋初爲從三品。底本作"左領將軍"，中華本校勘記云："諸本'領'下無'左右'二字，《隋書》卷七九《外戚傳》有。按《隋書·百官志下》，隋有左右領左右府。此脱'左右'二字，今據補。"今從補。

[6]左衛將軍：官名。隋初爲十二衛中的左衛副長官，協助左衛大將軍掌管宫掖禁衛，煬帝大業初改左右衛爲左右翊衛，此職改爲左翊衛大將軍，從三品。

[7]凉州：源氏校勘記云："'凉'《隋書》作'梁'。"

[8]左武衛大將軍：官名。隋朝時十二衛大將軍之一。總管府事，統管鷹揚府。正三品。

[9]煬帝：即隋朝皇帝楊廣。煬爲其謚號。

[10]未幾卒官謚曰恭：據獨孤羅墓誌："春秋六十有六，以十九年二月六日寢疾，薨於位。"説明獨孤羅卒於隋文帝開皇十九年(599)，生於北魏孝武帝永熙三年（534）（參羅新、葉煒《新出魏晋南北朝墓誌疏證（修訂本)》，第441—443頁）。

子纂嗣，位河陽都尉。[1]

[1]都尉：官名。爲郡的軍事長官。協助太守典掌軍事、維護治安、統率本郡兵士，職權頗重。隋煬帝大業三年爲正四品。

纂弟武都，大業末，[1]亦爲河陽都尉。[2]

[1]大業：隋煬帝的年號（605—617）。

[2]都尉：源氏校勘記云："'都尉'《隋書》作'郡尉'。"

庶長子開遠。宇文化及之弒逆也，[1]裴虔通率賊入成象殿，[2]宿衛兵士皆從逆。開遠時爲千牛，[3]與獨孤盛力戰閤下，[4]爲賊所執，賊義而捨之。

[1]宇文化及：人名。代郡武川（今内蒙古武川縣西）人。隋末叛將，弒殺隋煬帝。見《北史》卷七九《宇文述附宇文化及傳》。

[2]裴虔通：人名。河東（今山西永濟市）人。隋朝將領。見《北史》卷七九《宇文述附裴虔通傳》。　成象殿：隋煬帝大業中建，在今江蘇揚州市西。底本作"城象殿"，中華本校勘記云："諸本'成'作'城'，《隋書》作'成'。按本書卷十二《隋煬帝紀》作'成'，今據改。"今從改。

[3]千牛：官名。又稱千牛左右。隋煬帝大業三年改領左右府爲左右備身府後置，掌執千牛刀宿衛。正六品。

[4]獨孤盛：人名。隋朝將領。宇文化及發動兵變，攻隋煬帝，其與左右十餘人拒戰，爲亂兵所殺。見《北史》卷七三《獨孤楷附獨孤盛傳》。

善，字伏陁，幼聰慧，善騎射，以父勳，封魏寧縣公。[1]魏廢帝元年，[2]又以父勳，授驃騎大將軍、開府儀同三司，加侍中，進爵長城郡公。[3]周孝閔帝踐阼，除河州刺史。[4]以父負釁，[5]久廢於家。保定三年，[6]乃授龍州刺史。[7]天和六年，[8]襲爵河内郡公。從帝東討，以功授上開府。[9]尋除兖州刺史，[10]政在簡惠，百姓安之。卒於州，贈使持節、柱國、五州諸軍事、定州刺史。

[1]父勳：底本作“父封勳”，中華本校勘記云：“諸本‘父’下衍‘封’字，據《周書·獨孤信傳》及《通志》卷一六五《獨孤羅傳》删。”今從改。

[2]魏廢帝：即西魏皇帝元欽。

[3]長城郡公：封爵名。長城，郡名。西魏時治黄石縣，在今陝西富縣南。

[4]河州：北周時治枹罕縣，在今甘肅臨夏市。

[5]負釁：負罪，獲罪。

[6]保定：北周武帝的年號（561—565）。

[7]龍州：北周時治江油縣，在今四川平武縣東南。

[8]天和：北周武帝的年號（566—572）。

[9]上開府：上開府儀同大將軍的省稱。北周武帝建德四年置，位在開府儀同大將軍之上。主要授予有軍功者或北齊的降官，無具體職掌，九命。

[10]兖州：北周時治瑕丘縣，在今山東兖州市。

子覽嗣，位右候衛大將軍。[1]大業末卒。

[1]右候衛大將軍：官名。隋煬帝大業三年改右武候爲右候衛

而置，爲十二衛大將軍之一。總管府事，統管各鷹揚府，正三品。源氏校勘記云："《隋書》'右'作'左'，無'大'字。"

陁，字黎邪。仕周，胥附上士。[1]坐父徙蜀十餘年，宇文護誅，始歸長安。隋文帝受禪，拜上開府、領左右將軍，[2]累轉延州刺史。[3]

[1]胥附上士：官名。胥附大夫的屬官，輔助其統領禁軍，侍衛皇帝。北周初爲正三命。

[2]領左右將軍：官名。北齊始設，隋因之。爲左、右領左右府次官，掌管府事。隋初爲從三品，煬帝大業三年廢置。　拜上開府領左右將軍：中華本校勘記云："《隋書》'領'上有'右'字，是。領左右府分左右，見《隋書·百官志下》。"

[3]延州：隋朝初治廣武縣，在今陝西延安市東。

陁性好左道，其外祖母高氏先事猫鬼，已殺其舅郭沙羅，因轉入其家。上微聞而不信。會獻皇后及楊素妻鄭氏俱有疾，召醫視之，皆曰："此猫鬼疾。"上以陁，后之異母弟，陁妻，楊素之異母妹，由是意陁所爲。陰令其兄左監門郎將穆以情喻之，[1]上又避左右諷陁，[2]陁言無有。上不説，左轉遷州刺史。[3]出怨言，上令左僕射高熲、納言蘇威、大理正皇甫孝緒、大理丞楊遠等雜案之。[4]陁婢徐阿尼言，本從陁母家來，常事猫鬼，每以子日夜祀之。言子者鼠也。其猫鬼每殺人者，所死家財物潛移於畜猫鬼家。陁嘗從家中索酒，其妻曰："無錢可酤。"陁因謂阿尼曰："可令猫鬼向越公家，使我足錢。”阿尼便咒之，居數日，猫鬼向素家。後上初從并州還，陁於園中謂阿尼曰：“可令猫鬼向皇后所，使多賜吾物。”阿尼復咒之，遂入宫中。楊遠乃於門下外省遣阿尼呼猫鬼，阿尼於是夜中置香粥一盆，以匙扣而呼曰：“猫女可來，無住宫中。”久之，阿尼色正青，若被牽拽者，云猫鬼已至。上以其事下公卿。奇章公牛弘曰：[5]“祆由人興，殺其人，可以絶矣。”上令犢車載陁夫妻，將賜死於其家。陁弟司勳侍中整詣闕求哀，[6]於是免陁死，除名，以其妻楊氏爲尼。先是有人訟其母爲人猫鬼所殺者，上以爲祆妄，怒而遣之。及此，詔誅被訟行猫鬼家。陁未幾而卒。

[1]左監門郎將：官名。爲左監門府次官，掌管宫殿門禁及守衛事。隋初爲正四品，煬帝大業三年廢。

[2]避：四部備要本作“遥”。

[3]遷州：隋朝時治光遷縣，在今湖北房縣。

[4]左僕射：官名。位列丞相，職掌都省事務及執法，或掌選舉，兼掌糾察彈劾百官。隋文帝開皇三年令左僕射掌管吏部、禮部、兵部三部。從二品。　高熲：人名。字昭玄，勃海蓨（今河北景縣）人。北周、隋朝大臣。見《北史》卷七二《高熲傳》。　納言：官名。亦作“内言”。相傳舜時已有。職責主要是承上啓下、宣傳上命，受奏納言。後世多作侍中的别稱。隋朝時因避文帝父楊忠諱，改侍中爲納言，爲門下省長官。正三品。煬帝大業十二年改名侍内。　大理丞：官名。亦作“大理寺丞”。輔助大理正分判獄事。隋朝時爲正六品下。　楊遠：人名。隋朝官吏。阿附楊素，曲意枉法，多殺無辜。

[5]牛弘：人名。字里仁，安定鶉觚（今甘肅靈臺縣）人。隋

朝大臣。見《北史》卷七二《牛弘傳》。

[6]司勳侍中：官名。爲隋朝尚書省吏部司勳司長官。文帝開皇三年爲從五品。

煬帝即位，追念舅氏，聽以禮葬。乃下詔贈正議大夫。[1]帝意猶不已，復贈銀青光禄大夫。[2]二子，延福、延壽。

[1]正議大夫：官名。隋煬帝大業三年始設，正四品。

[2]銀青光禄大夫：官名。隋朝時爲元老重臣的加官或致仕之官，亦作爲卒後贈官。隋初爲正三品散官，煬帝時改爲從三品。

陁弟整，位幽州刺史。[1]大業初，[2]贈金紫光禄大夫、平鄉侯。[3]

[1]幽州：隋朝時治薊縣，在今北京西南。

[2]初：源氏校勘記在“初”後補“卒”字。似是。

[3]金紫光禄大夫：官名。隋初爲從二品散官，煬帝時改爲正三品。　平鄉侯：封爵名。平鄉，縣名。治所在今河北平鄉縣。

竇熾，字光成，扶風平陵人，[1]後漢大鴻臚章之後也。[2]章子統，靈帝時爲雁門太守，[3]避竇武之難，[4]亡奔匈奴，遂爲部落大人。後魏南徙，子孫因家代，賜姓紇豆陵氏。[5]累世仕魏，皆至大官。父略，平遠將軍，[6]以熾著勳，贈少保、柱國大將軍、建昌公。[7]

[1]扶風：郡名。北魏時治好畤縣，在今陝西乾縣東。　平陵：

縣名。治所在今陝西咸陽市西。

[2]大鴻臚：官名。秦時稱典客，漢景帝時改名大行令，武帝時改名大鴻臚，爲九卿之一，負責接待少數民族事務，王莽改稱典樂，東漢複稱大鴻臚。　章：即竇章，人名。字伯向，扶風平陵（今陝西咸陽市西北）人。東漢大臣。少好學，與馬融、崔瑗爲好友。見《後漢書》卷二三《竇章傳》。

[3]靈帝：即東漢皇帝劉宏。靈爲其謚號。　雁門：郡名。東漢時治陰館縣，在今山西代縣西北。

[4]竇武：人名。字游平，扶風平陵（今陝西咸陽市西北）人。東漢大臣、外戚。見《後漢書》卷六九《竇武傳》。

[5]紇豆陵氏：毛本、殿本、四庫本、局本、四部備要本作"紇豆陵武"。

[6]平遠將軍：官名。用以褒賞勳庸。北魏孝文帝太和二十三年爲四品。

[7]少保：官名。即太子少保。爲東宮三少之一，位居太子少師、少傅之下。負責教導輔助太子。　建昌公：封爵名。建昌，郡名。北魏時治榆中縣，在今甘肅榆中縣西北。

熾性嚴明，有謀略，美鬚髯，身長八尺二寸。少從范陽祁忻受《毛詩》《左氏春秋》，[1]略通大義。善騎射，膂力過人。魏正光末，北鎮擾亂，乃隨略避地定州，投葛榮。[2]榮欲官略，略不受。榮疑其有異志，遂留略於冀州，將熾及熾兄善隨軍。及尒朱榮破葛榮，[3]熾乃將家隨榮於并州。時葛榮别帥韓婁等據薊城不下，[4]以熾爲都督，從驃騎將軍侯深討之。[5]熾手斬婁，以功拜揚烈將軍。[6]

［1］范陽：郡名。北魏時治涿縣，在今河北涿州市。　祁忻：底本作“祈忻”，中華本校勘記云：“諸本‘祁’訛作‘祈’，據《周書》卷三〇、《通志》卷一五六《竇熾傳》改。”今從改。　毛詩：書名。儒家經典之一，爲秦漢人毛亨所傳。　左氏春秋：書名。儒家經典之一，相傳爲春秋末年左丘明所作。

［2］投葛榮：源氏校勘記云：“‘投’《周書》作‘没’。”中華本校勘記云：“《周書》《通志》作‘没於葛榮’。按下文言略不受榮官，則非主動投誠，作‘没於’是。”

［3］尒朱榮：人名。字天寶，北秀容（今山西朔州市）人，契胡族。北魏大臣。見《北史》卷四八《尒朱榮傳》。

［4］薊城：在今北京西南。

［5］驃騎將軍：官名。多爲軍府名號或作爲大臣的加官。北魏孝文帝太和二十三年改爲二品。　侯深：人名。《魏書》卷八〇作“侯淵”，《北史》避唐高祖李淵諱改。神武尖山（今山西神池縣）人。北魏將領。見《北史》卷四九《侯深傳》。

［6］揚烈將軍：官名。用以褒賞勳庸。北魏時爲正五品上。

魏孝武即位，蠕蠕等諸蕃並遣使朝貢，帝臨軒宴之。有鴟飛鳴於殿前。帝素知熾善射，因欲矜示遠人，乃給熾御箭兩隻，命射之，鴟乃應弦而落，諸蕃人咸歎異焉。帝大悦。尋隨東南道行臺樊子鵠追尒朱仲遠，仲遠奔梁。[1]時梁主又遣元樹入寇，[2]據譙城。[3]子鵠令熾擊破之，封行唐縣子。[4]尋進爵上洛縣伯。[5]時帝與齊神武構隙，以熾有威重，堪處爪牙任，拜閤内大都督，[6]遷朱衣直閤，[7]遂從帝西遷。仍與其兄善至城下，與武衛將軍高金龍戰於千秋門，[8]敗之。因入宫城，取御馬四十匹并鞍勒，進之行所。帝大悦，賜熾及善駿馬各二匹，駑馬十匹。

［1］尋隨東南道行臺樊子鵠追尒朱仲遠仲遠奔梁：底本“仲遠奔梁”作“奔梁”，中華本校勘記云：“諸本脱‘仲遠’二字，據《周書》及本書卷四八《尒朱仲遠傳》補。”今從補。樊子鵠，人名。代郡平城（今山西大同市東北）人。見《北史》卷四九《樊子鵠傳》。尒朱仲遠，人名。北秀容（今山西朔州市）人，契胡族。北魏官吏。見《北史》卷四八《尒朱榮附尒朱仲遠傳》。

［2］元樹：人名。字秀和，一字君立。北魏宗室。見《北史》卷一九《咸陽王禧附元樹傳》。

［3］譙城：在今安徽亳州市。

［4］行唐縣子：封爵名。行唐，縣名。治所在今河北行唐縣。

［5］上洛縣伯：封爵名。上洛，縣名。治所在今陝西商縣。

［6］閤内大都督：官名。北魏末置。統領皇帝左右的禁軍，位在閤内都督之上。

［7］朱衣直閤：官名。南朝梁武帝時置。負責宫廷侍衛，屬中領軍。北魏亦置，從四品。

［8］千秋門：爲皇宫西城門。初爲右掖門，後改爲千秋門，在今河南洛陽市。

大統元年，别封真定縣公。[1]從周文帝禽竇泰，[2]復弘農，破沙苑，皆有功。河橋之戰，[3]諸將退走，熾時獨從兩騎，爲敵人追至芒山。熾乃下馬，背山抗之。俄而敵衆漸多，矢下如雨，熾騎士所執弓，並爲敵人所射破。熾乃總收其箭以射之，所中人馬，應弦而倒。敵乃相謂曰：“得此三人，未足爲功。”乃稍引退。熾因其怠，遂突圍得出。又從太保李弼討白額稽胡，[4]破之。

［1］真定縣公：封爵名。真定，縣名。治所在今河北正定縣南。

［2］竇泰：人名。字世寧，太安捍殊（今山西壽陽縣北）人。北魏、東魏將領。見《北史》卷五四《竇泰傳》。

［3］河橋之戰：東魏和西魏間的一次戰役。河橋，在今山西永濟市蒲州與陝西大荔縣東大慶關間的黄河上。

［4］白額稽胡：稽胡的一支。白額，即猛虎。冠以白額之名，謂其武猛驍勇。

高仲密以北豫州來赴，[1]熾從周文援之。至洛陽，會東魏人據芒山爲陣，周文命留輜重於瀍曲，率輕騎奮擊，中軍與右軍大破之，悉虜其步卒。熾獨追至石濟而還。[2]大統十三年，進使持節、驃騎大將軍、開府儀同三司，加侍中。出爲涇州刺史，[3]涖職數年，政號清静。改封安武縣公。[4]

［1］高仲密：人名。即高慎。字仲密，勃海蓨（今河北景縣）人。見《北史》卷三一《高允附高慎傳》。　北豫州：東魏孝静帝天平初復置，治虎牢城，在今河南滎陽市西北。

［2］石濟：黄河古渡之一，在今河南滑縣西南。

［3］涇州：西魏時治安定縣，在今甘肅涇川縣北。

［4］安武縣公：封爵名。安武，縣名。治所在今甘肅鎮原縣西南。源氏校勘記云："《周書》作'武安'。"

魏廢帝元年，除原州刺史。熾抑挫豪右，申理幽滯，在州十載，甚有政績。州城北有泉水，熾屢經游踐，嘗與僚吏宴於泉側，因酌水自飲，曰："吾在此州，唯當飲水而已。"及去職後，人吏感其遺惠，每至此泉者，莫不懷之。恭帝元年，[1]進爵廣武郡公。[2]屬蠕蠕寇廣武，熾與柱國趙貴分路討之。蠕蠕引退，熾度河至麴伏川，[3]追及，大破之。武成二年，[4]拜柱國大將軍。周明帝以熾前朝舊臣，[5]勳望兼重，欲獨爲造第。熾辭以天下未平，干戈未偃，不宜輒發徒役，周明不許。尋而帝崩，事方得寢。

[1]恭帝元年：即公元554年。恭帝，即西魏皇帝元廓。恭爲其謚號。

[2]廣武郡公：封爵名。廣武，郡名。西魏時治廣武縣，在今甘肅永登縣西南。

[3]麴伏川：地名。確址不詳，約在今甘肅北部。源氏校勘記云："《周書》作'麴使'。"

[4]武成：北周明帝的年號（559—560）。

[5]周明帝：即北周皇帝宇文毓。明爲其謚號。

保定元年，進封鄧國公，邑一萬户，别食資陽縣一千户，[1]收其租賦。天和五年，自大宗伯爲宜州刺史。[2]先是周文田於渭北，令熾與晋公護分射走兔，熾一日獲十七頭，護十一頭。護耻不及，因以爲嫌。至是，熾又以周武年長，有勸護歸政之議。護惡之，故左遷焉。及護誅，徵拜太傅。

[1]資陽：縣名。治所在今四川資陽市。

[2]宜州：北周時治華原縣，在今陝西銅川市。

熾既朝之元老，名望素隆，至於軍國大謀，常與參議。嘗有疾，周武帝幸其第問之，因賜金石之樂。[1]其見禮如此。帝於大德殿將謀伐齊，熾年已衰老，乃扼腕曰："臣雖朽邁，請執干櫓，[2]首啓戎行。得一睹誅翦鯨鯢，[3]廓清寰宇，省方觀俗，登岳告成，然後歸魂泉壤，無復餘恨。"帝壯其志節，遂以熾第二子武當公恭爲左二軍總管。[4]齊平之後，帝乃召熾歷觀相州宮殿。熾拜賀曰："陛下真不負先帝矣。"帝大悦，進位上柱國。

[1]樂：毛本、殿本、四庫本、四部備要本作"藥"。源氏校勘記云："'樂'《周書》作'藥'。"中華本校勘記云："《周書》《通志》'樂'作'藥'。按上言熾嘗有疾，則作'藥'是。"可從。

[2]請執干櫓：局本"請"作"親"，毛本"干"作"于"。干櫓，小盾、大盾。亦泛指武器。

[3]鯨鯢：鯨類，雄曰鯨，雌曰鯢。比喻凶狠的敵人。

[4]武當公：封爵名。武當，郡名。北周時治武當縣，在今湖北丹江口市西北。

宣政元年，[1]兼雍州牧。[2]及周宣營建東京，[3]以熾爲京洛營作大監，[4]宮苑制度，皆取決焉。大象初，[5]改食樂陵縣，[6]邑户如舊。隋文帝入輔政，停洛陽宮作，熾請入朝。屬尉遲迥舉兵，熾乃移入金墉，與洛州刺史、平凉公元亨同心固守，[7]仍權行洛陽鎮事。相州平，熾方入朝。屬文帝初爲相國，百僚皆勸進，自以累世受恩，遂不肯署牋，時人皆高其節。及帝踐極，拜太傅，加殊禮，贊拜不名。開皇四年八月薨，[8]時年七十八。贈八州諸軍事、冀州刺史，謚曰恭。

[1]宣政：北周武帝的年號（578）。

[2]雍州牧：官名。爲雍州的最高行政長官。北周時雍州屬京畿地區，因此多由親王擔任此職。九命。

[3]周宣：即北周皇帝宇文贇。宣爲其謚號。

[4]營作大監：官名。北周置，掌宫殿苑囿的營造，下設營作副監。

[5]大象：北周静帝的年號（579—580）。

[6]樂陵：縣名。治所在今山東樂陵市東南。

[7]洛州：北周時治洛陽縣，在今河南洛陽市東北。　平涼公：封爵名。平涼，郡名。北周時治鶉陰縣，在今甘肅平凉市西北。元亨：人名。一名孝才，字德良。北魏宗室，西魏、北周官吏。見《隋書》卷五四《元亨傳》。

[8]開皇：隋文帝的年號（581—600）。

熾事親孝，奉諸兄以悌順聞。及其望位隆重，而子孫皆處列位，[1]遂爲當時盛族。

[1]列位：爵位。

子茂嗣。茂有弟十三人，恭、威最知名。

恭位至大將軍。從周武平齊，封贊國公，除西兗州總管，[1]以罪賜死。

[1]西兗州：西魏時治定陶城，在今山東定陶縣西北。北周時改爲曹州。

熾兄善，以中軍大都督、南城公從魏孝武西遷，[1]

仕至太僕、衛尉卿、汾北華瀛三州刺史、驃騎大將軍、開府儀同三司、永富縣公，[2]謚曰忠。子榮定嗣。

[1]中軍大都督：官名。北魏末置，東魏、西魏因之。統率中軍，地位很高。　南城公：封爵名。南城，縣名。治所在今陝西洋縣。

[2]太僕：官名。掌管皇帝車馬及全國畜牧政令。北魏孝文帝太和二十三年定爲三品。西魏沿置。　衛尉卿：官名。掌宫門禁衛，武器庫藏等。北魏孝文帝太和二十三年之後爲三品。西魏因之。　汾：州名。西魏時治蒲子城，在今山西隰縣北。　北華：州名。西魏時治杏城，在今陝西黄陵縣西南故邑。　瀛：州名。遥封。東魏時治趙都軍城，在今河北河間市。　永富縣公：封爵名。永富，縣名。治所不詳。

榮定沉深有器局，容貌魁偉，美鬚髯，便弓馬。初爲魏文帝千牛備身，周文帝見而奇之，授平東將軍，[1]賜爵宜君縣子。[2]後從周文與齊人戰於北芒，周師不利，榮定與汝南公宇文神慶帥精騎擊却齊師。[3]以功拜上儀同。[4]尋復以軍功進位開府。襲爵永富縣公，除忠州刺史。[5]從平齊，加上開府，拜前將軍、佽飛中大夫。[6]

[1]平東將軍：官名。多持節都督或監某　地區軍事，有時亦作爲刺史等地方官兼理軍務時的加官。北魏孝文帝太和十七年定爲從二品上，二十三年改爲三品。西魏沿置。

[2]宜君縣子：封爵名。宜君，縣名。治所在今陝西宜君縣東。

[3]汝南公：封爵名。汝南，郡名。西魏時治上蔡縣，在今河南汝南縣。　宇文神慶：人名。即宇文慶。字神慶，河南洛陽（今

河南洛陽市東北）人。北周、隋朝官吏。見《隋書》卷五〇《宇文慶傳》。

［4］“後從周文”至“上儀同”：中華本校勘記云：“按《隋書》卷三九《竇榮定傳》，‘周文’作‘太祖’，疑當作‘高祖’，此當作‘周武’。宇文泰與東魏戰於芒山，時在西魏大統九年，周、齊都未改號，不得稱‘周師’‘齊師’。竇榮定、宇文神慶年輩甚晚，不得與於此役。上儀同之官始設於周建德四年，不可能以周建德四年以後之官號賞西魏大統九年之戰功。考周武帝於建德四年八月伐齊，攻河陰，九月班師，十月創置上儀同等官號。河陰即在芒山之北，竇榮定當是於此役得功受賞。”可從。上儀同，北周置，位居開府儀同三司之下、儀同三司之上。多爲大臣、勳臣的加官。

［5］忠州：北周時治臨江縣，在今重慶忠縣。

［6］前將軍：官名。北周時爲軍府名號，用作加官。正七命。佽（cì）飛中大夫：官名。掌射獵。正五命。佽飛，古代勇士名。

其妻，則隋文帝長姊安成長公主也。[1]文帝少與之情契甚厚。榮定亦知帝有人君之表，尤相推結。及帝作相，領左右宮伯，[2]使鎮守天臺，[3]總統露門内兩廂仗衛，[4]常宿禁中。遇尉遲迥初平，朝廷頗以山東爲意，拜榮定爲洛州總管以鎮之。前後賜縑四千匹、西凉女樂一部。及受禪，來朝，賜馬三百匹、部曲八十户遣之。[5]坐事除名。公主曰：“天子姊乃作田舍兒妻！”上不得已，尋拜右武候大將軍。[6]上數幸其第，恩錫甚厚，每令尚食局日供羊一口，[7]珍味稱是。以佐命功，拜上柱國。

[1]則隋文帝：底本“隋”前闕一字，毛本、殿本、四庫本、四部備要本作“則”。今從補。

[2]左右宮伯：官名。即宮伯中大夫。西魏恭帝三年置，北周沿置。爲天官府宮伯司長官，分置左、右。掌管宮中宿衛，左、右宮伯輪番值勤，並負責上朝及出行的警衛。正五命。

[3]天臺：宮殿名。故址在今陝西西安市。

[4]露門：即路門。天子五門之一，爲最内宮室的正門。

[5]八十：源氏校勘記云：“《隋書》作‘八千’。”

[6]右武候大將軍：官名。隋朝時十二衛大將軍之一。掌管車駕營衛，領府兵。煬帝大業三年改爲右候衛大將軍，正三品。

[7]尚食局：官署名。總管皇上膳食諸事。

歷位寧州刺史、右武候大將軍、秦州總管，[1]賜吴樂一部。突厥沙鉢略寇邊，[2]爲行軍元帥，率總管出凉州。[3]與虜戰於高越原，[4]兩軍相持，地無水，士卒渴甚，至刺馬血而飲，死者十二三。榮定仰天太息，俄而澍雨，軍復振。於是進擊，數挫其鋒，突厥憚之，請盟而去。賜縑萬匹，進爵安豐郡公，[5]復封子憲爲安康郡公，[6]賜縑五千匹。歲餘，拜右武衛大將軍。[7]帝欲以爲三公，榮定上書固辭，陳畏懼之道，帝乃止。前後賞賜不可勝計。及卒，帝爲之廢朝，令左衛大將軍元旻監護喪事，[8]賻絹二千匹。上謂侍臣曰：“吾每欲致榮定於三事，其人固讓不可。今欲賜之，重違其志。”於是贈冀州刺史、陳國公，謚曰懿。子抗嗣。

[1]寧州：北周時治趙興城，在今甘肅寧縣。隋煬帝大業三年改爲北地郡。

[2]沙鉢略：人名。突厥可汗，又稱伊利可汗。隋初曾侵擾邊境，文帝開皇五年向隋朝稱臣納貢。

[3]率總管：中華本校勘記云："《隋書》　'總管'上有'九'字。"

[4]高越原：地名。在今甘肅民勤縣西北。

[5]安豐郡公：封爵名。安豐，郡名。隋朝時治安豐縣，在今安徽壽縣南。

[6]安康郡公：封爵名。安康，郡名。隋朝時治安康縣，在今陝西石泉縣東南。

[7]右武衛大將軍：官名。隋朝時十二衛大將軍之一。總管府事，並統管諸鷹揚府。正三品。

[8]左衛大將軍：官名。隋朝時爲左衛長官，掌管宫掖禁衛。煬帝大業三年改爲左翊衛大將軍，正三品。　元旻：人名。隋朝官吏。官至左衛大將軍，被封爲五原公。因阻止隋文帝廢太子勇而被殺。

抗美容儀，性通率，長於巧思。父卒後，恩遇彌厚，所賜錢帛金寶亦以鉅萬。位定州刺史，[1]檢校幽州總管。煬帝即位，漢王諒反，[2]以爲抗與通謀，由是除名，以其弟慶襲封陳公。

[1]定州：源氏校勘記云："'定'《唐書》九十五本傳作'岐'。"

[2]漢王諒：即楊諒。一名傑，字德章。隋文帝第五子。文帝開皇元年封爲漢王。見《北史》卷七一《庶人諒傳》。

慶亦有姿容，性和厚，頗工草隸。初封永富郡公，位河東太守、衛尉卿。大業末，爲南郡太守，[1]爲盜賊所害。

[1]南郡：隋朝時治江陵縣，在今湖北江陵縣。

慶弟璡，亦工草隸，頗解鍾律。[1]歷位潁川、南郡、扶風太守。[2]

[1]鍾律：原指編鐘十二律，後泛指音律。
[2]潁川：郡名。隋朝時治潁川縣，在今河南許昌市。

熾兄子毅。毅字天武。父岳早卒，及毅著勳，追贈大將軍、冀州刺史。毅深沉有器度，事親以孝聞。魏孝武初，起家員外散騎侍郎。[1]時齊神武擅朝，毅慨然有徇主之志。從孝武西遷，封奉高縣子。[2]從禽竇泰，復弘農，戰沙苑，皆有功，進爵安武縣公。[3]恭帝元年，進授驃騎大將軍、開府儀同三司、大都督，改封永安縣公。[4]出爲幽州刺史。周孝閔帝踐阼，進爵神武郡公。[5]保定三年，拜大將軍。

[1]員外散騎侍郎：官名。南北朝時多以公族、功臣子充任，爲閑散之職，常用以安置閑退官員、衰老人士。北魏初沿例授予南朝北奔之士，班比吏部郎。孝文帝太和十七年定爲從四品下，二十三年改爲七品上。東魏沿置。
[2]奉高縣子：封爵名。奉高，縣名。治所在今山東泰安市東北。
[3]安武縣公：封爵名。安武，縣名。治所在今甘肅鎮原縣西南。

[4]永安縣公：封爵名。永安，縣名。治所在今山西霍州市。

[5]神武郡公：封爵名。神武，郡名。北周僑置，治所不詳。

時與齊人争衡，戎車歲動，並交結突厥以爲外援。突厥已許納女於周，齊人亦甘言重幣，遣使求婚，狄人便欲有悔。朝廷乃令楊荐等累使結之，[1]往返十餘，方復前好。至是雖期往逆，猶懼改圖。以毅地兼勳戚，素以威重，乃令爲使。及毅至，齊使亦在焉，突厥君臣，猶有貳志。毅抗言正色，以大義責之，累旬乃定，卒以皇后歸。朝議嘉之，別封成都縣公，[2]進位柱國。歷同州刺史、蒲金二州總管，[3]加上柱國，入爲大司馬。隋開皇初，拜定州總管。累居藩鎮，咸得人和。二年，薨於州，贈襄、郢等六州刺史，[4]謚曰肅。

[1]楊荐：人名。字承略，秦郡寧夷（今陝西禮泉縣東北）人。西魏、北周官吏。見《北史》卷六九《楊荐傳》。

[2]成都縣公：封爵名。成都，縣名。治所在今四川成都市。

[3]蒲：州名。北周時治蒲坂縣，在今山西永濟市西南蒲州鎮。金：州名。北周時治吉安縣，在今陝西安康市西北漢水北岸。

[4]郢：州名。北周時治長壽縣，在今湖北鍾祥市城區。

毅性温和，每以謹慎自守，又尚周文帝第五女襄陽公主，特爲朝廷所委信。雖任兼出內，未嘗有矜惰之容，時人以此稱焉。子賢嗣。

賢，字託賢，志業通敏，少知名。宣政元年，授使持節、儀同大將軍。開皇中，襲爵神武公，除遷州刺史。

毅第二女即大唐太穆皇后。[1]武德元年，[2]詔贈毅司空、使持節、總管荆郢等十州諸軍事、荆州刺史、杞國公。又追贈賢子紹宣秦州刺史，并襲賢爵。紹宣無子，仍以紹宣兄子德藏嗣。

[1]太穆皇后：唐高祖李淵的妻子。

[2]武德：唐高祖的年號（618—626）。

賀蘭祥，字盛樂，其先與魏俱起，有乞伏者，[1]爲賀蘭莫何弗，[2]因以爲氏。後有以良家子鎮武川者，遂家焉。父初真，少知名，爲鄉閭所重，尚文帝姊建安長公主。保定二年，追贈太傅、柱國、常山郡公。[3]

[1]乞伏者：《周書》卷二〇作“有紇伏者”。

[2]賀蘭：十六國時與拓跋部有姻親關係。早期主要生活在陰山以北沿牛川至意辛山一帶，即今内蒙古烏蘭察布市塔布河及其西北地區（參田餘慶《賀蘭部落離散問題——北魏“離散部落”個案考察之一》，《歷史研究》1997 年第 2 期）。　莫何弗：官名。室韋族北室韋部官名。位在北室韋各部渠帥乞引莫賀咄之下，設三人，爲乞引莫賀咄副手。

[3]常山郡公：封爵名。常山，郡名。北周時治真定縣，在今河北正定縣南。

祥年十一而孤，居喪合禮。長於舅氏，特爲周文帝所愛，雖在戎旅，常博延儒生，[1]教以書傳。周文初入關，祥與晋公護俱在晋陽，後乃遣使迎致之。解褐奉朝請。[2]少有膽氣，志在立功。尋擢補都督，恒居帳下。從平侯莫陳悦，又迎魏孝武，以前後功封撫夷縣伯。[3]仍從擊潼關，獲東魏將薛長瑜，[4]又攻回洛拔之。[5]還拜左右直長，[6]進爵爲公。

[1]博延：廣爲延攬。

[2]解褐：脱去粗布衣服，指入仕爲官。　奉朝請：官名。北魏時爲冗散官，有俸無職。孝文帝太和二十三年定爲從七品。

[3]撫夷縣伯：封爵名。撫夷，縣名。治所在今甘肅鎮原縣北。

[4]薛長瑜：人名。河東汾陰（今山西萬榮縣西南）人。東魏大臣。孝静帝天平中任征東將軍、洛州刺史，後戰死。底本作“薛長儒”，源氏校勘記云:“《周書》（‘長儒’）作‘長孺’。”中華本校勘記云:“《周書》卷二〇《賀蘭祥傳》‘儒’作‘孺’。按當作‘瑜’。《魏書》卷四二《薛辯傳》見薛長瑜，云：‘長瑜，天平中爲征東將軍、洛州刺史，擊賊潼關，没於陣。’自即此人。‘儒’乃音近致訛。參見《周書》卷一校記。”今從改。

[5]回洛：地名。在今河南洛陽市東北。

[6]左右直長：官名。北魏置。屬門下省左右局，協助領左右，掌管禁中之事。孝文帝太和二十三年定爲從五品上。

大統九年，從周文與東魏戰於芒山，進位驃騎大將軍、開府儀同三司，加侍中。十四年，除都督、荆州刺史，進爵博陵郡公。[1]先是祥嘗行荆州事，雖未期月，頗有惠政，至是重往，百姓安之。由是漢南流人襁負至者，日有千數，遠近蠻夷莫不款附。祥隨機撫納，咸得其歡心。時盛夏亢陽，[2]祥親巡境内，觀政得失，見有發掘古冢，暴露骸骨，乃謂守令曰:“此豈仁者爲政邪!”

命所在收葬之。即日澍雨，是歲大有年。境内多古墓，其俗好行發掘，至是遂息。祥雖周文密親，性甚清素。州境南接襄陽，西通岷蜀，物產所出，多諸珍異。既與梁通好，行李往來，公私贈遺，一無所受。梁雍州刺史、岳陽王蕭詧欽其風素，[3]乃以竹屏風、絺綌之屬及經史贈之。祥難違其意，取而付諸所司。周文後聞之，並以賜祥。十六年，拜大將軍。周文以涇、渭溉灌之處，[4]渠堰廢毀，乃令祥修造富平堰，[5]開渠引水，東注於洛。功用既畢，人獲其利。魏廢帝二年，行華州事，[6]後改華州爲同州，仍以祥爲刺史。尋拜尚書左僕射。六官建，授小司馬。[7]

[1]博陵郡公：封爵名。博陵，郡名。西魏時治安平縣，在今河北安平縣。

[2]亢陽：旱災。

[3]岳陽王：封爵名。岳陽，郡名。南朝梁時治岳陽縣，在今湖南汨羅市東長樂鎮。　蕭詧：人名。字理孫，南蘭陵（一説在今江蘇常州市，一説在今江蘇丹陽市）人。西梁皇帝。見《北史》卷九三《蕭詧傳》。

[4]涇：水名。源頭有兩個，南源出於今寧夏涇源縣老龍潭，北源出於寧夏固原市大彎鎮。兩河在甘肅平凉市附近匯合後，於陝西高陵縣附近注入渭河。　渭：水名。發源於今甘肅渭源縣鳥鼠山，流經陝西省，與涇河、北洛河匯合，至潼關縣入黄河。

[5]富平堰：河渠名。在今陝西富平縣。

[6]華州：西魏時治鄭縣，在今陝西華縣西南。

[7]小司馬：官名。小司馬上大夫的省稱。西魏恭帝三年置，北周因之。爲夏官府次官，輔助大司馬卿掌管軍政以及官員的升

遷，亦可統兵出征或暫時在外駐守。正六命。

周孝閔帝踐阼，進位柱國、大司馬。時晋公護執政，祥與護中表，[1]少相親愛，軍國之事，護皆與祥參謀。及誅趙貴，廢閔帝，祥有力焉。

[1]中表：指與祖父、父親姐妹的子女或祖母、母親的兄弟姐妹的子女的親戚關係。

武成初，吐谷渾侵掠州郡，[1]詔祥與宇文貴總兵討之。[2]祥乃遣其軍司檄吐谷渾，[3]與渾廣定王、鍾留王等戰，破之，因拔其洮陽、洪和二城，[4]以其地爲洮州。[5]撫安西土，振旅而還。進封涼國公。薨，贈太師、同岐等十二州諸軍事、同州刺史，[6]謚曰景。[7]

[1]武成初吐谷渾侵掠州郡：中華本校勘記云："《通志》卷一五六《賀蘭祥傳》同南、北、汲、殿四本'掠'作'涼'。《周書》作'涼'又無'郡'字。按本書卷九六《吐谷渾傳》云：'武成初夸吕復寇涼州，''賀蘭祥、宇文貴率兵討之。'則《周書》是。但作'侵掠州郡'亦通，今不改。"

[2]宇文貴：人名。字永貴，其先昌黎大棘（今遼寧北票市章吉營子鄉三官營子村）人，鮮卑族。西魏、北周將領。見《北史》卷六〇《宇文貴傳》。

[3]軍司：官名。即軍師。西晋時避世宗司馬師諱改。北周沿置。爲諸軍府主要僚屬，佐主帥統帶軍隊，負有匡正、監察主帥之責，地位很高，常繼任主帥。

[4]洮陽：城名。在今甘肅卓尼縣西南。　洪和：城名。在今

甘肅臨潭縣東。

[5]洮州：北周時治美相縣，在今甘肅臨潭縣。

[6]十三州：毛本、殿本、四庫本作“十二州”。據《賀蘭祥墓誌》、《周書》卷二〇、《通志》卷一五六作“十二州”，今從《周書》。岐，州名。北周時治雍城鎮，在今陝西鳳翔縣東。

[7]謚曰景：據賀蘭祥墓誌載：“以保定二季，歲此壬午，二月壬申朔，廿七日戊戌甲夜，忽遇暴風疾。越人無驗，秦醫駐手。翌日己亥，薨于長安里第，春秋卌八……可贈使持節、太師、柱國、大將軍、大都督、同岐涇華宜敷寧隴夏靈恒朔十二州諸軍事、同州刺史，封依舊，謚曰景公。”（參毛遠明校注《漢魏六朝碑刻校注》第十册，綫裝書局2008年版，第160—163頁）可見賀蘭祥卒於北周武帝保定二年（562），終年四十八歲，則其生年當爲北魏孝明帝延昌四年（515）。

有七子，敬、讓、璨、師、寬知名。[1]

[1]有七子敬讓璨師寬知名：據賀蘭祥墓誌載：“世子敬，字拚折羅，使持節、驃騎大將軍、開府儀同三司、大都督、化隆縣開國侯。次子讓，字庫莫奚，使持節、車騎大將軍、儀同三司、大都督、西華縣開國侯。次子粲，字吴提，宣揚侯開國侯。次子師，字契單大，博陵郡開國公。次子字吐蕃提，次子字厭帶提，次子字丘兹提。”（參毛遠明校注《漢魏六朝碑刻校注》第十册，第160—163頁）

敬少歷顯職，封化隆縣侯，[1]後襲爵凉國公。位柱國、華州刺史。

[1]化隆縣侯：封爵名。化隆，縣名。治所在今青海化隆回族

自治縣西南。

讓，大將軍、鄭州刺史、河東郡公。[1]

[1]鄭州：北周時治長社縣，在今河南臨潁縣西北。《周書》卷二〇作“鄜州”，《通志》卷一五六作“鄭州”。

璨，開府儀同三司、宜陽郡公。[1]建德五年，[2]從於并州戰歿，贈上儀同大將軍，追封清都公。[3]

[1]宜陽郡公：封爵名。宜陽，郡名。北周時治宜陽縣，在今河南宜陽縣。《周書》卷二〇作“宜陽縣公”。

[2]建德：北周武帝的年號（572—578）。

[3]清都公：封爵名。清都，郡名。北周時治鄴縣，在今河北臨漳縣西南。

師，尚明帝女，位上儀同大將軍、幽州刺史、博陵郡公。

寬，開府儀同大將軍、武始公。[1]入隋，歷汴、鄭二州刺史，[2]並著政績。

[1]武始公：封爵名。虛封。武始，郡名。北周時治勇田縣，在今甘肅臨洮縣北。

[2]汴：州名。北周時治浚儀縣，在今河南開封市西北。隋煬帝大業初省。

祥弟隆，大將軍、襄樂縣公。[1]隋文帝與祥有舊，開皇初，追贈上柱國。

[1]襄樂縣公：封爵名。襄樂，縣名。治所在今甘肅寧縣東北。

叱列伏龜，字摩頭陁，代郡西部人也。[1]其先爲部落大人，魏初入附，遂世爲第一領人酋長，[2]至龜五世。

[1]代郡：北魏時治平城，在今山西大同市東北。

[2]第一領人酋長：官名。《周書》卷二〇《叱列伏龜傳》作“第一領民酋長”，《北史》避唐太宗李世民諱改。北魏時用於封賞歸附的部落首領。

龜容貌瓌偉，腰帶十圍，進止詳雅，兼有武藝。嗣父業復爲領人酋長。魏孝昌三年，以别將從長孫承業西征，[1]累遷金紫光禄大夫。[2]從還洛，[3]授都督，[4]遂爲齊神武所寵任，加授大都督。沙苑之敗，隨例來降。周文帝以其豪門，解縛禮之，仍以邵惠公女妻之。[5]大統四年，封長樂縣公。[6]自此常從征討，亟有戰功。歷侍中、驃騎大將軍、開府儀同三司、恒州刺史。[7]卒，子椿嗣。

[1]别將：官名。北魏中期之後，出兵之制，軍隊的統帥爲都督，與主力分道而行的輔翼將領爲别道都將，後沿用此稱。 長孫承業：人名。即長孫稚。本名冀歸，孝文帝賜名稚，《北史》避唐高宗李治諱改爲“幼”，字承業，鮮卑族。北魏將領。見《北史》卷二二《長孫道生附長孫承業傳》。

[2]金紫光禄大夫：官名。作爲加官，衹授予章綬、禄賜、班位，不給車服、吏卒。北魏孝文帝太和十七年定爲從一品下，二十

三年改爲從二品。

[3]還：四部備要本誤作“遷”。

[4]都督：官名。北魏時爲統率全國或地方兵馬的指揮官職名，其爲州郡軍事長官者，兼理民政。或作爲大臣的加官和贈官。

[5]邵惠公：即宇文顥。北周文帝宇文泰兄長，宇文護之父。北周武帝追封其爲邵國公，謚號爲惠。見《北史》卷五七《邵惠公顥傳》。

[6]長樂縣公：封爵名。長樂，縣名。治所在今河南安陽市東。

[7]恒州：西魏時治常山縣安樂壘，在今河北石家莊市東北。

椿，字千年。明帝時，位驃騎大將軍、開府儀同三司，改封永世縣公。[1]天和初，除左宫伯，進位大將軍。

[1]永世縣公：封爵名。永世，縣名。治所在今甘肅武威市東南。

閻慶，字仁度，[1]河陰人也。[2]曾祖善，仕魏歷龍驤將軍、雲州鎮將，[3]因家雲州之盛樂郡。[4]祖提，持節、車騎大將軍、敦煌鎮都大將。[5]父進，有謀略，勇冠當時。正光中，拜龍驤將軍。屬衛可瓌作亂，攻圍盛樂，進率衆拒守，以功拜盛樂郡守。

[1]仁度：源氏校勘記云：“《周書》作‘仁慶’。”按：《通志》卷一五六作“字仁度”。

[2]河陰：縣名。治所在今河南孟津縣東。

[3]龍驤將軍：官名。西晋武帝時設，北魏孝文帝太和十七年定爲三品上，二十三年改爲從三品。　雲州：北魏時寄治并州界，

在今山西祁縣西。

[4]盛樂：郡名。北魏孝武帝永熙中僑置，屬雲州。治歸順縣，在今山西文水縣東南，一説在今山西祁縣東。

[5]車騎大將軍：官名。多爲軍府名號，用來加授大臣、重要州郡長官，無具體職掌。北魏孝文帝太和二十三年之後爲二品。　敦煌：郡名。北魏時治鳴沙縣，在今甘肅敦煌市西。　鎮都大將：官名。北魏時在緣邊之地設置鎮都大將，統兵作戰，抵禦外來侵略，與刺史品秩等同。城隍、倉庫等皆由鎮將管理，但不治理地方，權力重於刺史。

慶幼聰敏，重然諾，風儀端肅，望之儼然。隨父固守盛樂，頗有力焉，拜別將。後以軍功拜步兵校尉、中堅將軍。[1]既而齊神武舉兵入洛，魏孝武西遷，慶謂所親曰："高歡將有篡逆之謀，[2]豈可苟安目前，受其控制也？"遂以大統三年自宜陽歸闕。[3]稍遷後將軍，[4]封安次縣子，[5]以功進爵爲伯。慶善於綏撫，士卒未休，未嘗先舍，故能盡其死力，屢獲勳勞。累遷散騎常侍、驃騎大將軍、開府儀同三司、雲州大中正，[6]加侍中，賜姓大野氏。周孝閔帝踐阼，出爲河州刺史，進爵石保縣公。[7]州居河外，地接戎夷，慶留心撫納，頗稱簡惠。就拜大將軍，進爵太安郡公。[8]入爲小司空，歷雲、寧二州刺史。[9]慶性寬和，不苛察，百姓悦之。天和六年，進位柱國。[10]

[1]步兵校尉：官名。北魏初領營兵，位在列卿，後罷除領兵權，成爲武臣散官，無具體職掌。孝文帝太和十七年定爲從三品，二十三年改爲五品。　中堅將軍：官名。負責侍衛。北魏孝文帝太

和十七年定爲四品上，二十三年定爲從四品上。

［2］高歡：人名。字賀六渾，勃海蓨（今河北景縣）人，世居懷朔鎮（今内蒙古包頭市東北），爲鮮卑化漢人。北魏末、東魏權臣。見《北史》卷六《齊本紀·神武帝》。

［3］宜陽：郡名。西魏時治宜陽縣，在今河南宜陽縣西。　闕：借指宫廷或京城。

［4］後將軍：官名。北魏時漸成爲軍府名號，用於加官。孝文帝太和十七年定爲從二品上，二十三年改爲三品。西魏沿置。

［5］安次縣子：封爵名。安次，縣名。治所在今河北廊坊市西北。

［6］大中正：官名。掌一州之人物品第，以爲吏部銓選的依據，並有委任州主簿及從事之權。

［7］石保縣公：封爵名。石保，縣名。治所在今陝西宜君縣。

［8］太安郡公：封爵名。太安，郡名。治所在今山西寧武縣。

［9］寧：州名。北周時寄治汾州介休城，在今山西介休市。

［10］天和六年進位柱國：底本“六年”作“五年”，中華本校勘記云:“諸本‘六’作‘五’，《周書》卷二〇《閻慶傳》作‘六’。按《周書》卷五《武帝紀》，閻慶爲柱國在天和六年四月，今據改。”今從改。

晋公護母，慶之姑也。護雖擅朝，而慶未嘗阿附。及護誅，武帝以此重之。詔慶第十二子毗尚帝女清都公主。[1]慶雖位望隆重，婚連帝室，常以謙慎自守，時以此稱之。建德二年，抗表致事，[2]優詔許焉。慶既衰老，恒嬰沉痼。宣帝以其先朝耆舊，特異恒倫，乃詔静帝至第問疾。[3]賜布千段，醫藥所須，令有司供給。大象二年，拜上柱國。

［1］十二子：中華本校勘記云："按下文云'次子毗嗣'，則'十'字當是衍文。但《周書》及《通志》卷一五六《閻慶傳》並有'十'字，今不改。"可從。 清都公主：殿本、四庫本、四部備要本作"清郡公主"。據下文及《周書》卷二〇《閻慶傳》、《通志》卷一五六亦作"清都公主"，且北魏、北周並無清郡，今從底本。

［2］抗表：向皇帝上奏章。 致事：辭官。

［3］静帝：即北周皇帝宇文衍。静爲其謚號。

隋文帝踐極，又令皇太子就第問疾，仍供醫藥之費。開皇二年薨，年七十七。贈司空、七州諸軍事、荆州刺史，謚曰成。長子常，先慶卒。次子毗嗣。

毗，七歲襲爵石保縣公。及長，儀貌矜嚴，頗好經史，受《漢書》於蕭該，[1]略通大旨。能篆書，草隸尤善，[2]爲當時之妙。周武帝見而悦之，命尚清都公主。宣帝即位，拜儀同三司。

［1］蕭該：人名。南朝梁宗室。江陵破，入長安。博通經史，隋初爲國子博士。撰《漢書音義》《文選音義》，爲當時學人所重。

［2］能篆書草隸尤善：中華本校勘記云："《隋書》卷六八、《通志》卷一六三《閻毗傳》作'能篆書，工草隸，尤善畫'。按閻毗以善畫知名，此當脱'工'字、'畫'字。"

隋文帝受禪，以技藝侍東宫。數以琱麗之物取悦於皇太子，[1]由是甚見親待，每稱之於上。尋拜車騎，[2]宿衛東宫。上嘗遣高熲大閲於龍臺澤，[3]諸軍部伍多不齊整，唯毗一軍，法制肅然。熲言之於上，特蒙賜帛。俄兼太子宗衛率長史，[4]尋加尚儀同。太子服翫之物多毗所爲。及太子廢，毗坐杖一百，與妻子俱配爲官奴婢。二歲放免。

[1]琱（diāo）麗：裝飾華麗。

[2]車騎：官名。車騎將軍的省稱。隋朝承襲北周的府兵制，十二府所統管各車騎府或驃騎府，分駐在各地，皆置車騎將軍。正五品。置於驃騎府者爲次官，在車騎府者爲長官。煬帝大業三年改車騎府和驃騎府爲鷹揚府，車騎將軍爲諸鷹揚府的長官或次官。

[3]大閲：大規模地檢閲軍隊。　龍臺澤：宫苑名。在今陝西西安市東北。

[4]太子宗衛：官署名。隋朝置。分爲左、右太子宗衛，掌管宗人侍衛，又有長史、司馬及録事、功倉兵騎諸曹参軍事、法鎧等曹參軍各一人，行參軍六人。煬帝大業三年改爲太子左、右武侍。長官爲左、右太子宗衛率各一人，正四品。

煬帝嗣位，盛修軍器，[1]以毗性巧，練習舊事，詔典其職。尋授朝請郎。[2]毗立議，輦輅車輿，多所增損。擢拜起部郎。[3]

[1]盛修軍器：中華本校勘記云："《通志》'軍'作'車'，《隋書》作'軍'。按下文所議都是輦輅制度，無一語及於軍器。《隋書·禮儀志五》云：'大業元年更製車輿'，'詔尚書令楚國公楊素（中略）、朝請郎閻毗等詳議奏決，於是審擇前朝故事，定其取捨'。本傳下文言毗'練習舊事'，即是説毗熟習先朝輿服制度。作'車'爲是。"可從。

[2]朝請郎：官名。隋文帝開皇三年置。爲散官八郎之一，正七品上。煬帝大業三年廢置。

[3]起部郎：官名。爲尚書起部曹長官，亦稱起部郎中。掌管宗廟宮室的營建、兵械的修造。隋初稱工部侍郎，煬帝大業三年復爲起部郎。從五品。

帝嘗大備法駕，[1]嫌屬車太多，顧謂眦曰："開皇之日，屬車十二乘，於事亦得。今八十一乘，以牛駕車，不足以益文物，朕欲減之，從何爲可"？眦曰："臣初定數，共宇文愷參詳故實，[2]據漢胡伯始、蔡邕等議，[3]屬車八十一乘。此起於秦，遂爲後式。故張衡《賦》云：[4]'屬車九九'是也。次及法駕，三分減一，爲三十六乘，此漢制也。又據宋孝建時，[5]有司奏議，晋遷江左，唯設五乘，尚書令建平王宏曰：[6]'八十一乘，義兼六國，[7]三十六乘，無所準憑，江左五乘，儉不中禮。但帝王文物旂旒之數，[8]爰及冕玉，[9]皆用十二，今宜準此，設十二乘。'開皇平陳，因以爲法。今憲章往古，大駕依秦，法駕依漢，小駕依宋，以爲差等。"帝曰："何用秦法！大駕宜三十六，法駕宜十二，小駕除之。"眦研精故事，皆此類也。

[1]法駕：天子車駕的一種。天子鹵簿分爲大駕、法駕、小駕三種。據裴駰《史記集解》引蔡邕所言"法駕上所乘，曰金根車，駕六馬，有五時副車，皆駕四馬，侍中參乘，屬車三十六乘"。

[2]宇文愷：人名。字安樂，鮮卑族。隋朝大臣。見《北史》卷六〇《宇文愷傳》。

[3]胡伯始：人名。即胡廣。字伯始，南郡華容（今湖南華容縣）人。東漢大臣。見《後漢書》卷四四《胡廣傳》。　蔡邕：人名。字伯喈，陳留圉（今河南杞縣）人。東漢文學家、書法家。見

《後漢書》卷六〇下《蔡邕傳》。

[4]張衡：人名。字平子，南陽西鄂（今河南南陽市）人。東漢大臣、天文學家、數學家、地理學家、詩人。見《後漢書》卷五九《張衡傳》。　賦：指張衡所作的《東京賦》。

[5]孝建：南朝宋孝武帝的年號（454—456）。

[6]尚書令：底本作“尚書”，中華本校勘記云:“諸本脱‘令’字，據《隋書》、《通志》補。建平王宏官尚書令，見《宋書》卷七二本傳。”今從改。　建平王：封爵名。建平，郡名。南朝宋時治建平縣，在今湖南漵浦縣南。　宏：即劉宏，人名。字休度，彭城（今江蘇徐州市）人。南朝宋宗室，宋文帝第七子。見《宋書》卷七二《建平宣簡王宏傳》。

[7]八十一乘義兼六國：源氏校勘記改“六”作“九”。中華本校勘記云:“《隋書》《通志》‘六’作‘九’。按‘九國’見賈誼《過秦論》。‘義兼九國’，是湊合九九八十一之數。作‘六’無義。”可從。

[8]旂旒：泛指旌旗。

[9]冕玉：孔穎達《禮記正義·玉藻》云:“冕之旒以藻訓，貫玉爲飾。”

長城之役，[1]毗總其事。及帝有事恒岳，[2]詔毗營立壇場。尋轉殿内丞，[3]從幸張掖郡。[4]高昌王朝于行所，[5]詔毗持節迎勞，遂將護入東都。尋以母憂去職，未期，起令視事。將興遼東之役，自洛口開渠達涿郡以通漕，[6]毗督其役。明年，兼領右翊衛長史，[7]營建臨朔宫。[8]及征遼東，以本官領武賁郎將，[9]典宿衛。時軍圍遼東城，帝令毗詣城下宣諭，賊弓弩亂發，流矢中所乘馬，毗顔色不變，辭氣抑揚，卒事而去。遷殿内少監，[10]又領將作少監。[11]後復從帝征遼東。會楊玄感作逆，[12]帝班師，從至高陽郡，[13]卒。帝甚悼惜之，贈殿内監。[14]

[1]長城之役：隋初，突厥軍隊勢力强大，時常侵擾内地，因此被迫修築長城，派兵駐守，抵禦侵擾。

[2]恒岳：山名。即恒山。在今河北曲陽縣。

[3]殿内丞：官名。隋煬帝大業三年置，爲殿内省官吏，負責皇帝起居事務。從五品。

[4]張掖：郡名。隋朝時治張掖縣，在今甘肅張掖市。

[5]高昌：國名。都於高昌城，在今新疆吐魯番市東南高昌廢址。見《北史》卷九七《高昌傳》。

[6]涿郡：隋朝時治涿縣，在今河北涿州市。

[7]右翊衛：官署名。隋煬帝時改左右衛爲左右翊衛，掌管宫廷禁衛，督攝仗衛。下設長史、録參軍事等職。長官爲左右翊衛大將軍。

[8]臨朔宫：隋煬帝發動遼東之役時的行宫。在今天津薊縣。

[9]武賁郎將：官名。即虎賁郎將。《北史》避唐高祖祖父李虎諱改。隋煬帝時爲十二衛長官，正四品。

[10]殿内少監：官名。隋初爲殿内局副長官，隋煬帝大業三年改爲殿内省副長官，掌皇帝生活起居。從四品。

[11]將作少監：官名。隋煬帝大業五年由將作少匠改名，爲將作監次官。五品。

[12]楊玄感：人名。弘農華陰（今陝西華陰市東南）人。隋朝官吏。見《隋書》卷七〇《楊玄感傳》。

[13]高陽：郡名。隋朝時治高陽縣，在今河北高陽縣東。

[14]殿内監：官名。隋朝時爲殿内局長官，員二人，正六品。煬帝大業三年改爲殿内省長官，員一人，正四品。

史寧，字永和，建康表氏人也。[1]曾祖豫，仕沮渠氏爲臨松令。[2]魏平涼州，祖灌隨例遷於撫寧鎮，[3]因家焉。父遵，初爲征虜府鎧曹參軍。[4]杜洛周構逆，[5]六鎮自相屠陷，遵遂率鄉里奔恒州。其後恒州爲賊所敗，遵後歸洛陽，拜樓煩郡守。[6]及寧著勳，贈散騎常侍、征西大將軍、涼州刺史，[7]謚曰貞。

[1]建康表氏人也：底本“表氏”作“袁氏”，中華本校勘記云:“諸本‘表’作‘袁’。錢氏《考異》卷三二云：‘“袁氏”當是“表氏”之訛。’按錢説是。表氏兩漢、魏、晋屬酒泉郡。前涼張駿置建康郡，表氏改屬之（參洪亮吉《十六國疆域志》卷七、卷一〇）《通志》卷一五六《史寧傳》正作‘表’，今據改。”今從改。建康，郡名。北魏時治表氏縣，在今甘肅高臺縣西南。表氏，縣名。治所在今甘肅高臺縣。

[2]沮渠氏：匈奴姓氏之一。又作“且渠氏”。臨松盧水胡爲匈奴一支，因其先世爲匈奴左沮渠，遂以官爲氏。　臨松：縣名。治所在今甘肅肅南裕固族自治縣東南。

[3]撫寧：軍鎮名。在今陝西綏德縣。

[4]征虜府鎧曹參軍：官名。征虜府屬官，掌管鎧甲庫藏等。北魏孝文帝太和二十三年定爲七品。

[5]杜洛周：人名。北魏末六鎮起義軍首領。初爲柔玄鎮（今内蒙古興和縣西北）鎮兵，後爲葛榮所害。

[6]樓煩：郡名。北魏時治静樂縣，在今山西寧武縣。

[7]征西大將軍：官名。北魏時多授予統兵在外、都督諸州軍事者，位在四征將軍之上。孝文帝太和十七年定爲一品下，二十三年改爲二品。

寧少以軍功，累加持節、征東將軍、金紫光禄大夫。[1]賀拔勝爲荆州刺史，寧以本官爲勝軍司，隨勝之部。[2]會荆蠻騷動，三鵶路絶。[3]寧先驅平之，因撫慰蠻左，翕然降附。尋除南郢州刺史。[4]及勝爲大行臺，表寧爲大都督。攻梁下溠戍破之，[5]封武平縣伯。[6]又攻拔梁齊興鎮等九城。[7]未及論功，屬孝武西遷，東魏遣侯景寇荆州，寧隨勝奔梁。梁武帝引寧至香蹬前，[8]謂之曰："觀卿風表，終是富貴，我當使卿衣錦還鄉。"寧答曰："臣世荷魏恩，位爲列將，天長喪亂，本朝傾覆，不能北面事逆賊，幸得息肩有道。儻如明詔，欣幸實多。"因涕泣横流，梁武爲之動容。在梁二年，勝乃與寧密圖歸計。寧曰："朱异既爲梁主所信任，[9]請往見之。"勝然其言。寧乃見异，申以投分之言，微託思歸之意，辭氣雅至。异亦嗟挹，爲奏梁主，果許勝等歸。

[1]征東將軍：官名。多爲持節都督，出鎮地方，地位顯要。北魏孝文帝太和十七年定爲從一品中，二十三年改爲二品。

[2]隨勝之部：底本無"之"字，中華本校勘記云："諸本脱'之'字，據《周書》卷二八、《通志》卷一五六《史寧傳》補。"今從改。

[3]三鵶路：古道名。自今河南南陽盆地沿白河支流口子河谷北行，過伏牛山分水嶺後沿瀼河到魯山，北通汝洛。

[4]南郢州：治所在今湖北隨州市一帶。

[5]下溠戍：在今湖北棗陽市東南。

[6]武平縣伯：封爵名。武平，縣名。治所在今河南鹿邑縣西北。

[7]齊興鎮：地名。在今湖北鄖縣。

[8]香蹬：寺廟内講經説法的人所坐的高凳。

[9]朱异：人名。字彦和，吴郡錢唐（今浙江杭州市）人。南朝梁官吏。見《梁書》卷三八《朱异傳》。

大統二年，自梁歸，進爵爲侯。久之，遷車騎將軍，行涇州事。時賊帥莫折後熾寇掠居人，[1]寧率州兵與行原州事李賢討破之。[2]轉東義州刺史。[3]東魏亦以胡梨苟爲東義州刺史。[4]寧僅得入州，梨苟亦至，寧逆擊破之，斬其洛安郡守馮善道。[5]州既鄰接疆埸，百姓流移，寧留心撫慰，咸來復業。轉凉州刺史。寧未至而前刺史宇文仲和據州作亂，詔獨孤信與寧討之。寧先至凉州，爲陳禍福，城中吏人皆相率降附。仲和仍據城不下，尋亦剋之。後遷驃騎大將軍、開府儀同三司，加侍中，進爵爲公。

[1]莫折後熾：人名。原州（今甘肅固原市）羌族首領。西魏文帝大統四年，爲刺史李賢所剿壓。

[2]李賢：人名。字賢和，隴西成紀（今甘肅秦安縣）人。西魏、北周將領。見《北史》卷五九《李賢傳》。

[3]東義州：西魏時治盧氏縣，在今河南盧氏縣。

[4]以胡梨苟爲東義州刺史：《周書》卷二八作“以故胡梨苟爲東義州刺史”。中華本《周書》校勘記云:“《北史》無‘故’字。張森楷以爲‘此誤衍文’。”

[5]洛安：郡名。東魏時治盧氏縣，在今河南盧氏縣。

十六年，宕昌叛羌獠甘作亂，[1]逐其王彌定而自立，[2]并連結傍乞鐵忽及鄭五醜等。[3]詔寧率軍與宇文貴、豆盧寧等討之。[4]寧别擊獠甘，而山路險阻，纔通單騎，獠甘已分其黨立栅守險。寧進兵攻之，遂破其栅。獠甘將百騎走投生羌鞏廉玉。[5]彌定遂得復位。寧以未獲獠甘，遂進軍大破之，生獲獠甘，徇而斬之。并執鞏廉玉送闕。所得軍實，悉分賞將士，寧無私焉。師還，召寧率所部鎮河陽。

[1]宕昌：國名。都城宕昌，在今甘肅宕昌縣東南。　獠甘：人名。西魏時宕昌羌族首領。

[2]彌定：即梁彌定，人名。西魏、北周時宕昌國的首領。北周武帝保定初向周納貢稱臣。保定四年，侵犯北周的洮州，被李賢打敗。後又引吐谷渾共犯北周。武帝命大將田弘討滅宕昌國，在原地建立宕州。彌定下落不明。

[3]乞鐵怱：人名。羌族首領。底本“怱”作“忽”，中華本校勘記云:“諸本‘怱’作‘忽’，《周書》（百衲本）、《通志》作“怱”。按傍乞鐵怱見本書卷六〇《宇文貴傳》、《周書》卷四九《宕昌羌傳》，今據改。”今從改。　鄭五醜：人名。西魏時渭州（今甘肅隴西縣東南）羌族首領。

[4]豆盧寧：人名。字永安，昌黎徒何（今遼寧錦州市）人。西魏、北周將領。見《北史》卷六八《豆盧寧傳》。

[5]生羌：未歸附朝庭的諸羌族部落。　鞏廉玉：人名。西魏時生羌首領。

寧先在凉州，戎夷服其威惠，還鎮之後，邊人並思慕之。魏廢帝元年，復除凉甘瓜三州諸軍事、凉州刺史。[1]初蠕蠕與魏和親，後更離叛。尋爲突厥所破，殺其主阿那瓌。[2]部落逃逸者，仍奉瓌之子孫，抄掠河右。

寧率兵邀擊，獲瓌子孫二人，并其種落酋長。自是每戰破之，前後降數萬人。[3]進爵安政郡公。[4]二年，[5]吐谷渾通使於齊，[6]寧擊獲之，[7]就拜大將軍。寧後遣使詣周文帝請事，周文即以所服冠履衣被及弓箭甲等賜寧，謂其使人曰："爲我謝涼州，孤解衣以衣公，推心以委公，善始令終，無損功名也。"

[1]復除涼甘瓜三州諸軍事：底本"涼"作"梁"，中華本校勘記云："諸本'涼'訛'梁'，據《周書》《通志》及下文'涼州刺史'改。"今從改。甘，州名。西魏時治永平縣，在今甘肅張掖市西北。瓜，州名。西魏時治敦煌縣，在今甘肅敦煌市西。

[2]殺其主：殿本作"殺其王"。　阿那瓌：人名。北魏時柔然可汗。孝明帝正光元年封爲朔方郡公。後遣還舊部，稱爲敕連頭兵豆伐可汗。在位期間，效仿北魏建官制，稱帝號，加强柔然與中原的聯繫。後爲突厥所敗，自殺。

[3]前後降數萬人：底本無"降"字，中華本校勘記云："諸本脱'降'字，《周書》有'獲'字，《通志》作'降'。按《通志》文同《北史》，今據《通志》補。"今從改。

[4]安政郡公：封爵名。安政，郡名。西魏時治大斌縣，在今陝西子洲縣西。

[5]二年：中華本《周書》卷二八《史寧傳》作"三年"，其校勘記云："《北史》本傳'三'作'二'。按卷五〇《吐谷渾傳》記此事在魏廢帝二年。疑《北史》是。"

[6]吐谷渾：族名。又稱吐渾、退渾。原爲鮮卑族慕容部的一支，先祖游牧於徒河青山（今遼寧義縣東）。西晋時，遷徙於今甘肅、青海一帶。十六國時，先後受到前涼、西秦等追逐，幾乎亡國。後再度崛起，北魏太武帝時達到最强盛。在北魏打擊下，一度退到今新疆一帶。以游牧爲生。見《北史》卷九六《吐谷渾傳》。

[7]獲：毛本作“破”。

時突厥木汗可汗假道涼州，[1]將襲吐谷渾，周文令寧率騎隨之。軍至番禾，[2]吐谷渾已覺，奔於南山。[3]木汗將分兵追之，令俱會於青海。[4]寧謂木汗曰："樹敦、賀真二城是吐谷渾巢穴，[5]今若拔其本根，餘種自然離散，此上策也。"木汗從之，即分爲兩軍。木汗從北道向賀真，寧趣樹敦。渾娑周王率衆逆戰，寧擊斬之。踰山履險，遂至樹敦。樹敦是渾之舊都，多諸珍藏。而渾主先已奔賀真，留其征南王及數千人固守。寧進兵攻之，僞退，[6]渾人果開門逐之，因回兵奮擊，門未及闔，寧兵遂得入。生獲其征南王，俘虜男女財寶盡歸諸突厥。渾賀羅拔王依險爲柵，欲塞寧路，寧攻破之。木汗亦破賀真，虜渾主妻子，大獲珍物。寧還軍於青海，與木汗會。木汗握寧手，歎其勇決，并遺所乘良馬，令寧於帳前乘之，木汗親自步送。突厥以寧所圖必破，皆畏憚之，咸曰："此中國神智人也。"及將班師，木汗又遺寧奴婢一百口、馬五百匹、羊一萬口。寧乃還州，[7]尋被徵入朝。屬周文帝崩，寧悲慟不已，乃請赴陵所盡哀，并告行師剋捷。

[1]木汗可汗：突厥族首領。伊利可汗之子，名俟斤，一名燕都。歸服北周，以女嫁周武帝。後恃勢襲滅突厥各部。

[2]番禾：縣名。治所在今甘肅永昌縣。

[3]南山：古稱雪山，當地人稱之爲照碑山，在今青海樂都縣。

[4]青海：即青海湖。在今青海西寧市。

[5]樹敦：城名。故址在今青海共和縣東南。　賀真：古城名。在今青海茶卡鹽池附近。

[6]僞退：中華本《周書》卷二八作“退”。其校勘記云:“張森楷云：‘《北史》“退”上有“僞”字，于文較晰。’按《册府》卷三五五也有‘僞’字。此條《册府》採自《周書》，疑原有此字，傳本脱去。”

[7]乃：底本作“及”，中華本校勘記云:“諸本‘乃’訛作‘及’，據《周書》《通志》改。”今從改。

周孝閔帝踐阼，拜小司徒，出爲荆州刺史、荆襄淅郢等五十二州及江陵鎮防諸軍事。[1]寧有謀畫，識兵權，臨敵指撝，皆如其策，甚得當時之譽。及在荆州，頗自奢縱，貪濁不脩法度。嘗出，有人訴州佐屈法，寧還付被訟者治之。自是有事者不敢復言，聲名大損於西州。保定三年，卒於州，謚曰烈。子雄嗣。

[1]淅：州名。北周時治南鄉縣，在今河南内鄉縣西北。　郢：州名。北周時治長壽縣，在今湖北鍾祥市城區。

雄，字世武。少勇敢，膂力過人，便弓馬，有算略。年十四，從寧於牽屯山奉迎周文帝。[1]仍從校獵，弓無虚發，周文歎異之。尋尚周文女永富公主。除使持節、驃騎大將軍、開府儀同三司，累遷駕部中大夫、司馭中大夫。[2]從柱國、枹罕公辛威鎮金城，[3]遂卒於軍，時年二十四。雄弟祥。

[1]牽屯山：即今寧夏固原市六盤山（參劉華《牽屯山考》，

《寧夏史志》2003 年第 1 期）。

[2]駕部中大夫：官名。西魏恭帝三年置，北周沿置。爲夏官府駕部司長官，掌管御用、軍用的馬匹、駱駝等的飼養事務。正五命。　司馭中大夫：官名。北周置，分置左右。正五命。

[3]枹罕公：封爵名。枹罕，郡名。北周時治枹罕縣。在今甘肅臨夏市。　辛威：人名。隴西（今甘肅隴西縣東南）人。西魏、北周將領。見《北史》卷六五《辛威傳》。　金城：在今甘肅蘭州市。

祥，字世休，少有文武才幹。仕周，太子車右中士，[1]襲爵武遂縣公。[2]隋文帝踐阼，拜儀同，領交州事，[3]進爵陽城郡公。[4]在州頗有惠政。轉驃騎將軍。伐陳之役，從宜陽公王世積出九江道，[5]破陳師，進拔江州。[6]文帝大悦，下詔慰勉之。進位上開府。尋拜蘄州刺史，[7]遷蘄州總管，徵拜左領軍將軍。[8]復以行軍總管從晉王廣破突厥於靈武。[9]遷右衛將軍。[10]仁壽中，[11]率兵屯弘化以備胡。[12]

[1]太子車右中士：官名。北周置，負責護衛太子車右。正二命。

[2]武遂縣公：封爵名。武遂，縣名。治所在今河北武强縣西北。

[3]交州：治所不詳，待考。

[4]陽城郡公：封爵名。陽城，郡名。隋朝時治陽城縣，在今河南登封市東南。

[5]宜陽公：封爵名。宜陽，郡名。隋朝時治宜陽縣，在今河南宜陽縣西。　王世積：人名。闡熙新囶（今陝西靖邊縣西）人。

隋朝將領。見《隋書》卷四〇《王世積傳》。　九江道：臨時設置的軍事區域。大致在今江西九江市一帶。

[6]江州：南朝陳時治尋陽縣，在今江西九江市。

[7]蘄州：隋朝時治齊昌縣，在今湖北蘄春縣西南。

[8]左領軍將軍：源氏校勘記云："'領軍'《隋書》正德本作'領左右'，萬曆本作'翊左右'。"按：中華本《隋書》作"左領左右將軍"。隋朝時左領軍府不設將軍，唯有長史。疑《隋書》是。左領左右將軍，爲領左右府的次官。侍衛皇帝左右，輔助大將軍掌管府事，正三品，隋煬帝大業三年廢置。

[9]晋王廣：即楊廣。隋煬帝。見《北史》卷一二《隋本紀·煬帝》。　靈武：郡名。隋朝時治回樂縣，在今寧夏靈武市西南。

[10]右衛將軍：官名。隋初爲十二衛中的左右衛副長官，協助右衛大將軍掌管宫掖禁衛，煬帝大業初改左右衛爲左右翊衛。此職改爲右翊衛大將軍，從三品。

[11]仁壽：隋文帝的年號（601—604）。

[12]弘化：郡名。隋朝時治巖緑縣，在今陝西靖邊縣東北。

煬帝時在東宫，遺祥書，論舊行兵時事，申以恩旨。祥爲書陳謝。太子甚親遇之。及即帝位，漢王諒作亂，遣其將綦毋良自滏口徇黎陽，[1]塞白馬津，[2]余公理自太行下河内。[3]帝以祥爲行軍總管，軍於河陰，久不得濟。祥謂軍吏曰："余公理輕而無謀，又新得志，謂其衆可恃，恃衆必驕。[4]且河北人先不習兵，所謂擁市人而戰，不足圖也。"乃令軍中修攻具。公理使諜知之，果屯兵於河陽内城以備。祥於是艤船南岸，公理聚甲當之。祥乃簡精鋭，於下流潛度。公理拒之，未成列，祥縱擊大破之。東趣黎陽，討綦良。綦良棄軍走，其衆大潰。進位上大將軍，[5]賜縑綵七千段、女妓十人、良馬二十疋。轉太僕卿。[6]帝嘗賜祥詩曰："伯哭朝寄重，[7]夏侯親遇深，貴耳唯聞古，賤目詎知今？[8]早擲勁草質，久有背淮心，掃逆黎山外，[9]振旅河之陰。功已書王府，留情太僕箴。"祥上表辭謝。帝手詔曰："昔歲勞公，問罪河朔。[10]賊爾日塞兩關之路，據倉阻河，公竭誠奮勇，一舉而剋。故聊示所懷，亦何謝也。"

[1]滏口：太行八陘之一，在今河北磁縣西北鼓山。　黎陽：縣名。治所在今河南浚縣東北。

[2]白馬津：在今河南滑縣北。

[3]河内：郡名。隋朝時治野王縣，在今河南沁陽市。

[4]恃衆必驕：毛本作"恃衆而驕"。

[5]上大將軍：官名。位在大將軍之上，爲高級武官的名號。隋朝時爲散官，從二品。

[6]太僕卿：官名。掌管皇帝車馬及全國畜牧政令。隋初爲正三品，煬帝時改爲從三品。

[7]伯哭（jǐong）：人名。爲西周穆王時的太僕正。穆王賦予伯哭選官擇能的使命。

[8]賤目詎知今：毛本、殿本、四庫本、四部備要本作"賤口詎知今"。據《隋書》卷六三《史祥傳》、《通志》卷一六一，今從底本。

[9]黎山：在今河南三門峽市東崤陵古道邊。東臨崤陵之險，北臨黄河。

[10]河朔：地區名。泛指黄河以北地區。

尋遷鴻臚卿，[1]從征吐谷渾。祥出玉門道，[2]擊虜破之。進位右光禄大夫，[3]拜右驍衛大將軍。[4]及征遼東，出蹋頓道，不利，由是除名。俄拜燕郡太守，[5]被賊高開道所圍，[6]城陷，開道甚禮之。會開道與羅藝通和，[7]送祥於涿郡，卒於塗。子義隆，永年令。[8]

[1]鴻臚卿：官名。亦稱大鴻臚。掌接待少數民族賓客、朝會及吉凶禮儀等。隋初爲正三品，煬帝時改爲從三品。

[2]玉門道：隋朝時臨時設置的軍事區域。大致在今甘肅玉門市一帶。

[3]右光禄大夫：官名。作爲朝廷大臣的加官，或授予年老有病者爲致仕之官，也用作卒後贈官，以示尊崇。位在金紫光禄大夫之上。隋初爲正二品，煬帝大業三年改爲從二品。

[4]右驍衛大將軍：官名。隋煬帝大業三年改右備身府爲右驍衛，爲十二大將軍之一，總管府事，統轄諸鷹揚府，正三品。

[5]燕郡：隋朝時治薊縣，在今北京西南。

[6]高開道：人名。隋末河北起義軍首領。

[7]羅藝：人名。字子延，本襄陽（今湖北襄樊市）人，寓居京兆雲陽縣。隋朝官吏。隋末爲虎賁郎將，駐涿郡。煬帝大業十二年起兵，自稱幽州總管。後降唐。見《舊唐書》卷五六《羅藝傳》。

[8]永年：縣名。治所在今河北邯鄲市。

祥弟雲，字世高，亦以父勳賜爵武平縣公。歷位司織下大夫、儀同大將軍、萊州刺史。[1]

[1]司織下大夫：官名。西魏恭帝三年置，北周沿置。爲冬官府織司長官，掌管全國紡織事務及管理工匠。正四命。底本作“司職下大夫”，中華本校勘記云:“諸本‘織’作‘職’,《周書》卷二

八《史寧傳》作‘織’。按《通典》卷三九《後周官品》有‘司織下大夫’，無‘司職’，今據改。”今從改。　萊州：北周時治掖縣，在今山東萊州市。

雲弟威，字世儀，[1]亦以父勳賜爵武當縣公。[2]

[1]世儀：源氏校勘記云：“‘儀’《隋書》作‘武’。”

[2]武當縣公：封爵名。武當，縣名。治所在今湖北鄖縣西。

權景宣，字暉遠，天水顯親人也。[1]父曇騰，魏隴西郡守，[2]贈秦州刺史。

[1]天水：郡名。北魏時治上邽縣，在今甘肅天水市。　顯親：縣名。治所在今甘肅天水市西北。

[2]隴西：郡名。北魏時治襄武縣，在今甘肅隴西縣東南。

景宣少聰悟，有氣俠，宗黨皆歎異之。年十七，魏行臺蕭寶夤見而奇之，表爲輕車將軍。[1]及寶夤敗，景宣歸鄉里。周文帝平隴右，擢爲行臺郎中。[2]孝武西遷，授鎮遠將軍、步兵校尉，[3]加平西將軍、秦州大中正。[4]大統初，轉祠部郎中。[5]景宣曉兵權，有智略。從周文拔弘農，破沙苑，皆先登陷陣。轉外兵郎中。[6]從開府于謹援洛陽，景宣督課糧儲，軍以周濟。

[1]輕車將軍：官名。爲將軍名號。北魏孝文帝太和二十三年後定爲從五品。北周時改爲五命。

[2]行臺郎中：官名。北魏置，又稱行臺郎。爲行臺諸曹郎中

的泛稱，各曹冠以曹名。有時也用來稱呼不負責具體事務的官員。

[3]鎮遠將軍：官名。北魏、北周時多作爲將軍名號，北魏孝文帝太和二十三年改爲四品。

[4]平西將軍：官名。多持節都督或監理某一地區的軍事，有時也作爲刺史兼管地方軍務的加官。北魏孝文帝太和二十三年改爲三品。

[5]祠部郎中：官名。爲祠部曹主官，掌祭祀禮儀。北魏孝文帝太和二十三年爲六品。西魏沿置。

[6]外兵郎中：官名。又稱外兵郎，爲尚書省外兵曹長官的統稱。北魏時與左右外兵郎並置，屬七兵尚書。孝文帝太和二十三年定爲六品。

時初復洛陽，將修繕宫室，景宣率徒三千，先出採運。會東魏兵至，司州牧元季海等以衆少拔還，[1]屬城悉叛，道路擁塞。景宣將二十騎且戰且走，[2]從騎略盡。景宣輕馬突圍，手斬數級，馳而獲免，因投人家自匿。景宣以久藏非計，乃僞作周文書，招募得五百餘人，保據宜陽，聲言大軍續至。東魏將段琛等率衆至九曲，[3]憚景宣不敢進。景宣恐琛審其虚實，乃將腹心自隨，詐云迎軍，因得西遁。[4]與儀同李延孫相會，[5]攻拔孔城。[6]洛陽以南，尋亦來附。周文即留景宣守張白塢，[7]節度東南義軍。東魏將王元軌入洛，[8]景宣與延孫等擊走之，以功授大行臺左丞。[9]進屯宜陽，攻襄城，[10]拔之，獲郡守王洪顯。周文嘉之，徵入朝。録前後功，封顯親縣男，除南陽郡守。[11]郡鄰敵境，舊制發人守防三十五處，多廢農桑，而姦宄猶作。景宣至，並除之，唯修起城樓，多備器械，寇盜斂跡，人得肆業焉。百姓稱之，立碑頌德。周文特賞粟帛，以旌其能。遷廣州刺史。[12]

[1]司州：西魏時治平城縣，在今山西大同市東北。

[2]走：毛本作“退”。

[3]段琛：人名。字懷寶，代（今山西大同市東北）人。東魏、北齊將領。見《北齊書》卷一九《張保洛附段琛傳》。　九曲：地名。在今河南宜陽縣西北。爲東西魏邊境要地。

[4]因得西遁：底本“遁”作“道”，中華本校勘記云：“諸本‘遁’訛作‘道’，據《周書》卷二八、《通志》卷一五六《權景宣傳》改。”今從改。

[5]李延孫：人名。伊川（今河南伊川縣）人。見《北史》卷六六《李延孫傳》。

[6]孔城：在今河南伊川縣西南。

[7]張白塢：在今河南宜陽縣西北。

[8]王元軌：人名。即王則。字元軌，自云太原（今山西太原市晋源區古城營村一帶）人。北魏、東魏將領。見《北史》卷五三《王則傳》。

[9]大行臺左丞：官名。爲大行臺尚書左丞的簡稱。北魏、西魏、北周置。掌選授官吏、文書奏事等事務，職權甚重。《周書》卷二八《權景宣傳》作“大行臺右丞”，《通志》卷一五六作“行臺左丞”，《册府元龜》卷三五五作“大行臺右丞”、卷三六二作“大行臺左丞”。

[10]襄城：縣名。治所在今河南襄城縣。

[11]南陽：郡名。北周時治南陽縣，在今河南南陽市。

[12]廣州：北周時治魯山縣，在今河南魯山縣。

侯景舉河南來附，景宣從僕射王思政經略應接。[1]

既而侯景南叛，恐東魏復有其地，以景宣爲大都督、豫州刺史，[2]鎮樂口。[3]東魏亦遣張伯德爲刺史。[4]伯德令其將劉貴平率其戍卒及山蠻，屢來攻逼。景宣兵不滿千人，隨機奮擊，貴平乃退走。進授使持節、車騎大將軍、儀同三司。潁川陷後，[5]周文以樂口等諸城道路阻絕，悉令拔還。襄州刺史杞秀以狼狽獲罪。景宣號令嚴明，戎旅整肅，所部全濟，獨被優賞。仍留鎮荆州，委以鵶南之事。[6]

[1]王思政：人名。太原祁（今山西祁縣東南）人。北魏、西魏大將。見《北史》卷六二《王思政傳》。

[2]豫州：西魏時治上蔡縣，在今河南汝南縣。

[3]樂口：地名。在今河南漯河市郾城區東南沱口鎮。

[4]張伯德：人名。即張亮。字伯德，西河隰城（今山西汾陽市）人。東魏、北齊官吏。見《北史》卷五五《張亮傳》。

[5]潁川：郡名。西魏時治長社縣，在今河南長葛市東北。

[6]鵶南：地名。指三鵶以南地區，大致在今河南周口市以南一帶。

初，梁岳陽王蕭詧將以襄陽歸朝，仍勒兵攻梁元帝於江陵。詧叛將杜岸乘虚襲之。[1]景宣乃率騎三千助詧。詧因是乃送其妻王氏及子寮入質。[2]景宣又與開府楊忠取梁將柳仲禮，[3]拔安陸、隨郡。[4]久之，隨州城人吴士英殺刺史黄道玉，[5]因聚爲寇。景宣以英小賊，可以計取之，若聲其罪，恐同惡者衆。迺與英書，僞稱道玉凶暴，歸功英等。英等果信之，遂相率而至。景宣執而戮之，獲其黨與。進攻應城，[6]拔之，獲夏侯珍洽。[7]於是應、禮、安、隨並平。[8]朝議以景宣威行南服，迺授并安肆郢新應六州諸軍事、并州刺史。[9]尋進驃騎大將軍、開府儀同三司，加侍中，兼督江、北司二州諸軍事，[10]進爵爲伯。唐州蠻田魯嘉自號豫州伯，[11]引致齊兵，[12]大爲人害。景宣又破之，獲魯嘉，以其地爲郡。轉安州刺史。梁定州刺史李洪遠初款後叛，[13]景宣惡其懷貳，密襲破之，虜其家口及部衆。洪遠脱身走免。自是酋帥慴服，無敢叛者。

[1]杜岸：人名。南朝梁將領。初從蕭詧。梁武帝太清中，詧攻江陵，久攻不下，會大雨暴至，將士離心。岸與弟幼安等以其屬降江陵。後爲詧將尹正俘獲，被殺。

[2]詧因是：底本無“詧”字，中華本校勘記云：“諸本脱‘詧’字，據《周書》補。”今從改。

[3]柳仲禮：人名。河東解（今山西臨猗縣）人。南朝梁官吏。見《南史》卷三八《柳仲禮傳》。

[4]安陸：郡名。南朝梁時治安陸縣，在今湖北安陸市。　隨郡：南朝梁時治隨縣，在今湖北隨州市。

[5]黄道玉：底本作“黄道王”，中華本校勘記云：“諸本‘玉’訛作‘王’，《通志》作‘生’，《周書》作‘玉’。今據《周書》改。”今從改。

[6]應城：縣名。治所在今湖北應城市。

[7]夏侯珍洽：人名。隨州地區豪强。

[8]應：州名。西魏時治永陽縣，在今湖北廣水市西北。　禮：州名。治所不詳。　隨：州名。西魏文帝大統三年改并州治隨縣，在今湖北隨州市。　安：州名。西魏時治安陸縣，在今湖北安

陸市。

[9]并：州名。西魏時治隨縣，在今湖北隨州市。　肆：州名。西魏時治唐城縣，在今湖北棗陽市東南。　新：州名。西魏時治新陽縣，在今湖北京山縣。

[10]江：州名。西魏時治潯陽縣，在今江西九江市。　北司：州名。西魏時治義陽縣，在今河南信陽市。

[11]唐州：西魏時治下溠縣，在今湖北隨州市西北。

[12]引致：底本"致"作"至"，源氏校勘記云："《周書》作'引致'。"中華本校勘記云："諸本'致'作'至'，據《周書》《通志》改。"今從改。

[13]定州：南朝梁時治蒙蘢城，在今湖北麻城市東北。

燕公于謹征江陵，景宣別破梁司空陸法和司馬羊亮於溳水。[1]又遣別帥攻拔魯山。[2]多造舟艦，益張旗幟，臨江欲度，以懼梁人。梁將王琳在湘州，[3]景宣遺書喻以禍福，琳遂遣長史席壑因景宣請舉州款附。周孝閔帝踐阼，徵爲司憲中大夫。[4]尋除基鄀硤平四州五防諸軍事、江陵防主，[5]加大將軍。

[1]陸法和：人名。活動於是南朝梁與北齊之間的僧人。見《北史》卷八九《陸法和傳》。　司馬：官名。軍府的高級幕僚，參贊軍務，管理府内武職，地位僅次於長史。兩漢魏晋南北朝諸將軍府等皆置，其品秩隨府主地位高低而定。　溳水：源於大别山麓的大洪山，是漢江最大的支流。在今湖北境内。

[2]魯山：縣名。治所在今河南魯山縣。

[3]王琳：人名。字子珩，會稽山陰（今浙江紹興市）人。南朝梁將領。見《北齊書》卷三二《王琳傳》。　湘州：南朝梁時治廬江縣，在今安徽巢湖市。

［4］司憲中大夫：官名。西魏恭帝三年置，北周因之。爲秋官府司憲司長官，輔助大司寇制定刑法，並依據刑法決定罪犯刑罰輕重。北周武帝建德二年省，宣帝即位後復置，正五命。

［5］基：州名。北周時治豐鄉縣，在今湖北荆門市東馬良鎮。　鄀（ruò）：州名。北周時治樂鄉，在今湖北鍾祥市西北。　硤：州名。北周時治夷陵縣，在今湖北宜昌市西北。　平：州名。北周時治當陽縣，在今湖北當陽市。　江陵防主：官名。西魏、北周置，爲江陵防的主將，管理所轄區域的軍政事務。多以刺史、郡守或都督數州、數防軍事者兼領此職，下設長史。

保定四年，晋公護東討，景宣别略河南。齊豫州刺史王士良、永州刺史蕭世怡並以城降。[1]景宣以開府謝徹守永州，開府郭彦守豫州，[2]以士良、世怡及降卒一千人歸諸京師。尋而洛陽不守，乃棄二州，拔其將士而還。至昌州而羅陽蠻反，[3]景宣回軍破之。還次霸上，[4]晋公護親迎勞之。

［1］王士良：人名。字君明，太原晋陽（今山西太原市晋源區古城營村一帶）人。北魏末、北齊、北周大臣。見《北史》卷六七《王士良傳》。　永州：北齊時治楚城，在今河南信陽市北。　蕭世怡：人名。即蕭泰。避周文帝宇文泰諱改稱字，南蘭陵（一説在今江蘇常州市，一説在今江蘇丹陽市）人。南朝梁宗室。見《北史》卷二九《蕭泰傳》。

［2］郭彦：人名。太原陽曲（今山西太原市北陽曲鎮）人。西魏、北周大臣。見《北史》卷七〇《郭彦傳》。

［3］昌州：北周時治廣昌縣，在今湖北棗陽市。　羅陽：地名。確址不詳。

［4］霸上：地名。又名霸頭，在今陝西西安市東白鹿原北首。

天和初，授荆州刺史，總管十七州諸軍事，進爵千金郡公。[1]陳湘州刺史華皎舉州款附，[2]表請援兵。敕景宣統水軍與皎俱下。景宣到夏口，[3]陳人已至。而景宣以任遇隆重，遂驕傲縱恣，多自矜伐，兼納賄貨，指麾節度，朝出夕改。將士憤怒，莫肯用命。及水軍始交，一時奔北，戰艦器仗，略無孑遺。時衛公直總督諸軍，以景宣負敗，欲繩以軍法。朝廷不忍加罪，遣使就軍赦之。尋遇疾卒。贈河、渭、鄯三州刺史，謚曰恭。[4]

[1]千金郡公：封爵名。千金，郡名。北周時治瀴源縣，在今湖北棗陽市南櫻源店。

[2]華皎：人名。晋陵暨陽（今江蘇江陰市）人。南朝陳官吏。見《陳書》卷二〇《華皎傳》。

[3]夏口：城名。在今湖北武漢市武昌區。

[4]渭：州名。北周時治襄武縣，在今甘肅隴西縣東南。　鄯：州名。北周時治西都縣，在今青海樂都縣。

子如璋嗣，位至開府、膠州刺史。[1]

[1]膠州：北周時治東武縣，在今山東諸城市。

如璋弟仕玠，[1]儀同大將軍、廣川縣侯。[2]

[1]仕玠：《周書》卷二八《權景宣傳》作“如玖”，《通志》卷一五六作“仕玠”。源氏校勘記云：“‘仕玠’《周書》作‘如玖’。”

[2]廣川縣侯：封爵名。廣川，縣名。治所在今河北景縣西南。

論曰：王盟始以親黨升朝，終而才能進達，勤宣運始，位列周行，實參跡於功臣，蓋弗由於恩澤。誼文武奇才，以剛正見忌，有隋受命，鬱爲名臣，末路披猖，[1]信有終之克鮮。獨孤信威申南服，化洽西州，[2]信著遐方，光昭鄰國，雖不免其身，慶延于後，三代外戚，何其盛歟。竇熾儀表魁梧，器識雄遠，入參朝政，則嘉謀屢陳，出總藩條，[3]則惠政斯洽。毅忠肅奉上，溫恭接下，茂實彰於本朝，義聲播於殊俗。並以國華人望，論道當官，榮映一時，慶流來葉。及熾遲疑勸進，有送故之心，雖王公恨恨，何以加此。榮定以功懋賞，以勞定國，保其祿位，貽厥子孫，盛矣。賀蘭祥、叱列伏龜、閻慶等雖階緣戚屬，各以功名自終，而毗制造之功，亦足傳於後葉。史寧、權景宣並以將帥之才，受內外之寵，總戎薄伐，著剋敵之功，布政莅人，垂稱職之譽，若此者，豈非有國之良翰歟。然而史在末年，貨財虧其雅志，權亦晚節矜驕，喪其威聲，惜矣。楊諒干紀，祥獨剋之，效亦足稱云爾。

[1]末路：老年、晚年。　披猖：猖獗，猖狂。

[2]化洽：教化普沾。

[3]藩條：漢代州刺史以六條考察州郡官吏，後因以指刺史之職。

北史　卷六二

列傳第五十

王羆 孫長述　王思政　尉遲迥 弟綱 綱子運　王軌 樂運

王羆，字熊羆，京兆霸城人，[1]漢河南尹遵之後，[2]世爲州郡著姓。羆質直木彊，處物平當，州閭敬憚之。魏太和中，[3]除殿中將軍，[4]稍遷雍州別駕，[5]清廉疾惡，勵精公事。刺史崔亮有知人之鑒，[6]見羆雅相欽挹。[7]亮後轉定州，[8]啓羆爲長史。[9]執政者恐羆不稱，不許。及梁人寇硤石，[10]亮爲都督南討，復啓羆爲長史，帶鋭軍。朝廷以亮頻舉羆，故當可用。及剋硤石，羆功居多。先是南岐、東益氐羌反叛，[11]乃拜羆冠軍將軍，[12]鎮梁州，[13]討平諸賊。還，授西河内史，[14]辭不拜。時人謂曰："西河大邦，奉禄優厚，何爲致辭？"羆曰："京洛材木，盡出西河，朝貴營第宅者，皆有求假。如其私辦，則力所不堪，若科發人間，又違犯憲法。以此致辭耳。"

[1]京兆：郡名。北魏時治霸城縣，在今陝西西安市東北。

霸城：縣名。治所在今陝西西安市東北。

［2］河南尹：官名。爲京都洛陽所在河南郡長官，主管京都事務。二千石。　遵：即王遵，人名。爲隗囂的將領。後歸降東漢政權，官拜太中大夫，位至河南尹。

［3］太和：北魏孝文帝的年號（477—499）。

［4］殿中將軍：官名。爲侍衛武職，不典兵。北魏孝文帝太和十七年定爲五品中，二十三年改爲八品上。

［5］雍州：北魏時治長安縣，在今陝西西安市西北。　別駕：官名。別駕從事、別駕從事史的省稱。因從刺史行部，別乘傳車，故謂之別駕。秩輕職重，位居州吏之右，與治中從事史同爲州上綱，事無不統。魏、晉、北朝前期，別駕例用本州人，由刺史自辟，後期漸由朝廷任命。

［6］崔亮：人名。字敬儒，清河東武城（今山東武城縣）人。北魏官吏。見《北史》卷四四《崔亮傳》。

［7］欽挹：欽佩推崇。

［8］定州：北魏時治盧奴縣，在今河北定州市。

［9］長史：官名。爲所在官署的屬官之長。不同名號的長史所負職責不同，品秩也不相同。

［10］硤石：地名。在今河南孟津縣西。

［11］南岐：州名。北魏時治梁泉縣，在今陝西鳳縣東北。　東益：州名。北魏時治武興縣，在今陝西略陽縣。

［12］冠軍將軍：官名。北魏時爲將軍名號，位在輔國將軍之上。孝文帝太和二十三年定爲從三品。

［13］梁州：北魏時治南鄭縣，在今陝西漢中市。

［14］西河：郡名。北魏時治茲氏城，在今山西汾陽市城區。內史：官名。掌管詔書撰寫、商議刑罰以及軍國大事，並修撰國史及起居注，掌管地方民政。上郡爲四品，中郡爲五品，下郡爲六品。

後以軍功封定陽子，[1]除荆州刺史。[2]梁復遣曹義宗圍荆州，堰水灌城，不没者數版。[3]時既内外多虞，未遑救援，乃遺羆鐵券，云城全當授本州刺史。城中糧盡，羆乃煮粥與將士均分食之。[4]每出戰，常不擐甲冑，大呼告天曰："荆州城，孝文皇帝所置。[5]天若不祐國家，使箭中王羆額；不爾，王羆須破賊。"屢經戰陣，亦不被傷。彌歷三年，義宗方退。進封霸城縣公。[6]元顥入洛，[7]以羆爲左軍大都督。[8]顥敗，莊帝以羆受顥官，[9]故不得本州，更除岐州刺史。[10]

[1]定陽子：封爵名。定陽，縣名。治所在今山西吉縣。

[2]荆州：北魏時治穰縣，在今河南鄧州市。

[3]版：古代墻的計量單位。每版高二尺，長八尺。

[4]分食之：底本作"令食之"，中華本校勘記云："諸本'分'訛作'令'，據《周書》卷一八、《通志》卷一五六《王羆傳》改。"今從改。

[5]孝文：即北魏皇帝元宏。孝文爲其謚號。

[6]霸城縣公：封爵名。霸城，縣名。治所在今陝西西安市東北。

[7]元顥：人名。字子明。北魏宗室、大臣。見《北史》卷一九《北海王詳附元顥傳》。

[8]大都督：官名。高級軍事長官。北魏後期因戰事頻繁而置。加以各種名號，負責統兵作戰或者爲某一地區的軍事統治者。北周後，大都督與都督逐漸成爲勳官。

[9]莊帝：即北魏皇帝元子攸。莊爲其謚號。

[10]岐州：北魏時治雍城鎮，在今陝西鳳翔縣東。

時南秦數叛，以羆行南秦州事。[1]羆至州，召其魁帥爲腹心，擊捕反者略盡。乃謂魁帥等曰："汝黨皆死盡，何用活爲。"乃以次斬之。自是南秦無復反者。又詔羆行秦州事。[2]尋遷涇州刺史。[3]未及之部，屬周文帝徵兵爲勤王之舉，[4]羆請前驅效命，遂爲大都督，鎮華州。[5]

[1]南秦州：北魏時治洛谷城，在今甘肅西和縣洛峪鎮。

[2]秦州：北魏時治上封城，在今甘肅天水市。

[3]涇州：北魏時治安定縣，在今甘肅涇川縣北。

[4]周文帝：即宇文泰。文爲其謚號，北周明帝所追謚。

[5]華州：北魏獻文帝皇興二年（468）置，治定安縣，在今甘肅寧縣。孝文帝延興二年（472）改置三縣鎮。太和十一年又置華州，治李潤堡，在今陝西蒲城縣東北。宣武帝永平三年（510）移治華陰縣，在今陝西大荔縣。

孝武西遷，[1]進車騎大將軍、儀同三司，[2]別封萬年縣伯，[3]乃除華州刺史。齊神武率軍進潼關，[4]人懷危懼，羆勸勵將士，衆心乃安。神武退，拜驃騎大將軍，[5]加侍中、開府。[6]嘗修州城未畢，梯在城外。神武遣韓軌、司馬子如從河東宵濟襲羆，[7]羆不覺。比曉，軌衆已乘梯入城。羆尚卧未起，聞閤外洶洶有聲，便袒身露髻徒跣，持一白棒，大呼而出，謂曰："老羆當道卧，貉子那得過。"敵見，驚退。逐至東門，左右稍集，合戰破之。軌遂投城遁走。文帝聞而壯之。時關中大饑，徵税人間穀食，以供軍費。或隱匿者，令遞相告，多被箠捶，以是人有逃散。唯羆信著於人，莫有隱者，得粟不少諸州，而無怨讟。[8]沙苑之役，神武士馬甚盛。文帝以華州衝要，遣使勞羆，令加守備。及神武至城下，謂羆曰："何不早降？"羆乃大呼曰："此城是王羆家，[9]死生在此，欲死者來。"神武不敢攻。

[1]孝武：即西魏皇帝元脩。孝武爲其謚號。

[2]車騎大將軍：官名。在諸名號大將軍之上，多爲軍府名號，用來加授大臣、重要州郡長官，無具體職掌。北魏孝文帝太和二十三年之後爲二品，北周時爲正八命。　儀同三司：西魏、北周時府兵二十四開府府下屬的儀同府主管將軍，軍號爲車騎大將軍、儀同三司。北周時爲九命，僅次於三公。

[3]萬年縣伯：封爵名。萬年，縣名。治所在今陝西西安市。

[4]齊神武率軍進潼關：底本作"齊神武率軍潼關"，中華本校勘記云："諸本脱'進'字，據《通志》補。事見本書卷六《齊神武紀》。"今從改。齊神武，即高歡。神武爲其謚號，北齊後主所追謚。潼關，關隘名。在今陝西潼關縣北。

[5]驃騎大將軍：官名。西魏、北周時實行府兵制，主要作爲開府府長官的軍號。北周時爲九命。

[6]侍中：官名。北朝時總典機密，輔佐幼主，權任極大，當時稱爲小丞相。北魏孝文帝太和二十三年後爲三品。　開府：原指某官可以開府、置僚屬的官階地位。魏晋南北朝時，稱開府儀同三司意爲與三公地位相同。

[7]韓軌：人名。字"伯年"（《北齊書》卷一五《韓軌傳》作"百年"），太安狄那（今山西壽陽縣西）人。北齊官吏。見《北史》卷五四《韓軌傳》。　司馬子如：人名。字遵業，河内温（今河南温縣）人。北魏、東魏、北齊官吏。見《北史》卷五四《司馬子如傳》。　河東：郡名。北魏時治蒲坂縣，在今山西永濟市

西南蒲州鎮。

[8]讟（dú）：怨言。

[9]王羆家：局本“家”作“冢”，源氏校勘記云：“‘家’《周書》作‘冢’。”中華本校勘記云：“《周書》、《通志》、《通鑑》卷一五七‘家’並作‘冢’。‘家’當是‘冢’之訛。”

後移鎮河東，以前後功進爵扶風郡公。[1]河橋之戰，[2]王師不利，趙青雀據長安城，[3]所在莫有固志。羆乃大開州門，召城中戰士謂曰：“如聞天子敗績，不知吉凶，諸人相驚，咸有異望。王羆受委於此，以死報恩。諸人若有異圖，可來見殺。必恐城陷没者，亦任出城。如有忠誠，能與王羆同心，可共固守。”軍人見其誠信，皆無異心。

[1]扶風郡公：封爵名。扶風，郡名。西魏時治好畤縣，在今陝西乾縣東。

[2]河橋之戰：東魏和西魏間的一次戰役。河橋，在今山西永濟市蒲州與陝西大荔縣東大慶關間的黄河上。

[3]趙青雀：人名。北齊、北周官吏。沙苑之戰被俘，投歸北周。

及軍還，徵拜雍州刺史。時蠕蠕度河南寇，[1]候騎已至豳州。[2]朝廷慮其深入，乃徵發士馬，屯守京城，塹諸街巷，以備侵軼。右僕射周惠達召羆議之。[3]羆不應命，卧而不起，謂其使曰：“若蠕蠕至渭北者，王羆率鄉里自破之，不煩國家兵。何爲天子城中，遂作如此驚動！由周家小兒恇怯致此。”羆輕侮權貴，守正不回，皆此類也。未幾，還鎮河東。

［1］蠕蠕：族名。匈奴的一支，公元四世紀末至六世紀中葉，活動於蒙古高原中部地區的主要民族。見《北史》卷九八《蠕蠕傳》。

［2］豳州：北魏時治安定縣城，在今甘肅寧縣。西魏廢帝三年（554）改寧州。

［3］右僕射：官名。北魏時列位宰相，在録尚書事、尚書令下，職掌都省庶務及執法，或典選舉。職在左僕射下。孝文帝太和十七年定爲從一品中，二十三年改爲從二品。西魏沿置。源氏校勘記云："'右'《周書》作'左'。"　周惠達：人名。字懷文，章武文安（今河北文安縣東北）人。西魏、北周官吏。見《北史》卷六三《周惠達傳》。

羆性儉率，不事邊幅。[1]嘗有臺使至，[2]羆爲設食，使乃裂去薄餅緣。羆曰："耕種收獲，其功已深，舂爨造成，用力不少，爾之選擇，當是未饑。"命左右撤去之。使者愕然大慚。又客與羆食瓜，客削瓜皮，侵肉稍厚，羆意嫌之。及瓜皮落地，乃引手就地取而食之。客甚愧色。性又嚴急，嘗有吏挾私陳事者，羆不暇命捶扑，乃手自取韡履，持以擊之。每至享會，自秤量酒肉，分給將士。時人尚其均平，嗤其鄙碎。羆舉動率情，不爲巧詐，凡所經處，雖無當時功迹，咸去乃見思。[3]卒于官，贈太尉、都督、相冀等十州刺史，[4]謚曰忠。

［1］邊幅：布帛的邊緣，比喻人的儀表、衣着。

[2]臺使：朝廷使者。

[3]乃：四庫本、四部備要本作“後”。

[4]太尉：官名。北魏時爲名譽宰相，多爲大臣加官。孝文帝太和二十三年後爲一品。西魏沿置。　都督：官名。北朝前期爲統率全國或地方兵馬的指揮官，其爲州郡軍事長官者，兼理民政。至北朝後期則爲率領鄉兵、畜牧軍馬的中低級軍官職名，或者作爲大臣的加官和贈官。　相：州名。西魏時治鄴城，在今河北臨漳縣西南。北魏天興四年分冀州置。　冀：州名。西魏時治信都縣，在今河北冀州市。

羆安於貧素，不營生業，後雖貴顯，鄉里舊宅，不改衡門。[1]身死之日，家甚貧罄，當時伏其清潔。

[1]衡門：橫木爲門。指簡陋的房屋。

子慶遠，弱冠以功臣子拜直閤將軍，[1]先羆卒。孫述。

[1]直閤將軍：官名。爲皇帝左右的侍衛之官，地位顯要，北魏時多由宗室擔任此職。孝文帝太和十七年定爲從三品下。西魏沿置。

述，字長述。少孤，爲祖羆所養。聰敏有識度。年八歲，周文帝見而奇之曰：“王公有此孫，足爲不朽。”解褐員外散騎侍郎，[1]封長安縣伯。羆薨，居喪過禮，有詔褒之。免喪，襲封扶風郡公。除中書舍人，[2]修起居注，改封龍門郡公。[3]周受禪，拜賓部下大夫。[4]累遷廣州刺史，[5]甚有威惠。朝議嘉之，就拜大將軍。[6]後歷襄、仁二州總管，[7]並有能名。隋文帝爲丞相，[8]授信州總管，[9]位上大將軍。[10]王謙作亂，[11]遣使致書於長述。因執其使，上書，又陳取謙策。上大悦，前後賜金五百兩，授行軍總管，討謙。以功進位柱國。[12]開皇初，[13]獻平陳計，修營戰艦，爲上流之師。上善其能，頻加賞勞。後數歲，以行軍總管擊南寧，[14]未至而卒。上甚傷惜之。贈上柱國、冀州刺史，[15]謚曰莊。

[1]解褐：脱去粗布衣服，喻入仕爲官。　員外散騎侍郎：官名。爲閑散之職，用以安置閑退人員、衰老人士。北魏時用來授予南朝北奔人士，地位等同於吏部郎。孝文帝太和二十三年爲七品上。西魏沿置。

[2]中書舍人：官名。北朝時專掌草擬詔令，權任較南朝爲輕。北魏孝文帝太和十七年定爲六品上，二十三年改爲六品下。西魏沿置。

[3]龍門郡公：封爵名。龍門，郡名。西魏時治龍門縣，在今山西河津市東南。

[4]賓部下大夫：官名。西魏恭帝三年（556）置，北周沿置。爲秋官府賓部司次官，掌管少數民族、外國使臣晋見皇帝的禮儀。北周武帝建德二年（573）爲賓部長官。正四命。

[5]廣州：北周時治魯山縣，在今河南魯山縣魯陽故城。

[6]大將軍：官名。高級軍事統帥。北周時爲府兵專職統帥，十二人，各領一軍，分屬六柱國大將軍，下統開府、儀同諸將軍，正九命。

[7]襄：州名。北周時治襄陽縣，在今湖北襄樊市。　仁：州名。北周時治赤坎城，在今安徽懷遠縣西北。

［8］隋文帝：即隋朝皇帝楊堅。文爲其謚號。

［9］信州：北周時治白帝城，在今重慶奉節縣白帝村西南。

［10］上大將軍：官名。位在大將軍之上，爲高級武官的名號。底本作"上將軍"，中華本校勘記云："諸本脱'大'字，據《周書·王羆傳》、《隋書》卷五四《王長述傳》補。周無上將軍官名。周武帝建德四年十月置上柱國、上大將軍官，見《周書》卷六。"今從改。

［11］王謙：人名。字敕萬，太原（今山西太原市晋源區古城營村一帶）人。北周大臣。見《北史》卷六〇《王雄附王謙傳》。

［12］柱國：官名。北魏初一度爲功臣元勳之加官，北魏末孝莊帝時復設此官，爲國之執政。西魏時爲最高軍事長官。北周因之，正九命，後爲勳官第二等。

［13］開皇：隋文帝的年號（581—600）。

［14］南寧：州名。隋朝時治味縣，在今雲南曲靖市西。

［15］上柱國：官名。北周武帝建德四年置爲最高級勳官，正九命。隋朝時爲從一品散官。

子謨嗣。謨弟軌，大業末郡守。[1] 少子文楷，起部郎。[2]

［1］大業：隋煬帝的年號（605—617）。　郡守：中華本校勘記云："《隋書》'郡守'作'東郡通守'。"

［2］起部郎：官名。亦稱起部郎中。西晋南北朝時爲尚書起部曹長官，掌管宗廟宫室的營建、兵械的修造。隋初時稱工部侍郎，煬帝大業三年復爲起部郎。資深的可以轉爲侍郎。從五品。

王思政，太原祁人，[1] 漢司徒允之後也。[2] 自魏太尉凌誅後，[3] 冠冕遂絶。父祐，州主簿。[4]

[1]太原：郡名。北魏時治晋陽縣，在今山西太原市晋源區古城營村一帶。 祁：縣名。治所在今山西祁縣。

[2]司徒：官名。爲三公之一，分掌宰相職能。萬石。 允：即王允，人名。東漢大臣。見《三國志》卷二八《魏書·王淩傳》。

[3]淩：即王淩，人名。字彦雲，太原祁（今山西祁縣東南）人。後因不滿司馬氏專權，起兵反抗，兵敗自殺。見《三國志·魏書·王淩傳》。

[4]主簿：官名。典領文書以及各種賬簿圖籍，經辦事務。其品位秩級隨府長官地位上下而不等。

思政容貌魁梧，有籌策，解褐員外散騎侍郎。屬万俟醜奴、宿勤明達等擾亂關右，[1]北海王顥討之，[2]聞思政壯健，啓與隨軍，所有謀議，並與參詳。時孝武在藩，素聞其名，乃引爲賓客，遇之甚厚。及登大位，委以心膂。預定策功，封祁縣侯，[3]爲武衛將軍。[4]俄而齊神武潛有異圖，帝以思政可任大事，拜使持節、中軍大將軍、大都督，[5]總宿衛兵。思政乃言於帝曰："洛陽四面受敵，[6]非用武之地。關中有崤函之固，[7]且士馬精彊。宇文夏州糾合同盟，[8]願立功效，若聞車駕西幸，必當奔走奉迎。藉天府之資，因已成之業，一年修復舊京，[9]何慮不克。"帝深然之。及神武兵至河北，帝乃西遷。進爵太原郡公，[10]拜光禄卿、并州刺史，[11]加散騎常侍、大都督。[12]

[1]万俟醜奴：人名。北魏末關隴起義軍首領。後被捕，於洛

陽被殺。　宿勤明達：人名。北魏末起起義軍首領。兵敗被殺。底本作“宿勤明遠”，中華本校勘記云：“諸本‘達’訛作‘遠’，據《周書》卷十八、《通志》卷一五六《王思政傳》改。宿勤明達見本書卷四八《尒朱天光傳》、卷四九《賀拔岳傳》。”今從改。

[2]北海王：封爵名。北海，郡名。北魏時治平壽城，在今山東濰坊市西南。

[3]祁縣侯：封爵名。祁縣，治所在今山西祁縣。

[4]武衛將軍：官名。掌管宿衛禁軍。北魏孝文帝太和二十三年之後爲從三品。

[5]使持節：漢朝官吏奉命外出時，由皇帝授予節杖，來提高其權威。魏晋之後，重要的軍事長官出征或者出鎮時，通常加以使持節，憑此可誅殺二千石以下的官員。皇帝派遣大臣重要事情時，也加以此職，以示尊崇。　中軍大將軍：官名。主管京師以及宫廷禁衛。北魏孝文帝太和二十三年爲二品。

[6]洛陽：城名。在今河南洛陽市東北。

[7]崤：山名。在今河南洛寧縣北。　函：即函谷關，在今河南靈寶市北。

[8]宇文夏州：即宇文泰。字黑獺，代郡武川（今内蒙古武川縣西）人。西魏權臣，奠定了北周代魏的基礎。因曾擔任夏州刺史，因此常稱之爲宇文夏州。見《北史》卷九《周本紀·文帝》。

[9]二年：源氏校勘記云：“‘二年’《周書》作‘一二年間’四字。”《册府元龜》卷四〇四作“一二十年間”。《通志》卷一五六作“一二年間”。

[10]太原郡公：封爵名。太原，郡名。北魏時治晋陽縣，在今山西太原市晋源區古城營村一帶。

[11]光禄卿：官名。北魏時掌管宫殿門禁宿衛以及百官的膳食。孝文帝太和十七年定爲從一品下，二十三年改爲三品。　并州：北魏時治晋陽縣，在今山西太原市晋源區古城營村一帶。

[12]散騎常侍：官名。主要職責是侍從皇帝左右，諫諍得失，

顧問應對，與侍中等共平尚書奏事，有異議得駁奏。亦常用作宰相、諸公等加官，得入宮禁議政。北魏、北齊時兼領修史，實際地位略高於南朝，但仍爲閑散之職。北魏孝文帝太和二十三年後爲從三品。

大統之後，思政雖被任委，自以非相府之舊，每不自安。周文帝曾在同州，[1]與群公宴集，[2]出錦罽及雜綾絹數千段，[3]令諸將摴蒱取之。[4]物盡，周文又解所服金帶，令諸人遍擲，曰："先得盧者即與之。"[5]群公擲將遍，莫有得者。次至思政，乃斂容跪而誓曰："王思政羈旅歸朝，蒙宰相國士之遇，方願盡心效命，上報知己。若此誠有實，令宰相賜知者，願擲即爲盧；若内懷不盡，神靈亦當明之，使不作也，便當殺身以謝所奉。"辭氣慷慨，一座盡驚。即拔所佩刀，横於膝上，攬摴蒱，拊髀擲之。[6]比周文止之，已擲爲盧矣。徐乃拜而受帶。自此朝寄更深。

[1]同州：西魏時治武鄉縣，在今陝西大荔縣。

[2]群公宴集：毛本、殿本、四庫本、四部備要本作"郡公宴集"。

[3]出錦罽及雜綾絹數千段：《周書》卷一八《王思政傳》作"出錦罽及雜綾絹數段"，《通志》卷一五六作"出錦罽及雜綾絹數千段"，《册府元龜》卷七六六作"出錦罽及雜綾絹數段"，《太平御覽》卷八一五作"出錦罽及雜綾絹數段"。錦罽，絲織品和毛織品。

[4]摴蒱：古代以擲骰决勝負的賭博用具，後來泛指賭博。

[5]得盧：摴蒱時一擲五子全爲黑色。

[6]髀：大腿。

及河橋之戰，思政下馬，用長稍左右橫擊，一擊踣數人。時陷陣既深，從者死盡，思政被重創悶絶。會日暮，敵亦收軍。思政久經軍旅，每戰唯著破衣弊甲，敵人疑非將帥，故得免。有帳下督雷五安於戰處哭求思政，會已蘇，遂相得。乃割衣裹創，扶思政上馬，夜久方得還軍。仍鎮弘農，[1]除侍中、東道行臺。[2]思政以玉壁地險要，[3]請築城。即自營度，移鎮之。遷汾晋并三州諸軍事、并州刺史、行臺如故，[4]仍鎮玉壁。八年，東魏復來寇，卒不能克。以全城功，授驃騎大將軍、開府儀同三司。[5]

[1]弘農：郡名。西魏時治陝城，在今河南三門峽市。

[2]行臺：官名。即行臺尚書。西魏、北周時爲行臺長官。職掌當地的軍政事務，爲地方最高行政長官。

[3]玉壁：城名。在今山西稷山縣西南。

[4]汾：州名。西魏時治龍泉城，在今山西隰縣北。　晋：州名。西魏時治白馬城，在今山西臨汾市。

[5]開府儀同三司：爲大臣加號，意謂與三司即太尉、司徒、司空的禮制待遇相同，許開設府署，自辟屬僚。北魏孝文帝太和二十三年定爲從一品。西魏沿置。

高仲密以北豫州來附，[1]周文親接援之，乃驛召思政，將鎮成皋。[2]未至而班師，復命思政鎮弘農。思政入弘農，令開城門，解衣而卧，慰勉將士，示不足畏。

數日後，東魏將劉豐生率數千騎至城下，[3]憚之，不敢進，乃引軍還。於是修城郭，起樓櫓，[4]營田農，積芻秣，凡可以守禦者皆具焉。弘農之有備，自思政始也。

[1]高仲密：人名。即高慎。字仲密，勃海蓨（今河北景縣）人。東魏官吏。見《北史》卷三一《高祐附高慎傳》。　北豫州：北齊時治虎牢城，在今河南滎陽市西北。

[2]成皋：地名。在今河南滎陽市西北。

[3]劉豐生：人名。即劉豐。字豐生，普樂（今寧夏靈武市）人。《北史》卷五三《劉豐傳》。

[4]樓櫓：古代軍中用以瞭望、攻守的無頂蓋的高臺。

十二年，加特進，[1]兼尚書左僕射、行臺、都督、荆州刺史。[2]境内卑濕，城塹多壞。思政乃命都督藺小歡督工匠繕修之。掘得黄金三十斤，夜中密送。至旦，思政召佐史，以金示之曰："人臣不宜有私。"悉封金送上。周文嘉之，賜錢二十萬。思政之去玉壁也，周文命舉代人，思政乃進所部都督韋孝寬。[3]其後東魏來寇，孝寬卒能全城，時論稱其知人。

[1]特進：官名。爲加官名號，用以安置閑退大臣。北魏孝文帝太和二十三年定爲二品。西魏沿置。

[2]尚書左僕射：官名。職掌都省庶務及執法，或典選舉，左僕射權力大於右僕射，兼掌糾彈百官。北魏孝文帝太和十七年定爲從一品中，二十三年改爲從二品。西魏沿置。

[3]韋孝寬：人名。即韋叔裕。字孝寬，京兆杜陵（今陝西西安市長安區東）人。北魏、西魏、北周、隋朝將領。見《北史》

卷六四《韋孝寬傳》。

十三年，侯景叛東魏，[1]請援乞師。當時未即應接。思政以爲若不因機進取，後悔無及，即率荆州步騎萬餘，從魯關向陽翟。[2]周文聞思政已發，乃遣太尉李弼赴潁川。[3]東魏將高岳等聞大兵至，[4]收軍而遁。思政入守潁川。景引兵向豫州，[5]外稱略地，乃密遣送款於梁。[6]先是，周文遣帥都督賀蘭願德助景扞禦，景既有異圖，因厚撫願德等，冀爲己用。[7]思政知景詭詐，乃密追願德。思政分布諸軍，據景七州十二鎮。周文乃以所授景使持節、太傅、大將軍，[8]兼尚書令、河南大行臺、河南諸軍事，[9]回授思政，思政並讓不受。頻使敦喻，唯受河南諸軍事。

[1]侯景：人名。字萬景，懷朔鎮（今内蒙古固陽縣南）人。曾任北魏官吏，後叛至南朝。見《梁書》卷五六《侯景傳》（參李萬生《侯景的氏族及相關問題》，《北京大學學報》2000年第5期）。

[2]魯關：關隘名。即魯陽關，在今河南南召縣東北、魯山縣西南。　陽翟：地名。在今河南禹州市。

[3]李弼：人名。字景和，隴西成紀（今甘肅秦安縣）人。西魏、北周大臣。見《北史》卷六〇《李弼傳》。　潁川：郡名。西魏時治長社縣，在今河南長葛市東北。

[4]高岳：人名。字洪略，勃海蓨（今河北景縣）人。東魏、北齊宗室、大臣。見《北史》卷五一《清河王岳傳》。

[5]豫州：北齊時治上蔡縣，在今河南汝南縣。

[6]送款：投誠，歸降。

[7]冀：局本作“異”。

[8]太傅：官名。北魏、北齊時與太師、太保並號三師，位居太師下、太保上。北魏孝文帝太和二十三年爲一品。西魏沿置。

[9]兼尚書令：源氏校勘記云：“‘尚’《周書》作‘中’。”中華本《周書》卷一八《王思政傳》校勘記云：“《北史》本傳、《册府》卷四〇九、《通鑑》卷一六〇‘中’都作‘尚’。按行臺是尚書臺的行臺，例帶尚書令、尚書僕射、左右丞等官，侯景是河南大行臺，作‘尚書令’是。”今從之。尚書令，官名。掌管全國政務，在外朝爲高級政務長官，參議大政，位居三品，實權猶如丞相。

十四年，拜大將軍。九月，東魏太尉高岳、行臺慕容紹宗、儀同劉豐生等率步騎十萬來攻潁川，[1]殺傷甚衆。岳又築土山以臨城中，[2]飛梯火車，盡攻擊之法。思政亦作火穳，因迅風便投之土山。又射以火箭，燒其攻具。仍募勇士，縋而出戰，據其兩土山，置樓堞以助防守。齊文襄更益兵，堰洧水以灌城。時雖有怪獸，每衝壞其堰。然城被灌已久，多亦崩頹。岳悉衆苦攻。思政身當矢石，與士卒同勞苦。岳乃更修堰，作鐵龍雜獸，用厭水神。堰成，水大至。城中泉涌溢，懸釜而炊，糧力俱竭。慕容紹宗、劉豐生及其將慕容永珍意以爲閑，[3]共乘樓船以望城内，令善射人俯射城中。俄而大風暴起，船乃飄至城下。城上人以長鉤牽船，弓弩亂發。紹宗窮急，透水而死。豐生浮向土山，復中矢而斃。禽永珍，并獲船中器械。思政謂永珍曰：“僕之破亡，在於晷漏。[4]誠知殺卿無益，然人臣之節，守之以死。”乃流涕斬之。并收紹宗等尸，以禮埋瘞。

[1]慕容紹宗：人名。東魏、北齊官吏。見《北史》卷五三《慕容紹宗傳》。

[2]岳又築土山以臨城中：底本作“岳又築土山以臨城城中”，中華本校勘記云：“諸本誤疊‘城’字，據《周書》《通志》删。”今從改。

[3]意以爲閑：源氏校勘記云：“《周書》無‘以爲閑’三字。”

[4]晷漏：測時的儀器，此處意爲頃刻。

岳既失紹宗等，志氣沮喪，不敢逼城。齊文襄聞之，[1]乃率步騎十萬來攻。[2]思政知不濟，率左右據土山，因仰天大哭，左右皆號慟。思政西向再拜，便欲自刭。先是，文襄告城中人曰：“有能生致王大將軍者，封侯重賞。若大將軍身有損傷，親近左右皆從大戮。”都督駱訓固止之，不得引決。齊文襄遣其通直散騎常侍趙彦深，[3]就土山遺以白羽扇而説之，牽手以下。引見文襄，辭氣慷慨，涕淚交流，無撓屈之容。文襄以其忠於所事，起而禮之，接遇甚厚。其督將分禁諸州地牢，數年盡死。

[1]齊文襄：即高澄。文襄爲其謚號，北齊文宣帝所追謚。

[2]齊文襄聞之乃率步騎十萬來攻：《周書》卷一八《王思政傳》作“齊文襄聞之乃率步騎十一萬來攻”，《册府元龜》卷三七三作“齊文襄聞之，乃率步騎十一萬來攻”，《通典》卷一六一作“齊文襄乃率步騎十萬來攻”。

[3]通直散騎常侍：官名。北魏時屬集書省，員六人。孝文帝

太和十七年定爲三品下，二十三年改爲四品。西魏沿置。　趙彦深：人名。即趙隱。字彦深，平原（今山東平原縣）人。北齊官吏。見《北史》卷五五《趙彦深傳》。

思政初入潁川，士卒八千人。被圍既久，城中無鹽，腫死者十六七，及城陷之日，存者纔三千人。雖外無救援，遂無叛者。思政常以勤王爲務，不營貲産。嘗被賜園地，思政出征後，家人種桑果雜樹。及還，見而怒曰："匈奴未滅，去病辭家，況大賊未平，欲事産業，豈所謂憂公忘私邪。"命左右拔而棄之。故身陷之後，家無蓄積。及齊文宣受東魏禪，[1]以思政爲都官尚書、儀同三司。[2]卒，贈以本官，加兖州刺史。[3]

[1]齊文宣：即北齊皇帝高洋。文宣爲其謚號。

[2]都官尚書：官名。爲尚書省諸尚書之一。北齊時統都官、二千石、比部、水部、膳部諸曹事務。三品。

[3]兖州：北齊時治瑕丘縣，在今山東兖州市。

初，思政在荆州，自武關以南延袤一千五百里，[1]置三十餘城，並當衝要之地。凡所舉薦，咸得其才。

[1]武關：關隘名。在今陝西丹鳳縣東，與函谷關、蕭關、大散關稱爲"秦之四塞"。

子康，[1]沈毅有度量，後爲周文親信。思政陷後，詔以因水城陷，非戰之罪，增邑三千五百户，以康襲爵太原公，[2]除驃騎大將軍、侍中、開府儀同三司。康弟揆，先封中都縣侯，[3]增邑通前一千五百户，進爵爲公。揆弟邘，封西安縣侯。[4]邘弟恭，忠誠縣伯。[5]恭弟幼，顯親縣伯。[6]康姊封齊郡君。[7]康兄元遜亦陷於潁川，封其子景晋陽縣侯。[8]康抗表固讓，不許。十六年，王師東討，加康使持節、大都督，以思政所部兵皆配之。魏廢帝二年，隨尉遲迥征蜀，鎮天水郡。尋賜姓拓王氏。爲鄜州刺史。[9]武成末，[10]除匠師中大夫，[11]轉載師。[12]保定二年，[13]歷安、襄二州總管，[14]位柱國。入隋，終於汴州刺史。[15]

[1]子康：中華本校勘記云："《周書》'康'作'秉'。按《周書》卷五《武帝紀》天和六年六月，以'太原公王柬爲柱國'，本書卷一〇《周武帝紀》'柬'作'秉'。《周書》卷六《武帝紀》建德四年正月又云，以'太原公王康爲襄州總管'。當時衹有王思政封太原公而由其子襲爵，知'王柬''王康''王秉'都是此人。唐人諱'秉'（與李昞之名同音），行文中常改爲'執'，作人名則多改爲'康'。如崔秉改崔康，沮渠秉改沮渠康，王肅弟秉亦改作康（參本書卷三二《崔鑒傳》校記）。此是依字形相近改字的特例。"

[2]太原公：封爵名。太原，郡名。西魏時治晋陽縣，在今山西太原市晋源區古城營村一帶。

[3]中都縣侯：封爵名。中都，縣名。治所在今山西晋中市榆次區東。

[4]西安縣侯：封爵名。西安，縣名。治所在今山東桓臺縣東。

[5]忠誠縣伯：封爵名。忠誠，縣名。治所在今陝西石泉縣。

[6]顯親縣伯：封爵名。顯親，縣名。治所在今甘肅天水市

西北。

[7]齊郡君：封爵名。齊郡，西魏時治東陽城，在今山東青州市。

[8]晋陽縣侯：封爵名。晋陽，縣名。治所在今山西太原市晋源區古城營村一帶。

[9]鄜州：西魏時治杏城鎮，在今陝西黄陵縣西南。

[10]武成：北周明帝的年號（559—560）。

[11]匠師中大夫：官名。西魏恭帝三年置，北周沿置。爲冬官府長官，掌管城郭、宫室、陵寢以及器物度量等方面的事務。正五命。

[12]載師：官名。即載師中大夫。西魏恭帝三年置，北周因之。爲地官府載師司長官，掌管封邑的劃分，管理全國農牧、鹽業生産以及賦役徵發。正五命。

[13]保定：北周武帝的年號（561—565）。

[14]安：州名。北周時治長壽縣，在今湖北鍾祥市。

[15]汴州：隋朝時治浚儀縣，在今河南開封市西北。

尉遲迥，字薄居羅，代人也。[1]其先，魏之别種，[2]號尉遲部，因而氏焉。父俟兜，性弘裕有鑒識，尚周文帝姊昌樂大長公主，生迥及綱。迥年七歲，綱年六歲，俟兜病且卒，呼二子，撫其首曰："汝等並有貴相，但恨吾不見耳，各勉之。"武成初，追贈柱國大將軍、太傅、長樂郡公，[3]謚曰定。

[1]代：郡名。北魏時治平城，在今山西大同市東北。

[2]魏之别種：底本作"魏之别"，中華本校勘記云："諸本脱'種'字，據《周書》卷二一、《通志》卷一五六《尉遲迥傳》補。"今從改。

[3]柱國大將軍：官名。北周時爲無具體職掌的勳官，正九命。長樂郡公：封爵名。長樂，郡名。北周時治信都縣，在今河北冀州市。

迥少聰敏，美容儀。及長，有大志，好施愛士。尚魏文帝女金明公主，拜駙馬都尉，[1]封西都侯。[2]大統十一年，拜侍中、驃騎大將軍、開府儀同三司，進爵魏安郡公。[3]十五年，遷尚書左僕射，兼領軍將軍。[4]迥通敏有幹能，雖任兼文武，頗允時望，周文以此深委仗焉。十六年，拜大將軍。

[1]駙馬都尉：官名。爲侍從近臣，多用作宗室、外戚、功臣子、貴族、親近之臣的加官，或亦加於尚公主者。北魏孝文帝太和十七年定爲從四品上，二十三年改爲六品。西魏沿置。

[2]西都侯：封爵名。西都，縣名。治所在今青海樂都縣。

[3]魏安郡公：封爵名。魏安，郡名。西魏時治白山縣，在今甘肅古浪縣東。

[4]領軍將軍：官名。爲禁衛軍最高統帥，北魏時如侍臣帶此職，則稱中領軍將軍。孝文帝太和十七年定爲二品上，二十三年改爲從二品。西魏沿置。

侯景之渡江也，梁元帝時鎮江陵，[1]請修鄰好。其弟武陵王紀在蜀稱帝，[2]率衆東下，將攻之。梁元帝大懼，移書請救。周文曰："蜀可圖矣！取蜀制梁，在兹一舉。"乃與群公會議，諸將多有異同。唯迥以爲紀既盡鋭東下，蜀必空虚，王師臨之，必有征無戰。周文以爲然，謂曰："伐蜀之事，一以委汝。"於是令迥督開府元珎、乙弗亞、俟吕陵始、叱奴興、綦連雄、宇文昇等六軍甲士取晋壽，[3]開平林舊道。[4]迥前軍臨劍閣，[5]紀安州刺史樂廣以州先降。[6]紀梁州刺史楊乾運時鎮潼水，[7]先已遣使詣闕，密送誠款，然恐其下不從，猶據潼水别營拒守。[8]迥遣元珎、俟吕陵始等襲之，乾運還保潼川。[9]珎等遂圍之，乾運降。迥至潼川，大饗將士，度涪江，[10]至青溪，[11]登南原，[12]勒兵講武，修繕約束，閲器械，自開府以下賞金帛各有差。時夏中連雨，山路險峻，將士疲病者十二三，迥親自勞問，加以湯藥，引之而西。紀益州刺史蕭撝嬰城自守，[13]進軍圍之。初，紀至巴郡，[14]遣前南梁州刺史史欣景、幽州刺史趙拔扈等爲撝外援。[15]迥分遣元珎、乙弗亞等擊破之。拔扈等遁走，欣景遂降。撝被圍五旬，頻戰爲迥所破。遣使乞降，許之。撝乃與紀子宜都王圓肅率其文武詣軍門請見，[16]迥以禮接之。其吏人等各令復業，唯收僮隸及儲積以賞將士。號令嚴肅，軍無私焉。詔以迥爲大都督、益潼等十二州諸軍事、益州刺史。三年，加督六州，通前十八州諸軍事。以平蜀功，封一子安固郡公。[17]自劍閣以南得承制封拜及黜陟。迥乃明賞罰，布恩威，綏輯新邦，經略未附，人夷懷而歸之。

[1]梁元帝：即南朝梁皇帝蕭繹。元爲其謚號。　江陵：城名。在今湖北荆州市。

[2]武陵王：封爵名。武陵，郡名。南朝梁時治武陵縣，在今湖南常德市。　紀：即蕭紀，人名。字世詢。南朝梁宗室。見《梁書》卷五五《武陵王紀傳》。

[3]叱奴興：人名。鮮卑族。西魏將領。　晋壽：郡名。南朝梁時治興安縣，在今四川廣元市。毛本作“進壽”，誤。

[4]平林：縣名。治所在今湖北隨州市東北。

[5]劍閣：縣名。治所在今四川劍閣縣東北。

[6]樂廣：人名。西魏官吏。初爲南朝梁末安州刺史。梁元帝承聖二年（553），以州降西魏，授車騎大將軍、安州刺史，封安康縣公。

[7]梁州：西魏時治光義縣，在今陝西漢中市。　楊乾運：人名。字玄邈，儻城興勢（今陝西洋縣東北）人。南朝梁、西魏大臣。見《北史》卷六六《楊乾運傳》。　潼水：中華本校勘記云：“《周書》《通志》‘水’作‘州’。按楊乾運守潼州，見《周書》卷四四《楊乾運傳》、卷四二《蕭撝傳》。此‘水’字當是涉下文‘潼水’而誤。”潼州，南朝梁時治取慮城，在今安徽靈壁縣。

[8]別營拒守：底本作“別管拒守”，中華本校勘記云：“諸本‘營’訛‘管’，據《通志》改。”今從改。

[9]潼川：郡名。南朝梁時治普安縣，在今四川梓潼縣。源氏校勘記云：“《周書》（‘潼川’）作‘潼州’。下同。”中華本校勘記云：“兩‘潼川’《通志》都作‘潼州’，《周書》無‘乾運還保潼川’語，亦作‘迴至潼州’。按乾運當是從潼水別營退至州城，作‘州’是。”

[10]涪江：今嘉陵江的支流。

[11]青溪：地名。在今四川廣元市。

[12]南原：地名。在今重慶秀山土家族苗族自治縣。

[13]益州：南朝梁時治成都縣，在今四川成都市。　蕭撝：人名。字智遐，南蘭陵（一説在今江蘇常州市，一説在今江蘇丹陽市）人。南朝梁宗室。見《北史》卷二九《蕭撝傳》。

[14]巴郡：南朝梁時治江州縣，在今重慶江北區。

[15]南梁州：南朝梁時治北巴西郡閬中縣，在今四川閬中市。　幽州：西魏時治薊縣，在今北京西南。

［16］宜都王：封爵名。宜都，郡名。南朝梁時治夷道縣，在今湖北宜都市。　圓肅：即蕭圓肅，人名。字明恭，南蘭陵（一説在今江蘇常州市，一説在今江蘇丹陽市）人。南朝梁宗室。見《北史》卷二九《蕭圓肅傳》。源氏校勘記云："《周書》無'圓'字。按《梁書·蕭紀傳》，無'圓肅'，唯有第三子'圓滿'。然則諸子皆冠'圓'字歟。"

［17］安固郡公：封爵名。安固，郡名。西魏時治興固縣，在今四川彭州市。

性至孝，色養不怠，身雖在外，所得四時甘脆，必先薦奉，然後敢嘗。大長公主年高多病，迥往在京師，每退朝參候起居，憂悴形於容色。大長公主每爲之和顔進食，以寧迥心。周文知其至性，徵迥入朝，以慰其母意。遣大鴻臚郊勞，仍賜迥衮冕之服。蜀人思之，爲立碑頌德。六官初建，拜小宗伯。[1]

［1］小宗伯：官名。即春官府小宗伯上大夫。西魏、北周置。協助大宗伯卿管理禮樂、祭祀、天文曆法等方面的事務。員二人，正六命。

周孝閔帝踐阼，[1]進位柱國大將軍，以迥有平蜀功，同霍去病冠軍之義，[2]改封寧蜀公。遷大司馬。[3]尋以本官鎮隴右。武成元年，進封蜀國公，邑萬户，除秦州總管、秦渭等十四州諸軍事、隴右大都督。[4]保定二年，拜大司馬。及晋公護東伐，[5]迥帥師攻洛陽。齊王憲等軍於芒山，[6]齊衆度河，諸軍驚散。迥率麾下反行卻敵，於是諸將遂得全師而還。遷太保、太傅。[7]建德初，[8]拜太師，[9]尋加上柱國。

［1］周孝閔帝：即北周皇帝宇文覺。孝閔爲其謚號。

［2］霍去病：人名。河東平陽（今山西臨汾市）人。西漢將領。前後六次出擊匈奴，解除了匈奴對漢朝的威脅。見《漢書》卷五五《霍去病傳》。

［3］大司馬：官名。西魏末、北周仿《周禮》建六官，復置爲夏官府長官，亦稱大司馬卿。掌握全國軍政，權任極重。正七命。中華本校勘記云："張森楷：'此還不見於《周書》，又不見於帝紀'，下文復有'拜大司馬'，疑此'馬'字誤。"可從。

［4］渭：州名。北周時治襄武縣，在今甘肅隴西縣東南。

［5］護：即宇文護，人名。字薩保，代郡武川（今内蒙古武川縣西）人，鮮卑族。北周宗室、權臣。見《北史》卷五七《邵惠公顥附宇文護傳》。

［6］憲：即宇文憲，人名。字毗賀突，代郡武川（今内蒙古武川縣西）人，鮮卑族。西魏、北周大臣，周文帝宇文泰第五子。見《北史》卷五八《齊煬王憲傳》。

［7］太保：官名。爲輔佐君王的重要大臣，與太師、太傅號稱三公。北周時爲九命。

［8］建德：北周武帝的年號（572—578）。

［9］太師：官名。多用作贈官，地位尊崇，無具體的職權。北周時爲正九命。

宣帝即位，[1]以迥爲大右弼，[2]轉大前疑，[3]出爲相州總管。[4]宣帝崩，隋文帝輔政，以迥位望宿重，懼爲異圖，乃令迥子魏安郡公惇齎詔書以會葬徵迥。尋以鄖國公韋孝寬代迥爲總管。迥以隋文帝當權，將圖篡奪，遂謀舉兵，留惇而不受代。隋文帝又令候正破六韓裒詣迥喻旨，[5]密與總管府長史晋昶等書，令爲之備。迥聞之，殺昶，集文武士庶等登城北樓而令之。於是衆咸從命，莫不感激。乃自稱大總管，承制署官司。于時趙王招已入朝，[6]留少子在國，迥又奉以號令。迥弟子大將軍、成平郡公勤時爲青州總管，[7]初得迥書表送之，尋亦從迥。迥所管相、衛、黎、毛、洺、貝、趙、冀、瀛、滄，[8]勤所統青、齊、膠、光、莒諸州皆從之，[9]衆數十萬。滎州刺史邵國公宇文胄、申州刺史李惠、東楚州刺史費也利進國、東潼州刺史曹孝達各據州以應迥。[10]徐州總管司録席毗與前東平郡守畢義緒據兖州及徐州之蘭陵郡，[11]亦以應迥。永橋鎮將紇豆陵惠以城降迥。[12]迥又北結高寶寧以通突厥；[13]南連陳人，許割江淮之地。

[1]宣帝：即北周皇帝宇文贇。宣爲其謚號。

[2]以迥爲大右弼：底本作“以迥爲大右軍”，中華本校勘記云：“諸本‘弼’作‘軍’，《通志》作‘弼’。按本書卷一〇《周宣帝紀》大象元正月，稱以‘蜀公尉遲迥爲大右弼’。‘大右軍’無此官名，今據改。”今從改。大右弼，官名。北周宣帝大成元年（579）置，爲四輔官之一，是主要的執政大臣。

[3]大前疑：官名。北周宣帝大成元年置，爲四輔官之首，是主要的執政大臣。

[4]相州：北周時治鄴縣，在今河北臨漳縣西南。

[5]候正：官名。北周置，職掌宿衛。

[6]招：即宇文招，人名。字豆盧突，代郡武川（今内蒙古武川縣西）人。北周宗室、大臣。見《北史》卷五八《趙僭王招傳》。毛本、四部備要本作“昭”，誤。

[7]成平郡公：封爵名。成平，郡名。確址未詳。　青州：北周時治益都東陽城，在今山東青州市。

[8]衛：州名。北周時治枋頭，在今河南浚縣西南。　黎：州名。北周時治黎陽縣，在今河南浚縣東北。　毛：州名。北周時治館陶縣，在今河北館陶縣。　洺：州名。北周時治廣年縣曲梁城，在今河北永年縣東南。　貝：州名。北周時治武城縣，在今河北清河縣西北。　趙：州名。北周時治廣阿縣，在今河北隆堯縣東。　冀：州名。北周時治信都縣，在今河北冀州市。　瀛：州名。北周時治趙都軍城，在今河北河間市。　滄：州名。北周時治饒安縣，在今河北鹽山縣南。

[9]齊：州名。北周時治歷城縣，在今山東濟南市。　膠：州名。北周時治東武縣，在今山東諸城市。　光：州名。北周時治掖縣，在今山東萊州市。　莒：州名。北周時治東莞縣，在今山東沂水縣。

[10]滎州：北周時治成皋縣，在今河南滎陽市西北。　宇文冑：人名。代郡武川（今內蒙古武川縣西）人。北周宗室。見《北史》卷五七《邵惠公顥附宇文冑傳》。　申州：北周時治平陽縣，在今河南信陽市南。　李惠：人名。一作“李慧”，隴西狄道（今甘肅臨洮縣）人。北魏、西魏、北周官吏。　東楚州：北周時治宿豫縣，在今江蘇宿遷市東南。　費也利進國：源氏校勘記云：“《周書》無‘國’字。”中華本校勘記云：“《周書》無‘國’字，《通志》‘也’下有‘頭’字。按‘費也頭’又作‘破也頭’，疑此‘費也’下脱‘頭’字。”　東潼州：確址不詳。

[11]徐州：北周時治彭城縣，在今江蘇徐州市。　司録：官名。西魏、北周時設。爲大丞相府、中外府、諸開府、州府屬僚。職能與歷朝録事參軍略同，掌隸一府之事。命品隨府主地位高低而定。　席毗：人名。又作“席毗羅”。北齊、北周將領。參與尉遲迥之亂，被殺。　東平：郡名。北周時治苑縣，在今河南范縣東南。　蘭陵：郡名。北周時治承城，在今山東棗莊市東南。

[12]永橋鎮：地名。在今河南武陟縣西南。

[13]高寶寧：人名。亦作“高保寧”，代（今山西大同市東北）人。北齊末年官吏。北齊滅亡後繼續復齊基業。見《北史》卷五三《傅伏附高寶寧傳》。

隋文帝於是徵兵討迥，即以韋孝寬爲元帥，陰羅雲監諸軍，郕國公梁士彦、樂安公元諧、化政公宇文忻、濮陽公宇文述、武鄉公崔弘度、清河公楊素、隴西公李詢、延壽公于仲文等皆爲行軍總管。[1]迥遣所署大將軍石愻攻建州，[2]刺史宇文弁以州降愻。迥又遣西道行臺韓長業攻陷潞州，[3]執刺史趙威，署城人郭子勝爲刺史。上儀同赫連士猷攻晋州，[4]即據小鄉城。[5]紇豆陵惠襲陷定州之鉅鹿郡，[6]遂圍恒州。[7]上大將軍宇文威攻汴州，[8]上開府莒州刺史烏丸尼、開府尉遲儁率膠、光、青、齊、莒、兖之衆圍沂州。[9]大將軍檀讓攻陷曹、亳二州，[10]屯兵梁郡。[11]大將軍、東南道行臺席毗衆號八萬，軍於藩城，[12]攻陷昌慮、下邑、豐縣。[13]李惠自申州攻永州，[14]焚之而還。宇文胄軍於洛口。[15]開府梁子康攻懷州。[16]

[1]郕國公：封爵名。在今河南范縣至山東寧陽縣東北一帶。　梁士彦：人名。字相如，安定烏氏（今甘肅涇川縣東）人。北周將領。見《北史》卷七三《梁士彦傳》。　樂安公：封爵名。樂安，郡名。北周時治千乘縣，在今山東高青縣東南。　元諧：人名。河南洛陽（今河南洛陽市東北）人，鮮卑族。北周、隋朝大臣。見《北史》卷七三《元諧傳》。　化政公：封爵名。化政，郡名。北周時治巖緑縣，在今陝西靖邊縣白城子村無定河北岸的毛烏

素沙漠中（靠近今内蒙古烏審旗南境）。　宇文忻：人名。字仲樂，夏州（今陝西横山縣西）人。北周、隋朝將領。見《北史》卷六〇《宇文貴附宇文忻傳》。　濮陽公：封爵名。濮陽，郡名。北周時治鄄城縣，在今山東鄄城縣北。　宇文述：人名。字伯通，代郡武川（今内蒙古武川縣西）人，鮮卑族。隋朝大臣。見《北史》卷七九《宇文述傳》。　武鄉公：封爵名。武鄉，郡名。北周時治武鄉縣，在今陝西大荔縣。　崔弘度：人名。字摩訶衍，博陵安平（今河北安平縣）人。北周、隋朝官吏。見《隋書》卷七四《崔弘度傳》。　清河公：封爵名。清河，郡名。北周時治武城縣，在今河北清河縣西北。　楊素：人名。字處道，弘農華陰（今陝西華陰市東南）人。隋朝權臣、軍事家。見《北史》卷四一《楊敷附楊素傳》。　隴西公：封爵名。隴西，郡名。隋朝時治襄武縣，在今甘肅隴西縣東南。　李詢：人名。字孝詢，隴西成紀（今甘肅秦安縣）人。北周將領。見《北史》卷五九《李賢附李詢傳》。　延壽公：封爵名。延壽，郡名。隋朝時治下邽縣，在今陝西渭南市臨渭區下吉鎮。　于仲文：人名。字次武，洛陽（今河南洛陽市東北）人。北周、隋朝官吏。見《北史》卷二三《于栗磾附于仲文傳》。

[2]建州：北周時治高都城，在今山西晋城市東北高都鎮。

[3]潞州：北周時治上黨縣，在今山西長治市北。

[4]上儀同：北周置，位居開府儀同三司之下、儀同三司之上。多爲大臣的加官。隋朝時爲從四品。

[5]小鄉城：在今山西絳縣一帶。

[6]鉅鹿：郡名。北周時治藁城縣，在今河北藁城市西南。

[7]恒州：北周時治常山縣安樂壘，在今河北石家莊市東北。

[8]汴州：北周時治浚儀縣，在今河南開封市西北。

[9]莒州：北周時治東莞縣，在今山東沂水縣。　烏丸尼：除底本、中華本外，其餘諸本作“烏丸厄”。據《隋書》卷三九《豆盧勣附豆盧通傳》、《資治通鑑》卷一七四同底本。　沂州：北周時治即丘縣，在今山東臨沂市西。

［10］曹：州名。隋朝時治左城，在今山東定陶縣西北。　亳：州名。隋朝時治小黄縣，在今安徽亳州市。

［11］梁郡：北周初治睢陽縣，在今河南商丘市睢陽區。

［12］藩城：地名。確址不詳。

［13］昌慮：縣名。治所在今山東滕州市東南。　下邑：縣名。治所在今安徽碭山縣。　豐縣：治所在今江蘇豐縣。

［14］永州：北周初治楚城，在今河南信陽市北。

［15］洛口：地名。在今河南鞏義市東北，爲洛水入黄河處。

［16］懷州：北周時治河内縣，在今河南沁陽市。

魏安公惇率衆十萬人入武德，[1]軍於沁東。孝寬等諸軍隔水，相持不進。隋文帝又遣高熲馳驛督戰。[2]惇布兵二十餘里，麾軍小卻，[3]欲待孝寬軍半度而擊之。孝寬因其卻，乃鳴鼓齊進，惇遂大敗。孝寬乘勝進至鄴，[4]迥與其子惇、祐等又悉其卒十三萬，陣於城南。迥别統萬人，皆緑巾錦褾，號曰黄龍兵。勤率衆五萬自青州赴迥，以三千騎先到。迥舊集軍旅，[5]雖老，猶被甲臨陣。其麾下兵皆關中人，爲之力戰。孝寬等軍失利而卻。鄴中士女觀者如堵。高熲與李詢乃整陣先犯觀者，因其擾而乘之。迥衆大敗，遂入鄴城。迥走保北城，孝寬縱兵圍之。李詢、賀婁子幹以其屬先登。[6]迥上樓，射殺數人，乃自殺。勤、惇、祐等東走青州，未至，開府郭衍追及之，[7]並爲衍所獲。隋文帝以勤初有誠款，特釋之。李惠先是自縛歸罪，隋文帝復其官爵。

［1］武德：郡名。北周時治武德縣，在今河南温縣北。

［2］高熲：人名。字昭玄，勃海蓨（今河北景縣）人。北周、

隋朝大臣。見《北史》卷七二《高熲傳》。

[3]小御：殿本、四庫本作“少御”。

[4]鄴：城名。在今河北臨漳縣西南。

[5]集：源氏校勘記改“集”作“習”，中華本校勘記云：“《周書》《通志》‘集’作‘習’。”

[6]賀婁子幹：人名。字萬壽，本是代（今山西大同市東北）人，後南遷，世居關右（今甘肅潼關縣）。隋朝將領。見《北史》卷七三《賀婁子幹傳》。

[7]郭衍：人名。字彦文，太原介休（今山西介休市）人。北周、隋朝將領。見《北史》卷七四《郭衍傳》。

迥末年衰耄，惑於後妻王氏，而諸子多不睦。及起兵，以開府、小御正崔達拏爲長史，[1]自餘委任，亦多用齊人。達拏文士，無籌略，舉措多失綱紀，不能匡救，迥自起兵至于敗，凡經六十八日焉。

[1]小御正：官名。西魏恭帝三年置，北周因之。爲天官府御正司次官，正四命。北周武帝建德二年省御正中大夫，成爲御正司長官。静帝大象元年（579）復置中大夫後，仍爲副貳。　崔達拏：人名。博陵安平（今河北安平縣）人。北周官吏。見《北齊書》卷三〇《崔暹附崔達拏傳》。

子寬，大將軍、長樂郡公，先迥卒。寬兄誼，開府、資中郡公。[1]寬弟順，以迥平蜀功，授開府、安固郡公。後以女爲宣帝皇后，拜上柱國，封胙國公。順弟惇，軍正下大夫、魏安郡公。[2]惇弟祐，西都郡公。[3]皆被誅，而誼等諸子以年幼，並獲全。

[1]資中郡公：封爵名。資中，郡名。北周時治磐石縣，在今四川資中縣。

[2]軍正下大夫：官名。北周置，一説爲夏官府屬官，正四命。

[3]西都郡公：西都爲縣，未嘗置郡。王仲犖《北周地理志》卷二《隴右·鄯州》“樂都郡西都縣”條下：“按西都郡公恐當作西都縣公。”西都，縣名。治所在今青海樂都縣。

武德中，[1]迥從孫庫部員外郎耆福上表請改葬。[2]朝議以迥忠於周室，有詔許焉，仍贈絹百匹。迥弟綱。

[1]武德：唐高祖的年號（618—626）。

[2]庫部員外郎：官名。隋文帝開皇六年置，爲兵部庫部司次官，煬帝大業三年改爲承務郎，唐高祖武德三年復稱庫部員外郎，從六品上。

綱，字婆羅，少孤，與兄迥依託舅氏。周文帝西討關隴，迥、綱與母昌樂大長公主留于晉陽。後方入關。從周文征伐，常陪侍帷幄，出入卧内。以軍功封廣宗縣伯。[1]綱驍果有膂力，善騎射，周文甚寵之，委以心膂。河橋之戰，周文馬中流矢，因而驚奔。綱與李穆等左右力戰，[2]衆皆披靡，文帝方得乘馬。大統十四年，進爵平昌郡公。[3]廢帝二年，[4]拜大將軍，兼領軍。乃魏帝有異謀，言頗漏泄。周文以綱職典禁旅，使密爲之備。俄而廢帝立齊王，仍以綱爲中領軍，[5]總宿衛事。

[1]廣宗縣伯：封爵名。廣宗，縣名。治所在今河北威縣東。

[2]李穆：人名。字顯慶，隴西成紀（今甘肅秦安縣）人。西魏、北周將領。見《北史》卷五九《李賢附李穆傳》。

[3]平昌郡公：封爵名。平昌，郡名。西魏時治黔陬縣，在今山東膠州市西南。

[4]廢帝：即西魏皇帝元欽。廢爲其謚號。

[5]中領軍：官名。西魏、北周時與中護軍共同掌管禁軍。

綱兄迥伐蜀，從周文送之於城西，見一走兔，周文命綱射之。誓曰："若獲此兔，必當破蜀。"俄而綱獲兔而返。周文喜曰："事平，當賞汝佳口。"及克蜀，賜綱侍婢二人。及嘗從周文北狩雲陽，見五鹿俱走，綱獲其三。每從遊宴，周文以珍異之物令諸功臣射而取之，綱所獲輒多。

周孝閔帝踐阼，綱以親戚掌禁兵，除小司馬。[1]又與晉公護廢帝。明帝即位，[2]進位柱國大將軍。武成元年，進封吴國公，邑萬户，除涇州總管。歷位少傅、大司空、陝州總管。[3]晉公護東討，乃配綱甲士，留鎮京師。大軍還，綱復歸。[4]天和二年，[5]以綱政績可紀，賜帛及錢穀等，增邑，以褒賞之。陳公純等以皇后阿史那氏自突厥將入塞，[6]詔徵綱與大將軍王傑率衆迎衛於境首。[7]三年，追論河橋功，封一子縣公。四年，薨于京師。贈太保，謚曰武。

[1]小司馬：官名。即小司馬上大夫。西魏恭帝三年置，北周因之。爲夏官府次官，輔助大司馬卿掌管軍政以及官員的升遷，亦可統兵出征或暫時在外駐守。正六命。

[2]明帝：即北周皇帝宇文毓。明爲其謚號。

[3]少傅：官名。與三公並爲大臣加官，地位崇高，無具體的職掌。正八命。　大司空：官名。《周禮》六卿之一，爲冬官之長。掌土木工程。西魏末、北周仿《周禮》建六官，復置爲冬官之長，亦稱大司空卿。北周時爲正七命。　陝州：北周時治陝縣，在今河南陝縣。

[4]大軍還綱復歸：中華本校勘記云："《周書》卷二〇《尉遲綱傳》'歸'下有'鎮'字。"

[5]天和：北周武帝的年號（566—572）。

[6]純：即宇文純，人名。字堙智突，代郡武川（今内蒙古武川縣西）人。北周宗室，周文帝之子。見《北史》卷五八《陳惑王純傳》。

[7]王傑：人名。本名文達，金城直城（今陝西漢陰市西）人。西魏、北周將軍。見《北史》卷六六《王傑傳》。

第二子安以嫡嗣。[1]大象末，[2]位柱國。入隋，歷鴻臚卿、左衛大將軍。[3]安兄運。

[1]二子：源氏校勘記云："《周書》作'三子'。"

[2]大象：北周静帝的年號（579—580）。

[3]左衛大將軍：官名。隋朝時爲左衛長官，掌管宫掖禁衛，煬帝大業三年改爲左翊衛大將軍。正三品。

運少彊濟，志在立功。魏大統十六年，以父勳封安喜縣侯。[1]周明帝立，以預定策勳，進爵周城縣公。[2]歷位隴州刺史，[3]再遷左武伯中大夫，[4]尋加軍司馬。[5]運既職兼文武，甚見委任。進爵廣業郡公，[6]轉右司衛。[7]時宣帝在東宫，親狎諂佞，數有罪失。武帝於朝臣内選忠諒鯁正者以匡弼之，於是以運爲右宫正。[8]

[1]安喜縣侯：封爵名。安喜，縣名。治所在今河北定州市。

[2]周城縣公：封爵名。周城，縣名。治所在今陝西岐山縣北。

[3]隴州：北周時治汧陰縣，在今陝西隴縣東南。

[4]左武伯中大夫：官名。西魏恭帝三年置，北周因之。爲夏官府左武伯司長官，與右武伯中大夫共同掌管皇宫的宿衛，並且兼領虎賁、旅賁、射聲、驍騎、羽林、游擊等六率禁衛軍。正五命。

[5]軍司馬：官名。即軍司馬中大夫。西魏恭帝三年置，北周因之。爲夏官府軍馬司長官，掌管兵事，職權頗重。正五命。

[6]廣業郡公：封爵名。廣業，郡名。北周時治同谷，在今甘肅康縣城關鎮。

[7]右司衛：官名。北周置，爲東宫侍衛次官，輔助司衛上大夫掌管東宫侍衛，亦可統率皇帝的宿衛兵馬，職權甚重。

[8]右宫正：官名。亦太子右宫正。北周武帝建德二年改東宫官員時置，分左、右宫正。負責輔佐太子。品命未詳。

建德三年，帝幸雲陽宫，[1]又令運以本官兼司武，[2]與長孫覽輔皇太子居守。[3]俄而衛剌王直作亂，[4]率其黨襲肅章門。[5]覽懼，走行在所。運時偶在門中，直兵奄至，不暇命左右，乃手自闔門。直黨與運争門，斫傷運指，僅而得閉。直既不得入，乃縱火。運恐火盡，直黨得進，乃取宫中材木及床等以益火，更以膏油灌之，火轉熾。久之，直不得進，乃退。運率留守兵因其退以擊之，直大敗而走。是夜微運，宫中已不守矣。武帝嘉之，授大將軍，賜以直田宅、妓樂、金帛、車馬、什物等不可勝數。

［1］雲陽宫：據《長安志》，在雲陽縣（今陝西涇陽縣西北）西北。

［2］司武：官名。即司武中大夫。北周置，爲夏官府屬官，一説爲東宫官員，掌管宿衛軍事，正五命。

［3］長孫覽：人名。字休因，河南洛陽（今河南洛陽市東北）人，鮮卑族。北周、隋朝大臣。見《北史》卷二二《長孫道生附長孫覽傳》。

［4］直：即宇文直，人名。字豆羅突，代郡武川（今内蒙古武川縣西）人，鮮卑族。北周宗室、大臣，周文帝之子。見《北史》卷五八《衛剌王直傳》。

［5］肅章門：宫城門。故址在今陝西西安市西北。

四年，出爲同州刺史，同州、蒲津、潼關等六防諸軍事。[1]帝將伐齊，召運參議，東夏底定，頗有力焉。五年，拜柱國，進爵盧國公。轉司武上大夫，[2]總宿衛軍事。帝崩於雲陽宫，祕未發喪，運總侍衛兵還京師。

［1］蒲津：關隘名。又名林晋關，在今陝西大荔縣朝邑鎮東黄河上。

［2］司武上大夫：官名。亦稱大司武，北周武帝宣政元年（578）置。原設中大夫爲司武長官，後因尉遲運任此職時，防衛宇文直有功，特置上大夫爲長官，分置左右各一人，總管宫廷宿衛軍事。正六命。

宣帝即位，授上柱國。運之爲宫正也，數進諫於帝。帝不納，反疏忌之。時運又與王軌、宇文孝伯等皆爲武帝親待。[1]軌屢言帝失於武帝，帝謂運預其事，[2]愈更銜之。及軌被誅，運懼及於禍，尋而得出爲秦州總管。至州，猶懼不免，遂以憂薨於州。贈大後丞、七州諸軍事、秦州刺史，[3]謚曰忠。[4]子靖嗣。

[1]宇文孝伯：人名。字胡王（《周書》卷四〇《宇文孝伯傳》作“胡三”），代郡武川（今内蒙古武川縣西）人，鮮卑族。北周宗室、將領。見《北史》卷五七《廣川公測附宇文孝伯傳》。

[2]帝謂運預其事：底本作“帝謂預其事”，中華本校勘記云：“諸本脱‘運’字，據《周書》卷四〇、《通志》卷一五六《尉遲運傳》補。”今從改。

[3]大後丞：官名。北周宣帝大成元年置，爲四輔官之一，是主要的執政大臣。

[4]忠：源氏校勘記云：“‘忠’《周書》作‘中’。”中華本校勘記云：“《周書》‘忠’作‘中’。”

運弟勤，大象末，青州總管，起兵應伯迥。[1]

[1]伯：源氏校勘記云：“《周書》　‘伯’下有‘父’字。爲是。”

勤弟敬，尚明帝女河南公主，位儀同三司。

王軌，太原祁人也，小名沙門。漢司徒允之後，世爲州郡冠族。累葉仕魏，賜姓烏丸氏。父光，少雄武，有將帥才略。頻有戰功，周文帝遇之甚厚。位至驃騎大將軍、開府儀同三司、平原縣公。[1]

[1]平原縣公：封爵名。平原，縣名。治所在今山東平原縣西南。

軌性質直，起家事輔城公。[1]及武帝即位，累遷内史下大夫，[2]遂處腹心之任。帝將誅晋公護，軌贊成其謀。建德初，轉内史中大夫，[3]加授開府儀同三司，又拜上開府儀同大將軍，[4]封上黄縣公，[5]軍國之政，皆參預焉。從平并、鄴，以功進位上大將軍，進爵郯國公。

[1]輔城公：封爵名。輔城，郡名。北周時治輔城縣，在今河南汝州市東。

[2]内史下大夫：官名。又稱小内史下大夫、内史次大夫。西魏恭帝三年置，北周沿置。爲春官府内史司次官，輔助内史中大夫掌管綸誥，並參議刑罰爵賞以及軍國大事。正四命。

[3]内史中大夫：官名。亦稱内史、大内史。西魏恭帝三年置，北周因之。爲春官府内史司長官，掌管皇帝詔書的撰寫與宣讀，參議刑罰爵賞以及軍國大事。北周静帝大象元年，在其上設置内史上大夫，其成爲内史司次官。正五命。底本作"内史大夫"，中華本校勘記云："諸本無'中'字，《周書》卷四〇、《通志》卷一五六《王軌傳》有。按《通典》卷三九《後周官品》，内史有中大夫及下大夫。軌自下大夫升轉，當爲中大夫。今據補。"今從改。

[4]上開府儀同大將軍：官名。北周武帝建德四年置，位在開府儀同大將軍之上。主要授予有軍功者或北齊的降官，無具體職掌。九命。

[5]上黄縣公：封爵名。上黄，縣名。治所在今湖北南漳縣東南。

及陳將吴明徹入寇吕梁，[1]徐州總管梁士彦頻與戰不利，乃退保州城。明徹遂堰清水以灌之，列船艦於城下，以圖攻取。詔以軌爲行軍總管，率諸軍赴救。軌潛於清水入淮口，[2]多豎大木，以鐵鎖貫車輪，橫截水流，以斷其船路，方欲密决其堰以斃之。明徹知之，乃破堰遽退，冀乘决水以得入淮。比至清口，[3]川流已闊，水勢亦衰，船並礙於車輪，不復得過。軌因率兵圍而蹙之。唯有騎將蕭摩訶以二十騎先走，[4]得免。明徹及將士三萬餘人并器械輜重並就俘獲，陳之鋭卒於是殲焉。進位柱國，仍拜徐州總管。軌性嚴重，善謀略，兼有吕梁之捷，威振敵境。陳人甚憚之。

[1]吴明徹：人名。字通昭，秦郡（今江蘇南京市六合區）人。南朝陳將領。見《陳書》卷九《吴明徹傳》。　吕梁：此指吕梁洪，在今江蘇銅山縣東南。《水經注·泗水》云："泗水之上有石梁焉，故曰吕梁也。"

[2]清水：亦作"泗水"。發源於今山東泗水縣蒙山南麓，流經山東中部、南部，至江蘇徐州市大致沿着黄河故道到淮安市入淮河。

[3]清口：地名。亦稱泗口、清河口，爲泗水（清水）入淮河的地方，在今江蘇淮安市西北。

[4]蕭摩訶：人名。字元胤，蘭陵（一説在今江蘇常州市，一説在今江蘇丹陽市）人。南朝陳官吏。見《陳書》卷三一《蕭摩訶傳》。　二十：中華本校勘記云："《周書》'二十'作'二千'，《通志》作'一十'。按《陳書》卷三一《蕭摩訶傳》，言摩訶有鐵騎數千，'周軍長圍既合，摩訶選精騎八十，率先衝突，自後衆騎繼焉，比旦達淮南'。蓋當時步軍及水軍盡被俘獲，惟騎兵得免。《周書》作'二千'是。"可從。

宣帝之征吐谷渾也,[1]武帝令軌與宇文孝伯并從,軍中進趣,皆委軌等,宣帝仰成而已。時宫尹鄭譯、王端並得幸于宣帝。[2]宣帝軍中頗有失德,譯等皆預焉。軍還,軌等言之於武帝。武帝大怒,乃撻宣帝,除譯等名,仍加捶楚。宣帝因此大銜之。軌又嘗與小内史賀若弼言及此事,[3]且言皇太子必不克負荷。弼深以爲然,勸軌陳之。軌後因侍坐,乃白武帝言:"皇太子多涼德,恐不了陛下家事。愚臣暗短,不足以論是非。陛下恒以賀若弼有文武奇才,識度宏遠,而弼比再對臣,深以此事爲慮。"武帝召弼問之。弼曰:"皇太子養德春宫,未聞有過。未審陛下何從得聞此言?"既退,軌誚弼曰:"平生言論,無所不道,今者乃爾翻覆!"弼曰:"此公之過也。皇太子國之儲副,豈易爲言,事有差跌,便至滅門之禍。本謂公密陳臧否,何得遂至昌言?"軌默然久之,乃曰:"吾專心國家,遂不存私計。向者對衆,良實非宜。"其後軌因内宴上壽,又捋武帝鬚曰:"可愛好老公,但恨後嗣弱耳!"武帝深以爲然。但漢王次長,又不才,此外諸子並幼,故不能用其説。

[1]吐谷渾:族名。又稱吐渾、退渾。原爲鮮卑族慕容部的一支,先祖游牧於徒河青山(今遼寧義縣東)。西晋時,遷徙於今甘肅、青海一帶。十六國時,先後受到前涼、西秦等追逐,幾乎亡國。後再度崛起,北魏太武帝時達到最强盛。在北魏打擊下,一度退到今新疆一帶。以游牧爲生。見《北史》卷九六《吐谷渾傳》。

[2]宫尹:官名。即太子宫尹。西魏恭帝三年置,北周因之。掌太子府政務,輔佐太子。正四命。　鄭譯:人名。字正義,滎陽

開封（今河南開封市）人。北周、隋朝官吏。見《北史》卷三五《鄭羲附鄭譯傳》。

[3]小内史：官名。西魏、北周置，内史中大夫屬官。　賀若弼：人名。字輔伯，河南洛陽（今河南洛陽市東北）人。北周、隋朝名將。見《北史》卷六八《賀若敦附賀若弼傳》。

及宣帝即位，追鄭譯等復爲近侍。軌自知必及於禍，謂所親曰："吾昔在先朝，實申社稷至計。今日之事，斷可知矣。此州控帶淮南，鄰接彊寇，欲爲身計，易同反掌。但忠義之節，不可虧違。况荷先帝厚恩，每思以死自效，豈以獲罪於嗣主，便欲背德於先帝？止可於此待死，義不爲他計。冀千載之後，知吾此心。"

大象元年，帝使内史杜虔信就徐州殺軌。[1]御正中大夫顔之儀切諫，[2]帝不納，遂誅之。軌立朝忠恕，兼有大功，忽以無罪被戮，天下知與不知皆傷惜。

[1]杜虔信：源氏校勘記云："'虔'《周書》作'慶'。"

[2]御正中大夫：官名。西魏恭帝三年置，北周沿置。爲天官府御正司長官，北周明帝武成元年在其上置上大夫，降爲副職。在皇帝左右負責宣傳詔令，參議刑罰爵賞以及軍國大事。頒發詔書時，必須有其署名。正五命。　顔之儀：人名。字子升，琅邪臨沂（今山東費縣東）人。南朝梁、北周及隋朝官吏。見《周書》卷四〇《顔之儀傳》。

時京兆郡丞樂運亦以直言數諫於帝。[1]

[1]京兆：郡名。隋朝時治長安縣，在今陝西西安市西北。

郡丞：官名。爲郡守之副職，助掌郡之行政。隋朝時京兆郡丞爲從五品，他州郡丞爲從七品至從八品。

樂運，字承業，南陽淯陽人，[1]晉尚書令廣之八世孫。[2]祖文素，齊南郡守。[3]父均，梁義陽郡守。[4]

[1]南陽淯陽人：底本作“南陽清陽人”，源氏校勘記云：“‘清’《周書》作‘淯’。按《地理志》有育陽。”中華本校勘記云：“諸本‘淯’作‘清’，《周書》卷四〇、《通志》卷一五六《樂運傳》作‘淯’。錢氏《考異》卷四〇云：‘按魏、隋二志，南陽無清陽縣，“清”當作“淯”。’按《晉書》卷四三《樂廣傳》亦云：‘南陽淯陽人也。’作‘清’誤，今據改。”今從改。南陽，郡名。漢時治宛縣，在今河南南陽市。淯陽，縣名。治所在今河南鄧州市南。

[2]廣：即樂廣，人名。字彦輔，南陽淯陽（今河南鄧州市南）人。西晉大臣。見《晉書》卷四三《樂廣傳》。

[3]南郡：南朝齊時治江陵縣，在今湖北江陵縣。

[4]義陽：郡名。南朝梁時治平陽縣，在今河南信陽市南。

運少好學，涉獵經史。年十五而江陵滅，隨例遷長安。其親屬等多被籍没，運積年爲人傭保，皆贖免之。事母及寡嫂甚謹，由是以孝聞。梁故都官郎琅邪王澄美之，[1]次其行事爲孝義傳。性方直，未嘗求媚於人。臨淄公唐瑾薦之，[2]自柱國府記室爲露門學士。[3]前後犯顔屢諫武帝，多被納用。建德二年，除萬年縣丞。[4]抑挫豪右，號稱强直。武帝嘉之，特許通籍，[5]事有不便於時者，令巨細奏聞。

［1］都官郎：官名。亦作“都官郎中”。爲尚書省都官曹長官。主要職責是掌管刑獄。南朝梁時爲五班。　琅邪：郡名。南朝梁時治即丘縣，在今山東臨沂市西。　王澄：人名。南朝梁官吏，今山東費城縣東人。

［2］臨淄公：封爵名。臨淄，縣名。治所在今山東淄博市東北。　唐瑾：人名。字附璘，北海平壽（今山東昌樂縣東南）人。西魏、北周大臣。見《北史》卷六七《唐永附唐瑾傳》。

［3］露門學士：官名。北周置，爲露門學屬官，教授生徒，地位低於露門學文學博士，因露門又稱虎門，故亦稱虎門學士。

［4］萬年：縣名。治所在今陝西西安市。

［5］通籍：指記名於宮門，可以進出宮門。

武帝嘗幸同州，[1]召運赴行在所。既至，謂曰：“卿言太子如何人？”運曰：“中人也。”時齊王憲以下並在帝側，帝顧謂憲等曰：“百官佞我，皆云太子聰明睿智，唯運云中人，方驗運之忠直耳。”於是因問運中人之狀。運對曰：“班固以齊桓公爲中人，管仲相之則霸，豎貂輔之則亂。[2]可與爲善，亦可與爲惡也。”帝曰：“我知之矣。”遂妙選宮官以匡弼之。乃超拜運京兆郡丞。太子聞之，意甚不悦。

［1］武帝嘗幸同州：底本作“武帝常幸同州”，中華本校勘記云：“諸本‘嘗’作‘常’，據《周書》改。”今從改。

［2］豎貂：人名。爲齊桓公後期的宦官，甚得寵信，禍亂國家。齊桓公老年時被其餓死，並且久不發喪。

及武帝崩，宣帝嗣位，葬訖，詔天下公除，帝及六宫，便議即吉。運上疏曰：“三年之喪，自天子達於庶人。先王制禮，安可誣之。禮，天子七月而葬，以候天下畢至。今葬期既促，事訖便除，文軌之内，奔赴未盡；鄰境遠聞，使猶未至。若以喪服受弔，不可既吉更凶；如以玄冠對使，未知此出何禮。進退無據，愚臣竊所未安。”書奏，帝不納。

自是德政不修，數行赦宥。運又上疏曰：“臣謹按《周官》曰：[1]‘國君之過市，刑人赦。’此謂市者交利之所，君子無故不遊觀焉，則施惠以悦之也。[2]《尚書》曰‘眚灾肆赦’。[3]此謂過誤爲害，[4]罪雖大，當緩赦之。謹尋經典，未有罪無輕重，溥天大赦之文。故管仲曰：‘有赦者，奔馬之委轡；不赦者，痤疽之礪石。’又曰：‘惠者，人之仇讎；法者，人之父母。’吴漢遺言，[5]猶云：‘唯願無赦。’王符著論，[6]亦云：‘赦者非明世之所宜有。’大尊豈可數施非常之惠，[7]以肆姦宄之惡乎。”帝亦不納，而昏暴滋甚。

[1]周官：書名。傳説爲西周周公所作，儒家經典之一。

[2]君子無故不遊觀焉則施惠以悦之也：源氏校勘記云：“‘焉’下《周書》有‘若游觀’三字。此書脱文。”中華本校勘記云：“《周書》‘焉’下有‘若游觀’三字，疑此脱。”

[3]眚灾：因過失而造成的災害。

[4]此謂：底本作“此爲”，中華本校勘記云：“諸本‘謂’訛作‘爲’，據《周書》《通志》改。”今從改。

[5]吴漢：人名。字子顏，南陽宛（今河南南陽市）人。東漢

中興名將。見《後漢書》卷一八《吳漢傳》。

[6]王符：人名。字節信，安定臨涇（今甘肅鎮原縣）人。東漢思想家。見《後漢書》卷四九《王符傳》。

[7]赦者非明世之所宜有大尊豈可數施非常之惠：源氏校勘記云："《周書》無'有大尊'三字。恐衍。"

運乃輿櫬詣朝堂，陳帝八失：

一曰：内史御正，職在弼諧，皆須參議，共理天下。大尊比來小大之事，多獨斷之。堯、舜至聖，尚資輔弼，况大尊未爲聖主，而可專恣己心？凡諸刑罰爵賞，爰及軍國大事，請參諸宰輔，與衆共之。

二曰：内作色荒，古人重誡。大尊初臨四海，德惠未洽，先搜天下美女，用實後宫，又詔儀同以上女，不許輒嫁。貴賤同怨，聲溢朝野。請姬媵非幸御者，放還本族。欲嫁之女，勿更禁之。

三曰：天子未明求衣，日旰忘食，猶恐萬機不理，天下擁滯。大尊比來一入後宫，數日不出。所須聞奏，多附内豎。傳言失實，是非可懼。事由宦者，亡國之徵。請準高祖，居外聽政。

四曰：變故易常，乃爲政之大忌；淫刑酷罰，非致安之弘規。若罰無定刑，則天下皆懼；政無常法，則人無適從。豈有削嚴刑之詔未及半祀，便即遣改，[1]更嚴前制？[2]政令不定，乃至於此！今宿衛之官，有一夜不直者，罪至削除；因而逃亡者，遂便籍没。此則大逆之罪，與杖十同科。雖爲法愈嚴，恐人情愈散。一人心散，尚或不可止，[3]若天下皆散，將如之何？請遵輕典，並依大律，則億兆之人，手足有所措矣。

[1]遣改：源氏校勘記云："《周書》作'追改'。"中華本校勘記云："《周書》《通志》'遣'作'追'，'遣'疑是'追'之形訛。"可從。

[2]更嚴前制：除底本、中華本外，毛本、殿本、四庫本、四部備要本作"更散前制"。

[3]一人心散尚或不可止：源氏校勘記云："《周書》無'不'字。"中華本校勘記云："《周書》無'不'字，《通志》有。按'不'字於文義不洽，疑衍。"可從。

五曰：高祖斲雕爲朴，本欲傳之萬世。大尊朝夕趨庭，親承聖旨。豈有崩未踰年，而遽窮奢麗，[1]成父之志，義豈然乎？請興造之制，務從卑儉，雕文刻鏤，一切勿營。

[1]遽窮奢麗：底本作"處窮奢麗"，源氏校勘記云："'處'《周書》作'遽'。爲是。"中華本校勘記云："諸本'遽'作'處'，《周書》作'遽'，《通志》作'處躬奢麗'。按'處'乃'遽'之訛。今從《周書》改。"今從改。

六曰：都下之人，徭賦稍重。必是軍國之要，不敢憚勞。豈容朝夕徵求，唯供魚龍爛漫；士庶從役，祇爲俳優角抵？紛紛不已，財力俱竭，業業相顧，無復聊生。凡無益之事，請並停罷。

七曰：近見有詔，上書字誤者即科其罪。假有忠讜之人，欲陳時事，尺有所短，文字非工，不密失身，義無假手，脱有舛謬，便迫嚴科。[1]嬰徑尺之鱗，其事非易；下不諱之詔，猶懼未來，更加刑戮，能無鉗口？大尊縱不能採誹謗之言，無宜杜獻替之路。請停此詔，則天下幸甚。

[1]迫：毛本、殿本、四庫本、四部備要本“迫”作“道”。嚴科：源氏校勘記云：“‘科’《周書》作‘舛’。爲是。”

八曰：昔桑穀生朝，殷王因之獲福；今玄象垂戒，此亦興周之祥。大尊雖減膳撤縣，未盡銷譴之理。誠願諮諏善道，修布德政，解兆庶之愠，引萬方之罪。則天變可除，鼎業方固。大尊若不革兹八事，臣見周廟不血食矣。

帝大怒，將戮之。内史元巖諫，[1]因而獲免。翌日，帝頗感悟，召運謂之曰：“朕昨夜思卿所奏，實是忠臣。先皇聖明，卿數有規諫；朕既昏暗，卿復能如此。”乃賜御食以賞之。朝之公卿，初見帝甚怒，莫不爲運寒心。後見獲賞，又皆相賀，以爲幸免獸口。[2]

[1]元巖：人名。字君山，河南洛陽（今河南洛陽市東北）人。北周、隋朝大臣。見《北史》卷七五《元巖傳》。

[2]以爲幸免獸口：中華本校勘記云：“《周書》《通志》‘獸’作‘虎’。按唐人諱‘虎’，《周書》亦當是後人回改。”可從。

内史鄭譯常以私事請託，運不之許，[1]因此銜之。及隋文帝爲丞相，譯爲長史，遂左遷運爲廣州滍陽令。[2]開皇五年，轉毛州高唐令。[3]頻歷二縣，並有聲績。運常願處一諫官，從容諷議，而性訐直，爲人所排抵，遂不被任用。乃發憤録夏、殷以來諫争事，集而部之，凡六百三十九條，合四十一卷，名曰《諫苑》。奏上之。文帝覽而嘉焉。

[1]之：底本作“知”。據文意，今從毛本、殿本、四庫本、四部備要本改。

[2]廣州：北周時治魯山縣，在今河南魯山縣魯陽故城。　滍陽：縣名。治所在今河南寶豐縣東南。

[3]高唐：縣名。治所在今山東高唐縣。

論曰：王羆剛峭有餘，弘雅未之聞也。情安儉率，志在公平。既而奮節危城，抗辭勍敵，梁人爲之退舍，高氏不敢加兵。以此見稱，信非虚矣。至述不隕門風，亦足稱也。

王思政驅馳有事之秋，慷慨功名之際。及乎策名霸府，作鎮潁川，設縈帶之險，修守禦之術，以一城之衆，抗傾國之師，率疲駘之兵，當勁勇之卒，[1]猶能亟摧大敵，屢建奇功。忠節冠於本朝，義聲動於鄰聽。運窮事蹙，城陷身囚，壯志高風，亦足奮於百世矣。

[1]當：底本作“常”，中華本校勘記云：“諸本‘當’訛‘常’，據《周書》卷一八史臣論改。”今從改。

尉遲迥地則舅甥，職惟台衮，沐恩累葉，荷眷一時，居形勝之地，受藩維之託，顛而不扶，憂責斯在。及主威云謝，鼎業將遷，九服移心，[1]三靈改卜，[2]遂能志存赴蹈，投袂稱兵。忠君之勤未宣，違天之禍便及。校其心，翟義、葛誕之儔歟。[3]綱、運積宣王室，勤勞出內。觀其自致榮寵，豈唯恩澤而已乎。

[1]九服：西周制，天子直轄之地方千里，稱爲王畿，此外爲天子的藩屬，分爲九服，即侯服、甸服、男服、采服、衛服、蠻服、夷服、鎮服、藩服。

[2]三靈：日、月、星的垂象之應。

[3]翟義：人名。字文仲，汝南上蔡（今河南汝南縣）人。西漢官吏。因不滿王莽專政而起兵，兵敗被殺。見《漢書》卷八四《翟方進附翟義傳》。　葛誕：即諸葛誕，人名。字公休，琅邪陽都（今山東沂南縣）人。三國魏將領。因不滿司馬懿專權而起兵，兵敗被殺。見《三國志》卷二八《魏書·諸葛誕傳》。

夫士之成名，其途不一，蓋有不待爵禄而貴，不因學藝而重者何？亦云忠孝而已。若乃竭力以奉其親者，人子之行也；致身以事其君者，人臣之節也。斯固彌綸三極，囊括百代。當宣帝之在東朝，凶德方兆，王軌志惟無諱，極議於骨肉之間，竟遇淫刑，以至夷滅。若斯人者，人或以爲其不忠，則天下莫之信也。觀樂運之所以行己之節，其有古之遺直之風乎。

北史　卷六三

列傳第五十一

周惠達　馮景　蘇綽 子威 從兄亮

周惠達，字懷文，章武文安人也。[1]父信，歷樂鄉、平舒、成平三縣令，[2]皆以廉能稱。

[1]章武：郡名。北魏時治平舒縣，在今河北大城縣。　文安：縣名。治所在今河北文安縣東北。

[2]樂鄉：縣名。治所在今河北清苑縣東。　平舒：縣名。治所在今河北大城縣。　成平：縣名。治所在今河北泊頭市交河鎮。

惠達幼有節操，好讀書，美容貌。魏齊王蕭寶夤爲瀛州刺史，[1]召惠達及河間馮景同在閤下，[2]甚禮之。及寶夤還朝，惠達隨入洛陽。[3]寶夤西征，惠達復隨入關。寶夤除雍州刺史，[4]令惠達使洛陽。未還，而寶夤謀反聞於京師。有司以惠達是其行人，[5]將執之。惠達乃私馳還。至潼關，[6]遇大使楊侃。[7]侃謂曰：[8]"何爲故入獸口？"[9]惠達曰："蕭王必爲左右所誤，今往，庶其改圖。”及至，寶夤反形已露，不可彌縫。遂用惠達爲光禄勳、中書舍人。[10]寶夤既敗，唯惠達等數人從之。寶夤語惠達曰：“人生富貴，左右咸言盡節，及遭厄難，乃知歲寒也。”

[1]蕭寶夤：人名。南蘭陵（一説在今江蘇常州市，一説在今江蘇丹陽市）人。南朝齊宗室、北魏將領。見《北史》卷二九《蕭寶夤傳》。　瀛州：北魏時治趙都軍城，在今河北河間市。

[2]河間：郡名。北魏時治武垣縣，在今河北河間市南。

[3]洛陽：城名。在今河南洛陽市東北。

[4]雍州：北魏時治長安縣，在今陝西西安市西北。

[5]行人：官名。《周禮·秋官》之屬有大行人、小行人，掌朝覲聘問之事。

[6]潼關：關隘名。在今陝西潼關縣北。

[7]大使：指帝王臨時特派的大臣。　楊侃：人名。字士業，弘農華陰（今陝西華陰市東南）人。北魏官吏。見《北史》卷四一《楊播附楊侃傳》。

[8]侃謂曰：局本作“相謂曰”。

[9]獸口：中華本校勘記云：“《通志》卷一五七《周惠達傳》‘獸’作‘虎’，《北史》避唐諱。”

[10]光禄勳：官名。北魏時掌管宫殿門禁宿衛以及百官的膳食。孝文帝太和十七年（493）定爲從一品下，二十三年改爲三品。　中書舍人：官名。即中書通事舍人。北朝時專掌草擬詔令，權任較南朝爲輕。北魏孝文帝太和十七年定爲六品上，二十三年改爲六品下。

賀拔岳爲關中大行臺，[1]惠達爲岳府屬。岳爲侯莫陳悦所害，[2]惠達逌入漢陽之麥積崖。[3]悦平，歸於周文帝。[4]文帝復以爲府司馬，[5]便委任焉。周文帝爲大將軍、大行臺，[6]以惠達爲行臺尚書、大將軍府司馬，[7]封文安縣子。[8]周文出鎮華州，[9]留惠達知後事。

[1]賀拔岳：人名。字阿斗泥，神武尖山（今山西神池縣）人。北魏名將。見《北史》卷四九《賀拔允附賀拔岳傳》。　大行臺：官名。北魏置，爲尚書省在各主要地區的派出機構，管理轄區内軍政事務的長官。

[2]侯莫陳悦：人名。代郡（今山西大同市東北）人。北魏將領。襲殺賀拔岳，被宇文泰追擊，途中被困，自縊而死。見《北史》卷四九《侯莫陳悦傳》。

[3]漢陽：郡名。北魏時治蘭倉縣，在今甘肅禮縣。　麥積崖：亦作“麥積山”。在今甘肅天水市北道區。

[4]周文：即宇文泰。文爲其謚號，北周明帝所追謚。

[5]司馬：官名。軍府的高級幕僚，掌參贊軍務，管理府内武職，地位僅次於長史。品秩隨府主而定。

[6]大將軍：官名。高級軍事統帥，掌管全國軍政。一品。

[7]行臺尚書：官名。爲行臺屬官，分理各曹事。北魏孝文帝太和二十三年改爲正四品。

[8]文安縣子：封爵名。文安，縣名。治所在今河北文安縣東北。

[9]華州；西魏時治鄭縣，在今陜西華縣西南。

時既承喪亂，庶事多闕。惠達營造戎仗，儲積倉糧，簡閲士馬，以濟軍國之務，甚爲朝廷所稱。後拜中書令，[1]進爵爲公。大統四年，[2]兼尚書右僕射。[3]其年，周文與魏文帝東討，[4]令惠達輔魏太子居守，總留臺事。

及芒山失律，[5]人情駭動。趙青雀據長安子城反，[6]惠達奉太子出渭橋北以禦之。[7]軍還，青雀等誅。拜吏部尚書。[8]久之，復爲右僕射。

[1]中書令：官名。爲中書省長官，常用有文學才望者任職。北魏孝文帝太和十七年定爲二品中，二十三年定爲三品。

[2]大統：西魏文帝的年號（535—551）。

[3]尚書右僕射：官名。北朝時位列宰相，主管尚書省政務或選舉。北魏孝文帝太和十七年定爲從一品中，二十三年改爲從二品。西魏沿置。

[4]魏文帝：即西魏皇帝元寶炬。文爲其謚號。

[5]芒山失律：指芒山之戰。又作邙山之戰，南北朝時東西魏之間的一次戰役。芒山，位於今河南洛陽市東北。

[6]趙青雀：人名。北齊、北周官吏。沙苑之戰被俘投歸北周，曾任都督。謀反伏誅。　子城：指大城所屬的小城，爲内城附在城垣上的甕城或月城。

[7]渭橋：橋名。在今陝西咸陽市東北。

[8]吏部尚書：官名。北魏時爲尚書吏部曹主官，掌官吏銓選、封爵、考課之政。孝文帝太和二十三年爲三品。西魏沿置。

自關右草創，禮樂缺然。惠達與禮官損益舊章，是以儀軌稍備。魏文帝因朝奏樂，顧謂惠達曰："此卿功也。"惠達雖居顯職，性謙退，善下人，盡心勤公，愛拔良士，以此皆敬而附之。薨，子題嗣。隋開皇初，[1]以惠達著績前代，追封蕭國公。

[1]開皇：隋文帝的年號（581—600）。

馮景，字長明，河間武垣人也。[1]父傑，爲伏與令。[2]

[1]武垣：縣名。治所在今河北河間市南。

[2]伏與：縣名。治所不詳。

景少與周惠達友，俱以客從蕭寶夤。寶夤後爲尚書右僕射，引景領尚書都令史。[1]正光中，[2]寶夤爲關西大行臺，[3]景又爲行臺都令史。[4]及寶夤敗還長安，或議歸罪闕下，或言留州立功。景曰："擁兵不還，此罪將大。"寶夤不從，遂反。及寶夤平，景方得還洛。朝廷聞景有諫言，故不罪之。

[1]尚書都令史：官名。屬尚書省，位在令史上。協助尚書左右丞管理都省事務，監督諸曹尚書、尚書郎。北魏時爲從八品上。

[2]正光：北魏孝明帝的年號（520—525）。

[3]關西：地區名。指函谷關或潼關以西的地區。　大行臺：官名。爲大行臺長官的省稱。

[4]行臺都令史：官名。爲行臺主要屬官。

後事賀拔岳爲行臺郎。[1]岳使景詣齊神武，[2]察其行事。神武聞岳使至，甚有喜色，問曰："賀拔公詎憶吾邪？"即與景歃血，託岳爲兄弟。景還，以狀報岳。岳曰："此姦有餘，而實不足。自古王臣無私盟者也，吾料之熟矣。"岳北合費也頭，[3]東引紇豆陵伊利，[4]西總侯莫陳悦、河州刺史梁景叡及酋渠爲盟誓，[5]共會平凉，[6]移軍東下。懼有專任之嫌，使景啓孝武帝。[7]帝甚悦。又爲岳大都督府從事中郎。[8]

[1]行臺郎：官名。即行臺郎中。爲行臺各曹郎中的泛稱。

[2]齊神武：即高歡。神武爲其謚號，北齊後主所追謚。

[3]費也頭：族名。爲匈奴别部之一。北朝時活動於今山西、陝西兩省間黄河南段以西一帶。

[4]紇豆陵伊利：人名。北魏末、西魏時匈奴費也頭部的首領。

[5]河州：北魏時治枹罕縣，在今甘肅臨夏市。　梁景叡：人名。即梁覽。字景叡，金城（今甘肅蘭州市東）人。北魏、西魏官吏。見《北史》卷四九《梁覽傳》。　酋渠：部落的首領。

[6]平凉：城名。在今甘肅平凉市西北。

[7]孝武帝：即北魏皇帝元脩。孝武爲其謚號。

[8]從事中郎：官名。其職依時依府而異，或主吏，或分掌諸曹，或掌機密，或參謀議，地位較高。

後侯莫陳悦平，周文使景於京師告捷。帝有西遷意，因問關中事勢。景勸帝西遷。後以迎孝武功，封高陽縣伯，[1]除散騎常侍、行臺尚書。[2]大統初，詔行涇州事，[3]卒於官。

[1]高陽縣伯：封爵名。高陽，縣名。治所在今河北高陽縣東。

[2]散騎常侍：官名。主要職責是侍從皇帝左右，諫諍得失，顧問應對，與侍中等共平尚書奏事，有異議得駁奏。亦常用作宰相、諸公等加官，得入宫禁議政。北魏孝文帝太和二十三年後爲從三品。

[3]涇州：西魏時治安定縣，在今甘肅涇川縣北。

蘇綽，字令綽，武功人，[1]魏侍中則之九世孫也。[2]累世二千石。父協，武功郡守。[3]

[1]武功：縣名。治所在今陝西武功縣西北。

[2]侍中：官名。三國魏時總典機密，受遺詔輔政，權任尤重，時號“小宰相”。北魏初置四員。孝文帝太和十七年定爲從一品中，二十三年改爲三品。 則：人名。字文師，扶風武功（今陝西武功縣西北）人。

[3]武功：郡名。北魏時治美陽縣，在今陝西扶風縣東南。

綽少好學，博覽群書，尤善算術。從兄讓爲汾州刺史，[1]周帝餞于都門外。[2]臨别，謂曰：“卿家子弟之中，誰可任用者？”讓因薦綽。周文乃召爲行臺郎中。在官歲餘，未見知。然諸曹疑事，皆詢於綽而後定。所行公文，綽又爲之條式。臺中咸稱其能。周文與僕射周惠達論事，惠達不能對，請出外議之。乃召綽，告以其事，綽即爲量定。惠達入呈，周文稱善，謂曰：“誰與卿爲此議者？”惠達以綽對，因稱其有王佐才。周文曰：“吾亦聞之久矣。”尋除著作佐郎。[3]

[1]汾州：西魏時治蒲子城，在今山西隰縣。

[2]周帝餞于都門外：局本作“周文帝餞干都門外”，源氏校勘記云：“‘都’上《周書》有‘東’字。”中華本校勘記云：“《周書》卷二三《蘇綽傳》‘周帝’作‘太祖’，即周文帝。疑此脱‘文’字。”可從。

[3]著作佐郎：官名。掌搜集史料，供著作郎撰史。本用文學之士，但在南北朝後期，因其職務清閑，成爲士族高門子弟的起家

之官。北魏時秘書省著作局置四員，孝文帝太和十七年定爲從五品上，二十三年改爲七品。西魏沿置。

屬周文與公卿往昆明池觀漁，[1]行至城西漢故倉地，[2]顧問左右，莫有知者。或曰："蘇綽博物多通，請問之。"周文乃召綽問，具以狀對。周文大悦，因問天地造化之始，歷代興亡之跡。綽既有口辯，應對如流。周文益嘉之，乃與綽並馬徐行至池，竟不設網罟而還。遂留綽至夜，問以政道，卧而聽之。綽於是指陳帝王之道，兼述申、韓之要。[3]周文乃起，整衣危坐，不覺膝之前席。語遂達曙不厭。詰朝，謂周惠達曰："蘇綽真奇士，吾方任之以政。"即拜大行臺左丞，[4]參典機密。自是寵遇日隆。綽始制文案程式，朱出墨入，及計帳、户籍之法。

[1]昆明池：湖名。故址在今陝西西安市西南。

[2]行至城西漢故倉地：中華本校勘記云："《通鑑》卷一五七作'倉池'。胡注引《水經注》云：'泬水枝渠至章門西，飛渠引水入城，東爲倉池。池在未央宫西。'胡注又云：'《蘇綽傳》亦云："行至長安城西漢故倉池。"'則司馬光與胡三省所見《周書》和《北史》'地'作'池'。"

[3]申：即申不害，亦稱爲申子。戰國時期鄭國京縣（今河南滎陽市）人。法家思想的代表人物之一，以'術'稱於世。　韓：即韓非。戰國時期韓國（今河南新鄭市）人。韓國公子，是法家思想的集大成者。見《史記》卷六三《老子韓非列傳》。

[4]大行臺左丞：官名。爲大行臺尚書左丞的省稱。職掌同尚書左丞，負責監察臺内諸官、選授官吏、文書奏事等，職權甚重。

大統三年，齊神武三道入寇，諸將咸欲分兵禦之，獨綽意與周文同，遂併力拒竇泰，[1]擒之於潼關。封美陽縣伯。十一年，授大行臺度支尚書，[2]領著作，[3]兼司農卿。[4]

[1]竇泰：人名。字世寧，太安捍殊（今山西壽陽縣北）人。北魏、東魏將領。見《北史》卷五四《竇泰傳》。

[2]封美陽縣伯十一年授大行臺度支尚書：《周書》卷二三《蘇綽傳》作“封美陽縣子……十年，授大行臺度支尚書”。《通志》卷一七六作“封美陽縣伯。十一年授大行臺度支尚書”。源氏校勘記云：“《周書》無‘一’字。”中華本校勘記云：“《周書·蘇綽傳》無‘一’字。”美陽縣伯，封爵名。美陽，縣名。治所在今陝西扶風縣東南。度支尚書，官名。統管度支、户部、金部、倉部四曹。掌軍國財賦的收支會計及漕運、物價、屯田之政令。北魏孝文帝太和二十三年爲三品。西魏略同。

[3]著作：官名。即著作郎。掌修國史及爲皇帝修撰碑誌、祝文、祭文等。北魏孝文帝太和二十三年後爲從五品上。西魏沿置。

[4]司農卿：官名。主要職責是勸農，掌管倉儲、園苑，供應宫廷膳食等。北魏孝文帝太和二十三年後爲三品。西魏沿置。

周文方欲革易時政，務弘强國富人之道，故綽得盡其智能，贊成其事。減官員，置二長，并置屯田以資軍國。又爲六條詔書，奏施行之。

其一，先脩心，曰：

凡今之方伯守令，皆受命天朝，出臨下國，論其尊貴，並古之諸侯也。是以前代帝王，每稱共理天下者唯良宰守耳。明知百僚卿尹雖各有所司，然其理人之本，莫若守宰之最重也。[1]凡理人之體，當先理己心，[2]心者一身之主，百行之本。心不清静，則思慮妄生。思慮妄生，則見理不明。見理不明，則是非謬亂。是非既亂，則一身不能自理，安能理人也？是以理人之要，在於清心而已。夫所謂清心者，非不貪貨財之謂，乃欲使心氣清和，志意端静。心和志静，則邪僻之慮無因而作。邪僻不作，則凡所思念無不皆得至公之理。率至公之理以臨其人，則彼下人孰不從化？是以稱理人之本，先在理心。

[1]最重：底本、局本作"量重"，毛本、殿本、四部備要本作"最重"。按："最"與"量"當爲字形相近而訛，今從改。

[2]凡理人之體當先理己心：《周書》作"凡治民之體，先當治心"。《北史》避唐太宗李世民諱改。

其次又在理身。凡人君之身者，乃百姓之表，一國之的也。表不正，不可求直影；的不明，不可責射中。今君身不能自理，而望理百姓，是猶曲表而求直影也；君行不能自脩，而欲百姓脩行者，是猶無的而責射中也。故爲人君者，必心如清水，形如白玉，躬行仁義，躬行孝悌，躬行忠信，躬行禮讓，躬行廉平，躬行儉約，然後繼之以無倦，加之以明察。行此八者以訓其人。是以其人畏而愛之，則而象之，不待家教日見而自興行矣。

其二，敦教化，曰：

天地之性，唯人爲貴。明其有中和之心，仁恕之行，異於木石，不同禽獸，故貴之耳。然性無常守，隨化而遷。化於敦朴者則質直，化於澆僞者則浮薄。浮薄者則衰弊之風，質直者則淳和之俗。[1]衰弊則禍亂交興，淳和則天下自治。自古安危興亡，[2]無不皆由所化也。

[1]質直者則淳和之俗：底本“淳”作“敦”，中華本校勘記云：“諸本‘淳’訛作‘敦’，據《周書》、《通志》卷一五七《蘇綽傳》及下文‘淳和則天下自治’語改。”今從改。

[2]自古安危興亡：源氏校勘記云：“《周書》無‘自古’二字，‘安危’作‘治亂’。”

然世道彫喪，已數百年。大亂滋甚，且二十載。人不見德，唯兵革是聞；上無教化，唯刑罰是用。而中興始爾，大難未弭，加之以師旅，因之以饑饉，凡百草創，率多權宜。致使禮讓弗興，風俗未反。比年稍登稔，徭賦差輕，衣食不切，則教化可脩矣。凡諸牧守令長，各宜洗心革意，[1]上承朝旨，下宣教化矣。夫化者，[2]貴能扇之以淳風，浸之以太和，被之以道德，示之以朴素。使百姓亹亹，[3]日遷於善，[4]邪僞之心，嗜慾之性，潛以消化，而不知其所以然，此之謂化也。然後教之以孝悌，使人慈愛；教之以仁順，使人和睦；教之以禮義，使人敬讓。慈愛則不遺其親，和睦則無怨於人，敬讓則不競於物。三者既備，則王道成矣。此之謂教也。先王之所以移風易俗，還淳反素，垂拱而臨天下以至於太平者，莫不由此。此之謂要道也。

[1]各：局本作“答”。

[2]下宣教化矣夫化者：底本作“下宣教化者”，源氏校勘記云：“‘者’上《周書》有‘矣夫化’三字。”中華本校勘記云：“諸本脱‘矣夫化’三字，據《周書》補。”今從改。

[3]亹（wěi）亹：勤勉不倦。

[4]日遷於善：《周書》作“中遷於善”，《册府元龜》卷四七三作“日遷於善”。當是避隋文帝之父楊忠諱改。

其三，盡地利，曰：

人生天地之間，衣食爲命。食不足則飢，衣不足則寒。飢寒切體，而欲使人興行禮讓者，此猶逆坂走丸，[1]勢不可得也。是以古之聖王知其若此，[2]先足其衣食，然後教化隨之。夫衣食所以足者，由於地利盡。地利所以盡者，由於勸課有方。主此教者，在乎牧守令長而已。人者冥也，[3]智不自周，必待勸教然後得盡其力。諸州郡縣，每至歲首，必戒敕部人，無問少長，但能操持農器者，皆令就田，墾發以時，勿失其所。及布種既訖，[4]嘉苗須理，麥秋在野，蠶停於室，若此之時，皆宜少長悉力，男女併功，若揚湯救火，寇盜之將至，[5]然後可使農夫不失其業，蠶婦得就其功。若游手怠惰，早歸晚出，好逸惡勞，不勤事業者，則正長牒名郡縣，[6]守令隨事加罰，罪一勸百。此則明宰之教也。

[1]逆坂走丸：比喻所求與所行相背離，事情難以辦到。出於《後漢書》卷七一《皇甫嵩傳》："若欲輔難佐之朝，雕朽敗之木，是猶逆坂走丸，迎風縱棹，豈云易哉?"坂，山坡。丸，彈珠。

[2]聖王：底本作"聖主"，中華本校勘記云："諸本'王'作'主'，《周書》《通志》作'王'。按蘇綽此文前後皆稱先王，作'王'是，今據改。"今從改。

[3]人者冥也：中華本校勘記云："《周書》'人'作'民'。按《北史》避唐太宗名，改'民'作'人'。但失去'民''冥'諧音之意。"可從。

[4]訖：底本作"説"，唯中華本作"訖"。按：《周書》卷二三《蘇綽傳》作"訖"。據文意，作"訖"是。"説"與"訖"當爲字形相近而訛，今從改。

[5]揚湯救火寇盜之將至：源氏校勘記云："《周書》作'援溺救火，寇盜之將至'。"中華本《周書·蘇綽傳》校勘記云："《北史》本傳、《册府》仝上卷頁'援溺'作'揚湯'，《册府》宋本'將'作'時'。按文義'援溺'較長。但'揚湯救火'是説'揚湯'本不足以救火，但危急之際，就連些湯也被用上，也未嘗不可通。疑後人以'揚湯'但有'止沸'之語，故改爲'援溺'。"可從。

[6]長：源氏校勘記云："'長'《周書》作'表'。"按：《周書》更合文意。

夫百畝之田，必春耕之，夏種之，秋收之，然後冬食之。此三時者，農之要月也。[1]若失其一時，則穀不可得而食。故先王之戒曰："一夫不耕，天下必有受其飢者；一婦不織，天下必有受其寒者。”若此三時，不務省事，而令人廢農者，是則絶人之命，驅以就死然。單劣之户，及無牛之家，勸令有無相通，使得兼濟。三農之隙，及陰雨之暇，又當教人種桑植果，藝其蔬菜，脩其園圃，畜育雞豚，以備生生之資，以供養老之具。

[1]農之要月也：源氏校勘記云：“《周書》無‘月’字。”

夫爲政不欲過碎，碎則人煩；勸課亦不容太簡，簡則人怠。善爲政者，必消息時宜而適煩簡之中。故《詩》曰：“不剛不柔，布政優優，百禄是求。”[1]如不能爾，則必陷於刑辟矣。

[1]布政優優百禄是求：中華本校勘記云：“《通志》‘求’作‘遒’。按《詩·商頌·長發》本作‘遒’。蘇綽不一定引原文，如‘布政’之‘布’，今本《詩經》作‘敷’。《通志》作‘遒’，當是據《詩經》回改。”

其四，擢賢良，曰：

天生蒸黎，[1]不能自化，故必立君以理之。人君不能獨理，故必置臣以佐之。上自帝王，下及列國，置臣得賢則安，失賢則亂，此乃自然之理，百王不能易也。

[1]蒸黎：衆民，百姓。

今刺史縣令，[1]悉有僚吏，皆佐助之人也。刺史府官則命於天朝；其州吏以下，並牧守自置，自昔以來，州郡大夫，[2]但取門資，多不擇賢良；末曹小吏，唯試刀筆，並不問志行。夫門資者，乃先世之爵禄，無妨子孫之愚瞽；[3]刀筆者，乃身外之末材，不廢性行之澆僞。若門資之中而得賢良，是則策騏驥而取千里也；若門資之中而得愚瞽，是則土牛木馬，形似而用非，不可以涉道也。若刀筆之中而得志行，是則金相玉質，内外俱美，實爲人寶也；若刀筆之中而得澆僞，是則飾畫朽木，悦目一時，不可以充榱椽之用也。今之選舉者，當不限資蔭，唯在得人。苟得其人，自可起廝養而爲卿相，則伊尹、傅説是也，[4]而况州郡之職乎？苟非其人，則丹朱、商均雖帝王之胤，[5]不能守百里之封，而况於公卿之胄乎？由此而言，官人之道可見矣。[6]

[1]今刺史縣令：源氏校勘記云："'縣'《周書》作'守'。"中華本校勘記云："《周書》'縣'作'守'。按'守'指'太守'。刺史、太守、令是州郡縣三級長官，作'守'是。"可從。

[2]州郡大夫：源氏校勘記云："'夫'《周書》作'吏'。"中華本校勘記云："《周書》'夫'作'吏'。按州郡大吏指州郡僚佐，當時都由刺史、郡守各自在本地大族中辟舉。作'大夫'疑誤。"可從。

[3]瞽（gǔ）：瞎子。後指不明事理，没有見識。

[4]伊尹：人名。莘國（今山東莘縣）人。殷商初期政治家。傅説：人名。殷商武丁時期軍事家、政治家。輔佐武丁治國安邦，形成武丁中興的盛世局面。

[5]丹朱：人名。堯的兒子，受封於丹水一帶。傳説他“心既頑嚚，又好争訟”，所以堯禪位於舜。見《史記》卷一《五帝本紀》。　商均：人名。舜的兒子。對丹朱讓賢非常敬重，對於帝位不屑一顧。

[6]官人：《周書》卷二三《蘇綽傳》作“觀人”。源氏校勘記云：“‘官’《周書》作‘觀’。”中華本《周書·蘇綽傳》校勘記云：“《北史》本傳、《册府》卷四七三‘觀’作‘官’，疑《周書》原作‘官’。”

凡所求材藝者，爲其可以理人。若有材藝而以正直爲本者，必以材而爲理也；若有材藝而以姦僞爲本者，將因其官而亂也，何致化之可得乎？是故將求材藝，必先擇志行，善者則舉之，其志行不善則去之。

而今擇人者，多云邦國無賢，莫知所舉。此乃未之思也，非適理之論。所以然者，古人有言：明主聿興，不降佐於昊天；大人基命，不擢才於后土。常引一世之人，理一世之務。故殷、周不待稷、契之臣，[1]魏、晋無假蕭、曹之佐。[2]仲尼曰：“十室之邑，必有忠信如丘者焉。”豈有萬家之都，而云無士？但求之不勤，擇之不審，或授之不得其所，任之不盡其材，故云無耳。古人云：“千人之秀曰英，萬人之英曰儁。”今之智效一官，行聞一邦者，豈非近英俊之士也？但能勤而審之，去虚取實，各得州郡之最而用之，則人無多少，皆足化矣。孰云無賢！

[1]稷：即后稷。

[2]蕭：即蕭何。沛縣（今江蘇沛縣）人。西漢初大臣。見《史記》卷五三《蕭相國世家》。曹：即曹參。字敬伯，沛縣（今江蘇沛縣）人。西漢初大臣。見《史記》卷五四《曹相國世家》。

夫良玉未剖，與瓦石相類；名驥未馳，與駑馬相雜。及其剖而瑩之，馳而試之，玉石駑驥，然後始分。彼賢士之未用也，混於凡品，竟何以異。要任之以事業，責之以成務，方與彼庸流較然不同。昔吕望之屠釣，[1]百里奚之飯牛，[2]甯生之扣角，[3]管夷吾之三敗，[4]當此之時，悠悠之徒，豈謂其賢？及升王朝，登霸國，積數十年，功成事立，始識其奇士也。於是後世稱之，不容於口。彼瓌瑋之材，不世之傑，尚不能以未遇之時，自異於凡品，況降此者哉！若必待太公而後用，是千載無太公；必待夷吾而後任，是百世無夷吾。所以然者，士必從微而至著，功必積小以至大，豈有未任而已成，不用而先達也？若識此理，則賢可求，士可擇。得賢而任之，得士而使之，則天下之理，何向而不可成也？

[1]吕望之屠釣：西周時期大臣姜尚在釣魚時受到周文王的賞識，幫助文王成就大業。見《史記》卷三二《齊太公世家》。

[2]百里奚之飯牛：春秋時秦穆公曾以五羖羊皮從楚人那里贖回爲奴放牧的百里奚。後來百里奚輔佐秦穆公治理國家，使得秦國的實力迅速强大起來。見《史記》卷八七《李斯列傳》。

[3]甯生之扣角：相傳春秋時衛國的甯戚家境貧寒，而修養、德行很好，但不被重用。一日，他客宿在齊國的東門外，適逢齊桓公夜出，見到他一邊敲着牛角唱飯牛歌，一邊喂牛。桓公聞之，知其賢，命管仲迎之，拜爲上卿。“扣角”於是成爲求仕之典。見《史記》卷八三《魯仲連鄒陽列傳》。

[4]管夷吾之三敗：管夷吾，即管仲，他曾經歷過三次大的失敗，但是他的朋友鮑叔牙仍將他推薦給齊桓公爲相，促成了齊國的霸業。見《史記·齊太公世家》。

然善官人者，必先省其官。官省，則善人易充。善人易充，則事無不理。官煩，則必雜不善之人。雜不善之人，則政必有得失。故語曰：“官省則事省，事省則人清；官煩則事煩，事煩則人濁。”清濁之由，在於官之煩省。案今吏員，其數不少。昔人殷事廣，尚能克濟，況今户口減耗？依員而置，猶以爲少。如聞在下州郡，尚有兼假，[1]擾亂細人，[2]甚爲無理。諸如此輩，悉宜罷黜，無得習常。

[1]兼假：官制用語。也稱假兼、攝、假攝。官無正職，由職位較低的官代理此職。

[2]細人：小人，地位卑賤或見識短淺的人。

非直州郡之官，宜須善人，爰至黨族閭里正長之職，皆當審擇，各得一鄉之選，以相監統。夫正長者，理人之基。基不傾者上必安。

凡求賢之路，自非一途。然所以得之審者，必由任而試之，考而察之。起於居家，至於鄉黨，訪其所以，觀其所由，則人道明矣，賢與不肖别矣。率此以求，則庶無愆悔矣。

其五，恤獄訟，曰：

人受陰陽之氣以生，有情有性。性則爲善，情則爲惡。善惡既分，賞罰隨焉。賞罰得中，則惡止而善勸；[1]賞罰不中，則人無所措手足，則怨叛之心生。[2]是以先王重之，特加戒慎者，欲使察獄之官，精心悉意，推究根源。先之以五聽，參之以證驗，妙睹情狀，窮鑒隱伏，使姦無所容，罪人必得。然後隨事加刑，輕重皆當，舍過矜愚，[3]得情勿喜。又能消息情理，斟酌禮律，無不曲盡人心，而遠明大教，使獲罪者如歸。此則善之上者也。然宰守非一，[4]不可人人皆有通識，推理求情，時或難盡。唯當率至公之心，去阿枉之志，務求曲直，念盡平當。聽察之理，必窮所見，然後考訊以法，不苛不暴，有疑則從輕，未審不妄罰，隨事斷理，獄無停滯。此亦其次。若乃不仁恕而肆其殘暴，同人木石，專用捶楚。巧詐者，雖事彰而獲免；辭弱者，乃無罪而被罰。有如此者，斯則下矣，非共理所寄。今之宰守，當勤於中科，而慕其上善。如在下條，則刑所不赦。

[1]則惡止而善勸：底本作“則怨止而善勸”，源氏校勘記云：“‘怨’《周書》作‘惡’。”中華本校勘記云：“諸本‘惡’字作‘怨’，《周書》作‘惡’。按上文明云‘善惡既分，賞罰隨焉’，作

‘悪’是。作‘怨’是涉下文‘怨叛之心生’而訛，今據改。”今從改。

［2］賞罰不中則人無所措手足則怨叛之心生：源氏校勘記云：“‘人無所措手足下’，《周書》復此六字。”

［3］舍過：《周書》作“赦過”，《册府元龜》卷三七三作“赦過”，《通志》卷一七六作“舍過”。

［4］宰守：指諸侯王國的相、郡太守。

又當深思遠大，[1]念存德教。先王之制曰：與殺無辜，寧赦有罪；與其害善，寧其利淫。明必不得中，寧濫捨有罪，不謬害善人也。今之從政者則不然，深文巧劾，寧致善人於法，不免有罪於刑。所以然者，非皆好殺人也，[2]但云爲吏寧酷，可免後患。此則情存自便，不念至公，奉法如此，皆姦人也。夫人者，天地之貴物，一死不可復生。然楚毒之下，以痛自誣，不被申理，遂陷刑戮者，將恐往往而有。是以自古已來，設五聽三宥之法，[3]著明慎庶獄之典，此皆愛人甚也。凡伐木殺草，田獵不順，尚違時令而虧帝道；況刑罰不中，濫害善人，寧不傷天心，犯和氣！和氣損而欲陰陽調適，[4]四時順序，萬物阜安，蒼生悦樂者，不可得也。故語曰，一夫吁嗟，王道爲之傾覆，正謂此也。凡百宰守，可無慎乎！

［1］又：局本作“矣”，毛本、殿本、四庫本、四部備要本作“各”。

［2］非皆好殺人也：《周書》卷二三《蘇綽傳》作“皆非好殺

人也”。

[3]五聽：指審判官吏觀察當事人心理活動的五種方法：一曰辭聽，觀其出言，不直則煩；二曰色聽，觀其顔色，不直則赧；三曰氣聽，觀其氣息，不直則喘；四曰耳聽，觀其聽聆，不直則惑；五曰目聽，觀其眸子視，不直則眊然。　三宥：指犯人可以得到寬大處理的三種情况：一是不識，即因不知法而犯罪；二是過失，即因疏忽大意而犯罪；三是遺忘，即因忘記法律規定而犯罪。

[4]和氣損而欲陰陽調適：源氏校勘記云：“‘和氣損’上《周書》有‘天心傷’三字。”

若深姦巨猾，傷化敗俗，悖亂人倫，不忠不孝，故爲背道，殺一利百，以清王化，重刑可也。識此二途，則刑政盡矣。

其六，均賦役，曰：

聖人之大寶曰位。何以守位，曰仁。何以聚人，曰財。明先王必以財聚人，以仁守位。國而無財，位不可守。是故三五以來，[1]皆有征税之法。雖輕重不同，而濟用一也。今寇逆未平，軍國費廣，雖未遑減省，以恤人瘼，然宜令平均，使下無怨。[2]平均者，不舍豪强而徵貧弱，不縱姦巧而困愚拙，此之謂均也。故聖人曰：“蓋均無貧。”

[1]三五：三皇五帝，此處泛指上古時代。

[2]然宜令平均使下無怨：《周書》卷二三《蘇綽傳》作“然令平均，使下無匱”，《通志》卷一五七、《册府元龜》卷四七三作“然宜令平均使下無怨”，《大事記續編》卷四二作“然令平均，使下無匱”。

然財貨之生，其功不易。[1]紡紝織績，起於有漸，非旬日之間，所可造次。必須勸課，使預營理。絹鄉先事織紝，麻土早脩紡績。先時而備，至時而輸，故王賦獲供，下人無困。如其不預勸戒，臨時迫切，復恐稽緩，以爲己過，捶扑交至，取辦目前。富商大賈，緣兹射利，有者從之貴買，無者與之舉息。輸稅之人，於是弊矣。

[1]功：底本作“均”，中華本校勘記云：“諸本‘功’作‘均’，《周書》作‘功’。按下文‘紡紝織績起於有漸，非旬日之間所可造次’，即是説明‘其功不易’。作‘均’是涉上文而誤，今據改。”今從改。

租稅之時，雖有大式，至於斟酌貧富，差次先後，皆事起於正長，而繫之於守令。若斟酌得所，則政和而人悦；若檢理無方，[1]則吏姦而人怨。又差發徭役，多不存意，致令貧弱者或重徭而遠戍，富强者或輕使而近防。守令用懷如此，不存恤人之心，皆王政之罪人也。

[1]檢：毛本作“儉”。當爲字形相近而訛。

周文甚重之，常置諸坐右。又令百司習誦之，其牧守令長非通六條及計帳者，不得居官。

自有晉之季，文章競爲浮華，遂以成俗。周文欲革

其弊，因魏帝祭廟，群臣畢至，乃命綽爲《大誥》，[1]奏行之。其詞曰：[2]

[1]大誥：《尚書》篇名。孔安國《尚書序》："武王崩，三監及淮夷叛，周公相成王，將黜殷，作《大誥》。"後用以稱典誥之文。

[2]其詞曰：局本作"其司曰"。

惟中興十有一年仲夏，庶邦百辟，咸會於王庭。柱國泰洎群公、列將罔不來朝。[1]時迺大稽百憲，敷于庶邦，用綏我王度。皇帝若曰："昔堯命羲和，[2]允釐百工。舜命九官，[3]庶績咸熙。武丁命説，[4]克號高宗。時惟休哉，[5]朕其欽若。格爾有位，胥暨我太祖之庭，朕將丕命女以厥官。"

[1]柱國泰：即宇文泰。時爲柱國。北周建立後追尊爲文帝。

[2]羲和：人名。堯時任命羲仲、羲叔、和仲、和叔兩對兄弟分駐四方，觀察天象，制定曆法。

[3]九官：人名。傳説中舜時的盛世是在他們的協助下實現的。九人分别爲禹、棄、契、皋陶、垂、益、伯夷、夔、龍。

[4]武丁：人名。商朝第二十三位國君。姓子，名昭，廟號高宗。爲商王盤庚的侄子，在位期間得到傅説、祖己等賢人的輔助，實現國泰民安，出現武丁中興的盛世局面。

[5]時惟休哉：底本作"時休哉"，中華本校勘記云："諸本脱'惟'字，據《周書》補。"今從改。

六月丁巳，皇帝朝格於太廟，凡厥具僚，罔不在位。

皇帝若曰："咨我元輔、群公、列將、百辟、卿士、庶尹、御事，朕惟夤敷祖宗之靈命，稽于先王之典訓，以大誥于爾在位。[1]昔我太祖神皇，肇膺明命，以創我皇基。烈祖、景宗，廓開四表，底定武功。暨乎文祖，誕敷文德。龔惟武考，[2]不賨其舊。自時厥後，[3]陵夷之弊，用興大難于彼東土，則我黎庶，咸墜塗炭。惟台一人，纘戎下武，夙夜祗畏，若涉大川，罔識攸濟。是用稽於帝典，揆於王度，拯我人瘼。[4]惟彼哲王，示我通訓，曰天生黎蒸，罔克自乂，上帝降鑒叡聖，植元后以乂之。時惟元后弗克獨乂，博求明德，命百辟群吏以佐之。肆天之命辟，辟之命官，惟以卹人，弗惟逸豫。辟惟元首，庶黎惟趾，股肱惟弼。上下一體，各勤攸司，茲用克臻於皇極。故其彝訓曰：[5]'后克艱厥后，臣克艱厥臣，政乃乂。'今台一人，膺天之嘏，既陟元后。股肱百辟，乂服我國家之命，罔不咸守厥職。嗟！后弗艱厥后，臣弗艱厥臣，政於何弗斁？[6]嗚呼艱哉！凡爾在位，其敬聽命。"

[1]以大誥于爾在位：底本"于"作"乎"，中華本校勘記云："諸本'于'作'乎'，《周書》作'于'，按《通志》作'於'，可知本是'于'字，今據改。"今從改。

[2]龔惟武考：底本作"襲惟孝武"，中華本校勘記云："諸本'龔'訛作'襲'，據《周書》《通志》改。又諸本'武考'作'孝武'，《周書》作'武考'。按孝武爲高歡所迫，西奔長安，不

得言‘不賓其舊’。‘武考’指宣武，西魏文帝是宣武弟京兆王愉之子，即帝位算是繼承宣武，故稱‘武考’。此乃‘武考’誤倒，後人因改爲‘孝武’。今據《周書》改正。”今從改。

[3]時：毛本作“將”。

[4]稽於帝典揆於王度拯我人瘼（mò）：按照五帝法典，釐定王朝制度，以消除人民痛苦。瘼，痛苦。

[5]故其彝訓曰：底本作“故皇其彝訓曰”，源氏校勘記云：“《周書》‘皇其’無‘皇’字。似衍。”中華本校勘記云：“諸本‘故’下有‘皇’字，無義，據《周書》删。”今從改。

[6]政於何弗斁：底本“斁”作“繹”，中華本校勘記云：“諸本‘斁’作‘繹’。按‘斁’義爲敗壞，‘繹’義爲抽繹，作‘繹’不洽。今據《周書》改。”今從改。

皇帝若曰：“柱國，惟四海之不造，載繇二紀。天未絶我太祖、烈祖之命，[1]用錫我以元輔。國家將墜，公惟棟梁。皇之弗極，公惟作相。百揆愆度，公惟大録。公其允文允武，克明克乂，迪七德，[2]敷九功，[3]龕暴除亂，下綏我蒼生，傍施於九正，[4]若伊之在商，[5]周之有吕，[6]説之相丁，[7]用保我無疆之祚。”

[1]天未絶我太祖烈祖之命：底本作“我太祖烈祖之命”，中華本校勘記云：“諸本無‘天未絶’三字。文義不通，今據《周書》補。”今從改。

[2]七德：即武耀七德。武功的七種德行。分别爲禁暴、戢兵、保大、定功、安民、和衆、豐財。

[3]九功：即文輝九功。中國古代六府三事爲九功。六府分别爲水、木、金、火、土、穀。三事指正德、利用、厚生。

[4]九正：邦畿之内各諸侯國的九種賦税。《周禮·天官·司書》："掌邦之六典、八灋、八則、九職、九正、九事，邦中之版，土地之圖，以周知入出百物。"鄭玄注："九正，謂九賦、九貢。正，税也。"局本作"九土"，"正"與"土"當爲字形相近而訛。

[5]伊：即伊尹。

[6]吕：即姜子牙。

[7]説：即傅説。　丁：即武丁。

皇帝若曰："群公、太宰、太尉、司徒、司空。[1]惟公作朕鼎足，以弼乎朕躬。宰惟天官，克諧六職。[2]尉惟司武，武在止戈。徒惟司衆，敬敷五教。[3]空惟司土，利用厚生。惟時三事，若三階之在天；惟兹四輔，若四時之成歲。天工人其代諸。"

[1]太宰：官名。即大宰，又名冢宰。西周始設，爲天官之長，掌管百官。　太尉：官名。秦置。漢光武帝時與太師、司徒並稱三公，列三公之首。　司徒：官名。亦稱大司徒卿。爲地官之長，掌管國家土地圖籍、户口，管理土地使用、諸侯的封邑、人民的教化。　司空：官名。爲冬官府長官，掌管土木工程。

[2]六職：治、教、禮、政、刑、事六種職務。

[3]五教：指父義、母慈、兄友、弟恭、子孝。

皇帝若曰："列將，汝惟鷹揚，作朕爪牙。寇賊姦宄，蠻夷猾夏，汝徂征。綏之以惠，董之以威，刑期無刑，萬邦咸寧。俾八表之内，莫違朕命，時汝功。"

皇帝若曰：“庶邦列辟，汝惟守土，作人父母。人惟不勝其飢，故先王重農；不勝其寒，故先王貴女工。人之不率於孝慈，則骨肉之恩薄；弗惇於禮讓，則爭奪之萌生。惟兹六物，寔爲教本。嗚呼！爲上在寬，寬則人怠，齊之以禮，不剛不柔，稽極於道。”

皇帝若曰：“卿士、庶尹、凡百御事，王省惟歲，卿士惟月，庶尹惟日，御事惟時。歲月日時，罔易其度，百憲咸貞，庶績其凝。嗚呼！惟若王官，陶均萬國，若天之有斗，斟元氣，酌陰陽，弗失其和，蒼生永賴；悖其序，萬物以傷。時惟艱哉！”

皇帝若曰：“惟天地之道，一陰一陽；禮俗之變，一文一質。爰自三五，以迄于兹，匪惟相革，惟其救弊；匪惟相襲，惟其可久。惟我有魏，承乎周之末流，接秦、漢遺弊，襲魏、晉之華誕，五代澆風，因而未革，將以穆俗興化，庸可暨乎！嗟我公輔、庶僚、列辟，[1]朕惟否德，其一朕心力，[2]祗慎厥艱，克遵前王之丕顯休烈，弗敢怠荒。咨爾在位，亦叶于朕心，惇德允元，惟厥艱是務。克捐厥華，即厥實，背厥僞，崇厥誠。勿譽勿忘，[3]一乎三代之彝典，歸於道德仁義，用保我祖宗之丕命。荷天之休，克綏我萬方，永康我黎庶。戒之哉，朕言不再。”

[1]列辟：享有封地的諸侯。此處指地方官員。

[2]其一朕心力：中華本校勘記云："《周書》無'朕'字，當是衍文。"可從。

[3]愆（qiān）：過失。

柱國泰洎庶僚百辟拜手稽首曰：[1]"'亶聰明，作元后，元后作人父母'。惟三五之王，率繇此道，用臻於刑措。自時厥後，歷千載未聞。惟帝念功，將反叔世，[2]逖致於雍熙，[3]庸錫降丕命于我群臣。博哉王言，非言之難，行之實難。臣聞'靡不有初，鮮克有終'。[4]《商書》曰：[5]'終始惟一，德迺日新。'惟帝敬厥始，慎厥終，以躋日新之德，則我群臣，敢不夙夜對揚休哉！惟茲大誼，未光於四表，[6]以邁種德，俾九域幽遐，[7]咸昭奉元后之明訓，率遷於道，永膺無疆之休。"

[1]稽首：古代的拜禮，爲九拜中最隆重的一種，常爲臣子拜見君父時所用。行禮時，雙膝着地，叩頭至地，並且要讓頭在地上停留一段時間，以示恭敬。

[2]反：底本、中華本作"反"，毛本、殿本、四庫本作"及"。源氏校勘記云："'及'《周書》作'反'。恐非。"

[3]雍熙：和樂升平。

[4]靡不有初鮮克有終：出自《詩·大雅·蕩》。意爲做官没有不善始的，但很少有善終的。

[5]商書：《尚書》中記載商朝歷史的部分，共四十篇。

[6]四表：四方極遠之地，泛指天下。

[7]九域：九州之地，泛指天下。

帝曰："欽哉。"

自是之後，文筆皆依此體。

綽性儉素，不事産業，家無餘財。以海内未平，常以天下爲己任。博求賢俊，共弘政道，凡所薦達，皆至大官。周文亦推心委任，而無間言焉。或出游，常預署空紙以授綽，若須有處分，則隨事施行。及還，[1]啓知而已。綽常謂爲國之道，當愛人如慈父，訓人如嚴師。[2]每與公卿議論，自晝達夜，事無巨細，若指諸掌。[3]積思勞倦，遂成氣疾。十二年，卒于位，時年四十九。

[1]還：局本作"遷"。

[2]嚴：毛本作"慈"。

[3]若指諸掌：底本作"皆指諸掌"，中華本校勘記云："諸本'若'訛作'皆'，據《周書》《通志》改。"今從改。

周文痛惜之，哀動左右。及將葬，乃謂公卿等曰："蘇尚書平生謙退，敦尚儉約。吾欲全其素志，便恐悠悠之徒，有所未達；如其厚加贈謚，又乖宿昔相知之道。進退惟谷，孤有疑焉。"尚書令史麻瑶越次而進曰：[1]"昔晏子，齊之賢大夫，一狐裘三十年。[2]及其死也，遣車一乘。[3]齊侯不奪其志。綽既操履清白，謙挹自居，愚謂宜從儉約，以彰其美。"周文稱善，因薦瑶於朝廷。及綽歸葬武功，唯載以布車一乘。周文與群公，皆步送出同州郭外。[4]周文親於車後酹酒而言曰："尚書平生爲事，妻子兄弟不知者，吾皆知之。惟爾知吾心，吾知爾意。方欲共定天下，不幸遂捨吾去，奈何!”因舉聲慟哭，不覺卮墜於手。至葬日，又遣使祭以太牢，[5]周文自爲其文。

[1]尚書令史：官名。即尚書臺令史。主文書，爲低級辦事官吏，頗有實權。

[2]昔晏子齊之賢大夫一孤裘三十年：謂晏子非常節儉。典出《史記》卷六二《管晏列傳》。晏子，即晏嬰。字仲，夷維（今山東高密市）人。春秋時期政治家、思想家、外交家。

[3]遺車：源氏校勘記云：“《周書》作‘遣車’。”

[4]同州：北周時治武鄉縣，在今陝西大荔縣。

[5]太牢：古代帝王祭祀社稷時牛、羊、豕三牲全備。

綽又著《佛性論》《七經論》，並行於世。周明帝二年，[1]以綽配享文帝廟廷。子威嗣。

[1]周明帝：即北周皇帝宇文毓。明爲其謚號。

威字無畏。少有至性，五歲喪父，哀毀有若成人。周文帝時，襲爵美陽縣公，仕郡功曹。[1]大冢宰宇文護見而禮之，[2]以其女新興公主妻焉。威見護專權，恐禍及己，逃入山。爲叔父所逼，卒不獲免。然每居山寺，以諷讀爲娛。未幾，授持節、車騎大將軍、儀同三司，[3]改封懷道縣公。[4]武帝親總萬機，拜稍伯下大夫。[5]前後所授，並辭疾不拜。

[1]功曹：官名。亦稱功曹史。北魏時凡皇子、不開府將軍、

太常光禄衛尉、郡皆置，職掌吏事或主選舉。六品至從九品。殿本、四庫本作“吏曹”。

[2]大冢宰：官名。亦稱大冢宰卿。西魏恭帝三年（566）置，北周沿置。位居六官之首的天官府長官，掌管宫廷供奉以及全國的財政收支、賦役收入、百官俸禄等事務。正七命。　宇文護：人名。字薩保，鮮卑族。北周宗室、權臣。見《北史》卷五七《邵惠公顥附宇文護傳》。

[3]持節：自漢起，節爲皇帝號令賞罰的信物，故持節比不持節位高權重。歷朝因之。自西晋起，實際成爲一種加職，在使持節之下、假節之上。督軍時與使持節同，有權殺二千石以下，平時衹能殺無官位之人。　車騎大將軍：官名。在諸名號大將軍之上，多爲軍府名號，用來加授大臣、重要州郡長官，無具體職掌。北魏孝文帝太和十七年定爲一品中。北周時爲正八命。　儀同三司：初謂非三公而儀制待遇同於三公。魏晋時期，授予開府位從三公之文武官。南北朝時所授範圍不斷擴大，逐漸成爲官號。北魏孝文帝太和十七年定爲一品下，二十三年以後改爲從一品，位開府上。北周時爲九命，僅次於三公。

[4]懷道縣公：封爵名。懷道，縣名。治所在今甘肅岷縣西南。

[5]稍伯下大夫：官名。亦作“小稍伯下大夫”。西魏恭帝三年置，北周因之。爲地官府民部中大夫屬官，輔助稍伯中大夫管理本部事務。正四命。

有從父妹適河南元世雄。[1]世雄先與突厥有隙，[2]突厥入朝，請世雄及其妻子，將甘心焉。周遂遣之。威以夷人昧利，遂標賣田宅，罄資産贖世雄。論者義之。宣帝嗣位，[3]就拜開府。[4]

[1]河南：郡名。北魏時治洛陽縣，在今河南洛陽市東北。

元世雄：人名。據其墓誌載："君諱世雄，字地勇，代郡人也。"頗有武功，"值西寇相扇，北狄交侵，君持戟荷戈，褰旗斬將"。歷官爲勳附前鋒第二都督、直突都督、涇州安定縣子、廣德將軍等職（參葉煒、劉秀峰《墨香閣藏北朝墓誌》，上海古籍出版社 2016 年版，第 172—173 頁）。

[2]突厥：族名。見《北史》卷九九《突厥傳》。

[3]宣帝：即北周皇帝宇文贇。宣爲其謚號。

[4]開府：北周時爲府兵組織統兵官，府兵二十四軍各設一員，統兵兩千人左右。

隋文帝爲丞相，高熲屢言其賢，[1]亦素重其名，[2]召入卧内，與語大悦。居月餘，威聞禪代之議，遁歸田里。高熲請追之。帝曰："此不欲預吾事，且置之。"及受禪，徵拜太子少保，[3]追贈其父邳國公，[4]以威襲焉。俄兼納言，[5]威上表陳讓，優詔不許。[6]

[1]高熲：人名。字昭玄，一名敏，本姓獨孤，勃海蓨（今河北景縣）人。北周、隋朝大臣。見《北史》卷七二《高熲傳》。

[2]亦素重其名：中華本校勘記云："《隋書》卷四一《蘇威傳》'亦'上有'高祖'二字，此當有'帝'字。"可從。

[3]太子少保：官名。主要負責教導輔助太子，後多用以安置閑散人員或作爲大臣的加官。正三品。

[4]邳國公：封爵名。邳，國名。在今江蘇邳州市。

[5]納言：官名。亦作"内言"。職責主要是承上啓下、宣傳上命、受奏納言。後世多作侍中的别稱。隋朝因避隋文帝之父楊忠諱，改侍中爲納言，爲門下省長官，正三品。煬帝大業十二年（616）改名侍内。

[6]優詔：褒美嘉獎的詔書。

帝嘗與文獻皇后對觴，[1]召威及高熲、楊素、廣平王雄四人，[2]謂曰："太史言朕祚運盡於三年，[3]朕憂懣，故舉此酒耳。今欲營南山險處，[4]與公等固之，以觀時變，將如何？"威進曰："周文脩德，旋地動之灾；[5]宋景一言，退法星三舍。[6]願陛下恢崇德度，享天之休。若棄德恃險，同舟之人，誰非敵國！縱南山之岨，[7]安足固哉？"帝善其言，屬之以酒。

[1]文獻皇后：即隋文帝獨孤皇后。文獻爲其謚號。

[2]楊素：人名。字處道，弘農華陰（今陝西華陰市東南）人。隋朝權臣、軍事家。見《北史》卷四一《楊敷附楊素傳》。廣平王：封爵名。廣平，郡名。隋朝時治曲梁縣，在今河北永年縣東南。　雄：即楊雄，人名。初名惠，隋文帝族子。北周大臣、隋朝宗室。見《北史》卷六八《楊紹附楊雄傳》。

[3]太史：官名。又稱太史監。掌管天文曆法。從五品。

[4]南山：即太一山，又名終南山。在今陝西武功縣。

[5]周文脩德旋地動之灾：指周文王積善行仁，政化大行，天下諸侯多歸從。轉移了地動的灾害。見《史記》卷四《周本紀》。

[6]宋景一言退法星三舍：春秋末，熒惑守心，宋景公憂心大禍。太史子韋稱，可移禍於宰相或蒼生。景公皆不同意，此時熒惑退避三舍。見《史記》卷三八《宋微子世家》。

[7]岨（jū）：險固。

初，威父綽在魏，以國用不足，爲征税法，頗稱爲重。既而嘆曰："所爲者正如張弓，非平世法也。[1]後之君子，誰能弛乎？"威聞其言，每以爲己任。至是，奏減賦役，務從輕典，帝悉從之。漸見親重，與高熲參掌朝政。威見宫中以銀爲幔鉤，因盛陳節儉之美，諭帝。帝爲改容，雕飾舊物，悉命除毁。帝嘗怒一人，將殺之。威入閤進諫，不納。帝怒甚，將自出斬之。威當前不去，帝避之而出。威又遮止帝，帝拂衣入。良久，乃召威謝曰："公能若是，吾無憂矣。"於是賜馬二匹、錢十餘萬。歲餘，尋復兼大理卿、京兆尹、御史大夫，[2]本官悉如故。持書侍御史梁毗劾威兼領五職，[3]安繁戀劇，[4]無舉賢自代心。帝曰："蘇威朝夕孜孜，志存遠大，舉賢有闕，何遽迫之。"顧謂威曰："用之則行，捨之則藏，唯我與爾有是夫！"因謂朝臣曰："蘇威不遇我，無以措其言；我不得蘇威，何以行其道？楊素才辯無雙，至若斟酌古今，助我宣化，非威匹也。蘇威若逢亂世，商山四皓，[5]豈易屈哉！"其見重如此。

[1]平：局本作"乎"，誤。

[2]大理卿：官名。亦稱大理寺卿。北齊時改廷尉置，爲大理寺長官，位列九卿。掌管國家刑獄審判、執行法律的事務。隋朝初爲三品，煬帝大業三年改爲從三品。　京兆尹：官名。爲京畿地方行政長官之一。職掌如同地方郡守，但地位高於郡守，位列九卿。　御史大夫：官名。隋朝時爲御史臺長官，專管監察彈劾百官。從四品。

[3]持書侍御史：官名。亦稱治書侍御史、書侍御史。隋朝時爲御史臺次官，掌管實際事務，從五品。毛本、殿本、四庫本、四部備要本作"治書侍御史"。中華本校勘記云："《隋書》'持'作'治'，《北史》避唐高宗名改。"　梁毗：人名。字景和，安定烏氏（今甘肅涇川縣東）人。北周、隋朝官吏。見《北史》卷七七

《梁毗傳》。

[4]劚：殿本作“處”，今從底本。

[5]商山四皓：指秦末漢初東園公、角里先生、綺里季和夏黄公四位著名學者。他們不願當官，長期隱藏在商山（今陕西商南縣東南），出山時都八十有餘，眉皓髮白，故被稱爲商山四皓。見《史記》卷五五《留侯世家》。

未幾，拜刑部尚書，[1]解少保、御史大夫官。後京兆尹廢，檢校雍州别駕。[2]時高熲與威同心，協贊政刑，大小無不籌之，故革運數年，天下稱平。俄轉户部尚書，[3]納言如故。屬山東諸州人饑，帝令威振恤之。遷吏部尚書，[4]兼領國子祭酒。[5]隋承戰争之後，憲章踳駁。帝令朝臣釐改舊法，爲一代通典，律令格式多威所定。[6]世以爲能。九年，拜尚書右僕射。其年，以母憂去職，柴毁骨立。敕勉諭殷勤，未幾，起令視事。固辭，[7]優詔不許。明年，帝幸并州，[8]命與高熲同總留事。俄追詣行在所，[9]使決人訟。

[1]刑部尚書：官名。隋朝始設。負責制定律法、糾察違法。正三品。

[2]檢校：意爲代理，即尚未實授其官，但已掌其職事。　别駕：官名。亦作“别駕從事”“别駕從事史”。隋朝時爲州府的主要佐吏之一，多與長史互改名稱，或者兩者並置，並無實際職權。因其品高俸厚，多由貶謫大臣擔任。

[3]户部尚書：官名。即民部尚書。唐朝避李世民諱改民部爲户部。隋文帝開皇三年置爲尚書省六部長官之一，負責管理全國的財賦户籍。隋時正三品。

[4]吏部尚書：官名。掌管官吏的選拔獎懲。隋朝時爲尚書省六部長官之首，正三品。

[5]國子祭酒：官名。隋初隸屬太常寺，隋文帝開皇十三年改爲國子學長官，文帝仁壽元年（601）廢。

[6]律令格式：中國古代四種法典之名稱。隋文帝開皇年間，曾先後兩次令高熲、鄭譯、蘇威、牛弘等更定律、令、格、式，從此四者並行，構成完整的法律體系。律，刑法，用以“正刑定罪”，爲法典中最重要者。令關於各種典章制度的規定，用以“設範立制”。格，百官有司所應遵循之條例，用以“禁違止邪”。式，政府各部門的辦事細則和章程，用以“軌物程事”。

[7]固：局本作“因”，當爲字形相近而訛。

[8]并州：隋朝時治晋陽縣，在今山西太原市晋源區古城營村一帶。

[9]行在所：古代帝王巡幸所居之地。

尋令持節巡撫江南，得以便宜從事。過會稽，踰五嶺而還。[1]江表自晋已來，[2]刑法疏緩，代族貴賤，不相陵越。平陳之後，牧人者盡改變之，無長幼悉使誦五教。威加以煩鄙之辭，百姓嗟怨。使還，奏言江表依内州責户籍。上以江表初平，召户部尚書張嬰，責以政急。時江南州縣又訛言欲徙之入關，遠近驚駭。饒州吴世華起兵爲亂，[3]生臠縣令，啗其肉。於是舊陳率土皆反，執長吏，[4]抽其腸而殺之，曰：“更使儂誦五教邪！”[5]尋詔内史令楊素討平之。[6]時突厥都藍可汗屢爲患，復令威至可汗所。[7]

[1]尋令持節巡撫江南得以便宜從事過會稽踰五嶺而還：中華

本校勘記云："《隋書》叙此事於何妥劾威，威罷官，再起爲納言，從祠太山之後。此移置於前，承上文，則當在開皇十年。據本書卷十一《隋文帝紀》，蘇威被劾罷官在十二年，復起爲納言在十四年，從祠太山在十五年正月，巡撫江南在十五年七月，與《隋書·蘇威傳》合。蓋《北史》據他書增入江南人民反抗隋朝統治事件，認爲與蘇威巡撫江南有關。而吴世華等起義，確在平陳後一年，即開皇十年。故移置威出使事於前，却不知其與本紀所記相矛盾。《通鑑》卷一七七開皇十年十一月，叙江南人民起義原因，亦有蘇威作五教，使民誦之等語，但十年及十五年都不叙蘇威出使江南事。大約是因有矛盾而故意迴避。"會稽，郡名。隋朝時治會稽縣，在今浙江紹興市。五嶺，廣東、廣西與湖南、江西交界的五個大山嶺，即大庾嶺、騎田嶺、都龐嶺、萌渚嶺及越城嶺。

［2］江表：地區名。指長江以南。在中原人看來，地在長江之外，故稱江表。

［3］饒州：隋朝時治鄱陽縣，在今江西鄱陽縣。　吴世華：人名。又名吴代華。饒州（今江西鄱陽縣）人。江南反隋首領之一，後被處死。

［4］長吏：縣吏之尊者。

［5］儂：即"你"。江南方言。

［6］内史令：官名。隋朝時爲内史省長官，掌納奏出令之事，員二人，正三品。煬帝大業十二年，改名爲内書令。

［7］時突厥都藍可汗屢爲患復令威至可汗所：中華本校勘記云："按《隋書》此下有'與結和親，可汗即遣使獻方物。以勤勞，進位大將軍'。《北史》叙事不完，疑有脱文。又《隋書》叙此事緊接蘇威出使江南之後，即在開皇十五年以後，據本書卷九九《突厥傳》，蘇威出使突厥在十七年。《通鑑》卷一七八亦置於十七年。此置於何妥劾威之前，則當在十二年前，疑誤。又蘇威出使是到突利可汗處，（即後來之啓民可汗）'威至'下當有'突利'二字。"可從。都藍可汗，隋朝時北突厥首領之一。兵敗被殺。

威子夔以公子盛名，引致賓客，四海士大夫多歸之。時議樂，夔與國子博士何妥各有所持。[1]於是夔、妥各爲一議，使百僚署其所同。朝廷多附威，同夔者十八九。妥恚曰："吾席間函丈四十餘年，[2]反爲昨暮兒之所屈也！"遂奏威與禮部尚書盧愷、吏部侍郎薛道衡、尚書右丞王弘、考功侍郎李同和等爲朋黨，[3]省中呼王弘爲世子，[4]李同和爲叔，言二人如威子弟。復言威以曲道任其從父弟徹、肅等罔冒爲官。[5]又國子學請黎陽人王孝逸爲書學博士，[6]威屬盧愷，以爲其府參軍。上令蜀王秀、上柱國虞慶則等雜按之，[7]事皆驗。帝以《宋書·謝晦傳》中朋黨事令威讀之。[8]威懼，免冠頓首。帝曰："謝已晚矣！"於是免威官爵，以開府就第。知名之士，坐威得罪者百餘人。未幾，帝曰："蘇威德行者，但爲人誤耳。"命之通籍。[9]

[1]國子博士：官名。負責教授生徒儒學，取品行淳厚清明且通曉經典義理者擔任。隋朝時置員五人，正五品上。文帝仁壽元年罷，僅置太學博士。煬帝大業三年改國子監置博士一人，正五品。　何妥：人名。字栖鳳，西城（今陝西安康市西北）人。隋朝官吏、學者。見《北史》卷八二《何妥傳》。

[2]席間函丈：原指講學者和聽講者坐席之間有一丈的距離。後來代指講學的人。

[3]禮部尚書：官名。隋朝時屬於尚書省，爲中央行政機構六部之一禮部的最高長官，掌管禮儀、祭祀、宴享以及學校政令，總判部屬各司事。員一人，正三品。　盧愷：人名。字長仁，范陽涿（今河北涿州市）人。北周、隋朝官吏。見《北史》卷三〇《盧柔

附盧愷傳》。　吏部侍郎：官名。隋初爲吏部司長官，隸吏部尚書，初爲六品上，文帝開皇三年改爲從五品。煬帝大業三年改爲選部郎，員一人。　薛道衡：人名。字玄卿，河東汾陰（今山西萬榮縣西南）人。隋朝官吏。見《北史》卷三六《薛辯附薛道衡傳》。尚書右丞：官名。尚書省佐官，位次尚書，與左丞共掌尚書省庶務。隋朝時爲從四品。　王弘：人名。隋朝官吏。歷任揚州長史、黄門侍郎、尚書右丞等職。　考功侍郎：官名。隋朝時尚書省吏部考功司長官。隋初爲正六品上，文帝開皇三年改爲從五品。煬帝大業三年改名考功郎。　李同和：人名。隋朝官吏。其餘不詳。

[4]省中：禁中，宫禁之中。

[5]曲道：喻指不正當的手段。

[6]國子學：國立儒學最高學府。　黎陽人：源氏校勘記云："《隋書》作'蕩陰人'。"黎陽，郡名。隋朝時治黎陽城，在今河南浚縣東北。　王孝逸：人名。隋朝官吏。　書學博士：官名。隋朝始設，隸屬國子寺，掌管書學教授之事。初置二人，從九品。文帝開皇十三年罷。

[7]秀：即楊秀，人名。隋文帝第四子。見《北史》卷七一《庶人秀傳》。　上柱國：官名。隋朝時爲從一品散實官。煬帝大業三年罷。　虞慶則：人名。京兆櫟陽（今陝西西安市臨潼區）人。北周、隋朝將領。見《北史》卷七三《虞慶則傳》。

[8]謝晦：人名。字宣明，陳郡陽夏（今河南太康縣）人。南朝宋大臣。見《宋書》卷四四《謝晦傳》。

[9]通籍：記名於門籍，可以進出宫門。

歲餘，復爵邳公，拜納言。從祠太山，[1]坐不敬免。俄而復位。帝謂群臣曰："世人言蘇威詐清，家累金玉，此妄言也。然其性狠戾，不切世要，求名太甚，從己則悦，違之必怒，此其大病耳。"仁壽初，[2]復拜尚書右僕射。帝幸仁壽宫，[3]以威總留事。及帝還，御史奏威職事多不理。[4]帝怒，詰責威。威謝，帝亦止。

[1]太山：即泰山，在今山東泰安市。

[2]仁壽：隋文帝的年號（601—604）。

[3]仁壽宫：故址在今陝西麟游縣西。隋文帝開皇十三年建，十五年建成。

[4]御史：官名。“侍御史”的簡稱。西漢始置。隋初沿置，由吏部選用，入值禁中。從七品。煬帝大業三年後，祇掌侍從糾察，升爲正七品。

煬帝嗣位，上將大起長城之役，威諫止之。高熲、賀若弼之誅也，[1]威坐相連免官。歲餘，拜魯郡太守，[2]修羽儀。[3]召拜太常卿。[4]從征吐谷渾，[5]進拜右光禄大夫。[6]歲餘，復爲納言，與左翊衛大將軍宇文述、黄門侍郎裴矩、御史大夫裴藴、内史侍郎虞世基參掌朝政，[7]時人稱爲五貴。及征遼東，[8]以本官領右武衛大將軍，[9]進位光禄大夫，[10]賜爵房陵侯，[11]尋進封房公。以年老乞骸骨，[12]不許。復以本官參掌選事。明年，從征遼東，領右禦衛大將軍。[13]

[1]賀若弼：人名。字輔伯，代（今山西大同市東北）人。隋朝將領。見《北史》卷六八《賀若敦附賀若弼傳》。

[2]魯郡：隋朝時治瑕丘縣，在今山東兖州市。

[3]修羽儀：中華本校勘記云：“按‘修’當爲‘列’之訛。下文《蘇亮傳》，‘并給騎士三千，列羽儀，游鄉黨’，即特許排列儀仗，以爲榮耀之意。”可從。羽儀，古時以鳥羽裝飾之旗幟。主

要用作儀仗。後以“羽儀”比喻被人尊重，可作爲表率。

[4]太常卿：官名。太常的尊稱。

[5]吐谷渾：族名。又稱吐渾、退渾。原爲鮮卑族慕容部的一支，先祖游牧於徒河青山（今遼寧義縣東）。西晋時，遷徙於今甘肅、青海一帶。十六國時，先後受到前凉、西秦等追逐，幾乎亡國。後再度崛起，北魏太武帝時達到最强盛。在北魏打擊下，一度退到今新疆一帶。以游牧爲生。見《北史》卷九六《吐谷渾傳》。

[6]右光禄大夫：官名。作爲對朝廷大臣的加官，或授予年老有病者爲致仕之官，也作爲大臣卒後的贈官，以示尊崇。隋初爲正二品，煬帝大業三年改爲從二品。

[7]左翊衛大將軍：官名。隋朝時爲左翊衛長官，掌管宫掖禁衛，煬帝大業三年改左衛大將軍爲左翊衛大將軍。正三品。　宇文述：人名。字伯通，代郡武川（今内蒙古武川縣西）人，鮮卑族。隋朝大臣。見《北史》卷七九《宇文述傳》。　黄門侍郎：官名。隋朝時爲門下省次官。正四品上。　裴矩：人名。字弘大，河東聞喜（今山西聞喜縣）人。隋朝官吏。見《北史》卷三八《裴佗附裴矩傳》。　裴藴：人名。河東聞喜（今山西聞喜縣）人。隋朝官吏。初仕南朝陳，陳亡入隋。見《北史》卷七四《裴藴傳》。　内史侍郎：官名。隋朝時爲内史省次官，置四員，正四品。煬帝大業三年减爲二員，十二年改爲内書侍郎。　虞世基：人名。字懋世，會稽餘姚（今浙江餘姚市）人。隋朝官吏。見《北史》卷八三《虞世基傳》。

[8]遼東：地區名。指遼河以東的地區。隋時遼東地區包括整個大同江流域和漢江流域，甚至是高句麗政權的所有轄區。

[9]右武衛大將軍：官名。隋朝時十二衛大將軍之一，總管府事，並統管諸鷹揚府。正三品。

[10]光禄大夫：官名。位在左右光禄大夫之上，爲文職散官之首，從一品。

[11]房陵侯：封爵名。房陵，郡名。隋朝時治竹山縣，在今湖

北竹山縣。

[12]乞骸骨：古代官吏請求辭職或退休的謙稱，與“乞身”義同。

[13]右禦衛大將軍：官名。隋煬帝大業三年置。隋朝時十二衛大將軍之一，總管府事，並統管諸鷹揚府。正三品。

楊玄感之反，[1]帝引威於帳中，懼見於色，謂曰：“此小兒聰明，得不爲患邪？”威曰：“粗疏非聰明者，[2]必無慮，但恐浸成亂階耳。”威見勞役不已，百姓思亂，以此微欲諷帝。帝竟不悟。

[1]楊玄感：人名。弘農華陰（今陝西華陰市東南）人。隋朝官吏。見《北史》卷四一《楊敷附楊玄感傳》。

[2]威曰粗疏非聰明者：中華本校勘記云：“《隋書》卷四一、《通志》卷一六〇《蘇威傳》‘曰’下有‘夫識是非，審成敗者，乃所謂聰明。玄感’十五字，此當有脱文。”可從。

從還，至涿郡，[1]詔威安撫關中，以其孫尚輦直長儇副。[2]威子鴻臚少卿夔先爲關中簡黜大使。[3]一家三人，[4]俱使關右，三輔榮之。[5]歲餘，帝手詔曰：“玉以潔潤，丹紫莫能渝其質；松表歲寒，霜雪莫能凋其采。可謂温仁勁直，性之然乎。房公威，先后舊臣，朝之宿齒，棟梁社稷，弼諧朕躬，守文奉法，卑身率禮。昔漢之三傑，輔惠帝者蕭何；[6]周之十亂，佐成王者邵奭。[7]國之寶器，其在得賢。參燮台階，[8]具瞻斯允。雖事藉論道，終期獻替，銓衡時務，朝寄爲重。可開府儀同三司，[9]餘並如故。”威當時尊重，朝臣莫與爲比。

[1]涿郡：隋朝時治涿縣，在今河北涿州市。

[2]尚輦直長：官名。隋煬帝大業三年殿内省尚輦司次官。員四人，正七品。　副：源氏校勘記云："'副'上《隋書》有'爲'字。"

[3]鴻臚少卿：官名。亦稱鴻臚寺少卿。北齊始設。爲鴻臚寺次官，掌少數民族賓客接待、朝會及吉凶禮儀，兼管佛教、祆教寺廟，領典客、典寺、司儀等署。隋初置一人，四品上。煬帝時增置一人，爲從四品。　簡黜大使：官名。主要職責是監察考核官吏。

[4]三人：毛本、殿本、四庫本、四部備要本作"二人"。

[5]三輔：西漢時設立京兆尹、左馮翊、右扶風對京城（長安）附近進行管理，後稱長安附近的京畿地區爲三輔。

[6]漢之三傑輔惠帝者蕭何：輔助劉邦得到天下功勞最大的張良、蕭何、韓信三人中，輔佐漢惠帝的是蕭何。惠帝，即西漢皇帝劉盈。惠爲其謚號。

[7]周之十亂佐成王者邵奭：指輔佐周武王治理天下的十個功臣中，輔佐成王的是邵奭。"十亂"指十個輔佐周武王治國平亂的大臣，即周公旦、召公奭、太公望、畢公、榮公、太顛、閎夭、散宜生、南宫適、文母（一説指文王之后大姒，一説指武王之妻邑姜）。

[8]參燮：協理。　台階：指三公之位或宰輔重臣。

[9]開府儀同三司：隋朝時爲散官名號，初爲正四品上，煬帝大業二年改爲從一品，僅次於王、公。

後從幸雁門。[1]帝爲突厥所圍，朝廷危懼。帝欲輕騎潰圍而出。威諫曰："城守則我有餘力，輕騎則彼之所長。陛下萬乘主，何宜輕脱！"帝乃止。突厥俄亦解圍去。車駕次太原，[2]威以盜賊不止，勸帝還京師，深根固本，爲社稷計。帝初從之，竟用宇文述等議，遂往東都。[3]天下大亂，威知帝不可匡正，甚患之。屬帝問盗賊事。宇文述曰："盗賊信少，不足爲虞。"威不能詭對，以身隱殿柱。帝呼問之。威曰："臣非職司，不知多少，但患其漸近。"帝曰："何謂也？"威曰："他日賊據長白山，[4]今者近在滎陽、汜水。"[5]帝不悦而罷。屬五月五日，百僚上餽，多以珍玩，威獻《尚書》一部，[6]微以諷帝。帝彌不平。後復問伐遼東事，威對願赦群盗，遣討高麗，[7]帝益怒。御史大夫裴藴希旨，[8]令御史張行本，奏威昔在高陽典選，[9]濫授人官，怯畏突厥，請還京師。帝令案其事，乃下詔曰："威立性朋黨，好異端，懷挾詭道，徼幸名利，詆訶律令，謗訕臺省。昔歲薄伐，奉述先志，凡預切問，各盡胸臆，而威不以開懷，遂無對命，啓沃之道，其若是乎！"於是除名。後月餘，人有奏威與突厥陰圖不軌。大理簿責威。[10]威自陳精誠不能上感，瑕釁屢彰，罪當萬死。帝憫而釋之。其年，從幸江都宫。[11]帝將復用威，裴藴、虞世基奏言昏耄羸疾，帝乃止。

[1]雁門：郡名。隋朝時治雁門縣，在今山西代縣西南。

[2]太原：郡名。隋朝時治晋陽縣，在今山西太原市晋源區古城營村一帶。

[3]東都：都城名。在今河南洛陽市東北。

[4]長白山：即今山東鄒平縣西南會仙山。

[5]滎陽：郡名。隋朝時治管城縣，在今河南鄭州市管城區。汜水：縣名。治所在今河南滎陽市西北。

[6]尚書：儒家經典之一。

[7]高麗：國名。又作“高句麗”“高夷”等。其先都丸都（今吉林集安市），南北朝時遷至今朝鮮平壤市。

[8]希旨：亦作“希指”。謂迎合君上的旨意。

[9]高陽：郡名。隋朝時治高陽縣，在今河北高陽縣東。

[10]大理：官署名。即大理寺。北齊始設。位列九寺，爲國家最高的審判機構。隋時沿置。

[11]江都宫：故址在今江蘇揚州市觀音山上。

宇文化及弑逆，[1]以威爲光禄大夫、開府儀同三司。化及敗，歸於李密。[2]密敗，歸東都，越王侗以爲上柱國、邳公。[3]王世充僭號，[4]署太師。[5]威自以隋室舊臣，遭逢喪亂，所經之處，皆與時消息，以求容免。

[1]宇文化及：人名。代郡武川（今内蒙古武川縣西）人。隋朝官吏。見《北史》卷七九《宇文述附宇文化及傳》。

[2]李密：人名。字法主，祖籍遼東襄平（今遼寧遼陽市），後家於京兆長安（今陝西西安市）。見《北史》卷六〇《李弼附李密傳》。

[3]侗：即楊侗，人名。字仁謹，弘農華陰（今陝西華陰市東南）人。隋朝宗室。見《北史》卷七一《元德太子昭附越王侗傳》。

[4]王世充僭號：底本作“王世充僭”，中華本校勘記云：“諸本脱‘號’字，據《隋書》《通志》補。”今從改。王世充，人名。字行滿，新豐（今陝西潼關縣東北）人。隋朝官吏。公元619年自立，國號大鄭。見《舊唐書》卷五四《王世充傳》。

[5]太師：官名。爲三公之一。後多用作贈官，地位尊崇，無具體職權。

及太宗平世充，[1]坐於東都閶闔門内，[2]威請謁見，稱老病不能拜起。上遣人數之曰："公隋朝宰輔，政亂不能匡救，遂令品物塗炭，君弑國亡。見李密、世充皆拜伏舞蹈。今既老病，無勞相見。"尋入長安，至朝堂請見，高祖又不許。[3]終於家，時年八十二。

[1]太宗：即唐朝皇帝李世民。太宗爲其廟號。
[2]閶闔門：爲洛陽城宫城的正南門，在今河南洛陽市東。
[3]高祖：即唐朝皇帝李淵。高祖爲其廟號。

威行己清儉，以廉慎見稱。然每至公議，惡人異己，雖或小事，必固争之。時人以爲無大臣之體。所修格令章程，並行於當世，頗傷煩碎，論者以爲非簡久之法。及大業末年，[1]尤多征役，至於論功行賞，威每承望風旨，輒寢其事。時群盗蜂起，郡縣有奏聞者，又訶詰使人，令減賊數，故出師攻討，多不剋捷。由是遂致敗亂，爲物議所譏。子夔。

[1]大業：隋煬帝的年號（605—617）。

夔字伯尼。聰敏有口辯，然性輕險無行。八歲誦詩，兼解騎射。年十三，從父至尚書省，[1]與安德王雄射，[2]賭得駿馬而歸。十四詣學，與諸儒議論，詞致可觀。見者皆稱善。及長，博覽群言，尤以鍾律自命。初名哲，字知人，父威由是改之，頗爲有識所哂。起家太子通事舍人。[3]楊素見而奇之，每戲威曰："楊素無兒，蘇夔無父。"後與鄭譯、何妥議樂，[4]得罪，議寢不行。著《樂志》十五篇以見其志。數載，遷太子舍人，[5]以罪免居數年。仁壽三年，詔天下舉達禮樂源者。晉王昭時爲雍州牧，[6]舉夔。與諸州所舉五十餘人謁見。帝望夔，謂侍臣曰："唯此一人，稱吾所舉"。於是拜晉王友。

[1]尚書省：官署名。隋朝時與内史、門下並稱三省，共同執掌軍國大事。尚書省爲政務中樞，職權尤重。

[2]安德王：封爵名。安德，郡名。隋朝時治安德縣，在今山東德平縣。　雄：即楊雄。

[3]太子通事舍人：官名。隋朝時屬典書坊，置八人，正七品。煬帝大業三年改爲宣令舍人。

[4]鄭譯：人名。字正義，滎陽開封（今河南開封市）人。北周、隋朝官吏。見《北史》卷三五《鄭羲附鄭譯傳》。

[5]太子舍人：官名。隋朝時屬典書坊，置八人，掌管書令表啓之事。置八人，從六品。煬帝大業三年改爲管記舍人，置四人。

[6]昭：即楊昭，人名。隋煬帝長子。見《北史》卷七一《元德太子昭傳》。　雍州牧：官名。雍州的最高行政長官，負責京畿地區的行政事務，因此多由親王擔任。隋朝時爲從二品。

煬帝嗣位，歷太子洗馬、司朝謁者。[1]以父免職，夔亦去官。後歷尚書職方郎、燕王司馬。[2]遼東之役，以功拜朝散大夫。[3]時帝方勤遠略，蠻夷來朝。帝謂宇文述、虞世基曰："四夷率服，觀禮華夏，鴻臚之職，[4]須歸令望。寧有多才藝，美容儀，可接賓客者爲之乎？"

咸以夔對。即日拜鴻臚少卿。其年，高昌王麴伯雅來朝，[5]朝廷妻以公主。夔有雅望，令主婚。

[1]太子洗馬：官名。又作“太子先馬”。爲東宮屬官，掌管太子圖籍、經書。隋朝時隸屬於太子門下坊司經局，置四人，從五品上。煬帝時減爲二人。　司朝謁者：官名。隋煬帝大業三年增設謁者臺後增設此職，爲謁者臺次官，協助謁者臺大夫掌管朝會大典、宣傳詔命、巡視監察等。謁者臺對皇帝直接負責。置二人，從五品。

[2]尚書職方郎：官名。初名職方侍郎，隋煬帝大業三年改名爲職方郎。爲尚書省兵部職方司長官，掌管臺下圖籍、城隍、鎮戍、堡寨、烽堠及沿邊少數民族内附事務。置二人，隋初爲正六品上，文帝開皇三年升爲從五品。

[3]朝散大夫：官名。隋文帝始設。爲文散官，正四品。煬帝大業三年改爲從五品。

[4]鴻臚：官名。即大鴻臚卿。亦稱鴻臚寺卿，掌管接待少數民族賓客、朝會以及吉凶禮儀等。

[5]高昌王：封爵名。高昌，國名。建於公元460年，都於高昌城，在今新疆吐魯番市東南高昌廢址。見《北史》卷九七《高昌傳》。　麴伯雅：人名。金城榆中（今甘肅榆中縣西北）人。高昌國王。繼麴堅而立，先臣服突厥，後投隋。見《北史·高昌傳》。

其後延安、弘化等數郡盜賊屯結，[1]詔夔巡關中。及突厥圍雁門，夔於鎮城東南爲弩樓、車箱、獸圈，一夕而就。帝見善之。以功進位通議大夫。[2]坐父事，除名。後會丁母憂，不勝哀，卒，時年四十九。

[1]延安：底本作“延和”，中華本校勘記云：“諸本‘延安’

作‘延和’，《隋書》卷四一《蘇夔傳》作‘延安’。按《隋書·地理志上》，有延安郡，與弘化爲鄰郡，關中並無延和郡。今據改。”今從改。延安，郡名。隋朝時治膚施縣，在今陝西延安市西南。　弘化：郡名。隋朝時治巖緑縣，在今陝西靖邊縣東北。

[2]通議大夫：官名。隋煬帝始設爲散官名號，爲從四品文散官。煬帝大業三年罷。

綽弟椿，字令欽。性廉慎，沈勇有決斷。魏正光中，關右賊亂，椿應募討之，授盪寇將軍。[1]以功累遷中散大夫，[2]賜爵美陽子。大統初，拜鎮東將軍、金紫光禄大夫，[3]賜姓賀蘭氏。後除帥都督，[4]行弘農郡事。[5]椿當官强濟，特爲周文帝所知。

[1]盪寇將軍：官名。爲將軍名號。北魏孝文帝太和二十三年後爲六品下。

[2]中散大夫：官名。多爲官吏養老、病退所任，無具體職權。北魏時曾爲官吏的加官。孝文帝太和十七年定爲四品上，二十三年改爲四品下。

[3]鎮東將軍：官名。多授持節都督，出鎮方面。北魏時地位次於四征將軍，孝文帝太和二十三年後爲從二品。西魏沿置。　金紫光禄大夫：官名。作爲加官，唯授予章綬、禄賜、班位，不給予車服、吏卒。北魏孝文帝太和二十三年後爲從二品。西魏沿置。

[4]帥都督：官名。多授予地方豪族、鄉望，以統率鄉兵。北周時爲正七命。

[5]弘農：郡名。西魏時治陝城，在今河南三門峽市。

十四年，置當州鄉師，[1]自非鄉望允當衆心者不得預焉。乃令驛追椿，領鄉兵。其年，破槃頭氐有功，[2]除散騎常侍，加大都督。[3]十六年，征隨郡。[4]軍還，除武功郡守。既爲本邑，以清儉自居，小大之政，必盡忠恕。爲爵爲侯，位驃騎大將軍、開府儀同三司、大都督。[5]卒。子植嗣。

[1]當州鄉師：源氏校勘記云："《周書》作'黨州鄉師'。"中華本校勘記云："《周書》卷二三《蘇椿傳》殿本作'當州鄉帥'，其百衲本及《通志》卷一五七《蘇椿傳》作'黨州鄉師'。張元濟云：'鄉師見《周禮·地官》。'按鄉帥指領鄉兵的帥都督。《周書》卷三九《韋瑱傳》，'以望族領鄉兵，加帥都督'。卷三二《柳敏傳》，'加帥都督，領本鄉兵'。卷三七《郭彦傳》，'大統十二年，初選當州首望統領鄉兵，除帥都督'。都可證。蘇椿也是被選領鄉兵，則作'當州鄉帥'是。"

[2]槃頭氐：西北氐族的一支，因生活在北魏槃頭郡而得名。槃頭，郡名。西魏時治長舉縣槃頭城，在今陝西略陽縣西北。

[3]大都督：官名。高級軍事長官。北魏後期隨着戰事的頻繁而置，加以各種名號，負責統兵作戰或者爲某一地區的軍事統治者。西魏沿置。

[4]隨郡：西魏時治隨縣，在今湖北隨州市北。

[5]驃騎大將軍：官名。爲重號將軍，僅次於大將軍。多加於權臣元老，以示尊崇，開府置僚屬，不領兵。北魏孝文帝太和十七年定爲一品中，二十三年改爲從一品。西魏沿置。

亮字景順，綽從兄也。祖稚，字天祐，[1]位中書侍郎、玉門郡守。[2]父祐，泰山郡守。[3]

[1]祖稚字天祐：源氏校勘記云："'稚'《周書》作'權'。"中華本校勘記云："《周書》卷三八《蘇亮傳》作'祖權'，無'字天祐'三字。《魏書》卷四五《蘇湛傳》作'父擁，字天祐'。按蘇湛即亮弟，而一以爲祖，一以爲父，其名又作'稚'作'權'作'擁'不同。張森楷據《北史》避唐諱不用'稚'字，以爲'稚'當是'權'之訛。按下文'長孫承業'，《周書》本作'長孫稚'，《北史》也是因避諱改，此衹隔數行，不應不避，作'稚'必誤。作'權'、作'擁'，未知孰是。又張森楷據下文有'父祐'，子不得以父字爲名，斷此'字天祐'三字是衍文。按《北史》此三字本之《魏書》。魏收爲北齊人，記關中人物世系，可能不甚確切，故以祖爲父，而'父祐'誤作'字天祐'。《北史》既從《周書》分爲祖父兩代，又從《魏書》增'字天祐'三字，遂致抵牾。"可從。

[2]中書侍郎：官名。北魏時多選用文學之士，掌草擬詔令，職位機要。孝文帝太和十七年定爲四品上，二十三年改爲從四品上。　玉門郡守：底本、毛本"玉"作"王"，當爲字形相近而訛。今從中華本改。玉門，郡名。北魏時治玉門縣，在今甘肅玉門市西北赤金鎮。

[3]泰山：郡名。北魏時治博平縣，在今山東泰安市東南。

亮少通敏，博學好屬文，善章奏，與弟湛等皆著名西土，　家舉二秀才。亮初舉秀才，至洛陽，過河内常景。[1]景深器之，而謂人曰："秦中才學可以抗山東者，[2]將此人乎！"魏齊王蕭寶夤引爲參軍。寶夤遷大將軍，仍爲之掾。寶夤雅相知重，凡有文檄謀議，皆以委之。尋行武功郡事，甚著聲績。寶夤作亂，以亮爲黄門侍郎。亮善處人間，與物無忤。及寶夤敗，從之者多遇禍，唯亮獲全。及長孫承業、尒朱天光等西討，[3]並以亮爲郎中，[4]專典文翰。賀拔岳爲關西行臺，[5]引亮爲左丞，[6]典機密。

[1]過河内常景：源氏校勘記云："'過'《周書》作'遇'。"河内，郡名。北魏時治野王縣，在今河南沁陽市。常景，人名。字永昌，河内温（今河南温縣）人。北魏、東魏官吏。見《北史》卷四二《常爽附常景傳》。

[2]秦中才學可以抗山東者：底本作"秦中才學可以抗山東"，中華本校勘記云："諸本脱'者'字，據《周書》補。"今從改。

[3]長孫承業：人名。即長孫稚。本名冀歸，孝文帝賜名稚，《北史》避唐高祖祖父李虎諱改爲幼，字承業，鮮卑族。北魏將領。見《北史》卷二二《長孫道生附長孫承業傳》。　尒朱天光：人名。北秀容（今山西朔州市）人，契胡族。北魏官吏。見《北史》卷四八《尒朱榮附尒朱天光傳》。

[4]郎中：官名。即行臺郎中。爲行臺諸曹郎中之泛稱。

[5]行臺：官名。行臺尚書的省稱。爲行臺長官，執掌當地的軍政事務，爲最高地方行政長官。

[6]左丞：官名。即行臺尚書左丞。亦稱行臺左丞，職掌同尚書左丞，負責監察臺内諸官、選授官吏、文書奏事等，職權甚重。

魏孝武西遷，遷吏部郎中。[1]大統二年，拜給事黄門侍郎，領中書舍人。魏文帝子宜都王式爲秦州刺史，[2]以亮爲司馬。帝謂亮曰："黄門侍郎豈可爲秦州司馬？直以朕愛子出藩，故以心腹相委，勿以爲恨。"臨辭，賜以御馬。八年，封臨涇縣子，[3]除中書監，[4]領著作，修國史。亮有機辯，善談笑。周文帝甚重之，有所籌議，率多會旨。記人之善，忘人之過，薦達後進，常如弗及，故當世敬慕。歷秘書監、大行臺尚書，[5]出爲岐州刺史。[6]朝廷以其作牧本州，特給路車、鼓吹，[7]先還其宅，并給騎士三千，列羽儀，游鄉黨，經過故人，歡飲旬日，然後入州。世以爲榮。十七年，[8]徵拜侍中，卒於位。贈本官。

[1]吏部郎中：官名。爲尚書省吏部曹主官，資深者可轉侍郎。屬吏部尚書，掌官吏銓選。北魏孝文帝太和二十三年後爲六品。

[2]魏文帝子宜都王式爲秦州刺史：中華本校勘記云："按本書卷一三《文帝文皇后乙弗氏傳》見秦州刺史武都王戊，疑此有訛誤。"宜都王，封爵名。宜都，郡名。西魏時治夷道縣，在今湖北宜都市。秦州，西魏時治上封城，在今甘肅天水市。

[3]臨涇縣子：封爵名。臨涇，縣名。治所在今甘肅鎮原縣東南。

[4]中書監：官名。中書省長官之一，掌納奏、擬詔、出令。多用作重臣加官，時人視爲閑職。北魏孝文帝太和二十三年改爲從二品。西魏沿置。

[5]秘書監：官名。秘書省長官，掌圖書經籍之事，領著作省。北魏孝文帝太和十七年定爲從二品中，二十三年改爲三品。西魏沿置。　大行臺尚書：官名。大行臺主要屬官。分曹理事，則冠以曹名，如大行臺吏部尚書、大行臺度支尚書等，其職掌與同號尚書略同。北魏孝文帝太和二十三年後爲正四品。西魏沿置。

[6]岐州：西魏時治雍城鎮，在今陝西鳳翔縣東。

[7]路車：古代天子或諸侯貴族所乘坐的車。

[8]十七年：底本作"十年"，源氏校勘記云："'十'下《周書》有'七'字。"中華本校勘記云："諸本無'七'字，《周書》有。張森楷云：'據《周書》上文有十四年，則作十七年是也。'

按張説是，今據補。”今從改。

亮少與從弟綽俱知名，然綽文章稍不逮亮，[1]至於經畫進趣，亮又減之。故世稱二蘇焉。亮自大統以來，無歲不轉官，一年或至三遷。僉曰才至，不怪其速也。所著文筆數十篇，頗行於世。子師嗣，以亮名重於時，起家黄門侍郎。

[1]然綽文章稍不逮亮：底本作“然綽稍不逮亮”，中華本校勘記云：“諸本脱‘文章’二字，據《周書》補。”今從改。

亮弟湛，字景儁。少有志行，與亮俱著名西土。年二十餘，舉秀才，除奉朝請，[1]領侍御史，[2]加員外散騎侍郎。[3]蕭寶夤西討，以湛爲行臺郎中，深見委任。及寶夤將謀叛逆，湛時卧疾於家。寶夤乃令湛從母弟天水姜儉謂湛曰：[4]“吾不能坐受死亡，今便爲身計，不復作魏臣也。與卿死生榮辱，方當共之，故以相報。”湛聞之，舉聲大哭。儉遽止之曰：“何得便爾？”湛曰：“闔門百口，即時屠滅，云何不哭！”哭數十聲，徐謂儉曰：“爲我白齊王，王本以窮而歸人，賴朝廷假王羽翼，遂得榮寵至此。既屬國步多虞，不能竭誠報德，豈可乘人間隙，便有問鼎之心乎！今魏德雖衰，天命未改，王之恩義，未洽於人，破亡之期，必不旋踵。蘇湛終不能以積世忠貞之基，一旦爲王族滅也。”寶夤復令儉謂湛曰：“此是救命之計，不得不爾。”湛復曰：“凡舉大事，當得天下奇士。今但共長安博徒小兒輩爲此計，豈有辦哉？湛不忍見荆棘生王户庭也。願賜骸骨還舊里，庶歸全地下，無愧先人。”寶夤素重之，知必不爲己用，遂聽還武功。寶夤後果敗。

[1]奉朝請：官名。北魏時爲冗散官，有俸無職。孝文帝太和十一年置二百人，十七年定爲六品下，二十三年改爲從七品。

[2]侍御史：官名。亦簡稱御史、侍御。北魏時置八員，分掌治書、課第等諸曹。孝文帝太和十七年定爲從五品中，二十三年改爲八品。

[3]員外散騎侍郎：官名。爲閑散之職，用以安置閑退人員、衰老人士。北魏時用來授予南朝北奔人士，地位等同於吏部郎。孝文帝太和二十三年改爲七品上。

[4]天水：郡名。北魏時治上封縣，在今甘肅天水市。

孝莊帝即位，[1]徵拜尚書郎。[2]帝嘗謂之曰："聞卿答蕭寶夤，甚有美辭，可爲我說之。”湛頓首謝曰："臣自惟言辭不如伍被遠矣，然始終不易，竊謂過之。但臣與寶夤周旋契闊，言得盡心，而不能令其守節，此臣之罪也。”孝莊大悦，加散騎侍郎。[3]尋遷中書。[4]孝武初，以疾還鄉里，終於家。贈散騎常侍、鎮西將軍、雍州刺史。[5]

[1]孝莊帝：北魏皇帝元子攸。孝莊爲其謚號

[2]尚書郎：官名。掌收發文書章奏庶務，後漸成定制，成爲中朝常設官職，分掌尚書各曹。凡尚書曹郎、郎中、侍郎皆可簡爲此稱。孝文帝太和二十三年改爲六品上。

[3]散騎侍郎：官名。北魏時掌侍從、諷諫，屬集書省，員六

人。孝文帝太和十七年定爲三品下，二十三年改爲四品。

[4]尋遷中書：中華本校勘記云："《魏書》卷四五、《周書》卷三八《蘇湛傳》'中書'下有'侍郎'二字，疑《北史》脱。"可從。

[5]鎮西將軍：官名。多授持節都督，出鎮方面。北魏時地位次於四征將軍，孝文帝太和二十三年後爲從二品。

湛弟讓，字景恕。幼聰敏，好學，頗有人倫鑒。初爲本州主簿，[1]稍遷別駕、武都郡守、鎮遠將軍、金紫光禄大夫。[2]及周文帝爲丞相，引爲府屬，甚見親待。出爲衛將軍、南汾州刺史，[3]有善政。尋卒官。贈車騎大將軍、儀同三司、涇州刺史。

[1]主簿：官名。掌文簿之事。後諸軍府、王府、州郡府皆設。品秩隨府長官地位高下而不等。

[2]武都：郡名。北魏時治石門縣，在今甘肅隴南市武都區東南。　鎮遠將軍：官名。北魏時多作爲將軍名號，孝文帝太和二十三年改爲四品。

[3]衛將軍：官名。在諸名號大將軍之上，無具體職權。北魏孝文帝太和二十三年之後改爲二品。西魏沿置。　南汾州：西魏時治定陽縣，在今山西吉縣西南。

論曰：周惠達見禮竇禽，遂契闊於戎寇，[1]不以夷險易志，斯固篤終之士也。

[1]契闊：相交，相約

周文提劍而起，百度草創，施約法之制於競逐之辰，脩太平之禮於鼎峙之日，終能斲雕爲朴，變奢從儉，風化既被，而下肅上尊，疆埸屢動，而内安外附，斯蓋蘇綽之力也。

邳公周道云季，[1]方事幽貞，[2]隋室龍興，首應旌命。[3]綢繆任遇，窮極寵榮，久處機衡，多所損益，罄竭心力，知無不爲。然志尚清儉，體非弘廣，好同惡異，有乖直道，不存易簡，未爲通德。歷事二帝，三十餘年，雖廢黜當時，終稱遺老。君邪而不能正言，國亡而情均衆庶，予違汝弼，[4]徒聞其語，疾風勁草，未見其人。禮命闕於興王，抑亦此之由也。

[1]周道云季：指北周末年。

[2]方事幽貞：指隱居修煉。

[3]旌命：招聘賢士的命令。

[4]予違汝弼：天子勖勉大臣進諫之詞，言我有過失，你應匡正。

夔志識沈敏，方雅可稱，若天假之年，足以不虧堂構矣。[1]

[1]堂構：祖先的遺業。

北史　卷六四

列傳第五十二

韋叔裕，字孝寬，京兆杜陵人也，[1]少以字行。世爲三輔著姓。[2]祖直善，[3]魏馮翊、扶風二郡守。[4]父旭，武威郡守。[5]建義初，[6]爲大行臺右丞，[7]加輔國將軍、雍州大中正。[8]永安二年，拜右將軍、南豳州刺史。[9]時氐賊數爲抄竊，[10]旭隨機招撫，並即歸附。尋卒官，贈司空、冀州刺史，[11]謚曰文惠。

[1]京兆：郡名。北魏時治霸城縣，在今陝西西安市東北。杜陵：縣名。治所在今陝西西安市長安區東。

[2]三輔：西漢時於京畿之地所設京兆尹、左馮翊、右扶風的合稱，相當於今陝西關中地區。

[3]祖直善：據韋孝寬墓誌載："祖真憙。"當以墓誌爲是（參羅新、葉煒《新出魏晉南北朝墓誌疏證（修訂本）》，中華書局2016年版，第296—300頁）。另據《魏書》卷四五載，有京兆杜陵真喜。

［4］馮翊：郡名。北魏時治高陸縣，在今陝西大荔縣。　扶風：郡名。北魏時治好畤縣，在今陝西乾縣東。

［5］武威：郡名。北魏時治姑臧縣，在今甘肅武威市。

［6］建義：北魏孝莊帝的年號（528）。

［7］大行臺右丞：官名。即大行臺尚書右丞。掌都省庶務，管理省内用度雜物。又掌本省庫藏廬舍，督録遠道州郡文書奏章。多由行臺郎中遷任。

［8］輔國將軍：官名。將軍名號。北魏孝文帝太和十七年（493）定爲三品上，二十三年改爲從三品。　雍州：北魏時治長安縣，在今陝西西安市西北。　大中正：官名。主管州内士族品第的評定。北魏時無品、無禄，但犯罪時可當刑罰。

［9］永安：北魏孝莊帝的年號（528—530）。　拜右將軍南豳州刺史：底本"豳"作"幽"，中華本校勘記云："諸本'豳'作'幽'。錢氏《考異》卷四〇云：'"幽"當作"豳"，魏時無南幽州也。'按南豳州見《魏書》卷五八《楊椿傳》、卷五九《蕭寶夤傳》。楊守敬《隋書地理志考證》卷一有考。今據改正。"今從改。右將軍，官名。北魏時爲軍府名號，用作加官。孝文帝太和十七年定爲從二品，二十三年定爲三品。南豳州，北魏時治新平城，在今陝西彬縣東北。

［10］氐：族名。分布於今甘肅、陝西、四川等地。以畜牧業、農業爲生。西晉末曾建立仇池、前秦、後凉等政權。見《北史》卷九六《氐傳》。

［11］司空：官名。魏晋南北朝時爲名譽宰相，多爲大臣加官，位居一品，無實際職掌。北魏孝文帝太和二十三年後爲一品。　冀州：北魏時治信都縣，在今河北冀州市。

孝寬沈敏和正，涉獵經史。弱冠，屬蕭寶夤作亂關右，[1]乃詣闕，請爲軍前驅。[2]朝廷嘉之，即拜統軍。[3]

隨馮翊公長孫承業西征，[4]每戰有功。拜國子博士，[5]行華山郡事。[6]屬侍中楊侃爲大都督，[7]出鎮潼關，[8]引孝寬爲司馬。[9]侃奇其才，以女妻之。永安中，授宣威將軍、給事中，[10]尋賜爵山北縣男。[11]普泰中，[12]以都督從荆州刺史源子恭鎮穰城，[13]以功除淅陽郡守。[14]時獨孤信爲新野郡守，[15]同隸荆州，與孝寬情好款密，政術俱美，荆部吏人號爲連璧。

[1]蕭寶夤：人名。南蘭陵（一説在今江蘇常州市，一説在今江蘇丹陽市）人。南朝齊明帝第六子。北魏將領。見《北史》卷二九《蕭寶夤傳》。

[2]前驅：即先鋒。

[3]統軍：官名。北魏置。位在軍主之上、别將之下。

[4]長孫承業：人名。即長孫稚。本名冀歸，孝文帝賜名稚，字承業，鮮卑族。北魏將領。見《北史》卷二二《長孫道生附長孫承業傳》。

[5]國子博士：官名。負責教授生徒儒學，取品行淳厚清明，並通曉經典義理者擔任。北魏孝文帝太和十七年定爲從五品，二十三年改爲五品上。

[6]華山：郡名。北魏時治鄭縣，在今陝西華陰市東南。

[7]侍中：官名。北朝時常總典機密，受遺詔輔政，權任尤重，時號“小宰相”。北魏初置四員，孝文帝二十三年爲三品。　楊侃：人名。字士業，弘農華陰（今陝西華陰市東南）人。北魏官吏。見《北史》卷四一《楊播附楊侃傳》。　大都督：官名。高級軍事長官。加以各種名號負責統兵作戰或作爲某一地區的軍事統治者。

[8]潼關：關隘名。在今陝西潼關縣北。

[9]司馬：官名。軍府、王府等的高級幕僚，參贊軍務，管理府内武職，地位僅次於長史。其品秩隨府主地位高低而定。

[10]宣威將軍：官名。爲雜號將軍。北魏孝文帝太和二十三年定爲六品上。　給事中：官名。北魏時爲内朝官，常派往尚書省諸曹，參領政務，並負監察之責。孝文帝太和二十三年爲六品上。

[11]山北縣男：封爵名。山北，縣名。治所在今河南魯山縣東。

[12]普泰：北魏節閔帝的年號（531—532）。

[13]荆州：北魏時治穰縣，在今河南鄧州市。　源子恭：人名。字靈順，西平樂都（今青海樂都縣）人，鮮卑族。北魏官吏。見《北史》卷二八《源賀附源子恭傳》。　穰城：縣名。治所在今河南鄧州市。源氏校勘記云："《周書》作'襄城'。"《周書》卷三一《韋孝寬傳》作"襄城"，《通志》作"穰城"，中華本《周書》校勘記云："按荆州治穰城（《魏書》卷一〇六下《地形志下》），疑作'穰'是，但襄城也屬荆州，分兵出鎮，也有可能，今不改。"

[14]淅陽：郡名。北魏時治南鄉縣，在今河南淅川縣南。

[15]獨孤信：人名。本名如願，雲中（今内蒙古和林格爾縣西北）人，鮮卑族獨孤部。北魏、北周名將。見《北史》卷六一《獨孤信傳》。　新野：郡名。北魏時治新野縣，在今河南新野縣。

孝武初，以都督鎮城。周文帝自原州赴雍州，命孝寬隨軍。[1]及剋潼關，即授弘農郡守。[2]從擒竇泰，[3]兼左丞，[4]節度宜陽兵馬事。[5]仍與獨孤信入洛，爲陽城郡守，[6]復與宇文貴、怡峰應接潁川義徒，[7]破東魏將任祥、堯雄於潁川。[8]孝寬又進平樂口，[9]下豫州，[10]獲刺史馮邕。又從戰於河橋。[11]時大軍不利，邊境騷然，乃令孝寬以本將軍行宜陽郡事。[12]尋遷南兖州刺史。[13]是歲，東魏將段琛、堯傑復據宜陽，[14]遣其陽州刺史牛道恒扇誘邊人。[15]孝寬深患之，乃遣諜人訪獲道恒手迹，令善學書者僞作道恒與孝寬書，論歸款意，又爲落燼燒跡，若火下書者，還令諜人送於琛營。琛得書，果疑道恒，其所欲經略，皆不見用。孝寬知其離阻，因出奇兵掩襲，禽道恒及琛等，崤、澠遂清。[16]

［1］孝武初以都督鎮城周文帝自原州赴雍州命孝寬隨軍：中華本校勘記云："《通志》卷一五七《韋孝寬傳》'城'作'彭城'。按孝寬隨宇文泰自原州赴雍州，則其所鎮之城應在原州附近，必非彭城。據《隋書·地理志上》北地郡彭原縣注：'舊曰彭陽。'此地在原州之東，相去不遠。疑《通志》'彭'下脱'陽'字。《北史》則'鎮'下脱'彭陽'二字。"孝武，即北魏皇帝元脩。孝武爲其謚號。周文帝，即宇文泰。文爲其謚號，北周明帝所追謚。原州，北魏時治高平縣，在今寧夏固原市。

［2］弘農：郡名。北魏時治陝城，在今河南三門峽市。

［3］竇泰：人名。字世寧，太安捍殊（今山西壽陽縣）人。北魏、東魏將領。見《北史》卷五四《竇泰傳》。

［4］左丞：官名。即行臺尚書左丞，亦稱行臺左丞。北魏置。負責監察臺内諸官，選授官吏等文書奏事，職權甚重。

［5］宜陽：郡名。西魏時治宜陽縣，在今河南宜陽縣西。

［6］仍與獨孤信入洛爲陽城郡守：底本作"仍與獨孤信入洛陽城郡守"，中華本校勘記云："諸本'洛'下無'爲'字，《通志》有。《周書》卷三一（補）《韋孝寬傳》此句作'仍與獨孤信入洛陽城守'。按陽城郡見《隋書·地理志中》河南郡陽城縣注。其地在洛陽之南，與潁川隣近。下文云：'後與宇文貴、怡峰應接潁川義徒。'當即自陽城赴援。《通志》有'爲'字是，今據補。"今從改。陽城，郡名。西魏時治陽城縣，在今河南登封市告成鎮。

［7］宇文貴：人名。字永貴，昌黎大棘（今遼寧北票市章吉營子鄉三官營子村）人，鮮卑族。西魏、北周將領。見《北史》卷

六〇《宇文貴傳》。　怡峰：人名。字景阜，遼西（今河北盧龍縣）人。西魏、北周官吏。見《北史》卷六五《怡峰傳》。　潁川：郡名。西魏時治長社縣，在今河南長葛市東北。

[8]任祥：人名。字延敬，廣寧（今河北涿鹿縣）人。北魏、東魏官吏。見《北史》卷五三《任祥傳》。　堯雄：人名。字休武，上黨長子（今山西長子縣東）人。北魏、東魏官吏。見《北史》卷二七《堯暄附堯雄傳》

[9]濼口：地名。在今河南漯河市郾城區東南沱口鎮。

[10]豫州：西魏時治上蔡縣，在今河南汝南縣。

[11]河橋：橋名。在今河南孟津縣東、孟州市西南黄河上。

[12]以本將軍行宜陽郡事：底本作"以大將軍行宜陽郡事"，源氏校勘記云："'本'《周書》作'大'。"中華本《周書》卷三一《韋孝寬傳》作"以大將軍行宜陽郡事"，其校勘記云："按孝寬這時名位尚低，似不能即授大將軍，疑當作'本'。"今從改。

[13]南兗州：地點存疑。

[14]段琛：人名。字懷寶，代（今山西大同市東北）人。東魏、北齊官吏。見《北齊書》卷一九《張保洛附段琛傳》。　堯傑：人名。一作"堯桀"，字永壽，上黨長子（今山西長子縣東）人。東魏官吏。見《魏書》卷四二《堯暄傳》。

[15]陽州：東魏時治宜陽縣，在今河南宜陽縣。底本作"揚州"，中華本校勘記云："諸本'陽'作'揚'。錢氏《考異》云：'東魏置陽州於宜陽，此"揚"字當作"陽"。'按《通鑑》卷一五八正作'陽'，今據改。"今從改。

[16]崤澠：地名。泛指崤山至澠水之間西魏與東魏交界地區。

大統五年，[1]進爵爲侯。八年，轉晋州刺史，[2]尋移鎮玉壁，[3]兼攝南汾州事。[4]先是，山胡負險，[5]屢爲劫盜，孝寬示以威信，州境肅然。進授大都督。

[1]大統：西魏文帝的年號（535—551）。

[2]晋州：西魏時治白馬城，在今山西臨汾市。

[3]玉壁：地名。在今山西稷山縣西南。

[4]南汾州：西魏時治定陽縣，在今山西吉縣西南。

[5]山胡：族名。亦稱稽胡、步落稽。源於南匈奴，一説爲山戎、赤狄之後。南北朝時居於今山西、陝西北部山谷間，與漢人錯居。北朝期間，各地山胡不斷起事。隋唐以後，漸與漢族融合。

十二年，齊神武傾山東之衆，[1]志圖西入，以玉壁衝要，先命攻之。連營數十里，至於城下。乃於城南起土山，欲乘之以入。當其山處，城上先有兩高樓。孝寬更縛木接之，令極高峻，多積戰具以禦之。齊神武使謂城中曰："縱爾縛樓至天，我會穿城取爾。"遂於城南鑿地道，又於城北起土山，攻具，晝夜不息。[2]孝寬復掘長塹，要其地道，仍簡戰士屯塹。城外每穿至塹，戰士即擒殺之。又於塹外積柴貯火，敵人有在地道内者，便下柴火，以皮排吹之。[3]火氣一衝，咸即灼爛。城外又造攻車，[4]車之所及，莫不摧毀，雖有排楯，莫之能抗。孝寬乃縫布爲縵，隨其所向則張設之。布懸於空中，其車竟不能壞。城外又縛松於竿，[5]灌油加火，規以燒布，并欲焚樓。孝寬復長作鐵鉤，利其鋒刃，火竿一來，[6]以鉤遥割之，松麻俱落。外又於城四面穿地，作二十一道，分爲四路，於其中各施梁柱。作訖，以油灌柱，放火燒之，柱折，城並崩壞。孝寬又隨崩處，竪木柵以扞之，敵不得入。城外盡其攻擊之術，孝寬咸拒破之。

[1]齊神武：即高歡。神武爲其謚號，北齊後主所追謚。

[2]又於城北起土山攻具晝夜不息：中華本校勘記云："《通典》卷一六一'兵因機設權'條，'攻具'二字作'且作且攻'。疑《北史》原文當如《通典》。"可從。

[3]皮排：以皮革製作的鼓風器具，也稱橐籥，類似今天的風箱。

[4]攻車：即輕車，用以攻城。

[5]城外又縛松於竿：中華本校勘記云："《通鑑》卷一五九、《通典》卷一六一，'松'下有'蔴'字。按下文云'松蔴俱落'，此脱'蔴'字。"可從。

[6]一：底本作"亦"，殿本、四庫本、四部備要本作"一"。據文意，今從改。

神武無如之何，乃遣倉曹參軍祖孝徵謂曰：[1]"未聞救兵，何不降也？"孝寬報云："我城池嚴固，兵食有餘，攻者自勞，守者常逸，豈有旬朔之間，已須救援？適憂爾衆有不反之危。孝寬關西男子，必不爲降將軍也。"俄而孝徵復謂城中人曰："韋城主受彼榮禄，或復可爾，自外軍士，何事相隨入湯火中邪？"乃射募格於城中云：[2]"能斬城主降者，拜太尉，[3]封開國郡公，[4]邑萬户，賞帛萬匹。"孝寬手題書背，反射城外，云："若有斬高歡者，[5]一依此賞。"孝寬弟子遷，先在山東，又鎖至城下，臨以白刃云："若不早降，便行大戮。"[6]孝寬慷慨激揚，略無顧意。士卒莫不感勵，人有死難之心。神武苦戰六旬，傷及病死者十四五，智力俱困，因而發疾。其夜遁去。後因此忿恚，遂殂。魏文帝嘉孝寬功，[7]令殿中尚書長孫紹遠、左丞王悦至玉壁勞問，[8]授驃騎大將軍、開府儀同三司，[9]進爵建忠郡公。[10]

[1]倉曹參軍：官名。亦稱倉曹參軍事，爲倉曹長官。北魏時二大、二公府、將軍府皆置，從六品至從八品不等。北齊時三師、二大、三公府，護軍府、州刺史、三等諸鎮皆置，六品至七品不等。　祖孝徵：人名。即祖珽。字孝徵，范陽遒（今河北淶水縣北）人。東魏、北齊官吏。見《北史》卷四七《祖瑩附祖珽傳》。

[2]募格：招募人才的賞格。

[3]太尉：官名。北魏時爲名譽宰相，多爲大臣加官。北魏孝文帝太和二十三年後爲一品。北齊同之。

[4]開國郡公：封爵名。西晋始設。初爲公爵中開國時期置官食封者，後來僅爲爵位名。北魏孝文帝太和二十三年定爲一品。東魏因之。

[5]高歡：人名。一名賀六渾，勃海蓨（今河北景縣）人，世居懷朔鎮（今内蒙古包頭市東北），爲鮮卑化漢人。北魏末、東魏大臣。見《北史》卷六《齊本紀·神武帝》。

[6]臨以白刃云若不早降便行大戮：底本作“臨以白刃若有不早降便行大戮”，中華本校勘記云：“諸本脱‘云’字，‘若’下衍‘有’字，據《周書》《通志》補删。”今從改。

[7]魏文帝：即西魏皇帝元寶炬。文爲其謚號。

[8]殿中尚書：官名。北魏時領宫中兵馬，典宫禁宿衛及倉庫，或説領殿中、直事、三公、駕部四郎曹。孝文帝太和十七年定爲二品中。西魏沿置（參張金龍《北魏前期禁衛武官制度考論——以史籍記載爲中心》，《歷史研究》2003年第3期）。　長孫紹遠：人名。少名仁，字師，代郡（今山西大同市東北）人，鮮卑族。西魏、北周大臣。見《北史》卷二二《長孫道生附長孫紹遠傳》。　王悦：人名。字衆喜，京兆藍田（今陝西藍田縣）人。西魏大臣。見《北史》卷六九《王悦傳》。

[9]驃騎大將軍：官名。居諸名號將軍之首，多加於權臣元老，以示尊崇，開府置僚屬，不領兵。北魏孝文帝太和十七年定爲一品中，二十三年改爲從一品。西魏沿置。　開府儀同三司：爲大臣加號，謂與三司即太尉、司徒、司空的禮制待遇相同，許開設府署，自辟僚屬。北魏孝文帝太和二十三年定爲從一品。西魏因之。

[10]建忠郡公：封爵名。建忠，郡名。西魏時治三原縣，在今陝西三原縣東北。

廢帝二年，[1]爲雍州刺史。先是，路側一里置一土堠，經雨頽毀，每須修之。自孝寬臨州，乃勒部内，[2]當堠處植槐樹代之。既免修復，行旅又得庇蔭。周文後見，怪問知之，曰："豈得一州獨爾，當令天下同之。"於是令諸州夾道一里種一樹，十里種三樹，百里種五樹焉。

[1]廢帝：即西魏皇帝元欽。

[2]乃勒部内：底本作"仍勒部内"，中華本校勘記云："諸本'乃'訛作'仍'，據《周書》《通志》改。"今從改。

恭帝元年，[1]以大將軍與燕公于謹伐江陵，[2]平之，以功封穰縣公。[3]還，拜尚書右僕射，[4]賜姓宇文氏。三年，周文北巡，命孝寬還鎮玉壁。周孝閔帝踐祚，[5]拜小司徒。[6]明帝初，[7]參麟趾殿學士，[8]考校圖籍。

[1]恭帝：即西魏皇帝元廓。恭爲其謚號。

[2]大將軍：官名。北魏時爲高級軍事統帥，與大司馬共稱"二大"，位尊權重，掌管全國軍政，孝文帝太和二十三年定爲一

品。　于謹：人名。字思敬，小名巨引，河南洛陽（今河南洛陽市東北）人。北魏、西魏、北周名將。見《北史》卷二三《于栗磾附于謹傳》。　江陵：城名。在今湖北江陵縣。

[3]穰縣公：封爵名。穰縣，治所在今河南鄧州市。

[4]尚書右僕射：官名。北魏時位列宰相，在録尚書事、尚書令下，職掌都省庶務及執法，或典選舉，職在左僕射下。孝文帝太和十七年定爲從一品中，二十三年改爲從二品。西魏沿置。

[5]周孝閔帝：即北周皇帝宇文覺。孝閔爲其謚號。

[6]小司徒：官名。即小司徒上大夫。主要職責是輔助大司徒管理民户、賦役、土地、倉廩、教育以及山澤漁獵等事務。正六命。

[7]明帝：即北周皇帝宇文毓。明爲其謚號。

[8]麟趾殿學士：官名。北周明帝即位之後，設立麟趾學，掌管著述、校刊經史，以在朝公卿以下有文學者爲學士，最初並不限貴賤，後因于翼的奏議，制定學士班次。

保定初，[1]以孝寬立勳玉壁，置勳州，[2]仍授勳州刺史。齊人遣使至玉壁，求通互市。晋公護以其相持日久，[3]絶無使命，一日忽來求交易，疑别有故。又以皇姑、皇世母先没在彼，因其請和之際，或可致之。遂令司門下大夫尹公正至玉壁，[4]共孝寬詳議。孝寬乃於郊盛設供帳，[5]令公正接對使人，兼論皇家親屬在東之意。使者辭色甚悦。時又有汾州胡抄得關東人，[6]孝寬復放東還，並致書一牘，具陳朝廷欲敦鄰好。遂以禮送皇姑及護母等。

[1]保定：北周武帝的年號（561—565）。

[2]勳州：北周時治高凉縣，在今山西稷山縣南。

[3]晋公護：即宇文護。字薩保，代郡武川（今内蒙古武川縣西）人，鮮卑族。北周宗室、權臣。見《北史》卷五七《邵惠公顥附宇文護傳》。

[4]司門下大夫：官名。西魏恭帝三年（556）置，北周因之。爲地官府司門司長官，掌管邊境關門、京都城門以及皇宫宫門的開閉，發放過往通行證。正四命。　尹公正：人名。北周官吏。任司門下大夫、中外府司録。

[5]孝寬乃於郊盛設供帳：毛本、局本脱“孝寬”二字。

[6]汾州：北周時治蒲子城，在今山西隰縣。

孝寬善於撫御，能得人心，所遣間諜入齊者，皆爲盡力。亦有齊人得孝寬金貨，遥通書疏。故齊動静，朝廷皆先知。時有主帥許盆，[1]孝寬度以心膂，令守一城。盆乃以城東入。孝寬怒，遣諜取之，俄而斬首而還。其能致物情如此。

[1]主帥：官名。爲統軍將領的泛稱。

汾州之北，離石以南，[1]悉是生胡，[2]抄掠居人，阻斷河路。孝寬深患之，而地入於齊，無方誅剪。欲當其要處，置一大城。乃於河西徵役徒十萬，甲士百人，遣開府姚岳監築之。[3]岳色懼，以兵少爲難。孝寬曰：“計成此城，十日即畢。既去晋州四百餘里，一日創手，二日僞境始知，設令晋州徵兵，二日方集，謀議之間，自稽三日，計其軍行，二日不到。我之城隍，足得辦矣。乃令築之。齊人果至南首，疑有大軍，乃停留不進。其夜，又令汾水以南，[4]傍介山、稷山諸村，[5]所在縱火。齊人謂是軍營，遂收兵自固。版築克就，[6]卒如其言。[7]

［1］離石：縣名。治所在今山西吕梁市離石區。

［2］生胡：指未臣服的少數民族。

［3］開府：多作爲高級官員的加官，以示恩寵。北魏孝文帝太和二十三年後爲從一品。

［4］汾水：今山西黄河支流汾河中游。

［5］介山：位於今山西介休市。　稷山：又名稷王山。位於今山西南部萬榮、聞喜、稷山等縣交界處。

［6］版築：亦作“板築”。古代築造土墻的工具，借指土木建築。版，築墻版。築，杵，夯。築墻時，以兩板相夾，填土於其中，用杵搗實。

［7］卒如其言：殿本、四庫本、四部備要本作“卒如孝寬言”。

四年，進位柱國。[1]時晋公護將東討，孝寬遣長史辛道憲啓陳不可，[2]護不納。[3]既而大軍果不利。後孔城遂陷，[4]宜陽被圍。孝寬乃謂其將帥曰：“宜陽一城之地，未能損益。然兩國争之，勞師數載。彼多君子，寧乏謀猷？若棄崤東，來圖汾北，我之疆界，必見侵擾。今宜於華谷及長秋速築城，[5]以杜賊志。脱其先我，圖之實難。”於是畫地形，具陳其狀。晋公護令長史叱羅協謂使人曰：[6]“韋公子孫雖多，數不滿百。汾北築城，遣誰固守？”事遂不行。

［1］柱國：官名。柱國大將軍的省稱。西魏的最高官職，在文帝大統十六年前共任命八人，稱八柱國，其中六人分掌全國府兵。

北周時成爲没有具體職掌的勳官，正九命。

［2］長史：官名。掌顧問參謀。爲所在官署掾屬之長。丞相長史職權尤重。邊郡於丞之外復置長史，佐太守掌兵馬。内郡或置之。

［3］護不納：殿本、四部備要本作“護不從”。

［4］孔城：在今河南伊川縣西南。

［5］華谷：地名。在今山西稷山縣西北。　長秋：地名。在今山西運城市。

［6］叱羅協：人名。本名邕，代郡（今山西大同市東北）人，鮮卑族。西魏、北周大臣。見《北史》卷五七《邵惠公顥附叱羅協傳》。

天和五年，[1]進爵鄖國公，增邑通前一萬户。是歲，齊人果解宜陽之圍，[2]經略汾北，遂築城守之。其丞相斛律明月至汾東，[3]請與孝寬相見。明月云：“宜陽小城，久勞戰争。今既入彼，欲於汾北取償，幸勿怪也。”孝寬答曰：“宜陽彼之要衝，汾北我之所棄。我棄彼圖，取償安在？且若輔翼幼主，[4]位重望隆，理宜調陰陽，撫百姓，焉用極武窮兵，構怨連禍！且滄、瀛大水，[5]千里無煙，復欲使汾、晋之間，横尸暴骨，苟貪尋常之地，塗炭疲弊之人，[6]竊爲君不取。”

［1］天和：北周武帝的年號（566—572）。

［2］齊人果解宜陽之圍：殿本脱“果”字。

［3］斛律明月至汾東：毛本、殿本、四庫本、局本、四部備要本作“斛律明月率數十騎至汾東”。斛律明月，人名。即斛律光。字明月，朔州（今山西朔州市朔城區）敕勒部人。北齊將領。見

《北史》卷五四《斛律金附斛律光傳》。

[4]若：殿本、四庫本作“君”，《周書》卷三一《韋孝寬傳》、《通志》卷一五七同作“君”。

[5]滄：州名。北周時治饒安縣，在今河北鹽山縣南。　瀛：州名。北周時治趙都軍城，在今河北河間市。

[6]疲弊：殿本、四部備要本作“無辜”。

孝寬參軍曲巖頗知卜筮，[1]謂孝寬曰：“來年東朝必大相殺戮。”孝寬因令巖作謡歌曰：“百升飛上天，明月照長安。”百升，斛也。又言：“高山不摧自崩，槲樹不扶自竪。”令諜人多齎此文，遺之於鄴。[2]祖孝徵既聞，更潤色之，明月竟以此誅。

[1]參軍：官名。亦作“參軍事”，掌參謀軍務。南北朝時王、公、將軍府、都水臺以及諸州多置爲僚屬，品級自六品至九品不等。

[2]鄴：城名。在今河北臨漳縣西南。

建德之後，[1]武帝志在平齊。[2]孝寬乃上疏陳三策。

[1]建德：北周武帝的年號（572—578）。

[2]武帝：即北周皇帝宇文邕。武爲其謚號。

其第一策曰：“臣在邊積年，頗見間隙，不因際會，難以成功。是以往歲出軍，[1]徒有勞費，功績不立，由失機會。何者？長淮之南，舊爲沃土，陳氏以破亡餘燼，猶能一舉平之。齊人歷年赴救，喪敗而反。内離外叛，計盡力窮。傳不云乎‘讎有釁焉，不可失也’。[2]今大軍若出軹關，[3]方軌而進，兼與陳氏共爲掎角；并令廣州義旅出自三鵶；[4]又募山南驍鋭，[5]沿河而下；復遣北山稽胡絶其并、晋之路。凡此諸軍，仍令各募關、河之外勁勇之士，厚其爵賞，使爲前驅。岳動川移，雷駭電激，百道俱進，並趨虜庭。必當望旗奔潰，所向摧殄。一戎大定，實在此機。”

[1]軍：底本作“車”，源氏校勘記云：“‘車’《周書》作‘軍’。爲是。”中華本校勘記云：“諸本‘軍’訛作‘車’，據《周書》《通志》改。”今從改。

[2]讎有釁焉不可失也：語出《左傳》桓公八年。

[3]軹關：關隘名。在今河南濟源市西。爲太行八陘第一陘。

[4]廣州：北周時治魯山縣，在今河南魯山縣魯陽故城。　三鵶：關隘名。自今河南南陽盆地沿白河支流口子河谷北行，過伏牛山分水嶺後沿着瀼河到魯山，北通汝洛。

[5]山南：地區名。指終南山、萃山以南。

其第二策曰：“若國家更爲後圖，未即大舉，宜與陳人分其兵勢。三鵶以北，萬春以南，[1]廣事屯田，預爲貯積。募其驍悍，立爲部伍。彼既東南有敵，戎馬相持，我出奇兵，破其疆埸。彼若興師赴援，我則堅壁清野，待其去遠，還復出師。常以邊外之軍，引其腹心之衆。我無宿舂之費，彼有奔命之勞。一二年中，必自離叛。且齊氏昏暴，政出多門，鬻獄賣官，唯利是視，荒淫酒色，忌害忠良。闔境熬然，不勝其弊。以此而觀，覆亡可待。然後乘間電掃，事等摧枯。”

[1]萬春：城名。在今山西河津市東北。

其第三策曰：“竊以大周土宇，跨據關、河，蓄席卷之威，持建瓴之勢。太祖受天明命，與物更新，是以二紀之中，[1]大功克舉。南清江、漢，[2]西龕巴、蜀，[3]塞表無虞，河右底定。唯彼趙、魏，獨爲榛梗者，[4]正以有事三方，未遑東略。遂使漳、滏游魂，[5]更存餘晷。[6]昔勾踐亡吴，尚期十載；[7]武王取亂，猶煩再舉。[8]今若更存遵養，且復相時，臣謂宜還崇鄰好，申其盟約，安人和衆，通商惠工，蓄鋭養威，觀釁而動。斯則長策遠馭，坐自兼并也。”

[1]二紀：指二十餘年。

[2]江漢：地域名。指長江、漢水流域。

[3]巴蜀：指今四川、重慶一帶。先秦時期，在今四川境内的地方政權，東部爲巴，西部爲蜀。

[4]榛梗：阻礙。

[5]漳：發源於山西省東南部，有清漳河和濁漳河兩個支流，流經河南、河北之間。　滏：即滏陽河。發源於今河北邯鄲市滏山南麓，流經邯鄲市、邢臺市、衡水市，在滄州市與滹沱河相匯合。

[6]晷：毛本、局本作“咎”。

[7]勾踐亡吴尚期十載：指勾踐用了十年時間重新打敗吴國。見《史記》卷四一《越王句踐世家》。

[8]武王取亂猶煩再舉：武王克殷之前先觀兵於孟津，以“未知天命”爲由而退回，待條件成熟後纔大舉滅商。見《史記》卷

四《周本紀》。

書奏，武帝遣小司寇淮南公元偉、開府伊婁謙等重幣聘齊。[1]爾後遂大舉，再駕而定山東。卒如孝寬之策。

[1]小司寇：官名。即小司寇上大夫。西魏恭帝三年置，北周因之。爲秋官府次官，輔助大司寇掌管刑政，主持刑法的制定以及執行，員二人，正六命。　淮南公：封爵名。淮南，郡名。北周時治壽春縣，在今安徽壽縣。　元偉：底本作"元衛"，中華本校勘記云："諸本'偉'作'衛'。張森楷云：'"衛"當作"偉"。'按本書卷一五《常山王遵附元偉傳》，偉封淮南縣公，建德二年官小司寇，四年使於齊。《隋書》卷五四《伊婁謙傳》作拓拔偉，亦即元偉。張說是，今據改。"今從改。元偉，人名。字子猷，鮮卑人。北魏宗室。見《北史》卷一五《常山王遵附元偉傳》。　伊婁謙：人名。字彦恭，鮮卑人。西魏、北周官吏。見《北史》卷七五《伊婁謙傳》。

孝寬每以年迫懸車，[1]屢請致仕。帝以海内未平，優詔弗許。[2]至是，復稱疾乞骸骨。[3]帝曰："往已面申本懷，[4]何煩重請也。"

[1]懸車：古人年七十辭官家居，廢車不用，故曰懸車。後泛指隱居不仕。

[2]優詔：褒美嘉獎的詔書。

[3]乞骸骨：古代官吏請求辭職或退休的謙稱，與"乞身"義同。

[4]往已面申：底本作"往以面申"，中華本作"往已面申"。

五年，帝東伐，過幸玉壁。觀禦敵之所，深歎美之，移時乃去。孝寬自以習練齊人虛實，請爲先驅。帝以玉壁要衝，非孝寬無以鎮之，乃不許。及趙王招率兵出稽胡，[1]與大軍掎角，乃敕孝寬爲行軍總管，[2]圍守華谷以應接之。孝寬剋其四城。[3]武帝平晋州，復令孝寬還舊鎮。及帝凱旋，復幸玉壁。從容謂孝寬曰："世稱老人多智，善爲軍謀。然朕唯共少年一舉平賊，公以爲如何?"孝寬對曰："臣今衰耄，唯有誠心而已。[4]然昔在少壯，亦曾輸力先朝，以定關右。"帝大笑曰："實如公言。"乃詔孝寬隨駕還京。拜大司空，[5]出爲延州總管，[6]進位上柱國。[7]

[1]招：即宇文招，人名。字豆盧突，代郡武川（今内蒙古武川縣西）人。北周宗室。見《北史》卷五八《趙僭王招傳》。

[2]行軍總管：官名。北周置。由戰時臨時任命的大臣擔任此職，統兵出征，戰事結束則任職完成。在重大的軍事行動中，隸屬於行軍元帥。

[3]四：南監本、毛本、殿本、四庫本、四部備要本作"西"。源氏校勘記改"西"作"四"。按：據《周書》卷三一《韋孝寬傳》、《通志》卷一五七，從底本。

[4]唯：底本作"爲"，殿本、四庫本、四部備要本作"唯"。據文意，今從改。

[5]大司空：官名。《周禮》六卿之一，爲冬官之長。掌土木工程。西魏末、北周仿《周禮》建六官，復置爲冬官之長，亦稱大司空卿。北周時爲正七命。

[6]延州：北周時治廣武縣，在今陝西延安市東。　總管：官名。爲地方高級軍政官員。加使持節，管理轄區軍政民政。所轄區

域增減無常，一般轄數州，多者可達數十州。

[7]上柱國：官名。兼掌軍政，名位在柱國之上。北周武帝建德四年復設此官，正九命，位高權重。後轉爲勳官之第一等。

大象元年，[1]除徐、兗等十一州十五鎮諸軍事、徐州總管。[2]又爲行軍元帥，[3]徇地淮南。[4]乃分遣杞公宇文亮攻黄城，[5]郕公梁士彦攻廣陵，[6]孝寬率衆攻壽陽，[7]並拔之。初，孝寬到淮南，所在皆密送誠款。然彼五門，[8]尤爲險要，陳人若開塘放水，即津濟路絶。孝寬遽令分兵據守之。陳刺史吴文立果遣決堰，已無及。於是陳人退走，江北悉平。

[1]大象：北周静帝的年號（579—580）。　元年：殿本作“九年”，今從諸本。

[2]徐：州名。北周時治彭城縣，在今江蘇徐州市。　兗：州名。北周時治瑕丘縣，在今山東兗州市。

[3]行軍元帥：官名。北周時臨時設置的最高統兵官，統率一道或數道行軍總管，戰停則職罷。地位顯要，多由親王或重臣擔任。

[4]淮南：泛指今淮河以南地區。

[5]宇文亮：人名。字乾德，代郡武川（今内蒙古武川縣西）人。北周宗室。見《北史》卷五七《邵惠公顥附宇文亮傳》。　黄城：縣名。治所在今安徽壽縣西。

[6]梁士彦：人名。字相如，安定烏氏（今甘肅涇川縣東）人。北周將領。見《北史》卷七三《梁士彦傳》。　廣陵：郡名。北周時治廣陵縣，在今江蘇揚州市西北。

[7]壽陽：縣名。治所在今安徽壽縣。

[8]五門：陂堰名。故址在今安徽壽縣南。

軍還，至豫州，宇文亮舉兵反，立以數百騎襲孝寬營。[1]時亮國官茹寬密白其狀，[2]孝寬有備，亮不得入，遁走，孝寬追獲之。詔以平淮南之功，別封一子滑國公。

[1]宇文亮舉兵反立以數百騎襲孝寬營：底本“反立”作“文立”，源氏校勘記云：“‘文立’《周書》作‘反潛’，爲是。按《北史》本缺此二字，後漫補‘文立’二字。”中華本校勘記云：“諸本‘反立’作‘文立’，《周書》（殿本）作‘反潛’。按吴文立乃陳將，時已退走，何得於周軍還至豫州時，進襲孝寬營？據本書卷五七《宇文亮傳》，襲孝寬營者乃宇文亮。此‘文’字乃‘反’之訛，‘立’從下讀，今據改。”今從改。

[2]國：《周書》卷三一《韋孝寬傳》作“圉”。可從。

及宣帝崩，[1]隋文帝輔政。[2]時尉遲迥先爲相州總管，[3]詔孝寬代之。又以小司徒叱列長叉爲相州刺史，[4]先令赴鄴。孝寬續進，至朝歌，[5]迥遣其大都督賀蘭貴齎書候孝寬。孝寬留貴與語以察之，疑其有變，遂稱疾徐行。又使人至相州求醫藥，密以伺之。既到湯陰，[6]逢長叉奔還。孝寬兄子魏郡守藝又棄郡南走。[7]孝寬審知其狀，乃馳還。所經橋道，皆令毁撤，驛馬悉擁以自隨。又勒驛將曰：“蜀公將至，可多備餚酒及芻粟以待之。”迥果遣儀同梁子康將數百騎追孝寬，[8]驛司供設豐厚，所經之處，皆輒停留，由是不及。

[1]宣帝：即北周皇帝宇文贇。宣爲其謚號。

［2］隋文帝：即隋朝皇帝楊堅。文爲其謚號。

［3］尉遲迥：人名。字薄居羅，代（今山西大同市東北）人。西魏、北周重臣。見《北史》卷六二《尉遲迥傳》。　相州：北周時治鄴縣，在今河北臨漳縣西南。

［4］叱列長叉：底本作“叱列長文”，中華本校勘記云：“諸本‘叉’作‘文’。按叱列長叉乃叱列平之子，見本書卷五三。《周書》（宋本）卷八《静帝紀》大象二年也作‘長叉’。《墓誌集釋·馮忱妻叱李綱子墓誌》云：‘祖長叉。’‘叱李’即‘叱列’的異譯，知作‘叉’是。今據改。”今從改。下同，不再出注。叱列長叉，人名。代（今山西大同市東北）人，鮮卑族。北周、隋朝官吏。見《北史》卷五三《叱列平附叱列長叉傳》。

［5］朝歌：縣名。治所在今河南浚縣。

［6］湯陰：縣名。治所在今河南湯陰縣。

［7］魏郡：北周時治鄴縣，在今河北臨漳縣西南。

［8］儀同：北周時爲儀同大將軍、儀同將軍的省稱。主要授予有功勳的大臣和北齊降臣，無具體職掌，初加使持節、大都督、車騎大將軍、散騎常侍等職。

時或勸孝寬，以爲洛京虚弱，[1]素無守備，河陽鎮防，[2]悉是關東鮮卑，迥若先往據之，則爲禍不小。及入保河陽。河陽城内，舊有鮮卑八百人，家並在鄴，見孝寬輕來，謀欲應迥。孝寬知之，遂密造東京官司，詐稱遣行，分人詣洛受賜。既至洛陽，並留不遣。因此離解，其謀不成。

［1］洛京：即洛陽城。在今河南洛陽市東北。

［2］河陽：縣名。治所在今河南孟州市西南。

六月，詔發關中兵，以孝寬爲元帥東伐。七月，軍次河陽。迥所署儀同薛公禮等圍逼懷州，[1]孝寬遣兵擊破之。進次懷縣永橋城之東南，[2]其城既在要衝，雉堞牢固，[3]迥已遣兵據之。諸將士以此城當路，請先攻取。孝寬曰："城小而固，若攻而不拔，[4]損我兵威。今破其大軍，此亦何能爲也。"於是引軍次于武陟，[5]大破迥子惇，[6]惇輕騎奔鄴。軍次於鄴西門豹祠之南，[7]迥自出戰，又破之。迥窮迫自殺。兵士在小城中者，盡坑之於游豫園。[8]諸有未服，皆隨機討之。關東悉平。

[1]懷州：北周時治河内縣，在今河南沁陽市。

[2]懷縣：治所在今河南武陟縣西南。　永橋城：地名。在今河南武陟縣西虹橋鎮。

[3]雉堞：古時在城墻上修築的短而矮的墻，如齒狀，守城的人可借以掩護自己，俗稱城垛或垛口。

[4]若攻而不拔：毛本"攻"上有"攻"字，局本"攻"上有"復"字。

[5]武陟：縣名。治所在今河南武陟縣。

[6]惇：即尉遲惇，人名。代（今山西大同市東北）人。北周官吏。見《北史》卷六二《尉遲迥傳》。

[7]西門豹祠：位於今河北臨漳縣仁壽村。西門豹，人名。戰國時期魏文侯時曾爲鄴令。見《史記》卷一二六《滑稽列傳》。

[8]游豫園：園林名。在今河北臨漳縣西南鄴鎮。

十月，凱還京師。十一月，薨，時年七十二。贈太傅、十二州諸軍事、雍州牧，[1]謚曰襄。

[1]太傅：官名。爲輔弼君王的大臣。北周時爲一品。　十二州諸軍事：韋孝寬墓誌作“十一州諸軍事”。墓誌有云：“以大象二年十一月廿七日死於京第……詔贈使持節、太傅、上柱國、懷衡黎相趙洺貝滄瀛魏冀十一州諸軍事、雍州牧，謚襄公，禮也。”（參羅新、葉煒《新出魏晋南北朝墓誌疏證（修訂本）》，第296—300頁）

孝寬在邊多載，屢抗强敵。所有經略，布置之初，人莫之解；見其成事，方乃驚服。雖在軍中，篤意文史，政事之餘，每自披閲。末年患眼，猶令學士讀而聽之。又早喪父母，事兄嫂甚謹，所得俸禄，不入私房。親族有孤遺者，必加振贍。朝野以此稱焉。

長子諶，年十歲，魏文帝欲以女妻之。孝寬辭以兄子世康年長。[1]帝嘉之，遂以妻世康。

[1]孝寬辭以兄子世康年長：底本作“寬辭以兄子世康年長”，中華本校勘記云：“諸本無‘孝’字，《周書》《通志》有。按前後都作‘孝寬’，不應此獨省文，今據補。”今從改。

孝寬有六子，總、壽、霽、津知名。

總字善會，聰敏好學。位驃騎大將軍、開府儀同三司、納言、京兆尹。[1]武帝常戲總曰：[2]“卿師尹帝鄉，故當不以富貴威福鄉里邪?”總乃正色對曰：“陛下擢臣非分，竊謂已鑒愚誠。今奉嚴旨，便似未照丹赤。豈可久忝此職，用疑聖慮。請解印綬，以避賢能。”帝大笑曰：“前言戲之耳。”五年，從武帝東征。總每率麾下，先驅陷敵，遂於并州戰歿，[3]時年二十九。贈上大將軍，[4]追封河南郡公，[5]謚曰貞。六年，重贈柱國、五州刺史。

[1]納言：官名。亦稱内言。爲天官府屬官，掌管出納王命，爲樞要近侍之臣。正三命。　京兆尹：官名。爲京畿地方行政長官之一。職掌如同地方郡守，但地位高於郡守，位列九卿。

[2]武帝常戲總曰：底本作“帝常戲總曰”，中華本校勘記云：“諸本無‘武’字，《通志》卷一五七《韋孝寬傳》有。按若無‘武’字，承上文似是魏文帝。據下文總於建德五年戰死，時年二九，上朔至魏文帝最後一年（大統十七年），總衹兩歲，則非魏文帝可知。今從《通志》補。”今從改。

[3]并州：北周時治龍山縣，在今山西太原市晋源區古城營村一帶。

[4]上大將軍：官名。位在大將軍之上，爲高級武官的名號。正九命。

[5]河南郡公：封爵名。河南，郡名。北周時治河南縣，在今河南洛陽市。

子國成嗣，後襲孝寬爵鄖國公。隋文帝追録孝寬舊勳，開皇初，[1]詔國成食封三千户，收其租賦。

[1]開皇：隋文帝的年號（581—600）。

壽字世齡，以貴公子早有令譽。位京兆尹。武帝親征齊，委以後事。以父軍功，賜爵永安縣侯。[1]隋文帝爲丞相，以其父平尉遲迥，拜壽儀同三司，[2]進封滑國公。文帝受禪，歷位恒、毛二州刺史，[3]頗有能名。以疾徵還，卒于家。謚曰定。仁壽中，[4]文帝爲晋王昭納其女爲妃。[5]其子保巒嗣。

[1]永安縣侯：封爵名。永安，縣名。治所在今山西霍州市。

[2]儀同三司：西魏、北周時府兵二十四開府府所統儀同府主管將軍，軍號爲車騎大將軍、儀同三司，簡稱儀同將軍。北周武帝建德四年改爲儀同大將軍。隋朝初沿用，全稱仍爲車騎將軍、儀同三司，勳級雖同，但已有領兵不領兵之分。

[3]歷位恒毛二州刺史：底本“毛”作“尾”，源氏校勘記云：“‘尾’《隋書》作‘毛’。”中華本校勘記云：“諸本‘毛’作‘尾’。錢氏《考異》云：‘“尾”當作“毛”。隋置毛州於館陶縣（見《隋書·地理志中》武陽郡館陶縣注）。’按《通志》及《隋書》卷四七《韋壽傳》正作‘毛’，今據改。”今從改。恒，州名。隋朝初治常山縣安樂壘，在今河北石家莊市東北。毛，州名。隋朝時治館陶縣，在今河北館陶縣。

[4]仁壽：隋文帝的年號（601—604）。毛本“仁”作“文”。

[5]文帝爲晋王昭納其女爲妃：底本“昭”作“廣”，中華本校勘記云：“諸本‘昭’作‘廣’。張森楷云：‘《隋書》“廣”作“昭”，案帝紀，廣于開皇二十年爲皇太子。仁壽元年封河南王昭爲晋王，此事在仁壽中，則晋王是昭非廣也。’按張説是。本書卷七一《元德太子昭傳》云：‘乃娶滑國公京兆韋壽女爲妃。’今據改。”今從改。昭，即楊昭，人名。隋朝宗室。見《北史》卷七一《元德太子昭傳》。

壽弟霽，位太常少卿、安邑縣伯。[1]

[1]太常少卿：官名。協助太常管理禮樂宗廟祭祀事務。隋初

置一人，四品上。煬帝置二人，從四品。　安邑縣伯：封爵名。安邑，縣名。治所在今山西夏縣西北。

霽弟津，位内史侍郎、户部侍郎、判尚書事。[1]

[1]内史侍郎：官名。隋朝時爲内史省次官，置四員，正四品。煬帝大業三年（607）減爲二員，十三年改爲内書侍郎。　户部侍郎：官名。爲隋朝度支部所屬的户部司長官，掌管户部之事。隋初置二人，正六品上。文帝開皇三年升爲從五品。煬帝大業三年改稱爲民部郎。　判：官制用語。以他官兼帶某職，稱判某職或判某職事。始於北齊。

孝寬兄敻。敻字敬遠，志尚夷簡，澹於榮利。弱冠，被召拜雍州中從事，[1]非其好也，遂謝疾去。前後十見徵辟，皆不應命。屬周文帝經綸王業，側席求賢，聞敻養高不仕，虚心敬悦，遣使辟之，備加禮命。雖情諭甚至，而竟不能屈。彌以重之，亦弗之奪也。所居之宅，枕帶林泉。敻對翫琴書，蕭然自逸，時人號爲居士焉。至有慕其閑素者，或載酒從之，敻亦爲之盡歡，接對忘倦。

[1]中從事：官名。治中從事史的省稱，避唐高宗李治諱改。主選署及文書案卷，有書佐。品秩依州等級不同而不同。

明帝即位，禮敬逾厚。乃爲詩以貽之曰："六爻貞遯世，[1]三辰光少微。[2]潁陽讓逾遠，[3]滄州去不歸。香動秋蘭佩，風飄蓮葉衣。坐石窺仙洞，[4]乘槎下釣磯。[5]

嶺松千仞直，巖泉百丈飛。聊登平樂觀，[6]遥望首陽薇。[7]詎能同四隱，[8]來參余萬機？”㑹答帝詩，願時朝謁。帝大悦，敕有司日給河東酒一斗，[9]號之曰“逍遥公”。

[1]六爻：《周易》六十四卦卦畫的基本構成單位。八卦各有三爻，六十四卦皆兩卦相重，故有六爻。

[2]三辰：指日、月、星。　少微：星座名。在太微西，南北縱列四星。第一星，處士也；第二星，議士也；第三星，博士也；第四星，士大夫也。有時指代隱士。

[3]潁陽：潁水之陽。典出《莊子·讓王》：“故許由娱於潁陽而共伯得乎共首。”成玄英疏：“潁陽，地名。在襄陽，未爲定地名也。”

[4]窺仙洞：典出《幽明録》，講的是漢明帝永平五年（63），郯縣劉晨、阮肇入天台山進入仙洞的故事。

[5]釣磯：典出《後漢書》卷八三《嚴光傳》，講的是嚴光不願出仕，爲躲避漢光武帝的徵召而作釣翁。

[6]平樂觀：亦作“平樂館”“平樂苑”。一説爲漢高祖時始建，武帝增修，在長安上林苑。另一説在東漢都城洛陽，漢明帝取長安飛簾、銅馬移洛陽西門外，置平樂觀。在今河南洛陽市洛陽故城西。

[7]首陽薇：典出《史記》卷六一《伯夷列傳》，講的是伯夷、叔齊兩人在首陽山不食周粟，采薇爲生。首陽，山名。在今河南偃師市。

[8]四隱：即商山四皓。指秦末漢初的東園公、角里先生、綺里季和夏黄公四位著名學者。他們不願當官，長期隱藏在商山（今陝西商南縣東南），出山時都八十多歲，眉皓髮白，故稱商山四皓。見《史記》卷五五《留侯世家》。

[9]河東酒一斗：底本“斗”作“升”，中華本校勘記云：“諸本‘斗’訛‘升’，據《周書》卷三一、《通志》卷一五七《韋敻傳》改。”今從改。河東，郡名。北周時治蒲坂縣，在今山西永濟市西南蒲州鎮。

時晋公護執政，廣營第宅。嘗召敻至宅，訪以政事。敻仰視其堂，徐而嘆曰：[1]“酣酒嗜音，峻宇雕墻，有一於此，未或弗亡。”護不悦。有識者以爲知言。

[1]徐而嘆曰：四庫本“徐”上衍“乃”字。

陳遣其尚書周弘正來聘，[1]素聞敻名，請與相見。朝廷許之。弘正乃造敻，談謔盡日，恨相遇之晚。後請敻至賓館，[2]敻不時赴。弘正乃贈詩曰：“德星猶未動，[3]真車詎肯來？”[4]其爲當時所欽挹如此。

[1]周弘正：人名。字思行，汝南安城（今河南汝南縣）人。南朝梁、陳官吏。見《陳書》卷二四《周弘正傳》。

[2]賓館：公家招待來賓住宿的地方。

[3]德星：古以景星、歲星等爲德星。認爲國有道則有賢人，此時會有德星出現。

[4]真車詎肯來：四庫本“真”作“徵”，當爲音近而訛，今從底本。

武帝嘗與敻夜宴，大賜之縑帛，令侍臣數人負以送出。敻唯取一匹，示承恩旨而已，帝以此益重之。孝寬爲延州總管，敻至州，與孝寬相見。將還，孝寬以所乘馬及轡勒與敻。敻以其華飾，心弗欲之。笑謂孝寬曰："昔人不棄遺簪墜屨者，惡與之同出，不與同歸。吾之操行，雖不逮前烈，然捨舊録新，亦非吾志也。"於是乃乘舊馬以歸。

武帝又以佛、道、儒三教不同，詔敻辨其優劣。敻以三教雖殊，同歸於善，其迹似有深淺，其致理如無等級。[1]乃著《三教序》奏之。帝覽而稱善。時宣帝在東宫，亦遺敻書，并令以帝所乘馬迎之，問以立身之道。敻對曰："傳不云乎，儉爲德之恭，侈爲惡之大。欲不可縱，志不可滿。並聖人之訓也，願殿下察之。"

[1]其致理如無等級：四部備要本"如"作"殆"，今從諸本。

敻子瓘，行隨州刺史，[1]因疾物故。孝寬子總復於并州戰殁。一日之中，凶問俱至。家人相對悲慟，而敻神色自若，謂之曰："死生命也，去來常事，亦何足悲！"援琴撫之如舊。敻又雅好名義，虚襟善誘，雖耕夫牧竪，有一介可稱者，皆接引之。特與族人處玄及安定梁曠爲放逸之友。[2]少愛文史，留情著述，手自抄録數十萬言。晚年虚静，唯以體道會真爲務，舊所制述，咸削其藁，故文筆多並不存。

[1]隨州：北周時治隨縣，在今湖北隨州市。

[2]處玄：即韋處玄，人名。京兆杜陵（今陝西西安市長安區東）人。西魏、北周名士。號華陽道士，著有《老子義疏》四卷。　安定：縣名。治所在今甘肅涇川縣北。　梁曠：人名。安定（今

甘肅涇川縣北）人。西魏、北周名士。通六經、文史。西魏文帝大統中應選爲丞相宇文泰侍讀，與薛慎、裴舉等齊名。

建德中，敻以年老，預戒其子等曰："昔士安以籧篨束體，[1]王孫以布囊繞尸，[2]二賢高達，非庸才能繼。吾死之日，可斂舊衣，勿更新造。[3]使棺足周尸，牛車載柩，墳高四尺，壙深一丈。其餘煩雜，悉無用也。朝晡奠食，於事彌煩，吾不能頓絶汝輩之情，可朔望一奠而已。仍薦蔬素，勿設牲牢。[4]親友欲以物弔祭者，並不得爲受。吾常恐臨終恍惚，故以此言預戒汝輩。瞑目之日，勿違吾志也。"宣政元年二月，[5]卒於家，時年七十七。武帝遣使弔祭，賻賵有加。其喪制葬禮，諸子等並遵其遺戒。子世康。

[1]士安：即皇甫謐，人名。幼名静，字士安，安定朝那（今寧夏彭陽縣）人。西晉學者。在文學、史學、醫學方面都有建樹。見《晋書》卷五一《皇甫謐傳》。　籧（qú）篨（chú）：用竹子或葦子編的粗席。

[2]王孫：即楊王孫，人名。漢中城固縣（今陝西城固縣）人。西漢名士。久居長安，家累千金，却竭力提倡薄葬。死後裸葬於終南山。見《漢書》卷六七《楊王孫傳》。

[3]勿：殿本、四庫本、四部備要本作"莫"。

[4]牲牢：泛指供祭祀用的牲畜。

[5]宣政：北周武帝的年號（578）。

世康幼而沈敏，有器度。年十歲，州辟主簿。[1]在魏，弱冠爲直寢，[2]封漢安縣公，[3]尚周文帝女襄樂公主，[4]授儀同三司。仕周，歷位典祠下大夫，[5]沔、硤二州刺史。[6]從武帝平齊，授司州總管長史。[7]時東夏初定，百姓未安，世康綏撫之，士庶胥悦。入爲户部中大夫，[8]進位上開府，[9]轉司會中大夫。[10]尉遲迥之亂，隋文帝謂世康曰："汾、絳舊是周、齊分界，[11]因此亂階，恐生摇動，今以委公。"因授絳州刺史。以雅望鎮之，闔境清肅。

[1]主簿：官名。典領文書以及各種賬簿圖籍，經辦事務。北魏時諸將軍、五校尉等軍府、列卿寺監、光禄大夫等皆置，其品位秩級隨府長官而不等。州、郡、縣亦置。雖非掾史之首，然地位較高，縣之主簿較州之主簿更甚。

[2]直寢：官名。北魏置。爲皇帝左右的侍衛武官，多由功臣子弟擔任。

[3]漢安縣公：封爵名。漢安，縣名。治所在今四川瀘州市納溪區西南。

[4]尚周文帝女襄樂公主：中華本校勘記云："按本卷《韋孝寬傳》云，魏文帝欲以女妻其子諶，孝寬辭以兄子世康年長，遂改妻世康。'周''魏'二字，前後必有一誤。"

[5]典祠下大夫：官名。北周置。爲春官府屬官。

[6]沔：州名。北周時治汉川郡，在今湖北漢川市東南。　硤：州名。北周時治夷陵縣，在今湖北宜昌市西北。

[7]司州：北周時治鄴縣，在今河北臨漳縣西南。

[8]户部中大夫：官名。即民部中大夫。西魏恭帝三年置，北周沿置。爲地官府民部司長官，掌管民户數額。武帝建德二年省，宣帝即位後復置，置二人，正五命。

[9]上開府：上開府儀同大將軍的省稱。北周武帝建德四年置，位在開府儀同大將軍之上。主要授予有軍功者或北齊的降官，無具

體職掌，九命。

[10]司會中大夫：官名。爲天官府司會司長官，掌管全國財政收支計劃，協助大冢宰管理六府之事，員一人。正五命。

[11]絳：州名。北周時治玉壁城，在今山西稷山縣。

世康性恬素好古，不以得喪干懷。在州有止足之志，[1]與子弟書曰："吾生因緒餘，夙霑纓弁，[2]驅馳不已，四紀於兹，[3]亟登究命，頻涖方岳。志除三惑，[4]心慎四知，[5]以不貪而爲寶，處脂膏而莫潤。如斯之事，頗爲時悉。今耄雖未及，壯年已謝。霜早梧楸，風先蒲柳。眼闇更劇，不見細書；足疾彌增，非可趨走。禄豈須多，防滿則退；年不待暮，有疾便辭。況孃春秋已高，温凊宜奉，晨昏有闕，罪在我躬。今世穆、世文，並從武役，吾與世沖，復嬰遠任，陟岵瞻望，此情彌切。桓山之悲，[6]倍深常戀。意欲上聞，乞遵禮教，未訪汝等，故遣此及。興言遠慕，感咽難勝。"諸弟報以事恐難遂，乃止。

[1]止足之志：謂安分守己，不貪心。語出《老子》"知足不辱，知止不殆，可以長久。"

[2]纓弁：仕宦，做官。

[3]四紀：十二年爲一紀，四紀爲四十八年，這裏是約數。

[4]三惑：佛教用語。三毒之異稱，即貪欲、嗔恚、愚癡等三種根本迷惑。又云三障。天台宗就界内、界外之惑分爲見思、塵沙、無明等三惑。

[5]四知：典出《後漢書》卷五四《楊震傳》，爲天知、神知、我知、子知，後用於比喻廉潔自律。

[6]桓山之悲：典出《孔子家語·顏回》："回聞桓山之鳥，生四子焉，羽翼既成，將分於四海，其母悲鳴而送之，哀聲有似於此，謂其往而不返也。"後用以喻離别之苦。

在任有惠政，奏課連最，擢爲禮部尚書。[1]世康寡嗜慾，不慕勢貴，未嘗以位望矜物。聞人之善，若己有之，亦不顯人過咎，以求名譽。進爵上庸郡公。[2]轉吏部尚書，[3]選用平允，請託不行。以母憂去職，固辭，乞終私制。[4]上不許。開皇七年，將事江南，[5]議重方鎮，拜襄州刺史。[6]坐事免。未幾授安州總管，[7]遷信州總管。[8]十三年，復拜吏部尚書。前後十餘年間，多所進拔，朝廷稱爲廉平。

[1]禮部尚書：官名。隋朝時屬尚書省，爲中央行政機構六部之一禮部的最高長官，掌管禮儀、祭祀、宴享以及學校政令，總判部屬各司事。員一人，正三品。

[2]上庸郡公：封爵名。上庸，郡名。隋朝時治上庸縣，在今湖北竹山縣西南。

[3]吏部尚書：官名。掌管官吏的選拔奬懲。隋朝時爲尚書省六部長官之首，正三品。

[4]以母憂去職固辭乞終私制：中華本校勘記云："《隋書》卷四七《韋世康傳》'去職'下有'未期，起令視事'六字。按若無此六字則'固辭'無義，疑是誤脱。"

[5]江南：地區名。長江下游以南的地區，指今江蘇、安徽兩省南部和浙江北部。

[6]襄州：隋朝時治襄陽縣，在今湖北襄樊市。

[7]安州：隋朝時治安陸縣，在今湖北安陸市。

[8]信州：隋朝時治白帝城，在今重慶奉節縣白帝村西南。

嘗因休暇，謂子弟曰："吾聞功遂身退，古人常道。今年將耳順，[1]志在懸車，汝輩以爲云何？"子福嗣答曰："大人澡身浴德，名立官成。盈滿之戒，先哲所重，欲追蹤二疏，[2]伏奉尊命。"後因侍宴，世康再拜陳讓，願乞骸骨。上曰："冀與公共理天下，今之所請，深乖本望。縱筋力衰謝，猶屈公卧臨一隅。"於是出拜荆州總管。[3]時天下唯置荆、并、楊、益四大總管，并、楊、益三州並親王臨統，[4]唯荆州委於世康，時論以此爲美。世康爲政簡静，百姓愛悦。卒於州。上聞而痛惜，[5]贈大將軍，謚曰文。

[1]耳順：《論語·爲政》："子曰：'吾十有五而志於學……六十耳順，七十而從心所欲，不逾矩。'"後以"耳順"作爲六十歲的代稱。

[2]二疏：指漢宣帝時名臣疏廣與兄子疏受。廣爲太傅，受爲少傅，同時以年老乞致仕，爲當時士人所敬重。見《漢書》卷七一《疏廣傳》。

[3]荆州：隋朝時治江陵縣，在今湖北江陵縣。

[4]楊：州名。隋朝時治江都縣，在今江蘇揚州市。　益：州名。隋朝時治成都縣，在今四川成都市。

[5]上聞而痛惜：底本作"聞而痛惜"，中華本校勘記云："諸本脱'上'字，據《隋書》《通志》補。"今從改。

世康性孝友，初以諸弟位並隆貴，獨季弟世約宦塗不達，共推父時田宅盡以與之。世多其義。

長子福子，位司隸别駕。[1]

[1]司隸别駕：官名。隋煬帝大業三年置司隸臺，有大夫一人，掌諸巡察。别駕二人，分察畿内，一人按東都，一人按京師。

次子福嗣，位内史舍人。[1]後以罪黜。楊玄感之亂，[2]從衛玄戰，[3]敗於城北，[4]爲玄感所獲。令爲文檄，[5]詞甚不遜。尋背玄感還東都，帝銜之，車裂於高陽。[6]

[1]内史舍人：官名。隋朝時内史省屬官，掌擬制誥，置八人，正六品，文帝開皇三年爲從五品，煬帝大業三年置四人，十二年改名内書舍人。

[2]楊玄感：人名。弘農華陰（今陝西華陰市東南）人，楊素子。隋朝官吏。見《北史》卷四一《楊敷附楊玄感傳》。

[3]衛玄：人名。字文昇，河南洛陽（今河南洛陽市東北）人。北周、隋朝將領。見《北史》卷七六《衛玄傳》。

[4]城北：毛本、局本作“北城”。

[5]令爲文檄：毛本、局本“令”作“命”。

[6]高陽：郡名。隋朝時治高陽縣，在今河北高陽縣東。

少子福獎，[1]通事舍人。[2]在東都，與玄感戰没。

[1]福獎：毛本“獎”作“槳”。

[2]通事舍人：官名。隋初置爲内史省屬官，負責宣傳聖旨、詔命，置十六人，從六品上。文帝開皇三年增爲二十四人，煬帝大業三年改名通事謁者，從六品。爲謁者臺屬官。

世康兄洸，[1]字世穆。性剛毅，有器幹，少便弓馬。仕周，釋褐直寢上士。[2]數從征伐，累遷開府，賜爵衛國縣公。[3]隋文帝爲丞相，從季父孝寬擊尉遲迥於相州，以功拜柱國，進襄陽郡公。[4]時突厥寇邊，[5]皇太子屯咸陽，[6]令洸統兵出原州道。與虜相遇，擊破之。拜江陵總管，俄拜安州總管。伐陳之役，爲行軍總管。及陳平，拜江州總管。[7]略定九江，[8]遂進圖嶺南。[9]上與書慰勉之。洸至廣州，[10]嶺表皆降之。上聞而大悦，許以便宜從事。洸所綏集二十四州，拜廣州總管。歲餘，番禺夷王仲宣反，[11]以兵圍洸，洸拒之，中流矢卒。贈上柱國，賜綿絹萬段，謚曰敬。

[1]世康兄洸：中華本校勘記云："《隋書》'兄'作'弟'，此疑誤。"

[2]直寢上士：官名。爲天官府御正中大夫屬官，掌管皇帝寢宫事務。正三命。四庫本作"主寢上士"，局本作"直請上士"。

[3]衛國縣公：封爵名。衛國，縣名。治所在今河南清豐縣東南。

[4]襄陽郡公：封爵名。襄陽，郡名。北周時治襄陽縣，在今湖北襄樊市。

[5]突厥：族名。廣義上包括鐵勒、突厥各部，狹義上專指突厥汗國。公元六世紀興起於金山（今阿爾泰山）西南麓，爲游牧部落。西魏時建立突厥汗國，隋文帝開皇二年，分裂爲東西二部。見《北史》卷九九《突厥傳》。

[6]咸陽：郡名。北周時治石安縣，在今陝西咸陽市東北。

[7]江州：隋朝時治宜昌縣，在今湖北宜昌市西北。

[8]九江：郡名。隋朝時治湓城縣，在今江西九江市。

[9]嶺南：地區名。指五嶺以南地區，相當於今廣東、廣西二省及越南北部一帶。

[10]廣州：隋朝時治大庾縣，在今廣東始興縣。

[11]番禺：縣名。治所在今廣東廣州市。　王仲宣：人名。番禺（今廣東廣州市）人。當地酋長。不願歸順隋朝而起兵。

子協，字欽仁。好學有雅量，位秘書郎。[1]其父在廣州有功，上命協齎詔書勞問，未至而父卒。上以其父死王事，拜協柱國，歷定、息、秦三州刺史，[2]有能名。卒官。

[1]秘書郎：官名。隋朝時負責四部圖書，置四人，正七品。煬帝大業三年升爲從五品。

[2]定：州名。隋朝時治盧奴縣，在今河北定州市。　息：州名。隋朝時治廣陵城，在今河南息縣。　秦：州名。隋朝時治上邽縣，在今甘肅天水市。

洸弟瓘，字世恭。[1]御正下大夫，[2]儀同三司、行隨州刺史。

[1]瓘：即韋瓘，人名。又名宇文瓘。據宇文瓘墓誌載："公諱瓘，字世恭，京兆萬年人也。本姓韋氏，後魏末改焉。"又云："建德六年歲次丁酉十月十七日，遘疾薨于隋州，春秋卌三。"知其卒於北周武帝建德六年，享壽四十三，則其生於西魏文帝大統元年（參羅新、葉煒《新出魏晋南北朝墓誌疏證（修訂本）》，第275—278頁）。

[2]御正下大夫：官名。爲天官府御正司次官。正四命。

瓘弟藝，字世文。周武帝時，以軍功位上儀同，[1]賜爵脩武縣侯，[2]授左旅下大夫，[3]出爲魏郡太守。及隋文帝爲丞相，尉遲迥陰圖不軌，朝廷遣藝季父孝寬馳往代迥。[4]孝寬將至鄴，詐病止傳舍，從迥求藥，以密觀變。藝因投孝寬，即從孝寬擊迥。以功進位上大將軍，改封武威縣公，[5]以脩武縣侯別封一子。文帝受禪，進封魏興郡公，[6]拜齊州刺史。[7]爲政通簡，士庶懷惠。遷營州總管。[8]藝容貌瓌偉，每夷狄參謁，必整儀衛，[9]盛服以見之，獨坐滿一榻。蕃人畏懼，莫敢仰視。而大脩產業，與北夷貿易，家資鉅萬。頗爲清論所譏。卒官。謚曰懷。

[1]上儀同：北周置，位居開府儀同三司之下、儀同三司之上。多爲大臣、勳臣的加官。隋朝時爲從四品。

[2]脩武縣侯：封爵名。脩武，縣名。治所在今河南獲嘉縣。

[3]左旅下大夫：官名。北周置，職掌不詳。正四命。

[4]朝廷遣：局本作“朝延遣”，“延”當爲字形相近而訛。

[5]武威縣公：封爵名。武威，縣名。治所在今甘肅民勤縣東北。

[6]魏興郡公：封爵名。魏興，郡名。隋朝時治南陽縣，在今陝西山陽縣西北。

[7]齊州：隋朝時治歷城縣，在今山東濟南市。

[8]營州：隋朝時治柳城縣，在今遼寧遼陽市。

[9]儀衛：古代儀仗。文曰儀，武曰衛。取儀從護衛之意。

藝弟沖，字世沖。以名家子，在周釋褐衛公府禮曹參軍。[1]從大將軍元定度江伐陳，[2]爲陳人所虜。周武帝以幣贖還之。帝復令沖以馬千匹使陳，贖開府賀拔華等五十人及元定之柩而還。[3]沖有辭辯，奉使稱旨。累遷小御伯下大夫，[4]加上儀同，拜汾州刺史。

[1]禮曹參軍：官名。亦稱禮曹參軍事。爲諸王府、將軍等公府的屬官，掌管禮儀、賓客等事務。王府禮曹參軍爲正四命。

[2]元定：人名。字願安，河南洛陽（今河南洛陽市東北）人。北周官吏。見《北史》卷六九《元定傳》。

[3]賀拔華：人名。又名賀拔仲華，武川（今内蒙古武川縣西）人，鮮卑族。西魏、北周將領。見《北史》卷四九《賀拔允傳》。

[4]小御伯下大夫：官名。西魏恭帝三年置。北周時爲天官府御伯司次官，隨侍皇帝左右。置二人，正四命。

隋文帝踐阼，徵兼散騎常侍，[1]進位開府，賜爵安固縣侯。[2]歲餘，發南汾州胡千餘人北築長城，在塗皆亡。上呼沖問計，沖曰："皆由牧宰不稱所致，[3]請以理綏静，可不勞兵而定。"上因命沖綏懷叛者，月餘，並赴長城。上降書勞勉之。尋拜石州刺史，[4]甚得諸胡歡心。以母憂去職。俄起爲南寧州總管，[5]持節撫慰，[6]復遣柱國王長述以兵繼進。[7]沖既至南寧，渠帥首領皆詣府參謁。[8]上大悦，下詔褒揚之。其兄子伯仁隨沖在府，掠人之妻，士卒縱暴，邊人失望。上聞之，大怒，令蜀王秀按其事。[9]益州長史元巖性方正，[10]按沖無所寬貸。竟坐免官。其弟太子洗馬世約譖巖於皇太子。[11]上謂太子曰："古人云：'酤酒酸而不售者，爲噬犬耳。'[12]今何用世約乎!”世約遂除名。[13]

[1]散騎常侍：官名。隋朝時爲門下省屬官，負責值朝侍從。隋初置四人，爲從三品。煬帝大業三年罷。

[2]安固縣侯：封爵名。安固，縣名。治所在今四川營山縣。

[3]所致：局本“致”作“制”，“致”與“制”當爲音同而訛，今從諸本。

[4]石州：隋朝時治離石縣，在今山西吕梁市離石區。

[5]南寧州：隋朝時治味縣，在今雲南曲靖市西。

[6]持節：自漢起，節爲皇帝號令賞罰的信物，故持節比不持節位高權重。歷朝因之，自西晋起，實際成爲一種加職。持節在使持節之下、假節之上，督軍時與使持節同，有權殺二千石以下，平時衹能殺無官位之人。

[7]王長述：人名。京兆霸城（今陝西西安市東北）人。隋朝官吏。見《北史》卷六二《王羆附王長述傳》。

[8]渠帥：首領。一般用作對敵方首領尤其是少數民族首領的蔑稱。

[9]秀：即楊秀，人名。隋文帝第四子。見《北史》卷七一《庶人秀傳》。

[10]元巖：人名。隋朝官吏。文帝仁壽中，爲黄門侍郎，封龍涸縣公，曾奉文帝命準備作書復詔楊勇。煬帝嗣位，被除名爲民，徙南海。後遇赦，還，不久遭讒言被殺。

[11]太子洗馬：官名。隋朝時隸屬於太子門下坊司經局，置四人，從五品上。煬帝時減爲二人。

[12]古人云酤酒酸而不售者爲噬犬耳：典出《韓非子·外儲説上》，意思是奸臣當道，賢人無法施展才華。

[13]除名：把姓名從名册中删除，取消原有身份。

後令沖檢校括州事。[1]時東陽賊帥陶子定、吴州賊帥羅慧方並聚衆爲亂，[2]沖率兵破之。改封義豐縣侯，[3]檢校泉州事，[4]遷營州總管。沖容貌都雅，寬厚得衆心，撫靺羯、契丹，[5]皆能致其死力。奚、霫畏懼，[6]朝貢相續。高麗嘗入寇，[7]沖擊走之。及文帝爲豫章王暕納沖女爲妃，[8]徵拜户部尚書。[9]卒官。少子挺知名。

[1]檢校：意爲代理，即尚未實授其官，但已掌其職事。　括州：隋文帝開皇十二年改處州置，治括蒼縣，在今浙江麗水市東南七里古城村。

[2]東陽：郡名。隋朝時治金華縣，在今浙江金華市。　吴州：陳宣帝太建十一年（579），南兖州入北周，改名吴州。隋文帝開皇九年（589）改名揚州。故此吴州爲北周時吴州，隋初沿置，治廣陵縣，在今江蘇揚州市城區。

[3]義豐縣侯：封爵名。義豐，縣名。治所在今河北安國市。

[4]泉州：隋朝時治原豐縣，在今福建福州市。

[5]靺羯：族名。即靺鞨。西周時稱肅慎，漢魏時稱挹婁，北魏時稱勿吉，隋朝時始稱靺鞨。分布在今吉林長白山、松花江一帶。其人善射獵。見《北史》卷九四《勿吉傳》。

[6]奚：族名。本稱庫莫奚，後簡稱奚，南北朝時自號庫莫奚。見《北史》卷九四《奚傳》。　霫：族名。隋時居於潢水（今西拉木倫河）以北，東接靺鞨，西至突厥，南鄰契丹，北比烏洛侯。四面有山，以射獵爲生，習俗與契丹相近。後遷至潢水以南，併入奚。

[7]高麗：國名。又作“高句麗”等，其先出自夫餘，地爲漢之玄菟郡，高句麗爲其三縣之一，因以爲國名。都名丸都，故治在今吉林集安市，南北朝時遷都於今朝鮮平壤市。見《北史》卷九四《高麗傳》。

[8]豫章王：封爵名。豫章，郡名。隋朝時治豫章縣，在今江西南昌市。 暕：即楊暕，人名。字世朏，小字阿孩。隋文帝之子。見《北史》卷七一《齊王暕傳》。

[9]户部尚書：官名。即民部尚書。隋朝時爲尚書省六部長官之一，負責管理全國的財賦户籍。正三品。

韋瑱，字世珍，京兆杜陵人也。世爲三輔著姓。曾祖惠度，姚泓尚書郎。[1]隨劉義真過江，[2]仕宋爲順陽太守、行南雍州事。[3]後於襄陽歸魏，拜中書侍郎，[4]贈洛州刺史。[5]祖千雄，略陽郡守。[6]父英，代郡守，贈兗州刺史。[7]

[1]姚泓：人名。字元子，南安赤亭（今甘肅隴西縣西）人，羌族。十六國時後秦君主。見《晋書》卷一一九《姚泓載記》。尚書郎：官名。掌收發文書章奏庶務，後漸成定制，成爲中朝常設官職。凡尚書曹郎、郎中、侍郎皆可簡爲此稱。

[2]劉義真：人名。南朝宋宗室，武帝次子。見《宋書》卷六一《廬陵孝獻王義真傳》。

[3]順陽：郡名。南朝宋時治南鄉縣，在今河南淅川縣西。南雍州：南朝宋時治襄陽縣，在今湖北襄樊市。

[4]中書侍郎：官名。北魏時多選用文學之士，掌草擬詔令，職位機要。孝文帝太和十七年定爲四品上，二十三年改爲從四品上。

[5]洛州：北魏時治金墉城，在今河南洛陽市東北。

[6]略陽：郡名。北魏時治隴城縣，在今甘肅秦安縣東北。

[7]兗州：北魏孝文帝太和十八年改東兗州置，治瑕丘城，在今山東兗州市新驛鎮東頓村南。

瑱幼聰敏，有夙成之量。起家太尉府法曹參軍，[1]累遷諫議大夫。[2]周文帝爲丞相，封長安縣男。[3]轉行臺左丞，[4]遷南郢州刺史，[5]復令爲行臺左丞。瑱明察有幹局，再居左轄，時論榮之。從復弘農，[6]戰沙苑，[7]加衛大將軍、左光禄大夫。[8]從戰河橋，進爵爲子。大統八年，齊神武侵汾、絳，瑱從周文禦之。軍還，以本官鎮蒲津關，[9]帶中潬城主。[10]歷鴻臚卿。[11]以望族兼領鄉兵，加帥都督，[12]進散騎常侍。

[1]法曹參軍：官名。即法曹行參軍。爲法曹長官，主管郵所驛站、執行法律和糾察治安，品秩隨府主地位高低不同，從七品上至九品。

[2]諫議大夫：官名。掌侍從顧問、參謀諷議、諫諍議論。北魏孝文帝太和十七年定爲四品下，二十三年改爲從四品下。

[3]長安縣男：封爵名。長安，縣名。治所在今陝西西安市西北。

[4]行臺左丞：官名。爲行臺尚書左丞的簡稱。

[5]南郢州：治所在今湖北隨州市一帶。

[6]弘農：郡名。西魏時治陝城，在今河南三門峽市。

[7]沙苑：地名。在今陝西大荔縣南洛、渭二河之間。

[8]衛大將軍：官名。爲高級武官。北魏孝文帝太和十七年定爲一品下，位在儀同三司之下，二十三年改爲二品。西魏沿置。左光禄大夫：官名。爲在朝顯職的加官，以示恩寵，或授予年老有病者爲致仕之官，亦常用於卒後贈官，無具體職掌。北魏孝文帝太和十七年定爲從一品下，二十三年定爲二品。西魏沿置。

[9]蒲津關：關隘名。又名蒲坂關、林晋關。在今陝西大荔縣朝邑鎮東黄河上。

[10]中潬城：在今河南孟州市西南。四庫本"潬"作"潭"，當爲音同而訛。

[11]鴻臚卿：官名。即大鴻臚卿，亦稱鴻臚寺卿。掌管接待少數民族賓客、朝會以及吉凶禮儀等。北魏孝文帝太和十七年定爲二品上，二十三年改爲三品。西魏沿置。

[12]帥都督：官名。西魏文帝大統年間始設。多授予地方豪族、鄉望，以統率鄉兵。

魏恭帝二年，賜姓宇文氏。[1]三年，除瓜州刺史。[2]州通西域，蕃夷往來，前後刺史多受賂遺，胡寇犯邊，又莫能禦。瑱雅性清儉，兼有武略，蕃夷贈遺，一無所受。胡人畏威，不敢爲寇。公私安静，夷夏懷之。周孝閔帝踐祚，進爵平齊縣伯。[3]秩滿還京，吏人戀慕，老幼追送，留連十數日方得出境。明帝嘉之，授侍中、驃騎大將軍、開府儀同三司。卒，贈岐、宜二州刺史，[4]謚曰惠。又追封爲公，詔其子峻襲。

[1]魏恭帝二年賜姓宇文氏：底本"二"作"三"，中華本校勘記云："諸本'二'作'三'，《周書》卷三九《韋瑱傳》作'二'。按下即見'三年'，不應重出，今據改。"今從改。

[2]瓜州：西魏時治敦煌縣，在今甘肅敦煌市西。

[3]平齊縣伯：封爵名。平齊，縣名。治所不詳。

[4]岐：州名。西魏時治雍城鎮，在今陝西鳳翔縣東。

峻位至車騎大將軍、儀同三司。[1]峻子德政，隋大業中給事郎。[2]峻弟師。

[1]車騎大將軍：官名。在諸名號大將軍之上，多爲軍府名號，用來加授大臣、重要州郡長官，無具體職掌。北魏孝文帝太和十七年定爲一品下，二十三年定爲二品。西魏沿置。

[2]大業：隋煬帝的年號（605—617）。　給事郎：官名。隋煬帝大業三年於門下省置給事郎，位僅次於黄門侍郎，負責宣讀奏案，出使勞問。從六品。

師字公穎。少沈謹，有至性。[1]初就學，始讀《孝經》，捨書而歎曰："名教之極，其在兹乎！"少丁父母憂，居喪盡禮，州里稱其有孝行。及長，略涉經史，尤工騎射。周大冢宰宇文護引爲中外府記室，[2]轉賓曹參軍。[3]師雅知諸蕃風俗及山川險易，其有夷狄朝貢，師必接對，論其國俗，如視諸掌。夷人驚服，無敢隱情。齊王憲爲雍州牧，[4]引爲主簿，本官如故。及武帝親總萬機，轉少府大夫。[5]及齊平，詔師安撫山東。徙爲賓部大夫。[6]隋文帝受禪，拜吏部侍郎，[7]賜爵井陘侯。[8]遷河北道行臺兵部尚書。[9]奉詔爲山東、河南十八州安撫大使。[10]奏事稱旨，兼領晋王廣司馬。[11]

[1]有至性：毛本"至"作"志"。據《隋書》卷四六《韋師傳》、《通志》卷一六二，二者當爲音同而訛，今從諸本。

[2]大冢宰：官名。又稱大冢宰卿。西魏恭帝三年置，北周沿置。位居六官之首的天官府長官，掌管宫廷供奉以及全國的財政收支、賦役收入，百官俸禄等事務。正七命。　中外府記室：官名。指都督中外諸軍事府記室。兩晋南北朝以來有記室令史、記室督、記室參軍、中記室參軍等名目，省稱記室。品秩自七品至九品不等。

［3］轉賓曹參軍：局本“賓”作“兵”。

［4］憲：即宇文憲，人名。字毗賀突，代郡武川（今内蒙古武川縣西）人，鮮卑族。西魏、北周大臣，周文帝第五子。見《北史》卷五八《齊煬王憲傳》。　雍州牧：官名。爲雍州的最高行政長官。九命。

［5］少府大夫：官名。品秩不詳。

［6］賓部大夫：官名。西魏恭帝三年置，北周沿置。爲秋官府賓部司長官，掌管大賓客的禮儀，主要是南朝陳、北齊以及突厥等使臣晋見皇帝的禮儀。北周武帝建德二年罷，宣帝即位後復置。正五命。

［7］吏部侍郎：官名。隋初爲吏部司長官，隸屬吏部尚書。初爲六品上，文帝開皇三年爲從五品。煬帝大業三年改名爲選部郎。始置此官號爲吏部次官，員一人。

［8］井陘侯：封爵名。井陘，縣名。治所在今河北正定縣西北。

［9］行臺兵部尚書：官名。隋文帝初期在諸道設置行臺尚書省，有河北道、河南道、西南道等行臺尚書省。設尚書令爲長官，兵部尚書一人兼任吏部、禮部事務。

［10］大使：指受帝王特遣之官員。北朝時多以貴臣高官臨時任之。

［11］廣：即楊廣，人名。隋文帝次子，隋煬帝。見《北史》卷一二《隋本紀·煬帝》。

其族人世康爲吏部尚書，與師素懔勝負。于時廣爲雍州牧，盛存望第，以司空楊雄、尚書左僕射高熲並爲州都，[1]引師爲主簿，而世康弟世約爲法曹從事。[2]世康恚恨不能食，又耻世約在師之下，召世約數之曰：“汝何故爲從事！”遂杖之。

[1]司空：官名。三公之一，魏晋南北朝時爲名譽宰相，多爲大臣加官，無實際職掌。隋朝時位居一品。　楊雄：人名。初名惠，隋文帝族子。北周大臣、隋朝宗室。見《北史》卷六八《楊紹附楊雄傳》。毛本、局本"楊"作"揚"，當爲字形相近而訛，今從殿本、四庫本。　尚書左僕射：官名。與内史省、門下省長官共同執掌國政。位列丞相，隋文帝開皇三年令左僕射掌管吏部、禮部、兵部三部事，兼管御史彈劾不當之事。從二品。　高熲：人名。字昭玄，勃海蓨（今河北景縣）人。北周、隋朝大臣。見《北史》卷七二《高熲傳》。　並爲州都：底本作"並爲州都督"，中華本校勘記云："諸本'都'下有'督'字。錢氏《考異》云：'"州都"下疑衍"督"字。魏、晋以後，諸州皆置大中正以甄别流品。隋時避諱，改爲州都而去中正之名。後人校書，不達州都爲何語，妄加督字。韋氏，京兆望門，師又爲州主簿，而世約位在師下，故世康以州都不平爲恨。此何與都督事乎？'按錢説是。《通典》卷三二載此事，正作'州都'，今據删。但州都之號，晋及北魏已有，非始於隋（見《晋書》卷四五《劉毅傳》，《魏書》卷二〇《穆崇傳》、卷五六《鄭道昭傳》），大約至隋時方定爲正式名稱，而廢中正之名。"今從改。

[2]法曹從事：官名。州分職吏名。北魏置，主刑法之事。隋文帝開皇十二年，改爲法曹參軍。

後從上幸醴泉宫，[1]上召師與左僕射高熲、上柱國韓擒等於卧内賜宴，[2]令各叙舊事，以爲笑樂。平陳之役，以本官領元帥掾。陳國府藏，悉委於師，秋毫無犯，稱爲清白。後上爲長寧王儼納其女爲妃。[3]除汴州刺史，[4]甚有政名。卒官，謚曰定。

[1]醴泉宫：位於今陝西禮泉縣。

[2]韓擒：人名。一作“韓擒虎”，字子通，河南東垣（今河南新安縣東）人。北周、隋朝大將。見《北史》卷六八《韓雄附韓禽傳》。

[3]長寧王：封爵名。長寧，郡名。隋朝時治懷戎縣，在今河北涿鹿縣西南。　儼：即楊儼，人名。廢太子楊勇的長子。見《北史》卷七一《房陵王勇附楊儼傳》。

[4]汴州：隋朝時治浚儀縣，在今河南開封市西北。

師宗人謩，仕周，位内史大夫。[1]隋文帝初，以定策功，累遷上柱國，封普安郡公。[2]開皇初，卒於蒲州刺史。[3]

[1]内史大夫：官名。亦稱内史、大内史。爲春官府内史司長官，掌管皇帝詔書的撰寫與宣讀，參議刑罰爵賞以及軍國大事。北周静帝大象元年，在其上設内史上大夫，其成爲内史司次官。正五命。

[2]普安郡公：封爵名。普安，郡名。隋朝時治普安縣，在今四川劍閣縣。

[3]蒲州：隋朝時治蒲坂縣，在今山西永濟市西南蒲州鎮。

柳虯，字仲盤，[1]河東解人也。[2]五世祖恭，仕後趙爲河東郡守。後以秦、趙喪亂，率人南徙，居汝、潁間，[3]遂仕江表。[4]祖緝，宋司州别駕、宋安郡守。[5]父僧習，善隸書，敏於當世。與豫州刺史裴叔業據州歸魏，[6]歷北地潁川二郡守、揚州大中正。[7]

[1]字仲盤：《周書》卷三八《柳虯傳》作“字仲蟠”。

[2]河東：郡名。北魏時治蒲坂縣，在今山西永濟市西南蒲州鎮。　解：縣名。治所在今山西臨猗縣。

[3]汝：發源於今河南伏牛山區龍池曼，是淮河北岸主要的支流之一，流經豫皖兩省。　潁：發源於今河南伏牛山區嵩山南麓，是淮河最大的支流。流經河南東南部，至安徽潁上縣入淮河。

[4]江表：地區名。指長江以南地。在中原人看來，地在長江之外，故稱江表。此處代指東晋。

[5]宋司州别駕宋安郡守：底本作"宋州别駕宋安郡守"，源氏校勘記云："'緝宋'《周書》作'緡守'，下有'同'字。按宋柳元景之族，作守者，非。當作'宋同州别駕'。"中華本校勘記云："諸本無'司'字，《周書》卷二二《柳慶傳》'司'作'同'。按宋無同州。《宋書》卷三六《州郡志》司州義陽太守環水長條，言宋明帝時曾分義陽立宋安郡。則'同州'顯是'司州'之訛。柳緝是以司州别駕帶宋安郡守，今據補'司'字。"今從改。司州，南朝宋時僑治義陽縣，在今河南信陽市西南。别駕，官名。亦稱别駕從事、别駕從事史，爲州郡的佐吏。魏晋以及北魏前期的别駕多由本州人擔任，由刺史自己徵辟。後期漸由朝廷任命。北周之後，州府佐吏漸混爲一體，並無實際職權，因其品高俸厚，多由貶謫大臣擔任。宋安，郡名。南朝宋時治宋安縣，在今湖北應城市。

[6]豫州：北魏時治懸瓠城，在今河南汝南縣。　裴叔業：人名。河東聞喜（今山西聞喜縣）人。見《北史》卷四五《裴叔業傳》。

[7]北地：郡名。北魏時治富平縣，在今陝西富平縣城關。　揚州：北魏時治壽春縣，在今安徽壽縣。

虯年十三，便專精好學。時貴游子弟就學者，並車服華盛，唯虯不事容飾。遍受五經，略通大義，兼涉子史，雅好屬文。孝昌中，[1]揚州刺史李憲舉虯秀才，[2]兗州刺史馮儁引虯爲府主簿。[3]既而樊子鵠爲吏部尚書，[4]其兄義爲揚州刺史，乃以虯爲揚州中從事，加鎮遠將軍。[5]非其好也，並棄官還洛陽。屬天下喪亂，乃退耕於陽城，有終焉之志。

[1]孝昌：北魏孝明帝的年號（525—527）。

[2]李憲：人名。字仲軌，趙郡平棘（今河北趙縣）人。北魏官吏。見《北史》卷三三《李順附李憲傳》。

[3]馮儁：人名。北魏官吏。任中書舍人、兗州刺史等。

[4]樊子鵠：人名。代郡平城（今山西大同市東北）人。北魏、東魏將領。見《北史》卷四九《樊子鵠傳》。

[5]鎮遠將軍：官名。北魏時爲將軍名號。孝文帝太和二十三年改爲四品。

大統三年，馮翊王元季海、領軍獨孤信鎮洛陽。[1]于時舊京荒廢，人物罕存，唯有虯在陽城，裴諏在潁川。[2]信等乃俱徵之，以虯爲行臺郎中，[3]諏爲北府屬，並掌文翰。時人爲之語曰：“北府裴諏，南府柳虯。”[4]時軍旅務殷，虯勵精從事，或通夜不寢。季海常云：“柳郎中判事，我不復重看。”四年入朝，周文帝欲官之，虯辭母老，乞侍醫藥。周文許焉。又爲獨孤信開府從事中郎。[5]信出鎮隴右，因爲秦州刺史，[6]以虯爲二府司馬。雖處元僚，不綜府事，唯在信左右談論而已。因使見周文，被留爲丞相府記室。追論歸朝功，封美陽縣男。[7]

［1］馮翊王：封爵名。馮翊，郡名。西魏時治高陸縣，在今陝西大荔縣。　元季海：人名。亦稱元海。字元泉。北魏宗室、西魏大臣。見《北史》卷一五《常山王遵附元季海傳》。　領軍：官名。領軍將軍的省稱。爲禁衛軍之最高統帥，權勢極重。北魏孝文帝太和二十三年後爲從二品。西魏沿置。

［2］裴諏：人名。又名裴諏之，字士正，河東聞喜（今山西聞喜縣）人。西魏、北周官吏、儒學家。見《北史》卷三八《裴佗附裴諏之傳》。

［3］行臺郎中：官名。北魏置。又稱行臺郎，爲行臺諸曹郎中的泛稱，冠以各曹名。有時也用來稱呼不負責具體事務的官員。

［4］"以虬爲行臺郎中"至"南府柳虬"：源氏校勘記云："'北'《周書》作'都督'二字。《周書》（'南府'）作'南省'。"中華本校勘記云："《周書》卷三八《柳虬傳》'北府屬'作'都督府屬'，'南府'作'南省'。按'府'指都督府，'省'指行臺省。當時並無'北府''南府'之官，南北乃指行臺省與都督府相對位置而言。《周書》是。"可從。北府，官署名。西魏文帝大統初，領軍獨孤信鎮守洛陽時稱其都督府爲北府。文翰，公文書信。

［5］從事中郎：官名。其職依時依府而異，或主吏，或分掌諸曹，或掌機密，或參謀議。五品。

［6］秦州：西魏時治上封城，在今甘肅天水市（參周一良《魏晋南北朝史札記·秦州》，中華書局1985年版）。

［7］美陽縣男：封爵名。美陽，縣名。治所在今陝西扶風縣東南。

虬以史官密書善惡，未足懲勸，乃上疏曰："古者人君立史官，非但記事而已，蓋所爲鑒誡也。動則左史書之，言則右史書之，彰善癉惡，以樹風聲。故南史抗節，表崔杼之罪；[1]董狐書法，明趙盾之愆。[2]是知執筆於朝，其來久矣。[3]而漢、魏已還，密爲記注，徒聞後世，無益當時。[4]非所謂將順其美，匡救其惡者。且著述之人，密書縱能直筆，人莫知之。何止物生橫議，亦自異端互起。故班固致受金之名，[5]陳壽有求米之論。[6]著漢、魏者非一氏，造晋史者至數家。後代紛紜，莫知準的。伏惟陛下則天稽古，勞心庶政，開誹謗之路，納忠讜之言。諸史官記事者，請皆當朝顯言其狀，然後付之史閣。庶令是非明著，得失無隱，使聞善者日修，有過者知懼。”事遂施行。

[1]南史抗節表崔杼之罪：典出《左傳》襄公二十五年，講的是史官秉筆直書的事情。南史，人名。春秋時齊國太史。崔杼，人名。春秋時齊國大夫。

[2]董狐書法明趙盾之愆：典出《左傳》宣公二年，講的是史官秉筆直書的事情。董狐，人名。春秋時晋國太史，亦稱史狐。趙盾，春秋時晋國大夫。

[3]是知執筆於朝其來久矣：源氏校勘記云：“‘執’《周書》作‘直’。”中華本校勘記云：“《周書》‘執’作‘直’。按上引南史、董孤，都是直筆之例。‘執’當是‘直’之訛。”可從。

[4]無益當時：毛本“益”作“盗”，當爲字形相近而訛，今從諸本。

[5]班固致受金之名：據説班固寫作《漢書》時有受賄之嫌。班固，人名。東漢史學家。見《後漢書》卷四〇《班彪附班固傳》。

[6]陳壽有求米之論：據説陳壽寫作《三國志》時曾向丁儀、丁廙兄弟索要米，因而不得不爲其父立傳。陳壽，人名。西晋大

臣、史學家。見《晉書》卷八二《陳壽傳》。

十四年，除秘書丞，[1]領著作。[2]舊丞不參史事，自虯爲丞，始令監掌焉。遷中書侍郎，修起居注，[3]仍領丞事。時人論文體者，有今古之異。虯又以爲時有古今，非文有古今，乃爲文質論。文多不載。廢帝初，遷秘書監，[4]加車騎大將軍、儀同三司。

[1]秘書丞：官名。北魏時多參領著作事，西魏後主修撰國史及起居注，並得參與議定禮儀制度。孝文帝太和十七年定爲四品下，二十三年改爲五品上。西魏沿置。

[2]著作：官名。著作郎的省稱。掌修國史及爲皇帝修撰碑誌、祝文、祭文等。北魏孝文帝太和二十三年改爲從五品上。西魏沿置。

[3]起居注：記載皇帝言行的筆記，是官修史書的主要來源。魏晉南北朝時或以著作郎兼修，或設官專修。

[4]秘書監：官名。掌圖書經籍之事，領著作省。北魏孝文帝太和十七年定爲從二品中，二十三年改爲三品。西魏沿置。

虯脱略人間，不事小節，弊衣蔬食，未嘗改操。人或譏之。虯曰："衣不過適體，食不過充飢，孜孜營求，徒勞思慮耳。"恭帝元年冬卒，時年五十四。贈兗州刺史，謚曰孝。有文章數十篇，行於世。子鴻漸嗣。虯弟檜。

檜字季華。[1]性剛簡，任氣少文，善騎射，果於斷決。年十八，起家奉朝請。[2]居父喪，毁瘠骨立。服闋，除陽城郡丞、防城都督。[3]大統四年，從周文戰於河橋，先登有功。授都督，鎮鄯州。[4]八年，拜湟河郡守，[5]仍典軍事。尋加平東將軍、太中大夫。[6]吐谷渾入寇郡境，[7]時檜兵少，人懷憂懼，檜撫而勉之，衆心乃安。因率數十人先擊之，渾人潰亂，餘衆乘之，遂大敗而走。以功封萬年縣子。[8]時吐谷渾强盛，數侵疆埸，自檜鎮鄯州，屢戰必破之。數年之後，不敢爲寇。十四年，遷河州别駕，[9]轉帥都督。俄拜使持節、撫軍將軍、大都督。[10]居三載，徵還京師。

［1］字季華：毛本、局本“季”作“李”。

［2］奉朝請：官名。北魏時爲冗散官，有俸無職。孝文帝太和十一年置二百人，十七年定爲六品下，二十三年改爲從七品。

［3］郡丞：官名。爲郡守副貳，佐郡守掌衆事，邊郡别有長史，掌兵馬。　防城都督：官名。北魏末諸州郡置，負責城防事務，位在長史、司馬下。

［4］鄯州：西魏時治西都縣，在今青海樂都縣。

［5］八年拜湟河郡守：中華本校勘記云：“按《魏書·地形志》《隋書·地理志》均不見‘湟河郡’。《隋書·地理志上》西平郡（即鄯州）化隆縣下註云：‘西魏置澆河郡。’疑‘湟河’當作‘澆河’。”可從。湟河，郡名。治黄河城，在今青海隆化自治縣（參聰喆《湟河、湟川兩郡考》，《青海師範大學學報》1987年第2期）。

［6］平東將軍：官名。多持節都督或兼理某一地區的軍事，有時也作爲刺史兼理地方軍事的加官。　太中大夫：官名。亦稱大中大夫。多用以安置年老退免的九卿大臣，無具體職掌。北魏孝文帝太和十七年定爲三品下，二十三年改爲從三品。西魏沿置。

［7］吐谷渾：族名。又稱吐渾、退渾。原爲鮮卑族慕容部的一

支，先祖游牧於徒河青山（今遼寧義縣東）。西晋時，遷徙於今甘肅、青海一帶。十六國時，先後受到前涼、西秦等追逐，幾乎亡國。後再度崛起，北魏太武帝時達到最强盛。在北魏打擊下，一度退到今新疆一帶。以游牧爲生。見《北史》卷九六《吐谷渾傳》。

[8]萬年縣子：封爵名。萬年，縣名。治所在今陝西西安市。

[9]河州：西魏時治枹罕縣，在今甘肅臨夏市。

[10]使持節：漢朝官吏奉命外出時，由皇帝授予節杖，來提高其權威。魏晋之後，重要的軍事長官出征或出鎮時，通常加此名號，可誅殺二千石以下的官員。皇帝派遣大臣重要事情時，也加以此職，以示尊崇。　撫軍將軍：官名。北魏時爲將軍名號，地位較高。孝文帝太和十七年定爲從一品下，二十三年降爲從二品。西魏沿置。

時檜兄虯爲秘書丞，弟慶爲尚書左丞。[1]檜嘗謂兄弟曰："兄則職典簡牘，褒貶人倫；弟則管轄群司，[2]股肱朝廷。可謂榮寵矣。然而四方未静，車書不一，檜唯當蒙矢石，履危難，以報國恩耳。"頃之，周文謂檜曰："卿昔在鄀州，[3]忠勇顯著。今西境肅清，無勞經略。九曲，[4]國之東鄙，當勞君守之。"遂令檜鎮九曲。

[1]尚書左丞：官名。與尚書右丞共同掌管尚書省庶務。北魏孝文帝太和二十三年改爲從四品上。西魏沿置。

[2]管轄群司：殿本"群"作"郡"。

[3]卿昔在鄀州：殿本、四庫本、四部備要本"在"作"任"。據《周書》卷四六《柳檜傳》、《通志》卷一六六，今從底本。

[4]九曲：地名。在今河南宜陽縣西北，爲西魏邊境要地。

尋從大將軍王雄討上津、魏興，[1]平之，即除魏興、華陽二郡守。[2]安康人黄衆寶謀反，[3]連結黨與，將圍州城，乃相謂曰："常聞柳府君勇悍有餘，不可當。今既在外，方爲吾徒腹心之疾也，不如先擊之。"遂圍檜郡。郡城卑下，士衆寡弱，又無守禦之備。連戰積十餘日，士卒僅有存者。於是力屈城陷，身被十餘創，遂爲賊所獲。既而衆寶等進圍東梁州，[4]乃縛檜置城下，欲令誘城中。檜乃大呼曰："群賊烏合，糧食已罄，行即退散，各宜勉之！"衆寶大怒，乃臨檜以兵曰："速更汝辭！不爾便就戮矣。"檜守節不變，遂害之，棄屍水中。城中人皆爲之流涕。衆寶解圍之後，檜兄子止戈方收檜屍還長安。贈東梁州刺史。子斌嗣。

[1]王雄：人名。太原（今山西太原市晋源區古城營村一帶）人。西魏、北周將領。見《北史》卷六〇《王雄傳》。 上津：郡名。西魏時治上津縣，在今湖北鄖縣西北。 魏興：郡名。西魏時治陽亭縣，在今陝西山陽縣北。

[2]即除魏興華陽二郡守：底本作"即除魏興華陽二郡"，源氏校勘記云："'郡'下《周書》有'守'字。爲是。"中華本校勘記云："諸本脱'守'字，據《周書》卷四六《柳檜傳》補。《通志》卷一六六《柳檜傳》作'太守'二字。"今從改。華陽，郡名。西魏時治華陽縣，在今陝西勉縣東北。

[3]安康：郡名。西魏時治安康縣，在今陝西石泉縣東南。

[4]東梁州：西魏時治安康縣，在今陝西石泉縣東南。

斌字伯達。年十七，齊公憲召爲記室。早卒。

斌弟雄亮，字信誠。父檜在華陽見害，雄亮時年十四，[1]哀毁過禮，陰有復讎之志。武帝時，衆寶率其部歸長安，帝待之甚厚。雄亮手斬衆寶於城中，請罪闕下。帝特原之。後累遷内史中大夫，[2]賜爵汝陽縣子。[3]隋文帝受禪，拜尚書考功侍郎，[4]遷給事黄門侍郎。[5]尚書省凡所奏事，多所駁正，深爲公卿所憚。俄以本官檢校太子左庶子，[6]進爵爲伯。秦王俊鎮隴右，[7]出爲秦州總管府司馬，領山南道行臺左丞。卒。子贇嗣。

[1]雄亮時年十四：《周書》卷四六《柳檜傳》作"年十二，遭父艱"。

[2]内史中大夫：官名。西魏恭帝三年置，北周因之。爲春官府内史司長官，掌管皇帝詔書的撰寫與宣讀，參議刑罰爵賞以及軍國大事。正五命。

[3]汝陽縣子：封爵名。汝陽，縣名。治所在今河南商水縣西北。

[4]考功侍郎：官名。隋朝時尚書省吏部考功司長官，置一人，正六品上。

[5]給事黄門侍郎：官名。隋朝時同爲門下省次官，置四員，正四品上。

[6]太子左庶子：官名。隋朝時爲太子門下坊長官，負責侍從、駁正啓奏。正四品上。

[7]俊：即楊俊，人名。小字阿祇。母獨孤皇后，隋文帝第三子。文帝開皇元年立爲秦王。見《北史》卷七一《秦王俊傳》。

檜弟鷟，好學善屬文，卒於魏臨淮王記室參軍事。[1]

[1]臨淮王：封爵名。臨淮，郡名。北魏時治己吾縣，在今安徽懷遠縣西北。　記室參軍事：官名。又稱記室參軍。爲記室曹長官，掌文書表奏。

子帶韋，字孝孫。深沈有度量，少好學，身長八尺三寸，美風儀，善占對。周文辟爲參軍事。侯景作亂江南，[1]周文令帶韋使江、郢二州，[2]與梁邵陵、南平二王通好。行至安州，遇段寶等反，[3]帶韋乃矯爲周文書以安之，並即降附。及見邵陵，具申周文意。邵陵遣使隨帶韋報命。以奉使稱旨，授輔國將軍、中散大夫。[4]

[1]侯景：人名。字萬景，懷朔鎮（今内蒙古固陽縣南）人。曾任北魏官吏，後叛至南朝。見《梁書》卷五六《侯景傳》（參李萬生《侯景的氏族及相關問題》，《北京大學學報》2000 年第 5 期）。

[2]江：州名。南朝梁時治尋陽縣，在今江西九江市。　郢：州名。南朝梁時治赤石關，在今河南潢川縣西。

[3]遇段寶等反：《周書》卷二《柳慶附柳帶韋傳》作“值假寶等反”。“假”與“段”當爲字形相近而訛，今從《北史》。

[4]中散大夫：官名。多爲官吏養老、病退所任，無具體職權。北魏時爲加官。孝文帝太和十七年定爲四品上，二十三年改爲四品下。

後達奚武經略漢川，[1]以帶韋爲行臺左丞，從軍南討。時梁宜豐侯蕭循守南鄭，[2]武攻之未拔，乃令帶韋入城，説循降之。廢帝元年，出爲解縣令。[3]加授驃騎將軍、左光禄大夫。[4]轉汾陰令。[5]發擿姦伏，百姓畏而懷之。周武成元年，[6]授武藏下大夫。[7]天和二年，封康城縣男。[8]累遷兵部中大夫。[9]雖頻改職，仍領武藏。五年，轉武藏中大夫。[10]俄遷驃騎大將軍、開府儀同三司。凡居劇職十有餘年，處斷無滯，官曹清肅。

[1]達奚武：人名。字成興，代（今山西大同市東北）人，鮮卑族。西魏、北周將領。見《北史》卷六五《達奚武傳》。　漢川：郡名。西魏時治南鄭縣，在今陝西漢中市東。

[2]宜豐侯：封爵名。宜豐，縣名。治所在今江西宜豐縣。　蕭脩：人名。亦作“蕭循”，南蘭陵（一説在今江蘇常州市，一説在今江蘇丹陽市）人。南朝梁宗室、將領。見《南史》卷五二《鄱陽忠烈王恢附蕭脩傳》。　南鄭：縣名。治所在今陝西漢中市東。

[3]解：縣名。治所在今山西臨猗縣。

[4]驃騎將軍：官名。居諸名號將軍之首。多加於權臣元老，以示尊崇，開府置僚屬，不領兵。北魏孝文帝太和十七年定爲一品中，二十三年改爲從一品。西魏沿置。

[5]汾陰：縣名。治所在今山西萬榮縣西南。

[6]武成：北周明帝的年號（559—560）。

[7]武藏下大夫：官名。爲夏官府武藏司次官，輔助武藏中大夫掌管各種兵器、鎧甲以及兵士所穿戰袍、棉襖。正四命。

[8]康城縣男：封爵名。康城，縣名。治所在今河南禹州市西北。

[9]兵部中大夫：官名。爲夏官府兵部長官，掌管全國軍務。下設小兵部下大夫、小兵部下士以佐其職。正五命。

[10]武藏中大夫：官名。爲夏官府武藏司長官，掌管各種兵器、鎧甲以及兵士所穿戰袍、棉襖。正五命。

时譙王儉爲益州總管，[1]漢王贊爲益州刺史。[2]武帝以帶韋爲益州總管府長史，領益州别駕，輔弼二王，總知軍事。及大軍東討，徵爲前軍總管齊王憲府長史。齊平，以功授上開府儀同大將軍，進爵爲公。陳王純鎮并州，[3]以帶韋爲并州司會、并州總管府長史。[4]卒官，謚曰愷。

[1]儉：即宇文儉，人名。字侯幼突，代郡武川（今内蒙古武川縣西）人。北周宗室，周文帝之子。見《北史》卷五八《譙孝王儉傳》。

[2]贊：即宇文贊，人名。字乾依，代郡武川（今内蒙古武川縣西）人。北周宗室，周武帝之子。見《北史》卷五八《漢王贊傳》。

[3]純：即宇文純，人名。字堙智突，代郡武川（今内蒙古武川縣西）人。北周宗室，周文帝之子。見《北史》卷五八《陳惑王純傳》。

[4]司會：官名。司會中大夫的省稱。

子祚嗣。少有名譽，位宣納上士。[1]入隋，位司勳侍郎。[2]

[1]宣納上士：官名。北周置。宣納下大夫屬官，輔助其出納王命、宣傳詔令，因此選用之人必須爲口齒清晰之士。正三命。

[2]司勳侍郎：官名。隋朝時尚書省吏部司勳曹長官，隋初置二人，正六品上，文帝開皇三年爲從五品。煬帝大業三年改名爲司勳郎。

鷟弟慶。慶字更興。幼聰敏有器量，博涉群書，不爲章句，好飲酒，閑於占對。年十三，因暴書，父僧習試令慶於雜賦集中取賦一篇千餘言，誦之。慶立讀三遍，便誦之無所漏。時僧習爲潁川郡守，地接都畿，人多豪右。將選鄉官，皆依貴勢，競來請託。選用既定，[1]僧習謂諸子曰："權貴請託，吾並不用。其使欲還，皆須有答。汝等各以意爲吾作書。"慶乃具書草。僧習讀，歎曰："此兒有意氣，丈夫理當如是。"即依慶所草以報。起家奉朝請。

[1]選用既定：《周書》卷二二《柳慶傳》作"選用未定"。

慶出後第四叔，及遭父憂，議者不許爲服重。慶泣曰："禮緣人情，若於出後之家，更有苴斬之服，可奪此以從彼。[1]今四叔薨背已久，情事不追。豈容奪禮，乖違天性！"時論不能抑，遂以苫凷終喪。[2]既葬，乃與諸兄負土成墳。

[1]可奪此以從彼：底本"此以"作"以此"，中華本校勘記云："諸本'此以'倒作'以此'，《周書》卷二二《柳慶傳》無'此'字，《通志》卷一五七《柳慶傳》作'此以'。按《通志》文本《北史》，今據乙。"今從改。

[2]苫（shān）凷（kuài）：草席與土塊。居父母之喪，孝子以草薦爲席，土塊爲枕。

孝武將西遷，慶以散騎侍郎馳傳入關。[1]慶至高平，[2]見周文，共論時事。周文即請奉迎輿駕，仍令慶先還復命。時賀拔勝在荆州，[3]帝屏左右謂慶曰："朕欲往荆州，何如？"慶曰："關中金城千里，天下之彊國也。荆州地無要害，寧足以固鴻基？"帝納之。及帝西遷，慶以母老不從。獨孤信之鎮洛陽，乃得入關。除相府東閤祭酒。[4]

[1]散騎侍郎：官名。北魏時掌規諫，與散騎常侍、侍中、黄門侍郎等共平尚書奏事。孝文帝太和二十三年爲五品上。

[2]高平：郡名。北魏時治高平縣，在今寧夏固原市。

[3]賀拔勝：人名。字破胡，神武尖山（今山西神池縣）人。北魏、西魏名將。見《北史》卷四九《賀拔允附賀拔勝傳》。

[4]東閤祭酒：官名。北魏時諸公府、從公府、諸王府、軍府屬官，掌閤内文翰。孝文帝太和二十三年定爲七品上。

大統十年，除尚書都兵郎中，[1]并領記室。時北雍州獻白鹿，[2]群臣欲賀。尚書蘇綽謂慶曰：[3]"近代已來，文章華靡，逮于江左，彌復輕薄。洛陽後進，祖述未已。相公柄人軌物，君職典文房，宜製此表，以革前弊。"慶操筆立成，辭兼文質。綽讀而笑曰："枳橘猶自可移，況才子也！"

[1]都兵郎中：官名。亦稱都兵郎，尚書省都兵曹長官。北魏孝文帝太和二十三年統稱爲郎中，六品。西魏沿置。

[2]北雍州：西魏時治華原縣，在今陝西銅川市耀州區。

[3]蘇綽：人名。字令綽，武功（今陝西武功縣西北）人。西魏、北周大臣。見《北史》卷六三《蘇綽傳》。

尋以本官領雍州别駕。廣陵王欣，[1]魏之懿親。其甥孟氏，屢爲兇横。或有告其盗牛。慶捕得實，趣令就禁。孟氏殊無懼容，乃謂慶曰："若加以桎梏，後獨何以脱之？"欣亦遣使辨其無罪。孟氏由此益驕。慶乃大集僚吏，盛言孟氏倚權侵虐之狀。言畢，令笞殺之。此後貴戚斂手。

[1]廣陵王：封爵名。遥封。廣陵，郡名。南朝梁時治廣陵縣，在今江蘇揚州市西北。　欣：即元欣，人名。字慶樂。西魏宗室、大臣。見《北史》卷一九《廣陵王羽附元欣傳》。

有賈人持金二十斤詣京師，寄人居止。每欲出行，常自執管鑰。無何，緘閉不異而並失之。謂主人所竊。郡縣訊問，主人自誣服。慶疑之，乃召問賈人曰："卿鑰恒置何處？"對曰："恒自帶之。"慶曰："頗與人同宿乎？"曰："無。""與同飲乎？"曰："日者曾與一沙門再度酣宴，醉而晝寢。"慶曰："沙門乃真盗耳。"即遣捕沙門，乃懷金逃匿。後捕得，盡獲所失金。十二年，改三十六曹爲十二部，以慶爲計部郎中，[1]别駕如故。

[1]計部郎中：官名。西魏時尚書省計部長官，掌管國家財政賦税。

又有胡家被劫，郡縣按察，莫知賊所，鄰近被囚者甚多。慶以賊是烏合，可以詐求之。乃作匿名書，多牓官門曰："我等共劫胡家，徒侣混雜，終恐泄露。今欲首伏，懼不免誅。若聽先首免罪，便欲來告。"慶乃復施免罪之牒。居二日，[1]廣陵王欣家奴面縛自告牒下，[2]因此盡獲黨與。慶之守正明察，皆此類也。每歎曰："昔于公斷獄無私，闢高門以待封。儻斯言有驗，吾其庶幾乎。"封清河縣男，[3]除尚書左丞，攝計部。[4]

[1]居二日：殿本、四部備要本"二"作"三"。據《周書》卷二二《柳慶傳》、《通志》卷一五七，今從底本。

[2]面縛：雙手反綁，表示認罪。

[3]清河縣男：封爵名。清河，縣名。治所在今河北清河縣西北。

[4]除尚書左丞攝計部：中華本《周書·柳慶傳》作"兼尚書右丞，攝計部，十四年，正右丞"。其校勘記云："按下文又云：'十六年，太祖東討，以慶爲大行臺右丞，加撫軍將軍。還轉尚書右丞。'而卷四六《孝義·柳檜傳》云：'弟慶爲尚書左丞'，正是大統十六、七年事，'左''右'也不同。"可從。

周文嘗怒安定國臣王茂，將殺之，而非其罪。朝臣咸知，而莫敢諫。慶乃進争之。周文逾怒曰："卿若明其無罪，亦須坐之。"乃執慶于前。慶辭氣不撓，抗聲曰："竊聞君有不達者爲不明，臣有不争者爲不忠。慶謹竭愚誠，實不敢愛死，但懼公爲不明之君耳。"周文乃悟而赦茂，已不及矣。周文默然。明日，謂慶曰："吾不用卿言，遂令王茂冤死。可賜茂家錢帛，以旌吾過。"尋進爵爲子。慶威儀端肅，樞機明辯。周文每發號令，常使慶宣之。天性抗直，無所回避。周文亦以此深委仗焉。恭帝初，進位驃騎大將軍、開府儀同三司、尚書右僕射，轉左僕射，領著作。六官建，拜司會中大夫。

周孝閔帝踐祚，賜姓宇文氏，進爵平齊縣公。[1]晋公護初執政，欲引爲腹心。慶辭之，頗忤旨。又與楊寬有隙，[2]及寬參知政事，慶遂見疏忌，出爲萬州刺史。[3]明帝尋悟，留爲雍州别駕，領京兆尹。武成二年，除宜州刺史。慶自爲郎，迄爲司會，府庫倉儲，並其職也。及在宜州，寬爲小冢宰，[4]乃囚慶故吏，求其罪失。案驗積六十餘日，吏或有死於獄者，終無所言，唯得乘錦數匹。[5]時人服其廉慎。又入爲司會。

[1]平齊縣公：封爵名。平齊，縣名。治所不詳。

[2]楊寬：人名。字景仁，弘農華陰（今陝西華陰市東南）人。北魏、西魏、北周官吏。見《周書》卷二二《楊寬傳》。

[3]萬州：北周時治石城縣，在今四川達州市。

[4]小冢宰：官名。又稱小冢宰上大夫。天官府次官，輔佐大冢宰處理行政事務，員二人。正六命。

[5]乘錦：源氏校勘記云："《周書》作'剩錦'。"中華本《周書》卷二二《柳慶傳》校勘記云："張元濟云：'"乘"可作覆解。剩，餘也。府庫不應有餘，有餘必有缺。"乘錦"猶言覆巾。'按'剩'字較長，言不但無缺失，且有剩餘。張云府庫不應有餘，殊爲武斷，出納之間，尺寸贏縮是可以有剩的。唐代所謂回殘剩利且成爲財政收入的一種項目。但乘錦也可能如張説或其他解釋。"可從。

先是，慶兄檜爲魏興郡守，爲賊黄衆寶所害。[1]檜子三人皆幼弱，慶撫養甚篤。後衆寶歸朝，朝廷待以優禮。居數年，檜次子雄亮白日手刃衆寶於長安城中。晋公護聞而大怒，執慶諸子姪皆囚之，讓慶擅殺人。對曰："慶聞父母之讎不同天，昆弟之讎不同國。明公以孝臨天下，何乃責於此乎?"護逾怒，慶辭色無屈，竟以俱免。卒。贈鄜、綏、丹三州刺史，[2]謚曰景。子機嗣。

[1]爲賊黄衆寶害：源氏校勘記云："《周書》無'衆'字。下放此。"《周書》卷二二《柳慶傳》作"爲賊黄寶害"。當爲雙名單稱，二者均可。

[2]鄜綏丹三州刺史：毛本作"鄜綏綏丹三州刺史"，衍"綏"字，今從殿本、四庫本。鄜，州名。北周時治杏城縣，在今陝西黄陵縣西南。綏，州名。北周時治安寧縣，在今陝西綏德縣。丹，州名。北周時治義川縣，在今陝西宜川縣東北。

機字匡時。偉容儀，有器局，頗涉經史。年十九，周武帝時爲魯公，引爲記室。及帝嗣位，累遷太子宫尹，[1]封平齊縣公。宣帝時，爲御正上大夫。[2]機見帝失德，屢諫不聽，恐禍及己，託於鄭譯，[3]求出，拜華州刺史。[4]及隋文帝作相，徵還京師。時周代舊臣皆勸禪讓，機獨義形於色，無所陳請。俄拜衛州刺史。[5]及踐祚，進爵建安郡公，[6]徵爲納言。機性寬簡，有雅望，當近侍，無所損益。[7]又好飲酒，不親細務。數年，出爲華州刺史，奉詔每月朝見。尋轉冀州刺史。後徵入朝，以其子述尚蘭陵公主，[8]禮遇益隆。

[1]太子宫尹：官名。亦稱太子宫尹下大夫。北周置。掌管東宫内外事務。正四命。

[2]御正上大夫：官名。北周明帝武成元年置。爲天官府屬官。正六命。

[3]鄭譯：人名。字正義，滎陽開封（今河南開封市）人。北周、隋朝官吏。見《北史》卷三五《鄭羲附鄭譯傳》。

[4]華州：北周時治鄭縣，在今陝西華縣西南。

[5]衛州：北周時治枋頭，在今河南浚縣西南。

[6]建安郡公：封爵名。建安，郡名。隋朝時治閩縣，在今福建福州市。

[7]當近侍無所損益：中華本校勘記云："《隋書》卷四七《柳機傳》'當'上有'然'字，此不當省。"可從。

[8]蘭陵公主：封爵名。隋文帝女，字阿五。蘭陵，郡名。隋朝時治承縣，在今山東棗莊市東南。

初，機在周，與族人文城公昂俱歷顯要，[1]及此，昂、機並爲外職。[2]楊素時爲納言，[3]方用事，因上賜宴，素戲曰："二柳俱摧，孤楊獨聳。"坐者歡笑，機竟無言。未幾還州。前後作守，[4]俱稱寬惠。後以徵還，卒于家。贈大將軍、青州刺史，[5]謚曰簡。子述嗣。

[1]文城公：封爵名。文城，郡名。北周時治文城縣，在今山西吉縣西北。　昂：即柳昂，人名。河東解縣（今山西臨猗縣）人。北周官吏。見《北史》卷六七《柳敏附柳昂傳》。

[2]外職：即外官。隋制，非禁中諸省官員及侍衛之官，皆稱外官。

[3]楊素：人名。字處道，弘農華陰（今陝西華陰市東南）人。北周、隋朝大臣。見《北史》卷四一《楊敷附楊素傳》。

[4]前後作守：中華本校勘記云："《隋書》'守'作'牧'，按'牧'指刺史，'守'指郡守。上文叙其歷任刺史，則作'牧'是。"可從。

[5]青州：北周時治益都縣，在今山東青州市。

述字業隆。性明敏，有幹略，頗涉文藝。以父蔭爲太子親衛。[1]後以尚主故，拜開府儀同三司、内史侍郎。上於諸壻中特見寵遇。歲餘，判兵部尚書事。[2]父艱去職。未幾，起攝給事黄門侍郎事，襲爵建安郡公。

[1]太子親衛：官名。掌宿衛侍從。隋始置。

[2]兵部尚書：官名。魏晋南北朝時置五兵尚書，隋朝時改爲尚書省兵部長官，掌兵部事務。正三品。

仁壽中，判吏部尚書事。述雖職務修理，爲當時所稱，然不達大體，暴於馭下，又怙寵驕豪，無所降屈。楊素時方貴重，朝臣莫不讋憚，述每陵侮之，數於上前面折素短。判事有不合，素意或令述改，輒謂將命者曰："語僕射，道尚書不肯。"素由是銜之。俄而楊素被疏忌，不知省事。述任寄逾重，拜兵部尚書，參掌機密。述自以無功可紀，過叨匪服，抗表陳讓。上許之，命攝兵部尚書。

上於仁壽宫寢疾，[1]述與楊素、黄門侍郎元巖等侍疾宫中。[2]時皇太子無禮於陳貴人，上知之，大怒，令述召房陵王。[3]述與元巖出外作敕書。楊素見之，與皇太子謀，矯詔執述、巖屬吏。及煬帝嗣位，述坐除名。

公主請與同徙，帝不聽。述在龍川數年，[4]復徙寧越，[5]遇瘴癘死。

[1]仁壽宮：位於今陝西麟游縣。

[2]黄門侍郎：官名。給事黄門侍郎的省稱。東漢時置，魏晋至隋初因之。隋朝置爲門下省次官，員四人。正四品上。煬帝大業三年（607）改爲黄門侍郎。

[3]房陵王：即楊勇。隋文帝開皇元年，立爲皇太子。漸與母獨孤皇后不和，楊廣與楊素譖之，於文帝開皇二十年被廢爲庶人。及煬帝即位，被殺，追封房陵王。見《北史》卷七一《房陵王勇傳》。

[4]龍川：郡名。隋朝時治歸善縣，在今廣東惠州市惠陽區東北。底本作“龍州”，中華本校勘記云：“諸本‘川’作‘州’，《隋書》卷四七、《通志》卷一六二《柳述傳》作‘川’。按《隋書》上文言述徙龍川郡，其地與寧越郡並在嶺南（見《隋書·地理志下》），故述復徙寧越。隋之龍州即平武郡（見《地理志上》），其地在今四川江油縣，非述流徙之所。‘州’乃‘川’之訛，今據改。”

[5]寧越：郡名。隋朝時治欽江縣，在今廣西欽州市東北欽江西北岸。

機弟弘，字匡道。少聰穎，工草隸，博涉群書，辭采雅贍。與弘農楊素爲莫逆交。解巾中外府記室。[1]建德初，除内史上士。[2]歷小宮尹、御正上士。[3]陳遣王偃人來聘，[4]武帝令弘勞之。偃人謂弘曰：“來日至藍田，[5]正逢滋水暴長，所齎國信，溺而從流。今所進，假之從吏。請勒下流人見爲尋此物。”弘曰：“昔淳于之獻空籠，[6]前史稱以爲美。足下假物而進，詎是陳君命乎？”偃人慚不能對。武帝聞而嘉之，盡以偃人所進物賜弘，仍令報聘。占對敏捷，見稱於時。

[1]解巾：亦作“釋巾”。謂除去頭巾，换戴官帽。指初仕。

[2]内史上士：官名。亦稱小内史上士。爲春官府内史司屬官。正三命。

[3]小宫尹：官名。小宫尹上士的簡稱。爲太子宫尹下大夫副職，輔助太子宫尹輔佐太子。正三命。　御正上士：官名。亦稱小御正上士。天官府御正中大夫屬官。正三命。

[4]陳遣王偃人來聘：中華本校勘記云：“《周書》卷二二《柳慶附子弘傳》‘人’作‘民’，《北史》避唐諱改。”可從。

[5]藍田：縣名。治所在今陝西藍田縣西。

[6]淳于之獻空籠：典出《史記》卷一二六《滑稽列傳》，講的是戰國時魏文侯的賓客淳于髡受文侯使命給齊侯送一隻漂亮的天鵝，途中不小心天鵝飛走。他用自己的聰明才智表明自己雖然失職，但對國君絶對地尊敬和忠誠，從而得到齊侯的賞賜。

後卒於御正下大夫。贈晉州刺史。楊素誄之曰：“山陽王弼，[1]風流長逝；潁川荀粲，[2]零落無時。修竹夾池，永絶梁園之賦；[3]長楊映沼，無復洛川之文。”[4]其爲士友所痛惜如此。有文集行於世。

[1]王弼：人名。字輔嗣，山陽（今河南焦作市）人。三國魏玄學家。與何晏、夏侯玄同開玄學清談之風。見《三國志》卷二八《魏書·王弼傳》。

[2]荀粲：人名。字奉倩，潁川潁陰（今河南許昌市）人。三國魏名士。諸兄好論儒，而其獨好言志談道。見《三國志》卷一

〇《魏書·荀彧傳》。

[3]修竹夾池永絶梁園之賦：典故。西漢梁孝王修建了梁園，司馬相如作《雪賦》贊美。梁園，宫苑名。在今河南商丘市東，今爲禹王臺公園。

[4]長楊映沼：指揚雄曾作《長楊賦》。　洛川之文：指曹植作《洛神賦》。

弘弟旦，字匡德。工騎射，頗涉書籍。仕周，位兵部下大夫。[1]以行軍長史從梁睿討王謙，[2]以功授儀同三司。開皇元年，加開府，封新城縣男，[3]授掌設驃騎。歷羅、淅、魯三州刺史，[4]並有能名。大業初，拜龍川太守。郡人居山洞，好相攻擊。旦爲開設學校，大變其風。帝聞，下詔褒美之。徵爲太常少卿，攝判黄門侍郎事。卒。

[1]兵部下大夫：官名。亦稱小兵部下大夫。爲夏官府兵部司次官，輔助兵部中大夫掌管本部事務。正四命。

[2]行軍長史：官名。掌管行營事務。　梁睿：人名。字恃德，安定烏氏（今甘肅涇川縣東）人。北周、隋朝將領。見《北史》卷五九《梁禦附梁睿傳》。　王謙：人名。字敕萬，太原（今山西太原市晋源區古城營村一帶）人。北周大臣。見《北史》卷六〇《王雄附王謙傳》。

[3]新城縣男：封爵名。新城，縣名。治所在今河南伊川縣西南。

[4]羅：州名。隋朝初治上庸縣，在今湖北竹山縣西南。　淅：州名。隋朝初治修陽縣，在今河南西峽縣北。底本、四部備要本作“浙”，當爲字形相近而訛。今從殿本、四庫本。　魯：王仲犖《北周地理志》“廣州”條下，引《廿二史考異》云當作“廣州”。

子夔，官至河内郡掾。[1]

[1]河内：郡名。隋朝時治野王縣，在今河南沁陽市。

旦弟肅，字匡仁。少聰敏，閑於占對。仕周，位宣納上士。隋文帝作相，引爲賓曹參軍。開皇初，授太子洗馬。陳使謝泉來聘，以才學見稱，詔肅宴接，時論稱其華辯。歷太子内舍人，[1]遷太子僕。[2]太子廢，坐除名。

[1]太子内舍人：官名。隋朝時爲太子典書坊屬官，掌管書令表啓之事。員八人。隋初爲從六品。

[2]太子僕：官名。隋朝時掌管東宫宗族親疏、車輿騎乘。員一人，從四品上。

大業中，帝與段達語及庶人罪惡。[1]達云："柳肅在宫，大見疏斥。"[2]帝問其故。答曰："學士劉臻嘗進章仇太翼宫中，[3]爲巫蠱事。肅知而諫曰：'殿下位當儲貳，戒在不孝，無患見疑。劉臻書生，鼓摇脣舌，適足以相詿誤。願勿納之。'庶人不懌，他日，謂臻曰：'汝何漏泄，使柳肅知之，令面折我！'自是後，言皆不用。"帝曰："肅横除名。"乃召守禮部侍郎。[4]坐事免。後守工部侍郎，[5]大見親任，每幸遼東，嘗委於涿郡留守。[6]卒官。

[1]段達：人名。武威姑臧（今甘肅武威市）人。北周、隋朝官吏。見《北史》卷七九《段達傳》。

[2]大：毛本作“犬”，當爲字形相近而訛，今從殿本、四庫本、四部備要本。

[3]劉臻：人名。字宣摯，沛國相（今安徽宿州市）人。北周、隋朝官吏。見《北史》卷八三《劉臻傳》。　章仇太翼：人名。即盧太翼。字協昭，河間（今河北滄州市）人。隋朝學者。博覽群書，喜愛佛、道。尤善於占候、算曆之術。

[4]禮部侍郎：官名。隋朝時爲禮部中禮部司長官，掌管禮部司事務。隋初置一人，正六品上。文帝開皇三年升爲從五品。煬帝大業三年之後成爲禮部次官，輔助禮部尚書掌管部事，一人，正四品。

[5]工部侍郎：官名。隋初爲尚書省工部的次長官，置二人，正六品上。文帝開皇三年升爲五品。煬帝大業三年爲尚書省工部次官，協助工部尚書掌管部事，一人，正四品。

[6]涿郡：隋朝時治涿縣，在今河北涿州市。

機從子謇之，字公正。父蔡年，周順州刺史。[1]謇之身長七尺五寸，儀容甚偉，風神爽亮，進止可觀。爲童兒時，周齊王憲遇之於塗，異而與語，大奇之，因奏爲國子生。以明經擢第，拜宗師中士，[2]轉守廟下士。[3]武帝有事太廟，謇之讀祝文，音韻清雅，觀者屬目。帝善之，擢爲宣納上士。開皇初，拜通事舍人，尋遷内史舍人。歷兵部、司勳二曹侍郎。朝廷以謇之雅望，善談謔，又飲酒至一石不亂，由是，每梁陳使至，[4]輒令接對。遷光禄少卿。[5]出入十餘年，每參掌敷奏。

[1]順州：北周時治廣城縣，在今湖北隋州市。

[2]拜宗師中士：底本“宗”作“宫”，中華本校勘記云：“《隋書》卷四七《柳機附從子謇之傳》‘宫’作‘宗’。按《通典》卷三九《後周官品》正三命見‘小宗師上士’，無‘宫師’官名。此‘宫’字當爲‘宗’之訛。”今從改。宗師中士，官名。西魏恭帝三年始設，北周沿置。天官府宗師中大夫的屬官，掌管宗室事務。正二命。

[3]守廟下士：官名。亦稱小守廟下士。西魏恭帝三年置，北周沿置。爲春官府守廟中大夫屬官，在祭祀時朗讀祝文，正一命。

[4]每梁陳使至：底本作“每陳使至”，中華本校勘記云：“諸本無‘梁’字，《隋書》、《通志》卷一六二《柳機附謇之傳》有。按梁指後梁，此乃脱文，今據補。”今從改。

[5]光禄少卿：官名。隋初爲正四品上，煬帝增置爲二人，從四品。

會吐谷渾來降，朝廷以宗女光化公主妻之，以謇之兼散騎常侍，送公主於西域。及突厥啓人可汗求和親，[1]復令謇之送義成公主於突厥。前後使二國，得贈馬二千餘匹，[2]雜物稱是，皆散之宗族，家無餘財。出爲肅、息二州刺史，[3]俱有惠政。煬帝踐祚，復拜光禄少卿。[4]大業初，啓人可汗自以内附，遂畜牧於定襄、馬邑間。[5]帝使謇之諭令出塞。還，拜黄門侍郎。

[1]啓人可汗：即啓民可汗。唐朝避唐太宗李世民諱改。名染干。也稱突利可汗。東突厥可汗。沙鉢略可汗之子。入塞降隋後，在朔州（今山西朔州市）定居，被封爲意利珍豆啓民可汗（意爲“意智健”）。

[2]得贈馬二千餘匹：源氏校勘記云："《隋書》無'二'字。"中華本校勘記云："《隋書》無'二'字，《通志》作'二十餘匹'。按'二千'數字太大，疑《通志》是。"可從。

[3]肅：州名。隋朝時治福禄縣，在今甘肅酒泉市。

[4]復拜光禄少卿：《隋書》卷四七《柳謇之傳》作"復拜光禄少卿"。隋朝並無"光禄"這一職官名，當爲《北史》删减過當，今從《隋書》作"光禄少卿"。

[5]定襄：郡名。隋朝時治大利縣，在今山西朔州市平魯區。馬邑：郡名。隋朝時治善陽縣，在今山西朔州市。

時元德太子初薨，[1]朝野注望，以齊王當立。帝方重王府之選，拜爲齊王長史。帝法服臨軒，[2]命齊王立於西朝堂，遣吏部尚書牛弘、内史令楊約、左衛大將軍宇文述等從殿廷引謇之詣齊王所，[3]西面立。弘宣敕謂齊王曰："我出蕃之初，時年十二。先帝立我於西朝堂，乃令高熲、虞慶則、元旻等從内送王子相於我。[4]誡我曰：'以汝未更世事，令子相作輔於汝，事無大小，皆可委之。無得昵近小人，疏遠子相。若從我言者，有益於社稷，成立汝名行；如不用此言，唯國及身，敗無日矣'。吾受敕，奉以周旋，不敢失墜。微子相之力，吾幾無今日矣。若與謇之從事，一如子相也。"又敕謇之曰："今以卿作輔於齊，副朕所望。若齊王德業脩備，富貴自當鍾卿一門。若有不善，罪亦相及。"時齊王擅寵，喬令則之徒深見昵狎，謇之知其非，不能匡正。及王得罪，謇之竟坐除名。

[1]元德太子：即楊昭，隋煬帝長子。元德爲其謚號。見《北

史》卷七一《元德太子昭傳》。

[2]法服：禮法規定的、能顯示出人的身份等級的標準服飾，即禮服，亦稱正服。

[3]牛弘：人名。字里仁，安定鶉觚（今甘肅靈臺縣）人。隋朝官吏。見《北史》卷七二《牛弘傳》。　内史令：官名。隋朝時内史省長官，員二人，掌詔書撰寫，修國史及起居注，亦參議軍國大事。正三品。煬帝大業十二年改名内書令。　楊約：人名。字惠伯，弘農華陰（今陝西華陰市東南）人。隋朝官吏，楊素異母弟。見《北史》卷四一《楊敷附楊約傳》。　左衛大將軍：官名。隋朝時爲左衛長官，掌管宫掖禁衛，煬帝大業三年改爲左翊衛大將軍。正三品。　宇文述：人名。字伯通，代郡武川（今内蒙古武川縣西）人，鮮卑族。隋朝大臣。見《北史》卷七九《宇文述傳》。

[4]虞慶則：人名。京兆櫟陽（今陝西臨潼區）人。北周、隋朝將領。見《北史》卷七三《虞慶則傳》。　元旻：人名。隋朝官吏。官至左衛大將軍，被封爲五原公。因阻止隋文帝廢太子勇而被殺。

及帝幸遼東，召檢校燕郡事。[1]帝班師至燕郡，坐供頓不給，配戍嶺南，卒於洭口。[2]子威明。

[1]燕郡：隋朝時治薊縣，在今北京西南。

[2]洭口：地名。在今廣東英德市西南連江口鎮。

論曰：高氏籍四胡之勢，跨有山東，周文承二將之餘，創基關右，似商、周之不敵，若漢、楚之爭雄。[1]又連官渡之兵，[2]未定鴻溝之約。[3]雖弘農、沙苑，齊卒先奔；而河橋、北芒，周師橈敗。於是競圖進取，各務兵戈，齊謂兼并有餘，周則自守不足。韋孝寬奇材異度，緯武經文，居要害之地，受干城之託。東人怙恃其衆，悉力來攻，將欲釃酒未央，[4]飲馬清渭。孝寬迺馮玆雉堞，抗彼仇讎，事甚析骸，勢危負户，終能奮其智勇，[5]應變無方，城守六旬，竟摧大敵。[6]齊人既焚營宵遁，高氏遂憤恚而殂。雖即墨破燕，[7]晋陽存趙，[8]何以能尚？若使平陽不守，[9]鄴城無衆人之師；玉壁啓關，函谷失封泥之固。[10]斯豈一城之得喪，寔亦二國之興亡者歟。

[1]若漢楚之争雄：局本"漢楚"作"楚漢"，今從殿本、四庫本、局本。漢楚争雄，指秦末項羽、劉邦争霸天下。

[2]官渡之兵：東漢末年曹操在官渡與袁紹進行的一次以少勝多的戰役。官渡，地名。在今河南中牟縣東北。

[3]鴻溝之約：秦末項羽、劉邦争奪天下時，劃定以鴻溝爲界，鴻溝以東爲楚國。見《史記》卷八《高祖本紀》。

[4]未央：宫殿名。在今陝西西安市西北長安故城内。

[5]智：毛本作"志"，當爲音同而訛，今從諸本。

[6]摧：四部備要本作"推"，當爲字形相近而訛，今從諸本。

[7]即墨破燕：戰國時田單用火牛陣攻下即墨城。見《史記》卷八二《田單列傳》。

[8]晋陽存趙：公元前455年，晋國智瑶脅迫韓、魏兩家共同攻打趙氏。趙襄子退居晋陽固守。智瑶引水淹灌晋陽城。"城不浸者三版"，然依舊巍然屹立，"民無叛意"。趙氏派家臣張孟談趁夜出城密會韓、魏兩家，促成三家裏應外合，共滅智氏。事後三家盡分智氏之地。

[9]平陽：城名。在今山西臨汾市西南。爲北齊都城的門户。

［10］函谷：即函谷關，在今河南靈寶市北。

韋敻隱不負人，貞不絶俗，怡神墳籍，養素丘園，哀樂無以動其心，名利不足干其慮，確乎不拔，實近代之高人也。明帝比諸園、綺，豈徒然哉！世康風神雅量，一代稱偉，簪纓人物，見重京華。瑱素望高風，亦云美矣。

柳虯兄弟，雅道是基，並能譽重搢紳，豈虚至也。慶束帶立朝，匪躬是蹈，莅官從政，清白著美。至於畏避權寵，違忤宰臣，雖取詘於一時，[1]實獲申於千載矣。機立身行己，本以寬雅流譽，至於登朝正色，可謂不違直道。雖陵谷遷貿，終以雅正自居，古所謂以道事人，斯之謂矣。述雖幹略見稱，[2]終乃敗於驕寵，惜矣。

［1］詘：四庫本作“屈”，當爲同音通用。

［2］述雖幹略見稱：底本無“述”字，中華本校勘記云：“諸本無‘述’字。按《隋書》卷四七史臣論云：‘述恃寵驕人，終致傾敗。’此指柳述。《北史》誤脱‘述’字，今據補。”今從改。

今注本二十四史

北史

一六

傳〔一三〕

唐 李延壽 撰

李憑 靳寶 主持校注

中国社会科学出版社

北史　卷六五

列傳第五十三

達奚武　若干惠　怡峰　劉亮　王德　赫連達　韓果
蔡祐　常善　辛威　厙狄昌　梁椿　梁臺　田弘 子仁恭
孫德懋

達奚武，字成興，代人也。[1] 祖眷，父長，並爲鎮將。[2]

[1]代：郡名。北魏時治平城，在今山西大同市東北。

[2]鎮將：官名。北魏置。爲鎮之主官，掌一鎮兵馬及鎮之守衛。在不設州郡的地區，兼統軍民；在設州郡的内地，主要掌軍政，但兼任駐在州刺史時，亦兼理民政。北魏前期多以宗室或鮮卑勳貴爲之，地位高於刺史。孝文帝改制後，地位漸低。其下設副將、監軍及長史、司馬等佐僚。品秩按所帶將軍號而定。

武少倜儻好馳射，賀拔岳征關右，[1] 引爲别將。[2] 及岳爲侯莫陳悦所害，[3] 武與趙貴收屍歸平涼，[4] 同翊戴周文帝。[5] 從平悦，封須昌縣伯。[6]

[1]賀拔岳：人名。字阿斗泥，神武尖山（今山西神池縣）人。北魏末名將。見《北史》卷四九《賀拔允附賀拔岳傳》。

[2]别將：官名。北魏中期後根據出軍之制，軍之統帥爲都督，與主力分道的輔翼將領稱爲别道都將，亦稱都將，成爲一級武官的名稱，位在統軍之上。

[3]侯莫陳悦：人名。代（今山西大同市東北）人。北魏將領。因襲殺賀拔岳，被宇文泰追擊，途中被困，自縊而死。見《北史》卷四九《侯莫陳悦傳》。

[4]趙貴：人名。字元寶，天水南安（今甘肅隴西縣東南）人。西魏、北周名將。見《北史》卷五九《趙貴傳》。　平凉：縣名。治所在今甘肅平凉縣。

[5]翊戴：同"翼戴"。輔佐擁戴。　周文帝：即宇文泰。文爲其謚號，北周明帝所追謚。

[6]須昌縣伯：封爵名。須昌，縣名。治所在今山東東平縣。

大統初，[1]自大丞相府中兵參軍出爲東秦州刺史。[2]齊神武與竇泰、高敖曹三道來侵，[3]周文欲并兵擊泰，諸將多異議，唯武及蘇綽與周文意同，[4]遂禽之。周文進圖弘農，[5]遣武從兩騎覘候。武與其候騎遇，即交戰，斬六級，獲三人而反。齊神武趣沙苑，[6]周文復遣武覘之。武從三騎，皆衣敵人衣，至暮，下馬潛聽其軍號，歷營若警夜者，有不如法者，往往撻之。具知敵情以告，周文遂從破之。進爵高陽郡公。[7]

[1]大統：西魏文帝的年號（535—551）。

[2]中兵參軍：官名。亦稱中兵參軍事。魏晋南北朝時諸公、軍府僚屬之一，掌管本府中兵曹事務，兼負參謀咨詢之責。其品秩

隨府主地位高低而不同。　東秦州：西魏時治汧陰縣，在今陝西隴縣東南。

［3］齊神武：即高歡。神武爲其謚號，北齊後主所追謚。　竇泰：人名。字世寧，太安捍殊（今山西壽陽縣北）人。北魏、東魏將領。見《北史》卷五四《竇泰傳》。　高敖曹：人名。即高昂。字敖曹，勃海蓨（今河北景縣）人。東魏名將。見《北史》卷三一《高祐附高昂傳》。

［4］蘇綽：人名。字令綽，武功（今陝西武功縣西北）人。西魏、北周官吏。見《北史》卷六三《蘇綽傳》。

［5］弘農：郡名。西魏時治陝城，在今河南三門峽市。

［6］沙苑：地名。又名沙阜、沙海、沙窩。在今陝西大荔縣南洛、渭二河之間。

［7］高陽郡公：封爵名。高陽，郡名。西魏時治高陽縣，在今河北高陽縣東。

四年，周文援洛陽，武爲前鋒，與李弼破莫多婁貸文。[1]又進至河橋，[2]力戰，斬其司徒高敖曹。[3]再遷雍州刺史。[4]復從戰芒山，[5]時大軍不利，齊神武乘勝進軍至陝。[6]武禦之，乃退。十七年，詔武經略漢川。[7]梁梁州刺史宜豐侯蕭脩固守南鄭。[8]武圍之，脩請服。會梁武陵王遣其將楊乾運等救脩，[9]更不下。武擊走乾運，脩乃降。自劍門以北悉平。[10]明年，振旅還京師。朝議欲以武爲柱國，[11]武曰："我作柱國，不應在元子孝前。"[12]固辭。以大將軍出鎮玉壁。[13]

［1］李弼：人名。字景和，隴西成紀（今甘肅秦安縣）人，祖籍遼東襄平（今遼寧遼陽市）。西魏、北周大臣。見《北史》

卷六〇《李弼傳》。　莫多婁貸文：人名。太安狄那（今山西壽陽縣西）人，羌族。東魏將領。見《北史》卷五三《莫多婁貸文傳》。

[2]河橋：在今河南孟津縣東、孟州市西南黄河上。

[3]司徒：官名。名譽宰相。北魏孝文帝太和二十三年（499）定爲一品。西魏沿置。

[4]再遷雍州刺史：《周書》卷一九《達奚武傳》作"出爲北雍州刺史"。雍州，西魏時治長安縣，在今陝西西安市西北。

[5]芒山：即邙山。在今河南洛陽市東北。

[6]陝：縣名。治所在今河南陝縣。

[7]十七年詔武經略漢川：底本"十七年"作"七年"，源氏校勘記在"七"上補"十"字，中華本校勘記云："諸本無'十'字，《周書》卷一九《達奚武傳》有。按本書卷九《周文帝紀》大統十七年稱：'大將軍達奚武出散關，伐南鄭。'即指此事，今據補。"今從改。漢川，郡名。西魏時治南鄭縣，在今陝西漢中市東。

[8]梁州：南朝梁時治南鄭縣，在今陝西漢中市。　宜豐侯：封爵名。宜豐，縣名。治所在今江西宜豐縣。　蕭脩：人名。字世和，南蘭陵（一説在今江蘇常州市，一説在今江蘇丹陽市）人。南朝梁宗室。見《南史》卷五二《鄱陽忠烈王恢附蕭脩傳》。　南鄭：縣名。治所在今陝西漢中市。

[9]武陵王：封爵名。武陵，郡名。南朝梁時治臨沅縣，在今湖南常德市。　楊乾運：人名。字玄邈，儻城興勢（今陝西洋縣東北）人。南朝梁、西魏大臣。見《北史》卷六六《楊乾運傳》。

[10]劍門：關隘名。在今四川劍閣縣北。

[11]柱國：官名。柱國大將軍之省稱。十六國時後燕置。北魏初位在太尉之上，後罷。北魏末復置，位在丞相之上，授予權臣。西魏文帝大統三年省稱柱國。在文帝大統十六年前共任命八人，稱八柱國，是西魏的最高官職。其中六人分掌全國府兵。北周後成爲無具體職掌的勳官，正九命。

［12］元子孝：人名。字季業。北魏宗室。孝武帝西遷後，封爲義陽王。見《北史》卷一七《陽平王新成附元子孝傳》。

［13］大將軍：官名。高級軍事統帥。北魏時與大司馬共稱“二大”，位尊權重，掌管全國軍政，孝文帝太和二十三年定爲一品。北周時爲府兵專職統帥，十二人，各領一軍，分屬六柱國大將軍，下統開府、儀同諸將軍，正九命。西魏沿置。　玉壁：城名。在今山西稷山縣。

周孝閔帝踐祚，[1]授柱國、大司寇。[2]齊北豫州刺史司馬消難舉州來附，[3]詔武與楊忠迎消難以歸。[4]武成初，[5]轉大宗伯，[6]進封鄭國公。齊將斛律敦侵汾、絳，[7]武禦之，敦退。[8]武築柏壁城，[9]留開府權嚴、薛羽生守之。[10]保定三年，[11]遷太保。[12]其年，大軍東伐，隨公楊忠引突厥自北道，[13]武以三萬騎自東道期會晉陽。[14]武至平陽，[15]後期不進，而忠已還，武尚未知。齊將斛律明月遺武書曰：[16]“鴻鶴已翔於寥廓，羅者猶視於沮澤也。”武覽書，乃班師。出爲同州刺史。[17]明年，從晉公護東伐。[18]時尉遲迥圍洛陽，[19]爲敵所敗。武與齊王憲於芒山禦之。[20]至夜，收軍。憲欲待明更戰。武曰：“洛陽軍散，人情駭動，不因夜速還，明日欲歸不得。”憲從之，遂全軍而返。天和三年，[21]轉太傅。[22]

［1］周孝閔帝：即北周皇帝宇文覺。孝閔爲其謚號。

［2］大司寇：官名。《周禮》秋官之屬。掌國家法典，聽獄訟，制刑罰。北周時爲正七命。

［3］齊北豫州刺史司馬消難舉州來附：底本作“齊豫州刺史司

馬消難舉州來附”，中華本校勘記云：“諸本脱‘北’字，據《周書》補。司馬消難爲齊之北豫州刺史，見本書卷五四本傳。”今從改。北豫州，北齊時治虎牢城，在今河南滎陽市西北。司馬消難，人名。字道融，河内温（今河南温縣）人。北齊、北周、隋朝大臣。見《北史》卷五四《司馬子如附司馬消難傳》。

[4]楊忠：人名。小名奴奴，弘農華陰（今陝西華陰市東南）人，隋文帝楊堅之父。見《周書》卷一九《楊忠傳》。

[5]武成：北周明帝的年號（559—560）。

[6]大宗伯：官名。掌管禮樂、祭祀、天文曆法、著作等方面事務。原爲《周禮》六卿之一，爲春官之長。西魏末、北周仿《周禮》建六官，復置爲春官之長，亦稱大宗伯卿。北周時爲正七命。

[7]齊將斛律敦侵汾絳：中華本校勘記云：“按斛律敦即斛律金，但此乃其子斛律光事（見《北齊書》卷一七《斛律金傳》），當是敵國傳聞訛誤。”可從。斛律金，人名。本名斛律敦，後改名爲斛律金，字阿六敦，朔州（今山西朔州市）敕勒部人。北齊將領。見《北史》卷五四《斛律金傳》。汾，州名。北周時治龍泉城，在今山西隰縣龍泉鎮。絳，州名。北周時治柏壁城，在今山西新絳縣西南。

[8]敦退：局本“敦”作“郭”。當爲字形相近而訛，按上文意，今從殿本、四庫本、四部備要本。

[9]柏壁城：在今山西新絳縣西南。

[10]開府：北魏置。孝文帝太和十七年定爲一品下，二十三年定爲從一品。北齊沿置，地位漸低。北周時置爲府兵組織的統兵官，府兵二十四軍各設一員，統兵兩千人左右。

[11]保定：北周武帝的年號（561—565）。

[12]太保：官名。三師之一，位居太師、太傅之下，一品。北周時改號三公，正九命。

[13]突厥：族名。廣義上包括鐵勒、突厥各部落，狹義則專指

突厥汗國。公元六世紀初興起於金山（今阿爾泰山）西南麓，爲游牧部落。西魏時建立突厥汗國，隋文帝開皇二年（582），分裂爲東西二部。見《北史》卷九九《突厥傳》。

[14]武以三萬騎自東道期會晋陽：底本無“道”字，中華本校勘記云：“諸本脱‘道’字，據《周書》及《通志》卷一五八《達奚武傳》補。”今從改。晋陽，縣名。治所在今山西太原市晋源區古城營村一帶。

[15]平陽：縣名。治所在今山西臨汾市。

[16]斛律明月：人名。即斛律光。字明月，朔州（今山西朔州市）敕勒部人。北齊將領。見《北史》卷五四《斛律金附斛律光傳》。

[17]同州：北周時治武鄉縣，在今陝西大荔縣。

[18]護：即宇文護，人名。字薩保，代郡武川（今内蒙古武川縣西）人，鮮卑族。北周宗室、權臣。見《北史》卷五七《邵惠公顥附宇文護傳》。

[19]尉遲迥：人名。字薄居羅，代（今山西大同市東北）人。西魏、北周重臣。見《北史》卷六二《尉遲迥傳》。

[20]憲：即宇文憲，人名。字毗賀突，代郡武川（今内蒙古武川縣西）人，鮮卑族。西魏、北周大臣，宇文泰第五子。見《北史》卷五八《齊煬王憲傳》。

[21]天和：北周武帝的年號（566—572）。

[22]太傅：官名。位居太師下、太保上，一品。北周時改號三公，正九命。

武微時，奢侈好華飾。及居重位，不持威儀，行常單馬，左右從一兩人而已，門外不施戟，[1]恒晝掩一扉。或謂曰：“公位冠群后，何輕率若是？”武曰：“吾昔在布衣，豈望富貴！今日富貴，不可頓忘疇昔。且天下未平，國恩未報，安可過事威容乎？”言者慚而退。武之在同州，時旱，武帝敕武祀華岳。[2]岳廟舊在山下，常所祈禱。武謂僚屬曰：“吾備位三公，不能燮理陰陽，不可同於衆人，在常祀所，必須登峰展誠，尋其聖奧。”[3]岳既高峻，人迹罕通。武年逾六十，唯將數人攀藤而上，於是稽首祈請。晚不得還，即於岳上藉草而宿。夢一白衣來執武手曰：“快辛苦。”甚相嘉尚。武遂驚覺，益用祗肅。至旦，雲霧四起，俄而澍雨，遠近霑洽。武帝聞之，璽書勞武，[4]賜綵百匹。

[1]門外不施戟：《周書》卷一九《達奚武傳》作“外門不施戟”。

[2]武帝：即北周皇帝宇文邕。武爲其謚號。

[3]聖奧：源氏校勘記云：“《周書》作‘靈奧’。”

[4]璽書：亦稱寶書。古代以印璽封記之文書。秦以後專指帝王詔書。

武性貪吝，其爲大司寇也，在庫有萬釘金帶，當時寶之，武因入庫，乃取以歸。主者白晋公護，護以武勳重，不彰其過，因而賜之。時論深鄙焉。薨，贈太傅、十五州諸軍事、同州刺史，謚曰桓。子震嗣。

震字猛略。少驍勇，走及奔馬。周文嘗於渭北校獵，[1]時有兔過周文前，震與諸將競射之，馬倒而墜。震足不傾躓，因步走射之，一發中兔。顧馬纔起，遂回身騰上。周文喜曰：“非此父不生此子。”乃賜震雜綵一百段。後封魏昌縣公。[2]明帝初，[3]拜司右中大夫，[4]加驃騎大將軍、開府儀同三司。[5]武成初，進爵廣平郡公，[6]除華州刺史。[7]震雖出自膏腴，少習武藝，然頗有政術。天和六年，[8]拜柱國。

[1]渭北：又稱北原。指今陜西渭河以北的黄土臺原區，爲關中平原的組成部分。

[2]封魏昌縣公：源氏校勘記云："'魏昌'《周書》作'昌邑'。"中華本《周書》卷一九《達奚武附達奚震傳》作"封昌邑縣公"，其校勘記云："按《魏書·地形志》無昌邑縣。疑本作'封魏昌縣公，邑一千户'。脱'魏'字，又'邑'字誤移在'昌'字下。然《太平寰宇記》一四濟州金鄉縣有昌邑故城云'漢爲縣，高齊天保七年省廢'，又似魏有此縣，今不改。"可從。魏昌縣公，封爵名。魏昌，縣名。治所在今河北無極縣東北。

[3]明帝：即北周皇帝宇文毓。明爲其謚號。

[4]司右中大夫：官名。爲夏官府司右司長官。負責皇帝出行、田獵時的護衛。正五命。

[5]驃騎大將軍：官名。西魏、北周時實行府兵制，主要作爲開府府長官的軍號。北周時爲九命。　開府儀同三司：多爲大臣的加號，意思是與三司的禮制待遇相同。允許開府，自辟僚屬。西魏沿置。北周時置爲勳官。武帝建德四年（575）改爲開府儀同大將軍。九命。

[6]廣平郡公：封爵名。廣平，郡名。北周時治曲梁城，在今河北永年縣東南。

[7]華州：北周時治鄭縣，在今陜西華縣西南。

[8]天和六年：底本"六"作"三"，中華本校勘記云："諸本'六'作'三'，《周書》作'六'。按事見《周書》卷五《武帝紀》天和六年五月。今據改。"今從改。

建德初，[1]襲爵鄭國公。從平鄴，[2]賜妾二人、女樂一部，拜大宗伯。震父嘗爲此職，時論榮之。宣政中，[3]出爲原州總管。[4]隋開皇初，[5]薨於家。

[1]建德：北周武帝的年號（572—578）。

[2]鄴：城名。在今河北臨漳縣西南。

[3]宣政：北周武帝的年號（578）。

[4]原州：北周時治高平縣，在今寧夏固原市城區。　總管：官名。地方高級行政官員。北周明帝武成元年由都督諸州軍事改名，加使持節，管理轄區軍事民政。所轄區域增減不定，多者可達數十州。品秩分三等，上總管從二品，中總管正三品，下總管從三品。

[5]開皇：隋文帝的年號（581—600）。

震弟惎，大象末，[1]爲益州刺史，[2]與王謙據蜀起兵，[3]被誅。

[1]大象：北周静帝的年號（579—580）。

[2]益州：北周時治成都縣，在今四川成都市。

[3]王謙：人名。字敕萬，太原（今山西太原市晋源區古城營村一帶）人。北周大臣。見《北史》卷六〇《王雄附王謙傳》。

若干惠，字惠保，代武川人也。[1]其先與魏俱起，以國爲姓。父樹利周，從魏廣陽王深征葛榮，[2]戰没，贈冀州刺史。[3]

[1]武川：軍鎮名。在今内蒙古武川縣西。

［2］廣陽王：封爵名。廣陽，郡名。北魏時治燕樂縣，在今河北隆化縣。　深：即元深，人名。字智遠，本名淵，《北史》避唐高祖李淵諱改。北魏宗室、大臣。見《北史》卷一六《廣陽王建附元深傳》。　葛榮：人名。北魏末河北起義軍首領。號稱天子，國號齊，年號廣安。後吞併杜洛周所部，占據數州之地，衆至數十萬，號稱百萬。孝莊帝建義元年（528）八月，圍攻相州，戰敗，爲尒朱榮所捕。十月，送入京師，被殺。

［3］冀州：北魏時治信都縣，在今河北冀州市。

惠以别將從賀拔岳，以功封北平縣男。[1]及岳爲侯莫陳悦所害，惠與寇洛、趙貴等同謀翊戴周文。[2]仍從平悦，拜直閤將軍。[3]從禽竇泰，復弘農，破沙苑，惠每先登陷陣。加侍中、開府儀同三司，封長樂郡公。[4]大統四年，從魏文帝東巡洛陽，[5]與齊神武戰於河橋，力戰破之。七年，遷領軍。[6]

［1］北平縣男：封爵名。北平，縣名。治所在今河南方城縣東南。

［2］寇洛：人名。一作“寇洛生”，上谷昌平（今北京昌平區）人。北魏、西魏將領。見《北史》卷五九《寇洛傳》。

［3］直閤將軍：官名。爲皇帝左右的侍衛之官，地位顯要。北魏時多由宗室擔任，孝文帝太和十七年定爲從三品下。

［4］侍中：官名。北朝時常總典機密，輔佐幼主，權任極大，時號“小宰相”。北魏孝文帝太和十七年定爲一品中，二十三年後爲三品。西魏沿置。北周時則僅爲加官。　長樂郡公：封爵名。長樂，郡名。西魏時治信都縣，在今河北冀州市。

［5］魏文帝：即西魏皇帝元寶炬。文爲其謚號。

［6］七年遷領軍：《周書》卷一七《若干惠傳》作“七年，遷

中領軍”。領軍，官名。領軍將軍之省稱。爲禁衛軍之最高統帥，權勢極重。北魏孝文帝太和二十三年後爲從二品。西魏沿置。

及高仲密舉北豫州來附，[1]周文迎之。軍至洛陽，齊神武屯於芒山。惠爲右軍，與中軍大破之。齊神武兵乃萃左軍，[2]軍將趙貴等戰不利。會日暮，齊神武進兵攻惠，惠擊之，[3]皆披靡。至夜中，神武騎復來追惠。惠徐下馬，顧命厨人營食。食訖，謂左右曰：“長安死，此中死，異乎？”乃建旗鳴角，收軍而還。神武追騎憚惠，疑有伏兵，不敢逼。至弘農，見周文，陳賊形勢，恨其垂成之功，虧於一簣，歔欷不自勝。周文壯之，遷司空。[4]惠性剛質，有勇力，容貌魁岸。善於撫御，將士莫不懷恩。及侯景内附，[5]朝議欲收輯河南，令惠以本官鎮魯陽。[6]遇病，薨於軍。

[1]高仲密：人名。即高慎。字仲密，勃海蓨（今河北景縣）人。東魏官吏。見《北史》卷三一《高祐附高慎傳》。

[2]乃萃左軍：毛本、局本“左”作“右”，據《周書》卷一七，今從底本。

[3]惠擊之：底本作“惠擊”，中華本校勘記云：“諸本脱‘之’字，據《周書》卷一七《若干惠傳》補。”今從改。

[4]司空：官名。三公之一。魏晋南北朝時爲名譽宰相，多爲大臣加官，無實際職掌。北魏孝文帝太和二十三年定爲一品。西魏沿置。

[5]侯景：人名。字萬景，懷朔鎮（今内蒙古固陽縣南）人。曾任北魏官吏，後叛至南朝。見《梁書》卷五六《侯景傳》（參李萬生《侯景的氏族及相關問題》，《北京大學學報》2000 年第 5

期)。

[6]魯陽：縣名。治所在今河南魯山縣。

惠於諸將年最少。早喪父，事母以孝聞。周文嘗造射堂新成，[1]與諸將宴射。惠竊歎曰："親老矣，何時辦此!"周文聞之，即日徙堂於惠宅。其見重如此。[2]及薨，爲流涕久之。惠喪至，又臨撫焉。加贈秦州刺史，[3]謚曰武烈。子鳳嗣。

[1]射堂：古時習射的場所。

[2]見：毛本作"兄"。當爲字形相近而訛，今從殿本、四庫本、四部備要本。

[3]秦州：西魏時治上邽縣，在今甘肅天水市。

鳳字達摩，有識度。襲父爵長樂郡公，尚周文女。位開府儀同三司、大馭中大夫。[1]後録惠佐命功，封鳳徐國公，拜柱國。

[1]大馭中大夫：官名。夏官府大馭司長官，負責皇帝出行車輛及道路的管理。正五命。

怡峰，字景阜，遼西人也。[1]本姓默台，因避難改焉。高祖寬，燕遼西郡守，魏道武時歸朝，[2]拜羽真，[3]賜爵長蛇公。[4]曾祖文，冀州刺史。

[1]遼西：郡名。北魏時治肥如縣，在今河北盧龍縣北。

[2]道武：即北魏皇帝拓跋珪。道武爲其謚號。

[3]羽真：官名。北魏置。鮮卑音譯。爲皇帝的侍從近臣。

[4]長蛇公：封爵名。長蛇，縣名。治所在今陝西寶雞市西北。

峰少以驍勇聞。從賀拔岳討万俟醜奴，[1]賜爵蒲陰縣男。[2]岳被害，峰與趙貴等同謀翊戴周文，[3]進爵爲伯。及齊神武與孝武帝構隙，文帝令峰與都督趙貴赴洛陽。[4]至潼關，[5]屬孝武西遷，峰即從周文帝拔迴洛，復潼關。後以討曹泥功，[6]進爵華陽縣公。[7]又從破竇泰於小關。[8]復弘農，破沙苑，進爵樂陵郡公。[9]仍與元季海、獨孤信復洛陽。[10]東魏行臺任祥率步騎萬餘攻潁川，[11]峰復以輕騎五百邀擊，大破之。自是威名轉盛。加授開府儀同三司。

[1]万俟醜奴：人名。鮮卑族。北魏末關隴起義軍首領。本爲胡琛部屬，孝明帝孝昌元年（525），奉命攻涇州（今甘肅涇川縣），殺魏將崔延伯。二年，胡琛死，盡領其衆。孝莊帝建義元年，稱帝，置百官，年號神獸。二年，攻占魏東秦州（今甘肅天水市），復圍岐州（今陝西鳳翔縣）。三年，與魏將賀拔岳戰於渭水之南，兵敗，撤圍北走。於平凉被俘，解送洛陽被殺。

[2]蒲陰縣男：封爵名。蒲陰，縣名。治所在今河北順平縣東南。

[3]翊：殿本作“朝”，今從殿本、四庫本、四部備要本。

[4]文帝令峰與都督：毛本、局本“與”上衍“與”字，今從殿本、四庫本、四部備要本。都督，官名。北朝前期爲統率全國或地方兵馬的指揮官，其爲州郡軍事長官者，兼理民政。至北朝後期則爲率領鄉兵、畜牧軍馬的中低級軍官，或者作爲大臣的加官和贈官。

[5]潼關：關隘名。在今陝西潼關縣東北黄河南岸。

[6]曹泥：人名。一作“曹埿”。西魏、東魏官吏。先仕西魏，官至靈州刺史。後降東魏，爲宇文泰所敗。

[7]華陽縣公：封爵名。華陽，縣名。治所在今陝西勉縣東南。

[8]小關：關隘名。在今河南鞏義市小關鎮。相對於虎牢關比較小，故稱之爲小關。

[9]樂陵郡公：封爵名。樂陵，郡名。西魏時治樂陵縣，在今山東樂陵市東北。

[10]元季海：人名。字元泉。北魏宗室、西魏大臣。見《北史》卷一五《常山王遵附元季海傳》。　獨孤信：人名。本名如願，雲中（今内蒙古和林格爾縣西北）人，鮮卑族。北魏、北周名將。見《北史》卷六一《獨孤信傳》。

[11]任祥：人名。字延敬，廣寧（今河北涿鹿縣）人。北魏、東魏官吏。見《北史》卷五三《任祥傳》。　潁川：郡名。西魏時治長社縣，在今河南長葛市東北。

及周文與東魏戰河橋，時峰爲左軍，[1]不利，與李遠先還，[2]周文遂班師。詔原其罪。拜夏州刺史。[3]大統十五年，東魏圍潁川，峰與趙貴赴援。至南陽，[4]病卒。峰沈毅有膽略，得士卒心，當時號驍將。周文嗟悼者久之。贈華州刺史，謚曰襄威。

[1]時峰爲左軍：底本“左”作“右”，中華本校勘記云：“諸本‘左’作‘右’，《周書》卷一七《怡峰傳》作‘左’。按《周書》卷二《文帝紀》，大統四年河橋之戰，‘趙貴、怡峰居左’。卷一六《趙貴傳》亦言‘貴與怡峰爲左軍’。作‘左’是，今據改。”今從改。

[2]李遠：人名。字萬歲，隴西成紀（今甘肅秦安縣）人。西

魏大臣。見《北史》卷五九《李賢附李遠傳》。

[3]夏州：西魏時治巖緑縣，在今陝西靖邊縣白城子村無定河北岸的毛烏素沙漠中（靠近今内蒙古烏審旗南境）。

[4]南陽：郡名。西魏時治順義縣，在今湖北隨州市北。

子昂嗣。位開府儀同三司。朝廷追録峰功，封昂闕郡公。[1]

[1]封昂郡公：中華本校勘記云："此從百衲本。南、北、汲、殿四本及《通志》卷一五八《怡峰傳》闕處作'長沙'二字，《周書·怡峰傳》作'封昂鄭國公'。按周時達奚武封鄭國公，死後其子震襲爵，不得再以封昂。《周書》卷八《静帝紀》大象二年八月稱封'開府怡昂爲鄀國公'。疑《周書》之'鄭'及此本之'郡'，並是'鄀'之訛，闕處本不闕，'長沙'乃後人妄加。"可從。

昂弟光，少以峰勳，賜爵安平縣侯，[1]加開府儀同三司。

[1]安平縣侯：封爵名。安平，縣名。治所在今河北安平縣。

光弟春，少知名，位吏部下大夫、儀同三司。[1]

[1]吏部下大夫：官名。亦稱小吏部下大夫、小吏部。西魏恭帝三年（556）置，北周沿置。夏官府吏部司次官，佐吏部中大夫管理官員的選舉與遷轉。正四命。　儀同三司：西魏、北周府兵二十四開府府下屬的儀同府主管將軍，軍號爲車騎大將軍、儀同三司，簡稱儀同將軍。北周時爲九命，僅次於三公。

劉亮，中山人也，[1]本名道德。父特真，[2]位領人酋長。[3]魏大統中，以亮著勳，追贈恒州刺史。[4]

[1]中山：郡名。北魏時治盧奴縣，在今河北定州市。

[2]父特真：源氏校勘記云："'特'《周書》作'持'。"中華本《周書》卷一七《劉亮傳》作"父持真"。《通志》卷一五八作"特"。

[3]領人酋長：官名。即領民酋長。北魏時給予所歸附部落首領的封號，可世襲。按所領部落的大小有第一、第二、第三之分，又按部落内地位高低有酋長、庶長之分。至後期則按部衆多少而分。

[4]恒州：西魏時治歸德縣，在今甘肅環縣北歸德里。

亮少倜儻，有從横計略，姿貌魁傑，見者憚之。以都督從賀拔岳西征，以功封廣興縣子。[1]侯莫陳悦害岳，亮與諸將謀迎周文。及平悦後，悦黨豳州刺史孫定兒仍據州不下，[2]衆至數萬。周文令亮襲之。定兒以義兵猶遠，未爲之備。亮乃輕將二十騎，先竪一纛於近城高嶺，[3]即馳入城中。定兒方置酒高會，卒見亮至，衆皆駭愕。亮乃麾兵斬定兒，懸首州門，號令賊黨。仍遥指城外纛，命二騎曰："出追大軍。"賊黨兇懼，一時降服。

[1]廣興縣子：封爵名。廣興，縣名。治所在今河北徐水縣。

[2]豳州：西魏時治新平城，在今陝西彬縣。

[3]纛（dào）：古時軍隊的大旗。

及周文置十二軍，簡諸將領之，亮領一軍。每征討，常與怡峰俱爲騎將。以復潼關功，封饒陽縣伯。[1]尋加侍中。從禽竇泰，復弘農，戰沙苑，並力戰有功。遷開府儀同三司、大都督，[2]進爵長廣公。[3]以母憂去職，居喪毁瘠。周文嗟其至性，每憂惜之。起復本官。

[1]饒陽縣伯：封爵名。饒陽，縣名。治所在今河北饒陽縣東北。

[2]大都督：官名。高級軍事長官。加以各種名號，負責統兵作戰或爲某一地區的軍事統治者。

[3]長廣公：封爵名。長廣，郡名。西魏時治黄縣，在今山東龍口市東。

亮以勇敢見知，爲當時名將，兼屢陳謀策，多合機宜。周文謂曰："卿文武兼資，即孤之孔明也。"乃賜名亮，并賜姓侯莫陳氏。出爲東雍州刺史，[1]爲政清静，百姓安之。卒於州。喪還京，周文親臨之，泣而謂人曰："股肱喪矣，腹心何寄！"令鴻臚卿監護喪事，[2]追贈太尉，[3]謚曰襄。後配饗周文廟廷。子昶嗣。

[1]東雍州：西魏時治鄭縣，在今陝西華縣。

[2]鴻臚卿：官名。大鴻臚的别稱。掌管接待少數民族賓客、朝會以及吉凶禮儀等，北魏孝文帝太和二十三年後爲三品。西魏沿置。

[3]太尉：官名。北魏時爲名譽宰相，多爲大臣加官。孝文帝太和二十三年後爲一品。西魏沿置。

祀尚周文女西河長公主，[1]大象中，位柱國、秦靈二州總管，[2]以亮功封彭國公。隋開皇中，坐事死。

[1]西河長公主：封號。西河，郡名。西魏時治玆氏縣，在今山西汾陽市城區。

[2]秦靈二州總管：毛本"二"作"三"，今從殿本、四庫本、四部備要本。靈，州名。北周時治回樂縣，在今寧夏靈武市西南。

祀弟静，[1]天水郡守。[2]静弟恭，開府儀同三司、饒陽縣伯。恭弟幹，上儀同三司、褒中侯。[3]

[1]祀弟静：源氏校勘記云："'静'《周書》作'靖'。"中華本《周書》卷一七《劉亮傳》亦作"祀弟靖"。《通志》卷一五八作"静"。

[2]天水：郡名。西魏時治上邽縣，在今甘肅天水市。

[3]上儀同三司：位居開府儀同三司之下、儀同三司之上。多爲勳臣的加官。　褒中侯：封爵名。褒中，縣名。治所在今陝西漢中市西北。

王德，字天恩，代武川人也。少善騎射，雖不經師訓，以孝悌稱。初從尒朱榮討元顥，[1]賜爵同官縣子。[2]又從賀拔岳討平万俟醜奴，别封深澤縣男。[3]及侯莫陳悦害岳，德與寇洛等議，翊戴周文，於是除平凉郡守。[4]德雖不知書，至於斷決處分，良吏無以過。[5]涇州所部五郡，[6]德常爲最。

[1]尒朱榮：人名。字天寶，北秀容（今山西朔州市）人，契

胡族。北魏官吏。見《北史》卷四八《尒朱榮傳》。　元顥：人名。字子明。北魏宗室、大臣。見《北史》卷一九《北海王詳附元顥傳》。

［2］同官縣子：封爵名。同官，縣名。治所在今陝西銅川市。

［3］深澤縣男：封爵名。深澤，縣名。治所在今河北深澤縣東南。

［4］平凉：郡名。北魏時治鶉陰縣，在今甘肅華亭縣西。

［5］良吏無以過：底本作“良無以過”，中華本校勘記云：“諸本脱‘吏’字，據《周書》卷一七、《通志》卷一五八《王德傳》補。”今從改。

［6］涇州：北魏時治安定縣，在今甘肅涇川縣北。

及孝武西遷，進封下博縣伯，[1]行東雍州事。在州未幾，百姓懷之。賜姓烏丸氏。大統元年，進爵爲公，加車騎大將軍、儀同三司、北雍州刺史。[2]後常從周文征伐，累有戰功，加開府、侍中，[3]進爵河間郡公。[4]先是河、渭間種羌屢叛，以德有威名，拜河州刺史。[5]群羌率服。後卒於涇州刺史，謚曰獻。德性厚重廉慎，言行無擇。母幾年百歲，後德終。

［1］下博縣伯：封爵名。下博，縣名。治所在今河北深州市南。

［2］車騎大將軍：官名。多加元老重臣，以示尊崇，開府置僚屬，不領兵。北魏孝文帝太和十七年定爲一品中，二十三年改爲從一品。西魏、北周實行府兵制，用爲儀同府長官軍號，九命。　儀同三司：底本作“遷儀同三司”，中華本校勘記云：“諸本‘儀’上有‘遷’字，《周書》無。按當時加車騎大將軍者皆帶儀同三司（見《周書》卷二四《盧辯傳》）。‘遷’字衍文，今據删。”今從改。　北雍州：西魏時治華原縣，在今陝西銅川市耀州區。

[3]加開府侍中：底本作“開府侍中”，中華本校勘記云：“諸本脱‘加’字，據《周書》《通志》補。”今從改。

[4]河間郡公：封爵名。河間，郡名。西魏時治武垣縣，在今河北河間市南。

[5]河州：西魏時治枹罕，在今甘肅臨夏市。

子慶嗣，小名公奴。性謹厚，位開府儀同三司。初德喪父，貧無以葬，乃賣公奴并一女以營葬事。因遭兵亂，不復相知。及德在平凉，始得之，遂名曰慶。

赫連達，字朔周，盛樂人，[1]勃勃之後也。[2]曾祖庫多汗，因避難改姓杜氏。

[1]盛樂：縣名。治所在今内蒙古和林格爾縣西北。

[2]勃勃：即赫連勃勃，人名。後改名爲赫連屈丐。十六國時夏國君主。見《北史》卷九三《赫連屈丐傳》。

達性剛鯁有膽力。少從賀拔岳征討有功，賜爵長廣鄉男。[1]及岳爲侯莫陳悦所害，趙貴建議迎周文，達贊成其議，請輕騎告周文，仍迎之。諸將或欲南追賀拔勝，[2]或云東告朝廷。達又曰：“此皆遠水不救近火，何足道哉！”謀遂定，令達馳往。周文見達慟哭，遂以數百騎南赴平凉，令達率騎據彈筝峽。[3]時百姓惶懼奔散者，軍争欲掠之。達止之，乃撫以恩信，人皆悦附。周文聞而嘉之。加平東將軍。[4]周文謂諸將曰：“當清水公遇禍之日，[5]君等性命懸於賊手。杜朔周冒萬死之難，遠來見及，遂得同雪讎恥。勞而不酬，何以勸善？”乃賜馬二百疋。

［1］長廣鄉男：封爵名。長廣，縣名。治所在今山東萊陽市東。

［2］賀拔勝：人名。字破胡，神武尖山（今山西神池縣）人。北魏、西魏名將。見《北史》卷四九《賀拔允附賀拔勝傳》。

［3］彈箏峽：峽谷名。在今寧夏涇源縣東。

［4］平東將軍：官名。多持節都督或兼理某一地區的軍事，有時也作爲地方刺史兼理軍事的加官。北魏孝文帝太和二十三年改爲三品。西魏沿置。

［5］清水公：封爵名。清水，郡名。西魏時治清水縣，在今甘肅清水縣西北。

孝武入關，褒叙勳義，以達首迎元帥，匡復秦、隴，[1]進爵魏昌縣伯。從儀同李虎破曹泥。[2]後復弘農，戰沙苑，皆有功。詔復姓赫連。以達勳望兼隆，乃除雲州刺史，[3]進爵爲公。從大將軍達奚武攻漢中。[4]梁宜豐侯蕭脩拒守積時，後乃送款。開府賀蘭願德等以其食盡，[5]欲急攻取之。達曰："不戰而獲城，策之上也。無容利其子女，貪其財帛，仁者不爲。[6]如其困獸猶鬥，則成敗未可知。"武遂受脩降。師還，遷驃騎大將軍、開府儀同三司，加侍中，進爵藍田縣公。[7]

［1］秦隴：地區名。指關中、隴西一帶。

［2］從儀同李虎破曹泥：底本"李虎"作"李偉"，源氏校勘記云："'李偉'恐'李諱'之誤。李諱，李虎也。"中華本校勘記云："諸本'虎'作'偉'，《周書》卷二七《赫連達傳》作'虎'。按'偉'乃'諱'之訛。《北史》避李虎名，遇李虎都改作

‘李諱’。但其人本名‘虎’，今從《周書》改。李虎破曹泥，見《周書》卷一《文帝紀下》。”今從改。李虎，人名。字文彬，代郡武川（今内蒙古武川縣西）人。北魏、西魏將領。唐高祖祖父。唐建立後被追謚爲景皇帝，廟號太祖。

[3]雲州：北魏孝武帝永熙中改朔州置，寄治并州界，在今山西祁縣西。

[4]漢中：郡名。南朝梁時治南鄭縣，在今陝西漢中市。

[5]賀蘭願德：人名。鮮卑族。西魏將領。文帝大統十六年，從達奚武取漢川，與梁將楊乾運戰於南鄭。

[6]貪其財帛仁者不爲：局本“帛”下衍“窮兵極武”四字，《周書》卷二七《赫連達傳》亦有此四字。

[7]藍田縣公：封爵名。藍田，縣名。治所在今陝西藍田縣西。

保定初，爲大將軍、夏州總管。達雖非文吏，然性質直，遵奉法度，輕於鞭撻，而重慎死罪。性又廉儉。邊境胡人或饋達羊，達欲招異類，報以繒帛。主司請用官物。達曰：“羊入我厨，物出官庫，是欺上也。”命取私帛與之。識者嘉其仁恕。尋進爵樂川郡公，[1]位柱國。薨。

[1]樂川郡公：封爵名。樂川，郡名。北周時治汾川縣，在今陝西宜川縣東北。

子遷嗣。位大將軍、蒲州刺史。[1]

[1]蒲州：北周時治蒲坂縣，在今山西永濟市西南蒲州鎮。

韓果，字阿六拔，代武川人也。少驍雄，善騎射。賀拔岳西征，引爲帳内，[1]擊万俟醜奴。後從周文討平侯莫陳悦。大統初，累進爵爲石城公。[2]果性强記，兼有權略，善伺敵虛實，揣知情狀。有潛匿溪谷欲爲間偵者，果登高望之，所疑處，往必有獲。周文由是以果爲虞候都督。[3]每從征行，常領候騎，晝夜巡察，略不眠寢。

[1]帳内：官名。北魏末高歡置。爲侍衛近職，皆用親信，掌侍衛。西魏沿置，品秩不詳。

[2]石城公：封爵名。石城，縣名。治所在今山西原平市北。

[3]虞候都督：官名。西魏置，爲禁衛官，主要職責是偵察巡邏。

從平竇泰於潼關，周文因其規畫，軍以勝返，賞真珠金帶一條。又從復弘農，破沙苑，戰河橋，並有功。歷朔、安二州刺史。[1]從戰芒山，軍還，除河東郡守。[2]又從大將軍破稽胡於北山。[3]胡地險阻，人迹罕至，果進兵窮討，散其種落。稽胡憚果勁勇趫捷，號爲著翅人。周文聞之，笑曰："著翅之名，寧減飛將。"累遷開府儀同三司、進爵褒中郡公。[4]保定三年，拜少師，[5]進位柱國。天和初，授華州刺史。爲政寬簡，吏人稱之。薨。

[1]朔：州名。西魏時治盛樂，在今内蒙古和林格爾縣西北。安：州名。西魏時治安陸縣，在今湖北安陸市。

[2]河東：郡名。西魏時治蒲坂縣，在今山西永濟市西南蒲州鎮。

[3]又從大將軍破稽胡於北山：底本作“又從大將軍破稽胡於北山”，源氏校勘記云：“‘將軍’，按《周書》‘將’字恐衍。”中華本校勘記云：“《周書》卷二七《韓果傳》無‘將’字。按‘將’字衍文，否則‘大將軍’下當有姓名。”

[4]褒中郡公：封爵名。褒中，郡名。西魏時治褒中縣，在今陝西漢中市西北。

[5]少師：官名。爲大臣加官，地位尊崇，無實際職掌。孝文帝太和二十三年之後定爲正一品。北周因之。

子明嗣。爲黎州刺史，[1]與尉遲迥同謀反，被誅。

[1]黎州：北周時治黎陽縣，在今河南浚縣東北。

蔡祐，字承先，其先陳留圉人也。[1]曾祖紹爲夏州鎮將，徙居高平，[2]因家焉。父襲，名著西州。魏正光中，[3]万俟醜奴亂關中，襲乃背賊歸洛陽。拜齊安郡守。[4]及孝武西遷，始拔難西歸。賜爵平舒縣伯，[5]除岐、雍二州刺史。[6]

[1]陳留：郡名。北魏時治陳留縣，在今河南開封市東南。圉：縣名。治所在今河南杞縣圉鎮。

[2]高平：郡名。北魏時治高平縣，在今寧夏固原市。

[3]正光：北魏孝明帝的年號（520—525）。

[4]齊安：郡名。北魏時治齊安縣，在今河南信陽市東南。

[5]平舒縣伯：封爵名。平舒，縣名。治所在今河北大城縣。

[6]岐：州名。北魏時治雍城鎮，在今陝西鳳翔縣東。

祐性聰敏，有行檢。襲之背賊東歸，祐年十四，事母以孝聞。及長，有膂力。周文在原州，召爲帳下親信。及還夏州，以祐爲都督。侯莫陳悦害賀拔岳，諸將迎周文，周文將赴之。夏州首望彌姐元進等陰有異計。[1]周文微知之，召元進等入計事，既而目祐。祐即出外，衣甲持刀直入，叱元進而斬之，并其黨伏誅。一坐皆戰慄。於是與諸將盟，同心誅悦。周文以此重之，謂祐曰："吾今以爾爲子，爾其父事我。"後迎孝武於潼關，以前後功封萇鄉縣伯。[2]後從禽竇泰，復弘農，戰沙苑，皆有功。授平東將軍、太中大夫。[3]

[1]首望：魏晋南北朝時各州大姓稱望族，一州之頭等望族曰首望。

[2]萇鄉縣伯：封爵名。萇鄉，縣名。治所在今河北固安縣西北。

[3]太中大夫：官名。亦稱大中大夫。多用以安置年老退免的九卿大臣，無具體職掌。北魏孝文帝太和十七年定爲三品下，二十三年改爲從三品。西魏沿置。

又從戰河橋，祐下馬步鬥，左右勸乘馬以備急卒。祐怒之曰："丞相養我如子，今日豈以性命爲念?"遂率左右十餘人，齊聲大呼，殺傷甚多。敵以其無繼，圍之十餘重。祐乃彎弓持滿，四面拒之。東魏人乃募厚甲長刀者，直進取祐。去祐可三十步，左右勸射之。祐曰：

"吾曹性命，在此一矢耳，[1]豈虚發哉!" 敵人可十步，祐乃射之，中其面，應弦而倒，便以矟刺殺之。敵乃稍却。祐乃徐引退。是戰也，西軍不利，周文已還。祐至弘農，夜與周文會。周文字之曰："承先，爾來吾無憂矣!" 周文驚，不得寢，枕祐股上乃安。以功進爵爲公，授京兆郡守。[2]

[1]在此一矢耳：毛本脱"耳"字。

[2]京兆：郡名。西魏時治霸城縣，在今陝西西安市東北。

高仲密舉北豫來附，周文率軍援之，與齊神武遇於芒山。祐時著明光鐵鎧，[1]所向無敵。齊人咸曰："此是鐵猛獸也。" 皆避之。歷青、原二州刺史，[2]尋除大都督。遭父憂，請終喪紀，弗許。累遷開府儀同三司，加侍中，賜姓大利稽氏，進爵懷寧郡公。[3]六官建，[4]授兵部中大夫。[5]周文不豫，[6]祐與晋公護、賀蘭祥等侍疾。[7]及周文崩，祐悲慕不已，遂得氣疾。

[1]鎧：殿本作"騎"，今從局本、四庫本、四部備要本。

[2]青：州名。西魏時治益都縣，在今山東青州市。

[3]懷寧郡公：封爵名。虚封。懷寧，郡名。南朝宋置，治成都縣，在今四川成都市。

[4]六官：又稱六府。西魏時仿行《周禮》，重置天官、地官、春官、夏官、秋官、冬官等官府，亦合稱六府或六官。

[5]兵部中大夫：官名。夏官府兵部長官，掌管全國軍務。北周武帝建德二年罷，宣帝即位後，復置。正五命。

[6]不豫：君主、天子有病的諱稱。

[7]賀蘭祥：人名。字盛樂，代郡武川（今内蒙古武川縣西）人，鮮卑族。西魏、北周官吏。見《北史》卷六一《賀蘭祥傳》。

周孝閔帝踐祚，拜少保。[1]祐與尉遲綱俱掌禁兵。[2]時帝信任司會李植等，[3]謀害晋公護。祐每泣諫，帝不聽。尋而帝廢。明帝之爲公子也，與祐特相友昵，及即位，禮遇彌隆。加拜小司馬。[4]御膳每有異味，輒以賜祐。群臣朝宴，每被别留，或至昏夜，列炬鳴笳，送祐還宅。祐以過蒙殊遇，常辭疾避之。至於婚姻，尤不願結於權要。尋以本官權鎮原州。頃之，授宜州刺史。[5]未之部，卒於原州。

[1]少保：官名。即太子少保。主要負責教導輔助太子。北周時爲正八命。

[2]尉遲綱：人名。字婆羅，代（今山西大同市東北）人，鮮卑族，尉遲迥弟。西魏、北周官吏。見《北史》卷六二《尉遲迥附尉遲綱傳》。

[3]司會：官名。司會中大夫的省稱。天官府司會司長官，職掌全國財政收支，協助大冢宰管理六府之事。員一人，正五命。下設司會上士、中士、旅下士等職。　李植：人名。隴西成紀（今甘肅秦安縣）人，李遠之子。見《北史》卷五九《李賢附李植傳》。

[4]加拜小司馬：底本作“加拜司馬”，中華本校勘記云：“諸本脱‘小’字，據《周書》卷二七《蔡祐傳》補。當時大司馬是賀蘭祥（見《周書》卷四《明帝紀》武成元年三月），蔡祐當爲小司馬。”今從改。小司馬，官名。小司馬上大夫的省稱。爲夏官府次官，輔助大司馬卿掌管軍政以及官員的升遷，亦可統兵出征或暫時在外駐守。正六命。

[5]授宜州刺史：毛本、殿本、四庫本作“授宣州刺史”。中華本《周書》卷二七《蔡祐傳》校勘記云：“張元濟以爲‘宣’字誤。按《隋書》卷二九《地理志上》京兆郡華原縣條云：‘後魏置北雍州，西魏改爲宜州。’宣州是陳地。”今從底本。宜州，北周時治泥陽縣，在今陝西富平縣西北。

祐少與鄉人李穆布衣齊名，[1]常相謂曰：“大丈夫當建立功名，以取富貴，安能久處貧賤。”言訖，各大笑。[2]後皆如言。及從征伐，爲士卒先。軍還，諸將爭功，祐終無所競。周文每歎之曰：“承先口不言勳，孤當代其論叙。”性節儉，所得禄秩，皆散宗族，身死之日，家無餘財。贈柱國大將軍、原州都督，[3]謚曰莊。子正嗣。

[1]李穆：人名。字顯慶，隴西成紀（今甘肅秦安縣）人。西魏、北周將領。見《北史》卷五九《李賢附李穆傳》。

[2]各大笑：底本、殿本、四部備要本“笑”作“哭”，《周書》卷二七《蔡祐傳》、《通志》卷一五八作“笑”，今據改。

[3]柱國大將軍：官名。十六國時後燕慕容垂燕元元年（384）始置。北魏初置，位在太尉之上，後罷。北魏末復置，位在丞相之上，授予權臣。西魏文帝大統三年，省稱柱國。在文帝大統十六年前共任命八人，稱八柱國，是西魏的最高官職。其中六人分掌全國府兵。北周時成爲没有具體職掌的勳官，正九命。

祐弟澤，頗好學，有幹能。後爲邳州刺史，以不從司馬消難被害。[1]

[1]後爲邳州刺史以不從司馬消難被害：底本“邳”作“邛”，中華本校勘記云：“諸本‘邳’作‘邛’。按《周書》卷二一《司馬消難傳》作‘邳州刺史蔡澤’。‘邛’乃‘邳’之訛，今據改。”今從改。邳州，治所不詳。

常善，高陽人也。[1]家本豪族。魏孝昌中，[2]從尒朱榮入洛，封房城縣男。[3]後周文平侯莫陳悦，除天水郡守。累遷驃騎大將軍、開府儀同三司、西安州刺史，[4]轉蔚州刺史。[5]頻莅二藩，有政績。進爵永陽郡公。[6]周孝閔帝踐祚，拜大將軍、寧州總管。[7]保定二年，入爲小司徒。[8]卒，贈柱國大將軍、都督、延州刺史。[9]子昂和嗣。[10]

[1]高陽：郡名。北魏時治高陽縣，在今河北高陽縣東。

[2]孝昌：北魏孝明帝的年號（525—527）。

[3]房城縣男：封爵名。房城，縣名。治所不詳。

[4]西安州：北魏時治大興郡，在今陝西定邊縣。

[5]蔚州：北魏時治靈丘縣，在今山西靈丘縣。

[6]永陽郡公：封爵名。遥封。永陽，郡名。南朝梁時治營浦縣，在今湖南寧遠縣西。

[7]寧州：北周時治安定縣，在今甘肅寧縣。

[8]小司徒：官名。小司徒上大夫的省稱。主要職責是輔助大司徒管理民户、賦役、土地、倉廩、教育以及山澤漁獵等事務。正六命。

[9]延州：北周時治廣武縣，在今陝西延安市東。

[10]子昂和嗣：《周書》卷二七《常善傳》作“子昇和嗣”。

辛威，隴西人也。[1]少慷慨有志略。初從賀拔岳征伐有功，假輔國將軍、都督。[2]及周文統岳衆，見威奇也，引爲帳内，封白土縣伯，[3]後進爵爲公。累遷開府儀同三司，賜姓普屯氏。出爲鄜州刺史。[4]威時望既重，朝廷以桑梓榮之，遷河州刺史、本州大中正。[5]頻領二鎮，頗得人和。周孝閔帝踐祚，拜大將軍，進爵枹罕郡公。[6]宣政元年，進位上柱國。[7]大象二年，進封宿國公，復爲少傅。[8]薨。

[1]隴西：郡名。北魏時治襄武縣，在今甘肅隴西縣東南。

[2]輔國將軍：官名。將軍名號。北魏孝文帝太和十七年定爲三品上，二十三年改爲從三品。北周時七命。

[3]白土縣伯：封爵名。白土，縣名。治所在今陝西彬縣西南。

[4]鄜（fū）州：西魏時治杏城，在今陝西黄陵縣西南。

[5]大中正：官名。主管州内士族品第評定。北魏時無品、無禄，但犯罪時可當刑罰。

[6]枹罕郡公：封爵名。枹罕，郡名。北周時治枹罕，在今甘肅臨夏市。

[7]上柱國：官名。掌軍政。北周武帝建德四年爲最高級勳官，正九命。

[8]少傅：官名。爲大臣加官。正八命。

威性持重，有威嚴。歷官數十年，未嘗有過，故得以身名終。兼其家有義，五世同居，時以此稱之。

子永達嗣。位儀同大將軍。[1]

[1]儀同大將軍：官名。北周武帝建德四年改儀同三司置。主

要授予有軍功的大臣和北齊降官，無具體職掌。九命。

厙狄昌，字恃德，神武人也。[1]少便弓馬，有膂力。及長，進止閑雅，膽氣壯烈，每以將帥自許。從尒朱天光定關中。[2]天光敗，又從賀拔岳征討。及岳被害，昌與諸將議翊戴周文。從平侯莫陳悅，賜爵陰盤縣子。[3]後從迎孝武，復潼關，改封長子縣子。[4]大統初，累遷開府儀同三司，進爵方城郡公。[5]六官建，授稍伯中大夫。[6]周孝閔帝踐祚，拜大將軍。卒。

[1]神武：郡名。北魏時治神武縣，在今山西山陰縣東南。

[2]尒朱天光：人名。北秀容（今山西朔州市）人。北魏官吏。見《北史》卷四八《尒朱榮附尒朱天光傳》。

[3]陰盤縣子：封爵名。陰盤，縣名。治所在今甘肅平涼市東涇水南岸。

[4]長子縣子：封爵名。長子，縣名。治所在今山西長子縣。

[5]大統初累遷開府儀同三司：中華本校勘記云："按《周書》卷二七《厙狄昌傳》，於'大統初'下叙其從破竇泰，復弘農，戰沙苑，戰河橋等事迹。至十三年後，又從楊忠破田社清，始遷開府儀同三司。這裏全數删去而仍用'大統初'三字，殊爲失當。"當爲《北史》删削失當。　方城郡公：封爵名。方城，郡名。西魏時治方城縣，在今河南方城縣。

[6]稍伯中大夫：官名。地官府民部中大夫的屬官，掌管本部的行政事務。正五命。

梁椿，字千年，代人也。初從尒朱榮入洛，又從賀拔岳討平万俟醜奴，仍從周文平侯莫陳悅。大統中，累以戰功封東平郡公，[1]位開府儀同三司。周孝閔帝踐祚，除華州刺史，改封清陵郡公。[2]保定元年，拜大將軍，卒於位。贈都督、恒州刺史，謚曰烈。

[1]東平郡公：封爵名。東平，郡名。西魏時治范縣，在今河南范縣東南。

[2]清陵郡公：封爵名。清陵，郡名。治所不詳。

椿性果毅，善於撫納，所獲賞物，分賜麾下，故每踐敵場，咸得其死力。雅好儉素，不營貲産，時論以此稱焉。

子明，以椿功賜爵豐陽縣公。[1]後襲椿爵，舊封回授弟朗。

[1]以椿功賜爵豐陽縣公：中華本《周書》卷二七《梁椿傳》作"以椿功襲爵豐陽縣公"，其校勘記云："按上文述椿前後受爵並無豐陽的封邑，而且梁椿尚在，無故由其子襲爵，也説不通，疑當作'賜'。"今從《北史》。豐陽縣公，封爵名。豐陽，縣名。治所在今陝西山陽縣。

梁臺，字洛都，萇池人也。[1]少果敢，有志操。從尒朱天光平關、隴，賜爵隴城鄉男。[2]及天光敗於韓陵，[3]賀拔岳又引爲心膂。岳爲侯莫陳悦所害，臺與諸將翊戴周文。從平悦，累功授潁州刺史，[4]賜姓賀蘭氏。累遷驃騎大將軍、開府儀同、侍中。[5]周孝閔帝踐祚，進爵中部縣公。[6]

[1]蒖池：縣名。治所在今山西盂縣蒖池鎮。

[2]隴城鄉男：封爵名。隴城，地名。在今甘肅秦安縣東部。

[3]韓陵：山名。在今河南安陽市東北。

[4]潁州：西魏時治汝陰縣，在今安徽阜陽市。

[5]侍中：毛本作“三司”。

[6]中部縣公：封爵名。中部，縣名。治所在今陝西黄陵縣。

保定四年，拜大將軍。時大軍圍洛陽，久不拔。齊騎奄至，齊公憲禦之。[1]有數人爲敵所執，已去。臺單馬突入，射殺兩人，敵皆披靡，被執者遂還。齊公憲每歎曰：“梁臺果毅膽决，不可及也。”五年，拜鄜州刺史。

[1]憲：即宇文憲。

臺性疏通，恕以待物，至於莅人，尤以惠愛爲心。不過識千餘字，口占書啓，詞意可觀。年過六十，猶能被甲跨馬，足不躡鐙，馳射弋獵，矢不虚發。後以疾卒。

田弘，字廣略，[1]高平人也。[2]少慷慨，有謀略。初陷万俟醜奴。尒朱天光入關，弘自原州歸順。及周文統衆，弘求謁見，乃論時事，即處以爪牙之任。又以迎孝武功，封鶉陰縣子。[3]周文嘗以所著鐵甲賜弘，云：“天下若定，還將此甲示孤也。”累功賜姓紇干氏，授原州刺史。以弘勳望兼至，故以衣錦榮之。周文在同州，文武並集，乃謂之曰：“人人如弘盡心，天下豈不早定？”

即授車騎大將軍、儀同三司。

[1]廣略：底本作“廣路”，源氏校勘記云：“《周書》（‘廣路’）作‘廣略’。”中華本校勘記云：“諸本‘略’作‘路’，《周書》卷二七、《通志》卷一五八《田弘傳》作‘略’。按《北齊書》卷一七《斛律光傳》見紇干廣略，即田弘。‘路’乃‘略’之訛，今據改。”另據田弘墓誌載：“公諱弘，字廣略，原州長城郡長城縣人。”可見“略”爲是（參羅新、葉煒《新出魏晋南北朝墓誌疏證（修訂本）》，中華書局2016年版，第260—263頁）。今從改。

[2]高平人也：《隋書》作“田仁恭字長貴，平凉長城人也。父弘，周大司空”，田弘墓誌亦作“長城縣人”。

[3]鶉陰縣子：封爵名。鶉陰，縣名。治所在今甘肅華亭縣西。

魏廢帝元年，[1]加驃騎大將軍、開府儀同三司。平蜀後，梁信州刺史蕭詔等未從朝化，[2]詔弘討平之。又討西平反羌及鳳州叛氐等，[3]並破之。每臨陣，推鋒直前，身被一百餘箭，破骨者九，馬被十矟。朝廷壯之。周孝閔踐阼，進爵雁門郡公。[4]保定元年，[5]出爲岷州刺史。[6]弘雖武將，而動遵法式，百姓賴安之。[7]三年，從隨公楊忠伐齊，[8]拜大將軍。後進柱國大將軍，歷位大司空、少保、襄州總管。[9]薨于州。子仁恭嗣。[10]

[1]魏廢帝：即西魏皇帝元欽。

[2]信州：南朝梁時治魚復縣，在今重慶奉節縣。　蕭詔：人名。字德茂，南蘭陵（一説在今江蘇常州市，一説在今江蘇丹陽市）人。南朝梁宗室。見《南史》卷五一《長沙宣武王懿附蕭詔傳》。

[3]鳳州：西魏時治梁泉縣，在今陝西鳳縣東北。

[4]雁門郡公：封爵名。雁門，郡名。北周時治廣武縣，在今山西代縣西北。

[5]保定元年：田弘墓誌作“保定三年”（參羅新、葉煒《新出魏晋南北朝墓誌疏證（修訂本）》，第260—263頁）。

[6]岷州：北周時治溢樂縣，在今甘肅岷縣。

[7]百姓賴安之：中華本校勘記云：“《周書》‘賴’作‘頗’，疑‘賴’是形訛。”可從。

[8]伐：局本作“代”。當爲字形相近而訛，今從殿本、四庫本、四部備要本。

[9]大司空：官名。《周禮》六卿之一，爲冬官之長。掌土木工程。西魏末、北周仿《周禮》建六官，復置爲冬官之長，亦稱大司空卿。北周時爲正七命。　襄州：北周時治襄陽縣，在今湖北襄樊市。

[10]子仁恭嗣：《周書》卷二七《田弘傳》作“子恭嗣”。

仁恭，字長貴。性寬仁，有局度。歷位幽州總管。[1]隋文帝受禪，進上柱國，拜太子太師，[2]甚見親重。嘗幸其第，宴飲極歡，禮賜甚厚。尋奉詔營太廟，進爵觀國公，拜右武衛大將軍，[3]轉左武衛大將軍。[4]卒官。贈司空，謚曰敬。子世師嗣。

[1]幽州：北周時治薊縣，在今北京西南。

[2]太子太師：官名。東宮三師之首，負責訓導輔佐太子，無具體職掌。隋朝時多用來安置退免大臣或用爲加官、贈官。正二品。

[3]拜右武衛大將軍：底本作“拜武衛大將軍”，中華本校勘記云：“諸本無‘右’字，《隋書》卷五四《田仁恭傳》有。按下

云‘轉左武衛大將軍’，則此當有‘右’字，今據補。”今從改。右武衛大將軍，官名。隋朝時十二衛大將軍之一。總管府事，並統管諸鷹揚府。正三品。

[4]左武衛大將軍：官名。隋朝時十二衛大將軍之一。總管府事，統管鷹揚府。正三品。

次子德懋，少以孝友知名。開皇初，以父軍功賜爵平原郡公，[1]授太子千牛備身。[2]丁父艱，哀毀骨立，廬於墓側，負土成墳。帝聞而嘉之，遣員外散騎侍郎元志就弔焉。[3]復降璽書存問，賜帛及米，下詔表其閭。大業中，[4]位尚書駕部郎，[5]卒官。

[1]平原郡公：封爵名。平原，郡名。隋文帝開皇初治陰槃縣，在今甘肅平涼市東。

[2]太子千牛備身：官名。太子左右率屬官，職掌千牛刀，宿衛東宫。正七品。隋煬帝大業三年（607）改名爲司仗左右。

[3]員外散騎侍郎：官名。隋初爲門下省屬官，從五品。隋煬帝大業三年廢。

[4]大業：隋煬帝的年號（605—617）。

[5]尚書駕部郎：官名。亦稱駕部郎、駕部侍郎。尚書省駕部曹長官。掌管兵部駕部司。

時有玉城郡公王景、鮮虞縣公謝慶恩並位上柱國；[1]大義公辛遵及其弟韶並位柱國。[2]隋文帝以其俱佐命功臣，特加崇貴，親禮與仁恭等，事皆亡失云。

[1]時有玉城郡公王景：中華本校勘記云：“《隋書》卷五四

《田仁恭傳》同。張森楷云：‘《周書》卷八《静帝紀》（大象二年十二月）、《隋書》卷二《文帝紀》（開皇十八年十二月）並作“任城”，疑此“玉”字誤。’按張説是。”任城郡，北齊時改魯郡置，治魯縣，在今山東曲阜市。隋文帝開皇三年省。　鮮虞縣公：封爵名。鮮虞，縣名。治所在今河北定州市。

[2]大義公：封爵名。大義，郡名。治所不詳。當在今河南桐柏縣，領縣無考。　辛遵：人名。隴西（今甘肅隴西縣）人。北周、隋朝官吏。曾任齊州刺史。　韶：即辛韶，人名。隴西（今甘肅隴西縣）人。北周將領。初封凉城公。入隋後，爲柱國。

論曰：周文接喪亂之際，乘戰争之餘，發跡平凉，撫征關右。于時外虞孔熾，内難方殷，羽檄交馳，戎軒屢駕，終能蕩清逋孽，克固鴻基。雖禀算於廟堂，實責成於將帥。達奚武、若干惠、怡峰、劉亮、王德、赫連達、韓果、蔡祐、常善、辛威、厙狄昌、梁椿、梁臺、田弘等，並兼資勇略，咸會風雲，或效績中權，或立功方面，均分休戚，同濟艱危，可謂國之爪牙，朝之禦侮者也。而武葉規文后，得雋小關，周瑜赤壁之謀，[1]賈詡烏巢之策，[2]何以能尚？一言興邦，斯之謂矣。惠、德本以果毅知名，而能率由孝道，雖圖史所歎，何以加焉？勇者不必有仁，斯不然矣。以赫連達之先識而加之以仁恕，蔡祐之敢勇而終之以不伐，斯豈企及之所致乎，抑亦天性而已。仁恭出内榮顯，豈徒然哉。德懋道協天經，亦足嘉矣。

[1]周瑜赤壁之謀：典出《三國志》卷五四《吴書·周瑜傳》。赤壁之戰中，孫權用周瑜的計策打敗了曹操。周瑜，人名。字公

瑾，廬江舒縣（今安徽舒城縣）人。三國吴將。見《三國志》卷五四《吴書·周瑜傳》。

[2]賈詡烏巢之策：典出《三國志》卷一《魏書·武帝紀》。官渡之戰中，曹操采用賈詡的計策，燒毁了袁紹存放在烏巢的糧草，成爲戰勝袁紹的關鍵。賈詡，人名。字文和，武威姑臧（今甘肅武威市）人。三國時軍事家、謀士。見《三國志》卷一〇《魏書·賈詡傳》。

北史　卷六六

列傳第五十四

王傑　王勇　宇文虯[1]　耿豪　高琳　李和 子徹　伊婁穆　達奚寔　劉雄　侯植　李延孫　韋祐　陳欣　魏玄　泉仚　李遷哲　楊乾運　扶猛　陽雄　席固　任果

[1]虯（qiú）：底本作“蚪”，中華本作“虯”。《周書》卷二九作“虬”。按：“虯”同“虬”。中華本應是據《周書》改。今從中華本改。下同。

王傑，金城直城人也，[1]本名文達。父巢，魏榆中鎮將。[2]

[1]金城：郡名。北魏時治金城縣，在今甘肅蘭州市西北。

[2]榆中：縣名。治所在今甘肅榆中縣西北。　鎮將：官名。北魏置。爲鎮之主官，掌一鎮兵馬及鎮之守衛。在不設州郡的地區，兼統軍民；在設州郡的内地，主要掌軍政，但兼任駐在州刺史時，亦兼理民政。北魏前期多以宗室或鮮卑勳貴爲之，地位高於刺史。孝文帝改制後，地位漸低。其下設副將、監軍及長史、司馬等佐僚。品秩按所帶將軍號而定。

傑少有壯志，每以功名自許。從孝武西遷，[1]賜爵都昌縣子。[2]周文奇其才。[3]嘗謂諸將曰："王文達萬人敵也，但恐勇决太過耳。"從復潼關，[4]破沙苑，[5]争河橋，[6]戰芒山，[7]皆以勇敢聞。親待日隆，於是賜姓宇文氏，進爵爲公。累遷侍中、驃騎大將軍、開府儀同三司。[8]

[1]孝武：即北魏皇帝元脩。孝武爲其謚號。

[2]都昌縣子：封爵名。都昌，縣名。治所在今山東昌樂縣東北。

[3]周文：即宇文泰。文爲其謚號，北周明帝所追謚。

[4]潼關：關隘名。在今陝西潼關縣東北黄河南岸。

[5]沙苑：地名。又名沙阜、沙海、沙窩。在今陝西大荔縣南洛、渭二河之間。

[6]河橋：在今河南孟津縣東、孟州市西南黄河上。

[7]芒山：即邙山。在今河南洛陽市東北。

[8]侍中：官名。北朝時常總典機密，受遺詔輔政，權任尤重，時號"小宰相"。北魏孝文帝太和十七年（493）定爲從一品中，二十三年定爲三品。西魏初因之。　驃騎大將軍：官名。西魏、北周時實行府兵制，主要作爲府兵開府府長官的軍號。北周時爲九命。　開府儀同三司：多爲大臣的加號，意思是與三司的禮制待遇相同。允許開府，自辟僚屬。西魏沿置。北周時置爲勳官。武帝建德四年（575）改爲開府儀同大將軍。九命。

恭帝元年，[1]從于謹圍江陵。[2]時栅内有人善用長矟，[3]將士登者，多爲所斃。謹令傑射之，應弦而倒。

登者乃得入，遂拔之。謹曰：“濟我大事者，在公此箭也。”周孝閔帝踐祚，[4]進爵張掖郡公，[5]爲河州刺史。[6]朝廷以傑勳望俱重，故授以本州。[7]後與隨公楊忠自漠北伐齊。[8]又從齊公憲東禦齊將斛律明月。[9]進位柱國。[10]建德初，[11]除涇州總管，[12]頗爲百姓所慕。宣帝即位，[13]拜上柱國。[14]薨。贈七州諸軍事、河州刺史，追封鄂國公，謚曰威。

[1]恭帝：即西魏皇帝元廓。恭爲其謚號。

[2]于謹：人名。字思敬，代（今山西大同市東北）人。見《北史》卷二三《于栗磾附于謹傳》。　江陵：城名。在今湖北江陵縣。

[3]長矟（shuò）：長矛。

[4]周孝閔帝：即北周皇帝宇文覺。孝閔爲其謚號。

[5]張掖郡公：封爵名。張掖，郡名。北周時治永平縣，在今甘肅張掖市西北。

[6]河州：北周時治枹罕，在今甘肅臨夏市。

[7]故授以本州：北周時有兩個金城郡，一是河州金城郡，領子城縣（今甘肅蘭州市西北）；一是直州金城郡，領直城縣（今陝西石泉縣）。上文説王傑爲金城直城人，屬直州，此處又説河州爲其本州，疑上文當作“金城治城人”。

[8]楊忠：人名。字揜干，小名奴奴，弘農華陰（今陝西華陰市東南）人。隋文帝楊堅之父。見《周書》卷一九《楊忠傳》。　漠北：底本作“漢北”，中華本校勘記云：“諸本‘漠’作‘漢’。按王傑隸楊忠進攻北齊，事見《周書》卷一九《楊忠傳》。當時是取道武川，與突厥會師入并州，與漢北無關。‘漢’乃‘漠’之訛，今據改。”今從改。

[9]齊公憲：即宇文憲。字毗賀突，代郡武川（今内蒙古武川

縣西）人，鮮卑族。北周宗室、大臣，封齊公。見《北史》卷五八《齊煬王憲傳》。　斛律明月：人名。即斛律光。字明月，朔州（今山西朔州市）敕勒部人。北齊名將。見《北史》卷五四《斛律金附斛律光傳》。

[10]柱國：官名。柱國大將軍的省稱。十六國時後燕置。北魏初位在太尉之上，後罷。北魏末復置，位在丞相之上，授予權臣。西魏文帝大統三年（537）省稱柱國，至大統十六年前共任命八人，稱八柱國，爲西魏最高官職。其中六人分掌全國府兵。北周後成爲無具體職掌的勳官，正九命。

[11]建德：北周武帝的年號（572—578）。

[12]涇州：北周時治安定縣，在今甘肅涇川縣北。　總管：官名。北周明帝武成元年（559）改都督諸州軍事爲此稱。爲地方高級軍政官員，置總管府，掌一州或數州軍務，兼理民政。品秩分三等，上總管從二品，中總管正三品，下總管從三品。

[13]宣帝：即北周皇帝宇文贇。宣爲其謚號。

[14]上柱國：官名。掌軍政。北周武帝建德四年爲最高級勳官。正九命。

子孝遷，位開府儀同大將軍。[1]

[1]開府儀同大將軍：官名。北周武帝建德四年改開府儀同三司置，位在儀同大將軍之上，主要授予有軍功的大臣以及北齊降官，無具體職掌。九命。

王勇，代武川人也，[1]本名胡仁。少雄健，有膽决。數從侯莫陳悦、賀拔岳征討，[2]功居多，拜别將。[3]周文爲丞相，封包信縣子。[4]從禽竇泰，[5]復弘農，[6]戰沙苑，氣蓋衆軍，所當必破。周文歎其勇敢，賞賜特隆，進爵爲公。大軍不利，[7]唯胡仁及王文達、耿令貴三人力戰，皆有殊功。軍還，拜上州刺史，[8]以雍州、岐州、北雍州擬授胡仁等。[9]然州頗有優劣，文令探籌取之。[10]胡仁遂得雍州，文達得岐州，令貴得北雍州。仍賜胡仁名勇，令貴名豪，文達名傑，以彰其功。進侍中、驃騎大將軍、開府儀同三司。

[1]代：郡名。北魏時治平城，在今山西大同市東北。　武川：軍鎮名。在今内蒙古武川縣西。

[2]侯莫陳悦：人名。代（今山西大同市東北）人。北魏將領。因襲殺賀拔岳，被宇文泰追擊，途中被困，自縊而死。見《北史》卷四九《侯莫陳悦傳》。　賀拔岳：人名。字阿斗泥，神武尖山（今山西神池縣）人。北魏末名將。見《北史》卷四九《賀拔允附賀拔岳傳》。

[3]别將：官名。北魏中期之後根據出軍之制，軍之統帥爲都督，與主力分道的輔翼將領稱爲别道都將，亦稱都將，成爲一級武官的名稱，位在統軍之上。北周時隸屬諸州總管。六命。

[4]包信縣子：封爵名。包信，縣名。治所在今河南息縣東北。

[5]竇泰：人名。字世寧，太安捍殊（今山西壽陽縣北）人。北魏、東魏將領。見《北史》卷五四《竇泰傳》。

[6]弘農：郡名。西魏時治陝城，在今河南三門峽市。

[7]大軍不利：中華本校勘記云："錢氏《考異》卷四〇云：'"大軍"上脱"芒山之戰"四字。'按《周書》卷二九、《通志》卷一五八《王勇傳》，此上有'邙山之戰，勇率敢死之士三百人，大呼直進，出入衝擊，殺傷甚多，敵人無敢當者。是役也'三十四字。這裏必有脱文。"可從。

[8]拜上州刺史：《周書》卷二九《王勇傳》、《通志》卷一五八、《太平御覽》卷三一〇、《册府元龜》卷一二七皆作"皆拜上

州刺史”。上州，西魏時，按州民户的多少劃分州的等級，以便區分其優劣。除雍州外，其餘各州分爲三萬户以上、兩萬户以上、一萬户以上、五千户以上、五千户以下五等。上州是指三萬户以上的州。

[9]雍州：西魏時治長安縣，在今陝西西安市西北。　岐州：西魏時治雍城鎮，在今陝西鳳翔縣東。　北雍州：西魏時治華原縣，在今陝西銅川市耀州區。

[10]文令探籌取之：源氏校勘記改“文”作“又”。中華本校勘記云：“《通志》無‘文’字，《周書》作‘又’。疑‘文’是‘又’之訛，或‘文’上脱‘周’字。”按：《太平御覽》卷三一〇、《册府元龜》卷一二七作“又”。疑此處原作“又”。

恭帝元年，從柱國趙貴征蠕蠕，[1]破之，進爵新陽郡公，[2]賜姓庫汗氏。又論討蠕蠕功，别封永固縣伯。[3]時有别封者，例聽迴授次子，勇獨請封兄子興，[4]時人義之。尋進位大將軍。[5]勇性雄猛，[6]爲當時驍將。矜功伐善，好論人之惡，[7]時論亦以此鄙之。柱國侯莫陳崇勳高望重，[8]與諸將同謁晋公護，[9]聞勇數論人短，乃於衆中折辱之。勇慚恚，[10]因疽發背卒。

[1]趙貴：人名。字元寶，天水南安（今甘肅隴西縣東南）人。西魏、北周名將。見《北史》卷五九《趙貴傳》。　蠕蠕：亦稱柔然。以游牧爲生。見《北史》卷九八《蠕蠕傳》。

[2]新陽郡公：封爵名。新陽，郡名。治所不詳，在今湖北境内。

[3]别封：北周時，已有高爵位者（多爲郡公）又立功勳，難以再增加爵位，則另外授予封邑，稱爲别封。一般回授次子，也可

依本人意願封給其他親屬。　永固縣伯：封爵名。永固，縣名。治所在今山西大同市西北。

[4]勇獨請封兄子興：毛本"獨請"作"特請"。《周書》卷二九《王勇傳》、《太平御覽》卷一九九、《古今事文類聚》卷八作"勇獨請封兄子元興"。《通志》卷一五八同底本。源氏校勘記云："'興'上《周書》有'元'字。"

[5]大將軍：官名。西魏、北周時爲府兵專職統帥，凡十二人，各領一軍，分隸六柱國大將軍，下統開府、儀同諸將軍。正九命。

[6]勇性雄猛：毛本、局本作"雄性勇猛"。

[7]好論人之惡：《周書·王勇傳》作"好揚人之惡"。

[8]侯莫陳崇：人名。字尚樂，代武川（今內蒙古武川縣西）人，鮮卑族。西魏將領。見《北史》卷六〇《侯莫陳崇傳》。

[9]晋公護：即宇文護。字薩保，代郡武川（今內蒙古武川縣西）人，鮮卑族。北周宗室、權臣。見《北史》卷五七《邵惠公顥附宇文護傳》。

[10]恚（huì）：怨恨、憤怒。

子昌嗣。官至大將軍。

宇文虯字樂仁，代武川人也。驍悍有膽略。少從征討，累有戰功，封南安侯。[1]孝武西遷，以獨孤信爲行臺，[2]信引虯爲帳内都督。[3]隨信奔梁。大統三年歸闕，[4]進爵爲公。禽竇泰，復弘農，及沙苑、河橋之戰，皆有功。又從獨孤信討梁仚定，[5]破之。累遷南秦州刺史、驃騎大將軍、開府儀同三司。[6]虯每經行陣，必身先士卒，故上下同心，戰無不剋。後除金州刺史、大將軍。[7]卒。

[1]南安侯：封爵名。南安，縣名。治所在今四川劍閣縣。《周書》卷二九《宇文虯傳》作“南安縣侯”。

[2]獨孤信：人名。雲中（今内蒙古和林格爾縣西北）人，鮮卑族。北魏、北周名將。西魏八柱國之一。見《北史》卷六一《獨孤信傳》。　行臺：官署名。爲尚書省派出機構。北魏孝明帝正光末，在各地設行臺主管當地軍務，成爲常設的地方行政機構，兼理民事。行臺尚書令爲長官，以尚書僕射、左僕射、尚書來主管行臺事務。此處指行臺尚書令。

[3]帳内都督：官名。統領主帥左右的侍衛軍士。東魏時中外府、西魏大丞相府皆設。

[4]大統：西魏文帝的年號（535—551）。

[5]梁仚（xiān）定：人名。宕昌（今甘肅宕昌縣西南）人。羌族首領，對北魏時服時叛。

[6]南秦州：西魏時治仇池縣，在今甘肅西和縣。

[7]後除金州刺史大將軍：《周書·宇文虯傳》作“俄除金州刺史，進位大將軍”。金州，西魏時治西城縣，在今陝西安康市西北。

耿豪，鉅鹿人也，[1]本名令貴。其先家於武川。[2]豪少粗獷，有武藝，好以氣陵人。賀拔岳西征，引爲帳内。[3]岳被害，歸周文，以武勇見知。豪亦自謂所事得主。從討侯莫陳悦及迎孝武，録前後功，封平原子。[4]沙苑之戰，豪殺傷甚多，血染甲裳盡赤。周文歎曰：“令貴武猛，所向無前，觀其甲裳，足以爲驗，不須更論級數也。”進爵爲公。後周文戰芒山，豪謂所部曰：“大丈夫除賊，須右手拔刀，左手把矟，直斫直刺，慎莫畏死。”遂大呼獨入，敵人鋒刃亂下，當時咸謂豪殁。

俄然奮刀而還。戰數合，當豪前者死傷相繼。又謂左右曰："吾豈樂殺人，但壯士除賊，不得不爾。若不能殺賊，又不爲人所傷，何異逐坐人也！"[5]周文嘉之。拜北雍州刺史，賜姓和稽氏。進位侍中、驃騎大將軍、開府儀同三司。

[1]鉅鹿：郡名。北魏時屬定州，治曲陽縣，在今河北晋州市西。孝莊帝永安二年（529）時分定州鉅鹿郡置，屬殷州，治癭遥縣，在今河北寧晋縣西南。

[2]家於武川：《周書》卷二九《耿豪傳》作"家於神武川"，《通志》卷一五八、《山西通志》卷一二〇與《北史》同。按：北魏孝明帝孝昌四年，改武川鎮爲神武郡。神武川，地名。《資治通鑑》胡三省注云："魏收《志》：朔州有神武郡，領尖山、樹頽二縣。《水經注》：樹頽水出沃陽縣東山下，西南流，右合誥升爰水。其水左合中陵川。後魏置神武郡於神武川，治尖山縣。"故神武川在今内蒙古武川縣境内，與武川鎮爲同一地方。

[3]帳内：官名。北魏末高歡置。爲侍衛近職，皆用親信。品秩不詳。

[4]平原子：封爵名。平原，縣名。治所在今山東德州市中南部。《周書·耿豪傳》作"平原縣子"。

[5]逐坐人：意爲於座中隨衆人空發議論的文人。《資治通鑑》卷一五八胡三省注："逐坐人，指當時持文墨議論者，但能相隨逐坐談而坐食也。"

豪性凶悍，言多不遜，周文惜其驍勇，每優容之。豪亦自謂意氣冠群，終無所屈。李穆、蔡祐初與豪同時開府，[1]後並居豪之右。豪不能平，謂周文曰："人間物議，謂豪勝李穆、蔡祐。”周文曰：“何以言之?”豪曰：“人言李穆、蔡祐是丞相髆髀，[2]耿豪、王勇，丞相咽項，以在上，故爲勝也。”豪之粗猛皆此類。卒，周文痛惜之。

[1]李穆：人名。字顯慶，隴西成紀（今甘肅秦安縣）人。西魏、北周將領。曾在芒山之戰中救周文帝之命。見《北史》卷五九《李賢附李穆傳》。　蔡祐：人名。字承先，陳留圉（今河南杞縣）人。西魏、北周名將。見《北史》卷六五《蔡祐傳》。　開府：指開設府署，辟置僚屬。魏晋南北朝時，大多作爲對高級官員的加官，以示恩寵。

[2]髆髀：比喻重要的人或物。髆，同“膊”。胳膊。髀，大腿。

子雄嗣。位至大將軍。

高琳字季珉，其先高麗人也。[1]仕於燕，[2]又歸魏，賜姓羽真氏。琳母嘗祓禊泗濱，[3]遇見一石，光彩朗潤，遂持以歸。是夜，夢人衣冠有若仙者，謂曰：“夫人向所將來石，是浮磬之精。[4]若能寶持，必生令子。”母驚寤，舉身流汗。俄而有娠，及生，因名琳，字季珉。從孝武西遷，封鉅野縣子。[5]河橋之役，琳勇冠諸軍。周文謂曰：“公即我之韓、白也。”[6]復從戰芒山，除正平郡守。[7]齊將東方老來寇，[8]琳擊之。老中數創乃退，謂其左右曰：“吾經陣多矣，未見如此健兒。”後除鄜州刺史，[9]加驃騎大將軍、開府儀同三司、侍中。

[1]高麗：又作“高句麗”等。其先出自夫餘，地爲漢之玄菟郡，高句麗爲其三縣之一，因以爲國名。都名丸都，故治在今吉林集安市，南北朝時遷都於今朝鮮平壤市。見《北史》卷九四《高麗傳》。

[2]燕：即北燕。十六國時政權之一，鮮卑化漢人馮跋建，都龍城（今遼寧朝陽市），後爲北魏所滅。

[3]祓（fú）禊（xì）：除災去邪的祭祀活動。源於除惡之祭，常濯於水濱或秉火求福。三國魏以前，時間多在三月上巳；三國魏以後，改在三月三日，然亦有延至秋季者。　泗：在今山東境内。發源於山東蒙山南麓，經泗水縣、曲阜市及兖州市，注入南陽湖。

[4]浮磬（qìng）：水邊一種能製磬的石頭。

[5]鉅野縣子：封爵名。鉅野，縣名。治所在今山東巨野縣南。

[6]韓：即韓信，人名。西漢開國功臣。見《漢書》卷三四《韓信傳》。　白：即白起，人名。戰國時名將。見《史記》卷七三《白起王翦列傳》。

[7]正平：郡名。西魏時治臨汾縣，在今山西新絳縣。

[8]東方老：人名。安德鬲（今山東陵縣）人。北齊將領。見《北史》卷三一《高祐附東方老傳》。

[9]鄜（fū）州：西魏時治杏城，在今陝西黄陵縣西南。

周孝閔帝踐祚，進爵犍爲郡公。[1]武成二年，[2]討平文州氐。[3]師還，[4]帝宴群公卿士，[5]仍賦詩言志。琳詩末章云：“寄言竇車騎，[6]爲謝霍將軍。[7]何以報天子？沙漠静袄氛。”帝大悦曰：“獯獫陸梁，[8]未時款塞，[9]卿言有驗，國之福也。”天和三年，[10]爲江陵副總管。[11]時陳將吴明徹來寇，[12]總管田弘與梁主蕭巋出保紀南城，[13]唯琳與梁僕射王操固守江陵三城以抗之。[14]晝夜拒戰，凡經十旬，明徹退走。𡻕表言其狀，帝乃優詔追琳入朝，親加勞問。六年，進位柱國。薨。贈本官，加五州諸軍事、冀州刺史，[15]謚曰襄。

[1]犍（qián）爲郡公：封爵名。犍爲，郡名。北周時治僰道，在今四川崇州市東南。

[2]武成：北周明帝的年號（559—560）。

[3]文州：北周時治建昌縣，在今甘肅文縣西南。　氐：分布於今甘肅、陝西、四川等省的臨接地帶，以畜牧業、農業爲生。西晋末曾建立過仇池、前秦、後凉等政權。見《北史》卷九六《氐傳》。

[4]師還：毛本“師”作“帥”，誤。

[5]群公：毛本、殿本、四庫本、四部備要本作“郡公”。

[6]竇車騎：指竇憲。字伯度，扶風平陵（今陝西咸陽市西北）人。東漢將領、外戚、權臣。見《後漢書》卷二三《竇融附竇憲傳》。

[7]霍將軍：指霍光。字子孟，河東平陽（今山西臨汾市）人。西漢大臣、外戚。見《漢書》卷六八《霍光傳》。

[8]獯（xūn）獫（xiǎn）：夏商時稱獯鬻，周時稱獫狁，秦漢時稱匈奴。　陸梁：囂張、猖獗。

[9]款塞：叩邊門。指外族歸順、和好。

[10]天和：北周武帝的年號（566—572）。

[11]副總管：官名。北周時各地設總管府管理軍政，江陵總管府因有保護及監視梁國之責，特置此職輔佐總管。《周書·高琳傳》作“總管”，《通志》卷一五八與《北史》同。

[12]吴明徹：人名。字通昭，秦郡（今江蘇南京市六合區）人。南朝梁、陳將領。與北周交戰時被俘。見《陳書》卷九《吴明徹傳》。

[13]田弘：人名。字廣略，高平（今寧夏固原市）人。西魏、北周將領。見《北史》卷六五《田弘傳》。　蕭巋（kuī）：人名。字仁遠，南蘭陵（一説在今江蘇常州市，一説在今江蘇丹陽市）人。西梁皇帝。先後臣服於北周、隋，偏安於荆州一帶。見《北史》卷九三《蕭詧附蕭巋傳》。　紀南城：即今湖北荆州市荆州區紀南城。

[14]僕射：官名。指尚書僕射。尚書省長官，左、右僕射共掌尚書省日常事務，位列宰相。　王操：人名。字子高，太原晋陽（今山西太原市晋源區古城營村一帶）人。西梁官吏。見《北史》卷九三《蕭詧附王操傳》。

[15]冀州：北周時治信都縣，在今河北冀州市。

子儒襲爵。位儀同大將軍。[1]

[1]儀同大將軍：官名。北周武帝建德四年，改車騎大將軍、儀同三司爲此稱。正九命。

李和，本名慶和，朔方巖緑人也。[1]父僧養，以累世雄豪，爲夏州酋。[2]

[1]朔方：郡名。北周時治巖緑縣，在今陝西靖邊縣白城子村無定河北岸的毛烏素沙漠中（靠近今内蒙古烏審旗南境）。　巖緑：縣名。治所在今陝西靖邊縣白城子村無定河北岸的毛烏素沙漠中（靠近今内蒙古烏審旗南境）。

[2]夏州：西魏時治巖緑縣，在今陝西靖邊縣白城子村無定河北岸的毛烏素沙漠中（靠近今内蒙古烏審旗南境）。　酋：即酋長。少數民族首領的稱號。

和少敢勇有識度，狀貌魁偉，爲州里所推。賀拔岳作鎮關中，引爲帳内都督。後從周文，累遷侍中、驃騎大將軍、開府儀同三司、夏州刺史，賜姓宇文氏。周文嘗謂諸將曰："宇文慶和累經任委，每稱吾意。"又賜名意焉。改封永豐縣公。[1]保定二年，[2]除司憲中大夫。[3]尋改封德廣郡公，[4]出爲洛州刺史。[5]和前在夏州，頗留遺惠，及有此授，商、洛父老莫不想望德音。[6]和至州，以仁恕訓物，獄訟爲之簡静。進柱國大將軍。

[1]永豐縣公：封爵名。永豐，縣名。治所在今陝西安塞縣西北。按：毛本"豐"作"封"。毛本音同而訛，今從底本。

[2]保定：北周武帝的年號（561—565）。

[3]司憲中大夫：官名。秋官府司憲司長官，二員，佐大司寇卿制定刑法，並依據刑法決定罪犯刑罰輕重。正五命。下設司憲上士、司憲中士、司憲旅下士以佐其職。

[4]德廣郡公：封爵名。德廣，郡名。北周時治上洪縣，在今湖北宜城市東。

[5]洛州：北周時治洛陽縣，在今河南洛陽市東北。

[6]商：州名。北周時治上洛縣，在今陝西商洛市商州區。

隋開皇元年，[1]遷上柱國。和立身剛簡，老而逾勵，諸子趨事，若奉嚴君。以意是周文帝賜名，帝朝已革；[2]慶和則父之所命，義不可違。至是，遂以和爲名。二年，薨。贈本官，加司徒公，[3]謚曰肅。子徹嗣。

[1]開皇：隋文帝的年號（581—600）。

[2]帝朝已革：《周書》卷二九《李和傳》、《册府元龜》卷八

二五作“市朝已革”，《通志》卷一五八作“帝朝已革”。源氏校勘記云：“‘帝’《周書》作‘市’。”中華本校勘記云：“按‘帝’當是‘市’之訛。”按：“帝朝”“市朝”都可指代朝廷，二者均可。

[3]司徒公：官名。司徒的尊稱。

徹字廣達。性剛毅，有器幹。周武帝時，[1]從皇太子西征吐谷渾，[2]以功賜爵周昌縣男。[3]從武帝平齊，録前後功，再進爵。遷左武衛將軍。[4]及隨晋王廣鎮并州，[5]妙選府官，詔徹總晋王府軍事，進爵齊安郡公。[6]時蜀王秀亦鎮益州，[7]上謂侍臣曰：“安得文同王子相，[8]武如李廣達者乎！”其見重如此。明年，突厥沙鉢略可汗犯塞，[9]上令衛王爽爲元帥擊之，[10]以徹爲長史。[11]遇虜於白道，[12]行軍總管李充請襲之。[13]諸將多以爲疑，唯徹獎成其事，請同行，遂掩擊大破之。沙鉢略棄所服金甲而遁。以功加上大將軍。[14]沙鉢略因此稱藩。改封安道郡公。[15]

[1]周武帝：即北周皇帝宇文邕。武爲其謚號。

[2]吐谷渾：族名。又稱吐渾、退渾。原爲鮮卑族慕容部的一支，先祖游牧於徒河青山（今遼寧義縣東）。西晋時，遷徙於今甘肅、青海一帶。十六國時，先後受到前凉、西秦等追逐，幾乎亡國。後再度崛起，北魏太武帝時達到最强盛。在北魏打擊下，一度退到今新疆一帶。以游牧爲生。見《北史》卷九六《吐谷渾傳》。

[3]周昌縣男：《隋書》卷五四《李徹傳》作“同昌縣男”。《通志》卷一六七、《册府元龜》卷三五五與《北史》同。源氏校勘記云：“‘周’《隋書》作‘同’。”按：周昌縣，建置不詳。同昌縣有兩處：一屬封統郡，在今四川九寨溝縣；一屬遂寧郡，在今四

川平昌縣。

［4］左武衛將軍：官名。隋朝時十二衛將軍之一。佐大將軍總府事，並統諸鷹揚府，二員。從三品。

［5］隨：中華本作“隋”。　晋王廣：即楊廣。一名英，弘農華陰（今陝西華陰市東南）人。見《北史》卷一二《隋本紀·煬帝》。　并州：隋朝時治晋陽縣，在今山西太原市晋源區古城營村一帶。

［6］齊安郡公：封爵名。齊安，郡名。隋朝初治齊安，在今河南信陽市東南。

［7］蜀王秀：即楊秀。弘農華陰（今陝西華陰市東南）人。隋文帝第四子，母獨孤皇后。見《北史》卷七一《庶人秀傳》。　益州：隋朝時治成都縣，在今四川成都市。

［8］王子相：人名。即王韶。字子相，自云太原晋陽（今山西太原市晋源區古城營村一帶）人。北周、隋朝官吏。見《北史》卷七五《王韶傳》。

［9］突厥：廣義上包括鐵勒、突厥各部落，狹義則專指突厥汗國。公元六世紀初興起於金山（今阿爾泰山）西南麓，爲游牧部落。西魏時建立突厥汗國，隋文帝開皇二年，分裂爲東西二部。見《北史》卷九九《突厥傳》。　沙鉢略：人名。隋朝時突厥可汗，又稱伊利可汗。文帝開皇五年向隋朝稱臣納貢。

［10］衛王爽：即楊爽。字師仁，弘農華陰（今陝西華陰市東南）人。隋文帝幼弟，爲獻皇后所養。見《北史》卷七一《衛昭王爽傳》。　元帥：官名。行軍元帥的省稱，總轄軍務，皆以宗室或重臣出任。

［11］長史：官名。掌顧問參謀，爲所在官署的屬官之長。不同名號的長史所負職責不同，品秩也不相同。

［12］白道：地名。在今内蒙古呼和浩特市西北，爲河套東北地區通往陰山以北的交通要道。

［13］行軍總管：官名。北周時置。戰時臨時任命，事畢即罷。

重大軍事行動中，隸屬於行軍元帥。隋朝時漸漸過渡爲地方軍政長官，或掌一道軍政，或領數道，時有大總管、總管之分。　李充：人名。隴西成紀（今甘肅秦安縣）人。隋朝將領。遭人誣陷，憂憤而死。見《隋書》卷五三《李充傳》。

[14]上大將軍：官名。高級武官名號，位大將軍上，從二品散實官。隋煬帝大業三年罷。

[15]安道郡公：封爵名。安道，郡名。治所不詳。

開皇十年，進位柱國。及晋王爲揚州總管，[1]以徹爲司馬，[2]改封德廣郡公。尋徙封城陽郡公。[3]其後突厥犯塞，徹復領行軍總管破之。及左僕射高熲得罪，[4]以徹素與熲善，[5]被疏忌。後出怨言，上聞，召入卧内賜宴，言及平生，因遇鴆卒。大業中，[6]其妻元氏爲孽子安遠誣以呪詛，[7]伏誅。

[1]揚州：隋朝時治廣陵，在今江蘇揚州市。

[2]司馬：官名。軍府高級幕僚，掌參贊軍務，管理府内武職，位僅次於長史，其品秩隨府主而定。

[3]城陽郡公：封爵名。城陽，郡名。隋朝時治城陽縣，在今河南信陽市東北。

[4]左僕射：官名。指尚書左僕射。隋朝時與内史省、門下省長官，共同執掌國政。文帝開皇二年令左僕射掌管吏部、禮部、兵部三部事，兼管御史彈劾不當之事。從二品。　高熲：人名。又作“獨孤熲”，一名敏，字昭玄，勃海蓨（今河北景縣）人。北周官吏，隋朝開國功臣。見《北史》卷七二《高熲傳》。

[5]素與：毛本、局本作“數與”。

[6]大業：隋煬帝的年號（605—617）。

[7]元氏：《隋書》卷五四《李徹傳》作“宇文氏”，《通志》

卷一六一與《北史》同。

伊婁穆，字奴干，代人也。父靈，善騎射，爲周文所知，嘗謂之曰："若伊尹阿衡於殷，[1]致主堯、舜。卿既姓伊，庶卿不替前緒。"於是賜名尹焉。歷衛將軍、隆州刺史、盧奴縣公。[2]

[1]若：中華本校勘記云："'若'，《周書》卷二九、《通志》卷一五八《伊婁穆傳》都作'昔'，疑'若'是'昔'之訛。"可從。　伊尹：人名。商初政治家，爲政五十餘年，治國有方，被世代稱爲賢相。　阿衡：官名。又稱保衡，保育教養之官。

[2]衛將軍：官名。多作爲軍府名號，無具體職掌。北魏孝文帝太和十七年定爲一品下，二十三年改爲二品。北齊沿置。北周時爲二品。　隆州：北周時治閬中縣，在今四川閬中市。　盧奴縣公：封爵名。盧奴，縣名。治所在今河北定州市。

穆弱冠爲周文帳内親信，[1]以機辯見知。歷中書舍人、通直散騎常侍。[2]嘗入白事，周文望見悅之，字之曰："奴干作儀同面見我矣。"[3]於是拜儀同三司，賜封安陽縣伯。[4]周孝閔帝踐阼，進位驃騎大將軍。建德中，卒。

[1]弱冠：古時以男子二十歲爲成人，初加冠，因體猶未壯，故稱弱冠。　帳内親信：《周書》卷二九作"内親信"，《山西通志》卷一一六與《北史》同。

[2]中書舍人：官名。即中書通事舍人。專掌草擬詔令。北魏孝文帝太和二十三年定爲六品下。北周亦置。　通直散騎常侍：官

名。通直常侍的省稱。參平尚書奏事，兼掌侍從、諷諫，六員，屬集書省。初爲三品下，北魏孝文帝太和二十三年定爲四品。北周亦置。

[3]儀同：儀同三司的省稱，謂官非三公而儀制待遇同於三公。西魏時凡開府，皆加儀同三司。文帝大統年間置府兵，其二十四開府所統儀同府主管將軍，軍號爲車騎大將軍、儀同三司，又簡稱爲儀同將軍或儀同。此皆爲當時中高級武官之稱號。

[4]安陽縣伯：封爵名。安陽，縣名。治所在今河南安陽市。

達奚寔，字什伏代，河南洛陽人也。[1]父顯相，武衛將軍。[2]

[1]河南：郡名。北魏時治洛陽縣，在今河南洛陽市東北。洛陽：縣名。治所在今河南洛陽市東北。

[2]武衛將軍：官名。北魏時掌宿衛禁軍。孝文帝太和十七年定爲從二品下，二十三年後定爲從三品。

寔少倜立，有幹局。從魏孝武西遷，封臨汾縣伯。[1]從周文禽竇泰，復弘農，破沙苑，皆力戰有功。累遷相府從事中郎。[2]寔性嚴重，[3]深見器遇。六官建，[4]行蕃部中大夫，[5]加驃騎大將軍、開府儀同三司，進爵平陽縣公。[6]周保定初，卒於刺史。[7]謚曰恭。子豐嗣。

[1]臨汾縣伯：封爵名。臨汾，縣名。治所在今山西新絳縣東北。

[2]相府從事中郎：官名。其職依時依府而異，或主吏，或分

掌諸曹，或掌機密，或參謀議，地位較高。北魏時公府、皇子開府、庶姓開府俱置。西魏沿置。北周末避楊忠諱，改稱從事内郎。

[3]嚴重：嚴肅穩重。

[4]六官：又稱六府。西魏時仿行《周禮》，重置天官、地官、春官、夏官、秋官、冬官等官府，亦合稱六府或六官。

[5]蕃部中大夫：官名。爲秋官府蕃部司長官，一員，掌諸侯朝覲禮儀。正五命。

[6]平陽縣公：封爵名。平陽，縣名。治所在今山西臨汾市。

[7]卒於刺史：中華本校勘記云："按《周書》卷二九《達奚寔傳》云：'出爲文州刺史，卒於官。'此當脱'文州'二字。"可從。

劉雄，字猛雀，臨洮子城人也。[1]少機辯，慷慨有大志。初爲周文親信，後拜中大夫，[2]兼中書舍人，賜姓宇文氏。周孝閔帝踐阼，加大都督。[3]天和中，累遷驃騎大將軍、開府儀同三司，封周昌侯。[4]歷位納言、内史中大夫、候正。[5]武帝嘗從容謂曰："古人云：'富貴不歸故鄉，猶衣錦夜遊。'"乃以雄爲河州刺史。雄先已爲本縣令，復有此授，鄉里榮之。及皇太子西征吐谷渾，[6]雄自涼州從滕王逌先入，[7]功居多，加上開府儀同三司。[8]從平并州，拜上大將軍，[9]進爵趙郡公。[10]平鄴城，[11]進柱國。宣政元年，[12]突厥寇幽州，[13]雄戰歿。贈亳州總管。[14]

[1]臨洮子城人也：子城，初爲乞伏國仁所據，後改曰子城縣，西魏、北周時屬金城郡。王仲犖《北周地理志》卷二《隴右·河州》"金城郡"條云："《周書》雄傳稱雄臨洮子城人，豈西魏時，

子城曾屬臨洮邪?”臨洮，郡名。西魏時治龍城縣，在今甘肅臨洮縣南。子城，縣名。治所在今甘肅蘭州市西北。

[2]中大夫：官名。北魏時置爲職事官員，如典命中大夫等，各有分職，從三品上，後罷。西魏恭帝三年（556）建六官，天官、地官等六府皆置。北周沿置，爲六府所轄諸司長官，正五命。《周書》卷二九《劉雄傳》作“中散大夫”，《通志》卷一五八與《北史》同。中華本校勘記云：“《周書》卷二九《劉雄傳》作‘中散大夫’。按當時無單稱中大夫之官，疑此脱‘散’字。”可從。

[3]大都督：官名。原爲高級軍事長官，北魏後期因戰事較多亦置，統兵出征，有時又加以各種名號。西魏時授予漸多。北周初規定授柱國大將軍、開府、儀同三司等官號者，並加使持節、大都督名義。武帝時，爲没有職掌的勳官，授予有軍功的武職官員。八命。

[4]周昌侯：封爵名。周昌，縣名。治所不詳。

[5]納言：官名。亦作内言。北周武帝時由御伯改名，設中大夫、下大夫、上士、中士，掌出納帝命，爲樞要近侍之臣，隸天官府。品秩依次爲正五命、正四命、正三命、正二命。　内史中大夫：官名。又稱内史、大内史。西魏恭帝三年始置，北周初沿置。春官府内史司長官，二員，負責皇帝詔書的撰寫與宣讀，參議刑罰爵賞及軍國大事，下設小内史下大夫、小内史上士、小内史中士、小内史下士，領御史上士等屬官。静帝大象元年（579），在其上設内史上大夫，遂降爲内史司次官。正五命。　候正：官名。北周時置，負責警衛候望。

[6]皇太子：指宇文贇，後繼位爲北周宣帝。

[7]凉州：北周時治姑臧縣，在今甘肅武威市。　滕王：封爵名。滕，國名。北周静帝大象元年以荆州新野郡爲滕國，邑一萬户。封宇文逌爲滕王。　逌（yōu）：即宇文逌，人名。字爾固突，代郡武川（今内蒙古武川縣西）人，鮮卑族。北周宗室。見《北史》卷五八《滕聞王逌傳》。殿本、四庫本、四部備要本作

"道"，誤。

［8］上開府儀同三司：北周武帝建德五年置。位在開府儀同大將軍之上。主要授予有軍功者或北齊的降官，無具體職掌。九命。隋朝置爲從三品，煬帝大業三年罷。

［9］上大將軍：官名。高級武官名號，位大將軍上。正九命。

［10］趙郡公：封爵名。趙，郡名。北周時治平棘縣，在今河北趙縣。

［11］鄴城：在今河北臨漳縣西南。

［12］宣政：北周武帝的年號（578）。

［13］幽州：北周時治薊縣，在今北京西南。

［14］亳州：北周時治小黄縣，在今安徽亳州市。

子昇嗣。以雄死王事，授儀同大將軍。

侯植，字仁幹，[1]其先上谷人也。[2]高祖恕，爲北地太守，[3]子孫因家于北地之三水。[4]

［1］侯植字仁幹：侯植即賀屯植。據賀屯植墓誌載："公諱植，字永顯，建昌郡人。"或有二字，或改其字，難以定（參毛遠明校注《漢魏六朝碑刻校注》第十册，綫裝書局 2008 年版，第 175—177 頁）。

［2］上谷：郡名。治沮陽縣，在今河北懷來縣東南。

［3］爲北地太守：《周書》卷二九《侯植傳》作"魏北地郡守"。《通志》卷一五八、《陝西通志》卷五八與《北史》同。北地，郡名。北魏時治富平縣，在今陝西富平縣。

［4］三水：縣名。治所在今陝西彬縣東北。按：北魏時三水縣屬涇州（北周時爲豳州）新平郡。而北地郡屬雍州，下有三原縣，無三水縣。疑此處"三水"應爲"三原"。《魏書·食貨志》："太和八年……北地郡之三原、雲陽、銅官、宜君縣……皆以麻布充

税。”可爲佐證。

植少倜儻，有大節，容貌奇偉，武藝絶倫。仕魏爲義州刺史，[1]甚有政績。後從孝武西遷，[2]賜姓侯伏侯氏。[3]從周文破沙苑，戰河橋，進大都督。凉州刺史宇文仲和據州作逆，[4]植從開府獨孤信討禽之，[5]封肥城縣公，[6]賜姓賀屯氏。後從于謹平江陵，進驃騎大將軍、開府儀同三司，别封一子汧源縣伯。[7]

[1]義州：北魏時僑置，治汲郡陳城縣，在今河南衛輝市西南。

[2]後從：毛本作“從”。

[3]侯伏侯氏：底本作“侯伏氏”，中華本《周書》卷二九《侯植傳》作“侯伏侯氏”。源氏校勘記云：“《周書》作‘侯伏侯氏’。”按：《周書》卷一一《晋蕩公護傳》中稱侯植從兄爲“侯伏侯龍恩”。中華本是，今從改。

[4]宇文仲和：人名。代武川（今内蒙古武川縣西）人，鮮卑族。西魏、北周官吏。西魏文帝大統年間，爲凉州刺史。隋初，與其父宇文衆謀反，被誅。底本作“文仲和”，中華本、《周書·侯植傳》作“宇文仲和”。按《周書》卷二《文帝紀下》、《北史》卷五《魏本紀·西魏文帝》皆作“凉州刺史宇文仲和”。中華本是，今從改。

[5]開府：北周時爲府兵組織統兵官，府兵二十四軍各設一員，統兵兩千人左右。　討禽之：毛本、局本作“討平之”。《周書·侯植傳》作“討擒之”。存疑。

[6]肥城縣公：封爵名。肥城，縣名。治所在今山東肥城市。

[7]汧（qiān）源縣伯：封爵名。汧源，縣名。治所在今陝西隴縣。

周孝閔帝踐阼，進爵郡公。時帝幼沖，晉公護執政，植從兄龍恩爲護所親。及護誅趙貴，諸宿將等多不自安。植謂從兄龍恩曰："主上春秋既富，安危繫於數公，若多誅戮，自立威權，何止社稷有累卵之危，恐吾宗亦緣此敗。兄安得知而不言！"龍恩竟不能用。植又承間言於護曰："公以骨肉之親，當社稷之寄，願推誠王室，擬迹伊、周，[1]則率土幸甚。"護曰："我誓以身報國，卿豈謂吾有他志邪？"又聞其先與龍恩言，乃陰忌之。植懼不免禍，遂以憂卒。[2]贈大將軍、平州刺史，[3]謚曰節。子定嗣。[4]及護伏誅，龍恩及其弟萬壽並預其禍。武帝以植忠於朝廷，特免其子孫。

[1]伊：即伊尹。　周：指周公。西周政治家，輔佐周成王。見《史記》卷三三《魯周公世家》。

[2]遂以憂卒：據賀屯植墓誌載："春秋五十八，以保定三年，歲次癸未，正月廿三日寢疾，薨於坊。"（參毛遠明校注《漢魏六朝碑刻校注》第十册，第175—177頁）可知賀屯植卒於北周武帝保定三年（563），終年五十八歲，則其生年當爲北魏宣武帝正始三年（506）。

[3]平州：北周時治當陽縣，在今湖北當陽市。元大德本、局本作"寧州"。《周書》卷二九《侯植傳》作"平州"。源氏校勘記云："'寧'《周書》作'平'。"

[4]子定嗣：據賀屯植墓誌載，其共有六子，分別爲"世子定遠，次子定徽，次子定嵩，次子定國，次子定周，次子定貴"，則此處疑漏"遠"字，當作"子定遠嗣"（參毛遠明校注《漢魏六朝碑刻校注》第十册，第175—177頁）。

李延孫，伊川人也。[1]父長壽，性雄豪，少與蠻酋結託，[2]侵掠闕南。[3]魏孝昌中，[4]朝議恐其爲亂，乃以長壽爲防蠻都督，[5]給其鼓節。[6]長壽盡其智力，防遏群蠻，伊川左右，寇盜爲之稍息。永安之後，[7]長壽徒侶日盛，魏帝藉其力用，因而撫之。累遷北華州刺史，[8]賜爵清河郡公。[9]及孝武西遷，長壽率勵義士拒東魏。後爲廣州刺史。[10]東魏遣行臺侯景攻之，[11]城陷，遇害。追贈太尉。[12]

[1]伊川：郡名。北魏時治伏流城，在今河南嵩縣東北。

[2]蠻：古代對南方各族的泛稱。

[3]侵掠：《周書》卷四三《李延孫傳》作“侵滅”。　闕南：殿本、四庫本、局本、四部備要本作“關南”，《周書·李延孫傳》、《通志》卷一五八亦作“關南”。源氏校勘記云：“《周書》作‘關南’。下同。”中華本校勘記云：“按本卷《韋祐傳》《魏玄傳》並見‘闕南’，《周書》韋祐、魏玄傳也都作‘關’。《魏書》卷四四《費穆傳》，言李洪於陽城起兵反魏，穆往鎮壓，‘破於關口之南’。據《魏書·地形志中》，洛州陽城郡有陽城關，則所謂‘關南’，當即指陽城關之南。疑《周書》是。”可從。

[4]孝昌：北魏孝明帝的年號（525—527）。

[5]防蠻都督：官名。具體職掌不詳。

[6]鼓節：鼓樂和符節。

[7]永安：北魏孝莊帝的年號（528—530）。

[8]北華州：北魏時治中部縣杏城，在今陝西黃陵縣西南。

[9]清河郡公：封爵名。清河，郡名。北魏時治清河縣，在今山東臨清市東北。

[10]廣州：西魏時治襄城縣，在今河南襄城縣。底本作“黃

州”。中華本校勘記云：“諸本‘廣’作‘黄’，《周書》《通志》作‘廣’。按西魏無‘黄州’，廣州見《魏書·地形志中》，州治魯陽，即在陽城關之南。下文言延孫亦官廣州刺史，蓋父子並以當地土豪，先後繼任。‘黄’乃‘廣’之訛，今據改。”今從改。

[11]侯景：人名。字萬景，懷朔鎮（今内蒙古固陽縣南）人。曾任北魏官吏，後叛至南朝梁。見《梁書》卷五六《侯景傳》。

[12]太尉：官名。北魏時列三公之首，爲名譽宰相，多爲大臣加官。孝文帝太和二十三年定爲一品。西魏因之。

延孫亦雄武，有將率才略，少從長壽征討，以勇敢聞。賀拔勝爲荆州刺史，[1]表延孫爲都督，[2]肅清鵶路，頗有力焉。及長壽被害，延孫乃還，收集其父之衆。自孝武西遷後，朝士流亡。廣陵王欣、録尚書長孫承業、潁川王斌之、安昌王子均及建寧、江夏、隴東諸王并百官等攜持妻子來投延孫者，[3]即率衆衛送，并贈以珍玩，咸達關中。齊神武深患之，[4]遣行臺慕容紹宗等數道攻擊，[5]延孫大破之。乃授延孫京南行臺、節度河南諸軍事、廣州刺史。[6]尋進車騎大將軍、儀同三司、大都督，[7]賜爵華山郡公。[8]延孫既蒙重委，每以克清伊、洛爲己任，[9]頻以寡擊衆，威振敵境。大統四年，爲其長史楊伯蘭所害。[10]贈司空。[11]

[1]賀拔勝：人名。字破胡，神武尖山（今山西神池縣）人。北魏、西魏名將。見《北史》卷四九《賀拔允附賀拔勝傳》。　荆州：北魏太武帝太延五年置，治上洛城，在今陝西商洛市。孝文帝太和二十二年遷至穰城，在今河南鄧州市。

[2]都督：官名。北魏時府兵中置。軍中統兵或管理雜物的低

級軍官，位在大都督、帥都督之下。

［3］廣陵王：封爵名。遥封。廣陵，郡名。南朝梁時治廣陵縣，在今江蘇揚州市西北。　欣：即元欣，人名。字慶樂。北魏宗室、大臣。見《北史》卷一九《廣陵王羽附元欣傳》。　録尚書：官名。即録尚書事。北魏、北周時多以公卿權重者居之，總領尚書省政務。　長孫承業：人名。字承業，本名冀歸，北魏孝文帝賜名稚，代（今山西大同市東北）人，鮮卑族。北魏將領。見《北史》卷二二《長孫道生附長孫承業傳》。　潁川王：封爵名。潁川，郡名。北魏時治長社縣，在今河南長葛市東北。　斌之：即元斌之，人名。字子爽。北魏宗室。孝武帝時封潁川郡王。見《北史》卷一九《安樂王長樂附元斌之傳》。　安昌王：封爵名。安昌，郡名。西魏時治舂陵縣，在今湖北棗陽市東南。　子均：按其本傳，安昌王單名均。均，即元均。北魏宗室，西魏時封爲安昌王。見《北史》卷一七《汝陰王天賜附元均傳》。　建寧王：封爵名。建寧，郡名。北魏時治建寧縣，在今湖北麻城市北。　江夏王：封爵名。江夏，郡名。北魏時治江夏，在今河南沁陽市北。　隴東王：封爵名。隴東，郡名。北魏時治涇陽縣，在今甘肅平凉市西。

［4］齊神武：即高歡。神武爲其謚號，北齊後主所追謚。

［5］慕容紹宗：人名。字紹宗。東魏、北齊官吏。參與擊討南朝梁蕭淵明所率之軍，大捷。見《北史》卷五三《慕容紹宗傳》。

［6］河南：地區名。指黄河以南的地區。

［7］車騎大將軍：官名。在諸名號大將軍之上，多爲軍府名號，用來加授大臣、重要州郡長官，無具體職掌。北魏孝文帝太和二十三年之後爲二品。西魏、北周時實行府兵制，用爲儀同府長官軍號。正八命。

［8］華山郡公：封爵名。華山，郡名。西魏時治鄭縣，在今陝西華縣。

［9］伊洛：伊水和洛水，因兩水在河南洛陽附近匯流，故連稱。後以“伊、洛”代指洛陽。

[10]楊伯蘭：毛本、殿本、四庫本、四部備要本蘭作“闌”。《周書》卷四三《李延孫傳》作“蘭”，《周書》卷三三《趙剛傳》作“簡”。按：據中華本《周書·趙剛傳》校勘記和張森楷先生考證，作“簡”誤。

[11]司空：官名。北魏時爲名譽宰相，多爲大臣加官。孝文帝太和二十三年定爲一品。西魏因之。

子人傑，[1]有祖、父風。官至開府儀同三司，改封潁川郡公。

[1]人傑：局本作“仁傑”。《周書》卷四三《李延孫傳》作“人傑”。

韋祐，字法保，京兆山北人也，[1]以字行。爲州郡著姓。父義，上洛郡守。[2]魏大統中，以法保著勳，追贈秦州刺史。[3]

[1]京兆：郡名。北魏時治霸城縣，在今陝西西安市東北。山北：縣名。治所在今陝西西安市東南。

[2]上洛：郡名。北魏時治上洛縣，在今陝西商洛市商州區。

[3]秦州：西魏時治上邽縣，在今甘肅天水市。

法保少好遊俠，而質直少言，所與交遊，皆輕猾亡命。父没，事母以孝聞。[1]慕李長壽之爲人，遂娶其女，因寓居闕南。[2]正光末，[3]王公避難者或依之，多得全濟，以此爲貴遊所德。及孝武西遷，法保赴行在所，[4]封固安縣男。[5]

[1]事母以孝聞：《周書》卷四三《韋祐傳》作“事母兄以孝敬聞”。

[2]闕南：《周書·韋祐傳》作“闕南”。按上文，李長壽爲伊川人，作“闕南”是。

[3]正光：北魏孝明帝的年號（520—525）。

[4]行在所：指天子所在的地方或天子巡行時所到之地。

[5]固安縣男：封爵名。固安，縣名。治所在今河北易縣東南。

及長壽被害，其子延孫收長壽餘衆，守禦東境。朝廷恐延孫兵少，乃除法保東洛州刺史，[1]配兵數百，以援延孫。[2]法保至潼關，弘農郡守韋孝寬謂曰：[3]“恐子此役，難以吉還。”法保曰：“古人稱不入獸穴，[4]不得獸子。安危之事，未可預量。”遂倍道兼行。與延孫兵接，乃并勢置栅於伏流。[5]未幾，周文追法保與延孫還朝，賞勞甚厚。除河南尹。[6]及延孫被害，法保乃率所部據延孫舊栅。嘗與東魏戰，流矢中頸，從口中出，久之乃蘇。大統九年，鎮九曲城。[7]及侯景以豫州附，[8]法保率兵赴。景欲留之，法保疑其貳，乃固辭還所鎮。十五年，加驃騎大將軍、開府儀同三司，尋進爵爲公。會東魏遣軍送糧餽宜陽，[9]法保潛邀之，中流矢，卒於陣。謚曰莊。

[1]東洛州：因東、西魏分立，西魏置洛州於上洛，故以洛陽之地爲東洛州。

[2]以援延孫：底本“援”作“授”，中華本、《周書》卷四三《韋祐傳》作“援”。源氏校勘記改“授”作“援”。是，今從改。

［3］韋孝寬：人名。即韋叔裕。字孝寬，京兆杜陵（今陝西西安市長安區東）人。北魏、西魏、北周名將。見《北史》卷六四《韋孝寬傳》。

［4］獸：《北史》避唐高祖祖父李虎諱改“虎”爲“獸”。

［5］置柵：局本作“直柵”。《周書·韋祐傳》作“置柵”。柵，營寨。　伏流：縣名。治所在今河南嵩縣東北。

［6］河南尹：官名。北魏孝文帝太和十七年遷都洛陽，置河南郡，設爲長官。掌京都洛陽地區行政。三品。西魏因之。

［7］九曲城：在今河南宜陽縣西北。

［8］豫州：西魏時治上蔡縣，在今河南汝南縣。

［9］宜陽：郡名。西魏時治宜陽縣，在今河南宜陽縣西。

子初嗣。位開府儀同大將軍、閻韓防主。[1]

［1］閻韓：城名。在今河南澠池縣。　防主：官名。西魏、北周置，爲城防的主將，管理所轄區域的軍政事務。多以刺史、郡守或都督數州及數防諸軍事兼領此職，下設長史。

陳欣，字永怡，宜陽人也。少驍勇，有氣俠，姿貌魁岸，同類咸敬憚之。孝武西遷後，欣乃於辟惡山招集勇敢少年，[1]寇掠東魏，仍密遣使歸附。授立義大都督，[2]賜爵霸城縣男。[3]累遷宜陽郡守。恭帝二年，進位驃騎大將軍、開府儀同三司，加侍中、宜陽邑大中正，[4]賜姓尉遲氏。周文以欣著績累載，贈其祖昆及父興孫俱爲儀同三司，位刺史。東魏洛州刺史獨孤永業，[5]號有智謀，往來境上。欣與韓雄等恒令間諜覘其動静，[6]齊兵每至，輒破之。故永業深憚欣等，不敢爲寇。周孝閔帝踐阼，進爵許昌縣公。[7]後除熊州刺史，[8]卒於州。

[1]辟惡山：在今河南宜陽縣。

[2]立義大都督：官名。西魏置。品秩不詳。一般授予歸附之人。立義，歸義的意思。

[3]霸城縣男：封爵名。霸城，縣名。治所在今陝西西安市東北。

[4]大中正：官名。主管州内士族品第的評定，供吏部選用。此職多由世家大族世代相襲。北魏時，大中正無品無禄，但犯罪時可當刑罰。西魏沿置。

[5]獨孤永業：人名。字世基，中山（今河北定州市）人。東魏、北齊官吏。見《北史》卷五三《獨孤永業傳》。

[6]韓雄：人名。字木蘭，河南東垣（今河南新安縣東）人。西魏、北周將領。見《北史》卷六八《韓雄傳》。

[7]許昌縣公：封爵名。源氏校勘記云："（'縣公'）《周書》作'郡公'。"莫知孰是。許昌，郡名。北周時治許昌縣，在今河南許昌市東。

[8]熊州：北周時治宜陽縣，在今河南宜陽縣西。

欣與韓雄里閈姻婭，[1]少相親昵，俱總兵境上三十餘載。每禦扞，二人相赴，常若影響。故數對勍敵，而常保功名。雖並有武力，至於挽强射中，[2]欣不如雄；散財施惠，得士衆心，則雄不如欣。身死之日，將吏荷其恩德，莫不感慟。

[1]里閈（hàn）：里門。　姻婭：親家和連襟，泛指姻親。

[2]挽强：四庫本作"挽疆"，誤。

子萬敵嗣。朝廷以欣雅得士心，還令萬敵領其部曲。[1]

[1]部曲：本爲軍隊編制之稱，東漢末演變爲私人武裝之稱。魏晋南北朝時，世族、豪族普遍擁有部曲。平時耕田從役，戰時隨主人作戰。父死子繼，地位低下。南北朝後期，地位稍微上升，有些經主人放免成爲平民。

魏玄，字僧智，其先任城人也，[1]後徙於新安。[2]玄少慷慨，有膽略。孝武西遷，東魏北徙，人情各懷去就，玄每率鄉兵抗拒東魏。[3]芒山之役，大軍不利，宜陽、洛州皆爲東魏守，而玄母及弟並在宜陽。玄以爲忠孝不兩立，乃率義徒還闕南鎮撫。[4]周文手書勞之，除洛陽令，[5]封廣宗縣子。[6]

[1]任城：郡名。北魏時治魯縣，在今山東曲阜市。

[2]新安：郡名。北魏時治新安縣，在今河南新安縣。

[3]鄉兵：地方民兵。其成員選自户籍，在所在地集結訓練，以爲防守，各地名號不一。

[4]闕南：《周書》卷四三《魏玄傳》作"關南"。按：據上文，"闕南"是，《周書》誤。

[5]洛陽令：官名。遥封。洛陽，縣名。治所在今河南洛陽市東北。

[6]廣宗縣子：封爵名。遥封。廣宗，縣名。治所在今河北威縣東。

周保定四年，累遷驃騎大將軍、開府儀同三司，鎮閻韓。[1]遷熊州刺史，政存簡惠，百姓悦之。轉和州刺史、伏流防主，[2]進爵爲公。及齊將斛律明月率衆向宜陽，兵威甚盛，玄率衆禦之，每戰輒克。後以疾卒於位。

[1]周保定四年累遷驃騎大將軍開府儀同三司鎮閻韓：底本“四”作“元”。《周書》卷四三《魏玄傳》作“保定元年，移鎮鑾谷。四年，進位驃騎大將軍、開府儀同三司，徙鎮閻韓”。源氏校勘記云：“‘元’《周書》作‘四’。”按：據《周書》，魏玄遷驃騎大將軍、開府儀同三司等事在保定四年，而非保定元年。今從《周書》改。

[2]和州：北周時治伏流縣，在今河南嵩縣東北。

泉岙，[1]字思道，上洛豐陽人也。[2]世雄商洛，[3]自晋東度，常貢屬江東。[4]曾祖景言，魏大延五年率鄉里歸化，[5]仍引王師平商洛。拜建節將軍，[6]假宜陽郡守，世襲本縣令，封丹水侯。[7]父安志，復爲建節將軍、宜陽郡守，領本縣令，降爵爲伯。

[1]泉岙（xiān）：《周書》卷四四作“泉企”。源氏校勘記云：“‘岙’《北齊》作‘企’。下同。按，岙，許延切，輕舉貌。企，去智切，舉踵也。以字考之，作‘企’似是。”中華本校勘記云：“《周書》卷四四‘岙’作‘企’，未知孰是。”按：“岙”古漢語中同“仙”，與其字“思道”暗合。應是。

[2]豐陽：縣名。治所在今陝西山陽縣。

[3]商洛：地區名。漢古商縣和上洛縣。商縣，治所在今陝西

商洛市商州區東南。上洛，縣名。漢代在今陝西商洛市商州區。

［4］江東：地區名。指長江下游的東部地區。古人在地理上以東爲左，以西爲右，故江東又名江左。

［5］大延：北魏太武帝的年號（435—440）。中華本作“太延”。

［6］建節將軍：官名。用以褒賞勳庸。三國魏始置，秩第五品。北魏孝文帝太和十七年定爲從三品下，二十三年定爲四品。

［7］丹水侯：封爵名。丹水，縣名。治所在今河南淅川縣西南。

弇九歲喪父，哀毀類於成人。服闋襲爵，年十二。鄉人皇平、陳合等三百餘人詣州，請弇爲縣令。州爲申上。[1]時吏部尚書郭祚以弇年少，[2]請別選遣，終此一限，令弇代之。宣武詔依皇平等所請。[3]巴俗事道，尤重老子之術。弇雖童幼，而好學恬静，百姓安之。尋以母憂去職。縣中父老復表請起復本任。後除上洛郡守。及蕭寶夤反，[4]遣兵趣青泥，[5]圖取上洛，豪族泉、杜二姓密應之。弇與刺史董紹掩襲，[6]二姓散走，寶夤亦退。遷淅州刺史，[7]别封涇陽縣伯。[8]

［1］州爲申上：局本作“弇爲申上”。

［2］吏部尚書：官名。爲尚書吏部曹長官，位居列曹尚書之上，主管官吏銓選、考課、獎懲。北魏孝文帝太和十七年定爲二品下，二十三年定爲三品。　郭祚：人名。字季祐，太原晋陽（今山西太原市晋源區古城營村一帶）人。北魏官吏。出身世家，爲孝文帝、宣武帝的重要謀臣。見《北史》卷四三《郭祚傳》。毛本、殿本、四庫本、局本作“郭阼”。

［3］宣武：即北魏皇帝元恪。宣武爲其謚號。

[4]蕭寶夤（yín）：人名。字智亮，南蘭陵（一説在今江蘇常州市，一説在今江蘇丹陽市）人。南朝齊宗室，齊亡時奔北魏，封爲齊王。見《北史》卷二九《蕭寶夤傳》。

[5]青泥：城名。在今陜西藍田縣。

[6]董紹：人名。字興遠，新蔡鮦陽（今安徽臨泉縣鮦城鎮）人。北魏、西魏官吏。見《北史》卷四六《董紹傳》。《周書》卷四四《泉企傳》作“董紹宗”。中華本《周書》卷四四校勘記引張森楷語云：“‘宗’字衍文，事並見《魏書·董紹傳》（卷七九）。”可從。

[7]淅州：北魏時治脩陽縣，在今河南西峽縣北。底本作“浙州”，元大德本、殿本、四庫本、四部備要本、中華本、《周書·泉企傳》作“淅州”，《通志》卷一五八作“浙州”。按北魏時有析州，西魏時改爲淅州，北周因之，均治於脩陽縣。今從中華本改。

[8]涇陽縣伯：封爵名。涇陽，縣名。治所在今陜西咸陽市東北。

永安中，大破梁將王玄真於順陽，[1]除東雍州刺史，[2]進爵爲侯。部人楊羊皮，太保椿之從弟，恃椿，侵擾百姓。守宰多被其陵侮，皆畏而不敢言。企收之，將加極法。楊氏慚懼，闔宗請恩。自此豪右無敢犯者。性又清約，纖毫不擾於人。在州五年，每於鄉里運米自給。梁魏興郡與洛州接壤，[3]表請内屬。詔企爲行臺尚書以撫納之。[4]大行臺賀拔岳以企昔莅東雍，[5]爲吏人所懷，乃表企復爲刺史。詔許之。蜀人張國儁聚黨剽劫，州郡不能制，企收戮之，[6]闔境清肅。

[1]順陽：郡名。北魏時治南鄉縣，在今河南淅川縣西南。

[2]東雍州：北魏太武帝太平真君四年置，治所在今山西新絳縣。後廢。孝明帝孝昌二年改又置，治鄭縣，在今陝西華縣。

[3]魏興郡：南朝梁時治西城縣，在今陝西安康市西北。

[4]行臺尚書：官名。北魏時置，爲行臺長官。主管各地軍務，兼理民事。北魏末期爲行臺屬官，分曹理事。在未設行臺尚書令或行臺僕射時，仍爲行臺長官。

[5]大行臺：官名。大行臺尚書令的省稱。爲地方最高行政機關的長官，管理轄區内的軍政事務。

[6]收戮之：元大德本、毛本、局本作"與戮之"，殿本、四庫本、四部備要本作"捕戮之"。《周書》卷四四《泉企傳》作"收而戮之"。《通志》卷一五八作"收戮之"。

及齊神武專政，孝武有西顧之心，欲委企以山南之事，[1]乃除洛州刺史。未幾，帝西遷。齊神武率衆至潼關，企遣其子元禮禦之，神武不敢進。上洛人都督泉岳，其弟猛略與拒陽人杜窋等謀翻洛州以應東魏。[2]企知之，殺岳及猛略，傳首詣闕。大統元年，加開府儀同三司，兼尚書右僕射，[3]進爵上洛郡公。[4]企志尚廉慎，每除一官，憂見顔色，寢食輒減。至是頻讓，魏帝手詔不許。三年，高敖曹圍逼州城，[5]杜窋爲其鄉導。企拒守旬餘，矢盡援絶，城乃陷焉。謂敖曹曰："泉企力屈，志不服也。"及竇泰被禽，敖曹退走，遂執企而東，以窋爲刺史。企臨發，密戒二子元禮、仲遵曰："吾生平志願，不過令長，幸逢聖會，[6]位亞台司。[7]今爵禄既隆，年齒又暮，前途夷險，抑亦可知。汝等堪立功効，不得以我在東，遂虧臣節也。"乃揮涕而訣。聞者莫不憤歎。尋卒於鄴。

［1］山南：地區名。指終南山、太華山等之南的地區。

［2］拒陽：縣名。治所在今陝西洛南縣東南。底本作“順陽”，局本、中華本作“拒陽”。《周書》卷四四《泉企傳》作“順陽”。中華本校勘記云：“按《魏書·地形志下》，順陽郡順陽縣屬荆州，上洛縣、拒陽縣並屬洛州上洛郡。本傳説杜窋與上洛人泉岳等‘謀翻洛州’。又説泉、杜二姓是上洛豪族，則窋當是拒陽人。若作‘順陽’，則是荆州屬縣，安能‘謀翻洛州’？今據《周書》改。”今從改。　杜窋：人名。一作“杜密”。北魏、東魏官吏。北魏末附高歡，授洛州刺史，泉元禮攻破洛州後，被斬。　東魏：《周書·泉企傳》作“東軍”。《通志》卷一五八與《北史》同。

［3］尚書右僕射：官名。北魏時執掌都省庶務及執法，或典選舉，輔助尚書令執行政務，參議大政，諫諍得失。左僕射兼掌糾彈百官，居右僕射上。孝文帝太和十七年定爲從一品中，二十三年定爲從二品。西魏沿置。

［4］上洛郡公：封爵名。殿本、四部備要本“郡”作“群”，誤。

［5］高敖曹：人名。即高昂。字敖曹，勃海蓨（今河北景縣）人。東魏大將。見《北史》卷三一《高祐附高昂傳》。

［6］聖會：聖時的際遇。《周書》卷四四作“聖運”，《通志》卷一五八與《北史》同。按：聖運指在位皇帝或本朝的運數，與文意不符。疑“運”乃“會”之訛。

［7］台司：指三公。

元禮少有志氣，好弓馬，頗閑草隸，有士君子之風。賜爵臨洮縣伯，[1]散騎常侍。[2]及洛州陷，與企俱被執而東。元禮於路逃歸。時杜窋雖爲刺史，然巴人素輕杜而重泉。及元禮至，與仲遵相見，感父臨别之言，潛與豪右結託。遂率鄉人襲州城，斬峜，傳首長安。朝廷嘉之，代襲洛州刺史。[3]從周文戰於沙苑，中流矢卒。子貞嗣。

[1]臨洮縣伯：封爵名。臨洮，縣名。治所在今甘肅岷縣。

[2]散騎常侍：官名。主掌圖書文翰，諫諍拾遺及收納轉呈文書。北魏時兼領修史，實際地位略高於南朝，但仍爲閑散之職。孝文帝太和十七年定爲二品，二十三年定爲從三品。北周時常爲加官。

[3]代襲：源氏校勘記於"代"旁紅筆小字夾批云："世也。辟諱。"

仲遵一名恭。少謹實，涉獵經史。年十三爲郡主簿，[1]十四爲縣令。及長，有武藝。高敖曹攻洛州，與企力戰拒守。矢盡，以棒杖扞之，爲流矢中目，不堪復戰。及城陷，士卒歎曰："若二郎不傷，豈至於此！"企之東也，仲遵以被傷不行。後與元禮斬峜，以功封豐陽縣伯，[2]東豫州刺史。[3]及元禮戰没，復以仲遵爲洛州刺史，頗得譽。

[1]爲郡主簿：《周書》卷四四《泉企附泉仲遵傳》作"州辟主簿"。主簿，官名。西魏時諸公、諸將軍及五校衛等軍府、列卿寺監、光禄大夫皆置，品位秩級隨府長官地位的高低而異。州、郡、縣亦置，雖非掾史之首，但地位較高，一般選地方大族子弟充任。

[2]豐陽縣伯：封爵名。豐陽，縣名。治所在今陝西山陽縣。

[3]東豫州刺史：中華本《周書·泉企附泉仲遵傳》作"加授

征東將軍、豫州刺史”。其校勘記云：“《北史》本傳作‘東豫州刺史’，不知孰是。按這時豫、東豫二州都屬東魏，應是僑置或遥領。”東豫州，東魏時治廣陵城，在今河南息縣。

大統十三年，行荆州刺史事。梁司州刺史柳仲禮每爲邊寇，[1]周文令仲遵率鄉兵，從開府楊忠討之。梁隨郡守桓和拒守不降。[2]忠謂諸將曰：“先取仲禮，則桓和不攻而自服也。”仲遵對曰：“若棄和深入，仲禮未即就禽，則首尾受敵，此危道也。”忠從之。仲遵以計由己出，乃先登城，遂禽和。從擊仲禮，又獲之。進驃騎大將軍、開府儀同三司、本州大中正，復行荆州刺史、十三州諸軍事。尋遭母憂，請終喪制，不許。大將軍王雄南征上津、魏興，[3]仲遵從雄討平之。遂於上津置南洛州，[4]以仲遵爲刺史。仲遵留情撫接，百姓安之。

[1]司州：南朝梁時治義陽縣，在今河南信陽市。　柳仲禮：人名。河東解（今山西臨猗縣）人。南朝梁大都督，後降北周。見《南史》卷三八《柳元景附柳仲禮傳》。

[2]隨：郡名。南朝梁時治隨縣，在今湖北隨州市。　桓和：人名。南朝梁將領。爲冀州刺史，於南朝梁武帝天監五年（506）攻南青州，敗走，繼而攻陷固城。後在楚州被侯景俘虜。

[3]王雄：人名。字雄胡布頭，太原（今山西太原市晋源區古城營村一帶）人。西魏、北周官吏、將領。見《北史》卷六〇《王雄傳》。　上津：郡名。西魏時治上津縣，在今湖北鄖西縣。

[4]南洛州：西魏時治上津縣，在今湖北鄖西縣西北。後改爲上州。

初，蠻帥杜青和自稱巴州刺史，[1]以州入附，朝廷因其所據而授之，仍隸東梁州都督。[2]青和以仲遵善於撫御，請隸仲遵。朝議以山川非便，[3]弗之許也。青和遂結安康酋帥黄衆寶等，[4]舉兵共圍東梁州。復遣王雄討平之，改巴州爲洵州，隸於仲遵。先是東梁州刺史劉孟良在職貪婪，[5]人多背叛。仲遵以廉簡處之，群蠻帥服。

[1]杜青和：人名。又作“杜清和”。　巴州：南朝梁時治化成縣，在今四川巴中市。

[2]東梁州：西魏時治安康縣，在今陝西石泉縣。

[3]朝議：意爲朝廷的評議、決議。

[4]安康：郡名。西魏時治安康縣，在今陝西石泉縣。

[5]劉孟良：人名。博陵望都（今河北唐縣東北）人。北魏、西魏官吏。位至大司農卿。北魏孝武帝永熙三年（534），從孝武帝入關，爲梁州刺史。西魏文帝大統初爲宇文泰丞相府諮議。見《北史》卷七四《劉昉傳》。

仲遵雖出自巴夷，而有方雅之操，歷官之處，皆以清白見稱。朝廷又以其父臨危抗節，乃令襲爵上洛郡公，舊封聽迴授一子。尋出爲都督、金州刺史。卒官。贈大將軍、三州刺史，謚曰莊。

子晅嗣。位至開府儀同大將軍。

李遷哲，字孝彦，安康人也。世爲山南豪族，仕於江左。父元直，[1]仕梁，歷東梁、衡二州刺史、[2]散騎常侍、沌陽侯。[3]

[1]父元直：《周書》卷四四《李遷哲傳》作“父元真”。

[2]衡：州名。南朝梁時治含洭縣，在今廣東英德市西北浛洸鎮。

[3]沌陽侯：封爵名。沌陽，縣名。治所在今湖北武漢市蔡甸區東。

遷哲少倜立，有識度，慷慨善謀畫。起家文德主帥。[1]其父爲衡州，留遷哲本鄉，監統部曲事。時年二十，撫馭群下，甚得其情。後襲爵沌陽侯，位都督、東梁州刺史。侯景篡逆，遷哲外禦邊寇，[2]自守而已。

[1]文德主帥：官名。具體職掌不詳。主帥，底本作“主師”。中華本、《周書·李遷哲傳》作“主帥”。源氏校勘記改“師”作“帥”。中華本校勘記云：“文德主帥又見《周書》卷四七《姚僧垣傳》、《梁書》卷三二《陳慶之傳》。”今從改。

[2]邊寇：局本作“遷寇”，誤。

大統十七年，周文遣達奚武、王雄等略地山南，[1]遷哲軍敗，遂降於武。然猶意氣自若。武乃執送京師。周文責以不早歸國。答曰：“不能死節，實以此愧耳。”周文深嘉之，封沌陽縣伯。

[1]達奚武：人名。字成興，代（今山西大同市東北）人，鮮卑族。西魏、北周將領。見《北史》卷六五《達奚武傳》。

恭帝初，直州人樂熾、洋州人黄國等連結爲亂。[1]周文以遷哲信著山南，乃令與開府賀若敦同經略。[2]熾等尋並平蕩，仍與敦南出徇地。[3]遷哲先至巴州，入其封郭。梁巴州刺史牟安人開門請降。[4]安人子宗徹等猶據巴城不下，[5]遷哲攻剋之。軍次鹿城，[6]城主遣使請降。遷哲謂其衆曰："納降如受敵，吾觀其使，瞻視猶高，得無詐也?"遂不許之。梁人果於道左設伏以邀遷哲，遷哲進擊破之，遂屠其城。自此巴濮之人降款相繼。[7]軍還，周文賜以所服紫袍玉帶及所乘馬，[8]加授侍中、驃騎大將軍、開府儀同三司，除直州刺史，即本州也。仍給軍儀鼓節，令與田弘同討信州。[9]

[1]直州人樂熾洋州人黄國等連結爲亂：《周書》卷四四《李遷哲傳》作"直州人樂熾、洋州人田越、金州人黄國等"。源氏校勘記云："《周書》作洋州人田越、金州人黄國。按，此書脱文。"中華本校勘記云："《周書》'人'下有'田越金州人'五字，此當是誤脱。但《通鑑》卷一六五及《通志》卷一五八《李遷哲傳》亦無此五字，今不補。"直州，西魏時治安康縣，在今陝西石泉縣南。洋州，西魏時治洋川縣，在今陝西西鄉縣東南。

[2]賀若敦：人名。河南洛陽（今河南洛陽市）人，後徙居河南洛陽（今河南洛陽市），鮮卑族。西魏、北周名將，屢立戰功。見《北史》卷六八《賀若敦傳》。　同經略：《周書·李遷哲傳》作"同往經略"。

[3]徇地：攻取土地。謂率軍隊巡行各地，使之降服。

[4]牟安人：人名。即牟安民，《北史》避唐太宗李世民諱改。其餘不詳。

[5]巴城：《周書·李遷哲傳》作"琵琶城"。源氏校勘記云："'巴'《周書》作'琵琶'二字。"按：梁末巴州城分爲内城和外城，形似琵琶，又稱琵琶城。巴城，在今四川巴中市。

[6]鹿城：南朝梁時屬永安郡，在今湖北境内。

[7]巴濮：地區名。《資治通鑑》卷一六五胡三省注云："春秋巴子之國，三巴郡地是也。春秋百濮之地，在西城、上庸之間。"三巴，郡名。北周時治東鄉縣，在今四川宣漢縣。

[8]及所乘馬：局本"及"作"之"。

[9]信州：南朝梁時治魚復縣，在今重慶奉節縣。

時信州爲蠻酋向五子王等所圍，[1]弘遣遷哲赴援。比至，信州已陷。五子王等聞遷哲至，狼狽遁走。遷哲入據白帝，[2]賀若敦等復至，遂共追五子王等，破之。及田弘旋軍，周文令遷哲留鎮白帝。信州先無倉儲，軍糧匱乏。遷哲乃收葛根造粉，兼米以給之，遷哲亦自取供食。時有異膳，即分賜兵士。有疾患者，又親加醫藥。以此軍中感之，人思効命。黔陽蠻田烏度、田烏唐等每抄掠江中，[3]爲百姓患。遷哲隨機出討，殺獲甚多。由是諸蠻畏威，各送糧餼。又遣子弟入質者千有餘家，遷哲乃於白帝城外築城以處之。并置四鎮，以静峽路。自此寇抄頗息，軍糧贍給焉。周明帝初，[4]授都督、信州刺史。二年，進爵西城縣公。[5]

[1]向五子王：人名。其餘不詳。

[2]白帝：城名。在今重慶奉節縣白帝城。

[3]黔陽：縣名。治所在今湖南洪江市。　田烏度：人名。西魏黔陽蠻族首領。　田烏唐：人名。又作"田都唐""田唐"，西魏黔陽蠻族首領。《周書》卷四四《李遷哲傳》、《册府元龜》卷六九五作"田都唐"。《通志》卷一五八作"田烏唐"。源氏校勘記云："'烏'《周書》作'都'。"中華本校勘記云："《周書》卷四九

《蠻傳》亦作‘田都唐”，本書卷九五《蠻傳》省作‘田唐’。疑作‘田唐’是，‘烏’是涉‘田烏度’之‘烏’而誤。”可從。

[4]周明帝：即北周皇帝宇文毓。明爲其謚號。

[5]西城縣公：封爵名。西城，縣名。治所在今陝西安康市西北。

武成元年，朝于京師。明帝甚禮之，賜甲第及莊田等。天和三年，進位大將軍。詔遷哲率金、上等諸州兵鎮襄陽。[1]五年，陳將章昭達攻逼江陵，[2]梁明帝告急於襄州，[3]衛公直令遷哲往救焉。[4]遷哲率其所部守江陵外城，自率騎出南門，又令步兵自北門出，兩軍首尾邀之，陳人多投水死。是夜，陳人又竊於城西堞以梯登城，登者已百數人。[5]遷哲又率驍勇扞之，陳人復潰。俄而大風暴起，遷哲乘闇出兵擊其營，陳人大亂，殺傷甚衆。江陵總管陸騰復破之於西隄，[6]陳人乃遁。建德二年，進爵安康郡公。三年，卒於襄州。贈金州總管，謚曰壯武。

[1]上：州名。北周時治上津縣，在今湖北鄖西縣西北。　襄陽：郡名。北周時治襄陽縣，在今湖北襄樊市。

[2]章昭達：人名。字伯通，吴興武康（今浙江湖州市）人。南朝陳開國名將。見《陳書》卷一一《章昭達傳》。

[3]梁明帝：即西梁皇帝蕭巋。明爲其謚號。　襄州：北周時治襄陽縣，在今湖北襄樊市。

[4]衛公直：即宇文直。字豆羅突，代郡武川（今内蒙古武川縣西）人，鮮卑族。北周宗室。見《北史》卷五八《衛剌王直傳》。

[5]百數：《周書》卷四四《李遷哲傳》作“數百”。源氏校勘記云：“《周書》作‘數百’。”

[6]陸騰：人名。字顯聖，代（今山西大同市東北）人。西魏、北周名將。見《北史》卷二八《陸俟附陸騰傳》。

遷哲累葉雄豪，爲鄉里所服。性復華侈，能厚自奉養。妾媵至有百數，男女六十九人。緣漢千餘里間，第宅相次，姬媵之有子者，分處其中，[1]各有僮僕侍婢閽人守護。[2]遷哲每鳴笳導從，往來其間，縱酒歡醼，盡生平之樂。子孫參見，或忘其年名者，披簿以審之。

[1]分處其中：局本“分”作“公”。

[2]僮僕：亦稱僕隸。指私家所屬的一種依附人手，主要用於家内役作，也有從事手工業、農業生産的。　守護：毛本、殿本、四庫本、四部備要本作“守獲”。按：此處作“守獲”語義不通，故從底本。

長子敬仁，先遷哲卒。第六子敬猷嗣，還統父兵，位儀同大將軍。[1]

[1]位儀同大將軍：中華本《周書》卷四四《李遷哲傳》作“進爵儀同大將軍”。其校勘記引張森楷語云：“此官，非爵也，‘爵’字誤。”

遷哲弟顯，位上儀同大將軍。[1]

[1]上儀同大將軍：官名。北周武帝建德四年置，位在儀同大

將軍上。授予有軍勳的功臣及其子弟，無具體職掌，其下設有長史、司馬、司録、中郎、掾、參軍等府僚。九命。

楊乾運，字玄邈，儻城興勢人也。[1]少雄武，爲鄉閭信服。爲安康郡守。陷梁，仕歷潼、南梁二州刺史。[2]及武陵王蕭紀稱尊號，[3]以乾運威服巴渝，[4]乃拜梁州刺史，[5]鎮潼州，封萬春縣公。[6]時紀與其兄湘東王繹争帝。[7]乾運兄子略勸乾運歸附，乾運然之。會周文令乾運孫法洛至，略即夜送之。乾運送欵，周文密賜乾運鐵券，[8]授開府儀同三司、侍中、梁州刺史、安康郡公。及尉遲迥征蜀，[9]遂降迥。迥因此進軍成都，[10]數旬剋之。及至京師，禮遇隆渥。尋卒於長安。贈尚書右僕射。子端嗣。

[1]儻城：郡名。西魏時治興勢縣，在今陝西洋縣東北。　興勢：縣名。治所在今陝西洋縣東北。

[2]潼：州名。南朝梁時治涪縣，在今四川綿陽市東。　南梁：州名。南朝梁時治北巴西郡閬中縣，在今四川閬中市。

[3]武陵王：封爵名。武陵，郡名。南朝梁時治臨沅縣，在今湖南常德市。　蕭紀：人名。字世詢，南蘭陵（一説在今江蘇常州市，一説在今江蘇丹陽市）人。南朝梁宗室，公元552年在成都稱皇帝，後被殺。見《梁書》卷五五《武陵王紀傳》。

[4]巴渝：地區名。指今四川、重慶一帶。

[5]梁州：南朝梁時治南鄭縣，在今陝西漢中市。

[6]萬春縣公：封爵名。萬春，縣名。治所在今四川成都市温江區東。

[7]湘東王：封爵名。湘東，郡名。南朝梁時治臨烝縣，在今

湖南衡陽市。　繹（yì）：即蕭繹，人名。字世誠，南蘭陵（一説在今江蘇常州市，一説在今江蘇丹陽市）人。南朝梁皇帝，初封湘東王。見《梁書》卷五《元帝紀》。

[8]鐵券：又稱鐵契。皇帝頒賜給功臣授以世代享受某種特權的憑證。爲漢高祖所創。鐵製的契券上用丹砂書寫誓詞，從中剖開，朝廷和受賜者各保存一半。

[9]尉遲迥：人名。字薄居羅，代（今山西大同市東北）人。西魏、北周重臣。見《北史》卷六二《尉遲迥傳》。

[10]成都：縣名。治所在今四川成都市。

略亦以歸附功，位至開府儀同三司、大將軍，[1]封上庸縣伯。[2]

[1]位至開府儀同三司大將軍：《周書》卷四四《楊乾運傳》作“建德末，位至開府儀同大將軍”。中華本校勘記云：“按周武帝建德四年改開府儀同三司爲開府儀同大將軍（見《周書》卷六《武帝紀》），則建德末無開府儀同三司。此‘三司’二字衍文。”可從。

[2]上庸縣伯：封爵名。上庸，縣名。治所在今湖北竹山縣西南。

乾運女壻樂廣，安州刺史，[1]封安康縣公。

[1]安州：西魏時治安陸縣，在今湖北安陸市。

扶猛，字宗略，上甲黄土人也。[1]其種落號白獸蠻。[2]猛仕梁，位南洛、北司二州刺史，[3]封宕渠縣男。[4]魏廢帝元年，[5]以衆降。周文厚加撫納，復爵宕渠縣男，割二郡爲羅州，[6]以猛爲刺史。令從開府賀若敦南討信州。敦令猛直道白帝，[7]所由之路，人迹不通。猛乃梯山捫葛，備歷艱阻，遂入白帝城。撫慰人夷，莫不悦附。以功進開府儀同三司。俄而信州蠻反，猛復從賀若敦平之，進爵臨江縣公。[8]後從田弘破漢南諸蠻，[9]進位大將軍。卒。

[1]上甲：郡名。西魏時治上甲縣城，在今湖北鄖西縣西南夾河關。　黄土：縣名。治所在今陝西旬陽縣東北蜀河口。

[2]白獸蠻：即白虎蠻，《北史》避唐高祖祖父李虎諱改。蠻人的一支，南北朝時居於今湖北鄖縣西一帶。白，局本作“臼”，誤。

[3]南洛：州名。南朝梁時治上津縣，在今湖北鄖西縣西北。　北司：州名。南朝梁時治平陽縣，在今河南信陽市南。

[4]宕（dàng）渠縣男：封爵名。宕渠，縣名。治所在今四川營山縣東北。

[5]魏廢帝：即西魏皇帝元欽。

[6]羅州：西魏時治上庸縣，在今湖北竹山縣西南。

[7]敦令猛直道白帝：《周書》卷四四《扶猛傳》、《册府元龜》卷三五五作“敦令猛别道直趣白帝”。《通志》卷一五八與《北史》同。源氏校勘記云：“‘道’《周書》作‘趣’。”

[8]臨江縣公：封爵名。臨江，縣名。治所在今重慶忠縣。

[9]漢南：縣名。治所在今湖北宜城市。

陽雄，字元略，上洛邑陽人也。[1]累葉豪族。父猛，從孝武西遷，以功封部陽伯，[2]位征東將軍、揚州刺史。[3]

[1]邑陽：縣名。治所在今陝西洛南縣東北。

[2]郃陽伯：封爵名。郃陽，縣名。治所在今陝西合陽縣東南。殿本、四庫本、四部備要本作“部陽伯”，誤。

[3]征東將軍：官名。多爲持節都督，出鎮四方，地位顯要。北魏孝文帝太和十七年定爲從一品中，二十三年定爲從三品。　揚州：北魏時治壽春縣，在今安徽壽縣。

雄起家奉朝請，[1]以軍功封安平縣侯。[2]得子孫相襲拜邑陽郡守。[3]累遷平州刺史，進爵玉城縣公，[4]加開府儀同三司、驃騎大將軍。歷京兆尹、户部中大夫，[5]進位大將軍，轉中外府長史，[6]遷江陵總管，改封魯陽縣公。[7]卒於鎮。追封郡公，謚曰懷。雄善附會，能自謀身，故任兼出内，[8]保全爵禄。子長寬嗣。

[1]奉朝請：兩漢時朝廷給予退休大臣、列侯、宗室、外戚等的一種政治優待。魏晋南北朝因之，漸成加官。北魏時爲冗散官，有俸無職，定員二百人。西魏沿置。從七品。

[2]安平縣侯：封爵名。安平，縣名。治所在今河北安平縣。

[3]得子孫相襲拜邑陽郡守：《周書》卷四四《陽雄傳》、《册府元龜》卷三八二作“有戰功，前後增邑四百五十户，世襲邑陽郡守”。《通志》卷一五八與《北史》同。中華本校勘記云：“按封爵世襲乃慣例，何必特書？蓋陽雄是地方豪族，故得世襲郡守，猶如泉企之世襲本縣令。這是當時對朝廷控制不到的地方勢力的羈縻辦法，故書之。”今從之。

[4]玉城縣公：封爵名。玉城，縣名。治所在今河南靈寶市東

南。殿本、四庫本、四部備要本作“王城縣公”，誤。

[5]京兆尹：官名。京畿地方行政長官之一。職掌如同地方郡守，但是地位高於郡守，位列九卿。西魏時在京師長安置此職，北周初改爲京兆郡守，明帝二年（558）復爲京兆尹。底本作“京兆”，中華本、《周書·陽雄傳》作“京兆尹”。中華本據《周書》改，今從之。　户部中大夫：官名。即民部中大夫，爲避唐太宗李世民諱改。地官府民部司長官，二員，掌管民户數額。正五命。

[6]中外府長史：官名。爲中外府都督諸軍事的屬官之長，掌參謀顧問，地位顯要。北周時爲正七命。

[7]魯陽縣公：封爵名。魯陽，縣名。治所在今河南魯山縣。

[8]出内：《周書·陽雄傳》“出内”作“出納”。中華本《周書》校勘記云：“按‘出内’猶言‘中外’，疑作‘内’是。”

席固，字子堅，其先安定人也。[1]高祖衡，因姚氏之亂，[2]寓居襄陽，仕晋，爲建威將軍，[3]遂爲襄陽著姓。

[1]安定：郡名。北魏時治安定縣，在今甘肅涇川縣北。

[2]姚氏之亂：指後秦姚興進攻東晋之事。

[3]建威將軍：官名。西漢末王莽時設，爲領兵之官。晋朝沿置。四品。

固少有遠志。梁大同中，[1]爲齊興郡守。[2]久居郡職，士多附之，遂有親兵千餘人。梁元帝時，[3]遷興州刺史，[4]軍人募從者至五千餘人。[5]固欲自據一州，以觀時變。大統中，以地歸魏。時周文方南取江陵，[6]西定蜀、漢，聞固至，甚禮遇之。就拜使持節、驃騎大將軍、開府儀同三司、大都督、侍中、豐州刺史，[7]封新豐縣公。[8]後轉湖州刺史，[9]啓求入覲。及至，進爵静安郡公。[10]尋拜昌歸憲三州諸軍事、昌州刺史。[11]固居家孝友，莅官頗有聲績。卒於州，贈大將軍、五州刺史，謚曰肅，敕襄州賜其墓田。子雅嗣。

[1]大同：南朝梁武帝的年號（535—546）。

[2]齊興：郡名。南朝梁時治鄖鄉縣，在今湖北鄖縣。

[3]梁元帝：即南朝梁皇帝蕭繹。元爲其謚號。

[4]興州：南朝梁時治武當縣，在今湖北丹江口市均縣鎮西北。

[5]募從：《周書》卷四四作“慕從”。源氏校勘記云：“《周書》作‘慕從’。”

[6]時周文方南取江陵：《周書》卷四四《席固傳》作“是時太祖方欲南取江陵”，《册府元龜》卷一六四作“時太祖方欲南取江陵”，《通志》卷一五八作“時文帝方南取江陵”。按：西魏平定江陵之事發生於恭帝元年，而席固歸西魏是在文帝大統十六年。高敏《南北史掇瑣》（中州古籍出版社 2003 年版）認爲《北史》去一“欲”字，易讓人把還未發生之事誤爲已發生之事，違背了《周書》原意。

[7]使持節：漢朝官吏奉命外出時，由皇帝授予節杖，來提高其權威。魏晋之後，重要的軍事長官出征或者出鎮時，通常加此名號，可誅殺二千石以下的官員。皇帝派遣大臣重要事情時，也加以此職，以示尊崇。 大都督：毛本作“犬都督”，誤。 豐州：西魏時治武當縣，在今湖北丹江口市。

[8]新豐縣公：封爵名。新豐，縣名。治所在今陝西西安市臨潼區東北。

[9]湖州：西魏時治湖陽縣，在今河南唐河縣南。

[10]静安郡公：封爵名。静安，郡名。建置無考。

[11]昌：州名。西魏時治廣昌縣，在今湖北棗陽市。　歸：州名。西魏時治赤石關，在今河南潢川縣西。　憲：州名。西魏時治所不詳。北周武帝天和二年（567）廢入昌州。

雅字彦文。[1]性方正，少以孝聞。位大將軍。雅弟英，上開府儀同大將軍。[2]

[1]雅：源氏校勘記云："'世雅'，辟諱，單稱'雅'；'世英'，亦單稱。"

[2]上開府儀同大將軍：官名。北周武帝建德四年置，位在開府儀同大將軍之上。主要授予有軍功的官員或北齊的降官，無具體職掌。九命。

任果，[1]字静鸞，南安人也。[2]本方隅豪族。父褒，仕梁，爲沙州刺史、新巴縣公。[3]

[1]任果：局本作"位果"，誤。

[2]南安：郡名。南朝梁時治南安縣，在今四川劍閣縣。

[3]沙州：南朝梁時治白水縣，在今四川青川縣東北。　新巴縣公：封爵名。新巴，縣名。治所今四川江油市東北。

果性勇决，志在立功。魏廢帝元年，率所部來附。周文嘉其遠至，待以優禮。果因面陳取蜀策，深被納之。乃授沙州刺史、南安縣公。[1]從尉遲迥伐蜀。尋進授驃騎大將軍、開府儀同三司。及成都平，除始州刺史。[2]周文以其方隅首領，早立忠節，進爵樂安郡公，[3]賜以鐵券，聽相傳襲，并賜路車駟馬及儀衛等，以光寵之。尋爲刺客所害。

[1]南安縣公：封爵名。南安，縣名。治所在今四川劍閣縣。

[2]始州：西魏時治普安縣，在今四川劍閣縣。

[3]樂安郡公：封爵名。樂安，郡名。西魏時治樂安縣，在今山東高青縣東南。樂安，《周書》卷四四《任果傳》作“安樂”。源氏校勘記云：“《周書》‘樂安’作‘安樂’。”中華本校勘記云：“按《隋書·地理志上》普安郡注云：‘梁置南梁州，後改爲安州。西魏改爲始州。’普安縣下注云：‘舊曰南安，西魏改曰普安，置普安郡。’任果先爲南安縣公，即其本縣。又爲始州刺史，即其本州。此‘樂安’疑是‘普安’之訛。任果當是由南安縣公進爲普安郡公，仍是本郡。《周書》作‘安樂’，更誤。”今從。

論曰：王傑、王勇、宇文虯、耿豪、高琳、李和、伊婁穆、侯植等咸以果毅之姿，效節擾攘之際，各能居堅覆鋭，自致其功，高爵厚位，固其宜也。仲尼稱無求備於一人，[1]信矣。夫文士懷温恭之操，其弊也懦弱；[2]武夫稟剛烈之資，其弊也敢悍。故有使酒不遜之禍，[3]拔劍争功之尤，[4]大則莫全其生，小則僅而獲免。耿豪、王勇不其然乎！

[1]無求備於一人：意爲對人對事物要求十全十美，毫無缺點。語出《論語·微子》：“君子不施其親，不使大臣怨乎不以，故舊無大故，則不棄也；無求備於一人。”

[2]弊：毛本作“備”。

[3]使酒：因酒使性。即喝多了耍酒瘋。

[4]拔劍争功：指争論功勞激烈到要動武。語出《史記》卷九

九《劉敬叔孫通列傳》："群臣飲酒争功，醉或妄呼，拔劍擊柱，高帝患之。"

李延孫、韋祐、陳欣、魏玄等以勇略之姿，受扞城之委。[1]灌瓜贈藥，[2]雖有愧於昔賢；禦侮折衝，足方駕於前烈。用能觀兵伊、洛，保據崤、函，[3]齊人阻西路之謀，[4]周朝緩東貢之慮，[5]皆其力也。

[1]扞城之委：《周書》卷四三作"扞城之寄"。扞，通"捍"。

[2]灌瓜：語出賈誼《新書》卷七《退讓篇》。喻指以德報怨。　贈藥：語出《晋書》卷三四《羊祜傳》。喻指兩國邊境安定無事。

[3]崤：即崤山。在今河南洛寧縣北。　函：即函谷關。在今河南靈寶市北。

[4]阻西路之謀：源氏校勘記云："'阻'《周書》作'沮'。爲是。"西路，《周書》卷四三作"西略"，中華本校勘記疑《周書》是。可從。

[5]東貢：局本作"東顧"，《周書》卷四三作"東顧"。中華本校勘記疑《周書》是，可從。

泉企長自山谷，素無月旦之譽，[1]而臨難慷慨，無失人臣之節，豈非蹈仁義之徒歟！元禮、仲遵，聿遵其志，卒成功業，庶乎克負荷矣。

[1]月旦：毛本作"月且"，誤。

李遷哲、楊乾運、席固之徒，屬方隅擾攘，咸知委質，遂享爵位，以保終始。觀還哲之對周文，有尚義之氣。乾運受任武陵，[1]乖事人之道。若乃校其優劣，固不可同年而語。陽雄任兼文武，聲著土内，[2]抑亦志能之士也。

［1］武陵：即武陵王蕭紀。

［2］土内：《周書》卷四四作“中外”。中華本校勘記云：“按陽雄本傳云：‘故任兼出内，保全爵禄。’此‘土内’當爲‘出内’之訛。《周書》卷四四史臣論作‘聲著中外’。‘出内’即‘中外’之意。本書卷六一《竇毅傳》亦有‘任兼出内’語，可證。”可從。

舊史有代人宇文盛，字保興，以武毅顯，盛弟丘，字胡奴，盛子述，位柱國，並有傳。然事無足可紀。盛見子述傳首，丘略之云。

北史　卷六七

列傳第五十五

崔彥穆　楊纂　段永　令狐整 子熙　唐永 子瑾　柳敏 子昂　王士良

崔彥穆，字彥穆，清河東武城人，[1]魏司空安陽侯林之九世孫也。[2]曾祖顗，後魏平東府諮議參軍。[3]祖蔚，遭從兄司徒浩之難，[4]南奔江左。[5]仕宋，爲給事黃門侍郎、汝南義陽二郡守。[6]延興初，[7]復歸於魏，拜潁川郡守，[8]因家焉。後終於郢州刺史。[9]父幼，[10]位終永昌郡守。[11]隋開皇初，[12]以獻皇后外曾祖，[13]追贈上開府儀同三司、新州刺史。[14]

[1]清河：郡名。北魏時治清河縣，在今山東臨清市東北。　東武城：縣名。治所在今山東武城縣西北。

[2]司空：官名。三公之一。魏晉南北朝時爲名譽宰相，多爲大臣加官，位居一品，無實際職掌。　安陽侯：封爵名。安陽，縣名。治所在今河南安陽市。

[3]後魏平東府諮議參軍：《周書》卷三六《崔彥穆傳》作"魏平東府諮議"。平東府，官署名。即平東將軍府。諮議參軍，官

名。東晋置。北朝時於丞相府諷議軍政事務。而後諸王府、公府、軍府等皆設。北魏孝文帝太和二十三年（499）定開府諮議參軍爲從四品。

［4］司徒：官名。三公之一。北魏時與丞相通職，爲名譽宰相，常爲大臣的加官。孝文帝太和二十三年定爲一品。　浩：即崔浩，人名。字伯淵，清河東武城（今山東武城縣西北）人。北魏大臣。後因“國史案”被殺。見《北史》卷二一《崔宏附崔浩傳》。

［5］江左：地區名。一名江東，指長江下游的東部地區。代指南朝宋。

［6］給事黄門侍郎：官名。南北朝時置爲侍中省或門下省次官，與侍中俱掌門下衆事，地位隨皇帝旨意或侍中地位而上下。南朝宋時員四人。五品。　汝南：郡名。南朝宋時治上蔡縣，在今河南汝南縣。　義陽：郡名。南朝宋時治平陽縣，在今河南信陽市南。

［7］延興：北魏孝文帝的年號（471—476）。

［8］潁川：郡名。北魏時治長社縣，在今河南長葛市東北。

［9］郢州：北魏時治義陽縣，在今河南信陽市。

［10］幼：《周書·崔彦穆傳》作“稚”。源氏校勘記云：“‘幼’，‘稚’字。此書‘稚’字咸辟之。”中華本校勘記云：“《北史》避唐諱改。”按：“稚”與唐高宗李治之“治”同音，《北史》《周書》均應避諱，疑《周書》作“稚”是後人所改。

［11］永昌：郡名。北魏時治宣漢縣，在今四川宣漢縣東北。

［12］開皇：隋文帝的年號（581—600）。

［13］獻皇后：即隋文帝皇后獨孤氏。

［14］上開府儀同三司：北周武帝建德五年（576）置。八命。隋朝時置爲三品散實官，煬帝大業三年（607）罷。　新州：隋朝時治昌城縣，在今四川三台縣南。

彦穆幼明悟，神彩卓然。魏吏部尚書隴西李神儁，[1]有知人之鑒，見而歎曰："王佐才也。"永安末，[2]除司徒府參軍事，[3]再遷大司馬從事中郎。[4]孝武西遷，[5]彦穆時不得從。大統三年，[6]乃與兄彦珍於成皋舉義，[7]因攻拔滎陽，[8]禽東魏郡守蘇淑。[9]仍與鄉郡王元洪威攻潁川，[10]斬其刺史李景遺。[11]即拜滎陽郡守，尋賜爵千乘縣侯。[12]十四年，授散騎常侍、司農卿。[13]時軍國草創，衆務殷繁，周文乃引彦穆入幕府，[14]兼掌文翰。[15]及于謹伐江陵，[16]彦穆以本官從平之。

[1]吏部尚書：官名。位居列曹尚書之上。主管官吏銓選、考課、獎懲。北魏孝文帝太和十七年定爲二品下，二十三年定爲三品。　隴西：郡名。北魏時治襄武縣，在今甘肅隴西縣東南。　李神儁：人名。即李挺。字神儁，一作"神雋"，小名提，隴西狄道（今甘肅臨洮縣）人。北魏、東魏官吏。見《北史》卷一〇〇《凉武昭王李暠附李神儁傳》。

[2]永安：北魏孝莊帝的年號（528—530）。

[3]參軍事：官名。又稱參軍。掌參謀軍務，協助治理府事。南北朝時王、公、將軍府，及諸州多置爲僚屬。品級自六品至九品不等。

[4]大司馬：官名。居三公之上、三師之下，開府置僚屬，多爲大臣加官，然無具體職司。北魏孝文帝太和二十三年定爲一品。　從事中郎：官名。其職依時依府而異，或主吏，或分掌諸曹，或掌機密，或參謀議，地位較高。北魏時公府、皇子開府、庶姓開府俱置。五品。

[5]孝武：即北魏皇帝元脩。孝武爲其謚號。

[6]大統：西魏文帝的年號（535—551）。

[7]成皋：縣名。治所在今河南滎陽市西北。

［8］榮陽：郡名。西魏時治榮陽縣，在今河南榮陽市。四庫本作“榮楊”。

［9］蘇淑：人名。字仲和，武邑（今河北武强縣）人。北魏、東魏將領。見《北史》卷八六《蘇淑傳》。

［10］鄉郡王：封爵名。鄉郡，西魏時治鄉縣，在今山西武鄉縣東故城。　元洪威：人名。北魏宗室。見《北史》卷一五《高凉王孤傳》。底本作“元法威”，《周書》卷三六《崔彦穆傳》作“元洪威”。源氏校勘記改“法”作“洪”。中華本校勘記云：“張森楷云：‘《周書》“法”作“洪”，是。“道”當作“遺”。《北齊書》（卷二二）《李元忠傳》附有李景遺事，可證。’按《北齊書》稱李景遺爲前潁川太守元洪威所殺，元洪威附見本書卷一五《高凉王孤傳》。張説是，今據改。”今從改。

［11］李景遺：人名。趙郡柏人（今河北隆堯縣）人。東魏官吏，有軍功。見《北齊書》卷二二《李元忠附李景遺傳》。底本及《周書·崔彦穆傳》原作“李景道”，中華本據張森楷校勘記改爲“李景遺”。今從改。

［12］千乘縣侯：封爵名。千乘，縣名。治所在今山東高青縣。

［13］散騎常侍：官名。南北朝時屬集書省，職掌侍從皇帝左右，主掌圖書文翰，諫諍拾遺及收納轉呈文書。北魏時兼領修史，實際地位略高於南朝，但仍爲閑散之職。孝文帝太和十七年定爲二品，二十三年定爲從三品。西魏沿置。　司農卿：官名。南朝梁時改大司農爲司農卿，職掌勸農、倉儲、園苑、供應宫廷膳食等。北魏孝文帝太和二十三年定爲三品。西魏沿置。

［14］周文：即宇文泰。文爲其謚號，北周明帝所追謚。　幕府：衙署。

［15］文翰：公文書信。

［16］于謹：人名。字思敬，代（今山西大同市東北）人。西魏、北周名將。見《北史》卷二三《于栗磾附于謹傳》。　江陵：城名。在今湖北江陵縣。

周明帝初，[1]進驃騎大將軍、開府儀同三司。[2]俄拜安州刺史，總管十二州諸軍事。[3]入爲御正大夫。[4]陳氏請敦鄰好，詔彦穆使焉。彦穆風韻閑曠，器度方雅，善玄言，解談謔，甚爲江表所稱。[5]轉户部中大夫，[6]進爵爲公。天和三年，[7]聘齊還，除金州刺史，總管七州諸軍事，[8]進位大將軍。[9]尋徵拜小司徒。[10]

[1]周明帝：即北周皇帝宇文毓。明爲其謚號。

[2]驃騎大將軍：官名。多加於權臣元老，以示尊崇，開府置僚屬，不領兵。北魏孝文帝太和十七年定爲一品中，二十三年定爲從一品。西魏、北周時實行府兵制，用作開府府長官軍號。九命。

開府儀同三司：多爲大臣的加號，意爲與三司的禮制待遇相同，允許開府，自辟僚屬。北魏孝文帝太和二十三年定爲從一品。北周時置爲勳官。九命。武帝建德四年改爲開府儀同大將軍。

[3]俄拜安州刺史總管十二州諸軍事：《周書》卷三六《崔彦穆傳》作“俄拜安州總管、十一州諸軍事、安州刺史”。《通志》卷一五八與《北史》同。安州，北周時治安陸縣，在今湖北安陸市。

[4]御正大夫：官名。即御正中大夫。西魏恭帝時置，北周沿置。天官府御正司長官，在皇帝左右，負責宣示詔命，參議刑罰爵賞及軍國人事，皇帝詔書須由其連署。北周明帝武成元年（559）於其上設御正上大夫，遂降爲副職。正五命。

[5]江表：中華本《周書·崔彦穆傳》作“江陵”。《册府元龜》卷六五四作“江表”。《周書·崔彦穆傳》校勘記云：“按彦穆乃出使於陳，作‘表’是。”可從。

[6]户部中大夫：官名。即民部中大夫，爲避唐太宗李世民諱改。爲地官府民部司長官，二員，掌管民户數額。正五命。

[7]天和：北周武帝的年號（566—572）。

[8]除金州刺史總管七州諸軍事：《周書・崔彦穆傳》作“除金州總管、七州諸軍事、金州刺史”。金州，北周時治吉安縣，在今陝西安康市西北。

[9]大將軍：官名。西魏、北周時爲府兵專職統帥，凡十二員，各領一軍，分隸六柱國大將軍，下統開府、儀同諸將軍。正九命。

[10]小司徒：官名。小司徒上大夫的省稱。爲地官府次官，二員，佐大司徒卿掌民户、土地、賦役、教育、倉廩、關市及山澤漁獵等方面的事務。正六命。

及宣帝崩，[1]隋文帝輔政，[2]三方起兵，以彦穆爲行軍總管，[3]與襄州總管王誼討司馬消難。[4]軍次荆州，[5]總管獨孤永業有異志，[6]遂收而戮之。及事平，隋文帝徵王誼入朝，即以彦穆爲襄州刺史，總管六州諸軍事，加授上大將軍，[7]進爵東郡公。[8]頃之，永業家自理得雪，彦穆坐除名。[9]尋復官爵。開皇元年卒。子君綽嗣。

[1]宣帝：即北周皇帝宇文贇。宣爲其謚號。

[2]隋文帝：即隋朝皇帝楊堅。文爲其謚號。

[3]行軍總管：官名。北周置。戰時臨時任命，事畢即罷，重大軍事行動中，隸屬於行軍元帥。隋朝沿置，並漸漸過渡爲地方軍政長官，或掌一道軍政，或領數道，時有大總管、總管之分。

[4]襄州：北周時治襄陽縣，在今湖北襄樊市。　總管：官名。北周明帝武成元年改都督諸州軍事爲此稱。爲地方高級軍政官員，置總管府，掌一州或數州軍務，兼理民政。品秩分三等，上總管從二品，中總管正三品，下總管從三品。　王誼：人名。字宜君。北周、隋朝將領。見《北史》卷六一《王盟附王誼傳》。　司馬消難：人名。字道融，河内温（今河南温縣）人。北周、隋朝大臣。

見《北史》卷五四《司馬子如附司馬消難傳》。

[5]荆州：北周時治穰縣，在今河南鄧州市。

[6]獨孤永業：人名。本姓劉，字世基，中山（今河北定州市）人。東魏、北齊、北周官吏。見《北史》卷五三《獨孤永業傳》。

[7]上大將軍：官名。北周武帝建德四年設此職爲勳官第三等。正九命。

[8]東郡公：封爵名。東郡，北周時治滑臺城，在今河南滑縣東舊城。

[9]除名：把姓名從名册中删除，取消原有身份。

君綽性夷簡，博覽經史，有父風。大象末，[1]丞相府賓曹參軍。[2]

[1]大象：北周静帝的年號（579—580）。

[2]賓曹參軍：官名。西晋末置，北周沿置。掌賓客之事。

君綽弟君肅，解巾道王侍讀，[1]大象末，潁川郡守。

[1]解巾：亦作“釋巾”。謂除去頭巾，换戴官帽。指初仕。道王：封爵名。即宇文充。北周武帝宇文邕之子，武帝建德六年(577)，封道王。侍讀：官名。北魏始置，侍從皇帝讀書。西魏、北周時太子、王公皆置。

楊纂，廣寧人也。[1]父安仁，魏朔州鎮將。[2]纂少慷慨有志略，[3]勇力兼人。年二十，從齊神武起兵於信都，[4]以軍功，[5]稍遷武州刺史。[6]自以賞薄，志懷怨憤，每歎曰："大丈夫富貴何必故鄉！若以妻子經懷，豈不沮人雄志！"大統初，乃間行入關。周文執纂手曰："人所貴者忠義也，所懼者危亡也，其能不憚危亡，蹈兹忠義者，今方見之於卿耳。"即授征南將軍、大都督，[7]封永興縣侯。[8]

[1]廣寧：郡名。北魏時治廣寧縣，在今河北涿鹿縣。

[2]朔州：北魏時治盛樂，在今内蒙古和林格爾縣西北。　鎮將：官名。北魏始置，鎮的長官。在不設州郡的地區，兼統軍民；在設州郡的内地，主管軍事；如兼任駐州刺史，亦理民政，品秩按所帶將軍號而定。孝文帝改制之後地位漸低。

[3]志略：殿本、四庫本、四部備要本作"志氣"。

[4]齊神武：即高歡。神武爲其謚號，北齊後主所追謚。　信都：縣名。治所在今河北冀州市。

[5]以軍功：底本無"以"字，《周書》卷三六《楊纂傳》、《通志》卷一五八皆作"以軍功"。源氏校勘記云："'都'下《周書》有'以'字。"中華本校勘記云："諸本脱'以'字，據《周書》卷三六、《通志》卷一五八《楊纂傳》補。"今從改。

[6]武州：北魏時治繁畤縣，在今山西渾源縣西南。

[7]征南將軍：官名。南北朝時多授持節都督，出鎮方面，地位顯要，爲四征將軍之一。北魏孝文帝太和十七年定爲一品中，二十三年定爲二品。西魏沿置。　大都督：官名。北魏後期因戰事較多置，統兵出征，有時又加以各種名號，如南道大都督等。西魏時授予漸多。品秩不詳。北周初規定授柱國大將軍、開府、儀同三司等官號者，並加使持節、大都督名義。武帝時，將其置爲没有職掌的勳官，授予有軍功的武職官員。八命。

[8]永興縣侯：封爵名。虚封。永興，縣名。治所在今山東棗莊市西。

從周文解洛陽圍，[1]經河橋、芒山之戰，[2]纂每先登，軍中咸推其敢勇。累遷驃騎大將軍、開府儀同三司，加侍中，[3]進爵爲公，賜姓莫胡盧氏。俄授岐州刺史。[4]周孝閔帝踐阼，[5]進爵宋熙郡公。[6]保定元年，[7]位大將軍，改封隴東郡公，[8]除隴州刺史。[9]從隋公楊忠東伐，[10]至并州而還。[11]天和六年，進授柱國大將軍，[12]轉華州刺史。[13]

[1]洛陽：城名。在今河南洛陽市東北。

[2]河橋：在今河南孟津縣東、孟州市西南黄河上。　芒山：在今河南洛陽市東北。

[3]侍中：官名。北朝時常總典機密，受遺詔輔政，權任尤重，時號“小宰相”。北魏孝文帝太和十七年定爲從一品中，二十三年定爲三品。西魏因之。

[4]岐州：北周時治雍城鎮，在今陝西鳳翔縣東。

[5]周孝閔帝：即北周皇帝宇文覺。孝閔爲其謚號。

[6]宋熙郡公：封爵名。宋熙，郡名。北周時治嘉川縣，在今四川旺蒼縣西南。

[7]保定：北周武帝的年號（561—565）。

[8]隴東郡公：封爵名。隴東，郡名。北周時治汧陰縣，在今陝西隴縣。

[9]隴州：北周時治汧陰縣，在今陝西隴縣。

[10]楊忠：人名。小名奴奴，弘農華陰（今陝西華陰市東南）人。西魏、北周名將。見《周書》卷一九《楊忠傳》。

[11]并州：北周時治龍山縣，在今山西太原市晋源區古城營村一帶。

[12]柱國大將軍：官名。北周時爲没有具體職掌的勳官。正九命。

[13]華州：北周時治鄭縣，在今陝西華縣西南。

纂性質樸，又不識文字，前後莅職，但推誠信而已。吏人以其忠恕，頗亦懷之。尋卒於州。

子睿，位至上柱國、漁陽郡公。[1]

[1]上柱國：官名。北周武帝建德四年置爲最高級勳官。正九命。　漁陽郡公：封爵名。漁陽，郡名。北周時治潞縣，在今北京通州區東城子。

段永，字永賓，其先遼西石城人，[1]晉幽州刺史疋磾之後也。[2]曾祖愢，仕魏黄龍鎮將，[3]因徙高陸之河陽焉。[4]

[1]遼西：郡名。北魏時治肥如縣，在今河北盧龍縣北。　石城：縣名。治所在今遼寧建昌縣西。中華本《周書》卷三六《段永傳》校勘記云："《文苑英華》卷九〇五庾信《爾綿永碑》云：'東燕遼東郡石城縣零泉里人也。'按《魏書》一〇六《地形志上》石城屬營州建德郡，建德與遼東相鄰，或曾隸遼東。遼西郡遠在其南，《地形志》屬平州，所屬無石城縣。疑誤傳。"

[2]幽州：西晉時治薊縣，在今北京西南。　疋磾：即段疋磾，人名。東部鮮卑人。十六國時段部首領。見《晉書》卷六三《段疋磾傳》。

[3]黄龍：鎮名。在今遼寧朝陽市。

[4]因徙：底本作"因從"，《周書·段永傳》作"因徙"，

《通志》卷一五八作“家”。源氏校勘記云：“‘從’《周書》作‘徙’。”中華本校勘記云：“按‘從’乃‘徙’之訛，今據《周書》改。”今從改。　高陸：縣名。治所在今陝西高陵縣。　河陽：縣名。治所在今甘肅静寧縣西南。按：北魏、西魏時無高陸郡，祇有高陸縣，屬馮翊郡。馮翊郡又有廣陽縣，北魏宣武帝景明元年（500）置。河陽縣北魏時屬天水郡，西魏時屬河陽郡，在今甘肅境内，與高陸無關。

永幼有志操，閭里稱之。魏正光末，[1]北鎮擾亂，遂攜老幼，避地中山。[2]後赴洛陽，拜平東將軍，[3]封沃陽縣伯。[4]青州人崔社客舉兵反，[5]永討平之。進爵爲侯，除左光禄大夫。[6]

[1]正光：北魏孝明帝的年號（520—525）。

[2]中山：郡名。北魏時治盧奴縣，在今河北定州市。

[3]平東將軍：官名。四平將軍之一。多持節都督或監某一地區的軍事，有時亦作爲刺史等地方官員兼理軍務時的加官。北魏孝文帝十七年定爲從二品上，二十三年定爲三品。

[4]沃陽縣伯：封爵名。沃陽，縣名。治所在今山西右玉縣北殺虎口之西。

[5]青州：北魏時治東陽城，在今山東青州市。　崔社客：人名。即崔祖螭。小字社客，清河東武城（今山東武城縣西北）人。北魏官吏。粗武有氣力，因謀反，傳首京師。見《魏書》卷二四《崔玄伯附崔祖螭傳》。

[6]左光禄大夫：官名。作爲在朝顯職的加官，以示優待，或授予年老有病者爲致仕之官，亦常用作死後贈官。無具體職掌。北魏孝文帝太和十七年定爲從一品下，二十三年定爲二品。

時有賊魁元伯生，西自崤、潼，[1]東至鞏、洛，[2]屠陷城壁，所在爲患。孝武遣京畿大都督疋婁昭討之，[3]昭請以五千人行。永進曰："此賊既無城柵，唯以寇抄爲資，取之在速，不在衆也。若星馳電發，出其不虞，精騎五百足矣。"帝然其計，於是命永代昭，以五百騎倍道兼進，遂破平之。

[1]崤：山名。在今河南洛寧縣北。　潼：即潼關，在今陝西潼關縣北。

[2]鞏：水名。在今河南鞏義市一帶。　洛：水名。在今河南洛陽市一帶。

[3]京畿大都督：官名。統領京畿軍士，爲京都最高軍事長官，權勢很重。　疋婁昭：人名。字菩薩，代郡平城（今山西大同市東北）人。北魏、東魏大臣。高歡親信。見《北史》卷五四《婁昭傳》。

及帝西遷，永時不及從。大統初，乃結宗人，潛謀歸款。密與都督趙業等襲斬西中郎將慕容顯和，[1]傳首京師。以功別封昌平縣子，[2]徐州刺史。[3]從禽竇泰，[4]復弘農，[5]破沙苑，[6]並有戰功，進爵爲公。河橋之役，永力戰先登，授南汾州刺史。[7]累遷驃騎大將軍、開府儀同三司，賜姓爾綿氏。廢帝元年，[8]授恒州刺史。[9]于時朝貴多其部人，[10]謁永之日，冠蓋盈路，[11]當時榮之。周孝閔帝踐阼，進爵廣城郡公。[12]歷文、瓜二州刺史，[13]户部中大夫。[14]保定四年，拜大將軍。永歷任内外，所在頗有聲稱，輕財好士，朝野以此重焉。

［1］都督：官名。西魏、北周府兵中置。軍中統兵或管理雜物的低級軍官，位在大都督、帥都督之下。七品。　西中郎將：官名。多帥師征戰，職權頗重。

［2］别封：北周時已有高爵位者（多爲郡公）又立功勳，難以再增加爵位，則另外授予封邑，稱爲别封。一般回授次子，也可依本人意願封給其他親屬。　昌平縣子：封爵名。昌平，縣名。治所在今北京昌平區西南。

［3］徐州刺史：《周書》卷三六《段永傳》作“除北徐州刺史”。中華本校勘記云：“按北徐州又見本書卷二九、《周書》卷三六《司馬裔傳》。疑此脱‘除北’兩字。”可從。

［4］竇泰：人名。字世寧，太安捍殊（今山西壽陽縣北）人。北魏、東魏將領。見《北史》卷五四《竇泰傳》。

［5］弘農：郡名。西魏時治陝城，在今河南三門峽市。

［6］沙苑：地名。又名沙阜、沙海、沙窩。在今陝西大荔縣南洛、渭二河之間。

［7］南汾州：西魏時治定陽縣，在今山西吉縣。

［8］廢帝：即西魏皇帝元欽。

［9］恒州：西魏時治歸德縣，在今甘肅環縣北歸德里。

［10］朝貴：毛本“貴”作“貢”。

［11］冠蓋：舊指仕宦的冠服和車蓋，借指官吏。

［12］廣城郡公：封爵名。廣城，郡名。西魏時治廣城縣，在今甘肅永昌縣。

［13］歷文瓜二州刺史：《周書·段永傳》作“轉文州刺史”，無任“瓜州刺史”之事，《通志》卷一五八與《北史》同。文，州名。北周時治建昌縣，在今甘肅文縣西南。瓜，州名。北周時治敦煌縣，在今甘肅敦煌市西。

［14］户部中大夫：《周書·段永傳》作“工部中大夫”，《通志》卷一五八與《北史》同。

天和四年，授小司寇。[1]尋爲右二軍總管，[2]率兵北道講武。遇疾，卒於賀葛城。[3]喪還，武帝親臨，[4]贈使持節、柱國大將軍、同華等五州刺史，[5]謚曰基。

[1]小司寇：官名。小司寇上大夫的省稱。秋官府次官，二員，佐大司寇卿掌刑政，主持刑法的制定及執行。正六命。

[2]右二軍：軍隊番號。天子有六軍，分别爲右一軍、右二軍、右三軍、左一軍、左二軍、左三軍。

[3]賀葛城：在今内蒙古巴彦淖爾市烏蘭圖克鎮。

[4]武帝：即北周皇帝宇文邕。武爲其謚號。

[5]使持節：漢朝官吏奉命外出時，由皇帝授予節杖，來提高其權威。魏晋之後，重要的軍事長官出征或者出鎮時，通常加此名號，可誅殺二千石以下的官員。皇帝派遣大臣重要事情時，也加以此職，以示尊崇。　同：州名。北周時治武鄉縣，在今陝西大荔縣。

子岌嗣。位至儀同三司、兵部下大夫。[1]

[1]儀同三司：北周時爲勳官、散官號。九命。　兵部下大夫：官名。夏官府兵部次官，輔助兵部中大夫掌本司事務。正四命。

令狐整，字延保，敦煌人也，[1]本名延。世爲西土冠冕。[2]曾祖嗣，祖紹安，[3]官至郡守，咸爲良二千石。父虯，早以名德著聞，仕歷瓜州司馬、敦煌郡守、郢州刺史，[4]封長城縣子。[5]魏大統末，卒於家。周文帝傷悼之，遣使者監護喪事，又敕鄉人爲營墳壟。贈龍驤將軍、瓜州刺史。[6]

[1]敦煌：郡名。北魏時治鳴沙縣，在今甘肅敦煌市西。

[2]西土：西北地區。

[3]紹安：《周書》卷三六《令狐整傳》作“詔安”。

[4]司馬：官名。南北朝時州郡長官多帶將軍名號，開軍府，皆置司馬爲幕僚，主軍務，管理府内武職，位僅次於長史。品秩隨州郡的高低而不同。　郢州：北魏時治義陽縣，在今河南信陽市。

[5]長城縣子：封爵名。長城，縣名。治所在今甘肅平凉市西北。局本“城”作“樂”。

[6]龍驤將軍：官名。北魏時爲較重要之雜號將軍。孝文帝太和十七年定爲三品上，二十三年改爲從三品。西魏初沿置。

整幼聰敏，沈深有識量，學藝騎射，並爲河右所推。[1]刺史魏東陽王元榮辟整爲主簿，[2]加盪寇將軍。[3]整進趨詳雅，對揚辯暢，謁見之際，州府傾目。榮器整德望，嘗謂僚屬曰：“令狐延保，西州令望，方成重器，豈州郡之職所可縶維？但一日千里，必基武步，寡人當委以庶務，畫諾而已。”[4]

[1]河右：地區名。河西的别稱。古代泛指黄河以西的地區，相當於今寧夏、甘肅一帶。

[2]東陽王：封爵名。遥封。東陽，郡名。南朝梁時治長山縣，在今浙江金華市婺城區。　元榮：人名。字茂生。北魏宗室。　主簿：官名。典領文書簿籍，經辦事務。其品秩隨府長官地位高下而異。州郡縣亦置。雖非掾史之首，然地位較高，縣之主簿較州之主簿更甚。

[3]盪寇將軍：官名。爲雜號將軍。北魏孝文帝太和十七年定爲七品下，二十三年定爲從七品上。北周時爲三命。

[4]畫諾：主管文書的官員在文書上簽字，指照辦。《周書》卷三六《令狐整傳》作“書諾”。源氏校勘記云：“《周書》作‘書諾’。”

頃之，孝武西遷，河右擾亂。榮仗整防扞，州境獲寧。及鄧彦竊據瓜州，[1]拒不受代，整與開府張穆等密應使者申徽，[2]執彦送京師。周文嘉其忠節，表爲都督。尋而城人張保又殺刺史成慶，[3]與涼州刺史宇文仲和構逆，[4]規據河西。晋昌人吕興等復害郡守郭肆，[5]以郡應保。初，保等將圖爲亂，慮整守義不從，既殺成慶，因欲及整。然人之望，復恐其下叛之，遂不敢害。雖外加禮敬，内甚忌整。整亦僞若親附，而密欲圖之。陰令所親説保曰：“君與仲和結爲脣齒，今東軍漸逼涼州，彼勢孤危，恐不能敵。若或摧衄，則禍及此土。宜分遣鋭師，星言救援。二州合勢，則東軍可圖。然後保境息人，計之上者。”保然之，而未知所任。整又令説保曰：“歷觀成敗，在於任使，所擇不善，旋致傾危。令狐延保兼資文武，才堪統御，若使爲將，蔑不濟矣。”保納其計，且以整父兄等並在城中，[6]弗之疑也，遂令整行。整至玉門郡，[7]召集豪傑，説保罪逆，馳還襲之。先定晋昌，斬吕興，進軍擊保。州人素服整威名，並棄保來附。保遂奔吐谷渾。[8]

[1]鄧彦：《北史》卷六九《申徽傳》作“劉彦”。　竊據瓜州：毛本作“竊瓜據瓜”，《周書》卷三六《令狐整傳》作“竊瓜州”。中華本《周書·令狐整傳》校勘記疑《北史》是。

[2]開府：開府儀同三司的簡稱。　申徽：人名。字世儀，魏郡（今河北臨漳縣西南）人。西魏、北周名臣。見《北史》卷六九《申徽傳》。

[3]張保：人名。瓜州（今甘肅敦煌市）人。西魏文帝大統十二年，附和宇文仲和反，爲州都督令狐整等所逐，遂投奔吐谷渾。

[4]涼州：北周時治姑臧縣，在今甘肅武威市。　宇文仲和：人名。代武川（今内蒙古武川縣西）人，鮮卑族。西魏、北周官吏。西魏文帝大統年間，爲涼州刺史。隋初，與其父宇文衆謀反，被誅。

[5]晉昌：郡名。西魏時治龍亭縣，在今陝西洋縣東。

[6]且以：《周書·令狐整傳》作"具以"，《册府元龜》卷三七三作"且以"。張森楷認爲"具"應作"且"，中華本《周書·令狐整傳》校勘記認爲作"具"亦可通。

[7]遂令整行整至玉門郡：底本無"整行"二字，中華本、《周書·令狐整傳》、《通志》卷一五八作"遂令整行整至玉門郡"。今從改。玉門，郡名。西魏時治玉門縣，在今甘肅玉門市西北赤金堡。

[8]吐谷渾：族名。又稱吐渾、退渾。原爲鮮卑族慕容部的一支，先祖游牧於徒河青山（今遼寧義縣東）。西晋時，遷徙於今甘肅、青海一帶。十六國時，先後受到前涼、西秦等追逐，幾乎亡國。後再度崛起，北魏太武帝時達到最强盛。在北魏打擊下，一度退到今新疆一帶。以游牧爲生。見《北史》卷九六《吐谷渾傳》。

衆議推整爲刺史。整曰："本以張保肆逆，殺害無辜，闔州之人，俱陷不義。今者同心，務在除凶，若共相推薦，[1]復恐效尤致禍。"於是乃推波斯使主張道義行州事。[2]具以狀聞。詔以申徽爲刺史。徵整赴闕，授壽昌郡守，[3]封襄武縣男。[4]周文謂整曰："卿早建殊勳，今官位未足酬賞，方當與卿共平天下，同取富貴。”遂立爲瓜州義首。

［1］若共相推薦：底本作“若其相推薦”，中華本作“若共相推薦”。《周書》卷三六《令狐整傳》作“若其自相推薦”，《通志》卷一五八作“若共相推薦”。中華本校勘記引殿本《考證》云：“其，一本作共。”今從中華本改。

［2］波斯：國名。即薩珊波斯。是波斯最後一個王朝，其疆域主要在今伊朗高原、兩河流域及土庫曼斯坦南部、阿富汗和巴基斯坦西部等地區。見《北史》卷九七《波斯傳》。　使主：官名。北朝對代表國家出使到其他政權的首席使臣之稱。一般冠以使命名號。如波斯使主、聘梁使主等。

［3］壽昌：郡名。西魏時治龍勒縣，在今甘肅敦煌市西南。

［4］襄武：縣名。治所在今甘肅隴西縣西南。源氏校勘記云：“《周書》作‘驤武’。”

整以國難未寧，常願舉宗效力，遂率鄉親二千餘人入朝，隨軍征討。整善於撫馭，躬同豐約，是以士衆並忘羈旅，盡其力用。周文嘗從容謂整曰：“卿遠祖立忠而去，卿今立忠而來，可謂積善餘慶，世濟其美者也。”[1]整遠祖漢建威將軍邁，[2]不爲王莽屈，[3]其子稱避地河右，故周文稱之云。累遷驃騎大將軍、開府儀同三司，加侍中。周文又謂整曰：“卿勳同婁、項，[4]義等骨肉，立身敦雅，可以範人。”遂賜姓宇文氏，并賜名整焉。宗人二百餘户，並列屬籍。[5]

［1］卿遠祖立忠而去卿今立忠而來可謂積善餘慶世濟其美者也：

底本無“立忠而去卿今”六字，中華本、《周書》卷三六《令狐整傳》作“卿遠祖立忠而去，卿今立忠而來，可謂積善餘慶，世濟其美者也”。源氏校勘記云：“‘遠祖’下《周書》有‘立忠而去卿今’六字。”中華本校勘記云：“按下文謂整遠祖邁不從王莽，其子稱避地河右，所以叫‘立忠而去’；令狐整率鄉親歸西魏，所以叫‘立忠而來’。今據補。”今從改。

[2]建威將軍：官名。西漢末王莽時設，爲領兵之官。

[3]王莽：人名。字巨君，魏郡元城（今河北大名縣東）人。西漢外戚、新朝建立者。見《漢書》卷九九《王莽傳》。

[4]婁：即婁敬。因被賜姓劉，又稱劉敬。漢高祖劉邦的重要謀士之一。見《漢書》卷四三《婁敬傳》。　項：即項伯。名纏，下相（今江蘇宿遷市宿城區）人。秦末隨項梁起兵反秦，後又從項羽反秦。鴻門宴時，助劉邦，使其得以脱身。項羽去世後，降漢，被封爲射陽侯。

[5]屬籍：記載宗室譜系的譜籍。

周孝閔帝踐阼，拜司憲中大夫，[1]處法平允，爲當時所稱。進爵彭城縣公。[2]初，梁興州刺史席固以州來附，[3]周文以固爲豐州刺史。[4]固莅職既久，猶習梁法，凡所施爲，多虧政典。朝議密欲代之，而難其選。令整權鎮豐州，委以代固之略。整廣布威恩，傾身撫接，數月之間，化洽州府。於是除整豐州刺史，以固爲湖州。[5]豐州舊不居民中，[6]賦役參集，勞逸不均。整請移居武當，[7]詔可其奏。獎勵撫導，還者如歸，旬月之間，城府周備。固之遷也，其部曲多願留爲整左右，整諭以朝制，弗之許焉，莫不流涕而去。及整秩滿代至，人吏戀之，老幼送整，遠近畢集，數日停留，方得出界。其得人心如此。

[1]司憲中大夫：官名。秋官府司憲司長官，二員，佐大司寇卿制定刑法，並依據刑法決定罪犯刑罰輕重。下設司憲上士、司憲中士、司憲旅下士以佐其職。正五命。

[2]彭城縣公：封爵名。彭城，縣名。治所在今江蘇徐州市。《周書》卷三六《令狐整傳》“彭城”作“彭陽”。源氏校勘記云：“（‘彭城’）《周書》也作‘彭陽’。”中華本校勘記云：“按下文《令狐熙傳》云‘襲彭城縣公’，《隋書》卷五六《令狐熙傳》也作‘彭陽’。本書卷一〇〇《序傳》末亦見彭陽公令狐德棻。則其祖孫三代封邑都應是彭陽而非彭城（彭陽見《隋書·地理志上》北地郡彭原縣注）。”可從。彭陽，縣名。治所在今甘肅鎮原縣。

[3]興州：南朝梁時治武當縣，在今湖北丹江口市均縣鎮西北。席固：人名。字子堅，安定（今甘肅涇川縣北）人。北魏、西魏將領。見《北史》卷六六《席固傳》。

[4]豐州：西魏時治武當縣，在今湖北丹江口市。

[5]湖州：西魏時治湖陽縣，在今河南唐河縣南。

[6]豐州舊不居民中：中華本《周書·令狐整傳》作“豐州舊治，不居人民”。其校勘記云：“按，這裏是説豐州治所偏僻（《北史》避諱省‘治’字），不是地方中心的意思，故下云‘賦役參集，勞逸不均’。若言‘不居人民’，則是於無人之地建治，恐非。疑《北史》是。”按：《周書》亦應避“治”字，疑是後人所改。

[7]武當：縣名。治所在今湖北丹江口市均縣鎮西北。

拜御正中大夫，[1]出爲中華郡守，[2]轉同州司會，[3]遷始州刺史。[4]整雅識情僞，尤明政術，恭謹廉慎，常懼盈滿，故歷居内外，所在見稱。進位大將軍。晋公護之初執政也，[5]欲委整以腹心。整辭不敢當，頗忤其意，護以此疏之。及護誅，附會者咸伏法，而整獨保全。時人稱其先覺。卒。贈本官，加四州諸軍事、鄜州刺史，[6]謚曰襄。子熙嗣。

[1]御正中大夫：官名。天官府御正司長官，在皇帝左右，負責宣傳詔命，參議刑罰爵賞及軍國大事，皇帝詔書須由其連署。正五命。

[2]中華：郡名。北周時治富平縣，在今陝西富平縣。

[3]同州：北周時治武鄉縣，在今陝西大荔縣。　司會：官名。即司會中大夫。駐同州。爲天官府司會司長官，掌管全國財政收支計劃，協助大冢宰管理六府之事，一員。正九命。

[4]始州：北周時治普安縣，在今四川劍閣縣。

[5]晋公護：即宇文護。字薩保，代郡武川（今内蒙古武川縣西）人，鮮卑族。北周宗室、權臣。見《北史》卷五七《邵惠公顥附宇文護傳》。局本“護”作“讓”，誤。

[6]鄜州：北周時治杏城，在今陝西黄陵縣西南。

熙字長熙。性嚴重，[1]有雅量，雖在私室，終日儼然。不妄通賓客，凡所交結，必一時名士。博覽群書，尤明三禮，[2]善騎射，頗知音律。起家以通經爲吏部上士，[3]轉夏官府都上士，[4]俱有能名。以母憂去職，殆不勝喪。[5]其父戒之曰：“大孝在於安親，義不絶嗣。吾今見存，汝又隻立，何得過爾毁頓，貽吾憂也？”熙自是稍加饘粥。服闋，除少駕部。[6]復丁父憂，非杖不起。人有聞其哭聲，莫不爲之下泣。

[1]嚴重：嚴肅穩重。

［2］三禮：《儀禮》《周禮》《禮記》三書的合稱。東漢鄭玄兼注三書，盛行於世，故有“三禮”之稱。

［3］吏部上士：官名。即小吏部上士。夏官府吏部中大夫屬官，佐吏部中大夫、小吏部下大夫掌選舉事務。正三命。

［4］夏官府都上士：官名。夏官府屬官，佐大司馬卿、小司馬上大夫掌府中事務。正三命。

［5］殆不勝喪：元大德本、毛本、殿本、四庫本、局本、四部備要本作“殆不勝哀”。

［6］少駕部：官名。即小駕部。夏官府駕部司次官，佐駕部中大夫掌皇帝出行的車駕及馬、駝、羊的牧養。正四命。

河陰之役，［1］詔令墨衰從事，［2］授職方下大夫，［3］襲彭城縣公。［4］及武帝平齊，以留守功，進位儀同。［5］歷司勳、吏部二曹中大夫，［6］甚有當時譽。隋文帝受禪之際，熙以本官行納言事。［7］尋除司徒左長史，［8］加上儀同，［9］進爵河南郡公。［10］時吐谷渾寇邊，以行軍長史從元帥元諧討之，［11］以功進上開府。［12］

［1］河陰之役：北周武帝建德四年，北周與北齊於河陰的一次大戰。河陰，縣名。治所在今河南孟津縣東。

［2］墨衰：即墨縗。黑色喪服。衰，通“縗”。麻衣。古時禮制，在家服喪，喪服爲白色；如果有戰争或其他重大行動而不能在家守制，則以凶服從戎或出行，服黑以代喪服。

［3］職方下大夫：官名。夏官府職方司次官，佐職方中大夫掌天下地圖，主四方職貢。正四命。

［4］彭城縣公：《隋書》卷五六《令狐熙傳》作“彭陽縣公”。

［5］儀同：儀同三司的省稱。指非三公而享受三公的儀制待遇。西魏時凡開府，皆加儀同三司。文帝大統年間置府兵，其二十四開

府所統儀同府主管將軍，軍號爲車騎大將軍、儀同三司，又簡稱爲儀同將軍或儀同。此皆爲當時中高級武官之稱號。北周時爲勳官、散官號。九命。

[6]司勳：官署名。北周時置爲一司，掌勳爵、戎秩、封賞等，以中大夫爲長官，下設下大夫、上士、中士等。司勳中大夫爲正五命。　吏部：官署名。北周時隸夏官府，掌管官員選舉，以中大夫爲長官，下設小吏部下大夫、小吏部上士等。吏部中大夫爲正五命。　中大夫：官名。西魏、北周時多爲各司之主官。正五命。

[7]納言：官名。亦作"内言"。主要職責是承上啓下、宣傳上命，受奏納言。後世多作侍中的别稱。隋朝因避隋文帝之父楊忠諱，改侍中爲納言，爲門下省長官，二員，正三品。煬帝大業十二年（616）改爲侍内。

[8]司徒左長史：官名。與司徒右長史並爲司徒府僚屬之長，佐司徒總管府内諸曹，位在右長史之上。

[9]上儀同：北周置，位居開府儀同三司之下、儀同三司之上。多爲大臣的加官。

[10]河南郡公：封爵名。河南，郡名。北周時治洛陽縣，在今河南洛陽市東北。

[11]行軍長史：官名。高級僚屬，出征則置，掌管行營事務。　元帥：局本作"元師"，誤。　元諧：人名。河南洛陽（今河南洛陽市）人。北周、隋朝將領。見《北史》卷七三《元諧傳》。

[12]以功進上開府：《隋書·令狐熙傳》、《册府元龜》卷七二四作"以功進位上開府"。《通志》卷一六四與《北史》同。上開府，上開府儀同大將軍的省稱。北周武帝建德四年置，位在開府儀同大將軍之上。主要授予有軍功者或北齊的降官，無具體職掌。初任此職者加使持節、大都督、驃騎大將軍、侍中等職。九命。

後拜滄州刺史，[1]在職數年，風教大洽，稱爲良二千石。開皇四年，上幸洛陽。熙來朝，吏人恐其遷，悲泣於道。及還，百姓出境迎謁，歡叫盈路。在州獲白烏、白麞、嘉麥，[2]甘露降於庭前柳樹。八年，徙爲河北道行臺度支尚書。[3]吏人追思，相與立碑頌德。及行臺廢，累遷鴻臚卿。[4]後以本官兼吏部尚書，往判五曹尚書事，號爲明幹。上甚任之。及上祠太山，[5]還次汴州，[6]惡其殷盛，多有姦俠，以熙爲汴州刺史。下車，禁游食，抑工商，人有向術開門者杜之，[7]船客停於郭外，星居者勒爲聚落，僑人逐令歸本，其有滯獄，並決遣之，令行禁止。上聞而嘉之，顧侍臣曰："鄴都，[8]天下難臨處，敕相州刺史豆盧通，[9]令習熙法。"其年來朝，考績爲天下之最。賜帛三百疋，頒告天下。

[1]滄州：隋朝時治饒安縣，在今河北鹽山縣西南。

[2]白烏白麞嘉麥：均爲祥瑞。

[3]河北道：隋文帝開皇二年於并州置，治晋陽縣，在今山西太原市。　行臺度支尚書：官名。爲行臺尚書省度支曹長官，統管度支、户部、金部、倉部四曹。掌軍國財賦的收支會計及漕運物價屯田之政令。隋朝時行臺度支尚書爲視正三品。

[4]鴻臚卿：官名。亦稱大鴻臚。掌管接待少數民族賓客、朝會以及吉凶禮儀等。隋初爲正三品，煬帝時改爲從三品。

[5]太山：即泰山，在今山東泰安市。

[6]汴州：隋朝初治浚儀縣，在今河南開封市。

[7]向術：《隋書》卷五六《令狐熙傳》作"向街"，《通志》卷一六四與《北史》同。按：據文意，令狐熙是不允許居民房門面對大街，作"向術"不通。疑《隋書》是。

[8]鄴：城名。在今河北臨漳縣西南。

[9]相州：隋朝時治鄴縣，在今河北臨漳縣西南。　豆盧通：人名。一名會，字平東，昌黎徒何（今遼寧錦州市）人。北周、隋朝官吏。見《北史》卷六八《豆盧寧附豆盧通傳》。

以嶺南夷數起亂，[1]徵拜桂州總管、十七州諸軍事，[2]許以便宜從事，刺史已下官，得承制補授，給帳内五百人。[3]賜帛五百疋，[4]發傳送其家累，改封武康郡公。[5]熙至部，大弘恩信。其溪洞渠帥更相謂曰：[6]"前總管皆以兵威相脅，今者乃以手教相諭，我輩其可違乎！"於是相率歸附。先是州縣生梗，長吏多不得之官，[7]寄政於總管府。[8]熙悉遣之，爲建城邑，開設學校，人夷感化焉。

[1]嶺南夷：《隋書》卷五六《令狐熙傳》作"嶺南夷、越"。嶺南，地區名。指五嶺以南地區，相當於今廣東、廣西及越南北部一帶。

[2]桂州：隋朝時治始安縣，在今廣西桂林市。

[3]帳内：官名。北魏末高歡置。爲侍衛近職，皆用親信，掌侍衛。隋亦沿置。

[4]賜帛五百疋：底本無"賜"字，《隋書·令狐熙傳》作"賜帛五百疋"。中華本據《隋書》補。今從改。

[5]武康郡公：封爵名。武康，郡名。隋朝初治陽安縣，在今四川簡陽市東北。

[6]溪洞：亦作"溪峒"。指今南方苗族、侗族、壯族及其聚居地區。　渠帥：首領。一般用作對敵方首領尤其是對少數民族首領的蔑稱。

[7]長吏：縣吏之尊者。

[8]總管府：官署名。北周明帝武成元年始置，爲地方最高行政機構，管理所屬地區的軍事民政，轄區增減無常，一般轄數州，多者可達數十州。設總管爲長官。隋朝時沿置。

時有寧猛力者，[1]與陳後主同日生，[2]自言貌有貴相，在陳世已據南海。[3]平陳後，文帝因而撫之，即拜安州刺史。[4]然驕倨恃險，未常參謁。熙手書諭之，申以交友之分。其母有疾，熙復遺以藥。猛力感之，詣府請謁，不敢爲非。熙以州縣多有同名，於是奏改安州爲欽州，黄州爲峰州，[5]利州爲智州，[6]德州爲驩州，[7]東寧州爲融州。[8]上皆從之。在職數年，上表以年老疾患，請解所任。優詔不許，賜以醫藥。

[1]寧猛力：人名。嶺南越人酋長。隋平陳後拜爲安州刺史。

[2]陳後主：即南朝陳皇帝陳叔寶。字元秀，小字黄奴，吴興長城下若里（今浙江長興縣）人。南朝陳亡後被俘至洛陽，後病死。見《陳書》卷六《後主紀》。

[3]陳世：《隋書》卷五六《令狐熙傳》作“陳日”。　南海：郡名。隋朝時治南海縣，在今廣東廣州市。

[4]安州：隋朝時治安陸縣，在今湖北安陸市。

[5]黄州：隋朝時治嘉寧縣，在今越南永富白鶴縣南風州。

[6]利州：隋朝時治金寧縣，在今越南河静西北。

[7]德州：隋朝時治九德縣，在今越南義安縣萊市。

[8]東寧州：隋朝時治齊熙縣，在今廣西融水苗族自治縣。

熙奉詔令交州渠帥李佛子入朝，[1]佛子欲爲亂，請至仲冬上道。[2]熙意在羈縻，遂從之。有人詣闕，訟熙受佛子賂而捨之。上聞。佛子反問至，[3]上大怒，以爲信然，遣使鎖熙詣闕。熙性素剛，鬱鬱不得志，行至永州，[4]憂憤病卒。上怒不解，没其家財。及行軍總管劉方禽佛子送京師，[5]言熙實無贓。上悟，乃召其四子聽仕。少子德棻最知名。[6]

[1]交州：治所不詳，待考。 李佛子：人名。交州俚人首領。

[2]仲冬：冬季的第二個月，即農曆十一月。

[3]上聞佛子反問至：《隋書》卷五六《令狐熙傳》作“上聞而固疑之。既而佛子反問至”。《通志》卷一六四與《北史》同。

[4]永州：隋朝時治零陵縣，在今湖南永州市零陵區。

[5]劉方：人名。京兆長安（今陝西西安市）人。北周、隋朝將領。官至大將軍。見《北史》卷七三《劉方傳》。

[6]德棻：即令狐德棻，人名。宜州華原（今陝西銅川市耀州區）人。唐代史學家，主修梁、陳、齊、周、隋等朝諸史，撰寫《氏族志》。見《舊唐書》卷七三《令狐德棻傳》。

整弟休，幼聰敏，有文武材用。[1]與整同起兵逐張保，授帥都督。[2]後爲中外府樂曹參軍。[3]時諸功臣多爲本州刺史。晋公護謂整曰：“以公勳望，應得本州，但朝廷藉公委任，無容遠出。然公一門之内，須有衣錦之榮。”乃以休爲敦煌郡守。在郡十餘年，甚有政績。卒於合州刺史。[4]

[1]材用：局本作“財用”。

[2]帥都督：官名。西魏文帝大統初置，北周武帝天和二年省，建德二年復置，多授各地豪望，以統鄉兵。刺史、鎮將亦多加此

號。正七命。《周書》卷三六《令狐整附令狐休傳》作“都督”，《通志》卷一五八與《北史》同。

［3］中外府：官署名。都督中外諸軍事府的省稱。北周置，下設長史、司馬、司録、從事中郎、掾、屬、諸曹參軍、行參軍等府佐，實際地位很高。　樂曹參軍：官名。北周置，爲都督中外諸軍事府的僚屬，掌奏樂之事。

［4］合州：北周時治石鏡縣，在今四川合川市。

唐永，北海平壽人也。[1]本居晋昌之憒安縣，[2]晋亂，徙於丹楊。[3]祖揣，始還魏，官至北海太守，因家焉。父倫，青州刺史。

［1］北海：郡名。西晋時治平壽縣，在今山東濰坊市西南。　平壽：縣名。治所在今山東濰坊市西南。

［2］憒安：中華本校勘記云：“按本書卷二七《唐和傳》云：‘晋昌冥安人也。’冥安，西漢及東漢並屬燉煌郡（見《漢書·地理志下》及《後漢書·郡國志五》）。晋惠帝元康五年分燉煌、酒泉置晋昌郡，冥安改屬之（見《晋書·地理志上》。《晋書》‘冥’作‘宜’，當是字訛）。疑唐永爲唐和族人，‘憒安’當作‘冥安’。”可從。冥安，縣名。治所在今甘肅安西縣東南鎖陽城。

［3］丹楊：郡名。十六國前凉時治宜川縣，在今陝西宜川縣東北。中華本校勘記云：“丹楊當是前凉所置，非江南之丹楊。”毛本、四庫本、四部備要本作“丹陽”。

永身長八尺，少耿介，有將帥才，讀《班超傳》，慨然有萬里之志。正光中，爲北地太守，[1]當郡别將。[2]俄而賊將宿勤明達、車金雀等寇郡境，[3]永擊破之，境内稍安。永善馭下，士人競爲之用。臨陣常著帛裙襦，[4]把角如意以指麾處分，辭色自若。在北地四年，與賊數十戰，未常敗北。時人語曰："莫陸梁，恐爾逢唐將。"永所營處，至今猶稱唐公壘也。行臺蕭寶夤表永爲南豳州刺史，[5]夷人送故者，莫不垂淚，當路遮留，隨數日，始得出境。

[1]北地：郡名。北魏時治富平縣，在今陝西富平縣。

[2]別將：官名。北魏中期之後根據出軍之制，軍之統帥爲都督，與主力分道的輔翼將領稱爲別道都將，亦稱都將，成爲一級武官的名稱，位在統軍之上。

[3]宿勤明達：人名。夏州（今陝西靖邊縣）人。北魏末起義軍首領。節閔帝普泰元年（531），爲尒朱天光所敗。　車金雀：人名。北地（今陝西富平縣）人。北魏起義軍首領。

[4]帛裙襦：底本作"帛展襦"，《通志》卷一五八作"帛裙襦"。中華本校勘記云："按'展'乃'裠'之訛，'裠'即'裙'之俗體，今據改。"今從改。

[5]蕭寶夤：人名。字智亮，南蘭陵（一説在今江蘇常州市，一説在今江蘇丹陽市）人。南朝齊宗室，齊亡時奔北魏。見《北史》卷二九《蕭寶夤傳》。　南豳州：北魏時治新平城，在今陝西彬縣。底本作"南幽州"，中華本校勘記云："張森楷云：'當作"豳"。'按《隋書·地理志上》北地郡新平縣注云：'西魏於此置豳州。'楊守敬《隋書地理志考證》引《太平寰宇記》証明此即南豳州。張説是，今據改。"今從改。

大統元年，拜東雍州刺史，[1]尋加衛將軍，[2]封平壽伯。[3]卒，贈司空公。[4]永性清廉，家無蓄積，妻子不免飢寒，世以此稱之。

[1]東雍州：西魏時治鄭縣，在今陝西華縣。

[2]衛將軍：官名。位在諸名號大將軍之上，多作爲軍府名號，以加大臣、重要州郡長官，無具體職掌。

[3]平壽伯：封爵名。平壽，縣名。治所在今山東濰坊市西南。

[4]司空公：官名。司空的尊稱。西魏時爲名譽宰相，多爲大臣加官。一品。

子陵，少習武藝，頗閑吏職，位大都督、應州刺史、車騎大將軍、儀同三司。[1]

[1]大都督：官名。原爲高級軍事長官，北魏後期因戰事較多亦置，統兵出征，有時又加以各種名號，如南道大都督等。西魏時授予漸多。北周初規定授柱國大將軍、開府、儀同三司等官號者，並加使持節、大都督名義。武帝時，將其置爲没有職掌的勳官，授予有軍功的武職官員。八命。　應州：北周時治永陽縣，在今湖北廣水市西北。　車騎大將軍：官名。在諸名號大將軍之上，多爲軍府名號，用來加授大臣、重要州郡長官，無具體職掌。北魏孝文帝太和二十三年定爲二品。北周時爲正八命。

陵子悟，美風儀，[1]博涉經史，文詠可觀。周大象中，頗被宣帝任遇，位至内史下大夫、漢陽公。[2]隋文帝得政，廢於家而卒。陵弟瑾。

[1]風儀：風度儀表。

[2]内史下大夫：官名。又稱小内史下大夫、内史次大夫。西

魏恭帝三年置，北周沿置。爲春官府内史司次官，輔助内史中大夫掌管綸誥，並參議刑罰爵賞以及軍國大事。正四命。　漢陽公：封爵名。漢陽，郡名。北周時治黄瓜縣，在今甘肅天水市西南。

瑾字附璘。性温恭，有器量，博涉經史，雅好屬文。身長八尺二寸，容貌甚偉。年十七，周文聞其名，乃貽永書曰：“聞公有二子，曰陵、曰瑾，陵從横多武略，瑾雍容富文雅，可並遣入朝，孤欲委以文武之任。”因召拜尚書員外郎、相府記室參軍事。[1]軍書羽檄，瑾多掌之。從破沙苑，戰河橋，並有功，封姑臧縣子。[2]累遷尚書右丞、吏部郎中。[3]于時魏室播遷，庶務草創，朝章國典，瑾並參之。遷户部尚書，[4]進位驃騎大將軍、開府儀同三司，賜姓宇文氏。

[1]尚書員外郎：官名。即尚書省員外散騎侍郎。北魏孝文帝太和十七年定爲從四品下，後定爲七品上。西魏、北齊因之。　記室參軍事：官名。即記室參軍。爲記室曹長官，掌文疏表奏。北魏沿置，皇弟皇子府、嗣王親王府、公府、持節都督府皆置。品級自七品至九品不等。

[2]姑臧縣子：封爵名。姑臧，縣名。治所在今甘肅武威市。

[3]尚書右丞：官名。北魏時爲尚書省佐官，位次尚書，與左丞共掌尚書省庶務。孝文帝太和十七年定爲四品中，二十三年改爲從四品。西魏初沿置。　吏部郎中：官名。魏晋南北朝時與吏部郎互稱，爲尚書省吏部曹主官，資深者可轉侍郎，屬吏部尚書，掌官吏銓選。北魏時爲六品。西魏沿置。

[4]户部尚書：官名。即民部尚書，避唐太宗李世民諱改。爲尚書省民部曹長官，統管度支、户部、金部、倉部四曹，掌軍國財

賦的收支會計及漕運物價屯田之政令。

時燕公于謹，勳高望重，朝野所屬。白周文，言瑾學行兼脩，願與之同姓，結爲兄弟，庶子孫承其餘論，有益義方。周文歎異者久之，更賜瑾姓万紐于氏。謹乃深相結納，敦長幼之序；瑾亦廷羅子孫，[1]行弟姪之敬。其爲朝望所宗如此。進爵臨淄縣伯。[2]轉吏部尚書，銓綜衡流，雅有人倫之鑒。以父憂去職，尋起令視事。時六尚書皆一時之秀，周文自謂得人，號爲“六俊”，然瑾尤見器重。

[1]廷羅：元大德本、局本、中華本作“庭羅”。按：“廷”爲“庭”的古字。

[2]臨淄縣伯：封爵名。臨淄，縣名。治所在今山東淄博市東北。

于謹南伐江陵，以瑾爲元帥府長史，[1]軍中謀略，多出瑾焉。江陵既平，衣冠仕伍，[2]並没爲僕隸。瑾察其才行，有片善者，輒議免之，賴瑾獲濟者甚衆。時論多焉。及軍還，諸將多因虜掠，大獲財物。瑾一無所取，唯得書兩車，載之以歸。或白周文曰：“唐瑾大有輜重，悉是梁朝珍玩。”周文初不信之，然欲明其虚實，密遣使檢閱之，唯見墳籍而已。乃歎曰：“孤知此人來二十許年，明其不以利干義。向若不令檢視，恐常人有投杼之疑。孤所以益明之耳。凡受人委任當如此也。”論平江陵功，進爵爲公。

［1］長史：官名。掌顧問參謀，爲所在官署的屬官之長。不同名號的長史所負職責不同，品秩也不相同。

［2］衣冠：指士大夫的穿戴，借指士大夫、官宦。

六官建，[1]授禮部中大夫。[2]出爲蔡州刺史，[3]歷拓州、硤州，[4]所在皆有德化，人吏稱之。轉荆州總管府長史。入爲吏部中大夫，[5]歷御正、納言、内史中大夫。[6]曾未十旬，遂遷四職，搢紳咸以爲榮。久之，除司宗中大夫，兼内史。尋卒于位。贈小宗伯，[7]謚曰方。

［1］六官：西魏時仿行《周禮》，重置天官、地官、春官、夏官、秋官、冬官等官府，合稱六府或六官。

［2］禮部中大夫：官名。西魏恭帝三年置，爲春官府禮部長官，掌禮儀的制定與執行，在國家重要的儀式上，佐大宗伯卿主持其事，較小的儀式則由其主持。下設禮部上士、禮部中士、禮部旅下士以佐其職。正五命。北周武帝保定四年，改禮部爲司宗，遂改名爲司宗中大夫。正五命。

［3］蔡州：北周時治蔡陽縣，在今湖北棗陽市西南。

［4］拓州：西魏時治夷陵縣，在今湖北宜昌市西北。　硤州：北周改拓州爲硤州，治夷陵縣，在今湖北宜昌市西北。

［5］吏部中大夫：官名。西魏恭帝三年置，北周初沿置。夏官府吏部司長官，掌管官員的選舉，權任極重，一員，下設小吏部下大夫、大吏部上士以佐其職。正五命。北周武帝建德二年省，宣帝時復置。

［6］歷御正納言内史中大夫：《周書》卷三二《唐瑾傳》作“歷御正、納言中大夫”，《通志》卷一五八與《北史》同。御正，官名。御正中大夫的省稱。内史中大夫，官名。又稱内史、大内

史。西魏恭帝三年始置，北周沿置。春官府内史司長官，二員，負責皇帝詔書的撰寫與宣讀，參議刑罰爵賞及軍國大事，下設小内史下大夫、小内史上士、小内史中士、小内史下士，領御史上士等屬官。静帝大象元年，在其上設内史上大夫，遂降爲内史司次官。正五命。

[7]小宗伯：官名。小宗伯上大夫的省稱。西魏恭帝三年置，爲春官府次官，二員，協助大宗伯卿管理禮樂、祭祀、天文曆法等方面的事務。北周沿置。正六命。

瑾性方重，有風格，退朝休假，[1]恒著衣冠以對妻子，[2]遇迅雷風烈，雖閑夜晏寢，必起，冠帶端笏危坐。又好施與，家無餘財，所得禄賜，常散之宗族，其尤貧乏者，又割膏腴田宅以振之。所留遺子孫者，並墝埆之地。[3]朝野以此稱之。撰《新儀》十篇，所著賦、頌、碑、誄二十餘萬言。[4]孫大智嗣。

[1]休假：《周書》卷三二《唐瑾傳》作“休暇”。中華本《周書·唐瑾傳》校勘記云：“按此傳以《北史》補，當同《北史》，今據改。”

[2]恒著：元大德本作“烜著”。

[3]墝（qiāo）埆（què）：瘠薄之地。

[4]誄：叙述死者生平、表示哀悼的文章，多用於上對下。

瑾次子令則，性好篇章，兼解音律，文多輕艷，爲時人所傳。天和初，以齊馭下大夫使於陳。[1]大象中，官至樂部下大夫。[2]仕隋，位太子左庶子。[3]皇太子勇廢，[4]被誅。

［1］齊馭下大夫：官名。北周時爲夏官府官吏，掌馭金路以賓，駕王車迎送賓客，二員。正四命。

［2］樂部下大夫：官名。即小樂部下大夫。北周武帝保定四年，改小司樂下大夫置，爲春官府樂部次官，佐樂部中大夫掌音律，教授樂舞，管理各種伎樂的演奏。武帝建德二年，省六府諸司中大夫，遂成爲樂部長官，稱樂部下大夫，宣帝即位，復置諸司中大夫，仍爲次官。正四命。

［3］太子左庶子：官名。秦漢時置太子庶子，西晉時始分左右，掌侍從贊相，駁正啓奏。隋朝沿置，爲太子門下坊長官，二員。正四品上。

［4］勇：即楊勇，人名。字晛地伐，弘農華陰（今陝西華陰市東南）人。隋文帝長子，初封爲皇太子，後被廢。見《北史》卷七一《房陵王勇傳》。

柳敏，字白澤，河東解縣人，[1]晉太常純之七世孫也。[2]父懿，魏車騎大將軍、儀同三司、汾州刺史。[3]

［1］河東：郡名。北魏時治蒲坂縣，在今山西永濟市西南蒲州鎮。　解縣：治所在今山西臨猗縣。

［2］太常：官名。西漢始置，位列九卿之首，居職清要。西晉時爲三品，增設鼓吹令、丞。東晉時省宗正，其屬官除太醫外皆爲太常。

［3］汾州：北魏時治蒲子城，在今山西隰縣。

敏九歲而孤，事母以孝聞。性好學，涉獵經史，陰陽卜筮之術，靡不習焉。年未弱冠，[1]起家員外散騎侍郎。[2]累遷河東郡丞。[3]朝議以敏之本邑，故有此授。敏雖統御鄉里，而處物平允，甚得時譽。及周文剋復河東，見而器異之，乃謂之曰："今日不喜得河東，喜得卿也。"即拜丞相府參軍事。

[1]弱冠：古時以男子二十歲爲成人，初加冠，因體猶未壯，故稱弱冠。

[2]員外散騎侍郎：官名。晋武帝始置，初爲正員之外的添差之散騎侍郎，無員數，後成定員數。北魏沿置，屬散騎省，初沿例授予南朝北奔之士，後多以公族、功臣子充任，爲閑散之職，班比吏部郎，六員。北魏孝文帝太和十七年定爲從四品下，後定爲七品上。

[3]郡丞：官名。爲郡守副職，輔助郡守掌管政事。

俄轉户曹參軍，[1]兼記室。[2]每有四方賓客，恒令接之，爰及吉凶禮儀，亦令監綜。又與蘇綽等脩撰新制，[3]爲朝廷政典。遷禮部郎中，[4]封武城縣子，[5]加帥都督，領本鄉兵。俄進大都督。遭母憂，居喪，旬日之間，鬢髮半白。尋起爲吏部郎中，毁瘠過禮，杖而後起。周文見而歎異之，特加廩賜。及尉遲迥伐蜀，[6]以敏爲行軍司馬，[7]軍中籌略，並以委之。益州平，[8]進驃騎大將軍、開府儀同三司，加侍中，遷尚書，[9]賜姓宇文氏。六官建，拜禮部中大夫。

[1]户曹參軍：官名。户曹參軍事的省稱。西晋始置，爲户曹長官，主户曹事。北魏時公府、將軍府亦置，以府主等級不同。自六品上到八品不等。西魏沿置。

[2]兼記室：《周書》卷三二《柳敏傳》原作"掌記室"。《通

志》卷一五八、《册府元龜》卷七五與《北史》同。中華本《周書·柳敏傳》校勘記云："按此傳以《北史》補，當同《北史》，今據改。"

[3]蘇綽：人名。字令綽，武功（今陝西武功縣西北）人。西魏、北周名臣。見《北史》卷六三《蘇綽傳》。

[4]禮部郎中：官名。北周時爲尚書省禮部屬官，協助尚書掌管五禮之儀制。從五品上。

[5]武城縣子：封爵名。武城，縣名。治所在今山東武城縣西。

[6]尉遲迥：人名。字薄居羅，代（今山西大同市東北）人。西魏、北周重臣。見《北史》卷六二《尉遲迥傳》。　蜀：郡名。西魏時治成都縣，在今四川成都市。

[7]行軍司馬：官名。西魏、北周有軍事行動時設，掌軍中籌略，事迄即罷。

[8]益州：西魏時治成都縣，在今四川成都市。

[9]尚書：官名。魏晉南北朝時出爲朝官，分掌尚書省諸曹，雖品秩提高，但不再直接向皇帝奏事、承受詔命，成爲行政官員。北魏孝文帝太和十七年定吏部從一品下，列曹二品中，二十三年皆定爲三品。西魏因之。

周孝閔帝踐阼，進爵爲公。又除河東郡守，尋復徵拜禮部。出爲郢州刺史，甚得物情。及將還朝，夷夏士人，感其惠政，並賫酒餚及物産候之於路。敏乃從他道而還。復拜禮部，後改禮部爲司宗，[1]仍以敏爲之。

[1]司宗：官署名。北周武帝保定四年改禮部爲司宗，仍屬春官府，掌管五禮之儀制及學校貢舉之法。

敏操履方正，性又恭勤，每日將朝，必夙興待旦。

又久處臺閣，[1]明練故事，[2]近儀或乖先典者，皆案據舊章，刊正取中。遷小宗伯，監修國史。轉小司馬，[3]又監修律令。進位大將軍，出爲鄜州刺史，以疾不之部。武帝平齊，進爵武德郡公。[4]敏自建德以後，[5]寢疾積年，武帝及宣帝並親幸其第問疾焉。開皇元年，進位上大將軍、太子太保。[6]其年卒。贈五州諸軍事、晉州刺史。[7]臨終戒其子等，喪事所須，[8]務從簡約。其子等並涕泣奉行。少子昂。

[1]又久：殿本、四部備要本作“文久”。　臺閣：尚書臺的别稱。魏晋時，尚書令任總機衡，無所不統。北周時，尚書令又職掌彈糾，與御史中丞更相廉察。此處泛指中央政府機構。

[2]故事：舊日的典章制度或行事制度的成例。

[3]小司馬：官名。小司馬上大夫的省稱。西魏恭帝三年置，北周沿置。爲夏官府次官，二員，佐大司馬卿掌軍政及官員遷調，亦可統兵出征或暫時在外駐守。正六命。

[4]武德郡公：封爵名。武德，郡名。北周時治武德縣，在今河南温縣北。

[5]建德：北周武帝的年號（572—578）。

[6]上大將軍：官名。三國吴始置。隋朝沿置，高級武官名號，位大將軍上，煬帝大業三年罷。從二品散實官。　太子太保：官名。東宫三師之一。西晋始置。隋朝沿置，位居太子太師、太傅下，爲安置退免大臣的閑散之職或用作加官、贈官。正二品。

[7]晉州：隋朝時治平陽縣，在今山西臨汾市。

[8]須：殿本、四庫本、四部備要本作“從”。

昂字千里，幼聰穎有器識，幹局過人。周武帝時，爲内史中大夫、開府儀同三司，賜爵文城郡公，[1]當途用事，百僚皆出其下。昂竭誠獻替，知無不爲，謙虚自處，未嘗驕物，時論以此重之。武帝崩，受遺輔政，稍被宣帝疎，然不離本職。隋文帝爲丞相，深自結納。文帝以爲大宗伯。[2]拜日，遂得偏風，不能視事。文帝受禪，疾愈，加上開府，拜潞州刺史。[3]昂見天下無事，上表請勸學行禮。上覽而善之，優詔答昂，自是天下州縣皆置博士習禮焉。[4]昂在州，甚有惠政，卒官。

[1]文城郡公：封爵名。按：疑作“文城縣公”。《隋書·地理志》：“吉昌後魏曰定陽縣，并置定陽郡。開皇初郡廢，十八年縣改名焉。大業初，置文城郡。”可知，北周時未有文城郡，僅有文城縣，在今山西吉縣西北。

[2]大宗伯：官名。掌管禮樂、祭祀、天文曆法、著作等方面事務。原爲《周禮》六卿之一，爲春官之長。西魏末、北周仿《周禮》建六官，復置爲春官之長，亦稱大宗伯卿。北周時爲正七命。殿本、四庫本、四部備要本作“太宗伯”。

[3]潞州：隋朝時治襄垣縣，在今山西襄垣縣北。

[4]博士：官名。春秋時置。隋朝時太常寺屬官中有博士，專掌議定禮制，從七品。各郡縣學官中亦設。

子調，歷秘書郎、侍御史。[1]左僕射楊素嘗於朝堂見調，[2]因獨言曰：“柳條通體弱，獨摇不須風。”調斂版正色曰：[3]“調信無取，公不當以爲侍御；信有可取，不應發此言。公當具瞻之地，[4]樞機何可輕發！”素甚奇之。煬帝嗣位，[5]累遷尚書左司郎中。[6]時王綱不振，[7]朝士多贓貨，唯調清素守常，爲時所美，然幹用非其所長。

［1］秘書郎：官名。隋時掌四部圖書。初爲正七品，後升爲從五品。　侍御史：官名。隋初由吏部選用，入值禁中。從七品。煬帝大業三年後，祇掌侍從糾察，升爲正七品。

［2］左僕射：官名。尚書左僕射的省稱。隋朝時與内史省、門下省長官共同執掌國政。文帝開皇三年（583）令左僕射掌管吏部、禮部、兵部三部事，兼管御史彈劾不當之事。從二品。　楊素：人名。字處道，弘農華陰（今陝西華陰市東南）人。隋朝大臣，軍功卓越。見《北史》卷四一《楊敷附楊素傳》。

［3］斂版：《隋書》卷四七《柳機附柳調傳》作“斂板”。

［4］具瞻之地：《隋書·柳機附柳調傳》作“具瞻之秋”，《通志》卷一六三與《北史》同。

［5］煬帝：即隋朝皇帝楊廣。煬爲其謚號。

［6］尚書左司郎中：官名。隋煬帝大業三年置，屬尚書省。助尚書左丞掌監察省内，監督稽核吏、户、禮三部十二司。從五品。

［7］振：毛本作“正”。

王士良，字君明，其先太原晋陽人也。[1]後因晋亂，避地涼州。[2]魏太武平沮渠氏，[3]曾祖景仁歸魏，爲敦煌鎮將。祖公禮，平城鎮司馬，[4]因家於代。[5]父延，蘭陵郡守。[6]

［1］太原：郡名。北魏時治晋陽縣，在今山西太原市晋源區古城營村一帶。　晋陽：縣名。治所在今山西太原市晋源區古城營村一帶。

［2］涼州：北魏時治姑臧縣，在今甘肅武威市。

［3］魏太武：即北魏皇帝拓跋燾。太武爲其謚號。　沮渠氏：

又作“且渠氏”。匈奴氏族之一。因其先世爲匈奴左沮渠，遂以官爲氏。十六國時，一度依附後涼。晋安帝隆安元年（397），該部首領沮渠蒙遜擁段業建立北涼。五年，蒙遜自稱張掖公，都張掖（今甘肅張掖市），稱河西王。後又遷都姑臧（今甘肅武威市）。先後敗南涼、西秦，滅西涼，據有今甘肅西部。該部首領曾依附於北魏，受封涼王。後被北魏所滅。

[4]平城：在今山西大同市東北。

[5]代：郡名。北魏時治平城，在今山西大同市東北。

[6]蘭陵：郡名。北魏時治承城，在今山東棗莊市東南。

士良少脩謹，不妄交游。孝莊末，[1]尒朱仲遠啓爲府參軍事。[2]歷大行臺郎中、諫議大夫，[3]封石門縣男。[4]後與紇豆陵步藩交戰，[5]軍敗，爲藩所禽，遂居河右。僞行臺紇豆陵伊利欽其才，[6]擢授右丞，[7]妻以孫女。士良既爲姻好，便得盡言，遂曉以禍福，伊利等即歸附。朝廷嘉之。太昌初，[8]進爵晋陽縣子，尋進爵琅邪縣侯，[9]授太中大夫、右將軍。[10]出爲殷州車騎府司馬。[11]

[1]孝莊末：《周書》卷三六《王世良傳》作“魏建明初”。按：北魏孝莊帝的最後一個年號是永安，建明是長廣王元曄的年號。孝莊，即北魏皇帝元子攸。孝莊爲其謚號。

[2]尒朱仲遠：人名。北秀容（今山西朔州市）人，契胡族。北魏、北齊大臣。見《北史》卷四八《尒朱榮附尒朱仲遠傳》。府：指尚書府，尒朱仲遠於孝莊末曾爲尚書令。

[3]大行臺郎中：官名。北魏後期始置，爲大行臺屬官，分掌諸曹事。權力極大。　諫議大夫：官名。北魏時員七十人，隸集書

省，掌諫諍議論。孝文帝太和十七年定爲四品下，二十三年定爲從四品下。

[4]石門縣男：封爵名。石門，縣名。治所在今甘肅隴南市武都區東南。

[5]紇豆陵步藩：人名。河西（今山西臨汾市）人，費也頭部首領。北魏孝莊帝永安年間曾攻尒朱氏，後爲尒朱兆和高歡聯軍所敗。

[6]紇豆陵伊利：人名。鮮卑族。北魏時費也頭首領。

[7]右丞：官名。爲行臺右丞的省稱。北魏時，職掌同尚書右丞。掌都省庶務，管理省内用度雜物。又掌本省庫藏廬舍，督録遠道州郡文書奏章。多由行臺郎中遷任。

[8]太昌：北魏孝武帝的年號（532）。

[9]琅邪縣侯：封爵名。琅邪，縣名。治所在今山東安丘市西南。

[10]太中大夫：官名。亦稱大中大夫。北魏時爲加官、兼官，或供朝廷臨時差遣。孝文帝太和十七年定爲三品下，二十三年定爲從三品。　右將軍：官名。爲軍府名號，用作加官。北魏孝文帝太和十七年定爲從二品上，二十三年定爲三品。

[11]殷州：北魏時治廣阿縣，在今河北隆堯縣東。　車騎府司馬：官名。即車騎將軍府高級幕僚，位次長史，管理府内武職，與長史共參軍務。

東魏徙鄴之後，置京畿府，[1]專典兵馬。時齊文襄爲大都督，[2]以士良爲司馬，領外兵參軍。[3]尋遷長史，加安西將軍，[4]徙封符壘縣侯。[5]武定初，[6]除行臺右中兵郎中，[7]又轉大將軍府屬、從事中郎，[8]仍攝外兵事。王思政鎮潁川，[9]齊文襄率衆攻之，授士良大行臺左丞，[10]加鎮西將軍，[11]進爵爲公，令輔其弟演於并州居守。[12]

[1]京畿府：官署名。京畿大都督府的省稱。爲京畿大都督的辦公地點，管理京畿軍士及其事務。

[2]齊文襄：即高澄。文襄爲其謚號，北齊文宣帝所追謚。

[3]外兵參軍：官名。亦稱外兵參軍事。兩晋南北朝諸公、軍府僚屬名。掌本府外兵曹事務，兼備參謀咨詢。其品位隨府主地位高低不等。

[4]安西將軍：官名。爲出鎮一方的軍事長官，或作爲刺史等地方官員兼理軍務時的加官，權位很重。東魏、北齊時爲三品。

[5]苻壘縣侯：封爵名。苻壘，縣名。治所在今河南寶豐縣西北。

[6]武定：東魏孝静帝的年號（543—550）。

[7]行臺右中兵郎中：官名。東魏置。職掌不詳。

[8]從事中郎：官名。爲軍府僚屬，與長史共主府中吏事。北齊時爲五品。

[9]王思政：人名。字思政，太原祁（今山西祁縣東南）人。北魏、西魏大將。見《北史》卷六二《王思政傳》。

[10]大行臺左丞：官名。大行臺尚書左丞的省稱。爲大行臺的屬官，職掌主要是與右丞共掌臺事，率領都令史監督稽核諸曹務。職權甚重，多由大行臺郎中或大行臺尚書右丞進任。

[11]鎮西將軍：官名。多授持節都督，出鎮方面。北魏孝文帝太和十七年定爲從一品下。東魏沿置。

[12]演：即高演，人名。北齊孝昭帝。見《北史》卷七《齊本紀·孝昭帝》。

齊文宣即位，[1]入爲給事黄門侍郎，領中書舍人，[2]仍總知并州兵馬事，加征西將軍，[3]别封新豐縣子。[4]俄除驃騎將軍、尚書吏部郎中。[5]文宣自晉陽赴鄴宫，復以士良爲尚書左丞，[6]統留後事。仍遷御史中丞，[7]轉七兵尚書。[8]未幾，入爲侍中，轉殿中尚書。[9]頃之，復爲侍中、吏部尚書。士良少孤，事繼母梁氏以孝聞。及卒，居喪合禮。文宣尋起令視事，士良屢表陳誠，再三不許，方應命。文宣見其毁瘠，乃許之。因此卧疾歷年，文宣每自臨視。疾愈，除滄州刺史。乾明初，[10]徵還鄴，授儀同三司。孝昭即位，遣三道使搜揚人物。士良與尚書令趙郡王高叡、太常卿崔昂分行郡國，[11]但有一介之善者，無不以聞。齊武成初，除太子少傅、少師，[12]復除侍中，轉太常卿，尋加開府儀同三司。出爲豫州道行臺、豫州刺史。[13]

[1]齊文宣：即北齊皇帝高洋。文宣爲其謚號。

[2]中書舍人：官名。即中書通事舍人。北齊時專掌草擬詔令，出納之職由門下省分任。六品。

[3]征西將軍：官名。北齊時爲褒賞軍功勳臣的閑職。二品。

[4]新豐縣子：封爵名。新豐，縣名。治所在今陝西西安市臨潼區東北。

[5]驃騎將軍：官名。僅作爲軍府名號，加授大臣、重要州郡長官，無具體職掌。北齊時爲二品。　吏部郎中：官名。爲尚書省吏部曹主官，資深者可轉侍郎，屬吏部尚書，掌官吏銓選。北齊時爲六品。

[6]尚書左丞：官名。北齊時掌臺内庶務、文吏及文案奏章，兼掌監察百官。從四品上。

[7]御史中丞：官名。亦稱中丞、中執法。專掌監察、執法，常受命領兵，出督軍旅，職權甚重。北齊時爲從三品。

[8]七兵尚書：官名。尚書省七兵曹長官。北魏孝文帝太和十七年定爲二品中，二十三年定爲三品。北齊初因之。

[9]殿中尚書：官名。北齊時爲尚書省六曹尚書之一，一員，管理宫殿禁衛、禮制、宫廷車馬及倉庫等事，領殿中、儀曹、三公、駕部四郎曹。三品（參張金龍《北魏前期禁衛武官制度考論——以史籍記載爲中心》，《歷史研究》2003年第3期）。

[10]乾明：北齊廢帝的年號（560）。

[11]尚書令：官名。總掌全國行政。雖低於三公，但在多數情況下是實際上的丞相。北齊時爲二品。　趙郡王：封爵名。趙郡，北齊時治平棘縣，在今河北趙縣。　高叡：人名。小名須拔，勃海蓨（今河北景縣）人。東魏、北齊大臣。見《北史》卷五一《趙郡王琛附高叡傳》。　太常卿：官名。太常的尊稱。主管祭祀社稷、宗廟朝會、喪葬禮儀，管理皇帝陵墓、寢廟所在縣邑，每月巡視諸陵，兼管文化教育，博士和博士弟子的考核、薦舉、補吏。北魏孝文帝太和十七年定爲從一品下，二十三年定爲三品。北齊沿置。崔昂：人名。字懷遠，博陵安平（今河北安平縣）人。北魏、東魏、北齊官吏。見《北史》卷三二《崔挺附崔昂傳》。

[12]太子少傅：官名。位在太子太師下、太子太保上。北魏孝文帝太和十七年定爲從一品上，二十三年定爲二品。北齊沿置，二品。　少師：官名。即太子少師。東宫三少之首，掌訓導輔翊太子，無具體職司。三品。

[13]豫州：北齊時治上蔡縣，在今河南汝南縣。

保定四年，晋公護東伐，權景宣以山南兵圍豫州，[1]士良舉城降。[2]授大將軍、小司徒，賜爵廣昌郡公。[3]尋除荆州總管，行荆州刺史。復入爲小司徒。俄除鄜州刺史，[4]轉荆州刺史。[5]士良去鄉既久，忽臨本州，[6]耆老故人，猶有存者，遠近咸以爲榮。加授上大將軍，[7]以老病乞骸骨，[8]優詔許之。開皇元年卒，時年八十二。

[1]權景宣：人名。字暉遠，天水顯親（今甘肅秦安縣）人。北魏、北周將領。見《北史》卷六一《權景宣傳》。

[2]舉城降：底本作“舉子降”，元大德本、毛本、殿本、四庫本、局本、四部備要本、中華本作“舉城降”。《周書》卷三六《王士良傳》作“舉城降”。今從中華本等諸本改。

[3]廣昌郡公：封爵名。廣昌，郡名。北周時治廣昌縣，在今湖北棗陽市。

[4]俄除鄀州刺史：據王士良墓誌載：“前後累授荆州、敷州、金州三總管。”（參羅新、葉煒《新出魏晋南北朝墓誌疏證（修訂本）》，中華書局2016年版，第326—329頁）隋煬帝大業二年，鄀州改爲敷州。

[5]轉荆州刺史：《周書·王士良傳》“荆州”作“金州”。中華本校勘記云：“按《通志》卷一五八《王士良傳》文同《北史》而字作‘金’，疑《北史》本亦作‘金’。”可從。

[6]士良去鄉既久忽臨本州：《周書·王士良傳》此句前有“建德六年，授并州刺史”。源氏校勘記云：“（‘本’）《周書》作‘并’。似是。”中華本校勘記云：“按傳言‘其先太原晋陽人’，則并州是其本州。又言曾在北齊佐高演於并州居守，故云：‘去鄉既久，忽臨本州。’《北史》删九字，便似荆州（或金州）爲其本州，誤。”而據中華本《周書·王士良傳》校勘記考證，北周武帝建德五年至宣政元年（578）并州刺史爲宇文神舉，王士良建德六年可能未任并州刺史。

[7]加：毛本作“如”。

[8]乞骸骨：即告老還鄉。指官吏因年老請求退職。

子德衡，[1]大象末，儀同大將軍。[2]

[1]德衡：人名。即王均。字德衡。有墓誌記其生平："公諱均，字德衡，太原人也……大將軍、少司徒、廣昌公之世子……侯年十二，解褐爲齊太尉彭城王府參軍，選稱榮俊，府曰光僚……保定五年，除使持節、儀同大將軍、新市縣開國侯，封啓陽唐，邑資白水……春秋卅一，薨於長安。蒙贈邵州刺史。嗚呼哀哉，建德五年十月廿七日葬於石安原。"若王均死於建德五年，則與本傳"大象末，儀同大將軍"的記載頗爲矛盾，當以墓誌爲是。王均死時三十一歲，則其生年可能爲東魏孝静帝武定四年（參羅新、葉煒《新出魏晋南北朝墓誌疏證（修訂本）》，第264—265頁）。

[2]儀同大將軍：官名。北周武帝建德四年，改車騎大將軍、儀同三司爲此稱。正九命。

論曰：昔陽貨外叛，[1]庶其竊邑，[2]而《春秋》譏之；韓信背項，[3]陳平歸漢，[4]而史遷美之。[5]蓋以運屬既安，君道已著，則徇利忘德者罪也；時逢擾攘，臣禮未備，則轉禍爲福者可也。崔彦穆、楊纂、段永等昔在山東，沈淪下位，[6]並以羈旅之士，邅回於燕雀之伍，[7]終佩龜組，可謂見機者乎。令狐整幹用確然，雅望重於河右，處州里則勳著方隅，升朝廷則績宣出内，而畏避權寵，克保終吉，不然何以自致顯名而取高位也。熙歷職流譽，風政克舉，雖古之循吏，亦何以加兹，而毫釐爲爽，丘山成過，唯命也！夫唐永良能之名，所在著美，清白之譽，顯於累職，所謂幹能之士也。瑾、敏並挺杞梓之林，[8]藴瑚璉之器，[9]博觀載籍，多識舊章，固乃國之名臣，時之領袖，周無君子，斯焉取斯。王士良之仕于齊，[10]職居卿牧，而失忠與義，臨難苟免，其背叛之徒歟！

[1]陽貨：人名。即陽虎。字貨，春秋時魯國人。爲魯國大夫季平子的家臣，季平子死後，他通過控制季桓子而掌握魯國朝政。後因謀殺季桓子失敗，逃亡晋國。

[2]庶其：人名。春秋時邾國（今山東鄒城市南部）人。魯襄公時以邾國漆（今山東鄒城市北漆女城遺址）、閭丘（今山東鄒城市）二邑投奔魯國。

[3]韓信：人名。淮陰（今江蘇淮安市）人。西漢開國功臣，善於用兵。見《史記》卷九二《淮陰侯列傳》。

[4]陳平：人名。陽武户牖鄉（今河南原陽縣東南）人。西漢開國功臣，先跟項羽，後歸劉邦。見《漢書》卷四〇《陳平傳》。

[5]史遷：指司馬遷，字子長，夏陽（今陝西韓城市）人。西漢史學家、思想家、文學家。見《史記·太史公自序》。

[6]下位：底本作“下倍”，中華本作“下位”。按“下位”是指其官位不高，疑是。今從中華本改。

[7]邅（zhān）回：輾轉。

[8]杞梓：杞和梓都是很好的木材。此處比喻優秀的人才。之林：元大德本、毛本、殿本、四庫本、局本、四部備要本作“之材”。按前文説唐瑾、柳敏“並挺”，疑作“之林”是。

[9]瑚璉：祭祀時盛黍稷的尊貴器皿，夏朝叫“瑚”，商朝叫“璉”。比喻人特別有才能，可以擔當大任。

[10]之仕于齊：殿本、四庫本、四部備要本作“之于齊”。

北史　卷六八

列傳第五十六

豆盧寧 子勣 孫毓　楊紹 子雄　王雅 子世積　韓雄 子禽
賀若敦 子弼 弟誼

豆盧寧，字永安，昌黎徒何人。[1]其先本姓慕容氏，燕北地王精之後也。[2]高祖勝，以燕。皇始初歸魏，[3]授長樂郡守，[4]賜姓豆盧氏。或云北人謂歸義爲"豆盧"，因氏焉，又云避難改焉，未詳孰是。父萇，[5]魏柔玄鎮將，[6]有威重，見稱於時。武成中，[7]以寧勳，追贈柱國大將軍、少保、涪陵郡公。[8]

[1]昌黎：郡名。北魏時治昌黎縣，在今遼寧朝陽市。　徒何：縣名。治所在今遼寧錦州市。

[2]燕北地王精之後也：《周書》卷一九《豆盧寧傳》作"前燕之支庶也"，《通志》卷一五九與《北史》同。燕，指十六國時鮮卑族慕容部所建前燕政權。北地王，封爵名。北地，郡名。十六國前燕時治富平，在今陝西富平縣。

[3]以燕皇始初歸魏：中華本校勘記云："按皇始是魏道武帝年號，'燕'字疑衍，或'燕'下更有脱文。今從'燕'下斷句。"

中華本《周書·豆盧寧傳》校勘記引張森楷語云："'燕'下當有某官，挩去。以'皇始'是魏年，燕無之，不得云'以燕皇始初'也。"高敏《南北史掇瑣》則認爲"以"爲"仕"字之訛。皇始，北魏道武帝的年號（396—398）。

[4]長樂：郡名。北魏時治信都縣，在今河北冀州市。

[5]萇：《周書·豆盧寧傳》作"長"。《文苑英華》卷九二五庾信《豆盧永恩神道碑》作"長"。源氏校勘記云："《周書》'萇'作'長'。"

[6]柔玄：軍鎮名。在今内蒙古興和縣西北。　鎮將：官名。北魏始置。鎮的長官。在不設州郡的地區，兼統軍民；在設州郡的内地，主管軍事；如兼任駐州刺史，亦理民政，品秩按所帶將軍號而定。孝文帝改制之後地位漸低。

[7]武成中：《周書·豆盧寧傳》作"武成初"，《通志》卷一五九與《北史》同。武成，北周明帝的年號（559—560）。

[8]柱國大將軍：官名。十六國時後燕置。西魏文帝大統三年(537)，以宇文泰任此職，省稱柱國。在大統十六年以前共任命八人，稱"八柱國"。北周時授除漸多，成爲没有具體職掌的勳官。正九命。　少保：官名。北周時爲大臣加官，地位崇高，無實際職掌，正八命。《文苑英華》卷九一九庾信《慕容寧神道碑》作"少師"。　涪陵郡公：封爵名。涪陵，郡名。北周時治漢平縣，在今四川武隆縣西北。底本作"涪陵公"，《周書·豆盧寧傳》作"涪陵郡公"。中華本校勘記云："據《周書》卷一九《豆盧寧傳》、《文苑英華》卷九一九《慕容寧碑》補。"今從改。

寧少驍果，有志氣，身長八尺，美姿容，善騎射。魏永安中，[1]以别將隨尒朱天光入關。[2]以破万俟醜奴功，[3]賜爵靈壽縣男。[4]嘗與梁仚定遇於平涼川，[5]相與肄射，乃相去百步縣莎草以射之，七發五中。仚定服其能，贈遺甚厚。天光敗，從侯莫陳悦。[6]及周文討悦，[7]寧與李弼來歸。[8]

［1］永安：北魏孝莊帝的年號（528—530）。

［2］别將：官名。秦、漢時泛指率領部分兵力與主力分道而進的次要將領。北魏中葉以後，出兵之制，軍之統帥爲都督，與主力分道而行爲之輔翼的將領，初稱别道都將，後遂沿用此稱，逐漸成爲一級統兵武官名稱，或冠以擬戍地名，如三關别將。開始權任較重，約相當於刺史，位在統軍之上。後期戰亂，地位漸低。　尒朱天光：人名。北秀容（今山西朔州市）人，契胡族。北魏官吏。見《北史》卷四八《尒朱榮附尒朱天光傳》。

［3］以破万俟醜奴功：底本作“以破万俟醜奴以功”，《周書》卷一九《豆盧寧傳》作“以破万俟醜奴功”。源氏校勘記云：“‘以功’《周書》無‘以’字。爲是。”中華本校勘記云：“按作‘以’與上‘以’字重複。《周書》及《通志》卷一五九《豆盧寧傳》無此字。今從之改正。”今從改。万俟醜奴，人名。高平鎮（今寧夏固原市）人，鮮卑族。北魏末關隴起義軍首領。本爲胡琛部下，孝明帝孝昌元年（527），奉命攻涇州（今甘肅涇川縣），殺魏將崔延伯。二年，胡琛死，盡領其衆。孝莊帝永安元年（528），稱帝，置百官，年號神虎。二年，攻占魏東秦州（今甘肅天水市），復圍岐州（今陝西鳳翔縣）。三年，與魏將賀拔岳戰於渭水之南，兵敗，撤圍北走。於平涼被俘，解送洛陽被殺。

［4］靈壽縣男：封爵名。靈壽，縣名。治所在今河北靈壽縣。

［5］梁仚定：人名。宕昌（今甘肅宕昌縣西南）人。羌族首領，梁覽從弟。對北魏時服時叛。　平凉川：地名。在今甘肅平凉市。

［6］侯莫陳悦：人名。代（今山西大同市東北）人。北魏將領。襲殺賀拔岳，被宇文泰追擊，途中被困，自縊而死。見《北

史》卷四九《侯莫陳悦傳》。

[7]周文：即宇文泰。文爲其謚號，北周明帝所追謚。

[8]李弼：人名。字景和，隴西成紀（今甘肅秦安縣）人。西魏、北周大臣。見《北史》卷六〇《李弼傳》。

孝武西遷，[1]以奉迎勳，封河陽縣伯，[2]後進爵爲公。從禽竇泰，[3]復弘農，[4]破沙苑，[5]除衛大將軍、兼大都督。[6]大統七年，[7]從于謹破稽胡帥劉平伏於上郡。[8]及梁仚定反，以寧爲軍司，[9]監隴右諸軍事。[10]賊平，進位侍中、使持節、驃騎大將軍、開府儀同三司。[11]九年，從周文迎高仲密，[12]與東魏戰於芒山。[13]遷左衛將軍，[14]進爵范陽郡公。[15]十六年，拜大將軍。[16]羌帥傍乞鐵怱及鄭五醜等反叛，[17]寧討平之。恭帝二年，[18]改封武陽郡公，[19]遷尚書右僕射。[20]周孝閔帝踐祚，[21]授柱國大將軍。武成初，出爲同州刺史。[22]遷大司寇，[23]進封楚國公，邑萬户，别食鹽亭縣一千户，[24]收其租賦。保定四年，[25]授岐州刺史。[26]屬大兵東討，寧輿疾從軍。薨於同州。贈太保、十州諸軍事、同州刺史，[27]謚曰昭。

[1]孝武：即北魏皇帝元脩。孝武爲其謚號。

[2]河陽縣伯：封爵名。河陽，縣名。治所在今甘肅静寧縣西南。

[3]竇泰：人名。字世寧，太安捍殊（今山西壽陽縣北）人。初歸尒朱榮，以討邢杲功賜爵廣阿子。東魏孝静帝天平四年(537)，與宇文泰戰於小關，全軍覆没而自殺。見《北史》卷五四《竇泰傳》。

［4］弘農：郡名。西魏時治陝城，在今河南三門峽市。

［5］沙苑：地名。又名沙阜、沙海、沙窩。在今陝西大荔縣南洛、渭二河之間。

［6］衛大將軍：官名。十六國時後燕置。爲高級武官，地位在衛將軍之上。北魏孝文帝太和十七年（493）定爲一品下，位在儀同三司之下，二十三年定爲二品。西魏沿置。《周書》卷一九《豆盧寧傳》作"武衛大將軍"，《通志》卷一五九、《册府元龜》卷三五五與《北史》同。　大都督：官名。高級軍事長官。北魏前、中期未見，孝文帝太和十七年及二十三年職員令皆未載。後期戰事較多時置，統兵出征，有時又加以各種名號。西魏時授予漸多，品秩不詳。

［7］大統：西魏文帝的年號（535—551）。

［8］于謹：人名。字思敬，代（今山西大同市東北）人。西魏、北周名將。見《北史》卷二三《于栗磾附于謹傳》。　稽胡：亦稱山胡、步落稽。南北朝時居於今山西、陝西北部山谷間，與漢人錯居。關於稽胡的族源，學界分歧較大。一説源於南匈奴，一説爲山戎、赤狄之後（參周偉洲《中國中世紀西北民族關係研究》，廣西師範大學出版社 2007 年版，第 147 頁；林梅村《稽胡史迹考——太原新出隋代虞弘墓誌的幾個問題》，《中國史研究》2002 年第 1 期）。　劉平伏：人名。西魏時稽胡族首領。　上郡：地名。在今陝西榆林市東南。

［9］軍司：官名。即軍師，西晋時因避司馬師諱改。北魏時爲諸軍府主要僚屬，佐主帥統帶軍隊，負有匡正監察主帥之責，地位很高，常繼任主帥。西魏沿置。

［10］隴右：地區名。泛指隴山以西地區，約在今甘肅隴山、六盤山以西和黄河以東一帶。

［11］侍中：官名。北朝時常總典機密，受遺詔輔政，權任尤重，時號"小宰相"，負責切問近對，拾遺補缺。北魏孝文帝太和十七年定爲從一品中，二十三年定爲三品。西魏初因之。　使持

節：漢朝官吏奉命外出時，由皇帝授予節杖，來提高其權威。魏晋之後，重要的軍事長官出征或者出鎮時，通常加此名號，可誅殺二千石以下的官員。皇帝派遣大臣重要事情時，也加以此職，以示尊崇。　驃騎大將軍：官名。居諸名號將軍之首。多加於權臣元老，以示尊崇，開府置僚屬，不領兵。北魏孝文帝太和十七年定爲一品中，二十三年定爲從一品。西魏沿置。　開府儀同三司：多爲大臣的加號，意爲與三司的禮制待遇相同，允許開府，自辟僚屬。北周時爲勳官。九命。

[12]高仲密：人名。即高慎，字仲密，勃海蓨（今河北景縣）人。東魏官吏。見《北史》卷三一《高祐附高慎傳》。

[13]芒山：在今河南洛陽市東北。

[14]左衛將軍：官名。與右衛將軍共掌宿衛營兵。北魏孝文帝太和十七年定爲從二品下，二十三年定爲三品。西魏因之。

[15]范陽郡公：封爵名。遥封。范陽，郡名。西魏時治涿縣，在今河北涿州市。

[16]大將軍：官名。北魏時統兵事，或兼掌朝政，與大司馬共稱“二大”，位尊權重。孝文帝太和二十三年定爲一品。西魏、北周時爲府兵專職統帥官號，凡十二人，各領一軍，分隸六柱國大將軍，下統開府、儀同諸將軍。正九命。

[17]傍乞鐵怱：人名。西魏羌族首領。底本作“傍乞鐵公”，《周書·豆盧寧傳》作“傍乞鐵忽”，《通志》卷一五九作“傍乞鐵怱”。源氏校勘記云：“‘公’《周書》作‘忽’。”中華本校勘記云：“按傍乞鐵怱見《周書》卷三二《趙剛傳》，卷四九《羌傳》、本書卷六〇《宇文貴傳》。‘公’是‘忩’之訛，‘忽’是‘怱’之訛，‘忩’乃‘怱’之俗體。今據《通志》改。參卷六一《史寧傳》校記。”今從改。　鄭五醜：人名。渭州（今甘肅隴西縣東南）人。西魏羌族首領。

[18]恭帝：即西魏皇帝元廓。恭爲其謚號。

[19]武陽郡公：封爵名。武陽，郡名。西魏時治樂平縣，在今

山東莘縣。

[20]尚書右僕射：官名。北魏時職掌都省庶務及執法，或典選舉，輔助尚書令執行政務，參議大政，諫諍得失。左僕射兼掌糾彈百官，居右僕射上。孝文帝太和二十三年定爲從二品。北周因之。

[21]周孝閔帝：即北周皇帝宇文覺。孝閔爲其謚號。

[22]同州：北周時治武鄉縣，在今陝西大荔縣。

[23]大司寇：官名。《周禮》秋官之屬。掌國家法典，聽獄訟，制刑罰。北周時爲正七命。

[24]别食：北周封爵食邑制度。指真正能收到租賦的户數。鹽亭：縣名。治所在今四川鹽亭縣。

[25]保定：北周武帝的年號（561—565）。

[26]岐州：北周時治雍縣，在今陝西鳳翔縣南。

[27]太保：官名。北魏時爲三師之一，是輔佐君王的重要大臣，位在太傅、太師下。孝文帝太和二十三年定爲一品。北周時爲正九命。

初，寧未有子，養弟永恩子勣。及生子讚，親屬皆請讚爲嗣。寧曰："兄弟之子猶子也，吾何擇焉。"遂以勣嗣。時以此多之。及寧薨，勣襲爵。

勣字定東。生時，周文親幸寧家稱慶，時遇新破齊軍，周文因字曰定東。勣聰悟，有器局。初以勳臣子封義安縣侯。[1]周閔帝受禪，[2]授稍伯下大夫、開府儀同三司，[3]改封丹陽郡公。[4]明帝時，[5]爲左武伯中大夫。[6]勣自以經業未通，請解職遊露門學。[7]帝嘉之，敕以本官就學。齊王憲納勣妹爲妃，[8]恩禮愈厚。

[1]義安縣侯：封爵名。義安，縣名。治所在今湖北襄樊市西。

［2］周閔帝：殿本、四庫本、局本、四部備要本作“周明帝”，《隋書》卷三九《豆盧勣傳》作“周閔帝”。

［3］稍伯下大夫：官名。即小稍伯下大夫。西魏恭帝三年置，北周沿置。地官府民部中大夫屬官，佐稍伯中大夫掌本方事務。正四命。

［4］丹陽郡公：封爵名。丹陽，郡名。北周時治丹陽縣，在今陝西宜川縣東北。

［5］明帝：即北周皇帝宇文毓。明爲其謚號。

［6］左武伯中大夫：官名。西魏恭帝三年置，夏官府左武伯司長官，簡稱左武伯，與右武伯中大夫共掌皇宫内外宿衛禁令，兼統虎賁、旅賁、射聲、驍騎、羽林、游擊等六率禁衛軍事。下設左小武伯下大夫、左小武伯上士以佐其職。北周武帝建德二年（573）省，宣帝即位後復置。正五命。

［7］露門學：又稱路門學。北周武帝天和二年（567）設，爲北周國學。因設在露門之左，故有此稱。露門學文學博士大夫爲其主官，下有露門學文學博士下大夫、露門學士、露門學生等。

［8］齊王憲：即宇文憲。字毗賀突，代郡武川（今内蒙古武川縣西）人。北周宗室。見《北史》卷五八《齊煬王憲傳》。

武帝嗣位，[1]渭源燒當羌因飢作亂，[2]以勣有才略，拜渭州刺史。[3]甚有惠政，華夷悦服，大致祥瑞。鳥鼠山俗呼爲高武隴，[4]其下渭水所出。[5]其山絶壁千尋，由來乏水，諸羌苦之。勣馬足所踐，忽飛泉涌出。有白烏翔止聽前，[6]乳子而後去，有白狼見於襄武。[7]人爲之謡曰："我有丹陽，[8]山出玉漿。濟我人夷，神烏來翔。"百姓因號其泉曰玉漿泉。後丁父艱，毁瘁過禮。襲爵楚國公。

[1]武帝：即北周皇帝宇文邕。武爲其謚號。

[2]渭源：郡名。北周時治渭源縣，在今甘肅渭源縣北。　燒當羌：羌人的一支，戰國初羌人酋長無弋爰劍的後裔。西漢時因其部落酋長燒當而得名。北周時活動於今甘肅、陝西一帶。

[3]渭州：北周時治襄武縣，在今甘肅隴西縣西南。

[4]鳥鼠山：在今甘肅渭源縣西。

[5]渭水：黄河最大的支流，在今陝西中部。

[6]翔止：殿本、四庫本、四部備要本作“飛上”。

[7]襄武：縣名。治所在今甘肅隴西縣西南。

[8]丹陽：指丹陽郡公豆盧勣。

大象二年，[1]累遷利州總管，[2]尋拜柱國。[3]隋文帝爲丞相，[4]益州總管王謙作亂，[5]勣嬰城固守。謙將達奚惎等攻之，[6]起土山，鑿城爲七十餘穴，堰江以灌之。勣時戰士不過二千，晝夜相拒。經四旬，梁睿軍且至，[7]賊解去。授上柱國，[8]賜一子爵中山縣公。[9]

[1]大象：北周静帝的年號（579—580）。

[2]利州：北周時治興安縣，在今四川廣元市。　總管：官名。北周明帝武成元年改都督諸州軍事爲此稱。爲地方高級軍政官員，置總管府，掌一州或數州軍務，兼理民政。品秩分三等，上總管視從一品，中總管視正二品，下總管視從二品。

[3]柱國：官名。柱國大將軍的省稱。

[4]隋文帝：即隋朝皇帝楊堅。文爲其謚號。

[5]益州：北周時治成都縣，在今四川成都市。　王謙：人名。字敕萬，太原（今山西太原市晋源區古城營村一帶）人。北周官吏。不滿楊堅秉政，起兵，兵敗被殺。見《北史》卷六〇《王雄附王謙傳》。

[6]達奚惎（jì）：人名。代郡（今山西大同市東北）人，鮮卑族。北周官吏。與王謙同叛，兵敗被誅。　攻之：局本作“政之”，誤。

[7]梁睿：人名。字恃德，安定（今甘肅涇川縣北）人。北周、隋朝官吏。見《北史》卷五九《梁禦附梁睿傳》。

[8]上柱國：官名。北周時爲散實官，從一品。煬帝大業三年（607）罷。

[9]中山縣公：封爵名。中山，縣名。治所在今河北唐縣西北。

開皇中，[1]爲夏州總管。[2]帝以其家貴盛，勳效克彰，後爲漢王諒納其女爲妃，[3]恩遇彌厚。七年，追守利州功，詔食始州臨津縣邑千户。[4]十年，以疾徵還京師，詔諸王並至勲第，中使顧問，[5]道路不絶。卒，謚曰襄。

[1]開皇中：局本作“開府中”，誤。開皇，隋文帝的年號（581—600）。

[2]夏州：隋朝時治巖緑縣，在今陝西靖邊縣白城子村無定河北岸的毛烏素沙漠中（靠近今内蒙古烏審旗南境）。

[3]漢王諒：即楊諒。字德章，一名傑，弘農華陰（今陝西華陰市東南）人。隋文帝第五子，母獨孤皇后，封漢王。隋煬帝即位，起兵反，兵敗被囚。見《北史》卷七一《庶人諒傳》。

[4]始州：隋朝時治普安縣，在今四川劍閣縣。　臨津：縣名。治所在今四川劍閣縣東南。

[5]中使：宫中派出的使者。多指宦官。

子賢嗣。位顯州刺史、大理少卿、武賁郎將。[1]次子毓。

[1]顯州：隋朝時治陽平縣，在今河南泌陽縣西。　大理少卿：官名。北齊始置，爲大理寺次官。隋朝沿置，一員，掌判獄事，正四品上。煬帝大業三年（607）加一人，爲從三品，尋廢。　武賁郎將：官名。即虎賁郎將。《北史》避唐高祖祖父李虎諱改。北魏時設爲專職，爲軍内中級軍官。隋煬帝大業三年改十二衛護軍亦置。正四品。

毓字道生，少英果，有氣節。漢王諒出鎮并州，[1]毓以妃兄爲王府主簿。[2]以征突厥功，[3]授儀同三司。[4]及煬帝即位，[5]諒納諮議王頍謀作亂。[6]毓苦諫不從，因謂其弟懿曰："吾匹馬歸朝，自得免禍。此乃身計，非爲國也。今且僞從，以思後計。"毓兄顯州刺史賢言於帝曰："臣弟毓素懷志節，必不從亂，但逼凶威，不能克遂。臣請從軍，與毓爲表裏，諒不足圖也。"帝許之。賢密遣家人齎敕書至毓所，與之計。諒將往介州，[7]令毓與總管屬朱濤留守。[8]毓與濤議拒之，濤拂衣不從，毓追斬之。時諒司馬皇甫誕以諫被囚，[9]毓出之，與協計，及開府、盤石侯宿勤武等閉城拒諒。[10]部分未定，有人告諒。諒攻之，城陷，見害，時年二十八。諒平，贈大將軍，封正義縣公，[11]謚曰愍。

[1]并州：隋朝時治晋陽縣，在今山西太原市晋源區古城營村一帶。

[2]主簿：官名。北魏時爲丞相及三公府僚屬，典領文書以及各種賬簿圖籍，經辦事務。雖非掾史之首，然地位較高。品秩隨府

長官地位高下而不等。隋朝沿置。

［3］突厥：廣義上包括鐵勒、突厥各部，狹義則專指突厥汗國，六世紀初興起於金山（今阿爾泰山）西南麓，爲游牧部落。隋文帝開皇二年，分裂爲東、西二部。見《北史》卷九九《突厥傳》。

［4］儀同三司：隋朝時爲十一等勳官的第八等。正五品上。煬帝大業三年罷。

［5］煬帝：即隋朝皇帝楊廣。煬爲其謚號。

［6］諮議：官名。諮議參軍的省稱。負責諷議軍政事務，諸王府、公府、軍府等皆設。　王頍（kuǐ）：人名。字景文，太原祁（今山西祁縣東南）人。北周、隋朝官吏。見《隋書》卷七六《王頍傳》。元大德本、毛本、殿本、四庫本、局本、四部備要本作“王頗”，《隋書》卷三九《豆盧勣附豆盧毓傳》作“王頍”。按：王頍還見於《北史》卷七〇《皇甫璠附皇甫誕傳》、卷七一《庶人諒傳》、《隋書》卷四五《庶人諒傳》，故作“頍”是。

［7］介州：隋朝時治隰城縣，在今山西汾陽市。

［8］令：局本作“今”，誤。

［9］司馬：官名。王府屬官。隋朝時王府置司馬，一員。通判府事，位次長史。從四品下。　皇甫誕：人名。字玄慮，安定烏氏（今甘肅涇川縣東）人。北周、隋朝將領。漢王楊諒反，抗節不從。見《北史·皇甫璠附皇甫誕傳》。

［10］開府：本指高級官員開建府署、辟置僚屬之舉。西漢時僅三公可開府。東漢末至魏晋，武將自大將軍至鎮、撫諸將軍，文官自左右光禄大夫以上皆可開府，儀同三司，遂成爲加銜。南北朝沿置，範圍更大。隋朝時左右衛、武衛、武候、領軍府及東宫領府兵率府所統親衛、左勳衛、左翊四府各置一人。　盤石侯：封爵名。盤石，縣名。治所在今四川資中縣北。　宿勤武：人名。其餘不詳。宿勤，複姓。

［11］正義縣公：封爵名。正義，縣名。治所在今廣東郁南縣西。

子願師嗣。拜儀同三司。大業初，[1]行新令，五等並除。未幾，帝復下詔改封雍丘侯，[2]復以願師襲。

[1]大業：隋煬帝的年號（605—617）。

[2]雍丘侯：封爵名。雍丘，縣名。治所在今河南杞縣。《隋書》卷三九《豆盧勣附豆盧毓傳》作“雍丘愍侯”。

讚以寧勳，建德初，[1]賜爵華陰縣侯。[2]累遷開府儀同大將軍，[3]進爵武陽郡公。

[1]建德：北周武帝的年號（572—578）。

[2]華陰縣侯：封爵名。華陰，縣名。治所在今陝西華陰縣。《周書》卷一九《豆盧寧傳》作“華陽縣侯”，《通志》卷一五九與《北史》同。源氏校勘記云：“《周書》作‘華陽’。”

[3]開府儀同大將軍：官名。北周武帝建德四年改開府儀同三司置，位在儀同大將軍之上，主要授予有軍功的大臣以及北齊的降官，無具體職掌。九命。

永恩少有識度，與寧俱歸周文。以迎孝武功，封新興伯。[1]屢從征討，皆有功，進位驃騎大將軍、開府儀同三司。周孝閔帝踐祚，授鄯州刺史，[2]改封沃野縣公。[3]保定元年，入爲司會中大夫。[4]寧封楚國公，請以先封武陽郡三千户益沃野之封，[5]詔許焉。卒于官。贈少保，謚曰敬。子通嗣。

[1]新興伯：封爵名。新興，縣名。治所在今甘肅武山縣西北。

[2]鄯（shàn）州：北周時治西都縣，在今青海樂都縣。

[3]沃野縣公：封爵名。沃野，縣名。治所在今陝西延安市東。

[4]司會中大夫：官名。西魏恭帝三年置，北周沿置。天官府司會司長官，一員，執掌全國財政收支，協助大冢宰管理六府之事，下設司會上士、中士、旅下士等職。正五命。

[5]武陽：郡名。北周時治樂平縣，在今山東莘縣。

通字平東，一名會，弘厚有器局。在周，以父功賜爵臨貞縣侯，[1]改封沃野縣公。位開府、北徐州刺史。[2]開皇初，進爵南陳郡公，[3]尚隋文帝妹昌樂縣長公主。[4]歷定相二州刺史、夏洪二州總管，[5]並以寬惠稱。卒官。謚曰安。子寬嗣。

[1]臨貞縣侯：封爵名。臨貞，縣名。即臨真。治所在今陝西延安市東南。

[2]北徐州：北周時治臨沂城，在今山東臨沂市北。

[3]南陳郡公：封爵名。南陳，郡名。隋朝時治南陳縣，在今河南商城縣南。

[4]昌樂縣長公主：封號。昌樂，縣名。治所在今河南南樂縣西北。

[5]定：州名。隋朝時治安憙縣，在今河北定州市。　相：州名。隋朝時治鄴城，在今河北臨漳縣西南。　洪：州名。隋朝時治豫章縣，在今江西南昌市。

楊紹，字子安，弘農華陰人也。祖興，魏新平郡守。父國，中散大夫。[1]

[1]祖興魏新平郡守父國中散大夫：中華本校勘記云："《文館詞林》卷四五二薛道衡《後周大將軍楊紹碑銘》作'祖國，鎮西將軍。父定，新興太守'。與此不同。碑是隋初其子楊雄所立，疑此傳誤。"可從。新平，郡名。北魏時治新平城，在今陝西彬縣。中散大夫，官名。多爲官吏養老、病退所任，無具體職權。北魏、北周時曾爲職事官之加官。北魏孝文帝太和十七年定爲四品上，二十三年定爲四品下。北周時爲七命。

紹少慷慨有志略，屢從征伐，力戰有功。普泰初，[1]封平鄉縣男。[2]大統元年，進爵冠軍縣公。[3]四年，爲鄜城郡守。[4]紹性恕直，兼有威惠，百姓安之。累遷驃騎大將軍、開府儀同三司、鄜州刺史，[5]賜姓叱呂引氏。[6]周孝閔帝踐祚，進爵儻城郡公，[7]位大將軍。卒，贈成、文等八州刺史，[8]謚曰信。子雄嗣。

[1]普泰：北魏節閔帝的年號（531—532）。

[2]平鄉縣男：封爵名。平鄉，縣名。治所在今河北平鄉縣西南。《周書》卷二九《楊紹傳》作"平鄉男"，《通志》卷一五八作"平鄉縣男"。高敏《南北史掇瑣》認爲是《北史》補"縣"字。

[3]冠軍縣公：封爵名。冠軍，縣名。治所在今河南鄧州市西北。

[4]鄜城：郡名。西魏時治敷城縣，在今陝西洛川縣東南。

[5]鄜州：西魏時治杏城，在今陝西黄陵縣西南。源氏校勘記云："'鄜州'《周書》作'衡州'。"中華本《周書·楊紹傳》作"衡州"，其校勘記云："按衡州是齊地，在今麻城，見《北齊書》卷四《文宣紀》天保十年、《隋書》卷三一《地理志下》永安郡條。周之衡州不知在何處。《楊紹碑》説他'歷任燕（按此周之燕州，亦不知所在）、敷、豳三州刺史'，不舉'衡州'，疑'衡'

字誤。"

[6]吒吕引氏:《周書·楊紹傳》作"吒利氏",《隋書》卷四三《觀德王雄傳》與《北史》同。源氏校勘記云:"《周書》作'吒利氏'。"中華本校勘記云:"按《魏書·官氏志》有吒吕氏,當即吒吕引省一字。又有吒利氏。二姓不同,未知孰是。"

[7]儻城郡公:封爵名。儻城,郡名。北周時治龍亭縣,在今陝西洋縣東。《隋書·觀德王雄傳》作"儻城縣公",《文館詞林》卷四五二薛道衡《後周大將軍楊紹碑銘》作"儻城郡公"。

[8]贈成文等八州刺史:《文館詞林》卷四五二薛道衡《後周大將軍楊紹碑銘》云:"以周建德元年卒於豳州,贈成、文、鄧、扶、洮五州諸軍事,成州刺史。"中華本《周書·楊紹傳》與《北史》同。其校勘記云:"按卒年自當以碑爲正。贈官州數不同,《隋書》卷四三《觀德王雄傳》稱紹'仕周歷八州刺史',當是合燕、敷、豳三州及贈官之五州。疑《周書》誤。"成,州名。北周時治西和縣洛谷城,在今甘肅西和縣洛峪鎮。文,州名。北周時治建昌縣,在今甘肅文縣西南。

雄初名惠,美姿容,有器度,雍容閑雅,進止可觀。周武帝時,爲太子司旅下大夫。[1]帝幸雲陽宫,[2]衛王直作亂,[3]襲肅章門,[4]雄逆拒破之。封武陽郡公,[5]遷右衛上大夫。[6]大象中,[7]進爵邗國公。[8]隋文帝爲丞相,雍州牧、畢王賢構作難,[9]雄時爲别駕,[10]知其謀,以告文帝。賢伏誅,以功授柱國、雍州牧,仍領相府虞候。[11]周宣帝葬,[12]備諸王有變,令雄率六千騎送至陵所。進位上柱國。

[1]太子司旅下大夫:官名。北周置,掌東宫護衛,職任相當

於南朝太子旅賁中郎將。正四命。

[2]雲陽宫：據《長安志》，雲陽宫在雲陽縣西北，今陝西涇陽縣西北。

[3]衛王直：即宇文直。字豆羅突，代郡武川（今内蒙古武川縣西）人，鮮卑族。北周宗室。見《北史》卷五八《衛剌王直傳》。

[4]肅章門：北周皇城西門。

[5]郡公：《隋書》卷四三《觀德王雄傳》作“縣公”。源氏校勘記云：“‘郡’《隋書》作‘縣’。”

[6]右衛上大夫：《隋書·觀德王雄傳》作“右司衛上大夫”。按：北周置右司衛上大夫，而無右衛上大夫。

[7]大象中：局本作“大象初”。大象，北周静帝的年號（579—580）。

[8]邘國公：底本、《隋書·觀德王雄傳》作“邗國公”。中華本校勘記云：“按下文百衲本又作‘邘’，今從南、汲二本，統一作‘邘’。”今從改。

[9]雍州牧：官名。雍州的最高行政長官。雍州，北周時治長安縣，在今陝西西安市西北。　畢王賢：即宇文賢。字乾陽，代郡武川（今内蒙古武川縣西）人。北周宗室。見《北史》卷五八《畢剌王賢傳》。

[10]别駕：官名。别駕從事、别駕從事史的省稱。因從刺史行部，别乘傳車，故謂之别駕。秩輕職重，位居州吏之右，事無不統。魏、晋、北朝前期，别駕例用本州人，由刺史自辟，後期漸由朝廷任命。北周時三萬户以上州别駕正四命，一萬户以上州四命，五千户以上州正三命。

[11]虞候：官名。北周時領大丞相府帳内虞候大都督、大丞相府帳内虞候都督事，爲禁衛官，主要職責是偵察巡邏。品秩不詳。

[12]周宣帝：即北周皇帝宇文贇。宣爲其謚號。

文帝受禪，除左衛將軍，兼宗正卿。[1]遷右衛大將軍，[2]參預朝政。封廣平王，[3]以邘公别封一子。[4]雄請封弟士貴，朝廷許之。或奏高熲朋黨者，[5]帝言之於朝，雄深明其虚，帝亦以爲然。雄時貴寵，冠絶一時，與高熲、虞慶則、蘇威稱爲"四貴"。[6]雄寬容下士，朝野顧屬。帝陰忌之，不欲其典兵馬，乃改授司空，[7]外示優崇，而内實奪其權也。雄乃閉門不通賓客。尋改封清漳王。[8]仁壽初，[9]帝以清漳不允聲望，命職方進地圖，[10]指安德郡示群臣曰：[11]"此號足爲名德相稱。"乃改封安德王。

[1]宗正卿：官名。即宗正寺卿。管理君主宗室親族事務。隋朝時爲宗正寺長官。隋初爲正三品，煬帝時定爲從三品。

[2]右衛大將軍：官名。隋朝時爲右衛之長，一員，掌宫掖禁禦，督攝仗衛。煬帝大業三年改名爲右翊衛大將軍，總府事，並統諸鷹揚府事。正三品。

[3]廣平王：封爵名。廣平，郡名。隋朝時治曲梁縣，在今河北永年縣東南。

[4]别封：北周時，已有高爵位者（多爲郡公）又立功勳，難以再增加爵位，則另外授予封邑，稱爲别封。一般回授次子，也可依本人意願封給其他親屬。

[5]高熲：人名。又作"獨孤熲"，一名敏，字昭玄，勃海蓨（今河北景縣）人。北周、隋朝官吏。見《北史》卷七二《高熲傳》。

[6]虞慶則：人名。本姓魚，京兆櫟陽（今陝西西安市臨潼區）人。北周、隋朝官吏。見《北史》卷七三《庾慶則傳》。　蘇威：人名。字無畏，武功（今陝西武功縣西北）人。北周、隋朝官

史。見《北史》卷六三《蘇綽附蘇威傳》。

[7]司空：官名。隋朝時名義上參預大政，其位多曠，以他官攝行其事。正一品。

[8]清漳王：封爵名。清漳，縣名。治所在今河北肥鄉縣東。

[9]仁壽：隋文帝的年號（601—604）。

[10]職方：官署名。隋朝時隸屬兵部，設職方郎中、員外郎及主事等官，掌地圖、城隍、鎮戍、堡寨、烽堠、征防路途遠近諸事。

[11]安德：郡名。隋朝時治安德縣，在今山東陵縣東南。

大業初，授太子太傅。[1]元德太子薨，[2]檢校鄭州刺史。[3]遷懷州刺史、京兆尹。[4]帝親征吐谷渾，[5]詔雄總管澆河道諸軍。及還，改封觀王。遼東之役，檢校左翊衛大將軍，[6]出遼東道。次瀘河鎮，[7]遘疾薨。帝爲之廢朝，詔鴻臚監護喪事。[8]有司請謚曰懿，帝曰："王道高雅俗，德冠生靈。"乃謚曰德。贈司徒、襄國等十郡太守。[9]

[1]太子太傅：官名。隋朝時爲安置退免大臣的閑職或用作加官、贈官，無官屬。正二品。

[2]元德太子：即楊昭。弘農華陰（今陝西華陰市東南）人。隋煬帝長子。見《北史》卷七一《元德太子昭傳》。

[3]檢校：官制用語。隋朝時意爲代理，即尚未實授其官，但已掌其職事。　鄭州：隋朝時治汜水縣，在今河南滎陽市。

[4]懷州：隋朝時治野王縣，在今河南沁陽市。　京兆尹：官名。京畿地方行政長官之一。職掌如同地方郡守，但是地位高於郡守，位列九卿。

[5]吐谷渾：族名。又稱吐渾、退渾。原爲鮮卑族慕容部的一

支，先祖游牧於徒河青山（今遼寧義縣東）。西晋時，遷徙於今甘肅、青海一帶。十六國時，先後受到前涼、西秦等追逐，幾乎亡國。後再度崛起，北魏太武帝時達到最强盛。在北魏打擊下，一度退到今新疆一帶。以游牧爲生。見《北史》卷九六《吐谷渾傳》。

[6]左翊衛大將軍：官名。隋朝十二衛大將軍之一。煬帝大業三年由左衛大將軍改置，爲左翊衛長官，一員，總府事，並統諸鷹揚府事。正三品。

[7]瀘河鎮：軍鎮名。在今遼寧義縣。

[8]鴻臚：官署名。即鴻臚寺。北齊始置，設卿、少卿、丞各一人，掌外國、少數民族賓客接待、朝會及吉凶禮儀，兼管佛教、袄教寺廟，領典客、典寺、司儀等署。隋朝沿置，初省典寺署，增崇玄署掌佛道寺觀。文帝開皇三年併入太常寺，十二年復置，煬帝大業三年少卿增爲兩人，改典客署爲典蕃署，置四方館。

[9]司徒：官名。隋朝時名義上參議大政，其位多曠，遇有典禮，以他官攝行其事。正一品。　襄國：郡名。隋朝時治龍岡縣，在今河北邢臺縣西南。

子恭仁，位吏部侍郎。[1]

[1]吏部侍郎：官名。隋初爲吏部司長官，隸吏部尚書。從五品。煬帝大業三年，吏部司長官改名爲選部郎，吏部侍郎遂爲吏部次官，一員。從五品。

恭仁弟綝，性和厚，頗有文學。歷義州刺史、淮南郡太守。[1]及父薨，起爲司隸大夫。[2]遼東之役，楊玄感反，[3]其弟玄縱自帝所逃赴其兄，[4]路逢綝，綝避人偶語久之。[5]司隸刺史劉休文奏之。[6]時恭仁將兵於外，帝寢其事。綝憂，發病而卒。

[1]義州：隋朝時治義陽縣，在今河南信陽市南。　淮南：郡名。隋朝時治壽春縣，在今安徽壽縣。

[2]司隸大夫：官名。即司隸臺大夫。隋煬帝大業三年置，爲司隸臺長官，掌巡察。一員，正四品。底本作“司隸校尉”，《隋書》卷四三《觀德王雄傳》作“司隸大夫”。源氏校勘記云：“‘校尉’《隋書》作‘大夫’。”中華本校勘記云：“按隋無司隸校尉。隋煬帝大業三年定令，置司隸臺，有大夫一人，刺史十四人。下文云：‘司隸刺史劉休文奏之。’可證綝官當爲司隸大夫。作‘校尉’乃後人誤改。今從《隋書》改正。”今從改。

[3]楊玄感：人名。弘農華陰（今陝西華陰市東南）人。隋朝大臣。隋末起兵反，兵敗被殺。見《北史》卷四一《楊敷附楊玄感傳》。

[4]玄縱：即楊玄縱，人名。弘農華陰（今陝西華陰市東南）人。隋朝官吏。以父功爵淮南郡公，任虎賁郎將。楊玄感起兵，歸玄感。見《北史·楊敷附楊玄感傳》。

[5]偶語：相互私語。

[6]司隸刺史：官名。隋煬帝大業三年置，十四員。司隸臺屬官，負責分部巡察、監察京畿、東都及郡縣官吏。

雄弟達，字士達，有學行，仕周，位儀同、内史下大夫，[1]封遂寧縣男。[2]文帝受禪，拜給事黄門侍郎，[3]進爵爲子。遷兼吏部侍郎，加開府。轉内史侍郎、鄯鄭趙三州刺史，[4]俱有能名。平陳後，帝差品天下牧宰，達爲第一，擢拜工部尚書，[5]加上開府。[6]達爲人弘厚，有局度，楊素每曰：[7]“有君子貌兼君子心者，唯楊達耳。”獻皇后及文帝山陵制度，[8]達並參預焉。煬帝嗣位，轉納言，[9]領營東都副監。[10]遼東之役，領右武衛將軍，[11]進位左光禄大夫。[12]卒於師。贈吏部尚書、始安侯，[13]謚曰恭。

[1]儀同：儀同三司的省稱。　内史下大夫：官名。又稱小内史下大夫、内史次大夫。西魏恭帝三年置，北周沿置。爲春官府内史司次官，輔助内史中大夫掌管綸誥，並參議刑罰爵賞以及軍國大事。正四命。

[2]遂寧縣男：封爵名。遂寧，縣名。治所在今河南遂平縣西。

[3]給事黄門侍郎：官名。南北朝時爲侍中省或門下省次官，與侍中俱掌門下衆事，地位隨皇帝旨意或侍中地位而上下。隋朝時爲門下省次官，四員。正四品上。煬帝大業三年改爲黄門侍郎。

[4]内史侍郎：官名。隋朝時爲内史省次官，四員，正四品。煬帝大業三年减爲兩人，十二年改名爲内書侍郎。　鄯：州名。隋朝時治西都縣，在今青海樂都縣。　趙：州名。隋朝時治廣阿縣，在今河北隆堯縣東。

[5]工部尚書：官名。隋朝始置。爲尚書省工部長官，一員，掌百工、屯田、山澤等政令。正三品。

[6]上開府：上開府儀同三司的省稱。北周武帝時置，爲從三品散實官，隋煬帝大業三年罷。

[7]楊素：人名。字處道，弘農華陰（今陝西華陰市東南）人。隋朝大臣。見《北史》卷四一《楊敷附楊素傳》。

[8]獻皇后：即隋文帝皇后獨孤氏。獻爲其謚號。

[9]納言：官名。亦作“内言”。主要職責是承上啓下、宣傳上命，受奏納言。後世多作侍中的别稱。隋因避隋文帝之父楊忠諱，改侍中爲納言，爲門下省長官，二員，正三品。煬帝大業十二年改爲侍内。

[10]營東都副監：官名。隋朝時置。掌管營建東都諸事，視從

七品。

[11]右武衛將軍：官名。隋朝時置。爲十二衛將軍之一，佐大將軍總府事，並統諸鷹揚府事，二員。從三品。

[12]左光禄大夫：官名。爲在朝顯職的加官，以示恩寵，或授予年老有病者爲致仕之官，亦常用於卒後贈官，無具體職掌。隋初爲正二品，煬帝大業三年降爲從二品。

[13]吏部尚書：官名。隋朝時爲尚書省六部長官之首，與二侍郎分掌六品以下文官選授、勳封、考課之政。正三品。　始安侯：封爵名。始安，郡名。隋朝時治始安縣，在今廣西臨桂縣。

王雅，字度容，闡熙新囶人也。[1]少沈毅，木訥寡言。有膽勇，善騎射。周文聞其名，召入軍，以功賜爵居庸縣子。[2]從禽竇泰於潼關。[3]

[1]闡熙：郡名。西魏時治山鹿縣，在今陝西靖邊縣西。　新囶（guó）人：源氏校勘記云："《周書》作'新固人'。"按：據《隋書·地理志上》，闡熙郡有新囶縣，無新固縣。《周書》誤。新囶，縣名。治所在今陝西靖邊縣西。

[2]居庸縣子：封爵名。居庸，縣名。治所在今北京延慶縣東。

[3]潼關：在今陝西潼關縣北。

沙苑之戰，雅謂所部曰："彼軍殆有百萬，今我不滿萬人，常理論之，實難與敵。但相公神武，以順討逆，豈計衆寡？大丈夫不以此時破賊，何用生爲！"乃擐甲出戰，[1]所向披靡，周文壯之。又從戰芒山。時大軍失利，諸將皆退，雅獨拒之。敵人見其無繼，步騎競進。雅左右奮擊，斬九級，敵衆稍退，雅乃還。周文歎曰："王雅舉身悉是膽也!" 進爵爲伯。累遷驃騎大將軍、開府儀同三司。

[1]擐（huàn）甲出戰：《周書》卷二九《王雅傳》作"擐甲步戰"。擐，披挂。

明帝初，除汾州刺史。[1]勵精爲政，人庶悦附，自遠至者七百餘家。卒於夏州刺史。子世積嗣。

[1]汾州：北周時治龍泉城，在今山西隰縣龍泉鎮。

世積容貌魁岸，腰帶十圍，風神爽拔，有人傑之表。在周，以功拜上儀同，[1]封長子縣公。[2]隋文帝受禪，進封宜陽郡公。[3]高熲美其才能，甚善之。嘗謂熲曰："吾輩俱周臣子，社稷淪没，若何?" 熲深拒之。未幾，授蘄州總管。[4]平陳之役，以舟師自蘄水趣九江。[5]以功進位柱國、荆州總管。[6]後桂州人李光仕作亂，[7]世積以行軍總管討平之，[8]進位上柱國，甚見隆重。

[1]上儀同：北周時置，位居開府儀同三司之下、儀同三司之上。多爲大臣的加官。

[2]長子縣公：封爵名。長子，縣名。治所在今山西長子縣東。

[3]宜陽郡公：封爵名。宜陽，郡名。隋朝時治宜陽縣，在今河南宜陽縣西。

[4]蘄（qí）州：隋朝時治齊昌縣，在今湖北蘄春縣西南。

[5]蘄水：又名蘄河。長江支流。發源於大别山南麓蘄春縣北部與英山縣交界的四流山。　九江：地名。九江之説，衆論不一，

多以爲九江在尋陽縣，即今江西九江市。

[6]荆州：隋朝時治江陵縣，在今湖北江陵縣。

[7]桂州：隋朝時治始安縣，在今廣西桂林市。　李光仕：人名。桂州（今廣西臨桂縣）人。俚族首領。隋文帝開皇十七年春二月，率俚人反隋，震撼桂州各地。聞朝廷遣員外騎侍郎何稠等發嶺南、嶺北官軍前往鎮壓，在白石洞一帶密林中設栅埋伏，重創官軍。

[8]行軍總管：官名。北周時置。戰時臨時任命，事畢即罷，重大軍事行動中，隸屬於行軍元帥。隋代沿置，並漸漸過渡爲地方軍政長官，或掌一道軍政，或領數道，時有大總管、總管之分。

世積見帝性忌刻，功臣多獲罪，由是縱酒，不與執政言及時事。上以爲有酒疾，舍之宫内，令醫者療之。世積詭稱疾愈，始得就第。及征遼東，世積與漢王並爲行軍元帥。[1]至柳城，[2]遇疾而還。拜凉州總管，令騎士七百人送之官。

[1]行軍元帥：官名。北周時臨時設置的最高統兵官，統一道或數道行軍總管，兵停則罷，多以親王或重臣爲之。隋沿置。

[2]柳城：地名。在今遼寧朝陽市。

未幾，其親信安定皇甫孝諧有罪，[1]吏捕之，[2]亡抵世積，不納，由是有憾。孝諧竟配防桂州，事總管令狐熙，[3]熙又不禮焉。甚困窮，因徼幸上變，稱："世積嘗令道人相其貴不，道人云：'當爲國主。'謂其妻曰：'夫人當爲皇后。'又將之凉州，其所親謂世積曰：'河西天下精兵處，[4]可圖大事。'世積曰：'凉州土曠人稀，非用武國。'" 由是被徵，案其事。有司奏："左衛大將軍元旻、右衛大將軍元冑、左僕射高熲，[5]並與世積交通，受其名馬之贈。"世積竟坐誅，旻、冑等免官，拜孝諧爲上大將軍。[6]

[1]安定：郡名。隋朝時治安定縣，在今甘肅涇川縣北。

[2]吏捕之：局本作"史捕之"，誤。

[3]令狐熙：人名。字長熙，敦煌（今甘肅敦煌市）人。北周、隋朝官吏。見《北史》卷六七《令狐整附令狐熙傳》。

[4]河西：即涼州。

[5]左衛大將軍：官名。隋朝時置爲左衛之長，一員，掌宮掖禁禦，督攝仗衛。煬帝大業三年改爲左翊衛大將軍，總府事，並統諸鷹揚府事。正三品。　元旻：人名。隋朝官吏。曾被封爲五原公。　元冑：人名。河南洛陽（今河南洛陽市）人。北魏宗室後裔，隋朝官吏。見《北史》卷七三《元冑傳》。　左僕射：官名。尚書左僕射的省稱。隋朝時與内史省、門下省長官共同執掌國政。文帝開皇三年令左僕射掌管吏部、禮部、兵部三部事，兼管御史彈劾不當之事。從二品。

[6]上大將軍：官名。隋朝時爲高級武官名號，位大將軍上，煬帝大業三年罷。從二品。

韓雄，字木蘭，河南東垣人也。[1]祖景，孝文時爲赭陽郡守。[2]

[1]河南：郡名。北魏時治洛陽縣，在今河南洛陽市東北。　東垣：縣名。治所在今河南新安縣東。

[2]孝文：即北魏皇帝元宏。孝文爲其謚號。　赭陽：郡名。北魏時治赭陽縣，在今河南方城縣東。

雄少敢勇，膂力絶人，工騎射，有將率材略。及孝武西遷，雄便慷慨有立功之志。大統初，遂與其屬六十餘人於洛西舉兵，[1]數日間，衆至千人，與河南行臺楊琚共爲掎角。[2]每抄掠東魏，所向剋獲。東魏洛州刺史韓賢以狀聞，[3]鄴乃遣其軍司慕容紹宗與賢合勢討雄。[4]戰數十合，雄衆略盡，兄及妻子皆爲賢所獲，將以爲戮。乃遣人告雄曰："若雄至，皆免之。"[5]雄乃詣賢軍，即隨賢還洛。潛引賢黨，謀欲襲之。事洩，遁免。

[1]洛西：指洛水之西。

[2]河南：地區名。指今黄河以南地區。　行臺：官名。指行臺尚書令。北魏孝明帝正光末，在各地設行臺主管當地軍務，成爲常設的地方行政機構，兼理民事，行臺尚書令爲長官，以尚書僕射、左僕射、尚書來主管行臺事務。

[3]洛州：東魏時治洛陽縣，在今河南洛陽市東北。　韓賢：人名。字普賢，廣寧石門（今山西朔州市）人。北魏、東魏官吏。見《北史》卷五三《韓賢傳》。

[4]慕容紹宗：人名。字紹宗。東魏、北齊官吏。見《北史》卷五三《慕容紹宗傳》。

[5]乃遣人告雄曰若雄至皆免之：底本作"乃遣人告雄皆免之"，《周書》卷四三《韓雄傳》作"乃遣人告雄曰若雄至皆免之"。中華本據《周書》補。今從改。

謁周文於弘農，封武陽縣侯，[1]遣還鄉里，更圖進取。雄乃招集義衆，從獨孤信入洛陽。[2]芒山之役，周文命雄邀齊神武於隘道。[3]神武怒，命三軍并力取雄，雄突圍得免。除東徐州刺史。[4]東魏雍州刺史郭叔略接境，[5]頗爲邊患。雄密圖之，輕將十騎，夜入其境，伏於道側，遣都督韓仕於略城服東魏人衣服，[6]詐若自河陽叛投關西者。[7]略出馳之。雄自後射之，再發咸中，遂斬略首。除河南尹，[8]進爵爲公。尋進驃騎大將軍、開府儀同三司、侍中、河南邑中正。[9]周孝閔帝踐祚，進爵新義郡公，[10]賜姓宇文氏。明帝二年，除都督、中州刺史。[11]

[1]武陽縣侯：封爵名。武陽，縣名。治所在今河南西平縣西南。

[2]獨孤信：人名。本名如願，雲中（今内蒙古和林格爾縣西北）人，鮮卑族。北魏、北周名將。見《北史》卷六一《獨孤信傳》。

[3]齊神武：即高歡。神武爲其謚號，北齊後主所追謚。

[4]東徐州：東魏時治下邳城，在今江蘇睢寧縣北。按：西魏當時未據東徐州，疑作“北徐州”。具體見下條。北徐州，西魏時治臨沂城，在今山東臨沂市北。

[5]雍州：《周書》卷四三《韓雄傳》作“東雍州”。中華本校勘記云：“按東魏境内無雍州，有東雍州，領邵郡、高凉、正平三郡（見《魏書·地形志上》）。西魏境内有北徐州，見《周書》卷三六《鄭偉》《段永》《司馬裔》等傳。據楊守敬《隋書地理志考證》卷五河内郡條，以爲即在河内郡境。河内與邵郡相鄰，則北徐與東雍接境。此‘雍州’上當有‘東’字，‘東徐’疑當作‘北徐’。”可從。東雍州，東魏時治鄭縣，在今陜西華縣。　接境：《周書·韓雄傳》作“與雄接境”。

[6]都督：官名。西魏、北周府兵中置。軍中統兵或管理雜物

的低級軍官，位在大都督、帥都督之下。七品。

［7］關西：地區名。指潼關以西地區。這裏代指西魏。

［8］河南尹：官名。爲京都洛陽所在河南郡長官，地位高於一般郡守，主管京都事務。北魏時爲三品。西魏沿置。

［9］中正：官名。魏晉南北朝時負責評定士人品第的官員。即將當地士人按才能品德，參照門第分成九品，供吏部選用。此職多由世家大族世代相襲。北魏時，大中正無品無禄，但犯罪時可當刑罰。西魏沿置。

［10］新義郡公：封爵名。新義，郡名。具體位置不詳。源氏校勘記云："'郡'《隋書》作'縣'。"

［11］中州：北周時治新安縣，在今河南新安縣。

雄久在邊，具知敵人虚實，每率衆深入，不避艱難。前後經四十五戰，雖時有勝負，而雄志氣益壯，東魏深憚之。卒于鎮。贈大將軍、五州諸軍事，謚曰威。子禽嗣。

禽字子通，少慷慨，以膽略稱。容貌魁岸，有雄傑之表。性又好書，經史百家皆略知大旨。周文見而異之，令與諸子游集。以軍功稍遷儀同三司，襲爵新義郡公。武帝伐齊，禽説下獨孤永業於金墉城。[1]及平范陽，[2]加上儀同、永州刺史。[3]隋文帝作相，遷和州刺史。[4]陳將甄慶、任蠻奴、蕭摩訶等共爲聲援，[5]頻寇江北，前後入界。禽屢挫其鋒，陳人奪氣。

［1］獨孤永業：人名。字世基，本姓劉，以母改適獨孤氏，故更姓獨孤，中山（今河北定州市）人。北齊官吏。見《北史》卷五三《獨孤永業傳》。　金墉城：在今河南洛陽市東北。

[2]及平范陽：《隋書》卷五二《韓擒虎傳》作“進平范陽”，《通志》卷一六〇與《北史》同。范陽，郡名。北齊時治涿縣，在今河北涿州市。

[3]永州：北周時治楚城縣，在今河南信陽市北。

[4]和州：北周時治伏流縣，在今河南嵩縣東北。源氏校勘記云：“‘和’《隋書》作‘利’。”未知孰是。

[5]任蠻奴：人名。原名忠，爲避隋文帝之父楊忠諱改，字奉誠，汝陰（今安徽阜陽市）人。南朝陳將領，後降於隋。見《陳書》卷三一《任忠傳》。　蕭摩訶：人名。字元胤，蘭陵（一説在今江蘇常州市，一説在今江蘇丹陽市）人。南朝陳將領，後降於隋。見《陳書》卷三一《蕭摩訶傳》。

開皇初，文帝潛有吞江南志，[1]拜禽廬州總管，[2]委以平陳之任，甚爲敵人所憚。及大舉伐陳，以禽爲先鋒。禽領五百人宵濟，襲採石，[3]守者皆醉，遂取之。進攻姑熟，[4]半日而拔。次於新林。[5]江南父老素聞其威信，來謁軍門，晝夜不絶。其將樊巡、魯世真、田瑞等相繼降。晉王遣行軍總管杜彦與禽合軍。[6]陳叔寶遣領軍蔡徵守朱雀航，[7]聞禽將至，衆懼而潰。任蠻奴爲賀若弼所敗，[8]棄軍降禽。禽以精騎直入朱雀門。[9]陳人欲戰，蠻奴撝之曰：[10]“老夫尚降，諸君何事！”衆皆散走。遂平金陵，[11]執陳主叔寶。時賀若弼亦有功，乃下詔晉王曰：“此二公者，朕本委之，悉如朕意。以名臣之功，成太平之業，天下盛事，何用過此！”又下優詔於禽、弼曰：[12]“申國威於萬里，宣朝化於一隅，使東南之人俱出湯火，數百年賊旬日廓清，專是公之功也。高名塞於宇宙，盛業光於天壤。逖聽前古，罕聞其匹。

班師凱入，誠知非遠，相思之甚，寸陰若歲。”

［1］江南：地區名。長江下游以南的地區，指今江蘇、安徽兩省的南部和浙江省的北部。

［2］廬州：隋朝初治江陽縣，在今四川瀘州市。

［3］採石：山名。在今安徽當塗縣西北。

［4］姑熟：城名。在今安徽當塗縣。

［5］新林：地名。又稱新林浦，在今江蘇南京市西南。

［6］晋王：即楊廣。一名英，弘農華陰（今陝西華陰市東南）人。隋文帝第二子，隋煬帝。見《北史》卷一二《隋本紀·煬帝》。　遣：元大德本作“遺”，誤。　杜彦：人名。雲中（今内蒙古和林格爾縣西北）人。北周、隋朝將領。見《北史》卷七三《杜彦傳》。

［7］陳叔寶：人名。字元秀，吴興長城下若里（今浙江長興縣）人。南朝陳後主。見《陳書》卷六《後主紀》。　領軍：官名。魏晋南北朝時，資深者稱領軍將軍，資輕者稱中領軍，職掌同，多由中領軍遷領軍將軍，一般不並置。祇有北魏孝文帝太和十七年專設有領軍，二品中。　蔡徵：人名。字希祥，本名覽，濟陽考城（今河南蘭考縣）人。南朝陳官吏。見《陳書》卷二九《蔡徵傳》。　朱雀航：橋名。在今江蘇南京市鎮淮橋東。

［8］賀若弼：人名。字輔伯，河南洛陽（今河南洛陽市）人。北周、隋朝將領。見《北史》卷六八《賀若敦附賀若弼傳》。

［9］朱雀門：南朝陳都城金陵的正南門。

［10］撝（huī）：指。

［11］金陵：城名。在今江蘇南京市。

［12］優詔：褒美嘉獎的詔書。

及至京，弼與禽争功於上前，弼曰：“臣在蔣山死戰，[1]破其鋭卒，禽其驍將，震揚威武，遂平陳國。禽略不交陣，豈臣之比！”禽曰：“本奉明旨，令臣與弼同取僞都。[2]弼乃敢先期，逢賊遂戰，致將士傷死甚多。臣以輕騎五百，兵不血刃，直取金陵，降任蠻奴，執陳叔寶，據其府庫，傾其巢穴。弼至夕方扣北掖門，[3]臣啓關而納之。斯乃救罪不暇，安得與臣爲比！”上曰：“二將俱合上勳。”於是進位上柱國，賜物八千段。有司劾禽縱士卒淫汙陳宫，坐此不得國公及真食邑。

[1]蔣山：又稱紫金山，在今江蘇南京市東北。
[2]僞都：指南朝陳都城金陵。
[3]北掖門：南朝陳太極殿正門北側的邊門。

大軍之始出也，上敕有司曰：“亡國物，我一不以入府，可於苑内築五垛，當悉賜文武百官大射以取之。”及是，上御玄堂，[1]大陳陳之奴婢、貨賄，會王公文武官七品已上，武職領兵都督已上，及諸考使以射之。

[1]玄堂：明堂之北堂。

先是，江東謡曰：“黄斑青驄馬，[1]發自壽陽涘，[2]來時冬氣末，去日春風始。”皆不知所謂。禽本名禽武，[3]平陳之際，又乘青驄馬，往返時節與歌相應，至是方悟。後突厥來朝，上謂曰：“汝聞江南有陳國天子乎？”對曰：“聞之。”上命左右引突厥詣禽前，曰：“此是執得陳國天子者。”禽厲然顧之，[4]突厥惶恐不敢仰視。其威容如此。别封壽光縣公,[5]真食千户。[6]以行軍總管屯金城,[7]禦備胡寇,即拜凉州總管。[8]

[1]江東:地區名。指長江下游以東地區。古人在地理上以東爲左,以西爲右,故江東又名江左。指南朝陳。　青驄馬:毛本作"青驪馬"。

[2]壽陽:縣名。治所在今安徽壽縣。　涘(sì):河涯。

[3]禽本名禽武:《隋書》卷五二《韓擒虎傳》作"擒本名豹"。按:韓禽本名韓禽虎,《北史》避唐高祖祖父李虎諱省"虎"字。《廿二史考異》云:"唐人諱'虎',史多改爲'武',或爲'獸',或爲'彪'。此獨更爲'豹'者,欲應'黄斑'之文也。虎豹皆有斑,黄韓聲亦許近。"

[4]厲然:殿本、四庫本、四部備要本作"勵然"。

[5]壽光縣公:封爵名。壽光,縣名。治所在今山東壽光市。

[6]真食千户:《隋書·韓擒虎傳》作"食邑千户"。

[7]金城:郡名。隋朝時治金城縣,在今甘肅蘭州市西北。

[8]凉州:隋朝時治姑臧縣,在今甘肅武威市。

俄徵還京,恩禮殊厚。無何,其鄰母見禽門下儀衛甚盛,[1]有同王者,母異而問之。其中人曰:"我來迎王。"忽不見。又有人疾篤,忽驚走至禽家曰:"我欲謁王。"左右問何王,曰:"閻羅王。"禽子弟欲撻之,禽止之曰:"生爲上柱國,死作閻羅王,亦足矣。"因寢疾卒。子世諤嗣。

[1]儀衛:古代儀仗。文曰儀,武曰衛。儀從護衛之意。

世謂倜儻驍捷，有父風。楊玄感亂，引爲將，每戰先登。玄感敗，爲吏所拘。時帝在高陽，[1]送詣行在所。[2]世諤日令守者市酒肴以酣暢，揚言曰：“吾死在朝夕，不醉何爲！”漸以酒進守者，守者狎之，遂飲令醉，因得逃奔山賊，不知所終。

[1]高陽：縣名。治所在今河北高陽縣東。

[2]行在所：天子所在的地方或天子巡行時所到之地。

禽母弟僧壽，字玄慶，亦以勇烈知名。周武帝時，[1]爲侍伯中旅下大夫。[2]隋文帝得政，從韋孝寬平尉遲迥，[3]以功授大將軍，封昌樂縣公。[4]開皇初，拜安州刺史。[5]時禽爲廬州總管，朝廷不欲其兄弟同在淮南，轉熊、蔚二州刺史，[6]進爵廣陵郡公。[7]尋以行軍總管擊破突厥於雞頭山。[8]後坐事免。數歲，復拜蔚州刺史。突厥甚憚之。後檢校靈州總管事。[9]從楊素破突厥，進位上柱國，改封江都郡公。[10]

[1]周武帝：即北周皇帝宇文邕。武爲其謚號。

[2]侍伯中旅下大夫：官名。北周時置。爲掌禁兵之官，府屬不詳。正四命。

[3]韋孝寬：人名。即韋叔裕，字孝寬，京兆杜陵（今陝西西安市長安區東）人。北魏、西魏、北周將領。見《北史》卷六四《韋孝寬傳》。　尉遲迥：人名。字薄居羅，代（今山西大同市東北）人。西魏、北周重臣。見《北史》卷六二《尉遲迥傳》。《隋書》卷五二《韓擒虎附韓僧壽傳》作“尉迥”。

[4]昌樂縣公：《隋書·韓擒虎附韓僧壽傳》作“昌樂公”。

[5]安州：隋朝時治安陸縣，在今湖北安陸市。

[6]熊：州名。隋朝時治宜陽縣，在今河南宜陽縣西。　蔚：州名。隋朝時治靈丘縣，在今山西靈丘縣東。

[7]廣陵郡公：封爵名。廣陵，郡名。隋朝時治廣陵縣，在今江蘇揚州市西北。

[8]雞頭山：在今甘肅慶陽市開邊鎮。

[9]靈州：隋朝時治回樂縣，在今寧夏靈武市西南。

[10]江都郡公：封爵名。江都，郡名。隋朝時治江陽縣，在今江蘇揚州市東北。

煬帝即位，封新蔡郡公，[1]自是不復任用。大業五年，從幸太原。[2]時有京兆人達奚通妾王氏，能清歌，朝臣多相命觀之，[3]僧壽亦預焉。坐除名。[4]尋命復位，卒於京師。子孝基。

[1]新蔡郡公：封爵名。按：《隋書·地理志》不見新蔡郡，衹有新蔡縣。新蔡，縣名。治所在今河南新蔡縣。

[2]太原：郡名。隋朝時治晋陽縣，在今山西太原市晋源區古城營村一帶。

[3]相命觀之：《隋書》卷五二《韓擒虎附韓僧壽傳》作“相會觀之”。

[4]除名：把姓名從名册中删除，取消原有身份。除，局本作“降”。

僧壽弟洪，字叔明，少驍勇，善騎射，膂力過人。仕周，以軍功拜大都督。隋文帝爲丞相，從韋孝寬破尉遲迥，加上開府，封甘棠縣侯。[1]及帝受禪，進爵爲公。

開皇九年，平陳之役，授行軍總管。及陳平，晋王廣大獵於蔣山，有猛獸在圍中，衆皆懼，洪馳馬射之，應弦而倒。陳氏諸將列觀，皆歎伏焉。王大喜，賜縑百匹。尋以功加柱國，拜蔣州刺史，[2]轉廉州。[3]

[1]甘棠縣侯：封爵名。甘棠，縣名。治所在今河南宜陽縣東南。

[2]蔣州：隋朝時治石頭城，在今江蘇南京市清涼山。

[3]廉州：隋朝時治藁城縣，在今河北藁城市西南。

時突厥屢爲邊患，朝廷以洪驍勇，令檢校朔州總管事。[1]尋拜代州總管。[2]仁壽元年，突厥達頭可汗犯塞，[3]洪率蔚州刺史劉隆、大將軍李藥王拒之。[4]遇虜於恒安，[5]衆寡不敵，洪四面搏戰，身被重創，將士沮氣。虜悉衆圍之，矢下如雨。洪僞與虜和，圍少懈。洪率所領潰圍而出，死者太半，殺虜亦倍。洪及藥王除名，隆竟坐死。煬帝北巡，至恒安，見白骨被野，以問侍臣，曰："往者韓洪與虜戰處也。"帝憫然傷之，收葬骸骨，命五郡沙門爲設齋供，拜洪隴西太守。[6]

[1]令檢校朔州總管事：《隋書》卷五二《韓擒虎附韓洪傳》作"檢校朔州總管事"。朔州，隋朝時治善陽縣，在今山西朔州市朔城區。

[2]代州：隋文帝開皇五年改肆州置，治廣武縣，開皇十八年改稱雁門縣，在今山西代縣西南。

[3]達頭可汗：名阿史那玷厥。北周、隋朝時西突厥可汗。與隋常有爭戰，後因國内叛亂，逃往吐谷渾。見《北史》卷九九

《突厥傳》。

[4]李藥王：人名。即李端。字藥王，京兆三原（今陝西三原縣東北）人。隋朝將領。見《新唐書》卷九三《李靖傳》。

[5]恒安：鎮名。在今山西大同市東北。

[6]隴西：郡名。隋朝時治襄武縣，在今甘肅隴西縣東南。

未幾，朱崖人王萬昌作亂，[1]詔洪平之。以功加金紫光禄大夫，[2]領郡如故。俄而萬昌弟仲通復叛，又詔洪平之。還師未幾，旋遇疾卒。[3]

[1]朱崖：郡名。隋朝時治義倫縣，在今海南儋州市西北。《隋書·地理志下》作“珠崖”。

[2]以功加金紫光禄大夫：《隋書》卷五二《韓擒虎附韓洪傳》作“以功加位金紫光禄大夫”。金紫光禄大夫，官名。隋初爲從二品散官，煬帝時定爲正三品。

[3]還師未幾旋遇疾卒：《隋書·韓擒虎附韓洪傳》作“師未旋，遇疾而卒”，《通志》卷一六〇與《北史》同。源氏校勘記云：“《隋書》無‘幾’字。爲是。”

賀若敦，河南洛陽人也。其先居漠北，[1]世爲部落大人。[2]曾祖貸，魏獻文時入國，[3]爲都官尚書，[4]封安富縣公。[5]祖伏連，仕魏，[6]位雲州刺史。[7]

[1]漠北：地區名。一作“幕北”，指今蒙古高原大沙漠以北地區。

[2]大人：部落首領。

[3]獻文：即北魏皇帝拓跋弘。獻文爲其謚號。

[4]都官尚書：官名。北魏時領都官、水部、庫部、論功等曹事務，兼掌殿中執法。孝文帝太和十七年定爲二品中，二十三年定爲三品。

[5]安富縣公：封爵名。安富，縣名。治所在今湖北丹江口市均縣鎮西。

[6]仕魏：元大德本作“任魏”，誤。

[7]雲州：北魏孝武帝永熙中改朔州置，寄治并州界，在今山西祁縣西。

父統，勇健不好文學，以祖蔭爲秘書郎。[1]永安初，從太宰元天穆討邢杲，[2]以功封當亭子。[3]齊神武初起，以統爲潁州長史。[4]執刺史田迅，以州降，拜兗州刺史，[5]賜爵當亭縣公。歷位北雍、恒二州刺史。[6]卒，贈司空公，[7]謚曰哀。

[1]秘書郎：官名。北魏時掌藝文圖籍、整理典籍、考核舊文等，四員，多爲世族起家之官。孝文帝太和十七年定爲從五品上，二十三年以後稱秘書郎中。

[2]太宰：官名。北魏時於太師、太傅、太保之上置太宰，用以安置元老勳舊大臣。一品。　元天穆：人名。亦稱元穆。北魏宗室、官吏。見《北史》卷一五《高凉王孤附上黨王天穆傳》。　邢杲：人名。河間（今河北河間市）人。北魏末山東起義軍首領。自稱漢王，年號天統。後因衆寡懸殊，在濟南爲元天穆和尒朱兆的軍隊所敗，降後被殺。

[3]以功封當亭子：按：《周書》卷二八《賀若敦傳》無此事。上文對其祖先的叙述也比《周書》詳細，應是《北史》據當時史料補充。當亭子，封爵名。當亭，縣名。治所在今甘肅天水市西。

[4]潁州：西魏時治汝陰縣，在今安徽阜陽市。底本作“潁

川”，《周書·賀若敦傳》作“潁州”。中華本據《周書》改。今從改。　長史：官名。掌顧問參謀，爲所在官署掾史之長。丞相長史職權尤重。邊郡於丞之外復置長史，佐太守掌兵馬。内郡或置之。

[5]兗州：西魏時治瑕丘縣，在今山東兗州市西。

[6]歷位北雍恒二州刺史：《周書·賀若敦傳》作“尋除北雍州刺史。卒，贈侍中、燕朔恒三州刺史”，《通志》卷一五九與《北史》同。恒，州名。西魏時治歸德縣，在今甘肅環縣北歸德里。

[7]司空公：官名。司空的尊稱。爲名譽宰相，多爲大臣加官。北魏孝文帝太和二十三年定爲一品。西魏因之。

敦少有氣幹。統之將執田迅也，慮事不果，又以累弱既多，難以自拔，[1]沈吟者久之。敦年十七，進策贊成其謀。統流涕從之，遂定謀歸西。時群盜蜂起，大龜山賊張世顯潛來襲統，[2]敦挺身赴戰，手斬七八人，賊乃走。統大悦，謂左右僚屬曰：“我少從軍旅，戰陣非一，如此兒年時膽略，未見其人。非唯成我門户，亦當爲國名將。”

[1]自拔：元大德本、毛本、殿本、四庫本、局本、四部備要本作“自救”，《周書》卷二八《賀若敦傳》作“自拔”。

[2]大龜山：在今河南新密市東南。

明年，從河内公獨孤信於洛陽被圍，[1]敦彎三石弓，箭不虛發。信乃言於周文，[2]引至麾下，授都督，封安陵縣伯。[3]嘗從校獵甘泉宫，[4]時圍人不齊，獸多越逸。周文大怒，人皆股戰。圍内唯有一鹿，俄亦突圍而走。敦躍馬馳之，鹿上東山。[5]敦棄馬步逐，至山半，便乃掣之而下。周文大悦，諸將因得免責。累遷太子庶子。[6]廢帝二年，[7]拜右衛將軍。[8]俄加驃騎大將軍、開府儀同三司，進爵廣鄉縣公。[9]

[1]從河内公：底本作“徙河内公”，元大德本、毛本、殿本、四庫本、局本、四部備要本、中華本作“從河内公”。按：據文意作“從”是，今從中華等諸本改。河内公，封爵名。河内，郡名。西魏時治野王縣，在今河南沁陽市。

[2]周文：局本“文”作“亦”，誤。

[3]安陵縣伯：封爵名。安陵，縣名。治所在今河北吴橋縣西北安陵故城。

[4]甘泉宫：又稱雲陽宫、林光宫，在今陝西淳化縣西北甘泉山上。

[5]山：四部備要本作“出”，誤。

[6]太子庶子：官名。爲太子的親近侍從官，獻納規諫。北魏孝文帝太和十七年定爲從三品上，二十三年定爲從四品上。西魏沿置。

[7]廢帝二年：公元553年。廢帝，即西魏皇帝元欽。

[8]右衛將軍：官名。掌宿衛營兵。北魏孝文帝太和十七年定爲從二品下，二十三年定爲三品。西魏沿置。

[9]廣鄉縣公：封爵名。廣鄉，縣名。治所在今甘肅兩當縣。

時岷蜀初開，[1]人情尚梗。巴西人譙淹據南梁州，[2]與梁西江州刺史王開業共爲表裏，[3]扇動群蠻。周文令敦討平之，進爵武都郡公，[4]拜典祀中大夫。[5]尋爲金州都督。[6]蠻帥向白彪、向五子王等聚衆爲寇，[7]圍逼信州。[8]詔敦與開府田弘赴救，[9]未至而城已陷。乃進軍追討，遂平信州。是歲，荊州蠻帥文子榮自號仁州刺史，[10]復令敦與開府潘招討禽子榮，[11]并虜其衆。

[1]岷蜀：地區名。即今四川、重慶地區。

[2]巴西：郡名。西魏時治巴西縣，在今四川綿陽市東。　南梁州：南朝梁時治北巴西郡閬中縣，在今四川閬中市。

[3]西江州：南朝梁時治尋陽縣，在今江西九江市。

[4]武都郡公：封爵名。武都，郡名。西魏時治石門縣，在今甘肅隴南市武都區東南。《周書》卷二八《賀若敦傳》作“武都公”。

[5]典祀中大夫：官名。西魏恭帝三年置，北周沿置。春官府典祀司長官，一員，掌有關祭祀的各種事務。武帝建德二年省，宣帝時復置。正五命。

[6]金州：西魏時治吉安縣，在今陝西安康市西北。

[7]向白彪：人名。信州（今重慶奉節縣白帝城）蠻族首領。　向五子王：人名。信州（今重慶奉節縣白帝城）蠻帥。《周書·賀若敦傳》作“向五子”。按：“向五子王”又見於《周書》卷五、卷四九、《北史》卷六六，疑《周書》此處脱“王”字。

[8]信州：西魏時治白帝城，在今重慶奉節縣白帝村西南。

[9]田弘：人名。字廣略，高平（今寧夏固原市）人。西魏、北周將領。見《北史》卷六五《田弘傳》。

[10]文子榮：人名。荊州（今河南鄧州市）蠻帥。　仁州：西魏時治臨淮縣，在今安徽懷遠縣西北。

[11]潘招：底本作“段招”，殿本《周書·賀若敦傳》作“潘招”。源氏校勘記云：“《周書》作‘開府潘詔’。”中華本校勘記云：“按潘招又見《周書》卷四四《陽雄傳》、卷四九《蠻傳》。本書卷九五《蠻傳》作‘潘和’，‘和’也是‘招’之訛。今據《周書》改。”今從改。

武成元年，入爲軍司馬。[1]陳將侯瑱、侯安都等圍逼湘州，[2]遏絶糧援，乃令敦度江赴救。敦連戰破瑱，乘勝遂次湘州。俄而秋水汎溢，[3]江路遂斷。糧援既絶，恐瑱等知其糧少，乃於營内多爲土聚，[4]覆之以米，召側近村人，陽有所訪問，隨即遣之。瑱等聞之，良以爲實。敦又增修營壘，造廬舍，示以持久。[5]湘、羅之間遂廢農業。[6]瑱等無如之何。初，土人亟乘輕船，載米粟及籠雞鴨以餉瑱軍，敦患之。乃僞爲土人，裝船伏甲士於中。瑱軍人望見，謂餉船之至，逆來争取，敦甲士遂禽之。又敦軍數有叛人乘馬投瑱，瑱輒納之。敦又别取一馬，牽以趣船，令船中逆以鞭鞭之。如是者再三，馬便畏船不上。後伏兵於江岸，使人乘畏船馬以招瑱軍，詐云投附。[7]瑱便遣兵迎接，競來牽馬。馬既畏船不上，伏兵發，盡殺之。此後實有饋餉及亡奔瑱者，猶謂敦之詐，並不敢受。相持歲餘，瑱等不能制，求借船送敦度江。敦慮其或詐，[8]謂曰："舍我百里，當爲汝去。"瑱等遂留船，於是將兵去津路百里。敦覘之非詐，勒衆而還。在軍病死者十五六。晋公護以敦失地無功，[9]除其名。

[1]軍司馬：官名。軍司馬中大夫的省稱。西魏恭帝三年置，北周沿置。爲夏官府軍司馬司長官，掌管軍隊，職權極重。下設軍司馬上士、軍司馬中士、軍司馬旅下士。正五命。

[2]侯瑱（tiàn）：人名。字伯玉，巴西充國（今四川閬中市）人。南朝梁、陳將領。見《陳書》卷九《侯瑱傳》。　侯安都：人名。字成師，始興曲江（今廣東韶關市南武水西岸）人。南朝陳將

領。見《陳書》卷八《侯安都傳》。　湘州：北周時治臨湘縣，在今湖南長沙市。

［3］汎溢：毛本、局本、中華本作"汛溢"，《周書》卷二八《賀若敦傳》作"汎溢"。按："汛溢"是指定期的漲水或泛溢，"汎溢"是指水泛濫，多與降水有關。

［4］土聚：底本作"聚土"，《周書·賀若敦傳》作"土聚"。中華本據《周書》改。今從改。

［5］示以：底本作"亦以"，中華本作"示以"。《周書·賀若敦傳》作"示以"。源氏校勘記改"亦"作"示"。今從中華本改。

［6］湘：江名。主要在今湖南境内。　羅：河名。爲汨羅江的一支，在今江西、湖南境内。

［7］使人乘畏船馬以招瑱軍詐云投附：中華本《周書·賀若敦傳》作"遣人以招瑱軍，詐稱投附"，其校勘記引《太平御覽》《資治通鑑》《通典》等書爲證，認爲《周書》脱"乘畏船馬"四字。

［8］或詐：底本作"詐或"，《周書·賀若敦傳》作"或詐"，中華本據《周書》改。今從改。

［9］晋公護：即宇文護。字薩保，代郡武川（今内蒙古武川縣西）人，鮮卑族。北周宗室、權臣。見《北史》卷五七《邵惠公顥附宇文護傳》。

保定五年，累遷中州刺史，鎮函谷。[1]敦恃功負氣，顧其流輩皆爲大將軍，敦獨未得，兼以湘州之役，全軍而反，翻被除名，每出怨言。晋公護怒，徵還，逼令自殺。臨刑，呼子弼謂曰："吾必欲平江南，然心不果，汝當成吾志。吾以舌死，汝不可不思。"因引錐刺弼舌出血，誡以慎口。建德初，追贈大將軍，謚曰烈。

[1]函谷：關隘名。在今河南靈寶市東北。

弼字輔伯。少有大志，驍勇便弓馬，解屬文，博涉書記，有重名。周齊王憲聞而敬之，[1]引爲記室。[2]封當亭縣公，遷小内史。[3]與韋孝寬伐陳，攻拔數十城，弼計居多。拜壽州刺史，[4]改封襄邑縣公。[5]隋文帝爲丞相，尉遲迥作亂，[6]帝恐弼爲變，[7]遣長孫平馳驛代之。[8]

[1]齊王憲：即宇文憲。字毗賀突，代郡武川（今内蒙古武川縣西）人，鮮卑族。西魏、北周大臣，宇文泰第五子（《獨孤藏墓誌》作第七子，可能有兩兄早夭）。見《北史》卷五八《齊煬王憲傳》。

[2]記室：官名。記室參軍的省稱。爲諸開府、公府、軍府的記室曹長官，掌文書表奏。皇弟皇子府、嗣王藩王府、公府、持節都督府皆置。品級自七品至九品不等。

[3]小内史：官名。小内史下大夫的省稱，又稱内史次大夫。西魏恭帝三年置，北周沿置。爲春官府内史司次官，輔助内史中大夫掌管綸誥，並參議刑罰爵賞以及軍國大事。正四命。

[4]壽州：北周時治壽春縣，在今安徽壽縣。

[5]襄邑縣公：封爵名。襄邑，縣名。治所在今河南杞縣西。

[6]尉遲迥：《隋書》卷五二《賀若弼傳》作“尉迥”。

[7]帝恐弼爲變：《隋書·賀若弼傳》作“恐弼爲變”，《通志》卷一六〇作“高祖恐弼爲變”。

[8]長孫平：人名。字處均，代（今山西大同市東北）人。北周、隋朝官吏。見《北史》卷二二《長孫嵩附長孫平傳》。

及帝受禪，陰有平江南志，訪可任者。高熲薦弼有文武才幹，於是拜吴州總管，[1]委以平陳事，弼忻然以爲己任。與壽州總管源雄並爲重鎮。[2]弼遺雄詩曰：[3]“交河驃騎幕，[4]合浦伏波營，[5]勿使騏驎上，[6]無我二人名。”獻取陳十策，上稱善，賜以寶刀。

[1]吴州：陳宣帝太建十一年（579），南兖州入北周，改名吴州。隋文帝開皇九年（589）改名揚州。故此吴州爲北周時吴州，隋初沿置，治廣陵縣，在今江蘇揚州市城區。

[2]源雄：人名。字世略，西平樂都（今青海樂都縣）人。北周、隋朝將領。見《隋書》卷三九《源雄傳》。

[3]遺：局本作“遣”，誤。

[4]交河：城名。車師國都城。在今新疆吐魯番市西北。此處泛指西域。　驃騎：指西漢名將霍去病。官至驃騎將軍，曾兩次大敗匈奴，使西漢控制了河西地區。見《史記》卷一一一《衛將軍驃騎列傳》。

[5]合浦：縣名。治所在今廣西合浦縣東北。　伏波：指東漢名將馬援。曾任伏波將軍，平定了合浦地區的叛亂。見《後漢書》卷二四《馬援傳》。

[6]騏驎：指麒麟閣。漢武帝時建造，在未央宫内。漢宣帝時在閣内挂上了十一位功臣的畫像。後代多以此表示卓越的功勳和最高的榮譽。

開皇九年，大舉伐陳，以弼爲行軍總管。將度江，酹酒呪曰：[1]“弼親承廟略，遠振國威，若使福善禍淫，大軍利涉；如事有乖違，得葬江魚腹中，死且不恨。”先是，弼請緣江防人每交代際，必集歷陽。於是大列旗幟，營幕被野，陳人以爲大兵至，悉發國中士馬。既知防人交代，其衆復散。後以爲常，不復設備。及此，弼以大軍濟江，陳人弗覺。襲陳南徐州，[2]拔之，執其刺史黄恪。軍令嚴肅，秋毫不犯，有軍士於人間酤酒者，弼立斬之。進屯蔣山之白土岡，[3]陳將魯廣達、周智安、任蠻奴、田瑞、孔範、蕭摩訶等以勁兵拒戰。[4]田瑞先犯，擊走之。魯廣達等相繼遞進，弼軍屢却。弼揣知其驕，士卒且惰。[5]於是督厲將士，殊死戰，遂大破之。麾下士開府員明禽摩訶至，[6]弼命左右牽斬之。摩訶顏色自若，弼釋而禮之。從北掖門入。時韓禽已執陳叔寶。弼至，呼叔寶視之。叔寶惶懼流汗，股慄再拜。弼謂曰："小國之君當大國卿，拜，禮也。入朝不失作歸命侯，無勞恐懼。"

[1]酹（lèi）酒：以酒澆地，表示祭奠。

[2]南徐州：南朝陳時治京口縣，在今江蘇鎮江市。

[3]白土岡：山名。在今江蘇南京市東北鐘山。

[4]魯廣達：人名。字遍覽，新蔡（今河南固始縣東）人。南朝陳將領。見《陳書》卷三一《魯廣達傳》。《隋書》卷五二作"魯達"，《廿二史考異》云是《隋書》避隋煬帝楊廣諱省。　周智安：人名。臨川（今江西撫州市臨川區）人。南朝陳官吏。見《陳書》卷一三《周敷傳》。　田瑞：《隋書》卷五二《賀若弼傳》"田瑞"下有"樊毅"，《通志》卷一六〇同《隋書》。中華本校勘記認爲是《北史》誤脱。

[5]惰：毛本作"隋"，誤。

[6]麾下士開府員明：《隋書·賀若弼傳》作"麾下開府"，《通志》卷一六〇與《北史》同。

既而弼恚恨不獲叔寶，於是與禽相詢，[1]挺刃而出。令蔡徵爲叔寶作降牋，命乘騾車歸己，事不果。[2]上聞弼有功，大悦，下詔褒揚之。晋王以弼先期决戰，違軍命，於是以弼屬吏。[3]上驛召之，及見，迎勞曰："剋定三吴，公之功也。"命登御坐，賜物八千段，加位上柱國，進爵宋國公，真食襄邑三千户，加寶劍、寶帶、金甕、金盤各一，并雉尾扇、曲蓋，雜綵二千段，女樂二部，又賜陳叔寶妹爲妾。拜右領軍大將軍。[4]

[1]詢（gòu）：嘲駡。

[2]令蔡徵爲叔寶作降牋命乘騾車歸己事不果：《隋書》卷五二《賀若弼傳》無此句，當是《北史》補。

[3]屬吏：交給執法官吏處理。

[4]右領軍大將軍：官名。隋初爲右領軍府長官，統領府兵，掌内衙禁衛及羽儀之事，品秩不詳。煬帝時改名爲右屯衛大將軍（參李燕捷《隋領軍府考補》，《文史》1990年第32輯）。

平陳後六年，[1]弼撰其畫策上之，[2]謂爲御授平陳七策。上弗省，曰："公欲發揚我名，我不求名，公宜自載家傳。"七策："其一，請廣陵頓兵一萬，番代往來。陳人初見設備，後以爲常，及大兵南伐，不復疑也。其二，使兵緣江時獵，人馬喧噪。及兵臨江，陳人以爲獵也。其三，以老馬多買陳船而匿之，買弊船五六十艘於瀆内。陳人覘以爲内國無船。其四，積葦荻於揚子津，[3]其高蔽艦。及大兵將度，乃卒通瀆於江。其五，塗戰船以黄，與枯荻同色，故陳人不預覺之。其六，先取京口倉儲，[4]速據白土岡，置兵死地，故一戰而剋。其七，臣奉敕，兵以義舉。及平京口，俘五千餘人，[5]便悉給糧勞遣，付其敕書，命別道宣喻。[6]是以大兵度江，莫不草偃，十七日之間，南至林邑，[7]東至滄海，[8]西至象林，[9]皆悉平定。"

[1]平陳後六年：《隋書》卷五二《賀若弼傳》無此段，當是《北史》補。

[2]畫：毛本、四庫本、四部備要本作"書"。

[3]揚子津：渡口名。一作"揚子橋"，在今江蘇揚州市邗江區南。

[4]京口：城名。在今江蘇鎮江市京口區。爲長江下游軍事重鎮。

[5]千：局本作"十"。

[6]別：局本作"必"，誤。

[7]林邑：國名。故地在今越南中南部。見《北史》卷九五《林邑傳》。

[8]滄海：舊時東海的別稱。

[9]象林：縣名。治所在今越南維川縣。

轉右武候大將軍。[1]弼時貴盛，位望隆重，其兄隆爲武都郡公，弟東萬榮郡公，[2]並刺史、列將。[3]弼家珍翫不可勝計，婢妾曳綺羅者數百，時人榮之。

[1]右武候大將軍：官名。隋時置，一員，爲十二衛大將軍之一，分領府兵。煬帝大業三年改爲右候衛大將軍。正三品。武候，

局本作“武侯”，誤。

[2]弟柬：《隋書》卷五二《賀若弼傳》作“弟東”，《通志》卷一六〇與《北史》同。源氏校勘記云：“‘柬’《隋書》作‘東’。” 萬榮郡公：封爵名。萬榮，郡名。隋朝時治永康縣，在今四川達州市西北。

[3]列將：位次於大將軍、高於裨將之諸將的統稱。

弼自謂功名出朝臣之右，每以宰相自許。既而楊素爲右僕射，[1]弼仍爲將軍，甚不平，形於言色，由是免官，弼怨望愈甚。後數載，下弼獄，上謂曰：“我以高熲、楊素爲宰相，汝每昌言此二人唯堪噉飯耳，[2]是何意也？”弼曰：“熲，臣之故人；[3]素，臣之舅子。臣並知其爲人，誠有此語。”公卿奏弼怨望，罪當死。上曰：“臣下守法不移，公可自求活理。”弼曰：“臣恃至尊威靈，將八千兵度江，即禽陳叔寶，竊以此望活。”上曰：“此已格外酬賞，[4]何用追論！”弼曰：“平陳之日，諸公議不許臣行。推心爲國，已蒙格外重賞，今還格外望活。”[5]既而上低徊者數日，惜其功，特令除名。歲餘，復其爵位。上亦忌之，不復任使，然每宴賜，遇之甚厚。

[1]右僕射：官名。即尚書右僕射。

[2]昌言：源氏校勘記云：“《隋書》作‘倡言’。” 噉：吃。飯：局本作“飲”。

[3]臣之故人：毛本、局本作“臣人故人”。

[4]酬賞：殿本作“醻賞”，四庫本作“酧賞”。

[5]今還格外望活：此段中隋文帝與賀若弼的對話，《隋書》

卷五二《賀若弼傳》無。當是《北史》補。

十九年，上幸仁壽宫，[1]讌王公，詔弼爲五言詩，詞意憤怨，帝覽而容之。明年春，[2]弼又有罪，在禁所，詠詩自若。上數之曰："人有性善行惡者，公之爲惡，乃與行俱。有三太猛：嫉妬心太猛，自是非人心太猛，無上心太猛。昔在周朝，已教他兒子反，此心終不能改邪？"他日，上謂侍臣曰："初欲平陳時，弼謂高熲曰：'陳叔寶可平。不作高鳥盡良弓藏邪？'熲云：'必不然。'平陳後，便索内史，[3]又索僕射。[4]我語熲曰：'功臣正宜授勳官，不可豫朝政。'弼後語熲：'皇太子於己，出口入耳，無所不盡。公終久何必不得弼力，何脉脉邪！'意圖鎮廣陵，又求荆州總管，並是作亂處，意終不改也。"

[1]仁壽宫：在今陝西麟游縣西。

[2]明年春：此句以下《隋書》卷五二《賀若弼傳》無，當是《北史》補。

[3]内史：官名。内史令的省稱。内史省長官。二員，正三品。隋煬帝大業十二年改名内書令。

[4]僕射：官名。尚書僕射的省稱。

後突厥入朝，上賜之射，突厥一發中的。上曰："非弼無能當此。"乃命弼。弼再拜祝曰："臣若赤誠奉國，當一發破的；如不然，發不中也。"弼射一發而中。上大悦，顧謂突厥曰："此人天賜我也！"

煬帝之在東宮，[1]嘗謂曰："楊素、韓禽、史萬歲三人，[2]俱良將也，優劣如何？"弼曰："楊素是猛將，非謀將；韓禽是鬭將，非領將；史萬歲是騎將，非大將。"太子曰："然則大將誰也？"弼拜曰："唯殿下所擇。"弼意自許爲大將。及煬帝嗣位，尤被疏忌。大業三年，從駕北巡至榆林。[3]時爲大帳，[4]下可坐數千人，召突厥啓人可汗饗之。[5]弼以爲太侈，與高熲、宇文弢等私議得失，[6]爲人所告，竟坐誅，時年六十四。妻子爲官奴婢，群從徙邊。

[1]東宮：太子所居之宮室。

[2]史萬歲：人名。京兆杜陵（今陝西西安市長安區東）人。北周、隋朝將領。見《北史》卷七三《史萬歲傳》。

[3]從駕：毛本、局本作"從帝"。　榆林：郡名。隋朝時治榆林縣，在今内蒙古准格爾旗東北。

[4]時爲大帳：《隋書》卷五二《賀若弼傳》、《通志》卷一六〇作"帝時爲大帳"。

[5]啓人可汗：即啓民可汗。《北史》避唐太宗李世民諱改。名染干，也稱突利可汗。東突厥可汗。由於勢力弱小，被隋朝長孫晟設計，隨其到長安歸降，被隋朝封爲意利珍豆啓民可汗（意爲"意智健"），簡稱啓民可汗，在朔州（今山西朔州市）定居。

[6]宇文弢：人名。字公輔，河南洛陽（今河南洛陽市）人，鮮卑族。北周、隋朝官吏。見《北史》卷七五《宇文弢傳》。

子懷亮，慷慨有父風。以柱國世子，拜儀同三司。坐弼爲奴，俄亦誅死。

敦弟誼。誼性剛果，有幹略。周文據關中，引之左右，累遷儀同三司、略陽公府長史。[1]周閔帝受禪，封霸城縣子，[2]加開府，歷原、信二州總管。[3]及兄敦以讒毁伏誅，坐免官。從武帝平齊，拜洛州刺史，進封建威縣侯。[4]開皇中，位左武候將軍、海陵郡公。[5]後以突厥爲邊患，誼素有威名，拜靈州刺史，進位柱國。誼時年老，猶能重鎧上馬，甚爲北夷所憚。數載，上表乞骸骨，[6]卒於家。子舉襲爵。

[1]略陽公：封爵名。略陽，郡名。西魏時治略陽縣，在今甘肅秦安縣東北。

[2]霸城縣子：封爵名。霸城，縣名。治所在今陝西西安市東北。

[3]原：州名。北周時治高平縣，在今寧夏固原市城區。

[4]建威縣侯：封爵名。建威，縣名。治所在今甘肅隴南市武都區東南。

[5]左武候將軍：官名。隋朝時置，爲十二衛將軍之一，左武候大將軍副職，二員，從三品。煬帝大業三年改爲左候衛將軍。武候，局本作"武侯"。《隋書》卷三九《賀若誼傳》作"左武候大將軍"，《通志》卷一六〇與《北史》同。　海陵郡公：封爵名。海陵，郡名。隋朝時治海陵縣，在今江蘇泰州市。《周書》卷二八《賀若敦傳》作"海陵縣公"。

[6]乞骸骨：即告老。爲官員向皇帝告老時的用語。

論曰：周文帝屬禍亂之辰，以征伐而定海内，大則連兵百萬，繫之以存亡，小則轉戰邊亭，不闋於旬月。是以兵無少長，士無賢愚，莫不投筆要功，横戈請奮。豆盧寧、楊紹、王雅、韓雄等，或攀翼雲漢，底績屯夷，雖運移年代，而名成終始，[1]美矣哉！豆盧勣譽宣分竹，毓節見臨危，可謂載德象賢也。觀德王位登台衮，慶流後嗣，保兹寵禄，實仁厚之所致乎！王世積俊才雖多，適足爲害者矣。賀若敦志略慷慨，深入敵境，勍寇絶其糧道，江淮阻其歸塗。[2]臨危而策出無方，事迫而雄心彌厲，故能利涉死地，全師以反。而茂勳莫紀，嚴刑已及，天下是以知宇文護之不能終其位也。

[1]名：局本作“居”。

[2]江淮：《周書》卷二八作“長江”。中華本校勘記云：“賀若敦被圍於湘州，其歸周不需渡淮水。”《周書》是。

自南北分隔，將三百年。隋文爰應千齡，將一函夏。賀若弼慷慨，申必取之長策；韓禽奮發，賈餘勇以争先。隋氏自此一戎，威加四海。稽諸天道，或時有廢興；考之人謀，實二臣之力。其俶儻英略，賀弼居多；武毅威雄，韓禽稱重。方於晋之王、杜，[1]勳庸綽有餘地。然賀弼功成名立，矜伐不已，竟顛殞於非命，亦不密以失身。若念父臨終之言，必不及於斯禍。韓禽累葉將家，威聲動俗，敵國既破，名遂身全，幸也。廣陵、甘棠，咸有武藝，驍雄膽略，並爲當時所推，赳赳干城，[2]難兄難弟矣。[3]

[1]王：即王濬，人名。字士治，弘農湖（今河南靈寶市西南）人。西晋軍事家，平吴主將。見《晋書》卷四二《王濬傳》。杜：即杜預，人名。字元凱，京兆杜陵（今陝西西安市長安區

東）人。西晋軍事家、經學家，著有《春秋左氏經傳集解》等。見《晋書》卷三四《杜預傳》。

［2］赳赳干城：語出《詩·兔罝》："赳赳武夫，公侯干城。"赳赳，武貌。干城，本指防禦用的盾牌，這裏比喻據外衛内者。

［3］難兄難弟：語出《世説新語·德行》："元方難爲兄，季方難爲弟。"原指二人德行不相上下，後指患難與共的人或處於同樣困境的人。

北史　卷六九

列傳第五十七

申徽　陸通 弟逞　厙狄峙　楊荐　王慶　趙剛 子仲卿
趙昶　王悦　趙文表　元定　楊㯹

申徽，字世儀，魏郡人也。[1]六世祖鐘，爲後趙司徒。[2]冉閔末，[3]中原喪亂，鐘子邃避地江左。[4]曾祖爽，仕宋，位雍州刺史。[5]祖隆道，宋北兖州刺史。[6]父明仁，郡功曹，[7]早卒。

[1]魏郡：十六國時後趙治鄴縣，在今河北臨漳縣西南鄴鎮。

[2]後趙：十六國時羯族人石勒所建，都襄國（今河北邢臺市），後遷鄴。　司徒：官名。漢哀帝時改丞相爲大司徒，漢光武帝時改爲司徒，與太尉、司空並稱三公，分掌宰相職能。後趙沿魏晋制度置。

[3]冉閔末：毛本作“冉閔永”。冉閔，人名。字永曾，魏郡内黄（今河南内黄縣西北）人。見《晋書》卷一〇七《石季龍載記附冉閔傳》。

[4]江左：地區名。指長江下游以東地區。古人在地理上以東爲左，以西爲右，故江東又名江左。此處指東晋。

［5］雍州：南朝宋時治襄陽縣，在今湖北襄樊市。底本作“雄州”，《周書》卷三二《申徽傳》、《通志》卷一五九作“雍州”。源氏校勘記云：“《周書》作‘雍州’。”中華本校勘記云：“按《宋書·州郡志》無‘雄州’，雍州僑置於襄陽。‘雄’乃‘雍’之訛，今據改。”今從改。

［6］北兗州：南朝宋時治淮陰縣，在今江蘇淮安市淮陰區西南甘羅城。

［7］功曹：官名。漢朝時郡縣置功曹史，省稱功曹，執掌人事，並參與一郡事務。南朝宋沿置。

徽少與母居，盡力孝養。及長，好經史。性審慎，不妄交游。遭母憂，喪畢，乃歸於魏。元顥入洛，[1]以元邃爲東徐州刺史，[2]邃引徽爲主簿。[3]顥敗，邃被檻車送洛陽，[4]故吏賓客並委去，唯徽送之。及邃得免，[5]乃廣集賓友，歎徽有古人風。尋除太尉府行參軍。[6]

［1］元顥：人名。字子明。北魏宗室、大臣。見《北史》卷一九《北海王詳附元顥傳》。

［2］東徐州：北魏時治下邳城，在今江蘇睢寧縣北。

［3］主簿：官名。北朝時諸公、諸將軍及五校衛等軍府、列卿寺監、光禄大夫皆置，品位秩級隨府長官地位的高低而異。州、郡、縣亦置，雖非掾史之首，但地位較高，一般選地方大族子弟充任。

［4］洛陽：縣名。治所在今河南洛陽市東北。

［5］及邃得免：底本作“及邃得逸”，《周書》卷三二《申徽傳》作“及邃得免”。中華本校勘記云：“按下云‘乃廣集賓友’，知是免罪而非逃逸。此形似致訛，今據改。”今從改。

［6］太尉：官名。北魏時與司徒、司空並稱三公，列三公之首，

多爲大臣加官。孝文帝太和二十三年（499）定爲一品。　行參軍：官名。北魏時公府、將軍府、州府皆置，不署曹，員額不定。從七品上。

孝武初，[1]徽以洛陽兵難未已，遂間行入關見周文。[2]周文與語，奇之，薦之於賀拔岳，[3]岳亦雅相敬待，引爲賓客。周文臨夏州，[4]以徽爲記室參軍兼府主簿。[5]周文察徽沉密有度量，每事信委之，乃爲大行臺郎中。[6]時軍國草創，幕府務殷，四方書檄皆徽之辭也。以迎孝武功，封博平縣子、本州大中正。[7]大統初，[8]進爵爲侯。四年，拜中書舍人，[9]脩起居注。[10]河橋之役，[11]大軍不利，近侍之官分散者衆，徽獨不離左右，魏帝稱歎之。[12]十年，遷給事黄門侍郎。[13]

[1]孝武：即北魏皇帝元脩。孝武爲其謚號。

[2]周文：即宇文泰。文爲其謚號，北周明帝所追謚。

[3]賀拔岳：人名。字阿斗泥，神武尖山（今山西神池縣）人。北魏末名將。見《北史》卷四九《賀拔允附賀拔岳傳》。

[4]夏州：西魏時治巖緑縣，在今陝西靖邊縣白城子村無定河北岸的毛烏素沙漠中（靠近今内蒙古烏審旗南境）。

[5]記室參軍：官名。爲諸開府、公府、軍府等府的記室曹長官，掌文書表奏。品級自七品至九品不等。

[6]大行臺郎中：官名。屬大行臺，如分曹理事，則冠以曹名。北魏末年及東魏、西魏時期，權力很大，加之當時授官較濫，常可加或兼其他較高的官職。

[7]博平縣子：封爵名。博平，縣名。治所在今山東泰安市東南。　大中正：官名。魏晋南北朝時負責評定士人品第的官員。即

將當地士人按才能品德，參照門第分成九品，供吏部選用。此職多由世家大族世代相襲。北魏時，大中正無品無禄，但犯罪時可當刑罰。

［8］大統：西魏文帝的年號（535—551）。

［9］中書舍人：官名。即中書通事舍人。北朝時專掌草擬詔令。北魏孝文帝太和二十三年定爲六品下。西魏沿置。

［10］起居注：記載皇帝言行的筆記，是官修史書的主要來源。魏晉南北朝時或以著作郎兼修，或設官專修。

［11］河橋：在今河南孟津縣東、孟州市西南黄河上。

［12］魏帝：指西魏文帝。

［13］給事黄門侍郎：官名。北朝時爲侍中省或門下省次官，與侍中俱掌門下衆事，地位隨皇帝旨意或侍中地位而上下。北魏時置六人，孝文帝太和十七年定爲三品中，二十三年定爲四品上。西魏沿置。

先是，東陽王元榮爲瓜州刺史，[1]其女壻劉彦隨焉。[2]及榮死，瓜州首望表榮子康爲刺史，彦遂殺康而取其位。屬四方多難，朝廷不遑問罪，因授彦刺史。頻徵不奉詔，又南通吐谷渾，[3]將圖叛逆。周文難於動衆，欲以權略致之，乃以徽爲河西大使，[4]密令圖彦。徽輕以五十騎行，既至，止於賓館。[5]彦見徽單使，不以爲疑。徽乃遣一人微勸彦歸朝，以揣其意，彦不從。徽又使贊成其住計，彦便從之，遂來至館。徽先與瓜州豪右密謀執彦，遂叱而縛之。彦辭無罪，徽數之曰：“君無尺寸之功，濫居方岳之重，恃遠背誕，不恭貢職，戮辱使人，輕忽詔命。計君之咎，實不容誅。但受詔之日，本令相送歸闕，[6]所恨不得即申明罰，以謝邊遠耳。”於是宣詔慰勞吏人及彦所部，復云大軍續至，城内無敢動者。使還，遷都官尚書。[7]

[1]東陽王：封爵名。遥封。東陽，郡名。南朝梁時治長山縣，在今浙江金華市婺城區。　元榮：人名。又稱元太榮。北魏宗室。任瓜州刺史，孝莊帝永安二年（529）封爲東陽王。　瓜州：北魏時治鳴沙縣，在今甘肅敦煌市黨河東岸。

[2]劉彦：《北史》卷六七《令狐整傳》作“鄧彦”，中華本《周書》卷三二《申徽傳》作“劉彦”，其校勘記云：“《通鑑》卷一五九作也‘鄧’，《册府》卷六五七作‘劉’。未知孰是。”今不改。

[3]吐谷渾：族名。又稱吐渾、退渾。原爲鮮卑族慕容部的一支，先祖游牧於徒河青山（今遼寧義縣東）。西晋時，遷徙於今甘肅、青海一帶。十六國時，先後受到前凉、西秦等追逐，幾乎亡國。後再度崛起，北魏太武帝時達到最强盛。在北魏打擊下，一度退到今新疆一帶。以游牧爲生。見《北史》卷九六《吐谷渾傳》。

[4]河西：地區名。亦作“河右”。在今甘肅、青海二省黄河以西，即河西走廊與湟水流域一帶。　大使：官名。指受帝王特遣之官員。

[5]賓館：公家招待來賓住宿的地方。

[6]歸闕：回歸朝廷。

[7]都官尚書：官名。北魏時領都官、水部、庫部、論功等曹事務，兼掌殿中執法。孝文帝太和十七年定爲二品中，二十三年定爲三品。西魏沿置。

十二年，瓜州刺史成慶爲城人張保所殺，[1]都督令狐延等起義逐保，[2]啓請刺史。以徽信洽西土，[3]拜假節、瓜州刺史。[4]徽在州五稔，[5]儉約率下，邊人樂而安之。十六年，徵兼尚書右僕射，[6]加侍中、驃騎大將軍、開府儀同三司。[7]廢帝二年，[8]進爵爲公，正右僕射，賜姓宇文氏。

[1]張保：人名。瓜州（今甘肅敦煌市）人。西魏文帝大統十二年，附和宇文仲和反，爲州都督令狐整等所逐，遂投奔吐谷渾。

[2]都督：官名。軍中統兵或管理雜務的軍官。西魏、北周府兵中置，位在大都督、帥都督之下。七品。　令狐延：人名。字延保，本名延，整爲賜名，敦煌（今甘肅敦煌市）人。西魏、北周將領。見《北史》卷六七《令狐整傳》。

[3]西土：元大德本作“西士”，誤。

[4]假節：即假以節杖。漢時始設，後代因之，成爲一種象徵性的政治待遇。有使持節、持節、假節之分。使持節可以殺二千石以下的官吏，持節可殺無官位之人，而假節衹有權力殺違反軍令的人。

[5]五稔：元大德本、毛本、殿本、四庫本、局本、四部備要本作“五歲”。

[6]尚書右僕射：官名。北魏時職掌都省庶務及執法，或典選舉，輔助尚書令執行政務，參議大政，諫諍得失。孝文帝太和十七年定爲從一品中，二十三年定爲從二品。西魏初因之。

[7]侍中：官名。北魏時常總典機密，受遺詔輔政，權任尤重，時號“小宰相”。孝文帝太和十七年定爲從一品中。　驃騎大將軍：官名。居諸名號將軍之首。多加於權臣元老，以示尊崇，開府置僚屬，不領兵。北魏孝文帝太和十七年定爲一品中，二十三年定爲從一品。　開府儀同三司：多爲大臣的加號，意爲與三司的禮制待遇相同，允許開府，自辟僚屬。北周時置爲勳官。九命。

[8]廢帝二年：公元553年。廢帝，即西魏皇帝元欽。

徽性勤至，[1]凡所居官，案牘無大小皆親自省覽，以是事無稽滯，吏不得爲姦。後雖歷公卿，此志不懈。出爲襄州刺史。[2]時南方初附，舊俗官人皆通餉遺。徽性廉慎，乃畫楊震像於寢室以自戒。[3]及代還，人吏送者數十里不絶。徽自以無德於人，慨然懷愧，因賦詩，題於清水亭。長幼聞之，皆競來就讀，遞相謂曰："此是申使君手跡。"並寫誦之。

[1]勤至：《周書》卷三二《申徽傳》作"勤敏"。《通志》卷一五九與《北史》同。源氏校勘記云："《周書》作'勤敏'。"

[2]襄州：北周時治襄陽縣，在今湖北襄樊市。

[3]楊震：人名。字伯起，弘農華陰（今陝西華陰市東南）人。東漢學者。後入仕爲官，清正廉潔，不謀私利，深受後人愛戴。見《後漢書》卷五四《楊震傳》。

明帝以御正任總絲綸，[1]更崇其秩爲上大夫，[2]員四人，號大御正，又以徽爲之。歷小司空、少保，[3]出爲荆州刺史。[4]入爲小司徒、小宗伯。[5]天和六年，[6]上疏乞骸骨，[7]詔許之。薨，贈泗州刺史，[8]謚曰章。

[1]明帝：即北周皇帝宇文毓，明爲其謚號。　御正：官名。御正中大夫的省稱。西魏恭帝時置，北周沿置。天官府御正司長官，在皇帝左右，負責宣傳詔命，參議刑罰爵賞及軍國大事，皇帝詔書須由其連署。正五命。周明帝武成元年（559）於其上設御正上大夫，遂降爲副職。　絲綸：亦稱丹綸。《禮記·緇衣》有"王言如絲，其出如綸"語，指天子、帝王的詔令。

[2]上大夫：官名。西魏、北周時天官、地官等六府皆置，爲

六府的副長官。正六命。

[3]小司空：官名。小司空上大夫的省稱。西魏恭帝三年（556）置，北周沿置。爲冬官府次官，二員，協助大司空卿管理國家各種工匠，負責建築興造事務。正六命。　少保：官名。太子少保的省稱。北周時一員，爲大臣加官，地位崇高，無實際職掌。正八命。

[4]荆州：北周時治穰縣，在今河南鄧州市。

[5]小司徒：官名。小司徒上大夫的省稱。西魏恭帝時置，北周沿置。爲地官府次官，員二人，佐大司徒卿掌民户、土地、賦役、教育、倉廩、關市及山澤漁獵等方面的事務。正六命。　小宗伯：官名。小宗伯上大夫的省稱。西魏恭帝三年置，北周沿置。爲春官府次官，二員，協助大宗伯卿管理禮樂、祭祀、天文曆法等方面的事務。正六命。

[6]天和：北周武帝的年號（566—572）。

[7]乞骸骨：古代官吏請求辭職或退休的謙稱，與“乞身”意同。

[8]泗州：北周時治宿豫縣，在今江蘇宿遷市東南。《周書》卷三二《申徽傳》與《北史》同，《通志》卷一五九作“四州”。中華本校勘記云：“按申徽當死於天和六年，或其後不久，其時周無泗州（周改東楚州爲泗州在大象二年。見楊守敬《隋書地理志考證》卷七下邳郡條）。疑當從《通志》作‘四’。”可從。

子康嗣。位瀘州刺史、司織下大夫、上開府。[1]

[1]瀘州：北周時治江陽縣，在今四川瀘州市。　司織下大夫：官名。西魏恭帝三年置，北周沿置。爲冬官府司織司長官，一員，掌管全國紡織事務，並管理工匠。正四命。　上開府：上開府儀同大將軍的省稱。北周武帝建德四年置，位在開府儀同大將軍之上。

主要授予有軍功的大臣或者北齊的降官，無具體職掌。爲勳官之第五等，九命。

康弟敦，汝南郡守。[1]敦弟静，齊郡守。[2]静弟處，上開府、同昌縣侯。[3]卒。

[1]汝南：郡名。北周時治上蔡縣，在今河南汝南縣。

[2]齊郡：北周時有兩個，一個屬隨州，治左陽縣，在今湖北隨州市東北；另一個是青州，治臨淄縣，在今山東淄博市東北。《周書》卷三二《申徽傳》作“齊安”，《通志》卷一五九與《北史》同。

[3]同昌縣侯：封爵名。同昌，縣名。治所在今四川九寨溝縣白水江東岸。

陸通，字仲明，吴郡人也。[1]曾祖載，從宋武帝平關中，[2]軍還，留載隨其子義真鎮長安，[3]遂没赫連氏。[4]魏太武平赫連氏，[5]載仕魏，位中山郡守。[6]

[1]吴郡：南朝宋時治吴縣，在今江蘇蘇州市。

[2]宋武帝：即南朝宋皇帝劉裕。武爲其謚號。

[3]義真：即劉義真，人名。南朝宋武帝劉裕次子，母爲孫修華，初封桂陽縣公，後封廬陵王。見《宋書》卷六一《廬陵孝獻王義真傳》。

[4]赫連氏：指十六國時赫連勃勃建立的夏國。

[5]太武：即北魏皇帝拓跋燾。太武爲其謚號。

[6]位中山郡守：《周書》卷三二《陸通傳》作“任中山郡守”，《通志》卷一五九與《北史》同。中山，郡名。北魏時治盧奴縣，在今河北定州市。

父政，性至孝。其母吴人，好食魚。北土魚少，政求之常苦難。後宅側忽有泉出，而有魚，遂得以供膳。時人以爲孝感所致，因謂其泉爲孝魚泉。從尒朱天光討伐。[1]及天光敗，歸周文。周文爲行臺，[2]以政爲行臺左丞、原州長史，[3]賜爵中都縣伯。[4]大統中，卒。

[1]尒朱天光：人名。北秀容（今山西朔州市）人，契胡族。北魏大臣。見《北史》卷四八《尒朱榮附尒朱天光傳》。

[2]行臺：官名。行臺尚書令的省稱。北魏孝明帝正光末，因各地動亂，遂設行臺主管各地軍務，後成爲常設的地方行政機構。行臺尚書令爲其長官，以尚書僕射、左僕射、尚書來主管行臺事務。西魏沿置。

[3]行臺左丞：官名。行臺尚書左丞的省稱。北魏後期設。職責同於尚書左丞。爲行臺尚書省官員，輔省内左三部十二司，一員。從四品。西魏沿置。　原州：西魏時治高平縣，在今寧夏固原市城區。　長史：官名。掌顧問參謀，爲所在官署的屬官之長。不同名號的長史所負職責不同，品秩也不相同。

[4]中都縣伯：封爵名。中都，縣名。治所在今山西晋中市榆次區東。

通少敦敏好學，有志節。幼從政在河西，[1]遂逢寇難，與政相失。[2]通乃自拔東歸，從尒朱榮。[3]榮死，又從尒朱兆。[4]及尒朱氏滅，乃入關。周文時在夏州，引爲帳内督。[5]頃之，賀拔岳爲侯莫陳悦所害。[6]時有傳岳軍府已亡散者，[7]周文憂之，通以爲不然。居數日，問至，[8]果如所策。自是愈見親禮，遂晝夜陪侍，家人罕見其面。通雖處機密，愈自恭謹，周文以此重之。後以迎孝武功，封都昌縣伯。[9]

[1]幼從政在河西：《周書》卷三二《陸通傳》作“幼從在河西”，《通志》卷一五九與《北史》同。

[2]與：元大德本、毛本、局本作“明”，誤。

[3]尒朱榮：人名。字天寶，北秀容（今山西朔州市）人，契胡族。北魏大臣。見《北史》卷四八《尒朱榮傳》。

[4]尒朱兆：人名。字萬仁，北秀容（今山西朔州市）人，契胡族。北魏大臣。見《北史》卷四八《尒朱榮附尒朱兆傳》。

[5]帳内督：官名。北魏時置。統領親兵，侍衛主帥。

[6]侯莫陳悦：人名。代（今山西大同市東北）人。北魏末將領。見《北史》卷四九《侯莫陳悦傳》。

[7]岳軍府：《周書·陸通傳》作“兵軍府”，中華本《周書》據《北史》改“兵”爲“岳”。

[8]問至：元大德本、南監本、毛本、殿本、四庫本、局本、四部備要本作“間至”。源氏校勘記改“間”作“問”。

[9]都昌縣伯：封爵名。都昌，縣名。治所在今山東昌樂縣東北。

大統元年，進爵爲侯。從禽竇泰，[1]復弘農。[2]沙苑之役，[3]力戰有功。又從解洛陽圍。軍還，屬趙青雀反於長安，周文將討之，以人馬疲弊，不可速行，又謂青雀等一時陸梁，不足爲慮，乃云：“我到長安，但輕騎臨之，必當面縛。”[4]通進曰：“青雀等既以大軍不利，謂朝廷傾危，同惡相求，遂成反亂。然其逆謀久定，必無遷善之心。且其詐言大軍敗績，東寇將至，若以輕騎往，百姓謂爲信然，更沮兆庶之望。[5]大兵雖疲弊，精鋭猶多，以明公之威，[6]率思歸之衆，以順討逆，何慮不平?”周文深納之，因從平青雀。録前後功，[7]進爵爲公，徐州刺史。[8]以寇難未平，留不之部。與于謹討劉平伏，[9]加大都督。[10]從周文援玉壁，[11]進儀同三司。[12]

[1]竇泰：人名。字世寧，太安捍殊（今山西壽陽縣北）人。北魏、東魏將領。見《北史》卷五四《竇泰傳》。

[2]弘農：郡名。西魏時治陝城，在今河南三門峽市。

[3]沙苑之役：指西魏文帝大統三年，以高歡爲首的東魏軍隊與以宇文泰爲首的西魏軍隊進行的第二次大戰。沙苑，地名。又名沙阜、沙海、沙窩。在今陝西大荔縣南洛、渭二河之間。

[4]面縛：雙手背綁，表示投降。

[5]兆庶：萬民，百姓。

[6]明公：對有名位者的尊稱。這裏指宇文泰。

[7]録前後功：局本作“陸前後功”，誤。

[8]徐州：疑此爲北徐州。北徐州僑置於河内郡，約在今河南沁陽市境。

[9]于謹：人名。字思敬，代（今山西大同市東北）人。西魏、北周名將。見《北史》卷二三《于栗磾附于謹傳》。

[10]大都督：官名。高級軍事長官。北魏前、中期未見，孝文帝太和十七年及二十三年職員令皆未載。後期戰事較多時置，統兵出征，有時又加以各種名號。西魏時授予漸多。品秩不詳。

[11]援玉壁：四庫本、四部備要本作“拔玉壁”，《周書》卷三二《陸通傳》作“援玉壁”。按：西魏文帝大統八年十月，高歡率大軍圍玉壁，宇文泰率軍自蒲坂援玉壁，玉壁圍解。故此處作“援”是。玉壁，城名。在今山西稷山縣西南。

[12]儀同三司：主要指非三公而享受三公的儀制待遇。魏晋時

始置，南北朝時授予的範圍逐漸擴大，成爲官號。北周時爲勳官、散官號。九命。

九年，高仲密以地來附，[1]通從若干惠戰於芒山。[2]衆軍皆退，唯惠與通率所部力戰。至夜中乃陰引還，敵亦不敢逼。進授驃騎大將軍、開府儀同三司、太僕卿，[3]賜姓部六孤氏，[4]進爵綏德郡公。[5]周孝閔踐祚，[6]拜小司空。保定五年，[7]累遷大司寇。[8]

[1]高仲密：人名。即高慎。字仲密，勃海蓨（今河北景縣）人。東魏官吏。見《北史》卷三一《高祐附高慎傳》。　來附：四部備要本作“求附”。

[2]若干惠：人名。字惠保，代武川（今内蒙古武川縣西）人。西魏將領。見《北史》卷六五《若干惠傳》。　芒山：在今河南洛陽市東北。

[3]太僕卿：官名。太僕的尊稱，掌畜牧政令及御用車馬。北魏孝文帝太和十七年定爲二品上，二十三年定爲三品。西魏因之。三品。

[4]部六孤氏：《周書》卷三二《陸通傳》作“步六孤氏”，《通志》卷一五九與《周書》同。按：“步六孤氏”見《魏書·官氏志》，北魏孝文帝改制時改爲陸氏。疑此處應作“步六孤氏”。

[5]綏德郡公：封爵名。綏德，郡名。西魏時治綏德縣，在今陝西清澗縣西北。

[6]周孝閔：即北周皇帝宇文覺。孝閔爲其謚號。

[7]保定：北周武帝的年號（561—565）。

[8]大司寇：官名。《周禮》秋官之屬。掌國家法典，聽獄訟，制刑罰。北周時爲正七命。

通性柔謹，雖久處列位，常清慎自守。所得禄賜，盡與親故共之，家無餘財。常曰："凡人患貧而不貴，不患貴而貧也。"[1]建德元年，[2]轉大司馬。[3]其年薨。通弟逞。

[1]不患貴而貧也：底本作"不患貴而不貧也"，《周書》卷三二《陸通傳》作"不患貴而貧也"，中華本據《周書》改。今從改。

[2]建德：北周武帝的年號（572—578）。

[3]大司馬：官名。北周時爲夏官府長官，職掌軍政大務、禁暴糾察、訓練軍隊、統兵作戰，權任極重。屬官有小司馬中大夫二人、軍司馬下大夫四人、司馬上士八人、行司馬中士十六人等。正七命。

逞字季明，[1]初名彦，字世雄。魏文帝常從容謂之曰：[2]"爾既温裕，何因乃字世雄？且爲世之雄，非所宜也。於爾兄弟又復不類。"遂改焉。逞少謹密，早有名譽。兄通先以軍功別受茅土，[3]乃讓父爵中都縣伯令逞襲之。起家羽林監、周文内親信。[4]時輩皆以驍勇自達，唯逞獨兼文雅，周文由此加禮遇焉。大統十四年，參大丞相府軍事，尋兼記室。保定初，累遷吏部中大夫，[5]歷蕃部、御伯中大夫，[6]進驃騎大將軍、開府儀同三司，徙授司宗中大夫，[7]轉軍司馬。[8]逞幹識詳明，歷任三府，所在著績。朝廷嘉之，進爵爲公。

[1]逞字季明：元大德本、毛本作"字季明"，漏刻一"逞"字。

[2]魏文帝：即西魏皇帝元寶炬。文爲其謚號。　常從容：毛本作“嘗從容”。

[3]茅土：指受封爲王侯。古代封侯，帝王以白茅包土賜受封者，作爲分封土地的象徵。

[4]羽林監：官名。東漢置。掌宿衛送從。北魏時爲六品。西魏沿置。　内親信：官名。西魏置。爲宇文泰身邊的親近侍衛，掌領親信之兵。

[5]吏部中大夫：官名。西魏恭帝三年置，北周初沿置。夏官府吏部司長官，掌管官員的選舉，權任極重，一員，下設小吏部下大夫、大吏部上士以佐其職。北周武帝建德二年省，宣帝時復置。正五命。中華本《周書》校勘記引《文苑英華》卷九〇〇庾信《步陸逞碑》云：“尋遷駕部中大夫、領兵部中大夫、領蕃部。”

[6]蕃部：官名。指蕃部郎中，西魏文帝大統十二年置。爲尚書省十二部之一，掌管諸侯朝覲禮儀，以蕃部郎中爲長官。恭帝三年改以中大夫爲長官，隸秋官府。《周書》卷三二《陸通附陸逞傳》作“藩部”，中華本《周書》據《文苑英華》卷九〇〇庾信《步陸逞碑》、《北史》卷六九《陸通附陸逞傳》、《通典》卷三九《周官品》改。　御伯中大夫：官名。西魏恭帝三年置，北周沿置。天官府御伯司長官，皇帝出入時隨侍於左右。二員，正五命。北周武帝保定四年改稱納言中大夫。

[7]司宗中大夫：官名。北周武帝保定四年改禮部爲司宗，遂改禮部中大夫爲司宗中大夫。爲春官府司宗部長官，掌禮儀的制定與執行，在國家重要的儀式上，佐大宗伯卿主持其事，較小的儀式則由其主持。下屬有司宗上士、司宗中士等。正五命。

[8]軍司馬：官名。軍司馬中大夫的省稱。西魏恭帝三年置，北周沿置。爲夏官府軍司馬司長官，掌管軍隊，職權極重。下設軍司馬上士、軍司馬中士、軍司馬旅下士。正五命。

天和三年，齊遣侍中斛斯文略、中書侍郎劉逖來聘。[1]初脩鄰好，盛選行人，詔逞爲使主，[2]尹公正爲副以報之。[3]逞美容止，善辭令，敏而有禮，齊人稱焉。還届近畿，詔令路車儀服郊迎而入，[4]時人榮之。四年，除京兆尹。[5]郡界有豕生數子，[6]經旬而死。其家又有豮，[7]遂乳養之，諸豚賴之以活，[8]時論以逞仁政所致。俄遷司會中大夫，[9]出爲河州刺史。[10]晋公護雅重其才，[11]表爲中外府司馬，[12]頗委任之。尋復爲司會，[13]兼納言，[14]遷小司馬。[15]及護誅，坐免官。

[1]中書侍郎：官名。北魏時多選用文學之士，掌草擬詔令，職位機要，置四人。孝文帝太和十七年定爲四品上，二十三年定爲從四品上。北齊因之，兼管伎樂。從四品。　劉逖：人名。字子長，彭城叢亭里（今江蘇徐州市）人。北齊官吏、詩人。見《北齊書》卷四五《劉逖傳》。

[2]使主：官名。北朝對代表國家出使到其他政權的首席使臣之稱。一般冠以使命名號，如波斯使主、聘梁使主等。其助手稱使副。

[3]尹公正：人名。北周官吏。任司門下大夫、中外府司録。

[4]路車儀服：中華本《周書》卷三二《陸通附陸逞傳》作“路車飾服”，其校勘記云：“《周書》此傳以《北史》補，當同《北史》，今據改。”《册府元龜》卷六五四同《北史》。

[5]京兆尹：官名。爲京畿地方行政長官之一。職掌如同地方郡守，但是地位高於郡守，位列九卿。

[6]郡界：《周書·陸通附陸逞傳》作“都界”，《通志》卷一五九與《北史》同。

[7]豮（fén）：閹割過的豬。

[8]豚：指小豬。

[9]司會中大夫：官名。西魏恭帝三年置，北周沿置。天官府司會司長官，一員，職掌全國財政收支，協助大冢宰管理六府之事，下設司會上士、司會中士、司會旅下士等職。正五命。

[10]河州：北周時治枹罕縣，在今甘肅臨夏市新集鎮。

[11]晉公護：即宇文護。字薩保，代郡武川（今内蒙古武川縣西）人。北周宗室、權臣。見《北史》卷五七《邵惠公顥附宇文護傳》。

[12]中外府：官署名。都督中外諸軍事府的省稱。北周時置，下設長史、司馬、司録、從事中郎、掾、屬、諸曹參軍、行參軍等府佐，實際地位很高。　司馬：官名。即都督中外諸軍事府司馬，爲公府高級幕僚，管理府内武職，與長史共參府務，位次長史。北齊因之。北周時屬於中外府的官員，主要職責是管理武官，參與軍務。實際地位很高。

[13]司會：官名。司會中大夫的省稱。

[14]納言：官名。納言中大夫的省稱。北周時置。爲天官府屬官，掌侍從左右、對答顧問，二員。正五命。

[15]小司馬：官名。小司馬上大夫的省稱。西魏恭帝三年置，北周沿置。爲夏官府次官，二員，佐大司馬卿掌軍政及官員遷調，亦可統兵出征或暫時在外駐守。正六命。

頃之，起爲納言。又以疾不堪劇任，乃除宜州刺史。[1]故事，刺史奉辭，例備鹵簿，[2]逞以時屬農要，奏請停之。武帝深嘉焉，[3]詔遂其所請，以彰雅操。逞在州有惠政，吏人稱之。東宫初建，授太子太保。[4]卒，贈大將軍。[5]子操嗣。

[1]乃除宜州刺史：底本作“及除宜州刺史”，中華本、《周

書》卷三二《陸通附陸逞傳》作“乃除宜州刺史”，源氏校勘記改“及”作“乃”。今從中華本改。宜州，北周時治泥陽縣，在今陝西富平縣西北。

[2]鹵簿：古代帝王等出行時扈從之儀仗隊。秦漢時始有其名，後不爲帝王所專有。因朝代、出行者及出行目的不同而種類不一，儀制、規模各異。

[3]武帝：即北周皇帝宇文邕。武爲其謚號。

[4]太子太保：官名。北周時掌訓導輔翊太子，無具體職司，一員。

[5]大將軍：官名。西魏、北周爲府兵專職統帥官號，凡十二人，各領一軍，分隸六柱國大將軍，下統開府、儀同諸將軍。正九命。

厙狄峙，其先遼東人，[1]本姓段，匹磾之後也，[2]因避難改焉。後徙居代，[3]世爲豪右。祖凌，武威郡守。[4]父貞，上洛郡守。[5]

[1]遼東：郡名。北魏時治襄平縣，在今遼寧義縣東。

[2]匹磾（dī）：即段匹磾，人名。東部鮮卑人。世居遼西，爲部族大人，後自立爲遼西公，在混戰中勢力漸弱，降於後趙，不久因謀反被殺。見《晋書》卷六三《段匹磾傳》。

[3]代：郡名。北魏時治平城，在今山西大同市東北。

[4]武威：郡名。北魏時治姑臧縣，在今甘肅武威市。

[5]上洛：郡名。北魏時治上洛縣，在今陝西商洛市商州區。

峙少以弘厚知名，善騎射，有謀略。仕魏，位高陽郡守，[1]政存仁恕，百姓頗悅之。孝武西遷，峙乃棄官從入關。大統元年，拜中書舍人，參掌機密，以恭謹見稱。遷黄門侍郎。[2]

[1]高陽：郡名。北魏時治高陽縣，在今河北高陽縣東。

[2]黄門侍郎：官名。給事黄門侍郎的省稱。

時與東魏争衡，蠕蠕乘虚，[1]屢爲邊患，朝議欲結和親，乃使峙往。峙狀貌魁梧，善於辭令，蠕蠕主雅信重之，自是不復爲寇。周文謂峙曰："昔魏絳和戎，見稱前史。[2]以君方之，彼有愧色。"封高邑縣公。[3]累遷驃騎大將軍、開府儀同三司，[4]拜侍中。蠕蠕滅後，突厥强盛，[5]雖與周通好，而外連齊氏。[6]周文又令峙銜命喻之。突厥感悟，即執齊使歸諸京師。進爵安豐郡公，[7]歷小司空、小司寇。[8]

[1]蠕蠕：亦稱柔然，本爲東胡族的一支，屬拓跋部。南北朝時始强大，活動於今蒙古國南部地區。以游牧爲生。見《北史》卷九八《蠕蠕傳》。

[2]魏絳和戎見稱前史：指春秋時晋悼公四年（前569），大臣魏絳提出和戎之策，得以實施。見《左傳》襄公四年。

[3]高邑縣公：封爵名。高邑，縣名。治所在今河北高邑縣。

[4]驃騎大將軍：底本、《周書》卷三三《厙狄峙傳》作"驃騎將軍"，《通志》卷一五九作"驃騎大將軍"。中華本校勘記云："張森楷云：'"騎"下當有"大"字。驃騎大將軍乃加開府。'按張説是，見《周書》卷二四《盧辯傳》。今據補。"今從改。

[5]突厥：廣義上包括鐵勒、突厥各部，狹義則專指突厥汗國。公元六世紀興起於金山（今阿爾泰山）西南麓，爲游牧部落。西魏廢帝二年（552）建立突厥汗國。隋文帝開皇二年（585）分裂爲

東西二部。見《北史》卷九九《突厥傳》。

[6]齊氏：指北齊。

[7]安豐郡公：封爵名。安豐，郡名。西魏時治安豐縣，在今安徽霍邱縣東南。

[8]小司寇：官名。小司寇上大夫的省稱。西魏恭帝三年置，北周沿置。秋官府次官，二員，佐大司寇卿掌刑政，主持刑法的制定及執行。正六命。

明帝初，爲益州刺史、都督三十一州諸軍事。[1]峙性寬和，尚清靖，爲夷獠所安。後爲宜州刺史。[2]入爲少師。[3]以年老，乞骸骨，詔許之。卒，謚曰定。

[1]益州：北周時治成都縣，在今四川成都市。

[2]宜州刺史：源氏校勘記云："《周書》作'宣州'。"中華本《周書》卷三三《厙狄峙傳》作"宣州刺史"，其校勘記云："按宣州是陳地，周無宣州。《隋書》卷二九《地理志上》京兆郡華原縣條云'後魏置北雍州，西魏改爲宜州。'今據改。"

[3]少師：官名。即太子少師。與太子少保、太子少傅合稱東宮三少。掌奉皇太子，以觀三師之德。三品。

子嶷嗣，少知名，位開府儀同三司、職方中大夫、蔡州刺史。[1]卒官。

[1]職方中大夫：官名。北周時爲夏官府職方司長官，一員，掌天下地圖，主四方職貢，下設小職方下大夫、小職方上士以佐其職。武帝建德二年省，宣帝時復置。正五命。　蔡州：北周時治蔡陽縣，在今湖北棗陽市西南。

嶷弟徵，從平齊，以功拜儀同大將軍，[1]賜爵樂陵縣公。[2]

[1]儀同大將軍：官名。北周武帝建德四年改車騎大將軍、儀同三司爲此稱。正九命。

[2]樂陵縣公：封爵名。樂陵，縣名。治所在今山東樂陵市東南。

徵弟徽，亦以軍功至儀同大將軍、保城縣男。[1]

[1]保城縣男：封爵名。保城，縣名。治所在今河南汝南縣南。

徽弟嶔，性弘厚，有局度，以齊右下大夫從武帝東伐，[1]入并州。[2]軍敗，侍臣殲焉。及帝之出，唯嶔侍從。以功授上儀同大將軍，[3]遷開府，[4]歷右宫伯，[5]賜爵樂城縣侯。[6]仕隋，位至户部尚書。[7]

[1]齊右下大夫：官名。又作“齋右下大夫”。西魏恭帝三年置，北周沿置。夏官府司右下大夫屬官，隨從皇帝出征。正四命。

[2]并州：北周時治龍山縣，在今山西太原市晋源區古城營村一帶。

[3]上儀同大將軍：官名。北周武帝建德四年置，位在儀同大將軍上。授予有軍勳的功臣及其子弟，無具體職掌，其下設有長史、司馬、司録、中郎、掾、參軍等府僚。初，任此職者加使持節、大都督、車騎大將軍、散騎常侍，静帝大象元年（579）罷，唯任總管、刺史及行兵者加持節，下置有長史、司馬、司録、中郎、掾、屬、參軍等府僚。九命。

[4]開府：北周時爲府兵組織統兵官，府兵二十四軍各設一員，統兵兩千人左右。

[5]右宫伯：官名。即右宫伯中大夫。西魏恭帝三年置，北周沿置。爲天官府宫伯司長官，掌管宫中宿衛，與左宫伯中大夫輪番值勤，並負責上朝及出行時的警衛。正五命。

[6]樂城縣侯：封爵名。樂城，縣名。治所在今河北獻縣西南。

[7]户部尚書：官名。即民部尚書。爲避唐太宗李世民諱改。隋文帝開皇三年（583）由度支尚書改名，置爲尚書省六部長官之一，統管度支、户部、金部、倉部四曹，掌軍國財賦的收支會計及漕運物價屯田之政令。正三品。

楊荐，字承略，秦郡寧夷人也。[1]父寶，昌平郡守。[2]

[1]秦郡：北魏時治寧夷縣，在今陝西禮泉縣東北。　寧夷：縣名。治所在今陝西禮泉縣東北。

[2]昌平：郡名。北魏時治昌平縣，在今河北陽原縣東壺流河西岸。

荐幼孤，早有名譽，性廉謹，喜怒不形於色。魏永安中，[1]隨尒朱天光入關討群賊，封高邑縣男。周文臨夏州，補帳内都督。[2]及平侯莫陳悦，使荐入洛請事，孝武授周文關西大行臺，[3]仍除荐直閤將軍。[4]時馮翊長公主嫠居，[5]孝武意欲歸諸周文，乃令武衛元毗喻旨。[6]荐歸白周文，又遣荐入洛陽請之，孝武即許焉。孝武欲向關中，荐贊成其計。孝武曰："卿歸語行臺迎我。"周文又遣荐與長史宇文測出關候接。[7]孝武至長安，進爵清水縣子。[8]

［1］永安：北魏孝莊帝的年號（528—530）。

［2］帳内都督：官名。統領主帥左右的侍衛軍士，東魏時中外府、西魏時大丞相府皆設。

［3］大行臺：官署名。北魏時置，爲尚書省在各主要地區的派出機構，代行尚書省職權，依所轄區域名稱稱關西大行臺、東北道大行臺、三徐州大行臺等，管理轄區内的軍政事務，是地方最高行政機構。西魏沿置。

［4］直閣將軍：官名。爲皇帝左右侍衛之官，地位顯要。北魏時多以宗室任此職。孝文帝太和十七年定爲從三品下（參張金龍《北魏後期的直閣將軍與“直衛”諸職》，《文史哲》1999 年第 2 期）。

［5］嫠（lí）居：寡居。

［6］武衛：官名。武衛將軍的省稱。掌宿衛禁軍。北魏孝文帝太和十七年定爲從二品下，二十三年定爲從三品。　元毗：人名。字休弼。北魏宗室。爲孝武帝親近隨從。見《北史》卷一五《常山王遵附元毗傳》。

［7］又遣荐與長史宇文測出關候接：中華本《周書》卷三三《楊荐傳》校勘記云：“按卷二七《宇文測傳》，測‘從孝武西遷，進爵爲公。太祖爲丞相，以測爲右長史’。據此，宇文測由洛陽從孝武西遷，尚未充任長史。據卷二二《周惠達傳》以長史出關候駕者是惠達。此誤。”存疑。宇文測，人名。字澄鏡，代郡武川（今内蒙古武川縣西）人，鮮卑族。北周宗室。見《周書》卷二七《宇文測傳》。

［8］清水縣子：封爵名。清水，縣名。治所在今甘肅清水縣西牛頭山下。

大統元年，蠕蠕請和親，周文遣萇與楊寬使，[1]并結婚而還。進爵爲侯。又使萇納幣於蠕蠕。[2]魏文帝郁久閭后崩，[3]周文遣僕射趙善使蠕蠕，[4]更請婚。善至夏州，聞蠕蠕貳於東魏，欲執使者。善懼，乃還。周文乃使萇往，賜黄金十斤，雜綵三百匹。萇至蠕蠕，責其背惠食言，并論結婚之意。蠕蠕感悟，乃遣使隨萇報命焉。

[1]楊寬：人名。字景仁，弘農華陰（今陝西華陰市東南）人。西魏、北周官吏。見《周書》卷二二《楊寬傳》。

[2]幣：毛本、局本作“弊”，誤。

[3]郁久閭后：即西魏文帝皇后郁久閭氏。蠕蠕族，阿那瓌長女。文帝大統四年立爲皇后。見《北史》卷一四《蠕蠕公主郁久閭氏傳》。

[4]僕射：官名。尚書僕射的省稱。北魏時職掌都省庶務及執法，或典選舉，輔助尚書令執行政務，參議大政，諫諍得失。左僕射兼掌糾彈百官，居右僕射上。孝文帝太和十七年定爲從一品中，二十三年定爲從二品。西魏因之。　趙善：人名。字僧慶，天水南安（今甘肅隴西縣東南）人。西魏、北周官吏。見《周書》卷三四《趙善傳》。

及侯景來附，[1]周文令萇助鎮遏。[2]萇知景翻覆，遂求還，具陳事實，周文乃遣使密追助景之兵。尋而景叛。

[1]侯景：人名。字萬景，懷朔鎮（今内蒙古固陽縣南）人。曾任北魏官吏，後叛至南朝（參李萬生《侯景的氏族及相關問

題》,《北京大學學報》2000 年第 5 期)。

[2]令荐助鎮遏:《周書》卷三三《楊荐傳》作“令荐與鎮遏”,《通志》卷一五九與《北史》同。源氏校勘記云:“‘助’《周書》作‘與’。”

十六年,大軍東討,周文恐蠕蠕乘虚寇掠,乃遣荐往,更論和好,以安慰之。進使持節、驃騎大將軍、開府儀同三司,[1]加侍中。

[1]使持節:漢朝官吏奉命外出時,由皇帝授予節杖,來提高其權威。魏晋之後,重要的軍事長官出征或者出鎮時,通常加此名號,可誅殺二千石以下的官員。皇帝派遣大臣重要事情時,也加以此職,以示尊崇。

周孝閔帝踐阼,[1]除御伯大夫,[2]進爵姚谷縣公,[3]仍使突厥結婚。突厥可汗弟地頭可汗阿史那庫頭居東面,[4]與齊通和,説其兄欲背先約。計謀已定,將以荐等送齊。荐知其意,乃正色責之,辭氣慷慨,涕泗横流。可汗慘然良久曰:“幸無所疑,當共平東賊,然後發遣我女。”乃令荐先報命,仍請東討。以奉使稱旨,遷大將軍。保定四年,又納幣於突厥。還,行小司馬,又行大司徒。[5]從陳公純等逆女於突厥,[6]進爵南安郡公。[7]天和三年,遷總管梁州刺史。[8]後以疾卒。

[1]孝閔帝:即北周皇帝宇文覺。孝閔爲其謚號。

[2]御伯大夫:官名。即御伯中大夫。

[3]姚谷縣公:封爵名。姚谷,縣名。治所在今陝西白水縣

東北。

[4]阿史那庫頭：人名。突厥族首領。阿史那木杆可汗之弟。四庫本“史”作“使”。

[5]大司徒：官名。北周時爲地官之長，掌管國家土地圖籍、户口，管理土地使用、諸侯封邑、人民教化。正七命。

[6]陳公：封爵名。陳，國名。北周時以齊州濟南郡爲陳國，在今河北章丘市。　純：即宇文純，人名。字堙智突，代郡武川（今内蒙古武川縣西）人。北周宗室。見《北史》卷五八《陳惑王純傳》。

[7]南安郡公：封爵名。南安，郡名。北周時治桓道縣，在今甘肅隴西縣東南。

[8]梁州：北周時治光義縣，在今陝西漢中市。

王慶，字興慶，太原祁人也。[1]父因，魏靈州刺史、懷德縣公。[2]

[1]太原：郡名。北魏時治晋陽縣，在今山西太原市晋源區古城營村一帶。　祁：縣名。治所在今山西祁縣。

[2]靈州：北魏時治薄骨律鎮城，在今寧夏靈武市西南。　懷德縣公：封爵名。懷德，縣名。治所在今河南確山縣。

慶少開悟，有才略。初從周文征伐，復弘農，破沙苑，並有戰功，每獲殊賞。大統十年，授殿中將軍。[1]周孝閔帝踐阼，晋公護引爲典籤。[2]慶樞機明辯，漸見親待，授大都督。武成元年，[3]以前後功，賜爵始安縣男。[4]二年，行小賓部。[5]保定二年，使吐谷渾，與其分疆，[6]仍論和好之事。渾主悦服，遣所親隨慶貢獻。

［1］殿中將軍：官名。爲侍衛武職，不典兵，員額漸多，品秩漸低。北魏孝文帝太和十七年定爲五品上，二十三年定爲八品上。西魏沿置。

［2］典籤：官名。亦稱典籤帥、籤帥或主帥。原爲州、府掌管文書的佐吏。品階不高，實權在長史之上。

［3］武成：北周明帝的年號（559—560）。

［4］始安縣男：封爵名。始安，縣名。治所在今四川廣安市廣安區北。

［5］小賓部：官名。小賓部下大夫的省稱。西魏恭帝三年置，北周沿置。秋官府賓部司次官，一員，佐賓部中大夫掌南朝陳、北齊、突厥等敵國使臣晋見皇帝的禮儀。北周武帝建德二年省六府諸司中大夫，遂爲賓部長官，宣帝即位，仍爲次官。正四命。

［6］與其分疆：《周書》卷三三《王慶傳》作“與共分疆”，《通志》卷一五九、《册府元龜》卷六五四與《北史》同。源氏校勘記云：“‘其’《周書》作‘共’。似是。”

初，突厥與周和親，許納女爲后。而齊人知之，懼成合從之勢，亦遣使求婚，財饋甚厚。突厥貪其重賂，便許之。朝議以魏氏昔與蠕蠕結婚，[1]遂爲齊人離貳，今者復恐改變，欲遣使結之。遂授慶左武伯，[2]副楊荐爲使。是歲，遂興入并之役。慶乃引突厥騎，與隋公楊忠至太原而還。[3]及齊人許送皇姑及世母，[4]朝廷遂與通和。突厥聞之，復致疑阻，於是又遣慶往諭之。可汗感悦，結好如初。五年，復與宇文貴使突厥逆女。[5]自此，以慶信著北蕃，頻歲出使。後更至突厥，屬其可汗暴殂，突厥謂慶曰：“前後使來，逢我國喪者，皆剺面表哀。[6]况今二國和親，豈得不行此事！”慶抗辭不從。突厥見其守正，卒不敢逼，武帝聞而嘉之。録慶前後使功，遷開府儀同三司、兵部中大夫，[7]進爵爲公。歷丹、中二州刺史，[8]爲政嚴肅，吏不敢犯。

[1]魏氏：指西魏。

[2]左武伯：官名。左武伯中大夫的省稱。西魏恭帝三年置，北周沿置。夏官府左武伯司長官，一員，與右武伯中大夫共掌皇宫内外宿衛禁令，兼統虎賁、旅賁、射聲、驍騎、羽林、游擊等六率禁衛軍事。下設左小武伯下大夫、左小武伯上士以佐其職。北周武帝建德二年省，宣帝即位後復置。正五命。

[3]楊忠：人名。小名奴奴，弘農華陰（今陝西華陰市東南）人。西魏、北周名將。見《周書》卷一九《楊忠傳》。

[4]及齊人許送皇姑及世母：《周書》卷三三《王慶傳》作“以齊人許送皇姑及世母”，《通志》卷一五九、《册府元龜》卷六五三與《北史》同。皇姑，指北周孝閔帝宇文覺的四女兒。世母，指晋國公宇文護的母親閻姬。

[5]宇文貴：人名。字永貴，昌黎大棘（今遼寧北票市章吉營子鄉三官營子村）人，鮮卑族。西魏、北周將領。見《北史》卷六〇《宇文貴傳》。

[6]剺面：以刀畫面。匈奴、回鶻等族遇大憂大喪，則畫面以表示悲戚，亦以表示誠心和忠心。

[7]兵部中大夫：官名。西魏恭帝三年置，北周沿置。夏官府兵部司長官，掌全國軍務。下設小兵部下大夫、小兵部下士以佐其職。北周武帝建德二年省，宣帝即位後復置。正五命。《册府元龜》卷六五四、《周書·王慶傳》作“兵部大夫”，《通志》卷一五九與《北史》同。

[8]丹：州名。北周時治三堡鎮，在今陝西宜川縣東北。　中：

州名。北周時治新安縣，在今河南新安縣。

大象元年，[1]授小司徒，加上大將軍、總管汾石二州五鎮諸軍事、汾州刺史。[2]又除延州總管，[3]進位柱國。[4]開皇元年，[5]進爵平昌郡公。[6]卒于鎮，贈上柱國，[7]謚曰莊。子淹嗣。

[1]大象：北周静帝的年號（579—580）。

[2]上大將軍：官名。位大將軍上，高級武官名號。正九命。　汾：州名。北周時治龍泉城，在今山西隰縣龍泉鎮。　石：州名。北周時治離石縣，在今山西吕梁市離石區。

[3]延州：北周時治廣武縣，在今陝西延安市東。　總管：官名。北周明帝武成元年改都督諸州軍事爲此稱。爲地方高級軍政官員，置總管府，掌一州或數州軍務，兼理民政。品秩分三等，上總管從二品，中總管正三品，下總管從三品。

[4]柱國：官名。柱國大將軍的省稱。十六國時後燕置。西魏文帝大統十六年前置八柱國，授此職者並加使持節、大都督，爲西魏最高官職。北周因之。後爲勳官之第二等，正九命

[5]開皇：隋文帝的年號（581—600）。

[6]平昌郡公：封爵名。平昌，郡名。隋朝時治黔陬縣，在今山東膠州市西南。

[7]上柱國：官名。隋朝時置爲散實官，煬帝大業三年罷。從一品。

趙剛，字僧慶，河南洛陽人也。[1]祖寧，魏高平太守。[2]父和，永平中，[3]陵江將軍。[4]南討度淮，聞父喪，輒還。所司將致之於法，和曰："罔極之恩，終天莫

報。[5]若許安厝，[6]禮畢而即罪戮，死且無恨。”言訖號慟，悲感傍人。主司以聞，遂宥之。喪畢，除寧遠將軍。[7]大統初，追贈膠州刺史。[8]

[1]河南洛陽人也：《隋書》卷七四《趙仲卿傳》作“天水隴西人也”。河南，郡名。北魏時治洛陽縣，在今河南洛陽市東北。

[2]高平：郡名。北魏時治高平縣，在今寧夏固原市。

[3]永平：北魏宣武帝的年號（508—512）。底本、《周書》卷三三《趙剛傳》作“太平”，《通志》卷一五九作“永平”。中華本校勘記云：“按北魏年號無‘太平’，‘永平’乃宣武年號，時間正合，今據《通志》改。”今從改。

[4]陵江將軍：官名。又稱凌江將軍。三國魏時置。北魏時地位較高，孝文帝太和十七年定爲五品上，二十三年定爲從五品上。

[5]報：毛本作“服”，誤。

[6]安厝（cuò）：停靈或淺埋，等待安葬。

[7]寧遠將軍：官名。將軍名號。北魏時爲五品上。

[8]膠州：西魏時治東武縣，在今山東諸城市。

剛少機辯，有幹能。起家奉朝請，[1]累遷金紫光禄大夫，[2]領司徒府從事中郎，[3]加閤内都督。[4]及孝武與齊神武構隙，[5]剛密奉旨，召東荆州刺史馮景昭。[6]未及發，而神武已逼洛陽，孝武西遷。景昭集府僚文武，議其去就，司馬馮道和請據州待北方處分。剛抽刀投地曰：“公若爲忠臣，可斬道和。如欲從賊，可見殺！”景昭感悟，遂率衆赴關右。[7]屬侯景逼穰城，[8]東荆州人楊歡等起兵應景，[9]以其衆邀景昭於路。景昭戰敗，剛遂没於蠻。後自贖免，乃見東魏東荆州刺史李魔憐，勸令歸關西。魔憐納之，使剛至并州，密觀事勢。神武引剛内宴，因令剛賫書申敕荆州。[10]剛還報魔憐，仍説魔憐斬楊歡等，以州歸西，魔憐乃使剛入朝。大統初，剛於灞上見周文，[11]具陳關東情實。周文嘉之，封陽邑縣子。[12]論復東荆州功，進爵臨汝縣伯。[13]

[1]奉朝請：兩漢時朝廷給予退休大臣、列侯、宗室、外戚等的一種政治優待。魏晋南北朝因之，漸成加官。北魏時爲冗散官，有俸無職，定員二百人。從七品。

[2]金紫光禄大夫：官名。西晋初有光禄大夫，授銀章青綬，如加賜金章紫綬，則爲金紫光禄大夫，二品，禄賜、班位、冠幘、車服、佩玉、吏卒羽林，諸所賜給皆與特進同。其以爲加官者，唯假章綬、禄賜、班位，不别給車服、吏卒。北魏孝文帝太和十七年定爲從一品下，二十三年定爲從二品。

[3]從事中郎：官名。其職權根據時間和府屬而定。或爲主吏，或分掌諸曹，或掌機密，地位較高。北魏時公府、皇子開府、庶姓開府俱置。

[4]閤内都督：官名。北魏末置。佐閤内大都督統率皇帝左右的親信侍衛。

[5]齊神武：即高歡。神武爲其謚號，北齊後主所追謚。

[6]東荆州：北魏時治沘陽縣，在今河南泌陽縣。

[7]關右：地區名。泛指函谷關和潼關以西的地區。

[8]穰城：縣名。治所在今河南鄧州市。

[9]楊歡：人名。《通志》卷一五九與《北史》同。源氏校勘記云："'楊'下《周書》有'祖'字。下同。"中華本《周書》卷三三《趙剛傳》作"楊祖歡"，其校勘記云《北史》爲雙名單稱。

[10]申敕：告誡。　荆州：即東荆州。

[11]灞上：地名。在今陝西西安市東白鹿原北首。

[12]陽邑縣子：封爵名。陽邑，縣名。治所在今山西太谷縣。

[13]臨汝縣伯：封爵名。臨汝，縣名。治所在今河南上蔡縣西南。

初，賀拔勝、獨孤信以孝武西遷之後，[1]並流寓江左。至是，剛言於魏文帝，[2]請追而復之。乃以剛爲兼給事黄門侍郎，使梁魏興，[3]賫移書與其梁州刺史杜懷寶等。[4]即與剛盟歃，受移送建康，[5]仍遣人隨剛報命。[6]是年，又詔剛使三荆，[7]聽在所便宜從事。使還，稱旨，進爵武成縣侯，[8]除大丞相府帳内都督。復使魏興，重申前命。尋而梁人禮送賀拔勝、獨孤信等。

[1]賀拔勝：人名。字破胡，神武尖山（今山西神池縣）人。北魏末名將。見《北史》卷四九《賀拔允附賀拔勝傳》。　獨孤信：人名。本名如願，雲中（今内蒙古和林格爾縣西北）人，鮮卑族。北魏、北周名將。見《北史》卷六一《獨孤信傳》。

[2]魏文帝：殿本、四部備要本作"魏帝帝"。

[3]魏興：郡名。南朝梁時治西城縣，在今陝西安康市西北。

[4]梁州：南朝梁時治南鄭縣，在今陝西漢中市。

[5]受移送建康：中華本《周書》卷三三《趙剛傳》作"受移赴建康"，其校勘記云："按文義作'送'是。"《通志》卷一五九與《北史》同。建康，城名。在今江蘇南京市。

[6]遣人：《周書·趙剛傳》作"遣行人"，《通志》卷一五九、《册府元龜》卷六五三與《北史》同。按：《周禮》中有行人一職，掌管朝覲聘問之事。北周時改名爲司行下士。

[7]三荆：地區名。北魏時置荆州（今河南鄧州市）、南荆州（今河南確山縣）、東荆州（今河南泌陽縣），故這一地區稱三荆。

[8]武成縣侯：封爵名。武成，縣名。治所在今河北清河縣

西北。

頃之，御史中尉董紹進策，[1]請圖梁漢，以紹爲行臺、梁州刺史。剛以爲不可，而朝議已決，遂出軍。紹竟無功還，免爲庶人。除剛潁川郡守。[2]高仲密以北豫州來附，[3]兼大行臺左丞，[4]持節赴潁川節度義軍。師還，剛別破侯景前驅於南陸，[5]復獲其郡守二人。時有流言，傳剛東叛，神武因設反間，聲遣迎接。剛乃率騎襲其丁塢，[6]拔之。周文知剛無貳，乃加賚焉。除營州刺史，[7]進爵爲公。

[1]御史中尉：官名。北魏時爲御史中丞改稱，主御史臺，糾彈百官，參治刑獄。頗重其選。孝文帝太和十七年定爲三品上，二十三年定爲從三品。西魏恭帝三年改官制後廢除。　董紹：人名。字興遠，新蔡鮦陽（今安徽臨泉縣鮦城鎮）人。北魏、西魏官吏。見《北史》卷四六《董紹傳》。

[2]潁川：底本作“潁州”，《周書》卷三三《趙剛傳》、《通志》卷一五九作“潁川”。中華本據《周書》《通志》改。今從中華本改。潁川，郡名。西魏時治長社縣，在今河南長葛市東北。

[3]北豫州：東魏時治虎牢城，在今河南滎陽市西北。

[4]大行臺左丞：官名。大行臺尚書左丞的省稱。爲大行臺屬官，與右丞共掌臺事，率領都令史監督稽核諸曹務。職權甚重。

[5]前驅：先鋒。　南陸：中華本《周書·趙剛傳》亦作“南陸”。王仲犖《北周地理志》引《周書·趙剛傳》作“南陸渾”。疑應爲“南陸渾”，在今河南嵩縣東北。

[6]丁塢：地名。具體位置不詳。《周書·趙剛傳》作“下塢”，《通志》卷一五九與《北史》同。源氏校勘記云：“《周書》

作‘下塢’。”

［7］營州：遥封。東魏時治龍城縣，在今遼寧朝陽市。

渭州人鄭五醜構逆，[1]與叛羌傍乞鐵忽相應，[2]令剛往鎮之。將發，魏文帝引見内寢，舉觴屬剛曰：“昔侯景在東，爲卿所困。黠羌小醜，豈足勞卿謀慮也?”時五醜已剋定夷鎮，[3]所在立栅。剛至，並攻破之，散其黨與。五醜於是西奔鐵忽，剛又進破鐵忽僞廣寧郡。[4]屬宇文貴等西討，[5]詔以剛行渭州事，資給糧餼。加驃騎大將軍、開府儀同三司，入爲光禄卿。[6]六官建，[7]拜膳部中大夫。[8]

［1］渭州：西魏時治襄武縣，在今甘肅隴西縣西南。《周書》卷三三《趙剛傳》作“漕州”。　鄭五醜：人名。渭州人。北魏末、西魏時羌族首領。

［2］傍乞鐵忽：人名。西魏時羌族酋帥。底本作“傍乞鐵忽”，《周書·趙剛傳》、《通志》卷一五九作“傍乞鐵怱”。中華本據《周書》《通志》改。今從改。

［3］定夷鎮：鎮名。具體位置不詳。

［4］廣寧郡：西魏時治所在彰縣，在今甘肅漳縣西南。

［5］屬：殿本、四部備要本作“守”誤。

［6］光禄卿：官名。即光禄勳。北魏時兼掌供應百官膳食。孝文帝太和十七年定爲從一品下，二十三年定爲三品。西魏沿置。

［7］六官：西魏時仿《周禮》，重置天官、地官、春官、夏官、秋官、冬官等官府，合稱六府或六官。

［8］膳部中大夫：官名。西魏恭帝三年置，北周沿置。天官府膳部司長官，一員，掌管皇帝的飲食事務。下設小膳部下大夫、小

膳部上士以佐其職。北周武帝建德二年省，宣帝即位後復置。正五命。

周孝閔帝踐祚，進爵浮陽郡公，[1]出爲利州總管。[2]沙州氐恃險逆命，[3]剛再討服之。[4]方州生獠，[5]自此始從賦役。剛以信州濱江負阻，[6]乃表請討之。詔剛率利、沙等十四州兵往經略焉。仍加授渠州刺史。[7]剛初至，渠帥憚其軍威，[8]相次降款。剛師出踰年，士卒疲弊，尋復亡叛，後遂以無功而還。又與所部儀同尹才失和，[9]被徵赴闕，遇疾，卒於路。贈中、淅、涿三州刺史，[10]謚曰成。子元卿，弟仲卿。

[1]浮陽郡公：封爵名。浮陽，郡名。北周時治浮陽縣，在今河北滄州市東南。

[2]利州：北周時治興安縣，在今四川廣元市。

[3]沙州：北周時治白水縣，在今四川青川縣東北。　氐：分布於今甘肅、陝西、四川等省的臨接地帶。以畜牧業、農業爲生。西晉末曾建立過仇池、前秦、後凉等政權。見《北史》卷九六《氐傳》。

[4]服：底本作“復”，源氏校勘記改“復”作“服”。按：《周書》卷三三《趙剛傳》作“服”。據文意，《周書》是。今從改。

[5]方州：北周時治尉氏縣，在今江蘇南京市六合區。　獠：分布在今兩廣、湖南、四川、雲南、貴州等地區。亦泛指南方各少數民族。

[6]剛以信州濱江負阻：《周書·趙剛傳》作“剛以僞信州濱江負阻”，《通志》卷一五九與《北史》同。信州，北周時治白帝

城，在今重慶奉節縣白帝村西南。

［7］渠州：北周時治流江縣，在今四川渠縣。

［8］渠帥：對武裝反抗者的首領或部落酋長的一種蔑稱。

［9］儀同：北周時爲儀同大將軍、儀同將軍的省稱。北周武帝建德四年改儀同三司置。主要授予有功勳的大臣和北齊的降臣，無具體職掌，初加使持節、大都督、車騎大將軍、散騎常侍等職。九命。

［10］中：州名。北周時治新安縣，在今河南新安縣。　淅：州名。北周時治修陽縣，在今河南西峽縣北。元大德本、毛本、殿本、四庫本、局本、四部備要本作"浙"。校勘記參見《北史》卷六六《泉企傳》。　涿：郡名。北周時治涿縣，在今河北涿州市。中華本校勘記云："按'涿'是郡名不是州名，且不在周境，疑有誤。"可從。

仲卿性粗暴，有膂力。周齊王憲甚禮之。[1]以軍功位上儀同，[2]爲畿伯中大夫。[3]後以平王謙功，[4]進位大將軍，封長垣縣公。[5]隋文帝受禪，[6]進河北郡公，[7]尋拜石州刺史。[8]法令嚴猛，纖介之失無所寬捨，鞭笞輒至二百。吏人戰慄，無敢違犯，盜賊屏息，皆稱其能。遷朔州總管。[9]時塞北盛興屯田，仲卿總統之。微有不理者，仲卿輒召主掌撻其胸背，或解衣倒曳於荆棘中，時人謂之於菟。[10]事多克濟，由是收穫歲廣，邊戍無餽運之憂。

［1］憲：即宇文憲，人名。字毗賀突，代郡武川（今内蒙古武川縣西）人，鮮卑族。北周宗室。見《北史》卷五八《齊煬王憲傳》。

[2]上儀同：北周時置。位居開府儀同三司之下、儀同三司之上。多爲大臣的加官。

[3]畿伯中大夫：官名。西魏恭帝三年置，北周沿置。地官府民部中大夫屬官，每方置一人，掌本方行政事務。下設小畿伯下大夫、小畿伯上士、小畿伯中士以佐其職。正五命。

[4]王謙：人名。字敕萬，太原（今山西太原市晋源區古城營村一帶）人。北周官吏。不滿楊堅秉政，起兵。兵敗被殺。見《北史》卷六〇《王雄附王謙傳》。

[5]長垣縣公：封爵名。長垣，縣名。治所在今河南長垣縣西南。

[6]隋文帝：即隋朝皇帝楊堅。文爲其謚號。

[7]河北郡公：封爵名。河北，郡名。隋朝時治大陽城，在今山西平陸縣西南。

[8]石州：隋朝時治離石縣，在今山西吕梁市離石區。

[9]朔州：隋朝時治善陽縣，在今山西朔州市朔城區。

[10]於菟：虎的别稱。《左傳》宣公四年："楚人謂乳穀，謂虎於菟。"《隋書》卷七四《趙仲卿傳》作"猛獸"。中華本校勘記云："按'於菟''猛獸'都是指'虎'。《隋書》《北史》避唐諱改。"

會突厥啓人可汗求婚，[1]上許之。仲卿因是間其骨肉，遂相攻擊。十七年，啓人窘迫，與隋使長孫晟投通漢鎮。[2]仲卿率騎千餘援之，達頭不敢逼。[3]潛遣人誘致啓人所部，至者二萬餘家。其年，從高熲指白道以擊達頭，[4]仲卿爲前鋒。至族蠡山，[5]與虜遇，交戰七日，大破之。追奔至乞伏泊，[6]復啓人。[7]突厥悉衆而至，仲卿爲方陣，四面拒戰，經五日。會高熲大兵至，合擊之，虜乃敗走。追度白道，踰秦山七百餘里。[8]時突厥降者萬餘家，上令仲卿處之恒安。[9]以功進上柱國。朝廷慮達頭掩襲啓人，令仲卿屯兵二萬以備之，代州總管韓洪、永康公李藥王、蔚州刺史劉隆等將步騎一萬鎮恒安，[10]達頭來寇，韓洪軍大敗。仲卿自樂寧鎮邀擊，斬千餘級。

[1]啓人可汗：即啓民可汗。《北史》避唐太宗李世民諱改。名染干，也稱突利可汗。東突厥可汗。由於勢力弱小，被隋朝長孫晟設計，隨其到長安歸降，被隋朝封爲意利珍豆啓民可汗（意爲“意智健”）簡稱啓民可汗，在朔州（今山西朔州市）定居。

[2]十七年啓人窘迫與隋使長孫晟投通漢鎮：中華本校勘記云：“按本書卷九九、《隋書》卷八四《突厥傳》，突利可汗（即啓人可汗）與長孫晟投隋，事在十九年，在高熲、趙仲卿等出師之後。此叙在前，並作十七年，疑誤。本書卷二二《長孫晟傳》也作十九年。”長孫晟，人名。字季晟，代（今山西大同市東北）人。隋朝將領。見《北史》卷二二《長孫道生附長孫晟傳》。通漢鎮，軍鎮名。具體位置不詳。中華本校勘記云：“《長孫晟傳》‘通漢鎮’作‘伏遠鎮’。”存疑。

[3]達頭：人名。名阿史那玷厥。北周、隋朝時西突厥可汗。與隋常有争戰，後因國内叛亂，逃往吐谷渾。

[4]高熲：人名。又作“獨孤熲”，一名敏，字昭玄，勃海蓨（今河北景縣）人。仕北周及隋兩朝，隋朝開國功臣。見《北史》卷七二《高熲傳》。熲，毛本、四庫本、四部備要本作“潁”，誤。白道：地名。在今内蒙古呼和浩特市西北，爲河套東北地區通往陰山以北的交通要道。

[5]族蠡山：在今山西右玉縣北。

[6]乞伏泊：在今内蒙古察哈爾右翼前旗東北黄旗海。

[7]復啓人：《隋書》卷七四《趙仲卿傳》作“復破之”，《通志》卷一七一作“復啓民”。中華本校勘記云：“按據上條，啓人投隋在趙仲卿等出師之後。作‘復啓人’不符事實。‘啓人’當是‘破之’之訛。”可從。

[8]秦山：今内蒙古大青山，陰山山脉主體。

[9]恒安：鎮名。在今山西大同市東北。

[10]代州：隋文帝開皇五年改肆州置，治廣武縣，開皇十八年改稱雁門縣，在今山西代縣西南。　韓洪：人名。字叔明，河南東垣（今河南新安縣東）人。北周、隋朝將領。見《北史》卷六八《韓雄附韓洪傳》。　李藥王：人名。即李端。字藥王，京兆三原（今陝西三原縣東北）人。隋朝將領。見《新唐書》卷九三《李靖傳》。　蔚州：隋朝時治靈丘縣，在今山西靈丘縣東。

明年，督役築金河、定襄二城以居啓人。[1]時有上表言仲卿酷暴，上命御史王偉按之，[2]並實。惜其功，不罪，因勞之曰：“知公清正，爲下所惡。”賜物五百段。仲卿益恣，由是免官。

[1]金河：城名。在今内蒙古呼和浩特市舊城。　定襄：城名。在今内蒙古清水河縣。

[2]御史：官名。侍御史的省稱。隋初由吏部選用，入值禁中，從七品。煬帝大業三年（607）後，祇掌侍從糾察，升爲正七品。

仁壽初，[1]檢校司農卿。[2]蜀王秀之得罪，[3]奉詔往益州按之。[4]秀賓客經過處，仲卿必深文致法，州縣長吏坐者太半。上以爲能，賞奴婢五十口、黄金二百兩、米粟五千石、奇寶雜物稱是。[5]煬帝嗣位，[6]判兵部、工部二尚書事。[7]卒官。謚曰肅。子世弘嗣。

［1］仁壽：隋文帝的年號（601—604）。

［2］檢校：官制用語。隋朝時意爲代理，即尚未實授其官，但已掌其職事。　司農卿：官名。南朝梁時改大司農爲司農卿，職掌勸農、倉儲、園苑、供應宫廷膳食等。歷代沿置。隋初爲正三品，煬帝時定爲從三品。

［3］蜀王秀：即楊秀。弘農華陰（今陝西華陰市東南）人。隋文帝第四子，母獨孤皇后。文帝開皇元年立爲越王，轉封爲蜀王。見《北史》卷七一《庶人秀傳》。

［4］益州：隋朝時治成都縣，在今四川成都市。

［5］賞奴婢五十口：毛本、局本“五十口”作“二十口”，殿本、四庫本、四部備要本作“三十口”。《隋書》卷七四《趙仲卿傳》作“五十口”。

［6］煬帝：即隋朝皇帝楊廣。煬爲其謚號。

［7］判：官制用語。即以他官兼帶某職，稱判某職或判某職事。始於北齊。局本作“叛”，誤。　兵部：官署名。隋朝時爲尚書省六部之一，領兵部、職方、庫部、駕部等四司，以尚書爲長官。　工部：官署名。隋朝時爲尚書省六部之一，領工部、屯田、虞部、水部四司，掌土木水利工程及屯田、官府手工業之政令，以尚書爲長官。　二尚書事：《隋書·趙仲卿傳》作“二曹尚書事”。

趙昶，字長舒，天水南安人也。[1]曾祖襄，仕魏，至中山郡守，因家於代焉。

［1］天水：郡名。北魏時治上封縣，在今甘肅天水市。　南安：南安郡自東漢靈帝分立以來，至晋無改。北魏孝莊帝永安時併入隴西郡，北周武帝建德時復立。從未屬天水郡，且天水郡無南安縣。

疑此處有誤。

昶少聰敏，有志節。弱冠，[1]以材力聞。魏北中郎將高千鎮陝，[2]以昶爲長史、中軍都督。[3]周文平弘農，擢爲相府典籤。

[1]弱冠：古時以男子二十歲爲成人，初加冠，因體猶未壯，故稱弱冠。

[2]北中郎將：官名。東漢末年置。魏晋南北朝沿置，多帥師征戰，職權頗重。多有較固定的轄區和治所。　高千：人名。亦作“高干”。東魏將領，後爲西魏所俘。　陝：州名。北魏時治陝縣，在今河南三門峽市西。

[3]中軍都督：官名。統兵武官。

大統九年，大軍失律於芒山，清水氐酋李鼠仁自軍逃還，[1]憑險作亂。周文將討之，先求可使者，遂令昶使焉。[2]見鼠仁，喻以禍福。群凶或從或不，[3]從其命者，[4]復將加刃於昶。而昶神色自若，志氣彌厲。鼠仁感悟，遂相率降。氐梁道顯叛，攻南由，[5]周文復遣昶慰喻之，道顯等皆即款附。東秦州刺史魏光因徙其豪帥三十餘人并部落於華州，[6]周文即以昶爲都督領之。先是，汾州胡叛，[7]再遣昶慰勞之，皆知其虚實。及大軍往討，昶爲先驅，遂破之。以功封章武縣伯。[8]

[1]清水氐：氐族的一支。原居於略陽清水（今甘肅清水縣西北）。

[2]遂令：毛本作“遂命”。

［3］群凶：毛本、殿本、四庫本、局本、四部備要本作“群酋”，《周書》卷三三《趙昶傳》作“群凶”。

［4］從其命者：《周書·趙昶傳》作“其逆命者”，《通志》卷一五九作“從其不從命者”，《册府元龜》卷六六一與《北史》同。

［5］南由：縣名。治所在今陝西寶雞市北。毛本、殿本、四庫本、四部備要本作“南田”，誤。

［6］東秦州：西魏時治汧陰縣，在今陝西隴縣東南。　魏光：人名。北魏、西魏將領。曾任武衛將軍、東秦州刺史。　三十：《周書·趙昶傳》作“四十”，《通志》卷一五九與《北史》同。源氏校勘記云：“《周書》作‘四十’。”　華州：西魏時治鄭縣，在今陝西華縣西南。

［7］汾州：西魏時治義川縣，在今陝西宜川東北。　胡：即稽胡。又名步落稽，北方少數民族之一，屬匈奴别種。主要活動在今山西、陝西北部山谷間。見《北史》卷九六《稽胡傳》。

［8］章武縣伯：封爵名。章武，郡名。西魏時治平舒縣，在今河北大城縣。

十五年，拜安夷郡守，[1]帶長蛇鎮將。[2]氐俗荒獷，[3]昶威懷以禮，莫不悦服。期歲之後，樂從軍者千餘人。加授帥都督。[4]時屬軍機，科發切急，氐情難之，[5]復相率謀叛。昶又潛遣誘説，離間其情。因其攜貳，遂輕往臨之。群氐不知所爲，咸來見昶，乃收其首逆者二十餘人斬之，餘衆遂定。朝廷嘉之，除大都督，行南秦州事。[6]時氐帥蓋鬧等反，昶復討禽之。[7]又與史寧破宕昌羌獠二十餘萬。[8]拜武州刺史。[9]恭帝初，加驃騎大將軍、開府儀同三司。潭水羌叛，[10]殺武陵、潭水二郡守。[11]昶率儀同駱天人等討平之。[12]

[1]安夷：郡名。西魏時治長蛇縣，在今陝西寶雞市西北。

[2]長蛇：縣名。治所在今陝西寶雞市西北。　鎮將：官名。北魏始置。軍鎮的長官。在不設州郡的地區，兼統軍民；在設州郡的内地，主管軍事。如兼任駐州刺史，亦理民政，品秩按所帶將軍號而定。孝文帝改制之後地位漸低。西魏因之。

[3]氐俗荒獷：《周書》卷三三《趙昶傳》作“氐族荒獷”。

[4]帥都督：官名。西魏文帝大統初置，北周武帝天和二年省，建德二年復置，多授各地豪望，以統鄉兵，刺史、鎮將多加此號。正七命。

[5]難之：毛本、殿本、四庫本作“難支”。《周書·趙昶傳》作“難之”。

[6]南秦州：西魏時治仇池縣，在今甘肅西和縣。

[7]討禽之：毛本、四庫本作“討平之”。

[8]史寧：人名。字永和。西魏名將。見《北史》卷六一《史寧傳》。　宕昌羌：羌人的一支，見《北史》卷九六《宕昌傳》。宕昌，郡名。西魏時治陽宕縣，在今甘肅宕昌縣西。

[9]武州：西魏時治將利縣，在今甘肅隴南市武都區東南。

[10]潭水：郡名。西魏時治潭水縣，在今甘肅禮縣南大潭鎮。

[11]武陵：郡名。疑應爲“武階”。武階郡治覆津縣，在今甘肅隴南市武都區東南。

[12]駱天人：人名。局本作“駱天乂”。《周書·趙昶傳》作“駱天乂”。

周明帝初，鳳州人仇周貢、魏興等反，[1]自號周公，破廣化郡，[2]攻没諸縣，分兵西入，圍廣業、脩城二郡。[3]廣業郡守薛爽、脩城郡守杜杲等請昶爲援。[4]遣使報杲，[5]爲周貢黨樊伏興等所獲。興等知昶將至，解脩城圍，據泥功嶺，[6]設六伏以待昶。昶至，遂遇其伏，合戰破之。廣業之圍亦解，昶追之至泥陽川而還。[7]興州人段吒及氐酋姜多復反，[8]攻没郡縣，[9]昶討斬之。

[1]鳳州：北周時治梁泉縣，在今陝西鳳縣東北。

[2]廣化：郡名。北周時治廣化縣，在今甘肅徽縣西北之銀杏樹鎮。

[3]廣業：郡名。北周時治同谷縣，在今甘肅康縣咀臺子。　脩城：郡名。北周時治脩城縣，在今甘肅成縣東南。

[4]杜杲：人名。字子暉，京兆杜陵（今陝西西安市長安區東）人。北周官吏。見《北史》卷七〇《杜杲傳》。底本作“杜果”，《周書》卷三三《趙昶傳》、《通志》卷一五九作“杜杲”。中華本校勘記云：“按事見《周書》卷三九《杜杲傳》，今據改。”今從改。

[5]遣使報杲：《周書·趙昶傳》作“昶遣使報杲”。

[6]泥功嶺：在今甘肅成縣東北。

[7]泥陽川：在今甘肅成縣東。

[8]興州：北周時治武興城，在今陝西略陽縣。　姜多：人名。底本作“羌多”，殿本作“姜多”。中華本校勘記云：“按《周書》卷四九、本書卷九六《氐傳》作‘姜’。今從殿本。”今從改。

[9]攻没：殿本、四庫本作“攻昶”。誤。

昶自以被拔擢居將帥之任，傾心下士，虜獲氐、羌，撫而使之，皆爲昶盡力。周文常曰：“不煩國家士馬而能威服氐、羌者，趙昶有之矣。”至是，明帝録前後功，進爵長道郡公，[1]賜姓宇文氏，賞勞甚厚。二年，徵拜賓部中大夫，[2]行吏部。[3]尋以疾卒。

[1]長道郡公：封爵名。長道，郡名。北周時治長道縣，在今甘肅禮縣東南長道鎮。

[2]賓部中大夫：官名。西魏恭帝三年置，北周沿置。秋官府賓部司長官，掌大賓客之儀，主要是南朝陳、北齊及突厥等敵國的使臣晋見皇帝的禮儀。下設小賓部下大夫、小賓部上士以佐其職。北周武帝建德二年省，宣帝即位後復置。正五命。毛本、四庫本作“兵部中大夫”，誤。

[3]行：官制用語。指官缺未補，暫由他官兼攝其事。漢朝時較爲普遍，魏晋南北朝因之。　吏部：官名。即吏部中大夫。西魏恭帝三年置，北周沿置。夏官府吏部司長官，掌管官員的選舉，權任極重，一員。下設小吏部下大夫、大吏部上士以佐其職。北周武帝建德二年省，宣帝時復置。正五命。

王悦，字衆喜，京兆藍田人也。[1]少有氣幹，爲州里所稱。周文初定關隴，悦率募鄉里從軍，屢有戰功。

[1]藍田：縣名。治所在今陝西藍田縣西。元大德本作“監田”，誤。

大統元年，除相府刑獄參軍，[1]封藍田縣伯。四年，東魏將侯景攻圍洛陽，周文赴援，悦又率鄉里千餘人從軍至洛陽。將戰之夕，悦罄其行資，市牛饗戰士。悦所部盡力，[2]斬獲居多。遷大行臺右丞，轉左丞。[3]久居管轄，頗獲時譽。

[1]刑獄參軍：官名。東晋末始置。刑獄賊曹長官，掌盜賊刑獄。北魏時又稱刑獄賊曹參軍事。西魏沿置。

[2]悦所部盡力：《周書》卷三三《王悦傳》作“及戰，悦所部盡力”。

[3]遷大行臺右丞轉左丞：《周書·王悦傳》作“六年，加通直散騎常侍，遷大行臺右丞。十年，轉左丞”。高敏《南北史考索》（天津古籍出版社2010年版，第559頁）云：“《北史》因删六年與十年事，以致都成了大統四年（538）之事，此因删致誤也。”大行臺右丞，官名。大行臺尚書右丞的省稱。爲大行臺的屬官，與大行臺左丞共掌臺事，職掌同尚書右丞，多由大行臺郎中遷任。

十三年，[1]侯景據河南來附，仍請兵爲援，周文先遣韋法保、賀蘭願德等帥衆助之。[2]悦言於周文曰：“侯景之於高歡，[3]始則篤鄉黨之情，末乃定君臣之契，位居上將，職重台司，論其分義，有同魚水。今歡始死，景便離貳，豈不知君臣之道有違，[4]忠義之禮不足？蓋其圖既大，不卹小嫌。然尚能背德於高氏，豈肯盡節於朝廷！今若益之以勢，援之以兵，非唯侯景不爲池中之物，亦恐朝廷貽笑將來也。”周文納之，乃遣追法保等，[5]而景尋叛。後拜京兆郡守、散騎常侍，[6]遷大行臺尚書。[7]

[1]十三年：底本作“三年”，中華本、《周書》卷三三《王悦傳》作“十三年”。源氏校勘記在“三”前補“十”字。按：侯景降西魏之事見《周書》卷二《文帝紀》西魏文帝大統十三年。今從改。

[2]韋法保：人名。字法保，京兆山北（今陝西西安市東南）人。西魏將領。見《北史》卷六六《韋祐傳》。　賀蘭願德：人名。鮮卑族。其餘不詳。

[3]高歡：人名。勃海蓨（今河北景縣）人，鮮卑化漢人。北魏末、東魏大臣。北齊代魏之後被追封爲神武帝，廟號太祖。見《北史》卷六《齊本紀·神武帝》。

[4]豈不知君臣之道有違：源氏校勘記云："'違'《周書》作'虧'。"

[5]乃遣追法保等：《周書·王悦傳》作"乃遣行臺郎中趙士憲追法保等"。

[6]散騎常侍：官名。三國魏初置，職掌侍從皇帝左右，諫諍得失。歷代沿置，南北朝時屬集書省。北魏孝文帝太和十七年定爲二品，二十三年定爲從三品。西魏沿置。

[7]大行臺尚書：官名。大行臺屬官，如分曹理事，則冠以曹名，如大行臺吏部尚書、大行臺度支尚書等。

從達奚武征梁漢。[1]軍出，武令悦説其城主楊賢，[2]悦乃貽之書，賢於是遂降。悦又白武云："白馬衝要，[3]是必争之地。今城守寡弱，易可圖也。若蜀兵更至，攻之實難。"武然之，即令悦率輕騎徑趣白馬。悦示其禍福，梁將深悟，[4]遂以城降。時梁武陵王蕭紀果遣其將任珍奇，[5]欲先據白馬。行次關城，[6]聞其已降，乃還。及梁州平，[7]周文即以悦行刺史事。招攜初附，人吏安之。

[1]達奚武：人名。字成興，代（今山西大同市東北）人，鮮卑族。西魏、北周將領。見《北史》卷六五《達奚武傳》。　梁漢：指南朝梁漢中郡一帶。

[2]軍出武令悦説其城主楊賢：中華本校勘記云："按《周書》卷一九《達奚武傳》云：'梁將楊賢以武興降。'這裏'軍出'下

疑脱‘武興’二字。”

[3]白馬：地名。在今陕西勉縣西南。

[4]梁將深悟：《周書》卷三三《王悦傳》作“其將梁深”。南監本馮夢禎校勘記云：“《周書》作‘其將梁深遂以城降’。《北史》誤。”

[5]武陵王：封爵名。武陵，郡名。南朝梁時治臨沅縣，在今湖南常德市。　蕭紀：人名。字世詢，南蘭陵（一説在今江蘇常州市，一説在今江蘇丹陽市）人。南朝梁宗室，公元552年在成都稱帝，後被殺。見《梁書》卷五五《武陵王紀傳》。　任珍奇：人名。《周書·王悦傳》作“任奇”。源氏校勘記云：“《周書》無‘珍’字。”中華本《周書》校勘記云是雙名單稱。

[6]行次關城：中華本《周書·王悦傳》作“行次闕城”，其校勘記云：“按白馬城即陽平關（見《水經注》卷二七《沔水注》）。疑作‘關’是。”闕城，在今河北大名縣北。

[7]梁州：西魏時治光義縣，在今陕西漢中市。

廢帝二年，徵還本任。屬改行臺爲中外府，[1]尚書員廢，悦以儀同領兵還鄉里。悦既久居顯職，及此之還，私懷快快，猶陵駕鄉里，失於宗黨之情。其長子康恃悦舊望，[2]遂自驕縱。所部軍人將有婚禮，康乃非理陵辱。軍人訴之，悦及康並坐除名，[3]仍配遠防。及于謹伐江陵，[4]令悦從軍展效。江陵平，因留鎮之。

[1]中外府：官署名。都督中外諸軍事府的省稱。北周時置，下設長史、司馬、司録、從事中郎、掾、屬、諸曹参軍、行参軍等府佐，實際地位很高。

[2]恃悦舊望：中華本《周書》卷三三《王悦傳》作“恃舊望”，其校勘記云：“宋本、南本、北本、汲本‘恃’下無‘悦’

字。殿本當是據《北史》補，局本從殿本。按‘舊望’即舊姓、望族，藍田王氏之爲舊望，不因悦一人，不得據《北史》以補《周書》，今删。”

[3]除名：把姓名從名册中删除，取消原有身份。

[4]江陵：縣名。治所在今湖北江陵縣。

周孝閔帝踐祚，依例復官，授郢州刺史。[1]尋拜使持節、驃騎大將軍、開府儀同三司、大都督、司水中大夫，[2]進爵藍田縣侯。俄遷司憲中大夫，[3]賜姓宇文氏，又進爵河北縣公。[4]性儉約，[5]不營生業，雖出内榮顯，家徒四壁而已，明帝手敕勞勉之。保定元年，卒於位。

[1]授郢州刺史：《周書》卷三三《王悦傳》作“授郢州”，《通志》卷一五九與《北史》同。郢州，北周時治長壽縣，在今湖北鍾祥市。

[2]司水中大夫：官名。西魏恭帝三年置，北周沿置。冬官府司水司長官，一員，掌河渠疏浚、灌溉及舟船運輸事務。下設小司水下大夫、小司水上士以佐其職。北周武帝建德二年省，宣帝即位後復置。正五命。

[3]司憲中大夫：官名。西魏恭帝三年置，北周沿置。秋官府司憲司長官，二員，佐大司寇卿制定刑法，並依據刑法決定罪犯刑罰輕重。下設司憲上士、司憲中士、司憲旅下士以佐其職。北周武帝建德二年省，宣帝即位後復置。正五命。

[4]河北縣公：封爵名。河北，縣名。治所在今山西平陸縣西南。

[5]性儉約：殿本、四部備要本作“往儉約”，誤。

子康嗣，官至司邑下大夫。[1]

[1]司邑下大夫：官名。具體職掌不詳。按：北周官職無司邑下大夫。中華本《周書》卷三三《王悦傳》校勘記疑此是“司色下大夫”之誤。可從。

趙文表，其先天水西人也，[1]後徙居南鄭。[2]累世爲二千石。父珏，[3]性方嚴，有度量。位御伯中大夫，[4]封昌國縣伯。[5]贈虞、絳二州刺史，[6]謚曰貞。

[1]西：縣名。治所在今甘肅天水市西南。

[2]南鄭：縣名。治所在今陝西漢中市。

[3]父珏：《周書》卷三三《趙文表傳》作“父江”，《通志》卷一五九與《北史》同。

[4]位御伯中大夫：殿本、四庫本、四部備要本作“位□伯中大夫”，《周書·趙文表傳》作“御伯中大夫”，《通志》卷一五九與《北史》同。

[5]昌國縣伯：封爵名。昌國，縣名。治所在今山東臨朐縣。

[6]虞：州名。西魏時治河北縣大陽城，在今山西平陸縣西南。絳：州名。西魏時治玉壁縣，在今山西稷山縣西南汾河南岸。

文表少而脩謹，志存忠節。起家爲周文親信，累遷左金紫光禄大夫。[1]保定五年，授畿伯下大夫，[2]遷許國公宇文貴府長史。尋拜車騎大將軍、儀同三司。[3]仍從貴使突厥迎皇后，進止儀注，皆令文表典之。文表斟酌而行，皆合禮度。及皇后將入境，突厥託以馬瘦徐行，[4]文表慮其爲變，遂説突厥使羅莫緣曰：“后自發彼蕃，已淹時序，途經沙漠，人馬疲勞。且東寇每伺間隙，吐谷渾亦能爲變，今君以可汗愛女，結姻上國，曾無防慮，豈人臣之體乎？”莫緣然之，遂倍道兼行，數日至甘州。[5]以迎后功，別封伯陽縣伯。[6]

[1]左金紫光禄大夫：官名。北周時置。爲朝中官員的加官，無具體職掌。八命。

[2]畿伯下大夫：官名。即小畿伯下大夫。西魏恭帝三年置，北周沿置。地官府民部中大夫屬官，佐畿伯中大夫掌本方事務，下設小畿伯上士、小畿伯中士。正四命。

[3]車騎大將軍：官名。在諸名號大將軍之上，多爲軍府名號，用來加授大臣、重要州郡長官，無具體職掌。北魏孝文帝太和二十三年定爲二品，北周時爲正八命。

[4]徐行：《周書》卷三三《趙文表傳》作“行徐”。

[5]甘州：北周時治永平縣，在今甘肅張掖市西北。

[6]別封：北周封爵食邑制度。已有高爵位者（多爲郡公）又立功勳，難以再增加爵位，則另外授予封邑，稱爲別封。一般回授次子，也可依本人意願封給其他親屬。　伯陽縣伯：封爵名。伯陽，縣名。治所在今甘肅天水市東南伯陽鎮。

天和三年，除梁州總管府長史。所管地名恒稜者，[1]方數百里，並夷、獠所居，[2]恃其險固，常懷不軌，文表率衆討平之。遷蓬州刺史。[3]政尚仁恕，夷、獠懷之。加驃騎大將軍、開府儀同三司。又加大將軍，進爵爲公。

[1]恒稜（léng）：地名。中華本《周書》卷三三《趙文表傳》作“恒陵”，其校勘記云：“按卷四九《僚傳》亦作‘恒稜’，疑作

‘稜’是。”《通志》卷一五九與《北史》同。

[2]夷獠：《周書·趙文表傳》作“生獠”，《通志》卷一五九與《北史》同。源氏校勘記云：“《周書》作‘生獠’。”

[3]蓬州：北周時治安固縣，在今四川營山縣東北。

大象中，拜吴州總管。[1]時開府于顗爲吴州刺史。[2]及隋文帝執政，尉遲迥等舉兵，[3]遠近騷然，人懷異望。顗自以族大，[4]且爲國家肺腑，懼文表負己，[5]謀欲先之，乃稱疾不出。文表往問之，顗遂手刃文表，因令其吏人告云：“文表謀反。”仍馳啓其狀。帝以諸方未定，恐顗爲變，遂授顗吴州總管以安之。後知文表無異志，雖不罪顗，而聽其子仁海襲爵。

[1]吴州：北周時治廣陵縣，在今江蘇揚州市東北。

[2]于顗（yǐ）：人名。字元武，代（今山西大同市東北）人。北周、隋朝官吏。見《北史》卷二三《于栗磾附于顗傳》。底本作“毛顗”，《周書》卷三三《趙文表傳》作“于顗”。南監本馮夢禎校勘記云：“‘毛顗’《周書》作‘于顗’。並存之。”中華本校勘記云：“按事見本書卷二三《于顗傳》，今據改。”今從改。

[3]尉遲迥：人名。字薄居羅，代（今山西大同市東北）人。西魏、北周大臣。見《北史》卷六二《尉遲迥傳》。

[4]族大：底本作“秩大”，《周書·趙文表傳》作“族大”。源氏校勘記云：“‘秩’作‘族’。按《于顗傳》曰‘趙文表與顗素不協。顗將圖之，因卧閤内，詐疾。文表獨至，顗殺之’云云。《北史》誤。”今從改。

[5]懼文表負己：《周書·趙文表傳》作“懼文表圖己”，《通志》卷一五九作“懼文表背己”。

元定，字願安，河南洛陽人也。祖比，[1]魏婺州刺史。[2]父道龍，鉅鹿郡守。[3]

[1]祖比：《周書》卷三四《元定傳》作“祖比頹”，《通志》卷一五九與《北史》同。南監本馮夢禎校勘記云：“‘祖比’《周書》作‘祖比頹’。”

[2]婺州：《周書·元定傳》作“務州”，《通志》卷一五九與《北史》同。中華本校勘記云：“按魏無‘務州’或‘婺州’，疑誤。”

[3]鉅鹿：郡名。西魏時治藁城縣，在今河北藁城市西南。

定惇厚少言，内沈審而外剛毅。從周文討侯莫陳悦，以功拜步兵校尉。[1]孝武西遷，封高邑縣男。定有勇略，累從征伐，每戰必陷陣，然未嘗自言其功。周文深重之，諸將亦稱其長者。累加驃騎大將軍、開府儀同三司，[2]進爵爲公。廢帝二年，以宗室進封建城郡王。[3]三年，行《周禮》，[4]爵隨例降，改封長湖郡公。[5]

[1]步兵校尉：官名。北魏初領營兵，位次列卿，後罷其兵，成爲武臣散官，無職掌，二十員。孝文帝太和十七年定爲從三品中，後定爲五品。西魏沿置。

[2]驃騎：《周書》卷三四《元定傳》作“車騎”。源氏校勘記云：“《周書》作‘車騎’。”

[3]建城郡王：封爵名。建城，郡名。西魏時治建城縣，在今河南葉縣西南。

[4]三年行周禮：中華本校勘記云：“按據《周書》卷二《文帝紀下》，行《周禮》在西魏恭帝三年。這裏‘三’上疑脱‘恭

帝’二字，或‘廢帝’是‘恭帝’之誤。”可從。

[5]長湖郡公：封爵名。長湖，郡名。西魏時治義安縣，在今湖北襄樊市西。

周明帝初，拜岷州刺史。[1]威恩兼濟，甚得羌豪之情，先時生羌據險不賓者，至是，[2]並出山谷，從征賦焉。及定代還，羌豪等咸戀慕之。保定中，授左宫伯中大夫。[3]久之，轉左武伯中大夫，進位大將軍。

[1]岷州：北周時治溢樂縣，在今甘肅岷縣。

[2]至是：底本作“至”，《周書》卷三四《元定傳》、《通志》卷一五九作“至是”，中華本據《周書》《通志》補。今從改。

[3]左宫伯中大夫：官名。西魏恭帝三年置，北周沿置。天官府宫伯司長官，掌管宫寢侍衛，與右宫伯中大夫輪换在宫中執勤，並負責臨朝和出行的警衛。下設左小宫伯下大夫、左宫伯都上士等屬官。正五命。

天和二年，陳湘州刺史華皎舉州歸梁，[1]梁主欲因其隙更圖攻取，[2]乃遣使請兵，詔定從衛公直率衆赴之。[3]梁人與華皎皆爲水軍，定爲陸軍，直總督之。俱至夏口，[4]而陳郢州堅守不下，[5]直令定圍之。陳遣其將淳于量、徐度、吴明徹等水陸來拒，[6]皎爲陳人所敗，直得脱身歸梁。定既孤軍縣隔，進退無路，陳人乘勝，水陸逼之。定乃率所部，斫竹開路，且戰且行，[7]欲趣湘州，而湘州已陷。徐度等知定窮迫，遣使僞與定通和，重爲盟誓，許放還國。定疑其詭詐，欲力戰死之。

而定長史長孫隆及諸將等多勸定和，[8]定乃許之。於是與度等刑牲歃血，解仗就船。爲度所執，所部衆軍亦被囚虜，送詣丹陽。[9]居數月，憂憤發病卒。子樂嗣。[10]

[1]湘州：南朝陳時治臨湘縣，在今湖南長沙市。　華皎：人名。晉陵暨陽（今江蘇江陰市）人。南朝陳官吏，後歸梁。見《陳書》卷二〇《華皎傳》。

[2]梁主：毛本、四庫本、四部備要本作“梁王”，誤。

[3]衛公直：即宇文直。字豆羅突，代郡武川（今内蒙古武川縣西）人，鮮卑族。北周宗室。見《北史》卷五八《衛剌王直傳》。

[4]夏口：城名。在今湖北武漢市武昌區。

[5]郢州：南朝陳時治夏口城，在今湖北武漢市武昌區。

[6]淳于量：人名。字思明，祖籍濟北（今山東東阿縣），後徙居建業（今江蘇南京市）。南朝陳將領。見《陳書》卷一一《淳于量傳》。　徐度：人名。字孝節，安陸（今湖北安陸市）人。南朝陳將領。見《陳書》卷一二《徐度傳》。　吴明徹：人名。字通昭，秦郡（今江蘇南京市六合區）人。南朝梁、陳將領。與北周交戰時被俘。見《陳書》卷九《吴明徹傳》。

[7]且戰且行：底本作“且戰”，《周書》卷三四《元定傳》作“且行且戰”，《通志》卷一五九作“且戰且行”。中華本校勘記云：“按《通志》本據《北史》，今從《通志》補。”今從改。

[8]長孫隆：人名。代（今山西大同市東北）人。北周將領。見《北史》卷二二《長孫嵩附長孫隆傳》

[9]丹陽：郡名。南朝梁時治建業縣，在今江蘇南京市。

[10]子樂嗣：毛本、殿本、四庫本、局本、四部備要本作“子樂”。

楊㯳，字顯進，正平高凉人也。[1]祖貴、父猛，並爲縣令。

[1]正平：郡名。北魏時治臨汾縣，在今山西新絳縣。　高凉：縣名。治所在今山西稷山縣西南。

㯳少豪俠，有志氣。魏孝昌中，尒朱榮殺害朝士，[1]大司馬、城陽王元徽逃難投㯳，[2]㯳藏而免之。孝莊帝立，[3]徽乃出，復爲司馬。[4]由是㯳以義烈聞，擢拜伏波將軍、給事中。[5]元顥入洛，孝莊北度太行。及尒朱榮奉帝南討，至馬渚，[6]㯳乃具船以濟王師。顥平，封肥如縣伯，[7]加鎮遠將軍、步兵校尉、行濟北郡事。[8]進都督、平東將軍、太中大夫。[9]

[1]魏孝昌中尒朱榮殺害朝士：按：尒朱榮入洛陽在北魏孝明帝武泰元年（528），事見《魏書》卷七四《尒朱榮傳》及魏書卷九《孝明帝紀》。疑此處時間有誤。孝昌，北魏孝明帝的年號（525—527）。

[2]城陽王：封爵名。城陽，郡名。北魏時治所不詳，當在今河南境内。　元徽：人名。字顯順，河南洛陽（今河南洛陽市）人。北魏宗室。見《北史》卷一八《城陽王長壽附元徽傳》。

[3]孝莊帝：即北魏皇帝元子攸。孝莊爲其謚號。

[4]復爲司馬：《周書》卷三四《楊㯳傳》作“復爲司州牧”。源氏校勘記云：“‘司馬’《周書》作‘司州牧’。爲是。按本傳云，莊帝踐祚，拜司州牧，尋除司徒云云。《北史》誤。”中華本校勘記云：“按《魏書》卷一九下《元徽傳》，徽曾於孝莊初，拜司州牧。疑《周書》是。”可從。《北史》卷二四《崔逞附崔叔義傳》

亦云“時城陽王徽爲司州牧”。

[5]伏波將軍：官名。爲將軍名號。北魏孝文帝太和十七年定爲五品上，二十三年定爲從五品上。　給事中：官名。北魏時爲内朝官，常派往尚書省諸曹，參領政務，並負監察之責。孝文帝太和十七年定爲從三品上，二十三年定爲從六品上。

[6]馬渚：渡口。在今河南孟州市西。

[7]肥如縣伯：封爵名。肥如，縣名。治所在今河北盧龍縣西北。中華本《周書·楊㯉傳》作“封肥如五百户”，其校勘記云：“局本‘肥如’下有‘縣伯’二字，當是依《北史》卷六九《楊㯉傳》補。”

[8]鎮遠將軍：官名。爲將軍名號。北魏孝文帝太和十七年定爲從三品下，二十三年定爲四品。　濟北：郡名。北魏時治盧縣，在今山東在平縣西南。　郡：局本作“軍”，誤。

[9]平東將軍：官名。多都督一方軍事，權任很重，有時也作爲地方官兼管軍事的加官。北魏孝文帝太和十七年定爲從二品上，二十三年定爲三品。　太中大夫：官名。亦稱大中大夫。北魏時爲加官、兼官，或供朝廷臨時差遣。孝文帝太和十七年定爲三品下，二十三年定爲從三品。

從孝武入關，進爵爲侯，加撫軍將軍、銀青光禄大夫。[1]時東魏遷鄴，[2]周文欲知其所爲，乃遣㯉間行詣鄴以觀察之。使還稱旨，授通直散騎常侍、車騎將軍。[3]稽胡恃險不賓，屢行鈔竊，以㯉兼黄門侍郎，往慰撫之。㯉頗有權略，能得邊情，誘化酋渠，多來款附，乃有隨㯉入朝者。

[1]撫軍將軍：官名。三國魏始置，秩第二品。北魏孝文帝太和十七年定爲從一品下，二十三年改爲從二品。西魏沿置。　銀青

光禄大夫：官名。東晋始置。授銀章青綬，故稱。北魏時爲加官。

［2］遷：毛本作“西”，誤。　鄴：縣名。治所在今河北臨漳縣西南鄴鎮。

［3］通直散騎常侍：官名。簡稱通直常侍。北魏時掌侍從、諷諫，屬集書省，六員。孝文帝太和十七年定爲三品下，二十三年定爲四品。西魏因之。　車騎將軍：官名。在諸名號將軍之上，多作爲軍府名號，以加授大臣、重要州郡長官，無具體職掌。北魏孝文帝太和十七年定爲一品下，二十三年改爲二品。

時弘農爲東魏守，㯹從周文攻拔之。然自河以北，猶附東魏。㯹父猛先爲邵郡白水令，[1]㯹與其豪右相知，請微行詣邵郡，舉兵以應朝廷。周文許之，㯹遂行。與土豪王覆憐等陰謀舉事，密相應會，内外俱發，遂拔邵郡，禽郡守程保及縣令四人，[2]並斬之。衆議推㯹行郡事，㯹以因覆憐成事，遂表覆憐爲邵郡守。以功授大行臺左丞，仍率義徒更爲經略。於是遣諜人誘説東魏城堡，旬月之間，正平、河北、南汾、二絳、建州、大寧等諸城，[3]並有請爲内應者，大軍因攻而拔之。以㯹行正平郡事，左丞如故。[4]齊神武敗於沙苑，其將韓軌、潘樂、可朱渾元等爲殿，[5]㯹分兵要截，殺傷甚衆。東雍州刺史司馬恭懼㯹威聲，[6]棄城遁走。㯹遂移據東雍州。

［1］邵郡：北魏時治白水縣陽胡城，在今山西垣曲縣東南。　白水：縣名。治所在今山西垣曲縣東南。

［2］遂拔邵郡禽郡守程保及縣令四人：底本作“遂拔郡禽守程保及縣令四人”，《周書》卷三四《楊㯹傳》作“遂拔邵郡擒郡守

程保及令四人”。中華本據《周書》補“邵”“郡”二字。今從改。

[3]河北：縣名。治所在今山西平陸縣西南。　南汾：州名。東魏時治定陽縣，在今山西吉縣。源氏校勘記云：“‘汾’《周書》作‘涉’。”按：中華本《周書·楊擲傳》據《北史》及張森楷校勘記改。　二絳：指北絳郡與南絳郡。北絳郡，東魏時治北絳縣，在今山西翼城縣東南。南絳郡，東魏時治澮交川，在今山西絳縣東北。　建州：東魏時治高都縣，在今山西晋城市東。　大寧：郡名。東魏時治永寧縣，在今山西沁水縣西。

[4]左丞：官名。大行臺左丞的省稱。

[5]韓軌：人名。字伯年，太安狄那（今山西壽陽縣西）人。東魏將領。見《北史》卷五四《韓軌傳》。　潘樂：人名。字相貴，廣寧石門（今山西朔州市）人。東魏、北齊將領。見《北史》卷五三《潘樂傳》。中華本《周書·楊擲傳》作“潘洛”，其校勘記云：“按潘樂《北齊書》卷一五、《北史》卷五三有傳。‘樂’‘洛’同音，用作名字，當時常通用，今不改。”　可朱渾元：人名。字道元，遼東（今遼寧遼陽市）人。東魏、北齊將領。見《北史》卷五三《可朱渾元傳》。

[6]東雍州：東魏時治鄭縣，在今陝西華縣。　司馬恭：中華本《周書·楊擲傳》作“馬恭”，其引張森楷校勘記云：“《裴文舉傳》（卷三七）作‘司馬恭’，《通鑑》（卷一五七）從之。疑此誤脱‘司’字。”《册府元龜》卷三五五作“司馬恭”。源氏校勘記云：“《周書》無‘司’字。”

周文以擲有謀略，堪委邊任，乃表行建州事。[1]時建州遠在敵境，然擲威恩夙著，所經之處，多贏糧附之。比至建州，衆已一萬。東魏州刺史車折于洛出兵逆戰，[2]擲擊敗之。又破其行臺斛律俱於州西，大獲甲仗及軍資，以給義士。由是威名大振。東魏遣太保尉景攻陷正平，[3]復遣行臺薛脩義與斛律俱相會，[4]於是敵衆漸盛。擲以孤軍無援，且腹背受敵，謀欲拔還。復恐義徒背叛，遂僞爲周文書，遣人若從外送來者，云已遣軍四道赴援。因令人漏泄，[5]使所在知之。又分土人義酋，[6]令各領所部四出鈔掠，擬供軍費。擲分遣訖，遂於夜中拔還邵郡。朝廷嘉其權以全軍，即授建州刺史。

[1]建州：西魏時僑置於絳郡車箱城，在今山西絳縣東南。

[2]東魏州：《周書》卷三四《楊擲傳》作“東魏”。中華本校勘記引張森楷語云：“《周書》無‘州’字，是。”可從。　車折于洛：人名。殿本、四庫本、局本、四部備要本“于”作“於”，《周書·楊擲傳》原作“於”，據中華本《北史》改。

[3]太保：官名。西周始置。北魏時爲三師之一，位居太師、太傅之下。北魏孝文帝太和二十三年定爲一品。東魏沿置。　尉景：人名。字士真，善無（今山西右玉縣東南）人。東魏、北齊將領。見《北史》卷五四《尉景傳》。中華本《周書·楊擲傳》作“侯景”，其校勘記云：“按侯景似未官太保，《北史》卷五四《尉景傳》稱景歷官太保、太傅。疑作‘尉’是。”《通志》卷一五九與《北史》同。源氏校勘記云：“‘尉’《周書》作‘侯’。按侯景、尉景時俱東魏將。”

[4]薛脩義：人名。字公讓，河東汾陰（今山西萬榮縣西南）人。東魏、北齊將領。見《北史》卷五三《薛脩義傳》。《周書·楊擲傳》作“薛循義”。源氏校勘記云：“(《周書》)‘脩’作‘循’。”

[5]漏泄：殿本、四部備要本“漏”作“泄”。

[6]義酋：《周書·楊擲傳》作“義首”，《通志》卷一五九與《北史》同。源氏校勘記云：“‘酋’《周書》作‘首’。”

時東魏以正平爲東雍州，遣薛榮祖鎮之。乃先遣奇兵，[1]急攻汾橋。[2]榮祖果盡出城中戰士，於汾橋拒守。其夜，擲從他道濟，遂襲剋之。進驃騎將軍。邵郡人以郡東叛，郡守郭武安脱身走免，擲又率兵攻而復之。轉正平郡守。又擊破東魏南絳郡，虜其郡守屈僧珍。録前後功，封郃陽縣伯。[3]

[1]乃先遣奇兵：《周書》卷三四《楊擲傳》、《册府元龜》卷三五五作“擲將謀取之，乃先遣奇兵”，《通志》卷一五九與《北史》同。

[2]汾橋：在今山西新絳縣。

[3]封郃陽縣伯：《周書·楊擲傳》作“别封郃陽縣伯”。高敏《南北史考索》云：“‘别封’與‘封’不同，此字不能省。”郃陽縣伯，封爵名。郃陽，縣名。治所在今陝西合陽縣東南。

芒山之戰，擲攻拔栢谷塢，[1]因即鎮之。及大軍不利，擲亦拔還。而東魏將侯景率騎追擲，擲與儀同韋法保同心抗禦，且戰且前，[2]景乃引退。周文嘉之，復授建州刺史，鎮車箱。[3]擲久從軍役，未及葬父。至是，表請遷葬。[4]詔贈其父車騎大將軍、儀同三司、晉州刺史，[5]贈其母夏陽縣君，[6]並給儀衛，[7]州里榮之。

[1]栢谷塢：地名。在今河南偃師市東南。

[2]且戰且前：中華本《周書》卷三四《楊擲傳》作“且前經十數里”，其校勘記云：“按‘且前’語氣不完，疑脱‘且戰’二字。”可從。《册府元龜》卷三五五與《北史》同，《通志》卷一五九作“且戰且進”。

[3]車箱：城名。在今山西絳縣東南。

[4]表請遷葬：《周書·楊檦傳》作"表請還葬"，《通志》卷一五九與《北史》同。中華本校勘記云："按上言'未及葬'，則不得言'遷'，當是'還'之訛。"可從。

[5]晋州：西魏時治平陽縣，在今山西臨汾市。

[6]夏陽縣君：封爵名。夏陽，縣名。治所在今陝西韓城市南。

[7]儀衛：儀仗和侍衛。

及齊神武圍玉壁，别令侯景趣齊子嶺。[1]檦恐入寇邵郡，率騎禦之。景遠聞檦至，斫木斷路者六十餘里，猶驚而不安，[2]遂退還河陽，[3]其見憚如此。十二年，進授大都督，[4]加晋、建二州諸軍事。又攻破蓼塢，[5]獲東魏將李顯，進儀同三司。尋加開府，復鎮邵郡。十六年，大軍東討，授大行臺尚書，率義衆先驅敵境，攻其四戍，拔之。時以齊軍不出，乃追檦還。改封華陽縣侯。[6]又於邵郡置邵州，以檦爲刺史，率所部兵鎮之。

[1]齊子嶺：一名秦嶺。在今河南濟源市西。

[2]而：毛本作"尚"。

[3]河陽：縣名。治所在今河南孟州市西南。

[4]進：殿本作"遂"。

[5]蓼塢：地名。在今河南濟源市坡頭鎮西。

[6]華陽縣侯：封爵名。華陽，縣名。治所在今陝西勉縣東南。

保定四年，遷少師。其年，大軍圍洛陽，詔檦出軹關。[1]然檦自鎮東境二十餘年，數與齊人戰，每常克獲，以此遂有輕敵之心。時洛陽未下，而檦深入敵境，又不設備。齊人奄至，大破擫軍。擫以衆敗，遂降於齊。擫之立勳也，有慷慨壯烈之志；及軍敗，遂就虜以求苟免，時論以此鄙之。朝廷猶録其功，不以爲罪，令其子襲爵。

[1]軹（zhǐ）關：在今河南濟源市西，爲太行八陘之一。底本作“軹闕”，《周書》卷三四《楊擫傳》作“軹關”，《通志》卷一五九與《周書》同。中華本據《周書》《通志》改，其校勘記云：“楊擫出軹關，見《周書》卷五《武帝紀》保定四年十二月。”今從改。

論曰：申徽局量深沉，文之以經史，陸通鑑悟明敏，飾之以温恭，並夙奉龍顔，早蒙任遇，效宣提戟，功預披荆，義結周旋，恩生契闊。[1]遂得入居端揆，[2]出撫列藩。雖以識用成名，抑亦情兼惟舊。陸逞於戎旅之際，以文雅見知，出境播延譽之能，莅官著從政之美，歷居顯要，豈徒然哉！厙狄峙建和戎之功，楊荐成入關之策，趙剛之克剪凶狡，趙昶之懷服氐、羌，王悦之料侯景，文表之譎突厥，[3]或明稱先覺，或識表見機，觀其立功立事，皆一時志力之士也。元定敗亡，同黄權之無路；[4]楊擫攻勝，亦兵破而身囚。[5]功名寥落，良可嗟矣！《易》曰：“師出以律，否臧凶。”[6]《傳》曰：[7]“不備不虞，不可以師。”[8]其擫之謂也！

[1]契闊：相交、相約。

[2]端揆：指相位。宰相居百官之首，總攬國政，故稱。

[3]譎（jué）：狡詐，玩弄手段。

[4]黄權：人名。字公衡，巴西閬中（今四川閬中市）人。三國時蜀國將領。見《三國志》卷四三《蜀書·黄權傳》。

[5]楊𢷋攻勝亦兵破而身囚：《周書》卷三四云："楊𢷋屢有奇功，狃於數勝，輕敵無備，兵破身囚。"中華本校勘記云："疑'攻勝'是'數勝'之訛。"可從。

[6]師出以律否臧凶：出自《易·師卦》："初六，師出以律，否臧凶。"否藏，成敗。

[7]傳：即《左傳》。又稱《春秋左氏傳》《左氏春秋》。《春秋》三傳之一。

[8]不備不虞不可以師：出自《左傳》隱公五年。不備，没有防備。不虞，没有預料到。

北史　卷七〇

列傳第五十八

韓褒　趙肅 子軌　張軌　李彥　郭彥　梁昕　皇甫璠 子誕[1]　辛慶之 族子昂　王子直　杜杲　吕思禮　徐招　檀翥　孟信　宗懔　劉璠 子祥[2] 兄子行本　柳遐 子莊[3]

[1]子誕：毛本無此二字。

[2]子祥：元大德本、毛本作“子詳”。

[3]子莊：殿本、四庫本、四部備要本作“子靖莊”。

韓褒，字弘業，[1]潁川潁陽人也。[2]祖瓌，魏平凉郡守、安定郡公。[3]父演，恒州刺史。[4]

[1]字弘業：毛本、局本“字”作“宇”，誤。

[2]潁川：郡名。北魏時治長社縣，在今河南長葛市東北。潁陽：縣名。治所在今河南登封市西南。按：北魏、北周時潁陽不屬潁川郡。此處似當作“潁陰”。

[3]平凉：郡名。北魏時治鶉陰縣，在今甘肅華亭縣西。　安定郡公：封爵名。安定，郡名。北魏時治安定縣，在今甘肅涇川縣北。

[4]恒州：北魏時治平城，在今山西大同市東北。

褒少有志尚，好學而不守章句。其師怪問之，對曰："文字之間，常奉訓誘，至於商較異同，請從所好。"師因此奇之。及長，涉獵經史，深沈有遠略。屬魏室喪亂，避地夏州。[1]時周文帝爲刺史，[2]素聞其名，待以客禮。及賀拔岳爲侯莫陳悦所害，[3]諸將遣使迎周文。周文問以去留之計，褒曰："此天授也，何可疑乎！"周文納焉。及爲丞相，[4]引爲録事參軍，[5]賜姓侯吕陵氏。大統初，[6]遷行臺左丞，[7]賜爵三水縣伯，[8]丞相府從事中郎，[9]出鎮淅、酈。[10]居二年，徵拜丞相府司馬，[11]進爵爲侯。

[1]夏州：北魏時治大夏（統萬城），在今陝西靖邊縣白城子村無定河北岸的毛烏素沙漠中（靠近今内蒙古烏審旗南境）。

[2]周文帝：即宇文泰。文爲其謚號，北周明帝所追謚。

[3]賀拔岳：人名。字阿斗泥，祖籍神武尖山（今山西神池縣），後移居武川（今内蒙古武川縣西）。北魏將領。見《北史》卷四九《賀拔允附賀拔岳傳》。　侯莫陳悦：人名。代郡（今山西大同市東北）人。北魏末將領。見《北史》卷四九《侯莫陳悦傳》。

[4]丞相：官名。多用來安置權位極高的重臣，亦用作贈官。一品。

[5]録事參軍：官名。又稱録事參軍事。西晉始置。爲録事曹長官，掌總録衆曹文簿，位在列曹參軍上。北魏、西魏沿置，其公府、將軍府皆置。品秩隨府主地位高低而定，自六品上至八品不等。

[6]大統：西魏文帝的年號（535—551）。

[7]行臺左丞：官名。行臺尚書左丞的省稱。北魏後期設立。爲行臺尚書省官員，負責監察臺内諸官，選授官吏、文書奏事等，職權甚重。員一人。孝文帝太和二十三年（499）後爲從四品。西魏沿置。

[8]三水縣伯：封爵名。三水，縣名。治所在今陝西彬縣東北。

[9]從事中郎：官名。東漢置。爲大將軍、車騎將軍屬官。魏晋南北朝沿置。

[10]淅：州名。西魏時治脩陽縣，在今河南西峽縣北。毛本、局本作“浙”，誤。酈：縣名。治所在今河南内鄉縣北。

[11]丞相府司馬：官名。管理府内武職，與長史共掌府務。品秩隨府主高低而不同。

出爲北雍州刺史。[1]州帶北山，多有盗賊。褒密訪之，並豪右所爲也，[2]而陽不之知，厚加禮遇，謂曰：“刺史起自書生，安知督盗？所賴卿等共分其憂耳。”乃悉召傑黠少年素爲鄉里患者，置爲主帥，[3]分其地界，有盗發而不獲者，以故縱論。於是諸被署者莫不惶懼，皆首伏曰：“前盗發者，並某等爲之。”所有徒侣，皆列其姓名，或亡命隱匿者，亦悉言其所在。褒乃取盗名簿藏之，因大牓州門曰：“自知行盗者，可急來首，即除其罪。盡今月不首者，顯戮其身，籍没妻子，以賞前首者。”旬日之間，諸盗咸悉首盡。褒取名簿勘之，一無差異，並原其罪，許以自新。由是群盗屏息。入爲給事黄門侍郎，[4]遷侍中。[5]

[1]北雍州：西魏時治華原縣，在今陝西銅川市耀州區。

[2]豪右：指豪門大族。古代以右爲尊，勢豪之家都住在閭（里巷）的右邊，故稱。

[3]置爲主帥：《周書》卷三七《韓褒傳》作“署爲主帥”。

[4]給事黄門侍郎：官名。北朝時置爲侍中省或門下省次官，與侍中俱掌門下衆事，地位隨皇帝旨意或侍中地位而上下。北魏時置六人。孝文帝太和十七年定爲三品中，二十三年定爲四品上。西魏沿置。

[5]侍中：官名。北朝時常總典機密，受遺詔輔政，權任尤重，時號“小宰相”。負責切問近對，拾遺補缺。北魏孝文帝太和十七年定爲從一品中，二十三年定爲三品。西魏沿置。

除都督、西凉州刺史。[1]羌胡之俗，[2]輕貧弱，尚豪富。豪富之家，侵漁百姓，同於僕隸。[3]故貧者日削，豪者益富。褒乃悉募貧人，以充兵士，優復其家，蠲免徭賦。又調富人財物以振給之。每西域商貨至，又先盡貧者市之。於是貧富漸均，户口殷實。廢帝元年，[4]爲會州刺史。[5]後以驃騎大將軍、開府儀同三司，[6]進爵爲公。

[1]都督：官名。地方軍政長官。領駐在州刺史，兼理民政。無固定品級。　西凉州：西魏時治永平縣，在今甘肅張掖市西北。

[2]羌胡：族名。亦稱羌戎。泛指中國古代的西北少數民族。

[3]僕隸：亦稱僮僕。指私家所屬的一種依附人口，主要用於家内役作，也有從事手工業、農業生産的。

[4]廢帝元年：公元552年。廢帝，即西魏皇帝元欽。

[5]會州：西魏時治烏蘭縣，在今甘肅會寧縣西北。

[6]後以驃騎大將軍開府儀同三司：《周書》卷三七《韓褒傳》作“尋加驃騎大將軍、開府儀同三司”。驃騎大將軍，官名。北魏

時位尊於驃騎將軍，僅次於大將軍。授此職者以權臣元老居多，一般不領兵，戰時統兵出征。位在三公之下，多作大臣加官。孝文帝太和二十三年定爲從一品。西魏時主要作爲府兵開府府長官的軍號。九命。開府儀同三司，多爲大臣的加號，意爲與三司的禮制待遇相同，允許開府，自辟僚屬。西魏時爲勳官。九命。

累遷汾州刺史。[1]先是，齊寇數入，人廢耕桑，前後刺史，莫能防扞。褒至，適會寇來，乃不下屬縣。人既不備，[2]以故多被抄掠。[3]齊人喜於不覺，以爲州先未集兵，今還必不能追躡，由是益懈，不爲營壘。褒已先勒精鋭，伏北山中，分據險阻，邀其歸路。乘其衆怠，縱伏擊之，盡獲其衆。[4]故事，[5]獲生口者，並送京師，褒因是奏曰："所獲賊衆，不足爲多，俘而辱之，但益其忿耳。請一切放還，以德報怨。"有詔許焉。自此抄兵頗息。遷河州總管，[6]仍轉鳳州刺史。[7]尋以年老請致事，詔許之。天和五年，[8]拜少保。[9]

[1]汾州：西魏時治義川縣，在今陝西宜川縣東北。

[2]人既不備：《周書》卷三七《韓褒傳》作"人既不及設備"。

[3]多被：毛本作"多備"。

[4]盡獲其衆：毛本、殿本、四部備要本作"盡復其衆"。據《周書·韓褒傳》作"盡獲其衆"，從底本。

[5]故事：舊日的行事制度。

[6]遷：毛本作"選"，誤。　河州：北周時治枹罕縣，在今甘肅臨夏市新集鎮。　總管：官名。北周明帝武成元年（559）改都督諸州軍事爲此稱。爲地方高級軍政官員，置總管府，掌一州或數州軍務，兼理民政。品秩分三等，上總管從二品，中總管正三

品，下總管從三品。

[7]鳳州：北周時治梁泉縣，在今陝西鳳縣東北。

[8]天和：北周武帝的年號（566—572）。

[9]少保：官名。北周時，與少師、少傅並爲大臣加官，地位崇高，無實際職掌。員一人，正八命。

褒歷事三帝，以忠厚見知。武帝深相敬重，[1]常以師道處之，每入朝見，必有詔令坐，然始論政事。[2]卒，贈涇、岐、燕三州刺史，[3]謚曰貞。

[1]武帝：即北周皇帝宇文邕。武爲其謚號。

[2]然始論政事：四庫本“然始”作“然後”。中華本《周書》卷三七《韓褒傳》作“然後始與論政事”，其校勘記云：“按唐時‘然始’連文，乃習用語法，疑‘後’字乃後人妄加。”《通志》卷一五九《韓褒傳》作“然後始論政事”。

[3]涇：州名。北周時治安定縣，在今甘肅涇川縣北。　岐：州名。北周時治雍縣，在今陝西鳳翔縣南。　燕：州名。北周時治懷戎縣，在今河北涿鹿縣西南。

子繼伯嗣。仕隋，位終衛尉少卿。[1]

[1]衛尉少卿：官名。北魏始置。隋朝沿置，位在丞上，四品上。隋煬帝時改爲員二人，從四品。

趙肅，字慶雍，河南洛陽人也。[1]世仕河西。[2]及沮渠氏滅，[3]曾祖武始歸於魏，賜爵金城侯。[4]祖興，中書博士。[5]父申侯，舉秀才，爲後軍府主簿。[6]

[1]河南：郡名。北魏時治洛陽縣，在今河南洛陽市東北。洛陽：縣名。治所在今河南洛陽市東北。

[2]河西：地區名。北朝時泛指今山西吕梁山以西黄河兩岸。

[3]沮渠氏：指十六國時由沮渠蒙遜建立的北凉。後爲北魏所滅。見《北史》卷九三《北凉傳》。

[4]金城侯：封爵名。金城，郡名。北魏時治金城縣，在今甘肅蘭州市西北。

[5]中書博士：官名。中書教學博士的省稱。北魏置，屬中書學。由博學之士擔任，教授中書學生。任職者升遷較易，多升至中書省、門下省要職。

[6]後軍府：即後軍將軍府。　主簿：官名。北朝時諸公、諸將軍及五校衛等軍府、列卿寺監、光禄大夫皆置，品秩隨府長官地位的高低而定。州、郡、縣亦置，雖非掾史之首，但地位較高，一般選地方大族子弟充任。

肅早有操行，知名於時。孝昌中，[1]起家殿中侍御史，[2]累遷左將軍、太中大夫。[3]東魏天平初，[4]除新安郡守，[5]秩滿還洛陽。大統三年，獨孤信東討，[6]肅率宗人爲鄉導。授司州别駕，[7]監督糧儲，軍用不匱。周文帝聞之，謂人曰："趙肅可謂洛陽主人也。"九年，行華山郡事。[8]

[1]孝昌：北魏孝明帝的年號（525—527）。

[2]殿中侍御史：官名。又稱殿中御史。北魏時地位較高，掌宿衛禁兵。孝文帝太和十七年定爲從五品中，二十三年定爲從八品上。

[3]左將軍：官名。爲軍府名號，用作加官。北魏孝文帝太和

十七年定爲從二品上，二十三年定爲三品。　太中大夫：官名。亦稱大中大夫。北魏時爲加官、兼官，或供朝廷臨時差遣。孝文帝太和十七年定爲三品下，二十三年定爲從三品。

[4]天平：東魏孝静帝的年號（534—537）。

[5]新安：郡名。東魏時治新安縣，在今河南新安縣。

[6]獨孤信：人名。本名如願，雲中（今内蒙古和林格爾縣西北）人，鮮卑族。北魏、西魏將領。見《北史》卷六一《獨孤信傳》。

[7]司州：西魏時治洛陽縣，在今河南洛陽市東北。　别駕：官名。别駕從事、别駕從事史的省稱。因從刺史行部，别乘傳車，故謂之别駕。秩輕職重，位居州吏之右，與治中從事史同爲州上綱，事無不統。魏晋、北朝前期，例用本州人，由刺史自辟，後期漸由朝廷任命。品秩自正五品至正七品不等。西魏沿置。

[8]華山：郡名。西魏時治鄭縣，在今陝西華縣。

十三年，除廷尉少卿。[1]明年元日，當行朝禮，非有封爵者不得預焉。肅時未有茅土，[2]左僕射長孫儉啓周文請之。[3]周文乃召肅謂曰："歲初行禮，豈得使卿不預！然何爲不早言也？"於是令肅自選封名。肅曰："河清乃太平之應，竊所願也。"於是封清河縣子。[4]十六年，除廷尉卿，加征東將軍。[5]肅久在理官，[6]執心平允，凡所處斷，咸得其情。廉慎自居，不營産業，時人以此稱之。十七年，進位車騎大將軍、儀同三司、散騎常侍，[7]賜姓乙弗氏。

[1]廷尉少卿：官名。北魏始置，爲廷尉卿次官。孝文帝太和十七年定爲三品上，二十三年定爲四品上。西魏沿置。底本作"廷

尉卿”，中華本作“廷尉少卿”，《周書》卷三七《趙肅傳》、《通志》卷一五九作“廷尉少卿”。源氏校勘記云：“‘卿’上《周書》有‘少’字。按下有‘廷尉卿’。《周書》似是。”中華本校勘記云：“按下文‘十六年，除廷尉卿’，即自少卿升任。今據補。”今從改。

[2]茅土：指受封爲諸侯。古代帝王社祭之壇以五色土建成，分封諸侯時，按封地所在方向取壇上一色土，以茅包之。稱爲茅土，給受封者在封國内立社。

[3]左僕射：官名。尚書左僕射的省稱。掌都省庶務及執法，或典選舉，兼掌糾彈百官。北魏孝文帝太和十七年定爲從一品中，二十三年改爲從二品。西魏沿置。　長孫儉：人名。本名慶明，祖籍代（今山西代縣），後移居河南洛陽（今河南洛陽市）。西魏、北周將領。見《北史》卷二二《長孫嵩附長孫儉傳》。

[4]清河縣子：封爵名。清河，縣名。治所在今山東臨清市東北。

[5]征東將軍：官名。多爲持節都督，出鎮四方，地位顯要。北魏孝文帝太和十七年定爲從一品中，二十三年定爲從三品。西魏沿置。

[6]理官：掌管司法的官。

[7]車騎大將軍：官名。位在諸名號大將軍之上，多爲軍府名號，用來加授大臣、重要州郡長官，無具體職掌。北魏孝文帝太和二十三年定爲二品。西魏沿置。　散騎常侍：官名。屬集書省，侍從皇帝左右，主掌圖書文翰，諫諍拾遺及收納轉呈文書。北朝因兼領修史，實際地位略高於南朝，但仍爲閑散之職。北魏孝文帝太和十七年定爲二品，二十三年定爲從三品。西魏沿置。

先是，周文命肅撰法律，肅積思累年，遂感心疾。去職，卒於家。[1]子軌。

[1]卒於家：殿本、四庫本、四部備要本作“卒家”。

軌少好學，有行檢。周蔡王引爲記室，[1]以清苦聞。隋文帝受禪，[2]爲齊州別駕，[3]有能名。其東鄰有桑，葚落其家，[4]軌遣人悉拾還其主，戒其諸子曰：“吾非以此求名，意者非機杼物，不願侵人。汝等宜以爲戒。”在州考績連最。持節使者郃陽公梁子恭上狀，[5]文帝賜以米帛甚優，令入朝。父老將送者，[6]各揮涕曰：[7]“別駕在官，水火不與百姓交，是以不敢以盃酒相送。公清如水，請酌一盃水奉餞。”軌受飲之。至京，詔與牛弘撰定律令格式。[8]

[1]蔡王：封爵名。即宇文兑。　記室：官名。記室參軍的省稱。爲諸開府、公府、軍府等的記室曹長官，掌文書表奏。品秩隨府主地位高低而定，自七品至九品不等。

[2]隋文帝：即隋朝皇帝楊堅。文爲其謚號。

[3]齊州：隋朝時治歷城，在今山東濟南市。

[4]葚：毛本作“甚”。

[5]持節使者：漢朝官吏奉命外出時，由皇帝授予節杖，來提高其權威。魏晋之後，重要的軍事長官出征或出鎮時，通常加此名號，可以誅殺二千石以下的官員。皇帝派遣大臣重要的事情時也加此職，以示尊崇。　郃陽公：封爵名。郃陽，縣名。治所在今陝西合陽縣東南。　上狀：《隋書》卷七三《趙軌傳》作“狀上”，《通志》卷一七〇與《北史》同。

[6]父老將送者：《隋書·趙軌傳》作“父老相送者”，《通志》卷一七〇與《北史》同。

[7]揮涕：局本作“揮泣”。

[8]牛弘：人名。字里仁，安定鶉觚（今甘肅靈臺縣）人。隋朝官吏、碩儒。見《北史》卷七二《牛弘傳》。　律令格式：古代四種法典。律爲法律文書，令爲國家組織制度方面的規定，格爲皇帝臨時頒布的各種單行敕令、指示的彙編，式爲規定的官署公文的程式。隋文帝開皇年間，曾先後兩次令高熲、鄭譯、蘇威、牛弘等更定律、令、格、式，從此四者並行，構成中國古代完整的法律體系。

時衛王爽爲原州總管，[1]召爲司馬。[2]在道夜行，其左右馬逸入田中，暴人禾。軌駐馬待明，訪知禾主，酬直而去。原州人吏聞之，莫不改操。後檢校硤州刺史，[3]甚有恩惠。轉壽州總管長史。[4]芍陂舊有五門堰，[5]蕪穢不通。[6]軌勸課吏人，[7]更開三十六門，灌田五千餘頃，人賴其利。秩滿歸，卒于家。子弘安、弘智，並知名。

[1]爽：即楊爽，人名。字師仁，弘農華陰（今陝西華陰市東南）人。隋文帝幼弟，爲獻皇后所養。見《北史》卷七一《衛昭王爽傳》。　原州：隋朝時治高平縣，在今寧夏固原市城區。

[2]司馬：官名。軍府高級幕僚，掌參贊軍務，管理府內武職，位僅次於長史。北周、隋朝時勳官開府及隋朝諸衛府和鷹揚府亦置，品秩隨府主地位高低而定。

[3]後檢校硤州刺史：《隋書》卷七三《趙軌傳》作“後數年，遷硤州刺史”，《通志》卷一七〇同《北史》。檢校，官制用語。隋朝時意爲代理，即尚未實授其官，但已掌其職事。硤州，隋朝時治夷陵縣，在今湖北宜昌市西北。

[4]壽州：隋朝時治壽春縣，在今安徽壽縣。　長史：官名。

掌顧問參謀，爲所在官署的屬官之長。不同名號的長史職掌不同，品秩也不相同。

［5］芍陂：又名安豐塘。淮河流域的灌溉工程，在今安徽壽縣南部。　五門堰：爲芍陂的一部分，在今安徽壽縣南部。

［6］蕪穢不通：《隋書·趙軌傳》作“蕪穢不修”，《通志》卷一七〇同《隋書》。

［7］吏人：《隋書·趙軌傳》作“人吏”。

張軌，字元軌，濟北臨邑人也。[1]父崇，高平令。[2]軌少好學，志識開朗。初在洛陽，家貧，與樂安孫樹仁爲莫逆之友，[3]每易衣而出，以此見稱。軌常謂所親曰：“秦、雍之間，[4]必有王者。”尒朱氏敗後，[5]遂杖策入關。[6]賀拔岳以軌爲記室參軍，[7]典機密。尋轉倉曹。[8]時穀糴踊貴，或有請貸官倉者。軌曰：“以私害公，非吾宿志。濟人之難，詎得相違？”[9]乃賣所服衣物，糴粟以振其乏。

［1］濟北：郡名。北魏時治盧縣，在今山東茌平縣西南。局本作“齊北”。　臨邑：縣名。治所在今山東東阿縣。

［2］高平：縣名。治所在今山東鄒平縣西南。

［3］樂安：縣名。治所在今山東博興縣北。殿本、四部備要本作“大安”。　莫逆之友：毛本作“莫逆之□”，殿本、四庫本、四部備要本作“莫逆之交”。

［4］秦：州名。北魏時治上封城，在今甘肅天水市。四庫本、四部備要本作“奉”。　雍：州名。北魏時治長安縣，在今陝西西安市西北。

［5］尒朱氏：毛本、殿本、四庫本、局本、四部備要本作“尒

朱榮”。《周書》卷三七《張軌傳》作“尒朱氏”。按：尒朱榮死後，尒朱氏其他人物相繼爲亂，故應作“尒朱氏”。

[6]入關：毛本、殿本、四庫本、四部備要本作“入朝”。

[7]賀拔岳：毛本、殿本、四部備要本作“賀拔恒”，誤。

[8]倉曹：官署名。西漢置，主倉穀事。北魏時二大、公府、將軍府置，長官爲參軍事。

[9]相違：毛本、殿本、四部備要本作“相忘”。

及岳被害，周文帝以軌爲都督，從征侯莫陳悦。悦平，使於洛陽，見領軍斛斯椿。[1]椿曰：“高歡逆謀，[2]已傳行路，人情西望，以日爲年。未知宇文何如賀拔也?”[3]軌曰：“宇文公文足經國，武足定亂，至於高識遠度，非愚管所測。”椿曰：“誠如卿言，真可恃也。”周文爲行臺，[4]授軌郎中。[5]孝武西遷，[6]除中書舍人，[7]封壽張縣子，[8]兼著作佐郎，[9]修起居注。[10]遷給事黄門侍郎，兼吏部郎中。[11]出爲河北郡守。[12]在郡三年，聲績甚著，臨人政術，有循吏之美。大統間言宰人者，多推尚之。[13]入爲丞相府從事中郎，行武功郡事。[14]章武公導出鎮秦州，[15]以軌爲長史。廢帝元年，進車騎大將軍、儀同三司、散騎常侍。二年，賜姓宇文氏，行南秦州事。[16]恭帝二年，[17]徵拜度支尚書，[18]復除隴右府長史。[19]卒於位，謚曰質。

[1]領軍：官名。領軍將軍的省稱。北魏時如以侍臣帶此職，則稱中領軍將軍。孝文帝太和十七年定爲從二品上，二十三年定爲從二品。　斛斯椿：人名。字法壽，廣牧富昌（今内蒙古准格爾旗東南）人。北魏官吏。見《北史》卷四九《斛斯椿傳》。

[2]高歡：人名。字賀六渾，勃海蓨（今河北景縣）人。北魏末、東魏大臣。見《北史》卷六《齊紀·神武帝》。

[3]宇文：指宇文泰。　賀拔：指賀拔岳。

[4]行臺：官名。行臺尚書令的省稱。北魏孝明帝正光末，於各地設行臺主管當地軍務，遂成爲常設的地方行政機構。行臺尚書令爲其長官，以尚書僕射、左僕射、尚書主管行臺事務。

[5]郎中：官名。即行臺郎中，又稱行臺郎。北魏置，西魏沿之。爲行臺諸曹郎中的泛稱，各曹皆冠以曹名。

[6]孝武：即北魏皇帝元脩。孝武爲其謚號。

[7]中書舍人：官名。即中書通事舍人。北朝時專掌草擬詔令。北魏孝文帝太和十七年定爲六品上，二十三年定爲六品下。西魏沿置。

[8]壽張縣子：封爵名。壽張，縣名。治所在今山東東平縣西南。

[9]著作佐郎：官名。協助著作郎修撰國史及起居注。北魏時屬秘書省著作局，員四人。孝文帝太和十七年定爲從五品上，二十三年定爲七品。西魏沿置。

[10]起居注：皇帝言行的記録，是官修史書的主要來源。魏晋南北朝時或以著作郎兼修，或設官專修。

[11]吏部郎中：官名。爲尚書省吏部曹主官，資深者可轉侍郎，掌官吏銓選。六品。

[12]河北：郡名。西魏時治大陽縣，在今山西平陸縣西南。

[13]大統間言宰人者多推尚之：《周書》卷三七《張軌傳》作“大統間，宰人者多推尚之”，《通志》卷一五九作“大統間，言宰民者，多推尚之”。

[14]武功：郡名。西魏時治武功縣，在今陝西武功縣西南。

[15]章武公：封爵名。章武，郡名。西魏時治平舒縣，在今河北大城縣。　導：即宇文導，人名。字菩薩，代郡武川（今内蒙古武川縣西）人，鮮卑族。西魏、北周宗室。見《北史》卷五七

《邵惠公顥附宇文導傳》。

[16]南秦州：西魏時治仇治縣，在今甘肅西和縣。

[17]恭帝：即西魏皇帝元廓。恭爲其謚號。

[18]度支尚書：官名。尚書省度支曹長官，統管度支、户部、金部、倉部四曹，掌軍國財賦的收支、會計及漕運、物價、屯田之政令。北魏孝文帝太和十七年定爲二品中，二十三年定爲三品。西魏因之。

[19]隴右府：即秦州總管府。治上封縣，在今甘肅天水市。

軌性清素，臨終之日，家無餘財，唯有書數百卷。

子肅，周明帝初爲宣納上士，[1]轉中外府記室參軍、中山公訓侍讀。[2]早有才名，性頗輕猾，時人比之魏諷。[3]卒以罪考竟終。

[1]周明帝：即北周皇帝宇文毓。明爲其謚號。　宣納上士：官名。北周置。爲宣納下大夫屬官，輔助其出納王命，宣傳詔令，因此選用之人必須口齒清晰。正三命。

[2]中山公：封爵名。中山，郡名。北周時治盧奴縣，在今河北定州市。　訓：即宇文訓，人名。宇文護的世子，曾任蒲州刺史。　侍讀：官名。北魏始置，侍從皇帝讀書。北周沿置，爲王公屬官。

[3]魏諷：人名。字子京，三國時沛（今江蘇沛縣）人。有辯才，善於蠱惑，後因謀反爲曹丕所殺。

李彦，字彦士，梁郡下邑人也。[1]祖光之，[2]魏淮南郡守。[3]父静，南青州刺史。[4]

［1］梁郡：北魏時治睢陽縣，在今河南商丘市南。　下邑：縣名。治所在今河南夏邑縣。

［2］光之：《周書》卷三七《李彦傳》作“先之”，《通志》卷一五九同《北史》。源氏校勘記云：“‘光’《周書》作‘先’。”

［3］淮南：郡名。北魏時治壽春縣，在今安徽壽縣。

［4］南青州：北魏時治團城，在今山東沂水縣沂水鎮。

彦少有節操，好學慕古。孝昌中，[1]解褐奉朝請。[2]孝武入關，兼著作佐郎，脩起居注。大統初，除通直散騎侍郎，[3]累遷左户郎中。[4]十二年，省三十六曹爲十二部，改授户部郎中，[5]封平陽縣子。[6]廢帝初，拜尚書右丞，[7]轉左丞。

［1］孝昌：毛本、殿本、四庫本、四部備要本作“孝建”。按：孝建是南朝宋孝武帝劉駿的年號，北魏時無此年號，此四本誤。

［2］解褐：脱去布衣，擔任官職。　奉朝請：官名。兩漢時朝廷給予退休大臣、列侯、宗室、外戚等的一種政治優待。魏晋南北朝因之，漸成加官。北魏時爲冗散官，有俸無職，定員二百人。從七品。源氏校勘記云：“‘請’下《周書》有‘從’字。爲是。”

［3］通直散騎侍郎：官名。北魏時屬集書省，參平尚書奏事，兼掌侍從諷諫，員六人。初定爲四品中，後定爲從五品上。西魏沿置。

［4］左户郎中：官名。又稱左户郎。北魏置，爲尚書省左户曹長官，隸度支尚書，掌全國記賬、户籍等事。六品上。西魏沿置。

［5］户部郎中：官名。即民部郎中。西魏文帝大統十二年置，爲尚書省户部曹長官，恭帝時建六官府，遂罷。

［6］平陽縣子：封爵名。平陽，縣名。治所在今山西臨汾市。

［7］尚書右丞：官名。北魏時爲尚書省佐官，位次尚書，與左

丞共掌尚書省庶務。孝文帝太和十七年定爲四品中，二十三年改爲從四品。西魏沿置。

彦在尚書十有五載，屬軍國草創，庶務殷繁，留心省閲，[1]未嘗懈怠。斷決如流，略無疑滯。臺閣莫不歎其公勤，[2]服其明察。遷給事黄門侍郎，仍左丞。賜姓宇文氏。出爲鄜州刺史。[3]彦以東夏未平，固辭州任，詔許之。拜兵部尚書，[4]加驃騎大將軍、開府儀同三司，仍兼著作。六官建，[5]改授軍司馬，[6]進爵爲伯。

[1]省閲：底本作“省閤”，局本作“省閤”，《周書》卷三七《李彦傳》作“省閲”。《通志》卷一五九同《北史》。源氏校勘記改“閤”作“閲”，今從改。

[2]臺閣：尚書臺的別稱。

[3]鄜州：西魏時治杏城，在今陝西黄陵縣西南。

[4]兵部尚書：官名。爲尚書省兵部曹長官。西魏時尚書省分十二部，改七兵爲兵部，置尚書。

[5]六官：西魏時仿行《周禮》，置天官、地官、春官、夏官、秋官、冬官等官府，合稱六府或六官。

[6]軍司馬：官名。軍司馬中大夫的省稱。西魏恭帝三年（556）置。爲夏官府軍司馬司長官，掌管軍隊，職權極重。下設軍司馬上士、軍司馬中士、軍司馬旅下士。正五命。

彦性謙恭，有禮節，雖居顯要，於親黨之間恂恂如也。輕財重義，好施愛士，時論以此稱之。然素多疾，而勤於莅職，雖沈頓枕席，猶理務不輟，遂至於卒。謚曰敬。

彦臨終遺誡其子等曰：“昔人以窾木爲櫝，[1]葛虆爲緘，[2]下不亂泉，上不泄臭，實吾平生之志也。但事既矯枉，恐爲世士所譏。今可斂以時服，葬於磽嶠之地，勿用明器、芻塗及儀衛等。[3]爾其念哉。”朝廷嘉焉，不奪其志。

[1]窾（kuǎn）木：指中間挖空的木頭。　櫝：棺材。

[2]葛虆（léi）：用葛藤做成的繩子。　緘：用以固定棺木的繩索。

[3]明器：即冥器。專門爲隨葬而製作的器物。　芻塗：指塗車與芻靈，皆古代送葬之物。《禮記·檀弓下》：“塗車芻靈，自古有之，明器之道也。”　儀衛：儀仗和衛士。喪葬時用以顯示死者的身份或地位。

子昇明嗣。少歷顯職。大象末，[1]太府中大夫、儀同大將軍。[2]仕隋，終於齊州刺史。

[1]大象：北周静帝的年號（579—580）。

[2]太府中大夫：官名。西魏恭帝三年置，北周沿置。天官府太府司長官，掌貢賦貨賄，以供國用。設太府上士以佐其職，領玉府上士、内府上士、外府上士等。北周武帝建德二年（573）省，宣帝時復置。　儀同大將軍：官名。北周武帝建德四年，改車騎大將軍、儀同三司爲此稱。正九命。

子仁政，長安縣長。義軍至，以罪誅。

郭彦，太原陽曲人也。[1]其先從官關右，[2]遂居馮翊。[3]父胤，靈武令。[4]

［1］太原：郡名。北魏時治晉陽縣，在今山西太原市晉源區古城營村一帶。　陽曲：縣名。治所在今山西太原市北。

［2］從官：毛本、殿本、四庫本、局本、四部備要本作"從宦"。《周書》卷三七《郭彦傳》、《通志》卷一五九作"從宦"。按：從官意爲屬官或君王的隨從、近臣，而從宦意爲做官。據文意，作"從宦"是。　關右：地區名。泛指函谷關和潼關以西的地區。

［3］馮翊：郡名。北魏時治高陸縣，在今陝西高陵縣。

［4］靈武：縣名。治所在今陝西涇陽縣東。

彦少知名，周文帝臨雍州，辟爲西曹書佐。[1]累遷虞部郎中。[2]大統十二年，初選當州首望，[3]統領鄉兵，除帥都督。[4]以居郎官著稱，封龍門縣子，[5]進大都督。[6]恭帝元年，除兵部尚書，仍以本兵從柱國于謹南伐江陵。[7]進驃騎大將軍、開府儀同三司，進爵爲伯。六官建，拜户部中大夫。[8]

［1］西曹書佐：官名。掌諸吏及選舉事，位在别駕、治中下，與主簿相並而略低。

［2］虞部郎中：官名。西魏置，掌尚書省虞部曹。

［3］首望：魏晋南北朝時各州大姓稱望族，一州之頭等望族曰首望。

［4］除：局本作"徐"，誤。　帥都督：官名。西魏文帝時置，北周武帝天和二年省，武帝建德二年復置。多授各地豪望，以統鄉兵。刺史、鎮將多加此號。正七命。

［5］龍門縣子：封爵名。龍門，縣名。治所在今山西河津市西。

［6］大都督：官名。三國魏明帝太和四年始置，爲領兵將帥權

重位尊者之加號。不常置。北魏曾設京畿大都督以總攝軍人。西魏以大都督爲鄉兵之高級職名。

[7]柱國：官名。柱國大將軍的省稱。西魏文帝大統十六年置八柱國，授此職者並加使持節、大都督，爲西魏最高官職。　于謹：人名。字思敬，小名巨引，代（今山西大同市東北）人。北魏、北周將領。見《北史》卷二三《于栗磾附于謹傳》。　江陵：縣名。治所在今湖北江陵縣。

[8]户部中大夫：官名。即民部中大夫。避唐太宗李世民諱改。西魏時置。地官府民部司長官，員二人，掌管民户數額。北周武帝建德二年省，宣帝時復置。正五命。

周孝閔帝踐祚，[1]出爲澧州刺史。[2]蠻左生梗，不營農業。彦勸以耕稼，人皆務本，亡命之徒，咸從賦役。先是，以澧州糧儲乏少，每令荆州遞送。[3]自彦莅職，倉庾充實，無復轉輸之勞。[4]齊南安城主馮顯密遣使歸降，[5]其衆未之知也。柱國宇文貴令彦率兵應接。[6]時齊人先令顯率所部送糧南下，彦懼其衆不從命，乃於路邀之，顯因得自拔。其衆果拒戰，彦縱兵奮擊，並虜獲之。以南安無備，即引軍掩襲，遂有其城。晋公護嘉之，[7]進爵懷德縣公。[8]入爲工部中大夫。[9]

[1]孝閔帝：即北周皇帝宇文覺。孝閔爲其謚號。

[2]澧州：據《北周地理志》，當作“豐州”。下同，不再出注。豐州，北周時治武當，在今湖北丹江口市。

[3]荆州：北周時治穰縣，在今河南鄧州市。

[4]無復：毛本、殿本、四庫本、局本、四部備要本作“無”。

[5]南安：縣名。治所在今河南葉縣東北。　城主：毛本作

"城王"，誤。

[6]宇文貴：人名。字永貴，昌黎大棘（今遼寧北票市章吉營子鄉三官營子村）人，鮮卑族。西魏、北周將領。見《北史》卷六〇《宇文貴傳》。

[7]護：即宇文護，人名。字薩保，代郡武川（今内蒙古武川縣西）人，鮮卑族。北周宗室、權臣。見《北史》卷五七《邵惠公顥附宇文護傳》。

[8]懷德縣公：封爵名。懷德，縣名。治所在今河南確山縣。

[9]工部中大夫：官名。西魏恭帝三年置，北周初沿置。冬官府工部司長官，員二人，承司空之事，掌百工之籍，而理其禁令，下設工部上士、工部中士、工部旅下士以佐其職。北周武帝建德二年省，宣帝時復置。正五命。

保定四年，[1]晋公護東討，彦從尉遲迥攻洛陽，[2]迥復令彦與權景宣出汝南。[3]及軍次豫州，[4]使彦鎮之。天和中，爲隴右總管府長史。[5]卒於官。贈小司空、宜鄜丹三州刺史。[6]

[1]保定：北周武帝的年號（561—565）。

[2]尉遲迥：人名。字薄居羅，代（今山西大同市東北）人。西魏、北周大臣。見《北史》卷六二《尉遲迥傳》。

[3]權景宣：人名。字暉遠，天水顯親（今甘肅秦安縣西北）人。西魏、北周將領。見《北史》卷六一《權景宣傳》。　出汝南：《周書》卷三七《郭彦傳》作"南出汝潁"，《通志》卷一五九同《北史》。源氏校勘記云："《周書》作'南出汝潁'。"汝南，郡名。北周時治上蔡縣，在今河南汝南縣。

[4]豫州：北周時治上蔡縣，在今河南汝南縣。

[5]隴右：底本作"隴右府"，中華本作"隴右"，《周書·郭

彦傳》、《通志》卷一五九作“隴右”。中華本據《周書》改，今從改。

［6］小司空：官名。小司空上大夫的省稱。西魏恭帝三年置，北周沿置。冬官府次官，員二人，協助大司空卿管理國家各種工匠，負責建築興造事務。正六命。殿本、四部備要本作“少司空”。　宜：州名。北周時治泥陽縣，在今陝西富平縣西北。　丹：州名。北周時治三堡鎮，在今陝西宜川縣東北。

梁昕，字元明，安定烏氏人也。[1]世爲關中著姓。其先因官，徙居京兆之盩厔。[2]祖重耳，漳縣令。[3]父勸儒，中散大夫，[4]贈涇州刺史。[5]

［1］烏氏：縣名。治所在今甘肅涇川縣東北。

［2］京兆：郡名。北魏時治霸城縣，在今陝西西安市東北。　盩厔：縣名。治所在今陝西周至縣。

［3］漳縣：治所在今甘肅漳縣。按：《魏書·地形志》作“彰縣”，《隋書·地理志》作“鄣”。

［4］中散大夫：官名。北魏時曾置爲職事官之加官。孝文帝太和十七年定爲四品上，二十三年定爲四品下。

［5］涇州：北魏時治安定縣，在今甘肅涇川縣北。

昕少温恭，見稱州里。從尒朱天光征討，[1]拜右將軍、太中大夫。[2]周文帝迎魏孝武，軍次雍州，昕以三輔望族上謁。[3]周文見昕容貌瓌偉，深賞異之，即授右府長流參軍。[4]累遷丞相府主簿。大統十二年，除河南郡守，[5]遷東荆州刺史。[6]昕撫以仁惠，蠻夷悦之。封安定縣子。[7]周孝閔帝踐祚，進位驃騎大將軍、開府儀同三司。明帝初，進爵胡城縣伯。[8]天和初，拜工部中大夫，出爲陜州總管府長史。[9]

[1]佘朱天光：人名。北秀容（今山西朔州市）人，契胡族。見《北史》卷四八《佘朱榮附佘朱天光傳》。

[2]右將軍：官名。爲軍府名號，用作加官。北魏孝文帝太和十七年定爲從二品上，二十三年定爲三品。元大德本作“石將軍”，誤。

[3]三輔：地區名。西漢時設立京兆尹、左馮翊、右扶風對京城（長安）附近地區進行管理，後稱長安附近的京畿地區爲三輔。

[4]長流參軍：官名。長流賊曹參軍事的省稱。南北朝時諸府長流賊曹長官，掌盗賊流放徙邊之事。

[5]河南：郡名。西魏時治洛陽縣，在今河南洛陽市東北。

[6]東荆州：西魏時治廣昌郡，在今湖北棗陽市。

[7]安定縣子：封爵名。安定，縣名。治所在今甘肅涇川縣北。

[8]胡城縣伯：封爵名。胡城，縣名。治所在今河南靈寶市西。

[9]陜州：北周時治陜縣，在今河南陜縣。

昕性温裕，有幹能，歷官内外，[1]咸著聲稱。尋卒官。贈大將軍，[2]謚曰貞。

[1]歷官：元大德本作“歷宫”，誤。

[2]大將軍：官名。西魏、北周時爲府兵專職統帥官號。凡十二人，各領一軍，分隸六柱國大將軍，下統開府、儀同諸將軍。正九命。

昕弟榮，位計部下大夫、開府儀同三司、朝那縣伯。[1]贈涇、寧、豳三州刺史，謚曰静。[2]

[1]計部下大夫：官名。小計部下大夫的省稱。西魏恭帝三年置，北周沿置。天官府計部次官，佐計部中大夫掌國家收入、支出的賬簿。北周武帝建德二年省六府諸司中大夫，遂爲計部長官，宣帝時復爲計部次官。正四命。　朝那縣伯：封爵名。朝那，縣名。治所在今甘肅靈臺縣西北。

[2]寧：州名。北周時治安定縣，在今甘肅寧縣。　豳：州名。北周時治新平城，在今陝西彬縣。

子巘，仕隋，爲給事郎。[1]貞觀中，[2]終於鄭州刺史。[3]

[1]給事郎：官名。隋初隸尚書省吏部，屬八郎之一，爲散官番直，常出使監察。正八品上。煬帝大業三年（607）罷，取其名置於門下省，位黄門侍郎下，員四人，掌省讀奏案，即給事中之職。從五品。

[2]貞觀：唐太宗的年號（627—649）。

[3]鄭州：唐朝時治管城縣，在今河南鄭州市。

皇甫璠，字景瑜，安定三水人也。[1]世爲西州著姓，後徙居京兆。父和，本州中從事。[2]大統末，追贈散騎常侍、儀同三司、涇州刺史。

[1]三水：縣名。治所在今陝西彬縣。

[2]本州中從事：《周書》卷三九《皇甫璠傳》作“本州治中”，《通志》卷一五九同《北史》。中華本《周書》卷三八《柳虯

傳》校勘記曰："治中即中從事。"中從事，官名。州刺史屬官，位在别駕從事下。北魏、西魏、北周皆置。品秩依州等級不同而不等。

璠少忠謹，有幹略。永安中，[1]辟州都督。周文帝爲牧，[2]補主簿，以勤事被知。大統四年，引爲丞相府行參軍。[3]周孝閔帝踐祚，爲守廟下大夫、長樂縣子。[4]保定中，爲鴻州刺史，[5]入爲小納言。[6]累遷蕃部中大夫，[7]進驃騎大將軍、開府儀同三司。

[1]永安：北魏孝莊帝的年號（528—530）。

[2]牧：官名。一州之長。

[3]行參軍：官名。三國蜀時置。由諸府主辟召的參軍，分掌府内各曹事，爲正參軍之副職。北魏時公府、將軍府、州府皆置，不署曹，員額不定。品秩低於署曹之行參軍，隨府主地位高低而定，自從七品上至流外不等。

[4]守廟下大夫：官名。小守廟下大夫的省稱。西魏恭帝三年置，北周沿置。春官府守廟司次官，佐守廟中大夫掌寺廟的守衛和日常清掃。下設小守廟上士、小守廟下士。北周武帝建德二年省六府諸司中大夫，遂爲守廟司長官，宣帝時復爲守廟司次官。正四命。　長樂縣子：封爵名。長樂，縣名。治所在今河南滑縣東。

[5]鴻州：北周時治比陽縣，在今河南泌陽縣西。

[6]小納言：官名。納言下大夫的别稱。北周武帝保定四年改御伯下大夫置，天府官納言司次官，員二人，佐納言中大夫隨侍皇帝左右。北周武帝建德二年省中大夫，遂爲納言司長官，宣帝時復爲次官。正四命。

[7]蕃部中大夫：官名。西魏恭帝三年置，北周沿置。爲秋官府蕃部司長官，員一人，掌諸侯朝覲禮儀。下設小蕃部下大夫、小

蕃部上士、小蕃部下士以佐其職，領掌交上士、司匡上士等官屬。北周武帝建德二年省，宣帝時復置。正五命。

璠性平和，小心奉法，安貞守志，[1]恒以清白自處，當時稱爲善人。建德三年，[2]爲隨州刺史，[3]政存簡惠，百姓安之。卒官，贈交、渭二州刺史，[4]謚曰恭。

[1]安貞守志：中華本《周書》卷三九《皇甫璠傳》作“安分守志”，其校勘記：“宋本及《册府》卷八〇六‘分’作‘貧’，《北史》卷七〇《皇甫璠傳》作‘貞’。張元濟云：‘“貞”亦“貧”之訛。’按張説是。”疑“貞”應作“貧”。《通志》卷一五九同《北史》。《册府元龜》卷八〇六作“安貧守志”。

[2]建德：北周武帝的年號（572—578）。

[3]隨州：北周時治隨縣，在今湖北隨州市。四庫本作“隋州”。

[4]交：州名。治所不詳，待考。　渭：州名。北周時治襄武縣，在今甘肅隴西縣西南。

子諒，少知名。大象中，位吏部下大夫。[1]諒弟誕。

[1]吏部下大夫：官名。小吏部下大夫的别稱，亦稱小吏部。西魏恭帝三年置，北周沿置。爲夏官府吏部司次官，員一人，佐吏部中大夫管理官員的選舉與遷轉。北周武帝建德二年省中大夫，遂爲吏部司長官，宣帝時復爲次官。正四命。毛本、局本作“史部下大夫”，誤。

誕字玄慮，少剛毅，有器局。開皇中，[1]累遷治書侍御史，[2]朝臣無不肅憚焉。後爲尚書左丞。時漢王諒爲并州總管，[3]朝廷盛選僚佐，拜誕并州總管司馬，總府政事，一以諮之。諒甚敬焉。及煬帝即位，[4]諒用諮議王頍謀，[5]發兵作亂。誕數諫止，諒不納。誕因流涕，以死固請。諒怒囚之。及楊素將至，[6]諒屯清源以拒之。[7]諒主簿豆盧毓出誕於獄，[8]協謀閉城拒諒。諒襲擊破之，[9]並抗節遇害。帝以誕亡身殉國，嘉悼者久之。詔贈柱國，封弘義公，謚曰明。

[1]開皇：隋文帝的年號（581—600）。

[2]治書侍御史：官名。又稱治書御史，簡稱御史、侍御。隋朝時置爲御史臺次官，員二人，實際主持臺務。從五品。

[3]諒：即楊諒，人名。字德章，一名傑，弘農華陰（今陝西華陰市東南）人。隋文帝楊堅第五子，母獨孤皇后。見《北史》卷七一《庶人諒傳》。　并州：隋朝時治晋陽縣，在今山西太原市晋源區古城營村一帶。

[4]煬帝：即隋朝皇帝楊廣。煬爲其謚號。

[5]諮議：官名。即諮議參軍。東晋設。於丞相府諷議軍政事務。員二人。爾後諸王府、公府、軍府等皆設，歷朝因之。官秩不一。　王頍（kuǐ）：人名。字景文，太原祁（今山西祁縣東南）人。北周、隋朝官吏。見《隋書》卷七六《王頍傳》。

[6]楊素：人名。字處道，弘農華陰（今陝西華陰市東南）人。隋朝大臣。見《北史》卷四一《楊敷附楊素傳》。

[7]清源：縣名。治所在今山西清徐縣清源鎮。底本作“清涼”，中華本作“清源”。《隋書》卷七一《皇甫誕傳》作“清源”。中華本據《隋書》改，其校勘記云：“《隋書·地理志中》太原郡晋陽縣注云：‘開皇十六年，又置清源縣，大業初省。’”今從改。

[8]豆盧毓：人名。字道生，昌黎徒何（今遼寧錦州市）人。隋朝將領。見《北史》卷六八《豆盧寧附豆盧毓傳》。

[9]諒襲擊破之：底本無“諒”字，《隋書·皇甫誕傳》、《通志》卷一六一作“諒襲擊破之”。中華本據《隋書》《通志》補，今從改。

子無逸嗣。尋爲淯陽太守，[1]甚有聲稱。大業初，令行，[2]舊爵例除。以無逸誠義之後，賜爵平輿侯。[3]入爲刑部侍郎，[4]守右武衛將軍。[5]

[1]淯陽：郡名。隋朝時治武川縣，在今河南南召縣東南。源氏校勘記云：“《隋書》作‘涓陽’。”

[2]大業初令行：《隋書》卷七一《皇甫誕傳》作“《大業令》行”，《通志》卷一六一同《北史》。中華本校勘記云：“《隋書》無‘初’字，是。‘大業令’指煬帝大業三年改定之官品令。見《隋書·百官志下》。”可從。大業，隋煬帝的年號（605—617）。

[3]平輿侯：封爵名。平輿，縣名。治所在今河南汝陽縣東南。

[4]刑部侍郎：官名。隋初始置，爲尚書省都官曹下刑部曹長官。從五品。文帝開皇三年改都官曹爲刑部，以尚書爲長官。煬帝大業三年置侍郎一人，爲刑部副長官，協尚書同掌部務。正四品。

[5]右武衛將軍：官名。隋朝時置。爲十二衛將軍之一，佐大將軍總府事，並統諸鷹揚府事。員二人，從三品。

初，漢王諒之反，州縣莫不響應。有嵐州司馬陶世模、繁畤令敬釗，[1]並抗節不從。

[1]嵐州：隋朝時治岢嵐縣，在今山西静樂縣。　陶世模：人名。《隋書》卷七一《陶模傳》作“陶模”。　繁畤：縣名。治所

在今山西應縣東。

世模，京兆人。性明敏，有器幹。仁壽初，[1]爲嵐州司馬。諒反，刺史喬鍾葵將赴之，世模以義拒之。臨之以兵，辭氣不撓，鍾葵義而釋之。軍吏請斬之，於是被囚。及諒平，拜開府，[2]授大興令。[3]從衛玄擊楊玄感，[4]以功進位銀青光禄大夫。[5]

[1]仁壽：隋文帝的年號（601—604）。

[2]開府：開府儀同三司的省稱。意爲與三司的禮制待遇相同，許開設府署，自辟僚屬。三國魏始置，多爲大臣的加號。隋時改爲散官號，位次五公，初爲正四品上，煬帝時改爲從一品。

[3]大興：縣名。治所在今陝西定邊縣。

[4]衛玄：人名。字文昇，河南洛陽（今河南洛陽市東北）人。北周、隋朝將領。見《北史》卷七六《衛玄傳》。 楊玄感：人名。弘農華陰（今陝西華陰市東南）人。隋朝大臣。見《北史》卷四一《楊敷附楊玄感傳》。

[5]銀青光禄大夫：官名。隋初爲散官，正三品。煬帝時定爲從三品。

釗字積善，河東蒲坂人。[1]父元約，周布憲中大夫。[2]釗，仁壽中爲繁畤令，甚有能名。漢王諒反，師陷其城，賊帥墨弼執送僞將喬鍾葵，署爲代州總管司馬。[3]釗正色拒之，誓之以死。會鍾葵敗，釗遂免。卒於朝邑令。[4]

[1]河東：郡名。北周時治蒲坂縣，在今山西永濟市西南蒲州

鎮。　蒲坂：縣名。治所在今山西永濟市西南蒲州鎮。

［2］布憲中大夫：官名。西魏恭帝三年置，北周初沿置。秋官府布憲司長官，掌刑禁號令。下設布憲下大夫、小布憲下士以佐其職。武帝建德二年省，宣帝時復置。正四命。

［3］代州：隋文帝開皇五年改肆州置，治廣武縣，開皇十八年改稱雁門縣，在今山西代縣西南。

［4］朝邑：縣名。治所在今陝西大荔縣東朝邑鎮。

辛慶之，字餘慶，[1]隴西狄道人也。[2]世爲隴右著姓。[3]父顯宗，[4]馮翊郡守，贈雍州刺史。

［1］餘慶：源氏校勘記云："'餘慶'《周書》作'慶之'。"

［2］隴西：郡名。北魏時治襄武縣，在今甘肅隴西縣東南。狄道：縣名。治所在今甘肅臨洮縣。

［3］隴右：地區名。即今陝西、甘肅交接的隴山以西地區。

［4］父顯宗：《周書》卷三九《辛慶之傳》作"父顯崇"。

慶之少以文學徵詣洛陽，對策第一，除秘書郎。[1]屬尒朱氏作亂，魏孝莊帝令司空楊津爲北道行臺，[2]節度山東諸軍以討之。津啓慶之爲行臺左丞，與參謀議。[3]至鄴，聞孝莊帝崩，遂出兗、冀間，[4]謀結義徒，以赴國難。尋而節閔帝立，[5]乃還洛陽。及賀拔岳爲行臺，復啓慶之爲行臺吏部郎。[6]大統初，從周文帝東討，[7]爲行臺左丞。六年，行河東郡事。九年，入爲丞相府右長史，[8]兼給事黄門侍郎，除度支尚書，復行河東郡事。遷南荆州刺史，[9]加儀同三司。

［1］秘書郎：官名。北魏時掌藝文圖籍，整理典籍，考核舊文等。員四人，多爲世族起家之官。孝文帝太和十七年定爲從五品上，二十三年以後稱秘書郎中。

［2］孝莊帝：即北魏皇帝元子攸。孝莊爲其謚號。　司空：官名。魏晋南北朝時爲名譽宰相，多爲大臣加官，一品，無實際職掌。北魏孝文帝太和二十三年後定爲一品。　楊津：人名。字羅漢，本字延祚，弘農華陰（今陕西華陰市東南）人。見《北史》卷四一《楊播附楊津傳》。　北道行臺：官名。總管北方軍事區域的行政事務，鎮定州（參張鶴泉《東魏、北齊時期的"道"探討》，《史學集刊》2008年第3期）。

［3］與參謀議：《周書》卷三九《辛慶之傳》作"典参謀議"，《通志》卷一五九同《北史》。

［4］兖：州名。北魏時治瑕丘縣，在今山東兖州市西。　冀：州名。北魏時治信都縣，在今河北冀州市。

［5］節閔帝：即北魏皇帝元恭。節閔爲其謚號。

［6］行臺吏部郎：官名。又稱行臺吏部郎中。北魏置。屬行臺尚書，掌官吏銓選。

［7］從周文帝東討：中華本《周書·辛慶之傳》作"後太祖東討"，其校勘記云："《北史》本傳'後'作'從'。按'從太祖東討'一語屢見他傳，疑作'從'是。"《通志》卷一五九作"從文帝東討"。

［8］右長史：官名。北魏時相府長史總領丞相府事務，置左右二員。不同名號的長史所負職責不同，品秩也不相同。西魏沿置。

［9］南荆州：西魏時治安昌城，在今河南信陽市西北安昌故城。

慶之位遇雖隆，而率性儉素，車馬衣服亦不尚華侈。志量淹和，有儒者風度，特爲當時所重。又以其經明行脩，令與盧誕等教授諸王。[1] 廢帝二年，拜秘書監。[2]卒官。子加陵，主寢上士。[3]慶之族子昂。

[1]盧誕：人名。本名恭祖，范陽涿（今河北涿州市）人。西魏官吏。見《北史》卷三〇《盧誕傳》。

[2]秘書監：官名。南北朝時爲秘書省長官。主要職責是管理圖書經籍，領著作省。北魏孝文帝太和十七年定爲從二品中，二十三年定爲三品。西魏沿置。

[3]主寢上士：官名。西魏恭帝三年置。天官府御正中大夫屬官，掌皇帝寢室諸事務，下設主寢中士以佐其職。正三命。

昂字進君。數歲便有成人志行。有善相人者，謂其父仲略曰："公家雖世載冠冕，然名德富貴，莫有及此兒者。"[1]仲略亦重昂志氣，深以爲然。年十八，侯景辟爲行臺郎中。[2]景後來附，昂遂入朝，除丞相府行參軍。後追論歸朝勳，封襄城縣男。[3]

[1]莫有：毛本、局本作"未有"。

[2]侯景：人名。字萬景，懷朔鎮（今内蒙古固陽縣南）人。東魏、西魏、南朝梁將領。見《梁書》卷五六《侯景傳》（參李萬生《侯景的氏族及相關問題》，《北京大學學報》2000年第5期）。

[3]襄城縣男：封爵名。襄城，縣名。治所在今河南襄城縣。

及尉遲迥伐蜀，昂占募從軍。[1]蜀平，迥表昂爲龍州長史，[2]領龍安郡事。[3]州帶山谷，舊俗生梗。昂威惠洽著，吏人畏而愛之。成都一方之會，[4]風俗舛雜，迥以昂達於從政，復表昂行成都令。昂到縣，便與諸生祭文翁學堂，因共歡宴，謂諸生曰："子孝臣忠，師嚴友信，立身之要，如斯而已。若不事斯語，何以成名？各宜自勉，克成令譽。”昂言切理至，諸生等並深感悟，歸而告其父老曰：“辛君教誡如此，不可違之。”於是井邑肅然，咸從其化。遷梓潼郡守。[5]六官建，入爲司隸上士，[6]襲爵繁昌縣公。[7]

[1]占募：中華本《周書》卷三九《辛慶之附辛昂傳》作“召募”，其校勘記云：“按‘占募’見《三國志》卷五八《陸抗傳》，亦屢見南北諸史，疑作‘占’是。”《通志》卷一五九同《北史》。源氏校勘記云：“‘占’《周書》作‘召’。”按：占募有報名應募之意，而召募衹有募集之意。

[2]龍州：西魏時治江油縣，在今四川平武縣東南。

[3]龍安：郡名。西魏時治龍安縣，在今四川江油市東北小溪垻鎮。

[4]成都：縣名。治所在今四川成都市。

[5]梓潼：郡名。西魏時治梓潼縣，在今四川梓潼縣。

[6]司隸上士：官名。即小司隸上士。西魏恭帝三年置，秋官府司隸司次官，佐司隸下大夫掌五隸及徒者、捕盜賊囚執之事。正三命。

[7]繁昌縣公：封爵名。繁昌，縣名。治所在今河南臨潁縣西北。

保定二年，爲小吏部。時益州殷阜，[1]軍國所資，經塗艱險，每苦劫盜。詔昂使於益、梁，[2]軍人之務皆委決焉。昂撫導荒梗，頗得寧静。天和初，陸騰討信州蠻，[3]詔昂便於通、渠等州運糧餽之。[4]時臨、信、楚、合等諸州人庶多從逆，[5]昂諭以禍福，赴者如歸。乃令老弱負糧，壯夫拒戰，莫有怨者。使還，屬巴州萬榮郡人反叛，[6]圍郡城，昂於是遂募通、開二州，[7]得三千人，倍道兼行，出其不意。又令其衆皆作中國歌，直趣賊壘。謂有大軍赴救，[8]望風瓦解。朝廷嘉其權以濟事，詔梁州總管、杞國公亮即於軍中賞昂奴婢二十口，[9]繒綵四百疋。又以昂威信布於宕渠，[10]遂表爲渠州刺史。轉通州。推誠布信，甚得夷獠歡心。秩滿還京，首領皆隨昂詣闕朝覲。以昂化洽夷落，[11]進位驃騎大將軍、開府儀同三司。

[1]時益州殷阜：按：《周書》卷三九《辛慶之附辛昂傳》載，此是北周武帝保定四年之事。益州，北周時治成都縣，在今四川成都市。

[2]梁：州名。北周時治光義縣，在今陝西漢中市。

[3]陸騰：人名。字顯聖，代（今山西大同市東北）人。西魏、北周將領。見《北史》卷二八《陸俟附陸騰傳》。　信州：北周時治白帝城，在今重慶奉節縣白帝村西南。　蠻：族名。古代對江淮流域以南地區諸民族的泛稱。見《北史》卷九五《蠻傳》。

[4]詔昂便於：中華本校勘記云："《册府》卷六五六'便'作'使'。"　通：州名。北周時治石城縣，在今四川達州市。　渠：州名。北周時治流江縣，在今四川渠縣。　饋之：南監本、局本"之"作"乏"。源氏校勘記改"乏"作"之"。

[5]臨：州名。北周時治臨江縣，在今重慶忠縣。　楚：州名。北周時治墊江縣，在今重慶。　合：州名。北周時治石鏡縣，在今四川合川市。　逆：殿本、四庫本、四部備要本作"送"，誤。

[6]巴州：北周時治化成縣，在今四川巴中市。　萬榮：郡名。北周時治永康縣，在今四川達州市西北。

[7]開：州名。北周時治新寧縣，在今重慶開縣西北。

[8]謂有大軍赴救：《周書·辛慶之附辛昂傳》、《册府元龜》卷六五六作“賊既不以爲虞，謂有大軍赴救”，《通志》卷一五九作“賊謂有大軍赴救”。

[9]亮：即宇文亮，人名。字乾德，代郡武川（今内蒙古武川縣西）人，鮮卑族。北周宗室。見《北史》卷五七《杞簡公連附宇文亮傳》。

[10]宕渠：縣名。治所在今四川營山縣東北。

[11]夷落：《周書·辛慶之附辛昂傳》作“夷華”，《通志》卷一五九同《北史》。源氏校勘記云：“‘落’《周書》作‘華’。”

時晋公護執政，昂稍被護親待，武帝頗銜之。及誅護，加之捶楚，[1]因此遂卒。

[1]捶楚：指鞭杖之刑。

昂族人仲景，好學，有雅量。其高祖欽，後趙吏部尚書、雍州刺史，[1]子孫因家焉。父歡，魏隴州刺史、朱陽公。[2]仲景年十八，舉文學，對策高第。拜司空府主簿。建德中，位内史下大夫、開府儀同三司。[3]卒于家。[4]子衡。

[1]吏部尚書：官名。職掌官吏銓選、考課、獎懲，其實權或大於尚書僕射。然重要官職的任免須與諸執政大臣合議，由皇帝、宰相裁定。亦常命尚書僕射領吏部事務或任命大臣參掌選事以分其權任。

[2]隴州：北魏時治汧陰縣，在今陝西隴縣。　朱陽公：封爵

名。朱陽，縣名。治所在今河南盧氏縣東南朱陽關鎮。《周書》卷三九《辛慶之附辛昂傳》作"宋陽公"。南監本馮夢禎校勘記云："'朱陽公'《周書》作'宋陽公'。並存之。"源氏校勘記云："'朱'《周書》作'宋'。"中華本《周書》卷三九校勘記云："按《魏書》卷一〇六下《地形志下》析州有朱陽郡。《隋書》卷三〇《地理志中》弘農郡有朱陽縣，云：'舊置朱陽郡，後周郡廢。'疑作'朱'是。"

[3]内史下大夫：官名。又稱小内史下大夫、内史次大夫。西魏恭帝三年置，北周沿置。爲春官府内史司次官，輔助内史中大夫掌管綸誥，並參議刑罰爵賞及軍國大事。正四命。

[4]卒于家：《周書·辛慶之附辛昂傳》作"卒於官"，《通志》卷一五九同《北史》。

王子直，字孝正，京兆杜陵人也。[1]世爲郡右族。[2]父琳，州主簿、東雍州長史。[3]

[1]杜陵：縣名。治所在今陝西西安市長安區東。

[2]右族：豪門大族。

[3]東雍州：北魏太武帝太平真君四年（443）置，治所在今山西新絳縣。後廢。孝明帝孝昌二年改又置，治鄭縣，在今陝西華縣。

子直性節儉，有幹能。魏正光中，[1]州辟主簿，起家奉朝請。永安初，拜鴻臚少卿。[2]孝武西遷，封山北縣男。[3]大統初，漢熾屠各阻兵於南山，[4]與隴東屠各共爲脣齒。周文帝令子直率涇州步騎五千討破之。賜書勞問，[5]除尚書左外兵郎中。[6]兼中書舍人。[7]從解洛陽圍，經河橋戰。[8]兼尚書左丞，出爲秦州總管府司馬。時涼州刺史宇文仲和據州逆命，[9]子直從隴右大都督獨孤信討平之。復入爲大行臺郎中，[10]兼丞相府記室。除太子中庶子，[11]領齊王友。[12]尋行馮翊郡事。廢帝元年，拜使持節、大都督，[13]行瓜州事。[14]務以德政化人，西土悦附。恭帝初，徵拜黄門侍郎。卒官。

[1]正光：北魏孝明帝的年號（520—525）。

[2]鴻臚少卿：官名。亦稱鴻臚寺少卿。爲鴻臚寺次官，掌外國少數民族賓客接待、朝會及吉凶禮儀，兼管佛教、祆教寺廟，領典客、典寺、司儀等署。四品上。

[3]山北縣男：封爵名。山北，縣名。治所在今陝西西安市東南。

[4]漢熾：地名。具體位置不詳。　屠各：匈奴部落名。休屠各的省稱。魏晋以後屠各的分布，一在太行山東麓，二在涼州，三在秦隴區域，四在并州，五在渭北。北周之後，秦隴屠各不見於史。

[5]賜書勞問：《周書》卷三九《王子直傳》作“太祖嘉之，賜書勞問”，《通志》卷一五九同《北史》。

[6]尚書左外兵郎中：官名。又稱左外兵郎中。北魏時爲尚書省左外兵曹長官，屬七兵尚書，六品。西魏沿置。

[7]兼中書舍人：按：據《周書·王子直傳》，王子直兼中書舍人在西魏文帝大統三年，與除尚書左外兵郎中的時間不一致，故此處用句號。

[8]河橋戰：南北朝時東魏和西魏之間的一次戰役。河橋，橋名。在今陝西大荔縣東大慶關與山西永濟市西南蒲州鎮之間的黄河上。

[9]涼州：西魏時治姑臧縣，在今甘肅武威市。　宇文仲和：

人名。代郡武川（今内蒙古武川縣西）人，鮮卑族。西魏、北周官吏。西魏文帝大統年間，爲凉州刺史。隋初，宇文仲和及父等被誅。

[10]大行臺郎中：官名。北魏後期始置，爲大行臺屬官，分掌諸曹事。西魏沿置。

[11]太子中庶子：官名。北魏時掌侍從、奏事、諫議等。孝文帝太和十七年定爲三品中，二十三年定爲四品上。西魏沿置。

[12]齊王：封爵名。即元廓。　友：官名。王府屬官。掌侍從游玩，規諷道義。北魏時定爲從四品下。西魏沿置。

[13]使持節：漢朝時官吏奉命外出時，由皇帝授予節杖，來提高其權威。魏晋之後，重要的軍事長官出征或出鎮時，通常加此名號，可誅殺二千石以下的官員。皇帝派遣大臣處理重要事情時，也加此職，以示尊崇。

[14]瓜州：西魏時治鳴沙縣，在今甘肅敦煌市黨河東岸。

子宣禮，柱國府參軍。[1]

[1]柱國府參軍：官名。西魏、北周置，柱國府屬官。正三命。

杜杲，字子暉，京兆杜陵人也。祖建，魏輔國將軍，[1]贈蒙州刺史。[2]父皎，儀同三司、武都郡守。[3]

[1]輔國將軍：官名。將軍名號。北魏孝文帝太和十七年定爲三品上，二十三年定爲從三品。

[2]蒙州：西魏時治武川縣，在今河南南召縣東南。源氏校勘記云："'蒙'《周書》作'豫'。"《通志》卷一五九同《北史》。

[3]武都：郡名。西魏時治石門縣，在今甘肅隴南市武都區東南。

杲學涉經史，有當世幹略。其族父攢，[1]清貞有識鑒，深器重之，常曰："吾家千里駒也。"攢時仕魏，爲黄門侍郎，兼度支尚書、衛大將軍、西道大行臺，[2]尚孝武妹新豐公主，因薦之朝廷。永熙三年，[3]起家奉朝請。周明帝初，爲脩城郡守。[4]屬鳳州人仇周貢等構亂，攻逼脩城，杲信洽於人，部内遂無叛者。尋率郡兵與開府趙昶合勢，[5]並破平之。入爲司會上士。[6]

[1]其族父攢：源氏校勘記云："'攢'《周書》作'瓚'。"《通志》卷一五九作"其族父瓚"。

[2]衛大將軍：官名。爲高級武官，位在衛將軍之上。北魏孝文帝太和十七年定爲一品下，位在儀同三司之下，二十三年定爲二品，位太子太師上。　西道大行臺：官名。總管西方軍事區域的行政事務（參張鶴泉《東魏、北齊時期的"道"探討》，《史學集刊》2008年第3期）。《周書·杜杲傳》作"西道行臺"，《通志》卷一五九同《北史》。

[3]永熙：北魏孝武帝的年號（532—534）。

[4]脩城：郡名。北周時治脩城縣，在今甘肅成縣東南。

[5]趙昶：人名。字長舒，天水南安（今甘肅隴西縣東南）人。西魏、北周將領。見《北史》卷六九《趙昶傳》。

[6]司會上士：官名。西魏恭帝三年置，北周沿置。天官府司會司次官，協助司會中大夫管理財政事務。正三命。

初，陳文帝弟安成王頊爲質於梁，[1]及江陵平，頊隨例遷長安。陳人請之，周文帝許而未遣。至是，帝欲歸之，命杲使焉。陳文帝大悦，即遣使報聘，并賂黔中數州地，[2]仍請畫野分疆，永敦鄰好。以杲奉使稱旨，進授都督，行小御伯，[3]更往分界。陳於是歸魯山郡。[4]帝乃拜頊柱國大將軍，詔杲送之還國。陳文帝謂杲曰："家弟今蒙禮遣，實是周朝之惠。然不還魯山，亦恐未能及此。"杲答曰："安成之在關中，乃咸陽一布衣耳。[5]然是陳之介弟，其價豈止一城？本朝親睦九族，恕己及物，上遵太祖遺旨，[6]下思繼好之義，所以發德音者，蓋爲此也。若知止侔魯山，固當不貪一鎮。況魯山梁之舊地，梁即本朝藩臣，若以始末言之，魯山自合歸國。云以尋常之土，易己骨肉之親，使臣猶謂不可，何以聞諸朝廷！"陳文帝慚恧久之，乃曰："前言戲之耳！"自是接遇有加常禮。及還，引升殿，親降御座，執手以别。朝廷嘉之，授大都督、小載師下大夫，[7]行小納言，復聘於陳。

[1]陳文帝：即南朝陳皇帝陳蒨。文爲其謚號。　安成王：封爵名。安成，郡名。南朝陳時治平都縣，在今江西安福縣。　頊：即陳頊，人名。字紹世，吴興長城下若里（今浙江長興縣）人。南朝陳宣帝。見《陳書》卷五《宣帝紀》。

[2]黔中：地區名。今四川彭水縣東北鬱山鎮及其周邊地區。

[3]小御伯：官名。御伯下大夫的别稱。西魏恭帝三年置，北周沿置。天官府屬官，員二人，佐御伯中大夫隨侍皇帝左右。北周武帝保定四年改御伯爲納言，遂稱納言下大夫。正四命。

[4]魯山：郡名。北周時治魯山縣，在今河南魯山縣。

[5]咸陽：城名。在今陝西咸陽市東北。

[6]太祖：即宇文泰。太祖爲其廟號。　遺：毛本"遺"作"遣"，誤。

[7]小載師下大夫：官名。省稱爲小載師。西魏恭帝三年置，北周沿置。地官府載師司次官，佐載師中大夫掌封邑的劃分，管理全國農、牧、鹽業的生産及賦役徵收等事務。北周武帝建德二年省中大夫，遂爲載師司長官，宣帝時復爲次官。正四命。

及華皎來附，[1]詔令衛公直、都督元定等援之。[2]定等並没。自是連兵不息，東南搔動。武帝授杲御正中大夫，[3]使陳，論保境息人之意。陳宣帝遣其黄門侍郎徐陵謂杲曰：[4]"兩國通好，彼朝受我叛人，何也？"杲曰："陳主昔在本朝，非慕義而至，主上授以柱國，位極人臣，子女玉帛，備禮將送，今主社稷，孰謂非恩？郝烈之徒，邊人狂狡，曾未報德，而先納之。今受華氏，正是相報。過自彼始，豈在本朝！"陵曰："彼納華皎，志圖吞噬。此受郝烈，容之而已。且華皎方州列將，竊邑叛亡。郝烈一百許户，脱身逃竄。大小有異，豈得同年而語乎？"杲曰："大小雖殊，受降一也。若論先後，本朝無失。"陵曰："周朝送主上還國，既以爲恩，衛公共元定度江，孰云非怨？計恩與怨，亦足相埒。"杲曰："元定等軍敗身囚，其怨已滅。陳主負扆馮玉，其恩猶在。且怨由彼國，恩起本朝，以怨酬恩，未之聞也。"陵笑而不答。杲因陳和通之便，陵具以聞。陳宣許之，遂遣使來聘。

[1]華皎：人名。晋陵暨陽（今江蘇江陰市）人。南朝陳官吏。見《陳書》卷二〇《華皎傳》。

[2]詔令衛公直都督元定等援之：《周書》卷三九《杜杲傳》

作“詔令衛公直督元定等援之”，《通志》卷一五九同《北史》。按：《北史》卷六九《元定傳》、《周書》卷三四《元定傳》，華皎歸梁時元定位大將軍、左武伯中大夫，且周武帝“詔定從衛公直率衆赴之”，下文又云“梁人與華皎皆爲水軍，定爲陸軍，直總督之”。疑《北史》衍“都”字。直，即宇文直，人名。字豆羅突，代郡武川（今内蒙古武川縣西）人，鮮卑族。北周宗室。見《北史》卷五八《衛剌王直傳》。元定，人名。字願安，河南洛陽（今河南洛陽市）人。西魏宗室，北周將領。見《北史》卷六九《元定傳》。

[3]御正中大夫：官名。西魏恭帝時置，北周初沿置。天官府御正司長官，在皇帝左右，負責宣傳詔命，參議刑罰爵賞及軍國大事，皇帝詔書須由其連署。北周明帝武成元年於其上設御正上大夫，降爲副職。正五命。

[4]陳宣帝：即南朝陳皇帝陳頊。宣爲其謚號。　徐陵：人名。字孝穆，東海郯（今山東郯城縣）人。南朝梁、陳官吏。見《陳書》卷二六《徐陵傳》。

建德初，授司城中大夫，[1]仍使於陳。宣帝謂杲曰：“長湖公軍人等雖築館處之，[2]然恐不能無北風之戀。王褒、庾信之徒既羈旅關中，[3]亦當有南枝之思耳。”杲揣陳宣意欲以元定軍將士易王褒等，乃答之曰：“長湖總戎失律，臨難苟免，既不死節，安用此爲！[4]且猶牛之一毛，何能損益。本朝之議，初未及此。”陳宣帝乃止。及杲還，至石頭，[5]又遣謂之曰：“若欲合從，共圖齊氏，能以樊、鄧見與，[6]方可表信。”杲答曰：“合從圖齊，豈唯弊邑之利？必須城鎮，宜待得之於齊。[7]先索漢南，[8]使臣不敢聞命。”還，除司倉中大夫，[9]又使於陳。

[1]司城中大夫：官名。省稱爲司城大夫、司城。北周置。掌修護城郭溝池之事。正五命。

[2]長湖公：封爵名。長湖，郡名。北周時治義安縣，在今湖北襄樊市西。

[3]王褒：人名。字子淵，琅邪臨沂（今山東臨沂市）人。文學家，南朝梁、北周官吏。見《北史》卷八三《王褒傳》。 庾信：人名。字子山，南陽新野（今河南新野縣）人。文學家，南朝梁、北周官吏。見《北史》卷八三《庾信傳》。

[4]安用此爲：《周書》卷三九《杜杲傳》作“安用以爲”，《通志》卷一五九同《北史》。

[5]及杲還至石頭：《周書·杜杲傳》作“杲還至石頭”，《通志》卷一五九同《北史》。石頭，城名。在今江蘇南京市清涼山。

[6]樊：地區名。指春秋時樊國的領土，在今湖北襄樊市一帶。 鄧：地區名。指春秋時鄧國的領土，在今河南鄧州市一帶。

[7]宜待得之於齊：《周書·杜杲傳》作“宜待之於齊”，《通志》卷一五九同《北史》。

[8]漢南：泛指今河南南部及湖北北部一帶。

[9]司倉中大夫：官名。北周時置。地官府司倉司長官，員一人，掌穀物的存儲、加工、使用和借貸。正五命。

杲有辭辯，閑於占對，前後將命，陳人不能屈，陳宣帝甚敬異之。時元定已卒，乃禮送開府賀拔華，及定棺柩，杲受之以歸。[1]除河東郡守，遷温州刺史，[2]賜爵義興縣伯。[3]大象元年，徵拜御正中大夫，復使陳。二年，除申州刺史，[4]加開府儀同大將軍，[5]進爵爲侯。除同州刺史。[6]

［1］“杲有辭辯”至“杲受之以歸”：《周書》卷三九《杜杲傳》無此語。

［2］温州：北周時治角陵縣，在今湖北京山縣城關。

［3］義興縣伯：封爵名。義興，縣名。治所在今河南信陽市東北。

［4］申州：北周時治平陽縣，在今河南信陽市南。

［5］開府儀同大將軍：官名。北周武帝建德四年改開府儀同三司置，位在儀同大將軍之上，主要授予有軍功的大臣及北齊的降官，無具體職掌。九命。

［6］同州刺史：源氏校勘記云：“‘刺史’《周書》作‘司會’。”《通志》卷一五九同《北史》。同州，北周時治武鄉縣，在今陝西大荔縣。

隋開皇元年，以杲爲同州總管，[1]進爵爲公。俄遷工部尚書。[2]二年，除西南道行臺兵部尚書。[3]尋以疾卒。

［1］同州總管：源氏校勘記云：“‘管’《周書》作‘監’。”中華本校勘記云：“按周有同州司會，見卷三六《令狐整傳》。隋有同州總監，見《隋書·百官志下》。蓋隋改同州司會爲總監，杜杲仍任原職。此‘刺史’及‘總管’疑是後人妄改。參《周書》卷三九《杜杲傳》校記。”可從。

［2］工部尚書：官名。隋朝始置。爲尚書省工部長官，員一人，掌百工、屯田、山澤等政令。正三品。

［3］行臺兵部尚書：官名。即行臺省兵部尚書。隋朝時行臺尚書省置，員一人，職掌同尚書省兵部尚書，兼吏部、禮部。正三品。

子運，大象末，宣納上士。

杲兄長暉，位儀同三司。

吕思禮，東平壽張人也。[1]性温潤，不雜交遊。年十四，受學於徐遵明，[2]長於論難，諸生爲之語曰："講書論易鋒難敵。"十九，舉秀才，對策高第，除相州功曹參軍。[3]葛榮圍鄴，[4]思禮有守禦勳，賜爵平陸縣伯，[5]除欒城令。[6]

[1]東平：郡名。北魏時治范縣，在今河南范縣東南。　壽張：縣名。治所在今山東東平縣西南。

[2]徐遵明：人名。字子判，華陰（今陝西華陰市東南）人。北魏經學家。見《北史》卷八一《徐遵明傳》。

[3]相州：北魏時治鄴縣，在今河北臨漳縣西南。殿本、四庫本、四部備要本作"湘州"。　功曹參軍：官名。即功曹參軍事。南北朝時置，功曹之長。北魏時二大、三公、皇子、將軍、藩王府皆置。品秩隨府主地位高低而定，孝文帝太和二十三年定爲六品上至八品上。

[4]葛榮：人名。北魏時河北義軍首領。孝莊帝建義元年（528）八月，圍攻相州，戰敗，爲尒朱榮所捕。後被殺。

[5]平陸縣伯：封爵名。平陸，縣名。治所在今山東汶上縣西北。

[6]欒城：縣名。治所在今河南欒城縣西。

普泰中，[1]僕射司馬子如薦爲尚書二千石郎中。[2]尋以地寒被出，[3]兼國子博士。[4]乃求爲關西大行臺郎中，與姚幼瑜、茹文就俱入關。爲行臺賀拔岳所重，專掌機密，甚得時譽。岳爲侯莫陳悦所害，趙貴等議遣赫連達迎周文帝，[5]思禮預其謀。乃周文爲關西大都督，以思禮爲府長史，尋除行臺右丞。[6]以迎魏孝武功，封汶陽縣子，[7]加冠軍將軍，[8]拜黄門侍郎。魏文帝即位，[9]領著作郎，[10]除安東將軍、都官尚書，[11]兼七兵、殿中二曹事。[12]從禽竇泰，[13]進爵爲侯。大統四年，以謗訕朝政賜死。

[1]普泰：北魏節閔帝的年號（531—532）。

[2]僕射：官名。尚書僕射的省稱。北朝時職掌都省庶務及執法，或典選舉。輔助尚書令執行政務，參議大政，諫諍得失。左僕射兼掌糾彈百官，居右僕射上。　司馬子如：人名。字遵業，河内温（今河南温縣）人。北魏、東魏、北齊官吏。見《北史》卷五四《司馬子如傳》。　尚書二千石郎中：官名。又稱二千石郎中。北魏時爲尚書省二千石曹長官，資淺者稱郎中，資深者可轉侍郎，後皆稱郎中。六品。

[3]地寒：指人出身微賤，地位低下。

[4]國子博士：官名。晋武帝時立國子學，置一員，教授生徒儒學，並應對殿堂，備咨詢顧問，隸國子祭酒，地位高於太學博士。北魏孝文帝太和十七年定爲從五品上，二十三年定爲五品上。

[5]趙貴：人名。字元貴，天水南安（今甘肅隴西縣東南）人。西魏、北周將領。見《北史》卷五九《趙貴傳》。　赫連達：人名。字朔周，盛樂（今内蒙古和林格爾縣西北）人。北魏、西魏將領。見《北史》卷六五《赫連達傳》。

[6]行臺右丞：官名。行臺尚書右丞的省稱。北魏置，在行臺内職掌同尚書左丞。

[7]汶陽縣子：封爵名。汶陽，縣名。治所在今山東寧陽縣東北。源氏校勘記云："《周書》作'汝陽'。"

[8]冠軍將軍：官名。將軍名號。北魏時爲從三品。西魏因之。

[9]魏文帝：即西魏皇帝元寶炬。文爲其謚號。底本作“文帝”，中華本作“魏文帝”。《周書》卷三八《吕思禮傳》、《通志》卷一五九作“魏文帝”。中華本據《周書》《通志》補。今從改。

[10]著作郎：官名。北魏中期於秘書省置著作局，員二人。孝文帝太和十七年定爲五品上，二十三年改爲從五品上。

[11]安東將軍：官名。北魏時爲出鎮某一地區的軍事長官，或作爲州刺史兼理軍務時的加官。孝文帝太和二十三年定爲三品。西魏因之。　都官尚書：官名。尚書省都官曹長官。北魏時此職仿南朝宋制，領都官、水部、庫部、功論等曹事務，兼掌殿中執法。孝文帝太和十七年定爲二品中，二十三年定爲三品。西魏沿置。

[12]七兵：官署名。尚書省七兵曹的省稱，掌軍事行政。或説領別兵、騎兵、都兵、左右中兵、左右外兵七曹。　殿中：官署名。尚書省殿中曹的省稱。領宫中兵馬，典宫禁宿衛及倉庫，或説領殿中、直事、三公、駕部四郎曹。

[13]竇泰：人名。字世寧，太安捍殊（今山西壽陽縣北）人。北魏、東魏將領。見《北史》卷五四《竇泰傳》。

思禮好學有才，雖務兼軍國，而手不釋卷。晝理政事，夜即讀書，令蒼頭執燭，[1]燭燼夜有數升。沙苑之捷，[2]命爲露布，[3]食頃便成，周文歎其工而且速。所爲碑誄表頌，並傳於世。七年，追贈車騎將軍、定州刺史。[4]

[1]蒼頭：指私家奴僕。

[2]沙苑之捷：西魏文帝大統三年十月，東魏丞相高歡率軍攻打西魏，宇文泰率軍迎戰。雙方在沙苑展開激戰，最終高歡狼狽而逃。沙苑，地名。又名沙阜、沙海、沙窩。在今陝西大荔縣南洛、

渭二河之間。

［3］露布：軍中告捷的文書。

［4］車騎將軍：官名。在諸名號將軍之上，多作爲軍府名號，以加授大臣、重要州郡長官，無具體職掌。北魏孝文帝太和十七年定爲一品下，二十三年改爲二品。西魏沿置。源氏校勘記云："'將'上，《周書》有'大'字。"《通志》卷一五九同《北史》。定州：時屬東魏，治安憙縣，在今河北定州市。

子亶嗣。大象中，位至駕部下大夫。[1]

［1］駕部下大夫：官名。即小駕部下大夫，又稱小駕部。西魏恭帝時置，北周沿置。夏官府駕部司次官，佐駕部中大夫掌皇帝出行的車駕及馬、駝、羊的牧養。北周武帝建德二年省中大夫，遂爲駕部司長官，宣帝時復爲次官。正四命。

時有博陵崔騰，[1]早有名譽，歷職清顯，爲丞相府長史，亦以投書謗議賜死。

［1］博陵：郡名。西魏時治安平縣，在今河北安平縣。

徐招，字思賢，高平金鄉人也。[1]世爲著姓。招少好法律及朝廷舊事，發言措筆，常欲辯析秋毫。初入洛陽，雖未登仕，已爲時知，朝廷疑事多預議焉。延昌中，[2]從征浮山堰有功，[3]賜爵高廣男。[4]乃廣陽王深北討鮮于脩禮，[5]啓爲員外散騎侍郎、深府長流參軍。[6]招陳策請離間之，葛榮竟殺脩禮，[7]自爲魁帥。以功進爵爲侯。永安初，射策甲科，除員外散騎常侍，[8]領尚書儀曹郎中。[9]招少習吏事，未能精究朝儀，常恨才達，恐名迹不立。久之，方轉二千石郎中。

[1]高平：郡名。北魏時治高平縣，在今寧夏固原市。　金鄉：縣名。治所在今山東金鄉縣。底本無“金”字，《通志》卷一五九作“金鄉”。中華本校勘記云：“按《魏書·地形志中》兖州高平郡有金鄉縣。今據補。”今從改。

[2]延昌：北魏宣武帝的年號（512—515）。

[3]浮山堰：南北朝時淮河上修建的攔河大壩。在今安徽五河縣、明光市及江蘇泗洪三縣交界的浮山峽内。

[4]高廣男：封爵名。高廣，縣名。治所在今山東莒縣。

[5]廣陽王：封爵名。廣陽，郡名。北魏時治燕樂縣，在今河北隆化縣。　深：即元深，人名。本名淵，《北史》避唐高祖李淵諱改，字智遠。北魏宗室。見《北史》卷一六《廣陽王建附元深傳》。　鮮于脩禮：人名。懷朔（今内蒙古固陽縣百靈淖城圐圙古城）人。北魏末河北起義軍首領。六鎮起義失敗後，被部將元洪業殺害。

[6]員外散騎侍郎：官名。晋武帝時始置，初爲正員之外添差之散騎侍郎，無員數，後成定員數。北魏沿置，屬散騎省，初沿例授予南朝北奔之士，後多以公族、功臣子充任，爲閑散之職，班比吏部郎，員六人。孝文帝太和十七年定爲從四品下，後定爲七品上。

[7]脩禮：底本作“脩理”，毛本、局本作“脩禮”。按：鮮于脩禮的“禮”不能作“理”，今從改。

[8]員外散騎常侍：官名。三國魏末始置，歷代沿置。初爲正員之外添差之散騎常侍，無員數，後爲散騎省屬官。北魏時員六人，孝文帝太和十七年定爲從三品上，二十三年定爲五品上。

[9]尚書儀曹郎中：官名。又稱儀曹郎中、儀曹郎。魏晋南北

朝時爲尚書省儀曹長官。北魏時爲六品。

尒朱榮死,[1]尒朱世隆屯兵河橋,[2]莊帝以招爲行臺左丞,[3]自武牢北度,[4]引馬場、河内之衆以抗世隆。[5]後尒朱兆得招,[6]鎖送洛陽,仲遠數招罪,[7]將斬之。招曰:"不虧君命,得死爲幸。"仲遠重之,曰:"凡人受命,理各爲主。今若爲戮,何以勸人臣?"乃釋之,用爲行臺右丞。及仲遠南奔,招獨還洛。

[1]尒朱榮:人名。字天寶,北秀容(今山西朔州市)人,契胡族。北魏大臣。見《北史》卷四八《尒朱榮傳》。

[2]尒朱世隆:人名。字榮宗,北秀容(今山西朔州市)人,契胡族。見《北史》卷四八《尒朱榮附尒朱世隆傳》。

[3]莊帝:即北魏孝莊帝元子攸。莊爲其謚號。

[4]武牢:即虎牢關。《北史》避唐高祖祖父李虎諱改。在今河南滎陽市汜水鎮西北。

[5]馬場:地區名。《資治通鑑》卷一五八胡三省注引《通典》云:"衛州汲郡,古牧野之地。魏孝文帝太和十七年,徙代畜於石濟之西,故有河北馬場。" 河内:郡名。北魏時治野王縣,在今河南沁陽市。

[6]尒朱兆:人名。字萬仁,北秀容(今山西朔州市)人,契胡族。見《北史》卷四八《尒朱榮附尒朱兆傳》。

[7]仲遠:即尒朱仲遠,人名。北秀容(今山西朔州市)人,契胡族。見《北史·尒朱榮附尒朱仲遠傳》。

永熙末,從孝武入關中,拜給事黄門侍郎,兼尚書右丞。時朝廷播遷,典章遺闕,至於臺省法式,皆招所記，論者多焉。大統三年，拜驃騎將軍、侍中。[1]時文帝舅子王起化犯罪死，[2]有詔追贈，招執奏正之。後卒於度支尚書。子山雲嗣。

[1]驃騎將軍：官名。魏晋南北朝時僅作爲軍府名號，加授大臣、重要州郡長官，無具體職掌。北魏孝文帝太和十七年定爲一品下，二十三年定爲二品。西魏沿置。

[2]文帝：指西魏文帝元寶炬。文爲其謚號。

檀翥，字鳳翔，高平金鄉人也。六世祖毓，晋步兵校尉。[1]父江，始還北，仕至太常少卿，[2]贈兖州刺史。

[1]步兵校尉：官名。西晋時隸中領兵，領宿衛營兵。四品。東晋初亦領營兵，後罷其兵，旋省其官。

[2]太常少卿：官名。北魏始置。爲太常副職，位在丞上。孝文帝太和十七年定爲三品上，二十三年定爲四品上。西魏沿置。

翥十歲喪父，還京師宅，與營人雜居。[1]雖幼孤寒，不與鄰人來往。[2]好讀書，解屬文，能鼓琴，[3]早爲琅邪王誦所知。[4]年十九，以名家子爲魏明帝挽郎。[5]後客遊三輔。時毛遐爲行臺，鎮北雍，[6]表翥爲行臺郎中。莊帝既誅尒朱榮，遐使翥詣京師，因除著作佐郎，郎中如故。

[1]營人：商人。

[2]來往：毛本、局本作“往來”。

[3]能鼓琴：《周書》卷三八《李昶附檀翥傳》作“能鼓瑟”，

《通志》卷一五九同《北史》。

[4]琅邪：郡名。北魏時治即丘縣，在今山東臨沂市西。　王誦：人名。字國章，琅邪臨沂（今山東臨沂市）人。北魏官吏。見《北史》卷四二《王肅附王誦傳》。

[5]魏明帝：即北魏皇帝元詡。明爲其謚號。　挽郎：又稱挽僮。執事於皇帝、皇后等喪禮的儀仗隊員。

[6]時毛遐爲行臺鎮北雍：底本“北雍”作“北維”，源氏校勘記云：“《周書》‘遐’作‘遯’，‘北維’作‘北雍州’。按，毛遐本傳無鎮北雍州，唯曰爲幽州刺史。未知孰是。”中華本校勘記云：“按本書卷四九《毛鴻賓傳》云：‘明帝以鴻賓（即遐弟）兄弟所定處多，乃改北地郡爲北雍州，鴻賓爲刺史。’又見《隋書·地理志上》京兆郡華原縣條。作‘維’誤，今據改。”今從改。毛遐，人名。字鴻遠，北地三原（今陝西三原縣東北）人。北魏、西魏將領。見《北史》卷四九《毛遐傳》。

後孝武帝西幸，除兼中書舍人，修國史。大統初，又兼著作佐郎。以守關迎駕勳，封高唐子。[1]後坐談論輕躁，爲黄門侍郎徐招所糾，死於廷尉獄。[2]

[1]高唐子：封爵名。高唐，縣名。治所在今山東高唐縣。底本作“高堂子”，《周書》卷三八《李昶附檀翥傳》作“高唐縣子”。中華本校勘記云：“按《魏書·地形志》無高堂縣。高唐見《地形志中》齊州東平原郡。今據改。”今從改。

[2]廷尉獄：廷尉卿關押和審理犯人的地方。

孟信，字脩仁，廣川索盧人也。[1]家世貧寒，頗傳學業。信常曰：“窮則變，變則通。吾家世傳儒學，而未有通官，當由儒非世務也。”遂感激，棄書從軍。永熙末，[2]除奉朝請。

［1］廣川：郡名。北魏時治廣川縣，在今河北景縣西南。　索盧：縣名。治所在今山東桓臺縣東南。

［2］永熙：底本作“永業”，《通志》卷一五九作“永熙”。中華本校勘記云：“按北魏年號無‘永業’，‘永熙’乃孝武年號，今據改。”今從改。

從孝武帝入關，封東州子，[1]趙平太守。[2]政尚寬和，權豪無犯。山中老人曾以豘酒饋之，信和顔接引，慇懃勞問。乃自出酒，以鐵鐺温之，[3]素木盤盛蕪菁葅，[4]唯此而已。又以一鐺借老人，[5]但執一盃，各自斟酌，申酬酢之意。謂老人曰：“吾至郡來，無人以一物見遺，今卿獨有此餉。且食菜已久，欲爲卿受一豘髆耳。酒既自有，不能相費。”老人大悦，再拜，擘豘進之。酒盡方別。

［1］東州子：封爵名。東州，具體位置不詳。中華本校勘記云：“張森楷云：‘“東”疑當作“束”。’”按：北魏、西魏時無東州，束州見《魏書·地形志上》瀛州章武郡。束州，縣名。治所在今河北河間市東北。

［2］趙平：郡名。北魏時治鶉觚縣，在今甘肅靈臺縣城關。

［3］鐵鐺（chēng）：鐵製温酒器。

［4］蕪菁葅（zū）：腌製的蔬菜。蕪菁，又名蔓菁。塊根肉質，花黄色。塊根可作蔬菜，俗稱大頭菜。葅，腌菜。

［5］又以：元大德本、毛本作“文以”，誤。

及去官，居貧無食。唯有一老牛，其兄子賣之，擬供薪米。券契已訖，市法應知牛主住在所。信適從外來，見買牛人，方知其賣也。因告之曰："此牛先來有病，小用便發，君不須也。"杖其兄子二十。買牛人嗟異良久，呼信曰："孟公，但見與牛，未必須其力也。"苦請不得，乃罷。買牛者，周文帝帳下人，周文深歎異焉。

未幾，舉爲太子少師，[1]後遷太子太傅，[2]儒者榮之。特加車騎大將軍、儀同三司、散騎常侍。辭老請退，周文不奪其志，賜車馬、几杖、衣服、牀帳。卒於家。贈冀州刺史，謚曰戴。子儒。

[1]太子少師：官名。爲東宫三少之首，負責訓導輔佐太子，無具體職司。北魏孝文帝太和十七年定爲二品上，二十三年定爲三品。西魏沿置。

[2]太子太傅：官名。負責訓導輔佐太子，無具體職司。北魏孝文帝太和十七年定爲一品上，二十三年定爲二品。西魏沿置。

宗懔，字元懔，南陽涅陽人也。[1]八世祖承，永嘉亂，[2]討陳敏有功，[3]封柴桑縣侯，[4]除宜都郡守。[5]卒官。子孫因居江陵。父高之，梁山陰令。[6]

[1]南陽：郡名。北魏時宛縣，在今河南南陽市。　涅陽：縣名。治所在今河南鄧州市東北。

[2]永嘉：西晋懷帝的年號（307—313）。

[3]陳敏：人名。字令通，廬江（今安徽舒城縣）人。西晋官吏。見《晋書》卷一〇〇《陳敏傳》。

[4]柴桑縣侯：封爵名。柴桑，縣名。治所在今江西九江市西南。

[5]宜都：郡名。西晋時治夷陵縣，在今湖北宜昌市西北。

[6]山陰：縣名。治所在今浙江紹興市。

懍少聰敏，好讀書，晝夜不倦，語輒引古事，鄉里呼爲“小兒學士”。梁大同六年，[1]舉秀才。以不及二宫元會，[2]例不對策。[3]及梁元帝鎮荆州，[4]謂長史劉之遴曰：[5]“貴鄉多士，爲舉一有意少年。”之遴以懍應命，即日引見，令兼記室。嘗夕被召宿省，使製龍川廟碑，[6]一夜便就。詰朝呈上，梁元帝歎美之。後歷臨汝、建城、廣晋三縣令。[7]遭母憂去職，哭輒歐血，兩旬之内，絶而復蘇者三。每旦有群烏數千集于廬舍，[8]候哭而來，哭止而去。時論以爲孝感所致。

[1]梁大同六年：源氏校勘記云：“‘大同’《周書》作‘普通’。按《周書》云保定中卒，年六十四。保定僅五年，是懍以永元、天監之際生，普通六年，實年廿三至廿七之間。大同六年，卅七至四十三之間，時始舉秀才。《周書》似是。”中華本校勘記云：“按《周書》言懍‘保定中卒，年六十四’，若死在五年（565），逆推六四歲，當生於南齊永元三年（501），則至普通六年（525），懍年二十五歲，尚可謂之少年；若至大同六年（539），懍已三十九歲，不可謂之少年。疑《北史》誤。”可從。大同，南朝梁武帝的年號（535—546）。

[2]二宫：指皇帝與太子。　元會：又稱正會，指皇帝於歲首朝會群臣。其禮儀十分莊重，需乘輿郊天、祀地、禮明堂、祠宗廟、元會臨軒等。始於漢，魏晋因之。

［3］對策：亦作“對册”。指就政事、經義等設問，由應試者對答。自漢代起成爲考試的一種形式。

［4］梁元帝：即南朝梁皇帝蕭繹。元爲其謚號。　荆州：南朝梁時治江陵縣，在今湖北江陵縣。

［5］劉之遴：人名。字思貞，南陽涅陽（今河南鄧州市東北）人。南朝梁官吏。見《梁書》卷四〇《劉之遴傳》。

［6］龍川廟碑：碑文名。龍川，郡名。南朝梁時治歸善縣，在今廣東惠州市惠陽區東北。

［7］臨汝：縣名。治所在今江西撫州市臨川區。　建城：縣名。治所在今江西高安市。源氏校勘記云：“《梁書》作建成，《周書》同。”　廣晋：縣名。治所在今江西鄱陽縣。

［8］每旦：《周書·宗懍傳》作“每”，《通志》卷一五九同《北史》。

梁元帝即位，擢爲尚書侍郎，[1]封信安縣侯，[2]累遷吏部尚書。懍父高之先爲南臺書侍御史，[3]犯憲。懍願父釋罪，當終身菜食。高之理雪，故懍菜食，鄉里稱之。在元帝府，府中多言其矯。至是，大進魚肉，國子祭酒沛國劉瑴讓之曰：[4]“本知卿不忠，猶謂卿孝。今日便是忠孝並無。”懍不能對。懍博學有才藻，口未嘗譽人，朋友以此少之。[5]

［1］尚書侍郎：官名。尚書臺郎曹長官。南朝梁時置二十三郎，吏部郎十一班，諸曹郎六班。

［2］信安縣侯：封爵名。信安，縣名。治所在今湖北麻城市東北。

［3］南臺：官署名。御史臺的别稱。因其在宫闕臺西南，故曰

南臺。　書侍御史：官名。即治書侍御史。

［4］國子祭酒：官名。掌教授生徒儒學，主管國子學，參議禮制。　沛國：郡名。南朝梁時治相縣，在今安徽濉溪縣張集村。　劉瑴（jué）：人名。字仲寶，沛國（今安徽濉溪縣張集村）人。南朝梁官吏。見《梁書》卷四一《劉瑴傳》。

［5］“父高之先爲南臺書侍御史”至“以此少之”：《周書》無，應爲《北史》補。

初，侯景平後，梁元帝議還建鄴，[1]唯懔勸都渚宫，[2]以鄉在荆州故也。及江陵平，與王褒等入關。周文帝以懔名重南土，甚禮之。周孝閔帝踐祚，拜車騎大將軍、儀同三司。明帝即位，又與王褒等在麟趾刊定群書，[3]數蒙宴賜。保定中，卒。有集二十卷行於世。[4]

［1］建鄴：城名。在今江蘇南京市。

［2］渚宫：在今湖北江陵縣。此處代指江陵。

［3］麟趾：宫殿名。在今陝西西安市。

［4］有集二十卷行於世：按：據中華本《周書》卷四二《宗懔傳》校勘記，諸書對此説法不一：《隋書·經籍志四》作“十二卷”，《舊唐書·經籍志》作“三十卷”，《新唐書·藝文志》作“十卷”。未詳孰是。

劉璠，字寶義，沛人也。六世祖敏，以永嘉亂，徙居廣陵。[1]父臧，性方正，篤志好學，居家以孝聞。仕梁，爲著作郎。

［1］廣陵：縣名。治所在今江蘇揚州市西北。

璠九歲而孤，居喪合禮。少好讀書，兼善文筆。十七，爲上黄侯蕭曄所器重。[1]范陽張綰，[2]梁之外戚，才高口辯，見推於世。以曄懿貴，亦假借之。璠年少未仕，而負才使氣，不爲之屈。綰嘗於新渝侯宅，[3]因酒後詬京兆杜杲，[4]曰："寒士不遜。"璠厲色曰："此坐誰非寒士？"璠本意在綰，而曄以爲屬己，辭色不平。璠曰："何王之門不可曳長裾也！"遂拂衣而去。曄謝之，乃止。後隨曄在淮南，璠母在建康遘疾，[5]璠弗之知。嘗忽一日舉身楚痛，尋而家信至，云其母病。璠即號泣戒道，絶而又蘇。當身痛之辰，即母死之日。居喪毁瘠，遂感風氣，服闋後一年，猶杖而後起。及曄終於毗陵，[6]故吏多分散，璠獨奉曄喪還都，墳成乃退。梁簡文時在東宫，[7]遇曄素重，諸不送者多被劾責，[8]唯璠獨被優賞。解褐王國常侍，[9]非其好也。[10]

[1]上黄侯：封爵名。上黄，縣名。治所在今湖北南漳縣東南。　蕭曄：人名。字通明，南蘭陵（一説在今江蘇常州市，一説在今江蘇丹陽市）人。南朝梁宗室。見《南史》卷五二《始興忠武王憺附蕭曄傳》。

[2]范陽：郡名。南朝梁時治涿縣，在今河北涿州市。　張綰：人名。字孝卿，范陽方城（今河北固安縣）人。南朝梁文學家。見《梁書》卷三四《張緬附張綰傳》。

[3]新渝侯宅：《周書》卷四二《劉璠傳》作"新渝侯坐"。新渝侯，封爵名。即蕭暎。新渝，縣名。治所在今江西新餘市南。

[4]杜杲：源氏校勘記云："《周書》作'杜騫'。"中華本校勘記云："錢氏《考異》卷四〇云：'杜杲祖父世仕魏朝，杲又未嘗流竄江左，何緣在梁新渝侯宅乎？《周書》作杜騫，當從之。'"

可從。

[5]建康：城名。在今江蘇南京市。

[6]毗陵：郡名。南朝梁時治毗陵縣，在今江蘇常州市。

[7]梁簡文：即南朝梁皇帝蕭綱。簡文爲其謚號。　時在：底本作“時”，中華本作“時在”。《周書·劉璠傳》、《通志》卷一五九作“時在”。源氏校勘記云：“‘東’上，《周書》有‘在’字。”今從改。

[8]諸不送者多被劾責：《周書·劉璠傳》“多被”作“皆被”，《通志》卷一五九同《北史》。

[9]王國常侍：官名。爲王、公等國屬官。南朝梁時分置左右，員額依國之大小不等，位二班至一班。

[10]非其好也：底本無“其”字，《周書·劉璠傳》、《通志》卷一五九作“非其好也”。中華本校勘記云：“諸本脱‘其’字，據《周書》《通志》補。”今從改。

璠少慷慨，好功名，志欲立事邊城，不樂隨牒平進。會宜豐侯蕭脩出爲北徐州刺史，[1]即請爲其輕車府主簿，[2]兼記室參軍。脩爲梁州，[3]又板爲中記室，[4]補華陽太守。[5]屬侯景度江，梁室大亂，脩以璠有才略，甚親委之。時寇難繁興，未有所定，璠乃喟然賦詩以見志。其末章曰：“隨會平王室，[6]夷吾匡霸功。[7]虚薄無時用，徒然慕昔風。”脩開府，置佐史，[8]以璠爲諮議參軍，仍領記室。梁元帝承制，授樹功將軍、鎮西府諮議參軍，[9]賜書曰：“鄧禹文學，[10]尚或執戈；葛洪書生，[11]且云破賊。前修無遠，屬望良深。”元帝尋以脩紹鄱陽之封，[12]且爲雍州刺史，復以璠爲脩平北府司馬。[13]

［1］宜豐侯：封爵名。宜豐，縣名。治所在今江西宜豐縣。蕭脩：人名。字世和，南蘭陵（一説在今江蘇常州市，一説在今江蘇丹陽市）人。南朝梁宗室。見《南史》卷五二《鄱陽忠烈王恢附蕭脩傳》。南監本馮夢禎校勘記云："'蕭脩'《周書》作'蕭循'。下同。"　北徐州：南朝梁時治彭城縣，在今江蘇徐州市。

［2］輕車府：官署名。即輕車將軍府。輕車將軍，官名。漢武帝時置，南北朝沿置。北魏時位第五品中，可開府，下設長史、主簿。梁同之。

［3］梁州：南朝梁時治南鄭縣，在今陝西漢中市。

［4］板：毛本、殿本、四庫本、局本、四部備要本作"補"。板，官制用語。古人書寫用木片，又上朝時執手板，以此指任官。　中記室：官名。中記室參軍的省稱，南朝梁時爲大將軍府屬官。諸皇弟皇子府、嗣王藩王府、庶姓公府、庶姓持節府皆置。品位依府主地位高低而定，自七班至三班不等。

［5］華陽：郡名。南朝梁時治興安縣，在今四川廣元市東南。

［6］隨會平王室：典故。指春秋時晋襄公病逝，隨會往秦迎立新君、平定晋王室之事。隨會，人名。又稱范武子、隨武子，春秋時晋國人。因食邑在隨（今山西介休市東南）、范（今山東梁山縣西），又稱隨會、范會。

［7］夷吾匡霸功：典故。指管仲輔助齊桓公，富國强兵，稱霸諸侯之事。夷吾，即管仲。潁上（今安徽潁上縣）人。春秋時齊國政治家、軍事家。見《史記》卷六二《管晏列傳》。

［8］佐史：官名。漢朝時置，爲縣官屬吏，掌文書。

［9］樹功將軍：官名。南朝梁置，武帝天監七年（508）爲武職二十四班中的六班，普通六年（525）定爲武職三十四班中的九班。　鎮西府：官署名。即鎮西將軍的府署。　鎮西將軍：官名。三國時始置，與鎮東、鎮南、鎮北將軍合稱四鎮將軍。歷代沿置，可開府，下設長史、主簿等。

[10]鄧禹：人名。字仲華，南陽新野（今河南新野縣）人。東漢名將。見《後漢書》卷一六《鄧禹傳》。

[11]葛洪：人名。字稚川，丹陽句容（今江蘇句容市）人。著有《神仙傳》《抱朴子》《肘後備急方》等。見《晉書》卷七二《葛洪傳》。

[12]紹：接續。　鄱陽：郡名。南朝梁時治鄱陽縣，在今江西鄱陽縣。

[13]平北府：官署名。即平北將軍的府署。平北將軍，東漢末始置，與平東、平西、平南將軍合稱四平將軍，統管軍政事務。歷代沿置，可開府，下設長史、主簿等。

及武陵王紀稱制於蜀，[1]以璠爲中書侍郎。[2]遣召璠，使者八反，乃至蜀。又以爲黄門侍郎，令長史劉孝勝深布心腹，[3]使工畫《陳平度河歸漢圖》以遺之。[4]璠苦求還，中記室韋登私曰："殿下忍而蓄憾，足下不留，將致大禍。脱使盗遮於葭萌，[5]則卿殆矣。孰若共構大厦，使身名俱美哉！"璠正色曰："卿欲緩頰於我邪？我與府侯分義已定，豈以寵辱夷險易其心乎！丈夫立志，當死生以之耳。殿下方布大義於天下，終不逞志於一人。"紀知不爲己用，乃厚贈而遣之。臨别，紀又解其佩刀贈璠曰："想見物思人。"璠曰："敢不奉揚威靈，剋翦姦宄。"紀於是遣使拜脩爲益州刺史，[6]封隨郡王，[7]以璠爲府長史，加蜀郡太守。

[1]武陵王：封爵名。武陵，郡名。南朝梁時治臨沅縣，在今湖南常德市。　紀：即蕭紀，人名。字世詢，南蘭陵（一説在今江蘇常州市，一説在今江蘇丹陽市）人。南朝梁宗室。見《梁書》

卷五五《武陵王紀傳》。　蜀：郡名。南朝梁時治成都縣，在今四川成都市。

[2]中書侍郎：官名。三國時魏文帝設，又稱中書郎，爲中書省副主官，掌起草書疏表檄，第五品。歷朝因之，員數、官秩不一。

[3]劉孝勝：人名。彭城（今江蘇徐州市）人。見《梁書》卷四一《劉潛附劉孝勝傳》。

[4]陳平：人名。陽武（今河南原陽縣東南）人。西漢開國名臣。見《漢書》卷四〇《陳平傳》。

[5]葭萌：關隘名。在今四川廣元市昭化鎮北。

[6]遣使拜：《周書》卷四二《劉璠傳》作"遣使就拜"，《通志》卷一五九同《北史》。

[7]隨郡王：封爵名。隨郡，南朝梁時治隨縣，在今湖北隨州市。

還至白馬西，[1]屬達奚武軍已至南鄭，[2]璠不得入城，遂降武。周文帝素聞其名，先戒武曰："勿使劉璠死。"故武先令璠赴闕。周文見之如舊，謂僕射申徽曰：[3]"劉璠佳士，古人何以過之！"徽曰："晋人滅吴，利在二陸。[4]明公今平梁漢，得劉璠也。"時南鄭尚拒守，達奚武請屠之，周文將許焉，唯令全脩一家而已。[5]璠乃請之於朝，周文怒而不許也。璠泣而固請，移時不退。柳仲禮侍側，[6]曰："此烈士也。"[7]

[1]還至：殿本、局本、四庫本、四部備要本作"遠至"。白馬：郡名。南朝梁時治義陽縣，在今四川蒼溪縣東北。

[2]達奚武：人名。字成興，代（今山西大同市東北）人，鮮

卑族。西魏、北周將領。見《北史》卷六五《達奚武傳》。　南鄭：縣名。治所在今陝西漢中市。

[3]申徽：人名。字世儀，魏郡（今河北臨漳縣西南）人。西魏、北周大臣。見《北史》卷六九《申徽傳》。

[4]二陸：指西晋文學家陸機與其弟陸雲。陸機字士衡，陸雲字士龍，吴郡（今江蘇蘇州市）人。並以文才、書法著稱於世，人稱“二陸”。見《晋書》卷五四《陸機傳》《陸雲傳》。

[5]唯令全脩一家而已：《周書》卷四二《劉璠傳》作“唯令全璠一家而已”，《通志》卷一五九同《北史》。中華本校勘記云：“按劉璠已降，故令全其家，疑作‘璠’是。”可從。

[6]柳仲禮：人名。河東解（今山西臨猗縣）人。南朝梁官吏。見《南史》卷三八《柳元景附柳仲禮傳》。

[7]此烈士也：《周書·劉璠傳》、《通志》卷一五九下有“太祖（《通志》作‘文帝’）曰：‘事人當如此。’遂許之，城竟獲全，璠之力也”十九字。中華本校勘記云：“這裏叙事未完，疑有脱文。”可從。

周文既納蕭脩降，又許其反國。脩至長安累月，未之遣也。璠因侍宴，周文曰：“我於古誰比？”曰：“常以公命世英主，湯、武莫逮。今日所見，曾是齊桓、晋文之不若。”周文曰：“我不得比湯、武，望與伊、周爲匹，[1]何桓、文之不若乎？”對曰：“齊桓存三亡國，[2]晋文不失信於伐原。”[3]語未終，周文撫掌曰：“我解爾意，欲激我耳。”即命遣脩。脩請與璠俱還，[4]周文不許。以璠爲中外府記室，遷黄門侍郎、儀同三司。嘗卧疾居家，對雪興感，乃作《雪賦》以遂志焉。初，蕭脩在漢中與蕭紀牋及答西魏書、移襄陽文，[5]皆璠辭也。

[1]望與：局本作“望於”。　伊：即伊尹。今山東辛縣人。商初丞相，爲政五十餘年，被世代稱爲賢相。　周：即周公。見《史記》卷三三《魯周公世家》。

[2]齊桓存三亡國：指齊桓公殺死自己的妹妹哀姜，立魯僖公以存魯；幫助衛國趕走狄人，築城於楚丘（今河南滑縣）以存衛；幫助邢國趕走狄人，築城於夷儀（今河北邢臺市漿水鎮附近）以存邢。

[3]晋文不失信於伐原：指晋文公以信立國，在討伐原國時衹帶了三天的糧食，三天過後，原國未降，於是晋文公下令撤兵，而在原國的探子禀告説原國最多能再支撑一兩天，但晋文公認爲信義是人民賴以生存的保障，不能因伐原而失信於民，堅持撤兵。見《國語·晋語》。原，國名。西周封國之一，在今河南濟源市。

[4]還：四庫本作“遷”。

[5]漢中：郡名。南朝梁時治南鄭縣，在今陝西漢中市。　答西魏書：《周書》卷四二《劉璠傳》作“答國家書”，《通志》卷一五九同《北史》。　襄陽：郡名。南朝梁時治襄陽縣，在今湖北襄樊市。

周明帝初，授内史中大夫，[1]掌綸誥。[2]尋封平陽縣子。在職清白簡亮，不合於時，左遷同和郡守。[3]璠善於撫御，莅職未期，生羌降附者五百餘家。前後郡守多經營以致貲産，唯璠秋毫無所取。妻子並隨羌俗，食麥衣皮，始終不改。洮陽、洪和二郡羌常越境詣璠訟理。[4]蔡公廣時鎮隴右，[5]嘉其善政。及遷鎮陝州，欲啓璠自隨，[6]羌人樂從者七百人，聞者莫不歎異。陳公純作鎮隴右，[7]引爲總管府司録，[8]甚禮敬之。卒於官。著梁典三十卷，有集二十卷，行於世。子祥。

[1]内史中大夫：官名。又稱内史、大内史。西魏恭帝三年始置，北周沿置。春官府内史司長官，員二人，負責皇帝詔書的撰寫與宣讀，參議刑罰爵賞及軍國大事，下設小内史下大夫、小内史上士、小内史中士、小内史下士，領御史上士等屬官。北周静帝大象元年，在其上設内史上大夫，遂降爲内史司次官。正五命。

[2]綸誥：皇帝的詔令、文告。

[3]同和：郡名。北周時治溢樂縣，在今甘肅岷縣。

[4]洮陽：郡名。北周時治美相縣，在今甘肅臨潭縣。　洪和：郡名。北周時治當夷縣，在今甘肅臨潭縣東新城。

[5]廣：即宇文廣，人名。字乾歸，代郡武川（今内蒙古武川縣西）人，鮮卑族。北周宗室。見《北史》卷五七《邵惠公顥附宇文廣傳》。

[6]欲啓：《周書》卷四二《劉璠傳》作“欲取”，《通志》卷一五九同《北史》。

[7]純：即宇文純，人名。字堙智突，代郡武川（今内蒙古武川縣西）人，鮮卑族。北周宗室。見《北史》卷五八《陳惑王純傳》。

[8]司録：官名。西魏、北周時設。爲大丞相府、中外府、諸開府、州府僚屬。職能與歷朝録事參軍略同，掌隸一府之事。位在長史、司馬下，品秩隨府主地位高低而定。

祥字休徵。幼聰慧，賓客見者皆號神童。事嫡母以至孝聞。其伯父黄門郎璆，有名江左，[1]在嶺南，[2]聞而奇之，乃令名祥字休徵。後以字行於世。十歲能屬文，十二通五經。[3]仕梁，[4]爲宜豐侯記室參軍。江陵平，隨例入關中。齊公憲召爲記室，[5]府中書記皆令掌之。封漢安縣子。[6]憲進爵爲王，以休徵爲王友。[7]俄除内史上士。[8]武帝東征，休徵陪侍帷幄，平齊露布即休徵文也。累遷車騎大將軍、儀同大將軍。歷長安、萬年二縣令，[9]頗獲時譽。卒於官。

[1]江左：地區名。又稱江東，今安徽蕪湖市與江蘇南京市長江河段以東地區。時人又稱南朝政權統治的地區爲江左。

[2]嶺南：地區名。指五嶺以南地區，相當於廣東、廣西及越南北部一帶。

[3]五經：五部儒家典籍，《詩》《書》《禮》《易》《春秋》。

[4]仕：局本作“字”，誤。

[5]憲：即宇文憲，人名。字毗賀突，代郡武川（今内蒙古武川縣西）人，鮮卑族。見《北史》卷五八《齊煬王憲傳》。

[6]漢安縣子：封爵名。漢安，縣名。治所在今四川瀘州市納溪區西南。

[7]王友：官名。王府侍從。掌侍從、交游與規諷。北周時員二人，品秩不詳。

[8]内史上士：官名。亦稱小内史上士。西魏恭帝三年置，北周沿置。春官府内史司屬官，員二人，正三命。

[9]歷長安萬年二縣令：《周書》卷四二《劉璠附劉祥傳》作“領萬年令，未期月，轉長安令”，據此應作“歷萬年、長安二縣令”。萬年，縣名。治所在今陝西西安市。

初，璠所撰梁典始就，未及刊定而卒，臨終謂休徵曰：“能成我志，其在此書乎！”休徵脩定繕寫，勒成一家，行於世。

行本，璠兄子也。父瓌，仕梁，歷職清顯。行本起家梁武陵王國常侍。[1]遇蕭脩以梁州北附，遂與叔父璠歸周，寓居新豐。每以諷讀爲事，精力忘疲，雖衣食乏絶，晏如也。性剛烈，有不可奪之志。周大冢宰宇文護引爲中外府記室。[2]武帝親總萬機，轉御正中士，[3]兼領起居注。

[1]武陵王國常侍：《隋書》卷六二《劉行本傳》作“武陵國常侍”，《通志》卷一六三同《北史》。王國常侍，官名。西漢始置。屬王國郎中令。侍從王的左右，以備顧問。三國魏沿置，秩第八品。晋與南朝宋齊分設左右常侍。掌侍從左右、書員相禮儀、獻條諫諍。

[2]大冢宰：官名。亦稱大冢宰卿。西魏恭帝三年置，北周沿置。位居六官之首的天官府長官。掌管宫廷供奉及全國的財政收支、賦役收入、百官俸禄等。可總攝百官，執掌朝政。正七命。

[3]御正中士：官名。西魏恭帝三年置，北周沿置。天官府御正中大夫屬官，正二命。

累遷掌朝下大夫。[1]周代故事，天子臨軒，掌朝典筆硯，持至御坐，則承御大夫取進之。[2]及行本爲掌朝，將進筆於帝，承御復欲取之。行本抗聲曰：“筆不可得。”帝驚視問之，行本曰：“臣聞設官分職，各有司存。臣既不得佩承御刀，承御亦焉得取臣筆。”帝曰：“然。”因令二司各行所職。

[1]掌朝下大夫：官名。西魏恭帝三年置，北周沿置。秋官府掌朝司長官，典筆硯，持至御座，由承御大夫進上。並掌糾察非法，肅正朝儀。下設小掌朝上士以佐其職。正四命。

[2]承御大夫：官名。北周置。侍從皇帝左右，佩承御刀。下設小承御大夫、小承御上士、承御中士、承御下士以佐其職。正五命。

及宣帝嗣位，[1]多失德，行本切諫忤旨，出爲河内太守。及尉遲迥作亂，攻懷州，[2]行本率吏人拒之，拜儀同，賜爵文安縣子。[3]

[1]宣帝：即北周皇帝宇文贇。宣爲其謚號。

[2]懷州：北周時治野王縣，在今河南沁陽市。

[3]文安縣子：封爵名。文安，縣名。治所在今河北文安縣東北。

隋文帝踐祚，拜諫議大夫，[1]檢校中書侍郎。[2]上嘗怒一郎，於殿前笞之。行本進曰："此人素清，其過又小。"上不顧。行本正當上前曰："陛下不以臣不肖，令臣在左右。臣言若是，陛下安得不聽？臣言若非，當致之於理，安得輕臣而不顧？臣所言非私！"因置笏於地而退，[3]上斂容謝之，遂原所笞者。

[1]諫議大夫：官名。秦始置，專掌議論。隋初沿置，於門下省置七人，煬帝大業三年廢。

[2]檢校中書侍郎：《隋書》卷六二《劉行本傳》作"檢校治書侍御史。未幾，遷黄門侍郎"。《通志》卷一六三作"拜黄門侍郎"。

[3]笏（hù）：大臣上朝時手持的狹長板子，用玉、象牙或竹木製成。

時天下大同，四夷内附，行本以党項羌密邇封域，[1]最爲後服，上表劾其使者曰：“臣聞南蠻遵校尉之統，[2]西域仰都護之威。[3]比見西羌，[4]鼠竊狗盜，不父不子，無君無臣，異類殊方，於斯爲下。不悟羈縻之惠，詎知含養之恩，狼戾爲心，獨乖正朔。使人近至，請付推科。”上奇其志。雍州别駕元肇言於上曰：“有一州吏，受人餽錢二百文，律令杖一百。[5]然臣下車之始，與其爲約。此吏故違，請加徒一年。”行本駮之曰：“律令之行，蓋發明詔。今肇乃敢重其教命，輕忽憲章，虧法取威，非人臣之禮。”上嘉之，賜絹百匹。

[1]党項羌：族名。羌族的一支。隋朝時部分党項羌内附。見《北史》卷九六《党項傳》。

[2]校尉：官名。秦漢置爲統兵武官。東漢時置烏桓校尉、護羌校尉，爲少數民族地區軍政長官，魏晋南北朝沿置。

[3]都護：官名。亦稱都護西域、使西域都護。西漢始置，爲駐守西域地區的最高長官，負責管理西域地區的軍政事務。

[4]比：毛本、局本作“此”。

[5]律令：源氏校勘記云：“《隋書》作‘律合’。”據文意，似更恰。

拜太子左庶子，[1]領書侍御史如故。皇太子虚襟敬憚。時唐令則爲左庶子，[2]太子昵狎之，每令以弦歌教内人。行本責之曰：“庶子當匡太子以正道，[3]何嬖昵房帷之間哉！”令則甚慚而不能改。時沛國劉臻、平原明克讓、河南陸爽等並以文學爲太子所親。[4]行本怒其不能調護，每謂三人曰："卿等正解讀書耳。"時左衛率長史夏侯福爲太子所昵，[5]嘗於閤内與太子戲。福大笑，聲聞於外。行本時在閤下聞之，待其出，數之曰："汝何小人，[6]敢爲褻慢！"因付執法者推之。太子爲請，乃釋之。太子嘗得良馬，令福乘而觀之。太子甚悦，因欲令行本復乘。行本正色曰："至尊置臣於庶子位，欲輔導殿下以正道，非爲殿下作弄臣。"太子慚而止。

[1]太子左庶子：官名。隋朝時爲太子門下坊長官，員二人。正四品上。

[2]時唐令則爲左庶子：《隋書》卷六二《劉行本傳》、《通志》卷一六三作"時唐令則亦爲左庶子"。中華本校勘記云："按《隋書·百官志下》，太子門下坊置左庶子二人，典書坊置右庶子二人。蓋劉行本與唐令則並爲左庶子，有'亦'字是。"可從。唐令則，人名。好文學，兼通音律。仕隋，爲太子楊勇左庶子。勇廢，被誅。

[3]當匡：局本作"當從"。

[4]沛國：元大德本、局本作"沛公"。　劉臻：人名。字宣摯，沛國相（今安徽宿州市）人。北周、隋朝官吏。見《北史》卷八三《劉臻傳》。　平原：郡名。隋文帝開皇初治陰槃縣，在今甘肅平涼市東。　明克讓：人名。字弘道，平原鬲（今山東陵縣東北）人。北周、隋朝官吏。見《北史》卷八三《明克讓傳》。　河南：《隋書·劉行本傳》、《隋書》卷五八《陸爽傳》作"魏郡"。源氏校勘記云："'河南'《隋書》作'魏郡'，與本傳合。"按：河南郡是陸氏郡望，疑《北史》是取其郡望，魏郡纔是陸爽的家鄉。　陸爽：人名。字開明，魏郡臨漳（今河北臨漳縣西南）人。齊亡後入北周，後仕隋。見《北史》卷二八《陸俟附陸爽傳》。

[5]左衛率長史：官名。隋初置，位從七品上。煬帝大業三年廢。　夏侯福：人名。隋朝官吏。任左衛率長史、左衛率司馬。

[6]汝何小人：《隋書·劉行本傳》、《通志》卷一六三作“汝何物小人”。中華本校勘記云：“按‘何物’是當時人習慣用語（參本書卷三四《宋遊道傳》）。疑此脱文。”可從。

復以本官領大興令，權貴憚其方正，無敢至其門者。[1]由是請託路絶，吏人懷之。未幾，卒于官，上甚傷惜之。及太子廢，上曰：“嗟乎！若使劉行本在，勇當不及此乎！”[2]行本無子。

[1]無敢至其門者：《隋書》卷六二《劉行本傳》作“無敢至門者”，《通志》卷一六三同《北史》。

[2]勇：即楊勇，人名。小名睍地伐，弘農華陰（今陜西華陰市東南）人。隋文帝楊堅長子，初封爲皇太子，後被廢。見《北史》卷七一《房陵王勇傳》。

柳遐，字子昇，[1]河東解人，[2]宋太尉元景從孫也。[3]祖叔珍，義陽内史，[4]事見《南史》。父季遠，梁宜都太守。[5]

[1]柳遐：《周書》卷四二《柳霞傳》作“柳霞”。源氏校勘記云：“《周書》作‘柳霞’。”

[2]解：縣名。治所在今山西臨猗縣。

[3]太尉：官名。南朝宋時列三公之首，爲名譽宰相，多爲大臣加官，無實際職掌。　元景：即柳元景，人名。字孝仁，本河東解（今山西臨猗縣）人，後移居襄陽（今湖北襄樊市）。南朝宋官

吏。見《宋書》卷七七《柳元景傳》。

[4]義陽：郡名。南朝宋時治平陽縣，在今河南信陽市南。内史：官名。春秋始置。最初爲史官名，東漢後逐漸管民政，州郡亦置爲王國屬官。南朝宋時爲五品。

[5]宜都：郡名。南朝梁時治夷道縣，在今湖北宜都市。

遐幼而爽邁，神彩嶷然，髫歲便有成人之量。篤好文學，動合規矩。其世父慶遠特器異之，[1]謂曰："吾昔逮事伯父太尉公，嘗謂吾云：'我昨夢汝登一樓，甚峻麗，吾以坐席與汝。汝後名宦必達，恨吾不及見耳。'吾向聊復晝寢，又夢將昔時坐席還以賜汝，汝之官位當復及吾。特宜勉勵，以應嘉祥也。"梁西昌侯藻鎮雍州，[2]遐時年十二，以百姓禮修謁，風儀端肅，進止詳雅。藻羡之，試遣左右踐遐衣裾，欲觀其舉措。遐徐步稍前，曾不顧眄。仕梁稍遷尚書功論郎。[3]陳郡謝舉時爲僕射，[4]引遐與語，甚嘉之，顧謂人曰："江漢英靈見於此矣。"

[1]慶遠：即柳慶遠，人名。字文和，河東解（今山西臨猗縣）人。南朝齊、梁官吏。見《梁書》卷九《柳慶遠傳》。

[2]西昌侯：封爵名。西昌，縣名。治所在今江西泰和縣西。藻：即蕭藻，人名。本名淵藻，《北史》避唐高祖李淵諱改爲藻。字靖藝，南蘭陵（一説在今江蘇常州市，一説在今江蘇丹陽市）人。南朝梁宗室。見《梁書》卷二三《長沙嗣王業附蕭藻傳》。《周書》卷四二《柳霞傳》作"深藻"。中華本校勘記云："按本名'淵藻'，《周書》避唐諱，改'淵'爲'深'。《北史》省'淵'字。"可從。

[3]尚書功論郎：官名。又稱功論郎中。南朝宋置，爲尚書省功論曹長官。南朝梁沿置，五班，資深者稱功論侍郎，六班。源氏校勘記云："'功論'《周書》作'工部'。爲是。"按：南朝梁時無尚書工部郎一職，尚書工部員外郎、尚書工部侍郎、尚書郎中等官名出現於隋唐時期，疑《北史》是。

[4]陳郡：南朝梁時治項縣，在今河南淮陽縣城關。　謝舉：人名。字言揚，陳郡陽夏（今河南太康縣）人。南朝梁官吏。見《梁書》卷三七《謝舉傳》。

岳陽王蕭詧於襄陽承制，[1]授遐吏部郎，[2]賜爵聞喜公。[3]尋進位持節、侍中、驃騎大將軍、開府儀同三司。[4]及詧踐帝位於江陵，以襄陽來歸，辭詧曰："陛下中興鼎業，龍飛舊楚。臣昔因幸會，早奉名節，理當以身許國，期之始終。自晋氏南遷，臣宗族蓋寡，從祖太尉、世父儀同、從父司空，並以位望隆重，遂家于金陵；[5]唯留先臣獨守墳柏，嘗誡臣等，使不違此志。今襄陽既入北朝，臣若陪隨鑾蹕，進則無益塵露，退則有虧先旨。"詧重違其志，[6]遂許之。因留鄉里，以經籍自娱。

[1]岳陽王：封爵名。岳陽，郡名。南朝梁時治岳陽縣，在今湖南汨羅市東長樂鎮。　蕭詧（chá）：人名。字理孫，蘭陵（一説在今江蘇常州市，一説在今江蘇丹陽市）人。西梁皇帝。見《北史》卷九三《蕭詧傳》。　襄陽：縣名。治所在今湖北襄樊市。

[2]吏部郎：官名。屬吏部尚書，主管官吏選任調動等事務，對五品以下官吏的任免有建議權，資深者可轉侍郎，職位高於尚書省諸曹郎。南朝梁時爲十一班。

［3］聞喜公：封爵名。聞喜，縣名。治所在今山西聞喜縣西南。《周書》卷四二《柳霞傳》作“聞喜縣公”。

［4］持節：自漢代起，節爲皇帝號令賞罰的信物，故持節官員比不持節官員位高權重。西晋以後成爲一種加職，在使持節之下、假節之上。督軍時與使持節同，有權殺二千石以下的官吏，平時祇能殺無官位之人。

［5］金陵：城名。在今江蘇南京市清凉山。

［6］重違：難以違背。

周文帝、明帝頻徵，固辭以疾。及晉殂，遐舉哀，行舊臣之服。保定中，又徵之，遐始入朝，授驃騎大將軍、開府儀同三司、霍州刺史。[1]遐導人務先以德，再三不用命者，乃微加貶異，示耻而已。其下感而化之，不復爲過，咸曰：“我君仁惠如此，其可欺乎！”卒，贈金、安二州刺史。[2]

［1］霍州：具體位置不詳。

［2］金：州名。北周時治吉安縣，在今陝西安康市西北。　安：州名。北周時治安陸縣，在今湖北安陸市。

遐有至行。初爲州主簿，其父卒於揚州，[1]遐自襄陽奔赴，六日而至，哀感行路，毁悴不可識。後奉喪西歸，[2]中流風起，舟中人相顧失色。[3]遐抱棺號慟，愬天求哀，俄頃風止浪息。[4]其母嘗乳間發疽，醫云：“此疾無可救理，唯得人吮膿，或望微止其痛。”遐應聲即吮，旬日遂瘳。咸以爲孝感所致。性又温裕，略無喜愠之容。弘獎名教，未嘗論人之短。尤尚施與，家無餘財。

臨終遺誡薄葬，其子等並奉行之。有十子，靖、莊最知名。

[1]揚州：北周時治壽春縣，在今安徽壽縣。

[2]奉：殿本、四庫本、四部備要本作“舉”。

[3]舟中人：毛本作“舟人”。《周書》卷四二《柳霞傳》作“舟中之人”。

[4]俄頃：元大德本作“俄須”。

靖字思休，少方雅，博覽墳籍。仕梁，正員郎。[1]隨遐入周，授大都督，歷河南、德廣二郡守。[2]所居皆有政術，吏人畏而愛之。然性愛閑素，其於名利澹如也。及秩滿還鄉，便有終焉之志。隋文帝踐極，特詔徵之，以疾固辭。優游不仕，閉門自守，所對唯琴書而已。足不歷園庭，殆將十載。子弟奉之若嚴君焉。其有過者，靖必下帷自責，於是長幼相率拜謝於庭，靖然後見之，勗以禮法。鄉里亦慕而化之，或有不善者，皆曰：“唯恐柳德廣知也。”[3]時論方之王烈。[4]前後總管到官，皆親至靖家問疾，遂以爲故事。秦王俊臨州，[5]賚以几杖，并致衣物。靖唯受几杖，餘並固辭。其爲當時所重如此。開皇中，壽終。

[1]正員郎：官名。魏晋南北朝、隋唐時編制以内的散騎侍郎，是與員外散騎侍郎相對而言的。

[2]德廣：郡名。北周時治上洪縣，在今湖北宜城市東。殿本、四庫本、四部備要本作“廣德”。按：北周時有德廣郡，而無廣德郡。殿本、四庫本、四部備要本誤。

[3]柳德廣：四庫本作“柳廣德”。

[4]王烈：人名。字彦方，平原（今山東平原縣西南）人。見《三國志》卷一一《魏書·王烈傳》。

[5]俊：即楊俊，人名。字阿祇，弘農華陰（今陝西華陰市東南）人。隋文帝第三子。見《北史》卷七一《秦王俊傳》。

莊字思敬，少有器量，博覽墳籍，兼善辭令。濟陽蔡大寶有重名於江左，[1]時爲岳陽王蕭詧諮議，見莊，歎曰：“襄陽水鏡，復在於兹！”大寶遂以其女妻之。俄而詧辟爲參軍。及詧稱帝，累遷鴻臚卿。

[1]濟陽：郡名。南朝梁時治濟陽縣，在今河南蘭考縣東北。蔡大寶：人名。字敬位，濟陽考城（今河南民權縣東北）人。南朝梁大臣。見《北史》卷九三《蕭詧附蔡大寶傳》。

及隋文帝輔政，蕭巋令莊奉書入關。[1]時三方構難，文帝懼巋有異志，及莊還，謂曰：“孤昔以開府從役江陵，深蒙梁主殊眷。今主幼時艱，猥蒙顧託。梁主弈業重光，委誠朝廷，而今已後，方見松筠之節。君還申孤此意於梁主也。”遂執莊手而别。時梁之將帥咸請與尉遲迥連衡，進可盡節於周氏，退可席卷山南，唯巋疑不可。會莊至自長安，申文帝結託之意，遂言於巋曰：“今尉遲迥雖曰舊將，昏耄已甚。消難、王謙常人之下者，[2]非有匡合之才。況山東、庸蜀從化日近，周室之恩未洽於朝廷。[3]臣料之，迴等終當覆滅，隨公必移周國，[4]未若保境息人，以觀其變。”巋深以爲然。未幾，消難奔陳，迥及謙相次就戮。巋謂莊曰：“近若從衆言，社稷已不守矣。”

[1]蕭巋（kuī）：人名。字仁遠，蘭陵（一説在今江蘇常州市，一説在今江蘇丹陽市）人。西梁皇帝。見《北史》卷九三《蕭詧附蕭巋傳》。

[2]消難：即司馬消難，人名。字道融，河内温（今河南温縣）人。北周大臣。見《北史》卷五四《司馬子如附司馬消難傳》。　王謙：人名。字敕萬，太原（今山西太原市晋源區古城營村一帶）人。北周大臣。見《北史》卷六〇《王雄附王謙傳》。

[3]况山東庸蜀從化日近周室之恩未洽於朝廷：《隋書》卷六六《柳莊傳》作“况山東、庸蜀從化日近，周室之恩未洽。在朝將相，多爲身計，競效節於楊氏”。《通志》卷一六三作“况山東、庸屬（蜀）從化日近，周氏之恩未洽。在朝將相，多爲身計，競効節於楊氏”。源氏校勘記云：“‘於朝廷’，《隋書》作‘在朝將相多爲身計，競效節於楊氏。臣料之云云’。按《北史》不成文，恐在缺誤。”可從。庸蜀，指今四川一帶。

[4]隨公：指隋文帝楊堅。　必移周國：底本作“必私周國”，中華本作“必移周國”。《隋書·柳莊傳》、《通志》卷一六三、《册府元龜》卷六五五作“必移周國”。源氏校勘記改“私”作“移”。今從改。

文帝踐祚，莊又入朝，帝深慰勉之。及爲晋王廣納妃于梁，[1]莊因是往來四五反，前後賜物數千段。梁國廢，授開府儀同三司，除給事黄門侍郎。

[1]晋王廣：即隋煬帝楊廣。一名英，弘農華陰（今陝西華陰市東南）人。隋文帝第二子，母獨孤皇后。見《北史》卷一二

《隋本紀·煬帝》。

莊明習舊章，雅達政事，凡所駁正，帝莫不稱善。蘇威爲納言，[1]重莊器識，常奏帝云："江南人有學業者，多不習世務；習世務者，又無學業。能兼之者，不過柳莊。"高熲亦與莊甚厚。[2]

[1]蘇威：人名。字無畏，武功（今陝西武功縣西北）人。北周、隋朝官吏。見《北史》卷六三《蘇綽附蘇威傳》。　納言：官名。主要職責是承上啓下、宣傳上命，受奏納言。後世多作侍中的别稱。隋朝時因避文帝之父楊忠諱，改侍中爲納言，爲門下省長官，員二人，正三品。煬帝大業十二年改爲侍内。

[2]高熲：人名。又作"獨孤熲"，字昭玄，一名敏，勃海蓨（今河北景縣）人。北周官吏，隋朝開國功臣。見《北史》卷七二《高熲傳》。

莊與陳茂同官，不能降意。茂見上及朝臣多屬意於莊，心每不平。帝與茂有舊，譖愬頗行。尚書省嘗奏犯罪人，[1]依法合流，而上處以大辟。[2]莊據法執之，帝不從，由是忤旨。俄屬尚藥進丸藥不稱旨，[3]茂因奏莊不親監，[4]帝怒。十一年，徐璒等反於江南，[5]詔莊以行軍總管長史隨軍討之。[6]璒平，即授饒州刺史，[7]甚有能名。卒於官。

[1]尚書省：官署名。隋朝時與内史、門下並稱三省，共同執掌軍國大事。爲政務中樞，職權尤重。置左右丞以及都事八人，下設六部，各設六部尚書爲長官。

[2]大辟：即死刑。

[3]尚藥：官署名。即尚藥局。北齊時門下省置，設典御、丞各二人，總管御藥事，下設侍御師、尚藥監各四人。隋初因之，煬帝大業三年改隸殿内省。

[4]茂因奏莊不親監：局本作“茂又奏莊不請監”。

[5]徐璒：人名。原仕南朝陳，陳亡後起兵反隋，後被韋洸所殺。

[6]行軍總管：官名。北周置。戰時臨時任命，事畢即罷，重大軍事行動中，隸屬於行軍元帥。隋朝沿置，並漸爲地方軍政長官，或掌一道軍政，或領數道，時有大總管、總管之分。

[7]饒州：隋朝時治鄱陽縣，在今江西鄱陽縣。

論曰：韓褒奉事三帝，以忠厚知名。趙肅平允當官，張軌循良播美，李彦譽流省閣，郭彦信著蠻貊，歷官出納，[1]並當時之選也。梁昕、皇甫璠、辛慶之、王子直、杜杲之徒，並關右之舊族。或紆組登朝，獲當官之譽，或張旜出境，有專對之才，既茂國猷，克隆家業，美矣！魏文帝云：[2]“文人不護細行。”[3]其吕思禮之謂乎！徐招、檀翥、孟信各以才學自業，[4]又加之以清介，並志能之士也。宗懍才辭幹局，見重梁元，[5]逮乎播越秦中，不預政事，豈亡國俘虜不與圖存者乎？梁氏據有江東五十餘載，挾策紀事，蓋亦多人。劉璠學思通博，有著述之譽，雖傳疑傳信，頗有詳略，而屬辭比事，爲一家之言。行本正色抗言，具存乎骨鯁。[6]柳遐立身之道，進退有節，觀其眷戀墳隴，其孝可移於朝廷；盡禮舊主，其忠可事於新君。夫能推此類以求賢，則知人幾於易矣。莊亮直之風，不殞門表，忠而獲謗，蓋亦自古有之。

［1］歷官出納：百衲本《周書》卷三七史臣論作“歷官出內”，中華本《周書》作“歷官外內”。中華本校勘記云：“按‘出內’意同‘中外’，作‘出納’誤。”

［2］魏文帝：即三國魏皇帝曹丕。文爲其謚號。

［3］文人不護細行：語出三國魏曹丕《與吴質書》：“觀古今文人，類不護細行，鮮能以名節自立。”意爲讀書能文的人，大多不注意細節，很少有以名聲和節氣自立的。

［4］自業：自持，自守。殿本、四庫本、四部備要本作“自立”。

［5］梁元：即梁元帝。殿本、四部備要本作“宋元”。

［6］骨鯁：比喻個性正直、剛健。

今注本二十四史

北史

一七

傳〔一四〕

唐 李延壽 撰

李憑 靳寶 主持校注

中國社会科学出版社

北史　卷七一

列傳第五十九

隋宗室諸王

蔡景王整　滕穆王瓚　道宣王嵩　衛昭王爽　河間王弘
義城公處綱　離石太守子崇　文帝四王　煬帝三子

蔡景王整，隋文帝之次弟也，[1]文帝四弟，唯整及滕穆王瓚與帝同生，次道宣王嵩，次衛昭王爽並異母。

[1]隋文帝：即隋朝皇帝楊堅。文爲其謚號。

整，周明帝時以武元軍功，[1]賜爵陳留郡公，[2]位開府、車騎大將軍。[3]從武帝平齊，[4]力戰而死。文帝初居武元之憂，率諸弟負土爲墳，人植一柏，四根鬱茂，西北一根整栽者獨黄。後因大風雨，[5]并根失之，果終不吉。文帝作相，贈柱國、大司徒、八州刺史。[6]及受禪，追封謚焉。

[1]周明帝：即北周皇帝宇文毓。明爲其謚號。　武元：即隋文帝之父楊忠。武元爲其謚號，隋文帝楊堅所追謚。

[2]陳留郡公：封爵名。陳留，郡名。北周時治浚儀，在今河南開封市。

[3]開府：北周時爲府兵組織統兵官，府兵二十四軍各設一員，統兵兩千人左右。　車騎大將軍：官名。北周時實行府兵制，爲儀同府長官軍號。九命。

[4]武帝：即北周皇帝宇文邕。武爲其謚號。

[5]後：殿本作“夜”。

[6]柱國：官名。柱國大將軍的省稱。西魏文帝大統十六年（550）置八柱國，授此職者並加使持節、大都督，爲西魏最高官職。北周因之。正九命。後爲勳官之第二等。　大司徒：官名。亦稱大司徒卿。北周時爲地官之長，掌管國家土地圖籍、户口，管理土地使用、諸侯封邑、民衆教化。正七命。

子智積襲。又封其弟智明爲高陽郡公，[1]智才開封縣公。[2]尋拜智積開府儀同三司，[3]授同州刺史，[4]儀衛資送甚盛。[5]

[1]高陽郡公：封爵名。高陽，郡名。北周時治高陽縣，在今河北高陽縣東。

[2]開封縣公：封爵名。開封，縣名。治所在今河南開封市南。

[3]開府儀同三司：北周置上開府儀同三司、開府儀同三司、儀同三司，上儀同三司，以酬功勳。隋朝時爲散官號，位次王、公。初爲正四品上，煬帝時定爲從一品。

[4]同州：北周時初治武鄉縣，在今陝西大荔縣。

[5]儀衛：儀仗和侍衛。

整娶同郡尉遲綱女，[1]生智積。開皇中，[2]有司奏智積將葬尉太妃，[3]帝曰："昔幾殺我。我有同生二弟，並倚婦家勢，常憎疾我。我向之笑云：[4]'爾既嗔我，不可與爾角嗔。'並云：'阿兄止倚頭額。'時有醫師邊隱逐勢，言我後百日當病癲。二弟私喜，以告父母。父母泣謂我曰：'爾二弟大劇，[5]不能愛兄。'我因言：'一日有天下，當改其姓。夫不愛其親而愛他人者，謂之悖德，當改之爲悖。'父母許我此言。父母亡後，二弟及婦又譾我，言於晋公。[6]于時每還，欲入門，常不喜，如見獄門。託以患氣，常鎖閤静坐，唯食至時暫開閤。每飛言入耳，竊云：'復未邪？'當時實不可耐，羡人無兄弟。世間貧家兄弟多相愛，由相假藉；達官兄弟多相憎，争名利故也。"

[1]尉遲綱：人名。字婆羅，代（今山西大同市東北）人。西魏、北周官吏。見《北史》卷六二《尉遲迥附尉遲綱傳》。

[2]開皇：隋文帝的年號（581—600）。

[3]尉太妃：即楊整的原配夫人尉遲容。皇帝、親王、郡王、五侯等的遺孀，可以享受晋爵待遇。皇帝的妃嬪受封爲各級太妃，王爺的遺孀均封爲太王妃，通稱太妃。

[4]我向之笑云：殿本"之笑"作"笑之"。

[5]大劇：非常過分。

[6]二弟及婦又譾我言於晋公：《通志》卷八五下作"二弟及婦復譾我於晋公"，《册府元龜》卷二九八作"二弟及婦譾我言於晋公"。中華本校勘記疑"言"字是衍文。可從。晋公，指宇文護。宇文泰兄子。北周宗室、權臣。見《北史》卷五七《邵惠公

顥附宇文護傳》。

智積在同州，未嘗嬉戲游獵，聽政之暇，端坐讀書，門無私謁。有侍讀公孫尚義，[1]山東儒士，府佐楊君英、蕭德言，[2]並有文學，時延於坐。所設唯餅果，酒纔三酌。家有女妓，唯年節嘉慶奏於太妃前。始，文帝龍潛時，[3]與景王不睦，太妃尉氏又與獨孤皇后不相諧，[4]以是智積常懷危懼，每自貶損。帝亦以是哀憐之。人或勸智積爲産業，智積曰："昔平原露朽財帛，[5]苦其多也。吾幸無可露，何更營乎！"有五男，止教讀《論語》《孝經》而已，亦不令交通賓客。或問其故，[6]智積曰："恐兒子有才能以致禍也。"[7]開皇二十年，徵還京，無他職任，闔門自守，非朝覲不出。煬帝即位，[8]滕王綸、衛王集並以讒構得罪，高陽公智明亦以交通奪爵，[9]智積愈懼。大業三年，[10]授弘農太守，[11]委政僚佐，清静自居。

[1]侍讀：官名。掌侍從皇帝讀書。

[2]府佐：諸公、軍府幕僚佐吏。

[3]龍潛：指帝王未即位。語出《易·乾卦》："潛龍勿用，陽氣潛藏。"

[4]獨孤皇后：即隋文帝楊堅獻皇后獨孤伽羅。見《北史》卷一四《隋文獻皇后獨孤氏傳》。

[5]平原：指平原君趙勝。戰國四君子之一。見《史記》卷七六《平原君虞卿列傳》。　露朽：比喻財物很多，無處存放，衹能堆積在露天之處，因日久而腐朽。

[6]問：局本作"間"，誤。

［7］智積曰恐兒子有才能以致禍也：《隋書》卷四四《蔡王智積傳》、《册府元龜》卷二七四作“智積答曰：‘卿非知我者。’其意恐兒子有才能，以致禍也”。《通志》卷八五下同《北史》。

［8］煬帝：即隋朝皇帝楊廣。煬爲其謚號。

［9］高陽公：封爵名。高陽，郡名。隋朝時治高陽縣，在今河北高陽縣東。　交通：源氏校勘記云：“《隋書》作‘交遊’。”

［10］大業：隋煬帝的年號（605—617）。　三年：《隋書·蔡王智積傳》，《册府元龜》卷二七四、卷二八一作“七年”。《通志》卷八五下同《北史》。源氏校勘記云：“《隋書》作‘七年’。”

［11］弘農：郡名。隋朝時治弘農縣，在今河南靈寶市東北。

及楊玄感作逆，[1]自東都引軍而西，[2]智積謂官屬曰：“玄感欲西圖關中，若成其計，[3]則根本固矣。當以計縻之，使不得進。不出一旬，自可禽耳。”乃玄感軍至城下，智積登陴詈辱之，[4]玄感怒甚，留攻之。[5]城門爲賊所燒，智積乃更益火，賊不得入。數日，宇文述等軍至，[6]合擊破之。尋拜宗正卿。[7]

［1］楊玄感：人名。弘農華陰（今陝西華陰市東南）人。隋朝大臣。見《北史》卷四一《楊敷附楊玄感傳》。

［2］東都：即洛陽。隋時以長安爲都城，以洛陽（今河南洛陽市東北）爲東都。

［3］計：局本作“非”，誤。

［4］陴（pī）：城上的矮墻，又稱“女墻”。

［5］攻：局本作“功”，疑是音同而誤。

［6］宇文述：人名。字伯通，代郡武川（今内蒙古武川縣西）人。北周、隋朝大臣。見《北史》卷七九《宇文述傳》。

［7］尋拜宗正卿：《隋書》卷四四《蔡王智積傳》無此句，應

是《北史》補。宗正卿，官名。即宗正寺卿。掌皇族外戚屬籍，常由宗室充任。隋朝時爲宗正寺長官。隋初爲正三品，煬帝時定爲從三品。

十二年，從駕江都，[1]寢疾。帝時疏薄骨肉，智積每不自安，及遇患，不呼醫。臨終，謂所親曰："吾今日始知得保首領没於地矣！"時人哀之。有子道玄。

[1]江都：郡名。隋朝時治江陽縣，在今江蘇揚州市。隋煬帝大築江都宫苑，定爲行都，後在此爲宇文化及所殺。

滕穆王瓚，字恒生，一名慧。仕周，以武元軍功，封竟陵郡公，[1]尚周武帝妹順陽公主。[2]保定四年，[3]累遷納言。[4]瓚貴公子，又尚公主，美姿容，好書愛士，甚有當時譽，時人號曰楊三郎。武帝甚親愛之。平齊之役，[5]諸王咸從，留瓚居守，謂曰："六府事殷，[6]一以相付，朕無西顧之憂矣。"宣帝即位，[7]遷吏部中大夫，[8]加上儀同。[9]

[1]竟陵郡公：封爵名。竟陵，郡名。北周時治竟陵縣，在今湖北天門市。

[2]順陽公主：北周文帝宇文泰之女，周武帝宇文邕之妹。

[3]保定：北周武帝的年號（561—565）。

[4]納言：官名。亦作"内言"。侍中的别稱，隋初因避隋文帝父楊忠諱，改侍中爲納言。爲門下省長官，員二人。主要職責是承上啓下、宣傳上命、受奏納言，正三品。煬帝大業十二年改爲侍内。

[5]平齊之役：指北周武帝建德六年（577）滅北齊的戰争。

[6]六府：西魏時仿行《周禮》，置天官、地官、春官、夏官、秋官、冬官等官府，合稱六府或六官。

[7]宣帝：即北周皇帝宇文贇。宣爲其謚號。

[8]吏部中大夫：官名。夏官府吏部司長官，掌管官員的選舉，權任極重，員一人，下設小吏部下大夫、大吏部上士以佐其職。正五命。

[9]上儀同：上儀同三司的省稱。北周置，位居開府儀同三司之下、儀同三司之上。多爲大臣勳臣的加官。

宣帝崩，文帝入禁中，將總朝政，令廢太子勇召之。[1]瓚素與帝不協，不從，曰："作隋國公恐不能保，何乃更爲族滅事邪!"文帝作相，拜大宗伯，[2]典修禮律，進位上柱國、邵國公。[3]瓚見帝執政，恐爲家禍，陰有圖帝計，帝每優容之。及受禪，立爲滕王，拜雍州牧。[4]帝數與同坐，呼爲阿三。後坐事去牧，以王就第。

[1]廢太子勇：即楊勇。隋文帝楊堅長子，開皇元年立爲太子，二十年被廢爲庶人。

[2]大宗伯：官名。掌管禮樂、祭祀、天文曆法、著作等方面事務。原爲《周禮》六卿之一，爲春官之長。西魏末、北周仿《周禮》建六官，復置爲春官之長，亦稱大宗伯卿。北周時爲正七命。

[3]上柱國：官名。北周武帝建德四年置爲最高級勳官。正九命。隋朝時置爲散實官，從一品。煬帝大業三年罷。

[4]雍州牧：官名。雍州地區最高軍政長官。從二品。雍州，隋朝時治大興縣，在今陝西西安市。

瓚妃宇文氏，素與獨孤皇后不平，至是鬱鬱不得志，陰有呪詛。帝命瓚出之，瓚不忍離絶，固請。帝不得已，從之，宇文氏竟除屬籍。由是恩禮更薄。開皇十一年，從幸栗園，[1]坐樹下，方飲酒，鼻忽流血，暴薨，時年四十四。[2]人皆以爲遇鴆。子綸嗣。

[1]栗園：地名。在今陝西西安市南。

[2]時年四十四：《隋書》卷四四《滕穆王瓚傳》作“時年四十二”。《通志》卷八五下《滕穆王瓚傳》同《北史》。

綸，字斌籀，[1]性弘厚，美姿容，頗知鍾律。文帝受禪，封邵國公。明年，拜邵州刺史。[2]晋王廣納妃於梁，[3]詔綸致禮，甚爲梁人所敬。

[1]籀（zhòu）：底本作“籍”，殿本、四庫本、四部備要本、中華本作“籀”。按：楊綸幾個弟弟的字也有“籀”，作“籀”是，今從改。楊坦，字文籀；楊猛，字武籀；楊温，字明籀。

[2]邵州：隋朝時治亳城縣，在今山西垣曲縣東南。

[3]晋王廣：即隋煬帝楊廣。一名英，弘農華陰（今陝西華陰市東南）人。隋文帝楊堅第二子。見《隋書》卷一二《隋本紀·煬帝》。

綸以穆王故，當文帝世，每不自安。煬帝即位，尤被猜忌。綸憂懼，呼術者王琛問之。[1]琛答曰：“王相禄不凡。滕即騰也，此字足爲善應。”有沙門惠恩、崛多等，頗解占候，[2]綸每與交通，嘗令此三人爲厭勝法。[3]有人告綸怨望呪詛，帝令黄門侍郎王弘窮驗之。[4]弘希旨奏綸厭蠱惡逆，[5]坐當死。帝令公卿議之，司徒楊素等曰：[6]“綸懷惡之由，積自家世。惟皇運之始，四海同心，在於孔懷，[7]彌須叶力。其先乃離阻大謀，棄同即異。父悖於前，子逆於後，爲惡有將，[8]其罪莫大。請依前科。”帝以皇族不忍，除名徙邊郡。[9]

[1]王琛：底本“深”作“姿”。源氏校勘記云：“‘姿’《隋書》作‘琛’。”中華本校勘記云：“諸本‘琛’作‘姿’，《隋書》卷四四《滕穆王瓚附子綸傳》作‘琛’。張森楷云：‘《隋書·經籍志》數術、方伎二家皆多有王琛書，則作‘姿’誤也。’按張説是，此形近致訛，今據改。”今從改。

[2]占候：根據天象變化以附會人事，預言吉凶。

[3]爲厭勝法：《隋書》卷四四《滕穆王瓚附楊綸傳》作“爲度星法”。厭勝，一種巫術。以詛咒制勝，壓服人或物。

[4]黄門侍郎：官名。給事黄門侍郎的省稱。隋初置爲門下省次官，員二人，位頗重要，正四品上。煬帝大業三年去“給事”二字，稱黄門侍郎。

[5]希旨：迎合在上者的意旨。　厭蠱：用巫術致災禍於人。

[6]司徒：官名。隋朝時名義上參議大政，其位多曠，遇有典禮，以他官攝行其事。正一品。　楊素：人名。字處道，弘農華陰（今陝西華陰市東南）人。隋朝大臣。見《北史》卷四一《楊敷附楊素傳》。

[7]孔懷：兄弟的代稱。

[8]爲惡有將：源氏校勘記云：“‘將’《隋書》作‘狀’。”

[9]除名：把姓名從名册中删除，取消原有身份。

大業七年，帝征遼東，[1]綸欲上表，請從軍自效，爲郡司所遏。未幾，徙珠崖。[2]及天下大亂，爲賊林仕弘逼，[3]攜妻子竄儋耳。[4]後歸國，封懷化縣公。[5]尋病卒。

[1]遼東：地區名。一般指遼河以東的地區。隋朝時包括整個大同江流域和漢江流域，甚至高句麗政權的所有轄區。此處指高句麗政權。

[2]珠崖：郡名。隋朝時治義倫縣，在今海南儋州市西北。

[3]林仕弘：人名。又作“林士弘”，饒州鄱陽（今江西鄱陽縣）人。隋末南方起義軍首領。煬帝大業十二年，隨同鄉操師乞率衆起義，任爲大將軍。後稱帝，國號楚，定都豫章，年號太平。唐高祖武德五年（622）戰敗降唐，不久病死。

[4]儋（dān）耳：地名。又稱離耳，在今海南儋州市。

[5]懷化縣公：封爵名。懷化，縣名。治所在今山西忻州市。

綸弟坦，字文籀，初封竟陵郡公，[1]坐綸徙長沙。[2]

[1]竟陵郡：隋煬帝大業三年改郢州置，治長壽縣，在今湖北鍾祥市。

[2]長沙：郡名。隋朝時治長沙縣，在今湖南長沙市。

坦弟猛，字武籀，徙衡山。[1]

[1]衡山：郡名。隋朝時治衡陽縣，在今湖南衡陽市。

猛弟温，字明籀，初徙零陵。[1]温好學，解屬文，既而作《零陵賦》以自寄，其詞哀思。帝見而怒之，轉徙南海。[2]

[1]零陵：郡名。隋朝時治零陵縣，在今湖南永州市零陵區。

[2]南海：郡名。隋朝時治南海縣，在今廣東廣州市。

温弟詵，字弘籥，前亦徙零陵。帝以其修謹，襲封滕王，以奉穆王嗣。大業末，於江都爲宇文化及所害。[1]

[1]宇文化及：人名。代郡武川（今内蒙古武川縣西）人。隋末叛將。見《北史》卷七九《宇文述附宇文化及傳》。

道宣王嵩，在周以武元軍功，賜爵興城公。[1]早卒。文帝受禪，追封謚焉，以滕穆王瓚子静襲。卒，謚曰悼。無子，以蔡王智積子世澄襲。[2]

[1]興城公：封爵名。興城，今地不詳。

[2]無子以蔡王智積子世澄襲：《隋書》卷四四《道悼王静傳》作“卒，無子，國除”。《通志》卷八五下《道宣王嵩傳》同《北史》。

衛昭王爽，字師仁，小字明達。在周以武元軍功，於襁褓中封同安郡公。[1]六歲而武元崩，爲獻皇后所養，由是寵愛特異諸弟。年十七，爲内史上大夫。[2]文帝執政，授蒲州刺史、柱國。[3]及受禪，立爲衛王，所生李氏爲太妃。爽位雍州牧、右領軍大將軍，[4]權領并州總管，[5]上柱國、凉州總管。[6]爽美風儀，有器局，政甚有聲。大軍北伐，河間王弘、豆盧勣、竇榮定、高熲、虞慶則等分道而進，[7]以爽爲元帥，俱受爽節度。親率李充等四將出朔州，[8]遇沙鉢略可汗於白道，[9]接戰，大破之，沙鉢略中重瘡而遁。帝大悦，賜爽真食梁安縣千户。[10]六年，復爲元帥，步騎十五萬出合川，[11]突厥遁逃。徵爲納言。帝甚重之。

[1]同安郡公：封爵名。《通志》卷八五下《衛王爽傳》與《北史》《隋書》同。中華本《周書》卷一九《楊忠傳》作“周郡公”，其校勘記云:“按當時無‘周郡’……《隋書》卷三一《地理志下》同安郡懷寧縣條云：‘大業三年置同安郡。’後周無此郡，疑爲‘周安’之訛。《隋書》卷二九通川郡西流縣條云：西魏‘又置開州及周安、萬安、江會三郡’，周安郡至開皇初始廢。又巴東郡新浦縣條云：‘後周置周安郡，開皇初郡廢。’則周有二周安郡。疑楊達封的是周安郡公，《周書》此條脱‘安’字，《北史》‘周’訛‘同’。”可從。周安郡，北周武帝天和元年（566）改馬蹬郡置，屬開州。治西流縣，在今四川宣漢縣東南壩鎮。

[2]内史上大夫：官名。又稱上内史。北周静帝大象元年（579）春官府内史司置上大夫爲長官，員一人，掌皇帝詔書的撰寫與宣讀，權力極大。正六命。《隋書》卷四四《衛昭王爽傳》作“内史上士”。《通志·衛王爽傳》與《北史》同。中華本校勘記云:“按《通典》卷三九《後周官品》，上大夫正六命，上士正三命（周秩以命多爲貴）。楊爽初仕，不得便授高官，當以《隋書》作‘上士’爲是。”可從。

[3]蒲州：北周時治蒲坂縣，在今山西永濟市西南蒲州鎮。

[4]右領軍大將軍：官名。北齊時設領軍大將軍。隋朝因之，分置左、右，掌禁衛。一説此乃右領左右府大將軍之誤，亦掌侍

衛。正三品。隋煬帝時改爲他稱。毛本、局本作“領右軍大將軍”。

[5]并州：隋朝時治晉陽縣，在今山西太原市晉源區古城營村一帶。 總管：官名。北周明帝武成元年（559）由都督諸州軍事改名，爲地方高級軍政官員。加使持節，置總管府，管理轄區軍政民政。所轄區域增減無常，一般轄數州，多者可達數十州。隋朝時并州總管位視從二品。

[6]上柱國：中華本校勘記云：“《隋書》‘上柱國’上有‘歲餘進’三字，按無此三字，則似上柱國也是權領，非。疑是脱文。”可從。 凉州：隋朝時治姑臧縣，在今甘肅武威市。

[7]豆盧勣：人名。本姓慕容，字定東，昌黎徒何（今遼寧錦州市）人。北周、隋朝官吏。見《北史》卷六八《豆盧寧附豆盧勣傳》。 竇榮定：人名。扶風平陵（今陝西咸陽市西北）人。北周、隋朝將領。見《北史》卷六一《竇熾附竇榮定傳》。 高熲：人名。又作獨孤熲，字昭玄，一名敏，勃海蓨（今河北景縣）人。北周官吏，隋朝開國功臣。見《北史》卷七二《高熲傳》。 虞慶則：人名。本姓魚，京兆櫟陽（今陝西西安市臨潼區）人。北周、隋朝將領。見《北史》卷七三《虞慶則傳》。

[8]李充：人名。隴西成紀（今甘肅秦安縣）人。隋朝將領。見《隋書》卷五三《劉方附李充傳》。《隋書·衛昭王爽傳》作“李充節”，《通志·衛王爽傳》與《北史》同。按：據其傳，李充與李充節應是同一人。 朔州：隋朝時治善陽縣，在今山西朔州市朔城區。

[9]沙鉢略可汗：亦稱伊利可汗。隋朝時突厥可汗。初曾與幾位突厥可汗聯合出兵侵擾邊境。文帝開皇五年向隋朝稱臣納貢。白道：地名。在今内蒙古呼和浩特市西北，爲河套東北地區通往陰山以北的交通要道。

[10]梁安：縣名。治所在今湖北隨州市西南。

[11]合川：縣名。治所在今甘肅迭部縣西。

未幾，爽疾，帝使薛榮宗視之，[1]云衆鬼爲厲。爽令左右驅逐之。居數日，有鬼物來擊榮宗，走下階而斃。[2]其夜爽薨，年二十五。贈太尉、冀州刺史。[3]子集嗣。

[1]薛榮宗：人名。北齊、隋朝官吏。見《北史》卷九二《齊諸宦者傳》。

[2]走下階而斃：《隋書》卷四四《衛昭王爽傳》作"榮宗走下階而斃"。按：無"榮宗"二字，易使人認爲是鬼物"走下階而斃"。疑《北史》因上文"榮宗"二字而誤脱。

[3]太尉：官名。隋朝時名義上參議大政，其位多曠，遇有典禮，以他官攝行其事。正一品。　冀州：隋朝時治長樂縣，在今河北冀州市。

集，字文會，初封遂安王，[1]尋襲封衛王。煬帝時，諸侯王恩禮漸薄，猜防日甚，集憂懼，乃呼術者俞普明章醮以祈福助。[2]有人告集呪詛，憲司希旨，[3]鍛成其獄，奏集惡逆，坐當死。詔下其議，楊素等曰："集密懷左道，厭蠱君親，是君父之罪人，非臣子之所赦，請論如律。"時滕王綸坐與相連，帝不忍加誅，除名遠徙邊郡。天下亂，不知所終。

[1]遂安王：封爵名。遂安，郡名。隋朝時治梁安縣，在今湖北隨州市西南。

[2]章醮（jiào）：拜表設祭。道教的一種祈禱形式。

[3]憲司：魏晋以來御史的别稱。

河間王弘，字辟惡，[1]文帝從祖弟也。祖愛敬，早卒。父元孫，少孤，隨母郭氏養於舅族。及武元帝與周文建義關中，[2]元孫時在鄴，[3]懼爲齊人所誅，因假外家姓爲郭氏。元孫死，齊爲周滅，弘始入關。與文帝相得，帝哀之，爲買田宅。

[1]字辟惡：《楊弘墓誌》作“字義深”（參宗鳴安《〈楊弘墓誌〉與〈隋書〉所記異同考》，《中國典籍與文化》2008年第2期）。

[2]建義：謂興舉義兵。

[3]鄴：城名。在今河北臨漳縣西南。

弘性明悟，有文武幹略。數從征伐，累遷開府儀同三司。文帝爲丞相，常置左右，委以心腹。帝詣周趙王宅，[1]將及於難，[2]弘時立於户外，以衛文帝。尋加上開府，[3]賜爵永康縣公。[4]及受禪，拜大將軍，[5]進爵郡公。尋贈其父柱國、尚書令、河間郡公。[6]其年，立弘爲河間王，拜右衛大將軍。[7]尋進柱國，以行軍元帥出靈州道征突厥，[8]大破之。拜寧州總管，[9]進上柱國。政尚清静，甚有恩惠。遷蒲州刺史，[10]得以便宜從事。時河東多盗賊，弘奏爲盗者百餘人，投之邊裔，州境恬然，[11]號爲良吏。每晋王廣入朝，弘輒領揚州總管，[12]及王歸藩，弘復還蒲州。在州十餘年，風教大洽。煬帝嗣位，拜太子太保。[13]歲餘，薨。大業六年，追封郇王。子慶嗣。

[1]趙王：封爵名。即宇文招。字豆盧突，代郡武川（今内蒙古武川縣西）人，鮮卑族。北周宗室、大臣。見《北史》卷五八《趙僭王招傳》。

[2]將及於難：指宇文招謀害隋文帝事。見《北史》卷七三《元胄傳》。

[3]上開府：上開府儀同三司的省稱。北周武帝時置。隋朝時爲從三品散實官，煬帝大業三年罷。

[4]永康縣公：封爵名。永康，縣名。治所在今四川安岳縣西南。

[5]大將軍：官名。西魏、北周時爲府兵專職統帥官號。隋朝時沿襲北周府兵制，置爲諸衛府長官官號，分領府兵，各置僚屬。正三品。

[6]尚書令：官名。隋朝時爲尚書省長官，居正宰相之位，因位高權重，多缺而不授。正二品。　河間郡公：封爵名。河間，郡名。隋朝時治河間縣，在今河北河間市。

[7]右衛大將軍：官名。隋朝時爲右衛之長，員一人，掌宫掖禁禦，督攝仗衛。煬帝大業三年改名爲右翊衛大將軍，總府事，並統諸鷹揚府事。正三品。

[8]行軍元帥：官名。北周臨時設置的最高統兵官，統一道或數道行軍總管，兵停則罷，多以親王或重臣爲之。隋朝沿置。　靈州道：隋朝時爲防禦突厥而設立的軍事防禦區，駐地在靈州。靈州，隋朝時治回樂縣，在今寧夏靈武市西南。

[9]寧州：隋朝時治定安縣，在今甘肅寧縣。

[10]遷蒲州刺史：此五字前，《隋書》卷四三《河間王弘傳》有“後數載，徵還京師。未幾”九字。

[11]恬然：源氏校勘記云:“《隋書》作‘帖然’。”

[12]揚州：隋朝時治廣陵縣，在今江蘇揚州市。

[13]太子太保：官名。東宫三師之一。隋朝時位居太子太師、太傅下，爲安置退免大臣的閑散之職，或用作加官、贈官。正

二品。

慶傾曲善候時變。帝猜忌骨肉，[1]滕王綸等皆被廢放，唯慶獲全。累遷滎陽太守，[2]頗有政績。

[1]骨肉：局本作“骨内”，誤。
[2]滎陽：郡名。隋朝時治管城縣，在今河南鄭州市管城回族區。

及李密據洛口倉，[1]滎陽諸縣多應密。慶勒兵拒守。歲餘，城中糧盡，兵勢日蹙。密遺慶書曰：[2]“王之先世，家住山東，本姓郭氏，乃非楊族。婁敬之於漢高，[3]殊非血胤；[4]吕布之於董卓，[5]良異天親。[6]芝焚蕙歎，[7]事不同此。江都荒湎，流宕忘歸，骨肉崩離，[8]人神怨憤。舉烽火於驪山，諸侯莫至；[9]浮膠船於漢水，還日未期。[10]獨守孤城，援絶千里，糧餱支計，僅有月餘，弊卒之多，纔盈數百。有何恃賴，欲相抗拒？求枯魚於市肆，[11]即事非虚；因歸雁以運糧，竟知何日！止恐禍生匕首，[12]釁發蕭墻，空以七尺之軀，懸賞千金之購，可爲酸鼻者也。幸能三思，自求多福。”于時江都敗問亦至，慶得書，遂降于密，改姓爲郭氏。密破，歸東都，又爲楊氏，越王侗不之責也。及侗稱制，拜宗正卿。

[1]李密：人名。字法主，京兆長安（今陝西西安市）人。見《北史》卷六〇《李弼附李密傳》。　洛口倉：在今河南鞏義市河

洛鎮七里鋪村以東的黄土嶺上。

［2］遺：局本作“遣”，應是字形相近而誤。

［3］婁敬：人名。因被賜劉姓，又稱劉敬。齊國（今山東淄博市臨淄區）人。漢高祖劉邦的重要謀士之一。提出定都、和親、遷豪三項計策，對漢初政策的制定及政權的穩定起了很大作用。見《漢書》卷四三《婁敬傳》。

［4］血胤：同一血統的子孫後代。

［5］吕布：人名。字奉先，五原郡九原（今内蒙古包頭市西南）人。東漢末名將。見《三國志》卷七《魏書·吕布傳》。　董卓：人名。字仲穎，隴西臨洮（今甘肅岷縣）人。東漢末權臣。見《三國志》卷六《魏書·董卓傳》。

［6］天親：指父母、兄弟、姐妹等血親。

［7］芝焚蕙歎：芝與蕙同爲香草名，芝草被焚，蕙草傷歎。比喻因同類遭到不幸而悲傷歎息。語出陸機《歎逝賦》:“信松茂而柏悦，嗟芝焚而蕙歎。”

［8］骨肉崩離：源氏校勘記云:“‘骨肉’《隋書》作‘内外’。”《通志》卷八五下《河間王弘附楊慶傳》與《北史》同。

［9］舉烽火於驪山諸侯莫至：周幽王愛妃褒姒生性不愛笑，幽王爲取悦褒姒，舉烽火召集諸侯，諸侯匆忙趕到，却發現被戲弄。後來戎族入侵，幽王再次點燃烽火，諸侯以爲他又在戲弄人，無一人來救援。

［10］浮膠船於漢水還日未期：西周時，周昭王率師伐楚。渡漢水時，當地人獻上“膠船”。船至中流，膠遇水溶化，船解，昭王被淹死。楚軍乘機反擊，周師全軍覆没。

［11］求枯魚於市肆：比喻無法挽救的困境。典出《莊子·外物》。

［12］止恐：《隋書》卷四三《河間王弘附楊慶傳》作“正恐”，《通志·河間王弘附楊慶傳》與《北史》同。

世充既僭僞號，[1]降爵爲郇國公，復爲郭氏。[2]世充以兄女妻之，署滎州刺史。[3]及世充將敗，慶欲將妻同歸長安，其妻曰："國家以妾奉箕帚於公者，欲以申厚意，結公心耳。今父叔窮迫，家國阽危，而不顧婚姻，孤負付屬，爲全身之計，非妾所能責公也。妾若至長安，公家一婢耳，何用妾爲！願送還東都，君之惠也。"慶不許，其妻遂沐浴靚莊，仰藥而死。慶遂歸國，爲宜州刺史、郇國公，[4]復姓楊氏。其嫡母元太妃，年老，兩目喪明，世充斬之。

[1]世充：即王世充，人名。字行滿，本姓支，新豐（今陝西西安市臨潼區東北）人。見《北史》卷七九《王世充傳》。

[2]復爲郭氏：底本作"後爲郭氏"，中華本作"復爲郭氏"。《通志》卷八五下《河間王弘附楊慶傳》作"復爲郭氏"。源氏校勘記云："'後'《隋書》作'復'。"今從中華本改。

[3]滎州：隋朝時治管城縣，在今河南鄭州市管城回族區。按：北周時置滎州，隋文帝開皇初改爲鄭州，十六年又分置管州於管城縣，煬帝大業二年廢鄭州，管州遂統原鄭、管二州之地，後又改管州爲鄭州。

[4]宜州：隋朝時治華原縣，在今陝西富平縣西北。

義城公處綱，[1]文帝族父也。生長北邊，少習騎射。在周，以軍功拜上儀同。文帝受禪，贈其父鍾葵柱國、尚書令、義城縣公，以處綱襲焉。累遷右領軍將軍。[2]綱雖無才藝，而性質直，在官强濟，亦爲當時所稱。拜蒲州刺史，吏人悦之。卒於秦州總管，[3]謚曰恭。

[1]義城公：封爵名。義城，縣名。治所在今四川旺蒼縣馮家垻。

[2]右領軍將軍：官名。東漢末置。魏晋南北朝沿置，員一人。從二品。隋朝時具體職掌不詳。隋初置左右領軍府，但不置將軍，唯以長史、司馬總府事，煬帝大業三年改左右領軍府爲左右屯衛。

[3]秦州：隋朝時治上邽縣，在今甘肅天水市。

弟處樂，官至洛州刺史。[1]漢王諒反，朝廷以爲二心，廢錮不齒。[2]

[1]洛州：隋朝時治洛陽縣，在今河南洛陽市東北。

[2]廢錮：革除官職，終生不再録用。

離石太守子崇，[1]武元帝族弟也。[2]父盆生，贈荆州刺史。[3]子崇少好學，涉獵書記，有風儀，愛賢好士。開皇初，拜儀同，以車騎將軍恒典宿衛。[4]後爲司門侍郎。[5]煬帝嗣位，累遷候衛將軍，[6]坐事免。未幾，復檢校將軍事。[7]從帝幸汾陽宫，[8]子崇知突厥必爲寇，屢請早還京師，不納。尋有雁門之圍。[9]及賊退，帝怒之曰："子崇怯懦，妄有陳請，驚動我衆心，不可居爪牙寄。"出爲離石郡太守，有能名。自是突厥屢寇邊塞，胡賊劉六兒復擁衆劫掠郡境，[10]子崇表請兵鎮遏。帝復大怒，令子崇行長城。[11]子崇行百餘里，四面路絶，不得進而歸。

[1]離石：郡名。隋朝時治離石縣，在今山西吕梁市離石區。

[2]武元帝族弟也：《隋書》卷四三《楊子崇傳》、《册府元龜》

卷二九二均作“高祖族弟也”，《通志》卷八五下《離石太守子崇傳》與《北史》同。

[3]荆州：隋朝時治江陵縣，在今湖北江陵縣。

[4]車騎將軍：官名。隋朝時因襲北周府兵制，十二府所轄諸軍府稱驃騎府或車騎府，分駐各地，統領府兵，皆置車騎將軍，正五品上。置於驃騎府者爲次官，置於車騎府者爲長官。煬帝時改諸驃騎府、車騎府爲鷹揚府，改車騎將軍爲鷹揚副郎將、鷹擊郎將。

[5]司門侍郎：官名。隋初屬尚書省刑部司門司，員二人，掌邊境關門、京都城門及皇宫宫門的開關，正六品上。煬帝大業三年改爲司門郎。

[6]候衛將軍：官名。隋朝置，煬帝大業三年改左右武衛將軍爲左右候衛將軍，各置二人。從三品。

[7]檢校：官制用語。隋朝時意爲代理，即尚未實授其官，但已掌其職事。

[8]汾陽宫：在今山西寧武縣西南管涔山。

[9]雁門：關隘名。在今山西代縣西北。

[10]劉六兒：人名。離石（今山西吕梁市離石區）人。隋末少數民族起義軍首領，後降唐。

[11]令子崇行長城：《隋書·楊子崇傳》“行”作“巡行”。按:“巡行”意爲出行巡察、巡視，而“行”無此意。

歲餘，朔方梁師都、馬邑劉武周等各作亂，[1]郡中諸胡復反。子崇患之，言欲朝集，遂與心腹數百人白孟門關將還京師。[2]遇道路隔絶，退歸離石。左右聞太原兵起，[3]不復入城，各叛去。子崇悉收叛者父兄斬之。後數日，義兵至，城中應之。城陷，爲讎家所殺。

[1]朔方：郡名。隋煬帝大業三年改夏州置，治巖緑縣，在今

陕西靖邊縣白城子村無定河北岸的毛烏素沙漠中（靠近今内蒙古烏審旗南境）。　梁師都：人名。夏州朔方（今内蒙古烏審旗南）人。見《舊唐書》卷五六《梁師都傳》。　馬邑：郡名。隋朝時治善陽縣，在今山西朔州市朔城區。　劉武周：人名。河間景城（今河北泊頭市交河鎮）人。父時，遷居馬邑。隋煬帝大業十三年反隋。見《舊唐書》卷五五《劉武周傳》。

[2]孟門關：在今山西柳林縣西北孟門古鎮。

[3]太原：郡名。隋朝時治晋陽縣，在今山西太原市晋源區古城營村一帶。

文帝五男，皆文獻皇后所生。長曰房陵王勇，[1]次煬帝，次秦孝王俊，次庶人秀，次庶人諒。[2]

[1]房陵王：封爵名。房陵，郡名。隋朝時治光遷縣，在今湖北房縣。

[2]次庶人諒：四庫本、四部備要本無“次”字。

房陵王勇，小名睍地伐。[1]周世以武元軍功，封博平縣侯。[2]及文帝輔政，立爲世子，拜大將軍、左司衛，[3]封長寧郡公。[4]出爲洛州總管、東京少冢宰，[5]總統舊齊之地。[6]後徵還京師，進上柱國、大司馬，[7]領内史御正，[8]諸禁衛皆屬焉。文帝受禪，立爲皇太子，軍國政事及尚書奏死罪已下，[9]皆令勇參決。

[1]小名睍（xiàn）地伐：底本作“小名晛地伐”，四庫本、中華本作“小名睍地伐”。《隋書》卷四五《房陵王勇傳》作“字睍地伐”。殿本校勘記云：“‘睍’監本訛‘晛’，今從《隋書》及下

文改正。”今從改，下同。

[2]博平縣侯：封爵名。博平，縣名。治所在今山東泰安市東南。

[3]左司衛：官名。即左司衛上大夫。北周時置司衛上大夫，分爲左右，爲侍衛長官，掌東宫侍衛。在非常時期可統帥皇帝宿衛兵馬，職權很重。正六命。

[4]長寧郡公：封爵名。長寧，郡名。北周時治懷戎縣，在今河北涿鹿縣西南。

[5]東京少冢宰：官名。北周宣帝時置，爲東京六府的主要長官，正六命。楊堅執政後，不僅掌天官府事務，還總統東京六府之事。東京，城名。隋時以洛陽爲東都，稱東京。

[6]總統：局本作“總管”。

[7]大司馬：官名。北周時爲夏官府長官，職掌軍政事務、禁暴糾察、訓練軍隊、統兵作戰，權任極重。屬官有小司馬中大夫二人、軍司馬下大夫四人、司馬上士八人、行司馬中士十六人等。正七命。

[8]内史御正：官名。内史中大夫、御正中大夫二官的合稱。

[9]尚書奏死罪已下：底本作“尚書死罪已下”，中華本作“尚書奏死罪已下”。《隋書·房陵王勇傳》作“尚書奏死罪已下”。中華本據《隋書》補，今從中華本改。尚書，官署名。即尚書省。隋朝時爲三省之一、政務中樞，長官爲尚書令，常缺，由左、右僕射主持省務，下設吏、民、刑、兵、禮、工六部，負責具體事務。

帝以山東人多流冗，遣使案檢，又欲徙人北實邊塞。勇上書諫，以爲“戀土懷舊，人之本情，波迸流離，蓋不獲已。有齊之末，主闇時昏，周平東夏，繼以威虐，人不堪命，致有逃亡，非厭家鄉，願爲覊旅。若假以數歲，沐浴皇風，逃竄之徒，自然歸本。雖北夷犯邊，令所在嚴固，[1]何待遷配，以致勞擾"？上覽而嘉之。時晉王廣亦表言不可，帝遂止。是後時政不便，多所損益，帝每納之。

[1]令所在嚴固：《隋書》卷四五《房陵王勇傳》作"今城鎮峻峙，所在嚴固"。

帝常從容謂群臣曰："前世皇王，溺於嬖幸，廢立之所由生。朕傍無姬侍，五子同母，可謂真兄弟也。豈若前代，多諸内寵，孽子忿争，爲亡國之道邪！"

勇頗好學，解屬詞賦，性寬仁和厚，率意任情，無矯飾之行。引明克讓、姚察、陸開明等爲之賓友。[1]勇嘗文飾蜀鎧，帝見而不悦，恐致奢侈之漸，因誡之曰："我歷觀前代帝王，未有奢華而能長久者。汝當儲后，若不上稱帝心，下合人意，何以承宗廟之重，居兆人之上？吾昔衣服，各留一物，時復看以自警戒。又擬分賜汝兄弟。恐汝以今日皇太子之心，忘昔時之事，故令高熲賜汝我舊所帶刀子一枚，并葅醬一合，[2]汝昔作上士時所常食如此。[3]若存憶前事，應知我心。"

[1]明克讓：人名。字弘道，平原鬲（今山東陵縣東北）人。北周、隋朝官吏。見《北史》卷八三《明克讓傳》。　姚察：人名。字伯審，吴興武康（今浙江德清縣）人。南朝陳、北周、隋朝官吏。見《陳書》卷二七《姚察傳》。　陸開明：人名。即陸爽。字開明，代（今山西大同市東北）人。見《北史》卷二八《陸俟附陸爽傳》。底本作"陸開時"，源氏校勘記云："'時'《隋書》作

‘明’。”中華本校勘記云:“按陸爽字開明，曾官太子洗馬，見《隋書》卷五八本傳。‘明’是，今據改。”今從改。

[2]蜀鎧：指四川地區製造的戰衣。

[3]葅（zū）醬：醬菜。

[4]上士：官名。西魏恭帝三年置，北周初沿置。天官府、地官府等六府皆置，職掌各不同。正三命。

後經冬至，百官朝勇，勇張樂受賀。帝知之，問朝臣:“近聞至節，内外百官相率朝東宫，是何禮也?”太常少卿辛亶對曰:[1]“於東宫是賀，不得言朝。”帝曰:“改節稱賀，正可三數十人，逐情各去。何因有司徵召，一朝普集，太子法服設樂以待之?[2]東宫如此，殊乖禮制。”乃下詔曰:“皇太子雖居上嗣，義兼臣子，而諸方岳牧正冬朝賀，[3]任土作貢，[4]别上東宫。事非典則，宜悉停斷。”

[1]太常少卿：官名。北魏始置，爲太常副職。隋朝沿置，初置一人，四品上。煬帝時置二人，從四品。

[2]法服：古代禮法規定的上至天子、文武百官，下至庶民百姓應著的標準服飾。即禮服，亦稱正服。

[3]岳牧：指各州長官。　正冬：指冬至。

[4]任土作貢：依據土地的具體情况，制定貢賦的品種和數量。此處指各地長官依據本地情况爲皇太子準備的賀禮。

自此恩寵始衰，漸生疑阻。時帝令選强宗入上臺宿衛，[1]高熲奏:“若盡取强者，恐東宫宿衛太劣。”帝作色曰:“我有時行動，宿衛須得雄毅。太子毓德東宫，左右何須强武？如我商量，[2]恒於交番之日，[3]分向東宫上下，團伍不别，豈非好事邪？我熟見前代，公不須仍踵舊風!”蓋疑熲男尚勇女，形於此言，以防之。

[1]强宗：《隋書》卷四五《房陵王勇傳》“强宗”作“宗衛侍官”，《通志》卷八五下《隋宗室傳》作“東宫强武”。中華本校勘記云:“按隋制，太子有宗衛府，掌東宫宿衛。楊堅選宗衛侍官入上臺宿衛，目的在於削弱東宫武力。故高熲云：‘若盡取强者，恐東宫宿衛太劣。’《北史》作‘强宗’，則似以大族强宗爲宿衛，與東宫無關，誤。”可從。

[2]如我商量：底本“如”作“始”，中華本校勘記云：“諸本‘如’訛作‘始’，據《隋書》改。”今從改。

[3]交番：輪流值班。

勇多内寵，昭訓雲氏嬖幸，[1]禮匹於嫡。而妃元氏無寵，[2]嘗遇心疾，二日而薨。獻皇后意有他故，甚責望勇。又自妃薨，雲昭訓專擅内政，后彌不平，頗求勇罪過。晋王廣知之，彌自矯飾，姬妾恒備員數，唯與蕭妃居處。[3]后由是薄勇，愈稱晋王德行。後晋王來朝，車馬侍從，[4]皆爲儉素，接朝臣，禮極卑屈，聲名籍甚，冠於諸王。臨還揚州，入内辭皇后，因哽咽流涕，伏不能興。皇后泫然泣下，相對歔欷。[5]王曰:“臣性識愚下，常守平生昆弟之意，不知何罪，失愛東宫，恒畜盛怒，欲加屠陷。每恐讒譖出於杼軸，[6]鴆毒遇於盃杓。”[7]皇后忿然曰:[8]“睍地伐漸不可耐，我爲伊索得元家女，望隆基業，竟不聞作夫妻，專寵阿雲，有如許豚犬。前新婦本無病痛，忽爾暴亡，遣人投藥，致此夭逝。事已如此，我亦不窮。[9]何因復於汝處發如此意？我在尚爾，我死後當魚肉汝乎？每思東宫竟無正嫡，至尊千秋萬歲後，遣汝等兄弟向阿雲兒前再拜問訊，此是幾許大苦痛邪！”晋王又拜，嗚咽不能止，[10]皇后亦悲不自勝。

[1]昭訓：后妃和太子妾的封號。

[2]元氏：元矩之女，爲太子妃。

[3]蕭妃：即隋煬帝皇后蕭氏。見《北史》卷一四《煬愍皇后蕭氏傳》。

[4]車馬：局本作“車駕”。

[5]歔欷：局本作“歔歔”。

[6]杼軸：織布機上的兩個部件。用來持緯（横綫）的梭子和用來承經（竪綫）的筘。殿本、四庫本、四部備要本作“杼柚”。源氏校勘記云:“《隋書》作‘投杼’。”中華本校勘記云:“洪頤煊云:‘《隋書》本傳作“讒譖生於投杼”。淺人見與下句“盃杓”對，改作杼軸，非是。’按曾母投杼故事見《史記·甘茂傳》，洪説是。”

[7]盃杓：酒杯和杓子，借指飲酒。

[8]忿然：毛本、四庫本、四部備要本作“忿怒”。

[9]我亦不窮：《隋書·房陵王勇傳》作“我亦不能窮治”。

[10]嗚咽不能止：局本作“嗚咽不已”。

此别之後，知皇后意移，始構奪宗之計。[1]因引張衡定策，[2]遣褒公宇文述深交楊約，[3]令喻旨於越公素，[4]具言皇后此語。素瞿然曰:“但不知皇后如何？但如所言，[5]吾又何爲者！”[6]後數日，素入侍宴，微稱晋王孝悌恭儉有禮，用此揣皇后意。后泣曰：“公言是也。我兒大孝順，每聞至尊及我遣内使到，必迎於境首。又其新婦亦大可憐，我使婢去，常與同寢共食。豈如睍地伐共阿雲相對而坐，終日酣宴，昵近小人，疑阻骨肉！我所以益憐阿麻者，嘗恐暗地殺之。”素既知意，盛言太子不才。皇后遂遺素金，始有廢立之意。

[1]奪宗：意爲奪取嫡長子繼承地位。

[2]因：毛本作“同”。　張衡：人名。字建平，河内（今河南沁陽市）人。隋朝官吏。見《北史》卷七四《張衡傳》。

[3]楊約：人名。字惠伯，弘農華陰（今陝西華陰市東南）人。北周、隋朝官吏。見《北史》卷四一《楊敷附楊約傳》。

[4]越公素：即楊素。

[5]但如所言：《隋書》卷四五《房陵王勇傳》作“必如所言”。《通志》卷八五下《隋宗室傳》與《隋書》同。

[6]吾又：毛本、殿本、四庫本、四部備要本作“之旨又”。《隋書·房陵王勇傳》作“吾又”。《通志》卷八五下《隋宗室傳》作“吾亦”。

勇頗知其謀，憂懼，計無所出。聞新豐人王輔賢能占候，[1]召而問之。輔賢曰：“白虹貫東宫門，[2]太白襲月，[3]皇太子廢退象也。”以銅鐵五兵造諸厭勝。又於後園内作庶人村，屋宇卑陋，太子時於中寢息，布衣草褥，冀以當之。帝知其不安，在仁壽宫，[4]使楊素觀勇。素至東宫，偃息未入，勇束帶待之，故亦不進以怒勇，勇銜之，形於言色。素還，言勇怨望，恐有他變。帝甚疑之。皇后又遣人伺覘東宫，纖介事皆聞奏，因加媒蘖，[5]構成其罪。帝惑之，遂疏忌勇。廼於玄武門達至德門量置人候，[6]以伺動静，皆隨事奏聞。又東宫宿衛人，[7]侍官已上，[8]名籍悉令屬諸衛府，有健兒者咸屏去之。

[1]新豐：縣名。治所在今陝西西安市臨潼區東北。

[2]白虹：白色的長虹。古人認爲白虹爲兵象，東宫爲太子宫室，亦指太子。白虹侵東宫爲太子見廢之象。

[3]太白：星名。古代星占家認爲太白秉西方金德之精，司秋，主兵。太白襲月亦爲太子廢退之象。

[4]仁壽宫：隋文帝開皇十三年建，在今陝西麟游縣西。

[5]媒蘖：又作"媒孽"，比喻藉端誣罔構陷，釀成其罪。

[6]玄武門：隋朝大興宫（今陝西西安市）的正北門。玄武爲神話中的北方之神，故玄武門一般指宫殿的正北門。　至德門：據《資治通鑑》卷一七九胡三省注，在大興宫的東北隅。在今陝西西安市北。　量置人候：《隋書》卷四五《房陵王勇傳》、《通志》卷八五下《隋宗室傳》、《資治通鑑》卷一七九作"量置候人"。按：人候意爲監視者，候人意爲候望敵情者。

[7]又東宫宿衛人：底本作"又東宫宫衛人"，中華本作"又東宫宿衛人"。《隋書·房陵王勇傳》作"又東宫宿衛之人"。源氏校勘記云改"宫"作"宿"。今從改。

[8]侍官：官名。北魏始置。北周時爲府兵兵士的名稱，隋朝沿置。

晋王又令段達私貨東宫幸臣姬威，[1]令取太子消息，密告楊素。於是内外諠謗，過失日聞。段達脅姬威曰："東宫罪過，主上皆已知之。已奉密詔，定當廢立。君能告之，則大富貴。”威遂許諾。

[1]段達：人名。武威姑臧（今甘肅武威市）人。北周、隋朝官吏。見《北史》卷七九《段達傳》。

開皇二十年，[1]車駕至自仁壽宮。御大興殿，[2]謂侍臣曰:“我新還京師，應開懷歡樂，不知何意，翻悒然愁苦。”吏部尚書牛弘對曰:[3]“由臣等不稱職，故至尊憂勞。”帝既數聞讒譖，疑朝臣具委，故有斯問，冀聞太子之愆。弘既此對，大乖本指。帝因作色謂東宮官屬曰:“仁壽宮去此不遠，令我每還京師，嚴備如入敵國。我爲患利，不脱衣卧。夜欲得近厠，故在後房。恐有驚急，還就前殿。豈非爾輩欲壞我家國邪!”乃執唐令則等數人，[4]付所司訊鞫。令楊素陳東宮事狀以告近臣。素顯言之曰:“奉敕向京，令皇太子檢校劉居士餘黨。[5]太子忿然作色，肉戰淚下，[6]云：‘居士黨已盡，遣我何處窮討？爾作右僕射，[7]受委自求，何關我事！’又云：‘昔大事不遂，[8]我先被誅。今作天子，[9]竟乃令我不如弟，一事已上，不得自由。’因長歎回視云：‘我大覺身妨！’又云：‘諸王皆得奴，獨不與我！’乃向西北奮頭，喃喃細語。”帝曰:“此兒不堪承嗣久矣。皇后恒勸我廢，[10]我以布素時生，復長子，望其漸改，隱忍至今。勇昔從南兗州來，[11]語衛王曰：‘阿孃不與我一好婦女，亦是可恨。’因指皇后侍兒曰：‘皆我物。’此言幾許異事！其婦初亡，即以斗帳安餘老嫗。新婦初亡，我深疑使馬嗣明藥殺。[12]我曾責之，便懟曰：‘會當殺元孝矩。’[13]此欲害我而遷怒耳。初，長寧誕育，[14]朕與皇后共抱養之，自懷彼此，連遣來索。且雲定興女，[15]在外私合而生，想此由來，何必是其體胤？昔晋太子取屠家女，[16]其兒即好屠割。今儻非類，便亂宗祏。[17]又劉金驎，佞人也，呼定興作家翁。[18]定興愚人，受其此語。我前解金驎者，爲其此事。勇昔在宫，引曹妙達共定興女同宴。[19]妙達在外云：‘我今得勸妃酒。’直以其諸子偏庶，畏人不服，故逆縱之，欲收天下望耳。我雖德慚堯舜，終不以萬姓付不肖子。我恒畏其加害，如防大敵，今欲廢之，以安天下。”

[1]開皇二十年：《隋書》卷四五《房陵王勇傳》作“九月壬子”，《通志》卷八五下《隋宗室傳》作“開皇二十年九月壬子”。中華本校勘記認爲“九月壬子”四字不當删，疑《北史》誤脱。《隋書》卷二《高祖紀下》作“九月丁未，至自仁壽宫”。可從。

[2]御大興殿：《隋書·房陵王勇傳》、《通志·隋宗室傳》、《資治通鑑》卷一七九作“翌日，御大興殿”。按：《北史》省“翌日”二字，致使時間不明確。大興殿，建於隋初，在大興宫正門内正北方，皇帝聽政之處。

[3]吏部尚書：官名。隋朝時爲尚書省六部長官之首，與二侍郎分掌六品以下文官選授、勳封、考課之政。正三品。　牛弘：人名。字里仁，安定鶉觚（今甘肅靈臺縣）人。隋朝官吏。見《北史》卷七二《牛弘傳》。

[4]唐令則：人名。北海平壽（今山東昌樂縣東南）人。仕隋，爲太子左庶子。太子楊勇廢，被誅。見《北史》卷六七《唐永附唐令則傳》。

[5]劉居士：人名。隋朝官吏。官至太子千牛備身。聚徒任俠，

不遵法度，被人告發，下獄死，其父亦坐死。見《北史》卷九一《劉昶女傳》。

［6］肉戰：元大德本作“曰戰”。

［7］右僕射：官名。尚書右僕射的省稱。隋朝時與内史省、門下省長官共同執掌國政。文帝開皇三年令右僕射掌判都官、度支、工部三部事，兼管開支用度。從二品。

［8］昔：《隋書·房陵王勇傳》作“若”。中華本校勘記云：“‘昔’當是‘若’之訛。”可從。

［9］今：殿本、四庫本、四部備要本作“令”，誤。

［10］恒勸：元大德本、毛本、殿本、四庫本、四部備要本作“相勸”。

［11］昔從：元大德本作“皆從”。　南兖州：隋朝時治江陽縣，在今江蘇揚州市西北。

［12］馬嗣明：人名。河内野王（今河南沁陽市）人。北齊、隋朝官吏。見《北史》卷九〇《馬嗣明傳》。

［13］會當殺元孝矩：《隋書·房陵王勇傳》作“會殺元孝矩”。元孝矩，人名。即元矩。字孝矩，河南洛陽（今河南洛陽市東北）人。北周、隋朝官吏。見《北史》卷一七《汝陰王天賜附元矩傳》。

［14］長寧：郡名。隋朝時治長寧縣，在今山西朔州市。此處指長寧郡王楊儼。

［15］雲定興：人名。楊勇寵妾雲昭訓之父。隋朝官吏。見《北史》卷七九《宇文述附雲定興傳》。

［16］晋太子取屠家女：西晋愍懷太子司馬遹生母謝玖出身於屠宰之家，司馬遹長大後，不修德業，性剛且奢侈殘暴，常於宫中擺攤切肉賣酒。見《晋書》卷五三《愍懷太子遹傳》。

［17］宗祏：原爲宗廟中藏神主的石室，此處引申爲朝廷、國家。

［18］呼定興作家翁：《隋書·房陵王勇傳》作“呼定興作親家

翁”，《通志》卷八五下《隋宗室傳》與《北史》同。按：雲定興之女爲楊勇寵妾，疑《隋書》是。

[19]曹妙達：人名。北齊、隋朝音樂家。能演奏多種樂器，熟悉宫廷音樂，尤善寫新曲，爲隋文帝及太子楊勇所賞識。

左衛大將軍元旻諫曰：[1]“廢立大事，天子無貳言，詔旨若行，後悔無及。讒言罔極，惟陛下察之。”旻辭直争强，[2]聲色俱厲，帝不答。

[1]左衛大將軍：官名。隋朝時爲左衛之長，員一人，掌宫掖禁禦，督攝仗衛。煬帝大業三年改爲左翊衛大將軍，總府事，並統諸鷹揚府事。正三品。　元旻：人名。隋朝官吏。官至左衛大將軍，被封爲五原公。因阻止隋文帝廢太子楊勇而被殺。元大德本作“元愛”。

[2]旻辭直争强：底本作“旻辭直事强”，中華本作“旻辭直争强”，《隋書》卷四五《房陵王勇傳》、《通志》卷八五下《隋宗室傳》作“旻辭直争强”。源氏校勘記云：“《隋書》（‘事强’）作争强。”今從改。

時姬威又表告太子非法，帝使威盡言。威對曰：“皇太子由來共臣語，唯意在驕奢，欲得樊川以至散關，[1]總規爲苑。兼云：‘昔漢武將起上林苑，[2]東方朔諫，[3]賜朔黄金百斤，幾許可笑！我實無金輒賜此等。若有諫者，正當斬之，不過殺百許人，自然永息。’前蘇孝慈解左衛率，[4]皇太子奮髯揚肘曰：‘大丈夫當有一日，[5]終不忘之，决當快意。’又宫内所須，尚書多執法不與，便怒曰：‘僕射已下五人，會展三人脚，便使知慢我之禍。'[6]又於苑内築一小城，春夏秋冬作役不輟，營起亭殿，朝造夕改。[7]每云：'至尊嗔我多側庶，高緯、陳叔寶豈是孽子乎？'[8]嘗令師姥卜吉凶，[9]語臣曰：'至尊忌在十八年，此期促矣。'"帝泫然曰："誰非父母生，乃至於此！我有舊使婦女，令看東宫，奏云：'勿令廣平王至皇太子處。[10]東宫憎婦，亦廣平王教之。'元贊亦知其陰惡，[11]勸我於左藏東加置兩隊。[12]初平陳後，宫人好者悉配春坊，[13]如聞不知厭足，於外更有求訪。朕近覽《齊書》，見高歡縱其兒子，[14]不勝忿憤，安可效尤！"於是勇及諸子皆被禁錮，部分收其黨與。楊素舞文鍛鍊，以成其獄。勇由是遂敗。[15]

[1]樊川：地名。在今陝西西安市城南少陵原與神禾原之間。　散關：在今陝西寶雞市西南大散嶺上。

[2]上林苑：宫苑名。在今陝西西安市西至周至縣、户縣界。

[3]東方朔：人名。字曼倩，平原厭次（今山東惠民縣東）人。西漢官吏、文學家。見《漢書》卷六五《東方朔傳》。

[4]蘇孝慈：人名。扶風（今陝西鳳翔縣）人。北周、隋朝官吏。見《北史》卷七五《蘇孝慈傳》。　左衛率：官名。即太子左衛率。隋朝時掌管宫中宿衛，員一人，下置司馬、長史、諸曹參軍等屬官，正四品。煬帝大業三年改爲太子左侍率。

[5]當有：元大德本、四庫本、局本、四部備要本"當"作"常"。《隋書》卷四五《房陵王勇傳》作"會當有"。《通志》卷八五下《隋宗室傳》與《北史》同。

[6]僕射已下五人會展三人脚便使知慢我之禍：《隋書·房陵王勇傳》、《資治通鑑》卷一七九作"僕射以下，吾會戮一二人，使知慢我之禍"。《通志》卷八五下《隋宗室傳》與《北史》同。

僕射，官名。尚書僕射的省稱。隋朝時爲正宰相，與門下省、内史省長官共掌國政，從二品。文帝開皇三年令左僕射掌判吏、禮、兵三部事，兼糾彈御史所糾不當者。右僕射掌判都官、度支、工部三部事，兼管開支用度。

[7]造：毛本、殿本、四庫本、局本、四部備要本作“更”。

[8]高緯：人名。字仁綱，勃海蓨（今河北景縣）人。北齊後主。見《北史》卷八《齊本紀·後主》。　陳叔寶：人名。字元秀，吴興長城縣（今浙江長興縣）人。南朝陳後主。見《陳書》卷六《後主紀》。

[9]師姥：即巫媪。

[10]廣平王：封爵名。即元贊。廣平，郡名。隋朝時治曲梁縣，在今河北永年縣東南。

[11]元贊：人名。北魏宗室、西魏大臣。孝武帝兄子。封廣平王。

[12]左藏：國庫之一。以其在左方，故稱左藏。隋時屬太府寺管轄。

[13]春坊：官署名。指太子宫府。魏晋以來，稱太子宫、太子府爲春坊。

[14]高歡：人名。字賀六渾，勃海蓨（今河北景縣）人。北魏末、東魏大臣。見《北史》卷六《齊本紀·神武帝》。

[15]由是：元大德本作“中是”，誤。

居數日，有司承素意，奏“元旻身備宿衛，常曲事於勇，情有附託。[1]在仁壽宫，裴弘將勇書於朝堂與旻，題封云‘勿令人見’”。帝曰：“朕在仁壽宫，有纖小事，東宫必知，疾於驛馬，怪之甚久，豈非此徒邪？”遣武士執旻及弘付法。

［1］託：局本作“記”，誤。

先是，勇嘗於仁壽宮參起居還，塗中見一枯槐樹，根幹蟠錯，大且五六圍，顧左右曰：“此堪作何器用？”或對曰：“古槐尤堪取火。”于時衛士皆佩火燧，[1]勇因令匠者造數千枚，欲以分賜左右。至是，獲於庫。又藥藏局貯艾數斛，[2]亦搜得之。大將爲怪，以問姬威。威曰：“太子此意别有所在。比令長寧王已下，[3]詣仁壽宮還，每常急行，一宿便至。恒飼馬千匹，云徑往捉城門，自然餓死。”素以威言詰勇，勇不服曰：“竊聞公家馬數萬匹，勇忝備位太子，有馬千匹，乃是反乎？”素又發泄東宮服玩似加琱飾者，悉陳於庭，以示文帝群官，[4]爲太子罪。帝曰：“前簿王世積，[5]得婦女領巾，狀似稍幡，當時徧示百官，欲以爲戒。今我兒乃自爲之。領巾爲稍幡，此是服祆。”使將諸物示勇以詰之。皇后又責之罪。帝使使問勇，勇不服。

［1］火燧：引火之物。

［2］藥藏局：官署名。北齊時太子門下坊始置。隋朝沿置，監、丞各二員，侍醫四員，煬帝時減爲二員。　艾：多年生草本植物，嫩葉可食，老葉製成絨，供針灸用。

［3］長寧王：封爵名。長寧，縣名。治所在今湖北荊門市西北。

［4］文帝群官：《隋書》卷四五《房陵王勇傳》、《通志》卷八五下《隋宗室傳》作“文武群官”。

［5］簿：登記清查。　王世積：人名。闡熙新囶（今陝西靖邊縣西）人。北周、隋朝將領。見《北史》卷六八《王雅附王世積傳》。

太史令袁充進曰：[1]“臣觀天文，皇太子當廢。”上曰：“玄象久見矣。”[2]群臣無敢言者。於是使人召勇。勇見使者，[3]驚曰：“得無殺我邪？”帝戎服陳兵，御武德殿，[4]集百官立於東面，諸親立於西面，引勇及諸子列於殿庭。命薛道衡宣詔廢勇及其男女爲王、公主者並爲庶人。[5]命道衡謂勇曰：“爾之罪惡，人神所棄，欲求不廢，其可得邪！”勇再拜曰：“臣合尸之都市，爲將來鑒誡。幸蒙哀憐，得全性命。”言畢，泣下流襟，既而舞蹈而去。左右莫不憫默。

[1]太史令：官名。隋朝時爲秘書省太史曹長官，員二人。從七品下。煬帝時改名爲監，從五品。 袁充：人名。字德符，祖籍陳郡陽夏（今河南太康縣），寓居丹陽（今江蘇南京市）。南朝陳、隋朝官吏。見《北史》卷七四《袁充傳》。

[2]玄象：天象。多指日月星宿對世間人事的顯示或預兆。

[3]使者：局本作“使人”。

[4]武德殿：大興城宮殿之一，與東宫相連。

[5]薛道衡：人名。字玄卿，河東汾陰（今山西萬榮縣西南）人。隋朝官吏。見《北史》卷三六《薛辯附薛道衡傳》。

又下詔：“左衛大將軍元旻，任掌禁兵，委以心膂，乃包藏姦伏，離間君親，崇長厲階，最爲魁首。太子左庶子唐令則，[1]策名儲貳，位長宫僚，[2]諂曲取容，音技自進，躬執樂器，親教内人，贊成驕侈，導引非法。太子家令鄒文騰，[3]專行左道，偏被親昵，占問國家，希覬災禍。左衛率司馬夏侯福，[4]内事諂諛，外作威勢，陵侮上下，褻濁宫闈。典膳監元淹，[5]謬陳愛憎，開示怨隙，進引妖巫，營事厭禱。前吏部侍郎蕭子寶，往居省閣，舊非宫臣，進畫姦謀，要射榮利。前主璽下士何竦，[6]假託玄象，妄説袄怪，志圖禍亂，心在速發；兼諸奇服，皆竦規模，增長驕奢，糜費百姓。此之七人，爲害斯甚，並處斬刑，妻妾子孫皆没官。車騎將軍閻毗、東郡公崔君綽、游騎尉沈福寶、瀛州人章仇太翼等四人，[7]所爲之事，並是悖逆，論其狀迹，罪合極刑。但未能盡戮，並特免死，各决杖一百，身及妻子資財田宅悉没官。副將作大匠高龍叉，[8]預追番丁，輒配東宫使役，營造亭舍，進入春坊；率更令晋文建、通直散騎侍郎、判司農少卿事元衡，[9]料度之外，私自出給，虚破丁功，擅割園地。並處自盡。”[10]於是集群官于廣陽門外，[11]宣詔以戮之。乃移勇於内史省，[12]給五品料食。立晋王廣爲皇太子，仍以勇付之，復囚於東宫。賜楊素物三千段，元胄、楊約並千段，[13]楊難敵五百段，皆鞫勇之功賞也。

[1]太子左庶子：官名。隋朝時爲太子門下坊長官，員二人。正四品上。

[2]宫僚：殿本、四庫本、四部備要本作“宫寮”，誤。

[3]太子家令：官名。隋朝時爲太子家令寺長官，員一人，主管東宫刑獄、膳食、倉儲、奴婢等事務。煬帝時改爲司府令，從四品上。

[4]左衛率司馬：官名。太子左衛率屬官。從七品下。

[5]典膳監：官名。北齊置，爲太子門下坊典膳局長官。隋朝沿置，員二人。正七品下。

[6]主璽下士：官名。西魏恭帝三年置，北周沿置。天官府納言中大夫屬官，員四人，分掌神璽、傳國璽和六璽之藏，正一命。隋文帝開皇元年罷。

[7]閻毗：人名。河陰（今河南孟州市東北）人。北周、隋朝官吏。見《北史》卷六一《閻慶附閻毗傳》。　東郡公：封爵名。東郡，隋朝時治滑臺縣，在今河南滑縣東。　崔君綽：人名。清河東武城（今山東武城縣西北）人。隋朝官吏。見《北史》卷六七《崔彦穆傳》。　游騎尉：官名。隋文帝開皇六年置，爲吏部所置散官八尉之一，從七品下。煬帝大業三年罷。　瀛州：隋朝時治趙都軍城，在今河北河間市。　章仇太翼：人名。即盧太翼。字協昭，河間（今河北河間市）人。隋煬帝時賜姓盧。見《北史》卷八九《盧太翼傳》。

[8]副將作大匠：官名。將作大匠的副職。將作大匠，漢景帝中元六年（前144）由將作少府改名。掌修建宫室、宗廟、陵寢及其他土木工程。隋朝時爲將作寺長官，從三品。文帝開皇二十年改寺爲監，其長官稱將作大監，煬帝大業三年復改將作大匠，五年又改將作大監。　高龍叉：元大德本、毛本、殿本、局本、四庫本、四部備要本“叉”作“又”。

[9]率更令：官名。隋朝時爲太子率更寺長官，掌伎樂漏刻。從四品上。　通直散騎侍郎：官名。隋初屬門下省，掌陪從值朝，員四人，從五品上。煬帝時罷。　判：官制用語。即以他官兼帶某職，稱判某職或判某職事。始於北齊。局本作“叛”，誤。　司農少卿：官名。又稱司農寺少卿。北齊時置爲司農寺次官。隋朝沿置，員一人，正四品上。煬帝時增爲二人，降爲從四品。

[10]並處自盡：《隋書·房陵王勇傳》作“並處盡”。

[11]廣陽門：指大興城的正南門，隋文帝仁壽元年（601）改名昭陽門。

[12]内史省：官署名。隋朝三省之一，主掌國家政令和王命發布，備皇帝顧問。

[13]元冑：人名。河南洛陽（今河南洛陽市東北）人。北魏宗室後裔、隋朝大臣。見《北史》卷七三《元冑傳》。

時文林郎楊孝政上書諫，[1]言："皇太子爲小人所誤，不宜廢黜。"帝怒，撻其胸。尋而貝州長史裴肅表稱[2]"庶人罪黜已久，當克己自新，請封一小國"。帝知勇黜不允天下情，[3]乃徵肅入朝，具陳廢立意。

[1]文林郎：官名。隋文帝開皇六年置，爲吏部散官八郎之一，從九品上。煬帝大業三年罷，於秘書省置文林郎爲職事官。

[2]貝州：隋朝時治清河縣，在今河北清河縣西北。毛本、殿本、四庫本、四部備要本作"貴州"。《隋書》卷四五《房陵王勇傳》、《通志》卷八五下《隋宗室傳》作"貝州"。按：據《隋書》卷六二《裴肅傳》，上此奏摺時爲貝州長史。今從底本。　長史：官名。掌顧問參謀，爲所在官署的屬官之長。不同名號的長史所負職責不同，品秩也不相同。　裴肅：人名。字神封，河東聞喜（今山西聞喜縣）人。北周、隋朝官吏。見《北史》卷三八《裴俠附裴肅傳》。

[3]天下情：毛本作"天下請"，應是因形近而誤。

時勇自以廢非其罪，頻請見上，面申冤屈。皇太子遏不得聞。勇於是升樹叫，聞於帝，冀得引見。楊素因奏言："勇情志昏亂，又癲鬼所著，[1]不可復收。"帝以爲然，卒不得見。

[1]又癲鬼所著：《隋書》卷四五《房陵王勇傳》作“爲癲鬼所著”。

帝遇疾於仁壽宫，皇太子入侍醫，姦亂事聞於帝。帝抵牀曰：“枉廢我兒！”遣追勇。未及發使而崩，祕不發喪。遽收柳述、元巖，[1]繫大理獄，[2]僞敕賜庶人死。追封房陵王，不爲立嗣。

[1]柳述：人名。字業隆，河東解（今山西臨猗縣）人。隋朝官吏。見《北史》卷六四《柳虯附柳述傳》。　元巖：人名。字君山，河南洛陽（今河南洛陽市東北）人。北周、隋朝大臣。隋文帝臨死前託他與柳述廢掉楊廣。事不成。見《北史》卷七五《元巖傳》。

[2]大理獄：大理寺關押犯人的監獄。

勇有十男：雲昭訓生長寧王儼、平原王裕、安城王筠。[1]高良娣生安平王嶷、襄城王恪。[2]王良媛生高陽王該、建安王韶。[3]成姬生潁川王煚。[4]後宫生孝實、孝範。

[1]平原王：封爵名。平原，郡名。隋朝時治安樂縣，在今山東陵縣。　安城王：封爵名。安城，郡名。隋朝時治涪城縣，在今四川三台縣西北。

[2]良娣：皇太子妾稱號，地位僅次於太子妃。　安平王：封爵名。安平，郡名。隋朝時治端氏，在今山西沁水縣東北。　襄城王：封爵名。襄城，郡名。隋朝時治襄城縣，在今河南襄城縣城關。

[3]良媛：皇太子妾稱號，在良娣下。　建安王：封爵名。建安，郡名。隋文帝開皇初治建安縣，在今福建建甌市。煬帝大業三年改閩州置，治閩縣，在今福建福州市。

[4]潁川王：封爵名。潁川，郡名。隋朝時治潁川縣，在今河南臨潁縣西北。

初，儼誕，帝聞之曰："此乃皇太孫，何乃生不得地！"雲定興奏曰："天生龍種，所以因雲而出。"時人以爲敏對。六歲，封長寧郡王。勇敗，亦坐廢。上表求宿衛，辭情哀切，帝覽之惻然。楊素進曰："伏願聖心同於螫手，[1]不宜留意。"煬帝踐祚，儼常從行，遇鴆卒。諸弟分徙嶺外，皆敕殺之。

[1]螫（shì）手：螫手解腕，比喻爲了顧全大局而忍痛犧牲局部。語出《三國志》卷二二《魏書·陳泰傳》："蝮蛇螫手，壯士解其腕。"

秦王俊，字阿祇。開皇元年，立爲秦王。二年，拜上柱國、河南道行臺尚書令、洛州刺史，[1]時年十二。加右武衛大將軍，[2]領關東兵。三年，遷秦州總管，[3]隴右諸州盡隸焉。俊仁恕慈愛，[4]崇敬佛道，請爲沙門，不許。六年，遷山南道行臺尚書令。伐陳之役，爲山南道行軍元帥，督三十總管，水陸十餘萬，屯漢口，[5]爲上流節度。尋授揚州總管、四十四州諸軍事，鎮廣陵。[6]轉并州總管、二十四州諸軍事。

[1]行臺尚書令：官名。北魏置。隋朝時爲行臺省長官，員一人，總管所轄地區的軍政與民政。正二品。

[2]右武衛大將軍：官名。隋朝時十二衛大將軍之一，總管府事，並統管諸鷹揚府。正三品。底本作“右衛大將軍”，中華本校勘記云:“按《隋書》卷一《高祖紀》上，開皇二年二月稱以‘秦王俊爲右武衛大將軍’。今據補。”今從改。

[3]秦州總管：官名。隋初於邊境及内地衝要諸州置總管以鎮守。秦州總管是其常設總管府之一。治上邽縣，在今甘肅天水市西南。煬帝大業初廢。

[4]仁恕：局本作“仁怒”，誤。

[5]漢口：地名。一名沔口。今湖北漢水入長江之口。

[6]廣陵：縣名。治所在今江蘇揚州市東北。

初，頗有令問，文帝聞而大悦。後漸奢侈，違犯制度，出錢求息。帝遣按其事，[1]與相連坐者百餘人。於是盛修宫室，[2]窮極侈麗。俊有巧思，每親運斤斧，工巧之器，飾以珠玉。爲妃作七寶羃籬，[3]重不可戴，以馬負之而行。徵役無已。置渾天儀、測景表。[4]又爲水殿，香塗粉壁，玉砌金階，梁柱楣棟之間，周以明鏡，間以寶珠，極瑩飾之美。每與賓客伎女絃歌於上。

[1]遣按其事：局本“按”作“接”，當是字形相近而誤。《隋書》卷四五《秦孝王俊傳》作“遣使按其事”，《通志》卷八五下《隋宗室傳》與《北史》同。

[2]於是盛修宫室：《隋書·秦孝王俊傳》“於是”前有“俊猶不悛”四字，《通志》卷八五下《隋宗室傳》與《北史》同。中華本校勘記云:“按此（四字）不當删，疑是誤脱。”高敏《南北史掇瑣》下編卷七六則認爲此處是删減不當，屬因删致疑。

［3］羃籬：也作“羃䍦”“羃籬”“羃帷”“羃羅”。原爲少數民族一種障面蔽塵之巾。罩於頭上，可裹全身，用輕薄稀疏之紗絹爲之。後傳入中原，六朝時男女均用。隋朝時宗室諸王爲妃作七寶羃籬，即飾以金、銀、琉璃、瑪瑙等七寶。

［4］渾天儀：渾儀和渾象的總稱。渾儀是測量天體球面坐標的一種儀器，而渾象是用來演示天象的儀表。　測景表：用來測量日影的工具。

俊頗好内，妃崔氏性妬，甚不平之，遂於瓜中進毒。俊由是遇疾，[1]徵還京師。以俊奢縱，免官，以王就第。左武衛將軍劉昇諫曰：[2]“秦王非有他過，但費官物、營廨舍而已。臣謂可容。”帝曰：“法不可違。”昇固諫，帝忿然作色，昇乃止。楊素復進諫，以秦王過不應至此。帝曰：“我是五兒之父，非兆人之父。若如公意，何不别制天子兒律！以周公爲人，尚誅管、蔡。[3]我誠不及周公遠矣，安能虧法乎！”卒不許。

［1］俊：局本作“進”，誤。

［2］左武衛將軍：官名。隋朝時十二衛將軍之一，佐大將軍總府事，並統諸鷹揚府，員二人。從三品。

［3］周公爲人尚誅管蔡：即周公殺了管叔和蔡叔，平定三監之亂事。見《史記》卷三三《魯周公世家》、卷三五《管蔡世家》。

俊疾篤，[1]含銀，[2]銀色變，以爲遇蠱。未能起，遣使奉表陳謝。帝責以失德。大都督皇甫統上表請復王官，[3]不許。歲餘，以疾篤，復拜上柱國。二十年六月，薨於秦邸。帝哭之數聲而已，曰：“晋王前送一鹿，我令作脯，擬賜秦王。今亡，可置靈坐之前。心已許之，不可虧信。”帝及后往視，見大蜘蛛、大蛷螋從枕頭出，[4]求之不見。窮之，知妃所爲也。俊所爲侈麗物悉命焚之。敕送終之具，務從儉約，以爲後世法。王府僚佐請立碑，帝曰：“欲求名，一卷史書足矣，何用碑爲！若子孫不能保家，徒與人作鎮石耳。”[5]

[1]疾篤：指疾愈重。殿本作“病篤”。

[2]含銀：局本“含”作“舍”，誤。

[3]大都督：官名。隋朝時因襲北周制度，爲無職掌的勳官，授予有軍功的武職官員，正六品上。煬帝時罷。

[4]大蛷（qiú）螋（sōu）：又名蠼螋。源氏校勘記云：“蛷螋，似小蜈蚣，青黑色，足在腹前，尾有叉岐，又能夾人物，俗名搜夾子。其溺射人影，發瘡如熱沸。”

[5]鎮石：壓物之石。

妃崔氏以毒王故，下詔廢絶，賜死於其家。子浩，崔氏所生也。以其母譴死，遂不得立。於是以秦國官爲喪主。[1]俊長女永豐公主，年十三，[2]遭父憂，哀慕盡禮，免喪，遂絶酒肉。[3]每忌日，輒流涕不食。有開府王延者，性忠厚，領俊親信兵十餘年，俊甚禮之。及俊疾，延恒在閤下，衣不解帶。俊薨，勺飲不入口者數日，羸頓骨立。帝聞憫之，賜以御藥，授驃騎將軍，[4]典宿衛。俊葬日，延號慟而絶。帝嗟異之，令通事舍人弔祭，[5]詔葬延於俊墓側。

[1]喪主：喪事的主持人。舊喪禮以死者嫡長子爲喪主；無嫡長子，則以嫡長孫充任。若當家無喪主，則依次由五服内親、鄰家、里尹來擔任。

[2]年十三：《隋書》卷四五《秦孝王俊傳》作“年十二”，《通志》卷八五下《隋宗室傳》與《北史》同。

[3]酒肉：《隋書·秦孝王俊傳》作“魚肉”，《通志·隋宗室傳》與《北史》同。

[4]驃騎將軍：官名。隋朝時因襲北周府兵制度，改開府府爲驃騎府，以驃騎將軍爲長官，分屬十二府大將軍，分駐各地，統領府兵。正四品上。煬帝時改爲鷹揚郎將。

[5]通事舍人：官名。隋初置爲内史省屬官，負責宣傳聖旨、詔命。置十六人，從六品上。文帝開皇三年增爲二十四人，煬帝大業三年改名通事謁者，降爲從六品，爲謁者臺屬官。

煬帝即位，立浩爲秦王，以奉孝王嗣。封浩弟湛濟北侯。[1]後以浩爲河陽都尉。[2]楊玄感作逆之際，左翊衛大將軍宇文述勒兵討之。[3]至河陽，修啓於浩，浩詣述營，共相往復。[4]有司劾浩以諸侯交通内臣，竟坐廢免。宇文化及弑逆，立浩爲帝。化及敗於黎陽，[5]北走魏縣，[6]自僭爲帝，因而害之。

[1]濟北侯：封爵名。濟北，郡名。隋朝時治盧縣，在今山東茌平縣西南。

[2]河陽：縣名。治所在今河南孟州市西南。　都尉：官名。隋朝時爲郡的軍事長官。協助太守典掌軍事、維護治安、統率本郡兵士，職權頗重。煬帝大業三年定爲正四品。

[3]左翊衛大將軍：官名。隋朝時十二衛大將軍之一。煬帝大業三年由左衛大將軍改置，爲左翊衛長官，員一人，總府事，並統

諸鷹揚府事。正三品。

[4]共相往復：《隋書》卷四五《秦孝王俊傳》作“兵相往復”,《通志》卷八五下《隋宗室傳》與《北史》同。

[5]黎陽：縣名。治所在今河南浚縣東北。

[6]魏縣：治所在今河北大名縣西南。

湛驍果有膽烈。大業初，爲滎陽太守，坐浩免，亦爲化及所害。

庶人秀，開皇元年，立爲越王。未幾，徙封於蜀,[1]拜柱國、益州總管、二十四州諸軍事。[2]二年，進上柱國、西南道行臺尚書令，本官如故。歲餘而罷。十二年，入爲内史令、右領軍大將軍。[3]尋出鎮於蜀。

[1]蜀：郡名。隋朝時治成都縣，在今四川成都市。

[2]益州：隋朝時治成都縣，在今四川成都市。

[3]内史令：官名。内史省長官，員二人，掌詔書撰寫，修國史及起居注，亦參議軍國大事。正三品。煬帝大業十二年改名内書令。

秀有膽氣，容貌瓌偉，美鬚髯，多武藝，甚爲朝臣所憚。帝每謂文獻皇后曰:“秀必以惡終。我在當無慮，至兄弟必反。”兵部侍郎元衡使於蜀,[1]秀深結於衡，以左右爲請。衡既還京師，請益左右，帝不許。大將軍劉噲之討西爨,[2]帝令上開府楊武通將兵繼進。[3]秀使嬖人萬知先爲武通行軍司馬,[4]帝以秀任非其人，譴責之。因謂群臣曰:“壞我法者，必在子孫。譬如猛獸，物不能害，反爲毛間蟲所損食耳。”於是遂分秀所統。

[1]兵部侍郎：官名。隋初爲兵部所屬部兵曹長官，六品上，文帝開皇六年升爲五品。煬帝時改爲兵曹郎。　元衡：人名。隋朝官吏。歷任兵部侍郎、通直散騎侍郎、判司農少卿事等職。

[2]西爨（cuàn）：古烏蠻、白蠻大姓。魏晋南北朝時由今雲南東部地區爨氏大姓演變而成。晋宋至隋唐時爨氏分爲東西兩部（均在今雲南東部），大抵以曲靖市至建水縣爲界。東部以烏蠻爲主，西部以白蠻爲主。

[3]楊武通：人名。弘農華陰（今陝西華陰市東南）人。隋朝將領。見《北史》卷七三《劉方附楊武通傳》。

[4]萬知先：《隋書》卷四五《庶人秀傳》、《通志》卷八五下《隋宗室傳》、《册府元龜》卷一四八、《資治通鑑》卷一七九皆作“萬知光”。源氏校勘記云:“‘先’《隋書》作‘光’。”中華本校勘記云:“疑‘先’是‘光’之訛。”可從。　行軍司馬：官名。西魏、北周有軍事行動時臨時設置，掌軍中籌略，事迄即罷。隋朝沿置。

秀漸奢侈，違犯制度，車馬被服擬於天子。及太子勇廢，秀甚不平。皇太子恐秀終爲後變，陰令楊素求其罪狀而譖之。仁壽二年，[1]徵還京師，見不與語。[2]明日，使使切讓之。[3]皇太子及諸王流涕庭謝，帝曰:“頃者俊糜費財物，我以父道訓之。今秀蠹害生靈，當以君道繩之。”乃下以法。[4]開府慶整諫曰：“庶人勇既廢，秦王已薨，陛下兒子無多，何至如是！蜀王性甚耿介，今被責，恐不自全。”帝大怒，欲斷其舌。因謂群臣曰：“當斬秀於市以謝百姓。”乃令楊素、蘇威、牛弘、柳述、趙綽推之。[5]太子陰作偶人，書帝及漢王姓字，縛手釘心，令人埋之華山下，令楊素發之。又作檄文曰“逆臣賊子，專弄威柄，陛下唯守虛器，一無所知”，陳甲兵之盛，云“指期問罪”，置秀集中，因以聞奏。帝曰：“天下寧有是邪！”乃廢爲庶人，幽之内侍省，[6]不得與妻子相見，令給獠婢二人驅使之。[7]與連坐百餘人。

[1]仁壽：隋文帝的年號（601—604）。

[2]見不與語：《隋書》卷四五《庶人秀傳》作“上見，不與語”。《通志》卷八五下《隋宗室傳》、《册府元龜》卷二九七作“帝見不與語”。

[3]切讓：嚴厲責備。

[4]乃下以法：《隋書·庶人秀傳》、《册府元龜》卷二九七、《資治通鑑》卷一七九作“於是付執法者”，《通志·隋宗室傳》作“乃下執法”。中華本校勘記云：“疑《北史》原文當如《通志》。”可從。

[5]蘇威：人名。字無畏，武功（今陝西武功縣西北）人。北周、隋朝官吏。見《北史》卷六三《蘇綽附蘇威傳》。　趙綽：人名。字士倬，河東（今山西永濟市）人。北周、隋朝官吏。見《北史》卷七七《趙綽傳》。

[6]内侍省：官署名。隋朝時改北齊中侍中省置。掌宫廷侍奉諸務，有内侍、内常侍各二員，内給事四員，内謁者監六員，内寺伯二員，内謁者十二員，寺人六員，伺非八員，並用宦者。文帝開皇十六年加置内諸事二十員。煬帝大業三年改名長秋監。

[7]獠：族名。古代生活在南中地區的民族，族源出於老撾。見《魏書》卷一〇一《獠傳》。

秀既幽逼，憤懣不知所爲，乃上表陳己愆，請與其愛子爪子相見，[1]并請賜一穴，令骸骨有所。帝乃下詔數其罪曰:“汝地居臣子，情兼家國，庸蜀險要，委以鎮之。汝乃干紀亂常，懷惡樂禍，睥睨二宫，佇望災釁，容納不逞，結構異端。我有不和，汝便覘候，望我不起，便有異心。皇太子，汝兄也，次當建立，汝假託妖言，[2]乃云不終其位。妄稱鬼怪，又道不得入宫，自言骨相非人臣，德業堪承重器。妄道清城出聖，[3]欲己當之，詐稱益州龍見，託言吉兆。重述木易之姓，更修成都之宫，[4]妄説禾乃之名，以當八千之運。横生京師妖異，以證父兄之災；妄造蜀地徵祥，以符己身之籙。汝豈不欲得國家惡也？天下亂也？輒造白玉之珽，[5]又爲白羽之箭，文物服飾，豈似有君？鳩集左道，符書厭鎮。漢王於汝，親則弟也，乃畫其形像，題其姓名，縛手釘心，枷鎖杻械。仍云請西岳華山慈父聖母神兵九億萬騎，收楊諒魂神，閉在華山下，勿令散蕩。我之於汝，親則父也，復云請西岳華山慈父聖母，賜爲開化楊堅夫妻，回心歡喜。又畫我形像，縛手撮頭，仍云請西岳神兵收楊堅魂神。如此形狀，我今不知楊諒、楊堅是汝何親也！包藏兇慝，圖謀不軌，逆臣之跡也。希父之災，以爲身幸，賊子之心也。懷非分之望，肆毒心於兄，悖惡之行也。[6]嫉妬於弟，無惡不爲，無孔懷之情也。違犯制度，壞亂之極也。多殺不辜，豺狼之暴也。剥削人庶，酷虐之甚也。唯求財貨，市井之業也。專事妖邪，頑嚚之性也。[7]弗克負荷，不材之器也。凡此十者，滅天理，逆人倫，汝皆爲之，不祥之甚也。欲免患禍，長守富貴，其可得乎!”[8]

[1]爪：局本作“瓜”，誤。

[2]託：殿本、四庫本、四部備要本作“記”。

[3]清城：縣名。治所在今四川都江堰市東南。局本作“青城”，應是音近而誤。

[4]成都：縣名。治所在今四川成都市。

[5]珽（tǐng）：帝王用的玉笏。

[6]悖惡：《册府元龜》卷二九七作“悖弟”。源氏校勘記云：“‘惡’《隋書》作‘弟’。”

[7]嚚（yín）：愚蠢而頑固。

[8]乎：中華本《隋書·庶人秀傳》作“平”。百衲本《隋書·庶人秀傳》作“乎”。

後聽與其子同處。煬帝即位，禁錮如初。宇文化及之弑逆也，欲立秀爲帝，群議不許。於是害之，并其諸子。

庶人諒，字德章，一名傑，小字益錢。開皇元年，立爲漢王。十二年，爲雍州牧，加上柱國、右衛大將軍。轉左衛大將軍。[1]十七年，出爲并州總管，帝幸温湯而送之。[2]自山以東，[3]至于滄海，[4]南拒黄河，[5]五十二州盡隸焉。特許以便宜，不拘律令。十八年，起遼東之役，以諒爲行軍元帥。至遼水，[6]師遇疾疫，不利而還。十九年，突厥犯塞，以諒爲行軍元帥，竟不臨戎。文帝甚寵愛之。

[1]轉左衛大將軍：《隋書》卷四五《庶人秀傳》中此句上有

“歲餘”二字。

[2]温湯：地名。今陕西西安市臨潼區驪山北麓華清池。

[3]山：指太行山。

[4]滄海：今黄海北部一帶。

[5]拒：毛本作“距”，應爲音同而訛。

[6]遼水：即今遼河。

諒自以居天下精兵處，以太子讒廢，居常怏怏，[1]陰有異圖。遂諷帝云：“突厥方强，太原即爲重鎮，宜修武備。”帝從之。於是大發工役，繕修器械，貯納於并州。招集亡命，左右私人，殆將數萬。王頍者，[2]梁將王僧辯之子，[3]少倜儻，有奇略，爲諒諮議參軍。[4]蕭摩訶者，[5]陳氏舊將。二人俱不得志，每鬱鬱思亂，並爲諒親善。

[1]怏怏：局本作“快快”。

[2]王頍（kuǐ）：人名。字景文，太原祁（今山西祁縣東南）人。北周、隋朝官吏。見《北史》卷八四《王頒附王頍傳》。

[3]王僧辯：人名。字君才，太原祁（今山西祁縣東南）人。見《梁書》卷四五《王僧辯傳》。

[4]諮議參軍：官名。東晋設。掌諷議軍政。隋朝沿置。

[5]蕭摩訶：人名。字元胤，蘭陵（一説在今江蘇常州市，一説在今江蘇丹陽市）人。南朝陳將領，後降隋朝。見《陳書》卷三一《蕭摩訶傳》。

及蜀王以罪廢，諒愈不自安。會文帝崩，使車騎屈突通徵之，[1]不赴，遂發兵反。總管司馬皇甫誕諫，[2]諒怒，收繫之。王頍説諒曰："王所部將吏家屬盡在關西，若用此等，即宜長驅深入，直據京都，所謂疾雷不及掩耳。若但欲割據舊齊之地，宜任東人。"諒不能專之，乃兼用二策，唱言："楊素反，將誅之。"

[1]屈突通：人名。雍州長安（今陝西西安市）人。隋末唐初將領。見《舊唐書》卷五九《屈突通傳》。

[2]皇甫誕：人名。字玄慮，安定三水（今陝西彬縣）人。北周、隋朝官吏。見《北史》卷七〇《皇甫璠附皇甫誕傳》。

總管府兵曹河東裴文安説諒曰：[1]"井陘以西，[2]是王掌握内，山東士馬，亦爲我有，宜悉發之。分遣羸兵，屯守要路，仍令隨方略地；率其精鋭，直入蒲津。[3]文安請爲前鋒，王以大軍繼後，風行電擊，頓於霸上，[4]咸陽以東可指麾而定。京師震擾，兵不暇集，上下相疑，群情離駭，我即陳兵號令，誰敢不從！旬日之間，事可定矣。"諒大悅。於是遣所署大將軍余公理將兵出太谷，[5]以趣河陽。大將軍綦良出滏口，[6]以趣黎陽。大將軍劉建出井陘，[7]以略燕、趙。柱國喬鍾馗出雁門。[8]署文安爲柱國，紇單貴、王聃、大將軍茹茹天保、侯莫陳惠直指京師。[9]未至蒲津百餘里，諒忽改圖，令紇單貴斷河橋，[10]守蒲州，而召文安。文安至曰："兵機詭速，本欲出其不意。王既不行，文安又返，使彼計成，大事去矣。"諒不對。於是從亂者十九州，乃以王聃爲蒲州刺史，裴文安爲晉州，[11]薛粹爲絳州，[12]梁菩薩爲潞州，[13]韋道正爲韓州，[14]張伯英爲澤州。[15]遣僞署大將軍常倫進兵絳州，遇晉州司法仲孝俊之子，[16]謂曰："吾曉天文遁甲，今年起兵，得晉地者王。"孝俊聞之曰："皇太子常爲晉王，[17]故曰晉地，非謂反徒也。"時潞州有官羊生羔，二首相背，以爲諒之咎徵。

[1]兵曹：官名。即兵曹参軍。隋朝時諸衛、諸率、諸王府、諸州皆置爲僚屬，品秩自正七品上至正九品下不等。益州兵曹参軍應爲正七品上。　河東：郡名。隋朝時治蒲坂縣，在今山西永濟市西南蒲州鎮。

[2]井陘：關隘名。太行八陘之一，在今河北井陘縣。

[3]蒲津：又稱蒲坂津。在今山西永濟市蒲州鎮與陝西大荔縣之間黄河上。

[4]霸上：地名。又稱壩上。在今陝西西安市東。

[5]兵：局本作"岳"。　太谷：關隘名。太行山險關之一，在今山西祁縣。

[6]滏口：關隘名。太行八陘之一，在今河北磁縣西北鼓山。

[7]鄧建：按：《隋書》卷四五《庶人諒傳》、卷七〇《李子雄傳》、卷七一《張季珣傳》，《北史》卷八五《張季珣傳》皆作"劉建"。源氏校勘記云："《隋書》作'劉建'。"

[8]雁門：關隘名。又稱西陘關。九塞之首，在今山西代縣西北。

[9]紇單貴：《通志》卷八五下《隋宗室傳》"紇單貴"前有"與"字。中華本校勘記云："按《通鑑》卷一八〇作'署文安爲柱國，與柱國紇單貴、王聃等直指京師'。疑此脱'與柱國'三字。"可從。　大將軍：底本作"大大將軍"，中華本作"大將軍"。《隋書·庶人諒傳》、《通志·隋宗室傳》作"大將軍"。中華本據《隋書》《通志》删"大"字，今從改。

[10]河橋：古橋名。在今陝西大荔縣東大慶關與山西永濟市西

南蒲州鎮之間的黄河上。

[11]晋州：隋朝時治臨汾縣，在今山西臨汾市。

[12]絳州：隋朝時治正平縣，在今山西新絳縣城關。

[13]潞州：隋朝時治壺關縣，在今山西壺關縣東南。

[14]韓州：隋朝時治襄垣縣，在今山西襄垣縣北。

[15]澤州：隋朝時治丹川縣，在今山西晋城市東北。

[16]司法：官名。司法行參軍的省稱。隋朝時爲司法曹長官，諸衛、諸率、諸王府及諸州皆置，品秩隨府主地位而定。煬帝時改爲司法行書佐。晋州司法應爲從七品。　仲孝俊：人名。濟州（今山東茌平縣西南）人。以秀才除晋州司法。

[17]常爲：底本作“當爲”，毛本、殿本、四庫本、四部備要本作“常爲”。按：楊廣一直爲晋王，應作“常”。今從改。

煬帝遣楊素率騎五千，襲王聃、紇單貴於蒲州，破之，於是率步騎四萬趣太原。諒使趙子開守高壁，[1]楊素擊走之。諒大懼，拒素於蒿澤。[2]屬天大雨，諒欲旋師，王頍諫曰：“楊素懸軍，士馬疲弊，王以鋭卒親戎擊之，其勢必舉。今見敵而還，示人以怯，阻戰士之心，益西軍之氣，願必勿還。”諒不從，退守清源。[3]素進擊之，諒與官兵大戰，死者萬八千人。諒退保并州，楊素進擊之，諒乃降。百僚奏諒罪當死，帝曰：“朕終鮮兄弟，情不忍言，欲屈法恕諒一死。”於是除名，絶其屬籍，竟以幽死。

[1]趙子開：局本作“趙子開皇”，“皇”應是衍字。　高壁：地名。在今山西介休市。

[2]蒿澤：湖泊名。在今山西祁縣、介休市、平遥縣、汾陽市

之間。

［3］清源：縣名。治所在今山西清徐縣清源鎮。底本作“清原”，中華本校勘記云：“諸本‘源’作‘原’，《通鑑》一八〇作‘源’。胡注云：‘開皇十六年，分晋陽置清源縣。’又引宋白曰：‘此縣自漢至晋，皆爲榆次縣地。隋置清源縣，因縣西清源水得名。’按胡注所據，見《隋書·地理志》中太原郡晋陽縣。今據改。”今從改。

先是，并州謡言：“一張紙，兩張紙，客量小兒作天子。”時僞署官告身皆一紙，[1]别授則二紙。諒聞謡喜曰：“我幼字阿客，‘量’與‘諒’同音，吾於皇家最小。”以爲應之。

［1］告身：授官的文憑。

子顥，因而禁錮。宇文化及弑逆之際，遇害。

煬帝三男：蕭皇后生元德太子昭、齊王暕。蕭嬪生趙王杲。

元德太子昭，煬帝長子也。初，文帝以開皇三年四月庚午，夢神自天而降，云是天神將生降。寤，召納言蘇威以告之。及聞蕭妃在并州有娠，迎置大興宫之客省。[1]明年正月戊辰而生昭，養於宫中，號大曹主。三歲時，於玄武門弄石師子，文帝與文獻皇后至其所。文帝適患腰痛，舉手馮后，[2]昭因避去，如此者再三。文帝歎曰：“天生長者，誰復教乎！”由是大奇之。文帝嘗謂曰：“當爲爾娶婦。”應聲而泣。文帝問其故，對曰：

"漢王未婚時，恒在至尊所，一朝娶婦，便則出外。懼將違離，是以啼耳。"上嘆其有至性，特鍾愛焉。

[1]大興宫：在今陝西西安市。

[2]馮：《隋書》卷五九《元德太子昭傳》作"憑"。二字通假。

年十二，立爲河南王。[1]仁壽初，徙爲晋王。拜内史令，兼左衛大將軍，轉雍州牧。煬帝即位，便幸洛陽宫，[2]昭留守京師。及大業元年，帝遣使者立爲皇太子。

[1]河南王：封爵名。河南，郡名。隋朝時治河南縣，在今河南洛陽市。

[2]洛陽宫：在今河南洛陽市東北。

昭有武力，能引强。[1]性謙沖，言色恂恂，未嘗忿怒。其有深可嫌責者，但云"大不是"。所膳不許多品，帷席極於儉素。臣吏有老父母，必親問其安否，歲時皆有惠賜。其仁愛如此。明年，朝於洛陽，後數月，將還京師，願得少留，帝不許。拜請無數，體素肥，因致勞疾。帝令巫者視之，云房陵王爲祟。未幾而薨，時年二十三。先是，太史奏言楚分有喪，[2]於是改封越公楊素於楚。及昭薨日，而素亦薨，蓋隋、楚同分也。詔内史侍郎虞世基爲哀册文，[3]帝深追悼之。

[1]引强：源氏校勘記在"强"後補"弓"字。似是。

[2]太史：官名。隋朝時主要職責爲掌管天文曆法。　楚分：楚地的分野。分野指與星次相對應的地域。古人以十二星次的位置劃分地面上州、國的位置，以與之相對應。就天文言，稱作分星；就地面言，稱作分野。

[3]内史侍郎：官名。内史省次官，員四人，正四命。煬帝大業三年減爲兩人，十二年改名爲内書侍郎。　虞世基：人名。字懋世，會稽餘姚（今浙江餘姚市）人。隋朝官吏。見《北史》卷八三《虞世基傳》。

昭妃，慈州刺史博陵崔弘昇女。[1]後秦王妃以蠱毒獲譴，昭奏曰："惡逆者乃新婦之姑，請離之。"乃娶滑國公京兆韋壽女爲妃。[2]昭有子三人：韋妃生恭皇帝，[3]大劉良娣生燕王倓，小劉良娣生越王侗。

[1]慈州：隋朝時治滏陽縣，在今河北磁縣。　博陵：郡名。隋朝時治安平縣，在今河北安平縣。　崔弘昇：人名。字上客，博陵安平（今河北安平縣）人。北周、隋朝官吏。見《北史》卷三二《崔辯附崔弘昇傳》。

[2]京兆：郡名。隋朝時治長安縣，在今陝西西安市西北。　韋壽：人名。字世齡，京兆杜陵（今陝西西安市長安區東）人。北周、隋朝官吏。見《北史》卷六四《韋孝寬附韋壽傳》。

[3]恭皇帝：即隋朝皇帝楊侑。恭爲其謚號。

倓，字仁安，敏慧美姿容，煬帝於諸孫中特所鍾愛，常置左右。性好讀書，尤重儒素，造次所及，[1]有若成人。良娣早終，每忌日未嘗不流涕嗚咽，帝由是益奇之。宇文化及弑逆之際，倓覺變，欲入奏，恐露其事，因與梁公蕭鉅、千牛宇文皛等穿芳林門側水竇入。[2]至玄武門，詭奏曰：[3]“臣卒中惡，命懸俄頃，請得面辭，死無所恨。”[4]冀見帝，爲司宫者所遏，[5]竟不得聞。俄而難作，遇害，時年十六。

[1]造次所及：《隋書》卷五九《元德太子昭附燕王倓傳》作“非造次所及”。《通志》卷八五下《隋宗室傳》、《册府元龜》卷二七〇與《北史》同。

[2]蕭鉅：人名。蘭陵（一説在今江蘇常州市，一説在今江蘇丹陽市）人。隋朝官吏。見《北史》卷九三《蕭詧附蕭琮傳》。千牛：官名。千牛左右的省稱。隋煬帝大業三年改左、右領左右府爲左、右備身府後，各置十六員，掌管千牛刀、宿衛侍從。正六品。　宇文皛（xiǎo）：人名。字婆羅門，代郡武川（今内蒙古武川縣西）人。隋朝官吏。見《北史》卷五七《東平公神舉附宇文皛傳》。　芳林門：在大興宫北面。

[3]詭奏：四部備要本“奏”作“秦”，誤。

[4]死無所恨：底本作“死所無恨”。中華本校勘記云：“諸本倒作‘死所無恨’，據《隋書》卷五九《燕王倓傳》、《通志》卷八五《隋宗室傳》乙。”今從改。

[5]司宫：官名。主管宫内之事，以閹人充任。

越王侗，字仁謹，美姿容，性寬厚。[1]大業三年，[2]立爲越王。帝每巡幸，侗常留守東都。楊玄感反，與户部尚書樊子蓋拒之。[3]事平，朝於高陽，拜高陽太守。俄以本官留守東都。十三年，帝幸江都，復令侗與金紫光禄大夫段達、太府卿元文都、攝户部尚書韋津、右武衛將軍皇甫無逸等總留臺事。[4]

[1]厚：局本作“原”，誤。

[2]大業三年：《隋書》卷五九《元德太子昭附越王侗傳》作“大業二年”。《通志》卷八五下《隋宗室傳》與《隋書》同。源氏校勘記改“三”作“二”。

[3]户部尚書：官名。即民部尚書，《北史》避唐太宗李世民諱改。隋文帝開皇三年由度支尚書改名，爲尚書省六部長官之一，統管度支、户部、金部、倉部四曹，掌軍國財賦的收支會計及漕運物價屯田之政令。正三品。　樊子蓋：人名。字華宗，廬江（今安徽合肥市）人。北齊、北周、隋朝官吏。見《北史》卷七六《樊子蓋傳》。

[4]金紫光禄大夫：官名。隋初爲從二品散官，煬帝時定爲正三品。　太府卿：官名。掌庫藏出納、貿易商税事務，仰承尚書省户部政令。初爲正三品，煬帝時定爲從三品。　元文都：人名。北周、隋朝官吏。見《北史》卷一七《汝陰王天賜附元文都傳》。韋津：人名。京兆杜陵（今陝西西安市長安區東）人。隋朝官吏。見《北史》卷六四《韋孝寬傳》。　皇甫無逸：人名。安定三水（今陝西彬縣）人。隋朝官吏。見《北史》卷七〇《皇甫璠傳》。

宇文化及之弑逆，文都等議尊立侗，大赦，改元曰皇泰。[1]謚帝曰明，廟號世祖，追尊元德太子爲孝成皇帝，廟號世宗，尊其母劉良娣爲皇太后。以段達爲納言、右翊衛大將軍、攝禮部尚書，[2]王世充爲納言、左翊衛大將軍、攝吏部尚書，元文都爲内史令、左驍衛大將軍，[3]盧楚亦内史令，[4]皇甫無逸爲兵部尚書、右武衛大將軍，郭文懿爲内史侍郎，趙長文爲黄門侍郎，委以機務，爲金書鐵券，[5]藏之宫掖。于時洛陽稱段達等爲

"七貴"。

[1]皇泰：隋政權楊侗的年號（618—619）。

[2]右翊衛大將軍：官名。隋朝時十二衛大將軍之一。煬帝大業三年由右衛大將軍改置，爲右翊衛長官，員一人，總府事，並統諸鷹揚府事。正三品。　禮部尚書：官名。隋朝時屬尚書省，爲六部之中禮部的最高長官，員一人，掌管禮儀、祭祀、宴享以及學校政令，總判部屬各司事。正三品。

[3]左驍衛大將軍：官名。隋朝時十二衛大將軍之一。煬帝大業三年改左備身府爲左驍衛，置大將軍總管府事，員一人，並統諸鷹揚府事。正三品。

[4]盧楚：人名。涿郡范陽（今河北定興縣西南）人。隋朝官吏。見《北史》卷八五《盧楚傳》。

[5]金書：指用金簡刻寫或金泥書寫的文字。　鐵券：又稱鐵契。皇帝頒賜給功臣授以世代享受某種特權的憑證。爲漢高祖所創。鐵製的契券上用丹砂書寫誓詞，從中剖開，朝廷和受賜者各保存一半。唐以後不用丹書，而是嵌金，並在券文上刻有"免死"等特權的文字。

未幾，[1]宇文化及以秦王浩爲天子，來次彭城，[2]所經城邑，多從逆黨。侗懼，遣使者蓋琮、馬公政招懷李密。密遂請降，侗大忻悦，禮其使甚厚。即拜密爲太尉、尚書令、魏國公，令拒化及。仍下書曰：

[1]未：局本作"禾"，誤。

[2]彭城：郡名。隋朝時治彭城縣，在今江蘇徐州市。

我大隋之有天下，於茲三十八載。高祖文皇帝聖略神功，[1]載造區夏。世祖明皇帝則天法地，混一華戎。東暨蟠木，[2]西通細柳，[3]前踰丹徼，[4]後越幽都，[5]日月之所臨，風雨之所至，圓首方足，[6]稟氣食毛，[7]莫不盡入提封，[8]皆爲臣妾。加以寶貺畢集，靈瑞咸臻，作樂制禮，移風易俗。智周寰海，萬物咸受其賜；道濟天下，百姓用而不知。世祖往因歷試，統臨南服，[9]自居皇極，順兹望幸。所以往歲省方，展禮肆覲，停鑾駐蹕，按駕清道，八屯如昔，[10]七萃不移。[11]豈意釁起非常，逮於軒陛，[12]災生不意，延及冕旒。[13]奉諱之日，[14]五情崩殞，攀號荼毒，[15]不能自勝。

[1]高祖：隋文帝楊堅的廟號。　文皇帝：即隋朝皇帝楊堅。文爲其謚號。

[2]蟠木：傳説中的山名。語出《大戴禮記・五帝德》："（顓頊）乘龍而至四海，北至於幽陵，南至於交趾，西濟於流沙，東至於蟠木。"一説即扶桑。

[3]細柳：西方日落之處。語出《論衡・説日》："儒者論日，旦出扶桑，暮入細柳。扶桑，東方地；細柳，西方野也。"

[4]丹徼（jiào）：指南方的邊疆。

[5]幽都：指北方的邊疆，極北之地。

[6]圓首方足：意爲人類。語出西漢劉安《淮南子・精神訓》："頭之圓也像天，足之方也像地。"

[7]稟氣：天賦的氣性。

[8]提封：指國家的版圖、疆域。

[9]南服：周制，以距國都遠近，將王畿以外地區分爲五服，故稱南方爲南服。

[10]八屯：典故。指宫苑四周所設的八衛所。語出張衡《西京賦》："衛尉八屯，警夜巡晝。"

[11]七萃：典故。泛指天子的禁衛軍或精鋭部隊。語出《穆天子傳》卷一："賜七萃之士戰。"

[12]軒陛：宫殿、殿堂。

[13]冕旒：帝王的禮冠和禮冠前後的玉串。亦代指皇帝。

[14]奉諱：意爲居喪。

[15]攀號荼毒：如同中了荼毒般號叫悲痛。荼，苦葉。毒，螫蟲。

且聞之自古，代有屯剥，[1]賊臣逆子，何世無之。[2]至如宇文化及，世傳庸品。其父述，往屬時來，早沾厚遇，賜以昏媾，置之公輔。位尊九命，禄重萬鍾，禮極人臣，榮冠世表，徒承海岳之恩，未有涓塵之答。化及以此下材，夙蒙顧眄，[3]出入外内，奉望階墀。昔陪藩國，統領衛兵，及從升皇祚，陪列九卿。但本性凶狠，恣其貪穢，或交結惡黨，或侵掠商貨，事重刑籛，[4]狀盈獄簡。在上不遺簪履，[5]恩加草芥，應至死辜，每蒙恕免。三經除解，[6]尋復本職；再徙邊裔，仍即追還。生成之恩，昊天罔極；奬擢之義，人事罕聞。化及梟獍爲心，[7]禽獸不若，縱毒興禍，傾覆行宫。諸王兄弟，一時殘酷，痛暴行路，世不忍言。有窮之在夏時，[8]犬戎之於周世，[9]釁辱之極，亦未是過。朕所以刻骨崩心，飲膽嘗血，瞻天視地，無處自容。

[1]屯剥：《易》中屯卦和剥卦的並稱。意爲困厄衰敗。

［2］何世無之：《隋書》卷五九《元德太子昭附越王侗傳》、《册府元龜》卷二八九作“無世無之”。

［3］顧眄：看重、賞識。

［4］或侵掠商貨事重刑籛：《隋書·元德太子昭附越王侗傳》、《册府元龜》卷二八九作“或侵掠貨財，事重刑篇”。

［5］遺：局本作“遣”，應是形近而訛。　簪履：簪笄和鞋子。常比喻卑微舊臣。

［6］三經除解：三次被解職除籍。

［7］梟獍：舊説梟爲惡鳥，生而食母；獍爲惡獸，生而食父。比喻忘恩負義之徒或狠毒的人。底本作“梟鏡”，源氏校勘記改“鏡”作“獍”。今從改。

［8］有窮：國名。即有窮氏。其地約在今山東德州市南。相傳后羿曾爲其酋長。夏王太康耽於游樂田獵，不理政事，爲后羿所逐。

［9］犬戎：族名。也稱西戎，活動於今陝西、甘肅一帶，在西周時很强盛，不時入侵西周，後殺死周幽王，西周滅亡。春秋戰國時犬戎爲秦國所滅。

今王公卿士，庶尹百辟，咸以大寶鴻名，[1]不可顛墜，元凶巨猾，須早夷殄，翼戴朕躬，嗣守寶位。[2]顧惟寡薄，志不逮此。今者出黼扆而仗旄鉞，[3]釋衰麻而擐甲胄，[4]銜冤誓衆，忍淚臨兵，指日遄征，[5]以平大盗。且化及僞立秦王之子，幽遏比於拘囚；其身自稱霸相，專擅擬於九五。[6]履踐禁御，據有宫闈，昂首揚眉，初無慚色。衣冠朝望，外懼凶威，志士誠臣，内懷憤怨。以我義師，順彼天道，[7]梟夷醜族，匪夕伊朝。

[1]大寶鴻名：皇帝的盛名。大寶，指皇帝之位。

[2]嗣：毛本作“詞”，誤。

[3]黼（fǔ）扆（yǐ）：亦作“黼依”“斧扆”“斧依”。帝王座後的屏風，上有斧形花紋。 旄（máo）鉞：白旄和黄鉞。原爲旗幟和兵器，後代指軍權。

[4]衰麻：衰衣麻絰。代指喪服。

[5]指日遄征：謂將要迅速行動。指日，指爲期不遠。遄征，指急行，迅速趕路。

[6]九五：語出《易·乾卦》：“九五，飛龍在天，利見大人。”後世常用此典咏帝王與帝位。

[7]天道：毛本、殿本、四庫本、四部備要本作“天下”，局本作“天意”。《隋書》卷五九《元德太子昭附越王侗傳》、《册府元龜》卷二八九作“天道”。

太尉、尚書令魏公，丹誠内發，宏略外舉，率勤王之師，討違天之逆。果毅争先，熊羆競進，[1]金鼓振讋，若火焚毛，鋒刃從横，如湯沃雪。魏公志存匡濟，投袂前驅，朕親御六軍，星言繼軌。[2]以此衆戰，以斯順舉，擘山可以動，射石可以入。况賊擁此人徒，[3]皆有離德，京都侍衛，西憶鄉家，江左淳人，南思邦邑。比來表書駱驛，人信相尋。若王師一臨，舊章暫覩，[4]自應解甲倒戈，冰銷葉散。且聞化及自恣，天奪其心，殺戮不辜，挫辱人士，莫不道路以目，[5]號天踴地。朕今復讎雪耻，梟轘者一人，拯溺救焚，所哀者士庶。唯望天鑒孔殷，[6]祐我宗社，億兆感義，[7]俱會朕心。梟戮元兇，策勳飲至，[8]四海交泰，稱朕意焉。兵術軍機，並受魏公節度。

［1］進：《隋書》卷五九《元德太子昭附越王侗傳》、《册府元龜》卷二八九作“逐”。

［2］星言繼軌：緊緊跟隨。星言，指及早，急速。繼軌，接繼前人之軌迹。《隋書·元德太子昭附越王侗傳》、《册府元龜》卷二八九“軌”作“進”。

［3］况賊擁此人徒：《隋書·元德太子昭附越王侗傳》作“况擁此人徒”，《册府元龜》卷二八九作“况擁爾徒”。

［4］暫覩：毛本作“蹔睹”。

［5］目：毛本作“自”，誤。

［6］唯望：《隋書·元德太子昭附越王侗傳》作“唯”，《册府元龜》卷二八九與《隋書》同。　孔殷：急迫。

［7］億兆：庶民百姓。

［8］策勳飲至：慶功祝捷。策勳，把功勳記載在簡策上。飲至，指諸侯朝、會、盟、伐後回宗廟飲酒慶功。

密見使者，大悦，北面拜伏，臣禮甚恭，遂東拒化及。

七貴頗不協。[1]未幾，元文都、盧楚、郭文懿、趙長文等爲世充所殺，皇甫無逸遁歸京師。世充詣侗所陳謝，辭情哀苦。侗以爲至誠，命之上殿，被髮爲盟，誓無貳志。自是侗無所關預。

［1］七貴：即段達、王世充、元文都、皇甫無逸、郭文懿、趙長文、盧楚七人。毛本、殿本、四庫本、局本、四部備要本“七”作“士”，誤。

及世充破李密，衆望益歸之，遂自爲鄭王，總百揆，[1]加九錫，[2]備法物，[3]侗不能禁。段達、雲定興等十人入見侗曰："天命不常，[4]鄭王功德甚盛，願陛下遵唐、虞之迹。"侗怒曰："天下者，高祖之天下，東都者，世祖之東都。若隋德未衰，此言不可而發。必天命有改，亦何論於禪讓！公等或先朝舊臣，或勤王立節，忽有斯言，朕亦何望！"神色凛然，侍衛者莫不流汗。既而退朝，對良娣而泣。世充更使謂曰："今海内未定，須得長君，待四方乂安，[5]復子明辟。[6]必若前盟，義不違負。"侗不得已，遜位於世充，遂被幽於含凉殿。[7]世充僭僞號，封潞國公。

[1]百揆（kuí）：指總理國政之官。此處借指各種政務。

[2]九錫：天子賜給諸侯、大臣有殊勳者的九種器用之物，代表臣子的最高禮遇。據《禮記》記載，九種器物爲車馬、衣服、樂則、朱户、納陛、虎賁、鈇鉞、弓矢、秬鬯。

[3]法物：古代帝王用於儀仗、祭祀的器物。

[4]天命：毛本、殿本、四庫本、局本、四部備要本"天"作"大"，誤。

[5]乂：太平、安定。

[6]明辟：意還政於君。

[7]含凉殿：在今陝西西安市。

有宇文儒童、裴仁基等謀誅世充，[1]復尊立侗。事泄，並見害。世充兄世惲因勸世充害侗，[2]世充遣其姪行本齎鴆詣侗曰："願皇帝飲此酒。"侗知不免，請與母相見，不許。遂布席焚香禮佛，呪曰："從今以去，願不生帝王尊貴家。”及仰藥，不能時絶，更以帛縊之。世充僞謚曰恭皇帝。

[1]宇文儒童：人名。京兆（今陝西西安市東北）人。隋朝官吏。初爲游騎郎，後歸王世充，署爲尚書左丞。與裴基、裴行儼等謀誅世充，另立越王楊侗，事泄被殺。　裴仁基：人名。字德本，河東（今山西永濟市）人。隋朝將領。見《北史》卷三八《裴仁基傳》。

[2]世惲：底本“惲”作“渾”，中華本校勘記云：“諸本‘惲’作‘渾’，《隋書》卷五九《越王侗傳》作‘惲’。按本書卷七九《王世充傳》亦作‘惲’，今據改。”今從改。

齊王暕，字世朏，小字阿孩。美容儀，疏眉目，少爲文帝所愛。開皇中，立爲豫章王。[1]及長，頗涉經史，尤工騎射。初爲内史令。仁壽中，拜揚州總管、江淮以南諸軍事。[2]煬帝即位，進封齊王。大業二年，帝初入東都，盛陳鹵簿，[3]暕爲軍導。[4]轉豫州牧。[5]俄而元德太子薨，[6]朝野注望，咸以暕當嗣。帝又敕吏部尚書牛弘妙選官屬，公卿由是多進子弟。明年，轉雍州牧，尋徙河南尹、開府儀同三司。[7]元德太子左右二萬餘人悉隸於暕，寵遇益隆。自樂平公主及諸戚屬競來致禮，[8]百官稱謁，填咽道路。

[1]豫章王：封爵名。豫章，郡名。隋朝時治豫章縣，在今江西南昌市。

[2]江淮：《隋書》卷五九《齊王暕傳》“江”作“沿”，《通志》卷八五下《隋宗室傳》與《北史》同。源氏校勘記云：“‘江’

《隋書》萬曆本作‘松’，朝鮮本作‘沿’。”按：江淮是地理區域之一，江淮以南是指長江、淮河以南的地區，面積廣大，隋文帝開皇九年滅陳後基本上隸屬於揚州，疑《北史》是。

[3]鹵簿：古代帝王駕出時扈從的儀仗隊。

[4]軍導：軍隊的先導。

[5]豫州牧：官名。隋朝時豫州牧爲從二品。豫州，隋朝時治河南縣，在今河南洛陽市。

[6]俄而：底本無“俄”字，中華本校勘記云：“諸本脱‘俄’字，據《隋書》卷五九《齊王暕傳》、《通志》卷八五《隋宗室傳》補。”今從改。　元德太子：即楊昭。

[7]河南尹：官名。隋煬帝大業三年置豫州，以河南爲郡治，置河南尹，員一人，以内史一員次之，後改贊務爲丞。正三品。

[8]樂平公主：即楊麗華。北周宣帝宇文贇皇后、隋文帝楊堅長女。隋朝時封樂平公主。見《北史》卷一四《宣皇后楊氏傳》。

暕頗驕恣，昵近小人，所行多不法。遣喬令則、劉虔安、裴該、皇甫諶、厙狄仲錡、陳智偉等采求聲色狗馬。[1]令則等因此放縱，訪人家有女者，輒矯暕命呼之，載入暕宅，因緣藏匿，恣行淫穢而後遣之。仲錡、智偉二人詣隴西，[2]撾炙諸胡，責其名馬，得數匹以進於暕。暕令還主，仲錡等詐言王賜，將歸家，暕不之知也。又樂平公主嘗奏帝，云柳氏女美者，帝未有所答。久之，主復以柳氏進暕，暕納之。後帝問主柳氏女所在，主曰：“在齊王所。”帝不悦。暕於東都營第，大門無故崩，廳事栿中折，[3]識者以爲不祥。

[1]喬令則：人名。齊王暕近臣，後被隋煬帝處斬。

[2]隴西：郡名。隋朝時治襄武縣，在今甘肅隴西縣東南。

[3]栿（fú）：房梁。

後從帝幸榆林，[1]暕督後軍，步騎五萬，恒與帝相去數十里而舍。會帝於汾陽宮大獵，[2]詔暕以千騎入圍。暕大獲麋鹿以獻，而帝未有得也，怒從官，皆言爲暕左右所遏，獸不得前。帝於是怒，求暕罪失。時制縣令無故不得出境，[3]有伊闕令皇甫詡幸於暕，[4]違禁將之汾陽宮；又京兆人達奚通有妾王氏善歌，貴游宴聚，[5]多或要致，於是展轉亦入王家。[6]御史韋德裕希旨劾暕。[7]帝令甲士千餘，大索暕第，因窮其事。

[1]榆林：郡名。隋朝時治榆林縣，在今内蒙古准格爾旗東北。

[2]汾陽宫：隋煬帝大業四年建，在今山西寧武縣西南管涔山。

[3]時制：局本作“暕制”，誤。

[4]伊闕：縣名。治所在今河南伊川縣西南。

[5]宴聚：元本作“宴娶”，誤。

[6]亦入王家：《隋書》卷五九《齊王暕傳》、《通志》卷八五下《隋宗室傳》作“亦出入王家”。按：王氏是作爲歌伎出入齊王府，而不是入府爲歌姬，疑《隋書》是。

[7]御史：官名。侍御史的省稱。隋初由吏部選用，入值禁中，從七品。煬帝大業三年後，祇掌侍從糾察，正七品。

暕妃韋氏，户部尚書沖之女也，[1]早卒。暕遂與妃姊元氏婦通，生一女。外人皆不得知，陰引喬令則於第内酣宴，令則稱慶，脱暕帽以爲歡。召相工徧視後庭，[2]相工指妃姊曰：“此産子者當爲皇后，貴不可言。”[3]時國無儲副，暕自謂次當得立。又以元德太子有三子，内常不安，陰挾左道，爲厭勝事。至是，皆發。帝大怒，斬令則等數人，妃姊賜死，暕府僚皆斥之邊遠。時趙王杲猶在孩孺，帝謂侍臣曰："朕唯有暕一子，不然者，當肆諸市朝，以明國憲也。"

[1]沖：即韋沖，人名。字世沖，京兆杜陵（今陝西西安市長安區東）人。北周、隋朝官吏。見《北史》卷六四《韋孝寬附韋沖傳》。

[2]相工：即相士、相者。以觀察人之形貌測斷其命運爲業的人。

[3]貴不可言：《隋書》卷五九《齊王暕傳》、《册府元龜》卷二九九作"王貴不可言"，《通志》卷八五下《隋宗室傳》與《北史》同。疑《北史》是。

暕自是恩寵日衰，雖爲京尹，不復關預時政。帝恒令武賁郎將一人監其府事，[1]暕有微失，輒奏之。帝亦慮暕生變，所給左右，皆以老弱備員而已。暕每懷危懼，心不自安。又帝在江都宫元會，[2]暕具法服將朝，無故有血從裳中而下；又坐齋中，見群鼠數十，至前而死，視皆無頭。暕甚惡之。俄而化及作亂，兵將犯蹕，[3]帝聞之，顧蕭后曰："得非阿孩也?"其見疏忌如此。化及復令人捕暕，時尚卧未起。賊進，暕驚曰："是何人?"莫有報者。暕猶謂帝令捕之，曰："詔使且緩，兒不負國家!"賊曳至街，斬之，及其二子亦遇害。暕竟不知殺者爲誰。時年三十四。

[1]武賁郎將：官名。即虎賁郎將。《北史》避唐高祖祖父李虎諱改。隋煬帝大業三年改十二衛護軍置。正四品。

[2]元會：又稱正會，指皇帝於歲首朝會群臣。其禮儀十分莊重，需乘輿郊天、祀地、禮明堂、祠宗廟、元會臨軒，等等。

[3]蹕（bì）：帝王出行的車駕。

有遺腹子愍，[1]與蕭后同入突厥，處羅可汗號爲隋王。[2]中國人没入北蕃者，悉配之以爲部落，以定襄城處之。[3]及突厥滅，乃獲之。貞觀中，[4]位至尚衣奉御。[5]永徽初，[6]卒。

[1]有遺腹子愍：源氏校勘記云："'愍'《隋書》作'政'。"中華本校勘記云："《隋書》'愍'作'政道'。"按：《通志》卷八五下《隋宗室傳》作"愍"，《資治通鑑》卷一八七作"政道"，《舊唐書》卷一九四上《突厥傳上》作"楊政道"。

[2]處羅可汗：亦稱處羅多利可汗。隋朝時西突厥首領，煬帝大業中歸附隋朝。見《北史》卷九九《突厥附西突厥傳》。

[3]定襄：城名。在今内蒙古和林格爾縣西北。

[4]貞觀：唐太宗的年號（627—649）。

[5]尚衣奉御：官名。隋煬帝時置，爲殿内省尚衣局長官。唐初沿置，掌供冕服、几案，員二人，從五品上。高宗時改爲奉冕大夫，後復爲尚衣奉御。

[6]永徽：唐高宗的年號（650—655）。

趙王杲，小字季子。[1]年七歲，以大業九年封趙王。尋授光禄大夫，[2]歷河南尹，行江都太守。杲聰令，美容儀，帝有所製詞賦，[3]杲多能誦之。性至孝，嘗見帝風動，[4]不進膳，杲亦終日不食。又蕭后嘗灸，[5]杲先請試炷，[6]后不許之。杲泣請曰："后所服藥，皆蒙嘗之。今灸，願聽嘗炷。"悲咽不已。后爲停灸，由是尤鍾愛。後遇化及反，杲在帝側，號慟不已。裴虔通使斬之帝前而血湔御服。[7]時年十二。

[1]季子：殿本、四部備要本作"秀子"，應是形近而誤。

[2]光禄大夫：官名。隋初未置，隋煬帝大業三年加置，位在左右光禄大夫之上，爲文職散官之首。從一品。

[3]詞賦：局本"賦"作"賊"，誤。

[4]風動：風疾發作。

[5]嘗：《隋書》卷五九《齊王暕傳》、《册府元龜》卷二六七作"當"，《通志》卷八五下《隋宗室傳》與《北史》同。

[6]炷：即艾炷。揉艾製成錐形的顆粒，中醫用以灸療疾病。

[7]裴虔通：人名。河東（今山西永濟市）人。隋朝將領。見《北史》卷七九《宇文述附裴虔通傳》。

論曰：周建懿親，[1]漢開盤石，内以敦睦九族，外以輯寧億兆，深根固本，崇獎王室，安則有以同其樂，衰則有以恤其危，所由來久矣。自魏、晋已下，多失厥中，不遵王度，各徇所私。抑之則勢齊於匹夫，抗之則權侔於萬乘，矯枉過正，非一時也。得失詳於前史，不復究而論焉。隋文昆弟之恩，素非篤睦，閨房之隙，又不相容。至於二世承基，兹弊愈甚。是以滕穆暴薨，人皆竊議，蔡王將没，自以爲幸。唯衛王養於獻后，故任遇特隆，而諸子遷流莫知死所，悲夫！其錫以茅土，[2]

稱爲盤石，行無甲兵之衛，居與皁吏爲伍。[3]外内無虞，顛危不暇，時逢多難，將何望哉！河間屬乃葭莩，[4]地非寵逼，[5]故高位厚秩，與時終始。楊慶二三其德，[6]志在苟生，變本宗如反掌，棄慈母若遺跡，及身而絶，固宜然矣。

[1]懿親：至親。古時特指皇室的宗親。

[2]茅土：古天子分封王、侯時，用代表方位的五色土築壇，按封地所在方向取一色土，包以白茅而授之，作爲受封者得以有國建社的表徵。後遂以茅土指王、侯的封爵。

[3]居與：毛本"與"作"無"。

[4]河間：指河間王楊弘。　葭莩（fú）：蘆葦稈内的薄膜。比喻關係極其疏遠淡薄。

[5]寵逼：此處指接近京畿的要地。逼，切近。

[6]二三其德：三心二意，指没有一定的操守。

文帝五子，莫有終其天年。[1]房陵資於骨肉之親，篤於君臣之義，經綸締構，[2]契闊夷險，[3]撫軍監國，凡二十年。雖三善未稱，[4]而視膳無闕。恩寵既變，讒言間之，顧復之慈，[5]頓隔於人理，父子之道，遂滅於天性。隋室將亡之效，衆庶皆知之矣。慎子曰：[6]"一兔走街，百人逐之；積兔於市，過者不顧。"豈其無欲哉？分定故也。房陵分定久矣，而帝一朝易之，開逆亂之源，長覬覦之望。又維城肇建，[7]崇其威重，恃寵而驕，厚自封植，[8]進之既踰制，退之不以道，俊以憂卒，實此之由。俄屬天步方艱，[9]讒人已勝，尺布斗粟，莫肯相容。秀窺岷、蜀之阻，[10]諒起晋陽之甲，[11]成兹亂常之釁，蓋亦有以動之也。《棠棣》之詩徒賦，[12]有庳之封無期，[13]或幽囚於囹圄，或顛殞於鴆毒。本根既絶，枝葉畢翦，十有餘年，宗社淪陷。自古廢嫡立庶，覆族傾宗者多矣，考其亂亡之禍，未若有隋之酷。《詩》云："殷鑒不遠，在夏后之世。"[14]後之有國有家者，可不深戒哉！[15]

[1]天年：指人的自然壽命。

[2]經綸：指治理國家的抱負和才能。 締構：意爲締造，指經營開創帝業之初。

[3]契闊夷險：因國運的平順與艱險而辛勞。契闊，辛苦。

[4]三善：指臣事君、子事父、幼事長的三種道德規範。

[5]顧復：語出《詩·小雅·蓼我》："父兮生我，母兮鞠我。拊我畜我，長我育我，顧我復我，出入腹我。"鄭玄箋："顧，旋視也。復，反覆也。"後因以"顧復"指父母之養育。

[6]慎子：戰國時趙國人。由道家中分化出來的法家代表人物。著有《慎子》一書。

[7]維城：借指皇子或皇室宗族。

[8]封植：謂聚斂財貨。

[9]天步：天之行步。指時運、國運等。

[10]岷蜀：指今甘肅、四川一帶。

[11]晋陽：縣名。治所在今山西太原市晋源區古城營村一帶。代指山西太原一帶。

[12]棠棣：《詩》中的一篇。以棠棣（即鬱李）樹來描述兄弟之間的關係。出自《詩·小雅·鹿鳴之什》。

[13]有庳：地名。又名鼻墟、鼻亭。在今湖南道縣北。舜曾封其異母弟象於此。源氏校勘記云："'庳'《隋書》作'鼻'。"

[14]殷鑒不遠在夏后之世：出自《詩·大雅·蕩》。意爲前人失敗的教訓就在眼前，後人應引以爲戒。

[15]可不深戒哉：毛本作“不可深戒哉”。

元德謹重，有君人之量，[1]降年不永，[2]哀哉！齊王敏慧可稱，志不及遠，頗懷驕僭，故帝疏而忌之，内無父子之親，[3]貌展君臣之敬。身非積善，國有餘殃，至令趙及燕、越，[4]皆不得死，悲夫！

[1]君人：毛本、局本作“君臣”。

[2]降年：上天賜予人的年齡、壽命。語出《尚書·高宗肜日》。

[3]内無父子之親：《隋書》卷五九史論“内”作“心”。

[4]趙：指趙王杲。　燕：指燕王倓。　越：指越王侗。

北史　卷七二

列傳第六十

高熲　牛弘　李德林

高熲，字昭玄，一名敏，自言勃海蓨人也。[1]其先因官北邊，[2]没於遼左。[2]曾祖暠，以太和中自遼東歸魏，[4]官至衛尉卿。[5]祖孝安，[6]位兖州刺史。[7]

[1]勃海：郡名。北魏時治東光縣，在今河北東光縣東南。蓨（tiáo）：縣名。治所在今河北景縣。

[2]北邊：指黄河流域及以北的地區。

[3]遼左：遼東的别稱。指遼河以東的地區。

[4]太和：北魏孝文帝的年號（477—499）。

[5]衛尉卿：官名。衛尉的尊稱，位列九卿。北魏時主管宫殿、京城諸門禁衛，武器、儀仗庫藏。孝文帝太和二十三年定爲一品下。

[6]孝安：《周書》卷三七《裴文舉附高賓傳》作“季安”。

[7]兖州：北魏時治瑕丘縣，在今山東兖州市西。

父賓，仕東魏，位諫議大夫。[1]大統六年，[2]避讒棄官奔西魏，獨孤信引賓爲僚佐，[3]賜姓獨孤氏。及信誅，妻、子徙蜀。[4]隋文獻皇后以賓父之故吏，[5]每往來其家。賓敏於從政，果敢斷决。賜爵武陽縣伯，[6]歷位齊公憲府長史、驃騎大將軍、開府儀同三司、襄州總管府司録，[7]卒於州。及熲貴，開皇中，[8]贈禮部尚書、武陽公，[9]謚曰簡。

[1]諫議大夫：官名。北魏時隸集書省，掌諫静議論。孝文帝太和十七年定爲四品下，二十三年定爲從四品下。東魏沿置。

[2]大統：西魏文帝的年號（535—551）。

[3]獨孤信：人名。本名如願，雲中（今内蒙古和林格爾縣西北）人，鮮卑族獨孤部。北魏、北周將領。見《北史》卷六一《獨孤信傳》。

[4]蜀：郡名。西魏時治成都縣，在今四川成都市。

[5]文獻皇后：即隋文帝皇后獨孤伽羅。見《北史》卷一四《隋文獻皇后獨孤氏傳》。

[6]武陽縣伯：封爵名。武陽，縣名。治所在今河南西平縣西南。底本“武陽”作“陽武”，中華本校勘記云:“諸本‘武陽’作‘陽武’,《周書》卷三七《裴文舉附高賓傳》作‘武陽’。按下云開皇中贈武陽公，又其子熲襲爵武陽縣伯。作‘武陽’是，今據乙。”今從改。

[7]齊公憲：即宇文憲。字毗賀突，代郡武川（今内蒙古武川縣西）人，鮮卑族。北周宗室。見《北史》卷五八《齊煬王憲傳》。　長史：官名。掌顧問參謀，爲所在官署的屬官之長。不同名號的長史所負職責不同，品秩也不相同。　驃騎大將軍：官名。西魏、北周時主要是作爲府兵開府府長官的軍號。九命。　開府儀同三司：多爲大臣的加號，意爲與三司的禮制待遇相同，允許開府，自辟僚屬。北周時爲勳官。九命。　襄州：北周時治襄陽縣，

在今湖北襄樊市。　總管：官名。北周明帝武成元年（559）改都督諸州軍事爲此稱。爲地方高級軍政官員，置總管府，掌一州或數州軍務，兼理民政。品秩分三等，上總管從二品，中總管正三品，下總管從三品。　司録：官名。西魏、北周時設。爲大丞相府、中外府、諸開府、州府屬僚。職掌與歷朝録事參軍略同，掌隸一府之事。位在長史、司馬下，命品隨府主地位高低而定。

[8]開皇：隋朝文帝的年號（581—600）。

[9]禮部尚書：官名。隋朝時屬尚書省，爲中央行政機構六部之中禮部的最高長官，員一人，掌管禮儀、祭祀、宴享以及學校政令，總判部屬各司事。正三品。　武陽公：《隋書》卷四一《高熲傳》作“渤海公”，《通志》卷一六〇《高熲傳》與《北史》同。

熲少明敏，有器局，[1]略涉文史，尤善詞令。[2]初，孩孺時，家有柳樹，高百許尺，亭亭如蓋。里中父老曰：[3]“此家當出貴人。”年十七，周齊王憲引爲記室。[4]襲爵武陽縣伯，再遷内史下大夫。[5]以平齊功，拜開府。

[1]器局：才識和氣度，猶言器量度量。

[2]詞令：同“辭令”。指短小的詞調。

[3]里中：鄉里。

[4]記室：官名。記室參軍的省稱。西晋始置。北魏、西魏、北周沿置，爲諸開府、公府、軍府等的記室曹長官，掌文書表奏。命品隨府主地位高低而定。

[5]内史下大夫：官名。又稱小内史下大夫、内史次大夫。西魏恭帝三年（556）置，北周初沿置。爲春官府内史司次官，輔助内史中大夫掌管綸誥，並參議刑罰爵賞以及軍國大事。正四命。

隋文帝得政，素知熲强明，久習兵事，多計略，意欲引之入府。[1]遣邗公楊惠諭意，[2]熲承旨忻然，曰："願受驅馳。縱公事不成，亦不辭滅族。"於是爲府司録。時長史鄭譯、司馬劉昉並以奢縱被疏，[3]帝彌屬意於熲，委以心膂。[4]尉遲迥起兵也，[5]帝令韋孝寬伐之，[6]軍至河陽，[7]莫敢先進。帝以諸將不一，令崔仲方監之，[8]仲方辭以父在山東。[9]時熲見劉昉、鄭譯等並無去意，遂自請行，深合上旨。[10]受命便發，遣人辭母云："忠孝不可兩兼。"歔欷就路。至軍，爲橋於沁水，[11]賊於上流縱火栰，[12]熲預爲土狗以禦之。[13]既度，焚橋而戰，大破之。軍還，侍宴於卧内，帝撤御帷以賜之。進位柱國，[14]改封義寧縣公，[15]遷丞相府司馬，任寄益隆。

[1]引：局本作"弘"，誤。

[2]楊惠：人名。即楊雄。初名惠，弘農華陰（今陝西華陰市東南）人。北周大臣、隋朝宗室。見《北史》卷六八《楊紹附楊雄傳》。

[3]鄭譯：人名。字正義，滎陽開封（今河南開封市南）人。北周、隋朝官吏。見《北史》卷三五《鄭羲附鄭譯傳》。　司馬：官名。軍府高級幕僚，掌參軍贊務，管理府内武職，與長史共掌府務，其品秩隨府主而定，高低不等。　劉昉：人名。博陵望都（今河北唐縣東北）人。北周、隋朝官吏。見《北史》卷七四《劉昉傳》。

[4]委：局本作"妾"，誤。

[5]尉遲迥：人名。字薄居羅，代（今山西大同市東北）人。西魏、北周大臣。見《北史》卷六二《尉遲迥傳》。

[6]韋孝寬：人名。即韋叔裕。字孝寬，京兆杜陵（今陝西西

安市長安區東）人。北魏、西魏、北周將領。見《北史》卷六四《韋孝寬傳》。

[7]河陽：縣名。治所在今河南孟州市西南。

[8]令：局本作“合”，誤。　崔仲方：人名。字不齊，博陵安平（今河北安平縣）人。北周、隋朝官吏。見《北史》卷三二《崔挺附崔仲方傳》。

[9]仲方辭以父在山東：《隋書》卷四一《高熲傳》作“仲方辭父在山東”，《通志》卷一六〇《高熲傳》、《册府元龜》卷三〇九與《北史》同。

[10]深合上旨：殿本、四庫本、四部備要本“旨”作“意”。

[11]沁水：在今山西、河南境内，爲黄河支流。

[12]火栰：水戰中用以馳近並能焚毁對方戰船的着火的木筏。

[13]土狗：用以堵水的一種土袋，前鋭後廣，前高後低，形狀如蹲坐的狗。《隋書·高熲傳》“土”作“木”。

[14]柱國：官名。柱國大將軍的省稱。十六國時後燕置。西魏文帝大統十六年置八柱國，授此職者並加使持節、大都督，爲西魏最高官職。北周沿置。正九命，後爲勳官之第二等。

[15]義寧縣公：封爵名。義寧，縣名。治所在今山西安澤縣北。

及帝受禪，拜尚書左僕射、納言，[1]進封勃海郡公。朝臣莫與爲比，帝每呼爲獨孤而不名也。熲佯避權勢，[2]上表遜位，讓於蘇威。[3]帝欲成其美，聽解僕射。[4]數日，帝曰：“蘇威高蹈前朝，熲能舉善。吾聞進賢受上賞，寧可令去官！”於是令熲復位。俄拜左衛大將軍，[5]本官如故。突厥屢爲邊患，[6]詔熲鎮遏緣邊。及還，賜馬百疋，牛羊千計。[7]領新都大監，[8]制度多出於熲。熲每坐朝堂北槐樹下以聽事，其樹不依行列，有司將伐之。帝特命勿去，[9]以示後人。其見重如此。又拜左領軍大將軍，[10]餘官如故。母憂去職，二旬，起令視事。熲流涕辭讓，[11]不許。

[1]尚書左僕射：官名。隋朝時與内史省、門下省長官共同執掌國政。文帝開皇三年令尚書左僕射掌管吏部、禮部、兵部三部事，兼管御史彈劾不當之事。尚書右僕射掌判都官、度支、工部三部事，兼管開支用度。從二品。　納言：官名。亦作“内言”，後世多作侍中的别稱。主要職責是承上啓下、宣傳上命、受奏納言。隋朝時因避隋文帝之父楊忠諱，改侍中爲納言，爲門下省長官，員二人。煬帝大業十二年改爲侍内。正三品。

[2]熲佯避權勢：源氏校勘記云：“‘佯’《隋書》作‘深’。”《册府元龜》卷七六、卷四六八“佯避”作“深避”。《通志》卷一六〇《高熲傳》與《北史》同。

[3]蘇威：人名。字無畏，武功（今陝西武功縣西北）人。北周、隋朝官吏。見《北史》卷六三《蘇綽附蘇威傳》。

[4]僕射：官名。尚書僕射的省稱。

[5]左衛大將軍：官名。隋朝時爲左衛之長，員一人，掌宫掖禁禦，督攝仗衛。煬帝大業三年改爲左翊衛大將軍，總府事，並統諸鷹揚府事。正三品。

[6]突厥：族名。廣義上包括鐵勒、突厥各部落，狹義上則專指突厥汗國。公元六世紀初興起於金山（今阿爾泰山）西南麓，爲游牧部落。西魏廢帝二年（552），建突厥汗國，隋文帝開皇二年（582），分裂爲東西二部。見《北史》卷九九《突厥傳》。

[7]牛羊千計：底本作“牛馬千計”，局本、四庫本、中華本作“牛羊千計”。《隋書·高熲傳》、《通志》卷一六〇《高熲傳》作“牛羊千計”。中華本校勘記云：“諸本‘羊’訛作‘馬’，據

《隋書》及《通志》卷一六〇《高熲傳》改。”今從改。

[8]新都大監：官名。隋朝時置，總管營建新都的各項事務。品秩不詳。新都，指隋文帝時興建的大興宫。

[9]特命：殿本、四庫本、四部備要本作“特令”。

[10]左領軍大將軍：官名。隋初置左右領軍府，但不置將軍，唯以長史、司馬總府事，煬帝大業三年改左右領軍府爲左右屯衛，始置大將軍、將軍。

[11]流涕：局本作“涕泣”。

開皇二年，長孫覽、元景山等伐陳，[1]令熲節度諸軍。會陳宣帝殂，[2]熲以禮不伐喪，[3]奏請班師。蕭巖之叛，[4]詔熲綏集江漢，甚得人和。帝嘗問熲以取陳之策，熲曰：“江北地寒，[5]田收差晚，江南土熱，[6]水田早熟。量彼收穫之際，微徵士馬，聲言掩襲。賊必屯兵禦守，[7]足得廢其農時。彼既聚兵，我更解甲，再三若此，賊以爲常。後更集兵，彼必不信，猶豫之頃，我乃濟師，登陸而戰，兵氣益倍。又江南土薄，舍多竹茅，所有儲積，皆非地窖。密遣行人，[8]因風縱火，待彼修立，而更燒之。不出數年，自可財力俱盡。”帝用其策，由是陳人益弊。[9]

[1]長孫覽：人名。字休因，代（今山西大同市東北）人，鮮卑族。北周、隋朝大臣。見《北史》卷二二《長孫道生附長孫覽傳》。　元景山：人名。字寶岳。北周、隋朝將領。見《北史》卷一八《安定王休附元景山傳》。

[2]陳宣帝：即南朝陳皇帝陳頊。宣爲其謚號。

[3]禮不伐喪：指在作戰中有喪而不討伐。春秋戰國時期，便

存在諸如不追逃敵、不用詐術、不伐喪、不鼓不成列、不重傷、不擒二毛等戰争慣用規則。

[4]蕭巖：人名。字義遠，蘭陵（一説在今江蘇常州市，一説在今江蘇丹陽市）人。西梁宣帝蕭詧第五子。見《北史》卷九三《蕭詧傳》。

[5]江北：地區名。長江下游以北的地區，指今安徽、江蘇兩省的長江北岸一帶。

[6]江南：地區名。長江下游以南的地區，指今江蘇、安徽兩省的南部和浙江省的北部。

[7]禦守：局本作"禦手"，誤。

[8]行人：出行或出征之人。

[9]益：局本作"并"。

九年，晋王廣大舉伐陳，[1]以熲爲元帥長史，三軍皆取斷於熲。及陳平，晋王欲納陳主寵姬張麗華。[2]熲曰："武王滅殷，[3]戮妲己。[4]今平陳國，不宜取麗華。"乃命斬之，王甚不悦。及軍還，以功加上柱國，[5]進爵齊國公，賜物九千段，定食千乘縣千五百户。[6]帝勞之曰："公伐陳後，人云公反，朕已斬之。君臣道合，非青蠅所間也。"[7]熲又遜位，優詔不許。[8]

[1]晋王廣：即隋煬帝楊廣。一名英，弘農華陰（今陝西華陰市東南）人。隋文帝楊堅第二子。見《北史》卷一二《隋本紀·煬帝》。

[2]陳主：指陳後主叔寶。　張麗華：人名。南朝陳後主寵妃。

[3]武王：即西周君主姬發。

[4]妲己：人名。商朝紂王的寵妃。

[5]上柱國：官名。隋朝時爲散實官，煬帝大業三年罷。從一品。

[6]定食：封邑制度。與真食相同，即受封者確定的食邑數。　千乘：縣名。治所在今山東高青縣東南。

[7]青蠅：蠅的一種。赤頭，背有青緑色光澤，爲蠅中最骯髒者。泛指挑撥離間之人。

[8]優詔：褒美嘉獎的詔書。

是後右衛將軍龐晃及將軍盧賁等，[1]前後短熲於帝。帝怒，皆被疏黜。因謂熲曰："獨孤公猶鏡也，每被磨瑩，皎然益明。"未幾，尚書都事姜曄、楚州行參軍李君才並奏稱水旱不調，[2]罪由高熲，請廢黜之。二人俱得罪而去，親禮逾密。帝幸并州，[3]留熲居守。及還，賜縑五千疋，行宫一所爲莊舍。其夫人賀拔氏寢疾，中使顧問不絶。[4]帝親幸其第，賜錢百萬，絹萬疋，復賜以千里馬。嘗從容命熲與賀若弼言及平陳事，[5]熲曰：[6]"賀若弼先獻十策，後於蔣山苦戰破賊。[7]臣文吏耳，[8]焉敢與猛將論功！"帝大笑，時論嘉其有讓。尋以其子表仁尚太子勇女，前後賞賜，不可勝計。

[1]右衛將軍：官名。隋初爲十二衛中的左右衛副長官，協助右衛大將軍掌管宫掖禁衛。煬帝大業初改左右衛爲左右翊衛，此職改爲右翊衛大將軍。從三品。　龐晃：人名。字元顯，榆林（今内蒙古准格爾旗東北）人。北周、隋朝官吏。見《北史》卷七五《龐晃傳》。　盧賁：人名。字子徵，范陽涿（今河北涿州市）人。北周、隋朝將領。見《北史》卷三〇《盧同附盧賁傳》。

[2]尚書都事：官名。隋朝時置，協助尚書左、右丞監督六部

諸司政務，員八人，從八品上。煬帝時升爲正八品，位都司郎下，分隸六部尚書。　楚州：隋朝時治山陽縣，在今江蘇淮安市淮城鎮。　行參軍：官名。三國蜀置。由諸府主辟召之參軍，分掌府内各曹時爲正參軍之副職。隋朝時諸王府、諸衛率府、諸州皆置，員三至六人。品秩隨府主地位高低而定，視正八品上至從九品。煬帝時改名爲行書佐。

[3]并州：隋朝時治晋陽縣，在今山西太原市晋源區古城營村一帶。

[4]中使：宫中派出的使者。多指宦官。

[5]嘗從容：《隋書》卷四一《高熲傳》"嘗"前有"上"字。　賀若弼：人名。字輔伯，河南洛陽（今河南洛陽市東北）人。隋朝將領。見《北史》卷六八《賀若敦附賀若弼傳》。

[6]熲曰：殿本、四部備要本作"須"，誤。

[7]後於：毛本作"於後"。　蔣山：又稱紫金山，在今江蘇南京市東北。

[8]臣文吏耳：元大德本"臣"作"在"，誤。

時熒惑入太微，[1]犯左執法。[2]術者劉暉私於熲曰：[3]"天文不利宰相，[4]可脩德以禳之。"熲不自安，以暉言奏之。上厚加賞慰。突厥犯塞，以熲爲元帥擊破之。又出白道，[5]進圖入磧，[6]遣使請兵，近臣言熲欲反，帝未有所答，熲亦破賊而還。

[1]熒惑：星名。即火星。太陽系中八大行星之一。呈紅色，亮度常有變化。在天空中運動時，有時從西向東，有時又從東向西，情况難測，令人迷惑，故稱"熒惑"。　太微：星官名。即太微垣。星學家把天空劃分爲三垣二十八星宿，太微是三垣中的上垣，位居於紫微垣之下的東北方，北斗之南，約占天區六十三度範

圍，以五帝座爲中樞，共含二十個星座，正星七十八顆，增星一百顆。包含了室女、後發、獅子等星座的一部分。太微意爲政府，其星名多用官名命名。

[2]左執法：星名。位於太微垣南蕃，端門以東。太微左垣五星之一。

[3]術者：指從事星占、卜筮、命相等活動的人。　劉暉：人名。隋朝官吏。文帝時曾爲太史令，因所造新曆錯誤太多被免職。

[4]天文：指日月星辰等在天之象。

[5]白道：地名。在今内蒙古呼和浩特市西北，爲河套東北地區通往陰山以北的交通要道。

[6]磧（qì）：沙漠。

時太子勇失愛，[1]帝潛有廢立志，謂熲曰："晋王妃有神告之，言王必有天下。"熲跪曰："長幼有序，不可廢。"遂止。獨孤皇后知熲不可奪，陰欲去之。初，熲夫人卒，[2]后言於帝曰："高僕射老矣，而喪夫人，陛下何以不爲之娶？"帝以后言告熲，熲流涕謝曰："臣今已老，退朝唯齋居讀佛經而已。雖陛下垂哀之深，至於納室，非臣所願。"帝乃止。至是，熲愛妾産男，帝聞極歡，后甚不悦，曰："陛下當復信熲邪？[3]始陛下欲爲熲娶，熲心存愛妾，面欺陛下，今其詐已見。"帝由是疏熲。

[1]勇：即楊勇，人名。字睍地伐，弘農華陰（今陝西華陰市東南）人。隋文帝楊堅長子。見《北史》卷七一《房陵王勇傳》。

[2]熲夫人卒：《隋書》卷四一《高熲傳》作"夫人卒"。《通志》卷一六○《高熲傳》與《北史》同。

［3］當：局本作“尚”。

會議伐遼東，[1]熲固諫不可。帝不從，以熲爲元帥長史，從漢王征遼東，[2]遇霖潦疾疫，[3]不利而還。后言於帝曰：“熲初不欲行，陛下强之，妾固知其無功矣。”又帝以漢王年少，專委軍於熲。熲以任寄隆重，[4]每懷至公，無自疑意。諒所言多不用，因甚銜之。及還，諒泣言於后曰：“免熲殺，幸矣！”帝聞，彌不平。俄而上柱國王積以罪誅，[5]當推覈之際，乃有禁中事，[6]云於熲處得之。帝欲成熲罪，聞此大驚。時上柱國賀若弼、吴州總管宇文弢、刑部尚書薛胄、户部尚書斛律孝卿、兵部尚書柳述等明熲無罪，[7]帝愈怒，皆以之屬吏。[8]自是朝臣莫敢言。熲竟坐免，以公就第。

［1］會議伐遼東：毛本此句下脱“熲固諫不可帝不從以熲爲元帥長史從漢王征遼東”二十一字。

［2］漢王：即楊諒。字德章，一名傑，弘農華陰（今陝西華陰市東南）人。隋文帝楊堅第五子。見《北史》卷七一《庶人諒傳》。

［3］霖潦：久雨積水。

［4］任寄：信任並交付任務。

［5］王積：人名。即王世積。《北史》避唐太宗李世民諱改。闡熙新囶（今陝西靖邊縣西）人。北周、隋朝將領。見《隋書》卷四〇《王世積傳》。

［6］禁中：也稱省中，即宫禁之内。

［7］吴州：陳宣帝太建十一年（579），南兗州入北周，改名吴州。隋文帝開皇九年（589）改名揚州。故此吴州爲北周時吴州，

隋初沿置，治廣陵縣，在今江蘇揚州市城區。　宇文弼：人名。字公輔，河南洛陽（今河南洛陽市東北）人，鮮卑族。北周、隋朝官吏。見《北史》卷七五《宇文弼傳》。　刑部尚書：官名。隋朝始置。文帝開皇三年由都官尚書改名而置，員一人，負責制定律法、糾察違法。正三品。　薛胄：人名。字紹玄，河東汾陽（今山西萬榮縣西南）人。北周、隋朝官吏。見《北史》卷三六《薛辯附薛胄傳》。　户部尚書：官名。即民部尚書。避唐太宗李世民諱改。十六國時後凉、後燕皆置。隋文帝開皇三年置爲尚書省六部長官之一，由度支尚書改名，統管度支、户部、金部、倉部四曹，掌軍國財賦的收支會計及漕運物價屯田之政令。正三品。　斛律孝卿：人名。太安（今山西壽陽縣）人。北齊、隋朝大臣。見《北史》卷五三《斛律羌舉附斛律孝卿傳》。　兵部尚書：官名。隋朝時爲尚書省兵部長官，負責兵部司事務。正三品。　柳述：人名。字業隆，河東解（今山西臨猗縣）人。隋朝官吏。見《北史》卷六四《柳虯附柳述傳》。

[8]屬吏：交給執法官吏處理。

未幾，帝幸秦王俊第，[1]召熲侍宴。熲歔欷悲不自勝，獨孤皇后亦對之泣，左右皆流涕。帝謂曰："朕不負公，公自負朕也。"[2]因謂侍臣曰："我於高熲勝兒子，雖或不見，[3]常似目前。自其解落，[4]瞑然忘之，如本無高熲，不可以身要君，[5]自云第一也。"頃之，[6]熲國令上熲陰事，[7]稱："其子表仁謂熲曰：'昔司馬仲達初託疾不朝，[8]遂有天下。公今遇此，安知非福？'"於是帝大怒，囚熲於内史省而鞫之。[9]憲司復奏熲他事，[10]云："沙門真覺嘗謂熲曰：'明年國有大喪。'尼令暉復云：'十七、八年，[11]皇帝有大厄。十九年不可過。'"帝聞益怒，顧謂群臣曰："帝王豈可力求。孔丘以大聖之才，作法垂於後代，寧不欲大位邪？天命不可耳。熲與子言，自比晉帝，此何心乎？"有司請斬之，帝曰："去年殺虞慶則，[12]今兹斬王積，如更誅熲，天下謂我何！"於是除熲名。

[1]秦王俊：即楊俊，人名。字阿衹，弘農華陰（今陝西華陰市東南）人。隋文帝楊堅第三子。見《北史》卷七一《秦王俊傳》。

[2]公自負朕也：《隋書》卷四一《高熲傳》、《册府元龜》卷三三三作"公自負也"。《通志》卷一六〇《高熲傳》與《北史》同。

[3]雖：局本作"設"。

[4]解落：解官免職。

[5]以身要君：指用自身來要挾君主。

[6]頃之：局本"頃"作"熲"，誤。

[7]國令：官名。隋唐時諸王、公封國長官。隋朝時諸封國各置一員。公國令視正七品。

[8]司馬仲達：人名。即司馬懿。字仲達，河内温（今河南温縣）人。西晉王朝的奠基人。見《晉書》卷一《宣帝紀》。

[9]内史省：官署名。隋朝三省之一，負責起草並宣行皇帝的制詔，屬機要之司。

[10]憲司：御史的别稱。主管刑法、典章制度，糾正百官不法行爲，肅正綱紀。

[11]十七八年：《隋書·高熲傳》、《册府元龜》卷九三三、《資治通鑑》卷一七八作"十七、十八年"。《通志·高熲傳》與《北史》同。疑應從《隋書》。

[12]虞慶則：人名。本姓魚，京兆櫟陽（今陝西西安市臨潼

區）人。北周、隋朝將領。見《北史》卷七三《虞慶則傳》。

初，熲爲僕射，其母誡之曰："汝富貴已極，但有斫頭耳，[1]爾其慎之！"熲由是常恐禍變。及此，熲歡然無恨色，以爲得免禍。

[1]斫頭：古代的一種死刑，即使犯人身首異處的刑罰。最早見於周代。《釋名·釋喪制》云："斫頭曰斬，斫腰曰腰斬。"

煬帝即位，拜太常卿。[1]時有詔收周、齊故樂人及天下散樂。熲奏："此樂久廢。今若徵之，[2]恐無識之徒棄本逐末，遞相教習。"帝不悦。帝時侈靡，聲色滋甚，又起長城之役。熲甚病之，謂太常丞李懿曰：[3]"周天元以好樂而亡，[4]殷監不遠，[5]安可復爾！"時帝遇啓人可汗恩禮過厚，[6]熲謂太府卿何稠曰：[7]"此虜頗知中國虚實、山川險易，恐爲後患。"復謂觀王雄曰：[8]"近來朝廷殊無綱紀。"有人奏之，帝以爲訕謗朝政，誅之，諸子徙邊。

[1]太常卿：官名。太常的尊稱。掌宗廟陵園、祭祀禮樂、天文術數、學校等。隋朝時爲正三品。

[2]今若徵之：局本"今"作"令"，誤。

[3]太常丞：官名。隋朝時管理本寺日常事務，初爲從八品，煬帝時定爲從五品。

[4]周天元：指北周宣帝。周宣帝禪位於其子後，自稱天元皇帝。

[5]殷監不遠：前人失敗的教訓就在眼前，後人應引以爲戒。

語出《詩·大雅·蕩》。

[6]啓人可汗：人名。即啓民可汗。《北史》避唐太宗李世民諱改。名染干，也稱突利可汗。東突厥可汗。由於勢力弱小，被隋長孫晟設計，隨其到長安歸降，被隋封爲意利珍豆啓民可汗，簡稱啓民可汗，在朔州（今山西朔州市）定居。

[7]太府卿：官名。南朝梁置。隋朝沿置，掌庫藏出納，貿易商税事務，仰承尚書省户部政令。初爲正三品，煬帝時定爲從三品。　何稠：人名。字桂林，西城縣（今陝西安康市）人。一説其先西域何國人，後通商入蜀。隋朝官吏。見《北史》卷九〇《何稠傳》。

[8]觀王雄：即楊雄。

熲有文武大略，明達政務。[1]及蒙任寄之後，竭誠盡節，進引貞良，以天下爲己任。蘇威、楊素、賀若弼、韓禽等皆熲所薦，[2]各盡其用，爲一代名臣。自餘立功立事者，不可勝數。當朝執政將二十年，朝野推服，物無異議，時致昇平，熲之力也。論者以爲真宰相。及誅，天下無不傷惜，至今稱冤不已。所有奇策良謀及損益時政，熲皆削稿，[3]代無知者。

[1]政務：局本作“務政”。

[2]楊素：人名。字處道，弘農華陰（今陝西華陰市東南）人。隋朝大臣。見《北史》卷四一《楊敷附楊素傳》。　韓禽：人名。字子通，河南東垣（今河南新安縣東）人。北周、隋朝大將。見《北史》卷六八《韓雄附韓禽傳》。

[3]削稿：古時大臣上封事，爲防泄漏，將草稿銷毁，稱爲“削稿”。

子盛道，位莒州刺史，[1]徙柳城，[2]卒。道弟弘德，封應國公，晋王記室；次弟表仁，勃海郡公。徙蜀郡。

[1]莒（jǔ）州：隋朝時治東莞縣，在今山東沂水縣。

[2]柳城：縣名。治所在今遼寧朝陽市。

牛弘，字里仁，安定鶉觚人也。[1]其先嘗避難，改姓遼氏。[2]祖熾，本郡中正。父元，[3]魏侍中、工部尚書、臨涇公，[4]復姓牛氏。[5]

[1]安定：郡名。北魏時治安定縣，在今甘肅涇川縣北。　鶉觚：縣名。治所在今甘肅靈臺縣。

[2]改姓遼氏：《隋書》卷四九《牛弘傳》作“本姓尞氏”。源氏校勘記云:“《隋書》云‘本姓尞氏，賜姓牛氏’。”中華本校勘記云:“《隋書》卷四九《牛弘傳》‘遼’作‘尞’,‘元’作‘允’。按《周書》卷三七《裴文舉傳》附見‘尞允’，即弘父。疑《北史》誤。”可從。今按《元和姓纂》卷五作“遼”，其例爲遼允。《古今姓氏書辯證》卷一〇亦作“遼”，其例也爲遼允，但同書卷三三又作“尞”。

[3]元：《隋書·牛弘傳》作“允”。源氏校勘記云:“《隋書》作‘父久’。”

[4]侍中：官名。北朝時常總典機密，受遺詔輔政，權任尤重，時號“小宰相”，負責切問近對，拾遺補缺。北魏孝文帝太和十七年定爲從一品中，二十三年定爲三品。　工部尚書：官名。隋朝始置。南北朝時指尚書起部曹，無工部尚書。　臨涇公：封爵名。臨涇，縣名。治所在今甘肅鎮原縣東南。

[5]復姓牛氏：《隋書·牛弘傳》作“賜姓爲牛氏”。《通志》卷一六〇《牛弘傳》與《北史》同。按：《周書·裴文舉附尞允

傳》載尞允做臨涇公時被“賜姓宇文氏”，其子牛弘在北周静帝大象末“復姓牛氏”。

弘在襁褓，有相者見之，[1]謂其父曰：“此兒當貴，[2]善愛養之。”及長，鬚貌甚偉，性寬裕，好學博聞。仕周，歷位中外府記室、内史上士、納言上士，[3]專掌文翰，[4]脩起居注。[5]後襲封臨涇公，轉内史下大夫、儀同三司。[6]

[1]相者：即相工。善於觀測骨相者。據人的形體、相貌以推測其命運。

[2]此兒：局本“此”作“北”，誤。

[3]内史上士：官名。亦稱爲小内史上士。西魏恭帝三年置，北周沿置。爲春官府内史司屬官，員二人。正三命。　納言上士：官名。北周武帝保定四年（564）改御伯上士置，爲天官府納言司屬官。武帝建德二年（573）省中大夫，以下大夫爲長官，遂成爲納言司次官。宣帝即位，復爲屬官。正三命。

[4]文翰：公文書信。

[5]起居注：記載皇帝言行的筆記，是官修史書的主要來源。魏晋南北朝時或以著作郎兼修，或設官專修。

[6]内史下大夫：官名。又稱小内史下大夫、内史次大夫。西魏恭帝三年置，北周沿置。爲春官府内史司次官，輔助内史中大夫掌管綸誥，並參議刑罰爵賞以及軍國大事。正四命。　儀同三司：指非三公而享受三公的儀制待遇。魏晋時始置，南北朝時授予的範圍逐漸擴大，成爲官號。北周時爲勳官、散官號。九命。

開皇初，授散騎常侍、秘書監。[1]弘以典籍遺逸，上表請開獻書之路，曰：

[1]散騎常侍：官名。南北朝時屬集書省。隋初屬門下省，僅掌值朝陪從，員四人，從三品。煬帝時罷。　秘書監：官名。漢桓帝時置。隋朝沿置，領著作、太史二曹，正三品。煬帝時定爲從三品，後改名爲秘書令。

昔周德既衰，舊經紊棄。孔子以大聖之才，開素王之業，[1]憲章祖述，制《禮》刊《詩》，[2]正五始而修《春秋》，[3]闡《十翼》而弘《易》道。[4]及秦皇馭宇，[5]吞滅諸侯，先王墳籍，掃地皆盡。此則書之一厄也。漢興，建藏書之策，置校書之官。至孝成之代，[6]遣謁者陳農求遺書於天下，[7]詔劉向父子讎校篇籍。[8]漢之典文，於斯爲盛。及王莽之末，[9]並從焚燼。此則書之二厄也。光武嗣興，[10]尤重經誥，未及下車，[11]先求文雅。至肅宗親臨講肄，[12]和帝數幸書林，[13]其蘭臺、石室、鴻都、東觀，[14]秘牒填委，[15]更倍於前。及孝獻移都，[16]吏人擾亂，圖畫縑帛，皆取爲帷囊。[17]所收而西，裁七十餘乘。屬西京大亂，[18]一時燔蕩。此則書之三厄也。魏文代漢，[19]更集經典，皆藏在秘書，[20]内外三閣。[21]遣秘書郎鄭默删定舊文，[22]論者美其朱紫有别。[23]晋氏承之，文籍尤廣。晋秘書監荀勗定魏《内經》，[24]更著新簿。屬劉、石馮陵，[25]從而失墜。此則書之四厄也。永嘉之後，[26]寇竊競興，其建國立家，雖傳名號，憲章禮樂，寂滅無聞。劉裕平姚，[27]收其圖籍，《五經》子史，[28]纔四千卷，皆赤軸青紙，文字古拙，並歸江左。[29]宋秘書丞王儉依劉氏《七略》，[30]撰爲《七志》。[31]梁人阮孝緒亦爲《七録》。[32]總其書數，三萬餘卷。及侯景度江，[33]破滅梁室，秘省經籍雖從兵火，其文德殿内書史宛然猶存。[34]蕭繹據有江陵，[35]遣將破平侯景，收文德之書及公私典籍重本七萬餘卷，悉送荆州。[36]及周師入郢，[37]繹悉焚之於外城，所收十纔一二。此則書之五厄也。

[1]素王：指有帝王之德而未居帝王之位的人。

[2]制禮刊詩：局本“刊詩”作“刊書”。

[3]五始：指《春秋》記事以元年、春、王、正月、公即位等五事爲開端。《漢書》卷六四下顔師古注：“元者，氣之始；春者，四時之始；王者，受命之始；正月者，政教之始；公即位者，一國之始，是爲五始。”

[4]十翼：書名。即《易傳》。爲《易》作的注釋，共有十篇，因此又稱《十翼》。

[5]秦皇：即秦始皇。見《史記》卷六《秦始皇本紀》。

[6]孝成：即西漢皇帝劉鷔。孝成爲其謚號。

[7]謁者：官名。春秋戰國始置。西漢時宫廷、後宫、太子宫、諸侯國皆置，宫廷所置爲光禄勳屬官，員七十人，由謁者僕射統領。侍從皇帝，擔任賓禮司儀，宿衛宫廷以及供其他臨時差遣。

[8]劉向：人名。原名更生，字子政，沛縣（今江蘇沛縣）人。西漢經學家、目録學家、文學家。曾領校書令，著有《别録》。見《漢書》卷三六《楚元王傳》。

[9]王莽：人名。字巨君，魏郡元城（今河北大名縣東）人。

見《漢書》卷九九《王莽傳》。

[10]光武：即東漢皇帝劉秀。光武爲其謚號。

[11]下車：官吏到任。

[12]肅宗：即東漢孝章皇帝劉炟。肅宗爲其廟號。　講肆：講學用的堂舍。

[13]和帝：即東漢皇帝劉肇。和爲其謚號。　書林：藏書很多的地方，泛指後漢的藏書機構。

[14]蘭臺：漢朝内府的藏書之處。　石室：漢朝外府的藏書之處，主要用於保存皇室檔案和孤本書籍。　鴻都：漢朝宫中的藏書之處。　東觀：東漢章、和二帝時辟爲宫廷藏書之所，主要收藏新收集到的書。

[15]秘牒：秘要的册籍。

[16]孝獻：即東漢皇帝劉協。孝獻爲其謚號。

[17]帷囊：帳幔。

[18]西京：東漢時稱長安爲西京，在今陝西西安市西北。

[19]魏文：即三國魏皇帝曹丕。文爲其謚號。

[20]秘書：官署名。東漢桓帝始置。三國魏時稱秘書監，掌藝文圖籍，屬少府。

[21]内外三閣：魏晋時的國家藏書樓，有内外三閣，屬秘書監。

[22]秘書郎：官名。東漢始置，歷代沿置。三國魏時又稱秘書郎中，員四人，掌整理典籍、考核舊文、删省浮穢，隸秘書監。六品。　鄭默：人名。字思元，滎陽開封（今河南開封市南）人。三國魏、西晋官吏。見《晋書》卷四四《鄭袤附鄭默傳》。局本作“鄭然”，誤。

[23]朱紫：紅色與紫色。後世常用“朱紫”比喻正與邪、是與非、善與惡。

[24]秘書監：官名。漢桓帝時置。晋惠帝時爲秘書寺長官，掌綜理經籍，考校古今，課試署吏，統著作局，國史修撰，管理中外

三閣圖書。三品。　荀勗（xù）：人名。字公曾，潁川潁陰（今河南許昌市）人。西晋官吏。見《晋書》卷三九《荀勗傳》。　内經：書名。爲三國魏秘書郎鄭默整理的宫中藏書的編目。荀勗以此爲基礎重新編訂，分爲四部，以總括群書，稱《晋中經簿》。中華本校勘記云："錢氏《考異》卷四〇云：'勗著《中經簿》，此稱'内經'，避隋諱也。'"

[25]劉：指劉淵。字元海，新興（今山西忻州市）人，匈奴族。十六國時前趙的創立者。見《晋書》卷一〇一《劉元海載記》。　石：指石勒。字世龍，上黨武鄉（今山西榆社縣北）人，羯族。十六國時後趙的創立者。見《晋書》卷一〇四、一〇五《石勒載記》。　馮（píng）陵：侵犯、欺凌。

[26]永嘉：西晋懷帝的年號（307—313）。

[27]劉裕：人名。字德輿，小名寄奴，彭城縣（今江蘇徐州市）人。南朝宋開國皇帝。見《宋書》卷一、二、三《武帝紀》。　姚：指十六國時羌族人姚萇建立的後秦。

[28]五經：五部儒家典籍，即《詩》《書》《禮》《易》《春秋》。

[29]江左：地區名。指長江下游的東部地區，也指東晋及南朝宋、齊、梁、陳各朝的治地。

[30]秘書丞：官名。漢獻帝時置。南朝宋時負責典籍圖書的管理和整理校訂，爲清要之官，多由士族高門擔任。六品。　王儉：人名。字仲寶，琅琊臨沂（今山東臨沂市西）人。見《南齊書》卷二三《王儉傳》。　七略：東漢劉歆著。此書將圖書分爲輯、六藝、諸子、詩賦、兵書、數術、方技七部，是中國一部系統反映國家藏書分類的目録書。

[31]七志：此書將圖書分爲經籍、諸子、文翰、軍事、陰陽、術藝、圖譜七類，後附佛、道各一類。《七志》較《七略》增加了《圖譜志》，並創造了"文翰"一目，以記詩賦文集。

[32]阮孝緒：人名。字士宗，陳留尉氏（今河南尉氏縣）人。

見《梁書》卷五一《阮孝緒傳》。　七録：一定程度上總結了前代目録學的成就，在中國目録學史上占有重要地位。原書已失傳，其序目尚完整地保存在《廣弘明集》卷三中。

[33]侯景：人名。字萬景，懷朔鎮（今内蒙古固陽縣南）人。曾任北魏官吏，後叛至南朝。見《梁書》卷五六《侯景傳》（參李萬生《侯景的氏族及相關問題》，《北京大學學報》2000 年第 5 期）。

[34]文德殿：南朝梁收藏圖書經籍的處所。在今江蘇南京市。

[35]蕭繹：人名。字世誠，南蘭陵（一説在今江蘇常州市，一説在今江蘇丹陽市）人。南朝梁皇帝。見《梁書》卷五《元帝紀》。　江陵：府名。在今湖北江陵縣。

[36]荆州：南朝梁時治江陵縣，在今湖北江陵縣。

[37]郢：城名。在今湖北武漢市武昌區。

後魏爰自幽方，[1]遷宅伊洛，[2]日不暇給，經籍闕如。周氏創基關右，[3]戎車未息。保定之始，[4]書止八千。後加收集，方盈萬卷。高氏據有山東，[5]初亦採訪，驗其本目，殘闕猶多。及東夏初平，獲其經史，四部重雜，[6]三萬餘卷。所益舊書，五千而已。今御出單本，[7]合一萬五千餘卷，部帙之間，[8]仍有殘缺。比梁之舊目，止有其半。至於陰陽河洛之篇，[9]醫方圖譜之説，彌復爲少。

[1]幽方：邊遠地方。

[2]伊洛：指伊水和洛水流域，即今河南洛陽市周圍地區。

[3]關右：地區名。古人以西爲右，亦稱關西，泛指函谷關和潼關以西的地區。

[4]保定：北周武帝的年號（561—565）。

[5]高氏：指高洋建立的北齊政權。

[6]四部：舊時圖書分類方法，即經部、史部、子部、集部的合稱。

[7]今御出單本：《隋書》卷四九《牛弘傳》"御出"作"御書"。《通志》卷一六〇《牛弘傳》與《北史》同。

[8]部帙：書籍的部次卷帙。

[9]陰陽：即陰陽五行學説。　河洛：河圖與洛書的省稱。漢魏時認爲它是祥瑞之兆，清人黄宗羲認爲是圖經、地志（參黄宗羲《萬公擇墓誌銘》），今人韓永賢以爲河圖洛書是上古游牧時期的氣象圖和方點陣圖（參韓永賢《河圖、洛書時代再考》，《内蒙古社會科學》1992 年第 1 期）。

臣以經書自仲尼迄今數遭五厄，興集之期，屬膺聖代。今秘藏見書，亦足披覽，但一時載籍，須令大備。[1]不可王府所無，[2]私家乃有。若猥發明詔，兼開購賞，則異典必致，觀閣斯積。[3]

[1]須令大備：局本"令"作"今"，誤。

[2]王府：指帝王收藏文書、財寶等的府庫。

[3]觀閣：指藏書機構。

上納之，於是下詔，獻書一卷，賚縑一疋。一二年間，篇籍稍備。進爵奇章公。[1]

[1]奇章公：封爵名。奇章，郡名。隋朝時治符陽縣，在今四川通江縣西北。《隋書》卷四九《牛弘傳》、《文苑英華》卷九三八

作“奇章郡公”，《通志》卷一六〇《牛弘傳》與《北史》同。《隋書·音樂志下》作“奇章縣公”。按：隋文帝開皇初既有奇章郡，又有奇章縣，文帝開皇三年廢奇章郡，留奇章縣（今四川巴中市東北）。《隋書·音樂志下》稱牛弘爲“奇章縣公”係在文帝開皇十四年條下，疑奇章郡被廢後牛弘的封號也隨之變化。

三年，拜禮部尚書，奉敕修撰《五禮》，[1]勒成百卷，行於當代。弘請依古制，修立明堂，[2]上議曰：

[1]五禮：此書系統整理了前代吉、凶、軍、賓、嘉五種禮儀制度，成爲隋朝禮儀制度的範本。

[2]明堂：帝王會見諸侯與進行祭祀活動的場所。與靈臺、辟雍合稱三雍。

竊謂明堂者，所以通神靈，感天地，出教化，崇有德。黄帝曰合宫，堯曰五府，舜曰總章，[1]布政興教，由來尚矣。《周官·考工記》曰：[2]“夏后氏代室，[3]堂脩二七，[4]廣四脩一。”[5]鄭玄注云：[6]“脩十四步，其廣益以四分脩之一，則廣十七步半也。”“殷人重屋，[7]堂脩七尋，[8]四阿重屋。”[9]鄭云：“其脩七尋，廣九尋也。”“周人明堂，度九尺之筵，[10]南北七筵。五室，凡室二筵。”鄭玄云：“此三者，或舉宗廟，[11]或舉王寢，[12]或舉明堂，互言之，[13]明其制同也。”馬融、王肅、干寶所注，[14]與鄭亦異，[15]今不具出。漢司徒馬宫議云：[16]“夏后氏代室，室顯於堂，故命以室。殷人重屋，屋顯於堂，故命以屋。周人明堂，[17]堂大於夏室，故命以堂。夏后氏益其堂之廣百四十四尺，周人明堂，以爲兩序間大夏后氏七十二尺。"[18]若據鄭玄之說，則夏室大於周堂，如依馬宫之言，則周堂大於夏室。後王轉文，[19]周大爲是。但宫之所言，未詳其義。此皆去聖久遠，禮文殘缺，先儒解説，家異人殊。鄭注《玉藻》亦云：[20]"宗廟路寢，[21]與明堂同制。"《王制》曰：[22]"寢不踰廟。"明大小是同。今依鄭注，每室及堂，止有一丈八尺，四壁之外，四尺有餘。若以宗廟論之，祫享之日，[23]周人旅酬六尸，[24]并后稷爲七，先公昭穆二尸，[25]先王昭穆二尸，合十一尸，三十六主，及君北面行事於二丈之堂。愚不及此。若以正寢論之，[26]便須朝宴。[27]據《燕禮》：[28]"諸侯宴則賓及卿大夫脱屨升坐。"[29]是知天子宴則三公九卿並升堂。《燕義》又云：[30]"席，小卿次上卿。"[31]言皆侍席。止於二筵之間，豈得行禮？若以明堂論之，總享之時，五帝各於其室。[32]設青帝之位，[33]須於木室内少北，[34]西面。太昊從食，[35]坐於其西，近南北面。祖宗配享者，又於青帝南，稍退西面。丈八之室，神位有三，加以簠簋豆籩，[36]牛羊之俎，四海九州美物咸設，復須席上升歌，出樽反坫，[37]揖讓升降，亦以隘矣。據茲而説，近是不然。

[1]總章：舜的明堂。亦指明堂的西室，取西方總成萬物而章

明之之意。

［2］周官考工記：即《周禮·考工記》。漢景帝、武帝之際，河間獻王劉德從民間徵得一批古書，其中一部名爲《周官》。原書當有天官、地官、春官、夏官、秋官、冬官等六篇，但冬官篇已亡，漢儒取性質與之相似的《考工記》補其缺，使《考工記》成爲《周官》的一部分。王莽時《周官》被列入學官，更名爲《周禮》。《考工記》爲春秋戰國之際齊人記録手工業技術的官書。

［3］夏后氏：指禹建立的夏王朝，又稱夏后或夏氏。　代室：又稱世室，夏朝明堂的别稱。《隋書》卷四九《牛弘傳》、《通志》卷一六〇《牛弘傳》“代”作“世”。中華本校勘記云：“按《周禮·考工記》原文作‘世’。《北史》似是避唐諱改。但别處又多不避，當是改之未盡。”可從。

［4］堂脩二七：底本“二七”作“七尋”。《隋書·牛弘傳》、《册府元龜》卷五八四、《周禮·考工記》作“二七”。源氏校勘記云：“元文無‘尋’字。《隋書》同。”中華本校勘記云：“諸本‘二七’作‘七尋’，《隋書》及《考工記》並作‘二七’。按下引鄭注云：‘脩十四步。’知《北史》本作‘二七’。‘七尋’乃涉下文‘殷人重屋，堂脩七尋’而誤，今據改。”楊天宇《周禮譯注》云：“‘二’字衍，《隋書·宇文愷傳》載愷《明堂議》已考訂之，後世學者多是其説。”今從改。脩，深。夏朝以步爲長度單位，一步六尺，七步是四丈二尺。

［5］廣四脩一：廣，寬，意爲寬爲深的四倍。即脩爲一，廣爲四，廣四倍於脩；脩七步，則廣爲二十八步，合十六丈八尺。

［6］鄭玄：人名。字康成，北海高密（今山東高密市西南）人。東漢末經學大師。見《後漢書》卷三五《鄭玄傳》。

［7］重屋：指屋上又起一屋，即二層的建築。

［8］尋：古代的長度單位，八尺爲一尋。

［9］四阿重屋：即重屋上圓下方。四阿，指屋宇或棺槨四邊的簷霤，可使水從四面流下。

［10］度：計算長短的標準。底本作“廣”，中華本作“度”。《隋書·牛弘傳》、《册府元龜》卷五八四、《周禮·考工記》作“度”。源氏改“廣”作“度”。中華本校勘記云:“按《考工記》原文云：‘周人明堂，度九尺之筵，東西九筵，南北七筵，堂崇一筵。五室，凡室二筵。’牛弘引文節略，但舉南北，不言東西。《北史》又訛‘度’爲‘廣’，遂似九尺爲東西之寬，誤。今據改。”今從改。　筵：鋪在地上供人坐的竹席，緊靠地面的一層稱筵，筵上面的稱席。

［11］宗廟：帝王、諸侯或大夫、士爲維護宗法制而設立的祭祀祖宗的處所。

［12］王寢：指宗廟中的正殿。

［13］互言之：底本作“互之”，《隋書·牛弘傳》、《通志·牛弘傳》、《周禮·考工記》作“互言之”。源氏校勘記云:“‘互’下，元文及《隋書》有‘言’字。”中華本校勘記云:“諸本脱‘言’字，據《隋書》、《通志》及《考工記》補。”今從改。

［14］馬融：人名。字季長，扶風茂陵（今陝西興平市東北）人。東漢儒家學者、經學家。見《後漢書》卷六〇上《馬融傳》。王肅：人名。字子雍，東海郡郯（今山東郯城縣西南）人。三國魏儒家學者、經學家。見《三國志》卷一三《魏書·王朗附王肅傳》。　干寶：人名。字令升，新蔡（今河南新蔡縣）人。東晋文學家、史學家。見《晋書》卷八二《干寶傳》。

［15］與：局本作“舉”，誤。

［16］司徒：官名。春秋戰國時爲卿爵。漢哀帝時改丞相爲大司徒，漢光武帝時又改名司徒，爲三公之一。　馬宫：人名。字游卿，東海戚（今山東微山縣）人。見《漢書》卷八一《馬宫傳》。

［17］人：局本作“入”，誤。

［18］序：堂屋的東西墻。

［19］後王轉文：之後的帝王轉載文字。

［20］玉藻：《禮記》中的一篇。玉藻本爲帝王王冠垂挂的玉

飾。《禮記·玉藻》主要介紹了天子、諸侯、大夫、士的衣冠服飾、車馬、人際交往等方面的禮儀制度。

[21]路寢：又稱露寢，爲君王正殿的所在。

[22]王制：《禮記》中的一篇，記載了歷代君主治理天下的規章制度，内容涉及封國、職官、爵禄、祭祀、喪葬、刑罰、城邑、選舉以及學校等各方面。

[23]祫（xiá）享：又稱祫祭，天子、諸侯在太祖廟舉行的祭祀遠近祖先神主的大合祭。

[24]旅酬：又稱旅酧，指祭禮完畢後衆親賓一起宴飲，相互敬酒。　尸：指祭祀時代表死者受祭的人。

[25]昭穆：指宗法制度中宗廟或宗廟中神主的排列次序，始祖居中，以下父子遞爲昭穆，左（父）爲昭，右（子）爲穆。

[26]正寢：即路寢。

[27]朝宴：朝廷舉辦的宴會。

[28]燕禮：《儀禮》中的一篇，主要介紹天子宴請大臣的禮儀。燕，通"宴"。

[29]屨：葛、麻等製的單底鞋。　升坐：殿本作"升堂"。

[30]燕義：《禮記》中的一篇。

[31]小卿：周代稱中等諸侯國以下未受王命的卿大夫爲小卿。　上卿：周朝時設，諸侯的最高官稱上卿。

[32]五帝：指五方天帝，包括東郊青帝、南郊赤帝、中郊黄帝、西郊白帝、北郊黑帝，其配帝依次爲伏羲、神農、軒轅、少昊、顓頊。

[33]青帝：又稱蒼帝、木帝，五天帝之一，位於東方，爲司春之神。

[34]木室：《隋書·牛弘傳》作"太室"，《册府元龜》卷五八四作"木室"，中華本《隋書》據《册府元龜》改。中華本校勘記云"諸本無'木'字，《隋書》作'太'字，《册府》卷五八四作'木'字。按《太平御覽》卷五三三引《三禮圖》云：'明堂者布

政之宫，周制五室：東爲木室，南爲火室，西爲金室，北爲水室，土室在中。’青帝爲東方之帝，故設位於木室。《隋書》作‘太室’誤，《北史》脱‘木’字，今據《册府》補。”今從改。

［35］太昊：人名。伏羲氏，亦作“大皞”“太皞”，風姓。上古華夏部族的祖先和首領，三皇之首，所處時代約爲新石器時代早期。

［36］簠（fǔ）簋（guǐ）：兩種盛黍稷稻粱之禮器。　豆籩：又稱籩豆，祭祀及宴會時常用的兩種禮器。竹製爲籩，木製爲豆。《隋書·牛弘傳》“籩”作“邊”，疑是訛誤。

［37］出樽：又作“出尊”。國君與貴賓宴飲，樽在廳堂前部的柱子中間，坫在樽之南，獻酬皆自樽南出，故稱。見《禮記·明堂位》。樽，盛酒的器具。　反坫（diàn）：互相敬酒後，把空酒杯放還在坫上，爲諸侯宴會時的一種禮節。見《禮記·明堂位》。坫，指設於堂中供祭祀、宴會時放禮器和酒具的土臺。

案劉向《别録》及馬宫、蔡邕等所見，[1]當時有《古文明堂禮》《王居明堂禮》《明堂圖》《明堂大圖》《明堂陰陽》《太山通義》《魏文侯孝經傳》等，[2]並説古明堂事。其書皆亡，莫得而正。今《明堂月令》者，[3]鄭玄云是吕不韋著，《春秋十二紀》之首章，[4]禮家鈔合爲記。蔡邕、王肅云周公作，《周書》有《月令》第五十三，[5]即此也。各有證明，文多不載。束晳以爲夏時書。[6]劉瓛云：[7]“不韋鳩集儒者，尋于聖王月令之事而記之。不韋安能獨爲此記?”今案不得全稱周書，亦不可即爲秦典，其内雜有虞、夏、殷之法，[8]皆聖王仁恕之政也。蔡邕具爲章句，[9]又論之曰：“明堂，所以宗祀其祖，[10]以配上帝也。夏后氏曰代室，[11]殷人曰重屋，周人曰明堂。東曰青陽，[12]南曰明堂，西曰總章，北曰玄堂，[13]内曰太室。[14]聖人南面而聽，嚮明而治，[15]人君之位莫不正焉。故雖有五名，而主以明堂也。制度之數，各有所依。方一百四十四尺，[16]坤之策也；[17]圓楣徑二百一十六尺，[18]乾之策也。[19]太廟明堂方六丈，[20]通天屋徑九丈，[21]陰陽九六之變，[22]且圓蓋方覆，[23]九六之道也。八闥以象卦，[24]九室以象州，[25]十二宫應日辰。[26]三十六户，[27]七十二牖，[28]以四户八牖乘九宫之數也。[29]户皆外設而不閉，示天下以不藏也。通天屋高八十一尺，黄鍾九九之實也。[30]二十八柱布四方，四方七宿之象也。[31]堂高三尺，以應三統。[32]四向五色，[33]各象其行。水闊二十四丈，象二十四氣。於外，以象四海。[34]王者之大禮也。"[35]觀其模範天地，則象陰陽，必據古文，義不虚出。今若直取《考工》，不參《月令》，青陽總章之號不得而稱，九月享帝之禮不得而用。漢代二京所建，與此説悉同。

[1]别録：西漢劉向著，中國第一部綜合性的分類目録書，共二十卷。著録圖書六百零三家，計一萬三千二百一十九卷，分爲六大部類、三十八種，每類之前有類序，每部之後有部序。唐代已佚。　蔡邕：人名。字伯喈，陳留圉（今河南杞縣）人。東漢儒學家。見《後漢書》卷六〇下《蔡邕傳》。

[2]王居明堂禮：此書已佚。宋代王應麟的《漢書藝文志考

證》中有此書名。　明堂陰陽：《漢書·藝文志》載："《明堂陰陽》三十三篇，古明堂之遺事。"　魏文侯孝經傳：魏文侯爲《孝經》做的注，王應麟認爲它是雜傳。清朝王謨輯一卷，收於《漢魏遺書鈔》，見鍾肇鵬主編的《古籍叢殘彙編》。

［3］明堂月令：《禮記·月令》的單行本。

［4］春秋十二紀：《吕氏春秋》分爲十二紀、八覽、六論，《春秋十二紀》即《吕氏春秋》中的一部分。

［5］周書：指《逸周書》。隋唐之前稱爲《周書》，又稱爲《汲冢周書》。一説發現於晋代汲郡的古墓，一説爲漢代流傳下來的今隸本。主要記載了周王室的政治制度、禮儀制度。　月令：《逸周書》的一部分。月令原爲一種文章體裁，按照一年十二個月的時令，記述政府的祭祀禮儀、職務、法令、禁令，並把它們歸納在五行相生的系統中。儒家經典中常用作篇名。

［6］束皙：人名。字廣微，陽平元城（今河北大名縣）人。西晋文學家。見《晋書》卷五一《束皙傳》。底本作"束晳"，殿本、四庫本、四部備要本、中華本作"束皙"。《晋書·束皙傳》作"束皙"。今據中華本和《晋書》本傳改。

［7］劉瓛（huán）：人名。字子珪，沛國相（今安徽濉溪縣西北）人。南朝宋、齊學者。見《南齊書》卷三九《劉瓛傳》。殿本"瓛"作"巘"，應是形近而誤。

［8］虞夏殷：《隋書·牛弘傳》、《通志》卷一六〇《牛弘傳》、《册府元龜》卷五八四作"虞、夏、殷、周"。

［9］章句：剖章析句。經學家解説經義的一種方式。亦泛指書籍注釋。

［10］宗祀其祖：底本作"宗祀其"。《隋書·牛弘傳》作"宗祀其祖"，《後漢書·祭祀志》中注引蔡邕《明堂論》云："明堂者，天子太廟，所以崇禮其祖，以配上帝者也。"源氏校勘記在"其"後補"祖"字。中華本校勘記云："諸本脱'祖'字，據《隋書》及《續漢志》八《祭祀志》注引蔡邕《明堂論》補。"今從改。

[11]曰：局本作“也”，誤。

[12]青陽：指明堂的東室。爲帝王祭祀、布政之所。

[13]玄堂：指明堂的北室。

[14]内曰太室：中華本校勘記云：“《明堂論》‘内’作‘中’，牛弘避隋諱改。”可從。太室，指明堂中間的房屋。

[15]嚮明：天色微明，黎明。

[16]方一百四十四尺：《隋書·牛弘傳》、《册府元龜》卷五八四作“堂方一百四十四尺”，《通志·牛弘傳》與《北史》同。按：蔡邕《明堂月令論》中作“堂方一百四十四尺”，且《北史》下文也作“堂方一百四十四尺”。疑《北史》誤脱“堂”字。

[17]坤之策：指推演坤卦六爻所得的策數，爲一百四十四。《易·繫辭》中陰爻六，一爻二十四策，六爻爲一百四十四。

[18]圓楣：指屋頂上的横梁。

[19]乾之策：指推演乾卦六爻所得的蓍草莖數，爲二百一十六。《易·繫辭》中陽爻九，一爻三十六策，六爻爲二百一十六。

[20]太廟：皇帝的家廟。　方六丈：中華本校勘記云：“李慈銘語云：‘蔡邕《明堂論》作‘方三十六丈’。近人元和、蔡雲曰：‘三十六丈，太廣；六丈，太狹。’未知孰是。”

[21]通天屋：具有上通於天之氣勢的高聳建築。

[22]陰陽九六：《易·乾卦》云：“初九，潛龍，勿用。”孔穎達疏：“七爲少陽，八爲少陰，質而不變，爲爻之本體；九爲老陽，六爲老陰，文而從變，故爲爻之别名。”因用“九六”泛指陰陽及柔剛等屬性。

[23]圓蓋方覆：《隋書·牛弘傳》與《北史》同。蔡邕《明堂月令論》“覆”作“載”。中華本校勘記引李慈銘語云：“‘方覆’本作‘方載’，亦作‘方戴’，此與《隋書》同誤。”可從。

[24]八闥（tà）：一室四面墻開八個窗户稱八闥。　卦：《易》中一套有象徵意義的符號。以陽爻、陰爻相配合，每卦三爻，組成八卦（即經卦），象徵天地間八種基本事物及其陰陽剛柔諸性。八

卦相互組合重疊，組成六十四卦（别卦），象徵事物間的矛盾聯繫。人們視占卜所得之卦判斷吉凶。

［25］州：即九州。上古文獻曾把中國分爲九州，但關於九州具體所指，説法不一。

［26］十二宫：太陽與月亮沿黄道運行一周，每年會合十二次，每次會合都有一定位置，依之分黄道周天三百六十度爲十二段，每段三十度，稱十二宫。稱爲降婁、大梁、實沉、鶉首、鶉火、鶉尾、壽星、大火、析木、星紀、玄枵、娵訾等。

［27］户：半扇門。

［28］牖：開在墻壁上的窗。

［29］九宫：將天宫以井字劃分乾宫、坎宫、艮宫、震宫、中宫、巽宫、離宫、坤宫、兑宫九個等份，在晚間從地上觀天的七曜與星宿移動，可知方向及季節等信息。在中國傳統文化中，九宫代表大地，是不動的，是奇門遁甲的基礎。中華本校勘記云："《明堂論》'宫'作'室'。"可從。

［30］黄鍾九九：黄鐘爲十二律之一。聲調最是宏大響亮。在宫、商、角、徵、羽五音之中，宫屬於中央黄鐘，五音十二律由此而分。《靈樞·九針論》："九而九之，九九八十一，以起黄鐘數焉。"張景岳《類經》卷一九云："自一至九，九九八十一而黄鐘之數起焉。黄鐘爲萬事之本。故針數亦應之，而用變無窮也。"　實：指被乘數或被除數。黄鐘之實是指"一而三之，三三積之，曆十二辰之數"。

［31］四方七宿：天文學家把天空中可見的星星分成二十八組，叫作二十八宿，東西南北四方各七宿。東方曰青龍，包括角宿、亢宿、氐宿、房宿、心宿、尾宿、箕宿；南方曰朱雀，包括井宿、鬼宿、柳宿、星宿、張宿、翼宿、軫宿；西方曰白虎，包括奎宿、婁宿、胃宿、昴宿、畢宿、觜宿、參宿；北方曰玄武，包括斗宿、牛宿、女宿、虚宿、危宿、室宿、壁宿。

［32］三統：又稱三正，指夏、商、周三代的正朔。夏正建寅爲

人統，商正建丑爲地統，周正建子爲天統。

[33]五色：指青、黄、赤、白、黑五色。

[34]水闊二十四丈象二十四氣於外以象四海：中華本校勘記云："李慈銘云：'《明堂月令論》本作："外廣二十四丈，象二十四氣。水周於外，以象四海。"此文有奪誤。"水"當是"外"之誤。"廣"作"闊"者，避煬帝名。"於外"上奪"水周"二字。'按《續漢書·祭祀志》注引《明堂論》作：'外廣二十四丈，應一歲二十四氣。四周以水，象四海。'與李氏所引不同。但《北史》當有訛誤。"闊，局本作"色"。

[35]"明堂所以宗祀其祖"至"王者之大禮也"：出自蔡邕的《明堂月令論》，有删改。

建安之後，[1]海内大亂，魏氏三方未平，[2]無聞興造。晉則侍中裴頠議：[3]"直爲一殿，以崇嚴父之祀，其餘雜碎，一皆除之。"宋、齊已還，咸率兹禮，前王盛事，於是不行。後魏代都所造，[4]出自李沖，[5]三三相重，合爲九屋。[6]簷不覆基，房間通街，穿鑿處多，[7]迄無可取。及遷洛陽，更加營構，五九紛競，[8]遂至不成。宗祀之事，於焉靡託。

[1]建安：東漢獻帝的年號（196—220）。

[2]魏氏：指三國曹魏政權。　三方未平：喻指海内不一，三國鼎立。

[3]裴頠：人名。字逸民，河東聞喜（今山西聞喜縣）人。見《晉書》卷三五《裴秀附裴頠傳》。

[4]代都：即平城。在今山西大同市東北。

[5]李沖：人名。原名思沖，字思順，隴西狄道（今甘肅臨洮

縣）人。北魏大臣。見《北史》卷一〇〇《凉武昭王李暠附李沖傳》。

[6]合爲九屋：局本“合”作“今”。《隋書》卷四九《牛弘傳》、《册府元龜》卷五八四“九屋”作“九室”。源氏校勘記云：“《隋書》（‘九屋’）作‘九室’。”中華本校勘記云：“《隋書》‘屋’作‘室’，疑是。”可從。

[7]穿鑿：意爲牽强附會。

[8]五九紛競：指北魏時關於明堂應建九室還是五室的争論。

今皇猷遐闡，[1]化覃海外，[2]方建大禮，垂之無窮。弘等不以庸虚，謬當議限。今檢明堂必須五室者何？《尚書帝命驗》曰：[3]“帝者承天立五府，[4]赤曰文祖，黄曰神斗，[5]白曰顯紀，黑曰玄矩，蒼曰靈府。”鄭玄注曰：“五府與周明堂同矣。”且三代相沿，多有損益，至於五室，確然不變。夫室以祭天，天實有五，若立九室，四無所用。布政視朔，自依其辰。[6]鄭司農云“十二月分在青陽等左右之位”，[7]不云居室。鄭玄亦云“每月於其時之堂而聽政焉”。《禮圖》畫个，[8]皆在堂偏，是以須爲五室。明堂必須上圓下方者何？《孝經援神契》曰：[9]“明堂者，上圓下方，八窗四達，布政之宫。”《禮記·盛德篇》曰：[10]“明堂四户八牖，上圓下方。”是以須爲圓方。明堂必須重屋者何？案《考工記》，夏言“九階，四旁兩夾窗，門堂三之二，室三之一”。殷、周不言者，明一同夏制。殷言“四阿重屋”，周承其後不言屋，制亦盡同可知也。其“殷人重屋”之下，本無五室之文。鄭注云:“五室者，亦據夏以知之。”明周不云重屋，[11]因殷則有，灼然可見。《禮記·明堂位》曰:[12]“太廟，天子明堂。”言魯爲周公之故得用天子禮樂，魯之太廟與周之明堂同。又曰:“複廟重簷，[13]刮楹達嚮，[14]天子之廟飾。”鄭注:“複廟，重屋也。”據廟既重屋，明堂亦不疑矣。《春秋》文公十三年，“太室屋壞”。《五行志》曰:[15]“前堂曰太廟，中央曰太室，屋其上重者也。”服虔亦云:[16]“太室，太廟之上屋也。”《周書·作洛篇》曰:[17]“乃立太廟、宗宮、路寢、明堂，咸有四阿反坫，[18]重亢重廊。”[19]孔晁注云:[20]“重亢，累棟；重廊，累屋也。”依《黄圖》所載，[21]漢之宗廟皆爲重屋。此去古猶近，遺法尚存，是以須爲重屋。明堂必須爲璧雍者何?[22]《禮記·盛德篇》云:“明堂者，明諸侯尊卑也。外水曰璧雍。”《明堂陰陽録》曰:“明堂之制，周圜行水，左旋以象天，[23]内有太室，以象紫宫。”[24]此則明堂有水之明文也。然馬宫、王肅以爲明堂、辟雍、太學同處，蔡邕、盧植亦以爲明堂、靈臺、辟雍、太學同實異名。[25]邕云:“明堂者，取其宗祀之清貌，則謂之清廟；取其正室，則曰太室；取其堂，則曰明堂；取其四門之學，則曰太學；取其周水圜如璧，則曰辟雍：其實一也。”[26]其言别者，《五經通義》曰:[27]“靈臺以望氣，明堂以布政，辟雍以養老、教學。"[28]三者不同。袁準、鄭玄亦以爲别。[29]歷代所疑，豈能輒定？今據《郊祀志》云：[30]"欲爲明堂，[31]未曉其制。濟南人公玉帶上黄帝時《明堂圖》，[32]一殿無壁，蓋之以茅，水圜宫垣，天子從之。"以此而言，其來則久。漢中元二年，[33]起明堂、辟雍、靈臺於洛陽，並别處。然明堂亦有辟水，李尤《明堂銘》曰"流水洋洋"是也。[34]以此須有辟雍。

[1]皇猷（yóu）：皇帝的教化與功績。　遐闡：遠揚。

[2]化覃（tán）：德化廣布。

[3]尚書帝命驗：原爲《尚書》中的一篇。因其主説讖緯，後被列入緯書之中。

[4]承天立五府：傳説天有蒼、赤、黄、玄、白五色，稱爲五帝，君主便相應地建造五府以祭天。

[5]神斗：底本作"升斗"，中華本校勘記云："錢氏《考異》云：'"升"當作"斗"。'按本書卷六〇《宇文愷傳》及《太平御覽》卷五三三引《帝命驗》並作'斗'。《御覽》有注云：'斗，主也。'錢説是，今據改。"今從改。

[6]辰：地支的第五位，常用以紀年、月、日、時。

[7]鄭司農：即鄭衆。字季産，南陽犨（今河南南陽市）人。東漢宦官，爲人有心機，深受漢和帝寵信，官至司農。見《後漢書》卷七八《鄭衆傳》。

[8]禮圖：即《三禮圖》。東漢鄭玄、阮諶等撰。《隋書·經籍志》作九卷，已佚。清馬國翰《玉函山房輯佚書》、王謨《漢魏遺書鈔》等輯一卷。

[9]孝經援神契：作者不詳，共三卷。

[10]禮記盛德篇：即《大戴禮記》中的《盛德篇》。

［11］不：局本作“云”，誤。

［12］禮記明堂位：即《禮記》中的《明堂位》。明堂位，殿本作“明堂記”。

［13］重簷：房屋上下兩重出檐稱重檐，也稱雙檐。

［14］刮楹：刮削摩擦過的柱子。　達嚮：又作“達鄉”。相對暢達的窗户。

［15］五行志：即《漢書·五行志》。引文原句爲“前堂曰太廟，中央曰太室；屋，其上重屋尊高者也”。

［16］服虔：人名。初名重，又名祇，字子慎，河南滎陽（今河南滎陽市）人。東漢經學家。見《後漢書》卷七九下《服虔傳》。

［17］周書作洛篇：即《逸周書》中的《作洛篇》。

［18］反坫：此處意爲外向室。

［19］廊：局本作“廓”，誤。

［20］孔晁：人名。西晋五經博士，王肅學派的重要代表人物。

［21］黄圖：即《三輔黄圖》。古地理書，作者不詳。書名最早見於《水經注》，《隋書·經籍志》著録一卷。記載秦漢時期長安的城池、宫觀、陵廟、明堂、辟雍、郊峙等。

［22］璧雍：又稱辟雍，指明堂外面環繞的圓形水溝。環水爲雍，意爲圓滿無缺。圓形像辟，辟即璧，帝王專用的玉制禮器。象徵王道教化圓滿不絶。

［23］左旋：逆時針方向旋轉。

［24］紫宫：亦稱紫微宫、紫微垣，天帝的居所。

［25］盧植：人名。字子幹，涿郡涿（今河北涿州市）人。東漢大儒。見《後漢書》卷六四《盧植傳》。　亦以爲：底本作“以爲”，《隋書》卷四九《牛弘傳》、《册府元龜》卷五八四作“亦以爲”。中華本校勘記云：“諸本脱‘以’字，據《隋書》補。”今從改。　靈臺：帝王用來觀察天文星象、妖祥災異的建築。

［26］其：局本作“兵”，誤。

［27］五經通義：書名。西漢劉向撰。《隋書·經籍志》著録爲

八卷，未題撰人。兩《唐志》並著録九卷，題劉向撰。殿本、四部備要本“五”作“三”，誤。

［28］養老教學：毛本作“養教學”，應是誤脱“老”字。

［29］袁準：人名。字孝尼，陳郡陽夏（今河南太康縣西北）人。西晋學者，注《儀禮·喪服經》。見《晋書》卷八三《袁瓌附袁準傳》。

［30］郊祀志：即《漢書·郊祀志》。原句爲“上欲治明堂奉高旁，未曉其制度。濟南人公玉帶上黄帝時《明堂圖》。明堂中有一殿，四面無壁，以茅蓋，通水，水圜宫垣，爲復道，上有樓，從西南入，名曰昆侖，天子從之入，以拜祀上帝焉”。

［31］欲爲明堂：《隋書》卷四九《牛弘傳》、《漢書·郊祀志下》“爲”作“治”。疑《北史》避唐高宗李治諱改。

［32］濟南：郡名。西漢時治東平陵縣，在今山東章丘市西。　公玉帶：人名。西漢人。顔師古認爲他是齊地舊族。武帝時上《明堂圖》，武帝遂令奉高依圖作明堂於汶上。局本“玉”作“主”，誤。

［33］中元：漢光武帝的年號（56—57）。

［34］李尤：人名。字伯仁，廣漢雒（今四川廣漢市）人。東漢文學家。見《後漢書》卷八〇上《李尤傳》。　明堂銘：東漢李尤撰。述明堂制度。已佚。

今造明堂，須以《禮經》爲本。[1]形制依於周法，度數取於《月令》，遺闕之處，參以餘書，庶使該詳沿革之理。[2]其五室九階，上圓下方，四阿重屋，四旁兩門，依《考工記》《孝經説》。堂方一百四十四尺，屋圓楣徑二百一十六尺，太室方六丈，通天屋徑九丈，八闥二十八柱，堂高三尺，四向五色，依《周書·月令》論。殿垣方在内，水周如外，[3]水内徑三百步，依《太山》《盛德記》《覲禮經》。[4]仰觀俯察，皆有則象，[5]足以盡誠上帝，祗配祖宗，弘風布教，作範於後矣。

[1]禮經：即《儀禮》。儒家經典，主要介紹士大夫之間的禮儀。

[2]庶使：局本“庶”作“度”，誤。

[3]水周如外：《通志》卷一六〇《牛弘傳》作“水周於外”。中華本校勘記云：“《隋書》同。《通志》‘如’作‘於’。按本書《宇文愷傳》云：‘殿垣方，在水内，法地陰也。水四周於外，象四海，法陽也。’則作‘於’是。”可從。

[4]太山：中華本校勘記云：“‘太山’下疑脱‘通義’二字。”盛德記：指《大戴禮記》中的《盛德篇》。 覲禮經：指《儀禮》中的《覲禮篇》。

[5]則象：猶法則。

上以時事草創，未遑制作，竟寢不行。

六年，除太常卿。九年，詔定雅樂，又作樂府歌詞，[1]撰定圓丘五帝凱樂，[2]并議樂事。弘上議云：

[1]樂府：官署名。秦朝始置。漢武帝時正式設立樂府，負責收集編纂各地民間音樂，整理、改編、創作音樂，以及進行演唱及演奏。

[2]圓丘：祭天用的圓形高壇。 凱樂：戰爭勝利後所演奏的樂曲。局本“凱”作“覬”，誤。

謹案《禮》，[1]五聲六律十二管，[2]還相爲宫。[3]《周禮》，奏黄鍾，[4]歌大吕；[5]奏太蔟，[6]歌應鍾：[7]皆旋相爲宫之義。[8]蔡邕《明堂月令章句》曰："孟春月則太蔟爲宫，[9]姑洗爲商，[10]蕤賓爲角，[11]南吕爲徵，[12]應鍾爲羽；[13]大吕爲變宫，[14]夷則爲變徵。[15]他月放此。"故先王之作律吕也，[16]所以辨天地四方陰陽之聲。揚子雲曰：[17]"聲生於律，律生於辰。"故律吕配五行，通八風，[18]歷十二辰，行十二月，循環轉運，義無停止。譬如，立春木王火相，立夏火王土相，季夏餘分土王金相，立秋金王水相，立冬水王木相，遞相爲宫者，[19]謂當其王月，名之爲宫。今若十一月不以黄鍾爲宫，十三月不以太蔟爲宫，[20]便是春木不王，夏土不相。[21]豈不陰陽失度，天地不通哉？劉歆《鍾律書》云：[22]"春宫秋律，百卉必彫；秋宫春律，萬物必榮；夏宫冬律，雨雹必降；冬宫夏律，雷必發聲。"以斯而論，誠爲不易。且律十二，今直爲黄鍾一均，[23]唯用七律，以外五律竟復何施？恐失聖人制作本意。[24]故須依《禮》作還相爲宫之法。

[1]禮：指《禮記》。

[2]五聲：又稱五音，指音樂中的宫、商、角、徵、羽五個音階。　六律：律指定音器（竹管），共有十二個，各有固定的音高和名稱，分别爲：黄鍾、大吕、太簇、夾鍾、姑洗、中吕、蕤賓、林鐘、夷則、南吕、無射、應鍾，合稱十二律。區分開來，奇數（陽）稱六律，偶數（陰）稱六吕，合稱律吕。　管：律管。律管

以竹或以銅爲之，孔徑三分，圍九分，其長度則十二管不同，有一定比例，因此發出十二個不同高度之標準音，即十二律。長管發音低，短管發音高。

[3]還相爲宫：又稱旋宫。指十二律的各音均可爲主音構成各種音階。宫是指定均以後，就以宫音所在的律名稱其均名，入黄鐘宫、太簇宫等。

[4]黄鍾：音韻十二律中六種陽律的第一律。這裏指以黄鍾調爲基音的樂曲。

[5]大吕：音韻十二律中六種陰律的第一律。這裏指以大吕調爲基音的歌曲。

[6]太簇：音韻十二律中六種陽律的第二律。這裏指以太簇調爲基音的樂曲。

[7]應鍾：音韻十二律中六種陰律的第六律。這裏指以應鐘調爲基音的歌曲。

[8]旋相爲宫：宫商角徵羽五聲，配十二律，謂之旋相爲宫。

[9]孟春月：春季的第一個月，農曆正月。　宫：五音之一，通常爲音階中的第一級音，相當於簡譜中的“1”。

[10]姑洗：音韻十二律中六種陽律的第三律。　商：五音之一，通常爲音階中的第二級音，相當於簡譜中的“2”。

[11]蕤（ruí）賓：音韻十二律中六種陽律的第四律。　角：五音之一，通常爲音階中的第三級音，相當於簡譜中的“3”。

[12]南吕：音韻十二律中六種陰律的第五律。　徵：五音之一，相當於簡譜中的“5”。

[13]羽：五音之一，相當於簡譜中的“6”。

[14]變宫：七聲（宫、商、角、徵、羽加變宫、變徵）音階中的第七音級，相當於簡譜中的“7”，比“宫”低半音。

[15]夷則：音韻十二律中六種陽律的第五律。　變徵：七聲音階中的一個音級，相當於簡譜中的“4”，曲調悽愴悲凉。

[16]律吕：樂律的統稱。十二律中六種陽律曰律，六種陰律

曰吕。

［17］揚子雲：人名。即揚雄。蜀郡成都（今四川成都市）人。西漢辭賦家。見《漢書》卷八七《揚雄傳》。底本作“楊子雲”，中華本作“揚子雲”。《漢書·揚雄傳》作“揚子雲”。今據中華本和《漢書·揚雄傳》改。

［18］八風：八種季候風。《易緯通卦驗》:“八節之風謂之八風。立春條風至，春分明庶風至，立夏清明風至，夏至景風至，立秋凉風至，秋分閶闔風至，立冬不周風至，冬至廣莫風至。”

［19］遞相：《隋書》卷四九《牛弘傳》作“還相”。

［20］十三月不以太蔟爲宫：毛本、殿本、四庫本、局本、四部備要本“十三月”作“十二月”，《隋書·牛弘傳》原作“十二月”，中華本已改。《通志》卷一六〇《牛弘傳》、《册府元龜》卷五八四也作“十二月”。中華本校勘記云:“北、汲、殿三本及《隋書》、《通志》‘三’作‘二’，百衲本作‘三’。按十二律次序，黄鍾之下爲大吕，再次爲太簇。十一月以黄鍾爲宫，則十二月當以大吕爲宫，次年一月（即第十三月）才是以太簇爲宫，上引蔡邕《明堂月令章句》‘孟春月則太簇爲宫’，可證。本書卷四〇《李彪傳》，《後漢書》卷五六《陳寵傳》云：‘十三月陽氣已至，蟄蟲皆震，夏以爲春。’是十三月即夏曆正月。各本及《隋書》《通志》作‘十二月’誤，今從百衲本。”可從。

［21］夏土不相：《隋書·牛弘傳》“土”作“王”，《通志·牛弘傳》、《册府元龜》卷五八四與《北史》同。

［22］劉歆：人名。字子駿，又字穎叔，沛（今江蘇沛縣）人。西漢經學家、目録學家，著有《七略》《三統曆》《鍾律書》。見《漢書》卷三六《楚元王傳》。　鍾律書：主要介紹了音律學方面的知識。

［23］均：指七音的律位。選取十二律位中的任何一律作爲出發律，都可推出以出發律爲“均主”的一均的七律。

［24］本意：局本“意”作“竟”，誤。

上曰：[1]“不須作旋相爲宫，且作黄鍾一均也。”弘又論六十律不可行：[2]

[1]上曰：殿本、四庫本、四部備要本“上”作“土”，誤。

[2]六十律：西漢京房所創。京房見前代的三分損益十二律最後一律仲吕依原法回不到黄鐘，便又繼續損益生至六十律，不僅使第五十三律色音接近黄鐘，而且基本上實現了“周而復始”的旋宫轉調理論。他還認爲用管長計算音律不精密，故另作十三弦的準（形如古琴），在中央一弦下有六十律的標記。

謹案《續漢書·律曆志》：[1]“元帝遣韋玄成問京房於樂府。[2]房對：‘受學故小黄令焦延壽。[3]六十律相生之法：以上生下，皆三生二；以下生上，皆三生四。[4]陽下生陰，陰上生陽，終於中吕，[5]十二律畢矣。中吕上生執始，[6]執始下生去滅，[7]上下相生，終於南事，[8]六十律畢矣。十二律之變至於六十，猶八卦之變至於六十四也。冬至之聲，以黄鍾爲宫，太蔟爲商，姑洗爲角，林鍾爲徵，[9]南吕爲羽，應鍾爲變宫，蕤賓爲變徵。此聲氣之元，五音之正也。故各統一日。其餘以次運行，當日者各自爲宫，[10]而商徵以類從焉。’[11]房又曰：‘竹聲不可以度調，故作準以定數。[12]準之狀如瑟，[13]長一丈而十三弦，隱間九尺，以應黄鍾之律九寸。中央一絃，下畫分寸，以爲六十律清濁之節。’執始之類，皆房自造。房云受法於焦延壽，未知延壽所承也。至元和元年，[14]待詔候鍾律殷肜上言：[15]‘官無曉六十律以準調音者。[16]故待詔嚴嵩具以準法教其子宣，[17]願召宣補學官，主調樂器。’太史丞弘試宣十二律，[18]其二中，其四不中，其六不知何律，宣遂罷。自此律家莫能爲準施絃。熹平六年，[19]東觀召典律者太子舍人張光問準意。[20]光等不知，歸閱舊藏，乃得其器，形制如房書，猶不能定其絃緩急，故史官能辯清濁者遂絕。[21]其可以相傳者，唯大榷常數及候氣而已。"[22]據此而論，房法漢世已不能行。沈約《宋志》曰：[23]"詳案古典及今音家，六十律無施於樂。"《禮》云"十二管還相爲宮"，[24]不言六十。《封禪書》云：[25]"大帝使素女鼓五十絃瑟而悲，[26]破爲二十五絃。"假令六十律爲樂得成，亦所不用，取大樂必易，大禮必簡之意也。

[1]續漢書：西晉司馬彪撰。原爲紀、志、傳共八十篇，《隋書·經籍志》及《舊唐書·經籍志》作"八十三卷"。記述漢光武帝至獻帝約二百年史事。紀、傳已佚，清朝汪文臺有輯本五卷，收入《七家後漢書》。南朝梁劉昭爲范曄《後漢書》作注時，以范書無志，乃取本書之八志三十卷以補之；北宋真宗乾興元年（1022）合刊爲一書，故得流傳至今。八志的標目爲《律曆》《禮儀》《祭祀》《天文》《五行》《郡國》《百官》《輿服》。

[2]元帝：即西漢皇帝劉奭。元爲其謚號。　韋玄成：人名。字少翁，魯國鄒（今山東鄒城市東南）人。西漢官吏。見《漢書》卷七三《韋賢傳》。　京房：人名。本姓李，字君明，東郡頓丘（今河南清豐縣西南）人。西漢學者，精通律學、易學。見《漢

書》卷七五《京房傳》。

[3]小黄：縣名。治所在今河南蘭考縣附近。　焦延壽：人名。字贛，梁（今河南商丘市）人。西漢學者，精通易學，著有《易林》。見《漢書·京房傳》。

[4]以上生下皆三生二以下生上皆三生四：此處説的是十二律相生之法。按十二律的先後順序，上一個音要變爲下一個音，取其音弦長的三分之二；下一個音要變爲上一個音，則取其音弦長的三分之四，此即三分損益法，在西洋音樂理論中稱爲五度相生律。

[5]中吕：音韻十二律中六種陰律的第三律。

[6]執始：京房所創的六十律中的一律。

[7]去滅：京房所創的六十律中的一律。

[8]南事：京房所創的六十律中的一律。

[9]林鍾：音韻十二律中六種陰律的第四律。

[10]當日者各自爲宫：底本"當"作"宫"。《後漢書·律曆志上》作"當"，《隋書》卷四九《牛弘傳》原作"宫"，中華本已據《後漢書》改。中華本校勘記云："諸本及《隋書》'當'作'宫'。李慈銘云：'"宫日"不可解，《續漢志》作"當日"。此與《隋書》同誤。'按京房語見《後漢書·律曆志》（即《續漢志》）。及《宋書》卷一一《律志》。李説是，今據改。"今從改。

[11]商徵：毛本"徵"作"故"，誤。

[12]準：又稱京房準，京房所創，十三弦，形似古琴，可以更加精密地計算音律。已失傳。

[13]瑟：共鳴箱木製，長方形，與琴相仿，但無徽位，通常張弦二十五根，也有二十三、二十四根弦者。每弦有一柱，用以調節弦長，確定音高。弦的粗細不同，由低到高。一般按五聲音階定弦。

[14]元和元年：底本作"元和年"，《隋書·牛弘傳》原與《北史》同，中華本已改。《後漢書·律曆志上》《晋書·律曆志上》《宋書·律曆志序上》皆作"元和元年"。今從改。元和，漢

章帝的年號（84—87）。

［15］待詔：官名。原指應皇帝之詔隨時待命，以備咨詢的顧問，凡有一技之長而被徵召待命的人員皆稱待詔。漢代時演變爲官名。　侯鍾律：底本“侯”作“候”，《隋書·牛弘傳》原與《北史》同，其中華本已改。《後漢書·律曆志上》《晋書·律曆志上》《宋書·律曆志上》皆作“候鐘律”。中華本校勘記云：“諸本……‘候’字作‘侯’，‘鍾’下無‘律’字。李慈銘云：‘此與《隋書》脱誤同，當據《續漢志》改正。“候鍾律”者謂待詔之候鍾律者也。’按李説是。《宋書·律志》亦同《續漢志》。今據改補。”今從改。　殷彤（róng）：四庫本“彤”作“肜”，誤。

［16］以準調音：底本作“以太準調音”，《隋書·牛弘傳》《後漢書·律曆志上》《晋書·律曆志上》《宋書·律曆志上》皆作“以準調音”。源氏校勘記云：“《隋書》無‘太’字。”中華本校勘記云：“諸本‘準’上有‘太’字。李慈銘云：‘“太”字衍。’按《隋書》《續漢志》及《宋書·律志》並無‘太’字，今據删。”今從改。

［17］嚴嵩：《後漢書·律曆志上》《晋書·律曆志上》“嵩”作“崇”，《宋書·律曆志上》與《北史》同。《隋書·牛弘傳》原與《北史》同，中華本已據《後漢書》改。

［18］太史丞：官名。秦朝始置，爲奉常屬官。西漢時改隸太常，東漢沿之，員一人，二百石。

［19］熹平六年：底本作“嘉平年”。《隋書·牛弘傳》原與《北史》同，中華本已據《後漢書》改。《後漢書·律曆志上》《晋書·律曆志上》《宋書·律曆志上》作“熹平六年”。中華本校勘記云：“諸本‘熹’作‘嘉’，無‘六’字。李慈銘云：‘東漢無“嘉平”之號，當作“熹平”。“熹平”，靈帝年號也。此與《隋書》同誤。又“年”上脱“六”字。’”今從改。熹平，漢靈帝的年號（172—178）。

［20］太子舍人：官名。秦朝始置。東漢沿置，隸太子少傅，太

子闕位時隸少府，無定額，輪流宿衛。秩二百石。

[21]史官：即掌管書籍之人。古代把掌管文字記録的專職人員通稱爲“史”。史官既要記録帝王言行和軍國大事，又要負責管理政府的各種檔案圖籍，還要從事宗教事務，負責占卜、祭祀等活動。

[22]大榷：殿本、局本作“大傕”，四庫本、四部備要本作“大㩁”，皆誤。　候氣：指占驗節氣的變化。古人將葦膜燒成灰，放在律管内，到某一節氣，相應律管内的灰就會自行飛出。據此，可預測節氣的變化。

[23]沈約：人名。字休文，吴興武康（今浙江德清縣）人。南朝宋、齊、梁大臣，史學家、文學家。見《梁書》卷一三《沈約傳》。　宋志：即《宋書·律曆志》。原句爲“依案古典及今音家所用，六十律者無施於樂”。

[24]六十律：毛本作“六律”，誤脱“十”字。　於樂禮云：殿本、四庫本、四部備要本“樂禮”誤爲“禮樂”。

[25]《封禪書》：即《史記·封禪書》。原句爲“太帝使素女鼓五十弦瑟，悲，帝禁不止，故破其瑟爲二十五弦”。

[26]素女：傳説中的神女，與黄帝同時，據説善於弦歌。

又議曰：

案《周官》云：“大司樂掌成均之法。”[1]鄭衆汴云：“均，調也。樂師主調其音。”《三禮義宗》稱：[2]“《周官》奏黄鍾者，用黄鍾爲調；歌大吕者，用大吕爲調。奏者謂堂下四縣，[3]歌者謂堂上所歌。但以一祭之間，[4]皆用二調。”是知據宫稱調，其義一也。明六律六吕迭相爲宫，[5]各自爲調。[6]今見行之樂，[7]用黄鍾之宫，乃以林鍾爲調，與古典有違。案晉内書監荀勗依典記，[8]以五聲十二律還相爲宫之法，制十二笛。黄鍾之笛，正聲應黄鍾，下徵應林鍾，[9]以姑洗爲清角。[10]大吕之笛，正聲應大吕，[11]下徵應夷則。以外諸均，例皆如是。然今所用林鍾，是勗下徵之調。不取其正，先用其下，於理未通，故須改之。

[1]大司樂：官名。西周置。隸春官大宗伯，樂官之長，掌國子的音樂、舞蹈知識的教授及禮儀中音樂的演奏，員二人。中大夫爵。　成均：上古時代的大學。

[2]三禮義宗：南朝梁崔靈恩著，原書三十卷，已佚。

[3]四縣：鐘磬之類樂器懸挂的形式，按身份地位定等次，天子最尊，四面懸樂。縣，通“懸”。

[4]但以：《隋書》卷四九《牛弘傳》、《册府元龜》卷五八四作“但”，《通志》卷一六〇《牛弘傳》與《北史》同。

[5]六律六吕：即律吕，十二律的别稱。

[6]各自：局本“各”作“客”，誤。

[7]見行：現在施行的，現在有效的。

[8]案晉：《隋書·牛弘傳》、《册府元龜》卷五八四無“案”字。《通志·牛弘傳》與《北史》同。　内書監：官名。即中書監。三國魏置，西晉沿置。掌收納奏章、草擬及發布皇帝詔令等，資位雖遜於尚書令，但實權過之。中華本校勘記云：錢氏《考異》云：‘荀勗本中書監，此避諱改。’”按：避隋文帝之父楊忠諱改。　典記：即典傳。

[9]下徵：音律中的一個音階，又稱下徵調，與正聲相對。

[10]清角：五音之一。古人以爲角音清，故曰清角。

[11]正聲：指符合音律的標準樂聲。

上甚善其議，詔弘與姚察、許善心、何妥、虞世基等正定新樂。[1]是後議置明堂，詔弘條上故事，[2]議其得失。上甚敬重之。

[1]姚察：人名。字伯審，吴興武康（今浙江德清縣）人。南朝陳、北周官吏，後入隋。見《陳書》卷二七《姚察傳》。　許善心：人名。字務本，高陽北新城（今河北徐水縣西南）人。南朝陳、隋朝官吏。見《北史》卷八三《許善心傳》。　何妥：人名。字栖鳳，西城（今陝西安康市）人，其先西域何國人，後經商入蜀。隋朝官吏、學者。見《北史》卷八二《何妥傳》。　虞世基：人名。字懋世，會稽餘姚（今浙江餘姚市）人。隋朝官吏。見《北史》卷八三《虞世基傳》。

[2]故事：舊日的典章制度或行事制度的成例。

時楊素恃才矜貴，賤侮朝臣，唯見弘未嘗不改容自肅。素將擊突厥，詣太常與弘言別。[1]弘送素至中門而止。[2]素謂曰："大將出征，故來叙別，何相送之近也?"弘遂揖而退。素笑曰："奇章公可謂其智可及，其愚不可及也。"亦不以屑懷。尋授大將軍，[3]拜吏部尚書。[4]

[1]太常：官署名。即太常寺。北齊始置，隋朝沿置。負責管理郊廟、禮樂、祭祀等事務，其政令仰承尚書省禮部。

[2]中門：宫之外門與内門之間的門。

[3]大將軍：官名。北周時置勳官十一等，大將軍位第四等。隋初因之，爲大臣加官。

[4]吏部尚書：官名。隋朝時爲尚書省六部長官之首，與二侍郎分掌六品以下文官選授、勳封、考課之政。正三品。

時帝又令弘與楊素、蘇威、薛道衡、許善心、虞世基、崔子發等，[1]并召諸儒，論新禮降殺輕重。[2]弘所立議，衆咸推服之。及獻皇后崩，[3]王公已下不能定其儀注。[4]楊素謂弘曰："公舊學，時賢所仰。今日之事，決在於公。"弘了不辭讓，[5]斯須之間，儀注悉備，皆有故實。素歎曰："衣冠禮樂盡在此矣，非吾所及也！"弘以三年之喪，祥禫具有降殺，[6]期服十一月而練者，[7]無所象法，[8]以聞於帝。[9]帝下詔除期練之禮，[10]自弘始也。

[1]薛道衡：人名。字玄卿，河東汾陰（今山西萬榮縣西南）人。隋朝官吏。見《北史》卷三六《薛辯附薛道衡傳》。　崔子發：人名。博陵安平（今河北安平縣）人。北齊、隋朝官吏。曾爲秦王記室。

[2]降殺：遞減。

[3]獻皇后：即隋文帝皇后獨孤伽羅。獻爲其謚號。

[4]王公已下：《隋書》卷四九《牛弘傳》"王"作"三"，《通志》卷一六〇《牛弘傳》與《北史》同。　儀注：制度、儀節。

[5]了不：絶不、全不。

[6]祥：有小祥、大祥之分。周年祭爲小祥，兩周年祭爲大祥。毛本"祥"作"詳"，誤。　禫（dàn）：除去喪服時舉行的祭祀。

[7]期服：喪服名。齊衰爲期一年之服。凡爲長輩、平輩服喪，均服之。齊衰是用熟麻製成，因其不緝邊，故名。

[8]象法：指國家的法律教令。

[9]聞：局本作"間"，誤。

[10]期練：喪期的第十一個月時要祭於家廟，須穿著練帛，故稱期練。局本作"期服"，誤。

弘在吏部，[1]先德行後文才，[2]務在審慎。雖致緩滯，所有進用，並多稱職。吏部侍郎高孝基，[3]鑒賞機晤，清慎絶倫，然爽俊有餘，迹似輕薄，[4]時宰多以此疑之。唯弘深識其真，推心任委。隋之選舉，於斯爲最，時論服弘識度之遠。

[1]吏部：官署名。隋朝時列爲六部之首，統吏部、司封、司勳、考功四司，掌管全國官吏的任免、考課、升降、調動等事。

[2]先德行後文才：《隋書》卷四九《牛弘傳》、《册府元龜》卷六三七作“其選舉先德行而後文才”，《通志》卷一六〇《牛弘傳》作“其所選舉先德行而後文才”。

[3]吏部侍郎：官名。隋初爲吏部司長官，隸吏部尚書。煬帝大業三年，吏部司長官改名爲選部郎，吏部侍郎遂爲吏部次官，員一人。從五品。

[4]迹似：局本“似”作“以”，誤。

煬帝之在東宫，[1]數有詩書遺弘，弘亦有答。及嗣位，嘗賜弘詩曰：“晋家山吏部，[2]魏代盧尚書，[3]莫言先哲異，奇才並佐余。學行敦時俗，道素乃沖虚，[4]納言雲閣上，[5]禮儀皇運初。彝倫欣有叙，[6]垂拱事端居。”[7]其同被賜詩者，至於文詞贊揚，無如弘美。大業二年，[8]進位上大將軍。[9]三年，改右光禄大夫。[10]從拜恒岳，[11]壇壝珪幣牲牢，[12]並弘所定。還下太行山，煬帝嘗召弘入内帳，[13]對皇后賜以同席飲食。其親重如此。弘謂其子曰：“吾受非常之遇，荷恩深重。汝等子孫，宜以誠敬自立，以答恩遇之隆。”六年，從幸江都，[14]卒。帝傷惜之，賵贈甚厚。[15]歸葬安定，[16]贈開府儀同三司、光禄大夫、文安侯，[17]謚曰憲。

[1]東宫：太子所居之宫室。

[2]山吏部：即山濤。字巨源，河内懷縣（今河南武陟縣西）人。竹林七賢之一，曾任西晋吏部尚書，善於選拔人才。見《晋書》卷四三《山濤傳》。

[3]魏代：《隋書》卷四九《牛弘傳》“代”作“世”。　盧尚書：即盧毓。字子家，涿郡涿（今河北涿州市）人。曾爲三國魏吏部尚書，善於選拔人才。見《三國志》卷二二《魏書·盧毓傳》。

[4]道素：純樸的德行。　沖虚：恬淡虚静。

[5]雲閣：即雲臺。圖畫功臣之像以示紀功的樓閣。

[6]彝倫：猶言倫常，指人與人之間的道德關係。

[7]垂拱：垂衣拱手，意爲不親理事務。

[8]大業：隋煬帝的年號（605—617）。

[9]上大將軍：官名。隋朝時爲高級武官名號，位大將軍上，從二品散實官。煬帝大業三年罷。

[10]右光禄大夫：官名。作爲對朝廷大臣的加官，或授予年老有病者爲致仕之官，也作爲對大臣死後的贈官，以示尊崇。隋初爲正二品，煬帝大業三年定爲從二品。

[11]恒岳：即恒山。五岳之一。在今河北曲陽縣。

[12]壇墠（shàn）：祭祀時用的場所。築土曰壇，除地曰墠。　珪幣：祭祀時用的玉帛。　牲牢：祭祀時所用供品的統稱。

[13]内帳：皇帝巡幸游獵時所居之帳篷。

[14]江都：郡名。隋朝時治江陽縣，在今江蘇揚州市。

[15]賵（fèng）贈：因助辦喪事而贈送財物。局本“賵”作“冒”，誤。

[16]安定：縣名。治所在今河北辛集市東北。

[17]光禄大夫：官名。隋初未置，煬帝大業三年加置，位在左右光禄大夫之上，爲文職散官之首。從一品。　文安侯：封爵名。文安，縣名。治所在今河北文安縣東北。

弘榮寵當世，而車服卑儉，事上盡禮，待下以仁，訥於言而敏於行。上嘗令宣敕，弘至階下，不能言，退還拜謝，云並忘之。上曰："傳語小辯，故非宰臣任也。"愈稱其質直。大業之代，[1]委遇彌隆。性寬厚，篤志於學，雖職務繁雜，書不釋手。隋室舊臣，始終信任，悔吝不及，唯弘一人而已。弟弼，好酒而酗。嘗醉，[2]射殺弘駕車牛。弘還宅，其妻迎謂曰："叔射殺牛。"弘聞，無所怪問，直答曰："作脯。"坐定，其妻又曰："叔忽射殺牛，大是異事。"弘曰："已知。"顏色自若，讀書不輟。其寬和如此。有文集十二卷行於世。[3]

[1]大業之代：《隋書》卷四九《牛弘傳》"代"作"世"。《北史》應是避唐太宗李世民諱改。

[2]嘗醉：底本作"常醉"，中華本作"嘗醉"。《隋書·牛弘傳》作"嘗"。中華本據《隋書》改。今從改。

[3]有文集十二卷行於世：《隋書·牛弘傳》"十二"作"十三"，《通志》卷一六〇《牛弘傳》、《册府元龜》卷八四〇作"十二"，不知孰是。局本"行"作"傳"。

長子方大，亦有學業，位内史舍人。[1]

[1]内史舍人：官名。隋朝内史省屬官，置八人，正六品。文帝開皇三年定爲從五品。煬帝大業三年置四人，十二年改名内書

舍人。

次子方裕，凶險無仁心，在江都與裴虔通等謀殺逆，[1]事見《司馬德戡傳》。[2]

[1]裴虔通：人名。河東（今山西永濟市）人。隋朝將領。見《北史》卷七九《宇文述附裴虔通傳》。

[2]事見司馬德戡傳：中華本校勘記云："按實在《宇文化及傳》。"司馬德戡，人名。扶風雍（今陝西鳳翔縣）人。隋朝官吏。見《北史》卷七九《宇文述附司馬德戡傳》。

李德林，字公輔，博陵安平人。[1]祖壽，魏湖州户曹從事。[2]父敬族，歷太學博士、鎮遠將軍。[3]魏静帝時，[4]命當世通人正定文籍，[5]以爲内校書，[6]别在直閤省。[7]

[1]博陵：郡名。北魏時治安平縣，在今河北安平縣。　安平：縣名。治所在今河北安平縣。

[2]魏湖州户曹從事：《隋書》卷四二《李德林傳》作"湖州户曹從事"。湖州，北魏時治湖陽縣，在今河南唐河縣南。户曹從事，官名。北魏時州郡户曹長官。品秩不詳。

[3]太學博士：官名。漢、魏時置五經博士，分經教授弟子員，後統稱太學博士，歷代相承。北魏沿置，孝文帝太和二十三年定爲從七品。　鎮遠將軍：官名。北魏、北周時多作爲將軍名號，北魏孝文帝太和二十三年定爲四品。

[4]魏静帝：即東魏皇帝元善見。静爲其謚號。

[5]通人：喻指學識淵博通達的人。

［6］内校書：官名。東漢置校書郎中，北魏始置校書郎，掌秘書省校書著作。西魏、東魏沿置。

［7］直閤省：官署名。直閤，官名。直閤將軍的省稱。南北朝時置，掌侍衛皇帝或太子。

德林幼聰敏，年數歲，誦左思《蜀都賦》，[1]十餘日便度。高隆之見而歎異之，[2]偏告朝士云：[3]"若假其年，必爲天下偉器。"鄴京人士多就宅觀之，[4]月餘車馬不絕。年十五，誦《五經》及古今文集，日數千言。俄而該博墳典，[5]陰陽緯候無不通涉。[6]善屬文，詞覈而理暢。魏收嘗對高隆之謂其父曰：[7]"賢子文筆，終當繼温子昇。"[8]隆之大笑曰："魏常侍殊己嫉賢，[9]何不近比老彭，乃遠求温子！"

［1］左思：人名。字太沖，齊國臨淄（今山東淄博市）人。西晉文學家。見《晉書》卷九二《左思傳》。　蜀都賦：左思的代表作《三都賦》之一，辭藻華麗，極稱蜀都之盛。毛本、殿本、四庫本、四部備要本"蜀"作"三"，《隋書》卷四二《李德林傳》作"蜀都賦"。

［2］高隆之：人名。本姓徐，字延興，高平金鄉縣（今山東金鄉縣）人。後高歡認爲從弟，乃稱勃海蓨（今河北景縣）人。東魏、北齊大臣。見《北齊書》卷一八《高隆之傳》。

［3］偏告：猶通告。局本"告"作"右"，誤。

［4］鄴京：城名。在今河北臨漳縣西南。

［5］墳典：亦稱典墳。古籍之代稱，取義於三墳、五典。

［6］緯候：緯書與《尚書中候》的合稱。亦爲緯書的通稱。

［7］魏收：人名。字伯起，小字佛助，鉅鹿下曲陽縣（今河北

晋州市西）人。北齊史學家。見《北史》卷五六《魏收傳》。

[8]温子昇：人名。字鵬舉，濟陰冤句縣（今山東菏澤市西南）人。北魏、東魏官吏。見《北史》卷八三《温子昇傳》。

[9]魏常侍：即魏收。東魏、北齊時，魏收曾任通直散騎常侍、散騎常侍等官，簡稱常侍。局本“常”作“帝”，誤。

年十六，遭父艱，自駕靈輿，反葬故里。時嚴寒，單縗跣足，[1]州里人物由是敬慕之。居貧轗軻，[2]母氏多疾，方留心典籍，無復宦情。[3]其後母病稍愈，逼令仕進。齊任城王湝爲定州刺史，[4]重其才，召入州館，朝夕同游，殆均師友。

[1]縗（cuī）：粗麻布做成的喪服。

[2]轗（kǎn）軻：困頓。

[3]無復宦情：底本作“無復官情”，中華本作“無復宦情”。《隋書》卷四二《李德林傳》作“無復官情”，《通志》卷一六〇《李德林傳》、《册府元龜》卷七五五作“無復宦情”。按：“宦情”指做官的志趣、意愿，“官情”指官場中的人情關係。中華本是，今從改。

[4]任城王：封爵名。任城，郡名。北齊時治任城縣，在今山東濟寧市。　湝：即高湝，人名。勃海蓨（今河北景縣）人。北齊宗室。見《北史》卷五一《任城王湝傳》。　定州：北齊時治安喜縣，在今河北定州市。

後舉秀才，尚書令楊遵彦考爲上第，[1]授殿中將軍。[2]及長廣王作相，[3]引爲丞相府行參軍。[4]未幾，王即帝位，累遷中書舍人，[5]加通直散騎侍郎，[6]别典機密。尋丁母艱，[7]以至孝聞，朝廷嘉之。裁百日，奪情起復，固辭不起。魏收與陽休之論《齊書》起元事，[8]百司會議。[9]收與德林致書往復，詞多不載。後除中書侍郎，[10]仍詔脩國史。[11]時齊帝留情文雅，[12]召入文林館，[13]與黄門侍郎顏之推同判文林館事。[14]累遷儀同三司。

[1]尚書令：官名。總掌全國行政。東晉南北朝時，如設有録尚書事，則尚書令職權往往在其下。品秩不一，雖多低於三公，但在多數情况下是實際上的丞相。北齊時爲二品。　楊遵彦：人名。即楊愔。字遵彦，小名秦王，弘農華陰（今陝西華陰市東南）人。東魏、北齊官吏。見《北史》卷四一《楊播附楊愔傳》。　上第：考試成績中的第一等。

[2]殿中將軍：官名。爲侍衛武職，不典兵，員額漸多，品秩漸低。北齊時員五十人，隸左、右衛府。八品上。

[3]長廣王：封爵名。指高湛。長廣，郡名。北齊時治膠東城，在今山東平度市。

[4]行參軍：官名。三國蜀置。由諸府主辟召之參軍，分掌府内各曹時爲正參軍之副職。歷朝因之。官秩隨朝代不同及府主地位高低而不一。北齊時爲從七品至八品。

[5]中書舍人：官名。即中書通事舍人。北朝時專掌草擬詔令，北齊時爲六品上。

[6]通直散騎侍郎：官名。北魏時屬集書省，參平尚書奏事，兼掌侍從諷諫。初定爲四品中，後定爲從五品上。北齊沿置，並於集書省所轄起居省置一員。從五品上。

[7]丁母艱：母親去世而行喪。

[8]陽休之：人名。字子烈，北平無終縣（今天津薊縣）人。北魏、東魏、北齊官吏。見《北史》卷四七《陽尼附陽休之傳》。

[9]百司會議：局本“百”作“不”，誤。

[10]中書侍郎：官名。北魏時多選用文學之士，掌草擬詔令。北齊因之，兼管伎樂。從四品。

[11]詔：局本作“照”，誤。

[12]齊帝：指北齊後主高緯。

[13]文林館：官署名。北齊後主武平三年（572）置，以文學之士入館，稱待詔文林館。主要職責爲編撰供皇帝閱覽的書籍。

[14]黄門侍郎：官名。給事黄門侍郎的省稱。北朝時置爲侍中省或門下省次官，與侍中俱掌門下衆事，地位隨皇帝旨意或侍中地位而上下。北齊時置六員，四品。　顔之推：人名。字介，原籍琅邪臨沂（今山東費縣東），世居建康（今江蘇南京市）。南朝梁、北齊、北周官吏。見《北史》卷八三《顔之推傳》。　判：官制用語。即以他官兼帶某職，稱判某職或判某職事。始於北齊。

周武帝平齊，[1]遣使就宅宣旨云：“平齊之利，唯在於爾，宜入相見。”仍令從駕至長安，授内史上士，[3]詔誥格式及用山東人物，[3]一以委之。周武謂群臣曰：“我常日唯聞李德林與齊朝作書檄，[4]我正謂其是天上人。豈言今日得其驅使，復爲我作文書，極爲大異。”神武公紇豆陵毅答曰：[5]“臣聞明主聖王，得騏驎鳳皇爲瑞，是聖德所感，非力能致之。瑞物雖來，不堪使用。如李德林來受驅策，亦是陛下聖德感致，有大才用，勝於騏驎鳳皇遠矣。”帝大笑曰：“誠如公言。”宣政末，[6]授御正下大夫。[7]後賜爵成安縣男。[8]

[1]周武帝：即北周皇帝宇文邕。武爲其謚號。

[2]内史上士：官名。亦稱爲小内史上士。西魏恭帝三年置，

北周沿置。爲春官府内史司屬官，員二人。正三命。

［3］詔誥格式：朝廷的法令典章。

［4］我常日唯聞李德林與齊朝作書檄：《隋書》卷四二《李德林傳》、《通志》卷一六〇《李德林傳》作“我常日唯聞李德林名，及見其與齊朝作詔書移檄”，《資治通鑑》卷一七三作“我常日唯聞李德林名，復見其爲齊朝作詔書移檄”。

［5］神武公：封爵名。神武，郡名。北周時治神武縣，在今山西神池縣。　紇豆陵毅：人名。即竇毅。字天武，扶風平陵（今陝西咸陽市西北）人，紇豆陵爲北周賜姓。北周、隋朝官吏。見《北史》卷六一《竇熾附竇毅傳》。局本“紇”作“統”，誤。

［6］宣政：北周武帝的年號（578）。

［7］御正下大夫：官名。又稱小御正下大夫。西魏恭帝三年置，北周沿置。爲天官府御正司次官，佐御正中大夫掌本司事務。正四命。武帝建德二年省六府諸司中大夫，遂爲御正司長官，宣帝即位，仍降爲次官。

［8］成安縣男：封爵名。成安，縣名。治所在今河北臨漳縣西南。

宣帝大漸，[1]隋文帝初受顧命，[2]令邗國公楊惠謂德林曰：[3]“朝廷賜令總文武事，今欲與公共成，[4]必不得辭。”德林答曰：“願以死奉公。”隋文大悦，即召與語。劉昉、鄭譯初矯詔召隋文受命輔少主，總知内外兵馬事。[5]譯欲授隋文冢宰，[6]譯自攝大司馬，[7]昉爲小冢宰。[8]德林私啓：“宜作大丞相，[9]假黄鉞，[10]都督内外諸軍事。”[11]遂以譯爲相府長史，昉爲相府司馬，二人由是不平。以德林爲相府屬，加儀同大將軍。[12]

[1]大漸：謂病勢加劇。

[2]顧命：皇帝的遺詔。

[3]令邗國公楊惠謂德林曰：《隋書》卷四二《李德林傳》無"令"字。《通志》卷一六〇《李德林傳》、《册府元龜》卷七六六與《北史》同。

[4]共成：《隋書·李德林傳》、《通志·李德林傳》、《册府元龜》卷七六六作"共事"。

[5]内外：局本作"内外府"，衍"府"字。

[6]冢宰：官名。即大冢宰。亦稱爲大冢宰卿。西魏恭帝三年置，北周沿置。位居六官之首的天官府長官，掌管宫廷供奉以及全國的財政收支、賦役收入、百官俸禄等事務。可總攝百官，執掌朝政。正七命。

[7]大司馬：官名。北周時爲夏官府長官，職掌軍政大務、禁暴糾察、訓練軍隊、統兵作戰，權任極重。屬官有小司馬中大夫二人、軍司馬下大夫四人、司馬上士八人、行司馬中士十六人等。正七命。

[8]昉爲小冢宰：《隋書·李德林傳》作"昉又求小冢宰"。小冢宰，官名。又稱小冢宰上大夫。西魏恭帝三年置，北周沿置。爲天官府次官，員二人，輔佐大冢宰管理行政事務。正六命。

[9]大丞相：官名。宇文泰爲西魏丞相時總攬政權。北周建立後沿其制置大丞相，總理政務。初分左右兩大丞相，後去左右之號，單設大丞相一人。

[10]假：官制用語。暫署之意。　黄鉞：以黄金爲飾物的斧，爲帝王所專用，或特賜給專主征伐的重臣。

[11]都督内外諸軍事：官名。即都督中外諸軍事。北周末避楊堅之父楊忠諱改。爲全國軍事統帥，權力極大，不常置。

[12]儀同大將軍：官名。北周武帝建德四年，改車騎大將軍、儀同三司爲此稱。正九命。

未幾而三方構亂，指授兵略，皆與之參詳。軍書羽檄，[1]朝夕頓至，[2]一日之中，動逾百數。或機速競發，口授數人，文意百端，不加治點。鄖公韋孝寬爲東道元帥，[3]師次永橋，[4]沁水長，[5]孝寬師未得度。長史李詢密啓：[6]"諸大將受尉遲迥饟金。"[7]隋文得啓，以爲憂，議欲代之。德林曰："臨敵代將，自古所難，樂毅所以辭燕，[8]馬服以之敗趙也。[9]公但以一腹心，明於智略，素爲諸將所信伏者，速至軍所，觀其情僞。縱有異意，必不敢動。"隋文曰："公不發此言，幾敗大事！"即令高熲馳驛往軍所，爲諸將節度，竟成大功。凡厥謀謨，[10]皆此類也。

[1]羽檄：即羽書。中國古代徵調軍隊的文書，上插鳥羽表示緊急，必須速遞。

[2]朝夕頓至：《隋書》卷四二《李德林傳》、《通志》卷一六〇《李德林傳》、《册府元龜》卷七一八作"朝夕填委"。

[3]鄖公：封爵名。鄖，縣名。治所在今湖北鄖縣。

[4]永橋：又稱河橋。在今陝西大荔縣東大慶關與山西永濟市西南蒲州鎮之間黄河上。

[5]沁水：在今山西、河南兩省境内，爲黄河支流。

[6]李詢：人名。字孝詢，隴西成紀（今甘肅秦安縣）人。北周將領。見《北史》卷五九《李賢附李詢傳》。

[7]饟（xiǎng）金：軍隊的俸給。

[8]樂毅：人名。中山靈壽（今河北靈壽縣西北）人。戰國時燕國軍事家。見《史記》卷八〇《樂毅列傳》。

[9]馬服：指趙括。馬服本爲地名，在今河北邯鄲市西北。戰國時屬趙國，趙將趙奢封於此，爲馬服君，其子趙括爲馬服子。見

《史記》卷八一《廉頗藺相如列傳》。

［10］謀謨：謀劃，制定謀略。

進授丞相府從事内郎。[1]禪代之際，其相國總百揆、九錫殊禮詔策牋表璽書，[2]皆德林之辭也。隋文登祚之日，授内史令。[3]初，將受禪，虞慶則等勸隋文盡滅宇文氏，德林固争以爲不可。隋文怒，由是品位不加，唯依班例，授上儀同，[4]進爵爲子。

［1］從事内郎：官名。即從事中郎。北周末避隋文帝之父楊忠諱改。其職依時依府而異。

［2］相國：官名。初爲春秋戰國時對宰輔大臣的尊稱。後逐漸成爲官職。魏晋南北朝時不常置，位尊於丞相，但品秩職掌相似。　九錫：天子賜給諸侯、大臣有殊勳者的九種器用之物，代表對臣子的最高禮遇。據《禮記》記載，九種器物有：車馬、衣服、樂則、朱户、納陛、虎賁、鈇鉞、弓矢、秬鬯。

［3］内史令：官名。隋朝内史省長官，員二人，掌詔書撰寫，修國史及起居注，亦參議軍國大事，正三品。隋煬帝大業十二年改名内書令。

［4］上儀同：北周置，位居開府儀同三司之下、儀同三司之上，多爲勳臣的加官。

開皇元年，敕令與太尉于翼、高熲等同脩律令。[1]訖，奏聞，别賜駿馬及九環金帶。[2]五年，敕令撰録作相時文翰，勒成五卷，謂之《霸朝雜集》。隋文省讀訖，明旦謂德林曰："自古帝王之興，必有異人輔佐。我昨讀《霸朝集》，方知感應之理。昨宵恨夜長，不得早見公面。”於是追贈其父定州刺史、安平縣公，[3]謚曰孝。隋文後幸鄴，[4]德林以疾不從。敕書追之，後御筆注云：[5]“伐陳事意，宜自隨也。”時高熲入京，上語熲曰：“德林若患未堪行，宜自至宅，取其方略。”[6]帝以之付晉王廣。[7]

[1]太尉：官名。隋朝時名義上參議大政，其位多曠，遇有典禮，以他官攝行其事，如置，則坐於尚書都省。正一品。　于翼：人名。字文若，代（今山西大同市東北）人。西魏、北周大臣。見《北史》卷二三《于栗磾附于翼傳》。

[2]九環金帶：一種帶有鉤、銙的皮製腰帶。銙附有帶環，共九個，以金固之，故名。原爲胡服所用，南北朝時爲北方各族所通用。

[3]定州：隋朝時治鮮虞縣，在今河北定州市。

[4]鄴：城名。在今河北臨漳縣西南。《隋書》卷四二《李德林傳》“鄴”作“同州”，《通志》卷一六〇《李德林傳》、《册府元龜》卷四五一、《太平御覽》卷三〇四中皆作“同州”。中華本校勘記云：“《隋書》卷四二、《通志》卷一六〇《李德林傳》‘鄴’作‘同州’。按本書卷十一《隋文帝紀》及《隋書·高祖紀》，並無‘幸鄴’的記載。‘行幸同州’見開皇七年十月。疑‘同州’訛作‘司州’，後人因改爲‘鄴’。下文云：‘伐陳事意，宜自隨也。’可見是在八年出師攻陳之前，時間正合。”可從。

[5]後御筆注云：《隋書·李德林傳》作“書後御筆注云”，《通志·李德林傳》、《太平御覽》卷三〇四與《隋書》同。

[6]方略：通盤的計畫和策略。

[7]晉王廣：底本“廣”作“諱”，《隋書·李德林傳》、《通志·李德林傳》作“廣”。中華本校勘記云：“諸本‘廣’作‘諱’，據《隋書》《通志》改。”今從改。

初，[1]大象末，[2]文帝以逆人王謙宅賜之，[3]尋又改賜崔謙，[4]帝令德林自選一好宅并莊店作替。德林乃奏取逆人高阿那肱衛國縣市店八十區爲替。[5]九年，車駕幸晋陽，[6]店人表訴，稱地是平人物，[7]高氏强奪，於内造舍。上責德林。德林請勘逆人文簿及本换宅之意，[8]上不聽，悉追店給所住者。由是嫌之。初，德林稱其父爲太尉諮議，[9]以取贈官，李元操等陰奏之曰：[10]"德林父終於校書，妄稱諮議。"上甚銜之。至是，復庭議忤意，[11]因數之曰："公爲内史，典朕機密，[12]比不預計議者，以公不弘耳。朕方以孝理天下，[13]故立五教以弘之。[14]公言孝由天性，何須設教。然則孔子不當説《孝經》也？又罔冒取店，妄加父官，朕實忿之而未能發。今當以一州相遣耳。"因出爲湖州刺史。[15]在州逢旱，[16]課人掘井溉田，爲考司所貶。[17]歲餘，卒官，時年六十一。贈大將軍、廉州刺史，[18]謚曰文。將葬，敕令羽林百人，[19]并鼓吹一部，[20]以給喪事，祭以太牢。[21]

[1]初：底本、元大德本、毛本、殿本、四庫本、局本、四部備要本"大象"前無"初"字。《隋書》卷四二《李德林傳》、《通志》卷一六〇《李德林傳》皆有。中華本校勘記云："諸本無'初'字，《隋書》《通志》並有。按此乃追叙往事，當有'初'字，今據補。"今從改。

[2]大象：北周静帝的年號（579—580）。

[3]王謙：人名。字敕萬，太原（今山西太原市晋源區古城營

村一帶）人。北周大臣。見《北史》卷六〇《王雄附王謙傳》。

［4］崔謙：按：崔謙卒於公元569年，而北周静帝大象元年爲公元579年，静帝大象末應爲公元580年，況且崔謙於隋朝建立無大功，隋文帝不可能再賜宅於亡人崔謙。疑此處應爲崔謙之子崔彭。

［5］高阿那肱：人名。又作“高阿那瓌”，善無（今山西右玉縣東南）人。北齊、北周官吏。見《北史》卷九二《高阿那肱傳》。　衛國：縣名。治所在今河南清豐縣東南。

［6］晋陽：縣名。治所在今山西太原市晋源區古城營村一帶。

［7］平人：良人，平民。

［8］德林請勘逆人文簿及本换宅之意：底本無“德林”二字，《隋書·李德林傳》《通志·李德林傳》作“德林請勘逆人文簿及本换宅之意”。中華本校勘記云:“諸本脱‘德林’二字，文義不明，據《隋書》《通志》補。”今從改。

［9］太尉諮議：官名。太尉府屬官。負責諷議、軍政事務。

［10］李元操：人名。即李孝貞。字元操，趙郡平棘（今河北趙縣）人。北齊、北周、隋朝官吏。見《北史》卷三三《李順附李孝貞傳》。

［11］至是復庭議忤意：中華本校勘記云:“按《隋書》於‘初德林稱其父爲太尉諮議’前，叙德林議廢五百家鄉正時，觸文帝之怒，故此處有此語。《北史》删去上文，而保留此語，遂不知所指。”可從。局本“至是”作“至於”，誤。

［12］典朕機密：局本“朕”作“正”，誤。

［13］以孝理天下：《隋書·李德林傳》“理”作“治”。《北史》應是避唐高宗李治諱改。

［14］五教：指孝的五個方面，即父義、母慈、兄友、弟恭、子孝。

［15］湖州：隋朝時治湖陽縣，在今河南唐河縣南。

［16］在州逢旱：《隋書·李德林傳》此句前有“轉懷州刺史”

五字，《北史》删此五字，使人以爲此事發生在湖州。中華本校勘記云：“《北史》删節失當。”可從。

[17]考司：官署名。負責考察文武百官的功過、善惡。

[18]廉州：隋朝時治藁城縣，在今河北藁城市西南。

[19]羽林：皇帝禁衛軍。西漢武帝時置，歷代沿置。平時禁衛皇宫，皇帝出巡時隨從左右。

[20]鼓吹：演奏鼓吹樂的樂隊。本用於軍中，後賜予有功大臣，遂成爲皇帝賜予臣下的一種禮遇。

[21]太牢：又稱大牢。古代祭祀所用之牲。牢本爲養牛羊之圈，因祭祀所用之犧牲爲牛羊豕，故取其意爲祭祀用牲名，有太牢、少（小）牢之分。

德林美容儀，善談吐，器量沈深，時人未能測。齊任城王湝、趙彦深、魏收、陸卬大相欽重。[1]德林少孤，未有字，魏收謂之曰：“識度天才，必至公輔，吾輒以此字卿。”從宦已後，[2]即典機密，性慎密，嘗言古人不言温樹，[3]何足稱也。少以才學見知，及位望稍高，頗傷自任，争競之徒，更相譖毁。所以運屬興王，[4]功參佐命，十餘年間竟不徙級。所撰文集，勒成八十卷，遭亂亡失，見五十卷行於代。

[1]趙彦深：人名。即趙隱。字彦深，南陽宛縣（今河南南陽市）人。北齊將領。見《北史》卷五五《趙彦深傳》。　陸卬：人名。又作陸昂，字雲駒，代（今山西大同市東北）人。東魏、北齊官吏。見《北史》卷二八《陸俟附陸卬傳》。毛本、局本“卬”作“昂”。

[2]從宦：元大德本、局本、殿本、四部備要本、四庫本

"宦"作"官"，應是訛誤。

[3]温樹：典故。泛指宫廷中的花木，亦借指宫禁中的事情。出自《漢書》卷八一《孔光傳》。

[4]所以運屬興王：底本無"所"字，《隋書》卷四二《李德林傳》、《册府元龜》卷九一五作"所以運屬興王"。中華本校勘記云:"諸本脱'所'字，據《隋書》補。"今從改。

子百藥，[1]博涉多才，詞藻清贍。大業末，位建安郡丞。[2]

[1]百藥：底本作"伯藥"，《隋書》卷四二《李德林傳》作"百藥"。中華本校勘記云:"諸本'百'作'伯'，據《隋書》改。"今從改。

[2]建安：郡名。隋文帝開皇初治建安縣，在今福建建甌市。煬帝大業三年改閩州置，治閩縣，在今福建福州市。　郡丞：官名。爲郡守副職，輔助郡守掌管政事。

北史　卷七三

列傳第六十一

梁士彦　元諧　虞慶則　元冑　達奚長儒　賀婁子幹 兄詮　史萬歲　劉方 馮昱 王撊 楊武通 陳永貴 房兆　杜彦　周摇　獨孤楷 弟盛　乞伏慧　張威　和洪　陰壽 子世師 骨儀　楊義臣

梁士彦，字相如，安定烏氏人也。[1]少任俠，好讀兵書，頗涉經史。周武帝將平東夏，[2]聞其勇決，自扶風郡守除爲九曲鎮將，[3]進位上開府，[4]封建威縣公，[5]齊人甚憚之。後以熊州刺史從武帝拔晋州，[6]進位大將軍，[7]除晋州刺史。及帝還後，齊後主親攻圍之，[8]樓堞皆盡，[9]短兵相接。士彦慷慨自若，謂將士曰："死在今日，吾爲爾先!"於是勇烈齊奮，呼聲動地，無不一當百。齊師少却，[10]乃令妻妾及軍人子女，晝夜脩城，三日而就。武帝六軍亦至，[11]齊師圍解。士彦見帝，持帝鬚泣，帝亦爲之流涕。時帝欲班師，士彦叩馬諫。帝從之，執其手曰："朕有晋州，爲平齊之基，宜善守之。"及齊平，封郕國公，位上柱國、雍州主簿。[12]宣帝即位，[13]除徐州總管。[14]與烏丸軌禽陳將吴明徹、裴忌於吕梁，[15]略定淮南地。[16]

[1]安定：郡名。北周時治安定縣，在今甘肅涇川縣北。　烏氏：縣名。治所在今甘肅涇川縣東北。

[2]周武帝：即北周皇帝宇文邕。武爲其謚號。

[3]扶風：郡名。北周時治始平縣，在今陝西興平市東南。　九曲：鎮名。在今河南宜陽縣西北。　鎮將：官名。北魏始置，鎮的長官。在不設州郡的地區，兼統軍民；在設州郡的内地，主管軍事；如兼任駐州刺史，亦理民政，品秩按所帶將軍號而定。孝文帝改制後地位漸低。西魏、北周因之。

[4]上開府：上開府儀同大將軍的省稱。北周武帝建德四年（575）置，位在開府儀同大將軍之上。主要授予有軍功的大臣或北齊的降官，無具體職掌。九命。

[5]建威縣公：封爵名。建威，縣名。治所在今甘肅隴南市武都區東南。

[6]熊州：北周時治宜陽縣，在今河南宜陽縣西。　晉州：北周時治臨汾縣，在今山西臨汾市。

[7]進位大將軍：《隋書》卷四〇《梁士彦傳》作"進位柱國"，《周書》卷三一《梁士彦傳》作"進位大將軍"，《通志》卷一六一《梁士彦傳》作"進位柱國大將軍"，《册府元龜》卷四〇〇作"進位柱國"。按：《周書》卷六《武帝紀》云："甲戌，以上開府梁士彦爲晉州刺史，加授大將軍，留精兵一萬以鎮之。"疑作"進位大將軍"。大將軍，官名。西魏、北周時爲府兵專職統帥官號，凡十二人，各領一軍，分隸六柱國大將軍，下統開府、儀同諸將軍。正九命。

[8]齊後主：即北齊皇帝高緯。

[9]堞（dié）：城上如齒狀的矮墻，又稱女墻。

[10]少却：稍稍後退。

[11]六軍：西周制天子六軍，諸侯國有三軍、二軍、一軍，一軍凡萬二千五百人，後以六軍泛指帝王的軍隊。

[12]上柱國：官名。北周武帝建德四年，置爲最高級勳官。正九命。中華本校勘記云："按《周書》卷八《静帝紀》，梁士彦進上柱國在大象二年十二月，即破尉遲迥之後。此在齊亡之後，破迥之前，疑當是進柱國。"中華本《周書·梁士彦傳》校勘記云："按建德五年士彦守晋州時位上開府、大將軍（見卷六《武帝紀》），平齊後封公，進位'柱國'，正相當。這裏當衍'上'字。"可從。雍州：北周時治長安縣，在今陝西西安市西北。　主簿：官名。掌典領文書簿籍，經辦事務。南北朝時諸公、將軍、五校尉、列卿寺監、光禄大夫等府皆置，品位秩級隨府長官地位高低而異，州郡縣亦置。雖非屬吏之首，但地位很高。雍州主簿品秩不詳。

[13]宣帝：即北周皇帝宇文贇。宣爲其謚號。

[14]徐州：北周時治彭城縣，在今江蘇徐州市。　總管：官名。北周明帝武成元年（559）改都督諸州軍事爲此稱。爲地方高級軍政官員，置總管府，掌一州或數州軍務，兼理民政。品秩分三等，上總管從二品，中總管正三品，下總管從三品。

[15]烏丸軌：人名。即王軌。小名沙門，太原祁（今山西祁縣東南）人。北周將領。見《北史》卷六二《王軌傳》。　吴明徹：人名。字通昭，秦郡（今江蘇南京市六合區）人。南朝梁、陳將領。與北周交戰時被俘。見《陳書》卷九《吴明徹傳》。　吕梁：此指吕梁洪，在今江蘇銅山縣東南。《水經注·泗水》云："泗水之上有石梁焉，故曰吕梁也。"

[16]淮南：泛指淮河以南地區。

隋文帝作相，[1]轉亳州總管。[2]尉遲迥反，[3]爲行軍總管，[4]及韋孝寬擊之，[5]令家僮梁默等爲前鋒，[6]士彦繼之，所當皆破。及迥平，除相州刺史。[7]深見忌，徵還京師。閑居無事，恃功懷怨，與宇文忻、劉昉等謀反。[8]將率僮僕候上享廟之際以發機。[9]復欲於蒲州起事，[10]略取河北，[11]捉黎陽關，[12]塞河陽路，[13]劫調布爲牟甲，[14]募盜賊爲戰士。其甥裴通知而奏之。帝未發其事，授晋州刺史，欲觀其志。士彦欣然謂昉等曰："天也！"又請儀同薛摩兒爲長史，[15]帝從之。後與公卿朝謁，帝令執士彦、忻、昉等於行間，詰之狀，猶不伏，捕薛摩兒至對之。摩兒具論始末云："第二子剛垂泣苦諫，第三子叔諧曰：'作猛獸須成班。'"[16]士彦失色，顧曰："汝殺我！"於是伏誅，時年七十二。有子五人。

[1]隋文帝：即隋朝皇帝楊堅。文爲其謚號。

[2]亳州：北周時治小黄縣，在今安徽亳州市。元大德本"亳"作"毫"，誤。

[3]尉遲迥：人名。字薄居羅，代（今山西大同市東北）人。西魏、北周重臣。見《北史》卷六二《尉遲迥傳》。

[4]行軍總管：官名。北周置。戰時臨時任命，事畢即罷，重大軍事行動中，隸屬於行軍元帥。隋朝沿置，並漸漸過渡爲地方軍政長官，或掌一道軍政，或領數道，時有大總管、總管之分。

[5]及韋孝寬擊之：《隋書》卷四〇《梁士彦傳》"及"作"從"，《通志》卷一六一《梁士彦傳》、《册府元龜》卷三五六作"從"。中華本校勘記云作"從"是，可從。韋孝寬，人名。即韋叔裕。字孝寬，京兆杜陵（今陝西西安市長安區東）人。北魏、西魏、北周將領。見《北史》卷六四《韋孝寬傳》。

[6]家僮：古代私家所屬男女奴僕的統稱。家僮可以買賣，主要從事家内雜役和手工業生産，也用於農業生産。

[7]相州：北周時治鄴縣，在今河北臨漳縣西南。毛本“相”作“湘”。

[8]宇文忻：人名。字仲樂，夏州（今内蒙古烏審旗南）人。北周、隋朝將領。見《北史》卷六〇《宇文貴附宇文忻傳》。　劉昉：人名。博陵望都（今河北唐縣東北）人。北周、隋朝官吏。見《北史》卷七四《劉昉傳》。

[9]享廟：祭祀皇家祖宗。

[10]蒲州：北北周時治蒲坂縣，在今山西永濟市西南蒲州鎮。

[11]河北：泛指今黄河以北地區。

[12]黎陽關：渡口名。又名黎陽津。在今河南浚縣東。

[13]河陽：縣名。治所在今河南孟州市西南。

[14]調布：賦税款。　牟（mù）甲：盔甲。

[15]儀同：北周時爲儀同大將軍、儀同將軍的省稱。武帝建德四年改儀同三司置。主要授予有功勳的大臣和北齊降臣，無具體職掌，初加使持節、大都督、車騎大將軍、散騎常侍等職。九命。　長史：官名。掌顧問參謀，爲所在官署的屬官之長。不同名號的長史所負職責不同，品秩也不相同。

[16]猛獸：《北史》避唐高祖祖父李虎諱改“虎”爲“獸”。

操，字孟德，位上開府、義鄉縣公，[1]早卒。

[1]義鄉縣公：封爵名。義鄉，縣名。治所在今陝西延長縣西南。

剛，字永固，位大將軍、通政縣公、涇州刺史。[1]以諫父獲免，徙瓜州。[2]叔諧坐士彦誅。

[1]位大將軍：《隋書》卷四〇《梁士彦附梁剛傳》作“位上

大將軍",《周書》卷三一《梁士彦傳》作“位大將軍”,《通志》卷一六一《梁士彦傳》作“位大將軍”。中華本《周書·梁士彦傳》校勘記云:“《隋書》本傳作‘上大將軍’,《北史》脱‘上’字,故《周書》亦脱。”可從。　通政縣公:封爵名。通政,縣名。今地不詳。　涇州:隋朝時治安定縣,在今甘肅涇川縣北。

[2]瓜州:隋朝時治鳴沙縣,在今甘肅敦煌市黨河東岸。

梁默者,士彦之蒼頭也,[1]驍武絶人。士彦每從征伐,常與默陷陣。仕周,位開府。[2]開皇末,[3]以行軍總管從楊素征突厥,[4]進位大將軍。又從平楊諒,[5]授柱國。[6]大業五年,[7]從煬帝征吐谷渾,[8]力戰死之。贈光禄大夫。[9]

[1]蒼頭:漢代以前爲以青巾裹頭的軍隊,魏晋以後指私家奴僕。

[2]開府:開府儀同三司的簡稱。北周時爲勳官,九命。

[3]開皇:隋文帝的年號(581—600)。

[4]楊素:人名。字處道,弘農華陰(今陝西華陰市東南)人。北周、隋朝大臣。見《北史》卷四一《楊敷附楊素傳》。　突厥:族名。廣義上包括鐵勒、突厥各部落,狹義則專指突厥汗國。公元六世紀初興起於金山(今阿爾泰山)西南麓,爲游牧部落。西魏廢帝二年(552),建突厥汗國,隋文帝開皇二年(582)分裂爲東西二部。見《北史》卷九九《突厥傳》。

[5]楊諒:人名。字德章,一名傑,小字益錢,弘農華陰(今陝西華陰市東南)人。隋文帝第五子。隋煬帝即位,起兵反,兵敗被囚。見《北史》卷七一《庶人諒傳》。

[6]柱國:官名。柱國大將軍的省稱。十六國時後燕置。西魏文帝大統十六年(550)置八柱國,授此職者並加使持節、大都督,

爲西魏最高官職。北周因之。正九命，後爲勳官之第二等。隋朝因之。

[7]大業：隋煬帝的年號（605—617）。

[8]吐谷渾：族名。又稱吐渾、退渾。原爲鮮卑族慕容部的一支，先祖游牧於徒河青山（今遼寧義縣東）。西晋時，遷徙於今甘肅、青海一帶。十六國時，先後受到前凉、西秦等追逐，幾乎亡國。後再度崛起，北魏太武帝時達到最强盛。在北魏打擊下，一度退到今新疆一帶。以游牧爲生。見《北史》卷九六《吐谷渾傳》。

[9]光禄大夫：官名。隋初未置，煬帝大業三年加置，位在左、右光禄大夫之上，爲文職散官之首。從一品。

元諧，河南洛陽人也。[1]家世貴盛。諧性豪俠，有氣調。少與隋文帝同受業於國子，[2]甚相友愛。後以軍功，累遷大將軍。及帝爲相，引致左右。諧謂帝曰："公無黨，譬如水間一堵墻，大危矣。公其勉之！"及帝受禪，顧諧笑曰："水間墻竟何如也？"進位上大將軍，[3]封樂安郡公。[4]奉詔參脩律令。

[1]河南：郡名。隋朝時治河南縣，在今河南洛陽市。　洛陽：縣名。治所在今河南洛陽市東北。

[2]國子：國子學的省稱，國立儒學最高學府。隋初沿置，博士、助教各五員。文帝開皇十三年國子寺罷隸太常，改寺爲學。仁壽元年（601）又罷，唯立太學。煬帝大業二年，置國子監，統國子學、太學，國子學設博士、助教各一員。

[3]上大將軍：官名。隋朝時爲高級武官名號，位大將軍上，煬帝大業三年罷。從二品散實官。

[4]樂安郡公：封爵名。樂安，郡名。隋朝時治千乘縣，在今山東高青縣東南。

時吐谷渾將定城王鐘利旁率騎度河，[1]連結党項。[2]諧率兵出鄯州，[3]趣青海，[4]邀其歸路。[5]相遇於豐利山，[6]諧擊走之，又破其太子可博汗。[7]其名王十七人、公侯十三人，各率其所部來降。詔授上柱國，別封一子縣公。[8]諧拜寧州刺史，[9]頗有威惠。然性剛愎，好排詆，不能取媚於左右。嘗言於上曰："臣一心事主，不曲取人意。"上曰："宜終此言。"後以公事免。

[1]定城王：封爵名。定城，縣名。治所在今河南潢川縣西。　鐘利旁：《隋書》卷四〇《元諧傳》"旁"作"房"，《通志》卷一六一《元諧傳》與《北史》同，源氏校勘記云："'旁'《隋書》作'房'。"中華本校勘記云："《隋書》卷四〇《元諧傳》'旁'作'房'。按本書卷九六、《隋書》卷八三《吐谷渾傳》亦作'房'。"可從。鐘利房，人名。隋朝時吐谷渾貴族。

[2]党項：族名。即党項羌。羌族的一支。隋朝時部分党項羌內附。見《北史》卷九六《党項傳》。

[3]諧率兵出：底本作"率兵出"，《隋書·元諧傳》、《册府元龜》卷三五七作"諧率兵出"，中華本校勘記云："諸本脱'諧'字，據《隋書》補。"今從改。　鄯州：隋朝時治西都縣，在今青海樂都縣。

[4]青海：即青海湖。又稱西海、鮮水海。在今青海高原東北部。

[5]邀其歸路：指在半路阻截。

[6]豐利山：位於今青海青海湖東。

[7]可博汗：人名。隋朝時吐谷渾將領，河西總管、定城王鐘利房子。

[8]別封：北周封爵食邑制度。已有高爵位者（多爲郡公）又

立功勳，難以再增加爵位，則另外授予封邑，稱爲別封。一般回授次子，也可依本人意願封給其他親屬。隋朝沿置。

[9]寧州：隋朝時治定安縣，在今甘肅寧縣。

時上柱國王誼有功於國，[1]與諧俱無位任，每相往來。胡僧告諧、誼謀反，帝按其事，無狀，慰諭釋之。未幾，誼誅，[2]諧漸被疏忌。然以龍潛之舊，[3]每預朝請，[4]恩禮無虧。及平陳，百僚大宴，諧進曰："陛下威德遠被，臣前請突厥可汗爲候正，[5]陳叔寶爲令史，[6]今可用臣言。"帝曰："朕平陳國，本以除逆，非欲誇誕。公之所奏，殊非朕心。突厥不知山川，何能警候？叔寶昏醉，寧堪驅使？"諧嘿然而退。

[1]王誼：人名。字宜君，洛陽（今河南洛陽市東北）人。北周、隋朝將領。見《北史》卷六一《王盟附王誼傳》。

[2]誼誅：《隋書》卷四〇《元諧傳》作"誼伏誅"，《通志》卷一六一《元諧傳》與《北史》同。

[3]龍潛：比喻帝王未即位時。語出《易·乾卦》："潛龍勿用。"

[4]朝請：官名。即奉朝請。本是兩漢給予退休大臣、權貴的一種政治優待。後成爲加官名號。

[5]臣前請突厥可汗爲候正：《隋書·元諧傳》"臣前請"作"臣請"，且整句後無"今可用臣言"五字，《通志》卷一六一《元諧傳》與《北史》同。按：《北史》《隋書》兩句表達的是同一内容，但說這句話的時間不一樣。依《北史》，元諧早就說過此話；依《隋書》，元諧是在平陳後的百僚大宴上說的此話。毛本、局本"候"作"侯"，誤。候正，官名。北周置，負責警衛候望。隋初

因之。

[6]陳叔寶：人名。字元秀，吴興長城縣（今浙江長興縣）人。南朝陳末代皇帝。見《陳書》卷六《後主紀》。　令史：官名。隋朝時掌文書案牘，爲流外官，除授很少。

後數歲，有人告諧與從父弟上開府滂、臨澤侯田鸞、上儀同祁緒等謀反。[1]帝令按其事。有司奏："諧謀令祁緒勒党項兵，即斷巴蜀。時廣平王雄、左僕射高熲二人用事，[2]諧欲譖去之，云：'左執法星動已四年矣，[3]狀一奏，高熲必死。'又言：'太白犯月，[4]光芒相照，主殺大臣，雄必當之。'諧與滂嘗同謁帝，私謂滂曰：'我是主人，殿上者賊也。'因令滂望氣，滂曰：'彼雲似蹲狗走鹿，不如我輩有福德雲。'"[5]帝大怒，諧、滂、鸞、緒並伏誅，籍没其家。

[1]臨澤侯：封爵名。臨澤，縣名。治所在今江蘇高郵市東北。　上儀同：上儀同三司的省稱。北周置，位居開府儀同三司之下、儀同三司之上。多爲大臣、勳臣的加官。隋朝沿置。從四品。

[2]廣平王：封爵名。廣平，郡名。隋朝時治曲梁縣，在今河北永年縣東南。　雄：即楊雄，人名。初名惠，隋文帝族子。見《北史》卷六八《楊紹附楊雄傳》。　左僕射：官名。尚書左僕射的簡稱。隋朝時與内史省、門下省長官共同執掌國政。文帝開皇三年令左僕射掌管吏部、禮部、兵部三部事，兼管御史彈劾不當之事。從二品。　高熲：人名。又作"獨孤熲"，字昭玄，一名敏，勃海蓨（今河北景縣）人。北周官吏，隋朝開國功臣。見《北史》卷七二《高熲傳》。

[3]左執法：太微左垣五星之一。

[4]太白：即金星。俗稱太白金星。太陽系八大行星之一。

[5]如：底本、元大德本、南監本、毛本、局本"如"作"怒"，殿本、四庫本、四部備要本、中華本作"如"，《隋書》卷四〇《元諧傳》作"如"，源氏改"怒"作"如"。據文意，當作"如"。今從改。

虞慶則，京兆櫟陽人也，[1]本姓魚。其先仕赫連氏，[2]遂家靈武，[3]世爲北邊豪傑。父祥，[4]周靈武太守。[5]

[1]京兆：郡名。北周時治長安縣，在今陝西西安市西北。櫟陽：縣名。治所在今陝西西安市臨潼區。

[2]赫連氏：指十六國時赫連勃勃建立的夏政權。

[3]靈武：地名。在今寧夏靈武市西南。

[4]祥：毛本作"詳"。

[5]周靈武太守：《隋書》卷四〇《虞慶則傳》、《通志》卷一六一《虞慶則傳》與《北史》同。按：北周時無靈武郡，有靈州，領普樂、懷遠、臨河、歷城四郡，赫連氏時之靈武即屬靈州。隋文帝開皇三年廢普樂郡，煬帝大業三年置靈武郡。

慶則幼雄毅，性俶儻，身長八尺，有膽智，善鮮卑語，身被重鎧，帶兩鞬，[1]左右馳射，本州豪俠皆敬憚之。初以射獵爲事，中更折節讀書，[2]常慕傅介子、班仲升之爲人。[3]仕周，爲中外府外兵參軍事，[4]襲爵沁源縣公。[5]越王盛討平稽胡，[6]將班師，内史下大夫高熲與盛謀，[7]須文武幹略者鎮遏之，表請慶則，於是拜石州總管。[8]甚有威惠，稽胡慕義歸者八千餘户。

[1]鞬：馬上盛弓箭之器具。

[2]折節：改變以前的志向和行爲。

[3]傅介子：人名。北地（今甘肅慶陽市西北）人。西漢官吏。見《漢書》卷七〇《傅介子傳》。　班仲升：人名。即班超。字仲升，扶風平陵（今陝西咸陽市西北）人。東漢官吏。見《後漢書》卷四七《班超傳》。

[4]中外府：官署名。即都督中外諸軍事府的簡稱。北周置，下設長史、司馬、司録、從事中郎、掾、屬、諸曹參軍、行參軍等府佐，實際地位很高。　外兵參軍事：官名。亦稱外兵參軍。西晉末置，爲軍府僚屬，掌本府外兵曹事務，兼備參謀咨詢。其品位隨府主地位高低不等。北周沿置。

[5]沁源縣公：封爵名。沁源，縣名。治所在今山西沁源縣。局本“沁”作“泌”，誤。

[6]越王：封爵名。北周静帝大象元年（579）下詔以豐州武當、安富二郡爲越國，邑一萬户，以宇文盛爲越王。　盛：即宇文盛，人名。字立久突，代郡武川（今内蒙古武川縣西）人，鮮卑族。北周宗室。見《北史》卷五八《越野王盛傳》。　稽胡：族名。又名步落稽，中國古代北方少數民族之一，屬匈奴别種，或説是山戎、赤狄之後。主要活動在今山西、陝西北部山谷間。見《北史》卷九六《稽胡傳》。

[7]内史下大夫：官名。又稱小内史下大夫、内史次大夫。西魏恭帝三年（556）置，北周沿置。爲春官府内史司次官，輔助内史中大夫掌管綸誥，並參議刑罰爵賞以及軍國大事。正四命。

[8]石州：北周時治離石縣，在今山西吕梁市離石區。

開皇元年，歷位内史監、吏部尚書、京兆尹，[1]封彭城郡公，[2]營新都總監。[3]二年，突厥入寇，慶則爲元帥討之。部分失所，士卒多寒凍，墮指者千餘人。[4]偏將達奚長儒率騎兵二千人別道邀賊，爲虜所圍，慶則按營不救。由是長儒孤軍獨戰，死者十八九。上弗之責也。尋遷尚書右僕射。[5]

[1]内史監：官名。隋朝置。内史省長官，員一人，尋廢，改以内史令爲長官。正三品。　吏部尚書：官名。隋朝時爲尚書省六部長官之首，與二侍郎分掌六品以下文官選授、勳封、考課之政。正三品。　京兆尹：官名。爲京畿地方行政長官之一。職掌如同地方郡守，但是地位高於郡守，位列九卿。西魏時在京師長安置此職，北周初改爲京兆郡守，明帝二年（558）復爲京兆尹。隋初沿置。

[2]彭城郡公：封爵名。彭城，郡名。隋朝時治彭城縣，在今江蘇徐州市。

[3]營新都總監：官名。隋朝置，總管營建新都事務。新都，指隋文帝時興建的大興宫。

[4]墮指：因天寒而凍壞士卒手足指。

[5]尚書右僕射：官名。隋朝時與内史省、門下省長官共同執掌國政。文帝開皇三年令右僕射掌判都官、度支、工部三部事，兼管開支用度。從二品。

後突厥主攝圖將内附，[1]請一重臣充使，[2]詔慶則往。攝圖恃强，[3]慶則責以往事，攝圖不服。其介長孫晟又説諭之，[4]攝圖及弟葉護皆拜受詔，[5]因稱臣朝貢，請永爲藩附。初，慶則出使，帝敕曰："我欲存立突厥，彼送公馬，但取五三疋。"攝圖見慶則，贈馬千疋，又以女妻之。帝以慶則功高，皆無所問。授上柱國，封魯國公，食任城縣千户，[6]以彭城公迴授第二子義。[7]

[1]攝圖：人名。即沙鉢略可汗。又稱伊利可汗。隋初曾與幾位突厥可汗聯合出兵侵擾邊境，文帝開皇五年向隋稱臣。

[2]充使：即當作使者。局本“充”作“克”。

[3]强：殿本、四庫本、四部備要本“强”作“疆”，誤。

[4]長孫晟：人名。字季晟，河南洛陽（今河南洛陽市東北）人。北周、隋朝將領。見《北史》卷二二《長孫道生附長孫晟傳》。

[5]葉護：官名。常用於匈奴、突厥官制中，地位僅低於可汗。

[6]任城：縣名。治所在今山東濟寧市。

[7]彭城公：封爵名。彭城，郡名。隋朝時治彭城縣，在今江蘇徐州市。

平陳後，帝幸晋王第，[1]置酒會群臣。高熲等奉觴上壽。帝曰："高熲平江南，[2]虞慶則平突厥，可謂茂功矣。"楊素曰："皆由至尊威德所被。"慶則曰："楊素前出兵武牢、硤石，[3]若非至尊威德，亦無剋理。"遂互相長短。御史欲彈之，[4]帝曰："今日計功爲樂，並不須劾。"[5]帝觀群臣宴射，[6]慶則進曰："臣蒙賚酒，令盡樂，御史在側，恐醉被彈。"帝賜御史酒，遣之出。慶則奉觴上壽，極歡。帝謂諸公曰："飲此酒，願我與公等子孫常如今日，世守富貴。"九年，轉爲右衛大將軍，[7]尋改爲右武候大將軍。[8]

[1]晋王：即隋煬帝楊廣。

[2]江南：代指陳朝。

[3]武牢：關隘名。即虎牢關。《北史》避唐高祖祖父李虎諱改。在今河南滎陽市汜水鎮西北。　硤石：關隘名。在今河南澠池縣。

[4]御史：官名。侍御史的簡稱。隋初由吏部選用，入值禁中，從七品。煬帝大業三年後，祇掌侍從糾察，升爲正七品。

[5]並不須劾：《隋書》卷四〇《虞慶則傳》作"宜不須劾"，《通志》卷一六一《虞慶則傳》與《北史》同，《册府元龜》卷四一與《隋書》同。

[6]宴射：古射禮之一。聚飲習射。

[7]右衛大將軍：官名。隋朝時爲右衛之長，員一人，掌宫掖禁禦，督攝仗衛。煬帝大業三年改名爲右翊衛大將軍，總府事，並統諸鷹揚府事。正三品。

[8]右武候大將軍：官名。隋朝置，員一人，爲十二衛大將軍之一，與左武候大將軍同掌車駕、營衛，分領府兵，煬帝大業三年改爲右候衛大將軍。正三品。局本"候"作"侯"，誤。

十七年，嶺南人李世賢據州反，[1]議欲討之。諸將二三請行，皆不許。帝顧謂慶則曰："位居宰相，爵爲上公，國家有賊，遂無行意，何也？"慶則拜謝恐懼，帝乃遣焉。爲桂州道行軍總管，[2]以婦弟趙什柱爲隨府長史。[3]什柱與慶則愛妾通，恐事彰，乃宣言："慶則不欲此行。"帝聞之。先是，朝臣出征，帝皆宴别，禮賜遣之。慶則南討辭帝，帝色不悦，慶則由是怏怏不得志。[4]暨平世賢還，歸桂鎮，[5]觀眺山川形勢，曰："此誠險固，加以足糧。若守得其人，攻不可拔。"遂使什柱馳詣京奏事，觀帝顔色。什柱至京，因告慶則謀反。帝按驗之，於是伏誅。拜什柱爲大將軍。[6]

[1]嶺南：指五嶺以南地區，相當於今廣東、廣西二省及越南北部一帶。　李世賢：人名。桂州（今廣西桂林市）人，其餘不詳。《隋書》卷四〇《虞慶則傳》作“李賢”。

[2]桂州：隋朝時治始安縣，在今廣西桂林市。

[3]隨府長史：官名。即隨行爲府長史。府長史（開府、軍府、公府等）於府中掌僚屬諸吏。

[4]怏怏：不滿意或不高興的樣子。局本“怏”作“快”。

[5]歸桂鎮：中華本校勘記云：“《隋書》卷四〇《虞慶則傳》作‘至潭州臨桂鎮’。《通志》卷一六一《虞慶則傳》作‘還臨桂鎮’。《通鑑》卷一七八作‘至潭州臨桂嶺’。疑此脱‘臨’字。”可從。臨桂鎮，在今廣西桂林市附近。

[6]拜什柱爲大將軍：《隋書·虞慶則傳》作“拜什柱爲柱國”，《資治通鑑》卷一七八作“拜什柱爲柱國”，《册府元龜》卷九三四作“拜釋柱爲柱國”，《通志·虞慶則傳》與《北史》同。

慶則子孝仁，幼豪俠任氣，拜儀同，[1]領晋王親信。坐父事除名。[2]煬帝嗣位，以藩邸之舊，[3]授候衛長史，[4]兼領金谷監，[5]監禁苑。[6]有巧思，頗稱旨。大業九年，伐遼，遷都水丞，[7]充使監運，頗有功。然性奢華，以駱駝負函盛水養魚而自給。後或告其爲不軌，遂見誅。

[1]儀同：儀同三司的省稱。隋朝時爲勳官號，十一等中第八等，正五品上，煬帝大業三年罷。

[2]除名：把姓名從名册中删除，取消原有身份。

[3]藩邸：諸侯王的府第。

[4]候衛長史：官名。隋煬帝時改武候將軍爲候衛將軍，分置

左右。長史爲候衛府屬官。

[5]金谷監：官名。掌理金谷園囿。金谷在洛陽西北，西晋石崇於此修築園囿。

[6]禁苑：隋唐時皇家苑囿，在今河南洛陽市。

[7]都水丞：官名。隋初爲都水臺次官，員二人，文帝仁壽元年改臺爲監，又稱都水監丞。正八品上。煬帝大業五年（609）後增置少監爲次官，丞降爲佐貳官，升爲從七品。

元冑，河南洛陽人，魏昭成帝之六代孫也。[1]祖順，魏濮陽王。[2]父雄，武陵王。[3]

[1]昭成帝：即代王拓跋什翼犍。昭成爲其謚號。

[2]濮陽王：封爵名。濮陽，郡名。隋朝時治鄄城縣，在今山東鄄城縣北。

[3]武陵王：封爵名。武陵，郡名。隋朝時治上鮮縣，在今江蘇贛榆縣南。

冑少英果，多武藝，美鬚眉，有不可犯之色。周齊王憲見而壯之，[1]引致左右，數從征伐。官至大將軍。隋文帝初被召入，將受顧託，[2]先呼冑，次命陶澄，並委以腹心，[3]恒宿卧内。及爲丞相，每典軍在禁中，[4]又引弟威俱入侍衛。[5]

[1]齊王憲：即宇文憲。字毗賀突，代郡武川（今内蒙古武川縣西）人，鮮卑族。見《北史》卷五八《齊煬王憲傳》。

[2]顧託：猶顧命。

[3]腹心：局本作“心腹”。

[4]禁中：也稱省中，即宫禁之内。

[5]侍衛：泛指侍從護衛官員。

周趙王招謀害帝，帝不之知，[1]乃將酒肴詣其宅。[2]趙王引帝入寢室，左右不得從，唯楊弘與胄兄弟坐於户側。[3]趙王令其二子進瓜，因將刺帝。及酒酣，趙王欲生變，以佩刀子刺瓜，連啗帝，將爲不利。胄進曰："相府有事，不可久留。"趙王呵之曰："我與丞相言，汝何爲者！"叱之使却。胄瞋目憤氣，扣刀入衛。趙王問其姓名，胄以實對。趙王曰："汝非昔事齊王者乎？誠壯士也！"因賜之酒，曰："吾豈有不善之意邪？卿何猜警如是！"[4]趙王僞吐，將入後閤，胄恐其爲變，扶令上座，如此者再三。趙王稱喉乾，命胄就厨取飲，胄不動。會滕王逌後至，[5]帝降階迎之，胄耳語勸帝速去。帝猶不悟，曰："彼無兵馬，復何能爲？"胄曰："兵馬悉他家物，一先下手，大事便去。胄不辭死，死何益邪？"復入坐。胄聞屋後有被甲聲，遽請曰："相府事殷，公何得如此？"因扶帝下牀，[6]趣而去。趙王將追帝，胄以身蔽户，王不得出。帝及門，胄自後而至。趙王恨不時發，彈指出血。及誅趙王，賞賜不可勝計。

[1]周趙王招謀害帝帝不之知：局本脱一"帝"字。趙王，封爵名。北周静帝大象元年下詔以洺州襄國郡爲趙國，邑一萬户，封宇文招爲趙王。招，即宇文招，人名。字豆盧突，代郡武川（今内蒙古武川縣西）人，鮮卑族。北周宗室、大臣。見《北史》卷五八《趙僭王招傳》。

[2]詣：局本作“帝”。

[3]楊弘：人名。字辟惡。長於舅家，因從舅姓郭氏。隋朝宗室。見《北史》卷七一《河間王弘傳》。

[4]卿何猜警如是：局本“如”作“於”。

[5]滕王：封爵名。北周静帝大象元年以荆州新野郡爲滕國，邑一萬户，封宇文逌爲滕王。　逌（yōu）：即宇文逌，人名。字爾固突，代郡武川（今内蒙古武川縣西）人，鮮卑族。北周宗室。見《北史》卷五八《滕聞王逌傳》。

[6]牀：坐具、卧具之稱。

帝受禪，封武陵郡公，拜左衛將軍。[1]尋遷右衛大將軍。帝從容曰：“保護朕躬，成此基業，元冑功也。”歷豫、亳、淅三州刺史。[2]時突厥屢爲邊患，朝廷以冑素有威名，拜靈州總管，[3]北夷甚憚焉。[4]徵爲右衛大將軍，[5]親顧益隆。嘗正月十五日，帝與近臣登高，時冑下直，[6]馳詔召之。及見，謂曰：“公與外人登高，未若就朕也。”賜宴極歡。晋王廣每致禮焉。[7]房陵王之廢也，[8]冑預其謀。帝正窮東宫事，[9]左衛大將軍元旻苦諫，[10]楊素乃譖之。帝大怒，執旻於仗。冑時當下直，不去，因奏曰：“臣向不下直者，爲防元旻耳。”復以此言激怒帝，帝遂誅旻。

[1]左衛將軍：官名。隋初爲十二衛中的左衛副長官，員二人，協助左衛大將軍掌管宫掖禁衛，從三品。煬帝大業初改左、右衛爲左、右翊衛，左衛將軍改爲左翊衛大將軍。

[2]豫：州名。隋朝時治上蔡縣，在今河南汝南縣。　亳：州名。隋朝時治小黄縣，在今安徽亳州市。　淅：州名。隋朝時治南

鄉縣，在今河南淅川縣西南。四庫本作“浙”，誤。

[3]靈州：隋朝時治回樂縣，在今寧夏靈武市西南。

[4]北夷：泛指北方的少數民族。

[5]徵爲右衛大將軍：《隋書》卷四〇《元冑傳》作“後復徵爲右衛大將軍”。按：前文已説過“尋遷右衛大將軍”，後面又説“徵爲右衛大將軍”，應是中間有過變更。

[6]下直：猶言下班。古時宫禁及中樞的官吏有值宿的制度，上班稱上直，下班稱下直。直，同“值”。

[7]廣：即楊廣，人名。一名英，弘農華陰（今陝西華陰市東南）人。隋文帝第二子，即隋煬帝。見《北史》卷一二《隋本紀·煬帝》。

[8]房陵王：指廢太子楊勇。

[9]窮：《隋書·元冑傳》作“窮治”。

[10]左衛大將軍：官名。隋朝時置爲左衛之長，員一人，掌宫掖禁禦，督攝仗衛。煬帝大業三年改爲左翊衛大將軍，總府事，並統諸鷹揚府事。正三品。

蜀王秀之得罪，[1]冑坐與交通，[2]除名。煬帝即位，不得調。時慈州刺史上官政坐事徙嶺南，[3]將軍丘和亦以罪廢。[4]冑與和有舊，因數從之遊，酒酣，謂和曰：“上官政誠壯士也，今徙嶺表，得無大事乎？”因自拊腹曰：[5]“若是公者，不徒然矣！”和明日奏之，冑竟坐死。於是徵政爲驍騎將軍，[6]拜和代州刺史。[7]

[1]秀：即楊秀，人名。弘農華陰（今陝西華陰市東南）人。隋文帝第四子。曾被封爲蜀王。見《北史》卷七一《庶人秀傳》。

[2]交通：交往、往來。

[3]慈州：隋朝時治滏陽縣，在今河北磁縣。

[4]丘和：人名。河南洛陽（今河南洛陽市東北）人。歷仕北周、隋、唐。見《舊唐書》卷五九《丘和傳》。四庫本“丘”作“邱”，係避孔子諱改。清雍正三年（1725）上諭，除四書五經外，凡遇“丘”字，皆加“⻏”旁爲“邱”。

[5]自：局本作“此”。

[6]驍騎將軍：官名。北魏、北齊時統率親軍，負責宿衛之事，是護衛皇宮的主要將領之一，四品上。隋初因之。源氏校勘記云：“《隋書》‘驍騎’作‘驍衛’。”

[7]代州：隋朝時治廣武縣，在今山西代縣西南。

達奚長儒，字富仁，代人也。[1]祖俟，魏定州刺史。[2]父慶，驃騎大將軍、儀同三司。[3]

[1]代：郡名。北魏時治平城縣，在今山西大同市東北。

[2]定州：北魏時治盧奴縣，在今河北定州市。

[3]驃騎大將軍：官名。西魏、北周時主要作爲府兵開府府長官的軍號。九命。

長儒少懷節操，膽烈過人。十五，襲爵樂安公。[1]爲周文帝引爲親信，[2]以質直恭朴，授子都督。[3]數有戰功。天和中，[4]除渭南郡守，[5]位驃騎大將軍、開府儀同三司。[6]從武帝平齊，遷上開府，進爵成安郡公，[7]別封一子縣公。宣政元年，[8]除左將軍勇猛中大夫。[9]

[1]樂安公：封爵名。樂安，縣名。治所在今山東博興縣北。

[2]周文帝：即宇文泰。文爲其謚號，北周明帝所追謚。

[3]子都督：官名。北魏置，西魏沿置。爲統兵武官，位在都

督之下。亦可作爲起家官。殿本、四庫本、四部備要本作“大都督”。

[4]天和：北周武帝的年號（566—572）。

[5]渭南：郡名。北周時治渭南縣，在今陝西渭南市東南。

[6]開府儀同三司：即非三公而享受三公儀禮。北周時置上開府儀同三司，以酬功勳。隋朝以後，開府儀同三司爲散官稱號。九命。

[7]成安郡公：封爵名。成安，郡名。北周時治滏陽縣，在今河北磁縣。

[8]宣政：北周武帝的年號（578）。

[9]左將軍勇猛中大夫：《隋書》卷五三《達奚長儒傳》“左將軍”作“左前軍”，《通志》卷一六一《達奚長儒傳》與《北史》同，《册府元龜》卷三六五與《隋書》同。按：王仲犖《北周六典》“勇猛中大夫”條云：“北周有左前軍勇猛中大夫。”勇猛中大夫，官名。西魏恭帝三年置，北周沿置，隸中兵，正五命。

後與烏丸軌圍陳將吴明徹於吕梁，陳援軍至，[1]軌令長儒拒之。長儒取車輪數百，繫以大石，沈之清水，連轂相次以待之。船艦礙輪不得進，[2]長儒縱奇兵大破之，獲吴明徹，以功進位大將軍。尋授行軍總管，北巡沙塞，[3]卒與虜遇，大破之。

[1]陳援軍至：《隋書》卷五三《達奚長儒傳》作“陳遣驍將劉景率勁勇七千來爲聲援”。

[2]船艦礙輪不得進：《隋書·達奚長儒傳》作“（劉）景至，船艦礙輪不得進”。

[3]沙塞：沙漠邊塞。

文帝作相，王謙舉兵於蜀，[1]沙氏楊永安扇動利、興、武、文、沙、龍等六州以應謙，[2]詔長儒擊破之。謙二子自京師逃歸其父，長儒並捕斬之。文帝受禪，進位上大將軍，封蘄郡公。[3]

[1]王謙：人名。字敕萬，太原（今山西太原市晋源區古城營村一帶）人。北周大臣。見《北史》卷六〇《王雄附王謙傳》。　蜀：郡名。北周時治成都縣，在今四川成都市。

[2]沙：州名。北周時治白水縣，在今四川青川縣東北。　氐：族名。以畜牧業和農業爲生。魏晋時，氐人已遍布關中諸郡，受漢人經濟、文化的影響，漸著漢服，講漢語，習農耕，建立過仇池、前秦、後凉等政權。　楊永安：人名。沙州氐族首領。　利：州名。北周時治興安縣，在今四川廣元市。　興：州名。北周時治武興城，在今陝西略陽縣。　武：州名。北周時治將利縣，在今甘肅隴南市武都區東南。　文：州名。北周時治建昌縣，在今甘肅文縣西南。　龍：州名。北周時治江油縣，在今四川平武縣東南。

[3]蘄郡公：封爵名。蘄，郡名。隋朝時治蘄城縣，在今安徽宿州市西南。《隋書》卷五三《達奚長儒傳》作“蘄春郡公”，《文獻通考》卷二七四與《北史》同，《通志》卷一六一《達奚長儒傳》、《册府元龜》卷三八三與《隋書》同。按：隋初有蘄郡，《隋書·地理志下》“彭城郡蘄縣”條云：“蘄，梁置蘄郡……開皇初郡廢。”而蘄春在隋初爲縣，同卷“蘄春郡蘄春縣”條云：“蘄春，舊曰蘄陽，梁改曰蘄水。後齊改曰齊昌，置齊昌郡。開皇十八年改爲蘄春。”可知蘄春郡置於隋文帝開皇十八年。故達奚長儒在隋文帝受禪時（開皇元年）衹能是封蘄郡公，《北史》是。

開皇二年，突厥沙鉢略可汗并弟葉護及潘那可汗寇掠而南，[1]詔以長儒爲行軍總管擊之。遇於周槃，[2]衆寡不敵，軍中大懼，長儒慷慨，神色愈烈。爲虜所衝突，散而復聚，且戰且行，轉鬬三日，五兵咸盡，[3]士卒以拳毆之，手皆骨見，殺傷萬計，虜氣稍奪，於是解去。長儒身被五瘡，通中者二，其戰士死者十八九。[4]突厥本欲大掠秦、隴，[5]既逢長儒，兵皆力戰，虜意大沮，明日於戰處焚屍慟哭而去。文帝下詔褒美，授上柱國，餘勳迴授一子。[6]其戰亡將士，皆贈官三轉，[7]子孫襲之。

[1]沙鉢略可汗：隋朝時突厥可汗，又稱伊利可汗。隋初曾和幾位突厥可汗聯合出兵侵擾邊境。文帝開皇五年向隋朝稱臣納貢。　藩那可汗：隋朝時突厥首領。　寇掠而南：底本作“寇掠西南”，《隋書》卷五三《達奚長儒傳》、《册府元龜》卷三九五下作“寇掠而南”，《通志》卷一六一《達奚長儒傳》與《北史》同。中華本校勘記云：“按突厥在隋之北，不得云‘寇掠西南’。《隋書》卷五三《達奚長儒傳》‘西’作‘而’是，今據改。”今從改。

[2]周槃：地名。在今甘肅慶陽市北。

[3]五兵：矛、戟、鉞、盾、弓矢。泛指各種兵器。

[4]其戰士死者十八九：《隋書·達奚長儒傳》、《通志·達奚長儒傳》、《太平御覽》卷三一〇“死”作“死傷”，《資治通鑑》卷一七五與《北史》同。

[5]秦：州名。隋朝時治上邽縣，在今甘肅天水市。　隴：州名。隋朝時治汧陰縣，在今陝西隴縣東南。

[6]迴授：古代官員把所得的封贈呈請改授他人。

[7]轉：勳級每升一級稱一轉。

歷寧、鄜二州刺史，[1]母憂去職。長儒性至孝，水漿不入口五日，毀悴過禮，殆將滅性，天子嘉歎。起爲夏州總管，[2]匈奴憚之，[3]不敢窺塞。以病免。又除襄州總管，[4]轉蘭州。[5]文帝遣涼州總管獨孤羅、原州總管元褒、靈州總管賀若誼等發卒備胡，[6]皆受長儒節度。長儒率衆出祁連山北，[7]西至蒲類海，[8]無虜而還。轉荊州總管，[9]帝謂曰："江陵國之南門，今以委卿，朕無慮也。"卒官。謚曰威。

[1]寧：州名。隋朝時治定安縣，在今甘肅寧縣。　鄜：州名。隋朝時治洛交縣，在今陝西富縣。

[2]夏州：隋朝時治巖緑縣，在今陝西靖邊縣白城子村無定河北岸的毛烏素沙漠中（靠近今内蒙古烏審旗南境）。

[3]匈奴：族名。魏晉南北朝時活動於大漠南北和西北地區的少數民族。

[4]襄州：隋朝時治襄陽縣，在今湖北襄樊市。

[5]蘭州：隋朝時治子城縣，在今甘肅蘭州市西北。

[6]涼州：隋朝時治姑臧縣，在今甘肅武威市。　獨孤羅：人名。字羅仁，雲中（今内蒙古和林格爾縣西北）人，鮮卑族獨孤部。北周、隋朝官吏，獨孤皇后異母弟。見《北史》卷六一《獨孤信附獨孤羅傳》。　原州：隋朝時治高平縣，在今寧夏固原市城區。　元褒：人名。字孝整，河南洛陽（今河南洛陽市東北）人。北周、隋朝官吏。見《北史》卷一七《汝陰王天賜附元褒傳》。　靈州：北周時治薄骨律鎮城，在今寧夏靈武市西南。　賀若誼：人名。代（今山西大同市東北）人，鮮卑族。北周、隋朝官吏。見《北史》卷六八《賀若敦附賀若誼傳》。

[7]祁連山：位於今青海東北部和甘肅西部。

[8]蒲類海：一名婆悉海。即今新疆巴里坤哈薩克自治縣西北巴里坤湖。

[9]荆州：隋朝時治江陵縣，在今湖北江陵縣。

子暠，[1]大業中，位太僕少卿。[2]

[1]暠：源氏校勘記云："'暠'《隋書》作'嵩'。"

[2]太僕少卿：官名。隋朝時協助太僕卿管理車輿廄牧，審計籍帳，通判本寺事務。初爲正四品上，煬帝時定爲從四品。

賀婁子幹，字萬壽，本代人也。隨魏氏南遷，[1]世居關右。祖道成，魏侍中、太子太傅。[2]父景賢，右衛大將軍。

[1]魏氏：指北魏。

[2]侍中：官名。北朝時常總典機密，受遺詔輔政，權任尤重，時號"小宰相"，負責切問近對，拾遺補缺。北魏孝文帝太和十七年（493）定爲從一品中，二十三年定爲三品。　太子太傅：官名。負責訓導輔佐太子。北魏孝文帝太和十七年定爲一品上，二十三年定爲二品。

子幹少以驍武知名。仕周，累遷少司水，[1]以勤勞封思安縣子。[2]大象中，[3]除秦州刺史，[4]進爵爲伯。及尉遲迥爲亂，子幹從韋孝寬討之。遇賊圍懷州，[5]子幹與宇文述等擊破之。[6]文帝大悦，手書慰勉在。其後每戰先登。及破鄴城，[7]與崔弘度逐迥至樓上。[8]進位上開府，封武川縣公，[9]以思安縣伯别封子皎。[10]

[1]少司水：官名。即小司水下大夫。西魏恭帝三年置，北周

沿置。冬官府司水司次官，佐司水中大夫掌河渠疏浚、灌溉及舟船運輸事務。北周武帝建德二年省六府諸司中大夫，遂成司水司長官，宣帝即位，復爲次官。

[2]思安縣子：封爵名。思安，縣名。治所在今甘肅徽縣東南。

[3]大象中：《隋書》卷五三《賀婁子幹傳》作“大象初”，《通志》卷一六一《賀婁子幹傳》與《北史》同。大象，北周静帝的年號（579—580）。

[4]秦州：北周時治上封縣，在今甘肅天水市。

[5]懷州：北周時治野王縣，在今河南沁陽市。

[6]宇文述：人名。字伯通，代郡武川（今内蒙古武川縣西）人，鮮卑族。北周、隋朝大臣。見《北史》卷七九《宇文述傳》。

[7]鄴城：在今河北臨漳縣西南。

[8]崔弘度：人名。字摩訶衍，博陵安平（今河北安平縣）人。北周、隋朝官吏。見《隋書》卷七四《崔弘度傳》。

[9]武川縣公：封爵名。武川，縣名。治所在今河南南召縣東南。

[10]思安縣伯：底本作“忠安縣伯”，《隋書·賀婁子幹傳》作“思安縣伯”，《通志·賀婁子幹傳》與《北史》同，源氏校勘記改“忠”作“思”，中華本校勘記云:“諸本‘思’作‘忠’，《隋書》卷五三《賀婁子幹傳》作‘思’。按上文言子幹封思安縣子，進爵爲伯。‘忠’字訛，今據改。”今從改。

開皇元年，進爵鉅鹿郡公。[1]其年，吐谷渾寇涼州，子幹以行軍總管從上柱國元諧擊之，功最，優詔褒美，[2]即令子幹鎮涼州。其年，[3]突厥寇蘭州，子幹拒之，至可洛峐山，[4]與賊相遇。賊衆甚盛，子幹阻川爲營，賊軍不得水數日，人馬甚弊，[5]縱擊，大破之。於是册授上大將軍，徵授營新都副監，[6]尋拜工部尚書。[7]

其年，突厥復犯塞，以行軍總管從竇榮定擊之。[8]子幹别路破賊，文帝嘉之，遣優詔勞勉之。子幹請入朝，詔令馳驛奉見。吐谷渾復寇邊，命子幹討之。入掠其國，二旬而還。[9]

[1]鉅鹿郡公：封爵名。鉅鹿，郡名。隋朝時治藁城縣，在今河北藁城市西南。

[2]功最優詔褒美：中華本《隋書》卷五三《賀婁子幹傳》句讀爲“功最優，詔褒美”。

[3]其年：《隋書·賀婁子幹傳》作“明年”，《通志》卷一六一《賀婁子幹傳》與《北史》同。

[4]可洛峐山：位於今甘肅武威市東南。

[5]弊：殿本作“疲”。

[6]營新都副監：官名。與營新都總監共掌營造新都事務。

[7]工部尚書：官名。隋朝始置。爲尚書省工部長官，員一人，掌百工、屯田、山澤等政令。正三品。

[8]竇榮定：人名。扶風平陵（今陝西咸陽市西北）人。北周、隋朝將領。見《北史》卷六一《竇熾附竇榮定傳》。

[9]二旬：二十天。十天爲一旬。

文帝以隴西頻被寇掠，甚患之。又彼俗不設村塢，[1]敕子幹勒人爲堡，營田積穀，以備不虞。子幹上書曰：“比見屯田之所，獲少費多。但隴右之人，以畜牧爲事，若更屯聚，彌不獲安。但使鎮戍連接，烽候相望，人雖散居，必無所慮。”帝從之。

[1]村塢：村落。

帝以子幹習邊事，授榆關總管，[1]遷雲州刺史，[2]甚爲虜所憚。後數年，突厥雍虞閭遣使請降，[3]并獻羊馬。詔以子幹爲行軍總管，出西北道應接之。還，拜雲州總管，以突厥所獻馬百疋、羊千口以賜之，乃下書曰："自公守北門，風塵不警。突厥所獻，還以賜公。"母憂去職。朝廷以榆關重鎮，尋起視事。卒官。文帝傷惜久之。贈懷、魏等四州刺史，[4]謚曰懷。子善柱嗣。

[1]榆關：關隘名。又作"渝關""臨渝關"。隋文帝開皇三年置，在今河北撫寧縣東。

[2]雲州：隋朝時治大利縣，在今山西朔州市平魯區。

[3]雍虞閭：人名。又稱都藍可汗。北周、隋朝時東突厥可汗。

[4]懷：州名。隋朝時治野王縣，在今河南沁陽市。　魏：州名。隋朝時治貴鄉縣，在今河北大名縣東北。

子幹兄詮，亦有才器。位銀青光禄大夫、鄭純深等三州刺史、北地太守、東安郡公。[1]

[1]銀青光禄大夫：官名。東晉始置。由於授予銀章青綬，因此稱銀青光禄大夫。隋初爲正三品散官，煬帝時定爲從三品。　鄭：州名。隋朝時治汜水縣，在今河南滎陽市。《隋書》卷五三《賀婁子幹傳》作"鄀"，《通志》卷一八一《賀婁子幹傳》與《北史》同。　純：州名。隋朝時治淮安縣，在今河南桐柏縣東。　深：州名。隋朝時治安平縣，在今河北安平縣。　北地：郡名。隋朝時治定安縣，在今甘肅寧縣西北。　東安郡公：封爵名。東安，郡名。隋朝時治東莞縣，在今山東沂水縣。

史萬歲，京兆杜陵人也。[1]父静，周滄州刺史。[2]

[1]京兆：郡名。即京兆尹。北周時治長安縣，在今陝西西安市西北。　杜陵：縣名。治所在今陝西西安市長安區東。

[2]滄州：北周時治饒安縣，在今河北鹽山縣西南。

萬歲少英武，善騎射，驍健若飛。好讀兵書，兼精占候。[1]年十五，逢周、齊戰於芒山，[2]萬歲從父在軍，[3]旗鼓正相望，萬歲令左右趣裝急去。俄而周兵大敗，其父由是奇之。及平齊之役，[4]其父戰没，萬歲以忠臣子，拜開府儀同三司，襲爵太平縣公。[5]

[1]占候：根據各種天象變化和徵候來預知吉凶。

[2]芒山：即邙山。在今河南洛陽市東北。

[3]從父在軍：《隋書》卷五三《史萬歲傳》、《册府元龜》卷七七五"在"作"入"，《通志》卷一六一《史萬歲傳》與《北史》同。

[4]平齊之役：指公元577年北周消滅北齊的戰争。

[5]太平縣公：封爵名。太平，縣名。治所在今山西襄汾縣西北。

尉遲迥之亂，萬歲從梁士彦擊之。軍次馮翊，[1]見群雁飛來，萬歲謂士彦請射行中第三者。射之，應弦而落，三軍莫不悦服。及與迥軍遇，每戰先登。鄴城之陣，官軍稍却，萬歲乃馳馬奮擊，殺數十人，衆亦齊力，官軍復振。迥平，以功拜上大將軍。

[1]馮翊：郡名。北周時治高陸縣，在今陝西高陵縣。

開皇初，大將軍尒朱勣以謀反伏誅，萬歲頗關涉，坐除名，配敦煌爲戍卒。[1]其戍主甚驍武，[2]每單騎深入突厥中，輒大剋獲，突厥莫敢當。其人深自矜負，數罵辱萬歲。萬歲患之，自言亦有武用。戍主試令騎射，[3]笑曰："小人定可。"萬歲因請弓馬，復掠突厥中，大得六畜而歸。戍主始善之，每與同行，輒入突厥數百里，名讋北夷。[4]竇榮定之擊突厥，萬歲詣轅門請自效。[5]榮定素聞其名，見而大悦。因遣人謂突厥，當各遣一壯士決勝負。突厥許諾，因遣一騎挑戰。榮定遣萬歲出應之，萬歲馳斬其首而還。突厥大驚，遂引軍去。由是拜上儀同，領車騎將軍。[6]平陳之役，以功加上開府。

[1]敦煌：郡名。隋朝時治敦煌縣，在今甘肅敦煌市。　戍卒：防衛的士兵。

[2]戍主：官名。南北朝置，戍的主將。隋朝沿置，袛管理軍政，上戍主爲正七品，中戍主爲正八品，下戍主爲正九品。

[3]戍主試令騎射：《隋書》卷五三《史萬歲傳》作"戍主試令馳射而工"，《册府元龜》卷八四七作"戍主試令馳射甚工"，《通志》卷一六一《史萬歲傳》與《北史》同。

[4]讋（zhé）：震懾。

[5]轅門：指領兵將帥的營門。

[6]車騎將軍：官名。隋朝時因襲北周府兵制，十二府所轄諸軍府，稱驃騎府或車騎府，分駐各地統領府兵，皆置車騎將軍，正五品上。置於驃騎府者爲次官，置於車騎府者爲長官。煬帝時改諸驃騎府、車騎府爲鷹揚府，改車騎將軍爲鷹揚副郎將、鷹擊郎將。

及高智慧等作亂江南,[1]以行軍總管從楊素擊之。萬歲自東陽别道而進,[2]踰嶺越海,[3]攻陷溪洞不可勝數。前後七百餘戰，轉鬭千里，寂無聲問者十旬，遠近皆以萬歲爲没。萬歲乃置書竹筒中，浮之水。汲者得之，以言於素。大悦,[4]上其事。文帝歎嗟。還，拜左領軍將軍。[5]

[1]高智慧：人名。又作“高智惠”，會稽（今浙江紹興市）人。隋朝時起義軍首領。

[2]東陽：縣名。治所在今浙江金華市。

[3]踰嶺越海：跨越山和海。形容長途跋涉。

[4]以言於素大悦：源氏校勘記云:“‘素’下《隋書》復有‘素’字。”可從。

[5]左領軍將軍：官名。據《隋書·百官志下》，隋朝時領軍府分置左右，不置將軍。依李燕捷《隋領軍府考補》（《文史》1990 年第 32 輯），隋初未置，文帝開皇五年復置，輔佐左領軍大將軍處理事務，品秩不詳。

先是，南寧夷爨翫降,[1]拜昆州刺史,[2]既而復叛。遂以萬歲爲行軍總管擊之。入蜻蛉川,[3]經弄凍,[4]次小勃弄、大勃弄,[5]至于南中。[6]賊前後屯據要害，萬歲皆擊破之。行數百里，見諸葛亮紀功碑，銘其背曰:“萬歲後，勝我者過此。”萬歲令左右倒其碑而進。度西二河,[7]入渠濫川,[8]行千餘里，破其三十餘部。諸夷大懼，遣使請降，獻明珠徑寸。於是勒石頌美隋德。萬歲請將爨翫入朝，詔許之。爨翫陰有二心，不欲詣闕，因賂萬歲金寶，萬歲乃捨翫而還。蜀王在益州，[9]知其受賂，遣使將索之。萬歲聞而悉以所得金寶沈之於江，索無所獲。以功進柱國。晋王廣甚欽敬之，待以交友之禮。上知爲晋王所善，令萬歲督晋王府軍事。

[1]南寧：州名。隋朝時治味縣，在今雲南曲靖市西。　爨（cuàn）翫（wán）：人名。南寧州（今雲南曲靖市西）人。隋朝時爨姓首領。

[2]昆州：治所不詳。

[3]蜻蛉川：龍川江支流苴寧河及其上源青蛉河。在今雲南大姚、姚安縣。

[4]弄凍：縣名。又作“挵棟”“弄棟”。治所在今雲南姚安縣北。

[5]小勃弄：地名。約在今雲南彌渡縣。　大勃弄：地名。約在今雲南彌渡縣。

[6]南中：大致相當於今四川大渡河以南及雲南、貴州兩省地區。

[7]西二河：今雲南大理市洱海。中華本校勘記云：“《通志》卷一六一《史萬歲傳》作‘西弭河’，《通鑑》卷一七八作‘西洱河’。胡注引蘇軾曰：‘南詔有西洱河，河形如月抱珥，故名之爲西洱河。’這裏作‘西二’，當是音近致訛。”《北朝五史辭典》云：“西二河：水名。亦作西洱河。”

[8]渠濫川：位於今雲南大理市東北。

[9]益州：隋朝時治成都縣，在今四川成都市。

明年，爨翫復反。蜀王秀奏萬歲受賂縱賊，致生邊患。上令窮之，事皆驗，罪當死。上數之，萬歲曰：“臣留翫者，恐其州有變，留以鎮撫。臣還至瀘水，[1]詔書方到，由是不將入朝，實不受賂。”上以萬歲心有欺隱，大怒，顧有司曰：“將斬之。”萬歲懼而服罪，頓首請命。左僕射高熲、左衛大將軍元旻等進曰：“史萬歲雄略過人，每行兵用師之處，未嘗不身先士卒，雖古名將未能過也。”上意稍解，於是除名。歲餘，復官爵。尋拜河州刺史，[2]復領行軍總管以備胡。[3]

[1]瀘水：指今四川、雲南交界的雅礱江口以下的金沙河段。
[2]河州：隋朝時治枹罕縣，在今甘肅臨夏市新集鎮。
[3]領：局本作“令”，誤。

開皇末，突厥達頭可汗犯塞，[1]上令晋王及楊素出靈武道，漢王諒與萬歲出馬邑道。[2]萬歲率柱國張定和、大將軍李藥王、楊義臣等出塞，[3]至大斤山，[4]遇虜。達頭遣使問曰：“隋將爲誰？”候騎曰：[5]“史萬歲也。”突厥復曰：“得非敦煌戍卒乎？”候騎曰：“是也。”達頭聞而引去。萬歲馳追百餘里乃及，擊大破之，逐北入磧數百里，[6]虜遁逃而還。楊素害其功，譖萬歲云：“突厥本降，初不爲寇。”遂寢其功。萬歲數抗表陳狀，上未之悟。會上從仁壽宮初還京師，[7]廢皇太子，窮東宮黨與。上問萬歲所在，萬歲實在朝堂，楊素見上方怒，因曰：“萬歲謁東宮矣。”以激怒上。上謂信然，令召萬歲。時所將士卒在朝堂稱冤者數百人，萬歲謂曰：“吾今日爲汝極言於上。”及見上，言將士有功，爲朝廷所抑，詞氣憤厲，忤上。上大怒，命左右爆殺之。既而追悔不及，因下詔罪狀之。萬歲死之日，天下士庶聞者，識與不識，無不寃惜。

[1]達頭可汗：人名。名阿史那玷厥，北周、隋朝時西突厥可汗。與隋常有争戰，後因國内叛亂，逃往吐谷渾。

[2]漢王諒：即楊諒，字德章，一名傑，弘農華陰（今陝西華陰市東南）人。隋文帝第五子。見《北史》卷七一《庶人諒傳》。馬邑：郡名。隋朝時治善陽縣，在今山西朔州市朔城區。

[3]張定和：人名。字處謐，京兆萬年縣（今陝西西安市長安區）人。隋朝將領。見《北史》卷七八《張定和傳》。李藥王：人名。即李端。字藥王，京兆三原縣（今陝西三原縣東北）人。隋朝將領。見《新唐書》卷九三《李靖傳》。

[4]大斤山：即今内蒙古大青山。

[5]候騎：擔任偵察巡邏任務的騎兵。

[6]磧：水中的沙灘，引申爲沙漠。

[7]仁壽宫：隋文帝開皇十三年建。在今陝西麟游縣西。

萬歲爲將，不脩營伍，令士卒各隨所安，無警夜之備，[1]虜亦不敢犯。臨陣對敵，應變無方，號爲良將。子懷義嗣。

[1]警夜之備：指夜晚軍營中的巡邏隊伍。

劉方，京兆長安人也。性剛决，有膽氣。仕周，承御上士，[1]以戰功拜上儀同。隋文帝爲丞相，方從韋孝寬破尉遲迥於相州，以功加開府，賜爵河陰縣侯。[2]文帝受禪，進爵爲公。開皇三年，從衛王爽破突厥於白道，[3]進位大將軍。後歷甘、瓜二州刺史。[4]

[1]承御上士：官名。小承御上士的簡稱。北周置。承御大夫屬官，在皇帝臨朝或出行時，皆侍衛左右。正三命。

[2]河陰縣侯：封爵名。河陰，縣名。治所在今河南孟津縣東。

[3]衛王爽：即楊爽。字師仁，弘農華陰（今陝西華陰市東南）人。隋文帝幼弟，爲獻皇后所養。見《北史》卷七一《衛昭王爽傳》。　白道：地名。在今内蒙古呼和浩特市西北，爲河套東北地區通往陰山以北的交通要道。

[4]甘：州名。隋朝時治永平縣，在今甘肅張掖市西北。

仁壽中，[1]交州俚人李佛子作亂，[2]據越王故城。[3]左僕射楊素言方有將帥略，於是詔方爲交州道行軍總管，統二十七營而進。法令嚴肅，然仁而愛士。長史、度支侍郎敬德亮從軍至尹州，[4]疾甚，不能進，留之州館。[5]分别之際，方哀其危篤，流涕嗚咽，感動行路。[6]論者多之，稱爲良將。至都降嶺，[7]遇賊，方遣營主宋纂、何貴、嚴願等破之。[8]進兵臨佛子，先令人諭以禍福，佛子乃降，送於京師。其有桀黠恐爲亂者，皆斬之。

[1]仁壽：隋文帝的年號（601—604）。

[2]交州：治所不詳，待考。　俚：族名。主要分布在今廣東西南沿海及廣西東南等地。東漢至隋唐屢見於史籍。　李佛子：人名。交州俚人首領。

[3]越王故城：位於今廣東廣州市越秀區。

[4]度支侍郎：官名。隋初置爲度支司長官，隸度支尚書，正

六品上。文帝開皇三年後隸民部尚書，從五品。煬帝時改名度支郎。　尹州：隋朝時治鬱林縣，在今廣西桂平市南。

[5]州館：州之館舍。

[6]行路：指路人。

[7]都降嶺：山名。約在今廣西憑祥市。

[8]營主：軍中主帥。

尋授驩州道行軍總管，[1]以尚書右丞李綱爲司馬，[2]經略林邑。[3]方遣欽州刺史寧長真、驩州刺史李暈、上開府秦雄以步騎出越常，[4]方親率大將軍張愻、司馬李綱舟師趣北境。[5]大業元年正月，軍至海口。[6]林邑王梵志遣兵守險，[7]方擊走之。師次闍梨江，[8]賊據南岸立栅，方盛陳旗幟，擊金鼓，賊懼而潰。既度江，行三十里，賊乘巨象，四面而至。方以弩射象，象中瘡，却蹂其陣，賊奔栅，因攻破之。於是濟區栗，[9]進至大緣江，[10]所擊皆破。經馬援銅柱，[11]南行八日，至其國都。林邑王梵志棄城奔海，獲其廟主金人，汙其宫室，[12]刻石紀功而還。士卒脚腫死者十四五。方在道遇患卒，帝甚傷惜之，下詔褒美，贈上柱國、盧國公。子通仁嗣。

[1]驩州：隋朝時治九德縣，在今越南義安省榮市。

[2]尚書右丞：官名。隋朝時與左丞共掌尚書省庶務，管理省内用度雜務，監督稽核兵、刑、工三部十二司，如缺尚書左丞，則通判都省事，從四品。其行臺尚書省亦置，視從四品。　李綱：人名。字文紀，觀州蓨（今河北景縣）人。仕北周、隋、唐三朝。見《舊唐書》卷六二《李綱傳》。　司馬：官名。即行軍司馬。西魏、北周有軍事行動時臨時設置，掌軍中籌略，事迄即罷。隋朝因之。

[3]林邑：國名。象林邑的省稱，在今越南中南部。見《北史》卷九五《林邑傳》。

[4]欽州：隋朝時治欽江縣，在今廣西欽州市東北。　寧長真：人名。欽州（今廣西欽州市東北）人。　越常：縣名。治所在今越南河静甘禄附近。

[5]北境：地名。今地不詳。元大德本作“比景”，《隋書》卷五三《劉方傳》、《通志》卷一六一《劉方傳》、《資治通鑑》卷一八〇作“比景”，中華本校勘記云:“《通鑑》胡注云:‘比景，漢縣，屬日南郡。隋置比景郡（見《隋書·地理志下》)。’‘北境’疑爲‘比景’之訛。”可從。

[6]海口：地名。林邑國出海口，今地不詳。

[7]梵志：人名。隋朝時林邑國王。劉方兵退後，又恢復國土。

[8]闍梨江：又作“闍黎江”。在今越南境内。

[9]區栗：水名。在今越南中南部。《隋書·劉方傳》、《通志·劉方傳》、《册府元龜》卷三五六“栗”作“粟”。

[10]大緣江：位於今越南中南部。

[11]馬援：人名。字文淵，扶風茂陵（今陝西興平市東北）人。東漢軍事家。見《後漢書》卷二四《馬援傳》。　銅柱：馬援征服交趾之後，在邊界上立銅柱，以誇耀戰功。

[12]汙：毛本作“汗”。

開皇中，有馮昱、王檦、楊武通、陳永貴、房兆,[1]俱爲邊將，名顯當時。

[1]房兆：毛本、殿本、四庫本、四部備要本卷首目録“兆”作“苑”，而正文作“兆”。

昱、檦並不知何許人。昱多權略，有武藝。文帝初爲丞相，以行軍總管與王誼、李威等討平叛蠻，[1]拜柱國。開皇初，又以行軍總管屯乙弗泊備胡，[2]每戰常大剋捷。㦸驍勇善射，每以行軍總管屯兵江北以禦陳，[3]爲陳人所憚。[4]伐陳之役，及高智慧反，攻討皆有殊績。位柱國、白水郡公。[5]

[1]王誼：人名。字宜君，武川（今内蒙古武川縣西）人。北周、隋朝將領。見《北史》卷六一《王盟附王誼傳》。　李威：人名。字安民，《北史》避唐太宗李世民諱作“安人”，隴西成紀縣（今甘肅秦安縣）人。隋朝官吏。

[2]乙弗泊：湖名。在今青海樂都縣西，或説在今内蒙古察哈爾右翼前旗東北之黄海。

[3]江北：泛指長江以北。

[4]爲陳人所憚：毛本“所”作“其”。

[5]白水郡公：封爵名。白水，郡名。隋朝時治蒲城縣，在今陝西蒲城縣西北。

武通，弘農華陰人，[1]性果烈，善馳射。數以行軍總管討西南夷，[2]以功封白水郡公，拜左武衛將軍。[3]時党項羌屢爲邊患，朝廷以其有威名，使鎮邊，歷岷、蘭二州總管。[4]復與周法尚討嘉州叛獠，[5]法尚軍初不利，武通爲賊斷歸路。於是束馬懸車，出賊不意，頻戰破之。賊知其孤軍無援，傾部落而至。武通轉鬥數百里，爲賊所拒，四面路絶。武通輕騎挑戰，[6]墜馬，爲賊所執，殺而噉之。[7]

[1]弘農：郡名。隋朝時治弘農縣，在今河南靈寶市東北。

華陰：縣名。治所在今陝西華陰市東南。

［2］西南夷：漢朝對分布在今甘肅南部，四川西部、南部，雲南和貴州一帶少數民族的總稱。有夜郎、滇、邛都、筰都、白馬、巂、昆明等國。漢以後沿襲了這一稱呼。

［3］左武衛將軍：官名。隋朝時十二衛將軍之一，佐大將軍總府事，並統諸鷹揚府，置二員。從三品。源氏校勘記云："'將'上《隋書》有'大'字。"《隋書》卷五三《劉方附楊武通傳》、《册府元龜》卷三九三作"左武衛大將軍"，《通志》卷一六一《劉方附楊武通傳》、《册府元龜》卷四二五與《北史》同。

［4］岷：州名。隋朝時治溢樂縣，在今甘肅岷縣。

［5］周法尚：人名。字德邁，汝南安成縣（今河南汝南縣東南）人。北周、隋朝官吏。見《北史》卷七六《周法尚傳》。　嘉州：隋朝時治平羌縣，在今四川樂山市。　獠：族名。分布在今廣東、廣西、湖南、四川、雲南、貴州等地。亦泛指南方各少數民族。

［6］輕騎挑戰：局本《北史》"輕"作"經"。《隋書·劉方附楊武通傳》、《册府元龜》卷四二五"挑戰"作"接戰"。

［7］噉（dàn）：同"啖"。

永貴，隴右胡人，本姓白，以勇烈，［1］爲文帝所親愛。數以行軍總管領邊，［2］每戰必單騎陷陣。位柱國、蘭利二州總管，［3］封北陳郡公。［4］

［1］勇烈：局本作"文烈"。

［3］領邊：《隋書》卷五三《劉方附陳永貴傳》、《册府元龜》卷三九五下作"鎮邊"，《通志》卷一六一《劉方附陳永貴傳》、《册府元龜》卷三八三與《北史》同，中華本校勘記云："《隋書》卷五三《劉方傳附陳永貴傳》'領'作'鎮'，是。"可從。

[3]利：州名。隋朝時治緜谷縣，在今四川廣元市。

[4]北陳郡公：封爵名。北陳，郡名。隋朝時治長平縣，在今安徽壽縣。

兆，代人，本姓屋引氏，[1]剛毅有武略。頻爲行軍總管攻胡，以功位至柱國、徐州總管。並史失其事。

[1]屋引氏：代北地區複姓。本居元朔，隨北魏南遷，孝文帝改爲屋氏。

杜彥，雲中人也。[1]父遷，葛榮之亂，[2]徙家于豳。[3]

[1]雲中：郡名。北魏時治盛樂，在今内蒙古和林格爾縣西北。

[2]葛榮：人名。北魏河北起義軍首領。戰敗，爲尒朱榮所捕，被殺。

[3]豳：州名。北魏時治安定縣，在今甘肅寧縣。

彥性勇決，善騎射。仕周，以軍功累遷隴州刺史，[1]賜爵永安縣伯。[2]隋文帝爲丞相，從韋孝寬擊尉遲迥，以功進位上開府，改封襄武縣侯，[3]拜魏郡太守。[4]開皇初，授丹州刺史，[5]進爵爲公。徵爲左武衛將軍。平陳之役，以行軍總管與韓擒相繼而進。[6]及陳平，賜物五千段，粟六千石，進位柱國，賜子寶安爵昌陽縣公。[7]高智慧等之作亂，復以行軍總管從楊素討平之，斬其渠帥。[8]賊李陁擁衆據彭山，[9]彥襲擊破之，斬陁，傳其首。又擊徐州、宜封二洞，[10]悉平。賜奴婢百餘口。拜洪州總管，[11]有能名。

[1]隴州：北周時治汧陰縣，在今陝西隴縣。

[2]永安縣伯：封爵名。永安，縣名。治所在今山西霍州市。

[3]襄武縣侯：封爵名。襄武，縣名。治所在今甘肅隴西縣西南。

[4]魏郡：北周時治鄴縣，在今河北臨漳縣西南。

[5]丹州：隋朝時治三堡鎮，在今陝西宜川縣東北。

[6]韓擒：人名。又作"韓擒虎""韓禽"。本名豹，字子通，河南東垣（今河南新安縣東）人。北周、隋朝大將。見《北史》卷六八《韓雄附韓禽傳》。

[7]昌陽縣公：封爵名。昌陽，縣名。治所在今山東萊陽市東南。

[8]渠帥：首領。一作"渠率"。一般用於稱呼敵軍主將或地方少數民族首領。

[9]李陁：人名。隋初江南反隋首領之一。　彭山：又名金牛山，在今江蘇丹陽市埤城鎮。

[10]宜封：《隋書》卷五五《杜彦傳》、《通志》卷一六一《杜彦傳》"封"作"豐"，源氏校勘記云："'封'《隋書》作'豐'。"今不改。宜豐，縣名。治所在今江西宜豐縣。

[11]洪州：隋朝時治豫章縣，在今江西南昌市。

及雲州總管賀婁子幹卒，上悼惜者久之，因謂侍臣曰："榆林，[1]國之重鎮，安得子幹之輩乎？"後數日，上曰："莫過杜彦。"於是徵拜雲州總管。北夷畏憚，胡馬不敢至塞。後朝廷追録前功，賜子寶虔爵承縣公。[2]十八年，遼東之役，[3]以行軍總管從漢王至營州。[4]上以彦曉習軍旅，令總統五十營事。及還，拜朔州總管。[5]突厥寇雲州，上令楊素擊走之，猶恐爲邊患，復拜彦雲州總管。以疾徵還，卒。

[1]榆林：郡名。隋朝時治榆林縣，在今内蒙古准格爾旗東北。

[2]承縣公：封爵名。承，縣名。治所在今山東棗莊市嶧城區西北。

[3]遼東之役：指隋煬帝對高句麗政權進行的征伐。遼東，地區名。指遼河以東地區。隋朝時遼東地區包括整個大同江流域和漢江流域，甚至是高句麗政權的所有轄區。

[4]營州：隋朝時治龍城縣，在今遼寧朝陽市。

[5]朔州：隋朝時治善陽縣，在今山西朔州市朔城區。

子寶虔，大業末，至文城郡丞。[1]

[1]文城：郡名。隋朝時治吉昌縣，在今山西吉縣。　郡丞：官名。爲郡守副職，輔助郡守掌管政事。

周摇，字世安，河南洛陽人也。其先與魏同源，初姓普乃，[1]及居洛陽，改爲周氏。曾祖拔拔，祖右六肱，俱爲北平王。[2]父恕延，歷行臺僕射、南荆州總管。[3]

[1]普乃：鮮卑族姓氏。

[2]北平王：封爵名。北平，郡名。北魏時治新昌縣，在今河北盧龍縣。

[3]行臺僕射：官名。行臺尚書僕射的省稱。北魏、北齊時所設諸行臺的高級官員，爲行臺尚書令的副職，行臺尚書令缺或未置

時，則爲行臺長官，分置左、右。　南荆州：隋朝時治安昌縣，在今湖北棗陽市東。

摇少剛毅，有武藝，性謹厚，動遵法度。仕魏，位開府儀同三司。周閔帝受禪，[1]賜姓車非氏，[2]封金水郡公。[3]歷鳳、楚二州刺史，[4]吏人安之。[5]從平齊，以戰功超授柱國，進封夔國公。未幾，拜晋州總管。時隋文帝爲定州總管，文獻皇后自京師赴州，路經摇所，主禮甚薄。既而白后曰："公廨甚富於財，限法不敢輒費。又王臣無得效私。"其質直如此。帝以其奉法，每嘉之。及爲丞相，徙封濟北郡公，[6]拜豫州總管。帝受禪，復姓周氏。

[1]周閔帝：即北周皇帝宇文覺。閔爲其謚號。

[2]車非氏：鮮卑姓氏。

[3]金水郡公：封爵名。金水，郡名。即金淵。《北史》避唐高祖李淵諱改。北周時治金淵縣，在今四川金堂縣。

[4]鳳：州名。北周時治梁泉縣，在今陝西鳳縣東北。　楚：州名。北周時治巴縣，在今重慶巴南區。

[5]吏人安之：《隋書》卷五五《周摇傳》"人"作"民"。《北史》避唐太宗李世民諱改。

[6]濟北郡公：封爵名。濟北，郡名。北周時治盧縣，在今山東茌平縣西南。

開皇初，突厥寇邊，燕薊多被其患，[1]前總管李崇爲虜所殺，[2]上思所以鎮之，曰："無以加周摇。"拜爲幽州總管、六州五十鎮諸軍事。[3]摇脩障塞，謹斥候，邊人安之。徙壽、襄二州總管，俱有能名，進上柱國。以老乞骸骨，上勞之曰：[4]“公歷仕三代，保兹遐壽，良足善也。”賜坐褥。歸第，終於家，謚曰恭。

[1]燕薊：指今河北中北部、北京一帶。

[2]李崇：人名。字永隆，隴西成紀縣（今甘肅秦安縣）人。北周、隋朝將領。見《北史》卷五九《李賢附李崇傳》。

[3]幽州：隋朝時治薊縣，在今北京西南。

[4]徙壽襄二州總管俱有能名進上柱國以老乞骸骨上勞之曰：《隋書》卷五五《周摇傳》作“徙爲壽州。初，自以年老，乞骸骨，上召之”，《通志》卷一六一《周摇傳》與《北史》同，《册府元龜》卷八九九與《隋書》同。按：二書不僅是壽州總管與壽、襄二州總管的不同，文意也不同。依《北史》，周摇乞骸骨是在爲壽州總管之後；依《隋書》，周摇乞骸骨是在爲壽州總管之前。據《隋書》卷二《高祖紀下》，周摇於隋文帝開皇十一年三月徙爲壽州總管，十二年四月轉爲襄州總管，故《北史》是。壽，州名。隋朝時治壽春縣，在今安徽壽縣。襄，州名。隋朝時治襄陽縣，在今湖北襄樊市。乞骸骨，即告老還鄉。指官吏因年老請求退職。

獨孤楷，字脩則，不知何許人也，本姓李氏。父屯，從齊神武帝與周師戰于沙苑。[1]齊師敗績，因爲柱國獨孤信所禽，[2]配爲士伍。給使信家，漸得親近，因賜姓獨孤氏。

[1]齊神武帝：即高歡。神武爲其謚號，北齊後主所追謚。沙苑：地名。在今陝西大荔縣南洛、渭二河之間。

[2]獨孤信：人名。本名如願，雲中（今内蒙古和林格爾縣西北）人，鮮卑族獨孤部。北魏、北周名將。見《北史》卷六一

《獨孤信傳》。

楷少謹厚，便弄馬槊，[1]爲宇文護執刀。[2]數從征伐，賜爵廣阿縣公，[3]拜右侍下大夫。[4]從韋孝寬平淮南，以功賜子景雲爵西河縣公。[5]隋文帝爲丞相，進開府，領親信兵。及受禪，拜右監門將軍，[6]進封汝陽郡公。[7]

[1]馬槊：古代在馬上使用的長矛。

[2]宇文護：人名。字薩保，代郡武川（今内蒙古武川縣西）人，鮮卑族。北周宗室、權臣。見《北史》卷五七《邵惠公顥附宇文護傳》。

[3]廣阿縣公：封爵名。廣阿，縣名。治所在今河北隆堯縣東。

[4]右侍下大夫：官名。北周置，爲侍衛之官，府屬不詳，正四命。

[5]西河縣公：封爵名。西河，縣名。治所在今山西沁水縣西。

[6]右監門將軍：官名。即右監門府將軍。隋朝置，爲右監門府長官，掌宫殿門禁及守衛事務，員一人，從三品。煬帝時改稱右監門府郎將，正四品。

[7]汝陽郡公：封爵名。汝陽，郡名。隋朝時治汝陽縣，在今河南商水縣西南。

仁壽初，出爲原州總管。[1]時蜀王秀鎮益州，上徵之，猶豫未發。朝廷恐秀生變，拜楷益州總管，馳傳代之。秀果有異志，楷諷諭久之，[2]乃就路。楷察秀有悔色，因勒兵爲備。秀至興樂，去益州四十餘里，將反襲楷，密使覘之，知不可犯而止。楷在益州，甚有惠政，蜀中父老于今稱之。

[1]原州：隋朝時治高平縣，在今寧夏固原市城區。
[2]諷諭：諷諫。

煬帝即位，轉并州總管。[1]遇疾喪明，上表乞骸骨。帝曰："公先朝舊臣，卧以鎮之，無勞躬親簿領也。"以其長子淩雲監省郡事。其見重如此。轉長平太守。[2]卒，謚曰恭。子淩雲、平雲、彦雲，[3]皆知名。[4]

[1]并州：隋朝時治晋陽縣，在今山西太原市晋源區古城營村一帶。
[2]長平：郡名。隋朝時治丹川縣，在今山西晋城市東北。
[3]彦雲：殿本、四庫本、四部備要本"彦"作"産"，誤。
[4]皆知名：源氏校勘記云："'皆'下《隋書》有'不'字。"

楷弟盛，性剛烈，有膽略。以藩邸之舊，累遷右屯衛將軍。[1]宇文化及之亂，[2]裴虔通引兵至成象殿，[3]宿衛者皆釋仗走。盛謂虔通曰："何物兵？形勢太異！"虔通曰："事已然，不預將軍事。"盛罵曰："老賊，何物語！"不及被甲，與左右十餘人逆拒之，爲亂兵所殺。越王侗稱制，[4]贈光禄大夫、紀國公，謚曰武節。

[1]右屯衛將軍：官名。隋煬帝大業三年改右領軍府爲右屯衛，置將軍二人，協助右屯衛大將軍總府事，領諸鷹揚府。從三品。
[2]宇文化及：人名。代郡武川（今内蒙古武川縣西）人。隋末叛將。見《北史》卷七九《宇文述附宇文化及傳》。

[3]裴虔通：人名。河東（今山西永濟市）人。隋朝將領。見《北史·宇文述附裴虔通傳》。　成象殿：位於今江蘇揚州市西。隋煬帝大業中建。

[4]越王侗：即楊侗。字仁謹，弘農華陰（今陝西華陰市東南）人。隋朝宗室。見《北史》卷七一《元德太子昭附越王侗傳》。

乞伏慧，字令和，馬邑鮮卑人也。祖周，魏銀青光禄大夫；父纂，金紫光禄大夫。[1]並爲第一領人酋長。[2]

[1]金紫光禄大夫：官名。指加賜金章紫綬的光禄大夫。北魏孝文帝太和十七年定爲從一品下，二十三年定爲從二品。

[2]第一領人酋長：官名。即第一領民酋長。《北史》避唐太宗李世民諱改。北魏置。主要授予依附北魏政權的北方少數民族首領，可世襲，未列入中央政權的正式官職。

慧少慷慨，有大節，便弓馬，好鷹犬。齊文襄時，[1]爲行臺左丞，[2]累遷太僕卿，[3]自永寧縣公封宜人郡王。[4]其兄貴和，又以軍功爲王。一門二王，稱爲貴顯。周武平齊，授使持節、開府儀同大將軍，[5]拜佽飛右旅下大夫，[6]轉熊渠中大夫。[7]從韋孝寬擊尉遲惇於武陟，[8]以功授大將軍。及破尉遲迥，進位柱國，賜爵西河郡公。請以官爵讓兄，朝廷不許，論者義之。

[1]齊文襄：即高澄。文襄爲其謚號，北齊文宣帝所追謚。

[2]行臺左丞：官名。行臺尚書左丞的省稱。北魏置，在行臺内職掌同尚書左丞。東魏因之。毛本、殿本、四庫本、局本、四部

備要本“左”作“右”,《隋書》卷五五《乞伏慧傳》亦作“左”。

[3]太僕卿：官名。北齊時爲太僕寺長官，掌管皇帝車馬以及全國畜牧政令，政令仰承兵部，位列九卿。三品。

[4]永寧縣公：封爵名。永寧，縣名。治所在今河北滿城縣。 宜人郡王：封爵名。《隋書·乞伏慧傳》“人”作“民”，中華本校勘記云:“《隋書》卷五五《乞伏慧傳》‘人’作‘民’。《北史》避唐諱改。”宜民，郡名。北齊時治所不詳，約在今湖北京山縣。

[5]使持節：漢朝官吏奉命外出時，由皇帝授予節杖，來提高其權威。魏晋之後，重要的軍事長官出征或者出鎮時，通常加此名號，可誅殺二千石以下的官員。皇帝派遣大臣處理重要事情時，也加以此職，以示尊崇。 開府儀同大將軍：官名。北周武帝建德四年改開府儀同三司置，位在儀同大將軍之上，主要授予有軍功的大臣以及北齊降官，無具體職掌。九命。

[6]佽飛右旅下大夫：官名。北周置。佽飛中大夫屬官。掌射獵。正四命。

[7]熊渠中大夫：官名。北周置。統兵。府屬不詳。正五命。

[8]武陟：縣名。治所在今河南武陟縣。

隋文帝受禪，拜曹州刺史。[1]曹土舊俗，人多姦隱，户口簿帳，恒不以實。慧下車按察，得户數萬。遷涼州總管。先是，突厥屢爲寇抄，慧嚴警烽燧，遠爲斥候，[2]虜竟不入境。後爲荆州總管，又領潭桂二州總管、三十一州諸軍事。[3]其俗輕剽，慧躬行朴素以矯之，風化大洽。曾見人以簺捕魚者，[4]出絹買而放之，其仁心如此。百姓美之，號其處曰西河公簺。

[1]曹州：隋朝時治左城縣，在今山東曹縣西北。

[2]斥候：官名。亦稱斥堠。古代軍隊中的偵察兵。

[3]潭：州名。隋朝時治長沙縣，在今湖南長沙市。　桂：州名。隋朝時治始安縣，在今廣西桂林市。　三十一州諸軍事：毛本“十”作“千”，殿本、四部備要本“三十一州”後脱“諸軍”二字。

[4]簺（sài）：一種用竹木編成的捕魚工具。

煬帝即位，爲天水太守。[1]大業五年，征吐谷渾，郡濱西境，人苦勞役，又遇帝西巡，[2]坐御道不整，[3]獻食疏薄，帝大怒，命左右斬之。見其無髮，乃釋之。除名，卒于家。

[1]天水：郡名。隋朝時治上邽縣，在今甘肅天水市。

[2]又遇帝西巡：底本作“又遇帝巡”，《隋書》卷五五《乞伏慧傳》、《通志》卷一六一《乞伏慧傳》作“又遇帝西巡”，中華本校勘記云：“諸本脱‘西’字。據《隋書》卷五五、《通志》卷一六一《乞伏慧傳》補。事見本書卷十二《隋煬帝紀》大業五年。”今從改。

[3]御：《隋書·乞伏慧傳》“御”作“爲”，《通志·乞伏慧傳》與《北史》同。

張威，不知何許人也。父琛，魏弘農太守。

威少倜儻，有大志，善騎射，膂力過人。仕周，以軍功位柱國、京兆尹，封長壽縣公。[1]王謙作亂，隋文帝以威爲行軍總管，從梁睿擊之。[2]軍次通谷，[3]謙守將李三王拒守。睿以威爲先鋒。[4]三王閉壘不戰，威令人激怒之，三王果出陣。威令壯士奮擊，三王軍潰。大兵繼進至開遠，[5]謙將趙儼衆十萬，連營三十里。威鑿山通道，攻其背，儼敗走，追至成都。[6]及謙平，進位上柱國、瀘州總管。[7]

[1]長壽縣公：封爵名。長壽，縣名。治所在今山西隰縣北。

[2]梁睿：人名。字恃德，安定烏氏（今甘肅涇川縣東）人。北周、隋朝官吏。見《北史》卷五九《梁禦附梁睿傳》。

[3]通谷：山谷名。在今河南洛陽市南。

[4]睿以威爲先鋒：底本作"睿以爲先鋒"，《隋書》卷五五《張威傳》、《通志》卷一六一《張威傳》作"睿以威爲先鋒"，中華本校勘記云："諸本脱'威'字。據《隋書》卷五五、《通志》卷一六一《張威傳》補。"今從改。

[5]開遠：郡名。北周時治所在今甘肅碌曲縣西南。

[6]成都：縣名。治所在今四川成都市。

[7]瀘州：北周時治江陽縣，在今四川瀘州市。

隋文帝受禪，拜幽、洛二州總管，[1]改封晋熙郡公。[2]尋拜河北道行臺僕射，[3]後督晋王軍府事。還青州總管。[4]在青州頗事産業，遣家奴於人間鬻蘆菔根，其奴緣此侵擾百姓。上深加譴責，坐廢於家。後從上祠太山，[5]至洛陽，上責讓之，因問威所執笏安在。[6]威頓首曰："臣負罪，無顔復執，謹藏於家。"上曰："可持來。"威明日奉笏以見，上曰："公雖不遵法度，功效實多，今還公笏。"[7]於是復拜洛州刺史。後改封皖城郡公，[8]轉相州刺史。卒。

[1]洛：州名。隋朝時治洛陽縣，在今河南洛陽市東北。

[2]晋熙郡公：封爵名。晋熙，郡名。隋朝時治懷寧縣，在今

安徽潛山縣梅城鎮。

[3]行臺僕射：官名。行臺尚書僕射的省稱。北魏、北齊時所設諸行臺的高級官員。隋朝時置爲行臺省副長官，左、右各置一員，視從二品。

[4]青州：隋朝時治益都縣，在今山東青州市。

[5]太山：即泰山，在今山東泰安市。

[6]笏（hù）：朝會時所執的手板，有事則書於其上，以備遺忘。

[7]今還公笏：毛本"今"作"因"。

[8]皖城郡公：封爵名。皖城，郡名。隋朝時治皖城縣，在今安徽潛山縣北。源氏校勘記云："'皖'《隋書》作'睆'。"《隋書》卷五五《張威傳》"皖"作"睆"，《通志》卷一六一《張威傳》與《北史》同。

子植，大業中，位至武賁郎將。[1]

[1]武賁郎將：官名。即虎賁郎將。《北史》避唐高祖祖父李虎諱改。隋煬帝大業三年改十二衛護軍置。正四品。

和洪，汝南人也。[1]勇烈過人。仕周，以軍功位車騎大將軍、儀同三司。[2]時龍州蠻任公忻、李國立等聚衆爲亂，[3]刺史獨孤善不能禦。[4]朝議以洪有武略，代善爲刺史。月餘，斬公忻、國立等，皆平之。後從武帝平齊，位上儀同，賜爵北平侯，[5]拜左勳曹下大夫。[6]柱國王軌之禽吴明徹也，[7]洪有功焉，加位開府，遷折衝中大夫。[8]

[1]汝南：郡名。北周時治上蔡縣，在今河南汝南縣。

[2]車騎大將軍：官名。在諸名號大將軍之上，多爲軍府名號，用來加授大臣、重要州郡長官，無具體職掌。北周時爲正八命。

[3]龍州：北周時治江油縣，在今四川平武縣東南。

[4]獨孤善：人名。雲中（今内蒙古和林格爾縣西北）人，鮮卑族獨孤部。北周、隋朝將領。見《北史》卷六一《獨孤信附獨孤善傳》。

[5]北平侯：封爵名。北平，縣名。治所在今河北順平縣東北。

[6]左勳曹下大夫：官名。北周置。具體職掌不詳。正四命。

[7]王軌：人名。小名沙門，太原祁（今山西祁縣東南）人。北周、隋朝將領。見《北史》卷六二《王軌傳》。

[8]折衝中大夫：官名。北周置。下設折衝上士以佐其職。具體職掌不詳。正五命。

尉遲迥作亂，洪以行軍總管從韋孝寬擊之，以功封廣武郡公。[1]時東夏初平，物情尚梗，隋文帝以洪有威名，令領冀州事，[2]甚得人和。後拜泗州刺史。[3]屬突厥寇邊，詔洪爲北道行軍總管，擊走之，追虜至磧而還。後遷徐州總管。卒。

[1]廣武郡公：封爵名。廣武，郡名。北周時治中牟縣，在今河南中牟縣東。按：王仲犖《北周地理志》認爲此廣武郡治在今甘肅永登縣東南。

[2]冀州：北周時治信都縣，在今河北冀州市。

[3]泗州：北周時治宿豫縣，在今江蘇宿遷市東南。

陰壽，字羅雲，武威人也。[1]父嵩，周夏州刺史。[2]

[1]武威：郡名。北周時治姑臧縣，在今甘肅武威市。

[2]夏州：北周時治巖緑縣，在今陝西靖邊縣白城子村無定河北岸的毛烏素沙漠中（靠近今内蒙古烏審旗南境）。

壽少果烈，有武幹，性謹厚。從周武帝平齊，位開府。隋文帝爲丞相，引爲掾。[1]尉遲迥亂，文帝以韋孝寬爲元帥擊之，命壽監軍。時孝寬有疾，不能親總戎事，每卧帳中，遣婦人傳教命，[2]三軍綱紀，皆取決於壽。以功進位上柱國。尋拜幽州總管，封趙郡公。[3]

[1]掾：官名。即丞相府掾。漢朝置。丞相府屬官，主諸曹事。

[2]教命：局本"教"作"殺"。

[3]趙郡公：封爵名。趙郡，北周時治平棘縣，在今河北趙縣。源氏校勘記云："《隋書》（'趙郡'）作'趙國'。"《隋書》卷三九《陰壽傳》、《通志》卷一六一《陰壽傳》作"趙國公"，《文獻通考》卷二七四與《北史》同。

先是，齊之疏屬高寶寧，[1]周武帝拜爲營州刺史，性桀黠，得華夷心。及文帝爲丞相，遂連契丹、靺鞨舉兵反。[2]帝以中原多故，未遑進討，諭之不下。開皇初，又引突厥圍北平。至是，令壽討之。寶寧棄城奔于磧北，黄龍諸縣悉平。[3]壽班師，留開府成道昂鎮之。壽患寶寧攻道昂，乃重購獲之，北邊遂安。卒官，贈司空。[4]

[1]高寶寧：人名。亦作"高保寧"，代（今山西大同市東北）人。北齊官吏。見《北齊書》卷四一《高保寧傳》。

[2]契丹：源於東胡後裔鮮卑的柔然部。北魏之後柔然分化爲南北兩部，北柔然成爲蒙古人的祖先室韋，南柔然成爲以後的契丹。見《北史》卷九四《契丹傳》。　靺鞨：西周時稱肅慎，漢魏時稱挹婁，北魏時稱勿吉，隋朝始稱靺鞨。分布在今吉林長白山、松花江一帶。其人善射獵。見《北史》卷九四《勿吉傳》。

[3]黄龍：縣名。治所在今遼寧朝陽市。

[4]司空：官名。隋朝時名義上参預大政，其位多曠，以他官攝行其事。正一品。

子世師，少有節概，性忠厚，多武藝。以功臣子拜儀同。煬帝嗣位，拜張掖太守，[1]深爲戎狄所憚。後拜樓煩太守，[2]遷左翊衛將軍，[3]與代王留守京師。[4]及義軍至，世師自以世荷隋恩，遂拒守不下。及城平，與京兆郡丞骨儀等見誅。

[1]張掖：郡名。隋朝時治張掖縣，在今甘肅張掖市西北。

[2]樓煩：郡名。隋朝時治静樂縣，在今山西静樂縣。

[3]左翊衛將軍：官名。隋朝置。煬帝大業三年改左衛爲左翊衛，左衛將軍遂改稱左翊衛將軍，仍爲左翊衛副長官，員二人，協助左翊衛大將軍掌宫掖禁衛，管理儀仗。從三品。

[4]代王：指楊侑。

骨儀，天竺胡人。[1]性剛鯁，有不可奪之志。開皇初，爲御史，處法平當，不爲勢利所迴。煬帝嗣位，遷尚書左司郎。[2]于時朝政漸亂，貨賄公行，凡當樞要之職，無問貴賤，並家累金寶。天下士大夫莫不變節，而儀勵志守常，介然獨立。帝嘉其清苦，拜京兆郡丞，[3]

公方彌著。時刑部尚書衛玄兼領京兆内史,[4]頗行詭道,輒爲儀所執正。玄雖不便之,不能傷。及義兵至,玄恐禍及,辭老病。儀與世師同心協契,父子並誅,其後絶。世師有子弘智等,各以年幼獲全。

[1]天竺胡人:《隋書》卷三九《陰壽附骨儀傳》作“京兆長安人”,《通志》卷一六一《陰壽附骨儀傳》與《北史》同。

[2]尚書左司郎:官名。隋朝置。爲尚書都省辦事機構的官員。源氏校勘記云:“‘左’《隋書》作‘右’。”《隋書·陰壽附骨儀傳》“左”作“右”。

[3]拜京兆郡丞:《隋書·陰壽附骨儀傳》作“超拜京兆郡丞”。

[4]刑部尚書:官名。隋朝始置。文帝開皇三年由都官尚書改名而置,員一人,負責制定律法、糾察違法。正三品。　衛玄:人名。字文昇,河南洛陽(今河南洛陽市東北)人。北周、隋朝將領。見《北史》卷七六《衛玄傳》。　京兆内史:官名。隋煬帝時於諸郡設通守,位次太守,其在京兆、河南府則謂之内史,後罷。底本作“京兆拜内史”,《隋書·陰壽附骨儀傳》作“京兆内史”,中華本校勘記云:“諸本‘内史’上有‘拜’字,《隋書》卷三九《陰壽附骨儀傳》無。按隋煬帝改官名,京兆、河南置内史(見《隋書·百官志下》)。又《隋書》卷六三《衛玄傳》,玄於隋末爲京兆内史。‘拜’字衍文,今據删。”今從改。

楊義臣,代人也,本姓尉遲氏。[1]父崇,仕周,爲儀同大將軍,[2]以兵鎮恒山。[3]時隋文帝爲定州總管,崇知帝相貌非常,每自結納,帝甚親待之。及爲丞相,尉遲迥亂,崇以宗族故,自囚,遣使請罪。帝下書慰諭之，即令馳驛入朝，恒置左右。開皇初，封秦興公。[4]歲餘，從行軍總管達奚長儒擊突厥於周槃，[5]力戰而死。贈大將軍、豫州刺史，以義臣襲崇官爵。

[1]尉遲：鮮卑姓氏。

[2]儀同大將軍：官名。北周武帝建德四年改車騎大將軍、儀同三司爲此稱。正九命。

[3]恒山：郡名。北周時治真定縣，在今河北正定縣。

[4]秦興公：封爵名。秦興，縣名。治所在今四川青川縣喬莊鎮。《隋書》卷六三《楊義臣傳》作"秦興縣公"。

[5]周槃：《隋書·楊義臣傳》"槃"作"盤"，《通志》卷一六一《楊義臣傳》與《北史》同。

時義臣尚幼，養於宫中，未弱冠，[1]奉詔宿衛，如千牛者數年，[2]賞賜甚厚。上嘗言及恩舊，顧義臣嗟嘆久之，因下詔賜義臣姓楊氏，編之屬籍，[3]爲皇從孫。未幾，拜陝州刺史。[4]義臣性謹厚，能騎射，有將領才。後突厥達頭可汗犯塞，以行軍總管出白道，大破之。明年，突厥又寇邊，義臣擊之，追至大斤山，與虜遇。時太平公史萬歲亦至，與義臣合擊大破之。萬歲爲楊素所陷，[5]義臣功竟不録。

[1]弱冠：古時男子二十成人加冠，體還未壯，故稱弱冠。

[2]千牛：官名。千牛備身的省稱。北魏置。隋朝沿置，掌管千牛刀，宿衛侍從，屬左、右領左右府，各員十二人。正六品。

[3]屬籍：記載宗室譜系的譜籍。

[4]陝州：隋朝時治陝縣，在今河南三門峽市西。

[5]萬歲爲楊素所陷：《隋書》卷六三《楊義臣傳》作“萬歲爲楊素所陷而死”，《通志》卷一六一《楊義臣傳》與《北史》同。

煬帝嗣位，漢王諒反。時代州總管李景被諒將喬鍾葵所圍，[1]義臣時爲朔州總管，奉詔救之。鍾葵見義臣兵少，悉衆拒之。時鍾葵亞將王拔驍勇，[2]善用矟，[3]射者不能中，每以數騎陷陣。義臣患之，募能當拔者。有車騎將軍楊思恩請當之。義臣見思恩氣貌雄勇，顧之曰：“壯士也！”賜以卮酒。[4]思恩望見拔立於陣後，投觴於地，策馬赴之。再往不剋，所從騎士退，思恩爲拔所殺。拔遂乘之，義臣軍北者十餘里。於是購得思恩屍，義臣哭之甚慟，三軍莫不下泣，所從騎士皆腰斬。義臣自以兵少，悉取軍中牛驢，得數千頭，[5]復令數百人，人持一鼓，潛驅之磵谷間，[6]出其不意。義臣晡後復與鍾葵戰，[7]兵初合，命驅牛驢者疾進。一時鳴鼓，埃塵張天，鍾葵軍不知所以，[8]以爲伏兵發，因大潰，縱擊破之。以功進位上大將軍。累遷太僕卿。

[1]李景：人名。字道興，天水休官（今甘肅天水市）人。北周、隋朝將領。見《隋書》卷六五《李景傳》。

[2]亞將：官名。隋煬帝時置，位次於大將。

[3]矟：亦稱槊。中國古代一種特製的矛類兵器。矟頭一般較矛頭寬而大，有兩刃。

[4]卮（zhī）：盛酒的器皿。《隋書》卷六三《楊義臣傳》作

"卮"。

[5]得數千頭：毛本"千"作"干"。

[6]磵谷：兩山間的夾道或水溝。

[7]晡（bū）：申時。即午後三點至五點。

[8]不知所以：《隋書·楊義臣傳》、《太平御覽》卷二八九、《册府元龜》卷三六五作"不知"，《通志》卷一六一《楊義臣傳》與《北史》同。

從征吐谷渾，令義臣屯琵琶峽，[1]連營八十里，南接元壽，[2]北連段文振，[3]合圍吐谷渾主於覆袁川。[4]復從征遼東，以軍將指肅慎道。[5]至鴨緑水，[6]與乙支文德戰，每爲先鋒，一日七捷。後與諸軍俱敗，竟坐免。俄而復位。明年，以爲軍副，[7]與大將軍宇文述趣平壤。[8]至鴨緑水，會楊玄感作亂班師，[9]檢校趙郡太守。[10]祅賊向海公作亂，[11]寇扶風、安定間，義臣奉詔擊平之。尋從帝復征遼東，進位左光禄大夫。[12]

[1]琵琶峽：地名。在今青海門源回族自治縣西大通河畔。

[2]元壽：人名。字長壽，河南洛陽（今河南洛陽市東北）人。北周、隋朝官吏。見《北史》卷七五《元壽傳》。

[3]段文振：人名。北海期原（今山東青州市）人。隋朝將領。見《北史》卷七八《段文振傳》。

[4]覆袁川：地名。在今青海青海湖東北一帶。

[5]軍將：局本作"將軍"。

[6]鴨緑水：即鴨緑江。

[7]軍副：官名。出征軍隊的副主帥。

[8]平壤：城名。高句麗國都城，在今朝鮮平壤市。

[9]楊玄感：人名。弘農華陰（今陝西華陰市東南）人。隋朝大臣。見《北史》卷四一《楊敷附楊玄感傳》。

[10]檢校：隋朝時意爲代理，即尚未實授其官，但已掌其職事。

[11]向海公：人名。又作"向海明"。隋末起義軍首領。煬帝大業九年舉兵，自稱皇帝，年號白烏。中華本校勘記云："按本書卷十二《隋煬帝紀》、《隋書》卷四《煬帝紀下》，大業九年十二月，作'扶風人向海明'，《通鑑》卷一八二也作'向海明'。疑'公'字訛。但《隋書》卷六三、《通志》卷一六一《楊義臣傳》亦作'公'，今不改。"

[12]左光禄大夫：官名。爲在朝顯職的加官，以示恩寵，或授予年老有病者爲致仕之官，亦常用於卒後贈官，無具體職掌。隋初爲正二品，煬帝大業三年降爲從二品。

時勃海高士達、清河張金稱並相聚爲盜，[1]攻陷郡縣。帝遣將軍段達討之，[2]不能剋，詔義臣率遼東還兵擊之，[3]大破士達，斬金稱。又收降賊，入豆子航，[4]討賊格謙，[5]禽之，以狀聞奏。帝惡其威名，遽追入朝，[6]賊由是復盛。義臣以功進位光禄大夫，尋拜禮部尚書。[7]卒于官。

[1]勃海：郡名。隋朝時治東光縣，在今河北東光縣東南。　高士達：人名。勃海蓨（今河北景縣）人。隋末起義軍首領，後戰死。　清河：郡名。隋朝時治清河縣，在今河北清河縣西北。　張金稱：人名。清河（今河北清河縣西北）人。隋煬帝大業九年起義，後戰敗被殺。

[2]段達：人名。武威姑臧縣（今甘肅武威市）人。北周、隋朝官吏。見《北史》卷七九《段達傳》。

[3]還兵擊之：底本作“還兵擊”，《隋書》卷六三《楊義臣傳》、《通志》卷一六一《楊義臣傳》作“還兵擊之”，中華本校勘記云:“諸本脱‘之’字，據《隋書》《通志·楊義臣傳》補。”今從改。

[4]豆子䴚（gǎng）：鹽池。在今山東惠民縣。

[5]討賊格謙：源氏校勘記云:“《隋書》萬曆本‘討賊格謙’作‘將格殺’。正德本同。《北史》唯無賊字。”格謙，人名。厭次（今山東惠民縣東）人。隋末起義軍首領，後被王世充所殺。

[6]遽（jù）追入朝：毛本“遽”作“據”。

[7]禮部尚書：官名。隋朝時屬尚書省，爲中央行政機構六部之中禮部最高長官，員一人，掌管禮儀、祭祀、宴享以及學校政令，總判部屬各司事。正三品。

論曰：昔韓信愆垓下之期,[1]則項王不滅；[2]英布無淮南之舉,[3]則漢道未隆。以二子之勳庸，咸憤怨而葅戮，况乃無古人之殊績，而懷悖逆之心者乎！梁士彦遭雲雷之會,[4]以勇略成名，遂貪天之功以爲己力。報者倦矣，施者未厭，將生厲階，求逞其欲。及兹顛墜，自取之也。元諧、虞慶則、元冑，或契闊艱危，或綢繆恩舊，將安將樂，漸見遺忘，内懷怏怏，矜伐不已。雖時主之刻薄，亦言語以速禍乎！然隋文佐命元功，鮮有終其大命，配享清廟，寂爾無聞。斯蓋草創帝圖，事出權道，本異同心，故久而愈薄。其牽牛蹊田，雖則有罪，奪之非道，能無怨乎？皆深文巧詆，致之刑辟,[5]帝沈猜之心，固已甚矣。求其餘慶，不亦難哉！

[1]韓信：人名。淮陰（今江蘇淮陰市東南）人。西漢開國功

臣，善於用兵。見《漢書》卷三四《韓信傳》。　垓下：地名。在今安徽靈璧縣東南。

[2]項王：指項羽。見《史記》卷七《項羽本紀》。

[3]英布：人名。又稱黥布，六縣（今安徽六安市）人。秦末漢初將領。見《史記》卷九一《黥布列傳》。

[4]雲雷之會：指朝代更替。

[5]刑辟：即刑法。

長儒以步卒二千，抗十萬之衆，師殲矢盡，勇氣彌厲，壯矣哉！子幹西涉青海，北臨玄塞，[1]胡夷懾憚，亦有可稱。萬歲實懷智勇，善撫士卒，人皆樂死，師不疲勞。北却匈奴，南平夷獠，兵鋒所指，威讐絶域。論功仗氣，犯忤貴臣，偏聽生奸，死非其罪，人皆痛惜，有李廣之風焉。[2]劉方號令無私，臨軍嚴肅，[3]克翦林邑，遂清南海，[4]徼外百蠻，無思不服。杜彦東夏南服，屢有戰功，作鎮朔垂，胡塵不起。周摇以質真見知。獨孤楷以恤人流譽。盛蹈履之地，[5]可以追蹤古人。乞伏慧能以國讓，亦云美矣。而慧以供帳不厚，[6]至於放黜，君方逞欲，罰亦深哉！陰世師遭天所廢，[7]舍命無改，雖異先覺，頗同後凋。義臣時屬擾攘，功成三捷，而以功見忌，得没亦爲幸也。

[1]玄塞：指北方邊塞。

[2]李廣：人名。隴西成紀（今甘肅秦安縣）人。西漢名將。屢次擊敗匈奴，被稱爲飛將軍。見《史記》卷一〇九《李將軍列傳》。

[3]臨軍：《隋書》卷五三史臣論“臨”作“治”，《北史》避

唐高宗李治諱改。　嚴肅：嚴謹而有法度。

［4］南海：泛指嶺南地區。

［5］盛蹈履之地：底本“盛”作“威”，中華本校勘記云:“諸本‘盛’作‘威’。按張威本傳行事與此評語不類。獨孤盛死於江都之變，按封建道德標準，認爲值得讚揚，故有此評。此乃形似致訛，今改正。”今從改。

［6］供帳：古時指宴會用的帷帳、用具、飲食等物。

［7］陰世師：《隋書》卷三九史臣論作“世師”，底本作“陰壽”，中華本校勘記云:“諸本‘世師’作‘壽’。《隋書》卷三九史臣論作‘世師’。按此指世師守長安拒李淵事，與陰壽無關，今據改。”今從改。

北史　卷七四

列傳第六十二

劉昉　柳裘　皇甫績　郭衍　張衡　楊汪　裴藴　袁充　李雄

劉昉，博陵望都人也。[1]父孟良，仕魏，位大司農卿。[2]從武帝入關，[3]爲梁州刺史。[4]

[1]博陵：郡名。北魏時治安平縣，在今河北安平縣。　望都：縣名。治所在今河北唐縣東北。

[2]大司農卿：官名。大司農的尊稱。北魏時國家財政歸尚書省主管，因此大司農僅負責倉儲園苑及供膳之庶務。孝文帝太和二十三年（499）後定爲三品。

[3]武帝：即北魏皇帝元脩。武爲其謚號。

[4]梁州：西魏時治光義縣，在今陝西漢中市。《隋書》卷三八《劉昉傳》、《通志》卷一六二《劉昉傳》作"東梁州"。按：東梁州治安康縣，在今陝西石泉縣南。

昉輕狡，有姦數。周武帝時，[1]以功臣子入侍皇太子。及宣帝嗣位，[2]以技佞見狎，[3]出入宮掖，[4]寵冠一時。位小御正，[5]與御正中大夫顔之儀並見親信。[6]及帝不悆，[7]召昉及之儀俱入卧内，[8]屬以後事。帝失瘖不復能言。[9]昉見静帝幼沖，[10]又素奇隋文帝。[11]時文帝以后父故，有重名於天下，昉遂與鄭譯謀，[12]引帝輔政。帝固讓，不敢當，昉曰："公若爲，當速爲之。如不爲，昉自爲也。"帝乃從之。及帝爲丞相，以昉爲司馬。[13]時宣帝弟漢王贊居禁中，[14]每與帝同帳而坐。昉飾美妓進贊，贊甚悦之。昉因説贊曰："大王，先帝之弟，時望所歸。孺子幼沖，豈堪大事！今先帝初崩，群情尚擾，王且歸第，待事寧後，入爲天子，此萬全計也。"贊時年未弱冠，[15]性識庸下，以爲信然，遂從之。文帝以昉有定策功，拜上大將軍，[16]封黄國公，與沛國公鄭譯皆爲心膂。[17]前後賞賜鉅萬，出入以甲士自衛，[18]朝野傾矚，稱爲黄、沛。時人語曰："劉昉牽前，鄭譯推後。"[19]

[1]周武帝：即北周皇帝宇文邕。武爲其謚號。

[2]宣帝：即北周皇帝宇文贇。宣爲其謚號。

[3]狎：態度親近而不莊重。

[4]宫掖：皇宫中妃嬪居住之所。掖，指位於宫側的房舍，本指宫中妃嬪所居之處。

[5]小御正：官名。又稱小御正下大夫、御正下大夫。西魏恭帝時置，北周沿置。天官府御正司次官，佐御正中大夫掌本司。北周武帝建德二年（573）省御正中大夫，成爲御正司長官，宣帝時復爲次官。正四命。

[6]御正中大夫：官名。西魏恭帝時置，北周沿置。天官府御正司長官，在皇帝左右，負責宣傳詔命，參議刑罰爵賞及軍國大事，皇帝詔書須由其連署。北周明帝武成元年（559）於其上設御

正上大夫，遂降爲副職。正五命。　顔之儀：人名。字子升，琅邪臨沂（今山東費縣東）人。南朝梁、北周及隋朝官吏。見《周書》卷四〇《顔之儀傳》。

[7]不愈（yù）：帝王病重的諱稱。

[8]卧内：寢室，内室。

[9]失瘖（yīn）：《隋書》卷三八《劉昉傳》“失瘖”作“瘖”，《通志》卷一六二《劉昉傳》與《北史》同。

[10]静帝：即北周皇帝宇文衍。静爲其謚號。

[11]隋文帝：即隋朝皇帝楊堅。文爲其謚號。

[12]鄭譯：人名。字正義，滎陽開封（今河南開封市南）人。北周、隋朝官吏。見《北史》卷三五《鄭羲附鄭譯傳》。

[13]司馬：官名。此指丞相府司馬。管理府内武職，與長史共掌府務。

[14]贇：即宇文贇，人名。字乾依，代郡武川（今内蒙古武川縣西）人，鮮卑族。北周宗室。見《北史》卷五八《漢王贇傳》。　禁中：指宫中。“禁”常作爲帝王宫殿的代稱。

[15]弱冠：古時男子二十成人加冠，體還未壯，故稱弱冠。

[16]上大將軍：官名。北周時爲高級武官名號，位大將軍上。正九命。隋朝時定爲從二品散實官，位大將軍上，爲高級武官名號，煬帝大業三年（607）罷。

[17]心膂：親信。指輔佐帝王的重臣，亦比喻得力助手與親信。語出《尚書·君樂》：“今命爾予翼，作股肱心膂。”

[18]甲士：毛本“甲”作“申”，誤。

[19]鄭譯推後：局本“推”作“擁”。

昉自恃功，有驕色。然性粗疎，溺於財利，富商大賈朝夕盈門。于時尉遲迥起兵，[1]帝令韋孝寬討之。[2]至武陟，[3]諸將不一。帝欲遣昉、譯一人往監軍，因謂之曰："須得心膂以統大軍，公兩人誰行?"昉辭未嘗爲將，譯以母老爲請，帝不懌。而高熲請行，[4]遂遣之。由是恩禮漸薄。又王謙、司馬消難相繼反，[5]文帝憂之，忘寢與食。昉逸遊縱酒，不以職司爲意，[6]相府事多所遺落。帝深銜之，以高熲代爲司馬。是後益見疎忌。及受禪，進柱國，[7]改封舒國公，閑居無事，不復任使。昉自以佐命元功，[8]中被疎遠，甚不自安。後遇京師飢，上命禁酒。昉使妾賃屋，當壚酤酒。治書侍御史梁毗劾奏之，[9]有詔不問。昉鬱鬱不得志。

[1]尉遲迥：人名。字薄居羅，代（今山西大同市東北）人。西魏、北周重臣。見《北史》卷六二《尉遲迥傳》。

[2]韋孝寬：人名。名叔裕，字孝寬，京兆杜陵（今陝西西安市長安區東）人。北魏、西魏、北周將領。見《北史》卷六四《韋孝寬傳》。

[3]武陟：縣名。治所在今河南武陟縣。

[4]高熲：人名。又作"獨孤熲"，字昭玄，一名敏，勃海蓨（今河北景縣）人。北周、隋朝大臣。見《北史》卷七二《高熲傳》。

[5]王謙：人名。字敕萬，太原（今山西太原市晋源區古城營村一帶）人。北周大臣。見《北史》卷六〇《王雄附王謙傳》。司馬消難：人名。字道融，河内温（今河南温縣）人。北周、隋朝大臣。見《北史》卷五四《司馬子如附司馬消難傳》。

[6]不以職司爲意：局本"爲"作"馬"，誤。

[7]柱國：官名。柱國大將軍的省稱。十六國時後燕置。西魏文帝大統十六年（550）置八柱國，授此職者並加使持節、大都督，爲西魏最高官職。北周沿置。正九命，後定爲勳官之第二等。隋朝

時爲正二品散官，煬帝大業三年罷。

[8]佐命：古代帝王得天下，自稱是上應天命，故稱輔佐帝王創業爲“佐命”。　元功：指開國功臣，佐興帝業者。

[9]治書侍御史：官名。亦稱治書御史，簡稱御史、侍御。西漢時置，掌管圖籍文書。隋朝時置爲御史臺次官，員二人，實際主持臺務。從五品。　梁毗：人名。字景和，安定烏氏（今甘肅涇川縣東）人。北周、隋朝官吏。見《北史》卷七七《梁毗傳》。

時上柱國梁士彦、宇文忻俱失職怨望，[1]時昉並與之交，[2]數相往來。士彦妻有美色，昉與私通，士彦不之知也，情好彌協，遂相與謀反，許推士彦爲帝。後事泄，帝窮問之。昉自知不免，默無所對。詔誅之曰：

[1]上柱國：官名。隋朝時置爲散實官，煬帝大業三年罷。從一品。《隋書》卷三八《劉昉傳》作“柱國”，《通志》卷一六二《劉昉傳》與《北史》同。按：據《隋書》卷一《高祖紀上》，梁士彦被誅時位上柱國。　梁士彦：人名。字相如，安定烏氏（今甘肅涇川縣東）人。北周、隋朝將領。見《北史》卷七三《梁士彦傳》。　宇文忻：人名。字仲樂，夏州（今陝西横山縣西）人。北周、隋朝將領。見《北史》卷六〇《宇文貴附宇文忻傳》。

[2]時昉並與之交：《隋書·劉昉傳》無“時”字，《通志·劉昉傳》與《北史》同。

上柱國郕國公梁士彦、杞國公宇文忻、柱國舒國公劉昉等，[1]朕受命之初，並展勤力，酬勳報效，榮高禄重。朝夕宴言，備知朕意。但心如溪壑，志等豺狼，不荷朝恩，忽謀逆亂。

[1]等：毛本、殿本、四庫本、局本、四部備要本作“當”，《隋書》卷三八《劉昉傳》作“等”。

士彥稱有相者，[1]云其應籙，[2]年過六十，必據九五。初平尉遲迥，暫臨相州，[3]已有反心，彰於道路。朕即遣人代之，不聲其罪。入京之後，逆意轉深。忻、昉之徒，言相扶助。士彥許率僮僕，剋期不遠，欲於蒲州起事。[4]即斷河橋，[5]捉黎陽之關，[6]塞河陽之路。[7]自謂一朝奮發，無人當者。其第二子剛，每常苦諫，第三子叔諧，固深勸獎。朕既聞知，猶恐枉濫，及授晋部之任，[8]欲驗蒲州之情。士彥得以欣然，云是天贊。

[1]相者：也稱相工，以觀察人之形貌測斷其命運爲業的人。

[2]籙：帝王自稱其所謂受天命的符命之書，以之作爲統治天下的憑證。

[3]相州：隋朝時治鄴縣，在今河北臨漳縣西南。

[4]蒲州：隋朝時治蒲坂縣，在今山西永濟市西南蒲州鎮。

[5]河橋：在今陝西大荔縣東大慶關與山西永濟市西南蒲州鎮之間的黄河岸上。

[6]黎陽：渡口名。又名黎陽津，在今河南浚縣東。

[7]河陽：縣名。治所在今河南孟州市西南。

[8]及授晋部之任：《隋書》卷三八《劉昉傳》“及”作“乃”。中華本校勘記云《隋書》是。可從。晋，州名。隋朝時治臨汾縣，在今山西臨汾市。

忻往定鄴城，[1]自矜不已，位極人臣，猶恨賞薄。朕深念其功，不計無禮，[2]任以武候，[3]授以領軍，[4]寄之爪牙，委之心腹。忻密爲異計，樹黨宫闈，多奏交友，[5]入參宿衛。[6]朕推心待物，言必依許。爲而弗止，心跡漸彰，仍解禁兵，令其改悔。而志規不逞，愈結於懷，乃與士彦情意徧厚，俱營賊逆，逢則交謀。委士彦河東，[7]自許關右，蒲津事建，即望從征討，[8]兩軍結東西之旅，一舉合連横之勢，然後北破晋陽，[9]還圖宗社。

[1]鄴城：在今河北臨漳縣西南。

[2]不計無禮：《隋書》卷三八《劉昉傳》“無”作“其”。

[3]武候：官名。隋朝時分置左右，屬十二衛，掌車駕護從，晝夜巡查，烽候道路，執其營禁，分領諸驃騎府、車騎府兵。煬帝時改爲候衛。局本、四部備要本“候”作“侯”，誤。

[4]領軍：官名。即領軍將軍。隋初置左、右領軍府，各掌十二軍籍帳、差科、辭訟之事，不置將軍，以長史、司馬統府務，下設掾屬及諸曹參軍。煬帝大業三年罷。

[5]多奏交友：《隋書·劉昉傳》“交”作“親”。

[6]宿衛：在宫禁中值宿守衛。

[7]河東：指黄河以東。

[8]蒲津事建即望從征討：《隋書·劉昉傳》作“蒲津之事，即望從征”。蒲津，渡口名。又稱蒲坂津。在今山西永濟市蒲州鎮與陝西大荔縣朝邑鎮之間黄河上。

[9]晋陽：縣名。治所在今山西太原市晋源區古城營村一帶。

昉入佐相府，便爲非法，三度事發，二度其婦自論。常云姓是“卯金刀”，名是“一万日”，劉氏應王，爲萬日天子。朕訓之導之，望其悛改。口請自新，志存如舊，亦與士彦情好深重，逆節姦心，盡探肝膈。嘗共士彦論太白所犯，[1]問東井之間，[2]思秦地之亂，訪軒轅之裏，[3]願宮掖之災。唯待蒲坂事興，[4]欲在關内應接。殘賊之策，[5]千端萬緒。

[1]太白：即太白金星。

[2]東井：即井宿。又名鶉首。爲二十八星宿中南方朱雀七宿之首，由八顆星組成，屬雙子座。此星明亮，代表國富民安，天下太平，如色變則動蕩不安。

[3]軒轅：星官名。在星宿北。共十七星，蜿蜒如龍，故稱。其第十四星爲一等大星，因在五帝座之旁，故爲女主象。後多借指皇后。殿本、四部備要本"軒"作"斬"，誤。

[4]蒲坂：縣名。治所在今山西永濟市西南蒲州鎮。

[5]殘賊：局本"賊"作"賤"。

惟忻及昉，名位並高，寧肯北面曲躬，[1]臣於士彦？乃是各懷不遜，圖成亂階，一得擾攘之基，[2]方逞吞并之事。士彦、忻、昉身爲謀首，叔諧贊成父意，議實難容，並已處盡。士彦、忻、昉兄弟叔姪，特恕其命。

[1]北面：古代臣子、卑者之位。因天子坐北向南，故臣見君則居南向北。　曲躬：折腰，表示恭敬。

[2]擾攘：混亂、紛亂貌。

臨刑，至朝堂，宇文忻見高熲，向之叩頭求哀。昉勃然謂忻曰："事形如此，何叩頭之有！"於是伏誅，籍没其家。後數日，帝素服臨射殿，[1]盡取三家資物置於前，命百僚射取之，以爲鑒戒云。

[1]射殿：位於長安太極宫太極殿後宜春門北，爲皇帝與群臣舉行大射禮之處。

柳裘，字茂和，河東解人，[1]南齊司空世隆之曾孫也。[2]祖惔，梁尚書左僕射。[3]父明，太子舍人、義興太守。[4]

[1]河東：郡名。隋朝時治蒲坂縣，在今山西永濟市西南蒲州鎮。　解：縣名。治所在今山西臨猗縣。

[2]司空：官名。漢光武帝時設，位在三公之末，歷代沿置。南朝齊時爲名譽宰相，多爲大臣加官。一品。　世隆：即柳世隆，人名。字彦緒，河東解（今山西臨猗縣）人。南朝宋、齊官吏。見《南齊書》卷二四《柳世隆傳》。

[3]尚書左僕射：官名。東漢末置，爲尚書令副職。南朝梁時常缺尚書令，僕射實爲尚書省主官，左、右僕射共掌尚書省日常事務，位列宰相。左僕射又領殿中、主客二郎曹。

[4]太子舍人：官名。秦朝始置。歷代沿置。南朝梁時置十六人，掌文章書記，隸太子詹事。位二班。　義興：郡名。南朝梁時治陽羡縣，在今江蘇宜興市。

裘少聰慧，弱冠有令名。在梁，歷位尚書郎、駙馬都尉。[1]梁元帝爲魏軍所逼，[2]遣裘請和於魏。俄而江陵平，[3]遂入關中。[4]周明、武間，[5]自麟趾學士累遷太子侍讀，[6]封昌樂縣侯。[7]宣帝即位，進爵爲公，轉御飾大夫。[8]及帝不悆，留侍禁中，與劉昉、韋謩、皇甫績同謀引隋文帝，[9]曰："時不可失，今事已然，宜早定大計。天與不取，[10]反受其殃。"帝從之。進上開府、内史大夫，[11]委以機密。

[1]尚書郎：官名。漢武帝時常以郎官供尚書署差遣，掌收發文書章奏庶務，後漸成定制，成爲中朝常設官職。自晋以後，多不直接向皇帝奏對，其章奏由中書、門下轉呈代奏，至南朝梁可不經轉呈，徑上皇帝。　駙馬都尉：官名。漢武帝時置，爲皇帝侍從，多爲加官。後尚公主者多加此官。南朝梁時專加尚公主者。

[2]梁元帝：即南朝梁皇帝蕭繹。元爲其謚號。

[3]江陵：府名。在今湖北江陵縣。

[4]關中：古代對渭河平原及陝西地區的泛稱。歷代所指範圍大小不一。

[5]明：代指北周皇帝宇文毓。明爲其謚號。　武：代指北周皇帝宇文邕。武爲其謚號。

[6]麟趾學士：官名。即麟趾殿學士。北周明帝時置。以在朝公卿以下有文學者爲學士。初不限貴賤，後聽于翼之議，定學士班次。亦有以他官參麟趾學士者，掌著述，刊校經史。　太子侍讀：官名。北周時置爲東宫屬官，選用文學之士，侍奉太子讀書。

[7]昌樂縣侯：封爵名。昌樂，縣名。治所在今河南南樂縣西北。

[8]御飾大夫：官名。北周置。掌御飾，下設御飾下士以佐其職。一説爲天官府屬官。命品不詳。

[9]韋謩：人名。京兆杜陵（今陝西西安市長安區東）人。北周、隋朝官吏。見《北史》卷六四《韋瑱附韋謩傳》。

［10］天與不取：殿本“取”作“敢”，誤。

［11］内史大夫：官名。即内史中大夫。又稱内史、大内史。西魏恭帝三年（556）置，北周初沿置。春官府内史司長官，員二人，掌皇帝詔書的撰寫與宣讀，參議刑罰爵賞及軍國大事，下設小内史下大夫、小内史上士、小内史中士、小内史下士以佐其職，領御史上士等官屬。北周静帝大象元年（579），在其上設内史上大夫，遂降爲内史司次官。正五命。

及尉遲迥作亂，天下騷動，并州總管李穆頗懷猶豫，[1]帝令裘往喻之。裘見穆盛陳利害，穆遂歸心。以奉使功，賜綵三百匹，金九環帶一腰。[2]時司馬消難奔陳，帝即令裘隨便安集淮南，[3]賜馬及雜物。開皇元年，[4]進位大將軍，[5]拜許州刺史。[6]在官清簡，人懷之。[7]轉曹州刺史。[8]後帝思裘定策功，欲加榮秩，將徵之，顧朝臣曰："曹州刺史何當入朝？"或曰："即今冬也。"乃止。裘尋卒，帝傷惜者久之，謚曰安。子惠童嗣。

［1］并州：北周時治龍山縣，在今山西太原市晋源區古城營村一帶。　總管：官名。北周明帝武成元年改都督諸州軍事爲此稱。地方高級軍政官員，置總管府，掌一州或數州軍務，兼理民政。品秩分三等，上總管從二品，中總管正三品，下總管從三品。　李穆：人名。字顯慶，隴西成紀（今甘肅秦安縣）人。西魏、北周、隋朝官吏。見《北史》卷五九《李賢附李穆傳》。

［2］金九環帶：古時帝王貴臣穿常服時用的腰帶。上有九金環，故名。

［3］隨便：隨即、馬上。　淮南：泛指淮河以南的地區。

[4]開皇：隋文帝的年號（581—600）。

[5]大將軍：官名。戰國秦漢皆有，非常設。西魏、北周時爲府兵專職統帥官號。北周時置勳官十一等，大將軍爲第四等，隋朝沿襲北周府兵制，置爲諸衛府長官，分領府兵，各置僚屬。正三品。

[6]許州：隋朝時治潁川縣，在今河南臨潁縣西北。

[7]人懷之：《隋書》卷三八《柳裘傳》作"吏民懷之"。疑《北史》避唐太宗李世民諱改。

[8]曹州：隋朝時治濟陰縣，在今山東曹縣西北。

皇甫績，字功明，安定朝那人也。[1]祖穆，魏隴東太守。[2]父道，周湖州刺史、雍州都督。[3]

[1]安定：郡名。北周時治安定縣，在今甘肅涇川縣北。　朝那：縣名。治所在今甘肅靈臺縣西北。

[2]隴東：郡名。北魏時治汧陰縣，在今陝西隴縣東南。

[3]湖州：北周時治湖陽縣，在今河南唐河縣南。　雍州：北周時治長安縣，在今陝西西安市西北。　都督：官名。三國魏置。爲地方軍政長官，總一州事務。南北朝因之，分使持節、持節、假節三種，職權各有不同，北周明帝時改爲總管。

績三歲而孤，爲外祖韋孝寬所鞠養。孝寬以諸子墮業，督以嚴訓，愍績孤幼，特捨之。績歎曰："我無庭訓，[1]養於外氏，不能剋躬勵己，何以成立！"深自感激，命左右自杖三十。孝寬聞而對之流涕。於是專精好學，略涉經史。周武帝爲魯公時，引爲侍讀。[2]

[1]庭訓：指父親的教誨。毛本、殿本、四庫本“庭”作“廷”。

[2]侍讀：官名。北魏始置，侍從皇帝讀書。西魏時置爲王公屬官，北齊時皇帝，北周時太子、王公皆置。

建德初，[1]轉宫尹中士。[2]武帝嘗避暑雲陽宫，[3]時宣帝爲太子監國。[4]衛剌王作亂，[5]城門已閉，百僚多有遁者。績聞難赴之，於玄武門遇皇太子，[6]下樓執績手，[7]悲喜交集。帝聞而善之，遷小宫尹。[8]宣政初，[9]録前後功，封義陽縣男，[10]累轉御正下士。[11]宣帝崩，隋文帝總己，[12]績有力焉。加上開府，轉内史中大夫，進封郡公。拜大將軍。

[1]建德：北周武帝的年號（572—578）。

[2]宫尹中士：官名。北周置，爲太子宫尹下大夫屬官。正二命。

[3]避暑：局本“避”作“被”。雲陽宫：位於雲陽縣（今陝西淳化縣西北）西北。

[4]太子監國：帝有巡狩，太子行皇帝權、處理國政之制。

[5]衛剌王：即宇文直。字豆羅突，代郡武川（今内蒙古武川縣西）人。北周宗室。見《北史》卷五八《衛剌王直傳》。

[6]玄武門：宫城的正北門。

[7]下樓執績手：《隋書》卷三八《皇甫績傳》作“太子下樓執績手”，《通志》卷一六二《皇甫績傳》與《北史》同。

[8]小宫尹：官名。小宫尹上士的省稱。北周置。太子宫尹下大夫的副職，佐太子宫尹下大夫輔佐太子。正三命。

[9]宣政：北周武帝的年號（578）。

[10]義陽縣男：封爵名。義陽，縣名。治所在今河南信陽

市南。

[11]御正下士：西魏恭帝時置，掌協議國事，出宣詔命。北周沿置，正三命。《隋書·皇甫績傳》"下士"作"下大夫"，《通志·皇甫績傳》與《北史》同，源氏校勘記云："'士'《隋書》作'大夫'。"中華本校勘記云："《隋書》卷三八《皇甫績傳》'下士'作'下大夫'。按上文言績建德初已爲中士，又遷小宫尹，不應累轉反爲下士。又下文言楊堅執政後，績即轉内史中大夫，也不應是由下士越數級超升。《隋書》作'御正下大夫'，是。"可從。

[12]總己：總攬大權。

開皇元年，出爲豫州刺史。[1]尋拜都官尚書。[2]轉晋州刺史。[3]將之官，稽首言陳有三可滅。帝問其狀，績曰："大吞小，一也。以有道伐無道，二也。納叛臣蕭巖，[4]於我有詞，三也。陛下若命鷹揚之將，[5]臣請預戎行。"上嘉勞而遣之。陳平，拜蘇州刺史。[6]

[1]豫州：隋朝時治上蔡縣，在今河南汝南縣。

[2]都官尚書：官名。十六國時夏始置，尚書省都官曹長官。南北朝沿置。隋初因襲北齊制度，統都官、二千石、比部、水部、膳部諸曹事務，正三品。文帝開皇三年改爲刑部尚書。

[3]晋州：隋朝時治臨汾縣，在今山西臨汾市。

[4]蕭巖：人名。字義遠，蘭陵（一説在今江蘇常州市，一説在今江蘇丹陽市）人。西梁宗室。見《北史》卷九三《蕭督傳》。

[5]鷹揚：如鷹奮揚。比喻威武或大展雄才。

[6]蘇州：隋朝時治吴縣，在今江蘇蘇州市。

高智慧作亂江南，[1]州人顧子元等發兵應之，[2]因以攻績，相持八旬。[3]子元素感績恩，於冬至日遣使奉牛酒。績遺之書。子元得書，於城下頓首陳謝。[4]楊素援兵至，[5]合擊破之。拜信州總管。[6]俄以病乞骸骨，[7]詔徵還京師，賜以御藥，中使相望，[8]顧問不絶。卒於家，謚曰安。

[1]高智慧：人名。又作“高智惠”，會稽（今浙江紹興市）人。隋朝時起義軍首領。　江南：泛指今長江以南地區。

[2]顧子元：人名。蘇州（今江蘇蘇州市）人。

[3]八旬：八十日。十日爲一旬。

[4]頓首陳謝：局本“謝”作“下”。

[5]楊素：人名。字處道，弘農華陰（今陝西華陰市東南）人。北周、隋朝大臣。見《北史》卷四一《楊敷附楊素傳》。

[6]信州：隋朝時治白帝城，在今重慶奉節縣白帝村西南。

[7]乞骸骨：即告老還鄉。指官吏因年老請求退職。

[8]中使：宫中派出的使者。多是宦官。

子偲嗣。大業中，[1]位尚書主爵郎。[2]

[1]大業：隋煬帝的年號（605—617）。

[2]尚書主爵郎：官名。北齊置。隋朝沿置，尚書省吏部主爵司長官。煬帝大業三年改主爵侍郎置。

郭衍，字彦文，自云太原介休人也。[1]父崇，以舍人從魏孝武帝入關，[2]位侍中。[3]

[1]太原：郡名。北魏時治晉陽縣，在今山西太原市晉源區古

城營村一帶。　介休：縣名。治所在今山西介休市。

[2]舍人：官名。北魏時王國、公府、將軍府皆置，掌文書之事，位從七品上。又有中書舍人、通事舍人、太子舍人等名目。　魏孝武帝：即北魏皇帝元脩。孝武爲其謚號。《隋書》卷六一《郭衍傳》作“魏武帝”。

[3]侍中：官名。秦朝始置。北朝時常總典機密，受遺詔輔政，權任尤重，時號“小宰相”。北魏孝文帝太和十七年定爲從一品中，二十三年定爲三品。西魏初沿置。

衍少驍武，善騎射。建德中，以軍功累遷儀同大將軍。[1]又從周武帝平并州，以功加開府，[2]封武强縣公，[3]賜姓叱羅氏。[4]宣政元年，爲右中軍熊渠中大夫。[5]尉遲迥之亂，從韋孝寬討之，以功授上柱國，[6]封武山郡公。[7]密勸隋文帝殺周室諸王，[8]早行禪代，由是大被親昵。

[1]儀同大將軍：官名。北周武帝建德四年，改車騎大將軍、儀同三司爲此稱。正九命。

[2]開府：開府儀同三司的簡稱。三國魏始置，多爲大臣的加號，意爲與三司（太尉、司徒、司空）的禮制待遇相同，允許開府，自辟僚屬。北周置爲勳官，九命。

[3]武强縣公：封爵名。武强，縣名。治所在今河北武强縣西南舊武强城。

[4]叱羅氏：爲歸附鮮卑的餘部諸姓之一。據《魏書·官氏志》記載，該氏族隨鮮卑入中原後，改爲羅氏。

[5]右中軍熊渠中大夫：官名。北周置。統兵。正五命。

[6]以功授上柱國：《隋書》卷六一《郭衍傳》作“超授上柱國”。

[7]武山郡公：封爵名。武山，郡名。北周時治雉陽縣，在今河南魯山縣東南。

[8]周室：局本作“周宗室”。

開皇元年，衍復舊姓爲郭氏。[1]突厥犯塞，[2]以衍爲行軍總管，[3]領兵屯平涼。[4]數歲，虜不入境。徵爲開漕渠大監。[5]部率水工，[6]鑿渠引渭水，[7]經大興城北，[8]東至潼關，[9]漕運四百餘里，關中賴之，名曰富人渠。[10]五年，授瀛州刺史，[11]遇秋霖大水，其屬縣多致漂没，人皆上高樹，依大冢。衍親備船栰，并齎糧食拯救之，民多獲濟。衍先開倉賑恤，後始聞奏。上大善之，遷授朔州總管。[12]所部有恒安鎮，[13]北接蕃境，[14]常勞轉運。衍乃選沃饒地，置屯田，歲贏粟萬餘石，人免轉輸之勞。又築桑乾鎮，[15]皆稱旨。十年，從晉王廣出鎮揚州。[16]遇江表構逆，[17]命衍爲總管，先屯京口。[18]於貴洲南與賊戰，[19]敗之。仍討東陽、永嘉、宣城、黟、歙諸洞，[20]盡平之。授蔣州刺史。[21]

[1]衍復舊姓：《隋書》卷六一《郭衍傳》、《通志》卷一六二《郭衍傳》作“勑復舊姓”。

[2]突厥：族名。廣義上包括鐵勒、突厥各部落，狹義上則專指突厥汗國。公元六世紀初興起於金山（今阿爾泰山）西南麓，爲游牧部落。西魏廢帝二年（552），建突厥汗國，隋文帝開皇二年（582），分裂爲東西二部。見《北史》卷九九《突厥傳》。

[3]行軍總管：官名。北周置。戰時臨時任命，事畢即罷，重大軍事行動中，隸屬於行軍元帥。隋朝沿置，並漸漸過渡爲地方軍政長官，或掌一道軍政，或領數道，時有大總管、總管之分。

[4]平凉：縣名。治所在今甘肅平凉市西北。

[5]開漕渠大監：官名。隋朝置，負責開鑿運河事宜。

[6]水工：水利工程技術人員。

[7]渭水：指渭河，黄河最大的支流，在今陝西中部。

[8]大興：城名。在今陝西西安市。

[9]潼關：關隘名。在今陝西潼關縣東北。

[10]富人渠：起自今陝西西安市西北，至今潼關北。《隋書·郭衍傳》《通志·郭衍傳》“人”作“民”，中華本校勘記云:“《北史》避唐諱改。”可從。

[11]瀛州：隋朝時治趙都軍城，在今河北河間市。

[12]朔州：隋朝時治善陽縣，在今山西朔州市朔城區。

[13]恒安：鎮名。在今山西大同市東北古城。

[14]蕃境：底本作“藩境”，《隋書·郭衍傳》、《册府元龜》卷五三〇作“蕃境”，《通志·郭衍傳》作“藩境”。按:“蕃”與“藩”指分封的諸侯國時通用，指本國疆域之外或外族時不能通用。此處的“蕃”是指少數民族，故作“藩”誤。今從中華本改。

[15]桑乾鎮：鎮名。在今山西山陰縣東。

[16]晋王廣：即楊廣。一名英，弘農華陰（今陝西華陰市東南）人。隋文帝第二子，母獨孤皇后。未作皇太子之前曾被封爲晋王。見《北史》卷一二《隋本紀·煬帝》。　揚州：隋朝時治廣陵縣，在今江蘇揚州市。

[17]江表：指長江以南地區。以中原看來，地在長江之外，故稱江表。

[18]京口：城名。在今江蘇鎮江市丹徒區。

[19]貴洲：地名。約在今江蘇鎮江市西北長江中。元大德本作“貴州”，毛本、殿本、四庫本、四部備要本作“貢州”，《隋書·郭衍傳》、《通志·郭衍傳》、《册府元龜》卷三五六作“貴洲”。

[20]仍:《隋書·郭衍傳》作“乃”，《通志·郭衍傳》、《册府元龜》卷三五六作“仍”。　東陽：縣名。治所在今浙江金華

市。　永嘉：縣名。治所在今浙江温州市。殿本、四庫本、四部備要本“嘉”作“康”。　宣城：縣名。治所在今安徽宣城市宣州區。　黟（yī）：縣名。治所在今安徽黟縣。底本作“黝”，《隋書·郭衍傳》《通志·郭衍傳》作“黟”，中華本校勘記云：“黟縣見《隋書·地理志下》新安郡。”今從改。　歙：縣名。治所在今安徽歙縣。

[21]蔣州：隋朝時治石頭城，在今江蘇南京市清涼山。

衍臨下甚倨，事上甚卑。晋王愛昵之，宴賜隆厚。遷洪州總管。[1]王有奪宗之謀，託衍心腹，遣宇文述以情告之。[2]衍大喜曰：“若所謀事果，自可爲皇太子。如其不諧，亦須據淮海，[3]復梁、陳之舊。副君酒客，其如我何！”王因召衍，陰共計議。又恐人疑無故來往，託以妻患癭，[4]王妃蕭氏有術能療之。以狀奏帝，聽共妻向江都，[5]往來無度。衍又詐稱廣州俚反，[6]王乃奏衍行兵討之。由是大修甲仗，陰養士卒。及王入爲太子，徵授左監門率，[7]轉左宗衛率。[8]文帝於仁壽宫將大漸，[9]太子與楊素矯詔令衍、宇文述領東宫兵，帖上臺宿衛，門禁並由之。及上崩，漢王起逆，[10]而京師空虚，使衍馳還，總兵居守。

[1]洪州：隋朝時治豫章縣，在今江西南昌市。

[2]宇文述：人名。字伯通，代郡武川（今内蒙古武川縣西）人，鮮卑族。北周、隋朝大臣。見《北史》卷七九《宇文述傳》。

[3]淮海：指以今江蘇徐州市爲中心，包括江蘇北部、河南東南、安徽東北在内的地區。

[4]癭（yǐng）：長在脖子上的一種囊狀的瘤子。

[5]聽共妻向江都：毛本、殿本、四庫本、四部備要本作“聽其妻向江都”，《隋書》卷六一《郭衍傳》、《通志》卷一六二《郭衍傳》作“高祖聽衍共妻向江都”。江都，郡名。隋朝時治江陽縣，在今江蘇揚州市。

[6]廣州：隋朝時治南海縣，在今廣東廣州市。《隋書·郭衍傳》作“桂州”，《通志·郭衍傳》與《北史》同，源氏校勘記云：“‘廣’《隋書》作‘桂’。”　俚：中國少數民族之一，主要分布在今廣東西南沿海及廣西東南。殿本、四庫本、四部備要本作“狸”。

[7]左監門率：官名。隋朝始置。掌東宫諸門禁，員一人，從四品上。煬帝大業三年改名宫門將，降爲正五品。

[8]左宗衛率：官名。隋朝時太子左宗衛長官，掌宗人侍衛，員一人。正四品上。煬帝大業三年改爲太子左武侍率。

[9]仁壽宫：位於今陜西麟游縣西。隋文帝開皇十三年建。大漸：病勢加重。

[10]漢王：即楊諒。字德章，一名傑，弘農華陰（今陜西華陰市東南）人。隋文帝第五子，母獨孤皇后。文帝開皇元年被封爲漢王，後爲雍州牧。煬帝即位，起兵反，兵敗被囚。見《北史》卷七一《庶人諒傳》。

大業元年，拜左武衛大將軍。[1]帝幸江都，令統左軍，[2]改授光禄大夫。[3]又從征吐谷渾，[4]出金山道，[5]納降二萬餘户。衍能揣上意，阿諛順旨，帝每謂人曰：“唯郭衍心與朕同。”又嘗勸帝取樂，五日一視事，無得效高祖空自劬勞。[6]帝從之，益稱其孝順。初，新令行，衍封爵從例除。六年，以恩舊封真定侯。[7]從往江都，卒。贈左衛大將軍，[8]謚曰襄。

[1]左武衛大將軍：官名。隋朝時十二衛大將軍之一。左武衛府長官，員一人，總管府事，統管鷹揚府。正三品。

[2]左軍：指三軍中的左翼軍。

[3]光禄大夫：官名。漢武帝時設，掌議論。隋初未置，煬帝大業三年加置，位在左右光禄大夫之上，爲文職散官之首。從一品。

[4]吐谷渾：族名。又稱吐渾、退渾。原爲鮮卑族慕容部的一支，先祖游牧於徒河青山（今遼寧義縣東）。西晋時，遷徙於今甘肅、青海一帶。十六國時，先後受到前凉、西秦等追逐，幾乎亡國。後再度崛起，北魏太武帝時達到最强盛。在北魏打擊下，一度退到今新疆一帶。以游牧爲生。見《北史》卷九六《吐谷渾傳》。

[5]金山：在今青海西寧市西北。

[6]高祖：即隋文帝。高祖爲其廟號。　劬（qú）勞：勞苦，勞累。

[7]真定侯：封爵名。真定，縣名。治所在今河北正定縣。

[8]左衛大將軍：官名。隋朝時置爲左衛之長，員一人，掌宫掖禁禦，督攝仗衛。煬帝大業三年改爲左翊衛大將軍，總府事，並統諸鷹揚府。正三品。

長子臻，武牙郎將。[1]次子嗣本，孝昌令。[2]

[1]武牙郎將：官名。隋煬帝大業三年十二衛護軍改爲武賁郎將後置，爲武賁郎將副職，每衛六人。從四品。

[2]孝昌：縣名。治所在今湖北孝感市北。

張衡，字建平，河内人也。[1]祖嶷，魏河陽太守。[2]父允，[3]周萬州刺史。[4]

[1]河内：郡名。隋朝時治野王縣，在今河南沁陽市。

[2]河陽：郡名。北魏時治河陽縣，在今甘肅静寧縣西南。

[3]父允：源氏校勘記云："'允'《隋書》作'光'。"

[4]萬州：北周時治永康縣，在今四川達縣西。

衡幼懷志尚，有骨梗風。十五，詣太學受業，[1]研精覃思，[2]爲同輩所推。周武帝居太后憂，與左右出獵，衡露髻輿櫬，[3]扣馬切諫。帝嘉焉，賜衣一襲，馬一匹，擢拜漢王侍讀。衡又就沈重受《三禮》，[4]略究大旨。累遷掌朝大夫。[5]

[1]太學：西周已有，漢武帝復置。歷朝因之，時有興衰。爲當時最高學府。

[2]覃：深入。殿本作"殫"。

[3]櫬（chèn）：空棺材。殿本作"襯"。

[4]沈重：人名。字子厚，吴興武康（今浙江德清縣）人。北周學者。精《詩》《禮》與《左氏春秋傳》。見《北史》卷八二《沈重傳》。　三禮：《周禮》《禮記》《儀禮》。

[5]掌朝大夫：官名。即掌朝下大夫。西魏恭帝三年置，北周沿置。爲秋官府掌朝司長官，典筆硯，持至御座，由承御大夫進上，並掌糾察非法，肅正朝儀，下設小掌朝上士以佐其職。正四命。

隋文帝受禪，拜司門侍郎。[1]及晋王廣爲河北行臺，[2]衡歷刑部、度支二曹郎。[3]行臺廢，拜并州總管掾。王轉牧揚州，衡復爲掾。王甚親任之，衡亦竭慮盡誠。奪宗之計，多衡所建。遷揚州總管司馬。熙州李英林反,[4]署置百官，以衡爲行軍總管討平之，拜開府。及王爲皇太子，拜衡右庶子。[5]

[1]司門侍郎：官名。隋初屬尚書省刑部司門司，員二人，掌邊境關門、京都城門及皇宫宫門的開關。正六品上。煬帝大業三年改爲司門郎。

[2]河北：郡名。隋朝時治河北縣，在今山西平陸縣西南。　行臺：官名。行臺尚書令的省稱。北魏末置。隋朝沿置，爲行臺省長官，員一人。正二品。

[3]刑部：官署名。西魏時置，掌刑法。隋朝沿置，爲尚書省六部之一，掌刑法、徒隸、勾覆及關禁之政令，下領刑部、都官、比部、司門四司。　度支：官署名。魏晋南北朝時尚書省諸曹之一，掌全國財賦的收支會計及事役、漕運、物價、屯田等政令。隋初沿置，領度支、民部、倉部、金部四曹，文帝開皇三年改爲民部。

[4]熙州：隋朝時治懷寧縣，在今安徽潜山縣。

[5]右庶子：官名。即太子右庶子。秦漢時置太子庶子，西晋時始分左右，掌侍從贊相，駁正啓奏。隋朝沿置，爲太子門下坊長官，員二人。正四品上。

煬帝嗣位，除給事黄門侍郎、銀青光禄大夫。[1]遷御史大夫,[2]甚見親重。大業三年，帝幸榆林郡,[3]還至太原,[4]謂衡曰:“朕欲過公宅，可爲朕作主人也。”衡馳至河内，與宗族具牛酒。帝上太行,[5]開直道九十里，以抵其宅。帝悦其山泉，留宴三日，因謂衡曰:“往從先皇拜太山之始,[6]途經洛陽,[7]瞻望於此，深恨不得相過，不謂今日得諧宿願。”衡俯伏辭謝，奉觴上壽。帝益歡，賜其宅傍田三十頃、良馬一匹、金帶、縑綵六百段、衣一襲、御食器一具。[8]衡固讓，帝曰："天子所至稱幸者，蓋爲此也，不足爲辭。"衡復獻食於帝，帝令頒賜公卿，下至衛士，無不霑給。

［1］給事黄門侍郎：官名。東漢時置，魏晋至隋初因之。隋朝時置爲門下省次官，員四人，正四品上。煬帝大業三年改爲黄門侍郎。　銀青光禄大夫：官名。東晋始置。即光禄大夫，因授予銀章青綬，故稱爲銀青光禄大夫。隋初爲正三品散官，煬帝時定爲從三品。

［2］御史大夫：官名。隋朝時爲御史臺長官，專管監察彈劾百官，地位尊隆。從四品。

［3］榆林：郡名。隋朝時治榆林縣，在今内蒙古准格爾旗東北。

［4］太原：郡名。隋朝時治晋陽縣，在今山西太原市晋源區古城營村一帶。

［5］太行：又名武行山，在今山西、河南、河北三省。

［6］太山：即泰山。在今山東泰安市。

［7］洛陽：縣名。治所在今河南洛陽市東北。

［8］金帶：腰帶的一種。有金荔枝等黄金飾物，故稱。

衡以藩邸之舊，恩寵莫與爲比，頗自驕貴。明年，帝幸汾陽宫。[1]時帝欲大汾陽宫，令衡與紀弘整具圖奏之。衡承間進諫，以比年勞役，百姓疲敝爲請。帝意甚不平。後嘗目衡謂侍臣曰："張衡自謂由其計畫，令我有天下。"時齊王暕失愛於上，[2]帝密令人求其罪。有人譖暕違制，將伊闕令皇甫詡從之汾陽宫。[3]又録前幸涿郡及祠恒岳時，[4]父老謁見者，衣冠不整。帝譴衡以憲司皆不能舉正,[5]出爲榆林太守。

[1]汾陽宫：位於今山西寧武縣西南管涔山。隋煬帝大業四年建。

[2]齊王暕：即楊暕。字世朏，弘農華陰（今陝西華陰市東南）人。隋朝宗室。見《北史》卷七一《齊王暕傳》。

[3]伊闕：縣名。治所在今河南伊川縣西南。

[4]涿郡：隋朝時治涿縣，在今河北涿州市。　恒岳：五岳之一。在今山西渾源縣南。

[5]憲司：官署名。御史臺的别稱。主管刑法、典章制度，糾正百官不法行爲，肅正綱紀。

明年，帝復幸汾陽宫，衡督役築樓煩城,[1]因而謁帝。帝惡衡不損瘦,[2]以爲不念咎，因謂曰:“公甚肥澤，宜且還郡。”衡復之榆林。俄而敕衡督役江都宫。[3]有人詣衡訟宫監者,[4]衡不爲理，還以訟書付監，其人大爲監所困。禮部尚書楊玄感使至江都,[5]其人詣玄感稱冤。玄感固以衡爲不可。及與相見，未有所言，又先謂玄感曰:“薛道衡真爲枉死。”[6]玄感具上其事。江都郡丞王世充又奏衡頻減頓具。[7]帝怒，鎖衡詣江都市，將斬之。既而除名,[8]放還田里。帝每令親人覘衡所爲。

[1]樓煩城：在今山西婁煩縣婁煩鎮。局本“煩”作“頭”。

[2]損瘦：猶消瘦、瘦弱。

[3]役：局本作“人”。　江都宫：位於今江蘇揚州市觀音山上。隋煬帝大業中建。

[4]宫監：官名。隋朝時在離宫設宫監、副監，負責離宫事務。

[5]禮部尚書：官名。隋朝時屬尚書省，爲中央行政機構六部之中禮部最高長官，員一人，掌管禮儀、祭祀、宴享以及學校政令，總判部屬各司事。正三品。　楊玄感：人名。弘農華陰（今陝西華陰市東南）人。隋朝大臣。見《北史》卷四一《楊敷附楊玄感傳》。

[6]薛道衡：人名。字玄卿，河東汾陰（今山西萬榮縣西南）人。隋朝官吏。見《北史》卷三六《薛辯附薛道衡傳》。

[7]郡丞：官名。秦漢始置。隋朝沿置，爲郡守副職，輔助郡守掌管政事。　王世充：人名。字行滿，新豐（今陝西西安市臨潼區東北）人。隋朝官吏。公元619年自立，國號大鄭。見《舊唐書》卷五四《王世充傳》。　頓具：指擺設的器具。

[8]既而除名：《隋書》卷五六《張衡傳》作“久而乃釋，除名爲民”，《通志》卷一六二《張衡傳》與《北史》同。

八年，帝自遼東還都，[1]妾言衡怨望，[2]謗訕朝政，帝賜死于家。臨死，大言曰：“我爲人作何物事，而望久活！”監刑者塞耳，促令殺之。武德初，[3]以爲死非其罪，贈大將軍、南陽郡公，[4]謚曰忠。子希玄。

[1]遼東：指遼河以東地區。隋朝時遼東地區包括整個大同江流域和漢江流域，甚至是高句麗政權的所有轄區。

[2]妾言衡怨望：《隋書》卷五六《張衡傳》作“衡妾言衡怨望”，《通志》卷一六二《張衡傳》與《北史》同。按上文云“帝每令親人覘衡所爲”，疑《隋書》是。

[3]武德初：《隋書·張衡傳》作“義寧初”，《通志·張衡傳》作“唐武德初”，源氏校勘記云：“‘武德初’《隋書》作‘義寧中’。”中華本校勘記云：“《隋書》作‘義寧初’。按義寧，隋恭帝年號，此時追贈衡官，較合情理。疑《隋書》是。”可從。武德，

唐高祖的年號（618—626）。

[4]南陽郡公：封爵名。南陽，郡名。唐朝時治穰縣，在今河南鄧州市西南。

楊汪，字元度，本弘農華陰人也。[1]曾祖順，居河東。[2]父琛，儀同三司。[3]及汪貴，追贈平鄉縣公。[4]

[1]弘農：郡名。隋朝時治弘農縣，在今河南靈寶市東北。華陰：縣名。治所在今陝西華陰市東南。

[2]居河東：《隋書》卷五六《楊汪傳》作“徙居河東”，《通志》卷一六二《楊汪傳》與《隋書》同。

[3]儀同三司：指非三公而享受三公的儀制待遇。魏晋始置，南北朝時授予範圍逐漸擴大，成爲官號。隋朝沿置，煬帝大業三年罷。位十一等勳官的第八等，正五品上。

[4]平鄉縣公：封爵名。平鄉，縣名。治所在今河北平鄉縣西南。

汪少凶疏，與人群鬥，拳所毆擊，無不顛踣。[1]長更折節勤學，專精《左氏傳》，[2]通《三禮》。解褐周冀王侍讀，[3]王甚重之，每曰：“楊侍讀德業優深，孤之穆生也。”[4]後問《禮》於沈重，[5]受《漢書》於劉臻，[6]二人曰：“吾弗如也。”由是知名。累遷夏官府都上士。[7]

[1]顛踣：顛仆。

[2]左氏傳：又稱《春秋左氏傳》《左氏春秋》《左傳》。春秋三傳之一，相傳乃春秋末年左丘明爲解釋《春秋》而作，起自魯隱公元年（前722），迄於魯悼公十四年（前453）。

[3]周冀王：即宇文通。

[4]穆生：人名。西漢官吏。楚元王劉交少年時與他一起學習，後來很敬重他。見《漢書》卷三六《楚元王傳》。

[5]禮：即《禮記》。五經之一，西漢戴聖編撰，記載了先秦時期的禮制和禮儀，是研究先秦歷史的重要史籍。

[6]劉臻：人名。字宣摯，沛國相（今安徽濉溪縣西北）人。隋朝文學家。精通《漢書》《後漢書》，時人稱爲"漢聖"。曾有集十卷，已佚。

[7]夏官府都上士：官名。西魏恭帝時置，北周沿置。夏官府屬官，佐大司馬卿、小司馬上大夫掌府中事務。正三命。

隋文帝居相，引知兵事，遷掌朝下大夫。及受禪，賜爵平鄉縣伯，[1]歷秦州總管府長史。[2]每聽政暇，必延生徒講授，[3]時人稱之。[4]入爲尚書兵部侍郎。[5]數年，帝謂諫議大夫王達曰：[6]"卿爲我覓一好左丞。"[7]達遂私於汪曰："我當薦君爲左丞，若事果，當以良田相報也。"汪以達言奏之，達竟獲罪，卒拜汪尚書左丞。汪明習法令，果於剖斷，當時號爲稱職。未幾，坐事免。後拜洛州長史，[8]轉荆州長史。[9]

[1]平鄉縣伯：封爵名。平鄉，縣名。治所在今河北平鄉縣西南。

[2]秦州：隋朝時治上邽縣，在今甘肅天水市。　長史：官名。戰國秦置，掌顧問參謀。此後歷代沿置，爲所在官署的屬官之長。不同名號的長史所負職責不同，品秩也不相同。

[3]生徒：學生、門徒的通稱。隋朝設科取士，參加常科考試的舉子中，凡由學、館畢業的稱爲生徒。生徒又分中央和地方兩

種，中央六學的生徒，由國子監祭酒挑選，送禮部應省試；地方學校的生徒，由長史挑選，送禮部應省試。後來生徒也泛指在學的學生。

[4]每聽政暇必延生徒講授時人稱之：楊汪延生徒講授是在其爲荆、洛二州長史時，而《北史》却說是在爲秦州總管府長史時。楊汪任荆、洛二州長史的先後順序也不同。見《隋書》卷五六《楊汪傳》。

[5]尚書兵部侍郎：官名。隋初爲尚書省兵部司長官。初爲六品上，文帝開皇六年升爲從五品。煬帝時改名爲兵曹郎。

[6]諫議大夫：官名。秦始置，專掌議論。隋初沿置，於門下省置七人，煬帝大業三年廢。從四品。　王達：人名。殿本、四部備要本"王"作"三"。

[7]左丞：官名。即尚書左丞。隋朝時通判都省事，監察省内，領内司郎中、員外郎，監督稽核吏、户、禮三部十二司，從四品。行臺尚書省亦置，視從四品。

[8]洛州：隋朝時治洛陽縣，在今河南洛陽市東北。

[9]荆州：隋朝時治江陵縣，在今湖北江陵縣。

煬帝即位，追爲尚書左丞，尋守大理卿。[1]視事二日，帝將親省囚徒。時繫囚二百餘人，汪通宵究審，詰朝而奏，曲盡事情，一無遺誤，帝甚嘉之。歲餘，拜國子祭酒。[2]帝令百僚就學，與汪講論。天下通儒碩學多萃焉，論難鋒起，皆不能屈。帝令御史書其問答奏之，[3]省而大悦，賜良馬一匹。後加銀青光禄大夫。

[1]大理卿：官名。亦稱大理寺卿。北齊時改廷尉置。隋朝沿置，爲大理寺長官，員一人，掌管國家刑獄審判執行法律的事務，三品。隋煬帝大業三年定爲從三品。

［2］國子祭酒：官名。晋武帝時置。隋朝沿置，初隸太常，領國子、太學、四門、書算學，文帝開皇十三年改爲國子學長官，員一人，從三品。文帝仁壽元年（601）罷，煬帝時改置國子監，復置。

［3］御史：官名。侍御史的簡稱。西漢始置。隋初沿置，由吏部選用，入值禁中，從七品。煬帝大業三年後，祇掌侍從糾察，升爲正七品。

及楊玄感反，河南贊務裴弘策出師禦之，[1]戰不利，奔還，遇汪而屏人交語。既而留守樊子蓋斬弘策，[2]以狀奏汪，帝疑之，出爲梁郡通守。[3]後煬帝崩，王世充推越王侗爲主，[4]徵拜吏部尚書，[5]頗見親委。及世充僭號，汪復用事。世充平，遂以兇黨伏誅。

［1］河南：郡名。隋朝時治河南縣，在今河南洛陽市。　贊務：官名。隋朝置，初爲雍州屬官，居别駕下，從四品。煬帝時罷長史、司馬，置贊務爲郡太守副職，員一人。上郡贊務爲正五品，中郡爲從五品，下郡爲正六品。河南贊務爲從四品。《隋書》卷五六《楊汪傳》、《通志》卷一六二《楊汪傳》“務”作“治”。疑“贊務”本作“贊治”，後爲避唐高宗李治諱而改。

［2］留守：官名。隋朝置。隋朝時以太原爲陪都，置留守，掌管宫闕。煬帝出巡時，京都亦置留守，多以大臣兼任。　樊子蓋：人名。字華宗，廬江（今安徽合肥市）人。歷仕北齊、北周、隋。見《北史》卷七六《樊子蓋傳》。

［3］梁郡：隋朝時治宋城縣，在今河南商丘市睢陽區。　通守：官名。隋煬帝時置。爲郡守之副職，員一人，佐太守掌一郡的行政事務。

［4］越王侗：即楊侗。字仁謹，弘農華陰（今陝西華陰市東

南）人。隋朝宗室。見《北史》卷七一《元德太子昭附越王侗傳》。

[5]吏部尚書：官名。隋朝時爲尚書省六部長官之首，與二侍郎分掌六品以下文官選授、勳封、考課之政。正三品。

裴藴，河東聞喜人也。[1]祖之平，父忌，並《南史》有傳。忌在陳，與吴明徹同見俘于周，[2]周賜爵江夏公，[3]在隋十餘年而卒。

[1]聞喜：縣名。治所在今山西聞喜縣。

[2]吴明徹：人名。字通昭，秦郡（今江蘇南京市六合區）人。南朝梁、陳將領。與北周交戰時被俘。見《陳書》卷九《吴明徹傳》。

[3]江夏公：封爵名。江夏，郡名。北周時治江夏縣，在今河南泌陽縣北。《隋書》卷六七《裴藴傳》作“江夏郡公”。

藴明辯有吏幹，仕陳，歷直閤將軍、興寧令。[1]以父在北，陰奉表於隋文帝，請爲内應。及陳平，上悉閲江南衣冠之士，[2]次至藴，以夙有向化心，[3]超授儀同。[4]僕射高熲不悟上旨，[5]諫曰：“藴無功於國，寵踰倫輩，臣未見其可。”又加上儀同，[6]熲復諫。上曰：“可加開府。”熲乃不敢復言。即日拜開府儀同三司，[7]禮賜優洽。歷洋、直、棣三州刺史，[8]俱有能名。

[1]直閤將軍：官名。南朝宋、齊時置。南朝陳沿置，爲禁衛武官之一，掌閤内禁衛（參張金龍《魏晋南北朝禁衛武官制度研究》，中華書局2004年版）。　興寧：縣名。治所在今廣州興寧市。

[2]衣冠之士：即世家大族。古代士以上戴冠，衣冠連稱是古代士以上的服裝。

[3]向化：毛本、殿本、四庫本、局本、四部備要本作“向北”，《隋書》卷六七《裴蘊傳》、《通志》卷一六二《裴蘊傳》作“向化”。按：上文云“以父在北，陰奉表於隋文帝”，疑此處作“向北”是。

[4]儀同：儀同三司的省稱。北周置。隋朝時爲勳官號。十一等中第八等，正五品上，煬帝大業三年罷。

[5]僕射：官名。尚書僕射的省稱。隋朝時成爲正宰相，與門下省、内史省長官共掌國政。從二品。文帝開皇三年令左僕射掌判吏、禮、兵三部事，兼糾彈御史所糾不當者，右僕射掌判都官、度支、工部三部事，兼管開支用度。

[6]上儀同：北周置，位居開府儀同三司之下、儀同三司之上。多爲大臣、勳臣的加官。隋朝沿置，爲從四品。

[7]開府儀同三司：三國魏始置，多爲大臣加號，意爲與三司（太尉、司徒、司空）的禮制待遇相同。隋朝時置爲散官號，位次王、公。初爲正四品上，煬帝時定爲從一品。

[8]洋：州名。隋朝時治豐寧縣，在今陝西西鄉縣。　直：州名。隋朝時治安康縣，在今陝西石泉縣南。　棣：州名。隋朝時治陽信縣，在今山東陽信縣東南。

大業初，考績連最。煬帝聞其善政，徵爲太常少卿。[1]初，文帝不好聲技，遣牛弘定樂，[2]非正聲清商及九部四儛之色，[3]皆罷遣從百姓。至是，蘊揣知帝意，奏括天下周、齊、梁、陳樂家子弟，皆爲樂户。其六品已下，至于凡庶，有善音樂及倡優百戲者，[4]皆直太常。[5]是後異技淫聲咸萃樂府，[6]皆置博士，[7]遞相教傳，增益樂人至三萬餘。帝大悦，遷户部侍郎。[8]

［1］太常少卿：官名。北魏始置，爲太常的副職。隋朝沿置，初置一人，四品上。煬帝時置二人，從四品。

［2］牛弘：人名。字里仁，安定鶉觚（今甘肅靈臺縣）人。隋朝官吏、碩儒。見《北史》卷七二《牛弘傳》。

［3］正聲：指符合音律的標準樂聲。　清商：五聲之一。即商聲，謂其調凄清悲凉。　九部：即九部樂。隋文帝開皇初制七部樂，包括《國伎》《清商伎》《高麗伎》《天竺伎》《安國伎》《龜兹伎》《文康伎》（《禮畢》）。隋煬帝大業中，又增《康國伎》《疏勒伎》，改稱九部樂，並將《清商伎》列爲首部，改《國伎》爲《西凉伎》。

［4］倡優：亦稱俳優。古代以樂舞諧戲爲業的藝人。

［5］太常：官署名。即太常寺。北齊始置，隋朝沿置。負責管理郊廟、禮樂、祭祀等事務，其政令仰承尚書省禮部。

［6］樂府：古代音樂官署。

［7］博士：官名。隋朝時太常寺屬官中有博士，專掌議定禮制。從七品。

［8］户部侍郎：官名。隋朝時置，爲度支部户部司長官，初置二人，掌管户部之事。正六品上，文帝開皇三年升爲從五品。煬帝時改稱爲民部郎。

時猶承文帝和平後，禁網疏闊，户口多漏。或年及成丁，[1]猶詐爲小，[2]未至於老，已免租賦。藴歷爲刺史，素知其情，因是條奏，皆令貌閲。[3]若一人不實，則官司解職，[4]鄉正、里長皆遠流配。[5]又許民相告，若糾得一丁者，令被糾之家代輸賦役。是歲大業五年也。諸郡計帳，進丁二十四萬三千，新附口六十四萬一千五百。帝臨朝覽狀，謂百官曰："前代無好人，[6]致此罔冒。

今進民口皆從實者，[7]全由裴藴一人用心。古語云，得賢而理，驗之信矣。”由是漸見親委，拜京兆贊務，[8]發擿纖毫，吏民慴憚。

［1］成丁：舊指男子已到服役的年齡。成丁年齡的規定，各代不同，隋時爲二十一歲。

［2］猶詐爲小：毛本“詐”作“詳”，誤。

［3］貌閲：政府爲了查實應負擔徭役的人口數，按户籍上登記的年齡和本人體貌核對，檢查是否謊報年齡，詐老詐小。如有不實，鄉長、里正等要辦罪。隋文帝開皇五年和煬帝大業五年均實行過大索貌閲。

［4］官司：泛指官吏。

［5］鄉正：官名。春秋時齊國置。隋朝沿置，爲一鄉（五百户）之長，理民間訴訟。　里長：官名。戰國始置。隋朝沿置，百家爲一里，設里長一人。

［6］前代無好人：局本“代”作“世”。

［7］今進民口皆從實者：《隋書》卷六七《裴藴傳》作“今進民户口皆從實者”，《通志》卷一六二《裴藴傳》作“今進户口皆從實者”，中華本校勘記云：“《隋書》卷六七《裴藴傳》‘民’下有‘户’字，《通志》卷一六二《裴藴傳》‘民’字作‘户’。按《北史》例避‘民’字，疑原文當如《通志》。此及上文‘又許民相告’，下文‘吏民慴憚’，當並是後人所改。”可從。

［8］京兆：郡名。隋朝時治長安縣，在今陝西西安市西北。

未幾，擢授御史大夫，與裴矩、虞世基參掌機密。[1]藴善候伺人主微意，[2]若欲罪者，則曲法順情，鍛成其罪；所欲宥者，則附從輕典，因而釋之。是後大小之獄皆以付藴，憲部、大理莫敢與奪，[3]必禀承進止，然後決斷。藴亦機辯，所論法理，言若懸河，或重或輕，皆由其口，剖析明敏，時人不能致詰。

[1]裴矩：人名。字弘大，河東聞喜（今山西聞喜縣）人。隋朝官吏。見《北史》卷三八《裴佗附裴矩傳》。　虞世基：人名。字懋世，會稽餘姚（今浙江餘姚市）人。隋朝官吏。見《北史》卷八三《虞世基傳》。

[2]候伺：局本作“伺候”。

[3]憲部：官署名。西魏時置，掌刑法。隋朝沿置，爲尚書省六部之一，掌刑法、徒隸、勾覆及關禁之政令，下領刑部、都官、比部、司門四司。　大理：官署名。指大理寺。北齊始置。隋朝沿置，爲國家最高審判機構，掌管决正刑獄。置卿、少卿各一人，丞、主簿、録事各二人，又有正、監、評各一人，司直十人，律博士八人，明法二十人，獄掾八人。文帝開皇三年罷監、評以及律博士，加正爲四人。煬帝大業三年改丞爲勾檢管，正置爲六人。又置司直十六人，後增至二十人，並置評事官四十八人。

楊玄感之反也，帝遣藴推其黨與，謂藴曰:“玄感一呼，從者十萬。益知天下人不欲多，多即相聚爲盜耳。[1]不盡加誅，則後無以勸。”藴由是乃峻法理之，所戮者數萬人，皆籍没其家。帝大稱善，賜奴婢十五口。

[1]多即相聚爲盜耳：毛本脱“多”字。

司隸大夫薛道衡以忤意獲譴，[1]藴知帝惡之，乃奏曰:“道衡負才恃舊，有無君之心。見詔書每下，便腹非私議，推惡於國，妄造禍端。論其罪名，似如隱昧，源其情意，深爲勃逆。”帝曰：“然。我少時與此人相隨行役，輕我童穉，共高熲、賀若弼等外擅威權。[2]自知罪當誣罔，及我即位，懷不自安，賴天下無事，未得反耳。公論其逆，妙體本心。”於是誅道衡。

[1]司隸大夫：官名。即司隸臺大夫。隋煬帝大業三年置，員一人，爲司隸臺長官，掌巡察。正四品。　薛道衡：人名。字玄卿，河東汾陰（今山西萬榮縣西南）人。隋朝官吏。見《北史》卷三六《薛辯附薛道衡傳》。

[2]賀若弼：人名。字輔伯，代（今山西大同市東北）人。隋朝將領。見《北史》卷六八《賀若敦附賀若弼傳》。

又帝問蘇威以討遼之策，[1]威不願帝復行，且欲令帝知天下多賊，乃詭答：“今者之役，不願發兵，但詔赦群盜，自可得數十萬。遣關内奴賊及山東歷山飛、張金稱等頭别爲一軍，[2]出遼西道；[3]諸河南賊王薄、孟讓等十餘頭，[4]並給舟楫，浮滄海道。必喜於免罪，競務立功，一歲之間，可滅高麗矣。”[5]帝不懌曰：“我去尚猶未克，鼠竊安能濟乎！”威出後，藴奏曰：“此大不遜，天下何處有許多賊？”帝悟曰：“老革多姦，將賊脅我。欲搭其口，但隱忍之，誠極難耐。”藴知上意，遣張行本奏威罪惡，帝付藴推鞫之，乃處其死。帝曰：“未忍便殺。”遂父子及孫三世並除名。

[1]蘇威：人名。字無畏，武功（今陝西武功縣西北）人。北周、隋朝官吏。見《北史》卷六三《蘇綽附蘇威傳》。

[2]山東：指今太行山以東的地區。　歷山飛：一作“魏刁

兒"，高陽（今河北高陽縣東）人。隋末起義軍首領。煬帝大業十一年起兵，自稱歷山飛。後爲竇建德所殺。　張金稱：人名。清河鄃縣（今山東夏津縣）人。隋煬帝大業九年起兵，後戰敗被殺。

[3]遼西：郡名。隋朝時治柳城縣，在今遼寧朝陽市。

[4]王薄：人名。齊郡鄒平（今山東鄒平縣西北）人。隋末起義軍首領，煬帝大業七年起兵，自號知世郎。　孟讓：人名。齊郡（今山東濟南市）人。隋末起義軍首領。煬帝大業七年與王薄起兵。

[5]高麗：國名。又作"高句麗""高夷"等。其先出自夫餘，地爲漢之玄菟郡，高句麗爲其三縣之一，因以爲國名。都名丸都，故治在今吉林集安市，南北朝時遷都於今朝鮮平壤市。見《北史》卷九四《高麗傳》。

蘊又欲重己權勢，令虞世基奏罷司隸刺史以下官屬，[1]增置御史百餘人。於是引致姦黠，[3]共爲朋黨，[4]郡縣有不附者，陰中之。于時軍國多務，凡是興師動衆，京都留守，[5]及與諸蕃互市，[6]皆令御史監之。賓客附隸，遍於郡國，侵擾百姓，帝弗之知也。以度遼之役，進位銀青光祿大夫。

[1]司隸刺史：官名。隋朝始置。煬帝大業三年置司隸臺，下設刺史十四人，負責巡查畿外。正六品。

[3]於是：局本"於"作"由"。

[4]朋黨：指同類的人以惡相濟而結成的集團。

[5]京都留守：官名。隋朝置。皇帝出巡時負責管理京都事務，不常置。品秩不詳。

[6]互市：底本、元大德本"互"作"玄"。

及司馬德戡將爲亂也，[1]江陽長張惠紹夜馳告之。[2]蘊共惠紹謀，欲矯詔發郭下兵民，盡取榮公護兒節度，[3]收在外逆黨宇文化及等。[4]仍發羽林殿脚，[5]遣范富婁等入自西苑，[6]取梁公蕭鉅及燕王處分，[7]扣門援帝。謀議已定，遣報虞世基。世基疑反者不實，抑其計。須臾，難作。蘊歎曰："謀及播郎，[8]竟誤人事！"遂見害。子愔，爲尚輦直長，[9]亦同日死。

[1]司馬德戡：人名。扶風雍縣（今陝西鳳翔縣）人。隋朝官吏。見《北史》卷七九《宇文述附司馬德戡傳》。

[2]江陽：縣名。治所在今江蘇揚州市東北。　長：官名。隋朝縣置縣令，無"長"一職，此處不知何據。

[3]護兒：即來護兒，人名。字崇善，祖籍南陽新野（今河南新野縣南），後移居江都（今江蘇揚州市）。北周、隋朝大將。受封榮國公。見《北史》卷七六《來護兒傳》。

[4]宇文化及：人名。代郡武川（今内蒙古武川縣西）人。隋末叛將。見《北史》卷七九《宇文述附宇文化及傳》。

[5]羽林殿脚：官名。宿衛武士。

[6]西苑：宮苑名。在今江蘇揚州市。

[7]蕭鉅：人名。小名藏，蘭陵（一説在今江蘇常州市，一説在今江蘇丹陽市）人。隋朝官吏。見《北史》卷九三《蕭詧附蕭巋傳》。　燕王：即楊倓。

[8]播郎：《北史》卷二七《李先附李昭徽傳》稱李昭徽"脱略不羈，時人稱其爲播郎"，意爲浪蕩之人。此處用以貶稱虞世基。

[9]尚輦直長：官名。隋朝始置。煬帝大業三年置爲殿内省尚輦局次官，員四人。正七品。

袁充，字德符，本陳郡陽夏人也。[1]其後寓居丹陽。[2]祖昂，父君正，俱爲梁侍中。

[1]陳郡：隋朝時治長平縣，在今安徽壽縣。　陽夏：縣名。治所在今河南太康縣。

[2]丹陽：郡名。隋朝時治建業縣，在今江蘇南京市。

充少警悟，年十餘歲，其父黨至門，時冬初，充尚衣葛衫。[1]客戲充曰："袁郎子，絺兮綌兮，[2]淒其以風。"充應聲答曰："唯絺與綌，服之無斁。"[3]以是大見嗟賞。仕陳，年十七，爲祕書郎。[4]歷太子舍人、晋安王文學、吏部侍郎、散騎常侍。[5]

[1]葛衫：指用葛布製作的衣服，多在夏季穿戴。

[2]絺（chī）：細葛布。常代指用細葛布做的衣服。　綌（xì）：粗葛布。

[3]斁（yì）：厭棄。

[4]祕書郎：官名。東漢始置，歷代沿之。南朝陳時爲尚書令、僕射之子的起家官。七品，秩四百石。

[5]晋安王：封爵名。即陳伯恭。晋安，郡名。南朝陳時治侯官縣，在今福建福州市。　文學：官名。漢朝州郡及王國皆置，或稱文學掾、文學史，以明經者爲之，職掌地方教育。三國魏置太子文學，諸王亦置，常爲皇帝監督諸王的耳目；侯國亦置。南朝陳時皇帝皇子府置，七品。　吏部侍郎：官名。三國魏、蜀始置。南朝陳時爲尚書省吏部曹資深長官的稱呼，屬吏部尚書，主管官吏選任、銓叙、調動事務，對五品以下官吏任免有建議權。四品，秩六百石。　散騎常侍：官名。三國魏置。南朝沿置，員四人，隸集書

省，掌文學侍從、諫諍糾劾、收納奏章。南朝陳時爲五品。

及陳滅歸國，歷蒙、鄜二州司馬。[1]充性好道術，頗解占候，[2]由是領太史令。[3]時上將廢皇太子，正窮東宫官屬，[4]充見上雅信符應，[5]因希旨進曰："比觀玄象，皇太子當廢。"上然之。

[1]蒙：州名。隋朝時治武川縣，在今河南南召縣東南。　鄜：州名。隋朝時治洛交縣，在今陝西富縣。

[2]占候：根據各種天象變化來預測凶吉。

[3]太史令：官名。秦朝置。西漢時屬太常，掌天文、曆法、撰史，東漢時專掌天文曆法。歷代沿置。隋朝時爲秘書省太史曹長官，員二人，從七品下，煬帝時改名爲監，進階爲從五品。

[4]正窮東宫官屬：《隋書》卷六九《袁充傳》"窮"作"窮治"。

[5]符應：又稱瑞應。指天降符命與人事相應。

充復表奏隋興以後，日景漸長，[1]曰："開皇元年，冬至日影一丈二尺七寸二分，自爾漸短。至十七年，冬至影一丈二尺六寸三分。四年冬至，在洛陽測影，一丈二尺八寸八分。二年，夏至影一尺四寸八分，自爾漸短。至十六年，夏至影一尺四寸五分。《周官》以土圭之法正日影，[2]日至之影尺有五寸。鄭玄云：[3]'冬至之影一丈三尺。'今十六年夏至之影，短於舊影五分，十七年冬至之影，短於舊影三寸七分。[4]日去極近，則影短而日長；去極遠，則影長而日短。行内道，[5]則去極近；外道，[6]則去極遠。《堯典》曰：[7]'日短星昴，以正仲冬。’[8]據昴星昏中，[9]則知堯時仲冬，日在須女十度。[10]以曆數推之，開皇已來冬至，日在斗十一度，[11]與唐堯之代，[12]去極並近。謹案《春秋元命包》云：[13]‘日月出内道，琁璣得常，天帝崇靈，聖王相功。’[14]京房《别對》曰：[15]‘太平日行上道，升平行次道，霸世行下道。’伏惟大隋啓運，上感乾元，[16]影短日長，振古未之有也。”上大悦，告天下。將作役功，因加程課，丁匠苦之。[17]

[1]日景：即日影。

[2]周官：即《周禮》。漢景帝、武帝之際，河間獻王劉德從民間徵得一批古書，其中一部名爲《周官》。原書當有天官、地官、春官、夏官、秋官、冬官等六篇，但《冬官篇》已亡，漢儒取性質與之相似的《考工記》補其缺，王莽時《周官》被列入學官，更名爲《周禮》。　土圭：玉器。用以測量日影、四時和土地。見《周禮·地官·大司徒》："以土圭之灋測土深，正日景，以求地中。"

[3]鄭玄：人名。字康成，北海高密（今山東高密市西南）人。東漢末經學家。見《後漢書》卷三五《鄭玄傳》。

[4]短於舊影三寸七分：底本作“短於三寸七分”，《隋書》卷六九《袁充傳》、《通志》卷一六二《袁充傳》作“短於舊影三寸七分”，中華本校勘記云："諸本無‘舊影’二字，《隋書》卷六九、《通志》卷一六二《袁充傳》有。按舊影指鄭玄所云‘冬至之影一丈三尺’，上文言十七年冬至影長一丈二尺六寸三分，故言‘短於舊影三寸七分’。今據補。”今從改。

[5]内道：指月亮在黄道之北運行時的軌道。

[6]外道：指月亮在黄道之南運行時的軌道。

[7]堯典：《尚書》篇目之一。記載了唐堯的功德、言行，是研究上古帝王唐堯的重要資料。

[8]日短星昴以正仲冬：意爲黑夜最長的時候，看到昴星，就是冬至節氣。

[9]昴星：星宿名。因其亮星位於昴宿而得名。在北半球看，它是位於西方大而明亮的疏散星團，位於金牛座，在晴朗的夜空下可以用肉眼看到。

[10]須女：星宿名。二十八宿之一，北方玄武七宿的第三宿。有星四顆，位於織女星之南。

[11]斗：星宿名。二十八宿之一，在北斗星以南，有星六顆，形似斗，故稱。

[12]唐堯：古帝名。姓伊祁，也作"伊耆"，名放勳。初封於陶，又封於唐，號陶唐氏。以子丹朱不肖，傳位於舜。

[13]春秋元命包：《春秋》的一種緯書。出現於兩漢之際。聖人制命，統於一元，無所不包，故名。

[14]聖王相功：《隋書·袁充傳》"相"作"祖"，《通志·袁充傳》與《北史》同。

[15]京房：人名。本姓李，字君明，東郡頓丘（今河南清豐縣西南）人。西漢學者，精通律學、易學。見《漢書》卷七五《京房傳》。

[16]乾元：指天。語出《易·乾卦·彖辭》："大哉乾元，萬物資始，乃統天。"

[17]丁匠：夫役，工匠。隋朝時爲官府輪番服役的手工匠人。不屬少府監或將作監，是家傳技藝的自耕農民。

仁壽初，[1]充言上本命與陰陽律呂合者六十餘條而奏之，[2]因上表曰："皇帝載誕之初，非止神光瑞氣，嘉祥應感。至於本命行年，生月生日，並與天地日月、陰陽律吕，運轉相符，表裏合會。此誕聖之異，寶曆之元。今與物更新，改年仁壽，歲月日子，還共誕聖之時並同，明合天地之心，得仁壽之理。故知洪基長算，永永無窮。”上大悦，賞賜優崇，儕輩莫之比。

[1]仁壽：隋文帝的年號（601—604）。

[2]陰陽：即陰陽五行學説。其基本内容包括陰陽一體、陰陽對立、陰陽互根、陰陽消長及轉化四個方面。 律吕：樂律的統稱。十二律中陽六曰律，陰六曰吕。陽六律爲黄鐘、太簇、姑洗、蕤賓、夷則、無射，陰六律爲大吕、夾鐘、仲吕、林鐘、南吕、應鐘。

仁壽四年甲子歲，[1]煬帝初即位，充及太史丞高智寶奏言：[2]“去歲冬至，日景逾長。今歲皇帝即位，與堯受命年合。昔唐堯受命四十九年，到上元第一紀甲子，[3]天正十一月庚戌冬至；[4]陛下即位，其年即當上元第一紀甲子，天正十一月庚戌冬至，正與唐堯同。自放勳以來，凡經八上元，其間綿代，未有仁壽甲子之合。謹案：第一紀甲子，太一在一宫，[5]天目居武德，[6]陰陽歷數，並得符同唐堯。唐堯丙辰生，丙子年受命，[7]止合三五。[8]未若己丑甲子，支干並當六合。[9]允一元三統之期，[10]合五紀九章之會，[11]共帝堯同其數，與皇唐比其蹤。信所謂皇哉唐哉，唐哉皇哉者矣。”仍諷齊王暕率百官拜表奉賀。

[1]甲子歲：即甲子年。天干地支紀年法以六十年爲一個循環，

每個循環中的第一年爲甲子年。

[2]太史丞：官名。秦朝始置。隋朝沿置，爲秘書省太史局次官，員二人，正九品下。煬帝時改太史局爲太史監，丞仍爲次官，員一人。殿本、四庫本、四部備要本“史”作“吏”，誤。

[3]到：毛本、局本作“即”。　上元：天干地支紀年法以六十年爲一個循環，又稱一個甲子。陰陽五行之術以三個甲子共一百八十年爲一個周期，周期中的第一個甲子爲上元。

[4]天正：周曆以農曆十一月即冬至所在之月爲歲首，古人以爲得天之正，故稱。

[5]太一：北極神的别名。又作“大一”“泰一”“太乙”。《史記·封禪書》云:“天神貴者太一，太一佐曰五帝。”《易緯乾鑿度》鄭玄注云:“太一者，北辰之神名也。居其所，曰太一。”《楚辭·九歌·東皇太一》王逸注曰:“太一，星名。天之尊神，祠在楚東，以配東帝，故云東皇。”　一宫：太一神的宫殿。

[6]天目：星名。屬昂宿球狀星團。

[7]陰陽歷數並得符同唐堯唐堯丙辰生丙子年受命：《隋書》卷六九《袁充傳》作“陰陽曆數並得符同，唐堯丙辰生丙子年受命”，《通志》卷一六二《袁充傳》與《北史》同，《隋文紀》卷六與《隋書》同。

[8]三五：指三所五位。《詩·大雅·大明》“燮伐大商”，鄭玄箋:“協和伐殷之事，謂合位三五也。”孔穎達疏:“言正合會天道於五位三所而用之。歲、月、日、辰、星五者各有位，謂之五位。星、日、辰在北，歲在南，月在東，居三處，故言三所。”

[9]支干：天干地支。　六合：指一年十二個月中季節相應的變化，如仲春和仲秋爲合，仲夏和仲冬爲合。古人認爲生日在“六合”之日好，即要年、月、日的干支都相適合。

[10]一元：漢《三統曆》以四千六百一十七年定爲一元。《漢書·律曆志上》云:“凡四千六百一十七歲，與一元終。經歲四千五百六十，災歲五十七。”　三統：又稱三正，指夏、商、周三代的

正朔。夏正建寅爲人統，商正建丑爲地統，周正建子爲天統。

[11]五紀：指歲、月、日、星辰、曆數。　九章：指傳説中天帝賜給大禹治理天下的九類大法，即《洛書》。

後熒惑守太微者數旬，[1]時繕修宫室，征役繁重，充乃上表稱“陛下修德，熒惑退舍”。百僚畢賀。帝大喜，前後賞賜將萬計。時軍國多務，充候帝意欲有所爲，便奏稱天文見象，須有改作，以是取媚於上。大業六年，遷内史舍人。[2]從征遼東，拜朝請大夫、祕書少監。[3]

[1]熒惑：即火星。太陽系八大行星之一。呈紅色，亮度常有變化；在天空中運動時，有時從西向東，有時又從東向西，情况複雜，令人迷惑，所以稱爲熒惑。　太微：星官名。即太微垣。星學家把天空劃分爲三垣二十八星宿，太微是三垣中的上垣，位於紫微垣之下的東北方、北斗之南，約占天區六十三度範圍，以五帝座爲中樞，共含二十個星座，正星七十八顆，增星一百顆。太微意爲政府，其星多用官名命名。

[2]内史舍人：官名。隋朝時内史省屬官，置八人。正六品，文帝開皇三年爲從五品。煬帝大業三年置四人，十二年改名内書舍人。

[3]朝請大夫：官名。隋煬帝大業三年始置爲散官。正五品。　祕書少監：官名。隋煬帝大業三年始置，爲秘書省次官，員一人，佐秘書監掌圖書典籍。從四品。

後天下大亂，帝初罹雁門之厄，[1]又盗賊益起，心不自安。充復託天文，上表陳嘉瑞以媚上曰：

[1]雁門之厄：指隋煬帝在雁門被突厥圍困之事。雁門，即雁門關。在今山西代縣西北。

伏惟陛下握録圖而馭黔首，[1]提萬善而化八紘，[2]以百姓爲心，匪一人受慶，[3]先天罔違所欲，[4]後天必奉其時。是以初膺寶曆，正當上元之紀；乾之初九，[5]又與本命符會。[6]斯則聖人冥契，[7]故能動合天經。[8]謹案去年已來，玄象星瑞，毫釐無爽。謹録尤異，上天降祥、破突厥等狀七事。

[1]録圖：即圖籙，圖讖符命之書。

[2]提：毛本、局本作“擬”。　萬善：佛教用語。指廣行善事。　八紘（hóng）：泛指天下。

[3]匪一人受慶：底本、元大德本“匪”後空格，殿本、四庫本、四部備要本作“匪一夫受慶”。

[4]先天罔違所欲：殿本、四庫本、四部備要本“欲”作“以”。

[5]乾之初九：乾卦的卦象。表明事物正處於發展變化的初級階段。

[6]本命：《隋書》卷六九《袁充傳》“本”作“天”，《通志》卷一六二《袁充傳》與《北史》同。

[7]冥契：指默契，暗相投和。

[8]天經：指天象。

其一，去八月二十八日夜，大流星如斗，出王良北，[1]正落突厥營，聲如崩墻。其二，八月二十九日夜，復有大流星如斗，出羽林，[2]向北流，正當北方。依占，頻二夜流星墜賊所，賊必敗散。其三，九月四日夜，頻有兩星大如斗，出北斗魁，[3]向東北流。依占，北斗主殺伐，賊必破敗。其四，歲星主福德，[4]頻行京都二處分野。[5]依占，國家之福。其五，去七月内，[6]熒惑守羽林，九月七日已退舍。[7]依占，不出三日，賊必敗散。其六，去年十一月二十日夜，有流星赤如火，從東北向西南，落賊帥盧明月營，[8]破其橦車。[9]其七，十二月十五日夜，通漢鎮北有赤氣亘北方，[10]突厥將亡之應也。依勘《城録》，河南、洛陽並當甲子，與乾元初九爻及上元甲子符合。此是福地，永無所慮。旋觀往政，側聞前古，彼則異時間出，今則一朝總萃。豈非天贊有道，助殲兇孽，方清九夷於東穢，沈五狄於北溟，[11]告成岱岳，[12]無爲汾水。[13]

[1]王良：星官名。共五星，屬奎宿。其中一星亦名王良，爲天子奉車御官。古人認爲此星主吉。

[2]羽林：星名。主車騎。

[3]北斗魁：指北斗七星中的第一顆星。

[4]歲星：即木星。太陽系中八大行星之一。是太陽系中體積最大、自轉最快的行星，因其繞行一周爲十二年，與地支相同，故古人稱爲“歲星”。

[5]分野：指與星次相對應的地域。以十二星次的位置劃分地面上州、國的位置，使其與之相對應。就天文説，稱作“分星”；就地面説，稱作“分野”。

[6]去七月内：《隋書》卷六九《袁充傳》無“去”字，《通

志》卷一六二《袁充傳》與《北史》同。

[7]退舍：退位。

[8]盧明月：人名。涿郡涿縣（今河北涿州市）人。隋末起義軍首領。

[9]橦車：戰場上的衝鋒車。

[10]通漢鎮：鎮名。具體位置不詳。

[11]北溟：地名。指北方最遠的大海。

[12]岱岳：泰山的别稱。在今山東泰安市。

[13]無爲汾水：毛本、殿本、四庫本、局本、四部備要本"爲"作"出"。《隋書·袁充傳》、《册府元龜》卷六二五作"爲"，《通志·袁充傳》作"册功汾水"。汾水，今山西黄河支流汾河中游，發源於山西寧武縣東寨鎮西。

書奏，帝大悦，超拜祕書令。[1]親待逾昵，每欲征討，充皆預知之，乃假託星象，獎成帝意，在位者皆切患之。宇文化及弑逆之際，并誅充。

[1]祕書令：官名。漢獻帝時置。隋煬帝大業三年改秘書省爲祕書監，置秘書令爲長官。從二品。

李雄，[1]勃海蓨人也。父棠，[2]名列《誠義傳》。[3]

[1]李雄：中華本校勘記云："《隋書》卷七〇作'李子雄'，附《楊玄感傳》後。"《通志》卷一六二《李雄傳》亦作"李雄"。

[2]父棠：《隋書·李子雄傳》作"父桃枝"，《通志·李雄傳》與《北史》同。

[3]誠義傳：《通志·李雄傳》作"忠義傳"，中華本校勘記云："按李棠見本書卷八五《節義傳》，此作'誠義傳'，誤。"

可從。

雄少慷慨，有壯志。弱冠，從周武帝平齊，以功授帥都督。[1]隋文帝作相，從韋孝寬破尉遲迥，拜上開府，賜爵建昌縣公。[2]伐陳之役，[3]以功進位大將軍，歷郴、江二州刺史，[4]並有能名。後坐事免。

[1]帥都督：官名。西魏文帝大統初置，北周武帝天和二年（567）省，建德二年復置，多授各地豪望，以統鄉兵。刺史、鎮將多加此號。正七命。

[2]建昌縣公：封爵名。建昌，縣名。治所在今甘肅文縣西南。

[3]伐陳之役：局本“伐”作“代”。

[4]郴：州名。隋朝時治郴縣，在今湖南郴州市。底本作“柳”，《隋書》卷七〇《李子雄傳》作“郴”，《通志》卷一六二《李雄傳》與《北史》同，中華本校勘記云：“按隋無‘柳州’。郴州見《隋書·地理志下》桂陽郡，乃平陳後所置，今據改。”今從改。　江：州名。隋朝時治巴山縣，在今湖北宜昌市西北長江南岸。

漢王諒之反，煬帝將發幽州兵討之。[1]時竇抗爲幽州總管，[2]帝恐其貳，問可任者於楊素。素遂進雄，授上大將軍，[3]拜廉州刺史。[4]馳至幽州，止傳舍，召募得千餘人。抗恃素貴，不時相見。雄遣人諭之，後二日，抗從鐵騎二千來詣雄所。[5]雄伏甲禽抗，悉發幽州兵步騎三萬，自井陘討諒。[6]遷幽州總管。尋徵拜户部尚書。[7]

[1]幽州：隋朝時治薊縣，在今北京西南。

[2]竇抗：人名。字道生，扶風平陵（今陝西咸陽市西北）人。隋朝、唐朝官吏。見《舊唐書》卷六一《竇威附竇抗傳》。

[3]上大將軍：官名。三國吴始置。隋朝沿置，高級武官名號，位大將軍上，煬帝大業三年罷。從二品散實官。毛本、殿本、四庫本、局本、四部備要本作“上將軍”，《隋書》卷七〇《李子雄傳》作“大將軍”，《通志》卷一六二《李雄傳》作“上大將軍”。按：隋朝將軍名號有上柱國大將軍、柱國大將軍、上大將軍、大將軍，無上將軍。據上文，李雄在平陳之後即“以功進位大將軍”，此時不可能再授大將軍。故《北史》是。

[4]廉州：隋朝時治藁城縣，在今河北藁城市西南。

[5]鐵騎：指精鋭的騎兵。

[6]井陘：關隘名。在今河北井陘縣北。

[7]户部尚書：官名。即民部尚書，避唐太宗李世民諱改。十六國時後凉、後燕皆置。隋文帝開皇三年由度支尚書改名，置爲尚書省六部長官之一，統管度支、户部、金部、倉部四曹，掌軍國財賦的收支會計及漕運、物價、屯田之政令。正三品。

雄明辯有器幹，帝甚任之。新羅嘗遣使朝貢，[1]雄至朝堂與語，因問其冠制所由。[2]其使者曰：“古弁遺象，[3]安有大國君子不識？”雄因曰：“中國無禮，求諸四夷。”使者曰：“自至已來，此言外未見無禮。”憲司以雄失辭，奏劾其事，竟坐免。俄而復職。從幸江都，帝以仗衛不整，[4]顧雄部伍之。雄立指麾，六軍肅然。帝大悦曰：“公真武侯才也。”尋轉右候衛大將軍。[5]復坐事除名。

[1]新羅：國名。又稱斯盧。祖先爲生活於朝鮮半島南部的辰韓部落。公元四世紀後逐漸强大，與高麗、百濟鼎足而立，七世紀中葉滅高麗、百濟，統一朝鮮半島大部分地區。見《北史》卷九四《新羅傳》。　嘗：毛本、局本作“常”。

[2]冠制：指官員佩戴禮帽的等級和制度。

[3]古弁（biàn）：古時的一種官帽，通常配禮服用（吉禮之服用冕）。赤黑色布做的叫爵弁，是文冠；白鹿皮做的叫皮弁，是武冠。後泛指帽子。《隋書》卷七〇《李子雄傳》“古”作“皮”，《通志》卷一六二《李雄傳》與《北史》同。

[4]仗衛：帝王出行時用以護衛之儀仗。

[5]右候衛大將軍：官名。隋煬帝大業三年改右武候爲右候衛而置，爲十二衛大將軍之一，總管府事，並統管各鷹揚府。正三品。《隋書·李子雄傳》作“右武候大將軍”，《通志·李雄傳》與《北史》同，源氏校勘記云:“《隋書》（‘右候衛’）作‘右武候’。”中華本校勘記云:“《隋書》‘侯’作‘候’，‘候衛’作‘武候’。按此言雄之才可以作武候大將軍，故即授此官。《北史》改作‘武侯’及‘候衛’，誤。”可從。

遼東之役，帝令從軍自效，因從來護兒自東萊將指滄海。[1]會楊玄感反於黎陽，[2]帝疑之，詔鎖雄送行在所。[3]雄殺使亡歸玄感，玄感每與計焉。及玄感敗，伏誅，籍没其家。

[1]東萊：郡名。隋朝時治掖縣，在今山東萊州市。四部備要本“萊”作“來”。《隋書》卷七〇《李子雄傳》作“東平”。按：據《北史》卷七六《來護兒傳》，此次是從東萊出發。　滄海：海名。今黄海北部一帶。

[2]黎陽：縣名。治所在今河南浚縣東北。

[3]行在所：指天子所在的地方或天子巡行時所到之地。

論曰：隋文肇基王業，[1]劉昉實啓其謀，于時當軸執鈞，物無異論。不能忘身急病，[2]以義斷恩，[3]方乃慮難求全，[4]偷安懷禄。其在周也，靡忠貞之節；其奉隋也，愧竭命之誠。非義掩其前功，蓄怨興其後釁，而望不陷刑辟，[5]保貴全生，難矣。柳裘、皇甫績，因人成事，好亂樂禍，大運光啓，並參樞要。[6]斯固在人欲其悦己，在我欲其罵人，理自然也。晏嬰有言曰：[7]“一心可以事百君，百心不可以事一君。”[8]於昉等見之矣。

[1]王業：毛本、局本“王”作“皇”。

[2]急病：指急於解救困難。

[3]以義斷恩：指用大義割斷恩情。意爲秉公行事，不徇私情。

[4]方乃：四庫本、四部備要本“乃”作“能”。

[5]刑辟：即刑法。

[6]並參樞要：《隋書》卷三八史臣論作“莫參樞要”，中華本校勘記云：“按柳裘、皇甫績自楊堅稱帝後即調外任，不得云‘並參樞要’。又下文‘斯固在人欲其悦己，在我欲其罵人’，亦是指楊堅謀奪帝位時與劉昉、柳裘等相勾結，即位後即以爲不可靠而疏遠之，與‘並參樞要’意相矛盾。《隋書》作‘莫’是。”可從。

[7]晏嬰：人名。字仲，謚爲平，因此後人習慣上稱之爲平仲，夷維（今山東高密市）人。春秋時期政治家、思想家、外交家。見《史記》卷六二《管晏列傳》。

[8]一心可以事百君百心不可以事一君：語出《晏子春秋·内篇問下》。

郭衍，文皇締構之始，[1]當爪牙之寄；煬帝經綸之際，[2]參心膂之謀。而如脂如韋，以水濟水，君所謂可，亦曰可焉，君所謂不，亦曰不焉，功雖居多，名不見重。然則立身行道，可不慎歟！語曰："無爲權首，將受其咎。"又曰："無始禍，無兆亂。"夫忠爲令德，施非其人尚或不可，況託足邪徑，又不得其人者歟！張衡奪宗之計，實兆其謀，夫動不以順，能無及於此也？楊汪以學業自許，其終不令，惜乎！裴藴素懷姦險，巧於附會，作威作福，唯利是視，滅亡之禍，其可免乎！袁充少在江東，[3]初以警悟見許，委質隋氏，更以玄象自矜，要求時幸，干進附入，[4]變動星占，謬增晷景，厚誣天道，亂常侮衆。刑兹勿捨，其在斯乎！李雄斯言爲玷，取譏夷翟，[5]以亂從亂，[6]何救誅夷。

[1]締構：意爲締造，指經營開創帝業之初。

[2]經綸：指治理國家。

[3]江東：指今安徽蕪湖、江蘇南京間長江河段以東地區。因東晉及南朝均建都建康（今江蘇南京市），故時人又稱其統治下的全部地區爲江東，又稱江左。

[4]干進附入：《隋書》卷六九史臣論"附"作"務"。

[5]夷翟：夷狄。此處指新羅使者。

[6]以亂從亂：殿本、四庫本、四部備要本"從"作"作"。

北史　卷七五

列傳第六十三

趙煚　趙芬　王韶　元巖　宇文弢　伊婁謙　李圓通
陳茂　郭榮　龐晃　李安　楊尚希　張煚　蘇孝慈
元壽

趙煚，字通賢，[1]天水西人也。[2]祖超宗，魏河東太守。[3]父仲懿，尚書左丞。[4]

[1]通賢：源氏校勘記云："《隋書》作'賢通'。"

[2]天水：郡名。北魏時治上封縣，在今甘肅天水市。　西：縣名。治所在今甘肅天水市西南。

[3]河東：郡名。北魏時治蒲坂縣，在今山西永濟市西南蒲州鎮。

[4]尚書左丞：官名。北魏時爲尚書省佐官，與尚書右丞共同掌管尚書省庶務，率領都令史監察諸曹事，督録文書奏案，監察糾彈文武百官。分管宗廟祭祀、朝會禮儀、選授百官等事務，職權甚重。孝文帝太和十七年（493）定爲四品上，二十三年定爲從四品上。

㬚少孤，養母至孝。年十四，有人盗伐其父墓中樹者，㬚對之號慟，因執送官。見魏右僕射周惠達，[1]長揖不拜，自述孤苦，涕淚交集，[2]惠達爲之隕涕歎息者久之。及長，沈深有器局，略涉書記。周文帝引爲相府參軍事。[3]從破洛陽。及班師，㬚請留撫納亡叛，從之。㬚於是帥所領與齊人前後五戰，斬獲甚衆，以功封平定縣男。[4]累轉中書侍郎。[5]

[1]右僕射：官名。即尚書右僕射。北魏時職掌都省庶務及執法，或典選舉，輔助尚書令執行政務，參議大政，諫諍得失。左僕射兼掌糾彈百官，居右僕射上。孝文帝太和十七年定爲從一品中，二十三年定爲從二品。西魏沿置。　周惠達：人名。字懷文，章武文安（今河北文安縣）人。西魏、北周大臣。見《北史》卷六三《周惠達傳》。

[2]涕淚交集：局本“交”作“文”。

[3]周文帝：即宇文泰。文爲其謚號，北周明帝所追謚。　參軍事：官名。亦稱參軍。諸王、公、將軍府、都水臺以及諸州等多置爲僚屬，相府參軍事職權很重。品級自六品至九品不等。

[4]平定縣男：封爵名。平定，縣名。治所在今陝西榆林市北。

[5]中書侍郎：官名。北魏時多選用文學之士，掌草擬詔令，員四人。孝文帝太和十七年定爲四品上，二十三年定爲從四品上。西魏、北周沿置。

周閔帝受禪，[1]遷硤州刺史。[2]蠻酋向天王以兵攻信陵、秭歸，[3]㬚襲擊破之，二郡獲全。時周人於江南岸置安蜀城以禦陳，[4]屬霖雨數旬，城頽者百餘步。蠻酋鄭南鄉叛，引陳將吴明徹欲掩安蜀。[5]議者皆勸㬚益修守禦，熲不從，及遣使説誘江外生蠻向武陽，令乘虚掩襲南鄉所居，獲其父母妻子。[6]南鄉聞之，其黨各散，陳兵亦遁。[7]明年，吴明徹屢爲寇患，熲與前後十六戰，每挫其鋒。以功授開府儀同三司，[8]再遷户部中大夫。[9]

[1]周閔帝：即北周皇帝宇文覺。閔爲其謚號。

[2]硤州：北周時治石鼻城，在今湖北宜昌市西北。底本、《隋書》卷四六《趙熲傳》、《通志》卷一六二《趙熲傳》作“陜州”，中華本校勘記云:“諸本‘硤’作‘陜’。張森楷云：‘“陜”疑當作“硤”，以下所行事皆在今夔巫地，不在陜州也。’按張説是，硤州見《隋書·地理志下》夷陵郡，即今宜昌。與向天王所攻之信陵（今巴東）、秭歸相鄰。作‘陜’誤，今改正。”今從改。

[3]向天王：人名。信州（今重慶奉節縣）蠻族首領。　信陵：郡名。北周時治歸鄉縣，在今湖北巴東縣西北。　秭歸：郡名。北周時治長寧縣，在今湖北秭歸縣西北。

[4]安蜀：城名。在今湖北宜昌市（參喬鳳岐《隋文帝平陳前後三個信州之設置及其歷史沿革》，《中國歷史地理論叢》2003 年第 2 期）。

[5]吴明徹：人名。字通昭，秦郡（今江蘇南京市六合區）人。南朝梁、陳將領。與北周交戰時被俘。見《陳書》卷九《吴明徹傳》。

[6]乘虚：毛本“乘”作“陳”，局本“虚”作“虐”。　掩襲南鄉所居獲其父母妻子：《隋書·趙熲傳》、《册府元龜》卷六九四作“掩襲所居，獲其南鄉父母妻子”，《通志·趙熲傳》與《北史》同。

[7]陳兵亦遁：局本“遁”作“道”。

[8]開府儀同三司：多爲大臣的加號，意思是與三司（太尉、司徒、司空）的禮制待遇相同，允許開府，自辟屬僚。北周置爲勳

官。九命。

[9]户部中大夫：官名。即民部中大夫，避唐太宗李世民諱改。西魏時置，北周沿置。地官府民部司長官，員二人，掌管民户數額。北周武帝建德二年（573）省，宣帝時復置。正五命。

周武帝欲收齊河南地，[1]煚諫曰："河南洛陽，四面受敵，縱得不可以守。請從河北直指太原，[2]傾其巢穴，可一舉以定。"帝不納，師竟無功。尋從上柱國于翼自三鵶道伐陳，[3]剋十九城而還。以讒毁，功不見録。累遷御正上大夫。[4]

[1]周武帝：即北周皇帝宇文邕。武爲其謚號。

[2]太原：郡名。北周時治龍山縣，在今山西太原市西南。

[3]上柱國：官名。北周武帝建德四年，置爲最高級勳官。正九命。　于翼：人名。字文若。河南洛陽（今河南洛陽市東北）人。西魏、北周大臣。見《北史》卷二三《于栗磾附于翼傳》。　三鵶道：古道名。自河南南陽盆地循今白河支流口子河谷北行，逾伏牛山循瀧河谷抵魯山，爲南陽北通汝、洛之捷徑。

[4]御正上大夫：官名。北周明帝時置。爲天官府御正司長官，員四人，負責宣傳詔令，參議刑罰及軍國大事。北周武帝建德二年省，静帝時復置。正六命。

煚與宗伯斛斯徵素不協，[1]徵後出爲齊州刺史，[2]坐事下獄，自知罪重，遂踰獄走。帝大怒，購之甚急。煚密奏曰："徵自以罪重，懼死遁逃，若不北走匈奴，則南奔吴越。徵雖愚陋，久歷清顯，奔彼敵國，無益聖朝。今炎旱爲灾，可因兹大赦。"帝從之。徵賴而免，煚卒不言。

[1]宗伯：官名。西魏時置，北周沿置。爲春官府屬官。按：據《北史》卷四九《斛斯椿附斛斯徵傳》，此時斛斯徵爲大宗伯。斛斯徵：人名。字士亮，廣牧富昌（今内蒙古准格爾旗東南）人。西魏、北周官吏。見《北史·斛斯椿附斛斯徵傳》。

[2]齊州：北周時治歷城縣，在今山東濟南市。

隋文帝爲丞相，[1]加上開府，[2]再遷大宗伯。[3]及踐阼，䁖授璽紱。[4]進位大將軍，[5]賜爵金城郡公，[6]拜相州刺史。[7]朝廷以䁖習故事，[8]徵拜尚書右僕射。[9]

[1]隋文帝：即隋朝皇帝楊堅。文爲其謚號。

[2]上開府：上開府儀同大將軍的省稱。北周武帝建德四年置，位在開府儀同大將軍之上。爲勳官。無具體職掌。九命。

[3]大宗伯：官名。掌管禮樂、祭祀、天文曆法、著作等方面事務。原爲《周禮》六卿之一，爲春官之長。西魏末、北周仿《周禮》建六官，復置爲春官之長，亦稱大宗伯卿。北周時爲正七命。

[4]璽紱：亦作“璽韍”，亦稱“璽綬”。古代繫璽印之絲帶。亦代指璽。

[5]大將軍：官名。西魏、北周爲府兵專職統帥官號。隋沿襲北周府兵制，置爲諸衛府長官官號，分領府兵，各置僚屬。正三品。

[6]金城郡公：封爵名。金城，郡名。隋朝時治子城縣，在今甘肅蘭州市西北。

[7]相州：隋朝時治鄴縣，在今河北臨漳縣西南。

[8]故事：舊日的典章制度或行事制度。

[9]尚書右僕射：官名。隋朝時與内史省、門下省長官共同執掌國政。文帝開皇三年令右僕射掌判都官、度支、工部三部事，兼管開支用度。從二品。

未幾，以忤旨出爲陝州刺史，[1]轉冀州刺史，[2]甚有威惠。煚嘗有疾，百姓奔馳，争爲祈禱，其得人情如此。冀州市多姦詐，[3]煚爲銅斗鐵尺，[4]置於肆，百姓便之。帝聞而嘉焉，頒之天下，以爲常法。嘗有人盗煚田中蒿，爲吏所執。煚曰："此乃刺史不能宣風化，彼何罪也？"慰諭遣之，令人載蒿一車賜盗者，盗愧過於重刑。帝幸洛陽，煚來朝，帝勞之。卒于官。

[1]陝州：隋朝時治陝縣，在今河南三門峽市西。

[2]冀州：隋朝時治長樂縣，在今河北冀州市。

[3]市多姦詐：《隋書》卷四六《趙煚傳》、《通志》卷一六二《趙煚傳》、《太平御覽》卷二五七作"市井多姦詐"。

[4]銅斗：銅製量器名。　鐵尺：鐵製的尺。用作計量工具。

子義臣嗣，位至太子洗馬。[1]後同楊諒反，[2]誅。

[1]太子洗馬：官名。隋朝時隸屬太子門下坊司經局，員四人，掌管太子圖籍、經書，太子出行則前導威儀，從五品上。煬帝時減爲二人。

[2]楊諒：人名。字德章，一名傑，弘農華陰（今陝西華陰市東南）人。隋文帝第五子。煬帝即位，起兵反，兵敗被囚。見《北史》卷七一《庶人諒傳》。

趙芬，字士茂，天水西人也。父諒，[1]周秦州刺史。[2]

[1]父諒：《隋書》卷四六《趙芬傳》"諒"作"演"，源氏校勘記云："《隋書》'諒'作'演'。"中華本《隋書》校勘記引《求是》語云："《文館詞林》四五二《趙芬碑》作'脩演'。"

[2]秦州：北周時治上封縣，在今甘肅天水市。

芬少有辯智，頗涉經史。周文引爲相府鎧曹參軍，[1]歷記室，[2]累遷開府儀同三司。性彊濟，所居之職，皆有聲績。周武帝親總萬機，拜内史下大夫，[3]轉小御正。[4]明習故事。[5]每朝廷有所疑議，衆不能决者，芬輒爲評斷，莫不稱善。後爲司會。[6]及申國公李穆討齊，[7]引爲行軍長史，[8]封淮安縣男。[9]再遷東京小宗伯，[10]鎮洛陽。

[1]鎧曹參軍：官名。西晋末置。南北朝沿置，爲鎧曹長官。北魏時公府、將軍府皆置。品秩自七品上至九品不等。北周沿置。

[2]記室：官名。記室參軍的省稱。西晋始置。北魏、北周沿置，爲諸開府、公府、軍府的記室曹長官，掌文書表奏。品級自七品至九品不等。

[3]内史下大夫：官名。又稱小内史下大夫、内史次大夫。西魏恭帝三年置，北周沿置。爲春官府内史司次官，輔助内史中大夫掌管綸誥，並參議刑罰爵賞以及軍國大事。正四命。

[4]小御正：官名。又稱小御正下大夫、御正下大夫。西魏恭帝時置，北周沿置。天官府御正司次官，佐御正中大夫掌本司事務。北周武帝建德二年省御正中大夫，成爲御正司長官，宣帝時復

爲次官。正四命。《隋書》卷四六《趙芬傳》作“少御正”。

[5]明習故事：局本作“芬明習故事”。

[6]司會：官名。司會中大夫的省稱。西魏恭帝三年置，北周沿置。天官府司會司長官，員一人，職掌全國財政收支，協助大冢宰管理六府之事。正五命。下設司會上士、中士、旅下士等職。

[7]李穆：人名。字顯慶，隴西成紀（今甘肅秦安縣）人。西魏、北周、隋朝官吏。見《北史》卷五九《李賢附李穆傳》。

[8]行軍長史：官名。東漢末曹操置爲丞相府高級僚屬，出征則置，掌管行營事務。北周沿置。

[9]淮安縣男：封爵名。淮安，縣名。治所在今河南桐柏縣東。

[10]東京小宗伯：官名。東京小宗伯上大夫的省稱。北周静帝時置，爲東京春官府長官，兼掌東京六府事。正六命。東京，城名。北周時以洛陽爲東都，稱東京。

隋文帝爲丞相，尉遲迥與司馬消難陰謀往來，[1]芬察知之，密白帝。由是深見親委，遷東京左僕射，[2]進爵郡公。開皇初，[3]罷東京官，拜尚書右僕射，[4]與郢公王誼修律令。[5]俄兼内史令，[6]甚見信任。未幾，以老病出爲蒲州刺史，[7]加金紫光禄大夫，[8]仍領關東運漕，賜錢百萬、粟五千石而遣之。後數年，上表乞骸骨，[9]徵還京師。賜以三驥軺車，[10]几杖被褥，歸于家。皇太子又致巾帔。[11]後數年，卒，帝遣使致祭，鴻臚監護喪事。[12]

[1]尉遲迥：人名。字薄居羅，代（今山西大同市東北）人。西魏、北周重臣。見《北史》卷六二《尉遲迥傳》。　司馬消難：人名。字道融，河内温（今河南温縣）人。北齊、北周官吏。見

《北史》卷五四《司馬子如附司馬消難傳》。

[2]左僕射：官名。尚書左僕射的簡稱。北周末與右僕射共同掌管東京事務。

[3]開皇：隋文帝的年號（581—600）。

[4]尚書右僕射：《隋書》卷四六《趙芬傳》“右”作“左”，《通志》卷一六二《趙芬傳》與《北史》同，源氏校勘記云：“（‘右’）《隋書》作‘左’。”按：《隋書》卷一《高祖紀上》，隋文帝開皇初任尚書左、右僕射的分别是高熲、趙煚。高熲從文帝開皇元年二月到十九年八月任尚書左僕射，又尚書左、右僕射各置一員，故《隋書》作“尚書左僕射”誤。趙煚從文帝開皇元年二月到四年初爲尚書右僕射，其後虞慶則爲尚書右僕射。而據《北史》記載，趙芬爲尚書右僕射是在文帝開皇元年初。

[5]王誼：人名。字宜君，洛陽（今河南洛陽市東北）人。北周、隋朝將領。見《北史》卷六一《王盟附王誼傳》。

[6]内史令：官名。隋朝内史省長官，員二人，掌詔書撰寫，修國史及起居注，亦參議軍國大事，正三品。煬帝大業十二年改名内書令。

[7]蒲州：隋朝時治蒲坂縣，在今山西永濟市西南蒲州鎮。

[8]金紫光禄大夫：官名。隋初爲從二品散官，煬帝時定爲正三品。

[9]乞骸骨：指官吏因年老請求退職。

[10]三驥：源氏校勘記云：“‘三驥’《隋書》作‘二馬’。”《隋書·趙芬傳》、《册府元龜》卷八九九作“二馬”，《通志·趙芬傳》與《北史》同。　軺（yáo）車：奉使者和朝廷急命宣召者所乘的車。

[11]巾帔：頭巾和披肩。

[12]鴻臚：官署名。即鴻臚寺。北齊始置，設卿、少卿、丞各一人，掌外國、少數民族賓客接待、朝會及吉凶禮儀，兼管佛教、祆教寺廟，領典客、典寺、司儀等署。隋朝沿置，初省典寺署，增

崇玄署掌佛道寺觀。文帝開皇三年併入太常寺，十二年復置，煬帝大業三年少卿增爲兩人，改典客署爲典蕃署，置四方館。

子元恪嗣，位揚州總管司馬，[1]左遷候衛長史。[2]

[1]揚州：隋朝時治江都縣，在今江蘇揚州市。　總管：官名。北周明帝武成元年（559）由都督諸州軍事改名，爲地方高級軍政官員。加使持節，置總管府，管理轄區軍政民政。所轄區域增減無常，一般轄數州，多者可達數十州。隋朝沿置。　司馬：官名。軍府高級幕僚，掌參贊軍務，管理府内武職，位僅次於長史，其品秩隨府主而定，高低不等。

[2]候衛長史：官名。隋煬帝時改武候將軍爲候衛將軍，分置左右，屬十二衛。長史爲候衛府屬官。

少子元楷，與元恪皆明幹世事。元楷，大業中爲歷陽郡丞，[1]與廬江郡丞徐仲宗俱竭百姓之産，[2]以貢於帝。仲宗遷南郡丞；[3]元楷超拜江都丞，[4]兼領江都宫監。[5]

[1]大業：隋煬帝的年號（605—617）。　歷陽：郡名。隋朝時治歷陽縣，在今安徽和縣歷陽鎮。　郡丞：官名。爲郡守副職，輔助郡守掌管政事。

[2]廬江：郡名。隋朝時治合肥縣，在今安徽合肥市。

[3]南郡：隋朝時治江陵縣，在今湖北江陵縣。

[4]江都：郡名。隋朝時治江陽縣，在今江蘇揚州市。

[5]江都宫監：官名。隋朝置。局本“宫”作“官”。

王韶，字子相，自云太原晋陽人也。[1]世居京兆。[2]祖諧，原州刺史。[3]父諒，早卒。

[1]晋陽：縣名。治所在今山西太原市晋源區古城營村一帶。

[2]京兆：郡名。隋朝時治長安縣，在今陝西西安市西北。

[3]原州：隋朝時治高平縣，在今寧夏固原市城區。

韶幼而方雅，[1]頗好奇節，有識者異之。在周，累以軍功，官至車騎大將軍、儀同三司。[2]復轉軍正。[3]周武帝既拔晋州，[4]意欲旋師，韶諫曰："取亂侮亡，正在今日。方欲釋之而去，[5]臣愚深所未解。"帝大悦。及齊平，進位開府，[6]封晋陽縣公，賜口馬雜畜萬計。遷内史中大夫。[7]宣帝即位，[8]拜豐州刺史，[9]改封昌樂縣公。[10]

[1]方雅：局本、四庫本、四部備要本作"文雅"。

[2]車騎大將軍：官名。多授予元老重臣，以示尊崇。開府置僚屬，不領兵。北周時爲正九命。　儀同三司：北周時爲勳官、散官號。九命。

[3]軍正：官名。軍正中大夫的省稱。北周置，下設軍正下大夫以佐其職。正五命。

[4]晋州：北周時治臨汾縣，在今山西臨汾市。

[5]方欲釋之而去：四庫本"方"作"乃"。

[6]進位：殿本、四庫本、四部備要本"進"作"遷"。　開府：開府儀同三司的簡稱。北周時置爲勳官。九命。

[7]内史中大夫：官名。又稱内史、大内史。西魏恭帝三年始置，北周沿置。春官府内史司長官，員二人，負責皇帝詔書的撰寫

與宣讀，參議刑罰爵賞及軍國大事，下設小内史下大夫、小内史上士、小内史中士、小内史下士，領御史上士等屬官。北周静帝大象元年（579），在其上設内史上大夫，遂降爲内史司次官。正五命。

[8]宣帝：即北周皇帝宇文贇。宣爲其謚號。

[9]豐州：北周時治武當縣，在今湖北丹江口市。

[10]昌樂縣公：封爵名。昌樂，縣名。治所在今河南南樂縣西北。

隋文帝受禪，進爵項成郡公，[1]轉靈州刺史，[2]加位大將軍。晋王廣之鎮并州，[3]除行臺右僕射，[4]賜綵五百匹。韶性剛直，王甚憚之，每事諮詢，不敢違法度。韶嘗奉使檢行長城，[5]後王穿池，起三山。韶既還，自鎖而諫，王謝而罷之。帝聞而嘉嘆，賜金百兩，并後宫四人。平陳之役，以本官爲元帥府司馬。及剋金陵，[6]韶即鎮焉。晋王廣班師，留韶於石頭防遏，[7]委以後事。歲餘，徵還。帝謂公卿曰："晋王以幼出藩，遂能剋平吴、越，王子相之力也。"於是進位柱國，[8]賜奴婢三百口，錦絹五千段。及上幸并州，以其稱職，特加勞勉。後上謂曰："自朕至此，公鬚鬢漸白，無乃憂勞所致？柱石之望，唯在於公，努力勉之！"韶辭謝，上勞而遣之。[9]

[1]項成郡公：封爵名。項成，郡名。即項城。隋朝時治項城縣，在今河南項城市。

[2]靈州：隋朝時治回樂縣，在今寧夏靈武市西南。

[3]晋王廣：即楊廣。一名英，弘農華陰（今陝西華陰市東南）人。隋文帝第二子，即隋煬帝。見《北史》卷一二《隋本

紀·煬帝》。 并州：隋朝時治晋陽縣，在今山西太原市晋源區古城營村一帶。

[4]行臺右僕射：官名。行臺尚書右僕射的省稱。北齊置。隋朝沿置，爲行臺省副長官，左、右任置一員，職掌同尚書右僕射相似，視從二品。

[5]嘗：底本、元大德本、毛本、四庫本、局本、四部備要本作“常”，中華本作“嘗”，據文義，從中華本改。

[6]金陵：城名。在今江蘇南京市。

[7]石頭：城名。在今江蘇南京市清凉山。

[8]於是：局本作“由是”。 柱國：官名。柱國大將軍的省稱。隋朝時爲正二品散官，煬帝大業三年罷。

[9]勞而遣之：殿本、四庫本、四部備要本作“勞遣之”。

秦王俊爲并州總管，[1]仍爲長史。[2]歲餘，馳驛入京，勞弊而卒。帝甚傷惜之，謂秦王使者曰：“語爾王，我前令子相緩來，如何乃遣馳驛？殺我子相，豈不由汝！”言甚悽愴。使有司爲立宅，曰：“往者何用宅爲？但以表我深心耳！”又曰：“子相受我委寄，十有餘年，終始不易。寵章未極，舍我而死乎！”發言流涕。[3]因命取子相封事數十紙，傳示群臣曰：“其直言匡正，裨益甚多，吾每披尋，未嘗釋手。”煬帝即位，追贈司徒、尚書令、靈豳等十州刺史、魏公。[4]子士隆嗣。

[1]秦王俊：即楊俊。字阿祇，弘農華陰（今陜西華陰市東南）人。隋文帝第三子，母獨孤皇后，文帝開皇元年封爲秦王，後廢。見《北史》卷七一《秦王俊傳》。

[2]長史：官名。掌顧問參謀，爲所在官署的屬官之長。不同

名號的長史所負職責不同，品秩也不相同。

[3]發言流涕：局本"流涕"作"涕流"。

[4]司徒：官名。隋朝時名義上參議大政，其位多曠，遇有典禮，以他官攝行其事。正一品。　尚書令：官名。隋朝時爲尚書省長官，居正宰相之位。正二品。因位高權重，多缺而不授。　豳：州名。隋朝時治定安縣，在今甘肅寧縣。

士隆略知書計，尤便弓馬，慷慨有父風。大業世，頗見親重，位備身將軍，[1]改封耿國公。越王侗稱帝，[2]士隆率數千兵自江淮而至。會王世充僭號，[3]甚禮重之，署尚書右僕射。憂憤，疽發背卒。

[1]備身將軍：官名。隋煬帝時置，爲左、右備身府主官。各一人，掌侍衛皇帝左右，統率千牛備身等。正四品。

[2]越王侗：即楊侗。字仁謹，弘農華陰（今陝西華陰市東南）人。隋朝宗室。見《北史》卷七一《元德太子昭附越王侗傳》。

[3]王世充：人名。字行滿，本姓支，新豐（今陝西西安市臨潼區東北）人。見《北史》卷七九《王世充傳》。

元巖，字君山，河南洛陽人也。[1]父禎，魏敷州刺史。[2]

[1]河南：郡名。隋朝時治河南縣，在今河南洛陽市。

[2]敷州：北魏時治中部縣，在今陝西黄陵縣西南。

巖好讀書，不守章句，剛鯁有器局，以名節自許，少與勃海高熲、太原王韶同志友善。[1]仕周，爲武賁給事。[2]大冢宰宇文護見而器之，[3]以爲中外記室。[4]累遷内史中大夫，封昌國縣伯。[5]

[1]勃海：郡名。北周時治東光縣，在今河北東光縣東南。　高熲：人名。又作“獨孤熲”，字昭玄，一名敏，勃海蓨（今河北景縣）人。北周、隋官吏。見《北史》卷七二《高熲傳》。

[2]武賁給事：官名。即虎賁給事，《北史》避唐高祖祖父李虎諱改。北周時置爲散官。正四命。

[3]大冢宰：官名。亦稱爲大冢宰卿。西魏恭帝三年置，北周沿置。位居六官之首的天官府長官，掌管宫廷供奉以及全國的財政收支、賦役收入、百官俸禄等事務。可總攝百官，執掌朝政。正七命。　宇文護：人名。字薩保，代郡武川（今内蒙古武川縣西）人，鮮卑族。北周宗室、權臣。見《北史》卷五七《邵惠公顥附宇文護傳》。

[4]中外：官署名。都督中外諸軍事府的省稱。北周置，下設長史、司馬、司録、從事中郎、掾、屬、諸曹參軍、行參軍等府佐，實際地位很高。

[5]昌國縣伯：封爵名。昌國，縣名。治所在今山東臨朐縣。

周宣帝嗣位，爲政昏暴，京兆郡丞樂運輿櫬詣朝堂，[1]陳帝八失，言甚切至。帝大怒，將戮之，朝臣莫有救者。巖謂人曰：“臧洪同日，[2]尚可俱死，其況比干乎？[3]若樂運不免，吾將與之俱斃。”詣閤請見，言於帝曰：“樂運知書奏必死，所以不顧身命者，欲取後世名。陛下若殺之，乃成其名，落其術内。不如勞而遣之，以廣聖度。”運因獲免。後帝將誅烏丸軌，[4]巖不肯署詔。

御正顔之儀切諫不入,[5]巖進繼之，脱巾頓顙,[6]三拜三進。帝曰:“汝欲黨烏丸軌耶?”巖曰:“臣非黨軌，正恐濫誅，失天下望。”[7]帝怒，使閹竪搏其面,[8]遂廢于家。

[1]樂運：人名。字承業，南陽淯陽（今河南鄧州市南）人。北周官吏。見《北史》卷六二《王軌附樂運傳》。　櫬（chèn）：空棺材。

[2]臧洪：人名。字子源，廣陵射陽（今江蘇寶應縣東）人。見《三國志》卷七《魏書·臧洪傳》。

[3]比干：人名。沬邑（今河南衛輝市北）人。官至少師，以死力諫紂王。見《史記》卷三《殷本紀》。

[4]烏丸軌：人名。即王軌。小名沙門，太原祁（今山西祁縣東南）人。北周將領。見《北史》卷六二《王軌傳》。

[5]御正：官名。御正中大夫的簡稱。西魏恭帝時置，北周沿置。天官府御正司長官，在皇帝左右，負責宣傳詔命，參議刑罰爵賞及軍國大事，皇帝詔書須由其連署。北周明帝武成元年於其上設御正上大夫，隨降爲副職。正五命。　顔之儀：人名。字子升，琅邪臨沂（今山東費縣東）人。南朝梁、北周、隋朝官吏。見《周書》卷四〇《顔之儀傳》。

[6]頓顙（sǎng）：指叩頭。

[7]失天下望：毛本、局本“望”作“室”。

[8]閹竪：對宦官的蔑稱。

隋文帝爲丞相，加開府、户部中大夫。及受禪，拜兵部尚書,[1]進爵平昌郡公。[2]巖性嚴重，明達世務，每有奏議，侃然正色，廷争面折，無所迴避，上及公卿皆敬憚之。

[1]兵部尚書：官名。隋朝時置爲尚書省兵部長官，負責兵部司事務。正三品。

[2]平昌郡公：封爵名。平昌，郡名。隋朝時治黔陬縣，在今山東膠州市西南。

時帝懲周代諸侯微弱，以致滅亡，由是分王諸子，權侔王室，以爲盤石之固。遣晋王廣鎮并州，蜀王秀鎮益州。[1]二王年並幼，選貞良有重望者爲之僚佐。[2]時巖與王韶俱以骨鯁知名，物議稱二人才具侔於高熲，由是拜巖爲益州總管長史，韶爲河北道行臺右僕射，[3]帝謂曰："公宰相大器，今屈輔我兒，亦如曹參相齊之意。"[4]及巖到官，法令明肅，吏人稱焉。蜀王好奢，嘗欲取獠口爲閹人，[5]又欲生剖死囚，取膽爲藥。巖皆不奉教，排閤切諫，王輒謝而止。憚巖爲人，每循法度。蜀中獄訟，巖所裁斷，莫不悦服。有得罪者，謂曰："平昌公與罪，吾何怨焉。"上甚嘉之，賞賜優洽。卒于官，上悼惜久之。益州父老莫不隕涕，于今思之。

[1]蜀王秀：即楊秀。弘農華陰（今陝西華陰市東南）人。隋文帝第四子。見《北史》卷七一《庶人秀傳》。　益州：隋朝時治成都縣，在今四川成都市。

[2]重望者：底本作"重望"，《隋書》卷六二、《通志》卷一六二《元巖傳》作"重望者"，中華本校勘記云："諸本脱'者'字，據《隋書》卷六二、《通志》卷一六二《元巖傳》補。"今從改。

[3]"時巖與王韶俱以骨鯁知名"至"韶爲河北道行臺右僕射"：底本作"時巖與王韶爲河北道行臺僕射"，中華本校勘記云：

"諸本無括號内二十九字，當是因上下並有'韶'字，鈔者誤脱。原文雖未知是否即此二十九字，但無則文義不通。今從《隋書》補，以便讀者。又諸本'僕射'上無'右'字，《隋書》有。據本卷《王韶傳》，'晋王廣之鎮并州，除行臺右僕射'。有'右'字是，今據補。"今從改。

[4]曹參：人名。字敬伯，沛（今江蘇沛縣）人。西漢開國功臣、名相。見《史記》卷五四《曹相國世家》。

[5]獠口：族名。又稱山獠。分布在今廣東、廣西、湖南、四川、雲南、貴州等地區。亦泛指南方各少數民族。此處指四川獠人。

巖卒後，蜀王爲非法，造渾天儀；[1]又共妃出獵，以彈彈人；多捕山獠充宦者。[2]僚佐無能諫止。及秀得罪，上曰："元巖若在，吾兒豈有是乎！"

[1]渾天儀：渾儀和渾象的總稱。渾儀是測量天體球面座標的一種儀器，而渾象是用來演示天象的儀表。

[2]宦者：元大德本"宦"作"官"，誤。

子弘嗣。歷給事郎、司朝謁者、北平通守。[1]

[1]給事郎：官名。隋初隸尚書省吏部，屬八郎之一，爲散官番直，常出使監察。正八品上。煬帝大業三年罷，取其名置於門下省，位黄門侍郎下，員四人，掌省讀奏案，即給事中之職。從五品。　司朝謁者：官名。隋朝置。煬帝大業三年增設謁者臺後增設此職，爲謁者臺次官，員二人，協助謁者臺大夫掌管朝會大典、宣傳詔命、巡視監察等職，謁者臺對皇帝直接負責。從五品。　北平：郡名。隋朝時治盧龍縣，在今河北盧龍縣。　通守：官名。隋

煬帝時置。爲郡守之副職，員一人，佐太守掌一郡的行政事務。

宇文弼，字公輔，河南洛陽人也，其先與周同出。祖直力勤，魏鉅鹿太守。[1]父珍，周宕州刺史。[2]

[1]鉅鹿：郡名。北魏時屬定州，治曲陽縣，在今河北晋州市西。孝莊帝永安二年（529）時分定州鉅鹿郡置，屬殷州，治癭遥縣，在今河北寧晋縣西南。

[2]宕州：北周時治陽宕縣，在今甘肅宕昌縣西。

慷慨有大節，博學多通。仕周，嘗奉使鄧至國及黑水、龍涸諸羌，[1]前後降附三十餘部。及還，奉詔修定五禮，[2]書成奏之，賜田二頃、粟百石。[3]累遷小吏部，[4]擢八人爲縣令，皆有異績，世以爲知人。轉内史都上士。[5]

[1]鄧至：國名。南北朝時由白水河流域的羌族建立的國家。見《北史》卷九六《鄧至傳》。　黑水：位於在今四川境内，是青衣江的支流。　龍涸：郡名。北周時治嘉誠縣，在今四川松潘縣東。　羌：族名。主要分布在今甘肅、青海、四川一帶。

[2]五禮：指五種禮制，即吉禮、凶禮、軍禮、賓禮、嘉禮。

[3]賜田二頃：《隋書》五六《宇文弼傳》作“賜公田十二頃”，《通志》卷一六二《宇文弼傳》與《北史》同，中華本校勘記云：“《隋書》卷五六《宇文弼傳》作‘賜公田十二頃’。此當脱‘公’字、‘十’字。”可從。

[4]小吏部：官名。小吏部下大夫的省稱，又稱吏部下大夫。西魏恭帝三年置，北周沿置。爲夏官府吏部司次官，員一人，佐吏

部中大夫管理官員的選舉與遷轉。北周武帝建德二年省中大夫，遂爲吏部司長官，宣帝時復爲次官。正四命。《隋書·宇文弼傳》作“少吏部”。

[5]内史都上士：官名。北周置，掌擬詔旨，正三命。

武帝將謀出兵河陽以伐齊，[1]弼進策曰：“齊氏建國，于今累世，雖曰無道，尚有其人。今若用兵，須擇其地。河陽要衝，精兵所聚，盡力攻圍，恐難得志。彼汾之曲，戍小山平，攻之易拔，用武之地也。”帝不納，師竟無功。建德五年，[2]大舉伐齊，卒用弼策。於是募三輔豪俠少年數百人爲别隊，[3]從帝攻拔晋州，身被三瘡，苦戰不息，帝奇而壯之。因從平齊，以功拜上儀同，[4]封武威縣公。[5]

[1]河陽：縣名。治所在今河南孟州市西南。

[2]建德：北周武帝的年號（572—578）。

[3]三輔：地區名。西漢時於京畿之地設京兆尹、左馮翊、右扶風，合稱三輔。轄境相當於今陝西中部。後世政區劃分雖有變動，但直到唐代，仍稱這一地區爲三輔。

[4]以功：毛本、局本“功”作“攻”。　上儀同：北周置，位居開府儀同三司之下、儀同三司之上，多爲大臣勳臣的加官。隋朝沿置，爲從四品。唐高宗時廢除。

[5]武威縣公：封爵名。武威，縣名。治所在今甘肅民勤縣東北。局本“縣公”作“郡公”。

宣帝嗣位，爲守廟大夫。[1]時突厥寇甘州，[2]帝令侯莫陳昶擊之。弼爲監軍，謂昶曰：[3]“宜選精騎，直趨祈連之西。[4]賊若收軍，必自蓼泉之北，[5]此地險隘，兼下濕，度其人馬，三日方度。彼勞我逸，破之必矣。若邀此路，真上策也。”昶不能用，西取合黎。[6]大軍行遲，虜已出塞。

[1]守廟大夫：官名。西魏恭帝三年置，北周初沿置。春官府守廟司長官，掌宗廟的守衛和日常清掃，下設小守廟下大夫、小守廟上士以佐其職。北周武帝建德二年省，宣帝即位後復置。《隋書》五六《宇文弢傳》作“左守廟大夫”，《通志》卷一六二《宇文弢傳》與《北史》同。

[2]突厥：族名。廣義上包括鐵勒、突厥各部，狹義上則專指突厥汗國。公元六世紀初興起於金山（今阿爾泰山）西南麓，爲游牧部落。西魏廢帝二年（552），建立突厥汗國，隋文帝開皇二年(582)，分裂爲東西二部。見《北史》卷九九《突厥傳》。　甘州：北周時治永平縣，在今甘肅張掖市西北。

[3]弢爲監軍謂昶曰：底本作“弢謁監軍曰”，《隋書·宇文弢傳》作“弢爲監軍。弢謂昶曰”，中華本校勘記云：“諸本訛脱作‘弢謂監軍曰’，與下文‘昶不能用’語不相關聯。今據《隋書》改‘謂’爲‘爲’，補‘謂昶’二字。”今從改。監軍，官名。爲臨時差遣之官，置於軍中，監督出征統帥。

[4]祈連：山名。在今青海東北部與甘肅西部邊境。

[5]蓼泉：地名。在今甘肅臨澤縣蓼泉鎮。

[6]合黎：山名。在今甘肅高臺縣北。

其年，弢又從梁士彦攻拔壽陽，[1]改封安樂縣公，[2]除澮州刺史，[3]轉南司州刺史。[4]司馬消難之奔陳，弢追之不及。遇陳將樊毅，[5]戰於漳口，[6]自旦及午，三戰三捷。除黄州刺史，[7]轉南定州刺史。[8]

[1]梁士彦：人名。字相如，安定烏氏（今甘肅涇川縣東）人。北周、隋朝將領。見《北史》卷七三《梁士彦傳》。　壽陽：縣名。治所在今安徽壽縣。

[2]安樂縣公：封爵名。安樂，縣名。治所在今江蘇灌雲縣。

[3]澮州：北周時治固始縣，在今河南固始縣東北。

[4]南司州：北周時治平陽縣，在今河南信陽市南。

[5]樊毅：人名。字智烈，南陽湖陽（今河南唐河縣南）人。南朝梁、陳將領。見《陳書》卷三一《樊毅傳》。

[6]漳口：地名。在今湖北安陸市。

[7]黄州：北周時治安平縣，在今廣西欽州市西南。

[8]南定州：北周時治蒙籠城，在今湖北麻城市東北。

開皇初，以前功封平昌縣公，[1]入爲尚書右丞。[2]時西羌内附，[3]詔弼持節安集。[4]置鹽澤、蒲昌二郡而還。[5]遷左丞，[6]當官正色，爲百僚所憚。三年，突厥寇甘州，以行軍司馬從元帥竇榮定擊破之。[7]還除太僕少卿，[8]轉吏部侍郎。[9]平陳之役，楊素出信州道，[10]令弼持節爲諸軍節度，仍領行軍總管。[11]劉仁恩之破陳將吕仲肅也，[12]弼有謀焉。加開府，擢拜刑部尚書，[13]領太子虞候率。[14]上嘗親臨釋奠，弼與博士論議，[15]詞致清遠。上大悦，謂群臣曰：[16]“朕今覩周公之制禮，見宣尼之論孝，[17]實慰朕心。”

[1]平昌縣公：封爵名。平昌，縣名。治所在今山西介休市。

[2]尚書右丞：官名。隋朝時與左丞共掌尚書省庶務，管理省

内用度雜物，監督稽核兵、刑、工三部十二司，如缺尚書左丞，則通判都省事。從四品。其行臺尚書省亦置，視從四品。

[3]西羌：古代羌族之一。東漢時因其居地在今甘肅臨洮縣、甘谷縣東南及蘭州市以西，比東徙諸羌相對偏西，故名。

[4]持節：自漢代起，節爲皇帝號令賞罰的信物，故持節官員比不持節官員位高權重，歷朝因之。西晋以後成爲一種加職，在使持節之下，假節之上。督軍時與使持節同，有權殺二千石以下的官吏，平時祇能殺無官位之人。

[5]鹽澤蒲昌：二郡名。均在當時的鄯善郡，位於今新疆羅布泊附近，爲西域門户。具體治所不詳。

[6]左丞：官名。即尚書左丞。隋朝時通判都省事，監察省内，領内司郎中、員外郎，監督稽核吏、户、禮三部十二司，從四品。其行臺尚書省亦置，視從四品。

[7]行軍司馬：官名。西魏、北周時有軍事行動時臨時設置，掌軍中籌略，事迄即罷。隋朝因之。　竇榮定：人名。扶風平陵（今陝西咸陽市西北）人。北周、隋朝將領。見《北史》卷六一《竇熾附竇榮定傳》。

[8]太僕少卿：官名。北魏始置。北齊時置爲太僕寺次官，員二人。歷代沿置。隋朝時協助太僕卿管理車輿厩牧，審計籍帳，通判本寺事務。初爲正四品上，煬帝時定爲從四品。

[9]吏部侍郎：官名。隋初爲吏部司長官，隸吏部尚書，從五品。煬帝大業三年，吏部司長官改名爲選部郎，吏部侍郎遂爲吏部次官，員一人。

[10]楊素：人名。字處道，弘農華陰（今陝西華陰市東南）人。北周、隋朝大臣。見《北史》卷四一《楊敷附楊素傳》。　信州：隋朝時治白帝城，在今重慶奉節縣白帝村西南。

[11]行軍總管：官名。北周置。戰時臨時任命，事畢即罷，重大軍事行動中，隸屬於行軍元帥。隋代沿置，並漸漸過渡爲地方軍政長官，或掌一道軍政，或領數道，時有大總管、總管之分。

［12］劉仁恩：人名。北周時任徐州刺史。静帝大象二年，尉遲迥起兵，受徐州總管源雄調遣，於蘭陵擊敗尉遲迥將畢義緒。入隋，爲毛州刺史。文帝開皇四年，擢刑部尚書。後以荆州刺史從楊素出江陵攻陳，破陳將戚欣、吕忠肅，以軍功授上大將軍。　吕仲肅：張森楷《隋書校勘記》云:"《陳書·陳慧紀傳》作'吕忠肅'，《南史》作'吕肅'，蓋本是'忠肅'，隋人諱改或省。"

［13］刑部尚書：官名。隋朝始置。文帝開皇三年由都官尚書改名，員一人，負責制定律法、糾察違法。正三品。

［14］太子虞候率：官名。隋朝始置，爲東宫屬官，掌斥候伺非，分置左右，各有開府一員。煬帝大業三年改太子虞候開府爲率。

［15］博士：官名。隋朝時設五經博士、國學博士、太學博士等學官，負責經學教授，設太常博士議定禮制。

［16］謂群臣曰：《隋書》五六《宇文弼傳》作"顧謂侍臣曰"，《通志》卷一六二《宇文弼傳》與《北史》同。

［17］宣尼：漢平帝時追謚孔子爲"褒成宣尼公"，後世因此稱孔子爲宣尼。

時朝廷以晋陽爲重鎮，并州總管必屬親王，其長史、司馬亦一時高選。前長史王韶卒，以有文武幹用，出爲并州長史。十八年，遼東之役，[1]授元帥漢王府司馬，[2]仍領行軍總管。軍還，歷朔、代、吴三州總管，[3]皆有能名。

［1］遼東之役：指隋煬帝對高句麗政權進行的征伐。遼東，地區名。指遼河以東的地區。隋朝時遼東地區包括整個大同江流域和漢江流域，甚至是高句麗政權的所有轄區。

［2］漢王：即楊諒。

[3]朔：州名。隋朝時治善陽縣，在今山西朔州市朔城區。代：州名。隋朝時治雁門縣，在今山西代縣西南。　吴：州名。陳宣帝太建十一年（579），南兖州入北周，改名吴州。隋文帝開皇九年（589）改名揚州。故此吴州爲北周時吴州，隋初沿置，治廣陵縣，在今江蘇揚州市城區。

煬帝即位，拜刑部尚書，仍持節巡省河北。還除泉州刺史。[1]復徵拜刑部尚書，轉禮部尚書。[2]

[1]泉州：隋朝時治閩縣，在今福建福州市。

[2]禮部尚書：官名。隋朝時屬於尚書省，爲中央行政機構六部之中禮部最高長官，員一人，掌管禮儀、祭祀、宴享以及學校政令，總判部屬各司事。正三品。

弼既以才能著稱，歷職顯要，聲望甚重，物議多見推許。帝頗忌之。時帝漸好聲色，尤勤遠略，弼謂高熲曰："昔周天元好聲色亡國，[1]以今方之，不亦甚乎！"又言"長城之役，幸非急務"。有人奏之，坐誅，天下冤之。所著辭賦二十餘萬言，爲《尚書》《孝經注》行於世。有子儉瑗。[2]

[1]周天元：即北周宣帝宇文贇。他禪位於子，自稱天元皇帝。

[2]有子儉瑗：中華本《隋書》卷五六《宇文弼傳》作"有子儉、瑗"。

伊婁謙，字彦恭，本鮮卑人也。其先世爲酋長，[1]隨魏南遷。祖信，中部太守。[2]父靈，相、隆二州刺史。[3]

[1]酋長：魏晋南北朝時對少數民族首領的稱號。

[2]中部：郡名。北魏時治杏城縣，在今陝西黄陵縣西南。

[3]隆：州名。北魏時治閬中縣，在今四川閬中市。

謙性忠直，善辭令。仕周，累遷宣納上士、使持節、驃騎大將軍。[1]武帝將伐齊，召入内殿，問以兵事。對曰："僞齊僭擅，跋扈不恭，[2]沈溺倡優，耽昏麴糵。[3]其折衝之將斛律明月已斃讒人之口，[4]上下離心。若命六師齊進，[5]臣之願也。"帝大笑，因使謙與小司寇拓跋偉聘齊觀釁。[6]帝尋發兵。齊主知之，[7]令其僕射陽休之責謙曰：[8]"貴朝盛夏徵兵，馬首何向？"答曰："僕拭玉之始，[9]未聞興師。設復西增白帝之城，[10]東益巴丘之戍，[11]豈足怪哉！"謙參軍高遵以情輸齊，[12]遂留謙不遣。帝既克并州，召謙勞之。乃執遵付謙，任令報復。謙頓首請赦之。帝曰："卿可聚衆唾面，令知愧也。"謙跪曰："遵罪又非唾面之責。"帝善其言而止。謙竟待遵如初。

[1]宣納上士：官名。北周置。宣納下大夫屬官，佐其廷納王言，出宣王命。正三命。　使持節：漢朝官吏奉命外出時，由皇帝授予節杖，來提高其權威。魏晋之後，重要的軍事長官出征或者出鎮時，通常加此名號，可誅殺二千石以下的官員。皇帝派遣大臣處理重要事情時，也加以此職，以示尊崇。　驃騎大將軍：官名。西魏、北周時主要作爲府兵開府府長官的軍號。九命。源氏校勘記云："'驃'《隋書》作'車'。"《隋書》卷五四《伊婁謙傳》作

"車騎大將軍",《通志》卷一六二《伊婁謙傳》與《北史》同。

[2]跋扈不恭：底本"跋"作"拔"。

[3]麴（qū）糱（niè）：釀酒時用以發酵的原料。代指酒。

[4]斛律明月：人名。即斛律光。字明月，朔州（今山西朔州市）敕勒部人。北齊將領。見《北齊書》卷一七《斛律金附斛律光傳》。

[5]若命六師齊進：《隋書·伊婁謙傳》作"若命六師"，《通志·伊婁謙傳》與《北史》同。六師，天子所統率的軍隊。

[6]小司寇：官名。小司寇上大夫的簡稱。西魏恭帝三年置，北周沿置。秋官府次官，員二人，佐大司寇卿掌刑政，主持刑法的制定及執行。正六命。　拓跋偉：人名。字子猷。北魏宗室，北周官吏。見《北史》卷一五《常山王遵附元偉傳》。　聘齊觀釁：毛本"聘齊"作"先濟"。

[7]齊主：毛本"主"作"王"，誤。

[8]僕射：官名。尚書僕射的省稱。北朝時位列宰相，職掌都省庶務及執法，或典選舉。左、右僕射輔助尚書令執行政務，參議大政，諫諍得失。左僕射兼掌糾彈百官，居右僕射上。北齊時爲從二品。　陽休之：人名。字子烈，北平無終（今天津薊縣）人。北魏、東魏、北齊官吏。見《北史》卷四七《陽尼附陽休之傳》。

[9]拭玉：奉命出使。源氏校勘記云:"'拭玉'《隋書》作'憑式'。"《隋書·伊婁謙傳》作"憑式"。

[10]白帝：城名。在今重慶奉節縣白帝村一帶。

[11]巴丘：山名。在今湖南岳陽市西南。

[12]參軍：官名。又稱參軍事。南北朝時王、公、將軍府及諸州皆置爲僚屬。品秩自六品至九品不等。

尋賜爵濟陽縣伯，[1]累遷前驅中大夫。[2]大象中，[3]進爵爲侯，位開府。隋文帝作相，授亳州總管，[4]俄徵還京。耻與逆人王謙同名，[5]因爾稱字。文帝受禪，以彦恭爲左武候將軍，[6]俄拜大將軍，進爵爲公。後出爲澤州刺史，[7]清約自處，甚得人和。以疾去職，吏人攀戀，行數百里不絶。卒于家。子傑嗣。

[1]濟陽縣伯：封爵名。濟陽，縣名。治所在今河南蘭考縣東北。

[2]前驅中大夫：官名。北周置。正五命。

[3]大象：北周静帝的年號（579—580）。底本作"象"，毛本、殿本、四庫本、局本、四部備要本、中華本作"大象"。今從諸本改。

[4]亳州：北周時治小黄縣，在今安徽亳州市。

[5]王謙：人名。字敕萬，太原（今山西太原市晋源區古城營村一帶）人。北周大臣。見《北史》卷六〇《王雄附王謙傳》。

[6]左武候將軍：官名。隋朝置，爲十二衛將軍之一，左武候大將軍副職。煬帝大業三年改爲左候衛將軍，員二人，從三品。

[7]澤州：隋朝時治丹川縣，在今山西晋城市東北。

李圓通，京兆涇陽人也。[1]少孤賤，給使隋文帝家。及帝爲隋公，擢授參軍事。初，帝少時，每宴客，恒令圓通監厨。圓通性嚴整，左右婢僕，[2]咸所敬憚。唯世子乳母恃寵輕之，賓客未供，每有干請。[3]圓通不許，或輒持去。圓通大怒，叱厨人撾之數十，叫聲徹於閤内，僚吏左右，代其失色。賓去後，帝知之，召圓通命坐賜食，從此獨善之，以爲堪當大任。[4]

[1]涇陽：縣名。治所在今陝西咸陽市東北。

[2]婢僕：男女奴僕。

[3]干請：請託。

[4]堪當大任：局本"堪"作"甚"。

帝作相，賜爵懷昌男。[1]授帥都督，[2]進爵新安子，[3]委以心膂。[4]圓通多力勁捷，長於武用。周氏諸王素憚帝，伺便圖爲不利，賴圓通保護，獲免者數矣。帝深感之，由是參預政事，授相國外兵曹，[5]仍領左親信。[6]尋授上儀同。帝受禪，拜内史侍郎，[7]領左衛長史，[8]進爵爲伯。歷左右庶子、給事黄門侍郎、尚書左丞，[9]攝刑部尚書，深被任信。伐陳之役，[10]以行軍總管從楊素出信州道，以功進位大將軍，改封萬安縣公，[11]揚州總管長史。[12]秦孝王仁柔自喜，[13]少斷決，府中事多決於圓通。入爲司農卿，[14]遷刑部尚書，後復爲并州長史。孝王以奢得罪，圓通亦坐免。尋檢校刑部尚書事。[15]仁壽中，[16]以勳舊進爵郡公。

[1]懷昌男：封爵名。懷昌，縣名。治所在今陝西西鄉縣西。

[2]帥都督：官名。西魏文帝大統初置，北周武帝天和二年(570）省，武帝建德二年復置，多授各地豪望，以統鄉兵，刺史、鎮將多加此號。正七命。

[3]新安子：封爵名。新安，縣名。治所在今河南新安縣。

[4]心膂：親信。指輔佐帝王的重臣，亦比喻得力助手與親信。語出《尚書·君樂》:"今命爾予翼，作股肱心膂。"

[5]相國：官名。輔助君主掌管國事的最高官吏。 外兵曹：官署名。諸公、軍府僚屬諸曹之一，西晋末置於丞相府。相府外兵曹掌全國軍隊之政令。

［6］左親信：官名。西魏置。爲大丞相府屬官，分置左右。北周沿置。

［7］内史侍郎：官名。隋朝時爲内史省次官，員四人，正四命。煬帝大業三年减爲兩人，十二年改名爲内書侍郎。

［8］左衛長史：官名。隋朝時爲左衛府屬官，員一人，正七品。煬帝時改左衛長史爲左翊衛長史，升爲從五品。

［9］左右庶子：官名。隋朝時置。皆爲東宫屬官。右庶子爲太子典書坊長官。員二人，正四品。左庶子爲太子門下坊長官。員二人，正四品上。　給事黄門侍郎：官名。東漢時置，魏晋至隋初因之。隋朝置爲門下省次官，員四人。正四品上。煬帝大業三年改爲黄門侍郎。

［10］伐陳之役：局本"役"作"後"。

［11］萬安縣公：封爵名。萬安，縣名。治所在今四川德陽市東北。《隋書》卷六四《李圓通傳》、《册府元龜》卷三八四"縣公"作"縣侯"，《通志》卷一六二《李圓通傳》與《北史》同。

［12］揚州總管長史：《隋書·李圓通傳》作"拜揚州總管長史。尋轉并州總管長史"。中華本校勘記云："《隋書》卷六四《李圓通傳》'揚'上有'拜'字，是。又'長史'下《隋書》有'尋轉并州總管長史'八字。按下文有'後復爲并州長史'，若先未曾任此職，何云'復爲'？據《隋書》卷四五《秦孝王俊傳》，俊先爲揚州總管，後轉并州總管，圓通是隨府遷轉。《北史》删節失當。"可從。

［13］秦孝王：即楊俊。孝爲其謚號。　仁柔自喜：《隋書·李圓通傳》"喜"作"善"，《通志·李圓通傳》與《北史》同。

［14］司農卿：官名。南朝梁時改大司農爲司農卿，職掌勸農、倉儲、園苑、供應宫廷膳食等。隋沿置。初爲正三品，煬帝時定爲從三品。

［15］檢校：隋朝時意爲代理，即尚未實授其官，但已掌其職事。

[16]仁壽：隋文帝的年號（601—604）。

煬帝嗣位，拜兵部尚書。帝幸揚州，以圓通留守京師。判宇文述田還百姓，[1]述訴其受賂。帝怒，坐是免官。圓通憂懼發病，卒。贈柱國，封爵悉如故。

[1]宇文述：人名。字伯通，代郡武川（今内蒙古武川縣西）人，鮮卑族。北周、隋朝大臣。見《北史》卷七九《宇文述傳》。

子孝常，大業末，爲華陰令。[1]武德初，[2]以應義旗功，封義安王。[3]

[1]華陰：縣名。治所在今陝西華陰市東南。

[2]武德：唐高祖的年號（618—626）。

[3]義安王：封爵名。義安，郡名。唐朝時治海陽縣，在今廣東潮州市。

又有陳茂者，河東猗氏人。[1]家世寒微，質直恭謹，爲州里所稱。文帝爲隋國公，引爲僚佐，待遇與圓通等。每令典家事，常稱旨。後從帝與齊師戰於晋州，賊甚盛，帝將挑戰，茂固止不得，因捉馬鞚。[2]帝怒，拔刀斫其額，流血被面，詞氣不撓。帝感而謝之，厚加禮敬。帝爲丞相，委以心膂。及受禪，拜給事黄門侍郎，封魏城縣男，[3]每典機密。轉益州總管司馬，遷太府卿，[4]進爵爲伯。卒官。子政嗣。

[1]猗氏：縣名。治所在今山西臨猗縣南。

[2]鞚：帶嚼子的馬絡頭。

[3]魏城縣男：封爵名。魏城，縣名。治所在今四川綿陽市東。

[4]太府卿：官名。隋朝時掌庫藏出納、貿易商税事務，仰承尚書省户部政令。初爲正三品，煬帝時定爲從三品。

政，字弘道，倜儻有文武大略，善鐘律，[1]便弓馬。少養宫中，年十七，爲太子千牛備身。[2]京都大俠劉居士重政才氣，[3]數從之遊。圓通子孝常與政相善，並與居士交結。及居士伏誅，政及孝常從坐，上以功臣子，撻之二百而赦之。由是不得調。煬帝時，歷位協律郎、通事謁者、兵曹承務郎。[4]帝以其才，甚重之。宇文化及之亂，[5]以爲太常卿。[6]後歸大唐，爲梁州總管，[7]遇賊見殺。

[1]鐘律：古代律學中泛指最早的定律法。原指編鐘十二律。

[2]太子千牛備身：官名。爲太子左、右内率屬官。隋朝時置八人，執掌千牛刀，宿衛東宫，正七品。煬帝大業三年改名爲司仗左右。

[3]劉居士：人名。彭城（今江蘇徐州市）人。隋朝官吏。因不遵法度，被人告發，下獄死。其父亦坐死。見《北史》卷九一《劉昶女傳》。

[4]協律郎：官名。隋朝時屬太常寺，負責監調律吕音樂，員二人。正八品。　通事謁者：官名。隋朝置。煬帝大業三年置爲謁者臺屬官，員二十人，從六品，職掌同内史省通事舍人。　兵曹：官署名。即兵部曹。隋朝尚書省六曹之一。　承務郎：官名。隋煬帝大業三年置，代替原來尚書省二十四司員外郎，以掌管籍帳。從

五品。

[5]宇文化及：人名。代郡武川（今内蒙古武川縣西）人。隋末叛將。見《北史》卷七九《宇文述附宇文化及傳》。

[6]太常卿：官名。北魏時爲太常的尊稱，亦稱爲樂卿。北齊置爲太常寺長官，掌管宗廟祭祀禮樂。隋沿置，三品。

[7]梁州：唐朝時治南鄭縣，在今陝西漢中市。

郭榮，字長榮，自云太原人也。父徽，仕魏，爲同州司馬。[1]時武元皇帝爲刺史，[2]由是與隋文帝有舊。徽後位洵州刺史、安城縣公。[3]及帝受禪，拜太僕卿，[4]卒官。

[1]同州：北魏時治武鄉縣，在今陝西大荔縣。

[2]武元皇帝：即隋文帝之父楊忠。隋文帝追尊爲武元皇帝。

[3]洵州：北周時治金川縣，在今陝西安康市。　安城縣公：封爵名。安城，縣名。治所在今四川三台縣西北。

[4]太僕卿：官名。北齊時置爲太僕寺長官，掌管皇帝車馬以及全國畜牧政令。隋朝沿置，初爲正三品，煬帝時定爲從三品。

榮容貌魁岸，外疎内密，與交者多愛之。周大冢宰宇文護引爲親信。護察榮謹愿，[1]擢爲中外府水曹參軍。[2]齊寇屢侵，護令榮於汾州觀城勢。[3]時汾州與姚襄鎮相去懸遠，[4]榮以二城孤迥，勢不相救，請於州鎮閒更築城以相控攝，護從之。俄而齊將段孝先攻陷姚襄、汾州二城，[5]唯榮所立者獨能自守。護作浮橋出兵，孝先於上流縱大筏擊浮橋，[6]護令榮督便水者引取其筏。以功授大都督。[7]護又以稽胡數爲寇亂，[8]使綏集之。[9]

榮於上郡延安築周昌、弘信、廣安、招遠、咸寧等五城以遏其要路，[10]稽胡由是不能爲寇。周武親總萬機，拜宣納中士。[11]後從平齊，以功封平陽縣男，[12]遷司水大夫。[13]

[1]謹愿：《隋書》卷五〇《郭榮傳》、《册府元龜》卷七二八作“謹厚”，《通志》卷一六二《郭榮傳》與《北史》同。

[2]水曹參軍：官名。北周初爲水曹長官，負責水利灌溉事務。

[3]汾州：北周時治龍泉城，在今山西隰縣龍泉鎮。　觀城勢：《隋書·郭榮傳》、《太平御覽》卷三一九、《册府元龜》卷四〇〇作“觀賊形勢”，《通志·郭榮傳》與《北史》同。

[4]姚襄：鎮名。在今山西吉縣西。

[5]段孝先：人名。即段韶。字孝先，姑臧武威（今甘肅武威市）人。東魏、北齊將領。見《北史》卷五四《段榮附段韶傳》。

[6]筏：渡水工具。用木、竹、桶或浮囊等，排列連結成的浮游結構物。

[7]大都督：官名。北周初規定授柱國大將軍、開府、儀同三司等官號者，並加使持節、大都督名義。北周武帝時，將其置爲無職掌的勳官，授予有軍功的武職官員。八命。

[8]稽胡：族名。又名步落稽，中國北方少數民族之一。主要活動於今山西、陝西北部山谷間。見《北史》卷九六《稽胡傳》。

[9]使綏集之：《隋書·郭榮傳》作“使榮綏集之”，《通志·郭榮傳》與《北史》同。

[10]上郡延安：中華本作“上郡、延安”。按：據王仲犖《北周地理志》，應是“上郡廣安”，因避隋煬帝楊廣諱，“廣安”作“延安”。“上郡”與“延安”之間不應加頓號。上郡，北周時治因城縣，在今陝西甘泉縣西北。延安，縣名。治所在今陝西延長縣南。　咸寧：城名。在今陝西宜川縣東南。

[11]宣納中士：官名。西魏時置，北周沿置。爲宣納下大夫屬官，正二命。

[12]平陽縣男：封爵名。平陽，縣名。治所在今山西臨汾市。

[13]司水大夫：官名。即司水中大夫。西魏恭帝三年置，北周沿置。冬官府司水司長官，員一人，掌河渠疏浚、灌溉及舟船運輸事務。下設小司水下大夫、小司水上士以佐其職。北周武帝建德二年省，宣帝即位後復置。正五命。

榮少與隋文帝親狎，帝嘗與夜坐月下，謂榮曰："吾仰觀玄象，[1]俯察人事，周歷已盡，我其代之。"榮深自結納。未幾，周宣崩，文帝總百揆，召榮，撫其背笑曰："吾言驗未？"即拜相府樂曹參軍。[2]俄以本官復領藩部大夫。[3]文帝受禪，引爲内史舍人，[4]以龍潛之舊，[5]進爵蒲城郡公，[6]位上儀同。累遷通州刺史。[7]仁壽初，西南夷獠多叛，詔榮領八州諸軍事、行軍總管討平之。

[1]玄象：亦稱元象、玄儀。指日月星辰在天所成之象。

[2]樂曹參軍：官名。北周置，爲都督中外諸軍事府樂曹的僚屬。

[3]藩部大夫：官名。即蕃部中大夫。西魏恭帝三年置，北周沿置。爲秋官府蕃部司長官，員一人，掌諸侯朝覲禮儀。下設小蕃部下大夫、小蕃部上士、小蕃部下士以佐其職，領掌交上士、司�上士等官屬。北周武帝建德二年省，宣帝時復置。正五命。《隋書》卷五〇《郭榮傳》作"蕃部大夫"。

[4]内史舍人：官名。隋朝時内史省屬官，置八人。正六品，文帝開皇三年爲從五品。煬帝大業三年置四人，十二年改名内書舍人。

[5]龍潛：指帝王未即位之時。

[6]蒲城郡公：按：北周至隋，蒲城一直是縣，未置郡。王仲犖《北周地理志》云"蒲城郡公"當是"蒲城縣公"之誤。可從。蒲城，縣名。治所在今陝西蒲城縣。

[7]通州：隋朝時治石城縣，在今四川達縣。

煬帝即位，入爲武候驃騎大將軍，[1]以嚴正聞。後黔安首領田羅駒阻清江作亂，[2]夷陵諸郡人夷多應者，[3]詔榮擊平之。遷左候衛將軍。[4]從帝西征吐谷渾，[5]拜銀青光禄大夫。[6]遼東之役，以功進左光禄大夫。[7]明年，帝復事遼東，榮以爲中國疲弊，萬乘不宜屢動，乃言於帝，請止行。帝不納。復從軍攻遼東城，[8]榮親蒙矢石，晝夜不釋甲胄。帝知之大悦，每勞勉之。帝後以榮年老，欲出爲郡。榮陳請不願。哀之，拜右候衛大將軍。[9]後數日，帝謂百僚曰："誠心純至如郭榮者，固無比矣。"楊玄感之亂，[10]帝令馳守太原。明年，從帝至柳城，[11]卒於懷遠鎮。[12]帝爲廢朝，贈兵部尚書，謚曰恭。子福善。

[1]武候驃騎大將軍：源氏校勘記云："《隋書》無'大'字。"《隋書》卷五〇《郭榮傳》無"大"字，《通志》卷一六二《郭榮傳》作"左武候驃騎大將軍"，中華本校勘記云："《隋書》卷五〇《郭榮傳》無'大'字。按《通典》卷二九《折衝府》條云：'開皇中置驃騎將軍府，每府置驃騎、車騎二將軍。'驃騎府是隋時府兵的基本單位，分屬十二衛大將軍統轄，'武候驃騎'即受武候大將軍統轄的驃騎府。驃騎府衹有驃騎將軍，無大將軍。疑'大'字衍。"可從。

[2]黔安：郡名。隋朝時治彭水縣，在今重慶彭水苗族土家族

自治縣東北。 田羅駒：人名。黔安（今重慶彭水苗族土家族自治縣東北）人。蠻族首領。 清江：發源於今湖北、重慶二省市的交界處，流入長江。

[3]夷陵：郡名。隋朝時治夷陵縣，在今湖北宜昌市西北。

[4]左候衛將軍：官名。隋朝時十二衛將軍之一。煬帝大業三年改左武候將軍爲左候衛將軍，以佐左候衛大將軍，員二人。從三品。

[5]吐谷渾：族名。又稱吐渾、退渾。原爲鮮卑族慕容部的一支，先祖游牧於徒河青山（今遼寧義縣東）。西晋時，遷徙於今甘肅、青海一帶。十六國時，先後受到前凉、西秦等追逐，幾乎亡國。後再度崛起，北魏太武帝時達到最强盛。在北魏打擊下，一度退到今新疆一帶。以游牧爲生。見《北史》卷九六《吐谷渾傳》。

[6]銀青光禄大夫：官名。隋初爲正三品散官，煬帝時定爲從三品。

[7]左光禄大夫：官名。爲在朝顯職的加官，以示恩寵，或授予年老有病者爲致仕之官，亦常用於卒後贈官，無具體職掌。隋初爲正二品，煬帝大業三年降爲從二品。

[8]遼東：城名。在今遼寧遼陽市西北。

[9]右候衛大將軍：官名。隋煬帝大業三年改右武候爲右候衛而置，爲十二衛大將軍之一。與左武候大將軍同掌車駕及營衛，分領府兵，總管府事，並統管各鷹揚府，正三品。

[10]楊玄感：人名。弘農華陰（今陝西華陰市東南）人。隋朝大臣。見《北史》卷四一《楊敷附楊玄感傳》。

[11]柳城：縣名。治所在今遼寧朝陽市。

[12]懷遠：軍鎮名。在今遼寧遼中縣。

龐晃，字元顯，榆林人也。[1]父虯，周驃騎大將軍。

[1]榆林：郡名。北周時治榆林縣，在今内蒙古准格爾旗東北。

晃少以良家子召補州都督。[1]周文帝署大都督，[2]領親信兵，常置左右。晃因徙居關中。後遷驃騎將軍，[3]襲爵比陽侯。[4]衛王直出領襄州，[5]晃以本官從。尋與長湖公元定擊江南，[6]孤軍深入，没於陳。數年，衛王直遣晃弟車騎將軍元儁齎絹八百匹贖焉，[7]乃得歸。拜上儀同，復事衛王。[8]

[1]都督：官名。三國魏置。地方軍政長官，總一州事務。南北朝因之，分使持節、持節、假節三種，職權各有不同，北周明帝時改爲總管。

[2]周文帝署大都督：《隋書》卷五〇《龐晃傳》作“周太祖既有關中署晃大都督”，《通志》卷一六二《龐晃傳》作“周文引署爲大都督”。

[3]驃騎將軍：官名。爲軍府名號，加授大臣、重要州郡長官，無具體職掌。北魏孝文帝太和十七年定爲一品下，二十三年定爲二品。北周沿置。

[4]比陽侯：封爵名。比陽，縣名。治所在今河南泌陽縣西。

[5]衛王直：即宇文直。字豆羅突，代郡武川（今内蒙古武川縣西）人，鮮卑族。北周宗室。見《北史》卷五八《衛剌王直傳》。　襄州：北周時治襄陽縣，在今湖北襄樊市。

[6]長湖公：封爵名。長湖，郡名。北周時治義安縣，在今湖北襄樊市西。　元定：人名。字願安，河南洛陽（今河南洛陽市東北）人。西魏宗室，北周將領。見《北史》卷六九《元定傳》。

[7]車騎將軍：官名。多作爲軍府名號，在諸名號將軍之上，以加授大臣、重要州郡長官，無具體職掌。北周時爲正九命。

[8]復事衛王：局本“事”作“知”。

時隋文帝出爲隨州刺史，[1]路經襄陽，[2]衛王令晃詣文帝。晃知帝非常人，[3]深自結納。及帝去官歸京師，晃迎見於襄邑。[4]帝甚歡，與晃同飯，晃因曰："公相貌非常，名在圖籙，[5]九五之日，幸願不忘。"帝笑曰："何妄言也！"頃之，有一雄雉鳴於庭，帝令晃射之，曰："中則有賞。然富貴之日，持以爲驗。"文帝受禪，與晃言及之，晃再拜曰："陛下君臨宇内，猶憶曩時之言。"上笑曰："公此言何得忘也！"尋加上開府，拜右衛將軍，[6]進爵爲公。河間王弘之擊突厥。[7]

[1]隨州：北周時治隨縣，在今湖北隨州市。

[2]襄陽：郡名。北周時治襄陽縣，在今湖北襄樊市。

[3]晃知帝非常人：局本"知"作"事"。

[4]襄邑：縣名。治所在今湖北襄樊市。

[5]圖籙：圖讖符命之書。

[6]右衛將軍：官名。隋初爲十二衛中的左右衛副長官，協助右衛大將軍掌管宫掖禁衛。煬帝大業初改左右衛爲左右翊衛，此職改爲右翊衛大將軍。從三品。

[7]河間王弘之擊突厥：《隋書》卷五〇《龐晃傳》"突厥"下有"也晃以行軍總管從至馬邑別路出賀蘭山擊賊破之斬首千餘級"二十六字，中華本校勘記云："這裏叙事未完，當有脱文。"可從。河間王，封爵名。河間，郡名。隋朝時治河間縣，在今河北河間市。弘，即楊弘，人名。字辟惡。隋朝宗室。見《北史》卷七一《河間王弘傳》。

晃性剛悍。時廣平王雄當途用事，[1]勢傾朝廷，晃每陵侮之。嘗於軍中卧，見雄不起，雄甚銜之。復與高熲有隙。二人屢譖晃，由是宿衛十餘年，[2]官不得進。出爲懷州刺史，[3]遷原州總管。[4]卒於官。帝爲廢朝，謚曰敬。

[1]廣平王：封爵名。廣平，郡名。隋朝時治曲梁縣，在今河北永年縣東南。　雄：即楊雄，人名。初名惠，弘農華陰（今陝西華陰市東南）人。北周大臣、隋朝宗室。見《北史》卷六八《楊紹附楊雄傳》。

[2]宿衛：在宫禁中值宿守衛。

[3]懷州：隋朝時治野王縣，在今河南沁陽市。

[4]原州：隋朝時治高平縣，在今寧夏固原市城區。

子長壽，頗知名，位驃騎將軍。

李安，字玄德，隴西狄道人也。[1]父蔚，仕周，爲相、燕、恒三州刺史，襄武縣公。[2]

[1]隴西：郡名。北周時治襄武縣，在今甘肅隴西縣東南。　狄道：縣名。治所在今甘肅臨洮縣。

[2]相：州名。北周時治鄴縣，在今河北臨漳縣西南。源氏校勘記云："'相'《隋書》作'朔'。"《隋書》卷五〇《李安傳》"相"作"朔"，《通志》卷一六二《李安傳》與《北史》同。　燕：州名。北周時治懷戎縣，在今河北涿鹿縣西南。　恒：州名。北周時治盩厔縣，在今陝西户縣西北。　襄武縣公：封爵名。襄武，縣名。治所在今甘肅隴西縣東南。

安美姿容，善騎射。天和中，[1]襲爵襄武公，授儀同、小司右上士。[2]隋文帝作相，引之左右，遷職方中大夫。[3]復拜安弟哲爲儀同。安叔父梁州刺史璋時在京師，[4]與周趙王謀害帝，[5]誘哲爲内應。哲謂安曰："寢之則不忠，言之則不義，失忠與義，何以立身？"安曰："丞相，父也，其可背乎！"遂陰白之。及趙王等伏誅，將加官賞，安頓首曰："豈可將叔父之命以求官賞？"於是俯伏流涕，悲不自勝。帝爲之改容曰："我爲汝特存璋子。"乃命有司罪止璋身，帝亦爲安隱其事而不言。尋授安開府，進封趙郡公，[6]哲上儀同、黄臺縣男。[7]

[1]天和：北周武帝的年號（566—572）。

[2]儀同：儀同三司的簡稱。北周時爲勳官、散官號。九命。小司右上士：官名。西魏恭帝三年置。北周沿置。夏官府司右司屬官，員二人。北周武帝建德二年省中大夫，升爲司右司次官，宣帝時復降爲屬官。正三命。《隋書》卷五〇《李安傳》作"少師右上士"，《通志》卷一六二《李安傳》與《北史》同。

[3]職方中大夫：官名。西魏恭帝三年置，北周沿置。夏官府職方司長官，掌天下地圖，主四方職貢，下設小職方下大夫、小職方上士以佐其職。北周武帝建德二年省，宣帝時復置。正五命。

[4]梁州：北周時治光義縣，在今陝西漢中市。

[5]趙王：封爵名。北周静帝大象元年下詔以洺州襄國郡爲趙國，邑一萬户，封宇文招爲趙王。

[6]趙郡公：封爵名。趙，郡名。北周時治平棘縣，在今河北趙縣。

[7]黄臺縣男：封爵名。黄臺，縣名。治所在今河南禹州市東北。

文帝即位，歷内史侍郎、尚書左丞、黄門侍郎。[1]平陳之役，爲楊素司馬，仍領行軍總管，率蜀兵順流東下。時陳人屯白沙。[2]安謂諸將曰："水戰非北人所長。今陳人依險泊船，必輕我無備。夜襲之，賊可破也。"安率衆先鋒，大破陳師。詔書勞勉，進位上大將軍、郢州刺史。[3]轉鄧州刺史。[4]求爲内職，[5]帝重違其意，除左領左右將軍。[6]遷右領軍大將軍。[7]拜哲開府儀同三司、備身將軍。兄弟俱典禁衛，恩信甚重。十八年，[8]突厥犯塞，以安爲行軍總管，從楊素擊之。安别出長川，[9]會虜渡河，與戰破之。仁壽元年，[10]出安爲寧州刺史，[11]哲爲衛州刺史。[12]安子瓊，哲子瑋，始自襁褓，乳養宫中，至是年八九歲，始命歸家。其親顧如是。

[1]黄門侍郎：官名。給事黄門侍郎的省稱。隋初置爲門下省次官，員二人，位頗重要，正四品上。煬帝大業三年去"給事"二字，稱黄門侍郎。

[2]白沙：地名。在今河南光山縣南。

[3]上大將軍：官名。隋朝時高級武官名號，位大將軍上，從二品散實官。煬帝大業三年罷。　郢州：隋朝時治夏口城，在今湖北武漢市。

[4]鄧州：隋朝時治穰縣，在今河南鄧州市。

[5]内職：宫廷内機要官職的統稱。

[6]除左領左右將軍：底本作"除領左右將軍"，《隋書》卷五〇《李安傳》作"左領左右將軍"，中華本校勘記云："諸本'除'下無'左'字，《隋書》卷五〇《李安傳》有。按《隋書·百官志下》，領左右府分左右。有'左'字是，今據補。"今從改。左領左右將軍，官名。隋朝置。左領左右府次官，員二人，從三

品，輔助大將軍掌領侍衛左右，供御兵仗。隋煬帝大業三年罷。

[7]右領軍大將軍：官名。隋文帝開皇五年置。右領軍府長官，統領府兵，掌内衙禁衛及羽儀之事，品秩不詳。煬帝時改名爲右屯衛大將軍（參李燕捷《隋領軍府考補》，《文史》1990年第32輯）。

[8]十八年：底本作“八年”，《隋書·李安傳》亦作“八年”，中華本校勘記云：“諸本無‘十’字。按本書卷四一《楊素傳》，楊素擊突厥是在開皇十八年。開皇八年，楊素在信州（今四川奉節縣），無出擊突厥事。這裏叙安從楊素擊突厥於平陳之後，亦可證此事不在九年之前（平陳在開皇九年）。此脱‘十’字，今據補。”今從改。

[9]長川：縣名。治所在今甘肅秦安縣北。

[10]仁壽元年：局本“仁”作“元”，誤。

[11]寧州：隋朝時治定安縣，在今甘肅寧縣。

[12]衛州：隋朝時治朝歌縣，在今河南滑縣西南。

帝嘗言及作相時事，因愍安兄弟滅親奉國，乃下詔曰：“先王立教，以義斷恩，割親愛之情，盡事君之道，用能弘獎大節，體此至公。往者朕登庸惟始，王業初基，寧州刺史趙郡公李安，其叔璋潛結藩枝。包藏不逞。安與弟哲深知逆順，披露丹心，[1]凶謀既彰，罪人斯得。朕每念誠節，嘉之無已。但以事涉其親，猶有疑惑，欲使安等名教之方，自處有地。朕常爲思審，遂致淹年。今更詳案聖典，求諸往事，父子天性，忠孝猶不並立，况復叔姪恩輕，情禮本有差降。忘私奉國，深得正理。[2]宜録舊勳，重弘賞命。”於是拜安、哲俱爲柱國，賜縑各五十匹、馬百匹、羊千口。[3]以哲爲備身將軍，進封順陽郡公。[4]安謂親族曰：“雖家獲全，[5]而叔父遭禍，今奉此詔，悲愧交懷。”因歔欷悲感，不能自勝。先患水病，[6]於是疾甚而卒。謚曰懷。子瓊嗣。少子孝恭，最知名。

[1]丹心：赤誠之心。

[2]深得正理：底本作“深正得理”，《隋書》卷五〇《李安傳》、《通志》卷一六二《李安傳》作“深得正理”。中華本校勘記云:“諸本‘得正’誤倒，據《隋書》卷五〇、《通志》卷一六二《李安傳》乙。”今從改。

[3]五十：源氏校勘記云:“《隋書》作‘五千’。”按：《隋書·李安傳》《通志·李安傳》“十”作“千”。

[4]順陽郡公：封爵名。順陽，郡名。隋朝時治清鄉縣，在今河南淅川縣東南。

[5]雖家獲全：《隋書·李安傳》《通志·李安傳》作“雖家門獲全”，中華本校勘記云:“《隋書》《通志》‘家’下有‘門’字，是。”可從。

[6]水病：指水腫病。

哲，煬帝時工部尚書，[1]後坐事除名，[2]配防嶺南，[3]道卒。

[1]工部尚書：官名。隋朝始置。爲尚書省工部長官，員一人，掌百工、屯田、山澤等政令。正三品。

[2]除名：把姓名從名册中删除，取消原有身份。

[3]嶺南：指五嶺以南地區，相當於今廣東、廣西二省及越南北部一帶。

楊尚希，弘農人也。[1]祖真，魏天水太守。[2]父承寶，商、直、淅三州刺史。[3]

[1]弘農：郡名。隋朝時治弘農縣，在今河南靈寶市東北。

[2]天水：郡名。北魏時治上封縣，在今甘肅天水市。

[3]商：州名。北周時治上洛縣，在今陝西商洛市商州區。 直：州名。北周時治安康縣，在今陝西石泉縣南。 淅：州名。北周時治修陽縣，在今河南西峽縣北。毛本、殿本、四庫本、局本、四部備要本作“浙”，誤。

尚希齠齔而孤，[1]年十一，辭母請受業長安。范陽盧辯見而異之，[2]令入太學，[3]專精不倦，同輩皆共推服。周文帝嘗親臨釋奠，[4]尚希時年十八，令講《孝經》，詞旨可觀。文帝奇之，賜姓普六茹氏。[5]擢爲國子博士，[6]累轉舍人上士。明、武世，[7]歷太學博士、太子宫尹、計部中大夫。[8]賜爵高都侯，[9]東京司憲中大夫。[10]撫慰山東、河北，至相州而宣帝崩，與相州總管尉遲迥發喪於館。尚希出謂左右曰：“蜀公哭不哀而視不安，[11]將有他計。吾不去，將及於難。”遂夜遁。及明，[12]迥方覺，令數十騎追不及，遂歸京師。隋文帝以尚希宗室之望，又背迥而至，待之甚厚。及迥屯兵武陟，[13]遣尚希領宗室兵三千人鎮潼關。[14]尋授司會中大夫。[15]

[1]齠（tiáo）齔（chèn）：又稱齒齠，兒童换牙。一般祇五六歲。

[2]范陽：郡名。北周時治涿縣，在今河北涿州市。　盧辯：人名。字景宣，范陽涿（今河北涿州市）人。西魏、北周官吏。見《北史》卷三〇《盧同附盧辯傳》。

[3]太學：學校名。西周已有，漢武帝復置。歷朝因之，時有興衰。爲最高學府。

[4]釋奠：在學校設置酒食以祭奠先聖先師的一種典禮。

[5]普六茹氏：又作“普陋茹氏”。鮮卑氏族之一。後改爲茹氏。

[6]國子博士：官名。晉武帝時立國子學，始立國子博士，以教授生徒。北魏孝文帝太和十七年定爲從五品上，二十三年定爲五品上。北周沿置。

[7]累轉舍人上士明武世：源氏校勘記云:“‘上士’《隋書》作‘仕’一字。”《隋書》卷四六《楊尚希傳》作“累轉舍人。仕明、武世”。中華本校勘記云:“《隋書》卷四六《楊尚希傳》‘上士’作‘仕’一字，從下讀。按《通典》卷三九《後周官品》無‘舍人上士’官名，疑當從《隋書》。”今按：《周禮》地官府中有舍人上士，隸司倉中大夫。西魏恭帝時改行周禮，建六官，北周因之，應有舍人上士一職。且王仲犖《北周六典》卷三《地官府》“司倉中大夫”條下有舍人上士。舍人上士，官名。西魏恭帝時置，北周沿置。地官府司倉中大夫屬官，員二人，掌宫内米粟出入。正三命。明，指北周皇帝宇文毓。明爲其謚號。武，指北周皇帝宇文邕。武爲其謚號。

[8]太學博士：官名。即太學博士下大夫，北周置。掌通古今，員六人。正六命。　太子宫尹：官名。即太子宫尹下大夫。北周置，掌管東宫内外事務。正四命。　計部中大夫：官名。西魏恭帝三年置，北周沿置。天官府計部司長官，員一人，負責國家賦役收入及百官俸給等事務，下設小計部下大夫、小計部上士。北周武帝建德二年省，宣帝時復置。正五命。

[9]高都侯：封爵名。高都，縣名。治所在今山西晋城市東北。

《隋書·楊尚希傳》作“高都縣侯”。

[10]東京司憲中大夫：官名。北周静帝時置。東京秋官府司憲司長官，職掌略同司憲中大夫。正五命。

[11]蜀公：封爵名。即尉遲迥。蜀，郡名。北周時治成都縣，在今四川成都市。

[12]及明：《隋書·楊尚希傳》、《通志·楊尚希傳》作“遲明”。

[13]武陟：縣名。治所在今河南武陟縣。

[14]潼關：關隘名。在今陝西潼關縣北。

[15]司會中大夫：官名。西魏恭帝三年置，北周沿置。天官府司會司長官，員一人，職掌全國財政收支，協助大冢宰管理六府之事，下設司會上士、中士、旅下士等職。正五命。隋文帝開皇元年罷。

文帝受禪，拜度支尚書，[1]進爵爲公。歲餘，出爲河南道行臺兵部尚書，[2]加銀青光禄大夫。尚希時見天下州郡過多，上表以爲“今郡縣倍多於古，或地無百里，數縣並置，或户不滿千，二郡分領。[3]具僚以衆，資費日多，吏卒又倍，[4]租調歲減。清幹良材，百分無一；動須數萬，如何可充！所謂人少官多，十羊九牧。今存要去閑，併小爲大，國家則不虧粟帛，選用則易得賢才”。帝覽而嘉之，遂罷天下諸郡。後歷位瀛州刺史、兵部禮部二尚書，[5]授上儀同。

[1]度支尚書：官名。魏晋南北朝時爲尚書省度支曹長官，統管度支、户部、金部、倉部四曹，掌軍國財賦的收支會計及漕運、物價、屯田之政令。隋初爲正三品，後改名爲民部尚書。隋朝時行

臺度支尚書視爲正三品。元大德本“支”作“之”。

[2]行臺兵部尚書：官名。即行臺省兵部尚書。隋朝時行臺尚書省置，員一人，職掌同兵部尚書，兼掌吏部和禮部事務。正三品。

[3]二郡分領：局本“分”作“公”。

[4]吏卒又倍：《隋書》卷四六《楊尚希傳》作“吏卒人倍”，《通志》卷一六二《楊尚希傳》、《册府元龜》卷四七三與《北史》同。

[5]瀛州：隋朝時治趙都軍城，在今河北河間市。　兵部：官署名。隋朝時爲尚書省六部之一，領兵部、職方、庫部、駕部等四司，以尚書爲長官。　禮部：官署名。隋朝時爲尚書省六部之一，掌管五禮之儀制及學校貢舉之法，以尚書爲長官。

尚希性惇厚，兼以學業自通，甚有雅望，爲朝廷所重。上時每旦臨朝，日側不倦，尚希諫以爲“陛下宜舉大綱，[1]責成宰輔，[2]繁碎之務，非人主所宜親”。上歡然曰：“公愛我者。”尚希有足疾，謂曰：[3]“蒲州出美酒，足堪養病，屈公卧臨之。”於是拜蒲州刺史，仍領本州宗團驃騎。[4]尚希在州，甚有惠政。復引瀵水立隄防，[5]開稻田數千頃，人賴其利。卒官。謚曰平。

[1]宜舉大綱：局本“宜”作“宣”。

[2]宰輔：宰相的别稱。宰相位居百官之上，爲天子元輔，故稱宰輔。

[3]謂曰：《隋書》卷四六《楊尚希傳》、《通志》卷一六二《楊尚希傳》作“上謂之曰”。

[4]宗團驃騎：又稱宗團驃騎府。隋朝時府兵的一部分。楊堅

以弘農楊氏子弟編制而成，約有三千人。

[5]濆（fèn）水：水名。今涸，故址在今山西臨猗縣南趙鄉。

子昱嗣，後封丹水縣公，[1]位安定郡丞。[2]

[1]丹水縣公：封爵名。丹水，縣名。治所在今河南淅川縣西南。

[2]安定：郡名。隋朝時治安定縣，在今甘肅涇川縣北。

張煚，字士鴻，河間鄚人也。[1]公羨，少好學，多所通涉，仕魏，爲蕩難將軍。[2]從武帝入關，[3]累遷銀青光禄大夫。周文引爲從事中郎，[4]賜姓叱羅氏。[5]歷司織大夫、雍州中從事、應州刺史、儀同三司，[6]賜爵虞鄉縣公。[7]復入爲司成中大夫，[8]典國史。周代公卿，類多武將，唯羨以素業自通，甚爲當時所重。後以年老致仕。[9]隋文帝受禪，欽其德望，以書徵之。及謁見，敕令勿拜，扶杖升殿，[10]上降榻執手，與之同坐，宴語久之，賜以几杖。會遷都龍首，[11]羨上表勸以儉約，上優詔答之。[12]卒，贈滄州刺史，[13]謚曰定。所撰《老子》《莊子》義，名《道言》，五十二篇。

[1]河間：郡名。北魏初治樂城縣，在今河北獻縣東南；孝文帝太和十一年移治武垣縣，在今河北河間市南。　鄚（mào）：縣名。治所在今河北任丘市北。局本作“鄭”。按：張元濟《校史隨筆》云:“河間郡統縣十三，有鄚縣。隋有鄭州，屬滎陽郡；有鄭縣，屬京兆郡。”可從。

[2]蕩難將軍：官名。北魏孝文帝太和十七年定爲七品下，二

十三年升爲從七品上。

［3］武帝：即北魏皇帝元脩。武爲其謚號。

［4］從事中郎：官名。其職依時依府而異，或主吏，或分掌諸曹，或掌機密，或參謀議。北周時改爲從事内郎。

［5］叱羅氏：爲歸附鮮卑的餘部諸姓之一。該氏族隨鮮卑入中原後，改爲羅氏。

［6］司織大夫：官名。即司織下大夫。西魏恭帝三年置，北周沿置。冬官府司織司長官，員一人，掌管全國紡織事務，並管理工匠。正四命。隋文帝開皇元年置。　雍州中從事應州刺史儀同三司：《隋書》卷四六《張煚傳》作"雍州治中、雍州刺史、儀同三司"，《通志》卷一六二《張煚傳》與《北史》同。雍州，北周時治長安縣，在今陝西西安市西北。中從事，官名。州刺史屬官，位在别駕從事下。北魏置，北周沿置。應州，北周時治應山縣，在今湖北廣水市。儀同三司，非三公而給予三公待遇。魏晋以後，將軍開府者稱開府儀同三司。多加於權臣元老，以示尊崇，開府置僚屬，不領兵。北魏孝文帝大和十七年定爲一品中，二十三年定爲從一品。

［7］虞鄉縣公：封爵名。虞鄉，縣名。治所在今山西永濟市東。

［8］司成中大夫：官名。北周置。典國史，正五命。下設司成下大夫以佐之。

［9］致仕：又稱致事，指辭去官職。

［10］扶杖升殿：《隋書·張煚傳》作"扶升殿"，《通志·張煚傳》與《北史》同。

［11］龍首：地名。又名龍首原，在陝西西安市北。

［12］優詔：褒獎或給以優遇的詔書。

［13］滄州：隋朝時治饒安縣，在今河北鹽山縣西南。

煚好學，有父風。仕魏，位員外侍郎。[1]周文引爲外兵曹。[2]明、武世，位冢宰司録，[3]賜爵北平縣子。[4]宣帝時，加儀同，進爵爲伯。隋文帝爲丞相，曌深自推結。帝以其有幹用，甚親遇之。及受禪，拜爲尚書右丞，進爵爲侯。遷太府少卿，[5]領營新都監丞。[6]丁父憂去職，柴毀骨立。未期，授儀同三司，襲爵虞鄉縣公。歷太府卿、户部尚書。[7]晋王廣爲揚州總管，授曌司馬，加銀青光禄大夫。

[1]員外侍郎：官名。即員外散騎侍郎。北魏初沿例授予南朝北奔之士，後多以公族、功臣子充任，爲閑散之職，班比吏部郎，員六人。孝文帝太和十七年定爲從四品下，二十三年改爲七品上。

[2]外兵曹：官署名。北魏置五兵尚書，分曹辦事，其一爲外兵曹，掌兵馬事。北周沿置。

[3]冢宰：官名。即大冢宰。西魏恭帝三年置，北周沿置。位居六官之首的天官府長官，掌管宫廷供奉以及全國的財政收支、賦役收入、百官俸禄等事務。可總攝百官，執掌朝政。正七命。　司録：官名。西魏、北周時設。爲大丞相府、中外府、諸開府、州府屬僚。職能與歷朝録事參軍略同，掌隸一府之事。位在長史、司馬下，品秩隨府主高低而定。

[4]北平縣子：封爵名。北平，縣名。治所在今河北順平縣東北。

[5]太府少卿：官名。北魏始置。隋朝時爲太府寺副職，員二人，佐太府卿掌倉儲出納、兩京諸市、通判各署事務。初爲正四品上，煬帝時定爲從四品。

[6]營新都監丞：官名。隋朝置。負責新都建造事宜。

[7]户部尚書：官名。即民部尚書，避唐太宗李世民諱改。隋文帝開皇三年由度支尚書改名，置爲尚書省六部長官之一，統管度支、户部、金部、倉部四曹，掌軍國財賦的收支會計及漕運、物

價、屯田之政令。正三品。

煚性和厚，有識度，甚有當時譽。後拜冀州刺史，晋王廣頻表請之，復爲晋王長史，檢校蔣州事。[1]及晋王爲皇太子，復爲冀州刺史，位上開府，吏人悦服，稱爲良二千石。[2]卒官。子慧寶，官至絳郡丞。[3]

[1]蔣州：隋朝時治石頭城，在今江蘇南京市清涼山。

[2]良二千石：意爲好官。漢朝郡守俸禄爲二千石，後世因此别稱郡守爲二千石。

[3]絳郡：隋朝時治正平縣，在今山西新絳縣。

開皇中，有劉仁恩者，政績爲天下第一，擢拜刑部尚書。以行軍總管從楊素伐陳，與素破陳將吕仲肅於荆門，[1]仁恩計功居多，授上大將軍，甚有當時譽。馮翊郭均、上黨馮世期並明悟有幹略，[2]相繼爲兵部尚書。此三人俱顯名於世，然事行闕落，史莫能知。

[1]荆門：山名。在今湖北宜都市西北。

[2]馮翊：郡名。隋朝時治高陸縣，在今陝西高陵縣。　上黨：郡名。隋朝時治安民城，在今山西襄垣縣東北。　馮世期：《隋書》卷四六《張煚傳》作"馮世基"，《通志》卷一六二《張煚傳》與《北史》同。按：《隋書》卷四二《李德林傳》、卷四七《韋世康附韋洸傳》作"馮世基"，疑作"基"是。　明悟：局本"悟"作"梧"。

蘇孝慈，扶風人也。[1]父武，周兖州刺史。[2]

[1]扶風：郡名。北魏時治好畤縣，在今陝西乾縣東。

[2]父武周兖州刺史：《隋書》卷四六《蘇孝慈傳》作“父武周，周兖州刺史”，《通志》卷一六二《蘇孝慈傳》與《北史》同。兖州，北周時治瑕丘縣，在今山東兖州市西。

孝慈少沉謹，有器幹，美容儀。仕周，位至工部中大夫，[1]封臨水縣公。[2]隋文帝受禪，進爵安平郡公，[3]拜太府卿。于時王業初基，徵天下匠，纖微之巧，無不畢集。孝慈總其事，世以爲能。歷位兵部尚書，待遇愈密。時皇太子勇頗知時政，上欲重宫官之望，[4]尚多令大臣領其職，拜孝慈太子右衛率，[5]尚書如故。及於陝州置常平倉，[6]尚轉輸京下，以渭水多沙，[7]乍深乍淺，乃决渭水爲渠以屬河，令孝慈督其役。渠成，上善之，又領太子左衛率，[8]仍判工部、户部二尚書，[9]稱爲幹理。進位大將軍，轉工部尚書，率如故。

[1]工部中大夫：官名。西魏恭帝三年置，北周沿置。冬官府工部司長官，員二人，承司空之事，掌百工之籍，而理其禁令，下設工部上士、工部中士、工部旅下士以佐其職。北周武帝建德二年省，宣帝時復置。正五命。元大德本“工”作“一”。

[2]臨水縣公：封爵名。臨水，縣名。治所在今河北涉縣西北。

[3]安平郡公：封爵名。安平，郡名。隋朝時治端氏縣，在今山西沁水縣東北。

[4]宫官：即内官。此處指東宫屬官。

[5]太子右衛率：官名。隋朝時領東宫禁衛，下設司馬、長史、諸曹參軍等屬官，員一人，正四品。煬帝時改名爲太子右侍率。

[6]陝州：隋朝時治陝縣，在今河南三門峽市西。　常平倉：政府爲調節糧價、儲糧備荒以供應官需民食而設置的糧倉。

[7]渭水：即今渭河。

[8]太子左衛率：官名。隋朝時掌管宫中宿衛，下設司馬、長史、諸曹參軍等屬官，員一人，正四品。煬帝大業三年改爲太子左侍率。

[9]判：官制用語。即以他官兼帶某職，稱判某職或判某職事。

先是，以百僚供費不足，[1]臺省府寺咸置廨錢，[2]收息取給。孝慈以爲官與百姓争利，非興化之道，表請公卿已下給職田各有差，[3]上並納焉。及將廢太子，[4]憚其在東宫，出爲淅州刺史。[5]太子以孝慈去，形於言色。[6]遷洪州總管，[7]俱有惠政。後桂林山越相聚爲亂，[8]詔孝慈爲行軍總管，擊平之。卒官。子會昌。

[1]供費不足：毛本、殿本、四庫本、四部備要本"不足"作"不給"。

[2]臺省：東漢至隋唐對中樞官署尚書省、中書省、門下省以及御史臺的合稱。　府寺：指中央及地方各級官署。　廨錢：隋唐時政府撥專款作官營放款的資本。隋朝時把此種官款放債稱爲公廨錢。

[3]職田：北魏以後封建政府按官職品級授予官吏充作俸禄的土地。又稱職分田、禄田、食租田。隋朝授官吏職分田一品官爲五頃，以下每品相差五十畝，至九品爲一頃。

[4]及將廢太子：毛本、殿本、四庫本、局本、四部備要本"及"作"上"。

[5]淅州：隋朝時治南鄉縣，在今河南淅川縣西南。殿本、四庫本、四部備要本"淅"作"浙"，誤。

[6]形於言色：《隋書》卷四六《蘇孝慈傳》此句前有“甚不平”三字。

[7]洪州：隋朝時治豫章縣，在今江西南昌市。

[8]桂林：縣名。治所在今廣西象州縣。　山越：族名。魏晋南北朝時分布於南方山區的少數民族，隋朝時已與漢人區别不大。

孝慈兄順，周眉州刺史。[1]

[1]眉州：北周時治齊通縣，在今四川眉山市北。

子沙羅，字子粹。仕周，以破尉遲迥功，授開府儀同三司，封通泰縣公。[1]開皇中，歷位資、邛二州刺史，[2]檢校利州總管。[3]從史萬歲擊西爨，[4]進位大將軍。尋檢校益州總管長史。及蜀王秀廢，沙羅坐除名。卒于家。子康嗣。

[1]通泰縣公：源氏校勘記云：“《隋書》(‘通泰’)作‘通秦’。”按：《隋書》卷四六《蘇孝慈附蘇沙羅傳》作“通秦縣公”，《通志》卷一六二《蘇孝慈傳》與《北史》同。王仲犖《北周地理志》云：“按‘通秦’《北史·蘇孝慈傳》、《册府元龜》卷三八三《將帥部·褒異門》並作‘通泰’，周室爲太祖文皇帝宇文泰諱，不當名縣曰通泰，作‘通秦’爲是。通秦縣無考。”可從。

[2]資：州名。隋朝時治資陽縣，在今四川資陽市。　邛：州名。隋朝時治依政縣，在今四川邛崍市東南。

[3]利州：隋朝時治緜谷縣，在今四川廣元市。

[4]史萬歲：人名。京兆杜陵（今陝西西安市長安區東）人。北周、隋朝將領。見《北史》卷七三《史萬歲傳》。　西爨

(cuàn)：族名。古白蠻。魏晉南北朝時由今雲南東部地區統治集團爨氏大姓演變而成。晉宋至隋唐時爨氏分爲東西兩部（均在今雲南東部），大抵以曲靖市至建水縣爲界。東部以烏蠻爲主，西部以白蠻爲主。

元壽，字長壽，河南洛陽人也。祖敦，魏侍中、邵陵王。[1]父寶，周涼州刺史。[2]

[1]侍中：官名。北朝時常總典機密，受遺詔輔政，權任尤重，時號"小宰相"，負責切問近對，拾遺補缺。北魏孝文帝太和十七年定爲從一品中，二十三年定爲三品。　邵陵王：封爵名。邵陵，郡名。北魏時治邵陵縣，在今湖南邵陽市。

[2]涼州：北周時治姑臧縣，在今甘肅武威市。

壽少孤，性仁孝，九歲喪父，哀毀骨立，宗族鄉黨咸異之。事母以孝聞。及長，方直，頗涉文史。周武成初，[1]封隆城縣侯。[2]保定四年，[3]封儀隴縣侯，[4]授儀同三司。隋開皇初，議伐陳，以壽有思理，使於淮浦監脩船艦，[5]以强濟見稱。累遷尚書左丞。

[1]武成：北周明帝的年號（559—560）。

[2]隆城縣侯：封爵名。隆城，縣名。治所在今四川儀隴縣西南。

[3]保定：北周武帝的年號（561—565）。

[4]封儀隴縣侯：《隋書》卷六三《元壽傳》作"改封儀隴縣侯"，《通志》卷一六二《元壽傳》與《北史》同。儀隴縣侯，封爵名。儀隴，縣名。治所在今四川儀隴縣西南。

[5]淮浦：指淮河岸邊。

文帝嘗出苑觀射，文武並從。開府蕭摩訶妻患且死，[1]奏請遣子向江南收其家産，御史見而不言。[2]壽奏劾之曰："御史之官，義存糾察，直繩莫舉，憲典誰寄？[3]今月五日，鑾輿徙蹕，親臨射苑，開府儀同三司蕭摩訶幸厠朝行，預觀盛禮，奏稱請遣子世略暫往江南重收家産。妻安遇患，彌留有日，安若長逝，世略不合此行。竊以人倫之義，伉儷爲重，[4]資愛之道，烏鳥弗虧。摩訶遠念資財，近忘匹好，一言纔發，名教頓盡。[5]而兼殿内侍御史臣韓徵之等親所聞見，[6]竟不彈糾。若知非不舉，情涉阿縱；如不以爲非，豈關理識？儀同三司、太子左庶子、檢校書侍御史臣劉行本虧失憲體，[7]何所逃愆？臣謬膺朝寄，忝居左轄，無容寢嘿，謹以狀聞。"上嘉納之。[8]

[1]蕭摩訶：人名。字元胤，蘭陵（一説在今江蘇常州市，一説在今江蘇丹陽市）人。南朝陳將領，後降隋朝。見《陳書》卷三一《蕭摩訶傳》。

[2]御史：官名。侍御史的簡稱。隋初由吏部選用，入值禁中，從七品。煬帝大業三年後，祇掌侍從糾察，升爲正七品。

[3]憲典：國家的法典、法律。

[4]伉儷：夫妻，配偶。

[5]名教：關於名分禮教等的封建道德規範。

[6]殿内侍御史：官名。隋朝時避隋文帝之父楊忠諱，改殿中侍御史爲殿内侍御史，員十二人，正八品上。煬帝大業三年罷。

[7]太子左庶子：官名。隋朝時爲太子門下坊長官，員二人。

正四品上。　書侍御史：官名。即治書侍御史，避唐高宗李治諱改。隋朝時置爲御史臺次官，員二人，實際主持臺務。從五品。劉行本：人名。沛（今江蘇徐州市西北）人。北周、隋朝官吏。見《北史》卷七〇《劉璠附劉行本傳》。

[8]上嘉納之：四庫本、四部備要本“嘉”作“喜”。

後授太常少卿，[1]出爲基州刺史，[2]有公廉稱。入爲太府少卿，進位開府。煬帝嗣位，漢王諒反，左僕射楊素爲行軍元帥，壽爲長史。事平，以功授大將軍，遷太府卿。大業四年，拜内史令，[3]從帝西討吐谷渾，壽率衆屯金山，[4]東西連營三百餘里以圍渾主。還拜右光禄大夫。[5]七年，兼左翊衛將軍。[6]從征遼東，在道卒。帝哭之甚慟，贈尚書右僕射、光禄大夫，[7]謚曰景。

[1]太常少卿：官名。北魏始置，爲太常的副職。隋朝沿置，初置一人，四品上。煬帝時置二人，從四品。

[2]基州：隋朝時治豐鄉縣，在今湖北荆門市東南。

[3]内史令：官名。隋朝置，與内史監同爲内史省長官，初置一人，後廢監，增置爲二人，正三品，掌詔書撰寫，修國史及起居注，亦參議軍國大事，正三品。隋煬帝大業十二年改名内書令。

[4]金山：位於今青海西寧市西北。

[5]右光禄大夫：官名。作爲對朝廷大臣的加官，或授予年老有病者爲致仕之官，也作爲對大臣卒後的贈官，以示尊崇。隋初爲正二品，煬帝大業三年定爲從二品。

[6]左翊衛將軍：官名。隋朝置。煬帝大業三年改左衛爲左翊衛，左衛將軍遂改稱左翊衛將軍，仍爲左翊衛副長官，員二人，協助左翊衛大將軍掌宫掖禁衛，管理儀仗。從三品。

[7]光禄大夫：官名。隋初未置，煬帝大業三年加置，位在左右光禄大夫之上，爲文職散官之首。從一品。

子敏，頗有才辯，而輕險多詐。壽卒，帝追思之，擢敏守内史舍人。交通博徒，數泄省中語。化及之反，敏創其謀，僞授内史侍郎，爲沈光所殺。[1]

[1]沈光：人名。字總持，吴興（今浙江湖州市吴興區）人。隋朝官吏。見《北史》卷七八《麥鐵杖附沈光傳》。

論曰：二趙明習故事，當世咸推；及居端右，[1]無聞殊績。故知人之分器，[2]各有量限；大小云異，不可相踰。晉、蜀二王，帝之愛子，擅以權寵，莫拘憲法。王韶、元巖任當彼相，並見嚴憚，莫敢爲非，謇諤之風，[3]有足稱矣。宇文弼宇量宏遠，聲望攸歸，斯言不密，以致傾殞，惜矣！伊婁謙志識弘深，不念舊惡，請赦高遵之罪，有君子風焉。李圓通、郭榮、龐晃等或陳力經綸之際，[4]或自結龍潛之始，[5]其所以高位厚秩，隆恩殊寵，豈徒然哉！李安雖則滅親，而於義亦已疎矣。楊尚希譽望隆重，張煚、蘇孝慈咸稱貞幹，並擢自開皇之初，蓋當時之選也。元壽之彈行本，有意存夫名教。然其訐功稱伐，蓋不足云，端揆之贈，[6]則爲優矣。

[1]端右：宰輔重臣。

[2]分器：指才能。

[3]謇諤：意爲正直敢言。

[4]經綸：指治理國家。
[5]龍潛：帝王未即位之時。
[6]端揆：此指贈尚書右僕射。

今注本二十四史

北史

一八

傳

〔一五〕

唐 李延壽 撰

李憑 靳寶 主持校注

中国社会科学出版社

北史　卷七六

列傳第六十四

段文振　來護兒　樊子蓋　周羅睺　周法尚　衛玄　劉權[1]　李景　薛世雄

[1]衛玄劉權：底本、元大德本、毛本、殿本、四庫本、局本、四部備要本作“劉權衛玄”。按正文順序，《衛玄傳》在前，《劉權傳》在後。今從中華本。

段文振，北海期原人也。[1]祖壽，魏滄州刺史。[2]父威，周洮、河、甘、渭四州刺史。[3]

[1]北海：郡名。北魏時治平壽城，在今山東昌樂縣東南。期原：縣名。治所不詳。

[2]滄州：北魏時治饒安城，在今河北鹽山縣舊縣鎮。

[3]洮：州名。北周時治美相縣，在今甘肅臨潭縣。　河：州名。北周時治枹罕縣，在今甘肅臨夏市新集鎮。　甘：州名。北周時治永平縣，在今甘肅張掖市西北。　渭：州名。北周時治襄武縣，在今甘肅隴西縣西南。

文振少有膂力，膽智過人，明達世務。初爲周冢宰宇文護親信，[1]護知其有器局幹用，擢授中外府兵曹。[2]後從周武帝攻齊海昌王尉相貴於晋州，[3]其亞將侯子欽、崔景嵩爲内應，[4]文振杖槊與崔仲方等數十人先登城。[5]文振隨景嵩至相貴所，拔佩刀劫之，相貴不敢動，城遂下。及攻并州，[6]陷東門而入，齊安德王延宗懼而出降。[7]録前後勳，將拜柱國，[8]以讒毁獲譴，因授上儀同，[9]賜爵襄國縣公。[10]進平鄴都，[11]又賜綺羅二千段。[12]後從滕王逌擊稽胡，[13]破之。又以天官都上士從韋孝寬經略淮南。[14]

[1]冢宰：官名。即大冢宰，亦稱爲大冢宰卿。西魏恭帝三年（556）置，北周沿置。位居六官之首的天官府長官，掌管宫廷供奉以及全國的財政收支、賦役收入、百官俸禄等事務。可總攝百官，執掌朝政。正七命。　宇文護：人名。字薩保，代郡武川（今内蒙古武川縣西）人，鮮卑族。北周宗室、權臣。見《北史》卷五七《邵惠公顥附宇文護傳》。

[2]中外府：官署名。即都督中外諸軍事府。北周置，下設長史、司馬、司録、從事中郎、掾、屬、諸曹參軍、行參軍等府佐，實際地位很高。　兵曹：官名。即兵曹參軍。北周時爲中外府屬官。職掌武官選舉、武器、軍防、烽候等。

[3]周武帝：即北周皇帝宇文邕。武爲其謚號。　海昌王：封爵名。海昌，郡名。北周時治寧化縣，在今廣東高州市東北。　尉相貴：人名。代（今山西大同市東北）人。北齊官吏。見《北史》卷五三《張保洛附尉相貴傳》。　晋州：北周時治平陽縣，在今山西臨汾市。

[4]亞將：官名。即副將。　侯子欽：人名。即侯明。字子欽，

燕州上谷（今北京延慶縣）人。北周官吏（參李磊《〈侯子欽墓誌〉釋考》，《古籍整理研究學刊》2005 年第 5 期）。

［5］崔仲方：人名。字不齊，博陵安平（今河北安平縣）人。北周、隋朝官吏。見《北史》卷三二《崔挺附崔仲方傳》。

［6］及攻：毛本、殿本、四庫本、局本、四部備要本“及”作“反”，誤。　并州：北周時治龍山縣，在今山西太原市晋源區古城營村一帶。

［7］安德王：封爵名。安德，郡名。北齊時治安德縣，在今山東陵縣東南。　延宗：即高延宗，人名。勃海蓨（今河北景縣）人。北齊宗室，齊文襄帝子。見《北史》卷五二《安德王延宗傳》。

［8］柱國：官名。柱國大將軍的省稱。十六國時後燕置。西魏文帝大統十六年（550）置八柱國，授此職者並加使持節、大都督，爲西魏最高官職。北周沿置。正九命，後爲勳官之第二等。《隋書》卷六〇《段文振傳》作“高秩”，中華本校勘記云：“按周末柱國之下有上大將軍、大將軍、上開府、開府，方至上儀同，相差甚遠，不應擬拜柱國，忽降作上儀同。疑當從《隋書》。”可從。

［9］上儀同：上儀同三司的省稱。北周置，位居開府儀同三司之下、儀同三司之上。多爲大臣、勳臣的加官。

［10］襄國縣公：封爵名。襄國，縣名。治所在今河北邢臺市西南。

［11］鄴都：城名。在今河北臨漳縣西南。

［12］綺羅：有花紋的絲織品。　段：布帛的長度單位，相當於一丈六尺。

［13］滕王：封爵名。北周静帝大象元年（579）以荆州新野郡爲滕國，邑一萬户，封宇文逌爲滕王。　逌（yōu）：即宇文逌，人名。字爾固突，代郡武川（今内蒙古武川縣西）人，鮮卑族。北周宗室。見《北史》卷五八《滕聞王逌傳》。　稽胡：族名。又名步落稽，古代中國北方少數民族之一，屬匈奴别種，劉元海五部之

苗裔，或説是山戎赤狄之後。主要活動在今山西、陝西北部山谷間。見《北史》卷九六《稽胡傳》

[14]天官都上士：官名。即天官府都上士。西魏恭帝三年置，北周沿置。天官府屬官，佐大冢宰、小冢宰上大夫處理府中事務。正三命。　韋孝寬：人名。即韋叔裕。字孝寬，京兆杜陵（今陝西西安市長安區東）人。北魏、西魏、北周將領。見《北史》卷六四《韋孝寬傳》。　淮南：泛指淮河以南地區。

俄而尉遲迥作亂，[1]時文振老母妻子俱在鄴城，迥遣人誘之，文振不顧。隋文帝引爲丞相掾。[2]司馬消難之奔陳，[3]文帝令文振安集淮南，還除衛尉少卿，[4]兼内史侍郎。[5]尋以行軍長史從達奚震討平叛蠻，[6]加上開府，[7]遷鴻臚卿。[8]衛王爽北征突厥，[9]以文振爲長史，[10]坐勳簿不實免官。後爲石、河二州刺史，[11]甚有威惠。遷蘭州總管，[12]改封龍崗縣公。[13]突厥犯塞，以行軍總管擊破之，[14]遂北至居延塞。[15]

[1]尉遲迥：人名。字薄居羅，代郡（今山西大同市東北）人。西魏、北周重臣。見《北史》卷六二《尉遲迥傳》。

[2]隋文帝：即隋朝皇帝楊堅，文爲其謚號。　丞相掾：官名。即丞相府掾。丞相府屬官，主諸曹事。

[3]司馬消難：人名。字道融，河内温（今河南温縣）人。北周、隋朝大臣。見《北史》卷五四《司馬子如附司馬消難傳》。

[4]衛尉少卿：官名。北魏始置。隋朝沿置，位在丞上，四品上。煬帝時改爲員二人，從四品。

[5]内史侍郎：官名。隋朝時爲内史省次官，員四人，正四命。煬帝大業三年（607）減爲兩人，十二年改名爲内書侍郎。

［6］行軍長史：官名。掌管行營事務。　達奚震：人名。字猛略，代郡（今山西大同市東北）人。北周將領。見《北史》卷六五《達奚武附達奚震傳》。

［7］上開府：上開府儀同三司的簡稱。北周武帝置。位在開府儀同大將軍之上。主要授予有軍功的大臣或北齊的降官，無具體的職掌，九命。隋朝置爲從三品散實官，煬帝大業三年罷。

［8］鴻臚卿：官名。即鴻臚寺卿。北齊時置爲鴻臚寺長官。隋朝沿置，初爲正三品，煬帝時降爲從三品。

［9］衛王爽：即楊爽。字師仁，弘農華陰（今陝西華陰市東南）人。隋文帝幼弟，爲獻皇后所養。見《北史》卷七一《衛昭王爽傳》。　突厥：族名。廣義上包括鐵勒、突厥各部落，狹義則專指突厥汗國。公元六世紀初興起於金山（今阿爾泰山）西南麓，爲游牧部落。西魏廢帝二年（552），建立突厥汗國，隋文帝開皇二年（582），分裂爲東西二部。見《北史》卷九九《突厥傳》。

［10］長史：官名。掌顧問參謀，爲所在官署的屬官之長。不同名號的長史職責不同，品秩也不相同。

［11］石：州名。隋朝時治離石縣，在今山西吕梁市離石區。　河：州名。隋朝時治枹罕縣，在今甘肅臨夏市新集鎮。

［12］蘭州：隋朝時治子城縣，在今甘肅蘭州市西北。　總管：官名。北周明帝武成元年（559）由都督諸州軍事改名，爲地方高級軍政官員。加使持節，置總管府，管理轄區軍政民政。所轄區域增減無常，一般轄數州，多者可達數十州。隋朝沿置。

［13］龍崗縣公：封爵名。龍崗，縣名。治所在今河北邢臺市西南。《隋書·地理志》作“龍岡”。

［14］行軍總管：官名。北周置。戰時臨時任命，事畢即罷，重大軍事行動中，隸屬於行軍元帥。隋朝沿置，並漸漸過渡爲地方軍政長官，或掌一道軍政，或領數道，時有大總管、總管之分。

［15］遂北至居延塞：《隋書》卷六〇《段文振傳》作“逐北至居延塞而還”，《通志》卷一六二《段文振傳》與《北史》同，中

華本校勘記云:"《隋書》'遂'作'逐'。'遂'當是'逐'之形訛。"可從。居延塞,地名。漢武帝時派遣强弩都尉路博德在居延澤上修建的長城,遺迹分布在今内蒙古額濟納旗北面。

開皇九年,[1]大舉伐陳,爲元帥秦王司馬,[2]别領行軍總管。及平江南,[3]授揚州總管司馬,[4]轉并州總管司馬。以母憂去職。後拜雲州總管,[5]遷太僕卿。[6]十九年,突厥犯塞,以行軍總管破達頭可汗於沃野。[7]文振先與王世積有舊。[8]初,文振北征,世積遺以駝馬。比還,世積以罪誅,文振坐與交關,功遂不録。後平越巂叛蠻,[9]賜奴婢二百口。仁壽初,[10]嘉州獠反,[11]文振以行軍總管討之。引軍山谷間,爲賊所襲,遂大敗。文振復收散兵,竟破之。文振性素剛直,無所降下。初,軍次益州,[12]謁蜀王秀,[13]貌頗不恭,秀甚銜之。及此,奏文振師徒喪亂。右僕射蘇威與文振有隙,[14]因譖之,坐是除名。[15]及秀廢黜,文振上表自申,帝慰諭之,授大將軍,[16]拜靈州總管。[17]

[1]開皇:隋文帝的年號(581—600)。

[2]秦王:即楊俊。隋文帝第三子,隋初封秦王。　司馬:官名。隋朝時王國亦置,員一人,通判府事,位次長史。從四品下。

[3]江南:泛指長江以南地區。此處指南朝陳政權。

[4]揚州:隋朝時治廣陵縣,在今江蘇揚州市。

[5]雲州:隋朝時治大利縣,在今山西朔州市平魯區。

[6]太僕卿:官名。北齊時置爲太僕寺長官,掌管皇帝車馬以及全國畜牧政令。隋朝沿置,初爲正三品,煬帝時定爲從三品。

[7]達頭可汗:人名。名阿史那玷厥,北周、隋朝時西突厥可

汗。與隋常有争戰，後因國内叛亂，逃往吐谷渾。　沃野：縣名。治所在今陝西延安市東。

［8］王世積：人名。闡熙新図（今陝西靖邊縣西）人。北周、隋朝將領。見《隋書》卷四〇《王世積傳》。

［9］越嶲：郡名。隋朝時治越嶲縣，在今四川西昌市。

［10］仁壽：隋文帝的年號（601—604）。

［11］嘉州：隋朝時治龍遊縣，在今四川峨眉山市。　獠：族名。分布在今廣東、廣西、湖南、四川、雲南、貴州等地。亦是對南方各少數民族的蔑稱。

［12］益州：隋朝時治成都縣，在今四川成都市。

［13］蜀王秀：即楊秀。弘農華陰（今陝西華陰市東南）人。隋文帝第四子，母獨孤皇后。見《北史》卷七一《庶人秀傳》。

［14］右僕射：官名。尚書右僕射的簡稱。隋朝時與内史省、門下省長官共同執掌國政。文帝開皇三年令右僕射掌判都官、度支、工部三部事，兼管開支用度。從二品。　蘇威：人名。字無畏，武功（今陝西武功縣西北）人。北周、隋朝官吏。見《北史》卷六三《蘇綽附蘇威傳》。

［15］除名：把姓名從名册中删除，取消原有身份。

［16］大將軍：官名。西魏、北周時爲府兵專職統帥官號。隋朝沿襲北周府兵制，置爲諸衛府長官官號，分領府兵，各置僚屬。正三品。

［17］靈州：隋朝時治回樂縣，在今寧夏靈武市西南。

煬帝即位，[1]徵爲兵部尚書，[2]待遇甚重。從征吐谷渾，[3]文振督兵屯雪山，[4]連營三百餘里，東接楊義臣，[5]西連張壽，[6]合圍渾主於覆袁川。[7]以功進位右光禄大夫。[8]帝幸江都，[9]以文振行江都郡事。

[1]煬帝：即隋朝皇帝楊廣。煬爲其謚號。

[2]兵部尚書：官名。隋朝時爲尚書省兵部長官，負責兵部司事務。正三品。

[3]吐谷渾：族名。又稱吐渾、退渾。原爲鮮卑族慕容部的一支，先祖游牧於徒河青山（今遼寧義縣東）。西晋時，遷徙於今甘肅、青海一帶。十六國時，先後受到前凉、西秦等追逐，幾乎亡國。後再度崛起，北魏太武帝時達到最强盛。在北魏打擊下，一度退到今新疆一帶。以游牧爲生。見《北史》卷九六《吐谷渾傳》。

[4]雪山：位於今青海東北部與甘肅西部邊境。

[5]楊義臣：人名。本姓尉遲，隋文帝賜姓楊，代（今山西大同市東北）人。隋朝將領。見《北史》卷七三《楊義臣傳》。

[6]張壽：底本作"元壽"，毛本、殿本、四庫本、局本、四部備要本、中華本作"張壽"，《隋書》卷三《煬帝紀上》、卷六〇《段文振傳》作"張壽"。今從改。

[7]覆袁川：地名。在今青海青海湖東北一帶。

[8]右光禄大夫：官名。作爲對朝廷大臣的加官，或授予年老有病者爲致仕之官，也作爲對大臣卒後的贈官，以示尊崇。隋初爲正二品，煬帝大業三年定爲從二品。

[9]江都：郡名。隋朝時治江陽縣，在今江蘇揚州市東北。

文振見文帝時容納突厥啓人，[1]居于塞内，妻以公主，賞賜重疊，及大業初，[2]恩澤彌厚，恐爲國患。乃上表請以時喻遣，令出塞外，然後明設烽候，[3]緣邊鎮防，務令嚴重，此乃萬世之長策。時兵部侍郎斛斯政專掌兵事，[4]文振知政險薄，不可委以機要，屢言於帝。帝並弗納。

[1]啓人：即啓民可汗。《北史》避唐太宗李世民諱改。名染

干，也稱突利可汗。東突厥可汗。由於勢力弱小，被隋長孫晟設計，隨其到長安歸降，被隋封爲意利珍豆啓民可汗（意爲“意智健”，簡稱啓民可汗），在朔州（今山西朔州市）定居。

[2]大業：隋煬帝的年號（605—617）。

[3]烽候：烽火臺以及哨所。

[4]兵部侍郎：官名。隋始置，爲兵部尚書的副職。六品上。文帝開皇六年升爲五品，煬帝時改爲兵曹郎。《隋書》卷六〇《段文振傳》“兵部侍郎”作“兵曹郎”。 斛斯政：人名。河南（今河南洛陽市東北）人。隋朝官吏。見《北史》卷四九《斛斯椿附斛斯政傳》。

及遼東之役，[1]授左候衛大將軍，[2]出南蘇道。[3]在軍疾篤，上表以爲“遼東小醜，未服嚴刑。但夷狄多詐，深須防擬，口陳降款，心懷背叛，詭伏多端，勿得便受。水潦方降，不可淹遲，唯願嚴勒諸軍，星馳速發，則平壤孤城，[4]勢可拔也。若傾其本根，餘城自剋。如不時定，脱遇秋霖，深爲艱弊，兵糧又竭，强敵在前，靺鞨出後，[5]遲疑不决，非上策也”。卒於師。帝省表，悲歎久之，贈光禄大夫、尚書右僕射、北平公，[6]謚曰襄。

[1]遼東之役：指隋煬帝對高句麗政權進行的征伐。遼東，指遼河以東地區。隋朝時遼東地區包括整個大同江流域和漢江流域，甚至是高句麗政權的所有轄區。底本作“遼”，《隋書》卷六〇《段文振傳》、《通志》卷一六三《段文振傳》作“遼東”，中華本據二書補，今從改。

[2]左候衛大將軍：官名。隋朝十二衛大將軍之一。置一員，

正三品。煬帝大業三年改左武候爲左候衛而置，員一人，總管府事，並統諸鷹揚府。

[3]南蘇：城名。在今遼寧撫順市東蘇子河與渾河合流處。

[4]平壤：城名。高句麗國都城，在今朝鮮平壤市。

[5]靺鞨：族名。西周時稱肅慎，漢魏時稱挹婁，北魏時稱勿吉，隋朝時始稱靺鞨。分布在今松花江、牡丹江流域及黑龍江中下游，東至日本海。初有數十部，後漸發展成粟末、伯咄、安車骨、拂涅、號室、黑水、白山等七大部落，尤以黑水部最爲强健。

[6]光禄大夫：官名。隋初未置，煬帝大業三年加置，位在左右光禄大夫之上，爲文職散官之首。從一品。　北平公：封爵名。北平，郡名。隋朝時治盧龍縣，在今河北盧龍縣。《隋書·段文振傳》作“北平侯”，《通志·段文振傳》與《北史》同。

長子詮，位武牙郎將。[1]次子綸，少以俠氣聞。

[1]武牙郎將：官名。隋煬帝大業三年十二衛護軍改爲武賁郎將後置，爲武賁郎將副職。每衛六人，從四品。

文振弟文操，大業中，爲武賁郎將，[1]性甚剛嚴。帝令督秘書省學士。[2]時學士頗存儒雅，文操輒鞭撻之，前後或至千數，時議者鄙之。

[1]武賁郎將：官名。即虎賁郎將。《北史》避唐高祖祖父李虎諱改。隋煬帝大業三年改十二衛護軍置，每衛四人，正四品。

[2]秘書省：官署名。隋朝時領著作、太史二曹，以秘書監爲長官，加置録事，煬帝大業三年改太史曹爲監，後又改秘書監、少監爲秘書令、少令，增置儒林郎、文林郎。　學士：官名。隋朝時以文學之士任之，掌典禮、編撰、修史等事。

來護兒，字崇善，本南陽新野人，漢中郎將歙十八世孫也。[1]曾祖成，魏新野縣侯，後歸梁，徙居廣陵，[2]因家焉。位終六合令。[3]祖嶷，步兵校尉、秦郡太守、長寧縣侯。[4]父法敏，仕陳終於海陵令。[5]

[1]本南陽新野人漢中郎將歙十八世孫也：《隋書》卷六四《來護兒傳》作"江都人"，源氏校勘記云："《隋書》云'江都人'。"中華本校勘記云："李慈銘云：'《隋書》卷六四但云江都人，此因唐高宗初護兒之子恒、濟兄弟方貴，故本其家牒所叙耳。傳文亦較《隋書》詳幾倍之。'"南陽，郡名。隋朝時治穰縣，在今河南鄧州市。新野，縣名。治所在今河南新野縣南。中郎將，官名。秦、西漢時爲中郎長官，掌宫禁宿衛、隨行護駕、協助郎中令選拔考核郎官和從官，亦奉詔出使。東漢時悉歸五官、左、右三署，作爲後備官員。歙，即來歙，人名。字君叔，南陽新野（今河南新野縣南）人。東漢名將。見《後漢書》卷一五《來歙傳》。

[2]廣陵：郡名。南朝梁時治廣陵縣，在今江蘇揚州市西北。

[3]六合：縣名。治所在今江蘇南京市六合區。

[4]步兵校尉：官名。爲侍衛武官，不領營兵，隸中領軍，用以安置勳舊武臣。南朝梁時位七班。　秦：郡名。南朝梁時治尉氏縣，在今江蘇南京市六合區。　長寧縣侯：封爵名。長寧，縣名。治所在今湖北荆門市西北。

[5]海陵：縣名。治所在今江蘇泰州市。

護兒未識而孤，養於世母吴氏。[1]吴氏提攜鞠養，甚有慈訓。[2]幼而卓犖，初讀《詩》，至"擊鼓其鏜，踊躍用兵"，[3]"羔裘豹飾，孔武有力"，[4]因捨書歎曰：

"大丈夫在世當如是，會爲國滅賊以取功名，安能區區專事筆硯也！"群輩驚其言而壯其志。及長，雄略秀出，志氣英遠。涉獵書史，不爲章句學。[5]

[1]世母：伯母。

[2]慈訓：指母親的教誨。

[3]擊鼓其鏜（tāng）踊躍用兵：出自《詩·邶風·擊鼓》。鏜，通"嘡"，指鼓聲。踊躍，意爲鼓舞。

[4]羔裘豹飾孔武有力：出自《詩·檜風·羔裘》。羔裘，羔羊皮襖。豹飾，皮襖袖口的豹紋裝飾。孔武，威武。

[5]章句學：漢代儒士所創的一種研究儒家經典的學問，側重於解釋篇章字句，而不是闡發大義。

始侯景之亂，[1]護兒世父爲鄉人陶武子所害，[2]吴氏每流涕爲護兒言之。武子宗族數百家，[3]厚自封植。護兒每思復怨，因其有婚禮，乃結客數人，直入其家，引武子斬之，賓客皆懾不敢動。乃以其頭祭伯父墓，因潛伏歲餘。會周師定淮南，乃歸鄉里。所住白土村，[4]地居疆埸，數見軍旅，護兒常慨然有立功名之志。及開皇初，宇文忻、賀若弼等鎮廣陵，[5]並深相禮重。除大都督，[6]領本鄉兵。破陳將曾永，以功授儀同三司。[7]平陳之役，護兒有功焉，進位上開府，賞物一千段。

[1]侯景：人名。字萬景，懷朔鎮（今内蒙古固陽縣南）人。曾任北魏官吏，後叛至南朝。見《梁書》卷五六《侯景傳》（參李萬生《侯景的氏族及相關問題》，《北京大學學報》2000年第5期）。

[2]世父：伯父。

[3]武子宗族：底本作“武子宗”，《通志》卷一六三《來護兒傳》作“武子宗族”，中華本據《通志》補。今從改。

[4]白土：位於今江蘇揚州市西。

[5]及開皇初宇文忻賀若弼等鎮廣陵：《通志·來護兒傳》與《北史》同，中華本校勘記云：“按本書卷六〇、《隋書》卷四〇《宇文忻傳》，忻於破尉遲迥後，即未任外官，從無鎮廣陵之事。疑宇文忻乃于顗之誤。于顗於周末任吴州總管，直至隋初。見本書卷二三、《隋書》卷六〇《于顗傳》。吴州即在廣陵。賀若弼是繼其後任。此二人重用來護兒，較爲可信。”按：據本書卷六八《賀若敦附賀若弼傳》、《隋書》卷五二《賀若弼傳》，自隋文帝開皇初至隋平陳，賀若弼一直爲吴州總管，未改任他州。宇文忻，人名。字仲樂，夏州（今陝西横山縣西）人。北周、隋朝將領。見《北史》卷六〇《宇文貴附宇文忻傳》。賀若弼，人名。字輔伯，代（今山西大同市東北）人。隋朝將領。見《北史·賀若敦附賀若弼傳》。

[6]大都督：官名。北周初規定授柱國大將軍、開府、儀同三司等官號者，並加使持節、大都督名義。武帝時，將其置爲没有職掌的勳官，授予有軍功的武職官員。八命。隋朝因襲北周制度，爲没有職掌的勳官，授予有軍功的武職官員。正六品上階。煬帝時罷。

[7]儀同三司：指非三公而享受三公的儀制待遇。南北朝時授予的範圍逐漸擴大，成爲官號。隋朝沿置，煬帝大業三年罷。位十一等勳官的第八等，正五品上。

十一年，高智慧據江南反，[1]以子總管統兵隨楊素討之。[2]賊據浙江岸爲營。[3]周亘百餘里，[4]船艦被江，鼓譟而進。護兒言於素曰：“吴人輕鋭，利在舟檝。必死之賊，難與争鋒。公且嚴陣以待之，勿與接刃，請假奇兵數千，潛度江，掩破其壁，使退無所歸，進不得戰，此韓信破趙之策也。”[5]素以爲然。護兒乃以輕舸數百，直登江岸，襲破其營，因縱火，[6]煙焰張天。賊顧火而懼，素因是動，一鼓破之。智慧將逃於海，護兒追至閩中，[7]黨皆平。進位大將軍，除泉州刺史，[8]封襄陽縣公，[9]食邑一千户，[10]賜物二千段、奴婢百人。護兒招懷初附，威惠兼舉。璽書勞問，前後相屬。時智慧餘黨盛道延阻兵爲亂，護兒又討平之。遷建州總管。[11]又與蒲山公李寬討平黟、歙逆黨汪文進，[12]進位柱國，封永寧郡公。[13]文帝嘉其功，使畫工圖其像以進。十八年，詔追入朝，賜以宫女、寶刀、駿馬、錦綵等物，仍留長子楷千牛備身，[14]使護兒還職。

[1]高智慧：人名。又作“高智惠”，會稽（今浙江紹興市）人。隋朝時起義軍首領。

[2]楊素：人名。字處道，弘農華陰（今陝西華陰市東南）人。北周、隋朝大臣。見《北史》卷四一《楊敷附楊素傳》。

[3]浙江：河名。《水經注》卷四〇“漸江水”：“漸江水出三天子都。”注：“《山海經》謂之浙江也。”

[4]亘：毛本、殿本、四庫本、局本、四部備要本作“三”，《隋書》卷六四《來護兒傳》作“亘”。

[5]韓信：人名。淮陰（今江蘇淮安市）人。西漢開國功臣，善於用兵。見《史記》卷九二《淮陰侯列傳》。

[6]因縱火：局本“因”作“囚”，誤。

[7]閩中：時爲福州府之别稱。

[8]泉州：隋朝時治閩縣，在今福建福州市。

[9]襄陽縣公：封爵名。襄陽，縣名。治所在今湖北襄樊市。

［10］一千户：元大德本作“千户”，毛本、殿本、四庫本、局本、四部備要本作“百千户”，《通志》卷一六三《來護兒傳》作“一千户”。

［11］建州：隋朝時治安遂縣，在今廣東郁南縣東南。

［12］蒲山公：封爵名。蒲山，郡名。今地不詳。　李寬：人名。京兆長安（今陕西西安市）人。隋朝官吏。　黟：縣名。治所在今安徽黟縣。底本作“黝”，殿本、四庫本、四部備要本、中華本作“黟”。按：隋無“黝縣”，“黟縣”見於《隋書·地理志下》“新安郡”條。今從改。　歙：縣名。治所在今安徽歙縣。　汪文進：人名。婺州（今浙江金華市）人。原爲南朝陳官吏，隋滅陳後，起兵反隋。

［13］永寧郡公：封爵名。永寧，郡名。隋朝時治杜羅縣，在今廣東電白縣東北。

［14］千牛備身：官名。北魏時置。隋朝沿置，隸屬左、右領左右府，員各十二人，正六品。煬帝時改左、右領左右府爲左、右備身府，千牛備身亦改名爲千牛左右。

仁壽初，遷瀛州刺史，[1]以善政聞，頻見勞勉，煬帝嗣位，被追入朝，百姓攀戀，累日不能出境，詣闕上書致請者，前後數百人。帝謂曰：“昔國步未康，卿爲名將，今天下無事，又爲良二千石，[2]可謂兼美矣。”仍除右驍衛大將軍，[3]尋遷左。[4]又改上柱國爲光禄大夫，[5]徙右翊衛大將軍，[6]進封榮國公，恩禮隆密，朝臣無比。大業六年，車駕幸江都，謂護兒曰：“衣錦晝遊，古人所重，卿今是也。”乃賜物二千段，并牛酒，令謁先人墓，[7]宴鄉里父老。仍令三品已上並集其宅，酣飲盡日，朝野榮之。

[1]瀛州：隋朝時治趙都軍城，在今河北河間市。

[2]良二千石：意爲好的地方官。漢朝郡守俸禄爲二千石，後世因此别稱郡守爲二千石。

[3]右驍衛大將軍：官名。隋朝十二衛大將軍之一。煬帝大業三年改右備身府爲右驍衛，置大將軍總管府事，員一人，統領諸鷹揚府。正三品。

[4]左：即左驍衛大將軍。隋朝十二衛大將軍之一。煬帝大業三年改左備身府爲左驍衛，置大將軍總管府事，員一人，並統諸鷹揚府事。正三品。

[5]上柱國：官名。隋朝時置爲散實官，煬帝大業三年罷。從一品。

[6]右翊衛大將軍：官名。隋朝十二衛大將軍之一。煬帝大業三年由右衛大將軍改置，爲右翊衛長官，員一人，總府事，並統諸鷹揚府事。正三品。

[7]令謁先人墓：局本“令”作“今”，誤。

遼東之役，護兒爲平壤道行軍總管，兼檢校東萊郡太守，[1]率樓船指滄海。[2]入自浿水，[3]去平壤六十里。高麗主高元掃境内兵以拒之，[4]列陣數十里。諸將咸懼，護兒笑謂副將周法尚及軍吏曰：[5]“吾本謂其堅城清野以待王師，今來送死，當殄之而朝食。”高元弟建驍勇絶倫，[6]率敢死數百人來致師。護兒命武賁郎將費青奴及第六子左千牛整馳斬其首，乃縱兵追奔，[7]直至城下，俘斬不可勝計，因破其郛，營於城外，以待諸軍。高麗晝閉城門，不敢出。會宇文述等衆軍皆敗，[8]乃旋軍。以功賜物五千段，以第五子弘爲杜城府鷹揚郎將，[9]以先封襄陽公賜其子整。

[1]檢校：官制用語。隋朝時意爲代理，即尚未實授其官，但已掌其職事。　東萊：郡名。隋朝時治掖縣，在今山東萊州市。

[2]樓船：古代大型主力戰船。因建有重樓，故稱。通常爲主帥所居，配備多種兵器，可容兵員數十或數百。　滄海：位於今黃海北部一帶。

[3]浿水：即今大同江，在今朝鮮半島北部。

[4]高麗：國名。又作“高句麗”等，其先出自夫餘，地爲漢之玄菟郡，高句麗爲其三縣之一，因以爲國名。都名丸都，故治在今吉林集安市，南北朝時遷都於今朝鮮平壤市。見《北史》卷九四《高麗傳》。

[5]軍吏：軍隊中各級長官的統稱，包括軍中文職人員。

[6]建：即高建武，人名。高句麗國王高元異母弟，後爲高句麗第二十七任君主，稱榮留王。《隋書》卷六四《來護兒傳》作“建武”。按：《舊唐書》卷一九九上《高麗傳》作“高建武”，疑《隋書》是。關於高建武與來護兒之戰，《隋書》言來護兒先破高句麗軍，後因軍紀不整而敗退。中華本校勘記云：“《北史》諱敗爲勝，當是採自來氏家傳。又高建（《隋書》作‘建武’）至唐初爲高麗王，未嘗被殺。”

[7]乃縱兵追奔：毛本、殿本、四庫本、四部備要本“乃”作“及”。

[8]宇文述：人名。字伯通，代郡武川（今内蒙古武川縣西）人，鮮卑族。北周、隋朝大臣。見《北史》卷七九《宇文述傳》。

[9]杜城：府名。治所在今陝西長安市西北。　鷹揚郎將：官名。隋朝置，爲府兵將領。煬帝大業三年改驃騎將軍置，爲鷹揚府長官，員一人。正五品。

明年，又出滄海道，師次東萊，會楊玄感反，[1]進攻洛陽，護兒聞之，召裨將周法尚等議旋軍討逆。[2]法尚等咸以無敕，不宜擅還，再三固執不從。護兒厲聲曰："洛陽被圍，心腹之疾。高麗逆命，猶疥癬耳。[3]公家之事，知無不爲，專擅在吾，當不關諸人也。有沮議者，軍法從事。"即日迴軍，令子弘及整馳驛奏聞。帝見弘等甚悅，曰："汝父擅赴國難，乃誠臣也。"授弘通議大夫，[4]整公路府鷹揚郎將，乃降璽書於護兒曰：[5]"公旋師之時，是朕敕公之日，君臣意合，遠同符契。梟此元惡，期在不遥，勒名太常，[6]非公而誰也！"於是護兒與宇文述破玄感於閿鄉，[7]斬平之。還，加開府儀同三司，[8]賜物五千段、黄金千兩、奴婢百人，贈父法敏東陽郡太守、永寧縣公。[9]

[1]楊玄感：人名。弘農華陰（今陝西華陰市東南）人。隋朝大臣。見《北史》卷四一《楊敷附楊玄感傳》。

[2]裨將：即副將，相對於主將而言。

[3]疥癬：疥瘡與癬瘡。比喻小疾。

[4]通議大夫：官名。隋煬帝始置，爲從四品文散官。煬帝大業三年罷。

[5]璽書：亦稱寶書。古代以印璽封記之文書。秦以後專指帝王詔書。

[6]太常：官署名。即太常寺。北齊始置，隋朝沿置。負責管理郊廟、禮樂、祭祀等事務，其政令仰承尚書省禮部。

[7]閿鄉：縣名。治所在今河南靈寶市西北。

[8]開府儀同三司：三國魏始置，多爲大臣的加號，意爲與三司（太尉、司徒、司空）的禮制待遇相同。隋朝時置爲散官號，位

次王、公。初爲正四品上，煬帝時定爲從一品。

[9]東陽：郡名。隋朝時治金華縣，在今浙江金華市。　永寧縣公：封爵名。永寧，縣名。治所在今河北滿城縣。

十一年，[1]又率師渡海，破高麗奢卑等二城。[2]高麗舉國來戰，護兒大破之。將趣平壤，高元震懼，使執叛臣斛斯政詣遼東城下請降。[3]帝許之，[4]詔護兒旋軍。護兒集衆軍謂曰："三度出兵，未能平賊。此還也，不可重來。今高麗困弊，野無青草，以我衆戰，不日剋之。吾欲進兵，徑圍平壤，取其僞主，獻捷而歸也。"[5]於是拜表請行，不肯奉詔。長史崔君肅固争之，以爲不可。護兒曰："賊勢破矣。吾在閫外，[6]事合專决，寧征得高元，還而獲譴，捨此成功，所不能矣。"君肅告衆曰："若從元帥，違拒詔書，必當奏聞。"諸將懼，乃同勸還師，方始奉詔。及帝於雁門爲突厥所圍，[7]將選精騎潰圍而出，護兒及樊子蓋並固諫，乃止。

[1]十一年：《隋書》卷六四《來護兒傳》作"十年"，源氏校勘記云："《隋書》作'十年'。"中華本校勘記云："《隋書》作'十年'。按本書卷十二《隋煬帝紀》，煬帝第三次攻高麗在大業十年。此作'十一年'誤。"可從。

[2]奢卑：城名。高麗國築在今遼寧省金縣東大赫山。

[3]斛斯政：人名。河南洛陽（今河南洛陽市東北）人。隋朝官吏。見《北史》卷四九《斛斯椿附斛斯政傳》。四庫本"斯"作"期"，誤。　遼東：城名。在今遼寧遼陽市西北。

[4]帝許之：局本"許"作"詐"。

[5]獻捷：毛本"捷"作"絶"。

［6］閫（kǔn）外：指統兵在外。

［7］雁門：關隘名。又稱西陘關。在今山西代縣西北。

十二年，駕幸江都，護兒諫曰："自皇家受命，將四十年，薄賦輕徭，户口滋殖。陛下以高麗逆命，稍興軍旅，百姓無知，易爲咨怨，[1]在外群盗，往往聚結，車駕遊幸，深恐非宜。伏願駐駕洛陽，與時休息，出師命將，掃清群醜，上稟聖算，指日剋除。陛下今幸江都，是臣衣錦之地，臣荷恩深重，不敢專爲身謀。"帝聞之。厲色而起，數日不得見。後怒解，方被引入，謂曰："公意乃爾，朕復何望！"護兒因不敢言。尋代宇文述爲左翊衛大將軍。[2]

［1］咨怨：嘆息埋怨。元大德本作"咨恐"。

［2］左翊衛大將軍：官名。隋朝十二衛大將軍之一。隋煬帝大業三年由左衛大將軍改置，爲左翊衛長官，員一人，總府事，並統諸鷹揚府事。正三品。

及宇文化及構逆，[1]深忌之。是日旦將朝，見執。護兒曰："陛下今何在？"左右曰："今被執矣。"護兒嘆曰："吾備位大臣，荷國重任，不能肅清凶逆，遂令王室至此，抱恨泉壤，知復何言！"乃遇害。

［1］宇文化及：人名。代郡武川（今内蒙古武川縣西）人。隋末叛將。見《北史》卷七九《宇文述附宇文化及傳》。

護兒重然諾，敦交契，廉於財利，不事産業。至於行軍用兵，特多謀算，每覽兵法，[1]曰："此亦豈異人意也！"善撫士卒，部分嚴明，故咸得其死力。

[1]每覽兵法：殿本、四庫本、四部備要本"覽"作"見"。

子十二人，楷通議大夫，[1]弘金紫光禄大夫，[2]整左光禄大夫。[3]整尤驍勇，善撫御，討擊群盗，所向皆捷。諸賊歌曰："長白山頭百戰場，[4]十十五五把長鎗。[5]不畏官軍千萬衆，[6]只怕榮公第六郎。"至是，並遇禍，子姪死者十人，唯少子恒、濟二人免。

[1]通議大夫：官名。隋煬帝始置，爲從四品文散官。煬帝大業三年罷。《隋書》卷六四《來護兒傳》作"朝散大夫"，《通志》卷一六三《來護兒傳》與《北史》同，源氏校勘記云："'通議'《隋書》作'通散'。"

[2]金紫光禄大夫：官名。隋初爲從二品散官，煬帝時定爲正三品。

[3]左光禄大夫：官名。在朝顯職的加官，以示恩寵，或授予年老有病者爲致仕之官，亦常用於卒後贈官，無具體職掌。隋朝沿置。初爲正一品，煬帝大業三年降爲從二品。《隋書·來護兒傳》"左"作"右"，《通志·來護兒傳》與《北史》同，源氏校勘記云："(《隋書》)'左'作'右'。"

[4]長白山：位於今山東鄒平縣南部。

[5]十十五五：多少不等地分别聚合。《樂府詩集》卷三九《豔歌何嘗行》有"十十五五，羅列成行"句。

[6]官軍：局本作"宫軍"。

樊子蓋，字華宗，廬江人也。[1]祖道則，梁越州刺史。[2]父儒，侯景之亂奔齊，位仁州刺史。[3]

[1]廬江：郡名。隋朝時治合肥縣，在今安徽合肥市。

[2]越州：南朝梁時治合浦縣，在今廣西合浦縣東北。

[3]仁州：北齊時治臨淮縣，在今安徽懷遠縣西北。

子蓋仕齊，位東海北陳二郡太守、員外散騎常侍，[1]封富陽侯。[2]周武帝平齊，授儀同三司、郢州刺史。[3]隋文帝受禪，以儀同領鄉兵，[4]後除樅陽太守。[5]平陳之役，以功加上開府，改封上蔡縣伯，[6]歷辰、嵩、齊三州刺史，[7]轉循州總管，[8]許以便宜從事。十八年，入朝，奏嶺南地圖，[9]賜以良馬雜物，加統四州，令還任所，遣光禄少卿柳謇之餞於灞上。[10]

[1]東海北陳：《隋書》卷六三《樊子蓋傳》“東海”作“東汝”，《通志》卷一六三《樊子蓋傳》與《北史》同。按：隋無東汝郡，東海郡見《隋書·地理志下》。東海，郡名。北齊時治廣饒縣，在今江蘇連雲港市東北。北陳，郡名。北齊時寄治舒縣，在今安徽舒城縣南。　員外散騎常侍：官名。三國末魏始置，歷代沿置。隋朝時屬門下省，員六人，與散騎常侍並掌立朝當班，陪從顧問。正五品上。文帝開皇六年（586）罷。

[2]富陽侯：封爵名。富陽，縣名。治所在今浙江富陽市。

[3]郢州：北周時治長壽縣，在今湖北鍾祥市。

[4]儀同：西魏、北周時置爲儀同府的主管將軍。隋初因之，勳級相同，但有領兵和不領兵之分。　鄉兵：四庫本、四部備要本作“鄉典兵”。

[5]後除：四庫本、局本、四部備要本作“除”。　樅（zōng）陽：郡名。隋朝初治樅陽縣，在今安徽樅陽縣樅陽鎮。

[6]上蔡縣伯：封爵名。上蔡，縣名。治所在今河南汝南縣。

[7]辰：州名。隋朝時治沅陵縣，在今湖南沅陵縣。　嵩：州名。隋朝時治陽城縣，在今河南登封市告成鎮。　齊：州名。隋朝時治歷城縣，在今山東濟南市。

[8]循州：隋朝時治歸善縣，在今廣東惠州市東。

[9]嶺南：指五嶺以南地區，相當於今廣東、廣西二省及越南北部一帶。

[10]光禄少卿：官名。隋朝時置爲光禄寺次官，員一人，正四品上。煬帝時改爲員二人，從四品。　柳謇之：人名。字公正，河東解（今山西臨猗縣）人。隋朝官吏。見《北史》卷六四《柳虯附柳謇之傳》。　灞上：地名。在今陝西西安市東白鹿原。

煬帝即位，轉涼州刺史，[1]改授銀青光禄大夫、武威太守，[2]以善政聞。大業三年，入朝，加金紫光禄大夫。五年，車駕西巡，將入吐谷渾。子蓋以彼多瘴氣，獻青木香，[3]以禦霧露。及帝還，謂曰：“人道公清，定如此不？”子蓋謝曰：“臣安敢清，止是小心不敢納賄耳。”於是賜之口味百餘斛，加右光禄大夫。子蓋曰：“願奉丹陛。”帝曰：“公侍朕則一人而已，委以西方，[4]則萬人之敵，宜識此心。”六年，帝避暑隴川宫，又云欲幸河西。[5]子蓋傾望鑾輿，[6]願巡郡境。帝知之，下詔慰勉之。是歲，朝於江都宫，[7]帝謂曰：“富貴不還故鄉，真衣繡夜行耳。”因敕廬江郡設三千人會，賜米麥六千石，使謁墳墓，宴故老，當時榮之。還除户部尚書。[8]時處羅可汗及高昌王款塞，[9]復以子蓋檢校武威太守，應接二蕃。遼東之役，攝左武衛將軍，[10]出長岑道。[11]後以宿衛不行。加左光禄大夫。其年，帝還東都，[12]使子蓋涿郡留守。[13]

[1]凉州：隋朝時治姑臧縣，在今甘肅武威市。

[2]銀青光禄大夫：官名。隋初爲正三品散官，煬帝時定爲從三品。　武威：郡名。隋朝時治姑臧縣，在今甘肅武威市。

[3]青木香：藥材名。表面黄褐色，有皺紋及細根痕，質脆，易折斷，木質部淺黄色，有小孔。味苦氣香，有解毒、消腫的功效。

[4]委以西方：殿本、四庫本、四部備要本"西"作"四"。

[5]河西：指凉州地區武威、酒泉、敦煌、張掖四郡之地。

[6]傾望：意爲敬仰、仰慕。

[7]江都宫：在今江蘇揚州市西北。

[8]户部尚書：官名。即民部尚書。《北史》避唐太宗李世民諱改。十六國後凉、後燕皆置。隋文帝開皇三年由度支尚書改名，置爲尚書省六部長官之一，統管度支、户部、金部、倉部四曹，掌軍國財賦的收支會計及漕運、物價、屯田之政令。正三品。

[9]處羅可汗：人名。即達漫。亦稱處羅多利可汗。隋朝時西突厥首領，煬帝大業中歸附隋朝。見《北史》卷九九《突厥附西突厥傳》。　高昌：國名。都於高昌城，在今新疆吐魯番市東南高昌廢址。見《北史》卷九七《高昌傳》。　款塞：叩邊門。指外族歸順，和好。

[10]左武衛將軍：官名。隋朝十二衛將軍之一，佐大將軍總府事，並統諸鷹揚府，置二員。從三品。

[11]長岑道：地名。在今遼寧瀋陽市東。

[12]東都：都城名。隋朝以洛陽（今河南洛陽市東北）爲東都。

［13］涿郡：隋朝時治薊縣，在今北京西南。　留守：官名。隋朝置。在皇帝出巡的時候，掌管宫闕，多以大臣兼任。

九年，駕復幸遼東，命子蓋東都留守。屬楊玄感作逆，逼城，子蓋遣河南贊務裴弘策逆擊之，[1]反爲所敗，遂斬弘策以徇。國子祭酒楊汪小不恭，[2]子蓋又將斬之。汪拜謝，頓首流血，久乃釋免。於是三軍莫不戰慄，將吏無敢仰視。[3]玄感每盡鋭攻城，子蓋徐設備禦，至輒摧破。會來護等救至，[4]玄感乃解去。子蓋凡所誅殺萬人。[5]又檢校河南内史。[6]車駕至高陽，[7]追詣行在所，[8]帝勞之，以比蕭何、寇恂，[9]加光禄大夫，封建安侯，[10]賜女樂五十人。謂曰："朕遣越王留守東都，[11]示以皇枝盤石，社稷大事，終以委公。特宜持重，戈甲五百人而後出，此勇夫重閉之義。無賴不軌者，便誅鉏之，凡可施行，無勞形跡。今爲公别造玉麟符，[12]以代銅獸。"[13]又指越、代二王曰：[14]"今以二孫委公與衛文昇耳。宜選貞良宿德有方幅者教習之。"於是賜以良田、甲第。

［1］河南：郡名。隋朝時治河南縣，在今河南洛陽市。　贊務：官名。隋朝置，初爲雍州牧屬官，居别駕下，從四品。煬帝時罷長史、司馬，置贊務爲郡太守副職，員一人。上郡贊務爲正五品，中郡爲從五品，下郡爲正六品。河南贊務爲從四品。

［2］國子祭酒：官名。隋初隸太常，領國子、太學、四門、書算學，文帝開皇十三年改爲國子學長官，員一人，從三品。文帝仁壽元年（601）罷，煬帝時改置國子監，復置。　楊汪：人名。字元度，弘農華陰（今陝西華陰市東南）人。北周、隋朝官吏。見

《北史》卷七四《楊汪傳》。

[3]將吏：局本“將”作“將”，誤。

[4]來護：即來護兒，人名。《北史》卷七六之後“來護兒”作“來護”。

[5]萬人：《隋書》卷六三《樊子蓋傳》、《通志》卷一六三《樊子蓋傳》作“數萬人”。

[6]河南内史：官名。隋煬帝時於諸郡設通守，位次太守，其在京兆、河南府則謂之内史，後罷。

[7]高陽：縣名。治所在今河北高陽縣東。

[8]行在所：指天子所在的地方或天子巡行所到之地。

[9]蕭何：人名。沛縣（今江蘇沛縣）人。西漢開國功臣。見《史記》卷五三《蕭相國世家》。　寇恂：人名。字子翼，上谷昌平（今北京昌平區南）人。東漢名將。見《後漢書》卷一六《寇恂傳》。

[10]建安侯：封爵名。建安，郡名。隋文帝開皇初治建安縣，在今福建建甌市。煬帝大業三年改閩州置，治閩縣，在今福建福州市。

[11]越王：即楊侗。　東都：四庫本“都”作“郡”，誤。

[12]玉麟符：刻有麒麟的玉質符信。

[13]銅獸：即銅虎。《北史》避唐高祖祖父李虎諱改。朝廷用來調兵和傳達命令的憑證。

[14]代王：即楊侑。

十年，駕還東都，帝謂子蓋曰：“玄感之反，神明故以彰公赤心耳。析珪進爵，[1]宜有令謨。”[2]是日進爵爲濟公，言其功濟天下，特爲立名，無此郡國也。後與蘇威、宇文述陪宴積翠池，[3]帝親以金盃屬子蓋酒，曰：“良算嘉謀，俟公後動，即以此盃賜公，用爲永年之瑞。”

[1]析珪：古時封諸侯，按爵位高低，分頒珪玉。珪，也作“圭”，瑞玉。

[2]令謨：嘉謀，善策。

[3]積翠池：位於今河南洛陽市。《隋書》卷六三《樊子蓋傳》作“積翠亭”，《通志》卷一六三《樊子蓋傳》與《北史》同。

十一年，從駕至雁門，爲突厥所圍。帝欲選精騎潰圍出，子蓋及來護諫，[1]因垂泣：“願暫停遼東之役，以慰衆望。聖躬親出慰撫，厚爲勳格，[2]人心自奮，不足爲憂。”帝從之。後援兵至，虜乃去。納言蘇威追論勳格太重，[3]宜在斟酌。子蓋執奏不宜失信。帝曰：“公欲收物情邪？”子蓋默然不敢對。

[1]子蓋及來護諫：《隋書》卷六三《樊子蓋傳》、《通志》卷一六三《樊子蓋傳》作“子蓋諫曰”，似與來護兒無關。

[2]勳格：意爲功勳的品級。

[3]納言：官名。亦作“内言”。主要職責是承上啓下、宣傳上命、受奏納言。後世多作侍中的别稱。隋朝因避隋文帝之父楊忠諱，改侍中爲納言，爲門下省長官，員二人，正三品。煬帝大業十二年改爲侍内。

從駕還東都。時絳郡賊敬槃陀、柴保昌等阻兵數萬，[1]汾、晋苦之，[2]詔子蓋進討。時人物殷阜，子蓋善惡無所分别，汾水北村塢盡焚之。[3]百姓大駭，相率爲盗。其歸首者，無少長悉坑之。擁數萬衆，經年不能破賊，詔徵還。又將兵擊宜陽賊，[4]以疾停，卒于東京。[5]上悲傷者久之，顧黄門侍郎裴矩曰：[6]“子蓋臨終何語?”矩曰：“子蓋病篤，深恨雁門之耻。”[7]帝聞之歎息，令百官就弔，贈開府儀同三司，謚曰景。會葬萬餘人。[8]武威人吏聞其死，莫不嗟痛，立碑頌德。

[1]絳郡：隋朝時治正平縣，在今山西新絳縣東南。

[2]汾晋：今山西汾水流域、太原地區。

[3]汾水：今山西境内黄河支流汾河中游，發源於山西寧武縣東寨鎮西。

[4]宜陽：縣名。治所在今河南宜陽縣西。

[5]東京：東都洛陽，在今河南洛陽市。

[6]黄門侍郎：官名。給事黄門侍郎的省稱。隋初置爲門下省次官，員二人，位頗重要。正四品上。煬帝大業三年去“給事”二字，稱黄門侍郎。　裴矩：人名。字弘大，河東聞喜（今山西聞喜縣）人。隋朝官吏。見《北史》卷三八《裴佗附裴矩傳》。

[7]恨：局本作“根”，誤。　雁門之耻：指隋煬帝在雁門被圍之事。

[8]會葬萬餘人：《隋書》卷六三《樊子蓋傳》、《通志》卷一六三《樊子蓋傳》作“會葬者萬餘人”。

子蓋無他權略，在軍持重，未嘗負敗，莅官明察，下莫敢欺。嚴酷少恩，果於殺戮，臨終之日，見斷頭鬼前後重沓，爲之厲云。

周羅睺，字公布，九江尋陽人也。[1]父法暠，仕梁，至南康内史、臨蒸縣侯。[2]

[1]九江：郡名。隋朝時治湓城縣，在今江西九江市。　尋陽：縣名。治所在今江西九江市。殿本、四庫本、四部備要本作“潯陽”。

[2]南康：郡名。南朝梁時治贛縣，在今江西贛州市東北。　内史：官名。春秋始置。最初爲史官名，東漢後逐漸管民政，州郡亦置。南朝梁沿置。　臨蒸縣侯：封爵名。臨蒸，縣名。治所在今湖南衡陽市。

羅睺年十五，善騎射，好鷹狗，[1]任俠放蕩，收聚亡命，陰習兵書。從祖景彦誡之曰：[2]“吾世恭謹，汝獨放縱，若不喪身，必將滅吾族。”羅睺終不改。仕陳，爲句容令。[3]後從大都督吴明徹與齊師戰於江陽，[4]爲流矢中左目。齊師之圍明徹於宿預也，[5]諸軍相顧，莫有鬬心。羅睺躍馬突進，莫不披靡。太僕卿蕭摩訶副之，[6]斬首不可勝計。進師徐州，[7]與周將梁士彦戰於彭城，[8]摩訶臨陣墮馬，羅睺進救之於重圍之内，勇冠三軍。明徹之敗，羅睺全衆而歸。後以軍功除右軍將軍，[9]封始安縣伯，[10]總檢校揚州中外諸軍事。[11]賜金銀三千兩，盡散之將士，分賞驍雄。陳宣帝深歎美之。[12]出爲晉陵太守，[13]進爵爲侯。後除使持節、都督豫章十郡諸軍事、豫章内史。[14]獄訟庭決，不關吏手，人懷其惠，立碑頌德。

[1]好鷹狗：局本“狗”作“狥”。

[2]景彦：即王景彦，人名。即王頒，字景彦，太原祁（今山西祁縣東南）人。

[3]句容：縣名。治所在今江蘇句容縣。

［4］後從：局本“後”作“從”。　大都督：官名。高級軍事長官，多以此職都督某一地區軍事，或在有戰事時臨時加置。品秩不詳。　吴明徹：人名。字通昭，秦郡（今江蘇南京市六合區）人。南朝梁、陳將領，於北周交戰時被俘。見《陳書》卷九《吴明徹傳》。　江陽：郡名。南朝陳時治廣陵縣，在今江蘇揚州市東北。

［5］宿預：縣名。治所在今江蘇宿遷市東南。

［6］太僕卿：官名。南朝梁時正式定爲官稱，管理畜牧事務，政令仰承尚書省駕部曹。南朝陳因之。三品。　蕭摩訶：人名。字元胤，蘭陵（一説在今江蘇常州市，一説在今江蘇丹陽市）人。南朝陳將領。見《陳書》卷三一《蕭摩訶傳》。

［7］徐州：北周時治彭城縣，在今江蘇徐州市。

［8］梁士彦：人名。字相如，安定烏氏（今甘肅涇川縣東）人。北周、隋朝將領。見《北史》卷七三《梁士彦傳》。　彭城：縣名。治所在今江蘇徐州市。

［9］右軍將軍：官名。掌宫禁宿衛，後常賜予有軍功者，南朝陳時位五品。

［10］始安縣伯：封爵名。始安，縣名。治所在今廣西桂林市。

［11］總檢校揚州中外諸軍事：《隋書》卷六五《周羅睺傳》作“總管檢校揚州内外諸軍事”，《通志》卷一六三《周羅睺傳》作“檢校揚州中外諸軍事”。揚州，南朝陳時治建康，在今江蘇南京市。中外諸軍事，官名。都督中外諸軍事的省稱。總統禁衛軍、地方軍隊等内外軍事，是全國最高軍事統帥，常以他官兼任，無品階。

［12］陳宣帝：即南朝陳皇帝陳頊。宣爲其謚號。

［13］晋陵：郡名。南朝陳時治晋陵縣，在今江蘇常州市。

［14］使持節：漢朝官吏奉命外出時，由皇帝授予節杖，來提高其權威。魏晋之後，重要的軍事長官出征或出鎮時，通常加此名號，可誅殺二千石以下官員。皇帝派遣大臣重要事情時，也加此

職，以示尊崇。　都督：官名。爲地方軍政長官，稱都督諸州軍事，領所駐州刺史，兼理民政，無固定品級，分使持節、持節、假節三種，職權各有不同。　豫章：郡名。南朝陳時治南昌縣，在今江西南昌市。

至德中，[1]除持節、都督南州諸軍事。[2]江州司馬吴世興密奏羅睺甚得人心，[3]擁衆嶺表，[4]意在難測。陳主惑焉。蕭摩訶、魯廣達等保明之。[5]外有知者，或勸其反，羅睺拒絶之。還除太子左衛率，[6]信任愈重，時参宴席。陳主曰："周左率武將，詩每前成，文士何爲後也？"都官尚書孔範曰：[7]"周羅睺執筆製詩，還如上馬入陣，不在人後。"自是益見親禮。

[1]至德：南朝陳後主的年號（583—586）。

[2]持節：自漢代起，節爲皇帝號令賞罰的信物，故持節官員比不持節官員位高權重。歷朝因之。西晋以後成爲一種加職，在使持節之下、假節之上。督軍時與使持節同，有權殺二千石以下官吏，平時衹能殺無官位之人。　南州：底本作"南川"，《隋書》卷六五《周羅睺傳》作"州"，中華本校勘記云："諸本'州'作'川'，《隋書》卷六五《周羅睺傳》作'州'。按'南州'指嶺南諸州，下文言'擁衆嶺表'可證。今據改。"今從改。

[3]江州：南朝陳時治湓城縣，在今江西九江市。

[4]嶺表：即嶺外，指今廣東、廣西等地。

[5]魯廣達：人名。字遍覽，新蔡（今河南固始縣東）人。南朝陳將領。見《陳書》卷三一《魯廣達傳》。

[6]太子左衛率：官名。南朝陳時掌東宫宿衛，亦從征伐。四品。

[7]都官尚書：官名。爲尚書臺（省）的屬官。南朝陳時領都

官、水部、庫部、功論四郎曹，掌軍事刑獄、水利河工、庫藏、官吏考課等。三品。　孔範：人名。字法言，會稽山陰（今浙江紹興市）人。南朝陳官吏。見《南史》卷七七《孔範傳》。

及隋伐陳，羅睺都督巴峽緣江諸軍事以拒秦王俊。[1]及陳主被禽，上江猶不下，晋王廣遣陳主手書命之。[2]羅睺與諸將大臨三日，放兵士散，然後乃降。文帝慰喻之，許以富貴。羅睺垂泣對曰："本朝淪亡，臣無節可紀。陛下所賜，獲全爲幸，富貴榮禄，非臣所望。"帝甚器之。賀若弼謂曰："聞公郢、漢捉兵，[3]即知揚州可得。[4]王師利涉，果如所量。"羅睺答曰："若得與公周旋，勝負未可知也。"其年秋，拜上儀同三司，[5]鼓吹送之于宅。[6]先是，陳裨將羊翔歸降，使爲鄉導，[7]位至開府，[8]班在羅睺上。韓禽於朝堂戲之曰：[9]"不知機變，位在羊翔下。"羅睺答曰："昔在江南，久承令問，謂公天下節士。今日所言，殊匪人臣之論。"禽有媿色。歷豳、涇二州刺史，[10]並有能名。

[1]巴峽：對重慶以東的石洞峽、銅鑼峽、明月峽的統稱。　秦王俊：即楊俊。字阿祇，弘農華陰（今陝西華陰市東南）人。隋文帝第三子，母獨孤皇后。見《北史》卷七一《秦王俊傳》。

[2]晋王廣：即楊廣。一名英，弘農華陰（今陝西華陰市東南）人。隋文帝第二子，母獨孤皇后。見《北史》卷一二《隋本紀·煬帝》。

[3]郢漢：指古荆州地區。郢，邑名。楚國都城，在今湖北荆州市荆州區北。漢，水名。發源於陝西省，東南流經陝西漢中市、安康市，湖北西部和中部，在武漢市注入長江。

[4]揚州可得：局本“可”作“司”。

[5]上儀同三司：北周置。位居開府儀同三司之下、儀同三司之上，多爲勳官加官。隋朝沿置，爲從四品散實官，煬帝大業三年罷。

[6]鼓吹：演奏鼓吹樂的樂隊。本用於軍中，後賜予有功大臣，遂成爲皇帝賜予臣下的一種禮遇。　送之于宅：底本“于”作“丁”，元大德本、毛本、殿本、四庫本、局本、四部備要本、中華本作“于”。按：作“丁”不通，今從中華本改。

[7]鄉導：即向導，帶路的人。

[8]位至開府：《隋書》卷六五《周羅睺傳》、《通志》卷一六三《周羅睺傳》“開府”作“上開府”，源氏校勘記云：“‘至’下《隋書》有‘上’字。”開府：開府儀同三司的省稱，意爲非三公而享受三公儀制。隋以後，開府儀同三司爲散官稱號。九命。

[9]韓禽：人名。本作“韓擒虎”，《北史》避唐高祖祖父李虎諱改。字子通，河南東垣（今河南新安縣東）人。北周、隋朝大將。見《北史》卷六八《韓雄附韓禽傳》。

[10]豳：州名。隋朝時治新平縣，在今陝西彬縣。　涇：州名。隋朝時治安定縣，在今甘肅涇川縣北。

開皇十八年，征遼東，徵爲水軍總管。自東萊汎海趣平壤城，[1]遭風，船多漂没，無功而旋。十九年，突厥達頭可汗犯塞，從楊素致討，羅睺先登，大破之。進大將軍。仁壽元年，入爲東宫右虞候率，[2]賜爵義寧郡公。[3]轉右衛率。[4]

[1]汎海：亦作“汛海”。渡海。

[2]右虞候率：官名。隋煬帝時改太子右虞候開府置，掌斥候伺非。正四品。

［3］義寧郡公：封爵名。義寧，郡名。隋朝時治沁源縣，在今山西沁源縣。

［4］右衛率：官名。隋朝時領東宮禁衛，下設司馬、長史、諸曹參軍等屬官，員一人，正四品。煬帝時改名爲太子右侍率。

煬帝即位，授右武候大將軍，[1]副楊素討平漢王諒，[2]進授上大將軍。[3]及陳主卒，羅睺請一臨哭，帝許之。衰絰送至墓，葬還，釋服而後入朝。帝甚嘉尚之，世論稱其有禮。時諒餘黨據絳、晋等三州未下，[4]詔羅睺行晋、絳、吕三州諸軍事，[5]進兵圍之。中流矢，卒。送柩還京，行數里，無故轝馬自止，策之不動，有飄風旋遶焉。[6]絳州長史郭雅稽首呪曰：[7]"公恨小寇未平邪？尋即除殄，無爲戀恨。"是時風静馬行，見者莫不悲歎。其年七月，子仲隱夢羅睺曰："我明日當戰。"其靈坐所有弓箭刀劍無故自動，[8]若人帶持之狀。絳州城陷，是其日也。贈柱國、右翊衛大將軍，謚曰壯。子仲安，位上開府。

［1］右武候大將軍：官名。隋朝置，員一人，爲十二衛大將軍之一，與左武候大將軍同掌車駕營衛，分領府兵，煬帝大業三年改爲右候衛大將軍。正三品。

［2］漢王諒：即楊諒。字德章，一名傑，弘農華陰（今陝西華陰市東南）人。隋文帝第五子，母獨孤皇后。文帝開皇元年被封爲漢王，後爲雍州牧。隋煬帝即位，起兵反，兵敗被囚。見《北史》卷七一《庶人諒傳》。

［3］上大將軍：官名。隋朝時爲高級武官名號，位大將軍上，從二品散實官。煬帝大業三年罷。

[4]絳：州名。隋朝時治正平縣，在今山西新絳縣。

[5]吕：州名。隋朝時治霍邑縣，在今山西霍州市。

[6]飄風：旋風。

[7]稽（qǐ）首：一種跪拜禮，爲九拜中最隆重的拜禮。

[8]靈坐：亦作“靈座”。供奉魂魄、神主的席位。

周法尚，字德邁，汝南安成人也。[1]祖靈起，梁廬、桂二州刺史。[2]父炅，定州刺史、平北將軍。[3]

[1]汝南：郡名。隋朝時治上蔡縣。今河南汝南縣。　安成：縣名。治所在今河南汝南縣東南。

[2]廬：州名。南朝梁時治江陽縣，在今四川瀘州市。　桂：州名。南朝梁時治始安縣，在今廣西桂林市。

[3]定州：南朝梁時治布山縣，在今廣西貴港市。　平北將軍：官名。南朝梁時擬三品，比秩中二千石，地位較高。

法尚少果勁，有風概，好讀兵書。其父卒後，監定州事，督父本兵。數有戰功，爲散騎常侍，[1]領齊昌郡事，[2]封山陰縣侯。[3]既而其兄武昌縣公法僧代爲定州刺史。[4]法尚與長沙王叔堅不相能，[5]叔堅言其將反。陳宣帝執禁法僧，發兵欲取法尚。其下將吏皆勸之歸北，法尚未決。長史殷文則曰：“樂毅所以辭燕，[6]良不獲已也。”法尚遂歸周，拜開府、順州刺史，[7]封歸義縣公，[8]賜良馬五匹、女妓六人、綵物五百段，加以金帶。[9]陳將樊猛濟江討之。[10]法尚遣部曲督韓朗詐爲背己奔陳，[11]僞告猛曰：“法尚部兵不願降北，若得軍來，必無鬬者。”猛引師急進。法尚設奇兵，大敗之。猛僅以身免。

[1]散騎常侍：官名。南北朝時屬集書省，職掌侍從皇帝左右，主掌圖書文翰、諫諍拾遺及收納轉呈文書。南朝陳時位三品。

[2]齊昌：郡名。南朝陳時治齊昌縣，在今湖北蘄春縣東。

[3]山陰縣侯：封爵名。山陰，縣名。治所在今浙江紹興市。

[4]武昌縣公：封爵名。武昌，縣名。治所在今湖北鄂州市鄂城區。

[5]長沙王：封爵名。長沙，郡名。南朝陳時治臨湘縣，在今湖南長沙市。　叔堅：即陳叔堅，人名。字子成，吴興長城縣（今浙江長興縣）人。南朝陳宗室。見《陳書》卷二八《長沙王叔堅傳》。

[6]樂毅：人名。子姓，樂氏，字永霸，中山靈壽（今河北靈壽縣西北）人。戰國時燕國軍事家。見《史記》卷八〇《樂毅列傳》。

[7]順州：北周時治厲城縣，在今湖北隨州市北。

[8]歸義縣公：封爵名。歸義，縣名。治所在今江蘇贛榆縣北。

[9]金帶：腰帶的一種。因有金荔枝等黄金飾物，故稱。

[10]樊猛：人名。字智武，南陽湖陽（今河南泌陽縣南）人。南朝陳將領。見《陳書》卷三一《樊毅附樊猛傳》。

[11]部曲督：官名。南朝陳時軍中及州郡皆設，統兵，屬官有部曲將、副散部曲將等。　韓朗：《隋書》卷六五《周法尚傳》作“韓明”，《通志》卷一六三《周法尚傳》與《北史》同，源氏校勘記云：“《隋書》作‘韓明’。”

隋文帝爲丞相，司馬消難作亂，陰遣上開府段珣攻圍之。外無救援，法尚棄城走。消難虜其母弟及家累三百人歸陳。及文帝受禪，拜巴州刺史，[1]破三鴉叛蠻，[2]

復從柱國王誼擊走陳寇。[3]遷衡州總管，[4]改封譙郡公。[5]後上幸洛陽，召之，賜金鈿酒鍾一雙、綵五百段、良馬十五匹、奴婢三百口，給鼓吹一部。法尚固辭，上曰："公有大功於國，特給鼓吹者，欲公卿知朕之寵公也。"[6]轉黄州總管，[7]使經略江南。及伐陳之役，以行軍總管隸秦孝王。[8]轉鄂州刺史，[9]遷永州總管，[10]安集嶺南，仍給黄州兵三千五百人爲帳内。[11]前後賞賜甚厚。轉桂州總管，[12]仍嶺南道安撫大使。[13]後數年入朝，以本官宿衛。未幾，桂州人李光仕反，[14]令法尚與上柱國王世積討之。法尚發嶺南兵，世積徵嶺北軍，[15]俱會尹州。[16]世積所部多遇瘴，不能進，頓于衡州。[17]法尚獨討之，捕得其弟光略、光度，追斬光仕，平之。仁壽中，遂州獠叛，[18]復以行軍總管討平之。嶲州烏蠻反，[19]詔法尚便道討擊破之。軍還，檢校潞州事。[20]

[1]巴州：隋朝時治西陽縣，在今湖北黄岡市東南。

[2]三鵶：地名。在今河南南召縣東北、魯山縣西南。

[3]王誼：人名。字宜君，洛陽（今河南洛陽市東北）人。北周、隋朝將領。見《北史》卷六一《王盟附王誼傳》。

[4]衡州：隋朝時治衡陽縣，在今湖南衡陽市。

[5]譙郡公：封爵名。譙，郡名。隋朝時治小黄縣，在今安徽亳州市。

[6]欲公卿知朕之寵公也：《隋書》卷六五《周法尚傳》作"欲令公鄉人知朕之寵公也"，《通志》卷一六三《周法尚傳》與《北史》同。

[7]黄州：隋朝時治安平縣，在今廣西欽州市西南。

[8]秦孝王：即楊俊。孝爲其謚號。

［9］鄂州：隋朝時治江夏縣，在今湖北武漢市武昌區。

［10］永州：隋朝時治零陵縣，在今湖南永州市芝山區。

［11］帳内：官名。北魏末高歡置。爲侍衛近職，皆用親信，掌侍衛。隋唐亦沿置。

［12］桂州：隋朝時治始安縣，在今廣西桂林市。

［13］仍嶺南道安撫大使：《隋書·周法尚傳》《通志·周法尚傳》作"仍爲嶺南安撫大使"。安撫大使，官名。隋朝置，負責維護地方安定，爲行軍主帥的兼職，不常設。

［14］李光仕：人名。桂州（今廣西桂林市）人。俚族首領。

［15］嶺北：指九嵕山（今陝西禮泉縣東北）以北之地。

［16］尹州：隋朝時治鬱林縣，在今廣西貴港市東南。

［17］衡州：殿本、四部備要本作"衛州"。

［18］遂州：隋朝時治方義縣，在今四川遂寧市。

［19］嶲州：隋朝時治越嶲縣，在今四川西昌市。　烏蠻：族名。指西南地區的土著居民。

［20］潞州：隋朝時治壺關縣，在今山西壺關縣東南。

煬帝嗣位，轉雲州刺史，[1]遷定襄太守，[2]進金紫光禄大夫。時帝幸榆林，[3]法尚朝于行宫。内史令元壽言於帝曰：[4]"漢武出塞，[5]旌旗千里。今御營外，[6]請分爲二十四軍，日别遣一軍發，相去三十里，[7]旗幟相望，鉦鼓相聞，首尾連注，千里不絶。"法尚曰："兵亘千里，[8]動間山谷，卒有不虞，四分五裂，腹心有事，首尾未知。雖有故事，此取敗道也。"帝不懌曰："卿以爲如何？"法尚曰："請爲方陣，四面外拒，六宫及百官家口並住其間。[9]若有變，當頭分抗，車爲壁壘，重設鉤陳，此與據城何異？臣謂牢固萬全策也。"帝曰："善。"

因拜左武衛將軍。

[1]雲州：隋朝時治大利縣，在今山西朔州市平魯區。

[2]定襄：郡名。隋朝時治大利縣，在今山西朔州市平魯區。

[3]榆林：郡名。隋朝時治榆林縣，在今内蒙古准格爾旗東北。

[4]内史令：官名。隋置，與内史監同爲内史省長官，初置一人，後廢監，增置爲二人，掌詔書撰寫、修國史及起居注，亦參議軍國大事，正三品。煬帝大業十二年改名内書令。　元壽：人名。字長壽，河南洛陽（今河南洛陽市東北）人。北周、隋朝官吏。見《北史》卷七五《元壽傳》。

[5]漢武：西漢武帝劉徹。

[6]今御營外：毛本"營"作"宫"。

[7]三十：局本"十"作"千"。

[8]兵亘千里：毛本、殿本、四庫本、四部備要本"亘"作"車"。

[9]六宫：古代帝王后妃的寢宫，正寢一，燕寢五，合爲六宫。

明年，黔安夷向思多反，[1]殺將軍鹿愿，圍太守蕭造。[2]法尚與將軍李景分路討之，[3]法尚破思多于清江。[4]及還，從討吐谷渾，别出松州道，[5]逐捕亡散，至于青海。[6]出爲燉煌太守，[7]遷會寧太守。[8]

[1]黔安：郡名。隋朝時治彭水縣，在今重慶彭水苗族土家族自治縣東北。

[2]圍太守：殿本、局本、四庫本、四部備要本"圍"作"圖"。

[3]李景：人名。字道興，天水休官（今甘肅天水市）人。北周、隋朝將領。見《隋書》卷六五《李景傳》。

[4]清江：發源於今湖北、重慶的交界處，流入長江。

[5]松州：隋朝時治宜昌縣，在今湖南澧縣東南。

[6]青海：又稱西海、鮮水海。在今青海高原東北部，是中國最大的鹹水湖。

[7]燉煌：郡名。隋朝時治敦煌縣，在今甘肅敦煌市。

[8]會寧：郡名。隋朝時治會寧縣，在今甘肅會寧縣西北。

遼東之役，以舟師指朝鮮道。[1]會楊玄感反，與宇文述、來護等破之。以功進授右光禄大夫。時齊郡人王薄、孟讓等爲盜，[2]保長白山，法尚頻擊破之。明年，復臨滄海，在軍遇疾卒。贈武衛大將軍，[3]謚曰僖。有子六人，紹範最知名。

[1]朝鮮：地名。指今朝鮮半島地區。

[2]齊郡：隋朝時治歷城縣，在今山東濟南市。　王薄：人名。齊郡鄒平（今山東鄒平縣西北）人。隋末起義軍首領。自號"知世郎"。殿本、四部備要本"王"作"主"。　孟讓：人名。齊郡（今山東濟南市）人。隋末起義軍首領。煬帝大業七年與王薄起義。

[3]武衛大將軍：官名。北魏置。隋朝沿置，分左、右武衛大將軍。武衛府長官，員一人，總管府事，統管鷹揚府。正三品。

衛玄，字文昇，河南洛陽人也。祖悦，魏司農卿。[1]父檦，侍中、左武衛大將軍。[2]

[1]司農卿：官名。北魏時爲司農寺主官。掌倉廪及農桑水利的政令等。

[2]侍中：官名。北朝時常總典機密，受遺詔輔政，權任尤重，

時號“小宰相”，負責切問近對，拾遺補缺。北魏孝文帝太和十七年（493）定爲從一品中，二十三年定爲三品。

玄少有器識，周武帝在藩，引爲記室。[1]遷給事上士，[2]襲爵興勢公。[3]武帝親總萬機，拜益州總管長史，賜以萬釘寶帶。[4]稍遷開府儀同三司、太府中大夫，[5]攝内史事，[6]仍領京兆尹，[7]稱爲强濟。

[1]記室：官名。記室參軍的省稱。爲諸開府、公府、軍府等的記室曹長官，掌文書表奏。品級自七品至九品不等。

[2]給事上士：官名。西魏始置，北周沿置。天官府納言中大夫屬官，負責六經及諸文志，給事於皇帝左右，下設給事中士。正三命。隋文帝開皇元年罷。

[3]興勢公：封爵名。興勢，縣名。治所在今陝西洋縣東北。

[4]萬釘寶帶：用材、製作十分講究精緻，爲皇帝專用品，用以賞賜有功大臣。

[5]太府中大夫：官名。西魏恭帝三年置，北周沿置。天官府太府司長官，掌貢賦貨賄，以供國用，設太府上士以佐其職，領玉府上士、内府上士、外府上士等。北周武帝建德二年（573）省，宣帝時復置。

[6]内史：官名。内史中大夫的省稱。西魏恭帝三年置，北周沿置。春官府内史司長官，員二人，掌皇帝詔書的撰寫與宣讀，參議刑罰爵賞及軍國大事，下設小内史下大夫、小内史上士、小内史中士、小内史下士以佐其職，領御史上士等官屬。北周静帝大象元年，在其上設内史上大夫，遂降爲内史司次官。正五命。

[7]京兆尹：官名。京畿地方行政長官之一。職掌如同地方郡守，但是地位高於郡守，位列九卿。西魏時在京師長安置此職，北周初改爲京兆郡守，北周明帝二年（558）復爲京兆尹。

隋文帝作相，檢校熊州事。[1]及受禪，遷淮州總管，[2]進封同軌郡公，[3]坐事免。未幾，拜嵐州刺史。[4]會起長城之役，詔玄監督之。後爲衛尉少卿。仁壽初，山獠作逆，[5]以玄爲資州刺史以鎮撫之。[6]玄既到官，時獠攻圍太牢鎮，[7]玄單騎造其營，謂群獠曰："我是刺史，銜天子詔安養汝等，汝等勿驚。"諸賊莫敢動。於是説以利害，渠帥感悦，[8]解兵歸附者十餘萬口。文帝大悦，賜縑二千匹，除遂州總管，仍令劍南安撫。[9]

[1]熊州：北周時治宜陽縣，在今河南宜陽縣西。

[2]淮州：隋朝時治比陽縣，在今河南泌陽縣西。

[3]同軌郡公：封爵名。同軌，郡名。隋朝時治熊耳縣，在今河南洛寧縣東。

[4]嵐州：隋朝時治岢嵐縣，在今山西静樂縣。

[5]山獠：對西南少數民族的蔑稱。

[6]資州：隋朝時治磐石縣，在今四川資中縣北。

[7]太牢：鎮名。在今四川榮縣西南、自貢市貢井區一帶。

[8]渠帥：也稱渠率、渠長、渠魁，一般用於敵軍主將或地方少數民族首領。

[9]劍南：即劍閣之南。　安撫：官名。即安撫大使。

煬帝即位，復徵爲衛尉卿。[1]夷獠攀戀，數百里不絶。[2]及與之決，並揮涕而去。遷工部尚書。[3]後拜魏郡太守，[4]尚書如故。未幾，拜右候衛大將軍，[5]檢校左候衛事。[6]轉刑部尚書。[7]遼東之役，檢校右禦衛大將軍，[8]帥師出增地道。[9]時諸軍多不利，玄獨全衆而還。

拜金紫光禄大夫。

[1]復徵：殿本、四庫本、四部備要本“復”作“後”。衛尉卿：官名。隋朝時掌儀仗帷幕供應、武器庫藏等事務，政令仰承兵部。正三品，煬帝時定爲從三品。

[2]數百里不絶：元大德本“數百”作“數可”，殿本、四庫本、局本、四部備要本作“數十”。

[3]工部尚書：官名。隋朝始置。爲尚書省工部長官，員一人，掌百工、屯田、山澤等政令。正三品。

[4]魏郡：隋朝時治鄴縣，在今河北臨漳縣西南鄴鎮。

[5]右候衛大將軍：官名。隋煬帝大業三年改右武候爲右候衛而置，爲十二衛大將軍之一。總管府事，並統管各鷹揚府。正三品。

[6]左候衛：官名。即左候衛大將軍。隋煬帝大業三年改左武候爲左候衛而置，爲十二衛大將軍之一，員一人，正三品。

[7]刑部尚書：官名。隋朝始置。文帝開皇三年由都官尚書改名而置，員一人，負責制定律法、糾察違法。正三品。

[8]右禦衛大將軍：官名。隋朝十二衛大將軍之一。煬帝大業三年置，員一人，總管府事，並統諸鷹揚府。正三品。

[9]增地：地名。在今朝鮮平壤市南。

九年，駕幸遼東，使玄與代王侑留守京師，拜爲京兆内史，尚書如故，許以便宜從事，敕代王待以師傅禮。會楊玄感圍東都，玄率步騎七萬援之。[1]至華陰，[2]掘楊素冢，焚其骸骨，夷其塋域，示士卒以必死。既出潼關，[3]議者恐崤、函有伏兵，[4]請於陜縣沿流東下，[5]直趨河陽，[6]以攻其背。玄曰："此計非豎子所及也。"乃鼓行而進。既度函谷，卒如所量。乃遣武賁郎將張峻爲疑軍於南道，玄以大兵直趨城北。玄感逆拒之，且戰且行，屯軍金谷。[7]於軍中掃地而祭文帝曰："若社稷靈長，宜令醜徒冰碎；[8]如或大運去矣，幸使老臣先死。"詞氣激揚，三軍莫不涕咽。時衆寡不敵，與賊頻戰不利，死傷太半。玄苦戰，[9]賊稍却，進屯北芒。[10]會宇文述、來護等援兵至，玄感西遁。[11]玄遣通議大夫斛斯萬善、監門直閤龐玉前鋒追之，[12]及于閿鄉，與宇文述等合擊破之。車駕至高陽，徵詣行在所。帝勞之曰："社稷臣也。使朕得無西顧之憂。"進右光禄大夫，賜以良田、甲第，資物鉅萬。還鎮京師，帝謂曰："關右之任，一委於公。公安，社稷乃安；公危，社稷亦危。出入須有兵衛，坐卧恒宜自牢也。今特給千兵，以充侍從。"與樊子蓋俱賜以玉麟符，以代銅獸。

[1]玄率步騎七萬援之：局本"援"作"授"。下文"會宇文述、來護等援兵至"中的"援"字，局本亦作"授"。

[2]華陰：縣名。治所在今陝西華陰市東南。

[3]潼關：關隘名。在今陝西潼關縣北。

[4]崤：即崤山，在今河南洛寧縣北。　函：即函谷關，在今河南靈寶市北。

[5]陝縣：治所在今河南陝縣。

[6]河陽：縣名。治所在今河南孟州市西南。

[7]金谷：地名。在今河南洛陽市西北。

[8]冰碎：毛本、局本、四部備要本"冰"作"水"。

[9]玄苦戰：《隋書》卷六三《衛玄傳》、《通志》卷一六三《衛玄傳》、《册府元龜》卷四一四此句前有"玄感盡鋭來攻"。

[10]北芒：山名。在今河南洛陽市東北。

[11]玄感西遁：局本“遁”作“道”。

[12]斛斯萬善：人名。河南（今河南洛陽市東北）人。隋朝官吏。見《北史》卷七八《王羆附斛斯萬善傳》。　監門直閣：官名。隋煬帝時置，爲左、右監門府屬官，各六人，正五品。

十一年，詔玄撫關中。時盜賊蜂起，百姓飢饉，玄竟不能救恤。而官方壞亂，貨賄公行。自以年老，上表乞骸骨，[1]帝遣内史舍人封德彝馳喻之曰：[2]“京師國本，宗廟園陵所在，藉公卧以鎮之。”玄乃止。義師入關，自知不能守，憂懼稱疾，不知政事。城陷，歸于家。義寧中，[3]卒。

[1]乞骸骨：即告老還鄉。指官吏因年老請求退職。

[2]内史舍人：官名。隋朝内史省屬官，置八人。正六品，文帝開皇三年爲從五品。煬帝大業三年置四人，十二年改名内書舍人。　封德彝：人名。即封倫。字德彝，觀州蓨（今河北景縣）人。隋朝、唐朝大臣。見《舊唐書》卷六三《封倫傳》。

[3]義寧：隋恭帝的年號（617—618）。

子孝則，位通事舍人、兵部承務郎。[1]卒。

[1]通事舍人：官名。隋初置爲内史省屬官，負責宣傳聖旨、詔命。置十六人，從六品上。文帝開皇三年增爲二十四人，煬帝大業三年改名通事謁者，爲謁者臺屬官，從六品。唐高祖武德四年（621）復置。　兵部：官署名。隋朝時爲尚書省六部之一，領兵部、職方、庫部、駕部等四司，以尚書爲長官。　承務郎：官名。

隋煬帝大業三年置，代替原來尚書省二十四司員外郎，掌管籍帳。從五品。

劉權，字世略，彭城豐人也。[1]祖軌，齊羅州刺史。[2]

[1]彭城：郡名。隋朝時治彭城縣，在今江蘇徐州市。　豐：縣名。治所在今江蘇豐縣。

[2]羅州：北齊時治齊昌縣，在今湖北蘄春縣西南。

權少有俠氣，[1]重然諾，藏亡匿死，吏不敢過門。後更折節好學，[2]動循法度。仕齊，位行臺郎中。[3]齊亡，周武帝以爲假淮州刺史。[4]開皇中，以車騎將軍領鄉兵。[5]後從晉王廣平陳，進授開府儀同三司。宋國公賀若弼甚禮之。十二年，拜蘇州刺史，[6]賜爵宋城縣公。[7]時江南初平，權撫以恩信，甚得人和。煬帝嗣位，拜衛尉卿，進位銀青光禄大夫。

[1]俠氣：局本"俠"作"狹"。

[2]折節：改變以前的志向和行爲。

[3]行臺郎中：官名。又稱行臺郎，爲行臺諸曹郎中的泛稱。各曹皆冠以曹名。有時以之稱不理具體曹務的官員。

[4]假：官制用語。漢代已有假授之職，意爲代理、兼攝。魏晉南北朝因襲，其地位低於正式官員。北魏後期，假官成爲一種制度，但僅享有名譽和賜禄，無代理兼攝之意。

[5]車騎將軍：官名。隋朝時因襲北周府兵制，十二府所轄諸軍府稱驃騎府或車騎府，分駐各地統領府兵，皆置車騎將軍，正五

品上。置於驃騎府者爲次官，置於車騎府者爲長官。煬帝時改諸驃騎府、車騎府爲鷹揚府，改車騎將軍爲鷹揚副郎將、鷹擊郎將。領鄉兵：底本、元大德本作“領鄉典”，毛本、殿本、四庫本、局本、四部備要本作“領鄉典兵”，《隋書》卷六三《劉權傳》、《通志》卷一六三《劉權傳》作“領鄉兵”。中華本校勘記云：“南、北、汲、殿四本‘兵後’作‘典兵’，百衲本作‘典後’，《隋書》卷六三、《通志》卷一六三《劉權傳》作‘兵後’。按作‘典兵’‘典後’都不可通，今從《隋書》《通志》改。”今從改。

[6]蘇州：隋朝時治吴縣，在今江蘇蘇州市。

[7]宋城縣公：封爵名。宋城，縣名。治所在今河南商丘市南。《隋書·劉權傳》“宋”作“宗”，《通志·劉權傳》與《北史》同。按：據《隋書·地理志中》，清河郡宗城縣，舊曰廣宗，隋文帝仁壽元年改名爲宗城。劉權於文帝開皇十二年被賜爵，當時無宗城縣名。

大業五年，從征吐谷渾，權出伊吾道，[1]逐賊至青海，乘勝至伏俟城。[2]帝復令權過曼頭、赤水，[3]置河源郡、積石鎮，[4]大開屯田，留鎮西境。在邊五年，諸羌懷附，[5]貢賦歲入，吐谷渾餘燼遠遁，道路無壅。徵拜司農卿，加金紫光禄大夫。

[1]伊吾：地名。在今新疆哈密市。

[2]伏俟城：在今青海共和縣北石乃亥，意爲“王者之城”。

[3]曼頭：城名。在今青海共和縣西南。　赤水：城名。在今青海興海縣東南（參秦裕江《赤水與赤水戍——吐谷渾地理考察之二》，《青海社會科學》1996 年第 1 期）。

[4]河源：郡名。隋朝時治赤水城，在今青海興海縣東南。

[5]諸羌懷附：局本“羌”作“姜”。

尋爲南海太守。[1]行至鄱陽，[2]會群盜起，不得進，詔權召募討之。權率兵遇賊，不戰，先乘單舸詣賊營，[3]説以利害。群賊感悦，一時降附。帝聞而嘉之。及至南海，甚有異政。數歲，遇盜賊群起，群豪多願推權爲首，[4]權竟固守以拒之。子世徹又密遣人賫書詣權，稱四方擾亂，諷令舉兵。權召集佐僚，對斬其使，竟無異圖，守之以死。卒官。

[1]南海：郡名。隋朝時治南海縣，在今廣東廣州市。

[2]鄱陽：郡名。隋朝時治鄱陽縣，在今江西鄱陽縣。

[3]單舸：毛本、殿本、四庫本、四部備要本作“單船”。

[4]群豪多願推權爲首：毛本、殿本、四庫本、局本、四部備要本“多願”作“願”。

世徹倜儻不羈，頗爲時人所許。大業末，群雄並起，世徹所至處輒見忌，多拘禁之，後竟爲兖州賊帥徐圓朗所殺。[1]

[1]兖州：隋朝時治瑕丘縣，在今山東兖州市。　賊帥：局本“賊”作“賦”，誤。　徐圓朗：人名。魯郡（今山東兖州市）人。隋末起義軍首領。煬帝大業十三年起兵反隋，先附於李密，密敗降王世充，後降於唐。唐高祖武德年間復反唐，戰敗被殺。

權從叔烈，字子將，美容儀，有器局，位鷹揚郎將。有子德威，知名於世。

李景，字道興，天水休官人也。[1]父超，周應、戎二州刺史。[2]

[1]天水：郡名。隋朝時治上邽縣，在今甘肅天水市。　休官：縣名。具體治所不詳。

[2]應：州名。北周時治永陽縣，在今湖北廣水市西北。　戎：州名。北周時治外江縣，在今四川高縣北。

景容貌奇偉，膂力過人，美鬚髯，驍勇善射。平齊之役，[1]頗有功，授儀同三司。後以平尉遲迥，進位開府，賜爵平寇縣公。[2]隋開皇九年，以行軍總管從王世積伐陳，以功進上開府。及高智慧等反，復以行軍總管從楊素擊之，還授鄜州刺史。[3]十七年，[4]遼東之役，爲馬軍總管。[5]及還，配事漢王。文帝奇其壯武，使袒而觀之，曰："卿相表當位極人臣。"尋從史萬歲擊突厥於大斤山，[6]别路邀賊，大破之。後與上明公楊紀送義城公主於突厥，[7]至恒安，[8]遇突厥來寇。時代州總管韓洪爲虜所敗，[9]景率所領數百人力戰三日，殺虜甚衆。改授韓州刺史，[10]以事王故，不之官。

[1]平齊之役：指公元577年北周消滅北齊的戰争。

[2]平寇縣公：封爵名。平寇，縣名。治所在今山西定襄縣東南。

[3]鄜州：隋朝時治杏城縣，在今陝西黄陵縣西南。

[4]十七年：《隋書》卷六五《李景傳》、《通志》卷一六三《李景傳》亦作"十七年"，中華本校勘記云："按隋遣漢王諒及高熲等攻高麗，事在開皇十八年。見《隋書》卷二《高祖紀》、卷四一《高熲傳》。此作'十七年'，誤。"可從。

[5]馬軍總管：官名。隋朝置。統帥騎兵的將領。

[6]史萬歲：人名。京兆杜陵（今陝西西安市長安區東）人。北周、隋朝將領。見《北史》卷七三《史萬歲傳》。　大斤山：即今内蒙古大青山。

[7]上明公：封爵名。上明，郡名。隋朝時治平林縣，在今湖北隨州市東北。　楊紀：人名。字温範，弘農華陰（今陝西華陰市東南）人，楊寬嗣子。見《北史》卷四一《楊敷附楊紀傳》。

[8]恒安：鎮名。在今山西大同市東。

[9]代州：隋朝時治雁門縣，在今山西代縣西南。　韓洪：人名。字叔明，河南東垣（今河南新安縣東）人。北周、隋朝將領。見《北史》卷六八《韓雄附韓洪傳》。

[10]韓州：隋朝時治襄垣縣，在今山西襄垣縣北。

仁壽中，檢校代州總管。漢王諒作亂，景發兵拒之。諒頻遣劉嵩、喬鐘葵等攻之，景率士卒殊死戰，屢挫賊鋒。司馬馮孝慈、司法參軍吕玉並驍勇善戰，[1]儀同三司侯莫陳乂多謀畫，工拒守之術。景推誠此三人，無所關預，唯在閤持重，時出撫循而已。及朔州總管楊義臣援兵至，[2]合擊大破之。先是，府内井中甃上生花如蓮，[3]并有龍見，時變爲鐵馬甲士。又有神人長數丈見城下，跡長四尺五寸。景問巫者，巫者曰："此不祥之物，來食血耳。"景大怒，推出之。旬日而兵至，死者數萬。景尋被徵，進柱國，拜右武衛大將軍，賜女樂一部，[4]加以珍物。

[1]司法參軍：官名。即司法行參軍。隋文帝開皇三年改法曹置，爲諸州、郡、縣司法曹長官，煬帝大業三年改名爲行書佐。

[2]朔州：隋朝時治善陽縣，在今山西朔州市。　楊義臣：人名。本姓尉遲，隋文帝賜姓楊，代（今山西大同市東北）人。隋朝將領。見《北史》卷七三《楊義臣傳》。　援：局本作“授”。

[3]甃（zhòu）：指磚瓦砌成的井壁。

[4]女樂：指歌舞伎。

景智略非所長，而忠直爲時所許，帝甚信之。又擊破叛蠻向思多。明年，擊吐谷渾於青海，破之，進位光禄大夫。五年，車駕西巡，至天水，景獻食於帝。帝曰:“公，主人也。”賜坐齊王暕上。[1]至隴川宫，[2]帝將大獵，景與左武衛大將軍郭衍俱有難色，[3]爲人奏。[4]帝大怒，令㨶之，竟以坐免。歲餘，復位，與宇文述等參掌選舉。明年，攻高麗武列城，[5]破之，賜爵苑丘侯。[6]八年，出渾彌道。[7]九年，復出遼東。及旋，使景殿，高麗追兵大至，景擊走之。進爵滑國公。[8]楊玄感之反，朝臣子弟多預焉，景獨無關涉。帝曰:“公誠直天然，我梁棟也。”賜以美女。帝每呼李大將軍而不名，見重如此。

[1]齊王暕：即楊暕。字世朏，弘農華陰（今陝西華陰市東南）人。隋朝宗室。見《北史》卷七一《齊王暕傳》。

[2]隴川宫：四庫本、四部備要本“川”作“州”。

[3]郭衍：人名。字彦文，太原介休（今山西介休市）人。北周、隋朝官吏。見《北史》卷七四《郭衍傳》。　難色：《隋書》卷六五《李景傳》作“難言”，《通志》卷一六三《李景傳》與《北史》同。

[4]爲人奏：殿本、四庫本、局本、四部備要本“人”作

“入”，誤。

[5]武列：城名。在今遼寧新民市東北。《隋書·李景傳》“列”作“厲”，《通志·李景傳》與《北史》同。按《北史》卷九四《高麗傳》、《隋書》卷八一《高麗傳》作“武厲”。

[6]苑丘侯：封爵名。苑丘，縣名。今地不詳。

[7]渾彌：縣名。治所在今朝鮮境内。

[8]滑國公：局本“滑”作“消”，誤。滑國，國名。在今新疆吉木薩爾縣。

十二年，帝令景營遼東戰具於北平，[1]賜御馬一匹，名師子騂。于時盜賊蜂起，景遂召募，以備不虞。武賁郎將羅藝與景有隙，[2]誣景將反。帝遣其子慰諭曰：“縱人言公闚天闕，據京都，吾無疑也。”後爲高開道所圍，[3]獨守孤城，士卒患腳腫死者十六七，景撫循之，一無離叛。遼東軍資多在其所，粟帛山積，景無所私焉。及帝崩於江都，遼西太守鄧暠救之，[4]遂歸柳城。[5]將還幽州，[6]遇賊見害。契丹、靺鞨素感其恩，聞之莫不流涕；幽、燕人士，于今傷惜之。子世謨。[7]

[1]北平：郡名。隋朝時治盧龍縣，在今河北盧龍縣。

[2]羅藝：人名。字子延，祖籍襄陽（今湖北襄樊市），寓居於京兆雲陽（今陝西涇陽縣西北）。隋朝、唐朝官吏。見《舊唐書》卷五六《羅藝傳》。

[3]高開道：人名。滄州陽信（今山東陽信縣）人。隋末河北起義軍首領。鹽户出身，後爲叛將張金樹所逼，自殺。

[4]遼西：郡名。隋朝時治柳城縣，在今遼寧朝陽市。

[5]柳城：縣名。治所在今遼寧朝陽市。

[6]幽州：隋朝時治薊縣，在今北京西南。

[7]子世謨：局本"謨"作"模"。

薛世雄，字世英，本河東汾陰人也。[1]其先寓居敦煌。[2]父回，字道弘，仕周，位涇州刺史。[3]開皇初，封舞陰郡公，[4]領漕渠監。[5]

[1]河東：郡名。隋朝時治蒲坂縣，在今山西永濟市西南蒲州鎮。　汾陰：縣名。治所在今山西萬榮縣西南。

[2]敦煌：郡名。北周時治鳴沙縣，在今甘肅敦煌市。源氏校勘記云："'敦煌'《隋書》作'關中'。"

[3]涇州：北周時治安定縣，在今甘肅涇川縣北。

[4]舞陰郡公：封爵名。舞陰，郡名。隋朝時治舞陰縣，在今河南泌陽縣西北。

[5]漕渠監：官名。隋朝置，掌漕運事宜。

世雄兒童時與群輩戲，輒畫地爲城郭，令諸兒爲攻守勢，不從令者輒撻之，諸兒畏憚，莫不齊整。其父見而奇之，謂人曰："此兒當興吾家。"年十七，從周武帝平齊，以功拜帥都督。[1]隋開皇中，累遷右親衛車騎將軍。[2]

[1]帥都督：官名。西魏文帝大統初置，北周武帝天和二年省，武帝建德二年復置。多授各地豪望，以統鄉兵，刺史、鎮將多加此號。正七命。

[2]右親衛車騎將軍：官名。隋朝置。《文獻通考》卷五八《職官考》載隋朝右親衛府置開府一員，右親衛車騎將軍應是右親

衛府屬官。

煬帝嗣位，爲右監門郎將。[1]從征吐谷渾，進位通議大夫。世雄性廉慎，行軍破敵之處，秋毫無犯，帝由是嘉之。帝嘗謂群臣曰："欲舉好人，諸君識否？"咸曰："不測聖心。"帝曰："我欲舉薛世雄。"群臣皆稱善。於是超拜右翊衛將軍。[2]歲餘，爲玉門道行軍大將軍，[3]與突厥啓人可汗連兵擊伊吾。師次玉門，啓人背約，兵不至。世雄孤軍度磧。伊吾懼，請降。世雄遂於漢舊伊吾城東築城，號新伊吾，留銀青光禄大夫王威鎮之而還。進位正議大夫。[4]

[1]右監門郎將：官名。即右監門府郎將。隋初置爲右監門府次官，員二人。煬帝大業三年廢此官，另改右監門府將軍爲右監門府郎將，爲右監門府長官，員一人，掌門禁守衛。正四品。

[2]右翊衛將軍：官名。隋朝置。煬帝大業三年改右衛爲右翊衛，右衛將軍遂改稱右翊衛將軍，仍爲右翊衛副長官，員二人，協助右翊衛大將軍掌宫掖禁衛，管理儀仗。從三品。

[3]玉門：關名。在今甘肅敦煌市西北。　行軍大將軍：《隋書》卷六五《薛世雄傳》作"行軍大將"，《通志》卷一六三《薛世雄傳》與《北史》同，中華本校勘記云："《隋書》卷六五《薛世雄傳》'將'下無'軍'字。按《通鑑》卷一八一紀遼東之役置二十四軍，'每軍大將、亞將各一人'。疑'行軍大將'即'行軍總管'之改名。'軍'字當是誤衍。"可從。

[4]正議大夫：官名。隋煬帝大業三年始置，正四品。

遼東之役，爲沃沮道軍將，[1]與宇文述同敗績於平壤。還次白石山，[2]爲賊所圍百餘重，四面矢下如雨。世雄以羸師爲方陣，[3]選勁騎二百縱擊，破之而還。所亡失多，竟坐免。明年，帝復征遼東，拜右候衛將軍，兵指蹋頓道。[4]軍至烏骨城，[5]會楊玄感反，班師。帝至柳城，以世雄爲東北道大使，行燕郡太守，[6]鎮懷遠。[7]

[1]沃沮：原爲生活在中國東北地區及朝鮮半島北部的少數民族。此處指臨時設置的軍事地區。　軍將：官名。北魏始置。隋朝沿置，爲統兵武職。

[2]白石山：位於今河北淶源縣南。

[3]世雄：毛本作“雄”，局本作“世以”。

[4]蹋頓：本爲遼西烏桓首領名，後亦借指蠻族首領。此處指臨時設置的軍事地區。

[5]烏骨：城名。在今遼寧蓋州市東。

[6]燕郡：隋朝時治薊縣，在今北京西南。

[7]懷遠：軍鎮名。在今遼寧遼中縣。

十年，復從帝至遼東，遷左禦衛大將軍，[1]仍領涿郡留守。未幾，李密逼東都，[2]詔世雄率幽、薊精兵將擊之。次河間，[3]營於城南，竇建德率精鋭數百，夜來襲之。[4]大敗。世雄與左右數十騎遁入河間城，慚恚發病。歸涿郡，卒。

[1]左禦衛大將軍：官名。隋朝十二衛大將軍之一。煬帝大業三年置，員一人，總管府事，並統諸鷹揚府。正三品。

[2]李密：人名。字玄邃，又字法主，祖籍遼東襄平（今遼寧遼陽市），後家於京兆長安（今陝西西安市）。隋末起義軍首領。

見《新唐書》卷八四《李密傳》。

[3]河間：縣名。治所在今河北河間市西南。

[4]竇建德率精鋭數百夜來襲之：毛本、殿本、四庫本、局本、四部備要本作“竇建德率精鋭數百人來襲之”，《隋書》卷六五《薛世雄傳》、《通志》卷一六三《薛世雄傳》同底本。竇建德，人名。貝州漳南（今山東武城縣漳南鎮）人。隋末起義軍首領。見《舊唐書》卷五四《竇建德傳》。

子萬述、萬淑、萬鈞、萬徹、萬備，[1]並以驍武知名。

[1]萬備：《隋書》卷六五《薛世雄傳》無此名，《通志》卷一六三《薛世雄傳》與《北史》同。

論曰：段文振有周之日早以武毅見知，隋氏之初，[1]又以幹力受委，任兼文武，稱爲諒直。其高位厚秩，非虚致也。來護幼懷倜儻，猛概抑揚，晚致勤王，驅馳畢力。樓船制勝，掃勍敵如拾遺；閿鄉討亂，翦兇魁如摧朽。位班上將，顯居大國，道消遘難，忠至不渝，惜矣！子蓋雅有幹局，質性方嚴，見義而勇，臨機能斷，保全邦邑，勤亦懋哉！羅睺忠亮之性，所在稱重，送往之節，義感人臣，死而有知，乃結草之義。法尚征伐四夷，亦足嘉焉。文昇東都解圍，頗亦宣力，西京居守，[2]政以賄成，鄙哉，鄙哉，夫何足數！劉權淮楚舊族，[3]雄名早著，時逢擾攘，任等尉佗，[4]遂能拒子邪言，足驗誠臣之節。李、薛並以驍武之用，當于有事之秋，致兹富貴，可謂自取。時迍遭躓，[5]良有命乎！

[1]隋氏之初：殿本、四庫本、四部備要本“氏”作“世”。

[2]西京：指都城長安。

[3]淮楚：指今淮河流域。

[4]尉佗：人名。真定（今河北石家莊市）人。秦始皇時爲南海郡令，秦末自立爲南越武王，西漢初正式封爲南越王。見《史記》卷一一三《南越列傳》。

[5]迍（zhūn）：困頓失意。　躓（zhì）：事情不順利，受挫折。

北史　卷七七

列傳第六十五

裴政　李諤　鮑宏　高構　榮毗　陸知命　梁毗　柳彧
趙綽　杜整

裴政，字德表，河東聞喜人也。[1]祖邃，父之禮，並《南史》有傳。

[1]河東：郡名。隋朝時治蒲坂縣，在今山西永濟市西南蒲州鎮。　聞喜：縣名。治所在今山西聞喜縣。

政幼聰明，博聞强記，達於從政，[1]爲當世所稱。仕梁，以軍功封爲夷陵侯，[2]給事黄門侍郎。[3]及魏軍圍荆州，[4]政在外見獲，蕭詧謂政曰：[5]“我，武皇帝之孫，[6]不可爲爾君乎？爾何煩殉身於七父。若從我計，則貴及子孫，不然，分腰領矣。”[7]鎖之，送至城下，使謂元帝曰：[8]“王僧辯聞臺城破，[9]已自爲帝。王琳孤弱，[10]不能復來。”政許之。既而告城中曰：“援兵大至，吾以間使被禽，當以碎身報國。”監者擊其口，終不易辭。詧怒，命趣行戮。蔡大業諫曰：[11]“此人之望也，殺之，則荆州不可下。”因得釋。會江陵平，與城中朝士俱送京師。

[1]達於從政：《隋書》卷六六《裴政傳》作“達於時政”，《通志》卷一六三《裴政傳》作“達於從事”。

[2]夷陵侯：封爵名。夷陵，縣名。治所在今湖北宜昌市西北。

[3]給事黄門侍郎：官名。南北朝時爲侍中省或門下省次官，與侍中俱掌門下衆事，地位隨皇帝旨意或侍中地位而上下。

[4]及魏軍圍荆州：《隋書·裴政傳》“魏軍”作“周師”，《通志·裴政傳》作“魏師”。按：據《周書》卷四八、《北史》卷九三《蕭詧傳》，蕭詧於西魏文帝大統十五年（549）向西魏稱藩，西魏恭帝元年（554），于謹伐江陵（荆州治所），蕭詧以兵會之。故圍荆州之兵應是魏軍，《隋書》作“周師”誤。荆州，南朝梁時治江陵縣，在今湖北江陵縣。

[5]蕭詧（chá）：人名。字理孫，蘭陵（一説在今江蘇常州市，一説在今江蘇丹陽市）人。西梁宣帝。見《北史》卷九三《蕭詧傳》。

[6]武皇帝：即南朝梁皇帝蕭衍。武爲其謚號。

[7]腰領：腰部與頸部。兩者爲人體的重要部分，斷之即死，故常喻致命之處。

[8]元帝：即南朝梁皇帝蕭繹。元爲其謚號。

[9]王僧辯：人名。字君才，太原祁（今山西祁縣東南）人。初仕北魏，後歸南朝梁，爲陳霸先縊殺。見《梁書》卷四五《王僧辯傳》。　臺城：在今江蘇南京市玄武湖南岸。

[10]王琳：人名。字子珩，會稽山陰（今浙江紹興市）人。南朝梁將領。梁亡後降於北齊。見《北齊書》卷三二《王琳傳》。

[11]蔡大業：人名。字敬道，濟陽考城（今河南民權縣東北）

人。南朝梁官吏，後仕陳、隋二朝。見《北史》卷九三《蔡大寶附蔡大業傳》。

周文聞其忠，[1]授員外散騎侍郎，[2]引入相府。命與盧辯依《周禮》建六官，[4]并撰次朝儀，[5]車服器用，多遵古禮，革漢、魏之法，事並施行。尋授刑部下大夫，[6]轉少司憲。[7]政明習故事，[8]又參定周律。能飲酒，至數斗不亂。簿案盈几，剖決如流，用法寬平，無有冤濫。囚徒犯極刑者，乃許其妻子入獄就之，至冬，將行決，皆曰："裴大夫致我於死，死無所恨。"又善鐘律，[9]嘗與長孫紹遠論樂，[10]事在《紹遠傳》。[11]

[1]周文：即宇文泰。文爲其謚號，北周明帝所追謚。

[2]員外散騎侍郎：官名。北魏時屬散騎省，孝文帝太和十七年定爲從四品下，二十三年定爲七品上。北周沿置，屬集書省，員一百二十人，多以公族、功臣子充任，爲閑散之職，亦常用以安置閑退官員。七品上。

[4]盧辯：人名。字景宣，范陽涿（今河北涿州市）人。西魏、北周官吏。見《北史》卷三〇《盧同附盧辯傳》。　六官：西魏時仿行《周禮》，重置天官、地官、春官、夏官、秋官、冬官等官府，合稱六府或六官。《隋書》卷六六《裴政傳》作"六卿"，《通志》卷一六三《裴政傳》與《北史》同。

[5]朝儀：帝王臨朝時的典禮。

[6]刑部下大夫：官名。小刑部下大夫的省稱，又稱小刑部。西魏恭帝三年置，北周沿置。爲秋官府刑部司次官，員一人，佐刑部中大夫掌杖、鞭、徒、流、死五刑的審訊、執行及赦免。武帝建德二年（573）省六府諸司中大夫，升爲刑部司長官，宣帝時復置

中大夫，仍爲次官。正四命。

[7]少司憲：官名。又稱小司憲，司憲上士的省稱。西魏恭帝三年（556）置，助司憲中大夫掌撰定法律，録獄訟之辭及左右刑罰。員二人，正三命。北周沿置。

[8]故事：舊日的典章制度或行事制度的成例。

[9]鐘律：古代律學中指最早的定律法。原指編鐘十二律，後泛指音律。

[10]長孫紹遠：人名。字師，少名仁，代（今山西大同市東北）人，鮮卑族。西魏、北周官吏。見《北史》卷二二《長孫道生附長孫紹遠傳》。

[11]事在紹遠傳：《隋書·裴政傳》作“語在《音律志》”。中華本《隋書·裴政傳》校勘記云:“指本書《音樂志》。按：裴政論樂事，見《周書·長孫紹遠傳》，不見本書《音樂志》。”按：《北史》此事亦在《長孫道生附長孫紹遠傳》。

隋開皇元年，[1]爲率更令，[2]加上儀同三司。[3]詔與蘇威等脩定律令。[4]採魏、晋刑典，下至齊、梁，沿革輕重，取其折衷。同撰著者十餘人，凡疑滯不通，皆取決於政。進位散騎常侍，[5]轉左庶子。[6]多所匡正，見稱純慤，[7]東宫凡有大事，[8]皆以委之。右庶子劉榮，[9]性甚專固。時武職交番，[10]通事舍人趙元愷作辭見帳，[11]未及成。太子再二催促，[12]榮令元愷口奏，不須造帳。及奏，太子問:“名帳安在?”元愷云:“稟承劉榮，不聽造帳。”太子即以詰榮，榮便拒諱，太子付政推問。未及奏狀，阿附榮者先言於太子曰:“政欲陷榮，推事不實。”太子召責之，政曰:“凡推事有兩，一察情，一據證，審其曲直，以定是非。臣察榮位高任重，縱實語元愷，蓋是纖介之愆，[13]計不須諱。又察元愷，受制於榮，豈敢以無端之言妄相點累。[14]二人之情，理正相似。元愷引左衛率崔蒨等證，[15]蒨款狀悉與元愷符同。[16]察情既敵，須以證定。臣謂榮語元愷非虛。”太子亦不罪榮，而稱政平直。

[1]開皇：隋文帝的年號（581—600）。

[2]率更令：官名。太子率更令的省稱。隋朝時爲太子率更寺長官，掌伎樂漏刻，從四品上。

[3]上儀同三司：隋朝時爲從四品散實官，煬帝大業三年（607）罷。

[4]蘇威：人名。字無畏，武功（今陝西武功縣西北）人。北周、隋朝官吏。見《北史》卷六三《蘇綽附蘇威傳》。

[5]散騎常侍：官名。隋初屬門下省，僅掌值朝陪從，員四人。從三品。煬帝時罷。

[6]左庶子：官名。即太子左庶子。隋朝時爲太子門下坊長官，員二人。正四品上。

[7]純慤（què）：淳樸誠實。毛本作“誠慤”。

[8]東宫：太子所居之宫室。

[9]右庶子：官名。即太子右庶子。隋朝時爲太子典書坊長官，員二人，正四品。

[10]交番：意爲輪換、輪流。

[11]通事舍人：官名。隋初置爲内史省屬官，負責宣傳聖旨、詔命。置十六人，從六品上。文帝開皇三年增爲二十四人，煬帝大業三年改名通事謁者，爲謁者臺屬官。從六品。唐高祖武德四年（621）復置。

[12]再二：殿本、四庫本、局本、中華本作“再三”。

[13]纖介：指細微。

[14]相：局本作“想”。

[15]左衛率：官名。隋朝時掌管宫中宿衛，下置司馬、長史、諸曹參軍等屬官，員一人。正四品。煬帝大業三年改爲太子左侍率。左，元大德本作“在”，誤。

[16]蒨款狀：《隋書》卷六六《裴政傳》作“蒨等款狀”，《通志》卷一六三與《北史》同。按：上文云“引左衛率崔蒨等證”，可見證人不止一個，疑《隋書》是。

政好面折人短，而退無後言。時雲定興數入侍太子，[1]爲奇服異器，進奉後宫，又緣女寵，來往無節。政數切諫，太子不納。政謂定興曰：“公所爲不合禮度。又元妃暴薨，道路籍籍，此於太子非令名也。[2]願公自引退，不然將及禍。”定興怒，以告太子，太子益疏政。

[1]雲定興：人名。楊勇寵妾雲昭訓之父。隋朝官吏。見《北史》卷七九《宇文述附雲定興傳》。

[2]令名：美名，好名聲。

由是出爲襄州總管，[1]妻子不之官，所受秩奉，散給僚吏。[2]人犯罪者，陰悉知之，或竟歲不發，至再三犯，乃因都會時，於衆中召出，親案其罪。五人處死，流、徒者甚衆。合境惶慴，令行禁止，稱爲神明。爾後不脩囹圄，[3]殆無諍訟。卒於官。著《承聖實録》十卷。[4]及太子廢，文帝追憶之曰：“向遣裴政、劉行本在，[5]共匡弼之，猶應不令至此。”

[1]襄州：隋朝時治襄陽縣，在今湖北襄樊市。　總管：官名。

北周明帝武成元年由都督諸州軍事改名，爲地方高級軍政官員。加使持節，置總管府，管理轄區軍政、民政。所轄區域增減無常，一般轄數州，多者可達數十州。隋朝沿置。

[2]僚吏：屬吏，屬官。

[3]囹圄：監獄。

[4]承聖實録：《隋書》卷六六《裴政傳》作“承聖降録”，《通志》卷一六三與《北史》同。

[5]劉行本：人名。沛（今安徽濉溪縣西北）人。北周、隋朝官吏。見《北史》卷七〇《劉璠附劉行本傳》。

子南金，位膳部郎，[1]學涉有文藻，以輕財貴義稱。

[1]膳部郎：官名。隋煬帝大業三年改膳部侍郎置，仍爲尚書省禮部膳部司長官，員二人。從五品。

李諤，字士恢，趙郡人也。[1]博學解屬文。[2]仕齊，爲中書舍人，[3]有口辯，每接對陳使。周平齊，拜天官都上士。[4]諤見隋文帝有帝王志操，[5]深自結納。及帝爲丞相，甚見親待，訪以得失。時兵革屢動，國用虚耗，諤上《重穀論》以諷焉。帝納之。及受禪，歷比部、考功二曹侍郎，[6]賜爵南和伯。[7]諤性公方，明時務。遷書侍御史。[8]上謂群臣曰：“朕昔爲大司馬，[9]每求外職，[10]李諤陳十二策，苦勸不許，朕遂决意在内。今此事業，諤之力也。”賜物二千段。

[1]趙郡：隋朝時治平棘縣，在今河北趙縣。

[2]解屬文：懂得寫文章。

[3]中書舍人：官名。即中書通事舍人。北朝時專掌草擬詔令。北齊時爲六品上。

[4]天官都上士：官名。西魏恭帝三年置，北周沿置。天官府屬官，佐大冢宰、小冢宰上大夫處理府中事務。正三命。

[5]隋文帝：即隋朝皇帝楊堅。文爲其謚號。

[6]比部：官署名。隋初隸都官尚書，文帝開皇三年後爲刑部四司之一，設侍郎、員外郎各一人，煬帝時改侍郎爲郎，員二人，廢員外郎置承務郎。比部曹長官爲比部侍郎，正六品。　考功：官署名。隋朝時爲吏部四曹（司）之一，設侍郎、員外郎各一人，煬帝時改侍郎爲郎，廢員外郎置承務郎。考功曹長官爲考功侍郎，初爲正六品上，後升爲從五品。　二曹：元大德本、毛本、殿本、四庫本、局本、四部備要本"二"作"工"。

[7]南和伯：封爵名。南和，縣名。治所在今河北南和縣。

[8]書侍御史：官名。即治書侍御史，《北史》避唐高宗李治諱改。掌管圖書文集。隋朝時置爲御史臺次官，員二人，實際主持臺務。從五品。

[9]大司馬：官名。北周時爲夏官府長官，職掌軍政大務、禁暴糾察、訓練軍隊、統兵作戰，權任極重。屬官有小司馬中大夫二人、軍司馬下大夫四人、司馬上士八人、行司馬中士十六人等。正七命。

[10]外職：即外官。北周制，非禁中諸省官員及侍衛之官，皆稱外官。

諤見禮教彫弊，公卿薨亡，其愛妾侍婢，子孫輒嫁賣之，遂成風俗。乃上書曰："臣聞追遠慎終，人德歸厚，三年無改，方稱爲孝。如聞大臣之内，有父祖亡没，[1]日月未久，子孫無賴，引其妓妾，[2]嫁賣取財。有一於此，實損風化。妾雖微賤，親承衣履，服斬三年，[3]古今通式。豈容遽褫衰絰，[4]强傅鉛華，泣辭靈几之前，送付他人之室？凡在見者，猶致傷心，况乎人子，能堪斯忍！復有朝廷重臣，位望通貴，平生交舊，情若弟兄。及其亡没，杳同行路，朝聞其死，夕規其妾，方便求娉，以得爲限。無廉耻之心，棄友朋之義。且居家理務，可移於官，既不正私，何能贊務？"[5]上覽而嘉之。五品已上妻妾不得改醮，[6]始於此也。

[1]亡：毛本、殿本、四庫本、局本、四部備要本作"之"。源氏校勘記云："《隋書》'大'作'朝'，'之'作'亡'。"

[2]引其妓妾：《隋書》卷六六《李諤傳》作"便分其妓妾"，《通志》卷一六三與《北史》同。源氏校勘記云："(《隋書》)'引'作'便分'二字。"

[3]服斬：服喪禮中最重的一種。斬，子、未嫁女兒爲父母，媳爲公婆，重孫爲祖父母，妻爲夫所穿的喪服。以粗麻布製成，左右、下邊不縫的斬衰服。

[4]遽（jù）：倉猝。　褫（chǐ）：脱去、解下。　衰絰（dié）：喪服。古人喪服胸前當心處綴有長六寸、廣四寸的麻布，名衰，因名此衣爲衰；圍在頭上的散麻繩爲首絰，纏在腰間的爲腰絰。

[5]贊務：協助處理事務。

[6]改醮（jiào）：改嫁。醮，婚禮上用酒祭神的禮儀。

諤又以時文體尚輕薄，流宕忘反，上書曰：

臣聞古先哲王之化人也，必變其視聽，防其嗜慾，塞其邪放之心，示以淳和之路。五教六行，[1]爲訓人之本，《詩》《書》《禮》《易》，爲道義之門。故能家復孝慈，人知禮讓，正俗調風，莫大於此。其有上書獻賦，制誄鐫銘，[2]皆以褒德序賢，明勳證理。苟非懲勸，義不徒然。

[1]五教：即父義、母慈、兄友、弟恭、子孝。　六行：即知、仁、聖、義、忠、和。

[2]誄：敘述死者生平、表示哀悼的文章，多用於上對下。　銘：刻寫在器物上用以記敘生平事迹的文字。

降及後代，風教漸落。魏之三祖，[1]更尚文詞，忽君人之大道，好彫蟲之小藝。下之從上，有同影響，競騁文華，遂成風俗。江左齊、梁，[2]其弊彌甚，貴賤賢愚，唯務吟詠。遂復遺理存異，尋虛逐微，競一韻之奇，争一字之巧。連篇累牘，不出月露之形，積案盈箱，唯是風雲之狀。世俗以此相高，朝廷據兹擢士。禄利之路既開，愛尚之情愈篤。於是閭里童昏，[3]貴游總丱，[4]未窺六甲，[5]先製五言。[6]至如羲皇、舜、禹之典，[7]伊、傅、周、孔之説，[8]不復關心，何嘗入耳。以傲誕爲清虚，[9]以緣情爲勳績，指儒素爲古拙，用詞賦爲君子。故文筆日繁，其政日亂，良由棄大聖之軌模，構無用以爲用也。捐本逐末，流遍華壤，遞相師祖，久而愈扇。[10]

[1]魏之三祖：指曹操、曹丕、曹植三人。

[2]江左：地區名。一名江東。今安徽蕪湖市與江蘇南京市長

江河段以東地區。時人又稱南朝政權統治的地區爲江左。

[3]童昏：指幼童。

[4]總丱（guàn）：原指兒童束髮時的兩角，後借指童年。

[5]六甲：古時用天干地支紀年，組成六十組干支，其中以“甲”字起頭的有甲子、甲戌、甲申、甲午、甲辰、甲寅六組，稱爲六甲。

[6]五言：五言詩，此處指文章。

[7]羲皇：即伏羲氏。相傳他不僅發明文字，還教會人們結網打魚。

[8]伊：即伊尹。殷商初期政治家。　傅：即傅說。殷商時期政治家、軍事家。見《史記》卷三《殷本紀》。　周：即周公。見《史記》卷三三《魯周公世家》。　孔：即孔子。名丘，字仲尼，魯國陬邑（今山東曲阜市）人。見《史記》卷四七《孔子世家》。

[9]傲誕：驕傲放誕。

[10]愈扇：更加發揮。

及大隋受命，聖道聿興，屏黜浮詞，[1]遏止華僞。自非懷經抱質，志道依仁，不得引預搢紳，[2]參厠纓冕。[3]開皇四年，普詔天下，公私文翰，並宜實録。其年九月，泗州刺史司馬幼之文表華艷，[4]付所司推罪。自是公卿大臣咸知正道，莫不鑽仰墳素，[5]棄絶華綺，擇先王之令典，行大道於兹世。

[1]浮詞：《隋書》卷六六《李諤傳》作“輕浮”，《通志》卷一六三與《北史》同。

[2]搢紳：官員朝會時的一種裝束，束大帶而插笏板。後用以代指官吏、士大夫。

[3]纓冕：仕宦的代稱。

[4]泗州：隋朝時治宿豫縣，在今江蘇宿遷市東南。

[5]墳素：泛指典籍。《隋書·李諤傳》作“墳集”，《通志》卷一六三作“墳索”。

如聞外州遠縣，仍踵弊風，選吏舉人，未遵典則。宗黨稱孝，[1]鄉曲歸仁，學必典謨，[2]交不苟合，則擯落私門，不加收齒；[3]其學不稽古，逐俗隨時，作輕薄之篇章，結朋黨而求譽，則選充吏職，舉送天朝。蓋由縣令、刺史，未行風教，猶挾私情，不存公道。臣既忝憲司，[4]職當糾察。若聞風即劾，[5]恐挂網者多，請勒有司，[6]普加搜訪，有如此者，具狀送臺。

[1]宗黨稱孝：《隋書》卷六六《李諤傳》作“至有宗黨稱孝”，《通志》卷一六三作“有宗黨稱孝”。中華本校勘記云：“《隋書》卷六六《李諤傳》‘宗’上有‘至有’二字，是。”

[2]典謨：《尚書》中有“典”“誥”兩種文體。後世代指經典、名言。

[3]收齒：接收録用。

[4]憲司：官署名。御史臺的別稱。主管刑法、典章制度，糾正百官不法行爲，肅正綱紀。

[5]即：底本作“節”，元大德本、毛本、殿本、四庫本、局本、四部備要本作“即”。按：作“節”文意不通。今從諸本改。

[6]有司：《隋書·李諤傳》作“諸司”，《通志》卷一六三與《北史》同。

諤又以當官者好自矜伐，復上奏具陳其弊，請加罪黜，以懲風軌。[1]上以諤前後所奏頒示天下，四海靡然向風，深革其弊。諤在職數年，務存大體，不尚嚴猛，由是無剛謇之譽，[2]而潛有匡正之志。[3]

[1]風軌：風紀儀範。軌，局本作“俗”。

[2]剛謇（jiǎn）：剛直。

[3]而潛有匡正之志：《隋書》卷六六《李諤傳》作“而潛有匡正多矣”，《通志》卷一六三與《北史》同。

邳公蘇威以臨道店舍，[1]乃求利之徒，事業汙雜，非敦本之義。遂奏約遣歸農。有願依舊者，在所州縣，[2]録附市籍，仍撤毁舊店，並令遠道，限以時日。時逢冬寒，莫敢陳訴。

[1]店舍：宿客兼售貨之店。

[2]在所州縣：《隋書》卷六六《李諤傳》“在所”作“所在”，《通志》卷一六三與《北史》同。

諤因别使，見其如此，以農工有業，各附所安，逆旅之與旗亭，[1]自古非同一概，即附市籍，於理不可。且行旅之所依託，豈容一朝而廢，徒爲勞擾，於事非宜。遂專决之，並令依舊。使還詣闕，然後奏聞。文帝善之曰:“體國之臣，當如此矣。”

[1]逆旅：客舍、旅店。　旗亭：酒樓。

以年老，出拜通州刺史，[1]甚有惠政，人夷悦服。卒官。

[1]通州：隋朝時治石城縣，在今四川達州市。

四子。世子大方襲爵，最有才器。大業初，[1]判内史舍人。[2]次大體、大鈞，並位尚書郎。[3]

[1]大業：隋煬帝的年號（605—617）。

[2]判：官制用語。即以他官兼帶某職，稱判某職或判某職事。始於北齊。　内史舍人：官名。隋朝時爲内史省屬官，置八人。正六品。文帝開皇三年爲從五品。煬帝大業三年置四人，十二年改名内書舍人。

[3]尚書郎：官名。隋初改稱侍郎，煬帝時復稱郎，爲二十四司長官，常冠以司名，不單稱尚書郎。從五品。

鮑宏，字潤身，東海郯人也。[1]父機，以才學知名。仕梁，位書侍御史。

[1]東海：郡名。隋朝時治郯縣，在今山東郯城縣北。　郯：縣名。治所在今山東郯城縣北。

宏七歲而孤，爲兄泉之所愛育。年十二，能屬文，嘗和湘東王繹詩，[1]繹嗟賞不已，引爲中記室。[2]累遷通直散騎侍郎。[3]江陵平，歸于周，明帝甚禮之，[4]引爲麟趾殿學士。[5]累遷遂伯下大夫。[6]與杜子暉聘陳，[7]謀伐齊，陳遂出兵度江以侵齊。[8]帝嘗問宏取齊策，宏以爲

“先皇往日，出師洛陽，彼有其備，每不克捷。如臣計者，進兵汾、潞，[9]直掩晋陽，[10]出其不虞，以爲上策”。帝從之。及定山東，除小御正，[11]賜爵平遥縣伯，[12]加儀同。[13]

[1]湘東王：封爵名。湘東，郡名。南朝梁時治臨烝縣，在今湖南衡陽市。　繹：即蕭繹，人名。字世誠，南蘭陵（一説在今江蘇常州市，一説在今江蘇丹陽市）人。南朝梁皇帝，初封湘東王。見《梁書》卷五《元帝紀》。

[2]中記室：官名。中記室參軍的省稱。南朝梁時爲大將軍府屬官。諸皇弟皇子府、嗣王藩王府、庶姓公府、庶姓持節府皆置。官階依府主地位而定，自七班至三班不等。

[3]通直散騎侍郎：官名。南朝時屬集書省，參平尚書奏事，兼掌侍從諷諫。地位漸低，常授予衰老之士，多爲加官。南朝梁時爲六班。

[4]明帝：即北周皇帝宇文毓。明爲其謚號。

[5]麟趾殿學士：官名。北周明帝即位後，立麟趾學，以在朝公卿以下有文學者爲學士，稱爲麟趾殿學士。初不限貴賤，後聽于翼之議，定學士班次。亦有以他官參麟趾學士者，掌著述、刊校經史。

[6]遂伯下大夫：官名。又稱小遂伯下大夫。西魏恭帝三年置，北周沿置。地官府民部中大夫屬官，佐遂伯中大夫掌本方事務。正四命。

[7]杜子暉：人名。即杜杲。字子暉，京兆杜陵（今陝西西安市長安區東）人。北周官吏。見《北史》卷七〇《杜杲傳》。

[8]陳遂出兵度江以侵齊：底本無“陳”字，《隋書》卷六六《鮑宏傳》作“陳遂出兵江北以侵齊”。中華本校勘記云：“諸本脱‘陳’字，據《隋書》卷六六《鮑宏傳》補。”今從補。

[9]汾：州名。北齊時治蒲子縣，在今山西隰縣。　潞：州名。北齊時治襄垣縣，在今山西襄垣縣北。

[10]晋陽：縣名。治所在今山西太原市晋源區古城營村一帶。

[11]小御正：官名。又稱小御正下大夫、御正下大夫。西魏恭帝時置，北周沿置。天官府御正司次官，佐御正中大夫掌本司。北周武帝建德二年省御正中大夫，成爲御正司長官，宣帝時復爲次官。正四命。《隋書》卷六六《鮑宏傳》、《通志》卷一六三作“少御正”。

[12]平遥縣伯：封爵名。平遥，縣名。治所在今山西平遥縣。

[13]儀同：儀同三司的省稱。指非三公而享受三公的儀制待遇。魏晋時始置，南北朝時授予的範圍逐漸擴大，成爲官號。北周時爲勳官、散官號。九命。《隋書·鮑宏傳》作“上儀同”，《通志》卷一六三與《北史》同。按北周與隋官制，上儀同三司位在儀同三司之上，開府儀同三司又在上儀同三司之上，下文云隋文帝受禪後，鮑宏位加開府，疑此處作“上儀同”是。

隋文帝作相，奉使山南。[1]會王謙舉兵於蜀，[2]路次潼州，[3]爲謙將達奚惎所執，[4]逼送成都，[5]竟不屈節。謙敗，馳傳入京，文帝嘉之，賜以金帶。[6]及受禪，加開府，[7]進爵爲公。歷利、邛二州刺史，[8]秩滿還京。時有尉義臣者，[9]其父崇不從尉遲迥，[10]後復與突厥戰死。[11]上嘉之，將賜姓金氏，訪及群下。宏曰：“昔項伯不同項羽，漢高賜其姓劉氏，[12]秦真父能死難，魏武賜姓曹氏。[13]請賜以皇族。”帝曰：“善。”因賜義臣姓楊。

[1]山南：地區名。北周定都長安（今陝西西安市），以今陝西漢中盆地及湖北荆襄之地爲山南。

[2]王謙：人名。字敕萬，太原（今山西太原市晋源區古城營村一帶）人。北周大臣。見《北史》卷六〇《王雄附王謙傳》。 蜀：郡名。北周時治成都縣，在今四川成都市。

[3]潼州：北周時治巴西縣，在今四川綿陽市東。

[4]達奚惎（jì）：人名。代郡（今山西大同市東北）人，鮮卑族。北周官吏。與王謙同叛，兵敗被誅。

[5]成都：縣名。治所在今四川成都市。

[6]金帶：腰帶的一種。因有金荔枝等黄金飾物，故稱。

[7]開府："開府儀同三司"的省稱，隋朝時爲散官號，位次王、公。初爲正四品上，煬帝時定爲從一品。

[8]利：州名。隋朝時治緜谷縣，在今四川廣元市。 邛：州名。隋朝時治依政縣，在今四川邛崍市東南。

[9]尉義臣：人名。本姓尉遲，隋文帝賜姓楊，代（今山西大同市東北）人。隋朝將領。見《北史》卷七三《楊義臣傳》。

[10]尉遲迥：人名。字薄居羅，代（今山西大同市東北）人。西魏、北周大臣。見《北史》卷六二《尉遲迥傳》。

[11]突厥：族名。廣義上包括鐵勒、突厥各部落，狹義上則專指突厥汗國。公元六世紀初興起於金山（今阿爾泰山）西南麓，爲游牧部落。西魏廢帝二年（552），建立突厥汗國，隋文帝開皇二年（582），分裂爲東西二部。見《北史》卷九九《突厥傳》。

[12]昔項伯不同項羽漢高賜其姓劉氏：在鴻門宴上，項伯曾勸項羽不殺劉邦。劉邦當了皇帝後，感念當年的恩情，封項伯爲射陽侯，並賜姓劉。見《史記》卷七《項羽本紀》。

[13]秦真父能死難魏武賜姓曹氏：三國時期，秦真的父親因保護曹操而身亡。曹操感念其功勳，賜真姓曹。見《三國志》卷九《魏書·曹真傳》。真，局本作"貞"。

後授均州刺史，[1]以目疾免，卒于家。

[1]均州：隋朝時治武當縣，在今湖北丹江口市。

初，周武帝敕宏修《皇室譜》一部，[1]分爲《帝緒》《疏屬》《賜姓》三篇。有集十卷，行於世。

[1]周武帝：即北周皇帝宇文邕。武爲其謚號。

高構，字孝基，北海人也。[1]性滑稽多智，辯給過人，好讀書，工吏事。仕齊，歷蘭陵、平原二郡太守。[2]齊滅，周武帝以爲許州司馬。[3]

[1]北海：郡名。隋朝時治益都縣，在今山東青州市北。

[2]蘭陵：郡名。北齊時治承城，在今山東棗莊市東南。　平原：郡名。北齊時治聊城縣，在今山東聊城市東北。

[3]許州：北周時治長社縣，在今河南臨潁縣西北。　司馬：官名。州郡幕僚，主軍務，屬武職。品秩隨州郡的高低而不同。

隋文帝受禪，累遷户部侍郎。[1]時内史侍郎晋平東與兄子長茂争嫡，[2]尚書省不能斷，[3]朝臣三議不决。構斷而合理，上以爲能，召入内殿，[4]勞之曰："我聞尚書郎上應列宿，[5]觀卿才識，方知古人之言信矣。嫡庶者，禮教之所重，我讀卿判數遍，詞理愜當，意所不能及也。"賜米百石。[6]由是知名。

[1]户部侍郎：官名。隋朝時置，爲度支部户部司長官，初置二人，掌管户部之事。正六品上，文帝開皇三年升爲從五品。煬帝時改稱爲民部郎。

[2]内史侍郎：官名。隋朝時爲内史省次官，員四人。正四命。煬帝大業三年減爲兩人，十二年改名爲内書侍郎。

[3]尚書省：官署名。隋朝時與内史、門下並稱三省，共同執掌軍國大事，尚書省爲政務中樞，職權尤重。

[4]内殿：帝王召見大臣和處理政事的宫殿。

[5]列宿：衆星宿，也特指二十八宿。

[6]百：局本作“五”。

馮翊武鄉女子焦氏既瘂又聾，[1]嫁之不售。嘗樵菜於野，爲人所犯而有孕，遂生一男。年六歲，莫知其姓，於是申省。[2]構判曰：“母不能言，窮究理絶。案《風俗通》，[3]姓有九種，或氏於爵，或氏所居。[4]此兒生在武鄉，可以武爲姓。”尋遷雍州司馬，[5]以明斷見稱。歲餘，轉吏部侍郎，[6]號爲稱職。復徙雍州司馬，坐事左轉盩厔令，[7]甚有能名。上善之，復拜雍州司馬。仁壽初，[8]又爲吏部侍郎，以公事免。

[1]馮翊：郡名。隋朝時治馮翊縣，在今陝西大荔縣。　武鄉：縣名。治所在今陝西大荔縣。

[2]申省：由省署審核。即由中書、門下及尚書省長官參與，審核案件。

[3]風俗通：《風俗通義》的省稱。東漢應劭著，共二十三卷，現存十卷，附録一卷。書中記録了大量的神話異聞，並有作者自己的評議，從而成爲研究風俗文化和鬼神崇拜的重要文獻。

[4]所：殿本、四庫本、四部備要本作“於”。

[5]雍州：隋朝時治大興縣，在今陝西西安市。

[6]吏部侍郎：官名。隋初爲吏部司長官，隸吏部尚書。從五

品。煬帝大業三年，吏部司長官改名爲選部郎，吏部侍郎遂爲吏部次官，員一人。

[7]盩（zhōu）厔：縣名。治所在今陝西周至縣。

[8]仁壽初：《隋書》卷六六《高構傳》無此三字，應是《北史》補。仁壽，隋文帝的年號（601—604）。

煬帝立，[1]召令復位。時爲吏部者多以不稱去職，[2]唯構最有能名，前後典選之官，[3]皆出其下。時人以構好劇談，頗謂輕薄，然其内懷方雅，[4]特爲吏部尚書牛弘所重。[5]後以老病解職，弘時典選，凡將有所擢用，輒遣人就第問其可不。[6]河東薛道衡才高當世，[7]每稱構有清鑒，[8]所爲文筆，必先以草呈構而後出之。構有所詆訶，[9]道衡未嘗不嗟伏。大業七年，終於家。所舉薦杜如晦、房玄齡等，[10]後皆自致公輔，[11]論者稱構有知人之鑒。

[1]煬帝：即隋朝皇帝楊廣。煬爲其謚號。

[2]吏部：官署名。隋朝時爲尚書省六部之首，掌全國文職官員的銓選、勳封、考課，以尚書爲長官，領吏部、司勳、司封、考功等署。

[3]典選：指受命掌管官吏選舉。有時非吏部官員或吏部官員調任他職後，亦得奉詔典選，兼理選舉事務。

[4]内：局本作“外”。

[5]吏部尚書：官名。隋朝時爲尚書省六部長官之首，與二侍郎分掌六品以下文官選授、勳封、考課之政。正三品。　牛弘：人名。字里仁，安定鶉觚（今甘肅靈臺縣）人。隋朝官吏。見《北史》卷七二《牛弘傳》。

[6]遣：毛本作“遺”。

[7]薛道衡：人名。字玄卿，河東汾陰（今山西萬榮縣西南）人。隋朝官吏。見《北史》卷三六《薛辯附薛道衡傳》。

[8]清鑒：指高明的鑒别、判斷能力。

[9]詆訶：毁謗斥責。

[10]杜如晦：人名。字克明，京兆杜陵（今陝西西安市長安區東）人。隋朝、唐朝官吏。見《舊唐書》卷六六《杜如晦傳》。房玄齡：人名。即房喬。字玄齡，齊州臨淄（今山東淄博市臨淄區）人。隋末大亂時投奔李世民，成爲李世民的重要謀臣。見《舊唐書》卷六六《房玄齡傳》。

[11]公輔：指輔佐帝王的重臣。公，指太師、太傅、太保、太尉、司徒、司空等。輔，指左輔、右輔、前疑、後丞。

開皇中，昌黎豆盧實爲黄門侍郎，[1]稱爲慎密。河東裴術爲右丞，[2]多所糾正。河内士燮、平原東方舉、安定皇甫聿道，[3]俱爲刑部，[4]並執法平允。京兆韋焜爲户部郎，[5]屢進讜言。[6]南陽韓則爲延州，[7]甚有惠政。此等事行遺闕，皆有吏幹，爲當時所稱。

[1]昌黎：郡名。隋朝時治龍城縣，在今遼寧朝陽市。　黄門侍郎：官名。給事黄門侍郎的省稱。隋初置爲門下省次官，員二人，位頗重要。正四品上。煬帝大業三年去“給事”二字，稱黄門侍郎。

[2]右丞：官名。即尚書右丞。隋朝時通判都省事，監察省内，領内司郎中、員外郎，監督稽核兵、刑、工三部十二司。從四品。行臺尚書省亦置，視從四品。

[3]河内：郡名。隋朝時治河内縣，在今河南沁陽市。　平原：郡名。隋朝時治繹幕縣，在今山東平原縣。　安定：郡名。隋朝時

治安定縣，在今甘肅涇川縣北。　皇甫聿道：局本作“皇甫修道”。

［4］刑部：官署名。隋朝時爲尚書省六部之一，掌刑法、徒隸、勾覆及關禁之政令，下領刑部、都官、比部、司門四司。

［5］京兆：郡名。隋朝時治長安縣，在今陝西西安市西北。　户部郎：官名。按：隋朝時有户部侍郎，爲度支部户部司長官，掌管户部之事，而無户部郎。《隋書》卷六六《高構傳》作“民曹”。

［6］讜言：正直的話。

［7］南陽：郡名。隋朝時治穰縣，在今河南鄧州市。　延州：隋朝時治廣武縣，在今陝西延安市東。中華本校勘記云：“《隋書》卷六六、《通志》卷一六三《高構傳》，‘延州’下有‘長史’二字，疑此是誤脱。”可從。

榮毗，字子諶，北平無終人也。[1]父權，魏兵部尚書。[2]

［1］北平：郡名。隋朝時治盧龍縣，在今河北盧龍縣。　無終：縣名。治所在今天津薊縣。

［2］兵部尚書：官名。十六國時稱五兵尚書爲兵部尚書。西魏初沿置，爲尚書省兵部曹長官，掌兵部曹事務，恭帝時改爲兵部中大夫。

毗少剛鯁，有局量，涉獵群言。仕周，位内史下士。[1]隋開皇中，累遷殿内局監。[2]時以華陰多盜賊，[3]妙選長史，[4]楊素薦毗爲華州長史，[5]世號爲能。素之田宅，多在華陰，左右放縱，毗以法繩之，無所寬貸。毗因朝集，[6]素謂之曰：“素之舉卿，適以自罰也?”毗答曰：“奉法一心者，但恐累公所舉。”素笑曰：“前言戲耳。[7]卿之奉法，素之望也。”時晋王在揚州，[8]每令人密覘京師消息，[9]遣張衡於路次往往置馬坊，[10]以畜牧爲辭，實給私人也。州縣莫敢違，毗獨遏絶其事。上聞而嘉之，賚絹百匹，轉蒲州司馬。[11]

[1]内史下士：官名。又稱小内史下士。西魏恭帝三年置，北周沿置。春官府内史中大夫屬官。正一命。

[2]殿内局監：官名。又稱殿内監。隋朝時避文帝之父楊忠諱，改殿中局爲殿内局，隸門下省，以監爲長官，員二人。煬帝時改名爲尚舍局，隸殿内省。

[3]華陰：縣名。治所在今陝西華陰市東南。

[4]長史：官名。掌顧問參謀，爲所在官署的屬官之長。不同名號的長史所負職責不同，品秩也不相同。《隋書》卷六六《榮毗傳》、《通志》卷一六三作“長吏”。中華本校勘記引張森楷語云：“《隋書》卷六六《榮毗傳》‘史’作‘吏’，是。”今不改。

[5]楊素：人名。字處道，弘農華陰（今陝西華陰市東南）人。北周、隋朝大臣。見《北史》卷四一《楊敷附楊素傳》。　華州：隋朝時治鄭縣，在今陝西華縣西南。

[6]朝集：朝見會集。

[7]前言戲耳：《隋書·榮毗傳》作“前者戲耳”，《通志》卷一六三作“前者戲言”。

[8]晋王：指隋煬帝楊廣。　揚州：隋朝時治江都縣，在今江蘇揚州市。

[9]覘（chān）：窺視，察看，偵察。

[10]張衡：人名。字建平，河内（今河南沁陽市）人。隋朝官吏。見《北史》卷七四《張衡傳》。

[11]蒲州：隋朝時治蒲坂縣，在今山西永濟市西南蒲州鎮。

漢王諒之反也，[1]河東豪傑以城應諒。刺史丘和覺變，[2]遁歸關中。長史渤海高義明謂毗曰：[3]“河東國之東門，若失之，則爲難不細。城中雖復匈匈，非悉反也。但收桀黠者十餘人斬之，[4]自當立定耳。”毗然之。義明馳馬追和，將與協計。至城西門，爲反者所殺，[5]毗亦被執。及諒平，拜書侍御史，帝謂曰：“今日之舉，馬坊之事也。無改汝心。”帝亦敬之。毗在朝侃然正色，爲百僚所憚。[6]後以母憂去職。歲餘，起令視事。尋卒官。贈鴻臚少卿。[7]

[1]漢王諒：即楊諒。字德章，一名傑，小字益錢，弘農華陰（今陝西華陰市東南）人。隋文帝第五子，母獨孤皇后。隋煬帝即位，起兵反，兵敗被囚。見《北史》卷七一《庶人諒傳》。

[2]刺史丘和覺變：《隋書》卷六六《榮毗傳》作“刺史丘和覺”，《通志》卷一六三與《北史》同。

[3]渤海：郡名。隋朝時治陽信縣，在今山東陽信縣西南。

[4]桀黠者：指凶殘狡詐的人。

[5]反者：底本作“渤海”，《隋書·榮毗傳》、《通志》卷一六三作“反者”，中華本據二書改，其校勘記云：“按作‘渤海’不通，此涉上文‘渤海’二字而誤，今據改。”今從改。

[6]所憚：殿本、四庫本、四部備要本作“震憚”。《隋書·榮毗傳》、《通志》卷一六三作“所憚”。

[7]鴻臚少卿：官名。北齊時始置。歷代沿置。隋初置一人，四品上。煬帝時增爲二員，降爲從四品。

毗兄建緒，性甚亮直，兼有學業。仕周，爲載師下大夫、儀同三司。[1]及平齊之始，留鎮鄴城，[2]因著《齊紀》三十卷。建緒與文帝有舊，及爲丞相，加位開府，拜息州刺史。[3]將之官，時帝陰有禪代之計，因謂建緒曰："且躊躇，當共取富貴耳。"建緒自以周之大夫，因義形於色曰："明公此旨，[4]非僕所聞。"帝不悦。建緒遂行。開皇初來朝，上謂之曰："卿亦悔不？"建緒稽首曰："臣位非徐廣，[5]情類楊彪。"[6]上笑曰："朕雖不解書語，亦知卿此言不遜也。"兼始、洪二州刺史，[7]俱有能名。

[1]載師下大夫：官名。即小載師下大夫，又稱小載師。西魏恭帝三年置，北周沿置。地官府載師司次官，佐載師中大夫掌封邑的劃分，管理全國農、牧、鹽業的生産及賦役徵發等事務。武帝建德二年省中大夫，遂爲載師司長官，宣帝時復爲次官。正四命。

[2]鄴城：在今河北臨漳縣西南。

[3]息州：北周時治廣陵城，在今河南息縣。

[4]此旨：殿本、四庫本、四部備要本作"此舉"。《隋書》卷六六《榮毗附榮建緒傳》、《通志》卷一六三作"此旨"。

[5]徐廣：人名。字野民，東莞姑幕（今江蘇常州市東南）人。東晋末大臣，因不滿劉裕篡位而辭官。見《晋書》卷八二《徐廣傳》。

[6]楊彪：人名。字文先，弘農華陰（今陝西華陰市東南）人。東漢末大臣，至死仍稱漢臣，不仕曹操與曹丕。見《後漢書》卷五四《楊震附楊彪傳》。

[8]兼：《隋書·榮毗附榮建緒傳》、《通志》卷一六三作"歷"。中華本校勘記云："《隋書》、《通志》《榮毗傳》'兼'作'歷'，疑作'兼'誤。"可從。 始：州名。隋朝時治普安縣，在今四川劍閣縣。 洪：州名。隋朝時治豫章縣，在今江西南昌市。

陸知命，字仲通，吴郡富春人也。[1]父敖，陳散騎常侍。

[1]吴郡：隋朝時治吴縣，在今江蘇蘇州市。　富春：縣名。治所在今浙江富陽市。

知命性好學，通識大體，以貞介自持。仕陳，爲太學博士、南獄正。[1]及陳滅，歸於家。會高智慧等作亂于江左，[2]晋王廣鎮江都，[3]以其三吴之望，[4]召令諷諭反者。以功拜儀同三司，賜以田宅，復用其弟恪爲汧陽令。[5]知命以恪非百里才，上表陳讓，朝廷許之。時見天下一統，知命詣朝堂上表，請使高麗以宣示皇風，[6]使彼君臣面縛闕下。[7]書奏，天子異之。歲餘，授普寧鎮將。[8]人或言其正直者，由是待詔於御史臺。[9]

[1]太學博士：官名。南朝陳時掌教授國子學生，隸國子祭酒，位次於國子博士、五經博士。八品。　南獄正：官名。具體職掌不詳。

[2]高智慧：人名。又作"高智惠"，會稽（今浙江紹興市）人。隋朝起義軍首領。

[3]江都：郡名。隋朝時治江陽縣，在今江蘇揚州市東北。

[4]三吴：地區名。指吴郡、吴興郡、會稽郡等三郡轄地。由於這三郡都是從同一個吴郡（原稱會稽郡）中析置，因此被合稱爲三吴。

[5]汧（qiān）陽：縣名。治所在今陝西千陽縣西。

[6]高麗：國名。又作"高句麗"，其先出自夫餘，地爲漢之玄菟郡，高句麗爲其三縣之一，因以爲國名。都名丸都，在今吉林

集安市，南北朝時遷都於今朝鮮平壤。見《北史》卷九四《高麗傳》。

[7]面縛：雙手背綁，表示投降。　闕下：宮闕之下。指朝廷。

[8]普寧：縣名。治所在今四川仁壽縣東。　鎮將：官名。北魏始置。隋朝時於邊防處置鎮，以鎮將總判鎮事。上鎮將位從四品，中鎮將位從五品，下鎮將位正六品。

[9]御史臺：官署名。隋朝時由吏部選用，入值禁中，置御史大夫一員，治書侍御史二員，下設侍御史、殿内侍御史、監察御史、録事，煬帝時罷殿内侍御史，御史亦不用入值禁中，臺中事務皆由治書侍御史主持。

煬帝嗣位，拜書侍御史，侃然正色，爲百僚所憚。帝甚敬之。後坐事免。歲餘，復職。時齊王暕頗驕縱，[1]暱近小人，知命奏劾之，暕竟得罪，百僚震慄。遼東之役，[2]爲東暆道受降使者，[3]卒於師。贈御史大夫。[4]

[1]齊王暕：即楊暕。字世朏，弘農華陰（今陝西華陰市東南）人。隋朝宗室。見《北史》卷七一《齊王暕傳》。

[2]遼東之役：指隋煬帝對高句麗政權進行的征伐。遼東，地區名。指遼河以東的地區。隋朝時遼東地區包括整個大同江流域和漢江流域，是高句麗政權的轄區。

[3]東暆（yí）：縣名。治所在今韓國江原道。

[4]御史大夫：官名。隋朝時爲御史臺長官，專管監察、彈劾百官，地位尊隆。從四品。

梁毗，字景和，安定烏氏人也。[1]祖越，魏涇、豫、洛三州刺史，[2]郃陽縣公。[3]父茂，周滄、兖二州刺史。[4]

[1]烏氏：縣名。治所在今甘肅涇川縣東北。

[2]涇：州名。北魏時治安定縣，在今甘肅涇川縣北。　豫：州名。北魏時治懸瓠城，在今河南汝南縣。　洛：州名。北魏孝文帝太和十七年改洛州爲司州，治洛陽縣，在今河南洛陽市東北。

[3]郃陽縣公：封爵名。郃陽，縣名。治所在今陝西合陽縣東南。

[4]滄：州名。北周時治饒安城，在今河北鹽山縣舊縣鎮。　兖：州名。北周時治瑕丘縣，在今山東兖州市西。

毗性剛謇，頗有學涉。仕周，累遷布憲下大夫。[1]宣政中，[2]封易陽縣子，[3]遷武藏大夫。[4]隋文帝受禪，進爵爲侯。開皇初，以鯁正，拜書侍御史，名爲稱職。轉大興令，[5]遷雍州贊務。[6]毗既出憲司，[7]復典京邑，直道而行，無所回避，頗失權貴心，由是出爲西寧州刺史，[8]改封邯鄲縣侯。[9]在州十一年。

[1]布憲下大夫：官名。西魏恭帝三年置，北周沿置。秋官府布憲司次官，佐布憲司中大夫掌本司事務。武帝建德二年省布憲中大夫，下大夫成爲長官，宣帝時復置中大夫，仍爲次官。正四命。

[2]宣政：北周武帝的年號（578）。

[3]易陽縣子：封爵名。易陽，縣名。治所在今河北永年縣臨洺關鎮。

[4]武藏大夫：官名。即武藏中大夫。西魏恭帝三年置，北周沿置。夏官府武藏司長官，員一人，掌各種兵器、鎧甲及武士袍襖

的收藏、保管，下設小武藏下大夫以佐其職。武帝建德二年省，宣帝時復置。正五命。按：北周武藏司設武藏中大夫、武藏下大夫，不單稱武藏大夫。梁毗由布憲下大夫遷武藏大夫，但武藏下大夫與布憲下大夫同爲正四命，不得説“遷”，故此處應爲“武藏中大夫”。

[5]大興：縣名。治所在今陝西西安市。

[6]贊務：官名。隋朝時置，初爲雍州屬官，居別駕下，從四品。煬帝時罷長史、司馬，置贊務爲郡太守副職，員一人。上郡贊務爲正五品，中郡爲從五品，下郡爲正六品。河南贊務爲從四品。《隋書》卷六二《梁毗傳》作“贊治”，《通志》卷一六三與《北史》同。

[7]憲司：官署名。又稱憲臺、南臺。御史臺的別稱。

[8]西寧州：隋朝時治越巂縣，在今四川西昌市。

[9]邯鄲縣侯：封爵名。邯鄲，縣名。治所在今河北永年縣。

先是，蠻夷酋長皆服金冠，[1]以金多者爲豪俊，由是遞相陵辱，[2]每尋干戈，邊境略無寧歲。毗患之，後因諸酋長相率以金遺之，於是置金座側，[3]對之慟哭，謂曰：“此饑不可食，寒不可衣，汝等以此相滅。今將此來，欲殺我邪！”一無所納，悉以還之。於是蠻夷感悟，遂不相攻。文帝聞而善之，徵爲散騎常侍、大理卿。[4]處法平允，時人稱之。歲餘，進位上開府。[5]

[1]酋長：魏晉南北朝時對少數民族首領的稱號。　金冠：金質或有金飾的禮冠，多用於王公貴族。

[2]陵辱：中華本校勘記云：“《隋書》卷六六、《通志》卷一六三《梁毗傳》‘辱’作‘奪’，是。”可從。

[3]座：局本、《隋書》卷六二《梁毗傳》、《通志》卷一六三作“坐”。

[4]大理卿：官名。亦稱大理寺卿。北齊時改廷尉置，隋朝沿置。爲大理寺長官，員一人，掌管國家刑獄審判、執行法律的事務。三品。煬帝大業三年定爲從三品。

[5]上開府：上開府儀同三司的省稱。北周武帝時置。隋朝時置爲從三品散實官，煬帝大業三年罷。

毗見左僕射楊素貴重擅權，[1]百僚震慴，恐爲國患，因上封書曰：“竊見左僕射越國公素，幸遇愈重，權勢日隆，所私皆非忠讜，所進咸是親戚，子弟布列，兼州連縣。天下無事，容息姦圖，四海稍虞，必爲禍始。夫姦臣擅命，有漸而來。王莽資之於積年，[2]桓玄基之於易世，[3]而卒殄漢祀，終傾晋祚。陛下若以素爲阿衡，[4]臣恐其心未必伊尹也。”帝大怒，命有司禁止，親自詰之。毗極言曰：[5]“素既擅權寵，作威作福，將領之處，殺戮無道。又太子、蜀王罪廢之日，[6]百僚無不震悚，唯素揚眉奮肘，喜見容色，利國家有事以爲身幸。”毗發言謇謇，有誠亮之節，帝無以屈也，乃釋之。素自此恩寵漸衰。但素任寄隆重，多所折挫，當時朝士無不慴伏；有敢與相是非，[7]辭氣不撓者，獨毗與柳彧及尚書左丞李綱而已。[8]後上不復專委於素，蓋由察毗之言。

[1]左僕射：官名。尚書左僕射的省稱。隋朝時與内史省、門下省長官共同執掌國政。文帝開皇三年令左僕射掌管吏部、禮部、兵部三部事，兼管御史彈劾不當之事。從二品。

[2]王莽：人名。字巨君，魏郡元城（今河北大名縣東）人。

西漢外戚、新朝建立者。見《漢書》卷九九《王莽傳》。

[3]桓玄：人名。字敬道，一名靈寶，譙國龍亢（今安徽懷遠縣西北）人。東晋大臣。通過鎮壓起義軍掌握了兵權，晋安帝元興二年（403）簒位，建立楚國。見《晋書》卷九九《桓玄傳》。

[4]阿衡：官名。商代保育教養之官。

[5]毗極言曰：底本無“毗”字，《隋書》卷六二《梁毗傳》、《通志》卷一六三作“毗極言曰”，中華本據二書改。今從改。

[6]蜀王：即楊秀。弘農華陰（今陝西華陰市東南）人。隋文帝第四子，母獨孤皇后。文帝開皇元年立爲越王，轉封爲蜀王。見《北史》卷七一《庶人秀傳》。

[7]有敢與相是非：《隋書·梁毗傳》、《通志》卷一六三作“莫有敢與相是非”。

[8]尚書左丞：官名。東漢時始置，歷代沿置。隋朝時通判都省事，監察省内，領内司郎中、員外郎，監督稽核吏、户、禮三部十二司。從四品。其行臺尚書省亦置，視從四品。《隋書·梁毗傳》作“尚書右丞”，《通志》卷一六三與《北史》同。按：《北史》卷七三、《隋書》卷五三《劉方傳》亦作“尚書右丞”，疑《隋書》是。　李綱：人名。字文紀，觀州蓨（今河北景縣）人。北周、隋朝官吏。見《舊唐書》卷六二《李綱傳》。

煬帝即位，遷刑部尚書，[1]并攝御史大夫事。奏劾宇文述私役部兵，[2]帝議免述罪，毗固争，因忤旨，遂令張衡代爲大夫。毗憂憤卒。帝令吏部尚書牛弘弔之。

[1]刑部尚書：官名。隋朝時始置。文帝開皇三年由都官尚書改名，員一人，負責制定律法、糾察違法。正三品。

[2]宇文述：人名。字伯通，代郡武川（今内蒙古武川縣西）人，鮮卑族。北周、隋朝大臣。見《北史》卷七九《宇文述傳》。

子敬真，位大理司直。[1]時煬帝欲成光禄大夫魚俱羅罪，[2]令敬真案其獄，遂希旨陷之極刑。[3]未幾，敬真有疾，見俱羅爲祟而死。

[1]大理司直：官名。北齊時始置。隋朝沿置，爲大理寺屬官，員十人。從五品。

[2]光禄大夫：官名。隋初未置，煬帝大業三年加置，位在左、右光禄大夫之上，爲文職散官之首。從一品。　魚俱羅：人名。馮翊下邽（今陝西渭南市東北）人。隋朝官吏。見《北史》卷七八《魚俱羅傳》。

[3]希旨：亦作"希指"。謂迎合君上的意旨。

柳彧，字幼文，河東解人也。[1]世居襄陽。[2]父仲禮，《南史》有傳。仲禮，梁敗見囚于周，[3]復家河東。

[1]解：縣名。治所在今山西臨猗縣。

[2]世居襄陽：《隋書》卷六二《柳彧傳》、《通志》卷一六三作"七世（《通志》作'代'）祖卓，隨晋南遷，寓居襄陽"。高敏《南北史掇瑣》下編云《北史》誤改"寓"字。可從。襄陽，郡名。南朝梁時治襄陽縣，在今湖北襄樊市。

[3]梁敗見囚于周：《隋書·柳彧傳》作"爲梁將，敗歸周"，《通志》卷一六三作"爲梁將，敗見囚於周"。中華本校勘記云："《隋書》卷六二《柳彧傳》作'仲禮爲梁將，敗，歸周'，《通志》卷一六三《柳彧傳》作'仲禮爲梁將，敗，見囚於周'。疑《北史》原文當如《通志》。"

彧少好學，頗涉經史。周大冢宰宇文護引爲中外府記室，[1]久而出爲寧州總管掾。[2]武帝親總萬機，彧詣闕求試。帝異之，以爲司武中士。[3]轉鄭令。[4]平齊之後，帝賞從官，[5]留京者不預。彧上表曰："今太平告始，信賞宜明，酬勳報勞，務先有本。屠城破邑，出自聖規，斬將搴旗，必由神略。若負戈擐甲，征扞劬勞。至於鎮撫國家，宿衛爲重。俱稟成筭，非專己能，留從事同，功勞須等。"於是留守並加品級。

[1]大冢宰：官名。亦稱爲大冢宰卿。西魏恭帝三年置，北周沿置。位居六官之首的天官府長官，掌管宫廷供奉以及全國的財政收支、賦役收入、百官俸禄等事務。可總攝百官，執掌朝政。正七命。　宇文護：人名。字薩保，代郡武川（今内蒙古武川縣西）人，鮮卑族。北周宗室、權臣。見《北史》卷五七《邵惠公顥附宇文護傳》。　中外府：官署名。即都督中外諸軍事府的省稱。北周時置，下設長史、司馬、司録、從事中郎、掾、屬、諸曹參軍、行參軍等府佐，實際地位很高。　記室：官名。記室參軍的省稱。北周時爲諸開府、公府、軍府等的記室曹長官，掌文書表奏。品級自七品至九品不等。中外府記室參軍地位要高於其他府的記室參軍。隋朝沿置，爲親王府屬官。從六品。

[2]寧州：北周時治趙興城，在今甘肅寧縣。　總管：官名。北周明帝武成元年改都督諸州軍事爲此稱。爲地方高級軍政官員，置總管府，掌一州或數州軍務，兼理民政。品秩分三等，上總管從二品，中總管正三品，下總管從三品。　掾：古代屬官的通稱。亦稱掾佐、掾史。

[3]司武中士：官名。西魏時置，北周沿置。夏官府（一説屬東宫）司武上大夫屬官，佐其負責宿衛軍事。正二命。

[4]鄭：縣名。治所在今陝西華縣西南。

[5]從官：即侍臣。

隋文帝受禪，歷尚書虞部、屯田二侍郎。[1]時制三品已上，門皆列戟。左僕射高熲子弘德封應國公，[2]申牒請戟。彧判曰："僕射之子更不異居，父之戟槊已列門外，尊有厭卑之義，子有避父之禮，豈容外門既設，内閤又施？"事竟不行。熲聞而歎伏。後遷書侍御史，當朝正色，甚爲百僚敬憚。上嘉其婞直，[3]謂曰："大丈夫當立名於世，無容容而已。"賜錢十萬、米百石。

[1]尚書虞部：官署名。西魏時置。隋朝沿置，隸尚書省工部，爲四司之一，掌山澤、園囿的出産、供應等，兼掌京都街巷種植和菜蔬、木炭、馬料等的供應，以侍郎爲長官。煬帝時改名爲虞部郎。　屯田：官署名。西晋時置。隋朝沿置，隸尚書省工部，爲四司之一，掌籍田、諸州屯田事務，以侍郎爲長官。煬帝時改名爲屯田郎。

[2]高熲：人名。又作"獨孤熲"，一名敏，字昭玄，勃海蓨（今河北景縣）人。仕北周及隋兩朝，隋朝開國功臣。見《北史》卷七二《高熲傳》。

[3]婞（xìng）：剛强。

時刺史多任武將，類不稱職，彧上表曰："伏見詔書以上柱國和干子爲杞州刺史，[1]其人年垂八十，鍾鳴漏盡。前在趙州，[2]闇於職務，政由群小，賄賂公行。百姓吁嗟，歌謡滿道，乃云：'老禾不早殺，餘種穢良田。'古人云：'耕當問奴，織當問婢。'此言各有所能也。干子弓馬武用，是其所長；臨人莅職，[3]非其所解。如謂優老尚年，自可厚賜金帛；若令刺舉，所損殊大。

臣死而後已，敢不竭誠。”上善之，干子竟免。

[1]上柱國：官名。隋朝時置爲散實官，煬帝大業三年罷。從一品。　和干子：人名。源氏校勘記云：“《隋書》作‘和平子’。”　杞州：隋朝時治雍丘縣，在今河南杞縣。

[2]趙州：隋朝時治大陸縣，在今河北隆堯縣東。

[3]臨人：《隋書》卷六二《柳彧傳》作“治民”。

有應州刺史唐君明，[1]居母喪，娶雍州長史厙狄士文之從父妹。[2]彧劾之曰：“君明忽劬勞之痛，[3]惑嬿爾之親，[4]冒此苴縗，[5]命彼褕翟。[6]不義不昵，[7]《春秋》載甚將亡；無禮無儀，詩人欲其遄死。[8]士文贊務神州，名位通顯，棄二姓之重匹，違六禮之軌儀。請禁錮終身，以懲風俗。”二家竟坐得罪。[9]隋承喪亂之後，風俗頹壞，彧多所矯正，上甚嘉之。

[1]應州：隋朝時治應山縣，在今湖北廣水市。

[2]厙狄士文：人名。善無（今山西右玉縣南）人。北周、隋朝官吏。見《北史》卷五四《厙狄干附厙狄士文傳》。

[3]劬（qú）勞：指父母養育子女的辛勞。

[4]惑：《隋書》卷六二《柳彧傳》、《通志》卷一八三作“成”。源氏校勘記云：“‘惑’《隋書》作‘成’。”　嬿爾：新婚。

[5]苴（jū）縗：披於胸前的麻布條，服三年之喪用之。毛本、四庫本、局本“縗”作“衰”。

[6]褕翟：又作“揄狄”“揄翟”“摇翟”。爲王后祭先公時穿用。外命婦中侯伯之夫人亦服褕翟。

[7]不義不昵：語出《左傳》隱公元年：“不義，不昵。厚將

崩。”杜預認爲“不義”與“不昵”並列，是指不義於君，不親於兄。今人楊伯峻理解爲不義則不昵，意爲不義則不能團結民衆。

[8]遄（chuán）死：語出《詩·鄘風·相鼠》：“人而無禮，胡不遄死。”遄，趕快、迅速。

[9]二家：《隋書·柳彧傳》作“二人”，《通志》卷一六三與《北史》同。

又見上勤於聽受，百僚奏請多有煩碎，因上疏諫曰：“人君出令，誡在煩數。是以舜任五臣，堯咨四岳，設官分職，各有司存，垂拱無爲，天下以乂。[1]所謂勞於求賢，逸於任使。比見事無大小，咸關聖聽。陛下留心政道，無憚疲勞，至乃營造細小之事，出給輕微之物，一日之内，酬答百司，至乃日旰忘食，[2]分夜未寢，動以文簿，憂勞聖躬。伏願思臣至言，少減煩務。”上覽而嘉之。以其家貧，敕有司與之築宅，因曰：“柳彧正直之士，國之寶龜也。”其見重如此。

[1]乂（yì）：意爲治理、安定。

[2]日旰忘食：意爲天色已晚仍顧不上吃飯。形容專心致志，勤勉不懈。旰，指天色晚。

右僕射楊素當塗顯貴，[1]百僚慴憚，無敢忤者。嘗以少譴，敕送南臺。素恃貴，坐彧牀。彧從外來，見素如此，於階下端笏整容曰：[2]“奉敕推公罪。”素遽下。彧據案坐，立素於庭前，辯詰事狀。素由是銜之。彧時方爲上所信任，故素未有以中之。

[1]右僕射：官名。尚書右僕射的省稱。隋朝時與内史省、門下省長官共同執掌國政。文帝開皇三年令右僕射掌判都官、度支、工部三部事，兼管開支用度。從二品。

[2]笏：大臣上朝時拿的手板，用玉、象牙或竹片製成，上面可以記事。

或見近代以來，都邑百姓每至正月十五日，作角抵戲，遞相誇競，至於糜費財力，上奏請禁絶之，曰："竊見京邑，爰及外州，每以正月望夜，充街塞陌，鳴鼓聒天，燎炬照地，人戴獸面，男爲女服，倡優雜伎，詭狀異形。[1]外内共觀，曾不相避。竭貲破産，競此一時。盡室并孥，[2]無問貴賤，男女混雜，緇素不分。[3]穢行因此而生，[4]盜賊由斯而起。非益於化，實損於人。請頒天下，並即禁斷。"詔可其奏。

[1]形：毛本作"狀"。

[2]孥：子女，亦指妻子。

[3]緇素：僧俗衆人。緇，指出家人。素，指未出家的人。

[4]因此而生：底本作"因而生"，毛本、殿本、四庫本、局本、四部備要本、中華本作"因此而生"。《隋書》卷六二《柳彧傳》、《通志》卷一六三作"因此而生"。今從諸本改。

是歲，持節巡河北五十二州，[1]奏免長吏贓汙不稱職者二百餘人，[2]州縣肅然，莫不震懼。上嘉之，賜絹布二百匹，氈三十領，[3]拜儀同三司。歲餘，加員外散騎常侍。[4]仁壽初，持節巡省太原道十九州。[5]及還，賜絹百五十匹。

[1]持節：自漢代起，節爲皇帝號令賞罰的信物，故持節官員比不持節官員位高權重，歷朝因之。西晋以後成爲一種加職，在使持節之下、假節之上。督軍時與使持節同，有權殺二千石以下官吏，平時祇能殺無官位之人。　河北：地區名。指黄河以北的地區。

[2]長吏：毛本、殿本、局本作“長史”。　贓汙：指納賄行汙。

[3]氈（zhān）：用獸毛做成的織品。

[4]員外散騎常侍：官名。隋朝時屬門下省，員六人，與散騎常侍等並掌立朝當班，陪從顧問，正五品上。文帝開皇六年罷。

[5]太原：郡名。隋朝時治晋陽縣，在今山西太原市西南。

彧嘗得博陵李文博所撰《政道集》十卷，[1]蜀王秀遣人求之。彧送之於秀，秀復賜彧奴婢十口。及秀得罪，楊素奏彧以内臣交通諸侯，除名，[2]配戍懷遠鎮。[3]行達高陽，[4]有詔徵還。至晋陽，遇漢王諒作亂，遣使馳召彧入城。而諒反形已露，彧入城，度不得免，遂詐中惡不食，[5]自稱危篤。諒怒囚之。及諒敗，楊素奏彧心懷兩端，以候事變，迹雖不反，心實同逆。坐徙敦煌。[6]素卒，乃自申理，有詔徵還。卒於道。

[1]博陵：郡名。隋朝時治鮮虞縣，在今河北安平縣。　李文博：人名。博陵（今河北安平縣）人。隋朝官吏。見《北史》卷八三《李文博傳》。　政道集：《隋書》卷六二《柳彧傳》作“治道集”，《通志》卷一六三作“政道論”。中華本校勘記云：“《隋書》‘政’作‘治’，《北史》避唐諱改。”可從。

[2]除名：把姓名從名册中删除，取消原有身份。

[3]懷遠：軍鎮名。在今遼寧遼中縣。

[4]高陽：縣名。治所在今河北高陽縣東。

[5]中惡：又稱客忤、卒忤。感受穢毒或不正之氣，突然厥逆，不省人事。

[6]敦煌：郡名。隋朝時治敦煌縣，在今甘肅敦煌市。

有子紹，爲介休令。[1]

[1]介休：縣名。治所在今山西介休市。

趙綽，字士倬，河東人也。性質直剛毅。周初爲天官府史，[1]以恭謹恪勤，擢授夏官府下士。[2]稍以明幹見知，爲内史中士。[3]父艱去職，哀毁骨立，世稱其孝。隋文帝爲丞相，知其清正，引爲録事參軍。[4]遷掌朝大夫，[5]從行軍總管是云暉擊叛蠻，[6]以功拜儀同。

[1]周初爲天官府史：《隋書》卷六二《趙綽傳》作“在周初爲天官府史”，《通志》卷一六三與《北史》同。中華本校勘記云：“《隋書》卷六二《趙綽傳》‘周’上有‘在’字，是。”可從。天官府史，官名。天官府屬官。

[2]夏官府下士：官名。夏官府都下士的省稱。西魏恭帝三年（556）置，總掌國之軍政，統領宿衛兵。北周沿置。

[3]爲内史中士：《隋書·趙綽傳》作“累轉内史中士”，《通志》卷一六三與《北史》同。内史中士，官名。即小内史中士。西魏恭帝時置，北周沿置。春官府内史中大夫屬官。正二命。

[4]録事參軍：官名。又稱録事參軍事。西晋時始置。爲録事

曹長官，掌總録衆曹文簿，位在列曹參軍上。西魏、北周沿置，其公府、將軍府所置。六品上至八品。

[5]掌朝大夫：官名。即掌朝下大夫。西魏恭帝三年（556）置，北周沿置。秋官府掌朝司長官，典筆硯，持至御座，由承御大夫進上，並掌糾察非法，肅正朝儀，下設小掌朝上士以佐其職。正四命。

[6]行軍總管：官名。北周時置。戰時臨時任命，事畢即罷，重大軍事行動中，隸屬於行軍元帥。隋朝沿置，並漸漸過渡爲地方軍政長官，或掌一道軍政，或領數道，時有大總管、總管之分。是云暉：人名。北周官吏。其餘不詳。

文帝受禪，授大理丞。[1]處法平允，考績連最。歷大理正、尚書都官侍郎，[2]每有奏讞，正色侃然，漸見禮重。上以盜賊不禁，將重其法，綽進諫曰："律者天下之大信，其可失乎！"上忻然納之，因謂曰："若更有聞見，宜數言之。"遷大理少卿。[3]

[1]大理丞：官名。亦作"大理寺丞"。北齊時置爲大理寺屬官。隋朝沿置，員二人，輔佐大理正分判獄事，煬帝時改爲勾檢官。正六品下。

[2]大理正：官名。又稱大理寺正。北齊時始置。隋朝沿置，爲大理寺屬官，員一人。正六品下。　都官侍郎：官名。魏晉南北朝時尚書都官郎之資深勤能者可轉侍郎。隋初置爲刑部都官司長官，員二人。正六品上，文帝開皇三年升爲從五品。煬帝大業三年改名都官郎。

[3]大理少卿：官名。大理寺次官。北齊始置。隋朝沿置，員一人，掌判獄事。正四品上。煬帝大業三年加一人，爲從三品，尋廢。

故陳將蕭摩訶，[1]其子世略在江南作亂，[2]摩訶當從坐。上曰："世略年未二十，亦何能爲！以其名將之子，爲人逼耳。"因赦摩訶。綽固諫不可，上不能奪，欲待綽去而赦之，因命綽退食。[3]綽曰："臣奏獄未决，不敢退朝。"上曰："大理其爲朕特放摩訶也。"因命左右釋之。

[1]蕭摩訶：人名。字元胤，蘭陵（一説在今江蘇常州市，一説在今江蘇丹陽市）人。南朝陳將領，後降隋朝。見《陳書》卷三一《蕭摩訶傳》。

[2]江南：地區名。長江下游以南地區，即今江蘇、安徽兩省的南部和浙江省的北部。

[3]因命綽退食：《隋書》卷六二《趙綽傳》"因"作"固"，《通志》卷一六三與《北史》同。

刑部侍郎辛亶嘗衣緋褌，[1]俗云利官，上以爲厭蠱，[2]將斬之。綽曰："據法不當死，臣不敢奉詔。"上怒甚，謂曰："卿惜辛亶而不自惜也？"命左僕射高熲將綽斬之。綽曰："陛下寧可殺臣，不可殺辛亶。"至朝堂，解衣當斬。上使人謂綽曰："竟如何？"對曰："執法一心，不敢惜死。"上拂衣入，良久乃釋之。明日，謝綽，勞勉之，賜物三百段。

[1]刑部侍郎：官名。隋初始置，爲尚書省都官曹下刑部曹長官。從五品。文帝開皇三年改都官曹爲刑部，以尚書爲長官，煬帝大業三年置侍郎一人，爲刑部副長官，協尚書同掌部務。正四品。

褌（kūn）：一種有襠的褲子。

[2]厭蠱：指以巫術來達到某種目的。

時上禁行惡錢，[1]有二人在市以惡錢易好者，武候執以聞，[2]上悉令斬之。綽諫曰："此人坐當杖，殺之非法。"上曰："不關卿事。"綽曰："陛下不以臣愚暗，置在法司，欲妄殺人，豈得不關臣事？"上曰："撼大木不動者，當退。"對曰："臣望感天心，何論動木！"上復曰："啜羹者，熱則置之。[3]天子之威，欲相挫邪？"綽拜而益前，訶之不肯退。上遂入。書侍御史柳彧復上奏切諫，上乃止。上以綽有誠直之心，每引入閤中，[4]或遇上與皇后同榻，即呼綽坐，評論得失。前後賞賜以萬計。後進開府，贈其父爲蔡州刺史。[5]

[1]惡錢：指粗劣之錢幣。

[2]武候：官名。隋朝時置，爲左右武候府屬官。從三品。

[3]熱則置之：底本作"其則置之"，元大德本、毛本、殿本、四庫本、局本、四部備要本、中華本作"熱則置之"。《隋書》卷六二《趙綽傳》、《通志》卷一六三作"熱"。今從諸本改。

[4]閤中：指内殿。

[5]蔡州：隋朝時治汝陽縣，在今河南汝南縣城關。

時河東薛胄爲大理卿，[1]俱名平恕。然胄斷獄以情，[2]而綽守法，俱爲稱職。上每謂綽曰："朕於卿無所愛惜，但卿骨相不當貴耳。"仁壽中，卒官，上爲之流涕，中使弔祭，鴻臚監護喪事。[3]二子元方、元襲。[4]

[1]薛冑：人名。字紹玄，河東汾陰（今山西萬榮縣西南）人。北周、隋朝官吏。見《北史》卷三六《薛辯附薛冑傳》。

[2]情：四庫本、四部備要本作"清"。

[3]鴻臚：官署名。即鴻臚寺。北齊時始置。隋朝沿置，初省典寺署，增崇玄署掌佛道寺觀。文帝開皇三年併入太常寺，十二年復置，煬帝大業三年少卿增爲兩人，改典客署爲典蕃署，置四方館。

[4]元方：底本作"方"，中華本作"元方"。《隋書》卷六二《趙綽傳》、《通志》卷一六三作"元方"。源氏校勘記在"方"前補"元"字。今從改。

杜整，字皇育，京兆杜陵人也。[1]祖盛，魏潁川太守。[2]父闢，渭州刺史。[3]

[1]杜陵：縣名。治所在今陝西西安市長安區東。

[2]潁川：郡名。北魏時治長社縣，在今河南長葛市東北。

[3]渭州：隋朝時治襄武縣，在今甘肅隴西縣西南。底本作"滑"。《隋書》卷五四《杜整傳》、《通志》卷一六三作"渭"。源氏校勘記云："'滑'《隋書》作'渭'。"中華本據《隋書》改"滑"爲"渭"，其校勘記云："按渭州見《魏書·地形志下》及《隋書·地理志上》隴西郡。滑州見《隋書·地理志中》東郡。渭州自魏、周以來即有；滑州開皇十六年始置。杜闢爲西魏人，其官當是渭州。今據改。"今從改。

整少有風概，九歲丁父憂，哀毀骨立，事母以孝聞。及長，驍勇有膂力，好讀孫、吴《兵法》。[1]魏大統末，[2]襲爵武鄉侯。[3]周文引爲親信。累遷儀同三司、武州刺史。[4]從武帝平齊，加上儀同，[5]進爵平原縣公，[6]入爲勳曹中大夫。[7]

[1]好讀孫吴兵法：中華本句讀爲“好讀《孫吴兵法》”，《隋書》卷五四《杜整傳》爲“好讀孫、吴《兵法》”。按：孫、吴《兵法》爲《孫子兵法》和《吴起兵法》的合稱，是兩本兵書。今從《隋書》。

[2]大統：西魏文帝的年號（535—551）。

[3]武鄉侯：封爵名。武鄉，縣名。治所在今陝西大荔縣。

[4]累遷儀同三司武州刺史：《隋書·杜整傳》此句前有“明帝時”三字。武州，西魏時治將利縣，在今甘肅隴南市武都區東南。

[5]上儀同：上儀同三司的簡稱。北周時置，位居開府儀同三司之下、儀同三司之上。

[6]平原縣公：封爵名。平原，縣名。治所在今山東平原縣西南。

[7]勳曹中大夫：官名。北周時置。後又分爲左、右。正五命。

隋文帝爲丞相，進位開府。及帝受禪，加上開府，進封長廣郡公，[1]拜左武衛將軍。[2]開皇六年，突厥犯塞，詔衛王爽北伐，[3]以整爲行軍總管，兼元帥長史。至合川，[4]無虜而還。密進取陳策，上善之，以爲行軍總管，鎮襄陽。卒，上傷之，謚曰襄。

[1]長廣郡公：封爵名。長廣，郡名。隋朝初治黄縣，在今山東龍口市東。

[2]左武衛將軍：官名。隋朝十二衛將軍之一，佐大將軍總府

事，並統諸鷹揚府，置二員。從三品。

[3]衛王爽：即楊爽。字師仁，弘農華陰（今陝西華陰市東南）人。隋文帝幼弟，爲獻皇后所養。見《北史》卷七一《衛昭王爽傳》。

[4]合川：縣名。治所在今甘肅迭部縣西。

子楷嗣，位開府。

整弟肅，亦有志行，位北地太守。[1]

[1]北地：郡名。隋朝時治定安縣，在今甘肅寧縣西北。

論曰：大厦之構，[1]非一木之枝，帝王之功，非一士之略。長短殊用，大小異宜，楷棁棟梁，[2]莫可棄也。裴政、李諤、鮑宏、高構、榮毗、陸知命等，或文能道義，[3]或才足幹時，識用顯於當年，故事留於臺閣。[4]參之有隋多士，取其開物成務，皆廊廟之榱桷，[5]亦北辰之衆星也。[6]趙綽居大理，[7]囹圄無冤。柳彧之處憲臺，姦邪自肅。然不畏强禦，梁毗得之矣。邦之司直，柳彧近之矣。杜整以聲績著美，其有以取之乎！

[1]大厦之構：元大德本、《隋書》卷六六史臣論“之”作“云”。

[2]楷（jié）棁（zhuō）：指柱頭斗栱和屋梁上的短柱。比喻小才短智。

[3]文能道義：《隋書》卷六六史臣論“道義”作“遵義”。源氏校勘記云:“‘道’《隋書》作‘遵’。”

[4]臺閣：尚書省的別稱。

［5］榱（cuī）桷（jué）：屋頂的椽子。常比喻擔負重任的人。

［6］北辰：即北極星。

［7］大理：官署名。指大理寺。北齊時始置。隋朝沿置，爲國家最高的審判機構，掌管决正刑獄。置卿、少卿各一人，丞、主簿、録事各二人，又有正、監、評各一人，司直十人，律博士八人，明法二十人，獄掾八人。文帝開皇三年罷監、評以及律博士，加正爲四人。煬帝又置司直十六人，後增至二十人，並置評事官四十八人。

北史　卷七八

列傳第六十六

張定和　張奫　麥鐵杖 沈光　權武　王仁恭　吐萬緒
董純　魚俱羅　王辯　陳稜　趙才

張定和，字處謐，京兆萬年人也。[1]家少貧賤，[2]有志節。初爲侍官，[3]隋開皇九年平陳，[4]定和當從征，無以自給。其妻有嫁時衣服，定和求鬻之，妻不與，定和遂行。以功拜儀同，[5]賜帛千匹，遂棄其妻。後數以軍功，加上開府、驃騎將軍。[6]從上柱國李充征突厥，[7]先登陷陣，虜刺之中頸，定和以草塞創而戰，神氣自若，虜遂敗走。上聞而壯之，遣使齎藥，馳詣定和所勞問之。進位柱國，[8]封武安縣侯，[9]賞物二千段，良馬二匹，金百兩。

[1]京兆：郡名。隋朝時治長安縣，在今陝西西安市西北。萬年：縣名。治所在今陝西西安市長安區。

[2]家少貧賤：《隋書》卷六四《張定和傳》作“少貧賤”，《通志》卷一六四與《北史》同。

[3]侍官：府兵士兵名。北周武帝建德三年（574）改府兵軍士爲侍官，不屬柱國大將軍，而分屬於天官府的左、右宫伯中大夫與夏官府的左、右武伯中大夫。隋煬帝大業三年（607）改稱衛士。

[4]開皇：隋文帝的年號（581—600）。

[5]儀同：儀同三司的省稱。北周時主要授予有功勳的大臣和北齊的降臣，無具體職掌，九命。隋初爲勳官號，位十一等中第八等，正五品上。煬帝大業三年罷。

[6]上開府：上開府儀同三司的省稱。北周武帝時置。隋朝時置爲從三品散實官，煬帝大業三年罷。　驃騎將軍：官名。隋朝因襲北周府兵制度，改開府府爲驃騎府，以驃騎將軍爲長官，分屬十二府大將軍，分駐各地，統領府兵。正四品上。煬帝時改爲鷹揚郎將。

[7]上柱國：官名。隋朝時置爲散實官，從一品。煬帝大業三年罷。　李充：人名。隴西成紀（今甘肅秦安縣）人。隋朝將領。遭人誣陷，憂憤而卒。見《隋書》卷五三《劉芳附李充傳》。　突厥：族名。廣義上包括鐵勒、突厥各部，狹義上則專指突厥汗國，公元六世紀初興起於金山（今阿爾泰山）西南麓，爲游牧部落。西魏廢帝二年（552），建立突厥汗國，隋文帝開皇二年，分裂爲東西二部。見《北史》卷九九《突厥傳》。

[8]柱國：官名。柱國大將軍的省稱。隋朝時爲正二品散官，煬帝大業三年罷。

[9]武安縣侯：封爵名。武安，縣名。治所在今河北武安市西南。

煬帝嗣位，[1]歷宜州刺史、河内太守，[2]頗有惠政。遷左屯衛大將軍。[3]從帝征吐谷渾，[4]至覆袁川。[5]時吐谷渾主與數騎遁，其名王詐爲渾主，[6]保車我真山，[7]帝命定和擊之。既與賊遇，輕其衆少，呼之令降，賊不肯下。定和不被甲，挺身登山，中流矢而斃。其亞將柳武建擊賊，[8]悉斬之。帝爲之流涕，贈光禄大夫。[9]時舊爵例除，於是復封武安侯，謚曰壯武。子世立嗣，尋拜光禄大夫。

[1]煬帝：即隋朝皇帝楊廣。煬爲其謚號。

[2]宜州：隋朝時治華原縣，在今陝西富平縣西北。　河内：郡名。隋朝時治河内縣，在今河南沁陽市。

[3]左屯衛大將軍：官名。隋朝十二衛大將軍之一。煬帝大業三年改左領軍府爲左屯衛，置大將軍總其府事，員一人，並統諸鷹揚府。正三品。

[4]吐谷渾：族名。又稱吐渾、退渾。原爲鮮卑族慕容部的一支，先祖游牧於徒河青山（今遼寧義縣東）。西晋時，遷徙於今甘肅、青海一帶。十六國時，先後受到前凉、西秦等追逐，幾乎亡國。後再度崛起，北魏太武帝時達到最强盛。在北魏打擊下，一度退到今新疆一帶。以游牧爲生。見《北史》卷九六《吐谷渾傳》。

[5]覆袁川：地名。即今青海祁連縣黑河上源八寶河。

[6]名王：指吐谷渾諸王中名位尊貴者。

[7]車我真山：在今青海祁連縣東南。

[8]亞將：官名。即副將。　柳武建：人名。底本作“柳武達”，中華本校勘記云：“諸本‘建’作‘達’，《隋書》卷六四《張定和傳》作‘建’。按本書卷十二、《隋書》卷三《煬帝紀》大業五年五月，《通鑑》卷一八一並作‘建’。此形似致訛，今據改。”源氏校勘記云：“‘達’《隋書》作‘建’。”今從改。

[9]光禄大夫：官名。隋初未置，煬帝大業三年加置，位在左、右光禄大夫之上，爲文職散官之首。從一品。

張奫，字文懿，清河東武城人也。[1]本名犯廟諱。[2]

七代祖沈，石季龍末，[3]自廣陵六合度江家焉。[4]仕至桂陽太守。[5]孫胐，晋佐著作郎。[6]坐外祖楊佺期除名，[7]徙于南譙，[8]因寓居之。

[1]奫：音 yūn 。　清河東武城人也：《隋書》卷六四《張奫傳》作“自云清河人也，家於淮陰”，《通志》卷一六四與《北史》同。清河，郡名。隋朝時治清河縣，在今山東臨清市東北。東武城，縣名。治所在今山東武城縣西北。

[2]本名犯廟諱：中華本校勘記云：“錢氏《考異》四〇云：‘蓋本名大淵，避諱，連爲一字。’”可從。廟諱，指皇帝父祖的名諱。此處指李淵。

[3]石季龍：人名。即石虎。字季龍，《北史》避唐高祖祖父李虎諱稱其字，羯族。十六國時後趙皇帝。見《晋書》卷一〇六、一〇七《石季龍載記》。

[4]廣陵：郡名。十六國後趙時治廣陵縣，在今江蘇揚州市西北。　六合：縣名。治所在今江蘇南京市六合區。

[5]桂陽：郡名。東晋時治郴縣，在今湖南郴州市。

[6]佐著作郎：官名。東晋時隸秘書省，除修史外，亦整理秘書省所藏典籍，職閑位重，員八人。

[7]楊佺期：人名。弘農華陰（今陝西華陰市東南）人。東晋將領。東晋末割據一方，後敗於桓玄。見《晋書》卷八四《楊佺期傳》。　除名：把姓名從名册中删除，取消原有身份。

[8]南譙：郡名。東晋時治山桑縣，在今安徽全椒縣西北。

奫好讀兵書，長於騎射，尤便刀楯。[1]父雙，自清河太守免，歸周。時鄉人郭子冀密引陳寇，雙欲率子弟擊之，猶豫未決。奫贊成其謀，竟破賊，由是以勇決知名。起家州主簿。[2]

[1]楯：通“盾”，盾牌。

[2]州主簿：官名。州府官吏，掌典領文書簿籍，經辦事務。品級隨州的大小而不同。

及隋文帝作相，[1]授丞相府大都督，[2]領鄉兵。[3]賀若弼之鎮江都也，[4]特敕龕從，因爲間諜。[5]平陳之役，頗有力焉。進位開府儀同三司，[6]封文安縣子。[7]歲餘，龕率水軍破逆賊笮子游於京口、薛子建於和州。[8]徵入，[9]拜大將軍。[10]文帝命升御坐宴之，[11]謂曰："卿可爲朕兒，朕爲卿父。今日聚集，[12]示無外也。"後賜緑沈甲、獸文具裝，[13]綺羅千匹。尋從楊素征江表，[14]別破高智慧於會稽，[15]吴世華於臨海。[16]進位上大將軍。[17]歷撫、濟二州刺史，[18]俱有能名。

[1]隋文帝：即隋朝皇帝楊堅。文爲其謚號。

[2]授丞相府大都督：《隋書》卷六四《張龕傳》作“授大都督”，《通志》卷一六四與《北史》同。中華本校勘記云：“《隋書》卷六四《張龕傳》無‘丞相府’三字，疑是。”可從。大都督，官名。北周初規定授柱國大將軍、開府、儀同三司等官號者，並加使持節、大都督名義。武帝時，將其置爲没有職掌的勳官，授予有軍功的武職官員。八命。按：北周時丞相府有帳内親信大都督、帳内虞候大都督，無單稱大都督者，據王仲犖《北周六典》，此處應爲帳内親信大都督。

[3]鄉兵：地方民兵。其成員選自户籍，在所在地集結訓練，守衛地方。

[4]賀若弼：人名。字輔伯，河南洛陽（今河南洛陽市東北）人。隋朝將領。見《北史》卷六八《賀若敦附賀若弼傳》。　江都：郡名。隋朝時治江陽縣，在今江蘇揚州市東北。《隋書·張奫傳》作“壽春”，《通志》卷一六四與《北史》同。源氏校勘記云：“‘江都’《隋書》作‘壽春’。”按：據《北史》卷六八《賀若敦附賀若弼傳》、《隋書》卷五二《賀若弼傳》，自文帝開皇初至隋平陳，賀若弼一直爲吴州總管，轄江都郡，而壽春縣屬壽州。

[5]間諜：刺探情報。

[6]開府儀同三司：隋朝時置爲散官號，位次王、公。初爲正四品上，煬帝時定爲從一品。

[7]文安縣子：封爵名。文安，縣名。治所在今河北文安縣東北。

[8]京口：地名。在今江蘇鎮江市京口區。　和州：隋朝時治歷陽縣，在今安徽和縣。

[9]徵入：《隋書·張奫傳》作“徵入朝”，《通志》卷一六四與《北史》同。

[10]大將軍：官名。隋沿襲北周府兵制，置爲諸衛府長官官號，分領府兵，各置僚屬。正三品。

[11]御坐：亦作“御座”。

[12]聚集：局本作“賜坐”。

[13]緑沈甲：濃緑色的盔甲。

[14]楊素：人名。字處道，弘農華陰（今陝西華陰市東南）人。北周、隋朝大臣。見《北史》卷四一《楊敷附楊素傳》。　江表：地區名。古代稱長江中下游以南的地區。此處指南朝陳政權。

[15]高智慧：人名。又作“高智惠”。會稽（今浙江紹興市）人。隋朝時起義軍首領。　會稽：郡名。隋朝時治會稽縣，在今浙江紹興市。

[16]吴世華：人名。又作“吴代華”。饒州（今江西鄱陽縣）人。隋朝時江南反隋首領之一，兵敗被殺。　臨海：縣名。治所在

今浙江臨海市東南。

[17]上大將軍：官名。隋朝時爲高級武官名號，位大將軍上，煬帝大業三年罷。從二品散實官。

[18]歷撫濟二州刺史：《隋書·張奫傳》作"歷撫、顯、齊三州刺史"，《通志》卷一六四與《北史》同。撫，州名。隋朝時治臨川縣，在今江西撫州市臨川區。濟，州名。隋朝時治盧縣，在今山東茌平縣西南。

開皇十八年，爲行軍總管，[1]從漢王諒征遼東。[2]諒軍多物故，[3]奫衆獨全，帝善之。仁壽中，[4]卒於潭州總管，[5]謚曰莊。子孝廉。

[1]行軍總管：官名。北周置。戰時臨時任命，事畢即罷，重大軍事行動中，隸屬於行軍元帥。隋代沿置，並漸漸過渡爲地方軍政長官，或掌一道軍政，或領數道，時有大總管、總管之分。

[2]從：局本作"後"。　漢王諒：即楊諒。一名傑，字德章，弘農華陰（今陝西華陰市東南）人。隋文帝第五子，母獨孤皇后。文帝開皇元年被封爲漢王，後爲雍州牧。煬帝即位，起兵反，兵敗被囚。見《北史》卷七一《庶人諒傳》。

[3]諒軍：《隋書》卷六四《張奫傳》作"諸軍"，《通志》卷一六四與《北史》同。　物故：死亡，去世。

[4]仁壽：隋文帝的年號（601—604）。

[5]潭州：隋朝時治長沙縣，在今湖南長沙市。　總管：官名。北周明帝武成元年（559）由都督諸州軍事改名，爲地方高級軍政官員。加使持節，置總管府，管理轄區軍政、民政。所轄區域增減無常，一般轄數州，多者可達數十州。隋朝沿置。

麥鐵杖，始興人也。[1]貧賤，少驍勇，有膂力，日行五百里，走及奔馬。性疏誕使酒，好交遊，重信義，每以漁獵爲事，不脩生業。陳大建中，[2]結聚爲群盗，廣州刺史歐陽頠俘之以獻，[3]没爲官户，[4]配執御傘。[5]每罷朝後，行百餘里，夜至南徐州，[6]踰城而入，行光火劫盗。旦還，及牙時，[7]仍又執傘。如此者十餘度，物主識之，州以狀奏。朝士見鐵杖每旦恒在，弗之信。後南徐州數告變，尚書蔡徵曰：[8]"此可驗矣。"於仗下時，購以百金，求人送詔書與南徐州刺史。鐵杖出應募，賫敕而往，明旦反奏事。[9]帝曰："信然，爲盗明矣。"惜其勇捷，誡而釋之。[10]

[1]始興：郡名。隋朝時治曲江縣，在今廣東韶關市南武水西岸。

[2]大建：南朝陳宣帝的年號（569—582）。

[3]廣州：南朝陳時治大庾縣，在今廣東始興縣。　歐陽頠（wěi）：人名。字靖世，長沙臨湘（今湖南長沙市）人。南朝梁、陳官吏。見《陳書》卷九《歐陽頠傳》。

[4]官户：南朝、隋的一種隸屬人户。即番户之總號，分番服役，一年三番，每番一月。官户受田，減百姓口分之半。

[5]御傘：帝王出巡時所用的傘蓋。爲儀仗之一。

[6]南徐州：南朝陳時治京口，在今江蘇鎮江市京口區。

[7]旦還及牙時：《隋書》卷六四《麥鐵杖傳》作"旦還及時"，《通志》卷一六四、《册府元龜》卷八四五與《北史》同。

[8]尚書：官名。南北朝時掌管尚書省諸曹之事，南朝陳時位三品，中二千石。　蔡徵：人名。本名覽，字希祥，濟陽考城（今河南蘭考縣）人。南朝陳官吏。見《陳書》卷二九《蔡徵傳》。

[9]反：《隋書·麥鐵杖傳》作"及"，《通志》卷一六四與

《北史》同。

［10］誠而釋之：元大德本下云“有缺字”，毛本、殿本、四庫本、局本、四部備要本下云“缺五字”。

陳亡後，徙居清流縣。[1]遇江東反，[2]楊素遣鐵杖頭戴草束，夜浮度江，覘賊中消息，[3]具知還報。後復更往，爲賊所禽，逆帥李稜縛送高智慧。行至庱亭，[4]衛者憩食，哀其餒，[5]解手以給其餐。鐵杖取賊刀亂斬衛者，殺之皆盡，悉割其鼻，懷之以歸。素大奇之。後敘戰勳，不及鐵杖，遇素馳驛歸于京師，鐵杖步追之，每夜則同宿。素見而悟，特奏授儀同三司。以不識書，放還鄉里。成陽公李徹稱其驍武，[6]開皇十六年，徵至京師，除車騎將軍。[7]仍從楊素北征突厥，加上開府。

［1］清流：縣名。治所在今安徽滁州市。

［2］江東：地區名。一名江左。今安徽蕪湖市與江蘇南京市長江河段以東地區。

［3］覘（chān）：窺視，察看，偵察。

［4］庱（chěng）亭：地名。在今江蘇丹陽市東。

［5］餒：局本作“餧”。

［6］成陽公：封爵名。成陽，郡名。隋朝時治城陽縣，在今河南信陽市東北。　李徹：人名。字廣達，朔方巖緑（今陝西靖邊縣白城子村北）人。北周、隋朝官吏。見《北史》卷六六《李和附李徹傳》。

［7］車騎將軍：官名。隋朝因襲北周府兵制，十二府所轄諸軍府，稱驃騎府或車騎府，分駐各地統領府兵，皆置車騎將軍。正五品上。置於驃騎府者爲次官，置於車騎府者爲長官。煬帝時改諸驃

騎府、車騎府爲鷹揚府，改車騎將軍爲鷹揚副郎將、鷹擊郎將。

煬帝即位，漢王諒反，從楊素擊之，每戰先登。進位柱國。除萊州刺史，[1]無莅政名。轉汝南太守，[2]稍習法令，群盜屏迹。後因朝集，考功郎竇威嘲之曰：[3]“麥是何姓？”鐵杖應聲曰：“麥豆不殊，何忽相怪？”[4]威赧然無以應，時人以爲敏捷。尋除右屯衛大將軍，[5]帝待之愈密。

[1]萊州：隋朝時治掖縣，在今山東萊州市。

[2]汝南：郡名。隋朝時治上蔡縣，在今河南汝南縣。

[3]考功郎：官名。隋煬帝大業三年改考功侍郎爲考功郎，仍爲尚書省吏部考功司長官，員一人。從五品。　竇威：人名。字文蔚，扶風平陵（今陝西咸陽市西北）人。隋朝、唐朝官吏。見《舊唐書》卷六一《竇威傳》。

[4]何忽相怪：《隋書》卷六四《麥鐵杖傳》、《通志》卷一六四作“那忽相怪”。按：據鍾兆華《疑問副詞“何忽”》（《語文研究》2002 年第 4 期），“何忽”與“那忽”是一組同義詞，表示疑問、詢問或借問，充當副詞。

[5]右屯衛大將軍：官名。隋朝十二衛大將軍之一。煬帝大業三年改右領軍府爲右屯衛，置大將軍總其府事，員一人，並統諸鷹揚府。正三品。底本作“左屯衛”，中華本校勘記云：“諸本‘右’作‘左’，《隋書》卷六四《麥鐵杖傳》作‘右’。按本書卷十二、《隋書》卷四《煬帝紀》大業八年三月條作‘右’。今據改。”源氏校勘記云：“‘左’《隋書》作‘右’。”今從改。

鐵杖自以荷恩深重，每懷竭命之志。及遼東之役，請爲前鋒，顧謂醫者吴景賢曰：“大丈夫性命自有所在，豈能艾炷灸頞，[1]瓜蔕歕鼻，[2]療黄不差，而卧死兒女手中乎！”將度遼，呼其三子曰：“阿奴！當備淺色黄衫。吾荷國恩，今是死日。我得被殺，爾當富貴。唯誠與孝，爾其勉之。”及濟，橋未成，去東岸尚數丈，賊大至。鐵杖跳上岸，與賊戰，死。武賁郎將錢士雄、孟金叉亦死之，[3]左右更無及者。帝爲之流涕，購得其屍，贈光禄大夫、宿國公，謚曰武烈。子孟才嗣，授光禄大夫。孟才二弟仲才、季才，俱拜正議大夫。[4]賵贈鉅萬，[5]賜輼輬車，[6]給前後部羽葆鼓吹。[7]命平壤道敗將宇文述等百餘人皆爲執紼，[8]王公以下送至郊外。士雄贈左光禄大夫、右屯衛將軍、武强侯，[9]謚曰剛。子傑嗣。金叉贈右光禄大夫，[10]子善誼襲官。

[1]艾炷灸頞（è）：以艾炷灸灼鼻梁。底本“灸”後缺一字，毛本、殿本、四庫本、局本、四部備要本、中華本作“灸頞”。今從改。

[2]歕（pēn）：同“噴”。

[3]武賁郎將：官名。即虎賁郎將，《北史》避唐高祖祖父李虎諱改。隋煬帝大業三年改十二衛護軍置。正四品。　孟金叉：人名。殿本、四部備要本作“又”，四庫本作“义”。

[4]正議大夫：官名。隋煬帝大業三年始置。爲文散官，正四品。

[5]賵（fèng）贈：因助辦喪事而贈送財物。

[6]輼（wēn）輬（liáng）車：帝王的喪車。本是供帝王休息用的車，有窗，閉之則温，開之則凉，故名。

[7]羽葆：古時一種儀仗。以鳥羽聚於柄頭如蓋。漢晋南北朝

時，諸王及重要大臣有功則賜，大臣喪，亦或賜。以示尊崇。　鼓吹：演奏鼓吹樂的樂隊。本用於軍中，後賜予有功大臣，遂成爲皇帝賜予臣下的一種禮遇。

[8]宇文述：人名。字伯通，代郡武川（今内蒙古武川縣西）人，鮮卑族。北周、隋朝大臣。見《北史》卷七九《宇文述傳》。　執紼（fú）：意爲送殯。紼，出殯時拉棺材用的大繩。

[9]左光禄大夫：官名。三國魏時始置。爲在朝顯職的加官，以示恩寵，或授予年老有病者爲致仕之官，亦常用於卒後贈官，無具體職掌。隋沿置，初爲正二品，煬帝大業三年降爲從二品。　右屯衛將軍：官名。隋煬帝大業三年改右領軍府爲右屯衛，置將軍二人，協助右屯衛大將軍總府事，領諸鷹揚府。從三品。右，局本作“石”，誤。　武强侯：封爵名。武强，縣名。治所在今河北武强縣西南舊武强城。

[10]右光禄大夫：官名。三國魏始置。作爲對朝廷大臣的加官，或授予年老有病者爲致仕之官，也作爲對大臣卒後的贈官，以示尊崇。隋初爲正二品，煬帝大業三年降爲從二品。

孟才，字智稜，果烈有父風。帝以其死節將子，恩錫殊厚，拜武賁郎將。[1]及江都之難，慨然有復讎志。與武牙郎將錢傑素交友，[2]二人相謂曰：“吾等世荷國恩，門著誠節。今賊臣弒逆，社稷淪亡，無節可紀，何面目視息世間哉！”乃流涕扼腕，相與謀於顯福宫邀擊宇文化及。[3]事臨發，陳藩之子謙知而告之，與其黨沈光俱爲化及所害，忠義之士哀焉。

[1]武賁郎將：底本無“將”字，《隋書》卷六四《麥鐵杖傳》作“武賁郎將”，《通志》卷一六四作“虎賁郎”。中華本據《隋書》補，其校勘記云：“隋時有武賁郎將，無武賁郎。見《隋書·

百官志下》。”今從改。

[2]武牙郎將：官名。隋朝十二衛府大將軍、將軍之下，原有護軍一職，煬帝大業三年十二衛護軍改爲武賁郎將後置，爲武賁郎將副職。每衛六人，從四品。《隋書·麥鐵杖傳》作“武牙郎”，《通志》卷一六四作“虎賁郎將”。按：據《隋書·百官志下》，武牙郎將爲武賁郎將副職，無武牙郎之職。

[3]顯福宫：在今江蘇揚州市。　宇文化及：人名。代郡武川（今内蒙古武川縣西）人，鮮卑族。隋末叛將。見《北史》卷七九《宇文述附宇文化及傳》。

光字總持，吴興人也。[1]父居道，[2]仕陳，爲吏部侍郎。[3]陳滅，徙家長安。皇太子勇引署學士。[4]後爲漢王諒府掾，諒敗，除名。

[1]吴興：郡名。隋朝時治烏程縣，在今浙江湖州市。

[2]居道：《隋書》卷六四《沈光傳》“居”作“君”，《通志》卷一六四與《北史》同。源氏校勘記云：“《隋書》作‘君道’。”

[3]吏部侍郎：官名。南朝陳時爲尚書省吏部曹資深長官的稱呼，屬吏部尚書，主管官吏選任、銓叙、調動事務，對五品以下官吏任免有建議權。四品。

[4]皇太子勇：即楊勇。隋文帝長子，初立爲太子，後被廢，自殺。　學士：官名。魏晋南北朝皆置。隋朝沿置，以文學之士任之，掌典禮、編撰、修史等事。

光少驍捷，善戲馬，爲天下之最。略綜書記，微有詞藻，常慕立功名，不拘小節。家貧，父兄並以傭書爲事，光獨跅弛，[1]交通輕俠，爲京師惡少年所附。人多贍遺，得以養親，每致甘食美服，未嘗困匱。初建禪定寺，[2]其中幡竿高十餘丈，適值繩絶，非人力所及。光謂僧曰："當相爲上繩。"諸僧驚喜。光因取索口銜，拍竿而上，直至龍頭。繫繩畢，手足皆放，透空而下，以掌拓地，倒行十餘步。觀者駭悦，莫不嗟異，時人號爲"肉飛仙"。

[1]跅弛：放蕩不守規矩。

[2]禪定寺：在今陝西西安市。

大業中，[1]煬帝徵天下驍果之士伐遼東，光預焉。同類數萬人，皆出其下。光將詣行在所，[2]賓客送至灞上百餘騎。[3]光酹酒誓曰：[4]"是行若不建功立名，當死於高麗，[5]不復與諸君相見。"及從帝攻遼東，以衝梯擊城，竿長十五丈，光升其端，臨城與賊戰，短兵接敵，殺傷十數人。賊競擊而墜，未及地，適遇竿有垂絙，[6]光接而復上。帝望見，壯而異之，馳召與語，大悦，即日拜朝散大夫，[7]賜寶刀、良馬。恒置左右，親顧漸密。未幾，以爲折衝郎將，[8]賞遇優重。帝每推食解衣賜之，同輩莫比。

[1]大業：隋煬帝的年號（605—617）。

[2]行在所：指天子所在的地方或天子巡行時所到之地。

[3]灞上：地名。在今陝西西安市東白鹿原北首。

[4]酹酒：以酒澆地，表示祭奠。

[5]高麗：國名。又作"高句麗""高夷"等，其先出自夫餘，

地爲漢之玄菟郡，高句麗爲其三縣之一，因以爲國名。都名丸都，在今吉林集安市，南北朝時遷都於今朝鮮平壤市。見《北史》卷九四《高麗傳》。

[6]絙（gēng）：粗繩子。

[7]朝散大夫：官名。隋朝時始置。爲正四品文散官，煬帝大業三年降爲從五品。《隋書》卷六四《沈光傳》作"朝請大夫"，《通志》卷一六四與《北史》同。本書卷一二《隋本紀·煬帝》、《隋書》卷五《煬帝紀》亦作"朝請大夫"。源氏校勘記云："《隋書》作'朝請'。"

[8]折衝郎將：官名。隋煬帝大業三年置，爲左右備身府屬官，各三員，掌領驍果禁兵。正四品。

光自以荷恩深重，思懷竭節。及江都之難，潛構義勇，將爲帝復讎。先是，帝寵昵官奴，[1]名爲給使。[2]宇文化及以光驍勇，方任之，[3]使總統，營於禁内。[4]時麥孟才、錢傑等陰圖化及，因謂光曰："我等荷國厚恩，不能死難，又俛首事讎，受其驅率，何用生爲！吾必欲殺之，死無所恨。公義士也，肯從我乎？"光泣下霑衿曰："是所望於將軍也。僕領給使數百人，並荷先帝恩，今在化及内營。以此復讎，如鷹鸇之逐鳥雀。"孟才爲將軍，領江淮衆數千人，期以營將發時，晨起襲化及。光語泄，陳謙告其事。化及大懼曰："此麥鐵杖子也，及沈光者，並勇决不可當，須避其鋒。"是夜即與腹心走出營外，留人告司馬德戡等，[5]遣領兵馬，逮捕孟才。光聞營内諠聲，知事發，不及被甲，即襲化及營，空無所獲。逢舍人元敏，[6]數而斬之。德戡兵至，四面圍合。光大呼潰圍，給使齊奮，斬首數十級，賊皆披靡。德戡輒復遣騎，翼而射之。光身無介胄，遇害，時年二十八。麾下百人皆鬬死，[7]一無降者。壯士聞之，莫不爲之隕涕。

[1]官：局本作“宫”。

[2]給使：指供役使之人。

[3]任：元大德本作“仕”。

[4]禁内：禁中、宫中。

[5]司馬德戡：人名。扶風雍縣（今陝西鳳翔縣南）人。隋朝官吏。見《北史》卷七九《宇文述附司馬德戡傳》。

[6]舍人：官名。即内史舍人。隋朝時爲内史省屬官，置八人。正六品，文帝開皇三年爲從五品。煬帝大業三年置四人，十二年改名内書舍人。

[7]百人：《隋書》卷六四《沈光傳》、《通志》卷一六四作“數百人”。源氏校勘記云:“‘百’上《隋書》有‘數’字。”

權武，字武弄，天水人也。[1]祖超，魏秦州刺史。[2]父襲慶，仕周，爲開府。時武元皇帝之爲周將也，[3]與齊師戰於并州。[4]襲慶時從，被圍百餘重。力戰矢盡，短兵接戰，殺傷甚衆，刀矟皆折。脱胄擲地，向賊大罵曰:“何不來斫頭!”賊遂殺之。

[1]天水：郡名。隋朝時治上邽縣，在今甘肅天水市。

[2]秦州：北魏時治上封城，在今甘肅天水市。

[3]武元皇帝：即楊忠。武元爲其謚號，隋文帝所追謚。

[4]并州：北齊時治龍山縣，在今山西太原市晋源區古城營村一帶。

武以忠臣子，起家拜開府，襲爵齊郡公。[1]武少果勁，勇力絶人，能重甲上馬。嘗倒投於井，未及泉，復躍而出，其拳捷如此。頻以軍功增邑。周宣帝時，[2]拜勁捷左旅上大夫，[3]進位上開府。

[1]齊郡公：封爵名。齊郡，北周時治東陽城，在今山東青州市。

[2]周宣帝：即北周皇帝宇文贇。宣爲其謚號。

[3]勁捷左旅上大夫：官名。北周時置。具體職掌不詳。正六命。

隋文帝爲丞相，引置左右。平陳之役，以行軍總管從晋王出六合，[1]還拜豫州刺史。[2]以創業之舊，進位大將軍，[3]檢校潭州總管。其年，桂州人李世賢作亂，[4]武以行軍總管與武候大將軍虞慶則擊平之。[5]慶則以罪誅，功竟不録，復還于州。多造金帶，[6]遺嶺南酋領，[7]其人復答以寶物，[8]武皆納之，由是致富。後武晚生一子，與親客宴集。酒酣，遂擅赦所部獄囚。武常以南越邊遠，[9]政從其俗，務適便宜，不依律令。而每言當今法急，官不可爲。上令有司案之，皆驗，令斬之。武於獄中上書，言父爲武元皇帝戰死於馬前，以求哀，由是除名。

[1]晋王：指隋煬帝楊廣。

[2]豫州：隋朝時治河南縣，在今河南洛陽市。

[3]大將軍：官名。西魏、北周時爲府兵專職統帥官號，凡十

二人，各領一軍，分隸六柱國大將軍，下統開府、儀同諸將軍。正九命。

[4]桂州：隋朝時治始安縣，在今廣西桂林市。

[5]武候大將軍：官名。隋朝時分置左右，不單稱。從三品，掌車駕出，先驅後殿，晝夜巡察，執捕奸非，烽候道路，巡狩師田，則掌其營禁。據《北史》卷七三《虞慶則傳》，虞慶則此時爲右武候大將軍。　虞慶則：人名。本姓魚，京兆櫟陽（今陝西西安市臨潼區）人。北周、隋朝將領。見《北史·虞慶則傳》。

[6]金帶：腰帶的一種。因有金荔枝等黄金飾物，故稱。原爲北方游牧民族束繫的腰帶，春秋以後傳入中原，至唐時定爲品服，後世沿用。

[7]遺：局本作"遣"，誤。　嶺南：地區名。指五嶺以南地區。相當於今廣東、廣西二省及越南北部一帶。

[8]復：毛本、局本作"後"。

[9]南越：地區名。相當於今廣東、廣西二省及越南北部一帶。

仁壽中，復拜大將軍，封邑如舊。未幾，授太子右衛率。[1]煬帝即位，拜右武衛將軍，[2]坐事免。後爲右屯衛大將軍，坐事除名。卒于家。子弘。

[1]太子右衛率：官名。隋朝時領東宫禁衛，下設司馬、長史、諸曹參軍等屬官，員一人。正四品。煬帝時改名爲太子右侍率。

[2]右武衛將軍：官名。隋朝時置。爲十二衛將軍之一，佐大將軍總府事並統諸鷹揚府事，員二人。從三品。《隋書》卷六五《權武傳》作"右武衛大將軍"，《通志》卷一六四作"左武衛將軍"。源氏校勘記云："'武衛'下《隋書》有'大'字。"

王仁恭，字元實，天水上邽人也。[1]祖建，周鳳州刺史。[2]父猛，鄯州刺史。[3]

[1]上邽：縣名。治所在今甘肅天水市。

[2]鳳州：北周時治梁泉縣，在今陝西鳳縣東北。

[3]鄯州：北周時治西都縣，在今青海樂都縣。

仁恭少剛毅修謹，工騎射。秦孝王引爲記室。[1]後爲車騎將軍，從楊素擊突厥於靈武，[2]以功拜上開府。以驃騎將軍典蜀王軍事。[3]蜀王以罪廢，官屬多罹其患。上以仁恭素質直，置而不問。後從楊素討平漢王諒，以功進位大將軍，歷吕、衛二州刺史。[4]尋改爲汲郡太守，[5]有能名。上徵入朝，慰勉之，褒賜甚厚。遷信都太守。[6]汲郡吏民扣馬號哭於道，數日不得出境。

[1]秦孝王：即秦王楊俊。孝爲其謚號。　記室：官名。記室參軍的省稱。北周時爲諸開府、公府、軍府等的記室曹長官，掌文書表奏。品級自七品至九品不等。中外府記室參軍地位要高於其他府的記室參軍。隋沿置，爲親王府屬官。從六品。

[2]靈武：郡名。隋朝時治迴樂縣，在今寧夏靈武市西南。

[3]蜀王：即楊秀。弘農華陰（今陝西華陰市東南）人。隋文帝第四子。見《北史》卷七一《庶人秀傳》。

[4]吕：州名。隋朝時治霍邑縣，在今山西霍州市。　衛：州名。隋朝時治清淇縣，在今河南滑縣西南。

[5]汲郡：隋朝時治衛縣，在今河南浚縣西南。

[6]信都：郡名。隋朝時治長樂縣，在今河北冀州市。

遼東之役，以仁恭爲軍將。[1]及班師，仁恭爲殿，遇賊，敗之。進左光禄大夫。明年，復以軍將指扶餘道，[2]帝謂曰："往者諸軍多不利，公獨以一軍破賊。古人云，敗軍之將不可以言勇，諸將其可任乎？今委公爲前軍。"前後賞賚甚重。仁恭遂進軍，至新城，破其軍，因圍之。帝聞之大悦，遣賜以珍物，進光禄大夫。會楊玄感反，[3]其兄子武賁郎將仲伯預焉，由是坐免。

[1]軍將：底本作"將軍"，《通志》卷一六四作"將軍"。源氏校勘記云："《隋書》作'軍將'。似是。"中華本校勘記云："諸本'軍將'倒作'將軍'，《隋書》卷六五《王仁恭傳》作'軍將'。按《通鑑》卷一八一言遼東之役分二十四軍，'每軍大將、亞將各一人'。軍將即一軍之大將。本書卷六六《薛世雄傳》，見'沃沮道軍將'。卷六八《魚俱羅傳》見'碣石道軍將'。本傳下文也有'以軍將指扶餘道'語，可證'軍將'是，今據乙。"今從改。

[2]扶餘：地名。在今吉林扶餘縣。

[3]楊玄感：人名。弘農華陰（今陝西華陰市東南）人。隋朝大臣，隋末起兵反，兵敗被殺。見《北史》卷四一《楊敷附楊玄感傳》。

尋而突厥爲寇，詔仁恭以本官領馬邑太守。[1]其年，始畢可汗來寇馬邑，[2]復令二將勒兵南過。[3]時郡兵不滿三千，仁恭簡精鋭逆擊，破之，并斬二將。後突厥復入定襄，[4]仁恭復大破之。

[1]馬邑：郡名。隋朝時治善陽縣，在今山西朔州市。

[2]始畢可汗：東突厥可汗。姓阿史那，名咄吉世，啓民可汗之子。

［3］復令二將勒兵南過：《隋書》卷六五《王仁恭傳》作“復令二特勤將兵南過”，《通志》卷一六四與《北史》同。源氏校勘記云：“《隋書》作‘二特勤將兵’。下‘二將’同。”按：特勤爲突厥官名，内典機要，處理邦交等，常以可汗子弟或宗室充任，位在葉護、設之下。後代史書多誤訛爲“特勒”，司馬光《通鑑考異》卷七於“突厥子弟謂之特勒”條注曰：“諸書或作‘特勤’。今從劉昫《舊唐書》及宋祁《新唐書》。”

［4］定襄：郡名。隋朝時治大利縣，在今山西朔州市平魯區。

時天下大亂，道路隔絶，仁恭頗改舊節，受納貨賄，又不敢輒開倉賑恤百姓。其麾下校尉劉武周與仁恭侍婢姦通，[1]恐其事泄，遂害之。武周於是開倉賑給，郡内皆從之。自稱天子，置百官，轉攻傍郡。

［1］校尉：官名。隋朝時置爲諸鷹揚府下團的長官，位次都尉。正六品。　劉武周：人名。河間景城（今河北泊頭市交河鎮）人。隋煬帝大業十三年反隋。見《舊唐書》卷五五《劉武周傳》。　侍婢：源氏校勘記云：“《唐書·劉武周傳》作‘侍兒’。按《武周傳》詳盡。”

吐萬緒，字長緒，代郡鮮卑人也。[1]父通，周郢州刺史。[2]

［1］代郡：隋朝時治平城，在今山西大同市東北。

［2］郢州：北周時治長壽縣，在今湖北鍾祥市。

緒少有武略，在周，襲爵元壽縣公，[1]累遷大將軍、小司武。[2]隋文帝受禪，拜襄州總管，[3]封穀城郡公。[4]轉青州總管，[5]頗有政名。徙朔州總管，[6]甚爲北狄所憚。[7]後帝有吞陳志，轉爲徐州總管，[8]令修戰具。及大舉濟江，緒以行軍總管與西河紇豆陵洪景屯兵江北。[9]及陳平，拜夏州總管。[10]

[1]元壽縣公：封爵名。元壽，縣名。治所在今四川蒼溪或旺蒼縣境。

[2]小司武：官名。又稱少司武。北周時置。武帝宣政元年（578）置於司武上大夫上，佐司武中大夫掌宿衛軍事。正四命。

[3]襄州：隋朝時治襄陽縣，在今湖北襄樊市。

[4]穀城郡公：封爵名。穀城，郡名。《隋書·地理志下》云："穀城舊曰義城。置義城郡。後周廢郡，開皇十八年改縣名焉。"其下又云："又梁有興國、義城二郡，並西魏廢。"王仲犖《北周地理志》襄陽郡下"義城"條云："有梁興國郡，西魏並廢。"吐萬緒此時任襄州總管，此穀城郡即北周時襄州義城郡。

[5]青州：隋朝時治益都縣，在今山東青州市。

[6]朔州：隋朝時治善陽縣，在今山西朔州市。

[7]北狄：中國古代對北方少數民族的統稱。

[8]徐州：隋朝時治彭城縣，在今江蘇徐州市。

[9]西河：中華本校勘記云："《隋書》卷六五《吐萬緒傳》，'西河'下有'公'字。"

[10]夏州：隋朝時治巖緑縣，在今陝西靖邊縣。

晋王廣爲太子，[1]引爲右虞候率。[2]及帝即位，恐漢王諒爲變，拜緒晋、絳二州刺史。[3]未出關，諒已舉兵，詔緒從楊素擊破之，拜左武候將軍。[4]大業初，轉光禄卿。[5]賀若弼遇讒，引緒爲證，緒明其無罪，由是免官。後守東平太守。[6]帝幸江都，路經其境，迎謁道傍。帝命升龍舟，緒因頓首謝往事。帝大悦，拜金紫光禄大夫，[7]太守如故。及遼東之役，請爲先鋒，拜左屯衛大將軍，指蓋馬道。[8]及還，留鎮懷遠，[9]進位左光禄大夫。

[1]晋王廣：即楊廣。一名英，小字阿麼，弘農華陰（今陝西華陰市東南）人。隋文帝第二子，母獨孤皇后。未作皇太子之前曾被封爲晋王。見《北史》卷一二《隋本紀·煬帝》。

[2]右虞候率：官名。隋煬帝時改太子右虞候開府置，掌斥候伺非。正四品。《隋書》卷六五《吐萬緒傳》作"左虞候率"，《通志》卷一六四與《北史》同。

[3]晋：州名。隋朝時治臨汾縣，在今山西省臨汾市。 絳：州名。隋朝時治正平縣，在今山西新絳縣。

[4]左武候將軍：官名。隋朝時置，爲十二衛將軍之一，左武候大將軍副職，員二人。從三品。煬帝大業三年改爲左候衛將軍。

[5]光禄卿：官名。隋朝時掌祭祀、朝會、宴享的供設，政令仰承禮部。初爲正三品，煬帝時降爲從三品。

[6]東平：郡名。隋朝時治鄆城縣，在今山東鄆城縣東。

[7]金紫光禄大夫：官名。晋朝時置。指加賜金章紫綬的光禄大夫。隋沿置，初爲從二品散官，煬帝時定爲正三品。

[8]蓋馬道：地區名。在今朝鮮北部地區，唐時屬安支、都護府。

[9]懷遠：軍鎮名。在今遼寧遼中縣。

時劉元進作亂，[1]攻潤州，[2]帝徵緒討之。緒擊破元進，解潤州圍。賊窮蹙請降，元進及其僞僕射朱爕僅以身免。[3]於陣斬其僞僕射管崇及其將軍陸顗等五千餘人。[4]進解會稽圍。元進復據建安，[5]帝令進討之。緒以士卒疲弊，請息甲待來春。帝不悦，密求緒罪，有司奏緒怯懦違詔，除名配防建安。尋徵詣行在所，緒鬱鬱不得志，還至永嘉，[6]發疾而卒。

[1]劉元進：人名。餘杭（今浙江杭州市）人。隋末起義軍首領。煬帝大業九年在江南起兵響應楊玄感，楊玄感失敗後，被朱爕、管崇等推爲天子。後被王世充、吐萬緒鎮壓，戰死。

[2]潤州：隋朝時治延陵縣，在今江蘇鎮江市丹徒區。

[3]僕射：官名。尚書僕射的省稱。隋朝時成爲正宰相，與門下省、内史省長官共掌國政。從二品。文帝開皇三年令左僕射掌判吏、禮、兵三部事，兼糾彈御史所糾不當者，右僕射掌判都官、度支、工部三部事，兼管開支用度。　朱爕：人名。吴郡（今江蘇蘇州市）人。隋末起義軍首領。

[4]管崇：人名。晋陵（今江蘇常州市）人。隋末起義軍首領。

[5]建安：郡名。隋文帝開皇初治建安縣，在今福建建甌市。煬帝大業三年改閩州置，治閩縣，在今福建福州市。

[6]永嘉：縣名。治所在今浙江温州市。

董純，字德厚，隴西成紀人。[1]祖和，魏太子左衛率。[2]父昇，周柱國。

[1]隴西：郡名。隋朝時治襄武縣，在今甘肅隴西縣東南。成紀：縣名。治所在今甘肅秦安縣北。

［2］太子左衛率：官名。宿衛東宮，地位頗重。北魏時從三品。

純少有膂力，便弓馬。仕周，位司御上士、典馭下大夫。[1]從武帝平齊，[2]拜儀同，進爵大興縣侯。[3]隋文帝受禪，進爵漢曲縣公。[4]後以軍功，進位上開府。開皇末，以勞舊拜左衛將軍，[5]改封順政縣公。[6]後從楊素平漢王諒，以功拜柱國，進爵郡公，再遷左驍衛將軍。[7]

［1］司御上士：官名。北周時置。爲司馭中大夫屬官。正三命。典馭下大夫：官名。北周時置。屬夏官府。正四命。

［2］武帝：即北周皇帝宇文邕。武爲其謚號。

［3］大興縣侯：封爵名。大興，縣名。治所在今陝西定邊縣。

［4］漢曲縣公：封爵名。漢曲，縣名。治所在今陝西略陽縣。

［5］左衛將軍：官名。隋初爲十二衛中的左衛副長官，員二人，協助左衛大將軍掌管宫掖禁衛。從三品。煬帝大業初改左、右衛爲左、右翊衛。此職改爲左翊衛大將軍。從三品。

［6］順政縣公：封爵名。順政，縣名。治所在今陝西略陽縣。

［7］左驍衛將軍：官名。隋煬帝大業三年改左備身府爲左驍衛，置將軍二員，佐大將軍總府事。從三品。

齊王暕之得罪，[1]純坐與交通，帝譴之。純曰："比數詣齊王者，以先帝、先后往在仁壽宫，[2]置元德太子及齊王於膝上，[3]謂臣曰：'汝好看此二兒，勿忘吾言。'臣誠不敢忘先帝言。[4]時陛下亦侍先帝側。"帝改容曰："誠有斯旨。"於是捨之。數日，出爲汶山太守。[5]

[1]齊王暕：即楊暕。字世朏，小字阿孩，弘農華陰（今陝西華陰市東南）人。隋朝宗室。見《北史》卷七一《齊王暕傳》。

[2]仁壽宮：在今陝西麟游縣西。

[3]元德太子：即楊昭。弘農華陰（今陝西華陰市東南）人。隋煬帝長子，母蕭后。越王侗爲帝後，追尊爲孝成皇帝，廟號世宗。見《北史》卷七一《元德太子昭傳》。

[4]言：元大德本缺，殿本、四庫本、局本、四部備要本作“語”。

[5]汶山：郡名。隋朝時治汶山縣，在今四川茂縣北。

歲餘，突厥寇邊，轉榆林太守。[1]會彭城賊帥張大彪、宗世模等保懸薄山，[2]帝令純討破之，斬萬餘級，築爲京觀。[3]又破賊魏麒麟於單父。[4]及帝重征遼東，復以純爲彭城留守。[5]東海賊彭孝才轉入沂水，[6]保伍不及山。[7]純擊之，禽孝才於陣，車裂之。

[1]榆林：郡名。隋朝時治榆林縣，在今内蒙古准格爾旗東北。

[2]彭城：郡名。隋朝時治彭城縣，在今江蘇徐州市。　張大彪：人名。彭城（今江蘇徐州市）人。隋末起義軍首領，煬帝大業十年起兵反隋。　宗世模：人名。彭城（今江蘇徐州市）人。隋末起義軍首領，煬帝大業十年與張大彪起兵反隋。

[3]京觀：省稱京，亦稱京丘。古代戰爭中獲勝者聚集敵方尸首，封土而築成之高大墳墓。意在炫耀武功。

[4]單父：縣名。治所在今山東單縣。

[5]留守：官名。隋朝時置，掌管宫闕。煬帝出巡時，京都也會置留守，多以大臣兼任。

[6]東海：郡名。隋朝時治朐山縣，在今江蘇連雲港市。　彭孝才：人名。隋末起義軍首領。　沂水：縣名。治所在今山東沂

水縣。

[7]伍不及山：在今江蘇贛榆縣。伍，《隋書》卷六五《董純傳》作“五”。

時盜賊日益，純雖剋捷，而所在蜂起。有譖純怯懦不能平賊，帝遣鎖詣東都。[1]有司見帝怒甚，希旨致純死罪，竟誅。

[1]東都：即洛陽。在今河南洛陽市東北。隋朝時以長安爲都城，以洛陽爲東都。

魚俱羅，馮翊下邽人。[1]身長八尺，膂力絶人，聲氣雄壯，言聞數百步。爲大都督，從晋王廣平陳，以功拜開府。及沈玄懀、高智慧等作亂江南，[2]楊素以俱羅壯勇，請與同行。有功，加上開府，[3]封高唐縣公，[4]拜疊州總管。[5]以母憂去職。還至扶風，[6]會楊素將出靈州道擊突厥，[7]逢之，遂與俱行。及遇賊，俱羅與數騎奔擊，瞋目大呼，所當皆披靡。以功進位柱國，拜豐州總管。[8]突厥入境，輒禽斬之，自是屏迹，不敢畜牧於塞下。

[1]馮翊：郡名。隋朝時治馮翊縣，在今陝西大荔縣。　下邽：縣名。治所在今陝西渭南市故市鎮。

[2]沈玄懀（wèi）：人名。吴郡（今江蘇蘇州市）人。隋末起義軍首領。　江南：地區名。長江下游以南地區，即今江蘇、安徽兩省的南部和浙江省的北部。

[3]加上開府：底本作“加開府”，《隋書》卷六四《魚俱羅

傳》作“加上開府”。中華本校勘記云:“諸本無‘上’字,《隋書》卷六四《魚俱羅傳》有。按上文言俱羅已爲開府,則此應有‘上’字,今據補。”今從改。

[4]高唐縣公:封爵名。高唐,縣名。治所在今山東高唐縣。

[5]疊州:隋朝時治疊川縣,在今甘肅迭部縣東南。

[6]扶風:郡名。隋朝時治雍縣,在今陝西鳳翔縣南。

[7]靈州:隋朝時治回樂縣,在今寧夏靈武市西南。

[8]豐州:隋朝時治九原縣,在今内蒙古五原縣。

初,煬帝在藩,[1]俱羅弟贇以左右從,累遷大都督。及帝嗣位,拜車騎將軍。贇凶暴,令左右炙肉,遇不中意,以籤刺瞎其眼,[2]温酒不適口者,立斷其舌。帝以藩邸之舊,不忍加誅,謂近臣曰:“弟既如此,兄亦可知。”因召俱羅責之,出贇於獄,令自爲計。贇至家,飲藥而死。帝恐俱羅不安,慮生邊患,轉安州刺史,[3]遷趙郡太守。[4]後因朝集至東都,與將軍梁伯隱有舊,數相往來。又從郡多將雜物以貢獻,帝不受,因遺權貴。御史劾俱羅以郡將交通内臣,帝大怒,與伯隱俱坐除名。

[1]藩:藩國,即封國。

[2]籤:竹木等製成的細棍或薄片。

[3]安州:隋朝時治安陸縣,在今湖北安陸市。

[4]趙郡:隋朝時治平棘縣,在今河北趙縣。

未幾,越巂飛山蠻反,[1]詔俱羅白衣領將,[2]并率蜀郡都尉段鐘葵討平之。[3]大業九年,重征高麗,以俱羅爲碣石道軍將。[4]及還，江南劉元進作亂，詔俱羅將兵向會稽諸郡逐捕之。時百姓思亂，從盜如市，俱羅擊賊帥朱燮、管崇等，戰無不捷。然賊勢浸盛，敗而復聚。俱羅度賊非歲月可平，諸子並在京、洛，[5]又見天下漸亂，終恐道路隔絶。于時東都饑饉，穀食踊貴，俱羅遣家僮將船米至東都糶之，[6]益市財貨，潛迎諸子。朝廷微知之，恐有異志，案驗不得其罪。帝復令大理司直梁敬真就鎖將詣東都。[7]俱羅相表異人，目有重瞳，[8]陰爲帝之所忌。敬真希旨，奏俱羅師徒敗衄，[9]斬東都市，家口籍没。[10]

[1]越巂：郡名。隋朝時治越巂縣，在今四川西昌市。　飛山蠻：隋朝時生活在今四川南部和雲南東北部的少數民族的統稱。

[2]白衣：初指無官職的士人。兩晋南北朝時，官員因失誤消除官職，常以白衣守、領原職，作爲懲罰，隋朝沿置。

[3]蜀郡：隋朝時治成都縣，在今四川成都市。　都尉：官名。秦始置。隋朝時爲郡的軍事長官。協助太守典掌軍事、維護治安、統率本郡兵士，職權頗重。煬帝大業三年定爲正四品。

[4]碣石：山名。在今河北昌黎縣北。　軍將：局本作“將軍”。

[5]京：指都城長安。　洛：指東都洛陽。

[6]家僮：古代私家所屬男女奴僕的統稱。　米：元大德本作“未”。　糶（tiào）：賣出（糧食）。

[7]大理司直：官名。北齊時始置。隋沿置，爲大理寺屬官，員十人。從五品。

[8]重瞳：又名“重明”。目有二瞳子。爲一種異相。

[9]師：元大德本作“帥”，誤。　衄：挫敗。

[10]籍没：登記並没收犯人家口、財産入官。

王辯，字警略，馮翊蒲城人也。[1]祖訓，以行商致富。魏世，出粟助給軍糧，爲假清河太守。[2]

[1]蒲城：縣名。治所在今陝西蒲城縣。

[2]假：官制用語。漢代已有假授之職，意爲代理、兼攝。魏晋南北朝因襲，其地位低於正式官員。北魏後期，假官成爲一種制度，但僅享有名譽和賜禄，無代理兼攝之意。

辯少習兵書，尤善騎射，慷慨有大志。在周，以軍功授帥都督。[1]仁壽中，累遷車騎將軍。後從楊素討平漢王諒，賜爵武寧縣男。[2]累以軍功，加至通議大夫，[3]尋遷武賁郎將。

[1]帥都督：官名。西魏文帝大統初置，北周武帝天和二年(567)省，建德二年復置，多授各地豪望，以統鄉兵，刺史、鎮將多加此號。正七命。

[2]武寧縣男：封爵名。武寧，縣名。治所在今重慶萬州區西南武陵鎮。

[3]通議大夫：官名。隋煬帝時始置，爲從四品文散官。煬帝大業三年罷。

及山東盜賊起，帝引辯升御榻，問以方略。辯論取賊勢，帝稱善曰："誠如此，賊不足憂。"於是發從行步騎三千，擊敗之，賜黄金二百兩。勃海賊帥高士達自號東海公，[1]衆以萬數。令辯擊之，屢挫其鋭。帝在江都宮，[2]聞而召之，及見，禮賜甚厚，復令往信都經略士達，復戰破之，優詔褒顯。[3]時賊帥郝孝德、孫宣雅、時季康、竇建德、魏刀兒等往往屯聚，[4]大者十數萬，小者數千，寇掠河北。辯擊之，所向皆捷。及翟讓寇徐、豫，[5]辯頻擊走之。讓尋與李密屯據洛口倉，[6]辯與王世充討密，[7]阻洛水相持經年。[8]辯攻敗密，乘勝將入城。世充不知，恐將士勞倦，鳴角收兵。翻爲密徒所乘，官軍大潰，不可救止。辯至洛水，橋已壞，遂涉水，至中流，[9]爲溺人所引墜馬，竟溺死。三軍莫不痛惜之。

[1]勃海：郡名。隋朝時治陽信縣，在今山東陽信縣西南。高士達：人名。勃海蓨（今河北景縣）人。隋末起義軍首領，煬帝大業七年於清河（今河北清河縣）起義，以高雞泊（今河北故城縣）爲根據地，自號東海公，後戰死。

[2]江都宮：位於今江蘇揚州市西北。

[3]優詔：褒獎或給以優遇的詔書。

[4]郝孝德：人名。平原（今山東平原縣）人。隋末起義軍首領，煬帝大業九年起兵，後歸瓦崗軍。　孫宣雅：人名。隋末起義軍首領，煬帝大業九年起兵，後活動於今河北一帶。　時季康：人名。隋末起義軍首領。　竇建德：人名。清河漳南（今山東武城縣東北）人。隋末起義軍首領。唐高祖武德四年敗於李世民，被殺。見《舊唐書》卷五四《竇建德傳》。　魏刀兒：人名。一作“魏刁兒”，高陽（今河北高陽縣東）人。隋末起義軍首領，煬帝大業十一年起兵，自稱“歷山飛”。後被竇建德所殺。

[5]翟讓：人名。東郡韋城縣（今河南滑縣東南）人。隋末瓦崗軍前期首領，煬帝大業七年與徐世勣、單雄信等起兵於瓦崗（今

河南滑縣南)，後被李密設計殺死。

[6]李密：人名。字玄邃，又字法王（《隋書》卷七〇《李密傳》作“法主”)，京兆長安（今陝西西安市）人。隋末隨楊玄感反。見《北史》卷六〇《李弼附李密傳》。　洛口倉：倉名。在今河南鞏縣東北。

[7]王世充：人名。字行滿，新豐（今陝西西安市臨潼區東北）人。見《北史》卷七九《王世充傳》。

[8]洛水：發源於陝西洛南縣，東流入河南，注入黄河。

[9]中流：即中游。

時有河南斛斯萬善，[1]驍勇果毅，與辯齊名。從衛玄討楊玄感，[2]萬善與數騎追及之，玄感窘迫自殺。由是知名，拜武賁郎將。突厥始畢之圍雁門，[3]萬善奮擊之，所向皆破。由是突厥莫敢逼城，十許日竟退，萬善力也。後頻討群盜，累功至將軍。

[1]河南：郡名。隋朝時治河南縣，在今河南洛陽市。

[2]衛玄：人名。字文昇，河南洛陽（今河南洛陽市東北）人。北周、隋朝將領。見《北史》卷七六《衛玄傳》。

[3]雁門：關隘名。又稱西陘關。在今山西代縣西北。

又有將軍鹿愿、范貴、馮孝慈，俱爲將帥，數從征伐，並有名於世。事皆亡失，故史官闕云。

陳稜，字長威，廬江襄安人也。[1]祖碩，以漁釣自給。父峴，少驍勇，事章大寶，[2]爲帳内部曲。[3]告大寶反，授譙州刺史。[4]陳滅，廢于家。高智慧、汪文進反，[5]廬江豪傑亦舉兵相應。以峴舊將，共推爲主。峴欲拒之，稜謂峴曰："衆亂既作，拒之禍且及己，不如僞從，别爲後計。"峴然之。後潛使稜至柱國李徹所，請爲内應。徹上其事，拜上大將軍、宣州刺史，[6]封譙郡公，[7]詔徹應接之。徹軍未至，謀泄，爲其黨所殺，稜僅以獲免。上以其父之故，拜開府，尋領鄉兵。

[1]廬江：郡名。隋朝時治合肥縣，在今安徽合肥市。　襄安：縣名。治所在今安徽無爲縣襄安鎮。

[2]章大寶：人名。吴興武康（今浙江德清縣）人。南朝陳官吏。見《陳書》卷一一《章昭達附章大寶傳》。

[3]帳内：官名。北魏末高歡置。爲侍衛近職，皆用親信，掌侍衛。南朝陳時亦置。　部曲：本爲軍隊編制之稱。東漢末演變爲私人武裝之稱。魏晋南北朝時，世家大族普遍擁有部曲。平時耕種，戰時出征，地位低下，南北朝後期，地位稍微上升。被稱作家兵、私部曲、私兵或部曲。

[4]譙州：南朝陳時治盱眙縣，在今江蘇盱眙縣東北。

[5]汪文進：人名。婺州（今浙江金華市）人。陳朝官吏。隋滅陳後，起兵反隋。

[6]宣州：隋朝時治宣城縣，在今安徽宣城市宣州區。

[7]譙郡公：封爵名。譙郡，隋朝時治小黄縣，在今安徽亳州市。

大業三年，拜武賁郎將。後與朝請大夫張鎮周自義安汎海擊流求國，[1]月餘而至。流求人初見船艦，以爲商旅，往往詣軍貿易。稜率衆登岸，遣鎮周爲先鋒。其主歡斯渴剌兜遣兵拒戰，[2]鎮周頻破之。稜進至低没檀洞，其小王歡斯老模拒戰，稜敗之，斬老模。其日霧雨晦冥，將士皆懼，稜刑白馬以祭海神，既而開霽。[3]分爲五軍，趣其都邑，乘勝逐北，至其栅，破之，斬渴剌兜，獲其子島槌。虜男女數千而歸。帝大悦，加稜右光禄大夫，鎮周金紫光禄大夫。

[1]朝請大夫：官名。隋煬帝大業三年始置爲散官。正五品。　義安：郡名。隋朝時治海陽縣，在今廣東潮州市東北。　流求：國名。亦作“琉求”“留求”“瑠求”“琉球”。隋朝時東海島國，在今琉球群島。民風尚武，煬帝大業年間亡於隋朝。見《北史》卷九四《流求傳》。

[2]歡斯渴剌兜：人名。流求國王，事迹不詳。

[3]開霽：指雨、雪天變晴。霽，四庫本作“霧”。

遼東之役，以宿衛遷左光禄大夫。[1]明年，帝復征遼東，稜爲東萊留守。[2]楊玄感反，稜擊平黎陽，[3]斬玄感所署刺史元務本。尋奉詔於江南營戰艦。至彭城，賊帥孟讓據都梁宫，[4]阻淮爲固。稜潛於下流而濟，至江都，襲破讓。以功進位光禄大夫，賜爵信安侯。[5]

[1]宿衛：在宫禁中值宿守衛。

[2]東萊：郡名。隋朝時治掖縣，在今山東萊州市。

[3]黎陽：縣名。治所在今河南浚縣東北。

[4]孟讓：人名。齊郡（今山東濟南市）人。煬帝大業七年與王薄起兵。　都梁宫：隋煬帝大業元年置。在今江蘇盱眙縣。底本作“梁都宫”，中華本校勘記云：“諸本‘都梁’倒作‘梁都’，《隋書》卷六四、《通志》卷一六四《陳稜傳》、《通鑑》卷一八二作“都梁”。《通鑑》胡注云：‘盱眙縣屬江都郡，有都梁山，都梁宫

在焉。山出都梁香，故名。’今據改。”今從改。

[5]信安侯：封爵名。信安，郡名。隋朝時治高要縣，在今廣東肇慶市。

後帝幸江都宫，俄而李子通據海陵，[1]左才相掠淮北，[2]杜伏威屯六合，[3]帝遣稜擊之，往見剋捷，[4]超拜右禦衛將軍。[5]復度清江，[6]擊宣城賊。[7]俄而帝以弑崩，宇文化及引軍北上，召稜守江都。稜集衆縞素，[8]爲煬帝發喪，備儀衛，[9]改葬於吴公臺下，[10]衰杖送喪，慟感行路，論者深義之。稜後爲李子通所陷，奔杜伏威，伏威忌而害之。

[1]李子通：人名。東海丞（今山東棗莊市南）人。隋末起義軍首領。見《舊唐書》卷五六《李子通傳》。　海陵：縣名。治所在今江蘇泰州市。

[2]左才相：人名。隋末起義軍首領。

[3]杜伏威：人名。齊州章丘（今山東章丘市西北）人。隋末起義軍首領。見《舊唐書》卷五六《杜伏威傳》。

[4]往見：源氏校勘記云:“‘往見’《隋書》作‘往往’。”

[5]右禦衛將軍：官名。隋朝十二衛將軍之一。隋煬帝大業三年置，員一人，佐右禦衛大將軍總其府事。正三品。

[6]清江：約在今江蘇淮安市。

[7]宣城：郡名。隋朝時治宣城縣，在今安徽宣城市。

[8]縞素：白色的衣服，指喪服。

[9]儀衛：古代儀仗，文曰儀，武曰衛。取儀從護衛之意。

[10]吴公臺：地名。在今江蘇揚州市北。

趙才，字孝才，張掖酒泉人也。[1]祖隗，魏銀青光禄大夫、樂浪太守。[2]父壽，周順政太守。[3]

[1]張掖：郡名。隋朝時治張掖縣，在今甘肅張掖市。　酒泉：縣名。治所在今甘肅酒泉市東南。

[2]銀青光禄大夫：官名。東晋時始置。即光禄大夫，因授予銀章青綬，故爲銀青光禄大夫。北魏時爲加官。　樂浪：郡名。北魏時治連城縣，在今遼寧義縣。

[3]順政：郡名。北周時治漢曲縣，在今陝西略陽縣。

才少驍武，便弓馬，性粗悍，無威儀。仕周，爲輿正上士。[1]隋文帝受禪，以軍功至上儀同。後配事晋王，爲右虞候率。[2]煬帝即位，轉左備身驃騎、右驍衛將軍。[3]帝以才藩邸舊臣，漸見親待。才亦恪勤匪懈，所在有聲。轉右候衛將軍。[4]從征吐谷渾，以爲行軍總管，率衛尉卿劉權、兵部侍郎明雅等出合河道，[5]破賊，以功進金紫光禄大夫。及遼東之役，再出碣石道。再遷右候衛大將軍。[6]時帝每事巡幸，才恒爲斥候，[7]肅遏姦非，無所迴避。在塗遇公卿妻子有違禁者，才輒醜言大罵，多所援及。時人雖患其不遜，然才守正，無如之何。

[1]輿正上士：官名。北周時置。屬夏官府。正三命。

[2]後配事晋王爲右虞候率：《隋書》卷六五《趙才傳》作“配事晋王。及王爲太子，拜右虞候率”，《通志》卷一六四與《北史》同。中華本校勘記云：“按隋制，祇有太子纔有左右虞候率。《北史》删五字，便似諸王也有此官，誤。”可從。候，局本作

"㑀"。

［3］左備身：官署名。即左備身府。禁衛軍指揮機構，隋文帝開皇十八年置，煬帝大業三年改名爲左驍騎，改左領左右府置，設備身郎將一員爲長官，直齋二員以爲副，與右備身府同掌侍衛皇帝左右的親信禁軍，職任甚重。　驃騎：官名。即驃騎將軍。隋朝因襲北周府兵制度，改開府府爲驃騎府，以驃騎將軍爲長官，分屬十二府大將軍，分駐各地，統領府兵。正四品上。煬帝時改爲鷹揚郎將。　右驍衛將軍：官名。隋煬帝大業三年改右備身府爲右驍衛，置將軍二員，佐大將軍總府事。從三品。

［4］右候衛將軍：官名。隋朝十二衛將軍之一。煬帝大業三年改右武候將軍爲右候衛將軍，以佐右候衛大將軍，員二人。從三品。

［5］衛尉卿：官名。衛尉的尊稱。隋文帝開皇十二年沿置，掌儀仗帷幕供應、武器庫藏等事務，政令仰承兵部。正三品，煬帝時爲從三品。　劉權：人名。字世略，彭城豐（今江蘇豐縣）人。隋朝官吏。見《北史》卷七六《劉權傳》。　兵部侍郎：官名。隋朝始置，兵部屬官。隋初爲兵部所屬兵部曹之長官，煬帝時定爲兵部副長官，佐助尚書，其後成定制，各代因襲不變。六品上，文帝開皇六年升爲五品。煬帝時改爲兵曹郎。　合河道：地區名。在今青海境内。

［6］右候衛大將軍：官名。隋煬帝大業三年改右武候爲右候衛而置，爲十二衛大將軍之一。總管府事，並統管各鷹揚府。正三品。

［7］斥候：亦稱斥堠。古代軍隊中的偵察兵。

十二年，[1]帝將幸江都。才見四海土崩，諫請還京師，安兆庶。[2]帝大怒，以才屬吏，[3]旬日乃出之。遂幸江都，待遇逾昵。時江都糧盡，内史侍郎虞世基、秘書監袁充等多勸帝幸丹楊。[4]才極陳入京策，世基極言度江便。帝無言，才與世基相忿而出。

[1]十二年：底本作“十一年”，源氏校勘記云：“《隋書》作‘十二’。”中華本校勘記云：“諸本‘二’作‘一’，《隋書》、《通志》卷一六四《趙才傳》作‘二’。按本書卷十二《隋煬帝紀》，事在大業十二年。今據改。”今從改。

[2]兆庶：猶“兆民”，衆百姓。

[3]屬吏：交給執法官吏處理。

[4]内史侍郎：官名。隋朝時爲内史省次官，員四人，正四命。煬帝大業三年減爲兩人，十二年改名爲内書侍郎。　虞世基：人名。字懋世，會稽餘姚（今浙江餘姚市）人。隋朝官吏。見《北史》卷八三《虞世基傳》。　秘書監：官名。漢桓帝時置。隋朝沿置，領著作、太史二曹，正三品。煬帝時定爲從三品，後改名爲秘書令。　袁充：人名。字德符，祖籍陳郡陽夏（今河南太康縣），寓居丹陽（今江蘇南京市）。南朝陳、隋朝官吏。見《北史》卷七四《袁充傳》。　丹楊：郡名。隋朝時治建業縣，在今江蘇南京市。

宇文化及殺逆之際，才時在苑北。[1]化及遣驍果席德方執之，[2]謂曰：“今日之事，祇得如此。”才默然不對。化及忿才無言，將殺之，三日乃釋。以本官從事，鬱鬱不得志。才嘗對化及宴，請勸其同謀逆者十八人楊士覽等酒。化及許之。才執盃曰：“十八人止可一度作，勿復餘處更爲。”諸人默然不對。行止聊城，[3]遇疾。俄而化及爲竇建德所破，才復見虜。心彌不平，數日而卒。

[1]苑北：地名。具體不詳。
[2]驍果：隋煬帝時把驍勇善戰之人編爲禁衛軍，稱爲驍果。
[2]聊城：縣名。治所在今山東聊城市東北。

仁壽、大業間有蘭興洛、賀蘭蕃，俱爲武候將軍，[1]剛嚴正直，不避强禦，咸以稱職知名。

[1]武候將軍：官名。隋朝時置左、右武候將軍，各二人。從三品。煬帝大業三年改名爲候衛將軍。

論曰：虎嘯風生，龍騰雲起，英賢奮發，亦各因時。張定和、張奫、麥鐵杖皆一時壯士，而困於貧賤。當其鬱抑未遇，亦安知有鴻鵠志哉！終能振拔汙泥，[1]申其力用，符馬革之願，快生平之心，得丈夫之節矣。孟才、錢傑、沈光等感懷恩舊，臨難亡身，雖功無所成，其志有可稱矣。權武素無行檢，不拘刑憲，[2]終取黜辱，不亦宜哉！仁恭武毅見知，文以取達，初在汲郡，清能可紀，後居馬邑，貪吝而亡。鮮克有終，[3]斯言乃驗。吐萬緒、董純以萑蒲不翦，[4]遽嬰罪戮。大業之季，盜可盡乎？俱羅欲加之罪，非其咎釁。[5]王辯殞身勍敵，志在勤王。陳稜縞素發喪，哀感行路，義之所動，固已深乎！趙才雖人而無儀，志在强直，拒世基之諂，可謂不苟同矣。

[1]汙：元大德本作“汗”。
[2]刑憲：刑法。

[3]鮮克有終：語出《詩·大雅·蕩》："靡不有初，鮮克有終。"

[4]萑（huán）蒲：蘆類植物。此處指盜賊、草寇。

[5]咎釁（xìn）：罪過。

北史　卷七九

列傳第六十七

宇文述　雲定興　趙行樞　述子化及　司馬德戡　裴虔通　王世充　段達

宇文述，字伯通，代郡武川人也。[1]高祖佴與敦、曾祖長壽、祖孤，仕魏，並爲沃野鎮軍主。[2]父盛，仕周，位上柱國、大宗伯。[3]

[1]代郡：隋朝時治平城，在今山西大同市東北。　武川：軍鎮名。治所今内蒙古武川縣西。

[2]沃野：軍鎮名。在今内蒙古五原縣東北。　軍主：官名。爲軍鎮的主將，其下設有軍副。所統兵力無定員，自數百人至萬人以上不等。除統率步兵的軍主外，還有馬軍主、水軍主；因任務不同又有帳内軍主、游蕩軍主、伐蠻軍主、前軍軍主、山陵軍主等名目；以官署名則有臺軍主、左廂軍主等。

[3]上柱國：官名。北周武帝建德四年（575），置爲最高級勳官。正九命。　大宗伯：官名。掌管禮樂、祭祀、天文曆法、著作等方面事務。原爲《周禮》六卿之一，爲春官之長。西魏末、北周仿《周禮》建六官，復置爲春官之長，亦稱大宗伯卿。北周時爲正

七命。

述少驍鋭，便弓馬。年十一時，有相者謂曰："公子善自愛，後當位極人臣。"周武帝時，[1]以父軍功，起家拜開府。[2]述性謹密，周大冢宰宇文護甚愛之，[3]以本官領護親信。及武帝親總萬機，召爲左宫伯，[4]累遷英果中大夫，[5]賜爵博陵郡公，[6]改封濮陽郡公。[7]尉遲迥作亂，[8]述以行軍總管從韋孝寬擊之，[9]破迥將李儁軍於懷州，[10]又與諸將破尉惇於永平橋。[11]以功超拜上柱國，進爵褒國公。

[1]周武帝：即北周皇帝宇文邕。武爲其謚號。

[2]開府：爲開府儀同三司的省稱。三國魏始置。多爲大臣加號，意謂與三司禮制待遇相同，許開辟府署，自辟僚屬。北周置爲勳官。九命。

[3]大冢宰：官名。西魏恭帝三年置，北周沿置。位居六官之首的天官府長官。掌管宫廷供奉以及全國的財政收支、賦役收入，百官俸禄等事務。可總攝百官，執掌朝政。正七命。　宇文護：人名。字薩保，代郡武川（今内蒙古武川縣西）人，鮮卑族。北周宗室、權臣。見《北史》卷五七《邵惠公顥附宇文護傳》。

[4]左宫伯：官名。左宫伯中大夫的省稱。西魏恭帝三年置，北周沿置。天官府宫伯司長官，掌管宫寢的侍衛，與右宫伯中大夫輪换在宫中執勤，並負責臨朝和出行的警衛。下設左小宫伯下大夫、左宫伯都上士等屬官。正五命。

[5]英果中大夫：官名。北周時置。正五命。

[6]博陵郡公：封爵名。博陵，郡名。北周時治博陵縣，在今甘肅卓尼縣西。

[7]濮陽郡公：封爵名。濮陽，郡名。北周時治鄄城，在今山東鄄城縣北。

[8]尉遲迥：人名。字薄居羅，代（今山西大同市東北）人。西魏、北周大臣。見《北史》卷六二《尉遲迥傳》。

[9]行軍總管：官名。北周時置。戰時臨時任命，事畢即罷，重大軍事行動中，隸屬於行軍元帥。　韋孝寬：人名。即韋叔裕。字孝寬，京兆杜陵（今陝西西安市長安區東）人。北魏、西魏、北周將領。見《北史》卷六四《韋孝寬傳》。

[10]懷州：北周時治野王縣，在今河南沁陽市。

[11]永平橋：在今河南武陟縣西。源氏校勘記云:"《隋書》無'平'字。"中華本校勘記云:"張森楷云:'《隋書》（卷六一《宇文述傳》）無"平"字。據永橋鎮在懷縣，見《尉遲迥傳》（本書卷六二），則不當有"平"字。'按永橋又見《北齊書》卷四一《傅伏傳》、本書卷六四《韋孝寬傳》。別處無作'永平橋'者，張説疑是。但《通志》卷一六四《宇文述傳》亦有"平"字，今不改。"可從。

開皇初，[1]拜右衛大將軍。[2]平陳之役，以行軍總管自六合而濟。[3]時韓擒、賀若弼兩軍趣丹陽，[4]述據石頭以爲聲援。[5]陳主既禽，而蕭瓛、蕭巖據東吴地。[6]述領行軍總管元契、張默言等討之，[7]落叢公燕榮以舟師自東海至，[8]亦受述節度，於是吴會悉平。[9]以功授子化及爲開府，[10]徙拜安州總管。[11]

[1]開皇：隋文帝的年號（581—600）。

[2]右衛大將軍：官名。西晋時置。隋朝時爲右衛之長，員一人，掌宫掖禁禦，督攝仗衛。煬帝大業三年（607）改名爲右翊衛大將軍，總府事，並統諸鷹揚府事。正三品。

[3]六合：縣名。治所在今江蘇南京市六合區。

[4]韓擒：人名。即韓擒虎，《北史》避唐高祖祖父李虎諱改。亦作“韓禽”，字子通，河南東垣（今河南新安縣東）人，韓雄之子。北周、隋朝將領。見《北史》卷六八《韓雄附韓禽傳》。　賀若弼：人名。字輔伯，代（今山西大同市東北）人。隋朝將領。見《北史》卷六八《賀若敦附賀若弼傳》。　丹陽：郡名。隋朝時治建業縣，在今江蘇南京市。

[5]石頭：城名。在今江蘇南京市清涼山。

[6]蕭瓛（huán）：人名。字欽文，南蘭陵（一説在今江蘇常州市，一説在今江蘇丹陽市）人。南朝梁宗室，梁滅後歸陳，隋滅陳後起兵反隋。見《隋書》卷七九《蕭巋附蕭瓛傳》。　蕭巖：人名。字義遠，蘭陵（一説在今江蘇常州市，一説在今江蘇丹陽市）人。西梁宗室。見《北史》卷九三《蕭詧傳》。

[7]元契：人名。北周、隋朝將領。北周初歷任開府、上大將軍。隋文帝開皇年間，與高智慧等激戰，失敗自殺。

[8]落叢公：封爵名。落叢，郡名。隋朝時治落叢縣，在今陝西略陽縣西北。　燕榮：人名。字貴公，弘農華陰（今陝西華陰市東南）人。北周、隋朝將領。見《北史》卷八七《燕榮傳》。　自東海至：《隋書》卷六一《宇文述傳》作“自海至”，《通志》卷一六四與《北史》同。

[9]吴：郡名。隋朝時治吴縣，在今江蘇蘇州市。　會：會稽，郡名。隋朝時治會稽縣，在今浙江紹興市。

[10]開府：開府儀同三司的省稱。三國魏時始置，多爲大臣的加號，意爲與三司的禮制待遇相同，允許開府，自辟屬僚。北周時爲勳官，九命。

[11]安州：隋朝時治安陸縣，在今湖北安陸市。　總管：官名。北周明帝武成元年（559）由都督諸州軍事改名，爲地方高級軍政官員。加使持節，置總管府，管理轄區軍政民政。所轄區域增減無常，一般轄數州，多者可達數十州。隋朝沿置。

時晉王廣鎮揚州，[1]甚善於述，奏爲壽州總管。[2]王時陰有奪宗之志，請計於述。述曰："皇太子失愛已久。大王才能蓋世，數經將領，主上之與内宫，咸所鍾愛，四海之望，實歸大王。然廢立國家大事，能移主上者，唯楊素耳。[3]移素謀者，[4]唯其弟約。[5]述雅知約，請朝京師，與約共圖廢立。"晉王大悦，多賫金寶，資述入關。述數請約，盛陳器玩，與之酣暢，因共博戲，每陽不勝，[6]輸所將金寶。約所得既多，稍以謝述。述因曰："此晉王賜述，令與公爲歡。"約大驚曰："何爲者？"述因爲王申意。約然其説，退言於素，亦從之。於是晉王與述情好益密，命述子士及尚南陽公主，[7]前後賞賜不可勝計。及晉王爲皇太子，以述爲左衛率。[8]舊令，率官第四品，以述素貴，[9]遂進率品第三，其見重如此。

[1]晉王廣：即楊廣。一名英，弘農華陰（今陝西華陰市東南）人。見《北史》卷一二《隋本紀·煬帝》。　揚州：隋朝時治江陽縣，在今江蘇揚州市。

[2]壽州：隋朝時治壽春縣，在今安徽壽縣。

[3]楊素：人名。字處道，弘農華陰（今陝西華陰市東南）人。北周、隋朝大臣。見《北史》卷四一《楊敷附楊素傳》。

[4]移素謀者：《隋書》卷六一《宇文述傳》作"素之謀者"，《通志》卷一六四作"與之謀者"。

[5]約：即楊約，人名。字惠伯，弘農華陰（今陝西華陰市東南）人。北周、隋朝官吏。見《北史》卷四一《楊敷附楊約傳》。

[6]陽：通"佯"。假裝。

[7]士及：即宇文士及，人名。字仁人，京兆長安（今陝西西

安市）人。隋朝、唐朝官吏。見《舊唐書》卷六三《宇文士及傳》。　南陽公主：封爵名。即隋煬帝長女。南陽，郡名。隋朝時治穰縣，在今河南鄧州市。

[8]左衛率：官名。隋朝時掌管宮中宿衛，下置司馬、長史、諸曹參軍等屬官，員一人，正四品。煬帝大業三年改爲太子左侍率。

[9]以述素貴：《隋書·宇文述傳》作“上以述素貴”，《通志》卷一六四與《北史》同。

煬帝嗣位，[1]拜左衛大將軍，[2]參掌武官選事。後改封許國公，尋加開府儀同三司，每冬正朝會，[3]輒給鼓吹一部。[4]從幸榆林。[5]時鐵勒契弊歌稜攻敗吐谷渾，[6]其部攜散，[7]遂遣使請降，求救。帝令述以兵撫納降附。[8]吐谷渾見述擁强兵，懼不敢降，遂西遁。述追至曼頭城，[9]攻拔之。乘勝至赤水城，[10]復拔之。其餘黨走屯丘尼川，[11]進擊，大破之，獲其王公、尚書、將軍二百人。渾主南走雪山，[12]其故地皆空。帝大悦。明年，從帝西巡至金山，[13]登燕支，[14]述每爲斥候。[15]時渾賊復寇張掖，[16]述進擊走之。

[1]煬帝：即隋朝皇帝楊廣。煬爲其謚號。

[2]左衛大將軍：官名。隋朝時置爲左衛之長，員一人，掌宮掖禁禦，督攝仗衛。煬帝大業三年時改爲左翊衛大將軍，總府事，並統諸鷹揚府事。正三品。

[3]冬正：指冬至。按：曆法中年從一月開始至十二月，歲自冬至開始至下個冬至爲一歲。

[4]鼓吹：演奏鼓吹樂的樂隊。本用於軍中，後賜予有功大臣，

遂成爲皇帝賜予臣下的一種禮遇。

[5]榆林：郡名。隋朝時治榆林縣，在今内蒙古准格爾旗東北。

[6]鐵勒：又作“敕勒”“赤勒”“高車”“狄歷”。其先爲匈奴之苗裔丁零，部族甚多。最早生活在貝加爾湖一帶，北魏時稱其爲高車，主要生活在大漠南北和西北地區。見《北史》卷九九《鐵勒傳》。　契弊歌稜：人名。鐵勒族首領。稜，殿本、四庫本、四部備要本作“稜”。　吐谷渾：族名。又稱吐渾、退渾。原爲鮮卑族慕容部的一支，先祖游牧於徒河青山（今遼寧義縣東）。西晋時，遷徙於今甘肅、青海一帶。十六國時，先後受到前凉、西秦等追逐，幾乎亡國。後再度崛起，北魏太武帝時達到最强盛。在北魏打擊下，一度退到今新疆一帶。以游牧爲生。見《北史》卷九六《吐谷渾傳》。

[7]攜散：意爲有二心而散去。

[8]述：毛本作“不”。

[9]曼頭：城名。在今青海共和縣西南。

[10]赤水：城名。在今青海興海縣東南（參秦裕江《赤水與赤水戍——吐谷渾地理考察之二》，《青海社會科學》1996 年第 1 期）。

[11]丘尼川：地名。今地不詳。

[12]雪山：疑即今四川西嶺雪山。

[13]金山：在今青海西寧市西北。

[14]燕支：山名。在今甘肅永昌縣。

[15]斥候：又稱斥堠，古代軍隊中的偵察兵。

[16]張掖：郡名。隋朝時治張掖縣，在今甘肅張掖市。

還至江都宫，[1]敕述與蘇威常典選舉，[2]參預朝政。述時貴重，委任與威等，其親愛則過之。帝所得遠方貢獻及四時口味，輒見班賜，[3]中使相望於道。[4]述善於供奉，俯仰折旋，容止便辟，宿衛咸取則焉。又有巧思，凡所裝飾，皆出人意表。數以奇服異物進宮掖，[5]由是帝彌悦焉。言無不從，勢傾朝廷。左衛將軍張瑾與述連官，[6]嘗有評議，偶不中意，述張目瞋之，瑾惶懼而走。文武百僚莫敢違忤。[7]性貪鄙，知人有珍異物，必求取，富商大賈及隴右諸胡子弟，[8]皆接以恩意，呼之爲兒。由是競加餽遺，金寶累積。後庭曳羅綺者甚衆，家僮千餘人，皆控良馬，被服金玉。

[1]江都宮：位於今江蘇揚州市西北。

[2]蘇威：人名。字無畏，武功（今陝西武功縣西北）人。北周、隋朝官吏。見《北史》卷六三《蘇綽附蘇威傳》。

[3]班賜：意同頒賜。班，賞賜、分給。

[4]中使：宮中派出的使者。多是宦官。

[5]物：毛本、局本作“服”。

[6]左衛將軍：官名。隋初爲十二衛中的左衛副長官，員二人，協助左衛大將軍掌管宮掖禁衛，從三品。煬帝大業初改左、右衛爲左、右翊衛。此職改爲左翊衛大將軍，從三品。

[7]僚：局本作“官”。

[8]隴右：地區名。指黄河以東隴山以西地區。

及征高麗，[1]述爲扶餘道軍將，[2]臨發，帝謂曰：“禮，七十者行役以婦人從，公宜以家累自隨。古稱婦人不入軍，謂臨戰時耳。至軍壘間，無所傷也。項籍虞兮，[3]即其故事。”述與九軍至鴨綠水，[4]糧盡，議欲班師。諸將多異同，述又不測帝意。會乙支文德來詣其營，[5]述先與于仲文俱奉密旨，[6]令誘執文德。既而緩縱，文德逃歸，述内不自安，遂與諸將度水追之。時文德見述軍中多饑色，欲疲述衆，每鬪便北。述一日中七戰皆捷，既恃驟勝，又内逼群議，遂進，東濟薩水，[7]去平壤城三十里，[8]因山爲營。文德復遣使僞降，請述曰："若旋師者，當奉高元朝行在所。"[9]述見士卒疲弊，不可復戰，又平壤險固，卒難致力，遂因其詐而還。衆半濟，賊擊後軍，於是大潰不可禁止，九軍敗績，[10]一日一夜，還至鴨緑水，行四百五十里。初度遼，九軍三十萬五千人，及還至遼東城，[11]唯二千七百人。帝怒，除其名。

[1]高麗：國名。又作"高句麗""高夷"等，其先出自夫餘，地爲漢之玄菟郡，高句麗爲其三縣之一，因以爲國名。都名丸都，在今吉林集安市，南北朝時遷都於今朝鮮平壤市。見《北史》卷九四《高麗傳》。

[2]扶餘：地名。在今遼寧昌圖縣北，内蒙古開魯縣東，吉林長春市的西南一帶。 軍將：官名。北魏時始置。隋沿置，爲統兵武職。

[3]項籍虞兮：項羽戰敗，在烏江邊與虞姬告别，虞姬自殺。見《史記》卷七《項羽本紀》。源氏校勘記云："'兮'《隋書》作'姬'。"

[4]鴨緑水：在今中國遼寧省和朝鮮半島之間。

[5]乙支文德：人名。高麗宰相，以計謀擊退了隋煬帝第二次攻高麗的軍隊。

[6]于仲文：人名。字次武，代（今山西大同市東北）人。北周、隋朝官吏。見《北史》卷二三《于仲文傳》。底本作"丁仲文"。源氏校勘記改"丁"作"于"。《隋書》卷六一《宇文述

傳》、《通志》卷一六四作“于仲文”。中華本據校勘記云:“諸本‘于’訛作‘丁’，據《隋書》改。事見本書卷二三《于仲文傳》。”今從改。

[7]薩水：在今朝鮮中部，發源於咸興市西北方的狄逾嶺山脉，流向西南，經熙川、球場和安州等城市，於新安州西注入西朝鮮灣。

[8]平壤：城名。高麗國都城，在今朝鮮平壤市。

[9]高元：人名。隋朝時高麗國王。　行在所：指天子所在的地方或天子巡行時所到之地。

[10]九軍：古代對軍隊的總稱。

[11]遼東城：在今遼寧遼陽市西北。

明年，帝又事遼東，[1]復述官爵，待之如初。從至遼東，與將軍楊義臣率兵復臨鴨緑水。[2]會楊玄感作亂，[3]帝召述馳驛討玄感。時玄感逼東都，[4]聞述軍至，西遁，將圖關中。述與刑部尚書衛玄、右驍衛大將軍來護兒、武衛將軍屈突通等躡之。[5]至閿鄉皇天原，[6]與玄感相及，斬其首，傳行在所。復從東征，至懷遠而還。[7]

[1]又:《隋書》卷六一《宇文述傳》作“有”，《通志》卷一六四與《北史》同。

[2]楊義臣：人名。本姓尉遲，隋文帝賜姓楊，代（今山西大同市東北）人。隋朝將領。見《北史》卷七三《楊義臣傳》。

[3]楊玄感：人名。弘農華陰（今陝西華陰市東南）人。隋朝大臣，隋末起兵反，兵敗被殺。見《北史》卷四一《楊敷附楊玄感傳》。

[4]東都：都城名。隋時以洛陽爲東都。

[5]刑部尚書：官名。隋朝始置。文帝開皇三年由都官尚書改名而置，員一人，負責制定律法、糾察違法。正三品。　衛玄：人名。字文昇，河南洛陽（今河南洛陽市東北）人。北周、隋朝將領。見《北史》卷七六《衛玄傳》。　右驍衛大將軍：官名。隋朝十二衛大將軍之一。煬帝大業三年改右備身府爲右驍衛，置大將軍總管府事，員一人，統領諸鷹揚府。正三品。《隋書·宇文述傳》作"左禦衛將軍"，《通志》卷一六四作"右禦衛大將軍"。源氏校勘記云："'右驍衛大將軍'《隋書》作'左禦衛將軍'。俱誤矣。按本傳'仁壽中，除禦衛將軍'。"　來護兒：人名。字崇善，祖籍南陽新野（今河南新野縣南），後移居廣陵（今江蘇揚州市）。北周、隋朝將領。見《北史》卷七六《來護兒傳》。　武衛將軍：官名。三國魏始置，隋朝沿置。隋十二衛將軍之一，分置左右，各二人，佐大將軍總府事，並統諸鷹揚府事。從三品。《隋書》卷四《煬帝紀下》、《北史》卷一二《隋本紀·煬帝》作"左候衛將軍"。屈突通：人名。雍州長安（今陝西西安市）。隋末唐初將領。見《舊唐書》卷五九《屈突通傳》。

[6]閿（wén）鄉：縣名。治所在今河南靈寶市西北閿鄉。皇天原：地名。在今河南靈寶市閿鄉西。

[7]懷遠：軍鎮名。治所在今遼寧遼中縣。

突厥之圍雁門也，[1]帝大懼，述請潰圍而出。來護兒及樊子蓋並固諫，[2]帝乃止。及圍解，次太原，[3]議者多勸帝還京師，帝有難色。述奏曰："從官妻子多在東都，請便道向洛陽，[4]自潼關入。"[5]帝從之。尋至東都，又觀望帝意，勸幸江都宮。

[1]突厥：族名。廣義上包括鐵勒、突厥各部落，狹義上則專指突厥汗國。公元六世紀初興起於金山（今阿爾泰山）西南麓，西

魏廢帝二年建立突厥汗國，隋文帝開皇二年，分裂爲東西二部。見《北史》卷九九《突厥傳》。　雁門：關隘名。在今山西代縣西北。

[2]來護兒及樊子蓋並固諫：《隋書》卷六一《宇文述傳》作“樊子蓋固諫不可”，《通志》卷一六四與《北史》同。樊子蓋，人名。字華宗，廬江（今安徽合肥市）人。北齊、北周、隋朝官吏。見《北史》卷七六《樊子蓋傳》。

[3]太原：郡名。隋朝時治晉陽縣，在今山西太原市西南。

[4]洛陽：縣名。治所在今河南洛陽市東北。

[5]潼關：在今陝西潼關縣北。

述於江都遇疾，[1]及疾篤，帝令中使相望于第，謂述有何言。述曰:“願陛下一能降臨。”帝遣司宮魏氏謂曰:[2]“公危篤，朕憚相煩動。必有言，可陳也。”述流涕曰:“臣子化及，早預藩邸，[3]願陛下哀憐之。士及夙蒙天恩，亦堪驅策。臣死後，智及不可久留，願早除之，望不破門户。”魏氏返命，隱其言，因詭對曰:“述唯憶陛下耳。”帝泫然曰:“述憶我耶?”將親臨之，宫人百僚諫乃止。及薨，帝爲廢朝，贈司徒、尚書令、十郡太守，[4]班劍四十人，[5]轀輬車，[6]前後部鼓吹，謚曰恭。詔黄門侍郎裴矩祭以太牢，[7]鴻臚監護喪事。[8]

[1]江都：郡名。隋朝時治江陽縣，在今江蘇揚州市東北。

[2]司宮：宮内閹官之長。

[3]藩邸：諸侯王的府第。

[4]司徒：官名。隋朝時名義上參議大政，其位多曠，遇有典禮，以他官攝行其事。正一品。　尚書令：官名。隋朝時爲尚書省長官，居正宰相之位。正二品。因位高權重，多缺而不授。

[5]班劍：一種有紋飾的劍，或曰以虎皮飾之。漢制，朝服帶劍。晋易以木，謂之班劍，取裝飾燦爛之意。後用作儀仗，由武士佩持，天子用以賞賜功臣。此處指持班劍的武士。班，通“斑”。

[6]輼（wēn）輬（liáng）車：帝王的喪車。有窗，閉之則温，開之則凉，故名。

[7]黄門侍郎：官名。給事黄門侍郎的省稱。隋初置爲門下省次官，員二人，位頗重要。正四品上。煬帝大業三年去“給事”二字，稱黄門侍郎。　裴矩：人名。字弘大，河東聞喜（今山西聞喜縣）人。隋朝官吏。見《北史》卷三八《裴佗附裴矩傳》。　太牢：祭祀物品。又作“大牢”。最初的祭品衹有牛，後來變爲豬、牛、羊三樣祭品。

[8]鴻臚：官署名。指鴻臚寺。北齊時始置，隋朝沿置，初省典寺署，增崇玄署掌佛道寺觀。文帝開皇三年併入太常寺，十二年復置，煬帝大業三年少卿增爲兩人，改典客署爲典蕃署，置四方館。

雲定興者，附會於述。初，定興女爲皇太子勇昭訓，[1]及勇廢，除名配少府。[2]定興先得昭訓明珠絡帷，私賂於述，自是數共交游。定興每時節必有賂遺，并以音樂干述。述素好著奇服，[3]炫燿時人。定興爲製馬韉，[4]於後角上缺方三寸，以露白色，世輕薄者率倣學之，[5]謂爲許公缺勢。又遇天寒，定興曰：“入内宿衛，必當耳冷。”述曰：“然。”乃製袜頭巾，[6]令深袙耳，[7]人又學之，名爲許公袙勢。述大悦曰：“雲兄所作，必能變俗。我聞作事可法，故不虚也。”後帝將事四夷，大造兵器，述薦之，因敕少府工匠並取其節度。述欲爲之求官，謂之曰：“兄所製器仗，並合上心，而不得官者，爲長寧兄弟猶未死耳。”[8]定興曰:“此無用物，何不勸上殺之?”述因奏曰:“房陵諸子,[9]年並成立，今欲動兵征討，若將從駕，則守掌爲難；若留一處，又恐不可。進退無用，請早處分。”因鴆殺長寧，又遣以下七弟分配嶺表,[10]於路盡殺之。其年大閲,[11]帝稱甲仗爲佳，述奏並雲定興之功也。擢授少府丞。[12]十一年，累遷屯衛大將軍。[13]

[1]昭訓：后妃和太子妾的封號。

[2]除名：把姓名從名册中删除，取消原有身份。　少府：官署名。隋煬帝大業三年分太府寺置少府監，統左尚、右尚、内尚、司織、司染、弓弩、鎧甲、掌冶等署。

[3]好著奇服：元大德本、毛本、殿本、四庫本、局本、四部備要本無“服”字。

[4]馬韉（jiān）：墊馬鞍的墊子。

[5]學：局本作“效”。

[6]裌：同“夾”。

[7]袹（mò）：男子包頭的頭巾。

[8]長寧：即楊儼。楊勇長子。

[9]房陵：即楊勇。

[10]嶺表：指嶺南。即五嶺以南，今廣東、廣西及越南北部地區。

[11]其年大閲：《隋書》卷六一《宇文述附雲定興傳》作“五年，大閲軍實”，《通志》卷一六四與《北史》同。

[12]少府丞：官名。隋煬帝大業三年分太府寺置少府監，置丞爲佐官，員二人，掌判監内日常公務。從五品。

[13]屯衛大將軍：官名。隋朝十二衛大將軍之一，分置左、右。煬帝大業三年改左、右領軍府爲左、右屯衛，各置大將軍一

人，總其府事，並統諸鷹揚府。正三品。《隋書·宇文述附雲定興傳》作“左屯衛大將軍”，《通志》卷一六四作“左衛大將軍”。按：隋制，屯衛大將軍分置左、右，不單稱。

又有趙行樞者，本太常樂户，[1]家財億計。述謂爲兒，受其賂遺，稱爲驍勇，起家爲折衝郎將。[2]

[1]太常：官署名。即太常寺。北齊時始置，隋朝沿置。負責管理郊廟、禮樂、祭祀等事務，其政令仰承尚書省禮部。　樂户：專門從事吹彈歌唱之人，名隸樂籍，户稱樂户。

[2]折衝郎將：官名。隋煬帝大業三年置，爲左、右備身府屬官，各三員，掌領驍果禁兵。正四品。

化及，述長子也。性凶險，不循法度，好乘肥挾彈，馳騖道中，由是長安謂之輕薄公子。煬帝爲太子時，常領千牛出入卧内。[1]累遷至太子僕，[2]以受納貨賄，[3]再三免官。太子嬖昵之，俄而復職，又以其弟士及尚南陽公主。由此益驕，處公卿間，言辭不遜，多所凌轢。[4]見人子女狗馬珍玩，必請託求之。常與屠販者游，以規其利。煬帝即位，拜太僕少卿，[5]益恃舊恩，貪冒尤甚。煬帝幸榆林，化及與弟智及違禁與突厥交市。帝大怒，囚之數月。還京師，[6]欲斬之而後入城，解衣辮髮訖，以主救之，乃釋，[7]並智及並賜述爲奴。述薨後，煬帝追憶之，起化及爲右屯衛將軍，[8]智及爲將作少監。[9]

[1]千牛：官名。千牛左右的省稱。隋煬帝大業三年改左、右領左右府爲左、右備身府後，各置十六員，掌管千牛刀，宿衛侍從。正六品。　卧内：指卧室，内室。

[2]太子僕：官名。隋朝時掌東宫宗族親疏，車輿騎乘。員一人，從四品上。

[3]以受納貨賄：《隋書》卷八五《宇文化及傳》作"數以受納貨賄"，《通志》卷一六四與《北史》同。

[4]凌轢（lì）：欺壓。

[5]太僕少卿：官名。隋朝時協助太僕卿管理車輿廄牧，審計籍帳，通判本寺事務。初爲正四品上，煬帝時定爲從四品。

[6]還京師：《隋書·宇文化及傳》作"還至青門外"，《通志》卷一六四與《北史》同。按：青門即長安城的東南門。

[7]以主救之乃釋：《隋書·宇文化及傳》作"以公主故，久之乃釋"，《通志》卷一六四與《北史》同。主，指南陽公主。

[8]右屯衛將軍：官名。隋煬帝大業三年改右領軍府爲右屯衛，置將軍二人，協助右屯衛大將軍總府事，領諸鷹揚府。從三品。

[9]智及爲將作少監：底本作"將作少監"，《隋書·宇文化及傳》、《通志》卷一六四作"智及爲將作少監"。中華本校勘記云："諸本無'智及爲'三字，《隋書》卷八五、《通志》卷一六四《宇文化及傳》有。按下文智及本傳云：'帝後思述，拜智及將作少監。'則將作少監非宇文化及之官。此三字乃脱文，今據補。"今從改。將作少監，官名。將作監次官，隋煬帝大業五年改將作少匠置，員一人，十三年又改名爲將作少令。五品。

時李密據洛口，[1]煬帝懼，留淮左，[2]不敢還都。從駕驍果多關中人，[3]久客羈旅，見帝無西還意，[4]謀欲叛歸。時武賁郎將司馬德戡總領驍果，[5]屯於東城，[6]風聞兵士欲叛，未審，遣校尉元武達陰問知情，[7]因謀構逆。

共所善武賁郎將元禮、直閤裴虔通互相扇惑曰：[8]“聞陛下欲築宫丹陽，[9]人人並謀逃去。我欲言之，恐先事見誅。今知而不言，後事發當族，將如之何？”虔通曰：“主上實爾。”德戡又謂兩人曰：“我聞關中陷没，[10]李孝常以華陰叛，[11]陛下囚其二弟，將盡殺之。吾輩家屬在西，[12]安得無此慮？”虔通等曰：“正恐旦暮及誅，[13]計無所出。”德戡曰：“驍果若走，可與俱去。”虔通等曰：“誠如公言。”因遞相招誘。又轉告内史舍人元敏、鷹揚郎將孟景、符璽郎牛方裕，[14]直長許弘仁、薛世良、城門郎唐奉義、醫正張愷等，[15]日夜聚博，約爲刎頸交，言無迴避，於坐中輒論叛計，並相然許。時李質在禁，[16]令驍果守之，中外交通，所謀益急。又趙行樞先交智及，勳侍楊士覽者，[17]宇文氏之甥，二人同以告智及。智及素狂勃，聞之喜，即共見德戡，期以三月十五日舉兵同叛，[18]劫十二衛武馬，[19]虜掠居人財物西歸。[20]智及曰：“不然。今天實喪隋，英雄並起，因行大事，此帝王業也。”德戡然之。行樞、世良請以化及爲主，約定，方告化及。化及性駑怯，初聞之，大懼，色動流汗，久之乃定。

[1]李密：人名。字玄邃，又字法王，《隋書》卷七〇《李密傳》作“法主”，京兆長安（今陝西西安市）人。隋末隨楊玄感反。見《北史》卷六〇《李弼附李密傳》。　洛口：即洛口倉。在今河南鞏縣東北。

[2]淮左：地區名。即淮東。今安徽淮沙南岸一帶。

[3]驍果：隋煬帝時把驍勇善戰之人編爲禁衛軍，稱爲驍果。

[4]無西還意：《隋書》卷八五《宇文化及傳》、《通志》卷一六四作“無西意”。

[5]武賁郎將：官名。即虎賁郎將，《北史》避唐高祖祖父李虎諱改。隋煬帝大業三年改十二衛護軍置。正四品。

[6]東城：具體不詳。

[7]校尉：官名。隋朝時爲諸鷹揚府下團的長官，位次都尉。正六品。

[8]直閤：官名。南北朝時置。隋沿置，掌侍衛皇帝或太子。品秩不一。源氏校勘記改“閣”作“閤”。　扇惑：同“煽惑”。挑撥引誘。

[9]丹陽：郡名。隋朝時治建業縣，在今江蘇南京市。底本作“丹楊”，局本、四庫本、中華本作“丹陽”。今從改。

[10]聞：元大德本作“開”，誤。

[11]華陰：縣名。治所在今陝西華陰市東南。

[12]在：殿本、四庫本、四部備要本作“正”。

[13]旦暮：一朝一夕。比喻時間短促。

[14]内史舍人：官名。隋朝内史省屬官，置八人。正六品，文帝開皇三年爲從五品。煬帝大業三年置四人，十二年改名内書舍人。　鷹揚郎將：官名。隋煬帝時設，爲諸鷹揚府主管，分屬十二衛，掌宿衛，員一人，正五品。佐屬有鷹揚副郎將、越騎校尉、步兵校尉等。　孟景：《隋書·宇文化及傳》、《通志》卷一六四作“孟秉”。源氏校勘記云：“《隋書》作‘孟秉’。”中華本校勘記云：“《隋書》《通志》‘景’作‘秉’，疑此是避唐諱。但《隋書》亦應避‘秉’字，作‘秉’或是後人回改。”可從。　符璽郎牛方裕：《隋書·宇文化及傳》、《通志》卷一六四作“符璽郎李覆、牛方裕”。中華本校勘記云：“《隋書》《通志》‘郎’下有‘李覆’二字。”符璽郎，官名。隋煬帝大業三年改符璽監爲符璽郎，員二人，爲門下省符璽局長官。從六品。牛方裕，人名。隋朝官吏。從宇文化及反叛。

［15］直長：官名。北魏始置，隋朝沿置。一爲殿中省所領尚食、尚藥、尚衣、尚舍、尚乘、尚輦六局所置，爲各局次官，無定員。正七品上。　許弘仁：人名。隋朝官吏。從宇文化及反叛，後被王薄俘，被殺。　薛世良：人名。隋朝官吏。從宇文化及反叛。《隋書·宇文化及傳》作“薛良”。　城門郎：官名。隋煬帝大業三年改門下省城門局校尉置，隸殿中省，後復隸門下省，員四人。從六品。　唐奉義：人名。隋朝官吏。從宇文化及反叛。　醫正：官名。隋煬帝大業三年始置，爲太常寺太醫署屬官，員十人。

［16］李質：《隋書·宇文化及傳》作“李孝質”，《通志》卷一六四與《北史》同。源氏校勘記云：“《隋書》作‘李孝質’。”

［17］勳侍：官名。隋煬帝大業三年改左右衛勳衛置，隸鷹揚府。從七品上。

［18］同：殿本、四庫本、四部備要本作“圖”。

［19］武：殿本、四庫本、局本、四部備要本作“兵”。

［20］居人：居民，指本地人。

義寧二年三月一日，[1]德戡欲告衆人，恐心未一，更譎詐以脅驍果，[2]謂許弘仁、張愷曰：“君是良醫，國家所使，出言惑衆，衆必信。君可入備身府，[3]遍告所識者，言陛下聞驍果欲叛，多醖毒酒，[4]因享會，盡鴆殺之，獨與南人留此。群情必駭，因而舉事，無不諧矣。”其月五日，弘仁等宣布此言，驍果遞相告，謀反逾急。德戡等知計行，遂以十日總召故人，諭以所爲。衆皆伏曰：“唯將軍命！”其夜，奉義主閉城門，門皆不下鑰。[5]至夜三更，德戡於東城内集兵，得數萬人，舉火與城外相應。帝聞有聲，問是何事。虔通僞曰：“草坊被燒，外人救火，故喧囂耳。”中外隔絶，帝以爲然。

孟景、智及於城外得千餘人，[6]劫候衛武賁馮普樂，[7]共布兵捉郭下街巷。至五更，德戡授虔通兵，以换諸門衛士。虔通因自開門，領數百騎，至成象殿，[8]殺將軍獨孤盛。[9]武賁郎將元禮遂引兵進，宿衛者皆走。虔通進兵排左閤，馳入永巷，問："陛下安在？"有美人出房，指云：[10]"在西閤。"從往執帝。帝謂虔通曰："卿非我故人乎！何恨而反？"虔通曰："臣不敢反，但將士思歸，奉陛下還京師耳。"帝曰："即爲汝歸。"虔通自勒兵守之。[11]

[1]義寧：隋恭帝的年號（617—618）。

[2]更譎詐：《隋書》卷八五《宇文化及傳》作"更思譎詐"，《通志》卷一六四與《北史》同。

[3]備身府：官署名。隋煬帝大業三年改左、右領左右府爲左、右備身府，掌侍衛皇帝左右的親信禁軍，統千牛左右、司射左右，以三名折衝郎將總領驍果。

[4]醖：釀酒。

[5]鑰：門鎖。

[6]千：局本作"干"。

[7]候衛：官名。左、右候衛將軍的省稱。隋朝十二衛將軍之一。煬帝大業三年改左、右武候將軍爲左、右候衛將軍，以佐候衛大將軍，員二人。從三品。　武賁：官名。武賁郎將的省稱。即虎賁郎將，避唐高祖李淵祖父李虎諱改。隋煬帝大業三年改十二衛護軍置。正四品。

[8]成象殿：在今江蘇揚州市西。

[9]獨孤盛：人名。隋朝將領。宇文化及發動兵變，攻隋煬帝，其與左右十餘人拒戰，爲亂兵所殺。見《北史》卷七三《獨孤楷

附獨孤盛傳》。

[10]有美人出房指云：《隋書·宇文化及傳》“房”作“方”，句讀爲“有美人出，方指云”。美人，女官名。位於女尚書之下、女史之上。

[11]自：《隋書·宇文化及傳》作“因”，《通志》卷一六四與《北史》同。

至旦，孟景以甲騎迎化及。[1]化及未知事果，戰慄不能言，人有謁之，但低頭據案，答曰：“罪過。”時士及在公主第，[2]弗之知也。智及遣家僮莊桃樹就第殺之，[3]桃樹不忍，執詣智及，久之乃見釋。化及至城門，德戡迎謁，引入朝堂，號爲丞相。令將帝出江都門以示群賊，因復將入。遣令狐行達弒帝於宮中。又執朝臣不同己者數十人，及諸王外戚，[4]無少長皆害之。唯留秦孝王子浩，[5]立以爲帝。

[1]甲騎：披甲的騎兵。

[2]士：元大德本作“化”。

[3]遣家僮：殿本、四部備要本“遣”作“遺”。

[4]諸王外戚：《隋書》卷八五《宇文化及傳》作“諸外戚”，《通志》卷一六四與《北史》同。

[5]秦孝王：此指秦王楊俊。孝爲其謚號。

十餘日，奪江都人舟檝，從水路西歸。至顯福宮，[1]宿公麥孟才、折衝郎將沈光等謀擊化及，[2]反爲所害。化及於是入據六宮，其自奉一如煬帝故事。[3]每帳中南面端坐，人有白事者，默然不對。下牙時，方收取啓狀，共奉義、方裕、世良、愷等參決之。行至徐州，[4]水路不通，復奪人車牛，得二千兩，[5]並載宫人珍寶。其戈甲戎器，悉令軍士負之。道遠疲極，三軍始怨。

[1]顯福宫：在今江蘇揚州市。

[2]麥孟才：人名。字智稜，始興（今廣東韶關市）人。隋朝官吏。見《北史》卷七八《麥鐵杖附麥孟才傳》。　沈光：人名。字總持，吴興（今浙江湖州市吴興區）人。隋朝官吏。見《北史》卷七八《麥鐵杖附沈光傳》。

[3]自奉：指自己的生活享用。

[4]徐州：隋朝時治彭城縣，在今江蘇徐州市。

[5]二千兩：殿本、四庫本、四部備要本作"二十兩"。兩，通"輛"。

德戡失望，竊謂行樞曰："君大誤我。當今撥亂，必藉英賢，化及庸暗，事將必敗，若何？"行樞曰："廢之何難！"因共李孝本、宇文導師、尹正卿等謀，[1]以後軍萬餘兵襲殺化及，立德戡爲主。弘仁知之，密告化及，盡收德戡及支黨殺之。引兵向東郡，[2]通守王軌以城降之。[3]

[1]李孝本：《隋書》卷八五《宇文化及傳》作"李本"，《通志》卷一六四與《北史》同。源氏校勘記云："《隋書》無'孝'字。"

[2]東郡：隋朝時治白馬縣，在今河南滑縣東。

[3]通守：官名。隋煬帝時置。爲郡守之副職，員一人，佐太

守掌一郡的行政事務。

元文都推越王侗爲主，[1]拜李密爲太尉，[2]令擊化及。密壁清淇，[3]與徐世勣以烽火相應。[4]化及數戰不利，其將軍于弘達爲密所禽，送於侗所，鑊烹之。[5]化及糧盡，度永濟渠，[6]與密決戰於童山。[7]遂入汲郡求軍糧，[8]又遣使拷掠東郡人吏，責米粟。王軌怨之，以城歸李密。化及大懼，自汲郡將圖以北諸州。其將陳智略率嶺南驍果萬餘人，[9]張童兒率江東驍果數千人，[10]皆叛歸李密。化及尚有衆二萬，北走魏縣。[11]張愷與其將陳伯謀去之，事覺，爲化及所殺。腹心稍盡，[12]兵勢日蹙，[13]兄弟更無他計，但相聚酣宴，奏女樂。醉後，尤智及曰：[14]"我初不知，由汝爲計，彊來立我。今所向無成，負弑主之名，天下所不納。滅族豈非由汝乎?"抱其兩子而泣。智及怒曰："事捷之日，都不賜尤；及其將敗，乃欲歸罪。何不殺我以降建德!"[15]兄弟數相鬬鬩，[16]言無長幼，醒而復飲，以此爲恒。

[1]元文都：人名。河南洛陽（今河南洛陽市東北）人。北周、隋朝官吏。後爲王世充所殺。見《隋書》卷七一《元文都傳》。　越王侗：即楊侗。字仁謹，弘農華陰（今陝西華陰市東南）人。隋朝宗室。見《北史》卷七一《越王侗傳》。

[2]太尉：官名。隋朝時名義上參議大政，其位多曠，遇有典禮，以他官攝行其事。正一品。

[3]清淇：縣名。治所在今河南滑縣西南。

[4]徐世勣：人名。本名徐世勣，唐高祖賜姓李，字懋公，又

作“茂公”，曹州離狐（今山東東明縣）人。隋末隨翟讓反隋，唐高祖武德二年歸唐。見《舊唐書》卷六七《李勣傳》。《隋書》卷八五《宇文化及傳》作“徐勣”，《通志》卷一六四與《北史》同。

[5]鑊（huò）烹：一種酷刑，把犯人放在鑊中烹煮。鑊，大鍋，常作爲烹人的刑具。

[6]永濟渠：隋朝大運河的一段，溝通了洛陽（今河南洛陽市東北）到涿郡（今北京）。底本作“水濟渠”，殿本、四庫本、四部備要本、中華本、《隋書·宇文化及傳》作“永濟渠”。源氏校勘記改“水”作“永”。按：隋朝時有永濟渠，無水濟渠。今從改。

[7]童山：又名同山，在今河南浚縣西南。

[8]汲郡：隋朝時治衛縣，在今河南浚縣西南。

[9]嶺南：地區名。相當於今廣東、廣西二省及越南北部一帶。

[10]張童兒：人名。源氏校勘記云：“‘兒’《唐書》作‘仁’。”

[11]魏縣：治所今河北大名縣西南。

[12]腹心：比喻極親近的人。

[13]蹙（cù）：緊迫。

[14]尤：怨恨。

[15]建德：即竇建德，人名。貝州漳南（今山東武城縣漳南鎮）人。隋末起義軍首領。見《舊唐書》卷五四《竇建德傳》。

[16]鬩（xì）：爭吵，多用於兄弟之間。

自知必敗，乃歎曰：[1]“人生故當死，豈不一日爲帝乎！”於是鴆殺浩，僭皇帝位於魏縣，國號許，建元爲天壽，置百官。攻元寶藏於魏州，[2]反爲所敗，乃東北趣聊城，[3]將招攜海内諸賊。[4]遣士及徇濟北，[5]徵求餉餽。[6]大唐遣淮安王神通安撫山東，[7]神通圍之十餘日，不剋而退。竇建德悉衆攻之。先是，齊州賊帥王薄聞其多寶物，[8]詐來投附。化及信之，與共居守。至是，薄引建德入城，禽化及，悉虜其衆。先執智及、元武達、孟景、楊士覽、許弘仁等，皆斬之。乃以檻車載化及至大陸縣城下，[9]數其弑逆，并二子承基、承趾皆斬之，傳首於突厥義城公主，[10]梟之虜庭。士及自濟北西歸長安。

[1]乃歎曰：源氏校勘記云："'乃'《隋書》作'化及'。爲是。"

[2]元寶藏：人名。隋朝官吏。隋末以城歸降李密。　魏州：隋朝時治貴鄉縣，在今河北大名縣東北。

[3]聊城：縣名。治所在今山東聊城市東北。

[4]内：《隋書》卷八五《宇文化及傳》、《通志》卷一六四作"曲"。源氏校勘記云："'内'《隋書》作'曲'。"

[5]濟北：郡名。隋朝時治盧縣，在今山東茌平縣西南。

[6]餉餽：軍糧，補給。

[7]大唐遣淮安王神通安撫山東：《隋書·宇文化及傳》"山東"下有"并招化及。化及不從"八字，《通志》卷一六四亦有"并招誘化及等，化及不從"語。淮安王，封爵名。淮安，郡名。隋朝時治比陽縣，在今河南泌陽縣西。神通，即李壽，人名。字神通，隴西成紀（今甘肅秦安縣）人。唐朝官吏。見《舊唐書》卷六〇《淮安王神通傳》。山東，地區名。指今太行山以東地區。

[8]齊州：隋朝時治歷城縣，在今山東濟南市。　王薄：人名。齊郡鄒平（今山東鄒平縣西北）人。隋末起義軍首領，煬帝大業七年起兵，自號"知世郎"。

[9]檻車：囚車。局本作"轞車"。　大陸縣城下：《隋書·宇文化及傳》作"河間"，《通志》卷一六四與《北史》同。源氏校勘記云："'大陸縣城下'《隋書》作'河間'二字。"大陸，縣名。

治所在今河北隆堯縣東。

[10]義城公主：封號。義城，縣名。治所在今四川旺蒼縣西南。

智及幼頑凶，好與人群聚鬭鷄，習放鷹狗。初以父功，賜爵濮陽郡公。[1]蒸淫醜穢，無所不爲。其妻長孫氏，妒而告述。述雖爲隱，而大忿之，[2]纖芥之愆，必加鞭箠。弟士及，恃尚主，又輕忽之。[3]唯化及事事營護，父再三欲殺，輒救免之，由是頗相親昵。遂勸化及遣人入蕃，私爲交易。事發，當誅，述獨證智及罪惡，而爲化及請命，帝因兩釋之。述將死，抗表言其凶勃，必且破家。帝後思述，拜智及將作少監。其江都弑逆事，皆智及之謀也。化及爲丞相，以爲右僕射，[4]領十二衛大將軍。[5]及僭號，封齊王。竇建德獲而斬之，并其黨十餘人，皆暴屍梟首。

[1]濮：元大德本作“樸”。

[2]大：殿本、四庫本、四部備要本作“不”。

[3]忽：底本作“忿”，《隋書》卷八五《宇文化及附宇文智及傳》、《通志》卷一六四作“忽”。中華本據二書改。今從改。

[4]右僕射：官名。尚書右僕射的省稱。隋朝時與内史省、門下省長官共同執掌國政。文帝開皇三年令右僕射掌判都官、度支、工部三部事，兼管開支用度。從二品。《隋書·宇文化及附宇文智及傳》作“左僕射”，《通志》卷一六四與《北史》同。

[5]十二衛大將軍：官名。隋煬帝大業三年始置，每衛員一人，總其府事，並統諸鷹揚府。正三品。

司馬德戡，扶風雍人。[1]父元謙，仕周爲都督。[2]德戡幼孤，以屠豕自給。有桑門釋粲，[3]通德戡母娥氏，[4]遂撫教之，因解書計。開皇中，爲侍官，[5]漸遷至大都督。[6]從楊素出討漢王諒，[7]充内營左右，進止便僻，俊辯多姦計，素大善之。以勳授儀同三司。[8]大業三年，[9]爲鷹揚郎將。從討遼左，進位正議大夫，[10]遷武賁郎將。煬帝甚昵之。從至江都，領左右備身驍果萬人，[11]營於城内。因隋末大亂，乃率驍果反，語在化及事中。

[1]扶風：郡名。北周時治始平縣，在今陝西興平市東南。雍：縣名。治所在今陝西鳳翔縣南。

[2]都督：官名。北魏時爲地方軍政長官，分使持節、持節、假節三種，職權各有不同。使持節者得殺二千石以下官員，持節者得殺無官位者，假節者唯有軍事上得殺犯軍令者。北周沿置。

[3]桑門：沙門的異譯，指僧侶。

[4]娥氏：《隋書》卷八五《司馬德戡傳》作“和氏”，《通志》卷一六四與《北史》同。源氏校勘記云:“‘娥’《隋書》作‘和’。”應是。

[5]侍官：府兵兵士名。北周武帝建德三年（574）改府兵軍士爲侍官，不屬柱國大將軍，而分屬於天官府的左右宮伯中大夫與夏官府的左右武伯中大夫。隋朝沿置。隋煬帝大業三年改稱衛士。源氏校勘記云:“《隋書》作‘侍宫’。”

[6]大都督：官名。北周初規定授柱國大將軍、開府、儀同三司等官號者，並加使持節、大都督名義。武帝時，將其改爲没有職掌的勳官，授予有軍功的武職官員。八命。隋朝沿置。

[7]漢王諒：即楊諒。字德章，一名傑，弘農華陰（今陝西華陰市東南）人。見《北史》卷七一《庶人諒傳》。

[8]儀同三司：主要指非三公而享受三公的儀制待遇。魏晋時

始置，南北朝時授予的範圍逐漸擴大，成爲官號。隋朝沿置。位十一等勳官的第八等，正五品上。煬帝大業三年罷。

[9]大業：隋煬帝的年號（605—617）。

[10]正議大夫：官名。隋煬帝大業三年始置，正四品。

[11]左右備身：官署名。即左、右備身府。隋朝時爲禁衛軍指揮機構，煬帝大業三年改左、右領左右府置，掌皇帝左右的親信侍衛，下有驍果，以折衝郎將總領之。

既獲煬帝，與黨孟景等推化及爲丞相。化及首封德戡爲温國公，加光禄大夫，[1]仍統本兵。化及意甚忌之。後數日，化及署諸將，分配士卒，乃以德戡爲禮部尚書，[2]外示美遷，實奪其兵也。由是懷怨，所獲賞物皆賂於智及，智及爲之言。行至徐州，捨舟登陸，令德戡將後軍。乃與趙行樞、李孝本、尹正卿、宇文導師等謀襲化及，遣人使于孟海公，[3]結爲外助。遷延未發，以待使報。許弘仁、張愷知之，以告化及。因遣其弟士及陽爲游獵，至于後軍，德戡不知事露，出營參謁，因命執之，并其黨與。化及責之曰："與公戮力共定海内，出於萬死。今始事成，願得同守富貴，公又何爲反也？"德戡曰："本殺昏主，苦其毒害。立足下而又甚之，逼於物情，不獲已也。"化及不對，命送至幕下，[4]縊而殺之。

[1]光禄大夫：官名。隋初未置，煬帝大業三年加置，位在左、右光禄大夫之上，爲文職散官之首。從一品。

[2]禮部尚書：官名。隋朝時屬於尚書省，爲中央行政機構六部之中禮部最高長官，員一人，掌管禮儀、祭祀、宴享以及學校政

令，總判部屬各司事。正三品。

[3]孟海公：人名。濟陰（今山東曹縣西北）人。隋末起義軍首領。煬帝大業九年起兵反隋。

[4]幕下：帳幕之下。

裴虔通，河東人。[1]初，煬帝爲晋王，以親信從，稍遷至監門校尉。[2]帝即位，擢舊左右，授宣惠尉。[3]累從征役，至通議大夫。[4]與司馬德戡同謀作亂，先開宫門，騎至成象殿，殺將軍獨孤盛，執帝于西閣。化及以虔通爲光禄大夫、莒國公。化及引兵之北也，令鎮徐州。化及敗後，歸於大唐，即授徐州總管，轉辰州刺史，[5]封長蛇男。[6]尋以隋朝弒逆之罪，除名，徙於嶺表而死。

[1]河東：郡名。隋朝時治蒲坂縣，在今山西永濟市西南蒲州鎮。

[2]監門校尉：官名。隋朝時左、右監門府置，各三十人。正六品。

[3]宣惠尉：官名。隋煬帝大業三年增置散職八尉之一。正七品。

[4]通議大夫：官名。隋煬帝時始置。爲從四品文散官。大業三年罷。

[5]辰州：隋朝時治沅陵縣，在今湖南沅陵縣。

[6]長蛇男：封爵名。長蛇，縣名。治所在今陝西寶雞市西北。

王世充，[1]字行滿，本西域胡人也。祖支頽褥，[2]徙居新豐。[3]頽褥死，其妻少寡，與儀同王粲野合，生子曰瓊，粲遂納之以爲小妻。其父收幼孤，隨母嫁粲，粲愛而養焉，因姓王氏。官至懷、汴二州長史。[4]

[1]王世充：《隋書》卷八五《王充傳》作“王充”。

[2]支頹褥：源氏校勘記云：“‘褥’《新唐書》本傳作‘耨’，《隋書》作‘稱’。”

[3]新豐：縣名。治所在今陝西西安市臨潼區新豐鎮。

[4]懷：州名。隋朝時治野王縣，在今河南沁陽市。　汴：州名。隋朝時治浚儀縣，在今河南開封市。　長史：官名。掌顧問參謀，爲所在官署的屬官之長。不同名號的長史所負職責不同，品秩也不相同。

世充捲髮豺聲，沈猜多詭詐，頗窺書傳，尤好兵法，曉龜策推步盈虛，[1]然未嘗爲人言也。開皇中，爲左翊衛，[2]後以軍功拜儀同，授兵部員外郎。[3]善敷奏，明習法律，而儛弄文墨，高下在心。[4]或有駁難之者，世充利口飾非，辭義鋒起，衆雖知其否而莫能屈，稱爲明辯。

[1]推步：古稱推算曆法爲推步，意謂日月轉運於天，猶如人的行步，可以推算而知。　盈虛：指月亮的圓缺，亦用來指盛衰、成敗、貴賤、窮富、吉凶等。

[2]左翊衛：官署名。隋煬帝大業三年改左衛府置，爲禁衛軍指揮機構。其下所統親、勳、翊三衛改名三侍，軍士名驍騎，領諸鷹揚府，又置護軍四人，爲將軍副職，後改名爲武賁郎將。

[3]兵部員外郎：官名。隋文帝開皇六年始置，爲兵部頭司兵部司次官，員一人，掌本曹籍帳，侍郎缺則代理曹事，煬帝大業三

年罷，後置兵部承務郎行其職。《隋書》卷八五《王充傳》作“兵部員外”，《通志》卷一六四、《舊唐書》卷五四《王世充傳》與《北史》同。按：隋代尚書省二十四司各置員外郎一人，無“員外”之稱。參《隋書·百官志下》。

[4]高下在心：《隋書·王充傳》、《舊唐書·王世充傳》卷五四作“高下其心”，《通志》卷一六四與《北史》同。

煬帝世，[1]累遷至江都郡丞。時帝數幸江都，世充善候人主顏色，阿諛順旨，每入言事，帝善之。又以郡丞領江都宮監，[2]乃彫飾池臺，陰奏遠方珍物，以媚於帝，由是益昵之。大業八年，隋始亂，世充内懷徼倖，[3]卑身禮士，陰結豪俊，多收衆心。江淮間人素輕薄，[4]又屬賊盗群起，人多犯法，有繫獄抵罪者，世充枉法出之，以樹私恩。

[1]煬帝世：《隋書》卷八五《王充傳》世作“時”，《通志》卷一六四與《北史》同。

[2]江都宮監：官名。隋朝時置，負責江都宮守衛。

[3]徼倖：有非分的企圖。

[4]輕薄：《隋書·王充傳》“薄”作“悍”，《通志》卷一六四與《北史》同。中華本校勘記云：“《隋書》卷八五《王充傳》‘薄’作‘悍’，是。作‘薄’於此處文義不洽。”可從。

及楊玄感反，吴人朱燮、晋陵人管崇起兵江南以應之，[1]自稱將軍，擁衆十餘萬。帝遣將軍吐萬緒、魚俱羅討之，[2]不能剋。世充募江都萬餘人，[3]擊頻破之。每有剋捷，必歸功於下，所獲軍實，皆推與士卒，身無所取。由此人争爲用，功最居多。

［1］朱燮：人名。吴郡（今江蘇蘇州市）人。隋末起義軍首領。　晋陵：郡名。隋朝時治晋陵縣，在今江蘇常州市。　管崇：人名。晋陵（今江蘇常州市）人。隋末起義軍首領。

［2］吐萬緒：人名。代郡（今山西大同市東北）人，鮮卑族。北周、隋朝官吏。見《北史》卷七八《吐萬緒傳》。　魚俱羅：人名。馮翊下邽（今陝西渭南市東北）人。隋朝官吏。見《北史》卷七八《魚俱羅傳》。

［3］江都：底本作“江郡”，《隋書》卷八五《王充傳》、《通志》卷一六四作“江都”。中華本校勘記云：“諸本‘都’訛作‘郡’，據《隋書》、《通志》卷一六四《王世充傳》改。”今從改。

十年，齊郡賊帥孟讓自長白山寇掠諸郡，[1]至盱眙，[2]有衆十餘萬。世充以兵拒之，而羸師示弱，保都梁山爲五栅，[3]相持不戰。後因其懈弛，出兵奮擊，大破之，乘勝盡滅諸賊，讓以數十騎遁去，斬首萬人，六畜軍資，莫不盡獲。帝以世充有將帥才略，始遣領兵，討諸小盗，所向破之。然性多矯僞，詐爲善，能自勤苦，以求聲譽。十一年，突厥圍帝於雁門，世充盡發江都人往赴難。在軍中，垢面悲泣，曉夜不解甲，藉草而坐。帝聞之，以爲愛己，益信任之。

［1］齊郡：隋朝時治歷城縣，在今山東濟南市。　孟讓：人名。齊郡（今山東濟南市）人。隋末起義軍首領。煬帝大業七年與王薄起兵。　長白山：在今山東鄒平縣南部。

［2］盱（xū）眙（yí）：縣名。治所在今江蘇盱眙縣東北。

［3］都梁山：在今江蘇盱眙縣。

十二年，遷爲江都通守。[1]時厭次人格謙爲盜數年，[2]兵十餘萬，在豆子䴚中。[3]世充破斬之，威振群賊。又擊盧明月，[4]破之於南陽。[5]後還江都，帝大悦，自執杯酒以賜之。時世充又知帝好内，乃言江淮良家多有美女，願備後庭，無由自進。帝愈喜，因密令世充閲觀諸女，資質端麗合法相者，取正庫及應入京物以聘納之。[6]所用不可勝計，帳上所司云敕别用，不顯其實。有合意者，則厚賞世充，或不中者，又以賚之。後令以船送東京，[7]而道路賊起，使者苦役，於淮泗中沈船溺殺之者，[8]前後十數。或有發露，世充爲秘之，又遽簡閲以供進。是後益見親昵。

［1］通守：官名。隋煬帝時設。爲郡守之副職，每郡一人，助太守掌郡之行政事務。

［2］厭次：縣名。治所在今山東惠民縣東南。　格謙：人名。厭次（今山東惠民縣東南）人。隋末起義軍首領。煬帝大業九年起兵反隋，後被王世充所敗，被殺。

［3］豆子䴚：地名。在今山東惠民縣。源氏校勘記云："䴚，各朗反，鹽澤。"

［4］盧明月：人名。涿郡涿縣（今河北涿州市）人。隋末起義軍首領。

［5］南陽：縣名。治所在今河南南陽市。

［6］正庫：國庫。

［7］東京：指東都洛陽。

［8］淮：淮河。　泗：泗水。泗水是淮河的一大支流，流經今

山東魚臺縣，江蘇沛縣、徐州市、宿遷市及泗陽縣，在今淮安市淮陰區碼頭鎮附近注入淮河，後來由於黄河河道的變遷，江蘇境内的泗水消失。

遇李密攻陷興洛倉，[1]進逼東都，官軍數敗，光禄大夫裴仁基以武牢降于密。[2]帝惡之，大發兵，將討焉。特發中詔遣世充爲將，軍於洛口以拒密。[3]前後百餘戰，互有勝負。世充乃引軍度洛水，[4]逼倉城。[5]李密與戰，世充敗績，赴水溺死者萬餘人。時天寒，大雨雪，兵既度水，衣皆霑濕，在道凍死者又數萬人，比至河陽，[6]纔以千數。世充自繫獄請罪，越王侗遣使赦之，召令還都。收合亡散，屯於含嘉城中，[7]不敢復出。

[1]興洛倉：即洛口倉。

[2]裴仁基：人名。字德本，河東（今山西永濟市）人。隋朝將領。見《北史》卷三八《裴仁基傳》。　武牢：即虎牢關，《北史》避唐高祖祖父李虎諱改。在今河南滎陽市汜水鎮西北。

[3]特發中詔遣世充爲將軍於洛口以拒密：《隋書》卷八五《王充傳》作“發中詔遣充爲將軍，於洛口以拒密”。《舊唐書》卷五四《王世充傳》作“煬帝特詔世充大發兵，於洛口拒密，前後百餘戰，未有勝負。又遣就軍拜世充爲將軍，趣令破賊”。中詔，不經主管官吏而直接頒行之帝王詔書。

[4]洛水：發源於今陝西洛南縣，東入河南境，流經河南西部，在鞏義市洛口北注入黄河。

[5]倉城：在今河南鞏義市河洛鎮七里鋪村以東。

[6]河陽：縣名。治所在今河南孟州市西南。

[7]含嘉城：在今河南洛陽市東北。

宇文化及殺帝於江都，世充與太府卿元文都、將軍皇甫無逸、右司郎盧楚奉侗爲主。[1]侗以世充爲吏部尚書，[2]封鄭國公。及侗用元文都、盧楚之謀，拜李密爲太尉、尚書令，密遂稱臣，復以兵拒化及於黎陽，[3]遣使獻捷。衆皆悦，世充獨謂其麾下諸將曰："文都之輩，刀筆吏耳。吾觀其勢，必爲李密所禽。且吾軍人馬每與密戰，[4]殺其父兄子弟，前後已多，一旦爲之下，吾屬無類矣。"出此言以激怒其衆。文都知而大懼，與楚等謀，將因世充入内，伏甲而殺之。期有日矣，將軍段達遣女壻張志以楚等謀告之。世充夜勒兵圍宫城，將軍費曜、田世闍等與戰於東太陽門外。[5]曜軍敗，世充遂攻門而入。無逸以單騎遁走。獲楚，殺之。時宫門尚閉，世充遣人扣門言於侗曰："元文都等欲執皇帝降于李密，段達知而以告臣。臣非敢反，誅反者耳。"文都聞變，入奉侗於乾陽殿，[6]陳兵衛之。令將帥乘城以拒難，兵敗，侗命開門以納世充。世充悉遣人代宿衛者，明日入謁，[7]頓首流涕而言曰："文都等無狀，謀相屠害，事急爲此，不敢背國。"侗與之盟。世充尋遣韋節等諷侗，命拜爲尚書左僕射、總督内外諸軍事。[8]又授其兄惲爲内史令，[9]入居禁中。

[1]太府卿：官名。南朝梁時置。隋沿置，掌庫藏出納，貿易商税事務，仰承尚書省户部政令。初爲正三品，煬帝時定爲從三品。　皇甫無逸：人名。字仁儉。京兆萬年（今陝西西安市）人。隋朝官吏。見《北史》卷七〇《皇甫璠附皇甫無逸傳》。　右司郎：官名。隋朝置，爲尚書都省辦事機構長官，協尚書右丞監督管

理兵部、刑部、工部十二司政務。　盧楚：人名。涿郡范陽（今河北定興縣西南）人。隋朝官吏。見《北史》卷八五《盧楚傳》。

[2]吏部尚書：官名。隋朝時爲尚書省六部長官之首，與二侍郎分掌六品以下文官選授、勳封、考課之政。正三品。

[3]黎陽：縣名。治所在今河南浚縣東北。

[4]吾軍人馬：《隋書》卷八五《王充傳》、《舊唐書》卷五四《王世充傳》作“吾軍人”，《通志》卷一六四與《北史》同。

[5]田世闍（shé）：源氏校勘記云：“《唐書》作‘田闍’。”　東太陽門：在今河南洛陽市東。

[6]乾陽殿：在今河南洛陽市。

[7]明日入謁：《隋書·王充傳》作“乃入謁”，《舊唐書·王世充傳》作“然後入謁”，《通志》卷一六四與《北史》同。

[8]尚書左僕射：官名。隋朝時與内史省、門下省長官共同執掌國政。文帝開皇三年令左僕射掌管吏部、禮部、兵部三部事，兼管御史彈劾不當之事。從二品。

[9]内史令：官名。隋朝時爲内史省長官，員二人，掌詔書撰寫，修國史及起居注，亦參議軍國大事。正三品。煬帝大業十二年改名内書令。

未幾，李密破化及還，其勁兵良馬多戰死，士卒皆倦。世充欲乘其弊而擊之，恐人心不一，乃假託鬼神，言夢見周公，[1]乃立祠於洛水之上。遣巫宣言，周公欲令僕射急討李密，當有大功，不則兵皆疫死。世充兵多楚人，俗信妖妄，故出此言以惑之。衆皆請戰，世充簡練精勇得二萬餘人，馬千餘疋，營洛水南。密軍偃師北山上。[2]時密新得志於化及，有輕世充之心，不設壁壘。世充遣二百餘騎，潛入北山，伏溪谷中，令軍秣馬蓐食。[3]既而宵濟，人馬奔馳，比明而薄密。密出兵應之，陣未成列而兩軍合戰，其伏兵蔽山而上，潛登北原，乘高而下，馳壓密營。營中亂，無能拒者，即入縱火。密軍大驚而潰。降其將張童兒、陳智略。進下偃師。初，世充兄偉及子玄應隨化及至東郡，密得而囚之於城中。至是，盡獲之。又執密長史邴元真妻子、司馬鄭虔象之母及諸將子弟，[4]皆撫慰之，各令潛呼其父兄。兵次洛口，元真、鄭虔象等舉倉城以應之。密以數十騎遁逸，世充收其衆而還。東盡于海，南至于江，悉來歸附。

[1]周公：人名。姓姬，名旦。西周宗室。封地在周（今陝西岐山縣北），故稱周公。西周時著名的政治家、軍事家、思想家。見《史記》卷三三《魯周公世家》。

[2]偃師：縣名。治所在今河南偃師市。

[3]秣馬蓐食：源氏校勘記云："秣，莫發反，馬食穀。蓐，而蜀反，草蓐。"

[4]邴元真：底本作"景元真"，《隋書》卷八五《王充傳》、《通志》卷一六四作"邴元真"。中華本據二書改，其校勘記云："諸本'邴'作'景'。按作'景'是避唐諱，今從《隋書》《通志》改，從其本姓。"今從改。　司馬：官名。軍府高級幕僚，掌參軍贊務，管理府内武職，位僅次於長史，其品秩隨府主而定，高低不等。

世充又令韋節諷侗，拜己爲太尉，置署官屬，以尚書省爲其府。[1]尋自稱鄭王，遣其將高略帥師攻壽安，[2]不利而旋。又帥師攻圍穀州，[3]三日而退。明年，自稱相國，受九錫，[4]備法物，[5]是後不朝侗矣。有道士桓法嗣者，自言解圖讖，[6]世充昵之。法嗣乃上《孔子閉房記》，[7]畫作丈夫持一干以驅羊。[8]法嗣云："楊，隋姓也。干一者，[9]王字也。王居楊後，明相國代隋爲帝也。"又取《莊子·人間世》《德充符》二篇上之，法嗣釋曰："上篇言世，下篇言充，此則相國名矣。當德被人閒，而應符命爲天子也。"世充大悅曰："此天命也。"再拜受之。即以法嗣爲諫議大夫。[10]世充又羅取雜鳥，書帛係其頸，自言符命而散之於空。或有彈射得鳥而來獻者，亦拜官爵。既而廢侗，陰殺之，僭即皇帝位，建元曰開明，國號鄭。

[1]尚書省：官署名。隋朝時爲三省之一，爲政務中樞，長官爲尚書令，常缺，由左、右僕射主持省務，下設吏、民、刑、兵、禮、工六部，負責具體事務。

[2]壽安：縣名。治所在今河南宜陽縣。

[3]穀州：隋朝時治新安縣，在今河南新安縣東。

[4]九錫：天子賜給諸侯、大臣有殊勳者的九種器用，代表臣子的最高禮遇。據《禮記》記載，九種器物有：車馬、衣服、樂則、朱户、納陛、虎賁、斧鉞、弓矢、秬鬯。

[5]法物：帝王出行或祭祀時所用的物品。

[6]圖讖：古代方士或儒生宣揚符命占驗的書。多爲隱語、預言。始於秦，盛於東漢。

[7]上：《隋書》卷八五《王充傳》作"以"，《舊唐書》卷五四《王世充傳》、《通志》卷一六四作"上"。　孔子閉房記：又名《孔氏秘記》《孔父秘記》。讖書，著者不詳，共一卷，已失傳。清代姚振宗《〈隋書·經籍志〉考證》稱此書實爲讖記家作，假託孔子名。

[8]丈夫：底本作“大夫”，《隋書·王充傳》、《舊唐書·王世充傳》、《通志》卷一六四作“丈夫”。中華本校勘記云：“諸本‘丈’訛作‘大’，據《隋書》《通志》改。”今從改。

[9]干：局本作“千”。

[10]諫議大夫：官名。掌議論。隋初於門下省置七人，從四品。煬帝大業三年廢。

大唐太宗帥師圍之。[1]世充頻出兵，戰輒不利，諸城相繼降款。世充窘迫，遣使請救於竇建德，建德率兵援之。至武牢，太宗破之，禽建德以詣城下。世充將潰圍而出，諸將莫有應之者，於是出降。至長安，爲讎家所殺。

[1]大唐太宗：即唐朝皇帝李世民。太宗爲其廟號。

段達，武威姑臧人。[1]父嚴，周朔州刺史。[2]

[1]武威：郡名。隋朝時治姑臧縣，在今甘肅武威市。　姑臧：縣名。治所在今甘肅武威市。

[2]朔州：北周時治善陽縣，在今山西朔州市。

達在周，年始三歲，襲爵襄垣縣公。[1]及長，身長八尺，美鬚髯，便弓馬。隋文帝爲丞相，以爲大都督，領親信兵，常置左右。及踐祚，爲左直齋，[2]遷車騎將軍，[3]督晋王府軍事。以擊高智慧功，[4]授上儀同。[5]又破汪文進等，[6]加開府。仁壽初，[7]爲太子左衛副率。[8]大業初，以藩邸之舊，拜左翊衛將軍。[9]從征吐谷渾，進位金紫光禄大夫。[10]帝征遼東，平原郝孝德、清河張金稱等並起爲盗，[11]帝令達擊之，數爲金稱等所挫，諸賊輕之，號爲段姥。後用鄃令楊善會謀，[12]更與賊戰，方致剋捷。還京師，以公事坐免。明年，帝征遼東，使達留守涿郡。[13]俄復拜左翊衛將軍。高陽魏刀兒聚衆，[14]自號歷山飛，寇掠燕、趙。達率涿郡通守郭絢擊敗之。[15]時盗賊既多，達不能因機決勝，唯持重自守，時人皆謂之爲怯懦。

[1]襄垣縣公：封爵名。襄垣，縣名。治所在今山西襄垣縣北。

[2]左直齋：官名。北魏孝文帝時置。隋朝沿置，屬左、右衛府，故分稱左、右直齋，員十五人。從五品。煬帝大業三年罷。

[3]車騎將軍：官名。隋朝因襲北周府兵制，十二府所轄諸軍府，稱驃騎府或車騎府，分駐各地統領府兵，皆置車騎將軍，正五品上。置於驃騎府者爲次官，置於車騎府者爲長官。煬帝時改諸驃騎府、車騎府爲鷹揚府，改車騎將軍爲鷹揚副郎將、鷹擊郎將。

[4]高智慧：人名。又作“高智惠”，會稽（今浙江紹興市）人。隋文帝開皇十年，舉兵反隋。

[5]授上儀同：《隋書》卷八五《段達傳》作“遷進儀同”，《通志》卷一六四與《北史》同。上儀同，北周時置，位居開府儀同三司之下、儀同三司之上。多爲大臣勳臣的加官。隋朝沿置，從四品。唐高宗時廢除。

[6]汪文進：人名。婺州（今浙江金華市）人。南朝陳官吏。隋滅陳後，起兵反隋。

[7]仁壽：隋文帝的年號（601—604）。

[8]太子左衛副率：官名。隋朝時始置，爲太子左衛率副職，員二人，從四品上。煬帝大業三年改名爲左侍副率。

[9]左翊衛將軍：官名。隋朝時置。煬帝大業三年改左衛爲左

翊衛，左衛將軍遂改稱左翊衛將軍，仍爲左翊衛副長官，員二人，協助左翊衛大將軍掌宫掖禁衛，管理儀仗。從三品。

[10]金紫光禄大夫：官名。晋朝時置。指加賜金章紫綬的光禄大夫。隋朝沿置，初爲從二品散官，煬帝時定爲正三品。

[11]平原：縣名。治所在今山東德州市中南部。　郝孝德：人名。平原（今山東平原縣）人。隋末起義軍首領。煬帝大業九年起兵，後歸瓦崗軍。《隋書·段達傳》“郝”作“祁”，《通志》卷一六四與《北史》同。源氏校勘記云：“‘郝’《隋書》作‘祁’。”　清河：郡名。隋朝時治清河縣，在今山東臨清市東北。　張金稱：人名。清河鄃（今山東夏津縣）人。煬帝大業九年起義，後戰敗被殺。

[12]鄃（shū）：縣名。治所在今山東夏津縣。

[13]涿：郡名。隋朝時治薊縣，在今北京西南。

[14]高陽：縣名。治所在今河北高陽縣東。　魏刀兒：人名。一作“魏刁兒”，高陽（今河北高陽縣東）人。隋末起義軍首領。煬帝大業十一年起兵，自稱歷山飛。後被竇建德所殺。

[15]郭絢：人名。河東安邑（今山西夏縣）人。隋朝官吏。見本書卷八六《郭絢傳》。

十二年，帝幸江都宫，詔達與太府卿元文都等留守東都。李密縱兵侵掠城下，達與監門郎將龐玉、武牙郎將霍世舉禦之，[1]以功遷左驍衛大將軍。[2]王世允之敗也，密進據北芒，[3]來薄上春門，[4]達與判户部尚書韋津拒之。[5]達見賊，不陣而走，軍大潰，津没于密。

[1]監門郎將：官名。隋初置左、右監門郎將，爲左、右監門府次官，員二人。正四品。煬帝大業三年廢，另改左、右監門府將軍爲左、右監門府郎將，爲左、右監門府長官，員一人，掌門禁守

衛。正四品。　武牙郎將：官名。隋煬帝大業三年改十二衛護軍爲武賁郎將後置，爲武賁郎將副職，每衛六人。從四品。　霍世舉：《隋書》卷八五《段達傳》作“霍舉”，《通志》卷一六四與《北史》同。

[2]左驍衛大將軍：官名。隋朝時十二衛大將軍之一。煬帝大業三年改左備身府爲左驍衛，置大將軍總管府事，員一人，並統諸鷹揚府事。正三品。

[3]北芒：山名。在今河南洛陽市東北。

[4]上春門：隋東都洛陽最北門。

[5]達與判户部尚書韋津拒之：《隋書·段達傳》作“達與判左丞郭文懿、尚書韋津出兵拒之”，《通志》卷一六四與《北史》同。源氏校勘記云:“‘判’下《隋書》有‘左丞郭大懿’五字。爲脱。”判，官制用語。即以他官兼帶某職，稱判某職或判某職事。始於北齊。户部尚書，官名。即民部尚書。隋文帝開皇三年由度支尚書改名，置爲尚書省六部長官之一，統管度支、户部、金部、倉部四曹，掌軍國財賦的收支會計及漕運物價屯田之政令。正三品。韋津，人名。京兆杜陵（今陝西西安市長安區東）人。隋朝官吏。見《北史》卷六四《韋孝寬傳》。

及帝崩于江都，達與文都等推越王侗爲主，署開府儀同三司，兼納言，[1]陳國公。元文都等之謀誅王世充，達預焉。既而陰告世充，達爲之内應。及事發，迫越王送文都於世充，[2]世充甚德於達。既破李密，諷越王禪讓。世充僭號，以達爲司徒。及東都平，坐斬，妻子籍没。

[1]納言：官名。亦作“内言”。主要職責是承上啓下、宣傳上命、受奏納言。後世多作侍中的别稱。隋朝時因避隋文帝之父楊

忠諱，改侍中爲納言，爲門下省長官，員二人。正三品。煬帝大業十二年改爲侍内。

[2]迫越王送文都於世充：《隋書》卷八五《段達傳》作“越王侗執文都於充”，《通志》卷一六四與《北史》同。

論曰：宇文述便辟足恭，[1]柔顔取悦。君所謂可，亦曰可焉，君所謂不，亦曰不焉。無所是非，不能輕重，默默苟容，偷安高位，甘素餐之責，[2]受彼己之譏。此固君子所不爲，亦丘明之深耻。[3]化及以此下才，負恩累葉。時逢崩拆，[4]不能竭命，乃因利乘便，先圖干紀，[5]率群不逞，職爲亂階，拔本塞源，裂冠毁冕。釁深指鹿，[6]事切食蹯，[7]天地所不容，人神所同憤矣。世充斗筲小器，[8]遭逢時幸，與蒙獎擢，禮越舊臣。而躬爲戎首，親行鴆毒。竟而蛇豕醜類，[9]繼踵誅夷，梟獍凶魁，[10]相尋菹戮。垂炯戒於來葉，快忠義於當年，爲人臣者，可無殷鑒哉！

[1]便辟：諂媚逢迎。　足恭：過度謙敬，以取媚於人。

[2]素餐：吃閑飯，意指不勞而獲。

[3]丘明：人名。又稱左丘明，春秋末期魯國人。曾任魯國太史，著有《左傳》。

[4]崩拆：倒塌斷裂。殿本、四庫本、局本、四部備要本作“崩折”。

[5]干紀：違犯法紀。

[6]釁：縫隙。　指鹿：語出《史記》卷六《秦始皇本紀》：“趙高欲爲亂，恐群臣不聽，乃先設驗，持鹿獻於二世，曰：‘馬也。’二世笑曰：‘丞相誤邪？謂鹿爲馬。’問左右，左右或默，或

言馬以阿順趙高。”

[7]食蹯（fán）：指叛臣舉兵要刻不容緩地誅殺君主。出自《左傳》文公元年："冬十月，（楚太子商臣）以宫甲圍成王。王請食熊蹯而死，弗聽。丁未，王縊。”蹯，獸足掌。

[8]斗筲（shāo）：斗和筲都是很小的容器，比喻氣量狹小和才識短淺。

[9]蛇豕：指長蛇、封豕（大豬）。比喻貪殘害人者。　醜類：指壞人、惡人。

[10]梟獍：底本作“梟鏡”，源氏校勘記改“鏡”作“獍”。按：獍，一種像虎豹的獸，生下來就吃它的母獸。比喻忘恩負義之徒或狠毒的人。源氏是。今從改。

北史　卷八〇

列傳第六十八

外戚

賀訥　姚黄眉　杜超　賀迷　閭毗　馮熙　李惠　高肇　胡國珍 從曾孫長粲　楊騰　乙弗繪　趙猛　胡長仁　隋文帝外家吕氏

夫左賢右戚，[1]尚德尊功，有國者所以御天下也。殷肇王基，不藉莘氏爲佐；[2]周成王業，未聞姒姓爲輔。[3]然歷觀累代外戚之家，乘母后之權以取高位厚秩者多矣，而鮮能有克終之美，[4]必罹顛覆之患。何哉？皆由乎居上不以至公任物，在下徒用私寵要榮，藺犢引大車，[5]弱質任厚棟，[6]無德而尊，不知紀極，[7]忽於滿盈之戒，[8]罔念高危之咎，故鬼瞰其室，[9]憂必及之，所以殺身傾族相繼於西京也。[10]夫誠著艱難，功宣社稷，不以謙沖自牧，未免顛蹶之禍；而况道不足以濟時，仁不足以利物，[11]自矜於己，以富貴驕人者乎！

[1]夫左賢右戚：中華本校勘記云："《魏書》卷八三上（補）《外戚傳》序作'右賢左戚'。按當時以右爲貴，《魏書》是。"

[2]莘氏：殷商的外戚。《列女傳》卷一五《湯妃有莘》："湯妃有莘者，有莘氏之女也。"　爲佐：底本、元大德本作"爲佑"。按："佐"常用於下對上、弱對强的幫助；上對下、强對弱則用"佑"。今改之。

[3]姒姓：周朝的外戚。《列女傳》卷一六《周室三母》："太姒者，文王之妃，莘姒之女也。號曰文母。"

[4]鮮能有克終之美：很少有人能够善終。語本《詩·大雅·蕩》："靡不有初，鮮克有終。"

[5]繭犢：未長角或初長角的小牛。

[6]弱：底本作"升"，中華本校勘記云："諸本'弱'作'升'。張森楷云：'"升質"無誼，蓋誤。'按：《魏書·外戚傳》序'升'作'弱'。今據改。"今從改。

[7]不知紀極：語出《左傳》文公十八年："聚斂積實，不知紀極。"形容人貪得無厭，没有限度。

[8]滿盈之戒：居高位而能告誡自己不驕傲自滿。語出《易·謙卦·彖》："天道虧盈而益謙，地道變盈而流謙，鬼神害盈而福謙，人道惡盈而好謙。"

[9]鬼瞰其室：鬼神窺望顯達富貴的人家，將禍害其滿盈之志。後世以此來告誡不可過於自滿。語出《文選》卷四五楊雄《解嘲》："高明之家，鬼瞰其室。攫拏者亡，默默者存；位極者宗危，自守者身全。"

[10]所以殺身傾族相繼於西京也：中華本"西"作"兩"，其校勘記云："諸本'兩'作'西'，《魏書》作'兩'。按：兩京指西漢、東漢，西京則專指西漢，誤。此形似致訛，今據改。"按：

《後漢書》卷一〇上《明德馬皇后傳》:“（馬太后詔曰）‘吾豈可上負先帝之旨，下虧先人之德，重襲西京敗亡之禍哉!’固不許。”中華本似誤改。

[11]仁不足以利物：仁愛達不到有利於事業的程度。語出《莊子·天地》:“愛人利物之謂仁。”

魏道武初，[1]賀訥有部衆之業，翼成皇祚。其餘或以勞勤，或緣恩澤。齊氏后妃之族，多自保全。胡長仁以譖訴貽禍，斛律光以地勢被戮，[2]俱非女謁盛衰之所致也。婁昭自以佐命之功，[3]崇其名器，[4]且霸業權輿，[5]時方同德。陵暴之釁，因兹而起。[6]其靖德、昭訓二門，並良家遺孽，守死無暇，[7]固不足涉言。又子非繼世，權難妄假。昭信非惟素門履道，[8]訖構廢辱，[9]威望之地，自致無由。有周御歷，后門初無與政。既而末迹竊權，竟移鼎璽，斯乃西漢覆車之轍，[10]魏文所以深誡。[11]隋文潛躍之初，[12]獻后便相推轂；[13]煬帝大横方兆，[14]蕭妃密勿經綸。[15]是以恩禮綢繆，[16]始終不易。然外内親戚，莫預朝權，昆弟在位，[17]亦無殊寵。至於居擅玉堂、家稱金穴、暉光戚里、熏灼四方、將三司以比儀、命五侯而同拜者，[18]終始一代，寂無聞焉。考之前王，可謂矯其弊矣。故雖時經擾攘，無有陷於不義；市朝遷貿，而皆得以保全。比夫憑藉寵私、階緣恩澤、乘其非據、旋就顛隕者，豈可同日而言哉！此所謂愛之以禮者也。

[1]道武：即北魏皇帝拓跋珪。道武爲其謚號。

［2］斛律光：人名。字明月，朔州（今山西朔州市）人。北齊將領。見《北史》卷五四《斛律金附斛律光傳》。

［3］婁昭：人名。字菩薩，代郡平城（今山西大同市東北）人。北魏、東魏大臣。見《北史》卷五四《婁昭傳》。

［4］名器：名號與車服儀制。

［5］權輿：起始。《詩·秦風·權輿》："今也每食無餘，于嗟乎！不承權輿。"朱熹《詩集傳》："權輿，始也。"

［6］陵暴之釁因茲而起：中華本校勘記云："按此句與上文文義不聯屬，'陵'上當有脱文。"可從。

［7］其靖德昭訓二門並良家遺孽守死無暇：中華本校勘記云："按本書卷十四《北齊后妃傳》，高澄后元氏居静德宫，高洋后李氏居昭信宫，高演后元氏居順成宫。這裏'靖德'自即'静德'，'昭訓'疑指高演之后，但與其宫名不符。'良'疑是'皇'之訛，二元后皆北魏皇族。高洋大殺元魏宗室，故云'皇家遺孽，守死無暇'。"靖德，指北齊文襄帝的皇后元氏。因居静德宫而得名。見《北史》卷一四《文襄敬皇后元氏傳》。

［8］昭信：指北齊文宣帝的皇后李祖娥。因居昭信宫而得名。見《北史》卷一四《文宣皇后李氏傳》。　素門：寒素門第。　履道：躬行正道。

［9］構：元大德本作"闕"字。

［10］既而末迹竊權竟移鼎璽斯乃西漢覆車之轍：指西漢末年，王莽篡權改制之事。移鼎，比喻改朝换代。鼎，古代用以立國的重器，代指國家。

［11］魏文所以深誡：指三國魏文帝禁止外戚參政的詔書。《三國志》卷二《魏書·文帝紀》："（三年）九月甲午，詔曰：'夫婦人與政，亂之本也。自今以後，群臣不得奏事太后，后族之家不得當輔政之任，又不得横受茅土之爵；以此詔傳後世，若有背違，天下共誅之。'"魏文，即三國魏皇帝曹丕。文爲其謚號。

［12］隋文：即隋朝皇帝楊堅。文爲其謚號。　潛躍：指帝王登

基之時。

［13］獻后：即隋文帝皇后獨孤氏。獻爲其謚號。見《北史》卷一四《隋文獻皇后獨孤氏傳》。　推轂：推薦人才。喻指傾力相助。

［14］煬帝：即隋朝皇帝楊廣。煬爲其謚號。　大横：龜卜卦兆名。龜文呈横形，故稱。《史記》卷一〇《孝文本紀》："卜之龜，卦兆得大横。占曰：'大横庚庚，余爲天王，夏啓以光。'"後因以指帝王登基之兆。　方兆：古人灼龜所得四種卜兆之一。《周禮·春官·卜師》："卜師掌開龜之四兆，一曰方兆，二曰功兆，三曰義兆，四曰弓兆。"鄭玄注："其云方、功、義、弓之名未聞。"

［15］蕭妃：即隋煬帝皇后蕭氏。見《北史》卷一四《煬愍皇后蕭氏》。　密勿：勤勉努力。《詩·小雅·十月之交》："黽勉從事，不敢告勞。"王先謙《詩三家義集疏》："魯'黽勉'作'密勿'。"　經綸：治理國家大事。

［16］恩禮綢繆：喻指情誼深厚，禮節周全。

［17］昆弟：兄和弟。

［18］玉堂：豪貴的宅第。　金穴：藏金之窟，喻豪富之家。用以代指外戚家。《後漢書》卷一〇上《光武郭皇后傳》："（郭）况遷大鴻臚。帝數幸其第，會公卿諸侯親家飲燕，賞賜金錢縑帛，豐盛莫比。京師號况家爲'金穴'。"　戚里：帝王外戚聚居的地方。《史記》卷一〇三《萬石張叔列傳》："於是高祖召其姊爲美人，以奮爲中涓，受書謁，徙其家長安中戚里。"司馬貞《索隱》引顔師古曰："於上有姻戚者皆居之，故名其里爲戚里。"　將三司以比儀：東漢大司馬、司空、司徒並稱"三司"。即指勢比三公。　命五侯而同拜：五位親人被封爲侯爵，同時受拜。用來形容外戚受寵的盛况。語出《漢書》卷九八《元后傳》："河平二年，上悉封舅譚爲平阿侯，商成都侯，立紅陽侯，根曲陽侯，逢時高平侯。五人同日封，故世謂之'五侯'。"

案外戚，《魏書》有賀訥、劉羅辰、姚黄眉、杜超、賀迷、閭毗、馮熙、李峻、李惠、高肇、于勁、胡國珍、李延寔，[1]《齊書》有趙猛、婁叡、尒朱文暢、鄭仲禮、李祖昇、元蠻、胡長仁，[2]《周書》不立此篇，《隋書》有獨孤羅、蕭巋。[3]今以劉羅辰、李峻、于勁、李延寔、婁叡、尒朱文暢、鄭仲禮、李祖昇、元蠻、獨孤羅、蕭巋各附其家傳，[4]其餘並入此篇。又檢楊騰、乙弗繪附之魏末，以備《外戚傳》云。

[1]劉羅辰：人名。代（今山西大同市東北）人。北魏官吏。見《北史》卷二〇《劉庫仁附劉羅辰傳》。　李峻：人名。字珍之，梁國蒙縣（今安徽六安市東北）人。北魏官吏。見《魏書》卷八三上《李峻傳》。　于勁：人名。字鍾葵，代（今山西大同市東北）人。北魏官吏。見《北史》卷二三《于栗磾附于勁傳》。　李延寔：人名。字禧，隴西狄道（今甘肅臨洮縣）人。北魏官吏。見《北史》卷一〇〇《凉武昭王李暠附李延寔傳》。

[2]婁叡：人名。字佛仁，代郡平城（今山西大同市東北）人。北魏官吏。見《北史》卷五四《婁昭附婁叡傳》。　尒朱文暢：人名。北秀容（今山西朔州市）人，契胡族。北魏末官吏。見《北史》卷四八《尒朱榮附尒朱文暢傳》。　鄭仲禮：人名。滎陽開封（今河南開封市）人。東魏、北齊官吏。爲高歡親信。見《北齊書》卷四八《鄭仲禮傳》。　李祖昇：人名。趙郡平棘（今河北趙縣）人。東魏、北齊官吏。見《北史》卷三三《李順附李祖昇傳》。　元蠻：人名。代（今山西大同市東北）人。北魏宗室、北齊大臣。見《北史》卷一六《江陽王繼附元蠻傳》。

[3]獨孤羅：人名。字羅仁，雲中（今内蒙古和林格爾縣西北）人。北周、隋朝官吏。見《北史》卷六一《獨孤信附獨孤羅傳》。　蕭巋：人名。字仁遠，蘭陵（一説在今江蘇常州市，一説

在今江蘇丹陽市）人。西梁的第二位君主。見《北史》卷九三《蕭督附蕭巋傳》。

[4]各：底本作“命”，中華本作“各”。按：命，無意義，今從改。

賀訥，代人，魏道武皇帝之舅，獻明后之兄也。[1]其先世爲君長。[2]祖紇，尚平文女。[3]父野干，尚昭成女遼西公主。[4]昭成崩，諸部乖亂，獻明后與道武及衛、秦二王依訥。[5]會苻堅使劉庫仁分攝國事，[6]道武還居獨孤。[7]訥總攝東部爲大人，[8]遷居大寧，[9]行其恩信，衆多歸之，侔於庫仁。苻堅假訥鷹揚將軍。[10]

[1]獻明后：即北魏獻明帝拓跋寔的皇后賀氏。北魏道武帝所追謚。

[2]君長：古代中原人對邊疆少數民族首領的習稱。

[3]平文：即拓跋鬱律。平文爲其謚號，北魏道武帝所謚。

[4]昭成：即拓跋什翼犍。昭成爲其謚號，北魏道武帝所追謚。遼西公主：封號。即拓跋什翼犍的女兒。遼西，郡名。北魏時治肥如縣，在今河北盧龍縣北。

[5]衛秦二王：即衛王拓跋儀和秦王拓跋翰。

[6]苻堅：人名。字永固，一名文玉，略陽臨渭（今甘肅天水市東北）人，十六國時前秦君主。見《晋書》卷一一三、一一四《苻堅載記》。底本作“符堅”，殿本、局本、四部備要本、中華本作“苻堅”。底本字形訛誤，今從改。下同，不再出注。 劉庫仁：人名。字没根，代（今山西大同市東北）人。北魏官吏。見《北史》卷二〇《劉庫仁傳》。

[7]獨孤：北魏時北鮮卑部落之一，自稱漢光武帝的後代，以獨孤爲氏。

[8]大人：部族首領的稱號。北魏初期仍舊實行部落制，置南北二部大人以統諸部落，繼而又分置東、西、南、北四部大人，後又續分爲八部大人。八部或稱八國。

[9]大寧：地名。在今内蒙古寧城縣一帶。

[10]鷹揚將軍：官名。漢獻帝建安年間曹操置，三國魏、兩晋沿用，是雜號將軍中地位較高的。南北朝時多設此官。北魏孝文帝太和十七年（493）定爲五品上。

後劉顯謀逆，[1]道武輕騎歸訥。訥驚拜曰："官家復國，[2]當念老臣。"帝笑答曰："誠如舅言，要不亡也。"[3]訥中弟染干粗暴，[4]忌帝，常圖爲逆。每爲皇姑遼西公主擁護，故染干不得肆其禍心。諸部大人請訥兄弟，求舉道武爲主，染干不從。遂與諸大人勸進，[5]道武登代王位于牛川。[6]

[1]劉顯：人名。本名醜伐，代（今山西大同市東北）人。見《魏書》卷二三《劉庫仁附劉顯傳》。

[2]官家：臣下對皇帝的尊稱。《資治通鑑》卷九五下有"官家難稱"，胡三省注："稱天子爲官家，始見於此。西漢謂天子爲縣官，東漢謂天子爲國家，故兼而稱之。或曰：五帝官天下，三王家天下。故兼稱之。"

[3]亡：中華本作"忘"。源氏校勘記云："'亡'《魏書》作'忘'。"中華本校勘記云："諸本'忘'訛作'亡'，據《魏書》卷八三上《賀訥傳》改。"按："亡"與"忘"同。中華本誤改。

[4]粗暴：粗魯暴躁。

[5]染干不從遂與諸大人勸進：中華本校勘記云："按《魏書》及《通志》卷一六五《賀訥傳》云：'於是諸部大人請訥兄弟，求舉太祖爲主。染干曰："在我國中，何得爾也？"訥曰："帝，大國之

世孫，興復先業於我，國中之福。常相持獎，立繼統勳。汝尚異議，豈是誠節？”遂與諸人勸進。’《魏書》此卷是以《北史》補，這裏‘遂’上應有脱文。”可從。

[6]牛川：地名。在今内蒙古興和縣西北後河源一帶。

及帝討吐突鄰部，[1]訥兄弟遂懷異圖，率諸部救之。帝擊之，大潰。訥西遁。衛辰遣子直力鞮征訥。訥告急，請降。[2]道武簡精騎二十萬救之，遂徙訥部落及諸弟，處之東界。訥又通於慕容垂，[3]垂以訥爲“歸善王”。染干謀殺訥而代立，訥遂與染干相攻。垂遣子麟討之，[4]敗染干於牛都，破訥於赤城。[5]道武遣師救訥，麟乃引退。訥從道武平中原，拜安遠將軍。[6]

[1]吐突鄰部：十六國時東北部落。屬賀蘭部，居於女水（在漠北土拉河西、鄂爾渾河上游）流域，與解如部脣齒相依，周圍有高車、柔然、鮮卑等部落活動。以游牧爲業。後被北魏攻破，畜産等被掠奪殆盡。

[2]衛辰遣子直力鞮（dī）征訥訥告急請降：底本不疊“訥”字，中華本校勘記云:“諸本脱一‘訥’字，據《魏書》《通志》補。”今從改。衛辰，即劉衛辰，人名。匈奴支系鐵弗部首領。見《北史》卷九三《劉衛辰傳》。直力鞮，人名。匈奴支系鐵弗部人。曾奉父命攻打賀蘭部，後被俘。

[3]慕容垂：人名。字道明，昌黎棘城（今遼寧北票市章吉營子鄉三官營子村）人，十六國時後燕的建立者。見《晋書》卷一二三《慕容垂載記》。

[4]麟：即慕容麟，人名。昌黎棘城（今遼寧北票市章吉營子鄉三官營子村）人，後燕宗室、將領。曾率軍攻陷中山（今河北定

州市)，被慕容垂封爲趙王，後發動叛亂，被殺。

[5]赤城：地名。亦名東赤城。在今内蒙古托克托縣東南黄河西岸。

[6]安遠將軍：官名。東漢末始置，多用以封降將或邊遠地區的地方長官。魏晋南北朝及後世沿置。北魏孝文帝太和十七年定爲從三品下。

其後離散諸部，[1]分土定居。不聽遷徙，其君長、大人皆同編户。[2]訥以元舅，甚見尊重，然無統領。以壽終於家。

[1]離散諸部：解散部落組織，成爲國家的編户。

[2]編户：編入國家户籍之平民，無貴賤之分而有貧富之别。秦漢時已有此稱。

訥弟盧，亦從平中原，以功賜爵遼西公。[1]帝遣盧會衛王儀伐鄴，[2]而盧自以帝之季舅，[3]不肯受儀節度。帝遣使切責之，盧遂忿恨，與儀司馬丁建構成其嫌，[4]彌加猜忌。會道武敕儀去鄴，盧亦引歸。道武以盧爲廣川太守。[5]盧性雄豪，耻居冀州刺史王輔下，[6]襲殺輔，奔慕容德。[7]德以爲并州刺史、廣寧王。[8]廣固敗，[9]盧亦没。

[1]遼西公：封爵名。遼西，郡名。北魏時治肥如縣，在今河北盧龍縣北。

[2]衛王儀：即拓跋儀。北魏道武帝的同母弟。見《北史》卷一五《秦王翰附衛王儀傳》。　鄴：城名。在今河北臨漳縣西南。

［3］季舅：指小舅。

［4］司馬：官名。軍府高級幕僚，掌參軍贊務，管理府内武職，位僅次於長史，其品秩隨府主而定，高低不等。

［5］廣川：郡名。北魏時治廣川縣，在今河北景縣西南。　太守：官名。爲郡的最高行政長官，掌管郡之民政、司法、監察、軍事和財賦。北魏孝文帝太和二十三年定上郡太守爲四品，中郡太守爲五品，下郡太守爲六品。

［6］冀州：北魏時治信都縣，在今河北冀州市。　刺史：官名。漢武帝時始置。由秦負責監察的御史演變而來。歷代沿置。北魏時上州刺史爲正三品，中州刺史爲從三品，下州刺史爲正四品。

［7］慕容德：人名。字玄明，昌黎棘城（今遼寧北票市章吉營子鄉三官營子村）人，鮮卑族。十六國時南燕君主。見《晋書》卷一二七《慕容德載記》。

［8］并：州名。北魏時治晋陽縣，在今山西太原市晋源區古城營村一帶。

［9］廣固：城名。在今山東青州市東北。

訥從父弟悦。初，道武居賀蘭部下，[1]人情未甚附，唯悦舉部隨從。又密爲帝祈禱天神，請成大業，出於誠至。帝嘉之，甚見寵待。後平中原，以功賜爵鉅鹿侯，[2]進爵北新。[3]卒。

［1］賀蘭部：鮮卑族部落之一，十六國時與拓跋部有姻親關係。

［2］鉅鹿侯：封爵名。鉅鹿，郡名。北魏時屬定州，治曲陽縣，在今河北晋州市西。孝莊帝永安二年（529）時分定州鉅鹿郡置，屬殷州，治癭遥縣，在今河北寧晋縣西南。

［3］進爵北新：中華本校勘記云："《通志》'北新'下有'公'字。當是脱文。"按：《魏書》卷八三上《賀訥附賀悦傳》亦有。

可從。北新，縣名。治所在今河北徐水縣西南。

子泥，襲爵。後降爲肥如侯。[1]道武崩，京師草草，[2]泥出舉烽於安陽城北。[3]賀蘭部人皆往赴之。明元即位，[4]乃罷。詔泥與元渾等八人拾遺左右。[5]與北新侯安同持節行并、定二州，[6]劾奏并州刺史元六頭等，[7]皆伏罪，州郡肅然。後從太武征赫連昌，[8]以功進爵爲琅邪公。[9]軍國大議，每參豫焉。又征蠕蠕，[10]爲别道將，[11]坐逐賊不進，詐增虜，[12]當斬。贖爲庶人。久之，拜光禄勳，[13]爲外都大官，[14]復本爵。卒官。子醜建襲。

[1]肥如侯：封爵名。肥如，縣名。治所在今河北盧龍縣。

[2]草草：喻指騷動不安。

[3]安陽城：在今河北陽原縣東南。

[4]明元：即北魏皇帝拓跋嗣。明元爲其謚號。

[5]元渾：人名。北魏宗室。見《北史》卷一五《遼西公意烈傳》。

[6]安同：人名。遼東（今遼寧遼陽市）人。北魏官吏。見《北史》卷二〇《安同傳》。　定：州名。北魏時治盧奴縣，在今河北定州市。

[7]元六頭：人名。北魏官吏。曾任并州刺史，參與討伐平陽黄苗反叛。

[8]太武：即北魏皇帝拓跋燾。太武爲其謚號。　赫連昌：人名。一名折，字還國，十六國時夏君主。見《北史》卷九三《赫連屈丐附赫連昌傳》。

[9]琅邪公：封爵名。琅邪，郡名。北魏時治即丘縣，在今山東臨沂市西。

[10]蠕蠕：亦稱柔然。以游牧爲生。見《北史》卷九八《蠕蠕傳》。

[11]别道將：官名。别道都將的簡稱，掌帥非主要方向或防地。

[12]詐增虜：中華本校勘記云："《通志》'虜'下有'級'字，《魏書》無。按《魏書》此卷是後人所補，故同《北史》。《通志》可能是臆補，但從文義上看，當有脱字。"可從。

[13]光禄勳：官名。魏晉南北朝時掌宫廷門户名籍。北魏時兼掌供應百官膳食。孝文帝太和十七年定爲從一品下。

[14]外都大官：官名。即外都坐大官。北魏前期置，與中都坐大官、内都坐大官合稱三都大官。掌刑獄、聽理民訴訟。任此職者多爲宗室諸王、外戚及胡漢重臣，權勢極大。祭吊時位在三公、尚書令之上。孝文帝改制時罷。

姚黄眉，姚興之子，[1]明元昭哀皇后之弟也。[2]姚泓滅，[3]黄眉間來歸魏。明元厚禮待之，賜爵隴西公，[4]尚陽翟公主，[5]拜駙馬都尉，[6]賜隸户二百。[7]太武即位，遷内都大官。[8]後拜太常卿。[9]卒。贈雍州刺史、隴西王，[10]謚曰獻，陪葬金陵。[11]黄眉寬和温厚，希言得失，太武悼惜之，故贈禮有加。

[1]姚興：人名。字子略，南安赤亭（今甘肅隴西縣西）人，十六國時後秦君主。見《北史》卷九三《姚萇附姚興傳》。

[2]昭哀皇后：即北魏明元帝皇后姚氏。昭哀爲其謚號。

[3]姚泓：人名。字元子，南安赤亭（今甘肅隴西縣西）人，見《北史》卷九三《姚萇附姚泓傳》。

[4]隴西公：封爵名。隴西，郡名。北魏時治襄武縣，在今甘肅隴西縣東南。

[5]陽翟公主：封號。陽翟，縣名。治所在今河南禹州市。

[6]駙馬都尉：官名。北魏時多用於宗室、外戚、功臣子、貴族、親近之臣的加官，或加於尚公主者。孝文帝太和十七年定爲從四品上。

[7]賜隸户二百：底本無“賜”字，中華本校勘記云:“諸本脱‘賜’字，據《魏書》卷八三《姚黄眉傳》補。”今從改。

[8]内都大官：官名。即内都坐大官。北魏前期置，與外都坐大官、中都坐大官合稱三都大官。掌刑獄，並主司品官。任此職者多爲宗室諸王、外戚及胡漢重臣，權勢極大。祭吊時位在三公、尚書令之上。孝文帝改制時罷。

[9]太常卿：官名。太常的尊稱。主管祭祀社稷、宗廟和朝會、喪葬禮儀，管理皇帝陵墓、寢廟所在縣邑，每月巡視諸陵，兼管博士和博士弟子的考核、薦舉、補吏。北魏孝文帝太和十七年定爲從一品下，二十三年定爲三品。

[10]雍州：北魏時治長安，在今陝西西安市西北。

[11]金陵：北魏遷都洛陽以前埋葬皇帝和皇后的陵區，在今内蒙古和林格爾縣西北（參古鴻飛《北魏金陵初探》，《山西大同大學學報》2008 年第 5 期）。

杜超，字祖仁，魏郡鄴人，[1]密皇后之兄也。[2]少有節操。太常中，[3]爲相州别駕。[4]始光中，[5]太武思念舅氏，以超爲陽平公，[6]尚南安長公主，[7]拜駙馬都尉，位大鴻臚卿。[8]車駕幸其第，賞賜巨萬。神䴥三年，[9]以超行征南大將軍、太宰，[10]進爵爲王，鎮鄴。追加超父豹鎮東大將軍、陽平景王，[11]母曰鉅鹿惠君。[12]真君五年，[13]超爲帳下所害。[14]太武臨其喪，哀慟者久之。謚曰威王。

［1］魏郡：北魏時治鄴縣，在今河北臨漳縣西南鄴鎮。

［2］密皇后：即北魏明元帝皇后杜氏。密爲其謚號。

［3］太常：北魏明元帝的年號（416—423）。按：“太”同“泰”，中華本作“泰常”。今一般寫作“泰常”。

［4］相州：北魏時治鄴縣，在今河北臨漳縣西南鄴鎮。　別駕：官名。漢朝時始置別駕從事史，爲刺史佐吏，當刺史巡視轄境時，別乘驛車隨行，故名。魏晋諸州皆置別駕，總理衆務，職權甚重。

［5］始光：北魏太武帝的年號（424—428）。

［6］陽平公：封爵名。陽平，郡名。北魏時治館陶縣，在今河北館陶縣。

［7］南安長公主：封號。南安，郡名。北魏時治隴西縣，在今甘肅隴西縣。

［8］大鴻臚卿：官名。魏晋南北朝時接待賓客、管理少數民族事務之職移歸尚書省主客曹，本官漸成專司朝會禮儀之官。北魏孝文帝太和十七年定爲二品上，二十三年定爲三品。

［9］神䴥（jiā）：北魏太武帝的年號（428—431）。

［10］征南大將軍：官名。北魏時爲將軍名號，位次衛大將軍，多用來加授給重要州郡長官或統兵出鎮在外、都督數州軍事者。孝文帝太和十七年定爲一品下，二十三年定爲二品。　太宰：官名。即大宰、冢宰。北魏時在太師、太傅、太保之上別置太宰，同爲一品。源氏校勘記云：“‘太’《魏書》作‘元’。”

［11］鎮東大將軍：官名。北魏孝文帝太和十七年定爲從一品上。

［12］鉅鹿惠君：封號。鉅鹿，郡名。北魏時屬定州，治曲陽縣，在今河北晋州市西。孝莊帝永安二年（529）時分定州鉅鹿郡置，屬殷州，治癭遥縣，在今河北寧晋縣西南。惠，謚號。

［13］真君：即太平真君，北魏太武帝的年號（440—451）。

［14］帳下：官名。十六國時前凉及北魏置，爲將帥左右的親信侍從。因行軍多居營帳，故有此稱。北魏初，諸王亦置。

長子道生，賜爵城陽侯。[1]後爲秦州刺史，[2]進爵河東公。[3]道生弟鳳凰襲超爵，[4]加侍中、特進。[5]太武追思超不已，欲以鳳凰爲定州刺史。鳳凰不願違離闕庭，[6]乃止。鳳凰弟道儁，賜爵發干侯，[7]鎮枋頭。[8]除兗州刺史。[9]

[1]城陽侯：封爵名。城陽，縣名。治所在今河南信陽市北楚王城。

[2]秦州：北魏時治上封城，在今甘肅天水市。

[3]河東公：封爵名。河東，郡名。北魏時治蒲坂縣，今山西永濟市西南蒲州鎮。

[4]道生弟鳳凰襲超爵：底本無“超”字，中華本校勘記云：“諸本脱‘超’字，據《魏書》八三上、《通志》卷一六五《杜超傳》補。”按：無“超”語義不通，今從補。

[5]侍中：官名。北朝時常總典機密，受遺詔輔政，權任尤重，時號“小宰相”。北魏初置四員。孝文帝太和十七年定爲從一品中。特進：官名。西漢時置，後作爲加官贈給致仕大臣。主要指大臣被特許在朝會越次而位於三公之下。北魏孝文帝太和二十三年定爲二品。

[6]闕庭：朝廷。

[7]發干侯：封爵名。發干，縣名。治所在今山東冠縣東。干，底本作“于”，毛本、殿本、局本、四部備要本、中華本作“干”。按：《魏書·地形志上》“陽平郡”條：“發干，二漢屬東郡，晋屬。有發干城。”今從改。

[8]枋頭：地名。在今河南浚縣西。

[9]兗州：北魏孝文帝太和十八年改東兗州置，治瑕丘城，在今山東兗州市新驛鎮東頓村南。

超既薨，復授超從弟遺侍中、安南將軍、開府、相州刺史，[1]入爲内都大官，進爵廣平王。[2]遺性忠厚，頻歷州郡，所在著稱。薨，贈太傅，[3]謚曰宣王。

[1]安南將軍：官名。出鎮南方地區的軍事長官，或作爲刺史等地方官員兼理軍務時的加官。北魏孝文帝太和十七年定爲二品下，二十三年定爲三品。　開府：開府儀同三司的省稱。三國魏時始置，多爲大臣的加號，意思是與三司的禮制待遇相同，允許開府，自辟屬僚。北魏時成爲正式官名。孝文帝太和十七年定爲一品下。

[2]廣平王：封爵名。廣平，郡名。北魏時治曲梁城，在今河北永年縣東南。

[3]太傅：官名。北魏時爲三公之一。無實際職掌。正一品。

長子元寶，位司空。[1]元寶弟胤寶，司隸校尉。[2]元寶又進爵京兆王。[3]及歸，而父遺喪，[4]明當入謝，元寶欲以表聞。文成未知遺薨，怪其遲，召之。元寶將入，時人止之曰："宜以家憂自辭。"[5]元寶欲見其寵，不從，遂冒哀而入。未幾，以謀反伏誅，親從皆斬，唯元寶子世衡逃免。[6]時朝議欲追削超爵位，中書令高允上表理之。[7]後兗州故吏汲宗等以道儁遺惠在人，前從坐爵受誅，[8]委骸土壤，求得收葬。書奏，詔義而聽之。贈散騎常侍、安南將軍、南康公，[9]謚曰昭。世衡襲遺公爵。

[1]司空：官名。北魏時爲三公之一。無實際職掌，正一品。

[2]司隸校尉：官名。西漢時置，初掌管理在中央諸官府服役

的徒隸，亦捕治罪犯；後職掌糾察京都百官及京師附近三輔（京兆、左馮翊、右扶風）、三河（河東、河內、河南）、弘農七郡官吏。北魏初曾置，旋廢。

[3]京兆王：封爵名。京兆，郡名。北魏時治霸城縣，在今陝西西安市東北。

[4]及歸而父遺喪：中華本校勘記曰："按此上未言元寶之出，何忽言歸？疑有脱文。"

[5]家憂：父母之喪。源於漢代丁憂制度。此後歷代均有規定，且品官丁憂，若匿而不報，一經查出，將受到懲處。

[6]衡：源氏校勘記云："《魏書》作'衡'。"

[7]中書令：官名。漢武帝時置。歷代沿置。東晉、南北朝時因逐漸脱離機務，隨名位增高而成爲閑職，多用作重臣加官。北魏孝文帝太和十七年定爲二品中，二十三年定爲三品。　高允：人名。字伯恭，勃海蓨（今河北景縣）人。北魏大臣。見《北史》卷三一《高允傳》。

[8]前從坐爵受誅：中華本校勘記云："《魏書》無'爵'字，《通志》'爵'上有'削'字。疑當從《通志》。"可從。

[9]散騎常侍：官名。北魏時掌侍從左右、圖書文翰、諫諍拾遺，收納轉呈文書奏事，兼領修史，但仍爲閑散之職。北魏初一度掌出令，位在中書令上。孝文帝太和十七年定爲二品下，二十三年定爲從三品。　南康公：封爵名。遥封。南康，郡名。南朝宋時治南康縣，在今江西贛州市西南。

賀迷，代人，太武敬哀皇后之從父也。[1]皇后生景穆。[2]初，后少孤，父兄近親唯迷，[3]故蒙賜爵長鄉子。[4]卒，贈光禄大夫、五原公。[5]

[1]敬哀皇后：即北魏太武帝皇后賀氏。敬哀爲其謚號。

[2]景穆：即北魏太武帝太子拓拔晃。景穆爲其謚號，北魏文成帝所追謚。

[3]父兄近親唯迷：中華本校勘記云："《魏書》卷八三上《賀迷傳》'父'上有'無'字，是。"可從。

[4]長鄉子：封爵名。長鄉，縣名。治所在今河北固安縣西北。

[5]光禄大夫：官名。掌議論。西漢後期漸成散官、加官。晋武帝泰始年間始有左、右之分。北魏沿置。孝文帝太和二十三年定爲三品。　五原公：封爵名。五原，郡名。北魏時治九原縣，在今内蒙古包頭市西。

閭毗，代人，蠕蠕主大檀之親屬，[1]太武時自其國來降。毗即恭皇后之兄也。[2]后生文成。文成太安二年，[3]以毗爲平北將軍，[4]賜爵河東公；弟紇爲寧北將軍，[5]賜爵零陵公。[6]其年，並加侍中，進爵爲王。毗，征東將軍、評尚書事，[7]紇，征西將軍、中都大官。[8]自餘子弟賜爵爲王者二人、公五人、侯六人、子三人，同時受拜，所以隆崇舅氏。和平二年，[9]追謚后祖父延定襄康公，父辰定襄懿王。[10]毗薨，贈太尉，[11]追贈毗妻河東王妃。子惠襲。

[1]大檀：人名。柔然君主。見《北史》卷九八《蠕蠕傳》。

[2]恭皇后：即北魏景穆帝皇后郁久閭氏。恭爲其謚號。

[3]文成：即北魏皇帝拓跋濬。文成爲其謚號。　太安：北魏文成帝的年號（455—459）。

[4]平北將軍：官名。統管軍政事務，與平南、平東、平西將軍合稱四平將軍。在南朝及北朝前期地位較高，北朝後期漸成無職掌的散官。北魏孝文帝太和十七年定爲從二品上，二十三年定爲

三品。

[5]寧北將軍：官名。西晋時置，多兼并州、青州等州刺史，或都督并州、冀州諸軍事。北魏沿置。

[6]零陵公：封爵名。遥封。零陵，郡名。南朝宋時治零陵縣，在今湖南永州市北。

[7]征東將軍：官名。四征將軍之一。多爲持節都督，出鎮方面，地位顯要。北魏孝文帝太和十七年定爲從一品中。　評尚書事：官名。即平尚書事。加此者得參與評議論決尚書政事，爲機密要職。北魏時與録尚書事無高下之分，常同時加予數人。

[8]征西將軍：官名。四征將軍之一。北魏孝文帝太和十七年定爲從一品中。　中都大官：官名。即中都坐大官。北魏前期置，與外都坐大官、内都坐大官合稱三都大官。掌刑獄、聽理民訴訟。任此職者多爲宗室諸王、外戚及胡漢重臣，權勢極大。祭吊時位在三公、尚書令之上。孝文帝改制時罷。

[9]和平：北魏文成帝的年號（460—465）。

[10]追謚后祖父延定襄康公父辰定襄懿王：底本“延”下無“定”字，“辰”上無“父”字。源氏校勘記在“辰”前加“父”字。中華本校勘記云:“諸本‘延’下脱‘定’字，‘辰’上脱‘父’字。據《魏書》卷八三上、《通志》卷一六五《閭毗傳》補。”今從改。定襄康公，封爵名。定襄，縣名。治所在今山西定襄縣。

[11]太尉：官名。北魏時三公之一，無實際職掌。正一品。

紇薨，贈司空。子豆，後賜名莊。太和中，[1]初立三長，[2]以莊爲定户籍大使，[3]甚有時譽。十六年，例降爵。後爲七兵尚書，[4]卒。

[1]太和：北魏孝文帝的年號（477—499）。

[2]立三長：北魏孝文帝太和中立鄰、里、黨三長的一項政策，以取代宗主督護制。三長制規定五家爲鄰，設一鄰長；五鄰爲里，設一里長；五里爲黨，設一黨長。三長制與均田制相輔而行，三長的職責是檢查户口，徵收租調，徵發兵役和徭役。

[3]定户籍大使：官名。北魏時置，負責户籍的清定。

[4]七兵尚書：官名。尚書省七兵曹長官。北魏時定爲官名。孝文帝太和十七年定爲從二品中。

紇弟染，位外都大官、冀州刺史、江夏公。[1]卒。

[1]江夏公：封爵名。江夏，郡名。北魏時治江夏縣，在今河南沁陽市北。

先是，文成以乳母常氏有保護功，既即位，尊爲保太后。[1]後尊爲皇太后。興安二年，[2]太后前兄英，字世華，自肥如令超爲散騎常侍、鎮軍大將軍，[3]賜爵遼西公；弟喜，鎮軍大將軍、祠曹尚書、帶方公；[4]三妹皆封縣君；[5]妹夫王睹爲平州刺史、遼東公。[6]追贈英祖父苻堅扶風太守亥爲鎮西將軍、遼西簡公；[7]父勃海太守澄爲侍中、征東大將軍、太宰、遼西獻王；[8]英母許氏博陵郡君。[9]遣兼太常盧度世持節改葬獻王於遼西，[10]樹碑立廟，置守冢百家。太安初，英爲侍中、征東大將軍、太宰，進爵爲王；喜左光禄大夫、改封燕郡；[11]從兄泰爲安東將軍、朝鮮侯；[12]訢子伯夫散騎常侍、選部尚書；[13]次子員金部尚書；[14]喜子振太子庶子。[15]三年，英領太師、評尚書事、内都大官、伏竇泰等州刺史。[16]

五年，詔以太后母宋氏爲遼西王太妃。和平元年，喜爲洛州刺史。[17]

［1］保太后：北魏皇帝在登基之後册封給乳母的封號。

［2］興安：北魏文成帝的年號（452—454）。

［3］鎮軍大將軍：官名。北魏孝文帝太和十七年定爲從一品中，在四征將軍之下。源氏校勘記云："'鎮軍'《魏書》作'鎮東'。似是。"

［4］祠曹尚書：官名。掌尚書省祠部曹。北魏時爲三品。　帶方公：封爵名。帶方，郡名。北魏時僑置於營州東南，在今遼寧義縣北。

［5］縣君：封號。始見於南北朝，歷朝皆置。多封皇后母、縣公之妻及高官之母、妻。

［6］平州：北魏時治肥如城，在今河北盧龍縣北。　遼東公：封爵名。遼東，郡名。北魏時治襄平縣，在今遼寧義縣東。

［7］扶風：郡名。北魏時治好畤縣，在今陝西乾縣東。　鎮西將軍：官名。多授持節都督，出鎮方面。北魏孝文帝太和十七年定爲從一品下。　遼西簡公：封爵名。遼西，郡名。北魏時治肥如縣，在今河北盧龍縣北。底本"簡"作"蘭"，中華本校勘記云："諸本'簡'作'蘭'、《通志》卷一六五《閭毗附常英傳》作'簡'。按謚法無作'蘭'者，今據《通志》改。"今從改。

［8］勃海：郡名。北魏時治東光縣，在今河北東光縣。　征東大將軍：官名。多統兵出鎮方面，都督數州諸軍事。北魏孝文帝太和十七年定爲一品下。

［9］博陵郡君：封號。博陵，郡名。北魏時治魯口城，在今河北饒陽縣。

［10］盧度世：人名。字子遷，范陽涿（今河北涿州市）人。北魏官吏。見《北史》卷三〇《盧玄附盧度世傳》。

[11]左光禄大夫：官名。作爲在朝顯職的加官，以示優待，或授予年老有病者爲致仕之官，亦常用作卒後贈官。無職掌。北魏孝文帝太和十七年定爲從一品下，二十三年定爲二品。　燕郡：北魏時治薊縣，在今北京西南。

[12]安東將軍：官名。爲出鎮某一地區的軍事長官，或作爲州刺史兼理軍務時的加官。北魏孝文帝太和十七年定爲二品下，二十三年定爲三品。　朝鮮侯：封爵名。朝鮮，縣名。北魏僑置，治所在今河北盧龍縣西北。

[13]選部尚書：官名。漢靈帝末由吏曹尚書改名，職掌選任官吏，隸尚書臺。魏晋時改名爲吏部尚書。北魏前期，或置選部尚書，或置吏部尚書。孝文帝時定爲吏部尚書。

[14]金部尚書：官名。北魏前期置，爲尚書省金部曹長官。職掌不詳。

[15]太子庶子：官名。爲太子親近從官，獻納規諫。北魏孝文帝太和十七年定爲從三品上。

[16]太師：官名。三師之一，位在太傅、太保之上，一品。　伏寶泰等州：中華本校勘記云："按魏無伏、寶二州。疑伏、寶、泰是人名，前有脱文。"可從。

[17]洛州：北魏孝文帝太和十七年改洛州爲司州，治洛陽縣，在今河南洛陽市東北。

初，英事宋不能謹，而睹奉宋甚至。就食於和龍，[1]無車牛，宋疲不進，睹負宋於笈。至是，宋於英等薄，不如睹之篤。謂太后曰："何不王睹而黜英？"太后曰："英爲長兄，門户主也。家内小小不順，何足追計？睹雖盡力，故是他姓，奈何在英上？本州郡公，亦足報耳。"

[1]和龍：城名。又名黃龍城、龍城。在今遼寧朝陽市。

天安中，[1]英爲平州刺史，訢爲幽州刺史，[2]伯夫進爵范陽公。[3]英濁貨，徙敦煌。[4]諸常自興安及至是，[5]皆以親疏受爵、賜田宅，時爲隆盛。後伯夫爲洛州刺史，以贓汙欺妄，徵斬於京師。承明元年，[6]徵英復官。薨，謚遼西平王。始英之徵也，夢日墜其所居黃山下水中，村人以車牛挽致不能出，英獨抱載而歸。聞者異之。

[1]天安：北魏獻文帝的年號（466—467）。

[2]訢：殿本、四庫本、四部備要本作“訴”。按：字形相近而訛，誤。　幽州：北魏時治薊縣，在今北京西南。

[3]范陽公：封爵名。范陽，郡名。北魏時治涿縣，在今河北涿州市。

[4]敦煌：郡名。北魏時治鳴沙縣，在今甘肅敦煌市西。

[5]諸常自興安及至是：底本“興安”作“興公”，中華本校勘記云:“諸本‘興安’作‘興公’，《通志》作‘興安’。按上文諸常無謚‘興公’者，而常英等是自興安二年開始封官賜爵。知‘公’是“安”之訛，今據《通志》改。又《通志》無‘及’字，疑是。”今從改。

[6]承明：北魏孝文帝的年號（476）。

後員與伯夫子禽可共爲飛書，[1]誣謗朝政。事發，有司執憲，刑及五族。孝文以昭太后故，[2]罪止一門。訢年老，赦免歸家，恕其孫一人扶養之，給奴婢田宅。其家僮入者百人，金錦布帛數萬計，賜尚書已下、宿衛已上。[3]其女壻及親從在朝，皆免官歸本鄉。十一年，孝文、文明太后以昭太后故，[4]悉出其家前後没入婦女，以喜子振試守正平郡。[5]卒。

[1]飛書：匿名信。

[2]孝文：即北魏皇帝元宏。孝文爲其謚號。　昭太后：即北魏文成帝的乳母常氏。昭爲其謚號。底本“昭”作“明”，中華本校勘記云:“諸本‘昭’作‘明’，《魏書》卷八三上《閭毗附常英傳》作‘昭’。按本書卷十三《后妃傳上》，魏文成帝乳母常氏曾尊爲皇太后，死後謚曰昭，《魏書》是，今從改。”今從改。

[3]尚書：官名。魏晋南北朝時分掌尚書省諸曹，直接向皇帝奏事、承受詔命。北魏孝文帝太和十七年定吏部尚書爲從一品下。　宿衛：官名。泛指宫廷禁衛及任禁衛之士。

[4]孝文文明太后以昭太后故：底本“昭”上有“文”字，中華本校勘記云:“諸本‘昭’上有‘文’字，《魏書》無。按《后妃傳》，‘文昭’是孝文皇后高氏之謚，此指常氏，不應有‘文’字，今據删。”今從改。文明太后，即北魏文成帝皇后馮氏。文明爲其謚號。

[5]試守：官制用語。即試任。北魏時官吏任用制度之一。泛指臨時攝其職、掌其事。多指低位就高位，副職領正職。　正平郡：北魏時治臨汾縣，在今山西新絳縣。

馮熙，字晋國，[1]長樂信都人，[2]文明太后之兄也。祖弘，[3]北燕王。[4]太武平遼海，[5]熙父朗内徙，官至秦、雍二州刺史、遼西郡公，[6]坐事誅。文明太后臨朝，追贈假黄鉞、太宰、燕宣王。[7]立廟長安。

[1]晋國：《魏書》卷八三《馮熙傳》作“晋昌”。

[2]長樂：郡名。北魏時治信都縣，在今河北冀州市。　信都：縣名。治所在今河北冀州市。

[3]弘：即馮弘，人名。字文通，長樂信都（今河北冀州市）人。十六國時北燕君主。見《北史》卷九三《馮跋附馮弘傳》。

[4]北燕：十六國政權之一。公元407年，漢人馮跋滅後燕，擁戴高雲爲皇帝，建都龍城（今遼寧朝陽市），仍沿用後燕國號。公元409年，高雲爲部下所殺，馮跋平定叛亂後即天王位。公元436年，爲北魏所滅。

[5]遼海：地區名。泛指今遼河流域及其以東至海的地區。

[6]遼西郡公：按：《北史》卷一三《文成文明皇后馮氏傳》中華本校勘記云：“本書卷八〇《馮熙傳》作‘遼西郡公’，《御覽》作‘西郡公’。按《墓誌集釋·馮季華墓誌》言朗封西郡公。西郡，晋屬凉州，《魏志》不載。據《御覽》《墓誌》，則‘西城’‘遼西’皆當爲‘西郡’之誤。”可從。

[7]黄鉞：以黄金爲飾的斧子。古代爲帝王專用，或者特賜給專主征伐的重臣。

熙生於長安，爲姚氏魏母所養。以叔父樂陵公邈因戰入蠕蠕，[1]魏母攜熙逃避至氐羌中撫育。[2]年十二，好弓馬，有勇幹，氐羌皆歸附之。魏母惡其如此，將還長安。始就博士學問，從師受《孝經》《論語》。好陰陽兵法事。及長，游華陰、河東二郡間。[3]性汎愛，不拘小節，人無士庶，來則納之。

[1]樂陵公：封爵名。樂陵，郡名。北魏時治樂陵縣，在今山東樂陵市南。　邈：即馮邈，人名。北魏太武帝延和元年（432）歸於北魏。

[2]氐：分布於今甘肅、陝西、四川等省的相鄰地帶。以畜牧業、農業爲生。西晋末曾建立過仇池、前秦、後凉等政權。見《北史》卷九六《氐傳》。　羌：亦稱羌戎。分布於今甘肅、青海、四川等省，以游牧爲生。

[3]華陰河東二郡間：按：《魏書·地形志下》華山郡有華陰縣，無華陰郡。另外梁州有華陽郡，領華陽、綿陽、嶓冢三縣，治華陽縣，在今陝西勉縣東南。

熙姑先入掖庭，[1]爲太武左昭儀。[2]妹爲文成帝后，即文明太后也。使人外訪，知熙所在，徵赴京師，拜冠軍將軍，[3]賜爵肥如侯。尚景穆女博陵長公主，拜駙馬都尉。出爲定州刺史，進爵昌黎王。[4]獻文即位，[5]爲太傅，累拜内都大官。孝文即位，文明太后臨朝。帝乃承旨以熙爲侍中、太師、中書監，[6]領秘書事。[7]熙以頻履師傅，又中宫之寵，[8]爲群情所駭，心不自安，乞轉外任。文明太后亦以爲然。除都督、洛州刺史，[9]侍中、太師如故。

[1]掖庭：亦作“掖廷”。宫中旁舍，爲妃嬪居住的地方。

[2]左昭儀：后妃名號。北魏太武帝時，昭儀在嬪妃第一等，分左右，爲左昭儀和右昭儀。

[3]冠軍將軍：官名。南北朝時爲將軍名號。北魏孝文帝太和二十三年定爲從三品。

[4]昌黎王：封爵名。昌黎，郡名。北魏時治龍城縣，在今遼寧朝陽市。

[5]獻文：即北魏皇帝拓跋弘。獻文爲其謚號。

[6]太師：毛本作“太史”。　中書監：官名。魏晋南北朝時

爲中書省長官之一，多用作重臣加官。北魏孝文帝太和十七年定爲從一品中。

[7]秘書：官署名。漢桓帝時置秘書監，掌圖書秘記，屬太常。歷代沿置。南北朝時皆稱秘書省。

[8]中宮：皇后的居所。也用以代稱皇后。

[9]都督：官名。地方軍政長官。分使持節、持節和假節三種，職權各有不同。

洛陽雖經破亂，而舊《三字石經》宛然猶在。[1]至熙與常伯夫相繼爲州，廢毀分用，大至頹落。熙爲政不能仁厚，而信佛法。自出家財在諸州鎮建佛圖精舍合七十二處，[2]寫十六部一切經；[3]延致名德沙門，日與講論，精勤不倦，所費亦不貲。而營塔寺多在高山秀阜，傷殺人牛。有沙門勸止之，熙曰："成就後，人唯見佛圖，焉知殺人牛也。"其北芒寺碑文，[4]中書侍郎賈元壽詞。[5]孝文頻登北芒寺，親讀碑文，稱爲佳作。熙爲州，因取人子女爲奴婢，有容色者幸之爲妾，有子女數十人，號爲貪縱。

[1]三字石經：又稱《魏石經》或《正始三體石經》，是以《尚書》《春秋》《左傳》（未刻全）爲内容的石刻。三國魏齊王正始二年（241）刻，相傳是蔡邕所書。今存文十一行一百一十字，以古篆、小篆與隸書三種書體刻同文。

[2]精舍：指僧人、道士的居處。

[3]一切經：一切佛教典之總稱。後來則專指彙聚經、律、論及其他佛典而成的叢書。又稱大藏經，或略稱藏經。

[4]北芒寺：在北邙山上，即《洛陽伽藍記》中的馮王寺。

[5]中書侍郎：官名。北魏時多選用文學之士，掌草擬詔令，職位機要。置四人，孝文帝太和十七年定爲四品上，二十三年定爲從四品上。　賈元壽：人名。北魏官吏。以學行見稱於時。

後授内都大官，太師如故。熙事魏母孝謹，如事所生。魏母卒，乃散髮徒跣，水漿不入口三日。[1]詔不聽服。熙表求依趙氏之孤。[2]帝以熙情難奪，聽服齊衰期。[3]後以例降，改封京兆郡公。

[1]水漿不入口三日：三天不吃東西。按照古代禮制，父母去世後頭三天不能吃東西。《禮記·檀弓上》："故君子之執親之喪也，水漿不入於口者三日，杖，而後能起。"

[2]依趙氏之孤：指程嬰撫養趙武二十年，程嬰死後趙武爲之服齊衰三年。

[3]齊衰：《儀禮·喪服》規定，喪服由重至輕，有斬衰、齊衰、大功、小功、緦麻五個等級，稱爲五服。這裏的齊衰，是次於斬衰的第二等喪服，本身又分四個等級：齊衰三年，齊衰杖期，齊衰不杖期，齊衰三月。這裏馮熙服的是齊衰杖期，也就是一年。

帝納其女爲后，曰："《白武通》云：王所不臣，數有三焉。妻之父母，抑言其一。此所謂供承宗廟，不欲奪私心。然吾季著於《春秋》，無臣證於往牒，既許通體之一，用開至尊之敬。比長秋配極，陰政既敷，未聞有司，陳奏斯式。可詔太師，輟臣從禮。"[1]又勒集書造儀付外。[2]孝文前後納熙三女，二爲后，一爲左昭儀。由是馮氏寵貴益隆，賞賜累巨萬。帝每詔熙上書不臣、入朝不拜，熙上書如舊。

[1]“白武通云王所不臣數有三焉”至“用開至尊之敬”：語出《白虎通·王者不臣》：“王者所以不臣者三，何也？謂二王之後，妻之父母，夷狄也。……不臣妻父母何？妻者，與己一體，恭承宗廟，欲得其歡心，上承先祖，下繼萬世，傳于無窮，故不臣也。《春秋》曰：‘紀季姜歸于京師。’父母之于子，雖爲王后，尊不加於父母。知王者不臣也。又譏宋三世内娶於國中，謂無臣也。”意思是，有三種情況，皇帝是不能像對待一般的臣子那樣對待的。妻子的父母是其中的一種情況。《白武通》，即《白虎通義》，《北史》避唐高祖祖父李虎諱改。一直被視爲東漢白虎觀經學會議之資料彙編。此書不僅是經學發展的産物，更是當時上自天子、下迄儒生之學術共識，具有保存當時經學樣貌之典範價值。

[2]集書：官署名。即集書省，南朝宋時改散騎省置，爲門下三省之一。掌侍從左右，規諫評議、納獻糾劾等事，主掌圖書文翰，集録詔令等文，撰述文章，收納轉呈諸奏聞文書，有異議可以隨事爲駁。北魏前期置散騎省，孝文帝時改名集書省，職掌與南朝略同，兼修起居注，地位略高於南朝，然亦委職冗官。

熙於後遇疾，綿寢四載。詔遣監問，道路相望，車駕亦數幸焉。將還洛，帝親與熙别，見其困篤，歔欷流涕。密敕宕昌公王遇曰：[1]“太師萬一，即可監護喪事。”十九年，薨於代。車駕在淮南，[2]留臺表聞，[3]還至徐州，[4]乃舉哀，爲制緦服。[5]詔有司預辨凶儀，[6]并開魏京之墓，[7]令公主之柩，俱向伊洛。[8]凡所營送，皆公家爲備。又敕代給綵帛，前後六千匹，以供凶用。皇后詣代都赴哭，太子恂亦赴代哭弔。[9]將葬，贈假黄鉞、侍中、都督十州諸軍事、大司馬、太尉、冀州刺史，[10]加黄屋、左纛，[11]備九錫、前後部羽葆鼓吹，[12]皆依晋太宰、安平獻王故事。[13]有司奏謚。詔曰："可以威彊恢遠曰武，奉謚於公。"柩至七里澗，[14]帝服縗往迎，叩靈悲慟而拜焉。葬日，送臨墓所，親作誌銘。

[1]宕昌公王遇：底本作"宕昌公主遇"，中華本校勘記云："諸本'王'訛'主'，據《魏書》卷八三上《馮熙傳》改。王遇見本書卷九二《恩幸傳》。"今從改。宕昌公，封爵名。宕昌，郡名。北魏時陽宕縣，在今甘肅宕昌縣東南。王遇，人名。字慶時，本名他惡，馮翊李潤鎮（今陝西高陵縣）人。北魏佞臣。見《北史》卷九二《王遇傳》。

[2]淮南：郡名。北魏時治壽春，在今安徽壽縣。

[3]留臺：古代帝王因故離京，奉命留守京師之官及其機構。古代稱禁城爲臺城，故名。

[4]徐州：北魏時治彭城縣，在今江蘇徐州市。

[5]緦服：喪服中最輕的一種，服期三個月。用疏織細麻布製成孝服，凡爲高祖父母、曾伯叔父母、族伯叔父母、外祖父母、岳父母等都服緦服。

[6]辨：同"頒"，頒布。

[7]魏京：即平城。在今山西大同市東北。

[8]伊洛：伊水與洛水。因爲兩水匯流，多連稱。亦指伊洛流域。

[9]恂：即元恂，人名。字元道，鮮卑族。北魏孝文帝的長子。曾被立爲太子，後被廢。見《北史》卷一九《廢太子恂傳》。

[10]黄鉞：殿本、四庫本、四部備要本作"黄金"，誤。　大司馬：官名。北魏時與大將軍並稱爲"二大"，爲加官，常典軍事，地位顯貴。正一品。

[11]黄屋：帝王所乘的車上以黄繒爲裹的車蓋。　左纛

（dào）：帝王車上立在車衡左邊的大旗。

［12］九錫：器物名。是天子賜給諸侯、有殊勳的大臣的九種器物，代表一種最高禮遇。據《禮記》記載，九種器物有：車馬、衣服、樂則、朱户、納陛、虎賁、斧鉞、弓矢、秬鬯。　羽葆：古時一種儀仗。以鳥羽聚於柄頭如蓋。漢晋南北朝時，諸王及重要大臣有功則賜，大臣喪，亦或賜。以示尊崇。　鼓吹：演奏鼓吹樂的樂隊。本用於軍中，後賜予有功大臣，遂成爲皇帝賜予臣下的一種禮遇。

［13］依晋太宰安平獻王故事：按照晋司馬孚的規格辦理喪事。晋宣帝司馬懿的三弟司馬孚被封爲安平王，任太宰。謚曰獻。晋武帝泰始八年（272）去世，時年九十三歲。晋武帝於太極東堂舉哀三日。見《晋書》卷三七《安平獻王孚傳》。

［14］柩至七里澗：中華本“七里澗”前有“洛”字。中華本校勘記云:“諸本脱‘洛’字，據《魏書》《通志》補。”七里澗，地名。在今河南洛陽市東漢晋洛陽故城東。

主生二子，誕、脩。

誕，字思正；脩，字寶業。皆姿質妍麗。年纔十餘，文明太后俱引入禁中，[1]申以教誡。然不能習讀經史，兄弟並無學術，徒整飾容儀、寬雅恭謹而已。誕與孝文同歲，幼侍書學。仍蒙親待，尚帝妹樂安長公主，[2]拜駙馬都尉、侍中、征西大將軍、南平王。[3]脩侍中、鎮北大將軍、尚書、東平公。[4]又除誕儀曹尚書、知殿中事。[5]及罷庶姓王，誕爲侍中、都督中外諸軍事、中軍將軍、特進，[6]改封長樂郡公。誕拜官，孝文立於庭，遥受其拜，既訖，還室。脩降爲侯。

[1]禁中：即指宫中。

[2]樂安長公主：封號。樂安，郡名。北魏時治千乘縣，在今山東高青縣東南。

[3]征西大將軍：官名。爲將軍名號，多授統兵出鎮在外、都督數州諸軍事者。在武職中地位很高，位居四征將軍之上。北魏孝文帝太和十七年定爲從一品下。　南平王：封爵名。遥封。南平，郡名。南朝宋、齊時治作唐縣，在今湖北公安縣西南。

[4]鎮北大將軍：官名。北魏四鎮將軍之一。職掌與鎮北將軍同，唯資歷深者得任此職。北魏孝文帝太和十七年定爲從一品下。　東平公：封爵名。東平，郡名。北魏時治范縣，在今河南范縣東南。

[5]儀曹尚書：官名。北魏時置。爲尚書省儀曹長官，掌車服、羽儀、朝覲、郊廟、饗宴等吉凶禮制。三品。　知：官制用語。爲兼官形式之一，即以他官暫時主持某一官署事務。

[6]都督中外諸軍事：官名。職掌全國軍馬。北魏時爲從一品。　中軍將軍：官名。北魏時大多臨時設之，爲戰役總指揮，一般由親王任之，地位顯要。孝文帝太和十七年定爲從一品下，二十三年定爲從二品。

誕、脩雖並長宫禁，而性趣乖别。誕性淳篤，脩乃浮競。誕亦未能誨督其過，然時言於太后。孝文嚴責之，至於楚捶。[1]由是陰懷毒恨，遂結左右有憾於誕者，求藥，欲因食害誕。事覺，帝自詰之，具得情狀。誕引過謝，乞全脩命。帝以誕父老，又重其意，不致於法，撻之百餘，黜爲平城百姓。脩妻，司空穆亮女也，[2]求離婚、請免官。帝引管蔡事，[3]皆不許。

[1]楚捶：亦作“箠楚”“捶楚”。泛指竹木刑具。

[2]穆亮：人名。字幼輔，代（今山西大同市東北）人，鮮卑族。北魏官吏。見《北史》卷二〇《穆崇附穆亮傳》。

[3]管蔡事：指回娘家住，但是不與離婚。見《史記》卷三二《齊太公世家》：“（桓公）二十九年，桓公與夫人蔡姬戲船中。蔡姬習水，蕩公。公懼，止之。不止。出船，怒，歸蔡姬，弗絶。”

帝寵誕，仍作同輿而載，[1]同案而食，同席坐卧。彭城王勰、北海王詳雖直禁中，[2]然親近不及。十六年，以誕爲司徒。[3]帝既愛誕，除官日，親爲制三讓表并啓。[4]將拜，又爲其章謝。[5]尋加車騎大將軍、太子太師。[6]十八年，帝謂其無師傅奬導風，誕深自誨責。

[1]仍作同輿而載：中華本校勘記云：“《魏書》卷八三上《馮熙傳》‘仍作’二字作‘每與誕’三字，《通志》卷一六五《馮熙傳》作‘仍陰與’三字。按‘仍作’二字不可解，當誤，或下有脱文。《魏書》《通志》或是以意改。”按：此處承接上文，講馮誕不能很好地管教自己的弟弟，而且到太后面前告狀，引起了風波。這些都是缺點，但是孝文帝不計較，仍然很寵愛他。所以“仍作”是合適的。

[2]彭城王：封爵名。彭城，郡名。北魏時治彭城縣，在今江蘇徐州市。　勰：即元勰，人名。字彦和。北魏宗室、大臣。見《北史》卷一九《彭城王勰傳》。　北海王：封爵名。北海，郡名。北魏時治平壽城，在今山東昌樂縣東南。　詳：即元詳，人名。字季豫。北魏宗室、大臣。見《北史》卷一九《北海王詳傳》。　直：通“值”。

[3]司徒：官名。北魏時爲三公之一。無實際職掌。正一品。

[4]三讓：古代大臣就封之後的謙讓之禮。《後漢書》卷四

《和帝紀》:"故太尉鄧彪，元功之族，三讓彌高，海内歸仁，爲群賢首。"

[5]章：古代公文文體，是臣下呈送給皇帝的書面報告。

[6]車騎大將軍：官名。多加元老重臣，以示尊崇。北魏孝文帝太和十七年定爲一品中。　太子太師：官名。東宫三師之首。掌導訓輔翼太子，無具體職掌。北魏孝文帝太和十七年定爲從一品上。

從駕南伐，十九年，至鍾離。[1]誕遇疾，不能侍從。帝日省問，醫藥備加。帝鋭意臨江，乃命六軍發鍾離。[2]南轅，與誕泣訣。左右皆入，無不掩涕。時誕已惙然，彊坐視帝，悲而淚不能下，言"夢太后來呼臣"。帝嗚咽，執手而出。遂行。是日，去鍾離五十里許，昏時，告誕薨問，帝哀不自勝。時崔慧景、裴叔業軍在中淮，[3]去所次不過百里。帝乃輕駕西還，從者數千人。夜至誕薨所，拊屍哀慟，若喪至戚，達旦聲淚不絶。從者亦迭舉音。[4]帝以所服衣幍充襚，[5]親自臨視，徹樂去膳，宣敕六軍，止臨江之駕。帝親北度，慟哭極哀。喪至洛陽，車駕猶在鍾離。詔留守賜賻物布帛五千匹、穀五千斛，[6]以供葬事。贈假黄鉞、使持節、大司馬，[7]領司徒、侍中、都督，太師、駙馬、公如故。加以殊禮，備錫九命，依晋大司馬、齊王攸故事。[8]有司奏謚，詔曰:"案謚法，'主善行德曰元，柔克有光曰懿'。[9]昔貞惠兼美，受三謚之榮；忠武雙徽，錫兩號之茂。式準前訓，宜契具瞻。既自少綢繆，知之惟朕，案行定名，謚曰元懿。"帝又親爲作碑文及挽歌，詞皆窮美盡哀，事過其厚。車駕還京，遂親至誕墓，停車而哭。使彭城王勰詔群官脱朱衣、服單衣介幘而哭司徒，[10]貴者示以朋友，微者示如僚佐。[11]公主貞厚有禮度，産二男。

[1]鍾離：地名。今安徽鳳陽縣東北。

[2]六軍：指天子所統領的軍隊。

[3]崔慧景：人名。字君山，清河東武城（今山東武城縣西北）人。南朝齊將領。見《南史》卷四五《崔慧景傳》。　裴叔業：人名。河東聞喜（今山西聞喜縣）人。南朝齊將領，後降北魏。見《南齊書》卷五一《裴叔業傳》。　中淮：地名。具體不詳。

[4]舉音：爲悼念死者而慟哭。

[5]帢（tāo）：古代的一種帽子。　襚（suì）：向死者贈送衣物。

[6]留守：官名。天子出巡、親征，則命親王、大臣總留守事。　賻物：辦喪事用的財物。

[7]使持節：漢時官吏奉使外出時，或由皇帝授予節杖，以提高其威權。魏晋以後，凡重要軍事長官出征或出鎮時，加使持節，可誅殺二千石以下官員。皇帝派遣大臣出巡或祭吊時，亦使持節，以表示權力和尊崇。

[8]齊王攸：即司馬攸。字大猷，小字桃符，河内温縣（今河南温縣）人。三國魏官吏、西晋宗室。見《晋書》卷三八《齊王攸傳》。

[9]案謚法主善行德曰元柔克有光曰懿：《汲冢周書·謚法解》："柔克爲懿。……主義行德曰元。"《史記·謚法解》不見。

[10]朱衣：官服。　單衣：吊服或士大夫之便服。《晋書·輿服志》："其拜陵，黑介幘，單衣。"　介幘：一種長耳的裹髮巾，流行於漢魏。《晋書·輿服志》："《漢注》曰：'冠進賢者宜長耳，

今介幘也。’”

[11]僚佐：長官下屬的佐助官員。

長子穆，字孝和。襲熙爵，避皇子愉封，[1]改封扶風郡公。尚孝文女順陽長公主，[2]拜駙馬都尉。歷員外通直散騎常侍。[3]穆與叔輔興不和。[4]輔興亡，贈相州刺史。祖載在庭，[5]而穆方高車良馬，恭受職命，言宴滿堂，忻笑自若，爲御史中尉、東平王匡所劾。[6]後位金紫光禄大夫，[7]遇害河陰。[8]贈司空、雍州刺史。子冏，字景昭，襲爵昌黎王。尋以庶姓罷王，仍襲扶風郡公。子峭，字子漢，齊受禪，例降。

[1]愉：即元愉，人名。字宣德。北魏宗室。見《北史》卷一九《京兆王愉傳》。按：因京兆郡此前是京兆郡公馮熙的封地，馮熙去世後由馮穆繼承，故須另外改封。

[2]順陽長公主：封號。順陽，郡名。北魏時治南鄉縣，在今河南淅川縣西南。

[3]員外通直散騎常侍：官名。即通直散騎常侍。参平尚書奏事，並掌諷諫、侍從，位頗重。北魏孝文帝太和十五年置，員六人，屬集書省。初定爲三品下，二十三年定爲四品。

[4]輔興：即馮輔興，人名。又名馮嗣興，爲馮熙庶出之子。曾任北魏相州刺史。

[5]祖載：將葬之際，以柩載車上行祖祭之禮。《白虎通·崩薨》：“祖者，始也，始載於庭也，乘軸車，辭祖禰，故名爲祖載也。”

[6]御史中尉：官名。北魏時爲御史中丞改稱，主御史臺，頗重其選。孝文帝太和十七年定爲三品上，二十三年定爲從三品。

匡：即元匡，人名。字建扶。北魏宗室。受孝文帝器重。見《北史》卷一七《東平王匡傳》。

[7]金紫光禄大夫：官名。晋置。指加金章紫綬的光禄大夫。北魏沿置。北魏孝文帝太和十七年定爲從一品下，二十三年定爲從二品。

[8]遇害河陰：指河陰之變。北魏孝明帝武泰元年（528）權臣尒朱榮策劃並實施的一起針對皇族和百官公卿的屠殺事件。因事件發生在河陰縣而得名。河陰，縣名。治所在今河南孟津縣。

穆弟顥，襲父誕長樂郡公。

脩弟聿，字寶興，廢后同産兄也。[1]位黄門郎、信都伯。[2]後坐妹廢，免爲長樂百姓。宣武時，卒於河南尹。[3]

[1]廢后：即北魏孝文帝廢皇后馮氏。

[2]黄門郎：官名。黄門侍郎的省稱。北魏時爲郎官之加官，侍從皇帝於宫門之内，與侍中俱掌門下事。孝文帝太和二十三年定爲四品上。　信都伯：封爵名。信都，縣名。治所在今河北冀州市。

[3]宣武：即北魏皇帝元恪。宣武爲其謚號。　河南尹：官名。東漢初置，爲京都洛陽所在河南郡長官，主管京都事務，地位高於一般郡守。北魏孝文帝太和十七年遷都洛陽，置河南郡，設河南尹。三品。

聿同産弟風，幼養於宫，文明太后特加愛念。數歲賜爵至北平王，[1]拜太子中庶子。[2]出入禁闥，[3]寵侔二兄。孝文親政後，恩寵稍衰，降爵爲侯。幽后立，[4]乃復叙用。后死，亦冗散。卒，贈青州刺史。[5]

［1］“聿同産弟風”至“數歲賜爵至北平王”：中華本校勘記云：“《錢氏考異》卷四〇云：‘按《孝文紀》，太和二年正月，封昌黎王馮熙第二子始興爲北平王，始興與風殆一人也。’按本書卷十三《孝文幽后傳》見北平公馮夙，‘風’疑是‘夙’之訛。’”按《北史》卷一三《孝文幽皇后馮氏傳》：“（幽后母常氏）生后與北平公夙”，可知夙與廢后同母，爲常氏。此處言，聿與廢后是同産，聿與風同産。故如果風與夙同一人的話，需要進一步的證據。

［2］太子中庶子：官名。爲東宫屬官，太子侍從之臣。掌侍從、奏事、諫議等。北魏孝文帝太和十七年定爲三品中，二十三年定爲四品上。

［3］禁闥：宫中之門。

［4］幽后：即北魏孝文帝皇后馮氏。幽爲其謚號。與廢后同父異母。見《北史》卷一三《孝文幽皇后馮氏傳》。

［5］青州：北魏時治東陽城，在今山東青州市。

崔光之兼黄門也，[1]與聿俱直。光每謂之曰：“君家富貴大盛，終必衰敗。”聿云：“我家何負四海，乃呪我也！”光云：“以古推之，不可不慎。”時熙爲太保，[2]誕司徒、太子太傅，[3]脩侍中、尚書，聿黄門，廢后在位，禮愛未弛。是後歲餘，脩以罪棄，熙、誕喪亡，后廢，聿退。時人以爲盛必衰也。

［1］崔光：人名。本名孝伯，字長仁，東清河鄃（今山東淄博市）人。北魏大臣。見《北史》卷四四《崔光傳》。

［2］太保：官名。北魏時爲三師之一，是輔佐君王的重要大臣，

位在太傅、太師下。孝文帝太和二十三年定爲一品。

［3］太子太傅：官名。北魏時職掌訓導輔翼太子，無具體職司。孝文帝太和十七年定爲從一品上，二十三年定爲二品。

李惠，中山人，[1]思皇后之父也。[2]父蓋，少知名，歷位殿中、都官二尚書，[3]左將軍、南郡公。[4]初，太武妹武威長公主，[5]故凉王沮渠牧犍之妻。[6]太武平凉州，[7]頗以公主通密計之助，故寵遇差隆，詔蓋尚焉。蓋妻與氏以是出。[8]後蓋加侍中，駙馬都尉，殿中、都官尚書，右僕射。[9]卒官。贈征南大將軍、定州刺史、中山王，謚曰莊。

［1］中山：郡名。北魏時治盧奴縣，在今河北定州市。

［2］思皇后：即北魏獻文帝皇后李氏。思爲其謚號，北魏孝文帝所追謚。

［3］殿中：官名。即殿中尚書。北魏時領宫中兵馬，典宫禁宿衛及倉庫，或説領殿中、直事、三公、駕部四郎曹。孝文帝太和十七年定爲二品中（參張金龍《北魏前期禁衛武官制度考論——以史籍記載爲中心》，《歷史研究》2003 年第 4 期）。　都官尚書：官名。南北朝時設，爲尚書省諸尚書之一。南朝宋領都官、水部、庫部、功論等曹事務，三品。北魏此職仿宋制，兼掌殿中執法。

［4］左將軍：官名。爲軍府名號，用作加官。北魏孝文帝太和十七年定爲從二品上，二十三年定爲三品。　南郡公：封爵名。遥封。南郡，南朝宋時治江陵縣，在今湖北江陵縣。

［5］武威長公主：封號。武威，郡名。北魏時治林中縣，在今甘肅武威市。

［6］沮渠牧犍：人名。一名沮渠茂虔，張掖臨松（今甘肅張掖市南）人，盧水胡族。十六國時北凉君主。見《北史》卷九三

《沮渠蒙遜附沮渠牧犍傳》。

[7]涼州：北魏時治林中縣，在今甘肅武威市。

[8]蓋妻與氏以是出：中華本校勘記云："按《魏書·官氏志》：'莫輿氏後改爲輿氏。''與'疑是'輿'之訛。"可從。　出：休棄。

[9]右僕射：官名。即尚書右僕射。北魏時位列宰相，職掌都省庶務及執法，或典選舉。孝文帝太和二十三年定爲從二品。《魏書》卷八三上《李惠傳》作"左僕射"。

惠弱冠襲父爵，[1]妻襄城王韓頹女。[2]生二女，長即后也。惠歷位散騎常侍、侍中、征西大將軍、秦益二州刺史，[3]進爵爲王。轉雍州刺史、征南大將軍，加長安鎮大將。[4]

[1]弱冠：古時以男子二十歲爲成人，初加冠，因體猶未壯，故稱弱冠。

[2]韓頹：人名。北魏官吏。獻文帝時任青州刺史，封襄城公，後進爵爲王。孝文帝時被削封徙邊。　襄城：地名。在今河南省襄城縣。

[3]益：州名。北魏時治洛谷城，在今甘肅西和縣洛峪鎮。

[4]長安鎮大將：官名。長安鎮都大將的省稱。《魏書·官氏志》："詔諸征、鎮大將依品開府，以置佐史。"又，"舊制，緣邊皆置鎮都大將，統兵備禦，與刺史同。城隍、倉庫皆鎮將主之，但不治"。長安鎮，軍鎮名。在今陝西西安市西北。鎮都大將，官名。北魏於邊遠諸鎮置，爲鎮的長官，管理轄區内的軍務及民政，地位甚高，多任用鮮卑宗室。其下設鎮副將以佐之。

惠長於思察。雍州聽事，[1]有鷰争巢，鬭已累日。

惠令人掩獲，試命綱紀斷之。[2]並辭。惠乃使卒以弱竹彈兩鷰，既而一去一留。惠笑謂吏屬曰："此留者自計爲巢功重，彼去者既經楚痛，理無固心。"群下伏其深察。人有負鹽負薪者，同釋重檐息樹陰。[3]二人將行，争一羊皮，各言藉背之物。惠遣争者出，顧州綱紀曰："此羊皮可拷知主乎？"[4]群下咸無答者。惠令人置羊皮席上，以杖擊之，見少鹽屑，曰："得其實矣。"使争者視之，負薪者乃伏而就罪。凡所察究，多如此類，由是吏人莫敢欺犯。後爲開府儀同三司、青州刺史，[5]王如故。歷政有美績。

[1]聽事：中華本作"廳事"。按："聽"爲"廳"的古字。中華本誤改。

[2]綱紀：即公府及州郡主簿。

[3]檐：毛本、殿本、四庫本、局本、四部備要本作"擔"。

[4]拷：底本作"栲"，中華本作"拷"。按：栲，名詞，常緑喬木。拷，動詞。據語意，當作"拷"。底本因形近致訛。今從中華本改。

[5]開府儀同三司：三國魏始置，多爲大臣的加號，意爲與三司的禮制待遇相同，許開設府署，自辟僚屬。北魏沿置。

惠素爲文明太后所忌，誣惠將南叛，誅之。惠二弟初、樂與惠諸子同戮。後妻梁氏亦死青州，盡没其家財。惠本無釁故，[1]天下冤惜焉。

[1]釁（xìn）故：罪情，罪行。

惠從弟鳳爲定州刺史、安樂王長樂主簿。[1]後長樂以罪賜死，時卜筮者河間邢瓚辭引鳳，[2]云長樂不軌，鳳爲謀主。伏誅。唯鳳弟道念與鳳子及兄弟之子皆逃免，後遇赦乃出。太和十二年，孝文將爵舅氏，詔訪存者。而惠諸從以再離孥戮，[3]難於應命。唯道念敢先詣闕，乃申后妹及鳳兄弟子女之存者。於是賜鳳子屯爵栢人侯、安祖浮陽侯、興祖安喜侯、道念貞定侯、從弟寄生高邑子，[4]皆加將軍。十五年，安祖昆弟四人，以外戚蒙見。詔謂曰："卿之先世，内外有犯，得罪於時。然官必用才，以親非興邦之選。外氏之寵，超於末葉。[5]從今已後，自非奇才，不得復外戚謬班抽舉。既無殊能，今且可還。"後例降爵，安祖等改侯爲伯，並去軍號。

[1]安樂王：封爵名。安樂，郡名。北魏時治安市縣，在今北京密雲縣東北。底本"安樂"作"安縣"，中華本校勘記："諸本'安樂'作'安縣'，《魏書》卷八三上《李惠傳》作'安樂'。"今從改。　長樂：即拓跋長樂，人名。北魏宗室。見《北史》卷一九《安樂王長樂傳》。　主簿：官名。北朝時諸將軍、五校尉等軍府、列卿、寺監、光禄大夫等皆置，其品秩隨府長官地位高下而異。州郡縣亦置。雖非掾史之首，然地位較高，縣之主簿較州之主簿更甚。

[2]河間：郡名。北魏時治武垣縣，在今河北河間市南。

[3]離：通"罹"。遭受。　孥戮：誅及子孫。

[4]栢人侯：封爵名。栢人，縣名。治所在今河北隆堯縣西。　浮陽侯：封爵名。浮陽，縣名。治所在今河北滄州市東南。　安喜侯：封爵名。安喜，縣名。治所在今河北定州市。　貞定侯：封

爵名。貞定，縣名。即真定，治所在今河北正定縣。　高邑子：封爵名。高邑，縣名。治所在今河北高邑縣西南。

[5]外氏之寵超於末葉：中華本校勘記云："按'超'疑是'起'之訛。"可從。

帝奉馮氏過厚，於李氏過薄，舅家了無敘用，朝野人士，所以竊議。太常高閭，[1]顯言于禁中。及宣武寵隆外家，並居顯位。乃惟孝文舅氏，存已不霑恩澤。[2]景明末，[3]特詔興祖爲中山太守。正始初，[4]詔追崇惠爲使持節、驃騎將軍、開府儀同三司、定州刺史、中山公。[5]太常考行，上言："案謚法，'武而不遂曰壯'。"謚曰壯公。

[1]太常：官名。北魏時尊稱爲太常卿。掌禮樂祭祀，其位尊而職閑。孝文帝太和二十三年定爲三品。　高閭：人名。字閻士，漁陽雍奴（今天津武清區西北）人。北魏大臣。見《北史》卷三四《高閭傳》。

[2]存已不霑恩澤：中華本校勘記云："按'已'疑是'亡'之訛。"可從。

[3]景明：北魏宣武帝的年號（500—503）。

[4]正始：北魏宣武帝的年號（504—508）。

[5]驃騎將軍：官名。居諸名號將軍之首，僅作爲軍府名號，加授大臣、重要州郡長官，無具體職掌。北魏孝文帝太和十七年定爲一品下，二十三年定爲二品。

興祖自中山遷燕州刺史，[1]卒。以兄安祖子侃晞爲後，襲先封南郡王。[2]後以庶姓罷王，改爲博陵郡公。

睎侃爲莊帝所親幸，[3]拜散騎常侍、嘗食典御。[4]帝之圖尒朱榮，[5]侃睎與魯安等持刃於禁内殺榮。[6]及莊帝蒙塵，[7]侃睎奔梁。

[1]燕州：北魏時治廣寧縣，在今河北涿鹿縣。

[2]南郡王：封爵名。遥封。南郡，地名。南朝宋時治江陵縣，在今湖北江陵縣。

[3]莊帝：即北魏皇帝元子攸。莊爲其謚號。

[4]嘗食典御：官名。北魏時置，負責帝、后御膳的烹製及進奉，在進食前要先嘗。爲皇帝左右親近之職，或以宗室子弟兼領。

[5]尒朱榮：人名。字天寶，北秀容（今山西朔州市）人，契胡族。北魏大臣。見《北史》卷四八《尒朱榮傳》。

[6]魯安：人名。北魏官吏。曾任光禄少卿等職。

[7]蒙塵：指皇帝被驅逐出宫廷，在外流亡或被害。

高肇，字首文，文昭皇太后之兄也。[1]自云本勃海蓨人。[2]五世祖顧，晋永嘉中，[3]避亂入高麗。[4]父颺，字法脩。孝文初，與弟乘信及其鄉人韓内、冀富等入魏，拜厲威將軍、河間子，[5]乘信明威將軍。[6]俱待以客禮。遂納颺女，是爲文昭皇后，生宣武。颺卒。景明初，宣武追思舅氏，徵肇兄弟等。録尚書事、北海王詳等奏，[7]颺宜贈左光禄大夫，賜爵勃海公，謚曰敬；其妻蓋氏，宜追封清河郡君。[8]詔可。又詔颺嫡孫猛襲勃海公爵，封肇平原郡公，[9]肇弟顯澄城郡公，[10]三人同日受封。始宣武未與舅氏相接，將拜爵，乃賜衣幘，引見肇、顯于華林都亭。[11]皆甚惶懼，舉動失儀。數日之間，富貴赫奕。是年，咸陽王禧誅，[12]財物珍寶、奴婢、田宅多入高氏。未幾，肇爲尚書右僕射、冀州大中正，[13]尚宣武姑高平公主，[14]遷尚書令。

[1]文昭皇太后：即北魏宣武帝之母高氏。文昭爲其謚號。

[2]勃海：郡名。北魏時治東光縣，在今河北東光縣。毛氏本、殿本、四庫本、局本、四部備要本作“渤海”。下同。不再出注。蓨（tiáo）：縣名。治所在今河北景縣。

[3]永嘉：晋懷帝的年號（307—313）。

[4]高麗：國名。又作“高句麗”，其先出自夫餘，地爲漢之玄菟郡，高句麗爲其三縣之一，因以爲國名。都名丸都，在今吉林集安市，南北朝時遷都於今朝鮮平壤市。見《北史》卷九四《高麗傳》。

[5]厲威將軍：官名。南朝宋時始置，爲加官、散官性質的將軍，秩八品。北魏與北周亦置，用以褒賞勳庸。北魏時爲從六品上，北周時爲四命。

[6]明威將軍：官名。西晋、南北朝時皆置，爲雜號將軍。北魏時定爲六品。

[7]録尚書事：官名。初爲官銜名，始於東漢。南朝齊時始單拜，成爲正式官號，爲尚書省長官。梁、陳時以其威權過重，常缺不授。北魏、北齊時亦定爲官號，爲尚書省長官，尚書令、僕射爲其副貳，職權甚重。

[8]清河郡君：封號。清河，郡名。北魏時治清河縣，在今山東臨清市東北。

[9]平原郡公：封爵名。平原，郡名。北魏時治聊城縣，在今山東聊城市東北。

[10]澄城郡公：封爵名。澄城，郡名。北魏時治澄城縣，在今陝西澄城縣。

［11］華林：本東漢芳林園，三國魏齊王正始初因避齊王曹芳諱改。在今河南洛陽市東洛陽故城内。

［12］咸陽王：封爵名。咸陽，郡名。北魏時治池陽縣，在今陝西涇陽縣。　禧：即元禧，人名。字思永。北魏宗室。見《北史》卷一九《咸陽王禧傳》。

［13］尚書右僕射：官名。北魏時列位宰相，在録尚書事、尚書令下，職掌都省庶務及執法，或典選舉。孝文帝太和十七年定爲從一品中，二十三年定爲從二品。源氏校勘記云："'右'《魏書》作'左'。"　州大中正：官名。三國魏文帝時實行九品中正制，郡置中正，州置大中正，掌管地方選拔官吏事宜。南北朝同。北魏後期選授較濫，恩幸、閹官亦有任此職者。

［14］高平公主：封號。高平，郡名。北魏時治高平縣，在今山東鄒平縣西南。

肇出自夷土，時望輕之。及在位居要，留心百揆，[1]孜孜無倦，世咸謂之爲能。宣武初，六輔專政，[2]後以咸陽王禧無事構逆，由是委肇。肇既無親族，頗結朋黨，附之者旬月超昇，[3]背之者陷以大罪。以北海王詳位居其上，構殺之。又説宣武防衛諸王，殆同囚禁。時順皇后暴崩，[4]世議言肇爲之。皇子昌薨，[5]僉謂王顯失於醫療，[6]承肇意旨。及京兆王愉出爲冀州刺史，[7]畏肇恣擅，遂至不軌。肇又譖殺彭城王勰。由是朝野側目，咸畏惡之。因此專權，與奪任己。又嘗與清河王懌於雲龍門外廡下，[8]忽忿諍，大至紛紜。太尉、高陽王雍和止之。[9]高后既立，逾見寵信。肇既當衡軸，每事任己，本無學識，動違禮度。好改先朝舊制，減削封秩，抑黜勳人，由是怨聲盈路矣。

［1］百揆：指百官。

［2］六輔：北魏孝文帝在駕崩前，特以弟咸陽王元禧、北海王元詳、宗室尊長廣陽王元嘉、任城王元澄與鎮南將軍王肅、尚書宋弁等六人輔助宣武帝元恪，史稱六輔。

［3］超昇：越級提升。

［4］順皇后：即北魏宣武帝皇后于氏。順爲其謚號。

［5］昌：即元昌，人名。北魏宣武帝的長子，三歲暴崩。

［6］王顯：人名。字世榮，陽平樂平（今山東莘縣）人。北魏官吏、醫家。見《北史》卷九〇《王顯傳》。

［7］愉：即元愉，人名。字宣德。北魏宗室。見《北史》卷一九《京兆王愉傳》。

［8］懌：即元懌，人名。字宣仁。北魏宗室。見《北史》卷一九《清河王懌傳》。　雲龍門：底本脱“龍”字，中華本校勘記云:“諸本脱‘龍’字，據《魏書》卷八三下、《通志》卷一六五《高肇傳》補。雲龍門乃洛陽宮城東門，見《洛陽伽藍記》。”按：《文選·東京賦》:“飛雲龍於春路，屯神虎於秋方。”薛綜注，德陽殿東門稱雲龍，西門稱神虎。李善注引《宮殿簿》，北宮有雲龍門、神虎門。今從改。

［9］高陽王：封爵名。高陽，郡名。北魏時治高陽縣，在今河北高陽縣東舊城。　雍：即元雍，人名。字思穆。北魏宗室、大臣。見《北史》卷一九《高陽王雍傳》。

延昌初，[1]遷司徒。雖貴登台鼎，[2]猶以去要快快，衆咸嗤笑之。父兄封贈雖久，竟不改瘞。三年，乃詔令還葬。肇不自臨赴，唯遣其兄子猛改服詣代，遷葬於鄉。時人以肇無識，哂而不責也。及大舉征蜀，以肇爲大將軍、都督，[3]諸軍爲之節度。與都督甄琛等二十餘人，[4]俱面辭宣武於東堂，[5]親奉規略。是日，肇所乘駿馬，停於神獸門外，[6]無故驚倒，轉卧渠中，鞍具瓦解，衆咸怪異。肇出，惡焉。

[1]延昌：北魏宣武帝的年號（512—515）。

[2]台鼎：古稱三公爲台鼎，如星之有三台，鼎之有三足。北魏時三公指太尉、司徒、司空。

[3]大將軍：官名。北魏時統兵事，或兼掌朝政，與大司馬共稱“二大”，位尊權重。孝文帝太和二十三年定爲一品。

[4]甄琛：人名。字思伯，中山毋極（今河北無極縣）人。北魏官吏。見《北史》卷四〇《甄琛傳》。

[5]東堂：皇帝與大臣飲宴和爲大臣踐行的地方。

[6]神獸門：原名神虎門，《北史》避唐高祖祖父李虎諱改。

四年，宣武崩。赦，罷征軍。明帝與肇及征南將軍元遥等書，[1]稱諱言以告凶問。肇承變，非唯仰慕，亦憂身禍，朝夕悲泣，至于羸悴。將至，宿瀍澗驛亭。[2]家人夜迎省之，皆不相視。直至闕下，縗服號哭，升太極殿盡哀。[3]太尉、高陽王先居西柏堂，[4]專决庶事，與領軍于忠，[5]密欲除之。潛備壯士，直寢邢豹、伊盆生等十餘人於舍人省下。[6]肇哭梓宫訖，[7]於百官前引入西廊，清河王懌、任城王澄及諸王等皆竊言目之。[8]肇入省，壯士搤而拉殺之。下詔暴其罪惡，稱爲自盡。自餘親黨悉無追問，削除職爵，葬以士禮。[9]逮昏，乃於厠門出其尸歸家。[10]初肇西征，行至函谷，[11]車軸中折，從者皆以爲不獲吉還也。靈太后臨朝，[12]令特贈營州刺史。[13]永熙二年，[14]孝武帝贈使持節、侍中、中外諸軍事、太師、大丞相、太尉公、録尚書事、冀州刺史。[15]

［1］明帝：即北魏皇帝元詡。明爲其謚號。　征南將軍：官名。爲北魏四征將軍之一。北魏孝文帝太和十七年定爲一品中，二十三年定爲二品。　元遥：人名。字太原。北魏宗室、大臣。見《北史》卷一七《京兆王子推附元遥傳》。

［2］瀍澗：地名。在今洛陽市西。

［3］太極殿：洛陽皇宫的正殿，軍國大事的定奪之處。

［4］西柏堂：殿堂名。爲北魏官殿一部分。故址在今河南洛陽。

［5］領軍：官名。魏晋南北朝時資深者稱領軍將軍，資輕者稱中領軍，職掌同，多數由中領軍遷領軍將軍，一般不並置。北魏孝文帝太和十七年專設有領軍。二品中。　于忠：人名。字思賢，本字千年，代（今山西大同市東北）人。北魏大臣。見《北史》卷二三《于栗磾附于忠傳》。

［6］直寢：官名。北魏時置。是皇帝左右的侍衛武官，多選用功臣子弟充任。　邢豹：人名。北魏官吏。曾任東益州刺史。　伊盆生：人名。一作“伊能生”，代（今山西大同市東北）人。北魏將領。見《北史》卷二五《伊馛附伊盆生傳》。源氏校勘記云：“‘盆’《魏書》從瓦。”　舍人省：官署名。南朝齊時置，屬中書省。以中書通事舍人爲長官，實際已脱離中書令的控制，直接受命於皇帝，負責草擬詔書，受理文書章奏，監督指導尚書省及中央、地方各機構執行政務，成爲政權的中樞。北魏亦置，但職掌較南朝爲輕。

［7］梓宫：皇帝的棺材。

［8］任城王：封爵名。任城，郡名。北魏時治任城縣，在今山東濟寧市。　澄：即元澄，人名。字道鏡。北魏宗室。見《北史》卷一八《任城王雲附元澄傳》。

[9]葬以士禮：按照士的規格舉行葬禮。

[10]厠：同“側”。旁邊。

[11]函谷：關隘名。在今河南靈寶市北。

[12]靈太后：即北魏宣武帝皇后胡氏。靈爲其謚號。

[13]營州：北魏時治和龍城，在今遼寧遼陽市。

[14]永熙：北魏孝武帝的年號（532—534）。

[15]中外諸軍事：官名。都督中外諸軍事的省稱。總統禁衛軍、地方軍在内的内外諸軍，爲全國最高軍事統帥，權力極大，不常置。初以他官兼任，無品階。北魏孝文帝太和十七年定爲一品下，二十三年定從一品。　大丞相：官名。魏晋南北朝時丞相、相國不常置，皆非尋常人臣之位，多用來安置權位極高的重臣。北魏沿置，得授此官者皆爲操縱軍國政事的權臣，權任極重。

肇子植，自中書侍郎爲濟州刺史。[1]率州軍討破元愉別將有功，[2]當蒙封賞。不受，云：“家荷重恩，爲國致效，是其常節，何足以膺進陟之報？”懇惻發於至誠。歷青、相、朔、恒四州刺史。[3]卒。植頻莅五州，皆清能著稱，當時號爲良刺史。贈安北將軍、冀州刺史。[4]

[1]濟州：北魏時治碻磝城，在今山東茌平縣西南。

[2]別將：官名。別道將的省稱。

[3]朔：州名。北魏時治盛樂縣，在今内蒙古和林格爾縣西北。　恒：州名。北魏時治平城，在今山西大同市東北。

[4]安北將軍：官名。爲出鎮北方某一地區的軍事長官，或作爲刺史等地方官員兼理軍務時的加官，權任很重。北魏孝文帝太和十七年定爲二品下，二十三年定爲三品。

肇長兄琨。早卒。襲颺封勃海郡公，贈都督五州諸軍事、鎮東大將軍、冀州刺史。詔其子猛嗣。

猛，字豹兒，尚長樂公主，即宣武同母妹也。拜駙馬都尉，歷位中書令，出爲雍州刺史，有能名。入爲殿中尚書。卒。贈司空、冀州刺史。孝武帝時，復贈太師、大丞相、録尚書事。公主無子。猛先在外有男，不敢令主知，臨終方言之，年幾三十矣。乃召爲喪主。尋卒。無後。

琨弟偃，字仲游，太和十年卒。正始中，贈安東將軍、都督、青州刺史，謚曰莊侯。景明四年，宣武納其女爲貴嬪。[1]及于順皇后崩，永平元年立爲皇后。[2]二年，八坐奏封后母王氏爲武邑郡君。[3]

偃弟壽，早卒。壽弟即肇也。肇弟顯，侍中、高麗國大中正。早卒。

[1]貴嬪：三國魏文帝時始置。爲皇帝之妾，位在夫人下、淑妃上。晋朝與南朝時均爲三夫人之一，晋朝時位視三公，南朝宋時位視丞相。

[2]永平：北魏宣武帝的年號（508—512）。

[3]八坐：高級官員的合稱。東漢時用以稱尚書令、僕射、六曹尚書。魏晋至隋時用以稱尚書令、左右僕射、諸曹尚書，無論共有幾人，皆沿其稱。毛本作“八座”。　武邑郡君：封號。武邑，郡名。北魏時治武强縣，在今河北武强縣西南。

胡國珍，字世玉，安定臨涇人也。[1]祖略，姚興勃海公姚逵平北府諮議參軍。[2]父深，[3]赫連屈丐給事黄門侍郎。[4]太武克統萬，[5]深以降款之功，[6]賜爵武始侯。[7]

後拜河州刺史。[8]

[1]安定：郡名。北魏時治安定縣，在今甘肅涇川縣北。　臨涇：縣名。治所在今甘肅鎮原縣東南。

[2]姚逵：人名。十六國時後秦君主姚興之子。　諮議參軍：官名。西晉始設，掌顧問諫議。南北朝王府、丞相府、公府、位從公府、州軍府皆有置者，無定員，亦不常置，職掌不定，其位甚尊，在列曹參軍上。北朝時多稱諮議參軍事。

[3]深：《魏書》卷八三下《胡國珍傳》作“淵”。源氏校勘記夾批云:“淵也。”按:《北史》避唐高祖李淵諱改。

[4]赫連屈丐：人名。本名勃勃，匈奴族。十六國時夏君主。見《北史》卷九三《赫連屈丐傳》。

[5]統萬：城名。在今陝西靖邊縣北白城子。

[6]降款：投降。

[7]武始侯：封爵名。武始，郡名。北魏時治勇田縣，在今甘肅臨洮縣北。

[8]河州：北魏時治枹罕縣，在今甘肅臨夏市。

國珍少好學，雅尚清儉。太和十五年襲爵，例降爲伯。女以選入掖庭，生明帝，即靈太后也。孝明帝踐祚，以國珍爲光禄大夫。靈太后臨朝，加侍中，封安定郡公。追崇國珍妻皇甫氏爲京兆郡君，置守冢十户。尚書令、任城王澄奏，安定公宜出入禁中，參諮大務。詔屈公入決萬機。尋進位中書監、儀同三司，[1]侍中如故。賜絹，歲八百疋，妻梁四百匹，男女姊妹各有差。[2]國珍與太師高陽王雍、太傅清河王懌、太保廣平王懷入居門下，[3]同釐庶政。詔依漢車千秋、晉安平王故事，[4]給步挽一乘，[5]自掖門至于宣光殿得以出入，[6]并備几杖。後與侍中崔光，俱授帝經，侍直禁中。國珍上表陳刑政之宜，詔皆施行。

[1]儀同三司：原指非三公而受三公待遇。東漢時置，魏晋時授予範圍擴大，多加於權臣元老，以示尊崇，開府置僚屬，不領兵。南北朝沿置。北魏孝文帝太和十七年定爲一品中，二十三年定爲從一品。

[2]男女姊妹：《魏書》卷八三下《胡國珍傳》作“男女姊妹兄弟”。當是。

[3]懷：即元懷，人名。字宣義。北魏宗室、大臣（參趙超《漢魏南北朝墓誌彙編》，天津古籍出版社2008年版，第92頁）。

[4]車千秋：人名。本名田氏，長陵（今陝西咸陽市東北）人。西漢大臣。見《漢書》卷六六《車千秋傳》。　晋安平王：即司馬孚。字叔達，河内温縣（今河南温縣）人。西晋宗室。見《晋書》卷三七《安平獻王孚傳》。

[5]步挽：古代一種供人乘坐、用人力拉的車子。

[6]掖門：殿正門兩旁的邊門。《漢書》卷三《高后紀》:“章從勃請卒千人，入未央宫掖門。”顔師古注:“非正門而在兩旁，若人之臂掖也。”　宣光殿：《洛陽伽藍記》:“釣臺南有宣光殿，北有嘉福殿，西有九龍殿，殿前九龍吐水成一海。”

熙平初，[1]加國珍使持節、都督、雍州刺史、驃騎大將軍、開府。[2]靈太后以國珍年老，不欲令其在外，且欲示以方面之榮，竟不行。遷司徒公，侍中如故，就宅拜之。靈太后、明帝率百僚幸其第，宴會極歡。又追京兆郡君爲秦太上君。太上君景明三年薨於洛陽，於此十六年矣。太后以太上君墳瘞卑局，更增廣，爲起塋域、門闕、碑表。[3]侍中崔光等奏："按漢高祖母始謚曰昭靈夫人、後爲昭靈后，[4]薄太后母曰靈文夫人，[5]皆置園邑三百家，長、丞奉守。[6]今秦太上君未有尊謚，陵寢孤立，即秦君名，宜上終稱，兼設掃衛，以慰情典。請上尊謚曰孝穆，權置園邑三十户，立長丞奉守。"太后從之。封國珍繼室梁氏爲趙平郡君。[7]元叉妻拜爲女侍中，[8]封新平郡君，[9]又徙封馮翊君。[10]國珍子祥妻長安縣公主，[11]即清河王懌女也。

[1]熙平：北魏孝明帝的年號（516—518）。底本作"延和"，中華本校勘記云："諸本'熙平'作'延和'，《通志》卷一六五《胡國珍傳》作'熙平'。按魏明帝無'延和'年號。此事見《魏書》卷九《肅宗紀》熙平元年八月。今據改。"今從改。

[2]驃騎大將軍：官名。居諸名號將軍之首。多加於權臣元老，以示尊崇，開府置僚屬，不領兵。北魏孝文帝太和十七年定爲一品中，二十三年改爲從一品。

[3]塋域：即墓域。

[4]漢高祖：即漢朝開國皇帝劉邦。高祖爲其廟號。　昭靈后：漢高祖在高祖七年（前200）改封。

[5]薄太后：即漢高祖的侍妾、漢文帝的生母薄氏。　靈文夫人：即薄太后之母魏媪。

[6]長：官名。即陵長。西晋王國置，率兵守衛王陵。歷代沿置。帝、后之陵亦或置。　丞：官名。即陵丞。帝陵次官。協助管理守衛帝王陵寢。

[7]趙平郡君：封爵名。趙平，郡名。北魏時治鶉觚縣，在今甘肅靈臺縣。

[8]元叉：人名。字伯儁，小字夜叉。北魏宗室、大臣。見《北史》卷一六《京兆王黎附元叉傳》。　女侍中：女官名。北魏時置，陪侍皇后或皇太后，多以能解詩書之近臣妻、母擔任，與其他後宫女職由宫女充任不同。孝文帝時爲二品。

[9]新平郡君：封號。新平，郡名。北魏時治新平城，在今陝西彬縣。

[10]馮翊君：封號。馮翊，郡名。北魏時治高陸縣，在今陝西高陵縣。

[11]長安縣公主：封號。長安縣，治所今陝西西安市西北。

國珍年雖篤老，而雅敬佛法，時事潔齋，自禮拜。[1]至於出入侍從，猶能跨馬據鞍。神龜元年四月七日，[2]步從所建佛像，發第至閶闔門四五里。[3]八日，又立觀像，[4]晚乃肯坐。勞熱增甚，因遂寢疾。靈太后親侍藥膳。十二日薨，年八十。給東園溫明秘器，[5]五時朝服各一具，[6]衣一襲，贈布五千匹，錢一百萬，蠟千斤。大鴻臚持節監護喪事。太后還宫，成服於九龍殿，[7]遂居九龍寢室。明帝服小功服，[8]舉哀於太極東堂。[9]又詔自始薨至七七，皆爲設千僧齋，令七人出家；[10]百日設萬人齋，二七人出家。先是巫覡言將有凶，[11]勸令爲厭勝法。[12]國珍拒而不從，云“吉凶有定分，唯脩德以禳之”。[13]臨死，與太后訣云“母子善臨天下”，殷勤至於再三。又及其子祥云：“我唯有一子，死後勿如比來威抑之。”靈太后以其好戲，時加威訓，國珍故以爲言。

[1]自禮拜：按：《魏書》卷八三下《胡國珍傳》作“自强禮

拜”。當是。

［2］神龜：北魏孝明帝的年號（518—520）。

［3］閶闔門：北魏皇宫的正南門。位於今河南洛陽市漢魏故城宫城的南端。

［4］觀像：即觀像念佛，爲四種念佛方式之一。

［5］東園温明秘器：由東園匠制作的供皇帝、顯宦使用的棺槨（參韓國河《温明、秘器和便房考》，《文史哲》2003 年第 4 期）。

［6］五時朝服：古代貴族、官員在春、夏、秋、冬、季夏五個時節所穿的五種禮服。

［7］成服：古代喪禮大殮之後次日，親屬按照與死者關係的親疏穿上不同的喪服。　九龍殿：魏明帝時因崇華殿大火重修改稱。《洛陽伽藍記》：“釣臺南有宣光殿，北有嘉福殿，西有九龍殿。”

［8］小功服：古代喪服的一種，是用很細的麻布做成的喪服，服喪時間爲五個月。男子爲從祖祖父、從祖祖母、從祖父、從祖母、從祖昆弟、從父姊妹、外祖父母服喪的喪服。

［9］太極東堂：殿閣名。太極殿有四厢，東堂即其東厢。太極殿爲皇宫中的西内正殿，每月朔望皇帝視朝之所。東晋南朝、北魏等均在皇宫内建有太極殿。

［10］皆爲設千僧齋令七人出家：底本疊“齋”字，《魏書·胡國珍傳》無第二個“齋”字。另，下文“萬人齋”亦無。諸本皆衍“齋”。今從《魏書》改。千僧齋，指供養僧人的齋會。又稱千僧供養、千僧會。

［11］巫覡（xí）：古代稱女巫爲巫，男巫爲覡，合稱巫覡。

［12］厭（yà）勝法：古代方士的一種巫術。古時人們認爲運用厭勝法就可以制服他們想要制服的人和物。“厭勝”意即“厭而勝之”，係用法術詛咒或者祈禱以達到制勝所厭惡的人、物或魔怪的目的。

［13］禳（ráng）：去除灾殃。

始國珍欲就祖、父西葬舊鄉。後緣前世諸胡多在洛葬，有終洛之心。崔光嘗對太后前問國珍："國公萬年後爲在此安厝，爲歸長安？"國珍言："當陪葬天子山陵。"及病危，太后請以後事，竟言還安定。語遂，惛忽。太后問清河王懌與崔光等議去留。懌等皆以病亂，請從先言。[1]太后猶記崔光昔與國珍言，遂營墓於洛陽。太后雖外從衆議，而深追臨終之語，云："我公之遠慕二親，亦吾之思父母也。"追崇假黄鉞、使持節、侍中、相國、都督中外諸軍事、太師，[2]領太尉公、司州牧，[3]號太上秦公，加九錫，葬以殊禮，給九旒鑾輅、武賁班劍百人、前後部羽葆鼓吹、轀輬車。[4]謚曰文宣公。賜物三千段，粟一千五百石。[5]又詔贈國珍祖父、父、兄，下逮從子，[6]皆有封職。持節就安定監護喪事。[7]靈太后迎太上君神柩還第，[8]與國珍俱葬，贈襚一與國珍同。[9]及國珍神主入廟，[10]詔太常權給以軒縣之樂、六佾之舞。[11]

[1]先：殿本、四庫本、四部備要本作"光"。

[2]相國：官名。魏晋南北朝時不常設，位尊於丞相，職權品秩略同，非尋常人臣之職。

[3]司州牧：官名。北魏時京畿行政長官。從二品。司州，北魏時治洛陽縣，在今河南洛陽市東北。

[4]九旒（liú）：亦作"九斿""九游"，古代旌旗上的九條絲織垂飾。　鑾（luán）輅（lù）：鑾駕。　武賁：即虎賁，《北史》勇士之稱。避唐高祖祖父李虎諱改。　班劍：古時一種作儀仗用的木劍，劍身有花紋等裝飾。《文選》卷五八王儉《褚淵碑文》："給節羽葆鼓吹班劍爲六十人。"五臣注云："班劍無刃，假作劍形，畫

之以文，故曰班也。”班，同“斑”。　輼輬車：帝王的喪車。本是帝王休息用的車，有窗閉之則温，開之則涼，故名。

[5]粟：局本作“栗”。形訛。

[6]又詔贈國珍祖父父兄下逮從子：《魏書》卷八三下《胡國珍傳》作“又詔贈國珍祖父兄、父兄，下逮從子”。源氏校勘記云：“‘父’‘父’間《魏書》有‘兄’字。”

[7]持節就安定監護喪事：中華本校勘記云：“按國珍葬在洛陽，不當‘就安定監護喪事’。疑‘安定’下脱‘公第’二字。又‘持節’上亦疑有脱文。”

[8]神柩：靈柩。對棺柩的尊稱。

[9]贈襚：贈死者以衣衾。後泛指贈送財物以助治喪。《荀子·大略》：“賻賵所以佐生也，贈襚所以送死也。”

[10]神主：舊俗，爲已死的君主、諸侯作的牌位稱之爲神主。後世民間也爲死者立神主。亦簡稱主。

[11]軒縣：亦作“軒懸”，古代諸侯陳列樂器，三面懸挂。《周禮·春官·小胥》：“正樂縣之位，王宫縣，諸侯軒縣。”　六佾（yì）之舞：古代宫廷樂舞。按周禮規定，六佾分六行六列，共三十六人，衹有文舞一種，用以祭拜諸侯、宰相。《左傳》隱公五年：“公問羽數於衆仲，對曰：‘天子用八，諸侯用六……。’公從之，於是初獻六羽，始用六佾也。”

初，國珍無男，養兄真子僧洗爲後。後納趙平君，生子祥，字元吉，襲封。故事，世襲例皆减邑，唯祥獨得全封。趙平君薨，給東園秘器，明帝服小功服，舉哀于東堂；靈太后服齊衰，[1]期。葬於太上君墓左，不得祔合。[2]祥歷位殿中尚書、中書監、侍中，改封平涼郡公。[3]薨，贈開府儀同三司、雍州刺史。謚曰孝景。

[1]齊：南監本作“齋”。源氏校勘記改作“齊”。

[2]祔（fù）：合葬。

[3]平凉郡公：封爵名。平凉，郡名。北魏時治鶉陰縣，在今甘肅華亭縣。

僧洗，字湛輝，封爰德縣公，[1]位中書監、侍中，改封濮陽郡公。[2]僧洗自永安後廢棄，[3]不預朝政。天平四年，[4]薨。詔給東園秘器，贈太師、太尉公、録尚書事、雍州刺史。謚曰孝。

[1]爰德縣公：封爵名。按：查《魏書·地形志》無“爰德縣”，但有“爰得縣”。疑當作“爰得縣”。爰得，縣名。北魏時治安定縣，在今陝西彬縣西北。

[2]濮陽郡公：封爵名。濮陽，郡名。北魏時治甄城縣，在今山東鄄城縣北。

[3]永安：北魏孝莊帝的年號（528—530）。

[4]天平：東魏孝静帝的年號（534—537）

真長子寧，字惠歸，襲國珍先爵。改爲臨涇伯，[1]後進爲公。歷岐涇二州刺史。[2]卒。謚曰孝穆。女爲清河王亶妃，[3]生孝静皇帝。[4]武定初，[5]贈太師、太尉公、録尚書事。謚曰孝昭。

[1]臨涇伯：封爵名。臨涇，縣名。治所在今甘肅鎮原縣東南。

[2]岐：州名。北魏時治雍縣，在今陝西鳳翔縣南。　涇：州名。北魏時治安定縣，在今甘肅涇川縣北。

[3]亶：即元亶，人名。字子亮。北魏宗室。孝文帝孫子，其

子爲東魏孝静帝。

[4]孝静皇帝：即東魏皇帝元善見。孝静爲其謚號。

[5]武定：東魏孝静帝的年號（543—550）。

子虔，字僧敬。元叉之廢靈太后，虔時爲千牛備身，[1]與備身張車渠等謀叉。[2]事發，叉殺車渠等，虔坐遠徙。靈太后反政，徵爲吏部郎中。[3]太后好以家人禮與親族宴戲。虔常致諫，由是後，宴讌多不預焉。出爲涇州刺史，封安陽縣侯。[4]興和三年，[5]以帝元舅，超遷司空公。薨。贈太傅、太尉公、尚書僕射、徐州刺史。謚曰宣。葬日，百官會葬，乘輿送於郭外。子長粲。

[1]千牛備身：官名。千牛備身左右的省稱。北魏時設。執御刀禁衛於皇帝左右。孝文帝太和二十三年定爲六品。

[2]備身：官名。備身左右的省稱。北魏時置，掌執御刀弓箭，宿衛侍從。

[3]吏部郎中：官名。三國魏時始置，兩晋南北朝沿置，與吏部郎互稱，爲尚書省吏部曹長官。屬吏部尚書，主管官吏選任、銓叙、調動事務。北魏孝文帝太和十七年定爲從四品上，二十三年定爲六品。

[4]安陽縣侯：封爵名。安陽，縣名。治所在今河南安陽市。

[5]興和：東魏孝静帝的年號（539—542）。

長粲仕齊，累遷章武太守，[1]爲政清静，頗得人和。除兼并省尚書左丞，[2]當官正色，無所回避。尚書左僕射趙彦深密勿樞要，[3]中書舍人裴澤便蕃左右，[4]以殿門受拜，皆彈糺之。彦深等頗有恨言，長粲不以介意。後主踐祚，長粲被敕，與黄門馮子琮出入禁中，[5]專典敷奏。[6]武成還鄴，[7]後主在晋陽，[8]長粲仍受委留後。後主從武成還鄴，仍敕在京省判度支尚書，[9]監議五禮。武成崩，與領軍婁定遠，[10]録尚書趙彦深，左僕射和士開、高文遥，[11]領軍綦連猛、高阿那肱，[12]右僕射唐邕，[13]同知朝政，時人號爲八貴。於後定遠、文遥並出，唐邕專典外兵，[14]綦連猛、高阿那肱别總武任，長粲常在左右，兼宣詔令。從幸晋陽。後主既富於春秋，庶事皆相歸委。長粲盡心毗奉，甚得名譽。又正爲侍中。丁母憂，給假馳驛奔喪。尋有詔，起復前任。隴東王長仁心欲入處機要之地，[15]爲執政不許。長仁疑長粲通謀，大以爲恨，言於太后，發其陰私，請出爲州。太后爲言於後主，不獲已從焉。除趙州刺史。[16]及辭，眷戀流涕，後主亦憫然慰勉之。至州，存心政事，爲人吏所懷。因沐髮，手不得舉，失瘖。卒於州。後主聞而傷悼，在朝文武嗟嘆，咸惜之。贈司空公、尚書左僕射、瀛州刺史。[17]謚文貞公。

[1]章武：郡名。北齊時治平舒縣，在今河北大城縣。

[2]并省：官署名。并州尚書省的省稱。東魏時都鄴，但軍國朝政皆歸權臣高氏父子。他們長期居住晋陽，遥執朝政，主持省務，代行京師尚書省職權。其各級官員，與京師尚書省同職官員地位相似而班次略低。　尚書左丞：官名。北魏時爲尚書省佐官，次尚書，掌尚書省庶務，監督諸尚書曹政務文書；監察糾彈百官，號稱監司；宗廟祭祀、禮制等。孝文帝太和十七年定爲四品上，二十三年定爲從四品上。北齊沿置。

［3］尚書左僕射：官名。職掌都省庶務及執法，或典選舉，左僕射權力大於右僕射，兼掌糾彈百官。北魏孝文帝太和十七年定爲從一品中，二十三年定爲從二品。北齊沿置。　趙彦深：即趙隱，人名。字彦深，南陽宛（今河南南陽市）人。東魏、北齊大臣。見《北史》卷五五《趙彦深傳》。

［4］裴澤：人名。河東聞喜（今山西聞喜縣）人。北齊官吏。見《北史》卷三八《裴延儁附裴澤傳》。　便蕃：亦作“便煩”“便繁”，頻繁、屢次。

［5］馮子琮：人名。字子琮，長樂信都（今河北冀州市）人。北齊大臣。見《北史》卷五五《馮子琮傳》。

［6］敷奏：陳述奏報。

［7］武成：即北齊皇帝高湛。武成爲其謚號。

［8］晋陽：縣名。治所在今山西太原市晋源區古城營村一帶。

［9］度支尚書：官名。魏晋南北朝至隋初爲尚書省度支曹長官。北齊時爲三品。

［10］婁定遠：人名。代郡平城（今山西大同市東北）人。北齊官吏。見《北史》卷五四《婁昭附婁定遠傳》。

［11］和士開：人名。字彦通，清都臨漳（今河北臨漳縣）人。東魏、北齊佞臣。見《北史》卷九二《和士開傳》。　高文遥：人名。原名元文遥，字德遠，河南洛陽（今河南洛陽市東北）人，鮮卑族。北齊官吏。見《北史》卷五五《元文遥傳》。

［12］綦連猛：人名。字虎兒，代（今山西大同市東北）人。北齊將領。見《北史》卷五三《綦連猛傳》。　高阿那肱：人名。一作“高阿那瓌”，善無（今山西右玉縣南）人。北齊官吏。見《北史》卷九二《高阿那肱傳》。

［13］唐邕：人名。字道和，太原晋陽（今山西太原市晋源區古城營村一帶）人。東魏、北齊官吏。見《北史》卷五五《唐邕傳》。

［14］外兵：官署名。外兵府的省稱。北魏後期至東魏時，大丞

相、相國等權臣用事，相府諸曹實掌國家政務，其外兵、騎兵曹掌全國軍隊機密政令。北齊時改爲外兵府。

［15］隴東王：封爵名。遥封。隴東，郡名。北周時治汧陰縣，在今陝西隴縣。

［16］趙州：北齊時治廣阿縣，在今河北隆堯縣東。

［17］瀛州：北齊時治趙都軍城，在今河北河間市。

長粲性温雅，在官清潔。但始居要密，便爲子叔泉取清河崔德儉女爲妻。[1]在晋陽處分，用妻弟王逖與德儉對爲司徒主簿。[2]時論以此譏之。又性好内，有一侍婢。其妻王驕妬，手刺殺之。爲此忿恨，數年不相見。親表爲之語，曰："自我不見，于今三年。"後納妾李氏，仍與王氏别宅，亦無朝拜之禮。鳌婦公孫氏也，已殺三夫。長粲不信，彊取之，令與李氏同住。未期而亡。

［1］便爲子叔泉取清河崔德儉女爲妻：底本"清河"下有"王"字，中華本校勘記云："諸本'清河'下衍'王'字，據《通志》卷一六五《胡長粲傳》删。"今從改。

［2］司徒主簿：官名。司徒府掌管文書簿籍、經辦事務的佐吏。北齊時爲從六品。

子仲操，位陳留太守。[1]次叔泉，通直散騎侍郎。[2]

［1］陳留：郡名。北齊時治陳留縣，在今河南開封市東南陳留城。

［2］通直散騎侍郎：官名。南朝時屬集書省，多以衰老之士擔任，地位漸低。北齊沿置，除集書省置六員外，集書省所轄起居省

亦設一員。皆四品。

先是，望氣者上言“太白食昴，法當大赦”。[1]和士開奏聞，詔降罪人以應之。尚書左僕射徐之才諳練往事，[2]語士開曰：“‘天垂象，見吉凶。’有成災者，有不成災者。案昴，趙分，或云趙地有災。古者，王侯各在封邑，故分野有災，當其君長。今吾等虚名，竟不之國。刺史專令一境，善惡所歸，比來多以刺史爲驗。”未幾而長粲死焉。

[1]望氣：指利用早晚、日出日落等時間，觀察宅舍頂上風態判斷吉凶，稱之爲望氣。　太白食昴：金星遮蔽了昴宿，主趙地有凶。故下文有徐之才之説。太白，即金星。昴，西方白虎七宿之一，分野爲冀州，即原來的趙地。

[2]徐之才：人名。丹陽（今江蘇南京市）人。北魏、東魏、北齊官吏。少解天文，兼圖讖之學，以善醫著稱。見《北史》卷九〇《徐謇附徐之才傳》。

寧弟盛，字歸興，位左衛將軍，[1]賜爵江陽男。[2]歷幽、瀛二州刺史，爲政清静，人吏愛之。轉冀州刺史。卒。贈司徒公、録尚書事、定州刺史，追封陽平郡公，謚曰懿穆。明帝後納其女爲皇后。[3]

[1]左衛將軍：官名。爲禁衛軍主要統帥之一，權任很重，多由皇帝親信擔任。北魏孝文帝太和十七年定爲從二品下，二十三年定爲三品。

[2]江陽男：封爵名。江陽，縣名。治所在今四川瀘州市。

［3］明帝後納其女爲皇后：底本無“后”字，中華本校勘記云：“諸本無‘后’字，按本書卷十三《后妃傳上》云：‘孝明皇后胡氏，靈太后從兄冀州刺史盛之女。’這裏‘皇’下脱‘后’字，今據補。”今從改。

太后舅皇甫集，[1]字元會，一字文都，安定朝那人。[2]封涇陽縣公，[3]位儀同三司、雍州刺史、右衛大將軍，[4]贈侍中、司空公，謚曰静。

［1］太后舅皇甫集：底本“集”下有“妻”字，中華本校勘記云：“諸本‘集’下有‘妻’字。按若從諸本，則似胡盛女爲皇甫集之妻。然集是胡盛之舅，不得以外孫女爲妻。且下文所叙皆集事，非其妻事。此‘妻’字乃涉‘集’字形似而衍。今删去。”今從改。

［2］安定：郡名。北魏時治安定縣，在今甘肅涇川縣北。　朝那：縣名。治所在今寧夏固原縣東南。

［3］涇陽縣公：封爵名。涇陽，縣名。治所在今陝西咸陽市東北。

［4］右衛大將軍：官名。晋武帝時設右衛將軍，與左衛將軍共掌宿衛營兵。有司馬、功曹等屬官。東晋、南北朝因之。北魏加“大”後爲正二品。

集弟度，字文亮，封安定縣公，[1]累遷尚書左僕射，領左衛將軍。度頑蔽，每與人言，自稱僕射，時人方之毛嘉。[2]正光初，[3]元叉出之爲都督、瀛州刺史。度不願出，頻表固辭，乃除右光禄大夫。[4]孝昌元年，[5]爲司空、領軍將軍，[6]加侍中。元叉之見出也，恐朝夕誅滅。

度與妻陳氏多納其貨，爲之左右。度無子，養兄集子子熙爲子。子熙嫂趙郡太守裴佗女。[7]佗還京師。度問佗外何消息。佗曰："行路所聞，唯道明公多取元叉金帛，[8]遠近無不慨歎。公宜戮此罪人，以謝天下。"陳氏聞而惡之。又攝吏部事，遷司徒，兼尚書令。不拜。尋轉太尉。孜孜營利，老而彌甚。遷授之際，皆自請乞。靈太后知其無用，以舅氏，難違之。然所歷官，最爲貪蠹。尒朱榮入洛，西奔兄子華州刺史邕。[9]尋與邕爲人所殺。

[1]安定縣公：底本"安"下無"定"字，中華本校勘記云："按'安'下當脱'定'字。"今從改。

[2]毛嘉：人名。三國魏明帝皇后毛氏的父親。《三國志》卷五《魏書·明悼毛皇后傳》："（后父）嘉本典虞車工，卒暴富貴。明帝令朝臣會其家飲宴，其容止舉動甚蚩騃，語輒自謂'侯身'。時人以爲笑。"

[3]正光：北魏孝明帝的年號（520—525）。

[4]右光禄大夫：官名。三國魏始置。作爲在朝顯職的加官，以示優崇，或授予年老有病者爲致仕之官，亦常用作卒後贈官。無職掌。魏晋南北朝時地位提高。北魏孝文帝太和十七年定爲從一品中，二十二年定爲二品。

[5]孝昌：北魏孝明帝的年號（525—527）。

[6]領軍將軍：官名。爲禁衛軍之最高統帥，權勢極重。北魏時若侍臣帶此職，則稱中領軍將軍。孝文帝太和十七年定爲二品上，二十三年定爲從二品（參張金龍《北魏後期禁衛武官制度考論》，《蘭州大學學報》2001年第6期）。

[7]趙郡：北魏時治平棘縣，在今河北趙縣。　裴佗：人名。

字元化，河東聞喜（今山西聞喜縣）人。北魏官吏。見《北史》卷三八《裴佗傳》。

[8]明公：古代對有名位者的尊稱。

[9]華州：北魏獻文帝皇興二年（468）置，治定安縣，在今甘肅寧縣。孝文帝延興二年（472）改置三縣鎮。太和十一年又置華州，治李潤堡，在今陝西蒲城縣東北。宣武帝永平三年（510）移治華陰縣，在今陝西大荔縣。

楊騰，弘農人，[1]文帝之舅也。[2]父貴，琅邪郡守，[3]封華陰男。騰妹爲京兆王愉妃，故騰得處貴游。景明初，襲爵。後爲襄城太守，[4]甚有聲稱。文帝即位，位開府儀同三司，出鎮河東。薨，贈司空、雍州刺史。謚曰貞襄。

子盛。

[1]弘農：郡名。西魏時治恒農縣，在今河南靈寶市東北。

[2]文帝：即西魏皇帝元寶炬。文爲其謚號。

[3]琅邪：郡名。北魏時治即丘縣，在今山東臨沂市西。

[4]襄城：郡名。西魏時治在襄城縣，在今河南襄城縣。

乙弗繪，河南洛陽人，[1]文帝皇后之兄也。[2]文帝即位，位開府儀同三司、侍中、中書監、魏昌縣公。[3]又爲吏部尚書。[4]

[1]河南：郡名。西魏時治河南縣，在今河南洛陽市。

[2]文帝皇后：即西魏文帝皇后乙弗氏。

[3]魏昌縣公：封爵名。魏昌，縣名。治所在今河北無極縣

東北。

[4]吏部尚書：官名。三國魏置，爲尚書省吏部曹長官。兩晋南北朝沿置，位居列曹尚書之上。職掌官吏選拔考課奬懲。北魏孝文帝太和十七年定爲二品下，二十三年定爲三品。

趙猛，太安狄那人也。[1]姊爲齊文穆皇帝繼室，[2]生南趙郡公琛。[3]猛性方直，頗有器幹。齊神武舉義，[4]以預義勳，封信都縣伯。[5]累遷南營州刺史。[6]卒，贈司空公。

[1]太安：郡名。治所在山西壽陽縣。　狄那：縣名。治所在山西壽陽縣西。

[2]齊文穆皇帝：即高樹。文穆爲其謚號，北齊文宣帝所追謚。底本作“齊文穆皇后”，中華本校勘記云:“諸本‘帝’誤作‘后’。據《北齊書》卷四八、《通志》卷一六五《趙猛傳》改。”今從改。

[3]南趙郡公：封爵名。中華本《北齊書》卷四八《趙猛傳》校勘記云:“三朝本、百衲本、北本、汲本、局本及《北史》卷八〇《趙猛傳》‘王’都作‘公’。南本、殿本作‘王’。按高琛初封實是南趙郡公，非趙郡公，死後追封趙郡王。這裏若作‘公’，則上脱‘南’字。南本當是以意改，然於本傳有據，今從之。”可從。南趙，郡名。北齊時治廣阿縣，在今河北隆堯縣東。　琛：即高琛，人名。字永寶。北齊宗室。見《北齊書》卷一三《趙郡王琛傳》。

[4]齊神武：即高歡。神武爲其謚號，北齊後主所追謚。

[5]信都縣伯：封爵名。信都，縣名。治所在今河北冀州市。

[6]南營州：北齊時治英雄城，在今河北徐水縣西。

胡長仁，字孝隆，安定臨涇人，齊武成皇后長兄也。父延之，魏中書令、兖州刺史。大寧中，[1]贈司空公。

［1］大寧：即太寧。北齊武成帝的年號（561—562）。

長仁以内戚歷位尚書左僕射、尚書令。及武成崩，預參朝政，封隴東郡王。左丞鄿孝裕，[1]郎中陸仁惠、盧元亮厚相結託。[2]長仁每上省，孝裕必方駕而來。省務既繁，簿案堆積，令、史欲諮都坐者，日有百數。孝裕屏人私話，朝退亦相隨。仁惠、元亮又伺間而往，[3]停斷公事，人號爲三佞。長仁私遊仄密，處處追尋。孝裕勸其求進。和士開深疾之，於是奏除孝裕爲章武郡守、元亮爲淮南郡守、仁惠爲幽州長史。[4]孝裕又説長仁曰："王陽卧疾，[5]和士開必來，因而殺之。入見太后，不過百日失官，便代其處。"士開知其謀，更徙孝裕爲北營州建德郡守。[6]長仁每干執事，求爲領軍。將相文武以"主上富於春秋，母后家不可專政"故，抑而不許。以本官攝選。長仁性好威福，意猶未盡。先是尚書胡長粲奏事内省，長仁疑粲間己，苦請太后出之。

［1］左丞：官名。尚書左丞的省稱。　鄿孝裕：人名。北齊官吏。歷任左丞、太傅少卿等職。源氏校勘記云："'鄿'《北齊》作'鄒'。"

［2］陸仁惠：人名。即陸寬。字仁惠，代（今山西大同市東北）人。北齊官吏。見《北史》卷二八《陸俟傳》。

［3］間：底本作"閑"，中華本校勘記云："諸本'間'訛作'閑'，據《北齊書》卷四八《胡長仁傳》改。"今從改。

［4］長史：官名。掌顧問參謀，爲所在官署掾屬之長。丞相長

史職權尤重。邊郡於丞之外復置長史，佐太守掌兵馬。内郡或置之。

[5]陽：同“佯”。假裝。

[6]北營州：即營州，與南營州相對而稱“北”。北齊時治和龍城縣，在今遼寧朝陽市。　建德：郡名。北齊時治白狼城，在今遼寧喀喇沁左翼蒙古族自治縣西南。

天統五年，[1]從駕自并還鄴，夜發滏口。[2]帝以夜漏尚早，[3]停於路傍。長仁後來，謂是從行諸貴，遂遣門客程牙馳騎呼問。帝遣中尚食陳德信問是何人，[4]牙不答而走。帝命左右追射之，既而捉獲，因令壯士撲之，决馬鞭二百。牙一宿便死。士開因此遂令德信列長仁倚親驕豪無畏憚。由是，除齊州刺史。[5]及辭於昭陽，[6]列仗引見，長仁不敢發語，唯泣涕橫流。到任，啓求暫歸，所司不爲奏。怨憤，謀令冀州人李揩墻刺和士開。其弟長咸告之。士開密與祖孝徵議之。[7]孝徵引漢文帝殺薄昭爲故事，[8]於是敕遣張固、劉桃枝馳驛詣齊州，[9]責長仁謀害宰輔，遂賜死。

[1]天統：北齊後主的年號（565—569）。

[2]滏口：在今河北磁縣西北石鼓山，太行八陘之一。

[3]夜漏：夜間用漏壺計時，指夜間時刻。

[4]中尚食：官名。中尚食典御的省稱，北齊時爲中尚食局長官。員二人，屬中侍中省，負責皇帝的飲食事務，以宦官擔任。從五品上。　陳德信：人名。北齊宦官。官至開府、封王，爲侍中、左右光禄大夫，領侍中，參宰朝政。

[5]齊州：北齊時治歷城縣，在今山東濟南市。

[6]昭陽：宫殿名。在鄴南城宫殿内，與太極殿同在中軸綫上。有東西二閣，東閣有含光殿，西閣有凉風殿。

[7]祖孝徵：人名。即祖珽。字孝徵，范陽遒（今河北淶水縣北）人。北齊官吏。見《北史》卷四七《祖瑩附祖珽傳》。

[8]漢文帝殺薄昭爲故事：《漢書》卷四《文帝紀》："十年冬，行幸甘泉。將軍薄昭死。"鄭玄注："昭殺漢使者，文帝不忍加誅，使公卿從之飲酒，欲令自引分。昭不肯。使群臣喪服往哭之，乃自殺。有罪，故言死。"漢文帝，即漢朝皇帝劉恒。文爲其謚號。薄昭，人名。吴人，漢文帝母薄太后之弟。拜車騎將軍，封軹侯。後坐罪自殺。

[9]劉桃枝：人名。北齊官吏。位至領軍、開府，封王爵。

先是，太白食昴。占者曰："昴爲趙分，不利胡王。"長仁未幾死。長仁性好歌舞，飲酒至數斗不亂。自至齊州，每進酒後，必長歎欷歔，流涕不自勝，左右莫不怪之。

尋而，後主納長仁女爲后。[1]重加贈。

長仁子君璧，襲爵隴東王。君璧弟君璋及長仁弟長雍等，前後七人並賜爵，合門貴盛。后廢後稍稍黜退焉。

[1]長仁女：即北齊後主皇后。胡太后的侄女。

隋文帝外家吕氏，其族蓋微。平齊後求訪，不知所在。開皇初，[1]濟南郡上言，[2]有男子吕永吉，自稱有姑字苦桃，嫁爲楊忠妻。[3]勘驗，知是舅子。始追贈外祖雙周爲上柱國、太尉、八州諸軍事、青州刺史，封齊郡公，[4]謚曰敬；外祖母姚氏爲齊敬公夫人。詔並改葬。於齊州立廟，置守冢十家。以永吉襲爵，留在京師。及大業中，[5]授上黨郡太守。[6]性識庸劣，職務不理。後去官，不知所終。

[1]開皇：隋文帝的年號（581—600）。

[2]濟南郡：隋朝時治歷城縣，在今山東濟南市。

[3]楊忠：人名。小名奴奴，弘農華陰（今陝西華陰市東南）人。北魏、北周官吏。隋文帝的父親。見《周書》卷一九《楊忠傳》。底本作“楊諱”，中華本校勘記云：“諸本‘忠’字作‘諱’，《通志》卷一六五《隋文帝外家吕氏傳》作‘忠’。按《北史》是襲《隋史》原文避隋諱，今據《通志》回改。”今從改。

[4]上柱國：官名。北周武帝建德四年（575）置爲最高級勳官，正九命。隋朝時爲從一品散實官。煬帝大業三年（607）罷。齊郡公：封爵名。齊，郡名。隋朝時治歷城縣，在今山東濟南市。

[5]大業：隋煬帝的年號（605—617）。

[6]上黨：郡名。隋朝時治壺關城，在今山西長治市北。

從父道貴，性尤頑騃，[1]言詞鄙陋。初自鄉里徵入長安，上見之悲泣。道貴略無慼容，但連呼帝名云：“種末定不可偷，大似苦桃姊。”[2]後數犯忌諱，動致違忤。上甚耻之，乃命高熲厚加供給，[3]不許接對朝士。拜上儀同三司，[4]出爲濟南太守，令即之任，斷其入朝。道貴還至本郡，高自崇重，每與人言，自稱皇舅。數將儀衛，[5]出入閭里，從故人游宴，庶僚咸苦之。後郡廢，終於家。子孫無聞焉。

[1]頑騃（ái）：愚鈍呆滯。

[2]種末：底本作“種末”，中華本校勘記云：“諸本‘末’作‘未’，《隋書》卷七九、《通志》卷一六五作‘末’。按本書卷九九《突厥傳》載突厥啓人可汗上書云：‘臣種末爲聖人先帝憐養。’‘種末’疑是當時俗語，今從《隋書》《通志》。”今從改。

[3]高熲：人名。一作“獨孤熲”，一名敏，字昭玄，勃海蓨（今河北景縣）人。隋朝大臣。見《北史》卷七二《高熲傳》。

[4]上儀同三司：北周時置，位居開府儀同三司之下、儀同三司之上。多爲大臣勳臣的加官。隋朝沿置，爲從四品散官，煬帝大業三年罷。

[5]儀衛：古代儀仗，文曰儀，武曰衛。取儀從護衛之意。

論曰：三五哲王，防深慮遠，舅甥之國，罕執鈞衡，母后之家，無聞傾敗。爰及漢晋，顛覆繼軌，皆由乎進不以禮，故其斃亦速。自魏至隋，時移四代，得失之迹，斯文可睹。苟不傾宗，終致亡國。周隋之際，可爲鑒焉。若使開皇創業，不取懲於已往，獨孤權侔吕、霍，[1]必敗於仁壽之前；[2]蕭氏勢均梁、竇，[3]豈全於大業之後。今或不隕舊基，或更隆先構，豈非處之以道、遠權之所致乎！

[1]獨孤：指隋文帝獨孤皇后家族。　吕：指漢高祖吕后家族。霍：指漢宣帝霍皇后家族。

[2]仁壽：隋文帝的年號（601—604）。

[3]蕭氏：指隋煬帝蕭皇后家族。　梁：指漢順帝梁皇后家族。竇：指漢章帝竇皇后家族。

北史　卷八一

列傳第六十九

儒林上

儒者，其爲教也大矣，其利物也博矣，以篤父子，以正君臣，開政化之本原，鑿生靈之耳目，百王損益，一以貫之。雖世或汙隆，[1]而斯文不墜。自永嘉之後，[2]宇内分崩，禮樂文章，掃地將盡。

[1]汙隆：指時世風俗的盛衰。
[2]永嘉：西晉懷帝的年號（307—313）。

魏道武初定中原，[1]雖日不暇給，[2]始建都邑，便以經術爲先。立太學，[3]置五經博士，[4]生員千有餘人。天興二年春，[5]增國子、太學生員至三千人。[6]豈不以天下可馬上取之，不可以馬上臨之？[7]聖達經猷，蓋爲遠矣。四年春，命樂師入學習舞，釋菜于先師。[8]明元時，[9]改國子爲中書學，[10]立教授博士。[11]太武始光三年春，[12]起太學於城東。後徵盧玄、高允等，[13]而令州郡各舉才學。於是人多砥尚，儒術轉興。獻文天安初，[14]詔立鄉學，[15]郡置博士二人，助教二人，[16]學生六十人。後詔大郡立博士二人，助教四人，學生一百人；次郡立博士二人，助教二人，學生八十人；中郡立博士一人，助教二人，學生六十人；下郡立博士一人，助教一人，學生四十人。太和中，[17]改中書學爲國子學，建明堂、辟雍，[18]尊三老五更。[19]又開皇子之學。及遷都洛邑，詔立國子、太學、四門小學。[20]孝文欽明稽古，[21]篤好墳籍，[22]坐輿據鞍，不忘講道。劉芳、李彪諸人以經書進，[23]崔光、邢巒之徒以文史達。[24]其餘涉獵典章，閑集詞翰，[25]莫不縻以好爵，[26]動貽賞眷。於是斯文鬱然，比隆周、漢。宣武時，[27]復詔營國學，樹小學於四門，大選儒生以爲小學博士，[28]員四十人。雖黌宇未立，[29]而經術彌顯。時天下承平，學業大盛，故燕齊趙魏之間，[30]横經著録，[31]不可勝數。大者千餘人，小者猶數百。[32]州舉茂異，郡貢孝廉，[33]對揚王庭，[34]每年逾衆。神龜中，[35]將立國學，詔以三品以上及五品清官之子以充生選。[36]未及簡置，仍復停寢。正光二年，[37]乃釋奠於國學，[38]命祭酒崔光講《孝經》。[39]始置國子生三十六人。[40]暨孝昌之後，[41]海內淆亂，四方校學，所在無幾。[42]

[1]魏道武：即北魏皇帝拓跋珪。道武爲其謚號。

[2]日：毛本、局本作“食”。

[3]太學：北魏時與國子學、四門學並置，地位低於國子學，學生數多於國子學。郡國學亦稱太學。

[4]五經博士：官名。漢武帝所設掌管五經傳授之學官，即《詩》《書》《禮》《易》《春秋》五經博士。北魏沿置。

[5]天興：北魏道武帝的年號（398—404）。

[6]國子：指國子學。西晉武帝咸寧二年（276）置，隸太常，設國子祭酒、博士各一員，助教十五員，以儒學經典教授生徒。北魏沿置。

[7]天下可馬上取之不可以馬上臨之：政權可以通過戰争得到，但是不能用戰争的方式進行統治。語出《史記》卷九七《酈生陸賈列傳》：“陸生時時前説稱《詩》《書》。高帝罵之曰：‘迺公居馬上而得之，安事《詩》《書》！’陸生曰：‘居馬上得之，寧可以馬上治之乎？且湯武逆取而以順守之，文武并用，長久之術也。’”

[8]入學習舞釋菜于先師：入學時祭拜先師的一種典禮。

[9]明元：即北魏皇帝拓跋嗣。明元爲其謚號。

[10]中書學：官署名。北魏明元帝時改國子學置，屬中書省，主要招收鮮卑及漢人士族子弟爲中書學生。有時由皇帝特旨指定某人子弟爲中書學生。學生畢業後多升爲内外要職，是當時的主要仕進途徑之一。以博學之士擔任中書教授博士、中書教學博士和中書助教博士，爲學生講授經義（參梁滿倉《北魏中書學》，載《魏晉南北朝史論文集——中國魏晉南北朝史學會第八屆年會暨紀念繆鉞先生百年誕辰國際學術研討會論文集》，2004 年）。

[11]教授博士：官名。中書教授博士、中書教學博士的省稱。北魏時置，屬中書學。選用博學之士擔任，教授中書學生，任職者升遷較易，多升爲中書省、門下省要職。

[12]太武：即北魏皇帝拓跋燾。太武爲其謚號。　始光：北魏太武帝的年號（424—428）。

[13]盧玄：人名。字子真，范陽涿（今河北涿州市）人。北魏大臣。見《北史》卷三〇《盧玄傳》。　高允：人名。字伯恭，勃海蓨（今河北景縣）人。北魏大臣。見《北史》卷三一《高允傳》。

[14]獻文：即北魏皇帝拓跋弘。獻文爲其謚號。　天安：北魏獻文帝的年號（466—467）。元大德本、局本作“大安”。按：形近訛誤。

[15]鄉學：古代對地方學校的稱謂，與國學相别。

[16]助教：官名。國子監諸學置，協助博士教授生徒。西晋武帝咸寧中初立國子學置。北魏沿置。

[17]太和：北魏孝文帝的年號（477—499）。

[18]明堂：名物。帝王會見諸侯與進行祭祀活動的場所。　辟雍：亦作璧雍。指明堂外面環繞的圓形水溝。環水爲雍，意爲圓滿無缺。圓形像辟，帝王專用的玉制禮器。象徵王道教化圓滿不絶。

[19]三老五更：官名。漢朝時置。三老本爲鄉官，掌教化。鄉三老之優者舉爲縣三老，還有國三老。此處三老指國三老，多以致仕的三公任之。五更指年老而知三德五事者。以年老致仕而有經驗的鄉里耆老擔任。

[20]四門小學：北魏孝文帝太和二十年置東、西、南、北四門小學博士，屬太常，訓教皇宗子弟，宣武帝正始四年（507）下詔修小學於四門，延昌二年（513）修成。有博士四十人，教授學生。北齊時亦置，改稱四門學，領屬於國子寺，設四門學博士二十人，助教二十人，學生三百人。

[21]孝文：即北魏皇帝元宏。孝文爲其謚號。

［22］墳籍：古籍之代稱。

［23］劉芳：人名。字伯文，彭城（今江蘇徐州市）人。北魏官吏。見《北史》卷四二《劉芳傳》。　李彪：人名。字道固，頓丘衛國（今河南清豐縣東南）人。北魏官吏。見《北史》卷四〇《李彪傳》。

［24］崔光：人名。本名孝伯，字長仁，東清河鄃（今山東淄博市）人。北魏官吏。見《北史》卷四四《崔光傳》。　邢巒：人名。字洪賓，河間鄚（今河北任丘市北）人。北魏官吏。見《北史》卷四三《邢巒傳》。

［25］集：毛本、局本作“習”。

［26］縻以好爵：給以高官厚禄。

［27］宣武：即北魏皇帝元恪。宣武爲其謚號。

［28］小學博士：官名。四門小學博士的省稱。北魏孝文帝太和二十年置，員四十人，亦稱四門博士。以教授四門小學學生五經文字爲主，參預禮儀的議定和秘書省所藏書籍的整理，或被遣檢試諸郡學生學業。二十三年定爲九品上。

［29］黌（hóng）宇：古代的學校。

［30］燕齊趙魏：泛指戰國時燕、齊、趙、魏四國所轄區域，約今太行山以東、黄河以北地區。

［31］横經：横陳經籍，指受業或讀書。

［32］小者猶數百：毛本、局本無“數”字。

［33］孝廉：選拔官吏的科目。孝指孝子，廉指廉潔之士。原爲二科，後來多混同連稱而爲一科，所舉者也不限於孝者和廉吏。南北朝沿置，地位不及秀才、國子生。時察舉權歸州郡中正，依九品官人法，所舉者皆世家豪族子弟，無須策試。

［34］對揚：凡臣下接受君王賜予時多用之，兼有答謝、頌揚之意。

［35］神龜：北魏孝明帝的年號（518—520）。

［36］生：殿本、四庫本、四部備要本作“上”。殿本校勘記

云:“上,監本訛‘生’。今改從南本。”按:今檢南監本亦作“生”。不知所據。

[37]正光:北魏孝明帝的年號(520—525)。　二年:底本作“三年”。源氏校勘記改“三”作“二”。按:《北史》卷四《魏本紀·孝明帝》:“(正光二年)二月,車駕幸國子學,講孝經。”三年無記載。《魏書》卷九《肅宗紀》云:“(正光二年二月)癸亥,車駕幸國子學,講《孝經》。”三年亦無記載。今據《魏書》改。

[38]釋奠:古代在學校設置酒食祭奠先師的典禮。

[39]祭酒:官名。即國子祭酒。專領國子學,掌教授生徒儒學,主管國子學,參議禮制,隸太常。南北朝沿置。北魏孝文帝太和十七年定爲四品上,二十三年定爲從三品。　孝經:十三經之一,全書十八章,以孝爲中心,闡發了儒家倫理思想。

[40]三十六:源氏校勘記云:“‘三’《魏書》作‘四’。”按:今中華本《魏書》作“三十六”。

[41]孝昌:北魏孝明帝的年號(525—527)。

[42]所在無幾:毛本、殿本、四庫本、局本、四部備要本、中華本作“所存無幾”。

齊神武生於邊朔,[1]長於戎馬,杖義建旗,[2]掃清區縣。因魏氏喪亂,屬尒朱殘酷,[3]文章咸盪,禮樂同奔,[4]弦歌之音且絶,[5]俎豆之容將盡。[6]永熙中,[7]孝武復釋奠於國學,[8]又於顯陽殿詔祭酒劉廞講《孝經》,[9]黄門李郁説《禮記》,[10]中書舍人盧景宣講《大戴禮·夏小正》篇,[11]復置生七十二人。及永熙西遷,天平北徙,[12]雖庠序之制有所未遑,而儒雅之道遽形心慮。時初遷都於鄴,[13]國子置生三十六人。[14]至興和、武定之間,[15]儒業復盛矣。始天平中,范陽盧景裕同從兄仲禮於本郡起逆，[16]齊神武免其罪，置之賓館，以經教授太原公以下。[17]及景裕卒，又以趙郡李同軌繼之。[18]二賢並大蒙恩遇，待以殊禮。同軌云亡，復徵中山張彫武，勃海李鉉、刁柔，中山石曜等遞爲諸子師友。[19]及天保、大寧、武平之朝，[20]亦引進名儒，授皇太子、諸王經術。然爰自始基，暨於季世，唯濟南之在儲宮，[21]性識聰敏，頗自砥礪，以成其美。自餘多驕恣慠狠，動違禮度，日就月將，[22]無聞焉爾。鏤冰彫朽，[23]迄用無成，蓋有由焉。夫帝王子孫，[24]習性驕逸，況義方之情不篤，[25]邪僻之路競開。自非得自生知、體包上智，[26]而内縱聲色之娱，外多犬馬之好，[27]安能入則篤行、出則友賢者也?[28]徒有師傅之資，終無琢磨之實。[29]貴游之輩，飾以明經，[30]可謂稽山竹箭、加之括羽，[31]俯拾青紫，[32]斷可知焉。而齊氏司存，或失其守，師保疑丞，[33]皆賞勳舊；國學博士，徒有虚名。唯國子一學，生徒數十人耳。胄子以通經進仕者，唯博陵崔子發、廣平宋游卿而已。[34]自外莫見其人。幸朝章寬簡，政網疏闊，游手浮惰，十室而九。故横經受業之侣，徧於鄉邑；負笈從宦之徒，[35]不遠千里。入閭里之内，乞食爲資，憩桑梓之陰，動逾十數。[36]燕趙之俗，此衆尤甚焉。齊制，諸郡並立學，置博士、助教授經。學生俱差逼充員，士流及豪富之家皆不從調。備員既非所好，墳籍固不關懷。又多被州郡官人驅使，[37]縱有游惰，亦不檢察。皆由上非所好之所致也。諸郡俱得察孝廉，其博士、助教及游學之徒通經者推擇充舉。射策十條，[38]通八以上，聽九品出身；其尤異者，亦蒙抽擢。

[1]齊神武：即高歡。神武爲其謚號，北齊後主所追謚。

[2]杖義：主持正義。　建旗：諸侯的戰旗。

[3]尒朱：姓氏。指尒朱榮、尒朱兆家族。

[4]禮樂同奔：禮法和雅樂都不存在。語出《史記》卷四《周本紀》:“居二年，聞紂昏亂暴虐滋甚，殺王子比干，囚箕子。太師疵、少師彊抱其樂器而犇周。”

[5]弦歌之音：彈琴和唱歌吟詩的聲音，泛指教學活動。

[6]俎豆之容：祭祀、宴客用的器具，泛指禮儀制度。

[7]永熙：北魏孝武帝的年號（532—534）。

[8]孝武：即北魏皇帝元脩。孝武爲其謚號。

[9]顯陽殿：北魏洛陽宫城正殿之一，是皇帝進行禮儀教化的地方。　劉廞：人名。字景興，彭城（今江蘇徐州市）人。北魏官吏。見《北史》卷四二《劉芳附劉廞傳》。

[10]黄門：官署名。魏晋南北朝時爲侍中省或門下省次官，與侍中俱掌門下衆事，職掌略同，地位隨皇帝旨意或侍中地位而上下。　李郁：人名。字永穆，趙郡平棘（今河北趙縣）人。北齊官吏。見《北史》卷三三《李孝伯附李郁傳》。

[11]中書舍人：官名。中書省屬官。北魏時專掌草擬詔令，出納之職由門下省分任。孝文帝太和十七年定爲六品上，二十三年改六品下。　盧景宣：人名。即盧辯。字景宣，范陽涿（今河北涿州市）人。西魏、北周大臣。見《北史》卷三〇《盧同附盧辯傳》。　大戴禮夏小正:《大戴禮記》中的一篇，講農事。

[12]天平：東魏孝静帝的年號（534—537）。

[13]鄴：城名。在今河北臨漳縣西南。

[14]置生：局本“作“制生”，殿本、四庫本、四部備要本作“置士”。

[15]興和：東魏孝静帝的年號（539—542）。　武定：東魏孝静帝的年號（543—550）。

[16]范陽：郡名。北魏時治涿縣，在今河北涿州市。　盧景裕：人名。字仲孺，小字白頭，范陽涿（今河北涿州市）人。北魏、東魏官吏。見《北史》卷三〇《盧同附盧景裕傳》。　仲禮：即盧仲禮，人名。范陽涿（今河北涿州市）人。東魏孝静帝天平四年，聚衆反魏。次年，爲賀拔仁擊殺。源氏校勘記云：“《北齊》無‘仲’字。”

[17]太原公：封爵名。北齊皇帝高洋未登基前的爵名。此指高洋。太原，郡名。北齊時治龍山縣，在今山西太原市西南。

[18]趙郡：北齊時治平棘縣，在今河北趙縣。　李同軌：人名。趙郡高邑（今河北柏鄉縣北）人。東魏、北齊官吏。見《北史》卷三三《李義深附李同軌傳》。

[19]同軌云亡復徵中山張彫武：源氏校勘記云：“《北齊》‘云’作‘之’，無‘武’字。按本名雕武，俱避諱。‘云’，疑當作‘之’，形訛。”中華本校勘記云：“《北齊書》卷四四《儒林傳》序作‘張雕’，《通志》卷一七四《儒林傳》作‘張彫虎’。錢氏《考異》卷四〇云：‘蓋本名“彫虎”，或改爲“武”，或去其下一字也。’”可從。中山，郡名。北魏時治盧奴縣，在今河北定州市。　勃海：郡名。北魏時治東光縣，在今河北東光縣。　刁柔：人名。字子温，勃海饒安（今河北鹽山縣西南）人。北魏、北齊官吏。見《北史》卷二六《刁雍附刁柔傳》。

[20]大保：北齊文宣帝的年號（550—559）。　大寧：北齊武成帝的年號（561—562）。　武平：北齊後主的年號（570—576）。

[21]濟南：指濟南王高殷。北齊廢帝被廢後的爵名。

[22]日就月將：每天有成就，每月有進步。

[23]鏤冰彫朽：雕刻冰塊和朽木。比喻勞而無功。

[24]帝王子孫：源氏校勘記改作“帝子王孫”。

[25]義方：行事應遵守的規矩和法度。

[26]生知：不待學而知之。　上智：最聰明、博學的人。

[27]犬馬之好：特指良狗名馬。引申爲玩好之物。

[28]入則篤行出則友賢：出入都遵守禮法。

[29]琢磨：雕刻和磨製玉石。比喻修養德業、研討義理、修飾詩文等。

[30]明經：通曉經學，是漢代察舉制度中最重要的特科之一。兩漢舉明經並不定期，也無固定名額。明經和孝廉等科一樣，由郡國或公卿推舉，被舉出後亦須通過射策以確定等第而得官。魏晉南北朝時明經仍爲歲舉的常科。

[31]稽山竹箭加之括羽：資質好而又加以良好的修養。稽山竹箭，《爾雅》曰："東南之美，有會稽之竹箭。"括羽，箭末羽毛。括，通"栝"。

[32]俯拾青紫：輕易地得到官職。青紫，公卿綬帶的顏色，借指高官顯爵。

[33]師保：輔弼帝王和教導王室子弟的官，有師有保，統稱師保。　疑丞：亦作"疑承"，供天子咨詢的四輔之中的二臣。疑，殿本、四部備要本作"凝"。按：形訛，誤。

[34]博陵：郡名。北齊時治安平縣，在今河北安平縣。　崔子發：人名。博陵安平（今河北安平縣）人，出身士族，以通經入仕，位秘書郎。北齊後主武平末，修起居注，後仕隋爲秦王文學，卒於國子博士。撰有《樂府新歌》十卷。　廣平：郡名。北齊時治曲梁城，在今河北永年縣東南。

[35]負笈：背著書箱。形容讀書之多。　從宦：做官。

[36]十數：源氏校勘記云："《北齊》作'千數'。"按：《北齊書》卷四四中華本校勘記云："《北史》卷八一《儒林傳》'千'作'十'，疑《北史》是。"

[37]州郡：源氏校勘記云："《北齊》作'州都'。"

[38]射策：古代以經術爲内容的考試方法。主試者提出問題，書之於策，覆置案頭，受試人拈取其一，按策上的題目作答。

周文受命，[1]雅重經典。于時西都板蕩，[2]戎馬生郊，[3]先王之舊章，往聖之遺訓，掃地盡矣。於是求闕文於三古，得至理於千載，黜魏晉之制度，復姬旦之茂典。[4]盧景宣學通群藝，脩五禮之缺；[5]長孫紹遠才稱洽聞，[6]正六樂之壞。[7]由是朝章漸備，學者嚮風。明皇纂曆，[8]敦尚學藝，内有崇文之觀，[9]外重成均之職。[10]握素懷鉛、重席解頤之士，[11]間出於朝廷；員冠方領、執經負笈之生，[12]著録於京邑。濟濟焉，足以踰於向時矣。洎保定三年，[13]帝乃下詔尊太傅燕公爲三老。[14]帝於是服衮冕，[15]乘碧輅，[16]陳文物，[17]備禮容，[18]清蹕而臨太學，[19]袒割以食之，[20]奉觴以酳之，[21]斯固一世之盛事也。其後命輶軒而致玉帛，[22]徵沈重於南荆。[23]及定山東，降至尊而勞萬乘，[24]待熊安生以殊禮。[25]是以天下慕嚮，文教遠覃。衣儒者之服，挾先王之道，開黌舍延學徒者比肩；勵從師之志，守專門之業，辭親戚甘勤苦者成市。[26]雖通儒盛業不逮魏晉之辰，[27]而風移俗變抑亦近代之美也。

[1]周文：即宇文泰。文爲其謚號，北周明帝所追謚。

[2]板蕩：《詩·大雅》有《板》《蕩》兩篇，描寫當時政局動蕩的局面。後以板蕩指政局不穩。

[3]戎馬生郊：連懷胎的母馬都要用來作戰，指戰亂不斷。

[4]姬旦：人名。即周公旦。輔佐周成王治國理政。見《史記》卷三三《魯周公世家》。　茂典：美好的典章制度。

[5]五禮：舊時的五種禮制。即吉禮、凶禮、軍禮、賓禮、

嘉禮。

[6]長孫紹遠：人名。字師，少名仁，代（今山西大同市東北）人。西魏、北周大臣。見《北史》卷二二《長孫道生附長孫紹遠傳》。

[7]六樂：形成於周代，指黄帝、堯、舜以及夏、商、周六代的樂舞，包括《雲門》《大咸》《大韶》《大夏》《大濩》《大武》。《周禮·地官·大司徒》:“以六樂防萬民之情而教之和。”鄭玄注：“樂，所以蕩正民之情思，使其心應和也。鄭司農云：‘六樂，謂《雲門》《咸池》《大韶》《大夏》《大濩》《大武》。’”按：傳説六樂皆爲古帝王所作，周代承而用之。《雲門》爲黄帝之樂，又名《雲門大卷》；《咸池》爲堯樂，又名《大咸》；《大韶》爲舜樂；《大夏》爲禹樂；《大濩》爲湯樂；《大武》爲周武王之樂。此六樂均爲大舞，亦稱樂舞。

[8]明皇：即北周皇帝宇文毓。明皇爲其謚號。　纂曆：嗣位。底本“曆”作“歷”，中華本作“曆”。按：底本誤，今從改。

[9]崇文之觀：官署名。即崇文觀。三國魏明帝時置，用以安置文學之士。在今河南洛陽市東。

[10]成均：西周及以前大學的稱謂之一。

[11]握素懷鉛：握鉛抱槧。素，白絹，古代用以書寫的材料。鉛，同“鉛”，鉛粉筆，古代用以書寫的工具。形容勤於寫作、校勘。　重席解頤：禮待學者。重席，層疊的坐席。古人席地而坐，以坐席層疊的多少表示身份的高低。後借指學問淵博的儒者。解頤，開顔歡笑。

[12]員冠方領：儒生的裝束，代指儒生。　執經：手持經書，謂從師授業。

[13]保定：北周武帝的年號（561—565）。

[14]太傅燕公：指于謹。見《周書》卷一五《于謹傳》。太傅，官名。北魏時與太師、太保並號三師。位居太師下、太保上，爲輔弼君王的大臣。北魏孝文帝太和二十三年定爲一品。底本作

"太保"。中華本校勘記云:"諸本'傅'作'保',《周書》卷四五《儒林傳》序作'傅'。按本書卷二三、《周書》卷十五《于謹傳》,本書卷十、《周書》卷五《武帝紀》保定三年都作'傅',今據改。"今從改。

[15]衮冕:衮衣和冠冕。古代皇帝及上公的禮服和禮冠。皇帝等王公貴族在祭天地、宗廟等重大慶典活動時穿戴用的正式服裝。

[16]碧輅:用碧玉裝飾的皇帝乘輿。

[17]文物:舊爲禮樂、典章制度的統稱。

[18]禮容:禮制儀容。

[19]清蹕:帝王出行,清除道路,禁止行人。

[20]袒割:天子袒衣,親自割切牲肉。天子敬老、養老之禮。

[21]酳(yìn):同"酌",少飲。吃東西後用酒漱口。

[22]輶軒:使臣乘坐的輕便車子。代指使臣。　玉帛:本義爲美石製作的雕刻有王室圖案的器物。借指爲朝廷徵聘賢士。

[23]沈重:人名。字子厚,吴興武康(今浙江德清縣)人。見《北史》卷八二《沈重傳》。　南荆:地區名。指今湖北襄陽一帶。

[24]萬乘:周制,天子地方千里,能出兵車萬乘,因以"萬乘"指天子。

[25]熊安生:人名。字植之,長樂阜城(今河北泊頭市交河鎮東南)人。通五經,精《三禮》。北齊時任國子博士;後入北周,任露門學博士。撰有《周禮》《禮記》《孝經》諸義疏,已佚。清代馬國翰《玉函山房輯佚書》輯有《禮記熊氏義疏》四卷。

[26]專:南監本作"東"。源氏校勘記改"東"作"專"。

[27]辰:底本作"臣"。源氏校勘記改"臣"作"辰"。按:《周書·儒林傳》作"辰"。按:語意當是,今據改。

自正朔不一,[1]將三百年,師訓紛綸,無所取正。

隋文膺期纂曆，[2]平一寰宇，頓天網以掩之，[3]賁旌帛以禮之，[4]設好爵以縻之，於是四海九州，强學待問之士，[5]靡不畢集焉。天子乃整萬乘，率百僚，遵問道之儀，觀釋奠之禮。博士罄縣河之辯，侍中竭重席之奥，[6]考正亡逸，研覈異同，積滯群疑，涣然冰釋。於是超擢奇儁，厚賞諸儒，京邑達乎四方，皆啓黌校。齊魯趙魏，學者尤多，負笈追師，不遠千里；講誦之聲，道路不絶。中州之盛，[7]自漢魏以來，一時而已。及帝暮年，精華稍竭，不悦儒術，專尚刑名。[8]執政之徒，咸非篤好。暨仁壽間，[9]遂廢天下之學。唯存國子一所，弟子七十二人。煬帝即位，[10]復開庠序，國子、郡縣之學，盛於開皇之初。[11]徵辟儒生，[12]遠近畢至，使相與講論得失於東都之下，[13]納言定其差次，[14]一以聞奏焉。于時，舊儒多已凋亡，惟信都劉士元、河間劉光伯拔萃出類，[15]學通南北，博極今古，後生鑽仰，[16]所製諸經議疏，[17]搢紳咸師宗之。[18]既而外事四夷，戎馬不息，師徒怠散，盗賊群起。禮義不足以防君子，刑罰不足以威小人，空有建學之名，而無弘道之實。其風漸墜，以至滅亡。方領矩步之徒，亦轉死溝壑。凡有經籍，因此湮没於煨燼矣。遂使後進之士，[19]不復聞《詩》《書》之言，[20]皆懷攘竊之心，相與陷於不義。《傳》曰："學者將殖，不學者將落。"[21]然則盛衰是繫，興亡攸在，有國有家者，[22]可不慎歟！

[1]正朔不一：國家分裂。古人稱一年之始爲正，一月之始爲朔。改定正朔，表示王者受命於天，與前代不相襲。

[2]隋文：即隋朝皇帝楊堅。文爲其謚號。

[3]頓天網以掩之：加强朝廷的統治。

[4]賫旌帛：帶著禮物去聘賢能的人。旌帛，禮聘賢士時所送禮品。

[5]强學待問：勤勉地學習，以等待叩問。

[6]侍中：官名。秦始置，歷代沿置。掌侍從皇帝左右，顧問應對。隋代改名爲納言，置二員，正三品。

[7]中州：泛指中原地區。中華本校勘記云:“李慈銘云：‘《隋書》（卷七五）“中州”下有“儒雅”二字，此誤脱。’”當是。

[8]刑名：戰國時以申不害爲代表的學説。

[9]仁壽：隋文帝的年號（601—604）。

[10]煬帝：即隋朝皇帝楊廣。煬爲其謚號。

[11]開皇：隋文帝的年號（581—600）。

[12]徵辟：徵召布衣出仕的制度。皇帝召之稱徵，三公以下召之稱辟。

[13]東都：指洛陽。

[14]納言：官名。亦作“内言”。隋朝時改侍中爲納言，爲門下省長官。隋初爲正三品。

[15]信都：縣名。治所在今河北冀州市。　劉士元：人名。名焯，字士元，信都昌亭（今河北冀州市）人。北朝學者。見《北史》卷八二《劉焯傳》。　河間：郡名。隋朝時治河間縣，在今河北河間市。　劉光伯：人名。名炫，字光伯，河間景城（今河北滄州市）人。隋朝儒士。見《北史》卷八二《劉炫傳》。

[16]鑽仰：深入研求。

[17]議疏：中華本作“義疏”。

[18]搢紳：插笏於紳。代指做官的和做過官的人。　師宗：局本作“宗師”。

[19]後進之士：後輩。也指學識、資歷比較淺的人。

[20]詩：中國第一部詩歌總集，收入自西周初年至春秋中葉五

百多年的詩歌，儒家經典之一。　書：中國現存最早的史書，儒家經典之一。分爲《虞書》《夏書》《商書》《周書》。

[21]學者將殖不學者將落：人像植物一樣，學習就會增殖，不學習就會凋零。語出《左傳》昭十八年："夫學，殖也。不殖將落。"

[22]有國有家者：古代諸侯的封地稱國，大夫的封地稱家。借指皇帝、士人。

漢世，鄭玄並爲衆經注解，[1]服虔、何休各有所説。[2]玄《易》《詩》《書》《禮》《論語》《孝經》，[3]虔《左氏春秋》，[4]休《公羊傳》，[5]大行於河北。王肅《易》，[6]亦間行焉。晋世，杜預注《左氏》。[7]預玄孫坦、坦弟驥，[8]於宋朝並爲青州刺史，[9]傳其家業，故齊地多習之。

[1]鄭玄：人名。字康成，北海高密（今山東高密市）人。東漢經學大師。見《後漢書》卷三五《鄭玄傳》。

[2]服虔：人名。字子慎，初名重，又名祇，後更名虔，河南滎陽（今河南滎陽市東北）人。東漢經學大師。見《後漢書》卷七九下《服虔傳》。　何休：人名。字邵公，任城樊（今山東濟寧市東）人。東漢經學大師。見《後漢書》卷七九下《何休傳》。

[3]易：即《周易》。據説由伏羲創制。儒家經典之一。　禮：即《儀禮》。儒家經典之一，記載典禮儀節的書。成書於東周時期，是儒家傳習最早的經書。

[4]左氏春秋：儒家經典之一。又稱《春秋左氏傳》，簡稱《左傳》。相傳春秋末年左丘明爲解釋《春秋》而作。起自魯隱公元年（前722），迄於魯悼公四年（前464），是現存較早的編年體史書。

[5]公羊傳：相傳子夏弟子齊國人公羊高所作。起自魯隱公元年，迄於魯哀公十四年（前481），是儒家重要經典之一。

[6]王肅：人名。字子雍，東海郯（今山東郯城縣西南）人。三國魏儒家學者、著名經學家。見《三國志》卷一三《魏書·王朗附王肅傳》。

[7]杜預：人名。字元凱，京兆杜陵（今陝西西安市長安區東）人。西晋時著名經學家。見《晋書》卷三四《杜預傳》。

[8]坦：即杜坦，人名。京兆杜陵（今陝西西安市長安區東）人。南朝宋官吏、學者。見《宋書》卷六五《杜驥附杜坦傳》。驥：即杜驥，人名。字度世，京兆杜陵（今陝西西安市長安區東）人。南朝宋官吏、學者。見《宋書·杜驥傳》。

[9]青州：南朝宋時治東陽城，在今山東青州市。

自魏末，大儒徐遵明門下講鄭玄所注《周易》。[1]遵明以傳盧景裕及清河崔瑾。[2]景裕傳權會、郭茂。[3]權會早入鄴都，[4]郭茂恒在門下教授，其後能言《易》者，多出郭茂之門。河南及青齊之間，儒生多講王輔嗣所注，[5]師訓蓋寡。

[1]自魏末大儒徐遵明門下講鄭玄所注周易：中華本校勘記云："《北齊書·儒林傳》序'自'上有'凡是經學諸生多出'八字，'講'上有'河北'二字。按《北齊書》言齊初治經者多爲徐遵明門人。然後言治《周易》者河北講習鄭玄注，河南及青、齊之間講習王弼（輔嗣）注。《北史》删節後，意遂不明。"可從。下，殿本、四庫本、四部備要本作"卜"。

[2]崔瑾：人名。清河武城（今山東武城縣）人。東魏儒士。曾從徐遵明學《周易》。

[3]郭茂：人名。東魏儒士，善《周易》。

[4]鄴都：源氏校勘記云："'鄴'《北齊》作'京'。"

[5]王輔嗣：即王弼，人名。字輔嗣，山陽（今河南焦作市）人。三國時魏玄學家。曾任尚書郎，少年即享高名，卒時年僅二十四歲。好談儒道，著有《周易注》《老子注》。

齊時，儒士罕傳《尚書》之業，徐遵明兼通之。遵明受業於屯留王聰，[1]傳授浮陽李周仁及勃海張文敬、李鉉、河間權會，[2]並鄭康成所注，非古文也。下里諸生，略不見孔氏注解。武平末，劉光伯、劉士元始得費甝《義疏》，[3]乃留意焉。

[1]屯留：縣名。治所在今山西屯留縣東北。　王聰：源氏校勘記云："《北齊》作'王總'。"按：《魏書》卷八四《徐遵明傳》作"王聰"，中華本《北齊書》卷四四《儒林傳序》作"王總"。

[2]浮陽：郡名。北魏時治浮陽縣，在今河北滄州市東南。　勃海：殿本、四庫本、局本、四部備要本作"渤海"。

[3]劉士元：源氏校勘記云："'劉士元'上，《北齊》有'信都'二字。"　費甝（hán）：人名。南朝梁國子助教，撰寫《尚書義疏》十卷。　義疏：此處指《尚書義疏》。

其《詩》《禮》《春秋》，尤爲當時所尚，諸生多兼通之。

《三禮》並出遵明之門。[1]徐傳業於李鉉、祖儁、田元鳳、馮偉、紀顯敬、吕黄龍、夏懷敬。[2]李鉉又傳授刁柔、張買奴、鮑季詳、邢峙、劉晝、熊安生。安生又傳孫靈暉、郭仲堅、丁恃德。其後生能通《禮經》者，多是安生門人。諸生盡通《小戴禮》。[3]於周《儀禮》

兼通者，[4]十二三焉。

[1]三禮：《儀禮》《周禮》《禮記》三書的合稱。東漢鄭玄兼注三禮，盛行於世，故有三禮之稱。

[2]祖儁：源氏校勘記云："《北齊》作'沮儁'。"中華本校勘記云："《北齊書》《通志》作'沮儁'。" 田元鳳：人名。北齊大儒。少從名儒徐遵明受《三禮》，後於郡講學。

[3]小戴禮：《禮》作爲儒家經典，在流傳過程中不斷得到後人的闡釋。其中西漢人戴德、戴聖對時人所傳的不同《禮》分别作了删併工作。戴德作的八十五篇，被稱爲《大戴禮》；戴聖作的四十九篇，被稱爲《小戴禮》。

[4]儀禮：記載周代的各種禮儀制度，其中以記載士大夫的禮儀爲主。秦代以前篇目不詳，漢代初期高堂生傳《儀禮》十七篇，另有古文《儀禮》五十六篇已亡佚。

通《毛詩》者，[1]多出於魏朝劉獻之。獻之傳李周仁。周仁傳董令度、程歸則。歸則傳劉敬和、張思伯、劉軌思。其後能言《詩》者，多出二劉之門。

[1]毛詩：指西漢時魯國毛亨和趙國毛萇輯注的古文《詩》，就是現在流行於世的《詩經》。

河北諸儒能通《春秋》者，並服子慎所注，亦出徐生之門。張買奴、馬敬德、邢峙、張思伯、張奉禮、張彫、劉晝、鮑長宣、王元則並得服氏之精微。[1]又有衛覬、陳達、潘叔虔，[2]雖不傳徐氏之門，亦爲通解。又有姚文安、秦道静，[3]初亦學服氏，後兼更講杜元凱所注。其河外儒生，俱伏膺杜氏。其《公羊》《穀梁》二傳，儒者多不厝懷。

[1]張彫：人名。疑爲上文所言“張彫武”。　鮑長宣：人名。其餘不詳。疑爲下文鮑季詳從弟長暄。　王元則：人名。北齊儒生。精研《服氏春秋》，甚得其義。

[2]衛覬：中華本校勘記云：“錢氏《考異》云：‘衛覬，蓋即衛冀隆也。《賈思同傳》（本書卷四七），國子博士遼西衛冀隆精服氏學，上書難杜氏《春秋》六十三事。（中略）。《蘇瓊傳》（本書卷八六）除南清河太守，每年春，總集大儒衛覬隆、田元鳳等講於郡學。“覬”與“冀”音義相同，此傳又脱“隆”字。’”

[3]姚文安：人名。魏郡（今河北磁縣南）人。北齊學者，通經史，著有《駁妄》，詰難服虔《左傳解》七十七條。　秦道静：人名。樂陵（今山東樂陵市）人。北齊學者。精春秋杜氏之學。

《論語》《孝經》，諸學徒莫不通講。諸儒如權會、李鉉、刁柔、熊安生、劉軌思、馬敬德之徒，[1]多自出義疏。雖曰專門，亦皆相祖習也。[2]

[1]李鉉：底本作“李欽”。中華本校勘記云：“諸本‘鉉’訛作‘欽’，據《北齊書》及鉉本傳改。”今從改。

[2]祖習：源氏校勘記云：“《北齊》作‘粗習’。”

大抵南北所爲章句，好尚互有不同。江左，[1]《周易》則王輔嗣，《尚書》則孔安國，[2]《左傳》則杜元凱。河洛，[3]《左傳》則服子慎，《尚書》《周易》則鄭康成。《詩》則並主於毛公，[4]《禮》則同遵於鄭氏。

南人約簡，得其英華；北學深蕪，窮其枝葉。考其終始，要其會歸，其立身成名，殊方同致矣。

[1]江左：地區名。一名江東，今安徽蕪湖市與江蘇南京市長江河段以東地區。時人又稱南朝政權統治的地區爲江左。

[2]孔安國：人名。字子國，魯國（今山東曲阜市）人。西漢經學家。見《漢書》卷八八《孔安國傳》。

[3]河洛：指以洛陽爲中心的黄河流域。

[4]毛公：即毛萇。河北趙（今河北邯鄲市）人。西漢河間獻王博士。見《漢書》卷八八《毛公傳》。

自魏梁越已下，傳授講議者甚衆，今各依時代而次，以備《儒林》云爾。

梁越，字玄覽，新興人也。[1]博通經傳，性純和。魏初，爲禮經博士。道武以其謹厚，遷上大夫，令授諸皇子經書。明元初，以師傅恩，賜爵祝阿侯，[2]出爲雁門太守，[3]獲白雀以獻，拜光禄大夫。[4]卒。

[1]新興：郡名。北魏時治定襄縣，在今山西定襄縣。

[2]祝阿侯：封爵名。祝阿，縣名。治所在今山東禹城市西南。

[3]雁門：郡名。北魏時治廣武縣，在今山西代縣西。

[4]光禄大夫：官名。漢武帝時設，掌議論。晋武帝泰始年間始有左、右之分，加金章紫綬者爲金紫光禄大夫，加銀章青綬者爲銀青光禄大夫，位在光禄大夫上。北魏孝文帝太和十七年定爲從二品中，二十三年改三品。

盧醜，昌黎徒何人也。[1]襄城王魯元之族也。[2]太武監國，[3]醜以博學入授經。後以師傅舊恩，賜爵濟陰公。[4]位尚書，[5]加散騎常侍，[6]卒於河内太守。[7]

[1]昌黎：郡名。北魏時治昌黎縣，在今遼寧朝陽市。　徒何：縣名。治所在今遼寧錦州市。

[2]襄城王：封爵名。襄城，郡名。北魏時治襄城縣，在今河南襄城縣。　魯元：即盧魯元，人名。昌黎徒河（今遼寧錦州市）人。北魏大臣。見《北史》卷二五《盧魯元傳》。

[3]監國：太子代行國政。

[4]濟陰公：爵名。濟陰，郡名。北魏時治定陶縣，在今山東定陶縣西北。

[5]尚書：官名。魏晋南北朝時分掌尚書省諸曹，出爲朝官。北魏沿置。孝文帝太和二十三年定爲三品。

[6]散騎常侍：官名。職掌侍從皇帝左右，主掌圖書文翰、文章、撰述、諫諍拾遺，以收納轉呈文書奏事爲主，北朝時兼領修史，爲閑散之職。北魏初一度掌出令，位在中書令之上。孝文帝太和十七年定爲二品下，二十三年定爲從三品。

[7]河内：郡名。北魏時治野王縣，在今河南沁陽市。

張偉，字仲業，太原中都人也。[1]學通諸經，鄉里受業者，常數百人。儒謹汎納，雖有頑固，問至數十，偉告喻殷勤，曾無慍色。常依附經典，教以孝悌。門人感其仁化，事之如父。性清雅，非法不言。太武時，與高允等俱被辟命，[2]授中書博士，[3]累遷爲中書侍郎、本國大中正。[4]使酒泉慰勞沮渠無諱，[5]又使宋，賜爵成皋子。[6]出爲營州刺史，[7]進爵建安公。[8]卒，贈并州刺史，[9]謚曰康。

［1］太原：郡名。北魏時治晉陽縣，在今山西太原市晉源區古城營村一帶。　中都：縣名。治所在今山西晉中市榆次區東。

［2］辟命：徵召，任命。

［3］中書博士：官名。北魏時置，屬中書學。選用博學之士擔任，教授中書學生。任職者升遷較易，多升爲中書省、門下省要職。

［4］中書侍郎：官名。中書教授博士、中書教學博士的省稱。三國魏文帝時置。北魏多選用文學之士，掌草擬詔令，職位機要。員四人。孝文帝太和十七年定爲四品上，二十三年定爲從四品上。　大中正：官名。大的郡國之中正。漢獻帝時置中正，評定士族品第。晉南北朝沿置。有州大中正、州中正、郡國大中正和小中正。北魏前、中期此職權力頗重，後期權力稍輕，且選授漸濫，恩幸、閹宦皆有出任者，到北魏末期戰亂時，行臺亦可權立此職，評定品第以便授予官職。

［5］酒泉：郡名。北魏時治禄福縣，在今甘肅酒泉市。　沮渠無諱：人名。臨松（今甘肅張掖市南）人。十六國北凉君主。見《北史》卷九三《沮渠蒙遜傳》。

［6］成皋子：封爵名。成皋，縣名。治所在今河南滎陽市西北。

［7］營州：北魏時治龍城縣，在今遼寧遼陽市。

［8］建安公：封爵名。遥封。建安，郡名。南朝宋時治建安縣，在今福建建甌市。

［9］并州：北魏時治晉陽縣，在今山西太原市晉源區古城營村一帶。

梁祚，北地泥陽人也。[1]父劭，皇始二年歸魏，[2]位濟陽太守。[3]至祚，居趙郡。祚篤志好學，歷習經典，尤善《公羊春秋》、鄭氏《易》，常以教授。有儒者風，而無當世之才。與幽州别駕平恒有舊，[4]恒時請與論經史。辟秘書中散，[5]稍遷秘書令，[6]爲李訢所排擯，[7]退爲中書博士。後出爲統萬鎮司馬，[8]徵爲散令。[9]撰并陳壽《三國志》，[10]名曰《國統》，又作《代都賦》，頗行於世。清貧守素，不交勢貴。卒。子元吉，有父風。

[1]北地：郡名。北魏時治富平縣，在今陝西富平縣。　泥陽：縣名。治所在今陝西富平縣西北。

[2]皇始：北魏道武帝的年號（396—398）。

[3]濟陽：郡名。北魏時治濟陽縣，在今河南蘭考縣東北。殿本、四庫本、四部備要本作"濟陰"。

[4]幽州：北魏時治薊縣，在今北京西南。　别駕：官名。即别駕從事、别駕從事史。漢朝時置，爲州部佐吏。因刺史行部，别乘傳車，故謂之别駕。魏晋南北朝前期，别駕例用本州人，由刺史自辟，後期漸由朝廷任命。北魏孝文帝太和十七年定司州别駕爲正四品中，二十三年定爲從四品上。他州别駕依州品不同，自正五品至正七品不等。

[5]秘書中散：官名。北魏時置，爲任職於秘書省的中散官。掌管禁中文書事務，參預禮儀、制度的議定，亦受皇帝之命外出執行臨時任務，或亦領監、御等曹事務，多由中書學生遷任。五品中。

[6]秘書令：官名。東漢末年曹操爲魏王時置，掌尚書奏事，兼掌圖書秘笈。北魏孝文帝時爲秘書省次官，在秘書監下。典禁中圖書，主持修史，參預議定制度。太和十七年定爲從三品上，二十三年復次職員令未載。

[7]李訢：人名。字元盛，小名真奴，范陽（今河北涿州市）人。北魏官吏。見《北史》卷二七《李訢傳》。

[8]統萬鎮：軍鎮名。在今陝西靖邊縣北白城子。　司馬：官

名。軍府高級幕僚，掌參軍贊務，管理府内武職，位僅次於長史。品秩隨府主而定，高低不等。

[9]散令：官名。北魏時置。無具體職掌，常奉命巡察州、鎮等地方行政機構。

[10]陳壽：人名。字承祚，巴西安漢（今四川南充市）人。西晋史學家。見《晋書》卷八二《陳壽傳》。

平恒，字繼叔，燕郡薊人也。[1]祖視，父儒，並仕慕容爲通宦。[2]恒耽勤讀誦，多通博聞。自周以降暨於魏世，帝王傳代之由，貴臣升降之緒，皆撰品第，商略是非，號曰《略注》，合百餘篇。安貧樂道，不以屢空改操。[3]徵爲中書博士。久之，出爲幽州别駕。廉貞寡欲，不營資産，衣食常至不足，[4]妻子不免飢寒。後遷秘書丞，[5]時高允爲監，[6]河間邢祐、北平陽嘏、河東裴宗、廣平程駿、金城趙元順等爲著作郎。[7]允每稱"博通經籍，無過恒也"。

[1]燕郡：北魏時治薊縣，在今北京西南。　薊：縣名。治所在今北京西南。

[2]慕容：此處指慕容氏建立的燕政權。十六國時期，慕容氏在北方先後建立了前燕、後燕、西燕、南燕等國，前後歷時七十多年。

[3]屢空：經常貧困。謂貧窮無財。

[4]常至：毛本、殿本、四庫本、局本、四部備要本作"至常"。

[5]秘書丞：官名。漢獻帝時置。北魏沿置。多參領著作事，主修撰國史及起居注，並得參與議定禮儀制度。孝文帝太和十七年

定爲四品下，二十三年定爲五品上。

[6]監：官名。秘書監的省稱。漢桓帝時置，秩六百石，掌典圖書秘記，校定文字，屬太常。北魏孝文帝太和十七年定爲從二品中，二十三年定爲三品。

[7]邢祐：人名。字宗祐，河間鄚（今河北任丘市北）人。北魏官吏。見《北史》卷四三《邢巒附邢祐傳》。　北平：郡名。北魏時治新昌縣，在今河北盧龍縣。　陽嘏：人名。北平無終（今天津薊縣）人。北魏儒生。　河東裴宗：中華本校勘記云："張森楷云：'《魏書》（卷八四《平恒傳》）"宗"作"定"。據《胡叟傳》（本書卷三四）有河東裴定宗，疑即其人。'"可從。河東，郡名。北魏時治蒲坂縣，在今山西永濟市西南蒲州鎮。　廣平：郡名。北魏時治曲梁城，在今河北永年縣東南。　程駿：人名。字驎駒，廣平曲安（今河北曲周縣東北）人。北魏官吏。見《北史》卷四〇《程駿傳》。　金城：郡名。北魏時治子城縣，在今甘肅蘭州市西北。　著作郎：官名。三國魏明帝時置，爲著作局長官，員一人，六品，隸中書省。歷代沿置，但職掌不同。北魏中期於秘書省置著作局。員二人。孝文帝太和十七年定爲五品上，二十三年定爲從五品上。《魏書·平恒傳》作"著作佐郎"。

恒三子，並不率父業，好酒自棄。恒常忿其世衰，植杖巡舍，側崗而哭。不爲營事婚宦，任意官娶，曰："此輩會是衰頓，[1]何煩勞我！"故仕娉濁碎，不得及其門流。別構精廬，并置經籍於中，一奴自給，妻子莫得而往，酒食亦不與同。時有珍美，呼時老東安公刁雍等共飲噉之，[2]家人無得嘗焉。太和十年，[3]以恒爲秘書令，而固請爲郡，未受而卒。贈幽州刺史、都昌侯，[4]謚曰康。

[1]會：殿本、四庫本、四部備要本作“曾”。按：因形近而訛。

[2]東安公：封爵名。東安，郡名。北魏時治蓋縣，在今山東沂水縣西北。　刁雍：人名。字淑和，勃海饒安（今河北鹽山縣西南）人。北魏官吏。見《北史》卷二六《刁雍傳》。毛本、殿本、四庫本、局本、四部備要本作“一雍”，誤。殿本校勘記云：“一，《魏書》作刁。”源氏校勘記改“一”作“刁”。

[3]太和：毛本、局本作“天和”。按：因形近而訛。

[4]都昌侯：封爵名。都昌，縣名。治所在今山東昌樂縣東北。

陳奇，字脩奇，河北人也。[1]少孤貧，而奉母至孝。齠齔聰識，[2]有夙成之美。愛翫經典，常非馬融、鄭玄解經失旨。[3]志在著述五經，始注《孝經》《論語》，頗傳於世，爲搢紳所稱。與河間邢祐同召赴京。[4]

[1]河北：毛本、局本作“河止”。按：因形近而訛。殿本校勘記云：“北，北監本訛止。今改從《魏書》。”

[2]齠（tiáo）齔（chèn）：垂髫换齒之時，指童年。

[3]馬融：人名。字季長，扶風茂陵（今陝西興平縣東北）人。東漢儒家學者。見《後漢書》卷六〇上《馬融傳上》。

[4]邢祐：源氏校勘記云：“《魏書》作‘邢祜’。”中華本《魏書》卷八四《陳奇傳》作“邢祐”。

時秘書監游雅素聞其名，[1]始頗好之，引入秘省，[2]欲授以史職。後與奇論典誥，[3]至《易·訟卦》“天與水違行”。雅曰：“自葱嶺以西，水皆西流，推此而言，《易》之所及，自葱嶺以東耳。”奇曰：“《易》理綿廣，包含宇宙，若如公言自葱嶺西，[4]豈東向望天哉？”雅性護短，因以爲嫌。嘗衆辱奇，或爾汝之，[5]或指爲“小人”。奇曰：“公身爲君子，奇身且小人。”雅曰：“君言‘身且小人’，君祖、父是何人也？”奇曰：“祖，燕東部侯釐。”[6]雅質奇曰：“侯釐，何官也？”奇曰：“昔有雲師、火正、鳥師之名，[7]以斯而言，世革則官異，[8]時易則禮變。公爲皇魏東宮内侍長，[9]竟何職也？”先是，敕以奇付雅，令銓補秘書。[10]雅既惡之，遂不復叙用焉。

[1]秘書監：底本作“秘書省”。源氏校勘記改“監”作“省”。中華本校勘記云：“諸本‘監’訛作‘省’，據《魏書》卷八四《陳奇傳》改。”今從改。　游雅：人名。字伯度，小名黄頭，廣平任（今河北任縣東南）人。歷任散騎常侍、東雍州刺史、秘書監等官。見《北史》卷三四《游雅傳》。

[2]秘省：秘書省的簡稱。掌國史修撰及中外三閣圖書。其屬官有秘書丞、秘書郎、著作郎、著作佐郎、校書郎等。

[3]典誥：《尚書》中《堯典》《湯誥》等篇的並稱。泛指經書典籍。

[4]“易之所及”至“若如公言自葱嶺西”：底本無“易之所及自葱嶺以東耳奇曰易理綿廣包含宇宙若如公言”二十四字。中華本校勘記云：“[易之所及自葱嶺以東耳。奇曰：‘《易》理綿廣，包含宇宙，若如公言] 自葱嶺西豈東向望天哉？’諸本脱括號内二十四字，據《魏書》補。”今從改。

[5]爾汝：古代尊長對卑幼者的稱呼。後漸成爲輕蔑之稱。

[6]燕：國名。指十六國時鮮卑族慕容部所建前燕、後燕等政權。　侯釐：官名。十六國前燕、後燕均置。爲鮮卑部落帥名稱的音譯。

[7]雲師：上古官名。爲黄帝時雲官之屬。　火正：上古官名。古代掌祭火星、行火正之官。　鳥師：上古官名。亦稱鳥司。爲少曍氏時官稱。

[8]革：南監本作“滓”。源氏校勘記改“滓”作“革”。

[9]内侍長：官名。十六國時代王拓跋什翼犍建國二年（339）置，員四人，掌顧問、拾遺、應對，亦可受命察舉百僚。與侍中、散騎常侍相類。北魏孝文帝太和十七年改制後廢。

[10]秘書：官名。秘書郎中的省稱。掌管藝文圖籍，整理典籍，考核舊文，删省浮穢。北魏孝文帝太和十七年定爲從五品上，二十三年以後稱秘書郎中。

奇冗散數年。高允每嘉其遠致，稱奇通識，非凡學所及。允微勸雅曰：“君朝望具瞻，[1]何爲與野儒辯簡牘章句！”雅謂允有私於奇，曰：“君寧黨小人也？”乃取奇注《論語》《孝經》，燒於庭内。奇曰：“公貴人，不乏樵薪，何乃然奇《論語》！”雅愈怒，因告京師後生，不聽傳授。而奇無降志，亦評雅之失。雅製《昭皇太后碑文》，[2]論后名字之美，比諭前魏之甄后。[3]奇刺發其非，遂聞於上。詔下司徒檢對，[4]雅有屈焉。

[1]君：殿本、四部備要本作“吾”。按：因形近而訛。　具瞻：謂爲衆人所瞻望。

[2]昭皇太后：即北魏文成帝的乳母常氏。昭爲其謚號。

[3]甄后：魏文帝曹丕的皇后甄氏。中山無極（今河北無極縣）人。見《三國志》卷五《魏書·文昭甄皇后傳》。

[4]詔下司徒檢對：中華本校勘記云：“《魏書》‘檢對’下有‘碑史，事乃郭后’六字。”可從。司徒，官名。北魏初曾令州郡

公文先上司徒府，後改上丞相府。一品。

有人爲謗書，[1]多怨時之言，頗稱奇不得志。雅乃諷在事云："此書言奇不遂，當是奇假人爲之。"如依律文，造謗書者，皆及孥戮。[2]遂抵奇罪。時司徒、平原王陸麗知奇見枉，[3]惜其才學，故得遷延經年，冀得寬宥。獄成，竟致大戮，[4]遂及其家。奇於《易》尤長。在獄嘗自筮，卦未及成，乃擊破而歎曰："吾不度來年冬季。"及奇受害，如其所占。奇初被召，夜夢星墜壓脚。明而告人曰："星則好風，[5]星則好雨，夢星壓脚，必無善徵。但時命峻切，不敢不赴耳。"

[1]謗書：誹謗朝廷的信件或書籍。

[2]孥戮：誅及子孫。

[3]平原王：封爵名。平原，郡名。北魏時治聊城縣，在今山東聊城市東北。　陸麗：人名。代（今山西大同市東北）人。北魏官吏。見《北史》卷二八《陸俟附陸麗傳》。

[4]大戮：死刑。刑罰的一種，殺而陳尸示衆。

[5]好：殿本、四庫本、四部備要本作"如"。

奇外生常矯之，[1]仕歷郡守。奇所注《論語》，矯之傳掌，未能行於世。其義多異鄭玄，往往與司徒崔浩同。[2]

[1]外生：即外甥。

[2]崔浩：人名。字伯淵，《北史》避唐高祖李淵諱改爲伯深，清河東武城（今山東武城縣西北）人。北魏大臣。見《北史》卷

二一《崔宏附崔浩傳》。

劉獻之，博陵饒陽人也。[1]少而孤貧，雅好《詩》《傳》。曾受業於勃海程玄，[2]後遂博觀衆籍。見名、法之言，[3]掩卷而笑曰："若使楊、墨之流，[4]不爲此書，千載誰知其小也?"曾謂其所親曰："觀屈原《離騷》之作，[5]自是狂人，死其宜矣。孔子曰'無可無不可'，寔獲我心。"時人有從獻之學者，獻之輒謂之曰："人之立身，雖百行殊塗，準之四科，要以德行爲首。子若能入孝出悌，忠信仁讓，不待出户，天下自知。儻不能然，雖復下帷針股，躡屩從師，正可博聞多識，不過爲土龍乞雨，眩惑將來。其於立身之道，[6]有何益乎? 孔門之徒，初亦未悟，見皋魚之歎，[7]方乃歸而養親。嗟乎! 先達何自覺之晚也?"由是四方學者，莫不高其行義，希造其門。

[1]饒陽：縣名。治所在今河北饒陽縣東北。

[2]程玄：人名。北魏儒家學者。

[3]名法：指名家和法家。名家，指先秦時以辯論名實問題爲中心的一個思想派别。法家，指先秦時重視法律制定和使用的一個思想派别。

[4]楊：即楊朱。字子居，戰國時魏國（今河南開封市）人。其見解散見於《莊子》《孟子》《韓非子》《吕氏春秋》等書。墨：即墨子。名翟，墨家學派的創始人，主張兼愛、非攻。有《墨子》一書傳世。

[5]屈原：人名。名平，字原。楚國丹陽（今湖北秭歸縣）人。代表作有《離騷》《九歌》。見《史記》卷八四《屈原賈生列

傳》。　離騷：屈原所作，是中國古代詩歌史上最長的一首浪漫主義抒情詩。

［6］“雖復下”至“立身之道”：元大德本、毛本、殿本、四庫本、局本、四部備要本無“帷”至“於”；毛本“不”闕；殿本、四庫本、四部備要本“下”作“不”，局本“下”作“求”。殿本校勘記云：“立身之道上，考《魏書》竟脱去二十七字，遂不成文。”

［7］臯魚之歎：典故。勸説人們要及時孝敬雙親。語出《韓詩外傳》卷九：“孔子出行，聞有哭聲甚悲。孔子曰：‘驅之驅之，前有賢者。’至則臯魚也，被褐擁鐮，哭於路旁。辟車與之言：‘子非有喪，何哭之悲也？’臯魚曰：‘吾失之三矣：少而學，游諸侯以後吾親，失之一也；高尚吾志，間吾事君，失之二也；與友厚而小絶之，失之三也。樹欲静而風不止，子欲養而親不待也。往而不可追者，年也；去而不可得見者，親也。吾請從此辭矣。’”臯魚，底本作“旱魚”。中華本校勘記云：“諸本‘臯’訛‘旱’，據《通志》卷一七四《劉獻之傳》改。臯魚故事見《韓詩外傳》。”按：殿本、四庫本、局本、四部備要本均作“臯魚”。今從改。

獻之善《春秋》《毛詩》，每講《左氏》，盡隱公八年便止，[1]云：“義例已了，不復須解。”[2]由是弟子不能究竟其説。後本郡逼舉孝廉，至京稱病而還。[3]孝文幸中山，詔徵典内校書。[4]獻之喟然歎曰：“吾不如莊周散木遠矣，[5]一之謂甚，其可再乎！”固以疾辭。時中山張吾貴與獻之齊名，四海皆稱儒宗。吾貴每一講唱，門徒千數，其行業可稱者寡。獻之著録，數百而已，皆通經之士。於是有識者辯其優劣。[6]

[1]隱公：即春秋時魯國君主息姑。隱爲其謚號。

[2]不復須解：元大德本作“不復”，局本作“不復浮辭”，中華本作“不復講解”。南監本作浮辭。源氏校勘記云：“‘浮辭’，《魏書》作‘須解’。”

[3]稱病而還：元大德本作“而還”，毛本作“病而還”一字，殿本、四庫本、局本、四部備要本“疾”作“病”。殿本校勘記云：“‘稱疾’二字，監本缺，今從《魏書》增入。”

[4]内校書：官名。具體職掌不詳。

[5]莊周散木：比喻無用之才。語出《莊子·人間世》：“弟子饜觀之，走及匠石，曰：‘自吾執斧斤以隨夫子，未嘗見材如此其美也。先生不肯視，行不輟，何邪？’曰：‘已矣，勿言之矣！散木也。以爲舟則沈，以爲棺槨則速腐，以爲器則速毁，以爲門户則液樠，以爲柱則蠹，是不材之木也。無所可用，故能若是之壽。’”莊周，人名。宋國蒙（今河南商丘縣）人。先秦時思想家、哲學家和文學家。有《莊子》傳世。

[6]辯：中華本作“辨”。

魏承喪亂之後，五經大義，雖有師説，而海内諸生，[1]多有疑滯，咸决於獻之。六藝之文，[2]雖不悉注，所標宗旨，[3]頗異舊義。撰《三禮大義》四卷、《三傳略例》三卷、《注毛詩序義》一卷行於世。[4]并立章句疏二卷。[5]注《涅槃經》，[6]未就而卒。[7]四子，放古、爰古、參古、脩古。

[1]而海内諸生：元大德本、毛本作“諸生”，局本作“而淺薄諸生”。殿本校勘記云：“‘而海内’三字，監本缺，今從《魏書》增入。”

[2]六藝：儒家要求儒生掌握的禮、樂、射、御、書、數六種

技藝。

[3]所標宗旨：元大德本“所宗旨”，毛本、局本、中華本作“所撰宗旨”，南監本作“所擬宗旨”。源氏校勘記云：“‘擬’，《魏書》作‘標’。”

[4]注毛詩序義：元大德本、局本無、南監本作“毛詩序義”。源氏校勘記云：“‘毛’上，《魏書》有‘注’字。”

[5]并立章句疏二卷：源氏校勘記云：“‘二’《魏書》作‘三’。”

[6]涅槃經：佛教經典，又稱《大本涅槃經》《大涅槃經》，北凉時曇無讖譯，四十卷、十三品。

[7]未就而卒：元大德本作“而卒”。

張吾貴，字吴子，中山人也。少聰慧口辯，身長八尺，容貌奇偉。年十八，本郡舉爲太學博士。吾貴先未多學，乃從酈詮受《禮》，牛天祐受《易》。詮、祐粗爲開發而已，[1]吾貴覽讀一遍，便即别構户牖。世人競歸之。

[1]詮祐粗爲開發而已：元大德本“粗”前二字不可識，南監本、局本無“詮”字。源氏校勘記云：“‘祐’上《魏書》有‘詮’字。”

曾在夏學，[1]聚徒千數，而不講《傳》。生徒竊云：“張生之於《左氏》似不能説。”吾貴聞之，謂曰：“我今夏講暫罷，後當説《傳》，君等來日皆當持本。”生徒怪之而已。吾貴詣劉蘭。蘭遂爲講《傳》。三旬之中，吾貴兼讀杜、服，隱括兩家，[2]異同悉舉。諸生後集，便爲講之，義例無窮，皆多新異。蘭仍伏聽。[3]學者以此益奇之。[4]而辯能飾非，好爲詭説，由是業不久傳。而氣陵牧守，不屈王侯，竟不仕而終。

[1]曾在夏學：元大德本作“夏學”，毛本作“曾夏學”。夏學，每年農曆四月十五日至七月十五日三個月間，學人相對集中，便於開展講經，故稱爲夏學。

[2]隱括：指對原有作品的内容、語言加以剪裁、修改而成的新篇。

[3]伏聽：俯伏聽講，形容恭敬。

[4]益奇之：殿本校勘記云:“‘益’監本訛之，今改從《魏書》。”

劉蘭，武邑人也。[1]年三十餘，始入小學書《急就篇》。[2]家人覺其聰敏，遂令從師。受《春秋》《詩》《禮》於中山王保安。家貧，無以自資，[3]且耕且學。三年之後，便白其兄，求講説。其兄笑而聽之，爲立黌舍，聚徒二百。蘭讀《左氏》，五日一遍，兼通五經。先是，張吾貴以聰辯過人，其所解説，不本先儒之旨。唯蘭推《經》《傳》之由，本注者之意，参以緯候及先儒舊事，[4]甚爲精悉。自後經義審博，皆由於蘭。蘭又明陰陽，博物多識，故爲儒者所宗。

[1]武邑：郡名。北魏時治武强縣，在今河北武强縣西南。

[2]急就篇：又名《急就章》，中國古代字書。漢代人史游著，以六十三字爲一章，共三十二章。

[3]無以自資：局本作“無以自給”。

[4]緯候：即緯書。《後漢書·方術傳》有："緯候之部"語，李賢注爲："緯，七經緯也。候，《尚書中候》也。"

瀛州刺史裴植，[1]徵蘭講書於州南館，植爲學主，故生徒甚盛，海内稱焉。又特爲中山王英所重。[2]英引在館，令授其子熙、誘、略等。[3]

[1]瀛州：北魏時治趙都軍城，在今河北河間市。　裴植：人名。字文遠，河東聞喜（今山西聞喜縣）人。北魏官吏。見《北史》卷四五《裴叔業附裴植傳》。

[2]英：即元英，人名。北魏宗室、將領。見《北史》卷一八《南安王楨附中山王英傳》。

[3]熙：即元熙，人名。字真興。北魏宗室、將領。見《北史·南安王楨附元熙傳》。　誘：即元誘，人名。字惠興。北魏宗室。見《魏書》卷一九《南安王楨傳》。　略：即元略，人名。字儁興。北魏宗室。見《北史·南安王楨附東平王略傳》。

蘭學徒前後數千，成業者衆。而排毀《公羊》，又非董仲舒，[1]由是見譏於世。爲國子助教，静坐讀書，有人叩門。蘭命引入。葛巾單衣，[2]入與蘭坐，謂曰："君自是學士，[3]何爲每見毀辱？理義長短，竟在誰？[4]而過無禮見陵也！今欲相召，當與君正之。"言終而出，蘭少時患死。

[1]董仲舒：人名。廣川（今河北景縣）人。西漢儒學家。見《史記》卷一二一《儒林列傳》。

[2]葛巾：古代巾帽之一種。用葛布縫製，故名。

[3]學士：官名。魏晋南北朝皆置，以文學之士充任，掌典禮、編纂、撰述、修史之事，爲文學侍從之臣。

[4]竟在誰：語義不通。《魏書》卷八四《劉蘭傳》、《通志》卷一七四《劉蘭傳》作“竟知在誰?”當是。

孫惠蔚，[1]武邑武遂人也。[2]年十五，粗通《詩》《書》及《孝經》《論語》。十八，師董道季講《易》。[3]十九，師程玄讀《禮經》及《春秋》三傳。周流儒肆，[4]有名於冀方。

[1]孫惠蔚：源氏校勘記夾批“字叔炳”。

[2]武遂：縣名。治所在今河北武强縣西北。

[3]師董道季講易：中華本校勘記云:“張森楷云：‘《魏書》(卷十七)《樂平王丕傳》有日者董道秀，疑即此人。’”

[4]儒肆：亦稱儒宫、儒庠。官立學校。因崇儒學經，故稱。

太和初，郡舉孝廉，對策於中書省。[1]時中書監高閭因相談薦，[2]俄爲中書博士，轉皇宗博士。[3]閭被敕理定雅樂，[4]惠蔚參其事。及樂成，閭上疏請集朝士於太樂，[5]共研是非。秘書令李彪自以才辯，立難於其前。閭命惠蔚與彪抗論，彪不能屈。黄門侍郎張彝，[6]常與游處，每表疏論事，[7]多參訪焉。十七年，孝文南征，上議告類之禮。[8]及太師馮熙薨，[9]惠蔚監其喪禮。上書，令熙未冠之子皆服成人服。惠蔚與李彪以儒學相知，及彪位至尚書，惠蔚仍太廟令。[10]孝文曾從容言曰:“道固既登龍門，[11]而孫蔚猶沈涓澮，[12]朕常以爲負矣。”雖久滯小官，深體通塞，無孜孜之望，儒者以是尚焉。二十二年，侍讀東宮。

[1]中書省：官署名。三國魏時置。爲掌管機要、出納政令掌奏的宫廷政治機構，收納群臣奏書，草擬皇帝詔令等。北魏前期職任不定，或兼常侍從、出納，孝文帝改制後始專掌出令、納奏之職。

[2]中書監：官名。魏晋南北朝時爲中書省長官之一。三國魏文帝初年分秘書省置中書省。南朝中書省掌納奏、擬詔、出令，然權歸中書舍人，監、令名爲長官，品秩升高，多用作重臣加官，時人視爲閑職。北魏與南朝略同。孝文帝太和十七年定爲從一品中，二十三年定爲從二品。 高閭：人名。字閻士，漁陽雍奴（今天津武清區西北）人。北魏大臣。見《北史》卷三四《高閭傳》。

[3]皇宗博士：官名。北魏時置於皇宗學内。掌教授皇子宗室經義。孝文帝太和十七年定爲五品下。

[4]雅樂：宫廷音樂，其體系在西周初制定，與禮儀、典章共同構成了貴族統治的支柱。

[5]太樂：官署名。掌管樂人奏樂。北魏時置太樂博士主之。

[6]黄門侍郎：官名。秦朝時設，北魏沿置。孝文帝太和十七年定爲三品中，二十三年定爲四品上。 張彝：人名。字慶賓，清河東武城（今山東武城縣西北）人。北魏官吏。見《北史》卷四三《張彝傳》。

[7]表：公文文體的一種，是臣下呈送給皇帝的書面報告。疏：公文文體的一種，是臣子向帝王分條陳述以説明事宜的奏章。

[8]告類：祭告上天之禮。特指爲皇帝即位、出巡或立皇太子等特殊重大事件而舉行的非常之祭。

[9]太師：官名。北魏時爲三師之一，是輔佐君王的重要大臣，位在太傅、太保上。一品。 馮熙：人名。字晋國，長樂信都（今

河北冀州市）人。北魏外戚、文明太后之兄。見《北史》卷八〇《馮熙傳》。

[10]太廟令：官名。屬太常，北魏官秩未見載。

[11]登龍門：比喻身價驟然升高。語出《後漢書》卷六七《李膺傳》:“士有被其容接者，名爲登龍門。”李賢注:“以魚爲喻也。龍門，河水所下之口，在今絳州龍門縣。辛氏《三秦記》曰：‘河津，一名龍門，水險不通，魚鱉之屬莫能上，江海大魚薄集龍門下數千，不得上，上則爲龍也。’”

[12]涓澮：小水流、小河。喻低微的地位。

先是，七廟以平文爲太祖。[1]孝文議定祖宗，[2]以道武爲太祖。祖宗雖定，然昭穆未改。[3]及孝文崩，將祔神主於廟，[4]侍中崔光兼太常卿，[5]以太祖既改，昭穆以次而易。兼御史中尉、黄門侍郎邢巒，[6]以爲太祖雖改，昭穆仍不應易，乃立彈草，[7]欲按奏光。光謂惠蔚曰：“此乃禮也，而執法欲見彈劾，思獲助於碩學。”[8]惠蔚曰:“此深得禮變。”尋爲書以與光，讚明其事。光以惠蔚書呈宰輔，乃召惠蔚與巒庭議得失。尚書令王肅又助巒，[9]而巒理終屈，彈事遂寢。

[1]七廟：《禮記・王制》:“天子七廟，三昭三穆，與太祖之廟而七。”具體而言，是四親（父、祖、曾祖、高祖）廟、二祧（高祖的父和祖父）廟和始祖廟。　平文：即拓跋鬱律。平文爲其謚號，爲北魏道武帝拓跋珪追謚。

[2]祖宗：對始祖及先代中有功德者的尊稱。《禮記・祭法》:“有虞氏禘黄帝而郊嚳，祖顓頊而宗堯。”孔穎達疏:“祖，始也，言爲道德之初始，故云祖也。宗，尊也，以有德可尊，故云宗。”

[3]昭穆：宗法制度對宗廟或墓地的輩次排列規則和次序。二世、四世、六世，位於始祖之左方，稱昭；三世、五世、七世，位於始祖之右方，稱穆。

[4]祔：奉新死者的木主於祖廟，與祖先的木主一起祭祀。　神主：古代爲已死的君主、諸侯作的牌位，用木或石製成。

[5]太常卿：官名。爲太常的尊稱。主管祭祀社稷、宗廟和朝會、喪葬禮儀，管理皇帝陵墓、寢廟所在縣邑，每月巡視諸陵，兼管博士和博士弟子的考核、薦舉、補吏。北魏孝文帝太和十七年定爲從一品下，二十三年定爲三品。

[6]御史中尉：官名。北魏時由御史中丞改稱，主御史臺，頗重其選。孝文帝太和十七年定爲三品上，二十三年定爲從三品。

[7]彈草：上疏彈劾的文書。

[8]獲助：毛本"助"前字不可識。　碩學：指代學識淵博的人。

[9]尚書令：官名。秦、西漢時爲尚書署長官，掌收發文書，隸少府。歷代沿置。北魏初不常置，孝文帝改制後尚書省權任頗重，以録尚書事爲長官，尚書令爲副貳，兼掌監察百官，皆爲宰相。孝文帝太和十七年定爲從一品上，二十三年定爲二品。

宣武即位之後，仍在左右，敷訓經典。自冗從僕射遷秘書丞、武邑郡中正。[1]惠蔚既入東觀，[2]見典籍未周，及閲舊典，先無定目，[3]新故雜糅，首尾不全，有者累袠數十，[4]無者曠年不寫。或篇第褫落，始末淪殘；或文壞字誤，謬爛相屬。卷目雖多，全定者少。請依前丞盧昶所撰《甲乙新録》，[5]欲裨殘補闕，損併有無，校練句讀，以爲定本，次第均寫，永爲常式。其省先無本者，廣加推尋，搜求令足。然經記浩博，諸子紛綸，部帙既多，章第紕繆，當非一二校書歲月可了。求令四門博士及在京儒生四十人，[6]在秘書省專精校考，參定字義。詔許之。

[1]冗從僕射：官名。北魏時屬領軍將軍，統領管兵，侍衛皇宫。孝文帝太和十七年定爲從四品上，二十三年定爲六品。

[2]東觀：官署名。東漢洛陽宫内的觀名。

[3]目：毛本作“自”。殿本校勘記云：“‘目’，監本訛‘自’。今改從《魏書》。”

[4]袠（zhì）：同“帙”。

[5]盧昶：人名。字叔達，小字師顔，范陽涿（今河北涿州市）人。北魏官吏。見《北史》卷三〇《盧玄附盧昶傳》。

[6]四門博士：官名。四門學博士的省稱。北魏孝文帝太和二十年始置，掌四門學教授之事，檢試諸郡學生成績，兼整理秘書省典籍。員四十人。九品上。

後爲黄門侍郎，代崔光爲著作郎。才非文史，無所撰著。遷國子祭酒、秘書監，[1]仍知史事。延昌三年，[2]追賞講定之勞，封棗强縣男。[3]明帝初，[4]出爲濟州刺史。[5]還京，除光禄大夫。

[1]國子祭酒：官名。晋武帝時立國子學，置一員爲長官，掌教授生徒儒學，主管國子學，參議禮制，隸太常。北魏沿置。孝文帝太和十七年定爲四品上，二十三年定爲從三品。

[2]延昌：北魏宣武帝的年號（512—515）。　三年：源氏校勘記云：“‘三’，《魏書》作‘二’。”

[3]棗强縣男：封爵名。棗强，縣名。治所在今河北棗强縣

東北。

［4］明帝：即北魏皇帝元詡。明爲其謚號。

［5］濟州：北魏時治碻磝城，在今山東茌平縣西南。

魏初已來，儒生寒宦，[1]惠蔚最爲顯達。先單名“蔚”。正始中，[2]侍講禁内，夜論佛經，有愜帝旨，詔使加“惠”，號“惠蔚法師”焉。卒于官。贈瀛州刺史，謚曰戴。子伯禮襲封。

［1］寒宦：底本作“寒官”，中華本作“寒宦”。《通志》卷一七四《孫惠蔚傳》亦作“宦”。源氏校勘記云：“‘官’《魏書》作‘宦’。”按：“寒宦”又見於《晋書》卷六六《陶侃傳》：“伏波將軍孫秀以亡國支庶，府望不顯，中華人士耻爲掾屬，以侃寒宦，召爲舍人。”故從改。

［2］正始：北魏宣武帝的年號（504—508）。

伯禮善隸書，[1]位國子博士。[2]惠蔚族曾孫靈暉。

［1］隸書：也稱佐書、史書。由篆書簡化演變而成。始於秦代，普遍使用於漢魏。《魏書》卷九一《江式傳》：“隸書者，始皇使下杜人程邈附於小篆所作也，以邈徒隸，即謂之隸書。”

［2］國子博士：官名。晋武帝時立國子學，置一員，以教授生徒儒學。後代沿置。北魏孝文帝太和十七年定爲從五品，二十三年定爲五品上。

靈暉少明敏，有器度。得惠蔚手録章疏，研精尋問，更求師友，《三禮》《三傳》皆通宗旨。[1]然始就鮑季詳、熊安生質問疑滯，其所發明，熊、鮑無以異也。舉冀州秀才，[2]射策高第。[3]仕齊，累至國子博士，授南陽王綽府諮議參軍。[4]綽除定州刺史，[5]仍隨綽之鎮。所爲猖蹶，靈暉唯默默憂頳，[6]不能諫止。綽表請靈暉爲“王師”，以管記馬子結爲諮議。[7]朝廷以王師三品，奏啓不合。後主於啓下手詔云：[8]“但用之。”儒者甚以爲榮。綽除大將軍，[9]靈暉以王師領大將軍司馬。[10]綽誅，停廢。從綽死後，每至七日，至百日，靈暉恒爲綽請僧，設齋，行道。[11]齊亡，卒。

[1]得惠蔚手録章疏研精尋問更求師友三禮三傳皆通宗旨：源氏校勘記云：“‘更’，《北齊》作‘不’。似是。”中華本校勘記云：“《北齊書》卷四四《孫靈暉傳》作‘唯尋討惠蔚手録章疏，不求師友，《三禮》及《三傳》皆通’。按《北齊書》是説他通過自學，通《三禮》《三傳》。這裏改‘不’爲‘更’，意思相反。與下文‘然始’二字矛盾，非。”可從。三傳，注解《春秋》的《左傳》《公羊傳》《穀梁傳》的合稱。

[2]冀州：北魏時治信都縣，在今河北冀州市。

[3]高第：考核成績優秀，名列前茅。

[4]南陽王：封爵名。南陽，郡名。北魏時治宛縣，在今河南南陽市。　綽：即高綽，人名。字仁通，勃海蓨（今河北景縣）人。初名融，字君明。北齊宗室。見《北史》卷五二《南陽王綽傳》。

[5]定州：北齊時治安喜縣，在今河北定州市。

[6]憂頳：憂慮疲弱。殿本、四庫本、四部備要本“頳”作“綽”。

[7]管記：官名。北齊時掌文書。多置於東宫、相府、王府等，

常以文學之士擔任，亦有以中書侍郎兼掌者。一説即記室參軍之職。

[8]後主：即北齊皇帝高緯。

[9]大將軍：官名。魏晋南北朝後期作爲名譽官職，加授給大臣、重要郡鎮的長官，以獎勵軍功，後來也贈與朝臣。北齊時與大司馬並稱“二大”。正一品。

[10]司馬：官名。漢朝時設。魏晋南北朝諸將軍開府，府置司馬，爲軍府的高級幕僚，掌參贊軍務，管理府内武職，位僅次於長史。其品秩隨府主地位而定，高低不等。北齊時大將軍司馬爲四品。

[11]請僧：設法會所請待之僧衆。　設齋：招待僧人使讀經、供齋而祈冥福。　行道：爲敬禮佛而自佛右方旋繞。

馬子結者，其先扶風人，[1]世仕凉土，[2]魏太和中入洛。父祖俱清官。[3]子結及兄子廉、子尚三人，皆涉文學。陽休之牧西兖，[4]子廉、子尚、子結與諸朝士各有贈詩。陽總爲一篇酬答，詩云“三馬皆白眉”者也。[5]子結爲南陽王綽管記，隨綽定州。綽每出游獵，必令子結走馬從禽。子結既儒緩，衣垂帽落，或叫或啼，令騎驅之，非墜馬不止。綽以爲笑。由是漸見親狎，啓爲諮議焉。

[1]扶風：郡名。北魏時治好畤縣，在今陝西乾縣東。

[2]凉土：指今甘肅一帶。

[3]清官：魏晋南北朝時，士大夫以門閥自居，高門與寒素有天壤之别，故官品分爲清濁二途，即以位顯職閑爲清官，位卑職煩爲濁官。

[4]陽休之：人名。字子烈，北平無終（今天津薊縣）人。北朝官吏。見《北史》卷四七《陽尼附陽休之傳》。　西兗：州名。北魏時治定陶縣，在今山東定陶縣西。

[5]白眉：比喻最出色的人才。《三國志》卷三九《魏書·馬良傳》："馬良字季常，襄陽宜城人也。兄弟五人，並有才名，鄉里爲之諺曰：'馬氏五常，白眉最良。'良眉中有白毛，故以稱之。"

石曜，字白曜，中山安喜人。[1]亦以儒學進，居官清儉。武平中，爲黎陽郡守。[2]時丞相、咸陽王世子斛律武都出爲兖州刺史，[3]性貪暴。先過衛縣，[4]令、丞以下斂絹數千疋遺之。至黎陽，令左右諷動曜及縣官。[5]曜手持一絹，謂武都曰："此是老石機杼，聊以奉贈。自此以外，並須出於吏人。吏人之物，一毫不敢輒犯。"武都亦知曜清素純儒，笑而不責。曜著《石子》十卷，言甚淺俗。位終譙州刺史。[6]

[1]安喜：縣名。治所在今河北定州市。底本作"安善"。南監本亦作"安善"。源氏校勘記云："'善'，《北齊》作'喜'。爲是。《漢地理志注》作'憙'。"中華本校勘記云："諸本'喜'作'善'，《北齊書》卷四四及《通志》卷一七四《石曜傳》作'喜'。按《魏書·地形志上》定州中山郡有安喜，無'安善'，今據改。"今從改。

[2]黎陽：郡名。北齊時治黎陽縣，在今河南浚縣東北。

[3]咸陽王：封爵名。咸陽，郡名。遥封。北周時治石安縣，在今陝西涇陽縣。　斛律武都：人名。朔州（今山西朔州市）人。北齊官吏。見《北史》卷五四《斛律金附斛律武都傳》。　兖州：北齊時治瑕丘縣，在今山東兖州市西。

［4］衛縣：當作“衛國縣”。按：《魏書·地形志》無衛縣。《隋書·地理志》言，衛縣，隋煬帝大業二年（606）置，汲郡治。在今河南淇縣。考之，當是衛國。北齊有兩個衛國縣。一在今山東章丘市西南，屬東魏郡；一在今河南清豐縣東南，屬頓丘郡。斛律武都至兗州，當是經過頓丘郡的衛國縣。

［5］縣官：縣府屬吏的統稱。

［6］譙州：北齊時治渦陽縣，在今安徽蒙城縣。

靈暉子萬壽，字仙期，一字遐年。聰識機警，博涉經史，善屬文，美譚笑。在齊，仕爲陽休之開府行參軍。[1]及隋文帝受禪，滕穆王引爲文學。[2]坐衣冠不整，配防江南。行軍總管宇文述，[3]召典軍書。萬壽本自書生，從容文雅，一旦從軍，鬱鬱不得志，爲五言詩贈京邑知友。[4]詩至京，盛爲當時吟誦，天下好事者多書壁上而翫之。後歸鄉里，十餘年不得調。仁壽初，拜豫章王長史，[5]非其好也。王轉封於齊，[6]即爲齊王文學。當時，諸王官屬，多被夷滅。由是彌不自安，因謝病免。久之，授大理司直。[7]卒於官。有集十卷，行於世。

［1］行參軍：官名。三國蜀置。由諸府主辟召之參軍。分掌府內各曹時爲正參軍之副職。歷代沿置。官秩隨朝代及府主地位高低而不同。北齊時爲七品上至八品。

［2］滕穆王：封爵名。即楊瓚。穆爲其謚號。　文學：官名。北魏時王國置，多以博學俊才擔任。又有皇子文學，六品上。隋親王府沿置，掌校讎典籍，侍從文章。員二人。從六品上。

［3］行軍總管：官名。北周時置。戰時臨時任命大臣爲之，統兵出征，事迄即罷。在重大軍事行動中，隸屬於行軍元帥。隋朝沿

置。自隋開始，漸漸過渡爲地方軍政長官，或掌一道軍政，或領數道，時有大總管、總管之分。　宇文述：人名。字伯通，代郡武川（今内蒙古武川縣西）人。隋朝大臣。見《北史》卷七九《宇文述傳》。

［4］五言詩：源氏校勘記小字夾批："詩出《隋書》本傳。"

［5］拜豫章王長史：元大德本"拜"與"豫"間空一字；四庫本"拜"後又有"拜"字；毛本、殿本、四部備要本無空；局本"拜"前有"詔"，無空白。豫章王，封爵名。豫章，郡名。隋朝時治南昌縣，在今江西南昌市。長史，官名。戰國秦時置，掌顧問參謀。此後歷代沿置，爲所在官署的屬官之長。不同名號的長史所負職責不同，品秩隨府主地位高低而不同。

［6］齊：州名。隋朝時治歷城縣，在今山東濟南市。

［7］大理司直：官名。北齊時始置。隋朝沿置，爲大理寺屬官。員十人。從五品。

徐遵明，字子判，華陰人也。[1]幼孤，好學，年十七，隨鄉人毛靈和等詣山東求學。至上黨，[2]乃師屯留王聰，受《毛詩》《尚書》《禮記》。一年，便辭聰游燕趙，師事張吾貴。吾貴門徒甚盛。遵明伏膺數月，乃私謂友人曰："張生名高而義無檢格，凡所講説，不愜吾心。請更從師。"遂與平原田猛略就范陽孫買德。受業一年，復欲去之。猛略謂遵明曰："君年少從師，每不終業，如此用意，終恐無成。"遵明乃指其心曰："吾今知真師所在矣，正在於此。"[3]乃詣平原唐遷，居於蠶舍，讀《孝經》《論語》《毛詩》《尚書》《三禮》，不出門院，凡經六年。時彈筝吹笛，以自娱慰。又知陽平館陶趙世業家有服氏《春秋》，[4]是晋世永嘉舊寫。遵明乃往讀之，復經數載。因手撰《春秋義章》爲三十卷。

[1]華陰：縣名。治所在今陝西華陰市東南。

[2]上黨：郡名。北魏時治壺關城，在今山西長治市北。

[3]於：殿本、四庫本、四部備要本作“如”。按：據上下文，當作“於”。

[4]陽平：郡名。北魏時治館陶縣，在今河北館陶縣。　館陶：縣名。治所在今河北館陶縣。　服氏春秋：即服虔所注《左氏春秋》。

是後教授門徒。每臨講坐，先持經執疏，[1]然後敷講。學徒至今，浸以成俗。[2]遵明講學於外二十餘年，海内莫不宗仰。頗好聚斂，與劉獻之、張吾貴皆河北聚徒教授，懸納絲粟、留衣物以待之，[3]名曰“影質”，有損儒者之風。遵明見鄭玄《論語序》云“書以八寸策”，誤作“八十宗”，因曲爲之説。其僻也皆如此。獻之、吾貴又甚焉。

[1]先持經執疏：底本作“先持執疏”，中華本校勘記云：“諸本脱‘經‘字，據《魏書》卷八四、《通志》卷一七四《徐遵明傳》補。”今從改。

[2]浸以成俗：殿本校勘記云：“‘浸’,監本訛‘侵’。今改從閣本。”

[3]懸納：公布應繳納的數額。

遵明不好京輦，[1]以兖州有舊，因徙屬焉。元顥入洛，[2]任城太守李湛將舉義兵，[3]遵明同其事。夜至人間，爲亂兵所害。永熙二年，遵明弟子通直散騎侍郎李業興表求加策命，[4]卒無贈謚。

[1]京輦：國都。亦稱輦轂下、轂下。帝車曰輦，故京城曰京輦。

[2]元顥：人名。字子明。北魏宗室、大臣。見《北史》卷一九《北海王詳附元顥傳》。

[3]任城：郡名。北魏時治任城縣，在今山東濟寧市。

[4]通直散騎侍郎：官名。東漢始置。北魏孝文帝太和十五年亦置，屬集書省，參平尚書議事，兼掌侍從諷諫，員六人。初定爲四品中，後定爲從五品上。　策命：以策書封官授爵。

董徵，字文發，頓丘衛國人也。[1]身長七尺二寸，好古學，尚雅素。年十七，師清河監伯陽，[2]受《論語》《毛詩》《春秋》《周易》；河内高望崇，[3]受《周官》；後於博陵劉獻之遍受諸經。數年之中，大義精練，講授生徒。太和末，爲四門小學博士。後宣武詔徵入琁華宫，[4]令孫惠蔚問以六經。仍詔徵教授京兆、清河、廣平、汝南四王。[5]

[1]頓丘衛國：《通志》卷一七四《董徵傳》作"衛國頓丘"，誤。頓丘，郡名。北魏時治頓丘縣，在今河南清豐縣西南。衛國，縣名。治所在今河南清豐縣東南。

[2]清河監伯陽：按：《北史》卷四〇《李彪傳》及《魏書》卷六二《李彪傳》均作"長樂監伯陽"。

[3]河内：郡名。北魏時治野王縣，在今河南沁陽市。

[4]琁華宫：《水經注疏》卷一六《穀水》："渠水又東，枝分南

入華林，歷疏圃南。圃中有古玉井，井悉以珉玉爲之。”楊守敬注云：“《寰宇記》引《洛陽記》云，璇華宫有玉井，以白玉壘（疑當作累）瑶華蓋璇華之異名。”

[5]京兆：即京兆王元愉。京兆，郡名。北魏時治霸城，在今陝西西安市東北。　清河：即清河王元懌。　廣平：即廣平王元懷。　汝南：即汝南王元悦。汝南，郡名。北魏時治上蔡縣，在今河南汝南縣。

後累遷安州刺史。[1]徵因述職，路次過家，置酒高會，大享邑老。乃言曰：“腰龜返國，[2]昔人稱榮；仗節還家，云胡不樂。”因誡二三子弟曰：“此之富貴，匪自天降，乃勤學所致耳。”時人榮之。入爲司農少卿、光禄大夫，[3]後以老解職。永熙二年，卒。孝武帝以徵昔授學業，[4]故優贈儀同三司、尚書左僕射、相州刺史，[5]謚曰文烈。子仲曜。

[1]安州：北魏時治方城，在今河北隆化縣隆化鎮。

[2]腰龜：腰佩龜章。借指做了高官。東漢衛宏《漢舊儀補遺》卷上：“列侯黄金印，龜紐，文曰印。丞相、大將軍黄金印龜紐，文曰章。”所以，龜紐後來就被用來代稱官印。

[3]司農少卿：官名。北魏時爲大司農少卿的省稱，協助大司農管理租税、園苑、倉儲。四品上。

[4]孝武帝以徵昔授學業：中華本校勘記云：“《魏書》卷八四《董徵傳》‘學’作‘父’。張森楷謂當作‘父’。按張説是。上文言徵曾教授京兆、清河、廣平、汝南四王。孝武即廣平王懷子。”可從。

[5]儀同三司：初謂非三公而儀制待遇同於三公。北魏沿置。孝文帝太和十七年定爲一品下，二十三年定爲從一品，位開府上。

尚書左僕射：官名。秦官，漢因之。尚書僕射分左右自漢獻帝始。自此以後，或二或一，置二人則分左右。職掌都省庶務及執法，或典選舉。左僕射權力大於右僕射，兼掌糾彈百官。北魏孝文帝太和十七年定爲從一品中，二十三年定爲從二品。　相州：北魏時治鄴城縣，在今河北臨漳縣西南鄴鎮。

李業興，上黨長子人也。[1]祖虬、父玄紀，[2]並以儒學舉孝廉。玄紀卒於金鄉令。[3]

[1]長子：縣名。治所在今山西長子縣東。

[2]虬：毛本、四庫本、四部備要本作"蚪"。

[3]金鄉：縣名。治所在今山東金鄉縣。

業興少耿介志學，晚乃師事徐遵明於趙魏之間。時有漁陽鮮于靈馥亦聚徒教授，[1]而遵明聲譽未高，著録尚寡。業興乃詣靈馥黌舍，[2]類受業者。靈馥乃謂曰："李生久逐羌博士，[3]何所得也？"業興默爾不言。及靈馥説《左傳》，業興問其大義數條，靈馥不能對。於是振衣而起曰："羌弟子正如此耳！"遂便徑還。自此，靈馥生徒傾學而就遵明。遵明學徒大盛，[4]業興之爲也。

[1]漁陽：郡名。北魏時治潞縣，在今北京通州區東。

[2]黌舍：校舍。代指學校。

[3]羌博士：徐遵明是華陰人，該地是漢族與羌族混居地區，故而鮮于靈馥有此言。

[4]靈馥生徒傾學而就遵明遵明學徒大盛：諸本脱"學徒"之上、"遵明"之下"遵明"二字。按：《魏書》卷八四《李業興傳》

有。《北史》删减後，語意不完整。今據補。

後乃博涉百家，圖緯、風角、天文、占候，[1]無不討練，尤長筭歷。雖在貧賤，常自矜負，若禮待不足，縱於權貴，不爲之屈。後爲王遵業門客。[2]舉孝廉，爲校書郎。[3]以世行《趙敺曆》，[4]節氣後辰下算。[5]延昌中，業興乃爲《戊子元曆》上之。於時屯騎校尉張洪、盪寇將軍張龍詳等九家，[6]各獻新曆。宣武詔令共爲一曆。洪等後遂共推業興爲主，成《戊子曆》。[7]正光三年，奏行之。業興以“殷曆甲寅、黄帝辛卯，徒有積元，術數亡缺”，又脩之，各爲一卷，傳於世。

[1]圖緯：圖讖和緯書。　風角：占卜之法。以五音占四方之風而定吉凶。　占候：視天象變化以預言吉凶禍福。

[2]王遵業：人名。太原晋陽（今山西太原市晋源區古城營村一帶）人。北魏官吏。見《北史》卷三五《王慧龍附王遵業傳》。

[3]校書郎：官名。東漢時置，以郎官典校皇家秘籍圖書，歷代沿置。北魏時屬秘書省。孝文帝太和十七年定爲從六品上，二十三年定爲九品上。

[4]趙敺曆：底本作“趙匪曆”，殿本、四庫本、四部備要本作“趙敺歷”。中華本校勘記云：“按趙敺見《魏書·律曆志》、《隋書·經籍志三》曆數家。今據改。”今從改。

[5]節氣後辰下算：《通典》卷一〇六《禮》六六：“若其年節氣晚，即於節氣後卜日也。將卜前一日，以右校掃除太廟南門之外。”按：“下”當作“卜”。

[6]屯騎校尉：官名。漢武帝時始置，北魏時爲散員官，無職掌。員二十人。孝文帝太和十七年定爲從三品中，二十三年定爲五

品。　盪寇將軍：官名。東漢末置。爲雜號將軍，統兵出征。北魏孝文帝太和十七年定爲七品下，二十三年定爲從七品上。　張龍詳：源氏校勘記云："《魏書》作'龍祥'。"中華本校勘記云："《魏書》卷八四《李業興傳》及《魏書·律曆志》作'張龍祥'。張森楷云：'《張淵傳》(《魏書》卷九一）無"詳"字。'按作'張龍'當是雙名單稱，'祥''詳'未知孰是。"

[7]成戊子曆：中華本校勘記云："按《隋書·經籍志》曆數家有《壬子元曆》一卷，注云'後魏校書郎李業興撰'。章宗源《隋書經籍志考證》，以爲業興所造，初名《戊子元曆》，後合九家，共定爲《壬子元曆》。(章説所據見《魏書·律曆志》)。此《戊子曆》當爲《壬子元曆》之誤。"可從。

建義初，[1]敕典儀注。[2]未幾，除著作郎。永安三年，[3]以前造曆之勳，賜爵長子伯。後以孝武帝登極之初，豫行禮事，封屯留縣子，除通直散騎常侍。[4]永熙三年二月，孝武帝釋奠，業興與魏季景、温子昇、竇瑗爲摘句。[5]後入爲侍讀。[6]

[1]建義：北魏孝莊帝的年號（528）。

[2]儀注：測天的法式。

[3]永安：北魏孝莊帝的年號（528—530）。

[4]通直散騎常侍：官名。西晉武帝時員外散騎常侍與散騎常侍共同當值，故設此職。北魏時掌侍從、諷諫，屬集書省。員六人。孝文帝太和十七年定爲三品下，二十三年定爲四品。

[5]魏季景：人名。鉅鹿（今河北晋州市西）人。北魏學者、官吏。見《北史》卷五六《魏季景傳》。　温子昇：人名。字鵬舉，濟陰冤句（今山東菏澤市）人。北魏、東魏官吏。見《北史》卷八三《温子昇傳》。　竇瑗：人名。字世珍，遼西陽洛（今河北

撫寧縣）人。北魏、東魏官吏。見《北史》卷八六《竇瑗傳》。

[6]侍讀：官名。爲皇帝或太子講解經義之職，爲加官。

遷鄴之始，起部郎中辛術奏：[1]“今皇居徙御，[2]百度枊始，營構一興，必宜中制。李業興碩學通儒，博聞多識，萬門千户，所宜詢訪。今求就之披圖案記，考定是非，參古雜今，折中爲制。”詔從之。於時尚書右僕射、營構大匠高隆之被詔繕脩三署樂器、衣服及百戲之屬，[3]乃奏請業興共事。

[1]起部郎中：官名。兩晋南北朝時尚書起部曹長官的通稱。資深勤能者可轉侍郎。北魏孝文帝太和十七年定爲五品上，二十三年定爲六品。　辛術：人名。字懷哲，隴西狄道（今甘肅臨洮縣）人。東魏、北齊官吏。見《北史》卷五〇《辛雄附辛術傳》。

[2]今：毛本、南監本、局本作“令”。源氏校勘記改“令”作“今”。

[3]尚書右僕射：官名。北朝時列位宰相，在録尚書事、尚書令下，職掌都省庶務及執法，或典選舉。北魏孝文帝太和十七年定爲從一品中，二十三年定爲從二品。　營構大匠：官名。負責宫殿建築事宜。品秩不詳。源氏校勘記云：“‘匠’，《魏書》作‘將’。似非。”　高隆之：人名。本姓徐，字延興，東魏、北齊大臣。見《北史》卷五四《高隆之傳》。　三署：官署名。太常寺下有太樂署、鼓吹署、衣冠署三署。掌諸樂及行禮節奏、鼓吹、衣服諸事。　百戲：樂舞雜技表演的總稱。

天平四年，與兼散騎常侍李諧、兼吏部郎盧元明使梁。[1]梁散騎常侍朱异問業興曰：[2]“魏洛中委粟山是南郊邪?[3]圜丘邪?”[4]業興曰:“委粟是圜丘,非南郊。”异曰:“比聞郊、丘異所,[5]是用鄭義。我此中用王義。”業興曰:“然。洛京郊丘之處,用鄭解。”异曰:“若然,女子逆降傍親,[6]亦從鄭以不?”業興曰:“此之一事,亦不專從。若卿此間用王義,除禫應用二十五月,[7]何以王儉喪禮,[8]禫用二十七月也?”异遂不答。業興曰:“我昨見明堂,四柱方屋,都無五九之室,當是裴頠所制。[9]明堂上圓下方,裴唯除室耳,今此上不圓何也?”异曰:“圓方俗説,經典無文,何怪於方?”業興曰:“圓方之言,出處甚明,卿自不見。見卿録梁主《孝經義》亦云‘上圓下方’,[10]卿言豈非自相矛楯?”异曰:“若然,圓方竟出何經?”業興曰:“出《孝經援神契》。”[11]异曰:“緯候之書,何可信也!”業興曰:“卿若不信,《靈威仰》《叶光紀》之類,[12]經典亦無出者,卿復信不?”异不答。

[1]李諧:人名。字虔和,頓丘(今河南清豐縣西南)人。北朝時官吏。見《北史》卷四三《李崇附李諧傳》。　吏部郎:官名。三國魏蜀時始置,北魏沿置。屬吏部尚書,主管官吏選任、銓叙、調動事務,對五品以下官吏之任免有建議權。北魏沿置。孝文帝太和十七年定爲從四品上,二十三年定爲四品上。　盧元明:人名。字幼章,范陽涿(今河北涿州市)人。北魏、東魏官吏。見《北史》卷三〇《盧玄附盧元明傳》。

[2]朱异:人名。字彦和,吴郡錢唐(今浙江杭州市)人。南朝梁官吏。見《梁書》卷三八《朱异傳》。

[3]委粟山:在今河南洛陽市東北。　南郊:天子在京都南面的郊外築圜丘以祭天的地方。

[4]圜丘：祭天的圜形高壇。

[5]郊丘異所：在鄭玄的祭天禮制系統中，圜丘、南郊和四郊爲三個不同的所在，它們分别被用來祭祀昊天、上帝（感生帝）和五色帝。而王肅則認爲是在同一個地方。

[6]逆降：謂古代喪禮中後昇階者先下的儀式。

[7]除禫（dàn）：舉行儀式去除喪服。

[8]王儉：人名。字仲寶，琅琊臨沂（今山東費縣東）人。南朝齊官吏。見《南齊書》卷二三《王儉傳》。

[9]都無五九之室當是裴頠所制：五九，毛本作"九五"。當，局本作"堂"，南監本作"堂"。按：局本形訛。源氏校勘記云："'堂'，《魏書》作'當'。似是，附下而讀。"裴頠（wěi），人名。字逸民，河東聞喜（今山西聞喜縣）人。西晉官吏。見《晉書》卷三五《裴秀附裴頠傳》。

[10]梁主：南監本作"梁王"。源氏校勘記改"王"作"主"。　孝經義：《隋書·經籍志一》："《孝經義疏》十八卷，梁武帝撰。梁有皇太子講《孝經義》三卷，天監八年皇太子講《孝經義》一卷，梁簡文《孝經義疏》五卷，蕭子顯《孝經義疏》一卷，亡。"

[11]孝經援神契：《隋書·經籍志一》："《孝經援神契》七卷，宋均注。"

[12]靈威仰：讖緯家所謂五帝之一，東方之神，司春天，亦稱青帝。　叶光紀：讖緯家所謂五帝之一，北方之神，司冬天，亦稱黑帝。

梁武問業興：[1]"《詩·周南》，[2]王者之風，繫之周公；《邵南》，[3]仁賢之風，繫之邵公。[4]何名爲繫？"業興對曰："鄭注《儀禮》云：昔太王、王季居于岐陽，[5]躬行《邵南》之教以興王業。及文王行《周南》之教以受命，[6]作邑於酆。[7]文王爲諸侯之時所化之國，[8]今既登九五之尊，不可復守諸侯之地，故分封二公，名爲鱀。”梁武又問：“《尚書》‘正月上日，受終文祖’，此時何正？”[9]業興對曰：“此夏正月。”梁武言：“何以得知？”業興曰：“案《尚書中候·運衡篇》云‘日月營始’，[10]故知夏正。”又問：“堯時以前，[11]何月爲正？”業興對曰：“自堯以上，書典不載，實所不知。”梁武又云：“‘寅賓出日’，即是正月，[12]‘日中星鳥，以殷仲春’，即是二月。此出《堯典》，[13]何得云‘堯時不知用何正’？”業興對曰：“雖三正不同，[14]言時節者，皆據夏時正月。《周禮》：‘仲春二月，會男女之無夫家者。’雖自周書，月亦夏時。堯之日月，亦當如此。但所見不深，無以辯析明問。”梁武又曰：“《禮》：‘原壤母死，叩木而歌。’[15]孔子聖人，而與壤爲友？”業興對曰：“孔即自解，言親者不失其親，故者不失其故。”又問：“壤，何處人？”對曰：“注云：‘原壤，孔子幼之舊。’[16]故是魯人。”又問：“原壤不孝，有逆人倫，何以存故舊之小節，廢不孝之大罪？”對曰：“原壤所行，事自彰著，幼少之交，非是今始，既無大故，何容棄之？”又問：“孔子聖人，何以書原壤之事，垂法萬代？”業興對曰：“此是後人所録，非孔子自制，猶‘合葬於防’。[17]如此之比，《禮記》之中，動有百數。”又問：“《易》有太極，極是有無？”業興對曰：“所傳太極是有。”還，兼散騎常侍，加中軍大將軍。[18]

[1]梁武：即南朝梁皇帝蕭衍。武爲其謚號。

[2]詩周南：《詩·國風》中的一章，收録的是周南地區的

詩歌。

［3］邵南：《詩・國風》中的一章，收録的是邵南地區的詩歌。

［4］邵公：西周初年政治家。姓姬，名奭。文王庶子，食邑於召（今陝西岐山縣西南），故稱召公。又作“邵公”“召伯”“召康公”。

［5］太王：即古公。姓姬，名亶父。周文王姬昌的祖父，又被尊稱爲周太王。　王季：人名。名季歷，周太王古公亶父的第三子、周文王姬昌之父。　岐陽：地區名。岐山南面的地區。

［6］及文王行周南之教以受命：底本“周”上有“今”字。中華本校勘記云:“按‘今’字當是衍文。”今從改。文王，即周王姬昌。文爲其謚號。

［7］酆：地名。又稱酆京，西周國都，在今山西西安市西南澧河以西。

［8］文王爲諸侯之時所化之國：底本作“文王爲諸侯之地所化之國”。中華本校勘記云:“諸本‘時’訛作‘地’，據《魏書》卷八四《李業興傳》改。”今據改。

［9］此時何正：中華本校勘記云:“《魏書・李業興傳》‘時’作‘是’，是。”可從。

［10］《尚書中候》：緯書之一。《隋書・經籍志》載“《尚書中候》五卷，鄭玄注”。　運衡篇：源氏校勘記云:“（運衡）《魏書》作‘運行’。”

［11］堯：人名。姓伊祁，名放勳，史稱唐堯。見《史記》卷一《五帝本紀》。

［12］寅賓出日即是正月：底本“是”上無“即”字。中華本校勘記云:“《魏書》、《通志》卷一七四《李業興傳》有。按下文云:‘“日中星鳥，以殷仲春”，即是二月，’也有‘即’字。今據補。”今從改。

［13］《堯典》：《尚書》篇目之一，記載唐堯的功德、言行。

［14］三正不同：殿本、四庫本、四部備要本作“三五不同”。

按：形近而訛，誤。所謂夏曆、殷曆和周曆，這三者最主要的區別在於歲首的不同，所以又稱三正。

[15]原壤母死叩木而歌：源氏校勘記云："《檀弓》作'登木曰'。"按：《禮記·檀弓下》："原壤，孔子之故人。其母死，夫子助之沐椁。原壤登木曰：'久矣。予之不託於音也。'歌曰：'狸首之班然，執女手之卷然。'夫子爲弗聞也者而過之。從者曰：'子未可以已乎！'夫子曰：'丘聞之親者毋失其爲親也，故者毋失其爲故也。'"

[16]孔子幼之舊：毛本、局本作"孔子幼下之舊"。源氏校勘記云："'幼'下，《魏書》有'小'字。"

[17]合葬於防：讓父母合葬在防山。防，山名。在今山東曲阜市東。山北有梁公林，即孔子父母合葬的墓地。

[18]中軍大將軍：官名。三國魏文帝時置，主要職責是統管左、右衛，前、後、左、右，驍騎等宿衛七營禁軍，主管京師以及宫廷禁衛。地位顯要，不常置，二品。魏晋南北朝沿置。北魏孝文帝太和十七年定爲從一品中，二十三年定爲二品。

業興家世農夫，雖學殖，[1]而舊音不改。梁武問其宗門多少，答曰："薩四十家。"使還，孫騰謂曰：[2]"何意爲吴兒所笑？"對曰："業興猶被笑，試遣公去，當着被罵。"[3]邢子才云：[4]"爾婦疾㾮，或問實耶？"業興曰："爾大癡！但道此，人疑者半，信者半，誰檢看？"

[1]學殖：指學問的積累增長。

[2]孫騰：人名。字龍雀，咸陽石安（今陝西咸陽市東北）人。東魏大臣。見《北史》卷五四《孫騰傳》。

[3]當着被罵：唯中華本"着"作"著"。

[4]邢子才：即邢卲，人名。字子才，小字吉，河間鄚（今河北任丘市北）人。北魏、東魏、北齊官吏。見《北史》卷四三《邢巒附邢卲傳》。

武定元年，除國子祭酒，仍侍讀。神武以業興明術數，軍行常問焉。業興曰某日某處勝。謂所親曰："彼若告勝，自然賞吾；彼若凶敗，安能罪吾？"芒山之役，[1]有風從西來入營。業興曰："小人風來，當大勝。"神武曰："若勝，以爾爲本州刺史。"既而以爲太原太守。五年，齊文襄引爲中外府諮議參軍。[2]

[1]芒山之役：東魏高歡和西魏宇文泰於西魏文帝大統九年(543)在芒山進行的戰役，以東魏的最終勝利而告終。芒山，在今河南洛陽市郊。

[2]文襄：即高澄。文襄爲其謚號，爲北齊文宣皇帝高洋追謚。中外府：官署名。都督中外諸軍事府的省稱。設長史、司馬、司録、從事中郎、掾屬、諸曹參軍、行參軍等府佐。因北魏末高歡父子、西魏宇文泰及北周時宇文護等皆以都督中外諸軍事身份控制朝政，故府佐的實際地位很高。

後坐事禁止，[1]業興乃造《九宮行棋曆》，以五百爲章，四千四十爲蔀，[2]九百八十七爲斗分，[3]還以己未爲元，始終相維，不復移轉，與今曆法術不同。至於氣序交分，景度盈縮，不異也。文襄之征潁川，[4]業興曰："往必剋，剋後凶。"文襄既剋，欲以業興當凶而殺之。

[1]禁止：限制犯錯誤或受彈劾的官吏的行動自由。

[2]以五百爲章四千四十爲蔀（bù）：“章”“蔀”爲曆法名詞。漢初所傳的六種古代曆法，以十九爲章，章有七閏。四章爲蔀，二十蔀爲紀，六十蔀爲元。

[3]斗分：底本作“升分”。源氏校勘記云：“（升分）《魏書》作‘斗分’。”中華本校勘記云：“諸本‘斗’作‘升’。錢氏《考異》云：‘升當作斗。’按《魏書·李業興傳》作‘斗’。《律曆志》有蔀法、斗分。今據改。”今從改。

[4]潁川：郡名。東魏時治長社縣，在今河南許昌市。底本作“穎川”。按：此處作地名，據《魏書·地形志》，當作“潁川”。今據改。

業興愛好墳籍，鳩集不已，手自補脩，躬加題帖，其家所有，垂將萬卷。覽讀不息，多有異聞，諸儒服其深博。性豪俠，重意氣，人有急難，委命歸之，便能容匿。與其好合，傾身無悋；有乖忤，便即疵毀，乃至聲色，加以謗罵。性又躁隘，至於論難之際，無儒者之風。每語人云：“但道我好，雖知妄言，故勝道惡。”務進忌前，不顧後患，[1]時人以此惡之。[2]至於學術精微，當時莫及。

[1]務進忌前不顧後患：一心向前，不考慮後果。

[2]惡：毛本、南監本、局本作“患”。源氏校勘記云：“‘患’，《魏書》作‘惡’。”

業興二子，崇祖傳父業。

崇祖，字子述。文襄集朝士，命盧景裕講《易》。崇祖時年十一，論難往復，景裕憚之。業興助成其子，至於忿鬩。文襄色甚不平。姚文安《難服虔〈左傳解〉》七十七條，名曰《駮妄》。崇祖申明服氏，名曰《釋謬》。齊文宣營構三臺，[1]材瓦工程，皆崇祖所筭也。封屯留縣侯。

[1]齊文宣營構三臺：《北史》卷七《顯祖文宣帝紀》載："先是，發丁匠三十餘萬營三臺於鄴下，因其舊基而高博之，大起宮室及遊豫園。至是（太保九年八月），三臺成。改銅爵曰金鳳，金獸曰聖應，冰井曰崇光。"文宣，即北齊皇帝高洋。文宣爲其謚號。

遵祖，齊天保初，難宋景業曆甚精。[1]

[1]難宋景業曆甚精：底本作"難宗景曆甚精"。中華本校勘記云:"諸本'宋'作'宗'，無'業'字。張森楷云：'《齊書》卷四九《方伎傳》有宋景業，參定新曆。隋志（《經籍志》曆數家）有《宋景業曆》一卷。别無"宗景"其人。疑此"景"下脱"業"字。'按張説是，下文《李鉉傳》，亦言宋景業與綦母懷文等草定新曆。'宗'乃'宋'之訛，今據改補。"今據改。

崇祖爲元子武卜葬地，[1]醉而告之曰:"改葬後，當不異孝文。"武成，[2]或告之，兄弟伏法。

[1]爲：局本作"之"，誤。　元子武：人名。不詳。當爲北魏宗室。

[2]武成：中華本校勘記云:"張森楷云：'魏無"武成"，疑此二字有誤。'按此北齊時事，疑'武成'下脱'初'或'中'字。"可從。

李鉉，字寶鼎，勃海南皮人也。[1]九歲入學，書《急就篇》，月餘便通。家素貧，常春夏務農，冬乃入學。年十六，從浮陽李周仁受《毛詩》《尚書》，章武劉子猛受《禮記》，[2]常山房虯受《周官》《儀禮》，[3]漁陽鮮于靈馥受《左氏春秋》。鉉以鄉里無可師者，遂與州里楊元懿、河間宗惠振等結友，[4]詣大儒徐遵明受業。居徐門下五年，常稱高第。年二十三，便自潛居，討論是非。撰定《孝經》《論語》《毛詩》《三禮義疏》及《三傳異同》《周易義例》合三十餘卷。用心精苦，曾三秋冬不畜枕，每睡，假寐而已。年二十七，歸養二親，因教授鄉里。生徒恒數百人，燕趙間能言經者，多出其門。

[1]南皮：縣名。治所在今河北南皮縣東北。

[2]章武：郡名。北魏時治平舒縣，在今河北大城縣。

[3]常山：郡名。北魏時治安樂壘，在今河北藁城市西北。　虯：殿本校勘記云："'虯'，監本訛'蚪'。今改從《（北）齊書》。"

[4]宗惠振：人名。北齊儒士，官至國子博士。　友：局本作"文"。按：形近而訛，誤。

以鄉里寡文籍，來游京師，讀所未見書。舉秀才，除太學博士。及李同軌卒，齊神武令文襄在京妙簡碩學，以教諸子。文襄以鉉應旨，徵詣晉陽。[1]時中山石曜、北平陽絢、北海王晞、清河崔瞻、廣平宋欽道及工書人韓毅同在東館，[2]師友諸王。鉉以去聖久遠，文字多有乖謬，於講授之暇，遂覽《説文》《倉》《雅》，[3]删正六藝經注中謬字，名曰《字辯》。

[1]晋陽：縣名。治所在今山西太原市晋源區古城營村一帶。

[2]北海：郡名。北魏時治平壽城，在今山東昌樂縣東南。　王晞：人名。字叔朗，小名沙彌，北海劇（今山東昌樂縣東南）人。北齊官吏。見《北史》卷二四《王憲附王晞傳》。　崔贍：疑爲崔贍。崔贍，字彦通，清河東武城（今山東武城縣西北）人。北朝官吏。見《北史》卷二四《崔逞附崔贍傳》。　宋欽道：人名。西河介休（今山西介休市）人。北齊官吏。見《北史》卷二六《宋隱附宋欽道傳》。　韓毅：人名。魯郡（今山東曲阜市）人。東魏官吏。另，《北史》卷六《齊本紀·神武帝》有“魯郡韓毅以工書顯”。未知孰是。

[3]説文：東漢許慎作，全書共收單字9353個，另有重文（異體字）1163個，附在正字之末，歸入四十個部首之中。　倉：即《倉頡篇》。秦丞相李斯作，爲教育兒童識字的字書。　雅：即《爾雅》。中國最早的一部解釋詞義的書。

天保初，詔鉉與殿中尚書邢卲、中書令魏收等參議禮律，[1]仍兼國子博士。時詔北平太守宋景業、西河太守綦母懷文等草定新曆，[2]録尚書、平原王高隆之令鉉與通直常侍房延祐、國子博士刁柔參考得失。[3]尋正國子博士。廢帝之在東宮，[4]文宣詔鉉以經入授，甚見優禮。卒，特贈廷尉少卿。[5]及還葬，王人將送，[6]儒者榮之。

[1]殿中尚書：官名。北齊時爲尚書省六曹尚書之一。管理宫

殿禁衛、禮制、宫廷車馬及倉庫等事。領殿中、儀曹、三公、駕部四郎曹。員一人。三品（參張金龍《北魏前期禁衛武官制度考論——以史籍記載爲中心》，《歷史研究》2003年第3期）。　中書令：官名。漢武帝時置，歷代沿置。魏晋南北朝時爲中書省長官，掌納奏、擬詔、出令，然權歸中書舍人，北魏孝文帝太和十七年定爲二品中，二十三年定爲三品。北齊時爲三品。　魏收：人名。字伯起，小字佛助，鉅鹿下曲陽（今河北晋州市西）人。北齊史學家、文學家。見《北史》卷五六《魏收傳》。

[2]宋景業：人名。廣宗（今河北威縣東）人。北齊官吏、學者。見《北史》卷八九《宋景業傳》。　西河：郡名。北齊時治隰城縣，在今山西汾陽市城區。　綦毋懷文：人名。東魏、北齊時人。見《北史》卷八九《綦毋懷文傳》。　新曆：四庫本"曆"作"歷"。形近而訛，誤。

[3]録尚書：官名。北齊時爲尚書省長官，位在尚書令上，職掌與令同。　房延祐：人名。清河繹幕（今山東平原縣）人。北齊官吏。見《北史》卷三九《房法壽附房文烈傳》。

[4]廢帝：即北齊皇帝高殷。

[5]廷尉少卿：官名。北魏時始置，爲廷尉卿次官。孝文帝太和十七年定爲三品上，二十三年定爲四品上。北齊沿置，後改爲大理少卿。四品上。

[6]王人：即王官。也特指郎官（參閻步克《北魏北齊"職人"初探——附論魏晋的"王官司徒吏"》，載《樂師與史官——傳統政治文化與政治制度論集》，三聯書店2001年版，第369頁）。

楊元懿、宗惠振，官俱至國子博士。[1]

[1]楊元懿：局本、南監本作"楊元振"。源氏校勘記云："《北齊》作'陽元懿'。"

馮偉，字偉節，中山安喜人也。[1]身長八尺，衣冠甚偉，[2]見者肅然。少從李寶鼎學，李重其聰敏，恒別意試問之。多所通解，尤明《禮》《傳》。後還鄉里，閉門不出，將三十年，不問生產，不交賓客，專精覃思，無所不通。

[1]安喜：源氏校勘記云："《地理志注》作'安憙'。"

[2]衣冠：局本作"容貌"。

齊趙郡王出鎮定州，[1]以禮迎接，命書三至，縣令親至其門，猶辭疾不起。王將命駕致請，佐吏前後星馳報之，縣令又自爲其整冠履，不得已而出。王下廳事迎之，止其拜伏，分階而上，留之賓館，甚見禮重。王將舉充秀才，固辭不就。歲餘請還，王知其不願拘束，[2]以禮發遣，贈遺甚厚。一無所納，唯受時服而已。

[1]趙郡王：封爵名。趙郡，北齊時治平棘縣，在今河北趙縣。

[2]王：毛本、殿本、四庫本、四部備要本作"上"。按：因爲前文講的是"趙郡王"，不得言"上"，故當作"王"。

及還，不交人事。郡守縣令，每親至其門。[1]歲時或置羊酒，[2]亦辭不納。門徒束脩，[3]一毫不受。蠶而衣，耕而飯，簞食瓢飲，不改其樂。[4]以壽終。

[1]每親至其門：底本作"每親至"。中華本校勘記云："諸本脱'其門'二字，據《北齊書》卷四四《馮偉傳》補。"《北史》

删减致語意不明。今從改。

[2]歲時：每年特定的季節或時間。

[3]束脩：入學敬師的禮物。脩，又叫脯，即干肉。

[4]簞食瓢飲不改其樂：形容生活困頓、堅持學習的人。

張買奴，平原人也。經義該博，門徒千餘人，諸儒咸推重之。仕齊，歷太學博士、國子助教，卒。

劉軌思，勃海人也。説《詩》甚精。少事同郡劉敬和，敬和事同郡程歸則，[1]故其鄉曲多爲《詩》者。軌思仕齊，位國子博士。

[1]程歸則：底本作“程師則”。源氏校勘記云：“（師則）《北齊》作‘歸則’。”中華本校勘記云：“諸本‘歸’作‘師’，《北齊書》卷四四《劉軌思傳》作‘歸’。按本卷序文亦作‘歸’，今據改。”今從改。

鮑季詳，勃海人也。甚明《禮》，兼通《左氏春秋》。少時，恒爲李寶鼎都講。[1]後亦自有徒衆，諸儒稱之。仕齊，卒於太學博士。

[1]都講：寺院講經時所設之職。爲都講者，須負責發問，以使聽衆更容易理解文意。

從弟長暄，兼通《禮》《傳》。爲任城王湝丞相掾。[1]恒在都教授貴游子弟。齊亡，卒於家。

[1]湝：即高湝，人名。勃海蓨（今河北景縣）人。北齊宗

室。見《北史》卷五一《任城王湝傳》。　丞相掾：丞相府所設諸曹的長吏，統稱丞相掾。

邢峙，字士峻，河間鄚人也。[1]少學，通《三禮》《左氏春秋》。仕齊，初爲四門博士，遷國子助教，以經入授皇太子。峙方正純厚，有儒者風。厨宰進太子食，[2]菜有邪蒿。[3]峙令去之，曰："此菜有不正之名，非殿下宜食。"文宣聞而嘉之，賜以被褥縑纊，[4]拜國子博士。皇建初，[5]除清河太守，有惠政。年老歸，卒于家。[6]

[1]鄚：縣名。治所在今河北任丘市北。底本作"鄭"。中華本校勘記云："諸本'鄚'訛作'鄭'，據《北齊書》卷四四、《通志》卷一七四《邢峙傳》改。下文《權會傳》同改。"今從改。

[2]厨宰：官名。掌庖厨供飲食。

[3]邪蒿：分布於東北、内蒙古等地。可入藥，味辛，性温。功能利腸胃，通血脉，主治痢疾。

[4]縑纊：絲絮之一種。

[5]皇建：北齊孝昭帝的年號（560—561）。

[6]卒于家：毛本、殿本、四庫本、局本、四部備要本"卒"上有"致"字。

劉晝，字孔昭，勃海阜城人也。[1]少孤貧，愛學，伏膺無倦。常閉户讀書，暑月唯着犢鼻褌。[2]與儒者李寶鼎同鄉，甚相親愛。寶鼎授其《三禮》，又就馬敬德習服氏《春秋》，俱通大義。恨下里少墳籍，便杖策入都。知鄴令宋世良家有書五千卷，[3]乃求爲其子博士，[4]

恣意披覽，晝夜不息。

[1]阜城：縣名。治所在今河北阜城縣。

[2]着：毛本、局本、中華本作“著”。按：《康熙字典》引《直音》：“（著）俗作着。” 犢鼻褌（kūn）：一説爲一種短褲。《史記》卷一一七《司馬相如列傳》：“相如身自著犢鼻褌，與保庸雜作，滌器於市中。”《集解》引韋昭《書注》云：“犢鼻褌以三尺布作之。”劉奉世曰：“犢鼻穴在膝下爲褌，財令至膝，故習俗因以爲名，非謂其形似也。”另一説爲一種圍裙。王先謙《漢書補注》曰：“但以蔽前，反繫於後，而無袴襠，即吾楚所稱圍裙是也。”

[3]宋世良：人名。字元友，西河介休（今山西介休市）人。北朝官吏。見《北史》卷二六《宋隱附宋世良傳》。

[4]博士：官名。魏晋南北朝專設五經博士、國子博士、太學博士等學官，掌經學教授，設太常博士專掌議定禮制，地位漸輕。北朝郡國學或置博士爲學官，又設律學博士、醫學博士等，專精本行技藝，教授學生及服務於宫廷官府。

還。舉秀才，策不第，乃恨不學屬文，方復緝綴辭藻。言甚古拙，制一首賦，以《六合》爲名，自謂絶倫，乃歎儒者勞而寡功。曾以賦呈魏收而不拜。[1]收忿之，謂曰：“賦名《六合》，已是太愚；文又愚於六合。君四體又甚於文。”[2]晝不忿，又以示邢子才。子才曰：“君此賦，正似疥駱駞，[3]伏而無娬媚。”晝求秀才十年不得，發憤撰《高才不遇傳》。冀州刺史酈伯偉見之，[4]始舉晝，時年四十八。

[1]拜：古代謁見上級的時候需要“拜”。故下文魏收因爲其

“不拜”而“忿之”。

［2］甚：底本作“甘”。中華本校勘記云:“據《通志》卷一七四《劉晝傳》改。”今從改。

［3］疥駱馳：生疥瘡的駱駝，比喻不爲人所喜愛的事物。馳，同“駝”。

［4］酈伯偉：人名。東魏、北齊官吏。與盧潛等鎮壽陽，爲陳將吴名徹所俘。

刺史隴西李璵，[1]亦嘗以晝應詔。先告之。晝曰：“公自爲國舉才，何勞語晝!”齊河南王孝瑜聞晝名，[2]每召見，輒與促席對飲。[3]後遇有密親，使且在齋坐。晝須臾徑去，追謝要之，終不復屈。孝昭即位，[4]好受直言。晝聞之，喜曰:“董仲舒、公孫弘可以出矣。”[5]乃步詣晋陽上書，言亦切直，而多非世要，終不見收采。編録所上之書爲《帝道》。河清中，[6]又著《金箱璧言》，[7]蓋以指機政之不良。

［1］隴西：郡名。北魏時治襄武縣，在今甘肅隴西縣東南。李璵：人名。字道璠，隴西成紀（今甘肅秦安縣）人。北齊官吏。見《北史》卷一〇〇《涼武昭王李暠附李璵傳》。

［2］孝瑜：即高孝瑜，人名。字正德，勃海蓨（今河北景縣）人。北齊宗室。見《北史》卷五二《河南王孝瑜傳》。

［3］促席：席位相接，離得很近。

［4］孝昭：即北齊皇帝高演。孝昭爲其謚號。

［5］公孫弘：人名。字季，一字次卿，菑川薛（今山東壽光市）人。西漢官吏。見《漢書》卷五八《公孫弘傳》。

［6］河清：北齊武成帝的年號（562—565）。

［7］璧：毛本、殿本、四庫本、局本、四部備要本、中華本作“壁”。似是。

晝夜常夢貴人若吏部尚書者，[1]補交州興俊令，[2]寤而密書記之。卒後旬餘，其家幼女鬼語聲似晝，云“我被用爲興俊縣令，得假暫來辭别”云。

［1］常：中華本作“嘗”。似是。　吏部尚書：官名。三國魏時改選部尚書置。爲尚書省吏部曹長官。兩晋南北朝沿置，職掌官吏銓選、考課、獎懲，其實權或大於尚書僕射。北魏孝文帝太和十七年定爲二品下，二十三年定爲三品。北齊沿置。
［2］交州：治所不詳，待考。　興俊：地名。確址不詳。

晝常自謂博物奇才，言好矜大。每言：“使我數十卷書行於後世，不易齊景之千駟也。”[1]容止舒緩，舉動不倫，由是竟無仕。卒於家。

［1］齊景之千駟：齊景公擁有千輛四匹馬拉的車。形容擁有的物質財富非常多，社會地位非常高。語出《論語·季氏》。

馬敬德，河間人也。少好儒術，負笈隨徐遵明學《詩》《禮》，略通大義，而不能精。遂留意於《春秋左氏》，沈思研求，晝夜不倦。教授於燕、趙間，生徒隨之者甚衆。乃詣州將，求舉秀才。州將以其純儒，[1]無意推薦。敬德請試方略，五條皆有文理，乃欣然舉送。至都，唯得中第。請試經業，問十條，並通，擢授國子助教。再遷國子博士。

［1］乃詣州將求舉秀才州將以其純儒：底本作“乃詣州將求秀才將以其純儒”。中華本校勘記云：“諸本‘秀才’上脱‘舉’字，下脱‘州’字，據《通志》卷一七四《馬敬德傳》補。”今從改。按：根據文意，“州將”似作“州都”更合適。州將，魏晋以降，刺史多領兵開府，加將軍號，别稱州將。州都，魏晋南北朝州大中正的别稱，亦稱都士。北魏時爲州牧屬官，負責評定士族内部品第，職似中正。北齊時爲州刺史屬官，八品，地位遠低於州大中正。

齊武成爲後主擇師傅，趙彦深進之，[1]入爲侍講。其妻夜夢猛獸將來向之，敬德走超藂棘，妻伏地不敢動。敬德占曰：“吾當爲大官，超棘，過九卿也；[2]爾伏地，夫人也。”後主既不好學，敬德侍講甚疏，時時以《春秋》入授。猶以師傅恩，拜國子祭酒、儀同三司、金紫光禄大夫、瀛州大中正。[3]卒。其徒曰：“馬生勝孔子，孔子不得儀同。”尋贈開府、瀛州刺史。

［1］趙彦深：即趙隱，人名。字彦深，南陽宛（今河南南陽市）人。東魏、北齊大臣。見《北史》卷五五《趙彦深傳》。

［2］九卿：官名的合稱。魏晋南北朝時作爲卿級官員的統稱。北齊時建太常、光禄、衛尉、宗正、太僕、大理、鴻臚、司農、太府九寺，遂成爲九寺長官的專稱。

［3］金紫光禄大夫：官名。晋置。指加賜金章紫綬的光禄大夫。北齊時爲從二品。　瀛州：北齊時治趙都軍城，在今河北河間市。

其後，侍書張景仁封王，[1]趙彦深云：“何容侍書封王，侍講翻無封爵？”[2]亦追封敬德廣漢郡王。[3]令子元熙襲。

[1]侍書：官名。北齊時爲太子東宫屬官，以善書者任之。

[2]侍講：官名。漢朝時設，掌爲皇帝或太子講解經義。北齊時亦置，多以明經博學者充任。

[3]廣漢郡王：封爵名。遥封。廣漢，郡名。北周時治雒縣，在今四川廣漢市北。

元熙，字長明，少傳父業，兼長文藻。以通直郎待詔文林館。[1]武平中，皇太子將講《孝經》，有司請擇師。帝曰："馬元熙，朕師之子，文學不惡。"於是以《孝經》入授皇太子。儒者榮其世載。性和厚，在内甚得名譽。隋開皇中，卒於秦王文學。

[1]以通直郎待詔文林館：底本無“待”字。元大德本“通直”後闕一字。毛本、殿本、四庫本、局本、四部備要本無“郎”字。中華本校勘記云："南、北、汲、殿四本脱‘郎’字，百衲本脱‘待’字，據《通志》卷一七四《馬元熙傳》補正。”今從改。待詔，漢代以才技徵召士人，使隨時聽候皇帝的詔令，謂之待詔。歷代沿置。文林館，官署名。北齊後主武平三年置。文學之士入館者，稱待詔文林館，主要負責校對圖書、編纂供皇帝閱讀的書籍。

張景仁，濟北人。[1]幼孤，家貧，以學書爲業，遂工草隸。選補内書生，[2]與魏郡姚元摽、潁川韓毅、同郡袁買奴、滎陽李超等齊名，[3]文襄並引爲賓客。天保八年，敕教太原王紹德書。[4]後主在東宫，[5]武成令侍書，遂被引擢。小心恭謹，後主愛之，呼爲“博士”。登阼，[6]累遷通直散騎常侍，在左右。與語，猶稱“博士”。胡人何洪珍有寵於後主，[7]欲得通婚朝士，以景仁在内，官位稍高，遂爲其兄子取景仁第二息瑜之女。因以表裏相援，恩遇日隆。景仁多疾，帝每遣徐之範等療之，[8]給藥物珍羞，中使問疾，[9]相望於道。是後，敕有司恒就宅送御食，車駕或有行幸。在道宿處，每送步障，[10]爲遮風寒。進位儀同三司，加開府，侍書如故。[11]每旦須參，即在東宮停止。[12]及立文林館，中人鄧長顒希旨，[13]奏令總判館事。[14]除侍中，封建安王。[15]洪珍死後，長顒猶存舊款，更相彌縫，得無墜退。遂除中書監，卒。贈侍中、五州刺史、司空公。[16]

[1]濟北：郡名。北齊時治盧縣，在今山東茌平縣西南。

[2]内書生：官名。北魏時置，在宫禁内負責文書抄寫。北齊沿置。

[3]魏郡：北齊時治鄴縣，在今河北臨漳縣西南鄴鎮。　姚元標：人名。東魏官吏。爲左光禄大夫。以工書知名於世。　滎陽：郡名。北齊時治滎陽縣，在今河南滎陽市北。　李超：人名。字仲舉，隴西成紀（今甘肅秦安縣）人，以字行於世。見《北史》卷一〇〇《涼武昭王李暠附李曉傳》。

[4]紹德：即高紹德，人名。勃海蓨（今河北景縣）人。北齊宗室。見《北史》卷五二《太原王紹德傳》。

[5]後主在東宫：元大德本、毛本作“王在”，殿本、四庫本、四部備要本作“王爲”。按：下文講“後主”，故當以“主”爲是。

[6]登阼：底本作“登祚”，殿本、四庫本、四部備要本作“登阼”。按：帝王登基時，要到宗廟登阼主祭，所以登阼又指登

基。今從改。

[7]何洪珍：人名。北齊官吏。初以富家子弟選送入朝，爲後主寵幸。後主武平中，封王，位開府。在朝與和士開勾結，弄權賣官。

[8]徐之範：人名。丹陽（今江蘇南京市）人。北齊官吏。見《北史》卷九〇《徐謇附徐之範傳》。

[9]中使：宮中派出的使者。多指宦官。

[10]步障：亦作“步鄣”。用以遮蔽風塵或視綫的一種屏幕。

[11]侍書：局本作“侍中”。按：張景仁曾任侍書，未做過侍中，故知局本誤。

[12]停止：住宿。

[13]中人：宦官。《漢書·百官公卿表上》：“將行，秦官，景帝中六年更名大長秋，或用中人，或用士人。”顔師古注：“中人，奄人也。” 鄧長顒：人名。初從高歡。武成帝時，拜儀同三司。武平中任宰相，始參朝政，爲後主所寵重。《北史》卷八《齊本紀·幼主》作“鄧顒”。 希旨：揣摩皇帝的意思。

[14]判：源氏校勘記云：“‘判’，《北齊》作‘制’。”

[15]建安王：封爵名。建安，郡名。北齊時寄治郭城，在今山西原平市北。

[16]司空公：官名。爲司空尊稱。漢光武帝時與太尉、司徒並稱三公。北魏時爲名譽宰相，多爲大臣加官，列三公之末。一品。北齊時爲三公之一。正一品。

景仁爲兒童時，在洛京，曾詣國學摹石經。[1]許子華遇之學中，執景仁手曰：“張郎風骨，必當通貴，非但官爵遷達，乃與天子同筆硯、傳衣履。”子華卒二十餘年，景仁位開府，數賜衣冠、筆硯，如子華所言。出自寒微，本無識見，一旦開府、侍中、封王。其婦姓奇，[2]莫知氏族所出，容制音辭，事事庸俚。[3]既除王妃，與諸公主、郡君，[4]同在朝謁之列，見者爲其慙悚。

[1]石經：又稱魏石經或正始三體石經，是以《尚書》《春秋》《左傳》（未刻全）爲内容的石刻。三國魏齊王正始二年（241）的刻石，碑文相傳是蔡邕所書。今存文11行110字，古篆、小篆與隸書三種書體刻同文。

[2]奇：毛本、局本、南監本作“可”。源氏校勘記云：“‘可’，《北齊》作‘奇’。”

[3]庸俚：平庸粗俗。

[4]郡君：封號。漢武帝尊其外祖母臧爲平原郡君，爲封郡君之始。

景仁性本卑謙，及用胡人、巷伯之勢，[1]坐致通顯，志操頗改，漸成驕傲。良馬輕裘，徒從擁宂，[2]高門廣宇，當衢向術。[3]諸子不思其本，自許貴游。自倉頡以來，[4]八體取進，[5]一人而已。

[1]巷伯：本是周代的官名，爲宫内侍御小臣。相當於太監。

[2]徒從擁宂：源氏改“宂”作“冗”。按：宂，同“冗”。

[3]術：源氏校勘記改作“街”。今《北齊書》卷四四《張景仁傳》作“街”。按：術，《説文》曰：“邑中道也。”西晋左思《蜀都賦》：“亦有甲第，當衢向術。”

[4]倉頡：人名。《説文解字·序》記載，相傳他是黄帝時期造字的史官。

[5]八體：八種字體。許慎《説文解字》中叙“自爾秦書有八體：一曰大篆，二曰小篆，三曰刻符，四曰蟲書，五曰摹印，六曰署書，七曰殳書，八曰隸書。”

權會，字正理，河間鄚人也。[1]志尚沈雅，動遵禮則。少受鄭《易》，妙盡幽微；[2]《詩》《書》《三禮》，[3]文義該洽；兼明風角，妙識玄象。[4]仕齊，初四門博士。僕射崔暹引爲館客，[5]甚敬重焉，命世子達拏盡師傅之禮。[6]暹欲薦會與馬敬德等爲諸王師。會性恬静，不慕榮勢，耻於左宦，[7]固辭。暹識其意，遂罷薦舉。尋追脩國史，監知太史局事。[8]後遷國子博士。會參掌雖繁，教授不闕。性甚儒愞，似不能言，及臨機答難，酬報如響，由是爲諸儒所推。而貴游子弟慕其德義者，或就其宅，或寄宿鄰家，晝夜承間，[9]受其學業。會欣然演説，未嘗懈怠。

[1]鄚人：底本作“鄭人”。源氏校勘記云：“（鄭人）《北齊》作‘鄚人’。”中華本校勘記云：“諸本‘鄚’訛作‘鄭’，據《北齊書》卷四四、《通志》卷一七四《邢峙傳》改。”今據改。

[2]妙：毛本、殿本、四庫本、局本、四部備要本作“始”，形訛。《北齊書》卷四四、《通志》卷一七四《權會傳》作“妙”。

[3]三禮：底本作“二禮”。中華本校勘記云：“諸本‘三’訛‘二’，據《北齊書》卷四四、《通志》卷一七四《權會傳》改。”今據改。

[4]玄象：亦稱元象、玄儀。指日月星辰在天所成之象。

[5]崔暹：人名。字季倫，博陵安平（今河北安平縣）人。東魏、北齊官吏。見《北史》卷三二《崔挺附崔暹傳》。

[6]達拏：即崔達拏，人名。博陵安平（今河北安平縣）人。北齊官吏。見《北史》卷三二《崔挺附崔達拏傳》。

[7]左宦：底本作“左官”。源氏校勘記云：“‘左’，《北齊》作

'仕'。"《北齊書·權會傳》作"仕宦"。左宦，謂天子之臣而仕諸侯。《文選》卷二四潘岳《爲賈謐作贈陸機》詩:"或云國宦，清塗攸失。"李善注:"《漢書》曰:'武有淮南、衡山之謀，作左宦之律。'應劭曰:'人道尚右，今舍天子而仕諸侯，故謂之左宦。'"當是，今據改。

[8]太史局：官署名。掌管天文曆法的機構。北齊秘書省領太史曹，下置令、丞各二人，掌天文曆法。

[9]承間：底本作"承閒"，毛本、四庫本、中華本作"承間"。按：承間，趁機會。今從改。

雖明風角玄象，至於私室，都不及言。學徒有請問者，終無所説。每云:"此學可知不可言，諸君並貴游子弟，不由此進，何煩問也。"唯有一子，亦不授此術。會曾遣家人遠行，久而不反。其行還將至，乃逢寒雪，寄息他舍。會方處學堂講説，忽有旋風吹雪入户，會笑曰:"行人至，何意中停?"遂使追尋，果如其語。會每占筮，大小必中，但用爻辭、彖象以辨吉凶，[1]易占之屬，都不經口。

[1]爻辭：《易》里表示八卦陰陽爻的筮辭，衹斷定該爻的吉凶。　彖象：古經六十四卦中每一卦開頭的卦辭，斷定整卦的吉凶。《易·繫辭上》:"彖者，言乎象者也。"

會本貧生，無僮僕，[1]初任助教日恒乘驢。其職事處多，非晚不歸。曾夜出城東門，會獨乘一驢，忽有二人，一人牽頭，一人隨後，有似相助。其迴動輕漂，有異生人，漸失路，不由本道。心甚怪之，遂誦《易經》

上篇，第一卷不盡，前後二人，忽然離散。會亦不覺墮驢，迷悶至明始覺。方知墮處乃是郭外，纔去家數里。

[1]僮僕：亦稱僕隸。指私家所屬的一種依附人手，主要用於家内役作，也有從事手工業、農業生産的。

有一子，字子襲，聰敏精勤，幼有成人之量。先亡，臨送者爲其傷慟，會唯一哭而罷，時人尚其達命。

武平末，自府還第，在路無故馬倒，遂不得語，因暴亡。注《易》一部，行於世。會生平畏馬，位望既至，不得不乘，[1]果以此終。

[1]位望既至不得不乘：做到一定級别的官員，就必須騎馬，不能騎驢。

張思伯，河間樂城人也。[1]善説《左氏傳》，爲馬敬德之次。撰《刊例》十卷，行於時。亦爲《毛詩章句》。以二經教授齊安王廓。[2]位國子博士。

又有長樂張奉禮，善《三傳》，與思伯齊名。位國子助教。

[1]樂城：縣名。治所在今河北獻縣東南。

[2]齊安王：封爵名。齊安，郡名。北齊時治齊安縣，在今河南信陽市東南。　廓：即高廓，人名。字仁弘，勃海蓨（今河北景縣）人。北齊宗室。見《北史》卷五二《齊安王廓傳》。

張彫武，[1]中山北平人也。家世寒微，其兄蘭武，[2]仕尚書令史，[3]微有資産。故護軍長史王元則時爲書生，[4]停其宅。彫武少美貌，爲元則所愛悦，故偏被教。因好學，精力絶人，負卷從師，不遠千里。遍通五經，尤明《三傳》。弟子遠方就業者以百數。諸儒服其强辯。齊神武召入霸府，[5]令與諸子講説。乾明初，[6]累遷平原太守，坐贓賄失官。武成即位，以舊恩，除通直散騎常侍。[7]琅邪王儼求博士，[8]有司以彫武應選，時號得人。歷涇州刺史、散騎常侍。[9]

[1]張彫武：源氏校勘記云："《北齊》作'張雕'。本是張彫虎，辟諱。"

[2]其兄蘭武：中華本校勘記云："《通志》卷一七四《張彫虎傳》'武'作'虎'。按本名當是'虎'，《北史》避唐諱改。"可從。

[3]尚書令史：即尚書臺令史。東漢始置，掌文書。魏晋南北朝皆置。

[4]護軍長史：官名。護軍府屬吏，掌顧問參謀，爲諸佐僚之長。歷朝略同。

[5]霸府：指東魏時高歡在晋陽的府署。他在那里遥控東魏朝廷。

[6]乾明：北齊廢帝的年號（560）。

[7]常侍：源氏校勘記云："《北齊》作'侍郎'。"

[8]琅邪王：封爵名。琅邪，郡名。北齊時治即丘縣，在今山東臨沂市西。　儼：即高儼，人名。字仁威，勃海蓨（今河北景縣）人。北齊宗室。見《北史》卷五二《琅邪王儼傳》。

[9]涇州：北齊時寄治沛縣，在今安徽天長市。

及帝侍講馬敬德卒，乃入授經書。帝甚重之，以爲侍講，與侍書張景仁並被尊禮，同入華元殿，共讀《春秋》。加國子祭酒、假儀同三司，待詔文林館。以景仁宗室，自託於其親何洪珍。公私之事，彫武常爲其指南。[1]與張景仁號“二張博士”。時穆提婆、韓長鸞與洪珍同侍帷幄，[2]知彫武爲洪珍謀主，忌惡之。洪珍又奏彫武監國史，尋除侍中，加開府，[3]奏度支事。[4]大被委任，言多見從，特敕奏事不趍，呼爲“博士”。

[1]指南：比喻辨别方向的依據。

[2]穆提婆：人名。本姓駱，故亦作“駱提婆”，漢陽（今甘肅天水市）人。北齊官吏。見《北史》卷九二《穆提婆傳》。　韓長鸞：即韓鳳，人名。字長鸞，昌黎（今遼寧朝陽市）人。北齊官吏。見《北史》卷九二《韓鳳傳》。　帷幄：天子居處必設帷幄，故代稱之。

[3]開府：殿本、四庫本、四部備要本作“儀府”。按：儀府，不通。

[4]度支：官署名。掌管天下租賦物産，歲計所出而支調之，故名。度支的原意是量入爲出。魏晋時置度支尚書。南北朝時以度支尚書領度支、金部、倉部等曹。

彫武自以出於微賤，致位大臣，勵精在公，有匪躬之節。[1]議論無所迴避，左右縱恣之徒必加禁約。數譏切寵要，獻替帷扆。[2]帝亦深倚仗之，方委以朝政。彫武便以澂清爲己任，意氣甚高。嘗在朝堂謂鄭子信曰：[3]“向入省中，見賢家唐令處分，[4]極無所以。若作數行兵帳，彫武不如邕；若致主堯、舜，身居稷、契,[5]則邕不如我。”長鸞等陰圖之。及與侍中崔季舒、黄門侍郎郭遵諫幸晋陽,[6]爲長鸞所譖,誅。

[1]匪躬之節：不顧自身利益而盡忠王室的節操。

[2]獻替帷扆（yǐ）：形容在皇帝身邊，跟皇帝關係密切。廟堂户牖之間繡有斧形的屏風。

[3]鄭子信：即鄭抗，人名。字子信，彭城（今江蘇徐州市）人。北齊官吏。見《北史》卷四一《鄭頤傳》。

[4]賢家：對對方的尊稱。　唐令：即唐邕。字道和，太原晋陽（今山西太原市晋源區古城營村一帶）人。見《北史》卷五五《唐邕傳》。

[5]稷契：即后稷、契。二人爲虞舜有德之臣，後常喻指賢相或有德之人。

[6]崔季舒：人名。字叔正，博陵安平（今河北安平縣）人。東魏、北齊官吏。見《北史》卷三二《崔挺附崔季舒傳》。

臨刑，帝使段孝言詰之。[1]彫武曰：“臣起自諸生，光寵隆洽。今者之諫，臣實首謀，意善功惡，[2]無所逃死。願陛下珍愛金玉，[3]開發神明，數引賈誼之倫，語其政道,[4]令聽覽之間，無所擁蔽，則臣雖死，猶生之年。”因歔欷流涕，俯而就戮。左右莫不憐而壯之。

[1]段孝言：人名。姑臧武威（今甘肅武威市）人。北齊官吏。見《北史》卷五四《段榮附段孝言傳》。

[2]意善功惡：源氏校勘記云：“‘功’,《北齊》作‘形’。”按：中華本《北齊書》卷四四作“意善功惡”。

[3]金玉：珍寶的通稱，比喻珍貴和美好的品質。

[4]數引賈誼之倫語其政道：漢文帝聽從賈誼的建議而采取一系列有利於統治的措施。賈誼，人名。洛陽（今河南洛陽市東）人。西漢初年的政論家、文學家。見《史記》卷八四《屈原賈生列傳》。

子德沖等徙北邊。南安王思好之反，德沖及弟德揭俱死。[1]德沖聰敏好學，以帝師之子，早見旌擢，位中書舍人。其父之戮，德沖竝在殿廷就執，目見冤酷，號哭，殞絕於地，久之乃蘇。

[1]南安王：封爵名。南安，郡名。北齊時治南安縣，在今河南葉縣東北。　思好：即高思好，人名。本名思孝，文宣帝時改名思好，勃海蓨（今河北景縣）人。北齊將領。見《北史》卷五一《上洛王思宗附高思好傳》。　死：底本作"免"。源氏校勘記云："'免'，《北齊》作'死'。"中華本校勘記云："諸本'死'作'免'，《北齊書》卷四四《張雕傳》作'死'。按本書卷三二《崔季舒傳》，言高思好反時，召崔季舒等六人兄弟子侄隨軍，事敗，並從戮。張彫武即六人之一，作'死'是。今據改。"今從改。

郭遵者，鉅鹿人也。[1]齊文宣爲太原公時，爲國常侍。[2]帝家人有蓋豐洛者，典知家務，號曰"蓋將"。遵因其處分，曾抗拒，爲高德正所貴。[3]齊受禪，由是擢爲主書，[4]專令訪察。中書舍人朱謂爲鉅鹿太守，遵爲弟子求官。謂啓文宣，鞭之二百，付京畿。久之，除并省尚書都令史、建州別駕。[5]會韓長鸞父永興爲刺史，[6]因此遂相參附。後擢爲黃門侍郎，被誅。

[1]鉅鹿：郡名。北魏時屬定州，治曲陽縣，在今河北晋州市西。孝莊帝永安二年（529）時分定州鉅鹿郡置，屬殷州，治癭遥縣，在今河北寧晋縣西南。

[2]常侍：官名。魏晋南北朝時王、公等國置爲屬官，分置左右，掌侍從左右，贊相禮儀，獻替諫諍。北齊時爲從八品。

[3]高德正：人名。一作“高德政”，字士貞，勃海蓨（今河北景縣）人。北魏、北齊官吏。見《北齊書》卷三〇《高德政傳》。

[4]主書：官名。戰國魏時置，掌文書檔案。魏晋南北朝尚書、中書、秘書等官署多置，掌文書，位在正、書令史之上。北齊時置於中書省。正八品。

[5]并省：官署名。并州尚書省的省稱。北齊都鄴，但高氏父子在即位前長期居住晋陽，故設。在一定程度上代行京師尚書省職權。由宗室或親信重臣擔任録尚書事及尚書令，主持省務。其各級官員，與京師尚書省同職官員地位相似而班次略低。　尚書都令史：官名。兩晋南北朝尚書省六部諸司、諸臺省、東宫詹事府、左右春坊及其下各局署皆隨曹閑劇而置，掌文書案牘，亦常差充他職，爲流外官。　建州：北齊時治高都縣，在今山西晋城市東。

[6]永興：人名。昌黎（今遼寧朝陽市）人。北齊官吏。位開府儀同三司、青州刺史，封高密郡公。

遵出自賤微，易爲盈滿。宫門逢諸貴，輒呼姓字，語言布置，極爲輕率。嘗於宫門牽韓長鸞，辭曰：“王在得言，主上縱放如此，曾不規諫，何名大臣？”長鸞嫌其率爾，便掣手而去。由是不加援，故及於禍。

今注本二十四史

北史

一九

傳〔一六〕

唐　李延壽　撰

李憑　靳寶　主持校注

中国社会科学出版社

北史　卷八二

列傳第七十

儒林下

沈重　樊深　熊安生　樂遜　黎景熙　冀儁　趙文深　辛彥之　何妥　蕭該　包愷　房暉遠　馬光　劉焯　劉炫　褚暉　顧彪　魯世達　張沖　王孝籍

沈重，字子厚，[1]吴興武康人也。[2]性聰悟，弱歲而孤，居喪合禮。及長，專心儒學，從師不遠千里。遂博覽群書，尤明《詩》及《左氏春秋》。[3]梁武帝欲高置學官，[4]以崇儒教，中大通四年，[5]乃革選，以重補國子助教。[6]後除五經博士。[7]梁元帝之在藩也，[8]甚歎異之。及即位，乃遣主書何武迎重西上。[9]

[1]子厚：源氏校勘記云："《周書》作'德厚'。"

[2]吴興：郡名。南朝梁時治烏程縣，在今浙江湖州市。　武康：縣名。治所在今浙江德清縣西。

[3]尤明詩及左氏春秋：中華本校勘記云："《周書》卷四五《沈重傳》'詩'下有'禮'字。按下文列其著述，關於《三禮》者占絶對多數，則'禮'字當是脱文。"可從。

[4]梁武帝：即南朝梁皇帝蕭衍。武爲其謚號。梁，元大德本、毛本作"詔"。殿本校勘記云："'梁'閣本誤'詔'。今改從《周書》。"南監本作"詔"。源氏校勘記改"詔"作"梁"。

[5]中大通：南朝梁武帝的年號（529—534）。

[6]國子助教：官名。國子監諸學置，協助博士教授生徒。西晋武帝咸寧中初立國子學置。南朝梁沿置。

[7]五經博士：官名。北魏專掌經學的教授。漢武帝時所設掌管五經傳授之學官，即《詩》《書》《禮》《易》《春秋》五經博士。五經博士所傳儒家經典，以今文經學爲主。

[8]梁元帝：即南朝梁皇帝蕭繹。元爲其謚號。

[9]主書：官名。魏晋南北朝時尚書、中書、秘書等官署多置，掌文書，位在正、書令史之上。

魏平江陵，[1]重乃留事梁主蕭詧，[2]累遷都官尚書，[3]領羽林監。[4]詧又令重於合歡殿講《周禮》。[5]武帝以重經明行修，[6]乃遣宣納上士柳裘致書禮聘，[7]又敕襄州總管衛公直敦喻遣之。[8]在途供給，務從優厚。保定末，[9]至于京師，詔令討論五經，并校定鍾律。天和中，[10]復於紫極殿講三教義，[11]朝士、儒生、桑門、道士至者二千餘人。[12]重辭義優洽，樞機明辯，凡所解釋，咸爲諸儒所推。六年，授驃騎大將軍、開府儀同三司、露門博士，[13]仍於露門館爲皇太子講《論語》。[14]建德末，[15]表請還梁，武帝優詔不許。重固請，乃許，爲遣小司門上士楊汪送之。[16]梁主蕭巋拜重散騎常侍、太常卿。[17]大象二年，[18]來朝京師。開皇三年卒，[19]年八十四。隋文帝遣舍人蕭子寶祭以少牢，[20]贈使持節、上開府儀同三司、許州刺史。[21]

[1]江陵：城名。在今湖北江陵縣。

[2]蕭詧：人名。字理孫，蘭陵（一説在今江蘇常州市，一説在今江蘇丹陽市）人。南朝梁宗室、西梁開國皇帝。見《北史》卷九三《蕭詧傳》。

[3]都官尚書：官名。南北朝時設，爲尚書省諸尚書之一。南朝宋時領都官、水部、庫部、功論等曹事務。三品。齊、梁、陳因之，職掌略同，品秩不一。北魏此職仿宋制，兼掌殿中執法。

[4]羽林監：官名。漢朝時爲宫廷宿衛親軍將領。漢宣帝時使中郎將、騎都尉監羽林，領郎百人，謂之羽林郎，秩比二千石。東漢時置羽林左右監，掌侍衛送從。南朝宋齊梁陳及北魏、北齊沿置。南朝多以文官領此職。北魏孝文帝太和二十三年定爲六品。

[5]周禮：相傳爲周公所作，主要講周代的官制和政治制度，爲儒家經典之一。

[6]武帝：即北周皇帝宇文邕。武爲其謚號。

[7]宣納上士：官名。北周時置。宣納下大夫屬官，佐其延納王言，出宣帝命，故須選用口齒清晰之人。正三命。　柳裘：人名。字茂和，河東解（今山西運城市西南）人。北周、隋朝官吏。見《北史》卷七四《柳裘傳》。

[8]又：南監本作“父”。源氏校勘記改“父”作“又”。　襄州：北周時治襄陽縣，在今湖北襄樊市漢水南襄陽舊城。　總管：官名。北周明帝武成元年（559）由都督諸州軍事改名，加使持節，管理轄區軍政、民政，爲地方高級軍政官員。所轄區域增減無常，一般轄數州，多達十數州。品秩分三等，上總管從二品，中總管正三品，下總管從三品。　衛公直：即宇文直。字豆羅突，西魏官

吏、北周宗室。見《北史》卷五八《衛剌王直傳》。

［9］保定：北周武帝的年號（561—565）。

［10］天和：北周武帝的年號（566—572）。

［11］講三教義：東漢初年，佛教傳入中國，與本土的儒教、道教時常發生論戰。北周建德二年（573），武帝親自召集百官及沙門、道士等辨釋三教先后問題，最後作出“儒教在先，道教次之，佛教在後”的結論。

［12］桑門：僧侶。沙門的異譯。桑，底本作“乘”，殿本、四部備要本、中華本作“桑”。殿本校勘記云：“‘桑’，監本訛‘乘’，今改從《周書》。”中華本校勘記云：“各本‘桑’作‘乘’，殿本及《周書》、《通志》卷一七四《沈重傳》作‘桑’，是，今從殿本。”今從改。

［13］驃騎大將軍：官名。東漢時置，統兵征戰，事訖則罷。南北朝沿置。多加於權臣元老，以示尊崇，開府置僚屬，不領兵。北周時用作開府長官軍號。九命。　開府儀同三司：三國魏時始置，多爲大臣的加號，意思是與三司（太尉、司徒、司空）的禮制待遇相同，許開設府署，自辟僚屬。兩晋南北朝沿置。北周時爲勳官。九命。　露門博士：官名。北周武帝天和二年立露門學，主要教授貴胄子弟。

［14］露門館：官署名。即露門學。北周武帝天和二年立，置學生十二人，文學博士四人。還置學士，職司教授。學生多爲大臣子弟，亦有大臣帶職入學，皇太子亦在此受教。其學在露門左側，因露門又稱虎門，故亦稱虎門學。　論語：内容爲孔門弟子整理的有關孔子的言論，是儒家經典之一。源氏校勘記云：“《周書》無‘語’字。”

［15］建德：北周武帝的年號（572—578）。

［16］小司門上士：官名。西魏恭帝三年（556）置，北周沿置。可省稱爲小司門。地官府司門次官，佐司門下大夫掌邊境關門、城門及宫門的啓閉，並發放過所（通行憑證）。正三命。　楊

汪：源氏校勘記云："《周書》作'楊注'。"《周書》卷四五中華本校勘記云："張森楷云：'《北史》"注"作"汪"。據楊汪問禮於沈重，見《隋書》本傳（卷五六）。此外别無楊注其人，蓋刻誤也。'按張説是，今據改。"楊汪，人名。字元度，弘農華陰（今陝西華陰市東南）人。北周、隋朝官吏。見《北史》卷七四《楊汪傳》。

[17]蕭巋：人名。字仁遠，蘭陵（一説在今江蘇常州市，一説在今江蘇丹陽市）人。西梁第二位君主。見《北史》卷九三《蕭詧附蕭巋傳》。　散騎常侍：官名。三國魏文帝黄初時置散騎，掌侍從皇帝左右，諫諍得失，顧問應對等。合於中常侍，謂之散騎常侍。兩晋南北朝沿置。北朝時兼領修史，爲閑散之職。北魏孝文帝太和十七年定爲二品下，二十三年定爲從三品。北周沿置。　太常卿：官名。爲太常的尊稱。主管祭祀社稷、宗廟和朝會、喪葬禮儀，管理皇帝陵墓、寢廟所在縣邑，每月巡視諸陵，兼管文化教育，博士和博士弟子的考核、薦舉、補吏。北魏孝文帝太和十七年定爲從一品下，二十三年定爲三品。北周沿置。

[18]大象：北周静帝的年號（579—580）。

[19]開皇：隋文帝的年號（581—600）。

[20]隋文帝：即隋朝皇帝楊堅。文爲其謚號。　舍人：官名。内史舍人的省稱。隋朝時爲内史省的屬官，專掌草擬詔令。文帝開皇三年定爲從五品。煬帝大業三年置四人，十二年改名内書舍人。八員。正六品。　蕭子寳：人名。字季珍，南蘭陵（一説在今江蘇常州市，一説在今江蘇丹陽市）人。北周、隋朝官吏。見《北史》卷二九《蕭泰附蕭寳傳》。　少牢：古代祭祀用羊、豕各一，稱爲少牢。

[21]使持節：漢代官吏奉使外出時，或由皇帝授予節杖，以提高其威權。魏晋以後，凡重要軍事長官出征或出鎮時，加使持節，可誅殺二千石以下官員。皇帝派遣大臣出巡或祭吊等事務時，亦使持節，以表示權力和尊崇。　上開府儀同三司：隋煬帝時將上開府儀同大將軍改爲此稱。爲勳官之第五等，從三品。　許州：隋朝時

治長社縣，在今河南臨潁縣西北。

重學業該博，爲當世儒宗。至於陰陽圖緯、道經、釋典，[1]無不通涉。著《周禮義》三十一卷、《儀禮義》三十五卷、《禮記義》三十卷、《毛詩義》二十八卷、《喪服經義》五卷、《周禮音》一卷、《儀禮音》一卷、《禮記音》二卷、《毛詩音》二卷。[2]

[1]圖緯：即讖緯。神化孔子和儒家經典的書，一般都附有圖，故又稱圖緯。

[2]二十八：南監本作“一十八”。源氏校勘記云：“《周書》‘一十’作‘二十’。”

樊深，字文深，河東猗氏人也。[1]事繼母甚謹，弱冠好學，負書從師於河西，[2]講習五經，晝夜不倦。魏永安中，[3]隨軍征討，以功累遷中散大夫。[4]嘗讀書，見吾丘子，[5]遂歸侍養。

[1]河東：郡名。北魏時治蒲坂縣，在今山西永濟市西南蒲州鎮。　猗氏：縣名。治所在今山西臨猗縣南。

[2]河西：殿本校勘記云：“‘河西’，《周書》作‘三河’。”源氏校勘記云：“‘河西’，《周書》作‘三河’。”按：三河，即河東郡、河南郡和河內郡的合稱。

[3]永安：北魏孝莊帝年號（528—530）。

[4]中散大夫：官名。漢平帝時始置。歷代沿置。多爲官吏養老、病退所任，無具體職權。北魏時曾置爲職事官之加官。北魏孝文帝太和十七年定爲四品上，二十三年定爲四品下。

[5]吾丘子：即丘吾子，人名。春秋時孝子。見劉向《説苑·敬慎》。

孝武西遷，[1]樊、王二姓舉義，爲東魏所誅。[2]深父保周、叔父歡周並被害。深因避難，墜崖傷足，絶食再宿。於後遇得一簞餅，欲食之，然念繼母老痺，或免虜掠，乃弗食。夜中匍匐尋覓，母得見，因以饋母。還復遁去，改易姓名，遊學於汾、晋間。[3]習天文及算曆之術。後爲人所告，囚送河東。屬東魏將韓軌長史張曜重其儒學，[4]延深至家，因是便得逃隱。周文平河東，[5]贈保周南郢州刺史、歡周儀同三司。[6]深歸葬其父，負土成墳。

[1]孝武：即北魏皇帝元脩。孝武爲其謚號。

[2]爲東魏所誅：底本、南監本無"東"字，中華本有。源氏校勘記云："'魏'上《周書》'東'字。爲是。"中華本校勘記云："諸本脱'東'字，據《周書》卷四五、《通志》卷一七四《樊深傳》補。"今從改。

[3]汾晋：指汾州、晋州。汾州：西魏時治義川縣，在今陝西宜川縣東北。晋州，西魏時治白馬城，在今山西臨汾市。

[4]韓軌：人名。字伯年，太安狄那（今山西壽陽縣西）人。東魏、北齊官吏。見《北史》卷五四《韓軌傳》。　長史：官名。戰國秦置，掌顧問參謀。秦漢因之，西漢時丞相、太尉、御史大夫、大將軍、車騎將軍、前後左右將軍皆置，爲所在官署掾屬之長。東漢、魏晋南北朝沿置，大抵略同。

[5]周文：即宇文泰。文爲其謚號，北周明帝所追謚。

[6]南郢州：北周時治赤石城，在今河南潢川縣南。　儀同三

司：東漢時置，統兵征戰，事訖則罷。魏晋又增此號，居諸名號將軍之首。多加於權臣元老，以示尊崇，開府置僚屬，不領兵。北魏孝文帝太和十七年定爲一品中，二十三年定爲從一品。北周沿置。

尋而于謹引爲府參軍事，[1]令在館授教子孫。周文置學東館，[2]教諸將子弟，以深爲博士。深經學通贍，每解書，多引漢魏以來諸家義而説之。故後生聽其言者，不能曉悟，背而譏之曰："樊生講書多門户，不可解。"然儒者推其博物。性好學，老而不怠。朝暮還往，常據鞍讀書，至馬驚墮地，損折支體，終亦不改。後除國子博士，[3]賜姓万紐于氏。[4]天和二年，遷縣伯中大夫，[5]加開府儀同三司。建德元年，表乞骸骨，詔許之。朝廷有疑議，常召問焉。後以疾卒。

[1]于謹：人名。字思敬，小名巨引，代（今山西大同市東北）人。北魏官吏。見《北史》卷二三《于栗磾附于謹傳》。 參軍事：官名。東漢末車騎將軍幕府置爲僚屬，掌參謀軍務。南北朝時王、公、將軍府、都水臺及諸州多置爲僚屬，掌參謀軍務。品級自六品至九品不等。

[2]東館：學館。置於皇宫東側，故名。

[3]國子博士：官名。晋武帝立國子學，置一員，以教授生徒儒學，取履行清淳、通明典義者爲之。並應對殿堂，備咨詢顧問，隸國子祭酒，地位高於太學博士。北魏孝文帝太和十七年定爲從五品，二十三年定爲五品上。北周沿置。

[4]万紐于氏：底本作"萬紐于氏"。中華本校勘記云："諸本'万'作'萬'。按《魏書·官氏志》'勿忸于氏後改爲于氏'，《廣韻·十虞》作'万忸于氏'。'萬'乃'万'之訛，今據改。"

今從改。

[5]天和：底本作"天平"。殿本校勘記云："'平'，《周書》作'和'。"南監本作"平"。源氏校勘記改"平"作"和"。中華本校勘記云："諸本'和'訛作'平'，據《周書》、《通志》改。天和，北周武帝年號。天平乃東魏年號，誤。"今從改。　縣伯中大夫：官名。北周時置，地官府民部中大夫屬官，每方置一人，掌本方事務，下設小縣伯中大夫、小縣伯上士、小縣伯中士以佐其職，領縣大夫、下大夫等屬官。

深既專經，又讀諸史及《倉》、《雅》、篆、籀、陰陽、卜筮之書。[1]學雖博贍，訥於辭辯，故不爲當時所稱。撰《孝經》《喪服問疑》各一卷。又撰《七經異同》三卷。子義綱。[2]

[1]倉：即《倉頡篇》。秦丞相李斯作，爲教育兒童識字的字書。　雅：即《爾雅》。中國最早的一部解釋詞義的書。

[2]又撰七經異同三卷子義綱：中華本校勘記云："按《册府》卷六〇六、卷六〇八稱樊深撰'《七經異同説》三卷、《義綱略論》並目録三十卷，並行於世'。疑此'子'字爲後人妄加，'義綱'下有脱文。《隋書·經籍志一》、《新唐書·藝文志·甲部》並見樊深撰'《七經義綱略論》三十卷'，可證。"當是。

熊安生，字植之，長樂阜城人也。[1]少好學，勵精不倦。從陳達受《三傳》，從房虬受《周禮》，[2]事徐遵明，[3]服膺歷年，後受《禮》於李寶鼎，[4]遂博通五經。然專以《三禮》教授，弟子自遠方至者千餘人。乃討論圖緯，捃摭異聞，先儒所未悟者，皆發明之。齊河清中，[5]陽休之特奏爲國子博士。[6]

[1]長樂：郡名。北齊時治信都縣，在今河北冀州市。　阜城：縣名。治所在今河北阜城縣。

[2]房虯：人名。正定常山（今河北正定縣南）人。北魏學者。精於《周官》《儀禮》。大德本“虯”作“糾”，南監本亦作“糾”。源氏校勘記改“糾”作“虯”。

[3]徐遵明：人名。字子判，華陰（今陝西華陰市東南）人。北魏學者。見《北史》卷八一《徐遵明傳》。

[4]李寶鼎：即李鉉，人名。字寶鼎，勃海南皮（今河北南皮縣）人。北齊儒士。見《北史》卷八一《李鉉傳》。

[5]河清：北齊武成帝的年號（562—565）。

[6]陽休之：人名。字子烈，北平無終（今天津薊縣）人。北魏、北齊官吏。見《北史》卷四七《陽尼附陽休之傳》。

時西朝既行《周禮》，[1]公卿以下，多習其業，有宿疑磧滯者數十條，[2]皆莫能詳辯。[3]天和三年，周齊通好，兵部尹公正使焉。[4]與齊人語及《周禮》，齊人不能對，乃令安生至賓館，與公正言。公正有口辯，安生語所未至者，便撮機要而驟問之。安生曰：[5]“禮義弘深，自有條貫，必欲升堂睹奥，[6]寧可汩其先後？但能留意，[7]當爲次第陳之。”公正於是問所疑，安生皆爲一一演説，咸究其根本。公正嗟服，還，具言之於武帝，帝大欽重之。

[1]西朝：指北周。

[2]磧：底本作“碩”。源氏校勘記改“碩”作“磧”。按：

《康熙字典》礩下云："又《字彙補》同'窒'。《周書·熊安生傳》'宿疑礩滯'。"今從改。

[3]辯：中華本作"辨"。按：《康熙字典》辯下云："同'辨'。《説文》判也。《廣韻》别也。"辯、辨，古同。今不改。

[4]兵部：官署名。西魏時改七兵曹爲兵部，爲尚書省十二部之一，屬夏官府所，掌諸兵種及全國軍務。北周沿置。　尹公正：人名。北周官吏。任司門下大夫、中外府司録。武帝保定初，與齊使議互市於玉壁。

[5]安生曰：元大德本"曰"字空闕。

[6]升堂睹奥：比喻學有所成，並觀察到深奥之處。升堂，語出《論語·先進》："由也升堂矣，未入室也。"

[7]但能留意：元大德本空缺"但能"二字。

及入鄴，[1]安生遽令掃門。家人怪而問之。安生曰："周帝重道尊儒，必將見我矣。"俄而帝幸其第，詔不聽拜，親執其手，引與同坐。謂曰："朕未能去兵，以此爲愧。"安生曰："黄帝尚有阪泉之戰，[2]况陛下龔行天罰乎！"帝又曰："齊氏賦役繁興，竭人財力，朕救焚拯溺，思革其弊，欲以府庫及三臺雜物散之百姓，[3]公以爲何如？"安生曰："昔武王克商，散鹿臺之財，發巨橋之粟，[4]陛下此詔，異代同美。"帝又曰："朕何如武王？"安生曰："武王伐紂，懸首白旗，[5]陛下平齊，兵不血刃，愚謂聖略爲優。"帝大悦，賜帛三百匹、米三百石、宅一區，并賜象笏及九鐶金帶，[6]自餘什物稱是。又詔所司給安車駟馬，[7]令隨駕入朝，并敕所在供給。至京，敕令於大乘佛寺，[8]參議五禮。[9]宣政元年，[10]拜露門博士、下大夫，[11]時年八十餘。尋致仕，卒於家。

［1］鄴：城名。在今河北臨漳縣西南。

［2］阪泉之戰：相傳黄帝時期，黄帝和炎帝兩個部落在阪泉（一説在今山西運城市解池附近，一説在今河北涿鹿縣東南）進行的一次交戰。見《史記》卷一《五帝本紀》。

［3］三臺：銅雀臺、金獸臺、冰井臺之合稱。在今河北臨漳縣西南，爲魏武帝曹操所建。

［4］昔武王克商散鹿臺之財發巨橋之粟：相傳周武王滅掉商紂王後，把鹿臺的財物和巨橋的粟米都發給貧民。見《史記》卷四《周本紀》。武王，即周武王。姓姬，名發。文王子。鹿臺，商紂王在商都附近建的宫苑。在今河南湯陰縣朝歌鎮南。周武王伐紂，紂兵敗，登臺自焚而死。巨橋，在今河北曲周縣東北、邱縣古城營近北側古衡漳水上。旁有漕粟倉。

［5］武王伐紂懸首白旗：周武王在牧野討伐商紂王，割下他的頭顱懸挂在白色的旗幟上。見《史記》卷三《殷本紀》。

［6］象笏：古代品位較高的官員朝見皇帝時所執，供記事之用。金帶：金裝飾的腰帶。古代帝王、后妃、文武百官佩戴的腰帶，有革、金、玉、銀等差别，隨朝代不同而不同。

［7］安車駟馬：古代官員告老，或徵召德高望重職任，往往賜乘安車。乘車一般都是站立在車厢中，而安車則可以坐，故得名。一般安車僅用一匹馬，用四匹馬則表示特殊的禮遇。

［8］大乘佛寺：在今河北邯鄲市。現名爲大乘玉佛寺。

［9］五禮：即吉禮、凶禮、軍禮、賓禮、嘉禮。

［10］宣政：北周武帝的年號（578）。

［11］下大夫：官名。北魏時尚書諸曹及内部、外部等曹皆置，位在諸曹令之上。孝文帝太和十七年定爲四品上。北周沿置。

安生既學爲儒宗，常受其業、擅名於後者，有馬榮伯、張黑奴、竇士榮、孔籠、劉焯、劉炫等,[1]皆其門人焉。所撰《周禮義疏》二十卷、《禮記義疏》三十卷、《孝經義》一卷,並行於世。

[1]張黑奴竇士榮孔籠:皆人名。隋文帝開皇初俱被徵召爲太學博士。

安生與同郡宗道暉、張暉、紀顯敬、徐遵明等爲祖師。[1]道暉好著高翅帽、大屐,[2]州將初臨,[3]輒服以謁見,仰頭舉肘,拜於屐上,自言學士比三公。[4]後齊任城王湝鞭之,[5]道暉徐呼"安偉,安偉"。出,謂人曰:"我受鞭,不漢體。"[6]復躡屐而去。冀州人爲之語曰"顯公鐘,宋公鼓,宗道暉屐,李洛姬肚",[7]謂之四大。顯公,沙門也;宋公,安德太守也;[8]洛姬,婦人也。

[1]安生與同郡宗道暉張暉紀顯敬徐遵明等爲祖師:中華本校勘記云:"按徐遵明華陰人,安生乃長樂阜城人,不得稱爲同郡。上文言安生'事徐遵明,服膺歷年',《北齊書》卷四四《儒林傳》序云:'凡是經學諸生,多出自魏末大儒徐遵明門下。'又言徐遵明傳《三禮》於紀顯敬。疑這裏'徐遵明'上有脱文,'等'字爲後人所加。原文當是説安生等人並以徐遵明爲祖師。"可從。

[2]高翅帽:一種帽翅高挑的尖頂便帽。

[3]州將:魏晋以降刺史多領兵開府,加將軍號,别稱州將。

[4]學士:官名。魏晋南北朝皆置,以文學之士充任,掌典禮、編纂、撰述、修史之事,爲文學侍從之臣。員數、品秩不一。

[5]任城王:封爵名。任城,郡名。北齊時治魯縣,在今山東曲阜市。　湝:即高湝,人名。勃海蓨(今河北景縣)人。北齊宗

室。見《北史》卷五一《任城王湝傳》。

[6]道暉徐呼安偉安偉出謂人曰我受鞭不漢體：元大德本“呼”字闕。中華本校勘記云：“張森楷云：‘“漢”上疑當有“失”字。’按此處文義不明，當有脱訛。”“安偉、安偉”當是受鞭時痛苦的呼喊聲。《顔氏家訓》卷二《風操》：“《倉頡篇》有‘倄’字，《訓詁》云：‘痛而呼也，音羽罪反。’今北人痛則呼之。《聲類》音于耒反，今南人痛或呼之。此二音隨其鄉俗，并可行也。”洪亮吉《曉讀書齋四録》下：“案：既有羽罪、于耒二反，則字不當有爻音，疑‘倄’字爲‘侑’字傳寫之誤，今北俗痛苦甚尚呼‘阿侑’，讀若‘洧’，或尚與古同也。（王利）器案：《北史·儒林·熊安生傳》：‘後齊任城王湝鞭之，宗道暉徐呼‘安偉！安偉！’安偉，即阿侑也。”

[7]復躡屐而去冀州人爲之語曰：元大德本“屐”至“爲”間五字闕。冀州，北齊時治信都縣，在今河北冀州市。

[8]安德：郡名。北齊時治安德縣，在今山東陵縣東南。

安生在山東時，歲歲遊講，從之者傾郡縣。或誑之曰：“某村古塚，是晉河南將軍熊光墓，去此七十二世。[1]舊有碑，爲村人埋匿。”安生掘地求之，不得，連年訟焉。冀州長史鄭大讙判之曰：“七十二世，乃是羲皇上人；河南將軍，晉無此號。訴非理記。”[2]安生率其族向塚而號。將通名，見徐之才、和士開二人相對，[3]以徐之才諱“雄”，和士開諱“安”，乃稱“觸觸生”，群公哂之。

[1]某村古塚是晉河南將軍熊光墓去此七十二世：底本無“墓”“此”二字。中華本校勘記云：“諸本脱‘墓’字、‘此’字，

據《通志》卷一七四《熊安生傳》補。”今從改。

[2]訴非理記：中華本校勘記云：“《通志》作‘所訴非理’。”可從。

[3]徐之才：人名。丹陽（今江蘇南京市）人。北魏、東魏、北齊官吏。見《北史》卷九〇《徐謇附徐之才傳》。　和士開：人名。字彦通，清都臨漳（今河北臨漳縣）人。東魏、北齊佞臣。見《北史》卷九二《和士開傳》。

樂遜，字遵賢，河東猗氏人也。幼有成人之操，從徐遵明於趙、魏間，受《孝經》《喪服》《論語》《詩》《書》《禮》《易》《左氏春秋》大義。尋而山東寇亂，學者散逸，遜於擾擾之中，猶志道不倦。大統七年，[1]除子都督。[2]九年，太尉李弼請遜教授諸子。[3]既而周文盛選賢良，授以守令。[4]相府户曹柳敏、行臺郎中盧光、河東郡丞辛粲相繼舉遜，[5]稱有牧人之才。弼請留不遣。

[1]大統：西魏文帝的年號（535—551）。

[2]子都督：官名。北魏時置，西魏沿置，爲統兵武官，位在都督下，亦可作爲起家官。

[3]李弼：人名。字景和，隴西成紀（今甘肅秦安縣）人。西魏八柱國之一、北周大臣。見《北史》卷八〇《李弼傳》。

[4]守：官制用語。官吏試職稱守。漢朝官吏有試守之制，期限一年，滿歲轉正，得食全俸，即爲真。魏晋南北朝時以低職署理高職、高職署理低職均爲守。後者僅爲暫攝、代理之意。

[5]户曹：官署名。王府、公府、將軍府僚屬諸曹之一。北周時都督、中外諸軍事府皆置，長官爲參軍或參軍事。　柳敏：人名。字白澤，河東解（今山西臨猗縣）人。西魏、北周大臣。見

《北史》卷六七《柳敏傳》。　行臺郎中：官名。北魏時始置，東魏、西魏、北齊沿置，亦稱行臺郎，爲行臺諸曹郎中的泛稱，各曹皆冠以曹名。有時以稱不理具體曹務的官員。　盧光：人名。字景仁，小字伯，范陽涿（今河北涿州市）人。西魏、北周大臣。見《北史》卷三〇《盧同附盧光傳》。　郡丞：官名。秦漢時置，爲郡守之副貳，助掌郡之行政。南北朝沿置。品秩不一。

魏廢帝二年，[1]周文召遜教授諸子。在館六年，與諸儒分授經業，講《孝經》《論語》《毛詩》及服虔所注《春秋左氏傳》。[2]周閔帝踐阼，[3]以遜有理務材，除秋官府上士，[4]轉小師氏下大夫。[5]自譙王儉以下，[6]並束脩行弟子之禮。遜以經術教授，甚有訓導之方。及衛公直鎮蒲州，[7]遜爲直主簿。

[1]魏廢帝：即元欽。見《北史》卷五《西魏廢帝紀》。

[2]服虔：人名。字子慎，初名重，又名祇，後更名虔，河南滎陽（今河南滎陽市東北）人。東漢經學大師。見《後漢書》卷七九下《服虔傳》。

[3]周閔帝：即北周皇帝宇文覺。閔爲其謚號。

[4]秋官府上士：官名。西魏恭帝三年置，北周沿置。秋官府屬官，佐大司寇卿、小司寇上大夫掌府務。正三命。

[5]小師氏下大夫：官名。西魏恭帝三年置，北周沿置。地官府師氏司次官，佐師氏中大夫用前代美善之事曉諭帝王，使其行善道，並教育太子以下的王公子弟。正四命。

[6]儉：即宇文儉，人名。字侯幼突。北周宗室。見《北史》卷五八《譙孝王儉傳》。

[7]蒲州：北周時治蒲坂縣，在今山西永濟市西南蒲州鎮。

武成元年六月,[1]以霖雨經時,[2]詔百官上封事。遜陳時宜十四條,其五條切於政要。其一崇教方,其二省造作,其三明選舉,其四重戰伐,其五禁奢侈。保定二年,以訓導有方,頻加賞賜,遷遂伯中大夫。[3]五年,詔魯公斌、畢公賢等,[4]俱以束脩之禮,同受業焉。

[1]武成:北周明帝的年號(559—560)。

[2]霖雨:連綿大雨。

[3]遂伯中大夫:官名。西魏恭帝三年設,北周沿置。地官府民部中大夫屬官。分置左右遂伯中大夫,每方置一人,掌本方行政事務。正五命。

[4]斌:即宇文斌,人名。字乾伯,北周武帝宇文邕長子。北周宣帝。見《北史》卷一〇《周本紀·宣帝》。　賢:即宇文賢,人名。字乾陽,北周明帝宇文毓長子。見《北史》卷五八《畢剌王賢傳》。

天和元年,岐州刺史陳公純舉遜以賢良。[1]五年,遜以年在懸車,上表致仕,[2]優詔不許。於是賜以粟帛及錢等,授湖州刺史,[3]封安邑縣子。[4]人多蠻左,未習儒風。遜勸勵生徒,加以課試,數年之間,化洽州境。蠻俗生子,長大多與父母異居,遜每加勸導,多革前弊。在任數載,頻被褒錫。秩滿還朝,拜皇太子諫議,[5]復在露門教授皇子。大象初,進爵崇業郡公,[6]又爲露門博士。二年,進位開府儀同大將軍,出爲汾陰郡守。[7]遜以老病固辭,詔許之,乃改授東揚州刺史。[8]仍賜安車、衣服及奴婢等,又於本郡賜田十頃,儒者以爲榮。隋開皇元年，卒於家，年八十二。贈本官，加蒲、陝二州刺史。[9]

[1]岐州：北周時治雍縣，在今陝西鳳翔縣南。　陳公純：即宇文純。字堙智突，北周宗室。見《北史》卷五八《陳惑王純傳》。

[2]年在懸車上表致仕：年滿七十歲，要求退休還家。懸車，指七十歲。古人一般至七十歲辭官家居，廢車不用。致仕，指古代官員年老退休。

[3]湖州：北周時治湖陽縣，在今河南唐河縣西南湖陽鎮。

[4]安邑縣子：封爵名。安邑，縣名。治所在今山西夏縣西北禹王城。

[5]皇太子諫議：官名。北周武帝建德三年置，選用飽學之士充任，掌規諫太子。員四人。

[6]崇業郡公：封爵名。崇業，郡名。治所當在今湖北隨州市。

[7]汾陰：郡名。北周時治汾陰縣，在今山西萬榮縣西南。

[8]東揚州：北周時治項城縣，在今河南項城市。

[9]陝：州名。北周時治陝縣，在今河南三門峽市。

遜性柔謹，寡交遊，立身以忠信爲本。不自矜尚，每在衆言論，未嘗爲人之先，學者以此稱之。所著《孝經》《論語》《毛詩》《左氏春秋》序論十餘篇。又著《春秋序義》，通賈、服説，[1]發杜氏違，[2]辭理並可觀。

[1]賈服：即賈逵和服虔。賈逵，人名。字景伯，扶風平陵（今陝西咸陽市西北）人。見《後漢書》卷三六《賈逵傳》。

[2]杜氏：即杜預。字元凱，京兆杜陵（今陝西西安市長安區東）人。見《晉書》卷三四《杜預傳》。

初，周又有黎景熙，以古學顯。

黎景熙，字季明，河間鄚人，[1]少以孝行聞於世。[2]曾祖嶷，魏太武時，[3]以軍功賜爵容城縣男，[4]後爲燕郡守。[5]祖鎮、父瓊，並襲爵。

[1]河間：郡名。北周時治武垣縣，在今河北河間市南。　鄚：縣名。治所在今河北任丘市北。底本作“鄭”。殿本校勘記云：“‘鄭’，當係‘鄚’字之訛。”中華本校勘記云：“諸本‘鄚’訛作‘鄭’，據《通志》卷一七四《樂遜附黎景熙傳》改。”今從改。

[2]少以孝行聞於世：中華本校勘記云：“《周書》卷四七《黎景熙傳》作‘少以字行於世’。按下文稱‘季明’而不稱‘景熙’，即是以字行之證。此當是‘字’訛爲‘孝’，後人又妄增‘聞’字。”按：中華本的論點待考。據下文，“以字行”的意思，不是以名字“季明”行，而是以善於解釋、寫作文字而著稱。

[3]魏太武：即北魏皇帝拓跋燾。太武爲其謚號。

[4]容城縣男：封爵名。容城，縣名。治所在今河北容城縣西北。

[5]燕郡：北魏時治薊縣，在今北京西南。

季明少好讀書，性強記默識，而無應對之能。其從祖廣，太武時尚書郎，[1]善古學。常從吏部尚書清河崔宏受字義，[2]又從司徒崔浩學楷篆，[3]自是家傳其法。季明亦傳習之，頗與許氏有異。[4]又好玄象，[5]頗知術數，而落魄不事生業。有書千餘卷。雖窮居獨處，不以飢寒易操。與范陽盧道源爲莫逆交。[6]永安中，道源勸令入仕，始爲威烈將軍。[7]

［1］尚書郎：官名。漢武帝時常以郎官供尚書署差遣，掌收發文書章奏庶務，後漸成定制，成爲中朝常設官職，員四人。分掌尚書各曹。凡尚書曹郎、郎中、侍郎皆可簡爲此稱。初在尚書臺任職稱守尚書郎中，滿一年稱尚書郎，三年稱侍郎。歷朝沿置。

［2］吏部尚書：官名。三國魏改選部尚書置。爲尚書省吏部曹長官。兩晋南北朝沿置，職掌官吏銓選、考課、奬懲，其實權或大於尚書僕射。然重要官職的任免須與諸執政大臣合議，由皇帝、宰相裁定，亦常命尚書僕射領吏部事務或任命大臣參掌選事以分其權任。北魏孝文帝太和十七年定爲二品下，二十三年定爲三品。　清河：郡名。北魏時治清河縣，在今山東臨清市東北。　崔宏：人名。字玄伯，清河東武城（今山東武城縣西北）人。北魏大臣。見《北史》卷二一《崔宏傳》。

［3］司徒：官名。漢哀帝時改丞相爲大司徒，漢光武帝時改爲司徒，與太尉、司空並稱三公，分掌宰相職能。北魏初曾令州郡公文先上司徒府，後改上丞相府。一品。　崔浩：人名。字伯淵（《北史》避唐高祖李淵諱改爲“伯深”），清河東武城（今山東武城縣西北）人。北魏大臣。見《北史》卷二一《崔宏附崔浩傳》。

［4］許氏：即許慎。字叔重，汝南召陵（今河南漯河市郾城區）人。東漢經學家、文字學家。見《後漢書》卷七九下《許慎傳》。

［5］玄象：亦稱元象、玄儀。指日月星辰在天所成之象。

［6］范陽：郡名。北魏時治涿縣，在今河北涿州市。

［7］威烈將軍：官名。三國吴時置。北魏沿置，孝文帝太和十七年定爲六品中，二十三年定爲七品上。

孝武西遷，季明乃寓居伊洛。[1]侯景徇地河外，[2]召季明從軍，稍遷黎陽郡守。[3]季明從至懸瓠，[4]察景終不足恃，遂去之。客於潁川。[5]時王思政鎮潁川，[6]累使召季明，留於内館。月餘，周文又徵之，遂入關。乃令季明正定古今文字於東閤。[7]大統末，拜著作佐郎。[8]於時倫輩，皆位兼常伯，[9]車服華盛，唯季明獨以貧素居之，而無愧色。又勤於所職，著述不怠。然性尤專固，不合於時，是以一爲史官，遂十年不調。武成末，遷外史下大夫。[10]

[1]伊洛：原指伊水與洛水。兩水匯流，多連稱。亦指伊洛流域。

[2]侯景：人名。字萬景，懷朔鎮（今内蒙古固陽縣南）人。曾任北魏官吏，後叛至南朝。見《梁書》卷五六《侯景傳》（參李萬生《侯景的氏族及相關問題》，《北京大學學報》2000 年第 5 期）。

[3]黎陽：郡名。西魏時治黎陽城，在今河南浚縣東北。

[4]懸瓠：城名。在今河南汝南縣。

[5]潁川：郡名。西魏時治長社縣，在今河南許昌市。

[6]王思政：人名。太原祁（今山西祁縣東南）人。北魏、西魏將領。見《北史》卷六二《王思政傳》。

[7]東閤：本指東邊小門。借指宰相招致賢士之所，後用以稱宰相款待賓客的地方。

[8]著作佐郎：官名。三國魏明帝時置佐著作郎，協助著作郎修撰國史及起居注。本用文學之士，至南北朝後期，因其職務清閑，成爲士族高門子弟的起家之官。北魏秘書省著作局置四員，孝文帝太和十七年定爲從五品上，二十三年定爲七品。西魏沿置。

[9]常伯：皇帝近臣的泛稱。秦漢以後，常作爲侍中的别稱。

[10]外史下大夫：官名。西魏恭帝三年仿《周禮》外史置，北周沿置。春官府外事司長官，掌記録君王言行，以爲國志（起居

注)，兼掌書籍。下設外史上士以佐其職，領著作上士、校書下士等屬官。正四命。

保定三年，盛營宮室，春夏大旱，詔公卿百僚，極言得失。季明上封事曰：

臣聞成湯遭旱，以六事自陳；[1]宣王太甚，而珪璧斯竭。[2]豈非遠慮元元，俯哀黎庶。[3]今農要之月，時雨猶愆，率土之心，有懷渴仰。陛下垂情萬類，子愛群生，覲禮百神，猶未豐洽。[4]豈或作事不節，有違時令，舉措失中，當邀斯旱。[5]

[1]成湯遭旱以六事自陳：商代湯統治時，連續七年干旱。成湯讓史官祈雨，問上天六事以自責。典出《荀子·大略》。成湯，即商湯。商朝的創建者。契的後代，子姓，本名履，又稱天乙。

[2]宣王太甚而珪璧斯竭：周宣王爲了祈雨，用盡了圭和璧。典出《詩·大雅·雲漢》。

[3]黎庶：源氏校勘記云："《周書》作'兆庶'。"

[4]猶未豐洽：源氏校勘記云："洽下《周書》有'者'字。"

[5]當邀斯旱：源氏校勘記云："'當',《周書》作'儻'。"

《春秋》，君舉必書，[1]動爲典禮。水旱陰陽，莫不應行而至。孔子曰："言行，君子之所以動天地，可不慎乎！"[2]《春秋》莊公三十一年冬，不雨。《五行傳》以爲是歲一年而三築臺，[3]奢侈不恤人也。僖公二十一年夏，大旱。《五行傳》以爲時作南門，勞人興役。漢惠帝二年夏，[4]大旱；五年夏，大旱，江河水少，谿澗水絶。《五行傳》以爲先是發十四萬六千人城長安。漢武帝元狩三年夏，[5]大旱。《五行傳》以爲是歲發天下故吏，穿昆明池。然則土木之功，動人興役，天輒應之以異。典籍作誡，儻或可思，上天譴告，改之則善。今若息人省役，以答天譴，庶靈澤時降，嘉穀有時，則年登可覬，子來非晚。《詩》云："人亦勞止，迄可小康，惠此中國，以綏四方。"[6]或恐極陽生陰，秋多雨水，年復不登，人將無覬。如又薦飢，[7]爲慮更甚。

[1]君舉必書：史官對國君行爲都要如實記録。

[2]孔子曰言行君子之所以動天地可不慎乎：孔子説："君子可以靠言行而撼動天地，能不謹慎嗎?"語出《易・繫辭》。

[3]五行傳：尚書緯書之一，今已亡。《漢書・藝文志十》："劉向《五行傳記》十一卷。許商《五行傳記》一篇。"此《五行傳》不明作者。明代孫瑴《古微書》、清代馬國翰《玉函山房輯佚叢書》均有輯本。

[4]漢惠帝：即漢朝皇帝劉盈。惠爲其謚號。

[5]漢武帝：即漢朝皇帝劉徹。武爲其謚號。　元狩：漢武帝的年號（前122—前117）。

[6]詩云人亦勞止迄可小康惠此中國以綏四方：人民已經很辛苦，可以休養了。中原受此恩惠，四方才會歸順。出自《詩・大雅・民勞》。

[7]薦飢：連年災荒。《左傳》僖公十三年："晋薦饑。"孔穎達疏引李巡曰："連歲不熟曰薦。"

時豪富之家，競爲奢麗。季明又上書曰：

臣聞寬大所以兼覆，慈愛所以懷衆。[1]故天地稱其高厚者，萬物得其容養焉；四時著其寒暑者，庶類資其忠信焉。是以帝王者，寬大象天地，忠信則四時。招摇東指，天下識其春；[2]人君布德，率土懷其惠。伏惟陛下，資乾御宇，品物咸亨，[3]時乘六龍，[4]自强不息，好問受規，天下幸甚。

[1]寬大所以兼覆慈愛所以懷衆：有寬大的心境才能恩澤萬物，有仁慈寬厚的情懷才能胸懷大衆。語出西漢劉安《淮南子》卷九《主術訓》。

[2]招摇東指天下識其春：北斗星指向北方，就知道春天到了。《鶡冠子》卷上《環流》："斗柄東指，天下皆春；斗柄南指，天下皆夏；斗柄西指，天下皆秋；斗柄北指，天下皆冬。"北斗第七星名摇光，常借指北斗星。《禮記·曲禮上》："行，前朱雀而後玄武，左青龍而右白虎，招摇在上，急繕其怒。"鄭玄注："招摇，星在北斗杓端主指者。"孔穎達疏："招摇，北斗七星也。"

[3]品物咸亨：萬物都很完美。

[4]時乘六龍：《易·乾卦》："大明終始，六位時成，時乘六龍以御天。"孔穎達疏："乾元乃統天之義，言乾之爲德，以依時乘駕六爻之陽氣，以控御於天體。六龍即六位之龍也；以所居上下言之，謂之六位也。"

自古至道之君，亦皆廣延博訪，詢採芻蕘，[1]置鼓樹木，[2]以求其過。頃者亢旱踰時，人懷望歲，陛下爰發明詔，廣求六瘼，[3]同禹、湯之罪己，[4]高宋景之守正，[5]澍雨應時，年穀斯稔。剋己節用，慕質去華，[6]此則尚矣。然而朱紫仍耀於衢路，綺縠猶侈於豪富，[7]裋褐未充於細人，[8]糟糠未厭於編户。[9]此則勸導之理，有所未周故也。今雖導之以禮，齊之以刑，[10]風俗固難以一矣。昔漢文帝集上書之囊，以作帷帳；[11]惜十家之産，不造露臺；後宫所幸，衣不曳地，[12]方之今日富室之飾，曾不如婢隸之服。[13]然而以身率下，國富刑清，廟稱太宗，良有以也。臣聞聖人久於其道而天下化成。[14]今承魏氏衰亂之後，[15]貞信未興。宜先尊五美，屏四惡，[16]革浮華之俗，抑流競之風，察鴻都之小藝，[17]焚雉頭之異服，[18]無益之貨勿重於時，虧德之器勿陳於側，則人知德矣。

[1]詢採芻蕘：咨詢割草打柴的人。芻蕘，源氏校勘記云："《周書》作'芻微'。"《周書》卷七四作"蒭蕘"，其校勘記云："諸本'蕘'都作'微'，猶言芻蕘微末。殿本依《北史》本傳改。但作'蕘'亦通，今不改。"

[2]置鼓樹木：放置敢諫之鼓，樹立誹謗之木。見《淮南子》卷九《主術訓》。

[3]六瘼：民間的各種疾苦。

[4]禹湯之罪己：禹和湯都能檢討自身的過失。

[5]高宋景之守正：比宋景公還要恪守正道。見《史記》卷三八《宋微子世家》。

[6]慕質去華：源氏校勘記云："(去華)《周書》作'惡華'。"

[7]綺縠猶侈於豪富：源氏校勘記云："(豪富)《周書》作'豪家'。"

[8]裋(shù)：古代僕人所穿的粗布衣服。底本作"短"。中華本校勘記云："諸本'裋'訛作'短'，據《周書》《通志》改。"

今從改。

[9]糟糠未厭：就連酒糟、米糠這樣粗劣的食物都吃不飽。

[10]導之以禮齊之以刑：源氏校勘記云："'禮',《周書》作'政'。爲是。"按：《論語·爲政》："子曰：'道之以政，齊之以刑，民免而無恥。道之以德，齊之以禮，有恥且格。"可從。

[11]漢文帝集上書之囊以作帷帳：漢文帝把臣下所上書的書囊收集起來做成帷帳，形容他很節儉。見《漢書》卷六五《東方朔傳》。漢文帝，即漢朝皇帝劉恒。文爲其謚號。

[12]惜十家之産不造露臺後宫所幸衣不曳地：漢文帝不願花費相當十户之家財産的費用以建造避暑的露臺，他寵幸的夫人所穿的衣服不能拖地。見《史記》卷一〇《孝文帝本紀》。

[13]嘗不如婢隸之服：源氏校勘記云："'嘗',《周書》作'曾'。"

[14]聖人久於其道而天下化成：聖人長久堅持正道，所以能致天下太平。

[15]今承魏氏衰亂之後：源氏校勘記云："'衰',《周書》作'喪'。"

[16]尊五美屏四惡：尊崇五種美好的品德，摒棄四種不好的品德。語出《論語·堯曰》。

[17]鴻都之小藝：鴻都學教授的辭賦書畫等小技藝。鴻都，東漢靈帝在鴻都門設學校，專門學習辭賦書畫，然後出授高級官職。時人以爲辭賦書畫這些技藝與儒學大道比起來是雕蟲小技，故有此言。

[18]焚雉頭之異服：焚燒雉頭羽毛做成的奇裝異服。見《晋書》卷三《武帝紀》。

臣又聞之，爲政之要，在於選舉。[1]若差之毫釐，則有千里之失；後來居上，則致積薪之譏。[2]

是以古之善爲政者，貫魚以次，[3]任必以能。爵人於朝，不以私愛。[4]簡才以授其官，量能以任其用。[5]官得其才，任當其用，[6]六轡既調，[7]坐致千里。虞舜選衆，不仁者遠，[8]則庶事康哉，人知其化矣。

[1]爲政之要在於選舉：治理國家的關鍵，在於選舉有才能的人。

[2]後來居上則致積薪之譏：選用人才時使後來者超過前人的級別，就會受到堆積柴薪的譏諷。見《漢書》卷五〇《汲黯傳》。

[3]古之善爲政者貫魚以次：古代善於統治的人能將部衆像穿魚一樣排列起來。見《易·剥卦》。

[4]爵人於朝不以私愛：封爵位要在朝堂上進行，是爲了表明並非因私下寵愛而授予。

[5]簡才以授其官量能以任其用：根據才干大小而授予官職，根據能力大小進行任用。

[6]任當其用：源氏校勘記云："'任當其用'，《周書》作'用當其器'。"

[7]六轡：駕馭車馬的繩索。

[8]虞舜選衆不仁者遠：舜從天下之衆選擇有才能的人，所以不賢能的人就無法得到高位了。

帝覽而嘉之。

時外史廨宇屢移，[1]未有定所。季明又上言曰："外史之職，漢之東觀，[2]帝王所寶，此焉攸在。自魏及周，公館不立，臣雖愚瞽，猶知其非。是以去年十一月中，敢冒奏陳，特降中旨，即遣脩營。荏苒一周，未知功力。臣職思其憂，敢不重請。”帝納焉，於是廨宇方立。天和二年，[3]進車騎大將軍、儀同三司。[4]後以疾卒。

[1]外史：官名。爲外史下大夫的省稱。西魏恭帝三年仿《周禮》外史置，北周沿置，爲春官府外史司長官，掌紀録君王言行，以爲國志，兼掌書籍。下設外史上士以佐其職，領著作上士、校書下士等屬官。正四命。

[2]東觀：東漢洛陽南宫内觀名。章、和二帝時爲皇宫藏書之所。後代代稱國史修撰之所。

[3]二年：源氏校勘記云：“《周書》作‘三年’。”

[4]車騎大將軍：官名。西漢時始置。魏晋南北朝沿置，位都督中外諸軍事之下，多用來加授大臣及重要州郡長官，無具體職掌。北魏孝文帝太和十七年定爲一品下，二十三年定爲二品。西魏、北周實行府兵制，用爲儀同府長官軍號。九命。

又周文初，屬天下分崩，時學術之士蓋寡，故曲學末伎，咸見引納。至若冀儁、趙文深之徒，雖才愧昔人，而名著於世，並見收用。

冀儁，字僧儁，太原陽邑人也。[1]性沈謹，善隸書，特工模寫。初爲賀拔岳墨曹參軍。[2]岳被害，周文引爲記室。[3]時周文志平侯莫陳悦，[4]乃令儁僞爲魏帝敕書與費也頭，[5]令將兵助周文討悦。儁尋舊敕模寫，及代舍人、主書等署，[6]與真無異。周文大悦。費也頭見敕，不以爲疑，遂遣兵受周文節度。

[1]太原：郡名。北周時治晋陽縣，在今山西太原市晋源區古城營村一帶。　陽邑：縣名。治所在今山西太谷縣東北。

［2］賀拔岳：人名。字阿斗泥，神武尖山（今山西神池縣）人。北魏將領。見《北史》卷四九《賀拔允附賀拔岳傳》。　墨曹參軍：官名。東晋時設。屬丞相府屬官。掌刑獄。後來諸公府、軍府、州都府等皆設。歷朝沿置，品秩不一。

［3］記室：官名。主文書表報。兩晋南北朝以來有記室令史、記室督、記室參軍、中記室參軍等名目，省稱記室。

［4］侯莫陳悦：人名。代（今山西大同市東北）人。北魏將領。見《北史》卷四九《侯莫陳悦傳》。

［5］費也頭：匈奴别部之一。北朝時活動於今山西、陝西兩省間黄河南段以西一帶。東魏孝静帝天平元年（534），高歡曾攻伐費也頭紇豆陵伊利於河西，徙其部於河東。

［6］舍人：官名。中書舍人的省稱。中書省屬官。三國魏、西晋中書省置。歷代沿置。北朝時專掌草擬詔令，出納之職由門下省分任。北魏孝文帝太和十七年定爲六品上，二十三年定爲六品下。北周沿置。　主書：官名。西晋時置，掌文書檔案。歷代沿置。北魏稱主書内史，員八人。北周沿置。

大統初，封長安縣男，[1]從征弘農，[2]戰於沙苑，[3]進爵爲子。累遷襄樂郡守。[4]尋徵還，教明帝及宋獻公等隸書。[5]時俗入書學者亦行束脩之禮，謂之謝章。儁以書字所興，起自蒼頡，[6]若同常俗，未爲合禮。遂啓周文，釋奠蒼頡及先聖、先師。除黄門侍郎、本州大中正。[7]累遷湖州刺史。静退，[8]每以清約自處。前後所歷，頗有聲稱。尋加驃騎大將軍、開府儀同三司。後進爵爲昌樂侯，[9]卒。

［1］長安縣男：封爵名。長安，縣名。治所在今陝西西安市

西北。

[2]從征：源氏校勘記云："'征'，《周書》作'復'。"　弘農：縣名。治所在今河南靈寶市東北。

[3]沙苑：地名。又名沙阜、沙海、沙窩。在今陝西大荔縣南。

[4]襄樂：郡名。西魏時治襄樂縣，在今甘肅寧縣東北。

[5]明帝：即北周皇帝宇文毓。明爲其謚號。　宋獻公：即北周宗室王宇文震。獻爲其謚號。

[6]蒼頡：人名。相傳是黄帝時造字的史官。

[7]黄門侍郎：官名。秦朝時設，爲郎官之加官，侍從皇帝於宫門之内。西漢因之，東漢時與給事黄門侍郎合爲一職，與侍中俱掌門下事。歷朝因之，員數、品秩不一。　州大中正：官名。三國魏曹丕時實行九品中正制，郡置中正，州置大中正，掌管地方選拔官吏事宜。南北朝同。州大中正由司徒選授，本州内"鄉品"二品的士族高門可以參與其推舉，出任者皆爲鄉品二品的士族高門，許多家族世代相襲。北魏後期選授較濫，恩幸、閹官亦有任此職者。北齊時規定州大中正必須由京官擔任，如官職調出京師，則不能擔任此職。

[8]静退：恬淡謙遜，不競名利。按：《周書》卷四七《冀儁傳》作"性静退"，當是。

[9]昌樂侯：封爵名。昌樂，縣名。治所在今河南南樂縣西北。

趙文深，字德本，[1]南陽宛人也。[2]父遐，[3]以醫術仕魏，爲尚藥典御。[4]文深少學楷隸，年十一，獻書於魏帝。後立義歸朝，[5]除大丞相府法曹參軍。[6]雅有鍾、王之則，[7]筆勢可觀。當時碑牓，唯文深、冀儁而已。大統十二年，[8]追論立義功，封白石縣男。[9]文帝以隸書紕繆，命文深與黎季明、沈遐等依《説文》及《字林》，[10]刊定六體，成一萬餘言，行於世。

［1］趙文深字德本：中華本校勘記云：“《金石萃編》卷三七《華嶽頌》署名‘南陽趙文淵，字德本’。知其本名‘文淵’，《周書》、《北史》避唐諱改。”今從。

［2］南陽：郡名。西魏時治宛縣，在今河南南陽市。　宛：縣名。治所在今河南南陽市。

［3］遐：毛本、殿本、四庫本、四部備要本作“選”。殿本校勘記云：“‘選’，《周書》作‘遐’。”

［4］尚藥典御：官名。北魏時置，爲門下省尚藥局長官，總知御藥事，以精通醫術之人充任。員二人。五品。

［5］後立義歸朝：源氏校勘記云：“立義歸朝，文字全取《周書》正文。按《周書》即是矣。《北史》是四代之史。此句不通。”源氏所言極是。

［6］法曹參軍：官名。西晋末置，爲丞相府法曹長官，掌檢核律令，審議、判决案件。西魏沿置。

［7］鍾王：即鐘繇、王羲之。皆書法名家。

［8］十二年：源氏校勘記云：“《周書》作‘十年’。”

［9］白石縣男：封爵名。白石，縣名。治所在今甘肅成縣。

［10］説文：即《説文解字》。東漢許慎著，是中國第一部按照部首編排的字典。　字林：晋朝吕忱著，是中國古代的一部字書，收字12824個，按照《説文解字》的540個部首排列，已佚。

及平江陵之後，王褒入關，[1]貴遊等翕然並學褒書，文深之書，遂被遐棄。文深慙恨，形於言色。後知好尚難反，亦改習褒書。[2]然竟無所成，轉被譏議，謂之學步邯鄲焉。至於碑牓，餘人猶莫之逮。王褒亦每推先之。宫殿樓閣，皆其迹也。遷縣伯下大夫。[3]明帝令至江陵書影覆寺碑，[4]漢南人士，亦以爲工。梁主蕭詧觀而美之，賞遺甚厚。天和元年，露寢等初成，[5]文深以題牓之功，除趙興郡守。[6]文深雖居外任，每須題牓，輒復追之。後以疾卒。

［1］王褒：人名。字子淵，琅邪臨沂（今山東臨沂市）人。北周官吏。見《周書》卷四一《王褒傳》。

［2］後知好尚難反亦改習褒書：底本“反”作“及”。源氏校勘記云：“‘及’，《周書》作‘反’；‘改’作‘攻’。”中華本校勘記云：“諸本‘反’訛作‘及’，據《周書》卷四七《趙文深傳》改。”今從改。

［3］縣伯下大夫：官名。小縣伯下大夫的省稱。西魏恭帝元年置，北周沿置。地官府民部中大夫屬官，佐縣伯中大夫掌本方事務，其下設小縣伯上士、小縣伯中士。正四命。

［4］明帝令至江陵書影覆寺碑：源氏校勘記云：“《周書》作‘景福寺’。”中華本校勘記云：“《周書》、《通志》卷一七四《趙文深傳》‘影覆’作‘景福’，疑是。”可從。

［5］露寢：即路寢。古代天子、諸侯的正廳、正殿。

［6］趙興：郡名。北周時治安定縣，在今甘肅寧縣城。

辛彦之，隴西狄道人也。[1]祖世叙，魏凉州刺史。[2]父靈補，[3]周渭州刺史。[4]

［1］隴西：郡名。北周時治襄武縣，在今甘肅隴西縣東南。狄道：縣名。治所在今甘肅臨洮縣。

［2］凉州：北魏時治姑臧縣，在今甘肅武威市。

［3］父靈補：殿本校勘記云：“補，《隋書》作‘輔’。”

［4］渭州：北周時治襄武縣，在今甘肅隴西縣東南。

彦之九歲而孤，不交非類。博涉經史，與天水牛弘同志好學。[1]後入關，遂家京兆。[2]周文見而器之，引爲中外府禮曹，[3]賜以衣馬珠玉。時國家草創，朝貴多出武人，脩定儀注，唯彦之而已。尋拜中書侍郎。[4]及周閔帝受禪，彦之與小宗伯盧辯，[5]專掌儀制。歷典祀、太祝、樂部、御正四曹大夫，[6]開府儀同三司，封五原郡公。[7]宣帝即位，[8]拜小宗伯。時帝立五皇后，彦之切諫，由是忤旨，免官。

[1]天水：郡名。北周時治上邽縣，在今甘肅天水市。　牛弘：人名。字里仁，安定鶉觚（今甘肅靈臺縣）人。隋朝大臣。見《北史》卷七二《牛弘傳》。

[2]京兆：郡名。北周時治長安縣，在今陝西西安市西北。

[3]中外府：官署名。即都督中外諸軍事府的省稱。北朝時置。設長史、司馬、司録、從事中郎、掾、屬、諸曹參軍、行參軍等府佐。　禮曹：官署名。尚書省下分曹，負責禮儀的制定與修訂，以及部分國家儀式的主持。

[4]中書侍郎：官名。三國魏文帝時置。北魏多選用文學之士，掌草擬詔令，職位機要。員四人。北魏孝文帝太和十七年定爲四品上，二十三年定爲從四品上。北周沿置。

[5]小宗伯：官名。即小宗伯上大夫的省稱。西周時已有。北朝時掌宫室、車旗、服飾等禮儀禁令及次要的祭祀。正六命。　盧辯：人名。字景宣，范陽涿（今河北涿州市）人。西魏大臣。見《北史》卷三〇《盧同附盧辯傳》。

[6]典祀太祝樂部御正四曹大夫：即典祀大夫、太祝下大夫、樂部中大夫和御正中大夫。典祀大夫，官名。西魏時置，北周沿置。掌祭祀事務。太祝下大夫，官名。西魏恭帝三年置，北周沿置。春官府太祝司長官，員一人，掌六祝之辭，事鬼神以祈求福

祥。樂部中大夫，官名。北周武帝保定四年改大司樂中大夫置，仍屬春官府，掌音律，教授樂舞，管理各種伎樂的演奏。御正中大夫，官名。西魏恭帝三年置，北周沿置。天官府御正司長官。在皇帝左右，負責宣傳詔命，參議刑罰爵賞及軍國大事。

[7]五原郡公：封爵名。五原，郡名。北周時治五原縣，在今陝西定邊縣。

[8]宣帝：即北周宣帝宇文贇。宣爲其謚號。

隋文帝受禪，除太常少卿，[1]改封任城郡公，進位上開府。[2]歷國子祭酒、禮部尚書。[3]與祕書監牛弘撰新禮。[4]帝嘗令彦之與沈重論議，重不能抗，避席而謝曰："辛君所謂金城湯池，無可攻之勢。"[5]帝大悦。後除隋州刺史。[6]時州牧多貢珍玩，惟彦之所貢並供祭之類。上謂朝臣曰："人安得無學！彦之所貢稽古之力也。"[7]遷潞州刺史，[8]前後俱有惠政。彦之又崇信佛道，於城内立浮圖二所，[9]並十五層。開皇十一年，州人張元暴死，數日乃蘇，云遊天上，見新構一堂，制極崇麗。元問其故，云潞州刺史辛彦之有功德，造此堂以待之。彦之聞而不悦。其年卒，謚曰宣。

彦之撰《墳典》一部、《六官》一部、《祝文》一部、《禮要》一部、《新禮》一部、《五經異義》一部，並行於世。子孝舒、仲龕，並早有令譽。

[1]太常少卿：官名。北魏時置，爲太常副職，協助太常卿管理禮樂、宗廟祭祀事務。位在太常丞上。隋初因之，煬帝時增爲員二人，從四品。

[2]上開府：勳官名。上開府儀同大將軍的省稱。北周武帝建

德四年置，位在開府儀同大將軍上，主要授予有軍勳的功臣及北齊降官，無具體職掌。爲勳官之第五等，九命。隋文帝時改稱爲上開府儀同三司，爲從三品散實官，煬帝大業三年（607）罷。底本無“上”字。中華本校勘記云：“諸本無‘上’字，《隋書》卷七五、《通志》卷一七四《辛彦之傳》有。按上文已言其爲開府儀同三司，則進位當爲上開府。今據補。”今從改。

[3]國子祭酒：官名。晋武帝時立國子學，置一員爲長官，掌教授生徒儒學，主管國子學，參議禮制，隸太常。隋朝沿置，一員，初隸太常，統國子、太學、四門、書算學，文帝開皇十三年不隸太常，改爲國子學長官，文帝仁壽元年（601）罷，唯置太學，以博士領之。煬帝大業三年改置國子監，仍置一員。 禮部尚書：官名。北魏始置，爲禮部的長官。隋朝時屬於尚書省，爲中央行政機構六部之一的禮部的最高長官，掌管禮儀、祭祀、宴享以及學校政令，總判部屬各司事。地位得到較大的提升。員一人，正三品。

[4]祕書監：官名。漢桓帝時置，隋朝時領著作、太史二曹。初爲正三品，煬帝大業三年定爲從三品，後改名秘書令。

[5]金城湯池無可攻之勢：像鋼鐵鑄造的城墻、像沸水流淌的護城河，没有辦法攻克的樣子。比喻城池堅固，難以攻破。

[6]隋州：中華本作“隨州”。按：隨州，隋朝時治隨縣，在今湖北隨州市。隋文帝楊堅即位後改爲隋。

[7]稽古：考察古代的歷史，辨明是非曲直。

[8]潞州：隋朝時治壺關縣，在今山西壺關縣東南。源氏校勘記云：“‘潞’，《隋書》作‘洛’。爲非。下文卻作‘潞’。”中華本卷七五《隋書》作“潞州”。

[9]浮圖：亦爲窣堵波、浮屠、佛陀。在此指佛塔，即瘞佛骨之地。

何妥，字栖鳳，西城人也。[1]父細腳胡，[2]通商入蜀，遂家郫縣。[3]事梁武陵王紀，[4]主知金帛，因致巨富，號爲西州大賈。[5]

[1]西城：郡名。北周時治金川縣，在今陝西安康市。中華本校勘記云："《隋書》卷七五《何妥傳》同。《通志》卷一七四《何妥傳》'城'作'域'。按何妥先世當爲西域何國人，疑《通志》是。"可從。

[2]父細腳胡：殿本校勘記云："《隋書》無'腳'字。"

[3]郫縣：治所在今四川郫縣。

[4]武陵王：封爵名。武陵，郡名。南朝梁時治臨沅縣，在今湖南常德市西。　紀：即蕭紀，人名。字世詢，南蘭陵（一説在今江蘇常州市，一説在今江蘇丹陽市）人。南朝梁宗室。見《梁書》卷五五《武陵王紀傳》。

[5]西州：漢晋時稱凉州爲西州，以其在中原之西而得名。北朝亦沿襲之。

妥少機警，八歲遊國子學，[1]助教顧良戲之曰：[2]"汝姓何，是荷葉之荷？爲河水之河？"妥應聲答曰："先生姓顧，是眷顧之顧？爲新故之故？"衆咸異之。十七，以伎巧事湘東王。[3]後知其聰明，召爲誦書左右。時蘭陵蕭脊，[4]亦有儁才，住青楊巷，妥住白楊頭。時人爲之語曰："世有兩儁，白楊何妥，青楊蕭脊。"其見美如此。

[1]國子學：國立儒學最高學府。晋武帝時，隸太常，設國子祭酒、博士各一員，助教十五員，以儒學經典教授生徒。歷代因之，官秩不一。

[2]助教：官名。晋武帝咸寧中初立國子學置，置助教十五人，掌協助博士分經教授。晋孝武帝時減爲十人，分掌十經，官品同南臺禦史。南北朝沿置。

[3]湘東王：封爵名。湘東，郡名。南朝梁時治臨烝縣，在今湖南衡陽市。

[4]蘭陵：郡名。南朝梁時僑置蘭陵縣，在今江蘇常州市，一説在今江蘇丹陽市。　蕭昚（shèn）：人名。南朝梁蕭孝儼子。

江陵平，入周，仕爲太學博士。[1]宣帝初立五后，問儒者辛彦之，對曰："后與天子匹體齊尊，不宜有五。"妥駁曰："帝嚳四妃，[2]舜又二妃，亦何常數？"由是封襄城縣男。[3]文帝受禪，除國子博士，加通直散騎常侍，[4]進爵爲公。

[1]太學博士：學官名。漢魏時置五經博士，分經教授弟子生員。東晋時，統稱太學博士，置十六員，掌教授太學生，亦備咨詢，參議禮儀，隸太常。六品。北周沿置。

[2]帝嚳（kù）：傳説中古帝名，號高辛氏。

[3]襄城縣男：封爵名。襄城，縣名。治所在今河南襄城縣。源氏校勘記云："《隋書》作'縣伯'。"

[4]通直散騎常侍：官名。北魏時掌侍從、諷諫，屬集書省。員六人。孝文帝太和十七年定爲三品下，二十三年定爲四品。隋初屬門下省，員四人。正四品。煬帝大業三年罷。

妥姓勁急，有口才，好是非人物。納言蘇威嘗言於上曰：[1]"臣先人每誡臣云'唯讀《孝經》一卷，足可立身經國，何用多爲。'"上亦然之。妥進曰："蘇威所學，非止《孝經》。厥父若信有此言，威不從訓，是其不孝；若無此言，面欺陛下，是其不誠。不誠不孝，何以事君？且夫子又云：‘不讀《詩》無以言，不讀《禮》無以立。’[2]豈容蘇綽教子，[3]獨反聖人之訓乎？”威時兼領五職，上甚親重之。妥因奏威不可信任。又以掌天文律度，皆不稱職，妥上八事以諫。

[1]納言：官名。亦作“内言”，隋朝避隋文帝父楊忠諱，改侍中爲納言，爲門下省長官，員二人。煬帝大業十二年改爲侍内，正三品。　蘇威：人名。字無畏，武功（今陝西武功縣西北）人。北周、隋朝官吏。見《北史》卷六三《蘇綽附蘇威傳》。

[2]不讀詩無以言不讀禮無以立：人如果不學《詩》的話，就没有辦法説話；如果不讀《禮》的話，就没有辦法做人。語出《論語·季氏》。

[3]蘇綽：人名。字令綽，武功（今陝西武功縣西北）人。出身官宦之家。見《北史》卷六三《蘇綽傳》。

其一事曰：臣聞知人則哲，惟帝難之。[1]孔子曰：“舉直錯枉則人服，舉枉錯直則人不服。”[2]由此言之，政之安危，必慎所舉。故進賢受上賞，蔽賢蒙顯戮。察今之舉人，良異于此。無論諂直，莫擇賢愚。心欲崇高，則起家喉舌之任；[3]意須抑屈，必白首郎署之官。[4]人不之服，[5]實由於此。臣聞爵人於朝，與士共之；刑人於市，與衆棄之。[6]伏見留心獄訟，愛人如子，每應決獄，無不詢訪群公，刑之不濫，君之明也。刑既如此，爵亦宜然。若有懋功，[7]簡在帝心者，便可擢用。自斯以降，若選重官，必參以衆議，勿信一人之舉，則上不偏私，下無怨望。

[1]知人則哲惟帝難之：能鑒察人的品行才能，就叫作明智，就是堯舜那樣的帝王都不容易做到。

[2]舉直錯枉則人服舉枉錯直則人不服：把正直的人提拔起來，能使邪惡的人正直起來；把邪惡的人提拔起來，會讓正直的人也變得邪惡。語出《論語·爲政》。

[3]喉舌之任：比喻掌握機要、出納王命的重臣。

[4]白首郎署之官：《漢書》卷五〇《馮唐傳》："唐以孝著，爲郎中署長，事文帝。帝輦過，問唐曰：'父老何自爲郎？家安在？'"時馮唐已老，尚爲郎署之官。形容一輩子不得志、一直擔任低級官吏的人。

[5]人不之服：源氏校勘記云："《隋書》作'之不'。爲是。"中華本《隋書》亦作"之不"。可從。

[6]爵人於朝與士共之刑人於市與衆棄之：要賞賜爵位，一定要跟大家一起；要懲罰人，也要跟大家一起。也就是説，賞罰要慎重。語出《禮記·王制》。

[7]懋功：大功。

其二事曰：孔子云：是察阿黨，[1]則罪無掩蔽。又曰："君子周而不比，小人比而不周。"[2]所謂比者，即阿黨也。謂心之所愛，既已光華榮顯，猶加提挈；[3]心之所惡，既已沈滯屈辱，薄言必怒。提挈既成，必相掩蔽，則欺上之心生矣；屈辱既加，則有怨恨，謗讟之言出矣。伏願廣加訪察，[4]勿使朋黨路開，威恩自任。有國之患，莫大於此。

[1]阿黨：逢迎上意，徇私枉法，比附於下，結黨營私。

[2]君子周而不比小人比而不周：君子忠信，但是不搞幫派；小人搞幫派，但是不忠信。語出《論語·爲政》。

[3]加：底本、南監本作“如”。源氏校勘記云：“‘如’,《隋書》作‘加’。似是。”今從其餘諸本改。

[4]訪察：源氏校勘記云：“‘訪察’,《隋書》作‘遜訪’。”

其三事曰：臣聞舜舉十六族，所謂八元八凱也。[1]計其賢明，理優今日。猶復擇才授任，不相侵濫。故得四門雍穆，[2]庶績咸熙。[3]今官員極多，用人甚少，一人身上，乃兼數職。爲是國無人也？爲是人不善也？今萬乘大國，髦彥不少，[4]縱有明哲，無由自達。東方朔言曰：“尊之則爲將，卑之則爲虜。”[5]斯言信矣。今當官之人，不度德量力，既無吕望、傅説之能，[6]自負傅巖、渭水之氣。[7]不慮憂深責重，唯畏總領不多。安斯寵任，輕彼權軸。顛沛致蹶，[8]實此之由。《易》曰：“鼎折足，覆公餗，其形渥，凶。”[9]言不勝其任也。臣聞窮力舉重，不能爲用。伏願更任賢良，分才參掌，使各行其力，則庶事康哉。

[1]舜舉十六族所謂八元八凱也：舜推舉了高陽氏的八個兒子和高辛氏的八個兒子共十六個有才華的人。見《史記》卷一《五帝本紀》。

[2]四門雍穆：一派和諧的景象。四門，古代帝王明堂四方的

門。雍穆，和睦融洽。

[3]庶績咸熙：意思是各種事業都很繁榮。語出《尚書·堯典》。

[4]髦（máo）彦：傑出的人才。

[5]尊之則爲將卑之則爲虜：意思説，要麽抬高其地位，讓其作將領；要麽貶低其價值，讓其爲俘虜。語出漢代東方朔《答客難》。

[6]吕望：即吕尚。姓姜，字子牙。見《史記》卷三二《齊太公世家》。 傅説：人名。是中國殷商時卓越的政治家、軍事家。他輔佐高宗武丁安邦治國，形成了歷史上有名的武丁中興的局面。

[7]傅巖：地名。相傳傅説爲奴隸時曾經版築於此。 渭水：今渭河。據説吕尚在此垂釣遇到周文王，而被起用。《隋書》卷七五作“滋水”，誤。

[8]顛沛致蹶：源氏校勘記云：“《隋書》作‘好致顛蹶’。”中華本《隋書》亦作“好致顛蹶”。

[9]鼎折足覆公餗（sù）其形渥凶：鼎的四足中有一足折斷了，使鼎里的食物灑了，這樣的狀況實在不好，是不利的徵兆。語出《易·鼎卦》。餗，鼎中的食物，後泛指美味佳餚。

其四事曰：臣聞《禮》云：析言破律，亂名改作，執左道以亂政者，殺。[1]孔子曰：仍舊貫，何必改作。[2]伏見比年以來，改作者多矣。如范威刻漏，十載不成；趙翊尺秤，七年方决；公孫濟迂誕，醫方費逾巨萬；徐道慶迴互子午，糜耗飲食；常明破律，多歷歲時；王渥亂名，曾無紀極；張山居未知星位，前已蹂藉太常；曹魏祖不識北辰，今復轥轢太史。[3]莫不用其短見，便自夸毗，邀射名譽，厚相誣罔。請今日已後，有如此者，若其言不驗，必加重罰，庶令有所畏忌，[4]不敢輕奏狂簡。[5]

［1］析言破律亂名改作執左道以亂政者殺：巧説詭辯，曲解法令，擾亂名物概念，改變行爲規範，使用歪門邪道而達到擾亂政局之目的的人，一定要殺。語出《禮記·王制》。

［2］仍舊貫何必改作：按照先例辦事，爲什麼要改變呢？語出《論語·先進》。

［3］轥（lìn）轢（lì）：本義是車行的聲音，這裏指踐踏。

［4］畏：底本作“思”，殿本、四庫本、四部備要本、中華本作“畏”。殿本校勘記云：“畏，監本訛‘思’。今改從南本。”源氏校勘記改“思”作“畏”。今從改。

［5］狂簡：志向高遠而處事疏闊。

其餘文多不載。時蘇威權兼數職，先嘗隱武功，[1]故妥言“自負傅巖、渭水之氣”，以此激上。書奏，威大銜之。二年，[2]威定考文學，妥更相訶詆。威勃然曰：“無何妥，不慮無博士！”妥應聲曰：“無蘇威，亦何憂無執事！”於是與威有隙。

［1］武功：即今陝西咸陽市太白山。

［2］二年：源氏校勘記云：“‘二’上，《隋書》有‘十’字。”《隋書》似誤。

其後，上令妥考定鍾律。妥又上表曰：

臣聞明則有禮樂，幽則有鬼神。[1]然則動天地，感鬼神，[2]莫近於禮樂。又云：樂至則無怨，禮至則不争。揖讓而臨天下者，禮樂之謂也。[3]臣聞樂有二：一曰姦聲，二曰正聲。夫姦聲感人而逆氣應之，正聲感人而順氣應之。順氣成象，故樂行而倫清，耳目聰明，血氣和平，移風易俗，天下皆寧。[4]孔子曰："放鄭聲，遠佞人。"[5]故鄭、衛、宋、趙之聲出，内則發疾，外則傷人。[6]是以宫亂則荒，其君驕；商亂則破，其官壞；角亂則憂，其人怨；徵亂則哀，其事勤；羽亂則危，其財匱。五者皆亂，則國亡無日矣。[7]

[1]明則有禮樂幽則有鬼神：在陽世有禮和樂，在陰世則有鬼和神。語出《禮記·樂記》。

[2]動天地感鬼神：語出《詩·關雎·毛詩序》："故正得失，動天地，感鬼神，莫近於《詩》。"

[3]樂至則無怨禮至則不争揖讓而臨天下者禮樂之謂也：有樂，人民就没有怨恨；有禮，人民就不會起紛争。無所事事而能够天下大治，靠的就是禮和樂。語出《樂記》，原文"臨"爲"治"，《北史》當爲避唐高宗李治諱而改。

[4]"夫姦聲感人而逆氣應之"至"天下皆寧"：中華本校勘記云："《隋書》同。《册府》卷五六八'逆氣應之'下有'逆氣成象而淫樂興焉'九字，'順氣成象'下有'而和樂興焉'五字。當是《隋書》《北史》脱文。"按：本句的内容見《史記·樂書》。

[5]放鄭聲遠佞人：不聽奸邪的音樂，遠離奸佞的小人。語出《論語·衛靈公》。

[6]鄭衛宋趙之聲出内則發疾外則傷人：語出《風俗通義》卷六《聲音》："鄭、衛、宋、趙之聲，彌以放遠，滔湮心耳，乃忘和平，亂政傷民，致疾損壽。"

［7］“是以宫亂則荒”至“則國亡無日矣”：語出《史記·樂書》，講的是樂壞的後果。商亂則破，源氏校勘記云：“‘破’，《隋書》作‘陂’。”中華本校勘記云：“《隋書·何妥傳》及《通志》、《册府》‘破’並作‘陂’，是。”當是。

魏文侯問子夏曰：“吾端冕而聽古樂，則欲寐；聽鄭衛之音而不倦，何也？”子夏對曰：“夫古樂者，始奏以文，復亂以武。脩身及家，平均天下。鄭衛之音者，姦聲以亂，溺而不止，獶雜子女，不知父子。今君所問者樂也，所愛者音也。夫樂之與音，相近而不同。[1]爲人君者，謹審其好惡。”案聖人之作樂也，非止苟悦耳目而已矣。欲使在宗廟之内，君臣同聽之則莫不和敬；在鄉里之内，長幼同聽之則莫不和順；在閨門之内，父子同聽之則莫不和親。此先王立樂之方也。故知聲而不知音者，禽獸是也；知音而不知樂者，衆庶是也。故黄鍾、大吕、弦歌、干戚，童子皆能舞之，能知樂者，其惟君子。[2]不知聲者不可與言音，不知音者不可與言樂，知樂則幾於道矣。[3]紂爲無道，太師抱樂器以奔周。[4]晋君德薄，師曠固惜清徵。[5]

［1］“魏文侯問子夏”至“相近而不同”：獶，南監本作“優”。源氏改“優”作“獶”，其校勘記云：“‘獶’乃刀切，鄭云獮猴也。言舞者如獮猴戲也。或作‘優’。按，‘獶’與上文‘及優侏儒’、‘渾’作‘犬’，爲是。《隋書》亦然。”魏文侯問子夏，事見於《禮記·樂記》，不過言辭有差異，今文作：“魏文侯問於子

夏曰：‘吾端冕而聽古樂，則唯恐卧；聽鄭衛之音則不知倦。敢問古樂之如彼，何也?’子夏對曰：‘今夫古樂，進旅退旅，和正以廣，弦匏笙簧，會守拊鼓。始奏以文，復亂以武，治亂以相，訊疾以雅。君子於是語，於是道古，修身及家，平均天下，此古樂之發也。今夫新樂，進俯退俯，姦聲以濫，溺而不止。及優侏儒，獶雜子女，不知父子。樂終不可以語，不可以道古。此新樂之發也。今君之所問者樂也，所好者音也。夫樂者，與音相近而不同。’”魏文侯，戰國時魏國第一位君主，名斯。子夏，人名。孔子弟子。春秋末衛國人（一説爲春秋末晋國人）。名卜商，字子夏。精於《詩經》，明《春秋》大義，通《易》《禮》。

[2]故黄鍾大吕弦歌干戚童子皆能舞之能知樂者其惟君子：意思是，常見的音樂形式，即使是兒童也都會。見《禮記·樂記》。黄鐘，中國古代音韻十二律中六種陽律的第一律。大吕，六種陰律的第四律。形容音樂莊嚴、正大、高妙、和諧。弦歌，依照琴瑟進行歌詠。干戚，《禮記·樂記》作“干揚”。《詩·大雅·公劉》：“弓矢斯張，干戈戚揚，爰方啓行。”毛《傳》：“‘戚’，‘斧’也。‘揚’，‘鉞’也。”鄭玄箋：“‘干’，‘盾’也。”

[3]能知樂者其惟君子不知聲者不可與言音不知音者不可與言樂知樂則幾於道矣：見《禮記·樂記》，“幾於道”作“幾於禮”。

[4]紂爲無道太師抱樂器以奔周：見《史記》卷三《殷本紀》紂，人名。商朝末代的君主，相傳爲暴君。

[5]昔君德薄師曠固惜清徵：指春秋時期樂師師曠爲晋平公撫琴之時不奏清徵之音的故事。其事見於《韓非子·十過》，《史記》卷二四《樂書》也有記載。師曠，人名。字子野，晋國楊邑（今山西洪洞縣）人。春秋時代著名的樂師。同時，政治才能也很突出。源氏校勘記云：“‘清徵’，（《隋書》）作‘清角’。”中華本《隋書》卷七五作“清徵”。

上古之時，未有音樂，鼓腹擊壤，[1]樂在其間。《易》曰："先王作樂崇德，殷薦之上帝，以配祖考。"[2]至于黄帝作《咸池》，顓頊作《六莖》，帝嚳作《五英》，堯作《大章》，舜作《大韶》，禹作《大夏》，湯作《大濩》，武王作《大武》。從夏以來，年代久遠，唯有名字，其聲不可得聞。自殷至周，備于《詩·頌》。故自聖賢已下，多習樂者，至如伏羲減瑟，文王足琴，仲尼擊磬，子路鼓瑟，漢高擊筑，元帝吹簫。[3]

[1]鼓腹擊壤：能够吃飽才有時間娱樂。鼓腹，語出《莊子·馬蹄》："夫赫胥氏之時，民居不知所爲，行不知所之，含哺而熙，鼓腹而遊。"擊壤，語出《藝文類聚》卷一一引晋代皇甫謐《帝王世紀》："扞帝堯之世，呴天下大和，百姓無事，有五十老人擊壤於道。"

[2]先王作樂崇德殷薦之上帝以配祖考：先代君王因此製作音樂，用來歌頌功德，以盛大的典禮去祭奠上帝，同時讓自己的祖先配享。語出《易·豫卦·象》。

[3]伏羲減瑟：典出《風俗通義》卷六《聲音·瑟》："謹按：《世本》：'宓羲作瑟，長八尺一寸，四十五弦。'《黄帝書》：'泰帝使素女鼓瑟而悲，帝禁不止，故破其瑟爲二十五弦。'"王利器校曰：《爾雅·釋樂》疏、《廣韻·七櫛》、《書鈔》一〇九、《通志·樂略》、路史《後紀》十二注、《古今事物考》五引《世本》并云："庖羲氏作瑟五十弦，黄帝使素女鼓之，哀不自勝，乃破爲二十五弦，具二均聲。"與此異。《史記·封禪書》："太帝使素女鼓五十弦瑟，悲，帝禁不止，故破其瑟爲二十五弦。"　文王足琴：典出《風俗通義》卷六《聲音·琴》："今琴長四尺五寸，法四時五行也；

七弦者，法七星也。”王利器校曰：“《御覽》五七七引此，下尚有‘大弦爲君，小弦爲臣，文王、武王加二弦，以合君臣之恩’二十一字，當據補。……《初學記》、《樂府詩集》同卷又引《釋智匠樂録》：‘文王加一，武王加一，今稱二弦爲文武弦。’”　仲尼擊磬：典出《論語·憲問》：“子擊磬於衛。有荷蕢而過孔氏之門者，曰：‘有心哉，擊磬乎！’既而曰：‘鄙哉，硜硜乎！莫己知也，斯已而已矣！深則厲，淺則揭。’子曰：‘果哉！末之難矣！’”　子路鼓瑟：典出《論語·先進》：“子曰：‘由之瑟，奚爲於丘之門?’門人不敬子路。子曰：‘由也升堂矣，未入於室也。’”　漢高擊筑：典出《史記》卷八《高祖本紀》：“高祖還歸，過沛，留。置酒沛宫……酒酣，高祖擊筑，自爲歌詩曰：‘大風起兮雲飛揚，威加海内兮歸故鄉，安得猛士兮守四方！’”　元帝吹簫：典出《漢書》卷九《元帝紀》：“元帝多材藝，善史書。鼓琴瑟，吹洞簫，自度曲，被歌聲，分刌節度，窮極幼眇。”

漢祖之初，叔孫通因秦樂人，制宗廟之樂。迎神于廟門，奏《嘉至》之樂，猶古降神之樂也；皇帝入廟門，奏《永至》之樂，以爲行步之節，猶古《采薺》《肆夏》也；乾豆上薦，奏《登歌》之樂，猶古《清廟》之歌也；《登歌》再終，奏《休成》之樂，美神饗也；皇帝就東厢坐定，奏《永安》之樂，美禮成也。其《休成》《永至》二曲，叔孫通所制也。漢高祖廟，奏《武德》《文始》《五行》之舞。當春秋時，陳公子完奔齊。陳是舜後，故齊有《韶》樂。孔子在齊聞《韶》，三月不知肉味是也。秦始皇滅齊，《韶》樂傳於秦。漢高祖滅秦，《韶》樂傳於漢。漢高祖改名《文始》，以示不相襲也。《五行》舞者，本周《大武》樂也，始皇改曰《五行》。及于孝文，復作《四時》之舞，以示天下安和，四時順也。孝景采《武德》舞以爲《昭德》。孝宣又采《昭德》以爲《盛德》。[1]雖變其名，大抵皆因秦舊事。至於魏晋，[2]皆用古樂。魏之三祖，並制樂辭。[3]自永嘉播越，[4]五都傾蕩，[5]樂聲南度，以是大備江東。宋、齊已來，至于梁代，所行樂事，猶皆傳古。三雍四始，[6]實稱大盛。及侯景篡逆，[7]樂師分散，其四舞三調，[8]悉度僞齊。齊氏雖知傳受，[9]得曲而不用之於宗廟朝廷也。

[1]“漢祖之初”至“孝宣又采昭德以爲盛德”：這一段回顧了漢代的朝廷音樂禮儀。其記載見於《漢書·禮樂志二》：“叔孫通因秦樂人制宗廟樂。大祝迎神于廟門，奏《嘉至》，猶古降神之樂也。皇帝入廟門，奏《永至》，以爲行步之節，猶古《采薺》《肆夏》也。乾豆上，奏《登歌》，獨上歌，不以筦弦亂人聲，欲在位者徧聞之，猶古《清廟》之歌也。《登歌》再終，下奏《休成》之樂，美神明既饗也。皇帝就酒東廂，坐定，奏《永安》之樂，美禮已成也。又有《房中祠樂》，高祖唐山夫人所作也。周有《房中樂》，至秦名曰《壽人》。凡樂，樂其所生，禮不忘本。高祖樂楚聲，故《房中樂》楚聲也。孝惠二年，使樂府令夏侯寬備其簫管，更名曰《安世樂》。高廟奏《武德》《文始》《五行》之舞；孝文廟奏《昭德》《文始》《四時》《五行》之舞；孝武廟奏《盛德》、《文始》、《四時》、《五行》之舞。《武德舞》者，高祖四年作，以象天下樂已行武以除亂也。《文始舞》者，曰本舜《招舞》也，高祖六年更名曰《文始》，以示不相襲也。《五行舞》者，本周舞也，

秦始皇二十六年更名曰《五行》也。《四時舞》者，孝文所作，以示天下之安和也。蓋樂己所自作，明有制也；樂先王之樂，明有法也。孝景采《武德舞》以爲《昭德》，以尊大宗廟。至孝宣，采《昭德舞》爲《盛德》，以尊世宗廟。”因秦，源氏校勘記云：“《隋書》作‘因奏’。”中華本《隋書》同《北史》。叔孫通，人名。又名叔孫何，舊魯地薛（今山東滕州市）人。西漢初期儒家學者。見《史記》卷九九《劉敬叔孫通列傳》。

［2］至於魏晋：底本“魏晋”作“晋魏”。中華本校勘記云：“諸本倒作‘晋魏’，據《隋書》乙。”當是。今從改。

［3］魏之三祖並制樂辭：三國時魏國的太祖曹操有《觀滄海》《龜雖壽》等詩，高祖（《資治通鑑》作“世祖”）曹丕有《燕歌行》《浮海賦》等作品，烈祖曹叡有《短歌行》《善哉行》等作品。

［4］永嘉播越：指晋懷帝永嘉五年（311），匈奴攻陷洛陽，擄走懷帝，西晋滅亡，大量人口爲避戰亂從中原遷往古代稱爲越地的長江中下游地區。史稱永嘉之亂。

［5］五都傾蕩：這里指永嘉之亂後，北方政局動蕩。《三國志》卷二《魏書·文帝紀》：“改許縣爲許昌縣”，裴松之注引《魏略》：“改長安、譙、許昌、鄴、洛陽爲五都。”

［6］三雍：辟雍、明堂、靈臺，合稱三雍，是帝王舉行祭祀、典禮的場所。　四始：指《詩經》中符合禮儀的《關雎》《鹿鳴》《文王》《清廟》。《史記》卷四七《孔子世家》：“古者《詩》三千餘篇，及至孔子，去其重，取可施于於禮義，上采契后稷，中述殷周之盛，至幽厲之缺，始於衽席，故曰‘《關雎》之亂以爲《風》始，《鹿鳴》爲《小雅》始，《文王》爲《大雅》始，《清廟》爲《頌》始。’”

［7］侯景篡逆：指南朝梁武帝太清二年（548）八月，東魏降將侯景勾結京城守將蕭正德舉兵謀反事。見《梁書》卷五六《侯景傳》。

［8］四舞三調：即上文所説《武德》《文始》《五行》和《四

時》之舞和《嘉至》《登歌》《永安》之曲。

[9]傳受：源氏校勘記云："《隋書》作'傳授'。"

臣少好音律，留意管絃，年雖耆老，頗皆記憶。及東土克定，[1]樂人悉反，問其逗留，[2]果云是梁人所教。今三調四舞，並皆有手，雖不能精熟，亦頗具雅聲。若令教習傳授，庶得流傳古樂。然後取其會歸，撮其指要，因循損益，更制嘉名，歌盛德於當今，傳雅正於來葉，豈不美歟。謹具録三調四舞曲名，[3]又製歌辭如別。其有聲曲流宕，不可以陳於殿庭者，亦悉附之於後。

[1]東土克定：北周武帝建德六年滅北齊。

[2]問：源氏校勘記云："'問'，《隋書》作'訪'。"

[3]調：源氏校勘記云："'調'，《隋書》作'教'。"中華本《隋書》七五作"調"。

書奏，别敕太常，[1]取妥節度，於是作清、平、瑟三調聲，[2]又作八佾，[3]《鞞》《鐸》《巾》《拂》四舞。[4]先是太常所傳宗廟雅樂，歷數十年，唯作大吕，[5]廢黄鍾。妥又以"深乖古意"，乃奏請用黄鍾。詔下公卿議，從之。

[1]太常：官署名。即太常寺。北齊時始置，位列九寺之首，掌管宗廟陵寢祭祀、禮樂儀制、天文術數等。隋時爲管理郊廟、禮樂、祭祀事務的機關，政令仰承尚書省禮部。

[2]清平瑟三調聲：樂府相和歌的平調、清調和瑟調的合稱。

也叫清商三調。

[3]八佾：樂舞，因共有八行八列而稱作“八佾”。按照禮法規定，衹有天子纔能使用這種制度的樂舞。

[4]鞞鐸巾拂四舞：四種舞的名稱。見《隋書·音樂志下》：“其後牛弘請存《鞞》《鐸》《巾》《拂》等四舞，與新伎並陳。因稱：‘四舞，按漢、魏以來，並施於宴饗。《鞞舞》，漢巴、渝舞也。至章帝造《鞞舞辭》云“關東有賢女”，魏明代漢曲云“明明魏皇帝”。《鐸》舞，傅玄代魏辭云“振鐸鳴金”，成公綏賦云“《鞞鐸》舞庭，八音並陳”是也。《拂舞》者，沈約《宋志》云：“吴舞，吴人思晋化。”其辭本云“白符鳩”是也。《巾舞》者，《公莫舞》也。伏滔云：“項莊因舞，欲劍高祖，項伯紆長袖以扞其鋒，魏晋傳爲舞焉。”檢此雖非正樂，亦前代舊聲。故梁武報沈約云：“《鞞》《鐸》《巾》《拂》，古之遺風。”楊泓云：“此舞本二八人，桓玄即真，爲八佾。後因而不改。”’”

[5]大吕：古代樂律名。古樂分十二律，陰陽各六，六陰皆稱吕，其四爲大吕。

俄而子蔚爲祕書郎，[1]有罪當刑，上哀之，減死論。是後恩禮漸薄。六年，出爲龍州刺史。[2]時有負笈遊學者，妥皆爲講説教授之。又爲《刺史箴》，勒于州門外。在職三年，以疾請還，詔許之。復知學事。

[1]祕書郎：官名。魏晋時置，屬秘府屬官，掌秘府所藏圖籍，多爲文學之士。隋朝秘書郎四人，從六品上，主圖書分類編目及收藏。

[2]龍州：隋朝時治江油縣，在今四川平武縣南垻鎮。

時上方使蘇夔在太常參議鍾律。[1]夔有所建議，朝士多從之。妥獨不同，每言夔之短。帝下其議，群臣多排妥。妥復上封事，指陳得失，大抵論時政損益，并指斥當世朋黨。於是蘇威及吏部尚書盧愷、侍郎薛道衡等皆坐得罪。[2]除伊州刺史，[3]不行。尋爲國子祭酒，卒官。謚曰肅。

[1]蘇夔：人名。字伯尼，武功（今陝西武功縣西北）人。隋朝官吏。見《北史》六三《蘇綽附蘇夔傳》。

[2]盧愷：人名。字長仁，涿郡范陽（今河北涿州市）人。北周、隋朝官吏。見《北史》卷三〇《盧柔附盧愷傳》。　薛道衡：人名。字玄卿，河東汾陰（今山西萬榮縣西南）人。北齊、隋朝官吏。見《北史》卷三六《薛辯附薛道衡傳》。

[3]伊州：隋朝時治汝原縣，在今河南嵩汝州市。

撰《周易講疏》三卷、《孝經義疏》二卷、《莊子義疏》四卷。[1]與沈重等撰《三十六科鬼神感應》等大義九卷、《封禪書》一卷、《樂要》一卷、文集十卷，並行於世。

[1]撰周易講疏三卷孝經義疏二卷：源氏校勘記云："'三'上《隋書》有'十'字，'二'作'三'。"中華本《隋書》亦作"十三""三"。中華本校勘記云："《隋書·何妥傳》及《經籍志》並作'十三卷'。此'三'上當脱'十'字。"可從。

于時學士之自江南來者，蕭該、包愷並知名。

蕭該，蘭陵人。梁鄱陽王恢之孫，[1]少封攸侯。[2]荆州平，[3]與何妥同至長安。性篤學，《詩》《書》《春秋》

《禮記》並通大義，尤精《漢書》，甚爲貴遊所禮。開皇初，賜爵山陰縣公，[4]拜國子博士。奉詔與妥正定經史。然各執所見，遞相是非，久而不能就。上譴而罷之。該後撰《漢書》及《文選音義》，咸爲當時所貴。

[1]鄱陽王：封爵名。鄱陽，郡名。南朝梁時鄱陽縣，在今江西鄱陽縣。　恢：即蕭恢，人名。字弘達，南蘭陵（一説在今江蘇常州市，一説在今江蘇丹陽市）人。南朝梁宗室。見《南史》卷五二《鄱陽忠烈王恢傳》。

[2]攸侯：封爵名。攸，縣名。治所在今湖南攸縣東北。

[3]荆州：南朝梁時治江陵縣，在今湖北江陵縣。

[4]山陰縣公：封爵名。山陰，縣名。治所在今浙江紹興市。

包愷，字和樂，東海人。[1]其兄愉，明五經，愷悉傳其業。及從王仲通受《史記》《漢書》，尤稱精究。大業中，[2]爲國子助教。于時《漢書》學者以蕭、包二人爲宗匠，[3]聚徒教授者數千人。卒，門人起墳立碣焉。

[1]東海：郡名。南朝梁時治京口，在今江蘇鎮江市。

[2]大業：隋朝煬帝的年號（605—617）。

[3]宗匠：技藝高超的工匠。常比喻政治或學問上有重大成就、爲衆人所推崇的人。底本作“宗遠近”。中華本校勘記云：“諸本‘匠’字作‘遠近’二字，《隋書》卷七五《包愷傳》作‘匠’。按聚徒教授者即蕭、包二人，‘遠近’二字無義。此乃‘匠’訛爲‘近’，後人又妄加‘遠’字，今據删改。又《隋書》‘授’下有‘著録’二字，疑《北史》脱文。”今從改。

房暉遠，字崇儒，恒山真定人也。[1]世傳儒學。暉遠幼有志行，明《三禮》《春秋三傳》《詩》《書》《周易》，[2]兼善圖緯。恒以教授爲務，遠方負笈而從者，動以千計。齊南陽王綽爲定州刺史，[3]聞其名，召爲博士。周武帝平齊，搜訪儒俊，暉遠首應辟命，授小學下士。[4]隋文帝受禪，遷太常博士。[5]太常卿牛弘每稱爲"五經庫"。吏部尚書韋世康薦之，[6]遷太學博士。尋與沛公鄭譯脩正樂章，[7]後復爲太常博士，未幾擢爲國子博士。

[1]恒山：郡名。北周時治真定縣，在今河北正定縣。　真定：縣名。治所在今河北正定縣。

[2]三禮：儒家經典《周禮》《儀禮》《禮記》的合稱。　春秋三傳：儒家經典《左氏春秋》《公羊傳》《穀梁傳》的合稱。

[3]綽：即高綽，人名。字仁通，初名融，字君明，勃海蓨（今河北景縣）人。北齊宗室。見《北史》卷五二《南陽王綽傳》。　定州：北齊時治安喜縣，在今河北定州市。

[4]小學下士：官名。北周小學佐貳之官。正一命。

[5]太常博士：官名。秦漢時有博士，名義上隸太常。北魏時掌祭祀，職位較輕，從七品。北齊時爲太常寺屬官，專掌討論禮制，從七品。國子、太學博士則隸國子寺，專掌經學傳授。隋朝沿置，員四人。從七品。

[6]韋世康：人名。京兆杜陵（今陝西西安市長安區東）人。北周、隋朝官吏。見《北史》卷六四《韋孝寬附韋世康傳》。

[7]鄭譯：人名。字正義，滎陽開封（今河南開封市）人。北周、隋朝官吏。見《北史》卷三五《鄭羲附鄭譯傳》。

會上令國子生通一經者，並悉薦舉，將擢用之。既策問訖，博士不能時定臧否。祭酒元善怪問之。[1]暉遠曰："江南、河北，義例不同，博士不能遍涉。學生皆持其所短，稱已所長，博士各各自疑，所以久而不決也。"祭酒因令暉遠考定之，暉遠攬筆便下，初無疑滯。或有不服者，暉遠問其所傳義疏，輒爲始末誦之，然後出其所短，自是無敢飾非者。所試四五百人，數日便決。諸儒莫不推其通博，皆自以爲不能測也。尋奉詔預修令式。

[1]祭酒：官名。即國子監祭酒。漢代始置博士祭酒，爲博士之首。西晉改設國子祭酒。隋朝時改稱國子監祭酒，員一人，從三品。　元善：人名。河南洛陽（今河南洛陽市東北）人。北周、隋朝官吏。見《隋書》卷七五《元善傳》。

文帝嘗謂群臣曰："自古天子有女樂乎？"楊素以下，[1]莫知所出，遂言無女樂。暉遠曰："臣聞'窈窕淑女，鍾鼓樂之'，此即王者房中之樂，著於雅頌，不得言無。"帝大悦。仁壽中，[2]卒官。朝廷嗟惜焉，賵賻甚厚，贈員外散騎常侍。[3]

[1]楊素：人名。字處道，弘農華陰（今陝西華陰市東南）人。北周、隋朝大臣。見《北史》卷四一《楊敷附楊素傳》。

[2]仁壽：隋朝文帝的年號（601—604）。

[3]員外散騎常侍：官名。三國魏始置，歷代沿置。初爲正員之外添差之散騎常侍，無員數。隋初屬門下省，與散騎常侍等並掌立朝當班、侍從顧問。員六人。正五品上。

馬光，字榮伯，武安人也。[1]少好學，從師數十年，晝夜不息，圖書讖緯，莫不畢覽。尤明三禮，爲儒者所宗。

[1]武安：縣名。治所在今河北武安市西南。

隋開皇初，徵山東義學之士，光與張仲讓、孔籠、竇仕榮、張黑奴、劉祖仁等俱至，[1]並授太學博士，時人號爲六儒。然皆鄙野無儀範，朝廷不之貴也。仕榮尋病死。[2]仲讓未幾告歸鄉里，著書十卷，自云："此書若奏，必爲宰相。"又數言玄象事，州縣列上，竟坐誅。孔籠、張黑奴、劉祖仁未幾亦被譴亡。唯光獨存。

[1]張黑奴：底本作"張買奴"，元大德本、毛本、局本作"張仕奴"，南監本作"張士奴"，中華本作"張黑奴"。殿本校勘記云："《隋書》'仕'作'士'、'買'作'黑'。"源氏校勘記云："《隋書》作'黑奴'。"按：中華本校勘記云："諸本'黑'作'買'，《隋書》卷七五、《通志》卷一七四《馬光傳》作'黑'。張森楷云：'張買奴，見《齊書》卷四四《儒林傳》，天保中卒，不及仕周，無論于隋。作"買"誤也。'按本書《儒林傳》序，張買奴與熊安生同受《三禮》於李鉉，而張黑奴則是熊安生門人(見《熊安生傳》)，二者不是一人。張説是，今據改。"今從改。

[2]仕：源氏校勘記改作"士"。

嘗因釋奠，[1]帝親幸國子學，王公已下畢集，光升坐講《禮》，啓發章門。已而諸儒生以次論難者十餘，皆當時碩學。光剖析疑滯，雖辭非俊辯，而禮義弘贍。[2]論者莫測其淺深，咸共推服。上嘉而勞焉。山東三禮學者，自熊安生後，唯宗光一人。初教授瀛、博間，[3]門徒千數，至是多負笈從入長安。後數年，丁母憂歸鄉里，以疾卒于家。

[1]釋奠：古代在學校設置酒食以祭奠先聖先師的一種典禮。

[2]而禮義弘贍：中華本校勘記云："《隋書》'禮'作'理'，是。"可從。

[3]瀛：州名。隋朝時治河間縣，在今河北河間市。　博：州名。隋朝時治聊城縣，在今山東聊城市東北。

劉焯，字士元，信都昌亭人也。[1]犀額龜背，[2]望高視遠，聰敏沉深，弱不好弄。[3]少與河間劉炫結盟爲友，同受《詩》於同郡劉軌思，[4]受《左傳》於廣平郭懋，[5]嘗問《禮》於阜城熊安生，[6]皆不卒業而去。武强交津橋劉智海家，[7]素多墳籍，[8]焯就之讀書，向經十載，雖衣食不繼，晏如也。遂以儒學知名，爲州博士。

[1]信都：郡名。隋朝時治長樂縣，在今河北冀州市。　昌亭：縣名。治所在今河北武强縣。

[2]犀額龜背：形容額頭高大，身形駝背的樣子。

[3]弱不好弄：指年少時候就不愛玩耍。

[4]劉軌思：人名。勃海（今河北南皮縣）人。見《北史》卷八一《劉軌思傳》。

[5]廣平：郡名。隋朝時治曲梁縣，在今河北永年縣東南。

[6]嘗：源氏校勘記云："'嘗'，《隋書》作'常'。"按：中華

本《隋書》卷七五作“當”，屬上讀。

［7］武强：縣名。治所在今河北武强縣西南。　交津橋：地名。不詳。交津河在今河北磁縣西清漳河與濁漳河合流處。

［8］墳籍：古籍之代稱。

隋開皇中，刺史趙煚引爲從事。[1]舉秀才，射策甲科。與著作郎王劭同脩國史，[2]兼參議律曆。仍直門下省，[3]以待顧問。俄除員外將軍。[4]後與諸儒於祕書省考定群言。因假還鄉里，縣令韋之業引爲功曹。[5]尋復入京，與左僕射楊素、吏部尚書牛弘、國子祭酒蘇威、元善、博士蕭該、何妥、太學博士房暉遠、崔崇德、晋王文學崔賾等，[6]於國子共論古今滯義，前賢所不通者。每升坐，論難鋒起，皆不能屈。楊素等莫不服其精博。六年，運洛陽石經至京師，[7]文字磨滅，莫能知者，奉敕與劉炫等考定。後因國子釋奠，與炫二人論義，深挫諸儒。[8]咸懷妬恨，遂爲飛章所謗，[9]除名。[10]

［1］趙煚（jiǒng）：人名。字賢通，天水西（今甘肅禮縣東）人。隋朝官吏。見《北史》卷七五《趙煚傳》。　從事：官名。州部屬吏。漢元帝時設治中、別駕、諸部從事，皆秩百石。東漢沿置，稱從事史，皆爲州部長官自辟。後歷代沿置。

［2］著作郎：官名。三國魏明帝時設，掌修國史及爲皇帝修撰碑誌、祝文、祭文等。歷朝沿置。北魏時爲正五品上。隋朝時掌秘書省著作局，員二人，從五品上。　王劭：人名。字君懋，太原晋陽（今山西太原市晋源區古城營村一帶）人。北齊、隋朝官吏。見《北史》卷三五《王慧龍附王劭傳》。

［3］門下省：官署名。西晋時置，掌尚書事。兼掌侍從左右，

出納詔命，顧問應對。從隋朝開始正式設立的三省六部制的一個省，負責審查詔令内容，長官爲納言。

［4］員外將軍：官名。隋設。爲員外殿内將軍之簡稱。屬左右衛，掌參軍府朝，出使勞問。員三十人，從八品。

［5］功曹：官名。漢朝時郡縣置功曹史，省稱功曹，職掌人事，並參與政務。歷代沿置。

［6］左僕射：官名。即尚書左僕射的省稱。東漢末置，爲尚書令副職。隋朝時與内史省、門下省長官共同執掌國政。文帝開皇三年令左僕射掌吏部、禮部、兵部事，兼掌御史彈劾不當之事。從二品。　晋王：即楊廣。即隋煬帝。見《北史》卷一二《隋本紀·煬帝》。　文學：官名。漢朝時州郡及王國皆置，或稱文學掾、文學史，以明經者爲之，職掌地方教育。隋朝時親王府沿置，掌校讎典籍，侍從文章。員二人。從六品上。　崔賾：人名。字祖濬，博陵安平（今河北安平縣）人。隋朝官吏。見《北史》卷八八《崔廓附崔賾傳》。

［7］洛陽石經：即熹平石經，也稱石經。漢靈帝嘉平四年(175)，蔡邕等建議在太學建立六經標準文字，以免貽誤後學。傳爲蔡邕所書。碑石共四十六個，立在太學門前。太學舊址在今河南洛陽市，幾經動亂，原碑早已無存。

［8］“奉敕與劉炫”至“深挫諸儒”：底本無“等考定後因國子釋奠與炫”十一字。源氏校勘記在“炫”後添加此十一字。中華本校勘記云：“諸本脱‘等考定後因國子釋奠，與炫’十一字，據《隋書》卷七五、《通志》卷一七四《劉焯傳》補。”今從改。

［9］飛章：報告急變或急事的奏章。

［10］除名：把姓名從名册中刪除，取消原有身份。

於是優遊鄉里，專以教授著述爲務，孜孜不倦。賈、馬、王、鄭所傳章句，[1]多所是非。《九章算術》

《周髀》《七曜曆書》十餘部，[2]推步日月之經，量度山海之術，莫不覈其根本，窮其祕奥。著《稽極》十卷，《曆書》十卷，《五經述議》，並行於世。劉炫聰明博學，名亞於焯，故時人稱二劉焉。天下名儒後進，質疑受業，不遠千里而至者，不可勝數。論者以爲數百年已來，博學通儒無能出其右者。然懷抱不曠，又嗇於財，不行束脩者，未嘗有所教誨，時人以此少之。

[1]賈馬王鄭：指漢朝的四位經學大師賈逵、馬融、王弼、鄭玄。

[2]九章算術周髀七曜曆書：中國古代的算術、曆數著作。

廢太子勇聞而召之，[1]未及進謁，詔令事蜀王。[2]非其好也，久之不至。王聞而大怒，遣人枷送於蜀，配之軍防。其後典校書籍。王以罪廢，焯又與諸儒脩定禮、律，除雲騎尉。[3]煬帝即位，遷太學博士，俄以品卑去職。[4]數年，復被徵以待顧問。因上所著曆書，與太史令張胄玄多不同，[5]被駁不用。卒，劉炫爲之請謚，朝廷不許。

[1]廢太子勇：即楊勇。小名睍地伐，弘農華陰（今陝西華陰市東南）人。隋文帝楊堅長子。文帝開皇元年，立爲皇太子。及煬帝即位，被殺，追封房陵王。見《北史》卷七一《房陵王勇傳》。

[2]蜀王：封爵名。即楊秀。弘農華陰（今陝西華陰市東南）人。隋朝宗室。隋文帝第四子。見《北史》卷七一《庶人秀傳》。蜀，郡名。隋朝時治成都縣，在今四川成都市。

[3]雲騎尉：官名。隋文帝開皇六年設，爲散官八衛之一，正

九品下。

[4]品卑去職：源氏校勘記云："《隋書》作'以疾去職'。"

[5]張胄玄：人名。勃海蓨（今河北景縣）人。隋朝學者，精於天文。見《北史》卷八九《張胄玄傳》。

劉炫，字光伯，河間景城人也。[1]少以聰敏見稱。與信都劉焯閉户讀書，十年不出。炫眸子精明，視日不眩，强記默識，莫與爲儔。左畫圓，右畫方，[2]口誦，目數，耳聽，五事同舉，無所遺失。周武帝平齊，瀛州刺史宇文亢召爲户曹從事。後刺史李繪署禮曹從事，以吏幹知名。

[1]景城：縣名。治所在今河北獻縣東北。

[2]左畫圓右畫方：源氏校勘記云："《隋書》'圓'作'方'，'方'作'圓'。"

隋開皇中，奉敕與著作郎王劭同脩國史，俄直門下省，以待顧問。又詔與諸術者脩天文律曆，[1]兼於内史省考定群言。[2]内史令博陵李德林甚禮之。[3]炫雖遍直三省，竟不得官，爲縣司責其賦役。炫自陳於内史，内史送詣吏部。尚書韋世康問其所能，炫自爲狀曰："《周禮》《禮記》《毛詩》《尚書》《公羊》《左傳》《孝經》《論語》，孔、鄭、王、何、服、杜等注，[4]凡十三家，雖義有精粗，並堪講授；《周易》《儀禮》《穀梁》用功差少；史子文集，嘉言故事，咸誦於心；天文、律曆，窮覈微妙。至於公私文翰，未嘗假手。"吏部竟不詳試。

然在朝知名之士十餘人，保明炫所陳不謬，於是除殿内將軍。[5]

[1]又詔與諸術者修天文律曆：底本無“與”字。中華本校勘記：“諸本脱‘與’字，據《隋書》卷七五、《通志》卷一七四《劉炫傳》補。”今從補。

[2]内史省：官署名。隋朝五省之一，置監、令各一員，尋廢監，置令二員，侍郎四員，舍人八員，通事舍人十六員，主書十員，録事四員。

[3]内史令：官名。隋朝時爲避楊忠諱，改中書令置，爲内史省長官，掌納奏出令之事。員二人。正三品。　博陵：郡名。隋朝時治安平縣，在今河北安平縣。　李德林：人名。字公輔，博陵安平（今河北安平縣）人。北齊、隋朝官吏。見《北史》卷七二《李德林傳》。

[4]孔鄭王何服杜：指儒家經典的注釋大家，應是孔安國、鄭玄、王弼、何休、服虔與杜預。

[5]殿内將軍：官名。即殿中將軍。隋朝爲避楊忠諱改。左右衛各置十五員，正八品上，參列軍府，出使勞問，文帝開皇六年罷。

時牛弘奏購求天下遺逸之書，炫遂僞造書百餘卷，題爲《連山易》《魯史記》等，[1]録上送官，取賞而去。後人有訟之，[2]經赦免死，坐除名。歸于家，以教授爲務。廢太子勇聞而召之，既至京師，敕令事蜀王秀，遷延不往。秀大怒，枷送益州。[3]既而配爲帳内，每使執杖爲門衛。俄而釋之，典校書史。炫因擬屈原《卜居》爲筮塗以自寄。及秀廢，與諸儒脩定五禮，授旅騎尉。[4]

[1]連山易：傳説爲古代卜筮書，已亡佚。　魯史記：據説周朝每個諸侯國均有史記，此處爲劉炫炮制的僞書。

[2]人有：殿本、四部備要本、中華本作“有人”。殿本校勘記云：“‘有人’，監本訛‘人有’。今改從《周書》”。

[3]益州：隋朝時治成都縣，在今四川成都市。

[4]旅騎尉：官名。隋武散官名。隋文帝開皇六年吏部别置散官八衛之一。從八品。煬帝大業三年罷。

吏部尚書牛弘建議，以爲《禮》“諸侯絶傍期，大夫降一等”，[1]今之上柱國雖不同古諸侯，[2]比大夫可也，官在第二品，宜降傍親一等。議者多以爲然。炫駁之曰：“古之仕者，宗一人而已，庶子不得進，由是先王重嫡。其宗子有分禄之義，族人與宗子雖疏遠，猶服衰三月，良由受其恩也。今之仕者，位以才升，不限嫡庶，與古既異，何降之有。今之貴者，多忽近親，若或降之，人道之疏，自此始矣。”遂寢其事。

[1]諸侯絶傍期大夫降一等：諸侯不爲旁系親屬喪服，大夫（比正常的）降一等。諸侯絶旁期，見《周禮·春官·司服》：“凡凶事，服弁服。”鄭玄注：“其服斬衰、齊衰。”唐代賈公彦疏：“天子諸侯絶旁期，正統之期猶不降，故兼云齊衰，其正服大功，亦似不降也。”大夫降一等，不見於今《周禮》。

[2]上柱國：官名。北周武帝建德四年置爲最高級勳官，隋朝時爲從一品散實官。煬帝大業三年罷。

開皇二十年，廢國子、四門及州縣學，唯置太學，博士二人，學生七十二人。炫上表言學校不宜廢，情理甚切，帝不納。時國家殷盛，皆以遼東爲意，炫以爲遼東不可伐，作《撫夷論》以諷焉。當時莫有悟者。及大業之季，三征不剋，炫言方驗。

煬帝即位，牛弘引炫脩律令。始文帝時，以刀筆吏類多小人，年久長姦，勢使然也。又以風俗陵遲，[1]婦人無節。於是立格，州縣佐吏，三年而代之；九品妻，無得再醮。[2]炫著論以爲不可，弘竟從之。諸郡置學官及流外給稟，[3]皆發於炫。

[1]風俗陵遲：即民風衰微。

[2]再醮：寡婦再嫁。

[3]諸郡：南監本作“請郡”，誤。源氏校勘記云：“‘請’，《隋書》作‘諸’。”

弘嘗問炫：“案《周禮》，士多而府史少；今令史百倍於前，判官減則不濟。其故何也？”炫曰：“古人委任責成，歲終考其殿最，[1]案不重校，文不繁悉，府史之任，掌要目而已。今之文簿，恒慮勘覆鍛鍊，若其不密，萬里追證百年舊案。故諺云：‘老吏抱案死。’今古不同，若此之相懸也。事煩政弊，職此之由。”弘又問：“魏、齊之時，令史從容而已；今則不遑寧舍。其事何由？”炫曰：“齊氏立州，不過數十，三府行臺，[2]遞相統領，文書行下，不過十條；今州三百。其繁一也。往者，州唯置綱紀，郡置守、丞，縣唯令而已，其所具僚，則長官自辟，受詔赴任，每州不過數十；今則不然，大小之官，悉由吏部，纖介之迹，皆屬考功。其繁二也。省官不如省事，省事不如清心，官事不省而望從容，[3]其可得乎！”弘甚善其言而不能用。

[1]殿最：考核政績或軍功，下等稱爲殿，上等稱爲“最”。

[2]三府行臺：泛指政府機構。三府，又稱三公，西漢初，輔佐皇帝治國者主要是丞相、御史大夫和太尉。三公皆可開府，因稱三公爲三府。後世因之。亦用以泛稱國家最高行政長官。行臺，魏晋時爲設立於地方而代表中央的政務機構。

[3]從容：南監本作“清心”。源氏校勘記云：“《隋書》作‘而望從容’。”

納言楊達舉炫博學有文章，[1]射策高第，除太學博士。歲餘，以品卑去任。還至長平，[2]奉敕追詣行在所。[3]或言其無行，帝遂罷之。歸于河間。時盜賊蜂起，穀食踊貴，[4]經籍道息，教授不行。炫與妻子，相去百里，聲聞斷絶。鬱鬱不得志，乃自爲贊曰：[5]

[1]楊達：人名。字士達，弘農華陰（今陝西華陰市東南）人。北周、隋朝官吏。見《北史》卷六八《楊紹附楊達傳》。

[2]長平：郡名。隋朝時治丹川縣，在今山西晋城市東北。

[3]行在所：天子巡行所到的地方。

[4]踊貴：物價上漲。

[5]贊：一種文體名，以頌揚人物爲主旨。

通人司馬相如、揚子雲、馬季長、鄭康成等皆自叙徽美，[1]傳芳來葉。余豈敢仰均先進，貽笑後昆？[2]徒以日迫桑榆，[3]大命將近，故友飄零，門徒雨散，溘死朝露，魂埋朔野，親故莫照其心，後人不見其迹。殆及餘喘，薄言胸臆，貽及行邁，傳之州里，使夫將來俊哲，知余鄙志耳。

[1]司馬相如：人名。字長卿，蜀郡成都（今四川成都市）人。西漢著名文學家。見《史記》卷一一七《司馬相如列傳》。　揚雄：人名。字子雲，蜀郡成都（今四川成都市）人。西漢文學家。見《漢書》卷八七上《揚雄傳》。　馬季長：即馬融，人名。字季長，扶風茂陵（今陝西興平市東北）人。東漢名將馬援的從孫、儒家學者。見《後漢書》卷六〇上《馬融傳》。　鄭康成：即鄭玄，人名。字康成，北海高密（今山東高密市）人。東漢經學大師。見《後漢書》卷三五《鄭玄傳》。　徽美：源氏校勘記云："《隋書》'風徽'。"

[2]仰均先進貽笑後昆：向上比附前輩，而被後人譏笑。先進，前輩。

[3]日迫桑榆：比喻晚年、垂老之年。

余從綰髮以來，[1]迄於白首，嬰孩爲慈親所恕，捶撻未嘗加；從學爲明師所矜，榎楚弗之及。[2]暨乎敦叙邦族，交結等夷，[3]重物輕身，先人後己。[4]昔在幼弱，樂參長者；爰及耆艾，[5]數接後生。學則服而不厭，誨則勞而不倦。幽情寡適，心事多違。内省生平，顧循終始，其大幸有四，深恨有一。

[1]綰（wǎn）髮：束髮，指年少時。

[2]榎（jiǎ）楚：古代教師體罰學生的用具。榎，同“檟”。楸樹的别稱，衹開花不結果。

[3]等夷：同輩或同等的人。

[4]先人後己：首先考慮别人，然後纔想到自己。

[5]耆艾：尊長、師長。泛指老年人。

性本愚蔽，家業貧窶，爲父兄所饒，厠縉紳之末，遂得博覽典誥，[1]窺涉今古，小善著於丘園，[2]虚名聞於邦國。其幸一也。

[1]典誥：《尚書》中《堯典》《湯誥》等篇，後泛指經書典籍。

[2]丘園：墳墓。此處指故鄉。

隱顯人間，沈浮世俗，數忝徒勞之職，久執城旦之書，[1]名不挂於白簡，[2]事不染於丹筆。[3]立身立行，慚恧實多，[4]啓手啓足，[5]庶幾可免。其幸二也。

[1]城旦之書：即城旦書，法律文書。城旦，漢代的一種刑罰，刑期四年，服築城戍邊的勞役。

[2]白簡：古代彈劾官員的奏章。

[3]丹筆：即朱筆。古代判决書以朱筆標識。

[4]慚恧（nǜ）：羞慚。

[5]啓手啓足：語出《論語·泰伯》：“曾子有疾，召門弟子曰：‘啓予足！啓予手！’”朱熹《集注》：“曾子平日以爲身體受於父

母，不敢毁傷，故於此使弟子開其衾而視之。”後因以“啓手啓足”爲善終。

以此庸虚，屢動宸眷；[1]以此卑賤，每升天府。[2]齊鑣驥騄，比翼鵷鴻，整緗素於鳳池，記言動於麟閣。[3]參謁宰輔，造請群公，厚禮殊恩，增榮改價。其幸三也。

［1］宸眷：指帝王的恩寵。

［2］天府：西周王室檔案庫名爲天府。

［3］齊鑣驥騄比翼鵷鴻整緗素於鳳池記言動於麟閣：這句話記述了自己曾經在隋朝國家政治核心工作的經歷。齊鑣驥騄，指良馬並駕而行。齊鑣，並駕。驥騄，良馬。鵷鴻，鵷雛、鴻雁飛行有序，比喻朝官班行。鳳池，即鳳凰池。是禁苑中池沼，借指中書省。麟閣，漢朝時供奉功臣的麒麟閣的省稱。緗素，底本作“紬素”，殿本、四部備要本作“緗素”。殿本校勘記云：“‘緗’，監本訛‘紬’。今改從《周書》。”源氏校勘記云：“‘紬’，《隋書》作‘緗’。”按：緗素，淺黄色的絹。古代多用作書衣，故稱書卷爲緗素。今從改。

晝漏方盡，[1]大耋已嗟，[2]退反初服，[3]歸骸故里。翫文史以怡神，閲魚鳥以散慮，觀省野物，登臨園沼，緩步代車，無事爲貴。[4]其幸四也。

［1］晝漏：白天的時間。漏，漏壺，古代計時用的器具。

［2］大耋（dié）已嗟：指老人的感慨。古代八十歲成爲耋，一説是七十歲。故以大耋指老年人，或指高齡。

[3]初服：未入仕時的服裝，與朝服相對。
[4]無事：源氏校勘記云："'無事'，《隋書》作'無罪'。"

仰休明之盛世，[1]慨道教之陵遲，[2]蹈先儒之逸軌，[3]傷群言之蕪穢，馳騁墳典，釐改僻謬，脩撰始畢，事業適成，[4]天違人願，途不我與，世路未夷，學校盡廢，道不備於當時，業不傳於身後。銜恨泉壤，[5]實在兹乎！其深恨一也。

[1]休明：美好清明，多用以贊美明君或盛世。
[2]道教之陵遲：道德教化的衰敗。
[3]逸軌：高潔的軌範。
[4]事業適成：源氏校勘記云："'事業未成'，《隋書》作'圖事適成'。"
[5]銜恨泉壤：即死不瞑目。

時在郡城，糧餉斷絶。其門人多隨賊盜，哀炫窮乏，詣城下索炫，郡官乃出炫與之。炫爲賊所將，過下城堡。[1]未幾，賊爲官軍所破，炫饑餓無所依，復投縣官。縣官意炫與賊相知，恐爲後變，遂閉門不納。時夜冰寒，因此凍餒而死。其後門人謚曰宣德先生。

[1]過下城堡：殿本、四部備要本"下城"作"城下"。殿本校勘記云："'城下'，監本作'下城'。今改從《隋書》。"源氏校勘記云："《隋書》作'城下'。"

炫性躁競，[1]頗好俳諧，[2]多自矜伐，[3]好輕侮當世，爲執政所醜，[4]由是宦途不遂。著《論語述議》十卷、《春秋攻昧》十卷、《五經正名》十二卷、《孝經述議》五卷、《春秋述議》四十卷、《尚書述議》二十卷、《毛詩述議》四十卷，注《詩序》一卷、《筭術》一卷，并所著文集，並行於世。

[1]躁競：急於進取。
[2]俳諧：詼諧戲謔。
[3]矜伐：恃才誇功。
[4]醜：憎惡。

時儒學之士，又有褚暉、顧彪、魯世達、張沖、王孝籍並知名。

褚暉，[1]字高明，吴郡人。[2]以三禮學稱於江南。煬帝時，徵天下儒術之士，悉集内史省，相次講論。暉辯博，無能屈者，由是擢爲太學博士。撰《禮疏》一百卷。[3]

[1]暉：源氏校勘記云："《隋書》作'輝'。"莫知孰是。
[2]吴郡：隋朝時治吴縣，在今江蘇蘇州市。
[3]撰禮疏一百卷：底本無"禮"字，源氏校勘記云："'疏'上，《隋書》有'禮'字。爲是。"中華本校勘記云："諸本脱'禮'字，據《隋書》卷七五、《通志》一七四《褚暉傳》補。"今從改。

顧彪，字仲文，餘杭人。[1]明《尚書》《春秋》。煬帝時，爲祕書學士。撰《古文尚書義疏》二十卷，行於世。

[1]餘杭：郡名。隋朝時治錢塘縣，在今浙江杭州市。

魯世達，餘杭人。煬帝時，爲國子助教。撰《毛詩章句義疏》四十二卷，行於世。

張沖，[1]字叔玄，吴郡人。仕陳，爲左中郎將，[2]非其好也。乃覃思經典，撰《春秋義略》，異於杜氏七十餘事，[3]《喪服義》三卷、《孝經義》三卷、《論語義》十卷、《前漢音義》十二卷。官至漢王侍讀。[4]

[1]沖：源氏校勘記云："《隋書》作'仲'。"中華本《隋書》卷七五作"沖"。

[2]左中郎將：官名。秦朝時設五官中郎將、左中郎將、右中郎將分領三署諸郎，宿衛宫殿掖門。皆隸郎中令。漢朝因之，以後歷朝因之。

[3]杜氏：即杜預。著有《春秋左氏經傳集解》及《春秋釋例》等。

[4]漢王：封爵名。即楊諒。字德章，一名傑，小字益錢，弘農華陰（今陝西華陰市東南）人。隋朝宗室。見《北史》卷七一《庶人諒傳》。　侍讀：官名。掌爲皇帝或太子講解經義，爲加官。

王孝籍，平原人。[1]少好學，博覽群言，遍習五經，頗有文翰。與河間劉炫，同志友善。開皇中，召入祕書，助王劭脩國史。劭不之禮。在省多年，不免輸稅。鬱鬱不得志，奏記於吏部尚書牛弘曰：

[1]平原：郡名。隋朝時治繹幕縣，在今山東平原縣。

竊以毒螫瘠膚，則申旦不寐；[1]饑寒切體，亦卒歲無聊。[2]何則？痛苦難以安，貧窮易爲感。况懷抱之内，冰火鑠脂膏；腠理之間，風霜侵骨髓。[3]安可齰舌緘脣，[4]吞聲飲氣，惡呻吟之響，忍酸辛之酷哉！伏惟明尚書公，動哀矜之色，開寬裕之懷，咳唾足以活涸鱗，吹嘘可用飛窮羽，[5]芬椒蘭之氣，[6]暖布帛之詞，[7]許小人之請，聞大君之聽。雖復山川綿遠，[8]鬼神在兹，信而有徵，[9]言無不履。猶恐拯溺遲於援手，[10]救經緩於扶足，[11]待越人之舟檝，求魯匠之雲梯，[12]則必懸於喬樹之枝，[13]没於深泉之底。

[1]申旦不寐：自夜到明，也就是通宵。

[2]無聊：貧窮無依。

[3]懷抱之内冰火鑠脂膏腠理之間風霜侵骨髓：形容政治殘暴，人民生活在水深火熱之中。冰火，源氏校勘記改“冰”作“水”。中華本《隋書》卷七五作“冰”。不知源氏何據。

[4]齰（zé）舌緘脣：閉口不言。齰，咬舌閉口。脣，同“唇”。

[5]咳唾足以活涸鱗吹嘘可用飛窮羽：不用特别費力，就可以使人擺脱逆境。涸，源氏校勘記云：“‘涸’，《隋書》作‘枯’。”吹嘘，吹口氣。比喻用極少的力氣辦成大事。

[6]芬椒蘭之氣：形容美好的品德可以感染人。椒蘭，椒與蘭，都是可以釋放芳香之氣的東西，所以並稱。

[7]暖布帛之詞：好的言辭比衣服還要讓人温暖，形容有益的

言語會讓人得到鼓舞。

[8]綿：源氏校勘記云："'綿'，《隋書》作'不'。"

[9]信而有徵：可靠而且證據確鑿。

[10]拯溺遲於援手：幫助别人要抓緊時間。拯溺援手，伸手拉人一把以解救其困厄。

[11]救經：底本作"救跌"，源氏校勘記云："'跌'，《隋書》作'經'。"中華本校勘記云："諸本'經'作'跌'，《隋書》卷七五《王孝籍傳》作'經'。按'經'即雉經，下文'求魯匠之雲梯，則必懸於喬樹之枝'可證。作'跌'誤，今據改。"按：救經，意思是，解救上吊的人。該典故出自《荀子·强國》。今從改。

[12]待越人之舟檝求魯匠之雲梯：等待有越族人那樣好的舟船技術，尋找到像魯班製作得那麼好的雲梯。

[13]喬：源氏校勘記云："'喬'，《隋書》作'槁'。"

夫以一介貧人，七年直省，課役不免，慶賞不霑。賣貢禹之田，[1]供釋之之費，[2]有弱子之累，乏强兄之産。加以慈母在堂，[3]光陰遲暮，寒暑違闕，關山超遠。[4]齧臂爲期，[5]前途逾邈；倚閭之望，朝夕傾對。[6]謝相如之病，無官可以免；發梅福之狂，非仙所能避。[7]愁疾甚乎厲鬼，人生異夫金石。[8]營魂且散，恐篋子無徵，[9]賫恨入冥，[10]則虚緣恩顧。此乃王稽所以致言，應侯爲之不樂也。[11]潛鬢髮之内，居眉睫之間，子野未曾聞，離朱所未見。[12]久淪東觀，留滯南史，[13]終無薦引，永同埋殯。三世不移，雖由寂寞；十年不調，實乏知己。

[1]賣貢禹之田：像貢禹那樣賣地（以滿足當官需要的車馬

費）。貢禹，人名。字少翁，琅邪（今山東諸城市）人。西漢官吏。見《漢書》卷七二《貢禹傳》。

[2]供釋之之費：張釋之的哥哥爲張釋之提供花費。釋之，即張釋之，人名。字季，南陽堵陽（今河南方城縣東）人。西漢官吏。見《漢書》卷五〇南陽《張釋之傳》。

[3]慈母：源氏校勘記云："《隋書》作'老母'。"

[4]關山：在今甘肅張家川回族自治縣。《木蘭辭》："萬里赴戎機，關山度若飛。"

[5]齧（niè）臂爲期：咬臂出血，以示誠信和決心。《史記》卷六五《吴起列傳》："（吴起）與其母訣，齧臂而盟曰：'起不爲卿相，不復入衛。'"

[6]倚閭之望朝夕傾對：殿本校勘記云："'傾對'，《隋書》作'已勤'。"源氏校勘記云："'傾對'，《隋書》作'已勤'。按，'對'，'勤'之書誤。"中華本校勘記云："《隋書》'傾對'作'已勤'。按若已'朝夕傾對'，則何須倚閭而望？作'傾對'顯誤。但'傾對'與'已勤'，音形都不相近，不知從何致誤，今不改。"可從。倚閭之望，靠著巷口的大門等著，表達了慈母盼望兒女歸來的心情。

[7]謝相如之病無官可以免發梅福之狂非仙所能避：這裏指自己大膽向尚書牛弘上書，並没有什麽可以擔心的。相如之病，司馬相如的消渴之病。見《史記》卷一一七《司馬相如列傳》。梅福之狂，指梅福發狂棄官隱居的事情。梅福，人名。字子真，九江壽春（今安徽壽縣）人。少學長安，官南昌尉。見《漢書》卷六七《梅福傳》。

[8]人生異夫金石：人生跟金石不同。《古詩十九首·回車駕言邁》："人生非金石，豈能長壽考。奄忽隨物化，榮名以爲寶。"

[9]營魂且散恐筮予無徵：靈魂將要離散，恐怕無法找到並招還回來。營魂，靈魂。筮予，通過卜筮知道魂魄所在，然後招還給予本人。

[10]齎恨入冥：抱恨而死。

[11]此乃王稽所以致言應侯爲之不樂也：這就是王稽爲何稱有三件事無可奈何，也是范雎爲何不高興的原因。王稽，人名。戰國時期秦國將領，曾經幫助名相范雎從魏國出逃至秦國。范雎被重用後，爲報恩向秦昭王舉薦了他。他被任命爲河東太守，後因爲與諸侯私通而被賜以棄市重刑。見《史記》卷七九《范雎蔡澤列傳》。應侯，封爵名。即范雎。戰國時期秦國名相，輔佐秦昭王。《史記·范雎蔡澤列傳》。

[12]潛鬢髮之内居眉睫之間子野未曾聞離朱所未見：一直都在朝廷工作，却始終未被人發現和薦舉。鬢髮，耳邊的頭髮。眉睫，眼睫毛。子野，人名。即師曠。字子野，春秋時期平公的樂師，善彈琴，辨音能力很强。離朱，古代傳説中的人物。《孟子·離婁上》："孟子曰：'離婁之明，公輸子之巧，不以規矩，不能成方員。"趙岐注曰："離婁，古之明目者，黄帝時人也。黄帝亡其玄珠，使離朱索之。離朱即離婁也。能視於百步之外，見秋毫之末。"

[13]久淪東觀留滯南史：一直在秘書省修史。東觀，東漢藏書室和史學館。南史，本來指南史氏，這裹是指掌書國史的地方。南史氏，見於《左傳》襄公二十五年。

夫不世出者，聖明之君也；不萬一者，誠賢之臣也。[1]以夫不世出而逢不萬一，小人所以爲明尚書幸也。坐人物之源，運銓衡之柄，反被狐白，不好緇衣，[2]此小人爲明尚書不取也。昔荆玉未剖，刖卞和之足；百里未用，碎禽息之首。[3]居得言之地，有能用之資，增耳目之明，[4]無首足之戚，[5]憚而不爲，孰知其解！夫官或不稱其能，士或未申其屈，一夫竊議，語流天下，勞不見圖，安能無望！

儻病未及死，狂還克念，[6]汗窮愁之簡，屬離憂之詞，託志於前脩，通心於來哲，使千載之下，哀其不遇，追咎執事，有玷清塵，[7]則不肖之軀，死生爲累，小人之罪，方且未刊。[8]願少加憐愍，留心無忽。

[1]夫不世出者聖明之君也不萬一者誠賢之臣也：聖明的君主不是代代都有的，而忠誠賢良的臣子一萬人中還没有一個。語出《文子·下德》。

[2]反被狐白不好緇衣：此句表達對當時不重賢能的不滿。反被狐白，比喻美而不見。狐白，狐狸腋下的白色皮毛，比喻很珍貴的物品。緇衣，布做的朝服。

[3]荆玉未剖刖卞和之足百里未用碎禽息之首：連用和氏璧和舉薦百里奚的兩個典故，表達推薦賢人的不易。"荆玉未剖，刖卞和之足"，見《韓非子·和氏》。"百里未用，碎禽息之首"，見《文選》卷五五陸士衡《演連珠》。

[4]增：底本作"憎"。中華本校勘記云："諸本'增'訛作'憎'，據《隋書》改。"今從改。

[5]首足之戚：源氏校勘記云："《隋書》作'手足之戚蹙'。"中華本《隋書》卷七五作"手足之蹙"。

[6]狂還克念：典出《尚書·周書·多方》："惟聖罔念，作狂；惟狂克念，作聖。"意思是聖人如果没有了"念"就會變成狂人，狂人如果能够克制"念"就能變成聖人。

[7]"汗窮愁之簡"至"有玷清塵"：屈原没有辦法通達無憂，就寫作了《離騷》等詩歌，借前代賢人的口，表達了對未來聖人的期望。千年以來，人們還在哀歎没有遇到賢君的不幸遭遇。窮愁，不能通達。託，源氏校勘記云："'託'，《隋書》作'記'。"前脩，即前賢。清塵，比喻清静無爲的境界、清高的遺風、高尚的品質。

玷，源氏校勘記云：“‘玷’,《隋書》作‘點’。”

[8]刊：底本作“刑”。源氏校勘記云：“‘刑’《隋書》作‘刊’。”中華本校勘記云：“殿本及《隋書》‘刑’作‘刊’。”今從改。

弘亦知其學業，而竟不得調。

後歸鄉里，以教授爲業，終于家。注《尚書》及《詩》，遭亂零落。

論曰：古語云：“容體不足觀，勇力不足恃，族姓不足道，先祖不足稱，然而顯聞四方，流聲後胤者，其惟學乎？”[1]信哉斯言也。梁越之徒，篤志不倦，自求諸己，遂能聞道下風，稱珍席上，或聚徒千百，或服冕乘軒，咸稽古之力也。

[1]“容體不足觀勇力不足恃”至“流聲後胤者其惟學乎”：意思是説，衹有靠學習，纔能讓一個很普通的人成爲流芳百世的大人物。語出《孔子家語》卷二《致思第八》。

然遠惟漢、魏，碩學多清通；逮乎近古，巨儒多鄙俗。文武不墜，弘之在人，[1]豈獨愚蔽於當今，而皆明哲於往昔？在乎用與不用，知與不知耳。然曩之弼諧庶績，[2]必舉德於鴻儒；近代左右邦家，咸取士於刀筆。縱有學優入室，[3]勤踰刺股，[4]名高海内，擢第甲科，若命偶時來，未有望於青紫；[5]或數將運舛，必見棄於草澤。[6]然則古之學者，禄在其中；[7]今之學者，困於貧賤。明達之人，志識之士，安肯滯於所習，以求貧賤者哉！此所以儒罕通人，學多鄙俗者也。

[1]文武不墜弘之在人：周文王、周武王的治國修身之道没有墜毁，弘揚其道在於人爲的努力。

[2]弼諧庶績：幹出各種成績。弼諧，輔佐協調。庶績，各種事業。

[3]學優入室：學習優秀纔能進入學問的深層。

[4]勤踰刺股：比刺股學習的態度更加勤奮。

[5]青紫：漢代公卿的服飾，借指地位高貴的人。《文選》卷四五楊雄《解嘲》："紆青拖紫。"李善注引《東觀漢記》："印綬，漢制，公侯紫綬，九卿青綬。"因以青紫代指地位尊貴的人。

[6]草澤：荒野。

[7]古之學者禄在其中：古代的學者自然就有俸禄。《論語·衛靈公》"子曰：'君子謀道不謀食。耕也，餒在其中矣；學也，禄在其中矣。君子憂道不憂貧。'"

至若劉焯，德冠搢紳，[1]數窮天象，既精且博，洞究幽微，鉤深致遠，源流不測。數百年來，斯一人而已。劉炫學實通儒，才堪成務，[2]九流七略，[3]無不該覽。雖探賾索隱，不逮於焯；裁成義説，文雅過之。並時不我與，[4]餒棄溝壑。斯乃子夏所謂"死生有命，富貴在天"。[5]天之所與者聰明，所不與者貴仕，上聖且猶不免，焯、炫其如命何！孝籍徒離騷其文，尚何救也！

[1]搢紳：官員朝會時的一種裝束，束大帶而插笏板。後用以代指官吏、士大夫。

[2]成務：成就事業。

［3］九流七略：泛指學術思想派别和各類著作。九流，《漢書》卷一〇〇下《叙傳下》："劉向司籍，九流以别。" 顔師古注引應劭曰："儒、道、陰陽、法、名、墨、縱横、雜、農，凡九家。" 七略，西漢劉歆在父親劉向《别録》的基礎上，又把宫廷藏書分成《輯略》《六藝略》《諸子略》《詩賦略》《兵書略》《术數略》和《方技略》七類，名爲《七略》，是中國第一部目録學著作。

［4］時不我與：時機不會等待人們。

［5］子夏所謂死生有命富貴在天：人的生死富貴都是由天命决定的。語出《論語·顔淵》。

北史　卷八三

列傳第七十一

文苑

《易》曰："觀乎天文，以察時變；觀乎人文，以化成天下。"[1]然則文之爲用其大矣哉。逖聽三古，彌綸百代，[2]若乃墳素所紀，[3]靡得而云；典、謨已降，[4]遺風可述。至於制禮作樂，[5]騰實飛聲，善乎，言之不文，行之豈能遠也。是以曲阜之多才多藝，監二代以正其源；[6]闕里之性與天道，修六經以維其末。[7]用能窮神知化，[8]稱首於千古；經邦緯俗，藏用於百代。至哉，斯固聖人之述作也。逮乎兩周道喪，七十義乖。[9]淹中、稷下，[10]八儒、三墨之異，[11]漆園、黍谷，[12]名、法、兵、農之别,[13]雖雅誥奥義,[14]或未盡善，考其遺跡，亦賢達之流乎。其離讒放逐之臣,[15]塗窮後門之士,[16]道轗軻而未遇,[17]志鬱抑而不申，憤激委約之中,[18]飛文魏闕之下,[19]奮迅泥滓,[20]自致青雲,[21]振沈溺於一朝,[22]流風聲於千載者往往而有矣。

[1]觀乎天文以察時變觀乎人文以化成天下：觀察天象的變化，從中看出要發生的事情；總結人文的發展規律，來治理好天下。語出《易·賁卦》。

[2]逖聽三古彌綸百代：認真學習古代知識，貫通應用到以後的朝代。逖聽，遠遠地聽，表示恭敬。彌綸，貫通。

[3]墳素：泛指遠古時代的典籍。

[4]典謨：《尚書》中有《堯典》《舜典》和《大禹謨》《皋陶謨》等篇，借指《尚書》。

[5]制禮作樂：據《尚書》記載，西周建立政權之後，周公吸取商代滅亡的教訓，在沿襲夏商禮儀樂制的基礎上，制定了一整套禮樂制度。

[6]曲阜之多才多藝監二代以正其源：孔子多才多藝，知道周代的禮樂制度是借鑒於夏商兩代，從而明白禮樂制度的源頭所在。語出《論語·八佾》："子曰：'周監於二代，鬱鬱乎文哉，吾從周。'"

[7]闕里之性與天道修六經以維其末：儒家學説的根本是關於"人性"和"天道"的，修習六經祗是細枝末節。闕里，地名。在今山東曲阜市闕里街。相傳孔子曾在此講學。後建有孔廟。這裏引申爲孔子的儒家學説。性與天道，語出《論語·公冶長》："子貢曰：'夫子之文章，可得而聞也；夫子之言性與天道，不可得而聞也。'"

[8]窮神知化：窮究事物之神妙，瞭解事物之變化。語出

《易·繫辭下》："窮神知化，德之盛也。"孔穎達疏："窮極微妙之神，曉知變化之道，乃是聖人德之盛極也。"

[9]七十義乖：指孔子弟子漸漸背離了孔子學説的本義。

[10]淹中：魯國的地名，在今山東曲阜市。古文《禮經》所出之處，後用來借指儒家學術中心。　稷下：指戰國時齊國都城臨淄西門稷門附近地區。齊威王、宣王曾在此建學宫，廣招文學游説之士講學議論，成爲當時各學派活動的中心。

[11]八儒三墨：語出《韓非子·顯學》："自孔子之死也，有子張之儒，有子思之儒，有顔氏之儒，有孟氏之儒，有漆雕氏之儒，有仲良氏之儒，有孫氏之儒，有樂正氏之儒。自墨子之死也，有相里氏之墨，有相夫氏之墨，有鄧陵氏之墨。故孔墨之後，儒分爲八，墨離爲三。取舍相反不同，而皆自謂真孔墨。"

[12]漆園：指莊子。這裏借指道家。《史記》卷六三《老子韓非列傳》："莊子者，蒙人也，名周，周嘗爲蒙漆園吏。"　黍谷：指鄒衍，這裏借指陰陽家。《文選》卷四〇阮藉《詣蔣公奏記》："鄒子居黍谷之陰，而昭王陪乘。"李善注云："劉向《别録》曰：'鄒衍在燕，有谷寒，不生五穀，鄒子吹律而温，生黍。'"

[13]名：名家，是戰國時期諸子百家之一。以正名辨義爲主，代表人物爲鄧析、惠施、公孫龍等。　法：法家。春秋戰國時期主張以法治爲核心的一個思想流派。代表人物爲商鞅、韓非子等。　兵：指兵家。先秦、漢初研究軍事理論、從事軍事活動的流派。代表人物孫臏、吴起等。　農：農家。先秦時期反映農業生産和農民思想的學術流派。代表人物爲許行。

[14]雅誥奥義：雅正的訓誡，深奥的意義。語出《尚書序》："至于夏、商、周之書，雖設教不倫，雅誥奥義，其歸一揆。"孔穎達疏："至于夏、商、周三代之書，雖復當時所設之教，與皇及帝墳典之等不相倫類，要其言皆是雅正辭誥，有深奥之義，其所歸趣，與墳典一揆。"

[15]離讒放逐之臣：指屈原。他本身是楚國的貴族，任三閭大

夫、左徒，兼管内政外交。他主張對内舉賢能、明法度，對外力主聯齊抗秦。但因受到奸人的排擠，被流放到沅湘地區。最後投水而死。

[16]後門：寒門。

[17]轗（kǎn）軻（kē）：同“坎坷”，道路不平，比喻人生曲折多艱或不得志。

[18]委約：疲病窮困。

[19]飛文：奮筆疾書的樣子。　魏闕：宫門上巍然高出的觀樓。後用作朝廷的代稱。

[20]奮迅泥滓：在卑微的情况中不放棄。

[21]自致青云：比喻獲得高官顯爵。

[22]沈溺：處於某種困境或苦難中。

漢自孝武之後，[1]雅尚斯文，揚葩振藻者如林，[2]而二馬、王、楊爲之傑。[3]東京之朝，[4]兹道逾扇，咀徵含商者成市，[5]而班、傅、張、蔡爲之雄。[6]當塗受命，[7]尤好蟲篆。[8]金行勃興，[9]無替前烈。[10]曹、王、陳、阮，[11]負宏衍之思，挺棟幹於鄧林；[12]潘、陸、張、左，[13]擅侈麗之才，飾羽儀於鳳穴。[14]斯並高視當世，[15]連衡孔門。[16]雖時運推移，質文屢變，[17]譬猶六代並奏，易俗之用無爽；[18]九源競逐，[19]一致之理同歸。歷選前英，於斯爲盛。

[1]孝武：即西漢皇帝劉徹。孝武爲其謚號。

[2]揚葩振藻：形容文章寫得華麗多彩。葩，華美。藻，文采。

[3]二馬王楊：分别指司馬遷、司馬相如、王褒和楊雄。司馬遷，字子長，夏陽（今陝西韓城市）人。見《史記》卷一三

〇《太史公自序》。司馬相如，字長卿，蜀郡（今四川成都市）人。見《史記》卷一一七《司馬相如列傳》。王褒，字子淵，蜀郡資中（今四川資陽市）人。見《漢書》卷六四下《王褒傳》。楊雄，字子雲，蜀郡成都（今四川成都市）人。見《漢書》卷八七《揚雄傳》。

［4］東京之朝：指東漢。因爲東漢定都洛陽，相對於西漢都城長安而名之曰東。

［5］咀徵含商：沉浸於優美的樂曲中。“商”“徵”都是中國古代音樂的音階名。

［6］班傅張蔡：指東漢文學家班固、傅毅、張衡、蔡邕。班固，字孟堅，扶風安陵（今陝西咸陽市東北）人。見《後漢書》卷四〇《班彪附班固傳》。傅毅，字武仲，扶風茂陵（今陝西興平市東北）人。見《後漢書》卷八〇上《傅毅傳》。張衡，字平子，南陽西鄂（今河南南陽市）人。見《後漢書》卷五九《張衡傳》。蔡邕，字伯喈，陳留圉（今河南杞縣西南）人。見《後漢書》卷六〇下《蔡邕傳》。

［7］當塗受命：《春秋讖》曰：“代漢者，當塗高也。”此語預言漢之將亡，而塗高繼之。“塗高”被解釋爲“魏”。《三國志》卷四二《蜀書·杜瓊傳》：“魏，闕名也，當塗而高，聖人取類而言耳。”

［8］蟲篆：雕蟲小技。借指辭賦。

［9］金行勃興：指晋朝興起。按照五行説來解釋王朝興替的時候，晋朝以金德王，故用金行代指晋朝。

［10］前烈：前人的功業。這裏指曹魏時期的文學風氣，而晋朝没有超越它。

［11］曹王陳阮：指建安七子中的曹植、王粲、陳琳和阮瑀。曹植，字子建，沛國譙（今安徽亳州市）人。建安文學的代表人物。見《三國志》卷一九《魏書·陳思王植傳》。王粲，字仲宣，山陽高平（今山東鄒平縣）人。見《三國志》卷二一《魏書·王粲

傳》。陳琳，字孔璋，廣陵射陽（今江蘇淮安市東南）人。見《三國志·魏書·王粲附陳琳傳》。阮瑀，字元瑜，陳留尉氏（今河南尉氏縣）人。見《三國志·魏書·王粲附阮瑀傳》。

［12］負宏衍之思挺楝幹於鄧林：思想宏大深遠，成爲文壇的棟梁之才。宏衍，宏大深遠。楝幹，棟梁才幹。鄧林，語出《山海經·海外北經》："夸父與日逐走，入日。渴欲得飲。飲于河渭，河渭不足，北飲大澤。未至，道渴而死。棄其杖，化爲鄧林。"後來用鄧林比喻群英薈萃之處。

［13］潘陸張左：指西晉文學家潘岳、陸機、張協、左思。潘岳，字安仁，滎陽中牟（今河南中牟縣）人。見《晉書》卷五五《潘岳傳》。陸機，人名。字士衡，吴郡（今江蘇蘇州市）人。見《晉書》卷五四《陸機傳》。張協，字景陽，安平（今河北安平縣）人。見《晉書》卷五五《張載附張協傳》。左思，字太沖，齊國臨淄（今山東淄博市）人。見《晉書》卷九二《左思傳》。

［14］羽儀：比喻居高位而有才德，被人尊重或堪爲楷模。《易·漸卦》："鴻漸于陸，其羽可用爲儀。"孔穎達疏："處高而能不以位自累，則其羽可用爲物之儀表，可貴可法也。"　鳳穴：鳳凰居住的地方，比喻爲文才薈萃之地。

［15］高視：傲視。

［16］連衡：原爲戰國時秦國在争霸過程中的策略，此處是互相拉攏的意思。"衡"，通"横"。　孔門：指儒家。

［17］質文屢變：指文學的内在内容和外在形式發生了幾次變化，主流是《詩經》、楚辭到賦，再到樂府、五言詩、駢體文等。

［18］譬猶六代並奏易俗之用無爽：就像六代的音樂，雖然名字各不相同，但是，在移風易俗方面的作用却是一樣的。六代，指黄帝、唐堯、虞舜、夏、商、周。

［19］九源：九種學術流派，泛指當時的各種學術思想。

既而中州板蕩，戎狄交侵，僭僞相屬，[1]生靈塗炭，故文章黜焉。其能潛思於戰争之間，揮翰於鋒鏑之下，[2]亦有時而間出矣。若乃魯徵、杜廣、徐光、尹弼之儔，[3]知名於二趙；[4]宋該、封弈、朱彤、梁讜之屬，[5]見重於燕、秦。然皆迫於倉卒，牽於戰陣，章奏符檄，則粲然可觀；體物緣情，則寂寥於世。非其才有優劣，時運然也。至於朔方之地，蕞爾夷俗，[6]胡義周之頌國都，[7]足稱宏麗。區區河右，[8]而學者埒於中原，[9]劉延明之銘酒泉，[10]可謂清典。[11]子曰："十室之邑，必有忠信。"[12]豈徒言哉。

[1]中州板蕩戎狄交侵僭僞相屬：指自西晋末年到北魏統一北方期間，中原地區政局動蕩，先後有匈奴、鮮卑、羯、氐、羌五個少數民族建立十六個政權。這一時期也被稱爲"五胡亂華"時期。中州，指中原地區。板蕩，《詩·大雅》有《板》《蕩》兩篇，描寫的都是當時政治黑暗、政局動蕩。後世便以"板蕩"比喻政局不穩、社會混亂。　戎狄：泛稱除華夏族以外的各族。這是對少數名族的蔑稱。

[2]鋒鏑：刀刃和箭頭，泛指兵器，常用來比喻戰争。

[3]魯徵：源氏校勘記："《周書》作'魯徽'。"中華本校勘記云："《周書》卷四一史臣論'魯徵'作'魯徽'。張森楷引《晋書》卷一〇二《劉聰載記》，以爲即聰將趙染之長史魯徽，當是。"可從。　杜廣：人名。十六國時期前趙、後趙文學家。　徐光：人名。十六國時期後趙大臣。　尹弼：人名。十六國時期前趙、後趙文學家。

[4]二趙：指十六國的前趙和後趙。前趙，匈奴人劉淵建立的政權，都城平陽（今山西臨汾市西北）。這是十六國時期建立的第

一個政權。後趙，羯族人石勒建立的政權，都城襄國（今河北邢臺市），後遷鄴。爲了與先建國的前趙相區别，史稱“後趙”。

[5]宋該：人名。平原（今山東平原縣南）人。十六國時期前燕大臣。永嘉之亂後，始投奔慕容廆，以文章才俊任居樞要。慕容皝稱燕王，與封奕等助皝建立前燕政權，後位居列卿。源氏校勘記云：“《周書》作‘宋諺’。”　封弈：人名。前燕君主慕容皝的主要謀士，以計謀和文學知名，曾任鎮軍左長史、軍祭酒等。毛本、殿本、局本、四部備要本作“封奕”。殿本校勘記云：“‘奕’監本訛‘變’。今改從南本。”　朱彤：人名。京兆（今陝西西安市東北）人。前秦皇帝苻堅大臣，曾任秘書監。　梁讜：人名。十六國前秦官吏。

[6]蕞爾：形容小，多用來形容地區。

[7]胡義周之頌國都：指胡義周爲西夏國國都統萬城（今陝西靖邊縣北白城子）寫過《統萬城銘》。胡義周，人名。安定臨涇（今甘肅鎮原縣）人。西秦時爲姚泓黄門侍郎。泓滅，仕西夏赫連勃勃爲秘書監。赫連勃勃之建都統萬城，義周爲之銘，頌其功德，文采華麗優美。又著有《蛇祠碑》，皆行於世。

[8]河右：指河西，北朝時又泛指今山西吕梁山以西黄河兩岸地區。

[9]埒（liè）：等同。

[10]劉延明之銘酒泉：事見《晋書》卷八七《凉武昭王李玄盛傳》：“玄盛既遷酒泉，乃敦勸稼穡。群僚以年穀頻登，百姓樂業，請勒銘酒泉，玄盛許之。於是使儒林祭酒劉彦明爲文，刻石頌德。”劉延明，即劉昞，人名。字延明，因避唐高祖之父李昞諱，而以字行於世。敦煌（今甘肅敦煌市）人。見《北史》卷三四《劉延明傳》。《晋書》卷八七作“劉彦明”。酒泉，郡名。北凉時治福禄縣，在今甘肅酒泉市。

[11]清典：清雅典麗。

[12]十室之邑必有忠信：即使衹有十家的小地方，也一定有忠

信誠實的人。也就是處處有賢人。語出《論語·公冶長》："子曰：'十室之邑，必有忠信如丘者焉，不如丘之好學也。'"

泊乎有魏，定鼎沙朔。[1]南包河、淮，西吞關、隴。當時之士，有許謙、崔宏、宏子浩、高允、高閭、游雅等，[2]先後之間，聲實俱茂，詞義典正，有永嘉之遺烈焉。[3]及太和在運，[4]鋭情文學，固以頡頏漢徹，跨躡曹丕，[5]氣韻高遠，豔藻獨構。衣冠仰止，[6]咸慕新風，律調頗殊，曲度遂改。辭罕泉源，言多胸臆，潤古彫今，有所未遇。是故雅言麗則之奇，綺合繡聯之美，眇歷歲年，未聞獨得。既而陳郡袁翻、河内常景，[7]晚拔疇類，稍革其風。及明皇御曆，[8]文雅大盛，學者如牛毛，成者如麟角。孔子曰："才難。"[9]不其然也？于時陳郡袁翻、翻弟躍、河東裴敬憲、弟莊伯、莊伯族弟伯茂、范陽盧觀、弟仲宣、頓丘李諧、勃海高肅、河間邢臧、趙國李騫，[10]彫琢瓊瑶，[11]刻削杞梓，[12]並爲龍光，[13]俱稱鴻翼。[14]樂安孫彦舉、濟陰温子昇，[15]並自孤寒，鬱然特起。咸能綜採繁縟，興屬清華。[16]比於建安之徐、陳、應、劉，[17]元康之潘、張、左、束，[18]各一時也。

[1]定鼎：鼎爲傳國重器，因稱建立王朝或建都爲定鼎。　沙朔：塞北沙漠之地。

[2]許謙：人名。字元遜，代（今山西大同市東北）人。北魏官吏。少有文才，善天文圖讖之學。見《北史》卷二一《許謙傳》。　崔宏：人名。字玄伯，清河東武城（今山東武城縣西北）人。北魏大臣。見《北史》卷二一《崔宏傳》。　浩：即崔浩，人

名。字伯淵（《北史》避唐高祖李淵諱改爲“伯深”），清河東武城（今山東武城縣西北）人。北魏大臣。見《北史》卷二一《崔宏附崔浩傳》。　高允：人名。字伯恭，勃海蓨（今河北景縣）人。北魏大臣。見《北史》卷三一《高允傳》。　高閭：人名。本名驢，字閻士，漁陽雍奴（今天津武清區西北）人。北魏大臣，以博學知名。見《北史》卷三四《高閭傳》。　游雅：人名。字伯度，小名黄頭，廣平任（今河北任縣東）人。北魏官吏。少好學而知名。見《北史》卷三四《游雅傳》。

［3］永嘉：晉懷帝的年號（307—313）。　遺烈：前人留下的業績。

［4］太和：北魏孝文帝的年號（477—499）。

［5］頡（xié）頏（háng）漢徹跨躡曹丕：是説北魏孝文帝時期的文學發展可以與漢武帝劉徹時期相抗衡，超過了魏文帝曹丕的時代（即建安文學）。頡頏，指不相上下、相互抗衡。漢徹，指漢武帝劉徹。見《史記》卷一二《孝武本紀》。曹丕，人名。字子桓，曹操次子，即魏文帝，建安文壇的領袖人物。見《三國志》卷二《魏書·文帝紀》。

［6］衣冠仰止：指北魏孝文帝穿着打扮都仰慕漢文化。

［7］陳郡：北魏時治項縣，在今河南淮陽縣。　袁翻：人名。字景翔，陳郡項（今河南淮陽縣）人。北魏官吏。見《北史》卷四七《袁翻傳》。　河内：郡名。北魏時治野王縣，在今河南沁陽市。　常景：人名。字永昌，河内温（今河南温縣）人。北魏、東魏官吏。見《北史》卷四二《常爽附常景傳》。

［8］明皇：即北周皇帝宇文毓，明爲其謚號。　御曆：登基做皇帝。

［9］孔子曰才難：孔子説，人才難得。語出《論語·泰伯》：“舜有臣五人而天下治。武王曰：‘予有亂臣十人。’孔子曰：‘才難，不其然乎？唐虞之際，於斯爲盛，有婦人焉，九人而已。三分天下有其二，以服事殷。周之德，可謂至德也已矣。’”

[10]躍：即袁躍，人名。字景騰，陳郡項（今河南淮陽縣）人。北魏官吏。見《北史》卷四七《袁翻附袁躍傳》。　河東：郡名。北魏時治蒲坂縣，在今山西永濟市西南蒲州城。　裴敬憲：人名。字孝虞，河東聞喜（今山西聞喜縣）人。北魏官吏。見《北史》卷三八《裴駿附裴敬憲傳》。　莊伯：即裴莊伯，人名。字孝夏，河東聞喜（今山西聞喜縣）人。北魏官吏。見《北史·裴駿附裴莊伯傳》。　伯茂：即裴伯茂，人名。河東聞喜（今山西聞喜縣）人。北魏、東魏官吏。見《北史》卷三八《裴延儁附裴伯茂傳》。　范陽：郡名。北魏時治涿縣，在今河北涿州市。　盧觀：人名。字伯舉，范陽涿（今河北涿州市）人。北魏官吏。見《北史》卷三〇《盧觀傳》。　仲宣：即盧仲宣，人名。小名金，范陽涿（今河北涿州市）人。北魏官吏。見《北史》卷三〇《盧觀附盧仲宣傳》。　頓丘：郡名。北魏時治頓丘縣，在今河南清豐縣西南。　李諧：人名。字虔和，頓丘（今河南清豐縣西南）人。北魏、東魏官吏。見《北史》卷四三《李崇附李諧傳》。　勃海：郡名。北魏時屬冀州，初治南皮縣，在今河北南皮縣東北，後移治東光縣，在今河北東光縣。　高肅：人名。即高長恭，一名孝瓘，勃海蓨（今河北景縣）人。北齊宗室。見《北史》卷五二《蘭陵王長恭傳》。　河間：郡名。北魏時治武垣縣，在今河北河間市南。　邢臧：人名。字子良，河間鄚（今河北任丘市北）人。北魏官吏。見《北史》卷四三《邢巒附邢臧傳》。　趙國：北魏時治平棘，在今河北趙縣。　李騫：人名。字希義，趙郡平棘（今河北趙縣）人。見《魏書》卷三六《李順附李騫傳》。

[11]瓊瑶：美玉，比喻美好的品質。

[12]杞梓：杞木和梓木都是良材，常比喻優秀的人才。

[13]龍光：比喻非凡的光輝、神采，引申爲才華。語本《詩·小雅·蓼蕭》："既見君子，爲龍爲光。"毛傳："龍，寵也。"鄭玄箋："爲寵爲光，言天子恩澤光耀被及己也。"

[14]鴻翼：鴻鵠憑借羽翼高飛遠行，比喻大才、高才。語出

《漢書》卷五八《公孫弘卜式兒寬傳》："公孫弘、卜式、兒寬皆以鴻漸之翼困於燕雀，遠迹羊豕之間，非遇其時，焉能致此位乎？"顏師古注引李奇曰："漸，進也，鴻一舉而進千里者，羽翼之材也。弘等皆以大材初爲俗所薄，若燕爵不知鴻志也。"

［15］樂安：郡名。北魏時治千乘縣，在今山東高青縣東南。　孫彦舉：人名。樂安（今山東廣饒縣）人，與温子昇齊名。　濟陰：郡名。北魏時治左城，在今山東曹縣西北。

［16］咸能綜採繁縟興屬清華：這時的文壇駢體文流行，一般是偶對工整，辭藻華麗，文采繁富。

［17］建安：漢獻帝的年號（196—220）。　徐陳應劉：指建安七子中的徐幹、陳琳、應瑒、劉楨。徐幹，字偉長，北海（今山東濰坊市）人。見《三國志》卷二一《魏書·王璨附徐幹傳》。應瑒，人名。字德璉，汝南南頓（今河南項城市）人。見《三國志》卷二一《王粲附應瑒傳》。劉楨，字公幹，東平寧陽（今山東寧陽縣）人。見《三國志》卷二一《王璨附劉楨傳》。

［18］元康：底本作"元元"。殿本校勘記云："'元元'當係'元康'之訛。今各本俱同。仍之。"中華本校勘記云："諸本'元康'作'元元'。錢氏《考異》卷四〇云：'當作元康。'按晋無'元元'，'元康'乃惠帝年號，潘岳等皆其時人。錢説是，今據改。"今從改。元康，晋惠帝的年號（291—299）。　潘張左束：即西晋文學家潘岳、張協、左思、束皙。束皙，字廣微，陽平元城（今河北大名縣）人。見《晋書》卷五一《束皙傳》。

有齊自霸業云啓，廣延髦俊，[1]開四門以賓之，頓八紘以掩之，[2]鄴都之下，[3]煙霏霧集。[4]河間邢子才、鉅鹿魏伯起、范陽盧元明、鉅鹿魏季景、清河崔長儒、河間邢子明、范陽祖孝徵、中山杜輔玄、北平陽子烈並其流也。[5]復有范陽祖鴻勳，亦參文士之列。及天保中，[6]李愔、陸印、崔瞻、陸元規並在中書，[7]參掌綸誥。其李廣、樊遜、李德林、盧詢祖、盧思道始以文章著名。[8]皇建之朝，[9]常侍王晞獨擅其美。[10]河清、天統之辰，[11]杜臺卿、劉逖、魏騫亦參詔敕。[12]自李愔已下，在省唯撰述除官詔旨，其關涉軍國文翰，多是魏收作之。及在武平，[13]李若、荀士遜、李德林、薛道衡並爲中書侍郎，[14]典司綸綍。[15]

[1]髦（máo）俊：傑出之士。

[2]開四門以賓之：君主打開明堂的四個大門，接待來自全國各地的文學之士。

[3]鄴都：城名。即鄴城，在今河北臨漳縣西南。北齊都城。

[4]煙霏霧集：形容衆多。

[5]邢子才：即邢卲，人名。字子才，小字吉，河間鄚（今河北任丘市北）人。北齊官吏、學者。見《北史》卷四三《邢巒附邢卲傳》。　鉅鹿：郡名。北齊時治藁城縣，在今河北藁城市西南。　魏伯起：即魏收，人名。字伯起，鉅鹿下曲陽（今河北晋州市西）人。北齊史學家、文學家。見《北史》卷五六《魏收傳》。　盧元明：人名。字幼章，范陽涿（今河北涿州市）人。北魏、東魏官吏。見《北史》卷三〇《盧玄附盧元明傳》。　魏季景：人名。鉅鹿下曲陽（今河北晋州市西）人。北齊學者。見《北史》卷五六《魏季景傳》。　清河：郡名。北魏時治清河縣，在今山東臨清市東。北齊時移治武城縣，在今河北清河縣西北。　崔長儒：即崔㥄，人名。字長儒，清河東武城（今山東武城縣西北）人。見《北史》卷二四《崔逞附崔㥄傳》。　邢子明：即邢昕，人名。字子明，河間鄚（今河北任丘市北）人。北魏、東魏官吏。見《北史》卷四三《邢巒附邢昕傳》。　祖孝徵：人名。即祖珽。字孝徵，范陽遒（今河北淶水縣北）人。東魏、北齊官吏。見《北史》卷四七

《祖瑩附祖珽傳》。　中山：郡名。北齊時治盧龍縣，在今河北定州市。　杜輔玄：即杜弼，人名。字輔玄，中山曲陽（今河北曲陽縣）人。北魏、北齊官吏。見《北史》卷五五《杜弼傳》。　北平：郡名。北齊時治新昌縣，在今河北盧龍縣。　陽子烈：即陽休之，人名。字子烈，北平無終（今天津薊縣）人。北魏、北周、隋朝官吏。見《北史》卷四七《陽尼附陽休之傳》。

[6]天保：北齊文宣帝的年號（550—559）。

[7]陸卬：人名。字雲駒，代（今山西大同市東北）人。北齊官吏。見《北史》卷二八《陸俟附陸卬傳》。　崔贍：字彦通，人名。清河東武城（今山東武城縣西北）人。北齊官吏。見《北史》卷二四《崔逞附崔贍傳》。　陸元規：人名。北齊官吏。官中書侍郎。常從北齊文宣帝征討。著有《皇帝實録》，惟記行師，不載他事。

[8]李德林：人名。字公輔，博陵安平（今河北安平縣）人。北齊、隋朝官吏。見《北史》卷七二《李德林傳》。　盧詢祖：人名。北齊官吏。范陽涿（今河北涿州市）人。見《北史》卷三〇《盧觀附盧詢祖傳》。　盧思道：人名。字子行，小字釋奴，范陽涿（今河北涿州市）人。北齊、北周、隋朝官吏。見《北史》卷三〇《盧玄附盧思道傳》。

[9]皇建：北齊孝昭帝的年號（560—561）。

[10]常侍：官名。散騎常侍的省稱。三國魏文帝時置散騎，合於中常侍，謂之散騎常侍。兩晋南北朝沿置，職掌侍從左右、圖書文翰、文章撰述、諫諍拾遺、收納轉呈文書奏事，北朝兼領修史，爲閑散之職。　王晞：人名。字叔朗，小名沙彌，北海劇（今山東昌樂縣東南）人。北齊官吏。見《北史》卷二四《王憲附王晞傳》。

[11]河清：北齊武成帝的年號（562—565）。　天統：北齊後主的年號（565—569）。

[12]杜臺卿：人名。字少山，中山曲陽（今河北曲陽縣）人。

北齊官吏。見《北史》卷五五《杜弼附杜臺卿傳》。　劉逖：人名。字子長，彭城叢亭里（今江蘇徐州市東）人。北齊官吏。見《北史》卷四二《劉芳附劉逖傳》。　魏騫：人名。北齊官吏。後主天統時參與起草詔令，後出爲廣太守。武平時，被舉入文林館待詔。

[13]武平：北齊後主的年號（570—576）。

[14]李若：人名。頓丘（今河南清豐縣西南）人。北齊、隋朝官吏。見《北史》卷四三《李崇附李若傳》。　薛道衡：人名。字玄卿，河東汾陰（今山西萬榮縣西南）人。北齊、隋朝官吏。見《北史》卷三六《薛辯附薛道衡傳》。　中書侍郎：官名。三國魏文帝時置。北魏多選用文學之士，掌草擬詔令，職位機要。置四人，北魏孝文帝太和十七年定爲四品上，二十三年定爲從四品上。隋朝時置四員，正四品，隨省改稱内史侍郎、内書侍郎。

[15]典司綸綍（fú）：負責爲皇帝起草詔令。綸綍，皇帝的詔令。《禮記·緇衣》："王言如絲，其出如綸；王言如綸，其出如綍。"鄭玄注："言言出彌大也。"孔穎達疏："'王言如綸，其出如綍'者，亦言漸大，出如綍也。綍又大於綸。"綍，大的繩索。

後主雖溺於群小，[1]然頗好詠詩。幼時嘗讀詩賦，語人云："終有解作此理不？"初因畫屏風，敕通直郎蕭放及晋陵王孝式録古賢烈士及近代輕豔諸詩以充圖畫，[2]帝彌重之。後復追齊州録事參軍蕭慤、趙州功曹參軍顔之推同入撰録，[3]猶依霸朝，[4]謂之館客。放及之推意欲更廣其事。又因祖珽輔政，愛重之推，又託鄧長顒漸説後主，[5]屬意斯文。三年，祖珽奏立文林館，[6]於是更召引文學士，謂之待詔文林館焉。珽又奏撰《御覽》，詔珽及特進魏收、太子太師徐之才、中書令崔劼、散騎常侍張彫、中書監陽休之監撰。[7]珽等奏追通直散騎侍郎韋道遜、陸乂、太子舍人王劭、衛尉丞李孝基、殿中侍御史魏澹、中散大夫劉仲威、袁奭、國子博士朱才、奉車都尉眭道閑、考功郎中崔子樞、左外兵郎薛道衡、并省主客郎中盧思道、司空東閤祭酒崔德立、太傅行參軍崔儦、太學博士諸葛漢、奉朝請鄭公超、殿中侍御史鄭子信等入館撰書，[8]并敕放、慤、之推等同入撰例。復命散騎常侍封孝琰、前樂陵太守鄭元禮、衛尉少卿杜臺卿、通直散騎常侍楊訓、前南兗州長史羊肅、通直散騎侍郎馬元熙、并省三公郎中劉珉、開府行參軍李師上、温君悠入館，[9]亦令撰書。後復命特進崔季舒、前仁州刺史劉逖、散騎常侍李孝貞、中書侍郎李德林續入待詔。[10]尋又詔諸人各舉所知，又有前濟州長史李翥、前廣武太守魏騫、前西兗州司馬蕭溉、前幽州長史陸仁惠、鄭州司馬江旰、前通直散騎侍郎辛德源、陸開明、通直郎封孝騫、太尉掾張德沖、并省右户郎元行恭、司徒户曹參軍古道子、前司空功曹參軍劉顗、獲嘉令崔德儒、給事中李元楷、晋州中從事陽師孝、太尉中兵參軍劉儒行、司空祭酒陽辟强、司空士曹參軍盧公順、司空中兵參軍周子深、開府行參軍王友伯、崔君洽、魏師謇並入館待詔。[11]又敕僕射段孝言亦入焉。[12]《御覽》成後，所撰録人亦有不得待詔，付所司處分者。[13]凡此諸人，亦有文學膚淺，附會親識，妄相推薦者十三四焉。雖然，當時操筆之徒，搜求略盡。其外如廣平宋孝王、信都劉善經輩三數人，[14]論其才性，入館諸賢亦十三四不逮之。

[1]後主：即北齊後主高緯。

[2]通直郎：官名。通直散騎侍郎的省稱。晋元帝時使員外散騎侍郎二人與散騎侍郎通員當值，故名。後增至四人，屬散騎省。職同散騎侍郎，參平尚書奏事，兼掌侍從、諷諫，地位較高。南北朝沿置，北齊時除集書省置六員外，集書省所轄起居省亦置一員，從五品上。　蕭放：人名。字希逸，南蘭陵（一説在今江蘇常州市，一説在今江蘇丹陽市）人。北齊大臣。見《北史》卷二九《蕭祇附蕭放傳》。　晋陵王：封爵名。晋陵，郡名。南朝齊時治晋陵縣，在今江蘇常州市。

[3]齊州：北齊時治歷城縣，在今山東濟南市。　録事參軍：官名。西晋丞相府始置。爲録事曹長官，掌總録衆曹文簿，舉彈善惡，位在列曹參軍上。北齊諸公府、將軍府、諸州府所置，六品上至七品上。　蕭慤（què）：人名。字仁祖，南蘭陵（一説在今江蘇常州市，一説在今江蘇丹陽市）人。北齊大臣。見《北齊書》卷四五《蕭慤傳》。　趙州：北齊時治廣阿縣，在今河北隆堯縣東。　功曹參軍：官名。即功曹參軍事的簡稱，爲功曹之長。南朝宋將軍兼刺史者置一員，爲僚屬，位記室下、户曹上，掌糾駁獻替。北齊三師、二大、三公、護軍府、諸州置，六品上至七品下。　顔之推：人名。字介，琅邪臨沂（今山東臨沂市）人。南北朝時文學家，早傳家業，博覽群書，善文章。

[4]霸朝：指割據一方或偏安一隅的政權。

[5]鄧長顒：人名。一作“鄧顒”。北齊宦官。初從高歡，武成帝時拜儀同三司；後主武平中任參宰相，始參朝政，爲後主所寵重。

[6]文林館：官署名。北齊後主時始置。職掌校對圖書、撰寫著作（參見魏宏利《北齊文林館的設立、構成及其歷史意義》，

《西南交通大學學報》2006 年第 5 期)。

［7］特進：官名。西漢時置，後作爲加官贈給致仕大臣。主要指大臣被特許在朝會越次而位於三公之下。北魏孝文帝太和二十三年定爲第二品。北齊沿置。　太子太師：官名。東宫三師之首。晋惠帝時始置，與太子太傅、太保、少師、少傅、少保並號六傅，掌輔導太子。然不常置。北魏、北齊仍置，掌導訓輔翼太子，無具體職掌。　徐之才：人名。丹陽（今江蘇南京市）人。北魏、東魏、北齊官吏。見《北史》卷九〇《徐謇附徐之才傳》。　中書令：官名。漢武帝時置，掌管機要，處理國務。歷代沿置。東晋、南北朝時因逐漸脱離機務，隨名位增高而成爲閑職，多用作重臣加官。北魏孝文帝太和十七年定爲二品中，二十三年定爲三品。北齊沿置。崔劼（jié）：人名。字彦玄，東清河鄃（今山東淄博市）人。北魏、北齊大臣。見《北史》卷四四《崔光附崔劼傳》。　張彫：即張彫武，人名。當爲“張彫虎”，避唐高祖祖父李虎諱改爲。中山北平（今河北順平縣）人。北齊官吏。見《北史》卷八一《張彫武傳》。源氏校勘記云：“‘張彫’,《儒林傳》作‘張雕武’。按“武”，本諱字,《北齊》忌缺諱字，此序全《北齊》之序，故誤從彼作‘張彫’乎?”　中書監：官名。魏晋南北朝時爲中書省長官之一。三國魏文帝時分秘書省置中書省。南朝中書省掌納奏、擬詔、出令，然權歸中書舍人，監、令名爲長官，品秩升高，多用作重臣加官，時人視爲閑職。北魏孝文帝太和十七年定爲從一品中，二十三年改爲從二品。北齊沿置。

［8］通直散騎侍郎韋道遜陸乂太子舍人王劭：源氏校勘記云：“‘遜’,《北齊》作‘孫’，‘劭’作‘邵’。”中華本《北齊書》同《北史》作“遜”“劭”，其校勘記云：“諸本‘劭’作‘邵’，據《隋書》卷六九、《北史》卷三五本傳改。”韋道遜，人名。京兆杜陵（今陝西西安市長安區東）人。北齊官吏。見《北齊書》卷四五《韋道遜傳》。陸乂，人名。字旦，代（今山西大同市東北）人。北齊官吏。見《北史》卷二八《陸俟附陸乂傳》。太子舍人，

官名。秦朝時設。掌東宫宿衛。漢、三國魏因之，秩二百石。晋轉掌侍從表啓，宣行太子令旨。歷朝因之，人員、官秩不一。王劭，人名。字君懋，太原晋陽（今山西太原市晋源區古城營村一帶）人。北齊、隋朝官吏。見《北史》卷三五《王慧龍附王劭傳》。衛尉丞：官名。秦漢魏晋南朝各置一員，爲衛尉副貳，協掌宫門禁衛。北齊時置衛尉寺，以卿、少卿爲長貳，以丞管理本寺日常事務，從六品。　李孝基：人名。趙郡平棘（今河北趙縣）人，與兄孝貞並以文章稱，北齊後主武平三年以衛尉丞待詔文林館，位儀曹郎中。　殿中侍御史：官名。亦稱殿中御史。三國魏時始置，員二人，七品，居殿中糾察非法，改隸御史臺。北齊時員十二人，八品。　魏澹：人名。字彦淵（《北史》避唐高祖李淵諱改作"彦深"），鉅鹿下曲陽（今河北晋州市西）人。北齊、北周、隋朝官吏。見《北史》卷五六《魏季景附魏澹傳》。　中散大夫：官名。多爲官吏養老、病退所任，無具體職權。北魏曾置爲職事官之加官。北魏孝文帝太和十七年定爲四品上，二十三年定爲四品下。北齊沿置。　劉仲威：人名。南陽湼陽（今河南鎮平縣）人。南朝梁、陳、北齊官吏。見《陳書》卷一八《劉仲威傳》。　袁奭（shì）：人名。字元明，陳郡（今河南淮陽縣）人。南朝梁、北齊官吏。見《北齊書》卷四五《袁奭傳》。　國子博士：官名。晋武帝咸寧中立國子學，置一員，以教授生徒儒學，取履行清淳、通明典義者爲之。並應對殿堂，備咨詢顧問，隸國子祭酒，地位上高於太學博士。北齊時國子寺國子學置五員，五品。　朱才：人名。字待問，吴郡（今江蘇蘇州市）人。南朝梁、北齊官吏。見《北齊書》卷四五《朱才傳》。　奉車都尉：官名。漢武帝時始設。掌管皇帝車輿，入侍左右。北魏時列爲冗官。孝文帝太和十七年定爲從四品上，二十三年定爲從五品上。宣武帝正始四年（507）置二十人，定爲從五品。　眭（suī）道閑：即眭豫，人名。字道閑，趙郡高邑（今河北石家莊市）人。南朝梁、北齊官吏。見《北齊書》卷四五《眭豫傳》。　考功郎中：官名。三國魏時曾置尚書考功郎，掌尚書考功曹，以考課官吏。晋及南朝不置。北魏復置，北齊沿置，爲尚書省吏部屬下考功曹長官，掌考第及秀、孝貢上等。　崔子樞：人名。博陵安平（今河北安平縣）人。北齊官吏。見《北史》卷三二《崔鑒附崔子樞傳》。　左外兵郎：官名。西晋分外兵郎置，爲尚書省左外兵曹長官通稱，亦稱郎中。六品。屬五兵尚書。東晋、南朝時省。北魏復置，屬七兵尚書。孝文帝太和十七年定郎爲從五品中，郎中五品上；二十三年皆稱郎中，六品，仍可通稱爲郎。北齊沿置，六品上，屬五兵尚書。　并省：官署名。并州尚書省的省稱。北齊都鄴，但高氏父子在即位前長期居住晋陽，北齊歷代皇帝常駐晋陽，故設。當皇帝駐晋陽時，可在一定程度上代行京師尚書省職權。由宗室或親信重臣任録尚書事及尚書令，主持省務。其各級官員，與京師尚書省同職官員地位相似而班次略低。

主客郎中：官名。魏晋南北朝時與主客郎互稱，爲尚書省主客曹長官。三國魏時置南主客郎，西晋時有南北左右主客郎，東晋時省併，唯置一主客郎，亦稱主客郎中，六品。後省。南北朝復置，北齊時爲六品上。　司空東閤祭酒：官名。東漢曹操爲司空時置。晋朝時諸公及開府位從公者各置一員，位西閤祭酒下。東晋時復爲一員，位西閤祭酒上，與主簿、舍人主閤内事。北魏置。北齊時三師、二大、三公府皆置，七品上。　崔德立：源氏校勘記云："《北齊》無'立'字。"　太傅行參軍：官名。太傅府行參軍。不署曹，員額不定，無固定職掌。北魏從七品上至流外，北齊時爲從七品至八品。　崔儦（biāo）：人名。字岐叔，清河東武城（今山東武城縣西北）人。北齊、隋朝官吏。見《北史》卷二四《崔逞附崔儦傳》。　太學博士：官名。漢魏時置五經博士，分經教授弟子生員。東晋時不復分經，統稱太學博士，置十六員，六品，掌教授太學生，亦備咨詢，參議禮儀，隸太常。北魏時國子學、太學各置博士，教授學生，從七品。北齊時太學隸國子寺，置博士十員，從七品。諸郡亦置，教授郡學生徒。　諸葛漢：即諸葛潁，人名。字漢，丹陽建康（今江蘇南京市）人。南北朝梁、北齊、隋朝官吏。

奉朝請：官名。本爲兩漢時給予退休大臣、列侯、宗室、外戚等的一種政治優待。西漢時授此者特許參加朝會，班次亦可提高。東漢時所施甚廣，地位漸輕。西晋時成爲加官名號。東晋時獨立爲官，亦作加官。南朝時列爲散騎（集書）省屬官，安置閑散，所施亦濫。北魏時亦爲冗散官，有俸無職。北齊時改爲職事官，員二百四十人，掌獻納諫諍，隸集書省，從七品。　鄭子信：即鄭抗，人名。字子信，彭城（今江蘇徐州市）人。頗有文學。見《北史》卷四一《鄭頤傳》。

［9］封孝琰：人名。字士光，勃海蓨（今河北景縣）人。北齊官吏。見《北史》卷二四《封懿附封孝琰傳》。　樂陵：郡名。北齊時治樂陵縣，在今山東樂陵市南。　鄭元禮：人名。字文規，滎陽開封（今河南開封市）人。北齊官吏。見《北史》卷三五《鄭羲附鄭元禮傳》。　衛尉少卿：官名。秦漢時皆置丞爲衛尉副貳，北魏時始置少卿，位在丞上，四品上。北齊沿置，爲衛尉寺次官，協助衛尉卿處理本寺事務，四品。　通直散騎常侍楊訓前南兗州長史羊肅通直散騎侍郎馬元熙并省三公郎中劉珉開府行參軍李師上温君悠入館：殿本校勘記云："《齊書》'楊'作'王'。又下文'李師上'作'李師正'，'魏騫'作'魏騫'，'封孝騫'作'騫'。"源氏校勘記云："《北齊》'楊'作'王'，'蕭'作'甫'。"中華本校勘記云："諸本'肅'作'蕭'，《北齊書》卷四五《文苑傳》作'肅'。按羊肅本書卷三九、《北齊書》卷四三有傳，今據改。"今從改。通直散騎常侍，官名。晋武帝時使員外散騎常侍二人與散騎常侍通員當值，故名。東晋時增至四員，屬散騎省，職同散騎常侍，參平尚書奏事，並掌諷諫、侍從，地位頗重。北齊沿置，除集書省置六員外，集書省所轄起居省亦設一員。皆四品。楊訓，人名。北齊官吏。時後主好文學詩賦，置文林館，被召入館。南兗州，北齊時治廣陵縣，在今江蘇揚州市西北蜀崗上。長史，官名。戰國秦時置。爲所在官署的屬官之長。長史總領府事務，掌顧問參謀，主行營事務，置左右二員。不同名號的長史所負職責不同，品

秩也不相同。羊肅，人名。太山鉅平（今山東廣饒縣東北）人。東魏官吏。以學尚知名。見《北齊書》卷四三《羊烈傳》。馬元熙，人名。字長明，河間人。北齊官吏。見《北史》卷八一《馬敬德附馬元熙傳》。三公郎中，官名。魏晋南北朝時與三公郎互稱，爲尚書省三公曹長官，北魏時屬殿中尚書，掌刑獄訴訟、擬定法律之政。孝文帝太和十七年定郎爲從五品中，郎中五品上。二十三年皆稱郎中，六品，仍可通稱爲郎。北齊時員二人，六品上。劉珉，人名。字仲寶，彭城（今江蘇徐州市）人。北齊官吏。李師上，人名。隴西成紀（今甘肅秦安縣）人。見《北史》卷一〇〇《凉武昭王李暠附李師上傳》。源氏校勘記云："'上'《北齊》作'正'。"温君悠，人名。太原祁（今山西祁縣東南）人。北齊官吏。

[10]崔季舒：人名。字叔正，博陵安平（今河北安平縣）人。東魏、北齊官吏。見《北史》卷三二《崔挺附崔季舒傳》。　仁州：南朝梁時治赤坎城，在今安徽懷遠縣西北。　李孝貞：人名。字元操，趙郡平棘（今河北趙縣）人。北齊官吏。見《北史》卷三三《李順附李孝貞傳》。

[11]濟州：北齊時治碻磝城，在今山東茌平縣西南。　李翥：人名。字彦鴻，柏仁（今河北隆堯縣西南）人。北齊官吏。見《北史》卷三三《李義深附李翥傳》。　廣武：郡名。北齊時治中左城，在今河南中牟縣東。　魏騫：中華本校勘記云："諸本'騫'作'謇'，《北齊書》作'騫'。按上文已作'魏騫'，今改歸一致。"今從改。　西兖州：北齊時治定陶縣，在今山東定陶縣西北。司馬：官名。漢朝時設。北魏時諸公府多置，爲公府高級幕僚，管理府内武職，與長史共參府務，位次長史。北齊沿置。　蕭溉：人名。南蘭陵（一説在今江蘇常州市，一説在今江蘇丹陽市）人。南朝梁宗室，北齊官吏。見《北齊書》卷三三《蕭退傳》。　幽州：北齊時治薊城，在今北京西南。　陸仁惠：即陸寬，人名。字仁惠，代（今山西大同市東北）人。與兄任崇等並有才品，議者稱爲三虎。見《北史》卷二八《陸俟傳》。　鄭州：北齊時治潁陰

縣，在今河南許昌市。　江旰（gàn）：人名。字季，濟陽（今河南蘭考縣）人。南朝梁、陳官吏，後歸北齊。見《北齊書》卷四五《江旰傳》。　辛德源：人名。字孝基，隴西狄道（今甘肅臨洮縣）人。北朝官吏。見《北史》卷五〇《辛雄附辛德源傳》。　陸開明：即陸爽，人名。字開明，魏郡臨漳（今河北臨漳縣）人。北齊、北周、隋朝官吏。見《北史》卷二八《陸俟附陸爽傳》。　封孝騫：人名。勃海（今河北景縣）人。北齊官吏。源氏校勘記云："《北齊》'騫'作'謇'，'元'作'高'。"　太尉：官名。西漢初武將最高稱號之一，秩萬石。有兵事則設，事畢即省，爲臨時性的高級軍事統帥，或爲皇帝的軍事顧問，並無發兵領兵的實際職權。魏晉南北朝時列三公之首，爲名譽宰相，位居一品（梁十八班），多爲大臣加官，無實際職掌。　掾：原爲佐助的意思，後爲副官佐或官署屬員的通稱。　張德沖：人名。中山北平（今河北順平縣）。北齊官吏。見《北史》卷八一《張彫武附張德沖傳》。　右户郎：官名。即右户郎中，北齊時置，爲尚書省右户曹長官，掌天下公私田宅租調等事。六品上。　元行恭：人名。河南洛（今河南洛陽市東北）人。北齊、北周、隋朝官吏。見《北史》卷五五《元文遥附元行恭傳》。　司徒：官名。漢哀帝時改丞相爲大司徒，光武帝時改司徒，與太尉、司空並稱三公，分掌宰相職能。北魏初曾令州郡公文先上司徒府，後改上丞相府。北齊沿置。一品。　户曹參軍：官名。户曹參軍事的省稱。户曹長官。北魏時公府、將軍府置。依户主等級不同，自從六品至從八品。北齊時公府、州府置。自六品上至七品。　古道子：人名。河内（今河南沁陽市）人。北齊官吏。見《北齊書》卷四五《古道子傳》。　司空：官名。三公之一。漢成帝時改御史大夫爲大司空，光武帝時改名司空，與太尉、司徒並稱三公。歷代沿置，爲三公之末，魏晉南北朝時爲名譽宰相，大多爲大臣加官。北齊時爲正一品。　劉顗：人名。字君卿，彭城（今江蘇徐州市）人。北齊官吏。見《北齊書》卷四五《劉逖傳》。　獲嘉：縣名。治所在今河南輝縣市。　給事中：官名。秦朝時始置。北魏時爲内朝官，常派往尚書省諸曹，參領政務，並負監察之責。孝文帝太和十七年定爲從三品，二十三年定爲六品上。北齊時隸集書省，掌諫議獻納。員六十人，從六品上。晋州：北齊時治白馬城，在今山西臨汾市。　中從事：官名。治中從事史的省稱，《北史》避唐高宗李治諱改。漢朝時始置的州郡佐吏，例用本地人，主選署及文書案卷。歷代沿置。主選署及文書案卷，有書佐。北齊時司州治中爲從四品下，上州爲中六品下，中州爲從六品下。　陽師孝：人名。北平無終（今天津薊縣）人。北齊官吏。見《北史》卷四七《陽尼附陽休之傳》。　中兵參軍：官名。亦作“中軍參軍事”。兩晋南北朝時諸公、軍府僚屬之一。掌本府中兵曹事務，兼備參謀咨詢。其品位隨府主地位高低不等。祭酒：官名。漢朝時無定職，皆爲同階職官中資深功高者兼之。晋朝時則爲定官，多爲諸府屬僚，主掌府内事。歷朝因之，官秩不一。　陽辟强：人名。字君大，北平無終（今天津薊縣）人。北齊官吏。見《北史》卷四七《陽尼傳》。　士曹參軍：官名。西晋末司馬睿丞相府以參軍爲士曹長官。北魏州府、東魏公府、北齊時三師、二大、三公府、諸州府置，品秩隨府主的不同而不同。　盧公順：即盧正山，人名。字公順，范陽涿（今河北涿州市）人。北齊官吏。見《北史》卷三〇《盧玄傳》。　周子深：人名。北齊官吏。曾於北齊文宣帝天保七年刊府藏五經諸史之事。　崔君洽：即崔液，人名。字君洽，博陵安平（今河北安平縣）人。北齊、隋朝官吏。見《北史》卷三二《崔挺附崔液傳》。　魏師謇：人名。北齊儒士。武平中，文林館立，入館待詔。

［12］僕射：官名。秦漢時爲侍中、謁者、博士、郎等諸官之長。依其職事爲稱，如謁者之長稱爲謁者僕射，侍中之長稱爲侍中僕射等，因古時重武臣，以善射者掌事，故名。　段孝言：人名。姑臧武威（今甘肅武威市）人。東魏、北齊、北周官吏。見《北史》卷五四《段榮附段孝言傳》。

［13］所撰録人亦有不得待詔付所司處分者：中華本校勘記云：

"《北齊書》'得'作'時'。按'不時待詔'即不按時入館撰録，怠慢職事，故付所司處分。疑當從《北齊書》。"可從。

[14]廣平：郡名。北齊時治曲梁城，在今河北永年縣東南。　宋孝王：人名。西河介休（今山西介休市）人。北齊官吏。見《北史》卷二六《宋隱附宋孝王傳》。　信都：縣名。治所在今河北冀州市。

周氏創業，運屬陵夷，[1]纂遺文於既喪，聘奇士如弗及。是以蘇亮、蘇綽、盧柔、唐瑾、元偉、李昶之徒，[2]咸奮鱗翼，自致青紫。然綽之建言，務存質朴，遂糠粃魏、晋，憲章虞、夏，[3]雖屬辭有師古之美，矯枉非適時之用，故莫能常行焉。既而革車電邁，渚宫雲撤，[4]梁、荆之風，扇於關右，[5]狂簡之徒，斐然成俗，流宕忘反，無所取裁。

[1]陵夷：衰落、衰敗。

[2]蘇亮：人名。字景順，武功（今陝西武功縣西北）人。西魏、北周官吏。見《北史》卷六三《蘇綽附蘇亮傳》。　蘇綽：人名。字令綽，武功（今陝西武功縣西北）人。西魏、北周官吏。見《北史·蘇綽傳》。　盧柔：人名。字子剛，范陽涿（今河北涿州市）人。西魏、北周大臣。見《北史》卷三〇盧柔傳》。　唐瑾：人名。字附璘，北海平壽（今山東昌樂縣東南）人。西魏、北周大臣。見《北史》卷六七《唐永附唐瑾傳》。　元偉：人名。字猷道，河南洛陽（今河南洛陽市東北）人。北周官吏。見《周書》卷三八《元偉傳》。　李昶：人名。小名那，頓丘衛國（今河南清豐縣東南）人。見《北史》卷四〇《李彪附李昶傳》。

[3]糠粃魏晋憲章虞夏：這裏指認爲魏晋文學毫無價值，人們應該效仿古虞夏的質樸。糠粃，比喻瑣碎無用的東西。憲章，效

法。虞夏，指有虞氏之世和夏代。

[4]革車電邁渚宫雲撤：這裏指隋文帝開皇九年（589）滅陳的事件。革車，戰車。電邁，形容速度迅速。渚宫，指江陵。

[5]梁荆之風扇於關右：這裏指滅梁之後，南方綺麗的文風，在北朝地區反而更加盛行。梁、荆，本爲兩個州郡，這裏泛南朝梁地。關右，地區名。又稱關西，泛指函谷關（今河南靈寶市東北）或今潼關以西地區。

夫人有六情，[1]禀五常之秀；[2]情感六氣，[3]順四時之序。[4]蓋文之所起，情發於中。而自漢、魏以來，迄乎晋、宋，其體屢變，前哲論之詳矣。暨永明、天監之際，[5]太和、天保之間，洛陽、江左，[6]文雅尤盛，彼此好尚，互有異同。江左宫商發越，[7]貴於清綺；河朔詞義貞剛，[8]重乎氣質。氣質則理勝其詞，清綺則文過其意。理深者便於時用，文華者宜於詠歌。此其南北詞人得失之大較也。若能掇彼清音，簡兹累句，各去所短，合其兩長，則文質彬彬，[9]盡美盡善矣。[10]

[1]六情：人的喜、怒、哀、樂、愛、惡六種感情。

[2]五常：指仁、義、禮、智、信。

[3]六氣：指陰、陽、風、雨、晦、明六種天氣。

[4]四時：四季。

[5]永明：南朝齊武帝的年號（483—493）。　天監：南朝梁武帝的年號（502—519）。

[6]洛陽：地名。今河南洛陽市。這裏泛指建都洛陽的北朝。江左：今安徽蕪湖市與江蘇南京市長江河段以東地區。時人又稱南朝政權統治的地區爲江左。

[7]宫商：宫與商皆屬五音，故亦泛指音律。

[8]河朔：泛指黄河以北，又指黄河下游一帶。這裏指北朝。

[9]文質彬彬：《論語·雍也》："子曰：'質勝文則野，文勝質則史。文質彬彬，然後君子。'"此處指文學的形式和内容應該相輔相成。

[10]盡美盡善：語出《論語·八佾》："子謂《韶》：'盡美矣，又盡善也。'謂《武》：'盡美矣，未盡善也。'"形容文學作品完美無缺。

梁自大同之後，[1]雅道淪缺，漸乖典則，争馳新巧。簡文、湘東啓其淫放，[2]徐陵、庾信分路揚鑣。[3]其意淺而繁，其文匿而彩，詞尚輕險，情多哀思，格以延陵之聽，蓋亦亡國之音也。[4]

[1]大同：南朝梁武帝的年號（535—545）。

[2]簡文：即南朝梁皇帝蕭綱，簡文爲其謚號。　湘東：即南朝梁元帝蕭繹，初封爲湘東王。湘東，郡名。南朝梁時治臨蒸縣，在今湖南衡陽市。

[3]徐陵：人名。字孝穆，東海郯（今山東郯城縣）人。南朝梁、陳官吏。見《陳書》卷二六《徐陵傳》。

[4]延陵之聽蓋亦亡國之音也：借用季札評鄭樂的典故來諷刺南朝梁開始的文風太過繁複、綺麗，爲亡國之音。《左傳》襄公二十九年記載季札出使魯國，曾經聽周樂，"爲之歌《鄭》，曰：'美哉！其細已甚，民弗堪也。是其先亡乎？'"延陵，指春秋吴國的季札，封地爲延陵。見《史記》卷三一《吴太伯世家》。

隋文初統萬機，[1]每念斲彫爲樸，發號施令，咸去浮華。然時俗詞藻，猶多淫麗，故憲臺執法，屢飛霜簡。[2]煬帝初習藝文，[3]有非輕側，[4]暨乎即位，一變其體。《與越公書》《建東都詔》《冬至受朝詩》及《擬飲馬長城窟》，並存雅體，歸於典制，雖意在驕淫，而詞無浮蕩。故當時綴文之士，遂得依而取正焉。所謂能言者未必能行，[5]蓋亦君子不以人廢言也。[6]

[1]隋文：即隋朝開國皇帝楊堅，文爲其謚號。　萬機：萬事。指帝王之政務。

[2]“斲彫爲樸”至“屢飛霜簡”：這是指鑒於浮華文風的危害，隋初大臣李愕在文帝開皇三年（583）呈《上高帝革文華書》，建議朝廷“屏黜輕浮，遏止華僞”。隋文帝采納了李愕的建議，於次年“普詔天下，公私文翰，並宜實録”，違者治罪。自此拉開了隋唐文風改革的序幕。斲，雕琢。憲臺，官署名。漢稱御史所居官署爲憲臺，喻指官員執法。飛，即飛章，報告事變或者急事的奏章。霜簡，御史彈劾大臣的奏章，又稱白簡。

[3]煬帝：即隋朝皇帝楊廣。煬爲其謚號。

[4]輕側：輕靡險怪。

[5]能言者未必能行：能説的未必能做到。語出《荀子·大略》：“口能言之，身能行之，國寶也。口不能言，身能行之，國器也。口能言之，身不能行，國用也。口言善，身行惡，國妖也。治國者敬其寶，愛其器，任其用，除其妖。”

[6]君子不以人廢言：有修養的人不因爲某人品行不好而否定他的言論。語出《論語·衛靈公》：“君子不以言舉人，不以人廢言。”

爰自東帝歸秦，[1]逮乎青蓋入洛，[2]四隩咸暨，[3]九州攸同，江、漢英靈，燕、趙奇俊，[4]並該天網之中，俱爲大國之寶。言刈其楚，片善無遺，[5]潤水圓流，[6]不能十數，才之難也，不其然乎。[7]時之文人，見稱當世者，則齊人范陽盧思道、安平李德林、河東薛道衡、趙郡李元操、鉅鹿魏澹，陳人會稽虞世基、河東柳䛒、高陽許善心等。[8]或鷹揚河朔，或獨步漢南，[9]俱騁龍光，[10]並驅雲路矣。[11]

[1]東帝歸秦：指永熙三年（534）北魏孝武帝從洛陽逃到長安的事件。

[2]青蓋入洛：指建德六年（577）北周占領洛陽的事件。青蓋，青色的車蓋。漢制，皇太子、皇子乘的車用青色的車蓋。這裏代指皇帝。

[3]四隩：亦作“四奥”，四方的邊遠地區。

[4]江漢英靈燕趙奇俊：這裏合起來指南北方的人才。江、漢，長江和漢江，泛指南方地區。燕、趙，泛指北方地區。

[5]言刈其楚片善無遺：國家招攬各種人才，衹要有一點兒文學才華，都被選拔任用。言刈其楚，語出《詩·周南·漢廣》：“翹翹錯薪，言刈其楚。”楚，本意是荆，屬灌木。片善，微小的優點。

[6]潤水：水名。汝水支流，在安徽阜陽市、潁上縣間，發源於臨泉縣劉寨，向東南流經阜南、阜陽、潁上等縣市，於潤河集匯入淮河，主要支流有阜河、小潤河等。

[7]才之難也不其然乎：語出《論語·泰伯》：“才難，不其然乎？”意思是人才難得。

[8]安平：縣名。治所在今河北安平縣。　趙郡：隋朝時治平棘縣，在今河北趙縣。　會稽：郡名。隋朝時治山陰縣，在今浙江紹興市。　柳䛒（biàn）：底本作“柳䛺”。源氏校勘記改‘䛺’作‘䛒’。中華本校勘記云：“諸本‘䛒’作‘䛺’，《隋書》卷七

六作‘詈’。錢氏《考異》云：‘當作“詈”，讀如辯論之“辯”，此六朝俗字，所謂巧言爲辯也。’按‘柳詈’或作‘柳詈’，並是‘辯’之俗體。作‘誓’誤，今據改。”今從改。下同。　高陽：郡名。隋朝時治高陽縣，在今河北高陽縣。

［9］或鷹揚河朔或獨步漢南：意思是揚名天下。語出曹植《與楊德祖書》：“昔仲宣獨步於漢南，孔璋鷹揚河朔。”鷹揚，威武的樣子。語出《詩·大雅·大明》：“維師尚父，時維鷹揚。”毛傳：“鷹揚，如鷹之飛揚也。”漢南，漢江之南。與河朔對舉，泛指長江中下游地區。

［10］騁龍光：顯示才華。

［11］雲路：比喻仕途、高位。

《魏書》序袁躍、裴敬憲、盧觀、封肅、邢臧、裴伯茂、邢昕、温子昇爲《文苑傳》，[1]今唯取子昇，其餘並各附其家傳。《齊書》叙祖鴻勳、李廣、樊遜、劉逖、荀士遜、顏之推爲《文苑傳》，今唯取祖、李、樊、荀，其餘亦各附其家傳。《周書》不立此傳，今取王褒、庾信列於此篇。顏之推竟從齊入周，故列在王、庾之下。顏之儀既之推之弟，故列在之推之末。《隋書》序劉臻、崔儦、王頍、諸葛潁、王貞、孫萬壽、虞綽、王胄、庾自直、潘徽爲《文學傳》，[2]今檢崔儦、王頍、孫萬壽各從其家傳，其餘編之此篇，并取虞世基、許善心、柳詈、明克讓冠之於此，以備《文苑傳》云。

［1］封肅：人名。字元邕，勃海蓨（今河北景縣）人。北魏官吏。見《北史》卷二四《封懿附封肅傳》。

［2］王頍（kuǐ）：人名。字景文，太原祁（今山西祁縣東南）

人。北周、隋朝官吏。見《北史》卷八四《王頒附王頍傳》。　孫萬壽：人名。字仙期，一字遐年，長樂武强（今河北武强縣）人。北齊、隋朝官吏。見《北史》卷八一《孫惠蔚附孫萬壽傳》。

温子昇，字鵬舉，自云太原人，[1]晋大將軍嶠之後也。[2]世居江左。祖恭之，宋彭城王義康户曹，[3]避難歸魏，家于濟陰冤句，[4]因爲其郡縣人焉。父暉，兖州左將軍長史，[5]行濟陰郡事。

[1]太原：郡名。北魏時治晋陽縣，在今山西太原市晋源區古城營村一帶。

[2]大將軍：官名。即驃騎大將軍，東漢初臨時設置，統兵征戰，事訖則罷。魏晋制度，驃騎將軍爲重號將軍，僅次大將軍，本不須加“大”，然兩晋時將軍名號愈來愈濫，遂又增此號，居諸名號將軍之首。多加於權臣元老，以示尊崇，開府置僚屬，不領兵。正一品。　嶠：即温嶠，人名。字太真，太原祁（今山西祁縣東南）人。東晋大臣、政治家。見《晋書》卷六七《温嶠傳》。

[3]彭城王：封爵名。彭城，郡名。南朝宋時治彭城，在今江蘇徐州市。　義康：即劉義康，人名。小字車子，彭城（今江蘇徐州市）人。南朝宋宗室。性好吏職，鋭意文案，糾剔是非，莫不精盡。既專總朝權，事决自己，生殺大事，以録命斷之。見《宋書》卷六八《彭城王義康傳》。　户曹：官名。即户曹參軍，王府、公府、將軍府僚屬諸曹之一，掌民户、祠祀、農桑事。

[4]冤句：縣名。治所在今山東曹縣西北。

[5]兖州：北魏孝文帝太和十八年改東兖州置，治瑕丘城，在今山東兖州市新驛鎮東頓村南。　左將軍長史：源氏校勘記云：“‘軍’下《魏書》有‘府’字。”左將軍，官名。漢朝時爲重號將軍之一，有兵事則典掌禁兵，戍衛京師，或任征伐，平時無具體職

務，一般兼任他官。魏晋時常設，權位漸低，僅爲武官名號，略高於一般雜號將軍，不典禁兵，不與朝政。北魏孝文帝太和十七年定爲從二品上，二十三年定爲三品。

子昇初受學於崔靈恩、劉蘭，[1]精勤，以夜繼晝，晝夜不倦。長乃博覽百家，文章清婉。爲廣陽王深賤客，[2]在馬坊教諸奴子書，[3]作《侯山祠堂碑文》。常景見而善之，[4]故詣深謝之。景曰："頃見温生。"深怪問之。景曰："温生是大才士。"深由是稍知之。

[1]崔靈恩：人名。清河東武城（今山東武城縣西北）人。北魏、南朝梁儒士。見《梁書》卷四八《崔靈恩傳》。　劉蘭：人名。武邑（今河北武强縣）人。北魏時儒生，通五經。見《北史》卷八一《劉蘭傳》。

[2]深：即元深，人名。本名淵，《北史》避唐高祖李淵諱改。字智遠。北魏宗室。見《北史》卷一六《廣陽王建附元深傳》。　賤客：地位低下的門客。

[3]馬坊：即馬廄。　奴子：僮僕，奴僕。

[4]常景：人名。字永昌，河内温（今河南温縣）人。北魏官吏、文學家。見《北史》卷四二《常爽附常景傳》。

熙平初，[1]中尉、東平王匡博召辭人以充御史。[2]同時射策者八百餘人，子昇與盧仲宣、孫搴等二十四人爲高第。[3]於是預選者争相引決，匡使子昇當之，皆受屈而去。搴謂人曰："朝來靡旗亂轍者，[4]皆子昇逐北。"遂補御史，時年二十二。臺中彈文皆委焉。以憂去任。服闋，還爲朝請。[5]後李神儁行荆州事，[6]引兼録事參軍。被徵赴省，神儁表留不遣。吏部郎中李獎退表不許，[7]曰：“昔伯瑜之不應留，[8]王朗所以發歎。[9]宜速遣赴，無踵彦雲前失。”[10]於是還省。[11]

[1]熙平：北魏孝明帝的年號（516—518）。

[2]中尉：官名。即御史中尉。十六國前燕時置。北魏時爲御史中丞改稱，主御史臺，頗重其選。孝文帝太和十七年定爲三品上，二十三年定爲從三品。　東平：郡名。北魏時治無鹽縣，在今山東東平縣東。　御史：官名。爲侍御史的省稱。北魏時頗重其選，必以對策高第者補之。置侍御史八人。孝文帝太和十七年定爲從五品中，二十三年定爲八品。

[3]孫搴：人名。字彦舉，樂安（今山東博興縣南）人。北魏、東魏、北齊官吏。見《北史》卷五五《孫搴傳》。

[4]靡旗亂轍：形容軍隊潰敗的情形。《左傳》莊公十年：“吾視其轍亂，望其旗靡，故逐之。”

[5]還爲朝請：中華本校勘記云：“《通志》卷一七六《温子昇傳》‘朝’上有‘奉’字，疑此脱。”可從。

[6]李神儁：即李挺，人名。字神儁（一作“神雋”），小名提，隴西狄道（今甘肅臨洮縣）人。北魏、東魏官吏。見《北史》卷一〇〇《凉武昭王李暠附李神儁傳》。　荆州：北魏太武帝太延五年（439）置，治上洛城，在今陝西商洛市。孝文帝太和二十二年遷至穰城，在今河南鄧州市。

[7]吏部郎中：官名。三國魏蜀時始置，兩晋南北朝沿置，與吏部郎互稱，爲尚書省吏部曹長官。屬吏部尚書，主管官吏選任、銓叙、調動事務，對五品以下官吏之任免有建議權。職位高於尚書省諸曹郎。北魏孝文帝太和十七年定爲從四品上，二十三年定爲六品。　李獎：人名。字遵穆，頓丘（今河南清豐縣西南）人。北魏官吏。見《北史》卷四三《李崇附李獎傳》。

[8]伯瑜：即杜瓊，人名。字伯瑜。蜀郡成都（今四川成都市）人。三國蜀國官吏。見《三國志》卷四二《蜀書·杜瓊傳》。

[9]王朗：人名。原名嚴，後改名朗，字景興，東海郯（今山東郯城縣）人。三國魏官吏。見《三國志》卷一三《魏書·王朗傳》。

[10]宜速遣赴無踵彥雲前失：應該快速行動，避免失敗。典出《三國志》卷二八《魏書·王淩傳》。彥雲，即王淩，字彥雲，三國魏司空。王淩憤慨曹爽之敗亡，欲舉兵反對司馬懿，但是謀議洩露，自身反而敗滅。其事被後人引爲教訓。

[11]省：底本作“員”。中華本校勘記云：“諸本‘省’訛作‘員’，據《通志》改。”今從改。

及廣陽王深爲東北道行臺，召爲郎中。[1]黄門郎徐紇受四方表啓，[2]答之敏速，於深獨沈思，曰：“彼有温郎中，才藻可畏。”高車破走，[3]珍寶盈滿，子昇取絹四十疋。深軍敗，子昇爲葛榮所得。[4]榮下都督和洛興與子昇舊識，[5]以數十騎潛送子昇，得達冀州。[6]還京，李楷執其手曰：“卿今得免，足使夷甫慚德。”[7]自是無復宦情，閉門讀書，厲精不已。

[1]及廣陽王深爲東北道行臺召爲郎中：底本“爲”作“以”。中華本校勘記云：“諸本‘深’下‘爲’字作‘以’，文義不通，據《魏書》卷八五及《通志·温子昇傳》改。”今從改。廣陽王，封爵名。廣陽，郡名。北魏時治燕樂縣，在今河北隆化縣。行臺，官名。行臺省尚書令的省稱。北魏所設諸行臺最高長官，總領所轄地區軍政、民政。郎中，官名。即行臺郎中。北魏時置，爲行臺諸曹郎中的泛稱，各曹皆冠以曹名。有時以稱不理具體曹務的官員。

[2]黄門郎：官名。爲黄門侍郎、給事黄門侍郎的省稱。秦朝

時始設。掌侍從左右、關通内外，與侍中平尚書奏事，因出入禁中，故職任顯要。北魏孝文帝太和十七年定爲三品中，二十三年定爲四品上。　徐紇：人名。字武伯，樂安博昌（今山東博興縣東南）人。北魏大臣。見《北史》卷九二《徐紇傳》。

［3］高車：族名。初號狄歷，也稱敕勒、鐵勒、丁零，所乘車輪高大，故名。北魏時活動於今蒙古高原，以游牧爲生，語言與匈奴族大同小異。見《北史》卷九八《高車傳》。

［4］葛榮：人名。北魏河北起義軍首領。號稱天子，國號齊，年號廣安。爲尒朱榮所捕。十月，送入京師，被殺於市中。

［5］都督：官名。地方軍政長官。三國魏文帝時置，稱都督諸州軍事，領駐在州刺史，兼理民政。無固定品級，多帶將軍名號。晉南北朝沿置，爲地方軍政長官，分使持節、持節和假節三種，職權各有不同。

［6］冀州：北魏時治信都縣，在今河北冀州市。

［7］夷甫：即王衍，人名。字夷甫，琅玡臨沂（今山東臨沂市西）人。東晉宰相。見《晉書》卷四三《王戎附王衍傳》。　慚德：因以前行事有缺點、疏忽而内愧於心。《尚書·商書·仲虺之誥》："成湯放桀于南巢，惟有慚德。曰：'予恐來世以台爲口實。'"

及孝莊即位，[1]以子昇爲南主客郎中，[2]修《起居注》。曾一日不直，上黨王天穆時録尚書事，[3]將加捶撻，子昇遂逃遁。天穆甚怒，奏人代之。莊帝曰："當世才子不過數人，豈容爲此便相放黜？"乃寢其奏。及天穆將討邢杲，[4]召子昇同行，子昇未敢應。天穆謂人曰："吾欲收其才用，豈懷前忿也？今復不來，便須南走越，[5]北走胡耳！"子昇不得已而見之。加伏波將軍，[6]爲行臺郎中。[7]天穆深知賞之。元顥入洛，[8]天穆召子昇問曰："即欲向京師？爲隨我北度？"對曰："主上以武牢失守，[9]致此狼狽。元顥新入，人情未安，今往討之，必有征無戰。王若剋復京師，奉迎大駕，桓、文之舉也。[10]捨此北度，竊爲大王惜之。"天穆善之而不能用，遣子昇還洛，顥以爲中書舍人。[11]莊帝還宫，爲顥任使者多被廢黜，而子昇復爲舍人。天穆每謂子昇曰："恨不用卿前計。"除正員郎，[12]仍舍人。

[1]孝莊：即北魏皇帝元子攸。孝莊爲其謚號。

[2]南主客郎中：官名。三國魏、西晋、北魏時與主客郎置，爲尚書省南客曹長官通稱。初屬主客尚書，後不詳。東晋時省，北魏復置，或説屬吏部尚書。孝文帝太和十七年定郎爲從五品中，郎中五品上；二十三年皆稱郎中，仍可通稱爲郎，六品。

[3]上黨王：封爵名。上黨，郡名。北魏時治壺關城，在今山西長治市北。　天穆：即元天穆亦稱元穆，人名。北魏宗室、官吏。北魏末奉使慰勞鎮壓六鎮起義諸軍，與尒朱榮相勾結，約爲兄弟，除并州刺史。爲榮腹心。榮赴洛陽，參其始謀。孝莊帝即位後，除太尉，封上黨王。榮討葛榮，爲前鋒都督。與高歡共平山東邢杲。憑藉尒朱氏，爵位隆極，受納財貨，珍寶充積。榮常以兄禮事之。後與榮同爲孝莊帝殺。　録尚書事：官名。初稱領尚書事，西漢後期始設。東漢以後，改稱録尚書事。自和帝始，每帝即位，均置太傅、録尚書事。録尚書事位在三公之上，意即總攬政事之意。魏晋南北朝時，凡掌重權者仍往往加録尚書事名號，北魏時定爲官名，爲尚書省長官。總領尚書省政務，職權甚重。

[4]邢杲：人名。河間（今河北河間市）人，北魏末年山東起義軍首領。士族出身，曾任幽州平北府主簿。孝明帝武泰元年(528)，在青州北海（今山東濰坊市西南）起兵反魏，自稱漢王，年號天統。義軍發展到十餘萬人，攻占光州（今山東萊州市）等

地，破魏將軍李叔仁軍。後因寡不敵衆，在濟南爲元天穆和尒朱兆所敗，降後被殺。

[5]越：族名。秦漢以前廣泛分布於長江中下游以南地區，部落衆多，故又有百越、百粤之稱，從事漁獵、農耕，以金屬冶煉、水上航行著稱。

[6]伏波將軍：官名。漢武帝時置，爲統兵武官名號，後漸爲官名。東漢、魏晋南北朝至隋朝時皆置爲將軍名號。北魏孝文帝太和十七年定爲五品上，二十三年定爲從五品上。

[7]行臺郎中：官名。北魏時置。爲行臺諸曹郎中的泛稱。有時以稱不理具體曹務的官員。

[8]元顥：人名。字子明。北魏宗室、大臣。見《北史》卷一九《北海王詳附元顥傳》。

[9]武牢：即虎牢關。在今河南滎陽市汜水鎮。《北史》避唐高祖祖父李虎諱，改稱武牢關。

[10]桓文之舉：指春秋時的齊桓公和晋文公，均假借尊推當時的周天子，而成爲春秋霸主。

[11]中書舍人：官名。三國魏時置，爲中書省屬官，與通事共掌收納、轉呈章奏。北朝時專掌草擬詔令，權任較南朝爲輕。北魏孝文帝太和十七年定爲六品上，二十三年定爲六品下。

[12]正員郎：官名。即魏晋南北朝、隋唐時期編制以内的散騎侍郎，是與員外散騎侍郎相對而言的。散騎侍郎，三國魏時置。員四人。五品。北朝時兼修史，地位略高於南朝。北魏孝文帝太和十七年定爲四品上，二十三年定爲五品上。

及帝殺尒朱榮也，[1]子昇預謀，當時赦詔，子昇詞也。榮入内，遇子昇把詔書，問："是何文字？"子昇顔色不變曰："敕。"榮不視之。尒朱兆入洛，[2]子昇懼禍逃匿。

［1］尒朱榮：人名。北秀容（今山西朔州市）人。北魏大臣。見《北史》卷四八《尒朱榮傳》。

［2］尒朱兆：人名。字萬仁，北秀容（今山西朔州市）人。北魏將領。見《北史·尒朱榮附尒朱兆傳》。

永熙中爲侍讀，[1]兼舍人、鎮南將軍、金紫光禄大夫。[2]遷散騎常侍、中軍大將軍，[3]後領本州大中正。[4]梁使張皋寫子昇文筆傳於江外，梁武稱之曰：[5]“曹植、陸機復生於北土，[6]恨我辭人，數窮百六。”[7]陽夏守傅標使吐谷渾，[8]見其國主牀頭有書數卷，乃是子昇文也。濟陰王暉業嘗云：[9]“江左文人，宋有顔延之、謝靈運，[10]梁有沈約、任昉，[11]我子昇足以陵顔轢謝，含任吐沈。”楊遵彦作《文德論》，[12]以爲古今辭人皆負才遺行，[13]澆薄險忌，[14]唯邢子才、王元景、温子昇彬彬有德素。[15]

［1］永熙：北魏孝武帝的年號（532—534）。　侍讀：官名。職爲皇帝或太子講解經義，爲加官。

［2］鎮南將軍：官名。三國魏時與鎮東、鎮西、鎮北將軍合稱四鎮，多爲持節都督，出鎮方面。魏晉及南北朝前期權勢很重，後漸輕。北魏孝文帝太和十七年定爲從一品下，二十三年定爲從二品。　金紫光禄大夫：官名。西晋初有光禄大夫，授銀章青綬，如加賜金章紫綬，則爲金紫光禄大夫，禄賜、班位、冠幘、車服、佩玉、置吏卒羽林及卒，諸所賜給皆與特進同。其以爲加官者，唯假章綬、禄賜、班位，不别給車服吏卒。北魏孝文帝太和十七年定爲從一品下，二十三年定爲從二品。

[3]中軍大將軍：官名。三國魏文帝時置，都督中外諸軍事。地位顯要，不常置。二品。魏晋南北朝沿置。北魏孝文帝太和十七年定爲從一品中，二十三年定爲二品。

[4]大中正：官名。魏晋南北朝時期負責評定士人品第的官員。即將當地士人按才能品德，參照門第分成九品，供吏部選用。此職多由世家大族世代相襲。北魏時大中正無品無禄，但犯罪時可當刑罰。

[5]梁武：即南朝梁皇帝蕭衍。武爲其謚號。

[6]北土：源氏校勘記云："《魏書》作'此土'。"中華本《魏書》卷八五作"北土"。

[7]百六：古代以爲厄運。

[8]陽夏：郡名。北魏時治雍丘縣，在今河南杞縣。　吐谷渾：族名。又稱吐渾、退渾。原爲鮮卑族慕容部的一支，先祖游牧於徒河青山（今遼寧義縣東）。西晋時，遷徙於今甘肅、青海一帶。十六國時，先後受到前凉、西秦等追逐，幾乎亡國。後再度崛起，北魏太武帝時達到最强盛。在北魏打擊下，一度退到今新疆一帶。以游牧爲生。見《北史》卷九六《吐谷渾傳》。

[9]濟陰王：封爵名。濟陰，郡名。北魏時治左城，在今山東曹縣西北。　暉業：即元暉業，人名。字紹遠。東魏、北齊大臣。見《北齊書》卷二八《元暉業傳》。

[10]謝靈運：人名。會稽始寧（今浙江上虞市）人。南朝宋文學家。見《宋書》卷六七《謝靈運傳》。

[11]沈約：人名。字休文，吴興武康（今浙江德清縣）人。南朝史學家、文學家。見《南史》卷五七《沈約傳》。　任昉：人名。字彦昇，小字阿堆，樂安博昌（今山東壽光市）人。南朝梁文學家。見《梁書》卷一四《任昉傳》。

[12]楊遵彦：即楊愔，人名。字遵彦，弘農華陰（今陝西華陰市東南）人。東魏、北齊官吏。見《北史》卷四一《楊播附楊愔傳》。

[13]遺行：品德有污點，行爲有失檢點。

[14]澆薄：（人情、風俗、社會風氣）刻薄，不淳樸。

[15]王元景：人名。太原晋陽（今山西太原市晋源區古城營村一帶）人。北魏官吏。見《魏書》卷九三《王叡傳》。

齊文襄引子昇爲大將軍諮議。[1]子昇前爲中書郎，[2]嘗詣梁客館受國書，自以不修容止，謂人曰："詩章易作，逋峭難爲。"[3]文襄館客元瑾曰：[4]"諸人當賀，推子昇合陳辭。"子昇久忸怩，乃推陸操焉。[5]及元瑾、劉思逸、荀濟等作亂，[6]文襄疑子昇知其謀。方使之作《神武碑》，文既成，乃餓諸晋陽獄，[7]食弊襦而死。棄屍路隅，没其家口。太尉長史宋遊道收葬之，[8]又爲集其文筆爲三十五卷。

[1]齊文襄：即高澄。文襄爲其謚號，北齊文宣帝高洋追謚。大將軍諮議：官名。即大將軍諮議參軍事的省稱，爲大將軍府屬官，掌顧問諫議。北齊時爲從四品上。

[2]中書郎：官名。中書侍郎的省稱。

[3]逋峭：本意是屋柱曲折的樣子，引申爲文章寫得曲折、有文采。

[4]元瑾：人名。北魏宗室、北齊官吏。後謀殺齊文襄，事泄，被殺。見《北史》卷一六《廣陽王建傳》。瑾，底本作"僅"。中華本校勘記云："諸本'瑾'作'僅'。按元瑾附見本書卷十六《廣陽王深傳》。其人屢見本書卷五《東魏孝静紀》、卷六《齊文襄紀》、卷三四《宋遊道傳》、卷九二《劉思逸傳》等紀傳。作'僅'乃形似致訛，今據改。又此處文意不明，李慈銘云：'"文襄"下有脱文，《魏書》亦同。'"今從改。下同，徑改。

[5]陸操：人名。北魏、北齊官吏。見《北史》卷二八《陸俟附陸操傳》。

[6]劉思逸：人名。平原（今山東平原縣西南）人。北魏、東魏宦官。見《北史》卷九二《劉思逸傳》。

[7]晋陽：縣名。治所在今山西太原市晋源區古城營村一帶。

[8]宋遊道：人名。廣平（今河北雞澤縣東南）人。北魏、北齊酷吏。見《北齊書》卷四七《宋遊道傳》。

子昇外恬静，與物無競，言有準的，不妄毁譽；而内深險，事故之際，好豫其間，所以終致禍敗。又撰《永安記》三卷。

無子。

弟子盛，州主簿，[1]有文才，年二十餘卒。

[1]主簿：官名。漢朝時中央及州郡官府均置，典領文書簿籍，經辦事務。歷代沿置。北朝時諸將軍、五校尉等軍府、列卿、寺監、光禄大夫等皆置，其品秩隨府長官地位高下而異。州郡縣亦置。雖非掾吏之首，然地位較高。

荀濟，字子通。其先潁川人，[1]世居江左。濟初與梁武帝布衣交，知梁武當王，然負氣不服，謂人曰："會楯上摩墨作檄文。"[2]或稱其才於梁武。梁武曰："此人好亂者也。"濟又上書譏佛法，言營費太甚。梁武將誅之，遂奔魏，館于崔㥄家。[3]

[1]潁川：郡名。北魏時治長社縣，在今河南長葛市東北。

[2]楯上摩墨作檄文：意爲文人從軍研墨寫作戰書。楯，同

"盾"。

[3]崔甗（yǎn）：人名。東魏、北齊官吏。

及是見執。[1]楊愔謂曰："遲暮何爲然？"濟曰："叱叱，氣耳，何關遲暮！"乃下辯曰："自傷年幾摧頽，恐功名不立，舍兒女之情，起風雲之事，故挾天子，誅權臣。"齊文襄惜其才，將不殺，親謂曰："荀公何意反？"濟曰："奉詔誅將軍高澄，[2]何爲反！"於是燔殺之。[3]鄴下士大夫多傳濟音韻。

[1]及是見執：中華本校勘記云："按'及是'，指與元瑾、劉思逸等謀殺高澄事，見《温子昇傳》。因荀濟傳本爲《温子昇傳》附傳，故事連上文。"可從。

[2]高澄：人名。字子惠，勃海蓨（今河北景縣）人。東魏大臣。及高洋代魏，追封爲文襄皇帝，廟號世宗。見《北史》卷六《齊本紀·文襄帝》。

[3]燔殺：燒人至死的酷刑。

祖鴻勳，涿郡范陽人也。[1]父愼，仕魏，歷雁門、咸陽二郡太守，[2]政有能名。卒於金紫光禄大夫，贈中書監、幽州刺史，謚惠侯。

[1]涿郡：東魏時治涿縣，在今河北涿州市。　范陽：縣名。治所在今河北定興縣西南。

[2]雁門：郡名。北魏時治廣武縣，在今山西代縣西。　咸陽：郡名。北魏時治池陽縣，在今陝西涇陽縣西北。

鴻勳弱冠，與同郡盧文符並爲州主簿。[1]僕射、臨淮王彧表薦其文學，[2]除奉朝請。人曰：“臨淮舉卿，竟不相謝，恐非其宜。”[3]鴻勳曰：“爲國舉才，臨淮之務，祖鴻勳何事從而識之。”彧聞而喜曰：“吾得其人矣。”後城陽王徽奏鴻勳爲司徒法曹參軍事。[4]及赴洛，徽謂曰：“臨淮相舉，竟不到門，今來何也?”鴻勳曰：“今來赴職，非爲謝恩。”轉廷尉正，[5]去官歸鄉里。

[1]盧文符：人名。字叔偉，范陽涿（今河北涿州市）人。北魏、東魏、北齊官吏。見《北史》卷三〇《盧玄傳》。

[2]臨淮王：封爵名。臨淮，郡名。北齊時治己吾縣，在今河南寧陵縣西南己吾城。　彧：即元彧，人名。本名亮，字仕明，代（今山西大同市東北）人。北魏宗室。見《北史》卷一六《臨淮王譚附元彧傳》。

[3]竟不相謝：南監本“謝”作“識”。源氏校勘記云：“‘識’,《魏書》作‘謝’。”　恐非其宜：底本“恐”作“不”。四部備要本、中華本作“恐”。殿本校勘記云：“‘恐’,監本訛‘不’。今改從閣本。”今從改。

[4]城陽王：封爵名。城陽，郡名。北齊時治義興縣，在今河南信陽市。底本作“咸陽王”。中華本校勘記云：“諸本‘城’作‘咸’,《北齊書》卷四五《祖鴻勳傳》作‘城’。按城陽王徽傳見本書卷一八，别無‘咸陽王徽’。今據改。”今從改。　徽：即元徽，人名。字顯順。北魏宗室。見《北史》卷一八《城陽王長壽附元徽傳》。

[5]廷尉正：官名。秦朝時置。漢朝沿置，秩千石，東漢時減爲六百石。魏、晋、南北朝均有此官。北魏爲廷尉之副職，掌審理疑難案件。孝文帝太和十七年定爲五品中，二十三年定爲六品。

齊神武嘗徵至并州，[1]作《晋祠記》，好事者翫其文。位至高陽太守，在官清素，妻子不免寒餒。時議高之。齊天保初，卒官。

[1]齊神武：即高歡。神武爲其謚號，北齊後主所追謚。　并州：郡名。北齊時治晋陽，在今山西太原市晋源區古城營村一帶。

李廣，字弘基，范陽人也。其先自遼東徙焉。[1]廣博涉群書，有才思。少與趙郡李騫齊名，[2]爲邢、魏之亞，[3]而訥於言，敏於行。[4]中尉崔暹，[5]精選御史，皆是世胄，廣獨以才學兼侍御史，修國史。南臺文奏，[6]多其辭也。

[1]遼東：郡名。北魏時治襄平縣，在今遼寧遼陽市。

[2]李騫：人名。字希義，趙郡平棘（今河北趙縣）人。北魏、北齊官吏。見《北史》卷三三《李順附李騫傳》。底本作"李謇"。中華本校勘記云："諸本'騫'作'謇'。張森楷云：'"謇"當作"騫"。'按李騫見本書卷三三《李順傳》。本卷序亦作'騫'。當時人名，'謇''騫'二字常通用，今改從本傳，以歸統一。"今從改。

[3]邢魏：河間邢卲、鉅鹿魏收。

[4]訥於言敏於行：説話謹慎，做事敏捷。語出《論語·學而》："君子欲訥於言而敏於行。"

[5]崔暹：人名。字季倫，博陵安平（今河北安平縣）人。東魏、北齊官吏。有才幹，好佛經。見《北史》卷三二《崔挺附崔暹傳》。

[6]南臺：御史臺。因在宫闕西南而得名。《通典》卷二四

《職官六》："後漢以來謂之御史臺，亦謂之蘭臺寺。梁及後魏、北齊，或謂之南臺。後魏之制，有公事百官朝會名簿，自尚書令僕以下，悉送南臺。"

齊文宣初嗣霸業，[1]命掌書記。天保初，欲以爲中書郎，遇其病篤而止。廣嘗欲早朝，假寐，忽驚覺，謂其妻曰："吾向似睡非睡，忽見一人出吾身中，語云：'君用心過苦，非精神所堪，今辭君去。'"因而怳忽不樂，數日便遇疾，積年不起。

[1]文宣：即北齊皇帝高洋。文宣爲其謚號。

廣雅有鑒識，度量弘遠，坦率無私，爲士流所愛，時共贍遺之，賴以自給。竟以疾終。嘗薦畢義雲於崔暹。[1]廣卒後，義雲集其文筆七卷，託魏收爲之序。

[1]畢義云：人名。小字陀兒，東平須昌（今山東東平縣）人。北齊官吏。見《北史》卷三九《畢衆敬附畢義雲傳》。

樊遜，字孝謙，河東北猗氏人也。[1]祖琰、父衡，並無官宦，[2]而衡性至孝，喪父，負土成墳，植柏方數十畝，朝夕號慕。

[1]北猗氏：縣名。治所在今山西臨猗縣南鐵匠營村。
[2]官宦：元大德本作"官宦"。

遜少好學。其兄仲以造氊爲業，亦常優饒之。遜自責曰："爲人弟，獨愛安逸，可不愧於心乎！"欲同勤事業。母馮氏謂曰："汝欲謹小行邪？"遜感母言，遂專心典籍，恒書壁作"見賢思齊"四字以自勸。[1]

[1]見賢思齊：見到德才兼備的人，就想趕上他。語出《論語·里仁》："子曰：'見賢思齊焉，見不賢而内自省也。'"

遜貌醜陋，有才氣。屬本州淪陷，寓居鄴中，爲臨漳小吏。[1]縣令裴鑒莅官清苦，[2]致白雀等瑞。[3]遜上《清德頌》十首，鑒大加賞重，擢爲主簿。乃薦之於右僕射崔暹，[4]與遼東李廣、勃海封孝琰等爲暹賓客。人有譏其静默不能趨時者。遜常服東方朔之言，"陸沈世俗，避世金馬"，[5]遂借陸沈公子爲主人，擬《客難》制《客誨》以自廣。[6]後崔暹大會客，大司馬、襄成王旭時亦在坐，[7]欲命府僚。暹指遜曰："此人學富才高，兼之佳行，可爲王參軍也。"旭目之曰："豈能就耶？"遜曰："家無廕第，[8]不敢當此。"

[1]臨漳：縣名。治所在今河北臨漳縣西南。

[2]裴鑒：人名。字道徽，河東聞喜（今山西聞喜縣）人。北齊官吏。見《北史》卷三八《裴延儁附裴鑒傳》。

[3]白雀：古代占候者認爲白雀出現是王者奉己約儉、尊事耆老的徵兆。

[4]右僕射：官名。即尚書右僕射的省稱。秦漢時爲尚書令副貳。歷代沿置。北魏時位列宰相，在録尚書事、尚書令下，職掌都省庶務及執法，或典選舉。孝文帝太和十七年定爲從一品中，二十三年定爲從二品。北齊沿置。

[5]遜：元大德本漫滅不清；毛本、局本作“遊”。殿本校勘記云：“‘遜’，監本誤‘遊’。今改從南本。” 陸沈世俗避世金馬：典出《史記》卷一二六《滑稽列傳》：“（東方朔）時坐席中，酒酣，據地歌曰：‘陸沈於俗，避世金馬門。宮殿中可以避世全身，何必深山之中、蒿廬之下。’金馬門者，宦署門也。門旁有銅馬，故謂之曰金馬門。”金馬，即金馬門。漢代從各地徵召來的人，才能優異者於金馬門等候召見。後世以此謂身爲朝官，而逃避世務。陸沈，陸地無水而沉，比喻隱居。《莊子·則陽》：“方且與世違而心不屑與之俱，是陸沈者也。”郭象注：“人中隱者，譬無水而沈也。”

[6]客難：即《答客難》。據記載，東方朔向漢武帝上書“陳農戰强國之計”，遭到冷遇，他便創作了《答客難》來自我安慰。

[7]大司馬：官名。北魏、北齊時與大將軍並稱“二大”，爲加官，常典軍事，地位顯貴。正一品。北齊後主時增員而授，遂至冗濫。 襄成王：封爵名。襄城，郡名。北齊時治武陽縣，在今河南西平縣西南。成，元大德本漫滅。其餘諸本均作“城”。殿本校勘記云：“‘城’監本訛‘成’。今改從《齊書》。”按：襄成，即襄城。王仲犖先生言：“古人多忌諱，南朝封安城郡王者，城字去土旁，作安成，以王入土爲諱也。”（《北周地理志》附録《〈魏書·地形志〉營州所統郡縣考證》之“樂良郡”條下） 旭：即元旭，人名。字顯和。北魏宗室。見《魏書》卷一九下《城陽王長壽傳》。

[8]廕第：有世蔭的門第。

武定七年，[1]齊文襄崩。暹爲文宣徙於邊，賓客咸散。遜遂徙居陳留。[2]梁州刺史劉殺鬼以遜兼録事參軍事。[3]遜仍舉秀才，尚書案舊令，下州三載一舉秀才，爲五年已貢開封人鄭祖獻，[4]計至此年未合。兼別駕王聰抗辭争議，[5]右丞陽斐不能卻。[6]尚書令高隆之曰：[7]“雖遜才學優異，待明年非遠。”遜竟還本州。天保元年，本州復召舉秀才。二年春，會朝堂對策。[8]策罷，中書郎張子融奏入。至四年五月，遜與定州秀才李子宣等以對策三年不調，[9]被付外。上書請從罷，詔不報。梁州重舉遜爲秀才。五年正月，制詔問焉。尚書擢第，以遜爲當時第一。

[1]武定：東魏孝静帝的年號（543—550）。

[2]陳留：郡名。北齊時治浚儀縣，在今河南開封市。

[3]梁州：東魏時治大梁城，在今河南開封市。

[4]五年：底本作“三年”。中華本校勘記云：“諸本‘五’作‘三’，《北齊書》卷四五《樊遜傳》作‘五’。按上文言‘三載一舉秀才’，若作‘三年’，則自武定三年至七年已達四年，不得言‘計至此年未合’。作‘五’是，今據改。”今從改。　開封：郡名。北齊時治開封縣，在今河南開封市南。

[5]别駕：官名。即别駕從事、别駕從事史。漢朝時置，爲州部佐吏。因刺史行部，别乘傳車，故謂之别駕。三國、魏晋南北朝時皆置。北魏孝文帝太和十七年定司州别駕爲正四品中，二十三年定爲從四品上。他州别駕依州品不同，自正五品至正七品不等。魏晋南北朝前期别駕例用本州人，由刺史自辟，後期漸由朝廷任命。

[6]右丞：官名。即尚書右丞。魏晋南朝爲尚書都省庶務，率諸都令史監督稽核諸尚書曹、郎曹政務，糾舉彈劾百官。右丞又掌本省庫藏廬舍，督録遠道州郡文書奏章，凡兵士百工名籍、内外庫藏穀帛、刑獄比部、水部、膳部、倉部、金部、庫部諸郎曹政務。　陽斐：人名。字叔鸞，北平無終（今天津薊縣）人。北魏、東魏官吏。勤政愛民。見《北史》卷四七《陽尼附陽斐傳》。

[7]尚書令：官名。北魏初不常置，亦不掌實際政務，孝文帝

改制後，尚書省權任頗重，以録尚書事爲長官，尚書令爲副貳，兼掌監察百官，皆爲宰相。孝文帝太和十七年定爲從一品上，二十三年定爲二品。北齊沿置。　高隆之：人名。本姓徐，字延興，洛陽（今河南洛陽市東北）人。東魏、北齊大臣。見《北史》卷五四《高隆之傳》。

[8]二年春：底本作“三年春”。中華本校勘記云：“諸本‘二’作‘三’，《北齊書》作‘二’。按上文言天保元年舉秀才，不應至三年才對策。又下文稱四年五月，遜以對策後三年不調，請從罷。從二年至四年，有三個年份，才可説‘三年不調’。作‘三’誤，今據改。”今從改。

[9]定州：北齊時治安喜縣，在今河北定州市。

十二月，清河王岳爲大行臺，[1]率衆南討，以遜從軍。明年，文宣納梁貞陽侯蕭明爲梁主，[2]岳假遜大行臺郎中，[3]使于江南，與蕭脩、侯瑱和解。[4]遜往還五日，得脩等報書，岳因與修盟於江上。大軍還鄴，遜仍被都官尚書崔昂舉薦。[5]詔付尚書，考爲清平勤幹，送吏部。

[1]清河王：清河王，封爵名。清河，郡名。北齊時治武城縣，在今河北清河縣西北。　岳：即高岳，人名。字洪略，勃海蓨（今河北景縣）人。北齊宗室。見《北史》卷五一《清河王岳傳》。　大行臺：官署名。北魏時始置，爲尚書省設在各主要地區的派出機構，代行尚書省的權力，依所轄區域稱關西大行臺、東北道大行臺、三徐州大行臺等，管理區内的軍政事務，是地方最高行政機構。北齊沿置。

[2]貞陽侯：貞陽侯，封爵名。貞陽，縣名。治所在今廣東英德市翁水北。　蕭明：即蕭淵明，人名。南朝梁宗室。《北史》避

唐高祖李淵諱改。少爲梁武帝所親愛，歷顯職。見《北齊書》卷三三《蕭明傳》。

［3］大行臺郎中：官名。北魏、東魏、西魏、北齊置，屬大行臺，如分曹理事，則冠以曹名。在北魏末年及東魏、西魏時期，權力很大，加之當時授官較濫，常可加或兼其他較高的官職。

［4］蕭脩：人名。字世和，蘭陵（一説在今江蘇常州市，一説在今江蘇丹陽市）人。南朝梁宗室。局力貞固，風儀嚴整。在州七年，移風改俗，人號慈父。見《南史》卷五二《鄱陽忠烈王恢附蕭脩傳》。　侯瑱：人名。字伯玉，巴西充國（今四川西充縣）人。南朝梁、陳將領。世爲西蜀酋豪，善戰。見《陳書》卷九《侯瑱傳》。

［5］都官尚書：官名。南北朝時始設，爲尚書省諸尚書之一。南朝宋領都官、水部、庫部、功論等曹事務，階第三品。齊、梁、陳因之，職掌略同，品秩不一。北齊時統都官、二千石、比部、水部、膳部諸曹事務。第三品。　崔昂：人名。字懷遠，博陵安平（今河北安平縣）人。北魏、東魏、北齊官吏。見《北史》卷三二《崔挺附崔昂傳》。

七年，詔令校定群書，供皇太子。遜與冀州秀才高乾和，[1]瀛州秀才馬敬德、許散愁、韓同寶，[2]洛州秀才傅懷德，[3]懷州秀才古道子，[4]廣平郡孝廉李漢子，[5]勃海郡孝廉鮑長暄，[6]陽平郡孝廉景孫，[7]前梁州府主簿王九元、前開府水曹參軍周子深等十一人同被尚書召共刊定。[8]時祕府書籍紕繆者多，遜乃議曰："案漢中壘校尉劉向受詔校書，[9]每一書竟，表上，輒言臣向書、長水校尉臣參書、太常博士書、中外書合若干本，以相比校，[10]然後殺青。[11]今所讎校，供擬極重，出自蘭臺，[12]御諸甲館。[13]向之故事，見存府閣。即欲刊定，必藉衆本。太常卿邢子才、太子少傅魏收、吏部尚書辛術、司農少卿穆子容、前黄門郎司馬子瑞、故國子祭酒李業興並是多書之家，[14]請牒借本參校。”秘書監尉瑾移尚書都坐，[15]凡所得别本三千餘卷，五經諸史殆無遺闕。

[1]高乾和：人名。冀州（今河北冀州市）人。東魏、北齊官吏。曾任黄門郎，與高元海、畢義雲向皇帝進讒言迫害高歸彦。後因和士開而被皇帝疏遠。

[2]瀛州：北齊時治河間縣，在今河北河間市。　馬敬德：人名。河間（今河北河間市）人。北齊儒生、官吏。見《北史》卷八一《馬敬德傳》。　許散愁：人名。北齊官吏。曾任國子助教。

[3]洛州：北齊時治洛陽縣，在今河南洛陽市東北。

[4]懷州：北齊時治野王縣，在今河南沁陽市。

[5]孝廉：漢代選拔官吏的兩種科目。孝，指孝子；廉，指廉潔之士。

[6]鮑長暄：人名。勃海（今河北南皮縣）人。北齊官吏。見《北史》卷八一《鮑季詳附鮑長暄傳》。

[7]陽平：郡名。北齊時治館陶縣，在今河北館陶縣。

[8]水曹參軍：官名。水曹長官。水曹，漢朝時爲郡國主管水利的機構，以掾領之。南朝宋、梁，北魏、北齊時諸公府皆置，以行參軍領之。

[9]中壘校尉：官名。漢武帝時置，爲北軍八校尉之一，秩二千石，戍衛京師，兼任征伐，有丞、司馬。　劉向：人名。原名更生，字子政，沛縣（今江蘇沛縣）人。西漢經學家、目録學家、文學家。見《漢書》卷三六《劉向傳》。

[10]長水校尉：官名。漢武帝時置，爲北軍八校尉之一，秩二

千石，位次列卿，屬官有丞、司馬等，領長水宣曲胡騎，屯戍京師，兼任征伐。　太常博士：官名。秦漢時有博士，名義上隸太常。北齊時爲太常寺屬官，專掌討論禮制。從七品。

［11］殺青：製作簡時的一道工序。此處喻指書籍定稿。

［12］蘭臺：漢代宫内藏書之處。以御史中丞掌之，後世因稱御史臺爲“蘭臺”。東漢時班固曾爲蘭臺令史，受詔撰史，故後世亦稱史官爲蘭臺。

［13］甲館：南北朝時代的藏書之處。

［14］太常卿：官名。爲太常的尊稱。主管祭祀社稷、宗廟朝會、喪葬禮儀，管理皇帝陵墓、寢廟所在縣邑，每月巡視諸陵，兼管文化教育，博士和博士弟子的考核、薦舉、補吏。北魏孝文帝太和十七年定爲從一品下，二十三年定爲三品。北齊時爲太常寺長官，三品。　太子少傅：官名。漢朝時始置，與太子太傅並稱太子二傅。北魏時職掌、品秩皆同太子太師，位在太子太師下、太子太保上。正三品。孝文帝太和十七年定爲從一品上，二十三年改二品。北齊沿置。　吏部尚書：官名。三國魏時改選部尚書置。爲尚書省吏部曹長官。兩晋南北朝沿置，職掌官吏銓選、考課、獎懲，其實權或大於尚書僕射。然重要官職的任免須與諸執政大臣合議，由皇帝、宰相裁定，亦常命尚書僕射領吏部事務或任命大臣參掌選事以分其權任。北齊時爲三品。　辛術：人名。字懷哲，隴西狄道（今甘肅臨洮縣）人。東魏、北齊官吏。見《北史》卷五〇《辛雄附辛術傳》。　司農少卿：官名。亦稱司農寺少卿。協助大司農管理租税園苑倉儲。北齊時爲司農寺次官。員一人。四品上。　穆子容：人名。一作“穆容”，代（今山西大同市東北）人。東魏、北齊官吏。見《北史》卷二〇《穆崇附穆子容傳》。　司馬子瑞：人名。河内温（今河南温縣）人。北齊官吏。見《北齊書》卷一八《司馬子如傳》。　國子祭酒：官名。晋武帝時立國子學，置一員爲長官，掌教授生徒儒學，主管國子學，參議禮制，隸太常。南北朝沿置。北魏孝文帝太和十七年定爲四品上，二十三年定爲從三品。

北齊時不隸太常，置國子寺長官一員，從三品，與九卿地位相當，領國子、太學、四門散學，主管全國教學行政。　李業興：人名。上黨長子（今山西長子縣）人。北魏、東魏官吏。見《北史》卷八一《李業興傳》。

[15]秘書監：官名。南北朝時爲秘書省長官，掌圖書經籍之事，領著作省。北齊時爲三品。　尉瑾：人名。字安仁，代（今山西大同市東北）人。北齊官吏。見《北史》卷二〇《尉古真附尉瑾傳》。　尚書都坐：官署名。魏晋南北朝時尚書省長官總辦公署。亦稱尚書上省、尚書都省。

于時魏收作《厙狄干碑序》，[1]令孝謙爲之銘，[2]陸卬不知，以爲收合作也。陸操、伏渾卒，楊愔使孝謙代己作書以告晋陽朝士，令魏潤色之，收不能改一字。八年，減東西二省官，更定選，員不過三百，參者二三千人。楊愔言於衆曰："後生清俊莫過盧思道；[3]文章成就，莫過樊孝謙；几案斷割，莫過崔成之。"遂以思道長兼員外郎，[4]三人並員外將軍。[5]孝謙辭曰："門族寒陋，訪第必不成，乞補員外司馬督。"[6]愔曰："才高不依常例。"特奏用之。

[1]厙狄干：人名。善無（今山西右玉縣南）人。北齊官吏。見《北史》卷五四《厙狄干傳》。

[2]令孝謙爲之銘：中華本校勘記云："按上文都稱名，此後都稱字，前後不統一。蓋李延壽從《北齊書》以外採入，未改歸一致。"可從。

[3]盧思道：底本作"慮思道"。中華本校勘記云："諸本'盧'訛作'慮'。據《通志》卷一七六《樊遜傳》改。"今從改。

[4]員外郎：官名。員外散騎侍郎的省稱。西晋武帝始置。北魏初沿例授予南朝北奔之士，班比吏部郎，員六人。孝文帝太和十七年定爲從四品下，二十三年定爲七品上。北齊時此官所授頗濫，集書省設一百二十員。七品上。

[5]員外將軍：官名。殿中員外將軍的省稱。十六國後趙時置，南北朝沿置。即正員限額之外添授的殿中將軍，職掌與殿中將軍同，爲侍衛武職，不典兵。北齊時屬左右衛府。員一百人，從八品。

[6]員外司馬督：官名。掌管殿内宿衛。正員之内者稱殿中司馬督，正員之外者稱員外司馬督。北魏、北齊時殿中司馬督爲正九品，員外司馬督爲從九品。

河清初，[1]爲主書，參典詔策。天統元年，加員外郎。居七八日，行遇輀車，[2]嚬眉下淚，[3]指方相曰："何日更相煩君一到？"數日而卒，雇方相送葬，[4]仍前所逢者。

[1]河清：北齊武成帝的年號（562—565）。底本作"清河"。源氏校勘記改"清河"爲"河清"。中華本校勘記云："諸本'河清'倒作'清河'。按'河清'北齊武成帝年號，今乙正。"今從改。　主書：官名。三國魏時設。爲主書令史的省稱。掌簿書文案。屬秘書監。北齊去"令史"以此爲職名全稱。

[2]輀車：亦作"輭車"。運載棺柩的車子。

[3]嚬（pín）：同"顰"。皺眉。

[4]方相：傳説中去除疫鬼和山川精怪的神靈。民間多以人扮演或竹紙扎製，用於某種場合，以驅疫避邪。

孝謙死後，定州秀才荀士遜繼爲主書，[1]才名相亞。

[1]定州秀才荀士遜繼爲主書：中華本校勘記云："按本卷荀士遜本傳作'司州秀才'。士遜廣平人，屬東魏之司州。此作'定州'誤。"可從。

茹瞻，字孝博，東安人。[1]南州舉秀才。清朗剛直，楊愔將用之，曰："今日之選，不可無茹生。"卒於侍御史。

[1]東安：郡名。北齊時治東莞縣，在今山東沂水縣。

荀士遜，廣平人也。好學，有思理，爲文清典，見賞知音。武定末，舉司州秀才，[1]迄齊天保，十年不調。皇建中，馬敬德薦爲主書，轉中書舍人。狀貌甚醜，以文辭見重。嘗有事須奏，遇武成在後庭，[2]因左右傳通。傳通者不得士遜姓名，乃云"醜舍人"。帝曰："必士遜也。"看封題果是，内人莫不歡笑。[3]累遷中書侍郎，號爲稱職。與李若等撰《典言》，行於世。齊亡年卒。

[1]司州：北齊時治鄴縣，在今河北臨漳縣西南。
[2]武成：即北齊皇帝高湛。武成爲其謚號。
[3]内人：古代作爲妻妾、眷屬之泛稱。此處指宫人。

王褒，字子深，[1]琅邪臨沂人也。[2]曾祖儉、祖騫、父規，並《南史》有傳。

[1]子深：源氏校勘記云："《梁書》作'子漢'，《周書》作

‘子淵’。”中華本校勘記云：“《周書》卷四一《王褒傳》‘深’作‘淵’。張森楷云：‘《梁書》卷四一《王規傳》作字子漢。’按原字‘子淵’，作‘深’作‘漢’都是避唐諱改。”可從。

［2］琅邪：郡名。北周時治即丘縣，在今山東臨沂市北。　臨沂：縣名。治所在今山東臨沂市西北。

褒識量淹通，[1]志懷沈静，美威儀，善談笑，博覽史傳，七歲能屬文。外祖梁司空袁昂愛之，[2]謂賓客曰：“此兒當成吾宅相。”弱冠舉秀才，除秘書郎、太子舍人。[3]梁國子祭酒蕭子雲，[4]褒之姑夫也，特善草隸。褒少以姻戚，去來其家，遂相模範，而名亞子雲，並見重於時。武帝嘉其才藝，遂以弟鄱陽王恢女妻之。[5]襲爵南昌縣侯，[6]歷位秘書丞、宣城王文學、安城内史。[7]及侯景陷建鄴，[8]褒輯寧所部，見稱於時。轉南平内史。[9]

［1］淹通：源氏校勘記云：“《周書》作‘淵通’。”

［2］袁昂：人名。字千里，陳郡陽夏（今河南太康縣）人。南朝齊、梁官吏。見《南史》卷二六《袁湛附袁昂傳》。

［3］秘書郎：官名。秘書郎中的省稱。三國魏文帝時置，秘書署屬官，亦稱秘書郎。南朝宋以後多稱秘書郎。

［4］蕭子云：人名。南蘭陵（一説在今江蘇常州市，一説在今江蘇丹陽市）人。南朝梁史學家、文學家、書法家，從小勤學而有文采。見《梁書》卷三五《蕭子恪附蕭子雲傳》。

［5］鄱陽王：封爵名。鄱陽，郡名。南朝梁時治鄱陽縣，在今江西鄱陽縣。　恢：即蕭恢，人名。字弘達，南朝梁宗室。見《南史》卷五二《鄱陽忠烈王恢傳》。

［6］南昌縣侯：封爵名。南昌，縣名。治所在今江西南昌市。

[7]秘書丞：官名。漢獻帝時曹操置，員二人，輔佐秘書令典尚書奏事，職權甚重。在兩晋南北朝時出任者多爲士族高門，在東晋南北朝則多爲僑姓高門，當時成爲天下清官，亦稱作“第一官”。南朝宋時爲六品，梁武帝時定爲八班，陳時爲五品，秩六百石。宣城王：爵名。宣城，郡名。南朝梁時治宛陵縣，在今安徽宣城市宣州區。殿本校勘記云：“‘宣城’，《周書》作‘宣成’。考列傳宣成王，名大器，簡文帝子也。又‘安城内史’作‘安成郡守’。”源氏校勘記云：“(‘安城’)《梁書》作‘安成’，《周書》同；‘内史’，《周書》作‘郡守’。”中華本《梁書》卷四《簡文帝紀》作“宣城王大器”。中華本《周書》卷四一《王褒傳》校勘記云：“按‘宣成’《北史》本傳作‘宣城’，宣城是郡名，似作‘城’是。但卷四八《蕭詧附蔡大寶傳》見‘宣成公主’，亦作‘成’。當時郡縣名‘城’者常通作‘成’，不止宣城一地，如本傳下文‘安成郡守’，地志亦作‘安城’。今不改。”中華本《周書·王褒傳》作“安城内史”，其校勘記云：“《梁書》卷四一《王規附子褒傳》、《北史》本傳‘郡守’作‘内史’。按《梁書》卷二二《太祖五王傳》安成是梁武帝弟秀封國，子孫傳襲至梁末，未嘗爲郡。作‘内史’是。《北史》‘成’作‘城’，通。”　文學：官名。漢朝時州郡及王國皆置，或稱文學掾、文學史，以明經者爲之，職掌地方教育。三國魏時置太子文學，諸王亦置，常爲皇帝監督諸王的耳目；侯國亦置。　安城：郡名。南朝梁時治平都縣，在今江西安福縣東南。

[8]侯景：人名。字萬景，懷朔鎮（今内蒙古固陽縣南）人。曾任北魏官吏，後叛至南朝。見《梁書》卷五六《侯景傳》。　建鄴：城名。在今江蘇南京市。

[9]南平：郡名。南朝梁時治江安縣，在今湖北公安縣東北。

梁元帝嗣位，[1]褒有舊，召拜吏部尚書、右僕射，仍遷左丞，兼參掌。[2]褒既名家，文學優贍，當時咸共推挹，故位望隆重，寵遇日甚，而愈自謙損，不以位地矜物，時論稱之。

[1]梁元帝：即南朝梁皇帝蕭繹。元爲其謚號。

[2]召拜吏部尚書右僕射仍遷左丞兼參掌：源氏校勘記云："'右僕射'，《梁書》作'左僕射'，《周書》同。"中華本校勘記云："張森楷云：'左丞位卑，非僕射所得遷。且"兼參掌"三字文誼亦未足，此文蓋有脱誤。'按《周書》'右僕射'作'左僕射'，無'仍遷左丞兼參掌'七字。《通志》卷一七六《王褒傳》'參掌'下有'制誥'二字。疑《北史》原文當作'召拜吏部尚書、右僕射，仍遷左，兼參掌制誥'，'丞'是衍文，又脱'制誥'二字。"今從。

初，元帝平侯景及禽武陵王紀後，[1]以建鄴凋殘，時江陵殷盛，[2]便欲安之。又其政府臣僚皆楚人也，[3]並願即都郢郢。[4]嘗召群臣議之。鎮軍將軍胡僧祐、吏部尚書宗懍、太府卿黄羅漢、御史中丞劉瑴等曰：[5]"建鄴王氣已盡，又荆南之地有天子氣，[6]遷徙非宜。"元帝深以爲然。褒性謹慎，知元帝多猜忌，弗敢公言其非。後因清閑，密諫，言辭甚切。元帝意好荆楚，已從僧祐等策，竟不用。

[1]紀：即蕭紀，人名。南蘭陵（一説在今江蘇常州市，一説在今江蘇丹陽市）人。南朝梁宗室。見《梁書》卷五五《武陵王紀傳》。

[2]江陵：府名。在今湖北江陵縣。

［3］政：源氏校勘記云："'政'，《周書》作'故'。"

［4］鄢郢：指楚都。春秋時期楚文王定都於郢，得名。後泛指今湖北江陵、襄陽一帶。

［5］鎮軍將軍：官名。漢獻帝時劉備置。三國魏時定爲三品。晋武帝時罷，後復置，三品。位在鎮軍大將軍下，兩職可並置，與中軍、撫軍三號將軍位比四鎮將軍，主要爲中央軍職，也可以出任地方軍事長官，並領刺史等地方官，兼理民政。南朝宋時爲三品，齊位在四征將軍之上。源氏校勘記云："'鎮'，《周書》作'領'，爲是。按本傳云世祖以僧佑爲侍中、領軍將軍。"可從。　胡僧祐：人名。字願果，南陽冠軍（今河南鄧州市西北）人。南朝梁將領。見《梁書》卷四六《胡僧祐傳》。　宗懔：人名。字元懔，荆州（今湖北荆州市）人。南朝梁官吏。見《梁書》卷第四一《王規附宗懔傳》。　太府卿：官名。即太府。南朝梁武帝時置。於少府卿外，另置太府卿，掌管金帛府藏出納、關市税收以供國家、宫廷用度。轄左右藏、上庫、太倉、南北市諸令丞及各地關津。並以太府、少府、太僕三卿合稱爲夏卿。三品。　御史中丞：官名。爲御史大夫的副貳。魏晋南北朝及十六國皆置。北魏改名御史中尉。南朝亦稱南司，其職雖重，世族名士多不樂爲之。晋、宋南朝時爲四品，梁時爲十一班。

［6］又荆南之地又有天子氣：之地，底本作"地又"。中華本校勘記云："諸本'之地'二字作'地又'，《周書》《通志》作'之地'。按此乃'之地'二字誤倒，'之'訛作'又'。今據改。"今從改。

及魏征江陵，元帝授褒都督城西諸軍事。栅破，從元帝入金城。[1]俄而元帝出降，褒遂與衆俱出，見柱國于謹，[2]甚禮之。褒曾作《燕歌》，妙盡塞北寒苦之言，[3]元帝及諸文士並和之，而競爲悽切之辭，至此方驗焉。褒與王克、劉瑴、宗懔、殷不害等數十人俱至長安，[4]周文喜曰：[5]“昔平吳之利，二陸而已，今定楚之功，群賢畢至，可謂過之矣。”又謂褒及王克曰：“吾即王氏甥也，卿等並吾之舅氏，當以親戚爲情，勿以去鄉介意。”於是授褒及殷不害等車騎大將軍、儀同三司。[6]常從容上席。資餼甚厚。[7]褒等亦並荷恩眄，忘羈旅焉。

[1]金城：中城、城内牙城。《資治通鑑》卷一七一：“齊兵退據相國城及金城。”胡三省注：“金城，壽陽中城也。自晉以來，率謂中城爲金城。”

[2]柱國：官名。柱國大將軍的省稱。北魏初一度爲功臣元勳之加官。北魏末孝莊帝時復設此官，爲國之執政。西魏時爲最高軍事長官。北周因之。正九命，後爲勳官第二等。　于謹：人名。字思敬，小名巨引，代（今山西大同市東北）人。北魏、西魏名臣、大將。見《北史》卷二三《于栗磾附于謹傳》。

[3]褒曾作燕歌妙盡塞北寒苦之言：殿本、四部備要本、中華本“言”作“狀”。殿本校勘記云：“‘燕歌’下《周書》有‘行’字。又‘狀’監本訛‘言’。今從《周書》改正。”中華本校勘記云：“《周書》《通志》‘歌’下有‘行’字。”

[4]殷不害：人名。字長卿，陳郡長平（今河南西華縣）人。南朝梁、陳官吏。見《陳書》卷三二《殷不害傳》。

[5]周文：即宇文泰。文爲其謚號，北周明帝所追謚。

[6]車騎大將軍：官名。魏晉制度，驃騎、車騎、衛三將軍皆爲重號將軍，高於諸名號大將軍，本無須加“大”。其後將軍名號越來越濫，遂又增此號，多加元老重臣，以示尊崇，一品，開府置僚屬，不領兵。北魏孝文帝太和十七年定爲一品中，二十三年定爲從一品。西魏時實行府兵制，用爲儀同府長官軍號。九命。　儀同三司：謂官非三公而儀制待遇同於三公。西魏時凡開府，皆加儀同

三司。文帝大統年間置府兵，其二十四開府所統儀同府主管將軍，其軍號爲車騎大將軍、儀同三司，又簡稱爲儀同將軍或儀同。此皆爲當時中高級武官之稱號。

［7］資餼（xì）：糧食和牲畜，這裏指俸禄。

周孝閔帝踐阼，[1]封石泉縣子。[2]明帝即位，[3]篤好文學，時褒與庾信才名最高，特加親待。帝每遊宴，命褒賦詩談論，恒在左右。尋加開府儀同三司。[4]保定中，[5]除内史中大夫。[6]武帝作《象經》，[7]令褒注之，引據該洽，甚見稱賞。褒有器局，雅識政體，既累世在江東爲宰輔，帝亦以此重之。建德以後，[8]頗參朝議，凡大詔册，皆令褒具草。東宫既建，授太子少保，[9]遷少司空，[10]仍掌綸誥。[11]乘輿行幸，褒常侍從。

［1］周孝閔帝：北周皇帝宇文覺。孝閔爲其謚號。

［2］石泉縣子：封爵名。石泉，縣名。治所在今陝西石泉縣。

［3］明帝：即北周皇帝宇文毓。明爲其謚號。

［4］開府儀同三司：三國魏時始置，多爲大臣加號，意思是與三司（太尉、司徒、司空）的禮制待遇相同，許開設府署，自辟屬僚。北周沿置。

［5］保定：北周武帝的年號（561　565）

［6］内史中大夫：官名。西魏恭帝三年（556）置。北周沿置，省稱内史、大内史。春官府内史司長官，員二人。掌皇帝詔書的撰寫與宣讀，參議刑罰爵賞以及軍國大事。下設内史下士、小内史上士、小内史中士、小内史下士以佐其職，領御史上士等官屬。

［7］武帝：即北周皇帝宇文邕。武爲其謚號。

［8］建德：北周武帝的年號（572—578）。

[9]太子少保：官名。晋武帝時始置，掌輔導太子，三品。然不常設。南北朝沿置，掌訓導輔翼太子，無具體職司，東宫屬官皆隸太子詹事。

[10]少司空：官名。小司空上大夫的省稱。西魏恭帝三年置。爲大司空卿的副職，助掌營建都邑、造宫宅器械及百工之籍。員二人。正六命。北周沿置。

[11]綸誥：皇帝的詔令文告。

初，褒與梁處士汝南周弘讓相善，[1]及讓兄弘正自陳來聘，[2]帝許褒等通親知音問，褒贈弘讓詩并書焉。尋出爲宜州刺史，[3]卒於位。子鼒。

[1]處士：古代對有德才而隱居不仕的人的稱呼。　汝南：郡名。南朝梁時治上蔡縣，在今河南汝南縣。　周弘讓：人名。汝南安成（今河南汝南縣東南）人。南朝隱士。見《南史》卷三四《周朗附周弘讓傳》。

[2]弘正：人名。字思行，汝南安成（今河南汝南縣東南）人。南朝梁、齊官吏。見《南史·周朗附周弘正傳》。

[3]宜州：北周時治華原縣，在今陝西銅川市。

庾信，字子山，南陽新野人。[1]祖易、父肩吾，並《南史》有傳。

[1]南陽：郡名。北周時治南陽縣，在今河南鄧縣西南。　新野：縣名。治所在今河南新野縣南。

信幼而俊邁，聰敏絶倫，博覽群書，尤善《春秋左氏傳》。身長八尺，腰帶十圍，容止頽然，有過人者。父肩吾，爲梁太子中庶子，[1]掌管記。東海徐摛爲右衛率。[2]摛子陵及信並爲抄撰學士。父子在東宫，[3]出入禁闥，[4]恩禮莫與比隆。既文並綺豔，故世號爲“徐庾體”焉。當時後進，競相模範，每有一文，都下莫不傳誦。累遷通直散騎常侍，聘于東魏，文章辭令，盛爲鄴下所稱。還爲東宫學士，[5]領建康令。[6]

[1]太子中庶子：官名。漢朝時置，爲東宫屬官，太子侍從之臣。三國魏沿置，掌侍從、奏事、諫議等。南朝沿置，掌東宫管記。

[2]東海：郡名。南朝梁時治京口，在今江蘇鎮江市。　徐摛：人名。東海（今山東郯城縣）人。南朝梁文學家。見《南史》卷六二《徐摛傳》。　右衛率：官名。即太子右衛率，晋武帝時分太子衛率置，宿衛東宫，亦任征伐，地位頗重。東晋、南朝皆置。宋時爲二員，五品；齊時爲一員，梁時爲一員，十一班。源氏校勘記云：“‘右’，《周書》作‘左’。”

[3]父子在東宫：底本作“父子東宫”。殿本校勘記云：“《周書》東宫上有在字。”源氏校勘記云：“（《周書》）‘子’下有‘在’字。”中華本校勘記云：“諸本脱‘在’字，據《周書》卷四一、《通志》卷一七八《庾信傳》補。”今從改。

[4]禁闥：謂天子之居處。

[5]東宫學士：官名。南朝梁、陳時置，爲東宫文學侍從，以才學之士擔任。

[6]建康：縣名。治所在今江蘇南京市。

侯景作亂，梁簡文帝命信率宫中文武千餘人營於朱雀航。[1]及景至，信以衆先退。臺城陷後，[2]信奔於江陵。梁元帝承制，除御史中丞。及即位，轉右衛將軍，[3]封武康縣侯，[4]加散騎侍郎，聘于西魏。屬大軍南討，遂留長安。江陵平，累遷儀同三司。

[1]朱雀航：六朝建康秦淮河上二十四（浮橋）中最大、最豪華的一座，在今南京鎮淮橋東。因面對朱雀門而得名。

[2]臺城：本三國吴後苑城，晋成帝時改建，爲東晋、南朝臺省（中央政府）和宫殿所在地，故名。在今江蘇南京市乾河沿北。

[3]右衛將軍：官名。三國魏元帝時始設。西晋時分爲左、右衛將軍，共掌宿衛營兵。南朝梁武帝時定爲十二班。

[4]武康縣侯：封爵名。武康，縣名。治所在今浙江德清縣武康鎮。

周孝閔帝踐阼，封臨清縣子，[1]除司水下大夫。[2]出爲弘農郡守。[3]遷驃騎大將軍、開府儀同三司、司憲中大夫，[4]進爵義城縣侯。[5]俄拜洛州刺史。信爲政簡静，吏人安之。時陳氏與周通好，南北流寓之士，各許還其舊國。陳氏乃請王褒及信等十數人。武帝唯放王克、殷不害等，信及褒並惜而不遣。尋徵爲司宗中大夫。[6]明帝、武帝並雅好文學，信特蒙恩禮。至於趙、滕諸王，[7]周旋款至，有若布衣之交。群公碑誌，多相託焉。唯王褒頗與信埒，自餘文人，莫有逮者。

[1]臨清縣子：封爵名。臨清，縣名。治所在今山東臨清市西。

[2]司水下大夫：官名。北周時置，爲冬官府司水中大夫的副職，正四命。

[3]弘農：郡名。北周時治弘農縣，在今河南靈寶市東北。

[4]司憲中大夫：官名。西魏恭帝三年設。北周沿置。秋官府長官。員二人。佐大司寇卿制定刑法，並依據刑法决定犯罪刑罰輕重。北周武帝建德二年省，宣帝即位後復置。正五命。

[5]義城縣侯：封爵名。義城，縣名。治所在今四川旺蒼縣。

[6]司宗中大夫：官名。簡稱司宗。北周武帝保定四年改禮部爲此稱。掌總轄禮府、修定禮律等。正五命。下屬有司宗上士、司宗中士等。

[7]趙滕：即趙王和滕王。北周静帝大象元年（579），以洺州襄國郡爲趙國，治今河北邢臺市；以荆州新野郡爲滕國，治今河南新野縣。

信雖位望通顯，常作鄉關之思，乃作《哀江南賦》以致其意。大象初，[1]以疾去職。隋開皇元年卒。[2]有文集二十卷。文帝悼之，贈本官，加荆、雍二州刺史。[3]子立嗣。

[1]大象：北周静帝的年號（579—580）。

[2]開皇：隋文帝的年號（581—600）。

[3]荆：州名。隋朝時治江陵縣，在今湖北江陵縣。　雍：州名。隋朝時治長安縣，在今陝西西安市西北。源氏校勘記云：“‘雍’《周書》作‘淮’。”

顔之推，字介，琅邪臨沂人也。祖見遠、父協，[1]並以義烈稱。世善《周官》《左氏》學，俱《南史》有傳。

[1]協：殿本校勘記云："'協'《齊書》作'勰'。"源氏校勘記云："'協'，《北齊》作'勰'。"中華本《南史》卷七二作"協"。

之推年十二，遇梁湘東王自講莊、老，之推便預門徒。虛談非其所好，還習《禮》《傳》。博覽書史，無不該洽，辭情典麗，甚爲西府所稱。[1]湘東王以爲其國右常侍，[2]加鎮西墨曹參軍。[3]好飲酒，多任縱，不修邊幅，時論以此少之。湘東遣世子方諸鎮郢州，[4]以之推爲中撫軍府外兵參軍，[5]掌管記。遇侯景陷郢州，頻欲殺之，賴其行臺郎中王則以免。景平，還江陵。時湘東即位，以之推爲散騎侍郎，奏舍人事。

[1]西府：語義不通。當爲"鎮西府"。

[2]右常侍：官名。十六國時西秦乞伏熾盤時置左、右常侍，爲高級執政官。兩晉、南朝及北魏時置左右常侍爲王、公國屬官，掌侍從左右、贊相禮儀、獻策諫諍，員額依各國之大小不等。源氏校勘記云："'右'，《北齊》作'左'。"

[3]鎮西墨曹參軍：即鎮西將軍府墨曹參軍。鎮西，官名。即鎮西將軍，東漢末置。三國時與鎮東、鎮南、鎮北將軍合稱四鎮將軍。多授持節都督，出鎮方面。魏晉南北朝沿置。墨曹參軍，官名。東晉時設，爲丞相府屬官，掌刑獄。後來諸公府、軍府、州都府等皆設。歷朝沿置，品秩不一。

[4]世子：親王法定繼承人。　方諸：即蕭方諸，人名。字智相，南蘭陵（一説在今江蘇常州市，一説在今江蘇丹陽市）人。南朝梁宗室。見《梁書》卷四四《貞惠世子方諸傳》。　郢州：南朝梁時治夏口城，在今湖北武漢市武昌區。

［5］中撫軍：官名。南朝梁時置。省稱爲中撫，武帝時定爲武職二十四班中的第二十三班，與中軍、中衛、中權將軍合稱四中，專授予在京師任職的官員，地位顯要。　外兵參軍：官名。西晋末始置。亦稱外兵參軍事。掌本府外兵曹事務，兼備參謀諮詢。其品秩隨府主地位高低不等。南北朝沿置。

後爲周軍所破，大將軍李穆重之，[1]送往弘農，[2]令掌其兄陽平公遠書翰。[3]遇河水暴長，具船將妻子奔齊，經砥柱之險，時人稱其勇决。文宣見，悦之，即除奉朝請，引於内館中，侍從左右，頗被顧眄。後從至天泉池，[4]以爲中書舍人，令中書郎段孝信將敕示之推。之推營外飲酒，孝信還以狀言，文宣乃曰："且停。"由是遂寢。

［1］李穆：人名。字顯慶，隴西成紀（今甘肅秦安縣）人。北魏、北周將領。見《北史》卷五九《李賢附李穆傳》。

［2］送：源氏校勘記云："'送'，《北齊》作'薦'。"

［3］遠：即李遠，人名。字萬歲，隴西成紀（今甘肅秦安縣）人。西魏大臣、將領。見《北史》卷五九《李賢附李遠傳》。

［4］天泉池：即天淵池。《北史》避唐高祖李淵諱改，在今河南洛陽市漢魏洛陽古城北華林園内。殿本校勘記云："'天'，監本訛'人'。今從南本改正。又《齊書》無'泉'字。"源氏校勘記云："《北齊》無'泉'字。"

後待詔文林館，除司徒録事參軍。[1]之推聰穎機悟，博識有才辯，工尺牘，應對閑明，大爲祖珽所重，令掌知館事，判署文書。遷通直散騎常侍，俄領中書舍人。

帝時有取索，恒令中使傳旨，[2]之推稟承宣告，館中皆受進旨。[3]所進文書，皆是其封署，於進賢門奏之，[4]待報方出。兼善於文字，監校繕寫，處事勤敏，號爲稱職。帝甚加恩接。爲勳要者所嫉，常欲害之。崔季舒等將諫也，之推取急還宅，[5]故不連署。及召集諫人，之推亦被喚入，勘無名，得免。尋除黄門侍郎。

[1]司徒録事參軍：官名。即司徒府録事參軍。録事參軍，亦稱録事參軍事，西晋時丞相府始置。爲録事曹長官，掌總録衆曹文簿，舉彈善惡，位在列曹參軍上。東晋、南朝時公府、將軍府、州刺史開軍府者皆置。北周時諸公府、將軍府、諸州府置。六品上至七品上。

[2]中使：宫中派出的使者，多用宦官。

[3]旨：源氏校勘記云："'旨'，《北齊》作'止'。"

[4]進賢門：在今山西太原市晋源鎮故太原縣城，東門爲觀瀾門，南門即進賢門，西門爲望翠門，北爲奉宣門。

[5]取急：在職官員以趕辦私事而請假。

及周兵陷晋陽，帝輕騎還鄴，窘急，計無所從。之推因宦者侍中鄧長顒進奔陳策，[1]仍勸募吴士千餘人以爲左右，取青、徐路共投陳國。[2]帝納之，以告丞相高阿那肱等。[3]阿那肱不願入陳，乃云吴士難信，勸帝送珍寶累重向青州，且守三齊地，若不可保，徐浮海南度。雖不從之推策，然猶以爲平原太守，[4]令守河津。

[1]侍中：官名。秦朝時設。原名丞相史，往來殿中奏事，故名。西漢爲加官。東漢成爲正式官職。三國魏、西晋時爲門下之侍

中省長官，常侍衛皇帝左右，管理門下衆事，侍奉生活起居，出行則護駕，與門下其他官員同掌顧問應對，拾遺補缺，諫諍糾察等。北朝常總典機密，受遺詔輔政，權任尤重，時號“小宰相”。北齊時爲三品。

[2]青：州名。北齊時治益都縣，在今山東青州市。　徐：州名。北齊時治彭城縣，在今江蘇徐州市。

[3]高阿那肱：人名。一作“高阿那瓌”。善無（今山西右玉縣南）人。北齊官吏、佞臣。見《北史》卷九二《高阿那肱傳》。

[4]平原：郡名。北齊時治聊城縣，在今山東聊城市東北。

齊亡入周。大象末，爲御史上士。[1]隋開皇中，太子召爲文學，深見禮重。尋以疾終。有文集三十卷，撰《家訓》二十篇，並行於世。

[1]御史上士：官名。西魏恭帝三年仿《周禮》御史置，北周沿置。春官府內史中大夫屬官，下設御史中士、御史下士以佐其職。正三命。

之推在齊有二子，長曰思魯，[1]次曰敏楚，蓋不忘本也。之推集，思魯自爲序。

[1]思魯：源氏校勘記云：“《唐·儒林傳》云：‘思魯以儒學顯，武德初爲秦王府記室參軍事。’”

弟之儀，字升。[1]幼穎悟，三歲能讀《孝經》。[2]及長，博涉群書，好爲詞賦。嘗獻梁元帝《荆州頌》，[3]辭致雅贍。帝手敕曰：“枚乘二葉，俱得游梁；應貞兩世，並稱文學。[4]我求才子，鯁尉良深。"[5]

[1]字升：源氏校勘記云："《周書》作'子升'。"

[2]孝經：書名。儒家經典之一，相傳爲孔子所作。

[3]荆州頌：源氏校勘記云："'荆'，《周書》作'神'。"

[4]枚乘二葉俱得游梁：指枚乘與枚皋父子二人都曾仕於西漢的諸侯國梁國。枚乘，人名。字叔，淮陰（今江蘇淮安市淮陰區）人。西漢辭賦家。　應貞兩世並稱文學：指應璩、應貞父子二人都以文學著名。應貞，人名。字吉甫，汝南南頓（今河南項城市）人。西晉文學家。見《晉書》卷九二《應貞傳》。這裏梁元帝用兩個典故稱贊顔之推、顔之儀兄弟二人的文學才華。

[5]鯁尉：心中的鬱悶得到寬解。

江陵平，之儀隨例遷長安，周明帝以爲麟趾學士。[1]稍遷司書上士。[2]武帝初建東宫，盛選師傅，以之儀爲侍讀。太子後征吐谷渾，在軍有過行，[3]鄭譯等並以不能匡弼坐譴，[4]唯之儀以累諫獲賞。即拜小宫尹，[5]封平陽縣男。[6]宣帝即位，[7]遷上儀同大將軍、御正中大夫，[8]進爵爲公。帝後刑政乖僻，昏縱日甚。之儀犯顔驟諫，雖不見納，終亦不止，深爲帝所忌。然以恩舊，每優容之。及帝殺王軌，[9]之儀固諫。帝怒，欲并致之於法。後以其諒直無私，乃舍之。

[1]麟趾學士：官名。北周明帝即位後，立麟趾學，以在朝公卿有文學者爲學士。初不分貴賤，後以于翼之議，定學士班次。亦有以他官參麟趾殿學士者，掌著述、刊校經史。

[2]司書上士：官名。北周時爲天官府屬官，員二人，掌保管

户籍、土寺圖形，考核登記收支情况以及耕地、六畜、山林川澤、有男女勞力等各種數據。正三命。

[3]過行：錯誤的行爲。

[4]鄭譯：人名。字正義，滎陽開封（今河南開封市）人。北周、隋朝官吏。見《北史》卷三五《鄭羲附鄭譯傳》。

[7]小宫尹：官名。即太子小宫尹，太子小宫尹上士的省稱。西魏恭帝三年置。爲太子宫尹下大夫之副職，助掌太子府政務。正三命。北周沿置。有時亦爲太子小宫尹中士之簡稱，太子宫尹下大夫屬官。正二命。

[6]平陽縣男：封爵名。平陽，縣名。治所在今山西臨汾市堯都區。

[7]宣帝：即北周宣帝宇文贇。宣爲其謚號。

[8]上儀同大將軍：官名。北魏武帝建德四年置，位在儀同大將軍上。授予有軍勳的功臣及其子弟，無具體職掌。初任此職者加使持節、大都督、車騎大將軍、散騎常侍，北周静帝大象元年罷，唯任總管、刺史及行兵者加持節。下置有長史、司馬、司録、中郎、掾、屬、參軍等府僚。九命。　御正中大夫：官名。西魏恭帝三年置，北周沿置。天官府御正司長官，正五命。明帝武成元年(559）於其上置上大夫，遂降爲副職。武帝建德二年省，以下大夫主司務，静帝大象元年復，仍在上大夫下。在皇帝左右，負責宣傳詔命，參議刑罰爵賞及軍國大事。頒發詔書時須其連署。

[9]王軌：人名。小名沙門，太原祁（今山西祁縣東南）人。北周將領。性質直，以進諫被誅。見《北史》卷六二《王軌傳》。

宣帝崩，劉昉、鄭譯等矯遺詔，[1]以隋文帝爲丞相，輔少主。之儀知非帝旨，拒而弗從。昉等草詔，署訖，逼之儀署。之儀厲聲謂昉等曰："主上升遐，[2]嗣子幼沖，阿衡之任，宜在宗英。[3]方今賢戚之内，趙王最長，以親以德，合膺重寄。公等備受朝恩，當盡忠報國，柰何一旦欲以神器假人！之儀有死而已，不能誣罔先帝。”於是昉等知不可屈，乃代之儀署而行之。隋文帝後索符璽，[4]之儀又正色曰：“此天子之物，自有主者，宰相何故索之？”於是文帝大怒，命引出，將戮之。然以其人望，乃止。出爲西疆郡守。[5]

[1]劉昉：人名。博陵望都（今河北唐縣東北）人。北周、隋朝官吏。見《北史》卷七四《劉昉傳》。

[2]升遐：又作“升假”“登遐”“登假”，帝王后妃死亡的借稱。

[3]阿衡之任宜在宗英：擔任國家輔弼之任的，應該是宗族當中的英才。阿衡，商代官名。師保之官。

[4]符璽：亦稱“璽符”。古代印信。秦朝以後專指帝王之御印。

[5]西疆：郡名。北周時治合川縣，在今甘肅迭部縣西。

及踐極，詔徵還京師，進爵新野郡公。[1]開皇五年，拜集州刺史。[2]在州清静，夷夏悦之。明年代還，遂優游不仕。十年正月，之儀例入朝。文帝望而識之，命引至御坐，謂之曰：“見危授命，臨大節而不可奪，古人所難，何以加卿。”乃賜錢十萬、米一百石。十一年卒。有文集十卷，行於世。

[1]新野郡公：封爵名。新野，郡名。北周時治新野縣，在今河南新野縣。

[2]開皇五年拜集州刺史：源氏校勘記云：“之儀至是受國賊之

禄，可惜可惜。”集州，隋朝時治難江縣，在今四川南江縣。

虞世基，字懋世，會稽餘姚人也。[1]父荔，[2]《南史》有傳。

[1]虞世基字懋世會稽餘姚人也：殿本校勘記云：“‘懋’，《隋書》作‘茂’。”源氏校勘記云：“《開河記》云：‘虞世基獻計，請用垂柳栽于汴梁兩堤上，一則樹根四枝鞠護河堤，二則牽舟之女獲其陰，三則牽舟之羊食其葉。上大喜。帝自種一株，群屬次第種，方及百姓。民謡曰“天子先栽，然後百姓栽”。栽畢，帝御筆賜垂柳姓楊，曰楊柳也。’”餘姚，縣名。治所在今浙江餘姚市。

[2]荔：即虞荔，人名。餘姚（今浙江餘姚市）人。南朝梁、陳官吏。見《南史》卷六九《虞荔傳》。

世基幼恬静，喜愠不形於色，博學有高才，兼善草隸。陳中書令孔奂見而歎曰：[1]“南金之貴，屬在斯人。”[2]少傅徐陵聞其名，[3]召之，世基不往。後因公會，陵一見而奇之，顧朝士曰：“當今潘、陸也。”[4]因以弟女妻焉。仕陳，累遷尚書左丞。陳主嘗於莫府山校獵，[5]令世基爲《講武賦》，於坐奏之。陳主嘉之，賜馬一匹。

[1]孔奂：人名。字休文，會稽山陰（今浙江紹興市）人。南朝陳官吏。見《南史》卷二七《孔靖附孔奂傳》。

[2]南金之貴屬在斯人：南方最有才華的人就是他。南金，南方出産的銅。後世用來比喻貴重的東西或者最優秀的人才。

[3]少傅：官名。即太子少傅，與太子太傅並稱太子二傅。協

助太子太傅監護、輔翼、教導太子。歷朝沿置。

[4]潘陸：即潘岳、陸機。

[5]莫府山：在今江蘇南京市附近。

及陳滅，入隋爲通直郎，直内史省。[1]貧無産業，每傭書養親，[2]怏怏不平，嘗爲五言詩以見情，文理悽切，世以爲工，作者無不吟詠。未幾拜内史舍人。[3]

[1]内史省：官署名。隋朝五省之一。隋朝時避隋文帝之父楊忠諱改中書省爲内史省，中書監、令改稱内史監、令。内史省置監、令各一員，尋廢監，置令二員，侍郎四員，舍人八員，通事舍人十六員，主書十員，録事四員。煬帝大業三年（607）減侍郎爲二員，減内史舍人爲四員，加置起居舍人二員，次舍人下，改通事舍人爲謁者臺，減主書爲四員。十二年改名内書省。

[2]傭書：古代受人雇傭，以抄書爲業。

[3]内史舍人：官名。隋朝内史省屬官，置八人。文帝開皇三年爲從五品，煬帝大業三年置四人，十二年改名内書舍人。

煬帝即位，顧遇彌隆。秘書監河東柳顧言，博學有才，罕所推謝，至是與世基相見，歎曰："海内當共推此一人，非吾儕所及也。"俄遷内史侍郎。[1]以母憂去職，哀毁骨立。有詔起令視事，拜見之日，殆不能起，令左右扶之，哀其羸瘠，詔令進肉。世基食，輒悲哽不能下筯。帝使謂曰："方相委任，宜爲國惜身。"前後敦勸者數矣。帝重其才，親禮逾厚，專典機密，與納言蘇威、左翊衛大將軍宇文述、黄門侍郎裴矩、御史大夫裴藴等參掌朝政。[2]

[1]内史侍郎：官名。隋朝内史省次官。員四人。正四品。煬帝大業三年減爲二員。十二年改内書侍郎。

[2]納言：官名。亦作“内言”。隋朝時爲避隋文帝之父楊忠諱改侍中爲納言。門下省長官，職責主要是承上啓下、宣傳上命、受奏納言。正三品。　蘇威：人名。字無畏，武功（今陝西武功縣西北）人。北周、隋朝官吏。見《北史》卷六三《蘇綽附蘇威傳》。　左翊衛大將軍：官名。隋文帝時設，與右翊衛大將軍共掌宫廷禁衛。正三品。煬帝時一度改稱，至大業十三年復此稱，領驍騎衛士。　宇文述：人名。字伯通，代郡武川（今内蒙古武川縣西）人。隋朝大臣。見《北史》卷七九《宇文述傳》。　裴矩：人名。字弘大，河東聞喜（今山西聞喜縣）人。隋朝、唐朝官吏。見《北史》卷三八《裴佗附裴矩傳》。　御史大夫：官名。御史臺長官。掌管監察彈劾百官，地位尊顯。隋朝避隋文帝之父楊忠諱，改御史中丞爲此。專掌監察彈劾百官。從四品。　裴藴：人名。河東聞喜（今山西聞喜縣）人。南朝陳、隋朝官吏。見《北史》卷七四《裴藴傳》。

時天下多事，四方表奏，日有百數。帝方凝重，事不廷決，入閤之後，始召世基口授節度。世基至省，方爲敕書，日且百紙，[1]無所遺繆。遼東之役，進位金紫光禄大夫。後從幸雁門，[2]爲突厥所圍，[3]戰士多敗。世基勸帝爲賞格，親自撫循，乃下詔停遼東事。[4]帝從之，師乃復振。及圍解，勳格不行，[5]又下伐遼之詔，由是言其詐衆，朝野離心。帝幸江都，[6]次鞏縣，[7]世基以盗賊日盛，請發兵屯洛口倉，[8]以備不虞。帝不從，但答云：“卿是書生，定猶恇怯。”

[1]且：底本作“旦”。殿本校勘記云：“‘旦’,《隋書》作‘且’。”中華本校勘記云：“各本‘且’作‘旦’，汲本及《隋書》卷六七、《通志》卷一七六《虞世基傳》作‘且’，今從汲本。”今從改。

[2]雁門：地名。在今山西代縣。

[3]突厥：族名。廣義上包括鐵勒、突厥各部落，狹義上則專指突厥汗國。公元六世紀初興起於金山（今阿爾泰山）西南麓，爲游牧部落。西魏廢帝二年，建立突厥汗國，隋文帝開皇三年，分裂爲東西二部。見《北史》卷九九《突厥傳》。

[4]世基勸帝爲賞格親自撫循乃下詔停遼東事：中華本校勘記云：“《隋書》《通志》‘乃’字作‘又’。按據文義，‘乃’當是‘及’之訛。”可從。

[5]勳格：懸賞所定的功勳品級。

[6]江都：地名。在今江蘇揚州市西南。

[7]鞏縣：治所在今河南鞏義市縣。

[8]洛口倉：地名。又名興洛倉，在今河南鞏義市河洛鎮七里鋪村以東。

于時天下大亂，世基知帝不可諫正，又以高熲、張衡等相繼誅戮，[1]懼禍及己，雖居近侍，唯諾取容，[2]不敢忤意。盜賊日甚，郡縣多没，世基知帝惡數聞之，後有告敗者，乃抑損表狀，不以實聞。是後外間有變，帝弗之知也。嘗遣太僕卿楊義臣捕盜河北，[3]降賊數十萬，列狀上聞。帝歎曰：“我初不聞賊頓如此，義臣列降賊何多也?”世基曰：“鼠竊雖多，未足爲慮。義臣剋之，擁兵不少，久在閫外，此最非宜。”帝曰：“卿言是也。”遽追義臣，放其兵散。又越王侗遣太常丞元善達間行賊中，[4]詣江都奏事，稱："李密有衆數萬，[5]圍逼京都。賊據洛口倉，城内無食。若陛下速還，烏合必散。不然者，東都决没。"因歔欷嗚咽，帝爲改容。世基見帝色憂，進曰："越王年小，此輩誑之。若如所言，善達何緣得至？"帝勃然怒曰："善達小人，敢廷辱我！"因使經賊中，向東陽催運。[6]善達遂爲群盜所殺。此後外人杜口，莫敢以賊聞奏。

[1]高熲：人名。一作"獨孤熲"，字昭玄，一名敏，勃海蓨（今河北景縣）人。北周、隋朝大臣。見《北史》卷七二《高熲傳》。　張衡：人名。字建平，河内（今河南沁陽市）人。北周、隋朝官吏。見《北史》卷七四《張衡傳》。

[2]唯諾取容：中華本校勘記云："諸本'諾'作'諂'。《隋書》《通志》作'諾'。按'唯唯諾諾'成語，今據改。"今從改。

[3]太僕卿：官名。西周時始設。魏晋南北朝時常作爲太僕的尊稱。掌管皇帝車馬以及全國畜牧政令。隋初爲正三品，煬帝改爲從三品。　楊義臣：人名。代（今山西大同市東北）人。隋朝官吏。本姓尉遲氏，以其父盡忠於楊堅，賜姓楊氏，編入宗室屬籍貫。見《北史》卷七三《楊義臣傳》。

[4]越王侗：即楊侗。隋煬帝之孫，隋朝末代皇帝。見《北史》卷七一《元德太子昭附越王侗傳》。　太常丞：官名。兩漢魏晋南北朝爲太常副貳，掌管宗廟祭祀禮儀的具體事務，總管本府諸曹，參議禮制。兩漢多用博士、議郎充任。員一人。隋初爲從六品，煬帝時改爲從五品。

[5]李密：人名。字法主，京兆長安（今陝西西安市長安區）人。隋末起義軍首領。見《北史》卷六〇《李弼附李密傳》。

[6]東陽：城名。在今山東青州市。

世基氣貌沈審，言多合意，是以特見親愛，朝臣無與爲比。其繼室孫氏，性驕淫，世基惑之，恣意奢靡，彫飾器服，無復素士之風。孫復攜前夫子夏侯儼入世基舍，而頑鄙無賴，爲其聚斂，鬻官賣獄，賄賂公行，其門如市，金寶盈積。其弟世南素國士，[1]而清貧不立，未曾有所贍。由是爲論者所譏，朝野咸共疾怨。宇文化及之弒逆也，[2]世基乃見害。

[1]世南：即虞世南，人名。字伯施，越州餘姚（今浙江餘姚市）人。隋唐官吏。見《舊唐書》卷七二《虞世南傳》。

[2]宇文化及：人名。代郡武川（今内蒙古武川縣西）人。隋朝官吏。見《北史》卷七九《宇文述附宇文化及傳》。

長子肅，好學多才藝，[1]時人稱有家風。弱冠早没。

[1]好學多才藝：底本無“多”字。中華本校勘記：“諸本脱‘多’字，據《隋書》《通志》補。”今從改。

肅弟熙，大業末爲符璽郎。[1]次子柔、晦，並宣義郎。[2]化及將亂之夕，宗人虞伋知而告熙曰：“事勢已然，吾將濟卿南度，且得免禍，同死何益。”熙曰：“棄父背君，求生何地，感尊之懷，自此訣矣。”及難作，兄弟競請先死，行刑人先世基殺之。

[1]大業：隋煬帝的年號（605—617）。　符璽郎：官名。漢朝時有尚符璽郎（尚符璽郎中），爲符節令屬官，掌保管璽印符節，

三國魏時稱符璽郎（符璽郎中）。七品。西晉時省。北魏復置。隋初罷，煬帝大業三年改符璽監爲符璽郎，爲門下省符璽局長官。員二人，從六品。

[2]宣義郎：官名。隋朝謁者臺之職官。煬帝大業三年設，主出使。四十人。正七品。

柳䛒，[1]字顧言，河東人也。世仕江南，居襄陽。[2]祖惔，[3]《南史》有傳。

[1]柳䛒：底本作“柳誓”。源氏改“誓”作“䛒”，其校勘記云：“與辯同，俗從功從巧，巧言曰辯。《正字通》‘隋有柳䛒。’《隋書》並同，無作‘誓’者。《北史》别本亦然。此本誤。”今從改。下同。不再出注。

[2]襄陽：郡名。隋朝時治襄陽縣，在今湖北襄樊市。

[3]惔：即柳惔，人名。字文通，河東解（今山西臨猗縣）人。南朝齊、梁官吏。見《南史》卷三八《柳元景附柳惔傳》。

䛒少聰敏，解屬文，好讀書，所覽將萬卷。仕梁，爲著作佐郎。[1]後蕭察據荆州，[2]以爲侍中，領國子祭酒、吏部尚書。及梁國廢，拜開府，爲内史侍郎。以無吏幹，轉晋王諮議參軍。[3]王好文雅，招引才學之士諸葛潁、虞世南、王胄、朱瑒等百餘人以充學士，而䛒爲之冠。王以師友處之，每有文什，必令其潤色，然後示人。嘗朝京還，作《歸藩賦》，命䛒爲序，詞甚典麗。初王屬文，效庾信體，及見䛒後，文體遂變。

[1]著作佐郎：官名。三國魏明帝時置佐著作郎，協助著作郎

修撰國史及起居注。東晋時改此名。一説南朝宋時改稱，屬著作省（局），掌搜集史料，供著作郎撰史。本用文學之士，但在南北朝後期，因其職務清閑，成爲士族高門子弟的起家之官。

[2]蕭察：人名。字理孫。西梁的開國皇帝。見《北史·蕭詧傳》。源氏校勘記云："'察'，《隋書》及《梁書》作'詧'。"按：《北史》卷九三《蕭詧傳》亦作"詧"。

[3]晋王：即楊廣。　諮議參軍：官名。東晋、南朝時王府、丞相府、公府、位從公府、州軍府皆有置者，無定員，亦不常置，職掌不定，其位甚尊，在列曹參軍上，州所置者常帶大郡太守，且有越次行府州事者。南朝梁、陳時皆依府主地位而定。北魏、北齊、隋朝時多稱諮議參軍事。

仁壽初，[1]引爲東宫學士，加通直散騎常侍，檢校洗馬，[2]甚見親重，每召入卧内，與之宴謔。晉尤俊辯，多在侍從，有所顧問，應答如響。性嗜酒，言雜誹諧。由是彌爲太子所親狎。以其好内典，令撰《法華玄宗》，爲二十卷上之，太子大悦，賞賜優洽，儕輩莫比。

[1]仁壽：隋文帝的年號（601—604）。

[2]檢校：官制用語。勾稽查核之意，加於官名之上，以他官派辦某事，加"檢校"。　洗馬：官名。即太子洗馬。掌太子圖籍、經書，太子出行則前導威儀。隋朝時隸太子門下坊司經局。初置四員，煬帝時減爲二員。從五品上。

煬帝嗣位，拜秘書監，封漢南縣公。[1]帝退朝後，便命入閤，[2]言宴諷讀，終日而罷。帝每與嬪后對酒，時逢興會，輒遣命之至，與同榻共席，恩比友朋。帝猶恨不能夜召，[3]乃命匠刻木爲偶人，施機關，能坐起拜伏，以像䛒。帝每月下對飲酒，[4]輒令宫人置於座，與相酬酢，而爲歡笑。從幸揚州，[5]卒，帝傷惜者久之。贈大將軍，謚曰康。

[1]漢南縣公：封爵名。漢南，縣名。治所在今湖北宜城市。

[2]䛒：底本作“問”。源氏校勘記改“問”作“䛒”。中華本校勘記云：“諸本‘䛒’訛作‘問’，據《隋書》卷五八、《通志》卷一七六《柳䛒傳》改。”今從改。

[3]帝：底本作“常”。中華本校勘記云：“諸本‘帝’訛作‘常’，據《隋書》《通志》改。”今從改。

[4]帝每月下對飲酒：中華本校勘記云：“李慈銘云：‘《隋書》無“飲”字，此必後人妄加。’”可從。

[5]揚州：隋朝時治壽春縣，在今安徽壽縣。

䛒撰《晋王北伐記》十五卷，有集十卷行於世。

許善心，字務本，高陽北新城人也。[1]祖茂、父亨，並《南史》有傳。

[1]北新城：縣名。治所在今河北徐水縣西南。

善心九歲而孤，爲母范氏所鞠養。幼聰明，有思理，所聞輒能記，多聞默識，爲當世所稱。家有舊書萬餘卷，皆遍通涉。十五解屬文，爲牋上父友徐陵。陵大奇之，謂人曰：“此神童也。”太子詹事江總舉秀才，[1]對策高第，授度支郎中，[2]補撰史學士。[3]

[1]太子詹事：官名。魏晋以來，太子宫設，掌太子宫内庶務及領諸侍奉之臣，故有此稱。初不常設，自晋惠帝後常設。詹事負輔導太子之責，兼掌東宫一切事務、官屬。兩晋南北朝東宫地位極重，官屬齊備，擬於朝廷，時號“宫朝”，諸衛率各領其兵，常任征伐，詹事總領宫朝，當是稱其職比朝廷之尚書令。晋、南朝宋三品，梁十四班，陳三品、中二千石。　江總：人名。字總持，濟陽考城（今河南民權縣東北）人。南朝梁、陳官吏。見《南史》卷三六《江夷附江總傳》。

[2]度支郎中：官名。三國兩晋南北朝尚書省度支曹長官的通稱，亦稱度支郎，資深勤能者可轉侍郎，隸瀆職尚書。魏、晋、南朝宋六品，梁五品，陳四品，六百石。

[3]撰史學士：官名。南朝梁置，秘書省屬官，參與修撰國史。陳沿置。

禎明二年，[1]加通直散騎常侍聘隋。遇文帝伐陳，禮成而不獲反命。累表請辭，上不許，留縶賓館。及陳亡，上遣使告之。善心素服號哭於西階下，藉草東向，[2]經三日，敕書唁焉。明日，有詔就館拜通直散騎常侍，賜衣一襲。善心哭盡哀，入房改服，復出北面立，垂涕再拜受詔。明日，乃朝服泣於殿下，悲不能興。上顧左右曰：“我平陳國，唯獲此人。既能懷其舊君，即我誠臣也。”敕以本官直門下省，[3]賜物千段、草馬二十匹。[4]從幸太山，[5]還，授虞部侍郎。[6]

[1]禎明：南朝陳後主的年號（587—589）。

[2]藉草：古人爲父母居喪，要睡卧柴草上。表示極度悲傷。

[3]門下省：官署名。西晋時置，掌尚書事。兼掌侍從左右，

出納詔命，顧問應對。歷朝沿置。從隋朝開始爲三省六部制的一個省，負責侍從諫諍、審議政令。

[4]賜物千段草馬二十匹：中華本校勘記云："《隋書》卷五八《許善心傳》'草'作'皁'。《通志》卷一七六《許善心傳》無'草'字。"可從。草馬，母馬。章炳麟《新方言·釋動物》："今北方通謂牝馬曰草馬。"

[5]太山：即泰山。在今山東泰安市。

[6]虞部侍郎：官名。隋朝尚書省工部虞部司長官。置一員。正六品上。文帝開皇三年加爲從五品，煬帝大業三年改爲虞部郎。

十六年，有神雀降於含章闥。[1]上召百官賜宴，告以此瑞。善心於坐請紙筆，製《神雀頌》奏之。上甚悦曰："我見神雀，共皇后觀之。今旦召公等入，[2]適述此事。善心於坐始知，即能成頌。文不加點，筆不停毫，[3]常聞此言，今見其事。"因賜物二百段。十七年，除秘書丞。時祕藏圖籍，尚多淆亂。善心效阮孝緒《七録》，[4]更制《七林》，各爲總叙，冠於篇首，[5]又於部録之下明作者之意，區分類例焉。又奏追李文博、陸從典等學者十許人，[6]正定經史錯謬。仁壽元年，攝黄門侍郎。二年，加攝太常少卿，[7]與牛弘等議定禮樂，[8]秘書丞、黄門並如故。四年，留守京師。帝崩于仁壽宫，[9]煬帝祕不發喪，先易留守官人，[10]出除巖州刺史。[11]逢漢王諒反，[12]不之任。

[1]神雀：鳥名。或謂即鳳。

[2]旦：底本作"且"。中華本校勘記云："諸本'旦'訛作'且'，據《隋書》改。"今從改。

［3］文不加點筆不停毫：形容寫文章一氣呵成，無須修改。

［4］阮孝緒：人名。字士宗，陳留尉氏（今河南尉氏縣）人。南朝梁目録學家。見《梁書》卷五一《阮孝緒傳》。

［5］各爲總叙冠於篇首：底本無“爲”字。中華本校勘記云：“諸本脱‘爲’字，據《隋書》《通志》補。”今從改。

［6］陸從典：人名。字由儀，吴郡吴（今江蘇蘇州市）人。見《南史》卷四八《陸慧曉附陸從典傳》。

［7］太常少卿：官名。北魏時置，爲太常副職，協助太常卿管理禮樂、宗廟祭祀事務。位在太常丞上。隋初沿置。煬帝增爲員二人。從四品。

［8］牛弘：人名。字里仁，安定鶉觚（今甘肅靈臺縣）人，本姓寮，北魏時其父爲侍中，賜姓牛。隋朝大臣。見《北史》卷七二《牛弘傳》。

［9］仁壽宫：在今陝西麟游縣。

［10］先易留守官人：底本作“先易留宫人”。殿本校勘記云：“‘留’字下《隋書》有‘守’字。蓋承上文善心留守京師而言也。”源氏校勘記云：“‘宫’，《隋書》作‘官’。”中華本校勘記云：“諸本‘守官’二字作‘宫’一字，《隋書》作‘守官’二字。按上文言善心‘留守京師’，下文言‘出除巖州刺史’，即因善心是留守官之一，故被出。若作‘宫’，則似指仁壽宫，與上下文意不符。今據補改。”今從改。

［11］巖州：隋朝時治林慮縣，在今河南林州市。

［12］漢王諒：即楊諒，人名。字德章，一名傑，小字益錢，弘農華陰（今陝西華陰市東南）人。隋朝宗室。見《北史》卷七一《庶人諒傳》。

大業元年，轉禮部侍郎，[1]奏薦儒者徐文遠爲國子博士，[2]包愷、陸德明、褚徽、魯世達之輩，[3]並加品秩，授爲學官。[4]其年，副納言楊達爲冀州道大使，[5]以稱旨，賜物五百段。

[1]禮部侍郎：官名。隋朝禮部司長官。掌禮部司事。正六品上。隋文帝開皇三年升爲從五品。隋煬帝大業三年，升爲禮部副長官，以佐尚書掌部事。禮部司長官改稱儀曹郎。

[2]徐文遠：人名。洛州偃師（今河南偃師市）人。隋末唐初大儒。見《舊唐書》卷一八九上《徐文遠傳》。

[3]包愷：人名。字和樂，東海（今山東郯城縣）人。隋朝官吏、學者。見《隋書》卷七五《包愷傳》。　陸德明：即陸元朗，人名。字德明。吴（今江蘇蘇州市）人。南朝陳、隋朝、唐朝官吏，經學家、訓詁學家。見《舊唐書》卷一八九上《陸德明傳》。　褚徽：人名。字高明，吴郡（今江蘇蘇州市）人，以三禮學稱於江南。見《隋書》卷七五《褚輝傳》。中華本《隋書·褚輝傳》作“褚輝”。　魯世達：人名。餘杭（今浙江杭州市）人。隋朝學者。見《隋書》卷七五《魯世達傳》。

[3]楊達：人名。字士達，弘農華陰（今陝西華陰市東南）人。隋朝宗室。見《北史》卷六八《楊紹附楊達傳》。

[4]學官：泛指在官學（包括國子學及地方州郡學等）中任教及任職者，如祭酒、博士、助教等。

[5]冀州道：監察區名。隋朝時治信都縣，在今河北冀州市。　大使：代表皇帝的特派使臣。

左衛大將軍宇文述每日借本部兵數十人以供私役，[1]常半日而罷。御史大夫梁毗奏劾之。[2]上方以腹心委述，初付法官推，[3]千餘人皆稱被役。經二十餘日，法官候伺上旨，乃言役不滿日，其數雖多，不合通計，縱令有實，亦無罪。諸兵士聞之，更云初不被役。上欲釋之，付議虚實，百僚咸議爲虚。善心以爲“述於仗衛之所，抽兵私役，雖不滿日，闕於宿衛，與常役所部，情狀乃殊。又兵多下番，散還本府，分道追至，不謀同辭。今殆一月，方始翻覆，姦狀分明，此何可捨?”蘇威、楊汪等二十餘人同善心議，[4]其餘皆議免罪。煬帝可免者之奏。後數月，述譖善心曰：“陳叔寶卒，善心共周羅睺、虞世基、袁充、蔡徵等同往送葬。[5]善心爲祭文，謂爲‘陛下’。敢於今日加叔寶尊號。”召問有實，自援古例，事得釋，而甚惡之。[6]又太史奏帝即位年與堯時符合，[7]善心議以國哀甫爾，[8]不宜稱賀。述諷御史劾之，左遷給事郎，[9]降品二等。

[1]左衛大將軍：官名。隋朝時置，掌宫掖禁衛，督攝仗衛。煬帝大業三年改爲左翊衛大將軍，總督府事，並統諸鷹揚府。員一人。正三品。

[2]梁毗：人名。字景和，安定烏氏（今甘肅涇川縣東）人。北周、隋朝官吏。見《北史》卷七七《梁毗傳》。

[3]初付法官推：《隋書》卷五八《許善心傳》作“初付法推”。語意不通。

[4]楊汪：人名。字元度，弘農華陰（今陝西華陰市東南）人。隋朝官吏。見《北史》卷七四《楊汪傳》。

[5]陳叔寶：人名。字元秀，南朝陳皇帝。見《南史》卷一〇《後主紀》。　袁充：人名。字德符，陳郡陽夏（今河南太康縣）人。南朝陳、隋朝官吏。見《隋書》卷六九《袁充傳》。　蔡徵：人名。字希祥，初名覽，濟陽考城（今河南蘭考縣東北）人。初仕陳，後入隋。見《陳書》卷二九《蔡徵傳》。

[6]事得釋而甚惡之：中華本校勘記云：“《隋書》‘而’下有

‘帝’字，是。”當是。

[7]太史：官名。太史監的省稱。隋煬帝大業三年改太史令爲太史監，掌天文、曆法及星象觀測。從五品。

[8]甫爾：初始。爾，語末助詞。

[9]給事郎：官名。隋文帝開皇六年尚書省吏部置，八郎之一，正八品上，爲散官，常出使監察。煬帝大業三年罷，並取其名置於門下省，位黄門侍郎下，掌省讀奏案，即前代給事中之職。員四人。從五品。

四年，撰《方物志》，奏之。七年，從至涿郡。[1]帝方自御戎以東討，善心上封事，忤旨免官。其年復徵守給事郎。帝嘗言及文帝受命之符，因問鬼神之事，敕善心與崔祖濬撰《靈異記》十卷。[2]

[1]涿郡：隋朝時治薊縣，在今北京西南。

[2]崔祖濬：即崔賾，人名。字祖濬，博陵安平（今河北安平縣）人。隋朝官吏。見《北史》卷八八《崔廓附崔賾傳》。源氏校勘記云：“‘濬’，《隋書》作‘璿’。”

初，善心父撰著《梁史》，未就而歿。善心述成父志，修續家書。其序傳末述制作之意，曰：

謹按太素將萌，洪荒初判；[1]乾儀資始，辰象所以王時；[2]坤載厚生，品物於焉播氣。參三才而育德，肖二統而降靈。[3]有黎人焉，爲之君長；[4]有貴賤矣，爲其宗極。保上天之睠命，[5]膺下土之樂推，[6]莫不執太方，振長策，感召風雲，驅馳英俊。干戈揖讓，取之也殊功；鼎玉龜符，成之也一致。

革命創制，竹素之道稍彰；[7]紀事記言，筆墨之官漸著。炎農以往，[8]存其名而漏其迹；黄軒以來，[9]晦其文而顯其質。[10]登丘納麓，具訓誥及典謨；[11]貫昂入房，傳夏正與殷祀。[12]洎辨方正位，論時計功，[13]南北左右，兼四名之别；檮杌、乘車，[14]擅一家之稱。國惡雖諱，君舉必書。故賊子亂臣，天下大懼，[15]元龜明鏡，昭然可察。及三郊遞襲，[16]五勝相沿，[17]俱稱百谷之王，並以四海自任。[18]重光累德，何世無哉。

[1]太素將萌洪荒初判：天地即將分化、形成的時期。太素，古代對原始物質的稱呼，引申爲天地。洪荒，混沌、蒙昧的狀態，引申爲遠古天地尚未形成的時期。

[2]王：中華本作“正”。源氏校勘記云：“‘王’，《隋書》作‘正’。”

[3]參三才而育德肖二統而降靈：探究天、地、人三才的關係以提升德，仿效天地陰陽才能有靈性。三才，指天、地、人。《易·繫辭下》：“有天道焉，有人道焉，有地道焉，兼三材而兩之。”二統，這裏指天、地、人均有陰、陽。

[4]爲之：源氏校勘記云：“‘爲之’，《隋書》作‘樹之’。”

[5]保上天之睠（juàn）命：獲得上天的垂愛和重任。語出《尚書·大禹謨》：“皇天眷命，奄有四海，爲天下君。”

[6]膺下土之樂推：得到天下老百姓的擁戴。語出《老子》：“是以聖人處上而民不重，處前而民不害，是以天下樂推而不厭。”

[7]竹素：即竹帛。多指史册、書籍。

[8]炎農：炎帝，傳説即神農氏。見《史記》卷一《五帝本紀》《集解》引皇甫謐曰：“《易》稱庖犧氏没，神農氏作，是爲炎

帝。”

［9］黄軒：黄帝，號軒轅氏。上古部落聯盟的首領。見《史記》卷一《五帝本紀》。

［10］質：源氏校勘記云：“‘質’，《隋書》作‘用’。”

［11］登丘：疑是“登庸”，選拔任用。《尚書·堯典》：“帝曰：疇諮若時登庸。”孔傳：“籌，誰。庸，用也。誰能咸熙庶績，順是事者，將登用之。” 納麓：總攬大政。《尚書·舜典》：“納于大麓，烈風雷雨弗迷。” 訓、誥、典、謨：《尚書》的體例，這裏指遠古堯、舜的傳位過程，在《尚書》中都有記載。

［12］貫昴入房傳夏正與殷祀：大禹出生，開始了夏代、商代的歷史。貫昴入房，指大禹出生的傳説。《史記》卷二《夏本紀》《正義》引《帝王世紀》云：“父鯀妻脩己見流星貫昴，夢接意感，又吞神珠薏苡，胸坼而生禹。”

［13］計功：源氏校勘記云：“《隋書》作‘訓功’。”

［14］檮（táo）杌（wù）乘車：《孟子·離婁下》：“晋之《乘》，楚之《檮杌》，魯之《春秋》，一也。”意思是當時各國都有自己的史書，晋國的是《乘》，楚國的是《檮杌》，魯國的是《春秋》。車，此處難解，疑有訛誤。

［15］賊子亂臣天下大懼：《孟子·滕文公下》：“昔者禹抑洪水，而天下平；周公兼夷狄，驅猛獸，而百姓寧；孔子成《春秋》，而亂臣賊子懼。”孔子删定《春秋》後，其中包含的“褒貶進退”的春秋大義，讓亂臣賊子感到恐懼。

［16］三郊：大的諸侯國。古代諸侯的行政區劃，大國分爲三郊三遂，因以“三郊”指大國諸侯。

［17］五勝：五行相勝（即五行相克），水勝火、火勝金、金勝木、木勝土、土勝水。中國古代以五行説附和王朝更替。

［18］俱稱百谷之王並以四海自任：都把自己看作“百谷王”，都認爲自己是能撫育四海的人。語出《道德經》：“江海之所以能爲百谷王者，以其善下之，故能爲百谷王。”

逮有梁之興，君臨天下，江左建國，莫斯爲盛。受命在於一君，繼統傳乎四主。克昌四十八載，[1]餘祚五十六年。武皇帝出自諸生，爰升寶歷。[2]拯百王之獘，救萬姓之危，反澆季之末流，[3]登上皇之獨道。朝多君子，[4]野無遺賢，[5]禮樂必備，憲章咸舉，弘深慈於不殺，濟大忍於無刑。蕩蕩巍巍，可爲稱首。屬陰戎入潁，羯胡侵洛；[6]沸騰墋黷，三季之所未聞；掃地滔天，一元之所巨厄。[7]廊廟有序，翦成狐兔之場；[8]珪帛有儀，碎夫犬羊之手。[9]福善積而身禍，仁義存而國亡，[10]豈天道歟？豈人事歟？嘗別論之，在於序論之卷。

[1]克昌：子孫昌大。《詩·周頌·雝》："燕及皇天，克昌厥後。"鄭玄箋："文王之德安及皇天……又能昌大其子孫。"

[2]寶歷：指皇位。

[3]澆季：道德風俗浮薄的末世。

[4]多：南監本作"夕"。源氏校勘記改"夕"爲"多"。

[5]野無遺賢：有才能的人都能被任用。語出《尚書·大禹謨》："野無遺賢，萬邦咸寧。"

[6]陰戎入潁羯胡侵洛：指東晋時期北方多個游牧民族趁西晋王朝衰弱空虚之際大規模南下建立政權的十六國時期。陰戎、羯胡，泛指北方少數民族。潁、洛，潁川、洛陽，泛指中原地區。

[7]沸騰墋（chěn）黷（dú）三季之所未聞掃地滔天一元之所巨厄：殿本校勘記云："此（三季之所未聞）與下文'一元之所巨厄'句，《隋書》本無兩'所'字。"中華本校勘記云："《隋書》'三季'下無'之'字，'巨厄'上無'所'字。按'一元之所巨

厄’不可通。疑此二字衍。”可從。墋黷，源氏校勘記云：“陸機《漢功臣贊》：‘茫茫宇宙，上墋下黷。’注垢濁也。《隋書》從石者，非是。雜沙也。”誤。墋黷，混沌不清的樣子。

[8]廊廟有序翦成狐兔之場：朝廷中壞人當道。廊廟，殿下屋和廟堂，指朝廷。狐兔，狐狸和兔子，喻壞人、小人。

[9]珪帛有儀碎夫犬羊之手：傳統的華夏正統，被外族破壞。圭帛，古代祭祀時用的圭玉和束帛，是禮器。犬羊，對外敵的蔑稱。源氏校勘記云：“‘夫’,《隋書》作‘大’。”中華本《隋書》卷五八作“夫”。

[10]仁義存而國亡：源氏校勘記云：“‘存’,《隋書》作‘在’。”

先君昔在前代，早懷述作，凡撰《齊書》爲五十卷；《梁書》紀傳，隨事勒成及闕而未就者，目録注爲一百八卷。梁室交喪，墳籍銷盡。冢壁皆殘，不準無所盜；[1]帷囊同毀，陳農何以求！[2]秦儒既坑，先王之道將墜；漢臣徒請，口授之文亦絶。[3]所撰之書，一時亡散。有陳初建，詔爲史官，補闕拾遺，心識口誦，依舊目録，更加修撰，且成百卷，已有六帙五十八卷上祕閤訖。[4]

[1]冢壁皆殘不準無所盜：指晋武帝太康元年（280），不準盜掘魏襄王墓的事情。不準，人名。汲郡（今河南衛輝市）人，在武帝太康元年盜掘戰國時期魏襄王陵墓。使得藏在墓中、寫在竹簡上的史書被發現，這些史書就是後來的《竹書紀年》。

[2]帷囊同毀陳農何以求：東漢末年，獻帝西遷，軍民把寫有文字、圖畫的縑帛當作裝東西的背囊，導致很多珍貴的圖書資料被

毀壞。這種情况下，即使有像陳農那樣的搜訪官，又能找到什麽書呢？陳農，人名。漢成帝時的官吏，遵照成帝旨意，到處搜訪書籍。《漢書·藝文志》："（武帝時）建藏書之策，置寫書之官，下及諸子傳説，皆充祕府。至成帝時，以書頗散亡，使謁者陳農求遺書於天下。"

[3]秦儒既坑先王之道將墜漢臣徒請口授之文亦絶：指秦始皇焚書坑儒，導致先秦的典籍消失殆盡，雖然漢朝又重新搜訪、口授記録書籍，可是因爲東漢末年的戰亂，一切又都被破壞了。口授，指漢武帝聽説伏生可以講授《書》，就請他到朝廷。可是伏生已經九十歲了，於是武帝就派鼂到伏生家中聽伏生口授的事情。見《漢書》卷八八《伏生傳》。

[4]祕閣：源氏校勘記云："（閤）《隋書》作'閣'。"

善心早嬰荼蓼，弗克荷薪，[1]太建之末，[2]頻抗表聞，至德之初，[3]蒙授史任。方願緗素採訪，[4]門庭記録，俯勵弱才，仰成先志。而單宗少强近，[5]虚室類原、顔，[6]退屏無所交游，栖遲不求進益。[7]假班嗣之書，徒聞其語；[8]給王隱之筆，未見其人。[9]加以庸瑣凉能，孤陋末學，參職郎署，兼撰陳史，致此書延時，未即成續。禎明二年，以臺郎入聘，屬本邑淪覆，他鄉播遷，行人失時，將命不復。望都亭而長慟，還别館而懸壺。家史舊書，在後蕩盡。今止有六卷獲存，[10]又並缺落失次。自入京邑以來，[11]隨見補葺，略成七十卷：[12]《四帝紀》八卷，《后妃》一卷，《三太子録》一卷，爲一帙十卷；《宗室王侯列傳》一帙十卷；《具臣列傳》二帙二十卷；《外戚傳》一卷，《孝德傳》一卷，《誠臣傳》一卷，《文苑傳》二卷，《儒林傳》二卷，《逸人傳》一卷，《數術傳》一卷，《藩臣傳》一卷，合一帙十卷；《止足傳》一卷，《列女傳》一卷，《權幸傳》一卷，[13]《羯賊傳》二卷，《逆臣傳》二卷，《叛臣傳》二卷，《叙傳論述》一卷，合一帙十卷。凡稱史臣者皆先君所言，下稱名案者皆善心補闕。别爲《叙論》一篇，託于叙傳之末。

［1］早嬰荼蓼弗克荷薪：早年家境困苦，很早就不得不去擔柴。荼蓼，荼味苦，蓼味辛，因比喻艱難困苦。荷薪，擔柴。

［2］太建：南朝陳宣帝的年號（569—582）。

［3］至德：南朝陳後主的年號（583—586）。

［4］緗素：淺黄色的細絹。古代多用來作書衣，漸成爲書卷的代稱。

［5］强近：近親。

［6］虚室類原顔：家裏像原憲和顔回那樣貧窮。原、顔，人名。原憲和顔回，兩人都是孔子弟子，都以安貧樂道著稱。

［7］栖遲：滯留。

［8］假班嗣之書徒聞其語：桓譚向班嗣借書的事情，衹是聽説。班嗣，人名。班彪的堂兄。西漢末年經學家，然好老莊，家中多書，揚雄、王充等都曾登門受學。見《漢書》卷一百《叙傳》。

［9］王隱：人名。字處叔，陳郡陳（今安徽淮陽縣）人。西晋官吏。曾撰《晋書》。見《晋書》卷八二《王隱傳》。

［10］今止有六卷獲存：源氏校勘記云："'六'下《隋書》有'十八'二字。"中華本校勘記云："《隋書》作'六十八卷'。"可從。

［11］自入京邑以來：中華本校勘記云："諸本'來'訛作

‘求’，據《隋書》改。”今從改。

[12]略成七十卷：中華本校勘記云：“按下列紀傳合計共六帙六十卷，相差十卷。疑數字有誤。”可從。

[13]幸：毛本、局本作“宰”。殿本校勘記云：“‘幸’，監本訛‘宰’。今從《隋書》及南本。”

十年，又從至懷遠鎮，[1]加授朝散大夫。[2]突厥圍雁門，[3]攝左親侍武賁郎將，領江南兵宿衛殿省。[4]駕幸江都，追叙前勳，授通議大夫，[5]詔還本品，行給事郎。

[1]懷遠鎮：軍鎮名。在今遼寧遼中縣。

[2]朝散大夫：官名。隋文帝時始置，爲正四品文散官。煬帝大業三年爲從五品。

[3]突厥圍雁門：指隋煬帝大業十年發生的煬帝北巡，被突厥始畢可汗圍困在雁門關的事情。

[4]殿省：殿即宫殿，爲皇帝起居、理政之處。殿省指皇宫中諸官署，如尚書、中書等。

[5]通議大夫：官名。隋朝時設，爲從四品文散官。

十四年，化及弑逆之日，隋官盡詣朝堂謁賀，善心獨不至。許弘仁馳告曰：[1]“天子已崩，宇文將軍攝政，合朝文武，莫不咸集。天道人事，自有代終，何預叔而低徊若此？”善心怒之，不肯隨去。弘仁返走上馬，泣而言曰：“將軍於叔全無惡意，忽自求死，豈不痛哉！”還告唐奉義，[2]以狀白化及，遣人就宅執至朝堂。化及令釋之，善心不舞蹈而出。[3]化及目送之，曰：“此大負氣。”命捉來，駡云：“我好欲放你，敢如此不遜！”其黨輒牽曳，遂害之。及越王稱制，贈左光禄大夫，[4]封高陽縣公，[5]謚曰文節。

[1]許弘仁：人名。隋朝官吏。從宇文化及反叛，後被王薄俘，斬。

[2]唐奉義：人名。隋朝官吏。爲城門郎，宇文化及的親信。底本作“唐奉議”。中華本校勘記云：“諸本‘義’作‘議’，《隋書》作‘義’。按本書卷七九、《隋書》卷八五《宇文化及傳》作‘義’，今據改。”今從改。

[3]舞蹈：古代臣子朝拜帝王時做出的特定姿勢，是一種禮節。

[4]左光禄大夫：官名。三國魏時始置。爲在朝顯職的加官，以示恩寵，或授予年老有病者爲致仕之官，亦常用於卒後贈官，無具體職掌。隋初定爲正二品，煬帝大業三年降爲從二品。

[5]高陽縣公：封爵名。高陽，縣名。治所在今河北高陽縣東。

善心母范氏，梁太子中舍人孝才之女也。[1]少寡，養孤，博學有高節。隋文帝知之，敕尚食每獻時新，常遣分賜。嘗詔范入内，侍皇后講讀。封永樂郡君。[2]及善心遇禍，范氏九十有二，臨喪不哭，撫柩曰：“能死國難，我有兒矣。”因卧不食，後十餘日亦終。

[1]太子中舍人：官名。晋武帝時置，選舍人中才學俱佳者爲之，與太子中庶子共掌文翰，侍從規諫太子，糾正違闕、儐相、威儀，綜典奏事文書，監督醫藥，檢奏更直名册等，位在中庶子下、洗馬上。四員。六品。東晋南北朝沿置。南朝宋時爲六品，梁時爲八班，陳時爲五品、六百石。梁、陳時又以功高者一人與中庶子祭酒共掌其署禁令。　孝才：即范孝才，人名。南鄉舞（今河南泌陽

縣西北）人。南朝梁官吏，嗣爵霄城侯，爲司徒祭酒、太子中舍人。見《梁書》卷一三《范雲傳》。

[2]永樂郡君：封爵名。永樂郡，隋朝時治芮城縣，在今山西芮城縣西南永樂鎮。

李文博，博陵人。性貞介鯁直，好學不倦，至於教義名理，特所留心。每讀書至安危得失，忠臣烈士，未嘗不反覆吟翫。開皇中，爲羽騎尉。[1]特爲吏部侍郎薛道衡所知，[2]恒令在聽事帷中，披檢書史，并察己行事。若遇政教善事，即抄撰記録，如選用疏謬，即委之臧不。道衡每得其語，莫不忻然從之。

[1]羽騎尉：官名。隋文帝開皇三年吏部所置八尉之一，從九品。煬帝大業三年罷。

[2]吏部侍郎：官名。隋初改吏部郎中置。爲吏部司長官，屬吏部尚書，主管官吏選任、銓叙、調動事務，對五品以下官吏之任免有建議權。初爲六品上，文帝開皇三年升爲從五品。煬帝大業三年改名選部郎。

後直秘書内省，[1]典校群籍。守道居貧，晏如也。雖衣食乏絶，而清操愈厲，不妄通賓客，恒以禮法自處，儕輩莫不敬焉。道衡知其貧，每延于家，給以資費。文博商略古今政教得失，如指諸掌。然無吏幹，稍遷校書郎，[2]出爲縣丞，遂得下考，數歲不調。道衡爲司隸大夫，[3]遇之東都尚書省，[4]甚嗟愍之，奏爲從事。[5]因謂齊王司馬李綱曰：[6]“今日遂遇文博，得奏用之。”以爲歡笑。其見賞知音如此。

[1]秘書内省：官署名。隋朝時始置，爲秘書内外三閣之一，兼具收藏、校正和著述的職能。

[2]校書郎：官名。東漢時置，即以郎官典校皇家秘籍圖書，歷代沿置。隋唐秘書省及著作局皆置，掌校讎典籍，爲文士起家之良選。隋初秘書省置十二人，煬帝大業三年減爲十人；著作曹置二人，煬帝大業三年增至四十人。正九品上。

[3]司隸大夫：官名。隋初置，司隸臺長官，職掌巡察京畿内外。一員。正四品。

[4]尚書省：官署名。東漢始設時稱爲尚書臺，魏晋之後稱爲省。北周時仿照《周禮》建官，廢尚書省。隋朝復置，與内史、門下並稱三省，共同執掌軍國大事。尚書省爲政務中樞，職權尤重。置左右丞，以及都事八人，下設六部，各設六部尚書爲長官。

[5]從事：官名。州部屬吏。漢元帝時使丞相于定國條州大小設吏員，治中、别駕、諸部從事，皆秩百石。自此始爲官名。東漢因之，稱從事史，皆爲州部長官自辟。三國、晋、南北朝沿置，名目不一。

[6]李綱：人名。隋朝官吏。觀州蓨（今河北景縣）人，當時名士。歷位尚書右丞、驩州道司馬等，隨劉方經略林邑，後遭楊素中傷。

在洛下，[1]曾詣房玄齡，[2]相送出衢路。[3]玄齡謂曰："公生平志尚，唯在正直，今既得爲從事，故應有會素心。比來激濁揚清，所爲多少?"文博遂奮臂厲聲曰："夫清其流者必潔其源，[4]正其末者須端其本。今政源混亂，雖日免十貪郡守，亦何所益!"其率直疾惡，不知忌諱，皆如此類。時朝政浸壞，人多贓賄，唯文博不改其操。論者以此貴之。遭亂播遷，不知所終。

[1]洛下：地名。即洛陽城，在今河南洛陽市東北。

[2]房玄齡：即房喬，人名。字玄齡，齊州淄博（今山東淄博市）人。隋、唐官吏。見《舊唐書》卷六六《房玄齡傳》。

[3]相送出衢路：殿本校勘記云："'出'，《隋書》作'於'。"

[4]清其流者必潔其源：想使下游的水清潔，一定要從源頭開始。語出《荀子·君道》："源清則流清，源濁則流濁。"

初，文博在内省校書，虞世基子亦在其内，盛飾容服而未有所知。[1]文博因從容問之年紀，答云十八。文博乃謂曰："昔賈誼當此之年，[2]議論何事？君今徒事儀容，欲何爲者？"又秦孝王妃生男，[3]文帝大嘉，頒賜群官各有差。文博家道屢空，人謂其悦賞，乃云："賞罰之設，功過所歸，今王妃生男，於群官何事，及妄受賞也！"其循名責實，録過計功，必使賞罰不濫，功過無隱皆爾。

[1]知：源氏校勘記云："'知'，《隋書》作'却'。"

[2]賈誼：人名。洛陽（今河南洛陽市東北）人。西漢初年政論家、文學家。見《史記》卷八四《屈原賈誼列傳》。

[3]秦孝王：即秦王楊俊，孝爲其謚號。楊俊，字阿祇，弘農華陰（今陝西華陰市東南）人。隋朝宗室。見《北史》卷七一《秦王俊傳》。

文博本爲經學，後讀史書，於諸子及論，尤所該洽，性長議論，亦善屬文。著《政道集》十卷，[1]大行於世。

[1]著政道集十卷：中華本校勘記云："《隋書》卷五八《李文博傳》'政'作'治'，《北史》避唐諱改。"當是。

開皇中，又有魏郡侯白，[1]字君素，好學有捷才，性滑稽，尤辯俊。舉秀才，爲儒林郎。[2]通侻不持威儀，[3]好爲俳諧雜説。人多愛狎之，所在處，觀者如市。楊素甚狎之。[4]素嘗與牛弘退朝，白謂素曰："日之夕矣。"素大笑曰："以我爲'牛羊下來'邪！"[5]文帝聞其名，召與語，悦之，令於秘書修國史。每將擢用，輒曰"白不勝官"而止。後給五品食，[6]月餘而死。時人傷其薄命。著《旌異記》十五卷，行於世。

[1]魏郡：隋朝時治鄴縣，在今河北臨漳縣西南鄴鎮。

[2]儒林郎：官名。隋文帝開皇六年始置，正九品文散官，煬帝大業三年罷。改於秘書省置，掌明經待問，唯詔所使。十人。正七品。

[3]通侻：也作"通脱"，簡慢、曠達、不拘小節。

[4]楊素：人名。字處道，弘農華陰（今陝西華陰市東南）人。北周、隋朝大臣。見《北史》卷四一《楊敷附楊素傳》。

[5]素嘗與牛弘退朝白謂素曰日之夕矣素大笑曰以我爲牛羊下來邪：戲謔語，取二人的姓氏，一姓牛、一姓楊（諧音"羊"）。語出《詩·王風·君子于役》："雞栖于塒，日之夕矣，羊牛下來。"

[6]五品食：指五品官的食俸。

明克讓，字弘道，平原鬲人也。[1]世仕江左。祖僧紹、父山賓，[2]並《南史》有傳。

［1］鬲：縣名。治所在今山東德州市東南。

［2］僧紹：即明僧紹，人名。平原鬲（今山東德州市）人。南朝宋時隱居不仕，好佛。見《南史》卷五〇《明僧紹傳》。　山賓：人名。字孝若，平原鬲（今山東德州市）人。南朝梁官吏。見《南史》卷五〇《明僧紹附明山賓傳》。

克讓少儒雅，善談論，博涉書史，所覽將萬卷，《三禮》《論語》，[1]尤所研精，龜策曆象，咸得其要。年十四，釋褐湘東王法曹參軍。[2]時舍人朱异在儀賢堂講《老子》，[3]克讓預焉。堂邊有脩竹，异令克讓詠之。克讓攬筆輒成，卒章曰："非君多愛賞，誰貴此貞心？"异甚奇之。仕梁，位中書侍郎。

［1］三禮：儒家經典《周禮》《儀禮》《禮記》的合稱。　論語：源氏校勘記云："'論語'，《隋書》作'禮□（論）'。"中華本《隋書》卷五八《明克讓傳》亦作"禮論"。

［2］法曹參軍：官名。西晋末置，爲丞相府法曹長官，掌檢核律令，審議、判決案件。東晋、南朝宋諸公府、將軍府沿置，亦稱法曹參軍事。

［3］朱异：人名。字彦和，吴郡錢塘（今浙江杭州市）人。南朝梁官吏。見《梁書》卷三八《朱异傳》。　儀賢堂：南朝梁武帝禮賢講學之處。

梁滅，歸長安，引爲麟趾殿學士。[1]周武帝即位，爲露門學士，[2]令與太史官屬正定新曆。[3]累遷司調大夫，[4]賜爵歷城縣伯。[5]隋文帝受禪，位率更令，[6]進爵爲侯。太子以師道處之，恩禮甚厚，每有四方珍味，輒以賜之。時東宫盛徵天下才學士，至於博物洽聞，皆出其下。詔與太常牛弘等脩禮議樂。當朝典故，多所裁正。以疾去官，加通直散騎常侍，卒。上甚惜之，二宫贈賻甚厚。

[1]引爲麟趾殿學士：中華本校勘記云："《隋書》卷五八《明克讓傳》'引'上有'周明帝'三字，不當删。"當是。麟趾殿學士，即麟趾學士。

[2]露門學士：官名。北周時置，爲露門學屬官，教授生徒，位低於露門學文學博士，因露門又稱虎門，故亦稱虎門學士。露門，北周學校名，教授皇太子及貴族子弟。

[3]太史官：官名。秦奉常屬官之一。漢景帝中元六年（前144）隸太常，掌天文、曆法、撰史。東漢置員一人，六百石，不再撰史，專掌天時、星曆、歲終奏新年曆，國祭、喪、娶奏良日及時節禁忌，有瑞應、災異則記之。歷代沿置。

[4]司調大夫：官名。西魏恭帝三年置有司調中士、下士。北周於其上加此職。王仲犖《北周六典》列爲正四命。隋文帝開皇元年罷。

[5]歷城縣伯：封爵名。歷城，縣名。治所在今山東濟南市。

[6]率更令：官名。即太子率更令。秦、西漢掌知漏刻，主東宫值宿事，職似光禄勳，秩千石，隸太子詹事。兩晋南北朝不領庶子、舍人，掌太子宫殿門衛及賞罰等事，職似光禄勳、衛尉。南北朝以來，隸太子詹事。

所著《孝經義疏》一部，《古今帝代記》一卷，《文類》四卷，《續名僧記》一卷，集二十卷。

子餘慶，位司門郎。[1]越王侗稱制，爲國子祭酒。

[1]司門郎：官名。隋初刑部司門司的主官爲司門侍郎，隋煬帝大業三年改司門侍郎置。

克讓叔少遐，博涉群書，有詞藻。仕梁，位都官尚書。入齊，甚爲名流王元景、陽休之等所禮。皇建中，拜中庶子。[1]卒，贈中書令、揚州司馬。

[1]中庶子：官名。太子中庶子的省稱。

劉臻，字宣摯，沛國相人也。[1]父顯，[2]《南史》有傳。

[1]沛國：郡名。隋朝時治相縣，在今安徽濉溪縣西北。　相：縣名。治所今安徽濉溪縣西北。

[2]顯：即劉顯，人名。沛國相（今安徽濉溪西北）人。南朝梁官吏。見《南史》卷五〇《劉瓛附劉顯傳》。

臻年十八，舉秀才，爲邵陵王東閤祭酒。[1]元帝時，遷中書舍人。江陵平，歸魏爲中書侍郎。[2]周冢宰宇文護辟爲中外府記室，[3]軍書羽檄，多成其手。後爲露門學士，授大都督，[4]封饒陽縣子。[5]歷藍田令、畿伯下大夫。[6]隋文帝受禪，進位儀同三司。左僕射高熲之伐陳也，[7]以臻隨軍主文翰，進爵爲伯。皇太子勇引爲學士，甚親狎之。

［1］邵陵王：封爵名。邵陵，郡名。南朝梁時治邵陵縣，在今湖北邵陽市。　東閤祭酒：官名。漢魏時爲非正式官稱。晉朝時正式爲諸公府、從公府屬官，掌閣内文案。後諸王府、軍府等亦設，歷朝因之，品秩不一。北魏、北齊時爲諸公府、從公府屬官，掌閣内文翰。後諸王府、軍府等亦設。北齊時三師、二大、三公府皆置，北魏孝文帝太和二十三年定爲七品上。

［2］江陵平歸魏爲中書侍郎：源氏校勘記云："《隋書》作'歸蕭詧'。"中華本校勘記云："《隋書》卷七六《劉臻傳》作'江陵陷没，復歸蕭詧，以爲中書侍郎'。則臻是在後梁爲中書侍郎，非在西魏。"可從。

［3］冢宰：官名。西魏末、北周時建六官府，置爲天官府長官。位次三公，六官之首。職掌宫廷供奉、侍御以及全國財政收支、賦役，百官俸給等事務。如加"五府總於天官"之詔命，則可總攝百官，執掌朝政。員一人。正七命。隋文帝開皇元年罷。　宇文護：人名。字薩保。北周宗室、權臣。見《北史》卷五七《邵惠公顥附宇文護傳》。　記室：官名。漢朝時自三公府至郡縣皆置爲佐吏，具體名稱不一。太尉屬吏有記室令史，郡府有主記室史，縣府有記室史，皆主文書表報。三國魏時定諸府記室官七品。兩晉南北朝以來有記室令史、記室督、記室參軍、中記室參軍等名目，省稱記室。品秩自七品至九品不等。

［4］大都督：官名。高級軍事長官。三國吴、魏初於戰争時臨時設置，作爲加官。後漸成爲常設官職，地位極高。晋、南朝沿用。在有戰事時亦臨時加置。北周初規定授柱國大將軍、開府、儀同等官號者，並加使持節、大都督名義，後改都督諸州軍事爲總管，大都督與都督遂成爲没有實際職權的勳官，授予有軍功的武職官員。八命。

［5］饒陽縣子：封爵名。饒陽，縣名。治所在今河北饒陽縣東北。

［6］藍田令：官名。藍田縣令。藍田，縣名。治所在今陝西藍

田縣。　畿伯下大夫：官名。西魏恭帝三年置，北周沿置。地官府民部中大夫屬官，佐畿伯中大夫掌本方事務，下設小畿伯上士、小畿伯中士。正四命。

［7］左僕射：官名。秦官，漢朝因之。尚書僕射分左右自漢獻帝時始。職掌都省庶務及執法，或典選舉，左僕射權力大於右僕射，兼掌糾彈百官。歷代沿置，品秩不一。隋朝時與内史省、門下省長官共同執掌國政。位列丞相。文帝開皇三年令左僕射掌管吏部、禮部、兵部三部事，兼管御史彈劾不當之事。從二品。

臻無吏幹，又性惚怳，[1]耽經覃思，至於世事，多所遺忘。有劉訥者，亦任儀同，俱爲太子學士，情好甚密。臻住城南，訥住城東。臻嘗欲尋訥，謂從者曰："汝知劉儀同家乎？"從者不知尋訥，謂臻還家，因答曰："知。"於是引之而去。既扣門，臻尚未悟，謂至訥家，乃據鞍大呼曰："劉儀同可出矣。"其子迎門，臻驚曰：[2]"汝亦來邪？"其子答曰："此是大人家。"於是顧眄久之，乃悟，叱從者："汝大無意，吾欲造劉訥耳！"性好啗蜆，以音同父諱，呼爲扁螺，其疏放多此類也。

［1］惚怳：亦作"惚恍"指神方面，迷迷糊糊。

［2］臻驚曰：殿本校勘記云："'驚'，監本訛'警'。今改從《隋書》。"

精於兩漢書，時人稱爲"漢聖"。開皇十八年，卒。有集十卷，行於世。

諸葛潁，字漢，丹陽建康人也。[1]祖銓，梁零陵太守。[2]父規，義陽太守。[3]

[1]丹陽：底本作“凡楊”。殿本、局本、中華本“楊”作“陽”。按：底本形訛，誤。今從改。丹陽，郡名。隋朝時治江寧縣，在今江蘇南京市。　建康：縣名。治所在今江蘇南京市。

[2]零陵：郡名。南朝梁時治零陵縣，在今湖南永州市芝山區。

[3]義陽：郡名。南朝梁時治平陽縣，在今河南信陽市。

潁年十八能屬文，[1]起家邵陵王參軍事，[2]轉記室。侯景之亂，奔齊，歷學士、太子舍人。周氏平齊，不得調，杜門不出者十餘年。習《易》《圖緯》《蒼》《雅》《莊》《老》頗得其要，[3]清辯有俊才。晋王廣素聞其名，引爲參軍事，轉記室。及王爲太子，除藥藏郎。[4]

[1]年十八：源氏校勘記云：“《隋書》無‘十’字。似是。”可從。

[2]參軍事：官名。即參軍。東漢末車騎將軍府置爲僚屬，掌參謀軍務。南北朝王、公、將軍府、都水臺以及諸州多置爲僚屬，品級自六品至九品不等，皆由朝廷除授。

[3]蒼雅莊老：源氏校勘記云：“《隋書》作‘《倉》《雅》《莊子》’。”中華本《隋書·諸葛潁傳》同《北史》作“莊老”。蒼，即《倉頡篇》，秦朝李斯所作，是教育學童學字的書。雅，即《爾雅》，是中國最早的一部解釋詞義的書，儒家經典之一。莊，即《莊子》，是戰國中期思想家莊周和他的門人及後學所著，道家的經典之一。書分内、外、雜篇，原有五十二篇，現在流傳的是經過郭象整理的三十三篇。老，即《老子》，是春秋末年老聃所作，共八十一篇，是道家思想的來源，主張無爲而治。

[4]藥藏郎：源氏校勘記云：“‘郎’,《隋書》作‘監’。”中華本校勘記云：“《隋書》卷七六《諸葛潁傳》‘郎’作‘監’。按

《隋書·百官志下》，太子門下坊有藥藏局，置監、丞各二人。作'監'是。"可從。按：唐高宗龍朔二年（662）改名太子藥藏郎。當是後人誤寫。藥藏監，即太子藥藏監，北齊時太子門下坊始置，爲太子藥藏局長官，掌和東宮醫藥。二員。六品。隋朝沿置。二員。正七品。

煬帝即位，遷著作郎，[1]甚見親倖，出入卧内。帝每賜之曲宴，[2]輒與皇后嬪御連席共榻。潁因間隙，多所譖毁，是以時人謂之"冶葛"。[3]後録恩舊，授朝散大夫。帝嘗賜潁詩，其卒章曰："參翰長洲苑，侍講肅成門，名理窮研覈，英華恣討論。實録資平允，傳芳導後昆。"其待遇如此。從征吐谷渾，加正議大夫。[4]從駕北巡，卒於道。

[1]著作郎：官名。三國魏明帝時設，掌修國史及爲皇帝修撰碑誌、祝文、祭文等。歷朝沿置。北魏時爲正五品上。北齊時設二人。從五品。隋略同。

[2]曲宴：古代宫廷賜宴的一種，其特别之處是不設音樂歌舞，無事而宴，時間、地點不固定，席上常有賞花、賦詩等活動，參加的人員主要是宗室成員、外國使臣以及近密臣僚。

[3]冶葛：即野葛，毒草名。比喻狠毒之人。

[4]正議大夫：官名。隋煬帝大業三年始置。正四品。

潁性褊急，與柳䛒每相忿鬩，帝屢責怒之，而猶不止。於後帝亦薄之。有集二十卷，撰《鑾駕北巡記》三卷，《幸江都道里記》一卷，《洛陽古今記》一卷，《馬名録》二卷，並行於世。有子嘉會。

王貞，字孝逸，梁郡陳留人也。[1]少聰敏，七歲好學，善《毛詩》《禮記》《左氏傳》《周易》，諸史百家無不畢覽。善屬文，不事産業，每以諷讀爲娱。開皇初，汴州刺史樊叔略引爲主簿。[2]後舉秀才，授縣尉，[3]非其好也，謝病于家。

[1]梁郡：隋朝初治睢陽縣，在今河南商丘市睢陽區。　陳留：縣名。治所在今河南開封市東南陳留城。

[2]汴州：隋朝初治浚儀縣，在今河南開封市。　樊叔略：人名。陳留（今河南開封市）人。北周、隋朝官吏。見《北史》卷八六《樊叔略傳》。

[3]縣尉：官名。秦漢制度，與縣丞同爲縣令佐官，掌治安捕盗。魏晋南北朝沿置。隋朝時改尉爲正，後又置尉，分户曹、法曹。

煬帝即位，齊王暕鎮江都，[1]聞其名，以書召之。及至，以客禮待之，索其文集。貞上三十三卷，爲啓陳謝。齊王覽集，甚善之，賜良馬四匹。貞復上《江都賦》，王賜錢十萬貫、良馬二匹。未幾，以疾甚還鄉，終於家。

[1]齊王暕：即楊暕。字世朏，小字阿孩，弘農華陰（今陝西華陰市東南）人。隋朝宗室。見《北史》卷七一《齊王暕傳》。

虞綽，字士裕，會稽餘姚人也。父孝曾，陳始興王諮議。[1]

[1]始興王：封爵名。始興，郡名。南朝陳時治曲江縣，在今廣東韶關市南。

綽身長八尺，姿儀甚偉，博學有俊才，尤工草隸。陳左衛將軍傅縡，[1]有盛名於世，見綽詞賦，歎美之。仕陳，爲太學博士，遷永陽王記室。[2]

[1]左衛將軍：官名。晋武帝時始置。分中衛將軍爲左右衛將軍，掌飛虎賁及前驅、由基、强弩三部司馬，負責宫禁宿衛。西晋初屬中軍將軍，後屬領軍將軍（中領軍），爲禁衛軍主要統帥之一，權任很重，多由皇帝親信擔任。歷代沿置。　傅縡：人名。字宜事，北地靈州（今寧夏靈武市西南）人。南朝陳官吏。見《陳書》卷三〇《傅縡傳》。底本作“傅縡”。殿本、四部備要本“傅”作“傅”。殿本校勘記云：“‘傅’,監本訛‘傳’。今改從《隋書》。”當是。今從改。

[2]永陽王：封爵名。永陽，郡名。南朝陳時治營浦縣，在今湖南道縣西營山下。

及陳亡，晋王廣引爲學士。[1]大業初，轉爲秘書學士，奉詔與秘書郎虞世南、著作佐郎庾自直等撰《長洲玉鏡》等書十餘部。[2]綽所筆削，帝未嘗不稱善，而官竟不遷。初爲校書郎，以藩邸左右，授宣惠尉，遷著作佐郎。與虞世南、庾自直、蔡允恭等四人常直禁中，[3]以文翰待詔，恩眄隆洽。從征遼東，[4]帝舍臨海頓，見大鳥，[5]異之，詔綽爲銘。帝覽而善之，命有司勒於海上。以度遼功，授建節尉。[6]

[1]學士：南監本作“博士”。源氏校勘記云：“‘博’，《隋書》作‘學’。”

[2]長洲玉鏡：歷史上比較早的一部類書，四百卷。已佚。

[3]蔡允恭：人名。荆州江陵（今湖北荆州市）人。仕南朝梁、陳、隋、唐，爲貞觀十八學士之一。見《舊唐書》卷一九〇上《蔡允恭傳》。　禁中：“禁”常作爲帝王宫殿的代稱。故禁中即指宫中。

[4]從征遼東：底本作“徒征遼東”。殿本、四部備要本、中華本“徒”作“從”。殿本校勘記云：“‘從’，監本訛‘徒’。今改從《隋書》。”源氏校改“徒”爲“從”。今從改。

[5]臨海頓：地名。又名望海頓，在今遼寧盤錦市東南。頓，底本作“頻”。中華本校勘記云：“諸本‘頓’作‘頻’，《隋書》卷七六、《通志》卷一七六《虞綽傳》作‘頓’。按《隋書》載綽所爲銘云：‘行宫次於柳城縣之臨海頓焉。’作‘頻’乃形似而訛，今據改。”今從改。

[6]建節尉：散官名。隋煬帝改散官官號，自從一品至九品，共九大夫、八尉。其中八尉分别爲建節、奮武、宣惠、綏德、懷仁、守義、奉誠、立信，其品從正六品至從九品，建節尉爲正六品。

綽恃才任氣，無所降下。著作郎諸葛潁以學業幸於帝，綽每輕侮之，由是有隙。帝嘗問綽於潁，潁曰：“虞綽麄疏人也。”帝頷之。時禮部尚書楊玄感稱爲貴踞，[1]虚己禮之，與結布衣之友。綽數從之遊。其族人虞世南誡之曰：“上性猜忌，而君過厚玄感。若與絶交者，帝知君改悔，可以無咎。不然終當見禍。”綽不從。尋有告綽以禁内兵書借玄感，帝甚銜之。及玄感敗，其妓妾並入宮，帝因問之曰：“玄感平常時與何人交往？”其妾以虞綽對。帝令大理卿鄭善果窮理其事。[2]綽曰：“羈旅薄游，與玄感文酒談款，實無他謀。”帝怒不解，徙綽于邊。綽至長安而亡。吏逮之急，於是潛度江，變姓名，自稱“吴卓”。游東陽，[3]抵信安令天水辛大德舍。[4]歲餘，綽與人争田相訟，因有識綽者而告之，竟爲吏所執，坐斬江都。所有詞賦，並行於世。

[1]時禮部尚書楊玄感稱爲貴踞：底本“爲”作“其”，中華本校校勘記云：“《隋書》‘其’作‘爲’。按此言玄感雖稱爲貴踞，對虞綽却很禮敬。作‘其’誤。”今據《隋書》改。禮部尚書，官名。北魏時始置，禮部的長官。隋朝時屬尚書省，掌管禮儀、祭祀、宴享以及學校政令，總判部屬各司事。員一人。正三品。楊玄感，人名。弘農華陰（今陝西華陰市東南）人。隋朝官吏。因謀反伏誅。見《北史》卷四一《楊敷附楊玄感傳》。

[2]大理卿：官名。亦稱大理寺卿。北魏時改廷尉爲大理而置，爲大理寺長官，列位九卿。員一人。三品。隋朝沿置。煬帝大業三年改爲從三品。　鄭善果：人名。鄭州滎澤（今河南鄭州市）人。隋唐官吏。見《舊唐書》卷六二《鄭善果傳》。

[3]東陽：郡名。隋朝時治金華縣，在今浙江金華市。

[4]信安：縣名。治所在今浙江衢州市。　天水：郡名。隋朝時治上邽縣，在今甘肅天水市。　辛大德：人名。天水（今甘肅天水市）人。隋朝官吏。見《隋書》卷七六《虞綽附辛大德傳》。

大德爲令，誅翦群盜，甚得人和。與綽俱爲使者所執，其妻泣曰：“每諫君無匿學士，今日之事，豈不哀哉！”大德笑曰：“我本圖脱長者，乃爲人告之，吾罪也，當死以謝綽。”會有詔，死罪得以擊賊自效。信安吏人詣使者叩頭曰：“辛君人命所懸，不然亦無信安矣。”使者留之以討賊。帝怒，斬使者。大德獲全。

王胄，字承基，琅邪臨沂人也。祖筠、父祥，[1]並《南史》有傳。

[1]筠：即王筠，人名。字元禮，一字德柔，琅琊臨沂（今山東臨沂市西）人。南朝梁官吏。見《南史》卷二二《王曇首附王筠傳》。　祥：即王祥，人名。琅琊臨沂（今山東臨沂市西）人。南朝陳官吏。見《南史》卷二二《王曇首傳》。

胄少有逸才，仕陳，歷太子舍人、東陽王文學。及陳滅，晋王廣引爲學士。[1]仁壽末，從劉方擊林邑，[2]以功授帥都督。[3]

[1]學士：底本作“博士”。中華本校勘記云：“諸本‘學’作‘博’，《隋書》卷七六《王胄傳》作‘學’。按下文胄兄眘傳云：‘陳亡，與胄俱爲學士。’知作‘學’是，今據改。”今從改。

[2]劉方：人名。京兆長安（今陝西西安市長安區）人。北周、隋朝名將。見《北史》卷七三《劉方傳》。　林邑：國名。象林之邑的省稱，在今越南中部。

[3]帥都督：官名。北周時爲勳官號。正七命。隋朝時爲十一等勳官之第九等，位儀同三司、大都督下，都督上，煬帝大業三年罷。從六品上。

大業初，爲著作佐郎，以文詞爲煬帝所重。帝嘗自東都還京師，賜天下大酺四日。[1]爲五言詩，詔群官詩成者奏之。帝覽胄詩而善之，因謂侍臣曰：“氣高致遠，歸之於胄；詞清體潤，其在世基；意密理新，惟庾自直。[2]過此者未可以言詩也。”帝所有篇什，[3]多令繼和。與虞綽齊名，同志友善，于時後進之士，咸以二人爲準的。從征遼東，進授朝散大夫。

[1]大酺：也稱賜酺，是古代帝王因改换年號、册立太子、公主出嫁及吉兆等國家之大喜慶，特下詔准許臣民聚飲的飲酒節。

[2]意密理新惟庾自直：中華本校勘記云：“《隋書》‘惟’作‘推’，是。”可從。

[3]篇什：《詩經》的雅和頌以十篇爲一什，所以詩章又稱篇什。

胄性疏率不倫，自恃才伐，鬱鬱於官，[1]每負氣陵傲，忽略時人。爲諸葛潁所嫉，屢譖之於帝，帝愛其才而不罪。禮部尚書楊玄感虚襟與交，數游其第。及玄感敗，與虞綽徙邊。胄遂亡匿，潛還江左。爲吏所捕，坐誅。所著詞賦，多行於世。

[1]自恃才伐鬱鬱於官：源氏校勘記云：“《隋書》作‘才大，鬱鬱乎薄宦’。”薄宦，卑微的官職。

兄眘，[1]字元恭。博學多通，少有盛名於江左。仕陳，歷太子洗馬、中舍人。[2]陳亡，與胄俱爲學士。煬帝即位，授秘書郎，卒於官。

[1]眘：同“慎”。

[2]中舍人：太子中舍人的省稱。

庾自直，潁川人。父持，[1]《南史》有傳。

[1]持：即庾持，人名。字元德（《陳書》作“允德”），潁川鄢陵（今河南鄢陵縣）人。南朝陳時羽林監。見《南史》卷七三《庾道愍附庾持傳》。

自直少好學，[1]沈静寡欲。仕陳，歷豫章王府外兵參軍、記室。[2]陳亡入關，不得調。晋王廣聞之，引爲學士。大業初，授著作佐郎。自直解屬文，於五言詩尤善。性恭慎，不妄交游。[3]特爲帝所愛，有篇章必先示自直，令其詆訶。自直所難，帝輒改之，或至於再三，俟其稱善，然後方出。其見親禮如此。

[1]自直少好學：底本作“少好學”。中華本校勘記云：“諸本脱‘自直’二字，據《隋書》卷七六《庾自直傳》補。”今從改。

[2]豫章王：封爵名。豫章，郡名。南朝陳時治南昌縣，在今江西南昌市。

[3]妄：南監本作“忘”。源氏校勘記改“忘”作“妄”。

後以本官知起居舍人事。化及作逆，與之北上，自載露車中，[1]感激發病卒。有文集十卷，行於世。

[1]露車：無帷蓋的車子。

潘徽，字伯彦，吴郡人也。[1]性聰敏，少受《禮》

於鄭灼,[2]受《毛詩》於施公，受《書》於張沖,[3]講《莊》《老》於張譏,[4]並通大義；尤精《三史》;[5]善屬文，能持論。中書令江總引致文儒之士,[6]徽一詣總，總甚敬之。[7]釋褐新蔡王國侍郎,[8]選爲客館令。

[1]吴郡：南朝陳時治吴縣，在今江蘇蘇州市。

[2]鄭灼：人名。字茂昭，東陽信安（今浙江衢州市）人。南朝梁、陳官吏。見《南史》卷七一《鄭灼傳》。

[3]張沖：人名。字思約，吴郡吴（今江蘇蘇州市）人。南朝齊官吏、將領。見《南齊書》卷四九《張沖傳》。

[4]張譏：人名。字直言，清河武城（今山東武城縣）人。南朝梁、陳官吏。見《南史》卷七一《張譏傳》。

[5]三史：魏晋至唐開元時指《史記》《漢書》《東觀漢記》，開元以後,《東觀漢記》佚，因加《後漢書》。此處指前者。

[6]中書令江總引致文儒之士：源氏校勘記云:“‘中’,《隋書》作‘尚’。”中華本校勘記云:“《隋書》卷七六《潘徽傳》作‘陳尚書令江總’。按上文並未言潘徽爲陳人，則此‘陳’字不可少。又據《陳書》卷二七《江總傳》，總於陳後主時曾任尚書令，未嘗爲中書令。此‘中’字誤。”可從。

[7]徽一詣總總甚敬之：底本“一詣”下僅一“總”字。中華本校勘記云:“諸本脱一‘總’字，據《隋書》補。”今從改。

[8]釋褐：脱去平民衣服，借指任官職。　新蔡王：封爵名。新蔡，郡名。僑置，南朝陳時治苞信縣，在今河南息縣東北。　國侍郎：官名。漢朝時爲諸侯王國屬官，掌侍從左右，隸屬郎中令。魏晋南北朝亦置，掌贊相威儀，通傳教令。魏晋王、公、侯等國皆置，八品，位在典書令下。東晋改在常侍下，侯國以下不置。南朝時或分置左右，宋時爲八品，梁時爲一班至流外二班不等，陳時爲九品至流外不等。

隋遣魏澹聘于陳，陳人使徽接對之。澹將反命，爲啓於陳主曰："敬奉弘慈，曲垂餞送。"[1]徽以"餞送"爲重，[2]"敬奉"爲輕，卻其啓而不奏。澹曰："《曲禮》云：'主敬客。'[3]《詩》曰：'維桑與梓，必恭敬止。'[4]《孝經》：'宗廟致敬。'[5]又云：'不敬其親，謂之悖禮。'[6]孔子敬天之怒，[7]成湯聖敬日躋。[8]宗廟極重，上天極高，父極尊，君極貴，四者咸同一敬，五經未有異文。不知以敬爲輕，竟何所據？"徽難之曰："向所論敬字，本不全以爲輕，但施用處殊，義成通别。禮主於敬，[9]此是通言。猶如男子冠而字之，[10]注云：'成人，敬其名也。'春秋有冀缺，夫妻亦云相敬。[11]於子則有敬名之義，在夫亦有敬妻之説，此可復並謂極高極尊乎？至若敬謝諸公，[12]固非尊地；公子敬愛，止施賓友；[13]敬問、敬報，彌見雷同；敬聽、敬酬，何關貴隔。當知敬之爲義，雖是不輕，但敬之於語，則有時混漫。今云敬奉，所以成疑。聊舉一隅，未爲深據。"澹不能對，遂從而改焉。

[1]曲垂：敬詞，用於稱君上的頒賜，即俯賜、俯降。

[2]餞送爲重：源氏校勘記云："'餞送爲重'，《隋書》作'伏奉爲重'。爲是。"可從。

[3]曲禮云主敬客：源氏校勘記云："《隋書》曰：'《曲禮》注曰："禮主於敬。"'爲是。"中華本校勘記云："《隋書》作'《曲禮》注曰："禮主於敬。"'按《禮記·曲禮》無'主敬客'語，'禮主於敬'見《曲禮》'毋不敬'句下注。下文潘徽答辭'禮主

於敬此是通言’，即針對魏澹所引《曲禮》注。疑《北史》此處有訛脱。”可從。

［4］詩曰維桑與梓必恭敬止：看到桑樹和梓樹，就該想到故鄉，就要懷着恭敬的心情。語出《詩·小雅·小弁》。

［5］孝經宗廟致敬：意思是宗廟祭祀，要竭盡恭敬，不能忘記祖輩的恩德。語出《孝經·感應》：“宗廟致敬，不忘親也。”

［6］不敬其親謂之悖禮：對自己的親人不尊敬而對其他人尊敬，就是違背禮儀。語出《孝經·聖治》：“不敬其親而敬他人者，謂之悖禮。”

［7］孔子敬天之怒：意思是如果我做了不對的事，老天爺會討厭我。語出《論語·雍也》：“子見南子，子路不説。夫子矢之曰：‘予所否者，天厭之！天厭之！’”

［8］成湯聖敬日躋：意思是成湯降生順應天意，適逢其時，聖德恭敬，每天都有進步。語出《詩·商頌·長發》：“湯降不遲，聖敬日躋。”

［9］禮主於敬：禮的根本在於恭敬。《禮記·曲禮》：“毋不敬。”注：“禮主於敬。”

［10］男子冠而字之：意思是加冠後給冠者取字，用字來稱呼他而不再稱名，是爲了表示尊重他父母給他取的名。語出《儀禮·士冠禮》：“冠而字之，敬其名也。”

［11］春秋有冀缺夫妻亦云相敬：春秋時期晋國的冀缺，夫妻關係融洽，相敬如賓。《左傳》僖公三十三年：“初，臼季使，過冀，見冀缺耨，其妻饁之，敬，相待如賓。”冀缺，人名。是郤缺的别名。春秋時晋國人。因其父芮封冀（今山西稷山縣），故又被稱爲冀缺。晋國上卿，輔佐晋成公、晋景公。謚號成，又稱郤成子。

［12］敬謝：致歉，向人道歉。

［13］公子敬愛止施賓友：三國魏曹植《公宴詩》：“公子敬愛客，終宴不知疲。”

及陳滅，爲州博士。秦王俊聞其名，召爲學士。嘗從俊朝京師，在塗，令徽於馬上爲賦，行一驛而成，其名曰《述恩賦》。[1]俊覽而善之。復令爲萬字文，又遣撰集字書，[2]名爲《韻纂》，徽爲之序。俊薨，晋王廣復引爲揚州博士，令與諸儒撰《江都集禮》一部，復令徽爲序。煬帝嗣位，徽與著作郎陸從典、太常博士褚亮、歐陽詢等助越公楊素撰魏書，[3]會素薨而止。授京兆郡博士。[4]

[1]行一驛而成其名曰述恩賦：元大德本“行一驛”三字空白。殿本校勘記云：“‘行一驛而’四字，監本作‘闕三字’。南本作‘一行賦’三字，皆訛也。今從《隋書》增入。”源氏校勘記云：“《隋書》作‘行一驛而成’，‘恩’作‘思’。”中華本《隋書》卷七六《潘徽傳》同。

[2]集字書：南監本作“梁字書”。源氏改“梁”作“集”。

[3]褚亮：人名。字希明，杭州錢塘（今浙江杭州市）人，一説陽翟（今河南禹州市）人。南朝陳、隋、唐官吏。見《舊唐書》卷七二《褚亮傳》。　歐陽詢：人名。字信本，潭州臨湘（今湖南長沙市）人。唐朝書法家。見《舊唐書》卷一八九上《歐陽詢傳》。

[4]京兆：郡名。隋朝時治長安縣，在今陝西西安市西北。

楊玄感兄弟重之，數相往來。及玄感敗，凡所交關，多罹其患。徽以玄感故人，爲帝所不悦，有司希旨，[1]出徽爲西海郡威定縣主簿。[2]意甚不平，行至隴頭，[3]發病而卒。

[1]希旨：言語、行動上迎合上級的意圖。

[2]西海郡：隋朝時治古伏俟城，在今青海共和縣石乃亥鄉。威定縣：治所在今青海都蘭縣諸木洪一帶。

[3]隴頭：地名。在今陝西寶雞市、隴縣與甘肅清水縣、張家川回族自治縣諸縣間的隴山。

隋時有常得志、尹式、劉善經、祖君彦、孔德紹、劉斌，並有才名，事多遺逸。

常得志，京兆人。隋秦王記室。及王薨，過故第，[1]爲五言詩，辭理悲壯，甚爲時人所重。復爲《兄弟論》，義理可稱。

[1]第：底本作“弟”，殿本、四部備要本、中華本作“第”。殿本校勘記云：“‘第’，《隋書》作‘宫’。監本誤弟。今改從南本。”

尹式，河間人。[1]仁壽中，官至漢王記室。漢王阻兵，[2]式自殺。其族人正卿、彦卿亦俱有俊才，名顯於世。

[1]河間：郡名。隋朝時治河間縣，在今河北河間市南。

[2]漢王阻兵：指隋文帝仁壽四年，漢王楊諒起兵謀反事。阻兵，源氏校勘記云：“‘阻兵’，《隋書》作‘敗’。”中華本《隋書》卷七六作“及漢王敗”。

劉善經，河間人。歷著作佐郎、太子舍人。著《酬德傳》三十卷，《諸劉譜》三十卷，《四聲指歸》一卷，行於世。

祖君彦，見其父珽傳。

孔德紹，會稽人。有清才，官至景城縣丞。[1]竇建德署爲中書令，專典書檄。及建德敗，伏誅。

[1]景城：縣名。治所在今河北景縣。底本作“京城”。中華本校勘記云：“諸本‘景’作‘京’。《隋書》卷七六《孔德紹傳》作‘景’。按隋無‘京城縣’。景城縣見《隋書·地理志中·河間郡》，隋末正是竇建德起義軍控制的地區，故建德以他爲中書令。今據改。”今從改。

劉斌，南陽人。祖之遴，[1]《南史》有傳。斌頗有詞藻，官至信都司功書佐。[2]竇建德署爲中書舍人。建德敗，復爲劉黑闥中書侍郎。[3]與黑闥亡歸突厥，不知所終。

[1]之遴：即劉之遴，人名。字思貞，南陽涅陽（今河南鄧州市東北）人。南朝宋、梁官吏。見《南史》卷五〇《劉虯附劉之遴傳》。

[2]司功書佐：官名。隋煬帝大業三年由功曹參軍改。

[3]劉黑闥：人名。清河漳南（今山東武城縣東北）人。隋末河北起義軍首領，後被李建成擊敗。

論曰：古人之所貴名不朽者，蓋重言之尚存。[1]王褒、庾信、顏之推、虞世基、柳䛒、許善心、明克讓、劉臻、王貞、虞綽、王胄等，並極南土譽望，又加之以才名，其爲貴顯，固其宜也。自餘或位下人微，居常亦何能自達。及其靈蛇可握，[2]天網俱頓，並編緗素，咸貫辭林。雖其位可下，其身可殺，千載之外，貴賤一焉。非此道也，孰云能致？凡百士子，可不務乎！

[1]古人之所貴名不朽者蓋重言之尚存：語出左丘明《左傳》："太上有立德，其次有立功，其次有立言，雖久不廢，此之謂不朽。"意思是古人之所以認爲名可以不朽，是因爲言論可以流傳。

[2]靈蛇可握：原來比喻無價之寶，後來也比喻非凡的才能。典出干寶《搜神記》："隋縣溠水側有斷蛇丘。隋侯出行，見大蛇被傷中斷，疑其靈異，使人以藥封之，蛇乃能走。因號其處'斷蛇丘'。歲餘，蛇銜明珠以報之。珠徑盈寸，純白，而夜有光明，如月之照，可以燭室，故謂之'隋侯珠'。亦曰'靈蛇珠'，又曰'明月珠'。"

北史　卷八四

列傳第七十二

孝行

長孫慮　乞伏保　孫益德　董洛生　楊引　閻元明　吳悉達　王續生　李顯達　倉跋　張昇　王崇　郭文恭　荆可　秦族　皇甫遐　張元　王頒 弟頍　楊慶　田翼　紐因　劉仕儁　翟普林　華秋　徐孝肅

《孝經》云：“夫孝，天之經也，地之義也，人之行也。”[1]《論語》云：“君子務本，本立而道生。孝悌也者，其爲仁之本歟。”[2]《吕覽》云：“夫孝，三皇五帝之本務，萬事之綱紀也。執一術而百善至、百邪去、天下順者，其唯孝乎！”[3]然則孝之爲德至矣，其爲道遠矣，其化人深矣。故聖帝明王行之於四海，則與天地合其德，與日月齊其明；[4]諸侯、卿大夫行之於國家，則永保其宗社、長守其禄位；[5]匹夫匹婦行之於閭閻，[6]則播徽烈於當年、揚休名於千載。[7]是以堯、舜、湯、武居帝王之位，垂至德以敦其風；孔、墨、荀、孟禀聖賢之資，弘正道以勵其俗。觀其所由，在此而已矣。

［1］夫孝天之經也地之義也人之行也：語出《孝經·三才》。天之經，即日月星辰之行；地之義，即萬物生長之基本；人之行，即人性初始之本來。

［2］“君子務本”至“其爲仁之本歟”：語出《論語·學而》。意思是，君子專心致力於根本的事情，根本一旦確立了，大道也就會跟着顯現出來。“孝悌”這種美德，就是仁的基礎和根本。

［3］“夫孝”至“其唯孝乎”：語出《吕氏春秋·孝行》。《吕覽》，又稱《吕氏春秋》。

［4］與天地合其德與日月齊其明：與天地的本性相契合，與日月一樣光照人間。語出《易·乾·文言》：“夫大人者，與天地合其德，與日月合其明，與四時合其序，與鬼神合其吉凶，先天而天弗違，後天而奉天時。”

［5］宗：宗廟、祖廟。　社：土地、封地。

［6］匹夫匹婦：平民男女。泛指平民。底本作“疋夫疋婦”，殿本、四部備要本、中華本“疋”作“匹”，殿本校勘記云：“‘匹’監本作‘疋’。今改正。”今從改。　閭閻：閭巷。泛指民間。閭，泛指門户、人家。古代以二十五家爲閭。閻，里巷的門。

［7］徽烈：宏業、偉業。　休名：美好的名聲。

然而淳源既往，澆風愈扇，[1]禮義不樹，廉讓莫修。[2]若乃綰銀黄，[3]列鐘鼎，[4]立於朝廷之間，非一族也；積龜貝，[5]實倉廪，[6]居於閭巷之内，非一家也。其於愛敬之道，則有未能備焉；哀思之節，罕有得其中焉。斯乃詩人所以思素冠，孔門有以責衣錦也。[7]

[1]淳源既往澆風愈扇：淳樸風俗成爲過往，淺薄的風氣愈演愈烈。

[2]禮義不樹廉讓莫修：形容人們不修禮義，不懂得廉讓。語出董仲舒《春秋繁露·王道通三》："有忠信慈惠之心，有禮義廉讓之行，有是非逆順之治。"

[3]綰銀黄：形容獲得高官厚禄。《文選》劉孝標《廣絶交論》："海内髦傑，早綰銀黄。"李周翰注："銀黄，謂銀印黄綬。"

[4]列鐘鼎：富貴之家吃飯的時候要敲鐘鼎。亦指獲得高官重任。

[5]龜貝：龜甲和貝殼曾作爲古代的貨幣。常常用作貨幣的代稱。

[6]實倉廪：有了足够的物質財富。

[7]詩人所以思素冠：《詩·檜風·素冠》："庶見素冠兮，棘人欒欒兮。"素冠，是對不能盡孝道的人的諷刺。　孔門有以責衣錦：孔子責備不爲父母居喪的人。語出《論語·陽貨》："子曰：'食夫稻，衣夫錦，於女安乎？'曰：'安！''女安則爲之。夫君子之居喪，食旨不甘，聞樂不樂，居處不安，故不爲也。今女安，則爲之。'宰我出。子曰：'予之不仁也！子生三年，然後免於父母之懷。夫三年之喪，天下之通喪也。予也有三年之愛於其父母乎？'"

且生盡色養之方，[1]終極哀思之地，厥迹多緒，其心一焉。若乃誠達泉魚，[2]感通鳥獸，事匪常倫，斯蓋希矣。至如温牀扇席、灌樹負土，[3]苟或加人，咸爲疾俗。斯固仁人君子所以興歎，哲后賢宰所宜屬心。如令明教化以救其弊，優爵賞以勸其心，存懇誠以誘其進，積歲月以求其終，則今之所謂少者，可以爲多矣，古之所謂難者，可以爲易矣。

[1]生盡色養之方：在父母活着的時候，不能給父母臉色看。《論語·爲政》云："子游問孝。子曰：'今之孝者，是謂能養……'子夏問孝。子曰：'色難。'"

[2]誠達泉魚：後漢姜詩夫婦的孝心感動了泉魚，每天都會有兩條鯉魚跳出來，供老人用膳。典出《後漢書》卷八四《列女傳·姜詩妻》。

[3]温牀扇席：後漢黄香每年冬天爲父親暖席，夏天爲父親扇席。典出《後漢書》卷八〇上《黄香傳》。　灌樹負土：講的是三國時顔斐化行鄉里的故事。見《三國志》卷一六《魏書·倉慈傳》裴松之注引《魏略》："顔斐字文林。……斐到官，乃令屬縣整阡陌，樹桑果。……於是風化大行，吏不煩民，民不求吏。"

長孫慮等闕稽古之學，[1]無俊偉之才。或任其自然，情無矯飾；或篤於天性，勤其四體。[2]並竭股肱之力，[3]咸盡愛敬之心，自足膝下之歡，[4]忘懷軒冕之貴。[5]不言而化，人神通感。雖或位登台輔，[6]爵列王侯，禄積萬鍾，[7]馬踰千駟，死之日，曾不得與斯人之徒隸齒。[8]孝之大也，不其然乎。

[1]稽古：考察古代的事迹，以明辨道理是非、總結知識經驗。

[2]勤其四體：活動四肢，指從事勞動。語出《論語·微子》："子路問曰：'子見夫子乎？'丈人曰：'四體不勤，五穀不分，孰爲夫子？'"

[3]股肱之力：形容竭盡全力。《左傳》僖公九年："臣竭其股肱之力，加之以忠貞。其濟，君之靈也；不濟，則以死繼之。"

[4]膝下之歡：指在父母身邊。

[5]軒冕：古代大夫以上的官員之車乘和冕服。借指官位和爵禄。

[6]台輔：三公宰輔之位。代指高官。

[7]萬鍾：指優厚的俸禄。鍾，古代的一種量器，六斛四斗爲一鍾。

[8]馬踰千駟死之日曾不得與斯人之徒隸齒：語出《文選》潘岳《西征賦》："而死之日，曾不得與夫十餘公之徒隸齒。"李善注曰："《論語》曰：'齊景公死之日，民無德而稱焉。'十餘公之徒，謂蕭、曹之屬也。張湛《列子》注曰：'隸，猶群輩也。一云，徒隸，賤人也。'《漢書》賈誼曰：'握重權大官，而有徒隸無恥之心乎？'高誘《吕氏春秋注》曰：'齒，列也。'"千駟，形容財富很多。底本"踰"作"跡"，源氏校勘記云："《隋書》作'馬踰'。"中華本校勘記云："《隋書》卷七二《孝義傳》'跡'作'踰'，是。"今從改。

案《魏書》列趙琰、長孫慮、乞伏保、孫益德、董洛生、楊引、閻元明、吴悉達、王續生、李顯達、倉跋、張昇、王崇、郭文恭爲《孝感傳》，[1]《周書》列李棠、柳檜、杜叔毗、荆可、秦族、皇甫遐、張元爲《孝義傳》，[2]《隋書》列陸彦師、田德懋、薛濬、王頒、田翼、楊慶、郭世俊、紐因、劉仕儁、郎方貴、翟普林、李德饒、華秋、徐孝肅爲《孝義傳》。[3]今趙琰、李棠、柳檜、杜叔毗、陸彦師、李德饒入别傳及其家傳，[4]其餘竝從此編緝，以備《孝行傳》云。

[1]趙琰：人名。字叔起，天水（今甘肅天水市）人。北魏官吏。以孝義知名。見《北史》卷三四《趙逸附趙琰傳》。

[2]李棠：人名。字長卿，勃海蓨（今河北景縣）人。西魏、北周官吏。以節義聞名。見《北史》卷八五《李棠傳》。　柳檜：

人名。字季華，河東解（今山西臨猗縣）人。西魏將領。見《北史》卷六四《柳虯附柳檜傳》。　杜叔毗：人名。字子弼，京兆杜陵（今陕西西安市長安區東）人。西魏、北周官吏。見《北史》卷八五《杜叔毗傳》。

［3］陸彦師：人名。字雲房，代（今山西大同市東北）人。北齊官吏。見《北史》卷二八《陸俟附陸彦師傳》。　李德饒：人名。趙郡平棘（今河北趙縣）人。隋朝官吏。見《北史》卷三三《李靈附李德饒傳》。

［4］今趙琰李棠柳檜杜叔毗陸彦師李德饒入别傳及其家傳：中華本校勘記云："按《隋書·孝義傳》之郭世儁、郎方貴二人，本書與李棠、杜叔毗並入《節義傳》，不在此卷，疑陸彦師下脱二人姓名。"可從。

長孫慮，代人也。[1]母因飲酒，其父真呵叱之，誤以杖擊，便即致死。真爲縣囚執，處以重坐。[2]慮列辭尚書云：[3]"父母忿争，本無餘惡，直以謬誤，一朝横禍。今母喪未殯，父命旦夕，慮兄弟五人並沖幼。慮身居長，今年十五；有一女弟，向始四歲，更相鞠養，[4]不能保全。父若就刑，交墜溝壑。[5]乞以身代老父命，使嬰弱衆孤，得蒙存立。"尚書奏云："慮於父爲孝子，於弟爲仁兄，尋情究狀，特可矜感。"孝文帝詔特恕其父死罪，[6]以從遠流。[7]

［1］代：郡名。北魏時治平城，在今山西大同市東北。

［2］重坐：重罪、重罰。

［3］尚書：官名。魏晋南北朝時出爲朝官，分掌尚書省諸曹，品秩提高，但不再直接向皇帝奏事、承受詔命，成爲行政官員。北

魏孝文帝太和十七年（493）定吏部尚書從一品下，列曹二品中，二十三年改皆三品。

[4]鞠養：底本作“鞫養”，殿本、四部備要本、中華本作“鞠養”，殿本校勘記云：“‘鞠’，監本訛‘鞫’。今改從南本。”鞠養，撫養、撫育。鞫，審問犯人，窮究。今從改。

[5]交墜溝壑：借指野死。交，一齊，同時。

[6]孝文帝：即北魏皇帝元宏。孝文爲其謚號。

[7]流：流放。押解犯人到邊遠的地區去，以對案犯進行懲治。

乞伏保，高車部人也。[1]父居，獻文時爲散騎常侍，[2]領牧曹尚書，[3]賜爵寧國侯。[4]以忠謹慎密，常在左右，出内詔命。賜宫人河南宗氏，[5]亡。後賜以宫人申氏，宋太子左率申坦兄女也。[6]歲餘，居卒。申撫養伏保，性嚴肅，捶罵切至，而伏保奉事孝謹，初無恨色。襲父侯爵，例降爲伯。稍遷左中郎將。[7]每請禄賜，在外公私尺丈所用，無不白知。出爲鄯善鎮將。[8]申年踰八十，伏保手製馬轝，[9]親自扶接，申欣然隨之。申亡，伏保解官，[10]奉喪還洛。復爲長，兼南中郎將。[11]卒。

[1]高車部：族名。初號狄歷，也稱敕勒、鐵勒、丁零。因所乘車輪高大，故名。北魏時活動於今蒙古高原，以游牧爲生。見《北史》卷九八《高車傳》。

[2]獻文：即北魏皇帝拓跋弘。獻文爲其謚號。　散騎常侍：官名。三國魏文帝黄初初置散騎，合於中常侍，謂之散騎常侍。兩晋南北朝沿置。南朝時屬集書省，職掌侍從左右、圖書文翰、文章撰述、諫諍拾遺、收納轉呈文書奏事。北朝時兼領修史，爲閑散之

職。北魏初一度掌出令，位在中書令之上。孝文帝太和十七年定爲二品下，二十三年改爲從三品。

[3]牧曹尚書：官名。北魏置，掌管牲畜牧養事務，屬尚書省。

[4]寧國侯：封爵名。寧國，縣名。治所在今安徽寧國市西南。

[5]宫人：宫女。　河南：郡名。北魏時治洛陽縣，在今河南洛陽市東北。

[6]太子左率：官名。即太子左衛率。晋武帝分太子衛率而置。領精兵萬人，宿衛東宫，亦任征伐。南北朝皆置，南朝宋七員，五品。　申坦：人名。南朝宋權臣，曾任淮南太守、寧朔將軍、徐兗二州刺史等。

[7]左中郎將：官名。秦設五官中郎將、左中郎將、右中郎將分領三署諸郎，宿衛宫殿掖門。皆隸郎中令。以後歷朝因之。北魏置五員，爲冗職，用以安置閑散武臣，隸領軍府所轄左右衛府，從四品。

[8]出爲鄯善鎮將：中華本校勘記云："諸本'鄯善'作'無善'，《通志》卷一六七作'善無'。按《墓誌集釋·乞伏寶墓誌》圖版二八四作'鄯善'。'善無'見《魏書·地形志上》'恒州'，是郡不是鎮，今從墓誌改。"今從改。鄯善，鎮名。在今青海樂都縣。鎮將，官名。北魏置，鎮的長官。在不設州郡的地區，如西邊、北邊諸鎮，兼統軍民；在設州郡的内地，主要掌軍政，但兼任駐在州刺史時，亦兼理民政。其下設副將、監軍及長史、司馬等僚佐。北魏前期多以宗室或鮮卑勳貴爲之，多兼刺史，並持節、都督鄰近州鎮，地位高於刺史。孝文帝改制後，地位漸低。北魏孝文帝太和十七年職員令及二十三年復次職員令皆未載其品階。

[9]馬轝（yú）：馬車。

[10]解官：解除官職。古代父母去世，解官居喪。

[11]南中郎將：官名。東漢末年置。與東、西、北中郎將並稱四中郎將。魏晋南北朝沿置。多帥師征戰，職權頗重。

孫益德，樂安人也。[1]其母爲人所害。益德童幼，爲母復仇。還家，哭於殯，以待縣官。孝文、文明太后以其幼而孝決，[2]又不逃罪，特免之。

[1]樂安：郡名。北魏時治千乘縣，在今山東廣饒縣北。
[2]文明太后：即北魏文成帝的皇后馮氏。文明爲其謚號。

董洛生，代人也。居父喪過禮，詔遣秘書中散温紹伯奉璽書慰之，[1]令自抑割，以全孝道。又詔其宗親，使相喻獎，勿令有滅性之譏。[2]

[1]秘書中散：官名。北魏置。爲任職於秘書省的中散官。掌管禁中文書事務，參預禮儀、制度的議定，亦受皇帝之命外出執行臨時任務，或亦領監御等曹事務。多由中書學生擔任。五品中。璽書：古代以泥封加印的文書。秦以後專指皇帝的詔書。
[2]滅性：因喪親過哀而毁滅生命。《禮記·喪服四制》："三日而食，三月而沐，期而練，毁不滅性，不以死傷生也。"

楊引，鄉郡襄垣人也。[1]三歲喪父，爲叔所養。母年九十二終，[2]引年七十五，哀毁過禮。[3]三年服畢，恨不識父，追服斬衰，[4]食粥粗服，[5]誓終身命。經十三年，哀慕不改，爲郡縣鄉閭三百餘人上狀稱美。[6]有司奏宜旌賞，復其一門，樹其純孝。詔別敕集書標揚引至行，[7]又可假以散員之名。[8]

[1]鄉：郡名。北魏太武帝延和二年（433）改武鄉郡置，治鄉縣，在今山西榆社縣北；孝文帝太和十五年與縣同移治於今山西

武鄉縣東。　襄垣：縣名。治所在今山西襄垣縣北。

［2］九十二：源氏校勘記云："《魏書》作'九十三'。"中華本《魏書》卷八六《楊引傳》作"九十三"。未詳孰是。

［3］哀毀：居親喪，悲傷異常而損毀身體。後常作居喪盡禮之辭。

［4］斬衰（cuī）：五服中最重的喪服。用最粗的生麻布製作，斷處外露而不緝邊，喪服上衣叫"衰"，因稱斬衰。子及未嫁女爲父母，媳爲公婆，承重孫爲祖父母，妻妾爲夫，均服斬衰。服期三年。

［5］粗（cū）服：粗劣的衣服，一般用作喪服。

［6］鄉閭：古代以二十五家爲閭，一萬二千五百家爲鄉。此處指同鄉。

［7］集書：官署名。即集書省，南朝宋改散騎省置，爲門下三省之一。掌侍從左右、規諫評議、納獻糾劾等事，主掌圖書文翰，集録詔令等文，撰述文章，收納轉呈諸奏聞文書，有異議可以隨事爲駁。後任閑散。北魏前期置散騎省，孝文帝時改名集書省，職掌與南朝略同，兼修起居注，地位略高於南朝，然亦委職冗官。　至行：卓絶的品行。

［8］散員：無固定職事的官員。

閻元明，河東安邑人也。[1]少而至孝，行著鄉閭。[2]太和五年，[3]除北隨郡太守。[4]元明以違離親養，興言悲慕。[5]母亦慈念，泣淚喪明。悲號上訴，許歸奉養。一見其母，母目便開。刺史吕壽恩列狀上聞，[6]詔下州郡，表爲孝門，復其租調兵役，令終母年。母亡服終，心喪積載。每忌日，悲動傍鄰。昆弟雍和，尊卑諧穆，安貧樂道，白首同歸。[7]

[1]河東：郡名。北魏時治蒲坂縣，在今山西永濟市西南蒲州鎮。　安邑：縣名。治所在今山西夏縣西北。

[2]鄉閭：此處指家鄉，故里。

[3]太和：北魏孝文帝的年號（477—499）。

[4]北隨郡：南朝梁置，治順義縣，在今湖北隨州市北。疑北魏時僑置，治所不詳。　太守：官名。戰國時對郡守的尊稱。西漢景帝中元二年（前148），稱爲太守，爲郡的最高行政長官，掌管郡之民政、司法、監察、軍事和財賦。自後歷代沿置。北魏孝文帝太和二十三年定上郡太守爲四品，中郡太守爲五品，下郡太守爲六品。

[5]興言：語氣助詞，無實在意義。《詩·小雅·小明》："念彼共人，興言出宿。"馬瑞辰《毛詩傳箋通釋》："興言，猶云薄言，皆語詞也。"　悲慕：哀傷思念。

[6]刺史：官名。漢武帝元封五年（前106）始置。由秦負責監察的御史演變而來。刺，檢核問事之意。歷代因之。北魏上州刺史爲正三品，中州刺史爲從三品，下州刺史爲正四品。

[7]白首同歸：謂親情友誼堅貞，至老不變。語出西晉文學家潘岳《金谷集作詩》："春榮誰不慕，歲寒良獨希；投分寄石友，白首同所歸。"

又猗氏縣人令狐仕，[1]兄弟四人，早喪父，泣慕十載，奉養其母，孝著鄉邑。而力田積粟，博施不已。

[1]猗氏縣：治所在今山西臨猗縣南。

又河東郡人楊風等七百五十人列稱：樂户皇甫奴兄弟，[1]雖沉屈兵伍，而操尚彌高，奉養繼親，甚著恭孝之稱。

[1]樂户：北朝時爲皇廷和官員從事演奏的樂人。另立户籍，身份低下，來源主要是罪犯及其家屬。

又東郡小黄縣人董吐渾、兄養，[1]事親至孝，三世同居，閨門有禮。[2]景明初，[3]畿内大使王凝奏請標異。[4]詔從之。

[1]東郡：北魏時治滑臺城，在今河南滑縣東。　小黄縣：治所在今河南開封市東北。

[2]三世同居閨門有禮：殿本校勘記云："監本缺'居閨門'三字。今從南本增入。"閨門，内室的門，借指家庭。

[3]景明：北魏宣武帝的年號（500—504）。

[4]畿内大使：官名。指執行畿内（京城管轄的地區）特殊任務的正使。

吴悉達，河東聞喜人也。[1]兄弟三人，年並幼小，父母爲人所殺。四時號慕，[2]悲感鄉鄰。及長，報仇，避地永安。[3]昆弟同居四十餘載，閨門和睦，讓逸競勞。雖於儉年，[4]糊饘不繼，[5]賓客經過，必傾所有。每守宰殯喪，私辦車牛，送終葬所。鄰人孤貧窘困者，[6]莫不解衣輟糧，以相賑恤。鄉閭五百餘人詣州稱頌焉。刺史以悉達兄弟行著鄉里，板贈悉達父勃海太守。[7]悉達後欲改葬，亡失墳墓，推尋弗獲。號哭之聲，晝夜不止，叫訴神祇。忽於悉達足下地陷，得父銘記，因遷葬曾祖已下三世九喪。傾盡資業，不假於人，哀感毁悴，有過初喪。有司奏聞，標閭復役，以彰孝義。

［1］聞喜：縣名。治所在今山西聞喜縣。

［2］號慕：謂哀號父母之喪，表達懷戀追慕之情。語出《孟子·萬章上》："萬章問曰：'舜往于田，號泣于旻天，何爲其號泣也？'孟子曰：'怨慕也。'"

［3］永安：郡名。北魏時治定襄縣，在今山西定襄縣。

［4］儉年：歉收的年景。

［5］糊饘：粥一類的食物。《爾雅·釋言》："餬，饘也。"疏："糊饘，鬻糜相類之物。稠者曰糜，淖者曰鬻，餬饘是其別名。"

［6］鄰人孤貧窘困者：殿本校勘記云："'困'監本訛'因'。今改正。"

［7］板：官制用語。指不由吏部正式任命，而由地方軍政長官自行選用的官職。南北朝時，還常用爲授予年老軍人或平民的虛銜。　勃海：郡名。北魏時屬冀州，初治南皮縣，在今河北南皮縣東北，後移治東光縣，在今河北東光縣。

時有齊州人崔承宗，[1]其父於宋世仕漢中，[2]母喪因殯彼。後青、徐歸魏，[3]遂爲隔絕。承宗性至孝，萬里投險，偷路負喪還京師。黄門侍郎孫惠蔚聞之，[4]曰："吾於斯人，見廉范之情矣。"[5]於是弔贈盡禮，如舊相識。

［1］齊州：北魏時治歷城縣，在今山東濟南市。

［2］漢中：郡名。南朝宋時治南鄭縣，在今陝西漢中市東。

［3］青：州名。北魏時治東陽城，在今山東青州市。　徐：州名。北魏時治彭城縣，在今江蘇徐州市。

［4］黄門侍郎：官名。亦稱黄門郎。魏晉南北朝時爲侍中省或門下省次官，與侍中俱掌門下衆事，侍從皇帝，顧問應對。地位隨

皇帝旨意或侍中地位而上下。北魏孝文帝太和十七年定爲三品中，二十三年改爲四品上。　孫惠蔚：人名。初單名蔚，“惠”爲北魏宣武帝所賜。字叔炳，小字陀羅，武邑武遂（今河北武强縣西北）人。北魏官吏。見《北史》卷八一《孫惠蔚傳》。

[5]廉范之情：廉范對父親的孝心。典出《後漢書》卷三一《廉范傳》：“范父遭喪亂，客死於蜀漢，范遂流寓西州……年十五，辭母西迎父喪。蜀郡太守張穆，丹之故吏，乃重資送范，范無所受，與客步負喪歸葭萌。”

王續生，滎陽京縣人也。[1]遭繼母憂，[2]居喪，杖而後起。及終禮制，鬢髮盡落。有司奏聞，宣武詔標旌門閭，[3]甄其徭役。[4]

[1]滎陽：郡名。北魏時治滎陽縣，在今河南滎陽市北。　京：縣名。治所在今河南滎陽市東南。

[2]憂：父母之喪。

[3]宣武：即北魏皇帝元恪。宣武爲其謚號。

[4]甄：免除。

李顯達，潁川陽翟人也。[1]父喪，水漿不入口七日，鬢髮墮落，形體枯悴。六年廬於墓側，[2]哭不絶聲，殆於滅性。州牧高陽王雍以狀奏，[3]靈太后詔表其門閭。[4]

[1]潁川：郡名。北魏時治長社縣，在今河南長葛市東北。　陽翟：縣名。治所在今河南禹州市。

[2]廬：指爲服喪守墓而在墓旁蓋的簡陋房子。

[3]高陽王：封爵名。高陽，郡名。北魏時治高陽縣，在今河

北高陽縣東。　雍：即元雍，人名。字思穆。北魏宗室、大臣。見《北史》卷一九《高陽王雍傳》。

[4]靈太后：即北魏宣武帝的皇后胡氏。靈爲其謚號。

倉跋，滎陽京縣人也。喪母，水漿不入口五日，吐血數升，居憂毁瘠，見稱州里。有司奏聞，孝武帝詔標門閭。[1]

[1]孝武帝：即北魏皇帝元脩。孝武爲其謚號。

張昇，滎陽京縣人也。喪父，[1]飲水絶鹽，哀毁過度，形骸枯悴，骨立而已，髮落殆盡。聲聞鄉里，盜賊不侵其閭。州表以聞，標其門閭。

[1]喪父：源氏校勘記云："《魏書》作'父母喪'。"中華本《魏書》亦作"居父母喪"。

王崇，字乾邕，陽夏雍丘人也。[1]兄弟並以孝稱，身勤稼穡，以養二親。仕梁州鎮南府主簿。[2]母亡，杖而後起，鬢髮墮落。未及葬，權殯宅西。崇廬於殯所，晝夜哭泣，鳩鴿群至。有一小鳥，素質黑眸，形大於雀，栖於崇廬，朝夕不去。母喪闋，復丁父憂，哀毁過禮。是年夏，風雹，所經處，禽獸暴死，草木摧折。至崇田畔，風雹便止，禾麥十頃，竟無損落。及過崇地，風雹如初。咸稱至行所感。崇雖除服，[3]仍居墓側。於其室前，生草一根，莖葉甚茂，人莫能識。至冬中，復有鳥巢崇屋，[4]乳養三子，毛羽成長，馴而不驚。守令聞之，親自臨視。州以聞奏，標其門閭。

［1］陽夏：郡名。北魏時治雍丘縣，在今河南杞縣。　雍丘：縣名。治所在今河南杞縣。

［2］梁州：北魏時治南鄭縣，在今陝西漢中市。　鎮南府主簿：鎮南將軍府主簿的簡稱。主簿，官名。漢朝中央及州郡官府均置，典領文書簿籍，經辦事務。歷代沿置。北朝諸將軍、五校尉等軍府、列卿、寺監、光禄大夫等皆置，其品秩隨府長官地位高下而異。

［3］除服：亦稱“除喪”“脱服”。古代喪禮儀式之一，即除去喪服。《禮記·喪服小記》：“故期而祭，禮也；期而除喪，道也。”

［4］復有鳥巢崇屋：源氏校勘記云：“‘鳥’《魏書》作‘烏’。”中華本校勘記云：“《魏書》卷八六及《通志》‘鳥’作‘烏’。按古人稱烏爲孝鳥，這是標榜王崇之孝，疑作‘烏’是。”可從。

郭文恭，太原平遥人也。[1]仕爲太平縣令。[2]年踰七十，父母喪亡。文恭孝慕罔極，乃居祖父墓次，晨夕拜跪。跣足負土，培祖、父二墓，寒暑竭力，積年不已。見者莫不哀歎。尚書聞奏，標其門閭。

［1］太原：郡名。北魏時治晋陽縣，在今山西太原市晋源區古城營村一帶。　平遥：縣名。治所在今山西平遥縣。

［2］太平：縣名。治所在今山西襄汾縣西北古城鎮。　縣令：官名。戰國時縣的行政長官，歷代因之。北魏重京縣，洛陽令爲從五品。孝文帝太和二十三年定上縣令爲正六品下，中縣令爲正七品下，下縣令爲正八品上。後期多選舊令史擔任，縉紳多耻居其位。

荆可，河東猗氏人也。性質朴，容止有異於人。能苦身勤力，供養其母，隨時甘旨，終無匱乏。母喪，水漿不入口三日，悲號擗踴，[1]絶而後蘇者數四。[2]葬母之後，遂廬於墓側，晝夜悲哭，負土成墳，蓬髮不櫛，菜食飲水而已。然可家舊墓，塋域極大，榛蕪至深，[3]去家十餘里。而可獨宿其中，與禽獸雜處，哀感遠近，邑里稱之。大統中，[4]可鄉人以可孝行足以勸勵風俗，乃上言焉。周文令州縣表異之。[5]及服終之後，猶若居喪。

[1]擗（pǐ）踴（yǒng）：形容極度哀傷。擗，捶胸；踴，以脚頓地。

[2]絶而後蘇者數四：源氏校勘記改“後”作“復”，並云：“‘四’《周書》作‘載’。恐非。”中華本《周書》作“絶而復蘇者數四”。

[3]榛蕪至深：殿本校勘記云：“‘榛’監本訛‘榛’。今改正。”

[4]大統：西魏文帝的年號（535—551）。

[5]周文：即北周皇帝宇文泰。文爲其謚號，北周明帝所追謚。

大冢宰、晋公護聞可孝行，[1]特引見焉。與可言論，時有會於護意。而護小至孝，其母閻氏，没於敵境，不測存亡。每見可，自傷久乖膝下，[2]而重可至性。可卒後，護猶思其純孝，收可妻子於京城，恒給其衣食。

[1]大冢宰：官名。大冢宰卿的省稱。西魏恭帝三年置。爲六官之首的天官府長官，員一人，正七命。職掌宫廷供奉、侍御以及全國財政收支、賦役，百官俸給等事務。　護：即宇文護，人名。

字薩保，鮮卑族。北周宗室、權臣。見《北史》卷五七《邵惠公顥附宇文護傳》。

[2]久乖膝下：長期不能在父母跟前盡孝。

秦族，上郡洛川人也。[1]祖白、父雚，並有至性，聞於閭里。魏太和中，板白潁州刺史。[2]大統中，板雚鄜城郡守。[3]

[1]上郡：北魏時治因城縣，在今陝西甘泉縣。　洛川：縣名。治所在今陝西洛川縣北。

[2]潁州：北魏時治汝陰縣，在今安徽阜陽市。

[3]鄜城：郡名。西魏時治敷城，在今陝西洛川縣東北。按：《魏書・地形志》衹有"敷城郡"。《隋書・地理志上》："上郡（後魏置東秦州，後改爲北華州。西魏改爲敷州。大業二年改爲鄜城郡，後改爲上郡）統縣五，户五萬三千四百八十九。"疑"鄜城郡"爲北魏時的"上郡"。

族性至孝，事親竭力。及父喪，哀毁過禮，每一慟哭，酸感行路。既以母在，恒抑割哀情，以慰其母意。四時珍羞，未嘗匱乏。與弟榮先復相友愛，閨門之中，怡怡如也。[1]尋而其母又没，哭泣無時，唯飲水、食菜而已。終喪之後，猶蔬食，不入房室二十許年。鄉里咸歎異之。其邑人王元達等七十餘人上其狀，有詔表其門閭。

[1]怡怡：和順、安適自得的樣子。特指兄弟和睦。語出《論語・子路》："朋友切切偲偲，兄弟怡怡。"

榮先亦至孝，遭母喪，[1]哀慕不已，遂以毁卒。邑里化其孝行。周文嘉之，乃下詔褒美其行，[2]贈滄州刺史，[3]以旌厥異。

[1]母喪：底本作“父喪”。源氏校勘記云：“‘父’《周書》作‘母’。檢先後之文，作‘母’爲是。”中華本《周書》卷四六《秦族傳》作“遭母喪”。今從改。

[2]周文嘉之乃下詔褒美其行：中華本校勘記云：“《周書》卷四六《秦族傳》‘周文’作‘世宗’。按宇文泰未嘗稱帝，不得稱‘下詔’。《周書》作‘世宗’，指周明帝，疑是。”可從。

[3]滄州：北周時治饒安縣，在今河北鹽山縣西南。

皇甫遐，字永賢，[1]河東汾陰人也。[2]累世寒微，而鄉里稱其和睦。

[1]永賢：源氏校勘記云：“《周書》作‘永覽’。”中華本《周書》卷四六《皇甫遐傳》作“永覽”。

[2]汾陰：縣名。治所在今山西萬榮縣西南。

遐性純至，少喪父，事母以孝聞。後遭母喪，乃廬於墓側，負土爲墳。復於墓南作一禪窟，[1]陰雨則穿窟，晴霽則營墓。曉夕勤力，未嘗暫停。積以歲年，墳高數丈，周迴五十餘步，禪窟重臺兩帀，總成十有二室，中間行道，可容百人。遐食粥枕凷，[2]櫛風沐雨，[3]形容枯悴，家人不識。當其營墓之初，乃有鴟烏各一，徘徊悲鳴，不離墓側，若助遐者，經月餘日乃去。遠近聞其至孝，競以米麵遺之，暹皆受而不食，悉以營佛齋焉。郡縣表上其狀，有詔旌異之。

[1]復於墓南作一禪窟：源氏校勘記云："'復'《周書》作'後'。'禪'《周書》作'禈'。下同。"中華本《周書》卷四六《皇甫遐傳》校勘記云："宋本、南本、北本、汲本'禪'作'禈'。張元濟《〈周書〉跋》云：'按"禈"字當從衣旁，訓附，訓小。蓋遐於其母墓側穿一窟室，取土培墓，己即處於窟中，冀朝夕不離其母。而殿本乃改爲"禪窟"。按之本傳絶無於彼習佛参禪之意。蓋"禈""禪"形近，遂因而致誤耳。'按《北史》本傳作'禪'，殿本自是依《北史》改。《册府》卷七五七亦作'禪'，或採《北史》。然原作'禈'，不成字，作'褌'作'禪'都要補綴筆畫，未必作'禪'定誤。下文説'禪窟重臺兩匝，總成十有二室，中間行道，可容百人'，規模如此巨大，絶非墓側小窟。且下文説遐以遠近所遺米麵營佛齋，則亦未必不佛参禪。今不改。下'禪窟重臺兩匝'同。"可從。禪窟，禪師窟，僧人聚集参禪修佛的地方。

[2]食粥枕凷（kuài）：古代喪禮。居父母之喪，其子女要頭枕土塊、身卧草墊以示哀痛。《荀子·禮論》："齊衰、苴杖、居廬、食粥、席薪、枕塊，所以爲至痛飾也。"凷，同"塊"。

[3]櫛風沐雨：以風梳頭，以雨洗髮。

張元，字孝始，河北芮城人也。[1]祖成，假平陽郡守。[2]父延儁，仕州郡，累爲功曹、主簿。[3]並以純至爲鄉里所推。

[1]河北：郡名。北周時治大陽縣，在今山西平陸縣西南。芮城：縣名。治所在今山西芮城縣。

[2]平陽：郡名。北周時治平陽縣，在今山西臨汾市。

[3]功曹：官名。漢朝郡縣置功曹史，省稱功曹，職掌人事，並參與一郡政務。歷代沿置。北魏凡皇子、不開府將軍、太常光禄卿衛尉、郡亦置，職掌吏事或主選舉。將軍等所置，位於主簿上。郡縣所置，位常在丞下、五官上；郡功曹多用本地大族，權重，郡守常委事於功曹。六品至九品不等。

元性謙謹，有孝行，微涉經史，然精釋典。年六歲，其祖以其夏中熱，欲將元就井浴。元固不肯從。謂其貪戲，乃以杖擊其頭曰：[1]“汝何爲不肯浴？”元對曰：“衣以蓋形，爲覆其褻。元不能褻露其體於白日之下。”祖異而捨之。

[1]乃以杖擊其頭曰：《册府元龜》卷七七五“頭”作“脛”。

南鄰有二杏樹，杏熟多落元園中。諸小兒競取而食之。元所得者，送還其主。村陌有狗子爲人所棄者，元即收而養之。其叔父怒曰：“何用此爲！”將欲更棄之。元對曰：“有生之類，莫不重其性命。若天生天殺，自然之理。今爲人所棄而死，非其道也。若見而不收養，無仁心也。是以收而養之。”叔父感其言，遂許焉。未幾，乃有狗母銜一死兔置元前而去。

及元年十六，其祖喪明三年。元恒憂泣，晝夜讀佛經、禮拜，以祈福祐。後讀《藥師經》，見“盲者得視”之言。遂請七僧，然七燈，七日七夜轉《藥師經》行道。[1]每言：“天人師乎！元爲孫不孝，使祖喪明。今以燈光普施法界，願祖目見明，元求代闇。”如此經七日，其夜夢見一老翁，以金鎞療其祖目，[2]於夢中喜躍，遂即驚覺。乃徧告家人。三日，祖目果明。

[1]行道：爲敬禮佛而向佛右方旋繞。《寄歸傳》三曰：“諸經應云旋右三匝，若云佛邊行道者非也。經云右繞三匝者，正順其儀。”

[2]金鎞（bī）：傳説古代印度治療眼病的工具。形如箭頭，用來刮眼膜，據説可以使盲者復明。《涅槃經》卷八：“如目盲人爲治目故，造詣良醫，是時良醫即以金錍決其眼膜。”

其後，祖卧疾再周，元恒隨祖所食多少，衣冠不解，旦夕扶侍。及祖没，號踴絶而後蘇。隨其父，[1]水漿不入口三日。鄉里咸歎異之。縣博士揚軌等二百餘人上其狀，[2]有詔表其門閭。

[1]號踴絶而後蘇隨其父：源氏校勘記云：“（‘後蘇’）《周書》作‘復蘇’。”並在“蘇”後添加“復蘇”二字。中華本《周書》卷四六《張元傳》作“絶而復蘇。復喪其父”，其校勘記云：“宋本及《北史》本傳、《册府》卷七五五‘復’作‘後’。按下句即有‘復’字，疑涉下文而誤。”

[2]博士：官名。春秋戰國已有其稱，初泛指初學者，戰國末年齊、魏、秦等國置爲職官，秦、西漢初充當皇帝顧問，參與議政、制禮，典守書籍。魏晋南北朝時專設五經博士、國子博士、太學博士等學官，掌經學教授，設太常博士專掌議定禮制，地位漸輕。北朝郡國學或置博士爲學官，又設律學博士、醫學博士等，專精本行技藝，教授學生及服務於宫廷官府。　揚軌：人名。其餘不

詳。殿本、中華本作“楊軌”。

王頒，字景彦，太原祁人也。[1]父僧辯，[2]《南史》有傳。

[1]祁：縣名。治所在今山西祁縣東南。

[2]僧辯：即王僧辯，人名。字君才，太原祁（今山西祁縣東南）人。南朝梁將領、重臣。見《梁書》卷四五《王僧辯傳》。《南史》卷六三《王神念附王僧辯傳》。

頒少俶儻，[1]有文武幹局。僧辯平侯景，[2]留頒荆州。[3]遇梁元帝爲周師所陷，[4]頒因入關。聞其父爲陳武帝所殺，[5]號慟而絶，食頃乃蘇，哭不絶聲，毁瘠骨立。至服闋，常布衣蔬食，藉藁而卧。周明帝嘉之，[6]召授左侍上士。[7]累遷漢中太守，[8]尋拜儀同三司。[9]

[1]俶儻：卓異不凡、灑脱豪爽。

[2]侯景：人名。字萬景，懷朔鎮（今内蒙古固陽縣南）人。曾任北魏官吏，後叛至南朝。見《梁書》卷五六《侯景傳》（參李萬生《侯景的氏族及相關問題》，《北京大學學報》2000 年第 5 期）。

[3]荆州：南朝梁時治江陵縣，在今湖北江陵縣。

[4]梁元帝：即南朝梁皇帝蕭繹。元爲其謚號。

[5]陳武帝：即南朝陳皇帝陳霸先。武爲其謚號。

[6]周明帝：即北周皇帝宇文毓。明爲其謚號。

[7]左侍上士：官名。西魏、北周時爲太官府宫伯中大夫屬官，正三命。與右侍上士共同負責皇帝寢宫安全，皇帝臨朝及出行時亦

隨侍左右。

［8］漢中：郡名。北周時治光義縣，在今陝西漢中市。

［9］儀同三司：主要指非三公而享受三公的儀制待遇。魏晋時置，南北朝時授予的範圍逐漸擴大，成爲官號。西魏時凡開府，皆加儀同三司。北周時爲勳官、散官號。九命。

隋開皇初，[1]以平鑾功，加開府，[2]封虵丘縣公。[3]獻取陳之策，上覽而異之，召見，言畢歔欷，上爲之改容。及大舉伐陳，頒自請行。率兵數百人，從韓擒虎先鋒夜濟，[4]力戰被傷。恐不堪復鬥，悲感嗚咽。[5]夜中睡夢有人授藥，比寤而瘡不痛。時人以爲孝感。

［1］開皇：隋文帝的年號（581—600）。

［2］開府：本指古代開設府署、辟置僚屬。魏晋南北朝時常以此作爲對高級官員的寵待。

［3］虵丘：縣名。治所在今山東肥城市南。毛本"虵"作"地"，誤。殿本校勘記云："'虵'監本訛'地'。今改從《隋書》。"

［4］韓擒虎：人名。字子通，河南東垣（今河南新安縣東）人。本名禽虎。北周、隋朝大將。見《北史》卷六八《韓雄附韓禽傳》。擒，又作"禽"。

［5］嗚咽：南監本作"鳴咽"，源氏校勘記改"鳴"作"嗚"。

及陳滅，頒密召父在時士卒，得千餘人，對之涕泣。其間壯士或問曰："郎君讎恥已雪、而悲哀不止者，將不爲霸先早死，[1]不得手刃之邪？請發其丘隴，[2]斵櫬焚骨，[3]亦可申孝心矣。"頒頓顙陳謝，[4]額盡流血，答曰："其爲墳塋甚大，恐一宵發掘，不及其屍，更至明朝，事乃彰露。"諸人請具鍬鍤。[5]於是夜發其陵，剖棺，見陳武帝鬚皆不落，其本皆出自骨中。頒遂焚骨取灰，投水飲之。既而自縛歸罪。晋王表其狀。[6]文帝曰："朕以義平陳。王頒所爲，亦孝義之道，何忍罪之？"舍而不問。有司録其戰功，將加柱國，[7]賜物五千段。頒固辭曰："臣緣國威靈，得雪怨恥，本心徇私，非是爲國。所加官賞，終不敢當。"帝從之。

[1]霸先：指陳霸先，即南朝陳武帝。

[2]丘隴：墳墓。

[3]櫬（chèn）：棺材。

[4]頓顙：屈膝下拜，以額角觸地。

[5]鍬鍤（chā）：掘土的工具。

[6]晋王：即楊廣，隋文帝次子，後即位，史稱隋煬帝。見《北史》卷一二《隋本紀·煬帝》。

[7]柱國：官名。柱國大將軍之省稱。十六國時後燕燕元元年（384）始置。西魏文帝大統三年省稱柱國，十六年置八柱國，爲西魏最高官職。北周除授漸多，成爲無具體職掌的勳官，正九命。隋朝爲正二品散官。煬帝大業三年罷。

拜代州刺史，[1]甚有惠政。卒於齊州刺史。[2]

[1]代州：隋文帝開皇五年改肆州置，治廣武縣，十八年改稱雁門縣，在今山西代縣西南。

[2]齊州：隋朝時治歷城縣，在今山東濟南市。

弟頍，[1]字景文。年數歲而江陵亡，[2]同諸兄入關。少好游俠，年二十，尚不知《書》，爲其兄顒所責怒。於是感激，始讀《孝經》《論語》，晝夜不倦。遂讀《左傳》《禮》《易》《詩》《書》，乃歎曰："書無不可讀者。"勤學累載，遂徧通五經，究其旨趣，大爲儒者所稱。解綴文，善談話。年三十，[3]周武帝引爲露門學士，[4]每有議決，多頍所爲。性識甄明精力不倦，好讀諸子，偏記異書，以博物稱。又曉兵法，益有從横之志，每歎不逢時，常以將相自許。

[1]頍（kuǐ）：殿本校勘記云："頍，並無孝行可稱，乃因頒而並附於傳後。殊不可解。"可從。

[2]江陵：城名。在今湖北江陵縣。此代指南朝梁。

[3]年三十：源氏校勘記云："《隋書》作'年二十二'。"中華本《隋書》作"二十二"。未詳孰是。

[4]露門學士：官名。北周置，爲露門學屬官，教授生徒，位低於露門學文學博士，因露門又稱虎門，故亦稱虎門學士。露門，北周學校名，教授皇太子及貴族子弟。

開皇五年，授著作佐郎，[1]尋令於國子講授。[2]會帝親臨釋奠。[3]國子祭酒元善講《孝經》，[4]頍與相論難，詞義鋒起，善往往見屈。帝大奇之，超授國子博士。[5]後坐事解職，配防嶺南。

[1]著作佐郎：官名。三國魏明帝太和中置佐著作郎，協助著作郎修撰國史及起居注。東晉改此名。南北朝後期，因其職務清閑，成爲士族高門子弟的起家之官。隋文帝時屬秘書省著作曹，員

八人，正七品。

［2］國子：國立儒學最高學府。晉武帝咸寧中置，隸太常，設國子祭酒、博士各一員，助教十五員，以儒學經典教授生徒。歷代因之。

［3］釋奠：古代在學校設置酒食祭奠先師的一種典禮。《禮記·文王世子》："凡學，春官釋奠於先師，秋冬亦如之。凡始立學者，必釋奠於先聖先師。"鄭玄注："釋奠者，設薦饌酌奠而已。"

［4］國子祭酒：官名。晉武帝咸寧中立國子學，置國子祭酒一員爲長官，掌教授生徒儒學，主管國子學，參議禮制，隸太常。南北朝沿置。隋初隸太常，統國子、太學、四門、書算學，一員。文帝開皇十三年不隸太常，改爲國子學長官，文帝仁壽元年罷，唯置太學，以博士領之。煬帝大業三年改置國子監，仍置一員。　元善：人名。河南洛陽（今河南洛陽市東北）人。北周、隋朝官吏。見《隋書》卷七五《元善傳》。

［5］國子博士：官名。晉武帝咸寧中立國子學，置國子博士一員，以教授生徒儒學，取履行清淳、通明典義者爲之。並應對殿堂，備諮詢顧問，隸國子祭酒，地位上高於太學博士。隋朝國子寺國子學置五員，正五品上，文帝仁壽元年罷，唯置太學博士，煬帝大業三年改置國子監，國子學置國子博士一員，正五品。

數載，授漢王諒府諮議參軍，[1]王甚禮之。時諒見房陵及秦、蜀二王相次廢黜，[2]潛有異志。頍陰勸諒繕甲兵。及文帝崩，諒遂舉兵反，多頍之計也。頍後數進奇策，諒不能用。楊素至蒿澤，[3]將戰。頍謂其子曰："氣候殊不佳，兵必敗。汝可隨從我。"既而兵敗，頍將歸突厥。[4]至山中，徑路斷絶，知必不免。謂其子曰："吾之計謀，不減楊素，但爲言不見從，遂至於此。不能坐受禽執，以成豎子之名也。吾死後，汝慎勿過親故！”於是自殺，瘞之石窟中。[5]其子數日不得食，遂過其故人，竟爲所禽。楊素求熲屍，得之，斬首，梟於太原。[6]

[1]諒：即楊諒，人名。字德章，一名傑，小字益錢。隋朝宗室。見《北史》卷七一《庶人諒傳》。　諮議參軍：官名。西晋末司馬睿鎮東大將軍丞相府始置爲僚屬，掌顧問諫議。東晋、南朝王府、丞相府、公府、位從公府、州軍府皆有置者，無定員，亦不常置，職掌不定，其位甚尊，在列曹參軍上。北魏、北齊、隋多稱諮議參軍事，品秩依府主地位而定。

[2]房陵：即房陵王楊勇。隋文帝長子。見《北史》卷七一《房陵王勇傳》。房陵，郡名。隋朝時治光遷縣，在今湖北房縣。　秦王：即楊俊，小字阿祇。隋朝宗室。見《北史》卷七一《秦王俊傳》。　蜀王：即楊秀。隋朝宗室。隋文帝第四子。見《北史》卷七一《庶人秀傳》。

[3]楊素：人名。字處道，弘農華陰（今陝西華陰市東南）人。北周、隋朝大臣。見《北史》卷四一《楊敷附楊素傳》（參周錚《〈楊素墓誌初考〉補正》，《考古與文物》1993年第2期）。　蒿澤：又名大昭澤。在今山西祁縣、平遥縣以西，文水縣東南和介休市以北一帶。

[4]突厥：公元六世紀初興起於金山（今阿爾泰山）西南麓，西魏廢帝二年（552）建突厥汗國於今鄂爾渾河流域。隋文帝開皇二年分裂爲東西二部。見《北史》卷九九《突厥傳》。

[5]瘞（yì）：掩埋，埋葬。

[6]梟：古代的一種刑罰，把犯人的頭割下來懸挂在木頭上示衆。

所撰《五經大義》三十卷，有集二十卷，[1]並因兵亂，無復存焉。

[1]二十卷：源氏校勘記云："《隋書》無'二'字。"中華本《隋書》作"十卷"。

楊慶，[1]字伯悦，河間人也。[2]祖玄、父剛，並以至孝知名。

[1]楊：底本作"揚"，毛本、殿本、四庫本、局本、中華本作"楊"。按：目録及序言均作"楊"，今據諸本改。

[2]河間：郡名。北齊時治武垣縣，在今河北河間市南。

慶美容止，性辯慧。年十六，齊國子博士徐遵明見而異之。[1]及長，頗涉書記。年二十五，郡察孝廉，[2]以侍養不赴。母有疾，不解襟帶者七旬。及居母憂，哀毁骨立，負土成墳。齊文宣表其門閭，[3]賜帛及綿粟各有差。隋文帝受禪，屢加褒賞，擢授儀同三司，板平陽太守。卒於家。

[1]齊國子博士徐遵明見而異之：中華本校勘記云："按本書卷八一《徐遵明傳》，遵明死於元顥入洛之際，事在魏孝莊帝時，不及齊世。又終身私門講授，未嘗官國子博士。此疑誤。"可從。徐遵明，人名。字子判，華陰（今陝西華陰市東南）人。北魏學者。見《北史》卷八一《徐遵明傳》。

[2]察：古代的一種用人方式。　孝廉：選拔官吏的科目。孝指孝子，廉指廉潔之士。原爲二科，後來多混同連稱而爲一科，所

舉者也不限於孝者和廉吏。南北朝沿置，地位不及秀才、國子生。時察舉權歸州郡中正，依九品官人法，所舉者皆世家豪族子弟，無須策試。隋唐祇有秀才之科，無孝廉之舉。

[3]齊文宣：即北齊皇帝高洋。文宣爲其謚號。

田翼，不知何許人也。養母以孝聞。其後母卧疾歲餘，翼親易燥濕，[1]母食則食，母不食則不食。隋開皇中，母患暴痢。翼謂中毒藥，遂親嘗穢惡。母終，翼一慟而絶。妻亦不勝哀而死。鄉人厚共葬之。

[1]燥濕：指日常生活起居。

紐因，[1]字孝政，河東安邑人也。性至孝。周武成中，[2]父母喪，廬於墓側，負土成墳。廬前生麻一株，高丈許，圍之合拱，枝葉鬱茂，冬夏恒青。有烏棲上，[3]因舉聲哭，烏即悲鳴。時人異之。周武帝表其閭，擢授甘棠令。[4]隋開皇初卒。

[1]紐因：源氏校勘記云："《隋書》作'紐回'。"中華本《隋書》作"紐回"。

[2]武成：北周明帝的年號（559—560）。

[3]烏：源氏校勘記云："'烏'《隋書》作'鳥'。下同。"中華本《隋書》作"鳥"。

[4]甘棠：縣名。治所在今河南宜陽縣東南。

子士雄，少質直孝友。[1]喪父，復廬於墓側，負土成墳。其庭前有一槐樹，先甚鬱茂，及士雄居喪，樹遂枯死。服闋還宅，死槐復榮。隋文帝聞之，歎其父子至孝，下詔褒揚，號其居爲“累德里”。[2]

[1]質直：樸實正直。　孝友：事父母孝順，對兄弟友愛。《詩·小雅·六月》：“侯誰在矣，張仲孝友。”毛傳：“善父母爲孝，善兄弟爲友。”

[2]累德：積德。

劉仕儁，[1]彭城人也。[2]性至孝。丁母喪，絶而復蘇者數矣，勺飲不入口者七日。廬於墓側，負土成墳，列植松柏，虎狼馴擾，爲之取食。隋文帝受禪，表其門閭。

[1]仕：源氏校勘記云：“‘仕’《隋書》作‘士’。”中華本《隋書》作“士”。

[2]彭城：郡名。隋朝時治彭城縣，在今江蘇徐州市。

翟普林，楚丘人也。[1]事親以孝聞。州郡辟皆不就，躬耕色養。鄉閭謂爲“楚丘先生”。後父母疾，親易燥濕，不解衣者七旬。大業初，[2]父母俱終，哀毀殆將滅性。廬於墓側，負土成墳。盛冬不衣繒絮，[3]唯著單縗而已。[4]家有烏犬，[5]隨其在墓，若普林哀臨，犬亦悲號，見者嗟異。有二鵲巢其廬前柏樹，入廬馴狎，無所驚懼。司隸巡察，[6]奏其孝感，擢授孝陽令。[7]

[1]楚丘：縣名。治所在今山東曹縣東南。

［2］大業：隋煬帝的年號（605—617）。

［3］繒絮：繒帛絲綿。亦指繒帛絲綿所製的衣服。

［4］單縗（shuāi）：單薄的喪服。

［5］家有烏犬：殿本校勘記云："'犬'監本訛'大'。今改從南本。"

［6］司隸：官名。司隸臺大夫的省稱。隋煬帝大業三年置，爲司隸臺長官，一員，掌諸巡查，正四品。後罷。

［7］孝陽令：按：《隋書·地理志》無"孝陽縣"，但有"考城"。《隋書·地理志中·梁郡》："考城，後魏曰考陽。"疑是。考陽，縣名。漢章帝改甾縣置，置今河南民權縣東北，屬陳留郡。晉武帝太康初省，尋復置。屬濟陰郡。北魏孝明帝孝昌中改考城，治在今河南民權縣東北，爲北梁郡治。北齊文宣帝天保中改爲成安縣。隋文帝開皇十八年復改爲考城縣，移治今河南民權縣西南，屬梁郡。

華秋，汲郡臨河人也。[1]幼喪父，事母以孝聞。家貧，傭賃爲養。其母患，秋容貌毀悴，鬢鬚盡改。母終，遂絕櫛沐，髮盡禿落。廬於墓側，負土成墳。有人欲助之者，秋輒拜而止之。隋大業初，調狐皮，郡縣大獵。有一兔，逐之，奔入秋廬中，匿秋膝下。獵人至廬所，異而免之。自爾，此兔常宿廬中，馴其左右。郡縣嘉其孝感，具以狀聞。降使勞問，而表其門閭。後群盜起，常往來廬之左右，咸相誡曰："勿犯孝子鄉。"賴秋全者甚衆。

［1］汲：郡名。隋朝時治衛縣，在今河南浚縣西南。　臨河：縣名。治所在今河南浚縣東（參吴宏岐、郭用和《隋汲郡臨河縣故

城考》，《中國歷史地理論叢》1998 年第 3 期）。

徐孝肅，汲郡人也。宗族數十家，多以豪侈相尚，唯孝肅儉約。事親以孝聞。雖在幼小，宗黨閒每有爭訟，[1]皆至孝肅所平論，短者無不引咎而退。孝肅早孤，不識父。及長，問其母父狀，因畫工圖其形，構廟置之而定省焉，[2]朔望享祭。養母至孝，數十年家人未見其忿恚色。母老疾，孝肅親易燥濕，憂悴數年，見者莫不悲悼。母終，孝肅茹蔬飲水，盛冬單縗，毀瘠骨立。祖父母、父母墓，皆負土成墳。廬于墓所四十餘載，被髮徒跣，遂以終身。

[1]宗黨：宗族、鄉黨。

[2]構：底本、元大德本作“搆”，今從中華本改。

其弟德備終，子處默，又廬於墓側。弈世稱孝焉。[1]

[1]弈世：即“奕世”，累世。

論曰：塞天地而横四海者，唯孝而已矣。然則孝始愛敬之方，終極哀思之道，[1]厥亦多緒，其心一焉。若上智禀自然之質，[2]中庸有企及之義，及其成名，其美一也。長孫慮等或出公卿之緒，藉禮教之資；或出茆簷之下，[3]非獎勸所得。竝因心乘理，不踰禮教，感通所致，貫之神明。乃有負土成墳，致毀滅性，雖乖先王之典制，亦觀過而知仁矣。[4]

[1]孝始愛敬之方終極哀思之道：孝就是從愛護和尊敬開始，以極度的哀傷和思念結束。語本《孝經·喪親》："生事愛敬，死事哀慼，生民之本盡矣，死生之義備矣，孝子之事親終矣。"

[2]上智：生而知之的人。語出《論語·陽貨》："唯上智與下愚不移。"

[3]茆（máo）簷（yán）：茅檐。茅草蓋的屋頂。借指平民，出身低微。茆，通"茅"。

[4]觀過而知仁：觀察一個人的過錯，就知道他的仁德。語出《論語·里仁》："人之過也，各於其黨，觀過，斯知仁矣。"

北史　卷八五

列傳第七十三

節義

于什門　段進　石文德　汲固　王玄威　婁提　劉渴侯　朱長生　馬八龍　門文愛　晁清　劉侯仁　石祖興　邵洪哲　王榮世　胡小彪　孫道登　李几　張安祖　王閭　郭琰　沓龍超　乙速孤佛保　李棠　杜叔毗　劉弘　游元　張須陁　楊善會　盧楚　劉子翊　堯君素　陳孝意　張季珣　杜松贇　郭世儁　郎方貴

《易》稱："立人之道，曰仁與義。"[1] 蓋士之成名，在斯二者。故古人以天下爲大，方身則輕；[2] 生爲重矣，比義則輕。[3] 然則死有重於太山，貴其理全也；生有輕於鴻毛，重其義全也。[4] 故生無再得，死不可追，而仁道不遠，[5] 則殺身以徇；義重於生，則捐軀而踐。龍逢殞命於夏癸，[6] 比干竭節於商辛，[7] 申蒯斷臂於齊莊，[8] 弘演納肝於衛懿，[9] 漢之紀信、欒布，[10] 晋之向雄、嵇紹，[11]並不憚於危亡，以蹈忠貞之節。雖功未存於社稷，力無救於顛墜，然視彼苟免之徒，貫三光而洞九泉矣。[12]凡在立名之士，莫不庶幾焉。然至臨難忘身，見危授命，[13]雖斯文不墜，[14]而行之蓋寡。固知士之所重，信在兹乎。非夫内懷鐵石之心，[15]外負陵霜之節，孰能行之若命、赴蹈如歸者乎！自魏訖隋，年餘二百，若迺歲寒見松柏，[16]疾風知勁草，[17]千載之後，懔懔猶生。[18]豈獨聞彼伯夷，懦夫立志，[19]亦冀將來君子，有所庶幾。

[1]易稱立人之道曰仁與義：語出《易·説卦傳》。

[2]天下爲大方身則輕：語出《道德經》："奈何萬乘之主，而以身輕天下。輕則失臣，躁則失君。"

[3]生爲重矣比義則輕：語出《孟子·告子上》："生亦我所欲也，義亦我所欲也；二者不可得兼，舍生而取義者也。"

[4]"死有重於太山"至"重其義全也"：語出漢代司馬遷《報任安書》："人固有一死，或重於太山，或輕於鴻毛，用之所趨異也。"

[5]仁道不遠：語出《論語·述而》："仁道不遠，求仁不難，行之在我。"

[6]龍逢殞命於夏癸：語出《韓詩外傳》："桀爲酒池，可以運舟，糟丘足以望十里，一鼓而牛飲者三千人。關龍逄進諫，曰：'古之人君，身行禮儀，愛民節財，故國安而身壽。今君用財若無窮，殺人若恐弗勝。君若弗革，天殃必降，而誅必至矣。君其革之。'立而不去朝，桀因而殺之。"龍逄，人名。古陝州（今陝西）人。夏末官吏。爲官正派，剛正不阿，敢於直諫。夏癸，即夏桀，名癸，一名履癸，夏朝的最後一位君主。謚號桀。見《史記》卷二

《夏本紀》。

[7]比干竭節於商辛：語出《韓詩外傳》："紂作炮烙之刑。王子比干曰：'主暴不諫，非忠也。畏死不言，非勇也。見過即諫，不用即死，忠之至也。'遂諫，三日不去朝，紂囚殺之。"比干，人名。沬邑（今河南衛輝市）人。因爲直諫商紂王而被殺。商辛，即商紂王，子姓，名受，商謚帝辛。商朝最後一任君主。周武王稱其爲"紂王"。見《史記》卷三《殷本紀》。

[8]申蒯斷臂於齊莊：《太平御覽》卷四三八引劉向《新序》："崔杼弑莊公，申蒯漁於海而後至，將入死之。其御止之曰：'君之無道聞於天下，不可死也。'申蒯曰：'告我晚。子不早告我，吾安得食亂君之禄，而死治君之事乎？子免之，無死。'其御曰：'子有亂主，猶死之；我有治長，奈何勿死？'申蒯至門曰：'申蒯聞君死，請入吊。'守門者以告崔子，曰勿內。申蒯曰：'汝疑我乎？吾與汝臂。'乃斷其左臂以予其門者，門者以示崔子。崔子陳八列，曰令其。申蒯拔劍呼天，三踊乃鬬，殺七列，未及崔子一列而死，其御亦死之門外。君子聞之曰：'蒯可謂守節死義矣。'"申蒯，人名。春秋時期齊國負責漁業的官員。齊莊，春秋時期齊國君主。姜姓，吕氏，名光，在位期間，勵精圖治。因爲與大夫崔杼的妻子私通而被殺。見《史記》卷三二《齊太公世家》。

[9]弘演納肝於衛懿：語出《吕氏春秋·忠廉》："衛懿公有臣曰弘演，有所于使。翟人攻衛，其民曰：'君之所予位禄者，鶴也；所貴富者，宮人也。君使宮人與鶴戰，余焉能戰？'遂潰而去。翟人至，及懿公于滎澤，殺之，盡食其肉，獨舍其肝。弘演至，報使於肝，畢，呼天而啼，盡哀而止，曰：'臣請爲襮。'因自殺，先出其腹實，内懿公之肝。桓公聞之曰：'衛之亡也，以爲無道也。今有臣若此，不可不存。'于是復立衛於楚丘。"衛懿公，春秋時期衛國君主。姬姓，衛氏，名赤。好養鶴，導致民怨沸騰。見《史記》卷三七《衛康叔世家》。

[10]紀信：人名。字成，巴郡閬中（今四川西充縣）人。爲

保護漢高祖劉邦而在滎陽城被項羽活活燒死。　欒布：人名。梁（今河南商丘市）人。彭越的布衣之交，因爲彭越被殺而義責漢王。見《史記》卷一百《季布欒布列傳》。

［11］向雄：人名。字茂伯，河内山陽（今河南焦作市東）人，曾任御史中丞、侍中、河南尹。因爲鐘會的知遇之恩而不顧其反叛的罪名，爲之收斂。見《晋書》卷四八《向雄傳》。　嵇紹：人名。字延祖，譙國銍（今安徽宿州市西南）人，誓死保護晋惠帝。見《晋書》卷八九《嵇紹傳》。

［12］貫三光而洞九泉：上貫三光，下穿九泉。

［13］見危授命：語出《論語·憲問》："見利思義，見危授命。"

［14］斯文不墜：語出《論語·子罕》："天之將喪斯文也，後死者不得與於斯文也。"

［15］鐵石之心：語出《三國志》卷一《魏書·武帝紀》："二十三年春正月，漢太醫令吉本與少府耿紀、司直韋晃等反，攻許，燒丞相長史王必營。"裴松之注引《魏武故事》："領長史王必，是吾披荆棘時史也。忠能勤事，心如鐵石，國之良吏也。"

［17］歲寒見松柏：語出《論語·子罕》："歲寒，然後知松柏之後凋也。"

［18］疾風知勁草：語出《後漢書》卷二〇《王霸傳》："光武謂霸曰：'潁川從我者皆逝，而子獨留。努力！疾風知勁草。'"

［19］千載之後懔懔猶生：語出劉義慶《世説新語·品藻》："庾道季云：'廉頗、藺相如雖千載上死人，懔懔恒如有生氣。"

［20］聞彼伯夷懦夫立志：語出《孟子·盡心下》："故聞伯夷之風者，頑夫廉，懦夫有立志。"伯夷，人名。姓墨胎氏，名允，字公信，謚夷，後人稱之爲伯夷。商末孤竹君之長子，因爲不肯違逆父親的意思而逃離。見《史記》卷六一《伯夷列傳第一》。

《魏書》序于什門、段進、石文德、汲固、王玄威、婁提、劉渴侯、朱長生、馬八龍、門文愛、晁清、劉侯仁、石祖興、邵洪哲、王榮世、胡小彪、孫道登、李几、張安祖、王閭以爲《節義傳》，[1]今又檢得郭琰、沓龍超、乙速孤佛保，及《周書·孝節傳》李棠、杜叔毗附之。又案《齊書》不立此篇，而《隋書》序劉弘、皇甫誕、游元、馮慈明、張須陁、楊善會、獨孤盛、元文都、盧楚、劉子翊、堯君素爲《誠節傳》。[2]今皇甫誕、馮慈明、獨孤盛、元文都各附其家傳，[3]其餘並附此篇，又檢取《隋書·孝義傳》郎方貴、郭世儁亦附之，[4]以備《節義傳》云。

[1]門文愛：原作"文門愛"，今據殿本、中華本改。

[2]皇甫誕：人名。字玄慮，安定三水（今陝西彬縣）人。北周、隋朝將領。見《北史》卷七〇《皇甫璠附皇甫誕傳》。底本作"皇誕"，中華本校勘記云："諸本脱'甫'字，據《隋書》卷七一《誠節傳》補。"今從改。　馮慈明：人名。字無佚，長樂信都（今河北冀州市）人。北齊、北周、隋朝官吏。見《北史》卷五五《馮子琮附馮慈明傳》。　獨孤盛：人名。隋朝將領。宇文化及發動兵變，攻隋煬帝，其與左右十餘人拒戰，爲亂兵所殺。見《北史》卷七三《獨孤楷附獨孤盛傳》。　元文都：人名。北周、隋朝官吏。見《北史》卷一七《汝陰王天賜附元文都傳》。

[3]今皇甫誕馮慈明獨孤盛元文都各附其家傳：底本無"皇甫誕"三字，中華本校勘記云："諸本無'皇甫誕'三字。按皇甫誕本書附於卷七〇《皇甫璠傳》，不在此卷。此序誤脱，今據補。"今從改。

[4]隋書：殿本校勘記云："監本缺'書'字。今增入。"

于什門，代人也。[1]魏明元時爲謁者，[2]使喻馮跋。[3]及至和龍，[4]住外不入，[5]使謂跋曰："大魏皇帝有詔，須馮主出受，然後敢入。"跋使人牽逼令入。見跋不拜，跋令人案其項。什門曰："馮主拜受詔，吾自以賓主致敬，何須苦見逼也？"與跋往復，聲氣厲然，初不撓屈。既而跋止什門。什門於群衆中回身背跋，披袴後襠以辱之。既而拘留，隨身衣裳，敗壞略盡，蟣虱被體。跋遺以衣服，拒而不受。歷二十四年。[6]

[1]代：郡名。北魏時治平城，在今山西大同市東北。

[2]魏明元：即北魏皇帝拓跋嗣。明元爲其謚號。　謁者：官名。魏晋時員十人，爲謁者臺屬官，掌賓禮司儀、傳宣詔命，奉命出使，七品。又有監國謁者，監察諸侯王，權勢頗重。南北朝復置謁者臺。北魏孝文帝太和十七年（493）定爲從五品中，二十三年定爲九品。

[3]馮跋：人名。字文起，小字乞直伐，長樂信都（今河北冀州市）人。十六國時北燕君主。見《北史》卷九三《馮跋傳》。

[4]和龍：城名。又名黄龍城、龍城。即今遼寧朝陽市。

[5]住外不入：中華本《魏書》卷八七"外"後有"舍"字。

[6]歷二十四年：《資治通鑑》卷一二二云："什門在燕二十一年，不屈節。"胡三省注云："什門使燕，見一百十六卷晋安帝義熙十年，《考異》曰：《後魏書·節義傳》云：'什門在燕，歷二十四年。'按《後魏本紀》，神瑞元年八月，遣于什門招諭馮跋，至此年，二十一年矣。若二十四年，乃在太延三年；而太延二年馮氏亡矣。"可從。

後馮弘上表稱臣，[1]乃送什門歸。拜書侍御史。[2]太武下詔褒美，[3]比之蘇武，[4]賜羊千口、帛千匹，進爲上大夫，[5]策告宗廟，[6]班示天下。

[1]馮弘：底本、南監本、毛本作“馬弘”，其餘諸本均作“馮弘”。殿本校勘記云“馮，監本訛馬。今改從《魏書》增入。”源氏校勘記改“馬”作“馮”。今從改。

[2]書侍御史：官名。又稱治書侍御史。漢宣帝時領侍御史二人治書（管理圖籍文書）遂有其名。東漢時爲御史臺屬官，職掌依據法律審理疑獄，與符節郎共平廷尉卿事，選御史考試高第、明習法律者充任。魏晋南北朝時爲御史中丞佐貳，御史臺要職，置二至四員，分領侍御史諸曹，監察、彈劾較高級官員，亦奉命出使，收捕犯官等。北朝威權甚重。北魏孝文帝太和十七年定爲五品上，二十三年定爲六品上。

[3]太武：即北魏皇帝拓跋燾。太武爲其謚號。

[4]蘇武：人名。字子卿，杜陵（今陝西西安市長安區東）人。西漢大臣。見《漢書》卷五四《蘇武傳》。

[5]上大夫：官名。北魏初置，命授諸皇子經書。孝文帝太和十七年職員令未載。

[6]策：古代君主對臣下封土、授爵、免官或發布其他敕令的文件。

段進，不知何許人也。太武初，爲白道守將。[1]蠕蠕大檀入塞，[2]圍之，力屈被執。進抗聲大罵，遂爲賊殺。帝愍之，追贈安北將軍，[3]賜爵顯美侯，[4]謚曰莊。

[1]白道：城名。在今内蒙古呼和浩特市西北壩口子村古城。

[2]蠕蠕：族名。亦稱柔然，本爲東胡族的一支，屬拓跋部。

南北朝時始强大，活動於今蒙古國南部地區。以游牧爲生。見《北史》卷九八《蠕蠕傳》。　大檀：人名。蠕蠕國君主。見《北史》卷九八《蠕蠕傳》。

[3]安北將軍：官名。三國魏文帝黄初年間置，與安東、安南、安西將軍合稱四安將軍，爲出鎮北方某一地區的軍事長官，或作爲刺史等地方官員兼理軍務時的加官，權任很重。兩晋南北朝沿置。北魏孝文帝太和十七年定爲二品下，二十三年定爲三品。

[4]顯美侯：封爵名。顯美，縣名。治所在今甘肅永昌縣東。

石文德，中山蒲陰人也。[1]有行義。真君初，[2]縣令黄宣在任喪亡。[3]宣單貧，無期親。[4]文德祖父苗以家財殯葬，持服三年。[5]奉養宣妻二十餘載，及亡，又衰絰斂附，[6]率禮無闕。自苗逮文德，刺史、守、令卒官者，[7]制服送之。五世同居，閨門雍睦。[8]

[1]中山蒲陰：底本作“中山蒱陰”，南監本、局本、中華本作“中山蒲陰”，殿本校勘記云：“《魏書》作‘河中蒲坂人’。”源氏校勘記云：“《魏書》（‘中山’）作‘河中’。”按：中華本《魏書》卷八七作“河中蒲坂”，其校勘記云：“《北史》卷八五《石文德傳》‘河中蒲坂’作‘中山蒲陰’。按蒲坂自來屬河東郡，魏也無‘河中’郡名。卷一〇六上《地形志上》定州北平郡有蒲陰縣，北平郡乃孝昌二年分中山置。若非‘中’爲‘東’字之訛，則‘河中蒲坂’爲‘中山蒲陰’之訛。”中山，郡名。北魏時治盧奴縣，在今河北定州市。蒲陰，縣名。治所在今河北順平縣東南。

[2]真君：即太平真君，北魏太武帝拓跋燾的年號（440—451）。

[3]縣令：官名。戰國時縣的行政長官，歷代因之。北魏重京縣，洛陽令爲從五品。孝文帝太和二十三年定上縣令爲正六品下，

中縣令爲正七品下，下縣令爲正八品上。後期多選舊令史擔任，縉紳多耻居其位。

［4］期親：指服喪一年的親屬。即服齊縗。

［5］持服三年：即守孝服喪三年，也就是服斬縗。

［6］衰絰：喪服。古人喪服胸前當心處綴有長六寸、寬四寸的麻布名衰，因名此衣爲衰；圍在頭上的散麻繩爲首絰，纏在腰間的爲腰絰。衰、絰兩者是喪服的主要部分。　斂附：合葬。中華本作“斂祔”。附，指新死都附祭於先祖。《釋名·釋喪制》：“又祭曰祔，祭於祖廟，以後死孫祔於祖也。”二者相較，“祔”更合文意。

［7］刺史：官名。漢武帝時始置。由秦負責監察的御史演變而來。刺，檢核問事之意。歷代因之。北魏時上州刺史爲正三品，中州刺史爲從三品，下州刺史爲正四品。　守：官名。即太守，原戰國時代郡守的尊稱。漢景帝時，郡守改稱爲太守，爲一郡最高行政長官。歷代沿置不變。北魏時上郡太守爲四品，中郡太守爲五品，下郡太守爲六品。

［8］閨門：内室的門，借指家庭。

又梁州上言，[1]天水白石縣人趙令安、孟蘭强等四世同居，[2]行著州里。詔並標牓門閭。

［1］梁州：北魏時治南鄭縣，在今陝西漢中市。

［2］天水：郡名。北魏時治上邽縣，在今甘肅天水市。　白石：縣名。治所在今甘肅成縣。

汲固，東郡梁城人也。[1]爲兗州從事。刺史李式坐事被收，[2]吏人皆送至河上。時式子憲生始滿月。式大言於衆曰：“程嬰、杵臼何如人也?”[3]固曰：“今古豈殊!”遂便潛還不顧，徑來入城，於式婦閨抱憲歸藏。

及捕者收憲，屬有一婢産男，母以婢兒授之。事尋泄，固乃攜憲逃遁，遇赦始歸。憲即爲固長育，至十餘歲，恒呼固夫婦爲郎婆。後高祐爲兖州刺史，[4]嘉固節義，以爲主簿。[5]

[1]東郡：北魏時治滑臺城，在今河南滑縣東。　梁城：按：《魏書・地形志》“東郡”領縣有七，不見“梁城”，但有“涼城”；而“汝北郡”下有“梁縣”。疑當作“涼城”。涼城，縣名。治所在今河南滑縣東。梁縣，治所在今河南汝州市西。

[2]爲兖州從事刺史李式坐事被收：中華本校勘記云：“按本書卷三三《李順傳》，式乃西兖州刺史。下文‘後高祐爲兖州刺史’，據本書卷三一《高祐傳》，也是西兖州。本傳‘兖’上並脱‘西’字。此西兖州治於滑臺，北魏道武帝天興中置。本名兖州，及獻文帝天安元年，宋將畢衆敬以治於瑕丘之兖州歸魏，才冠以‘西’字。”可從。從事，官名。州部屬吏。李式，人名。字景則，趙郡平棘（今河北趙縣）人。位至平東將軍、西兖州刺史。見《北史》卷三三《李順附李式傳》。

[3]程嬰杵臼：春秋時期的兩位義士，他們爲了救護趙氏遺孤，一個捨棄自己的兒子，一個捨棄自己的生命。見《史記》卷四三《趙世家》。臼，毛本作“舅”，殿本校勘記云：“臼，監本訛舅。今改正。”

[4]高祐：人名。字子集，勃海蓨（今河北景縣）人。北魏官吏。見《北史》卷三一《高允附高祐傳》。

[5]主簿：官名。北朝時諸將軍、五校尉等軍府、列卿、寺監、光禄大夫等皆置，其品秩隨府長官地位高下而異。州郡縣亦置。雖非掾史之首，然地位較高，縣之主簿較州之主簿更甚。

王玄威，恒農北陝人也。[1]獻文崩，[2]玄威立草廬於州城門外，衰裳蔬粥，[3]哭踴無時。刺史苟頹以事表聞。[4]詔令問狀。云："先帝澤被蒼生，玄威不勝悲慕，[5]戀心如此，不知禮式。"詔問玄威，欲有所訴，聽爲表列。[6]玄威云："聞諱悲號，竊謂臣子同例，無所求謁。"及至百日，乃自竭家財，設四百人齋會。忌日，又設百僧供。[7]至大除日，[8]詔送白紬袴褶一具與玄威釋服，[9]下州令表異焉。

[1]恒農：郡名。北魏時治陝城，在今河南三門峽市。　北陝：縣名。治所在今河南三門峽市。

[2]獻文：即北魏皇帝拓跋弘。獻文爲其謚號。

[3]立草廬於州城門外衰裳蔬粥：古代服喪要住在茅廬中。《荀子·禮論》："齊縗、苴杖，居廬、食粥，寢苫、枕塊，所以爲至痛飾也。"

[4]苟頹：人名。一名若干頹，代（今山西大同市東北）人。北魏官吏。見《北史》卷二五《苟頹傳》。

[5]悲慕：哀傷思念。

[6]表：古代公文文體的一種，是臣下呈送給皇帝的書面報告。

[7]百僧供：設百僧而供齋。

[8]除：古代喪禮儀式之一，即除去喪服。《禮記·喪服小記》："故期而祭，禮也；期而除喪，道也。"

[9]紬（chóu）：同"綢"。　袴（kù）褶（zhě）：服裝名。上穿褶，下着褲，外不加裘裳，故稱。名起於漢末，始爲騎服。盛行於南北朝，亦用作"常服""朝服"。　釋服：除去喪服。

婁提，代人也。獻文時，爲內三郎。[1]獻文暴崩，提謂人曰："聖主昇遐，[2]安用活爲！"遂引佩刀自刺，幾死。文明太后詔賜帛二百匹。[3]

[1]内三郎：官名。北魏前期置。爲皇帝身邊的護衛侍從，亦稱三郎或三郎衛士，屬三郎大帥和幢將。除直宿宫禁中外，也隨皇帝外出征伐，一般選用宗室或代人功臣子弟中善於騎射者充任，位在内細射之上，也可作爲起家官。孝文帝改制時罷。但習慣上稱呼一直保持到北齊。

[2]昇遐：又作"升假""登遐""登假"，帝王、后妃死亡的借稱。

[3]文明太后：北魏文成帝皇后馮氏。

時有敕勒部人蛭拔寅，[1]兄地于坐盗食官馬，依制命死。拔寅自誣己殺，兄又云實非弟殺。兄弟争死，辭不能定。孝文詔原之。

[1]敕勒：族名。又稱高車、丁零等。高車，因所乘車輪高大，故名。北魏時活動於今蒙古高原，以游牧爲生。見《北史》卷九八《高車傳》。底本作"敕勤"。誤，今改之。

劉渴侯，不知何許人也。稟性剛烈。大和中，[1]爲徐州後軍，[2]以力死戰，衆寡不敵，遂禽。瞋目大駡，終不降屈，爲賊所殺。孝文贈立忠將軍、平州刺史、上庸侯，[3]賜絹千匹、穀千斛。

[1]大和：即太和，北魏孝文帝的年號（477—499）。

[2]徐州：北魏時治彭城縣，在今江蘇徐州市。　後軍：官名。即後軍將軍。北魏末置。統領後軍事務。

[3]立忠將軍：官名。十六國前秦時置。北魏孝文帝太和十七年定爲從三品下，二十三年定爲四品。　平州：北魏時治肥如城，在今河北盧龍縣北。　上庸侯：封爵名。遥封。上庸，郡名。南朝宋時治上庸縣，在今湖北竹山縣西南。

有嚴季者亦爲軍校尉，[1]與淈侯同殿，勢窮被執，終不降屈。後得逃還，除立節將軍，[2]賜爵五等男。[3]

[1]校尉：官名。魏晋南北朝時名號極繁，品秩高低不等。其專職武官有北軍五校尉、城門校尉等，負責具體事務的有鹽府、司鹽校尉等，掌郡國屯田的有典農校尉，管理少數民族地區軍政的校尉亦名目甚多。諸領兵征戰的雜號校尉地位略次於中郎將，高於都尉。

[2]立節將軍：官名。十六國後秦時置。北魏孝文帝太和十七年定爲從三品下，二十三年定爲四品。

[3]五等男：封爵名。男爵等級之一，不食封。

朱長生、于提者，[1]並代人也。孝文時，長生爲員外散騎常侍，[2]與提俱使高車。既至，高車王阿伏至羅責長生等拜。[3]長生拒之。阿伏至羅乃不以禮待。長生以金銀寶器奉之。至羅既受獻，長生曰："爲臣内附，宜盡臣禮，何得口云'再拜'，而實不拜？"呼出帳，命衆中拜。阿伏至羅慚其臣下，大怒曰："帳中何不教我拜，而辱我於大衆？"奪長生等獻物，内之叢石，[4]兵脅之曰："爲我臣則活，不降則殺汝！"長生與于提瞋目厲聲責之曰："我爲鬼，不爲汝臣！"阿伏至羅大怒，絶其飲食。從者三十人皆求阿伏至羅，乃給以肉酪。長生與提又不從，乃各分徙之。三歲乃放還。孝文以長生等守節，遠同蘇武，拜長生河内太守、提隴西太守，[5]並賜爵五等男，從者皆爲令、長。[6]

[1]朱長生：中華本校勘記云："按本書卷九八《高車傳》作'可足渾長生'。"

[2]員外散騎常侍：官名。初爲正員之外添差之散騎常侍，無員數，後成定員官。三國魏末、兩晋、南朝、北魏、北齊沿置。屬散騎省（東省、集書省），初多以公族、宗室充任，雖是閑職，仍爲顯官。北魏時置六員。孝文帝太和十七年定爲從三品上，二十三年定爲五品上。

[3]阿伏至羅：人名。高車王。見《北史》卷九八《高車傳》。

[4]内：通"納"。

[5]河内：郡名。北魏時治野王縣，在今河南沁陽市。　隴西：郡名。北魏時治襄武縣，在今甘肅隴西縣東南。

[6]長：官名。秦漢以後多用爲朝廷各機構或地方行政長官或次官的稱號。

馬八龍，武邑武强人也。[1]輕財重義。友人武遂縣尹靈哲在軍喪亡，[2]八龍聞即奔赴，負屍而歸，以家財殯葬，爲制緦麻，[3]撫其孤遺，恩如所生。州郡表列，詔表門閭。

[1]武邑：郡名。北魏時治武强縣，在今河北武强縣西南。　武强：縣名。治所在今河北武强縣西南。

[2]武遂：縣名。治所在今河北武强縣西北。

[3]緦麻：喪服名。亦稱緦服。爲五服中最輕者。用疏織細麻

布製成，服期爲三個月。凡爲疏遠親屬、親戚，如高祖父母、曾伯叔祖父母、族伯叔父母、外祖父母、岳父母、中表兄弟、婿、外孫等都服緦麻。

門文愛，[1]汲郡山陽人也。[2]早孤，供養伯父母以孝謹聞。伯父亡，服未終，伯母又亡。文愛居喪持服六年，哀毀骨立。鄉人魏仲賢等相與標其孝義。

[1]門文愛：原作"文門愛"，殿本、四庫本、四部備要本、中華本作"門文愛"。殿本校勘記云："門文愛，各本俱訛'文門愛'。今據下文'文愛居喪持服六年'改正。"源氏校勘記云："《魏書》作'門文（愛）'。"今據改。

[2]汲：郡名。北魏時治枋頭，在今河南浚縣西南。　山陽：縣名。治所在今河南修武縣西。

晁清，遼東人也。[1]祖暉，濟州刺史、潁川公。[2]清襲祖爵，例降爲伯。爲梁城戍將，[3]梁師攻圍，糧盡城陷。清抗節不屈，爲賊所殺。[4]宣武褒美，[5]贈樂陵太守，[6]謚曰忠。子榮賓襲。

[1]遼東：郡名。北魏時治襄平縣，在今遼寧遼陽市。

[2]濟州：北魏時治碻磝城，在今山東茌平縣西南。　潁川公：封爵名。潁川，郡名。北魏時治長社縣，在今河南長葛市東北。

[3]梁城：在今安徽淮南市東北淮河南岸。　戍將：官名。南北朝戍的屬官。

[4]爲賊所殺：源氏校勘記云："《北史》自北指南，必不以賊。此篇全取《魏書》，稱梁爲賊。疑非李氏之舊。下同。"

[5]宣武：即北魏皇帝元恪。宣武爲其謚號。

[6]樂陵：郡名。北魏時治樂陵縣，在今山東樂陵市南。

劉侯仁，豫州人也。[1]城人白早生殺刺史司馬悦，[2]據城南叛。悦息朏，[3]走投侯仁。賊雖重加購募，又嚴其捶撻，侯仁終無漏泄。朏遂免禍。事寧，有司奏其操行，請免府籍，叙一小縣。[4]詔可。

[1]豫州：北魏時治懸瓠城，在今河南汝南縣。

[2]司馬悦：人名。字慶宗，河内温（今河南温縣）人。北魏官吏。見《北史》卷二九《司馬楚之附司馬悦傳》。

[3]息：兒子。　朏：即司馬朏，人名。河内温（今河南温縣）人。北魏官吏。見《北史》卷二九《司馬楚之傳》。

[4]免府籍叙一小縣：免除兵户身份，入籍爲小縣編户。

石祖興，常山九門人也。[1]太守田文彪、縣令和真等喪亡，祖興自出家絹二百餘匹，營護喪事。州郡表列。孝文嘉之，賜爵二級爲上造。[2]後拜寧陵令，[3]卒。吏部尚書李韶奏其節義，[4]請加賜謚，以獎來者。靈太后令如所奏。[5]有司謚曰恭。

[1]常山：郡名。北魏時治九門縣安樂壘城，在今河北藁城市西北。　九門：縣名。治所在今河北藁城市西北。

[2]上造：爵名。戰國時秦置，爲二十等爵中第二級。漢魏因之。晋廢。北魏則秦制、晋制並用。南朝及北齊、北周、隋皆不用。

[3]寧陵：縣名。治所在今河南寧陵縣東南。

[4]吏部尚書：官名。主管官吏選任、銓叙、調動事務，對五品以下官吏之任免有建議權。歷朝皆重其選，職位高於尚書省諸曹郎。北魏孝文帝太和十七年定爲從四品上，二十三年定爲四品上。李韶：人名。字元伯，隴西狄道（今甘肅臨洮縣）人。北魏官吏。見《北史》卷一〇〇《涼武昭王李暠附李韶傳》。

[5]靈太后：即北魏宣武帝的皇后胡氏。靈爲其謚號。

邵洪哲，上谷沮陽人也。[1]縣令范道榮先自朐城歸款，[2]以除縣令。道榮鄉人徐孔明妄經公府，訟道榮非勳。道榮坐除名，羇旅孤貧，不能自理。洪哲不勝義憤，遂代道榮詣京師，明申曲直，經歷寒暑，不憚劬勞。道榮卒得復雪。

[1]上谷：郡名。北魏時治居庸縣，在今北京延慶縣。　沮陽：縣名。治所在今河北懷來縣東南大古城。

[2]朐城：縣名。治所在今江蘇連雲港市海州區。

又北鎮反亂，[1]道榮孤單，無所歸附。洪哲兄伯川復率鄉人來相迎接，送達幽州。[2]道榮感其誠節，訴省申聞。詔下州郡，標其里閭。

[1]北鎮：北部邊境軍鎮。北魏於邊境重地設鎮，以重兵駐守。

[2]幽州：北魏時治薊城，在今北京西南。

王榮世，陽平館陶人也。[1]爲三城戍主、方城縣子。[2]梁師攻圍，力窮，知不可全，乃先焚府庫，後殺妻妾。及賊陷城，與戍副鄧元興等俱以不屈被害。明帝下詔，[3]褒美忠節，進榮世爵爲伯，贈齊州刺史；[4]元興開國子，[5]贈洛州刺史。[6]

[1]陽平：郡名。北魏時治館陶城，在今河北館陶縣。　館陶：縣名。治所在今河北館陶縣。

[2]三城：古城名。在今陝西延安市東南。　戍主：官名。南北朝置，爲戍的主將，掌防禦守衛之事，除管理軍政外，還干預民政和財政。多以郡太守、縣令、州參軍及雜號將軍等官兼領。　方城縣子：封爵名。方城，縣名。治所在今河北固安縣西南。

[3]明帝：即北魏皇帝元詡。明爲其謚號。

[4]齊州：北魏時治歷城縣，在今山東濟南市。

[5]開國子：封爵名。西晋設子爵，多以縣爲封，其始封者以此稱之。北魏正式列爲爵等中之一級，在縣伯之下、縣男之上，四品。

[6]洛州：北魏時治上洛城，在今陝西商洛市商州區。

胡小彪，[1]河南河陰人也。[2]少有武氣。正光末，[3]爲統軍於晋壽。[4]孝昌中，[5]梁將樊文熾等寇邊。[6]益州刺史邴虯遣長史和安固守小劍，[7]文熾圍之。虯命小彪與統軍崔珍寶同往防拒。文熾掩襲小彪、珍寶，並禽之。文熾攻小劍未陷，乃將珍寶至城下，使謂和安曰："南軍强盛，北救不來，豈若歸款，取其富貴？"和安命射之，乃退。復逼小彪與和安交言。小彪乃慷慨謂安曰："我栅不防，爲賊所虜。觀其兵士，勢不足言，努力堅守，魏行臺子建、傅梁州遣將已至。"[8]賊以刀毆擊，言不得終，遂害之。三軍無不歎其壯節，哀其死亡。賊尋奔敗，禽其次將蕭世澄、陳文緒等一十一人。

行臺魏子建壯其氣概，啓以世澄購其屍柩，乃獲骸骨歸葬之。

[1]胡小彪：中華本校勘記云："《魏書》卷八七《節義傳》'彪'作'虎'。按胡小虎亦見《魏書》卷七〇《傅竪眼傳》。《北史》避唐諱改。"可從。

[2]河南：郡名。北魏時治洛陽縣，在今河南洛陽市東北。　河陰：縣名。治所在今河南孟津縣東。

[3]正光：北魏孝明帝的年號（520—525）。

[4]統軍：官名。漢晋時已有。北魏時復設，爲統兵武官，在都將、别將之下，軍主之上。品秩不一。孝文帝太和二十三年定爲從八品。　晋壽：郡名。北魏時治晋壽縣，在今四川廣元市市中區。

[5]孝昌：北魏孝明帝的年號（525—527）。

[6]樊文熾：人名。南朝梁時將領。爲益州刺史蕭淵猷部將。梁武帝普通六年（525），率兵圍小劍戍（今四川劍閣縣北劍門關），爲魏將淳于誕所拒。

[7]益州：北魏時治晋壽縣，在今四川廣元市。　長史：官名。戰國秦時置，掌顧問參謀。秦漢因之，西漢時丞相、太尉、御史大夫、大將軍、車騎將軍、前後左右將軍皆置，爲所在官署掾屬之長。丞相長史職權尤重。邊郡於丞之外復置長史，佐太守掌兵馬。内郡或置之。東漢、魏晋南北朝沿置，大抵略同。　和安：人名。鮮卑族。北魏、東魏官吏。和士開之父。官至給事黄門郎、儀州刺史。卒，謚曰文貞公。　小劍：戍名。在今四川劍閣縣北劍門關。

[8]魏行臺子建：即魏子建，行臺爲其所任官名。字敬忠，鉅鹿下曲陽（今河北晋州市西）人。北魏將領。見《北史》卷五六《魏收附魏子建傳》。行臺，官名。即行臺尚書。爲行臺長官。北魏孝明帝正光末，因各地動亂，在當地設行臺主管各地軍務，成爲常

設的地方行政機構，兼理民事，行臺尚書令爲長官，以尚書僕射或左，僕射及尚書來主管行臺事務。　傅梁州：指傅豎眼。清河（今山東臨清市東北）人。北魏將領。見《北史》卷四五《傅豎眼傳》。傅，底本作“傳”，中華本校勘記云：“諸本‘傅’作‘傳’，《通鑑》卷一五〇作‘傅’。胡注云：‘魏行臺，子建。傅梁州，豎眼。’按傅豎眼任梁州刺史，見《魏書》卷七〇本傳。胡注是，今據改。”今從改。

孫道登，彭城吕縣人也。[1]永安初，[2]爲梁將韋休等所虜。面縛臨刃，巡遠村塢，[3]令其招降鄉曲。[4]道登厲聲唱呼：“但當努力，賊無所能！”賊遂屠戮之。

[1]彭城：郡名。北魏時治彭城縣，在今江蘇徐州市。　吕：縣名。治所在今江蘇銅山縣東。

[2]永安：北魏孝莊帝的年號（528—530）。

[3]村塢：村落。

[4]鄉曲：猶言鄉下。以其偏處一隅，故稱。後引申指鄉里。此處或指鄉親。

又荆州被圍，[1]行臺宗靈恩遣使宗女等四人入城曉喻，爲賊將所獲。執女等巡城，令其改辭。女等大言：“天軍垂至，堅守莫降。”賊忿，各刳其腹，然後斬首。二州表其節義。道登等並賜五品郡，五等子爵，聽子弟承襲，遣使詣所在弔祭。

[1]荆州：北魏太武帝太延五年置，治上洛城，在今陝西商洛市。孝文帝太和二十二年遷至穰城，在今河南鄧州市。

李几，[1]博陵安平人也。[2]七世共居同財。家有二十二房，一百九十八口，長幼濟濟，風禮著聞。至於作役，卑幼競集。鄉里嗟美，標其門閭。

[1]李：南監本作“季”，源氏校勘記改“季”作“李”。

[2]博陵：郡名。北魏時治魯口城，在今河北饒陽縣。　安平：縣名。治所在今河北安平縣。

張安祖，河陽人也。[1]襲世爵山北侯。[2]時有元承貴，曾爲河陽令，家貧，且赴尚書求選，[3]逢天寒甚，遂凍死路側。一子年幼，停屍門巷，棺殮無託。安祖悲哭盡禮，買木爲棺，手自營作，殮殯周給。朝野嘉歎。尚書聞奏，標其門閭。

[1]河陽：縣名。治所在今河南孟州市西南。

[2]山北侯：封爵名。山北，縣名。治所在今陝西西安市東南。

[3]尚書：官名。秦時設，掌收發文書。西漢因之，秩六百石，分主曹務，員四至五人。東漢時則與尚書令、僕射合稱八座，還參預裁決政務。以後尚書省曹增多，則每位尚書分主一或數郎曹。品秩不一。魏初設殿中、樂部、駕部、南部、北部五尚書，其後又有史部、兵部、都官、度支、七兵、祠部、民曹尚書。

王閭，北海密人也。[1]數世同居，有百口。又太山劉業興，[2]四世同居。魯郡蓋儁，[3]六世同居，並共財産，家門雍睦。鄉里敬異。有司申奏，皆標門閭。

[1]北海：郡名。北魏時治平壽城，在今山東昌樂縣東南。

密：當作“下密”。縣名。治所在今山東濰坊市。

［2］太山：郡名。北魏時治博平縣，在今山東泰安市東南。

［3］魯：郡名。北魏時治魯縣，在今山東曲阜市東。

郭琰，[1]字神寶，京槃人也。[2]少喪父，事母以孝聞。孝武帝之居藩邸，[3]琰以通俠被知。及即位，封新豐縣公，[4]除洛州刺史。孝武西入，改封馮翊郡公，[5]授行臺尚書、潼關大都督。[6]大統中，[7]齊神武遣大都督竇泰襲恒農。[8]時琰爲行臺，衆少戰敗，乃奔洛州。至，刺史泉仚城守力窮，[9]城將陷。乃仰天哭曰：“天乎！天乎！何由縱此長蛇，[10]而不助順也?”言發涕流，不能自止。兵士見之，咸自厲憤。竟爲東魏將高敖曹所禽。[11]復謂敖曹曰：“天子之臣，乃爲賊所執。”敖曹素聞其名，義不殺之，送於并州。[12]見齊神武，言色不屈，見害。

［1］郭琰：源氏校勘記云：“以下三人，《魏書》等無傳。按此書有傳。”

［2］京槃：疑爲“京兆陰槃”。京兆，郡名。三國魏改京兆尹置，治長安縣，在今陝西西安市西北；北魏徙治霸城縣，在今陝西西安市東北。陰槃，縣名。漢屬安定郡，晉朝時屬京兆郡，北魏太武帝太平真君七年併入新豐縣，孝文帝太和十一年復置。在今陝西西安市臨潼區東北。

［3］孝武帝：即北魏皇帝元脩。孝武爲其謚號。　藩邸：諸侯王的宅第。

［4］新豐縣公：封爵名。新豐，縣名。治所在今陝西西安市臨潼區東北。

[5]馮翊郡公：封爵名。馮翊，郡名。北魏時治高陸縣，在今陝西高陵縣。

[6]大都督：官名。高級軍事長官。三國吴、魏初於戰争時臨時設置，作爲加官。後漸成爲常設官職，地位極高。晋朝、南朝沿用。在有戰事時亦臨時加置。北魏前、中期未見，孝文帝太和十七年職員令及二十三年復次職員令皆未載。後期戰事較多時置，統兵出征，有時又加以各種名號。

[7]大統：西魏文帝的年號（535—551）。

[8]齊神武：即高歡。神武爲其謚號，北齊後主所追謚。 竇泰：人名。字世寧，太安捍殊（今山西壽陽縣北）人。北魏、東魏將領。見《北史》卷五四《竇泰傳》。

[9]泉岙：人名。字思道，上洛豐陽（今陝西山陽縣）人。北魏、西魏將領。見《北史》卷六六《泉岙傳》。底本作“泉企”，中華本作“泉岙”，《北史》本傳亦作“泉岙”，今從改。

[10]長蛇：比喻凶殘强暴的人。

[11]高敖曹：人名。即高昂。字敖曹，勃海蓨（今河北景縣）人。東魏將領。見《北史》卷三一《高允附高昂傳》。

[12]并州：東魏時治晋陽縣，在今山西太原市晋源區古城營村一帶。

沓龍超，晋壽人也。性尚義俠，少爲鄉里所重。永熙中，[1]梁將樊文熾來寇益州，刺史傅和孤城固守。龍超每出戰，輒破之。時攻圍既久，糧矢方盡，刺史遣龍超夜出，請援於漢中，[2]遂爲文熾所得。許以封爵，使告城中曰：“外無援軍，宜早降。”乃置龍超於攻樓上。龍超乃告刺史曰：“援軍數萬，近在大寒。”[3]文熾大怒，火炙殺之。至死，辭氣不撓。大統二年，詔贈龍驤將軍、巴州刺史。[4]

[1]永熙：北魏孝武帝的年號（532—534）。

[2]漢中：郡名。北魏時治南鄭縣，在今陝西漢中市東。

[3]大寒：郡名。北魏時治所在今四川廣元市東北嘉陵江東岸竹壩河口附近。

[4]龍驤將軍：官名。西晋時設。北魏時爲較重要之雜號將軍。孝文帝太和十七年定爲三品上，二十三年定爲從三品。　巴州：西魏時治化成縣，在今四川巴中市。

乙速孤佛保，北秀容胡酋也。[1]少驍武，善射。孝武帝時，爲直閤將軍。[2]從入關，封蒲子縣公，[3]并賜弓矢。大統初，梁將蘭欽來寇，遂陷漢中。佛保時爲都督，[4]統兵力戰。知將敗，乃先城未陷，仰天大哭曰："此馬吾常所乘，此弓矢天恩賜我，豈可令賊得吾弓馬乎！"遂斬馬及弓，自刎而死。三軍莫不壯之。黄門郎趙僧慶時使漢中，[5]聞，乃收運其屍致長安。天子歎感，詔著作録之。[6]

[1]北秀容：地區名。秀容川（相當於今山西西北部）分爲南北二部，北部即北秀容。在今山西朔州市。

[2]直閤將軍：官名。南朝及北魏、北齊時置。爲皇帝左右侍衛之官，地位顯要。北魏時大多以宗室任此職。孝文帝太和十七年定爲從三品中（參張金龍《北魏後期的直閤將軍與"直衛"諸職》，《文史哲》1999年第1期）。

[3]蒲子縣公：封爵名。蒲子，縣名。治所在今山西隰縣。

[4]都督：官名。軍中統兵或管理雜務的低級軍官。西魏、北

周府兵中置，位在大都督、帥都督之下。

[5]黄門郎：官名。黄門侍郎、給事黄門侍郎的省稱。秦朝時始設。北魏時爲郎官之加官，侍從皇帝於宫門之内，與侍中俱掌門下事。孝文帝太和二十三年定爲四品上。西魏因之。

[6]著作：官名。著作郎的省稱。三國魏明帝時置，爲著作局長官，隸中書省，掌編修國史。歷代沿置，職掌不同。南北朝時爲清要之官。北魏孝文帝太和十七年定爲五品上，二十三年改爲從五品上。

李棠，字長卿，勃海蓨人也。[1]祖伯貴，魏宣武時，官至魯郡守。有孝行，居父喪，哀戚過禮，遂以毁卒。宣武嘉之，贈勃海相。[2]父元胄，員外散騎侍郎。[3]

[1]勃海：郡名。北魏時屬冀州，初治南皮縣，在今河北南皮縣東北，後移治東光縣，在今河北東光縣。　蓨：縣名。治所在今河北景縣。

[2]相：北魏置王、公、侯、子四等爵，王、公封郡，侯、子封縣，郡國設内史、相，縣國設相，位自四品至八品不等。

[3]員外散騎侍郎：官名。三國魏末置。初爲正員之外添差之散騎侍郎，無員數，後成定員官。南朝、北魏、北齊沿置，屬散騎省（東省、集書省），初多以公族、宗室充任，雖爲閑散之職，仍爲顯官。北魏孝文帝太和十七年定爲從三品上，二十三年定爲五品上。

棠幼孤，好學，有志操。高仲密爲北豫州刺史，[1]請棠爲掾。[2]仲密將圖西附。時東魏又遣鎮城奚壽興典兵事。[3]仲密遂與棠謀，殺壽興，率其衆據城，遣棠詣關中歸款。周文嘉之，[4]封廣宗縣公，[5]位給事黄門侍郎，加車騎大將軍、儀同三司、散騎常侍。[6]

[1]高仲密：人名。即高慎。字仲密，勃海蓨（今河北景縣）人。東魏官吏。見《北史》卷三一《高允附高慎傳》。　北豫州：東魏時治虎牢城，在今河南滎陽市西北。

[2]掾：漢朝時三公府及其他重要官府皆置掾、史、屬，分曹治事。掾爲曹長，史、屬爲副貳。故掾多冠以曹名，如户曹掾。三國、晋、南北朝時公府皆置。品級自五品至七品不等。

[3]鎮城：官名。東魏時置。負責城防的軍事長官。

[4]周文：即宇文泰。文爲其謚號，北周明帝所追謚。

[5]廣宗縣公：封爵名。廣宗，縣名。治所在今河北威縣東南。

[6]車騎大將軍：官名。西晋時設，爲重要將軍名號。其開府者，位從公，不開府又非持節都督者，品秩第二。歷朝因之，多爲元老重臣加官，品秩不一。　儀同三司：主要是指非三公而享受三公的儀制待遇。魏晋時置，南北朝時授予範圍逐漸擴大，成爲官號。北周時爲勳官、散官號。九命。　散騎常侍：官名。三國時魏文帝將秦漢官制中散騎與中常侍二職合爲此職。隸門下，掌規諫，典尚書奏事。

從魏安公尉遲迥伐蜀，[1]棠乃應募喻之。既入成都，[2]蕭撝問迥軍中委曲，[3]棠不對。撝乃苦辱之。棠曰："我，王者忠臣，有死而已，義不爲爾移志也。"遂害之。子敞嗣。

[1]魏安公：封爵名。魏安，郡名。北周時治魏安城，在今甘肅古浪縣東北。　尉遲迥：人名。字薄居羅，代（今山西大同市東北）人。西魏、北周重臣。見《北史》卷六二《尉遲迥傳》。

蜀：郡名。北周時治成都縣，在今四川成都市。

[2]成都：縣名。治所在今四川成都市。

[3]蕭撝：人名。字智遐，南蘭陵（一説在今江蘇常州市，一説在今江蘇丹陽市）人。南朝梁宗室。見《北史》卷二九《蕭撝傳》。　委曲：詳盡原委。

杜叔毗，字子弼，其先京兆杜陵人也，[1]徙居襄陽。[2]父漸，梁邊城太守。[3]

[1]杜陵：縣名。治所在今陝西西安市長安區東。

[2]襄陽：縣名。治所在今湖北襄樊市。

[3]邊城：郡名。南朝梁時治開化縣，在今安徽六安市青山鄉。

叔毗早歲而孤，事母以孝聞。仕梁，爲宜豐侯蕭脩府中直兵參軍。[1]周文令大將軍達奚武圍脩於南鄭，[2]脩令叔毗詣闕請和。周文見而禮之。使未及還，而脩中直兵曹策、參軍劉曉謀以城降武。時叔毗兄君錫爲脩中記室參軍，[3]從子映録事參軍，[4]映弟晰中直兵參軍，[5]各領部曲。策等忌之，懼不同己，遂誣以謀叛，擅加害焉。脩尋討策等禽之。[6]城降。策至長安，叔毗朝夕號泣，具申冤狀。朝議以事在歸附之前，不可追罪。叔毗志在復讎，然恐坐及其母。母曰："汝兄横罹禍酷，痛切骨髓。若曹策朝死，吾以夕殁，亦所甘心。汝何疑焉？"叔毗拜受母言，後遂白日手刃策於京城，斷首刳腹，解其支體，然後面縛請就戮焉。周文嘉其志氣，特命舍之。遭母憂，哀毀骨立，殆不勝喪。服闋，晋公護辟爲中外府樂曹參軍。[7]累遷陝州刺史。[8]

[1]宜豐侯：封爵名。宜豐，縣名。治所在今江西宜豐縣。　蕭脩：人名。字世和，南蘭陵（一説在今江蘇常州市，一説在今江蘇丹陽市）人。南朝梁宗室。見《南史》卷五二《鄱陽忠烈王恢附蕭脩傳》。源氏校勘記云："'脩'《周書》作'循'。"　中直兵參軍：官名。東晋末劉裕丞相府僚屬，兼領中兵、直兵二曹，掌親兵衛隊。南朝梁皇弟皇子府、嗣王蕃王府、庶姓公府等置，位自七班至三班。

[2]大將軍：官名。北周時爲府兵專職統帥，十二人，各領一軍，分屬六柱國大將軍，下統開府、儀同諸將軍。正九命。　達奚武：人名。字成興，代（今山西大同市東北）人，鮮卑族。西魏、北周將領。見《北史》卷六五《達奚武傳》。　南鄭：縣名。治所在今陝西漢中市東。

[3]中記室參軍：官名。南朝齊置爲大將軍府僚屬。梁、陳諸皇弟皇子府、嗣王蕃王府、庶姓公府等置。梁自七班至三班。

[4]録事參軍：官名。西晋時丞相府始置。爲録事曹長官，掌總録衆曹文簿，舉彈善惡，位在列曹參軍上。東晋、南朝時公府、將軍府、州刺史開軍府者皆置。南朝梁六班至二班。

[5]晣：中華本作"晰"。

[6]脩尋討策等禽之：諸本均無"脩"字，源氏校勘記云："《周書》云'循尋討策等，斬曉而免策'云云。《北史》文簡而不足。"中華本校勘記云："諸本脱'脩'字，據《周書》卷四六《杜叔毗傳》補。"今從改。

[7]護：即宇文護，人名。字薩保，鮮卑族。北周宗室、權臣。見《北史》卷五七《邵惠公顥附宇文護傳》。　中外府樂曹參軍：官名。中外府，官署名。即都督中外諸軍事府的簡稱。北朝置。設長史、司馬、司録、從事中郎、掾、屬、諸曹參軍、行參軍等府

佐。因北魏末高歡父子、西魏宇文泰及北周宇文護等皆以“都督中外諸軍事”身份控制朝政，故府佐的實際地位很高。樂曹參軍，官名。北周置，爲都督中外諸軍事府僚屬。

[8]累遷陝州刺史：中華本校勘記云：“《周書》‘陝’作‘硤’。按《隋書·地理志下》，硤州即夷陵郡，與江陵相近，故杜叔毗得參與宇文直攻陳之役。疑作‘陝’誤。”可從。

後從衛國公直南討，[1]軍敗，爲陳人所禽。陳人將降之，叔毗辭色不撓，遂被害。子廉卿。

[1]直：即宇文直，人名。字豆羅突。北周宗室。見《北史》卷五八《衛剌王直傳》。

劉弘，[1]字仲遠，彭城叢亭里人也。[2]少好學，有羈檢，重節概。仕齊，位西楚州刺史。[3]齊亡，周武帝以爲本郡太守。及隋文帝平陳，[4]以行軍長史從總管吐萬緒度江，[5]加上儀同，[6]封濩澤縣公，[7]拜泉州刺史。[8]會高智慧亂，[9]以兵攻州。弘城守，糧盡，煮犀甲腰帶及剥樹皮食之，一無離叛。賊欲降之，弘抗節彌厲。城陷，爲賊所害。文帝聞而嘉歎者久之，賜物二千段。子長信，襲其官爵。

[1]弘：毛本、局本作“宏”。

[2]叢亭里：地名。在今江蘇徐州市境。

[3]西楚州：北齊時治鍾離縣，在今安徽鳳陽縣東。

[4]隋文帝：即隋朝皇帝楊堅。文爲其謚號。監本校勘記云：“監本缺文字。今從《隋書》增入。”

[5]行軍長史：官名。東漢末曹操丞相府高級僚屬，出征則置，掌管行營事務。隋朝沿置。　總管：官名。即行軍總管，北周時置。戰時臨時任命大臣爲之，統兵出征，事迄即罷。在重大軍事行動中，隸屬於行軍元帥。品秩分三等，上總管爲從二品，中總管爲正三品，下總管爲從三品。隋朝沿置。　吐萬緒：人名。字長緒，代（今山西大同市東北）人，鮮卑族。北周、隋朝將領。見《北史》卷七八《吐萬緒傳》。

[6]上儀同：上儀同大將軍、上儀同三司的省稱。北周時置，位居開府儀同三司之下、儀同三司之上。多爲大臣勳臣的加官。隋朝沿置，爲從四品。

[7]濩澤縣公：封爵名。濩澤，縣名。治所在今山西陽城縣西。

[8]泉州：隋朝時治原豐縣，在今福建福州市。

[9]高智慧：人名。一作"高智惠"，會稽（今浙江紹興市）人。隋文帝開皇十年（590），舉兵反隋，自號東揚州刺史，曾攻陷泉州。先後與隋將楊素交戰多次，敗後轉戰到閩越一帶。

游元，字楚客，廣平任城人也。[1]父寶藏，位至郡守。

[1]廣平任城：中華本《隋書》卷七一《游元傳》校勘記云："'任'下原衍'城'字。按：《漢書·地理志下》，廣平國有任縣。至北魏，仍設此縣。《魏書·游明根傳》（元是明根的玄孫）也作'廣平任人'。今據刪。"廣平，郡名。北魏時治曲梁城，在今河北永年縣東南。任，縣名。治所在今河北任縣東。

元少聰敏。仕周，歷壽春令、譙州司馬，[1]俱有能名。開皇中，[2]爲殿内侍御史。[3]煬帝嗣位，[4]遷尚書度支郎。[5]遼東之役，領左驍衛長史，[6]爲蓋牟道監軍，[7]

拜朝請大夫，[8]兼書侍御史。[9]宇文述等九軍敗績，[10]帝令元主其獄。述時貴倖，[11]勢傾朝廷。遣家僮造元，有所請屬，元不之見。他日，案述逾急，仍以屬請狀劾之。帝嘉其公正，賜朝服一襲。

[1]壽春：縣名。治所在今安徽壽縣。　譙州：北周時治渦陽縣，在今安徽蒙城縣。　司馬：官名。州郡佐官。南北朝州郡長官多帶將軍名號開軍府，皆置爲幕僚，主軍務，武職。

[2]開皇：隋文帝的年號（581—600）。

[3]殿内侍御史：官名。御史臺屬官。三國魏時派御史二人居殿中，察非法，後乃以之爲官名。兩晋南北朝沿置。隋時因諱“忠”而改爲“殿内”。員十二人。正八品上。煬帝大業三年（607）罷。

[4]煬帝：即隋朝皇帝楊廣。煬爲其謚號。

[5]尚書度支郎：官名。隋煬帝時改尚書度支郎中爲尚書度支郎，掌支使國用。隸民部尚書。從五品。底本、元大德本“尚書”二字空白。中華本則補爲“尚書”。今從補。

[6]左驍衛長史：官名。左驍衛將軍府屬官，掌参政務，主管屬吏，爲府中掾屬之長。

[7]蓋牟道：地名。高句麗據有遼東後築蓋牟城。唐時屬安東都護府。　監軍：官名。三國時置。爲監某州軍事的省稱，北朝時諸州不置都督時，爲臨時差遣之官，置於軍中，監督出征統帥，掌一州或數州軍事。

[8]朝請大夫：官名。隋煬帝大業三年始設。正五品散官。

[9]書侍御史：官名。又稱治書侍御史、持書侍御史。西漢時始設。魏晋南北朝時爲御史臺要職，負責監察、彈劾高級官員、奉命出使、逮捕犯官。歷朝人數、官秩不一。《隋書》卷七一作“治書侍御史”，《北史》避唐高宗李治諱而省。

[10]宇文述：人名。字伯通，代郡武川（今内蒙古武川縣西）人。隋朝大臣。見《北史》卷七九《宇文述傳》。

[11]貴倖：殿本校勘記云："貴，監本訛責。今改從《隋書》。"

後奉使黎陽督運。[1]楊玄感作逆，[2]告以情。元引正義責之，遂見困，[3]竟不屈節，見害。帝甚嘉之，贈銀青光禄大夫，[4]拜其子仁宗爲正議大夫、弋陽郡通守。[5]

[1]黎陽：渡口名。又名黎陽津。在今河南浚縣東南。

[2]楊玄感：人名。弘農華陰（今陝西華陰市東南）人。隋朝官吏。因謀反伏誅。見《北史》卷四一《楊敷附楊玄感傳》。

[3]困：源氏校勘記改"困"作"囚"。

[4]銀青光禄大夫：官名。東晋時始置。光禄大夫由於被授予銀章青綬，因此爲銀青光禄大夫。隋朝時爲元老重臣之加官或致仕之官，亦爲死者之贈官。隋初爲正三品散官，煬帝大業三年改爲從三品。

[5]正議大夫：官名。隋朝時始置。文散官。正四品。　弋陽：郡名。隋煬帝大業初改光州爲弋陽郡，治光城縣，在今河南光山縣。　通守：官名。隋煬帝時設。爲郡守之副職，每郡一人，助太守掌郡之行政事務。

張須陁，弘農閿鄉人也。[1]性剛烈，有勇略。弱冠從史萬歲討西爨，[2]以功授儀同。[3]後從楊素擊平漢王諒，[4]加開府。[5]大業中，[6]爲齊郡贊務。[7]會興遼東之役，歲饑，須陁將開倉賑給。官屬咸曰："須待詔敕。"須陁曰："如待報至，當委溝壑。吾若以此獲罪，死無所恨。”先開倉而後狀。帝嘉而不責。

[1]弘農：郡名。隋朝時治弘農縣，在今河南靈寶市東北。閿鄉：縣名。治所在今河南靈寶市西北。

[2]史萬歲：人名。京兆杜陵（今陝西西安市長安區東）人。隋朝將領。見《北史》卷七三《史萬歲傳》。 西爨（cuàn）：古烏蠻、白蠻大姓，又是古地域名。魏晋南北朝時由今雲南東部地區統治集團爨氏大姓演變而成。晋宋至隋唐時爨氏分爲東西兩部（均在今雲南東部），大抵以曲靖市至建水縣爲界，東部以烏蠻爲主，西部以白蠻爲主。

[3]儀同：本指官場待遇，始自東漢末，後成爲官銜，先後爲儀同三司、儀同將軍、儀同大將軍等官名的省稱。隋朝時爲勳官號，煬帝大業三年罷。位十一等中第八等，正五品上。

[4]楊素：人名。字處道，弘農華陰（今陝西華陰市東南）人。北周、隋朝大臣。見《北史》卷四一《楊敷附楊素傳》。 諒：即楊諒，人名。字德章，一名傑，小字益錢。隋朝宗室。後被免爲庶人。見《北史》卷七一《庶人諒傳》。

[5]開府：北魏時置。隋朝時左右衛、武衛、武候、領軍府及東宫領府兵率府所統親衛、左勳衛及左翊四府各置一人，掌領本府府兵；東宫左右虞候府各置一人，掌斥候伺非，煬帝大業三年改左右虞候開府爲左右虞候率。

[6]大業：隋煬帝年號（605 617）。

[7]齊郡贊務：源氏校勘記云：“《隋書》作‘齊郡丞’。”贊務，官名。隋朝時置，初爲雍州屬官，居别駕下，從四品。煬帝大業三年時罷州長史、司馬，置贊務爲郡太守副職，員一人。京兆、河南贊務爲從四品。上郡贊務爲正五品，中郡爲從五品，下郡爲正六品。隋亡廢。

天下既承平日久，多不習兵。須陁獨勇決善戰，又長撫馭，得士卒心，號爲名將。時賊帥王薄北連豆子䴚賊孫宣雅、石祇闍、郝孝德等，[1]衆十餘萬，攻章丘。[2]須陁大破之，露布以聞。[3]帝大悦，優詔褒揚，令使者圖畫其形容奏之。其年，賊裴長才、石子河等奄至城下，須陁與戰，長才敗走。後數旬，賊帥秦君弘、郭方預等圍北海，[4]須陁倍道而進，大敗之。司隸刺史裴操之上狀，[5]帝遣使勞問之。

[1]王薄：人名。齊郡鄒平（今山東鄒平縣西北）人。隋末起義軍首領。　豆子䴚（gǎng）：地名。在今山東惠民縣境。　孫宣雅：人名。隋末起義軍首領。　郝孝德：人名。平原（今山東平原縣）人。隋末起義軍首領，煬帝大業九年起兵，後歸瓦崗軍。

[2]章丘：縣名。治所在今山東章丘市。

[3]露布：告捷文書。

[4]北海：郡名。隋朝時治益都縣，在今山東青州市。

[5]司隸刺史：官名。隋煬帝時置，爲司隸臺官員，掌巡察京畿之外官員，置員十四人。正六品。

十年，賊左孝友屯蹲狗山，[1]須陁列八營以逼之。[2]孝友窘迫，面縛來降。其黨解象、王良、鄭大彪、李晥等衆各萬計，須陁悉平之，威振東夏。以功遷齊郡通守，領河南道十二郡黜陟討捕大使。[3]俄而賊盧明月衆十餘萬將寇河北，次祝阿。[4]須陁邀擊，殺數千人。賊吕明星、師仁泰、霍小漢等衆各萬餘，擾濟北，[5]須陁擊走之。尋將兵拒東郡賊翟讓，[6]前後三十餘戰，每破走之。轉滎陽通守。[7]

[1]蹲猶山：位於今山東招遠市和龍口市交界處，現名“狗山”。中華本作“蹲狗山”，源氏校勘記小字夾批：“今狗同。”

[2]八營：當是陣法的一種，具體不詳。源氏校勘記云：“《隋書》作‘八風營’。”疑是。

[3]河南道十二郡：大致是黄河以南、洛陽以東、淮河以北的區域。　黜陟討捕大使：官名。黜陟大使和討捕大使的合稱。黜陟大使，官名。負責巡察所屬地區的官員政績好壞、推薦和廢黜官員。討捕大使，官名。隋末始置，負責統轄道郡内軍隊協同作戰，征討與朝廷爲敵的各種勢力（參寧志新《隋朝使職研究》，《河北師範大學學報》1999 年第 3 期）。

[4]祝阿：縣名。治所在今山東禹城市西南。

[5]濟北：郡名。隋朝時治盧縣，在今山東茌平縣西南。

[6]東郡：隋朝時治白馬縣，在今河南滑縣東。　翟讓：人名。東郡韋城（今河南滑縣東南）人。隋末瓦崗起義軍首領。

[7]滎陽：郡名。隋煬帝大業三年改鄭州置，治管城縣，在今河南鄭州市。

時李密説讓取洛口倉，[1]遂逼滎陽。須陁拒之，讓懼而退，須陁乘之。密先伏數千人邀擊之。須陁敗，被圍，潰圍輒出，[2]左右不能盡出，復入救之，往來數四，衆皆敗。乃仰天歎曰：[3]“兵敗如此，何面見天子乎！”乃下馬戰死。其所部兵晝夜號哭，數日不止。帝令其子元備總父兵。元備時在齊郡，遇賊，竟不果行。

[1]李密：人名。字玄邃，一字法主，祖籍遼東襄平（今遼寧

遼陽市）人，後家於京兆長安（今陝西西安市長安區）。隋末瓦崗軍主要首領之一。見《新唐書》卷八四《李密傳》。　洛口倉：位於今河南鞏義市河洛鎮七里鋪村以東的黃土嶺上。

[2]潰圍輒出：底本無“圍”字，中華本校勘記云：“諸本‘潰’下脱‘圍’字，據《隋書》卷七一、《通志》卷一六六《張須陀傳》補。”今從改。

[3]乃仰天歎曰：底本無“歎”字，中華本校勘記云：“諸本脱‘歎’字，據《通志》補。”今從改。

楊善會，字敬仁，弘農華陰人也。[1]父初，位毗陵太守。[2]

[1]華陰：縣名。治所在今陝西華陰市東南。

[2]毗陵：郡名。隋煬帝大業三年改常州置，治晋陵縣，在今江蘇常州市。

善會大業中爲鄃令，[1]以清正聞。俄而百姓聚起爲盜，善會討之，往皆剋捷。後賊帥張金稱屯于縣界，善會每挫其鋒。煬帝遣將軍段達討金稱，[2]善會進計於達，達不能用，軍竟敗。後進止一以謀之，乃大剋。金稱復引勃海賊孫宣雅、高士達等破黎陽而還，[3]善會邀破之。擢拜朝請大夫、清河郡丞。[4]

[1]鄃：縣名。治所在今山東夏津縣。

[2]段達：人名。武威姑臧（今甘肅武威市）人。隋朝將領。見《北史》卷七九《段達傳》。

[3]勃海：郡名。隋朝時改滄州爲勃海郡，治陽信縣，在今山

東陽信縣西南。　高士達：底本作“高士雅”，中華本校勘記云：“諸本‘達’誤作‘雅’，據《隋書》卷七一、《通志》卷一六六《楊善會傳》改。高士達見《唐書·竇建德傳》。”今從改。

[4]清河：郡名。隋朝時治清河縣，在今山東臨清市東北。　郡丞：官名。秦朝時置。爲郡守之副職，助掌郡之行政。隋朝時京兆郡丞爲從五品，他州郡丞爲從七品至從八品。

于時，山東郡縣，陷没相繼，能抗賊者，唯善會而已。前後七百餘陣，未嘗負敗。會太僕楊義臣討金稱見敗，[1]取善會定策，與金稱戰，賊乃退走。善會捕斬之，傳首行在所。[2]帝賜以尚方甲矟弓劍，[3]進拜清河通守。復從楊義臣斬漳南賊帥高士達，傳首江都宫。[4]帝下詔褒揚之。

[1]太僕：官名。西周時已見此職名。秦時爲九卿之一。北魏時掌供天子輿馬。孝文帝太和二十三年定爲三品。隋朝沿之。　楊義臣：人名。本姓尉遲氏，代（今山西大同市東北）人。隋朝官吏。以其父盡忠楊堅，賜姓楊氏，編入宗室屬籍。見《北史》卷七三《楊義臣傳》。

[2]行在所：指天子巡行所到之地。

[3]尚方甲矟弓劍：即皇帝御用的武器。尚方，官名。秦漢官制設有少府，少府設尚方令、尚方丞，職掌御刀劍及玩好器物，到漢末分爲中、左、右三尚方，之後歷代沿襲。矟，同“槊”，長矛。

[4]江都宫：隋煬帝時建，在今江蘇揚州市觀音山。

後爲竇建德所陷。[1]建德釋而禮之，用爲貝州刺史。[2]善會肆罵，臨之以兵，辭氣不撓，乃害之。清河士庶，莫不傷痛。

［1］竇建德：人名。貝州漳南（今山東武城縣東北）人。隋末起義軍首領之一。見《舊唐書》卷五四《竇建德傳》。

［2］貝：州名。隋朝時治武城縣，在今河北清河縣西北。

盧楚，涿郡范陽人也。[1]祖景祚，魏司空掾。[2]

［1］涿郡：隋朝時治薊縣，在今北京西南。　范陽：縣名。治所在今河北定興縣西南。

［2］司空掾：官名。司空府屬吏的統稱。

楚少有才學，性鯁急，口吃，言語澀難。大業中，爲尚書左司郎。[1]當朝正色，甚爲公卿所憚。及帝幸江都，[2]東都官僚多不奉法。[3]楚每存糾舉，無所回避。越王侗稱尊號，[4]以楚爲内史令、左備身將軍、尚書左丞、右光禄大夫，[5]封涿郡公，與元文都等同心戮力以輔侗。

［1］尚書左司郎：官名。隋煬帝大業三年置，屬尚書省。助尚書左丞掌監察省内，監督稽核吏、户、禮三部十二司。從五品。源氏校勘記云："《隋書》（'左'）作'右'。"

［2］江都：城名。在今江蘇揚州市。

［3］東都：即今河南洛陽市。隋煬帝大業初營建洛陽新城，稱東京，大業五年改稱東都。

［4］侗：即楊侗，人名。隋煬帝之孫，隋朝末代皇帝。即位前爲越王。爲賊王世充所弑。見《北史》卷七一《楊侗傳》。

［5］内史令：官名。隋朝時爲避隋文帝楊堅父楊忠諱，改中書

令置，爲内史省長官，掌納奏出令之事，與内史監同爲内史省長官，初置一人，後廢監，員二人，正三品。　左備身將軍：官名。掌侍衛左右，供御兵仗，領“千牛備身”十二人，掌執千牛刀。　尚書左丞：官名。隋朝時通判都省事，監察省内，領内司郎中、員外郎，監督稽核吏、户、禮三部十二司。從四品。其行臺尚書省亦置，視從四品。　右光禄大夫：官名。三國魏時始設。作爲對朝廷大臣的加官，或授予年老有病者的致仕之官，也作爲對大臣卒後的贈官，以示尊崇。隋初爲正二品，煬帝大業三年改爲從二品。

及王世充作亂，[1]兵犯太陽門。[2]武衛將軍皇甫無逸斬關逃難，[3]呼楚同去。楚曰：“僕與元公有約，若社稷有難，誓以俱死。今捨去不義。”及世充入，楚匿太官署。執之，世充奮袂令斬，於是鋒刃交下，支體麋碎。

［1］王世充：人名。字行滿，新豐（今陝西西安市臨潼區東北）人。本姓支，祖籍西域，隋朝官吏。見《北史》卷七九《王世充傳》。

［2］太陽門：隋東都洛陽宫城東門，故地在今河南洛陽市。

［3］武衛將軍：官名。三國魏文帝時將武衛中郎改爲此稱。掌宿衛禁軍。北魏孝文帝太和十七年定爲從二品下，二十三年定爲從三品。隋朝沿置，爲十二衛將軍之一，分置左右，各二人，佐大將軍總府事，並統諸鷹揚府事。從三品。　皇甫無逸：人名。安定三水（今陝西彬縣）人。隋朝官吏。見《北史》卷七〇《皇甫璠附皇甫無逸傳》。

劉子翊，彭城叢亭里人也。父遍，齊徐州司馬。[1]子翊少好學，頗解屬文。性剛謇，有吏幹。開皇中，爲秦州司法參軍。[2]因入考，楊素奏爲侍御史。[3]

[1]徐州：北齊時治彭城縣，在今江蘇徐州市。

[2]秦州：隋朝時治上邽縣，在今甘肅天水市。　司法參軍：官名。隋朝時爲司法曹長官，諸衛、諸率、諸王府及諸州皆置。品秩隨府主地位而定。煬帝時改爲司法行書佐。

[3]侍御史：官名。西漢時始置。在御史大夫之下，受命御史中丞，接受公卿奏事，舉劾非法及其他辦案、鎮壓起義等任務。隋初沿置，由吏部選用，入值禁中。從七品。煬帝大業三年後，職掌侍從糾察，升爲正官名。七品。

時永寧縣令李公孝四歲喪母，[1]九歲外繼。其後，父更别娶後妻，至是而亡。河間劉炫以爲無撫育之恩，[2]議不解任。子翊駁之曰：

[1]永寧：縣名。治所在今河北保定市南。

[2]河間：郡名。隋朝時治河間縣，在今河北河間市南。　劉炫：人名。字光伯，河間景城（今河北滄州市西）人。隋朝儒士。見《北史》卷八二《劉炫傳》。

《傳》云："繼母，同母也。"[1]當以配父之尊，居母之位，齊杖之制，[2]皆如親母。又"爲人後者，爲其父母，期"。服期者，[3]自以本生，非殊親之與繼也。父雖自處傍尊之地，於子之情，猶須隆其本重。是以令云："爲人後者，爲其父母並解官，申其心喪。[4]父卒母嫁，爲父後者雖不服，亦申心喪；其繼母嫁，不解官。"此專據嫁者生文耳。將知繼母在父之室，[5]則制同親母。若謂非有撫育之恩，同之行路，何服之有乎？服既有之，心喪焉可獨異？三省令旨，其義甚明。今言令許不解，何其甚謬！且後人者爲其父母期，未有變隔以親繼，親繼既等，[6]故心喪不得有殊。《服問》云：[7]“母出，則爲繼母之黨服。”豈不以出母族絶，推而遠之；繼母配父，引而親之乎？子思曰：[8]“爲伋也妻，是爲白也母；不爲伋也妻，是不爲白也母。”定知服以名重，情以父親。所以聖人敦之以孝慈，弘之以名義。是使子以名服，同之親母；繼母以義報，等之己生。

[1]傳云繼母同母也：中華本校勘記云：“《隋書》卷七一《劉子翊傳》作‘《傳》云：“繼母如母，與母同也。”’按‘繼母如母’，見《儀禮·喪服》。此疑有脱誤。”可從。

[2]齊（zī）杖：即齊縗杖期，古代的喪禮。適用於父尚在世的情況下，子、未嫁之女、已嫁復歸之女爲母、夫爲妻所服的喪禮。杖，後世俗稱的哭喪棒。齊縗所用之杖爲桐木製，稱爲“削杖”。

[3]又爲人後者爲其父母期服期者：底本“服”下無“期”字，中華本校勘記云：“諸本‘服’下脱‘期’字，據《隋書》補。又《隋書》‘服’作‘報’。按《儀禮·喪服》原文云：‘爲人後者，爲其父母報。’疑此當作‘爲人後者爲其父母報，報期者’。”今從改。

[4]是以令云爲人後者爲其父母並解官申其心喪：源氏校勘記其上增“爲”字，中華本校勘記云：“諸本‘其父母’上無‘爲’字，文不可通，據《隋書》補。”今從改。

[5]知：南監本作“如”，源氏校勘記云：“‘如’《隋書》作‘知’。”

[6]親繼既等：底本“親”下無“繼”字，源氏校勘記云：“‘既’上，《隋書》有‘繼’字。”中華本校勘記云：“諸本脱‘繼’字，據《隋書》補。”今從改。

[7]服問：《禮記》最後一篇的篇名。《禮記正義》卷五七：“鄭云：‘《服問》者，善其問以知有服而遭喪所變易之節也。’”

[8]子思：春秋末期思孟學派的代表人物之一。姓孔，名伋。魯國人。爲孔子的孫子，曾參的學生。

如謂繼母之來，在子出之後，制有淺深者。考之經傳，未見其文。譬出後之人，所後者初亡，後之者始至，此復可以無撫育之恩而不服重乎？[1]昔長沙人王毖，[2]漢末爲上計詣京師。[3]既而吴、魏隔絶，毖在内國，更娶，生子昌。毖死後，爲東平相，[4]始知吴之母亡。便情繫居重，不攝職事。于時，議者不以爲非。然則繼之與前，[5]於情無别。若要以撫育始生服制，王昌復何足云乎？又晋鎮南將軍羊祜無子，[6]取弟子伊爲子。祜薨，伊不服重。祜妻表聞，伊辭曰：“伯生存養己，伊不敢違。然無父命，故還本生。”尚書彭權議：[7]“子之出養，必由父命，無命而出，是爲叛子。”於是下詔從之。然則心服之制，不得緣恩而生也。

[1]後之者始至此復可以無撫育之恩而不服重乎：底本“至”前無“始”字，“復”作“後”，南監本“復”作“後”，源氏校勘記改“後”作“復”，中華本校勘記云：“諸本脱‘始’字，

‘復’訛作‘後’，據《隋書》補改。”今從改。

[2]長沙：郡名。東漢時治臨湘縣，在今湖南長沙市。　王毖：人名。東漢末人，曾任曹魏黄門侍郎。

[3]上計：官名。戰國時即設，由地方政府派出，向朝廷彙報當地社會經濟與財政收支的基本情况，爲國家編制財政預算提供依據的官員。

[4]東平：郡名。東漢時治無鹽縣，在今山東東平縣東部。

[5]然則繼之與前：中華本校勘記云：“《隋書》‘繼’下‘前’下，都有‘母’字。”可從。

[6]鎮南將軍：官名。東漢置。與鎮東、鎮西、鎮北將軍合稱四鎮將軍，地位次於四征將軍。多爲持節都督，出鎮方面，後漸成爲褒賞軍功勳臣的閑職。　羊祜：人名。字叔子，泰山南城（今山東費縣西南）人。西晋開國元勳。見《晋書·羊祜傳》。

[7]彭權：人名。西晋初官吏。曾任武帝侍中。源氏校勘記云：“《隋書》作‘彭禮’。”

論云：“禮者稱情而立文，[1]杖義而設教。”還以此義，諭彼之情。稱情者如母之情，杖義者爲子之義，[2]分定然後能尊父順名，崇禮篤敬。苟以姆養之恩，始成母子。則恩由彼至，服自己來，則慈母如母，何待父令？又云：“繼母、慈母，本實路人，臨己養己，同之骨血。”若如斯言，子不由父，縱有恩育，得如母乎？其慈繼雖在三年之下，而居齊期之上。禮有倫例，服以稱情。繼母本以名服，豈藉恩之厚薄也。至於兄弟之子猶子也，私昵之心實殊，禮服之制無二。彼言“以”輕“如”重，因以不同；[3]此謂如重之辭，即同重法。若使輕重不等，何得爲“如”？律云“准枉法”者，但准其罪，“以枉法論”者，即同真法。律以弊刑，禮以設教。“准”者准擬之名，“以”者即真之稱。“如”“以”二字，義用不殊，禮、律兩文，所防是一。將此明彼，足見其義。取譬伐柯，何遠之有。[4]

[1]禮者稱情而立文：語出《荀子·禮論》：“‘三年之喪，何也?’曰：‘稱情而立文，因以飾群，别親疏貴賤之節，而不可益損也。’”

[2]稱情者如母之情杖義者爲子之義：源氏校勘記云：“《隋書》‘如’上有‘稱’，‘爲子’上有‘仗’。”

[3]因以不同：源氏校勘記云：“‘因’《隋書》作‘自’。”

[4]取譬伐柯何遠之有：就像《伐柯》説的那樣，按照規則來，又有什麼遠的呢？伐柯，出自《國風·豳風·伐柯》：“伐柯如何？匪斧不克。取妻如何？匪媒不得。伐柯伐柯，其則不遠。我覯之子，籩豆有踐。”

論云：“取子爲後者，將以供承祧廟，[1]奉養己身。不得使宗子歸其故宅，以子道事本父之後妻也。”然本父後妻，因父而得母稱。若如來旨，本父亦可無心喪乎？何直父之後妻也。

[1]祧（tiāo）廟：遠祖廟。《禮記·祭法》：“遠廟爲祧，有二祧，享嘗乃止。”

論又云：“《禮》言舊君，其尊豈後君乎？[1]已去其位，非復純臣，須言‘舊’以殊之。别有所重，非復純孝，故言‘其’已見之。目以‘其父’之文，是名異也。此又非通論。何以言之？‘其’‘舊’訓殊，所用亦别。‘舊’者易新之稱，‘其’者因彼之辭，安得以相類哉？至如《禮》云：‘其父析薪，其子不克負荷。’[2]《傳》云：‘衛雖小，其君在焉。’[3]若其父而有異，其君復有異乎？斯不然矣。”

[1]後君：源氏校勘記云：“‘後君’《隋書》作‘復君’。”

[2]其父析薪其子不克負荷：表示子承父業。語出《左傳》昭公七年：“古人有言曰：‘其父析薪，其子弗克負荷。’”

[3]衛雖小其君在焉：衛國雖然小，但是他們的國君親自做統帥，是不可能被打敗的。語出《左傳》定公九年：“中牟人欲伐之，衛褚師圃亡在中牟，曰：‘衛雖小，其君在焉，未可勝也。’”

今炫敢違禮乖令，侮聖干法，使出後之子，無情於本生，名義之分，有虧於風俗，徇飾非於明世，[1]强媒蘖於《禮經》，[2]雖欲揚己露才，[3]不覺言之傷理。

[1]徇飾非於明世：中華本校勘記云：“《通志》卷一六六《劉子翊傳》‘徇’作‘苟’，疑是。”可從。

[2]媒蘖（niè）：捏合誣害，釀成罪名。媒，酒母。蘖，釀酒用的酒麯。

[3]揚己露才：炫耀才能，表現自己。

事奏，竟從子翊之議。

歷新豐令、大理正，[1]並有能名。擢授書侍御史。每朝廷疑議，子翊爲之辯析，多出衆人意表。從幸江都。[2]屬天下大亂，帝猶不悟。子翊因侍切諫，由是忤旨，令子翊爲丹陽留守。[3]

[1]大理正：官名。北齊時以大理寺爲署名，廷尉正亦改稱大理正，掌刑獄。隋朝因之。正六品下。

[2]都：底本作“東”，中華本校勘記云：“諸本‘都’訛作‘東’，今據《隋書》改。”今從改。

[3]丹陽：郡名。隋朝時治江寧縣，在今江蘇南京市。底本作“丹楊”，殿本、局本、中華本作“丹陽”。按：底本形訛，誤。今從改。　留守：官名。隋煬帝時始置。爲臨時駐守京師、陪都或險要地區的官員。

尋遣於上江督運，[1]爲賊吴棊子所虜。子翊説之，因以衆降。復遣首領賊渡江，遇煬帝被殺，知而告之。子翊弗信，斬所言者。賊又請以爲主，不從。因執至臨川城下，[2]使告城中云“帝崩”。子翊乃易其言，於是見害。

[1]上江：古代太湖尾閭之一。故道自太湖之東三江口分松江經白蜆湖東南流入海。自公元八世紀以來，久已湮塞。

[2]臨川城：在今江西撫州市西。

堯君素，魏郡湯陰人也。[1]煬帝爲晋王時，君素爲左右。帝嗣位，累遷鷹揚郎將。[2]大業末，從驍衛大將軍屈突通拒義師於河東。[3]俄而通引兵南遁，署君素領河東通守。義師遣將吕紹宗、韋義節等攻之不克。[4]及通軍敗，至城下呼之。君素見通，歔欷流涕，悲不自勝，左右皆哽咽。通亦泣下霑襟，因説君素早降以取富貴。君素以名、義責之曰："公縱不能遠慚主上，公所乘馬，即代王所賜也，公何面目乘之哉！"通曰："吁！君素！我力屈而來。"君素曰："方今力猶未屈，何用多言！"通慚而退。

[1]魏郡湯陰：按《隋書·地理志中》汲郡條，湯陰縣屬汲郡，非魏郡。魏郡，隋朝時治鄴縣，在今河北臨漳縣西南鄴鎮。湯陰，縣名。治所在今河南湯陰縣。

[2]鷹揚郎將：官名。隋煬帝大業三年，改府兵制的軍府名稱，以驃騎府爲鷹揚府，主官驃騎將軍改稱鷹揚郎將，員一人。正五品。

[3]驍衛大將軍：官名。隋煬帝大業三年改左右備身府爲左右驍衛，各置大將軍一員，總府事，並統諸鷹揚府事。正三品。　屈突通：人名。祖籍昌黎（今遼寧朝陽市），後移居雍州長安（今陝西西安市長安區）。隋末唐初將領。見《舊唐書》卷五九《屈突通傳》。　河東：郡名。隋朝時治蒲坂縣，在今山西永濟市西南蒲州鎮。

[4]義師遣將吕紹宗韋義節等攻之不克：底本"不"後無"克"字，源氏校勘記"不"後補"剋"字，中華本校勘記云："諸本脱'克'字，據《隋書》卷七一、《通志》卷一六六《堯君素傳》補。"今從改。吕紹宗，人名。隋唐之際人。隋煬帝大業末，追隨李淵起兵滅隋。韋義節，人名。隋唐之際人。隋煬帝大業末，追隨李淵起兵滅隋。

時圍甚急，行李斷絶。[1]君素乃爲木鵝，置表於頸，具論事勢，浮之黄河，沿流而下。河陽守者得之，達于東都。越王侗見而歎息，乃承制拜君素爲金紫光禄大夫，[2]密遣行人勞之。[3]監門直閤龐玉、武衛將軍皇甫無逸前後自東都歸義，[4]俱造城下，爲陳利害。朝廷又賜金券，[5]待以不死。君素卒無降心。其妻又至城下，謂曰："隋室已亡，何苦取禍？"君素曰："天下事非婦人所知。"引弓射之，應弦而倒。

[1]行李：使者。《左傳》僖公三十年："行李之往來，共其乏困。"杜預注："行李，使人。"

[2]金紫光禄大夫：官名。西晋初始設光禄大夫，加賜金章紫綬者爲金紫光禄大夫。禄賜、班位、冠幘、車服、佩玉、置吏卒羽林等，諸所賜給與特進等同。作爲加官，衹是授予章綬、禄賜班位，不給予車服隸卒。隋初爲從二品散官，煬帝改爲正三品。

[3]行人：使者的通稱。

[4]監門：司門所屬之徒卒。　直閤：官名。南北朝時置。掌侍衛皇帝及太子。隋朝因之。　龐玉：人名。京兆涇陽（今陝西咸陽市東北）人。見《新唐書》卷一九三《龐堅傳》。

[5]金券：鐵券的美稱。古代帝王賜給大臣，授以世代享受免死等特權的憑證。爲漢高祖所創。

君素亦知事必不濟，每言及隋國，未嘗不歔欷。常謂將士曰："吾是藩邸舊臣，至於大義，不得不死。今穀支數年，食盡，足知天下之事。必隋室傾敗，天命有歸，吾當斷頭以付諸君。"後頗得江都傾覆消息，又糧盡，男女相食，衆心離駭。白虹降於府門，[1]兵器之端，夜皆光見。月餘，君素爲左右所害。

[1]白虹：橫貫太陽的白色虹霓。古人認爲這是預示出現兵禍之象。

陳孝意、張季珣、杜松贇，並以誠節顯。[1]

[1]杜松贇：中華本校勘記云："《隋書》無'杜'字。"

孝意，河東人。大業初，爲魯郡司法書佐，[1]郡内號爲廉平。太守蘇威嘗欲殺一囚，[2]孝意固諫，不許。孝意因解衣請先受死，良久，威意乃解，謝而遣之。漸加禮敬。及威爲納言，[3]奏孝意爲侍御史。後以父憂去職，居喪過禮，有白鹿馴擾其廬，時人以爲孝感。尋起授雁門郡丞。[4]在郡菜食齋居，朝夕哀臨，每一發聲，未嘗不絶倒。柴毁骨立，見者哀之。時長吏多贓污，孝意清節彌厲。發姦擿伏，[5]動若有神，吏人稱之。

[1]魯：郡名。隋朝時治瑕丘縣，在今山東兖州市東古城。司法書佐：官名。司法曹的輔助官吏。書佐，官名。主辦文書的佐吏。漢朝時州郡縣皆分曹治事，諸曹下各有書佐。州部書佐位次從事，軍銜書佐則此掾史，職主起草和繕寫文書。由州郡縣長官自行辟除。魏晋南北朝亦置。隋初，諸州及王府諸曹置參軍及行參軍等。煬帝大業三年更名爲行書佐。

[2]蘇威：人名。字無畏，武功（今陝西武功縣西北）人。北周、隋朝官吏。見《北史》卷六三《蘇綽附蘇威傳》。

[3]納言：官名。亦作"内言"。隋朝時爲避隋文帝父楊忠之

諱，改侍中爲納言。爲門下省長官，主要職責是承上啓下、宣傳上命、受奏納言。正三品。煬帝大業十二年改名侍内。

[4]雁門：郡名。隋朝時治雁門縣，在今山西代縣西南。

[5]發姦擿伏：形容治理政事精明。發，揭發、揭露。伏，隱匿、隱藏（的壞人）。

煬帝幸江都，馬邑劉武周殺太守王仁恭作亂，[1]前郡丞楊長仁、雁門令王確等謀應賊。孝意知之，族滅其家，郡中戰慄。俄而武周來攻，孝意拒之，每致剋捷。但孤城無援，而孝意誓以必死。亦知帝必不反，每旦夕向詔敕庫俯伏涕流，悲動左右。糧盡，爲校尉張世倫所殺，[2]以城歸武周。[3]

[1]馬邑：郡名。隋朝時治善陽縣，在今山西朔州市。　劉武周：人名。河間景城（今河北泊頭市）人。隋末北疆起義軍首領。見《舊唐書》卷五五《劉武周傳》。　王仁恭：人名。字元實，天水上邽（今甘肅天水市）人。隋朝將領。見《北史》卷七八《王仁恭傳》。

[2]校尉：官名。秦漢時爲統兵武官，略次於將軍，高於都尉。出征時臨時任命，領一校（營）兵，有司馬、候等屬官。歷代沿置。隋朝時置爲諸鷹揚府的長官，位次都尉。正六品。

[3]以城歸武周：底本“以”下無“城”字，中華本校勘記云：“諸本脱‘城’字。據《隋書》卷七一《陳孝意傳》補。”今從改。

張季珣，京兆人。父祥，少爲隋文帝所知，引爲丞相參軍，[1]累遷并州司馬。[2]及漢王諒反，遣其將劉建攻之，縱火燒其郭下。祥見百姓驚駭，其城西有王母廟，登城望之，再拜號泣曰："百姓何罪，致此焚燒？神其有靈，可降雨相救。"言訖，廟上雲起，雨降而火遂滅。士卒感其至誠，莫不用命。援軍至，賊退。以功授開府。後卒於都水監。[3]

[1]丞相參軍：官名。丞相府參軍。參軍，官名。東漢末年車騎將軍幕府置爲僚屬，掌參謀軍務。南北朝王、公、將軍府、都水臺以及諸州多置爲僚屬，品階自六品至九品不等。皆由朝廷除授。隋朝時州及親王、嗣王、郡王、上柱國、柱國、上大將軍、大將軍、上開府儀同三司、開府儀同三司、上儀同三司、儀同三司等府或置參軍事、行參軍事，或諸曹置參軍事、行參軍，煬帝改行參軍爲行書佐。

[2]并州：隋朝時治晋陽縣，在今山西太原市晋源區古城營村一帶。

[3]都水監：官名。隋文帝仁壽元年（601）改都水使者爲都水監，掌河渠、津梁、堤堰等事務。四品。

季珣少慷慨，有志節。大業末，爲鷹揚郎將。所居據箕山爲固，[1]與洛口接。及李密陷倉城，遣兵呼之。季珣大罵。密怒，攻之，連年不能剋。經三年，資用盡，無薪，徹屋而爨，人皆穴處。季珣撫之，一無離叛。後士卒飢羸，爲密所陷。季珣坐聽事，[2]顔色自若。密遣兵禽送之。群賊曳令拜密。季珣曰："吾雖敗軍將，猶是天子爪牙臣，何容拜賊！"密壯而釋之。翟讓從求金不得，殺之。

[1]箕山：位於今河南登封市南。

[2]聽：中華本作“廳”。按：聽爲廳的古字。今不改。

其弟仲琰，爲上洛令。[1]及義兵起，城守，[2]部下殺之以歸義。

[1]上洛：縣名。治所在今陝西商洛市商州區。

[2]城守：《隋書》卷七一作“率吏人城守”。

仲琰弟幼琮，爲千牛左右。[1]宇文化及亂，[2]遇害。季珣世忠烈，兄弟俱死國難，論者賢之。

[1]千牛左右：官名。隋煬帝大業三年置左右備身府，執掌千牛宿衛，掌執禦刀、宿衛侍從。左右各置十六員。正六品。

[2]宇文化及：人名。代郡武川（今内蒙古武川縣西）人。隋朝官吏。煬帝近臣，後殺煬帝反叛。見《北史》卷七九《宇文述附宇文化及傳》。

杜松贇，[1]北海人也。性剛烈，重名義。爲石門府隊正。[2]大業末，楊厚來攻北海縣，[3]松贇覘賊被執。使謂城中云“郡兵已破，宜早歸降”，松贇僞許之。既至城下，大呼曰：“我邂逅被執，非力屈也。官軍大來，賊旦暮禽翦。”賊以刀築其口，引之去。松贇罵厚曰：“老賊何敢辱賢良！”言未卒，賊斷其腰。城中望之，莫不流涕扼腕，鋭氣益倍，北海卒完。優贈朝請大夫、本郡通守。[4]

[1]杜松贇：源氏校勘記云："《隋書》無'杜'字。"

[2]石門府：指某鷹揚府。石門，在今湖南石門縣。　隊正：官名。隋朝諸鷹揚府置，爲府兵一隊之長。

[3]北海：縣名。治所在今山東濰坊市。

[4]朝請大夫：源氏校勘記云："《隋書》('朝請')作'朝散'。"

郭世儁，字弘乂，太原文水人也。[1]家門雍睦，七世同居，犬豕同乳，烏鵲同巢，時人以爲義感之應。州縣上其事，隋文帝遣平昌公宇文弢詣其家勞問。[2]書御史柳彧巡省河北，[3]表其門閭。漢王諒爲并州總管，聞而嘉歎。賜其兄弟二十餘人衣各一襲。

[1]文水：縣名。治所在今山西文水縣。

[2]平昌公：封爵名。平昌，郡名。隋朝時治黔陬縣，在今山東膠州市西南。　宇文弢：人名。字公輔，河南洛陽（今河南洛陽市東北）人，鮮卑族。隋朝大臣。見《北史》卷七五《宇文弢傳》。

[3]書侍御史柳彧巡省河北：底本"書"前有"尚"字，中華本校勘記云："諸本'書'上有'尚'字，《隋書》卷七二郭世儁傳有'治'字，《通志》卷一六七《郭世儁傳》無此字。按治書侍御史，《北史》避唐高宗名，例删'治'字。本書卷七七《柳彧傳》即作'書侍御史'。'尚書侍御史'無此官名，今據删。"今從改。

郎方貴，淮南人也。[1]少有志尚，與從父弟雙貴同居。隋開皇中，方貴常於淮水津所寄渡，舟人怒之，撾方貴臂折。至家，雙貴問知之，恚恨，遂向津，毆殺船人。津者執送之。縣以方貴爲首，當死；雙貴從坐，當流。兄弟爭爲首坐，縣司不能斷，送詣州。兄弟各引死，[2]州不能定。二人爭欲赴水死。州以狀聞。上聞，異之，特原其罪，表其門閭，賜物百段。後爲州主簿。

[1]淮南：郡名。隋朝時治壽春，在今安徽壽縣。

[2]引死：源氏校勘記云："《隋書》作'引咎'。"

論曰：于什門等或臨危不撓，視死如歸；或赴險如夷，唯義所在。[1]其大則光國隆家，其小則損己利物。故其盛烈所著，與河海而爭流；峻節所標，共竹柏而俱茂。[2]並蹈履之所致，身沒名立，豈徒然也！

[1]唯義所在：底本"義"下有"有"字，中華本校勘記云："諸本'義'下衍'有'字，據《魏書》卷八七史臣論刪。"今從改。

[2]共竹柏而俱茂：中華本校勘記云："《魏書》卷八七《史臣論》'竹'作'松'，是。"可從。

今注本二十四史

北史

二〇

傳〔一七〕

唐 李延壽 撰

李憑 靳寶 主持校注

中国社会科学出版社

北史　卷八六

列傳第七十四

循吏

張膺　路邕　閻慶胤　明亮　杜纂　竇瑗　蘇淑　張華原　孟業　蘇瓊　路去病　梁彦光　樊叔略　公孫景茂　辛公義　柳儉 郭絢 敬肅　劉曠　王伽　魏德深

先王疆理天下，[1]司牧黎元，[2]刑法以禁其姦，[3]禮教以防其欲，[4]雖爲政以德，[5]理寔殊塗，百慮一致，[6]在斯而已。《書》云“知人則哲”，[7]又云“無曠庶官”，[8]言非其人爲空官也。叡哲之后，必致清明之臣；昏亂之朝，多有貪殘之吏。嗜欲所召，影響從之。故五帝三王，不易人而化，皆在所由化之而已。蓋有無能之吏，無不可御之人焉。[9]自罷侯置守，[10]歷年永久，統以方牧，仍世相循，所以寬猛爲用，[11]庇人調俗。但廉平常迹，聲有難高；[12]適時應務，招響必速。是故搏擊爲俟，起不旋踵；懦弱貽咎，録用無時。此則已然於前世矣。後之爲吏，與世沈浮，叔季澆漓，[13]姦巧多緒，居官莅職，道各不同，故往籍述其賢能，以彰懲勸之道。

[1]疆理：治理。

[2]司牧黎元：管理百姓。

[3]刑法以禁其姦：用法令消除奸詐邪惡的現象。語出《史記》卷一一九《循吏列傳》："法令所以導民也，刑罰所以禁姦也。"

[4]禮教以防其欲：制定禮教防止人的欲望過度。語出《荀子·禮論》："禮起於何也？曰：人生而有欲，欲而不得，則不能無求。求而無度量分界，則不能不争；争則亂，亂則窮。先王惡其亂也，故制禮義以分之，以養人之欲，給人之求。"

[5]爲政以德：治理國家需要靠德治。語出《論語·爲政》："子曰：'爲政以德，譬如北辰，居其所而衆星共之。'"

[6]理寔殊塗百慮一致：道理和方法各不相同，但最終目的一致。語出《易·繫辭下》："天下何思何慮，天下同歸而殊塗，一致而百慮。"

[7]知人則哲：能鑒察人的品行才能，即可謂之明智。語出《書·皋陶謨》："知人則哲，能官人。"

[8]無曠庶官：不使百官無事可做。語出《書·皋陶謨》："無教逸欲有邦，兢兢業業，一日二日萬幾，無曠庶官，天工人其代之。"

[9]無不可御之人：没有不能駕馭的人。語本《三國志》卷一《魏書·武帝紀》："公曰：'吾任天下之智力，以道御之，無所不可。'"

[10]罷侯置守：指秦始皇廢除分封制，實行郡縣制，罷諸侯王，在全國設三十六郡，置郡太守。

[11]寬猛爲用：政治措施寬松和嚴厲要互相補充。語出《左

傳》昭公二十年："政寬則民慢，慢則糾之以猛，猛則民殘，殘則施之以寬。寬以濟猛，猛以濟寬，政是以和。"

[12]聲有難高：中華本校勘記云："《魏書》卷八八《良吏傳》'有'字作'問'，是。"可從。聲問，同"聲聞"，指名聲。語本《詩·小雅·鶴鳴》："鶴鳴于九皋，聲聞于野。"

[13]叔季：指没落，末世。　澆漓：浮薄不厚。多用於指社會風氣。

案魏立《良吏傳》，有張恂、鹿生、張膺、宋世景、路邕、閻慶胤、明亮、杜纂、裴佗、竇瑗、羊敦、蘇淑。[1]齊立《循吏傳》，有張華原、宋世良、郎基、孟業、崔伯謙、蘇瓊、房豹、路去病。[2]《周書》不立此篇。隋《循吏傳》有梁彦光、樊叔略、趙軌、房恭懿、公孫景茂、辛公義、柳儉、劉曠、王伽、魏德深。[3]其張恂、鹿生、宋世景、裴佗、羊敦、宋世良、郎基、崔伯謙、房豹、趙軌、房恭懿，各附其家傳，其餘皆依時代編緝，以備《循吏篇》云。

[1]張恂：人名。字洪讓，上谷沮陽（今河北懷來縣東南）人。北魏官吏。見《北史》卷二一《張袞附張恂傳》。　鹿生：人名。濟陰乘氏（今山東菏澤市南）人。北魏官吏。見《北史》卷四六《鹿悆傳》。　宋世景：人名。西河介休（今山西介休市）人。北魏官吏。見《北史》卷二六《宋隱附宋世景傳》。　裴佗：人名。字元化，河東聞喜（今山西聞喜縣）人。北魏官吏。爲政有方，威惠甚著。見《北史》卷三八《裴佗傳》。　羊敦：人名。字元禮，太山鉅平（今山東泰安市西南）人。北魏官吏。公平正直，甚有能名。見《北史》三九《羊祉附羊敦傳》。

［2］宋世良：人名。字元友，西河介休（今山西介休市）人。北魏、東魏官吏。見《北史》卷二六《宋隱附宋世良傳》。　郎基：人名。字世業，中山新市（今河北正定縣東北）人。北齊官吏。見《北史》卷五五《郎基傳》。　崔伯謙：人名。字士遜，博陵安平（今河北安平縣）人。東魏、北齊官吏。見《北史》卷三二《崔鑒附崔伯謙傳》。　房豹：人名。字仲幹，清河繹幕（今山東平原縣西北）人。北齊官吏。見《北史》卷三九《房法壽附房豹傳》。

［3］趙軌：人名。河南洛陽（今河南洛陽市東北）人。北周、隋朝官吏。爲政有能名。見《北史》卷七〇《趙肅附趙軌傳》。　房恭懿：人名。字慎言，河南洛陽（今河南洛陽市東北）人。北齊、隋朝官吏。見《北史》卷五五《房謨附房恭懿傳》。

張膺，[1]不知何許人也。延興中，[2]爲魯郡太守，[3]履行貞素，妻女樵採以自供。[4]孝文深嘉之。[5]遷京兆太守，[6]清白著稱，得吏人之忻心焉。

［1］張膺：殿本校勘記云："膺《魏書》作'應'。"中華本校勘記云："《魏書》作'張應'。"

［2］延興：北魏孝文帝的年號（471—476）。

［3］魯：郡名。北魏時治魯縣，在今山東曲阜市東。　太守：官名。原戰國時代郡守的尊稱。漢景帝時，郡守改稱爲太守，爲一郡最高行政長官，總管一郡的行政、財賦、刑獄。東漢末設州牧後，太守受州牧管轄，權力縮小。南北朝設州漸多，郡的轄境隨之縮小。北魏時上郡太守爲四品，中郡太守爲五品，下郡太守爲六品。

［4］樵採：打柴。

［5］孝文：即北魏皇帝元宏。孝文爲其謚號。

［6］京兆：郡名。北魏時治霸城縣，在今陝西西安市東北。

路邕，陽平人也。[1]宣武時，[2]除東魏郡太守，[3]莅政清勤。經年儉，日出家粟，賑賜貧窘。靈太后下詔褒美，[4]賜龍廄馬一匹、衣一襲、被褥一具。[5]稍遷南青州刺史。[6]卒。

［1］陽平：郡名。北魏時治館陶城，在今河北館陶縣。

［2］宣武：即北魏皇帝元恪。宣武爲其謚號。

［3］東魏：郡名。北魏時改魏郡置，屬齊州，治歷城縣，在今山東濟南市，後徙治臺城，在今山東濟南市東北。

［4］靈太后：即北魏宣武帝皇后胡氏。靈爲其謚號。

［5］龍廄馬：出自龍廄的馬。龍廄，官署名。即龍廄署。兩晋南北朝時設，掌管皇家御馬。

［6］南青州：北魏時治團城，在今山東沂水縣沂水鎮。

閻慶胤，不知何許人也。爲東秦州敷城太守，[1]頻年飢儉，慶胤歲常以家粟千石，賑恤貧窮，人賴以濟。部人陽寶龍一千餘人申頌美政，有司以聞，靈太后卒無褒賞。

［1］東秦州：北魏時治杏城，在今陝西黄陵縣西南。　敷城：郡名。北魏時治敷城縣，在今陝西洛川縣東北。

明亮，字文德，平原高昌人也。[1]有識幹，歷員外常侍。[2]延昌中，[3]宣武臨朝堂，親自黜陟，授亮勇武將軍。[4]亮進曰："臣本官常侍，[5]是第三清；[6]今授臣勇武，其號至濁。且文武又殊，請更改授。”帝曰：“九流之内，人咸君子，卿獨欲乖衆，妄相清濁，[7]所請未可。”亮曰：“今江左未賓，書軌宜一，[8]方爲陛下投命前驅，拓定吴會。[9]官爵，陛下之所輕；賤命，微臣之所重。陛下方收所重，何惜所輕？因請改授平遠將軍。”[10]帝曰：“運籌用武，然後遠人始平。卿但用武平之，何患不得平遠乎？”亮乃陳謝而退。除陽平太守，清白愛人，甚有惠政。轉汲郡太守，[11]爲政如前，譽宣遠近。[12]卒，二郡人吏迄今追思之。

[1]平原高昌：按：中華本《魏書》卷八八校勘記云：“《北史》卷八六《明亮傳》‘平原’下有‘高昌’二字，《册府》卷四三九有‘亳’字。按諸《傳》除不知何地人外，一般皆兼舉郡縣，《册府》此條出本書而下有‘亳’字，知傳本脱去。然平原無‘亳縣’或‘高昌縣’。據《南齊書》卷五四《明僧紹傳》、《梁書》卷二七《明山賓傳》並云‘平原鬲人’。卷一〇六上《地形志》上冀州安德郡、齊州東平原郡並有鬲縣。漢晋之鬲本屬冀州平原，劉宋於青州僑置冀州，亦有平原郡鬲縣（《宋書》卷三六《州郡志》）。魏取青州，分置齊州，以冀州自有平原（即《地形志》中之濟州平原郡），故加‘東’字。卷八九《高遵傳》稱其妻明氏家在齊州，則明氏實居於齊州東平原之鬲縣。‘亳’‘高昌’皆‘鬲’之訛，此《傳》脱‘鬲’字。”可從。平原郡，北魏時治聊城縣，在今山東聊城市東北。鬲，縣名。治所在今山東德州市東南。

[2]員外常侍：官名。員外散騎常侍的省稱。三國魏末置，初爲正員之外添差之散騎常侍，無員數，後爲定員官。兩晋、南朝、北魏、北齊沿置。屬散騎省（東省、集書省）。初多授公族、宗室，雖是閑職，仍爲顯官。北魏置六員，爲清望之官。孝文帝太和十七

年（493）定爲從三品上，二十三年定爲五品上。

［3］延昌：北魏宣武帝的年號（512—515）。

［4］勇武將軍：官名。北魏時此職屬於地位較低的士族出任的濁官。孝文帝太和十七年定爲從三品下，二十三年定爲四品。

［5］常侍：官名。即員外散騎常侍。

［6］第三清：官制用語。指清官中的等級，與官品雖有聯繫，但不相同。

［7］相：毛本、局本作“想”。

［8］江左：地區名。古人在地理上以東爲左，以西爲右，故江東又名江左。因東晋及南朝宋、齊、梁、陳均建都建康（今江蘇南京市），故時人稱其統治下的全部地區爲江左。此處指南朝梁的治地。　書軌宜一：天下統一。

［9］吴會：吴郡、會稽的合稱。借指江南的南朝梁。

［10］平遠將軍：官名。十六國前秦時置。北魏孝文帝太和二十三年定爲四品。

［11］汲郡：北魏時治枋頭，在今河南浚縣西南。

［12］譽：底本“譽”作“舉”，源氏校勘記改“舉”作“譽”，中華本校勘記云：“諸本‘譽’訛作‘舉’，據《魏書》改。”今從改。

杜纂，字榮孫，常山九門人也。[1]少以清苦自立。時縣令齊羅喪亡，無親屬收殮，纂以私財殯葬，由是郡縣標其門閭。後居父喪盡禮。郡舉孝廉，[2]稍除積弩將軍，[3]從征新野。[4]及南陽平，[5]以功賜爵井陘男。[6]賞帛五百匹，數日之中，散之知友，時人稱之。歷武都、漢陽二郡太守，[7]並以清白爲名。明帝初，[8]拜清河内史。[9]性儉約，尤愛貧老，問人疾苦，至有對之泣涕。

勸督農桑，親自檢視，勤者賞以物帛，惰者加以罪譴，弔死問生，甚有恩紀。除東益州刺史，[10] 無御邊威略，群氐反叛，以失人和徵還。遷太中大夫。[11] 正光末，[12] 清河人房通等三百人頌纂德政，乞重臨郡。詔許之。孝昌中，[13] 爲葛榮圍逼，[14] 以郡降，榮以爲常山太守。榮滅，卒於家。

[1]常山：郡名。北魏時治安樂壘城，在今河北藁城市西北。　九門：縣名。治所在今河北藁城市西北。

[2]孝廉：選拔官吏的科目。孝指孝子，廉指廉潔之士。原爲二科，後來多混同連稱而爲一科，所舉者也不限於孝者和廉吏。南北朝時，地位不及秀才、國子生。時察舉權歸州郡中正，依九品官人法，所舉者皆世家豪族子弟，無須策試。

[3]積弩將軍：官名。東漢時始置，掌征伐。北魏時亦置積弩將軍。從四品下。

[4]新野：郡名。北魏時治新野縣，在今河南新野縣。

[5]南陽：郡名。北魏時治宛縣，在今河南南陽市。

[6]井陘男：封爵名。井陘，縣名。治所在今河北正定縣西北。

[7]武都：郡名。北魏時治石門縣，在今甘肅隴南市武都區東南。　漢陽：郡名。北魏時有二，一屬秦州，太武帝太平真君七年(446) 分天水郡置，治黄瓜縣，在今甘肅天水市南；一屬南秦州，五年置，治蘭倉縣，在今甘肅禮縣。

[8]明帝：即北魏皇帝元詡。明爲其謚號。

[9]清河：郡名。北魏時治清河縣，在今山東臨清市東北。　内史：官名。春秋時始置。最初爲史官名，北魏時爲執掌民政的官員。孝文帝太和二十三年定上郡爲四品，中郡爲五品，下郡爲六品。

[10]東益州：北魏時治武興縣，在今陝西略陽縣。

［11］太中大夫：官名。北魏至隋朝品秩與卿相近，多用以安置年老退免的九卿大臣，無具體職掌。北魏孝文帝太和十七年定爲三品下，二十三年定爲從三品。

［12］正光：北魏孝明帝的年號（520—525）。

［13］孝昌：北魏孝明帝的年號（525—527）。

［14］葛榮：人名。北魏河北起義軍首領。孝明帝孝昌元年，發動起義。孝莊帝建義元年（528）八月，葛榮圍攻相州，戰敗，爲尒朱榮所捕。十月，送入京師，被殺。

纂所歷任，好行小惠，蔬食弊衣，多涉誣矯。[1]而輕財潔己，終無受納，爲百姓所思，號爲良守。天平中，[2]贈定州刺史。[3]

［1］誣矯：虛僞做作、虛假不實。

［2］天平：東魏孝静帝的年號（534—537）。

［3］定州：東魏時治盧奴縣，在今河北定州市。

竇瑗，字世珍，遼西陽洛人也。[1]自言本出扶風平陵，[2]漢大將軍武曾孫崇爲遼西太守，[3]遂家焉。曾祖堪，慕容氏漁陽太守。[4]祖表，馮弘成周太守，[5]入魏。父冏，舉秀才，早卒。普泰初，[6]瑗啓以身階級爲父請贈，[7]詔贈平州刺史。[8]

［1］遼西陽洛人也：源氏校勘記云："'陽洛'，《魏書》作'遼陽'。"中華本校勘記云："《魏書》'陽洛'作'遼陽'。洪頤煊云：'《地形志》，遼西郡無遼陽，"陽洛"作"陽樂"，古字通用。'"可從。遼西，郡名。北魏時治肥如縣，在今河北盧龍縣北。陽洛，縣

名。即陽樂，治所在今河北撫寧縣西。

[2]扶風：郡名。北魏時治好畤縣，在今陝西乾縣東。　平陵：縣名。治所在今陝西咸陽市西北。源氏校勘記在“陵”後添加“人”字。

[3]武：即竇武，人名。字游平，扶風平陵（今陝西咸陽市西北）人。東漢末年外戚、權臣。見《後漢書》卷六九《竇武傳》。

[4]慕容氏：指十六國時期慕容氏所建立的前燕、後燕政權。　漁陽：郡名。十六國時治漁陽縣，在今北京密雲縣西南。

[5]馮弘：人名。字文通，長樂信都（今河北冀州市）人。十六國時北燕君主。見《北史》卷九三《馮跋附馮弘傳》。　成周：郡名。西晋末置。治所確址不詳，當在今遼寧西南部一帶。成，底本作“城”，毛本、殿本、四庫本、局本作“成”，武英殿本校勘記云：“監本缺‘成’字，今從南本增入。”今從改。

[6]普泰：北魏節閔帝的年號（531—532）。

[7]以身階級爲父請贈：根據自己的官位品級，向朝廷爲父親請求追贈官品。

[8]平州：北魏時治肥如縣，在今河北盧龍縣北。

瑗年十七，便荷帙從師，[1]遊學十載，始爲御史。[2]後兼太常博士，[3]拜太原王尒朱榮官，[4]榮留爲北道大行臺左丞。[5]以拜榮官，賞新昌男。[6]從榮東平葛榮，封容城縣伯。[7]瑗乞以容城伯讓兄叔珍，詔聽以新昌男轉授之。叔珍由是位至太山太守。[8]尒朱世隆等立長廣王曄爲主，[9]南赴洛陽。至東郭外，世隆等遣瑗奏廢之。瑗執鞭獨入禁内，奏願行堯、舜事。[10]曄遂禪廣陵。[11]由是除給事黄門侍郎。[12]

［1］荷帙：負笈從學。帙，包書的布套。

［2］御史：官名。侍御史的省稱，西漢時爲御史大夫屬官。北魏時侍御史除分曹治事外，亦奉命監國，督察巡視州郡，收捕官吏，宣示詔命等。北魏頗重其選，必以對策高第者補之，置員八人。孝文帝太和十七年定爲從五品中，二十三年定爲八品。

［3］後：局本作“轉”。　太常博士：官名。北魏時掌祭祀，職位較輕。從七品。

［4］太原王：封爵名。太原，郡名。北魏時治晋陽縣，在今山西太原市晋源區古城營村一帶。　尒朱榮：人名。字天寶，北秀容（今山西朔州市）人，契胡族。北魏大臣。見《北史》卷四八《尒朱榮傳》。

［5］大行臺左丞：官名。北魏時置。爲大行臺尚書省的屬官，主要是與右丞共掌臺事，率領都令史監督稽核諸曹務，負責監察臺内諸官，選授官吏等文書奏事等，職權甚重。

［6］新昌男：封爵名。新昌，縣名。北魏時僑置，治所在今河北盧龍縣。

［7］容城縣伯：封爵名。容城，縣名。治所在今河北容城縣北。

［8］太山：郡名。北魏時治博平縣，在今山東泰安市東南。

［9］尒朱世隆：人名。字榮宗，北秀容（今山西朔州市）人，契胡族。北魏末年官吏。見《北史》卷四八《尒朱榮附尒朱世隆傳》。　長廣王：封爵名。長廣，郡名。北魏時治膠東城，在今山東平度市。　曄：即元曄，人名。字華興，小字盆子。北魏宗室。見《北史》卷一八《南安王楨附元曄傳》。

［10］行堯舜事：即自願禪讓皇位。

［11］廣陵：郡名。北魏時治廣陵縣，在今江蘇揚州市西北。此處指廣陵王元恭，即北魏節閔帝。

［12］給事黄門侍郎：官名。秦、西漢時給郎官加以“給事黄門”的稱呼，給事於宫門之内，侍從皇帝、顧問應對，出則陪乘。與皇帝關係密切，多以重臣、外戚子弟、公主婿爲之。魏晋至隋初

因之，爲門下省次官，位頗重要。北魏孝文帝太和二十三年定爲四品上。

孝武帝時，[1]爲廷尉卿。[2]及釋奠開講，[3]瑗與温子昇、魏季景、李業興並爲擿句。[4]天平中，除廣宗太守，[5]政有清白之稱。[6]廣宗人情凶戾，累政咸見告訟，唯瑗一人，終始全潔。轉中山太守，[7]聲譽甚美，爲吏人所懷。及齊神武班書州郡，[8]稱瑗政績，以爲勸勵。後授平州刺史，在州政如臨郡。又爲神武丞相府右長史。[9]瑗無軍府斷割才，不甚稱職。又行晉州事。[10]

[1]孝武帝：即北魏皇帝元脩。孝武爲其謚號。

[2]廷尉卿：官名。北魏時爲國家最高司法審判機構主官，負責刑獄，制定法律，覆審御史所檢劾案件，審核州郡疑案，有封駁丞相、御史之權。後增少卿爲副職。孝文帝太和二十三年定爲三品。

[3]釋奠：古代學校開學時設置酒食、祭奠先師的一種典禮。《禮記·文王世子》："凡學，春官釋奠于先師，秋冬亦如之。凡始立學者，必釋奠于先聖先師。"鄭玄注："釋奠者，設薦饌酌奠而已。"

[4]温子昇：人名。字鵬舉，濟陰冤句（今山東菏澤市西南）人。北魏、東魏官吏、文學家。能詩文，時稱爲"温生"。見《北史》卷八三《温子昇傳》。　魏季景：人名。鉅鹿下曲陽（今河北晉州市西）人。北魏學者、官吏。博學有文才。見《北史》卷五六《魏季景傳》。　李業興：人名。上黨長子（今山西長子縣）人。北魏、東魏官吏，天文曆算家，儒家學者。見《北史》卷八一《李業興傳》。　擿句：同"摘句"，將一篇作品中特别精彩的句子

摘出單獨使用。

[5]廣宗：郡名。北魏時治廣宗縣，在今河北威縣東。

[6]政有：元大德本此二字處空缺。

[7]中山：郡名。北魏時治盧奴縣，在今河北定州市。

[8]齊神武：即高歡。神武爲其謚號，北齊後主所追謚。

[9]丞相府右長史：官名。東漢末丞相府長史有左右之稱。爲一府佐吏之長，分掌吏事。歷朝因之。

[10]晋州：北魏時治白馬城，在今山西臨汾市。

及還鄴，[1]上表曰："臣伏讀《麟趾新制》至三公曹第六十六條：[2]'母殺其父，子不得告。告者死。'三返覆之，[3]未得其門。何者？案律：'子孫告父母、祖父母者，死。'又漢宣云：'子匿父，孫匿大父母，皆勿論。'[4]蓋謂父母、祖父母小者攘羊，[5]甚者殺害之類，恩須相隱，律抑不言，法理如是，足見其直。未必指母殺父，止子不言也。今母殺父而子不告，便是知母而不知父，識比野人，義近禽獸。且母之於父，作合移天，既殺己之天，復殺子之天，[6]二天頓毁，豈容頓默？此母之罪，義在不赦；下手之日，母恩即離。仍以母道不告，鄙臣所以致惑。如或有之，可臨時議罪，何用豫制斯條，[7]用爲訓誡？恐千載之下，談者諠譁，以明明大朝，有尊母卑父之論。以臣管見，實所不取。"詔付尚書。三公郎封君義立判云：[8]"母殺其父，子復告母，母由告死，便是子殺。天下未有無母之國，不知此子，將欲何之？既於法無違，於事非害，宜布有司，[9]謂不宜改。"瑗復難云："局判云：'母由告死，便是子殺。

天下未有無母之國，不知此子，將欲何之。’瑗案典律，未聞母殺其父而子有隱母之義。既不告母，便是與殺父同。天下可有無父之國，此子獨得有所之乎？”事遂停寢。[10]

[1]鄴：城名。在今河北臨漳縣西南。

[2]麟趾新制：東魏律令。《資治通鑑》卷一五八載，東魏孝静帝興和三年（541），在麟趾閣議定法制，故稱爲《麟趾格》。又稱《麟趾新制》。　三公曹：官名。漢朝時始置。漢武帝時置尚書四員，分常侍、二千石、户、主客四曹，至漢成帝時又設三公曹，主斷獄事。東漢時以太尉、司徒、司空爲三公。其時尚書分曹治事，三公職掌的文書歸三公曹尚書掌管。一説三公曹主歲盡考課諸州郡事。魏晋南北朝沿置。

[3]返：殿本、局本作“反”。

[4]漢宣：即西漢皇帝劉詢。宣爲其謚號。　子匿父孫㥯大父母皆勿論：底本作“子匿大父母皆勿論”。中華本校勘記云：“諸本脱‘父孫㥯’三字，據《魏書》卷八八《竇瑗傳》補。”今從補。參見《通典》第一七〇：“宣帝制曰：‘自今子首匿父母，妻匿夫，孫匿大父母，皆勿論。”

[5]攘羊：偷羊。後世以此比喻揚親之過。語出《論語·子路》：“葉公語孔子曰：‘吾黨有直躬者，其父攘羊，而子證之。’”

[6]“己之天”與“子之天”：語出《儀禮·喪服》：“故父者，子之天也；夫者，妻之天也。”

[7]豫：毛本、局本作“預”。

[8]三公郎：官名。爲尚書省三公曹長官，三國魏始置。兩晋南北朝沿置。北魏時屬殿中尚書，掌刑獄訴訟、擬定法律之政。孝文帝太和十七年定郎爲從五品中，郎中爲五品上。二十三年皆稱郎中，六品，仍可通稱爲郎。　封君義：人名。即封述。字君義，勃

海蓚（今河北景縣）人。北魏官吏。見《北史》卷二四《封懿附封述傳》。

[9]有司：源氏校勘記改“司”作“年”，《魏書》卷八八亦作“有年”，似更合文意。

[10]遂：底本“遂”作“雖”，殿本校勘記云：“雖，《魏書》作‘遂’。因言其所奏而停寢也。”中華本校勘記云：“諸本‘遂’訛作‘雖’，據《魏書》改。”今從改。

除大宗正卿，[1]宗室以其寒士，相與輕之，瑗案法推正，甚見讎疾。官雖通顯，貧窘如初，清尚之操，爲時所重。領本州大中正，[2]兼廷尉卿。卒官。贈太僕卿、濟州刺史，[3]謚曰明。

[1]大宗正卿：官名。大宗正的尊稱。秦漢以後，歷代皆置宗正管理皇族事務。北魏時始改此名。多以宗族擔任，亦任外姓。孝文帝太和二十三年定爲三品。

[2]大中正：官名。魏晉南北朝時負責評定士族内部品第的官員。漢獻帝時置中正，負責品評本郡士族。三國魏齊王曹芳時在郡中正之上設州大中正，核實郡中正所報的品、狀，主管州内士族品第的評定，並有推舉和罷免郡中正的權力（須經司徒府通過）。兩晉南北朝沿置。大中正由司徒選授，本州内鄉品爲二品的士族高門可以參預其推舉，出任者皆爲鄉品一品的士族高門，許多家族世代相襲。北魏後期選任漸濫。

[3]太僕卿：官名。西周時始設。北魏時爲太僕的尊稱，爲太僕寺長官，管理全國畜牧事務、宫廷車馬。孝文帝太和十七年定爲二品上，二十三年定爲三品。　濟州：北魏時治碻磝城，在今山東茌平縣西南。

蘇淑，字仲和，武邑人也。[1]兄壽興，坐事爲閹官，後拜河間太守，[2]賜爵晋陽男。[3]及壽興將卒，遂冒養淑爲子。淑熙平中襲其爵。[4]後除樂陵内史，[5]在郡綏撫，甚有人譽。後謝病乞解，有詔聽之。人吏老幼訴乞淑者甚衆。後歷滎陽、中山二郡太守，[6]卒。

[1]武邑：郡名。北魏時治武强縣，在今河北武强縣西南。

[2]河間：郡名。北魏時治武垣縣，在今河北河間市南。

[3]晋陽男：封爵名。晋陽，縣名。治所在今山西太原市晋源區古城營村一帶。

[4]熙平：北魏孝明帝年號（516—518）。

[5]樂陵：郡名。北魏時治樂陵縣，在今山東樂陵市。

[6]滎陽：郡名。北魏時治滎陽縣，在今河南滎陽市北。

淑清心愛下，所歷三郡，皆爲吏人所思，當時稱爲良二千石。[1]武定初，[2]贈衛大將軍、都官尚書、瀛州刺史，[3]謚曰懿。齊神武追美清操，與羊敦同見優賞。

[1]二千石：漢官秩，郡守俸禄爲二千石。後世以之爲郡守代稱。

[2]武定：東魏孝静帝的年號（543—550）。

[3]衛大將軍：官名。十六國後燕時置。爲高級武官，位在衛將軍之上。北魏孝文帝太和十七年時爲一品下，位在儀同三司之下，二十三年定爲二品。　都官尚書：官名。尚書省都官曹長官。十六國大夏始置，南北朝皆置。掌制定律令法制、糾劾違法、水利工程、官吏考課等。北魏孝文帝太和十七年定爲二品中，二十三年改爲三品。　瀛州：東魏時治趙都軍城，在今河北河間市。

張華原，字國滿，代郡人也。[1]少明敏，有器度。初爲齊神武驃騎府法曹參軍，[2]賜爵新城伯，[3]累遷大丞相府屬，深被親待，每號令三軍，恒令宣諭意旨。尋除散騎常侍。[4]

[1]代：郡名。東魏孝静帝天平二年（535）置，寄治肆州秀容郡城，在今山西忻州市西北。北齊廢。

[2]驃騎府：官署名。北魏時驃騎將軍爲重號將軍，多開府置僚屬，故稱驃騎府。　法曹參軍：官名。即法曹行參軍，爲法曹長官。北魏時公府、將軍府、諸州府置，主管郵所驛站、執行法律和糾察治安。品秩隨府主不同，從七品上至九品。

[3]新城伯：封爵名。新城，縣名。治所在今河南伊川縣西南。

[4]散騎常侍：官名。三國魏文帝時置散騎一職，後與中常侍合併，稱之爲散騎常侍。南朝屬集書省，掌侍從左右、諫諍拾遺。北朝兼領修史，實際地位略高於南朝，仍爲閑散之職。北魏孝文帝太和十七年定爲二品下，二十三年定爲從三品。

周文始據雍州，[1]神武使華原入關説焉。周文謂曰：“若能屈驥足於此，[2]當共享富貴；不爾，命懸今日。”華原曰：“殞首而已，不敢聞命。”周文嘉其亮正，乃使東還，尋悔，遣追不及。神武以華原久而不返，每歎惜之；及聞其來，喜見於色。後除相府右長史，遷驃騎大將軍、特進，[3]進爵爲公，仍徙封新安。[4]

[1]周文：即宇文泰。文爲其謚號，北周明帝所追謚。　雍州：西魏時治長安縣，在今陝西西安市西北。

[2]驥足：比喻高才。

[3]驃騎大將軍：官名。東漢初臨時設置，統兵征戰，事訖則罷。魏晋制度，驃騎將軍爲重號將軍，僅次大將軍，本不須加“大”，然兩晋將軍名號愈來愈濫，遂又增此號，居諸名號將軍之首。多加於權臣元老，以示尊崇，開府置僚屬，不領兵。南北朝因之。北魏孝文帝太和十七年定爲一品中，二十三年定爲從一品。特進：官名。西漢時置，後作爲加官贈給致仕大臣。主要指大臣被特許在朝會越次而位於三公之下。北魏孝文帝太和二十三年定爲二品。

[4]進爵爲公仍徙封新安：此處用“仍”，不知爲何。新安，郡名。東魏時治新安縣，在今河南新安縣。

後爲兖州刺史。[1]華原有幹略，達政體。至州，乃廣布耳目，示以威禁，[2]境内大賊及鄰州亡命三百餘人，皆詣華原歸款。咸撫以恩信，放歸田里，於是人懷感附，寇盜寢息。州獄先有繫囚千餘人，華原科簡輕重，隨事決遣，至年暮，唯有重罪者數十人。華原各給假五日，曰：“期盡速還也。”囚等曰：“有君如是，何忍背之！”依期畢至。先是，州境數有猛獸爲暴。自華原臨政，州東北七十里甑山中，[3]忽有六駮食猛獸，[4]咸以爲化感所致。卒官。州人大小莫不號慕，爲樹碑立祠，四時祭焉。贈司空公、尚書左僕射。[5]子宰均嗣。

[1]兖州：北齊時治瑕丘城，在今山東兖州市新驛鎮東頓村南。

[2]示以威禁：底本無“示”字，中華本校勘記云：“諸本脱‘示’字，據《通志》卷一七〇《張華原傳》補。”今從改。

[3]甑山：在今山東兖州市東北。

[4]駮（bó）：傳説中的一種凶暴的猛獸，外型如馬，以虎

爲食。

[5]司空公：官名。司空的尊稱。漢光武帝時始設，位在三公之末。北魏、北齊時爲名譽宰相，多爲大臣加官。一品。　尚書左僕射：官名。秦官，漢因之。尚書僕射分左右自漢獻帝時始。自此以後，或二或一，置二人則分左右。職掌都省庶務及執法，或典選舉，左僕射權力大於右僕射，兼掌糾彈百官。北魏時列位宰相，掌都省庶務、執法、典選舉，兼掌糾彈百官。孝文帝太和十七年定爲從一品中，二十三年定爲從二品。北齊因之，從二品。

孟業，字敬業，鉅鹿安國人也。[1]家本寒微，少爲州吏，性廉謹。同僚諸人，侵盜官絹，分三十匹與業，拒而不受。行臺郎中郭秀甚相禮接。[2]方欲薦之，會秀卒。

[1]鉅鹿：郡名。東魏時治藁城縣，在今河北藁城市西南。安國：縣名。治所在今河北辛集市西南。

[2]行臺郎中郭秀甚相禮接：底本無“甚”字，中華本校勘記云：“諸本脱‘甚’字，據《通志》卷一七〇《孟業傳》補。”今從改。行臺郎中，官名。北魏時置，爲行臺諸曹郎中的泛稱。一般各曹皆冠以曹名。有時以稱不理具體曹務的官員。郭秀，人名。范陽涿（今河北涿州市）人。東魏官吏。見《北史》卷九二《郭秀傳》。

魏彭城王韶，[1]齊神武之壻也，拜定州刺史，[2]除業爲典籤。[3]長史劉仁之謂業曰：[4]“我處其外，君居其內，同心戮力，庶有濟乎？”未幾，仁之入爲中書令，[5]臨路啓韶云：“殿下左右可信任者，唯有孟業，願專任之，餘人不可信也。”又與業别，執手曰：“今我出都，[6]君便失援，恐君在後，不自保全，唯正與直，願君自勉。”業唯有一馬，瘦死。韶以業貧，令州府官人，同食馬肉，欲令厚相酬償。業固辭不敢。韶乃戲業曰：“卿邀名人也。”對曰：“業爲典籤，州中要職，諸人欲相賄贍，止患無方便耳。令唤食肉，恐致聚斂，有損聲名，所以仰違明教。”後未旬日，韶左右王四德、董惟金並以馬死託肉，爲長史裴英起密啓，[7]神武有書與韶，大致誚讓。業尋被譖，出外行縣事。後神武書責韶云：“典籤姓孟者，極能用心，何乃令出外也！”及韶代下，業亦隨還，贈送一無所受。仁之後爲西兖州，[8]臨别謂吏部郎中崔暹曰：[9]“貴州人士，唯有孟業，銓舉之次，不可忘也。”暹問業曰：“君往在定州，有何政，使劉西兖如此欽歎？”業答曰：“唯知自修也。”韶爲并州刺史，[10]業復爲典籤，仍兼長史。

[1]彭城王：封爵名。彭城，郡名。北魏時治彭城，在今江蘇徐州市。　韶：即元韶，人名。字世胄。北魏宗室。見《北史》卷一九《彭城王勰附元韶傳》。

[2]定州：北齊時治安喜縣，在今河北定州市。

[3]典籤：官名。南北朝時設，爲諸王府、軍府、州府屬官，掌記録言事、宣達府主教令。品秩不一。

[4]長史：官名。戰國秦時置，掌顧問參謀。秦漢因之，西漢丞相、太尉、御史大夫、大將軍、車騎將軍、前後左右將軍皆置，爲所在官署掾屬之長。丞相長史職權尤重。邊郡於丞之外復置長史，佐太守掌兵馬。内郡或置之。東漢、魏晋南北朝沿置，大抵略同。　劉仁之：人名。字山静，河南洛陽（今河南洛陽市東北）

人，鮮卑族。北魏、東魏官吏。見《北史》卷二〇《劉庫仁附劉仁之傳》。

[5]中書令：官名。漢武帝時置，掌管機要，處理國務。歷代沿置。東晉、南北朝時因逐漸脱離機務，隨名位增高而成爲閑職，多用作重臣加官。北魏孝文帝太和十七年定爲二品中，二十三年定爲三品。

[6]今我出都：中華本校勘記云："諸本'今'訛作'令'。據《北齊書》卷四六及《通志·孟業傳》改。"今從改。又，劉仁之自定州長史入爲中書令，應是入都，此作"出"，疑誤。但《北齊書》《通志》並同。殿本校勘記云："令，南本作'今'。"

[7]爲長史裴英起密啓：底本無"起"字，中華本校勘記云："諸本脱'起'字，據下文補。裴英起見《北齊書》卷二一《高乾傳》後。"今從改。裴英起，人名。河東聞喜（今山西聞喜縣）人。東魏、北齊官吏。見《北齊書》卷二一《高乾附裴英起傳》。

[8]西兖州：北齊時治定陶城，在今山東定陶縣西。

[9]吏部郎中：官名。三國魏蜀時始置，兩晉南北朝沿置，與吏部郎互稱，爲尚書省吏部曹長官。主管官吏選任、銓叙、調動事務，對五品以下官吏之任免有建議權。職位高於尚書省諸曹郎。北魏孝文帝太和十七年定爲從四品上，二十三年定爲六品。北齊因之。　崔暹：人名。字季倫，博陵安平（今河北安平縣）人。東魏、北齊官吏。見《北史》卷三二《崔挺附崔暹傳》。

[10]并州：北齊時治龍山縣（改晋陽縣爲此稱），在今山西太原市晋源區古城營村一帶。

齊天保初，[1]清河王岳拜司州牧，[2]召爲法曹。[3]業形貌短小，及謁見，岳心鄙其眇小，笑而不言。後尋業斷決處，謂曰："卿斷决之明，可謂有過軀貌之用。"補河間王國郎中令，[4]清貧自守，未曾有失。文宣謂侍中裴英起曰：[5]“卿識河間王郎中孟業不？一昨見其國司文案，似是好人。”對曰：“昔與臣同事魏彭城王元韶，其人清忠正直，世所希有。”帝曰：“如公言者，比來便是大屈。”除中書舍人。[6]文宣初唯得姓名，及因奏事，見其羸老，又質性敦朴，無升降之容，加之平緩，寡於方便。有一道士由吾道榮以術藝被迎，[7]將入内，業爲通名。忽於衆中抗聲奏云：“由吾道士不食五穀。”帝命推而下之。又令點檢百官，敷奏失所，帝遣人以馬鞭擊業頭，至于流血。然亦體其衰老，非力所堪。[8]

[1]天保：北齊文宣帝的年號（550—559）。

[2]清河王：封爵名。清河，郡名。北齊時治武城縣，在今河北清河縣西北。　岳：即高岳，人名。字洪略，勃海蓨（今河北景縣）人。北齊宗室。見《北史》卷五一《清河王岳傳》。　司州牧：官名。北齊京畿行政長官。從二品。司州，北齊時治鄴縣，在今河北臨漳縣西南鄴鎮。

[3]法曹：官名。即法曹行參軍。

[4]河間王：封爵名。河間，郡名。北齊時治河間縣，在今河北河間市。　國郎中令：官名。西漢時始置，爲諸侯王國屬官，常參與謀議，秩二千石。武帝時改朝廷郎中令爲光禄勳，王國仍名郎中令，但減其秩爲千石，後又減爲六百石。其所屬有大夫、郎、謁者等。東漢時王國郎中令秩千石，三國魏亦置，秩第七品。晉朝時以郎中令爲王國三卿之首，南朝宋齊梁陳與北魏北齊沿置。

[5]文宣：即北齊皇帝高洋。文宣爲其謚號。　侍中：官名。北朝時常總典機密，受遺詔輔政，權任尤重，時號“小宰相”。北齊時爲三品。

[6]中書舍人：官名。北朝時專掌草擬詔令，權任較南朝爲輕。

北魏孝文帝太和十七年定爲六品上，二十三年定爲六品下。北齊沿置，六品下。

[7]由吾道榮：人名。琅琊沭陽（今江蘇沭陽縣）人。北齊道士。見《北史》卷八九《由吾道榮傳》。

[8]然亦體其衰老非力所堪：中華本校勘記云："按語意未完，疑有脱文。"可從。

皇建二年，[1]累遷東郡太守，[2]以寬惠著名。其年夏，五官張凝因出使，[3]得麥一莖五穗，其餘或三穗四穗共一莖者，合郡咸以政化所感，因即申上。至秋，復有東燕縣人班映祖，[4]送嘉禾一莖九穗。河清三年，[5]敕人間養驢，催買甚切。業曰："吾既爲人父母，豈可坐看此急。令宜權出庫錢，[6]貸人取辦，後日有罪，吾自當之。"後爲憲司所劾。[7]被攝之日，郡人皆泣而隨之，迭相弔慰。送業度關者，有數百人，至黎陽郡西，[8]方得辭决，攀援號哭，悲動行路。詣闕訴冤者非一人，敕乃放還。郡中父老，扣河迎接。

[1]皇建：北齊孝昭帝的年號（560—561）。

[2]東郡：北齊時治滑臺城，在今河南滑縣東。

[3]五官：官名。五官掾的省稱。漢朝郡國屬吏，地位僅次於功曹，祭祀居諸吏之首，無固定職掌，凡功曹及諸曹員吏出缺即代理其職務。兩晋南北朝沿置。北齊時諸卿、領護軍、太子詹事、諸郡皆置。品秩不詳。

[4]東燕：縣名。治所在今河南延津縣東北。

[5]河清：北齊武成帝的年號（562—565）。

[6]令宜權出庫錢：中華本校勘記云："《通志》同。按'令'

當是‘今’之訛。”可從。

[7]憲司：魏晋以來對御史的别稱。

[8]黎陽：郡名。北齊時治黎陽城，在今河南浚縣東北。

武成親戎，[1]自洛還鄴，道由東郡。業具牛酒，率人吏拜謁路旁，自稱：“糞土臣孟業，伏惟聖駕親行，有征無戰，謹上微禮。”便與人吏俱唱萬歲，導引前入。帝大嘉之。後除廣平太守。[2]年既老，理政不如在東郡時。武平九年，[3]爲太中大夫，加衛將軍，[4]尋卒。

[1]武成：即北齊皇帝高湛。武成爲其謚號。

[2]廣平：郡名。北齊時治曲梁城，在今河北永年縣東南。

[3]武平九年：武平，北齊後主的年號（570—576）。按：武平共爲七年，“九年”疑誤。

[4]衛將軍：官名。漢文帝時置，爲將軍名號之一，統兵征戰，事訖即罷。北魏、北齊沿置，位在諸名號大將軍上，多作爲軍府名號，加大臣、重要州郡長官，無具體職掌。北魏孝文帝太和十七年定爲一品下，二十三年定爲二品。北齊沿置，二品。

業志守質素，不尚浮華。爲子結婚爲朝肺腑吒羅氏。[1]其子以蔭得爲平原王段孝先相府行參軍，[2]乃令作今世服飾綺襦紈袴。吒羅家又恃姻婭，[3]炫曜矜誇。業知而不禁，素望頗貶。

[1]肺腑：比喻帝王宗室近親、親近的人。　吒羅氏：北朝胡姓。《魏書·官氏志》：“吒羅氏，後改爲羅氏。”

[2]平原王：爵名。平原，郡名。北齊時治聊城縣，在今山東

聊城市東北。　段孝先：人名。即段韶。字孝先，小名鐵伐，姑臧武威（今甘肅武威市）人。東魏、北齊將領。見《北史》卷五四《段榮附段韶傳》。　行參軍：官名。晋初制度，中央除拜者爲參軍，諸府自辟者爲行參軍。晋以後行參軍亦可除拜，唯品階低於行參軍。南朝、北魏、北齊、隋朝時公府、州府僚屬列曹中法、墨、田、士等曹置爲長官，皆冠以曹名。品秩高於不署曹之參軍。北魏時爲七品上至九品，北齊時爲七品上至八品。

[3]姻婭：親家和連襟，泛指姻親。婿父稱姻，兩婿互稱曰婭。

蘇瓊，字珍之，長樂武强人也。[1]父備，仕魏，至衛尉少卿。[2]

[1]長樂：郡名。北魏時治信都縣，在今河北冀州市。　武强：縣名。治所在今河北武强縣西南。

[2]衛尉少卿：官名。秦、漢時皆置丞爲衛尉副貳，北魏時始置少卿，位在丞上。四品上。

瓊幼時隨父在邊，嘗謁東荆州刺史曹芝。[1]芝戲問曰："卿欲官不？"對曰："設官求人，非人求官。"芝異其對，署爲府長流參軍。[2]齊文襄以儀同開府，[3]引爲刑獄參軍，[4]每加勉勞。并州嘗有强盜，長流參軍張龍推其事，所疑賊徒，並已栲伏，失物家並識認，唯不獲盜贓。文襄付瓊，更令窮審，乃别推得元景融等十餘人，并獲贓驗。文襄大笑，語前妄引賊者曰："爾輩若不遇我好參軍，幾致枉死。"

[1]東荆州：北魏時治沘陽縣，在今河南泌陽縣。

［2］長流參軍：官名。長流賊曹參軍及長流賊曹參軍事的省稱。東晋時始置，南北朝時三公、軍府、刺史的屬員之一，爲一曹之長。北魏時於諸府内掌捕盜賊及治安等事。品秩不詳。

［3］文襄：即高澄。文襄爲其謚號，爲北齊文宣皇帝高洋所追謚。　儀同：儀同三司的省稱。主要是指非三公而享受三公的儀制待遇。魏晋時始設，南北朝時授予的範圍逐漸擴大，成爲官號。北魏孝文帝太和十七年定爲一品下，二十三年定爲從一品。　開府：本指高級官員開建府署，闢置僚屬之舉。西漢僅以三公開府。東漢末至魏晋，武將自大將軍至鎮、撫諸將軍，文官自左右光禄大夫以上皆可開府，儀同三司，遂成爲加銜。南北朝沿置，範圍更大。

［4］刑獄參軍：官名。東晋末始置。刑獄賊曹長官，掌盜賊刑獄。北魏、東魏沿置。品秩不詳。

除南清河太守，[1]郡多盜賊。及瓊至，奸盜止息。或外境奸非，輒從界中行過者，無不捉送。零縣人魏雙成，[2]住處與畿内武城交錯。[3]失牛，疑其村人魏子賓，列送至郡。一經窮問，知賓非盜，而便放之。雙成云："府君放賊去，百姓牛何處可得？"瓊不理其語，密遣訪獲盜者。從此畜牧不收，云："但存府君。"其鄰郡富家，將財物寄置界内以避盜。冀州繹幕縣人成氏太富，[4]爲賊攻急，告曰："我物已寄蘇公矣。"賊遂去。平原郡有祆賊劉黑苟，[5]構結徒侣，通於滄海。[6]瓊所部人，連接村居，無相染累。鄰邑於此伏其德績。郡中舊賊一百餘人，悉充左右，人間善惡及長吏飲人一盃酒，[7]無不即知。

［1］南清河：郡名。東魏時治靈縣，在今山東高唐縣西南。

［2］零陵：縣名。又稱靈縣、靈城縣，治所在今山東高唐縣西南。底本“零”下有“陵”，中華本校勘記云：“諸本‘零’下有‘陵’字。錢氏《考異》卷四〇云：‘《魏志》（《魏書·地形志》中濟州）南清河郡有零縣，無零陵縣，“陵”字衍。’錢説是，今據删。”今從改。

［3］武城：縣名。治所在今陝西華縣東北。

［4］冀州：東魏時治信都縣，在今河北冀州市。　繹幕：縣名。治所在今山東平原縣西北。

［5］祆：中華本作“妖”。按：祆、妖通。今從底本，不改。　劉黑苟：源氏校勘記云：“‘苟’《北齊書》作‘狗’。”

［6］滄海：古代對東海的通稱。

［7］長吏：縣吏之尊者。

瓊性清慎，不發私書。道人道研爲濟州沙門統，[1]資産巨富，在郡多出息，常得郡縣爲徵。及欲求謁，度知其意，[2]每見則談問玄理。研雖爲債數來，無由啓口。其弟子問其故，研曰：“每見府君，徑將我入青雲間，何由得論地上事。”師徒還歸，遂焚責券。郡人趙潁，[3]官至樂陵太守，年餘八十，致事歸。[4]五月中，得新瓜一雙，自來奉。潁恃年老，苦請，遂便爲留。乃致於聽事梁上，[5]竟不割。人聞受趙潁餉瓜，欲貢新果，至門，問知潁瓜猶在，相顧而去。有百姓乙普明，兄弟争田，積年不斷，各相援據，乃至百人。瓊召普明兄弟，對衆人諭之曰：“天下難得者兄弟，易求者田地。假令得地失兄弟心，如何？”因而下淚，諸證人莫不灑泣。普明兄弟叩頭，乞外更思。分異十年，遂還同住。

[1]沙門統：僧官名。北魏道武帝皇始二年（397）設。分掌國、州、郡之僧尼、寺産、宗教活動等。又按級分稱沙門都統、州統、郡統等。一般皆以僧人任之。北齊沿置。

[2]度知其意：中華本校勘記云："《通志》卷一七〇《蘇瓊傳》'度'上有'瓊'字，是。"可從。

[3]潁：按：殿本、四庫本、四部備要本作"穎"。

[4]致事：辭官。

[5]聽事：亦作"廳事"，指廳堂。官府治事之所，後亦指私宅大廳。中華本作"廳事"。按："聽"是"廳"的古字。今不改。

每年春，總集大儒衛覬隆、田元鳳等講於郡學。[1]朝吏文案之暇，[2]悉令受書。時人指吏曹爲"學生屋"。禁斷淫祠，婚姻喪葬，皆教令儉而衷禮。[3]又蠶月預下綿絹度樣於部内，[4]其兵賦次第，並立明式。至於調役，事必先辦，郡縣吏長恒無十杖稽失。[5]當時州郡，無不遣人至境，訪其政術。

[1]衛覬隆：人名。又作"衛凱""衛冀隆"。遼西（今河北遷安市）人。北魏學者。　田元鳳：人名。北魏、東魏、北齊儒生。　郡學：郡設官學。

[2]暇：源氏校勘記云："'暇'《北齊書》作'下'。"

[3]衷禮：源氏校勘記云："（'衷'《北齊書》）作'中'。"按：《北齊書》卷四六作"中"。似更合文意。

[4]蠶月：夏曆三月，養蠶忙的月份。

[5]吏長：源氏校勘記云："《北齊書》作'長吏'。"

天保中，郡界大水，人災，絶食者千餘家。瓊普集郡中有粟家，自從貸粟，悉以給付飢者。州計户徵租，復欲推其貸粟。綱紀謂瓊曰：[1]“雖矜飢餒，恐罪累府君。”瓊曰：“一身獲罪，且活千室，何所怨乎？”遂上表陳狀，使檢，皆免，人户保安。此等相撫兒子，咸言“府君生汝”。在郡六年，人庶懷之，遂無一人經州。前後四表，列爲尤最。遭憂解職，故人贈遺，一無所受。

[1]綱紀：古代公府及州郡主簿。

尋起爲司直、廷尉正，[1]朝士嗟其屈，尚書辛術曰：[2]“既直且正，名以定體，不慮不申。”初，瓊任清河太守，裴獻伯爲濟州刺史。[3]獻伯酷於用法，瓊恩於養人。房延祐爲樂陵郡，[4]過濟州。裴問其外聲，延祐云：“唯聞太守善，刺史惡。”裴云：“得人譽者非至公。”答云：“若爾，黄霸、龔遂，[5]君之罪人也。”後有敕，州各舉清能。裴以前言，恐爲瓊陷。瓊申其枉滯，議者尚其公平。畢義雲爲御史中丞，[6]以猛暴任職，理官忌憚，[7]莫敢有違。瓊推察務在得情，雪者甚衆。[8]寺署臺案，始自於瓊。遷三公郎中。趙州及清河南中有人頻告謀反，[9]前後皆付瓊推檢，事多申雪。尚書崔昂謂瓊曰：[10]“若欲立功名，當更思餘理。仍數雪反逆，身命何輕？”瓊正色曰：“所雪者寃枉，不放反逆。”昂大慚。京師爲之語曰：“斷决無疑蘇珍之。”

[1]司直：官名。漢武帝時設，佐丞相舉不法。北魏孝文帝太和中置司直，屬廷尉，稱五局司直，專主刑獄，後罷。孝莊帝永安

二年（529）復置十人，名隸廷尉，秩五品，位在廷尉正、監上，不署曹事，唯覆核御史檢核之案件。北齊沿置。　廷尉正：官名。秦時設。秦、漢時爲廷尉之副職，爲高級審判官員，可代表廷尉參加詔獄會審，或獨立決斷疑案、平反冤案，參議案例律條。魏晋南北朝沿置。北魏孝文帝時置少卿爲廷尉副貳，遂降爲佐官。孝文帝太和十七年定爲五品中，二十三年定爲六品。

［2］辛術：人名。字懷哲，隴西狄道（今甘肅臨洮縣）人。東魏、北齊官吏。見《北史》卷五〇《辛雄附辛術傳》。

［3］裴獻伯：人名。河東聞喜（今山西聞喜縣）人。東魏官吏。見《北史》卷三八《裴駿附裴獻伯傳》。

［4］房延祐：人名。清河繹幕（今山東平原縣西北）人。東魏官吏。協助魏收修史。見《北史》卷三九《房法壽傳》。

［5］黄霸：人名。字次公，淮陽陽夏（今河南太康縣）人。西漢良吏。少學律令，武帝末，補侍郎謁者，歷河南太守。時吏尚嚴酷，而霸爲政寬和。見《漢書》卷八九《黄霸傳》。　龔遂：人名。字少卿，山陽南平陽（今山東鄒城市）人。西漢大臣。以剛正不阿聞名。見《漢書》卷八九《龔遂傳》。

［6］畢義云：人名。小字陀兒，東平須昌（今山東東平縣）人。東魏、北齊官吏。見《北史》卷三九《畢衆敬附畢義雲傳》。　御史中丞：官名。亦稱爲中丞、中執法。北朝時職權相當重要，爲御史大夫副職。居宫中蘭臺，爲宫掖近臣，掌管圖籍秘書，亦受公卿奏事。北齊時爲從三品。

［7］理官：治獄之官。

［8］瓊推察務在得情雪者甚衆：源氏校勘記云："'得情'《北齊書》作'公平得'三字。"按：《北齊書》卷四六作"瓊推察務在公平，得雪者甚衆。"語意似更合。

［9］趙州：北齊時治廣阿縣，在今河北隆堯縣東。　南中：即南中郎將轄區，治濟北郡盧子城，在今山東平陰縣。

［10］崔昂：人名。字懷遠，博陵安平（今河北安平縣）人。

北魏、東魏、北齊官吏。見《北史》卷三二《崔挺附崔昂傳》。

皇建中，賜爵安定縣男，[1]徐州行臺左丞，[2]行徐州事。徐州城中五級寺忽被盜銅像一百軀。[3]有司徵檢，四鄰防宿及蹤迹所疑，逮繫數十人。瓊一時放遣。寺僧怨，訴"不爲推賊"。瓊遣僧，謝曰："但且還寺，得像自送。"爾後十日，抄賊姓名及贓處所，徑收掩，悉獲實驗。賊徒款引，[4]道俗歎伏。舊制，以淮禁不聽商販輒度。淮南歲儉，啓聽淮北取糴。[5]後淮北人飢，復請通糴淮南，遂得商估往還彼此，兼濟水陸之利，通於河北。

[1]安定縣男：封爵名。遥封。安定，縣名。治所在今甘肅涇川縣北。

[2]徐州：北齊時治彭城縣，在今江蘇徐州市。　行臺左丞：官名。行臺尚書左丞的省稱。北魏後期設立，爲行臺尚書省官員，負責監察臺内諸官，選授官吏、文書奏事等，職權甚重。孝文帝太和二十三年爲從四品。北齊時沿置，從四品。

[3]五級寺：位於今江蘇徐州市楚王山。

[4]款引：從實招供、認罪。

[5]糴（dí）：買入糧食。

後爲大理卿而齊亡。[1]仕周，爲博陵太守。[2]隋開皇初卒。[3]

[1]大理卿：官名。亦稱大理寺卿。秦時設廷尉，北齊時改爲大理寺，大理卿爲大理寺長官，位列九卿。員一人。三品。掌國家

刑獄審判執行法律的事務。

[2]博陵：郡名。北周時治安平縣，在今河北安平縣。

[3]開皇：隋文帝的年號（581—600）。

路去病，陽平人也。風神疏朗，儀表瓌異。齊河清初，爲殿中侍御史，[1]彈劾不避貴戚，以正直知名。敕用士人爲縣宰，[2]以去病爲定州饒陽縣令。[3]去病明閑時務，性頗嚴毅，人不敢欺，然至廉平，爲吏人歎伏。

[1]殿中侍御史：官名。三國魏時始置，員二人，居殿中糾察非法，隸御史臺。北魏時設殿中侍御史專司殿廷朝儀，位在侍御史下。北魏、北齊頗重其選，必以對策高第者補之。孝文帝太和十七年定爲從五品中，二十三年定爲從八品上。北齊時員十二人，從八品。

[2]士人：源氏校勘記云："'士'《北齊書》作'土'。似是。"按：中華本校勘記云："諸本'士'作'土'，殿本依《北史》卷八六《路去病傳》改。按用士人爲縣宰，事件本書卷三八《元文遥傳》。'土'字訛，今從殿本。"不知源氏所本，但如其所言，"土人"更合。　縣宰：即縣令、縣丞的别稱。

[3]饒陽：縣名。治所在今河北饒陽縣東北。

武平四年，爲成安縣令。[1]都下有鄴、臨漳、成安三縣，[2]輦轂之下，舊號難爲。重以政亂時艱，綱紀不立，近臣内戚，請屬百端。去病消息事宜，[3]以理抗答。勢要之徒，雖廝養小人，莫不憚其風格，亦不至嫌恨。自遷鄴以還，三縣令政術，去病獨爲稱首。周武平齊，[4]重其能官，與濟陰郡守公孫景茂二人不被替代，[5]

發詔褒揚。

[1]成安：縣名。治所在今河北臨漳縣西南。

[2]鄴：縣名。治所在今河北臨漳縣西南鄴鎮。　臨漳：縣名。治所在今河北臨漳縣西南。

[3]消息：平息。

[4]周武：即北周皇帝宇文邕。武爲其謚號。

[5]濟陰：郡名。北齊時治左城，在今山東曹縣西北。

去病後以尉遲迥事。[1]隋大業初，[2]卒於冀氏縣令。[3]

[1]去病後以尉遲迥事：中華本校勘記云："按'事'下當有脱文。"可從。尉遲迥，人名。字薄居羅，代（今山西大同市東北）人，鮮卑族。西魏、北周重臣。見《北史》卷六二《尉遲迥傳》。

[2]大業：隋煬帝的年號（605—617）。

[3]冀氏：縣名。治所在今山西安澤縣東南。

梁彦光，字脩芝，安定烏氏人也。[1]祖茂，魏秦、華二州刺史。[2]父顯，周荆州刺史。[3]

[1]安定：郡名。隋朝時治安定縣，在今甘肅涇川縣北。　烏氏：縣名。治所在今甘肅涇川縣東。

[2]秦：州名。北魏時治上封城，在今甘肅天水市。　華：州名。北魏獻文帝皇興二年（468）置，治定安縣，在今甘肅寧縣。孝文帝延興二年（472）改置三縣鎮。太和十一年又置華州，治李潤堡，在今陝西蒲城縣東北。宣武帝永平三年（510）移治華陰縣，在今陝西大荔縣。

[3]荆州：北周時治穰城縣，在今河南鄧州市。

彦光少岐嶷，[1]有至性，其父每謂所親曰："此兒有風骨，當興吾宗。"七歲時，父遇篤疾，醫云"餌五石可愈"。時求紫石英不得，[2]彦光憂瘁，不知所爲。忽於園中見一物，彦光所不識，怪而持歸，即紫石英也。親屬咸異之，以爲至孝所感。魏大統末，[3]入學，略涉經史，有規檢，造次必以禮。解褐秘書郎。[4]周受禪，遷舍人上士。[5]武帝時，累遷小馭下大夫。[6]母憂去職，毁瘠過禮。未幾，起令視事，帝見其毁甚，嗟歎久之。後爲御正下大夫，[7]從帝平齊，以功授開府、陽城縣公。[8]宣帝即位，[9]拜華州刺史，進封華陽郡公，[10]以陽城公轉封一子。後拜柱國、青州刺史。[11]屬帝崩，不之官。

[1]岐嶷：形容幼年聰慧。

[2]紫石英：一種礦物。中醫認爲，可以入藥，具有鎮神、安心等功效。

[3]大統：西魏文帝的年號（535—551）。

[4]解褐：謂脱去布衣，擔任官職。　秘書郎：官名。三國魏時始置，屬秘書省，掌管圖書經籍，負責整理典籍，考核舊文。歷代沿置。北魏孝文帝太和十七年定爲從五品上，二十三年改稱秘書郎中。

[5]舍人上士：官名。西魏恭帝三年（556）置，北周沿置。地官府司倉中大夫屬官，員二人，掌宫内米粟出入。正三命。隋文帝開皇元年罷。

[6]小馭下大夫：官名。西魏恭帝三年置，北周沿置。夏官府大馭司次官，佐大馭中大夫掌皇帝出行的車輛及道路的管理。北周

武帝建德二年（573），省六府諸司中大夫，遂成爲大馭司長官。宣帝即位，復置六府諸司中大夫後，仍爲次官。正四命。

[7]御正下大夫：官名。西魏恭帝三年置，北周沿置。屬天官府御正司，侍從皇帝左右，主要職責是起草詔令、參與決策。正四命。

[8]陽城縣公：封爵名。陽城，縣名。治所在今河南登封市東南。

[9]宣帝：即北周皇帝宇文贇。宣爲其謚號。

[10]華陽郡公：封爵名。華陽，郡名。北周時治華陽縣，在今陝西勉縣東北。

[11]柱國：官名。北魏初，一度爲功臣元勳之加官。北魏末，孝莊帝時復設此官，爲國之執政。西魏時爲最高軍事長官。北周因之，正九命，後爲勳官第二等。隋朝置爲從一品散實官，煬帝大業七年罷。　青州：北周時治東陽城，在今山東青州市。

隋文帝受禪，[1]以爲岐州刺史，[2]兼領宫監，[3]甚有惠政，嘉禾連理，[4]出於州境。上嘉其能，下詔褒美，賜粟五百斛、物三百段、御傘一枚，[5]以厲清正。後轉相州刺史。[6]彦光前在岐州，其俗頗質，以静鎮之，合境大安，奏課連最，[7]爲天下第一。及居相部，如岐州法。鄴都雜俗，人多變詐，爲之作歌，稱其不能理政。上聞而譴之，竟坐免。歲餘，拜趙州刺史。[8]彦光曰："臣前待罪相州，百姓呼爲'戴帽餳'。[9]臣自分廢黜，無復衣冠之望，不謂天恩復垂收採。請復爲相州，改絃易調，庶有以變其風俗。"上從之，復爲相州刺史。豪猾者聞彦光自請來，莫不嗤笑。彦光下車，發擿姦隱，有若神明。狡猾莫不潛竄，合境大駭。初，齊亡後，衣冠士人，多遷關内，唯技巧商販及樂户之家，[10]移實州郭。由是人情險詖，妄起風謡，訴訟官人，萬端千變。彦光欲革其弊，乃用秩俸之物，招致山東大儒，每鄉立學，非聖哲之書不得教授。常以季月召集之，[11]親臨策試。有勤學異等、聰令有聞者升堂設饌，其餘並坐廊下；有好諍訟、惰業無成者，坐之庭中，設以草具。[12]及大成當舉，[13]行賓貢之禮，[14]又於郊外祖道，[15]并以財物資之。於是人皆剋勵，風俗大改。

[1]隋文帝：即隋朝皇帝楊堅。文爲其謚號。

[2]岐州：隋朝時治雍縣，在今陝西鳳翔縣。

[3]宫監：官名。隋朝時置於離宫，負責離宫事務。

[4]嘉禾連理：古代，黄龍、白鹿、嘉禾、木連理、甘露被稱爲五瑞。嘉禾是指長得特别茁壯的稻麥，表現爲一莖多穗；連理是指兩株或數株相鄰的植物，其枝干合二爲一，形成相互依存、共同生長的狀態。

[5]御傘：古代皇帝出巡時所用的傘蓋。爲儀仗之一。

[6]相州：隋朝時治安陽城，在今河南安陽市西。

[7]奏課：古代把對官吏的考績上報朝廷。　連最：古代考評政績、軍功，連續爲上等。

[8]趙州：隋朝初治象城縣，在今河北隆堯縣東。

[9]戴帽餳（táng）：雖然戴著帽子像個人，但柔軟如飴糖。比喻軟弱無能。

[10]技巧：即伎巧，工匠藝人、百工之屬。　樂户：封建時代供統治階級取樂的人户，專門從事吹彈歌唱，名隸樂籍，户稱“樂户”。其社會地位低賤。來源一般是罪犯及其家屬。

[11]季月：一年四季的末月，即農曆的三、六、九、十二月。

[12]草具：粗劣的食具，粗劣的飯食。

［13］及大成當舉：源氏校勘記云："萬曆本《隋書》'成'作'比'。"

［14］賓貢之禮：即爲賓興。指地方士人學成後，鄉大夫擇其賢能之人，爲其舉行鄉飲酒禮，而後舉送於中央的儀式。隋唐之後泛指參加科舉（參侯力《唐代俊士科考論》，《中國史研究》1999 年第 1 期）。

［15］祖道：古代爲出行者祭祀路神並設宴送行的禮儀。引申爲餞別。

有滏陽人焦通，[1]性酗酒，事親禮闕，爲從弟所訟。彦光弗之罪，將至州學，令觀孔子廟中韓伯瑜母杖不痛，哀母力衰，對母悲泣之像。[2]通遂感悟，悲愧若無容者。彦光訓喻而遣之，後改過勵行，卒爲善士。吏人感悦，略無諍訟。卒官。贈冀、定、瀛、青四州刺史，[3]謚曰襄。

［1］滏陽：縣名。治所在今河北磁縣。

［2］韓伯瑜母杖不痛哀母力衰對母悲泣：古代二十四孝故事之一。出自劉向《説苑》卷三："伯俞（瑜）有過，其母笞之。泣。其母曰：'他日笞子，未嘗見泣，今泣何也？'對曰：'他日俞（瑜）得罪笞，嘗痛，今母之力不能使痛，是以泣。'"韓伯瑜，西漢梁人，性至孝。

［3］冀：州名。隋朝時治信都縣，在今河北冀州市。　定：州名。隋朝時治鮮虞縣，在今河北定州市。　瀛：州名。隋朝時治河間縣，在今河北河間市。　青：州名。隋朝時治益都縣，在今山東青州市。

子文謙嗣，弘雅有父風。以上柱國世子，[1]例授儀同。歷上、饒二州刺史，[2]遷鄱陽太守，[3]稱爲天下之最。徵拜户部侍郎。[4]遼東之役，領武賁郎將，[5]爲盧龍道軍副。[6]會楊玄感作亂。[7]其弟武賁郎將玄縱先隸文謙，[8]玄感反，問未至而玄縱逃走，文謙不之覺。坐是，配防桂林而卒。[9]

[1]上柱國：官名。北周武帝建德四年（575）置爲最高級勳官，隋朝時爲從一品散實官。煬帝大業三年罷。

[2]上：州名。隋朝時治上津縣，在今湖北鄖西縣西北上津鎮。饒：州名。隋朝時治鄱陽縣，在今江西鄱陽縣。

[3]鄱陽：郡名。隋朝時治鄱陽縣，在今江西鄱陽縣。

[4]户部侍郎：官名。隋朝時爲度支部所屬的户部司長官，掌管户部之事。隋初置二人，正六品上。文帝開皇三年升爲從五品。煬帝大業三年改稱民部郎。

[5]武賁郎將：官名。即虎賁郎將。《北史》避唐高祖祖父李虎諱改。北魏設爲專職，爲軍内中級軍官。隋沿置。煬帝大業三年改十二衛護軍置。正四品。

[6]軍副：官名。即出征軍隊的副主帥。南北朝置，佐軍主統掌一軍。北齊時爲從八品。隋朝沿置。

[7]楊玄感：人名。弘農華陰（今陝西華陰市東南）人。隋朝官吏。見《北史》卷四一《楊敷附楊玄感傳》。

[8]玄縱：即楊玄縱，人名。弘農華陰（今陝西華陰市東南）人。隋朝官吏。見《北史·楊敷附楊玄感傳》。

[9]桂林：縣名。治所在今廣西象州縣。

少子文讓，初封陽城縣公，後爲鷹揚郎將。[1]從衛玄擊楊玄感於東都，[2]力戰而死，贈通議大夫。[3]

[1]鷹揚郎將：官名。隋煬帝大業三年，改府兵制，以驃騎府爲鷹揚府，主官驃騎將軍改稱鷹揚郎將，員一人。正五品。

[2]衛玄：人名。字文昇，河南洛陽（今河南洛陽市東北）人。北周、隋朝將領。見《北史》卷七六《衛玄傳》。　東都：指洛陽。在今河南洛陽市。

[3]通議大夫：官名。隋朝時置爲文散官。從四品。

樊叔略，陳留人也。[1]父觀，仕魏，爲南兖州刺史、河陽侯，[2]爲高氏所誅。叔略被腐刑，給使殿省。身長九尺，有志氣。頗見忌，内不自安，遂奔關西。周文器之，引置左右，授都督，[3]襲爵爲侯。大冢宰宇文護執政，[4]引爲中尉。[5]漸被委信，兼督内外，位開府儀同三司。[6]護誅，齊王憲引爲園苑監。[7]數進兵謀，憲甚奇之。從武帝平齊，以功加上開府，[8]封清鄉縣公，[9]拜汴州刺史，[10]號爲明决。宣帝營建東都，[11]以叔略有巧思，拜營構監。[12]宫室制度，皆叔略所定。

[1]陳留：郡名。隋朝時治浚儀縣，在今河南開封市。

[2]父觀仕魏爲南兖州刺史河陽侯：源氏校勘記云："《隋書》'觀'作'歡'、'河'作'阿'。"南兖州，東魏時治譙城，在今安徽亳州市。河陽侯，封爵名。河陽，縣名。治所在今河南孟州市西南。

[3]都督：官名。地方軍政長官。三國魏文帝時置。北朝前期爲統率全國或地方兵馬的指揮官職名，其爲州郡軍事長官者，兼理民政。至北朝後期則爲率領鄉兵、畜牧軍馬的中低級軍官職名，或

作爲大臣的加官和贈官。

[4]大冢宰：官名。大冢宰卿的省稱。西魏恭帝三年置，北周沿置。是六官之首的天官府長官，員一人。職掌宫廷供奉、侍御以及全國財政收支、賦役、百官俸給等事務。如加"五府總於天官"之詔命，則可總攝百官，執掌朝政。正七命。隋文帝開皇元年罷。宇文護：人名。字薩保，鮮卑族。北周宗室、權臣。見《北史》卷五七《邵惠公顥附宇文護傳》。

[5]中尉：官名。西漢初諸侯王國屬官，掌武事，維持王國治安，督察軍吏，典領軍隊，與傅、相共同輔王。東漢沿置，魏晋南北朝時地位稍減，以典兵爲職。品秩隨國之地位而定。

[6]開府儀同三司：三國魏時始置。多爲大臣的加號，與三司（太尉、司徒、司空）的禮制待遇相同，允許開府，自辟僚屬。北周時置爲勳官。九命。

[7]憲：即宇文憲，人名。字毗賀突，代郡武川（今内蒙古武川縣西）人，鮮卑族。北周宗室。見《北史》卷五八《齊煬王憲傳》。　園苑監：官名。唐置。有少府、將作、國子監丞、司農寺諸園苑監。掌完葺苑面、宫館、園池與種蒔、蕃養六畜之事。

[8]上開府：上開府儀同大將軍的省稱。北周武帝建德四年置，位在開府儀同大將軍上，主要授予有軍勳的功臣及北齊降官，無具體職掌。九命。

[9]清鄉縣公：封爵名。清鄉，縣名。治所在今河南淅川縣東南。

[10]汴州：北周時治浚儀縣，在今河南開封市。

[11]東都：源氏校勘記云："《隋書》作'東京'。"

[12]營構監：官名。北周時置，掌建築設計之事。隋因之，品秩不詳。

尉遲迥之亂，鎮大梁，[1]以軍功拜大將軍，[2]復爲汴州刺史。隋文帝受禪，加位上大將軍，[3]進爵安定郡公。[4]在州數年，甚有聲稱。遷相州刺史，政爲當時第一。上降璽書褒美之，賜以粟帛，班示天下。百姓爲之語曰："智無窮，清鄉公；上下正，樊安定。"徵拜司農卿，[5]吏人莫不流涕，相與立碑頌德。

[1]大梁：城名。在今河南開封市西北。

[2]大將軍：官名。高級軍事統帥。戰國秦時始設。北魏時與大司馬共稱"二大"，位尊權重，掌管全國軍政，皆一品。北周時爲府兵專職統帥，十二人，各領一軍，分屬六柱國大將軍，下統開府、儀同諸將軍。正九命。

[3]上大將軍：官名。三國魏、吴時設。位在大將軍之上。北周武帝時設爲勳官第三等。正九命。隋朝時爲從二品散實官，煬帝大業三年罷。

[4]安定郡公：封爵名。安定，郡名。隋朝時治安定縣，在今甘肅涇川縣北。

[5]司農卿：官名。即司農的尊稱。南朝梁時改大司農爲司農卿，職掌勸農、倉儲、園苑、供應宫廷膳食等。北齊時爲司農寺長官，三品。隋初爲正三品，煬帝時改爲從三品。

自爲司農，凡所種植，叔略别有條制，皆出人意表。朝廷有疑滯，公卿所未能决，叔略輒爲評理。雖無學術、有所依據，然師心獨見，闇與理合。甚爲上所親委，高熲、楊素禮遇之。[1]叔略雖爲司農，往往參督九卿事。性頗豪侈，每食方丈，備水陸。[2]十四年，從祠太山，[3]至洛陽，上令録囚徒。將奏，晨至獄門，於馬上暴卒，上嗟悼久之。贈亳州刺史，[4]謚曰襄。

[1]高熲：人名。一作“獨孤熲”，字昭玄，一名敏，勃海蓨（今河北景縣）人。隋朝大臣。見《北史》卷七二《高熲傳》。楊素：人名。字處道，弘農華陰（今陝西華陰市東南）人。隋朝大臣。見《北史》卷四一《楊敷附楊素傳》。

[2]每食方丈備水陸：方丈，指方丈之食，極言餚饌之豐盛。語出《孟子·盡心下》：“食前方丈，侍妾數百人，我得志，弗爲也。”趙岐注：“極五味之饌食，列於前，方一丈。”水陸，指水中和陸地所産的食物。

[3]太山：即泰山，在今山東泰安市。

[4]亳州：隋朝時治小黄縣，在今安徽亳州市。

公孫景茂，字元蔚，河間阜城人也。[1]容貌魁梧，少好學，博涉經史。在魏，察孝廉，射策甲科。稍遷太常博士，多所損益，時人稱爲書庫。歷高唐令、大理正，[2]俱有能名。齊滅，周武帝聞而召見，與語，器之，授濟北太守。[3]以母憂去職。

[1]阜城：縣名。治所在今河北阜城縣。

[2]高唐：縣名。治所在今山東高唐縣。　大理正：官名。北齊時始設，爲大理寺屬官，亦稱大理寺正。隋因之。掌管刑獄。正六品下。

[3]濟北：郡名。北周時治盧縣，在今山東茌平縣西南。

開皇初，召拜汝南太守。[1]郡廢，爲曹州司馬，[2]遷息州刺史。[3]法令清静，德化大行。屬平陳之役，征人在路病者，[4]景茂減俸禄爲饘粥湯藥，多方振濟之，賴全活者千數。上聞嘉之，詔宣示天下。十五年，上幸洛陽，景茂謁見。時七十七，上命升殿坐，問其年，哀其老，嗟嘆久之。景茂再拜曰："吕望八十而遇文王，[5]臣踰七十而逢陛下。"上甚悦，下詔褒美之，加上儀同三司、伊州刺史。[6]明年，以疾徵，吏人號泣於道。及疾愈，復乞骸骨，又不許。

[1]汝南：郡名。隋朝時治上蔡縣，在今河南汝南縣。

[2]曹州：隋朝時治濟陰縣，在今山東曹縣西北。

[3]息州：隋朝時治廣陵城，在今河南息縣。

[4]征人：出外者或應徵戍邊的人。

[5]吕望八十而遇文王：傳説姜太公吕尚在八十歲那年遇到了周文王，從而實現了輔佐明君、統一天下的豐功偉業。

[6]上儀同三司：北周時置，位居開府儀同三司之下、儀同三司之上。多爲大臣勳臣的加官。隋沿置，爲從四品散實官，煬帝大業三年罷。　伊州：隋朝時治伏流城，在今河南嵩縣東北。

轉道州刺史，[1]悉以秩俸買牛犢雞豬，散惠孤弱不自存者。好單騎巡人家，至户，入閲視百姓産業。有脩理者，於都會時乃褒揚稱述；如有過惡，隨即訓導而不彰也。由是人行義讓，有無均通，男子相助耕耘，婦女相從紡績，大村或數百户，皆如一家之務。其後請致仕，[2]上優詔聽之。仁壽中，[3]上明公楊紀出使河北，[4]見景茂神力不衰，還以狀奏。於是就拜淄州刺史，[5]賜以馬轝，便道之官。[6]前後歷職，皆有德政，論者稱爲良牧。

大業初，卒官。年八十七，謚曰康。身死之日，諸州人吏赴喪者數千人。或不及葬，皆望墳慟哭，野祭而去。

[1]道州：隋朝時治郾城縣，在今河南漯河市郾城區西南。

[2]致仕：辭職歸家。古代七十歲可以請求解職歸家。

[3]仁壽：隋文帝的年號（601—604）。

[4]上明公：封爵名。上明，縣名。隋文帝開皇十八年改洛平縣置，屬隨州。治所在今湖北隨州市東北。　楊紀：人名。字温範，弘農華陰（今陝西華陰市東南）人。北周將領、隋朝官吏。見《北史》卷四一《楊敷附楊紀傳》。

[5]淄州：隋朝時治貝丘縣，在今山東淄博市淄川區。

[6]便道之官：指拜官或受命後不必入朝謝恩，直接赴任。

辛公義，隴西狄道人也。[1]祖徽，魏徐州刺史。[2]父季慶，青州刺史。[3]

[1]隴西：郡名。隋朝時治襄武縣，在今甘肅隴西縣東南。狄道：縣名。治所在今甘肅臨洮縣。

[2]徐州：北魏時治彭城縣，在今江蘇徐州市。

[3]青州：北魏時治東陽城，在今山東青州市。

公義早孤，爲母氏所養，親授《書》《傳》。周天和中，[1]選良家子任太學生。[2]武帝時，召入露門學，[3]令受道義，每月集御前，令與大儒講論。上數嗟異，時輩慕之。建德初，[4]授宣納中士。[5]從平齊，累遷掌治上士、掃寇將軍。[6]隋文帝作相，授内史上士，[7]參掌機要。開皇元年，除主客侍郎，[8]攝内史舍人，[9]賜爵安陽縣男。[10]轉駕部侍郎，[11]使勾檢諸馬牧，所獲十餘萬匹。上喜曰："唯我公義，奉國罄心。"

[1]天和：北周武帝的年號（566—572）。

[2]太學生：或稱博士弟子，在太學讀書之生員。

[3]露門學：北周中央官學。露（路）門爲古代王侯宫廷最裏層的門，亦稱虎門。

[4]建德：北周武帝的年號（572—578）。

[5]宣納中士：官名。西魏時置，北周沿置。爲宣納下大夫屬官，掌宣納皇帝詔命。正二命。

[6]掌治上士：中華本校勘記："《隋書》卷七三、《通志》卷一七〇《辛公義傳》同。按《通典》卷三九《後周官品》無掌治上士。正三命有掌次上士。《北史》例諱'治'字，'治'或是'次'之訛。"可從。　掃寇將軍：官名。東漢時設。爲雜號將軍之一，歷朝多因之。北周時爲二命。

[7]内史上士：官名。即小内史上士。西魏恭帝三年置，北周沿置。春官府内史司屬官，員二人，佐内史中大夫、小内史下大夫掌本司事務，掌皇帝詔書的撰寫、宣讀，參議刑罰爵賞以及軍國大事。正三命。隋文帝開皇元年罷。

[8]主客侍郎：官名。隋朝時爲尚書省禮部所轄主客司長官，置二員。正六品上，文帝開皇三年加爲從五品。煬帝大業三年改爲主客郎，後又改爲司蕃郎。

[9]内史舍人：官名。隋朝時爲内史省屬官，置八人。正六品，文帝開皇三年爲從五品。煬帝大業三年置四人，十二年改名内書舍人。

[10]安陽縣男：封爵名。安陽，縣名。治所在今河南安陽市。

[11]駕部侍郎：官名。隋朝時爲兵部所屬駕部司主官。是由魏

晋以後尚書駕部郎演變而來，掌御輦、御馬、車乘、郵驛、厩牧。隋初設駕部侍郎一人。正六品。煬帝即位後，改爲駕部郎。

從軍平陳，以功除岷州刺史。[1]土俗畏病，若一人有疾，即合家避之，父子夫妻，不相看養，孝義道絶。由是病者多死。公義患之，欲變其俗。因分遣官人，巡檢部内，凡有疾病，皆以牀轝來，安置聽事。暑月疫時，病人或至數百，聽廊悉滿。公義親設一榻，獨坐其間，終日連夕，對之理事。所得秩俸，盡用市藥，迎醫療之，躬勸其飲食，於是悉差。[2]方召其親戚而喻之曰："死生由命，不關相著，前汝棄之，所以死耳。今我聚病者，坐卧其間，若言相染，那得不死？病兒復差，[3]汝等勿復信之。"諸病家子孫，慚謝而去。後人有遇疾者，争就使君，[4]其家親屬，固留養之。始相慈愛，此風遂革，合境之内，呼爲慈母。

[1]岷州：隋朝時治溢樂縣，在今甘肅岷縣。

[2]差：毛本、殿本、四庫本、四部備要本作"瘥"。按：差，同"瘥"，病愈。

[3]病兒復差：中華本校勘記云："《通志》卷一七〇《辛公義傳》'兒'作'既'。李慈銘云：'疑當作"見"，即"現"字。'"可從。

[4]使君：漢朝以後用作對州郡長官的尊稱。

後遷牟州刺史。[1]下車，先至獄中，因露坐牢側，[2]親自驗問，十餘日間，决斷咸盡。方還大聽，受領新訟。皆不立文案，遣當直佐僚一人，側坐訊問。事若不盡，應須禁者，公義即宿聽事，終不還閤。人或諫之曰："此事有程，使君何自苦也?"答曰："刺史無德可以導人，尚令百姓係於囹圄，[3]豈有禁人在獄，而心自安乎!"罪人聞之，咸自款服。後有欲諍訟者，鄉閭父老遽相曉曰："此蓋小事，何忍勤勞使君!"訟者多兩讓而止。時山東霖雨，自陳、汝至于滄海，[4]皆苦水災。境内犬牙，獨無所損。山出黄銀，獲之以獻。詔水部郎婁崱就公義禱焉，[5]乃聞空中有金石絲竹之響。

[1]牟州：隋朝時治觀陽縣，在今山東萊陽市東南。底本"牟"作"并"，源氏校勘記云："'并'《隋書》作'牟'。"按：并州，隋初沿用後周設置，治宣漢縣，在今四川宣漢縣東北。文帝開皇五年廢州。據下文"山東霖雨"可知，當作"牟州"。今據改。

[2]因露坐牢側：源氏校勘記云："'因'(《隋書》) 作'囚'。"《隋書》中華本校勘記云："'因'原作'囚'，據《北史》本傳及《御覽》六三九、又八一二改。"

[3]囹圄：監獄。

[4]陳：州名。隋朝時治宛丘縣，在今河南淮陽縣。　汝：州名。隋朝時治承休縣，在今河南汝州市。

[5]水部郎：官名。尚書水部侍郎的省稱，爲水部曹主官，掌川瀆陂池之政令及導舟楫灌溉之利。隋朝時爲正六品。

仁壽元年，追充揚州道黜陟大使。[1]豫章王暕恐其部内官僚犯法，[2]未入州境，豫令使屬之。公義答曰："不敢有私。"及至揚州，皆無所縱捨，暕銜之。及煬帝即位，揚州長史王弘入爲黄門郎，[3]因言公義之短，竟去官。吏人守闕訴冤，相繼不絶。後數歲，帝悟，除内史侍郎。[4]丁母憂，未幾，起爲司隸大夫，[5]檢校右禦衛武賁郎將。[6]從征至柳城郡卒。[7]子融。

[1]揚州：隋朝時治江都縣，在今江蘇揚州市。　黜陟大使：官名。負責巡察所屬地區的官員政績好壞、推薦和廢黜。

[2]豫章王：封爵名。豫章，郡名。隋朝時治豫章縣，在今江西南昌市。　暕：即楊暕，人名。字世朏，小字阿孩。隋朝宗室。見《北史》卷七一《齊王暕傳》。源氏校勘記云："'暕'《隋書》作'暕'。"按：中華本《隋書》亦作"暕"。

[3]黄門郎：官名。給事黄門侍郎的省稱。東漢時置，魏晋至隋初因之。隋初置爲門下省次官，員二人，位頗重要。正四品上。煬帝大業三年去"給事"二字。

[4]内史侍郎：官名。隋朝時爲内史省次長官，員四人，正四品。煬帝大業三年減爲二員，十二年改爲内書侍郎。

[5]司隸大夫：官名。隋煬帝大業三年置，司隸臺長官，一員，巡察京畿内外。正四品。

[6]檢校：官制用語。南北朝時期，以他官身份被派辦某事，加"檢校"。非正式官銜。

[7]柳城：郡名。隋朝時治柳城縣，在今遼寧遼陽市。

柳儉，字道約，河東解人也。[1]祖元璋，魏司州大中正，[2]相、華二州刺史。[3]父裕，周聞喜令。[4]

[1]河東：郡名。隋朝時治河東縣，在今山西永濟市西南蒲州鎮。　解：縣名。治所在今山西臨猗縣。

[2]司州：北魏道武帝天興中置，治平城，在今山西大同市東

北。孝文帝太和十七年改洛州爲司州，治洛陽縣，在今河南洛陽市東北。

[3]相：州名。北魏時治鄴城，在今河北臨漳縣西南鄴鎮。　華：州名。北魏獻文帝皇興二年（468）置，治定安縣，在今甘肅寧縣。孝文帝延興二年（472）改置三縣鎮。太和十一年又置華州，治李潤堡，在今陝西蒲城縣東北。宣武帝永平三年（510）移治華陰縣，在今陝西大荔縣。

[4]聞喜：縣名。治所在今山西新絳縣西南。

儉有局量，立行清苦，爲州里所敬，雖至親昵，無敢狎侮。仕周，歷宣納上士、畿伯大夫。[1]及隋文帝受禪，擢拜水部侍郎，[2]封率道縣伯。[3]未幾，出爲廣漢太守，[4]甚有能名。俄而郡廢。時帝勵精思政，妙簡良能，出爲牧宰。儉以仁明著稱，擢拜蓬州刺史。[5]獄訟者庭决遣之，佐吏從容而已，獄無繫囚。蜀王秀時鎮益州，[6]列上其事。遷邛州刺史，[7]在職十餘年，人夷悦服。蜀王秀之得罪也，儉坐與交通，免職。及還鄉，妻子衣食不贍，見者咸嘆伏焉。

[1]宣納上士：官名。北周時置。爲宣納下大夫屬官，輔助其出納王命，宣傳詔令。正三命。　畿伯大夫：官名。西魏恭帝三年置，北周沿置。地官府民部中大夫屬官，每方置一人，掌本方行政事務，下設小畿伯下大夫、小畿伯上士、小畿伯中士以佐其職，領畿大夫、下大夫等屬官。正五命。

[2]水部侍郎：官名。即水部郎。

[3]率道縣伯：封爵名。率道，縣名。治所在今湖北宜城市。

[4]廣漢：郡名。隋朝初治洛縣，在今四川廣漢市北。

[5]蓬州：隋朝時治安固縣，在今四川營山縣東北。

[6]秀：即楊秀，人名。隋朝宗室。因奢侈浮華，違犯制度，被貶爲庶人。見《北史》卷七一《庶人秀傳》。　益州：隋朝時治成都縣，在今四川成都市。

[7]邛州：隋朝時治依政縣，在今四川邛崍市西南。

煬帝嗣位，徵之。于時，多以功臣任職，牧州領郡者並帶戎資，唯儉起自良吏。帝嘉其績，特授朝散大夫，[1]拜弘化太守。[2]儉清節愈勵。大業五年，入朝，郡國畢集。帝謂納言蘇威、吏部尚書牛弘曰：[3]"其中清名天下第一者，爲誰?"威等以儉對。帝又問其次，威以涿郡贊務郭絢、潁川贊務敬肅等二人對。[4]帝賜儉帛二百匹，絢、肅各一百匹，令天下朝集使，[5]送至郡邸，以旌異焉，論者美之。

[1]朝散大夫：官名。隋朝時始置。爲正四品文散官，煬帝大業三年降爲從五品。

[2]弘化：郡名。隋朝時治巖綠縣，在今陝西靖邊縣東北。

[3]納言：官名。亦作"内言"。隋文帝時爲避楊忠之諱，改侍中爲納言。爲門下省長官，職責主要是承上啓下、宣傳上命、受奏納言。正三品。煬帝大業十二年改名侍内。　蘇威：人名。字無畏，武功（今陝西武功縣西北）人。北周、隋朝官吏。見《北史》卷六三《蘇綽附蘇威傳》。　吏部尚書：官名。三國魏時置，歷代沿置。隋朝時爲尚書省六部長官之首，與二侍郎分掌六品以下文官選授、勳封、考課之政。正三品。　牛弘：人名。字里仁，安定鶉觚（今陝西長武縣）人。隋朝大臣。本姓遼，北魏時其父爲侍中，賜姓牛。見《北史》卷七二《牛弘傳》。

[4]涿郡：隋朝時治薊縣，在今北京西南。　贊務：官名。隋朝時置，初爲雍州屬官，居別駕下，從四品。煬帝時罷長史、司馬，置贊務爲郡太守副職，員一人。上郡贊務爲正五品，中郡爲從五品，下郡爲正六品。京兆、河南贊務爲從四品。隋亡廢。　潁川：郡名。隋朝時治潁川縣，在今河南許昌市。

[5]朝集使：指入朝的外官。

及大業末，盜賊蜂起，數被攻逼。儉撫結人夷，卒無離叛，竟以保全。及義兵至長安，尊立恭帝，[1]儉與留守李粲縞素，[2]於州南向慟哭。既而歸京師，相國賜儉物三百段，就拜上大將軍。[3]歲餘，卒於家，時年八十九。

[1]恭帝：即隋朝皇帝楊侑。恭爲其謚號。

[2]留守：官名。隋煬帝時始置。爲臨時駐守京師、陪都或險要地區的官員。

[3]上大將軍：官名。三國吴時始置。隋沿置，高級武官名號，位大將軍上。從二品散實官。

郭絢，河東安邑人，[1]家世寒微。初爲尚書令史，[2]後以軍功拜儀同，歷數州司馬、長史，皆有能名。[3]大業初，刑部尚書宇文弢巡省河北，[4]引絢爲副。煬帝將有事遼東，以涿郡爲衝要，訪可任者。聞絢有幹局，拜涿郡贊務，吏人悦服。數載，遷爲通守，[5]兼領留守。及山東盜起，絢逐捕之，多所尅獲。時諸郡無復完者，唯涿郡獨全。後將兵擊竇建德於河間，[6]戰死。人吏哭之，數月不息。

[1]安邑：縣名。治所在今山西夏縣西北禹王城。

[2]尚書令史：官名。本爲一般的低級官吏的名稱，位在諸曹掾之下。漢代尚書臺始置令史。晉朝時尚書令史頗有實權。南朝梁陳沿置，北魏略同。隋朝時中央部分官署吏職亦稱令史，掌文書案牘。

[3]有：南監本作“因”。源氏校勘記改“因”作“有”。

[4]刑部尚書：官名。隋文帝開皇三年由都官尚書改名而置。負責制定律法、糾察違法。正三品。　宇文弼：人名。字公輔，河南洛陽（今河南洛陽市東北）人，鮮卑族。隋朝大臣。見《北史》卷七五《宇文弼傳》。

[5]通守：官名。隋煬帝大業三年以後，諸郡各加置通守一人，位次太守，協助掌本郡政務，京兆、河南所置則稱內史。

[6]竇建德：人名。貝州漳南（今山東武城縣漳南鎮）人。隋末起義軍領袖。見《舊唐書》卷五四《竇建德傳》。

敬肅，字弘儉，[1]河東蒲坂人。[2]少以貞介知名，釋褐州主簿。[3]開皇初，爲安陵令，[4]有能名。擢拜秦州司馬，[5]轉幽州長史。[6]仁壽中，爲衛州司馬，[7]俱有異績。煬帝嗣位，遷潁川郡贊務。大業五年，朝東都。帝令司隸大夫薛道衡爲天下郡官之狀，[8]稱肅曰：“心如鐵石，老而彌篤。”[9]時左翊衛大將軍宇文述當塗用事，[10]其邑在潁川，[11]每有書屬肅，肅未嘗開封，輒令使者持去。述賓客有放縱者，以法繩之，無所寬貸，由是述銜之。八年，朝於涿郡。帝以其年老，有能名，將擢爲太守者數矣，輒爲述所毀。不行。大業末，乞骸骨，優詔許之。去官之日，家無餘財。歲餘，終于家。

[1]弘：底本作“敬”，中華本校勘記云：“諸本‘弘’字作‘敬’。《隋書》卷七三《敬肅傳》作‘弘’。按敬肅以‘敬’爲姓，不會又以‘敬’爲字，今從《隋書》改。《通志》卷一七〇《敬肅傳》作字‘儉德’。”今從改。

[2]蒲坂：縣名。治所在今山西永濟市西南蒲州鎮。

[3]主簿：官名。漢朝時中央及州郡官府均置，典領文書簿籍，經辦事務。歷代沿置。北朝諸將軍、五校尉等軍府、列卿、寺監、光禄大夫等皆置，其品秩隨府長官地位高下而異。州郡縣亦置。雖非掾史之首，然地位較高，縣之主簿較州之主簿更甚。

[4]安陵：縣名。治所在今河北吴橋縣西北。

[5]秦州：隋朝時治上邽縣，在今甘肅天水市。

[6]幽州：隋朝時治薊縣，在今北京西南。

[7]衛州：隋朝時治枋頭城，在今河南滑縣西南。

[8]薛道衡：人名。字玄卿，河東汾陰（今山西萬榮縣西南）人。北齊、隋朝官吏。見《北史》卷三六《薛辯附薛道衡傳》。

[9]老而彌篤：人越老對某種事物的感情越深。

[10]左翊衛大將軍：官名。隋文帝時設，與右翊衛大將軍共掌宫廷禁衛。正三品。煬帝時一度改稱，至煬帝大業十三年復此稱，領驍騎衛士。　宇文述：人名。字伯通，代郡武川（今内蒙古武川縣西）人。隋朝大臣。見《北史》卷七九《宇文述傳》。　當塗用事：指居要位、要職之人。

[11]川：底本作“州”，中華本校勘記云：“諸本‘川’作‘州’，《隋書》《通志》作‘川’。按隋煬帝大業初改州爲郡，此在大業五年後，已無潁州，‘州’乃‘川’之訛，今據改。”另，據《北史・宇文述傳》：“改封許國公。”許，即今河南許昌市，屬潁川郡。故爲潁川無疑。今從改。

劉曠，不知何許人也，性謹厚，每以誠恕應物。開皇初，爲平鄉令，[1]單騎之官。人有諍訟者，輒丁寧曉以義理，不加繩劾，[2]各自引咎而去。所得俸禄，賑施窮乏。百姓感其德化，更相篤勵曰："有君如此，何得爲非？"在職七年，風教大洽。獄中無繫囚，諍訟絶息；囹圄皆生草，庭可張羅。及去官，吏人無少長號泣，沿路將送，數百里不絶。

[1]平鄉：縣名。治所在今河北平鄉縣西南。

[2]繩劾：糾正。古代以墨綫正曲直，引申爲彈劾，糾正。

遷爲臨潁令，[1]清名善政爲天下第一。尚書左僕射高熲言狀，[2]上召之。及引見，勞之曰："天下縣令固多矣，卿能獨異於衆，良足美也。"顧謂侍臣曰："若不殊獎，何以勸人？"於是下優詔，擢拜莒州刺史。[3]

[1]臨潁：縣名。治所在今河南臨潁縣西北。

[2]尚書左僕射：官名。隋朝罷録尚書，又常缺令，僕射成爲正宰相，與門下省、内史省長官共秉國政。文帝開皇三年令左僕射掌判吏部、禮部、兵部三部事，兼糾彈御史所糾不當者。從二品。

[3]莒州：隋朝時治東莞縣，在今山東沂水縣。

王伽，河間章武人也。[1]開皇末，爲齊州參軍。[2]初無足稱，後被州使送流囚李參等七十餘人詣京師。時制，流人並枷鎖傳送，次滎陽，[3]憫其辛苦，悉呼而謂之曰："卿輩既犯國刑，虧損名教，身嬰縲紲，[4]此其職也。今復重勞援卒，[5]豈獨不媿於心哉！”參等辭謝。伽曰：“汝等雖犯憲法，枷鎖亦大苦辛，吾欲與汝等脱去，行至京師總集，能不違期不？”皆拜謝曰：“必不敢違。”伽於是悉脱枷，停援卒，與期曰：“某日當至京師，如致前却，吾當爲汝受死。”舍之而去。流人感悦，依期而至，一無離叛。上聞而驚異，召見與語，稱善久之。於是悉召流人，并令攜負妻子俱入，賜宴於殿庭而赦之。

[1]河間：郡名。隋煬帝大業初，改瀛州爲河間郡，在今河北河間市。　章武：縣名。治所在今山東壽光市東北。

[2]齊州：隋朝時治歷城縣，在今山東濟南市。　參軍：官名。隋朝時州及親王、嗣王、郡王、上柱國、柱國、上大將軍、大將軍、上開府儀同三司、開府儀同三司、上儀同三司、儀同三司等府或置參軍事、行參軍事，或諸曹置參軍事、行參軍，煬帝時改行參軍爲行書佐。掌參謀軍務。

[3]滎陽：縣名。治所在今河南滎陽市北。

[4]縲（léi）紲（xiè）：捆綁犯人的黑繩索。常常用以借指監獄、囚禁。

[5]援卒：押送罪犯的兵卒。

乃下詔曰：“凡在有生，含靈禀性，咸知好惡，並識是非。若臨以至誠，明加勸導，則俗必從化，人皆遷善。往以海内亂離，德教廢絶，官人無慈愛之心，兆庶懷奸詐之意，所以獄訟不息，澆薄難理。[1]朕受命上天，安養萬姓，思導聖法，[2]以德化人，朝夕孜孜，意本如此。而伽深識朕意，誠心宣導；參等感悟，自赴憲司。

明率土之人，[3]非爲難教，良是官人不加示曉，致令陷罪，無由自新。若使官盡王伽之儔，人皆李參之輩，刑措不用，[4]其何遠哉！”於是擢伽爲雍令，[5]政有能名。

[1]澆薄：（人情、風俗、社會風氣）刻薄，不淳樸。

[2]思導聖法：中華本校勘記云：“《隋書》卷七三《王伽傳》‘導’作‘遵’，疑是。”可從。

[3]率土之人：全天下的人。

[4]刑措不用：刑法放置起來不使用。形容社會清明。

[5]雍：縣名。治所在今陝西鳳翔縣南。

魏德深，本鉅鹿人也。祖沖，仕周，爲刑部大夫、建州刺史，[1]因家弘農。[2]父毗，鬱林令。[3]

[1]刑部大夫：官名。刑部中大夫的省稱。西魏恭帝三年置，北周沿置。爲秋官府刑部司長官，掌杖、鞭、徒、流、死五刑的判決與執行。北周武帝建德二年省。宣帝即位後復置。正五命。　建州：北周時治高都城，在今山西晋城市東北。

[2]弘農：郡名。北周時治弘農縣，在今河南靈寶市東北。

[3]鬱林：縣名。治所在今廣西貴港市東南。

德深初爲隋文帝挽郎，[1]後歷馮翊郡書佐，[2]武陽郡司户、書佐，[3]以能遷貴鄉長。[4]爲政清静，不嚴而肅。會興遼東之役，徵税百端，使人往來，責成郡縣。于時王綱弛紊，吏多贓賄，所在徵斂，人不堪命。唯德深一縣，有無相通，不竭其力，所求皆給，而百姓不擾。于時盗賊群起，武陽諸城，多被淪陷，唯貴鄉獨全。郡丞元寶藏受詔逐捕盜賊，[5]每戰不利，則器械必盡，輒徵發於人，動以軍法從事，如此者數矣。其鄰城營造，皆聚於聽事，吏人遞相督責，晝夜喧囂，猶不能濟。德深各問其所欲，任隨便脩營，官府寂然，恒若無事。唯約束長吏，所修不須過勝餘縣，使百姓勞苦。然在下各自竭心，常爲諸縣之最。尋轉館陶長，[6]貴鄉吏人聞之，相與言及其事，皆歔欷流涕，語不成聲。及將赴任，傾城送之，號泣之聲，道路不絕。

[1]挽郎：官名。執事於皇帝、皇后等喪禮之儀仗隊員。北魏及南朝宋、陳等置，爲入仕途徑之一。被選挽郎後可除奉朝請或將軍府參軍等官。

[2]馮翊：郡名。隋朝時治馮翊縣，在今陝西大荔縣。　書佐：官名。主辦文書的佐吏。隋初，諸州及王府諸曹置參軍及行參軍等。煬帝大業三年更名爲行書佐。

[3]武陽：郡名。隋朝時治貴鄉縣，在今河北大名縣東。　司户：官名。司户參軍事的省稱。隋文帝開皇三年由諸王府、諸州户曹參軍事改名，煬帝大業三年均改爲司户書佐。

[4]貴鄉：縣名。治所在今河北大名縣東。

[5]郡丞：官名。秦朝時置。爲郡守之副職，助掌郡之行政。隋朝時京兆郡丞爲從五品，其他州郡丞爲從七品到從八品。　元寶藏：人名。隋朝官吏。隋末以城降李密。殿本校勘記云："寶，監本訛實，今從下文改正。"

[6]館陶：縣名。治所在今河北館陶縣。

既至館陶，闔境老幼，皆如見其父母。有猾人員外郎趙君實，[1]與郡丞元寶藏深相交結，前後令長，未有不受其指麾者。自德深至縣，君實屏處於室，未嘗輒敢出門。逃竄之徒，歸來如市。貴鄉父老，冒涉艱險，詣闕請留德深，有詔許之。館陶父老，復詣郡相訟，以貴鄉文書爲詐。郡不能决。會持節使者韋霽、杜整等至，[2]兩縣詣使訟之，乃斷從貴鄉。貴鄉吏人，歌呼滿道，互相稱慶；館陶衆庶，合境悲泣，因從而居住者數百家。

[1]員外郎：官名。魏晋南北朝時爲員外散騎侍郎的省稱。爲正員之外添差的散騎侍郎。隋初爲門下省屬官，職責與散騎常侍等同，兼任出使勞問之責。從五品。煬帝大業三年廢。

[2]韋霽：人名。京兆杜陵（今陝西西安市長安區東）人。隋朝官吏。見《北史》卷六四《韋孝寬傳》。　杜整：人名。字皇育，京兆杜陵（今陝西西安市長安區東）人。北周、隋朝將領。見《北史》卷七七《杜整傳》。

寶藏深害其能。會越王侗徵兵於郡，[1]寶藏遂令德深率兵千人赴東都。俄而寶藏以武陽歸李密。[2]德深所領皆武陽人也，以本土從賊，念其親戚，輒出都門，東向慟哭而反。人或謂之曰："李密兵馬，近在金墉，[3]去此二十餘里，汝必欲歸，誰能相禁？何爲自苦如此！"其人皆垂泣曰："我與魏明府同來，[4]不忍棄去，豈以道路艱難乎！"其得人心如此。後與賊戰，没於陣。貴鄉、館陶人庶至今懷之。

[1]越王侗：即楊侗。字仁謹。隋煬帝之孫，隋朝末代皇帝。即位前爲越王。見《北史》卷七一《越王侗傳》。

[2]李密：人名。字法主，京兆長安（今陝西西安市長安區）人。隋末起義軍首領。見《北史》卷六〇《李弼附李密傳》。

[3]金墉：城名。在今河南洛陽市東北。

[4]明府：郡守尊稱。

論曰：爲政之道，寬猛相濟，猶寒暑迭代，俱成歲功者也。然存夫簡久，必藉寬平，大則致鼓腹之歡，[1]小則有息肩之惠。[2]故《詩》曰："雖無德與汝，式歌且舞。"[3]張膺等皆有寬仁之心，至誠待物，化行所屬，愛結人心，故得所去見思，所居而化。《詩》所謂"愷悌君子，人之父母"，[4]豈徒然哉！

[1]鼓腹之歡：常用以形容生活在太平盛世的人們的歡樂生活。語出《莊子·馬蹄》："夫赫胥氏之時，民居不知所爲，行不知所之，含哺而熙，鼓腹而遊。"

[2]息肩：讓肩頭得到休息。比喻卸除責任或免除勞役。《左傳》襄公二年："鄭成公卒，子駟請息肩於晉。"杜預注："欲辟楚役，以負擔喻。"

[3]雖無德與汝式歌且舞：即使没有對你施恩德，也應該邊歌邊舞，表示快樂。語出《詩·小雅·甫田》。

[4]愷悌君子：語出《詩·大雅·生民》。愷悌，和樂平易。

北史　卷八七

列傳第七十五

酷吏

于洛侯　胡泥　李洪之 子神　張赦提 趙霸　崔暹　邸珍
田式　燕榮　元弘嗣　王文同

夫爲國之體有四焉：一曰仁義，二曰禮制，三曰法令，四曰刑罰。仁義、禮制，教之本也；法令、刑罰，教之末也。無本不立，無末不成。然教化遠而刑罰近，可以助化而不可以專行，可以立威而不可以繁用。老子曰："其政察察，其人缺缺。"[1] 又曰："法令滋章，盜賊多有。"然則，令之煩苛，吏之嚴酷，不可致化，百世可知。考覽前載，有時而用之矣。

[1]其政察察其人缺缺：意思是如果天子治理國家强行暴政，那人民也會缺德，品質惡劣。

昔秦任獄吏，赭衣滿道。[1]漢革其風，矯枉過正，禁網疏闊，遂漏吞舟，[2]故大姦巨猾，犯義悖禮。郅都、甯成之倫，[3]猛氣奮發，摧拉凶邪，一切以救時弊，雖乖教義，或有所取焉。于洛侯之徒，前書編之《酷吏》。或因餘緒，或以微功，遭遇時來，忝竊高位。肆其褊性，[4]多行無禮，君子小人，咸罹其毒。凡所莅職，莫不懍然。居其下者，視之如蛇虺；[5]過其境者，逃之如寇讎。[6]與人之恩，心非好善；加人之罪，事非疾惡。其所笞辱，多在無辜。察其所爲，豺狼之不若也。其禁姦除猾，殆與郅、甯之倫異乎。君子賤之，故編於《酷吏》。

[1]秦任獄吏赭衣滿道：秦朝刑罰太嚴酷，導致罪犯太多。語出《漢書·刑法志》。赭衣，古代囚犯穿赤褐色的衣服。代指囚犯。

[2]漢革其風矯枉過正禁網疏闊遂漏吞舟：意思是漢代改變了（秦朝法律嚴苛的）風氣，甚至又太寬大，導致出現重大犯罪也能逃脱的情况。網漏吞舟，網里漏掉吞舟的大魚。比喻法律太寬，使重大的罪犯也能逃脱。語出《史記》卷一二二《酷吏列傳》。

[3]郅都：人名。河東大陽（今山西洪洞縣東南）人。西漢官吏。見《漢書》卷九〇《郅都傳》。　甯成：人名。南陽穰（今河南鄧州市）人。西漢官吏。見《漢書》卷九〇《甯成傳》。

[4]褊性：偏狹的個性。

[5]蛇虺（huī）：泛指蛇類。比喻凶殘狠毒的人。

[6]寇讎：仇人、敵人。比喻極端仇視。語出《孟子·離婁下》："君之視臣如土芥，則臣視君如寇讎。"

魏有于洛侯、胡泥、李洪之、高遵、張赦提、羊祉、崔暹、酈道元、谷楷。[1]齊有邸珍、宋遊道、盧斐、畢義雲。[2]《周書》不立此篇。《隋書》有厙狄士文、田式、燕榮、趙仲卿、崔弘度、元弘嗣、王文同。[3]今檢高遵、羊祉、酈道元、谷楷、宋遊道、盧斐、畢義雲、厙狄士文、趙仲卿、崔弘度各從其家傳，其餘並列於此云。

[1]高遵：人名。字世禮，勃海蓨（今河北景縣）人。北魏官吏。見《北史》卷三一《高允附高遵傳》。　羊祉：人名。字靈祐，太山鉅平（今山東泰安市西南）人。北魏官吏。　酈道元：人名。字善長，范陽涿鹿（今河北涿鹿縣東南）人。北魏官吏、地理學家。見《北史》卷二七《酈範附酈道元傳》。　谷楷：人名。昌黎（今遼寧朝陽市）人。北魏官吏。見《北史》卷二七《谷渾附谷楷傳》。

[2]宋遊道：人名。燉煌（今甘肅敦煌市）人。北魏、東魏、北齊官吏。見《北史》卷三四《宋繇附宋遊道傳》。　盧斐：人名。字子章，范陽涿（今河北涿州市）。北齊酷吏。見《北史》卷三〇《盧同附盧斐傳》。　畢義雲：人名。小字陁兒，東平須昌（今山東東平縣）人。東魏、北齊官吏。見《北史》卷三九《畢衆敬附畢義雲傳》。

[3]厙狄士文：人名。善無（今山西右玉縣南）人，鮮卑族。隋朝官吏。見《北史》卷五四《厙狄干附厙狄士文傳》。按：殿本、四庫本、四部備要本"厙"作"庫"。　趙仲卿：人名。河南洛陽（今河南洛陽市東北）人。北周、隋朝官吏。見《北史》卷六九《趙剛附趙仲卿傳》。　崔弘度：人名。字摩訶衍，博陵安平（今河北安平縣）人。北周、隋朝官吏。見《北史》卷三二《崔辯附崔弘度傳》。

于洛侯，代人也。[1]爲秦州刺史，[2]貪酷安忍。[3]部人富熾奪人吕勝脛纏一具，洛侯輒鞭富熾一百，截其右腕。百姓王隴客刺殺人王羌奴、王愈二人，依律罪死。而洛侯生拔隴客舌，刺其本，并刺胸腹二十餘瘡。隴客不堪苦痛，隨刀戰動。乃立四柱，磔其手足，[4]命將絶，始斬其首，支解四體，分懸道路。見者無不傷楚歎愕。百姓王元壽等一時反叛。[5]有司糾劾，孝文詔使者於州常刑人處，[6]宣告兵人，然後斬洛侯以謝百姓。

[1]代：郡名。北魏時治平城，在今山西大同市東北。

[2]秦州：北魏時治上封城，在今甘肅天水市。

[3]安忍：安於做殘忍的事。形容行凶作惡而有恃無恐。

[4]磔（zhé）：古代一種酷刑，把肢體分裂。

[5]王元壽：人名。秦州（今甘肅天水市）人。北魏起義軍首領。自號衝天王，後被擊敗。

[6]孝文詔使者於州常刑人處：按：毛本、殿本、四庫本、局本、四部備要本“常”作“嘗”。孝文，即北魏皇帝元宏。孝文爲其謚號。

胡泥，代人也。歷官至司衛監，[1]賜爵永成侯。[2]泥率勒禁中，不憚豪貴。[3]殿中尚書叔孫侯頭應内直而闕於一時，[4]泥以法繩之。侯頭恃寵，遂與口諍。孝文聞而嘉焉，賜泥衣服一襲。出爲幽州刺史，[5]假范陽公。[6]以北平陽尼碩學，[7]遂表薦之。[8]轉爲定州刺史，[9]以暴虐，刑罰酷濫，受納貨賄，徵還戮之。將就法，孝文臨太華殿引見，[10]遣侍臣宣詔責之，遂就家賜盡。

［1］司衛監：官名。北魏置，總督禁旅，掌宫禁秩序，權任很重，由宗室或鮮卑著姓擔任。孝文帝太和十七年（493）定爲三品上。

［2］永成：源氏校勘記云："《魏書》作'永城'。"按：《魏書》作"永城"，《通志》卷一七一作"永安"。永成、永城，《魏書·地形志》均無，而有"永安"。疑爲"永安"。永安，郡名。北魏時治新城縣，在今河南光山縣西。

［3］貴：元大德本空闕此字。

［4］殿中尚書：官名。晋武帝始置，爲尚書省六曹尚書之一，職掌不詳。北魏復置，領宫中兵馬，典宫禁宿衛及倉庫，或説領殿中、直事、三公、駕部四郎曹。孝文帝太和十七年定爲二品中（參張金龍《北魏前期禁衛武官制度考論——以史籍記載爲中心》，《歷史研究》2003年第3期）。

［5］幽州：北魏時治薊縣，在今北京西南。

［6］假范陽公：底本無"公"字，中華本校勘記云："諸本脱'公'字，據《魏書》卷八九《胡泥傳》補。《通志》卷一七一《胡泥傳》作'侯'字。《魏書》此卷本是以《北史》補，故從《魏書》。"今從改。范陽公，封爵名。范陽，郡名。北魏時治涿縣，在今河北涿州市。

［7］北平：郡名。北魏時治新昌縣，在今河北盧龍縣。　陽尼：人名。字景文，北平無終（今天津薊縣）人。北魏學者。見《北史》卷四七《陽尼傳》。

［8］薦：殿本校勘記云："'薦'監本訛'鳶'。"

［9］定州：北魏時治盧奴縣，在今河北定州市。

［10］太華殿：在宫城的中部。北魏文成帝太安四年（458）三月建，孝文帝太和十六年拆。

李洪之，本名文通，恒農人也。[1]少爲沙門，晚乃還俗。真君中，[2] 爲狄道護軍，[3] 賜爵安陽男。[4] 會永昌王仁隨太武南征，[5] 得元后姊妹二人，[6] 洪之潛相餉遺，結爲兄弟，遂便如親。頗得元后在南兄弟名字，乃改名洪之。及仁坐事誅，元后入宫，得幸於文成，[7] 生獻文。[8] 元后臨崩，昭太后問其親，[9] 因言洪之爲兄，與相訣經日。具條列南方諸兄珍之等，手以付洪之。遂號爲獻文親舅。太安中，[10] 珍之等兄弟至都，與洪之相見，叙元后平生故事，計長幼爲昆季。[11]

[1] 恒農：郡名。北魏時治陝城，在今河南三門峽市。

[2] 真君：即太平真君。北魏太武帝的年號（440—451）。

[3] 狄道：縣名。治所在今甘肅臨洮縣。　護軍：官名。統兵武職，魏晋南北朝置，職如將軍，而地位稍遜同號將軍，常授於資歷稍淺之統帥。

[4] 安陽男：封爵名。安陽，縣名。治所在今甘肅秦安縣北。

[5] 仁：即拓跋仁，人名。北魏宗室。見《北史》卷一六《永昌王健附拓跋仁傳》。　太武：即北魏皇帝拓跋燾。太武爲其謚號。

[6] 元后：即北魏文成帝皇后李氏。元爲其謚號。

[7] 文成：即北魏皇帝拓跋濬。文成爲其謚號。

[8] 獻文：即北魏皇帝拓跋弘。獻文爲其謚號。

[9] 昭太后問其親：底本無“昭”字，中華本校勘記云：“諸本脱‘昭’字，據《魏書》卷八九《李洪之傳》補。昭太后指文成乳母常氏，見卷一三《后妃傳》。”今從改。

[10] 太安：北魏文成帝的年號（455—459）。

[11] 昆季：指兄弟。長爲昆，幼爲季。

以外戚爲河内太守，[1] 進爵任城侯，[2] 威儀一同刺史。河内北連上黨，[3]南接武牢，[4]地險人悍，數爲劫害，長吏不能禁。[5]洪之至郡，嚴設科防，[6]募斬賊者便加重賞，勸勸務本，盜賊止息。誅鋤姦黨，過爲酷虐。後爲懷州刺史，[7]封汲郡公，[8]徵拜内都大官。[9]河西羌胡領部落反叛，[10]獻文親征，命洪之與侍中、東郡王陸定國總統諸軍。[11]輿駕至并州，[12]詔洪之爲河西都將，[13]討山胡。皆保險距戰，洪之築壘於石樓南白雞原以對之。[14]時諸將悉欲進攻，洪之乃開以大信，聽其復業，胡人遂降。獻文嘉之，遷拜尚書、外都大官。[15]

[1]河内：郡名。北魏時治野王縣，在今河南沁陽市。

[2]任城侯：封爵名。任城，郡名。北魏時治任城縣，在今山東濟寧市。

[3]上黨：郡名。北魏時治壺關城，在今山西長治市北。

[4]武牢：即虎牢關。在今河南滎陽市汜水鎮西。

[5]長吏：縣吏之尊稱。

[6]科防：用禁令、刑律加以防範。

[7]懷州：北魏時治野王縣，在今河南沁陽市。

[8]汲郡公：封爵名。汲郡，北魏時治枋頭，在今河南浚縣西南。

[9]内都大官：官名。即内都坐大官。北魏時置。與外都坐大官、中都坐大官合稱三都大官。掌畿内刑獄，並主司品官。任此職者多爲宗室諸王、外戚及胡漢重臣，權勢極大。祭吊時位在三公、尚書令之上。孝文帝改制時罷。

[10]河西：在今甘肅、青海二省黄河以西，即河西走廊與湟水流域一帶。

[11]侍中：官名。北朝常總典機密，受遺詔輔政，權任尤重，

時號“小宰相”。北魏初置四員。孝文帝太和十七年定爲從一品中。　東郡王：封爵名。東郡，北魏時治滑臺城，在今河南滑縣東。　陸定國：人名。鮮卑族。北魏官吏。見《北史》卷二八《陸俟附陸定國傳》。諸本“定”後脱“國”字。按：《北史》卷二《魏本紀·獻文帝》：“（天安元年春二月）乙亥，以侍中元孔雀爲濮陽王，侍中陸定國爲東郡王。”又《北史·陸俟附陸定國傳》：“及獻文踐祚，拜散騎常侍，賜封東郡王。”今據補。

[12]并州：北魏時治晋陽縣，在今山西太原市晋源區古城營村一帶。

[13]都將：官名。北魏所置武職之一，統禁軍侍衛皇帝左右或出征、鎮守在外。出外時多作爲一路主將。隨皇帝出征時，有的主管前鋒或中軍。地位很高，多自鎮將或三都大官遷此，亦有三公任此職者。孝文帝太和十七年及二十三年職員令皆未載。

[14]石樓：山名。在今山西石樓縣東南。

[15]尚書：官名。魏晋南北朝時出爲朝官，分掌尚書省諸曹，品秩提高，但不再直接向皇帝奏事、承受詔命，成爲行政官員。北魏孝文帝太和十七年定吏部從一品下，列曹二品中，二十三年改爲三品。　外都大官：官名。即外都坐大官。北魏置。與中都坐大官、内都坐大官合稱三都大官。掌畿外刑獄、聽理民訴訟。任此職者多爲宗室諸王、外戚及胡漢重臣，權勢極大。祭吊時位在三公、尚書令之上。孝文帝改制時罷。

後爲使持節、安南將軍、秦益二州刺史。[1]至任，設禁姦之制，有帶刃行者，罪與劫同，輕重品格，各有條章。於是大饗州中豪傑長老，示之法制。乃夜密遣騎分部覆諸要路，有犯禁者，輒捉送州，宣告斬決。其中枉見殺害者，至有百數。赤葩渴郎羌深居山谷，[2]雖相羈縻，王人罕到。洪之芟山爲道，廣十餘步，示以軍行之勢。乃興軍臨其境，山人驚駭。洪之將數十騎至其里閭，撫其妻子，問所疾苦，因資遺之。衆羌喜悦，求編課調，[3]所入十倍於常。洪之善御戎夷，頗有威惠，而刻害之聲，聞於朝野。

[1]使持節：漢代官吏奉使外出時，由皇帝授予節杖，以提高其威權。魏晋以後，凡重要軍事長官出征或出鎮時，加使持節，可誅殺二千石以下官員。皇帝派遣大臣出巡或進行祭吊等事務時，亦使持節，以表示權力和尊崇。　安南將軍：官名。漢獻帝建安三年（198）始置，三國魏、蜀、吴沿置，是出鎮南方地區的軍事長官，或作爲刺史等地方官員兼理軍務時的加官。魏晋以後與安東、安西、安北將軍合稱四安將軍。北魏孝文帝太和十七年定爲二品下，二十三年降爲三品。　秦：州名。北魏時治上封城，在今甘肅天水市。　益：州名。北魏時治晋壽縣，在今四川廣元市。

[2]赤葩渴郎羌：羌族的一支。今四川阿垻藏族羌族自治州嘉絨藏民的先祖。

[3]課調：税制，交租税。

初，洪之微時妻張氏，亦聰强婦人，自貧賤至富貴，多所補益，有男女幾十人。洪之後得劉芳從姊，[1]重之，疏張氏。亦多所産育。爲兩宅别居，偏厚劉室。由是二妻妬競，兩宅母子，往來如讎。及莅西州，[2]以劉自隨。

[1]劉芳：人名。字伯文，彭城（今江蘇徐州市）人。北魏官吏。見《北史》卷四二《劉芳傳》。

[2]西州：漢、晋時泛指凉州爲西州，相當於今甘肅中部和西

北部一帶。

洪之素非廉清，每有受納。時孝文始建禄制，[1]法禁嚴峻，遂鎖洪之赴京，親臨太華，庭集群臣數之。以其大臣，聽在家自裁。洪之志性慷慨，多所堪忍。疹病灸療，艾炷圍將二寸，首足十餘處，一時俱下，言笑自若，接賓不輟。及臨盡，沐浴衣幍，[2]防卒扶持，出入遍巡家庭，如是再三，泣歎良久，乃卧而引藥。

[1]孝文始建禄制：班禄制是北魏孝文帝改革的重要内容之一。北魏初年，官俸制度沿用掠奪制，官員俸禄是從戰争中掠奪到的他人的財物。隨着國家漸漸安定，戰争越來越少，通過戰争取得俸禄的機會也越來越少，於是官員就大肆貪污，民怨很大。有鑒於此，孝文帝仿效漢人的俸禄制，於太和八年開始向官員發放俸禄，並頒詔“禄行之後，贓滿一匹者死”。

[2]衣幍：源氏校勘記云：“‘衣幍’《魏書》作‘换衣’。”

始洪之託爲元后兄，公私自同外戚。至此罪後，孝文乃稍對百官辯其誣假。而諸李猶善相視，恩紀如親。洪之始見元后，計年爲兄。及珍之等至，洪之以元后集定長幼，[1]其呼拜坐，皆如家人。暮年，數延攜之宴飲，醉酣之後，時或言及本末，洪之則起而加敬，笑語自若。富貴赫奕，當舅戚之家。[2]遂棄宗，專附珍之等。後頗存振本屬，而猶不顯然。

[1]集：殿本、四庫本、四部備要本、中華本作“素”。

[2]富貴赫奕當舅戚之家：底本無“當”字，中華本校勘記

云:“諸本無‘當’字，據《魏書》補。”今從改。

劉氏四子。

長子神，少有膽略，以氣尚爲名。以軍功封長樂縣男,[1]累遷平東將軍、太中大夫。[2]孝昌中,[3]行相州事,[4]尋正，加撫軍。[5]葛榮盡鋭攻之,[6]久不能剋。會葛榮見禽，以功進爵爲公。元顥入洛,[7]莊帝北巡,[8]以神爲侍中。又除殿中尚書，仍行相州事。車駕還宫，改封安康郡公。[9]普泰元年,[10]進驃騎大將軍、儀同三司、相州大中正。[11]薨，贈司徒公、冀州刺史。[12]子士約襲。[13]齊受禪，例降。

[1]長樂縣男：封爵名。長樂，縣名。治所在今河南滑縣東部。

[2]平東將軍：官名。漢獻帝建安初置。三國魏時與平西、平南、平北將軍合稱四平將軍，權任很重，多持節都督或監某一地區軍事，有時亦作爲刺史等地方官兼理軍務時的加官。兩晋南北朝沿置，北魏孝文帝太和十七年定爲從二品上，二十三年改爲三品。源氏校勘記云:“《魏書》(‘平東’)作‘平北’。”按：中華本《魏書》卷八九《李洪之傳》亦作“平北將軍”。　太中大夫：官名。秦、漢初位居諸大夫之首，侍從皇帝左右，掌管顧問應對、參政議政，奉詔出使，多由寵臣貴戚擔任。北魏至隋朝品秩與卿相近，多用以安置年老退免的九卿大臣，無具體職掌。北魏孝文帝太和十七年定爲三品下，二十三年改爲從三品。

[3]孝昌：北魏孝明帝的年號(525—527)。

[4]相州：北魏時治鄴城，在今河北臨漳縣西南鄴鎮。

[5]撫軍：官名。即撫軍將軍之省稱。撫軍將軍，三國蜀後主建興八年(230)置，晋朝時定爲三品。南北朝沿置，北魏孝文帝

太和十七年定爲從一品下，二十三年降爲從二品。

［6］葛榮：人名。北魏河北起義軍首領。孝明帝孝昌元年，發動起義。次年八月，鮮于脩禮爲部帥元洪業所殺，欲降北魏。孝莊帝建義元年（528）八月，葛榮圍攻相州，戰敗，爲尒朱榮所捕。十月，送入京師，被殺。

［7］元顥：人名。字子明。北魏宗室、大臣。見《北史》卷一九《北海王詳附元顥傳》。

［8］莊帝：即北魏皇帝元子攸。莊爲其謚號。

［9］安康郡公：封爵名。安康，郡名。北魏時治安康縣，在今陝西石泉縣東南。

［10］普泰：北魏節閔帝的年號（531—532）。

［11］驃騎大將軍：官名。東漢初臨時設置，統兵征戰，事訖則罷。魏晋制度，驃騎將軍爲重號將軍，僅次大將軍，本不須加“大”，然兩晋將軍名號愈來愈濫，遂又增此號，居諸名號將軍之首。多加於權臣元老，以示尊崇，開府置僚屬，不領兵。南北朝因之。北魏孝文帝太和十七年定爲一品中，二十三年改爲從一品。儀同三司：初謂非三公而儀制待遇同於三公。魏晋時期，授予開府位從三公之文武官。南北朝時授予範圍不斷擴大，逐漸成爲官號。北魏孝文帝太和十七年定爲一品下，二十三年以後改爲從一品，位開府上。　大中正：官名。魏晋南北朝隋唐時期負責評定士族内部品第的官員。三國魏齊王曹芳時在郡中正之上設州大中正。兩晋南北朝沿置。

［12］司徒：官名。北魏時爲三公之一，屬加官，一品。　冀州：北魏時治信都縣，在今河北冀州市。

［13］子士約（yuè）襲：底本無“襲”字，源氏校勘記云：“‘約’《魏書》作‘約’。”中華本校勘記云：“諸本無‘襲’字。按下文云‘齊受禪，例降’，即指降其所襲之安康郡公。若此無‘襲’字，則‘例降’無所承。今據《魏書》卷七〇《李神傳》補。”今從改。

張赦提，中山安喜人也。[1]性雄武，有規畫。初爲武賁中郎，[2]時京畿盜魁首稱豹子、彪子，[3]並善弓馬，於靈丘、雁門間聚爲劫害，[4]至乃斬人首、射其口、刺人臍、引腸遶樹而共射之，以爲戲笑。其暴酷如此。軍騎掩捕，久弗能獲，行者患焉。赦提爲逐賊軍將，[5]未幾而獲彪子、豹子及其黨與，盡送京師，斬於闕下，自是清静。其靈丘羅思祖，宗門豪溢，家處隘險，多止亡命，與之爲劫。獻文怒之，孥戮其家。而思祖家黨，相率寇盜。赦提募求捕逐。以赦提爲遊徼軍將，[6]前後擒獲，殺之略盡。因此，濫有屠害，尤爲忍酷。既資前稱，又藉此功，除幽州刺史，假安喜侯。

[1]中山：郡名。北魏時治盧奴縣，在今河北定州市。　安喜：縣名。治所在今河北定州市。

[2]武賁中郎：官名。即虎賁中郎將。《北史》避唐高祖祖父李虎諱改。主宿衛。漢代始置，歷代沿置。北魏孝文帝太和二十三年定爲六品。

[3]時京畿盜魁首稱豹子彪子：中華本校勘記云："《魏書》卷八九《張赦提傳》'首'作'自'，疑是。又《魏書》'彪'作'虎'。《北史》當是避唐諱改。"可從。

[4]於靈丘雁門間聚爲劫害：底本"雁"作"應"，中華本校勘記云："諸本'雁'訛作'應'，據《魏書》改。應門乃宮城門名，誤。雁門見《魏書·地形志上》肆州，與靈丘爲鄰郡。北魏都平城時，雁門爲畿内之地，故稱'京畿'。"今從改。靈丘，郡名。北魏時治靈丘縣，在今山西靈丘縣。雁門，郡名。北魏時治廣武縣，在今山西代縣西。

[5]逐賊軍將：官名。北魏時置。爲追捕京畿盜魁而設。

[6]遊徼軍將：官名。北魏時置，爲捕盜寇而設。

赦提克己厲約，遂有清稱。後頗縱妻段氏，多有受納，命僧尼因事通請，貪虐流聞。中散李真香出使幽州，[1]採訪牧守政績。真香驗案其罪，赦提懼死欲逃。其妻姑爲太尉、東陽王丕妻，[2]恃丕親貴，自許詣丕申訴求助，謂赦提曰："當爲訴理，幸得申雪，願寬憂，不爲異計。"赦提以此差自解慰。段乃陳列："真香昔當因假而過幽州，知赦提有好牛，從索不果。今臺使心挾前事，[3]故威逼部下，栲楚過極，橫以無辜，證成誣罪。"執事恐有不盡，使駕部令趙秦州重往究訊，[4]事狀如前，處赦提大辟。[5]孝文詔賜死於第。將就盡，命妻而責之曰：[6]"貪濁穢吾者卿也，又安吾而不得免禍。九泉之下，當爲仇讎矣。"

[1]中散：官名。北魏初置，爲内廷官，值宿禁中，隸屬幢將，無員限，無具體職掌，在皇帝左右參與機密，經常奉使出巡州鎮，考察地方官政績。皇帝出征時隨從左右，管理御用兵器，兼用文武，亦任用以醫、卜等專門技能侍奉皇帝者。中期以後，分設主文中散、奏事中散、侍御中散等。若長期派駐在某一機構則冠其名，如秘書中散、外都曹奏事中散等。或作爲起家官，設中散庶長，位在其上。孝文帝太和十七年定爲五品中，二十三年復次職員令未見。

[2]太尉：官名。魏晋南北朝時列三公之首，無實際職掌。北魏時爲正一品。　東陽王：封爵名。遥封。東陽，郡名。南朝宋時治長山縣，在今浙江金華市婺城區。　丕：即元丕，人名。北魏宗

室。見《北史》卷一五《武衛將軍謂附元丕傳》。

[3]今臺使心挾前事：底本“今”作“令”，“心”作“止”。源氏校勘記云：“《魏書》作‘今臺使心協前事’。爲是。”中華本校勘記云：“諸本‘今’訛作‘令’，‘心’訛作‘止’，據《魏書》改。臺使即指李真香。”今從改。

[4]駕部令：官名。北魏時置，協掌尚書省管理駕部曹事務，屬駕部尚書。品秩不詳。

[5]大辟：古代五刑之一，謂死刑。

[6]命妻而責之曰：《魏書》卷八九《張赦提傳》、《通志》卷一七一“命”作“召”。疑是。

又有華山太守趙霸，[1]酷暴非理。大使崔光奏霸云：[2]“不遵憲度，威虐任情，至乃手擊吏人，僚屬奔走。不可以君人字下，納之軌物，[3]輒禁止在州。”詔免所居官。

[1]華山：郡名。北魏時治鄭縣，在今陝西華縣。

[2]大使：官名。代表皇帝的特派使臣或執行特殊任務的正使。崔光：人名。本名孝伯，北魏孝文帝賜名光，字長仁，東清河鄃（今山東淄博市）人。北魏大臣。

[3]軌物：規範、準則。

崔暹，字元欽，本云清河東武城人也，[1]世家于滎陽、潁川之間。[2]性猛酷，少仁恕，姦猾好利，能事勢家。初以秀才累遷南兖州刺史，[3]盗用官瓦，贓污狼籍，爲御史中尉李平所糾，[4]免官。後行豫州事。[5]尋即真。遣子析户，[6]分隸三縣，廣占田宅，藏匿官奴，障吝陂葦，[7]侵盜公私，爲御史中尉王顯所彈，[8]免官。後累遷瀛州刺史，[9]貪暴安忍，人庶患之。嘗出獵州北，單騎至人村，有汲水婦人，暹令飲馬，因問曰："崔瀛州何如？"婦人不知是暹，答曰："百姓何罪！得如此癩兒刺史。"暹默然而去。以不稱職被解，還京。

[1]清河：郡名。北魏時治清河縣，在今山東臨清市東北。　東武城：縣名。治所在今山東武城縣西北。

[2]滎陽：郡名。北魏時治滎陽縣，在今河南滎陽市。　潁川：郡名。北魏時治長社縣，在今河南長葛市東北。

[3]南兗州：北魏孝文帝太和十八年置，治渦陽城，在今安徽蒙城縣。宣武帝正始四年（507）僑置，治小黄縣，在今安徽亳州市。

[4]御史中尉：官名。北魏時由御史中丞改稱，主御史臺。頗重其選。孝文帝太和十七年定爲三品上，二十三年定爲從三品。　李平：人名。頓丘（今河南清豐縣西南）人。北魏官吏。見《北史》卷四三《李崇附李平傳》。

[5]豫州：北魏時治懸瓠城，在今河南汝南縣。

[6]遣子析户：中華本校勘記云："《魏書》卷八九、《通志》卷一七一《崔暹傳》'遣'上有'坐'字，是。"可從。

[7]障吝陂葦：圍堤占奪水面，並加守護，據爲己有。

[8]王顯：人名。字世榮，陽平樂平（今山東莘縣）人。北魏官吏。見《北史》卷九〇《王顯傳》。

[9]瀛州：北魏時治趙都軍城，在今河北河間市。

武川鎮反，[1]詔暹爲都督，隸大都督李崇討之。[2]違崇節度，爲賊所敗，單騎潛還。禁於廷尉，[3]以女妓、園田貨元叉獲免。[4]建義初，[5]遇害於河陰。[6]贈司徒公、冀州刺史，[7]追封武津縣公。[8]

[1]武川鎮：軍鎮名。在今内蒙古武川縣西。

[2]詔暹爲都督隸大都督李崇討之：底本無“隸大都督”四字。殿本校勘記云：“‘爲’當係‘從’字之訛。”源氏校勘記補“隸”字。中華本校勘記云：“諸本脱‘隸大都督’四字，據《魏書·崔暹傳》補。事亦見《魏書》卷九《肅宗紀》正光五年。”按：《通志》卷一七一作“與都督李崇”。以中華本爲是。今從改。都督，官名。三國魏文帝時置。北朝前期爲統率全國或地方兵馬的指揮官職名，其爲州郡軍事長官者，兼理民政。至北朝後期則爲率領鄉兵、畜牧軍馬的中低級軍官職名，或者作爲大臣的加官和贈官。大都督，官名。高級軍事長官。三國吴、魏初於戰争時臨時設置，作爲加官。後漸成爲常設官職，地位極高。晋、南朝沿用。在有戰事時亦臨時加置。北魏前、中期未見，孝文帝太和十七年職員令及二十三年復次職員令皆未載。後期戰事較多時置，統兵出征，有時又加以各種名號。　李崇：人名。字繼長，小名繼伯，頓丘（今河南清豐縣西南）人。北魏官吏。見《北史》卷四三《李崇傳》。

[3]廷尉：官名。北魏時又稱廷尉卿，少卿爲之副貳，爲中央最高司法審判機構長官。孝文帝太和十七年定爲二品上，二十三年定爲三品。

[4]元叉：人名。字伯儁，小字夜叉。北魏宗室、大臣。見《北史》卷一六《京兆王黎附元叉傳》。

[5]建義：北魏孝莊帝的年號（528）。

[6]遇害於河陰：指公元528年北魏權臣尒朱榮策劃並實施的一起針對皇族和百官公卿的屠殺事件。河陰，縣名。治所在今河南孟津縣東。

[7]司徒公：對司徒的尊稱。

[8]武津縣公：封爵名。武津，縣名。治所在今河南上蔡縣東。

子瓚，字結珍，[1]位兼尚書左丞，[2]卒。瓚妻，莊帝姊也，[3]後封襄城長公主，[4]故特贈瓚冀州刺史。子茂，字祖昂，襲祖爵。

[1]結珍：源氏校勘記改“結”爲“紹”。按：中華本《魏書》卷八九《崔暹傳》作“紹”，而《通志》卷一七一作“結”。

[2]尚書左丞：官名。魏晋南朝時爲尚書省佐官，位次尚書，與右丞共掌尚書省庶務，率諸都令史監督稽核諸尚書曹、郎曹政務，督録文書章奏；監察糾彈尚書令、僕射、尚書等文武百官，號稱監司；分管宗廟祭祀、朝儀禮制、選授官吏等文書奏事，職權甚重。北朝略同。北魏孝文帝太和十七年定爲四品上，二十三年改爲從四品上。

[3]莊帝：即北魏皇帝元子攸。莊爲其謚號。　姊：源氏校勘記云：“《魏書》作‘妹’也。”按：中華本《魏書·崔暹傳》亦作“妹”。

[4]襄城長公主：封爵名。襄城，郡名。北魏時治襄城縣，在今河南襄城縣。

邸珍，字安寶，本中山上曲陽人也。[1]魏太和中，[2]徙居武川鎮。[3]孝昌中，六鎮兵起，[4]珍遂從杜洛周賊。[5]洛周爲葛榮所吞，珍入榮軍。榮爲尒朱榮所破，[6]珍與其餘黨，俱徙并州。從齊神武出山東。[7]神武起義信都，[8]拜珍長史，[9]封上曲陽縣侯，[10]除殷州刺史。[11]珍求取無厭，大爲州人所疾苦。後兼尚書右僕射、大行臺，[12]節度諸軍事，擊梁將成景儁等解東徐圍，[13]回軍彭城。[14]珍御下殘酷，士衆離心，至於土人豪族，遇之無禮，遂爲州人所害。後贈定州刺史、司空公。

[1]上曲陽：縣名。治所在今河北曲陽縣。

[2]太和：北魏孝文帝的年號（477—499）。

[3]徙居武川鎮：底本“川”作“州”，中華本校勘記云：“諸本‘川’訛作‘州’，據《通志》卷一七一《邸珍傳》改。”今從改。

[4]孝昌中六鎮兵起：北魏明帝孝昌元年，以六鎮鎮民爲主力的北方邊鎮反魏起義，至孝莊帝永安元年（529）被徹底鎮壓。

[5]杜洛周：人名。高車族。柔玄鎮（今内蒙古興和縣）鎮兵。北魏孝明帝孝昌元年八月聚衆起義，反對北魏統治，年號真王。高歡、尉景等都歸附於他，隊伍日益壯大。後爲葛榮擊殺。

[6]尒朱榮：人名。北秀容（今山西朔州市）人，契胡族。北魏大臣。見《北史》卷四八《尒朱榮傳》。

[7]齊神武：即高歡。神武爲其謚號，北齊後主所追謚。

[8]信都：縣名。治所在今河北冀州市。

[9]長史：官名。戰國秦置，掌顧問參謀。秦漢因之，西漢丞相、太尉、御史大夫、大將軍、車騎將軍、前後左右將軍皆置，爲所在官署掾屬之長。丞相長史職權尤重。邊郡於丞之外復置長史，佐太守掌兵馬。内郡或置之。東漢、魏晋南北朝沿置，大抵略同。

[10]封上曲陽縣侯：底本“曲”下無“陽”字，中華本校勘記云：“諸本脱‘陽’字，據《通志》補。邸珍爲上曲陽人，故封以本縣。《地形志》無‘上曲縣’。”今從改。

[11]殷州：北魏時治廣阿縣，在今河北隆堯縣東。

[12]尚書右僕射：官名。秦漢時爲尚書令副貳。歷代沿置。北魏時列位宰相，在録尚書事、尚書令下，職掌都省庶務及執法，或

典選舉。職在左僕射下。孝文帝太和十七年定爲從一品中，二十三年改爲從二品。　大行臺：官名。指大行臺長官。北魏置大行臺，爲尚書省在各主要地區的派出機構，大行臺尚書令爲其長官，管理轄區内的軍政事務，視從二品。

[13]擊梁將成景儁等解東徐圍：底本“梁”下有“州”字，“儁”作“擕”，“徐”作“行”。殿本校勘記云：“‘擕’，一本作‘儁’。”中華本校勘記云：“諸本‘梁’下有‘州’字，‘儁’作‘擕’，‘徐’作‘行’。按《通志》‘擕’作‘儁’。成景儁見《南史》卷七四《孝義傳》，乃梁將，非梁州將，‘州’字衍。今據删改。又《魏書》卷一一《出帝紀》永熙二年五月，稱‘東徐州城民王早、簡實等殺刺史崔庠，據州入蕭衍’。十一月，以‘殷州刺史邸珍爲徐州大都督、東道行臺僕射，率將討東徐州’。則‘東行’乃‘東徐’之訛。東徐州見《魏書·地形志中》，治下邳城，在彭城之東，故下云‘回軍彭城’。今改正。”今從改。成景儁，人名。字超，祖籍范陽（今河北涿州市）人。其父爲北魏官吏，仇人殺父後南奔梁，他亦歸梁報仇。後爲南朝梁官吏。見《南史》卷七四《成景儁傳》。東徐，州名。北魏時治下邳城，在今江蘇睢寧縣古邳鎮北側。

[14]彭城：縣名。治所在今江蘇徐州市。

田式，字顯摽，[1]馮翊下邽人也。[2]祖安興、父長樂，仕魏，俱爲本郡太守。

[1]摽：中華本作“標”。

[2]馮翊：郡名。北魏時治高陸縣，在今陝西高陵縣。　下邽：縣名。治所在今陝西渭南市。

式性剛果，多武藝，拳勇絶人。仕周，位渭南太守，[1]政尚嚴猛，吏人重足而立，[2]無敢違法。遷本郡太守，親故屏跡，請託不行。周武帝聞而善之，[3]進位儀同三司，賜爵信都縣公，[4]擢拜延州刺史。[5]從平齊，以功授上開府，[6]徙爲建州刺史，[7]改封梁泉縣公。[8]後從韋孝寬討尉遲迥，[9]以功拜大將軍，[10]進爵武山郡公。[11]

[1]渭南：郡名。北周時治渭南縣，在今陝西渭南市東南。

[2]重足而立：叠足而立，不敢邁步，形容恐懼。語出西漢賈誼《過秦論下》。

[3]周武帝：即北周皇帝宇文邕。武爲其謚號。

[4]信都縣公：封爵名。信都，縣名。治所在今河北冀州市。

[5]延州：北周時治廣武縣，在今陝西延安市東。

[6]上開府：上開府儀同大將軍的省稱。北周武帝建德四年（575）置，位在開府儀同大將軍上，主要授予有軍勳的功臣及北齊降官，無具體職掌，九命。

[7]徙爲建州刺史：殿本校勘記云："《隋書》（'建'）作'庭'，當以此爲正。"源氏校勘記云："'建'《隋書》作'庭'。"建州，北周時治高都城，在今山西晋城市東北。

[8]梁泉縣公：封爵名。梁泉，縣名。治所在今陝西鳳縣東北鳳州鎮。

[9]韋孝寬：人名。即韋叔裕。字孝寬，以字行，京兆杜陵（今陝西西安市長安區東）人。西魏、北周軍事家。見《北史》卷六四《韋孝寬傳》。　尉遲迥：人名。字薄居羅，代（今山西大同市東北）人。西魏、北周重臣。見《北史》卷六二《尉遲迥傳》。

[10]大將軍：官名。魏晋南北朝後期作爲名譽官職，加授給大臣、重要郡鎮的長官，以獎勵軍功，後來也贈予朝臣。大將軍居勳官十一等中的第四等。

[11]武山郡公：封爵名。武山，郡名。北周時治雉陽縣，在今

河南魯山縣東南。

及隋文帝受禪，[1]拜襄州總管。[2]專以立威爲務，每視事于外，必盛氣以待之。其下官屬，股慄無敢仰視。有犯禁者，雖至親昵無所容貸。其女婿京兆杜寧自長安省之，[3]式誡寧無出外。寧久之不得還，竊上北樓，以暢羈思。式知之，杖寧五十。其所愛奴，嘗詣式白事，有蟲上其衣衿，揮袖拂去之。式以爲慢己，立棒殺之。或僚吏姦贓、部內劫盜者，無問輕重，悉禁地穽中，寢處糞穢，令受苦毒，自非身死，終不得出。每赦書到州，式未暇省讀，先召獄卒殺重囚，然後宣示百姓。其刻暴如此。

[1]隋文帝：即隋朝皇帝楊堅。文爲其謚號。

[2]襄州：隋朝初治襄陽縣，在今湖北襄樊市漢水南襄陽舊城。　總管：官名。地方高級軍政官員。北周明帝武成元年（559）由都督諸州軍事改名，加使持節，管理轄區軍政民務。所轄區域增減無常，一般轄數州，多者可達數十州。隋因之，領一州或數州、十數州軍政，刺史以下官得承制補授。其品秩分三等，上總管視從二品，中總管視正三品，下總管視從三品。邊鎮大州或置大總管。

[3]京兆：郡名。隋朝時治大興城，在今陝西西安市。　長安：縣名。治所在今陝西西安市西北。

由是爲上所譴，除名。[1]式慙恚不食，妻子至其所輒怒，唯侍僮二人，給使左右。從家中索椒，欲自殺，[2]家人不與。陰遣侍僮詣市買毒藥，妻子又奪棄之。式恚卧，其子信時爲儀同，[3]至式前流涕曰："大人既是朝廷重臣，又無大過，比見公卿放辱者多矣，旋復外用，大人何能久乎？乃至於此！”式欻起抽刀斫信，信避之，刃中於門。[4]上知之，以式爲罪己之深，復其官爵，尋拜廣州總管。[5]卒官。

[1]除名：除去名籍，取消原有身份。

[2]索椒欲自殺：《千金翼方》“蜀椒”載：“多食令人乏氣，口閉者殺人。”

[3]儀同：隋朝時爲勳官號，十一等中第八等，正五品上，煬帝大業三年（607）罷。

[4]刃中於門：源氏校勘記云：“‘門’《隋書》作‘閾’。”按：中華本《隋書》卷七四《田式傳》“門”作“閾”。

[5]廣州：隋朝時治大庾縣，在今廣東始興縣。

燕榮，字貴公，[1]華陰弘農人也。[2]父偘，周大將軍。

[1]字：元大德本作“自”，旁小字寫“字”。

[2]華陰弘農人也：中華本校勘記云：“張森楷云：‘華陰未嘗爲郡，弘農安得屬之？此疑誤倒。’按《魏書·地形志下》華州華山郡華陰縣注云：‘前漢屬京兆，後漢、晋屬恒農（即弘農）。’稱‘弘農華陰人’是沿襲漢、晋舊望。張説是。”可從。弘農，郡名。隋朝時治弘農縣，在今河南靈寶市東北。華陰，縣名。治所在今陝西華陰市東南。

榮性剛嚴，有武藝。仕周，爲内侍上士。[1]從武帝伐齊，以功授開府儀同三司，[2]封高邑縣公。隋文帝受禪，[3]進位大將軍，進封落叢郡公，[4]拜晉州刺史。[5]尋從河間王弘擊突厥，[6]以功拜上柱國，[7]遷青州總管。[8]在州選絶有力者爲伍伯，[9]吏人過之者，必加詰問，輒楚撻之，創多見骨。姦盜屏跡，境内肅然。他州縣人經其界者，畏若寇讎，不敢休息。後因入朝覲，特加恩遇。榮以母老，請每歲入朝，上許之。

[1]内侍上士：官名。西魏、北周天官府宫伯中大夫屬官，即中侍上士。隋朝時因避隋文帝之父楊忠諱稱内侍上士。

[2]開府儀同三司：三國魏始置。多爲大臣的加號，與三司（太尉、司徒、司空）的禮制待遇相同。允許開府，自辟屬僚。北周時置之爲勳官，九命。

[3]高邑縣公隋文帝受禪：元大德本空闕“公隋”二字。高邑縣公，封爵名。高邑，縣名。治所在今河北高邑縣西南。

[4]落叢郡公：封爵名。落叢，郡名。隋朝時治落叢縣，在今陝西略陽縣西北。

[5]晉州：隋朝時治白馬城，在今山西臨汾市。

[6]尋從：元大德本二字空闕。　弘：即楊弘，人名。字辟惡，弘農華陰（今陝西華陰市東南）人。隋朝宗室。見《北史》卷七一《河間王弘傳》。　突厥：廣義上包括鐵勒、突厥各部落，狹義上則專指突厥汗國。公元六世紀初興起於金山（今阿爾泰山）西南麓，爲游牧部落。隋文帝開皇二年（582），分裂爲東西兩部。見《北史》卷九九《突厥傳》。

[7]上柱國：官名。北周武帝建德四年置爲最高級勳官，正九命。隋朝時爲從一品散實官。煬帝大業三年罷。從一品。

[8]青州：隋朝時治東陽城，在今山東青州市。

[9]伍伯（bǎi）：亦作“伍百”，役卒。多爲輿衛前導，或執杖行刑。

伐陳之役，以爲行軍總管，[1]率水軍自東萊傍海入太湖，[2]取吴郡。[3]既破丹陽，[4]吴人共立蕭瓛，[5]爲宇文述所敗，[6]退保包山。[7]榮率精甲躡之，瓛敗走，爲榮所執。事平，檢校揚州總管。[8]尋徵爲武候將軍，[9]後除幽州總管。

[1]行軍總管：官名。北周置。戰時臨時任命大臣爲之，統兵出征，事訖則罷。在重大軍事行動中，隸屬於行軍元帥。隋朝沿置。

[2]東萊：郡名。隋朝時治掖縣，在今山東萊州市。　太湖：在今江蘇南部，爲長江和錢塘江下游泥沙堰塞古海灣而成。

[3]吴郡：南朝陳時治吴縣，在今江蘇蘇州市。

[4]丹陽：縣名。治所在今江蘇南京市。

[5]蕭瓛（huán）：人名。字欽文，蘭陵（一説在今江蘇常州市，一説在今江蘇丹陽市）人。南朝梁宗室。見《北史》卷九三《蕭詧附蕭瓛傳》。

[6]宇文述：人名。字伯通，代郡武川（今内蒙古武川縣西）人。隋朝大臣。見《北史》卷七九《宇文述傳》。

[7]包山：在今浙江杭州市西南。

[8]檢校：南北朝時期，以他官身份被派辦某事，加檢校。非正式官銜。　揚州：隋朝時治江都縣，在今江蘇揚州市。

[9]武候將軍：按：《隋書》卷七四《燕榮傳》作“右武候將軍”。武候將軍，官名。隋朝時置左、右武候將軍，各二人。從三品。煬帝大業三年改名爲候衛將軍。

榮性嚴酷，有威容，長吏見者，莫不惶懼自失。范陽盧氏，世爲著姓，榮皆署爲吏卒，以屈辱之。鞭笞左右，動至千數，流血盈前，飲噉自若。嘗按部，道次見叢荊，堪爲笞箠，命取之，輒以試人。人或自陳無咎，榮曰："後有罪，當免。"及後犯細過，將檛之。人曰："前日被杖，許有罪宥之。"榮曰："無過尚爾，[1]况有過邪！"榜捶如舊。榮每巡省管内，聞人吏妻有美色，輒舍其室而淫之，貪暴放縱日甚。

[1]爾：殿本校勘記云："監本訛作'尒'，今改正。"

時元弘嗣除幽州長史，懼辱，固辭。上知之，勑榮曰："弘嗣杖十已上罪，皆奏聞。"榮忿曰："豎子何敢弄我！"乃遣弘嗣監納倉粟，[1]颺得一糠一粃，罰之。每笞不滿十，然一日中或至三數。如是歷年，怨隙日搆。榮遂收付獄，禁絶其糧。弘嗣飢，抽衣絮雜水咽之。其妻詣闕稱冤，上遣考功侍郎劉士龍馳驛鞫問，[2]奏榮毒虐，又贓穢狼籍，遂徵還京，賜死。先是，榮家寢室無故有蛆數斛從地墳出。未幾，榮死於蛆出之處。有子詢。

[1]乃遣弘嗣監納倉粟：底本"乃"作"及"，中華本校勘記云："諸本'乃'訛作'及'，據《隋書》卷七四《燕榮傳》改。"今從改。

[2]考功侍郎：官名。隋文帝避父楊忠諱，改考功郎中爲考功侍郎。爲尚書省吏部考功司長官，一人，掌考第。正六品上，文帝開皇三年（583）升爲從五品。煬帝大業三年改名爲考功郎。　劉

士龍：人名。弘農（今陝西華陰市）人。隋朝官吏。曾任尚書右丞。征伐高麗不利，被煬帝賜死。

元弘嗣，河南洛陽人也。[1]祖剛，魏漁陽王。[2]父經，周漁陽郡公。[3]

[1]河南：郡名。北魏時治洛陽縣，在今河南洛陽市東北。洛陽：縣名。治所在今河南洛陽市東北。

[2]漁陽王：封爵名。漁陽，郡名。北魏時治漁陽縣，在今北京密雲縣西南。

[3]漁陽郡公：封爵名。漁陽，郡名。北周時治潞縣，在今北京通州區東。

弘嗣少襲爵，十八爲左親衛。[1]開皇九年，從晋王平陳，[2]以功授上儀同。後除觀州長史，[3]以嚴峻任事，州人多怨之。轉幽州。時總管燕榮肆虐於弘嗣，每笞辱。弘嗣心不伏，遂被禁。及榮誅，弘嗣爲政，酷又甚之。每鞫囚，多以酢灌鼻，[4]或椓弋其下竅，[5]無敢隱情，姦僞屏息。仁壽末，[6]授木工監，[7]修營東都。

[1]左親衛：官名。隋朝時置左右衛府，所領親衛屬官，正七品。

[2]開皇九年從晋王平陳：底本“九”作“元”，中華本校勘記云：“諸本‘九’訛作‘元’，據《隋書》卷七四《元弘嗣傳》改。”今從改。　開皇：隋文帝的年號（581—600）。　晋王廣：即楊廣。隋文帝次子，隋朝第二任皇帝。見《北史》卷一二《隋本紀·煬帝》。

[3]觀州：隋朝初治東光縣，在今河北東光縣。　長史：源氏校勘記改“史”作“吏”。按：《隋書》《通志》皆作“長史”，源氏所改，不知所據。疑非。

[4]酢（zuò）：醋。

[5]椓弋：古代城門上嵌裝的尖圓形木橛。

[6]仁壽：隋文帝的年號（601—604）。

[7]木工監：官名。隋朝行臺省百工監長官，置一人，視正八品。

大業初，[1]煬帝潛有遼東意，遣弘嗣於東萊海口監造船。諸州役丁苦其捶楚，官人當作，[2]晝夜立水中，略不敢息，自腰已下無不蛆生，死者十三四。尋遷黃門侍郎，[3]轉殿中少監。[4]遼東之役，進位金紫光祿大夫。[5]後奴賊寇隴西，詔弘嗣擊之。

[1]大業：隋煬帝的年號（605—617）。

[2]官人當作：按《通志》卷一七一、《隋書》卷七四《元弘嗣傳》均作“官吏督役”。疑是。

[3]黃門侍郎：官名。爲給事黃門侍郎的省稱。秦置。爲中朝官員，給事於宫門之内，侍從皇帝、顧問應對，出則陪乘。隋煬帝大業三年改黃門郎爲黃門侍郎，爲門下省次官，四員，正四品上。

[4]殿中少監：官名。隋煬帝大業三年置殿内省，殿内少監爲次官，掌諸供奉，領尚食、尚藥、尚衣、尚食。一人。中華本校勘記云：“《隋書》‘中’作‘内’。按隋時諱‘中’字，凡官名有‘中’字者皆改名，其時祇有殿内少監，《北史》改作‘中’，誤。”可從。

[5]金紫光祿大夫：官名。西晋初始設光祿大夫，加賜金章紫綬者爲金紫光祿大夫。祿賜、班位、車服等所賜與特進等同。隋初

爲從二品散官，煬帝時改爲正三品。

及玄感反，[1]弘嗣屯兵安定。[2]或告之謀應玄感，代王侑遣執送行在所。[3]以無反形當釋，[4]帝疑之，除名，徙日南。[5]道死。

有子仁觀。

[1]楊玄感：人名。弘農華陰（今陝西華陰市東南）人。隋朝官吏。見《北史》卷四一《楊敷附楊玄感傳》。

[2]安定：縣名。治所在今甘肅涇川縣北。

[3]代王侑，即楊侑。隋朝最後一位皇帝，謚號恭帝。見《隋書》卷五《恭帝紀》。　行在所：天子巡行所到的地方。

[4]以無反形當釋：底本無"形當"二字，中華本校勘記云："諸本作'以無反釋'。李慈銘云：'《隋書》作"以無反形當釋"，此脱二字。'按《通志》卷一七一《元弘嗣傳》'形當'作'狀得'。據下文'帝疑之，除名徙日南'，則是當釋而未釋。《隋書》是，今據補。"今從改。

[5]日南：郡名。隋煬帝大業三年改驩州置，治九德縣，在今越南義安省榮市。

王文同，京兆頻陽人也。[1]性明辯，有幹用。開皇中，以軍功拜儀同，授桂州司馬。[2]煬帝嗣位，爲光禄少卿。[3]以忤旨，出爲恒山郡贊務。[4]有一人豪猾，每持長吏長短，前後守令咸憚之。文同下車，聞其名，召而數之。[5]因令剡木爲大橛，[6]埋之於庭，出尺餘，四面各埋小橛，令其人踣心於木橛上，[7]縛四支於小橛，以棒打其背，應時潰爛。郡中大駭，吏人慴氣。

[1]頻陽：殿本校勘記云："'頻'《隋書》訛作'頻'，誤。"按：京兆有頻陽，無頻陽。頻陽，縣名。治所在今陝西富平縣東北。

[2]桂州：隋朝初治始安縣，在今廣西桂林市。　司馬：官名。軍府高級幕僚，掌參贊軍務，管理府内武職，位僅次於長史，其品秩隨府主而定，高低不等。

[3]光禄少卿：官名。北魏始置，爲光禄勳副職。隋初置一員，正四品上。煬帝時增爲二員，從四品。

[4]恒山：郡名。隋朝時治真定縣，在今河北正定縣。　贊務：官名。隋朝置，初爲雍州屬官，居别駕下，從四品。煬帝時罷長史、司馬，置贊務爲郡太守副職，員一人。上郡贊務爲正五品，中郡爲從五品，下郡爲正六品。京兆、河南贊務爲從四品。隋亡，廢。

[5]聞其名召而數之：底本無"召"字，中華本校勘記云："諸本脱'召'字，據《隋書》卷七四《王文同傳》補。"今從改。

[6]剡（yǎn）：削。

[7]踣（bó）：僵仆。

及帝征遼東，令文同巡察河北諸郡。文同見沙門齋戒菜食者，以爲祆妄，皆收繫之。北至河間，召諸郡官人，[1]小有遲違者，輒覆面於地而捶殺之。求沙門相聚講論及長老共爲佛會者數百人，[2]文同以爲聚結惑衆，盡斬之。又悉裸僧尼，驗有淫狀非童男女者數千人，復將殺之。郡中士女，號哭於路，諸郡驚駭，各奏其事。帝聞大怒，遣使者達奚善意馳鎖之，[3]斬於河間，以謝百姓。讎人剖其棺，臠其肉噉之，斯須咸盡。

[1]召諸郡官人：底本無“諸”字，中華本校勘記云：“諸本脱‘諸’字，據《隋書》及《通志》卷一七一《王文同傳》補。”今從改。

[2]求沙門相聚講論及長老共爲佛會者數百人：按：“求”字，語義不通。《通典》卷一七〇作“有”。另，《册府元龜》卷六六四亦作“有”。疑是。

[3]達奚善意：人名。其餘不詳。

論曰：士之立名，其途不一，或以循良進，或以嚴酷顯。故寬猛相資，德刑互設。然不嚴而化，君子所先。于洛侯等爲惡不同，同歸於酷，肆其毒螫，多行殘忍。賤人肌膚，同諸木石；[1]輕人性命，甚於芻狗。[2]長惡不悛，鮮有不及。[3]故或身嬰罪戮，或憂恚俱殞，異術皆斃，各其宜焉。凡百君子，以爲有天道矣。

[1]木石：木頭和石頭。比喻無知覺、無感情的事物。

[2]芻狗：古代祭祀時用草扎的狗。後比喻微賤無用的言論或事物。

[3]長惡不悛鮮有不及：長期作惡，做盡各種惡事，而不肯悔改。

北史　卷八八

列傳第七十六

隱逸

眭夸　馮亮　鄭脩　崔廓 子賾　徐則　張文詡

蓋兼濟獨善，[1]顯晦之殊，其事不同，由來久矣。昔夷、齊獲全於周武，[2]華、喬不容於太公。[3]何哉？求其心者，許以激貪之用；督其跡者，矯以教義之風。而肥遯不歸，[4]代有其人矣。故《易》稱“遯世無悶”“不事王侯”。[5]《詩》云“皎皎白駒，在彼空谷”。[6]《禮》云“儒有上不臣天子，下不事諸侯”。[7]《語》曰“舉逸民，天下之人歸心焉”。[8]雖出處殊途，語默異用，各言其志，皆君子之道也。

[1]兼濟獨善：意思是要麽施展抱負治理天下，要麽提高修養保持高尚人格。語出《孟子·盡心上》。

[2]夷齊獲全於周武：伯夷和叔齊能在周武王的時候得到保全。

見《史記》卷六一《伯夷列傳》。

［3］華裔不容於太公：姜太公殺隱士狂裔、華士兄弟。見《韓非子·外儲説右上》。

［4］肥遯（dùn）：退隱的代稱。

［5］遯世無悶：逃避世俗而心無煩憂。　不事王侯：歸隱，不做官。語出《易·蠱卦》："上九，不事王侯，高尚其事。"成爲後世稱頌、贊美隱士的話。

［6］皎皎白駒在彼空谷：語出《詩·小雅·白駒》："皎皎白駒，在彼空谷。生芻一束，其人如玉。"白駒，白色的駿馬，比喻賢人在野。

［7］儒有上不臣天子下不事諸侯：意思是有的儒者上不爲臣於天子，下不侍奉諸侯。也就是歸隱。語出《禮記·儒行》。

［8］舉逸民天下之人歸心焉：意思是隱逸的人都能被薦舉做官，那麼天下的人都會順從。語出《論語·堯曰》。

洪崖兆其始，箕山扇其風，[1]七人作乎周年，四皓光乎漢口。[2]魏、晋以降，其流逾廣。其大者則輕天下，細萬物；其小者則安苦節，甘賤貧。或與世同塵，[3]隨波瀾以俱逝；或違時矯俗，望江湖而獨往。狎玩魚鳥，左右琴書，拾遺粒而織落毛，飲石泉而庇松柏。[4]放情宇宙之外，自足懷抱之中。[5]然皆欣欣於獨善，鮮汲汲於兼濟。夷情得喪，忘懷累有。比夫邁德弘道，匡俗庇人，可得而小，不可得而忽也。而受命哲王，守文令主，莫不束帛交馳，蒲輪結轍，奔走巖谷，[6]唯恐不逮者，何哉？以其道雖未弘，志不可奪，縱無舟檝之功，[7]終有堅貞之操，足以立懦夫之志，息貪競之風。與苟得之徒，不可同年共日，所謂無用以爲用，無爲而無不爲也。

[1]洪崖兆其始箕山扇其風：洪崖開創了隱逸的傳統，許由使這一風氣得到發揚。洪崖，人名。亦作“洪厓”“鴻崖”。傳説中黄帝的臣子。箕山，這裏代指堯時在箕山隱居、死後葬在這裏的賢人許由。許由，人名。一作“許繇”，字武仲，一字道開，是上古高潔之士。相傳堯帝要把君位讓給他，他推辭不受，逃到箕山下，農耕而食；堯帝又讓他做九州長官，他到潁水邊洗耳，表示不願意聽到這些世俗濁言。

[2]七人作乎周年四皓光乎漢日：周天子因爲有七個賢明的諍臣，所以能够穩固統治；西漢王朝因爲商山四皓的輔助，所以能够繼續發展。七人作乎周年，《孝經·諫諍》：“昔者，天子有争臣七人，雖無道，不失其天下。”四皓光乎漢日，因爲商山四皓的輔助，讓漢高祖放棄了更换太子的想法，保證了西漢皇權的延續。四皓，即漢初的四位隱士東園公唐秉、夏黄公崔廣、綺里季吴實、甪里先生周術。見《史記》卷五五《留侯世家》。

[3]與世同塵：和塵世一樣。

[4]狎玩魚鳥左右琴書拾遺粒而織落毛飲石泉而庇松柏：描寫了自在的隱逸生活。拾遺粒而織落毛，語出劉向《列女傳》卷二：“（老萊子妻）遂行不顧，至江南而止，曰：‘鳥獸之解毛，可績而衣之。據其遺粒，足以食也。’”意思是拾取遺落的種子作爲食物，拾取動物脱落的毛髮織成衣服。飲石泉而庇松柏，語出《九歌·山鬼》：“君思我兮不得閒。山中人兮芳杜若，飲石泉兮蔭松柏，君思我兮然疑作。”意思是從石泉中取水飲用，頭上有松柏遮陽。

[5]放情宇宙之外自足懷抱之中：縱情於天外，自我滿足於内心。

[6]受命哲王守文令主莫不束帛交馳蒲輪結轍奔走巖谷：描寫了古代帝王爲了請得賢士所做的努力。守文，本義是遵守文王法

度，泛指遵守先王法度。束帛，捆爲一束的五匹帛。古代用爲聘問、饋贈的禮物。蒲輪，蒲草裹輪的車子。轉動時震動比較小。古代常用於封禪或迎接賢士，以示禮敬。結轍，又作“結徹”，車轍交錯，表示車輛往來不絶。

[7]舟檝：船槳。比喻宰輔大臣。《尚書·説命上》：“朝夕納誨，以輔台德。若金，用汝作礪；若濟巨川，用汝作舟檝。”

自叔世澆浮，[1]淳風殆盡，錐刀之末，競入成群。[2]而能冥心物表，[3]介然離俗，[4]望古獨適，求友千齡，亦異人矣。何必御霞乘雲而追日月，窮極天地，始爲超遠哉。

[1]叔世澆浮：衰亂的時代，社會風氣不好。《左傳》昭公六年：“三辟之興，皆叔世也。”孔穎達疏引服虔云：“政衰爲叔世，叔世踰於季世，季世不能作辟也。”

[2]錐刀之末競入成群：很小的利益，都有很多人去争取。語出《左傳》昭公六年：“錐刀之末，將盡争之。”末，細小的利益。

[3]冥心：指摒棄雜念，寧心静氣。

[4]介然：專一，堅定不動摇。《荀子·修身》：“善在身，介然必以自好也。”

案《魏書》列眭夸、馮亮、李謐、鄭脩爲《逸士傳》。[1]《隋書》列李士謙、崔廓、廓子賾、徐則、張文詡爲《隱逸傳》。[2]今以李謐、士謙附其家傳，其餘並編附篇，以備《隱逸傳》云。[3]

[1]李謐：人名。字永和，趙郡平棘（今河北趙縣）人。博覽

群書，不出仕。見《北史》卷三三《李孝伯附李謐傳》。

[2]李士謙：人名。字子約，趙郡平棘（今河北趙縣）人。以孝聞名。見《北史·李孝伯附李士謙傳》。

[3]其餘並編附篇以備隱逸傳云：底本無“隱”字，中華本校勘記云：“諸本脱‘隱’字，據目録補。又‘附’下當有‘此’字。”今從改。

眭夸，一名旭，趙郡高邑人也。[1]祖邁，晋東海王越軍謀掾。[2]後没石勒，[3]爲徐州刺史。[4]父邃，字懷道，慕容寶中書令。[5]

[1]趙郡：北魏時治平棘縣，在今河北趙縣。　高邑：縣名。治所在今河北高邑縣西南。

[2]東海王：封爵名。東海，郡名。西晋時治郯縣，在今山東郯城縣北。　越：即司馬越，人名。字元超，河内温縣（今河南温縣）人。西晋宗室。見《晋書》卷五九《東海王越傳》。　軍謀掾：官名。東漢末曹操置爲司空、丞相府僚屬，參議軍政。西晋沿置。

[3]石勒：人名。字世龍，初名㔨，上黨武鄉（今山西榆社縣北）人，羯族。十六國時後趙君主。見《晋書》卷一〇四、一〇五《石勒載記》。

[4]徐州：後趙時治彭城縣，在今江蘇徐州市。

[5]慕容寶：人名。字道祐，昌黎棘城（今遼寧北票市章吉營子鄉三官營子村）人，鮮卑族。十六國時後燕君主。見《北史》卷九三《慕容垂附慕容寶傳》。　中書令：官名。漢武帝時置，爲中書謁者令的簡稱，掌管機要，處理國務。三國魏文帝改秘書令爲中書令，掌機密，贊詔命，記會時事，典作文書。晋、南北朝皆沿置。北魏時隨名位增高而成爲閑職。孝文帝太和二十三年定爲

三品。

夸少有大度，不拘小節，耽好書傳，未曾以世務經心。好飲酒，浩然物表。年三十，遭父喪，鬚鬢致白，每一悲哭，聞者爲之流涕。高尚不仕，寄情丘壑。同郡李順願與之交，[1]夸拒而不許。邦國少長莫不憚之。

[1]李順：人名。字德正，趙郡平棘（今河北趙縣）人。北魏官吏。見《北史》卷三三《李順傳》。

少與崔浩爲莫逆之交。[1]浩爲司徒，[2]奏徵爲中郎，[3]辭疾不赴。州郡逼遣，不得已，入京都，與浩相見。經留數日，唯飲酒談叙平生，不及世利。浩每欲論屈之，竟不能發言，其見敬憚如此。浩後遂投詔書於夸懷，亦不開口。夸曰："桃簡，卿已爲司徒，何足以此勞國士也？吾便將别。"桃簡，浩小名。浩慮夸即還，時乘一騾，更無兼騎，乃以夸騾内之厩中，冀相維縶。夸遂託鄉人輸租者，謬爲御車，乃得出關。浩知而歎曰："眭夸獨行士，本不應以小職辱之，又使其人杖策復路，吾當何辭以謝也！"時朝法甚峻，夸既私還，將有私歸之咎。浩仍相左右，始得無坐。經年，送夸本騾，兼遺以所乘馬，爲書謝之。夸更不受其騾馬，亦不復書。及浩没，爲之素服，[4]受鄉人弔唁，經一時乃止。歎曰："崔公既死，誰能更容眭夸！"

[1]崔浩：人名。字伯淵，《北史》避唐高祖李淵諱改爲伯深，

清河東武城（今山東武城縣西北）人。北魏大臣。見《北史》卷二一《崔宏附崔浩傳》。

[2]司徒：官名。漢哀帝元壽二年（前1）改丞相爲大司徒，漢光武帝時改司徒，與太尉、司空並稱三公，分掌宰相職能。北魏初曾令州郡公文先上司徒府，後改上丞相府。一品。

[3]中郎：官名。從事中郎的省稱。西漢始置。爲諸公府、軍府開府的僚屬，與長史共主府中吏事。魏晋南北朝皆置，其職依時依府而異，或主吏，或分掌諸曹，或掌機密，或參謀議，地位較高。北魏孝文帝太和二十三年定爲五品。

[4]素服：本色或白色的衣服。居喪或遭遇凶事時穿。

婦父鉅鹿魏攀，[1]當時名達之士，未嘗備壻之禮，情同朋好。或人謂夸曰："吾聞有大才者必居貴仕，子何獨在桑榆乎？"[2]遂著《知命論》以釋之。及卒，葬日赴會者如市。無子。

[1]鉅鹿：郡名。北魏時屬定州，治曲陽縣，在今河北晋州市西。北魏孝莊帝永安二年（529）時分定州鉅鹿郡置，屬殷州，治癭遥縣，在今河北寧晋縣西南。

[2]桑榆：喻指隱居田園。

馮亮，字靈通，南陽人，[1]梁平北將軍蔡道恭之甥也。[2]少博覽諸書，又篤好佛理。隨道恭至義陽，[3]會中山王英平義陽，[4]獲焉。英素聞其名，以禮待接。亮性清静，後隱居嵩山，感英之德，以時展覲。[5]英亡，亮奔赴，盡其哀慟。宣武嘗召以爲羽林監，[6]領中書舍人，[7]將令侍講《十地》諸經，[8]固辭不許。[9]又欲使衣幘入見，苦求以幅巾就朝，[10]遂不强逼。還山數年，與僧禮誦爲業，蔬食飲水，[11]有終焉之志。會逆人王敞事發，[12]連山中沙門法。而亮被執赴尚書省，[13]十餘日，詔特免雪。亮不敢還山，遂寓居景明寺，[14]敕給衣食及其從者數人。後思其舊居，復還山室。

[1]南陽：郡名。南朝梁時治宛縣，在今河南南陽市。

[2]平北將軍：官名。漢獻帝建安中曹操置。魏晋時多兼鎮守地區的刺史，統管軍政事務，與平南、平東、平西將軍合稱四平將軍。北朝前期地位仍較高，北朝後期漸成無職掌的散官。北魏孝文帝太和十七年（493）定爲從二品上，二十三年改爲三品。　蔡道恭：人名。字懷儉，南陽冠軍（今河南鄧州市西北）人。見《梁書》卷一〇《蔡道恭傳》。

[3]義陽：縣名。治所在今河南信陽市西北。

[4]中山王：封爵名。中山，郡名。北魏時治盧奴縣，在今河北定州市。　英：即元英，人名。字虎兒。北魏宗室、將領。見《北史》卷一八《南安王楨附中山王英傳》。

[5]展覲：敬辭，朝覲。

[6]宣武：即北魏皇帝元恪。宣武爲其謚號。　羽林監：官名。掌侍衛送從。北魏孝文帝太和二十三年爲六品。

[7]中書舍人：官名。爲中書省屬官，掌收納、轉呈章奏。北魏孝文帝太和十七年定爲六品上，二十三年改爲六品下。

[8]十地：佛教經典。即《十地經論》，簡稱《十地論》。見《大正藏》第二十六册。

[9]固辭不許：中華本校勘記云："《魏書》卷九〇（補）《馮亮傳》'許'作'拜'，是。"可從。

[10]幘：一般文官戴的頭巾，包裹著頭，中間露出頭髮，前高後低，然後加冠。　幅巾：指用一塊帛巾束首，是一種表示儒雅的

裝束。

[11]蔬食飲水：吃粗糙的食物，喝涼水。語出《論語·學而》："子曰：'飯蔬食飲水，曲肱而枕之，樂亦在其中矣。不義而富且貴，於我如浮雲。'"

[12]會逆人王敞事發：見《北史》卷四《魏本紀·宣武帝》"永平三年十二月"條下："甲申，詔於青州立孝文皇帝廟。殿中侍御史王敞謀反，伏誅。"

[13]連山中沙門法而亮被執赴尚書省：中華本校勘記云："南本及《通志》卷一七八《馮亮傳》'法'作'既'，從下讀。《魏書》無'法'字。按'法'可能是僧名，下有脱字，今從'法'下斷。"可從。尚書省，官署名。東漢時有尚書臺，魏晋以後爲省，然臺、省互稱。北魏道武帝皇始元年（396）仿晋制置尚書省，設令、僕射、尚書等官。孝文帝改制以後，以録尚書事爲長官，令、僕射副之，置六尚書、二丞，權任頗重，不僅總庶務，行文書，而且爲樞機之任。

[14]景明寺：因北魏宣武帝於景明年建立而得名。寺有七層塔，是北魏皇家在洛陽所建的一大寺院。參《洛陽伽藍記》卷三《景明寺》。

亮既雅愛山水，又兼工思，結架巖林，甚得栖遊之適。頗以此聞。宣武給其工力，令與沙門統僧暹、河南尹甄琛等同視嵩山形勝之處，[1]遂造閑居佛寺，林泉既奇，營製又美，曲盡山居之妙。亮時出京師，延昌二年冬，[2]因遇篤疾，宣武敕以馬輿送令還山，居嵩高道場寺，[3]數日卒。詔贈帛二百匹，以供凶事。

[1]令與沙門統僧暹河南尹甄琛等同視嵩山形勝之處：底本"琛"作"深"，中華本校勘記云："諸本'琛'訛作'深'，據

《魏書》改。甄琛見本書卷四〇，曾爲河南尹。”今從改。沙門統，官名。北魏道武帝皇始二年設，分掌國、州、郡之僧尼、寺産、宗教活動等。又按級分稱沙門都統、州統、郡統等。一般皆以僧人任之。僧暹，僧人法號。北魏宣武帝時逼迫二百餘家僧户遷移，致使五十多人含怨自殺；曾向太后誣陷李瑒的言論爲鬼教。見《魏書·釋老志》。河南，郡名。北魏時治洛陽縣，在今河南洛陽市東北。甄琛，人名。字思伯，中山毋極（今河北無極縣）人。北魏官吏。見《北史》卷四〇《甄琛傳》。

[2]延昌：北魏宣武帝的年號（512—515）。

[3]嵩高：即嵩山。在今河南登封市西北。

遺誡兄子綜，殮以衣幍，[1]左手持板，[2]右手執《孝經》一卷，置尸盤石上，去人數里外，積十餘日，乃焚於山，灰燼處，起佛塔經藏。初，亮以盛冬喪，連日驟雪，窮山荒澗，鳥獸飢窘，僵尸山野，無所防護。時有壽春道人惠需，[3]每日往看其屍，拂去塵霰，禽蟲之迹，交横左右，而初無侵毁。衣服如本，唯風吹幍巾稍側。[4]又以亮識舊南方法師信大栗十枚，[5]言期之將來十地果報，[6]開亮手，以置把中。經宿，乃爲蟲鳥盗食，皮殼在地，而亦不傷肌體。焚燎之日，有素霧蓊鬱，回繞其傍，自地屬天，彌朝不絶。山中道俗營助者百餘人，莫不異焉。

[1]衣幍：便衣和便帽。

[2]板：佛教法器之一，今之雲板，是報時報事的工具。一般爲木製，後也有用銅鐵做成。在板面上大都寫有“謹白大衆：生死事大，無常迅速，各宜醒覺，慎勿放逸”等偈語。

［3］壽春：縣名。治所在今安徽壽縣。

［4］衣服如本唯風吹幍巾稍側：底本“風”後無“吹”，“巾”後無“稍側”，中華本校勘記云：“諸本脱‘吹’字，及‘稍側’二字，據《通志》補。”今從改。

［5］又以亮識舊南方法師信大栗十枚：中華本校勘記云：“《通志》‘信’上有‘遣’字。”可從。

［6］十地：亦叫十住，指佛教修行過程中的十個階位。　果報：因果報應。

鄭脩，北海人也。[1]少隱於岐南凡谷中，[2]依巖結宇，不交世俗，雅好經史，專意玄門。[3]前後州將，[4]每徵不至。岐州刺史魏蘭根頻遣致命，[5]脩不得已，暫出見蘭根，尋還山舍。蘭根申表薦脩，明帝詔付雍州刺史蕭寶夤訪實以聞。[6]會寶夤作逆，事不行。

［1］北海：郡名。北魏時治平壽城，在今山東昌樂縣東南。

［2］岐：州名。北魏時治雍城鎮，在今陝西鳳翔縣東。唯底本、元大德本作“歧”，其餘均爲“岐”。今從改。　凡谷：地名。在今陝西秦嶺地區。源氏校勘記云：“《魏書》作‘几谷’。”按：《水經注》卷一七《渭水上》：“渭水之右，磻溪水注之。水出南山兹谷，乘高激流，注于溪中。溪中有泉，謂之兹泉，泉水潭積，自成淵渚，即《吕氏春秋》所謂太公釣兹泉也。今人謂之凡谷。”《魏書》誤。

［3］玄門：謂玄學。

［4］州將：魏晋以降刺史多領兵開府，加將軍號，别稱州將。

［5］魏蘭根：人名。鉅鹿下曲陽（今河北晋州市西）人。北魏、東魏、北齊官吏。見《北史》卷五六《魏蘭根傳》。

［6］明帝：即北魏皇帝元詡。明爲其謚號。　雍州：北魏時治

長安縣，在今陝西西安市西北。　蕭寶夤：人名。字智亮，南朝齊宗室。見《北史》卷二九《蕭寶夤傳》。底本“夤”作“寅”，中華本作“夤”。按：《北史》本傳作“夤”。《魏書》亦作“夤”。今從中華本改。

崔廓，字士玄，博陵安平人也。[1]父子元，齊燕州司馬。[2]廓少孤貧，母賤，由是不爲邦族所齒。[3]初爲里佐，屢逢屈辱，於是感激，逃入山中。遂博覽書籍，多所通涉，山東學者皆宗之。既還鄉，不應辟命。與趙郡李士謙爲忘言友，[4]時稱崔、李。士謙死，廓哭之慟，爲之作《傳》，輸之秘府。[5]士謙妻盧氏寡居，每家事，輒令人諮廓取定。廓嘗著論言刑名之理，[6]其義甚精，文多不載。隋大業中，[7]終于家。

[1]博陵：郡名。北魏時治魯口城，在今河北饒陽縣。　安平：縣名。治所在今河北安平縣。

[2]燕州：北齊時寄治并州壽陽縣，在今山西文水縣北。　司馬：官名。軍府高級幕僚，掌參贊軍務，管理府内武職，位僅次於長史，其品秩隨府主而定，高低不等。

[3]不爲邦族所齒：被宗族的人看不起。

[4]忘言友：源氏校勘記云：“《魏書》（‘忘言’）作‘忘年’。”按：《隋書》卷七七《崔廓傳》作“忘年友”。

[5]秘府：古代禁中藏圖書秘籍之所。

[6]刑名：戰國時法家的一派，即刑名之學。

[7]大業：隋煬帝的年號（605—617）。

子賾，字祖濬，七歲能屬文。容貌短小，有口辯。

开皇初，[1]秦孝王荐之，[2]射策高第。[3]诏与诸儒定乐，[4]授校书郎，[5]转协律郎。[6]太常卿苏威雅重之。[7]母忧去职，性至孝，水浆不入口者五日。

[1]开皇：隋文帝的年号（581—600）。

[2]秦孝王：即杨俊。小字阿祇，隋宗室。见《北史》卷七一《秦王俊传》。

[3]射策：汉代选士的时候，以经术为内容的考试方法。主试者提出问题，书之於策，覆置案头，受试人拈取其一，按策上的题目作答。　高第：经过考核，成绩优秀，名列前茅。

[4]诏与诸儒定乐：源氏校勘记云："'乐'上《隋书》有'礼'字。"中华本校勘记云："《隋书》卷七七《崔廓附子赜传》、《通志》卷一六三《崔赜传》，'乐'上有'礼'字。"可从。

[5]校书郎：官名。东汉时置，即以郎官典校皇家秘籍图书，历代沿置。隋朝秘书省及著作局皆置，掌校雠典籍，为文士起家之良选。

[6]协律郎：官名。北魏时置，隋朝沿置，属太常寺，负责监调律吕音乐，员二人。正八品。

[7]太常卿：官名。为太常的尊称。掌宗庙祭祀礼乐等事，隋朝时为正三品。　苏威：人名。字无畏，武功（今陕西武功县西北）人。北周、隋朝官吏。见《北史》卷六三《苏绰附苏威传》。

后征为河南、豫章二王侍读，[1]每更日来往二王之第。及河南为晋王，转记室参军，[2]自此去豫章。王重之不已，遗赜书曰：

[1]河南王：即杨昭。隋炀帝长子。炀帝大业元年立为皇太子，次年去世，谥号元德太子，后被追尊为皇帝，谥号孝成帝，庙号世

宗。　豫章王：即楊暕，隋煬帝兒子。文帝開皇年間被封爲豫章王，煬帝大業年間被封爲齊王。公元 618 年與煬帝一起在江都被殺。　侍讀：官名。爲皇帝或太子講解經義。隋朝時爲加官。

［2］記室參軍：官名。又名記室參軍事。西晋始設。爲記室曹長官，掌管文書奏表。隋朝時置於親王府。從六品。

昔漢氏西京，梁王建國，平臺東苑，慕義如林。馬卿辭武騎之官，枚乘罷弘農之守。[1]每覽史傳，嘗竊怪之，何乃脱略官榮，栖遲藩邸？[2]以今望古，方知雅志。彼二子者，豈徒然哉！

［1］"昔漢氏西京"至"枚乘罷弘農之守"：西漢時，梁孝王到梁國赴任，修建了東苑，很多文人雅士離開長安聚集在這裏。司馬相如辭去景帝的武騎常侍之職，枚乘辭掉了弘農太守的官職，都到東苑去了。見《史記》卷五八《梁孝王世家》。西京，即西漢都城長安，在今陝西西安市。梁王，封爵名。梁，國名。西漢時都睢陽，在今河南商丘市。平臺東苑，梁孝王修建的梁園及通道。東苑，即梁園，在今河南商丘市。慕義如林，形容追隨的人很多。馬卿，指司馬相如。字長卿，蜀郡（今四川成都市）人。西漢文學家。見《史記》卷一一七《司馬相如列傳》。武騎之官，指武騎常侍。西漢置，爲加官，亦稱常侍武騎，皇帝近侍護衛之一，多以郎官爲之，車駕游獵，常侍左右。弘農，郡名。西漢時治弘農縣，在今河南靈寶市東北。

［2］藩邸：諸侯王的宅第。

足下博聞强記，鉤深致遠，視漢臣之三篋，似陟蒙山；[1]對梁相之五車，若吞雲夢。[2]吾兄欽賢重士，敬愛忘疲，先築郭隗之宫，常置穆生之醴。[3]今者重開土宇，更誓山河，地方七百，牢籠曲阜；城兼七十，包舉臨淄；大啓南陽，方開東閤。[4]想得奉飛蓋，曳長裾，藉玳筵，躡珠履，歌山桂之偃蹇，賦池竹之檀欒，[5]其崇貴也如彼，其風流也如此，幸甚幸甚，何樂如之！

[1]漢臣之三篋：形容人的記憶力好。語出《漢書》卷五九《張湯附張安世傳》："上行幸河東，嘗亡書三篋，詔問莫能知，唯安世識之，具作其事。後購求得書，以相校無所遺失。" 似陟蒙山：像登蒙山覺得魯國小一樣。蒙山，又名東蒙山、東山，即今山東蒙山。《孟子·盡心上》："孔子登東山而小魯，登泰山而小天下。"

[2]對梁相之五車若吞雲夢：對比在大梁做過丞相的惠施的學識，就像吞掉雲夢澤那樣容易。

[3]先築郭隗（wěi）之宫常置穆生之醴：像燕昭王專門爲郭隗築宫室，像楚元王專門爲穆生準備醴酒一樣（愛慕人才）。築郭隗之宫，典出《戰國策·燕策一》："于是昭王爲（郭）隗築宫而師之。樂毅自魏往，鄒衍自齊往，劇辛自趙往，士争凑燕。"郭隗，人名。燕昭王客卿。常置穆生之醴，典出《漢書》卷三六《楚元王傳》："初，元王敬禮申公等，穆生不耆酒。元王每置酒，常爲穆生設醴。"

[4]"重開土宇更誓山河"至"大啓南陽方開東閤"：形容封地之大和對賢人的渴望。曲阜，地名。在今山東西南部，代指兖州魯郡。臨淄，地名。在今山東淄博市，代指青州北海郡。南陽，地名。在今河南南陽市，代指荆州南陽郡。東閤，東向的小門。引申爲專門爲賢者開的門。《漢書》卷五八《公孫弘傳》："弘自見爲舉首，起徒步，數年至宰相封侯，於是起客館，開東閤以延賢人。"

王先謙補注引姚鼐曰："此閤是小門，不以賢者爲吏屬，別開門延之。"

［5］"得奉飛蓋曳長裾"至"賦池竹之檀欒"：描述了藩王幕僚的奢華生活。飛蓋，高高的車篷。亦借指車。曳長裾，比喻在王侯權貴門下作食客。《漢書》卷五一《鄒陽傳》引《上吴王書》："今臣盡智畢議，易精極慮，則無國不可奸；飾固陋之心，則何王之門不可曳長裾乎？"玳筵，以玳瑁裝飾坐具的宴席。躡珠履，穿用珍珠裝飾的鞋子。喻指幕僚。《史記》卷七八《春申君列傳》："春申君客三千餘人，其上客皆躡珠履以見趙使。"歌山桂之偃蹇，南方名貴的桂樹交接相錯的優美姿態。

高視上京，有懷德祖；才謝天人，多慚子建。[1]書不盡意，寧俟繁辭。

［1］高視上京：指傲視整個京城。上京，古代對國都的通稱。德祖：指楊脩。字德祖，弘農華陰（今陝西華陰市東南）人。東漢末文學家。見《後漢書》卷五四《楊震附楊脩傳》。　子建：指曹植。字子建，沛國譙（今安徽亳州市）人。三國魏詩人、文學家。見《三國志》卷一九《魏書·陳思王植傳》。

賾答曰：

一昨伏奉教書，榮貺非恒，心靈自失。若乃理高《象》《繫》，管輅思而不解；事富《山海》，郭璞注而未詳。[1]至於五色相宣，八音繁會，[2]鳳鳴不足喻，龍章莫之比。[3]吴札之論《周頌》，詎盡揄揚；郢客之奏《陽春》，誰能赴節？[4]伏惟令王殿下，稟潤天潢，承輝日觀，[5]雅道邁於東平，文藝高於北海。[6]漢則馬遷、蕭望，晋則裴楷、張華。[7]雞樹騰聲，鵷池播美，[8]望我清塵，[9]悠然路絶。

［1］“若乃理高象繫”至“郭璞注而未詳”：象繫，即《易》的象辭和繫辭。象辭，解釋《易》卦象與爻象之辭。繫辭，對卦爻辭的意義及卦象爻位的解釋。管輅，人名。字公明，平原（今山東平原縣）人。精通《周易》。見《三國志》卷二九《魏書·管輅傳》。《山海》，即《山海經》。郭璞，人名。字景純，河東聞喜（今山西聞喜縣）人。東晋著名學者。見《晋書》卷七二《郭璞傳》。

［2］五色相宣八音繁會：各種顔色相互映襯，各種聲音互相協調。形容詩歌辭藻華麗。五色，古代以青、黄、赤、白、黑爲五色正色，泛指各種色彩。八音，古代八種製造樂器的材料。通常指金、石、絲、竹、匏、土、革、木。

［3］鳳鳴不足喻龍章莫之比：形容文采斐然。鳳鳴，鳳凰的鳴叫。比喻優美的音樂。《詩·大雅·卷阿》：“鳳皇鳴矣，于彼高岡。梧桐生矣，于彼朝陽。”龍章，龍的花紋。喻不凡的文采、風采。《世説新語·賞譽》：“顧彦先，八音之琴瑟，五色之龍章。”

［4］吴札之論周頌詎盡揄揚郢客之奏陽春誰能赴節：形容文章優美，除了贊美，不能應和。吴札之論《周頌》，吴國公子季札在評論《周頌》的時候，極力贊美。吴札，人名。春秋時吴國公子季札，曾歷聘魯、齊、鄭、衛、晋諸國，以博聞多識而著稱，爲春秋之賢者。郢客之奏《陽春》，在郢都唱歌的那個人，在唱《陽春白雪》的時候，有誰能够和得上呢？典出《楚辭·對楚王問》。

［5］稟潤天潢承輝日觀：形容天賦很高。天潢，星宿名。《史記·天官書》：“王良策馬，車騎滿野。旁有八星，絶漢，曰天潢。”後來用來稱謂皇族支分派别，如導源於天池。日觀，泰山峰名，爲著名的觀日出之處。

［6］邁：源氏校勘記云："'邁'《隋書》作'貴'。"按：《隋書》卷七七《崔廓附崔賾傳》作"貴"。　東平：指劉楨，字公幹，東平甯陽（今山東東平縣）人。東漢末年文學家、詩人，建安七子之一。見《三國志》卷二一《魏書·王粲附劉楨傳》。　北海：指孔融。字文舉，魯國（今山東曲阜市）人。東漢官吏。見《後漢書》卷七〇《孔融傳》。

［7］漢則馬遷蕭望晉則裴楷張華：馬遷、蕭望，即司馬遷和蕭望之。司馬遷，人名。字子長，夏陽（今陝西韓城市）人。西漢史學家、思想家、文學家。見《史記》卷一三〇《太史公自序》。蕭望之，東海蘭陵（今山東蒼山縣）人，後徙杜陵（今陝西西安市長安區東）。西漢官吏。見《漢書》卷七八《蕭望之傳》。裴楷，人名。字叔則，河東聞喜（今山西聞喜縣）人。西晉官吏。見《晉書》卷三五《裴秀附裴楷傳》。張華，人名。字茂先，范陽方城（今河北固安縣）人。西晉文學家、政治家。見《晉書》卷三六《張華傳》。

［8］雞樹騰聲鵷池播美：在朝廷施展才華。雞樹，典出《三國志》卷一四《魏書·劉放傳》："帝獨召爽與放。"裴松之注引晉代郭頒《世語》："（劉）放、（孫）資久典機任，（夏侯）獻、（曹）肇心內不平。殿中有雞棲樹，二人相謂：'此亦久矣，其能復幾？'"雞樹成爲中書省的代稱。鵷池，比喻朝廷。鵷，鳳凰一類的鳥，往往比喻賢人、貴人。

［9］清塵：敬詞。比喻高尚的品質、清要的名譽。常用對尊貴者的敬稱。《漢書》卷五七下《司馬相如列傳下》："犯屬車之清塵。"顔師古注："塵謂行而起塵也。言清者，尊貴之意也。"

祖濬燕南贅客，河朔惰游，［1］本無意於希顔，豈有心於慕藺。［2］未嘗聚螢映雪，懸頭刺股，［3］讀《論》唯取一篇，披《莊》不過盈尺。［4］况復桑榆漸暮，[5]藜藿屢空，[6]舉燭無成，[7]穿楊盡棄。[8]但以燕求馬首，薛養雞鳴，[9]謬齒鴻儀，[10]虛班驥阜。[11]挾太山而超海，[12]比報德而非難；堙崑崙以爲池，匹酬恩而反易。

[1]燕南贅客河朔惰游：自謙的話。贅客，客居他鄉的人。惰游，游手好閑。

[2]本無意於希顔豈有心於慕藺：本來沒有向賢之心，更沒有想過做賢人。顔，指顔淵，爲孔子最賢能的弟子，後以“希顔”泛指仰慕賢者。藺，指藺相如。《史記》卷一一七《司馬相如列傳》：“其親名之曰犬子。相如既學，慕藺相如之爲人，更名相如。”後因稱慕賢爲慕藺。

[3]聚螢映雪懸頭刺股：形容苦讀。聚螢映雪，指車胤苦讀的故事。典出《晋書》卷八三《車胤傳》。懸頭刺股，指蘇秦苦讀的故事。典出《戰國策·秦策一》。

[4]讀論唯取一篇披莊不過盈尺：自謙自己讀書很少。《論》，指《論語》，借指儒家經典。《莊》，指《莊子》，借指道家經典。

[5]桑榆：比喻晚年，垂老之年。形容年紀大了。自謙之詞。漸暮：元大德本二字不清。

[6]藜藿屢空：形容家貧。藜藿，藜和藿。泛指粗劣的飯菜。

[7]舉燭無成：年紀很大了却沒有什麼成績。舉燭，拿著蠟燭，比喻老年。

[8]穿楊盡棄：前功盡棄。典出《戰國策·西周策》。

[9]燕求馬首薛養雞鳴：形容求賢若渴。燕求馬首，指燕昭王求賢的典故。典出《戰國策·燕策一》。薛養雞鳴，指孟嘗君，在一位會學雞叫的人的幫助下成功逃脱追捕的故事。見《史記》卷七五《孟嘗君列傳》。薛，地名。在今山東滕州市。孟嘗君的封地在薛，因以代指孟嘗君。

[10]鴻儀：《易·漸卦》："鴻漸于陸，其羽可用爲儀，吉。"孔穎達疏："處高而能不以位自累，則其羽可用爲物之儀表，可貴可法也。"後以"鴻儀"比喻官位。

[11]驥皁（zào）：比喻賢人之列。《漢書》卷五一《鄒陽傳》："使不羈之士與牛驥同皁，此鮑焦所以憤於世也。"

[12]挾太山而超海：典出《孟子·梁惠王上》："挾太山以超北海，語人曰：'我不能。'是誠不能也。"比喻絶對辦不到的事情。源氏校勘記云："'超'下《隋書》有'北'字。"按：中華本《隋書》卷七七《崔廓附崔賾傳》有"北"字。

忽屬周桐錫瑞，唐水承家，[1]門有將相，樹宜桃李。[2]真龍將下，誰好有名；[3]濫吹先逃，何須别聽。[4]但慈旨抑揚，損上益下，[5]江海所以稱王，丘陵爲之不逮。曹植儻豫聞高論，則不殞令名；楊脩若竊在下風，亦詎虧淳德。[6]無任荷戴之至，謹奉啓以聞。

[1]周桐錫瑞唐水承家：典出《史記》卷三九《晋世家》："成王與叔虞戲，削桐葉爲珪以與叔虞，曰：'以此封若。'史佚因請擇日立叔虞。成王曰：'吾與之戲耳。'史佚曰：'天子無戲言。言則史書之，禮成之，樂歌之。'於是遂封叔虞於唐。唐在河、汾之東，方百里，故曰唐叔虞。"

[2]樹宜桃李：典出《韓詩外傳》卷七："夫春樹桃李，夏得陰其下，秋得食其實。"比喻栽培後輩和所教的門生。

[3]真龍將下誰好有名：典出漢代劉向《新序·雜事五》。後以此比喻自稱愛好某種事物，實際上並不是真正愛好，甚至是害怕。

[4]濫吹先逃何須别聽：典出《韓非子·内儲説上》："齊宣王

使人吹竽，必三百人。南郭處士請爲王吹竽，宣王説之，廩食以數百人。宣王死，湣王立。好一一聽之，處士逃。”

[5]損上益下：《易·益卦》：“益，損上益下，民説無疆。”

[6]曹植儻豫聞高論則不殞令名楊脩若竊在下風亦詎虧淳德：如果曹植能聽到您的高論，肯定不會讓名聲受到毁壞；如果楊脩能够學到您的建議，也不會在品德上有污點。這是對豫章王的贊美之詞。

豫章得書，賚米五十石，并衣服、錢帛。時晋邸文翰，多成其手。王入東宫，除太子齋帥，[1]俄兼舍人。[2]及元德太子薨，[3]以疾歸于家。後徵起居舍人。[4]

[1]太子齋帥：官名。北魏置。北齊沿置，爲太子門下坊齋帥局長官，掌東宫灑掃、鋪設事，員二人，八品。隋朝沿置，員四人。

[2]舍人：官名。即太子舍人。秦朝始置。兩漢因之，輪流宿衛。歷代沿置。隋朝太子典書坊置八人，從六品，掌書令表啓事，煬帝大業三年改管記舍人，减四人。

[3]元德太子：即隋煬帝長子楊昭。元德爲其謚號。

[4]起居舍人：官名。隋煬帝時始置。爲内史省屬官，負責掌管記録皇帝日常行動與國家大事，以作爲修史的資料。煬帝大業三年定爲從六品。

大業四年，從駕汾陽宫，[1]次河陽鎮。[2]藍田令王曇於藍田山得一玉人，[3]長三四寸，著大領衣，冠幘，[4]奏之。詔問群臣，莫有識者。曠答曰：“謹案：漢文帝已前，[5]未有冠幘，即是文帝以來所製也。臣見魏大司農盧元明撰《嵩高山廟記》云：[6]‘有神人，以玉爲形，像長數寸，或出或隱，出則令世延長。’伏惟陛下，應天順人，定鼎嵩、雒，[7]岳神自見，臣敢稱慶。”因再拜，百官畢賀。天子大悦，賜縑二百匹。從駕往太行山，[8]詔問昈曰：“何處有羊腸坂？”[9]賾答曰：“臣案《漢書·地理志》‘上黨壺關縣有羊腸坂’。”[10]帝曰：“不是。”又答曰：“臣案皇甫士安撰《地書》云‘太原北九十里，有羊腸坂’。”[11]帝曰：[12]“是也。”因謂牛弘曰：[13]“崔祖濬所謂問一知二。”

[1]汾陽宫：隋煬帝大業三年建。故址在今山西静樂縣。

[2]河陽：鎮名。在今河南孟州市西南。

[3]藍田：縣名。治所在今陝西藍田縣。　藍田山：在今陝西藍田縣。

[4]冠幘：帽子的一種。

[5]漢文帝：即西漢皇帝劉恒。文爲其謚號。

[6]大司農：官名。漢武帝太初元年（前104）改大農令置。掌管全國租賦收入和國家財政開支，北魏仍置，孝文帝太和十七年定爲二品上，二十三年改爲三品。　盧元明：人名。字幼章，范陽涿（今河北涿州市）人。北魏、東魏官吏。見《北史》卷三〇《盧玄附盧元明傳》。

[7]嵩雒：嵩山和洛陽。

[8]太行山：底本“太”下無“行”字。源氏校勘記云：“《隋書》作‘太行山’。”按：中華本《隋書》卷七七《崔廓附崔賾傳》亦作“太行山”。中華本校勘記云：“諸本無‘行’字，《隋書》《通志》作‘從駕登太行山’。按下文所云羊腸坂，即在太行山。此脱‘行’字，今據補。”今從改。

[9]羊腸坂：太行山上的坂道。在今山西壺關縣東南。長三里，因彎曲如羊腸而得名。

[10]上黨：郡名。西漢時治長子縣，在今山西長子縣西。　壺關縣：治所在今山西長治市北。

[11]皇甫士安：人名。即皇甫謐。幼名静，字士安，安定朝那（今寧夏彭陽縣）人。西晉學者。見《晋書》卷五一《皇甫謐傳》。

[12]帝：南監本作"地"。源氏校勘記改"地"作"帝"。

[13]牛弘：人名。字里仁，安定鶉觚（今陝西長武縣）人。隋朝大臣。見《北史》卷七二《牛弘傳》。

五年，受詔與諸儒撰《區宇圖志》二百五十卷，奏之。帝不善之，更令虞世基、許善心演爲六百卷。[1]以父憂去職，尋起令視事。遼東之役，授鷹揚長史，[2]置遼東郡縣名，[3]皆蹟之議也。奉詔作《東征記》。九年，除越王長史。[4]于時山東盗賊蜂起，帝令撫慰高陽、襄國，[5]歸首者八百餘人。十二年，從駕江都。[6]宇文化及之弑帝也，[7]引爲著作郎，[8]稱疾不起。在路發疾，卒於彭城，年六十九。

[1]虞世基：人名。字茂世，會稽餘姚（今浙江慈溪市）人。隋朝大臣。見《隋書》卷六七《虞世基傳》。　許善心：人名。字務本，高陽北新城（今河北徐水縣）人。隋朝學者。見《北史》卷八三《許善心傳》。

[2]鷹揚長史：官名。掌參鷹揚府政務，主管屬吏。爲府中掾屬之長。

[3]遼東：郡名。隋朝時治通定鎮，在今遼寧新民市東北遼濱塔。

[4]越王長史：官名。爲越王府掾屬之長，掌參政務，主管屬吏。越王，即楊侗。見《北史》卷七一《元德太子昭附越王侗傳》。

[5]高陽：縣名。治所在今河北高陽縣東。　襄國：郡名。隋朝時治龍岡縣，在今河北邢臺市西南。

[6]江都：地名。在今江蘇揚州市西南。

[7]宇文化及：人名。代郡武川（今内蒙古武川縣西）人。隋朝官吏。見《北史》卷七九《宇文述附宇文化及傳》。

[8]著作郎：官名。三國魏明帝太和中置，爲著作局長官，隸中書省，掌編修國史。晉朝時改屬秘書省，號稱大著作，歷代沿置，職掌不同。隋朝時爲著作曹長官，員二人，隸秘書省。初爲從五品上，煬帝大業三年升爲正五品，後復降爲從五品。

賾與河南元善、河東柳䛒、太原王劭、吴興姚察、琅琊諸葛潁、信都劉焯、河間劉炫相善，[1]每因休假，清談竟日。[2]所著詞、賦、碑、誌十餘萬言，撰《洽聞志》七卷，《八代四科志》三十卷。未及施行，江都傾覆，[3]咸爲煨燼。

[1]河南：郡名。隋朝時治河南縣，在今河南洛陽市。　元善：人名。河南洛陽（今河南洛陽市東北）人。北周、隋朝官吏。北魏皇族之後。見《隋書》卷七五《元善傳》。　河東：郡名。隋朝時治河東縣，在今山西永濟市西南蒲州鎮。　柳䛒：人名。字顧言，河東（今山西永濟市）人，世代居襄陽（今湖北襄樊市）。見《北史》卷八三《柳䛒傳》。　太原：郡名。隋朝時治晉陽縣，在今山西太原市晉源區古城營村一帶。　王劭：人名。字君懋，太原晉陽（今山西太原市晉源區古城營村一帶）人。北齊、隋朝官吏。見《北史》卷三五《王慧龍附王劭傳》。　吴興：郡名。隋朝時治烏

程縣，在今浙江湖州市。　姚察：人名。字伯審，吴興武康（今浙江德清縣）人。仕南朝梁、陳、隋三代，史學家。見《陳書》卷二七《姚察傳》。　琅琊：郡名。隋朝時治臨沂縣，在今山東臨沂市。　諸葛潁：人名。字漢，丹楊建康（今江蘇市南京）人。祖籍琅琊臨沂（今山東臨沂市）。南朝梁、北齊、隋朝官吏。見《北史》卷八三《諸葛潁傳》。　信都：縣名。治所在今河北冀州市。　劉焯：人名。字士元，信都昌亭（今河北冀州市）人。隋朝儒者。見《北史》卷八二《劉焯傳》。　河間：郡名。隋朝時治河間縣，在今河北河間市。　劉炫：人名。字光伯，河間景城（今河北滄州市西）人。隋朝儒士。見《北史》卷八二《劉炫傳》。

[2]竟日：局本“日”作“目”，誤。

[3]傾覆：元大德本“覆”字空闕。

徐則，東海郯人也。[1]幼沈静，寡嗜欲，受業於周弘正，[2]善三玄，[3]精於論議，聲擅都邑。則歎曰：“名者實之賓，吾其爲賓乎！”[4]遂懷栖隱之操，杖策入縉雲山。[5]後學者數百人苦請教授，則謝而遣之。不娶妻，常服巾褐。陳太建中，[6]應召來憩於至真觀，[7]期月，又辭入天台山。[8]因絶粒養性，所資唯松术而已，[9]雖隆冬沍寒，不服綿絮。太傅徐陵爲之刊山立頌。[10]

[1]東海：郡名。北魏時治郯縣，在今山東郯城縣北。　郯：縣名。治所在今山東郯城縣北。

[2]周弘正：人名。字思行，汝南安成（今河南汝南縣）人。侯景之亂，逃歸南朝梁，歷任梁太學博士、國子博士。後入南朝陳，任國子祭酒等。尤善玄言釋典。見《南史》卷三四《周朗附周弘正傳》。

［3］三玄：魏晋玄學家對《老子》《莊子》和《周易》三書的合稱。

［4］名者實之賓吾其爲賓乎：與最本質的東西相比，名聲是次要的東西。難道我要做次要的事情嗎？

［5］縉雲山：在今浙江縉雲縣。

［6］太建：南朝陳宣帝的年號（569—582）。

［7］至真觀：道觀名。具體不詳。

［8］天台山：在今浙江台州市。

［9］所資唯松术而已：底本"术"作"水"。源氏校勘記云："'水'《煬帝集》作'术'。爲是。《隋書》亦謬。"中華本校勘記云："諸本'术'訛作'水'，據《通志》卷一七八《徐則傳》改。'飡松餌术'，見下文。"今從改。

［10］太傅：官名。南朝用作贈官，示以尊崇。多用以安置元老勳臣，南朝陳爲一品。　徐陵：人名。字孝穆，東海郯（今山東郯城縣北）人。南朝梁、陳官吏。見《陳書》卷二六《徐陵傳》。　刊山：摩崖刻石。

初在縉雲山，太極真人徐君降之曰：[1]"汝年出八十，當爲王者師，然後得道也。"晋王廣鎮揚州，[2]聞其名，手書召之曰："夫道得衆妙，[3]法體自然，[4]包涵二儀，[5]混成萬物，人能弘道，[6]道不虛行。[7]先生履德養空，[8]宗玄齊物，[9]深曉義理，[10]頗味法門。悦性沖玄，[11]恬神虛白，[12]飡松餌术，[13]棲息煙霞。望赤城而待風雲，[14]游玉堂而駕龍鳳。[15]雖復藏名台嶽，[16]猶且騰實江、淮。藉甚嘉猷，[17]有勞寤寐。欽承素道，[18]久積虛襟，側席幽人，[19]夢想巖穴。霜風已冷，[20]海氣將寒，偃息茂林，道體休悆。[21]昔商山四皓，輕舉漢庭；

淮南八公，來儀藩邸。[22]古今雖異，山谷不殊。市朝之隱，[23]前賢已説。導凡述聖，非先生而誰？故遣使人，往彼延請，想無勞束帛，賁然來思，[24]不待蒲輪，去彼空谷。[25]希能屈己，佇望披雲。”[26]則謂門人曰：“吾今年八十一，王來召我，徐君之旨，信而有徵。”於是遂詣揚州。

[1]太極真人徐君：即徐來勒。《雲笈七籤》卷三《靈寶略紀》：“三真未降之前，太上又命太極真人徐來勒，爲孝先作三洞法師。”

[2]揚州：隋朝時治江都縣，在今江蘇揚州市。

[3]道得衆妙：語本《老子》：“道可道，非常道。名可名，非常名。無名，天地之始；有名，萬物之母。故常無欲，以觀其妙；常有欲，以觀其徼。此兩者同出而異名。同謂之玄。玄之又玄，衆妙之門。”

[4]法體自然：語本《道德經》：“人法地，地法天，天法道，道法自然。”

[5]包涵二儀：語本《易・繫辭上》：“是故易有太極，是生兩儀。”孔穎達疏：“不言天地而言兩儀者，指其物體；下與四象（金、木、水、火）相對，故曰兩儀，謂兩體容儀也。”

[6]人能弘道：語出《論語・衛靈公》：“子曰：‘人能弘道，非道弘人。’”

[7]道不虚行：語出《易・繫辭下》：“苟非其人，道不虚行。”

[8]養空：修養空性。《史記》卷八四《賈誼傳》：“不以生故自寶兮，養空而浮；德人無累兮，知命不憂。”

[9]齊物：冥合物我，死生合一。見《莊子・齊物論》。

[10]義理：源氏校勘記云：“（‘悦性’）《隋書》作‘義味’。”按：中華本《隋書》卷七七《徐則傳》作“義味”。

［11］悦性沖玄：源氏校勘記云："'悦'《煬帝集》作'忱'，'玄'《煬帝集》作'和'。"

［12］虚白：意思是心中純浄無欲。語本《莊子·人間世》："虚室生白，吉祥止止。"

［13］湌：毛本、中華本作"餐"，殿本作"飡"。按：湌，同"餐"。

［14］赤城：山名。在今浙江天台山西北，爲天台山南門。因山上赤石屏列如城，望之如霞而得名。

［15］玉堂：神仙的居處。《文選》卷五左思《吴都賦》："玉堂對霤，石室相距。"劉逵注："玉堂石室，仙人居也。"

［16］台嶽：即天台山。

［17］嘉猷：治國的方略。

［18］素道：素王之道。謂具有帝王之德而未居帝王之位的修行。

［19］側席幽人：等待隱逸的高人。側席，謙恭以待賢者。幽人，幽隱之人、隱士。

［20］霜風：源氏校勘記云："《煬帝集》作'霜色'。"

［21］悆（yù）：舒適。

［22］商山四皓輕舉漢庭淮南八公來儀藩邸：不願意到朝廷應徵的商山四皓和淮南八公那樣的高人都到藩王府居住了。商山四皓，漢高祖多次徵辟不就，但是因爲太子劉盈的信任到了太子府。見《史記》五五《留侯世家》。淮南八公，爲道教中的八位仙人：文五常、武七德、枝百英、壽千齡、葉萬椿、鳴九皋、修三田、岑一峰。相傳曾是西漢淮南王劉安的八位門客。見西晋葛洪《神仙傳》卷五《淮南王傳》。來儀，比喻傑出人物的來臨。

［23］市朝之隱：真正的隱士是在民間還是在朝堂之上的問題。

［24］賁然來思：很快就來到。語出《詩·小雅·白駒》。

［25］去彼空谷：離開隱居的地方。

［26］披雲：敬辭。比喻爲自天而降，猶言大駕光臨。

晋王將請受道法，則辭以時日不便。其後夕中，命侍者取香火，如平常朝禮之儀，至于五更而死。支體柔弱如生，停留數旬，顏色不變。晋王下書曰："天台真隱東海徐先生，虚確居宗，[1]沖玄成德，齊物處外，檢行安身。草褐蒲衣，飡松餌术，栖隱靈岳，五十餘年。卓矣仙才，飄然騰氣，[2]千尋萬頃，莫測其涯。寡人欽承道風，久餐德素，[3]頻遣使乎，遠此延屈，冀得虔受上法，式建良緣。至止甫爾，未淹旬日，厭塵羽化，[4]反真靈府。[5]身體柔軟，顏色不變，經方所謂屍解地仙者哉。[6]誠復師禮未申，而心許有在，雖忘怛化，猶愴于懷。喪事所資，隨須供給。霓裳羽蓋，既且騰雲；空槨餘衣，詎藉墳壟？但杖舄在爾，[7]可同俗法。宜遣使人，送還天台定葬。"

[1]虚確：清虚而誠樸。

[2]騰：源氏校勘記云："'騰'《煬帝集》《隋書》作'勝'。"中華本《隋書》卷七七《徐則傳》作"勝"。

[3]德素：德行、德性。

[4]羽化：道教成仙。

[5]靈府：神仙居住的地方。

[6]屍解：道教認爲道士得道後遺棄肉體而仙去，或不留遺體，祇假託一物（如衣、杖、劍）遺世而升天，稱爲屍解。 地仙：方士稱住在人間的仙人。

[7]杖舄在爾：源氏校勘記云："《煬帝集》《隋書》作'杖舄猶存，示同俗法'。"杖舄，拐杖和鞋子。

是時，自江都至天台，在道多見則徒步，云得放還。至其舊居，[1]取經書道法，分遣弟子，[2]仍令净掃一房，曰："若有客至，宜延之於此。"然後跨石梁而去，不知所之。須臾屍柩至，知其靈化，[3]時年八十二。晋王聞而益異之，賵物千段，遣畫工圖其狀，令柳䛒爲之讚。

[1]至其舊居：源氏校勘記云："'至其'《煬帝集注》作'比至'。"

[2]取經書道法分遣弟子：源氏校勘記云："'遣'《煬帝集注》《隋書》並作'遺'。"中華本校勘記云："《隋書》卷七七、《通志·徐則傳》'遣'作'遺'，是。"可從。

[3]靈化：指死亡。

時有建安宋玉泉、會稽孔道茂、丹陽王遠知等，[1]亦行辟穀道，[2]以松术自給，[3]皆爲煬帝所重。

[1]建安：郡名。隋文帝開皇初時治建安縣，在今福建建甌市。煬帝大業三年改閩州置，治閩縣，在今福建福州市。　會稽：郡名。隋朝時治會稽縣，在今浙江紹興市。　丹陽：郡名。隋朝時治江寧縣，在今江蘇南京市。　王遠知：人名。又名王遠智，字廣德，琅邪（今山東臨沂市）人。隋朝、唐朝道士。見《舊唐書》卷一九二《王遠知傳》。

[2]辟穀：即不吃五穀。是方士道家修煉成仙的一種方法。

[3]以松术自給：底本"术"作"水"，中華本校勘記云："諸本'术'訛作'水'，據《通志》改。"今從改。

張文詡，河東人也。父琚，開皇中，爲洹水令，[1]以清正聞。

[1]洹水：縣名。治所在今河北魏縣西南。

文詡博覽群書，特精《三禮》。[1]隋文帝方引天下名儒碩學之士，文詡時游太學，[2]博士房暉遠等莫不推伏之。[3]書侍御史皇甫誕，[4]一時朝彦，恒執弟子之禮，以所乘馬就學邀屈。[5]文詡遂每牽馬步進，意在不因人自致也。右僕射蘇威聞而召之，[6]與語大悦，勸令從官，文詡固辭。

[1]三禮：《儀禮》《周禮》《禮記》三書的合稱。東漢鄭玄兼注《三禮》，盛行於世，故有《三禮》之稱。

[2]太學：學校名。周朝時置爲王公貴族子弟之學府，即大學，高於小學一級。隋朝時爲國子諸學之一，置博士五人，助教五人，學生三百六十人。隋文帝仁壽元年（601），罷國子學，唯立太學，仍置博士五人，總知學事。煬帝大業三年復舊制，博士、助教均減爲二人，學生五百人。

[3]博士：官名。春秋戰國時已有其稱，初泛指初學者，戰國末年齊、魏、秦等國置爲職官，秦、西漢初允當皇帝顧問，參與議政、制禮，典守書籍，秩四百石，秩雖卑而位尊顯。北朝郡國學或置博士爲學官，又設律學博士、醫學博士等，專精本行技藝，教授學生及服務於宮廷官府。隋朝沿之。　房暉遠：人名。字崇儒，恒山真定（今河北正定縣）人。隋朝經學家、官吏。見《北史》卷八二《房暉遠傳》。

[4]書侍御史：官名。即治書侍御史的省稱。漢宣帝時領侍御

史二人治書（管理圖籍文書），遂有其名。隋朝時以御史大夫爲御史臺長官，治書侍御史爲次官，員二人，實際主持臺務，從五品。　皇甫誕：人名。字玄慮，安定三水（今陝西彬縣）人。北周、隋朝將領。見《北史》卷七〇《皇甫璠附皇甫誕傳》。

[5]邀屈：屈尊邀請。

[6]右僕射：官名。尚書右僕射的簡稱。東漢末置，爲尚書令之副職。隋朝時與内史省、門下省長官共同執掌國政。文帝開皇三年令右僕射掌判都官、度支、工部三部事，兼管開支用度。從二品。　蘇威：人名。字無畏，武功（今陝西武功縣西北）人。北周、隋朝官吏。見《北史》卷六三《蘇綽附蘇威傳》。

仁壽末，學廢，文詡策杖而歸，灌園爲業。[1]州郡頻舉，皆不應命。事母以孝聞。每以德化人，鄉黨頗移風俗。嘗有人夜中竊刈其麥者，見而避之。盜因感悟，[2]棄麥而謝。文詡慰諭之，自誓不言，固令持去。經數年，盜者向鄉人説之，始爲遠近所悉。鄰家築墻，心有不直，文詡因毁舊堵以應之。[3]文詡常有腰疾，會醫者自言善禁，[4]文詡令禁之，[5]遂爲刀所傷，至於頓伏牀枕。醫者叩頭請罪。文詡遽遣之，因爲隱，謂妻子曰："吾昨風眩，落坑所致。"其掩人短，皆此類也。州縣以其貧素，將加賑恤，輒辭不受。嘗閑居無事，從容歎曰："老冉冉而將至，恐修名之不立！"[6]以如意擊几自樂，皆有處所，時人方之閔子騫、原憲焉。[7]終於家，鄉人爲立碑頌，號曰張先生。

[1]灌園爲業：指隱居。劉向《列女傳·楚於陵妻》："楚王聞於陵子終賢，欲以爲相，使使者持金百鎰往聘迎之。於陵子終曰：

'僕有箕帚之妾，請入與計之。'……於是子終出，謝使者而不許也。遂相與逃而爲人灌園。"

[2]盜：元大德本闕。

[3]因：元大德本闕。

[4]善禁：善用符咒治病。

[5]令禁之：元大德本闕。

[6]老冉冉而將至恐修名之不立：意思是時間過得很快，馬上就老了，擔心没有什麼美名。

[7]閔子騫：人名。名損，字子騫，春秋末魯國人，孔子高徒，以德行聞名。此處是指他曾經拒絶季氏的邀請，不願出仕爲官。見《史記》卷六七《仲尼弟子列傳》。　原憲：人名。孔子弟子，隱士。出身貧寒，個性狷介，一生安貧樂道，不願與世俗同流合污。見《莊子·讓王》。

論曰：古之所謂隱逸者，非伏其身而不見也，非閉其言而不出也，非藏其智而不發也，[1]蓋以恬淡爲心，不皦不昧，[2]安時處順，[3]與物無私者也。眭夸輩忘懷纓冕，畢志丘園，或隱不違親，貞不絶俗；[4]或不教而勸，虚往實歸，[5]非有自然純德，其孰能至此？然文詡見傷無愠，徐則志在沈冥，不可親疏，莫能貴賤，皆可謂抱樸之士矣。[6]崔廓感於屈辱，遂以肥遁見稱；祖濬文籍之美，足以克隆堂構。[7]父子雖動静殊方，其於成名一也，美哉！

[1]"古之所謂隱逸者"至"非藏其智而不發也"：古代的那些隱士，並不是爲了隱藏身形而不願顯現於世，並不是爲了緘默不語而不願吐露真情，也不是爲了深藏才智而不願有所發揮（而是因

爲時遇和命運乖戾）。語出《莊子·繕性》。

［2］不皦不昧：不明不暗。形容恍惚不可捉摸。

［3］安時處順：意思是，安於本分，順其自然。形容滿足於現狀。元大德本“時”字闕。

［4］“眭夸輩忘懷纓冕”至“貞不絶俗”：底本“夸”下無“輩”字。源氏校勘記云：“《魏書》‘眭夸’下有‘輩’字，‘真’作‘貞’。”中華本校勘記云：“諸本無‘輩’字，《魏書》卷九〇史臣論有。《隋書》卷七七史臣論作‘士謙等忘懷纓冕’。按《北史》此論全抄《隋書》，祇易‘士謙’爲‘眭夸’。《魏書》此卷是後人所補，史臣論又全抄《北史》論的前半。‘輩’乃《北史》脱文，今從《魏書》補。”今從改。丘園，代指隱居之處。隱不違親貞不絶俗，語出《晋書》卷九四《郭林宗傳》。意思是，隱居能盡孝道，堅貞又不違反風俗。

［5］不教而勸虚往實歸：不用説話就可以讓人向善，去的時候什麼都不知道，回來的時候就明白很多東西。見《莊子·德充符》。

［6］抱樸：即道家、道教思想中追求保守本真，不受自然和社會因素干擾的思想。

［7］堂構：比喻繼承祖先的遺業。

北史　卷八九

列傳第七十七

藝術上

晁崇　張深　殷紹　王早　耿玄　劉靈助 沙門靈遠　李順興 檀特師　由吾道榮　顏惡頭　王春　信都芳　宋景業　許遵 麴紹　吴遵世　趙輔和　皇甫玉　解法選　魏寧　綦母懷文　張子信　陸法和　蔣昇　强練　庾季才 子質　盧太翼　耿詢　來和　蕭吉　楊伯醜　臨孝恭　劉祐　張胄玄

夫陰陽所以正時日，順氣序者也；卜筮所以決嫌疑，定猶豫者也；醫巫所以禦祆邪，養性命者也；音律所以和人神，節哀樂者也；相術所以辯貴賤，明分理者也；技巧所以利器用，濟艱難者也。此皆聖人無心，[1]因人設教，救恤災患，禁止淫邪，自三五哲王，[2]其所由來久矣。昔之言陰陽者，則有箕子、裨竈、梓慎、子韋；[3]曉音律者，則師曠、師摯、伯牙、杜夔；[4]叙卜筮，則史扁、史蘇、嚴君平、司馬季主；[5]論相術，則內史叔服、姑布子卿、唐舉、許負；[6]語醫巫則文摯、扁鵲、季咸、華佗；[7]其巧思，則奚仲、墨翟、張平子、馬德衡。[8]凡此諸君，莫不探靈入妙，理洞精微。或弘道以濟時，或隱身以利物，深不可測，固無得而稱矣。近古涉乎斯術者，鮮有存夫貞一，[9]多肆其淫僻，厚誣天道。或變亂陰陽，曲成君欲；或假託神怪，熒惑人心。遂令時俗祆訛，不獲返其真性，身罹災毒，莫得壽終而死。藝成而下，意在茲乎！

[1]聖人無心：語出《道德經》："聖人無常心，以百姓心爲心。"

[2]三五哲王：指三皇五帝。泛指遠古時代的帝王。

[3]箕子：即胥餘。商朝宗室、貴族，性耿直，有才能，曾在紂王的朝內任太師輔政。因封國於箕（今山西太谷縣東北），爵爲子，故稱箕子。見《史記》卷三八《宋微子世家》。　裨竈：人名。春秋時鄭國大夫。曾預言宋、衛、陳、鄭將同日有火災，而且應驗。見《左傳》昭公十七年。　梓慎：人名。春秋時魯國大夫。曾經預測宋國和衛國發生災荒。見《左傳》襄公二十八年。　子韋：人名。春秋時宋景公的司星，善觀天象。見《史記·宋微子世家》。

[4]師曠：人名。字子野，晉國楊邑（今山西洪洞縣）人。春秋時著名的樂師。生而無目，博學多才，尤精音樂，善彈琴，政治才能也很突出。事迹散見於《左傳》《莊子》《韓非子》《説苑》等書。　師摯：人名。春秋時魯國樂師。參見《論語·泰伯》《論語·微子》等篇。　伯牙：人名。春秋時晉國的上大夫，善彈七弦琴。見《吕氏春秋·本位》《荀子·勸學》等篇。　杜夔：人名。

字公良，河南（今河南洛陽市）人。東漢末爲雅樂郎，三國魏時爲太樂令、協律都尉。精於音樂，尤善鍾律。見《三國志》卷二九《魏書·杜夔傳》。

[5]史扁：人名。商朝末年史官。通過占卜，預知周文王將得到姜太公的幫助。　史蘇：人名。春秋時晋獻公大夫，在朝中主管占卜。爲人正直，占卜靈驗。見《國語·晋語》。　嚴君平：人名。即嚴遵。字君平，蜀郡成都（今四川成都市）人。西漢隱士、思想家。見《漢書》卷七二《王貢兩龔鮑傳》。　司馬季主：人名。楚國人。西漢時有名的占卜者。見《史記》卷一二七《日者列傳》。

[6]内史叔服：人名。春秋時周王室内史，善於給人看相。《左傳》文公元年："王使内史叔服來會葬，公孫敖聞其能相人也，見其二子焉。"　姑布子卿：人名。春秋時著名相士，傳説曾給趙簡子的兒子、孔子看過相。見《史記》卷四三《趙世家》、《韓詩外傳》。　唐舉：人名。戰國時梁人。以善相術知名，曾給蔡澤、李兑看過相。見《荀子·非相》、《史記》卷七九《范雎蔡澤列傳》。　許負：人名。漢朝一位善於相面的許姓老嫗。曾給周勃相面，且應驗。見《史記》卷五七《絳侯周勃世家》。

[7]文摯：人名。戰國時宋國人，擅長醫術。見《吕氏春秋·至忠》。　扁鵲：姓秦，名越人，勃海鄚（今河北任丘市）人，春秋戰國時名醫。見《史記》卷一〇五《扁鵲倉公列傳》。　季咸：人名。春秋時神巫。見《莊子·應帝王》。　華佗：人名。字元化，一名旉，沛國譙（今安徽亳州市）人。東漢末名醫。見《後漢書》卷八二下《華佗傳》。底本作"華他"。中華本作"華佗"。按："他"同"佗"。今從中華本改。

[8]奚仲：人名。因爲造車有功，被夏禹封爲車服大夫，亦稱車正。　墨翟：人名。戰國時宋國人。墨家學派的創始人。見《史記》卷七四《孟子荀卿列傳》。　張平子：人名。即張衡。字平子，東漢南陽西鄂（今河南南陽市石橋鎮）人。見《後漢書》卷五九《張衡傳》。　馬德衡：人名。即馬鈞。字德衡，扶風（今陝

西興平市）人。發明了翻車、指南車等。見《三國志》卷二九《魏書·杜夔傳》裴松之注。

［9］貞一：謂守持正道而專一不偏。

歷觀經史百家之言，無不存夫藝術，或叙其玄妙，或記其迂誕，非徒用廣異聞，將以明乎勸戒。是以後來作者，咸相祖述。

自魏至隋，年移四代，至於遊心藝術，亦爲多矣。在魏，則叙晁崇、張深、殷紹、王早、耿玄、劉靈助、江式、周澹、李脩、徐謇、王顯、崔彧、蔣少遊，以爲《術藝傳》。[1]在齊，則有由吾道榮、王春、信都芳、宋景業、許遵、吴遵世、趙輔和、皇甫玉、解法選、魏寧、綦母懷文、張子信、馬嗣明，爲《方伎傳》。在周，則有冀儁、蔣昇、姚僧垣、黎景熙、趙文深、褚該、强練，以爲《藝術傳》。[2]在隋，則有庾季才、盧太翼、耿詢、韋鼎、來和、蕭吉、張胄玄、許智藏、萬寶常，爲《藝術傳》。今檢江式、崔彧、冀儁、黎景熙、趙文深各編别傳。又檢得沙門靈遠、李順興、檀特師、顔惡頭，并以陸法和、徐之才、何稠附此篇，以備《藝術傳》。[3]前代著述，皆混而書之。但道苟不同，則其流異，今各因其事，以類區分。先載天文數術，次載醫方伎巧云。

［1］江式：人名。字法安，陳留濟陽（今河南蘭考縣東北）人。北魏官吏，文字、訓詁學家。見《北史》卷三四《江式傳》。崔彧：人名。字文若，清河東武城（今山東武城縣西北）人。北魏官吏，善於醫術。見《北史》卷二四《崔逞附崔彧傳》。

［2］冀儁：人名。字僧儁，太原陽邑（今山西太谷縣）人。北周官吏。善隸書。見《北史》卷八二《冀儁傳》。　黎景熙：人名。字季明，河間鄚（今河北任丘市北）人。北周官吏。見《北史》卷八二《黎景熙傳》。　趙文深：人名。字德本，南陽宛（今河南南陽市）人。北周官吏。善隸書。見《北史》卷八二《趙文深傳》。

［3］藝術傳：底本作“術藝傳”，中華本校勘記云：“諸本‘藝術’誤倒，據目録乙。”今從改。

晁崇，字子業，遼東襄平人也。[1]善天文術數，[2]爲慕容垂太史郎。[3]從慕容寶敗於參合，[4]爲道武所獲。[5]從平中原，拜太史令。[6]詔崇造渾儀，[7]遷中書侍郎，[8]令如故。天興五年，[9]月暈左角，[10]崇奏，占爲“角蟲將死”。[11]帝既剋姚平於柴壁，[12]以崇言之徵，遂命諸軍焚車而反。牛果大疫，輿駕所乘巨犗數百頭，[13]亦同日斃於路側，自餘首尾相繼。是歲天下牛死者十七八，麋鹿亦多死。

［1］遼東：郡名。北魏時治襄平縣，在今遼寧遼陽市。　襄平：縣名。治所在今遼寧遼陽市。

［2］術數：謂以種種方術，觀察自然界現象，來推測人的氣數和命運。也稱“數術”。

［3］慕容垂：人名。字道明，昌黎棘城（今遼寧北票市章吉營子鄉三官營子村）人，鮮卑族。十六國時後燕的建立者。見《晋書》卷一二三《慕容垂載記》。　太史郎：官名。三國吴時置，屬太史令，掌觀測天文氣象，推算曆法。歷代沿置。

［4］從慕容寶敗於參合：北魏道武帝登國十年（395），北魏在

參合陂擊敗後燕軍隊。慕容寶，人名。字道祐，昌黎棘城（今遼寧北票市章吉營子鄉三官營子村）人，鮮卑族。十六國時後燕君主。見《北史》卷九三《慕容垂附慕容寶傳》。參合，地名。即參合陂，在今内蒙古凉城縣東北。

[5]道武：即北魏皇帝拓跋珪。道武爲其謚號。

[6]太史令：官名。北魏時置多人，主律曆（參金霞《魏晋南北朝時期太史令及其職能初探》，《商丘師範學院學報》2004年第6期）。

[7]渾儀：即渾天儀，古代觀測天體的儀器。

[8]中書侍郎：官名。北魏時多選用文學之士，掌草擬詔令，職位機要，置四人。孝文帝太和十七年（493）定爲四品上，二十三年定爲從四品上。

[9]天興：北魏道武帝的年號（398—404）。

[10]月暈：月亮周圍的光圈。常被認爲是起風的徵兆。而古人常以之占問吉凶。

[11]角蟲：牛羊等有角的牲畜。

[12]帝既剋姚平於柴壁：北魏道武帝天興五年，北魏大敗後秦於柴壁。姚平，人名。南安赤亭（今甘肅隴西縣西）人，羌族。十六國時後秦將領，受姚興之命進攻北魏乾壁（今山西臨汾市南），反被圍困於柴壁（今山西襄汾縣西南），被迫投河自盡。

[13]犗（jiè）：閹割過的牛。即犍牛。

崇弟懿，明辯而才不及崇。以善北人語，[1]爲黄門侍郎。[2]懿好矜容儀，被服僭度，言音類帝，左右每聞其聲，莫不驚悚。帝知而惡之。後其家奴告崇、懿叛，招引姚興。[3]及興寇平陽，[4]帝以奴言爲實，執崇兄弟，並賜死。

[1]北人：北方之人，也指北方的少數民族。

[2]黄門侍郎：官名。魏晋南北朝時置爲侍中省或門下省次官，與侍中俱掌門下衆事，地位隨皇帝旨意或侍中地位而上下。北魏一度甚重之，孝文帝太和十七年定爲三品中，二十三年定爲四品上。

[3]姚興：人名。字子略，南安赤亭（今甘肅隴西縣西）人，羌族。十六國時後秦君主。見《晋書》卷一一七、一一八《姚興載記》。

[4]平陽：郡名。北魏時治平陽縣，在今山西臨汾市西南。

張深，[1]不知何許人也。明占候。[2]自云嘗事苻堅。[3]堅欲征晋，深勸不行，堅不從，果敗。又仕姚興爲靈臺令，[4]姚泓滅，[5]入赫連昌。[6]昌復以深及徐辯對爲太史令。統萬平，[7]深、辯俱見獲，以深爲太史令。神䴥二年，[8]將討蠕蠕，[9]深、辯皆謂不宜行，與崔浩争於太武前。[10]深專守常占，而不能鈎深賾遠，[11]故不及浩。後爲驃騎軍謀祭酒，[12]著《觀象賦》，其言星文甚備，文多不載。

[1]張深：源氏校勘記“深”旁紅筆小字夾批“淵字”。中華本校勘記云：“《魏書》卷九一作‘張淵’。《北史》避唐諱改。”可從。

[2]占候：根據天象變化以附會人事，預言吉凶。

[3]苻堅：人名。字永固，又字文玉，小名堅頭，略陽臨渭（今甘肅天水市東北）人，氐族。十六國時前秦君主。見《晋書》卷一一三、一一四《苻堅載記》。底本作“符堅”，誤，今改正。

[4]靈臺令：官名。十六國時前燕、後燕、南燕、後秦等皆置，掌觀天象。當時甚受重用，常參議政事。

［5］姚泓：人名。字元子，南安赤亭（今甘肅隴西縣西）人，羌族。十六國時後秦君主。見《晋書》卷一一九《姚泓載記》。

［6］赫連昌：人名。一名折，字還國，匈奴族。十六國時夏國君主。見《北史》卷九三《赫連屈丐附赫連昌傳》。

［7］統萬：城名。在今陝西靖邊縣北白城子。

［8］神䴥：北魏太武帝的年號（428—431）。

［9］蠕蠕：亦稱柔然，本爲東胡的一支，屬拓跋部。南北朝時始强大，活動於今蒙古國南部地區。以游牧爲生。見《北史》卷九八《蠕蠕傳》。

［10］崔浩：人名。字伯淵，《北史》避唐高祖李淵諱改爲伯深，清河東武城（今山東武城縣西北）人。北魏大臣。出身北方大族，以才學見聞於世。見《北史》卷二一《崔宏附崔浩傳》。　太武：即北魏皇帝拓跋燾。太武爲其謚號。

［11］而不能鈎深賾遠：中華本校勘記云："《魏書》及《通志》卷一八三《張淵傳》'賾'作'致'。疑是。"可從。

［12］驃騎軍謀祭酒：官名。即驃騎將軍府軍謀祭酒。漢獻帝建安三年（198），曹操置軍師祭酒，爲丞相府僚屬，參掌軍律，位在左右軍師之下。晋朝避司馬師諱，而改稱軍謀祭酒。北魏時驃騎將軍府置。

又明元時，有容城令徐路，[1]善占候，坐繫冀州獄。[2]别駕崔隆宗就禁慰問之，[3]路曰："昨夜驛馬星流，[4]計赦須臾應至。"隆宗先信之，遂遣人出城候焉，俄而赦至。

［1］明元：即北魏皇帝拓跋嗣。明元爲其謚號。中華本校勘記云："《魏書·張淵傳》'明元'作'世宗'。張森楷據《魏書》卷三二《崔逞傳》，考得慰問徐路之崔隆宗乃崔逞兄適之玄孫，當爲

宣武（即世宗）時人，斷定《魏書》是。按《魏書》敘徐路本在趙勝等人後，應爲宣武時人。《北史》移前，又改‘世宗’爲‘明元’，誤。”可從。　容城：縣名。治所在今河北容城縣北。

[2]冀州：北魏時治信都縣，在今河北冀州市。

[3]别駕：官名。即别駕從事、别駕從事史。漢時置，爲州部佐吏。因刺史行部，别乘傳車，故謂之别駕。魏晋南北朝皆置。北魏孝文帝太和十七年定司州别駕爲正四品中，二十三年定爲從四品上。他州别駕依州品不同，自正五品至正七品不等。魏晋南北朝前期，别駕例用本州人，由刺史自辟，後期漸由朝廷任命。　崔隆宗：人名。清河東武城（今山東武城縣西北）人。北魏官吏。見《北史》卷二四《崔逞附崔隆宗傳》。

[4]驛馬星：迷信命運的人所認爲的主奔波勞碌之星。驛馬，叢辰名。與天后同位，傳説爲月中福神。

又道武、明元時，太史令王亮、蘇垣，[1]太武時，破和龍得馮弘太史令閔盛，[2]孝文時，[3]太史趙樊生，並知天文。後太史令趙勝、趙翼、趙洪慶、胡世榮、胡法通等二族，[4]世業天文。又永安中，[5]詔以恒州人高崇祖善天文，[6]每占吉凶有驗，特除中散大夫。[7]

[1]王亮：人名。北魏官吏。曾任太史令，勸明元帝遷都鄴城。

[2]和龍：城名。又名黄龍城、龍城。在今遼寧朝陽市。　馮弘：人名。字文通，長樂信都（今河北冀州市）人。十六國時北燕君主。見《北史》卷九三《馮跋附馮弘傳》。

[3]孝文：即北魏皇帝元宏。孝文爲其謚號。

[4]趙洪慶：人名。北魏末曾參與《興和曆》的制定。　胡世榮：人名。北魏末曾參與《興和曆》的制定。　胡法通：人名。北魏末曾參與《興和曆》的制定。

[5]永安：北魏孝莊帝的年號（528—530）。

[6]恒州：北魏時治平城，在今山西大同市東北。

[7]中散大夫：官名。漢平帝時始置。歷代因之。多爲官吏養老、病退所任，無具體職權。北魏時曾置爲職事官之加官。孝文帝太和十七年定爲四品上，二十三年定爲四品下。

永熙中，[1]詔通直散騎常侍孫僧化與太史胡世榮、太史令張寵、趙洪慶及中書舍人孫子良等在門下外省，[2]校比天文書，集甘、石二家星經，[3]及漢、魏以來二十三家經占集五十五卷。後集諸家撮要，前後所上雜占，以類相從，日月、五星、二十八宿、中外官及圖，合爲七十五卷。

[1]永熙：北魏孝武帝的年號（532—534）。

[2]通直散騎常侍：官名。晋武帝泰始十年（274），員外散騎常侍與散騎常侍共同當值，故設此職。北魏時掌侍從、諷諫，屬集書省，員六人。孝文帝太和十七年定爲三品下，二十三年定爲四品。　張寵：源氏校勘記云："《魏書》作'張龍'。"中華本校勘記云："《魏書》'寵'作'龍'。張森楷云：'《曆志》（《魏書·律曆志》）有張龍祥，龍祥即龍，非二人也。此作"寵"，誤。'"可從。張龍祥，人名。北魏官吏。曾制定《正光曆》，首創日食食分算法。　中書舍人：官名。三國魏時置，爲中書省屬官，與通事共掌收納、轉呈章奏。北朝時專掌草擬詔令，權任較南朝爲輕。北魏孝文帝太和十七年定爲六品上，二十三年定爲六品下。　門下外省：官署名。門下省設在宮禁之外的辦事機構。

[3]甘、石二家星經：戰國時期楚人甘德著有《天文星占》八卷，已佚。魏人石申著有《天文》八卷，已佚。後人合爲《甘石星經》。

僧化，東莞人也。[1]識星分，案文占以言災異，[2]時有所中。普泰中，[3]尒朱兆惡其多言，[4]遂繫於廷尉，[5]免官。永熙中，孝武帝召僧化與中散大夫孫安都共撰兵法，[6]未就而帝入關，遂罷。元象中，[7]死於晉陽。[8]

[1]東莞：郡名。北魏時治莒縣，在今山東莒縣東北。

[2]文占：源氏校勘記云："《魏書》作'天占'。"中華本校勘記云："《魏書》'文'作'天'。按《隋書·經籍志》子部《天文類》著録有《天文占》《天文集占》《天文外官占》等占卜之書，疑此當作'天文占'，與《魏書》各脱一字。"可從。

[3]普泰：北魏節閔帝的年號（531—532）。

[4]尒朱兆：人名。字萬仁，北秀容（今山西朔州市）人，契胡族。北魏將領。見《北史》卷四八《尒朱榮附尒朱兆傳》。源氏校勘記云："《魏書》作'尒朱世隆'。"中華本校勘記云："《魏書》'兆'作'世隆'。按本書卷四八兆及世隆傳，普泰時在洛陽執政者是世隆，兆則身居太原，不在朝中，疑《魏書》是。"可從。

[5]廷尉：官名。戰國秦時始置，秦、西漢沿置。爲中央最高司法審判機構長官，遵照皇帝旨意修定法律，匯總全國斷獄數，主管詔獄。北魏時或稱廷尉卿，又增設少卿爲之副貳，其餘屬官略同。孝莊帝永安二年又置司直十人，覆審御史檢劾案件。孝文帝太和十七年定爲二品上，二十三年定爲三品。

[6]孝武帝：即北魏皇帝元脩。孝武爲其謚號。

[7]元象：東魏孝静帝的年號（538—539）。

[8]晉陽：城名。在今山西太原市晉源區古城營村一帶。

殷紹，長樂人也。[1]達《九章》《七曜》。[2]太武時，爲算生博士，[3]給事東宫西曹。[4]太安四年，[5]上《四序堪輿》，表言："以姚氏之時，行學伊川，[6]遇遊遁大儒成公興，從求《九章》要術。興，字廣明，自云膠東人也，[7]山居隱迹，希在人間。興將臣到陽翟九崖巖沙門釋曇影間，[8]興即北還。臣獨留住，依止影所，求請《九章》。影復將臣向長廣東山，[9]就道人法穆。法穆時共影爲臣開述《九章》數家雜要。復以先師和公所注黄帝《四序經》文三十六卷，合有三百二十四章，專説天地陰陽之本。其第一，孟序，九卷八十一章，説陰陽配合之原；第二，仲序，九卷八十一章，解四時氣王，休殺吉凶；第三，叔序，九卷八十一章，明日月辰宿，交會相生爲表裹；第四，季序，九卷八十一章，具釋六甲，刑禍福德。以此經文，傳授於臣。山神禁嚴，不得賫出。尋究經年，粗舉綱要。山居嶮難，無以自供，不堪窘迫，心生懈怠。以甲寅之年，日維鶉火，[10]感物懷歸。自爾至今四十五載。[11]臣前在東宫，以狀奏聞，奉被景穆皇帝聖詔，[12]敕臣撰録，集其要最。仰奉明旨，謹審先所見《四序經》文，抄撮要略，當世所須吉凶舉動，集成一卷。上至天子，下及庶人，貴賤等級，尊卑差别，吉凶所用，罔不畢備。未及内呈，先帝晏駕。依先撰録，謹以上聞。"其《四序堪輿》遂大行於世。

其從子玖，亦以學術著名。

[1]長樂：郡名。北魏時治信都縣，在今河北冀州市。

[2]九章：即《九章算術》，中國第一部數學專著，是算經十書中最重要的一種，系統總結了戰國、秦漢時期的數學成就。七

曜：即《七曜曆》。中國四世紀時曾有此法，即以日、月和五星紀日的曆法。

[3]算生博士：官名。北魏時置。以專精算學之士擔任，教授生員、服務官府。

[4]西曹：官署名。漢朝時丞相、三公府僚屬諸曹之一，掌署用府吏事，以掾爲主官。晉朝時司徒府增左西曹，改西曹爲右西曹。歷代公府、丞相府、將軍府沿置。

[5]太安：北魏文成帝的年號（455—459）。

[6]伊川：地區名。即今河南洛水支流伊河流域。

[7]膠東：縣名。治所在今山東濰坊市東。

[8]陽翟：縣名。治所在今河南禹州市。

[9]長廣：郡名。北魏時治膠東城，在今山東平度市。

[10]鶉火：十二星次之一。與十二時辰的午時相配，與二十八宿的柳、星、張三宿相配。以柳宿爲標志星。分野主周，屬三河。

[11]四十五：底本作“二十五”。源氏校勘記云：“《魏書》作‘四十五’。”中華本校勘記云：“諸本‘四’作‘二’，《魏書》卷九一《殷紹傳》作‘四’。按紹太安四年上表，自言甲寅之年懷歸。太安四年（公元458年）爲戊戌，逆推至甲寅，爲魏神瑞元年（公元414年），正得四十五年。《魏書》是，今據改。”今從改。

[12]景穆皇帝：即拓跋晃。其子拓跋濬即位，追尊爲景穆皇帝，廟號恭宗。

王早，勃海南皮人也。[1]明陰陽、九宫及兵法，[2]善風角。[3]明元時，喪亂之後，有人詣早，求問勝術，早爲設法，令各無咎，由是州里稱之。時有東莞鄭氏，執得讎人趙氏，剋明晨會宗族，當就墓所刑之。趙氏求救於早，早爲占候，并授以一符曰：“君今且還，選取七人，令一人爲行主者佩此符，於雞鳴時，伏在仇家宅東南二里。平旦，當有十人相隨向西北，行中有二人乘黑牛，一黑牛最在前，一黑牛應第七。但捉取第七者將還，事必無他。”趙氏從之，果如其言。乃是鄭氏男五父也，諸子並爲其族所宗敬，故和解二家，趙氏竟免。

[1]勃海：郡名。北魏時屬冀州，初治南皮縣，在今河北南皮縣東北，後移治東光縣，在今河北東光縣。　南皮：縣名。治所在今河北南皮縣東北。

[2]九宫：古代的一種占星術，將天宫以井字劃分爲乾宫、坎宫、艮宫、震宫、中宫、巽宫、離宫、坤宫、兑宫九個等份，在晚間從地上觀察七曜與星宿移動，預知方向及季節變化、吉凶等訊息。

[3]風角：古代占卜之法。以五音占四方之風而定吉凶。

後早與客清晨立於門内，遇有卒風振樹，早語客曰："依法當有千里外急使。日中時，有兩匹馬，一白一赤，從西南來，至即取我，逼我，不聽與妻子別。"語訖便入，召家人鄰里辭别，仍沐浴帶書囊，日中出門候使。如期，果有馬一白一赤，從州而至，即促早上馬，遂詣行宫。時太武圍涼州未拔，[1]故許彦薦之。[2]早，彦師也。及至，詔問何時當剋此城。早對曰："陛下但移據西北角，三日内必剋。"帝從之，如期而剋。輿駕還都，久不雨，帝問早。早曰："今日申時必大雨。"比至未，[3]猶無片雲，帝召早詰之。早曰："願更少時。"至申時，雲四合，遂大雨滂沲。

早苦以疾辭，乞歸鄉里，詔許之，遂終於家。或言許彦以其術勝，恐終妨己，譎令歸之耳。

[1]凉州：北魏時治姑臧縣，在今甘肅武威市城區。

[2]許彦：人名。字道謨，小字嘉屯，高陽新城（今河北徐水縣西南）人。北魏術士，少孤貧，好讀書，以卜筮頻驗，爲太武帝所親信，參與謀議。見《北史》卷二六《許彦傳》。

[3]比至：及至，等到。

耿玄，鉅鹿宋子人也。[1]善卜占，有客叩門，玄在室已知其姓字，並所賫持及來問之意。其所卜筮，十中八九。别有《林占》，[2]時或傳之。而性不和俗，時有王公欲求其筮者，玄則拒而不許。每云："今既貴矣，何所求而復卜也？欲望意外乎？"代京法禁嚴切，[3]王公聞之，莫不驚悚而退。故玄多見憎忿，不爲貴勝所親。官止鉅鹿太守。

[1]鉅鹿：郡名。北魏時屬定州，治曲陽縣，在今河北晋州市西。北魏孝莊帝永安二年（529）時分定州鉅鹿郡置，屬殷州，治廮遥縣，在今河北寧晋縣西南。　宋子：縣名。治所在今河北趙縣東北。

[2]林占：記推占吉凶之術，卷數不詳，久佚。

[3]代京：即平城，在今山西大同市東北。北魏前期都城。

劉靈助，燕郡人也。[1]師事范陽劉弁，[2]而粗疏無賴，或時負販，[3]或復劫盗，賣術於市。後事尒朱榮，[4]榮信卜筮，靈助所占屢中，遂被親待，爲榮府功曹參軍。[5]建義初，榮於河陰害王公卿士。[6]時奉車都尉盧道虔兄弟,[7]亦相率朝行宫，靈助以其州里，衛護之。由是朝士與諸盧相隨免害者數十人。榮入京師，超拜光禄大夫,[8]封長子縣公。[9]從上黨王元天穆討邢杲。[10]

[1]燕郡：北魏時治薊縣，在今北京西南。

[2]范陽：郡名。北魏時治涿縣，在今河北涿州市。

[3]負販：擔貨販賣，謂小商販。

[4]尒朱榮：人名。字天寶，北秀容（今山西朔州市）人，契胡族。北魏大臣。見《北史》卷四八《尒朱榮傳》。

[5]功曹參軍：官名。功曹參軍事的省稱。功曹之長。北魏時二大、三公、皇子、將軍、藩王諸府置僚屬。孝文帝太和二十三年定爲六品上至八品上。

[6]建義初榮於河陰害王公卿士：即河陰之變。建義，北魏孝莊帝的年號（528）。河陰，縣名。治所在今河南孟津縣東。

[7]奉車都尉：官名。漢武帝時始設。掌管皇帝車輿，入侍左右。北魏時列爲冗官。孝文帝太和十七年定爲從四品上，二十三年定爲從五品上。宣武帝正始四年（507）置二十人，定爲從五品。　盧道虔：人名。字慶祖，范陽涿（今河北涿州市）人。北魏大臣。懂經史，兼通算術。見《北史》卷三〇《盧玄附盧道虔傳》。

[8]光禄大夫：官名。漢武帝時設，掌議論。無定員，秩比二千石。歷朝因之，官秩不一。西漢後期漸成散官、加官。晋武帝泰始年間始有左、右之分，並稱加金章紫綬者爲金紫光禄大夫，加銀章青綬者爲銀青光禄大夫，位在其上。北魏孝文帝太和十七年定爲從二品中，二十三年定爲三品。

[9]長子縣公：封爵名。長子，縣名。治所在今山西長子縣東。

[10]上黨王：封爵名。上黨，郡名。北魏時治壺關城，在今山西長治市北。　元天穆：人名。北魏宗室、大臣。見《北史》卷一五《高凉王孤附上黨王天穆傳》。　邢杲：人名。河間（今河北河

閭市）人。北魏末青州流民起義軍首領。曾率軍攻克光州（今山東萊州市），後被殺。

元顥入洛，[1]天穆度河。會尒朱榮於太行。[2]及將攻河内，[3]令靈助筮之。靈助曰："未時必剋。"時已向中，士衆疲怠，靈助曰："時將至矣！"榮鼓之，即便剋陷。及至北中，[4]榮攻城不獲，以時盛暑，議欲且還，以待秋凉。莊帝詔靈助筮之。[5]靈助曰："必破，十八九間。"果如言。車駕還宫，進爵燕郡公，贈其父僧安爲幽州刺史。[6]尋兼尚書左僕射，[7]慰勞幽州流人。[8]北還，與都督侯深等討葛榮餘黨韓婁，[9]滅之於薊。[10]仍釐州務，又爲幽、并、營、安四州行臺。[11]

[1]元顥：人名。字子明。北魏宗室、大臣。見《北史》卷一九《北海王詳附元顥傳》。

[2]太行：關隘名。即天井關，在今山西晋城市南太行山上。

[3]河内：郡名。北魏時治野王縣，在今河南沁陽市。

[4]北中：城名。在今河南孟州市黄河北岸。北魏孝文帝太和二十年築，置北中郎府戍守。地處南北交通要衝，是防守重地。

[5]莊帝：即北魏皇帝元子攸。莊爲其謚號。

[6]幽州：北魏時治薊縣，在今北京西南。

[7]尚書左僕射：官名。秦官，漢因之。尚書僕射分左右自漢獻帝時始。自此以後，或二或一，置二人則分左右。職掌都省庶務及執法，或典選舉，左僕射權力大於右僕射，兼掌糾彈百官。北魏孝文帝太和十七年定爲從一品中，二十三年定爲從二品。

[8]流人：指流民。

[9]都督：官名。三國魏文帝時置。北魏沿置，爲地方軍政長

官，分使持節、持節、假節三種，職權各有不同。使持節者得殺二千石以下官員，持節者得殺無官位者，假節者唯有軍事上得殺犯軍令者。　侯深：人名。本名侯淵，《北史》避唐高祖李淵諱改，神武尖山（今山西神池縣）人。北魏末年曾隨杜洛周起義，後追隨尒朱榮。見《北史》卷四九《侯深傳》。　葛榮：人名。北魏河北起義軍首領。孝明帝孝昌元年（525）發動起義。孝莊帝建義元年八月，葛榮圍攻相州，戰敗，爲尒朱榮所捕。十月，送入京師，被殺於市中。　韓婁：人名。亦作“韓樓”。北魏末爲葛榮部將，與北魏軍作戰，戰敗而死。

[10]薊：城名。在今北京西南。

[11]并：州名。北魏時治晉陽縣，在今山西太原市晉源區古城營村一帶。　營：州名。北魏時治和龍城，在今遼寧遼陽市。　安：州名。北魏時治方城，在今河北隆化縣隆化鎮。　行臺：官名。指行臺長官。三國魏時始置行臺。北魏孝明帝正光末，因各地動亂，在當地設行臺主管各地軍務，成爲常設的地方行政機構，兼理民事，行臺尚書令爲長官，以尚書僕射、左僕射、尚書來主管行臺事務。

及尒朱榮死，莊帝幽崩，靈助本寒微，一朝至此，自謂方術堪能動衆，又以尒朱有誅滅之兆，遂自號燕王、大行臺，[1]爲莊帝舉義兵。馴養大鳥，稱爲己瑞，妄説圖讖，[2]言劉氏當王。又云：“欲知避世入鳥村。”遂刻氈爲人象，書桃木爲符書，作詭道厭祝法，人多信之。時河西人紇豆陵步藩舉兵逼晉陽，[3]尒朱兆頻戰不利。故靈助唱言：“尒朱自然當滅，不須我兵。”由是幽、瀛、滄、冀人悉從之。[4]從之者，夜舉火爲號，不舉火者，諸村共屠之。普泰元年，率衆至博陵之安國城，[5]與叱列延慶、侯深、尒朱羽生等戰，[6]戰敗被禽，斬於定州，[7]傳首洛陽，支分其體。

[1]大行臺：官名。即大行臺長官。北魏時置大行臺，爲尚書省在各主要地區的派出機構，代行尚書省的權力，管理轄區内的軍政事務，設大行臺尚書令爲長官，大行臺太書僕射協助管理大行臺事務，置大行臺尚書、郎中等分曹理事。

[2]圖讖：古代方士或儒生宣揚符命占驗的書。多爲隱語、預言。始於秦，盛於東漢。

[3]河西：郡名。北魏時治夏陽縣，在今山西臨汾市。底本作"西河"，中華本校勘云："諸本'河西'誤倒，據《魏書》卷九一《劉靈助傳》乙。事見《魏書》卷一〇《孝莊紀》永安三年十二月。"今從改。　紇豆陵步藩：人名。河西（今山西臨汾市）人，費也頭部首領。受北魏孝莊帝之命攻打秀容（今山西忻州市西北），被尒朱兆與高歡合力殺死。

[4]瀛：州名。北魏時治趙都軍城，在今河北河間市。　滄：州名。北魏時治饒安城，在今河北鹽山縣舊縣鎮。

[5]博陵：郡名。北魏時治魯口城，在今河北饒陽縣。　安國：城名。在今河北辛集市西南。

[6]叱列延慶：人名。代（今山西大同市東北）人。世爲酋帥，與尒朱榮相勾結。見《北史》卷四九《叱列延慶傳》。　尒朱羽生：人名。北秀容（今山西朔州市）人，契胡族。北魏大臣，尒朱榮的叔叔。孝明帝孝昌二年，尒朱榮破肆州，以羽生統州事。

[7]定州：北魏時治盧奴縣，在今河北定州市。

初，靈助每云："三月末，我必入定州，尒朱亦必滅。"及將戰，靈助自筮，卦不吉，以手折蓍棄之地，[1]云："此何知！"尋見禽。果以三月入定州。而齊神武以明年閏三月，[2]滅兆等於韓陵山。[3]永熙二年，贈尚書左僕射、開府儀同三司、幽州刺史，[4]謚曰恭。

[1]蓍：蓍草，俗稱蚰蜒草或鋸齒草。可用於占卜。

[2]齊神武：即高歡。神武爲其謚號，北齊後主所追謚。

[3]韓陵山：在今河南安陽市東北。

[4]開府儀同三司：三國魏始置，多爲大臣的加號，意爲與三司即太尉、司徒、司空的禮制待遇相同，允許開府，自辟僚屬。北魏孝文帝太和二十三年爲從一品。

時又有沙門靈遠者，不知何許人，有道術。嘗言尒朱榮成敗，預知其時。又言代魏者齊，葛榮聞之，故自號齊。及齊神武至信都，[1]靈遠與勃海李嵩來謁。神武待靈遠以殊禮，問其天文人事。對曰："齊當興，東海出天子。今王據勃海，是齊地。又太白與月並，宜速用兵，遲則不吉。"靈遠後罷道，姓荆字次德。求之，不知所在。

[1]信都：縣名。治所在今河北冀州市。

李順興，京兆杜陵人也。[1]年十餘，乍愚乍智，時莫識之。其言未來事，時有中者。盛冬單布衣，跣行冰上及入洗浴，略不患寒。家嘗爲齋，方食，器用不周。順興言："昆明池中有大荷葉，可取盛餅食。"其所居去池十數里，日不移影，順興負荷葉而歸，脚猶泥，舉坐驚異。後稍出城市，常冠道士冠，人有憶者，不過數日，輒至其家。號爲李練。好飲酒，但不至醉。貴賤並敬之。得人所施，輒散乞貧人。

[1]京兆：郡名。北魏時治霸城縣，在今陝西西安市東北。杜陵：縣名。治所在今陝西西安市長安區東。

蕭寶夤反，[1]召順興問曰："朕王可幾年？"對曰："爲天子自有百年者，十年者，一年者，百日者，事由可知。"及寶夤敗，裁百日也。有侯終德者，[2]寶夤之黨，寶夤敗後，收集反者。順興稱其必敗，德乃棒殺順興，置城隍中，頃之，起活如初。後賀拔岳北征，順興與魏收書，上爲毛鴻賓等九人姓名者悉放貴還。[3]順興從後提一河東酒航，[4]以繩繫之，於城巷牽行，俄而蒲坂降。[5]又無何，至太傅梁覽家庭中卧，[6]以布衫到覆身上。後覽於趙雀反，[7]通使東魏，事泄被誅，覽以衣到覆，果如順興之形。周文嘗至温泉，[8]順興求乞温泉東間驪山下二畝地，[9]周文曰："李練用此何爲？"對曰："有用。"未幾，至温湯遇患，卒於其地。

[1]蕭寶夤：人名。字智亮，南蘭陵（一説在今江蘇常州市，一説在今江蘇丹陽市）人。南朝齊宗室。見《北史》卷二九《蕭寶夤傳》。

[2]侯終德：人名。一作"侯衆德"，雍州（今陝西西安市西北）人。北魏將領，初隨蕭寶夤鎮壓關隴起義軍。孝明帝孝昌三年，寶夤反魏，終德率部追隨。

[3]後賀拔岳北征順興與魏收書上爲毛鴻賓等九人姓名者悉放貴還：中華本校勘記云："南本'悉放貴還'作'悉得放還'，《通

志》卷一八三《李順興傳》作‘悉放責還’。按‘賀拔岳北征’，疑當作‘西征’。但據本書卷四九《毛鴻賓傳》，鴻賓與賀拔岳無甚關聯，此處文意不明，當有訛脱。”可從。賀拔岳，人名。字阿斗泥，神武尖山（今山西神池縣）人，敕勒族。北魏將領。見《北史》卷四九《賀拔允附賀拔岳傳》。魏收，人名。字伯起，小字佛助，鉅鹿下曲陽（今河北晋州市西）人。北齊史學家、文學家。與温子昇、邢子才並稱北地三才。見《北史》卷五六《魏收傳》。毛鴻賓，人名。北地三原（今陝西三原縣）人。世爲酋帥，有勇謀。見《北史》卷四九《毛遐附毛鴻賓傳》。

[4]瓬：局本作“酒瓬”，或係“瓨”字的誤刻。瓨，盛酒的瓶子。

[5]蒲坂：縣名。治所在今山西永濟市西南蒲州鎮。

[6]太傅：官名。西周時置。爲輔政大臣，三國魏以後多爲元老重臣加官，歷朝因之。北魏時爲三公之一。正一品。　梁覽：人名。字景叡，金城（今甘肅蘭州市西北）人。北魏官吏。見《北史》卷四九《梁覽傳》。

[7]雀：底本作“崔”，中華本校勘記云：“諸本‘雀’作‘崔’。按本書卷四九《梁覽傳》、卷九《周文帝紀》（大統四年）並作‘趙青雀’。‘崔’乃‘雀’之訛，今據改。”今從改。

[8]周文：即宇文泰。文爲其謚號，北周明帝所追謚。

[9]驪山：在今陝西西安市臨潼區渭河南岸，爲秦嶺支脉。

初，大統十三年，[1]順興謂周文曰：“可於沙苑北作一老君象，[2]面向北，作笑狀。”周文曰：“何爲？”答曰：“令笑破蠕蠕。”時甚惑，未解其意。及蠕蠕國滅，周文憶語，遂作順興象於老君側。

[1]大統：西魏文帝的年號（535—551）。

[2]沙苑：地名。在今陝西大荔縣南洛、渭之間。

檀特師者，名惠豐，身爲比丘，[1]不知何處人。飲酒啖肉，語嘿無常，逆論來事，後皆如言。居於涼州，宇文仲和爲刺史，[2]請之至州内，歷觀厩庫。乃云："何意畜他官馬官物！"仲和怒，不聽住涼州。未幾，仲和拒不受代，朝廷令獨孤信禽之，[3]仲和身死，資財没官。周文遣書召之，檀特發至岐州，[4]會齊神武來寇玉壁，[5]檀特曰："狗豈能至龍門也？"[6]神武果不至龍門而還。侯景未叛東魏之前，[7]忽捉一杖，杖頭刻爲獼猴，令其面常向西，日夜弄之。又索一角弓，牽挽之。俄而景啓降，尋復背叛，人皆以爲驗。

[1]比丘：佛教稱謂。亦稱苾芻，梵文音譯，意爲乞士男，俗稱和尚。

[2]宇文仲和：人名。代郡武川（今内蒙古武川縣西）人，鮮卑族。西魏、北周官吏。隋初，與其父宇文衆謀反，被誅。

[3]獨孤信：人名。本名如願，雲中（今内蒙古和林格爾縣西北）人，鮮卑族。北魏、西魏、北周將領。西魏八柱國之一。見《北史》卷六一《獨孤信傳》。

[4]岐州：北魏時治雍城鎮，在今陝西鳳翔縣東。

[5]玉壁：城名。在今山西稷山縣西南。

[6]龍門：郡名。北魏置。在今山西河津市東南。

[7]侯景：人名。字萬景，懷朔鎮（今内蒙古固陽縣南）人。羯族。曾任北魏官吏，後叛至南朝。見《梁書》卷五六《侯景傳》。

至大統十七年春初，忽著一布帽，周文左右驚問之。檀特曰："汝亦著，王亦著也。"至三月而魏文帝崩。復取一白絹帽著之，左右復問之。檀特云："汝亦著，王亦著也。"未幾，丞相夫人薨。後又著白絹帽，左右復問之。云："汝不著，王亦著也。"尋而丞相第二兒武邑公薨。[1]其事驗多如此也。俄而疾死。

[1]武邑公：封爵名。武邑，郡名。西魏時治武强縣，在今河北武强縣西南。此指宇文震，宇文泰之子。西魏末封武邑公。北周時，追封宋國公。

由吾道榮，琅琊沭陽人也。[1]少爲道士，入長白山、太山，[2]又遊燕、趙間。聞晋陽有人，大明法術，乃尋之。是人爲人家傭力，無名者，久求訪始得。其人道家，符水禁呪、陰陽歷數、天文藥性，無不通解。以道榮好尚，乃悉授之。歲餘，是人謂榮云："我本恒岳仙人，有少罪過，爲天官所謫。今限滿將歸，卿宜送吾至汾水。"及至汾河，遇水暴長，橋壞，船渡艱難。是人乃臨水禹步，[3]以一符投水中，流便絶。俄頃，水積將至天。是人徐自沙石上渡。唯道榮見其如是，傍人咸云："水如此長，此人遂能浮過。"共驚異之。如此法，道榮所不得也。

[1]琅琊：郡名。北齊時治即丘縣，在今山東臨沂市西。　沭陽：縣名。按《隋書·地理志》沭陽屬東海郡，北齊時治所在今江蘇沭陽縣。疑此有誤。

[2]長白山：泰山之副岳。在今山東鄒縣境。　太山：即泰山。在今山東中部。

[3]禹步：道士在禱神儀禮中常用的一種步法動作。傳爲夏禹所創，故稱禹步。因其步法依北斗七星排列的位置而行步轉折，宛如踏在罡星斗宿之上，又稱步罡踏斗。

道榮仍歸本郡，隱於琅邪山中，辟穀餌松术茯苓，[1]求長生之秘。又善洞視，蕭軌等之敗於江南，[2]其日，道榮言之如目見。其後鄉人從役得歸者，勘問敗時形勢，與道榮所説符同。尋爲文宣追往晉陽，[3]道榮恒野宿，不入逆旅。[4]至遼陽山中，[5]夜初馬驚，有猛獸去馬止十餘步，所追人及防援者並驚怖將走。道榮徐以杖畫地成火坑，猛獸遽走。道榮至晉陽，文宣見之甚悦。後歸鄉里。隋開皇初，[6]備禮徵辟，授上儀同三司、諫議大夫、沭陽縣公。[7]從晉王平陳還，[8]苦辭歸。至鄉卒，年八十五。

[1]松术：底本作“松术”。今從中華本改。

[2]蕭軌：人名。北齊官吏。文宣帝天保七年（556）與梁師戰於鍾山之西，遇雨失利，與都督李希光等陣亡。

[3]文宣：即北齊皇帝高洋。文宣爲其謚號。

[4]逆旅：即客舍、旅店。

[5]遼陽山：在今山西左權縣東南。

[6]開皇：隋文帝的年號（581—600）。

[7]上儀同三司：北周時置，位居開府儀同三司之下、儀同三司之上。多爲大臣勳臣的加官。隋朝沿置，爲從四品散官，煬帝大業三年（607）罷。　諫議大夫：官名。秦朝時置。專掌議論。西

漢初廢，武帝時置諫議大夫。東漢光武帝時復置，掌侍從顧問、參謀諷議，名義上隸光禄勳。北魏時置七十人，隸集書省，掌諫諍議論。北齊沿置，員七人，從四品。

［8］晋王：即楊廣。

又有張遠遊者，文宣時，令與諸術士合九轉金丹。及成，帝置之玉匣云："我貪人間作樂，不能飛上天，待臨死時取服。"

顏惡頭，章武郡人也。[1]妙於《易》筮。[2]遊州市觀卜，有婦人負囊粟來卜，歷七人，皆不中而强索其粟。惡頭尤之。卜者曰："君若能中，何不爲卜？"惡頭因筮之，曰："登高臨下水洞洞，唯聞人聲不見形。"婦人曰："姙身已七月矣，向井上汲水，忽聞胎聲，故卜。"惡頭曰："吉，十月三十日有一男子。"諸卜者乃驚服曰：[3]"是顏生邪！"相與具羊酒謝焉。有人以三月十三日詣惡頭求卜，遇《兑》之《履》。惡頭占曰："君卜父，父已亡，當上天，聞哭聲，忽復蘇，而有言。"其人曰："父卧疾三年矣，昨日雞鳴時氣盡，舉家大哭。父忽驚寤云：'我死，有三天人來迎，欲升天，聞哭聲，遂墜地。'"惡頭曰："更三日，當永去。"果如言。人問其故，惡頭曰："《兑》上天下土，是今日庚辛本宫火，故知卜父。[4]今三月，土入墓，又見宗廟爻發，故知死。變見生氣，故知蘇。《兑》爲口，主音聲，故知哭。《兑》變爲《乾》，《乾》天也，故升天。《兑》爲言，故父言。故知有言。[5]未化入戌爲土，三月土墓，戌又是本宫鬼墓，未後三日至戌，故知三日復死。"惡頭又語人曰：“長樂王某年某月某日當爲天子。” 有人姓張，聞其言，數以寶物獻之，豫乞東益州刺史。[6] 及期，果爲天子，擢張用之。惡頭自言厄在彭城。[7] 後遊東郡，[8] 逢彭城王尒朱仲遠將伐齊神武於鄴，[9] 召惡頭令筮。惡頭野生，不知避忌，高聲言：“大惡。” 仲遠怒其沮衆，斬之。

[1]章武：郡名。北魏時治平舒縣，在今河北大城縣。

[2]易筮：卜筮的一種。以《周易》占筮決疑。

[3]諸：底本作“詣”，中華本校勘記云：“諸本‘諸’訛作‘詣’，據《通志》卷一八三《顔惡頭傳》改。” 今從改。

[4]兑上天下土是今日庚辛本宫火故知卜父：中華本校勘記云：“錢氏《考異》卷四〇謂當作‘兑上六，丁未土，是今日庚辛本宫父，故知卜父’，按《通志》‘下’正作‘丁’。錢説當是。”

[5]兑爲言故父言故知有言：中華本校勘記云：“錢氏《考異》云：‘“故父言”三字恐有訛。’按《通志》無此三字，當是衍文。”

[6]東益州：北魏時治武興縣，在今陝西略陽縣。

[7]彭城：郡名。北魏時治彭城縣，在今江蘇徐州市。

[8]東郡：北魏時治滑臺城，在今河南滑縣東。底本作“東都”，中華本校勘記云：“諸本‘郡’作‘都’。按魏無東都，本書卷四八《尒朱仲遠傳》，言仲遠先鎮大梁，‘後移屯東郡，率衆與度律等拒齊神武’。‘都’乃‘郡’之訛，今改正。” 今從改。

[9]尒朱仲遠：人名。北秀容（今山西朔州市）人，契胡族。北魏、東魏將領、大臣。見《北史》卷四八《尒朱榮附尒朱仲遠傳》。　鄴：縣名。治所在今河北臨漳縣西南鄴鎮。

王春，河東安邑人也。[1] 少精易占，明陰陽風角，齊神武引爲館客。韓陵之戰，四面受敵，從寅至午，三合三離，將士皆懼。神武將退軍，春叩馬諫曰："比至未時，必當大捷。"遽縛其子詣軍門爲質，若不勝，請斬之。賊果大敗。後從征討，恒令占卜，其言多中。位東徐州刺史，[2]賜爵安夷縣公。[3]卒，贈秦州刺史。[4]

[1]河東：郡名。北魏時治蒲坂縣，在今山西永濟市西南蒲州鎮。　安邑：縣名。治所在今山西夏縣西北禹王城。

[2]東徐州：北魏時治下邳城，在今江蘇睢寧縣古邳鎮北側。

[3]安夷縣公：封爵名。安夷，縣名。治所在今青海平安縣平安鎮。按：《魏書·律曆志下》有"大丞相府東閤祭酒、夷安縣開國公臣王春"。莫知孰是。夷安，縣名。治所在今山東高密市西北土城。

[4]秦州：北魏時治上封城，在今甘肅天水市。

信都芳，字玉琳，河間人也。[1]少明筭術，兼有巧思，每精心研究，或墜坑坎。常語人云："算歷玄妙，機巧精微，我每一沈思，不聞雷霆之聲也。"其用心如此。後爲安豐王延明召入賓館。[2]有江南人祖暅者，[3]先於邊境被獲，在延明家，舊明算歷，而不爲王所待。芳諫王禮遇之。暅後還，留諸法授芳，由是彌復精密。延明家有群書，欲抄集五經算事爲《五經宗》，及古今樂事爲《樂書》，又聚渾天、欹器、地動、銅烏、漏刻、候風諸巧事，[4]并圖畫爲器準，並令芳算之。會延明南奔，[5]芳乃自撰注。

[1]河間：郡名。北魏時治武垣縣，在今河北河間市南。

[2]安豐王：封爵名。安豐，郡名。北魏時治安豐縣，在今安徽霍邱縣西南。　延明：即元延明，人名。北魏宗室。見《北史》卷一九《安豐王猛附元延明傳》。　賓館：公家招待來賓住宿的地方。

[3]祖暅（gèng）：人名。疑爲《南史》之祖暅之，字景爍，范陽遒（今河北淶水縣北）人。傳承家學，是南北朝時的數學家。見《南史》卷七二《祖沖之附祖暅之傳》。

[4]渾天：渾儀和渾象，合稱爲渾天儀。東漢時張衡發明的一種測量天體球面坐標的儀器。　欹器：古酒器。亦稱“宥坐器”。爲一種控制飲酒者酒量的酒具。　銅烏：銅製的鳥形風向器，亦稱相風烏，常常裝飾在建築物的高處。　漏刻：古代的計時器。

[5]延明南奔：北魏孝莊帝永安元年元顥被尒朱榮等打敗。延明攜妻子逃亡南朝梁。

後隱於并州樂平之東山，[1]太守慕容保樂聞而召之，[2]芳不得已而見焉。於是保樂弟紹宗薦之於齊神武，[3]爲館客，授中外府田曹參軍。[4]芳性清儉質樸，不與物和。紹宗給其羸馬，不肯乘騎；夜遣婢侍以試之，芳忿呼毆擊，不聽近已。狷介自守，無求於物。後亦注《重差》《勾股》，[5]復撰《史宗》。

[1]并州：北魏時治晉陽縣，在今山西太原市晉源區古城營村一帶。　樂平：郡名。北魏時治樂平縣，在今山西昔陽縣西南。

[2]慕容保樂：人名。鮮卑族。前燕慕容氏之後，北魏、東魏大臣。

[3]紹宗：即慕容紹宗，人名。字紹宗，鮮卑族。北魏、東魏大將。見《北史》卷五三《慕容紹宗傳》。

[4]中外府：官署名。都督中外諸軍事府的省稱。下置長史、司馬、司録等僚佐。　田曹參軍：官名。田曹參軍事的省稱，田曹長官。北魏王府、公府、將軍府置，諸州一度置，從六品上至從八品。

[5]重差：書名。作者劉徽，魏晋時數學家。三國魏元帝景元四年（263）劉徽注《九章算術》九卷，並撰《重差》作爲《九章算術》注的第十卷。唐初以後，《重差》以《海島算經》爲名單行。　勾股：《九章算術》的第九章，也是最後一章。古代學者把直角三角形較短的直角邊稱爲勾，較長的直角邊稱爲股。

芳精專不已，又多所闚涉。丞相倉曹祖珽謂芳曰：[1]“律管吹灰，[2]術甚微妙，絶來既久，吾思所不至，卿試思之。”芳留意十數日，便報珽云：“吾得之矣，然終須河内葭莩灰。”[3]祖對試之，無驗。後得河内灰，用術，應節便飛，餘灰即不動也。不爲時所重，[4]竟不行用，故此法遂絶。[5]

[1]丞相倉曹：官署名。西漢丞相府僚屬諸曹之一，東漢三公府沿置，主管倉穀事。歷代沿置。　祖珽：人名。字孝徵，范陽遒（今河北淶水縣北）人。北魏、北齊官吏。見《北史》卷四七《祖瑩附祖珽傳》。

[2]律管吹灰：疑爲古代一種探測節氣變化、天地震動的方法。久佚。

[3]葭莩：蘆葦桿裏面的薄膜。

[4]不爲時所重：底本無“不”字，中華本校勘記云：“諸本無‘不’字，《北齊書》卷四九《信都芳傳》有。按不爲時重，所以其法不行。今據補。”今從改。

[5]用故此法遂：元大德本此五字處空闕。

又著《樂書》《遁甲經》《四術周髀宗》。其序曰："漢成帝時，[1]學者問蓋天，揚雄曰：'蓋哉，未幾也。'問渾天，曰：'落下閎爲之，鮮于妄人度之，耿中丞象之，幾乎，莫之息矣。'[2]此言蓋差而渾密也。蓋器測影而造，用之日久，不同於祖，故云'未幾也'。渾器量天而作，乾坤大象，隱見難變，故云'幾乎'。是時，太史令尹咸窮研晷蓋，[3]易古周法，雄乃見之，以爲難也。自昔周公定影王城，[4]至漢朝，蓋器一改焉。渾天覆觀，以《靈憲》爲文；[5]蓋天仰觀，以《周髀》爲法。[6]覆仰雖殊，大歸是一。古之人制者，所表天效玄象。芳以渾算精微，術機萬首，故約本爲之省要，凡述二篇，合六法，名《四術周髀宗》。"

[1]漢成帝：即漢朝皇帝劉驁。成爲其謚號。

[2]"學者問蓋天"至"莫之息矣"：出自揚雄《法言·重黎》。蓋天，古代一種對宇宙的看法。古人認爲，天像一個圓鍋蓋在地上，故名"蓋天説"。《晋書·天文志上》："其言天似蓋笠，地法覆槃，天地各中高外下。"揚雄，人名。字子雲，蜀郡（今四川成都市）人。西漢文學家。見《漢書》卷八七《楊雄傳》。落下閎，人名。字長公，巴郡閬中（今四川閬中市）人。西漢天文學家。見《史記·曆書》。鮮于妄人，人名。西漢時天文學家。見《漢書·律曆志上》。耿中丞，即耿壽昌，漢宣帝時大司農中丞，精通算學、天文，設置常平倉。後被封爲關内侯。

[3]尹咸：人名。汝南（今河南汝南縣）人。東漢官吏、經學家、曆算學家。

[4]周公定影王城：見《水經注疏》卷二二《潁水》陽城縣

條："亦周公以土圭測日景處。"

[5]靈憲：書名。東漢張衡的天文著作。

[6]周髀：一作《周髀算經》，撰者不詳。書中記録有測量天體運行的計算方法。《後漢書》卷五九《張衡傳》注引《漢名臣奏》曰："蔡邕曰：'言天體者有三家：一曰周髀，二曰宣夜，三曰渾天。宣夜之學絶，無師法。周髀術數具存，考驗天狀，多所違失，故史官不用。"

又上黨李業興撰新曆，[1]自以爲長於趙歐、何承天、祖沖之三家，[2]芳難業興五闕。[3]又私撰曆書，名曰《靈憲曆》，算月頻大頻小，食必以朔，[4]證據甚甄明。每云："何承天亦爲此法，而不能精。《靈憲》若成，[5]必當百代無異議者。"書未成而卒。

[1]李業興：人名。上黨長子（今山西長子縣）人。北魏、東魏官吏，天文曆算家，儒家學者。見《北史》卷八一《李業興傳》。

[2]趙歐：人名。酒泉敦煌（今甘肅敦煌市）人。十六國時北涼太史令。善曆算。其所制曆法，在晋朝、北凉地區内流行。　何承天：人名。東海郯（今山東郯城縣北）人。南朝宋大臣、天文學家。尤長於曆算。見《宋書》卷六四《何承天傳》。　祖沖之：人名。字文遠，范陽遒（今河北淶水縣北）人。南北朝時著名天文學家、數學家。見《南史》卷七二《祖沖之傳》。

[3]芳難業興五闕：中華本校勘記云："《通志》卷一八三《信都芳傳》闕處作'十事'二字。按《魏書·律曆志下》載信都芳駁業興曆者三事。未知《通志》是否，今不補。"可從。

[4]以：元大德本闕。

[5]若成：元大德本闕。

宋景業，廣宗人也。[1]明《周易》，爲陰陽緯候之學，兼明歷數。魏武定初，[2]任北平太守。[3]齊文宣作相，在晋陽。景業因高德政上言：[4]"《易·稽覽圖》曰：[5]'鼎，五月，聖人君，天與延年齒，東北水中，庶人王，高得之。'謹案：東北水，謂勃海也。高得之，明高氏得天下也。"時魏武定八年三月也。[6]高德政、徐之才並勸文宣應天受禪，[7]乃之鄴。至平城都，[8]諸大臣沮計，將還。賀拔仁等又云：[9]"宋景業誤王，宜斬之以謝天下。"帝曰："宋景業當爲帝王師，何可殺也？"還至并州，文宣令景業筮，遇《乾》之《鼎》。景業曰："乾，君也，天也。《易》曰：'時乘六龍，以御天。'[10]鼎，五月卦也，宜以仲夏吉辰，順天受禪。"或曰："《陰陽書》'五月不可入官。犯之，卒於其位。'"景業曰："此乃大吉，王爲天子，無復下期，豈得不終於其位？"帝大悦。

[1]廣宗：縣名。治所在今河北威縣東。

[2]武定：東魏孝静帝的年號（543—550）。

[3]北平：郡名。東魏時治新昌縣，在今河北盧龍縣。

[4]高德政：人名。一作"高德正"，字士貞，勃海蓨（今河北景縣）人。北魏、東魏、北齊官吏。見《北齊書》卷三〇《高德政傳》。

[5]易稽覽圖：《易緯》之一，東漢鄭玄曾有注。今亡佚。

[6]三月：源氏校勘記云："《北齊》作'五月'。"據下文"五月不可入官"，疑當是"三月"。

[7]徐之才：人名。丹陽（今江蘇南京市）人。北魏、東魏、

北齊官吏。少解天文，兼圖讖之學，以善醫著稱。見《北史》卷九〇《徐謇附徐之才傳》。

[8]至平城都：中華本校勘記云："按當作'平都城'，參卷三一《高德正傳》校記。"可從。平都，城名。在今山西和順縣西儀城村。

[9]賀拔仁：人名。字天惠，善無（今山西右玉縣南）人。北齊官吏。見《北史》卷五三《張保洛附賀拔仁傳》。

[10]時乘六龍以御天：語出《易·乾卦·彖傳》。其文曰："六位時成，時乘六龍以御天。"

天保初，[1]封長城縣子，[2]受詔撰《天保歷》，李廣爲之序。[3]

[1]天保：北齊文宣帝的年號（550—559）。

[2]長城縣子：封爵名。遥封。長城，縣名。治所在今甘肅平凉縣西北。

[3]李廣：人名。字弘基，范陽（今河北涿州市）人。北魏、北齊儒家學者。見《北史》卷八三《李廣傳》。

許遵，高陽新城人也。[1]明《易》善筮，兼曉天文、風角、占相、逆刺，[2]其驗若神。齊神武引爲館客。自言禄命"不富貴，不横死"，是以任性疏誕，[3]多所犯忤，神武常容借之。[4]芒陰之役，遵謂李業興曰："賊爲水陳，我爲火陳，水勝火，我必敗。"[5]果如其言。清河王岳以遵爲開府記室。[6]岳後將救江陵，[7]遵曰："此行必致後凶，宜辭疾勿去。"岳曰："勢不免去，正當與君同行。"遵曰："遵好與生人相隨，不欲與死人同路。"

岳彊給其馬以行。至都，尋喪。三臺初成，文宣宴會尚書以上，三日不出。許遵妻季氏憂之，以問遵。遵曰："明日當得三百匹絹。"季氏曰："若然，當奉三束。"遵曰："不滿十匹。"既而皆如言。文宣無道日甚，遵語人曰："多折算來，吾筮此狂夫何時得死。"於是布算滿床，大言曰："不出冬初，我乃不見。"文宣以十月崩，遵果以九月死。

[1]高陽：郡名。北魏時治高陽縣，在今河北高陽縣東。　新城：縣名。治所在今河北徐水縣西南。

[2]逆剌：古代的一種占卜術，可以預知前事。

[3]性：殿本、局本作"情"。

[4]神武常容借之：源氏校勘記云："'借'《北齊》作'惜'。"中華本《北齊書》卷四九《許遵傳》校勘記云："諸本'借'作'惜'，《北史》卷八九《許遵傳》、《册府》卷八七六作'借'。按《册府》本録自補本《北齊書》而同《北史》，知本作'借'，且於文義也較長，今據改。"按：就文義而言，爲"惜"更合。

[5]賊爲水陳我爲火陳水勝火我必敗：源氏校勘記云："《北齊》'水'作'火'，'火'作'木'。"

[6]清河王：封爵名。清河，郡名。東魏時治清河縣，在今山東臨清市東北。　岳：即高岳，人名。字洪略，勃海蓨（今河北景縣）人。東魏、北齊官吏。見《北史》卷五一《清河王岳傳》。　開府：開府儀同三司的省稱。三國魏始置，多爲大臣的加號，意思是與三司（太尉、司徒、司空）的禮制待遇相同，允許開府，自辟僚屬。北魏成爲正式官名。孝文帝太和十七年定爲第一品下。　記室：官名。漢朝自三公府至郡縣皆置爲佐吏，具體名稱不一，皆主文書表報。兩晋南北朝以來有記室令史、記室督、記室參軍、中記室參軍等名目，省稱記室。

［7］江陵：城名。在今湖北荆州市。

子暉，亦學術數。遵謂曰："汝聰明不及我，不勞多學。"唯授以婦人産法，豫言男女及産日，無不中。武成時，[1]以此數獲賞焉。

［1］武成：即北齊皇帝高湛。武成爲其謚號。

又有滎陽麴紹者，[1]亦善占。侯景欲試之，使與郭生俱卜二伏牛何者先起。卜得火兆，郭生曰："赤牛先起。"紹曰："青牛先起。"景問其故，郭生曰："火色赤，故知赤牛先起。"紹曰："火將然，煙先起，煙上色青，故知青牛起。"既而如紹言。

［1］滎陽：郡名。北魏時治滎陽縣，在今河南滎陽市。

吴遵世，字季緒，勃海人也。少學《易》，入恒山，忽見一老翁，授之開心符。[1]遵世跪，水吞之，遂明占卜。後出遊京洛，以卜筮知名。魏孝武帝之將即位，使之筮，遇《否》之《萃》，曰："先否後喜。"帝曰："喜在何時？"遵世曰："剛决柔，則春末夏初也。"又筮，遇《明夷》之《賁》，曰："初登于天，後入于地。若能敬始慎終，不失法度，無憂入地矣。"終如其言。

［1］開心符：道教符名。傳説食之能開通心智，故稱。

后齊文襄引爲大將軍府墨曹參軍。[1]從遊東山，有雲起，恐雨廢射，戲使筮。遇《剥》，李業興云："坤上艮下，《剥》。艮爲山，山出雲，故知有雨。"遵世云："坤爲地，土制水，故知無雨。"文襄使崔暹書之云：[2]"遵世若著，賞絹十匹；不著，罰杖十。業興若著，無賞；不著，罰杖十。"業興曰："同是著，何獨無賞？"文襄曰："遵世著，會我意，故賞也。"須臾雲散，二人各受賞罰。

[1]文襄：即高澄。文襄爲其謚號，北齊文宣帝所追謚。　墨曹參軍：官名。東晋時設。屬丞相府屬官。掌刑獄。後諸公府、軍府、州府等皆設。歷朝因之，品秩不一。

[2]崔暹：人名。字季倫，博陵安平（今河北安平縣）人。東魏、北齊官吏。見《北史》卷三二《崔挺附崔暹傳》。

皇建中，[1]武成以丞相在鄴下居守，自致猜疑，甚懷憂懼，謀起兵，每宿輒令遵世筮。[2]遵世云："自有大慶。"由是不决。俄而趙郡王等奉太后令，[3]以遺詔追武成。更令筮之。遵世云："比已作十餘卦，其占自然有天下之徵。"及即位，除中書舍人，固辭老疾，授中散大夫。和士開封王，[4]妻元氏無子，以側室長孫爲妃，令遵世筮。遵世云："此卦偶與占同。"乃出其占書云："元氏無子，長孫爲妃。"士開喜於妙中，於是起叫而舞。

[1]皇建：北齊孝昭帝的年號（560—561）。

[2]輒：源氏校勘記云："'輒'《北齊》作'著'。"

[3]趙郡王：封爵名。即高琛。趙郡，北齊時治平棘縣，在今河北趙縣。

[4]和士開：人名。字彦通，清都臨漳（今河北臨漳縣）人。北齊大臣。見《北史》卷九二《和士開傳》。

遵世著《易林雜占》百餘卷。後預尉遲迥亂，[1]死焉。

[1]尉遲迥亂：北周静帝大象二年（580）尉遲迥等北周老臣因不滿楊堅奪權而發動的軍事行動。尉遲迥，人名。字薄居羅，代（今山西大同市東北）人，鮮卑族。西魏、北周大臣。見《北史》卷六二《尉遲迥傳》。

趙輔和，清都臨漳人也。[1]少以明《易》善筮爲齊神武館客。神武崩於晋陽，葬有日矣，文襄令文宣與吴遵世等擇地，頻卜不吉。又至一所，筮遇《革》，咸云凶。輔和少年，最在衆人後，進云："《革卦》於天下人皆凶，唯王家用之大吉。《革·彖辭》云：'湯武革命，應天順人。'"文宣遽登車，顧云："以此地爲定。"即義平陵也。[2]有人父爲刺史，得書云疾。是人詣館，别託相知者筮。遇《泰》，筮者云："此卦甚吉。"是人出後，輔和謂筮者云："泰，乾下坤上，則父入土矣，豈得言吉。"果凶問至。有人父疾，託輔和筮，遇《乾》之《晋》，慰諭令去。後告人云："《乾》之遊魂，[3]乾爲天，爲父，父變爲魂，而升於天，能無死乎？"亦如其言。

[1]清都：郡名。東魏時治鄴縣，在今河北臨漳縣西南鄴鎮。

[2]義平陵：高歡的墓地，在今河北臨漳縣安鼓山西北漳水西。

[3]乾之遊魂：中華本校勘記云："李慈銘云：'"乾之遊魂"句上當脱一"晋"字。'乾，起坎，終離，成於巽，遊魂於晋。"可從。

大寧、武平中，[1]筮後宫誕男女及時日，多中，遂至通直常侍。[2]入周，亦爲儀同。[3]隋開皇中，卒。

[1]大寧：北齊武成帝的年號（561—562），或作"太寧""泰寧"。　武平：北齊後主的年號（570—576）。

[2]通直常侍：官名。即通直散騎常侍，晋武帝時使員外散騎常侍二人與散騎常侍通員當值，故名。東晋時增至四員，屬散騎省，職同散騎常侍，參平尚書奏事，並掌諷諫、侍從，位頗重。北魏孝文帝太和十五年亦置，員六人，屬集書省。初定爲三品下，二十三年改爲四品。北齊沿置，除集書省置六員外，集書省所轄起居省亦設一員，皆四品。

[3]儀同：本指官場待遇，始自東漢末，後成爲官銜，先後爲儀同三司、儀同將軍、儀同大將軍等官名的省稱。

皇甫玉，不知何許人也，善相人。齊文襄之自潁川歸，[1]文宣從後，玉於傍縱觀，謂人曰："大將軍不作物。"指文宣曰："會是道北垂鼻涕者。"[2]及文宣即位，試玉相術，故以帛巾袜其眼，使歷摸諸人。至文宣曰："此最大達官。"於任城王曰：[3]"當至丞相。"於常山、長廣二王，[4]並曰："亦貴。"至石動桶曰：[5]"此弄癡人。"至二供膳曰："正得好飲食而已。"玉嘗爲高歸彦相曰：[6]"位極人臣，但莫反。"歸彦曰："我何爲反？"玉曰："公有反骨。"孝昭賜趙郡王十死不問。[7]王喜曰："皇甫玉相臣，云當惡死，今復何慮？"帝以玉輒爲諸王相，心不平之。玉謂其妻曰："殿上者不過二年。"妻以告舍人斛斯洪慶妻，[8]洪慶以啓帝。怒曰："向婦女小兒評論萬乘主！"敕召玉。玉每照鏡，自言兵死。及被召，謂妻曰："我今去不迴。若過日午時，當得活。"既至正中，遂斬之。

[1]潁川：郡名。東魏孝静帝天平初治長社縣，在今河南長葛市東北。武定七年（549）徙治潁陰縣，在今河南許昌市。

[2]會是道北垂鼻涕者：底本無"是"字，中華本校勘記云："諸本脱'是'字，據《北齊書》卷四九《皇甫玉傳》補。"今從改。

[3]任城王：封爵名。此指高湝。高歡第十子，北齊文宣帝天保元年封爲任城王。見《北齊書》卷一〇《任城王湝傳》。任城，郡名。北齊時治魯縣，在今山東曲阜市。

[4]常山王：封爵名。此指高演。北齊孝昭帝。常山，郡名。北齊時治安樂壘，在今河北藁城市西北。　長廣王：封爵名。此指高湛。北齊武成帝。長廣，郡名。北齊時治黄縣，在今山東龍口市。

[5]石動桶：人名。一作"石動筩"。北齊時優人，言辭詼諧。

[6]高歸彦：人名。字仁英，勃海蓨（今河北景縣）人。北齊宗室、大臣。後謀反伏誅。見《北史》卷五一《平秦王歸彦傳》。

[7]孝昭：即北齊皇帝高演。孝昭爲其謚號。

［8］斛斯洪慶妻：《北齊書》卷四九《皇甫玉傳》作“斛斯慶妻”。源氏校勘記云：“《北齊》無‘妻’字。”

文襄時，有吴士，雙盲，妙於聲。[1]文襄歷試之。聞劉桃枝聲曰：[2]“有所繫屬，然當大富貴。王侯將相，多死其手。譬如鷹犬，爲人所使。”聞趙道德聲曰：[3]“亦繫屬人，富貴翕赫，不及前人。”聞侯吕芬聲，[4]與道德相似。聞太原公聲曰：[5]“當爲人主。”聞文襄聲，不動。崔暹私搯之，[6]乃謬言：“亦國主也。”文襄以爲我家群奴猶極貴，况吾身也。

［1］於聲：源氏校勘記云：“於‘聲’下，《北齊》有‘相’字。”

［2］劉桃枝：人名。北齊官吏。初爲高歡驅使，甚受寵信。北齊建，位至領軍、開府，封王。上黨王涣、琅邪王儼、平秦王歸彦、斛律光等皆被其親手所殺。

［3］趙道德：人名。北齊皇帝高氏的家奴，曾救過高澄、高洋的性命，也曾教訓過高延宗、高洋，向婁太后建議不讓高演當皇帝。

［4］侯吕芬：人名。一作“吕芬”。北齊將領。歷位右衛大將軍、武衛將軍。與和士開交結，排擠祖珽，誅殺異己。

［5］太原公：封爵名。太原，郡名。北齊時治龍山縣（改晋陽縣爲此稱），在今山西太原市晋源區古城營村一帶。

［6］搯（tāo）：叩擊。

又時有御史賈子儒，[1]亦能相人。崔暹嘗將子儒私視文襄，子儒曰：“人有七尺之形，不如一尺之面；一尺之面，不如一寸之眼。大將軍臉薄眄速，非帝王相也。”竟如言。

[1]御史：官名。西漢時始設。北魏時置八員分掌治書、課第等諸曹。孝文帝太和十七年定爲從五品中，二十三年定爲八品。北齊時爲從七品。　賈子儒：南監本無“賈”字。源氏校勘記補“賈”字。

齊代善相者，有館客趙瓊。其婦叔寄弓，[1]弓已轉在人處，盡知之。時人疑其別有假託，不然，則姑布子卿不如也。

[1]寄：毛本、殿本、局本作“奇”。誤。

初，魏正始前，[1]有沙門學相，遊懷朔，[2]舉目見人，皆有富貴之表。以爲必無此理，燔其書。而後皆如言，乃知相法不虛也。

[1]正始：北魏宣武帝的年號（504—508）。

[2]懷朔：軍鎮名。北魏六鎮之一，在今內蒙古固陽縣百靈淖城圐圙古城。

解法選，河內人也。少明相術，又受《易》於權會，[1]筮亦頗工。陳郡袁叔德以太子庶子出行博陵太守，[2]不願之官，以親老言於執政楊愔。[3]愔語云：“既非正除，尋當遣代。”叔德意欲留尊累在京，令法選占。云：“不踰三年，得代，終不還也。”勸其盡家而行。又爲叔德相云：“公邑邑，終爲吏部尚書，[4]鑒照人物。”後皆如言。又頻爲和士開相中，士開牒爲開府行參軍。[5]

[1]權會：人名。字正理，河間鄚（今河北任丘市北）人。北齊官吏。幼家貧好學，精通諸經，善《周易》。見《北史》卷八一《權會傳》。

[2]陳郡袁叔德以太子庶子出行博陵太守："太子"下，底本、元大德本空三字，注"闕"。中華本校勘記云："諸本闕'庶子出'三字，據《通志》卷一八三《解法選傳》補。《北齊書》卷四二《袁聿修（即叔德）傳》云：'天保初，除太子庶子，以本官行博陵太守。'可證。"今從改。陳郡，北齊時治項縣，在今河南淮陽縣。袁叔德，人名。即袁脩。字叔德。陳郡項（今河南淮陽縣南）人。北齊、隋朝官吏。見《北史》卷四七《袁翻附袁聿脩傳》。太子庶子，官名。秦漢時隸屬太子太傅、太子少傅，東漢時隸太子少傅。值宿東宫，職比郎官，無員額。三國時因之。兩晋時爲太子親近從官，獻納規諫，職比散騎常侍、中書監令，其任漸重，或以郡守參選。南朝沿置，隸太子詹事。北魏時略同。孝文帝太和十七年定爲從三品上。北齊時同。博陵，郡名。北齊時治安平縣，在今河北安平縣。

[3]楊愔：人名。字遵彦，弘農華陰（今陝西華陰市東南）人。東魏、北齊官吏。見《北史》卷四一《楊播附楊愔傳》。

[4]吏部尚書：官名。三國魏時改選部尚書置。爲尚書省吏部曹長官。兩晋南北朝沿置，職掌官吏銓選、考課、獎懲，其實權或大於尚書僕射。然重要官職的任免須與諸執政大臣合議，由皇帝、宰相裁定，亦常命尚書僕射領吏部事務或任命大臣參掌選事以分其權任。北魏孝文帝太和十七年定爲二品下，二十三年定爲三品。北齊略同。

[5]行參軍：官名。晋初制度，中央除拜者爲參軍，諸府自辟者爲行參軍。晋以後行參軍亦可除拜，唯品階低於行參軍。南朝、北魏、北齊、隋朝時公府、州府僚屬列曹中法、墨、田、士等曹置爲長官，皆冠以曹名。品秩高於不署曹之參軍。北魏時爲七品上至九品，北齊時爲七品上至八品。

魏寧，鉅鹿人也。[1]以善推禄命，[2]徵爲館客。武成以己生年月，託爲異人，問之。寧曰："極富貴，今年入墓。"武成驚曰："是我！"寧變辭曰："若帝王，自有法。"

[1]鉅鹿：郡名。北齊時治藁城縣，在今河北藁城市西南。

[2]禄命：指人生的禄食運命，亦稱命禄。禄，興廢盛衰。命，貴賤富貧。

又有陽子術語人曰："謠言：盧十六，雉十四，犍子拍頭三十二。且四八，天之大數，太上之祚，恐不過此。"既而武成崩，年三十二。

綦母懷文，不知何許人也，以道術事齊神武。武定初，齊軍戰芒山，[1]時齊軍旗幟盡赤，西軍盡黑，懷文曰："赤，火色；黑，水色。水能滅火，不宜以赤對黑。土勝水，宜改爲黄。"神武遂改爲赭黄，所謂河陽幡者也。

[1]芒山：在今河南洛陽市東北。

懷文造宿鐵刀，其法，燒生鐵精以重柔鋌，數宿則成剛。以柔鐵爲刀脊，浴以五牲之溺，[1]淬以五牲之脂，斬甲過三十札。今襄國冶家所鑄宿柔鋌，[2]是其遺法，作刀猶甚快利，但不能頓截三十札也。懷文又云："廣平郡南幹子城，[3]是干將鑄劍處，[4]其土可瑩刀。"

[1]五牲：指祭祀所用的牛、羊、豬、狗、雞。

[2]襄國：縣名。治所在今河北邢臺市西南。　宿柔鋌：中華本《北齊書》卷四九《綦母懷文傳》校勘記云："《御覽》'宿'下有'鐵'字。"

[3]廣平：郡名。北齊時治曲梁城，在今河北永年縣東南。幹子城：地名。在今河北永年縣韓屯村。

[4]干將：古代傳説中鑄劍之名工。後轉爲寶劍名，用以泛稱寶劍。

每云，昔在晉陽爲監館，館中有一蠕蠕客。同館胡沙門指語懷文云："此人别有異筭術。"仍指庭中一棗樹云，令其布筭子，即知其實數。乃試之，并辯若干純赤，若干赤白相半。於是剥數之，唯少一子。筭者曰："必不少，但更撼之。"果落一實。懷文位信州刺史。[1]

[1]信州：北齊時改北揚州置，治項縣，在今河南淮陽縣。

又有孫正言，謂人曰："我昔聞曹普演有言：[1]'高王諸兒，阿保當爲天子，至高德之承之，當滅。'"阿保，謂天保也；德之，謂德昌也；[2]滅年號承光，[3]即承之矣。

[1]曹普演：人名。襄城（今河南唐河縣）人。其餘不詳。

[2]德昌：北齊安德王的年號（576）。

[3]承光：北齊幼主的年號（577）。

張子信，河內人也。頗涉文學，少以醫術知名。恒隱白鹿山，[1]時出遊京邑，甚爲魏收、崔季舒所重。[2]大寧中，徵爲尚藥典御。[3]武平初，又以太中大夫徵之，[4]聽其所志，還山。又善易筮及風角之術。武衛奚永洛與子信對坐，[5]有鵲鳴庭樹，鬭而墮焉。子信曰："不善，向夕，當有風從西南來，歷此樹，拂堂角，[6]則有口舌事。今夜有人喚，必不可往，雖敕亦以病辭。"子信去後，果有風如其言。是夜，琅邪王五使切召永洛，[7]且云敕喚。永洛欲起，其妻苦留之，稱墜馬腰折，不堪動。詰朝而難作。[8]子信，齊亡卒。

[1]白鹿山：今河南輝縣市西薄壁鎮北部，太行山的一段支脉。

[2]崔季舒：人名。字叔正，博陵安平（今河北安平縣）人。東魏、北齊官吏。見《北史》卷三二《崔挺附崔季舒傳》。

[3]尚藥典御：官名。北魏時置，爲門下省尚藥局長官，總知御藥事，以精通醫術之人充任，員二人，五品。

[4]太中大夫：官名。秦、漢初位居諸大夫之首，侍從皇帝左右，掌管顧問應對、參政議政，奉詔出使，多由寵臣貴戚擔任。北魏至隋朝品秩與卿相近，多用以安置年老退免的九卿大臣，無具體的職掌。北齊時爲從三品。

[5]武衛：官名。即武衛將軍，三國魏文帝時將武衛中郎將改爲此稱。北朝時掌宿衛兵。北魏孝文帝太和二十三年定爲從三品。北齊因之。　奚永洛：人名。疑即"奚永樂"。北齊官吏。北齊温

公武平四年，陳將吴明徹攻壽陽，城陷，卒於陣。

[6]角：元大德本闕。

[7]琅邪王：封爵名。琅琊，郡名。北齊時治即丘縣，在今山東臨沂市西。此指高儼，北齊武成帝子。見《北史》卷五二《琅邪王儼傳》。

[8]詰朝（zhāo）而難作：指和士開被殺。詰朝，清晨。

陸法和，不知何許人也。隱於江陵百里洲，[1]衣食居處，一與戒行沙門同。耆老自幼見之，容色常定，[2]人莫能測也。或謂出自嵩高，[3]遍遊遐邇。既入荆州汶陽郡高安縣之紫石山，[4]無故捨所居山，俄有蠻賊文道期之亂，時人以爲預見萌兆。

[1]百里洲：地名。在今湖北枝江市。

[2]定：源氏校勘記云："'定'上《北齊》有'不'字。亦通。"

[3]嵩高：即嵩山，又名外方山，在今河南登封市北。

[4]荆州：南朝梁時治江陵縣，在今湖北江陵縣。　高安：縣名。治所在今湖北遠安縣西北。底本作"高要"，中華本校勘記云："諸本'安'作'要'。錢氏《考異》云：'按《宋書·州郡志》汶陽領僮陽、沮陽、高安三縣。《隋志》（《隋書·地理志下》荆州夷陵郡），遠安縣舊曰高安，置汶陽郡。此作"高要"者誤也。高要在嶺南，與此不相涉。'按錢説是，今據改。"今從改。　汶陽：郡名。南朝宋置，在今湖北遠安西北。

及侯景始告降於梁，法和謂南郡朱元英曰：[1]"貧道共檀越擊侯景去。"[2]元英曰："侯景爲國立効，師云擊之，何也?”法和曰：“正自如此。”及景度江，法和時在青谿山，[3]元英往問曰：“景今圍城，其事云何?”法和曰：“凡人取果，宜待熟時。”[4]固問之，曰：“亦剋，亦不剋。”

[1]南郡：南朝梁時治江陵縣，在今湖北江陵縣。

[2]檀越：施主。指向寺院施捨財物、飲食的世俗信徒。

[3]青谿山：在今湖北遠安縣。

[4]凡人取果宜待熟時：中華本校勘記云：“《北齊書》卷三二《陸法和傳》下有‘不撩自落。檀越但待侯景熟，何勞問也’十五字。按《北齊書》此傳是以《北史》補，此十五字當是《北史》脱文。”可從。

景遣將任約擊梁湘東王於江陵，[1]法和乃詣湘東乞征約，召諸蠻弟子八百人在江津，[2]二日便發。湘東遣胡僧祐領千餘人與同行。[3]法和登艦，大笑曰：“無量兵馬。”江陵多神祠，人俗恒所祈禱，自法和軍出，無復一驗，人以爲神皆從行故也。至赤沙湖，[4]與約相對，法和乘輕船，不介胄，沿流而下，去約軍一里乃還。謂將士曰：“聊觀彼龍睡不動，吾軍之龍，甚自踊躍，即攻之。若得待明日，[5]當不損客主一人而破賊，然有惡處。”遂縱火船，而逆風不便，法和執白羽扇麾風，風即返。約衆皆見梁兵步於水上，於是大潰，皆投水。約逃竄不知所之，法和曰：“明日午時當得。”及期而未得，人問之，法和曰：“吾前於此洲水乾時建一刹，語檀越等：‘此雖爲刹，實是賊標。’今何不向標下求賊也?”如其言，果於水中見約抱剎，仰頭裁出鼻，遂禽之。約言:“求就師目前死。”法和曰:“檀越有相，必不兵死。且於王有緣，決無他慮。王於後當得檀越力耳。”湘東果釋用爲郡守。及魏圍江陵，約以兵赴救，力戰焉。

[1]任約：人名。南朝梁、陳官吏。

[2]江津：亦曰江津口戍，在今湖北江陵縣東。

[3]胡僧祐：人名。字顧果，南陽冠軍（今河南鄧州市西北）人。南朝梁將領。勇決，有武幹。見《南史》卷六四《胡僧祐傳》。

[4]赤沙湖：在今湖南洞庭湖西。

[5]待：底本作“彼”，中華本校勘記云:“諸本‘待’訛作‘彼’，據《北齊書》改。”今從改。

法和既平約，往進見王僧辯於巴陵，[1]謂曰:“貧道已却侯景一臂，其更何能爲?檀越宜即逐取。”乃請還。謂湘東王曰:[2]“侯景自然平矣，無足可慮。蜀賊將至，法和請守巫峽待之。”乃總諸軍而往，親運石以填江，三日，水遂不流，横之以鐵鎖。武陵王紀果遣蜀兵來度，[3]峽口勢蹙，進退不可，王琳與法和經略，[4]戰而殄之。

[1]王僧辯：人名。字君才，太原祁（今山西祁縣東南）人。初仕北魏，後歸南朝梁，任湘東王蕭繹左常侍、司馬。侯景亂起，從繹討景。見《梁書》卷四五《王僧辯傳》。　巴陵：郡名。南朝梁時治巴陵縣，在今湖南岳陽市。

[2]謂湘東王曰：底本無“謂”字。源氏校勘記補“謂”字。中華本校勘記云：“諸本脱‘謂’字，據《北齊書》及《通志》卷一八三《陸法和傳》補。”今從改。

[3]武陵王：封爵名。武陵，郡名。南朝梁時治武陵縣，在今湖南常德市。　紀：即蕭紀，人名。字世詢，又字大智，南蘭陵（一説在今江蘇常州市，一説在今江蘇丹陽市）人。南朝梁宗室。侯景之亂，梁武帝死後，於成都即帝位，年號天正。後被其兄梁元帝蕭繹所滅。見《梁書》卷五五《武陵王紀傳》。

[4]王琳：人名。字子珩，會稽山陰（今浙江紹興市）人。南朝梁將領。見《南史》卷六四《王琳傳》。

軍次白帝，[1]謂人曰：“諸葛孔明可謂爲名將，吾自見之。此城旁有其埋弩箭鏃一斛許。”因插表令掘之，如其言。又嘗至襄陽城北大樹下，[2]畫地方二尺，令弟子掘之。得一龜，長尺半，以杖叩之曰：“汝欲出，不能得，已數百歲，不逢我者，豈見天日乎？”爲授三歸，龜乃入草。初，八疊山多惡疾人，[3]法和爲采藥療之，不過三服，皆差，即求爲弟子。山中多毒蟲猛獸，法和授其禁戒，不復噬螫。所泊江湖，必於峰側結表，云此處放生，漁者皆無所得。才或少獲，輒有大風雷，船人懼而放之，風雨乃定。晚雖將兵，猶禁諸軍漁捕，有竊違者，中夜猛獸必來欲噬之，或亡其船纜。有小弟子戲截蛇頭，來詣法和。法和曰：“汝何意殺！”[4]因指以示之，弟子乃見蛇頭齚袴襠而不落。[5]法和使懺悔，爲蛇作功德。[6]又有人以牛試刀，一下而頭斷，來詣法和。法和曰：“有一斷頭牛，就卿徵命殊急，若不爲作功德，一月内報至。”其人弗信，少日果死。法和又爲人置宅圖墓以避禍求福。嘗謂人曰：“勿繫馬於碓。”其人行過鄉曲，門側有碓，因繫馬於其柱。入門中，憶法和戒，走出將解之，馬已斃矣。

[1]白帝：地名。在今重慶奉節縣東白帝城。

[2]襄陽城：在今湖北襄樊市。

[3]八疊山：一名柤山，又名沮山，在今湖北南漳縣西北。

[4]汝何意殺：源氏校勘記云：“‘殺’下《北齊》有‘虵’字。”

[5]齚（zé）：古同“齰”，啃，咬。

[6]爲：南監本作“謂”。源氏校勘記改“謂”作“爲”。

梁元帝以法和爲都督、郢州刺史，[1]封江乘縣公。[2]法和不稱臣，其啓文朱印名上，自稱居士，後稱司徒。[3]梁元帝謂其僕射王褒曰：[4]“我未嘗有意用陸爲三公，而自稱，何也?”褒曰：“彼既以道術自命，容是先知。”梁元帝以法和功業稍重，遂就加司徒，都督、刺史如故。部曲數千人，[5]通呼爲弟子。唯以道術爲化，[6]不以法獄加人。又列肆之所，不立市丞，[7]牧佐之法，無人領受。但以空檻籥在道間，上開一孔以受錢，賈客店人，隨貨多少，計其估限，自委檻中。所掌之司，夕方開取，條其孔目，輸之於庫。又法和平常言若不出口，時有所論，則雄辯無敵，然猶帶蠻音。善爲攻戰具。

[1]梁元帝：即南朝梁皇帝蕭繹。元爲其謚號。　郢州：南朝梁時治夏口城，在今湖北武漢市武昌區。

[2]江乘縣公：封爵名。江乘，縣名。治所在今江蘇句容市北。

[3]司徒：官名。漢哀帝時改丞相爲大司徒，漢光武帝時改爲司徒，與太尉、司空並稱三公，分掌宰相職能。北魏初曾令州郡公文先上司徒府，後改上丞相府。一品。北齊時亦爲一品。

[4]王褒：人名。字子淵，琅邪臨沂（今山東臨沂市）人。學問淵博，以善駢文著稱。梁元帝時任吏部尚書、左僕射。西魏破江陵後，虜王褒等入關。見《周書》卷四一《王褒傳》。

[5]部曲：本爲軍隊編制之稱。東漢末，演變爲私人武裝之稱。魏晋南北朝時，世族、豪族普遍擁有部曲，平時耕田從役，戰時隨主人作戰。父死子繼，地位低下。南北朝後期，地位稍有上升，有一些經主人放免爲平民。

[6]道術：毛本作“道德”。

[7]市丞：官名。掌判市事。

在江夏，[1]大聚兵艦，[2]欲襲襄陽而入武關，[3]梁元帝使止之。法和曰：“法和是求佛之人，尚不希釋梵天王坐處，[4]豈規王位？但於空王佛所與主上有香火因緣，[5]見主上應有報至，故救援耳。今既被疑，是業定不可改也。”於是設供食，具大餪薄餅。及魏舉兵，法和自郢入漢口，[6]將赴江陵，梁元帝使人逆之曰：“此自能破賊，師但鎮郢州，不須動也。”法和乃還州，堊其城門，著粗白布衫，布袴邪巾，[7]大繩束腰，坐葦席，終日乃脱之。及聞梁元敗滅，復取前凶服著之，[8]哭泣受弔。梁人入魏，果見餪餅焉。法和始於百里洲造壽王寺，既架佛殿，更截梁柱，曰：“後四十許年，佛法當遭雷雹，此寺幽僻，可以免難。”及魏平荆州，宮室焚燼，總管欲發取壽王佛殿，嫌其材短，乃停。後周氏滅佛法，[9]此寺隔在陳境，故不及難。

[1]江夏：縣名。治所在今湖北武漢市。

[2]艦：南監本作“檻”。源氏校勘記改“檻”作“艦”。

[3]武關：在今陝西丹鳳縣東南。

[4]梵天王：佛教用語。色界之初，禪天有梵衆、梵輔、大梵之三天，其大梵天稱梵天王，名爲屍棄。

[5]空王佛：與燃燈古佛、瓦斯琉璃佛、阿彌陀佛等過去世諸佛一樣，是佛教三世佛中的過去佛，佛經上説他具有不可思議的智慧、不可思議的法。

[6]漢口：地名。一名沔口。即今湖北漢水流入長江之口。

[7]布袴：底本作“袴布”，中華本校勘記云：“諸本‘布袴’倒作‘袴布’，據《北齊書》乙。”今從改。袴，即褲。　邪巾：始喪時所戴的孝巾。

[8]凶服：亦稱喪服或孝衣。居喪時冠裳絰帶等服制。

[9]周氏滅佛法：北周武帝於建德年間在國内推行的滅佛政策，使得當時北方佛教幾乎被禁絶。

天保六年春，清河王岳進軍臨江，[1]法和舉州入齊。文宣以法和爲大都督、十州諸軍事、太尉公、西南道大行臺，[2]大都督、五州諸軍事、荆州刺史、安湘郡公宋莅爲郢州刺史，[3]官爵如故。莅弟簉爲散騎常侍、儀同三司、湘州刺史、義興縣公。[4]梁將侯瑱來逼江夏，[5]齊軍棄城而退，法和與宋莅兄弟入朝。文宣聞其有奇術，虚心想見之，備三公鹵簿，[6]於城南十二里供帳以待之。

法和遥見鄴城，下馬禹步。辛術謂曰：[7]“公既萬里歸誠，主上虛心相待，何作此術？”法和手持香鑪，步從路車至於館。[8]明日引見，給通幰油絡網車，[9]仗身百人。詣闕通名，不稱官爵，不稱臣，但云“荆山居士”。文宣宴法和及其徒屬於昭陽殿，[10]賜法和錢百萬、物萬段、甲第一區、田一百頃、奴婢二百人，生資什物稱是；宋莅千段；其餘儀同、刺史以下各有差。法和所得奴婢，盡免之，曰：“各隨緣去。”錢帛散施，一日便盡。以官所賜宅營佛寺，自居一房，與凡人無異。三年間再爲太尉，世猶謂之居士。無疾而告弟子死期，至時，燒香禮佛，坐繩床而終。浴訖將殮，屍小縮止三尺許。文宣令開棺而視之，空棺而已。

[1]進軍：元大德本闕。　臨江：縣名。治所在今重慶忠縣。

[2]太尉公：官名。對太尉的尊稱。西漢初爲武將最高稱號之一，不常設。擔任臨時性的高級軍事統帥，或爲皇帝的軍事顧問，並無發兵、領兵的實際職權。魏晋南北朝沿置，列三公之首，並無實際職掌。北魏初，與大將軍不並置。孝明帝正光之後，亦皆置焉。正一品。北齊沿之。　西南道大行臺：底本無“道大行臺”三字，中華本校勘記云：“諸本無‘道大行臺’四字。按《北齊書》卷四《文宣紀》天保六年，‘以陸法和爲使持節、都督荆雍江巴梁益湘萬交廣十州諸軍事、太尉公、大都督、西南道大行臺，梁鎮北將軍侍中荆州刺史宋莅爲使持節、驃騎將軍、郢州刺史’。知此脱‘道大行臺’四字，今據補。下文‘大都督五州諸軍事荆州刺史’是宋莅（即宋莅）在梁所任官職。”今從改。

[3]大都督：官名。高級軍事長官。北魏後期沿置，統兵出征。東、西魏分裂後，授予漸濫。北齊時亦置。　安湘郡公：封爵名。

安湘，郡名。南朝梁時治安南縣，在今湖南華容縣。

［4］散騎常侍：官名。三國魏文帝時置。掌侍從皇帝左右，諫諍得失，顧問應對等。南朝時屬集書省，職掌侍從左右、主掌圖書文翰、文章撰述、諫諍拾遺，收納轉呈文書奏事爲主。北朝時兼領修史，實際地位略高於南朝，但仍爲閑散之職。北魏初一度掌出令，位在中書令之上。孝文帝太和十七年定爲二品下，二十三年定爲從三品。北齊沿置，三品。　儀同三司：初謂非三公而儀制待遇同於三公。魏晋時期，授予開府位從三公之文武官。南北朝時授予範圍不斷擴大，逐漸成爲官號。位開府上。北魏孝文帝太和十七年定爲一品下，二十三年定爲從一品。北齊沿置。　湘州：南朝梁時治臨湘縣，在今湖南長沙市。　義興縣公：封爵名。義興，縣名。治所在今江蘇宜興市。

［5］侯瑱：人名。字伯玉，巴西充國（今四川西充縣）人。南朝梁、陳將領。見《陳書》卷九《侯瑱傳》。

［6］三公：東漢以司徒、司空、太尉合稱三公，歷代沿稱。　鹵簿：古代帝王出行時候的扈從儀仗，因爲出行目的不同，儀式也有不同。從漢朝之後，后妃、太子、王公大臣也有。

［7］辛術：人名。字懷哲，隴西狄道（今甘肅臨洮縣）人。東魏、北齊官吏。見《北史》卷五〇《辛雄附辛術傳》。

［8］路車：又曰輅車，古代天子或諸侯貴族所乘的車。

［9］通幰：古代王公乘坐的一種覆蓋帷幔的車子。《晋書·輿服志》："通幰車，駕牛，猶如今犢車制，但舉其幰通覆車上也。諸王、三公並乘之。"　油絡網車：古代王公貴族的夫人所乘的車子。《南齊書·輿服志》："油絡畫安車，公主、王妃三公特進夫人所乘。"

［10］昭陽殿：北齊時爲帝王召見后妃及宴集之所。

法和書其所居屋壁而塗之，及剥落，有文曰："十年天子爲尚可，百日天子急如火，周年天子遞代坐。”又曰：“一母生三天，兩天共五年。”説者以爲婁太后生三天子，[1]自孝昭即位至武成傳位後主，[2]共五年焉。

[1]婁太后：即高歡的妻子、北齊文宣帝高洋的母親婁昭君。見《北史》卷一四《齊武明皇后婁氏傳》。

[2]後主：即北齊皇帝高緯。字仁綱。在位期間荒淫無度，殺大將斛律光而敗亡。見《北史》卷八《齊本紀·後主》。

法和在荆、郢，有少姬，年可二十餘，自稱越姥，身披法服，[1]不肯嫁娶，[2]恒隨法和東西。或與其私通，十有餘年。今者賜棄，别更他淫。[3]有司考驗，並實。越姥因爾改適，[4]生子數人。

[1]法服：僧、道所穿的法衣。

[2]不肯嫁娶：中華本校勘記云：“《北齊書》無‘肯’字、‘娶’字。張森楷云：‘娶字誤衍。’”可從。

[3]今者賜棄别更他淫：中華本校勘記云：“按此是越姥呈訴官府語，與上文連接不上，疑‘今’上有脱文。”可從。

[4]爾：毛本作“而”。

蔣昇，字鳳起，楚國平河人也。[1]少好天文玄象之學，周文雅信待之。大統三年，東魏竇泰頓軍潼關，[2]周文出師馬牧澤。[3]時西南有黄紫氣抱日，從未至酉。周文謂昇曰：“此何祥也？”昇曰：“西南未地，主土。土王四季，秦分。今大軍既出，喜氣下臨，必有大慶。”於是與泰戰，禽之。自後遂降河東，剋弘農，[4]破沙苑，由此愈被親禮。

[1]平河：縣名。治所在今山西臨汾市。

[2]竇泰：人名。字世寧，太安捍殊（今山西壽陽縣北）人。初歸尒朱榮，以討邢杲功賜爵廣阿子。東魏孝静帝天平四年(537)，與宇文泰戰於小關，全軍覆没而自殺。見《北史》卷五四《竇泰傳》。　潼關：在今陝西潼關縣東北黄河南岸。

[3]馬牧澤：地名。在今河南靈寶市西南。

[4]弘農：縣名。北周時治弘農縣，治所在今河南靈寶市東北。

九年，高仲密以北豫州來附，[1]周文欲遣兵援之，昇曰："春王在東，熒惑又在井、鬼分，[2]行軍非便。"周文不從，軍至芒山，不利而還。太師賀拔勝怒曰：[3]"蔣昇罪合萬死！"周文曰："蔣昇固諫曰：'師出不利。'此敗也，孤自取之。"恭帝元年，[4]以前後功，授車騎大將軍、儀同三司，[5]封高城縣子。[6]後除太史中大夫，[7]以年老請致事，詔許之。加定州刺史。卒於家。

[1]高仲密：人名。即高慎。字仲密，勃海蓨（今河北景縣）人。東魏官吏。見《北史》卷三一《高允附高慎傳》。　北豫州：北齊時治虎牢城，在今河南滎陽市西北。

[2]熒惑：即火星。主離亂。　井：即井宿，爲南方朱雀七宿之首。其星明亮則國泰民安，色變則動蕩。　鬼：即鬼宿，南方第二宿，主喪。

[3]賀拔勝：人名。字破胡，神武尖山（今山西神池縣）人。北魏末、西魏將領。見《北史》卷四九《賀拔允附賀拔勝傳》。

[4]恭帝：即西魏皇帝拓跋廓。恭爲其謚號。

[5]車騎大將軍：官名。晋制，驃騎、車騎、衛三將軍皆爲重號將軍，高於諸名號大將軍，本無須加“大”。其後將軍名號越來越濫，遂又增此號，多加元老重臣，以示尊崇，一品，開府置僚屬，不領兵。北魏孝文帝太和十七年定爲一品中，二十三年定爲從一品。

[6]高城縣子：封爵名。高城，縣名。治所在今河北藁城市西南。

[7]太史中大夫：官名。西魏恭帝三年（556）置。春官府太史司長官，員一人，掌曆法。下設太史上士以佐其職，領小史下大夫、馮相上士、保章上士等屬官，正五命。北周武帝建德二年省，宣帝即位後復置。隋文帝開皇元年罷。底本無“史”字。源氏校勘記云：“‘中’上《周書》有‘史’字。”中華本校勘記云：“諸本無‘史’字，《周書》卷四七《蔣昇傳》有。按《通典》卷三九《後周官品》見‘太史中大夫’，當即太史令之改名。蔣昇好天文玄象之學，故任此職。今據補。”今從改。

强練，不知何許人也，亦不知其名字。先是李順興語默不恒，好言未然之事，當時號爲李練，世人以强類之，故亦呼爲練焉。容貌長壯，有異於人，神情敞怳，莫之能測。意欲有所説，逢人輒言；若值其不欲言，縱苦加祈請，不相酬答。初聞其言，略不可解，事過後，往往有驗。恒寄住諸佛寺，好行人家，兼歷造王公邸第。所至，人皆敬信之。

晋公護未誅前，[1]練曾手持一瓠，到護第門外抵破曰：“瓠破子苦。”時柱國、平高公侯伏侯龍恩深被任委。[2]强練至龍恩宅，呼其妻元氏及其妾媵并婢僕等，並令連席而坐。諸人以逼夫人，苦辭不肯。强練曰：

“汝等一例人耳，何有貴賤。”遂逼就坐。未幾而護誅，諸子並死；龍恩亦伏法，仍籍没其家。[3]

[1]護：即宇文護。一名薩保，代郡武川（今内蒙古武川縣西）人，鮮卑族。宇文泰兄子。北周宗室、權臣。見《北史》卷五七《邵惠公顥附宇文護傳》。

[2]柱國：官名。戰國時楚、趙等國有柱國之官。北魏初，一度爲功臣元勳之加官。北魏末，孝莊帝時復設此官，爲國之執政。西魏時爲最高軍事長官，北周因之。正九命，後爲勳官第二等。平高公：封爵名。平高，郡名。西魏時治平高縣，在今寧夏固原市。　侯伏侯龍恩：人名。祖籍上谷（今河北懷來縣）。世代大族，從北魏孝武帝西遷，賜姓侯伏，與宇文護謀反，伏誅。底本無“侯”字，中華本校勘記云：“諸本‘伏’下脱‘侯’字，據《周書》卷四七《强練傳》補。”今從改。

[3]籍没：謂登記所有的財産，加以没收。

建德中，[1]每夜上街衢邊樹，大哭釋迦牟尼佛，或至申旦。[2]如此者累月，聲甚哀苦。俄而廢佛、道二教。大象末，[3]又以一無底囊，歷長安市肆告乞，市人争以米麥遺之。强練張囊受之，隨即漏之於地。人或問之，强練曰：“但欲使諸人見盛空耳。”至隋開皇初，果移都於龍首山，[4]城遂空廢。後莫知其所終。

[1]建德：北周武帝的年號（572—578）。

[2]申旦：猶通宵。

[3]大象：北周静帝的年號（579—580）。

[4]龍首山：又名龍首原，在陝西西安市舊城北。

又有蜀郡衛元嵩者，[1]亦好言將來事，蓋江左寶誌之流。[2]天和中，[3]遂著詩，預論周隋廢興及皇家受命，並有徵驗。尤不信釋教，嘗上疏極論之。

[1]蜀郡：北周時治成都縣，在今四川成都市。

[2]寶誌：和尚法號。俗姓朱氏，金城（今甘肅蘭州市西北）人。南朝齊、梁之際顯示靈迹，梁武帝尤其相信。工篆書。見《南史》卷七六《陶弘景附釋寶誌傳》。

[3]天和：北周武帝的年號（566—572）。

庾季才，字叔弈，新野人也。[1]八世祖滔，隨晋元帝過江，[2]官至散騎常侍，封遂昌侯，[3]因家于南郡江陵縣。[4]祖詵，《南史》有傳。父曼倩，光禄卿。[5]

[1]新野：縣名。治所在今河南新野縣。

[2]晋元帝：即東晋皇帝司馬睿。元爲其謚號。

[3]遂昌侯：封爵名。遂昌，縣名。治所在今浙江遂昌縣。

[4]南郡：東晋時治江陵縣，在今湖北江陵縣。　江陵縣：治所在今湖北江陵縣。

[5]光禄卿：官名。南朝梁武帝天監七年（508）改光禄勳置，十一班，位列十二卿，掌宫殿門户及一部分宫廷供御事務，有丞、功曹等屬官，領守宫、黄門、華林園等令。南朝陳因之。三品。

季才幼穎悟，八歲誦《尚書》，十二通《易》，好占玄象，居喪以孝聞。梁湘東王繹引授外兵參軍。[1]西臺建，[2]累遷中書郎，[3]領太史，封宜昌縣伯。[4]季才固辭太史，梁元帝曰："漢司馬遷歷世居掌，[5]魏高堂隆猶領此職，[6]卿何憚焉！”帝亦頗明星歷，謂曰：“朕猶慮禍起蕭墻。”[7]季才曰：“秦將入郢，[8]陛下宜留重臣，作鎮荆陝，還都以避其患。”帝初然之，後與吏部尚書宗懔等議，[9]乃止。

[1]湘東王：封爵名。湘東，郡名。南朝梁時治臨烝縣，在今湖南衡陽市。　外兵參軍：官名。西晋末年司馬睿始置。兩晋南北朝時諸公、軍府置爲僚屬。掌本府外兵曹事務，兼備參謀諮詢。其品秩隨府主地位高低不等。

[2]西臺：中書省的别稱。

[3]中書郎：官名。亦稱中書侍郎。三國魏文帝時置。南朝沿置，擬詔出令之職雖歸中書省，但事權全由中書舍人執掌，侍郎職閑官清，爲諸王起家官。南朝梁時四員。九班。

[4]宜昌縣伯：封爵名。宜昌，縣名。治所在今湖北宜昌市。

[5]居掌：源氏校勘記云：“《隋書》作‘尸掌’。”

[6]高堂隆：人名。字升平，泰山平陽（今山東新泰市）人。三國魏官吏。善占天象。見《三國志》卷二五《魏書·高堂隆傳》。

[7]禍起蕭墻：比喻内部發生動亂。

[8]秦將入郢：指西魏將攻江陵。

[9]吏部尚書：官名。三國魏改選部尚書置，西晋南北朝沿置，位居列曹尚書之上。南朝梁十四班。主管官吏銓選、考課獎懲等。　宗懔：人名。字元懔，荆州（今湖北荆州市）人。南朝梁官吏。見《梁書》卷第四一《宗懔傳》。

俄而江陵覆滅。周文帝一見，深加優禮，令參掌太史，曰：“卿宜盡誠事孤，當以富貴相答。”初，荆土覆亡，[1]衣冠士人，多没爲賤。季才散所賜物，購求親故。周文問："何能若此？"季才曰："郢都覆敗，君信有罪，搢紳何咎，皆爲賤隸？誠竊哀之，故贖購耳。"周文乃悟曰："微君，遂失天下之望。"因出令，免梁俘爲奴婢者數千口。武成二年，[2]與王褒、庾信同補麟趾學士，[3]累遷稍伯大夫。[4]

[1]荆土覆亡：底本無"土"字，中華本校勘記云："諸本脱'土'字，據《通志》卷一八三《庾季才傳》補。"今從改。

[2]武成：北周明帝的年號（559—560）。底本作"武定"，中華本校勘記云："諸本'成'作'定'，《隋書》卷七八、《通志·庾季才傳》作'成'。按'武定'爲東魏静帝年號，'武成'爲周明帝年號。'定'乃'成'之誤，今據改。"今從改。

[3]庾信：人名。字子山，南陽新野（今河南新野縣）人。南朝梁、西魏、北周官吏、詩人。見《北史》卷八三《庾信傳》。麟趾學士：官名。北周明帝即位後，立麟趾學，以在朝公卿有文學者爲學士。初不分貴賤，後以于翼之議，定學士班次。亦有以他官參麟趾殿學士者，掌著述，刊校經史。麟趾，取自《詩·周南·麟之趾》，贊美文王子孫繁衍而多賢。後人以麟趾比喻子孫的衆多與賢能。

[4]稍伯大夫：官名。即稍伯中大夫，西魏恭帝三年置，北周沿置。地官府民部中大夫屬官，每方置一人，掌本方行政事務，下設小稍伯下大夫、小稍伯上士、小稍伯中士以佐其職，領稍大夫下大夫等屬官。正五命。隋文帝開皇元年罷。

後宇文護執政，問以天道徵祥，對曰："頃上台有變，[1]不利宰輔，公宜歸政天子，請老私門。"護沈吟久之，曰：“吾本意如此，但辭未獲免。”自是漸疏。及護夷滅，閱其書記，有假託符命、妄造異端者，皆誅。唯得季才兩紙，盛言緯候，宜免政歸權。帝謂少宗伯斛斯徵曰：[2]“季才甚得人臣之禮。”因賜粟帛，遷太史中大夫。詔撰《靈臺秘苑》，封臨潁縣伯。[3]宣帝嗣位，[4]加驃騎大將軍、開府儀同三司。[5]

[1]頃：殿本、四庫本作“蝢”。

[2]少宗伯：官名。小宗伯上大夫的省稱。西魏恭帝三年置，北周沿置。春官府次官，員二人，佐大宗伯掌禮、樂、祭祀、天文、曆法、卜祝以及綸誥、著作等方面的事務。正六命。隋文帝開皇元年罷。　斛斯徵：人名。字士亮，廣牧富昌（今内蒙古准格爾旗）人，鮮卑族。西魏、北周、隋朝官吏。見《北史》卷四九《斛斯椿附斛斯徵傳》。

[3]臨潁縣伯：封爵名。臨潁，縣名。治所在今河南臨潁縣西北。

[4]宣帝：即北周皇帝宇文贇。宣爲其謚號。

[5]驃騎大將軍：官名。西漢時始置。歷代因之。北魏時位尊於驃騎將軍，僅次於大將軍。授此職者以權臣元老居多，一般不領兵。戰時統兵出征，位在三公之下，多作大臣加官。北魏孝文帝太和二十三年定爲從一品。西魏、北周實行府兵制，用作開府府長官軍號，九命。

及隋文帝爲丞相，嘗夜召問天時人事。季才曰：“天道精微，難可悉察。竊以人事卜之，符兆已定，季才縱言不可，公得爲箕潁事乎？”[1]帝默然久之曰：“吾今譬騎武，誠不得下矣。”因賜以綵帛，曰：“愧公此意。”大定元年正月，[2]季才上言：“今月戊戌平旦，青氣如樓闕，見國城上。俄而變紫，逆風西行。《氣經》云：‘天不能無雲而雨，皇王不能無氣而立。’今王氣已見，須即應之。二月，日出卯入酉，居天之正位，謂之‘二八之門’。日者，人君之象，人君正位，宜用二月。其月十三日甲子，甲爲六甲之始，子爲十二辰之初。甲數九，子數又九，九爲天數。其日即是驚蟄，陽氣壯發之時。昔周武王以二月甲子定天下，[3]享年八百；漢高帝以二月甲午即帝位，[4]享年四百。故知甲子、甲午爲得天數。今月甲子，宜應天受命。”上從之。

[1]箕潁：指隱居。相傳堯時賢者許由曾隱居在箕山之下、潁水之陽。因以代指隱者、隱居。

[2]大定：北周静帝的年號（581）。

[3]周武王：即西周開國君主姬發。武爲其謚號。

[4]漢高帝：即西漢開國皇帝劉邦。高爲其謚號。

開皇元年，授通直散騎常侍。帝將遷都，夜與高熲、蘇威二人定議。[1]季才旦奏：“臣仰觀玄象，俯察圖記，龜兆允襲，必有遷都。且漢營此城，經今將八百歲，水皆鹹鹵，不甚宜人，願爲遷徙計。”帝愕然，謂熲等曰：“是何神也！”遂發詔施行。賜季才絹布及進爵爲公，謂曰：“朕自今已後，信有天道。”於是令季才與其子質撰《垂象》《地形》等志，[2]謂曰：“天道秘奥，推測多途，執見不同，不欲令外人干預此事，故令公父子共爲之。”及書成奏之，賜米帛甚優。九年，出爲均州刺史。[3]時議以季才術藝精通，有詔還委舊任。以年老，頻求去職，優旨每不許。會張胄玄歷行，及袁充言日景長。[4]上以問季才，因言充謬。上大怒，由是免職，給半禄歸第。所有祥異，常令人就家訪焉。仁壽三年，[5]卒。

[1]高熲：人名。字昭玄，一名敏，勃海蓨（今河北景縣）人。隋朝大臣。見《北史》卷七二《高熲傳》。　蘇威：人名。字無畏，武功（今陝西武功縣西北）人。北周、隋朝官吏。見《北史》卷六三《蘇綽附蘇威傳》。

[2]垂象：自然界顯示的徵兆。古人認爲，自然界中種種現象，特别是其中反常、特異的現象，是天上神明預示人間禍福吉凶的迹兆。

[3]均州：隋朝時治武當縣，在今湖北丹江口市。

[4]袁充：人名。字德符，陳郡陽夏（今河南太康縣）人。南朝陳、隋朝官吏。性好道術，頗解占候，以此媚上。見《隋書》卷六九《袁充傳》。

[5]仁壽：隋文帝的年號（601—604）。

季才局量寬弘，術業優博，篤於信義，志好賓遊。常吉日良辰，與琅邪王褒、彭城劉瑴、河東裴政及宗人信等爲文酒之會。[1]次有劉臻、明克讓、柳䛒之徒，[2]雖後進，亦申遊欵。撰《靈臺秘苑》一百二十卷，《垂象志》一百四十二卷，《地形志》八十七卷，並行於世。

[1]彭城：郡名。隋朝時治彭城縣，在今江蘇徐州市。　河東：郡名。隋朝時治河東縣，在今山西永濟市西南蒲州鎮。　裴政：人

名。字德表，河東聞喜（今山西聞喜縣）人。隋朝官吏。見《北史》卷七七《裴政傳》。　信：即庾信。

［2］劉臻：人名。字宣摯，沛國相（今安徽淮北市西北相山區）人。南朝梁、北周、隋朝官吏。見《北史》卷八三《劉臻傳》。　明克讓：人名。字弘道，平原鬲（今山東平原縣）人。南朝梁、北周、隋朝官吏。見《北史》卷八三《明克讓傳》。　柳䛒：人名。字顧言，祖籍河東（今山西永濟市），世代居襄陽（今湖北襄樊市）。隋朝官吏。見《北史》卷八三《柳䛒傳》。

子質，字行脩。早有志尚，八歲誦梁元帝《玄覽》《言志》等十賦，[1]拜童子郎。[2]仕隋，累遷隴州司馬。[3]大業初，授太史令。操履貞懿，[4]立言忠鯁，每有灾異，必指事面陳。煬帝多忌刻，齊王暕亦被猜嫌。[5]質子儉時爲齊王屬，帝謂質曰："汝不能一心事我，乃使兒事齊王。"由是出爲合水令。[6]

［1］玄覽：即《玄覽賦》，作者爲梁元帝蕭繹，敘寫出守荆州時沿途經歷感懷，辭藻富贍。　言志：即《言志賦》，作者爲蕭繹，表達了對"無爲"的追求。

［2］童子郎：官名。東漢末置，專授未成年之郎官。

［3］隴州：隋朝時治汧源縣，在今陝西隴縣。　司馬：官名。隋唐時置爲王府官，通判府事，從四品下。

［4］貞懿：源氏校勘記改"懿"作"愨"。按：《隋書》卷七八《庾季才附庾質傳》作"愨"。愨，誠實。似是。

［5］齊王暕：即楊暕。字世朏，小字阿孩。隋朝宗室。初封豫章王，後封齊王。頗驕恣，昵近小人，所行多不法。從幸江都，爲宇文化及所害。見《北史》卷七一《齊王暕傳》。

［6］合水：縣名。治所在今甘肅慶城縣。

八年，帝親伐遼東，徵至臨渝，[1]問東伐剋不。對曰："伐之可剋，不願陛下親行。"帝作色曰："朕今總兵至此，豈可未見賊而自退！"質曰："願安駕住此，命將授規。事宜在速，緩必無功。"帝不悦曰："汝既難行，可住此也。"及師還，授太史令。九年，復征高麗，[2]又問："今段何如？"對猶執前見。帝怒曰："我自行尚不能剋，遣人豈有成功？"帝遂行。既而楊玄感反，[3]斛斯政奔高麗。[4]帝大懼，遽歸。謂質曰："卿前不許我行，當爲此耳。今玄感成乎？"質曰："今天下一家，未易可動。"帝曰："熒惑入斗，如何？"對曰："斗，楚分，玄感之封。今火色衰謝，終必無成。"

[1]臨渝：縣名。治所在今河北撫寧縣東。

[2]高麗：國名。又作"高句麗"，其先出自夫餘，地爲漢之玄菟郡，高句麗爲其三縣之一，因以爲國名。都名丸都，在今吉林集安市，南北朝時遷都於今朝鮮平壤市。見《北史》卷九四《高麗傳》。

[3]楊玄感：人名。弘農華陰（今陝西華陰市東南）人。隋朝官吏。因謀反伏誅。見《北史》卷四一《楊敷附楊玄感傳》。

[4]斛斯政：人名。廣牧富昌（今内蒙古准格爾旗）人。隋朝官吏。出身將門，參與楊玄感叛亂。見《北史》卷四九《斛斯椿附斛斯政傳》。

十年，帝自西京將往東都。[1]質諫宜鎮撫關内，使百姓歸農，三五年，令四海少豐，然後巡省。帝不悦。質辭疾不從。帝聞之，怒，遣馳傳鎖質詣行在所。[2]至東都下獄，竟死獄中。

［1］西京：指長安。　東都：指洛陽。

［2］馳傳：駕馭驛站車馬疾行。　行在所：天子巡行所到的地方。

子儉，亦傳父業，兼有學識。仕歷襄武令、元德太子學士、齊王屬。[1]義寧初，[2]爲太史令。

［1］襄武：縣名。治所在今甘肅隴西縣東南。　元德太子：即隋煬帝太子楊昭。　學士：官名。魏晋南北朝時皆置，以文學之士充任，掌典禮、編纂、撰述、修史之事，爲文學侍從之臣。

［2］義寧：隋恭帝的年號（617—618）。

盧太翼，字協昭，河間人也。本姓章仇氏。七歲詣學，日誦數千言，州里號曰神童。及長，博綜群書，尤善占候、算歷之術。隱於白鹿山，徙居林慮山茱萸澗。[1]受業者自遠而至，初無所拒，後憚其煩，逃於五臺山。地多藥物，與弟子數人，廬於巖下，以爲神仙可致。隋太子勇聞而召之。[2]太翼知太子必不爲嗣，謂所親曰："吾拘逼而來，不知所税駕也。"[3]及太子廢，坐法當死。文帝惜其才，配爲官奴，久乃釋。其後目盲，以手摸書而知其字。仁壽末，帝將避暑仁壽宫，[4]太翼固諫曰："恐是行鑾輿不反。"帝大怒，繫之長安獄，期還斬之。帝至宫寢疾，臨崩，命皇太子釋之。

［1］白鹿山：在今河南輝縣市西。　林慮山：在今河南林州市西南。

［2］勇：即楊勇，人名。小名睍地伐。隋文帝長子。文帝開皇元年，立爲皇太子。漸與母獨孤皇后不和，於開皇二十年被廢爲庶人。及煬帝即位，被殺，追封爲房陵王。見《北史》卷七一《房陵王勇傳》。

［3］税駕：解駕，停車。謂休息或歸宿。税，通“挩”“脱”。

［4］仁壽宫：在今陝西麟游縣。隋文帝開皇十三年建，十五年建成。

及煬帝即位，漢王諒反。[1]帝問之，答曰：“何所能爲!”未幾，諒果敗。帝從容言天下氏族，謂太翼曰：“卿姓章仇，四岳之胄，與盧同源。”於是賜姓盧氏。大業九年，從駕至遼東。太翼言黎陽有兵氣。[2]後數日而楊玄感反，書聞，帝甚異之，數加賞賜。太翼所言天文之事，不可稱數，關諸秘密，時莫能聞。後數歲，卒於洛陽。

［1］漢王諒：即楊諒。字德章，一名傑，小字益錢。隋朝宗室。見《北史》卷七一《庶人諒傳》。

［2］黎陽：郡名。隋朝時治黎陽城，在今河南浚縣東北。

耿詢，字敦信，丹楊人也。[1]滑稽辯給，伎巧絶人。陳後主時，[2]以客從東衡州刺史王勇於嶺南。[3]勇卒，詢不歸。會群俚反叛，[4]推詢爲主。柱國王世積討禽之。[5]罪當誅，自言有巧思，世積釋之，以爲家奴。久之，見其故人高智寶以玄象直太史。詢從之受天文筭術。詢創意造渾天儀，不假人力，以水轉之，施於闇室中，使智寶外候天時，動合符契。[6]世積知而奏之，文帝配詢爲官奴，給太史局。後賜蜀王秀，從往益州。[7]秀甚信之。及秀廢，復當誅。何稠言耿詢之巧，[8]思若有神。上於是特原其罪。詢作馬上刻漏，世稱其妙。

[1]丹楊：郡名。南朝梁時治建康縣，在今江蘇南京市。

[2]陳後主：即南朝陳皇帝陳叔寶。字元秀，小字黄奴，吴興長城下若里（今浙江長興縣）人。在位期間，不理朝政，荒淫無度。見《陳書》卷六《後主紀》。

[3]東衡州：南朝陳時治曲江縣，在今廣東韶關市南武水西。王勇：人名。南朝陳官吏。陳宣帝太建中爲晋陵太守，在職有能名。協助陳方慶襲馬靖，以功封龍陽縣子。見《陳書》卷一四《南康愍王曇朗附王勇傳》。

[4]俚：南方古代民族。爲百越的一支。東漢至隋唐屢見於史籍，主要分布於今兩廣及湖南一帶，從事農耕，畜養牛犢，亦有狩獵。

[5]王世積：人名。闡熙新囶（今陝西靖邊縣西）人。北周、隋朝官吏。隋朝時被人誣告謀反，被殺。見《隋書》卷四〇《王世積傳》。

[6]動合：源氏校勘記云："'動合'《隋書》作'合如'。"

[7]益州：隋朝時治成都縣，在今四川成都市。

[8]何稠：人名。字桂林。北周至唐初的建築學家。見《北史》卷九〇《何稠傳》。

煬帝即位，進欹器。帝善之，免其奴。歲餘，授右尚方署監事。[1]七年，車駕東征，詢上言曰："遼東不可討，師必無功。”帝大怒，命左右斬之。何稠苦諫得免。及平壤之敗，[2]帝以詢言爲中，以詢守太史丞。[3]宇文化及弑逆之後，[4]從至黎陽。謂其妻曰：“近觀人事，遠察天文，宇文必敗，李氏當王，吾知所歸矣。”謀欲去之，爲化及所殺。著《鳥情占》一卷，行於世。

[1]右尚方署：官署名。隋朝時隸太府寺，有令二員、丞六員。煬帝大業三年改隸少府監。

[2]平壤之敗：隋煬帝大業八年第一次征高麗失敗。

[3]太史丞：官名。隋朝時爲秘書省太史曹（局）次官，置二員。煬帝大業三年減一員，爲太史監次官。正九品下。

[4]宇文化及：人名。代郡武川（今内蒙古武川縣西）人。隋朝官吏。煬帝近臣，後殺煬帝反叛。見《北史》卷七九《宇文述附宇文化及傳》。

來和，字弘順，京兆長安人也。[1]少好相術，所言多驗。周大冢宰宇文護引之左右，[2]累遷畿伯下大夫，封洹水縣男。[3]隋文帝微時，詣和。曰：“公當王有四海。”及爲丞相，拜儀同。既受禪，進爵爲子。開皇末，和上表自陳龍潛所言曰：“昔陛下在周，與永富公竇榮定語，[4]臣曰：‘我聞有行聲，即識其人。’臣當時即言：‘公眼如曙星，無所不照，當王有天下，願忍誅殺。’建德四年五月，周武帝在雲陽宮謂臣曰：[5]‘諸公皆汝所識，隋公相禄何如？’臣報武帝曰：‘隋公止是守節人，可鎮一方，若爲將領，陣無不破。’臣即於宮東南奏聞，陛下謂臣：‘此語不忘。’明年，烏丸軌言於武帝曰：[6]

‘隋公非人臣。’帝尋以問臣，臣知帝有疑，臣詭報曰：‘是節臣，更無異相。’于時王誼、梁彦光等知臣此語。[7]大象二年五月，至尊從永巷東門入，臣在永巷門東，北面立。陛下問臣曰：‘我得無災鄣不?’臣奏陛下曰：‘公骨法氣色相應，天命已有付屬。’未幾，遂總百揆。”上覽之大悦，進位開府。

[1]京兆：郡名。隋朝時治大興城，在今陝西西安市。

[2]大冢宰：官名。亦稱爲大冢宰卿。西魏恭帝三年置，北周沿置。掌管宫廷供奉以及全國的財政收支、賦役收入、百官俸禄等事務。正七命。

[3]洹水縣男：封爵名。洹水，縣名。治所在今河北魏縣西南。

[4]永富公：封爵名。永富，縣名。治所不詳。　竇榮定：人名。扶風平陵（今陝西咸陽市西北）人。西魏、北周、隋朝官吏。見《北史》卷六一《竇熾附竇榮定傳》。

[5]雲陽宫：又名甘泉宫。位於今陝西淳化縣西北甘泉山。

[6]烏丸軌：人名。即王軌。小名沙門，宇文泰賜姓烏丸氏，太原祁（今山西祁縣東南）人。北周、隋朝官吏。見《北史》卷六二《王軌傳》。

[7]王誼：人名。字宜君，其先樂浪（今遼寧義縣）人，後徙居武川鎮（今内蒙古武川縣西）。北周、隋朝官吏。少有大志，博覽群書。見《北史》卷六一《王盟附王誼傳》。　梁彦光：人名。字脩芝，安定烏氏（今甘肅涇川縣東）人。北周、隋朝官吏。見《北史》卷八六《梁彦光傳》。

和同郡韓則嘗詣和相。和謂之：“後四五當得大官。”人初不知所謂。則至開皇十五年五月終。人問其故，和曰："十五年爲三五，加以五月爲四五。大官，椁也。"和言多此類。著《相經》三十卷。[1]

[1]三十：源氏校勘記云："《隋書》作'四十'。"

道士張賓、焦子順、雁門人董子華等，[1]此三人當文帝龍潛時，並私謂帝曰："公當爲天子，善自愛。"及踐位，以賓爲華州刺史，[2]子順爲開府，子華爲上儀同。[3]

[1]張賓：人名。隋朝官吏。制定《開皇曆》。　焦子順：人名。助隋文帝奪取政權，被尊爲天師，居住在皇宮附近的五通觀。　雁門：郡名。隋朝時治雁門縣，在今山西代縣西南。中華本校勘記云："諸本'雁'訛作'應'，據《通志》卷一八三《來和傳》改。"今從改。

[2]華州：隋朝時治鄭縣，在今陝西華縣西南。

[3]上儀同：即上儀同三司的省稱。北周武帝建德四年置，授予有軍勳的功臣及其子弟，無具體職掌。九命。隋朝時爲從四品散實官，煬帝大業三年罷。

蕭吉，字文休，梁武帝兄長沙宣武王懿之孫也。[1]博學多通，尤精陰陽、算術。江陵覆亡，歸于魏，爲儀同。周宣帝時，吉以朝政日亂，上書切諫。帝不納。及隋受禪，進上儀同，以本官太常，[2]考定古今陰陽書。

[1]懿：即蕭懿，人名。字元達。少有令譽，曾擊敗崔慧景的進攻。以屢建功勳，獨居朝右，後被東昏侯毒死。見《梁書》卷二

三《長沙嗣王業傳》。

[2]太常：官名。西漢始設。兩漢至南北朝前期爲太常卿的尊稱。南朝梁時正式定爲官名，爲十二卿之一。掌宗廟陵園、祭祀禮樂、天文術數、學校等，領明堂、二廟、太史、太祝、廩犧、太樂、鼓吹、乘黄、北館、典客館等令、丞及陵監、國學並協律都尉、總章校尉監等。十四班。南朝陳時爲三品，秩中二千石。北齊時置爲太常寺長官，又稱太常寺卿，三品。隋唐沿置，皆正三品。

吉性孤峭，不與公卿相浮沈，又與楊素不協，[1]由是擯落，鬱鬱不得志。見上好徵祥之説，欲乾没自進，[2]遂矯其迹爲悦媚焉。開皇十四年，上書曰："今年歲在甲寅，十一月朔旦，以辛酉爲冬至。來年乙卯，正月朔旦，以庚申爲元日。冬至之日，即在朔旦。《樂汁圖徵》云：[3]'天元十一月朔旦冬至，[4]聖王受享祚。'今聖主在位，居天元之首，而朔旦冬至，此慶一也。辛酉之日，即至尊本命。辛德在丙，此十一月建丙子，酉德在寅，正月建寅，爲本命與月合德，而居元朔之首，此慶二也。庚申之日，即是行年。乙德在庚，卯德在申，來年乙卯，是行年與歲合德，而在元旦之朝，此慶三也。《陰陽書》云：'年命與歲月合德者，必有福慶。'《洪範傳》云：'歲之朝，月之朝，日之朝，主王者。'經書並謂三長，應之者，延年福吉。况乃甲寅，蔀首；[5]十一月，陽之始；朔旦冬至，是聖王上元。正月，是正陽之月，歲之首，月之先；朔旦是歲之元，[6]月之朝，日之先，嘉辰之會。而本命爲九元之先，行年爲三長之首，並與歲月合德。所以《靈寶經》云：'角音龍精，其祚日强。’[7]來歲年命，納音俱角，歷之與經，如合符契。又甲寅、乙卯，天地合也。甲寅之年，以辛酉冬至；來年乙卯，以甲子夏至。冬至陽始，郊天之日，即是至尊本命，此慶四也。夏至陰始，祀地之辰，即是皇后本命，此慶五也。至尊德並乾之覆育，皇后仁同地之載養，所以二儀元氣，並會本辰。”上覽之悦，賜物五百段。

[1]楊素：人名。字處道，弘農華陰（今陝西華陰市東南）人。隋朝大臣。見《北史》卷四一《楊敷附楊素傳》。

[2]乾没：投機圖利。

[3]樂汁圖徵：緯書。亡佚。

[4]十一月：底本作“十二月”。源氏校勘記改“二”作“一”。中華本校勘記云：“諸本‘一’作‘二’，《隋書》卷七八、《通志》卷一八三《蕭吉傳》作‘一’。按上文云：‘今年歲在甲寅，十一月朔旦，以辛酉爲冬至。’據《二十史朔閏表》，開皇十四年十一月辛酉朔。蕭吉因此附會圖讖，言隋得天命。是應作‘十一月’，今據改。”今從改。

[5]蔀（bù）首：曆法中蔀的起算點。蔀，每十九年置七閏月，爲一章；四章爲一蔀；二十蔀爲紀，六十蔀爲元。

[6]朔旦是歲之元：源氏校勘記云：“‘是歲’下《隋書》又有‘歲’字。”

[7]日强：底本作“曰”。源氏校勘記云：“《隋書》作‘日强’。”中華本校勘記云：“諸本‘日’訛‘曰’，據《隋書》改。”今從改。

房陵王時爲太子，[1]言東宫多鬼魅，鼠妖數見。上令吉詣東宮禳邪氣。於宣慈殿設神坐，有回風從艮地鬼門來，掃太子坐。吉以桃湯葦火驅逐之，風出宮門而止。謝土於未地，設壇爲四門，置五帝坐。于時寒，有蝦蟆從西南來，入人門，升赤帝坐，[2]還從人門而出，行數步，忽然不見。上大異之，賞賜優洽。又上言：太子當不安位。時上陰欲廢立，得其言，是之。由此，每被顧問。

[1]房陵王：封爵名。房陵，郡名。隋朝時治光遷縣，在今湖北房縣。此指楊勇，隋文帝長子。初立爲太子，後被廢。死後，追封房陵王。

[2]赤帝：古代五天帝之一，爲南方之神，有火德，故又稱南方火德之帝。後世以其即炎帝。

及獻皇后崩，[1]上令吉卜擇葬所。吉歷筮山原，至一處，云："卜年二千，卜世二百。"具圖而奏之。上曰："吉凶由人，不在於地。高緯父葬，[2]豈不卜乎？國尋滅亡。正如我家墓田，若云不吉，朕不當爲天子；若云不凶，我弟不當戰没。"然竟從吉言。表曰："去月十六日，皇后山陵西北，雞未鳴前，有黑雲方圓五六百步，從地屬天；東南又有旍旗、車馬、帳幕，布滿七八里，并有人往來檢校，部伍甚整。日出乃滅。同見者十餘人。謹案葬書云'氣王與姓相生，大吉'。今黑氣當冬王，與姓相生，是大吉利，子孫無疆之候也。"上大悦。其後上將親臨發殯，吉復奏曰："至尊本命辛酉，今歲斗魁及天罡臨卯酉，謹案《陰陽書》，不得臨喪。"

上不納。退而告族人蕭平仲曰：[3]“皇太子遣宇文左率深謝余云：[4]‘公前稱我當爲太子，竟有驗，終不忘也。今卜山陵，務令我早立。我立之後，當以富貴相報。’吾記之曰：‘後四載，太子御天下。’今山陵氣應，上又臨喪，兆益見矣。且太子得政，隋其亡乎！當有真人出矣。吾前紿云‘卜年二千’者，是三十字也；‘卜世二百’者，取世二運也。[5]吾言信矣，汝其誌之。”

[1]獻皇后：即隋文帝皇后獨孤氏。獻爲其謚號。

[2]高緯：人名。字仁綱。北齊皇帝。見《北史》卷八《齊本紀·後主》。

[3]蕭平仲：人名。南朝梁宗室，曾任隋朝吏部員外郎、東宮學士、冀州司法參軍等。見《隋新城郡東曹掾蕭平仲誄》。

[4]宇文左率：即宇文述，時任太子左衛率。字伯通，代郡武川（今内蒙古武川縣西）人。隋朝大臣。善弓馬，深受煬帝器重。見《北史》卷七九《宇文述傳》。左率，官名。即太子左衛率，晋武帝時分太子衛率而置。領精兵萬人，宿衛東宫，亦任征伐。南北朝時皆置。隋朝時爲四品。

[5]取世二運也：源氏校勘記云：“‘取世’《隋書》作‘取三十’。按‘世’與‘卅’相似，故誤。”

及煬帝嗣位，拜太府少卿，[1]加位開府。嘗行經華陰，[2]見楊素冢上有白氣屬天，密言於帝。帝問其故，吉曰：“其候，素家當有兵禍，滅門之象。改葬者，庶可免乎！”帝後從容謂楊玄感曰：“公宜早改葬。”玄感亦微知其故，以爲吉祥，託以遼東未滅，不遑私門之事。未幾而玄感以反族滅，帝彌信之。

[1]太府少卿：官名。北魏始置。隋朝沿置，爲太府寺副職，員二人，佐太府卿掌倉儲出納、兩京諸市、通判各署事務。初爲正四品上，煬帝時定爲從四品。

[2]華陰：縣名。治所在今陝西華陰市東南。

後歲餘卒官。著《金海》三十卷，《相經要録》一卷，《宅經》八卷，《葬經》六卷，《樂譜》二十卷，及《帝王養生方》二卷，《相手版要决》一卷，《太一立成》一卷，[1]並行於時。

[1]太一立成一卷：南監本作“二卷”。源氏校勘記云：“‘成二’《隋書》作‘成一’。”

楊伯醜，馮翊武鄉人也。[1]好讀《易》，隱於華山。[2]隋開皇初，徵入朝。見公卿不爲禮，無貴賤皆汝之，人不能測也。文帝召與語，竟無所答。賜衣服，至朝堂捨之而去。於是被髪陽狂，游行市里，形體垢穢，未嘗櫛沐。時有張永樂者，賣卜京師，伯醜每從之遊。永樂爲卦有不能决者，伯醜輒爲分析爻象，尋幽入微，永樂嗟服，自以爲非所及也。

[1]馮翊：郡名。隋朝時治馮翊縣，在今陝西大荔縣。　武鄉：縣名。治所在今陝西大荔縣。

[2]華山：即華陽山。在今陝西商洛市西。

伯醜亦開肆賣卜。有人嘗失子就伯醜筮者，卦成。

伯醜曰：“汝子在懷遠坊南門東，道北壁上有青帬女子抱之，可往取也。”如言，果得。或有金數兩，夫妻共藏之。於後失金，其夫意妻有異志，將逐之。其妻稱冤，以詣伯醜。伯醜爲之筮曰：“金在矣。”悉呼其家人，指一人曰：“可就取。”果得之。又將軍許知常問吉凶，[1]伯醜曰：“汝勿東北行，必不得已，當速還。不然者，楊素斬汝頭。”未幾，上令知常事漢王諒。俄而上崩，諒舉兵反，知常逃歸京師。知常先與楊素有隙，及素平并州，先訪知常，將斬之，賴此獲免。又有人失馬來詣伯醜卜者，時伯醜爲皇太子所召，在途遇之，立爲作卦。卦成，曰：“我不遑爲卿説，且向西市東壁門南第三店，爲我買魚作鱠，當得馬矣。”其人如教。須臾，有一人牽所失馬而至，遂禽之。崖州嘗獻徑寸珠，[2]其使者陰易之。上心疑焉，召伯醜令筮。伯醜曰：“有物出自水中，質圓而色光，是大珠也。今爲人所隱。”具言隱者姓名、容狀。上如言簿責之，[3]果得本珠。上奇之，賜帛二十匹。

[1]將軍許知常：源氏校勘記云：“‘將軍許’《隋書》作‘道士章’。”

[2]崖州：隋朝時治義倫縣，在今海南儋州市西北。

[3]簿責：依據文書所列罪狀逐一責問。簿，南監本作“薄”。源氏校勘記改“薄”作“簿”。

國子祭酒何妥嘗詣之論《易》。[1]聞妥之言，悠爾而笑曰：“何用鄭玄、王弼之言乎？”[2]久之，微有辯答，所説辭義，皆異先儒之旨，而思理玄妙。故論者以爲天然獨得，非常人所及也。竟以壽終。

［1］國子祭酒：官名。晋武帝時立國子學，置一員爲長官，掌教授生徒儒學，主管國子學，參議禮制，隸太常。南北朝、隋朝沿置，一員，初隸太常，統國子、太學、四門、書算學，文帝開皇十三年不隸太常，改爲國子學長官，仁壽元年罷，唯置太學，以博士領之。煬帝大業三年改置國子監，仍置一員。　何妥：人名。字栖鳳，西城（今陝西安康市）人。其父通商入蜀，遂家居郫縣（今四川成都市），事奉梁武陵王蕭紀，後入隋。見《北史》卷八二《何妥傳》。

［2］鄭玄：人名。字康成，北海高密（今山東高密市）人。東漢經學家。見《後漢書》卷三五《鄭玄傳》。　王弼：人名。字輔嗣，山陽（今河南焦作市）人。三國魏經學家，魏晋玄學的代表人物之一，注釋《易》《老子》。見《三國志》卷二八《魏書·鍾會附王弼傳》。

臨孝恭，京兆人也。明天文、算術，隋文帝甚親遇之。每言灾祥之事，未嘗不中。上因令考定《陰陽書》，官至上儀同。著《欹器圖》三卷，[1]《地動銅儀經》一卷，《九宫五墓》一卷，《遁甲録》十卷，[2]《元辰經》十卷，《元辰厄》百九卷，《百怪書》十八卷，《禄命書》二十卷，《九宫龜經》一百一十卷，《太一式經》三十卷，《孔子馬頭易卜書》一卷，並行於世。

［1］欹器圖三卷：源氏校勘記云："'圖一'《隋書》作'圖三'。"

［2］遁甲録：源氏校勘記云："'録'《隋書》作'月令'。"

劉祐，滎陽人也。隋開皇初，爲大都督，封索盧縣公。[1]其所占候，合如符契，文帝甚親之。初與張賓、劉暉、馬顯定曆。[2]後奉詔撰兵書十卷，名曰《金韜》。上善之。復著《陰策》二十卷，《觀臺飛候》六卷，《玄象要記》五卷，《律曆術文》一卷，《婚姻志》三卷，《產乳志》二卷，《式經》四卷，《四時立成法》一卷，《安曆志》十二卷，《歸正易》十卷，並行於世。

[1]索盧縣公：封爵名。索盧，縣名。治所在今河北棗强縣東。

[2]劉暉：人名。北周、隋朝官吏。文帝時曾爲太史令，因所造新曆錯誤太多被免職。　馬顯：人名。北周、隋朝官吏。曾制定《丙寅元曆》，參與造《漏經》。

張胄玄，勃海蓨人也。[1]博學多通，尤精術數。冀州刺史趙煚薦之，[2]隋文帝徵授雲騎尉，[3]直太史，參議律曆事。時輩多出其下，由是太史令劉暉等甚忌之。然暉言多不中，胄玄所推步甚精密。上異之，令楊素與術士數人，立議六十一事，皆舊法久難通者，令暉與胄玄等辯析之。暉杜口一無所答，胄玄通者五十四焉。由是擢拜員外散騎侍郎，[4]兼太史令，賜物千段。暉及黨與八人，皆斥逐之。改定新曆，言前歷差一日。內史通事顏慜楚上言曰：[5]“漢時落下閎改顓頊曆，作太初曆，云：‘後當差一日，八百年當有聖者定之。’計今相去七百一十年，術者舉其成數，聖者之謂，其在今乎。”上大悅，漸見親用。

[1]蓨：縣名。治所在今河北景縣。

[2]趙煚：人名。字通賢，天水西（今甘肅天水市）人。北周、隋朝官吏。見《北史》卷七五《趙煚傳》。

[3]雲騎尉：官名。隋文帝開皇六年設，爲散官八衛之一。正九品下。

[4]員外散騎侍郎：官名。晉武帝時始置，初爲正員之外的添差之散騎侍郎，無員數，後成定員數。北魏沿置，屬散騎省，初沿例授予南朝北奔之士，後多以公族、功臣子充任，爲閑散之職，班比吏部郎，員六人。孝文帝太和十七年定爲從四品下，後定爲七品上。西魏因之。北齊沿置，屬集書省，員一百二十人，多以公族、功臣子充任，爲閑散之職，亦常用以安置閑退官員。七品上。

[5]内史通事：官名。即内史省通事舍人。隋朝時内史省屬官。置八員，正六品上。文帝開皇三年加爲從五品。煬帝大業三年減爲四員。

胄玄所爲曆法，[1]與古不同者三事：其一，宋祖沖之於歲周之末，創設差分，冬至漸移，不循舊軌，每四十六年，却差一度。至梁虞劆曆法，嫌沖之所差太多，因以一百八十六年，冬至移一度。胄玄以此二術，年限縣隔，追檢古注，所失極多。遂折中兩家，以爲度法，冬至所宿，歲别漸移，八十三年，却行一度。則上合堯時，日永星火；次符漢曆，宿起牛初。[2]明其前後，並皆密當。其二，周馬顯造《丙寅元曆》，有陰陽轉法，加減章分，進退蝕餘，乃推定日，創開此數。當時術者，多不能曉。張賓因而用之，莫能考正。胄玄以爲加時先後，逐氣參差，就月爲斷，於理未可。乃因二十四氣，列其盈縮所出。實由日行遲，則月逐日易及，令合朔加時早；日行速，則月逐日少遲，令合朔加時晚。檢前代加時早晚，以爲損益之率。日行，自秋分已後至春分，其勢速，計一百八十二日而行一百八十度；自春分已後至秋分，日行遲，計一百八十二日而行一百七十六度。[3]每氣之下，即其率也。其三，自古諸曆，朔望逢交，不問内外，入限便蝕。張賓立法，創有外限，應蝕不蝕，猶未能明。胄玄以日行黄道，歲一周天；月行月道，二十七日有餘一周天。月道交絡黄道，每行黄道内十三日有奇而出，又行道外十三日有奇而入，[4]終而復始。月經黄道，謂之交。朔望去交前後各十五度以下，[5]即爲當蝕。若月行内道，則在黄道之北，蝕多有驗；月行外道，[6]在黄道之南也，雖遇正交，[7]無由掩映，蝕多不驗。遂因前法，别立定限，隨交遠近，逐氣求差，損益蝕分，事皆明著。

［1］爲：底本作“謂”。源氏校勘記云：“《隋書》(‘所謂’）作‘所爲’。”中華本校勘記云：“諸本‘爲’訛作‘謂’，據《隋書》卷七八《張胄玄傳》改。”今從改。

［2］宿起牛初：星宿從牛宿開始。牛宿，二十八宿之一，玄武七宿的第二宿。有星六顆。又稱牽牛。

［3］計一百八十二日而行一百七十六度：底本“計”下作“二百”。源氏校勘記云：“‘二百八十一日’《隋書》萬曆本作‘八十二日’，正德本作‘八十三日’。”中華本校勘記云：“諸本‘計’下‘一’字，誤作‘二’，據《隋書》、《通志》卷一八三《張胄玄傳》改。”今從改。

［4］又行道外十三日有奇而入：中華本校勘記云：“《隋書》‘道’上有‘黄’字。”可從。

[5]朔望去交前後各十五度以下：底本無“十”字，中華本校勘記云：“諸本無‘十’字，《隋書》有。按下文云：‘去交十四度者，食一分；去交十三度，食二分。’則此當有‘十’字，今據補。”今從改。

[6]行外：元大德本闕。

[7]交：底本作“人”，中華本校勘記云：“諸本‘交’訛作‘人’，據《隋書》《通志》改。”今從改。

其超古獨異者有七事：其一，古曆五星行度，皆守恒率，見伏盈縮，悉無格準；胄玄候之，各得真率，合見之數，與古不同。其差多者，至加減三十許日。即如熒惑，平見在雨水氣，即均加二十九日；見在小雪氣，則均減二十五日。加減平見，以爲定見。諸星各有盈縮之數，皆如此例，但差數不同。特其積候所知，時人不能原其旨。其二，辰星舊率，一終再見，凡諸古曆，皆以爲然。應見不見，人未能測。胄玄積候，知辰星一終之中，有時一見。及同類感召，相隨而出。即如辰星，平晨見在雨水者，應見即不見；若平晨見在啓蟄者，去日十八度外，三十六度内。晨有木火土金一星者，亦相隨見。其三，古曆步術，行有定限，自見已後，依率而推，進退之期，莫知多少。胄玄積候，知五星遲速留退真數，皆與古法不同，多者差八十餘日，留回所在，亦差八十餘度。即如熒惑，前疾初見在立冬初，則二百五十日行一百七十七度；定見在夏至初，[1]則一百七十日行九十二度。追步天驗，今古皆密。其四，古曆食分，依平即用，推驗多少，實數罕符。胄玄積候，知月從木火土金四星行，有向背。月向四星，即速；背之，則遲。皆十五度外乃循本率。[2]遂於交分，限其多少。其五，古曆加時，朔望同術。冑玄積候，知日蝕所在，隨方改變，傍正高下，每處不同。交有淺深，遲速亦異，約時立差，皆會天象。其六，古曆交分即爲蝕數，去交十四度者，食一分；去交十三度，食二分；去交十度，食三分；每近一度，食益一分；當交即蝕既。其應多少，[3]自古諸曆，未悉其原。冑玄積候，知當交之中，月掩日不能畢盡，故其蝕反少；去交五六時，月在日内，掩日便盡，故其蝕乃既。自此以後，更遠者，其蝕又少。交之前後，在冬至，皆爾；若近夏至，其率又差。冑玄所立蝕分，最爲詳密。其七，古曆二分，晝夜皆等。冑玄積候，知其有差。春、秋二分，晝多夜漏半刻。皆由日行遲疾盈縮使其然也。

[1]定見在夏至初：底本“見”下無“在”字，中華本校勘記云：“諸本脱‘在’字，據《隋書》補。”今從改。

[2]皆十五度外乃循本率：底本作“及”。源氏校勘記云：“‘及’《隋書》作‘乃’。”中華本校勘記云：“諸本‘乃’訛作‘及’，據《隋書》改。”今從改。

[3]其應多少：中華本校勘記云：“《隋書》作：‘其應少反多，應多反少。’《北史》删節後，文義不明。”可從。

凡此，冑玄獨得於心，論者服其精密。大業中，卒于官。

北史　卷九〇

列傳第七十八

藝術下

周澹　李脩　徐謇 從孫之才　王顯　馬嗣明　姚僧垣
褚該　許智藏 許澄　萬寶常　蔣少游　何稠

周澹，京兆鄠人也。[1]多方術，尤善醫藥，遂爲太醫令。[2]明元嘗苦風頭眩，[3]澹療得愈，由此位特進，[4]賜爵成德侯。[5]神瑞二年，[6]京師飢，朝議遷都於鄴，[7]澹與博士祭酒崔浩進計，[8]言不可。明元曰："唯此二人，與朕意同。"詔賜澹、浩妾各一人。卒，謚曰恭。

[1]京兆：郡名。北魏時治霸城縣，在今陝西西安市東北。鄠：縣名。治所在今陝西户縣北。

[2]太醫令：官名。戰國秦置，爲侍醫之長。秦漢時置爲少府屬官，掌宫廷醫藥。歷代沿置。北魏時爲九品。

[3]明元：即北魏皇帝拓跋嗣。明元爲其謚號。

[4]特進：官名。西漢置，後作爲加官贈給致仕大臣。主要指大臣被特許在朝會越次而位於三公之下。北魏孝文帝太和二十三年（499）定爲二品。

[5]成德侯：封爵名。虚封。成德，縣名。治所在今安徽合肥市西北。

[6]神瑞：北魏明元帝的年號（414—416）。

[7]鄴：城名。在今河北臨漳縣西南。

[8]博士祭酒：官名。秦、西漢時有博士僕射，爲博士之長，東漢時改置此官。由太常選定博士一人兼任，領諸五經博士，仍掌教授經學，備顧問應對。三國沿置。西晋時爲太學之長，與國子學之長國子祭酒並隸太常。東晋南朝時以國子祭酒兼統國子、太學博士，此官或省。北魏初置，後省。　崔浩：人名。字伯淵，《北史》避唐高祖李淵諱改爲伯深，清河東武城（今山東武城縣西北）人。北魏大臣。見《北史》卷二一《崔宏附崔浩傳》。

李脩，字思祖，本陽平館陶人也。[1]父亮，少學醫術，未能精究。太武時奔宋，[2]又就沙門僧坦，略盡其術。針灸授藥，罔不有效。徐、兖間，[3]多所救恤。亮大爲聽事，以舍病人，死者則就而棺殯，親往弔視，其仁厚若此。累遷府參軍督護。[4]本郡士門、宿官，咸相交昵，車馬金帛，酬賚無貲。

[1]陽平：郡名。北魏時治館陶城，在今河北館陶縣。　館陶：縣名。治所在今河北館陶縣。

[2]太武：即北魏皇帝拓跋燾。太武爲其謚號。

[3]徐：州名。北魏時治彭城縣，在今江蘇徐州市。　兖：州名。北魏孝文帝太和十八年改東兖州置，治瑕丘城，在今山東兖州市新驛鎮東頓村南。

[4]參軍督護：官名。東晉時置，領營兵，有部曲。南北朝沿置，不領營兵。三公府、諸王府、持節都督府及將軍開府者皆置，地位較低，在長史及行參軍下。

脩兄元孫隨畢衆敬赴平城，[1]亦遵父業而不及，以功拜奉朝請。[2]

[1]脩兄元孫隨畢衆敬赴平城：底本"平城"作"平陽"，源氏校勘記云："'平陽'《魏書》作'平城'。"中華本校勘記云："諸本'城'作'陽'，《魏書》卷九一《李脩傳》作'城'。按《魏書》卷六一《畢衆敬傳》，衆敬以兖州降魏，皇興二年，'與薛安都朝于京師'，即平城，未嘗官於平陽。李元孫自是從兖州隨衆敬至平城。今據改。"今從改。平城，北魏國都，在今山西大同市東北。

[2]奉朝請：官名。北魏時爲冗散官，有俸無職。孝文帝太和十七年定爲六品下，二十三年改爲從七品。

脩略與兄同，晚入代京，歷位中散令，[1]以功賜爵下蔡子，[2]遷給事中。[3]太和中，[4]常在禁内，文明太后時有不豫，[5]脩侍針藥多効，賞賜累加，車服第宅，號爲鮮麗。集諸學士及工書者百餘人，[6]在東宮撰諸藥方百卷，[7]皆行於世。先是咸陽公高允雖年且百歲，[8]而氣力尚康，孝文、文明太后時令脩診視之。一旦，奏言允脉竭氣微，大命無逮，[9]未幾果亡。後卒於太醫令，贈青州刺史。[10]

[1]中散令：官名。北魏初置，爲内廷官，值宿禁中，隸屬幢

將，無員限，無具體職掌。在皇帝左右參預機密，常奉使出巡州鎮，考察地方官政績。皇帝出征時隨從左右，管理御用兵器。兼用文武，亦任用以醫、卜等專門技能侍奉皇帝者。

[2]下蔡子：封爵名。下蔡，縣名。治所在今安徽鳳臺縣。

[3]給事中：官名。北魏時爲内朝官，常派往尚書省諸曹，參領政務，並負監察之責。孝文帝太和十七年定爲從三品，二十三年爲六品上。

[4]太和：北魏孝文帝的年號（477—499）。

[5]文明太后：即北魏文成帝皇后馮氏。文明爲其謚號。見《北史》卷一三《文成文明皇后馮氏傳》。

[6]學士：官名。魏晋南北朝皆置，以文學之士充任，掌典禮、編纂、撰述、修史之事，爲文學侍從之臣。員數、品秩不一。

[7]百卷：源氏校勘記云："'百'下《魏書》有'餘'字。"

[8]咸陽公：封爵名。咸陽，郡名。北魏時治池陽縣，在今陝西涇陽縣。　高允：人名。字伯恭，勃海蓨（今河北景縣）人。北魏大臣。見《北史》卷三一《高允傳》。

[9]逮：源氏校勘記云："'逮'《魏書》作'遠'。爲是。"

[10]青州：北魏時治東陽城，在今山東青州市。

徐謇，字成伯，丹陽人也，[1]家本東莞。[2]與兄文伯等皆善醫藥。謇因至青州，慕容白曜平東陽，[3]獲之，送京師。獻文欲驗其能，[4]置病人於幕中，使謇隔而脉之，深得病形，兼知色候，遂被寵遇。爲中散，稍遷内行長。[5]文明太后時問經方，而不及李脩之見任用。謇合和藥劑，攻療之驗，精妙於脩。而性秘忌，承奉不得其意，雖貴爲王公，不爲措療也。

[1]丹陽：郡名。南朝宋時治建康縣，在今江蘇南京市。

[2]東莞：郡名。北魏時治莒縣，在今山東莒縣東北。

[3]慕容白曜：人名。昌黎棘城（今遼寧北票市章吉營子鄉三官營子村）人，鮮卑族。北魏名將。見《北史》卷二五《慕容白曜傳》。　東陽：城名。在今山東青州市。

[4]獻文：即北魏皇帝拓跋弘。獻文爲其謚號。

[5]内行長：官名。北魏初置，按鮮卑制度而設的特殊職官，是皇帝左右的侍從首領，爲皇帝親信高級官吏。員數、職掌皆不固定。在皇帝出征時有護衛之責，起連接皇帝與外朝的作用，權力很大。孝文帝改制罷。

孝文遷洛，[1]稍加眷待，體小不平，及所寵馮昭儀有病，[2]皆令處療。又除中散大夫，[3]轉侍御師。[4]謇欲爲孝文合金丹，致延年法，乃入居嵩高，[5]採營其物，歷歲無所成，遂罷。二十二年，上幸縣瓠，[6]有疾大漸，乃馳騈召謇，[7]令水路赴行所，一日一夜行數百里。至，診省有大驗。九月，車駕次于汝濱，[8]乃大爲謇設太官珍膳。[9]因集百官，特坐謇于上席，遍陳餚觴于前，命左右宣謇救攝危篤振濟之功，宜加酬賚。乃下詔褒美，以謇爲大鴻臚卿、金鄉縣伯，[10]又賜錢絹、雜物、奴婢、牛馬，事出豐厚，皆經内呈。諸親王咸陽王禧等各有別賚，[11]並至千匹。從行至鄴，上猶自發動，謇日夕左右。明年，從詣馬圈，[12]上疾勢遂甚，蹙蹙不怡，每加切誚，又欲加之鞭捶，幸而獲免。帝崩後，謇隨梓宫還洛。[13]

[1]孝文：即北魏皇帝元宏。孝文爲其謚號。

[2]馮昭儀：即孝文幽皇后馮氏。昭儀，嬪妃名號。漢元帝時

設，妃嬪中的第一級，地位僅次於皇后。北魏時分左、右。

[3]中散大夫：官名。漢平帝始置。歷代因之。多爲官吏養老、病退所任，無具體職掌。北魏時曾置爲職事官之加官。孝文帝太和十七年定爲四品上，二十三年改爲四品下。

[4]侍御師：官名。北魏置，專爲皇帝、皇后等看病。

[5]嵩高：即嵩山。又稱外方山、太室山。在今河南登封市西北。

[6]二十二年上幸縣瓠：底本"二十二"作"二"，中華本校勘記云："諸本無'二十'兩字，《魏書》卷九一《徐謇傳》有。按孝文至懸瓠在太和二十二年三月，見《魏書》卷七下《高祖紀》。今據補。"今從改。縣瓠，城名。在今河南汝南縣。

[7]馹：中華本作"驛"。從文意看，二者均可。

[8]汝：水名。上游即今河南汝河，下游即今河南南汝河與洪河。

[9]太官：官署名。北魏時掌百官的膳食，屬光禄卿。

[10]大鴻臚卿：官名。魏晋南北朝時接待賓客、管理少數民族事務之職移歸尚書省主客曹，本官漸成專司朝會禮儀之官。北魏時爲九卿之一。孝文帝太和十七年定爲二品上，二十三年改爲三品。金鄉縣伯：封爵名。金鄉，縣名。治所在今山東金鄉縣。

[11]禧：即元禧，人名。字思永。北魏宗室。見《北史》卷一九《咸陽王禧傳》。

[12]馬圈：地名。在今河南鎮平縣南。

[13]梓宫：皇帝所用之棺材。以梓木爲之，故名。太皇太后、皇太后亦可用之。

謇常有將餌及吞服道符，[1]年垂八十，而鬢髮不白，力未多衰。正始元年，[2]以老爲光禄大夫。[3]卒，贈安東將軍、齊州刺史，[4]謚曰靖。子踐，字景昇，襲爵。位建興太守。[5]

[1]服道符：底本無“符”字。源氏校勘記云：“‘道’下《魏書》有‘符’字。爲是。”按：中華本《魏書》卷九一《徐謇傳》作“道符”。今從改。

[2]正始：北魏宣武帝的年號（504—508）。

[3]光禄大夫：官名。漢武帝時設，掌議論，無定員，秩比二千石。歷朝因之，官秩不一。西漢後期漸成散官、加官。晉武帝泰始年間始有左、右之分，並稱加金章紫綬者爲金紫光禄大夫，加銀章青綬者爲銀青光禄大夫，位在光禄大夫上。北魏孝文帝太和十七年定爲從二品中，二十三年改爲三品。

[4]安東將軍：官名。爲出鎮某一地區的軍事長官，或作爲州刺史兼理地方軍務的加官。與安南、安北、安西將軍合稱四安將軍。北魏孝文帝太和十七年定爲二品下，二十三年改爲三品。　齊州：北魏時治歷城縣，在今山東濟南市。

[5]建興：郡名。北魏時治陽阿縣，在今山西晋城市西北。

文伯，仕南齊，位東莞、太山、蘭陵三郡太守。[1]子雄，員外散騎侍郎，[2]醫術爲江左所稱，事並見《南史》。

[1]東莞、太山、蘭陵：均僑置於江南。東莞，郡名。南朝齊時僑置晋城，在今江蘇常州市東南。太山，郡名。南朝齊時僑置在今江蘇境内。蘭陵，郡名。南朝齊時僑置在南蘭陵縣，在今江蘇常州市。

[2]員外散騎侍郎：官名。初爲正員之外添差之散騎侍郎，無員數，後成定員官。晋武帝始置，南朝、北魏、北齊沿置，屬散騎省（東省、集書省），初多以公族、功臣子充任，爲閑散之職，常

用以安置閑退官員、衰老人士。

雄子之才，幼而儁發，五歲誦《孝經》，八歲略通義旨。曾與從兄康造梁太子詹事汝南周捨宅，[1]聽《老子》。捨爲設食，乃戲之曰："徐郎不用心思義，而但事食乎？"之才答曰："蓋聞聖人虛其心而實其腹。"[2]捨嗟賞之。年十三，召爲太學生，粗通《禮》《易》。彭城劉孝綽、河東裴子野、吴郡張嵊等每共論《周易》及《喪服儀》，[3]酬應如響。咸共歎曰："此神童也。"孝綽又云："徐郎鸞頷，有班定遠之相。"[4]陳郡袁昂領丹陽尹，[5]辟爲主簿，[6]人務事宜，皆被顧訪。郡廨遭火，[7]之才起望，夜中不著衣，披紅眠帊出房，[8]映光爲昂所見。功曹白請免職，昂重其才術，仍特原之。

[1]太子詹事：官名。東宫屬官，輔導太子，兼掌東宫一切事務。兩晋南北朝時東宫地位極重，官署齊備，擬於朝廷，時號宫朝。詹事總領宫朝，當時稱其職比朝廷之尚書令。南朝梁十四班。　汝南：郡名。周氏郡望。北魏時治上蔡縣，在今河南汝南縣。　周捨：人名。字昇逸，汝南安城（今河南汝南縣）人。南朝梁官吏。見《梁書》卷二五《周捨傳》。

[2]聖人虛其心而實其腹：意爲讓人民無欲無求，吃得飽。語出《道德經》："是以聖人之治，虛其心實其腹，弱其志强其骨；常使民無知無欲，使夫智者不敢爲也。"

[3]彭城：郡名。劉氏郡望。北魏時治彭城縣，在今江蘇徐州市。　劉孝綽：人名。即劉冉。字孝綽，以字行，彭城（今江蘇徐州市）人。南朝梁官吏。見《梁書》卷三三《劉孝綽傳》。　河東：郡名。裴氏郡望。北魏時治蒲坂縣，在今山西永濟市西南蒲州

鎮。　裴子野：人名。字幾原，河東聞喜（今山西聞喜縣）人。仕南朝齊、梁，史學家、文學家。見《梁書》卷三〇《裴子野傳》。　吴郡：張氏郡望。北魏時治吴縣，在今江蘇蘇州市。　張嵊：人名。字四山，吴郡（今江蘇蘇州市）人。南朝梁文學家。見《梁書》卷四三《張嵊傳》。

[4]班定遠：即班超。字仲升，扶風平陵（今陝西咸陽市西北）人。東漢將領、史學家。曾在西域三十年，立下豐功，封爲定遠侯，故又稱班定遠。見《後漢書》卷四七《班超傳》。

[5]陳郡：袁氏郡望。北魏時治廢城縣，在今河南淮陽縣。　袁昂：人名。字千里，陳郡陽夏（今河南太康縣）人。南朝齊、梁官吏。見《南史》卷二六《袁湛附袁昂傳》。　丹陽尹：京畿行政長官。南朝梁以建康爲都，設丹陽尹以治之。

[6]主簿：官名。典領文書簿籍，經辦事務。雖非掾史之首，然地位較高。

[7]廨：官吏辦公的地方。

[8]紅眠帕：源氏校勘記改“帕”作“服”。按：眠帕，古代的浴衣。《通典》卷一三八云：“浴衣，以浴所衣之衣，其制今之眠帕也。”源氏誤。

豫章王綜出鎮江都，[1]復除豫章王國左常侍，[2]又轉綜鎮北主簿。及綜入魏，三軍散走，之才退至呂梁，[3]橋斷路絶，遂爲魏統軍石茂孫所止。[4]綜入魏旬月，位至司空。[5]魏聽綜收斂僚屬，乃訪知之才在彭泗，[6]啓魏帝云，之才大善醫術，兼有機辯。詔徵之才。孝昌二年，[7]至洛，敕居南館，禮遇甚優。謇子踐啓求之才還宅。之才藥石多效，又閲涉經史，發言辯捷，朝賢競相要引，爲之延譽。武帝時，[8]封昌安縣侯。[9]

［1］豫章王：封爵名。豫章，郡名。南朝梁時治南昌縣，在今江西南昌市。　綜：即蕭綜，人名。字世謙，南蘭陵（一説在今江蘇常州市，一説在今江蘇丹陽市）人。南朝梁宗室，後降北魏。見《梁書》卷五五《豫章王綜傳》。　江都：城名。在今江蘇揚州市。

［2］左常侍：官名。兩晋、南朝及北魏時置左右常侍，爲王、公國屬官，掌侍從左右、贊相禮儀、獻納諫諍，員額依各國之大小不等。源氏校勘記云："'左'《北齊》作'右'。"按：中華本《北齊書》卷三三《徐之才傳》作"左常侍"。

［3］吕梁：此指吕梁洪，在今江蘇銅山縣東南。《水經注·泗水》云："泗水之上有石梁焉，故曰吕梁也。"

［4］統軍：官名。北魏時爲統兵武官，位在都將、别將之下，軍主之上。孝文帝太和二十三年定爲從八品。

［5］司空：官名。三公之一。魏晋南北朝時爲名譽宰相，多爲大臣加官。北魏時爲一品。

［6］彭泗：地名。確址不詳，疑在今江蘇徐州市境内。

［7］孝昌：北魏孝明帝的年號（525—527）。

［8］武帝：即北魏皇帝元脩。武爲其謚號。

［9］昌安縣侯：封爵名。昌安，縣名。治所在今山東安丘市東南。

天平中，[1]齊神武徵赴晋陽，[2]常在内館，禮遇稍厚。武定四年，[3]自散騎常侍轉秘書監。[4]文宣作相，[5]普加黜陟，楊愔以其南士，不堪典掌功程，且多陪從，[6]全廢曹務，轉授金紫光禄大夫，[7]以魏收代。[8]之才甚快快不平。

［1］天平：東魏孝静帝的年號（534—537）。

［2］齊神武：即高歡。神武爲其謚號，北齊後主所追謚。　晋

陽：縣名。治所在今山西太原市晋源區古城營村一帶。

[3]武定：東魏孝静帝的年號（543—550）。

[4]散騎常侍：官名。南朝屬集書省，職掌侍從左右，主掌圖書文翰、文章撰述、諫諍拾遺，收納轉呈文書奏事。北朝兼領修史，爲閑散之職。北魏孝文帝太和十七年定爲二品下，二十三年改爲從三品。 秘書監：官名。南北朝時爲秘書省長官，掌圖書經籍之事，領著作省。北魏孝文帝太和十七年定爲從二品中，二十三年改爲三品。東魏因之。

[5]文宣：即北齊皇帝高洋。文宣爲其謚號。

[6]以其南士不堪典掌功程且多陪從：源氏校勘記云："'南士'至'從'十二字，《北齊》作'南土之人不堪典秘'九字。"楊愔，人名。字遵彦，弘農華陰（今陝西華陰市東南）人。東魏、北齊官吏。見《北史》卷四一《楊播附楊愔傳》。

[7]金紫光禄大夫：官名。西晋初有光禄大夫，授銀章青綬，如加賜金章紫綬，則爲金紫光禄大夫。二品，禄賜、班位、車服等諸所賜給皆與特進同。其以爲加官者，唯假章綬、禄賜、班位，不别給車服吏卒。北魏孝文帝太和十七年定爲從一品下，二十三年改爲從二品。北齊略同。

[8]魏收：人名。字伯起，鉅鹿下曲陽（今河北晋州市西）人。北齊史學家、文學家。見《北史》卷五六《魏收傳》。

之才少解天文，兼圖讖之學，共館客宋景業參校吉凶，[1]知午年必有革易。[2]因高德正啓之，[3]文宣聞而大悦。時自婁太后及勳貴臣咸云：[4]"關西既是勍敵，恐其有挾天子令諸侯之辭，不可先行禪代事。"之才獨云："千人逐兔，一人得之，諸人咸息。須定大業，何容翻欲學人？"又援引證據，備有條目。帝從之。登阼後，[5]彌見親密。之才非惟醫術自進，亦爲首唱禪代，又戲謔滑稽，言無不至，於是大被狎昵。尋除侍中，[6]封池陽縣伯。[7]見文宣政令轉嚴，求出。除趙州刺史。[8]竟不獲述職，猶爲弄臣。[9]皇建二年，[10]除西兗州刺史，[11]未之官，武明皇太后不豫。之才療之，應手便愈。孝昭賜綵帛千段、錦四百匹。[12]之才既善醫術，雖有外授，頃即徵還。既博識多聞，由是於方術尤妙。

[1]宋景業：人名。廣宗（今河北威縣東）人。北齊官吏。以占卜、曆算著名。見《北史》卷八九《宋景業傳》。

[2]午年必有革易：指公元550年高洋取代東魏建立北齊。公元550年爲農曆庚午年。

[3]高德正：人名。勃海蓨（今河北景縣）人。北齊官吏。見《北史》卷三一《高允附高德正傳》。

[4]婁太后：即高歡的妻子、北齊文宣帝高洋的母親婁昭君。見《北史》卷一四《齊武明皇后婁氏傳》。

[5]後：南監本作“復”。源氏校勘記改“復”作“後”。

[6]侍中：官名。北朝時常總典機密，受遺詔輔政，權任尤重，時號“小宰相”。北齊時爲三品。

[7]池陽縣伯：封爵名。遥封。池陽，縣名。治所在今陝西涇陽縣西北。

[8]趙州：北齊時治廣阿縣，在今河北隆堯縣東。

[9]弄臣：指玩弄權術而博得帝王寵幸的臣子。

[10]皇建：北齊孝昭帝的年號（560—561）。

[11]西兗州：北齊時治定陶城，在今山東定陶縣西。

[12]孝昭：即北齊皇帝高演。孝昭爲其謚號。

大寧二年春，[1]武明太后又病，之才弟之範爲尚藥典御，[2]敕令診候。内史皆令呼太后爲石婆，[3]蓋有俗忌，故改名以厭制之。之範出告之才曰：“童謡云：‘周里跂求伽，豹祠嫁石婆，斬冢作媒人，唯有一量紫綖靴。’今太后忽改名，私所致怪。”之才曰：“跂求伽，胡言去已，豹祠嫁石婆，豈有好事？斬冢作媒人，但令合葬，自斬冢。唯得紫綖靴者，得至四月。何者？紫之爲字，此下系，綖者熟，當在四月之中。”之範問靴是何義。之才曰：“靴者，革旁化，寧是久物？”至四月一日，后果崩。有人患脚跟腫痛，諸醫莫能識。之才曰：“蛤精疾也，由乘船入海，垂脚水中。”疾者曰：“實曾如此。”之才爲剖，得蛤子二，大如榆莢。又有以骨爲刀子把者，[4]五色斑斕。之才曰：“此人瘤也。”問得處，云：“於古冢見髑髏，額骨長數寸，試削視，有文理，故用之。”其明悟多通如此。

[1]大寧：北齊武成帝的年號（561—562）。

[2]尚藥典御：官名。北魏置，北齊沿置。爲門下省尚藥局長官，總知御藥事，以精通醫術之人充任。二員，五品。

[3]内史：官名。北魏時執掌民政。孝文帝太和二十三年後定上郡内史爲四品，中郡爲五品，下郡爲六品。北齊沿之。

[4]刀子把：源氏校勘記云：“‘把’《北齊》作‘靶’。”

天統四年，[1]累遷尚書左僕射，[2]俄除兗州刺史，特給鐃吹一部。[3]之才醫術最高，偏被命召。武成酒色過度，怳忽不恒。曾病發，自云，初見空中有五色物，稍近，變成一美婦人，去地數丈，亭亭而立。食頃，變爲觀世音。之才云："此色欲多，大虛所致。"即處湯方，服一劑，便覺稍遠；又服，還變成五色物；數劑湯，疾竟愈。帝每發動，暫遣騎追之，針藥所加，應時必效，故頻有端執之舉。入秋，武成小定，更不發動。和士開欲依次轉進，[4]以之才附籍兗州，即是本屬，遂奏附除刺史，以胡長仁爲左僕射，[5]士開爲右僕射。及十月，帝又病動，語士開云："浪用之才外任，使我辛苦。"其月八日，敕驛追之才。帝以十日崩，之才十一日方到。既無所及，復還赴州。在職無所侵暴，但不甚閑法理，頗亦疏慢，用捨自由。

[1]天統：北齊後主的年號（565—569）。

[2]尚書左僕射：官名。北魏時列位宰相，掌都省庶務、執法、典選舉，兼掌糾彈百官。孝文帝太和十七年定爲從一品中，二十三年改爲從二品。北齊時爲從二品。

[3]鐃吹：指演奏鐃吹的軍樂隊。

[4]和士開：人名。字彥通，清都臨漳（今河北臨漳縣）人。北齊佞臣。見《北史》卷九二《和士開傳》。

[5]胡長仁：人名。字孝隆，安定臨涇（今甘肅鎮原縣南）人。北齊官吏。見《北史》卷八〇《胡長仁傳》。　左僕射：源氏校勘記云："'左'《北齊》作'右'。按本傳，此書作'右'，《北齊》作'左'。"

五年冬，後主徵之才。[1]尋左僕射闕，之才曰："自可復禹之績。"武平元年，[2]重除尚書左僕射。之才於和士開、陸令萱母子曲盡卑狎，[3]二家若疾，救護百端。由是遷尚書令，[4]封西陽郡王。[5]祖珽執政，[6]除之才侍中、太子太師。[7]之才恨曰："子野沙汰我。"[8]珽目疾，故以師曠比之。

［1］後主：即北齊皇帝高緯。在位期間荒淫無度。見《北史》卷八《齊本紀·後主》。

［2］武平：北齊後主的年號（570—576）。

［3］陸令萱母子：即陸令萱和她的兒子穆提婆。陸令萱，亦稱陸媪，鮮卑族。北齊後主高緯的乳母。在後宫操持國政八年，使得朝廷混亂。穆提婆，本姓駱，故亦稱駱提婆，漢陽（今甘肅天水市）人。北齊官吏、佞臣。見《北史》卷九二《穆提婆傳》。萱，南監本作"宣"。源氏校勘記云："'宣'《北齊》作'萱'。"

［4］尚書令：官名。魏晋以來，總掌全國行政。東晋南北朝時，如設有録尚書事，則尚書令職權往往在其下。品秩不一，雖多低於三公，但在多數情況下爲實際上的丞相。北齊時爲二品。

［5］西陽郡王：封爵名。西陽，郡名。北齊時治西陽縣，在今湖北黄州市東。

［6］祖珽：人名。字孝徵，范陽遒（今河北淶水縣北）人。北魏、北齊官吏。見《北史》卷四七《祖瑩附祖珽傳》。

［7］太子太師：官名。東宫三師之首。晋惠帝時置，掌輔導太子。北魏沿置，掌導訓輔翼太子，無具體職掌。孝文帝太和十七年定爲從一品上。北齊因之。

［8］子野：人名。即師曠。字子野，晋國楊邑（今山西洪洞縣）人。春秋時著名樂師。生而無目，博學多才，尤精音樂，善彈琴，政治才能也很突出。事迹散見於《左傳》《莊子》《韓非子》《説苑》等書。此以師曠代指祖珽。

之才聰辯强識，有兼人之敏。尤好劇談體語，[1]公私言聚，多相嘲戲。鄭道育常戲之才爲師公，之才曰：

"既爲汝師，又爲汝公，在三之義，頓居其兩。"又嘲王昕姓云：[2]"有言則誑，近犬便狂，加頸足而爲馬，施角尾而成羊。"盧元明因戲之才云：[3]"卿姓是未入人，名是字之誤，之當爲乏也。"[4]即答云："卿姓，在上爲虐，[5]在丘爲虛，生男則爲虜，配馬則爲驢。"又常與朝士出游，遥望群犬競走，諸人試令目之。之才即應聲云："爲是宋鵲？爲是韓盧？[6]爲逐李斯東走？[7]爲負帝女南徂？"[8]李諧於廣坐因稱其父名曰：[9]"卿耆熊白生不？"之才曰："平平耳。"又曰："卿此言於理平不？"諧遽出避之，道逢其甥高德正。德正曰："舅顔色何不悦？"諧告之故。德正徑造坐席，[10]連索熊白。之才謂坐者曰："箇人諱底？"衆莫之應。之才曰："生不爲人所知，死不爲人所諱，此何足問。"唐邕、白建方貴，[11]時人言云："并州赫赫唐與白。"[12]之才蔑之。[13]元日，對邕爲諸令史祝曰："卿等位當作唐、白。"又以小史好嚼筆，故常執管就元文遥口曰：[14]"借君齒。"其不遜如此。

[1]體語：源氏校勘記云："'體'《北齊》作'謔'。"中華本《北齊書》卷三三《徐之才傳》作"體語"。

[2]王昕：人名。字元景，北海劇（今山東壽光市南）人。北魏、東魏、北齊官吏。見《北史》卷二四《王昕傳》。

[3]盧元明：人名。字幼章，范陽涿（今河北涿州市）人。北魏、東魏官吏。見《北史》卷三〇《盧玄附盧元明傳》。

[4]名是字之誤之當爲乏也：底本"字"作"子"，"乏"作"之"，中華本校勘記云："諸本'字'訛作'子'，'乏'訛作

‘之’。據《通志》卷一八三《徐之才傳》改。”今從改。

[5]上：源氏校勘記改“上”爲“亡”。

[6]爲是宋鵲爲是韓盧：宋鵲、韓盧，古代的良犬。《禮記·少儀》：“犬則執緤，守犬、田犬則授擯者，既受，乃問犬名。”鄭玄注：“畜養者當呼之名，謂若韓盧、宋鵲之屬。”

[7]逐李斯東走：《史記》卷八七《李斯列傳》：“斯出獄，與其中子俱執。顧謂其中子曰：‘吾欲與若復牽黄犬俱出上蔡東門逐狡兔，豈可得乎？’遂父子相哭，而夷三族。”

[8]爲負帝女南徂：槃瓠（高辛氏的一條五色犬）負帝女入南山之事。見《後漢書》卷八六《南蠻傳》。

[9]李諧：人名。字虔和，頓丘（今河南清豐縣西南）人。北魏、東魏官吏。見《北史》卷四三《李崇附李諧傳》。其父爲李平，故下文徐之才説“平平”。

[10]造：元大德本、南監本、局本作“送”。源氏校勘記改“送”作“造”。

[11]唐邕：人名。字道和，太原晋陽（今山西太原市晋源區古城營村一帶）人。東魏、北齊官吏。見《北史》卷五五《唐邕傳》。　白建：人名。字彦舉，太原陽邑（今山西太谷縣）。北齊大臣。見《北史》卷五五《白建傳》。

[12]并州：北齊時治龍山縣（改晋陽縣爲此稱），在今山西太原市晋源區古城營村一帶。

[13]蔑：南監本作“茂”。源氏校勘記改“茂”作“蔑”。

[14]元文遥：人名。字德遠，河南洛陽（今河南洛陽市東北）人，鮮卑族。北齊大臣。見《北史》卷五五《元文遥傳》。

歷事諸帝，以戲狎得寵。武成生齻牙，[1]問諸醫。尚藥典御鄧宣文以實對，武成怒而撻之。後以問之才，拜賀曰：“此是智牙，生智牙者，聰明長壽。”武成悦而賞之。爲僕射時，語人曰："我在江東，見徐勉作僕射，[2]朝士莫不佞之。今我亦是徐僕射，無一人佞我，何由可活！"之才妻，魏廣陽王妹，[3]之才從文襄求得爲妻。[4]和士開知之，乃淫其妻。之才遇見而避之，退曰："妨少年戲笑。"[5]其縱之如此。年八十，卒，贈司徒公、録尚書事，[6]謚曰文明。

[1]顛（diān）牙：即智齒。舊稱真牙。源氏校勘記云："顛，多偏反，男子二十四、女子二十一歲真牙生。《類篇》曰，牙兩畔長者。"

[2]徐勉：人名。字脩仁，東海郯（今山東郯城縣北）人。南朝梁官吏。見《梁書》卷二五《徐勉傳》。

[3]廣陽王：封爵名。廣陽，郡名。北魏時治燕樂縣，在今河北隆化縣。此指元湛。見《北史》卷一六《廣陽王建附元湛傳》。

[4]文襄：即北齊皇帝高澄。文襄爲其謚號。

[5]妨：源氏校勘記云："'妨'恐'防'之誤。《北齊》亦從女。"

[6]司徒公：官名。司徒的尊稱。北齊時爲三公之一，名譽宰相，其位多曠，遇有典禮，以他官攝行其事。一品。　録尚書事：官名。北魏、北齊時爲尚書省長官，總領尚書省政務，尚書令、僕射爲其副貳，職權甚重，多以公卿權重者居之，負責綜理政務，總知國事。

長子林，字少卿，太尉司馬。[1]次子同卿，太子庶子。[2]之才以其無學術，每歎曰："終恐同《廣陵散》矣。"[3]

[1]太尉：官名。秦設，爲最高軍事長官，與丞相、御史大夫合稱三公。魏晋以後爲元老重臣之加官。一品。北齊沿之。　司馬：官名。王國、王府屬官。軍府高級幕僚，掌參贊軍務，管理府内武職，位僅次於長史，其品秩隨府主地位高低而定。

[2]太子庶子：官名。秦漢置，東宫屬官。爲太子的親近侍從官，獻納規諫。北魏孝文帝太和十七年定爲從三品上，二十三年改爲從四品上。北齊時主管太子典書坊，爲東宫要職，從四品上。

[3]終恐同廣陵散矣：後繼無人的感慨。廣陵散，三國魏嵇康善彈此曲，秘不授人。後遭讒被害，臨刑索琴彈之，曰："《廣陵散》於今絶矣！"後亦稱事無後繼、已成絶響者爲"廣陵散"。

弟之範，亦醫術見知，位太常卿，[1]特聽襲之才爵西陽王。入周，授儀同大將軍。[2]開皇中，[3]卒。

[1]太常卿：官名。太常的尊稱。漢景帝時由奉常改名。位列九卿之首，官居清要，職務繁重，多由列侯充任。主管祭祀宗廟、社稷和朝會、喪葬禮儀，管理皇帝陵墓、寢廟所在縣邑，每月巡視諸陵，兼管文化教育，博士和博士弟子的考核、薦舉、補吏，亦由太常主持。三國沿置。北魏孝文帝太和十七年定爲從一品下，二十三年改爲三品。北齊略同。

[2]儀同大將軍：官名。北周武帝建德四年（575），改車騎大將軍、儀同三司爲此稱。正九命。

[3]開皇：隋文帝的年號（581—600）。

王顯，字世榮，陽平樂平人也。[1]自言本東海郯人，[2]王朗之後也。[3]父安上，[4]少與李亮同師，俱受醫藥，而不及亮。

[1]樂平：縣名。治所在今山西昔陽縣。

[2]東海：郡名。北魏時治郯縣，在今山東郯城縣北。　郯：縣名。治所在今山東郯城縣北。

[3]王朗：人名。本名王嚴，字景興，東海郯（今山東郯城縣北）人。東漢末、三國魏官吏、名士。見《三國志》卷一三《魏書·王朗傳》。

[4]父安上：源氏校勘記改"上"作"道。"中華本校勘記云："按《魏書》卷九一《王顯傳》，顯伯父安上，父安道。此誤以伯父爲父。"是。

顯少歷本州從事，[1]雖以醫術自通，而明敏有決斷才用。初文昭太后之懷宣武，[2]夢爲日所逐，化而爲龍而繞后。后寤而驚悸，遂成心疾。文明太后敕徐謇及顯等爲后診脉。謇云是微風入藏，宜進湯加針；顯言案三部脉，非有心疾，將是懷孕生男之象。果如顯言。久之，補侍御師。

[1]從事：官名。州部屬吏。原非官名。漢元帝初，使丞相于定國條州大小設吏員，治中、别駕、諸部從事，皆秩百石。自此始爲官名。東漢因之，稱從事史，皆爲州部長官自辟。三國、晋、南北朝沿置，名目不一。

[2]文昭太后：即北魏孝文帝皇后高氏。文昭爲其謚號。　宣武：即北魏皇帝元恪。宣武爲其謚號。

宣武自幼有微疾，顯攝療有效，因稍蒙眄識。[1]又罷六輔之初，[2]顯爲領軍于烈間通規策，[3]頗有密功。累遷廷尉卿，[4]仍在侍御，營進御藥，出入禁内。累遷御史中尉。[5]顯前後居職，所在著稱，糾折庶獄，究其奸回，出内惜慎，憂國如家。及領憲臺，[6]多所彈劾，百僚肅然。又以中尉屬官不悉稱職，諷求改革。詔委改選，務盡才能。而顯所舉，或有請屬，未皆得人，於是衆議喧譁，聲望致損。後宣武詔顯撰《藥方》三十五卷，班布天下，以療諸疾。東宫建，以爲太子詹事，[7]委任甚厚。上每幸東宫，顯常近侍，出入禁中，仍奉醫藥。賞賜累加，爲立館宇，寵振當時。以營療功，封衛國縣伯。[8]

[1]眄識：賞識。

[2]罷六輔：太和二十三年孝文帝病逝前，立元恪爲太子，以咸陽王元禧、北海王元詳、長廣王元嘉、任城王元澄與鎮南將軍王肅、尚書宋弁六人輔政，史稱六輔。宣武帝繼位兩年後罷黜六輔。

[3]領軍：官名。漢獻帝時設，統領禁衛軍，屬丞相府。魏晋南北朝時資深者稱領軍將軍，資輕者稱中領軍，職掌同，多由中領軍遷領軍將軍，一般不並置。衹有北魏孝文帝太和十七年職員令中專設有領軍，二品中。　于烈：人名。代（今山西大同市東北）人，鮮卑族。北魏大將、官吏。見《北史》卷二三《于栗磾附于烈傳》。

[4]廷尉卿：官名。北魏時爲國家最高司法審判機構主官，負責刑獄，修定法律，覆審御史所檢劾案件，審核州郡疑案，有封駁丞相、御史之權。後增少卿爲副職。孝文帝太和二十三年定爲三品。

[5]御史中尉：官名。北魏時由御史中丞改稱，主御史臺，頗重其選。孝文帝太和十七年定爲三品上，二十三年定爲從三品。

[6]憲臺：官署名。御史臺的别稱。

［7］以：元大德本、南監本、殿本、四庫本、局本、四部備要本作“上”。源氏校勘記改“上”作“以”。

［8］衛國縣伯：封爵名。衛國，縣名。治所在今河南清豐縣。源氏校勘記云：“《魏書》作‘衛南伯’。”按：中華本《魏書》卷九一《王顯傳》校勘記云“疑《北史》是”。

及宣武崩，明帝踐阼，[1]顯参奉璽策，隨從臨哭，微爲憂懼。顯既蒙任遇，兼爲法官，恃勢使威，爲時所疾。朝宰託以侍療無效，執之禁中。詔削爵位，徙朔州。[2]臨執呼寃，直閤伊盆生以刀鐶撞其腋下，[3]傷中吐血，至右衛府，[4]一宿死。子曄，尚書儀曹郎中，[5]懼走。後被獲，栲掠百餘。宅没於官。

［1］明帝：即北魏皇帝元詡。明爲其謚號。

［2］朔州：北魏時治盛樂，在今内蒙古和林格爾縣西北。

［3］直閤：官名。直閤將軍的省稱。爲皇帝左右的侍衛之官，地位顯要，北魏時多由宗室之人擔任。孝文帝太和十七年定爲從三品下。　伊盆生：人名。代（今山西大同市東北）人。北魏將領。見《北史》卷二五《伊馛附伊盆生傳》。

［4］右衛府：官署名。北齊設。爲左右衛府之一。掌宿衛。以右衛將軍爲主官，武正將軍爲副職。

［5］尚書儀曹郎中：官名。魏晋南朝、北齊時爲尚書省儀曹長官通稱，亦稱郎中，資深者可轉侍郎。北魏孝文帝太和十七年定郎中爲五品上，郎爲從五品中；二十三年皆稱郎中，六品，仍可通稱爲郎。尚書儀曹，官署名。北魏置。掌車服羽儀朝覲郊廟饗宴等吉凶禮制。

初，顯搆會元景，[1]就刑南臺。[2]及顯之死，在右衛府，唯隔一巷，相去數十步。世以爲有報應之驗。始顯布衣爲諸生，有沙門相顯，後當富貴，誡其勿爲吏，爲吏必敗。由是宣武時，或欲令其兼攝吏部，每殷勤辭避。及宣武崩，帝夜即位，受璽策，於儀須兼太尉及吏部，倉卒，百官不具，以顯兼吏部行事。又顯未敗之前，有嫗卜相於市者，言人吉凶頗驗。時子曄已爲郎，聞之，微服就嫗，問己終至何官。嫗言："君今既有位矣，不復更進，當受父冤。"並如其語。

[1]初顯搆會元景：中華本校勘記云："按元景本名'昺'，《北史》避唐諱改。參卷十五《常山王遵傳》校記。"元景，即元壽興，見《北史》卷一五《常山王遵附元壽興傳》。

[2]南臺：即御史臺。

馬嗣明，河内野王人也。[1]少博綜經方，爲人診脉，一年前知其生死。邢卲唯一子大寶，[2]甚聰慧，年十七八患傷寒。嗣明爲其診脉，退告楊愔云："邢公子傷寒不療自差，然脉候不出一年便死，覺之少晚，不可復療。"數日後，楊、邢並侍宴内殿。文宣云："邢子才兒大不惡，我欲乞其隨近一郡。"楊以年少，未合剖符。[3]宴罷，奏云："馬嗣明稱大寶脉惡，一年内恐死。若其出郡，醫藥難求。"遂寢。大寶未期而卒。楊愔患背腫，嗣明以練石塗之，便差，因此大爲楊愔所重。作練石法：以粗黄色石如鵝鴨卵大，猛火燒令赤，内淳醋中，自有石屑落醋裏。頻燒至石盡，取石屑曝乾，擣下篵，[4]和醋以塗腫上，無不愈。

[1]河内：郡名。北魏時治野王縣，在今河南沁陽市。　野王：縣名。治所在今河南沁陽市。

[2]邢卲：人名。字子才，小字吉，河間鄚（今河北任丘市北）人。北魏、東魏、北齊官吏。見《北史》卷四三《邢巒附邢卲傳》。

[3]剖符：古代帝王在建國之後，封賞有功的諸侯將士爲將、郡守。將符節剖分爲二，文臣武將各執其一。此處指外任。

[4]篵（shāi）：古同“篩”。

武平中，爲通直散騎常侍，針灸孔穴，往往與《明堂》不同。[1]嘗有一家，二奴俱患，身體遍青，漸虚羸不能食。訪諸醫，無識者。嗣明爲灸兩足趺上各三七壯，[2]便愈。武平末，從駕往晋陽，至遼陽山中，[3]數處見牓云，有人家女病，若能差之者，購錢十萬。又諸名醫多尋牓至是人家，問疾狀，俱不下手。唯嗣明爲之療。問其病由，云曾以手持一麥穗，即見一赤物長二尺許，[4]似蚰，入其手指中，因驚倒地。即覺手臂疼腫，月餘日，漸及半身，肢節俱腫，痛不可忍，呻吟晝夜不絶。嗣明即爲處方，令馳馬往都市藥，示其節度，前後服十劑湯，一劑散。比嗣明明年從駕還，此女平復如故。嗣明藝術精妙，多如是。

[1]《明堂》：即《明堂圖》，古代繪人體經脉經穴的圖像或挂圖。

[2]趺：同“跗”。脚背。

[3]遼陽：縣名。治所在今山西左權縣。

[4]二尺許：源氏校勘記云："'二尺許'《北齊》作'二寸'。"

隋開皇中，卒於太子藥藏監。[1]然性自矜大，輕諸醫人，自徐之才、崔叔鸞以還，俱爲其所輕。

[1]太子藥藏監：官名。北齊時太子門下坊始置，爲太子藥藏局長官，掌東宫醫藥。置二員，六品。隋朝沿置，二員，正七品。

姚僧垣，[1]字法衛，吴興武康人，[2]吴太常信之八世孫也。父菩提，梁高平令。[3]嘗嬰疾疹歷年，乃留心醫藥。梁武帝召與討論方術，[4]言多會意，由是頗禮之。

[1]姚僧垣：中華本校勘記云："《陳書》卷二七、《南史》卷五九《姚察傳》'垣'作'坦'。《周書》卷四七同《北史》。"

[2]吴興：郡名。南朝梁時治烏程縣，在今浙江湖州市。　武康：縣名。治所在今浙江德清縣西。

[3]高平：縣名。治所在今湖南新化縣西南。

[4]梁武帝：即南朝梁皇帝蕭衍。武爲其謚號。

僧垣幼通洽，居喪盡禮，年二十四，即傳家業。仕梁爲太醫正，[1]加文德主帥。[2]梁武帝嘗因發熱，服大黄。僧垣曰："大黄快藥，至尊年高，不宜輕用。"帝弗從，遂至危篤。太清元年，[3]轉鎮西湘東王府中記室參軍。[4]僧垣少好文史，爲學者所稱。及梁簡文嗣位，[5]僧垣兼中書舍人。[6]梁元帝平侯景，[7]召僧垣赴荆州，[8]改授晋安王府諮議。[9]梁元帝嘗有心腹病，諸醫皆請用平藥。僧垣曰："脉洪實，宜用大黄。"元帝從之，進湯訖，果下宿食，因而疾愈。時初鑄錢，一當十，乃賜十萬貫，實百萬也。

[1]太醫正：官名。南朝梁置，門下省太醫令屬官，助掌醫藥。

[2]文德主帥：官名。南朝梁置文德省，爲文學侍臣入侍之處。

[3]太清：南朝梁武帝的年號（547—549）。

[4]湘東王：即南朝梁元帝蕭繹。其初封爲湘東王。　中記室參軍：官名。簡稱中記室。南朝梁爲大將軍府屬官。諸皇弟皇子府、嗣王藩王府、庶姓公府、庶姓持節府皆置。品位自七班至三班不等，依府主而定。

[5]梁簡文：即南朝梁皇帝蕭綱。簡文爲其謚號。

[6]中書舍人：官名。即中書通事舍人。三國魏設，爲中書省屬官，掌呈奏表。歷朝因之，官秩不一。南朝宋起漸參預機務，至梁則專掌起草詔令。因此職原品秩較低，由寒庶之士擔任，史稱此爲"寒人掌機要"。

[7]梁元帝：即南朝梁皇蕭繹。元爲其謚號。　侯景：人名。字萬景，懷朔鎮（今内蒙古固陽縣南）人。曾任北魏官吏，後叛至南朝。見《梁書》卷五六《侯景傳》。

[8]荆州：南朝梁時治江陵縣，在今湖北江陵縣。

[9]晋安王：即蕭方智。字慧相，小字法真。南朝梁敬帝。見《梁書》卷六《敬帝紀》。晋安，郡名。南朝梁時治侯官縣，在今福建福州市。　諮議：官名。諮議參軍的簡稱。東晋置。

及魏軍剋荆州，僧垣猶侍梁元，不離左右，爲軍人所止，方泣涕而去。尋而周文遣使馳驛徵僧垣。[1]燕公于謹固留不遣，[2]謂使人曰："吾年衰暮，疾病嬰沉，今得此人，望與之偕老。"周文以謹勳德隆重，乃止。明年，隨謹至長安。

［1］周文：即宇文泰。文爲其謚號，北周明帝所追謚。

［2］燕公：封爵名。燕，郡名。北魏時治薊縣，在今北京西南。于謹：人名。字思敬，代（今山西大同市東北）人。北魏、西魏、北周將領。見《北史》卷二三《于栗磾附于謹傳》。

武成元年，[1]授小畿伯下大夫。[2]金州刺史伊婁穆以疾還京，[3]請僧垣省疾，乃云自腰至臍，似有三縛，兩脚緩縱，不復自持。僧垣即爲處湯三劑。穆初服一劑，上縛即解；次服一劑，中縛復解；又服一劑，三縛悉除。而兩脚疼痺，猶自攣弱，更爲合散一劑，稍得屈申。僧垣曰："終待霜降，此患當愈。"及至九月，遂能起行。大將軍、襄樂公賀蘭隆先有氣疾，[4]加以水腫，喘息奔急，坐卧不安。或有勸其服決命大散者，其家疑未能決，乃問僧垣。僧垣曰："意謂此患，不與大散相當。"即爲處方，勸使急服，[5]便即氣通；更服一劑，諸患悉愈。大將軍、樂平公竇集暴感風疾，[6]精神瞀亂，無所覺知。醫先視者，皆云已不可救。僧垣後至曰："困矣，終當不死。"爲合湯散，所患即瘳。[7]大將軍、永世公叱列伏椿苦痢積時，[8]而不損廢朝謁。燕公謹嘗問僧垣曰："樂平、永世，俱有痼疾，意永世差輕。"對曰："夫患有深淺，時有危殺。[9]樂平雖困，終當保全；永世雖輕，必不免死。"謹曰："當在何時？"對曰："不出四月。"果如其言，謹歎異之。

[1]武成：北周明帝的年號（559—560）。

[2]小畿伯下大夫：官名。西魏恭帝三年（556）置，北周沿置。亦稱畿伯下大夫，地官府民部中大夫屬官，佐畿伯中大夫掌本方事務，下設小畿伯上士、小畿伯中士。正四命。隋文帝開皇元年罷。

[3]金州：北周時治吉安縣，在今陝西安康市西北。　伊婁穆：人名。字奴干，代（今山西大同市東北）人，鮮卑族。西魏、北周將領、官吏。見《北史》卷六六《伊婁穆傳》。

[4]大將軍：官名。北周置勳官十一等，大將軍居第四等，正九命。　襄樂公：封爵名。襄樂，郡名。北周時治襄樂縣，在今甘肅寧縣東北。　賀蘭隆：人名。鮮卑族。西魏、北周大臣。見《北史》卷六一《賀蘭祥附賀蘭隆傳》。

[5]使急：底本作“急使”。源氏校勘記云：“《周書》作‘急使’。”中華本校勘記云：“諸本‘使急’誤倒，據《周書》乙。”今從改。

[6]樂平公：封爵名。樂平，郡名。北周時治樂平縣，在今山西昔陽縣西南。

[7]所患即瘳（chōu）：底本“瘳”作“療”。中華本校勘記云：“諸本‘瘳’訛作‘療’，據《周書》卷四七《姚僧垣傳》改。”今從改。瘳，病愈。

[8]永世公：封爵名。永世，縣名。治所在今甘肅武威市東南。　叱列伏椿：人名。字千年，代郡（今山西大同市東北）西部人，鮮卑族。西魏、北周官吏。見《北史》卷六一《叱列伏龜附叱列伏椿傳》。底本作“叱伏列椿”，《北史》卷六一本傳作“叱列伏椿”，中華本《周書》亦作“叱列伏椿”。今據改。

[9]危：源氏校勘記云：“‘危’《周書》作‘尅’。”

天和六年，[1]遷遂伯中大夫。[2]建德三年，[3]文宣太后寢疾，[4]醫巫雜説，各有同異。武帝引僧垣坐，問之。對曰：“臣準之常人，竊以憂懼。”帝泣曰：“公既决之矣，知復何言！”尋而太后崩。其後復因召見，乃授驃騎大將軍、開府儀同三司。[5]敕停朝謁，若非别敕，不勞入見。四年，帝親戎東討，至河陰遇疾，[6]口不能言；瞼垂覆目，不得視；一足短縮，又不得行。僧垣以爲諸藏俱病，不可並療，軍中之要，莫過於語，[7]乃處方進藥，帝遂得言；次又療目，目疾便愈；末及足，足疾亦瘳。比至華州，[8]帝已痊復。即除華州刺史，仍詔隨駕入京，不令在鎮。宣政元年，[9]表請致仕，優詔許之。是歲，帝幸雲陽，[10]遂寢疾，乃召僧垣赴行在所。[11]内史柳昂私問曰：[12]“至尊脉候何如?”對曰：“天子上應天心，或當非愚所及。若凡庶如此，萬無一全。”尋而帝崩。

[1]天和：北周武帝的年號（566—572）。

[2]遂伯中大夫：官名。西魏恭帝三年設，北周沿置。地官府民部中大夫屬官，分置左、右遂伯中大夫，每方置一人，掌本方行政事務。正五命。

[3]建德：北周武帝的年號（572—578）。

[4]文宣太后：即宇文泰之姬叱奴氏。文宣爲其謚號。

[5]驃騎大將軍：官名。北魏時位尊於驃騎將軍，僅次於大將軍，高於諸名號大將軍。授此職者以權臣元老居多，可開府置僚屬。一般不領兵，戰時統兵出征，位在三公之下，多作爲大臣加官。西魏、北周實行府兵制，用作開府府長管理號，九命。　開府儀同三司：三國魏始置，多爲大臣的加號，意爲與三司即太尉、司徒、司空的禮制待遇相同，許開設府署，自辟屬僚。兩晋南北朝

因之。

[6]河陰：縣名。治所在今河南孟津縣東。

[7]過：源氏校勘記云："'過'《周書》作'先'。"

[8]華州：北周時治鄭縣，在今陝西華縣西南。

[9]宣政：北周武帝的年號（578）。

[10]雲陽：縣名。治所在今陝西涇陽縣西北。

[11]行在所：天子巡行所到的地方。

[12]柳昂：人名。字千里，河東解縣（今山西臨猗縣）人。

宣帝初在東宮，[1]常苦心痛，乃令僧垣療之，其疾即愈。及即位，恩禮彌隆。謂曰："嘗聞先帝呼公爲姚公，有之？"對曰："臣曲荷殊私，實如聖旨。"帝曰："此是尚齒之辭，[2]非爲貴爵之號。朕當爲公建國開家，爲子孫永業。"乃封長壽縣公。[3]册命之日，又賜以金帶及衣服等。[4]大象二年，[5]除太醫下大夫。[6]帝尋有疾，至于大漸，[7]僧垣宿直侍疾。帝謂隋公曰：[8]"今日性命，唯委此人。"僧垣知帝必不全濟，乃對曰："臣但恐庸短不逮，敢不盡心！"帝頷之。及静帝嗣位，[9]遷上開府儀同大將軍。[10]

[1]宣帝：即北周皇帝宇文贇。宣爲其謚號。

[2]尚齒：尊崇年長者。《禮記·祭義》："是故朝廷同爵則尚齒。"鄭玄注："同爵尚齒，老者在上也。"

[3]長壽縣公：封爵名。長壽，縣名。治所在今山西隰縣北。

[4]金帶：腰帶的一種。因上有金荔枝等黄金飾物，故稱。

[5]大象：北周静帝的年號（579—580）。

[6]太醫下大夫：官名。西魏恭帝三年置，北周沿置。天官府

太醫司長官，掌醫藥之政令，多供奉禁中，負責診治皇帝、皇后及諸大臣的疾患，領小醫下大夫、小醫上士、醫正上士、瘍醫上士、主藥下士等官屬。由精通醫術者擔任，不一定爲品階所限。正四命。隋文帝開皇元年罷。

［7］大漸：病危將死。

［8］隋公：封爵名。即隋文帝楊堅。

［9］静帝：即北周皇帝宇文衍。静爲其謚號。

［10］上開府儀同大將軍：官名。北周武帝建德四年置，位在開府儀同大將軍之上。主要授予有軍功者或北齊的降官，無具體職掌，九命。

隋開皇初，進爵北絳郡公。[1]三年，卒，年八十五。遺誡衣帢入棺，[2]朝服勿斂，靈上唯置香奩，每日設清水而已。贈本官，加荆、湖二州刺史。[3]

［1］北絳郡公：封爵名。北絳，郡名。隋朝初治北絳縣，在今山西翼城縣。

［2］衣帢：便衣便帽。

［3］荆：州名。隋朝時治穰縣，在今河南鄧州市西南。　湖：州名。隋朝時治湖陽縣，在今河南唐河縣西南湖陽鎮。

僧垣醫術高妙，爲當時所推，前後効驗，不可勝紀。聲譽既盛，遠聞邊服，至於諸蕃外域，[1]咸請託之。僧垣乃參校徵効者爲《集驗方》十二卷，又撰《行記》三卷，行於世。

［1］外域：南監本作“外戚”。源氏校勘記改“戚”作“域”。

長子察，[1]《南史》有傳。

[1]察：即姚察，人名。字伯審，吴興武康（今浙江德清縣）人。初仕南朝梁，後爲南朝陳官吏。又由陳入隋。史學家。見《南史》卷六九《姚察傳》。

次子最，字士會。博通經史，尤好著述。年十九，隨僧垣入關。明帝盛聚學徒，校書於麟趾殿，[1]最亦預爲學士。[2]俄授齊王憲府水曹參軍，[3]掌記室事，特爲憲所禮接。最幼在江左，迄于入關，未習醫術。天和中，齊王憲奏遣最習之。憲又謂最曰："博學高才，何如王褒、庾信？[4]王、庾名重兩國，吾視之蔑如，接待資給，非爾家比也。勿不存心。且天子有敕，彌須勉勵。"最於是始受家業，十許年中，略盡其妙。每有人告請，[5]効驗甚多。

[1]麟趾殿：北齊時藏書之所，北周時爲著述之所。

[2]學士：官名。即麟趾學士。北周明帝即位後，立麟趾學，以在朝公卿有文學者爲學士。初不分貴賤，後以于翼之議，定學士班次。亦有以他官參麟趾殿學士者，掌著述，刊校經史。

[3]齊王憲：即宇文憲。字毗賀突。北周宗室。見《北史》卷五八《齊煬王憲傳》。　水曹：官署名。漢朝爲郡國主管水利的機構，以掾領之。晋以後以參軍領之。　水曹參軍：官名。司馬睿爲鎮東大將軍，始置水曹參軍，掌水事。南北朝沿置，爲幕府僚屬。

[4]王褒：人名。字子淵，琅邪臨沂（今山東臨沂市）人。學問淵博，以善駢文著稱。南朝梁元帝時任吏部尚書、左僕射。西魏破江陵後，虜王褒等入關。見《周書》卷四一《王褒傳》。　庾

信：人名。字子山，南陽新野（今河南新野縣）人。南朝梁官吏、詩人。見《周書》卷四一《庾信傳》。

[5]告：源氏校勘記云："'告'《周書》作'造'。"

隋文帝踐極，[1]除太子門大夫。[2]以父憂去官，哀毁骨立。既免喪，襲爵北絳郡公，復爲太子門大夫。俄轉蜀王秀友。[3]秀鎮益州，[4]遷秀府司馬。及平陳，察至，最自以非嫡，讓封於察。隋文帝許之。秀後陰有異謀，隋文帝令公卿窮其事。開府慶整、郝瑋等並推過於秀。[5]最獨曰："凡有不法，皆最所爲，王實不知也。"榜訊數百，[6]卒無異辭，竟坐誅，論者義之。撰《梁後略》十卷，行於世。

[1]隋文：即隋朝皇帝楊堅。文爲其謚號。

[2]太子門大夫：官名。東宫屬官。掌遠近表牒、關通内外。秦、西漢始置，南北朝沿置，員一人。北齊時爲太子門大夫坊長官，隸太子典書坊，從六品上。隋朝沿置，後改名太子宫門大夫。

[3]蜀王秀：即楊秀。隋朝宗室。見《北史》卷七一《庶人秀傳》。蜀，郡名。隋朝時治成都縣，在今四川成都市。

[4]益州：隋朝時治成都縣，在今四川成都市。

[5]開府：開府儀同三司的省稱。隋朝時爲散官名號，初爲正四品上，煬帝大業三年改爲從一品，僅次於王、公。

[6]榜（bēng）：古代的一種刑罰，用杖擊或鞭擊。

褚該，字孝通，河南陽翟人也。[1]父義昌，梁鄱陽王中記室。[2]

[1]河南：郡名。北周時治河南縣，在今河南洛陽市。　陽翟：縣名。治所在今河南禹州市。

[2]鄱陽王：封爵名。即蕭恢，字弘達。鄱陽，郡名。南朝梁時治鄱陽縣，在今江西鄱陽縣。

該幼而謹厚，尤善醫術。仕梁，歷武陵王府參軍。[1]隨府西上，後與蕭撝同歸周。[2]自許奭死後，該稍爲時人所重，賓客迎候，亞於姚僧垣。天和初，位縣伯下大夫，[3]進授車騎大將軍、儀同三司。[4]該性淹和，不自矜尚，但有請之者，皆爲盡其藝術。時論稱其長者。後以疾卒。子則，亦傳其家業。

[1]武陵王：封爵名。武陵，郡名。南朝梁時治臨沅縣，在今湖南常德市。此指蕭紀。南朝梁宗室。梁武帝子。見《梁書》卷五五《武陵王紀傳》。　參軍：官名。亦作“參軍事”。東漢末年車騎將軍幕府置爲僚屬，掌參謀軍務。南北朝王、公將軍府以及諸州多置爲僚屬，品秩自六品至九品不等。

[2]蕭撝：人名。字智遐，南蘭陵（一説在今江蘇常州市，一説在今江蘇丹陽市）人。南朝梁宗室。見《北史》卷二九《蕭撝傳》。

[3]縣伯下大夫：官名。小縣伯下大夫的省稱。西魏恭帝元年置，北周沿置。地官府民部中大夫屬官，佐縣伯中大夫掌本方事務，其下設小縣伯上士、小縣伯中士。正四命。

[4]車騎大將軍：官名。魏晉制度，驃騎、車騎、衛三將軍皆爲重號將軍，高於諸名號大將軍，本無須加“大”。其後將軍名號越來越濫，遂又增此號，多加元老重臣，以示尊崇。一品。開府置僚屬，不領兵。西魏、北周時實行府兵制，用爲儀同府長官軍號，九命。　儀同三司：西魏、北周府兵二十四開府府下屬的儀同府主

管將軍，軍號爲車騎大將軍、儀同三司，簡稱儀同將軍。北周時爲九命，僅次於三公。

許智藏，高陽人也。[1]祖道幼，常以母疾，遂覽醫方，因而究極，時號名醫。誡諸子曰："爲人子者，嘗膳視藥，不知方術，豈謂孝乎。"由是，遂世相傳授。仕梁，位員外散騎侍郎。父景，武陵王諮議參軍。[2]

[1]高陽：郡名。北周時治高陽縣，在今河北高陽縣東。

[2]諮議參軍：官名。西晋末司馬睿鎮東大將軍丞相府始置爲僚屬，掌顧問諫議。東晋、南朝王府、丞相府、公府、位從公府、州軍府皆有置者，無定員，亦不常置，職掌不定。其位甚尊，在列曹參軍上，州所置者常帶大郡太守，且有越次行府州事者。梁、陳皆依府主地位而定。

智藏少以醫術自達，仕陳，爲散騎常侍。[1]陳滅，隋文帝以爲員外散騎侍郎，使詣揚州。[2]會秦王俊有疾，[3]上馳召之。俊夜夢其亡妃崔氏泣曰："本來相迎，如聞許智藏將至。其人若到，當必相苦，爲之奈何？"明夜，俊又夢崔氏曰："妾得計矣，當入靈府中以避之。"及智藏至，爲俊診脉曰："疾已入心，即當發癎，不可救也。"果如言，俊數日而薨。上奇其妙，賚物百段。煬帝即位，[4]智藏時致仕。帝每有苦，輒令中使就宅詢訪，[5]或以轝迎入殿，扶登御牀。智藏爲方奏之，用無不効。卒於家，年八十。

[1]散騎常侍：源氏校勘記云："'常侍'《隋書》作'侍郎'。"

[2]揚州：隋朝時治江都縣，在今江蘇揚州市。

[3]秦王俊：即楊俊。小字阿祇。隋朝宗室。見《北史》卷七一《秦王俊傳》。

[4]煬帝：即隋朝皇帝楊廣。煬爲其謚號。

[5]中使：宫中派出的使者。多是宦官。

宗人許澄，亦以醫術顯。澄父奭，仕梁，爲中軍長史，[1]隨柳仲禮入長安，[2]與姚僧垣齊名，拜上儀同三司。[3]澄有學識，傳父業，尤盡其妙。歷位尚藥典御、諫議大夫，[4]封賀川縣伯。[5]父子俱以藝術名重於周隋二代，史失其事，故附云。

[1]中軍長史：官名。具體不詳。

[2]柳仲禮：人名。河東解（今山西臨猗縣）人。南朝梁大都督，後降北周。見《南史》卷三八《柳仲禮傳》。

[3]上儀同三司：北周置，位居開府儀同三司之下、儀同三司之上。多爲大臣、勳臣的加官。隋朝沿置，爲從四品散官，煬帝大業三年（607）罷。

[4]諫議大夫：官名。秦置，專掌議論。西漢初廢，武帝時置諫議大夫。漢光武帝復置，掌侍從顧問、參謀諷議，名義上隸光禄勳。隋初於門下省置七人，從四品。煬帝大業三年廢。

[5]賀川縣伯：封爵名。賀川，縣名。治所在今廣西岑溪市東北。

萬寶常，不知何許人也。父大通，從梁將王琳歸齊。[1]後謀還江南，事泄，伏誅。由是寶常被配爲樂户，[2]因妙達鐘律，遍工八音。[3]與人方食，論及聲調，時無樂器，寶常因取前食器及雜物，以箸扣之，品其高下，宫商畢備，[4]諧於絲竹，大爲時人所賞。然歷周、隋，俱不得調。

[1]王琳：人名。字子珩，會稽山陰（今浙江紹興市）人。南朝梁將帥、北齊官吏。見《南史》卷六四《王琳傳》。

[2]樂户：封建時代供統治階級取樂的人户，專門從事吹彈歌唱，名隸樂籍，户稱“樂户”，社會地位低賤。

[3]八音：中國古代對樂器的統稱。指金、石、土、革、絲、木、匏、竹八類。

[4]宫商：宫與商皆屬五音，故亦泛指音律。

開皇初，沛國公鄭譯等定樂。[1]初爲黄鐘調，[2]寶常雖爲伶人，[3]譯等每召與議，然言多不用。後譯樂成，奏之，上召寶常，問其可不。寶常曰：“此亡國之音，豈陛下所宜聞！”上不悦。寶常因極言樂聲哀怨淫放，非雅正之音，請以水尺爲律，以調樂器，其聲率下鄭譯調二律。并撰《樂譜》六十四卷。且論八音旋相爲宫法，[4]改絃移柱之變，爲八十四調，一百四十四律，[5]變化終於一千八百聲。時以《周禮》有旋宫之義，自漢已來，知音不能通，[6]見寶常特創其事，皆哂之。至是，試令爲之，應手成曲，無所疑滯，見者莫不嗟異。

[1]鄭譯：人名。字正義，滎陽開封（今河南開封市）人。北周、隋朝官吏。見《北史》卷三五《鄭羲附鄭譯傳》。

[2]黄鐘：十二律中的第一律。十二律從低到高依次爲黄鐘、

大吕、太簇、夾鐘、姑洗、仲吕、蕤賓、林鐘、夷則、南吕、無射、應鐘。

[3]伶人：古代樂人之稱。

[4]旋相爲宫：宫商角徵羽五聲，配十二律，謂之旋相爲宫。

[5]一百四十四律：底本作"一百四十律"，中華本校勘記云："諸本作'一百四十律'。按十二律自乘得一百四十四，此脱一'四'字。今據《隋書》卷七八《萬寶常傳》補。"今從改。

[6]知音不能通：源氏校勘記在"音"後加"者"字。

於是損益樂器，不可勝紀。其聲雅淡，不爲時人所好。太常善聲者，多排毀之。又太子洗馬蘇夔以鐘律自命，[1]尤忌寶常。夔父威方用事，凡言樂者附之而短寶常。數詣公卿怨望，蘇威因詰寶常所爲，[2]何所傳受。有一沙門謂寶常曰："上雅好符瑞，有言徵祥者，上皆悦之。先生當言從胡僧受學，云是佛家菩薩所傳音律，則上必悦。先生當言，[3]所爲可以行矣。"寶常遂如其言以答威。威怒曰："胡僧所傳，乃四夷之樂，非中國宜行。"其事竟寢。寶常聽太常所奏樂，泫然泣曰："樂聲淫厲而哀，天下不久將盡。"時四海全盛，聞言者皆謂不然；大業之末，[4]其言卒驗。

[1]太子洗馬：官名。秦始置，漢因之。掌賓贊受事，太子出行時爲前導。晉置八員，七品，爲太子詹事屬官，掌太子圖書經籍，太子出行則前導威儀。隋朝時隸太子門下坊司經局，從五品上。初置四員，煬帝時減爲二員。　蘇夔：人名。字伯尼，京兆武功（今陝西武功縣西北）人。隋朝官吏。有口辯，能騎射，尤以通鐘律自命。見《北史》六三《蘇綽附蘇夔傳》。

[2]蘇威：人名。字無畏，京兆武功（今陝西武功縣西北）人。北周、隋朝官吏。見《北史·蘇綽附蘇威傳》。

[3]先生當言：源氏校勘記云："《隋書》無'當言'二字。"中華本校勘記云："《隋書·萬寶常傳》無'當言'二字。疑是涉上文'先生當言'而衍。"當是。

[4]大業：隋煬帝的年號（605—617）。

寶常貧而無子，其妻因其卧疾，遂竊其資物而逃，寶常竟餓死。將死，取其所著書焚之，曰："何用此爲?"見者於火中探得數卷，見行於世。

開皇中，鄭譯、何妥、盧賁、蘇夔、蕭吉並討論墳籍，[1]撰著樂書，皆爲當時所用；至於天然識樂，不及寶常遠矣。安馬駒、曹妙達、王長通、郭令樂等能造曲，[2]爲一時之妙，又習鄭聲；[3]而寶常所爲，皆歸於雅。此輩雖公議不附寶常，然皆心服，謂以爲神。

[1]何妥：人名。字栖鳳，西城（今陝西安康市）人，《通志》卷一七四作"西域人"。見《北史》卷八二《何妥傳》。　盧賁：人名。字子徵，范陽涿（今河北涿州市）人。隋朝官吏。通音律。見《北史》卷三〇《盧同附盧賁傳》。　蕭吉：人名。字文休，南蘭陵（一説在今江蘇常州市，一説在今江蘇丹陽市）人。見《北史》卷八九《蕭吉傳》。

[2]安馬駒：人名。西域人。北周、隋朝官吏。善彈琵琶。　曹妙達：人名。隋朝官吏、音樂家。能演奏多種樂器，熟悉宫廷音樂，尤善寫新曲，爲隋文帝及太子楊勇所賞識。　王長通：人名。北齊、隋朝官吏。以音樂知名，十五歲假節通州刺史。

[3]鄭聲：春秋時鄭國的民間音樂。孔子認爲鄭聲與雅樂大相

徑庭，其樂調有失中正平和之氣，使聽者思淫惑志，是亂世之音。鄭聲受到孔子的極力排斥。此後，凡與雅樂相背的音樂，甚至一般民間音樂，均被崇雅黜俗者斥爲鄭聲。

時樂人王令言亦妙達音律。大業末，煬帝將幸江都，令言之子嘗於户外彈胡琵琶，作翻調《安公子》曲。[1]令言時卧室中，聞之驚起，曰："變！變！"急呼其子曰："此曲興自早晚?"其子曰："頃來有之。"令言遂歔欷流涕，謂其子曰："汝慎無從行，帝必不反。"子問其故，令言曰："此曲宮聲往而不反。宮，君也，吾所以知之。"帝竟被弑於江都。

[1]安公子：著名的教坊曲之一。後成爲詞牌名。

蔣少游，樂安博昌人也。[1]魏慕容白曜之平東陽，[2]見俘，入於平城，充平齊户。[3]後配雲中爲兵。[4]性機巧，頗能畫刻，有文思，吟詠之際，時有短篇。遂留寄平城，以傭寫書爲業，而名猶在鎮。後被召爲中書寫書生，[5]與高聰俱依高允。[6]允並薦之，與聰俱補中書博士。[7]自在中書，恒庇於李沖兄弟子姪之門。[8]始北方不悉青州蔣族，[9]或謂少游本非人士。又少游微，因工藝自達，是以公私人望，不至相重，唯高允、李沖，曲爲體練。孝文、文明太后嘗因密宴，[10]謂百官曰："本謂少游作師耳，高允老公乃言其人士。"然猶驟被引命，以規矩刻繢爲務，因此大蒙恩賜，而位亦不遷陟也。

［1］樂安：郡名。北魏時治千乘縣，在今山東廣饒縣北。　博昌：縣名。治所在今山東博興縣南。

［2］魏慕容白曜之平東陽：北魏獻文帝天安二年（467）二月，任命慕容白曜爲征南大將軍，進攻山東。至皇興三年（469）二月攻下東陽（今山東青州市），俘南朝宋將領沈文秀。

［3］平齊户：北魏攻南朝宋取得齊地，將當地士民强行遷到北魏京畿安置。這些士民被稱爲平齊户。

［4］雲中：郡名。北魏時盛樂縣，在今内蒙古和林格爾縣西北。

［5］中書：官署名。即中書學。北魏明元帝時改國子學置，屬中書省，是培養高級統治人才的學校，主要招收鮮卑及漢人士族子弟。有時由皇帝特旨定某人子弟爲中書學生。學生畢業後多升爲内外要職，爲當時主要仕進途徑之一。孝文帝太和中，復改爲國子學。

［6］高聰：人名。字僧智，北海劇縣（今山東壽光市南）人。北魏官吏。見《北史》卷四〇《高聰傳》。　高允：人名。字伯恭，勃海蓨（今河北景縣）人。北魏大臣。見《北史》卷三一《高允傳》。

［7］中書博士：官名。北魏置，屬中書學。選用博學之士擔任，教授中書學生，任職者升遷較易，多升爲中書省、門下省要職。

［8］李沖：人名。原名思沖，字思順，隴西狄道（今甘肅臨洮縣）人。北魏官吏。見《北史》卷一〇〇《凉武昭王李暠附李沖傳》。

［9］青州：北魏時治東陽城，在今山東青州市。

［10］密宴：亦作“密讌”。非官方形式的宴會。

及詔尚書李沖與馮誕、游明根、高閭等議定衣冠於禁中，[1]少游巧思，令主其事。亦訪於劉昶。[2]二意相乖，時致諍競，積六載乃成，始班賜百官。冠服之成，少游有効焉。後於平城將營太廟太極殿，[3]遣少游乘傳詣洛，量準魏、晋基趾。後爲散騎侍郎，[4]副李彪使江南。[5]孝文脩船乘，以其多有思力，除都水使者。[6]遷兼將作大匠，[7]仍領都水池湖泛戲舟檝之具。[8]及華林殿沼脩舊增新，[9]改作金墉門樓，[10]皆所措意，號爲研美。[11]雖有文藻，而不得申其才用。恒以剞劂繩尺，[12]碎據忽忽，徙倚園、湖、城、殿之側，識者爲之歎慨。而乃坦爾爲己任，不告疲耻。又兼太常少卿，[13]都水如故。卒，贈龍驤將軍、青州刺史，[14]謚曰質。有文集十卷餘。[15]少游又爲太極立模範，與董爾、王遇等參建之，皆未成而卒。

[1]馮誕：人名。字思正，長樂信都（今河北冀州市）人。北魏外戚。見《北史》卷八〇《馮熙附馮誕傳》。　游明根：人名。字志遠，廣平任（今河北任縣）人。北魏官吏、學者。見《北史》卷三四《游雅附游明根傳》。　高閭：人名。字閻士，漁陽雍奴（今天津武清區西北）人。北魏大臣。見《北史》卷三四《高閭傳》。

[2]劉昶：人名。字休道，宋文帝子。後歸北魏。見《北史》卷二九《劉昶傳》。

[3]太廟：亦作“大廟”。天子之祖廟。

[4]散騎侍郎：官名。北魏時掌規諫，與散騎常侍、侍中、黄門侍郎等共平尚書奏事。孝文帝太和二十三年定爲五品。

[5]李彪：人名。字道固，頓丘衛國（今河南清豐縣東南）人。北魏官吏。見《北史》卷四〇《李彪傳》。

[6]都水使者：官名。西漢於太常、少府、大司農、三輔等處設都水官，置左右都水使者總領三輔都水官，或稱領護三輔都水，

不常置。東漢省。三國魏置水衡都尉管理全國河渠灌溉水運事務，或説亦置都水使者。北魏沿置。

[7]將作大匠：官名。西漢景帝中元六年（前144）由將作少府改名。掌領徒隸修建宫室、宗廟、陵寢及其他土木工程。北魏沿置，領將作都將、將作監等官。孝文帝太和十七年定爲從二品下，二十三年改爲從三品。

[8]仍領都水池湖泛戲舟檝之具：底本無“都”字，中華本校勘記云：“諸本無‘都’字，《通志》卷一八三《蔣少游傳》有。按上文言‘除都水使者’，下文言‘都水如故’，知是脱文，今據補。”今從改。

[9]及華林殿沼脩舊增新：底本“沼”作“詔”，中華本校勘記云：“諸本‘沼’作‘詔’，《魏書》卷九一《蔣少游傳》作‘沼’。按此謂華林園内之宫殿及池沼，《魏書》是，今據改。”今從改。

[10]金墉：城名。在今河南洛陽市東北。

[11]研美：毛本、殿本、四庫本、局本、四部備要本作“妍美”。

[12]剞（jī）劂（jué）：刻鏤的刀具。

[13]太常少卿：官名。北魏置，爲太常副職，協助太常卿管理禮樂、宗廟祭祀事務。位在太常丞上。孝文帝太和十七年定爲三品上，二十三年改爲四品上。

[14]龍驤將軍：官名。北魏時爲較重要之雜號將軍。孝文帝太和十七年定爲三品上，二十三年改爲從三品。

[15]有文集十卷餘：中華本校勘記云：“疑‘卷餘’二字誤倒。但《魏書》《通志》並同。”可從。

初，文成時，[1]郭善明甚機巧，北京宫殿，[2]多其製作。孝文時，青州刺史侯文和亦以巧聞，[3]爲要舟，[4]水中立射。滑稽多智，辭説無端，尤善淺俗委巷之語，至可觀笑。位樂陵、濟南二郡太守。[5]宣武、明帝時，豫州人柳儉、殿中將軍關文備、郭安興並機巧。[6]洛中製永寧寺九層佛圖，[7]安興爲匠也。

[1]文成：即北魏皇帝拓跋濬。文成爲其謚號。

[2]北京：即平城。在今山西大同市。北魏自平城遷都洛陽後，即稱平城爲北京。

[3]青州刺史侯文和亦以巧聞：中華本校勘記云："按下文云'位樂陵、濟南二郡太守'則是未嘗爲刺史。疑'史'是'人'之訛，後人又加'刺'字。"可從。

[4]要舟：將葫蘆繫在腰間渡河，作用像舟一樣。也指繫在腰間使得能直立在水中的工具。

[5]樂陵：郡名。北魏時治樂陵縣，在今山東樂陵市。　濟南：郡名。北魏時治歷城縣，在今山東濟南市。

[6]豫州：北魏時治懸瓠城，在今河南汝南縣。　殿中將軍：官名。三國魏置，掌典禁兵督守殿廷，員一人，六品。南北朝沿置，爲侍衛武職，不典兵，員額漸多，品秩漸低。北魏孝文帝太和十七年定爲五品中，二十三年改爲八品上。

[7]永寧寺：在今河南洛陽市東北。

始孝文時，有范甯兒者善圍棋。曾與李彪使齊，齊令江南上品王抗與甯兒，制勝而還。[1]又有浮陽高光宗善樗蒲。[2]趙國李幼序、洛陽丘何奴並工握槊。[3]此蓋胡戲，近入中國。云胡王有弟一人遇罪，將殺之，弟從獄中爲此戲以上之，意言孤則易死也。宣武以後大盛於時。

［1］齊令江南上品王抗與甯兒制勝而還：中華本校勘記云："按'甯兒'下當脱'弈'字。"可從。上品，最高的門閥品第。王抗，人名。琅邪彭城（今江蘇徐州市）人。南朝宋、齊官吏。善下棋。

［2］浮陽：郡名。北魏時治浮陽縣，在今河北滄州市東南。　樗蒲：古代的一種博戲。

［3］趙國：地區名。漢諸侯國、北魏趙郡地。北魏時治平棘縣，在今河北趙縣。　握槊：古代的一種類似雙陸的博戲。

何稠，字桂林，國子祭酒妥之兄子也。[1]父通，善琢玉。稠年十餘，遇江陵平，隨妥入長安。仕周，御飾下士。[2]及隋文帝爲丞相，召補參軍，兼掌細作署。[3]開皇中，累遷太府丞。[4]稠博覽古圖，多識舊物。波斯嘗獻金線錦袍，組織殊麗。上命稠爲之。稠錦成，踰所獻者。上甚悦。時中國久絶琉璃作，匠人無敢措意，稠以緑瓷爲之，與真不異。尋加員外散騎侍郎。

［1］國子祭酒：官名。晋武帝時立國子學，置國子祭酒一員爲長官，掌教授生徒儒學，主管國子學，參議禮制，隸太常。南北朝沿置。北魏孝文帝太和十七年定爲四品上，二十三年改爲從三品。

［2］御飾下士：官名。北周置，佐御飾大夫掌御飾，正一命。

［3］細作署：官署名。南朝劉裕始建宋朝，將原相府細作署劃歸宫廷，設令、丞，掌監製供奉御用精巧珍寶器玩，隸門下省。歷代沿置。所屬時有不同。

［4］太府丞：官名。南朝梁武帝時置，員一人，爲太府卿副貳，四班。隋朝沿置，員六人，初爲正七品，煬帝時改爲從五品。

開皇末，桂州俚李光仕爲亂，[1]詔稠募討之。師次衡嶺，[2]遣使招其渠帥，[3]洞主莫崇解兵降款。桂州長史王文同鎖崇詣稠所。[4]稠詐宣言曰："州縣不能綏養，非崇之罪。"命釋之，引共坐，與從者四人，爲設酒食遣之。大悦，歸洞不設備。稠至五更，掩及其洞，悉發俚兵以臨餘賊。象州逆帥杜條遼、羅州逆帥龐靖等相繼降款。分遣建州開府梁昵討叛夷羅壽，[5]羅州刺史馮暄討賊帥李大檀，並平之。承制署首領爲州縣官而還，衆皆悦服。有欽州刺史甯猛力帥衆迎軍。[6]初，猛力欲圖爲逆，至是惶懼，請身入朝。稠以其疾篤，示無猜貳，放還州，與約八九月詣京師相見。稠還奏狀，上意不懌。其年十月，猛力卒，上謂稠曰："汝前不將猛力來，今竟死矣。"稠曰："猛力共臣約，假令身死，當遣子入侍。越人性直，其子必來。"初，猛力臨終，誡其子長真曰："我與大使期，不可失信於國士，汝葬我訖，即宜上路。"長真如言入朝。上大悦曰："何稠著信蠻夷，乃至於此！"以勳授開府。

[1]桂州俚李光仕爲亂：隋文帝開皇十七年二月，桂州俚族首領李光仕起兵反隋。隋文帝派上柱國王世積與前桂州總管周法尚率軍鎮壓。法尚發嶺南兵，世積發嶺北兵，會師尹州（今廣西貴港市）。世積軍遇瘴癘，止於衡州。法尚單獨進兵。光仕兵敗走保白石洞，其衆降者數千人，光仕與餘衆潰逃，被法尚追斬。桂州，隋朝時治始安縣，在今廣西桂林市。俚，南方古代民族。爲百越的一支。

[2]衡嶺：即衡山。在今湖南衡陽市。

[3]渠帥：地方武裝首領或部落酋長。

[4]長史：官名。戰國秦置，掌顧問參謀。秦漢因之，西漢丞相、太尉、御史大夫、大將軍、車騎將軍、前後左右將軍皆置，爲所在官署掾屬之長。丞相長史職權尤重。邊郡於丞之外復置長史，佐太守掌兵馬。内郡或置之。東漢、魏晋南北朝沿置，大抵略同。　王文同：人名。京兆頻陽（今陝西富平縣）人。隋朝酷吏。見《北史》卷八七《王文同傳》。

[5]象州逆帥杜條遼羅州逆帥龐靖等相繼降款分遣建州開府梁昵討叛夷羅壽：底本作“象州逆州開府梁昵討叛夷羅壽羅州刺史馮暄討賊帥杜條遼羅州逆帥龐靖等相繼降款分遣建”，中華本校勘記云：“諸本‘帥杜條遼、羅州逆帥龐靖等相繼降款，分遣建’十八字，錯置在下文‘馮暄討賊’下，據《隋書》卷六八、《通志》卷一八三《何稠傳》移正。”今從改。象州，隋朝時治桂林，在今廣西象州縣東南上古城。羅州，隋朝時治石龍縣，在今廣東化州市。建州，隋朝時治安遂縣，在今廣東郁南縣東南。

[6]欽州：隋朝時治欽江縣，在今廣西欽州市東部。　甯猛力：人名。嶺南越人酋長。

仁壽初，[1]文獻皇后崩，[2]稠與宇文愷参典山陵制度。[3]稠性少言，善候上旨，由是漸見親昵。上疾篤，謂稠曰：“汝既曾葬皇后，今我方死，亦宜好安置。囑此何益？但不能忘懷耳。魂而有知，當相見於地下。”上因攬太子頸曰：“何稠用心，我後事動静當共平章。”[4]

[1]仁壽：隋文帝的年號（601—604）。

[2]文獻皇后：即隋文帝皇后獨孤氏。文獻爲其謚號。

[3]宇文愷：人名。字安樂，夏州（今陝西靖邊縣白城子村

北）人。隋朝官吏、建築學家。見《北史》卷六〇《宇文貴附宇文愷傳》。

［4］平章：商量處理。

大業初，煬帝將幸揚州，敕稠討閱圖籍，造輿服羽儀，送至江都。其日，拜太府少卿。[1]稠於是營黄麾三萬六千人仗，[2]及車輿輦輅、皇后鹵簿、百官儀服，[3]依期而就，送于江都。所役工十萬餘人，用金銀錢物巨億計。帝使兵部侍郎明雅、選部郎薛邁等勾覆，[4]數年方竟，毫釐無舛。

［1］太府少卿：官名。北魏置，隋朝沿置。掌倉儲出納、兩京諸市，通判各署事務。正四品。

［2］黄麾：天子或大臣所乘車輿的裝飾品。

［3］鹵簿：皇帝的儀仗隊。

［4］帝使兵部侍郎明雅：底本"明雅"作"胡雅"，源氏校勘記云："'胡'《隋書》作'明'。"中華本校勘記云："諸本'明'作'胡'，《隋書》作'明'。張森楷云：'據《趙才》（本書卷七八）、《斛斯政傳》（本書卷四九）並作"明雅"，則"明"是，作"胡"非也。'按張説是，今據改。"今從改。兵部侍郎，官名。兵部次官。隋煬帝大業三年始置，員一人，正四品。明雅，人名。隋朝官吏。參與東征高麗及討伐吐谷渾的謀劃。　選部郎：官名。隋煬帝大業三年改吏部郎中爲選部郎，爲吏部司長官，屬吏部尚書，主管官吏選任、銓敘、調動事務，對五品以下官吏之任免有建議權，從五品。

稠參會今古，多所改創。魏、晉已來，皮弁有纓而無笄導。[1]稠曰："此古田獵服也，今服以入朝，宜變其制。"故弁施象牙簪導，自稠始也。又從省之服，[2]初無佩綬。稠曰："此乃晦朔小朝之服。[3]安有人臣謁帝，而除去印綬，兼無佩玉之節乎?"乃加獸頭、小綬及佩一隻。舊制，五輅於轅上起箱，[4]天子與參乘同在箱内。稠曰："君臣同所，過爲相逼。"乃廣爲盤輿，别構欄楯，[5]侍臣立於其中；於内復起須彌平坐，[6]天子獨居其上。自餘麾幢文物，[7]增損極多。帝復令稠造戎車萬乘，鈎陳八百連。[8]帝善之，以稠守太府卿，[9]後兼領少府監。[10]

[1]皮弁：一種帽子。一般在軍戎田獵的時候佩戴。以皮革爲冠衣，冠上當有飾物，在皮革縫隙之間多綴有珠玉寶石。　笄導：一種首飾。用來束髮。

[2]從省之服：即公服、常服。

[3]小朝：臣子晋見君主的尋常朝會。與"大朝"相對而言。

[4]五輅：又稱五路，帝王所乘坐的五種車子，即玉路、金路、象路、革路、木路。

[5]欄楯：欄杆。縱爲欄，横爲楯。

[6]須彌平坐：又稱"金剛座"。原爲佛像的府座，佛教傳入中原後，與中原傳統建築中的台相結合，形成一種内涵豐富的台基。

[7]麾幢：官員出行時儀仗中的旗幟。

[8]鈎陳：一種用於防衛的儀仗。

[9]太府卿：官名。隋朝時掌庫藏出納、貿易商税事務，仰承尚書省户部政令。隋初爲正三品，煬帝時改爲從三品。

[10]少府監：官名。少府長官。隋煬帝大業三年始置，主要管

理宫廷手工業。員一人，從三品。後改爲少府令。

遼東之役，攝右屯衛將軍，[1]領御營弩手三萬人。時工部尚書宇文愷造遼水橋不成，[2]師未得濟，右屯衛大將軍麥鐵杖因而遇害。[3]帝遣稠造橋，二日而就。初，稠制行殿及六合城，至是，帝於遼左與賊相對，夜中施之。其城，周迴八里，城及女垣合高十仞，[4]上布甲士，立仗建旗，四隅置闕，面列一觀，觀下三門，比明而畢。高麗望見，[5]謂若神功。稍加至右光禄大夫。[6]

[1]右屯衛將軍：官名。隋煬帝大業三年改右領軍府爲右屯衛，置二員，從三品，協助大將軍總府事，領諸鷹揚府。

[2]工部尚書：官名。隋朝始置，爲尚書省工部長官，員一人，掌百工、屯田、山澤之政令。正三品。

[3]右屯衛大將軍麥鐵杖因而遇害：底本"右"作"左"。源氏校勘記改"左"作"右"。中華本校勘記云："諸本'右'作'左'，《隋書》作'右'。按本書卷十二、《隋書》卷四《煬帝紀》大業八年三月作'右'，今據改。"今從改。麥鐵杖，人名。始興郡（今廣東韶關市東南）人。南朝陳、隋朝官吏、將領。陳亡之後，爲楊素所用。見《北史》卷七八《麥鐵杖傳》。

[4]女垣：城墻上有射孔的小墻。

[5]高麗：國名。又作"高句麗"，其先出自夫餘，地爲漢之玄菟郡，高句麗爲其三縣之一，因以爲國名。都名丸都，故治在今吉林集安市，南北朝時遷都於今朝鮮平壤市。見《北史》卷九四《高麗傳》。

[6]右光禄大夫：官名。三國魏始設。作爲朝廷大臣的加官，或授予年老有病者爲致仕之官，亦作爲卒後贈官，以示尊崇，位在

金紫光禄大夫之上。隋初爲正二品，煬帝大業三年改爲從二品。

從幸江都，遇宇文化及亂，[1]以爲工部尚書。及敗，陷于竇建德，[2]復爲工部尚書、舒國公。建德敗，歸于大唐，授少府監，卒。

[1]宇文化及：人名。代郡武川（今内蒙古武川縣西）人。隋朝官吏。煬帝近臣，後殺煬帝反叛。見《北史》卷七九《宇文述附宇文化及傳》。

[2]竇建德：人名。貝州漳南（今山東武城縣漳南鎮）人。隋末起義軍首領。見《舊唐書》卷五四《竇建德傳》。

又齊時有河間劉龍者，[1]性强明，有巧思。齊後主令脩三雀臺。[2]稱旨，因而歷職通顯。及隋文帝踐阼，大見親委，位右衛將軍，[3]兼將作大匠。遷都之始，與高熲參掌制度，[4]世號爲能。

[1]河間：郡名。北齊時治武垣縣，在今河北河間市南。

[2]三雀臺：在今河北臨漳縣。

[3]右衛將軍：官名。隋初爲十二衛中的左衛副長官，員二人，從三品，協助左衛大將軍掌宫掖禁禦，督攝儀衛。煬帝大業初改左右衛爲左右翊衛，此職改爲右翊衛將軍。

[4]高熲：人名。字昭玄，一名敏，勃海蓨（今河北景縣）人。隋朝大臣。見《北史》卷七二《高熲傳》。

大業中，有南郡公黄亘及弟衮，[1]俱巧思絶人，煬帝每令其兄弟直少府將作。[2]于時改創多務，亘、衮每參典其事。凡有所爲，何稠先令亘、衮立樣，當時工人莫有所損益。亘，位朝散大夫；[3]衮，散騎侍郎。

[1]南郡公：封爵名。南郡，隋朝時治公安縣，在今湖北公安縣。

[2]煬帝每令其兄弟直少府將作：底本"直"作"亘"。源氏校勘記改"亘"作"直"。中華本校勘記云："諸本'直'訛作'亘'，據《隋書》《通志》改。"今從改。

[3]朝散大夫：官名。隋文帝始置，爲正四品文散官。煬帝大業三年爲從五品。

論曰：陰陽卜祝之事，聖哲之教存焉，雖不可以專，亦不可得而廢也。徇於是者不能無非，厚於利者必有其害。《詩》《書》《禮》《樂》所失也淺，[1]故先王重其德；方術、伎巧所失也深，故往哲輕其藝。夫能通方術而不詭於俗，習伎巧而必蹈於禮者，幾于大雅君子。故昔之通賢，所以戒乎妄作。

[1]淺：源氏校勘記云："'淺'《魏書》作'鮮'。"

晁崇、張深、殷紹、王早、耿玄、劉靈助、李順興、檀特師、由吾道榮、顔惡頭、王春、信都芳、宋景業、許遵、吴遵世、趙輔和、皇甫玉、解法選、魏寧、綦母懷文、張子信、陸法和、蔣昇、强練、庾季才、盧太翼、耿詢、來和、蕭吉、楊伯醜、臨孝恭、劉祐、張胄玄等，皆魏來術藝之士也。觀其占候卜筮，推步盈虛，通幽洞微，近知鬼神之情狀。其間有不涉用於龜筴，而究人事之吉凶，如順興、檀特之徒，法和、强練之輩，將别禀數術，詎可以智識知？及江陵失守，前巧盡棄，[1]還吴無路，入周不可，因歸事齊，厚蒙榮遇。雖竊之以叨濫，而守之以清虛，生靈所資，嗜欲咸遣，斯亦得道家之致矣。信都芳所明解者，乃是經國之用乎。

[1]及江陵失守前巧盡棄：中華本校勘記云："按自此以下一段論陸法和，突如其來，疑上有脱文。"是。

周澹、李脩、徐謇、謇兄孫之才、王顯、馬嗣明、姚僧垣、褚該、許智藏方藥特妙，各一時之美也。而僧垣診候精審，名冠一代，其所全濟，固亦多焉。而弘兹義方，皆爲令器，故能享眉壽，縻好爵。[1]老聃云："天道無親，常與善人"，於是信矣。許氏之運針石，百載可稱。寶常聲律之奇，足以追蹤牙、曠，[2]各一時之妙也。蔣、何以剞劂見知，没其學思，藝成爲下，其近是乎。

周時，有樂茂雅以陰陽顯，史元華以相術稱，並所闕也。

[1]縻好爵：享美酒。指享受高官厚禄。

[2]牙：人名。即伯牙。春秋戰國時期晋國的上大夫，善彈七弦琴。　曠：人名。即師曠。

北史　卷九一

列傳第七十九

列女

魏崔覽妻封氏　封卓妻劉氏　魏溥妻房氏　胡長命妻張氏　平原女子孫氏　房愛親妻崔氏　涇州貞女兒氏　姚氏婦楊氏　張洪祁妻劉氏　董景起妻張氏　陽尼妻高氏　史映周妻耿氏　任城國太妃孟氏　苟金龍妻劉氏　貞孝女宗　河東姚氏女　刁思遵妻魯氏　西魏孫道溫妻趙氏　孫神妻陳氏　隋蘭陵公主　南陽公主　襄城王恪妃　華陽王楷妃　譙國夫人洗氏　鄭善果母崔氏　孝女王舜　韓覬妻于氏　陸讓母馮氏　劉昶女　鍾士雄母蔣氏　孝婦覃氏　元務光母盧氏　裴倫妻柳氏　趙元楷妻崔氏

蓋婦人之德，雖在於溫柔；立節垂名，咸資於貞烈。溫柔，仁之本也；貞烈，義之資也。非溫柔無以成其仁，非貞烈無以顯其義。是以《詩》《書》所記，風俗所存，圖象丹青，流聲竹素，莫不守約以居正，殺身以成仁者也。若文伯、王陵之母，[1]白公、杞殖之妻，[2]魯之義姑，[3]梁之高行，[4]衛君靈王之妾，[5]夏侯文寧之女，[6]或抱信以會真，[7]或蹈忠而踐義，不以存亡易心，不以盛衰改節，其佳名彰於既没，徽音傳於不朽，不亦休乎！或有王公大人之妃，偶肆情於淫僻之俗，雖衣文衣，[8]食珍膳，坐金屋，乘玉輦，不入彤管之書，[9]不霑青史之筆，將草木以俱落，與麋鹿而同死者，可勝道哉！永言載思，寔庶姬之耻也。

[1]文伯：春秋時魯國大夫公文伯。其母敬姜曾訓誡公文伯。見劉向《列女傳》卷一《魯季敬姜》。　王陵：人名。秦末沛縣豐邑（今江蘇沛縣）人。追隨劉邦平定天下。其母爲了讓他安心打天下而自殺。見《史記》卷五六《陳丞相世家》。

[2]白公：楚公白勝。其妻貞氏在白公死後拒絶吴王的追求。見劉向《列女傳》卷四《楚白貞姬》。　杞殖：人名。齊國人，戰死後被壓在城中。其妻痛哭致城墻倒塌，然後埋葬杞殖，投淄水自殺。見劉向《列女傳》卷四《齊杞梁妻》。局本作“杞植”。

[3]魯之義姑：魯國一位村婦，姓氏不詳。她在齊國攻打魯國時逃難，丢棄自己的兒子而保全哥哥的兒子。此事既感動了齊國將領，也受到魯國國君的褒獎。見劉向《列女傳》卷五《魯義姑姊》。

[4]梁之高行：魏國一位寡婦。她容顔美麗，爲丈夫守節不嫁，自割鼻子而拒絶梁王的追求。見劉向《列女傳》卷四《梁寡高行》。

[5]衛君靈王之妾：該妾能通過細節判斷賢與不賢。見劉向《列女傳》卷三《衛靈夫人》。

[6]夏侯文寧之女：夏侯令，字文寧。其女堅持守寡，不惜割下自己的耳朵和鼻子以表忠貞。見《三國志》卷九《魏書·何晏

傳》裴松之注引皇甫謐《列女傳》。

［7］會真：源氏校勘記云："'會真'《隋書》作'含貞'。"按：中華本《隋書》卷八〇《列女傳》作"含貞"。

［8］文衣：女性華美的服裝。

［9］彤管之書：后妃事迹的記録。《詩·邶風·静女》："静女其孌，貽我彤管。"毛傳："古者，后、夫人必有女史彤管之法，史不記過，其罪殺之。"鄭玄箋："彤管，筆赤管也。"

魏隋二書，並有《列女傳》，齊周並無此篇。今又得武功孫道温妻趙氏、河北孫神妻陳氏，[1]附魏、隋二傳，以備《列女篇》云。

［1］武功：縣名。治所在今陝西武功縣西北。　河北：郡名。北魏時治大陽縣，在今山西平陸縣西南。

魏中書侍郎清河崔覽妻封氏者，[1]勃海人，[2]散騎常侍封愷女也。[3]有才識，聰辯强記，多所究知。時李敷、公孫文叔雖已貴重，[4]近世故事有所不達者，皆就而諮請焉。

［1］中書侍郎：官名。三國魏文帝黄初年間置。北魏時多選用文學之士，掌草擬詔令，職位機要，置四人。孝文帝太和十七年（493）定爲四品上，二十三年改爲從四品上。　清河：郡名。北魏時治清河縣，在今山東臨清市東北。　崔覽：人名。字仲亮。又名崔簡，崔浩弟。清河東武城（今山東武城縣西北）人。北魏官吏。見《北史》卷二一《崔宏傳》。

［2］勃海：郡名。北魏時屬冀州，初治南皮縣，在今河北南皮

縣東北，後移治東光縣，在今河北東光縣。

［3］散騎常侍：官名。三國魏文帝黄初初置散騎，合於中常侍，謂之散騎常侍。兩晋南北朝沿置。南朝時屬集書省，職掌侍從左右，主掌圖書文翰、文章撰述、諫静拾遺，收納轉呈文書奏事爲主。北朝時兼領修史，爲閑散之職。北魏初一度掌出令，位在中書令之上。北魏孝文帝太和十七年定爲二品下，二十三年改從三品。封愷：人名。字思悌，勃海蓨（今河北景縣）人。北魏官吏。見《北史》卷二四《封懿附封愷傳》。源氏校勘記云："'愷'《魏書》作'禮'。"按：中華本《魏書》卷九二《崔覽妻封氏傳》作"愷"。

［4］李敷：人名。字景文，趙郡平棘（今河北趙縣）人。北魏官吏。性謙恭，有文學，爲文成帝所寵信。又有寵於文明太后，後被獻文帝處死。見《北史》卷三三《李順附李敷傳》。

勃海封卓妻劉氏者，彭城人也。[1]成婚一夕，卓官於京師。後以事伏法。劉氏在家，忽然夢想，知卓已死，哀泣，嫂喻之不止。經旬，凶問果至，[2]遂憤歎而死。時人比之秦嘉妻。[3]中書令高允念其義高而名不著，[4]爲之詩曰：

［1］彭城：郡名。北魏時治彭城縣，在今江蘇徐州市。

［2］凶問：指人去世的消息。

［3］秦嘉：人名。字士會，隴西（今甘肅隴西縣）人。漢桓帝時爲郡吏，歲終爲郡上計簿，使赴洛陽，被任爲黄門郎，後病死於津鄉亭。其妻徐淑，隴西（今甘肅隴西縣）人。秦嘉赴洛陽時，徐淑因病還家，未能面別。秦嘉客死他鄉後，徐淑兄逼她改嫁。她"毁形不嫁，哀慟傷生"。見《史通》卷八《人物》。

［4］中書令：官名。漢武帝時置，掌管機要，處理國務。歷代

沿置。東晉、南北朝時因逐漸脱離機務，隨名位增高而成爲閑職，多用作重臣加官。北魏孝文帝太和十七年定爲二品中，二十三年改爲三品。　高允：人名。字伯恭，勃海蓨（今河北景縣）人。北魏大臣。見《北史》卷三一《高允傳》。

兩儀正位，人倫肇甄。爰制夫婦，統業承先。雖曰異族，氣猶自然，生則同室，終契黄泉。其一。

封生令達，卓爲時彦，内協黄中，外兼三變。誰能作配，克應其選，實有華宗，挺生淑媛。其二。

京野勢殊，山川乖互，乃奉王命，載馳在路。公務既弘，私義獲著，因媒致幣，遘止一暮。其三。

率我初冠，眷彼弱笄，形由禮比，情以趣諧。忻願難常，影迹易乖，悠悠言邁，戚戚長懷。其四。

時遇巘迍，[1]横罹塵網，伏質就刑，身分土壤。千里雖遐，應如影響，良嬪洞感，發於夢想。其五。

仰惟親命，俯尋嘉好，誰謂會淺，義深情到，畢志守窮，誓不二醮，何以驗之，殞身是效。其六。

人之處世，孰不厚生？必存於義，所重則輕。結憤鍾心，[2]甘就幽冥，永捐堂宇，長辭母兄。其七。

芒芒中野，[3]翳翳孤丘，葛藟冥蒙，荆棘四周，理苟不昧，神必俱遊。異哉貞婦，曠世靡儔。其八。

[1]戚戚長懷時遇巘迍：南監本“長”作“常”。源氏校勘記云：“《魏書》‘常’作‘長’，‘巘逆’作‘險屯’。”按：中華本《魏書》卷九二《封卓妻劉氏傳》“巘迍”作“險屯”。

［2］憤：源氏校勘記云："'憤'《魏書》作'忿'。"按：中華本《魏書·封卓妻劉氏傳》作"忿"。

［3］芒：源氏校勘記云："'芒'《魏書》作'茫'。"按：中華本《魏書·封卓妻劉氏傳》作"茫"。

鉅鹿魏溥妻房氏者，[1]慕容垂貴鄉太守常山房湛女也。[2]幼有烈操。年十六而溥遇疾，且卒，顧謂之曰："死不足恨，但痛母老家貧，赤子蒙眇，[3]抱怨於黄壚耳！"[4]房垂泣而對曰："幸承先人餘訓，出事君子，義在偕老，有志不從，蓋其命也。今夫人在堂，弱子襁褓，顧當以身少相感，永深長往之恨。"俄而溥卒。及將大斂，房氏操刀割左耳，投之棺中，仍曰："鬼神有知，相期泉壤。"流血滂然，助喪者哀懼。姑劉氏輟哭而謂曰："新婦何至於此？"對曰："新婦少年，不幸早寡，實慮父母未量至情，覬持此自誓耳。"聞知者莫不感愴。

［1］鉅鹿：郡名。北魏時屬定州，治曲陽縣，在今河北晋州市西。北魏孝莊帝永安二年（529）時分定州鉅鹿郡置，屬殷州，治廮遥縣，在今河北寧晋縣西南。

［2］慕容垂：人名。字道明，昌黎棘城（今遼寧北票市章吉營子鄉三官營子村）人，鮮卑族。十六國時後燕的建立者。見《晋書》卷一二三《慕容垂載記》。　貴鄉：郡名。十六國後燕時治元城縣，在今河北大名縣東。　常山：郡名。十六國後燕時治真定縣，在今河北石家莊市長安區西北。　房湛：人名。源氏校勘記云："'湛'《魏書》作'堪'。"

［3］蒙眇：年幼無識。

［4］黄壚：黄泉。

於時，子緝生未十旬，[1]鞠育於後房之內，未嘗出門。遂終身不聽絲竹，[2]不預座席。緝年十二，房父母仍存，於是歸寧，[3]父兄尚有異議。緝竊聞之，以啓其母。房命駕，紿云他行，[4]因而遂歸。其家弗之知也。行數十里，方覺，兄弟來追，房哀嘆而不反。其執意如此。訓導一子，有母儀法度。緝所交遊，有名勝者，則身具酒饌；有不及己者，輒屏卧不飧，須其悔謝，乃食。善誘嚴訓，類皆如是。年六十五而終。

［1］十旬：即百天。一旬十日。

［2］絲竹：亦稱絲竹之器。弦樂器與竹管樂器之總稱。此處泛指音樂。

［3］歸寧：已嫁女子回娘家看望父母。

［4］紿（dài）：同"詒"，欺騙。

緝子悦，後爲濟陰太守，[1]吏民立碑頌德。金紫光禄大夫高閭爲其文曰：[2]

［1］濟陰：郡名。北魏時治左城，在今山東曹縣西北。

［2］金紫光禄大夫：官名。西晋初有光禄大夫，授銀章青綬，如加賜金章紫綬，則爲金紫光禄大夫，二品，禄賜、班位、車服等諸所賜給皆與特進同。其以爲加官者，唯假章綬、禄賜、班位，不别給車服、吏卒。北魏孝文帝太和十七年定爲從一品下，二十三年改爲從二品。　高閭：人名。字閻士，漁陽雍奴（今天津武清區西北）人。北魏大臣。見《北史》卷三四《高閭傳》。

爰及處士，遘疾夙凋，伉儷秉志，[1]識茂行高，殘形顯操，誓敦久要。

[1]伉儷：夫妻，配偶。

溥未仕而卒，故云處士焉。

樂部郎胡長命妻張氏者，[1]不知何許人也。事姑王氏甚謹。太安中，[2]京師禁酒。張以姑老且患，私爲醖之，爲有司所糾。王氏詣曹自首，由己私釀。張氏曰："姑老抱患，張主家事，姑不知釀。"主司不知所處。平原王陸麗以狀奏，[3]文成義而赦之。[4]

[1]樂部郎：官名。掌音樂事宜。

[2]太安：北魏文成帝的年號（455—459）。

[3]平原王：封爵名。平原，郡名。北魏時治聊城縣，在今山東聊城市東北。　陸麗：人名。代（今山西大同市東北）人。北魏官吏。見《北史》卷二八《陸俟附陸麗傳》。

[4]文成：即北魏皇帝拓跋濬。文成爲其謚號。

平原鄃縣女子孫氏男玉者，夫爲零縣人所殺，[1]男玉追執讎人，欲自殺之。其弟止而不聽。男玉曰："女人出適，以夫爲天，當親自復雪，云何假人之手？"遂以杖毆殺之。有司處死，以聞。獻文詔曰：[2]"男玉重節輕身，以義犯法，緣情定罪，理在可原，其特恕之。"

[1]平原鄃縣女子孫氏男玉者夫爲零縣人所殺：底本"零"作

“零陵”。源氏校勘記云：“‘零陵’《魏書》作‘靈’一字。”中華本校勘記云：“諸本‘零’作‘零陵’，《魏書》卷九二《列女傳》作‘靈’。按‘靈縣’即‘零縣’，本漢縣名。北魏時與鄃縣同屬齊州東清河郡。北齊天保七年，東清河郡併入東平原，二縣亦改屬。零縣與鄃縣相鄰，故男玉夫得爲零縣人所殺。‘陵’字衍，今據删。又此是北魏獻文帝時事，本當作東清河鄃縣。疑是魏收誤用齊時郡縣隸屬關係記北魏時事，《北史》仍之。”今從改。鄃，縣名。治所疑在今山東淄博市淄川區東南城子村。零縣，治所在今山東高唐縣南。

[2]獻文：即北魏皇帝拓跋弘。獻文爲其謚號。

清河房愛親妻崔氏者，[1]同郡崔元孫之女也。[2]性嚴明，有高節，歷覽書傳，多所聞知。親授子景伯、景光九經義，[3]學行脩明，並當世名士。景伯爲清河太守，每有疑獄，常先請焉。

[1]房愛親：人名。族望爲清河東武城（今山東武城縣西北），後徙居東清河繹幕（今山東平原縣西北）。至房愛親時，又内徙至平齊郡（今山西朔州市）。見《北史》卷三九《房法壽附房景伯傳》。

[2]崔元孫：人名。清河（今山東臨清市東北）人。北魏名士。

[3]親授子景伯景光九經義：中華本校勘記云：“按《魏書》卷四三《房法壽附景先傳》云‘景先字光胄’，則名當作‘先’。”可從。景伯，人名。字良暉。北魏官吏。見《北史》卷三九《房法壽附房景伯傳》。景光，人名。字光胄。北魏官吏。見《北史·房法壽附房景先傳》。

貝丘人列子不孝，[1]吏欲案之。景伯爲之悲傷，入白其母。母曰："吾聞'聞名不如見面'，小人未見禮教，何足責哉！但呼其母來，吾與之同居，其子置汝左右，令其見汝事吾，或應自改。"景伯遂召其母，崔氏處之於榻，與之共食。景伯爲之温凊。[2]其子侍立堂下，未及旬日，悔過求還。崔氏曰："此雖顏慙，未知心愧，且可置之。"凡經二十餘日，其子叩頭流血，其母涕泣乞還，然後聽之，終以孝聞。其識度勵物如此。竟以壽終。

[1]貝丘：縣名。治所在今山東臨清市東南。

[2]温凊（qìng）：侍奉父母之禮，冬温夏凉的省稱。冬天温被使暖，夏天扇席使凉。凊，凉爽。

涇州貞女兕氏者，[1]許嫁彭老生爲妻。娉幣既畢，未及成禮。兕氏率行貞淑，居貧，常自舂汲，以養父母。老生輒往逼之，女曰："與君聘命雖畢，二門多故，未及相見，何由不稟父母，擅見陵辱！若苟行非禮，正可身死耳！"遂不肯從。老生怒而刺殺之，取其衣服。女尚能言，臨死謂老生曰："生身何罪，與君相遇！我所以執節自固者，寧更有所邀，正欲奉給君耳。今反爲君所殺，若魂靈有知，自當相報。"言終而絶。老生持女衣服珠纓，至其叔宅，以告。叔曰："此是汝婦，柰何殺之，天不祐汝！"遂執送官。太和七年，[2]有司劾以死罪。詔曰："老生不仁，侵陵貞淑，原其强暴，便可戮之。而女守禮履節，没身不改，雖處草莽，行合古跡。宜賜美名，以顯風操，其標墓旌善，號曰‘貞女’。”

[1]涇州貞女兒氏者：源氏校勘記云：“‘兒’《魏書》作‘兕先’二字。《音釋列女傳》作‘倪氏’。”中華本校勘記云：“李慈銘云：‘《魏書》作“兕先氏”，此蓋字相似而誤。’”涇州，北魏時治安定縣，在今甘肅涇川縣北。

[2]太和：北魏孝文帝的年號（477—499）。

姚氏婦楊氏者，閹人苻承祖姨也。[1]家貧。及承祖爲文明太后所寵貴，[2]親姻皆求利潤，唯楊獨不欲。常謂其姊曰：“姊雖有一時之榮，不若妹有無憂之樂。”姊每遺其衣服，多不受，强與之，則云：“我夫家世貧，好衣美服則使人不安。”與之奴婢，云：“我家無食，不能供給。”終不肯受。常著破衣，自執勞事。時受其衣服，多不著，密埋之；設有著者，污之而後服。承祖每見其寒悴，深恨其家，謂不供給之。乃啓其母曰：“今承祖一身，何所乏少，而使姨如是？”母具以語之。承祖乃遣人乘車往迎之，則厲志不起。遣人强舉於車上，則大哭言：“爾欲殺我也！”由是苻家内外，皆號爲癡姨。及承祖敗，有司執其二姨至殿庭致法，以姚氏婦衣裳弊陋，特免其罪。其識機，雖吕嬃亦不如也。[3]

[1]苻承祖：人名。略陽（今甘肅秦安縣東北）人，氐族。北魏宦官。爲文明太后所寵。見《北史》卷九二《苻承祖傳》。底本作“符承祖”，中華本作“苻承祖”。按：據《北史》本傳，作

“苻承祖”是。今從改。

[2]文明太后：即北魏文成帝皇后馮氏。文明爲其謚號。

[3]吕嬃：人名。漢初舞陽侯樊噲的妻子、漢高祖皇后吕雉的胞妹。預見到吕家的敗亡。見《史記》卷九《吕太后本紀》。

滎陽京縣人張洪祁妻劉氏者，[1]年十七夫亡。遺腹生一子，三歲又没。其舅姑年老，朝夕奉養，率禮無違。兄矜其少寡，欲奪嫁之，劉自誓不許，以終其身。

[1]滎陽：郡名。北魏時治滎陽縣，在今河南滎陽市。　京縣：治所在今河南滎陽市東南。

陳留董景起妻張氏者，[1]景起早亡，張時年十六，痛夫少喪，哀傷過禮，蔬食長齋。又無兒息，獨守貞操，期以闔棺。鄉曲高之，終見標異。

[1]陳留：郡名。北魏時治陳留縣，在今河南開封市東南。

漁陽太守陽尼妻高氏者，[1]勃海人也。學識有文翰，孝文敕令入侍後宫。[2]幽后表啓，[3]悉其辭也。

[1]漁陽：郡名。北魏時治漁陽縣，在今北京密雲縣西南。　陽尼：人名。字景文，北平無終（今天津薊縣）人。見《北史》卷四七《陽尼傳》。

[2]孝文：即北魏皇帝元宏。孝文爲其謚號。

[3]幽后：即北魏孝文帝皇后馮氏。幽爲其謚號。

榮陽史映周妻耿氏者，同郡耿氏女也。年十七，適於映周。太和二十三年，映周卒，耿氏恐父母奪其志，因葬映周，哀哭而殞。見者莫不悲嘆。屬大使觀風，[1]以狀具上，詔標門閭。

[1]大使：官名。多指特派出巡的大臣。　觀風：考察民間風俗及政事得失。

任城國太妃孟氏者，[1]鉅鹿人，尚書、任城王澄之母也。[2]澄爲揚州之日，[3]率衆出討。於後賊帥姜慶真陰結逆黨，襲陷羅城，[4]長史韋纘倉卒失圖，計無所出。[5]孟乃勒兵登陴，激厲文武，喻之逆順。於是咸有奮志，賊不能克，卒以全城。靈太后後敕有司樹碑旌美。[6]

[1]任城：郡名。北魏時治任城縣，在今山東濟寧市南。

[2]澄：即元澄，人名。字道鏡。北魏宗室、大臣。見《北史》卷一八《任城王雲附元澄傳》。

[3]爲揚州之日：指任揚州刺史。揚州，北魏時治壽春縣，在今安徽壽縣。

[4]羅城：指爲加强防禦而於城墻外加建的小城堡。

[5]長史韋纘倉卒失圖計無所出：底本"卒"下無"失圖計無所出"六字。源氏校勘記云："'卒'下《魏書》有'失圖'二字。"中華本校勘記云："諸本脱'失圖計無所出'六字，據《魏書》卷九二、《通志》卷一八五《任城國太妃孟氏傳》補。"今從改。長史，官名。戰國秦置，掌顧問參謀。秦漢因之，西漢丞相、太尉、御史大夫、大將軍、車騎將軍、前後左右將軍皆置，爲所在官署掾屬之長。丞相長史職權尤重。邊郡於丞之外復置長史，佐太

守掌兵馬。内郡或置之。東漢、魏晋南北朝沿置，大抵略同，品秩不一。

[6]靈太后：即北魏宣武帝皇后胡氏。靈爲其謚號。

梓潼太守苟金龍妻劉氏者，[1]平原人也，廷尉少卿劉叔宗之姊也。[2]宣武時，金龍爲郡，帶關城戍主。[3]梁人攻圍，會金龍疾病，不堪部分，劉遂厲城人，脩理戰具，夜悉登城拒戰，[4]百有餘日。兵士死傷過半。戍副高景陰圖叛逆，[5]劉與城人斬景及其黨與數十人。自餘將士，分衣減食，勞逸必同，莫不畏而懷之。井在外城，尋爲賊陷。城中絶水，渴死者多。劉乃集諸長幼，喻以忠節，遂相率告訴於天，俱時號叫，俄而澍雨。劉命出公私布絹及至衣服，懸之城内，絞而取水，所有雜器，悉儲之。於是人心益固。會益州刺史傅竪眼將至，[6]梁人乃退。竪眼嘆異之，具狀奏聞。宣武嘉之。正光中，[7]賞其子慶珍平昌縣子，[8]又得二子出身。

[1]梓潼：郡名。北魏時治關城，在今陝西寧强縣西北平陽關。

[2]廷尉少卿：官名。北魏始置，爲廷尉卿次官。孝文帝太和十七年定爲三品上，二十三年改爲四品上。　劉叔宗：人名。字元纂，樂陵平昌（今山東諸城市西北）人。北魏、東魏、北齊官吏。見《北齊書》卷二一《高乾附劉叔宗傳》。

[3]關城：即今陝西寧强縣西北平陽關。　戍主：官名。南北朝置，爲戍的主將，掌防守捍禦之事，除管理軍政之外，還干預民政和財政，多以郡太守、縣令、州參軍及雜號將軍等官兼領。

[4]夜悉：源氏校勘記云：“‘夜悉’《魏書》作‘一夜悉成’四字。爲是。”中華本《魏書》卷九二《苟金龍妻劉氏傳》作“一

夜悉成”。

[5]戍副：官名。南北朝置，爲戍的副主將，協助戍主管理軍政事務。

[6]益州：北魏時治晋壽縣，在今四川廣元市。　傅豎眼：人名。北魏大將。見《北史》卷四五《傅豎眼傳》（參張光明《山東淄博市發現北魏傅豎眼墓誌》，《考古》1987 年第 2 期）。

[7]正光：北魏孝明帝的年號（520—525）。

[8]平昌縣子：封爵名。平昌，縣名。治所在今山東安丘市東南。

貞孝女宗者，趙郡栢人人，[1]趙郡太守李叔胤之女，[2]范陽盧元禮之妻也。[3]性至孝。父卒，號慟幾絶者數四，賴母崔氏慰勉之，得全。三年之中，形骸銷瘠，非人不起。[4]及歸夫氏，與母分隔，便飲食日損，涕泣不絶，日就羸篤。盧氏合家慰喻，不解。因遣歸寧還家，乃復故。如此者八九焉。及元禮卒，李追亡撫遺，事姑以孝謹著。母崔終於洛陽。凶問初到，舉聲慟絶，一宿乃蘇，水漿不入口者六日。其姑慮其不濟，親送奔喪，而氣力危殆，自范陽向都，八旬方達。攀櫬號踊，遂卒。有司以狀聞，詔追號“貞孝女宗”，易其里爲“孝德里”，樹李、盧二門，以惇風俗。

[1]趙郡：北魏時治平棘縣，在今河北趙縣。　栢人：縣名。治所在今河北隆堯縣西南。

[2]李叔胤：人名。隴西（今甘肅隴西縣）人。北魏、西魏將領。多次隨從征伐，軍功卓著。後因秘密通款於東魏，事泄被殺。

[3]范陽：郡名。北魏時治涿縣，在今河北涿州市。

[4]非人不起：源氏校勘記云："'非人'下《魏書》有'扶'字。"按：中華本《魏書》卷九二《貞孝女宗者傳》有"扶"。似是。

河東姚氏女者，[1]字女勝。少喪父，無兄弟，母憐而守養。年六七歲，便有孝性，人言其父者，聞輒垂泣，鄰伍異之。[2]正光中，母死，勝年十五，哭泣不絶聲，水漿不入口者數日，不勝哀，遂死。太守崔遊申請爲營墓立碑，[3]自爲制文，表其門閭，比之曹娥，[4]改其里曰上虞里。墓在郡城東六里，[5]大道北，至今名爲孝女冢。

[1]河東：郡名。北魏時治蒲坂縣，在今山西永濟市西南蒲州鎮。

[2]鄰伍：又稱比鄰。中國古代最低一級鄉治組織。

[3]崔遊：人名。字延叔，博陵安平（今河北安平縣）人。北魏官吏。見《北史》卷三二《崔挺附崔游傳》。

[4]曹娥：人名。會稽上虞（今浙江上虞市）人。傳説其父溺水，她投水救父。見《後漢書》卷八四《孝女曹娥傳》。

[5]墓在郡城東六里：底本"郡"作"都"，中華本校勘記云："諸本'郡'作'都'，《魏書》作'郡'。按郡指河東郡，作'都'誤，今據改。"今從改。

滎陽刁思遵妻者，魯氏女也。始笄爲思遵所娉，未踰月而思遵亡。其家矜其少寡，許嫁已定。魯聞之，以死自誓。父母不達其志，遂經郡訴，稱刁氏恡護寡女，不使歸寧。魯乃與老姑徒步詣司徒府，[1]自告情狀。普泰初，[2]有司聞奏，節閔詔本司依式標榜。[3]

[1]司徒：官名。漢哀帝元壽二年（前1）改丞相爲大司徒，漢光武帝時改爲司徒，與太尉、司空並稱三公，分掌宰相職能。北魏初曾令州郡公文先上司徒府，後改上丞相府。一品。

[2]普泰：北魏節閔帝的年號（531—532）。

[3]節閔：即北魏皇帝元恭。節閔爲其謚號。

西魏武功縣孫道温妻趙氏者，安平人也。[1]万俟醜奴之反，[2]圍岐州，[3]久之無援。趙乃謂城中婦女曰："今州城方陷，義在同憂。"遂相率負土，晝夜培城，城竟免賊。大統六年，[4]贈夫岐州刺史，贈趙安平縣君。

[1]安平：縣名。治所在今河北安平縣。

[2]万俟醜奴：高平鎮（今寧夏固原市）人。北魏末年六鎮起義軍首領之一。於孝莊帝建義元年（528）七月在高平稱帝，後兵敗被俘殺。

[3]岐州：北魏時治雍城鎮，在今陝西鳳翔縣東。

[4]大統：西魏文帝的年號（535—551）。

河北孫神妻陳氏者，河北郡人也。神當遠戍，主吏配在夏州。[1]意難其遠，有孤兄子，欲以自代。陳曰："爲國征戍，道路遼遠，何容身不肯行，以孤姪自代！天下物議，誰其相許？"神感其言，乃自行。在戍未幾，便喪。櫓柩至，[2]陳望而哀慟，一哭而卒。文帝詔表其閭。[3]

[1]主吏：官名。掌官府人事，居掾屬之首，全名爲主吏掾，省稱主吏。　夏州：北魏時治大夏（統萬城），在今陝西靖邊縣白城子村無定河北岸的毛烏素沙漠中（靠近今内蒙古烏審旗南境）。

[2]槥（huì）：小棺材。

[3]文帝：即西魏皇帝元寶炬。文爲其謚號。

隋蘭陵公主字阿五，文帝第五女也。美姿容，性婉順，帝於諸女中，特所鍾愛。初嫁儀同王奉孝，[1]奉孝卒；適河東柳述，[2]時年十八。諸姊並驕踞，主獨折節遵婦道，事舅姑甚謹，遇疾必親奉湯藥。帝聞之大悦，由是述漸見寵遇。

[1]儀同：北周時儀同大將軍、儀同將軍省稱，位開府大將軍下。九命。　王奉孝：人名。武川鎮（今内蒙古武川縣西）人。隋朝官吏。見《北史》卷六一《王盟附王誼傳》。

[2]柳述：人名。字業隆，河東解（今山西臨猗縣）人。隋朝官吏。見《北史》卷六四《柳虯附柳述傳》。

初，晋王廣欲以主配其妃弟蕭瑒，[1]文帝將許之，後遂適述。晋王因不悦。及述用事，彌惡之。文帝崩，述徙嶺表。[2]煬帝令主與述離絶，[3]將改嫁之。公主以死自誓，不復朝謁，表求免主號，與述同徙。帝大怒曰："天下豈無男子，欲與述同徙邪？"主曰："先帝以妾適柳家，今其有罪，妾當從坐。"帝不悦。主憂憤卒，時年三十二。臨終上表"生不得從夫死，乞葬柳氏"。帝覽表愈怒，竟不哭，葬主於洪瀆川，[4]資送甚薄，朝野傷之。

[1]廣：即楊廣。隋朝第二任皇帝。即位前被封爲晋王。見《北史》卷一二《隋本紀·煬帝》。　蕭瑒：人名。蘭陵（一説在今江蘇常州市，一説在今江蘇丹陽市）人。隋朝官吏、外戚。見《北史》卷九三《蕭詧傳》。

[2]嶺表：地區名。泛稱五嶺以南地區。

[3]煬帝：即隋朝皇帝楊廣。煬爲其謚號。

[4]洪瀆川：地名。在今陝西咸陽市東北張灣公社陳村之南。

南陽公主者，煬帝長女也。美風儀，有志節。十四嫁於許國公宇文述子士及，[1]以謹厚聞。述病且卒，主親調飲食，手自奉上，世以此稱之。及宇文化及弑逆，[2]公主隨至聊城。[3]而化及爲竇建德所敗，[4]士及自濟北西歸大唐。[5]時隋代衣冠引見建德，[6]莫不惶懼失常，唯主神色自若。建德與語，主自陳國破家亡，不能報怨雪耻，淚下盈襟，聲辭不輟，情理切至。建德及觀聽者，莫不爲之動容隕涕，咸敬異焉。及建德誅化及，時主有一子名禪師，年且十歲。建德遣武賁郎將於士澄謂主曰：[7]"宇文化及躬行弑逆，今將族滅其宗。公主之子，法當從坐，若不能割愛，亦聽留之。"主泣曰："武賁既是隋室貴臣，此事何須見問？"建德竟殺之。公主尋請建德，剃髮爲尼。

[1]宇文述：人名。字伯通，代郡武川（今内蒙古武川縣西）人。隋朝大臣。見《北史》卷七九《宇文述傳》。　士及：即宇文士及，人名。字仁人，代郡武川（今内蒙古武川縣西）人。隋、唐官吏。見《新唐書》卷一〇〇《宇文士及傳》。

[2]宇文化及：人名。代郡武川（今内蒙古武川縣西）人。隋朝官吏。見《北史·宇文述附宇文化及傳》。

[3]聊城：縣名。治所在今山東聊城市東北。

[4]竇建德：人名。貝州漳南（今山東武城縣）人。隋末起義軍首領。見《舊唐書》卷五四《竇建德傳》。

[5]濟北：郡名。隋朝時治盧縣，在今山東茌平縣西南。

[6]時隋代衣冠引見建德：中華本《隋書》卷八〇《南陽公主傳》作“時隋代衣冠並在其所，建德引見之”。

[7]武賁郎將：官名。即虎賁郎將。《北史》避唐高祖祖父李虎諱改。漢晋時亦爲虎賁中郎將之簡稱。北魏時設爲專職，爲軍内中級軍官。隋煬帝時爲十二衛長官，正四品。　士澄：底本作“士證”，源氏校勘記云：“《隋書》（‘士證’）作‘士澄’。”中華本校勘記云：“諸本‘澄’作‘證’，《隋書》卷八〇《南陽公主傳》作‘澄’。按本書卷十二、《隋書》卷三《煬帝紀》大業元年三月見於士澄，今據改。”今從改。

及建德敗，將歸西京，[1]復與士及遇於東都。[2]主不與相見。士及就之，請復爲夫妻。主拒曰：“我與君讎家，今恨不能手刃君者，但謀逆之際，[3]君不預知耳。”固與告絶。士及固請，主怒曰：“必就死，可相見也！”士及知不可屈，乃拜辭而去。

[1]西京：長安。即今陝西西安市。

[2]東都：指洛陽。在今河南洛陽市。

[3]但謀逆之際：底本“但”作“且”，殿本、四庫本、四部備要本作“以”，中華本校勘記云：“北、殿二本‘但’作‘以’，百衲本、南本、汲本作‘且’，《隋書》作‘但’，《通志》卷一八五《南陽公主傳》作‘但以’。按‘且’乃‘但’之訛，今據

《隋書》改。”今從改。

襄城王恪妃者，[1]循州刺史柳旦女也。[2]妃姿貌端麗，年十餘，以良家子合相，見聘爲妃。未幾而恪被廢，妃修婦道，事之愈敬。煬帝嗣位，復徙邊，帝令使者殺之於道。恪與辭決，妃曰：“若王死，妾誓不獨生。”於是相對慟哭。恪死，棺斂訖，妃謂使者曰：“妾誓與楊氏同穴，若身死得不别埋，君之惠也。”遂撫棺號慟，自經而卒。見者莫不流涕。

[1]襄城王：封爵名。襄城，郡名。隋朝時治承休縣，在今河南汝州市。　恪：即楊恪，人名。隋朝宗室，隋文帝的孫子。見《北史》卷七一《房陵王勇傳》。

[2]循州：隋朝時治歸善縣，在今廣東惠東縣西北。　柳旦：人名。字匡德，河東解（今山西運城市）人。北周、隋朝官吏。見《北史》卷六四《柳虯附柳旦傳》。

華陽王楷妃者，[1]黄門侍郎、龍涸縣公河南元巖女也。[2]巖明敏有器幹。煬帝嗣位，坐與柳述連事，除名徙南海。[3]後會赦還長安。有人譖巖逃歸，收殺之。妃有姿色，性婉順，初以選爲妃，未幾而楷被幽廢。妃事楷愈謹，每見楷有憂懼色，輒陳義理以慰諭之，楷甚敬焉。

[1]楷：即楊楷。隋文帝的孫子。隋文帝開皇九年（589）被封爲華陽王。

[2]黄門侍郎：官名。秦置。給事黄門侍郎的省稱，無員數。

爲中朝官員，給事於宮門之内，侍從皇帝，顧問應對，出則陪乘。與皇帝關係密切，多以重臣、外戚子弟、公主婿爲之。魏晋至隋初因之，爲侍中省或門下省次官，位頗重要。隋煬帝時置二人，正四品上。　龍涸縣公：封爵名。按《北周地理志》疑似"龍涸郡公"之訛。龍涸，郡名。北周時治嘉誠縣，在今四川松潘縣東黄龍寺。　元巖：人名。河南洛陽（今河南洛陽市東北）人。隋文帝臨死前託他與柳述廢掉楊廣。事不成。

[3]南海：郡名。隋朝時治南海縣，在今廣東廣州市。

及江都之亂，楷遇害，宇文化及以妃賜其黨元武達。[1]初以宗族禮之，置之别舍。後因醉而逼之，妃自誓不屈。武達怒，撻之百餘，詞色彌厲。元自毁其面，血淚俱下，武達釋之。妃謂其徒曰："我不能早死致命，[2]將見侵辱，我之罪也。"因不食而卒。

[1]元武達：人名。曾任隋朝校尉。

[2]命：源氏校勘記云："'命'《隋書》作'令'。"按：中華本《隋書》卷八〇《華陽王楷妃傳》作"令"。

譙國夫人洗氏者，高凉人也。[1]世爲南越首領，[2]部落十餘萬家。夫人幼賢明，在父母家，撫循部衆，能行軍用師，壓服諸越。每勸宗族爲善，由是信義結於本鄉。越人俗好相攻擊，夫人兄南梁州刺史挺恃其富强，[3]侵掠傍郡，嶺表苦之。夫人多所規諫，由是怨隙止息，海南儋耳歸附者千餘洞。[4]

[1]高凉：郡名。隋朝時治高凉縣，在今廣東陽江市西。

[2]南越：百越族群的一支。

[3]南梁州：南朝梁時治北巴西郡閬中縣，在今四川閬中市。

[4]儋耳：生活在今海南的少數民族。

梁大同初，[1]羅州刺史馮融聞夫人有志行，[2]爲其子高涼太守寶聘以爲妻。融本北燕苗裔也。初，馮弘之南投高麗也，[3]遣融大父業以三百人浮海歸宋，因留于新會。[4]自業及融，三世爲守牧，他鄉羈旅，號令不行。至是，夫人誡約本宗，[5]使從百姓禮。每與夫寶，參決辭訟，首領有犯法者，雖是親族，無所縱捨。自此，政令有序，人莫敢違。

[1]大同：南朝梁武帝的年號（535—546）。

[2]羅州：南朝梁時治石龍縣，在今廣東化州市。　馮融：人名。字道昭，南朝梁、陳官吏。

[3]初馮弘之南投高麗也：底本無“高麗也”三字，中華本校勘記云：“諸本脱‘高麗也’三字，據《隋書》卷八〇、《通志》卷一八五《譙國夫人傳》補。馮弘投高麗，見本書卷九三《北燕傳》。”今從改。

[4]新會：郡名。南朝宋時治盆允縣，在今廣東江門市新會區。

[5]至是夫人誡約本宗：底本“至”下無“是”字。中華本校勘記云：“諸本脱‘是’字，據《隋書》《通志》補。”今從改。

後遇侯景反，[1]廣州都督蕭勃徵兵援臺，[2]高州刺史李遷仕據大皋口，[3]遣召寶。寶欲往，夫人疑其反，止之。數日，遷仕果反，遣主帥杜平虜率兵入灨石。[4]寶以告，夫人曰：“平虜入灨，與官兵相拒，勢未得還，遷仕在州，無能爲也。宜遣使詐之，云：‘身未敢出，欲遣婦往參。’彼必無防慮。我將千餘人，步擔雜物，唱言輸賧，[5]得至栅下，賊亦可圖。”從之。遷仕果大喜，覘夫人衆皆擔物，不設備。夫人擊之，大捷。因總兵與長城侯陳霸先會于灨石。[6]還謂寶曰：“陳都督極得衆心，必能平賊，君厚資給之。”

[1]侯景：人名。字萬景，懷朔鎮（今内蒙古固陽縣南）人。曾任北魏官吏，後叛至南朝。見《梁書》卷五六《侯景傳》。

[2]廣州：南朝梁時治番禺縣，在今廣東廣州市。　都督：官名。地方軍政長官。三國魏文帝時置。晋、南北朝沿置。　蕭勃：人名。南蘭陵（一説在今江蘇常州市，一説在今江蘇丹陽市）人。南朝梁宗室。見《南史》卷五一《吴平侯景附蕭勃傳》。

[3]高州：南朝梁治高凉郡高凉縣，在今廣東陽江市西。　李遷仕：人名。南朝梁官吏。聲援侯景叛亂，被平定。　大皋口：地名。又名皋石山、團山，在今廣東英德市南。

[4]灨石：地名。贛水在今江西信豐縣、寧都縣境内，石灘遍布。當地人稱之灨石。

[5]賧：慰勞財物。

[6]長城侯：封爵名。長城，縣名。治所在今浙江長興縣。　陳霸先：人名。字興國，小字法生，吴興長城下若里（今浙江長興縣）人。南朝陳開國君主。見《陳書》卷一、二《高祖紀》。

及寶卒，嶺表大亂，夫人懷集百越，[1]數州晏然。陳永定二年，[2]其子僕年九歲，遣帥諸首領朝于丹陽，[3]拜陽春郡守。[4]後廣州刺史歐陽紇謀反，[5]召僕至南海，[6]誘與爲亂。僕遣使歸告夫人。夫人曰：“我爲忠貞，經今兩代，不能惜汝負國。”遂發兵拒境，紇徒潰散。僕以夫人之功，封信都侯，[7]加平越中郎將，[8]轉石龍太守。[9]詔使持節册夫人爲高凉郡太夫人，[10]賫繡幰油絡駟馬安車一乘，[11]給鼓吹一部，[12]并麾幢旌節，[13]一如刺史之儀。至德中，[14]僕卒。

[1]百越：南方地區古族。

[2]永定：南朝陳武帝的年號（557—559）。

[3]丹陽：郡名。南朝陳時治江寧縣，在今江蘇南京市。

[4]陽春：郡名。南朝陳時治陽春縣，在今廣東陽春市。

[5]歐陽紇：人名。字奉聖，長沙臨湘（今湖南長沙市）人。南朝梁、陳官吏。見《南史》卷六六《歐陽頠附歐陽紇傳》。

[6]南海：源氏校勘記云：“‘南海’《隋書》作‘高安’。”按：中華本《隋書》卷八〇《譙國夫人傳》作“高安”。

[7]信都侯：封爵名。遥封。信都，縣名。治所在今河北冀州市。

[8]平越中郎將：官名。晋武帝置，東晋、南朝沿置。主管南越事務。設府置僚佐，治廣州，多兼任廣州刺史。南朝陳擬六品，比秩千石。

[9]石龍：郡名。南朝陳時治石龍縣，在今廣東化州市。

[10]高凉郡太夫人：源氏校勘記云：“‘高凉郡’《隋書》作‘中郎將石龍’。”按：中華本《隋書·譙國夫人傳》作“中郎將、石龍太夫人”。

[11]繡幰油絡駟馬安車：高規格的儀仗車。繡幰，綉飾華美的車前帷幔。油絡，絲質網狀的車飾。

[12]鼓吹：演奏鼓吹樂的樂隊。本用於軍中，後賜予有功大臣，遂成爲皇帝賜予臣下的一種禮遇。

[13]麾幢：官員出行時儀仗中的旗幟。

［14］至德：南朝陳後主的年號（583—586）。

後陳國亡，嶺南未有所附，數郡共奉夫人，號爲聖母。隋文帝遣總管韋洸安撫嶺外，[1]陳將徐瑒以南康拒守，[2]洸不敢進。初，夫人以扶南犀杖獻陳主。[3]至此，晋王廣遣陳主遺夫人書，諭以國亡，命其歸化，并以犀杖及兵符爲信。夫人見杖，驗知陳亡，集首領數千人，盡日慟哭。遣其孫魂，帥衆迎洸。洸至廣州，嶺南悉定。表魂爲儀同三司，[4]册夫人爲宋康郡夫人。[5]

［1］總管：官名。地方高級軍政官員。北周明帝武成元年（559）由都督諸州軍事改名，加使持節，管理轄區軍政民務。所轄區域增減無常，一般轄數州，多者可達數十州。隋朝因之，領一州或數州、十數州軍政，刺史以下官得承制補授。其品秩分三等，上總管視從二品，中總管視正三品，下總管視從三品。邊鎮大州或置大總管。　韋洸：人名。字世穆，京兆杜陵（今陝西西安市長安區東）人。北周、隋朝官吏。見《北史》卷六四《韋孝寬附韋洸傳》。

［2］徐瑒：人名。南朝陳官員，陳亡後起兵反隋，後被韋洸所殺。　南康：郡名。南朝陳時治贛縣，在今江西南昌市。

［3］扶南：國名。又作“夫南”“跋南”。轄境相當於今柬埔寨以及老撾南部、越南南部和泰國東南部一帶。

［4］儀同三司：初謂非三公而儀制待遇同於三公。魏晋時期，授予開府位從三公之文武官。南北朝時授予範圍不斷擴大，逐漸成爲官號。北魏孝文帝太和十七年定爲一品下，二十三年以後改爲從一品，位開府上。隋朝沿之。

［5］宋康郡夫人：封爵名。宋康，郡名。隋朝時治廣化縣，在

今廣東陽江市一帶。

未幾，番禺人王仲宣反，[1]圍洸，進兵屯衡嶺。夫人遣其孫暄帥師援洸。時暄與逆黨陳佛智素相友，[2]故遲留不進。夫人大怒，遣使執暄繫州獄，又遣孫盎討佛智斬之。進兵至南海，與鹿愿軍會，[3]共敗仲宣。夫人親被甲，乘介馬，張錦傘，領彀騎衛，[4]詔使裴矩巡撫諸州。[5]其蒼梧首領陳坦、岡州馮岑翁、梁化鄧馬頭、籐州李光略、羅州龐靖等皆來參謁。[6]還令統其部落，嶺南悉定。帝拜盎爲高州刺史，仍赦出暄，拜羅州刺史，追贈寶爲廣州總管，封譙國。夫人幕府署長史已下官屬，[7]給印章，聽發部落、六州兵馬。若有機急，便宜行事。降敕書褒美，賜物五千段。皇后以首飾及宴服一襲賜之。夫人並盛於金篋，并梁、陳賜物，各藏于一庫。每歲時大會，皆陳于庭，以示子孫曰："汝等宜盡赤心向天子。我事三代主，唯用一好心。今賜物具存，此忠孝之報。"

[1]番禺：縣名。治所在今廣東廣州市。　王仲宣：人名。番禺（今廣東廣州市）人。當地酋長。不願意歸順隋朝而起兵。

[2]陳佛智：人名。祖籍鄢陵（今河南鄢陵縣），南朝梁、陳官吏。在任期間以儒家教化土著，受到人民愛戴。因不願意歸隋而起兵，後被殺。

[3]鹿愿：人名。隋朝將領。煬帝大業四年（608），黔安（今四川彭水苗族土家族自治縣）向思反叛，鹿愿被殺。

[4]彀騎：精於射箭的騎兵。

[5]裴矩：人名。字弘大，河東聞喜（今山西聞喜縣）人。隋

朝、唐朝官吏。見《北史》卷三八《裴佗附裴矩傳》。

[6]蒼梧：郡名。隋朝初治封川縣，在今廣東封開縣東南賀江口。　岡州：隋朝初治新會縣，在今廣東江門市新會區北。　梁化：郡名。隋朝初治梁化縣，在今廣東樂昌市。　籐州：中華本《隋書》作"藤州"。據《隋書·地理志》及《資治通鑑》皆作"藤州"。疑是。藤州，隋朝時治永平縣，在今廣西藤縣東北。

[7]追贈寶爲廣州總管封譙國夫人幕府署長史已下官屬：源氏校勘記云："'總管'下《隋書》有'譙國公、册夫人'六字，恐《北史》脱漏。'夫人'下有'以宋康邑迴授僕妾冼氏仍開天國夫'十五字，又恐脱漏。"中華本校勘記云："《隋書》'譙國'下有'公，册夫人爲譙國夫人，以宋康邑迴授僕妾洗氏，仍開譙國'二十三字。按此乃因上下兩'譙國'而誤脱。但從'譙國'下斷句也勉强可通，今不補。"可從。

時番州總管趙訥貪虐，[1]諸俚獠多有亡叛。夫人遣長史張融上封事，[2]論安撫之宜，并言訥罪狀。上遣推訥，得其贓，竟致於法。敕委夫人招慰亡叛，夫人親載詔書，自稱使者，歷十餘州，宣述上意，諭諸俚獠，所至皆降。文帝賜夫人臨振縣湯沐邑一千五百户，[3]贈僕爲崖州總管，[4]平原郡公。仁壽初，[5]卒，謚爲誠敬夫人。

[1]番州：隋文帝仁壽元年（601）改廣州置，治南海縣，在今廣東廣州市。

[2]張融：人名。洗夫人的下屬，協助她平定歐陽紇的叛亂，參與諸多政治事件。

[3]臨振縣：治所在今海南三亞市北崖城鎮。　湯沐邑：本義是周朝時諸侯朝見天子，天子賜以王畿内供住宿的封邑。後指國

君、皇后、公主等收取税賦的私邑。

[4]崖州：隋朝時治義倫縣，在今海南儋州市西北。

[5]仁壽：隋文帝的年號（601—604）。

鄭善果母崔氏者，[1]清河人也。年十三，適滎陽鄭誠，生善果。周末，誠討尉遲迥，[2]力戰死于陣。母年二十而寡，父彦穆欲奪其志，[3]母抱善果曰："婦人無再見男子之義。[4]且鄭君雖死，幸有此兒，棄兒爲不慈，背死夫爲無禮。寧當割耳剪髮，以明素心。違禮滅慈，非敢聞命。"

[1]鄭善果：人名。鄭州滎澤（今河南鄭州市）人。隋唐名臣。見《舊唐書》卷六二《鄭善果傳》。

[2]尉遲迥：人名。字薄居羅，代（今山西大同市東北）人。西魏、北周重臣。見《北史》卷六二《尉遲迥傳》。

[3]彦穆：即崔彦穆，人名。清河東武城（今山東武城縣西北）人。隋朝官吏。見《北史》卷六七《崔彦穆傳》。

[4]婦人無再見男子之義：底本無"見"字，源氏校勘記"再"後補"見"字，中華本校勘記云："諸本無'見'字，《隋書》卷八〇《鄭善果母傳》有。《通志》卷一八五作'婦人無再適人之義'。按無'見'字文義不通，今從《隋書》補。"今從改。

善果以父死王事，年數歲，拜使持節、大將軍，[1]襲爵開封縣公。[2]開皇初，[3]進封武德郡公。[4]年十四，授沂州刺史。[5]轉景州刺史，[6]尋爲魯郡太守。[7]母性賢明，有節操，博涉書史，通曉政事。每善果出聽事，母輒坐胡床，於鄣後察之。聞其剖斷合理，歸則大悦，即賜之坐，相對談笑；若行事不允，或妄嗔怒，母乃還堂，[8]蒙袂而泣，終日不食。善果伏於床前，不敢起。母方起謂之曰："吾非怒汝，乃愧汝家耳。吾爲汝家婦，獲奉灑埽，知汝先君忠勤之士也，守官清恪，未嘗問私，以身徇國，繼之以死。吾亦望汝，副其此心。汝既年小而孤，吾寡婦耳，有慈無威，使汝不知禮訓，何可負荷忠臣之業乎！汝自童子襲茅土，[9]汝今位至方岳，豈汝身致之邪？不思此事，而妄加嗔怒，心緣驕樂，墮於公政。内則墜爾家風，或失亡官爵；外則虧天下法，以取罪戾。吾死日何面目見汝先人於地下乎！"

[1]使持節：漢代官吏奉使外出時，或由皇帝授予節杖，以提高其威權。魏晋以後，凡重要軍事長官出征或出鎮時，加使持節，可誅殺二千石以下官員。皇帝派遣大臣出巡或進行祭吊等事務時，亦使持節，以表示權力和尊崇。　大將軍：官名。高級軍事統帥。戰國秦始設。北魏時與大司馬共稱"二大"，位尊權重，掌管全國軍政，皆一品。北周時爲府兵專職統帥，十二人，各領一軍，分屬六柱國大將軍，下統開府、儀同諸將軍，爲正九命。魏晋南北朝後期作爲名譽官職，加授給大臣、重要郡鎮的長官，以獎勵軍功，後來也贈予朝臣。大將軍居勳官十一等中的第四等。

[2]開封縣公：封爵名。開封，縣名。治所在今河南開封市南。

[3]開皇：隋文帝的年號（581—600）。

[4]武德郡公：封爵名。武德，郡名。隋朝時治州縣，在今河南温縣東北武德鎮。

[5]沂州：隋朝初治臨沂城，在今山東臨沂市北。

[6]景州：隋朝時治長蘆縣，在今河北滄州市。

[7]魯郡：隋朝時治瑕丘縣，在今山東兖州市東古城。

[8]母乃還堂：源氏校勘記云："'母'《隋書》及《古今列女傳》作'瞋'。"按：中華本《隋書》卷八〇《鄭善果母傳》亦作"母"。

[9]茅土：指受封爲王侯。

母恒自紡績，每自夜分而寢。善果曰："兒封侯開國，位居三品，秩俸幸足，母何自勤如此？"答曰："吁！汝年已長，吾謂汝知天下理，今聞此言，公事何由濟乎？今秩俸乃天子報汝先人殉命也，當散贍六姻，[1]爲先君之惠。妻子柰何獨擅其利以爲貴乎！又絲枲紡績，[2]婦人之務。上自王后，下及大夫、士妻，各有所製。若墮業者，是爲驕逸。吾雖不知禮，其可自敗名乎！"

[1]六姻：古代指六種親族或親屬。後泛指一切親屬。

[2]絲枲（xǐ）：生絲和麻。指纅絲績麻之事。

自初寡便不御脂粉，常服大練。[1]性又節儉，非祭祀賓客之事，酒肉不妄陳其前。静室端居，未嘗輒出門閭。内外姻戚有吉凶事，但厚加贈遺，皆不詣其門。非自手作及莊園禄賜所得，雖親族禮遺，悉不許入門。善果歷任州郡，内自出饌於衙中食之。公廨所供，皆不許受，悉用脩理公宇，及分僚佐。善果亦由此克己，號爲清吏。煬帝遣御史大夫張衡勞之，[2]考爲天下最。徵授光禄卿。[3]其母卒後，善果爲大理卿，[4]漸驕恣，公清平允遂不如疇昔焉。

[1]大練：粗糙厚實的絲織物。形容衣著樸素。

[2]御史大夫：官名。御史臺長官。隋朝爲避隋文帝之父楊忠諱，改御史中丞爲此。專掌監察彈劾百官。從四品。　張衡：人名。字建平，河内（今河南沁陽市）人。隋朝官吏。因幫助隋煬帝取得太子位而大受寵幸。見《北史》卷七四《張衡傳》。

[3]光禄卿：官名。南朝梁武帝天監七年（508）改光禄勳置。隋朝沿置，掌祭祀、朝會、宴享之供設。隋初正三品，煬帝時改爲從三品。

[4]大理卿：官名。亦稱大理寺卿。北魏時改廷尉爲大理而置，爲大理寺長官，列位九卿，員一人，三品。隋朝沿置。煬帝大業三年改爲從三品。

孝女王舜者，趙郡人也。父子春，與從兄長忻不協，齊亡之際，長忻與其妻同謀殺子春。舜時年七歲，有二妹：粲年五歲，璠年二歲，並孤苦，寄食親戚。舜撫育二妹，恩義甚篤。而舜陰有復讎之心，長忻殊不爲備。姊妹俱長，[1]親戚欲嫁之，輒拒不從。乃密謂二妹曰："我無兄弟，致使父讎不復，吾輩雖女子，何用生爲！我欲共汝報復，汝竟何如？"[2]二妹皆垂泣曰："唯姊所命。"夜中，姊妹各持刀踰墻入，手殺長忻夫婦，以告父墓。因詣縣請罪。姊妹争爲謀首，州縣不能決。文帝聞而嘉歎，特原其罪。

[1]姊妹俱長：底本無"姊"字，中華本校勘記云："諸本脱'姊'字，據《隋書》卷八〇《孝女王舜傳》補。"今從改。

[2]汝竟何如：中華本校勘記云："《隋書》'竟'作'意'，

是。”可從。

韓覬妻于氏者，河南人也，字茂德。父寔，[1]周大左輔。[2]于氏年十四，適於覬。雖生長膏腴，家門鼎貴，而動遵禮度，躬自儉約，宗黨敬之。年十八，覬從軍没，于氏哀毀骨立，慟感行路，每朝夕奠祭，皆手自捧持。及免喪，其父以其幼少無子，欲嫁之，誓不許。遂以夫孽子世隆爲嗣，[3]身自撫育，愛同己生，訓導有方，卒能成立。自孀居以後，唯時或歸寧，至於親族之家，絶不來往。有尊卑就省謁者，[4]送迎皆不出户庭。蔬食布衣，不聽聲樂，以此終身。隋文帝聞而嘉歎，下詔褒美，表其門閭。長安中號爲節婦門，終于家。

[1]寔：即于寔，人名。字賓實，代（今山西大同市東北）人。西魏、北周、隋朝官吏。見《北史》卷二三《于栗磾附于寔傳》。

[2]大左輔：官名。北周宣帝大成元年（579）正月置，爲四輔官之一，是主要執政大臣。

[3]孽子：庶子，非正妻所生之子。

[4]有尊卑就省謁者：底本無“卑”字，中華本校勘記云：“諸本脱‘卑’字，據《隋書》卷八〇《韓覬妻傳》補。”今從改。

陸讓母馮氏者，上黨人也。[1]性仁愛，有母儀。讓即其孽子也。開皇末，爲播州刺史。[2]數有聚斂，贓貨狼籍，爲司馬所奏。[3]案覆得實，將就刑。馮氏蓬頭垢面，詣朝堂數讓罪。於是流涕嗚咽，親持盃粥，勸讓食。既而上表求哀，詞情甚切，上愍然爲之改容。獻皇后甚奇其意，[4]致請於上。書侍御史柳彧進曰：[5]“馮氏母德之至，有感行路，如或戮之，何以爲勸？”上於是集京城士庶於朱雀門，[6]遣舍人宣詔曰：“馮氏以嫡母之德，足爲世範，慈愛之道，義感人神，特宜矜免，用獎風俗。讓可減死除名。”[7]復下詔褒美之，賜物五百段，集命婦與馮相識，以旌寵異。

[1]上黨：郡名。隋朝時治上黨縣，在今山西長治市。

[2]開皇末爲播州刺史：源氏校勘記云：“《隋書》作‘仁壽中番州’云云。”中華本校勘記云：“《隋書》卷八〇《陸讓母傳》作‘仁壽中爲番州刺史’，《通志》卷一八五作‘開皇末，爲番州刺史’。按《隋志》無‘播州’。《隋書》卷三〇南海郡注云：‘仁壽元年，置番州。’蓋因番禺得名。州既置於仁壽初，則開皇末不應有番州刺史，疑當從《隋書》。”可從。

[3]司馬：官名。軍府高級幕僚，掌參贊軍務，管理府内武職，位僅次於長史，其品秩隨府主而定，高低不等。

[4]獻皇后：即隋文帝皇后獨孤氏。獻爲其謚號。

[5]書侍御史：官名。即治書侍御史的省稱。漢宣帝時領侍御史二人治書（管理圖籍文書），遂有其名。隋朝時以御史大夫爲御史臺長官，治書侍御史爲次官，員二人，實際主持臺務，從五品。柳彧：人名。字幼文，河東解（今山西臨猗縣）人。隋朝官吏。見《北史》卷七七《柳彧傳》。

[6]朱雀門：西安皇城正南門。

[7]除名：除去名籍，取消原有身份。

劉昶女者，[1]河南長孫氏婦。昶在周尚公主，爲上柱國、彭國公，[2]位望甚顯。與隋文帝有舊，及受禪，甚見親禮。歷左武衛大將軍、慶州總管。[3]

[1]劉昶：人名。中山（今河北定州市）人。北周、隋朝官吏。隋文帝開皇十七年二月，以子罪及事母不孝，賜死。見《北史》卷六五《劉亮附劉昶傳》。

[2]上柱國：官名。戰國時楚國始置。北周武帝建德四年(575)，置爲最高級勳官。正九命。

[3]左武衛大將軍：官名。隋朝十二衛大將軍之一，總府事，並統諸鷹揚府。員一人，正三品。　慶州：隋朝時治合水縣，在今甘肅慶城縣。

其子居士爲千牛備身，[1]不遵法度，數得罪。上以昶故，每原之。居士轉恣，每大言曰："男兒要當辮頭反縛，蘧蒢上作獠舞。"[2]取公卿子弟膂力雄健者，輒將歸家，以車輪括其頸而棒之，殆死，能不屈者，稱爲壯士，釋而與之交。黨與三百人，其趫捷者號爲餓鶻隊，武力者號爲蓬轉隊。韝鷹紲犬，[3]連騎道中，毆擊路人，多所侵奪。長安市里無貴賤，見者辟易。至於公卿妃主，亦莫敢與校。其女則居士姊也，每垂泣誨之，居士不改，卒破家產。昶年高，奉養甚薄。其女時寡居，哀昶如此，每歸寧于家，躬勤紡績，以致其肥鮮。[4]

[1]千牛備身：官名。北魏置，掌千牛刀，宿衛侍從。隋朝時屬千牛左右，領左、右府，員各十二人，正六品。東宮亦置，屬左、右内率，員八人，正七品。煬帝時改領左、右府爲左、右備身府，此亦改稱千牛左右。

[2]蘧（qú）篨（chú）：用葦或竹編的粗席。

[3]韝（gōu）：古代射箭時戴的皮質袖套。

[4]肥鮮：源氏校勘記云："'肥鮮'《隋書》作'甘脆'。"中華本《隋書》卷八〇《劉昶女傳》作"甘脆"。

有人告居士與其徒遊長安城，登故未央殿基，[1]向南坐，前後列隊，意有不遜。每相約曰："當作一死耳。"又時有人言居士遣使引突厥，[2]令南寇，當於京師應之。上謂昶曰："今日事當如何？"昶猶恃舊恩，不自引咎，直前曰："黑白在于至尊。"上大怒，下昶獄，捕居士黨與。憲司又奏昶事母不孝。其女知昶必不免，不食者數日。每親調飲食，手自捧持，詣大理餉父。[3]見獄卒，跪以進之，歔欷嗚咽，見者傷之。居士斬，昶賜死于家，詔百僚臨視。時其女絶而復蘇者數矣，公卿慰喻之。其女言父無罪，坐子及禍。詞情哀切，人皆不忍聞見。遂布衣蔬食，以終其身。上聞歎曰："吾聞衰門之女，興門之男，固不虛也。"

[1]未央殿：西漢時皇家宮殿。在今陝西西安市西北。

[2]突厥：廣義上包括鐵勒、突厥各部落，狹義上則專指突厥汗國。公元六世紀初興起於金山（今阿爾泰山）西南麓，爲游牧部落。隋朝時分爲東西兩部。見《北史》卷九九《突厥傳》。

[3]大理：官署名。即大理寺，北齊始置，九寺之一，爲國家最高審判機構，掌决正刑獄。隋朝沿置。

鍾士雄母蔣氏者，[1]臨賀人也。[2]士雄仕陳，爲伏波將軍。[3]陳主以士雄嶺南酋帥，慮其反覆，留蔣氏於都下。及晋王廣平江南，以士雄在嶺表，欲以恩義致之，遣蔣氏歸臨賀。既而同郡虞子茂、鍾文華等作亂攻城，遣召士雄。士雄將應之。蔣氏謂曰："汝若背德忘義，我當自殺於汝前。"士雄遂止。蔣氏復爲書與子茂等，諭以禍福。子茂不從，尋爲官軍所敗。上聞蔣氏甚異之，封安樂縣君。[4]

[1]鍾士雄：人名。祖籍潁川（今河南禹州市）。南朝陳、隋朝官吏。

[2]臨賀：縣名。治所在今廣西賀州市東南。

[3]伏波將軍：官名。漢武帝時置，爲統兵武官名號，後成爲官名。東漢至南北朝皆置。南朝陳時爲八品，六百石。

[4]安樂縣君：封爵名。安樂，縣名。治所在今廣西昭平縣東北。

時伊州寡婦胡氏者，[1]不知何許人妻，甚有志節，爲邦族所重。江南之亂，諷諭宗黨，守節不從叛逆，封爲密陵郡君。[2]

[1]時伊州寡婦胡氏者：源氏校勘記云："'伊州'《隋書》作'尹州'。"中華本校勘記云："《隋書》卷八〇《鍾士雄母傳》'伊'作'尹'。按《隋書·地理志中》河南郡陸渾縣及襄城郡見伊州，此州在今河南境内。《地理志下》鬱林郡見尹州，此州在今廣西境内。下文云'江南之亂，諷諭宗黨，守節不從叛逆'，則作'尹州'是。"可從。尹州，隋朝時治鬱林縣，在今廣西貴港市東南鬱江南岸。伊州，隋朝初治伏流城，在今河南嵩縣東北。

[2]密陵郡君：封爵名。密陵，縣名。治所在今河南新密市東。

孝婦覃氏者，上郡鍾氏婦也。[1]與夫相見未幾而夫死，時年十八，事後姑以孝聞。數年間，姑及伯叔皆相繼死。覃氏家貧，無以葬，躬自節儉，晝夜紡績，十年而葬八喪，爲州里所敬。文帝聞而賜米百石，表其門閭。

[1]上郡：隋朝時治鄜城縣，在今陝西洛川縣東南。

元務光母盧氏者，范陽人也。少好讀書，造次必以禮。盛年寡居，諸子幼弱，家貧不能就斈，[1]盧氏每親自教授，勗以義方。漢王諒反，[2]遣將綦良往山東略地，[3]良以務光爲記室。[4]及良敗，慈州刺史上官政簿籍務光家。[5]見盧氏，逼之。盧氏以死自誓。政凶悍，怒甚，以燭燒其面。[6]盧氏執志彌固，竟不屈節。

[1]斈：同“學”。

[2]漢王諒：即楊諒。字德章，一名傑，小字益錢。隋朝宗室。見《北史》卷七一《庶人諒傳》。

[3]綦良：人名。隋朝大將。參與楊諒起兵，不戰而潰。

[4]記室：官名。漢朝自三公府至郡縣皆置爲佐吏，具體名稱不一。太尉屬吏有記室令史，郡府有主記室史，縣府有記室史，皆主文書表報。三國魏時定諸府記室官七品。兩晉南北朝以來有記室令史、記室督、記室參軍、中記室參軍等名目，省稱記室。品秩自七品至九品不等。

[5]慈州：隋朝時治滏陽縣，在今河北磁縣。　上官政：人名。北周、隋朝官吏。戰功卓著。西征吐谷渾，病卒。

[6]面：源氏校勘記云："'面'《隋書》作'身'。"按：中華本《隋書》卷八〇《孝婦覃氏傳》作"身"。

裴倫妻柳氏者，河東人也，少有風訓。大業末，倫爲渭源令，[1]爲賊薛舉所陷，[2]倫遇害。柳氏時年四十，有二女及兒婦三人，皆有美色。柳氏謂曰："我輩遭逢禍亂，汝父已死，我自念不能全汝。我門風有素，義不受辱於群賊。我將與汝等同死，如何？"女等垂泣曰："唯母所命。"柳氏遂自投於井，其女及婦相繼而下，皆死井中。

[1]渭源：縣名。治所在今甘肅渭源縣北。

[2]薛舉：人名。河東汾陰（今山西萬榮縣西南）人。隋末起義軍首領。見《舊唐書》卷五五《薛舉傳》。

趙元楷妻崔氏者，[1]清河人也，甚有禮度。隋末宇文化及之反，元楷隨至河北，將歸長安，至滏口遇盜，[2]僅以身免。崔氏爲賊所拘，請以爲妻。崔氏曰："我士大夫女，爲僕射子妻，[3]今日破亡，自可即死，終不爲賊婦。"群賊毁裂其衣，縛於牀簀之上，[4]將陵之。崔氏懼爲所辱，詐之曰："今力已屈，當受處分。"賊遂釋之。妻因取賊刀倚樹而立曰："欲殺我，任加刀鋸；若覓死，可來相逼。"賊大怒，亂射殺之。

[1]趙元楷：人名。天水西（今甘肅天水市）人。隋朝官吏。見《北史》卷七五《趙芬附趙元楷傳》。

［2］滏口：關隘名。在今河北邯鄲市西南石鼓山。滏水（今滏陽河）源出於此，故名。

［3］僕射：官名。秦漢時爲尚書令副貳。歷代沿置。隋朝時罷録尚書事，又常缺令，僕射成爲正宰相，從二品，與門下省、内史省長官共秉國政。文帝開皇三年令左僕射掌判吏、禮、兵三部事，兼糾彈御史所糾不當者；右僕射掌判都官、度支、工部三部事，兼知用度。行臺尚書省亦置，視從二品。

［4］牀簀：竹編的床席。

元楷後得殺妻者，支解以祭崔氏之柩。

論曰：婦人主織紝中饋之事，[1]其德以柔順爲先，斯乃舉其中庸，未臻其極者也。至於明識遠圖，貞心峻節，志不可奪，唯義所高，考之圖史，亦何代而無之哉！魏隋所叙列女，凡三十四人。自王公妃主，下至庶人女妻，蓋有質邁寒松，心踰匪石，或忠壯誠懇，或文采可稱。雖子政集之於前，元凱編之於後，比其美節，亦何以尚兹。故知蘭玉芳貞，蓋乃禀其性矣。

［1］織紝中饋：指織作布帛、爲家人做飯之事。

今注本二十四史

北史

二一

傳〔一八〕

唐 李延壽 撰

李憑 靳寶 主持校注

中國社會科學出版社

北史　卷九二

列傳第八十

恩幸

王叡　王仲興 寇猛　趙脩　茹皓　趙邕　侯剛　徐紇　宗愛　仇洛齊 段霸　王琚　趙默　孫小　張宗之　劇鵬　張祐　抱嶷　王遇　苻承祖　王質　李堅 秦松 白整　劉騰　賈粲　楊範　成軌　王温　孟欒　平季　封津　劉思逸　郭秀　和士開 安吐根　穆提婆　高阿那肱　韓鳳　齊諸宦者

夫令色巧言，矯情飾貌，邀眄睞之利，[1]射咳唾之私，乃苟進之常道也。況乃親由褻狎，恩生趨走，便僻俯仰，當寵擅權。斯乃夏桀、殷紂所以喪兩代，石顯、張讓所以翦二京焉。[2]

[1]眄睞：眷顧。

[2]石顯：人名。字君房，濟南（今山東章丘市）人。西漢宦

官。見《漢書》卷九三《石顯傳》。　張讓：人名。潁川（今河南禹州市）人。東漢宦官。見《後漢書》卷七八《張讓傳》。

魏世王叡幸於太和之初，[1]鄭儼寵於孝昌之季，[2]宗愛之弑帝害王，劉騰之廢后戮相，此蓋其甚者爾。其間盜官賣爵，汙辱宮闈者多矣，亦何可而舉哉。斯乃王者所宜深誡。而齊末又有甚焉。乃自書契以降，[3]未之有也。若乃心利錐刀，居台鼎之任；[4]智昏菽麥，[5]當機衡之重。亦有西域醜胡，龜兹雜伎，封王開府，接武比肩。非直獨守幸臣，且復多干朝政。賜予之費，帑藏以虚；杼柚之資，[6]剥掠將盡。齊運短促，固其宜哉。神武、文襄，[7]情存庶政，文武任寄，多貞幹之臣，唯郭秀小人，有累明德。天保五年之後，[8]雖罔念作狂，所幸有通州刺史梁伯和、陸翾兒之徒，[9]唯左右驅馳，内名褻狎，其朝廷之事，一不與聞，故不入此傳。大寧之後，[10]姦佞浸繁，盛業鴻基，以之顛覆，生靈厄夫左衽，[11]非不幸也！

[1]太和：北魏孝文帝的年號（477—499）。

[2]鄭儼：人名。字季然，滎陽開封（今河南開封市）人。北魏宦官。見《北史》卷三五《鄭羲附鄭儼傳》。　孝昌：北魏孝明帝的年號（525—528）。

[3]書契：即契約文書。其稱始於先秦。此處指有文字記載以來。

[4]台鼎：對三公宰相的尊稱。舊時將三公同星有三台、鼎有三足相比，因以台鼎代指三台或宰相。

[5]智昏菽麥：形容愚昧無知。《左傳》成公十八年："周子有

兄而無慧，不能辨菽麥，故不可立。”杜預注：“菽，大豆也。豆麥殊形易别，故以爲癡者之候。”

[6]杼柚之資：源氏校勘記云：“‘杼柚’《北齊》作‘杼柚’（源氏筆誤，當是‘杼軸’）。”按：中華本《北齊書》作“杼軸”。

[7]神武：即高歡。神武爲其謚號，北齊後主所追謚。 文襄：即高澄。文襄爲其謚號，北齊文宣帝所追謚。

[8]天保：北齊文宣帝的年號（550—559）。

[9]通州：北齊時治石城縣，在今四川達州市。

[10]大寧：北齊武成帝的年號（561—562）。

[11]左衽：古代邊疆地區少數民族的衣襟向左開，不同於漢族的向右開。故常用左衽比喻受異族統治。

《魏書》有《恩幸傳》及《閹官傳》，《齊書》有《佞幸傳》。今用比次，以爲《恩幸篇》云。舊書鄭儼在《恩幸》中，今從例附其家傳，其餘並編於此。其宦者之徒，尤是亡齊之一物，醜聲穢跡，千端萬緒，其事闕而不書，乃略存姓名，附之此傳之末。其帝家諸奴及胡人樂工叨竊貴幸者，亦附出焉。

王叡，字洛誠，自云太原晋陽人也。[1]六世祖横，張軌參軍。[2]晋亂，子孫因居於武威姑臧。[3]父橋，字法生，解天文卜筮。凉州平，[4]入京。家貧，以術自給，歷位終於侍御中散。[5]天安初卒，[6]贈平遠將軍、凉州刺史、顯美侯，[7]謚曰敬。

[1]太原：郡名。西晋時治晋陽縣，在今山西太原市晋源區古城營村一帶。 晋陽：城名。在今山西太原市晋源區古城營村一帶。

［2］張軌：人名。字士彦，安定烏氏（今甘肅平涼市西北）人。晋朝涼州刺史、前涼奠基人。見《晋書》卷八六《張軌傳》。　參軍：官名。亦作"參軍事"。東漢末年車騎將軍幕府置爲僚屬，掌參謀軍務。其僚屬常有參丞相軍事之名，職任頗重。西晋公以上領兵持節都督者，置參軍六人，協助治理府事。

［3］武威：郡名。西晋時治姑臧縣，在今甘肅武威市城區。　姑臧：縣名。治所在今甘肅武威市。

［4］涼州：北魏時治姑臧縣，在今甘肅武威市。

［5］侍御中散：官名。北魏中期由中散官分化出來，屬侍御曹，地位較中散略高，更親近皇帝。多選用功臣子弟，可作爲起家官。任職於其他機構，則冠以機構名，如殿内侍御中散、内秘書侍御中散等。孝文帝太和十七年定爲五品上，二十三年復次職員令未見。

［6］天安：北魏獻文帝的年號（466—467）。

［7］平遠將軍：官名。十六國前秦置。北魏孝文帝太和十七年職員令未載，二十三年復次職員令定爲四品。　顯美侯：底本"美"作"菱"，源氏校勘記云："'菱侯'《魏書》作'美侯'。"中華本校勘記云："諸本'美'作'菱'，《魏書》卷九三《王叡傳》作'美'。按顯美縣見《隋書·地理志上》武威郡姑臧縣注，王叡世居姑臧，故以封之。'顯菱'無此縣名，今據改。"今從改。　顯美，縣名。治所在今甘肅永昌縣東。

叡少傳父業，而姿貌偉麗。景穆之在東宫，[1]見而奇之。興安初，[2]擢爲太卜中散，[3]稍遷爲令，[4]領太史。[5]承明元年，[6]文明太后臨朝，[7]叡因緣見幸，超遷給事中。[8]俄爲散騎常侍、侍中、吏部尚書，[9]賜爵太原公。於是内參機密，[10]外豫政事，愛寵日隆，朝士慴憚焉。太和二年，孝文及文明太后率百僚與諸方客臨獸圈，有猛獸逸，[11]登門閣道，幾至御坐。左右侍衛皆驚靡，叡獨執戟禦之，猛獸乃退。故親任轉重。三年春，詔叡與東陽王丕同入八議，[12]永受復除。四年，遷尚書令，[13]進爵中山王，[14]加鎮東大將軍，[15]置王官二十二人，中書侍郎鄭羲爲傅，[16]郎中令以下，[17]皆當時名士。又拜叡妻丁氏爲妃。及沙門法秀謀逆事發，[18]多所牽引。叡曰："與殺不辜，寧赦有罪，宜梟斬首惡，餘從原赦，不亦善乎！"孝文從之，得免者千餘人。

[1]景穆：即北魏太武帝太子拓跋晃。景穆爲其謚號，北魏文成帝所追謚。

[2]興安：北魏文成帝的年號（452—454）。

[3]太卜中散：官名。北魏置。佐太卜令掌卜筮等事務。

[4]令：即太卜令，官名。秦、西漢置，屬太常，掌占卜。東漢時並入太史令。北魏又置。

[5]太史：官名。殷商時始設，歷代沿置。主要職責是掌管天文曆法。北魏置多人。

[6]承明：北魏孝文帝的年號（476）。底本作"永明"，源氏校勘記改"永"作"承"。中華本校勘記云："諸本'承'訛作'永'，據《魏書》改。'承明'，孝文帝年號。"今從改。

[7]文明太后：即北魏文成帝皇后馮氏。文明爲其謚號。

[8]給事中：官名。秦始設。西漢因之，爲加官，位次中常侍。魏晋時或爲加官，或爲正官。北魏時爲内朝官，常派往尚書省諸曹，參領政務，並負監察之責。孝文帝太和十七年定爲從三品，二十三年爲六品上。

[9]散騎常侍：官名。三國魏文帝時置散騎，合於中常侍，謂之散騎常侍。將秦、漢官制中散騎與中常侍二職合爲此職。兩晋南北朝沿置。南朝時屬集書省，職掌侍從左右，主掌圖書文翰、文章撰述、諫諍拾遺，收納轉呈文書奏事爲主。北朝時兼領修史，爲閑

散之職。北魏初一度掌出令，位在中書令之上。孝文帝太和十七年定爲二品下，二十三年後爲從三品。　侍中：官名。秦設。原名丞相史，往來殿中奏事，故名。北朝時常總典機密，受遺詔輔政，權任尤重，時號“小宰相”。北魏初置四員，孝文帝太和十七年定爲從一品中，二十三年改爲三品。　吏部尚書：官名。東漢時置吏曹尚書，後改名選部尚書。三國魏改選部尚書爲吏部尚書，爲尚書臺（省）吏部曹長官，三品。兩晉南北朝沿置，位居列曹尚書之上。主管官吏選任、銓叙、調動事務，對五品以下官吏之任免有建議權。歷朝皆重其選，職位高於尚書省諸曹郎。北魏孝文帝太和十七年定爲從四品上，二十三年改爲四品上。

［10］機密：南監本作“樞密”。源氏校勘記云：“《魏書》作‘機密’。”

［11］孝文及文明太后率百僚與諸方客臨獸圈有猛獸逸：中華本校勘記云：“《魏書》‘獸’及‘猛獸’都作‘虎’。《北史》避唐諱改。下文‘猛獸’同。”可從。孝文，即北魏皇帝元宏。孝文爲其謚號。

［12］東陽王：封爵名。遥封。東陽，郡名。南朝宋時治長山縣，在今浙江金華市婺城區。　丕：即元丕，人名。北魏宗室。見《北史》卷一五《武衛將軍謂附元丕傳》。　八議：古代刑律規定，八種人犯罪，必須交由皇帝親自裁決，由皇帝根據其身份及具體情況減免刑罰的制度。這一制度最早源於西周的八辟。在三國魏的《新律》首次入律。這八種人是議親、議故、議賢、議能、議功、議貴、議勤、議賓。

［13］尚書令：官名。秦、西漢時爲尚書署長官，掌收發文書，隸少府。歷代沿置。北魏初不常置，亦不掌實際政務，孝文帝改制後，尚書省權任頗重，以録尚書事爲長官，尚書令爲副貳，兼掌監察百官，皆爲宰相。孝文帝太和十七年定爲從一品上，二十三年定爲二品。

［14］中山王：封爵名。中山，郡名。北魏時治盧奴縣，在今河

北定州市。

[15]鎮東大將軍：官名。三國魏置，職掌與鎮東將軍同，唯資歷深者得任此職，歷代皆不常置。北魏孝文帝太和十七年定爲從一品上，位次尚書令。二十三年改爲二品。

[16]中書侍郎：官名。三國魏文帝時置。草擬詔令。職任機要，地位不高，但頗清貴，多用文學之士。東晋時一度改稱中書通事郎。十六國時多有設置，其中北凉、前秦權任頗重，掌管機密。北魏孝文帝太和十七年定爲四品上，二十三年改爲從四品上。

[17]郎中令：官名。漢朝時置爲諸侯王國屬官。侍從左右，戍衛王宫，其職甚重，領諸大夫、郎官等。北朝時諸王、公、侯、伯、子、男國皆置，品秩頗低。底本作“中郎令”，源氏校勘記云：“《魏書》作‘郎中令’。”中華本校勘記云：“諸本‘郎中’倒作‘中郎’，據《魏書》乙。王國官有郎中令，見《隋書·百官志中》。”今從改。

[18]法秀謀逆：法秀爲僧人，北魏孝文帝太和五年策劃謀反，事泄被誅。

叡出入帷幄，[1]太后密賜珍玩繒綵，人莫能知。率常以夜帷載，閹官防致，前後鉅萬，不可勝數。加以田園、奴婢、牛馬雜畜，並盡良美。大臣及左右因是以受賚賜，外示不私，所費又以萬計。及疾病，孝文、太后每親視疾，侍官省問，相望於道。及疾篤，上疏陳刑政之宜。尋薨，孝文、文明太后親臨哀慟。賜温明秘器，[2]宕昌公王遇監護喪事。[3]贈衛大將軍、太宰、并州牧，[4]謚曰宣王。内侍長董醜奴營墳墓。[5]將葬於城東，孝文登城樓以望之。京都文士爲作哀詩及誄者百餘人。乃立叡祀於都南二十里大道右，起廟，以時祭薦，并立碑銘，置守祀五家。又詔褒揚叡，圖其捍猛獸狀於諸殿，令高允爲之讚。[6]京邑士女，諂稱叡美，造新聲而絃歌之，名曰《中山王》。[7]詔班樂府，[8]合樂奏之。初，叡女妻李沖兄子蕤，[9]次女又適趙國李恢子華。[10]女之將行，先入宫中，其禮略如公主、王女之儀。太后親御太華殿，[11]寢其女於帳中，叡與張祐侍坐。叡所親及兩李家丈夫、婦人列於東西廊。及女子登車，太后送過中路。時人竊謂“天子、太后嫁女”。叡之葬也，假親姻義舊衰絰縞冠送喪者千餘人，[12]皆舉聲慟泣，以要榮利，時謂之“義孝”。

[1]帷幄：古時一種帳幕。用布帛或氈或皮革製成，形似行帳，爲王公貴族出行所用。借指天子近側或朝廷。

[2]温明秘器：由東園匠制作的供皇帝、顯宦使用的棺椁（參韓國河《温明、秘器與便房考》，《文史哲》2003年第4期）。

[3]宕昌公：封爵名。宕昌，羌人的一支。在今甘肅白龍江上游一帶。見《北史》卷九六《宕昌傳》。

[4]衛大將軍：官名。十六國時後燕置。爲高級武官，地位在衛將軍之上。北魏孝文帝太和十七年定爲一品下，位在儀同三司之下，二十三年定爲二品。　太宰：官名。即大宰、冢宰。相傳殷朝始置。《周禮》六卿之一，爲天官之長，掌王家内外事務，總百官，贊王命。西周王室所設，爲朝廷百官之長，諸侯所設，掌内宫之事。東晉、南朝時用作贈官，用以安置元老勳舊大臣。北魏時在太師、太傅、太保之上别置太宰，同爲一品。　并州：北魏時治晋陽縣，在今山西太原市晋源區古城營村一帶。

[5]内侍長：官名。十六國時代置，北魏沿置。職掌顧問拾遺應對，還負責察舉百僚。孝文帝改制罷。

[6]高允：人名。字伯恭，勃海蓨（今河北景縣）人。北魏大臣。見《北史》卷三一《高允傳》。

[7]中山王：源氏校勘記云："'王'下《魏書》有'樂'字。"按：中華本《魏書》卷九三《王叡傳》有"樂"字。當從《魏書》。

[8]樂府：官署名。秦朝始置。漢武帝時正式設立樂府，職責是收集編纂各地民間音樂，整理、改編、創作音樂以及進行演唱及演奏。

[9]李沖：人名。原名思沖，字思順，隴西狄道（今甘肅臨洮縣）人。北魏官吏。見《北史》卷一〇〇《涼武昭王李暠附李沖傳》。　蕤：即李蕤，人名。字延賓，隴西狄道（今甘肅臨洮縣）人。北魏官吏。見《北史·涼武昭王李暠附李蕤傳》。源氏校勘記云："'蕤'《魏書》作'延賓'。恐是字。"

[10]李恢：人名。趙郡平棘（今河北趙縣）人。北魏官吏。見《北史》卷三三《李靈附李恢傳》。

[11]太華殿：北魏文成帝築於平城，在今山西大同市東北。

[12]衰絰縞冠：喪服。衰，古人喪服胸前當心處綴長六寸、廣四寸的麻布。絰，古人服喪的時候，圍在頭上的散麻繩爲首絰，纏在腰間的爲腰絰。衰、絰是喪服的主要部分。縞冠，白色生絹製成的帽子，用於凶事。

叡既貴，乃言家本太原晉陽，遂移屬焉。故其兄弟封爵，多以并州郡縣。薨後，重贈叡父橋侍中、征西將軍、左光禄大夫、儀同三司、武威王，[1]謚曰定。追策叡母賈氏爲妃，立碑於墓左。父子並葬城東，相去里餘。遷洛後，更徙葬太原晉陽故地。

[1]征西將軍：官名。漢和帝永元中置。獻帝建安年間曹操執

政時，列爲四征將軍之一，地位提高。魏晋南北朝沿置。北魏孝文帝太和十七年定爲從一品中，二十三年改爲二品。　左光禄大夫：官名。三國魏置。作爲在朝顯職的加官，以示優待，或授予年老有病者爲致仕之官，亦常用作卒後贈官。無職掌。西晋、南北朝沿置。北魏孝文帝太和十七年定爲從一品下，二十三年改爲二品。　儀同三司：初謂非三公而儀制待遇同於三公。魏晋時期，授予開府位從三公之文武官。南北朝時授予範圍不斷擴大，逐漸成爲官號。北魏孝文帝太和十七年定爲一品下，二十三年以後改爲從一品，位開府上。

子襲，字元孫。叡薨，孝文詔襲代領都曹，[1]爲尚書令，領吏部曹。[2]後襲王爵，例降爲公。太后崩後，襲禮遇稍薄，不復關與時事。後出爲并州刺史。輿駕詣洛，路幸其州，人庶多爲立銘，置於大路，虚相稱美。或云襲所教也，尚書奏免其官，詔唯降號二等。卒，贈豫州刺史，[3]謚曰質。

[1]都曹：官署名。北魏前期置，屬尚書省，設尚書爲長官，協助尚書令、僕射綜理各曹事務，多以侍中、殿中尚書、吏部尚書等官參、治、録其事。孝文帝改制時廢。

[2]吏部曹：官署名。東漢於尚書臺始置。北魏孝文帝改制時，改選部爲吏部曹，爲尚書六曹之一，或説領吏部、考功、南北主客四曹。又每以大臣參掌選事、分其權任，重大任命須與衆執政大臣參議，由皇帝、宰相裁定。

[3]豫州：北魏時治懸瓠城，在今河南汝南縣。

襲弟椿，字元壽。正始中，[1]拜太原太守，坐事免。

椿僮僕千餘，[2]園宅華廣，聲伎自適，無乏於時。或有勸椿仕者，椿笑而不答。雅有巧思，凡所營製，可爲後法。由是正光中元叉將營明堂、辟雍，[3]欲徵爲將作大匠，[4]椿聞而固辭。孝昌中，[5]尒朱榮以汾州胡逆，[6]表椿慰勞汾胡。汾胡與椿比州，[7]服其聲望，所至降下。事寧，授太原太守。以預立莊帝功，[8]封遼陽縣子，[9]尋轉封真定縣。[10]永熙中，[11]除瀛州刺史。[12]時有風雹之變，詔書廣訪讜言，椿乃上疏言政事之宜。椿性嚴察，下不容奸，所在吏人畏之重足。[13]天平末，[14]更滿還鄉。初，椿於宅構起聽事，[15]極爲高壯。時人忽云："此乃太原王宅，豈是王太原宅？"椿往爲本郡，世皆呼爲王太原。未幾，尒朱榮居椿之宅，榮封太原王焉。至於齊神武之居晋陽，霸朝所在，人士輻湊。椿禮敬親知，多所拯接。後以老病辭疾，客居趙郡之西鯉魚祠山。[16]卒，贈尚書左僕射、太尉公、冀州刺史，[17]謚曰文恭。及葬，齊神武親自吊送。

[1]正始：北魏宣武帝的年號（504—508）。

[2]僮僕：亦稱僕隸。指私家所屬的一種依附人手，主要用於家内役作，也有從事手工業、農業生産的。

[3]正光：北魏孝明帝的年號（520—525）。　元叉：人名。字伯儁，小字夜叉。北魏宗室、大臣。見《北史》卷一六《京兆王黎附元叉傳》。　明堂：古代帝王宣明政教、舉行大典的地方。凡朝會、祭祀、慶賞、選士、養老、教學等大典，都在此舉行。　辟雍：本爲西周天子設立的教育貴族子弟的學校。取四周有水，形如璧環而名。其學有五，南爲成均，北爲上庠，東爲東序，西爲瞽宗，中爲辟雍。其中以辟雍爲最尊，故通稱之。

［4］將作大匠：官名。漢景帝中元六年（前144）由將作少府改名。掌領徒隸修建宫室、宗廟、陵寢及其他土木工程，植樹於道旁。北魏時仍置，領將作都將、將作監等官，孝文帝太和十七年定爲從二品下，二十三年改爲從三品。

［5］孝昌：北魏孝明帝的年號（525—528）。

［6］尒朱榮：人名。北秀容（今山西朔州市）人，契胡族。北魏大臣。見《北史》卷四八《尒朱榮傳》。　汾州：北魏時治蒲子城，在今山西隰縣。

［7］比州：指兩州相臨近。

［8］莊帝：即北魏皇帝元子攸。莊爲其謚號。

［9］遼陽縣子：封爵名。遼陽，縣名。治所在今山西左權縣。

［10］真定縣：治所在今河北正定縣南。源氏校勘記云："《魏書》作'真定縣侯'。"

［11］永熙：北魏孝武帝的年號（532—534）。

［12］瀛州：北魏時治趙都軍城，在今河北河間市。

［13］重足：疊足，不敢邁步，形容恐懼。

［14］天平：東魏孝静帝的年號（534—537）。

［15］聽事：源氏校勘記改"聽"作"廳"。按："聽""廳"古今字。

［16］趙郡：北魏時治平棘縣，在今河北趙縣。

［17］尚書左僕射：官名。秦官，漢因之。尚書僕射分左、右自漢獻帝建安四年（199）始。自此以後，或二或一，置二人則分左、右。職掌都省庶務及執法，或典選舉，左僕射權力大於右僕射，兼掌糾彈百官。北魏孝文帝太和十七年定爲從一品中，二十三年改爲從二品。　太尉公：官名。對太尉的尊稱。　冀州：北魏時治信都縣，在今河北冀州市。

椿妻，鉅鹿魏悦次女，[1]明達有遠操，多識往行前言。隨夫在華州,[2]兄子建在洛遇患,[3]聞而馳赴，膚容虧損，親類歎尚之。尒朱榮妻鄉郡長公主深所禮敬。[4]永安中,[5]詔以爲南和縣君。[6]内足於財，不以華飾爲意。撫兄子收,[7]情同己子。存拯親類，所在周給。椿名位終始，魏有力焉。卒，贈鉅鹿郡君。椿無子，以兄孫叔明爲後。

[1]鉅鹿：郡名。北魏時屬定州，治曲陽縣，在今河北晋州市西。孝莊帝永安二年（529）時分定州鉅鹿郡置，屬殷州，治癭遥縣，在今河北寧晋縣西南。　魏悦：人名。字處德，鉅鹿下曲陽（今河北晋州市西）人。北魏官吏。見《北史》卷五六《魏收附魏悦傳》。

[2]華州：北魏時治李潤堡，在今陝西蒲城縣東北。後移治馮翊古城，在今陝西大荔縣。

[3]子建：即魏子建，人名。字敬忠，鉅鹿下曲陽（今河北晋州市西）人。北魏官吏。見《北史·魏收附魏子建傳》。

[4]鄉郡長公主：封爵名。鄉郡，北魏時治鄉縣，在今山西武鄉縣東故城。

[5]永安：北魏孝莊帝的年號（528—530）。

[6]南和縣君：封爵名。南和，縣名。治所在今河北南和縣。

[7]撫兄子收：底本“收”作“牧”，中華本校勘記云：“諸本‘收’作‘牧’，《魏書》（百衲本）作‘收’。按兄指魏子建，即魏收之父，見本書卷五六《魏收傳》。‘牧’乃‘收’之訛，今據改。”今從改。收，即魏收，人名。字伯起，鉅鹿下曲陽（今河北晋州市西）人。北齊史學家、文學家。見《北史·魏收傳》。

王仲興，趙郡南欒人也。[1]父天德，起自細微，至殿中尚書。[2]

[1]南欒：縣名。治所在今河北巨鹿縣北。

[2]殿中尚書：官名。晋武帝太康年間始置，爲尚書省六曹尚書之一，職掌不詳。東晋、南朝省，唯設殿中郎領尚書省殿中曹。梁末，侯景曾改左民尚書爲殿中尚書。北魏復置，領宫中兵馬，典宫禁宿衛及倉庫，或説領殿中、直事、三公、駕部四郎曹。孝文帝太和十七年定爲二品中，二十三年改爲三品（參張金龍《北魏前期禁衛武官制度考論——以史籍記載爲中心》，《歷史研究》2003 年第 3 期）。

仲興幼而端謹，以父任，早給事左右，累遷越騎校尉。[1]孝文在馬圈，[2]自不豫、大漸迄於崩，[3]仲興頗預侍護。宣武即位，[4]轉左中郎將。[5]及帝親政，與趙脩並見寵任，遷光禄大夫，[6]領武衛將軍。[7]雖與脩並，而畏慎自退，不若脩倨傲無禮。咸陽王禧之出奔也，[8]當時上下微爲震駭。帝遣仲興先馳入金墉安慰。[9]後與領軍于勁參機要，[10]因自迴馬圈侍疾及入金墉功，遂封上黨郡開國公。[11]自拜武衛及受封日，車駕每臨饗其宅。宣武游幸，仲興常侍，不離左右，外事得徑以聞，百僚亦聳體而承望焉。兄可久，以仲興故，自散爵爲征虜府長史，[12]帶彭城太守。[13]仲興世居趙郡，自以寒微，云舊出京兆霸城，[14]故爲雍州大中正。[15]

[1]越騎校尉：官名。漢武帝時置，爲北軍八校尉之一，位次列卿，屬官有丞、司馬等，領内附越人騎士，戍衛京師，兼任征伐。北魏初典掌禁軍，位次列卿，後罷其兵，成爲武臣散官，定員

二十人。孝文帝太和十七年定爲從三品中，二十三年改爲五品。

[2]馬圈：地名。在今河南鎮平縣南。

[3]不豫：君主、天子有病的諱稱。　大漸：病勢危重，多指帝王病危。

[4]宣武：即北魏皇帝元恪。宣武爲其謚號。

[5]左中郎將：官名。西漢置，隸光禄勳。居宫禁中，與五官中郎將、右中郎將分領三署諸郎，宿衛宫殿掖門。歷朝因之。南朝復置，爲侍從武官，宋四品，陳五品。北魏、北齊置五員，爲冗職，用以安置閑散武臣，隸領軍府所轄左右衛府，從四品。

[6]光禄大夫：官名。漢武帝時設，掌議論。無定員，秩比二千石。歷朝因之，官秩不一。西漢後期漸成散官、加官。晋武帝泰始年間始有左、右之分，並稱加金章紫綬者爲金紫光禄大夫，加銀章青綬者爲銀青光禄大夫，位在其上。北魏孝文帝太和十七年定爲從二品中，二十三年改爲三品。

[7]武衛將軍：官名。三國魏置。北魏沿置，掌宿衛禁軍。孝文帝太和十七年定爲從二品下，二十三年改爲從三品。

[8]咸陽王：封爵名。咸陽，郡名。北魏時治池陽縣，在今陝西涇陽縣。　禧：即元禧，人名。字思永。北魏宗室。見《北史》卷一九《咸陽王禧傳》。

[9]金墉：城名。在今河南洛陽市東北。

[10]領軍：官名。漢獻帝建安中曹操置，統領禁衛軍，屬丞相府。魏晋南北朝時，資深者稱領軍將軍，資輕者稱中領軍，職掌相同，多由中領軍遷領軍將軍，一般不並置。祇有北魏孝文帝太和十七年職員令中專設有領軍，二品中。　于勁：人名。字鍾葵，代（今山西大同市東北）人。北魏官吏。見《北史》卷二三《于栗磾附于勁傳》。

[11]上黨郡開國公：封爵名。上黨，郡名。北魏時治壺關城，在今山西長治市東南。

[12]征虜府：官署名。即征虜將軍府。征虜將軍，三國魏、

晋、南朝宋、齊、梁及北魏時爲武官，亦作爲高級文職官員的加官。北魏孝文帝太和十七年定爲第三品上，二十三年改爲從三品。長史：官名。戰國秦置，掌顧問参謀。秦漢因之，西漢丞相、太尉、御史大夫、大將軍、車騎將軍、前後左右將軍皆置，爲所在官署掾屬之長。丞相長史職權尤重。邊郡於丞之外復置長史，佐太守掌兵馬。内郡或置之。東漢、魏晋南北朝沿置，大抵略同。

[13]彭城：郡名。北魏時治彭城縣，在今江蘇徐州市。

[14]京兆：郡名。北魏時治霸城縣，在今陝西西安市東北。霸城：縣名。治所在今陝西西安市東北。

[15]雍州：北魏時治長安縣，在今陝西西安市西北。　大中正：官名。魏晋南北朝時負責評定士人品第。三國魏齊王曹芳時在郡中正之上設州大中正，主管州内士族品第的評定。兩晋南北朝沿置。北魏時無品、無禄，但有罪時可當刑。

尚書後以“仲興賞報過優”，北海王詳嘗以面啓，[1]奏請降減，事久不决。可久在徐州，[2]恃仲興寵勢，輕侮司馬梁郡太守李長壽，[3]乃令僮僕邀毆長壽，遂折其脅。州以表聞，北海王詳因百僚朝集，厲色大言曰：“徐州名藩，先帝所重，朝廷云何簡用上佐，遂至此紛紜，以徹荒外，豈不爲國醜辱！”仲興是後漸疏。宣武乃下詔奪其封邑。後卒於并州刺史。

[1]北海王：封爵名。北海，郡名。北魏時治平壽城，在今山東昌樂縣東南。　詳：即元詳，人名。字季豫。北魏宗室、大臣。見《北史》卷一九《北海王詳傳》。

[2]徐州：北魏時治彭城縣，在今江蘇徐州市。

[3]司馬：官名。王國、王府屬官。兩晋南北朝置於王國者，隸中衛；其王帶將軍號者，軍府亦置，爲高級幕僚，掌參贊軍務，

管理府内武職，位僅次於長史，其品秩隨府主地位而定，高低不等。　梁郡：北魏時治睢陽縣，在今河南商丘市睢陽區。

宣武時，又有上谷寇猛，[1]少以姿幹充武賁，[2]稍遷至武衛將軍。出入禁中，無所拘忌。自以上谷寇氏，得補燕州大中正，[3]而不能甄别士庶也。卒，贈燕州刺史。

[1]上谷：郡名。北魏時治居庸縣，在今北京延慶縣東。

[2]武賁（bēn）：官名。本名虎賁，《北史》避唐高祖祖父李虎諱改。西周始置。北魏時除擔任侍衛外，亦奉命出征，或賜予大臣充作儀仗，作爲對大臣的特殊禮遇。

[3]燕州：北魏時治下洛城，在今河北涿鹿縣涿鹿鎮。

趙脩，字景業，趙郡房子人也。[1]父謐，陽武令。[2]脩本給事東宫，爲白衣左右，[3]頗有膂力。宣武踐阼，愛遇日隆。然天性闇塞，不閑書疏。宣武親政，旬月間頻有轉授。每受除設宴，帝幸其宅，諸王公百僚悉從，帝親見其母。脩能劇飲，至於逼勸觴爵，雖北海王詳、廣陽王嘉等皆亦不免，[4]必致困亂。每適郊廟，脩常驂陪，出入華林，[5]恒乘馬至禁内。咸陽王禧誅，其家財貨多賜高肇及脩。[6]脩之葬父，百官自王公已下，無不弔祭，酒犢祭奠之具，填塞門街。於京師爲制碑銘石獸石柱，[7]皆發人車牛，傳致本縣。財用之費，悉自公家。凶吉車乘將百兩，道路供給，皆出於官。時將馬射，宣武留脩過之，帝如射宫，又驂乘。輅車旒竿觸東門折。脩恐不逮葬日，驛赴窆期。[8]左右求從及特遣者數十人。

脩道路嬉戲，殆無慼容，或與賓客姧掠婦女裸觀，從者噂嗂喧嘩，[9]詬詈無節，莫不畏而惡之。是年，又爲脩廣增宅舍，多所并兼，洞門高堂，房廡周博，崇麗擬於諸王。其四面鄰居，賂入其地者侯天盛兄弟，越次出補長史大郡。

［1］房子：縣名。治所在今河北高邑縣西南。

［2］陽武：縣名。治所在今河南原陽縣東南。

［3］白衣左右：官名。北魏置，爲皇帝、太子身邊的侍從，多用親信近臣，權力甚大，升遷很快。

［4］廣陽王：封爵名。廣陽，郡名。北魏時治燕樂縣，在今河北隆化縣。　嘉：即元嘉，人名。北魏宗室。見《北史》卷一六《廣陽王建附元嘉傳》。

［5］華林：本東漢芳林園，三國魏因避齊王芳諱改。故址在今河南洛陽市東洛陽故城内。《洛陽伽藍記》卷一《城内》："泉西有華林園"。

［6］高肇：人名。字首文，勃海蓨（今河北景縣）人。北魏大臣、外戚。見《北史》卷八〇《高肇傳》。

［7］於京師爲制碑銘石獸石柱：底本"獸"上無"石"字，源氏校勘記云："'獸'上《魏書》有'石'字。"中華本校勘記云："諸本'獸'上脱'石'字，據《魏書》卷九三《趙脩傳》補。"今從改。

［8］窆：下葬。

［9］噂（zūn）嗂：繁雜。

脩起自賤伍，暴致富貴，奢傲無禮，物情所疾，因其在外，左右或諷糾其罪。自其葬父還也，舊寵小薄。

初，王顯附脩，[1]後因忿鬩，密伺其過，列脩葬父時路中淫亂不軌。又云與長安人趙僧檦謀匿玉印事。高肇、甄琛等搆成其罪，[2]乃密以聞。始琛及李馮等曲事脩，[3]無所不至，懼相連及，乃争共糾擿。遂有詔按其罪惡，鞭之一百，徙敦煌爲兵。[4]其家宅作徒，即仰停罷，所親在内者，悉令出禁。是日，脩詣領軍于勁第，與之樗蒱。[5]籌未及畢，羽林數人，相續而至，稱詔呼之。脩驚起，隨出。路中執引脩馬詣領軍府。琛與顯監決其罪，先具問事，有力者五人更迭鞭之，占令必死。旨决百鞭，其實三百。脩素肥壯，腰腹博碩，堪忍楚毒，了不轉動。鞭訖，即召驛馬，促之令發。出城西門，不自勝舉，縛置鞍中，急驅馳之，其母妻追隨，不得與語，行八十里乃死。

[1]王顯：人名。字世榮，陽平樂平（今山西昔陽縣）人。北魏官吏。見《北史》卷九〇《王顯傳》。

[2]甄琛：人名。字思伯，中山毋極（今河北無極縣）人。北魏官吏。見《北史》卷四〇《甄琛傳》。

[3]李馮：人名。字青龍，趙郡平棘（今河北趙縣）人。北魏官吏。任秘書主文中散，累遷至冀州征東長史、太子中舍人。坐趙脩黨被免官。後被起用爲趙郡太守。

[4]敦煌：郡名。北魏時治敦煌縣，在今甘肅敦煌市西。

[5]樗蒱：古代的博戲。博戲中用於擲采的投子最初是用樗木製成，因得名。

初，于后之入，[1]脩之力也。脩死後，領軍于勁猶追感舊意，經恤其家。自餘朝士昔相宗承者，悉棄絶之，以示己之疏遠焉。

[1]于后：即北魏宣武順皇后于氏。順爲其謚號。見《北史》卷一三《宣武順皇后于氏傳》。

茹皓，字禽奇，舊吴人也。[1]父謙之，[2]本名要，隨宋巴陵王休若爲將，[3]至彭城，遂寓居淮陽上黨。[4]

[1]舊吴：三國時吴國。在今江蘇蘇州市。

[2]謙之：源氏校勘記云："《魏書》作'讓之'。"按：中華本《魏書》卷九三《茹皓傳》作"讓之"。

[3]巴陵王：封爵名。巴陵，郡名。南朝宋時治巴陵縣，在今湖南岳陽市。　休若：即劉休若，人名。南朝宋宗室。見《宋書》卷七二《巴陵哀王休若傳》。

[4]淮陽：郡名。南朝宋時治角城，在今江蘇泗陽縣。　上黨：縣名。南朝宋僑置，在今安徽蕪湖市西南。

皓年十五六，[1]爲縣金曹吏。[2]南徐州刺史沈陵見而善之，[3]自隨入洛，舉充孝文白衣左右。宣武踐阼，皓侍直禁中，稍被寵接。宣武嘗拜山陵，路中欲引與同車，黄門侍郎元匡切諫乃止。[4]及帝親政，皓眷賚日隆。時趙脩亦被幸，妬之，求出皓。皓亦慮見危禍，不樂内官，遂超授濮陽太守。[5]其父因皓，訟理舊勳，先除兖州陽平太守，[6]賜以子爵。父子剖符名邦，郡境相接。皓忻於去内，不以疏外爲戚。[7]及趙脩等敗，竟獲全。雖起微細，爲守乃清簡寡事。

[1]皓年十五六：底本“年”上無“皓”字，源氏校勘記在“年”上補“皓”字。中華本校勘記云：“諸本脱‘皓’字，據《魏書》卷九三《茹皓傳》補。”今從改。

[2]金曹：官署名。漢朝三公府僚屬諸曹之一，掌貨幣、鹽鐵事。郡國亦置，兼掌市政。歷代沿置。

[3]南徐州：南朝宋時治京口，在今江蘇鎮江市。　沈陵：人名。字道通，吴興武康（今浙江德清縣）人。南朝宋官吏。北魏孝文帝太和十八年（494）歸降北魏，後因謀南歸而被射殺。見《魏書》卷六一《沈文秀附沈陵傳》。

[4]黄門侍郎：官名。魏晋南北朝時置爲侍中省或門下省次官，與侍中俱掌門下衆事，職掌略同，地位隨皇帝旨意或侍中地位而上下。北魏孝文帝太和十七年定爲三品中，二十三年改爲四品上。　元匡：人名。字建扶。北魏宗室。見《北史》卷一七《廣平王洛侯附東平王匡傳》。

[5]濮陽：郡名。北魏時治甄城縣，在今河南鄄城縣北。

[6]兖州：北魏孝文帝太和十八年改東兖州置，治瑕丘城，在今山東兖州市新驛鎮東頓村南。　陽平：郡名。北魏時治館陶城，在今河北館陶縣。

[7]戚：源氏改“戚”作“慼”。按：“戚”“慼”通假字。

後授左中郎將，領直閤，[1]寵待如前。皓既宦達，自云本出雁門。[2]雁門人諂附者，乃因薦皓於司徒，[3]請爲肆州大中正。[4]詔特依許。遷驍騎將軍，[5]領華林諸作。皓性微工巧，多所興立，爲山於天泉池西，[6]採掘北芒及南山佳石，[7]徙竹汝、潁，[8]羅蒔其間。經構樓觀，列於上下，樹草栽木，頗有野致。帝心悦之，以時臨幸。

[1]直閤：官名。直閤將軍的省稱，南朝與北魏、北齊均置。爲皇帝左右的侍衛之官，地位顯要。北魏時大多由宗室之人擔任此職。孝文帝太和十七年定爲從三品下（參張金龍《北魏後期的直閤將軍與“直衛”諸職》，《文史哲》1999年第1期）。

[2]雁門：郡名。北魏時治廣武縣，在今山西代縣西南。

[3]司徒：官名。漢哀帝時改丞相爲大司徒，漢光武帝時改爲司徒，與太尉、司空並稱三公，分掌宰相職能。北魏初曾令州郡公文先上司徒府，後改上丞相府。一品。

[4]肆州：北魏時治九原縣，在今山西忻州市忻府區。

[5]驍騎將軍：官名。西漢始置。爲名號將軍之一。北魏、北齊時統率親軍，負責宿衛之事，是護衛皇宮的主要將領之一。北魏孝文帝太和二十三年之後改爲四品上。

[6]天泉池：即天淵池。《北史》避唐高祖李淵諱改，在今河南洛陽市漢魏洛陽古城北。

[7]北芒：又作“北邙”“芒山”“北山”，在今河南洛陽市東北。

[8]汝：上游即今河南汝河，下游是今洪河。　潁：淮河最大的支流，流經今河南、安徽。

皓貴寵日昇，關豫政事，太傅、北海王詳以下，[1]咸祇憚之。皓娶僕射高肇從妹，於帝爲從母。迎納之日，詳親詣之，禮以馬物。皓又爲弟聘安豐王延明妹，[2]延明恥非舊流，不許。詳勸之云：“欲覓官職，如何不與茹皓昏姻也？”延明乃從焉。皓頗敏慧，折節下人，潛自經營，陰有納受，貨産盈積，起宅宮西，朝貴弗及。時帝雖親萬務，皓率常居内，留宿不還。傳可門下奏事。[3]未幾，轉光禄少卿。[4]意殊不已，方欲陳馬圈從先帝勞，更希榮舉。

[1]太傅：官名。西周始設，爲輔弼君王的大臣，與太師、太保並號三公。北魏時，與太師、太保並號三師。孝文帝太和二十三年定爲一品。

[2]安豐王：封爵名。遥封。安豐，郡名。南朝梁時治安豐縣，在今安徽壽縣南。　延明：即元延明，人名。北魏宗室。見《北史》卷一九《安豐王猛附元延明傳》。

[3]門下：魏晋南北朝時常爲門下三省即散騎省（集書省）、侍中省、西省之代稱，自南朝梁及北魏孝文帝改制後專指門下省。

[4]光禄少卿：官名。北魏始置，爲光禄勳副職。孝文帝太和十七年定爲三品上，二十三年改爲四品上。

初，脩、皓之寵，北海王詳皆附之。又直閤劉胄本爲詳薦，感恩。高肇素嫉諸王，常規陷害。既知詳與皓等交關相昵，乃構之，云皓等將有異謀。宣武乃召中尉崔亮，[1]令奏皓、胄、常季賢、陳掃静四人擅勢納賄及私亂諸事，即日執皓等，皆詣南臺。[2]翌日，奏處殺之。[3]皓妻被髪出堂，哭而迎皓。皓徑入哭别，食椒而死。[4]

[1]中尉：官名。西漢初諸侯王國屬官，掌武事，維持王國治安，督察軍吏，典領軍隊，與傅、相共同輔王。東漢沿置，魏晋南北朝地位稍減，以典兵爲職。品秩隨國之地位而定。　崔亮：人名。字敬儒，清河東武城（今山東武城縣西北）人。北魏官吏。見《北史》卷四四《崔亮傳》。

[2]南臺：魏晋南北朝時對御史臺的俗稱。

[3]奏處殺之：源氏校勘記在“處”後補“罪”字。按：中華本《魏書》卷九三《茹皓傳》作“奏處罪，其晚就家殺之”。

[4]食椒而死：《千金翼方》“蜀椒”載：“多食令人乏氣，口閉者殺人。”

胄，字元孫，後位直閤將軍。[1]

[1]胄字元孫後位直閤將軍：中華本校勘記云：“按胄與茹皓同死，此乃補敘劉胄官位，‘後’字疑衍。”是。直閤將軍，官名。南朝及北魏、北齊置。爲皇帝左右侍衛之官，地位顯要。北魏時大多以宗室任此職。孝文帝太和十七年定階爲從三品中（參張金龍《北魏後期的直閤將軍與“直衛”諸職》，《文史哲》1999 年第 1 期）。

季賢起於主馬，宣武初好騎乘，因是獲寵。位司藥丞，[1]仍主廐閑。

[1]司藥丞：官名。北魏置。職掌藥政。

掃静、徐義恭，並彭城舊營人。掃静能爲宣武典櫛梳，義恭善執衣服，並以巧便，旦夕居中，愛幸相侔，官敘不異。二人皆承皓，皓亦接眷。而掃静偏爲親密，與皓常在左右，略不歸休。皓敗，掃静亦死於家。義恭小心謹慎，皓等死後，彌見幸信。宣武不豫，義恭晝夜扶抱，崩于懷中。義恭諂附元叉，叉有淫宴，多在其宅。位終左光禄大夫。

趙邕，字令和，自云南陽人也，[1]潔白美鬚眉。司空李沖之貴寵也，[2]邕以少年端謹，出入其家，頗給桉磨奔走之役。[3]沖令與諸子游處，人有束帶謁沖者，[4]時託之以自通。太和中，給事左右，至殿中監。[5]宣武即位及親政，猶居本任。微與趙脩結爲宗援，然亦不甚相附也。邕父怡，以邕寵，召拜太常少卿，[6]尋爲荆州大中正，[7]出爲荆州刺史。怡乃致其母喪，葬於宛城之南，[8]趙氏舊墟。後拜金紫光禄大夫。[9]卒，贈相州刺史。[10]宣武每出入郊廟，趙恒以常侍兼侍中陪乘，而邕兼奉車都尉，[11]執轡同載。時人竊論，號爲二趙。以趙出南陽，徙屬荆州。邕轉給事中，南陽中正。以父爲荆州大中正，罷。宣武崩，邕兼給事黄門。[12]

[1]南陽：郡名。北魏時治宛縣，在今河南南陽市。

[2]司空：官名。三公之一。漢成帝時改御史大夫爲大司空，漢光武帝時改名司空，與太尉、司徒並稱三公。本職掌水土工程，並參議大政，實際上權歸尚書。歷代沿置，爲三公之末，魏晋南北朝時爲名譽宰相，大多爲大臣加官。北魏時爲正一品，無實際職掌。

[3]頗給桉磨奔走之役：中華本校勘記云："《魏書》卷九三《趙邕傳》'桉'作'按'，疑是。"可從。

[4]束帶：整理衣冠，表示莊重。

[5]殿中監：官名。三國魏置。北魏時置爲禁衛武職，孝文帝太和十七年定爲從五品下。

[6]太常少卿：官名。北魏置，爲太常副職，協助太常卿管理禮樂、宗廟祭祀事務，位在太常丞上。孝文帝太和十七年定爲三品上，二十三年改爲四品上。

[7]荆州：北魏時治穰縣，在今河南鄧州市。

[8]宛城：即今河南南陽市。

[9]金紫光禄大夫：官名。西晋初有光禄大夫，授銀章青綬，如加賜金章紫綬，則爲金紫光禄大夫，二品，禄賜、班位等所賜皆與特進同。其以爲加官者，唯假章綬、禄賜、班位，不别給車服吏卒。北魏孝文帝太和十七年定爲從一品下，二十三年改爲從二品。

[10]相州：北魏時治鄴城，在今河北臨漳縣西南鄴鎮。

[11]奉車都尉：官名。漢武帝時始設。掌管皇帝車輿，入侍左右。北魏時列爲冗官。孝文帝太和十七年定爲從四品上，二十三年改爲從五品上。宣武帝正始四年置二十人，定爲從五品。

[12]給事黄門：官名。東漢合併黄門侍郎與給事黄門而置。亦簡稱黄門、黄門郎、黄門侍郎。掌侍從左右、關通内外，與侍中平省尚書奏事。因出入禁中故職任顯要。魏晋南北朝時置爲侍中省或門下省次官，與侍中俱掌門下衆事，職掌略同，地位隨皇帝旨意或侍中地位而上下。北魏一度甚重之，孝文帝太和十七年定爲三品中，二十三年改爲四品上。

後爲幽州刺史，[1]貪。與范陽盧氏爲婚，[2]女父早亡，其叔許之，而母不從。母北平陽氏，[3]攜女至家藏避，規免。邕乃考掠陽叔，遂至於死。陽氏訴冤，邕坐處死。會赦，免。孝昌初，卒。

[1]幽州：北魏時治薊縣，在今北京西南。

[2]范陽：郡名。北魏時治涿縣，在今河北涿州市。

[3]北平：郡名。北魏時治新昌縣，在今河北盧龍縣。

侯剛，字乾之，河南洛陽人也。[1]其先代人，[2]本出寒微。少以善於鼎俎，得進膳出入，積官至嘗食典御。[3]宣武以其質直，賜名剛焉。稍遷左中郎將，[4]領刀劍左右，後領太子中庶子。[5]宣武崩，剛與侍中崔光迎明帝於東宫，[6]尋除衛尉卿，[7]封武陽縣侯。[8]俄爲侍中、撫軍將軍、恒州大中正，[9]進爵爲公。熙平中，[10]侍中游肇出爲相州，[11]剛言於靈太后曰：[12]“昔高氏擅權，游肇抗衡不屈，而出牧一藩，未盡其美。宜還引入，以輔聖主。”太后善之。

[1]河南：郡名。北魏時治洛陽縣，在今河南洛陽市東北。　洛陽：縣名。治所在今河南洛陽市東北。

[2]代：在今山西大同市東北。

[3]嘗食典御：官名。北魏置，負責帝、后御膳的烹制及進奉，在進食前要先嘗。爲皇帝左右親近之職。或以宗室子弟兼領。

[4]左中郎將：源氏校勘記云：“‘左’《魏書》作‘右’。”按：中華本《魏書》卷九三《侯剛傳》作“右中郎將”。

[5]太子中庶子：官名。漢置，爲東宫屬官，太子侍從之臣。三國魏沿置，掌侍從、奏事、諫議等。南朝置，掌東宫管記。北魏亦置，孝文帝太和十七年定爲三品中，二十三年改爲四品上。

[6]崔光：人名。本名孝伯，孝文帝賜名光。字長仁，東清河鄃（今山東淄博市）人。北魏大臣。見《北史》卷四四《崔光傳》。　明帝：即北魏皇帝元詡。明爲其謚號。

[7]衛尉卿：官名。戰國秦始設。北魏時定爲正式官名。掌宫門禁衛、武器庫藏等。北魏孝文帝太和二十三年之後爲第三品。

[8]武陽縣侯：封爵名。武陽，縣名。治所在今河南西平縣西南。

[9]撫軍將軍：官名。三國蜀後主時置。北魏時爲將軍名號，地位較高。孝文帝太和十七年定爲從一品下，二十三年復次職員令降爲從二品。　恒州：北魏時治平城，在今山西大同市東北。

[10]熙平：北魏孝明帝年號（516—518）。

[11]游肇：人名。字伯始，廣平任（今河北任縣）人。北魏官吏。見《北史》卷三四《游雅附游肇傳》。

[12]靈太后：即北魏宣武帝皇后胡氏。靈爲其謚號。

剛寵任既隆，江陽王繼、尚書長孫承業皆以女妻其子。[1]司空、任城王澄以其起由膳宰，[2]頗竊侮之，云："此近爲我舉食。"然公坐對集，敬遇不虧。後剛坐掠殺試射羽林，爲御史中尉元匡所彈，[3]處剛大辟。[4]尚書令、任城王澄爲之言於靈太后，令削封三百户，解嘗食典御。剛於是頗爲失意。剛自太和進食，遂爲典御，歷兩都、三帝、二太后，將三十年，至此始解。御史中尉元匡之廢也，剛爲太傅、清河王懌所舉，[5]除車騎將軍，[6]領御史中尉。及領軍元叉執政，剛長子，叉之妹夫，乃引剛爲侍中、左衛將軍，[7]還領嘗食典御，以爲枝援。[8]復領御史中尉。剛啓軍旅稍興，國用不足，求以己邑俸粟，賑給征人，比至軍下。明帝許之。

[1]江陽王：封爵名。江陽，郡名。北魏時治江陽縣，在今四川彭山縣東。　繼：即元繼，人名。北魏宗室、大臣。見《北史》卷一六《京兆王黎附江陽王繼傳》。　長孫承業：人名。本名冀歸，孝文帝賜名稚，字承業，鮮卑族。北魏官吏。見《北史》卷二二《長孫道生附長孫承業傳》。

[2]任城王：封爵名。任城，郡名。北魏時治任城縣，在今山東濟寧市。　澄：即元澄，人名。字道鏡。北魏宗室、大臣。見《北史》卷一八《任城王雲附元澄傳》。

[3]御史中尉：官名。十六國時前燕置。北魏時爲御史中丞改

稱，主御史臺，頗重其選。孝文帝太和十七年定爲三品上，二十三年定爲從三品。

[4]大辟：古代五刑之一，隋以前爲死刑的通稱。

[5]清河王：封爵名。清河，郡名。北魏時治清河縣，在今山東臨清市東北。 懌：即元懌，人名。字宣仁。北魏宗室。見《北史》卷一九《清河王懌傳》。

[6]車騎將軍：官名。西漢初置爲軍事統帥，武帝後常設，地位僅次於大將軍、驃騎將軍，在衛將軍上，常典京城、皇宮禁衛軍隊，出征時常總領諸將軍。文官輔政者亦或加此銜，領尚書政務，成爲中朝重要官員。北魏孝文帝太和十七年定爲一品下，二十三年改爲二品。

[7]左衛將軍：官名。晋武帝始置。分中衛將軍爲左、右衛將軍，掌飛虎賁及前驅、由基、强弩三部司馬，負責宫禁宿衛。西晋初屬中軍將軍，後屬領軍將軍（中領軍），爲禁衛軍主要統帥之一，權任很重，多由皇帝親信職任擔任。北魏孝文帝太和十七年定爲從二品下，二十三年改爲三品。孝明帝正光元年改爲員二人。

[8]以爲枝援：底本“枝”作“拔”，中華本校勘記云：“百衲、北、汲、殿四本‘枝’作‘拔’，南本及《通志》卷一八四《侯剛傳》作‘扳’，《魏書》卷九三《侯剛傳》作‘枝’。按‘拔’‘扳’都是‘枝’之訛，今據改。”今從改。

孝昌元年，除領軍。初，元叉之解領軍，靈太后以叉腹心尚多，恐難卒制，故權以剛代之，示安其意。尋出爲冀州刺史。剛在道，詔暴其朋黨元叉，逼脅内外，降爲征虜將軍，餘悉削黜。終於家。永安中，贈司徒公。剛以上谷先有侯氏，於是始家焉。

徐紇，字武伯，樂安博昌人也。[1]家世寒微。紇少好學，頗以文詞見稱。宣武初，自主書除中書舍人。[2]

諂附趙脩，脩誅，坐徙枹罕。[3]雖在徒役，志氣不撓。故事，捉逃役、流兵五人者，聽免。紇以此得還。久之，復除中書舍人。太傅、清河王懌以文翰待之。及元叉害懌，出爲雁門太守，稱母老解郡。尋飾貌事叉，大得叉意。

[1]樂安：郡名。北魏時治千乘縣，在今山東廣饒縣北。　博昌：縣名。治所在今山東博興縣南。

[2]自主書除中書舍人：底本“主書”作“書生”，中華本校勘記云：“諸本‘主書’倒訛作‘書生’，據《魏書》卷九三、《通志》卷一八四《徐紇傳》改。主書、中書舍人並屬中書省，見《隋書·百官志中》。”今從改。主書，官名。三國魏設。中書省屬官，主管文書。北魏孝文帝太和二十三年定爲從八品上。中書舍人，官名。三國魏置，爲中書省屬官，與通事共掌收納，轉呈章奏。北朝時專掌草擬詔令，權任較南朝爲輕。北魏孝文帝太和十七年定爲六品上，二十三年改爲六品下。

[3]枹罕：縣名。治所在今甘肅臨夏市。

靈太后反政，以紇曾爲懌所顧待，復自母憂中起爲中書舍人。曲事鄭儼，是以特被信任。俄遷給事黄門侍郎，仍領舍人，總攝中書、門下事。[1]軍國詔命，莫不由之。時有急速，令數吏執筆，或行或卧，人别占之，造次俱成，不失事理，雖無雅才，咸得濟用。時黄門侍郎太原王遵業、琅邪王誦，[2]並稱文學，亦不免爲紇執筆，承其指授。紇機辯有智數，當公斷决，[3]終日不以爲勞。長直禁中，略無休息。時復與沙門講論，或分宵達曙，而心力無怠，道俗歎服之。然性浮動，慕權利，外似謇正，内實諂諛。時豪勝己，必相陵駕；書生貧士，矯意禮之。其詭態若此，有識鄙焉。紇既處腹心，參斷機密，勢傾一時，遠近填湊。與鄭儼、李神軌寵任相亞，[4]時稱徐、鄭焉。

[1]中書：官署名。北魏前期職任不定，或兼掌侍從、出納。孝文帝改制後，始專掌出令、納奏之職。

[2]王遵業：人名。太原晋陽（今山西太原市晋源區古城營村一帶）人。北魏官吏。見《北史》卷三五《王慧龍附王遵業傳》。　琅邪：郡名。北魏時治即丘縣，在今山東臨沂市西。　王誦：人名。字國章，琅邪臨沂（今山東臨沂市）人。北魏官吏。見《北史》卷四二《王肅附王誦傳》。

[3]當公斷决：底本"當公"作"公當"，源氏校勘記云："《魏書》('公當')作'當公'。"中華本校勘記云："諸本'當公'倒作'公當'，據《魏書》乙。"今從改。

[4]李神軌：人名。頓丘（今河南清豐縣西南）人。北魏官吏。見《北史》卷四三《李崇附李神軌傳》。

然無經國大體，好行小數，説靈太后以鐵券間尒朱榮左右。榮知，深以爲憾，啓求誅之。榮將入洛，既剋河、梁，紇矯詔夜開殿中，[1]取驊騮御馬十餘疋，東走兖州。羊侃時爲太山太守，[2]紇往投之，説侃令舉兵。侃從之，遂聚兵反，共紇圍兖州。孝莊初，[3]遣侍中于暉爲行臺，[4]與齊神武討之。紇慮不免，説侃請乞師於梁，侃信之，遂奔梁。文筆駁論十卷，多有遺落，時或存於世焉。

[1]夜開殿中：源氏校勘記云："《魏書》('殿中') 作 '殿門'。" 中華本校勘記云："《魏書》'中' 作 '門'，是。紇直宿禁中，開殿門出走。" 可從。

[2]太山：郡名。北魏時治博平縣，在今山東泰安市東南。

[3]孝莊：即北魏皇帝元子攸。孝莊爲其謚號。

[4]于暉：人名。字宣明，代（今山西大同市東北）人。北魏官吏、外戚。見《北史》卷二三《于栗磾附于暉傳》。　行臺：官名。行臺長官的省稱。北魏初曾於鄴及中山置行臺，以尚書爲長官，執掌當地軍政事務，旋罷。孝明帝正光末，各地戰亂，在各地陸續設立行臺主管各地軍務，成爲常設的地方行政機構。至北魏末期漸理民務，以行臺尚書令爲長官，也有以尚書僕射或左右僕射及尚書來主管行臺事務者，下設行臺尚書左右丞、各部尚書及郎中處理具體事務。

宗愛，不知其所由來，以罪爲閹人，歷碎職至中常侍。[1]正平元年元正，[2]太武大會於江上，[3]班賞群臣，以愛爲秦郡公。[4]景穆之監國也，每事精察。愛天性險暴，行多非法，景穆每銜之。給事中侯道盛、侍郎任平城等任事東宫，[5]微爲權勢，太武頗聞之。二人與愛並不睦，愛懼道盛等案其事，[6]遂構告其罪，詔斬道盛等於都街。時太武震怒，景穆遂以憂薨。

[1]碎職：指卑微的官職。　中常侍：官名。北魏時置爲高級宦官，地位與諸少卿相等，侍從帝、后左右，傳達詔命，受理尚書、門下奏事，職權甚重。孝文帝太和十七年定爲三品上，二十三年改爲四品上。

[2]正平：北魏太武帝的年號（451—452）。　元正：中華本《魏書》卷九四《宗愛傳》作"正月"。

[3]太武：即北魏皇帝拓跋燾。太武爲其謚號。

[4]秦郡公：封爵名。遥封。秦郡，東晋時僑置尉氏縣，在今江蘇南京市六合區北。

[5]給事中侯道盛：源氏校勘記云："《魏書》('中侯')作'仇尼'。"中華本校勘記云："《魏書》卷九四《宗愛傳》'中侯'作'仇尼'。《通鑑》卷一二六作'給事中仇尼道盛'。胡注：'仇尼複姓，出於徒何'。此作'侯'，未知所據。"是。

[6]愛懼道盛等案其事：源氏校勘記云："'愛懼'《魏書》作'爲懼'。"按：中華本《魏書·宗愛傳》作"爲懼"。

是後，太武追悼不已，愛懼誅，遂謀逆。二年春，太武暴崩，愛所爲也。尚書左僕射蘭延、侍中吴興公和疋、侍中太原公薛提等祕不發喪。[1]延、疋二人議，以文成沖幼，[2]欲立長君，徵秦王翰，[3]置之祕室。提以文成有世嫡之重，不可廢所宜立而更求君。延等猶豫未決。愛知其謀。始愛負罪於東宫，而與吴王余素協，[4]乃密迎余，自中宫便門入，矯皇后令徵延等。延等以愛素賤，弗之疑，皆隨之入。愛先使閹竪三十人持仗於宫内，[5]及延等入，以次收縛，斬於殿堂。執秦王翰，殺之於永巷，而立余。余以愛爲大司馬、大將軍、太師、都督中外諸軍事，[6]領中秘書，封馮翊王。[7]

[1]蘭延：人名。北魏大臣。太武帝時爲尚書，封順陽公，當太武帝西巡時都督行臺中外諸軍事。　吴興公：封爵名。遥封。吴興，郡名。南朝宋時治烏程縣，在今浙江湖州市。　薛提：人名。太原（今山西太原市晋源區古城營村一帶）人。北魏官吏。見《北史》卷二八《薛提傳》。

［2］文成：即北魏皇帝拓跋濬。文成爲其謚號。

［3］翰：即拓跋翰，人名。北魏宗室。見《北史》卷一五《秦王翰傳》。

［4］余：即拓跋余，人名。北魏宗室。見《北史》卷一六《南安王余傳》。

［5］閹豎：對宦官的蔑稱。

［6］大司馬：官名。漢武帝時置爲加官號，以冠大將軍、車騎將軍、驃騎將軍等。被授此號者皆爲功勳卓著的將帥，後多授顯貴外戚，成爲執掌中樞政務的中朝領袖之官號。漢光武帝時改名太尉。東漢末與太尉並置，位在三公之上。兩晉十六國時多爲大臣加官，八公之一，居三公之上、三師之下，開府置僚屬，然無具體職司。南朝時不常授，多用作贈官。晋、宋一品，梁十八班，陳一品。北魏、北齊時與大將軍並稱“二大”，仍爲加官，常典軍事，地位尊顯，皆一品。　大將軍：官名。高級軍事統帥。戰國秦始設。北魏時與大司馬共稱“二大”，位尊權重，掌管全國軍政，皆一品。　太師：官名。西周始置。爲輔弼君王的重要大臣。相傳周初與太傅、太保並號三公。自戰國至三國，其間唯西漢及東漢末短暫設置。三國魏末復置，爲三上公之一。東晋南朝沿置，用作贈官。十六國、北朝時仍稱太師，爲三師之一，位在太傅、太保之上，一品。居百官之首，名位極尊。　都督中外諸軍事：官名。亦稱都督中外諸軍、中外都督等。魏晋南北朝始置。總統内外諸軍，爲全國最高軍事統帥，權力極大，不常置。初時多爲他官兼任，無品階。北魏孝文帝太和二十三年定爲從一品。

［7］馮翊王：封爵名。馮翊，郡名。北魏時治高陸縣，在今陝西高陵縣。

愛既立余，位居元輔，録三省，兼總戎禁，坐召公卿，權恣日甚，内外憚之。群情咸以爲愛必有趙高、閻樂之禍，[1]余疑之，遂謀奪其權。愛憤怒，使小黄門賈周等夜殺余。[2]文成立，誅愛、周等，皆具五刑，[3]夷三族。[4]

[1]趙高閻樂之禍：指秦二世的遭遇。秦始皇死後趙高與李斯合謀篡改詔書，立幼子胡亥爲帝，並逼死長子扶蘇。第二年，與咸陽令閻樂一起逼二世自殺，而立子嬰。

[2]小黄門：官名。東漢始置。初參用士人，後爲閹人專職。侍從皇帝左右，收受尚書奏事，傳宣帝命，掌宫廷内外、皇帝與皇后之間的聯絡。北魏亦置，位在中黄門下。孝文帝太和十七年定爲從五品上，二十三年改爲從九品。

[3]五刑：即墨（刺字）、鼻（割掉鼻子）、臏（挖去膝蓋骨）、宫（閹割）、大辟（斬首）五種肉刑一起執行。

[4]三族：父族、母族和妻族。

仇洛齊，中山人也，本姓侯氏。外祖父仇款，始出馮翊重泉。[1]款仕石季龍末，[2]徙鄴南枋頭。[3]仕慕容暐爲烏丸護軍、長水校尉。[4]生二子，長曰嵩，小曰騰。嵩仕慕容垂，[5]遷居中山，位殿中侍御史。[6]嵩有二子，長曰廣，小曰盆。嵩妹子洛齊，生而非男，嵩養爲子，因爲仇姓。初，嵩長女有姿色，充冉閔婦。[7]閔破，入慕容儁，[8]又轉賜盧豚生子魯元。[9]魯元有寵於太武，而知外祖嵩已死，唯有三舅，每言於帝。帝爲訪其舅。時東方罕有仕者，廣、盆皆不樂入平城。[10]洛齊獨請行曰："我養子，兼人道不全，當爲兄弟試禍福也。"乃乘驢赴京。魯元候知將至，結從者百餘騎，迎于桑乾河，[11]見而下拜，從者亦同致敬。人言于太武。太武問其才用所宜，魯元曰：“臣舅不幸，生爲閹人，唯合與陛下守宫闈耳。”而不言其養子。帝矜焉，引見叙用，賜爵文安子，[12]稍遷給事黄門侍郎。

[1]重泉：縣名。治所在今陜西蒲城縣南重泉村。

[2]石季龍：人名。即石虎。字季龍，羯族。避唐高祖祖父李虎諱，以字行。十六國時後趙第三位皇帝。見《晋書》卷一〇六、一〇七《石季龍載記》。

[3]鄴：縣名。治所在今河北臨漳縣西南鄴鎮。　枋頭：城名。在今河南浚縣西。

[4]慕容暐：人名。字景茂，昌黎棘城（今遼寧北票市章吉營子鄉三官營子村）人，鮮卑族。十六國時前燕末代皇帝。見《晋書》卷一一一《慕容暐載記》。　烏丸：又作“烏桓”。東胡系統的古民族。見《三國志》卷三〇《魏書·烏桓傳》。　護軍：官名。統兵武職，魏晋南北朝置，職如將軍，而地位稍遜同號將軍，資歷稍淺之統帥常授。　長水校尉：官名。漢武帝初置。爲北軍八校尉之一，秩二千石，位次列卿，屬官有丞、司馬等，領長水宣曲胡騎，屯戍京師，兼任征伐。十六國多置。

[5]慕容垂：人名。字道明，昌黎棘城（今遼寧北票市章吉營子鄉三官營子村）人，鮮卑族。十六國時後燕的建立者。見《晋書》卷一二三《慕容垂載記》。

[6]殿中侍御史：官名。亦稱殿中御史。三國魏始置，員二人，七品，居殿中糾察非法，隸御史臺。

[7]冉閔：人名。字永曾，小字棘奴，魏郡内黄（今河南内黄縣西北）人。十六國時冉魏政權的建立者。見《晋書》卷一〇七《石季龍載記附冉閔傳》。

[8]慕容儁：人名。字宣英，十六國時前燕君主。見《晋書》卷一一〇《慕容儁載記》

[9]又轉賜盧豚：底本“轉”作“傳”，中華本校勘記云：“諸本‘轉’訛作‘傳’，據《魏書》卷九四《仇洛齊傳》改。”今從改。　魯元：即盧魯元，人名。昌黎徒河（今遼寧錦州市）人。北魏官吏。見《北史》卷二五《盧魯元傳》。

[10]平城：在今山西大同市東北。

[11]桑乾河：發源於山西北部，流經河北等地，注入渤海。

[12]文安子：封爵名。文安，縣名。治所在今河北文安縣東北。

魏初，禁網疏闊，人户隱匿，漏脱者多。東州既平，[1]綾羅户人樂葵，[2]因是請採漏户，供爲綸緜，自後逃户占爲紬綾羅縠者非一。於是雜營户帥遍於天下，不屬守宰，發賦輕易，人多私附，户口錯亂，不可檢括。洛齊奏議罷之，一屬郡縣。從征平凉，[3]以功超遷散騎常侍。又加中書令，[4]進爵零陵公，[5]拜侍中、冀州刺史、内都大官。[6]卒，謚曰康。養子儼，襲爵。

[1]東州：地區名。對東方的泛稱。

[2]綾羅户：北魏官府占有的機織工匠的一種。户口不屬州郡，而别由雜户帥或營户帥管理。綾羅户屬於雜户階層，身份低於平民。北魏初以未著户籍的漏户充當。

[3]從征平凉：中華本校勘記云：“《魏書》作‘從平凉州’。按征平凉，指滅赫連定；平凉州，指滅沮渠牧犍。未知孰是。”可從。

[4]中書令：官名。魏晋南北朝中書省長官之一。三國魏文帝時分秘書置中書省，下設中書監、中書令，掌收納章奏、草擬及發布詔令。唯入朝時，中書令班次略低於中書監。西晋承魏制，傳宣

皇帝政令，雖資位遜尚書令，實權則過之。東晋南北朝時因逐漸脱離機務，隨名位增高而成爲閑職。北魏孝文帝太和十七年定爲二品中，二十三年定爲三品。

[5]零陵公：封爵名。遥封。零陵，郡名。南朝宋時治零陵縣，在今湖南永州市。

[6]内都大官：官名。即内都坐大官。北魏置。與外都坐大官、中都坐大官合稱三都大官。掌刑獄，並主司品官。任此職者多爲宗室諸王、外戚及胡漢重臣，權勢極大。祭吊時位在三公、尚書令之上。孝文帝改制時罷。

太武時，又有段霸，以謹敏見知。歷中常侍、殿中尚書、定州刺史。[1]

[1]定州：北魏時治盧奴縣，在今河北定州市。

王琚，高平人也。[1]自云本太原人。高祖始，晋豫州刺史。琚以泰常中被刑，[2]入宫禁。小心守節，久乃見叙用，稍遷禮部尚書，[3]賜爵廣平公。[4]孝文以琚歷奉前朝，志存公正，授散騎常侍。後歷位冀州刺史，假廣平王，進爵高平王。[5]孝文、文明太后東巡冀州，親幸其家。還京，以其年老，拜散騎常侍，養老於家。前後賜以車馬、衣物，不可稱計。又降爵爲公。扶老自平城從遷洛邑。常飲牛乳，色如處子。卒年九十，贈冀州刺史，謚靖公。

[1]高平：郡名。西晋時治昌邑縣，在今山東巨野縣南。

[2]泰常：北魏明元帝的年號（416—423）。

[3]禮部尚書：官名。北魏始置，爲禮部之長官，其制不詳。

[4]廣平公：封爵名。廣平，郡名。北魏時治曲梁城，在今河北永年縣東南。

[5]高平王：封爵名。遥封。此高平指南朝宋高平郡，治高平縣，在今山東鄒平縣西南。

趙默，[1]字文静，初名海，本凉州隸户。[2]自云，其先河内温人也，[3]五世祖術，晋末爲西夷校尉，[4]因居酒泉安彌縣。[5]海生而凉州平，没入而爲閹人，因改名默。有容貌，恭謹小心，賜爵睢陽侯，[6]累遷選部尚書。[7]能自謹勵，當官任舉，頗得其人。加侍中，進爵河内公。獻文將傳位京兆王子推，[8]訪諸群臣，百官唯唯，莫敢先言，唯源賀等辭義正直，[9]不肯奉詔。獻文怒，變色，復以問默。默對曰："臣以死奉戴皇太子。"獻文默然良久，遂傳位孝文。孝文立，得幸兩宫，禄賜優厚。

[1]趙默：源氏校勘記云："《魏書》作'趙黑'。"中華本校勘記云："《魏書》卷九四《趙黑傳》'默'作'黑'。"可從。

[2]隸户：北朝時與兵户類似的户别。北魏太武帝太延五年(439)，北魏滅凉，遷徙大量凉州民户至平城（今山西大同市東北)，稱爲凉州隸户。隸户數量很多，身份與奴婢相差不遠，常用作賞賜，以户計算。

[3]河内：郡名。東晋時治野王縣，在今河南沁陽市。　温：縣名。治所在今河南温縣。

[4]西夷校尉：官名。晋武帝時置，治寧州，寧州併入益州後，以益州刺史兼領。四品。晋孝武帝太元中平蜀後復置，治益州涪城。持節、統兵，掌益州少數民族事務。立府，置長史、司馬，可

與刺史一樣舉秀才、廉吏、良吏。

[5]酒泉：郡名。東晋時治福禄縣，在今甘肅酒泉市。　安彌縣：治所在今甘肅酒泉市東。

[6]睢陽侯：封爵名。睢陽，縣名。治所在今河南商丘市睢陽區。

[7]選部尚書：官名。漢靈帝末由吏曹尚書改名，職掌選任官吏，隸尚書臺。魏晋時改名吏部尚書。北魏前期，或置選部尚書，或置吏部尚書。孝文帝時定爲吏部尚書。

[8]獻文：即北魏皇帝拓跋弘。獻文爲其謚號。　子推：即拓跋子推，人名。北魏宗室。見《北史》卷一七《京兆王子推傳》。

[9]源賀：人名。本名秃髮破羌，西平樂都（今青海樂都縣）人，鮮卑族。見《北史》卷二八《源賀傳》。

時尚書李訢亦有寵於獻文，[1]與默對綰選部。訢奏中書侍郎崔鑒爲東徐州、北部主書郎公孫處顯爲荆州、選部監公孫蘧爲幽州，[2]皆曰有能，實有私焉。默疾其虧亂選體，遂争於殿庭曰："以功授官，因爵與禄，國之常典。中書侍郎、尚書主書郎、諸曹監，勳能俱立，不過列郡。今訢皆以爲州，臣實爲惑。"於是默與訢遂爲深隙。訢竟列默爲監藏。[3]因黜爲門士。默廢寢忘食，規報前怨。踰年，還入爲侍御、散騎常侍、侍中、尚書左僕射，復兼選部如昔。及訢將獲罪，默因搆成以誅之，然後食甘寢安，志於職事。

[1]李訢：人名。字元盛，范陽（今河北涿州市）人。北魏官吏。見《北史》卷二七《李訢傳》。

[2]崔鑒：人名。字神具，博陵安平（今河北安平縣）人。北

魏官吏。見《北史》卷三二《崔鑒傳》。　東徐州：北魏時治下邳城，在今江蘇睢寧縣古邳鎮北側。　北部主書郎：官名。北魏置，爲尚書省北部尚書屬官，主管北部曹文書往來，多用文學之士。外放可出任郡守，偶有任州刺史者。孝文帝改制廢。　選部監：官名。北魏置，掌監督尚書省選部曹事。

[3]託竟列默爲監藏：中華本校勘記云："《魏書》卷九四'監藏'下有'時，多所截没。先是，法禁寬緩，百司所典，與官並食，故多所損折'二十四字。《北史》有脱文。"可從。

出爲儀同三司、定州刺史，進爵爲王。克己清儉，事濟公私。後薨於冀州刺史，追贈司空，謚曰康。

孫小，字茂翹，咸陽石安人也。[1]父瓚，姚泓安定護軍，[2]爲赫連屈丐所殺，[3]小没入宫刑。會魏平統萬，遂徙平城。[4]内侍東宫，以聰識有智略稱。未幾，轉西臺中散。[5]太武幸瓜步，[6]慮有北寇之虞，賜爵泥陽子，[7]除留臺將軍。車駕還都，乃請父瓚贈謚，求更改葬。詔贈秦州刺史、石安縣子，[8]謚曰戴。

[1]石安：縣名。治所在今陝西咸陽市東北。

[2]姚泓：人名。字元子，南安赤亭（今甘肅隴西縣西）人，羌族。十六國時後秦的最後一位君主。見《晋書》卷一一九《姚泓載記》。

[3]赫連屈丐：人名。本名赫連勃勃，匈奴鐵弗部。十六國時期夏君主。見《北史》卷九三《赫連屈丐傳》。

[4]會魏平統萬遂徙平城：底本"徙"作"圖"，中華本校勘記云："諸本'徙'作'圖'，不可通。《魏書》卷九四《孫小傳》作'徙'。按此乃'徙'訛爲'徒'，又訛爲'圖'。今據改。《通

志》卷一七九《孫小傳》作‘歸’，乃是以意改。”可從。統萬，城名。在今陝西靖邊縣北白城子。

[5]西臺中散：官名。北魏置，爲任職於中書省的中散官，五品中。

[6]瓜步：山名。在今江蘇南京市六合區東南。魏晋南北朝時臨大江，爲軍事争奪要地。

[7]泥陽子：封爵名。泥陽，縣名。治所在今陝西銅川市耀州區東南。

[8]秦州：北魏時治上封城，在今甘肅天水市。

小後拜并州刺史，進爵中都侯。[1]州内四郡百餘人，詣闕頌其政化。後遷冀州刺史，聲稱微少於前。然所在清約，當時牧伯，無能及也。性頗忍酷，所養子息，驅逐鞭撻，視如仇讎。小之爲并州，以郭祚爲主簿。[2]重祚文才，兼任以書記，時人多之。

[1]中都侯：封爵名。中都，縣名。治所在今山西晋中市榆次區東。

[2]郭祚：人名。字季祐，太原晋陽（今山西太原市晋源區古城營村一帶）人。北魏官吏。見《北史》卷四三《郭祚傳》。　主簿：官名。漢朝時中央及州郡官府均置，典領文書簿籍，經辦事務。歷代沿置。北朝時諸將軍、五校尉等軍府、列卿、寺監、光禄大夫等皆置，其品秩隨府長官地位高下而異。州郡縣亦置。雖非掾史之首，然地位較高，縣之主簿較州之主簿更甚。

張宗之，字益宗，河南鞏人也。[1]家世寒微。父孟舒，晋將劉裕西征，[2]板假洛陽令。初，緱氏宗文邕謀反，[3]脅孟舒等事晋。孟舒敗，走免。宗之被執入京，腐刑。以忠厚謹慎，擢爲侍御中散，賜爵鞏縣侯。歷儀曹、庫部二曹尚書，[4]領中秘書，[5]進爵彭城公，後例降爲侯。卒於冀州刺史，贈懷州刺史，[6]謚曰敬。

[1]鞏：縣名。治所在今河南鞏義市。

[2]晋將劉裕西征：晋安帝義熙八年（412）至九年，劉裕謀滅西蜀譙縱。劉裕，人名。字德輿，小名寄奴，祖籍彭城縣綏輿里（今江蘇徐州市），後遷居京口（今江蘇鎮江市）。南朝宋的建立者。見《宋書》卷一、二、三《武帝紀》。

[3]緱氏：底本作“維氏”，中華本作“緱氏”。按：緱氏，地名。在今河南偃師市。今從中華本改。

[4]儀曹：官署名。魏晋南北朝時尚書省諸曹之一。　庫部：官署名。魏晋南北朝時尚書省諸曹之一。多設郎（郎中）爲長官，掌軍械製造、保管之政。南朝隸都官尚書，兼領武庫署。北魏前期設尚書、令、郎中、少卿、弩庫曹下大夫等職及内廷派駐的給事中、給事等。孝文帝改制，改爲郎曹，以郎中爲長官，隸度支尚書。

[5]中秘書：官署名。北魏時置。其長官爲中秘書監。

[6]懷州：北魏時治野王縣，在今河南沁陽市。

始宗之納南來殷孝祖妻蕭氏，宋儀同三司思話弟思度女也，[1]多悉婦人儀飾故事。太和中，初制六宫服章，蕭被命在内，豫見訪採，數蒙賜賚云。

[1]殷孝祖：人名。陳郡長平（今河南西華縣）人。出身世家，南朝宋重臣。見《宋書》卷八六《殷孝祖傳》。　思話：即蕭

思話，人名。南蘭陵（一説在今江蘇常州市，一説在今江蘇丹陽市）人。南朝宋官吏。見《宋書》卷七八《蕭思話傳》。

劇鵬，高陽人也。粗覽經史，閑曉吏事。與王質等俱充宦官，性通率，不以閹閹爲恥。孝文遷洛，常爲宫官任事。幽后之惑薛菩薩也，[1]鵬密諫止之，不從，遂發憤卒。

[1]幽后：即北魏孝文帝馮皇后。幽爲其謚號。　薛菩薩：當爲“高菩薩”。人名。見《北史》卷一三《孝文幽皇后馮氏傳》。

張祐，字安福，安定石唐人也。[1]父成，扶風太守。[2]太武末，坐事誅。祐充腐刑，積勞至曹監、中給事。[3]文明太后臨朝，中官用事，[4]祐寵幸冠諸閹官，特遷尚書，[5]進爵隴東公，[6]仍綰内藏曹。[7]未幾監都曹，[8]加侍中，與王叡等俱入八議。太后嘉其忠誠，爲造甲第。宅成，孝文、太后親率文武往宴會焉。拜尚書左僕射，進爵新平王，[9]受職于太華庭，備威儀於宫城南，觀者以爲榮。孝文、太后親幸其宅，饗會百官。祐性恭密，出入機禁二十餘年，未嘗有過。由是特被恩寵，歲月賞賜，家累巨萬。與王質等十七人，俱賜金券，[10]許以不死。薨，孝文親臨之，詔鴻臚典護喪事。[11]贈司空，謚曰恭。葬日，車駕親送近郊。

[1]安定：郡名。北魏時治安定縣，在今甘肅涇川縣北。　石唐：疑作“石堂”。按：《魏書・地形志》安定郡領石堂縣。在今

甘肅涇川縣。

[2]扶風：郡名。北魏時治好畤縣，在今陝西乾縣東。

[3]曹監：北魏尚書省各部直屬機構之總稱。北魏道武帝時建曹省，備置百官之時或稍晚，以南部尚書録三十六曹事，别給屬吏，居門下省。道武帝天興二年（399），分尚書三十六曹及諸外署，凡置三百六十曹，令大夫主曹務。道武帝天賜二年（405），復罷尚書三十六曹，别置武歸、修勤二職，分主省務。明元帝神瑞元年（414），廢尚書制度，改設八大人官，總理國政。太武帝初，以侍中、外都大官總三十六曹事。太武帝始光元年（424），置右民尚書，復尚書制度。太武帝神䴥元年（428），置左右僕射、左右丞、諸曹尚書十餘人，各居别寺。尚書曹恢復。太武帝以下三帝，不以郎中主曹務，諸曹官屬有大夫、長、令、主書郎、諸曹監、給事中、中散等。至孝文帝時，始以郎中主曹務，位正六品下。 中給事：官名。北魏置，從三品中，給事内廷。

[4]中官：宦官。

[5]特遷尚書：《魏書》卷九四《張祐傳》作“特遷爲尚書”。中華本此處標點爲“特遷、尚書”。無“特遷”官名。

[6]隴東公：封爵名。隴東，郡名。北魏時治涇陽縣，在今甘肅平凉市西。

[7]内藏曹：官署名。北魏置，掌宫内庫藏。

[8]都曹：官署名。北魏前期置，屬尚書省。設尚書爲長官，協助尚書令、僕射總理尚書省各曹事務，多以侍中、殿中尚書、吏部尚書等官參、治、録其事。孝文帝改制時廢。

[9]新平王：封爵名。新平，郡名。北魏時治新平城，在今陝西彬縣。

[10]金券：即丹書鐵券。帝王賜予大臣的信物。

[11]鴻臚：官名。即大鴻臚卿，亦稱鴻臚寺卿。西漢始置，西晋、南北朝時爲大鴻臚的别稱。掌管接待少數民族賓客、朝會以及吉凶禮儀等。北魏孝文帝太和十七年定爲二品上，二十三年改爲

三品。

祐養子顯明，後名慶，少歷内職，[1]有姿貌，江陽王繼以女妻之。襲爵，降爲隴東公，又降爲侯。

[1]内職：宫廷内機要官職的統稱。

抱嶷，字道德，安定石唐人也，居於直谷。[1]自言其先姓杞，漢靈帝時，[2]杞匡爲安定太守。[3]董卓時，[4]懼誅，易氏，即家焉。無得而知也。幼時，隴東人張乾王反，家染其逆。及乾王敗，父睹生逃免。嶷獨與母没入内宫，受刑，遂爲宦人。小心慎密，累遷中常侍、中曹侍御、尚書，[5]賜爵安定公。自總納言，[6]職當機近，諸所奏議，必致抗直。孝文、文明太后嘉之，以爲殿中侍御尚書。[7]太后既寵之，乃徵其父睹生，拜太中大夫。[8]將還，見於皇信堂，孝文執手曰："老人歸途，幾日可達？好慎行路！"其見幸如此。睹生卒，贈秦州刺史，謚曰靖。賜黄金八十斤，繒綵及絹八百疋，以供喪用。并别使勞慰。加嶷大長秋卿。[9]嶷老疾，乞外禄，乃出爲涇州刺史，[10]特加右光禄大夫。[11]將之州，孝文餞於西郊樂陽殿，以御白羽扇賜之。十九年，以刺史從駕南征，以老舊，每見勞問，數道稱嶷之正直。[12]命乘馬出入行禁之間，與司徒馮誕同例。[13]軍迴，還州。自以故老前官，[14]爲政多守往法，不能遵用新制。侮慢士族，簡於禮接。天性酷薄，雖弟姪甥壻，略無存潤。卒於州。

［1］直谷：地名。在今陝西石泉縣。

［2］漢靈帝：即東漢皇帝劉宏。靈爲其謚號。

［3］安定：郡名。東漢時治臨涇縣，在今甘肅鎮原縣東南。

［4］董卓：人名。字仲穎，隴西臨洮（今甘肅岷縣）人。東漢末年少帝、獻帝時權臣。見《三國志》卷六《魏書·董卓傳》。

［5］累遷中常侍中曹侍御尚書：中華本標點爲"累遷中常侍、中曹侍御尚書"。《册府元龜》卷六六六："以忠謹被擢，累遷中常侍、中曹侍御。"中曹侍御，統宿衛，舉劾中官非法。

［6］納言：官名。亦作"内言"。職責主要是承上啓下、宣傳上命，受奏納言。後世多作侍中的别稱。

［7］殿中侍御尚書：官名。即殿中侍御史，亦稱殿中御史。三國魏始置，員二人，七品，居殿中糾察非法，隸御史臺。北朝時地位較重，北魏時或掌宿衛禁兵，孝文帝太和十七年定爲從五品中，二十三年改爲從八品上。

［8］太中大夫：官名。秦、漢初位居諸大夫之首，侍從皇帝左右，掌管顧問應對、參政議政、奉詔出使，多由寵臣貴戚擔任。北魏至隋朝品秩與卿相近，多用以安置年老退免的九卿大臣，無具體的職責。北魏孝文帝太和十七年定爲三品下，二十三年改爲從三品。

［9］大長秋卿：官名。對大長秋的尊稱。北魏置，領諸宦者，管理宫闈。孝文帝太和十七年定爲二品上，二十三年改爲從三品。

［10］涇州：北魏時治安定縣，在今甘肅涇川縣北。

［11］右光禄大夫：官名。三國魏置。作爲在朝顯職的加官，以示優崇，或授予年老有病者爲致仕之官，亦常用爲卒後贈官，無具體職掌。二品。

［12］道：源氏校勘記云："'道'《魏書》作'追'。"按：中華本《魏書》卷九四《抱嶷傳》作"追"。

［13］馮誕：人名。字思正，長樂信都（今河北冀州市）人。

北魏外戚。見《北史》卷八〇《馮熙附馮誕傳》。

[14]前官：源氏校勘記云："《魏書》作'前宦'。"按：中華本《魏書·抱嶷傳》作"前宦"。

先以從弟老壽爲後，又養太師馮熙子次興。[1]嶷死後，二人争立。嶷妻張氏，致訟經年，得以熙子爲後。老壽亦仍陳訴，終獲紹爵，次興還於本族。老壽凡薄，酒色肆情。御史中尉王顯奏言："前洛州刺史、陰平子石榮，[2]積射將軍抱老壽，[3]恣蕩非軌，易室而奸，臊聲布於朝野，醜音被於行路，男女三人，莫知誰子。人理所未聞，鳥獸之不若。請以見事免官，付廷尉正罪。"[4]詔可之。老壽死後，其舊奴婢尚六七百人。老壽及石榮祖父皆造碑銘，[5]就鄉建立，言西方直谷出二貴人。[6]

[1]馮熙：人名。字晋國，長樂信都（今河北冀州市）人。北魏大臣、外戚。見《北史》卷八〇《馮熙傳》。

[2]洛州：北魏時治上洛城，在今陝西商洛市商州區。　陰平子：封爵名。陰平，縣名。治所在今四川江油市東北。

[3]積射將軍：官名。東漢初置，統兵，爲雜號將軍。西晋時開始擔當宿衛之任，員一人。北魏孝文帝太和二十三年定爲七品上。

[4]廷尉：官名。亦稱廷尉卿。戰國秦始置。秦、西漢沿置。漢景帝時改名大理，武帝時復舊。列位九卿，爲中央最高司法審判機構長官，遵照皇帝旨意修訂法律，匯總全國斷獄數，主管詔獄。哀帝元壽二年（前1）又改名大理，東漢時復名廷尉。魏晋南朝沿置。北魏時或稱廷尉卿，又增少卿爲副職。孝莊帝永安二年（529），又增司直十人，覆審御史檢劾案件。孝文帝太和十七年定

爲二品上，二十三年改爲三品。

［5］及石榮：源氏校勘記云："《魏書》無'及石榮'三字。"按：中華本《魏書》卷九四《抱嶷傳》無。疑是。

［6］言西方直谷出二貴人：中華本《魏書·抱嶷傳》作"西方云，直谷出二貴人"。

石榮自被劾後，遂廢頓。子長宣，位南兖州刺史，[1]與侯景反，伏法。

［1］南兖州：北魏時治小黄縣，在今安徽亳州市。

王遇，字慶時，本名他惡，馮翊李潤鎮羌也。[1]與雷、党、不蒙俱爲羌中强族。自云其先姓王，後改爲鉗耳氏。宣武時，改爲王焉。自晋已來，恒爲渠長。[2]

［1］李潤鎮：鎮名。在今陜西大荔縣北。　羌：亦稱羌戎。商周時，已廣泛分布於今甘肅、青海、新疆南部和四川西部一帶，部分曾入中原定居。魏晋南北朝時，居處分散，均以游牧爲主，其中與漢人雜居者，則逐漸定居農耕。

［2］渠長：渠魁，首領。

遇坐事腐刑，累遷吏部尚書，爵宕昌公。出爲華州刺史，加散騎常侍。幽后之前廢也，遇頗言其過。及後進幸，孝文對李沖等申后無咎，而稱遇謗議之罪，遂免遇官，奪其爵。宣武初，爲光禄大夫，復舊爵。馮氏爲尼也，[1]公私罕相供恤，遇自以嘗更奉接，往來祇謁，不替舊敬。

[1]馮氏爲尼也：中華本校勘記云："《魏書》卷九四《王遇傳》，'馮'上有'廢后'二字，指孝文廢后。《北史》删去後，不知馮氏爲何人。"可從。

遇性工巧，强於部分。北都方山、靈泉道俗居宇，[1]及文明太后陵廟，洛京東郊馬射壇殿，脩廣文昭太后墓園，[2]及東西兩堂，内外諸門制度，皆遇監作。雖年在耆老，朝夕不倦。又長於人事，留意酒食之間。每逢僚舊，觴膳精豐。然競於榮利，趍求勢門。趙脩之寵也，遇深附會，受敕爲之造宅，增於本旨，笞擊作人，莫不嗟怨。卒於官。初遇之疾，太傅北海王與太妃俱往臨問，視其危惙，爲之泣下。其善奉諸貴，致相悲悼如此。贈雍州刺史。

[1]方山：又名方嶺，在今山西大同市北。　靈泉：即靈泉池，在今山西大同市東北花園屯鄉方山正南的黍地溝村與青羊嶺村之間（參殷憲《北魏靈泉宫池尋訪記》，《中國文物報》2007年2月23日）。

[2]文昭太后：即北魏孝文帝皇后高氏。文昭爲其謚號。

苻承祖，[1]略陽氐人也。[2]因事爲閹人，爲文明太后所寵，賜爵略陽公。歷吏部尚書，加侍中，知都曹事。初，太后以承祖居腹心之任，許以不死之詔。後承祖坐贓應死，孝文原之，命削職禁錮在家，授悖義將軍、佞濁子。[3]月餘遂死。

[1]苻：底本作“符”，中華本作“苻”。按：姓氏當作“苻”。今從中華本改。

[2]略陽：郡名。北魏時治隴城縣，在今甘肅秦安縣東北。氐：分布於今甘肅、陜西、四川等省的臨接地帶，以畜牧業、農業爲生。西晋末曾建立過仇池、前秦、後凉等政權。見《北史》卷九六《氐傳》。

[3]悖義將軍：官名。北魏置。其餘不詳。

王質，字紹奴，高陽易人也。[1]其家坐事，幼下蠶室。[2]頗解書學，爲中曹吏、内典監。[3]稍遷秘書中散，[4]賜爵永昌子，[5]領監御。[6]遷爲侍御給事。又領選部、監御二曹事，進爵魏昌侯。[7]轉選部尚書。出爲瀛州刺史，風化粗行，人庶畏服之；而刑政峻刻，號爲威酷。孝文頗念其忠勤宿舊，每行留大故，馮司徒亡，廢馮后，陸叡、穆泰等事，[8]皆賜質以璽書手筆，莫不委至，同之戚貴。質皆寶掌。入爲大長秋卿，卒。

[1]易：縣名。治所在今河北雄縣西北。

[2]蠶室：拘押受宫刑者之獄室。

[3]内典監：官名。北魏置，由宦者擔任，分掌宫内起居。

[4]秘書中散：官名。北魏置，爲任職於秘書省的中散官，掌管禁中文書事務，參與禮儀、制度的議定。亦受皇帝之命外出執行臨時事務，或亦領監御等曹事務。多由中書學生遷任，五品中。

[5]永昌子：封爵名。永昌，縣名。治所在今湖南祁東縣西北。

[6]監御：官署名。即監御曹。北魏初置，後省。孝文帝延興五年（475）九月復置。負責料理皇帝生活起居事務，以令、長爲長官，還有内廷派駐曹中監察政務的監御曹給事。

[7]魏昌侯：封爵名。魏昌，縣名。治所在今河北定州市東南。

[8]馮司徒亡廢馮后陸叡穆泰等事：指馮熙去世，廢皇后馮氏，大臣陸叡、穆泰試圖另立君主等事件。陸叡，人名。字思弼，代（今山西大同市東北）人。北魏大臣。見《北史》卷二八《陸俟附陸叡傳》。

李堅，字次壽，高陽易人也。文成初，坐事爲閹人，稍遷中給事中，[1]賜爵魏昌伯。小心謹慎，常在左右，雖不及王遇、王質等，而亦見任用。宣武初，自太僕卿出爲瀛州刺史。[2]本州之榮，同於王質。所在受納，家産巨萬。卒於光禄大夫，贈相州刺史。

[1]中給事中：官名。北魏孝文帝太和末由中給事改名，由宦官充任，爲皇帝的親信，負責後宫事，並負責與外朝的聯繫，從五品。

[2]太僕卿：官名。北魏時常作爲對太僕的尊稱，爲太僕寺長官，管理全國畜牧事務、宫廷車馬。孝文帝太和十七年定爲二品上，二十三年後改爲三品。

太和末，又有秦松、白整，位並長秋卿。

劉騰，字青龍，本平原城人也，[1]徙屬南兖州之譙郡。[2]幼時坐事受刑，補小黄門，轉中黄門。[3]孝文之在縣瓠，[4]問其中事。騰具言幽后私隱，與陳留公主所告符協，由是進冗從僕射，[5]仍中黄門。後與茹皓使徐、兖，采召人女。還，遷中給事。

[1]本平原城人也：底本“原”上無“平”字，源氏校勘記

云："'本'下《魏書》有'平'字。"中華本校勘記云："諸本脱'平'字，據《魏書》卷九四、《通志》卷一七九《劉騰傳》補。"今從改。平原城，地名。在今山東平原縣。

[2]譙郡：北魏時治蒙縣，在今河南商丘市東北。

[3]中黄門：官名。西漢置，掌皇宫黄門之内諸伺應雜事，持兵器宿衛宫殿，爲服役於宫廷中的低級宦官。北魏時隸中黄門令，位在小黄門上。孝文帝太和十七年定爲五品中，二十三年定爲九品上。

[4]縣瓠：城名。在今河南汝南縣。

[5]冗從僕射：官名。以有功的武官任此職，擔任禁衛。東漢有中黄門冗從僕射，三國魏有冗從僕射。南朝宋、齊皆置冗從僕射。北魏、北齊均有中黄門冗從僕射。北魏時屬領軍將軍，統領直齋，侍衛皇宫。孝文帝太和十七年定爲從四品上，二十三年改爲六品。

靈太后臨朝，以與于忠保護勳，[1]除崇訓太僕，[2]加侍中，[3]封長樂縣公。[4]拜其妻魏氏爲鉅鹿郡君，每引入内，受賞賚亞於諸主外戚。所養二子，爲郡守、尚書郎。[5]騰曾疾篤，靈太后慮或不救，遷衛將軍、儀同三司。[6]後疾瘳。騰之拜命，孝明當爲臨軒，[7]會日，大風寒甚，乃遣使持節授之。騰幼充宫役，手不解書，裁知署名而已。而奸謀有餘，善射人意。靈太后臨朝，特蒙進寵，多所干託，内外碎密，栖栖不倦。洛北永橋、太上公、太上君及城東三寺，皆主脩營。

[1]于忠：人名。字思賢，本字千年。北魏大臣。見《北史》卷二三《于栗磾附于忠傳》。

［2］崇訓太僕：官名。即崇訓宮太僕。靈太后居於崇訓宮。

［3］侍中：源氏校勘記云："'侍'上《魏書》有'中'字。"中華本《魏書》卷九四《劉騰傳》作"中侍中"。

［4］長樂縣公：封爵名。長樂，縣名。治所在今山東高青縣東南高城鎮西北。

［5］尚書郎：官名。漢武帝時常以郎官供尚書署差遣，掌收發文書章奏庶務，後漸成定制，成爲中朝常設官職。歷朝因之，品秩不一。北魏前期尚書省諸曹皆置尚書爲長官，孝文帝改制後，復以尚書郎爲諸郎曹長官，分隸六曹尚書。掌收發文書奏章庶務，可直接向皇帝奏報本職政務。孝文帝太和十七年定郎中五品上，郎從五品中，二十三年皆稱郎中，六品。

［6］衛將軍：官名。漢文帝前元元年（前180）置，爲將軍名號之一，統兵征戰，事訖即罷。北魏沿置，位在諸名號大將軍上，多作爲軍府名號，加大臣、重要州郡長官，無具體職掌。孝文帝太和十七年定爲一品下，二十三年改爲二品。

［7］孝明當爲臨軒：底本"當"作"嘗"，中華本校勘記云："諸本'當'訛作'嘗'，據《魏書》（百衲本）、《通志》改。"今從改。孝明，即北魏皇帝元詡。孝明爲其謚號。

吏部嘗望騰意，奏其弟爲郡，帶戍。人資乖越，清河王懌抑而不奏。騰以爲恨，遂與領軍元叉害懌，廢靈太后於宣光殿。[1]宮門晝夜長閉，内外斷絶。騰自執管籥，明帝亦不得見，裁聽傳食而已。太后服膳俱廢，不免飢寒。又使中常侍賈粲假言侍明帝書，密令防察。叉以騰爲司空，表裏擅權，共相樹置。叉爲外禦，騰爲内防，迭直禁闥，共裁刑賞。騰遂與崔光同受詔，乘步挽出入殿門。[2]四年之中，生殺之威，决於叉、騰之手。

八坐九卿，[3]旦造騰宅，參其顔色，然後方赴省府；亦有歷日不能見者。公私屬請，唯在財貨，舟車之利，水陸無遺，山澤之饒，所在固護，剥削六鎮，交通底市，[4]歲入利息以巨萬計。又頗役嬪御，時有徵求，婦女器物，公然受納，逼奪鄰居，廣開室宇，天下咸苦之。薨于位，中官爲義息衰絰者四十餘人。騰之立宅也，奉車都尉周恃爲之筮，不吉，深諫止之。騰怒而不用。恃告人曰："必困於三月、四月之交。"至是果死。廳事甫成，陳屍其下。追贈太尉、冀州刺史。[5]葬，閹官爲義服，杖絰衰縞者以百數；朝貴皆從，軒蓋填塞，相屬郊野。魏初以來，權閹存亡之盛，莫及焉。

[1]宣光殿：北魏都城洛陽北宫中殿。在今河南洛陽市東北漢魏洛陽故城内。

[2]步挽：以人力牽拉而行的車，亦稱步挽車。皇帝在宫廷游宴時常乘之，有時則作爲副車。當大臣年老體弱時，作爲特殊恩遇，賜乘步挽入朝。

[3]八坐：亦稱八座。爲高級官員的合稱。魏晋至隋用以稱尚書令、左右僕射、諸曹尚書，無論共有幾人，皆沿其稱。北魏時以八坐參議軍國大事。

[4]底市：源氏校勘記云："（'底市'）《魏書》作'互市'。"中華本校勘記云："《魏書》《通志》'底'作'互'。按'底'疑是'邸'之訛。"可從。

[5]太尉：官名。西漢初爲武將最高稱號之一，秩萬石，擔任臨時性的高級軍事統帥，或爲皇帝的軍事顧問，並無發兵領兵的實際職權。東漢時改大司馬爲太尉，列三公之首，與司徒、司空共同行使宰相職能。魏晋南北朝時列三公之首，爲名譽宰相，位居一

品，多爲大臣加官，無實際職掌。

靈太后反政，追奪爵位，發其冢，散露骸骨，没入財産。後騰所養一子叛入梁，太后大怒，悉徙騰餘養於北裔，尋遣密使追殺之於汲郡。[1]

[1]汲郡：北魏時治枋頭，在今河南浚縣西南。

賈粲，字季宣，酒泉人也。太和中，坐事腐刑。頗涉書記。與元叉、劉騰等同其謀謨，進光禄勳卿。[1]專侍明帝，與叉、騰等伺帝動静。右衛奚康生之謀殺叉也，[2]靈太后、明帝同升於宣光殿，左右侍臣，俱立西階下。康生既被囚執，粲紿太后曰："侍官懷恐不安，陛下宜親安慰。"太后信之，適下殿，粲便扶明帝出東序，[3]前御顯陽，還閉太后於宣光殿。粲既叉黨，威福亦震於京邑。自云本出武威，魏太尉文和之後，[4]遂移家屬焉。時武威太守韋景承粲意，以其兄緒爲功曹。[5]緒時年向七十。未幾，又以緒爲西平太守。[6]

[1]光禄勳卿：官名。漢武帝太初元年（前104）改郎中令置，位列九卿之一。魏晋南北朝沿置，掌宫廷門户名籍。北魏仍置，兼掌供應百官膳食。孝文帝太和十七年定爲從一品下。

[2]奚康生：人名。本姓達奚，河南洛陽（今河南洛陽市東北）人。北魏將領、官吏。見《北史》卷三七《奚康生傳》。

[3]東序：古代宫室的東厢房。

[4]文和：即賈詡。字文和，武威姑臧（今甘肅武威市）人。

三國時魏國謀士。見《三國志》卷一〇《魏書·賈詡傳》。

[5]功曹：官名。漢朝郡縣置功曹史，省稱功曹，職掌人事，並參與一郡政務。北魏時凡皇子、不開府將軍、太常光禄衛尉、郡皆置，職掌吏事或主選舉。凡郡功曹多用本地大族，權重，郡守常委事於功曹。六品至從九品。

[6]西平：郡名。北魏時治西都縣，在今青海西寧市。

靈太后反政，欲誅粲，以叉、騰黨與不一，恐驚動内外，乃止。出粲爲濟州刺史。[1]未幾，遣武衛將軍刁宣馳駟殺之。[2]

[1]濟州：北魏時治碻磝城，在今山東茌平縣西南。

[2]刁宣：人名。字季達，勃海饒安（今河北鹽山縣）人。北魏官吏。見《北史》卷二六《刁雍附刁宣傳》。　駟：中華本作“驛”。按：二者文意一致，均可。

楊範，字法僧，長樂廣宗人也。[1]文成時，坐事宫刑，爲王琚所養，恩若父子。累遷爲中尹。[2]靈太后臨朝，爲中常侍、崇訓太僕，領中嘗藥典御，[3]賜爵華陰子，[4]出爲華州刺史。中官内侍貴者，靈太后皆許其方岳，以範年長，拜跪爲難，故遂其請。父子納貨，爲御史所糾，遂廢於家。後爲崇訓太僕、華州大中正，卒。

[1]長樂：郡名。北魏時治信都縣，在今河北冀州市。　廣宗：縣名。治所在今河北威縣東。

[2]中尹：官名。北魏置，掌諸宫閤。孝文帝太和十七年定爲三品上，二十三年改爲四品上。

［3］中嘗藥典御：官名。北魏置。由宦官充任，負責皇帝、皇后的醫藥事務。

［4］華陰子：封爵名。華陰，縣名。治所在今陝西華陰市東南。

成軌，字洪義，上谷居庸人也。[1]少以罪刑，入事宫掖。以謹厚稱，爲中謁者僕射。[2]孝文意有所欲，軌候容色，時有奏發，輒合帝心。從駕南征，專進御食。時孝文不豫，常居禁中，晝夜無懈。延昌末，[3]遷中常侍、嘗食典御、光禄大夫，統京染都將。孝昌二年，以勤舊封始平縣伯。[4]明帝所幸潘嬪以軌爲假父，頗爲中官之所敬憚。後進爵爲侯，卒於衛將軍，贈雍州刺史，謚曰孝惠。

［1］居庸：縣名。治所在今北京延慶縣。

［2］中謁者僕射：官名。北魏置，由宦官充任，負責宗親謁見時的通報、引入等事務。孝文帝太和十七年定爲五品上，二十三年改爲從八品上。

［3］延昌：北魏宣武帝的年號（512—515）。

［4］始平縣伯：封爵名。始平，縣名。治所在今陝西興平市。

王温，字桃湯，趙郡欒城人也。[1]父冀，高邑令，[2]坐事誅，温與兄繼叔俱充宦者。稍遷中嘗食典御、中給事，[3]加左中郎將。宣武之崩，群官迎明帝於東宫，温於卧中起明帝，與保母扶抱明帝，入踐帝位。高陽王雍既居冢宰，慮中人朋黨，出爲鉅鹿太守。靈太后臨朝，徵爲中常侍，賜爵欒城伯。累遷左光禄大夫、光禄勳卿、侍中，[4]進封欒城縣侯。温自陳本陽平武陽人，改封武陽縣侯。建義初，[5]於河陰遇害。[6]

[1]欒城：縣名。治所在今河北欒城縣西。

[2]高邑：縣名。治所在今河北高邑縣西南。

[3]中嘗食典御：官名。北魏置，由宦官擔任，負責皇帝、皇后等的飲食事務。

[4]左光禄大夫：官名。三國魏置。作爲在朝顯職的加官，以示優待，或授予年老有病者爲致仕之官，亦常用作卒後贈官。無職掌。西晋、南北朝沿置。北魏孝文帝太和十七年定爲從一品下，二十三年定爲二品。

[5]建義：北魏孝莊帝的年號（528）。

[6]於河陰遇害：公元528年北魏權臣尒朱榮在河陰縣（今河南孟津縣東）策劃並實施的一起針對皇族和百官公卿的屠殺事件。

孟欒，[1]字龍兒，不知何許人也。坐事爲閹人。靈太后臨朝，爲左中郎將、給事中。素被病，面常黯黑。於九龍殿下暴疾，歸家，其夜亡。欒初出，靈太后聞之曰："欒必不濟，我爲之憂。"及奏其死，爲之下淚曰："其事我如此，不見我一日忻樂時也。"賜帛三百疋、黄絹一十疋，以供喪用。七日，靈太后爲設二百僧齋。

[1]欒：《魏書》卷九四《孟鸞傳》作"鸞"。

平季，字幼穆，[1]燕國薊人也。[2]坐事腐刑。累遷新興太守。[3]明帝崩，與尒朱榮等議立莊帝。莊帝即位，超拜肆州刺史。尋除中侍中。以參謀勳，封元城縣侯。[4]永熙中，加驃騎大將軍，[5]卒。

[1]平季字幼穆：源氏校勘記在“幼”旁紅筆小字夾批“稚”字。中華本校勘記云：“《魏書》卷九四《平季傳》‘幼’作‘稚’。《北史》避唐諱改。”是。

[2]燕：郡國名。北魏時治薊縣，在今北京西南。　薊：縣名。治所在今北京西南。

[3]新興：郡名。北魏時治定襄縣，在今山西定襄縣。

[4]元城縣侯：封爵名。元城，縣名。治所在今河北大名縣東。

[5]驃騎大將軍：官名。東漢初臨時設置，統兵征戰，事訖則罷。魏晋制度，驃騎將軍爲重號將軍，僅次於大將軍，本不須加“大”，然兩晋將軍名號愈來愈濫，遂又增此號，居諸名號將軍之首。多加於權臣元老，以示尊崇，開府置僚屬，不領兵。南北朝因之。北魏孝文帝太和十七年定爲一品中，二十三年改爲從一品。源氏校勘記云：“《魏書》無‘大’字。”

封津，字醜漢，勃海蓨人也。[1]父令德，娶常寶女。[2]寶伏誅，令德以連坐伏法。津受刑，[3]給事宫掖。累遷奉車都尉、中給事中。靈太后令津侍明帝書，遷常山太守。[4]津少長宫闈，給事左右，善候時情，號爲機悟。天平初，除開府儀同三司、懷州刺史。[5]元象初，[6]復爲中侍中、大長秋卿，仍開府儀同。薨，贈司徒、冀州刺史，謚曰孝惠。

[1]勃海：郡名。北魏時治東光縣，在今河北東光縣。　蓨：縣名。治所在今河北景縣。

[2]常寶：人名。北魏外戚。見《北史》卷八〇《閭毗附常英

傳》。源氏校勘記云："《魏書》作'黨寶'。"

[3]津受刑：底本"津"作"律"，中華本校勘記云："諸本'津'訛作'律'，據《魏書》卷九四、《通志》卷一七九《封津傳》改。"今從改。

[4]常山：郡名。北魏時治安樂壘，在今河北藁城市西北。

[5]開府儀同三司：三國魏始置，爲大臣加號，意謂與三司即太尉、司徒、司空的禮制待遇相同，許開設府署，自辟屬僚。兩晋南北朝因之。北魏孝文帝太和二十三年定爲從一品。

[6]元象：東魏孝静帝的年號（538—539）。

劉思逸，平原人也。[1]以罪，少充腐刑。初爲小史，累遷中侍中。武定中，與元瑾等謀反，[2]伏誅。

[1]平原：郡名。北魏時治平原縣，在今山東平原縣西南。

[2]武定中與元瑾等謀反：東魏孝静帝武定七年（549），荀濟、王大器和元瑾等試圖救出孝静帝，集結兵馬討伐高澄，後被誣爲謀反。見《北史》卷五《魏本紀·東魏孝静帝》。

又有張景嵩、毛暢者，咸以閹寺在明帝左右。[1]靈太后亦密伏之通傳意計於明帝。元叉之出，景嵩、暢頗有力焉。靈太后反政，以妹故，未即戮叉。時内外喧喧，云叉還欲入知政事。暢等恐禍及己，乃啓明帝，欲詔右衛將軍楊津密往殺叉。[2]詔書已成，未及出外，叉妻知之，告太后："景嵩、暢與清河王息邵欲廢太后。"太后信之，責暢。暢出詔草以呈太后。太后讀之，知無廢己狀，意小解。然叉妻搆之不已，出暢爲頓丘太守，[3]景嵩爲魯郡太守。[4]尋令捕殺暢。景嵩，孝静時位至中侍中，坐事死。

[1]閽寺：閽人和寺人，掌管宫門的官，即宦官。

[2]右衛將軍：官名。三國魏元帝始設。西晋時分爲左、右衛將軍，共掌宿衛營兵。十六國時前秦、北燕、南燕皆置。北魏孝文帝太和十七年定爲從二品下，二十三年改爲三品。　楊津：人名。字羅漢，弘農華陰（今陝西華陰市東南）人。北魏、東魏大將。見《北史》卷四一《楊播附楊津傳》。

[3]出暢爲頓丘太守：底本“頓”作“潁”，中華本校勘記云：“諸本‘頓’訛作‘潁’，據《魏書》卷九四《劉思逸傳》改。”今從改。頓丘，郡名。北魏時治頓丘縣，在今河南清豐縣西南。

[4]魯郡：北魏時治魯縣，在今山東曲阜市。

郭秀，范陽涿人也。[1]事齊神武，稍遷行臺右丞，[2]封壽陽伯。[3]親寵日隆，多受賂遺，進退人物。張伯德、祁仲彦、張華原之徒，[4]皆深相附會。秀疾，神武親視之，問所欲官，乃啓爲七兵尚書，[5]除書未至而卒。家無成人子弟，神武自至其宅，親使録知其家資粟帛多少，然後去。贈儀同三司、恒州刺史。命其子孝義與太原公以下同學讀書。初，秀忌嫉楊愔，[6]誑脅令其逃亡。秀死後，愔還，神武追忿秀，即日斥遣孝義，終身不齒。

[1]涿：縣名。治所在今河北涿州市。

[2]稍遷行臺右丞：底本“右丞”作“布水”，中華本校勘記云：“諸本‘右丞’訛作‘布水’，據《北齊書》卷五〇《郭秀傳》改。”今從改。行臺右丞，官名。即行臺尚書右丞的省稱。北魏置。

在行臺内職掌如尚書右丞，負責行臺尚書都省庶務，率諸都令史監督稽核諸尚書曹、郎曹政務，糾舉彈劾百官。又掌本省庫藏廬舍，督録遠道州郡文書奏章，凡兵士百工名籍、内外庫藏穀帛、刑獄，比部、水部、膳部、倉部、金部、庫部諸郎曹政務。

[3]壽陽伯：封爵名。壽陽，縣名。治所在今山西壽陽縣北。

[4]張伯德：人名。即張亮。字伯德，西河隰城（今山西汾陽市）人。北魏、東魏、北齊官吏。見《北史》卷五五《張亮傳》。張華原：人名。字國滿，代郡（今山西大同市東北）人。東魏、北齊官吏。見《北史》卷八六《張華原傳》。

[5]七兵尚書：官名。尚書省七兵曹長官。三國魏始置五兵尚書，掌管中兵、外兵、騎兵、别兵、都兵五曹。晋分中兵、外兵爲左、右曹，實際是七曹，其長官仍沿稱五兵尚書。十六國時後燕始改此名。北魏時定爲官名。孝文帝太和十七年定爲從二品中。底本作“士兵尚書”，其餘諸本作“七兵尚書”。今從諸本改。

[6]楊愔：人名。字遵彦，弘農華陰（今陜西華陰市東南）人。東魏、北齊官吏。見《北史》卷四一《楊播附楊愔傳》。

和士開，字彦通，清都臨漳人也。[1]其先西域商胡，本姓素和氏。父安，恭敏善事人，稍遷中書舍人。魏静帝嘗夜與朝賢講集，命安看斗柄所指。安曰：“臣不識北斗。”齊神武聞之，以爲淳直，由是啓除給事黄門侍郎，位儀州刺史。[2]士開貴，贈司空公、尚書左僕射、冀州刺史，謚文貞公。

[1]清都：郡名。北魏時治鄴縣，在今河北臨漳縣西南鄴鎮。臨漳：縣名。治所在今河北臨漳縣西南。

[2]儀州：《魏書·地形志》和《隋書·地理志》不載，《舊唐書·地理志二》云：“二年，改爲儀州。”疑當作“義州”。《隋書

·地理志中》："汲郡，東魏置義州。"據《北周地理志》，義州乃東魏僑置於汲郡汲縣陳城界内，在今河南衛輝市。

士開幼而聰慧，選爲國子學生，解悟捷疾，爲同業所尚。天保初，武成封長廣王，[1]辟士開開府行參軍。[2]成好握槊，[3]士開善此戲，由是遂有斯舉。加以傾巧便僻，又能彈胡琵琶，因致親寵。嘗謂王曰："殿下非天人也，是天帝也。"王曰："卿非世人也，是世神也。"其深相愛重如此。文宣知其輕薄，[4]不欲令王與小人相親善，責其戲狎過度，徙之馬城。[5]乾明元年，[6]孝昭誅楊愔等，[7]敕追還，長廣王請之也。

[1]武成：即北齊皇帝高湛。武成爲其謚號。　長廣王：封爵名。長廣，郡名。北齊時治黄縣中郎城，在今山東龍口市東。

[2]開府：指開設府署，辟置僚屬。始於漢朝，通常衹許三公開府。東漢又許車騎將軍開府。魏晋南北朝時，常以此作爲對高級官員的寵遇。　行參軍：官名。三國蜀置。晋時中央除拜者爲參軍，諸府自辟者爲行參軍。晋以後行參軍亦可除拜，唯品階低於行參軍。分掌府内各曹事務。官秩隨朝代及府主地位高低不一。北魏時七品上至九品。北齊沿之，七品上至八品。

[3]握槊：古代的一種雙陸博戲。

[4]文宣：即北齊皇帝高洋。文宣爲其謚號。

[5]馬城：地名。在今河北懷安縣西。

[6]乾明：北齊廢帝的年號（560）。

[7]孝昭：即北齊皇帝高演。孝昭爲其謚號。

武成即位，累遷給事黄門侍郎。侍中高元海、黄門郎高乾和及御史中丞畢義雲等疾之，[1]將言其事。士開乃奏元海等交結朋黨，欲擅威福。乾和因被疏斥，義雲反納貨於士開，除兖州刺史。士開初封定州真定縣子，[2]尋進爲伯。天統元年，[3]加儀同三司，尋除侍中，加開府。及遭母劉氏憂，帝聞而悲惋，遣武衛將軍侯吕芬詣宅，[4]晝夜扶侍，并節哀止哭。又遣侍中韓寶業齎手敕慰諭云："朕之與卿，本同心腹，今懷抱痛割，與卿無異。當深思至理，以自開慰。"成服後，吕芬等始還。其日，遣韓寶業以犢車迎士開入内，帝親握手，下泣曉諭，然後遣還。駕幸晋陽，給假，聽過七日續發，其見重如此。並諸弟四人，並起復本官。四年，再遷尚書右僕射。[5]帝先患氣疾，因飲酒輒大發動，士開每諫不從。後屬帝氣疾發，又欲飲酒，士開淚下歔欷而不能言。帝曰："卿此是不言之諫。"因不飲酒。及冬，公主出降段氏，帝幸平原王第，始飲酒焉。又除尚書左僕射，仍兼侍中。

[1]高元海：人名。勃海蓨（今河北景縣）人。北齊宗室、大臣。見《北史》卷五一《上洛王思宗附高元海傳》。　高乾和：人名。冀州（今河北冀州市）人。東魏、北齊官吏。曾任黄門郎，與高元海、畢義雲向皇帝進讒言迫害高歸彦。後因和士開而被皇帝疏遠。　御史中丞：官名。西漢始置，爲御史大夫的副貳，秩千石。東漢時獨立爲御史臺長官，秩千石。名義上隸少府，專掌監察、執法，領治書侍御史、侍御史，常受命領兵，出督軍旅。與司隸校尉、尚書令並號三獨坐，爲京師顯官，職權甚重。三國沿置。魏晋南北朝及十六國皆置。南朝時亦稱南司，其職雖重，世族名士多不樂爲之。晋、宋時四品，梁時十一班，陳時三品、二千石。北魏時

改名御史中尉，北齊復舊，從三品。　畢義云：人名。小字陁兒，東平須昌（今山東東平縣）人。東魏、北齊官吏。見《北史》卷三九《畢衆敬附畢義雲傳》。

[2]真定縣子：封爵名。真定，縣名。治所在今河北正定縣南。

[3]天統：北齊後主的年號（565—569）。

[4]侯吕芬：人名。北齊將領。歷位右衛大將軍、武衛將軍。與和士開交結，排擠祖珽，誅殺異己。源氏校勘記云：“《北齊》無‘侯’字。”按：中華本《北齊書》無“侯”字。

[5]尚書右僕射：官名。爲尚書令副貳，掌諸曹事。北魏孝文帝太和二十三年定爲從二品。北齊沿之，從二品。

武成外朝視事，或在内宴賞，須臾之間，不得不與士開相見。或累月不歸，一日數入；或放還之後，俄頃即追，未至之間，連騎催唤。奸諂日至，寵愛彌隆，前後賞賜，不可勝紀。言辭容止，極諸鄙褻，以夜繼晝，無復君臣之禮。至説武成云：“自古帝王，盡爲灰土，堯舜、桀紂，竟復何異？陛下宜及少壯，恣意作樂，從横行之，即是一日快活敵千年。國事分付大臣，何慮不辦？無爲自勤約也。”帝大悦，於是委趙彦深掌官爵，[1]元文遥掌財用，[2]唐邕掌外兵，[3]白建掌騎兵，[4]馮子琮、胡長粲掌東宫。[5]帝三四日乃一坐朝，書數字而已，略無言，須臾罷入。及帝寢疾於乾壽殿，士開入侍醫藥。帝謂士開有伊霍之才，[6]殷勤屬以後事，臨崩握其手曰：“勿負我也。”仍絶於士開之手。

[1]趙彦深：人名。即趙隱。字彦深，以字行。自稱南陽宛（今河南南陽市）人。東魏、北齊大臣。見《北史》卷五五《趙彦

深傳》。

[2]元文遥：人名。字德遠，河南洛陽（今河南洛陽市東北）人，鮮卑族。北齊大臣。見《北史》卷五五《元文遥傳》。

[3]唐邕：人名。字道和，太原晋陽（今山西太原市晋源區古城營村一帶）人。東魏、北齊官吏。見《北史》卷五五《唐邕傳》。

[4]白建：人名。字彦舉，太原陽邑（今山西太谷縣）人。北齊大臣。見《北史》卷五五《白建傳》。

[5]馮子琮：人名。長樂信都（今河北冀州市）人。北齊大臣。見《北史》卷五五《馮子琮傳》。　胡長粲：人名。安定臨涇（今甘肅鎮原縣）人。北齊官吏。見《北史》卷八〇《胡國珍附胡長粲傳》。

[6]伊霍之才：像商朝伊尹、西漢霍光那樣，輔佐新君，治理天下。伊尹放太甲於桐，霍光廢昌邑王立宣帝。兩者常並稱，泛指能左右朝政的重臣。

後主以武成顧託，深委任之。又先得幸於胡太后，是以彌見親密。趙郡王叡與婁定遠、元文遥等謀出士開，[1]仍引任城、馮翊二王及段韶、安吐根共爲計策。[2]屬太后觴朝貴於前殿，叡面陳士開罪失云：“士開，先帝弄臣，城狐社鼠，受納貨賄，穢亂宫掖。臣等義無杜口，冒以死陳。”太后曰：“先帝在時，王等何意不道？今日欲欺孤寡邪！但飲酒，勿多言。”叡詞色愈厲。安吐根繼進曰：“臣本商胡，得在諸貴行末，既受厚恩，豈敢惜死？不出士開，朝野不定。”太后曰：“别日論之，王等且散。”叡等或投冠於地，或拂衣而起，言詞咆哮，無所不至。明日，叡等復於雲龍門令文遥入奏，三反，太后不聽。段韶呼胡長粲傳言於太后。曰："梓宮在殯，[3]事太匆速，猶欲王等更思量。"趙郡王等遂並拜謝。長粲復命，太后謂曰："成妹母子家計者，兄之力也。"厚賜叡等而罷之。

[1]趙郡王：封爵名。趙郡，北齊時治平棘縣，在今河北趙縣。　叡：即高叡，人名。小名須拔，勃海蓨（今河北景縣）人。北齊宗室、大臣。見《北史》卷五一《趙郡王琛附高叡傳》。　婁定遠：人名。代郡平城（今山西大同市東北）人。北齊官吏。見《北史》卷五四《婁昭附婁定遠傳》。

[2]段韶：人名。字孝先，姑臧武威（今甘肅武威市）人。東魏、北齊將領。見《北史》卷五四《段榮附段韶傳》。

[3]梓宮：皇帝所用之棺槨。以梓木爲之，故名。太皇太后、皇太后亦得用之。

太后及後主召問士開，士開曰："先帝群臣中，待臣最重。陛下諒陰始爾，[1]大臣皆有覬覦，今若出臣，正是翦陛下羽翼。宜謂叡等，云文遥與臣同是任用，豈得一去一留，並可以爲州。且依舊出納，待過山陵，然後發遣。叡等謂臣真出，心必喜之。"後主及太后告叡等，如其言，以士開爲兗州刺史，[2]文遥爲西兗州刺史。[3]山陵畢，叡等促士開就路。士開載美女珠簾及諸寶玩以詣婁定遠，謝曰："諸貴欲殺士開，蒙王特賜性命，用作方伯。今欲奉别，自送二女子、一珠簾。"定遠大喜，謂士開曰："欲還入不？"士開曰："在内久，常不自安，不願更入。"定遠信之，送至門。士開曰：

“今日遠出，願一辭覲二宫。”定遠許之。由是得見後主及太后，進説曰：“先帝一旦登遐，臣媿不能自死。觀朝貴意勢，欲以陛下爲乾明。臣出之後，必有大變，復何面目見先帝於地下！”因慟哭。後主及太后皆立，問計將安出。士開曰：“臣已得入，復何所慮？正須數行詔書耳。”於是詔定遠爲青州刺史；[4]責趙郡王叡以不臣，召入殺之；復除士開侍中、尚書左僕射。[5]定遠歸士開所遺，加以餘珍賂之。武平元年，[6]封淮陽王，[7]尋除尚書令，還録尚書事，食定州常山郡幹。

[1]諒陰：即諒闇。居喪時所住的房子。借指居喪，尤其是皇帝居喪。

[2]兗州：北齊時治瑕丘城，在今山東兗州市新驛鎮東頓村南。

[3]西兗州：北齊時治定陶城，在今山東定陶縣西。

[4]青州：北齊時治東陽城，在今山東青州市。

[5]尚書左僕射：源氏校勘記云：“（‘左’）《北齊書》作‘右’。”按：中華本《北齊書》卷五〇《和士開傳》作“右僕射”。

[6]武平：北齊後主的年號（570—576）。

[7]淮陽王：封爵名。淮陽，郡名。北齊時治綏化縣，在今江蘇盱眙縣東北。

武成時，恒令士開與太后握槊，又出入卧内，遂與太后爲亂。及武成崩後，彌自放恣。琅邪王儼惡之，[1]與領軍大將軍厙狄伏連、侍中馮子琮、書侍御史王子宜、武衛大將軍高舍洛等謀誅之。[2]伏連發京畿軍士帖神武千秋門外，並私約束，不聽士開入殿。士開雖爲領軍，恒性好内，[3]多早下，縱當直，必須還宅，晚始來。門禁宿衛，略不在意。及旦，士開依式早參，厙狄伏連把士開手曰："今有一大好事。"王子宜便授一函云："有敕，令王向臺。"遣軍士防送，禁治書侍御廳事。儼遣都督馮永洛就臺斬之。[4]先是鄴下童謡云："和士開，當入臺。"士開謂入上臺，至是果驗。儼令御史李幼業、羊立正將令史就宅簿録家口，自領兵士從殿西北角出。斛律明月説後主親自曉告軍士，[5]軍士果散。即斬伏連及王子宜，並支解，棄屍殿西街。自餘皆辮頭反縛，付趙彦深於涼風堂推問，死者十餘人。帝哀悼，不視事數日。後追憶不已，詔起復其子道盛通直散騎常侍，又敕其弟士休入内省，[6]參典機密。詔贈士開假黄鉞、右丞相、太宰、司徒公，録尚書事，[7]謚曰文定。

[1]琅邪王：封爵名。琅邪，郡名。北齊時治即丘縣，在今山東臨沂市西。　儼：即高儼，人名。字仁威，勃海蓨（今河北景縣）人。北齊宗室。見《北史》卷五二《琅邪王儼傳》。

[2]領軍大將軍：官名。北齊文宣帝天保中置，爲領軍府長官，總掌禁衛諸軍，在領軍將軍之上，權勢極重，位次尚書令。二品。　厙狄伏連：人名。字仲山，本名伏憐，代（今山西大同市東北）人。北齊大臣。見《北史》卷五三《慕容儼附厙狄伏連傳》。　書侍御史：官名。即治書侍御史的省稱。漢宣帝時領侍御史二人治書（管理圖籍文書），遂有其名。魏晋南北朝時爲御史中丞佐貳，御史臺要職，置二至四員，分領侍御史諸曹，監察、彈劾較高級官員，亦奉命出使，收捕犯官等。北朝時威權甚重，北齊時從五品。　武衛大將軍：官名。即武衛將軍加"大"者。北魏置，掌宿衛禁軍，權任很重。孝文帝太和十七年定爲二品。北齊沿置。

[3]性：底本作“姓”，中華本作“性”。按：據文意，今從中華本改。

[4]都督：官名。三國魏文帝時置。北朝前期爲統率全國或地方兵馬的指揮官職名，其爲州郡軍事長官者，兼理民政。至北朝後期則爲率領鄉兵、畜牧軍馬的中低級軍官職名，或者作爲大臣的加官和贈官。 馮永洛：源氏校勘記云：“‘馮’《北齊》作‘王’。按下文作‘王’，彼爲是。”按：中華本《北齊書》卷五〇《和士開傳》作“馮”。不知源氏據何版本。

[5]斛律明月：人名。即斛律光。字明月，朔州（今山西朔州市）人，高車族。北齊名將。見《北史》卷五四《斛律金附斛律光傳》。

[6]士休：源氏校勘記云：“‘休’《北齊書》作‘伾’。”按：中華本《北齊書·和士開傳》作“士伾”。

[7]右丞相：官名。戰國秦始置。爲政府最高國務長官之一，輔助皇帝管理國家政務。兩晋南北朝或置或省，皆爲權臣專設之名號，並非處理實際政務的宰相。一品。

士開稟性庸鄙，不窺書傳，發言吐論，唯以諂媚自資。自河清、天統以後，[1]威權轉盛，富商大賈，朝夕填門，聚斂貨財，不知紀極。雖公府屬掾、郡縣守長，不拘階次，啓牒即成。朝士不知廉恥者，多相附會，甚者爲其假子，與市道小人丁鄒、嚴興等同在昆季行列。又有一人士，曾參士開疾患，遇醫人云‘王傷寒極重，應服黄龍湯’，士開有難色。是人云：“此物甚易，王不須疑惑，請爲王先嘗之。”一舉便盡。士開深感此心，爲之强服，遂得汗病愈。其勢傾朝廷如此。雖以左道事之者，不隔賢愚，無不進擢；而正理違忤者，亦頗能含容之。士開見人將加刑戮，多所營救，既得免罪，即令諷論，責其珍寶，謂之贖命物。雖有全濟，皆非直道。

[1]河清：北齊武成帝的年號（562—565）。

安吐根，安息胡人，[1]曾祖入魏，家於酒泉。吐根魏末充使蠕蠕，[2]因留塞北。天平初，蠕蠕主使至晋陽，吐根密啓本蕃情狀，神武得爲之備。蠕蠕果遣兵入掠，無獲而反。神武以其忠欵，厚加賞賚。其後與蠕蠕和親，結成婚媾，皆吐根爲行人也。吐根性和善，頗有計策，頻使入朝，爲神武親待。在其本蕃，爲人所譖，奔投神武。文襄嗣事，以爲假節、涼州刺史、率義侯，[3]稍遷儀同三司，食永昌郡幹。[4]皇建中，[5]加開府。齊亡年，卒。

[1]安息：國名。在今中亞布哈拉一帶。王姓昭武氏，爲昭武諸國之一。都城在那密水（今中亞澤拉夫尚河）南。

[2]蠕蠕：亦稱柔然，本爲東胡的一支，北朝時始强大，活動於今蒙古國南部地區。以游牧爲生。見《北史》卷九八《蠕蠕傳》。

[3]假節：漢魏時，大臣受命出朝，持節或假節以示授權。假節位次低於持節。歷朝因之。自西晋起，此實際爲一種加官，低於使持節及持節，僅督軍時有權殺犯軍令者。　率義侯：官名。北魏時爲五品下。北齊沿置。

[4]永昌郡：北齊時治成武城，在今山東成武縣。

[5]皇建：北齊孝昭帝的年號（560—561）。

穆提婆，本姓駱，漢陽人也。[1]父超，以謀叛伏法，提婆母陸令萱配入掖庭，提婆爲奴。後主在襁褓中，令其鞠養，謂之乾阿㚷，呼姊姊，遂爲胡太后昵愛。令萱奸巧多機辯，取媚百端，宫掖之中，獨擅威福，封爲郡君。和士開、高阿那肱皆爲郡君義子。[2]天統初，奏引提婆入侍後主，朝夕左右，大被親狎，無所不爲。武平元年，稍遷儀同三司，又加開府，尋授武衛大將軍、秦州大中正。二年，除侍中，轉食樂陵郡幹，[3]寵遇彌隆。遂至尚書左右僕射、領軍大將軍、録尚書，封城陽郡王。[4]贈其父司徒公、尚書左僕射、城陽王。令萱又佞媚穆昭儀，養之爲女，是以提婆改姓穆。及穆氏定位，號令萱曰太姬，視第一品，班在長公主之上。[5]

[1]漢陽：郡名。北齊時治黄瓜縣，在今甘肅天水市南。

[2]和士開高阿那肱皆爲郡君義子：底本“高”下無“阿”字，中華本校勘記云：“諸本脱‘阿’字，據《通志》卷一八四《穆提婆傳》補。”今從改。

[3]樂陵：郡名。北齊時治樂陵縣，在今山東樂陵市。

[4]城陽郡王：封爵名。城陽，郡名。北齊時治義興縣，在今河南信陽市東北。

[5]及穆氏定位號令萱曰太姬視第一品班在長公主之上：底本“號”下無“令萱曰太姬”五字，中華本校勘記云：“諸本無‘令萱曰太姬’五字，《通志》有。《北齊書》卷五〇《穆提婆傳》作‘及穆后立，令萱號曰太姬。此即齊朝皇后母氏之位號也，視第一品，班在長公主之上’。按《北齊書》此卷也是後人所補，但與《北史》文字不同，或是採自其他史鈔，尚保存李百藥部分原文，故意思最明白。《通志》當是經李延壽删節後的《北史》原文。今

據《通志》補。”今從改。

自武平三年之後，令萱母子勢傾内外，賣官鬻獄，聚斂無厭，每一賜與，動傾府藏。令萱則自太后以下，皆受其指麾；提婆則唐邕之徒，皆重跡屏氣。提婆嘗有罪，太姬於帝前罵之曰：“奴斷我兒！”兒謂帝，奴謂提婆也。

斛律皇后之廢也，[1]太后欲以胡昭儀正位後宫，力不能遂，乃卑辭厚禮，以求令萱。令萱亦以胡氏寵幸方睦，不得已而白後主立之。然意在穆昭儀，每私謂後主曰：“豈有男爲皇太子，而身爲婢妾？”又恐胡后不可以正義離間，乃外求左道行厭蠱之術，旬朔之間，胡氏遂即精神恍惚，言笑無恒，後主遂漸相畏惡。令萱一旦忽以皇后服御衣被穆昭儀，又先别造寶帳，爰及枕席器玩，莫匪珍奇，坐昭儀於帳中，謂後主云：“有一聖女出，將大家看之。”及見，昭儀更相媚悦。令萱云：“如此人不作皇后，遣何物人作皇后？”於是立穆氏爲右皇后，以胡氏爲左皇后，尋復黜胡，以穆爲正嫡。引祖珽爲宰相，[2]殺胡長仁，[3]皆令萱所爲也。自外殺生與奪，不可盡言。

[1]斛律皇后：即北齊後主高緯的皇后斛律氏。

[2]祖珽：人名。字孝徵，范陽遒（今河北淶水縣）人。北魏、北齊官吏。見《北史》卷四七《祖瑩附祖珽傳》。

[3]胡長仁：人名。字孝隆，安定臨涇（今甘肅鎮原縣）人。北齊官吏。見《北史》卷八〇《胡長仁傳》。

提婆雖庸品厮濫，而性乃和善，不甚害物。耽聲色，極奢侈，晚朝早退，全不以公事關懷，未嘗毒害，士人亦由此稱之。晋州軍敗，[1]後主還鄴，提婆奔投周軍，令萱自殺，子孫小大皆棄市，籍没其家。周武帝以提婆爲柱國、宜州刺史。[2]未幾，云將據宜州起兵，與後主相應，誅死。後主及齊氏諸王，並因此非命。

[1]晋州：北齊時治白馬城，在今山西臨汾市。

[2]周武帝：即北周皇帝宇文邕。武爲其謚號。　柱國：官名。戰國時楚、趙等國有柱國之官。北魏初，一度爲功臣元勳之加官。北魏孝莊帝時復設此官，爲國之執政。西魏時爲最高軍事長官。北周因之，正九命，後爲勳官第二等。　宜州：北周時治泥陽縣，在今陝西富平縣西北。

高阿那肱，善無人也。[1]父市貴，從神武以軍功封常山郡公，[2]位晋州刺史，贈太尉公。及阿那肱貴寵，贈成皋王。[3]

[1]善無：郡名。北魏時治善無縣，在今山西右玉縣南。底本“善無”作“無善”，源氏校勘記云：“‘無善人’《北齊書》作‘善無人也’。”中華本校勘記云：“諸本‘善無’倒作‘無善’，據《北齊書》卷五〇、《通志》卷一八四《高阿那肱傳》改。善無見《魏書·地形志上》恒州。”今從改。

[2]常山郡公：封爵名。常山，郡名。北魏時治安樂壘，在今河北藁城市西北。

[3]成皋王：封爵名。成皋，郡名。北魏時治滎陽縣，在今河

南滎陽市北。

阿那肱初爲庫直，[1]每從征討，以功封直城縣男。[2]天保初，除庫直都督。四年，從破契丹及蠕蠕，[3]以蹻捷見知。大寧初，除假儀同三司、武衛將軍。那肱工於騎射，便僻善事人，每宴射之次，大爲武成愛重。又諂悦和士開，尤相褻狎。士開每見爲之言，由是彌見親待。河清中，除儀同三司，食汾州定陽、仵城二郡幹。[4]以破突厥，[5]封宜君縣伯。[6]天統初，加開府，除侍中、驃騎大將軍、領軍，别封昌國縣侯。[7]後主即位，除并省右僕射。[8]武平元年，封淮陰郡王，[9]仍遷并省尚書左僕射，又除并省尚書令、領軍大將軍、并州刺史。

[1]庫直：官名。又作“庫真”，東魏、北齊置。是諸王及主要大臣的侍衛。源氏校勘記云：“‘直’《北齊書》作‘典’。”按：中華本《北齊書》作“典”。

[2]直城縣男：封爵名。直城，縣名。治所在今陝西石泉縣東南池河東岸池河鎮。

[3]契丹：北方游牧民族，活動在今西拉木倫河一帶。見《北史》卷九四《契丹傳》。

[4]汾州：北齊時治西河縣，在今山西汾陽市。　定陽：郡名。北齊時治介休縣，在今山西介休市。　仵城：郡名。北齊時治五城縣，寄治西河郡，在今山西介休市。

[5]突厥：對中亞游牧民族的稱呼。先世源出於丁零、鐵勒。南北朝時由葉尼塞河遷居至阿爾泰山，再由阿爾泰山遷居至蒙古。見《北史》卷九九《突厥傳》。

[6]宜君縣伯：封爵名。遥封。宜君，縣名。治所在今陝西宜

君縣西南。

[7]昌國縣侯：封爵名。昌國，縣名。治所在今山西繁峙縣西。

[8]并省：官署名。并州尚書省的簡稱。東魏時都鄴，但軍國朝政皆歸權臣高氏父子。他們長期居住晋陽，遥執朝政，主持省務，代行京師尚書省職權。其各級官員，與京師尚書省同職官員地位相似而班次略低。

[9]武平元年封淮陰郡王：底本“陰”作“陽”，中華本校勘記云：“諸本‘陰’作‘陽’，《北齊書》作‘陰’。按本卷《和士開傳》言士開於武平元年封淮陽王，則高阿那肱不得同時同號，作‘陰’是，今據改。”今從改。淮陰，郡名。北齊時治懷恩縣，在今江蘇淮安市東南。

那肱才技庸劣，不涉文史，識用尤在士開下。而奸巧計數，亦不逮士開。既爲武成所幸，多令在東宫侍衛，後主所以大寵遇之。士開死後，後主謂其識度足繼士開，遂致位宰輔。武平四年，令其録尚書事，[1]又總知外兵及内省機密，頓不如和士開。駱提婆母子賣獄鬻官，韓長鸞憎疾良善；而那肱少言辭，不妄喜怒，[2]亦不察人陰私，虚相讒搆。遂至司徒公、右丞相，其録尚書、刺史並如故。

[1]録尚書事：源伊信校勘記云：“那肱録尚書事爲孟夏。源師攝祠部，以龍見，請雩。那肱驚喜問龍所在作何顔色。師曰此是龍星初見，理□雩祭，非□真龍。那肱曰漢兒强識星宿。”

[2]“駱提婆母子”至“不妄喜怒”：底本“母”下無“子”字。“憎”下空六字，毛本、殿本、四庫本、局本、四部備要本“憎”下作“疾善而那肱少言”七字。中華本校勘記云：“諸本

‘母’下脱‘子’字，據《通志》補。‘疾良善而那肱少言’八字，百衲本作六字空格，南、北、汲、殿四本無‘良’字，《通志》有‘良’字而無‘那肱’二字。今從四本，並據《通志》補‘良’字。”今從改。

及周師逼平陽，[1]後主於天池校獵，晋州頻遣馳奏，從旦至午，驛馬三至。那肱云：“大家正作樂，邊境小小兵馬，自是常事，何急奏聞？”向暮，更有使至，云平陽城已陷賊，方乃奏知。明即欲引軍，淑妃又請更合圍，[2]所以彌致遲緩。及軍赴晋州，命那肱率前軍先進，仍總節度諸軍。

[1]平陽：縣名。治所在今山西臨汾市西南。

[2]淑妃：馮小憐的封號。見《北史》卷一四《馮淑妃傳》。

後主至平陽城下，謂那肱曰：“戰是邪？不戰是邪？”那肱曰：“兵雖多，堪戰者不過十萬，病傷及繞城火頭，三分除一。昔攻玉壁，[1]援軍來，即退。今日將士豈勝神武皇帝時？不如勿戰，守高梁橋。”安吐根曰：“一把子賊，馬上刺取擲汾河中。”帝未決，諸内參曰：[2]“彼亦天子，我亦天子，彼尚能縣軍遠來，我何爲守塹示弱？”帝曰：“此言是也。”於是橋塹進軍，使内參讓阿那肱曰：“爾富貴足，惜性命邪！”

[1]昔攻玉壁：公元546年十月，高歡率大軍攻打玉壁，西魏韋孝寬堅守，久攻不下。乃退。玉壁，城名。在今山西稷山縣西南。

[2]内參：宦官的别稱。

後主從穆提婆觀戰，東偏頗有退者，提婆怖曰："大家去！大家去！"帝與淑妃奔高梁。開府奚長樂諫曰：[1]"半進半退，戰家常體。今衆全整，未有傷敗，陛下舍此安之？御馬一動，人情驚亂，願速還安慰之。"武衛張常山自後至，亦曰："軍尋收訖，甚整頓，圍城兵亦不動，至尊宜回。不信臣言，乞將内參往視。"帝將從之，提婆引帝肘曰："此言何可信！"帝遂北馳。有軍士雷相，告稱："阿那肱遣臣招引西軍，行到文侯城，[2]恐事不果，故還聞奏。"後主召侍中斛律孝卿，[3]令其檢校。孝卿固執云："此人自欲投賊，行至文侯城，迷不得去，畏死妄語耳。"事遂寢。還至晋陽，那肱腹心人馬子平告那肱謀反，又以爲虚妄，斬子平。乃顛沛還鄴，侍衛逃散，唯那肱及閹寺等數十騎從行。復除大丞相。

[1]帝與淑妃奔高梁開府奚長樂諫曰：源氏校勘記云："《北齊書》'梁'下有'橋'字，'開'作'閑'。"按：中華本《北齊書》卷五〇《高阿那肱傳》"梁"下有"橋"字，作"開"。不知源氏據何版本作"閑"字。高梁，城名。在今山西臨汾市。

[2]文侯城：在今山西絳縣西北。一説在今河南宜陽縣西。

[3]斛律孝卿：人名。太安（今山西壽陽縣）人。北齊、隋朝大臣。見《北史》卷五三《斛律羌舉附斛律孝卿傳》。

後主走度河，[1]令那肱以數千人投濟州關，[2]仍遣覘候周軍進止，日夕馳報。那肱每奏云：“周軍未至，且在青州集兵馬，未須南行。”及周軍且至關首，所部兵馬皆散，那肱遂降。時人皆云，那肱表欵周武，必仰生致齊主，故不速報兵至，使後主被禽。那肱至長安，授大將軍，封郡公，尋出爲隆州刺史。[3]大象末，[4]在蜀從王謙起兵，[5]誅死。

[1]河：源氏校勘記云：“‘河’《北齊書》作‘太行’。”中華本《北齊書》卷五〇《高阿那肱傳》作“太行”。按：本卷下《韓鳳傳》亦作“河”。

[2]濟州關：碻磝津上的關，在今山東茌平縣西南舊黄河上。

[3]隆州：北周時治閬中縣，在今四川閬中市。

[4]大象：北周静帝的年號（579—580）。

[5]王謙：人名。字敕萬，太原（今山西太原市晋源區古城營村一帶）人。北周官吏。見《北史》卷六〇《王雄附王謙傳》。

初，天保中，文宣自晋陽還鄴，愚僧禿師於路中大叫，呼文宣姓名云：“阿那瓌終破你國。”[1]時蠕蠕主阿那瓌在塞北彊盛，[2]帝尤忌之，所以每歲討擊。後亡齊者遂屬高阿那肱云。雖作“肱”字，世人皆稱爲“瓌”。斯固亡秦者胡，蓋縣定於窈冥也。

[1]阿那瓌：人名。蠕蠕王。後爲突厥所敗，自殺。見《北史》卷九八《蠕蠕傳》。

[2]彊：底本作“疆”，中華本作“彊”。按：據文意，今從中華本改。

韓鳳，字長鸞，昌黎人也。[1]父永興，開府、青州刺史、高密郡公。[2]

[1]昌黎：郡名。北齊時治英雄城，在今河北徐水縣西。

[2]高密郡公：封爵名。高密，郡名。北齊時治高密縣，在今山東高密市西南。

鳳少聰察，有膂力，善騎射，稍遷烏賀真、大賢真正都督。[1]後主居東宫，年尚幼，武成簡都督三十人，[2]送令侍衛，鳳在其數。後主親就衆中牽鳳手曰："都督，看兒來。"因此被識，數唤共戲。襲爵高密郡公，位開府儀同三司。武平二年，和士開爲厙狄伏連等矯害，敕咸陽王斛律明月、宜陽王趙彦深在凉風堂推問支黨。其事祕密，皆令鳳口傳，然後宣詔敕號令文武。禁掖防守，悉以委之。除侍中、領軍，總知内省機密。

[1]烏賀真：官名。宿衛官，品位不詳。　大賢真正都督：官名。宿衛官，品位不詳。

[2]三十：殿本、四庫本作"二十"。源氏校勘記云："《北齊書》作'二十'。"按：中華本《北齊書》卷五〇《韓鳳傳》作"二十"。

祖珽曾與鳳於後主前論事。珽語鳳云："彊弓長矟，容相推謝；軍國謀算，何由得争？"鳳答云："各出意見，豈在文武優劣！"後主將誅斛律明月，鳳固執不從，祖珽因有譏言。既誅明月，數日後主不與語，後尋復舊。仍封舊國昌黎郡王，又加特進。[1]及祖珽除北徐州刺史，[2]即令赴任。既辭之後，遲留不行。其省事徐孝遠密告“祖珽誅斛律明月後，矯稱敕賜其珍寶財物，亦有不云敕而徑廻取者”。敕令領軍將軍侯吕芬追珽還，[3]引入侍中省鎖禁，其事首尾，並鳳約敕責之。

[1]特進：官名。西漢末置，以賜列侯中有特殊地位者。東漢因之。三國兩晋南北朝時成爲正式加官名號，用以安置閑退大臣。北魏孝文帝太和十七年定爲一品下，二十三年改爲二品。北齊時二品。

[2]北徐州：北齊時治臨沂城，在今山東臨沂市北。

[3]領軍將軍：官名。三國魏文帝始置，歷朝因之。爲禁衛軍之最高統帥，權勢極重。北魏時如果侍臣任此職，則稱中領軍將軍。孝文帝太和十七年定爲二品上，二十三年改爲從二品。北齊時從二品（參張金龍《北魏後期禁衛武官制度考論》，《蘭州大學學報》2001 年第 6 期）。

進位領軍大將軍，[1]餘悉如故。息寶行尚公主，在晋陽賜甲第一區。其公主生男滿月，駕幸鳳宅，宴會盡日。每旦早參，先被敕喚顧訪，出後方引奏事官。若不視事，内省急速者，皆附奏聞。軍國要密，無不經手。東西巡幸，及山水游戲射獵，獨在御傍。與高阿那肱、穆提婆共處衡軸，號曰“三貴”。損國害政，日月滋甚。

[1]領軍大將軍：官名。北齊文宣帝天保中置，爲領軍府長官，總掌禁衛諸軍，在領軍將軍之上，權勢極重，位次尚書令。二品。隋朝沿置，設左右領軍府，與十二府中的其他十府共掌禁衛軍。

壽陽陷没，鳳與穆提婆聞告敗，握槊不輟，曰："他家物，從他去。"後帝使於黎陽臨河築城戍，[1]曰："急時且守此作龜兹國子。[2]更可憐人生如寄，唯當行樂，何用愁爲！"[3]君臣應和若此。鳳恒帶刀走馬，未曾安行，瞋目張拳，有啖人之勢。每咤曰："恨不得剉漢狗飼馬！"又曰："刀止可刈賊漢頭，不可刈草。"其弟萬歲，及其二子寶行、寶信，並開府儀同。萬歲又拜侍中，亦處機要。寶信尚公主，駕復幸其宅，親戚咸蒙官賞。

[1]黎陽：郡名。北齊時治黎陽城，在今河南浚縣東北。　臨河：縣名。治所在今河南浚縣東（參吴宏岐、郭用和《隋汲郡臨河縣故城考》，《中國歷史地理論叢》1998年第3期）。

[2]龜兹：國名。在今新疆庫車縣。見《北史》卷九七《龜兹傳》。

[3]何用：源氏校勘記云："'用'《北齊書》作'因'。"中華本《北齊書》卷五〇《韓鳳傳》作"何因"。

鳳母鮮于，段孝言之從母子姊也，[1]爲此偏相參附，奏遣監造晋陽宫。[2]陳德信馳驛檢行，[3]見孝言役官大匠自營宅，即語云："僕射爲至尊起臺殿未訖，何用先自營造？"鳳及穆提婆亦遣孝言分工匠爲己造宅。德信還，具奏聞。及幸晋陽，鳳又以官馬與他人乘騎，上因此發忿，[4]與提婆並除名。[5]亦不露其罪，仍毁其宅，公主離婚。復被遣向鄴吏部門參。及後主晋陽走還，被勑唤入内，尋詔復王爵及開府、領軍大將軍，常在左右。仍從後主走度河，到青州，并爲周軍所獲。

[1]段孝言：人名。姑臧武威（今甘肅武威市）人。北齊官吏。見《北史》卷五四《段榮附段孝言傳》。

[2]晋陽宫：在今山西太原市晋源區古城營村一帶。

[3]陳德信：人名。北齊宦官。後主即位，寵用宦官，時其與鄧長顒並至開府、封王，俱爲侍中、左右光禄大夫，領侍中，參宰朝政。

[4]上因此發忿：底本"因"上無"上"字，中華本校勘記云："諸本脱'上'字，據《北齊書》卷五〇《通志》卷一八四《韓鳳傳》補。"今從改。

[5]除名：把姓名從名册中删除，取消原有身份。

鳳被寵要之中，[1]尤嫉人士，朝夕讌私，唯相譖訴。崔季舒等冤酷，[2]皆鳳所爲也。每一賜與，動至千萬。恩遇日甚，彌自驕恣，意色嚴厲，未嘗與人相承接。朝士諮事，莫敢仰視。動致呵叱，輒詈云："狗漢大不可耐！唯須殺却！"[3]若見武職，雖厮養末品，亦容下之。仕隋，位終於隴州刺史。[4]

[1]鳳被寵要之中：中華本校勘記云："《北齊書》《通志》'被寵'作'於權'。按'被'字疑誤。"可從。

[2]崔季舒：人名。字叔正，博陵安平（今河北安平縣）人。東魏、北齊官吏。見《北史》卷三二《崔挺附崔季舒傳》。

[3]唯：底本作"雖"，元大德本闕，毛本、殿本、四庫本、中華本作"唯"。今從諸本改。

[4]隴州：隋朝時治汧源縣，在今陝西隴縣。

宦者韓寶業、盧勒叉、齊紹、秦子徵並神武舊左右，唯閤内驅使，不被恩遇。歷天保、皇建之朝，亦不至寵幸，但漸有職任。寶業至長秋卿，勒叉等或爲中常侍。武成時有曹文摽、夏侯通、伊長游、魯恃伯、郭沙彌、鄧長顒及寶業輩，亦有至儀同食幹者。唯長顒武平中任參宰相，干預朝權。如寶業及勒叉、齊紹、子徵後並封王，俱自收斂，不過侵暴。又有陳德信亦參時宰，與長顒並開府封王，俱爲侍中、左右光禄大夫，領侍中。又有潘師子、崔孝禮、劉萬通、研胥光弁、劉通遠、王弘遠、王子立、王玄昌、高伯華、左君才、能純陁、宫鍾馗、趙野叉、徐世凝、苟子溢、斛子慎、宋元賓、康德汪，[1]並於後主之朝，肆其奸佞。敗政虐人，古今未有。多授開府，罕止儀同，亦有加光禄大夫，金章紫綬者。多帶中侍中、中常侍，[2]此二職乃至數十人。恒出入門禁，往來園苑，趨侍左右，通宵累日。承候顔色，競進諂諛，發言動意，多會深旨。一戲之賞，動逾巨萬，丘山之積，貪惏無厭。猶以波斯狗爲儀同、郡君，分其幹禄。神獸門外，有朝貴憩息之所，時人號爲解卸廳。諸閹或在内多日，暫放歸休，所乘之馬，牽至神獸門階，然後升騎，飛鞭競走，十數爲群，馬塵必坌諸貴，[3]爰至唐、趙、韓、駱，皆隱廳趨避，不敢爲言。齊、盧、陳、鄧之徒，亦意屬尚書、卿尹，宰相既不爲致言，時主亦無此命。唯以工巧矜功，用長顒爲太府卿焉。[4]

[1]研胥光弁：中華本校勘記云："錢氏《考異》卷四〇引《廣韻》，以爲'研胥'當作'斫胥'。參卷五一《高思好傳》校記。"可從。研胥光弁，人名。北齊宦官。後主時貴寵。位中常侍。

[2]多帶中侍中：底本"中"作"甲"，中華本校勘記云："諸本'帶'下'中'字訛作'甲'，據《通志》卷一七九《北齊諸宦者傳》改。"今從改。中侍中，官名。北魏孝文帝太和間置，由宦官充任，初爲加官，爲宦官最高職。北齊置爲中侍中省長官，管理宫中事務，掌管出入宫門。從三品。

[3]坌（bèn）：沾染塵埃。

[4]太府卿：官名。南朝梁武帝天監七年（508）置，掌管金帛府藏出納、關市税收以供國家、宫廷用度。北齊時置爲太府寺長官，三品。

神武時有倉頭陳山提、蓋豐樂，[1]俱以驅馳便僻，頗蒙恩遇。魏末，山提通州刺史，豐樂嘗食典御。又有劉郁斤、趙道德、劉桃枝、梅勝郎、辛洛周、高舍洛、郭黑面、李銅鍉、王恩洛，並爲神武驅使。天保、大寧之朝，漸以貴盛。至武平時，山提等皆以開府封王。其不及武平者則追贈王爵。雖賜與無貲，顧眄深重，乃至陵忽宰輔，然皆不得干預朝政。

[1]倉頭：漢代奴僕以深青色布包頭，故稱。倉，通"蒼"。

武平時有胡小兒，俱是康阿馱、穆叔兒等富家子弟，簡選黠慧者數十人以爲左右，恩眄出處，[1]殆與閹官相埒。亦有至開府儀同者。其曹僧奴、僧奴子妙達，以能彈胡琵琶，甚被寵遇，俱開府封王。又有何海及子洪珍，開府封王，尤爲親要。洪珍侮弄權勢，鬻獄賣官。其何朱弱、史醜多之徒十數人，咸以能舞工歌及善音樂者，亦至儀同開府。

[1]眄：毛本、局本作“盼”。

閹官猶以宮掖驅馳，便藩左右，[1]漸因昵狎，以至大官。倉頭始自家人，情寄深密，及於後主，則是先朝舊人，以勤舊之勞，致此叨竊。至於胡小兒等，眼鼻深嶮，一無可用，非理愛好，排突朝貴，尤爲人士之所疾惡。

[1]藩：源氏校勘記云：“‘藩’《北齊書》作‘煩’。”

其以音樂至大官者：沈過兒，官至開府儀同；王長通，年十四五便假節、通州刺史。

時又有開府薛榮宗，常自云能使鬼。及周兵之逼，言於後主曰：“臣已發遣斛律明月將大兵在前去。”帝信之。經古冢，榮宗謂舍人元行恭：[1]“是誰冢？”行恭戲之曰：“林宗冢。”復問：“林宗是誰？”行恭曰：“郭元貞父。”[2]榮宗前奏曰：“臣向見郭林宗從冢出，著大帽、吉莫靴，[3]插馬鞭，問臣：‘我阿貞來不？’”是時群妄，多皆類此。

[1]榮宗謂舍人元行恭：底本“人”下無“元”字，中華本校勘記云：“諸本脱‘元’字，據《北齊書》卷五〇《韓寶業傳》補。元行恭見本書卷五五《元文遥傳》。”今從改。元行恭，人名。河南洛陽（今河南洛陽市東北）人。北齊、北周、隋朝官吏。見《北史》卷五五《元文遥附元行恭傳》。

[2]郭元貞：人名。太原（今山西太原市晋源區古城營村一帶）人。東魏官吏。孝静帝武定末爲定州驃騎府長史，後遷爲揚州刺史。

[3]吉莫：皮革，鮮卑語。

論曰：古諺有之，“人之多幸，國之不幸”。[1]然則寵私爲害，自古忌之。大則傾國亡身，小則傷賢害政，率由斯也，所宜誡焉。詩曰：“殷鑒不遠，近在夏后之世。”[2]觀夫魏氏以降，亦後來之殷鑒矣。爲國家者，可無鑒之哉？

[1]人之多幸國之不幸：語出《左傳》宣公十六年。意思是人民中多僥幸可以得福的人，那就是國家的不幸。

[2]殷鑒不遠近在夏后之世：意思是教訓就在眼前。中華本校勘記云：“按《詩·大雅·蕩之什》無‘近’字，此衍文。”可從。

北史　卷九三

列傳第八十一

僭僞附庸

夏 赫連氏　燕 慕容氏　後秦 姚氏　北燕 馮氏　西秦 乞伏氏
北涼 沮渠氏　梁 蕭氏

晋自永嘉之亂，[1]宇縣瓜分，胡羯憑陵，積有年代，各言膺運，咸居大寶。竟而自相吞滅，終爲魏臣。然魏自昭成已前，[2]王跡未顯，至如劉、石之徒，[3]時代不接，舊書爲傳，編之四夷，有欺耳目，無益緗素。[4]且于時五馬浮江，[5]正朔未改，《陽秋》記注，[6]具存紀録。雖朝政叢脞，而年代已多。太宗文皇帝爰動天文，[7]大存刊勒，其時事相接，已編之《載記》。今斷自道武已來所吞併者，[8]序其行事，紀其滅亡。其餘不相關涉，皆所不取。至如晋、宋、齊、梁雖曰偏據，年漸三百，鼎命相承。《魏書》命曰《島夷》，列之於傳，亦所不取。故不入今篇。蕭詧雖云帝號，附庸周室，故從此編，次爲《僭僞附庸傳》云爾。

［1］永嘉之亂：晉懷帝永嘉五年（311），匈奴攻陷洛陽，擄走晉懷帝。永嘉，晉懷帝的年號（307—313）。

［2］昭成：即拓跋什翼犍。昭成爲其謚號，爲北魏道武帝所追謚。

［3］劉：即劉淵。字元海，新興（今山西忻州市）人。匈奴族。十六國時漢國（後改爲前趙）的開國君主。見《晉書》卷一〇一《劉元海載記》。　石：即石勒。字世龍，小字匐勒。羯族。十六國時後趙君主。見《晉書》卷一〇四、卷一〇五《石勒載記》。

［4］緗素：本義爲淺黄色的細絹。古時多用以爲書衣，故代指書籍。

［5］五馬浮江：西晉末年皇族司馬氏五王（琅邪王、汝南王、西陽王、南頓王、彭城王）避亂南渡長江，最後琅邪王司馬睿於建鄴（今江蘇南京市）建立東晉王朝。《晉書》卷六《元帝紀》："太安之際，童謡云：'五馬浮渡江，一馬化爲龍。'"

［6］陽秋：指東晉孫盛所撰《晉陽秋》。

［7］太宗文皇帝：即東晉司馬昱。廟號太宗，謚簡文。

［8］道武：即北魏皇帝拓跋珪。道武爲其謚號。

鐵弗劉武，[1]南單于苗裔，[2]左賢王去卑之孫、北部帥劉猛之從子，[3]居於新興慮虒之北。[4]北人謂胡父鮮卑母爲鐵弗，[5]因以號爲姓。武父誥汁爰，世領部落。汁爰死，武代焉。武死，子務桓代領部落，與魏和通。務桓死，弟閼陋頭代立，密謀反叛。後務桓子悉勿祈逐閼陋頭而立。悉勿祈死，弟衛辰代立。

[1]鐵弗劉武：中華本校勘記云："《魏書》卷九五《鐵弗劉虎傳》'武'作'虎'，《北史》避唐諱改。"可從。劉武，人名。本名劉虎，《北史》避唐高祖祖父李虎諱改。爲十六國時匈奴鐵弗部首領。初附代國，後反叛投歸劉聰，爲代王拓跋什翼犍討滅。

[2]南單于：漢代南匈奴的首領。見《後漢書》卷八九《南匈奴傳》。

[3]左賢王：匈奴官名。即左屠耆王。屠耆即漢語"賢"。漢朝因稱其爲"左賢王"，爲單于以下的最高官職。　去卑：東漢時南匈奴王。持至尸逐侯單于時任右賢王。見《後漢書》卷八九《南匈奴傳》。　北部帥：官名。漢獻帝時曹操置，三國魏沿置。時分入居塞内的南匈奴爲左、右、南、北、中五部，各部立其貴者爲帥，選漢人爲司馬，以監督之。

[4]居於新興慮虒（sī）之北：底本"慮虒"作"虒意"，源氏校勘記云："'意'《魏書》作'虒'。"中華本校勘記云："諸本'慮虒'作'虒意'。洪頤煊云：'當作'慮虒'，傳寫之訛。'按《魏書·鐵弗劉虎傳》作'慮虒'。《魏書·地形志上》肆州永安郡（新興郡改名）驢夷縣注云：'二漢屬太原，曰慮虒。'洪説是，今據改。"今從改。新興，郡名。東漢時治九原縣，在今山西忻州市。慮虒，在今山西五臺縣東北。

[5]北人謂胡父鮮卑母爲鐵弗：底本"胡父"作"胡父爲"，中華本校勘記云："諸本'父'下衍'爲'字，據《魏書》删。"今從改。

衛辰，務桓之第三子也。既立，遣子朝獻，昭成以女妻之。衛辰潛通苻堅，[1]堅以爲左賢王。遣使請堅求田内地，[2]春去秋來，堅許之。後乃背堅，專心歸魏。舉兵伐堅，堅遣其將鄧羌討擒之。[3]堅自至朔方，[4]以衛辰爲夏陽公，[5]統其部落。衛辰復附於堅。昭成討大破之，遂走奔苻堅。堅送還朔方，遣兵戍之。

[1]苻堅：人名。字永固，一名文玉。十六國時前秦君主。見《晉書》卷一一三、卷一一四《苻堅載記》。

[2]遣使請堅求田内地：底本"田"下無"内"字，中華本校勘記云："諸本無'内'字，《魏書》有。按此謂至内地遊牧田獵，故下文云：'春去秋來'。'内'字誤脱，今據補。"今從改。

[3]鄧羌：人名。安定（今甘肅涇川縣北）人。十六國時前秦名將。有才幹，號稱"萬人敵"。

[4]朔方：縣名。治所在今内蒙古杭錦旗。

[5]夏陽公：封爵名。夏陽，縣名。治所在今陝西韓城市南。

昭成末，衛辰導苻堅寇魏南境，王師敗績。堅遂分國人爲二部，自河以西，屬之衛辰；自河以東，屬之劉庫仁。[1]堅後以衛辰爲單于，督攝河西新類，[2]屯于代來。[3]慕容永據長子，[4]拜衛辰使持節、都督河西諸軍事、大將軍、朔州牧、朔方王。[5]姚萇亦遣使結好，拜衛辰使持節、都督北朔雜夷諸軍事、大將軍、大單于、河西王、幽州牧。[6]

[1]劉庫仁：人名。字没根，獨孤部人。見《北史》卷二〇《劉庫仁傳》。

[2]堅後以衛辰爲單于督攝河西新類：源氏校勘記云："'單'上《魏書》有'西'字，《載記》同；'新'作'雜'。爲是。"中華本校勘記云："《魏書》'單于'上有'西'字，'新'字作'雜'。按衛辰與庫仁分爲二部，當是庫仁爲東單于，衛辰爲西單于。'新'當是'雜'之訛，下文'都督北朔雜夷諸軍事'可証。"

可從。

[3]代來：城名。在今内蒙古伊金霍洛旗西北。

[4]長子：縣名。治所在今山西長子縣東。

[5]使持節：漢朝官吏奉命外出時，由皇帝授予節杖，來提高其權威。魏晋之後，凡重要軍事長官出征或出鎮時，加使持節，可誅殺二千石以下官員。皇帝派遣大臣出巡或參加祭吊等事務時，亦使持節，以示權力與尊崇。次一等的稱持節，再次一等的稱假節。　大將軍：官名。魏晋南北朝時有諸名號大將軍，作爲加授給大臣、重要州郡長官的戎號。　朔州：十六國西燕時治代來城，又名悦跋城，在今内蒙古伊金霍洛旗西北。　朔方王：源氏校勘記云："'朔方王'《魏書》作'君朔方'。"

[6]姚萇：人名。字景茂，南安赤亭（今甘肅隴西縣西），羌族。十六國時後秦開國君主。見《晋書》卷一一六《姚萇載記》。　幽州：十六國後秦時治薊縣，在今北京西南。

登國中，[1]衛辰遣子直力鞮寇南部，[2]其衆八九萬。道武軍五六千人，爲其所圍。帝乃以車爲方營，並戰並前，大破之於鐵岐山南。[3]直力鞮單騎而走。帝乘勝追之，自五原金津南度河，[4]徑入其國。遂至衛辰所居悦跋城，[5]衛辰父子驚遁。乃分遣陳留公元虔南至白鹽池，[6]虜衛辰家屬；將軍伊謂至木根山，[7]禽直力鞮。衛辰單騎遁走，爲其部下所殺，傳首行宫。先是河水赤如血，衛辰惡之。及衛辰之亡，誅其族類，並投之於河。衛辰第三子屈丏奔薛干部帥太悉伏。[8]

[1]登國：北魏道武帝的年號（386—396）。

[2]直力鞮（dī）：人名。匈奴鐵弗部人。曾奉其父命攻打賀蘭

部。源氏校勘記云："'直力鞮'《載記》作'力俟鞮'。"當是音譯不同。

[3]鐵岐山：位於今内蒙古固陽縣西北。

[4]五原：縣名。治所在今山西壽陽縣北。　金津：地名。在今内蒙古包頭市西南古黄河上。

[5]遂至衛辰所居悦跂城：中華本校勘記云："'悦跂城'《魏書·劉虎傳》及卷二《太祖紀》登國六年並作'悦跋城'。'跂'當是'跋'之訛。"悦跋城，《資治通鑑》卷一〇七晋太元十六年："辛卯，（魏王）珪直抵其所居悦跋城。"胡三省注："考之《載記》，悦跋城即代來城也。"

[6]陳留公：封爵名。陳留，郡名。北魏時治陳留縣，在今河南開封市東南。　元虔：北魏宗室。見《北史》卷一五《陳留王虔》。按：北魏孝文帝改制後，纔改姓元氏。此處稱"元虔"，不當。　白鹽池：鹽湖名。在今陝西定邊縣北。

[7]木根山：在今内蒙古烏海市附近的桌子山。

[8]衛辰第三子屈丐奔薛干部帥太悉伏：底本"薛干部"作"薛于部"，源氏校勘記云："《魏書》（'屈丐'）作'屈孑'，下同；'薛'《載記》作'叱'；'勃'《魏書》作'勃'，《載記》《十六國春秋》同。"中華本校勘記云："諸本'干'作'于'，今改。參看卷一《道武紀》校記。"今從改。薛干部，部落名。西北地區少數民族之一。北魏時活動於今陝西延安市東南。太悉伏，人名。一作"佗斗伏"。十六國時鮮卑薛干部首領。

屈丐，本名勃勃，明元改其名曰屈丐。[1]北方言屈丐者，卑下也。太悉伏送之姚興。興高平公破多羅没弈干妻之以女。[2]屈丐身長八尺五寸，興見而奇之，拜驍騎將軍，[3]加奉車都尉，[4]常參軍國大議，寵遇踰於勳舊。興弟濟南公邕言於興曰：[5]"屈丐天性不仁，難以親育，寵之太甚，臣竊惑之。”興曰：“屈丐有濟世之才，吾方收其藝用，與之共平天下，有何不可?”乃以屈丐爲安遠將軍，[6]封陽川侯，[7]使助没弈干鎮高平。邕固諫以爲不可，興乃止。以屈丐爲持節、安北將軍、五原公，[8]配以三交五部鮮卑二萬餘落，[9]鎮朔方。

[1]明元：即北魏皇帝拓跋嗣。明元爲其謚號。

[2]興高平公破多羅没弈干妻之以女：中華本校勘記云：“諸本‘于’作‘干’，《魏書》（百衲本）作‘于’。按《晋書》卷一三〇《赫連勃勃載記》作‘于’。未知孰是，今本書統一作‘于’。”今從底本不改。高平公，封爵名。高平，郡名。十六國後秦時治高平縣，在今寧夏固原市。破多羅没弈干，人名。其餘不詳。

[3]驍騎將軍：官名。西漢置，東漢沿置，爲雜號將軍，統兵出征，事迄即罷。兩晋時與領軍、護軍、左右衛、游擊諸將軍合稱六軍，擔任宿衛之任，是護衛宫廷的主要將領之一。魏晋時皆定爲四品。十六國時成漢、前秦、後秦、後凉皆置。

[4]奉車都尉：官名。西漢武帝時設，掌御乘輿車，秩比二千石，歷朝因之，魏晋以後加官。品秩不一。

[5]濟南公：封爵名。濟南，郡名。十六國後秦時治歷城縣，在今山東濟南市。　邕：即姚邕，人名。小字黄兒，南安赤亭（今甘肅隴西縣西）人，羌族。後秦宗室，精通音樂。

[6]安遠將軍：官名。東漢末始置，多用以封降將或邊遠地區地方長官。三國魏沿置，三品。十六國時前秦、後秦、西秦亦置。

[7]陽川侯：封爵名。陽川，縣名。確址不詳。

[8]安北將軍：官名。三國魏時置，與安東、安南、安西將軍合稱四安將軍，爲出鎮北方某一地區的軍事長官，或作爲刺史等地方官兼理軍務時的加官，權任很重。魏晋南北朝沿置。　五原公：封爵名。五原，郡名。治所不詳。

[9]三交：縣名。治所在今陝西寶雞市。　五部：縣名。西魏置。在今甘肅隴南市武都區東。

道武末，屈丐襲殺没弈干而并其衆，僭稱大夏天王，號年龍昇，置百官。興乃悔之。屈丐恥姓鐵弗，遂改爲赫連氏，自云徽赫與天連。又號其支庶爲鐵伐氏，云族剛鋭如鐵，皆堪伐人。晋將劉裕攻長安，[1]屈丐聞而喜曰："姚泓豈能拒裕？裕必剋之。待裕去後，吾取之如拾遺耳。"於是秣馬勵兵，休養士卒。及劉裕禽泓，留子義真守長安。屈丐伐之，大破義真，積人頭爲京觀，[2]號曰"髑髏臺"。遂僭皇帝於灞上，[3]號年爲昌武，定都統萬，[4]勒銘城南，頌其功德，以長安爲南都。[5]

[1]劉裕：人名。字德輿，小名寄奴，祖籍彭城（今江蘇徐州市），後遷居京口（今江蘇鎮江市）。南朝宋的建立者。見《宋書》卷一、卷二、卷三《武帝紀》。

[2]京觀：省稱京，亦稱京丘。戰爭中獲勝者聚集敵方尸首，封土而築成的高大墳墓。意在炫耀武功。

[3]灞上：地名。在今陝西西安市東白鹿原北首。

[4]統萬：城名。在今陝西靖邊縣北白城子。

[5]以長安爲南都：底本"都"作"郡"，中華本校勘記云："諸本'都'訛作'郡'，據《魏書》改。"今從改。

性驕虐，視人如草，蒸土以築城，鐵錐刺入一寸，即殺作人而并築之。所造兵器，匠呈必死，射甲不入，即斬弓人，如其入，便斬鎧匠，殺工匠數千人。常居城上，置弓劍於側，有所嫌忿，手自殺之。群臣忤視者，鑿其目，笑者决其脣，諫者謂之誹謗，先截其舌，而後斬之。議廢其子璝。璝自長安起兵攻屈丐，丐遣子太原公昌破璝殺之。[1]屈丐以昌爲太子。始光二年，[2]屈丐死，昌僭立。

［1］太原公：封爵名。太原，郡名。北魏時治晋陽縣，在今山西太原市晋源區古城營村一帶。

［2］始光：北魏太武帝的年號（424—428）。

昌，字還國，一名折，屈丐之第二子也。[1]既僭位，改年承光。[2]太武聞屈丐死，諸子相攻，關中大亂，於是西伐。乃以輕騎一萬八千，濟河襲昌。時冬至之日，昌宴饗，王師奄到，上下驚擾。車駕次於黑水，[3]去其城三十餘里，昌乃出戰。太武馳往擊之，昌退走入城。未閉門，軍士乘勝入其西宫，焚其西門，夜宿城北。明日分軍四出，徙萬餘家而還。

［1］二子：源氏校勘記云："《魏書》《十六國春秋》作'三子'。"

［2］改年承光：源氏校勘記云："《魏書》《十六國春秋》'承'作'永'。"中華本校勘記云："'承光'《魏書》作'永光'。《晋書·載記》不記昌之年號，《通志》卷一九三《赫連勃勃載記》作'承元'。未知孰是。"可從。

［3］黑水：即今石窯川，流經陝西靖邊縣。

後昌遣弟定與司空奚斤相持於長安，[1]太武乘虚西伐，濟君子津，[2]輕騎三萬，倍道兼行。群臣咸諫曰："統萬城堅，非一日可拔。今輕軍討之，進不可剋，退無所資。不若步軍攻具，一時俱往。"帝曰："夫用兵之術，攻城最下，不得已而用之。如其攻具一時俱往，賊必懼而堅守。若攻不時拔，則食盡兵疲，外無所掠，非上策也。朕以輕騎至其城下，彼先聞有步軍而徒見騎至，[3]必當心閑。朕且羸師以誘之，若得一戰，擒之必矣。所以然者，軍士去家二千里，後有黄河之難，所謂置之死地而後生也。以是決戰則有餘，攻城則不足。"遂行，次于黑水，[4]分軍伏於谷，而以少衆至其城下。昌將狄子玉來降説，昌使人追其弟定，[5]定曰："城堅峻未可攻拔，待禽斤等，然後徐往，内外擊之，有何不濟？"昌以爲然。太武惡之，退軍城北，示昌以弱，遣永昌王健及娥清等分騎五千，[6]西掠居人。會軍士負罪，亡入昌城，言官軍糧盡，士卒食菜，輜重在後，步兵未至，擊之爲便。昌信其言，引衆出城，步騎三萬。司徒長孫翰等咸言昌步陣難陷，[7]宜避其鋒，且待步兵，[8]一時奮擊。帝曰："不然，遠來求賊，恐其不出。今避而不擊，彼奮我弱，非計也。"遂收軍僞北，引而疲之。昌以爲退，鼓譟而前，舒陣爲翼。行五六里，帝衝之，賊陣不動。稍前行，會有風起，方術官趙倪勸帝更待後日，崔浩叱之。[9]帝乃分騎爲左右以掎之。帝墜馬，賊已逼，帝騰馬刺殺其尚書斛黎文，殺騎賊十餘人。流矢中帝，[10]帝奮擊不輟。昌軍大潰，不及入城，奔投上邽。[11]遂剋其城。

[1]司空：官名。與太尉、司徒並稱三公。魏晋南北朝時爲名譽宰相，多爲大臣加官。北魏時爲正一品。　奚斤：人名。代（今山西大同市東北）人，鮮卑族。北魏官吏。見《北史》卷二〇《奚斤傳》。

[2]君子津：津渡名。在今内蒙古清水河縣喇嘛灣鎮。

[3]彼先聞有步軍而徒見騎至：底本“而徒”作“步從”，源氏校勘記云：“‘步從’《魏書》作‘而徒’。”中華本校勘記云：“諸本‘而徒’作‘步從’,《魏書》作‘而徒’。按‘從’乃‘徒’之訛，‘步’乃涉上文而誤，今據改。”今從改。

[4]次于黑水：底本“次”作“决”，中華本校勘記云：“諸本‘次’訛作‘决’，據《魏書》改。”今從改。

[5]昌將狄子玉來降説昌使人追其弟定：底本“使”前無“昌”字，中華本校勘記云：“諸本無下‘昌’字，《魏書》有。按此狄子玉向魏軍報告消息。‘昌使人追其弟定’至‘昌以爲然’，即此消息内容。無‘昌’字文意不明，今據補。”今從改。狄子玉，人名。羌族。歸魏後曾任涇州刺史，與安定鎮將延普争權，爲陸俟所擒。

[6]永昌王：封爵名。遥封。永昌，郡名。南朝宋時治不韋縣，在今雲南保山縣北。　健：即拓跋健，人名。北魏宗室。見《北史》卷一六《永昌王健傳》。　娥清：人名。代（今山西大同市東北）人。北魏將領。見《北史》卷二五《娥清傳》。

[7]司徒：官名。漢哀帝時改丞相爲大司徒，漢光武帝時改司徒，與太尉、司空並稱三公，分掌宰相職能。北魏初曾令州郡公文先上司徒府，後改上丞相府。一品。　長孫翰：人名。代（今山西大同市東北）人，鮮卑族。北魏將領。見《北史》卷二二《長孫肥附長孫翰傳》。

[8]待：源氏校勘記云：“‘待’《魏書》作‘縱’。”

[9]崔浩：人名。字伯淵，《北史》避唐高祖李淵諱改爲伯深。清河東武城（今山東武城縣西北）人。北魏大臣。見《北史》卷

二一《崔宏附崔浩傳》。

[10]帝騰馬刺殺其尚書斛黎文殺騎賊十餘人流矢中帝：源氏校勘記云："《魏書》'文'作'又'，'帝'作'掌'。"斛黎文，人名。其餘不詳。

[11]上邽：城名。在今甘肅天水市。

初，屈丐奢，好脩宫室，城高十仞，基厚三十步，上廣十步，宫墻五仞，其堅可以礪刀斧。臺榭高大，飛閣相連，皆彫鏤圖畫，被以綺繡，飾以丹青，窮極文采。帝顧謂左右曰："蕞爾小國，而用人如此，雖欲不亡，其可得乎?"

侍御史安頡禽昌，[1]帝使侍中古弼迎昌至京師，[2]舍之西宫門内，給以乘輿之副。又詔昌尚始平公主，[3]假會稽公，封爲秦王。坐謀反伏誅。

[1]侍御史：官名。北魏時於分曹治事外，亦奉命監國，督察巡視州郡，收捕官吏，宣示詔命。頗重其選，必以對策高第者補之。置侍御史八人，孝文帝太和十七年（493）定爲從五品中，二十三年定爲八品。　安頡：人名。遼東（今遼寧遼陽市）胡人。北魏官吏。見《北史》卷二〇《安同附安頡傳》。

[2]侍中：官名。北朝時常總典機密，受遺詔輔政，權任尤重，時號"小宰相"。北魏初置四員，孝文帝太和十七年定爲從一品中。　古弼：人名。代（今山西大同市東北）人。北魏官吏。見《北史》卷二五《古弼傳》。

[3]始平公主：封爵名。始平，郡名。北魏時治始平縣，在今陝西興平市東北。所指不詳。

昌弟定，小字直獶，屈丐之第五子也。凶暴無賴。昌敗，定奔於平涼，[1] 自稱尊號，改年勝光。定登陰槃山，[2] 望其本國，泣曰："先帝以朕承大業者，豈有今日之事乎！使天假朕年，當與卿諸人建季興之業。" 俄而群狐百數，鳴於其側，定命射之，無所獲。惡之曰："所見亦大不臧，咄咄天道，復何言哉！"

[1] 平涼：城名。在今甘肅平涼市西北。

[2] 陰槃山：位於今甘肅平涼市東南。

定與宋連和，遥分河北。自恒山以東，屬宋；恒山以西，屬定。太武親率輕騎襲平涼。定救平涼，方陣自固。帝四面圍之，斷其水草，定不得水，引衆下原，詔武衛將軍丘眷擊之。[1] 定衆潰，被創，單騎遁走，收其餘衆，乃西保上邽。神䴥四年，[2] 爲吐谷渾慕璝所襲，[3] 禽定送京師。伏誅。

[1] 武衛將軍：官名。北魏時掌宿衛禁軍。孝文帝太和十七年定爲從二品下，二十三年定爲從三品。北齊因之。

[2] 神䴥：北魏太武帝的年號（428—431）。

[3] 爲吐谷渾慕璝所襲：底本"慕璝"作"慕容璝"，中華本校勘記云："諸本'慕'下有'容'字，《魏書》無。按本書卷九六《吐谷渾傳》作'慕璝'。'容'是涉下文'慕容廆'而衍，今據刪。" 今從改。吐谷渾，族名。又稱吐渾、退渾。原爲鮮卑族慕容部的一支，先祖游牧於徒河青山（今遼寧義縣東）。西晋時，遷徙於今甘肅、青海一帶。十六國時，先後受到前凉、西秦等追逐，幾乎亡國。後再度崛起，北魏太武帝時達到最强盛。在北魏打擊

下，一度退到今新疆一帶。以游牧爲生。見《北史》卷九六《吐谷渾傳》。慕璝，人名。北魏時吐谷渾首領。見《北史·吐谷渾傳》。

徒河慕容廆，[1]字弈洛瓌，本出昌黎。[2]曾祖莫護跋，魏初，率諸部落入居遼西，[3]從司馬宣王討公孫氏，[4]拜率義王，始建王府於棘城之北。[5]祖木延，從毌丘儉征高麗有功，[6]始號左賢王。[7]父涉歸，以勳進拜鮮卑單于，遷邑遼東。[8]涉歸死，廆代領部落。以遼東僻遠，遷於徒河之青山。[9]穆帝世，[10]頗爲東部之患。廆死，子晃嗣。

[1]徒河：縣名。治所在今遼寧錦州市。

[2]昌黎：郡名。三國魏改昌黎屬國置。治昌黎縣，在今遼寧義縣。

[3]魏初率諸部落入居遼西：底本"初"作"祖"，中華本校勘記云："諸本'初'訛作'祖'，據《魏書》卷九五《慕容廆傳》改。"今從改。遼西，郡名。三國魏時治陽樂縣，在今河北盧龍縣東南。

[4]從司馬宣王討公孫氏：三國魏景初元年（237），公孫淵自立爲燕王。二年春魏派司馬懿和高句麗王高位宫攻打公孫淵，圍城日久，公孫淵於八月糧盡出逃被擒斬。司馬宣王，即司馬懿。見《晋書》卷一《宣帝傳》。公孫氏，即公孫淵。字文懿，三國時建立燕國政權。

[5]棘城：在今遼寧北票市章吉營子鄉三官營子村。

[6]祖木延從毌丘儉征高麗有功：底本"延"下無"從"字，中華本校勘記云："諸本脱'從'字，據《魏書》補。"今從改。毌丘儉，人名。字仲恭，河東聞喜（今山西聞喜縣）人。三國魏將

領。見《三國志》卷二八《魏書·毌丘儉傳》。高麗，國名。其先出自夫餘，地爲漢之玄菟郡，高句麗爲其三縣之一。後因以爲國名，都名丸都，故治在今吉林集安市。南北朝時，遷都於今朝鮮平壤市。見《北史》卷九四《高麗傳》。

[7]始號左賢王：源氏校勘記云："'始'《魏書》作'加'。"

[8]遼東：郡名。戰國燕置，治襄平縣，在今遼寧遼陽市。西晉時改爲遼東國，後復爲郡。十六國後燕末地入高句麗。北燕又僑置遼東郡於今遼寧西部。

[9]青山：即今北京西南。

[10]穆帝：即拓跋猗盧。穆爲其謚號，爲北魏道武帝所追謚。

晃，[1]字元真，號年爲元年，自稱燕王。建國二年，昭成納晃女爲后。[2]四年，晃城和龍而都焉。[3]征高麗，大破之，遂入丸都。[4]掘高麗王釗父利墓，載其屍，焚其宮室，毀丸都而歸。釗後稱臣，乃歸其父屍。晃死，子儁嗣。

[1]晃：源氏校勘記云："'晃'《載記》《十六國》作'皝'。"

[2]建國二年昭成納晃女爲后：中華本校勘記云："按據卷一《序紀》，卷一三《后妃傳》，建國二年所娶者是晃妹。七年所娶者纔是晃女。"可從。

[3]和龍：城名。又名龍城。在今遼寧朝陽市。

[4]丸都：城名。在今吉林集安市。

儁，字宣英，既襲位，號年爲元年。聞石氏亂，[1]乃礪甲嚴兵，將爲進取之計，徙都于薊。[2]建國十五年，儁僭稱皇帝，置百官，號年天璽，[3]國稱大燕。十六年，自薊遷都於鄴，[4]號年光壽。儁死，第三子暐嗣。

[1]石氏：公元319年羯族石勒建立的十六國後趙政權。

[2]薊：縣名。治所在今北京西南。

[3]天璽：中華本校勘記云："'天璽'《魏書》作'元璽'。按《晋書》卷一一〇《慕容儁載記》作'元璽'。'天'字疑誤。"可從。

[4]鄴：縣名。治所在今河北臨漳縣西南鄴鎮。

暐，字景茂，號年建熙。暐政無綱紀。有神降於鄴，曰湘女，有聲，與人相接，數日而去。後苻堅遣將王猛伐鄴，[1]禽暐，封新興侯。[2]道武之七年，苻堅敗於淮南。[3]暐叔父垂叛堅，攻苻丕於鄴。[4]暐弟濟北王泓先爲北地長史，[5]聞垂攻鄴，亡奔關東，[6]還屯華陰，[7]自稱雍州牧、濟北王；[8]推垂爲丞相、大司馬、吴王。堅遣子鉅鹿公叡伐泓。[9]泓弟中山王沖，[10]先爲平陽太守，[11]亦起兵河東，奔泓。泓衆至十萬，遣使謂堅，求分王天下。堅大怒，責暐。暐叩頭流血謝，堅待之如初，命暐以書招垂及泓、沖。暐密遣使謂泓："勉建大業，可以吴王爲相國；[12]中山王爲太宰，[13]領大司馬；[14]汝可爲大將軍，[15]領司徒，承制封拜。聽吾死問，汝便即尊位。"泓進向長安，年號燕興。泓謀臣高蓋、宿勤崇等以泓德望後沖，[16]且持法苛峻，乃殺泓，立沖爲皇太弟，承制行事，置百官。進據阿房。[17]初，堅之滅燕，沖姊清河公主年十四，[18]有殊色，堅納之。沖年十二，亦有龍陽之姿，[19]堅又幸之。姊弟專寵。長安歌之曰："一雌復一雄，[20]雙飛入紫宫。"王猛切諫，乃出沖。及其母卒，葬之以燕后之禮。長安又謡曰："鳳皇，鳳皇，止阿房。"時以鳳皇非梧桐不棲，[21]非竹實不食，乃蒔梧竹數千株於阿城，[22]以待鳳皇。[23]沖小字鳳皇，至是，阿城終爲堅賊。暐入見堅謝，因言二子昨婚，欲堅幸第，堅許之。暐出，術士王嘉曰："椎蘆作蘧蒢，[24]不成文章。會天大雨，不得殺羊。"言暐將殺堅而不果也。堅與群臣莫解。是夜大雨，晨不果出。事發，堅乃誅暐父子及宗族，城内鮮卑無少長男女皆殺之。

[1]王猛：人名。字景略，北海劇縣（今山東壽光市東南）人。後移家魏郡。十六國前秦丞相、大將軍。見《晋書》卷一一四《苻堅載記附王猛傳》。

[2]新興侯：封爵名。新興，郡名。前秦時治定襄縣，在今内蒙古清水河縣。

[3]淮南：郡名。東晋時治壽春縣，在今安徽壽縣。

[4]苻丕：人名。十六國前秦君主。見《晋書》卷一一五《苻丕載記》。

[5]濟北王：封爵名。濟北，郡名。十六國前秦時治盧縣，在今山東茌平縣西南。　北地：郡名。十六國前秦時治袨袦縣，在今陝西銅川市耀州區。　長史：官名。秦設，掌參政務，主管屬吏。西漢因之，於丞相府、諸公府、軍府皆設，爲府中掾屬之長。漢起，諸王國、郡府、屬國等亦設。歷朝因之，擴至州府、都督府等。官秩不一。

[6]關東：地域名。指函谷關、潼關以東地區。

[7]華陰：縣名。治所在今陝西華陰市東南。

[8]雍州：十六國前秦時治長安縣，在今陝西西安市未央區

一帶。

［9］鉅鹿公：封爵名。鉅鹿，郡名。十六國前秦時治鉅鹿縣，在今河北平鄉縣東南。　叡：即苻叡，人名。略陽臨渭（今甘肅天水市東北）人，氐族。十六國前秦宗室。英勇善戰，但易輕敵，不恤士衆，爲西燕慕容泓所殺。

［10］中山王：封爵名。中山，郡名。十六國前秦時治盧奴縣，在今河北定州市。

［11］平陽：郡名。晋時治平陽縣，在今山西臨汾市西南。

［12］相國：初爲春秋戰國時期對宰輔大臣的尊稱，後漸成爲官稱。居宰輔之位，爲百官之長，與丞相略同而位稍尊。

［13］太宰：官名。西晋置太師、太傅、太保三上公，因避司馬師諱，改太師爲太宰，位三公之首。常與太傅、太保並掌朝政，爲宰相之任，一品。

［14］大司馬：官名。兩晋十六國時多爲大臣加官，居三公之上、三師之下。

［15］大將軍：官名。高級軍政官員。西晋時位居三師、大司馬下，三公上。十六國時頗重其任，常專擅軍政事務。

［16］泓謀臣高蓋宿勤崇等以泓德望後沖：底本“宿勤崇”作“宿勒崇”，源氏校勘記云：“（‘宿勒’）《魏書》作‘宿勤’。”中華本校勘記云：“諸本‘勤’作‘勒’，《魏書》作‘勤’。按下文見‘宿勤黎’。本書卷四八《尒朱天光傳》見‘宿勤明達’。作‘勒’誤，今據改。”今從改。

［17］阿房：地名。在今陝西西安市西郊阿房村。

［18］清河公主：封號。清河，郡名。十六國前秦時治清河縣，在今山東臨清縣東北。

［19］龍陽：人名。戰國時期魏國人，魏安釐王的男寵。像美女一樣婉轉嫵媚，得寵於魏王。見《戰國策·魏策》。

［20］一雌復一雄：底本“雌”下無“復”，中華本校勘記云：“諸本脱‘復’字，據《魏書》補。”今從改。

［21］時以鳳皇非梧桐不棲：源氏校勘記云："'時'《魏書》作'堅'。"

［22］乃蒔梧竹數千株於阿城：源氏校勘記云："《魏書》作'數十萬株于阿房城'。"

［23］以待鳳皇：源氏校勘記在"鳳皇"後加"止"字。

［23］椎蘆：捶打編結蘆葦桿。　籧（qú）篨（chú）：粗席。

廆弟運。運孫永，字叔明。暐既爲苻堅所并，永徙於長安。家貧，夫妻常賣韡於市。及暐爲堅所殺，沖乃自稱尊號，以永爲小將軍。沖毒暴，及堅出如五將山，[1]沖入長安，縱兵大掠，死者不可勝計。初，堅之未亂，關中忽然，無火而煙氣大起，[2]方數十里，月餘不滅。堅每臨聽訟觀，令民有怨者，舉煙於城北，觀而録之。長安爲之語曰："欲得必存當舉煙。"關中謡曰："長鞘馬鞭擊左股，太歲南行當復虜。"西人呼徒河爲白虜，沖果據長安。樂之忘歸，且以慕容垂威名夙著，跨據山東，憚不敢進，衆咸怨之。登國元年，沖左將軍韓延因人之怨，[3]殺沖，立沖將段隨爲燕王，改年昌平。沖之入長安，王嘉謂之曰："鳳皇，鳳皇，何不高飛還故鄉？無故在此取滅亡。"

［1］五將山：又名武將山。在今陝西岐山縣東北。

［2］關中忽然無火而煙氣大起：中華本校勘記云："《魏書》'忽'作'土'。按《晋書》卷一一四《苻堅載記》也作'土然'。即煤氣自燃。《北史》改作'忽然'，易致誤解。"

［3］左將軍：官名。漢朝時爲重號將軍之一，有兵事則典掌禁兵，戍衛京師，或任征伐，平時無具體職務，一般兼任他官。魏晋

常設，權位漸低，僅爲武官名號，略高於一般雜號將軍，不典禁兵，不與朝政。

沖敗，其左僕射慕容恒與永潛謀，[1]襲殺隨，立宜都王子覬爲燕王，[2]號年建明。率鮮卑男女三十餘萬口，乘輿服御，禮樂器物，去長安而東。以永爲武衛將軍。恒弟護軍將軍韜，[3]陰有貳志，誘覬殺之于臨晋。[4]恒怒，去之。永與武衛將軍刁雲率衆攻韜。[5]韜遣司馬宿勤黎逆戰，[6]永執而戮之。韜懼，出奔恒營。恒立慕容沖子望爲帝，改年建平。衆悉去望奔永，永執望殺之，立慕容泓子忠爲帝，改年建武。忠以永爲太尉，守尚書令，[7]封河東公。[8]東至聞喜，[9]知慕容垂稱尊號，託以農要弗進，築燕熙城以自固。[10]刁雲等又殺忠，推永爲大都督、大將軍、大單于、雍秦梁涼四州牧、河東王，[11]稱蕃於垂。

[1]左僕射：官名。職掌都省庶務及執法，或典選舉，左僕射權力大於右僕射，兼掌糾彈百官。歷代沿置，品秩不一。　慕容恒：十六國時西燕大臣。爲左僕射。

[2]宜都王：封爵名。宜都，郡名。晋時治夷道縣，在今湖北宜都市。

[3]護軍將軍：官名。南北朝時掌督護京師以外諸軍，出征時置參軍，權任很重，諸將軍皆敬之。

[4]臨晋：縣名。治所在今陝西大荔縣。

[5]刁雲：人名。擁戴慕容永，任尚書令。公元393年奉命守潞川，公元394年投降慕容垂。

[6]司馬：官名。王國、王府屬官。兩晋南北朝時置於王國者，

隸中衛；其王帶將軍號者，軍府亦置，爲高級幕僚。品秩隨王地位而定，高低不等。掌參贊軍務，管理府内武職，位僅次於長史。

[7]尚書令：官名。秦、西漢時爲尚書署長官，掌收發文書，隸少府。漢武帝以後，職權稍重。歷代沿置。兩晋、南朝宋時爲尚書省長官，總理全國政務，出居外朝，成爲高級政務長官，參議大政。雖位三品，實權有如宰相。

[8]河東公：封爵名。河東，郡名。十六國前秦時治安邑縣，在今山西夏縣西北。

[9]聞喜：縣名。治所在今山西新絳縣西南。

[10]燕熙城：在今山西聞喜縣北。

[11]大都督：官名。十六國各政權統治者在未正式建立政權時，多自稱大都督。　雍：州名。十六國西燕時治長子縣，在今山西長子縣東。　秦：州名。十六國西燕時治上邽縣，在今甘肅天水市。　梁：州名。十六國西燕時治南鄭縣，在今陝西漢中市。　涼：州名。十六國西燕時治姑臧縣，在今甘肅武威市。

永進據長子，僭稱帝，號年中興。垂攻丁零翟釗於滑臺，[1]釗敗降永。永以釗爲車騎大將軍、東郡王。[2]歲餘，謀殺永，永誅之。垂來攻永，永敗，爲前驅所獲，垂數而戮之。并斬永公卿已下刁雲、大逸豆歸等四十餘人。[3]永所統新舊人户、服御、圖書、器樂、珍寶，垂悉獲之。

[1]丁零：族名。漢代時主要分布在今貝加爾湖以南地區。東漢時丁零部分南遷進入内地。兩晋南北朝時，在今山西、河北境内有定州丁零、中山丁零、北地丁零等部，漸與内地民族融合。留在漠北的大部分丁零，《晋書》稱爲“敕勒”，《隋書》稱爲“鐵勒”。　翟釗：人名。十六國時翟魏的末代皇帝。　滑臺：城名。在今河

南滑縣東。

［2］車騎大將軍：官名。魏晋制度，驃騎、車騎、衛三將軍皆爲重號將軍，高於諸名號大將軍，本無須加“大”，其後將軍名號越來越濫，遂又增此號。多加元老重臣，以示尊崇，一品，開府置僚屬，不領兵。十六國、南朝、北魏、北齊因之。　東郡王：封爵名。遥封。東郡，北魏時治滑臺城，在今河南滑縣東。

［3］大逸豆歸：人名。其餘不詳。　四十：源氏校勘記云：“‘四’《魏書》作‘三’。”

垂，字道明，晃第五子也。甚見寵愛，常自謂諸弟子曰：[1]“此兒闊達好奇，終能破人家，或能成人家。”故名霸，字道業，恩遇踰於儁。儁弗能平。及即王位，以垂墜馬傷齒，改名爲鈌。外以慕郤鈌爲名，内實惡之。尋以讖記之文，乃去夬，以垂爲名。年十三，爲偏將，[2]所在征伐，勇冠三軍。儁平中原，垂爲前鋒，累戰有大功。及儁僭尊號，封吴王。

［1］常自謂諸弟子曰：源氏校勘記云：“《魏書》無‘子’字。”中華本校勘記云：“《魏書》作‘常目而謂諸弟曰’，疑《北史》誤。”是。

［2］偏將：即偏師之將。偏師爲全軍的一部分，以别於主力。

後以車騎大將軍敗桓温於枋頭，[1]威名大震，不容於暐，西奔苻堅。堅甚重之，拜冠軍將軍，[2]封賓都侯。[3]堅敗淮南，入於垂軍。子寶勸垂殺之，垂以堅遇之厚也，不聽。行至洛陽，請求拜墓，堅許之。遂起兵攻苻丕於鄴。垂稱燕王，置百官，年號燕元。

[1]桓温：人名。字元子，譙國龍亢（今安徽懷遠縣）人。東晋將領、權臣。見《晋書》卷九八《桓温傳》。　枋頭：城名。在今河南浚縣西。

[2]冠軍將軍：官名。漢獻帝時置，三國魏吴沿置。西晋時領有營兵。魏晋時皆三品。十六國時後趙、前秦、後燕、南燕、西秦、北凉皆置。

[3]賓都侯：封爵名。中華本《晋書》卷一二三《慕容垂載記》校勘記云："《資治通鑑》一〇二'賓都'作'賓徒'。胡注：'賓徒，漢縣名，屬遼西郡。'本書《地理志上》賓徒，屬平州昌黎縣。'都''徒'音近，當時人地名多通用同音及音近字。但本名自當作'徒'。"可從。

登國元年，垂僭位，號年爲建興。繕宗廟社稷於中山，盡有幽、冀、平州之地，[1]遣使朝貢。三年，道武遣九原公儀使於垂，[2]垂又遣使朝貢。四年，道武遣陳留公虔使於垂，[3]垂又遣使朝貢。五年，又遣秦王觚使於垂，[4]垂留觚不遣，遂絶行人。

[1]冀：州名。十六國後燕時治信都縣，在今河北冀州市。　平：州名。十六國後燕時治平郭縣，在今遼寧蓋州市。

[2]儀：即拓跋儀，人名。北魏宗室、大臣。見《北史》卷一五《秦王翰附衛王儀傳》。

[3]道武遣陳留公虔使於垂：底本"陳"下無"留"字，源氏校勘記在"陳"後加"留"字，中華本校勘記云："諸本脱'留'字，據《魏書》補。陳留公虔見本書卷十五本傳。"今從改。陳留公，封爵名。陳留，郡名。北魏時治陳留縣，在今河南開封市東南。

[4]觚：即拓跋觚，人名。北魏宗室。見《北史》卷一五《秦王翰附秦王觚傳》。

垂議討慕容永，大史令靳安言於垂曰：[1]"彗星經尾、箕之分，[2]燕當有野死之王。不出五年，其國必亡。歲在鶉火，[3]必剋長子。"垂乃止。安出而謂人曰："此衆既并，終不能久。"安蓋知道武之興也，而不敢言。先是，丁零翟遼叛垂，[4]後遣使謝罪，垂不許。遼怒，遂自號大魏天王，屯滑臺，與垂相擊。死，子釗代之。及垂征剋滑臺，釗奔長子。垂議征長子，諸將咸諫。以永國未有釁，請他年。垂將從之，垂弟司徒、范陽王德固勸垂。[5]垂曰："司徒議與吾同。且吾投老，叩囊底智，足以剋之，[6]不復留逆賊以累子孫。"乃伐永剋之。

[1]大史令：官名。又稱太史令。秦朝時爲奉常屬官。東漢時掌天時、星曆。十六國時亦多置，前燕地位頗重，或參與重要政務。

[2]尾：星宿名。東方青龍七宿的第六宿。　箕：星宿名。東方青龍七宿的第七宿。

[3]鶉火：十二星次之一。分野主周，屬三河。故下文言"長子"，在河東。

[4]翟遼：人名。十六國時翟魏政權的建立者。

[5]范陽王：封爵名。范陽，郡名。十六國後燕時治涿縣，在今河北涿州市。

[6]司徒議與吾同且吾投老叩囊底智足以剋之：《資治通鑑》卷一〇八："司徒意正與吾同。吾比老，叩囊底智，足以取之。"囊底智，老年之餘智。古謂多謀爲智囊，故稱。

十年，垂遣其太子寶來寇。始寶之來，垂已有疾。自到五原，道武斷其行路，父子問絕。帝乃詭其行人之辭，臨河告之曰："汝父已死，何不遽還?"寶兄弟聞之憂怖，以爲信然，於是士卒駭動。初，寶至幽州，其所乘車軸無故自折。占工靳安以爲大凶，固勸令還。寶怒，不從。至是，問安。安曰："速去可免。"寶愈恐。安退告人曰："今將死於他鄉，尸骸委於草野，爲烏鳶螻蟻所食，不復見家族。"十月，寶燒船夜遁。時河冰未成，寶謂帝不能度，不設斥候。[1]十一月，天暴風寒，冰合，帝進軍濟河急追之。至參合陂西，[2]靳安言於寶曰："今日西北風動，[3]是軍將至之應，宜兼行速去，不然必危。"其夜，帝部分衆軍，東西爲掎角之勢。約勒士卒，束馬口，銜枚無聲。昧爽，衆軍齊進，日出登山，下臨其營。寶衆晨將東引，顧見軍至，遂驚擾。帝縱騎騰躡，馬者蹶倒冰上。寶及諸父兄弟，單馬迸散，僅以身免。寶軍四五萬人，一時放仗，斂手就羈。禽其王公文武數千。垂復欲來寇，太史曰："太白夕没西方，[4]數日後見東方，此爲躁兵，先舉者亡。"垂不從，鑿山開道，至寶前敗所，見積骸如丘，設祭弔之。死者父兄子弟遂皆嗥哭，聲震山川。垂慚忿嘔血，發病而還，死於上谷。[5]寶僭立。

[1]斥候：亦稱斥堠。軍隊中的偵察兵。

[2]參合陂：地名。譚其驤主編《中國歷史地圖集》標其在今內蒙古凉城縣東北。而嚴耕望則力主在今山西陽高縣東（參嚴耕望

《唐代交通圖考》，上海古籍出版社 2007 年版，第 1397—1402 頁）。

［3］動：源氏校勘記云："'動'《魏書》作'勁'。"

［4］太白：即金星。五大行星之一。古代星占家認爲其秉西方金德之精，司秋、主兵。

［5］上谷：郡名。北魏時治居庸縣，在今北京延慶縣東。

寶，字道祐，垂之第四子也。少輕果，無志操，好人佞己。爲太子，砥厲自脩。垂妻段氏謂垂曰：[1]"寶姿質雍容，柔而不斷，承平則爲仁明之主，處難則非濟世之雄。今託以大業，未見克昌之美。遼西、高陽，兒之俊賢者，宜擇一以樹之。趙王麟姦詐負氣，[2]常有輕寶之心，恐難作。"垂不納。寶聞，深以爲恨。寶既僭位，年號永康。遣麟逼其母段氏自裁。段氏怒曰："汝兄弟尚逼殺母，安能保社稷？吾豈惜死！"遂自殺。寶議以后謀廢嫡，稱無母之道，[3]不宜成喪。群臣咸以爲然。寶中書令眭邃執意抗言，[4]寶從之而止。

［1］段氏：慕容垂繼室段皇后。見《晉書》卷九六《慕容垂妻段氏傳》。

［2］遼西：指遼西王慕容農。　高陽：指高陽王慕容隆。　趙王麟：即慕容麟。小字賀麟。十六國時後燕宗室。多次背叛父、兄，並一度稱燕帝。

［3］寶議以后謀廢嫡稱無母之道：源氏校勘記云："'稱'《魏書》作'統'。"

［4］中書令：官名。魏晉南北朝時中書省長官。掌納奏、擬詔、出令，然權歸中書舍人，監、令名爲長官，品秩升高，多用作重臣加官。　眭邃：人名。字懷道，趙郡高邑（今河北石家莊市）人。

後燕官吏。有謀略，有才幹。

皇始元年，[1]道武南伐。及剋信都，[2]寶大懼，夜來犯營，帝擊破之。寶走中山，遂奔薊。寶子清河王會先守龍城，聞寶被圍，率衆赴難，逢寶於路。寶分奪其軍，以授弟遼西王農等。會怒，襲農殺之，勒兵攻寶。[3]寶走龍城，會追圍之。侍御郎高雲襲敗會師，[4]會奔中山。寶命雲爲子，封夕陽公。[5]會至中山，爲慕容普鄰所殺。[6]寶至龍城，垂舅蘭汗拒之，[7]寶南走奔薊。汗復遣迎。寶以汗，垂之季舅，子盛又汗之婿也，必謂無二，乃還龍城。汗殺之，及子策等百餘人。[8]汗自稱大都督、大單于、昌黎王，號年青龍。以盛子婿，哀而宥之。

[1]皇始：北魏道武帝的年號（396—398）。

[2]信都：縣名。治所在今河北冀州市。

[3]會怒襲農殺之勒兵攻寶：源氏校勘記云："《載記》云'會襲農、隆。隆以是夜見殺，農中重瘡'云云。下又曰'農爲蘭汗所譎，爲速骨所殺'云云，與此書異。"

[4]侍御郎：官名。十六國後燕置。爲皇帝左右的武職侍從，屬侍御長，隨同皇帝出征。品秩不詳。

[5]夕陽公：封爵名。夕陽，縣名。治所在今河北灤縣西南。

[6]慕容普鄰：人名。又名慕容詳。後燕宗室。一度稱帝。

[7]蘭汗：人名。後燕貴族。

[8]及子策等百餘人：源氏校勘記改"策"作"弟"，疑是。

盛，字道運，寶長子也。垂封爲長樂公，[1]寶僭立，進爵爲王。蘭汗之殺寶也，以盛爲侍中、左光禄大夫。[2]盛乃間汗兄弟，使相疑害。李旱、衛雙、劉志、張真等皆盛之舊昵，[3]汗太子穆並引爲腹心。盛結旱等，因汗、穆等醉，夜襲殺之。僭尊號，改年爲建平，又號年爲長樂。盛改稱庶人大王。[4]盛以寶闇而不斷，遂峻極威刑，於是上下震局。前將軍段璣等夜鼓譟攻盛，[5]傷之。遂輦昇殿，召叔父河間公熙，屬以後事，熙未至而死。

[1]長樂公：封爵名。長樂，郡名。十六國後燕時治信都縣，在今河北冀州市。

[2]左光禄大夫：官名。三國魏置。作爲在朝顯職的加官，以示優待，或授予年老有病者爲致仕之官，亦常用作卒後贈官。無職掌。西晉、南北朝沿置。

[3]李旱：源氏校勘記云："《載記》作'李旱'。"中華本校勘記云："諸本'旱'作'早'。《魏書》作'旱'。按《晋書》卷一二四《慕容盛載記》、《通鑑》卷一一〇都作'旱'，今據改。"按：中華本《晋書·慕容盛載記》校勘記云："《册府》二二六、《魏書·慕容廆傳》'旱'均作'早'。"未知孰是。

[4]庶人大王：中華本《晋書·慕容盛載記》校勘記云："《御覽》一二五引《後燕録》作'庶民天王'。李校：'大王'本書《五行志》及《通鑑》《十六國春秋》俱作'天王'。按：《魏書·慕容廆傳》又作'庶民大王'。'人'本是'民'字，唐人避諱改。'大''天'不知孰是。"可從。

[5]前將軍：官名。漢朝重號將軍之一，與後、左、右將軍並位上卿，金印紫綬，皆掌兵及四夷。魏晋南北朝沿置，北魏時成爲軍府名號，用作加官。孝文帝太和十七年定二品上，二十三年改爲三品。

熙，字道文，小字長生，垂之少子也。[1]群臣與盛伯母丁氏議，以其家多難，宜立長君，遂廢盛子定，迎熙立之。熙立，殺定，年號光始。築龍騰苑，[2]起雲山於苑内。[3]又起逍遥宫、甘露殿，連房數百，觀閣相交。鑿天河渠，引水入宫。又爲妻苻氏鑿曲光海、清凉池。季夏盛暑，不得休息，暍死者太半。熙遊城南，止大柳樹下，若有人呼曰："大王且止。"熙惡之，伐其樹，下有蛇長丈餘。熙盡殺寶諸子，改年爲建始。又爲其妻起承華殿，負土於北門，土與穀同價。典軍杜静載棺詣闕，[4]上書極諫，熙大怒，斬之。熙妻當季夏思凍魚膾，仲冬須生地黄，切責不得，加有司大辟。[5]苻氏死，熙擁其屍僵仆絶息，久而乃蘇，悲號擗踴，斬衰食粥。[6]大斂之後，復啓而交接。制百官哭臨，沙門素服。令有司案檢，有淚者爲忠，無淚者罪之，群臣莫不含辛以爲淚。及葬，熙被髪徒步，從轜車毁城門而出。[7]長老相謂曰："慕容氏自毁其門，將不久矣。"中衛將軍馮跋兄弟閉門拒熙，[8]執而殺之。立夕陽公雲爲主。雲，寶之養子也，復姓高氏，年號正始。跋又殺雲自立。

[1]熙字道文小字長生垂之少子也：底本"少子"作"長子"，源氏校勘記改"長"作"少"，中華本校勘記云："諸本'少子'作'長子'。按慕容盛稱熙爲叔父，則熙決非垂之長子。今據《魏書》《晋書·載記》改。"今從改。

[2]龍騰苑：後燕苑囿。在今遼寧朝陽市。

[3]雲山：源氏校勘記云："'雲'上《魏書》有'景'字。"

［4］典軍：官名。主管營兵之官。

［5］大辟：古代五刑之一，死刑的通稱。

［6］斬衰：喪服名。五服中最重的一種。古代諸侯爲天子、臣爲君、男子及未嫁女爲父，承重孫（長房長孫）爲祖父，妻妾爲夫，均服斬衰。慕容熙爲苻氏服斬衰，不符合禮制。

［7］轜車：運載棺柩的車子。

［8］中衛將軍：官名。三國魏元帝時於晋王司馬昭相國府置，統兵，位在驍騎將軍、左右長史之上。司馬炎即晋王位後，分爲左右衛將軍。十六國前凉、後燕沿置。底本作“衛中將軍”，源氏校勘記云：“《魏書》（‘衛中’）作‘中衛’。”中華本《晋書》卷一二四《慕容熙載記》校勘記云：“各本‘中衛’作‘衛中’。周校：‘衛中’，《跋記》作‘中衛’爲是。《斠注》亦引《馮跋載記》及《御覽》一二五引《後燕録》作‘中衛’，云‘衛中’誤倒。按：《通鑑》一一四亦作‘中衛’。中衛將軍，魏末司馬昭置，見本書《職官志》。今據乙。”今從改。

雲之立也，熙幽州刺史、上庸公慕容懿以遼西歸降。[1]道武以懿爲征東大將軍、平州牧、昌黎王。[2]後坐反伏誅。

［1］上庸公：封爵名。遥封。上庸，郡名。東晋時治上庸縣，在今湖北竹溪縣西南。

［2］征東大將軍：官名。三國魏文帝置，職掌與征東將軍同，而位在其上，多統兵出鎮方面，都督數州諸軍事，不常置。南北朝沿置。

晃少子德，字玄明，雅爲兄垂所重。苻堅滅暐，以德爲張掖太守。[1]垂僭號，封范陽王，位司徒。寶即位，以德鎮鄴、大丞相。[2]寶既東走，群僚勸德稱尊號，德不從。皇始二年，既拔中山，道武遣衛王儀攻鄴。德南走滑臺，自稱燕王，號年燕元，置百官。德冠軍將軍苻廣叛於乞活壘，[3]德留兄子和守滑臺，率衆攻廣斬之。而和長史李辯殺和，以城降魏。德無所據，用其尚書潘聰計，據青、齊，[4]入都廣固，[5]僭稱尊號，號年建平。女水竭，[6]德聞而惡之，因而寢疾。兄子超請祈女水，德曰："人君之命，豈女水所知?"乃以超爲太子，德死，超僭立。

[1]張掖：郡名。十六國前秦時治永平縣，在今甘肅張掖市西北。

[2]以德鎮鄴大丞相：南監本馮夢禎校云："《魏書》云'以德鎮鄴。後拜丞相'。此云鎮鄴大丞相，文似欠通。"大丞相，官名。魏晋南北朝時丞相、相國不常置，皆非尋常人臣之位，多用來安置權位極高的重臣。

[3]苻廣：人名。略陽臨渭（今甘肅天水市東北）氐人。前秦宗室。　乞活壘：地名。在今河南開封市境。

[4]齊：郡名。十六國前秦時治臨淄縣，在今山東淄博市。

[5]廣固：城名。在今山東青州市西北。

[6]女水：即汝水，在今山東淄博市東南織女河。

超，字祖明，德兄北海王納之子也。[1]既僭位，號年太上。超南郊柴燎，[2]焰起而煙不出。靈臺令張光告人曰：[3]"今火盛而煙滅，國其亡乎!"天賜五年，[4]晋將劉裕伐超，超將公孫五樓勸拒之於大峴，[5]不從。裕入大峴，超戰於臨朐，[6]爲裕敗，退還廣固。圍之。廣固鬼夜哭，有流星長十餘丈，隕于廣固。城潰，裕執超，送建康市斬之。[7]

[1]北海王：封爵名。北海，郡名。十六國後燕時治平壽城，在今山東昌樂縣東南。

[2]柴燎：古代祭祀之一，燒柴祭天。

[3]靈臺令：官名。十六國時前燕、後燕、南燕等國皆置，掌觀天象。當時甚受重用，常參議政事。

[4]天賜：北魏道武帝的年號（404—409）。

[5]公孫五樓：人名。十六國時人。南燕太上元年（405）慕容超即位後，以親信起用，力助慕容超除掉異己，專斷朝政。　大峴：山名。在今山東臨朐縣東南。

[6]臨朐：縣名。治所在今山東臨朐縣。

[7]建康：城名。在今江蘇南京市。

姚萇，字景茂，[1]出於南安赤亭，[2]燒當之後也。[3]祖柯迴，助魏掎姜維於沓中，[4]以功假綏戎校尉、西羌都督。[5]父弋仲，晋永嘉之亂，東徙榆眉。[6]劉曜以弋仲爲平西將軍、平襄公。[7]後隨石季龍遷于清河灄頭，[8]勒以弋仲爲奮武將軍，[9]封襄平公。[10]弋仲死，子襄代，屯於譙城。[11]慕容儁以襄爲豫州刺史、丹陽公，[12]屯淮南。自稱大將軍、大單于，爲晋將桓溫所敗，奔河東。後爲苻眉所殺。[13]

[1]字景茂：源氏校勘記云："《十六國》'景'作'子'。"

[2]南安：郡名。北魏時治桓道縣，在今甘肅隴西縣東南。赤亭：地名。在今甘肅隴西縣西。

[3]燒當：人名。羌人祖先無弋爰劍的十三世孫。

[4]助魏掎姜維：源氏校勘記云："'掎'《魏書》作'將絆'二字。"姜維，人名。字伯約，天水冀（今甘肅甘谷縣東南）人。三國蜀官吏、將領。在諸葛亮去世後繼承其遺志北伐。見《三國志》卷四四《蜀書·姜維傳》。　沓中：地名。在今甘肅舟曲縣西。

[5]綏戎校尉：官名。三國魏置，授予羌人首領。　西羌都督：官名。三國魏置，掌帥軍征伐或駐軍。

[6]榆眉：地名。在今陝西隴縣東。

[7]劉曜：人名。字永明，匈奴族。十六國時前趙君主。見《晉書》卷一〇三《劉曜載記》。　平西將軍：官名。漢獻帝時曹操置。魏晉時多兼鎮守地區的刺史，統管軍政事務，與平南、平東、平北將軍合稱四平將軍。在南北朝前期地位較高。　平襄公：封爵名。平襄，縣名。治所在今甘肅通渭縣西北。

[8]石季龍：人名。即石虎。字季龍，羯族。《北史》避唐高祖祖父李虎諱，以字行。十六國時後趙第三位皇帝。見《晉書》卷一〇六、卷一〇七《石季龍載記》。　灄頭：地名。在今河北棗强縣東南。

[9]奮武將軍：官名。三國兩晉南北朝時爲雜號將軍中地位較高者。北魏亦置，用以褒賞勳庸，秩從四品下。

[10]襄平公：封爵名。襄平，縣名。治所在今遼寧遼陽市。

[11]譙城：在今安徽亳州市。

[12]丹陽公：封爵名。遥封。丹陽，郡名。東晉時治建業，在今江蘇南京市。

[13]苻眉：人名。又作"苻黄眉"，略陽臨渭（今甘肅天水市東北）人，氐族。前秦官吏。用激將法打敗姚襄，後謀反伏誅。

弋仲有子四十二人，萇第二十四。隨兄襄征伐，襄甚奇之。襄敗，降於苻堅。從堅征伐，頻有功。堅伐晋，以萇爲龍驤將軍，[1]督益、梁州諸軍事，[2]謂萇曰："朕本以龍驤建業，龍驤之號，初未假人，今特以相授。山南之事，一以委卿。"堅左將軍竇衝進曰："王者無戲言，此亦不臧之徵也，惟陛下察之。"堅默然。及慕容泓起兵華澤，[3]堅遣子衛大將軍叡討之。[4]戰敗，爲泓所殺。時萇爲叡司馬，懼罪奔馬牧。[5]聚衆萬餘，自稱大將軍、大單于、萬年秦王，號年白雀。數月之間，衆至十餘萬。與慕容沖連和，進屯北地。[6]苻堅出五將山，萇執而殺之。

[1]龍驤將軍：官名。西晋設，雜號將軍之一，三品。東晋南北朝因之，品秩不一。

[2]督益梁州諸軍事：底本"益"下有"守"字，源氏校勘記云："按諸書'守'字衍。"中華本校勘記云："諸本'益'下衍'守'字，據《魏書》卷九五《姚萇傳》、《晋書》卷一一六《姚萇載記》删。"今從改。

[3]華澤：地名。《資治通鑑》卷一〇五胡三省注曰："華澤，華陰之澤。"具體不詳。

[4]衛大將軍：官名。爲高級武官，地位在衛將軍之上。

[5]馬牧：城名。在今甘肅迭部縣西北白龍江北岸。

[6]北地：郡名。十六國後秦時治富平縣，在今陝西富平縣。

登國元年，僭稱皇帝，置百官，國號大秦，年曰建初。改長安曰常安，以其太子興鎮之。自擊苻登於安定，[1]敗之。萇病，夢苻堅將天官使者、鬼兵數百，突入營中。萇懼，走後宮，宫人迎萇刺鬼，誤中萇陰。鬼相謂曰："正中死處。"拔矛，出血石餘。寤而驚悸，遂患陰腫，刺之，出血如夢。萇乃狂言，或稱萇，“殺陛下者臣兄襄，非臣之罪，願不枉法”。[2] 萇死，子興襲位，秘不發喪。

[1]安定：縣名。治所在今甘肅涇川縣北。

[2]或稱萇殺陛下者臣兄襄非臣之罪願不枉法：源氏校勘記云：“‘法’《魏書》作‘臣’。”按：此處省略不當，語義不明。《晋書》卷一一六《姚萇載記》：“或稱‘臣萇，殺陛下者兄襄，非臣之罪，願不枉臣。’”

興，字子略，萇長子也。既滅苻登，然後發喪行服。僭稱皇帝，年號皇初。天興元年，[1] 興去皇帝之號，降稱天王，號年洪始。[2] 興剋洛陽，以其弟東平公紹鎮之。[3]

[1]天興：北魏道武帝的年號（398—404）

[2]洪始：源氏校勘記云：“‘洪’《載記》《十六國》作‘弘’。”

[3]東平公：封爵名。東平，郡名。十六國後秦時治須昌縣，在今山東東平縣西北。

三年，興遣使來聘，道武遣謁者僕射張濟使於興。[1]

[1]謁者僕射：官名。秦、西漢隸郎中令（光禄勳），統領諸謁者，職掌朝會司儀，傳達策書，皇帝出行時在前奉引。南北朝時爲謁者臺長官，掌大拜授及百官朝會班次，或奉命出使，職權較漢輕。北魏孝文帝太和十七年定爲從四品上，二十三年改爲六品上。

張濟：人名。字士度，西河（今山西汾陽市）人。北魏將領。見《北史》卷二七《張濟傳》。

天興五年夏，興遣其弟義陽公平率衆四萬侵平陽，[1]攻乾壁六十餘日，[2]陷之。七月，車駕親征。八月，次永安，[3]平募遣勇將率精騎二百闚軍，爲前鋒將長孫肥所禽，[4]匹馬不反。平遂退走。帝急追，及於柴壁，[5]圍之。興乃悉舉其衆，救平。帝增築重圍，内以防平之出，外以距興之入。又截汾曲爲南北浮橋，[6]乘西岸築圍。帝帥師度蒙阬南四十里，[7]逆擊興。興晨行北引，未及安營，大軍卒至，興衆怖擾。帝知興氣挫，乃南絶蒙阬之口，東杜新坂之隘，[8]守天度，[9]屯賈山，[10]令平水陸路絶，將坐甲而禽之。又令緣汾帶岡樹柵，以衛芻牧者。九月，興從汾西北下，憑壑爲壘以自固。興又將數千騎乘西岸，闚視太祖營，束柏材從汾上流下之，欲以毀橋。[11]官軍鉤取，以爲薪蒸。興還壘，道武度其必攻西圍，乃命脩塹，增廣之。至夜，興果來攻，梯短不及，棄之塹中而還。興又分其衆，臨汾爲壘，叩逼水門，與平相望。帝因截水中，興内外隔絶，士衆喪氣。於是平糧盡，窘急，夜悉衆將突西南而出。興列兵汾西，舉烽鼓譟，爲平接援。帝簡諸軍精鋭，屯汾西固守，南絶水口。[12]興夜聞聲，望平力戰突免；平聞外鼓，望興攻圍引接。故但叫呼，虚相應和，莫敢逼圍。平不得出，窮逼，乃將二妾赴水死。興安遠將軍不蒙世、揚武將軍雷重等將士四千餘人隨平投水。[13]帝令泅水鉤捕，無得免者。平衆三千餘人，[14]皆斂手受執。

擒興尚書右僕射狄伯支已下四十餘人。[15]興遠來救，自觀其窮，力不能免，舉軍悲號，震動山谷，數日不止。頻遣使請和，帝不許，乃班師。

[1]義陽公：封爵名。遥封。義陽，郡名。北魏時治義陽縣，在今河南信陽市西北。

[2]攻乾壁六十餘日：《資治通鑑》卷一一二："庚寅，珪大閲士馬，命并州諸郡積穀於平陽之乾壁以備秦。"胡三省注云："魏收《地形志》，平陽禽昌縣，漢、晋之北屈也，有乾城。隋并禽昌入襄陵。又據《姚興載記》，乾壁即乾城。"陳金戈《〈魏書〉校勘拾零》云："'乾壁'當作'乾城'。據《晋書·姚興載記》稱，姚平這次率軍侵魏，首先是'攻魏乾城，陷之。遂據柴壁。'本書《地形志》晋州平陽郡禽昌縣條下云'有乾城'；而《太祖紀》泰常五年十一月條亦載'詔驍騎將軍延普城乾城'事。此處'乾壁'恐爲涉下'柴壁'而訛。"（《古籍點校疑誤彙録》第一輯，中華書局1990年版）可從。乾城，地名。在今山西襄汾縣襄陵鎮東南。

[3]永安：縣名。治所在今山西霍州市。

[4]長孫肥：人名。代（今山西大同市東北）人。北魏將領、功臣。見《北史》卷二二《長孫肥傳》。

[5]柴壁：地名。在今山西襄汾縣西南汾河東岸。

[6]汾曲：水名。在今山西曲沃縣西北。

[7]蒙阬：地名。在今山西曲沃縣東北。

[8]新坂：地名。在山西曲沃縣。

[9]天度：地名。在山西襄汾縣汾河西岸。《北史》卷二七、《魏書》作"天渡"。

[10]賈山：地名。在今山西襄汾縣汾河西岸。

[11]興又將數千騎乘西岸闚視太祖營束柏材從汾上流下之欲以毁橋：底本作"興又將數千騎乘西橋"，中華本校勘記云："諸本脱

‘岸’至‘毀’十八字，據《魏書》補。”今從補。

[12]屯汾西固守南絶水口：源氏校勘記云：“‘南’下，《魏書》有‘橋’字。似是。”中華本校勘記云：“《魏書》作‘屯汾西，固守南橋，絶塞水口’。按上文云：‘又截汾曲爲南北浮橋’，知《魏書》是。”是。

[13]不蒙世：人名。其餘不詳。不蒙，即夫蒙。羌族姓氏。揚武將軍：官名。漢光武帝置，東漢末曹操亦置，統兵出征。南朝宋時列爲五武將軍之一。三國魏、晋皆定爲第四品。十六國多置。

[14]平衆三千餘人：源氏校勘記云：“《魏書》（‘三千’）作‘三萬’。”中華本校勘記云：“《魏書》‘千’作‘萬’，《晋書·載記》作‘四萬餘人’。”

[15]尚書右僕射：官名。東漢末設，助掌全國政務。尚書令及左僕射皆缺時則代爲省主。平時與祠部尚書通職，二者不並設。兼儀曹事。歷朝多因之。　狄伯支：人名。天水（今甘肅天水市）人。後秦重臣。《新唐書·宰相世系表》中被狄仁傑尊爲遠祖。底本“支”作“友”，中華本校勘記云：“諸本‘支’作‘友’。《魏書》（百衲本）作‘支’。按《晋書·載記》、《魏書》卷二《太祖紀》、本書卷一《道武紀》天興五年並作‘支’，今據改。”今從改。

興還長安。有雀數萬頭鬬於興廟，毛羽折落，多有死者，月餘乃止。識者曰：“今雀鬬廟上，子孫當有争亂者乎。”又興殿有聲如牛呴。[1]有二狐入長安，一登興殿屋，走入宫，一入市，求之不得。

[1]呴（hǒu）：吼聲。

永興三年，[1]興遣周寶來聘。五年，興遣使來聘，并請進女，明元許之。神瑞元年，[2]興遣兼散騎常侍、尚書吏部郎嚴康來聘。[3]二年，興遣散騎常侍、東武侯姚敞、尚書姚軌奉其西平公主於明元。[4]明元以后禮納之。

[1]永興：北魏明元帝的年號（409—413）。

[2]神瑞：北魏明元帝的年號（414—416）。

[3]散騎常侍：官名。三國魏文帝時置散騎，合於中常侍，謂之散騎常侍。兩晋南北朝沿置。　尚書吏部郎：官名。魏晋南北朝時爲尚書省吏部曹長官。屬吏部尚書，主管官吏選任、銓叙、調動事務，對五品以下官吏任免有建議權。歷朝皆重其選，地位高於尚書省諸曹郎。

[4]東武侯姚敞尚書姚軌奉其西平公主於明元：源氏校勘記云："'軌'《魏書》作'泰'。"中華本校勘記云："《魏書》'軌'作'泰'。按《魏書》卷三《太宗紀》神瑞二年亦作'泰'。疑'軌'誤。"是。東武侯，封爵名。東武，縣名。治所在今山東武城縣。

泰常元年，[1]興死。長子泓，字元子，僭位，號年永和。晋將劉裕伐泓，長驅入關。泓戰敗請降，裕執之，於建康斬之。

[1]泰常：北魏明元帝的年號（416—423）。

馮跋，字文起，小名乞直代，[1]本出長樂信都。慕容永僭號長子，以跋父安爲將。永爲垂所滅，安東徙昌黎，家于長谷，[2]遂同夷俗。

[1]乞直代：《晋書·載記》《魏書》作“乞直伐”。

[2]長谷：山谷名。在今遼寧義縣境。

跋飲酒至一石不亂，諸弟皆不脩行業，唯跋恭慎。慕容熙僭號，[1]以跋爲殿中左監，[2]稍遷衛中將軍。[3]後坐事逃亡。既而熙政殘虐，人不堪命。跋乃與從兄萬泥等二十二人結謀，[4]跋與二弟乘車，使婦人御，潛入龍城，匿於孫護之室，[5]以誅熙。乃立夕陽公高雲爲主。雲以跋爲侍中、征北大將軍、開府儀同三司，[6]封武邑公。[7]事皆决跋兄弟。明元初，雲爲左右所殺，跋乃自立爲燕王，置百官，號年太平。于時永興元年也。

[1]慕容熙：源氏校勘記云：“《載記》‘熙’作‘窗’。”

[2]殿中左監：官名。十六國後燕置。具體職掌不詳。

[3]衛中將軍：源氏校勘記云：“《魏書》作‘衛中郎將’，《載記》作‘中衛將軍’。”

[4]二十二人：源氏校勘記云：“‘二人’《魏書》作‘三人’。《載記》同此書。”

[5]孫護：人名。十六國時後燕北部司馬。

[6]征北大將軍：官名。三國吴始置，晋朝沿置，職掌與征北將軍同，而位在其上，多統兵出鎮方面，都督數州諸軍事，不常置。二品，禄賜與特進同。如開府，則位從公，進爲一品。十六國時後燕亦置。　開府儀同三司：三國魏始置，爲大臣加號，意謂與三司即太尉、司徒、司空的禮制待遇相同，許開設府署，自辟屬僚。兩晋南北朝因之。

[7]武邑公：封爵名。武邑，郡名。十六國後燕時治武强縣，在今河北武强縣西南。

跋撫納契丹等，諸落頗來附之。明元遣謁者于什門喻之，[1]爲跋所留。泰常三年，和龍城有赤氣蔽日，自寅至申。跋太史令張穆以爲兵氣，勸跋還魏使，奉脩職貢，跋不從。明元詔征東大將軍長孫道生討之，[2]跋嬰城固守，道生不剋而還。

[1]謁者：官名。魏晋時爲謁者臺屬官，掌賓禮司儀，傳宣詔命，奉命出使。又有監國謁者，監察諸侯王，權勢頗重。南北朝復置謁者臺，北魏孝文帝太和十七年定爲從五品中，二十三年改爲九品。　于什門：人名。代（今山西大同市東北）人。北魏官吏。見《北史》卷八五《于什門傳》。

[2]長孫道生：人名。河南洛陽（今河南洛陽市東北）人，鮮卑族。北魏大臣。見《北史》卷二二《長孫道生傳》。

神䴥二年，跋有疾。其長子永先死，立次子翼爲世子，[1]攝國事，勒兵以備非常。跋妾宋氏規立其子受居，[2]深忌翼，謂之曰："主上疾將瘳，奈何代父臨國乎！"翼遂還。宋氏矯絶内外，遣閹人傳問。[3]翼及跋諸子、大臣並不得省疾，唯中給事胡福獨得出入，[4]專掌禁衛。跋疾甚，福慮宋氏將成其計，乃言於跋弟弘。勒兵而入，跋驚怖而死。弘襲位，翼勒兵出戰不利，遂死。跋有子男百餘人，悉爲弘所殺。

[1]世子：帝王和諸侯之子中被立爲繼承者的稱謂。

[2]受居：源氏校勘記云："《十六國》無'居'字。"

[3]閹人：官名。掌啓閉宫門。

[4]中給事：官名。十六國後燕設。掌侍從皇帝、出入旨令、

分典機務。由宦者任之。

弘，字文通，跋之少弟也。跋立，爲尚書右僕射，[1]封中山公，領中領軍，[2]内掌禁衛，外總朝政。歷位司徒。及自立，乃與宋氏通和。[3]延和元年，[4]太武親討之，弘嬰城固守。其營丘、遼東、成周、樂浪、帶方、玄菟六郡皆降，[5]太武徙其人三萬餘家于幽州。其尚書郭深勸之歸誠進女，[6]乞爲附庸，保守宗廟。弘曰："負釁在前，忿形已露，附降取死。[7]不如守志，更圖所適也。"

[1]右僕射：源氏校勘記云："'右'《魏書》作'左'。按，《十六國春秋》亦作'右'。"

[2]中領軍：官名。東漢建安年間曹操始置，爲禁衛軍最高統帥。十六國時沿置。

[3]乃與宋氏通和：中華本校勘記云："《魏書》卷九七《馮跋傳》'宋氏'作'劉義隆'。按此改作'宋氏'，與跋妾宋氏混。"是。

[4]延和：北魏太武帝的年號（432—434）。

[5]營丘：郡名。十六國北燕時僑置，治所不詳。　遼東：郡名。戰國燕置，治襄平縣，在今遼寧遼陽市。西晋時改爲遼東國，後復爲郡。十六國後燕末地入高句麗。北燕又僑置遼東郡於今遼寧西部。　成周：郡名。十六國北燕時僑置，治所不詳。　樂浪：郡名。十六國北燕時僑置，治所不詳。

[6]郭深：中華本校勘記云："《魏書》'深'作'淵'，《北史》避唐諱改。"是。

[7]附降：源氏校勘記云："《魏書》作'降附'。"

先是，弘廢其元妻王氏，黜世子崇，令鎮肥如，[1]以後妻慕容氏子曰王仁爲世子。崇母弟廣平公朗、樂陵公邈相謂曰：[2]“禍將至矣！”於是遂出奔遼西，勸崇來降，崇納之。會太武使給事中王德陳示成敗，[3]崇遣邈入朝。太武封崇遼西王，録其國尚書事，遼西十郡，[4]承制假授文官尚書、刺史，武官征虜已下。[5]弘遣其將封羽率衆圍崇，太武詔永昌王健督諸軍救之。封羽又以凡城降，[6]徙其人三千餘家而還。弘遣其尚書高顒請罪，乞以季女充掖庭。帝許之，徵其子王仁入朝，弘不遣。其散騎常侍劉訓諫。弘大怒，殺之。太武又詔樂平王丕等討之。[7]日就蹙削，上下危懼。弘太常陽岷復勸弘請罪乞降，令王仁入侍。弘不聽，乃密求迎於高麗。太延二年，[8]高麗遣將葛居盧等率衆迎之，弘乃擁其城内士女入于高麗。先是，其國有狼夜繞城群嗥，如是終歲。又有鼠集於城西，闐滿數里，西行，至水則在前者銜馬矢，迭相齧尾而度。宿軍地然，一旬而滅，觸地生蛆，月餘乃止。和龍城生白毛，一尺二寸。

[1]肥如：此在遼西之地，具體不詳。疑遥領。

[2]廣平公：封爵名。遥封。廣平，郡名。北魏時治曲梁城，在今河北永年縣東南。　樂陵公：封爵名。遥封。樂陵，郡名。北魏時治樂陵縣，在今山東樂陵市。

[3]給事中王德：《資治通鑑》卷一二二云：“會魏主使給事郎王德招崇。”胡三省注云：“給事郎，《北史》作‘給事中’。”給事中，官名。北魏時爲内朝官，常派往尚書省諸曹，參領政務，並負監察之責。孝文帝太和十七年定爲從三品，二十三年爲六品上。

陳：源氏校勘記云："'陳'《魏書》作'休'。"按：中華本《魏書》作"陳"。不知源氏據何版本。

[4]遼西十郡：源氏校勘記云："'遼'上《魏書》有'食'字。"中華本校勘記云："《魏書》及《通鑑》卷一二二'遼'上有'食'字。"是。

[5]征虜：官名。征虜將軍的簡稱。將軍名號，亦作爲高級文職官員的加官。北魏孝文帝太和十七年定爲三品上，二十三年改爲從三品。

[6]封羽又以凡城降：底本"凡城"作"九城"，中華本校勘記云："諸本'凡'作'九'，《魏書》、《通鑑》卷一二二作'凡'。按凡城屢見《晋書·前後燕載記》（參洪亮吉《十六國疆域志·前燕志》）。今據改。"今從改。凡城，漢築，在今河北平泉縣南。

[7]樂平王：封爵名。樂平，郡名。北魏時治樂平縣，在今山西昔陽縣。　丕：即拓跋丕，人名。北魏宗室。見《北史》卷一六《樂平王丕傳》。

[8]太延：北魏太武帝的年號（435—440）。

弘至遼東，高麗遣使勞之曰："龍城王馮君，爰適野次，[1]士馬勞乎？"弘慚怒，稱制答讓之。高麗乃處之於平郭，[2]尋徙北豐。[3]弘素侮高麗，政刑賞罰，猶如其國。高麗乃奪其侍人，質任王仁。弘忿怨之，謀將南奔。太武又徵弘於高麗。乃殺之於北豐，子孫同時死者十餘人。弘子朗、邈。朗子熙，在《外戚傳》。

[1]野次：露宿野外。

[2]平郭：縣名。治所在今遼寧蓋州市。

[3]北豐：地名。在今遼寧瓦房店市一帶。

乞伏國仁，隴西人也。[1]其先如弗，[2]自漠北南出。五世祖佑鄰，并兼諸部，衆漸盛。父司繁，擁部落降苻堅，堅以爲南單于，又拜鎮西將軍，[3]鎮勇士川。[4]司繁死，國仁爲將軍。及堅敗，國仁叔步頹叛於隴右。[5]堅令國仁討之，步頹大悦，迎而推之，部衆十餘萬。道武時，私署大都督、大將軍、大單于、秦河二州牧，[6]號年建義，署置官屬。分部内爲十二郡，[7]築勇士城以都之。[8]

[1]隴西：郡名。北魏時治狄道縣，在今甘肅臨洮縣。

[2]如弗：底本作“弗如”，源氏校勘記云：“《載記》《魏書》作‘如弗’。”中華本校勘記云：“諸本‘如弗’倒作‘弗如’，《魏書》卷九九《乞伏國仁傳》作‘如弗’，《晋書》卷一二五《乞伏國仁載記》作‘如弗斯’，今據乙。”今從改。

[3]鎮西將軍：官名。東漢末置。三國魏時，與鎮東、鎮南、鎮北將軍合稱四鎮將軍，地位次於四征將軍。多授持節都督，出鎮方面。

[4]勇士川：地名。又稱苑川。在今甘肅榆中縣東北。

[5]隴右：地區名。泛指隴山以西地區，約當今甘肅隴山、六盤山以西和黄河以東一帶。

[6]秦河二州牧：底本“秦”作“泰”，中華本校勘記云：“諸本‘秦’訛作‘泰’，據《魏書》《晋書·載記》改。”今從改。秦，州名。十六國西秦時治廣武縣，在今甘肅永登縣東南。河，州名。十六國西秦時治枹罕縣，在今甘肅臨夏市。

[7]十二：底本作“十一”，源氏改“十一”作“十二”，其校勘記云：“《魏書》亦誤作‘一’。《載記》舉十二郡云‘武城、武

陽、安固、武始、漢陽、天水、略陽、㵲川、甘松、匡明、白馬、苑川'。"今從改。

[8]勇士城：在今甘肅蘭州市西北。

國仁死，弟乾歸統事，自署大都督、大將軍、大單于、河南王，[1]改年爲太初，置百官。登國中，遷於金城。[2]城門自壞，[3]乾歸惡之，遷於苑川。[4]尋爲姚興所破，又奔枹罕，[5]遂降姚興。拜爲河州刺史，封歸義侯。尋遣還苑川。乾歸乃背姚興，私稱秦王，置百官，號年更始。遣使請援，明元許之。[6]田于五溪，[7]有梟集其手，尋爲其兄子公府所殺。

[1]河南王：封爵名。遥封。河南，此處泛指隴西（今甘肅東南部）。

[2]金城：在今甘肅蘭州市西固區。

[3]城門：源氏校勘記云："《魏書》作'南門'。"

[4]苑川：城名。在今甘肅榆中縣宛川河流域。

[5]枹罕：城名。在今甘肅臨夏市。

[6]明元許之：底本作"元許之"，毛本、殿本、四庫本、局本作"元明許之"，中華本校勘記云："百衲本脱'明'字，南、北、汲、殿四本誤倒作'元明'，《魏書》作'太宗'，即明元帝。今據改。"今從改。

[7]五溪：地名。在今甘肅臨洮縣。

子熾盤殺公府，代統任。熾盤自稱大將軍、河南王，改年爲永康。後襲禿髮傉檀於樂都，[1]滅之，乃私署秦王，置百官，改年爲建弘。[2]後遣其尚書郎莫者胡、積射將軍乞伏又寅貢金二百斤，[3]請伐赫連昌，太武許之。及統萬事平，熾盤乃遣其叔平遠將軍泥頭、弟安遠將軍安度質於京師。[4]又使其中書侍郎王愷、丞相從事中郎烏訥闐奉表貢其方物。[5]熾盤死，子慕末統任。[6]

[1]秃髪傉檀：人名。河西（今甘肅西部一帶）鮮卑族。十六國時南凉君主。見《晋書》卷一二六《秃髪傉檀載記》。　樂都：城名。在今青海樂都縣。

[2]建弘：源氏校勘記云："'弘'，唯《魏書》作'洪'。"

[3]尚書郎：官名。歷朝因之，品秩不一。北魏前期尚書省諸曹皆置尚書爲長官，孝文帝太和改制後，復以尚書郎爲諸郎曹長官，分隸六曹尚書。掌收發文書奏章庶務，可直接向皇帝奏報本職政務。孝文帝太和十七年定郎中爲五品上，郎爲從五品中，二十三年皆稱郎中，六品。　莫者胡：人名。其餘不詳。源氏校勘記云："《魏書》無'者'字。"　積射將軍：官名。東漢初置，統兵，爲雜號將軍。晋武帝復置，領積射營，轄二千五百人，擔當宿衛之任。東晋、南北朝沿置。　乞伏又寅：人名。其餘不詳。

[4]平遠將軍：官名。十六國時前秦始置。

[5]中書侍郎：官名。三國魏文帝時設中書省，在長官中書監、令以下，有通事郎，後增設中書郎，亦稱中書侍郎。歷代因之。丞相從事中郎：官名。即丞相府從事中郎。從事中郎，官名。東漢時大將軍府、車騎將軍府屬官，職參謀議。魏晋南北朝皆置，其職依時依府而異，或主吏，或分掌諸曹，或掌機密，或參謀議，地位較高。　烏訥闐：人名。其餘不詳。

[6]慕末：源氏校勘記云："'慕'，唯《魏書》作'暮'，《宋書》作'茂蔓'。"

慕末，字安石跋。既立，改年爲永弘。[1]其尚書隴西辛進嘗隨熾盤遊後園，進彈鳥，丸誤傷慕末母面。至是，誅進五族二十七人。慕末弟殊羅蒸熾盤左夫人秃髮氏，[2]慕末知而禁之。殊羅與叔父什奝謀殺慕末，使秃髮氏盗門籥。籥誤，門不開。門者以告，慕末收其黨，盡殺之。欲鞭什奝，什奝曰："我負汝死，不負汝鞭。"慕末怒，刳其腹，投屍於河。什奝母弟白養及去列，[3]頗有怨言，又殺之。政刑酷濫，内外崩離，部人多叛。

[1]永弘：源氏校勘記云："'永弘'，《魏書》作'永洪'；十六國作'承弘'。"

[2]蒸：同"烝"，晚輩男子和長輩女子通奸。

[3]白養：人名。其餘不詳。　去列：人名。其餘不詳。

後爲赫連定所逼，遣王愷、烏訥闐請迎於太武。太武許以安定以西、平凉以東封之。慕末乃焚城邑，毁寶器，率户萬五千至高田谷。[1]爲赫連定所拒，遂保南安。太武遣師迎之，慕末衛將軍吉毗固諫，[2]以爲不宜内徙，慕末從之。赫連定遣其北平公韋代率衆萬人攻南安。[3]城内大飢，人相食。神䴥四年，慕末及宗族五百餘人出降，送于上邽，遂爲定滅。

[1]高田谷：地名。在今甘肅隴西縣。

[2]衛將軍：官名。魏晋南北朝時位在諸名號大將軍之上，多作爲軍府名號，以加大臣、重要州郡長官，無具體職掌。

[3]北平公：封爵名。遥封。北平，郡名。十六國夏時治徐無縣，在今河北遵化市東。

大沮渠蒙遜，本張掖臨松盧水人也。[1]匈奴有左沮渠官，[2]蒙遜之先爲此職，羌之酋豪曰大，[3]故以官爲氏，以大冠之。世居盧水爲酋豪。遜高祖暉仲歸、曾祖遮，皆雄健有勇名。祖祁復延，封伏地王。[4]父法弘，襲爵。苻氏以爲中田護軍。[5]

[1]本張掖臨松盧水人也：《資治通鑑》卷一一六云："沮渠蒙遜即河西王位。"胡三省注云："沮渠蒙遜，臨松盧水胡人也，其先世爲匈奴左沮渠，遂以官爲氏。"按：盧水人，即盧水胡人，指漢朝至南北朝時生活在西北的一支少數民族，既有氐族、羌族，也有匈奴等。分安定盧水胡、臨松盧水胡和湟中盧水胡三支。境内有盧水，又名瀘水，流入涇水，而得名。臨松，縣名。治所在今甘肅張掖市南。

[2]左沮渠：官名。相當於丞相。

[3]酋豪：指部族之長。

[4]伏地王：《宋書》卷九八《氐胡傳》作"狄地王"。《晋書》作"北地王"。

[5]中田護軍：官名。其餘不詳。

蒙遜代父領部曲，有勇略，多計數，頗曉天文，爲諸胡所推服。吕光自王於涼土，[1]使蒙遜自領營人，配箱直。[2]又以蒙遜叔父羅仇爲西平太守。[3]後遣其子纂率羅仇伐乞伏乾歸於枹罕，爲乾歸所敗，殺之。蒙遜求還葬羅仇，因聚衆屯金山，[4]與從兄晋昌太守男成共推建康太守段業爲使持節、大都督、龍驤大將軍、涼州牧、建康公，[5]稱神璽元年。業以蒙遜爲張掖太守，封臨池侯，[6]男成爲輔國將軍，[7]委以軍國之任。業又自稱涼王，以蒙遜爲尚書左丞。[8]忌蒙遜威名，微疏遠之。天興四年，蒙遜内不自安，請爲西安太守。[9]蒙遜欲激怒其衆，乃密誣告男成叛逆，業殺之。蒙遜泣而告衆，陳欲復讎之意。男成素有恩信，衆情怨憤，泣而從之。蒙遜因舉兵攻殺業，私署使持節、大都督、大將軍、涼州牧、張掖公，年號永安。居張掖。是月，涼武昭王亦起兵，[10]年號庚子。

[1]吕光：人名。字世明，略陽（今甘肅秦安縣東北）人，氐族。十六國時後涼的建立者。見《魏書》卷九五《吕光傳》。

[2]箱直：兵種名。據新疆吐魯番出土北涼沮渠蒙遜玄始十一年（422）文書等所記，當爲北涼統治集團的警衛或親隨一類的軍兵組織。

[3]叔父：源氏校勘記云："《魏書》作'伯父'。"　西平：郡名。十六國後涼時治西都縣，在今青海西寧市。

[4]金山：地名。在今甘肅民樂縣。

[5]晋昌：郡名。十六國後涼時治冥安縣，在今甘肅安西縣東南。　建康：郡名。十六國後涼時治建康城，在今甘肅高臺縣西南。　段業：人名。京兆（今陝西西安市西北）人。十六國時北涼的建立者。　龍驤大將軍：官名。西晋置，如開府，位從公，假金章紫綬，一品。如不開府非持節都督者，二品，禄賜與特進同。　涼州：十六國後涼時治姑臧縣，在今甘肅武威市。

[6]臨池侯：封爵名。臨池，郡名。十六國北涼時治所不詳。

[7]輔國將軍：官名。將軍名號。漢獻帝時置，儀比三司。三國、兩晋沿置，十六國後秦、後涼、北涼皆置。

[8]尚書左丞：官名。魏晋南朝時爲尚書省佐官，位次尚書，與右丞共掌尚書省庶務，職權甚重。

[9]蒙遜内不自安請爲西安太守：底本"西安"作"安西"，

毛本、殿本、四庫本、中華本作“西安”，中華本校勘記云：“百衲本、南本及《魏書》卷九九《沮渠蒙遜傳》‘西安’作‘安西’，北、汲、殿三本作‘西安’。按《晋書》卷一二九《沮渠蒙遜載記》，言段業築西安城，以其將臧莫孩爲太守。後蒙遜自請爲西安太守（參《十六國疆域志》卷八《西凉志》、卷九《北凉志》），此當是段業所置，今從北、汲、殿三本。”今從改。西安，郡名。治所不詳。

[10]凉武昭王：即十六國時西凉君主李暠。武昭爲其謚號。

永興中，蒙遜剋姑臧，[1]遷居之，改號玄始元年，自稱河西王，置百官。頻遣使朝貢。蒙遜寢於新臺，[2]閹人王懷祖斫蒙遜，傷足。蒙遜妻孟氏禽懷祖斬之。及聞晋滅姚泓，怒甚。有校郎言事於蒙遜，[3]蒙遜曰：“汝聞劉裕入關，敢研研然也！”遂殺之。尋稱藩于晋。泰常中，蒙遜剋燉煌，[4]改年承玄。後又稱蕃于宋，并求書，宋文帝並給之。蒙遜又就宋司徒王弘求《搜神記》，[5]弘與之。

[1]姑臧：縣名。治所在今甘肅武威市。十六國時前凉、後凉、北凉皆都於此。

[2]新臺：宫苑名。當在今甘肅武威市。

[3]校郎：官名。三國吴孫權置校事司察諸臣，亦稱校郎。後因之爲官名。北凉沮渠蒙遜設有諸曹校郎，如門下校郎、中兵校郎等。

[4]燉煌：郡名。十六國北凉時治敦煌縣，在今甘肅敦煌市。

[5]王弘：人名。字休元，琅邪臨沂（今山東臨沂市）人。南朝宋官吏。見《宋書》卷四二《王弘傳》。　搜神記：書名。三十

卷。《隋書·經籍志》《舊唐書·經籍志》《新唐書·藝文志》皆題東晋干寶作。

神䴥中，遣尚書郎宗舒、左常侍高猛朝貢，[1]上表稱臣。前後貢使相望。後遣子安周内侍。太武遣兼太常李順持節拜蒙遜爲假節，[2]加侍中、都督涼州西域羌戎諸軍事、太傅、行征西大將軍、涼州牧、涼王。[3]使崔浩爲册書以褒賞之。蒙遜又改義和元年。延和二年四月，蒙遜死，詔遣使監護喪事，私謚武宣王。蒙遜性淫忌，忍於刑戮，閨庭之中，略無風禮。

[1]左常侍：官名。十六國時西秦乞伏熾盤置左、右常侍，爲高級執政官。

[2]太常：官名。漢景帝時由奉常改名，秩二千石，位列九卿之首。主管祭祀社稷、宗廟和朝會、喪葬禮儀，管理皇帝陵墓、寢廟所在縣邑，每月巡視諸陵，兼管文化教育。南北朝時禮儀郊廟制度由尚書八座及儀曹裁定，太常位尊職閑。北魏孝文帝太和十七年定爲從一品下，二十三年改爲三品。　李順：人名。字德正，趙郡平棘（今河北趙縣）人。北魏官吏。見《北史》卷三三《李順傳》。

[3]太傅：官名。北魏、北齊時與太師、太保並號三師，位居太師下、太保上，一品。　征西大將軍：官名。兩晋南北朝時爲將軍名號，多授統兵出鎮在外、都督數州諸軍事者。在武職中地位很高，位居四征將軍之上。歷代皆不常置。北魏孝文帝太和十七年定爲從一品下。

第三子牧犍統任，[1]自稱河西王，遣使請朝命。并遣使通宋，受宋褒授。先是，太武遣李順迎蒙遜女爲夫人，會蒙遜死，牧犍受蒙遜遺意，送妹於京師，拜爲右昭儀。[2]改稱承和元年。太武又遣李順拜牧犍爲使持節、侍中、都督凉沙河三州西域羌戎諸軍事、車騎將軍、開府儀同三司、領護西戎校尉、凉州刺史、河西王。[3]牧犍以無功受賞，乃留順，上表乞安、平一號，[4]優詔不許。牧犍尚太武妹武威公主，遣其相宋繇表謝，[5]獻馬五百匹，黄金百斤。繇又表請公主及牧犍母妃后定號。朝議謂：禮，母以子貴，妻從夫爵。牧犍母宜稱河西國太后；公主於國内可稱王后，於京師則稱公主。詔從之。牧犍遣建節將軍沮渠旁周朝京師，[6]太武遣侍中古弼、尚書李順賜其侍臣衣服有差，并徵世子封壇入侍。牧犍乃遣封壇朝京師。

[1]牧犍：源氏校勘記云："《載記》《宋書》《十六國》作'茂虔'。"

[2]右昭儀：妃嬪號。北魏太武帝時置，孝文帝改定内官後，在皇后之下，位視大司馬。

[3]凉：州名。十六國北凉時治姑臧縣，在今甘肅武威市。　沙：州名。十六國北凉時治酒泉郡，在今甘肅酒泉市。　河：州名。十六國北凉時治枹罕縣，在今甘肅臨夏市。　車騎將軍：官名。魏晋南北朝時位次驃騎將軍，在諸名號大將軍上，多作爲軍府名號以加授大臣、重要州郡長官，無具體職掌。　護西戎校尉：官名。漢武帝始置，持節統領羌族事務。後或置或省，多以邊郡太守、都尉專任。除監護内附羌人各部落外，亦常將羌兵協同作戰，戍衛邊塞。北魏孝文帝太和十七年定爲三品下，二十三年改爲從三品。

［4］上表乞安平一號：上表乞求安西將軍、平西將軍兩個名號中之一。安西將軍，漢獻帝時始置。爲出鎮某一地區的軍事長官，或作爲州刺史兼理軍務時的加官。魏晋以後，與安南、安北、安東將軍合稱四安將軍。北魏孝文帝太和十七年定爲二品下，二十三年改爲三品。

［5］宋繇：人名。字體業，燉煌（今甘肅敦煌市）人。十六國時西凉、北凉、北魏官吏。見《北史》卷三四《宋繇傳》。

［6］建節將軍：官名。漢獻帝建安末曹操置。北魏孝文帝太和十七年定爲從三品下，二十三年改爲四品。

太延五年，太武遣尚書賀羅使凉州，[1]且觀虚實。帝以牧犍雖稱藩致貢，而内多乖悖，於是親征之。詔公卿爲書讓之，數其罪十二。官軍濟河，牧犍曰："何故爾也?"用其左丞姚定國計，不肯出迎，求救於蠕蠕。遣大將董來萬餘人拒軍於城南，戰退。車駕至姑臧，遣使喻牧犍令出。牧犍聞蠕蠕内侵善無，[2]幸車駕返旆，遂嬰城自守。牧犍兄子祖踰城出降，具知其情。太武乃引諸軍進攻，牧犍兄子萬年率麾下又來降。城拔，牧犍與左右文武，面縛請罪，詔釋其縛。徙凉州人三萬餘家于京師。初，太延中，有一老父投書於燉煌城東門，忽然不見。其書紙八字，文曰："凉王三十年，若七年。"又於震電所得石，丹書曰："河西，河西，三十年，破帶石，樂七年。"帶石，青山名，[3]在姑臧南。山祀傍泥陷不通，牧犍征南大將軍董來曰：[4]"祀豈有知乎!"遂毁祀伐木，通道而行。牧犍立，果七年而滅。初，牧犍淫嫂李氏，兄弟三人傳嬖之。李與牧犍姊共毒公主，上遣醫乘傳救公主，得愈。上徵李氏，牧犍不遣，厚送居於酒泉。[5]上大怒。既剋，猶以妹壻待之。其母死，以王太妃禮葬焉。又爲蒙遜置守冢三十家，授牧犍征西大將軍，王如故。

[1]賀羅：人名。北魏官吏、將領。源氏校勘記云："《魏書》作'賀羅多'。"

[2]牧犍聞蠕蠕内侵善無：底本"善無"作"無善"，中華本校勘記云："諸本'善無'倒作'無善'，據《魏書》乙。"今從改。善無，郡名。北魏時治善無縣，在今山西右玉縣南。

[3]帶石青山名：源氏校勘記云："《魏書》無'青'字。"中華本校勘記云："《魏書》無'青'字，此當是衍文。"可從。

[4]征南大將軍：官名。魏晋南北朝時爲將軍名號，多授予統兵出鎮在外、都督數州諸軍事者。在武職中地位很高，位於四征將軍之上。歷代皆不常置。北魏孝文帝太和十七年定爲一品下，二十三年改爲二品。

[5]酒泉：郡名。十六國北凉時治福禄縣，在今甘肅酒泉市。

初，官軍未入之間，牧犍使人斫開府庫，取金銀珠玉及珍奇器物，不更封閉，百姓因之入盗，巨細蕩盡。有司求賊不得。真君八年，[1]其所親人及守藏者告之，乃窮竟其事，搜其家中，悉得所藏器物。又告牧犍父子多畜毒藥，前後隱竊殺人，乃有百數，姊妹皆爲左道，[2]朋行淫佚，曾無愧顔。始罽賓沙門曰曇無讖，[3]東入鄯善，[4]自云能使鬼療病，令婦人多子。與鄯善王妹曼頭陁林淫通，[5]發覺，亡奔凉州。蒙遜寵之，號曰聖人。曇無讖以男女交接術教授婦女，蒙遜諸女、子婦，皆往受法。太武聞諸行人言曇無讖術，乃召之。蒙遜不遣，遂發露其事，栲訊殺之。至此，帝知之，於是賜昭儀沮渠氏死，誅其宗族。唯萬年及祖以前先降，得免。是年，人又告牧犍猶與故臣交通謀反，詔司徒崔浩就公主第賜牧犍死。與主决良久，乃自裁。葬以王禮，謚曰哀王。及公主薨，詔與牧犍合葬。公主無男，有女，以國甥得襲母爵爲武威公主。

[1]真君：即太平真君。北魏太武帝的年號（440—451）。

[2]左道：指非正統的道術，如巫蠱、妖法和某些方術。《禮·王制》："執左道以亂政，殺。"鄭玄注："左道，若巫蠱及俗禁。"

[3]罽賓：國名。在今卡菲里斯坦至喀布爾河中下游之間的河谷平原。見《北史》卷九七《罽賓傳》。　曇無讖：中天竺（印度中部）人，幼家貧，記憶力强，以弘揚佛教《涅槃經》爲主。見《高僧傳》卷二《曇無讖傳》。

[4]鄯善：國名。國都依循城，在今新疆若羌縣附近。見《北史》卷九七《鄯善傳》。

[5]曼頭陁林：人名。十六國時鄯善五妹。一作"曼頭陁林"。

蒙遜子季義，[1]位東雍州刺史。[2]真君中，與河東薛安都謀逆，[3]召至京師，付其兄弟扼殺之。萬年、祖並以先降，萬年拜張掖王，祖廣武公。[4]後坐謀逆，俱死。

[1]蒙遜子季義：中華本校勘記云："《魏書》'子'下有'秉字'二字。按沮渠秉本書他處避唐諱，改'秉'爲'康'。這裏是删名稱字。"是。

［2］東雍州：北魏時治正平郡城，在今山西新絳縣（參周一良《魏晋南北朝史札記》，中華書局1985年版）。

［3］河東：郡名。北魏時治蒲坂縣，在今山西永濟市西南蒲州鎮。　薛安都：人名。字休達，河東汾陰（今山西萬榮縣西南）人。初仕北魏，後投奔南朝宋，後又投奔北魏。見《北史》卷三九《薛安都傳》。

［4］廣武公：封爵名。廣武，郡名。北魏時治廣武縣，在今甘肅永登縣東南。

初，牧犍之敗，弟樂都太守安周南奔吐谷渾，[1]太武遣鎮南將軍奚眷討之。[2]牧犍弟酒泉太守無諱奔晋昌，[3]乃使弋陽公元潔守酒泉。[4]真君初，無諱圍酒泉，陷之。又圍張掖，不能剋，退保臨松。太武不伐，詔諭之。時永昌王健鎮凉州，無諱使其中尉梁偉詣健，[5]求奉酒泉。又送潔及統帥兵士于健軍。[6]二年，太武遣使拜無諱爲征西大將軍、凉州牧、酒泉王。尋以無諱復規叛，遣南陽公奚眷討酒泉，[7]剋之。無諱遂謀度流沙，[8]遣安周西擊鄯善。鄯善欲降，會魏使者勸令拒守，安周不能剋，退保東城。三年春，鄯善王比龍西奔且末，[9]其世子乃從安周。鄯善大亂。無諱遂度流沙，士卒渴死者太半，仍據鄯善。先是高昌太守闞爽爲李寶舅唐契所攻，[10]聞無諱至鄯善，使詐降，欲令無諱與唐契相擊。無諱留安周住鄯善，[11]從焉耆東北趣高昌。[12]會蠕蠕殺唐契，爽拒無諱。無諱將衛興奴遂屠其城。[13]爽奔蠕蠕，無諱因留高昌。五年夏，無諱病死，安周立，爲蠕蠕所并。

［1］樂都：郡名。北魏時治樂都縣，在今青海樂都縣。　吐谷渾：族名。又稱吐渾、退渾。原爲鮮卑族慕容部的一支，先祖游牧於徒河青山（今遼寧義縣東）。西晋時，遷徙於今甘肅、青海一帶。十六國時，先後受到前凉、西秦等追逐，幾乎亡國。後再度崛起，北魏太武帝時達到最强盛。在北魏打擊下，一度退到今新疆一帶。以游牧爲生。見《北史》卷九六《吐谷渾傳》。

［2］鎮南將軍：官名。漢獻帝時始置。三國魏時，與鎮東、鎮西、鎮北將軍合稱四鎮，多爲持節都督出鎮方面。魏晋及南北朝前期權勢很重，後漸輕。北魏孝文帝太和十七年定爲從一品下，二十三年改爲從二品。　奚眷：人名。代（今山西大同市東北）人。北魏將領。見《北史》卷二〇《奚眷傳》。

［3］晋昌：郡名。北魏時治冥安縣，在今甘肅安西縣東南。

［4］弋陽公：封爵名。弋陽，郡名。北魏時治南弋陽縣，在今河南潢川縣。

［5］中尉：官名。諸侯國軍事長官。西漢初諸侯王國自置，景帝以後由中央代置。職掌維護王國治安，督察軍吏，典領軍隊，與傅、相共同輔王。東漢沿置，魏晋南北朝時地位稍減，與郎中令、大農並號三卿，以典兵爲職。品秩隨國之地位而定。北魏時七品至九品不等。

［6］又送潔及統帥兵士于健軍：底本“兵士”作“兵出”，中華本校勘記云：“諸本‘士’訛作‘出’，據《魏書》改。”今從改。

［7］遣南陽公奚眷討酒泉：底本“公”作“王”，中華本校勘記云：“諸本‘公’作‘王’，《魏書》作‘公’。按本書卷二〇、《魏書》卷三〇《奚眷傳》，眷爵南陽公，未嘗封王，今據改。”今從改。南陽公，封爵名。南陽，郡名。北魏時治宛縣，在今河南南陽市。

［8］流沙：地區名。在今新疆境内白龍堆沙漠。

［9］且末：西域國名。國都在今新疆且末縣。見《北史》卷九

七《且末傳》。

[10]高昌：國名。建於公元460年，都於高昌城，在今新疆吐魯番縣東南高昌廢址。見《北史》卷九七《高昌傳》。　李寶：人名。字懷素，小字衍孫，十六國時後凉宗室。見《北史》卷一〇〇《凉武昭王李暠附李寶傳》。　唐契：人名。十六國時晋昌冥安（今甘肅安西縣東南）人。後被柔然推爲伊吾王。見《北史》卷二七《唐和傳》。

[11]無諱留安周住鄯善：底本“留”前無“無諱”二字，中華本校勘記云：“諸本脱‘無諱’二字，文義不明，據《魏書》補。”今從改。

[12]焉耆：國名。國都在員渠城，在今新疆焉耆回族自治縣西南。見《北史》卷九七《焉耆傳》。

[13]衛興奴：人名。其餘不詳。

梁帝蕭詧，字理孫，蘭陵人，[1]武帝之孫，[2]昭明太子統之第三子也。[3]幼好學，善屬文，尤長佛義，特爲梁武嘉賞。梁普通中，[4]封曲江縣公。[5]及昭明太子薨，封詧岳陽郡王，[6]位東揚州刺史，[7]領會稽太守。[8]初，昭明卒，梁武捨詧兄弟而立簡文，[9]内常愧之，故寵亞諸子。以會稽人物殷阜，一都之會，故有此授，以慰其心。詧既以其昆季不得爲嗣，常懷不平。又以梁武衰老，朝多秕政，有敗亡之漸。遂蓄聚貨財，交通賓客，招募輕俠，折節下之。其勇敢者，多歸附焉。左右遂至數千人，皆厚加資給。

[1]蘭陵：郡名。南朝梁時治蘭陵縣，在今江蘇常州市。一説在今江蘇丹陽市。

［2］武帝：即南朝梁皇帝蕭衍。武爲其謚號。

［3］昭明太子統：即南朝梁蕭統。爲梁武帝太子，謚昭明。見《梁書》卷八《昭明太子統傳》。

［4］普通：南朝梁武帝的年號（520—527）。

［5］曲江縣公：封爵名。曲江，縣名。治所在今廣東韶關市南武水西。

［6］岳陽郡王：封爵名。岳陽，郡名。南朝梁時治岳陽縣，在今湖南汨羅市東長樂鎮。

［7］東揚州：南朝梁時治會稽縣，在今浙江紹興市。

［8］會稽：郡名。南朝梁時治會稽縣，在今浙江紹興市。

［9］簡文：即梁簡文帝蕭綱。簡文爲其謚號。

中大同元年，[1]除西中郎將、雍州刺史，[2]都督五州諸軍事，寧蠻校尉。[3]詧以襄陽形勝之地，[4]又梁武創基之所，時平足以樹根本，時亂足以圖霸功，遂務脩刑政。太清二年，[5]梁武以詧兄河東王譽爲湘州刺史，[6]徙湘州刺史張纘爲雍州。[7]纘恃才輕譽，州府迎候有闕。譽深銜之，遂託疾不與相見。後聞侯景作亂，[8]頗陵蹙纘。纘構譽及詧於梁元帝，[9]元帝令其世子方等及王僧辯相繼攻譽。[10]譽告於詧，詧聞之大怒。及梁元將援建業，[11]令所督諸州並發兵赴都。詧遣府司馬劉方貴領兵爲前軍，出漢口。及將發，梁元又使諮議參軍劉穀召詧自行。[12]詧不從。而方貴潛與梁元相知，尅期襲詧。未及發，會詧以他事召方貴，謀泄，遂據樊城拒命。[13]詧遣軍攻之。梁元乃厚資遣張纘，若將述職，而密援方貴。纘次大隄，[14]而樊城已陷。詧禽方貴兄弟黨與，並斬之。詧時以譽危急，乃留諮議參軍蔡大寶守襄陽，率衆伐江陵以救之。[15]梁元大懼，乃遣參軍庾奐謂詧曰："以姪伐叔，逆順安在?"詧曰："家兄無罪，屢被攻圍，七父若顧先恩，豈應若是？如能退兵湘水，吾便旋旆襄陽。"時攻栅不剋，會大雨暴至，平地四尺，衆頗離心。軍主杜岸、岸弟幼安及其兄子龕，[16]以其屬降於江陵。詧夜遁歸襄陽，器械輜重多没於湕水。[17]詧恐不能自固，乃遣蔡大寶求附庸于西魏。時西魏大統十五年也。[18]周文令丞相東閤祭酒榮權使焉。[19]

[1]中大同元年：底本"大"無"中"字，源氏於"大"上補"中"字，其校勘記云："《周書》有'中'字。按《梁本紀》事在中大同元年。"中華本校勘記云："諸本脱'中'字，據《周書》卷四八《蕭詧傳》補。詧爲雍州刺史，見《梁書》卷三《武帝紀》中大同元年。"今從改。中大同，南朝梁武帝的年號（546—547）。

[2]西中郎將：官名。東漢末年置，與東、南、北中郎將合稱四中郎將。魏晋南北朝沿置。多帥師征戰，職權頗重。　雍州：南朝梁時治襄陽縣，在今湖北襄樊市。

[3]寧蠻校尉：官名。漢安帝時置，南朝沿置。掌管雍州少數民族事務。領兵，設府於襄陽，稱小府。多由其他將軍或刺史兼任。

[4]襄陽：郡名。南朝梁時治襄陽縣，在今湖北襄樊市。

[5]太清：南朝梁武帝的年號（547—549）。

[6]河東王：封爵名。河東，郡名。南朝梁時治松滋縣，在今湖北松滋市西北。　譽：即蕭譽，人名。字重孫。南朝梁宗室。見《梁書》卷五五《河東王譽傳》。　湘州：南朝梁時治臨湘縣，在今湖南長沙市。

[7]張纘：人名。字伯緒，范陽方城（今河北固安縣）人。南

朝齊、梁官吏。見《梁書》卷三四《張緬附張纘傳》。

[8]侯景作亂：南朝梁武帝太清二年（548），侯景勾結京城守將蕭正德舉兵作亂，攻破京城建康（今江蘇南京市），梁武帝蕭衍被困於臺城餓死。繼任者梁簡文帝蕭綱成爲傀儡。公元551年侯景自立爲帝，公元552年被殺。侯景，人名。字萬景，懷朔鎮（今內蒙古固陽縣南）人，鮮卑化羯人。曾任北魏官吏，後叛至南朝。見《梁書》卷五六《侯景傳》。

[9]梁元帝：即南朝梁皇帝蕭繹。元爲其謚號。

[10]方等：人名。字實相，南朝梁宗室。見《梁書》卷四四《忠壯世子方等傳》。　王僧辯：人名。字君才，太原祁（今山西祁縣東南）人。南朝梁大臣。見《梁書》卷四五《王僧辯傳》。

[11]建業：城名。在今江蘇南京市。

[12]諮議參軍：官名。西晉末司馬睿鎮東大將軍丞相府始置爲僚屬，掌顧問諫議。東晉、南朝王府、丞相府、公府、位從公府、州軍府皆有置者，無定員，亦不常置，職掌不定，其位甚尊，在列曹參軍上，州所置者常帶大郡太守，且有越次行府州事者。梁時品秩依府主地位而定。　劉瑴：人名。字仲寶。南朝梁官吏。見《梁書》卷四一《劉瑴傳》。

[13]會晉以他事召方貴謀泄遂據樊城拒命：源氏校勘記云："'方貴'下《周書》有'方貴疑'三字。"按：中華本《周書》有"方貴疑"三字。《資治通鑑》卷一六二同《周書》。《北史》此處有意義不明。樊城，在今湖北襄樊市樊城區。

[14]大隄：城名。在今湖北宜城市。

[15]江陵：縣名。治所在今湖北江陵縣。

[16]杜岸：人名。字公衡，京兆杜陵（今陝西西安市長安區東）人。南朝梁官吏。見《梁書》卷四六《杜崱附杜岸傳》。　幼安：人名。京兆杜陵（今陝西西安市長安區東）人。南朝梁官吏。見《梁書·杜崱附杜幼安傳》。　龕：即杜龕。京兆杜陵（今陝西西安市長安區東）人。南朝梁官吏。見《梁書·杜崱附杜龕傳》。

[17]器械輜重多没於漄水：底本"漄"作"健"，源氏校勘記云："《周書》（'健水'）作'漄水'。"中華本校勘記云："諸本'漄'作'健'。《周書》及《通鑑》卷一六二作'漄'。胡注云：'水名，出南郡。'今據改作水旁。"今從改。漄水，河名。在湖北荆門市。

[18]時西魏大統十五年也：底本"十五"作"十"，源氏校勘記於"十"上補"五"，中華本校勘記云："諸本無'五'字，《周書》有。按下文言是歲詧爲柳仲禮所攻，求救於西魏，西魏遣楊忠爲援。據《周書》卷二《文帝紀》，其事在大統十五年，今據補。"今從改。大統，西魏文帝的年號（535—551）。

[19]周文：即宇文泰。文爲其謚號，北周明帝所追謚。　丞相東閤祭酒：官名。丞相府僚屬。漢獻帝時置。東晋時一員，位西閣祭酒上，與主簿、舍人主閣内事。北周沿置。　榮權：人名。北周官吏。在蕭詧歸降北周的過程中起到重要作用。

是歲，梁元令柳仲禮圖襄陽，[1]詧乃遣妃王氏及世子嶚爲質，請救。周文令榮權報命，仍遣開府楊忠爲援。[2]十六年，忠禽仲禮，平漢東。[3]西魏命詧發喪嗣位，使假散騎常侍鄭孝穆及榮權策命詧爲梁王。[4]乃於襄陽置百官，承制封拜。十七年，留尚書僕射蔡大寶守雍部，[5]而朝于京師。周文謂曰："王之來此，頗由榮權。"乃召權見，曰："權吉士也，寡人與之從事，未嘗見失信。"詧曰："榮常道二國之言無私，[6]故詧今者得歸誠魏闕耳。"

[1]柳仲禮：人名。河東解（今山西臨猗縣）人。南朝梁大都督，後降北周。在追擊侯景時因受傷差點喪命而不敢再戰，直接導

致梁都城淪陷。見《南史》卷三八《柳仲禮傳》。

[2]開府：魏晋南朝、北魏、北齊、北周、隋朝時爲開府儀同三司的省稱。　楊忠：人名。小名奴奴，弘農華陰（今陝西華陰市東南）人。北周權臣、外戚、隋朝開國皇帝楊堅的父親。見《周書》卷一九《楊忠傳》。

[3]漢東：地區名。約指今湖北襄樊市以下漢水河段的東岸一帶。

[4]鄭孝穆：人名。字道和，滎陽開封（今河南開封市）人。見《周書》卷三五《鄭孝穆傳》。源氏校勘記云："《周書》無'孝'字。"

[5]雍：州名。即雍州。

[6]滎常道二國之言無私：源氏校勘記改"道"作"通"，中華本校勘記云："《周書》作'滎常侍通二國之言無私'。此脱'侍'字，'通'訛作'道'。"可從。

魏恭帝元年，[1]周文命柱國于謹伐江陵，[2]詧以兵會之。及江陵平，周文命詧主梁嗣，居江陵東城，[3]資以江陵一州之地。其襄陽所統，盡入於周。詧乃稱皇帝於其國，年號大定。追尊其父統爲昭明皇帝，廟號高宗；統妃蔡氏爲昭德皇后。又尊其所生母龔氏皇太后，[4]立妻王氏爲皇后，子巋爲皇太子。其慶賞刑威，官方制度，並同王者。唯上疏則稱臣，奉朝廷正朔。至於爵命其下，亦依梁氏之舊。其戎章勳級，則又兼用柱國等官。又追贈叔父邵陵王綸太宰，[5]謚曰壯武。贈兄河東王譽丞相，謚曰武桓。周文仍置江陵防主，[6]統兵居於西城，名曰助防。周文外云助詧備禦，内實防詧。[7]

[1]魏恭帝：即西魏皇帝元廓。恭爲其謚號。

[2]柱國：官名。北魏初，一度爲功臣元勳之加官。北魏末，孝莊帝時復設此官，爲國之執政。西魏時爲最高軍事長官。北周因之，正九命，後爲勳官第二等。　于謹：人名。字思敬，河南洛陽（今河南洛陽市東北）人。北魏、西魏名臣、大將。見《北史》卷二三《于栗磾附于謹傳》。

[3]東城：在今江蘇南京市。

[4]皇太后：源氏在“皇太后”前補“爲”字。

[5]邵陵王：封爵名。邵陵，郡名。南朝梁時治邵陵縣，在今湖南邵陽市。　綸：即蕭綸，人名。字世調。南朝梁宗室。見《梁書》卷二九《蕭綸傳》。　太宰：官名。西晋置太師、太傅、太保三上公，因避司馬師諱，改太師爲太宰，位三公之首。常與太傅、太保並掌朝政，爲宰相之任，一品。東晋、南朝時用作贈官，以安置元老勳舊大臣。北魏、北齊時則於太師、太傅、太保三師之上别置太宰，皆一品。

[6]防主：官名。西魏、北周置，防區的主將，管理所轄區域的軍政事務。多以刺史、郡守或都督數州及數防諸軍事兼領此職，下設長史。

[7]統兵居於西城名曰助防周文外云助詧備禦内實防詧：底本“助防”作“武桓”，中華本省“名曰武桓周文”六字，源氏校勘記改“武桓”爲“助防”，中華本校勘記云：“諸本‘城’下有‘名曰武桓周文’六字。按《周書》作‘統兵居於西城，名曰助防，外示助詧備禦，内實防詧也’。《北史》‘名曰’二字是襲《周書》原文，‘武桓周文’四字涉上行而衍。文不可通，今删去。”按：源氏修改似更合文意。今從源氏。

初，江陵滅，梁元將王琳據湘州，[1]志圖匡復。及詧立，琳乃遣其將潘純陁、侯方兒來寇。[2]詧禦之，純陁等退歸夏口。[3]詧之四年，詧遣其大將軍王操略取王琳之長沙、武陵、南平等郡。[4]五年，王琳又遣其將雷文柔襲陷監利郡，太守蔡大有死之。[5]尋而琳與陳人相持，稱蕃乞師於詧，詧許之。師未出而琳軍敗，附於齊。是歲，其太子巋來朝京師。六年四月，大雨震，前殿崩，壓二百餘人。七年冬，有鵩鳥鳴于寢殿。[6]八年二月，詧終于前殿，時年四十四。是歲，周保定二年也。[7]八月，葬于平陵，謚曰宣皇帝，廟號中宗。

[1]王琳：人名。字子珩，會稽山陰（今浙江紹興市）人。南朝梁將領、北齊官吏。見《南史》卷六四《王琳傳》。

[2]潘純陁：人名。南朝梁、陳、西魏將領。　侯方兒：人名。南朝宋、齊、梁官吏、將領。

[3]夏口：城名。在今湖北武漢市黄鵠山東北。

[4]長沙：郡名。南朝梁時治臨湘縣，在今湖南長沙市南。　武陵：郡名。南朝梁時治武陵縣，在今湖南常德市。　南平：郡名。南朝梁時治江安縣，在今湖北公安縣東北。

[5]雷文柔襲陷監利郡太守蔡大有死之：底本無“蔡”字，源氏校勘記云：“‘文’《周書》作‘又’，‘大有’上有‘蔡’字。”中華本校勘記云：“諸本脱‘蔡’字，據《周書》、《通鑑》卷一六七補。”今從改。按：雷文柔，《周書》卷四八《蕭詧傳》作“又柔”，《資治通鑑》卷一六七作“文策”。莫知孰是。監利，郡名。西梁時治監利縣，在今湖北監利縣。

[6]鵩鳥：底本作“服鳥”，中華本作“鵩鳥”。按：鵩鳥，形似貓頭鷹，一種不吉祥的鳥。今從改。

[7]保定：北周武帝的年號（561—565）。

詧少有大志，不拘小節，雖多猜忌，而知人善任使，撫將士有恩，能得其死力。性不飲酒，安於儉素。事母以孝聞。又不好聲色，尤惡見婦人，雖相去數步，亦云遥聞其臭。[1]經御婦人之衣，更不著，並皆棄之。一幸姬媵，病卧累旬。又惡見人髮，白事者必方便避之，[2]擔輿者，冬月必須裹頭，夏月則加蓮葉帽。[3]其在東揚州，頗放誕，省覽簿領，[4]好爲戲弄之言，以此獲譏於世。

［1］亦云：源氏校勘記云："《周書》無'亦云'二字。"

［2］又惡見人髮白事者必方便避之：底本"事"下有"之"字，中華本校勘記云："諸本'事'下有'之'字，《周書》無。按若有'之'字，則'白'當從上讀，似詧所惡者是白髮。但據下文'擔輿者，冬月必須裹頭，夏月則加蓮葉帽'，豈有擔輿者盡是白頭？知其惡見者是人髮，不僅是白髮。今從《周書》删'之'字。"今從改。

［3］蓮葉帽：士庶之冠，圓頂，中竪一纓，帽檐翻卷，形似荷葉，故名。

［4］簿領：官府記事的簿册或文書。

及江陵平，宿將尹德毅謂詧曰："臣聞人主之行，與疋夫不同。疋夫者，飾小行，競小廉，以取名譽；人主者，定天下，安社稷，以成大功。今魏虜貪惏，罔顧弔伐之義，俘囚士庶，並充軍實。然此等戚屬，咸在江東。悠悠之人，可門到户説？既塗炭至此，咸謂殿下爲之。殿下既殺人父兄，孤人子弟，人盡讎也，又誰與爲國？但魏之精鋭，盡萃於此，犒師之禮，非無故事。若殿下爲設享會，固請于謹等爲歡，[1]彼無我虞，當相率而至，預伏武士，因而斃之。江陵百姓，撫而安之，文武官僚，隨即銓授。魏人懾息，未敢送死；僧辯之徒，折簡可致。然後朝服濟江，入踐皇極，纘堯復禹，萬世一時。"詧謂德毅曰："卿此策非不善也，然魏人待我甚厚，未可背德。若遽爲卿計，則鄧祁侯所謂'人將不食吾餘'。"[2]既而闔城長幼，被虜入關，又失襄陽之地。詧恨，乃曰："不用德毅之言，以至於是！"又見邑居殘毀，干戈日用，恥其威略不振，常懷憂憤，乃著《愍時賦》以見志焉。居常怏怏，每誦"老馬伏櫪，志在千里；烈士暮年，壯心不已"，未嘗不盱衡扼腕歎吒者久之。[3]遂以憂憤發背而死。

[1]固請于謹等爲歡：源氏校勘記云："'固'《周書》作'因'。"中華本校勘記云："《周書》'固'作'因'，是。"可從。

[2]鄧祁侯所謂人將不食吾餘：見《左傳》莊公六年："楚文王伐申，過鄧。鄧祁侯曰：'吾甥也。'止而享之。騅甥、聃甥、養甥請殺楚子。鄧侯弗許。三甥曰：'亡鄧國者，必此人也。若不早圖，後君噬齊。其及圖之乎！圖之，此爲時矣。'鄧侯曰：'人將不食吾餘。'"鄭玄注云："言自害其甥，必爲人所賤。"鄧祁侯，曼姓，名祁。鄧城（今河南鄧州市）人。春秋時鄧國君主。鄧國後爲楚國所滅。

[3]未嘗不盱衡扼腕歎吒者久之：底本作"未嘗不盱衡抱歎吒者久之"，中華本校勘記云："諸本'扼'訛作'抱'，又脱'腕'字，據《周書》改補。"今從改。

詧篤好文義，所著文集十五卷，内典《華嚴》《般若》《法華》《金光明》義疏三十六卷，[1]並行於世。武帝又命其太子巋嗣位，年號天保。

[1]内典：佛教徒稱佛教典籍。佛教以己教爲内，非己教爲外，故稱佛教爲内教、佛學爲内學、佛經爲内典。　華嚴般若法華金光明：皆佛經名。　三十六：源氏校勘記云："《周書》作'四十六'。"

巋，字仁遠，詧之第三子也。機辯有文學，善於撫御，能得其下歡心。嗣位之元年，尊其祖母龔太后曰太皇太后，嫡母王皇后曰皇太后，所生曹貴嬪曰皇太妃。其年五月，其太皇太后薨，謚曰元太后。九月，其太妃又薨，謚曰孝皇太妃。二年，其皇太后薨，謚曰宣静皇后。

五年，陳湘州刺史華皎、巴州刺史戴僧朔並來附。[1]皎送其子玄響爲質於巋，仍請兵伐陳。巋上言其狀。武帝詔衛公直督荆州總管權景宣、大將軍元定等赴之。[2]巋亦遣其柱國王操率水軍二萬，會皎於巴陵。[3]既而與陳將吴明徹等戰於沌口，[4]直軍不利，元定遂没，巋大將軍李廣等亦爲陳人所虜，[5]長沙、巴陵並陷於陳。衛公直乃歸罪於巋之柱國殷亮。巋雖以退敗不獨罪亮，[6]然不敢違命，遂誅之。吴明徹乘勝攻剋巋河東郡，[7]獲其守將許孝敬。[8]明年，明徹進寇江陵，引江水灌城。巋出頓紀南，[9]以避其鋭。江陵副總管高琳與其尚書僕射王操拒守。[10]巋馬軍主馬武、吉徹等擊明徹。明徹退保公安，[11]巋乃還江陵。巋之八年，陳又遣其司空章昭達來寇，[12]江陵總管陸騰及巋之將士擊走之。[13]昭達又寇竟陵之青泥，[14]巋令其大將軍許世武赴援，[15]大爲昭達所破。

[1]湘州：南朝陳時治臨湘縣，在今湖南長沙市。　華皎：人名。晋陵暨陽（今江蘇江陰市）人。南朝梁、陳官吏。見《陳書》卷二〇《華皎傳》。　巴州：南朝陳時治巴陵縣，在今湖南岳陽市。　戴僧朔：人名。吴郡錢塘（今浙江杭州市）人。南朝梁、陳官吏。見《陳書》卷二〇《華皎附戴僧朔傳》。

[2]武帝：即北周皇帝宇文邕。武爲其謚號。　衛公直：即宇文直。字豆羅突。西魏官吏、北周宗室。見《北史》卷五八《衛剌王直傳》。　荆州：北周時治穰縣，在今河南鄧州市。　總管：官名。北周明帝武成元年（559）由都督諸州軍事改名，加使持節，管理轄區軍政、民政，爲地方高級軍政官員。所轄區域增減無常，一般轄數州，多達數十州。　權景宣：人名。字暉遠，天水顯親（今甘肅秦安縣）人。北魏、西魏、北周將領。見《北史》卷六一《權景宣傳》。　元定：人名。字願安，河南洛陽（今河南洛陽市東北）人。北魏、西魏、北周將領。見《北史》卷六九《元定傳》。

[3]巴陵：地名。在今湖南岳陽市。

[4]吴明徹：人名。字通昭，秦郡（今江蘇南京市六合區）人。南朝陳將領。見《陳書》卷九《吴明徹傳》。　沌口：地名。在今湖北武漢市漢陽區西南，即古沌水入長江之口。

[5]李廣：人名。會稽（今浙江紹興市）人。西梁將領。見《周書》卷四八《蕭詧傳》。

[6]巋雖以退敗不獨罪亮：中華本校勘記云："《周書》'罪'作'在'，言敗退的責任不應衹由殷亮承擔。這裏'罪亮'疑是'亮罪'誤倒。"可從。

［7］河東：郡名。西梁時治松滋縣，在今湖北松滋市西北。

［8］許孝敬：人名。小名嗣兒，吴（今江蘇蘇州市）人。勁勇過人，爲蕭詧驍將。見《周書》卷四八《蕭詧附許孝敬傳》。

［9］紀南：城名。在今湖北荆州市荆州區西北。

［10］高琳：人名。字季珉，其先高句麗人。西魏、北周將領。見《北史》卷六六《高琳傳》。

［11］巋馬軍主馬武吉徹等擊明徹明徹退保公安：底本"明徹退保公安"作"退保公安"，源氏校勘記云："'明徹'下，《周書》又有'明徹'二字。"中華本校勘記云："諸本不重'明徹'，《周書》'明徹'下有'敗之明徹'四字，《通志》重'明徹'二字。按此脱文，今據《通志》補。"今從改。公安，地名。在今湖北公安縣西北。

［12］章昭達：人名。字伯通，吴興武康（今浙江德清縣）人。南朝陳將領。見《陳書》卷一一《章昭達傳》。

［13］陸騰：人名。字顯聖，代（今山西大同市東北）人。北魏、西魏、北周大將。見《北史》卷二八《陸俟附陸騰傳》。

［14］竟陵：郡名。南朝梁時治竟陵縣，在今湖北天門市西北。青泥：地名。在今湖北天門市東南。

［15］許世武：人名。吴（今江蘇蘇州市）人。北周將領。見《周書》卷四八《許孝敬附許世武傳》。

初，華皎、戴僧朔從衛公直與陳人戰敗，[1]率其麾下數百人歸於巋。巋以皎爲司空，封江夏郡公；[2]僧朔爲車騎將軍，封吴興縣侯。[3]巋之十年，皎將來朝，至襄陽，請衛公直曰："梁主既失江南諸郡，[4]人少國貧，朝廷興亡繼絶，理宜資贍。豈使齊桓、楚莊獨擅救衛復陳之美？[5]望借數州，以裨梁國。"直然之，乃遣使言狀。帝許之，詔以基、平、鄀三州歸之於巋。[6]

[1]初華皎戴僧朔從衛公直與陳人戰敗：底本“戰”下無“敗”，中華本校勘記云：“諸本脱‘敗’字，據《周書》補。”今從改。

[2]江夏郡公：封爵名。江夏，郡名。西梁時治江夏縣，在今湖北武漢市。

[3]吴興縣侯：封爵名。遥封。吴興，縣名。治所在今浙江湖州市。

[4]梁主既失江南諸郡：底本“既”下無“失”字，中華本校勘記云：“諸本脱‘失’字，據《周書》補。”今從改。

[5]豈使齊桓楚莊獨擅救衛復陳之美：難道讓齊桓公、楚莊王獨自享有幫助衛國、陳國恢復社稷的美譽？齊桓救衛，事見《左傳》僖公元年：“僖之元年，齊桓公遷邢于夷儀。二年，封衛于楚丘。邢遷如歸，衛國忘亡。”楚莊復陳，事見《左傳》宣公十一年：“乃復封陳。鄉取一人焉以歸，謂之夏州。”

[6]基：州名。北周時治豐鄉縣，在今湖北荆門市東南太平鎮附近。　平：州名。北周時治當陽縣，在今湖北當陽市城區。　鄀：州名。北周時治樂鄉縣，在今湖北鍾祥市西北。

及平齊，巋朝於鄴，帝雖以禮接之，然未之重也。巋知之，後因宴承間，乃陳其父荷周文拯救之恩，并叙二國艱虞、脣齒掎角之事。辭理辯暢，因涕泣交流，[1]帝亦爲之歔欷。自是大加賞異，禮遇日隆。後帝復與之宴，齊氏故臣叱列長叉亦預焉。[2]帝指謂巋曰：“是登陴駡朕者也。”巋曰：“長叉未能輔桀，翻敢吠堯！”帝大笑。及酒酣，帝又命琵琶自彈之，仍謂巋曰：“當爲梁主盡歡。”巋乃起請舞，帝曰：“王乃能爲朕舞乎？”巋曰："陛下既親撫五絃，臣何敢不同百獸？"帝大悦，賜雜繒萬段、良馬數十疋，并賜齊後主妓妾，及帝所乘五百里駿馬以遣之。

[1]涕泣：源氏校勘記云："《周書》作'涕泗'。"

[2]叱列長叉：人名。代（今山西大同市東北）人，鮮卑族。北齊、北周、隋朝官吏。見《北史》卷五三《叱列平附叱列長叉傳》。

及隋文帝執政，[1]尉遲迥、王謙、司馬消難等各起兵。[2]時巋將帥皆密請興師，與迥等爲連衡之勢，進可以盡節於周氏，退可以席卷山南。巋以爲不可。俄而消難奔陳，迥等相次破滅。隋文帝既踐極，恩禮彌厚，遣使賜金五百兩、銀千兩、布帛萬疋、馬五百疋。[3]開皇二年，[4]隋文帝備禮納巋女爲晋王妃，又欲以其子瑒尚蘭陵公主，由是罷江陵總管，巋專制其國。四年，來朝長安。帝甚敬待之，詔巋位在王公之上。巋被服端麗，進退閑雅，天子矚目，百僚傾慕。帝賜巋縑萬疋，珍玩稱是。及還，親執其手謂之曰："梁主久滯荆楚，未復舊都，朕當振旅長江，相送旋反。"巋拜謝而歸。五年五月，寢疾薨。臨終上表奉辭，并獻所服金裝劍，帝覽而嗟悼。巋在位二十三年。梁之臣子，葬之顯陵，謚曰孝明皇帝，廟號世宗。

[1]隋文：即隋朝皇帝楊堅。文爲其謚號。

[2]尉遲迥：人名。字薄居羅，代（今山西大同市東北）人。

其先爲鮮卑族尉遲部，西魏、北周重臣。不滿隋文帝專權起兵，兵敗自殺。見《北史》卷六二《尉遲迥傳》。　王謙：人名。字敕萬，太原（今山西太原市晋源區古城營村一帶）人。北周官吏。見《北史》卷六〇《王雄附王謙傳》。　司馬消難：人名。字道融，河内温（今河南温縣）人。北齊、北周官吏。見《北史》卷五四《司馬子如附司馬消難傳》。

[3]遣使賜金五百兩銀千兩布帛萬疋馬五百疋：源氏校勘記云："《周書》'五百'作'三百'，'萬疋'作'萬段'。"

[4]開皇：隋文帝的年號（581—600）。

巋孝悌慈仁，有君人之量。四時祭享，未嘗不悲慕流涕。性尤儉約，御下有方，境内安之。所著文集及《孝經》《周易義記》及《大小乘幽微》，並行於世。文帝又命其太子琮嗣位。

琮，字温文，性俶儻不羈，博學有文義。兼善弓馬，遣人伏地持帖，琮奔馬射之，十發十中，持帖者亦不懼。初封東陽王，[1]尋立爲梁太子。及嗣位，帝賜以璽書，[2]敦勉之。又賜梁之大臣璽書，誡勉之。時琮年號廣運，有識者曰："運之爲字，軍走也，吾君將奔走乎！"其年，琮遣大將軍戚昕以舟師襲陳公安，不剋而還。文帝徵琮叔父岑入朝，拜大將軍，封懷義公，因留不遣。復置江陵總管以監之。琮所署大將軍許世武密以城召陳將宜黄侯陳慧紀，[3]謀泄，琮誅之。

[1]東陽王：封爵名。遥封。東陽，郡名。南朝陳時治長山縣，在今浙江金華市婺城區。

[2]璽書：亦稱寶書。古代以印璽封記之文書。秦以後專指帝

王詔書。

[3]宜黄侯：封爵名。宜黄，縣名。治所在今江西宜黄縣東。陳慧紀：人名。字元方，吴興長城（今浙江長興縣）人。南朝陳宗室。見《陳書》卷一五《陳慧紀傳》。

後二歲，上徵琮入朝，率臣下二百餘人朝京師。江陵父老莫不殞涕曰："吾君其不反矣！"上以琮來朝，遣武鄉公崔弘度將兵戍之。[1]軍至都州，琮叔父巖及弟瓛等懼弘度掩襲之，遂引陳人至城下，虜居人而叛。於是廢梁國。上遣左僕射高熲安集之，[2]曲赦江陵死罪，[3]給復十年。梁二主各給守墓十户，拜琮柱國，賜爵莒國公。

[1]武鄉公：封爵名。武鄉，郡名。隋朝時治武鄉縣，在今陝西大荔縣。 崔弘度：人名。字摩訶衍，博陵安平（今河北安平縣）人。北周、隋朝官吏。見《北史》卷三二《崔辯附崔弘度傳》。

[2]高熲：人名。字昭玄，一名敏，勃海蓨（今河北景縣）人。隋朝大臣。見《北史》卷七二《高熲傳》。

[3]曲赦：特赦。

白詧初即位，歲在乙亥，至是，歲在丁未，[1]凡三十三載而亡。

[1]至是歲在丁未：底本"至"下無"是"字，中華本校勘記云："諸本脱'是'字，據《周書》及《通志》卷一九三《蕭琮載記》補。"今從改。

琮至煬帝嗣位，[1]甚見親重，拜内史令，[2]改封梁公。琮之宗族，緦麻以上，[3]並隨才擢用，於是諸蕭昆弟，布列朝廷。琮性澹雅，不以職務自嬰，退朝縱酒而已。内史令楊約與琮同列，[4]帝令約宣旨誡勵。約復以私情諭之，琮曰："琮若復事事，則何異公哉？"約笑而退。約兄素時爲尚書令，[5]見琮嫁從父妹於鉗耳氏，[6]謂曰："公帝王之族，何乃適妹鉗耳氏？"琮曰："前已嫁妹於侯莫陳氏，[7]此復何疑？"素曰："鉗耳，羌也；侯莫陳，虜也。何得相比？"琮曰："以羌異虜，未之前聞。"素慚而止。琮雖羈旅，見北間豪貴，無所降下。常與賀若弼深友。[8]弼既誅，[9]復有童謡曰"蕭蕭亦復起"，帝由是忌之，遂廢於家。卒，贈左光禄大夫。[10]

[1]煬帝：即隋朝皇帝楊廣。煬爲其謚號。

[2]内史令：官名。隋置，與内史監同爲内史省長官，初置一人，後廢監，增置爲二人，正三品，煬帝大業十二年（616）改爲内書令。

[3]緦麻：喪服名。爲五服中最輕者。用疏織細麻布製成，服期爲三個月。凡爲疏遠親屬、親戚，如高祖父母、曾伯叔祖父母、族伯叔父母、外祖父母、岳父母、中表兄弟、壻、外孫等都服緦麻。

[4]楊約：人名。字惠伯，弘農華陰（今陝西華陰市東南）人。隋朝時大臣。見《北史》卷四一《楊敷附楊約傳》。

[5]素：即楊素，人名。字處道，弘農華陰（今陝西華陰市東南）人。隋朝大臣。見《北史·楊敷附楊素傳》（參周錚《〈楊素墓誌初考〉補正》，《考古與文物》1993 年第 3 期）。

[6]鉗耳氏：羌族姓氏。《魏書》卷九四："王遇，字慶時，本

名他惡，馮翊李潤鎮羌也。與雷、當、不蒙俱爲羌中强族。自云其先姓王，後改氏鉗耳，世宗時復改爲王焉。”

[7]侯莫陳氏：鮮卑族的一個部落，因以爲姓。《魏書·官氏志》：“侯莫陳氏，後改爲陳氏。”

[8]賀若弼：人名。字輔伯，河南洛陽（今河南洛陽市東北）人。隋朝將領。見《北史》卷六八《賀若敦附賀若弼傳》。

[9]弼既誅：底本“既”上無“弼”字，中華本校勘記云：“諸本脱‘弼’字，文義不明，據《通志》補。”今從改。

[10]左光禄大夫：官名。三國魏置。作爲在朝顯職的加官，以示優待，或授予年老有病者爲致仕之官，亦常用作卒後贈官，無具體職掌。西晉、南北朝沿置。隋朝初定爲正二品，煬帝大業三年降爲從二品。

子鉉，位襄城通守。[1]復以琮弟子鉅爲梁公。鉅小名曰藏，煬帝甚昵之，以爲千牛，[2]與宇文皛出入宫掖，[3]伺察内外。帝每有遊宴，鉅未嘗不從。遂於宫中，多行淫穢。江都之變，[4]爲宇文化及所殺。

[1]襄城：郡名。隋煬帝大業三年改汝州置，治承休縣，在今河南汝州市。　通守：官名。隋煬帝設。爲郡守之副職，每郡一人，助太守掌郡之行政事務。

[2]千牛：官名。隋煬帝改千牛備身爲此，領左右府，稱左、右備身府，掌千牛刀，宿衛侍從，各員十二人，正六品。

[3]宇文皛（xiǎo）：人名。字婆羅門，河南洛陽（今河南洛陽市東北）人。隋朝官吏。見《北史》卷五七《東平公神舉附宇文皛傳》。

[4]江都之變：指隋煬帝在江都（今江蘇揚州市）被宇文化及弑殺。

詧子嶚，追謚孝惠太子；[1]巖，封安平王；[2]岌，封東平王；[3]岑，封河間王，[4]後改封吴郡王。[5]琮弟瓛，義興王；[6]瑑，晋陵王；[7]璟，臨海王；[8]珣，南海王；[9]瑒，義安王；[10]瑀，新安王。[11]

[1]詧子嶚追謚孝惠太子：底本“子嶚”作“之居帝位百僚”，中華本校勘記云：“諸本‘子嶚’誤作‘之居帝位百僚’六字。按‘之居帝位’四字乃下文錯置此處，‘百僚’乃‘子嶚’之訛，今據《周書》改正。”今從改。

[2]安平王：封爵名。安平，郡名。隋朝時治端氏縣，在今山西沁水縣東北西城。

[3]東平王：封爵名。東平，郡名。隋朝時治鄆城縣，在今山東鄆城縣東。

[4]河間王：封爵名。河間，郡名。隋朝時治河間縣，在今河北河間市南。

[5]吴郡王：封爵名。吴郡，隋朝時治吴縣，在今江蘇蘇州市。

[6]義興王：封爵名。義興，郡名。隋朝時治陽羨縣，在今江蘇宜興市。

[7]晋陵王：封爵名。晋陵，郡名。隋朝時治晋陵縣，在今江蘇常州市。

[8]臨海王：封爵名。臨海，郡名。隋朝時治章安縣，在今浙江臨海市東南。

[9]南海王：封爵名。南海，郡名。隋朝時治南海縣，在今廣東廣州市。

[10]義安王：封爵名。義安，郡名。隋朝時治海陽縣，在今廣東潮州市東。

[11]瑀新安王：底本無，中華本校勘記云：“諸本脱‘瑀，新

安王’四字，據《周書》補。”今從改。新安王，封爵名。新安，郡名。隋朝時治休寧縣，在今安徽休寧縣。

詧之居帝位，以蔡大寶爲股肱，[1]王操爲腹心，魏益德、尹正、薛暉、許孝敬、薛宣爲爪牙，[2]甄玄成、劉盈、岑善方、傅淮、褚珪、蔡大業典衆務，[3]張綰以舊齒處顯位，[4]沈重以儒學蒙厚禮。[5]自餘多所獎拔，咸盡其器能。及巋纂業，親賢並用。將相則華皎、殷亮、劉忠義，宗室則蕭欣、蕭翼，[6]人望則蕭確、謝温、柳洋、王湜、徐岳，[7]外戚則王洋、王誦、殷璉，[8]文章則劉孝勝、范迪、沈君游、君公、柳信言，[9]政事則袁敞、柳莊、蔡延壽、甄詡、皇甫兹。[10]故能保其疆土而和其人焉。今載詧子嶚等及蔡大寶以下尤著者，附于左。其在梁、陳、隋已有傳，及巋諸子未任職者，則不兼録。

[1]詧之居帝位以蔡大寶爲股肱：底本“以”前無“詧之居帝位”五字，中華本校勘記云：“此五字諸本錯置於‘追謚孝惠太子’前，《周書》作‘詧之在藩及居帝位’八字。按‘在藩及’三字或是《北史》所删，今但移正。”今從改。

[2]薛暉：人名。河東（今山西永濟市）人。西梁將領。見《周書》卷四八《蕭詧附薛暉傳》。

[3]劉盈：人名。彭城（今江蘇徐州市）人。西梁官吏。見《周書·蕭詧附劉盈傳》。　傅淮：源氏校勘記改“淮”作“准”，中華本校勘記云：“《周書》作‘傅准’，並有傳，疑‘淮’字訛。”傅准，北地（今陝西富平縣）人。西梁官吏。見《周書·蕭詧附周准傳》。

[4]舊齒：老臣、舊臣。　張綰：人名。字孝卿，范陽方城

（今河北固安縣）人。南朝梁官吏、文學家。見《梁書》卷三四《張緬附張綰傳》。

［5］沈重：人名。字子厚，吴興武康（今浙江德清縣）人。南朝梁、西梁、北周學者。見《北史》卷八二《沈重傳》。

［6］蕭欣：人名。蘭陵（一説在今江蘇常州市，一説在今江蘇丹陽市）人。南朝梁宗室。見《周書·蕭詧附蕭欣傳》。

［7］蕭確：人名。字仲正。南朝梁宗室、官吏。見《梁書》卷二九《邵陵王綸附蕭確傳》。　柳洋：人名。河東解（今山西臨猗縣）人。南朝梁官吏。見《周書·蕭詧附柳洋傳》。　王湜：人名。琅邪臨沂（今山東臨沂市）人。見《周書·蕭詧附王湜傳》。　徐岳：人名。東海（今山東郯城縣）人。西梁大臣。見《周書·蕭詧附徐岳傳》。

［8］王洋：人名。其餘不詳。源氏校勘記云："'王洋'《周書》作'王凝'。"

［9］劉孝勝：人名。彭城（今江蘇徐州市）人。南朝梁官吏、詩人。見《梁書》卷四一《劉潛附劉孝勝傳》。　范迪：人名。順陽（今河南淅川縣）人。西梁官吏。見《周書·蕭詧附范迪傳》。　沈君游：人名。吴興（今浙江湖州市）人。西梁官吏。見《周書·蕭詧附沈君游傳》。　君公：即沈君公，人名。沈君游弟。吴興（今浙江湖州市）人。西梁官吏。後奔南朝陳，隋平陳，其被誅。見《周書·蕭詧附沈君公傳》。　柳信言：中華本校勘記云："按本書卷八三《文苑·柳䛒傳》，䛒字顧言，曾仕蕭詧爲侍中，領國子祭酒、吏部尚書，疑即此人。'信'疑當作'顧'，涉'言'字而訛。"可從。

［10］柳莊：人名。字思敬，河東解（今山西臨猗縣）人。西梁、隋朝官吏。見《隋書》卷六六《柳莊傳》。　甄詡：底本"詡"作"翊"，源氏校勘記云："'翊'《周書》作'詡'。"中華本校勘記云："諸本'詡'作'翊'，《周書》作'詡'。按甄詡見下文《甄玄成傳》，今據改。"今從改。

䂮，字道遠，詧之長子也。母曰宣静皇后。詧之爲梁王，立爲世子。尋病卒。及詧稱帝，追謚焉。

巖，字義遠，詧第五子也。性仁厚，善撫接，歷尚書令、太尉、太傅。入陳，授東揚州刺史。[1]及陳亡，百姓推巖爲主。爲總管宇文述所破，[2]伏法於長安。

[1]授東揚州刺史：底本“揚”作“陽”，中華本校勘記云：“諸本‘揚’作‘陽’《周書》作‘揚’。按梁於會稽置東揚州，見《隋書·地理志下》會稽郡。‘東陽州’無此地名，今據改。”今從改。

[2]宇文述：人名。字伯通，代郡武川（今内蒙古武川縣西）人。隋朝大臣。見《北史》卷七九《宇文述傳》。

岌，詧第六子也。性淳和，位至侍中、中衛將軍。巋之五年，卒。贈司空，謚曰孝。

岑，字智遠，詧第八子也。位至太尉。性簡貴，御下嚴整。及琮嗣位，自以望重屬尊，頗有不法。故隋文徵入朝，拜大將軍，封懷義郡公。

瓛，字欽文，巋第三子也。[1]幼有令譽，能屬文。位荆州刺史，頗有能名。崔弘度兵至鄀州，瓛懼，與其叔父巖奔陳。陳主以爲侍中、吴州刺史，[2]甚得物情。三吴父老皆曰：“吾君之子。”陳亡，吴人推之爲主。吴人見梁武、簡文及詧、巋等兄弟中並第三，而踐尊位。瓛自以巋第三子，深自矜負。有謝異者，頗知廢興，梁陳之際，言無不驗，江南人甚敬信之。及陳主被禽，異奔瓛，由是益爲衆所歸。宇文述討之,[3]瓛遣王褒守吴州,[4]自將拒述。述遣兵别道襲褒，褒衣道士服，棄城而遁。瓛敗，將左右數人，逃于太湖,[5]匿于人家。被執，述送長安斬之。

[1]第三子：南監本、毛本、局本“三子”作“二子”，源氏校勘記云：“《周書》作‘三子’,《隋書》同。”

[2]吴州：南朝陳時治廣陵縣，在今江蘇揚州市東北。

[3]宇文述討之：底本“討之”作“之討”，中華本校勘記云：“諸本‘討之’倒作‘之討’，據《隋書》卷七九《蕭巋附子瓛傳》乙。”今從改。

[4]王褒：人名。字子淵，琅邪臨沂（今山東臨沂市）人。梁元帝時任吏部尚書、左僕射。西魏破江陵後，被虜入關。見《周書》卷四一《王褒傳》。源氏校勘記云：“《隋書》作‘王哀’。”

[5]太湖：湖名。在今江蘇和浙江交界處。

璟，仕隋，尚衣奉御;[1]瑒，衛尉卿、秘書監、陶丘侯;[2]瑀，内史侍郎、河池太守。[3]

[1]尚衣奉御：官名。隋煬帝大業三年殿内省尚衣局置爲長官，掌供冕服、几案，二員。正五品。

[2]衛尉卿：官名。北魏時定爲正式官名。隋初罷，文帝開皇十二年復置，正三品。唯掌儀仗帷幕供應、武器庫藏等事，政令則仰承兵部。煬帝時改爲從三品。　秘書監：官名。南北朝時爲秘書省長官，掌圖書經籍之事，領著作省。隋朝時領著作、太史二曹，正三品。　陶丘侯：封爵名。陶丘，地名。在今山東定陶縣西南。

[3]内史侍郎：官名。隋朝時爲内史省次官，四員，正四品。煬帝大業三年減爲二員，十二年改爲内書侍郎。　河池：郡名。隋

朝時治梁泉縣，在今陝西鳳縣東北鳳州鎮。

蔡大寶，字敬位，濟陽考城人。[1]祖履，齊尚書祠部郎。[2]父點，梁尚書儀曹郎、南兗州别駕。[3]

[1]濟陽：郡名。南朝齊時治濟陽縣，在今河南蘭考縣東北。　考城：縣名。治所在今河南蘭考縣。

[2]尚書祠部郎：官名。魏晋南北朝時爲尚書祠部曹長官的通稱，亦稱祠部郎中。多以明儒通禮充任。

[3]尚書儀曹郎：官名。魏晋南北朝時尚書省儀部曹長官的通稱，掌吉凶禮制。　南兗州：南朝梁時治廣陵縣，在今江蘇揚州市東北。　别駕：官名。又稱别駕從事，漢設，魏晋沿用漢制，各州均設别駕。

大寶少孤，而篤學不倦，善屬文。初以明經對策第一，[1]解褐武陵王國左常侍。[2]嘗以書干僕射徐勉。[3]勉大賞異，乃令與其子遊處，所有墳籍，盡以給之。遂博覽群書，學無不綜。

[1]明經：通曉經學。是漢代察舉制度中最重要的特科之一。兩漢舉明經並不定期，也無固定名額。明經和孝廉等科一樣，由郡國或公卿推舉，被舉出後亦須通過射策以確定等第而得官。魏晋南北朝時明經仍爲歲舉的常科。

[2]武陵王：封爵名。即蕭紀。武陵，郡名。南朝梁時治武陵縣，在今湖南常德市。　左常侍：官名。兩晋、南朝及北魏置，爲王、公國屬官。掌侍從左右，贊相禮儀，獻替諫諍，員額依國之大小不等。

[3]徐勉：人名。字脩仁，東海郯（今山東郯城縣）人。南朝梁官吏。見《梁書》卷二五《徐勉傳》。

詧初出第，勉仍薦大寶爲侍讀，[1]兼掌記室。[2]尋除尚書儀曹郎。詧出鎮會稽，大寶詣選曹求諮議，[3]不得，以爲記室。大寶攘臂而出曰："不爲孫秀，[4]非人也。"詧莅襄陽，遷諮議參軍，謀謨皆自大寶出。及梁元與河東王譽結隙，詧令大寶使江陵以觀之。梁元素知大寶，見之甚悦，乃示所制《玄覽賦》，令注解焉。三日而畢。梁元大嗟賞之，贈遺甚厚。大寶還，白詧云："湘東必有異圖，禍亂將作，[5]不可下援臺城。"[6]詧納之。

[1]侍讀：官名。職爲皇帝或太子講解經義，爲加官。

[2]記室：官名。漢朝自三公府至郡縣皆置爲佐吏，具體名稱不一。皆主文書表報。兩晋南北朝以來有記室令史、記室督、記室參軍、中記室參軍等名目，省稱記室。品秩自七品至九品不等。

[3]選曹：官署名。尚書省主管官吏銓選的機構。　諮議：官名。即諮議參軍。西晋末司馬睿鎮東大將軍丞相府始置爲僚屬，掌顧問諫議。東晋、南朝王府、丞相府、公府、位從公府、州軍府皆有置者，無定員，亦不常置，職掌不定。其位甚尊，在列曹參軍上。

[4]孫秀：人名。字俊忠，琅邪（今山東臨沂市）人。西晋官吏。從小吏起家，終爲趙王司馬倫的親信。見《晋書》卷五九《趙王倫傳》。

[5]湘東：指湘東王蕭繹。湘東，郡名。南朝梁時治臨烝縣，在今湖南衡陽市。

[6]臺城：宫城。洪邁《容齋續筆·臺城少城》："晋宋間謂朝

廷禁省爲臺，故稱禁城爲臺城。”

及詧於江陵稱帝，爲侍中、尚書令，參掌選事，進位柱國、軍師將軍，[1]封安豐縣侯。[2]巋嗣位，册授司空、中書監、中權大將軍、領吏部尚書。[3]固讓司空，許之，加特進。巋之三年，卒。及葬，巋三臨其喪。贈司徒，進爵爲公，謚曰文凱，配食詧廟。

[1]軍師將軍：官名。南朝梁時爲武官名號。梁武帝天監七年（508）定爲武職二十四班中的十九班。

[2]安豐縣侯：封爵名。安豐，縣名。治所在今安徽壽縣西南。

[3]中權大將軍：官名。南朝梁置，任命朝中官員任此職，爲武職中的最高階。　吏部尚書：官名。主管官吏選任、銓叙、調動事務，對五品以下官吏任免有建議權。歷朝皆重其選，職位高於尚書省諸曹郎。

大寶性嚴整，有智謀，雅達政事，文辭贍速。詧之章表、書記、教令、詔册，並大寶專掌之。詧推心委任，以爲謀主。時人以詧之有大寶，猶劉先主之有孔明焉。[1]所著文集三十卷，及《尚書義疏》，並行於世。

[1]劉先主：指劉備。見《三國志》卷三二《蜀書·先主傳》。　孔明：即諸葛亮，人名。字孔明，琅邪陽都（今山東沂南縣）人。見《三國志》卷三五《蜀書·諸葛亮傳》。

有四子。次子延壽有器識，博涉經籍，尤善當世之務。尚詧女宣城公主，歷中書郎、尚書右丞、吏部郎、御史中丞。[1]從琮入隋，授開府儀同三司、秘書丞。[2]終於成州刺史。[3]

［1］中書郎：官名。魏晋南北朝時常用作中書侍郎、中書通事郎的省稱。南朝時爲閑職，成爲諸王起家官，如缺監、令，或亦主持中書省務。梁九班，以功高者一人主省事，成爲中書省實際長官。　尚書右丞：官名。東漢始置，爲尚書臺佐貳官，居尚書左丞下。魏晋南朝時爲尚書省佐官，位次尚書，與左丞共掌尚書省庶務，右丞又掌本省庫藏廬舍，凡兵士百工名籍、内外庫藏穀帛、刑獄訴訟、田地、州郡縣長官免贈等文書奏事皆屬之。　吏部郎：官名。尚書省吏部曹長官通稱。三國魏、蜀始置。兩晋南北朝沿置，亦稱吏部郎中，資深者可轉侍郎。屬吏部尚書，主管官吏選任調動事務，對五品以下官吏之任免有建議權。南朝時如加“參掌大選”名義，則可參議高級官吏之任免。歷朝皆重其選，職位高於尚書省諸曹郎。　御史中丞：官名。西漢始置，爲御史大夫副貳。東漢時獨立爲御史臺長官，秩千石。名義上隸少府，專掌監察、執法，領治書侍御史、侍御史，常受命領兵，出督軍旅。與司隸校尉、尚書令並號三獨坐，爲京師顯官，職權甚重。魏晋南北朝沿置。南朝時亦稱南司，其職雖重，世族名士多不樂爲之。梁時爲十一班。

［2］秘書丞：官名。漢獻帝時曹操爲魏公後置，員二人，輔佐秘書令典尚書奏事，職權甚重。在西晋北朝出任者多爲士族高門，在東晋南朝則多爲僑姓高門，當時稱爲天下清官，亦稱爲第一官。北魏時多參領著作事，主修撰國史及起居注，並得參與議定禮儀制度。孝文帝太和十七年定爲四品下，二十三年改爲五品上。隋沿其制。

［3］成州：隋朝初治洛谷城，在今甘肅西和縣洛峪鎮。

大寶弟大業，字敬道。有至行，位散騎常侍、衛尉卿、都官尚書、太常卿。[1]卒，贈金紫光禄大夫，[2]謚曰簡。有五子，[3]允恭最知名，位太子舍人。[4]梁滅入陳，爲尚書庫部郎。[5]陳亡仕隋，起居舍人。[6]

[1]都官尚書：官名。尚書省都官曹長官。十六國大夏始置，南北朝皆置。掌制定律令法制、糾劾違法、水利工程、官吏考課等。南朝梁爲十三班。

[2]金紫光禄大夫：官名。西晋初始設光禄大夫，加賜金章紫綬者爲金紫光禄大夫。禄賜、班位、車服等所賜與特進等同。若作爲加官，衹授予章綬、禄賜、班位，不給車服、吏卒。南北朝沿置。

[3]有五子：底本“五”作“王”，毛本、殿本、四庫本、局本、四部備要本作“三”，源氏校勘記改“王”作“五”，中華本校勘記云：“百衲本、南本‘五’作‘王’，北、汲、殿三本作‘三’，《周書》《通志》作‘五’。按‘王’乃‘五’之訛，今從《周書》《通志》改。”今從改。

[4]太子舍人：官名。秦設，掌東宫宿衛。漢、三國魏因之，秩二百石。晋時掌侍從表啓，宣行太子令旨。歷朝因之，人員、品秩不一。南朝梁時掌文章書記，三班。

[5]尚書庫部郎：官名。魏晋南北朝時尚書省庫部曹長官通稱，亦稱庫部郎中，資深者可轉侍郎。南朝陳時爲四品、六百石。

[6]起居舍人：官名。隋煬帝時始置。爲内史省屬官，負責記録皇帝日常行動與國家大事，以作爲修史的資料。煬帝大業三年定爲從六品。

王操，字子高，其先太原晋陽人，詧母龔氏之外弟也。性敦厚，有籌略。初爲詧外兵參軍，[1]親任亞於蔡大寶。及詧稱帝，歷五兵尚書、郢州刺史，[2]進位柱國，封新康縣侯。[3]巋嗣位，授鎮右將軍、尚書僕射。[4]及吴明徹爲寇，巋出頓紀南，操撫循將士，莫不用命。明徹既退，江陵獲全，操之力也。遷侍中、中衛將軍、尚書令、開府儀同三司，領荆州刺史。操既位居朝右，每自挹損，深得當時之譽。卒，巋舉哀於朝堂，流涕曰："天不使吾平蕩江表，何奪吾賢相之速也!"及葬，親祖於瓦官門。[5]贈司空，進爵爲公，謚曰康節。

有七子，次子衡最知名。有才學，位中書、黄門侍郎。

[1]外兵參軍：官名。西晋末年司馬睿始置。兩晋南北朝諸公、軍府僚屬，掌本府外兵曹事務，兼備參謀咨詢。其品秩隨府主地位高低不等。

[2]五兵尚書：官名。三國魏始置，主管全國軍事，掌中兵、外兵、騎兵、别兵、都兵五曹。南朝沿置。　郢州：西梁時治郢城，在今湖北武漢市。

[3]新康縣侯：封爵名。遥封。新康，縣名。治所在今湖南新寧縣西。

[4]鎮右將軍：官名。將軍名號。南朝梁置，爲八鎮將軍之一。武帝天監七年定爲武職二十四班中的二十二班，衹授予在京師任職之官。普通六年（525）改爲武職三十四班中的三十二班。

[5]瓦官門：即集慶門。在今江蘇南京市秦淮區。因其地近瓦官寺而得名。

魏益德，襄陽人也。有材幹，膽勇過人。詧稱帝，進位柱國，封上黄縣侯。[1]卒，贈司空，謚曰忠壯，進爵爲公。巋之五年，以益德配食詧廟。

[1]上黄縣侯：封爵名。按：據《北周地理志》，西梁有上黄郡，無上黄縣。王仲犖認爲，不一定錯，可能是遥封。上黄，縣名。治所在今湖北南漳縣東南。

尹正，其先天水人。[1]詧莅雍州，正爲其府中兵參軍。[2]禽張纘，獲杜岸，皆正之力。詧稱帝，除護軍將軍，位柱國，封新野縣侯。[3]卒，贈開府儀同三司，謚曰剛。巋之五年，以正配食詧廟。

子德毅，多權略，位大將軍。後以見疑賜死。

[1]天水：郡名。西晋時治上邽縣，在今甘肅天水市。

[2]中兵參軍：官名。亦稱中軍參軍事。兩晋南北朝時諸公、軍府僚屬之一。掌本府中兵曹事務，兼備參謀咨詢。其品位隨府主地位高低不等。

[3]新野縣侯：封爵名。遥封。新野，縣名。治所在今河南新野縣。

甄玄成，字敬平，中山人。[1]博達經史，善屬文。少爲簡文所知。以録事參軍隨詧鎮襄陽，[2]轉中記室參軍，[3]頗參政事。以江陵甲兵殷盛，遂懷貳心，密書與元帝，具申誠欵。或有得其書，送於詧。詧深信佛法，常願不殺誦《法華經》人。玄成素誦《法華經》，遂以此獲免。詧後見之，常曰："甄公好得《法華經》力。"後位吏部尚書，有文集二十卷。

[1]中山：郡名。西晋時治盧奴縣，在今河北定州市。

[2]録事參軍：官名。西晋丞相府始置，爲録事曹長官，掌總録衆曹文簿，舉彈善惡，位在列曹參軍上。東晋、南朝公府、將軍府、州刺史開軍府者皆置。南朝梁時爲六至二班。

[3]中記室參軍：官名。南北朝時公府、藩王府僚佐，掌文書表奏，預參謀議。品秩自七品至九品不等。

子詡，少沈敏，閑習政事。歷中書舍人、尚書右丞。從琮入隋，授開府儀同三司，終於太府少卿。[1]

[1]太府少卿：官名。北魏始置，隋朝沿置。爲太府寺副職，員二人，佐太府卿掌倉儲出納、兩京諸市、通判各署事務。初爲正四品上，煬帝時定爲從四品。

岑善方，字思義，南陽棘陽人。[1]祖惠甫，給事中。父昶，散騎侍郎。[2]善方有器局，博綜經史。以刑獄參軍隨詧至襄陽。[3]詧初請内附，以善方兼記室充使，往來凡數十反。魏恭帝二年，封長寧縣公。[4]及詧稱帝，位散騎侍郎、起部尚書。[5]善方性清慎，有當世幹能，故詧委以機密。卒，贈太常卿，謚曰敬。所著文集十卷。

[1]南陽：郡名。北魏時治宛縣，在今河南南陽市。　棘陽：縣名。治所在今河南新野縣。

[2]散騎侍郎：源氏校勘記云："'侍郎'《周書》作'常侍'。"

[3]刑獄參軍：官名。刑獄賊曹長官，掌盗賊刑獄。南朝梁時四班至流外七班。

[4]長寧縣公：封爵名。長寧，縣名。治所在今湖北荆門市

西北。

[5]起部尚書：官名。南北朝有營建工程時設置，掌營建宗廟宫室、修作軍國器械，常以他官兼領，事畢即省。

有七子，並有操行。之元、之利、之象最知名。之元太子舍人，早卒。之利仕隋，位零陵郡丞。[1]之象仕隋，尚書虞部員外侍郎，[2]邵陵、上宜、渭南、邯鄲四縣令。[3]

[1]零陵：郡名。隋朝時治零陵縣，在今湖南永州市。　郡丞：官名。秦始置，爲郡守（太守）副貳，佐郡守掌衆事，邊郡别有長史，掌兵馬。歷代沿置。

[2]尚書虞部員外侍郎：官名。隋文帝開皇六年始置，掌山川水澤之利，煬帝大業三年改置承務郎。

[3]邵陵：縣名。治所在今河南郾城縣東。　上宜：縣名。治所在今陝西乾縣西北。　渭南：縣名。治所在今陝西渭南市東南。　邯鄲：縣名。治所在今河北永年縣臨洺關。

宗如周，南陽人。有才學，以府僚隨詧，後至度支尚書。[1]如周面狹長，詧以《法華經》云"聞經隨喜，而不狹長"，嘗戲之曰："卿何爲謗經？"如周踧踖，自陳不謗。詧又謂之如初。如周懼，出告蔡大寶。大寶知其旨，笑謂之曰："君當不謗餘經，正應不信《法華》耳。"如周乃悟。又嘗有人訴事於如周，謂"爲經作如州官也"，乃曰："某有屈滯，故來訴如州官。"如周曰："爾何小人，敢呼我名！"其人慚謝曰："秖言如周官作如州，不知如州官名如周，早知如州官名如周，則不敢喚如周官作如州。”[2]如周乃笑曰：“令卿自責，見侮反深。”衆咸服其寬雅。

[1]度支尚書：官名。魏晋南北朝時爲尚書省度支曹長官，統管度支、户部、金部、倉部四曹。掌軍國財賦的收支會計及漕運、物價、屯田之政令。南朝梁時十三班。

[2]祇言如周官作如州不知如州官名如周早知如州官名如周則不敢喚如周官作如州：中華本校勘記云：“按文義，第一句及第四句的‘如周’，皆當作‘如州’。”可從。

袁敞，陳郡人。[1]祖昂，司空。父士俊，安成内史。[2]敞少有識量，博涉文史。以吏部郎使詣周。時主者以敞班在陳使之後，敞固不從命，曰：“昔陳之祖父，乃梁諸侯下吏，盗有江東。今周朝宗萬國，招攜以禮。[3]若使梁之行人在陳之後，便恐彝倫失序。豈使臣之所望焉。”主者不能屈，遂以狀奏。周武帝善之，乃詔敞與陳使異日而進。使還，以稱旨，遷侍中。轉左户尚書。[4]從琮入隋，授開府儀同三司。終於譙州刺史。[5]

[1]陳郡：袁氏郡望之地，北魏時治陳縣，在今河南淮陽縣。

[2]安成内史：即安成王府内史。安成王，封爵名。安成，郡名。即安城。南朝梁時治平都縣，在今江西安福縣。此指蕭秀。内史，官名。漢至南北朝時爲王國掌民政之官。

[3]招攜以禮：底本“禮”作“利”，中華本校勘記云：“諸本‘禮’誤作‘利’，據《周書》《通志》改。”今從改。

[4]轉左户尚書：中華本校勘記云：“《周書》‘户’作‘民’，《北史》避唐諱改。”可從。左民尚書，三國魏時改民曹尚書置，

爲五曹尚書之一。兩晋、南朝皆置，爲尚書省左民曹長官。南朝梁時十三班。

［5］譙州：隋朝時治渦陽縣，在今安徽蒙城縣。

論曰：自金行運否，中原喪亂，元氏唯天所命，方一函夏。鐵弗、徒何之輩，雖非行録所歸，觀其遞爲割據，亦一時之傑。然而卒至夷滅，可謂魏之驅除。

梁主任術好謀，愛賢養士，蓋有英雄之志，霸王之略焉。及淮海版蕩，骨肉猜貳，擁衆自固，稱藩内款，終能據有全楚，中興頽運。雖土宇殊於舊邦，而位號同於曩日。貽厥自遠，享國雖短，不可謂賢哉！嗣子纂業，增修遺構，賞罰得衷，舉厝有方。密邇寇讎，則威略具舉；朝宗上國，則聲猷遠振。豈非繼世之令主乎？琮大去其邦，因而不反，遂爲外戚。不事自持，蓋亦守滿之道也。

北史　卷九四

列傳第八十二

高麗　百濟　新羅　勿吉　奚　契丹　室韋　豆莫婁　地豆干　烏洛侯　流求　倭

蓋天地之所覆載至大，日月之所照臨至廣。萬物之内，生靈寡而禽獸多；兩儀之間，[1]中土局而殊俗曠。[2]人寓形天地，禀氣陰陽，愚智本於自然，剛柔繫於水土。故霜露所會，風氣所通，九川爲紀，[3]五岳作鎮，[4]此之謂諸夏。生其地者，則仁義所出；昧谷、嵎夷，孤竹、北户，[5]限以丹徼紫塞，隔以滄海交河，[6]此之謂荒裔，感其氣者，則凶德行禀。[7]若夫九夷、八狄，種落繁熾，七戎、六蠻，充牣邊鄙，[8]雖風土殊俗，嗜慾不同，至於貪而無厭，狠而好亂，强則旅拒，弱則稽服，其揆一也。

[1]兩儀：指天地。

[2]中土：古代指中原地區。

[3]九川：弱、黑、河、瀁、江、沇、淮、渭、洛等九條河流

的合稱。

［4］五岳：古代中國五大名山的總稱。即東岳泰山（在今山東泰安市北）、南岳衡山（在今湖南衡山縣西北）、西岳華山（在今陝西華陰市南）、北岳恒山（在今河北曲陽縣）、中岳嵩山（在今河南登封市北）。

［5］昧谷嵎夷孤竹北户：四荒之地。昧谷，傳説中的西方日落之處。《尚書·堯典》："分命和仲，宅西，曰昧谷。"孔安國傳曰："昧，冥也。日入於谷而天下冥，故曰昧谷。"嵎夷，古代指山東東部濱海地區。《尚書·堯典》："分命羲仲，宅嵎夷，曰暘谷。"孔安國傳云："東表之地稱嵎夷。"孤竹，國名。在今遼寧遷安市一帶。見《史記》卷六一《伯夷列傳》。北户，《爾雅注疏》卷七《釋地》："觚竹、北户、西王母、日下，謂之四荒。"邢昺疏曰："'觚竹'者，《漢書·地理志》遼西令支有'孤竹城'，是乎？'北户'者，即日南郡是也。顔師古曰：'言其在日之南，所謂北户以向日者。'"

［6］丹徼紫塞滄海交河：指四方的邊界。丹徼，南方邊疆。崔豹《古今注·都邑》："南方徼色赤，故稱丹徼，爲南方之極也。"紫塞，北方的長城，泛指北方邊疆地區。滄海，古代對東海的别稱。《初學記》卷六："東海之别有渤澥，故東海共稱渤海，又通謂之滄海。"交河，地名。西域車師國的都城，在今新疆吐魯番市西有交河故址。

［7］感其氣者則凶德行稟：中華本校勘記云："張森楷云：'"行"疑當作"所"。'按此與'生其地者，則仁義所出'爲對文，張説是。"可從。

［8］九夷：指生活在東方的少數民族。《風俗通》云："東方仁，好生，萬物牴觸地而出。夷者，牴也。"《爾雅疏》卷七："依《東夷傳》夷有九種，'曰畎夷、于夷、方夷、黄夷、白夷、赤夷、玄夷、風夷、陽夷'，又'一曰玄菟，二曰樂浪，三曰高驪，四曰滿飾，五曰鳧臾，六曰索家，七曰東屠，八曰倭人，九曰天鄙'。"

八狄：指生活在北方的少數民族。《風俗通》云："父子嫂叔，同穴無别。狄者，辟也，其行邪辟。"《爾雅》李巡注提到五種"一曰月支，二曰穢貊，三曰匈奴，四曰單于，五曰白屋"。　七戎：指生活在西方的少數民族。《風俗通》云："斬伐殺生，不得其中。戎者，兇也。"《爾雅》李巡注提到六種，"一曰僥夷，二曰戎央，三曰老白，四曰耆羌，五曰鼻息，六曰天剛"。　六蠻：是指生活在南方的少數民族。《風俗通》云："君臣同川而浴，極爲簡慢。蠻者，慢也。"《爾雅》李巡注提到八種，"一曰天竺，二曰咳首，三曰僬僥，四曰跛踵，五曰穿胸，六曰儋耳，七曰狗軹，八曰旁春。"雖然具體的種類説明有異同，其實説的都是海内少數民族而已。

秦皇鞭笞天下，黷武於遐方；[1]漢武士馬强盛，肆志於遠略。[2]匈奴已却，其國乃虚；天馬既來，其人亦困。[3]是知雁海、龍堆，天所以絶夷夏也；[4]炎方朔漠，地所以限内外也。况乎時非秦、漢，志甚嬴、劉，[5]逆天道以求其功，殫人力而從所欲，顛墜之釁，固不旋踵。是以先王設教，内諸夏而外夷狄；[6]往哲垂範，美樹德而鄙廣地。雖禹迹之東漸西被，不過海及流沙；[7]《王制》之自北徂南，裁猶穴居交趾。[8]豈非道貫三古，義高百代者乎！

[1]秦皇鞭笞天下黷武於遐方：秦始皇在位期間，窮兵黷武，不斷對四方進行征伐。見《史記》卷六《秦始皇本紀》。

[2]漢武士馬强盛肆志於遠略：漢武帝劉徹在文景之治的基礎上，不斷進行軍事戰争，拓展四方疆域。見《史記》卷一二《孝武本紀》。

[3]天馬：源氏校勘記云："《周書》'天'作'犬'。"按：據

《史記》記載，漢武帝爲了得到天馬而派大軍三次征大宛，作“天馬”是。天馬，即西域大宛的汗血寶馬。

[4]是知雁海龍堆天所以絶夷夏也：底本“絶”作“紀”，源氏校勘記云：“《魏書》‘紀’作‘絶’。”中華本校勘記云：“諸本‘絶’訛作‘紀’，據《周書》卷四九《異域志》序改。”今從改。雁海，雁門之外的瀚海，指塞北遠方。龍堆，白龍堆的略稱。古西域沙丘名。在今羅布泊東北的白龍堆沙漠。

[5]嬴劉：秦漢建立者的姓氏。

[6]先王設教内諸夏而外夷狄：語本《公羊傳》：“《春秋》，内其國而外諸夏，内諸夏而外夷狄。”

[7]禹跡之東漸西被不過海及流沙：語本《尚書·禹貢》：“東漸于海，西被于流沙，朔南暨，聲教訖于四海。”

[8]王制之自北徂南裁猶穴居交趾：《禮記·王制》記載了從北到南少數民族的生活情況。《禮記·王制》：“東方曰夷，被髮文身，有不火食者矣。南方曰蠻，雕題交趾，有不火食者矣。西方曰戎，被髮衣皮，有不粒食者矣。北方曰狄，衣羽毛穴居，有不粒食者矣。”猶，源氏校勘記云：“‘猶’《周書》作‘稱’。”中華本《周書·異域志》作“稱”。

自魏至隋，市朝屢革，其四夷朝享，亦各因時。今各編次，備《四夷傳》云。

高句麗，其先出夫餘。[1]王嘗得河伯女，[2]因閉於室内，爲日所照，引身避之，日影又逐，既而有孕，生一卵，大如五升。夫餘王棄之與犬，犬不食；與豕，豕不食；棄於路，牛馬避之；棄於野，衆鳥以毛茹之。王剖之不能破，遂還其母。母以物裹置暖處，有一男破而出。及長，字之曰朱蒙。其俗言朱蒙者，善射也。夫餘人以朱蒙非人所生，請除之。王不聽，命之養馬。朱蒙私試知有善惡，駿者減食令瘦，駑者善養令肥。夫餘王以肥者自乘，以瘦者給朱蒙。後狩于田，以朱蒙善射，給之一矢。朱蒙雖一矢，殪獸甚多。夫餘之臣，又謀殺之，其母以告朱蒙。朱蒙乃與焉違等二人東南走，[3]中道遇一大水，欲濟無梁。夫餘人追之甚急，朱蒙告水曰："我是日子，河伯外孫，今追兵垂及，如何得濟?"於是魚鱉爲之成橋，朱蒙得度。魚鱉乃解，追騎不度。朱蒙遂至普述水，[4]遇見三人，一著麻衣，一著衲衣，一著水藻衣，與朱蒙至紇升骨城，[5]遂居焉。號曰高句麗，因以高爲氏。其在夫餘妻懷孕，朱蒙逃後，生子始閭諧。及長，知朱蒙爲國王，即與母亡歸之。名曰閭達，委之國事。

[1]夫餘：族名。古代生活在松花江流域的民族。也作"扶餘"。

[2]河伯：即江河神、水神，傳説他名馮夷，又稱無夷、冰夷。

[3]朱蒙乃與焉違等二人東南走：源氏校勘記云："'焉違'《魏書》作'烏引烏違'。按《東國通鑑》作'烏伊、摩離、陜父三人'。中華本校勘記云："《魏書》卷一〇〇《高句麗傳》'焉違'作'烏引烏違'。"可從。

[4]普述水：一説爲沸流水，即今鴨緑江支流佟佳江。

[5]紇升骨城：故址在今遼寧桓仁滿族自治縣東北五女山地區。四部備要本"骨"作"滑"。

朱蒙死，子如栗立。[1]如栗死，子莫來立，乃并夫餘。

[1]朱蒙死子如栗立：中華本校勘記云："《魏書》作'朱蒙死，閭達代立，閭達死，子如栗立'。此脱七字。"可從。

漢武帝元封四年，[1]滅朝鮮，[2]置玄菟郡，[3]以高句麗爲縣以屬之。[4]漢時賜衣幘、朝服、鼓吹，[5]從玄菟郡受之。後稍驕，不復詣郡，但於東界築小城受之，遂名此城爲"幘溝漊"。[6]"溝漊"者，句麗城名也。王莽初，[7]發高句麗兵以伐胡，而不欲行，莽强迫遣之，皆出塞爲寇盜。州郡歸咎於句麗侯騶。[8]嚴尤誘而斬之。[9]莽大悦，更名高句麗、高句麗侯。光武建武八年，高句麗遣使朝貢。[10]

[1]元封：漢武帝的年號（前110—前105）。

[2]朝鮮：國名。即衛氏朝鮮，國都在今朝鮮平壤市西南。

[3]玄菟郡：西漢時治沃沮縣，在今朝鮮咸鏡南道咸興府（參趙紅梅《玄菟郡研究》，博士學位論文，東北師範大學，2006年）。

[4]高句麗：縣名。治所在今遼寧新賓滿族自治縣西興京老城附近。

[5]漢時賜衣幘朝服鼓吹：底本"時"作"昭"，源氏校勘記云："'昭'《梁書》作'時'。"中華本校勘記云："諸本'時'作'昭'，《三國志》卷三〇《東夷傳》、《梁書》卷五四《諸夷傳》作'時'。按下文云'常從玄菟郡受之'，知是指漢時，非指漢昭帝。此段本之《梁書》，《梁書》又本之《三國志》，今據改。"今從改。鼓吹，演奏鼓吹樂的樂隊。本用於軍中，後賜予有功大臣，遂成爲皇帝賜予臣下的一種禮遇。

[6]幘溝漊：源氏校勘記云："'漊'《梁書》作'婁'。"

［7］王莽：人名。字巨君，魏郡元城（今河北大名縣東）人。西漢外戚，新朝的建立者。見《漢書》卷九九《王莽傳》。

［8］句麗侯騶：有學者認爲即朱蒙（參劉矩、季天水《“高麗侯騶”考辨》，《社會科學戰綫》2007 年第 4 期）。

［9］嚴尤：人名。字伯石，王莽時期的將領。本姓莊，避漢明帝劉莊諱改。

［10］莽大悦更名高句麗高句麗侯光武建武八年高句麗遣使朝貢：底本“朝貢”後有“朝貢”二字，源氏改第二個“高句麗”爲“下句麗”，並在“朝貢”後補“始稱王”，中華本校勘記云：“諸本誤疊‘朝貢’二字，今删。《三國志》作‘莽大悦，布告天下，更名高句麗爲“下句麗”。當此時爲侯國。漢光武帝八年，高句麗王遣使朝貢，始見稱王’。《梁書》略同《三國志》。《北史》訛脱不可解。”今删一“朝貢”，其餘可從。光武，即漢朝皇帝劉秀。光武爲其謚號。建武，漢光武帝的年號（25—56）。

至殤、安之間，[1]莫來裔孫宫，數寇遼東。[2]玄菟太守蔡風討之，[3]不能禁。

［1］殤：即漢朝皇帝劉隆。殤爲其謚號。　安：即漢朝皇帝劉祜。安爲其謚號。

［2］遼東：郡名。東漢時治襄平縣，在今遼寧遼陽市。

［3］玄菟：郡名。東漢時治侯城，在今遼寧瀋陽市東。　蔡風：人名。或作“蔡諷”，東漢官吏。歷任玄菟太守、遼東太守。後戰死。

宫死，子伯固立。順、和之間，[1]復數犯遼東，寇抄。靈帝建寧二年，[2]玄菟太守耿臨討之，[3]斬首虜數百級，伯固乃降，屬遼東。公孫度之雄海東也，[4]伯固與之通好。

［1］順：即漢朝皇帝劉保。順爲其謚號。　和：即漢朝皇帝劉肇。和爲其謚號。

［2］靈帝：即漢朝皇帝劉宏。靈爲其謚號。　建寧：漢靈帝的年號（168—172）。

［3］耿臨：人名。東漢官吏。曾幾次率軍攻打高句麗。

［4］公孫度：人名。字升濟，遼東襄平（今遼寧遼陽市）人。東漢官吏。見《三國志》卷八《魏書·公孫度傳》。　海東：泛指渤海以東地區。

伯固死，子伊夷摸立。伊夷摸自伯固時已數寇遼東，又受亡胡五百餘户。建安中，[1]公孫康出軍擊之，[2]破其國，焚燒邑落，降胡亦叛。伊夷摸更作新國。其後伊夷摸復擊玄菟。玄菟與遼東合擊，大破之。

［1］建安：漢獻帝的年號（196—220）。

［2］公孫康：人名。遼東襄平（今遼寧遼陽市）人。東漢官吏。見《三國志》卷八《魏書·公孫度附公孫康傳》。

伊夷摸死，子位宫立。始位宫曾祖宫，生而目開能視，國人惡之，及長凶虐，國以殘破。及位宫亦生而視人，高麗呼相似爲“位”，以爲似其曾祖宫，故名位宫。位宫亦有勇力，便鞍馬，善射獵。魏景初二年，[1]遣太傅、司馬宣王率衆討公孫文懿，[2]位宫遣主簿、大加將數千人助軍。[3]正始三年，[4]位宫寇遼西安平。[5]五年，幽州刺史毌丘儉將萬人出玄菟，[6]討位宫，大戰於沸流。[7]敗走，儉追至赬峴，[8]懸車束馬登丸都山，[9]屠其所都。位宮單將妻息遠竄。六年，儉復討之，位宮輕將諸加奔沃沮。[10]儉使將軍王頎追之，[11]絶沃沮千餘里，到肅慎南，[12]刻石紀功。又刊丸都山、銘不耐城而還。[13]其後，復通中夏。

[1]景初：三國魏明帝的年號（237—239）。

[2]太傅：官名。西周置。爲輔政大臣，三國魏以後多爲元老重臣加官。歷朝因之。　司馬宣王：即司馬懿，河内温（今河南温縣）人。三國魏政治家、軍事家，西晋王朝的奠基人，被晋武帝追謚爲宣帝。見《晋書》卷一《宣帝傳》。　公孫文懿：人名。即公孫淵。字文懿，遼東襄平（今遼寧遼陽市）人。三國時期成立燕國政權。因爲叛魏而被司馬懿討伐。見《三國志》卷八《魏書·公孫度附公孫淵傳》。中華本校勘記云："《三國志》《梁書》作'公孫淵'，《北史》避唐諱稱字。"是。

[3]主簿：官名。漢朝中央及州郡官府均置，典領文書簿籍，經辦事務。歷代沿置。品秩隨府長官地位高下而不等。　大加：官名。即古鄒大加的省稱，高句麗國置，職掌接待賓客。　將數千人助軍：源氏校勘記云："'數'《梁書》作'兵'。"

[4]正始：三國魏齊王的年號（240—249）。

[5]遼西安平：源氏校勘記云："（《魏書》）無'遼'字。按魏志，似是。"中華本校勘記云："《三國志》及《通典》卷一八六、《通志》卷一九四《高句麗傳》都無'遼'字。按《後漢書·郡國志》《晋書·地理志》，遼東郡有西安平，遼西郡無'安平'。'遼'字誤衍。"可從。西安平，縣名。治所在今遼寧丹東市九連城靉河尖古城。

[6]幽州：三國魏時治薊縣，在今北京西南。　毌丘儉：人名。字仲恭，河東聞喜（今山西聞喜縣）人。三國魏將領。見《三國

志》卷二八《毋丘儉傳》。

[7]沸流：今遼寧、吉林兩省的渾江。據榮禧《鴨緑江賦》“北近沸流”下注：“《高句麗碑》‘沸流谷’，即今滴水砬子是也。在寬甸青山溝界，爲北股河入渾江之口。其水懸流萬丈，漱石激澗，聲聞數里，其鳴如沸。”

[8]梘峴：地名。在今吉林集安市。

[9]丸都山：在今吉林集安市西北。

[10]沃沮：縣名。治所在今朝鮮咸鏡道咸興府。

[11]王頎：人名。字孔碩，東萊（今山東萊州市）人。三國魏玄菟太守，同毋丘儉一同討伐高句麗。

[12]肅慎：族名。生活在黑龍江、松花江流域的古老部族的名稱。

[13]不耐城：在今朝鮮咸鏡道咸興府北。

晉永嘉之亂，[1]鮮卑慕容廆據昌黎大棘城。[2]元帝授平州刺史。[3]位宫玄孫乙弗利頻寇遼東，廆不能制。

[1]永嘉之亂：晉懷帝永嘉五年（311），匈奴攻陷洛陽、擄走晉懷帝。永嘉，晉懷帝的年號（307—313）。

[2]慕容廆：人名。字弈洛瓌，昌黎棘城（今遼寧北票市章吉營子鄉三官營子村）人，鮮卑族。爲前燕的建立奠定基礎。見《晉書》卷一〇八《慕容廆傳》。　昌黎：郡名。西晉時治昌黎縣，在今遼寧義縣。　大棘城：即棘城。在今遼寧北票市章吉營子鄉三官營子村。

[3]元帝授平州刺史：底本“元帝”作“元年”、“平州”作“北平州”。中華本校勘記云：“諸本‘帝’作‘年’，‘平州’上有‘北’字。《梁書·諸夷傳》作‘帝’，無‘北’字。按《晉書》卷一〇八《慕容廆載記》，廆逐平州刺史崔毖，晉元帝因以平州刺

史授之。此‘年’字訛，‘北’字衍，今據改删。”今從改。元帝，即晋朝皇帝司馬睿。元爲其謚號。平州，西晋時治昌黎縣，在今遼寧義縣。

弗利死，子釗代立。[1]魏建國四年，[2]慕容廆子晃伐之，入自南陜，[3]戰於木底，[4]大破釗軍，追至丸都。釗單馬奔竄，晃掘釗父墓，掠其母妻、珍寶、男女五萬餘口，焚其室，毁丸都城而還。釗後爲百濟所殺。[5]

[1]釗：源氏校勘記云：“‘釗’《梁書》作‘劉’，似非。”

[2]建國：北魏代王拓跋什翼犍的年號（338—376）。

[3]南陜：城名。在今吉林四平市西南。

[4]木底：地名。在今吉林遼源市南。

[5]百濟：國名。古代朝鮮半島西南部的國家。

及晋孝武太元十年，[1]句麗攻遼東、玄菟郡。後燕慕容垂遣其弟農伐句麗，[2]復二郡。垂子寶以句麗王安爲平州牧，[3]封遼東、帶方二國王，始置長史、司馬、參軍官。[4]後略有遼東郡。

[1]孝武：即晋朝皇帝司馬曜。孝武爲其謚號。　太元：晋孝武帝的年號（376—396）。

[2]慕容垂：人名。字道明，昌黎棘城（今遼寧北票市章吉營子鄉三官營子村）人，鮮卑族。十六國後燕君主。見《北史》卷九三《慕容垂傳》。　弟：中華本校勘記云：“按《晋書》卷一二三《慕容垂載記》，農是垂之中子。此作‘弟’，是承《梁書》之誤。”可從。　農：即慕容農，人名。昌黎棘城（今遼寧北票市章吉營子

鄉三官營子村）人，鮮卑族。十六國後燕宗室。見《北史·慕容垂傳》。

[3]寶：即慕容寶，人名。字道裕，昌黎棘城（今遼寧北票市章吉營子鄉三官營子村）人，鮮卑族。十六國後燕君主。見《北史·慕容垂附慕容寶傳》。

[4]長史：官名。秦設，掌參政務，主管屬吏。西漢因之，丞相府、諸公府、軍府皆設。爲府中掾屬之長。漢起，諸王國、郡府、屬國等亦設。歷朝因之，官秩不一。　司馬：官名。王國、王府屬官。兩晋南北朝置於王國者，隸中衛；其王帶將軍號者，軍府亦置，爲高級幕僚。品秩隨王地位而定。　參軍：官名。亦作“參軍事”。東漢末年車騎將軍府置爲僚屬，掌參謀軍務。東晋公府等所設僚屬諸曹置，爲諸曹長官，其人數依曹而異，不開府將軍出征時亦置。南北朝王、公、將軍府、都水臺以及諸州多置爲僚屬，品級自六品至九品不等，皆由朝廷除授。晋末始有府主板除參軍。

太武時，釗曾孫璉始遣使者詣安東，[1]奉表貢方物，并請國諱。太武嘉其誠款，詔下帝系名諱於其國。使員外散騎侍郎李敖拜璉爲都督遼海諸軍事、征東將軍，[2]領東夷中郎將、遼東郡公、高句麗王。[3]敖至其所，居平壤城，[4]訪其方事，云：去遼東南一千餘里，東至栅城，[5]南至小海，[6]北至舊夫餘，人户參倍於前魏時。後貢使相尋，歲致黄金二百斤、白銀四百斤。時馮弘率衆奔之，[7]太武遣散騎常侍封撥詔璉，[8]令送弘。璉上書稱當與弘俱奉王化，竟不遣。太武怒，將往討之。樂平王丕等議待後舉，[9]太武乃止。而弘亦尋爲璉所殺。

[1]太武時釗曾孫璉始遣使者詣安東：《魏書》卷一〇〇《高

句麗傳》:“世祖時，釗曾孫璉始遣使者安東奉表貢方物。”按：安東，《魏書》作人名，《北史》作地名，未知孰是。太武，即北魏皇帝拓跋燾。太武爲其謚號。

[2]員外散騎侍郎：官名。初爲正員之外添差之散騎侍郎，無員數，後成定員官。晋武帝始置，南北朝沿置，屬散騎省（東省、集書省），初多以公族、功臣子充任，爲閑散之職，常用以安置閑退官員、衰老人士。北魏初沿例授予南朝北奔之士，班比吏部郎，員六人。孝文帝太和十七年（493）定爲從四品下，二十三年改爲七品上。　都督遼海諸軍事：官名。出征時作爲遼海地區的軍事長官，總管所部遼海的軍事事務。　征東將軍：官名。漢獻帝初平三年（192）置。曹操執政後，列爲四征將軍之一，多爲持節都督，出鎮方面，地位顯要。魏晋南北朝沿置。北魏孝文帝太和十七年定爲從一品中。

[3]東夷中郎將：《魏書·高句麗傳》作“護東夷中郎將”。護東夷中郎將，官名。負責高句麗行政、軍事事務。北魏孝文帝時爲從三品。　遼東郡公：封爵名。遼東，郡名。北魏時治襄平縣，在今遼寧遼陽市。

[4]平壤城：在今吉林吉安市（參熊義民《高句麗長壽王遷都之平壤非今平壤辨》,《中國史研究》2002年第4期）。

[5]東至栅城：底本無“東”字，中華本“至”上有“東”字，源氏校勘記云:“‘至’上《魏書》有‘東’字。”中華本校勘記云:“諸本無‘東’字，《魏書》有。按下云‘南至’‘北至’，是言高麗國境四至，當有‘東’字，今據補。”今從補。栅城，在今朝鮮咸鏡道咸興府。

[6]小海：海名。即今俄羅斯境内的貝加爾湖。

[7]馮弘：人名。字文通，長樂信都（今河北冀州市）人。十六國時北燕君主。見《北史》卷九三《馮跋附馮弘傳》。

[8]散騎常侍：官名。三國魏文帝黄初置散騎，合於中常侍，謂之散騎常侍。西晋沿置，爲門下重職，散騎省長官。至東晋，參

掌機密，選望甚重。南朝時屬集書省，職掌侍從左右，主掌圖書文翰、文章、撰述、諫諍拾遺，收納轉呈文書奏事，地位驟降。北朝時兼領修史，實際地位略高於南朝，仍爲閑散之職。北魏初一度掌出令，位在中書令之上。北魏孝文帝太和十七年定爲二品下，二十三年改爲從三品。

[9]樂平王：封爵名。樂平，郡名。北魏時治樂平縣，在今山西昔陽縣。　丕：即拓跋丕，人名。北魏宗室。因參與大臣劉潔謀廢立之事，憂心而死。見《北史》卷一六《樂平王丕傳》。

後文明太后以獻文六宮未備，[1]敕璉令薦其女。璉奉表云："女已出，[2]求以弟女應旨。"朝廷許焉，乃遣安樂王真、尚書李敷等至境送幣。[3]璉惑其左右之説，云"朝廷昔與馮氏婚姻，未幾而滅其國。殷鑒不遠，[4]宜以方便辭之"。璉遂上書，妄稱女死。朝廷疑其矯拒，又遣假散騎常侍程駿切責之，[5]若女審死，聽更選宗淑。璉云："若天子恕其前愆，謹當奉詔。"會獻文崩，乃止。至孝文時，[6]璉貢獻倍前，其報賜亦稍加焉。時光州於海中得璉遣詣齊使餘奴等，[7]送闕。孝文詔責曰："道成親殺其君，[8]竊號江左，朕方欲興滅國於舊邦，繼絶世於劉氏。而卿越境外鄉，交通篡賊，[9]豈是藩臣守節之義？今不以一過掩舊款，即送還藩。其感恕思愆，祗承明憲，輯寧所部，動静以聞。"

[1]文明太后：即北魏文成帝的皇后馮氏。文明爲其謚號。　獻文：即北魏皇帝拓跋弘。獻文爲其謚號。　六宮：指後宮嬪妃。

[2]女已出：源氏校勘記云："'出'下《魏書》有'嫁'字。"

[3]安樂王真：疑有誤。　李敷：人名。字景文，趙郡平棘

（今河北趙縣）人。北魏官吏。見《北史》卷三三《李順附李敷傳》。

［4］殷鑒不遠：語出《詩·大雅·蕩》。

［5］假：官制用語。即代理。　程駿：人名。字驎駒，廣平曲安（今河北曲周縣東北）人。北魏官吏。見《北史》卷四〇《程駿傳》。

［6］孝文：即北魏皇帝元宏。孝文爲其謚號。

［7］光州：北魏時治掖縣，在今山東萊州市。

［8］道成：即蕭道成。字紹伯，小名鬬將，南蘭陵蘭陵（一説在今江蘇常州市，一説在今江蘇丹陽市）人。南朝齊開國皇帝。見《南齊書》卷一、二《高帝紀》。

［9］越境外鄉交通篡賊：源氏校勘記云："'鄉交通'《魏書》作'交遠通'。爲是。"

太和十五年,[1]璉死，年百餘歲。孝文舉哀於東郊，遣謁者僕射李安上策,[2]贈車騎大將軍、太傅、遼東郡公、高句麗王,[3]謚曰康。又遣大鴻臚拜璉孫雲使持節、都督遼海諸軍事、征東將軍、領護東夷中郎將、遼東郡公、高句麗王。[4]賜衣冠服物車旗之飾。又詔雲遣世子入朝,[5]令及郊丘之禮。雲上書辭疾，遣其從叔升于隨使詣闕。嚴責之。自此，歲常貢獻。正始中,[6]宣武於東堂引見其使芮悉弗,[7]進曰："高麗係誠天極，累葉純誠，地産土毛，無愆王貢。但黄金出夫餘，珂則涉羅所産。[8]今夫餘爲勿吉所逐,[9]涉羅爲百濟所并。國王臣雲惟繼絶之義，悉遷于境内。二品所以不登王府，實兩賊之爲。"宣武曰："高麗世荷上將，專制海外，九夷黠虜，實得征之。昔方貢之愆，責在連率。[10]宜宣朕旨於卿主，務盡威懷之略，使二邑還復舊墟，土毛無失常貢也。”

［1］太和：北魏孝文帝的年號（477—499）。

［2］謁者僕射：官名。南北朝時爲謁者臺長官，掌大拜授及百官朝會班次，或奉命出使，職權較漢輕。北魏孝文帝太和十七年定爲從四品上，二十三年改爲六品上。

［3］車騎大將軍：官名。魏晋制度，驃騎、車騎、衛三將軍皆爲重號將軍，高於諸名號大將軍，本無須加“大”。其後將軍名號越來越濫，遂又增此號，多加元老重臣，以示尊崇。北魏孝文帝太和十七年定爲一品中，二十三年改爲從一品。

［4］大鴻臚：官名。九卿之一。魏晋南北朝時接待賓客、管理少數民族事務之職移歸尚書省主客曹，本官漸成專司朝會禮儀之官。北魏孝文帝太和十七年定爲二品上，二十三年改爲三品。　使持節：漢朝官吏奉命外出時，由皇帝授予節杖，來提高其權威。魏晋之後，凡重要軍事長官出征或者出鎮時，加使持節，可誅殺二千石以下官員。皇帝派遣大臣出巡或祭吊時，亦使持節，以示權力與尊崇。次一等的稱持節，再次一等的稱假節。

［5］世子：帝王和諸侯之子被立爲繼承人者。亦稱太子，一般爲嫡長子。

［6］正始：北魏宣武帝的年號（504—508）。

［7］宣武：即北魏皇帝元恪。宣武爲其謚號。　東堂：東厢房之前堂。

［8］珂：一種白色的玉石。　涉羅：地名。今韓國濟州島。

［9］勿吉：族名。生活在東北的古族。南北朝時稱勿吉，隋唐時稱靺鞨。

［10］連率：太守。

神龜中，[1]雲死，靈太后爲舉哀於東堂。[2]遣使策贈車騎大將軍、領護東夷校尉、遼東郡公、高麗王。又拜其世子安爲鎮東將軍、領護東夷校尉、遼東郡公、高麗王。[3]正光初，[4]光州又於海中執得梁所授安寧東將軍衣冠劍珮，[5]及使人江法盛等，送京師。

[1]神龜：北魏孝明帝的年號（518—520）。

[2]靈太后：即北魏宣武帝皇后胡氏。靈爲其謚號。

[3]鎮東將軍：源氏校勘記云："'鎮'《魏書》《東鑒》並作'安'。"鎮東將軍，官名。東漢末置。三國時與鎮西、鎮南、鎮北將軍合稱四鎮將軍。多授持節都督，出鎮方面。魏晋南北朝沿置。北魏孝文帝太和十七年定爲從一品下，二十三年改爲從二品。

[4]正光：北魏孝明帝的年號（520—525）。

[5]寧東將軍：官名。南朝梁武帝天監七年（508）置，四寧將軍之一，爲施用於境外的武職，二十四班中的二十二班，地位相當於鎮東將軍。

安死，子延立。孝武帝初，[1]詔加延使持節、散騎常侍、車騎大將軍、領護東夷校尉、遼東郡公、高句麗王。[2]天平中，[3]詔加延侍中、驃騎大將軍，[4]餘悉如故。

[1]孝武帝：即北魏皇帝元脩。孝武爲其謚號。

[2]大將軍：底本作"大將車"，殿本、四庫本、四部備要本、中華本作"大將軍"。按：當作"大將軍"。今從改。

[3]天平：東魏孝静帝的年號（534—537）。

[4]侍中：官名。北朝時常總典機密，受遺詔輔政，權任尤重，時號"小宰相"。北魏孝文帝太和十七年定爲從一品中，二十三年

改爲三品。　驃騎大將軍：官名。東漢初臨時設置，統兵征戰，事訖則罷。魏晋制度，驃騎將軍爲重號將軍，僅次於大將軍，本不須加“大”，然兩晋將軍名號愈來愈濫，遂又增此號，居諸名號將軍之首。多加於權臣元老，以示尊崇，開府置僚屬，不領兵。南北朝因之。北魏孝文帝太和十七年定爲一品中，二十三年改爲從一品。底本“驃騎”作“車騎”，源氏校勘記云：“‘車’《魏書》《東鑒》并作‘驃’。”中華本校勘記云：“諸本‘驃’作‘車’，《魏書》作‘驃’。按上文言其已爲車騎大將軍，則加官當爲驃騎，今據改。”今從改。

延死，子成立。訖於武定已來，[1]其貢使無歲不至。大統十二年，[2]遣使至西魏朝貢。及齊受東魏禪之歲，遣使朝貢于齊。齊文宣加成使持節、侍中、驃騎大將軍，[3]領東夷校尉、遼東郡公、高麗王如故。天保三年，[4]文宣至營州，[5]使博陵崔柳使于高麗，[6]求魏末流人，敕柳曰：“若不從者，以便宜從事。”及至，不見許。柳張目叱之，拳擊成墜於床下。成左右雀息不敢動，乃謝服，柳以五千户反命。

[1]訖於武定已來：中華本校勘記云：“《魏書》‘已來’作‘末’一字，是。”可從。武定，東魏孝静帝的年號（543—550）。

[2]大統：西魏文帝的年號（535—551）。

[3]文宣：即北齊皇帝高洋。文宣爲其謚號。

[4]天保：北齊文宣帝的年號（550—559）。

[5]營州：北齊時治和龍城，在今遼寧朝陽市城區。

[6]博陵：郡名。北齊時治安平縣，在今河北安平縣。

成死，子湯立。乾明元年，[1]齊廢帝以湯爲使持節、領東夷校尉、遼東郡公、高麗王。[2]周建德六年，[3]湯遣使至周，武帝以湯爲上開府儀同大將軍、遼東郡公、遼東王。[4]隋文帝受禪，[5]湯遣使詣闕，進授大將軍，[6]改封高麗王。自是，歲遣使朝貢不絕。

[1]乾明：北齊廢帝的年號（560）。

[2]齊廢帝：即北齊皇帝高殷。

[3]建德：北周武帝的年號（572—578）。

[4]武帝：即北周皇帝宇文邕。武爲其謚號。　上開府儀同大將軍：官名。北周武帝建德四年置，位在開府儀同大將軍之上。主要授予有軍功或北齊的降官，無具體職掌，九命。

[5]隋文帝：即隋朝皇帝楊堅。文爲其謚號。

[6]大將軍：官名。魏晋南北朝有諸名號大將軍，作爲加授給大臣、重要州郡長官的戎號。北周時置勳官十一等，大將軍居第四等，正九命。隋初因之，煬帝時廢。

其國，東至新羅，西度遼，二千里；南接百濟，北鄰靺鞨，一千餘里。人皆土著，隨山谷而居，衣布帛及皮。土田薄瘠，蠶農不足以自供，故其人節飲食。其王好修宫室，都平壤城，亦曰長安城，東西六里，[1]隨山屈曲，南臨浿水。[2]城内唯積倉儲器，備寇賊至日方入固守。王別爲宅於其側，不常居之。其外復有國内城及漢城，[3]亦別都也。其國中呼爲三京。復有遼東、玄菟等數十城，皆置官司以統攝。與新羅每相侵奪，戰争不息。

［1］東西六里：底本"東"下無"西"字，源氏校勘記"東"下補"西"字。中華本校勘記云："諸本脱'西'字，據《周書》卷四九、《隋書》卷八一《高麗傳》補。"今從補。

［2］浿水：即今鴨緑江，中國和朝鮮之間的界河。

［3］國内城：在今吉林集安市東。

官有大對盧、太大兄、大兄、小兄、竟侯奢、烏拙、太大使者、大使者、小使者、褥奢、翳屬、仙人，[1]凡十二等，分掌内外事。其大對盧則以强弱相陵奪而自爲之，不由王署置。復有内評、五部褥薩。[2]人皆頭著折風，[3]形如弁，士人加插二鳥羽。貴者，其冠曰蘇骨，多用紫羅爲之，飾以金銀。服大袖衫、大口袴、素皮帶、黄革履。[4]婦人裙襦加襈。[5]書有五經、三史、《三國志》、《晋陽秋》。[6]兵器與中國略同。及春秋校獵，王親臨之。税，布五疋、穀五石；游人則三年一税，十人共細布一疋。租，户一石，次七斗，下五斗。其刑法，叛及謀逆者，縛之柱，爇而斬之，籍没其家；盗則償十倍，若貧不能償者樂及公私債負，皆聽評其子女爲奴婢以償之。[7]用刑既峻，罕有犯者。樂有五絃、琴、箏、篳篥、横吹、簫、鼓之屬，吹蘆以和曲。每年初，聚戲浿水上，王乘腰轝、列羽儀觀之。事畢，王以衣入水，分爲左右二部，以水石相濺擲，諠呼馳逐，再三而止。俗潔凈自喜，尚容止，以趨走爲敬，拜則曳一脚，立多反拱，行必插手。[8]性多詭伏，言辭鄙穢，不簡親疏。父子同川而浴，共室而寢。好歌舞，常以十月祭天，其公會衣服，皆錦繡金銀以爲飾。好蹲踞，食用俎机。[9]出三尺馬，云本朱蒙所乘馬種，即果下也。風俗尚淫，不以爲愧。俗多游女，夫無常人，夜則男女群聚而戲，無有貴賤之節。有婚嫁，取男女相悦即爲之。男家送豬酒而已，無財聘之禮；或有受財者，人共恥之，以爲賣婢。死者，殯在屋内，經三年，擇吉日而葬。居父母及夫喪，服皆三年，兄弟三月。初終哭泣，葬則鼓舞作樂以送之。埋訖，取死者生時服玩車馬置墓側，會葬者争取而去。信佛法，敬鬼神，多淫祠。有神廟二所：一曰夫餘神，刻木作婦人像；一曰高登神，云是其始祖夫餘神之子。並置官司，遣人守護，蓋河伯女、朱蒙云。

[1]大對盧太大兄大兄小兄竟侯奢烏拙太大使者大使者小使者褥奢翳屬仙人：皆高句麗官名。具體職掌不詳。竟侯奢，源氏校勘記云：“‘竟’《隋書》作‘意’。”

[2]復有内評五部褥薩：中華本校勘記云：“《隋書》‘内評’下有‘外評’二字。”

[3]折風：漢魏時期一種可以擋風的帽子。

[4]大袖衫素皮帶：源氏校勘記云：“《隋書》‘大袖’作‘同袖’、‘素皮’作‘白韋’。”按：中華本《隋書》作“大袖”“素皮”。不知源氏所據何版本。

[5]襦（rú）：短衣。　襈（zhuàn）：衣服的緣飾。

[6]五經：五部儒家典籍。即《詩》《書》《禮》《易》《春秋》。自漢武帝置五經博士後始有此名。　三史：指《史記》《漢書》和《東觀漢記》。　晋陽秋：書名。東晋孫盛所撰，記叙了兩晋史事，三十二卷。久佚。

[7]若貧不能償者樂及公私債負皆聽評其子女爲奴婢以償之：

源氏校勘記云："'樂及'云云，《周書》作'及負公私債者皆聽許'，爲是。"中華本校勘記云："《周書》無'樂'字。按此當是涉下文'樂有五絃琴'之'樂'字而衍。"按："樂"應是衍字，其餘當從源氏。

[8]行必插手：源氏校勘記云："'插'《隋書》作'摇'。"中華本校勘記云："《隋書》'插'作'摇'，疑是。"是。

[9]俎机：亦作"俎几"，俎形如几，因而得名。

及隋平陳後，湯大懼，陳兵積穀，爲守拒之策。開皇十七年，[1]上賜璽書，[2]責以"每遣使人，歲常朝貢，雖稱藩附，誠節未盡。驅逼靺鞨，禁固契丹。昔年潛行貨利，招動群小，私將弩手，巡竄下國，豈非意欲不臧，故爲竊盗？坐使空館，嚴加防守；又數遣馬騎，殺害邊人。恒自猜疑，密覘消息"。慇懃曉示，許其自新。湯得書惶恐，將表陳謝。[3]會病卒。

[1]開皇：隋文帝的年號（581—600）。

[2]璽書：亦稱"寶書"。古代以印璽封記之文書。秦以後專指帝王詔書。

[3]將表陳謝：中華本校勘記云："《隋書》'表'上有'奉'字，疑此脱文。"是。

子元嗣。文帝使拜元爲上開府儀同三司，[1]襲爵遼東公，賜服一襲。元奉表謝恩，并賀祥瑞，因請封王。文帝優册爲王。明年，率靺鞨萬餘騎寇遼西，營州總管韋世沖擊走之。[2]帝大怒，命漢王諒爲元帥，[3]總水陸討之，下詔黜其爵位。時餽運不繼，六軍乏食，師出臨渝關，[4]復遇疾疫，王師不振。及次遼水，元亦惶懼，遣使謝罪，上表稱遼東糞土臣元云云。上於是罷兵，待之如初。元亦歲遣朝貢。

[1]上開府儀同三司：隋煬帝將上開府儀同大將軍改爲此稱。爲勳官之第五等，從三品。

[2]營州：隋朝時治柳城縣，在今遼寧遼陽市。　韋世沖：人名。京兆杜陵（今陝西西安市長安區東）人。北周、隋朝官吏、將領。見《北史》卷六四《韋孝寬傳》。

[3]諒：即楊諒，人名。字德章，一名傑，小字益錢。隋朝宗室王。後被免爲庶人。見《北史》卷七一《庶人諒傳》。

[4]臨渝關：關隘名。又稱臨閭關、臨榆關。在今河北秦皇島市。

煬帝嗣位，[1]天下全盛，高昌王、突厥啓人可汗並親詣闕貢獻，[2]於是徵元入朝。元懼，蕃禮頗闕。大業七年，[3]帝將討元罪，車駕度遼水，止營於遼東地，[4]分道出師，各頓兵於其城下。高麗出戰多不利，皆嬰城固守。帝令諸軍攻之，又敕諸將，高麗若降，即宜撫納，不得縱兵入。城將陷，賊輒言降，[5]諸將奉旨，不敢赴機。先馳奏，比報，賊守禦亦備，復出拒戰。如此者三，[6]帝不悟。由是食盡師老，轉輸不繼，諸軍多敗績，於是班師。是行也，唯於遼水西拔賊武厲邏。置遼東郡及通定鎮而還。[7]九年，帝復親征，敕諸軍以便宜從事。諸將分道攻城，賊勢日蹙。會楊玄感作亂，[8]帝大懼，即日六軍並還。兵部侍郎斛斯政亡入高麗，[9]高麗具知事實，盡銳來追，殿軍多敗。[10]十年，又發天下兵，會盜賊蜂起，所在阻絶，軍多失期。至遼水，高麗亦困弊，遣使乞降，因送斛斯政贖罪。[11]帝許之，頓懷遠鎮受其降，仍以俘囚軍實歸。至京師，以高麗使親告太廟，因拘留之。仍徵元入朝，元竟不至。帝更圖後舉，會天下喪亂，遂不復行。

[1]煬帝：即隋朝皇帝楊廣。煬爲其謚號。

[2]高昌王突厥啓人可汗並親詣闕貢獻：指隋煬帝大業三年（607）啓民可汗南下榆林（今内蒙古托克托縣西南）朝覲隋煬帝；煬帝大業五年高昌王麴伯雅於燕支山（今甘肅武威市）朝見隋煬帝。見《北史》卷九七《高昌傳》。突厥啓人可汗，即東突厥啓民可汗染干，避唐太宗李世民諱而改。也稱突利可汗。見《北史》卷九九《突厥傳》。

[3]大業：隋煬帝的年號（605—617）。

[4]止營於遼東地：源氏校勘記云："《隋書》'止'作'上'、'地'作'城'。"按：中華本《隋書》卷八一《高麗傳》作"上營於遼東城"。

[5]城將陷賊輒言降：底本"城"下無"將"字、"言"下無"降"字，源氏"城"下補"降"字，中華本校勘記云："諸本脱'將'字、'降'字，據《隋書》《通志》補。"今從改。

[6]如此者三：源氏校勘記云："'三'上《隋書》有'再'字。"

[7]遼東：郡名。隋朝時治通定鎮，在今遼寧新民市東北遼濱塔村。　通定鎮：地名。在今遼寧新民市東北遼濱塔村。

[8]楊玄感：人名。弘農華陰（今陝西華陰市東南）人。隋朝官吏。見《北史》卷四一《楊敷附楊玄感傳》。

[9]兵部侍郎：官名。隋初爲兵部頭司兵部司長官，初爲六品

上，文帝開皇三年升爲五品。煬帝大業三年改名兵曹郎。　斛斯政：人名。廣牧富昌（今内蒙古准格爾旗）人，後移居河南洛陽（今河南洛陽市東北）。隋朝官吏。見《北史》卷四九《斛斯椿附斛斯政傳》。

[10]殿軍：行軍時走在最後面的軍隊。

[11]因：源氏校勘記云："'因'《隋書》作'囚'。"根據文意，似作"囚"更合適。

百濟之國，蓋馬韓之屬也，[1]出自索離國。[2]其王出行，其侍兒於後妊娠，王還，欲殺之。侍兒曰："前見天上有氣如大雞子來降，感，故有娠。"王捨之。後生男，王置之豕牢，豕以口氣嘘之，不死；後徙於馬闌，亦如之。王以爲神，命養之，名曰東明。及長，善射，王忌其猛，復欲殺之。東明乃奔走，南至淹滯水，[3]以弓擊水，魚鱉皆爲橋，東明乘之得度，至夫餘而王焉。東明之後有仇台，[4]篤於仁信，始立國于帶方故地。[5]漢遼東太守公孫度以女妻之，遂爲東夷强國。初以百家濟，因號百濟。

[1]馬韓：部落名。公元前100至公元300年位於古代朝鮮半島西南部（今忠清道和全羅道）的部落聯盟。與辰韓、弁韓合稱三韓。見《後漢書》卷八五《東夷列傳》。

[2]出自索離國：中華本校勘記云："《梁書》卷五四《高句麗傳》'索離'作'櫜離'，《三國志》卷三〇《夫餘傳》註引《魏略》作'高離'（殿本作'槀離'），《隋書》卷八一《百濟傳》作'高麗'。按'櫜'音'高'。'索'當是'櫜'之訛。'櫜離'即'高麗'也。"是。

[3]淹滯水：即渾江。

[4]仇台：人名。其餘不詳。

[5]帶方：郡名。漢朝時治帶方縣，在今朝鮮黄海北道鳳山郡石城里。

其國東極新羅，北接高句麗，[1]西南俱限大海，處小海南，東西四百五十里，南北九百餘里。其都曰居拔城，[2]亦曰固麻城。其外更有五方：中方曰古沙城，[3]東方曰得安城，[4]南方曰久知下城，[5]西方曰刀先城，[6]北方曰熊津城。[7]王姓餘氏，[8]號“於羅瑕”，百姓呼爲“鞬吉支”，夏言並王也。王妻號“於陸”，夏言妃也。官有十六品：左平五人，一品；達率三十人，[9]二品；恩率，三品；德率，四品；杅率，五品；奈率，六品；[10]已上冠飾銀華。將德，七品，紫帶；施德，八品，皂帶；固德，九品，赤帶；季德，十品，青帶；對德，十一品；文督，十二品，皆黄帶；武督，十三品；佐軍，十四品；振武，十五品；剋虞，十六品，皆白帶。自恩率以下，官無常員。各有部司，分掌衆務。内官有前内部、穀内部、内掠部、外掠部、馬部、刀部、功德部、藥部、木部、法部、後宫部。[11]外官有司軍部、司徒部、司空部、司寇部、點口部、客部、外舍部、綢部、日官部、市部。[12]長吏三年一交代。都下有萬家，[13]分爲五部，曰上部、前部、中部、下部、後部，部有五巷，士庶居焉。[14]分部統兵五百人。五方各有方領一人，以達率爲之，方佐貳之。方有十郡，郡有將三人，以德率爲之。統兵一千二百人以下、七百人以上。[15]城之内外人庶及餘小城，咸分隸焉。[16]

［1］北接高句麗：底本“句麗”上無“北接高”三個字，源氏校勘記云：“‘句麗’上《周書》有‘北接’二字。”中華本校勘記云：“諸本脱‘北接高’三字，據《周書》卷四九《百濟傳》補。《隋書》作‘北拒高麗’。”今從改。

［2］居拔城：即泗沘城，在今韓國忠清南道西南部錦江流域的扶餘郡。

［3］古沙城：即今韓國全羅北道井邑市古阜面。

［4］得安城：即今韓國今恩津的德近郡。

［5］久知下城：即今韓國長山島的居知山縣。

［6］刀先城：即今韓國刀萬頃豆乃山縣。

［7］熊津城：即今韓國公州市。

［8］王姓餘氏：源氏校勘記云：“‘姓’下《周書》有‘夫’字。”按：中華本《周書》作“夫餘”。

［9］達率：源氏校勘記云：“‘達’《周書》作‘大’。”按：不知源氏所據何版本。

［10］六品：源氏校勘記云：“‘六品’下《周書》復有‘六品’二字。”疑是。

［11］縠内部：源氏校勘記云：“‘縠内部’《周書》作‘縠部肉部’，爲是。”中華本校勘記云：“《周書》作‘縠部肉部’。按疑此脱‘部’字，‘肉’訛爲‘内’。”可從。

［12］市部：源氏校勘記云：“‘市’上《周書》有‘都’字。”中華本校勘記云：“《周書》上有‘都’字，疑是。”可從。

［13］有萬家：底本作“有方”，源氏校勘記云：“‘有方’《周書》作‘有萬家’。”中華本校勘記云：“諸本‘萬家’訛作‘方’，據《周書》改。此涉下文‘五方’又‘方’‘万’形似而誤。”是。今從改。

［14］士庶居焉：底本“焉”作“馬”，中華本校勘記云：“諸本‘焉’訛作‘馬’，據《周書》改。”今從改。

［15］以德率爲之統兵一千二百人以下七百人以上：源氏校勘記云：“‘爲之’下《周書》有‘方’字。”中華本校勘記云：“《周書》‘統’上有‘方’字。”

［16］城之内外人庶及餘小城咸分隸焉：底本“庶”上無“民”字，源氏校勘記云：“‘庶’上《周書》有‘民’字，恐此書脱‘人’字；‘隸’作‘肄’。”中華本校勘記云：“諸本脱‘人’字，《周書》有‘民’字，《通志》卷一九四《百濟傳》有‘人’字。今據《通志》補。”今從改。

其人雜有新羅、高麗、倭等，亦有中國人。其飲食衣服，與高麗略同。若朝拜祭祀，其冠兩廂加翅；戎事則不。拜謁之禮，以兩手據地爲禮。婦人不加粉黛，女辮髮垂後，已出嫁，則分爲兩道盤於頭上。衣似袍而袖微大。兵有弓箭刀稍。俗重騎射，兼愛墳史，而秀異者頗解屬文，能吏事。又知醫藥、蓍龜，與相術、陰陽五行法。有僧尼，多寺塔，而無道士。有鼓、角、箜篌、箏、竽、篪、笛之樂，[1]投壺、摴蒱、弄珠、握槊等雜戲。[2]尤尚奕棊。行宋《元嘉曆》，[3]以建寅月爲歲首。賦税以布、絹、絲、麻及米等，量歲豐儉，差等輸之。其刑罰，反叛、退軍及殺人者，斬；盗者，流，其贓兩倍徵之；婦犯姦，没入夫家爲婢。婚娶之禮，略同華俗。父母及夫死者，三年居服，餘親則葬訖除之。土田濕，氣候温暖，人皆山居。有巨栗，其五穀、雜果、菜蔬及酒醴肴饌之屬，多同於内地。唯無駝、騾、驢、羊、鵝、鴨等。國中大姓有八族，[4]沙氏、燕氏、劦氏、解氏、真氏、國氏、木氏、苗氏。[5]其王每以四仲月祭天及五帝之神。立其始祖仇台之廟於國城，歲四祠之。國西南，人島居者十五所，皆有城邑。

[1]箜篌：古代撥弦樂器名。弦數因樂器大小而不同。　篪：古代一種橫吹的竹製吹管樂器。

[2]投壺：古代士大夫宴飲時的一種投擲游戲。《禮記·投壺》："投壺者，主人與客燕飲講論才藝之禮也。"　摴蒲：古代博戲名。漢代已有，晋代盛行。以擲骰决勝負。　握槊：古代一種類似於雙陸的博戲。

[3]元嘉曆：南朝宋何承天編撰的曆法，屬陰陽曆。

[4]大姓有八族：底本"族"上無"八"字，中華本校勘記云："諸本脱'八'字，據《隋書》補。"今從補。

[5]劦（lí）：中華本作"劦"。　真：源氏校勘記云："'真'《隋書》作'貞'。"

魏延興二年，[1]其王餘慶始遣其冠軍將軍、駙馬都尉弗斯侯，[2]長史餘禮，龍驤將軍、帶方太守司馬張茂等上表自通，[3]云："臣與高麗，源出夫餘，先世之時，篤崇舊款。其祖釗，輕廢鄰好，陵踐臣境。臣祖須，整旅電邁，梟斬釗首。自爾以來，莫敢南顧。自馮氏數終，餘燼奔竄，醜類漸盛，遂見陵逼，構怨連禍，三十餘載。若天慈曲矜，遠及無外，速遣一將，來救臣國。當奉送鄙女，執掃後宮，并遣子弟，牧圉外厩，尺壤疋夫，不敢自有。去庚辰年後，臣西界海中，見尸十餘，并得衣器鞌勒。看之，非高麗之物。後聞乃是王人來降臣國，長蛇隔路，以阻于海。[4]今上所得鞍一，以爲實矯。”[5]

[1]延興：北魏孝文帝的年號（471—476）。

[2]冠軍將軍：官名。南北朝時爲將軍名號。北魏孝文帝太和二十三年定爲從三品。　駙馬都尉：官名。漢武帝時始置。皇帝出行時掌副車，爲侍從近臣，常用作加官。歷代沿置。魏晋時與奉車、騎都尉並號三都尉，多用於宗室、外戚、功臣子、貴族、親近之臣的加官，或加於尚公主者。東晋南朝時隸集書省，無定員，無實職，尚公主者多加此號。至梁、陳漸成定制，專加尚公主者。北魏孝文帝太和十七年定爲從四品上。

[3]龍驤將軍：官名。北魏時爲較重要之雜號將軍。北魏孝文帝太和十七年定爲三品上，二十三年改爲從三品。

[4]以阻于海：中華本校勘記云：“《魏書》卷一〇〇《百濟傳》‘阻’作‘沈’。按‘阻’疑是‘殂’之訛。”可從。

[5]以爲實矯：中華本校勘記云：“《魏書》‘矯’作‘驗’，《通志》作‘據’。按‘矯’字無義，疑誤。”可從。

獻文以其僻遠，冒險入獻，禮遇優厚，遣使者邵安與其使俱還。詔曰：“得表聞之無恙。卿與高麗不睦，致被陵犯，苟能順義，守之以仁，亦何憂於寇讎也。前所遣使，浮海以撫荒外之國，從來積年，往而不反，存亡達否，未能審悉。卿所送鞍，比校舊乘，非中國之物。不可以疑似之事，以生必然之過。經略權要，已具別旨。”又詔曰：“高麗稱藩先朝，供職日久，於彼雖有自昔之釁，於國未有犯令之愆。卿使命始通，便求致伐，尋討事會，理亦未周。所獻錦布海物，雖不悉達，明卿至心。今賜雜物如別。”又詔璉護送安等。至高麗，璉稱昔與餘慶有讎，不令東過。安等於是皆還，乃下詔切責之。五年，使安等從東萊浮海，[1]賜餘慶璽書，褒其誠節。安等至海濱，遇風飄蕩，竟不達而還。

[1]東萊：郡名。北魏時治掖縣，在今山東萊州市。

自晉、宋、齊、梁據江左，[1]亦遣使稱藩，兼受拜封。亦與魏不絶。

[1]自晉宋齊梁據江左：底本衍“右”字，中華本校勘記云：“諸本‘左’下衍‘右’字，據《周書》删。”今從改。

及齊受東魏禪，其王隆亦通使焉。淹死，子餘昌亦通使命於齊。[1]武平元年，[2]齊後主以餘昌爲使持節、侍中、車騎大將軍，帶方郡公、百濟王如故。二年，又以餘昌爲持節、都督東青州諸軍事、東青州刺史。[3]

[1]淹死子餘昌亦通使命於齊：源氏校勘記云：“《周書》（‘淹死子餘昌’）作‘隆死子昌’。”中華本校勘記云：“《周書》‘淹’作‘隆’，此作‘淹’疑誤。又《梁書》言隆死以其子餘明爲百濟王，與此作‘餘昌’不同。”可從。
[2]武平：北齊後主的年號（570—576）。
[3]青州：北齊時治東陽城，在今山東青州市。

周建德六年，齊滅，餘昌始遣使通周。宣政元年，[1]又遣使來獻。

[1]宣政：北周武帝的年號（578）。

隋開皇初，餘昌又遣使貢方物，拜上開府、帶方郡公、百濟王。平陳之歲，戰船漂至海東躭牟羅國。[1]其船得還，經于百濟，昌資送之甚厚，并遣使奉表賀平陳。文帝善之，下詔曰："彼國懸隔，來往至難，自今以後，不須年別入貢。"使者舞蹈而去。十八年，餘昌使其長史王辯那來獻方物。[2]屬興遼東之役，遣奉表，請爲軍導。[3]帝下詔，厚其使而遣之。高麗頗知其事，兵侵其境。餘昌死，子餘璋立。[4]大業三年，餘璋遣使燕文進朝貢。其年，又遣使王孝鄰入獻，請討高麗。煬帝許之，命覘高麗動静。然餘璋内與高麗通和，挾詐以窺中國。七年，帝親征高麗，餘璋使其臣國智牟來請軍期。帝大悦，厚加賞賜，遣尚書起部郎席律詣百濟，[5]與相知。明年，六軍度遼，餘璋亦嚴兵於境，聲言助軍，實持兩端。尋與新羅有隙，每相戰争。十年，復遣使朝貢。後天下亂，使命遂絶。

[1]上開府：上開府儀同大將軍的省稱。北周武帝建德四年置，位在開府儀同大將軍上。主要授予有軍功的勳官及北齊的降官，無具體職掌。九命。　躭牟羅國：國名。在今韓國全羅道濟州島。

[2]十八年餘昌使其長史王辯那來獻方物：底本"八"上無"十"字，源氏補"十"字，並出校勘記云："《隋書》有'十'字，爲是。按事在平陳之後，開皇八年陳未滅，脱字明白。'餘昌'，無'餘'字。下同。"中華本校勘記云："諸本無'十'字，《隋書》有。按上文言昌遣使賀平陳，平陳在開皇九年，則此不得

在八年。下云‘屬興遼東之役’，指開皇十八年楊諒、高熲攻高麗事。知脱‘十’字，今據補。”今從改。

[3]軍導：軍隊前導。

[4]餘昌死子餘璋立：中華本校勘記云：“《隋書》作：‘昌死，子餘宣立。死，子餘璋立。’此當脱五字。”可從。

[5]起部郎：官名。隋初工部頭司的主官爲工部侍郎，煬帝改諸曹侍郎爲郎，後又改工部郎爲起部郎。掌土木工程、營造、工匠之政。

其南，海行三月有耽牟羅國，南北千餘里，東西數百里，土多獐鹿，附庸於百濟。西行三日，至貊國千餘里云。[1]

[1]貊國：國名。都城在今韓國江原道春川市。

新羅者，其先本辰韓種也。地在高麗東南，居漢時樂浪地。[1]辰韓亦曰秦韓。相傳言秦世亡人避役來適，馬韓割其東界居之，以秦人，故名之曰秦韓。其言語名物，有似中國人，名國爲邦，弓爲弧，賊爲寇，行酒爲行觴，相呼皆爲徒，不與馬韓同。又辰韓王常用馬韓人作之，世世相傳，辰韓不得自立王，明其流移之人故也。恒爲馬韓所制。辰韓之始，有六國，稍分爲十二，新羅則其一也。或稱魏將毌丘儉討高麗破之，奔沃沮，其後復歸故國，有留者，遂爲新羅，亦曰斯盧。其人雜有華夏、高麗、百濟之屬，[2]兼有沃沮、不耐、韓、濊之地。其王本百濟人，自海逃入新羅，遂王其國。初附庯于百濟，百濟征高麗，不堪戎役，後相率歸之，遂致强盛。因襲百濟，附庸於迦羅國焉。傳世三十，至真平。[3]以隋開皇十四年，遣使貢方物。文帝拜真平上開府、樂浪郡公、新羅王。

[1]樂浪：郡名。漢朝時治朝鮮縣，在今朝鮮平壤市西南。

[2]其人雜有華夏高麗百濟之屬：底本“雜”作“辯”，源氏改“辯”作“雜”，並出校勘記云：“辯《隋書》作‘雜’。”中華本校勘記云：“諸本‘雜’訛作‘辯’，據《隋書》卷八一《新羅傳》改。”今從改。

[3]傳世三十至真平：中華本校勘記云：“《隋書》作‘傳祚至金真平’。按《通典》卷一八五《新羅傳》云‘其王姓金名真平’，並引《隋東蕃風俗記》云：‘金姓相承，三十餘葉。’這裏‘真平’上當脱‘金’字。”是。

其官有十七等：一曰伊罰干，貴如相國，[1]次伊尺干，次迎干，次破彌干，次大阿尺干，次阿尺干，次乙吉干，次沙咄干，次及伏干，次大奈摩干，[2]次奈摩，次大舍，次小舍，次吉士，[3]次大烏，次小烏，次造位。外有郡縣。其文字、甲兵，同於中國。選人壯健者悉入軍，烽、戍、邏俱有屯營部伍。[4]風俗、刑政、衣服略與高麗、百濟同。每月旦相賀，王設宴會，班賚群官。其日，拜日月神主。八月十五日設樂，令官人射，賞以馬、布。[5]其有大事，則聚官詳議定之。服色尚畫素。[6]婦人辮髮繞頸，[7]以雜綵及珠爲飾。婚嫁禮唯酒食而已，輕重隨貧富。新婦之夕，女先拜舅姑，次即拜大兄、夫。[8]死有棺斂，葬送起墳陵。王及父母妻子喪，居服一年。田甚良沃，水陸兼種。其五穀、果菜、鳥獸、物産，略與華同。

[1]相國：官名。初爲春秋戰國時期對宰輔大臣的尊稱。後漸成官稱，爲百官之長。與丞相略同而位稍尊。魏晋南北朝時不常置，位尊於丞相，職權品秩略低。

[2]“一曰伊罰干”至“次大奈摩干”：中華本校勘記云：“《通典》‘干’並作‘于’，未知孰是。又《梁書》云：‘其官名有子賁早支、齊早支、謁早支、壹告支、奇貝早支。’與此不同。”是。

[3]吉士：源氏校勘記云：“《隋書》作‘吉土’，恐非。”中華本《隋書》作“吉土”。

[4]烽戍邏俱有屯營部伍：底本“營”作“管”，中華本校勘記云：“諸本及《隋書》‘營’作‘管’。《通典》作‘營’，是，今據改。”今從改。

[5]每月旦相賀王設宴會班賚群官其日拜日月神主八月十五日設樂令官人射賞以馬布：源氏校勘記云：“‘每’下《隋書》有‘正’字；‘主’，《隋書》作‘至’。”中華本校勘記云：“《隋書‘每’下有‘正’字，‘主’字作‘至’。按《隋書》是説正月元旦相賀，拜日月神；至八月十五日，又設樂競射。《北史》疑是脱訛。”可從。

[6]服色尚畫素：源氏校勘記云：“（《隋書》）無‘畫’字。”中華本校勘記云：“《隋書》無‘畫’字。按畫則不素，疑是衍文。”可從。

[7]婦人辮髮繞頸：中華本校勘記云：“《隋書》‘頸’作‘頭’，是。此形似致誤。”可從。

[8]次即拜大兄夫：中華本校勘記云：“《隋書》無‘大兄’二

字，《通志》卷一九四《新羅傳》作‘次拜大兄，次拜夫’。”可從。

大業以來，歲遣朝貢。新羅地多山險，雖與百濟構隙，百濟亦不能圖之也。

勿吉國在高句麗北，一曰靺鞨。邑落各自有長，不相總一。其人勁悍，於東夷最强，言語獨異。常輕豆莫婁等國，[1]諸國亦患之。去洛陽五千里。自和龍北二百餘里有善玉山，[2]山北行十三日至祁黎山，[3]又北行七日至洛瓌水，[4]水廣里餘，又北行十五日至太岳魯水，[5]又東北行十八日到其國。國有大水，闊三里餘，名速末水。[6]其部類凡有七種：其一號粟末部，[7]與高麗接，勝兵數千，多驍武，每寇高麗。其二伯咄部，在粟末北，勝兵七千。其三安車骨部，在伯咄東北；其四拂涅部，在伯咄東；其五號室部，在拂涅東；其六黑水部，在安車骨西北；[8]其七白山部，在粟末東南：勝兵並不過三千，而黑水部尤爲勁健。[9]自拂涅以東，矢皆石鏃，即古肅慎氏也。東夷中爲强國。

[1]豆莫婁：國名。夫餘後裔。在今黑龍江嫩江中下游松花江流域。

[2]和龍：城名。在今遼寧遼陽市。

[3]祁黎山：確址不詳。疑在今吉林西部。

[4]又北行七日至洛瓌水：中華本校勘記云：“《魏書》卷一〇〇《勿吉傳》‘洛’上有‘如’字。”洛瓌水，即今西拉木倫河的支流老哈河。

[5]太岳魯水：即今内蒙古東北部和吉林西北部嫩江支流洮兒

河。源氏校勘記云:“《魏書》無‘岳’字。”

[6]速末水:即今吉林、黑龍江之松花江。

[7]其一號粟末部:底本“粟”作“栗”,中華本校勘記云:“諸本及《隋書》卷八一、《通志》卷一九四《勿吉傳》‘粟’都作‘栗’。按上文見速末水,‘速末’即‘粟末’。粟末靺鞨以居於粟末水得名,又見《新唐書》卷二一九《黑水靺鞨傳》。作‘栗’是形似致訛,今據改。”今從改。

[8]在安車骨西北:底本“車”下無“骨”字,中華本校勘記云:“諸本脱‘骨’字,據《隋書》及上文補。”今從改。

[9]而黑水部尤爲勁健:底本“勁”下無“健”字,中華本校勘記云:“諸本脱‘健’字,據《隋書》《通志》補。”今從改。

所居多依山水。渠帥曰大莫弗瞞咄。[1]國南有從太山者,華言太皇,[2]俗甚敬畏之,人不得山上溲汙,[3]行經山者,以物盛去。上有熊羆豹狼,皆不害人,人亦不敢殺。地卑濕,築土如堤,鑿穴以居,開口向上,以梯出入。其國無牛,有馬,車則步推,相與偶耕。土多粟、麥、穄,菜則有葵。水氣鹹,生鹽於木皮之上,亦有鹽池。其畜,多豬,無羊。嚼米爲酒,飲之亦醉。婚嫁,婦人服布裙,男子衣豬皮裘,頭插武豹尾。俗以溺洗手面,於諸夷最爲不潔。初婚之夕,男就女家,執女乳而罷。妬其妻外淫,人有告其夫,夫輒殺妻。而後悔,必殺告者。[4]由是姦淫事終不發。人皆善射,以射獵爲業。角弓長三尺,[5]箭長尺二寸,常以七八月造毒藥,傅矢以射禽獸,中者立死。煮毒藥氣亦能殺人。其父母春夏死,立埋之,冢上作屋,令不雨濕;若秋冬死,以其尸捕貂,貂食其肉,多得之。

［1］渠帥：大首領。一般作爲對敵方首領，尤其是少數民族首領的蔑稱。

［2］國南有從太山者華言太皇：源氏校勘記云："（'從太'）《隋書》作'徒大'。"中華本校勘記云："《魏書》卷一〇〇《勿吉傳》及《隋書》'從'作'徒'。又《魏書》'太皇'作'大白'。按'大白'即'長白'，'皇'字當誤。"可從。

［3］溲汙：謂大小便。

［4］初婚之夕男就女家執女乳而罷妬其妻外淫人有告其夫夫輒殺妻而後悔必殺告者：底本"罷妬"作"妬罷"，中華本校勘記云："諸本'罷妬'倒作'妬罷'。按《魏書》云：'初昏之夕，男就女家，執女乳而罷，便以爲定，仍爲夫婦。'《隋書》：'其俗淫而妬，其妻外淫，人有告其夫，夫輒殺妻，殺而後悔。'這裏上半採《魏書》，下半採《隋書》，而各有删節。作'妬罷'顯是誤倒，今據乙。"今從改。

［5］三尺：底本、元大德本"尺"前空一字，無"三"字，其餘諸本均作"三尺"。今從改。

延興中，遣乙力支朝獻。太和初，又貢馬五百匹。乙力支稱：初發其國，乘船泝難河西上，[1]至太沵河，[2]沈船於水。南出陸行，度洛孤水，[3]從契丹西界達和龍。自云其國先破高句麗十落，密共百濟謀，從水道并力取高麗，遣乙力支奉使大國，謀其可否。詔敕："三國同是藩附，宜共和順，勿相侵擾。"乙力支乃還。從其來道，取得本船，汎達其國。九年，復遣使侯尼支朝。[4]明年，復入貢。其傍有大莫盧國、覆鍾國、莫多回國、庫婁國、素和國、具弗伏國、匹黎尒國、拔大何國、郁羽陵國、庫伏真國、魯婁國、羽真侯國，[5]前後各遣使朝獻。太和十二年，勿吉復遣使貢楛矢、方物於京師。[6]十七年，[7]又遣使人婆非等五百餘人朝貢。景明四年，[8]復遣使侯力歸朝貢。[9]自此迄于正光，貢使相尋。爾後中國紛擾，頗或不至。興和二年六月，[10]遣石文云等貢方物。以至于齊，朝貢不絕。

[1]難河：即今嫩江。

[2]太洂（mǐ）河：又名太彌河，即今洮兒河。

[3]洛孤水：即上文“洛瓌水”。

[4]侯尼支：人名。其餘不詳。

[5]大莫盧國覆鍾國莫多回國庫婁國素和國具弗伏國匹黎尒國拔大何國郁羽陵國庫伏真國魯婁國羽真侯國：這些都是當時的部族名稱。具體不詳。

[6]太和十二年勿吉復遣使貢楛矢方物於京師：底本“二”作“三”，源氏校改“三”作“二”，中華本校勘記云：“諸本‘二’作‘三’，《魏書》作‘二’。按《魏書》卷七下《高祖紀》太和十二年八月有‘勿吉貢楛矢石砮’的記載，今據改。”今從改。

[7]十七年：底本作“七年”，源氏在“七”上補“十”字，中華本校勘記云：“諸本脱‘十’字，據《魏書》補。”今從改。

[8]景明：北魏宣武帝的年號（500—504）。

[9]侯力歸：源氏校勘記云：“‘侯’《魏書》作‘俟’。”

[10]興和：底本作“延興”，源氏校勘記改“延和”作“興和”，中華本校勘記云：“諸本‘興和’作‘延興’，《魏書》作‘興和’。張森楷云：‘“延興”是孝文年號，不得反在正光後，作“興和”是。’按本書卷五《東魏孝靜帝紀》，興和二年，見勿吉‘朝貢’的記載，今據改。”今從改。

隋開皇初，相率遣使貢獻。文帝詔其使曰："朕聞彼土人勇，今來實副朕懷。視爾等如子，爾宜敬朕如父。"對曰："臣等僻處一方，聞内國有聖人，故來朝拜。既親奉聖顔，願長爲奴僕。"其國西北與契丹接，每相劫掠。後因其使來，文帝誡之，使勿相攻擊。使者謝罪。文帝因厚勞之，令宴飲於前。使者與其徒皆起舞，曲折多戰鬥容。上顧謂侍臣曰："天地間乃有此物，常作用兵意。"然其國與隋懸隔，唯粟末、白山爲近。煬帝初，與高麗戰，頻敗其衆。渠帥突地稽率其部降，[1]拜右光禄大夫，[2]居之柳城。[3]與邊人來往，悦中國風俗，請被冠帶。帝嘉之，賜以錦綺而褒寵之。及遼東之役，突地稽率其徒以從，每有戰功，賞賜甚厚。十三年，從幸江都，[4]尋放還柳城。李密遣兵邀之，[5]僅而得免。至高陽，[6]没於王須拔。[7]未幾，遁歸羅藝。[8]

[1]突地稽：人名。隋唐時期勿吉族首領。

[2]右光禄大夫：官名。三國魏始設。作爲對朝廷大臣的加官，或授予年老有病者爲致仕之官，也作爲對大臣卒後的贈官，以示尊崇，位在金紫光禄大夫之上。隋初爲正二品，煬帝大業三年改爲從二品。

[3]柳城：在今遼寧遼陽市。

[4]江都：城名。在今江蘇揚州市。

[5]李密：人名。字玄邃，一字法主，祖上遼東襄平（今遼寧遼陽市）人，後家於京兆長安（今陝西西安市長安區）。隋末瓦崗軍主要首領之一。見《北史》卷六〇《李弼附李密傳》。

[6]高陽：縣名。治所在今河北高陽縣東。

[7]王須拔：人名。上谷（今河北易縣）人。隋末河北起義軍

首領。煬帝大業十一年起兵，自稱漫天王，國號燕，轉戰於河北、山西一帶。在攻打幽州（今北京）時，不幸身中流矢而亡。

[8]羅藝：人名。字子延，襄州襄陽（今湖北襄樊市）人。隋末唐初將領。見《舊唐書》卷五六《羅藝傳》。

奚，本曰庫莫奚，[1]其先東部胡宇文之别種也。初爲慕容晃所破，[2]遺落者竄匿松漠之間。[3]俗甚不潔净，而善射獵，好爲寇抄。登國三年，[4]道武親自出討，[5]至弱水南大破之，[6]獲其馬、牛、羊、豕十餘萬。帝曰："此群狄諸種，不識德義，鼠竊狗盜，何足爲患？今中州大亂，吾先平之，然後張其威懷，則無所不服矣。"既而車駕南還。十數年間，諸種與庫莫奚亦皆滋盛。及開遼海，置戍和龍，諸夷震懼，各獻方物。文成、獻文之世，[7]庫莫奚歲致名馬、文皮。孝文初，遣使朝貢。太和四年，輒入塞内，辭以畏地豆干抄掠。詔書切責之。二十二年，入寇安州，[8]時營、燕、幽三州兵數千人擊走之。[9]後復欵附，每求入塞交易。宣武詔曰："庫莫奚去太和二十一年以前，與安、營二州邊人參居，交易往來，並無欺貳。至二十二年叛逆以來，遂爾遠竄。今雖欵附，猶在塞表，每請入塞，與百姓交易。若抑而不許，乖其歸向之心；信而不慮，或有萬一之驚。[10]交市之日，州遣士監之。"[11]自此已後，歲嘗朝獻，至武定已來不絕。齊受魏禪，歲時來朝。

[1]庫：源氏校勘記改"庫"作"厙"。

[2]其先東部胡宇文之别種也初爲慕容晃所破：《北史》卷九

《周本紀上》："自莫那九世至侯歸豆，爲慕容晃所滅。"慕容晃，人名。字元真，昌黎棘城（今遼寧北票市章吉營子鄉三官營子村）人，鮮卑族。十六國時前燕君主。見《北史》卷九三《慕容廆附慕容晃傳》。

［3］松漠：在今内蒙古赤峰市西北部與河北圍場滿族蒙古族自治縣境之大興安嶺南段地區。

［4］登國：北魏道武帝的年號（386—396）。

［5］道武：即北魏皇帝拓跋珪。道武爲其謚號。

［6］弱水：源氏校勘記云："《魏書》作'弱洛水'。"中華本校勘記云："《魏書》卷一〇〇《庫莫奚傳》作'弱洛水'，卷二《太祖紀》登國三年作'弱落水'。此疑脱'洛'字。"可從。弱洛水，即今内蒙古西拉木倫河。

［7］文成：即北魏皇帝拓跋濬。文成爲其謚號。　獻文：即北魏皇帝拓跋弘。獻文爲其謚號。

［8］二十二年：底本作"二十年"，源氏校勘記云："《魏書》作'二十二年'。"中華本校勘記云："諸本作'二十年'，《魏書》作'二十二年'。按下文宣武詔云：'至二十二年叛逆以來。'即指此事，《魏書》是，今據補。"今從改。　安州：北魏時治方城，在今河北隆化縣隆化鎮。

［9］營：州名。北魏時治和龍城，在今遼寧朝陽市城區。　燕：州名。北魏時治昌平縣，在今河北蔚縣北。　幽：州名。北魏時治薊縣，在今北京西南。

［10］信而不慮或有萬一之驚：源氏校勘記云："《魏書》'信'作'聽'、'驚'作'警'。"

［11］交市之日州遣士監之：中華本校勘記云："《魏書》'士'作'上佐'。張森楷云：'此誤"上"爲"士"，又脱"佐"字。'"可從。

其後種類漸多，分爲五部：一曰辱紇主，[1]二曰莫賀弗，三曰契箇，四曰木昆，五曰室得。每部俟斤一人爲其帥。[2]隨逐水草，頗同突厥。有阿會氏，五部中遂盛，[3]諸部皆歸之。每與契丹相攻擊，虜獲財畜，因遣使貢方物。

[1]主：源氏校勘記云："'主'《隋書》作'王'。"中華本《隋書》作"王"。

[2]俟（sì）斤一人：底本作"一千人"，源氏校勘記改"一千人"作"俟斤一人"。中華本校勘記云："諸本誤作'每部一千人爲其帥'，據《隋書》卷八四《奚傳》改。"今從改。俟斤，奚、柔然、突厥等族中部落首領或職官名。後又轉化爲契丹族官名"夷離堇"。

[3]遂盛：唯底本、元大德本作"遂盛"。其餘諸本作"最盛"。

契丹國在庫莫奚東，與庫莫奚異種同類。並爲慕容晃所破，俱竄於松漠之間。登國中，魏大破之，遂逃迸，與庫莫奚分住。經數十年，稍滋蔓，有部落，於和龍之北數百里爲寇盜。真君以來，[1]歲貢名馬。獻文時，使莫弗紇何辰來獻，[2]得班饗於諸國之末。歸而相謂，言國家之美，心皆忻慕，於是東北群狄聞之，莫不思服。悉萬丹部、何大何部、伏弗郁部、羽陵部、日連部、匹潔部、黎部、吐六干部等各以其名馬文皮獻天府。[3]遂求爲常，皆得交市於和龍、密雲之間，[4]貢獻不絕。太和三年，高句麗竊與蠕蠕謀，[5]欲取地豆干以分之。契丹舊怨其侵軼，其莫賀弗勿干率其部落，車三千乘、衆萬餘口，驅徙雜畜求内附，止於白狼水東。[6]自此歲常朝貢。後告饑，孝文聽其入關市糴。及宣武、孝明時，[7]恒遣使貢方物。熙平中，[8]契丹使人初真等三十人還。[9]靈太后以其俗嫁娶之際以青氈爲上服，[10]人給青氈兩匹，賞其誠欵之心，餘依舊式朝貢。及齊受東魏禪，甞不斷絶。

[1]真君：即太平真君，北魏太武帝的年號（440—451）。

[2]莫弗：即酋長。

[3]伏弗郁部羽陵部：底本“郁部”作“部郁”，中華本校勘記云：“按《勿吉傳》有具弗伏國、郁羽陵國。《魏書》卷六《顯祖紀》皇興元年及二年兩見具伏弗、郁羽陵。‘具伏弗’自即‘具弗伏’。這裏疑脱‘具’字，‘郁部’二字誤倒。但《通典》卷二〇〇“契丹”條也作‘伏弗郁部、羽陵部’。”今從改。　匹潔部黎部：中華本校勘記云：“《通典》無‘潔部’二字。按‘匹黎部’，疑即《勿吉傳》之‘匹黎尒國’。”可從。

[4]密雲：縣名。治所在今北京密雲縣。

[5]蠕蠕：族名。亦稱柔然，本爲東胡族的一支，屬拓拔部。南北朝時始强大，活動於今蒙古國南部地區。以游牧爲生。見《北史》卷九八《蠕蠕傳》。

[6]白狼水：即今遼寧境内的大凌河。因發源於白狼山而得名。

[7]孝明：即北魏皇帝元詡。孝明爲其謚號。

[8]熙平：北魏孝明帝的年號（516—518）。

[9]初真：源氏校勘記云：“《魏書》作‘祖真’。”

[10]氈：毛織物。

天保四年九月，契丹犯塞，文宣帝親戎北討，[1]至平州，[2]遂西趣長壍。[3]詔司徒潘相樂帥精騎五千，[4]自東道趣青山；[5]復詔安德王韓軌帥精騎四千東趣，[6]斷契丹走路。帝親踰山嶺，[7]奮擊大破之，虜十餘萬口、雜畜數十萬頭。相樂又於青山大破契丹別部。所虜生口，皆分置諸州。其後復爲突厥所逼，又以萬家寄於高麗。

[1]文宣帝：底本作“文帝”，中華本校勘記云：“諸本脱‘宣’字，據《通志》卷二〇〇《契丹傳》補。事見《北齊書》卷四《文宣紀》天保四年九月。”今從改。

[2]平州：北齊時治肥如縣，在今河北盧龍縣北。

[3]長壍：地名。即盧龍塞，今河北喜峰口。

[4]潘相樂：人名。又名潘樂，字相貴，廣寧石門（今山西朔州市）人。東魏、北齊官吏。見《北史》卷五三《潘樂傳》。

[5]青山：位於今遼寧錦州市醫巫閭山。

[6]安德王：封爵名。安德，郡名。北齊時治般縣，在今山東樂陵市西南。　韓軌：人名。字伯年（一作“百年”），太安狄那（今山西壽陽縣西）人。北齊官吏。見《北史》卷五四《韓軌傳》。

[7]踰：毛本、局本作“瑜”。

其俗與靺鞨同，好爲寇盜。父母死而悲哭者，以爲不壯。但以其屍置於山樹之上，經三年後，乃收其骨而焚之。因酹酒而祝曰：“冬月時，向陽食。[1]若我射獵時，使我多得豬、鹿。”[2]其無禮頑嚚，於諸夷最甚。

[1]冬月時向陽食：中華本校勘記云：“《隋書》卷八四《契丹傳》同。《通志》下多‘夏月時，向陰食’六字。”是。

[2]豬：諸本作“賭”。

隋開皇四年，率莫賀弗來謁。五年，悉其衆欵塞，文帝納之，聽居其故地。責讓之，[1]其國遣使詣闕，頓顙謝罪。其後，契丹别部出伏等背高麗，率衆内附。文帝見來，憐之。[2]上方與突厥和好，重失遠人之心，悉令給糧還本部，敕突厥撫納之。固辭不去。部落漸衆，遂北徙，逐水草，當遼西正北二百里，依託紇臣水而居，[3]東西亘五百里，南北三百里，[4]分爲十部。兵多者三千，少者千餘。逐寒暑，隨水草畜牧。有征伐，則酋帥相與議之，興兵動衆，合如符契。[5]突厥沙鉢略可汗遣吐屯潘垤統之，[6]契丹殺吐屯而遁。大業七年，遣使朝，貢方物。

[1]聽居其故地責讓之：中華本校勘記云：“《隋書》‘地’下有‘六年，其諸部相攻擊，久不止。又與突厥相侵，高祖使使’二十一字。《北史》有脱文。”可從。

[2]率衆内附文帝見來憐之：中華本校勘記云：“《隋書》‘内附’下有‘高祖納之，安置於渴奚那頡之北。開皇末，其别部四千餘家背突厥來降’二十八字。無‘文帝見來憐之’語。《北史》當有脱文。”可從。

[3]託紇臣水：今西拉木倫河的支流老哈河。

[4]東西亘五百里南北三百里：底本“亘”下無“五百里南北三”六字，中華本校勘記云：“諸本脱‘五百里南北三’六字，據《隋書》補。”今從改。

[5]興兵動衆合如符契：毛本、局本“如”作“而”，中華本校勘記云：“《隋書》無‘如’字，是。”可從。

［6］沙鉢略可汗：人名。隋唐時期突厥首領。　吐屯：官名。在突厥社會中具有特殊地位的官職，執掌大權，統兵（參吴景山《吐屯考》,《民族研究》1997 年第 6 期）。

室韋國在勿吉北千里，去洛陽六千里。“室”或爲“失”，蓋契丹之類，其南者爲契丹，在北者號爲失韋。路出和龍北千餘里，入契丹國，又北行十日至啜水，［1］又北行三日有善水，［2］又北行三日有犢了山，［3］其山高大，周回三百里。又北行三百餘里，［4］有大水名屈利，［5］又北行三日至刃水，又北行五日到其國。有大水從北而來，廣四里餘，名㮈水。［6］國土下濕，語與庫莫奚、契丹、豆莫婁國同。［7］頗有粟、麥及穄。夏則城居，冬逐水草，多略貂皮。丈夫索髮。用角弓，其箭尤長。女婦束髮作叉手髻。其國少竊盗，盗一徵三；殺人者責馬三百匹。［8］男女悉衣白鹿皮襦袴。有麯，釀酒。俗愛赤珠，爲婦人飾，穿挂於頸，以多爲貴。女不得此，乃至不嫁。父母死，男女衆哭三年，尸則置於林樹之上。

［1］啜水：即今綽爾河。

［2］善水：源氏校勘記云：“‘善’《魏書》作‘蓋’。”善水，即今雅魯河（參張泰湘、范忠澤、王世傑《從最新考古學成就看鮮卑族的淵流與發展》,《黑龍江民族叢刊》2003 年第 2 期）。

［3］犢了山：具體不詳。疑是今薩起山。

［4］周回三百里又北行三百餘里：源氏校勘記云：“‘三百’下《魏書》有‘餘’字，‘三百餘里’作‘三日’二字。”中華本校勘記云：“《魏書》卷一〇〇《失韋傳》‘百餘里’作‘日’一字。按前後皆以日計里程，這裏不應獨異。疑涉上文而誤。”可從。

[5]屈利：即今奎勒河。

[6]㮈水：即今嫩江。源氏校勘記云：“‘木奈’《魏書》作‘穄’。”

[7]豆莫婁國：底本“豆”下無“莫”字，中華本校勘記云：“諸本脱‘莫’字，據《魏書》及下文《豆莫婁國傳》補。”今從改。

[8]殺人者責馬三百匹：底本“責”下無“馬”字，毛本、局本“三”作“二”，源氏校勘記云：“‘責’下《魏書》有‘馬’字。”中華本校勘記云：“諸本脱‘馬’字，據《魏書》補。”今從改。

武定二年四月，始遣使張烏豆伐等獻其方物。[1]迄武定末，貢使相尋。及齊受東魏禪，亦歲時朝聘。

[1]張烏豆伐：人名。其餘不詳。

其後分爲五部，不相總一，所謂南室韋、北室韋、鉢室韋、深末怛室韋、大室韋，並無君長。人貧弱，突厥以三吐屯總領之。

南室韋在契丹北三千里，土地卑濕。至夏則移向北。[1]貸勃、欠對二山，[2]多草木，饒禽獸，又多蚊蚋，人皆巢居，以避其患。漸分爲二十五部，每部有餘莫弗瞞咄，猶酋長也。死則子弟代之，嗣絶則擇賢豪而立之。其俗，丈夫皆被髪，婦女盤髮，衣服與契丹同。乘牛車，以蘧蒢爲屋，[3]如突厥氈車之狀。度水則束薪爲栰，或有以皮爲舟者。馬則織草爲韉，結繩爲轡。匡寢則屈木爲室，[4]以蘧蒢覆上，移則載行。以豬皮爲席，編木爲藉。婦女皆抱膝坐。氣候多寒，田收甚薄。無羊，少馬，多豬、牛。與靺鞨同俗，婚嫁之法，二家相許竟，輒盗婦將去，[5]然後送牛馬爲聘，更將婦歸家，待有孕，乃相許隨還舍。婦人不再嫁，以爲死人之妻，難以共居。部落共爲大棚，人死則置其上。[6]居喪三年，年唯四哭。其國無鐵，取給於高麗。多貂。

[1]向北：源氏校勘記云："'向'下《隋書》有'西'字。"

[2]貸勃欠對二山：都屬於大興安嶺。

[3]蘧（qú）蒢（chú）：用蘆葦或竹子編成的粗席。

[4]匡寢則屈木爲室：底本"屈木"作"木屈"，源氏校勘記云："《隋書》無'匡'字、'木'字。"中華本校勘記："《隋書》卷八四及《通志》卷二〇〇《室韋傳》無'匡'字，此當是衍文。又諸本'屈木'倒作'木屈'，據《通志》乙。"今從改。

[5]二家相許竟輒盗婦將去：源氏校勘記云："'竟'《隋書》作'壻'。"按：中華本《隋書》作"壻"，可從。

[6]人死則置其上：源氏校勘記云："'置'下《隋書》有'屍'字。"中華本《隋書》有"屍"字。

南室韋北行十一日至北室韋，分爲九部落，繞吐紇山而居。[1]其部落渠帥號乞引莫賀咄。每部有莫何弗三人以貳之。氣候最寒，雪深没馬。冬則入山居土穴，牛畜多凍死。饒麞鹿，射獵爲務，食肉衣皮，鑿冰没水中而網取魚鼈。地多積雪，懼陷阬穽，騎木而行，俗即止。[2]皆捕貂爲業，冠以狐貂，[3]衣以魚皮。

[1]吐紇山：即今大興安嶺北端的伊勒呼里山。

[2]偺即止：源氏校勘記云："《隋書》無'偺即止'三字。按恐誤。"

[3]貂：源氏校勘記云："'貂'《隋書》作'狐狢'。"

又北行千里至鉢室韋，依胡布山而住，[1]人衆多北室韋，不知爲幾部落。用樺皮蓋屋，其餘同北室韋。

[1]胡布山：即今黑龍江以北的西林木迪河（今俄羅斯的林扎河）源的雅瑪嶺。

從鉢室韋西南四日行，至深末怛室韋，因水爲號也。冬月穴居，以避太陰之氣。

又西北數千里至大室韋，徑路險阻，言語不通。尤多貂及青鼠。[1]

[1]青鼠：青色皮毛的鼠。

北室韋時遣使貢獻，餘無至者。

豆莫婁國在勿吉北千里，舊北夫餘也。在室韋之東，[1]東至於海，方二千餘里。[2]其人土著，有居室倉庫。多山陵廣澤，於東夷之域最爲平敞。[3]地宜五穀，不生五果。[4]其人長大，性强勇謹厚，不寇抄。其君長皆六畜名官，[5]邑落有豪帥。飲食亦用俎豆。[6]有麻布，衣製類高麗而帽大。[7]其國大人，以金銀飾之。用刑嚴急，殺人者死，没其家人爲奴婢。俗淫，尤惡妒者，殺之，尸於國南山上。至腐，女家始得，輸牛馬乃與之。[8]或言濊貊之地也。

[1]在室韋之東：底本“室韋”上無“在”字、“韋”作“婁”，中華本校勘記云：“諸本脱‘在’字，‘韋’訛作‘婁’，據《魏書》卷一〇〇《豆莫婁國傳》改。”今從改。

[2]方二千餘里：源氏校勘記云：“《魏書》無‘餘’字。”

[3]於東夷之域：底本“域”作“城”，中華本校勘記云：“諸本‘域’訛作‘城’，據《魏書》改。”今從改。

[4]五果：指棗、李、杏、栗、桃等五種果實。

[5]六畜：指馬、牛、羊、豬、狗、雞六種家畜。

[6]飲食亦用俎豆：底本“豆”上無“俎”字，中華本校勘記云：“諸本脱‘俎’字，據《魏書》補。”今從改。

[7]衣製類高麗而帽大：中華本校勘記云：“《魏書》‘帽’作‘幅’，是。”可從。

[8]女家始得輸牛馬乃與之：中華本校勘記云：“《魏書》‘始’作‘欲’，是。”可從。

地豆干國在室韋西千餘里。[1]多牛、羊，出名馬，皮爲衣服，無五穀，唯食肉酪。延興二年八月，遣使朝貢，至于太和六年，貢使不絕。十四年，頻來犯塞，孝文詔征西大將軍、陽平王頤擊走之。[2]自後時朝京師，迄武定末，貢使不絕。及齊受禪，亦來朝貢。

[1]地豆干國：中華本校勘記云：“《魏書》卷一〇〇作‘地豆于’。按本書紀傳多作‘干’，《魏書》紀傳多作‘于’，未知孰是，今本書統一作‘干’。”

[2]征西大將軍：官名。漢光武帝建武三年置。兩晉南北朝時爲將軍名號，多授統兵出鎮在外、都督數州諸軍事者。在武職中地

位很高，位居四征將軍之上，歷代皆不常置。北魏孝文帝太和十七年定爲從一品下。　陽平王：封爵名。陽平，郡名。北魏時治館陶城，在今河北館陶縣。　頤：即元頤，人名。本名拓跋安壽，孝文帝賜名元頤。北魏宗室。見《北史》卷一七《陽平王新成附元頤傳》。

烏洛侯國在地豆干北，去代都四千五百餘里。[1]其地下濕，多霧氣而寒。人冬則穿地爲室，夏則隨原阜畜牧。多豕，有穀、麥。無大君長，部落莫弗，皆世爲之。其俗，繩髮，皮服，以珠爲飾。人尚勇，不爲姦竊，故慢藏野積而無寇盜。好射獵。樂有箜篌，木槽革面而施九弦。其國西北有完水，[2]東北流合於難水，[3]其小水，皆注於難，東入海。又西北二十日行，有于巳尼大水，所謂北海也。[4]

[1]代都：國都名。亦稱代京，即平城，在今山西大同市東北。
[2]完水：即黑龍江的上游部分。
[3]難水：即今嫩江。
[4]北海：即今貝加爾湖。

太武真君四年來朝，[1]稱其國西北有魏先帝舊墟石室，[2]南北九十步，東西四十步，高七十尺，室有神靈，人多祈請。太武遣中書侍郎李敞告祭焉，[3]刊祝文於石室之壁而還。

[1]來朝：底本作“朝”，中華本校勘記云：“諸本脱‘來’字，據《魏書》卷一〇〇、《通志》卷二〇〇《烏洛侯國傳》補。”

今從改。

[2]舊墟石室：位於今大興安嶺北麓的内蒙古鄂倫春自治旗阿里河鎮西約十里之嘎仙洞。

[3]中書侍郎：官名。北魏時多選用文學之士，掌草擬詔令，職位機要，置四人。北魏孝文帝太和十七年定爲四品上，二十三年改爲從四品上。

流求國居海島，當建安郡東，[1]水行五日而至。土多山洞。其王姓歡斯氏，名渴剌兜，不知其由來、有國世數也。彼土人呼之爲可老羊，妻曰多拔茶。所居曰波羅檀洞，塹栅三重，環以流水，樹棘爲藩。王所居舍，其大一十六間，琱刻禽獸。多鬬鏤樹，[2]似橘而葉密，條纖如髮之下垂。國有四五帥，統諸洞，洞有小王。往往有村，村有鳥了帥，並以善戰者爲之，自相樹立，主一村之事。男女皆白紵繩纏髮，從項後盤繞至額。其男子用鳥羽爲冠，裝以珠貝，飾以赤毛，形製不同。婦人以羅紋白布爲帽，其形方正。織鬬鏤皮并雜毛以爲衣，製裁不一。綴毛垂螺爲飾，雜色相間，下垂小貝，其聲如珮。綴璫施釧，懸珠於頸。織籐爲笠，飾以毛羽。有刀矟、弓箭、劍鈹之屬。[3]其處少鐵，刀皆薄小，多以骨角輔助之。編紵爲甲，或用熊豹皮。王乘木獸，令左右輿之，而導從不過十數人。[4]小王乘机，鏤爲獸形。國人好相攻擊，人皆驍健善走，難死耐創。諸洞各爲部隊，不相救助。兩軍相當，勇者三五人出前跳噪，交言相駡，因相擊射。如其不勝，一軍皆走，遣人致謝，即共和解。收取鬬死者聚食之，仍以髑髏將向王所，王則賜之以冠，便爲隊帥。

［1］建安：郡名。隋文帝開皇初時治建安縣，在今福建建甌市。煬帝大業三年改閩州置，治閩縣，在今福建福州市。

［2］鬬鏤樹：即榕樹。

［3］鈹（pí）：矛。

［3］十數：源氏校勘記云："《隋書》作'數十'。"中華本《隋書》卷八一《流求國傳》作"數十"。

無賦斂，有事則均稅。用刑亦無常准，皆臨事科決。犯罪皆斷於鳥了帥，不伏則上請於王，王令臣下共議定之。獄無枷鏁，唯用繩縛。決死刑以鐵錐大如筯，長尺餘，鑽頂殺之。輕罪用杖。俗無文字，望月虧盈，以紀時節，草木榮枯，以爲年歲。人深目長鼻，類於胡，亦有小慧。無君臣上下之節，拜伏之禮。父子同牀而寢。男子拔去髭鬢，身上有毛處皆除去。婦人以墨黥手爲蟲虵之文。嫁娶以酒、珠貝爲聘，或男女相悅，便相匹偶。婦人産乳，必食子衣，産後以火自灸，令汗出，五日便平復。以木槽中暴海水爲鹽，木汁爲酢，米麵爲酒，其味甚薄。食皆用手。遇得異味，先進尊者。凡有宴會，執酒者必待呼名而後飲，上王酒者，亦呼王名後銜盃共飲，頗同突厥。歌呼蹋蹄，一人唱，衆皆和，音頗哀怨。扶女子上膊，摇手而舞。其死者氣將絶，轝至庭前，親賓哭泣相弔。浴其屍，以布帛纏纏之，裹以葦席，襯土而殯，上不起墳。子爲父者，數月不食肉。其南境風俗少異，[1]人有死者，邑里共食之。

有熊、豺、狼，尤多豬、雞，無羊、牛、驢、馬。厥田良沃，先以火燒，而引水灌，持一鍤，以石爲刃，長尺餘，闊數寸，而墾之。宜稻、粱、禾、黍、麻、豆、赤豆、胡黑豆等。木有楓、栝、樟、松、楩、楠、枌、梓、竹、藤、果、藥，[2]同於江表。風土氣候，與嶺南相類。[3]俗事山海之神，祭以肴酒。戰鬭殺人，便將所殺人祭其神。或依茂樹起小屋，或懸髑髏於樹上，以箭射之，或累石繫幡，以爲神主。王之所居，壁下多聚髑髏以爲佳。人間門户上，必安獸頭骨角。

[1]少：四部備要本作“小”。

[2]枌：源氏校勘記云：“《隋書》‘枌’作‘杉’。”

[3]風土氣候與嶺南相類：底本“相”作“山”，中華本校勘記云：“諸本‘相’訛作‘山’，據《隋書》卷八一、《通典》卷一八六、《通志》一九四《流求傳》改。”今從改。

隋大業元年，海師何蠻等，每春秋二時，天清風静，東望依稀，似有煙霧之氣，亦不知幾千里。三年煬帝令羽騎尉朱寬入海求訪異俗，[1]何蠻言之，遂與蠻俱往。同到流求國，言不通，掠一人而反。明年，復令寬慰撫之，不從。寬取其布甲而歸。時倭國使來朝見之，曰：“此夷邪夕國人所用。”[2]帝遣武賁郎將陳稜、朝請大夫張鎮州率兵自義安浮海至高華嶼。[3]又東行二日至鼊鼊嶼。[4]又一日，便至流求。流求不從，稜擊走之。進至其都，焚其宫室，虜其男女數千人，載軍實而還。自爾遂絶。

[1]三年煬帝令羽騎尉朱寬入海求訪異俗：底本“煬帝”上無“三年”，中華本校勘記云：“諸本脱‘三年’二字，據《隋書》《通典》補。事見本書卷十二《隋煬帝紀》大業三年三月。”今從改。　羽騎尉：官名。隋文帝開皇三年吏部所置八尉之一，從九品。

[2]此夷邪夕國人所用：源氏校勘記云：“‘夕’《隋書》作‘久’。”中華本校勘記云：“《隋書》《通典》《通志》‘夕’並作‘久’。疑‘夕’誤。”可從。

[3]武賁郎將：官名。即虎賁郎將。唐人修史避唐高祖李淵諱改。漢晋時亦爲虎賁中郎將之簡稱。北魏設爲專職，爲軍内中級軍官。隋煬帝時爲十二衛長官，正四品。　陳稜：人名。字長威，廬江襄安（今安徽巢湖市）人。隋朝將領。見《北史》卷七八《陳稜傳》。　朝請大夫：官名。隋煬帝大業三年始設，散官。正五品。　義安：郡名。隋朝時治海陽縣，在今廣東潮州市東。　高華嶼：即釣魚島。

[4]鼊鼊嶼：島名。即古米山，又名姑米山，今名久米島。鼊，源氏校勘記云：“鼊，其拘切，又音鈎。鼊，音壁。鼊，似龜而大，文如瑇瑁，可飾物。”

倭國在百濟、新羅東南，水陸三千里，於大海中依山島而居。魏時，譯通中國三十餘國，皆稱子。[1]夷人不知里數，但計以日。其國境，東西五月行，南北三月行，各至於海。其地勢，東高西下。居於邪摩堆，則《魏志》所謂邪馬臺者也。[2]又云：去樂浪郡境及帶方郡並一萬二千里，在會稽東，[3]與儋耳相近。[4]俗皆文身，自云太伯之後。[5]計從帶方至倭國，循海水行，歷朝鮮國，乍南乍東，七千餘里，始度一海。又南千餘里，度一海，闊千餘里，名瀚海，至一支國。又度一海千餘里，名末盧國。[6]又東南陸行五百里，至伊都國。[7]又東南百里，至奴國。[8]又東行百里，至不彌國。[9]又南水行二十日，至投馬國。[10]又南水行十日，陸行一月，至邪馬臺國，即倭王所都。

[1]皆稱子：源氏校勘記云："'子'《隋書》作'王'。"中華本校勘記云："《隋書》卷八一、《通志》卷一九四《倭傳》作'皆自稱王'。"是。

[2]邪馬臺：國名。日本彌生時代後期的倭人國家。年代當在公元二至三世紀，所在位置有九州和畿内大和兩説。中國語言學家鄭張尚芳認爲，邪馬臺是 Yamato（日語"大和"）的音譯。見《三國志》卷三〇《魏書·倭傳》。

[3]會稽：郡名。隋朝時治會稽縣，在今浙江紹興市。

[4]儋耳：族名。生活在海南島上的古部族。

[5]太伯：人名。姬姓，是周部落首領古公亶父（周太王）的長子。爲了避免發生王位争奪戰，而避地江南，紋身斷髮，以示不可用。見《史記》卷三一《吴太伯世家》。

[6]"至一支國"至"名末盧國"：源氏校勘記在"一支"旁藍筆小字夾批"壹岐"，在"末盧"旁藍筆小字夾批"松浦"。一支國，國名。在今日本長崎市壹岐市。末盧國，國名。公元三世紀時位於今日本九州唐津市靠東松浦半島的地區。

[7]伊都國：國名。在今日本福岡市前原市附近。

[8]奴國：國名。公元一至二世紀位於日本福岡縣博多。

[9]不彌國：國名。即馬韓的不彌國，在今韓國全羅南道羅州市。

[10]投馬國：國名。確址不詳。當在今日本境内。

漢光武時，遣使入朝，自稱大夫。安帝時，又遣朝貢，謂之倭奴國。靈帝光和中，[1]其國亂，遞相攻伐，歷年無主。[2]有女子名卑彌呼，能以鬼道惑衆，國人共立爲王。無夫，有二男子，[3]給王飲食，通傳言語。其王有宫室、樓觀、城栅，皆持兵守衛，爲法甚嚴。魏景初三年，公孫文懿誅後，卑彌呼始遣使朝貢。[4]魏主假金印紫綬。[5]正始中，卑彌呼死，更立男王。國中不服，更相誅殺，復立卑彌呼宗女臺與爲王。其後復立男王，並受中國爵命。江左歷晋、宋、齊、梁，朝聘不絶。

[1]光和：漢靈帝的年號（178—184）。

[2]主：毛本、局本作“王”。

[3]二男子：源氏校勘記云：“‘二’《梁書》作‘一’。”

[4]魏景初三年公孫文懿誅後卑彌呼始遣使朝貢：底本“三年”作“五年”，中華本校勘記云：“百衲、北、汲、殿四本‘三’作‘五’，南本及《梁書》作‘三’。按《三國志》卷三〇《倭傳》云：‘景初二年六月，倭女王遣大夫難升米等詣郡（帶方郡），求詣天子朝獻。’又據《三國志》卷三《明帝紀》，公孫淵被殺，在景初二年八月。若倭使是淵破後始來，則《三國志·倭傳》之‘二年’當是‘三年’之誤。今從南本及《梁書》。”今從改。

[5]金印紫綬：黄金印章，紫色綬帶。代表高官顯宦的服章。

及陳平，至開皇二十年，倭王姓阿每，字多利思比孤，號阿輩雞彌，[1]遣使詣闕。上令所司訪其風俗，使者言倭王以天爲兄，以日爲弟，天明時出聽政，[2]跏趺坐，[3]日出便停理務，云委我弟。文帝曰：“此大無義理。”於是訓令改之。王妻號雞彌，[4]後宫有女六七百人。[5]名太子爲利歌彌多弗利。無城郭。内官有十二等：一曰大德，次小德，次大仁，次小仁，次大義，次小義，次大禮，次小禮，次大智，次小智，次大信，次小信，員無定數。有軍尼一百二十人，猶中國牧宰。八十户置一伊尼翼，如今里長也。十伊尼翼屬一軍尼。其服飾，男子衣裙襦，其袖微小；履如屨形，漆其上，繫之脚。人庶多跣足，不得用金銀爲飾。故時，衣横幅，結束相連而無縫，頭亦無冠，但垂髮於兩耳上。至隋，其王始制冠，以錦綵爲之，以金銀鏤花爲飾。婦人束髮於後，亦衣裙襦，裳皆有襈。[6]攕竹聚以爲梳。編草爲薦，雜皮爲表，緣以文皮。有弓、矢、刀、稍、弩、矛贊、斧，漆皮爲甲，骨爲矢鏑。雖有兵，無征戰。

[1]阿輩雞彌：源氏校勘記在“阿輩雞彌”旁藍筆小字夾批“天也”。

[2]天明時出聽政：源氏校勘記云：“‘明’上《隋書》有‘未’字。”中華本校勘記云：“《隋書》‘天’下有‘未’字。按下云‘日出便停理務’，則有‘未’字是。”可從。

[3]跏趺坐：佛教徒坐法。雙足交叠而坐。

[4]王妻號雞彌：底本作“王妻姓鷄”，南監本、毛本、殿本、四庫本、局本、四部備要本、中華本作“號雞彌”，源氏校勘記“雞彌”旁藍筆小字夾批“君之訓乎”，中華本校勘記云：“諸本‘號’作‘姓’。《隋書》《通志》作‘號’。按上言王‘號阿輩雞彌’，《通典》解釋云：‘華言天兒也。’可知這裏也是王妻之號。今據改。”今從中華本改。

[5]後宫有女：底本、元大德本“有女”前空三格，其餘諸本

均作“後宫”。今從補。

［6］裳皆有襈：底本“襈”作“樸”，中華本校勘記云：“諸本‘襈’訛作‘樸’，據《隋書》改。”按：襈，衣裳邊的裝飾。樸，一種植物的名字。據文意，中華本是，今從改。

其王朝會，必陳設儀仗，奏其國樂。[1]户可十萬。俗，殺人、强盗及姦，皆死；盗者計贓酬物，無財者，没身爲奴；自餘輕重，或流或杖。每訊寃獄，不承引者，以木壓膝；或張强弓，以弦鋸其項。或置小石於沸湯中，令所競者探之，云理曲者即手爛；或置蚰瓮中，令取之，云曲者即螫手。人頗恬静，罕争訟，少盗賊。樂有五弦、琴、笛。男女皆黥臂，點面，文身。没水捕魚。無文字，唯刻木結繩。敬佛法，於百濟求得佛經，始有文字。知卜筮，尤信巫覡。[2]每至正月一日，必射戲飲酒，其餘節，略與華同。好棋博、握槊、摴蒱之戲。[3]氣候温暖，草木冬青。土地膏腴，水多陸少。以小環掛鸕鷀項，令入水捕魚，日得百餘頭。俗無盤俎，藉以槲葉，食用手餔之。性質直，有雅風。女多男少，婚嫁不取同姓，男女相悦者即爲婚。婦入夫家，必先跨火，[4]乃與夫相見。婦人不淫妬。死者斂以棺槨，親賓就屍歌舞，妻子兄弟以白布制服。貴人三年殯，庶人卜日而瘞。及葬，置屍船上，陸地牽之，或以小輿。有阿蘇山，[5]其石無故火起接天者，俗以爲異，因行祭禱。有如意寶珠，其色青，大如雞卵，夜則有光，云魚眼睛也。[6]新羅、百濟皆以倭爲大國，多珍物，並仰之，恒通使往來。

[1]奏其國樂：底本“其”上無“奏”字，中華本校勘記云：“諸本脱‘奏’字，據《隋書》補。”今從改。

[2]巫覡（xí）：男女巫師的合稱。巫，女巫。覡，男巫。

[3]摴蒱：古代一種類似擲色子的游戲。也作“樗蒲”。

[4]火：源氏校勘記云：“‘火’《隋書》作‘犬’。”

[5]阿蘇山：火山名。在今日本九州島熊本縣東北部。

[6]睛：源氏校勘記云：“‘睛’《隋書》作‘精’。”

大業三年，其王多利思比孤遣朝貢。使者曰：“聞海西菩薩天子重興佛法，故遣朝拜，兼沙門數十人來學佛法。”國書曰：“日出處天子致書日没處天子，無恙。”云云。帝覽不悦，謂鴻臚卿曰：“蠻夷書有無禮者，勿復以聞。”[1]明年，上遣文林郎裴世清使倭國，[2]度百濟，行至竹島，[3]南望耽羅國，經都斯麻國，[4]迥在大海中。又東至一支國，又至竹斯國。[5]又東至秦王國，[6]其人同於華夏，以爲夷洲，疑不能明也。又經十餘國，達於海岸。自竹斯國以東，皆附庸於倭。倭王遣小德何輩臺從數百人，設儀仗，鳴鼓角來迎。後十日，又遣大禮哥多毗從二百餘騎，郊勞。既至彼都，其王與世清。來貢方物。[7]此後遂絶。

[1]鴻臚卿：官名。晋、南朝宋時爲大鴻臚的别稱。掌朝會時贊導禮儀。北齊置爲鴻臚寺長官，三品。歷朝沿置，亦稱鴻臚寺卿。隋初爲正三品，煬帝時改爲從三品。

[2]文林郎：官名。煬帝大業三年於秘書省置文林郎爲職事官，員二十人，掌撰録文史、檢討舊時。從八品。　裴世清：人名。隋

遣日本使節。河東聞喜（今山西聞喜縣）人。出身望族。在隋爲文林郎、鴻臚寺掌客（掌對外接待事務的職事官），入唐爲駕部郎中、江州刺史。

[3]竹島：地名。今韓國全羅南道珍島西南之小島。

[4]都斯麻國：國名。在今日本對馬島。

[5]竹斯國：國名。在今日本九州的築紫。

[6]秦王國：國名。在今日本指山陽道西部秦氏居住地。

[7]其王與世清來貢方物：中華本校勘記云："按《隋書》云：'其王與清相見，大悦曰："我聞海西有大隋，禮義之國，故遣朝貢。我夷人僻在海隅，不聞禮義，是以稽留境内，不即相見。今故清道飾館，以待大使，冀聞大國惟新之化。"清答曰："皇帝德並二儀，澤流四海，以王慕化，故遣行人來此宣諭。"既而引清就館。其後清遣人謂其王曰："朝命既達，請即戒塗。"於是設宴享以遣清。復令使者隨清來貢方物。'這裏'世清'下當有脱文。"可從。

論曰：廣谷大川異制，人生其間異俗，嗜欲不同，言語不通，聖人因時設教，所以達其志而通其俗也。九夷所居，與中夏懸隔，然天性柔順，無橫暴之風，雖綿邈山海，而易以道御。夏、殷之世，時或來王。暨箕子避地朝鮮，始有八條之禁，[1]疏而不漏，簡而可久，化之所感，千載不絶。今遼東諸國，或衣服參冠冕之容，或飲食有俎豆之器，好尚經術，愛樂文史，游學於京都者，往來繼路，或没世不歸，非先哲之遺風，其孰能致於斯也？故孔子曰："言忠信，行篤敬，雖蠻貊之邦行矣。"[2]誠哉斯言。其俗之可採者，豈楛矢之貢而已乎？

[1]箕子避地朝鮮始有八條之禁：《漢書》卷八五《東夷傳》：

“昔箕子違衰殷之運，避地朝鮮。始其國俗未有聞也，及施八條之約，使人知禁，遂乃邑無淫盜，門不夜扃。”

[2]言忠信行篤敬雖蠻貊之邦行矣：語出《論語·衛靈公》：“子曰：‘言忠信，行篤敬，雖蠻貊之邦行矣。言不忠信，行不篤敬，雖州里行乎哉？’”

自魏迄隋，年移四代，時方争競，未遑外略。洎開皇之末，方征遼左，[1]天時不利，師遂無功。二代承基，志苞宇宙，頻踐三韓之地，屢發千鈞之弩。小國懼亡，敢同困獸，兵不載捷，四海騷然，遂以土崩，喪身滅國。兵志有之曰：“務廣德者昌，務廣地者亡。”然遼東之地，不列於郡縣久矣，諸國朝正奉貢，無闕於歲時。二代震而矜之，以爲人莫己若，不能懷以文德，遽動干戈，内恃富强，外思廣地，以驕取怨，以怒興師，若此而不亡，自古未聞也。然四夷之戒，安可不深念哉！

其豆莫婁、地豆干、烏洛侯，歷齊、周及隋，朝貢遂絶，其事故莫顯云。

[1]遼左：遼東的别稱。

北史　卷九五

列傳第八十三

蠻　獠　林邑　赤土　真臘　婆利

蠻之種類，蓋盤瓠之後。[1]在江、淮之間，部落滋蔓，布於數州，東連壽春，[2]西通巴蜀，[3]北接汝潁，[4]往往有焉。其於魏氏，不甚爲患，至晋之末，稍以繁昌，漸爲寇暴矣。自劉、石亂後，[5]諸蠻無所忌憚，故其族漸得北遷，陸渾以南，[6]滿於山谷，宛、洛蕭條，[7]略爲丘墟矣。

[1]盤瓠：指犬戎。《後漢書》卷八六《南蠻傳》："昔高辛氏有犬戎之寇……時帝有畜狗，其毛五采，名曰槃瓠。"

[2]壽春：縣名。治所在今安徽壽縣。

[3]巴蜀：源氏校勘記云："'巴蜀'《魏書》作'上洛'。"按：《魏書》作"上洛"。上洛，縣名。治所在今陝西商洛市商州區。莫知孰是。

[4]汝潁：指汝水和潁水，在今河南東北和安徽西北部地區。

[5]劉石亂：指公元304年匈奴人劉淵建立漢政權和公元319年石勒建立趙政權。

［6］陸渾：縣名。治所在今河南嵩縣東北部。

［7］宛洛：即今河南南陽市和洛陽市。借指名都。

道武既定中山，[1]聲教被于河表。泰常八年，[2]蠻王梅安率渠帥數千朝京師，[3]求留質子，以表忠欵。始光中，[4]拜安侍子豹爲安遠將軍、江州刺史、順陽公。[5]興光中，[6]蠻王文武龍請降，詔褒慰之，拜南雍州刺史、魯陽侯。[7]

［1］道武既定中山：北魏道武帝皇始二年（397）十月，道武帝占領北燕都城中山。道武，即北魏皇帝拓跋珪。道武爲其謚號。中山，城名。在今河北定州市。

［2］泰常：北魏明元帝的年號（416—423）。

［3］梅安：人名。曾帥西陽蠻渠帥附北魏。其餘不詳。　渠帥：大首領。一般作爲對敵方首領，尤其是少數民族首領的蔑稱。

［4］始光：北魏太武帝的年號（424—428）。

［5］安遠將軍：官名。東漢末始置。多用以封降將或邊遠地區的地方長官。三國魏、南北朝沿置。北魏孝文帝太和十七年（493）定爲從三品下，二十三年改爲第四品。　江州：北魏時治鹿關城，在今湖北麻城市西。　順陽公：封爵名。順陽，郡名。北魏時治南鄉縣，在今河南淅川縣西南。

［6］興光：北魏文成帝的年號（454—455）。

［7］南雍州：北魏時治蔡陽縣，在今湖北棗陽市西。　魯陽侯：封爵名。魯陽，郡名。北魏時治山北縣，在今河南魯山縣。

延興中，[1]大陽蠻首桓誕擁沔水以北，[2]滍、葉以南，[3]八萬餘落，遣使内屬。孝文嘉之，[4]拜誕征南將軍、東荆州刺史、襄陽王，[5]聽自選郡縣。

[1]延興：北魏孝文帝的年號（471—476）。

[2]大陽：地名。在今湖北蘄春縣西北。南朝宋時置大陽戍。 沔水：即漢水。北源自今陝西留壩縣，西源出自今陝西寧强縣。沔水入長江後，即今湖北武漢市以下部分，古代亦通稱爲沔水。底本作“河水”，源氏校勘記云：“《魏書》作‘沔水’。”中華本校勘記云：“諸本‘沔’訛作‘河’，據《魏書》卷一〇一（補）《蠻傳》改。《通志》卷一九七《板楯蠻傳》作‘漢水’。”今從改。

[3]滍（zhì）：即今河南魯山縣、葉縣境内的沙河。 葉：地名。在今河南葉縣南。

[4]孝文：即北魏皇帝元宏。孝文爲其謚號。

[5]征南將軍：官名。漢獻帝建安中曹操置，爲四征將軍之一。三國兩晋南北朝時多授持節都督，出鎮方面，地位一直很顯要，爲四征將軍之一。北魏孝文帝太和十七年定爲一品中，二十三年改爲二品。 東荆州：北魏時治沘陽縣，在今河南泌陽縣。 襄陽王：封爵名。遥封。襄陽，郡名。南朝宋時治襄陽縣，在今湖北襄樊市。

誕，字天生，桓玄之子也。[1]初，玄西奔至枚迴洲被殺，[2]誕時年數歲，流竄大陽蠻中，遂習其俗。及長，多智謀，爲群蠻所歸。誕既内屬，居朗陵。[3]太和四年，[4]王師南伐，誕請爲前驅。乃授使持節、南征西道大都督，[5]討義陽，[6]不果而還。十年，移居潁陽。[7]十六年，依例降王爲公。十七年，加征南將軍、中道大都督，征竟陵。[8]遇遷洛，師停。是時，齊征虜將軍、直閤將軍蠻首田益宗率部曲四千餘户内屬。[9]襄陽首雷婆思等十一人率户千餘内徙，求居大和川，[10]詔給廪食。後開南陽，[11]令有沔北之地，蠻人安堵，不爲寇賊。十八年，誕入朝，賞遇隆厚。卒，謚曰剛。

[1]桓玄：人名。字敬道，一名靈寶，譙國龍亢（今安徽懷遠縣）人。東晋權臣。見《晋書》卷九九《桓玄傳》。

[2]枚迴洲：長江中的小島名。即今湖北荆州市梅槐洲。

[3]朗陵：地名。在今河南確山縣。

[4]太和：北魏孝文帝的年號（477—499）。

[5]乃：毛本、殿本、四庫本、局本、四部備要本作“詔”。　使持節：漢代官吏奉使外出時，或由皇帝授予節杖，以提高其威權。魏晋以後，凡重要軍事長官出征或出鎮時，加使持節，可誅殺二千石以下官員。皇帝派遣大臣出巡或進行祭吊等事務時，亦使持節，以表示權力和尊崇。　大都督：官名。高級軍事長官。三國吴、魏初於戰争時臨時設置，作爲加官。後漸成爲常設官職，地位極高。晋、南朝沿之。在有戰事時亦臨時加置，冠以名號。還有以次銜都督某一地區軍事者。北魏前、中期未見，孝文帝太和十七年職員令及二十三年復次職員令皆未載。後期戰事較多時置，統兵出征，有時又加以各種名號，如南道大都督、徐州大都督等。東、西魏分裂後，授予漸濫。東魏、北齊時所置京畿大都督，權勢極重。

[6]義陽：縣名。治所在今河南信陽市西北。

[7]潁陽：縣名。治所在今河南登封市。

[8]竟陵：縣名。治所在今湖北天門市西北。

[9]征虜將軍：官名。三國、魏晋南朝宋、齊、梁及北魏爲武官，亦作爲高級文職官員的加官。北魏孝文帝太和十七年定爲第三品上，二十三年改爲從三品。　直閣將軍：官名。南朝及北魏、北齊置。爲皇帝左右侍衛之官，地位顯要。北魏時，多以宗室任此職。孝文帝太和十七年定爲從三品中，二十三定爲從四品。　蠻

首：源氏校勘記云："'首'《魏書》作'酋'。下皆同。" 田益宗：人名。光城（今河南光山縣）人。南北朝時期四山蠻首。見《北史》卷三七《田益宗傳》。 部曲：本爲軍隊編制，東漢末，演變爲私人武裝。魏晋南北朝時，世族、豪族普遍擁有部曲，平時耕田從役，戰時隨主人作戰。父死子繼，地位低下。南北朝後期，地位稍有上升，有一些經主人放免爲平民。

[10]求：殿本校勘記云："'求'（北）監本訛'永'。今改從南（監）本。" 大和川：河名。在今河南嵩縣。因臨近大和山而得名。

[11]南陽：郡名。北魏時治宛縣，在今河南南陽市。

子暉，字道進，位龍驤將軍、東荆州刺史，[1]襲爵。景明初，[2]大陽蠻首田育丘等二萬八千户内附，[3]詔置四郡十八縣。暉卒，贈冠軍將軍。[4]

[1]龍驤將軍：官名。北魏孝文帝太和十七年定爲三品上，二十三年改爲從三品。

[2]景明：北魏宣武帝的年號（500—504）。

[3]田育丘：殿本校勘記云："（北）監本缺'丘'字。今從南（監）本增入。"

[4]冠軍將軍：官名。漢獻帝建安中置，三國魏、吴沿置。西晋時領有營兵。魏晋皆三品。十六國時期後趙、前秦、後燕、南燕、西秦、北凉皆置。南北朝時爲將軍名號，南朝宋爲三品；齊品秩不詳，位在輔國將軍之上。北魏孝文帝太和二十三年定爲從三品。

三年，魯陽蠻魯北燕等聚衆攻逼頻，詔左衛將軍李崇討平之，[1]徙萬餘家於河北諸州及六鎮。[2]尋叛南走，所在追討，比及河，殺之皆盡。四年，東荆州蠻樊素安反，僭帝號。正始元年，[3]素安弟秀安復反，李崇、楊大眼悉討平之。[4]二年，梁沔東太守田清喜擁七郡三十一縣、户萬九千，[5]遣使内附，乞師討梁。其雍州以東、石城以西，[6]五百餘里水陸援路，請率部曲斷之。四年，梁永寧太守文雲生六部，[7]自漢東遣使歸附。

[1]頻：中華本校勘記云："《魏書》'頻'作'潁川'二字，從上讀。《通典》卷一八七《板楯蠻傳》作'潁陽'。本書卷四三、《魏書》卷六六《李崇傳》作'湖陽'。按'潁陽''潁川''湖陽'未知孰是。但'頻'當是'潁'之訛，下有脱字。"可從。按：《資治通鑑》卷一四五："魯陽蠻魯北鷰等起兵攻魏潁州。"左衛將軍：官名。晋武帝始置。分中衛將軍爲左右衛將軍，掌飛虎賁及前驅、由基、强弩三部司馬，負責宫禁宿衛。西晋初屬中軍將軍，後屬領軍將軍（中領軍），爲禁衛軍主要統帥之一，權任很重，多由皇帝親信職任擔任。北魏孝文帝太和十七年定爲從二品下，二十三年改爲三品。孝明帝正光元年（521）改爲員二人。　李崇：人名。字繼長，小名繼伯，頓丘（今河南清豐縣西南）人。北魏官吏。見《北史》卷四三《李崇傳》。

[2]六鎮：北魏爲了防禦北方游牧民族的攻擊而自東向西設立懷荒鎮（今河北張北縣）、柔玄鎮（今内蒙古興和縣西北）、撫冥鎮（今内蒙古四子王旗東南）、武川鎮（今内蒙古武川縣西）、懷朔鎮（今内蒙古固陽縣南）、沃野鎮（今内蒙古五原縣東北）等軍鎮，史稱六鎮。

[3]正始：北魏宣武帝的年號（504—508）。

[4]楊大眼：人名。世居仇池（今甘肅西和縣），氐族。北魏名將。見《北史》卷三七《楊大眼傳》。

[5]沔東：郡名。南朝梁時治荒郡，在今湖北襄樊市東、天門

市西。　田清喜：毛本、局本作“喜”，源氏校勘記云：“‘善’《魏書》作‘喜’。”

[6]雍州：南朝梁時治襄陽縣，在今湖北襄樊市。　石城：縣名。治所在今湖北鍾祥市。

[7]永寧：郡名。南朝梁時治長寧縣，在今湖北荆門市西北。

永平初，[1]東荆州表，[2]太守桓叔興前後招慰大陽蠻歸附者一萬七百户，[3]請置郡十六、縣五十，詔前鎮東府長史酈道元檢行置之。[4]叔興即暉弟也。延昌元年，[5]拜南荆州刺史，居安昌，[6]隸於東荆。三年，梁遣兵討江、沔，破掠諸蠻，百姓擾動。蠻自相督率二萬餘人，頻請統帥，蠻以爲聲勢。[7]叔興給一統并威儀，爲之節度，蠻人遂安。其年，梁雍州刺史蕭藻遣其將蔡令孫等三將寇南荆之西南，[8]沿襄、沔上下，破掠諸蠻。蠻首梁龍驤將軍樊石廉叛梁，[9]來請援。遣叔興與石廉督集蠻夏二萬餘人擊走之，[10]斬令孫等三將。藻又遣其新陽太守邵道林，[11]於沔水之南、石城東北立清水戍，爲抄掠之基。叔興遣諸蠻擊破之。四年，叔興上表，請不隸東荆，許之。梁人每有寇抄，叔興必摧破之。

[1]永平初：底本作“永寧”，中華本校勘記云：“諸本‘平’作‘寧’，《魏書》作‘平’。按魏無‘永寧’，‘永平’是宣武年號。今據改。”今從改。永平，北魏宣武帝的年號（508—512）。

[2]東荆州表：馮夢禎南監本校勘記云：“《魏書》‘荆州表’下注‘原闕’二字。”殿本校勘記云：“《魏書》‘表’字下注‘闕二字’。”

[3]桓叔興：人名。譙國龍亢（今安徽懷遠縣）人。東晋桓玄

之後。

[4]鎮東府長史：官名。鎮東將軍府的長史。鎮東將軍，東漢末置。三國時與鎮西、鎮南、鎮北將軍合稱四鎮將軍。多授持節都督，出鎮方面。魏晋南北朝沿置。北魏孝文帝太和十七年定爲從一品下，二十三年改爲從二品。長史，官名。秦設，掌参政務，主管屬吏。西漢因之，於丞相府、諸公府、軍府皆設。爲府中掾屬之長。漢起，諸王國、郡府、屬國等亦設。歷朝因之，擴至州府、都督府等。官秩不一。　酈道元：人名。一作“酈元”，字善長，范陽涿鹿（今河北涿鹿縣東南）人。北魏官吏、地理學家。見《北史》卷二七《酈範附酈道元傳》。

[5]延昌：北魏宣武帝的年號（512—515）。

[6]安昌：縣名。治所在今湖北棗陽縣東。爲南荆州治所。

[7]頻請統帥蠻以爲聲勢：中華本校勘記云：“《魏書》無‘蠻以’二字。按文義不可解，當有訛脱。”可從。

[8]蕭藻：人名。本名蕭淵藻，因避唐高祖李淵諱改。字靖藝，小名迦葉，南蘭陵（一説在今江蘇常州市，一説在今江蘇丹陽市）人。南朝梁宗室。見《梁書》卷二三《長沙嗣王業附蕭藻傳》。蔡令孫：人名。南朝梁將領，曾任虎旅將軍、新豐縣開國子。

[9]樊石廉：源氏校勘記云：“‘樊’《魏書》作‘楚’。”

[10]遣叔興與石廉督集蠻夏二萬餘人擊走之：底本“遣叔興”作“叔興遣”，源氏校勘記云：“《魏書》無‘遣’字。爲是。”中華本校勘記云：“諸本‘遣’字在‘叔興’下，《魏書》無‘遣’字。《通典》作‘遣蠻帥桓叔率夷夏二萬餘人擊之’。按《通典》脱‘興’字，但可證‘遣’字當在‘叔興’上。今據乙。”今從改。

[11]新陽：郡名。治所不詳，在今湖北境内。

正光中，[1]叔興擁所部南叛。蠻首成龍强率户數千内附，拜刺史；蠻帥田牛生率户二千内徙揚州，[2]拜爲郡守。梁義州刺史、邊城王文僧明，[3]鐵騎將軍、邊城太守田官德等率户萬餘，[4]舉州内屬。拜僧明平南將軍、西豫州刺史，[5]封開封侯；[6]官德龍驤將軍、義州刺史；自餘封授各有差。僧明、官德並入朝。蠻出山至邊城、建安者，[7]八九千户。義州尋爲梁將裴邃所陷。[8]梁定州刺史田超秀亦遣使求附，[9]請援歷年。朝廷恐輕致邊役，未之許。會超秀死，其部曲相率内附，徙之六鎮、秦隴，所在反叛，二荆、西郢蠻大擾動，[10]斷三鵶路，[11]殺都督，寇盜至於襄城、汝水，[12]百姓多被其害。梁遣將圍廣陵，[13]楚城諸蠻並爲前驅。[14]自汝水以南，恣其暴掠，連年攻討，散而復合，其暴滋甚。

[1]正光：北魏孝明帝的年號（520—525）。

[2]田牛生：源氏校勘記云："'牛'《魏書》作'午'。"　揚州：北魏時治壽春縣，在今安徽壽縣。

[3]義州：南朝梁時治木蘭縣，在今湖北武漢市黄陂區。　邊城王：封爵名。邊城，郡名。南朝梁時治所不詳，當在今湖北黄岡市。

[4]鐵騎將軍：官名。南朝梁置。梁武帝天監七年（508）定爲武職二十四班中的六班；普通六年（525）改爲武職三十四班中的九班。　田官德：《資治通鑑》卷一四九作"田守德"。

[5]平南將軍：官名。漢獻帝建安初置。三國魏時與平西、平東、平北將軍合稱四平將軍，權任很重，多持節都督或監某一地區軍事，有時亦作爲刺史等地方官兼理軍務時的加官。北魏孝文帝太和十七年定爲從二品上，二十三年改爲三品。　西豫州：南朝梁時廣陵城，在今河南息縣。

[6]開封侯：封爵名。開封，縣名。治所在今河南開封市南。

[7]邊城：郡名。北魏時治期思鎮，在今河南淮濱縣南。　建安：郡名。治所不詳。《資治通鑑》卷一六一胡三省注云："壽陽、義陽之間有建安戍。蕭子顯《齊志》及《五代志》皆不言於此置郡。《五代志》又云：黄州麻城縣，梁置建寧郡。或者史以建寧爲建安歟？更考。"暫從。

[8]義州：北魏時僑置，治汲郡陳城縣，在今河南衛輝市西南。　裴邃：人名。字淵明，河東聞喜（今山西聞喜縣）人。南北朝時將領。見《梁書》卷二八《裴邃傳》。

[9]定州：南朝梁時治蒙蘢城，在今湖北麻城市東北。　田超秀：人名。田益宗之子。南朝梁武帝天監十三年叛魏入梁，一年後又叛梁入魏。

[10]其部曲相率内附徙之六鎮秦隴所在反叛二荆西郢蠻大擾動：中華本校勘記云："《通典》《通志》作：'其後因六鎮、秦、隴所在反叛，二荆、西郢蠻大擾動。'（《通典》無'二''西'兩字）按'徙之'下疑有脱文。"可從。秦隴，秦山和隴山並稱。指今陝西、甘肅地區。二荆，指荆州和北荆州。荆州，北魏時治穰縣，在今河南鄧州市。東荆州，北魏時治沘陽縣，在今河南泌陽縣。西郢，州名。北魏時治真陽縣，在今河南正陽縣東。

[11]三鵶路：自今河南南陽市至洛陽市之間最近的一條路。從南陽盆地循今白河支流口子河谷北行，逾伏牛山分水嶺循瀼河谷抵魯山，北通汝洛。路經三鵶，自南而北，第一鵶在今南陽市北古向城縣（今皇路店）北百重山；第二鵶在分水嶺北麓；第三鵶即魯陽關（今南召、魯山二縣界上）。

[12]襄城：郡名。北魏時治上馬縣，在今河南唐河縣。

[13]廣陵：縣名。治所在今江蘇揚州市西北。

[14]楚城：地名。在今河南汝南縣西南。楚，殿本校勘記云："《魏書》作'樊'。"

又有冉氏、向氏、田氏者，陬落尤盛。餘則大者萬家，小者千户，更相崇樹，[1]僭稱王侯。屯據三峽，[2]斷遏水路，荆蜀行人，至有假道者。

[1]更相崇樹：底本“崇”下無“樹”字，中華本校勘記云：“諸本脱‘樹’字，據《周書》卷四九《蠻傳》補。”今從改。

[2]三峽：指長江上游重慶、湖北之間的瞿塘峽、巫峽和西陵峽。

周文略定伊、瀍，[1]聲教南被，諸蠻畏威，靡然向風矣。大統五年，[2]蔡陽蠻王魯超明内屬，[3]授南雍州刺史，[4]仍世襲焉。十一年，蠻酋梅勒特來貢其方物。[5]尋而蠻帥田杜青及江漢諸蠻擾動，[6]大將軍楊忠擊破之。[7]其後蠻帥杜青和自稱巴州刺史，[8]入附，朝廷因其所稱而授之。杜青和後遂反，攻圍東梁州。[9]其唐州蠻田魯嘉亦叛，[10]自號豫州伯。[11]王雄、權景宣等前後討平之。[12]

[1]周文：即宇文泰。文爲其謚號，北周明帝所追謚。　伊瀍：伊水與瀍水並稱，均在今河南，流入洛水。此處代指洛陽。

[2]大統：西魏文帝的年號（535—551）。

[3]蔡陽：縣名。治所在今湖北棗陽市西南。

[4]南雍州：西魏時治蔡陽縣，在今湖北棗陽市西南。

[5]蠻酋：源氏校勘記云：“‘酋’《周書》作‘首’。下同。”

[6]尋而蠻帥田杜青及江漢諸蠻擾動：底本“杜青”後有“和”字，源氏校勘記云：“‘杜青和’《周書》此一處作‘杜清’二字，下皆作‘杜青和’，蓋以清與青和爲二人；‘江’作‘沔’。”

中華本校勘記云："諸本'青'下有'和'字，《周書》無，又'江'作'沔'。按《周書》卷一九《楊忠傳》見'田杜清'，卷二七《厙狄昌傳》見'田社清'，都是此人。'杜''杜''社'未知孰是。'和'乃涉下文'杜青和'而衍，今據删。又楊忠鎮壓田杜青時在西魏大統末，其時西魏勢力未達長江。作'沔漢諸蠻'是。"今從改。

[7]大將軍：官名。北魏、北齊時與大司馬並號"二大"，共典軍政，常由權臣兼任，皆一品。　楊忠：人名。字揜于，小字奴奴，祖籍弘農華陰（今陝西華陰市東南）。北周權臣、外戚，隋朝開國皇帝楊堅的父親。見《周書》卷一九《楊忠傳》。

[8]巴州：南朝梁時治巴陵縣，在今湖南岳陽市。

[9]東梁州：西魏時治安康縣，在今陝西石泉縣東南池河西北。

[10]唐州：西魏時治下溠縣，在今湖北隨州市西北唐縣鎮。

[11]豫州：西魏時治上蔡縣，在今河南汝南縣。

[12]王雄：人名。字胡布頭，太原（今山西太原市晋源區古城營村一帶）人。西魏、北周官吏、將領。見《北史》卷六〇《王雄傳》。　權景宣：人名。字暉遠，天水顯親（今甘肅秦安縣）人。北魏、西魏、北周將領。見《北史》卷六一《權景宣傳》。

廢帝初，[1]蠻首樊舍舉落内附，以爲督淮北三州諸軍事、淮州刺史、淮安郡公。[2]于謹等平江陵，[3]諸蠻騷動，詔豆盧寧、蔡祐等討破之。[4]恭帝二年，[5]蠻酋宜人王田興彦、北荆州刺史梅季昌等相繼欵附。[6]以興彦、季昌並爲開府儀同三司，[7]加季昌洛州刺史，[8]賜爵石臺縣公。[9]

[1]廢帝：即西魏皇帝元欽。

[2]淮州：西魏時治沘陽城，在今河南泌陽縣西。　淮安：郡名。西魏時治沘陽城，在今河南泌陽縣西。

[3]于謹：人名。字思敬，小名巨彌，河南洛陽（今河南洛陽市東北）人。北魏、西魏、北周將領。見《北史》卷二三《于栗磾附于謹傳》。　江陵：縣名。治所在今湖北江陵縣。

[4]豆盧寧：人名。字永安，昌黎徒何（今遼寧錦州市）人。其先本姓慕容氏，前燕之支庶。後歸附北魏，賜姓豆盧氏。西魏、北周大將。見《北史》卷六八《豆盧寧傳》。　蔡祐：人名。字承先，陳留圉（今河南杞縣）人。西魏、北周將領。見《北史》卷六五《蔡祐傳》。

[5]恭帝：即西魏皇帝元廓。恭爲其謚號。

[6]宜人：地名。當在今湖北京山縣。本作“宜民”，避唐太宗李世民諱改。　北荆州：東魏時治伏流城，在今河南嵩縣東北。

[7]開府儀同三司：三國魏始置，爲大臣加號，意謂與三司即太尉、司徒、司空的禮制待遇相同，許開設府署，自辟屬僚。兩晉南北朝因之。北魏孝文帝太和二十三年定爲從一品。

[8]洛州：西魏時治洛陽縣，在今河南洛陽市東北。

[9]石臺縣公：封爵名。石臺，縣名。治所在今河南汝州市西。

其後，巴西人譙淹扇動群蠻以附梁，[1]蠻帥向鎮侯、向白虎等應之；[2]向五子王又攻陷信州；[3]田烏度、田唐等抄斷江路；[4]文子榮復據荆州之汶陽郡，[5]自稱仁州刺史；[6]并鄰州刺史蒲微亦舉兵逆命。[7]詔田弘、賀若敦、潘招、李遷哲等討破之。[8]周武成初，[9]文州蠻叛，[10]州軍討定之。尋而冉令賢、向五子王等又攻陷白帝，[11]殺開府楊長華，[12]遂相率作亂。前後遣開府元契、趙剛等總兵出討，[13]雖頗翦其族類，而元惡未除。[14]

［1］巴西人：底本作“巴蜀西人”，源氏校勘記云：“《周書》無‘蜀’字。”中華本校勘記云：“諸本‘巴’下有‘蜀’字，《周書》無。按本書卷六八、《周書》卷二八《賀若敦傳》也作‘巴西人譙淹’，今删‘蜀’字。”今從改。

［2］向白虎：源氏校勘記云：“（《周書》）‘白虎’作‘日彪’。”中華本校勘記云：“《周書》‘虎’作‘彪’。按《周書》及本書《賀若敦傳》也作‘彪’。《北史》例避‘虎’字，此乃後人所改。”

［3］信州：北周時治白帝城，在今重慶奉節縣白帝村西南。

［4］田唐等抄斷江路：源氏校勘記云：“‘唐等’上《周書》有‘都’字。”按：中華本《周書》卷四九《蠻傳》有“都”字。

［5］汶陽郡：底本作“政陽郡”，殿本、四庫本、四部備要本作“正陽郡”，源氏校勘記云：“‘政’《周書》作‘汶’。”中華本校勘記云：“諸本‘汶’作‘政’，《周書》作‘汶’。按《周書》卷二五《李賢傳》、卷四四《陽雄傳》都作‘汶陽’。汶陽郡見《隋書·地理志下》夷陵郡遠安縣注。‘政陽’無此郡名。今據改。”今從改。汶陽，郡名。當在今湖北當陽市境内。

［6］仁州：北周時治赤坎城，在今安徽懷遠縣西北。

［7］鄰州：北周時治臨山縣，在今四川大竹縣西南。

［8］田弘：人名。字廣略，高平（今寧夏固原市）人。西魏、北周官吏、將領。見《北史》卷六五《田弘傳》。　賀若敦：人名。代（今山西大同市東北）人，後徙居河南洛陽（今河南洛陽市東北），鮮卑族。西魏、北周將領。見《北史》卷六八《賀若敦傳》。　潘招：底本作“潘和”，源氏校勘記云：“‘潘和’《周書》作‘潘招’。按《賀若敦傳》，《周書》作‘潘詔’，全是‘招’之誤；《北史》作‘段韶’，未知孰是。”中華本校勘記云：“諸本‘招’作‘和’，《周書》作‘招’。按《周書》卷二五《李賢傳》、卷二八《賀若敦傳》、卷四四《陽雄傳》都作‘招’。今據改。”今從改。　李遷哲：人名。字孝彦，安康（今陝西安康市）人。北周

將領。見《北史》卷六六《李遷哲傳》。

[9]武成：北周明帝的年號（559—560）。

[10]文州：北周時治建昌縣，在今甘肅文縣西南。

[11]白帝：城名。在今重慶奉節縣東白帝城。

[12]開府：魏晋南北朝時爲開府儀同三司的省稱。

[13]元契：人名。北周、隋朝將領。隋文帝開皇年間，與高智慧等激戰，失敗自殺。　趙剛：人名。字僧慶，河南洛陽（今河南洛陽市東北）人。北周官吏、大將。見《北史》卷六九《趙剛傳》。

[14]元惡：猶首惡。

天和元年，[1]詔開府陸騰督王亮、司馬裔等討之。[2]騰水陸俱進，次于湯口，[3]先遣喻之。而令賢方增浚城池，嚴設扞禦，遣其長子西黎、次子南王領其支屬，於江南險要之地，置立十城，[4]遠結涔陽蠻爲其聲援。[5]令賢率其卒，固守水邏城。[6]騰乃總集將帥謀進趣，咸欲先取水邏，然後經略江南。騰言於衆曰："令賢内恃水邏金湯之險，外託涔陽輔車之援，兼復資糧充實，器械精新。以我懸軍，攻其嚴壘，脱一戰不尅，更成其氣。不如頓軍湯口，先取江南，翦其毛羽，然後遊軍水邏，[7]此制勝之計也。"衆皆然之。乃遣開府王亮率衆渡江，旬日攻拔其八城，凶黨奔散，獲賊帥冉承公並生口三千人，降其部衆一千户。遂簡募驍勇，數道分攻水邏。路經石壁城，險峻，四面壁立，故以名焉。唯有一小路，緣梯而上，蠻蜑以爲峭絶，非兵衆所行。騰被甲先登，衆軍繼進，備經危阻，累日乃得舊路。且騰先任隆州總管，[8]雅知其路蠻帥冉伯犁、冉安西與令賢有隙。騰乃招誘伯犁等，結爲父子，又多遺錢帛。伯犁等悦，遂爲鄉導。水邏側又有石勝城者，亦是險要，令賢使其兄龍真據之。[9]騰又密告龍真云，若平水邏，使其代令賢處之。龍真大悦，遣其子詣騰。乃厚加禮接，賜以金帛。蠻貪利既深，仍請立效，乃謂騰曰："欲翻所據城，恐人力寡少。"騰許以三百兵助之。既而遣二千人，銜枚夜進，龍真力不能禦，遂平石勝城。晨至水邏，蠻衆大潰，斬首萬餘級。令賢遁走，追而獲之。[10]司馬裔又別下其二十餘城，獲蠻帥冉三公等。[11]騰乃積其骸骨於水邏城側爲京觀，後蠻蜑望見輒大哭，自此狼戾之心輟矣。

[1]天和：北周武帝的年號（566—572）。

[2]陸騰：人名。字顯聖，代（今山西大同市東北）人。北魏、西魏、北周大將。見《北史》卷二八《陸俟附陸騰傳》。　司馬裔：人名。字遵胤，河内温（今河南温縣）人。晉司馬氏的後裔，北周大將。見《北史》卷二九《司馬楚之附司馬裔傳》。

[3]湯口：地名。在今重慶雲陽縣東。

[4]十城：殿本校勘記云："'十'（北）監本訛'土'。下文云'旬日攻拔其八城'。當以'十'爲是。今改從《周書》。"

[5]涔陽：地名。在今湖北公安縣南。

[6]水邏城：在今重慶奉節縣東。

[7]遊：殿本、四庫本、四部備要本作"進"。殿本校勘記云："'進'（北）監本訛'遊'。今改從《周書》。"源氏校勘記改"遊"作"進"。

[8]隆州：北周時治閬中縣，在今四川閬中市。

[9]令賢使其兄龍真據之：源氏校勘記云："'兄'下《周書》有'子'字。似是。"中華本校勘記云："《周書》'兄'下有'子'字。"

[10]追而獲之：底本"而"上無"追"字，中華本校勘記云："諸本脱'追'字，據《周書》《通志》補。"今從改。

[11]冉：底本作"并"，殿本、四庫本、四部備要本、中華本作"冉"，殿本校勘記云："'冉'（北）監本作'并'。今改從《周書》。"源氏校勘記云："'并'《周書》作'冉'。"今從改。

時向五子王據石墨城，[1]令其子寶勝據雙城。[2]水邏平後，頻遣喻之，而五子王猶不從命。騰又遣王亮屯牢坪，司馬裔屯雙城以圖之。騰慮雙城孤峭，攻未可拔，賊若委城遁散，又難追討。乃令諸軍周迴立栅，遏其走路，賊乃大駭。於是縱兵擊破之，禽五子王於石墨，獲寶勝於雙城，悉斬諸向首領，生禽萬餘口。信州舊居白帝，[3]騰更於劉備故宫城南、八陳之北，[4]臨江岸築城，移置信州。又以巫縣、信陵、秭歸並築城置防，[5]以爲襟帶焉。

[1]石墨城：地名。在今重慶奉節縣東。源氏校勘記云："'墨'《周書》作'默'。"

[2]雙城：在今重慶奉節縣、巫溪縣之間。

[3]居：殿本、四庫本、四部備要本作"治"，殿本校勘記云："'治'（北）監本訛'居'。今改從《周書》。"

[4]劉備故宫城：即永安宫。劉備託孤的地方，在今重慶奉節縣。　八陳：即八陣磧。在今重慶奉節縣。陳，同"陣"。

[5]巫縣：治所在今重慶巫山縣。　信陵：縣名。治所在今湖

北巴東縣東北部長江南岸。　秭歸：縣名。治所在今湖北秭歸縣。

天和六年，蠻渠冉祖憙、冉龍驤又反，詔大將軍趙誾討平之。自此群蠻懼息，[1]不復爲寇。

［1］懼息：源氏校勘記云："'懼'《周書》作'懾'。"

獠者蓋南蠻之別種，自漢中達于邛、笮，[1]川洞之間，所在皆有。種類甚多，散居山谷，略無氏族之別。又無名字，所生男女，唯以長幼次第呼之。其丈夫稱"阿謩""阿段"，婦人"阿夷""阿等"之類，[2]皆語之次第稱謂也。依樹積木，以居其上，名曰"干闌"，干闌大小，隨其家口之數。往往推一長者爲王，亦不能遠相統攝。父死則子繼，若中國之貴族也。獠王各有鼓角一雙，使其子弟自吹擊之。好相殺害，多死，不敢遠行。[3]能卧水底持刀刺魚，其口嚼食並鼻飲。死者，竪棺而埋之。性同禽獸，至於忿怒，父子不相避，唯手有兵刃者先殺之。若殺其父，走避外，求得一狗以謝，不復嫌恨。[4]若報怨相攻擊，必殺而食之；平常劫掠，賣取豬狗而已。[5]親戚比鄰，指授相賣。被賣者號哭不服，逃竄避之，乃將買人指捕，逐若亡叛，獲便縛之。但經被縛者，即服爲賤隸，不敢稱良矣。亡失兒女，一哭便止，不復追思。唯執楯持矛，不識弓矢。用竹爲簧，群聚鼓之，以爲音節。能爲細布，色至鮮净。大狗一頭，買一生口。其俗畏鬼神，尤尚淫祀。所殺之人美鬢髯者，乃剥其面皮，籠之於竹，及燥，號之曰"鬼"，鼓舞祀之，以求福利。至有賣其昆季妻孥盡者，乃自賣以供祭焉。鑄銅爲器，大口寬腹，名曰銅爨，[6]既薄且輕，易於熟食。

[1]漢中：郡名。時治南鄭縣，在今陝西漢中市。 邛笮：漢朝時西南夷的兩個古國名。其俗用竹索渡水，故名。在今四川西昌市、漢源縣一帶。

[2]阿等：殿本校勘記云："'等'《周書》作'第'。今各本俱同。仍之。"

[3]多死不敢遠行：中華本校勘記云："《魏書》卷一〇一《獠傳》無'死'字。按《通典》卷一八七、《通志》卷一九七《獠傳》作'多仇怨'。疑'死'乃'怨'之訛，脱'仇'字，補《魏書》者因删'死'字。"可從。

[4]走避外求得一狗以謝不復嫌恨：中華本校勘記云："《魏書》無'外'字，'謝'下有'其母，毋得狗謝'六字。《通典》《通志》'外'上有'於'字，'謝'下有'其母，然後敢歸，毋得狗謝'十字。按這裏當有脱文。"

[5]豬：底本作"諸"，殿本、四庫本、局本、四部備要本、中華本作"豬"，殿本校勘記云："'豬'，（北）監本訛'諸'。今改從《魏書》。"今從改。

[6]銅爨（cuàn）：底本"爨"作"釁"，中華本校勘記云："諸本'爨'訛作'釁'，據《魏書》《通典》《通志》改。"今從改。

建國中，[1]李勢在蜀，[2]諸獠始出巴西、渠川、廣漢、陽安、資中，[3]攻破郡國，爲益州大患。[4]勢内外受敵，所以亡也。自桓温破蜀之後，[5]力不能制。又蜀人東流，山險之地多空，獠遂挾山傍谷。與夏人參居者,[6]頗輸租賦；在深山者，仍不爲編户。[7]梁、益二州歲伐獠,[8]以裨潤公私，頗藉爲利。

[1]建國：十六國時期拓跋什翼犍的年號（338—376）。

[2]李勢在蜀：指十六國時期李勢作成漢君主。李勢，人名。字子仁。十六國時成漢末代君主。見《晋書》卷一二一《李勢載記》。

[3]巴西：郡名。東晋時治閬中縣，在今四川閬中市。　廣漢：郡名。東晋時治雒縣，在今四川廣漢市北。　陽安：地名。在今四川簡陽市東。　資中：地名。在今四川資中縣北。

[4]益：州名。東晋時治成都縣，在今四川成都市。

[5]桓温：人名。字元子，譙國龍亢（今安徽懷遠縣）人。東晋將領、權臣。公元347年破蜀。見《晋書》卷九八《桓温傳》。

[6]夏人：猶漢人。

[7]編户：編入國家户籍之平民，無貴賤之分而有貧富之别。秦漢時已有此稱。

[8]梁益二州歲伐獠：中華本校勘記云："《魏書》'梁'上有'蕭衍'二字,《通典》有'至梁武帝'四字。按其時梁、益二州屬蕭梁，此處應重'梁'字。"可從。梁，州名。南朝梁時治南鄭縣，在今陝西漢中市。

正始中，夏侯道遷舉漢中内附,[1]宣武遣尚書邢巒爲梁、益二州刺史以鎮之,[2]近夏人者安堵樂業，在山谷者不敢爲寇。後以羊祉爲梁州,[3]傅竪眼爲益州。[4]祉性酷虐，不得物情。梁輔國將軍范季旭與獠王趙清荆率衆屯孝子谷,[5]祉遣統軍魏胡擊走之。[6]後梁寧朔將軍姜白復擁夷獠入屯南城,[7]梁州人王法慶與之通謀，衆屯於固門川，祉遣征虜將軍討破之。[8]竪眼施恩布信，大得獠和。後以元法僧代傅竪眼爲益州。[9]法僧在任貪殘，獠遂反叛，勾引梁兵，圍逼晋壽。[10]朝廷憂之，以竪眼先得物情，復令乘傳往撫。獠聞竪眼至，莫不欣然，拜迎道路，於是而定。

[1]夏侯道遷：人名。譙國（今安徽亳州市）人。北魏官吏、大將，後叛魏歸梁。見《北史》卷四五《夏侯道遷傳》。

[2]宣武：即北魏皇帝元恪。宣武爲其謚號。　邢巒：人名。字洪賓，河間鄚（今河北任丘市北）人。北魏官吏。見《北史》卷四三《邢巒傳》。　梁：州名。北魏時治南鄭縣，在今陝西漢中市。　益：州名。北魏時治晋壽縣，在今四川廣元市。

[3]羊祉：人名。字靈祐，太山鉅平（今山東泰安市）人。北魏官吏。見《北史》卷三九《羊祉傳》。

[4]傅竪眼：人名。北魏大將。見《北史》卷四五《傅竪眼傳》（參張光明《山東淄博市發現北魏傅竪眼墓誌》，《考古》1987年第2期）。

[5]輔國將軍：官名。將軍名號。漢獻帝建安元年（196）置，儀比三司。三國、兩晋沿置，魏晋時皆三品。南朝梁武帝天監二年罷，改置輕車至貞毅等五號將軍代之。　孝子谷：地名。確址不詳。

[6]統軍：官名。漢晋時已有。北魏復設，爲統兵武官，在都將、别將之下，軍主之上。品秩不一。孝文帝太和二十三年定爲從八品。

[7]寧朔將軍：官名。三國魏始置，南朝梁武帝天監七年置寧遠將軍等五號將軍代此。但後仍有除授。

[8]祉遣征虜將軍討破之：馮夢禎南監本校勘記云："《魏書》'征虜將軍'下缺二字。"中華本校勘記云："《魏書》'軍'下空二

格。按此脱人名。”可從。

[9]元法僧：人名。北魏宗室。爲政貪虐，後歸梁。見《梁書》卷三九《元法僧傳》。

[10]晋壽：縣名。治所在今四川廣元市。

及元桓、元子真相繼爲梁州，[1]並無德績，諸獠苦之。其後，[2]朝廷以梁、益二州控攝嶮遠，乃立巴州以統諸獠。[3]後以巴酋嚴始欣爲刺史。又立隆城鎮，[4]所綰獠二十萬户。彼謂北獠，歲輸租布，又與外人交通貿易。巴州生獠，並皆不順，其諸頭王，每於時節謁見刺史而已。孝昌初，[5]諸獠以始欣貪暴，相率反叛，攻圍巴州。山南行臺魏子建勉喻，[6]即時散罷。自是獠諸頭王，相率詣行臺者相繼，子建厚勞賚之。始欣見中國多事，又失彼心，慮獲罪譴。時梁南梁州刺史陰子春扇惑邊陲，[7]始欣謀將南叛。始欣族子愷時爲隆城鎮將，[8]密知之，嚴設邏候，遂禽梁使人，并封始欣詔書、鐵券、刀劍、衣冠之屬，表送行臺。子建乃啓以鎮爲南梁州，愷爲刺史，發使執始欣，囚於南鄭。[9]遇子建見代，梁州刺史傅豎眼仍爲行臺，豎眼久病，其子敬紹納始欣重賂，使得還州。始欣乃起衆攻愷，屠滅之，據城南叛。梁將蕭玩，率衆援接。時梁、益二州並遣將討之，攻陷巴州，執始欣，遂大破玩軍。及斬玩，以傅曇表爲刺史。[10]後元羅在梁州，[11]爲所陷，自此遂絶。

[1]及元桓元子真相繼爲梁州：中華本校勘記云：“《魏書》、《通志》‘桓’作‘恒’。按元恒見本書卷十七、《魏書》卷十九上

《京兆王子推傳》，但本傳不言其官梁州刺史。‘元桓’未見《魏書·宗室傳》，疑誤。”可從。

[2]其後：底本作“軍後”，殿本、四庫本、四部備要本、中華本作“其後”。按：作“其”是。今從改。

[3]巴：州名。北魏時治化成縣，在今四川巴中市。

[4]隆城：鎮名。在今四川閬中市。

[5]孝昌：北魏孝明帝的年號（525—528）。

[6]山南：今陝西漢中盆地及湖北荆襄之地爲山南。　行臺：官名。北朝行臺長官的省稱。北魏初曾於鄴及中山置行臺，以尚書爲長官，執掌當地軍政事務，旋罷。肅宗正光末，各地戰亂，在各地陸續設立行臺主管各地軍務，成爲常設地方行政機構。北魏末期漸理民務，以行臺尚書令爲長官，也有以尚書僕射或左右僕射及尚書來主管行臺事務者，下設行臺尚書左右丞，各部尚書及郎中處理具體事務。　魏子建：人名。字敬忠，鉅鹿下曲陽（今河北晋州市西）人。北魏官吏。見《北史》卷五六《魏收附魏子建傳》。底本“行臺”下無“魏子建”三字，中華本校勘記云：“諸本及《魏書》無‘魏子建’三字，《通志》有。按魏子建爲山南行臺，見《魏書》卷九《肅宗紀》正光五年十二月。此處若無三字，則下文‘子建厚勞賚之’語便突然。今據補。”今從改。

[7]南梁州：南朝梁時治閬中縣，在今四川閬中市。　陰子春：人名。字幼文，祖籍武威姑臧（今甘肅武威市），世居南平（今湖北荆州市）。南朝梁官吏。見《梁書》卷四六《陰子春傳》。

[8]鎮將：官名。北魏置。爲鎮之主官，掌一鎮兵馬及鎮之守衛。在不設州郡的地區，兼統軍民；在設州郡的内地，主要掌軍政，但兼任駐在州刺史時，亦兼理民政。北魏前期多以宗室或鮮卑勳貴爲之，地位高於刺史。孝文帝改制後，地位漸低。其下設副將、監軍及長史、司馬等佐僚。品秩按所帶將軍號而定。

[9]南鄭：縣名。治所在今陝西漢中市。

[10]傅曇表：人名。北魏將領。曾受傅豎眼調遣，大破南朝梁

寧朔將軍王光昭於陰平。

[11]元羅：人名。字仲綱。北魏宗室。見《北史》卷一六《京兆王黎附元羅傳》。

及周文平梁、益之後，令在所撫慰，其與華人雜居者，亦頗從賦役。然天性暴亂，旋致擾動。每歲命隨近州鎮，出兵討之，獲其生口，以充賤隸，謂之爲壓獠焉。後有商旅往來者，[1]亦資以爲貨，公卿達于人庶之家，有獠口者多矣。恭帝三年，陵州木籠獠反，[2]詔開府陸騰討破之。周保定二年，[3]鐵山獠又反，抄斷江路，陸騰又攻拔其三城。

[1]商旅：底本“商旅”作“南旅”，源氏校勘記云：“‘南’《周書》作‘商’。”中華本校勘記云：“諸本‘商’訛作‘南’，據《周書》卷四九《獠傳》及《通志》改。”今從改。

[2]陵州：北周時治普寧縣，在今四川仁壽縣東。

[3]保定：北周武帝的年號（561—565）。

天和三年，梁州恒稜獠叛，[1]總管長史趙文表討之。[2]軍次巴州，文表欲率衆徑進。軍吏等曰：[3]“此獠旅拒日久，部衆甚强，討之者四面攻之，以分其勢。今若大軍直進，不遣奇兵，恐併力於我，[4]未可制勝。”文表曰：“往者既不能制之，今須别爲進趣。若四面遣兵，則獠降走路絶，理當相率以死拒戰；如從一道，則吾得示威恩，分遣人以理曉諭，爲惡者討之，歸善者撫之，善惡既分，易爲經略。事有變通，奈何欲遵前轍也？”

文表遂以此意遍令軍中。時有從軍熟獠，多與恒稜親識，即以實報之。恒稜獠相與聚議，猶豫之間，文表軍已至其界。獠中先有二路，一路稍平，一路極險。俄有生獠酋帥數人來見文表曰："我恐官軍不識山川，請爲鄉導。"文表謂之曰："此路寬平，不須導引，卿但先去，好慰喻子弟也。"乃遣之。文表謂其衆曰："向者，獠帥謂吾從寬路而行，必當設伏險要。若從嶮路，出其不慮，獠衆自離散矣。"於是勒兵從險道進，其有不通之處，即平之。乘高而望，果見其伏兵。獠既失計，争攜妻子，退保險要。文表頓軍大蓬山下，[5]示禍福，遂相率來降。文表皆撫慰之，仍徵其租稅，無敢動者。後除文表爲蓬州刺史，[6]又大得人和。

[1]恒稜：地名。在今四川營山縣東北。殿本校勘記云："'恒'(北) 監本訛'桓'。今改從《周書》。"

[2]趙文表：人名。祖籍天水西（今甘肅天水市），後徙居南鄭（今陝西漢中市）。西魏、北周官吏。見《北史》卷六九《趙文表傳》。

[3]軍吏：泛指軍中的將帥官佐。

[4]恐併力於我：底本"我"作"表"，源氏校勘記云："'表'《周書》作'我'。"中華本校勘記云："諸本'我'訛作'表'，據《周書》《通志》改。"今從改。

[5]大蓬山：在今四川營山縣。

[6]蓬州：北周時治安固縣，在今四川營山縣東北。

建德初，[1]李暉爲蓬、梁州總管，[2]諸獠亦望風從附。然其種滋蔓，保據巖壑，依山走險，若履平地，雖屢加兵，弗可窮討。性又無知，殆同禽獸，諸夷之中，最難以道招懷者也。

[1]建德：北周武帝的年號（572—578）。

[2]李暉爲蓬梁州總管：殿本校勘記云："《周書》無'蓬'字。殆因上文有'頓軍大蓬山下'而誤衍也。"中華本校勘記云："《周書》無'蓬'字，《通志》無'州'字。按《周書》卷一五《李弼傳》，子輝（即暉），'建德元年，出爲總管梁洋等十州諸軍事、梁州刺史'。當時總管，習慣以所居州命名。蓬州未知是否在十州之內，但非總管所居之州，也不應列於銜首。此'蓬'字當是涉上文蓬州而衍。"可從。李暉，人名。一作"李輝"，隴西成紀（今甘肅静寧縣西南）人。西魏、北周官吏。見《北史》卷六〇《李弼附李暉傳》。

林邑，其先所出，事具《南史》。其國延袤數千里，土多香木、金寶，物産大抵與交趾同。[1]以磚爲城，蜃灰塗之，東向户。尊官有二，其一曰西那婆帝，其二曰薩婆地歌。其屬官三等，[2]其一曰倫多姓，次歌倫致帝，[3]次乙地伽蘭。外官分爲二百餘部，其長官曰弗羅，次曰可輪，如牧宰之差也。王戴金花冠，形如章甫；[4]衣朝霞布，珠璣纓絡；足躡革履，時服錦袍。良家子侍衛者二百許人，皆執金裝。兵有弓、箭、刀、槊，[5]以竹爲弩，傅毒於矢。樂有琴、笛、琵琶、五絃，頗與中國同。每擊鼓以警衆，吹蠡以即戎。其人深目高鼻，髪拳色黑。俗皆徒跣，以幅巾纏身，冬月衣袍。婦人椎髻。施椰葉席。每有婚媾，令媒者齎金銀釧、酒二壺、魚數頭至女家。於是擇日，夫家會親賓，歌舞相對；女家請一婆羅門，送女至男家，壻盥手，因牽女授之。王死，七日而葬；有官者，三日；庶人，一日。皆以函盛屍，鼓舞導從，輿至水次，[6]積薪焚之。收其餘骨，王則内金甖中，[7]沉之於海；有官者，以銅甖，沉之海口；庶人以瓦，送之於江。男女皆截髮，哭至水次，盡哀而止，歸則不哭。每七日，燃香散花，復哭盡哀而止。百日、三年，皆如之。人皆奉佛，文字同於天竺。

[1]交趾：地名。西漢在此設郡。在今越南境内。

[2]其屬官三等：底本“官”上無“屬”字，中華本校勘記云：“諸本無‘屬’字，《隋書》卷八二、《通典》卷一八八、《通志》卷一九八《林邑傳》有。按上文有‘尊官’，下文有‘外官’，這裏當作‘屬官’。今據補。”今從改。

[3]歌倫致帝：源氏校勘記云：“《隋書》萬曆本‘致帝’作‘地’一字。正德同《北史》。”

[4]章甫：古代的一種冠。

[5]皆執金裝兵有弓箭刀槊：中華本校勘記云：“《隋書》‘兵’作‘刀’，從上讀。按疑‘裝’下脱‘刀’字。”可從。

[6]輿至水次：底本“水”作“外”，殿本、四庫本、四部備要本、中華本作“水”，殿本校勘記云：“‘水’（北）監本訛‘外’。今改從《隋書》。”源氏校勘記云：“‘外’《隋書》作‘水’。”中華本校勘記云：“諸本‘水’訛作‘外’，《隋書》《通典》《通志》並作‘水’。按下文言收餘骨沉之於江海，作‘水’是。今據改。”今從改。

[7]甖（yīng）：同“罌”。

隋文帝既平陳，[1]乃遣使獻方物，後朝貢遂絶。時天下無事，群臣言林邑多奇寶者。仁壽末，[2]上遣大將軍劉方爲驩州道行軍總管，[3]率欽州刺史甯長真、驩州刺史李暈、開府秦雄步騎萬餘，[4]及犯罪者數千人擊之。其王梵志乘巨象而戰，方軍不利。方乃多掘小坑，草覆其上，因以兵挑之。方與戰，僞北，梵志逐之，其象陷，軍遂亂。方大破之，遂棄城走。入其都，[5]獲其廟主十八枚，皆鑄金爲之，蓋其國有十八世。方班師，梵志復其故地，遣使謝罪，於是朝貢不絶。

[1]隋文帝：即隋朝皇帝楊堅。文爲其謚號。

[2]仁壽：隋文帝的年號（601—604）。

[3]劉方：人名。京兆長安（今陝西西安市長安區）人。北周、隋朝名將。見《北史》卷七三《劉方傳》。　驩州：隋朝時治九德縣，在今越南義安省。　行軍總管：官名。北周置。由戰時臨時任命的大臣擔任此職，統兵出征，戰事結束則任職完成。在重大軍事行動中，隸屬於行軍元帥。隋沿置，漸漸過渡爲地方軍政長官。

[4]欽州：隋朝時治欽江縣，在今廣西欽州市東。

[5]入其都：底本“都”作“郡”，源氏校勘記改“郡”作“都”，中華本校勘記云：“諸本‘都’作‘郡’，《隋書》《通典》《通志》作‘都’。按本書卷七三《劉方傳》云：‘至其國都。’今據改。”今從改。

赤土國，扶南之別種也。[1]在南海中，水行百餘日而達。所都土色多赤，因以爲號。東波羅剌國，西婆羅娑國，[2]南訶羅旦國，[3]北拒大海，地方數千里。其王姓瞿曇氏，名利富多塞，不知有國近遠。稱其父釋王位，出家爲道，傳位於利富多塞，在位十六年矣。有三妻，並鄰國女也。居僧祇城，有門三重，相去各百許步。每門圖畫菩薩飛仙之象，懸金花鈴毦，婦人數十人，[4]或奏樂，或捧金花。又飾四婦人，容飾如佛塔邊金剛力士之狀，夾門而立，門外者持兵仗，門内者執白拂。[5]夾道垂素網，綴花。王宫諸屋，悉是重閣，北户。北面而坐三重之榻，衣朝霞布，冠金花冠，垂雜寶瓔絡，四女子立侍左右，兵衛百餘人。王榻後作一木龕，[6]以金銀五香木雜鈿之；龕後懸一金光焰；夾榻又樹二金鏡，鏡前並陳金甕，甕前各有金香爐；當前置一金伏牛，前樹一寶蓋，左右皆有寶扇。婆羅門等數百人，東西重行，相向而坐。其官：薩陁加邏一人，陁拏達叉一人，迦利密迦三人，[7]共掌政事；俱羅末帝一人，掌刑法。每城置那邪迦一人，鉢帝十人。

［1］扶南：國名。轄境約當今柬埔寨、老撾南部、越南南部及泰國東南部一帶。

［2］婆羅娑國：國名。在今印度尼西亞蘇門答臘島北部。

［3］訶羅旦國：國名。在今印度尼西亞蘇門答臘島。南監本無“旦”字，殿本校勘記云：“‘旦’各本缺‘旦’字。今從《隋書》增入。”源氏校勘記云：“‘訶羅’下《隋書》有‘旦’字。”

［4］花鈴毦婦人數十人：南監本“毦”作“旄”，源氏校勘記云：“‘旄’《隋書》作‘毦’。按‘毦’，仁志切，以毛羽作飾也。上云‘懸爲毦’，似是；‘婦人’作‘婦女’。”

［5］白拂：白色的拂塵。

［6］王榻後作一木龕：底本“王”作“主”，中華本校勘記云：“諸本‘王’訛作‘主’，據《隋書》卷八二、《通志》卷一九八

《赤土傳》改。”今從改。

［7］陁拏達叉一人迦利密迦三人：源氏校勘記云：“下‘一’《隋書》作‘二’，‘伽’作‘迦’。”

其俗，皆穿耳翦髮，無跪拜之禮，以香油塗身。其俗敬佛，尤重婆羅門。婦人作髻於項後，男女通以朝霞、朝雲、雜色布爲衣。豪富之室，恣意華靡，唯金鎖非王賜不得服用。每婚嫁，[1]擇吉日，女家先期五日，作樂飲酒，父執女手以授壻，七日乃配。既娶，即分財別居，唯少子與父居。父母兄弟死，則剔髮素服，就水上構竹木爲棚，棚内積薪，以屍置上，燒香建幡，吹蠡擊鼓以送，火焚薪，[2]遂落於水。貴賤皆同、唯國王燒訖收灰，貯以金瓶，藏於廟屋。冬夏常温，雨多霽少，種植無時。特宜稻、穄、白豆、黑麻，自餘物産，多同於交趾。以甘蔗作酒，雜以紫瓜根，酒色黄赤，味亦香美。亦以椰漿爲酒。

［1］婚嫁：底本作“嫁婚”，中華本校勘記云：“諸本倒作‘嫁婚’，據《隋書》《通志》乙。”今從改。

［2］吹蠡擊鼓以送火焚薪：殿本校勘記云：“‘送’字下《隋書》有‘之縱’二字。”

隋煬帝嗣位，[1]募能通絶域者。大業三年，屯田主事常駿、虞部主事王君政等請使赤土。[2]帝大悦，遣齎物五千段以賜赤土王。其年十月，駿等自南海郡乘舟，[3]晝夜二旬，每日遇便風。至焦石山而過，[4]東南詣陵伽鉢拔多洲，[5]西與林邑相對，上有神祠焉。[6]又南行，至師子石。[7]自是島嶼連接。[8]又行二三日，西望見狼牙須國之山，[9]於是南達雞籠島，[10]至於赤土之界。

［1］隋煬帝：即隋朝皇帝楊廣。煬爲其謚號。

［2］屯田主事：官名。隋朝時工部四司之一，掌屯田事務。正九品上。　虞部主事：官名。隋朝時工部四司之一，掌工部事務。正九品上。

［3］南海：郡名。隋朝時治南海縣，在今廣東廣州市。

［4］焦石山：地名。今西沙群島。

［5］陵伽鉢拔多洲：地名。確址不詳。

［6］上有神祠焉：底本無“有”字，殿本校勘記云：“‘上’字下《隋書》有‘有’字。”源氏校勘記云：“‘上’下《隋書》有‘有’字。”中華本校勘記云：“諸本脱‘有’字，據《隋書》《通志》補。”今從改。

［7］師子石：地名。在今越南南部。

［8］自是：毛本、局本作“自兹”。

［9］狼牙須國：國名。在今泰國南部馬來半島西岸的北大年一帶。

［10］達：毛本、局本作“經”。　雞籠島：地名。一説在今馬來半島東岸外的春蓬島，一説在今越南南岸外的昆侖島。

其王遣婆羅門鳩摩羅，以舶三百艘來迎，[1]吹蠡擊鼓樂隋使，進金鏁以纜船。[2]月餘，至其都。王遣其子那邪迦請與駿等禮見。先遣人送金盤貯香花並鏡鑷，金合二枚貯香油，金瓶二枚貯香水，[3]白疊布四條，以擬供使者盥洗。其日未時，那邪迦又將象二頭，持孔雀蓋以迎使人，并致金盤、金花，以藉詔函，男女百人奏蠡鼓，婆羅門二人導路。至王宮，駿等奉詔書上閣，王以下皆坐，宣詔訖，引駿等坐，奏天竺樂。事畢，駿等還館。又遣婆羅門就館送食，以草葉爲盤，其大方丈。因謂駿曰："今是大國臣，非復赤土國矣。"後數日，請駿等入宴，儀衛導從如初見之禮。王前設兩床，床上並設草葉盤，方一丈五尺，上有黄、白、紫、赤四色之餅，牛、羊、魚、鱉、豬、蝳蝐之肉百餘品。延駿升床，從者於地席，各以金鍾置酒，女樂迭奏，禮遺甚厚。

[1]三百艘：源氏校勘記云："《隋書》作'三十艘'。"中華本校勘記云："《隋書》《通志》'三百'作'三十'。"

[2]吹蠡擊鼓樂隋使進金鏁以纜船：底本"進"作"至"，殿本校勘記云："《隋書》'樂'字上有'以'字，又'至'作'進'。"中華本校勘記云："諸本'進'作'至'，《隋書》《通志》作'進'。按若言至其境，則上文已有'至於赤土之界'，若指至其都，則下云'月餘至其都'，知此作'至'誤。今據改。"今從改。

[3]金瓶二枚：源氏校勘記云："下'二'《隋書》作'八'。"

尋遣那邪迦隨貢方物，并獻金芙蓉冠、龍腦香，以鑄金爲多羅葉，隱起成文以爲表，金函封之，令婆羅門以香花奏蠡鼓而送之。既入海，見緑魚群飛水上。浮海十餘日，至林邑東南，並山而行。其海水色黄氣腥，舟行一日不絶，云是大魚糞也。循海北岸，達于交趾。駿以六年春與那邪迦於弘農謁帝。[1]帝大悦，授駿等執戟都尉，[2]那邪迦等官賞各有差。

[1]弘農：郡名。隋朝時治弘農縣，在今河南靈寶市東北。

[2]授駿等執戟都尉：源氏校勘記云："'執戟都'《隋書》作'秉義'。"中華本校勘記云："《隋書》作'秉義尉'。按《北史》《隋書》例諱'秉'字（避李昞名），《隋書·百官志下》言煬帝置九大夫、八尉，其中有'守義尉'，當即'秉義尉'。《隋書·赤土傳》或是因舊史原文，或是後人回改。《北史》改'秉'爲'執'，'戟'當是'義'之訛，'都'疑爲後人妄加。隋無'執戟都尉'官名。"可從。

真臘國在林邑西南，本扶南之屬國也，去日南郡舟行六十日而至。[1]南接車渠國，[2]西有朱江國。[3]其王姓剎利氏，[4]名質多斯那。自其祖漸已强盛，至質多斯那遂兼扶南而有之。死，子伊奢那先代立。居伊奢那城，郭下二萬餘家。城中有一大堂，是其王聽政所。總大城三十所，[5]城有數千家，各有部師，官名與林邑同。

[1]日南：郡名。隋朝時治九德縣，在今越南義安省榮市。

[2]車渠國：國名。在今柬埔寨南部或越南東南部。

[3]朱江國：國名。在今泰國中部。

[4]剎利氏：底本作"剎氏"，殿本校勘記云："'剎'《隋書》作'剎利'。"源氏校勘記云："《隋書》作'剎利氏'。"中華本校勘記云："諸本脱'利'字，據《隋書》卷八二、《通典》一八八、《通志》一九八《真臘傳》補。"今從改。

[5]三十所：源氏校勘記云："《隋書》無'所'字。"

其王三日一聽朝，坐五香七寶床，上施寶帳，以文木爲竿，象牙金鈿爲壁，狀如小屋，懸金光焰，有同于赤土。前有金香，命二人侍側。[1]王著朝霞古貝，[2]瞞絡腰腹，下垂至脛，頭載金寶花冠，被真珠纓絡，足履革屣，耳懸金鐺。常服白疊，以象牙爲屩。若露髮，則不加纓絡。臣下服制，大抵相類。有五大臣，一曰孤落支，二曰相高憑，[3]三曰婆何多陵，四曰舍摩陵，五曰髯羅婁，及諸小臣。朝於王者，輒於階下三稽首，王呼上階，則跪，以兩手抱膊，遶王環坐。議政事訖，跪伏而去。階庭門閤，[4]侍衛有千餘人，被甲持仗。其國與參半、朱江二國和親，[5]數與林邑、陁桓二國戰爭。其人行止，皆持甲仗，若有征伐，因而用之。

[1]前有金香命二人侍側：源氏校勘記云："'命'《隋書》作'鑪'，爲是。"中華本校勘記云："《隋書》下有'爐'字，《通志》有'案'字。按此當是脱'爐'字。"可從。

[2]古貝：中華本校勘記云："《隋書》同，《通志》作'吉貝'。按《梁書》卷五四林邑、婆利、狼牙脩、干陁利、丹丹、婆利等國都見'吉貝'。《宋書》卷九七《呵羅單國》見'古貝'。俞正燮《癸巳類稿》卷七《吉貝木棉字義》，以爲'吉貝'佛經多作'劫貝'，認爲作'吉'是。"可從。

[3]高憑：源氏校勘記云："《隋書》作'高想'。"

[4]門閤：源氏校勘記云："《隋書》作'門閣'。"

[5]參半：國名。在今泰國尖竹汶（參黎道綱《參半國不在文單西北辨——論參半在尖竹汶》，《東南亞研究》2008 年第 6 期）。朱江：國名。驃國的别稱。一般以爲故地即在今伊洛瓦底江的中下游，驃族的聚居地。驃人自稱突羅朱，故伊洛瓦底江被稱爲突羅

朱人江。其國則被稱爲突羅朱江國，簡稱朱江國。

其俗，非王正妻子，不得爲嗣。王初立日，所有兄弟，並刑殘之，或去一指，或劓其鼻，别處供給，不得仕進。人形小而色黑，婦人亦有白者。悉拳髮垂耳，性氣捷勁。居處器物，頗類赤土。以右手爲浄，左手爲穢。每旦澡洗，以楊枝浄齒，讀誦經咒，又澡洒乃食。食罷還用楊枝浄齒，又讀經呪。飲食多蘇酪、沙糖、秔粟、米餅。欲食之時，先取雜肉羹與餅相和，手擩而食。[1]娶妻者，唯送女人女，[2]擇日遣媒人迎婦。男女二家，各八日不出，晝夜然燈不息。[3]男婚禮畢，即與父母分財别居。父母死，小兒未婚者，以餘財與之。若婚畢，財物入官。喪葬，兒女皆七日不食，剔髮而喪，[4]僧尼、道士、親故皆來聚會，音樂送之。以五香木燒尸，收灰，以金銀瓶盛，送大水之内；貧者或用瓦，而以五綵色畫之。亦有不焚，送屍山中，任野獸食者。

[1]擩（rǔ）：揉和。

[2]娶妻者唯送女人女：殿本校勘記云："馮夢禎云'女人女'三字定有訛。今考《隋書》乃'衣一具'之誤也。"源氏校勘記云："（'女人女'）《隋書》作'衣一具'。"中華本校勘記云："《隋書》作'唯送衣一具'。此疑是'唯送女人衣'之訛。"可從。

[3]然：除底本、元大德本外，其餘諸本作"燃"。

[4]剔髮而喪：殿本、四庫本、四部備要本"喪"作"哭"，源氏校勘記改"喪"作"哭"，中華本校勘記云："殿本及《隋書》'喪'作'哭'。"可從。

其國北多山阜，南有水澤。地氣尤熱，無霜雪，饒瘴癘毒蠚。[1]宜粱、稻，少黍、粟。果菜與日南、九真相類。[2]異者，有婆羅那娑樹，[3]無花，葉似柿，實似冬瓜；菴羅樹，[4]花、葉似棗，實似李；毗野樹，花似木瓜，葉似杏，實似楮；婆田羅樹，花、葉、實並似棗，而小異；歌畢佗樹，花似林檎，葉似榆而厚大，實似李，其大如升。自餘多同九真。海有魚名建同，四足，無鱗，鼻如象，吸水上噴，高五六十尺。有浮胡魚，形似䱟，[5]觜如鸚鵡，有八足。多大魚，半身出，望之如山。每五六月中，毒氣流行，即以白豬、白牛、羊於城西門外祠之。不然，五穀不登，畜多死，人疾疫。近都有陵伽鉢婆山，[6]上有神祠，每以兵二千人守衛之。城東神名婆多利，祭用人肉。其王年别殺人，以夜祠禱，亦有守衛者千人。其敬鬼如此。多奉佛法，尤信道士。佛及道士，並立像於其館。

[1]蠚：源氏校勘記云："蠚，黑各切，毒螫。"

[2]九真：郡名。隋朝時治九真縣，在今越南清化省清化。

[3]婆羅那娑樹：源氏校勘記云："《隋書》萬曆作'婆那婆樹'，正德'娑那娑樹'。"

[4]菴羅樹：底本"羅"下無"樹"字，中華本校勘記云："諸本無'樹'字，《隋書》、《通典》有。按上文婆羅那娑樹，下文毗野樹、婆田羅樹、歌畢佗樹，都有'樹'字。且下云'花葉似棗，實似李'，顯爲樹木。此脱文，今據補。"今從改。

[5]䱟（jū）：鮈魚。

[6]陵伽鉢婆山：在今老撾湄公河南部西岸。

隋大業十二年，遣使貢獻，帝禮之甚厚，於後亦絶。

婆利國，自交趾浮海，南過赤土、丹丹，[1]乃至其國。國界，東西四月行，南北四十五日行。王姓刹利邪伽，名護濫那婆。官曰獨訶邪拏，次曰獨訶氏拏。[2]國人善投輪，[3]其大如鏡，中有竅，外鋒如鋸，遠以投人，無不中。其餘兵器，與中國略同。俗類真臘，物産同於林邑。其殺人及盗，截其手；姦者，鏁其足，期年而止。祭祀必以月晦，盤貯酒肴，浮之流水。每十一月必設大祭。海出珊瑚。有鳥名舍利，解人語。

[1]丹丹：國名。在今馬來西亞東北岸的吉蘭丹。或以爲在其西岸的天定，或以爲在今新加坡附近。

[2]官曰獨訶邪拏次曰獨訶氏拏：源氏校勘記云："'拏'《隋書》作'挐'。下同。"

[3]國人善投輪：殿本校勘記云："'輪'下《隋書》有'刀'字。"源氏校勘記云："（《隋書》）'輪'下有'刀'字。"

隋大業十二年，遣使朝貢，後遂絶。

于時南荒有丹丹、盤盤二國，[1]亦來貢方物，[2]其風俗、物産，大抵相類云。

[1]盤盤：國名。在今馬來半島泰國南萬倫灣沿岸一帶。

[2]貢：元大德本作"責"。

論曰：《禮》云："南方曰蠻，有不火食者矣。"然其種類非一，與華人錯居。其流曰蜑，曰獽，曰俚，[1]曰獠，曰㐌，居無君長，[2]隨山洞而居。其俗，斷髮文身，好相攻討。自秦并三楚，[3]漢平百越，地窮丹徼，景極日南，水陸可居，咸爲郡縣。洎乎境分南北，割據各殊，蠻、獠之族，遞爲去就。至於林邑、赤土、真臘、婆利則地隔江嶺，莫通中國。及隋氏受命，剋平九宇，煬帝纂業，威加八荒，甘心遠夷，志求珍異。故師出流求，[4]兵加林邑，威振殊俗，過於秦、漢遠矣。雖有荒外之功，無救域中之敗。傳曰："非聖人，外寧必有內憂。"[5]誠哉斯言也。

大業中，南荒朝貢者十餘國，其事迹湮滅，今可知者四國而已。

[1]俚：殿本、四庫本、四部備要本作"狸"。

[2]居無君長：中華本校勘記云："《隋書》卷八二《南蠻傳序》'居'作'俱'。按疑'居'是音近致訛。"可從。

[3]三楚：源氏校勘記云："《隋書》作'二楚'。"按：據《史記》卷一二九《貨殖列傳》，指東楚、西楚、南楚。

[4]流求：隋朝時東海上的島國，在今琉球群島。見《北史》卷九四《流求傳》。

[5]非聖人外寧必有內憂：語出《左傳》成公十六年："唯聖人能外內無患，自非聖人，外寧必有內憂。"

今注本二十四史

北史

二二

傳〔一九〕

唐 李延壽 撰

李憑 靳寶 主持校注

中国社会科学出版社

北史　卷九六

列傳第八十四

氐　吐谷渾　宕昌　鄧至　白蘭　党項　附國　稽胡

氐者，西夷之別種，[1]號曰白馬。三代之際，蓋自有君長，而世一朝見，故《詩》稱"自彼氐、羌，莫敢不來王"也。[2]秦、漢以來，世居岐、隴以南，[3]漢川以西，[4]自立豪帥。[5]漢武帝遣中郎將郭昌、衛廣滅之，[6]以其地爲武都郡。[7]自汧、渭抵於巴、蜀，[8]種類寔繁，或謂之白氐，或謂之故氐，各有侯王，受中國封拜。

[1]氐者西夷之別種：底本"西夷"作"四夷"，源氏校勘記改"四"作"西"，並云："'四'《魏書》作'西'。爲是。"中華本校勘記云："諸本'西'訛作'四'，據《魏書》卷一〇一(補)、《周書》卷四九《氐傳》改。"今從改。

[2]自彼氐羌莫敢不來王：語自《詩·商頌·殷武》。意爲從氐族到羌族，没有不來朝見商王的。

[3]岐隴：岐山和隴山。岐山，在今陝西岐山縣東北。隴山，又稱隴坻、隴首、隴阪，在今陝西隴縣、寶雞市與甘肅清水縣、張

家川回族自治縣之間。

［4］漢川：漢水。發源於今甘肅禮縣，流經陝西。

［5］豪帥：也作“豪率”，對少數民族首領或地方豪族軍事首領的通稱。

［6］漢武帝遣中郎將郭昌衛廣滅之：見《漢書》卷六《武帝紀》元豐二年。漢武帝，即西漢皇帝劉徹。武爲其謚號。中郎將，官名。秦、西漢時爲中郎長官，秩比二千石，隸郎中令（光禄勳），職掌宫禁宿衛，隨行護駕，協助郎中令考核選拔郎官及從官。亦常奉詔出使，職位清要。郭昌，人名。雲中（今内蒙古和林格爾縣西北）人。西漢將領。衛廣，人名。漢武帝時參與平西南夷的活動。

［7］以其地爲武都郡：底本“武都”下無“郡”字，中華本校勘記云：“諸本脱‘郡’字，據《魏書》《周書》補。”今從改。武都，郡名。西漢時治武都縣，在今甘肅西和縣南。

［8］汧渭：汧水與渭水。指今甘肅、陝西地區。汧水，源出今陝西隴縣，入渭河。

漢建安中，有楊騰者，爲部落大帥。騰勇健，多計略，[1]始徙居仇池，方百頃，因以爲號。[2]四面斗絶，高七里餘，[3]蟠道三十六回，其上有豐水泉，煑土成鹽。騰後有名千萬者，魏拜爲“百頃氐王”。

［1］漢建安中有楊騰者爲部落大帥騰勇健多計略：源氏校勘記云：“‘勇健’上《宋書》有‘子駒’二字。《周書》同。蓋脱文。”中華本校勘記云：“《魏書》同。《周書》作‘漢末，有氐帥楊駒，始據仇池百頃’。按《宋書》卷九八《氐胡傳》云：‘漢獻帝建安中，有楊騰者，爲部落大帥。騰子駒，勇健多計略，始徙居仇池。’《北史》此段出《宋書》，此‘勇健’上當脱‘子駒’二字。”可從。建安，漢獻帝的年號（196—220）。

[2]始徙居仇池方百頃因以爲號：底本無“因以”二字，源氏校勘記云：“《魏書》《宋書》並云‘徙居仇地。仇地方百頃。因以百頃爲號’。”中華本校勘記云：“諸本脱‘因以’二字，據《魏書》補。”今從改。仇池，地名。在今甘肅西和縣西南大橋鄉。

[3]高七里餘：源氏校勘記云：“《宋書》作‘高平地，方二千餘里’。”

千萬孫名飛龍，漸强盛，晋武帝假平西將軍。[1]無子，養外甥令狐茂搜爲子。[2]惠帝元康中，[3]茂搜自號輔國將軍、右賢王，[4]群氐推以爲主。[5]關中人士流移者多依之。[6]愍帝以爲驃騎將軍、左賢王。[7]茂搜死，子難敵統位，與弟堅頭分部曲。[8]難敵自號左賢王，屯下辨；[9]堅頭號右賢王，屯河池。[10]難敵死，子毅立，自號使持節、龍驤將軍、左賢王、下辨公；[11]以堅頭子盤爲使持節、冠軍將軍、右賢王、河池公。[12]臣晋，晋以毅爲征南將軍。[13]

[1]晋武帝假平西將軍：底本“晋武帝”作“晋帝”，源氏校勘記云：“‘晋’下《魏書》有‘武’字；(‘平西’)《宋書》作‘征西’。”中華本校勘記云：“諸本脱‘武’字，據《宋書》《魏書》補。”今從改。晋武帝，即西晋皇帝司馬炎。武爲其謚號。平西將軍，官名。漢獻帝建安中曹操置，地位較高。魏晋時多兼鎮守地區的刺史，統管軍政事務，與平南、平東、平北將軍合稱四平將軍。

[2]養外甥令狐茂搜爲子：源氏校勘記云：“(《宋書》)‘茂’作‘戊’。”按：中華本《宋書》卷九八《略陽清水氐楊氏傳》作“戊”。不知源氏所據何本。

[3]惠帝：即西晋皇帝司馬衷。惠爲其謚號。　元康：晋惠帝

的年號（291—299）。

［4］輔國將軍：官名。漢獻帝建安元年置，儀比三司。魏晋沿置，皆三品。十六國時前燕、後秦、後凉、北凉皆置。　右賢王：官名。匈奴貴族封號。簡稱右賢。屠耆，是匈奴語“賢”的意思，故右賢王亦稱右屠耆王。冒頓單于時，除自領中部外，又設左、右賢王，分領東、西二部，由單于子弟擔任。左、右賢王爲僅次於單于的匈奴長官。匈奴人尚左，故單于之下，左賢王爲最尊，右賢王則次之。皆由匈奴貴族世襲。

［5］主：元大德本、毛本、殿本、四庫本、局本、四部備要本作“王”。

［6］關中人士流移者多依之：底本“人士”作“土人”，源氏校勘記云：“‘土人’《魏書》作‘人士’。”中華本校勘記云：“諸本‘人士’作‘土人’，《宋書》《魏書》作‘人士’。按此誤倒，又‘士’訛爲‘土’，今據乙。”今從改。

［7］愍帝：即西晋皇帝司馬鄴。愍爲其謚號。　驃騎將軍：官名。漢武帝置爲重號將軍，位次於大將軍。東漢時位比三公，地位尊崇。魏晋南北朝沿置，居諸名號將軍之首。僅作爲軍府名號，加授大臣、重要州郡長官，無具體職掌。

［8］部曲：本爲軍隊編制之稱。東漢末演變爲私人武裝之稱。魏晋南北朝時，世族、豪族普遍擁有部曲，平時耕田從役，戰時隨主人作戰。父死子繼，地位低下。南北朝後期，地位稍有上升，有一些經主人放免爲平民。

［9］下辨：縣名。治所在今甘肅成縣西北。

［10］河池：縣名。治所在今甘肅徽縣。

［11］使持節：漢朝官吏奉命外出時，由皇帝授予節杖，來提高其權威。魏晋之後，凡重要軍事長官出征或者出鎮時，加使持節，可誅殺二千石以下官員。皇帝派遣大臣出巡或進行祭吊等事務時，亦使持節，以示權力與尊崇。次一等的稱持節，再次一等的稱假節。　龍驤將軍：官名。將軍名號。西晋置。三品。

[12]冠軍將軍：官名。漢獻帝建安中置，三國魏、吴沿置。西晋時領營兵。魏晋時皆三品。十六國時後趙、前秦、後燕、南燕、西秦、北凉皆置。

[13]征南將軍：官名。漢獻帝建安中曹操置，爲四征將軍之一。三國兩晋南北朝時多授持節都督，出鎮方面，地位一直很顯要，爲四征將軍之一。

三年，[1]毅族兄初襲殺毅，并有其衆，自立爲仇池公。臣於石季龍，[2]後稱蕃於晋。永和十年，[3]改初爲天水公。[4]十一年，毅小弟宋奴使姑子梁三王因侍直手刃殺初，[5]初子國率左右誅三王及宋奴，復自立爲仇池公。桓温表國爲秦州刺史，[6]國子安爲武都太守。十二年，國從叔俊復殺國自立。[7]國子安叛苻生，殺俊，復稱蕃於晋。[8]死，子世自立爲仇池公。晋太和三年，[9]以世爲秦州刺史，弟統爲武都太守。世死，統廢世子纂自立。統一名德。纂聚黨襲殺統，[10]自立爲仇池公，遣使詣簡文帝。[11]以纂爲秦州刺史。晋咸安元年，[12]苻堅遣楊安伐纂，[13]剋之，徙其人於關中，空百頃之地。

[1]三年：中華本校勘記云："按《宋書》上文云：'咸康元年，遣使稱藩於晋。'此'三年'上當脱'咸康'二字。"可從。咸康，晋成帝的年號（335—342）。

[2]石季龍：人名。即石虎。字季龍，《北史》避唐高祖祖父李虎諱，以字行。十六國時後趙第三位君主。見《晋書》卷一〇六、一〇七《石季龍載記》。

[3]永和：晋穆帝的年號（345—356）。

[4]天水公：封爵名。天水，郡名。東晋十六國時治上邽縣，

在今甘肅天水市。

[5]毅小弟宋奴使姑子梁三王因侍直手刃殺初：源氏校勘記云：“‘三’《宋書》作‘式’。”

[6]桓温：人名。字元子，譙國龍亢（今安徽懷遠縣）人。東晋將領、權臣。見《晋書》卷九八《桓温傳》。　秦州：東晋十六國時治上邽縣，在今甘肅天水市。

[7]十二年國從叔俊復殺國自立：南監本、毛本、局本“二”作“一”。源氏校勘記改“一”作“二”，並云：“叔《宋書》作‘父’。”

[8]國子安叛苻生殺俊復稱藩於晋：南監本、毛本、局本“生”作“堅”。源氏校勘記云：“《魏書》‘堅’作‘生’。按：晋永和十二年則苻生壽光二年也。三年堅即位，故知作‘生’者近是。”中華本校勘記云：“按《宋書》云‘安奔苻生，俊遣使歸藩’。據《晋書·苻堅載記》，楊安爲苻堅大將，未嘗降晋。下文亦見‘苻堅遣楊安伐纂’語。則‘叛’當爲‘奔’之訛，‘殺’字衍文。”可從。苻生，人名。字長生，略陽臨渭（今甘肅天水市東北）人，氐族。十六國時前秦君主。見《晋書》卷一一二《苻生載記》。

[9]太和：東晋廢帝的年號（366—371）。

[10]纂聚黨襲殺統：底本“統一”作“一”，“纂聚”作“聚纂”，源氏校勘記云：“《魏書》無‘聚’字。”中華本校勘記云：“諸本脱上‘統’字，‘纂聚’誤倒，據《魏書》補乙。”今從改。

[11]簡文帝：即東晋皇帝司馬昱。簡文爲其謚號。

[12]咸安：晋簡文帝的年號（371—372）。

[13]苻堅：人名。字永固，一名文玉，小名堅頭，氐族。十六國時前秦君主。見《晋書》卷一一三、一一四《苻堅載記》。

宋奴之死，二子佛奴、佛狗逃奔苻堅，堅以女妻佛奴子定，拜爲尚書、領軍。[1]苻堅之敗，關右擾亂，定盡力於堅。堅死，乃率衆奔隴右，[2]徙居歷城，[3]去仇池百二十里，置倉儲於百頃。招夷夏得千餘家，自稱龍驤將軍、仇池公，稱蕃於晋。孝武即以其自號假之，[4]後以爲秦州刺史。登國四年，[5]遂有秦州之地，號隴西王。[6]後爲乞佛乾歸所殺，[7]無子。

[1]尚書：官名。戰國秦、齊等國始置，亦稱掌書，爲諸侯國君管理文書的小吏。自漢武帝至成帝初，掌管機要，職權漸重，爲中朝重要宫官。魏晋南北朝時出爲朝官，分掌尚書省諸曹，品秩提高，但不再直接向皇帝奏事、承受詔命，成爲行政官員。　領軍：官名。漢獻帝延康元年（220）曹丕置，職掌與中領軍同，但任職者資重於中領軍，省稱領軍。三國魏沿置，爲禁衛軍最高統帥，由親信或宗室擔任。十六國時前秦沿置。

[2]隴右：泛指隴山以西地區，約在今甘肅隴山、六盤山以西和黄河以東一帶。

[3]歷城：在今甘肅西和縣北。

[4]孝武：即東晋皇帝司馬曜。孝武爲其謚號。

[5]登國：北魏道武帝的年號（386—396）。

[6]隴西王：封爵名。隴西，郡名。北魏時治襄武縣，在今甘肅隴西縣東南。

[7]乞佛乾歸：人名。即乞伏乾歸。隴西（今甘肅隴西縣東南）人，鮮卑族。乞伏國仁死後統事，後降姚興，拜爲河州刺史，封歸義侯。公元388年至400年、公元409年至412年，先後兩次爲西秦君主。見《北史》卷九三《乞伏國仁附乞伏乾歸傳》、《晋書》卷一二五《乞伏乾歸載記》。

佛狗子盛，先爲監國守仇池，[1]乃統事，[2]自號征西將軍、秦州刺史、仇池公。[3]謚定爲武王。分諸氐、羌爲二十部護軍，各爲鎮戍，不置郡縣。遂有漢中之地，[4]仍稱蕃于晋。天興初，[5]遣使朝貢，詔以盛爲征南大將軍、仇池王。[6]隔礙姚興，[7]不得歲通貢使。盛以兄子撫爲平南將軍、梁州刺史，[8]守漢中。宋永初中，[9]宋武帝封盛爲武都王。[10]盛死，私謚曰惠文王。子玄統位。

[1]監國：代行國政。

[2]乃：殿本、四庫本、四部備要本作“及”。

[3]征西將軍：官名。漢和帝永元時置。曹操執政後，列爲四征將軍之一，地位顯要。

[4]漢中：郡名。東晋時治南鄭縣，在今陝西漢中市。

[5]天興：北魏道武帝的年號（398—404）。

[6]征南大將軍：官名。漢光武帝建武二年（26）置。魏晋南北朝時爲將軍名號，多授予統兵出鎮在外、都督數州諸軍事者。在武職中地位很高，在四征將軍之上，歷代皆不常置。

[7]姚興：人名。字子略，南安赤亭（今甘肅隴西縣西）人，羌族。十六國時後秦君主。見《晋書》卷一一七、一一八《姚興載記》。

[8]平南將軍：官名。漢獻帝建安初江東孫氏置。三國魏時與平西、平南、平北將軍合稱四平將軍，權任很重，多持節都督或監某一地區的軍事，有時亦作爲刺史等地方官員兼理軍務時的加官。十六國時前秦亦置。北魏孝文帝太和十七年定爲從二品上，二十三年改爲三品。　梁州：北魏時治南鄭縣，在今陝西漢中市。

[9]永初：南朝宋武帝的年號（420—422）。

[10]宋武帝：即南朝宋皇帝劉裕。武爲其謚號。

玄，字黄眉，[1]號征西大將軍、開府儀同三司、秦州刺史、武都王。[2]雖蕃於宋，仍奉晋義熙之號。[3]後始用宋元嘉正朔。[4]初，盛謂玄曰："吾年已老，當終爲晋臣，汝善事宋帝。"故玄奉焉。玄善於待士，爲流舊所懷。始光四年，[5]太武遣大鴻臚公孫軌拜玄爲征南大將軍、督梁州刺史、南秦王。[6]玄上表請比内蕃，許之。玄死，私謚孝昭王。子保宗統位。

[1]玄字黄眉：底本"字"作"子"，源氏校勘記云："《宋書》作'玄字黄眉'爲是。《魏書》亦誤。"中華本校勘記云："諸本'字'作'子'，《宋書》及《通志》卷一九五《氐傳》作'字'。按下文都是叙楊玄事迹，作'字'是，今據改。"今從改。

[2]征西大將軍：官名。漢光武帝建武三年始置。兩晋、南北朝時爲將軍名號，多授統兵出鎮在外、都督數州諸軍事者。在武職中地位很高，位居四征將軍之上。　開府儀同三司：三國魏始置，爲大臣加號，意謂與三司即太尉、司徒、司空的禮制待遇相同，許開設府署，自辟屬僚。兩晋南北朝因之。

[3]仍奉晋義熙之號：底本"義熙"作"永熙"，源氏校勘記改"永"作"義"。中華本校勘記云："諸本'義'誤作'永'，據《宋書》改。晋無'永熙'，義熙乃晋安帝年號。"今從改。義熙，晋安帝的年號（405—418）。

[4]元嘉：南朝宋文帝的年號（424—453）。

[5]始光：北魏太武帝的年號（424—428）。

[6]太武：即北魏皇帝拓跋燾。太武爲其謚號。　大鴻臚：官名。九卿之一。秦稱典客，漢景帝時改名大行令，武帝太初元年（前104）始稱大鴻臚。魏晋南北朝時接待賓客、管理少數民族事務之職移歸尚書省主客曹，本官漸成專司朝會禮儀之官。北魏時亦

稱大鴻臚卿，孝文帝太和十七年定爲二品上，二十三年改爲三品。　公孫軌：人名。字元慶，燕郡廣陽（今北京房山區）人。北魏將領。見《北史》卷二七《公孫表附公孫軌傳》。　督梁州刺史：中華本校勘記云："《魏書》'督'上有'都'字，是。"可從。　南秦王：地方政權代稱。東晉時，楊氏世據仇池，稱王一方，後降前秦苻堅，前秦置其地爲南秦州（今甘肅成縣）。

初，玄臨終謂弟難當曰："今境候未寧，方須撫慰，保宗沖昧，吾授卿國事，其無墜先勳。"難當固辭，請立保宗以輔之。保宗既立，難當妻姚氏謂難當曰："國嶮，宜立長君，反事孺子，非久計。"難當從之，廢保宗而自立，稱蕃于宋。難當拜保宗爲鎮南將軍，鎮宕昌；[1]以次子順爲鎮東將軍、秦州刺史，守上邽。[2]保宗謀襲難當，事泄，被繫。先是，四方流人以仇池豐實，[3]多往依附。流人有許穆之、郝惔之二人投難當，[4]並改姓爲司馬，穆之自云名飛龍，惔之自云名康之，云是晉室近戚。康之尋爲人所殺。時宋梁州刺史甄法護刑政不理，[5]宋文帝遣刺史蕭思話代任。[6]難當以思話未至，遣將舉兵襲梁州，破白馬，[7]遂有漢中之地。尋而思話使其司馬蕭承之先驅進討，[8]所向剋捷，遂平梁州。因又附宋。難當後釋保宗，遣鎮董亭。[9]保宗與兄保顯歸京師，[10]太武拜保宗征南大將軍、秦州牧、武都王，尚公主；保顯爲鎮西將軍、晉壽公。[11]後遣大鴻臚崔頤拜難當爲征南大將軍、儀同三司、領護西羌校尉、秦梁二州牧、南秦王。[12]

［1］難當拜保宗爲鎮南將軍鎮宕昌：底本“宕昌”作“石昌”，源氏校勘記云：“（‘石昌’）《宋書》作‘宕昌’。”按：《魏書》亦作“石昌”。《資治通鑑》卷一二二：“難當以兄子保宗爲鎮南將軍，鎮宕昌。”胡三省注云：“宕昌，隋、唐爲宕州之地。”《北史》《魏書》皆誤。今從《宋書》改。鎮南將軍，官名。漢獻帝和平中置。三國魏時，與鎮東、鎮西、鎮北將軍合稱四鎮將軍，多爲持節都督，出鎮方面。宕昌，地名。在今甘肅宕昌縣西。

［2］上邽：縣名。治所在今甘肅天水市。

［3］流人：指流民。

［4］流人有許穆之郝恢之二人投難當：除底本、元大德本外，其餘諸本“人投”前皆有“二”字。按：據語意，今從諸本補。

［5］甄法護：人名。南朝宋官吏。爲政不能協和，獲罪被殺。

［6］宋文帝：即南朝宋皇帝劉義隆。文爲其謚號。　蕭思話：人名。南蘭陵（一説在今江蘇常州市，一説在今江蘇丹陽市）人。南朝宋官吏。見《宋書》卷七八《蕭思話傳》。

［8］白馬：即白馬戍。在今陝西勉縣北。

［9］尋而思話使其司馬蕭承之先驅進討：底本“承之”作“道成”，源氏校勘記云：“‘道成’《魏書》作‘承之’。按《思話傳》作‘蕭諱’，此書似是。”中華本校勘記云：“諸本‘承之’作‘道成’，《魏書》作‘承之’。按《宋書》本作‘蕭諱’，《北史》誤改爲‘蕭道成’。補《魏書》者改正。其事見《南齊書》卷一《高帝紀》。今據改。”今從改。司馬，官名。軍府高級幕僚，掌參贊軍務，管理府内武職，位僅次於長史，其品秩隨府主地位而定，高低不等。蕭承之，人名。字嗣伯，南蘭陵（一説在今江蘇常州市，一説在今江蘇丹陽市）人。南朝宋將領。見《南齊書》卷一《高帝紀上》。

［10］遣鎮董亭：底本“董亭”作“薰亭”，源氏校勘記云：“‘薰’《魏書》作‘董’。”中華本校勘記云：“諸本‘董’作‘薰’，《魏書》作‘董’，《宋書》作‘童’。按《水經注》卷一七

《渭水》注：‘涇谷水又東北歷董亭下，楊難當使兄子保宗鎮董亭，即是亭也。’今據《魏書》改。”今從改。董亭，地名。在今甘肅天水市東南。

[11]保宗與兄保顯歸京師：底本“保顯”作“顯”，源氏校勘記云：“‘顯’上《魏書》有‘保’字。”中華本校勘記云：“諸本‘顯’上脱‘保’字，據《魏書》《通志》及下文補。”今從改。

[12]晋壽公：封爵名。晋壽，郡名。北魏時治晋壽縣，在今四川廣元市。

[13]崔頤：人名。字太沖，清河東武城（今山東武城縣西北）人。北魏官吏。見《北史》卷二四《崔逞附崔頤傳》。底本“頤”作“賾”，中華本校勘記云：“本書卷二《太武紀》延和二年作‘崔賾’，參卷二四頤本傳校記。”今從改。　儀同三司：東漢初臨時設置，謂官非三公而儀制待遇同於三公。魏晋時授予開府位從三公之文武官。南北朝時授予範圍不斷擴大，逐漸成爲官號。北魏孝文帝太和十七年定爲一品下，二十三年以後改爲從一品，位開府上。　護西羌校尉：官名。西晋末年南安羌人酋長姚弋仲自稱。十六國時前秦置爲官。後沿置。負責西羌事務。源氏校勘記云：“‘西’《宋書》作‘平’。”　秦梁二州：北魏時兩州同治南鄭，在今陝西漢中市。

難當後自立爲大秦王，號年曰建義，立妻爲王后，世子爲太子，置百官具擬天朝。然猶貢獻于宋不絶。尋而其國大旱，多災異，降大秦王復爲武都王。太延初，[1]難當立鎮上邽。太武遣車騎大將軍、樂平王丕等督河西、高平諸軍取上邽，[2]又詔喻難當，奉詔攝守。尋而傾國南寇，規有蜀土，襲宋益州，[3]攻涪城，[4]又伐巴西，獲雍州流人七千餘家，[5]還于仇池。宋文帝怒，遣將裴方明等伐之。[6]難當爲方明所敗，棄仇池，與千餘騎奔上邽。太武遣中山王辰迎之赴行宫。[7]方明既剋仇池，以保宗弟保熾守之，河間公齊擊走之。[8]

[1]太延：北魏太武帝的年號（435—440）。

[2]車騎大將軍：官名。魏晋制度，驃騎、車騎、衛三將軍皆爲重號將軍，高於諸名號大將軍，本無須加“大”，其後將軍名號越來越濫，遂又增此號。多加元老重臣，以示尊崇，一品，開府置僚屬，不領兵。北魏孝文帝太和十七年定爲一品中，二十三年改爲從一品。　樂平王：封爵名。樂平，郡名。北魏時治樂平縣，在今山西昔陽縣西南。　丕：即拓跋丕，人名。北魏宗室。見《北史》卷一六《樂平王丕傳》。　河西：郡名。北魏時治夏陽縣，在今山西臨汾市。　高平：郡名。北魏時治高平縣，在今寧夏固原市。

[3]益州：南朝宋時治成都縣，在今四川成都市。

[4]涪城：縣名。治所在今四川三台縣西北。

[5]又伐巴西獲雍州流人七千餘家：底本“雍州”作“維州”，中華本校勘記云：“諸本‘雍’作‘維’。按時無‘維州’，《魏書》卷四上《世祖紀》延和三年正月稱：‘楊難當克漢中，送雍州流民七千家于長安。’‘維’顯爲‘雍’之訛，今據改。”今從改。雍州，南朝宋時治襄陽縣，在今湖北襄陽市。

[6]裴方明：人名。河東（今山西永濟市）人。南朝宋將領。後被宋文帝以貪污罪名下獄處死。

[7]中山王：封爵名。中山，郡名。北魏時治盧奴縣，在今河北定州市。　辰：即拓跋辰，人名。北魏宗室。曾隨太武帝征柔然，後被殺。　行宫：指陰山行宫，在今内蒙古武川縣。

[8]河間公：封爵名。河間，郡名。北魏初治樂城縣，在今河北獻縣東南；孝文帝太和十一年移治武垣縣，在今河北河間市南。　齊：即拓跋齊，人名。北魏宗室。見《北史》卷一五《河間公

齊傳》。

先是，詔保宗鎮上邽，又詔鎮駱谷，[1]復其本國。保宗弟文德先逃氐中，乃説保宗令叛。事泄，齊執保宗送京師，詔難當殺之。氐、羌立文德，屯于濁水。[2]文德自號征西將軍、秦河梁三州牧、仇池公。求援於宋，封文德爲武都王，遣偏將房亮之等助之。[3]齊逆擊，禽亮之。文德奔守葭蘆，[4]武都、陰平氐多歸之。[5]詔淮陽公皮豹子等率諸軍討文德，[6]走漢中，收其妻子、僚屬、資糧。及保宗妻公主送京師，賜死。初，公主勸保宗反，人問曰："背父母之邦若何？"公主曰："《禮》'婦人外成'，'因夫而榮。'[7]事立，據守一方，我亦一國之母，豈比小縣之主？"以此得罪。

[1]駱谷：在今陝西周至縣西南。爲關中與漢中之間的交通要道。

[2]濁水：即濁水戍。在今甘肅成縣西南。

[3]偏將：即偏師之將。偏師爲全軍的一部分，以别於主力。

[4]葭蘆：即葭蘆戍。在今甘肅隴南市武都區東南白龍江東岸。

[5]陰平：縣名。治所在今甘肅文縣西北。

[6]淮陽公：封爵名。淮陽，郡名。北魏時治角城，在今江蘇淮安市西古泗水西岸。　皮豹子：人名。漁陽（今北京密雲縣西南）人。北魏將領。見《北史》卷三七《皮豹子傳》。

[7]婦人外成因夫而榮：女人結婚之後就跟父親不是一家了，隨著丈夫的地位而升降。

文成時，[1]拜難當營州刺史，[2]還爲外都大官。[3]卒，謚曰忠。子和，隨父歸魏，别賜爵仇池公。子德子襲難當爵，[4]早卒。子小眼襲，例降爲公，拜天水太守，卒。子大眼，别有傳。[5]

［1］文成：即北魏皇帝拓跋濬。文成爲其謚號。

［2］營州：北魏時治和龍城，在今遼寧朝陽市城區。

［3］外都大官：官名。即外都坐大官。北魏前期置。與中都坐大官、内都坐大官合稱三都大官。掌畿外刑獄、聽理民訴訟。任此職者多爲宗室諸王、外戚及胡漢重臣，權勢極大。祭吊時位在三公、尚書令之上。孝文帝改制時罷。

［4］子德子襲難當爵：源氏校勘記云："'德子'《魏書》無'子'字。"

［5］子大眼别有傳：中華本校勘記云："按當云：'德子子大眼，别有傳。'大眼，難當之孫，見本書卷三七本傳。"今從。

小眼子公熙襲爵。正光中，[1]尚書右丞張普惠爲行臺，[2]送租於南秦、東益，[3]普惠啓公熙俱行。至南秦，以氐反不得進，遣公熙先慰氐。東益州刺史魏子建以公熙嶮薄，[4]密令訪察，公熙果有潛謀，將爲叛亂。子建仍報普惠，令其攝録。普惠急追公熙，公熙竟不肯赴，東出漢中。普惠表列其事，公熙大行賄賂，終得免罪。後爲假節、别將，[5]與都督元志同守岐州，[6]爲秦賊莫折天生所虜，[7]死於秦州。

［1］正光：北魏孝明帝的年號（520—525）。

［2］尚書右丞：官名。東漢始設。北魏時爲尚書省佐官，位次尚書，與左丞共掌尚書省庶務，右丞還分管本省庫藏廬舍，凡士兵

百工名籍、内外庫藏穀帛、刑獄訴訟、户籍、行政區劃等文書奏事皆屬之。孝文帝太和十七年定爲四品中，二十三年改爲從四品。張普惠：人名。字洪賑，常山九門（今河北藁城市）人。北魏官吏。見《北史》卷四六《張普惠傳》。　行臺：官名。北魏時爲行臺長官的省稱。北魏時爲行臺尚書，職掌當地軍政事務，亦兼理民事。

[3]南秦：州名。北魏時治洛谷城，在今甘肅西和縣洛峪鎮。　東益：州名。北魏時治武興縣，在今陝西略陽縣。

[4]魏子建：人名。字敬忠，鉅鹿下曲陽（今河北晋州市）人。北魏官吏。見《北史》卷五六《魏收附魏子建傳》。

[5]假節：漢魏時，大臣受命出朝，持節或假節以示授權。假節位次低於持節。歷朝因之，自西晋起，此實際爲一種加官，低於使持節及持節，僅督軍時有權殺犯軍令者。　別將：官名。秦漢時泛指次要的將領。北魏中葉之後，出兵之制，軍隊的統率爲都督，與主力分道而行的輔翼將領稱爲别道都將，後沿用此稱，逐漸成爲一級統兵武官名稱或者加之戍守的地名，位在統軍之上，統率的兵力無定數，自兩千到萬人不等。初期的地位與刺史相類似，隨著後期戰亂頻繁，地位漸漸降低，衹要能够招募三千人就可以作爲别將。

[6]元志：人名。字猛略。北魏宗室。見《北史》卷一五《河間公齊附元志傳》。　岐州：北魏時治雍城鎮，在今陝西鳳翔縣南。

[7]秦賊莫折天生：北魏孝明帝正光五年，羌人莫折大提在關隴地區起義，自立爲秦王。莫折天生是其子，驍勇善戰。兵敗，不知所終。

文德後自漢中入統汧、隴，遂有陰平、武興之地。[1]後爲宋荆州刺史劉義宣所殺。[2]

［1］武興：縣名。治所在今陝西略陽縣。

［2］荆州：南朝宋時治江陵縣，在今湖北江陵縣。　劉義宣：人名。南朝宋宗室。見《宋書》卷六八《南郡王義宣傳》。

保宗之執也，子元和奔宋，以爲武都、白水太守。[1]元和據城歸順，文成嘉之，拜征南大將軍、武都王，内徙京師。

［1］子元和奔宋以爲武都白水太守：中華本校勘記云："按《宋書》云：'立元和爲武都王，治白水。'疑此誤。"可從。白水，郡名。北魏時治白水縣，在今陝西白水縣。

元和從叔僧嗣復自稱武都王於葭蘆。[1]僧嗣死，從弟文度自立爲武興王，遣使歸順。獻文授文度武興鎮將，[2]既而復叛。孝文初，[3]征西將軍皮歡喜攻葭蘆破之，[4]斬文度首。

［1］元和從叔僧嗣復自稱武都王於葭蘆：底本"武都王"作"武王"，源氏校勘記於"武"下補"都"字，並云："（'從叔'）《宋書》作'從弟'。"按：《資治通鑑》卷一三一亦作"從弟"。中華本校勘記云："諸本脱'都'字，據《宋書》《魏書》《通志》補。"今從中華本改。

［2］獻文：即北魏皇帝拓跋弘。獻文爲其謚號。　鎮將：官名。北魏置，鎮的長官。在不設州郡的地區，如西邊、北邊諸鎮，兼統軍民；在設州郡的内地，主要掌軍政，但兼任駐在州刺史時，亦兼理民政。北魏前期多以宗室或鮮卑勳貴爲之，多兼刺史，並持節、都督臨近州鎮，地位高於刺史。孝文帝改制後，地位漸低。其下設

副將、監軍及長史、司馬等僚佐。孝文帝太和十七年職員令及二十三年復次職員令皆未載其品階。

［3］孝文：即北魏皇帝元宏。孝文爲其謚號。

［4］皮歡喜：人名。漁陽（今北京密雲縣西南）人。北魏將領。見《北史》卷三七《皮豹子附皮歡喜傳》

文度弟弘，小名鼠，名犯獻文廟諱，以小名稱。鼠自爲武興王，遣使奉表謝罪，貢其方物，孝文納之。鼠遣子狗奴入侍，拜鼠都督、南秦州刺史、征西將軍、西戎校尉、武都王。[1]鼠死，從子後起統位，孝文復以鼠爵授之。鼠子集始爲白水太守。

［1］都督：官名。地方軍政長官。三國魏文帝時置，稱都督諸州軍事，領駐在州刺史，兼理民政。無固定品級，多帶將軍名號。晋、南北朝沿置，爲地方軍政長官，分使持節、持節、假節三種，職權各有不同。　西戎校尉：官名。三國魏置，亦稱護西戎校尉。西晋初掌雍州少數民族事務。領兵，多以征西、鎮西等將軍領之，並兼雍州刺史。北魏時設於敦煌、仇池等鎮，孝文帝太和十七年定爲三品下，二十三年改爲從三品。

後起死，以集始爲征西將軍、武都王。集始復朝于京師，拜都督、南秦州刺史、安南大將軍、領護南蠻校尉、漢中郡侯、武興王，[1]賜以車旗、戎馬、錦綵、繒纊。尋還武興，進號鎮南將軍，加督寧、湘五州諸軍事。[2]後仇池鎮將楊靈珍襲破武興，[3]集始遂入齊。景明初，[4]集始來降，還授爵位，歸守武興。死，子紹先立，拜都督、南秦州刺史、征虜將軍、漢中郡公、武興王，[5]贈集始車騎大將軍、開府儀同三司，謚安王。

[1]安南大將軍：官名。西晋置，安南將軍資深者得爲此職，職掌同安南將軍。二品，禄賜與特進同，歷代皆不常置。北魏孝文帝太和十七年定爲二品上。　護南蠻校尉：官名。晋武帝置，亦稱護南蠻校尉，治襄陽，四品。東晋初省，後復置，改治江陵。南北朝沿置，員一人，有時並置二人，掌荆州及江州少數民族事務，統兵。

[2]寧：州名。東魏時寄治汾州介休城，在今山西介休市東南。　湘：州名。東魏時治大活關城，在今湖北黄岡市西部。按：北魏似未置寧州與湘州，疑有誤。

[3]楊靈珍：人名。仇池（今甘肅西和縣）人，氐族。南北朝時仇池鎮將，初爲北魏南梁州武興刺史。孝文帝太和二十一年，舉州降南朝齊，送其子、其母於南鄭爲質，襲北魏武興王楊集始。後奔還漢中，被殺。

[4]景明：北魏宣武帝的年號（500—504）。

[5]征虜將軍：官名。三國魏、晋、南朝宋、齊、梁及北魏時爲武官，亦作爲高級文職官員的加官。北魏孝文帝太和十七年定爲第三品上，二十三年改爲從三品。

紹先年幼，委事二叔集起、集義。夏侯道遷以漢中歸順也，[1]梁白馬戍主尹天保率衆圍之。[2]道遷求援於集起、集義，二人貪保邊蕃，不欲救之。唯集始弟集朗心願立功，率衆破天保。全漢川，朗之力也。集義見梁、益既定，恐武興不得久爲外藩，遂扇動諸氐，推紹先僭稱大號，集起、集義並稱王，外引梁爲援。安西將軍邢巒遣建武將軍傅竪眼攻武興剋之，[3]執紹先，送于京師，遂滅其國，以爲武興鎮，復改鎮爲東益州。

[1]夏侯道遷：人名。譙國（今安徽亳州市）人。南朝齊、梁、北魏官吏。見《北史》卷四五《夏侯道遷傳》。

[2]戍主：官名。爲戍的主將。掌守防捍御之事，除管理軍政外，還干預民政和財務。戍指邊地的營壘、城堡。南北朝時，北魏在邊要形勝之地駐兵戍守，大者稱鎮，小者稱戍。北邊不設州郡之地，戍隸屬於鎮；南邊設置州郡之地，戍隸屬於州。　尹天保：《北史》卷四五、《魏書》卷七一《江悅之傳》、《資治通鑑》卷一四六作“尹天寶”。

[3]安西將軍：官名。漢獻帝建安十六年置。爲出鎮某一地區的軍事長官，或作爲州刺史等地方官兼理軍務時的加官，權任很重。北魏孝文帝太和十七年定爲二品下，二十三改爲三品。　邢巒：人名。字洪賓，河間鄚（今河北任丘市北）人。北魏官吏。見《北史》卷四三《邢巒傳》。　建武將軍：官名。漢獻帝興平間曹操置，北魏孝文帝太和十七年定爲四品下，二十三年改爲從四品。傅豎眼：人名。祖籍清河（今山東臨清市東北）。北魏大將。見《北史》卷四五《傅豎眼傳》（參張光明《山東淄博市發現北魏傅豎眼墓誌》，《考古》1987 年第 2 期）。

前後鎮將唐法樂、刺史杜纂、邢豹以威惠失衷，[1]氐豪仇石柱等相率反叛，朝廷以西南爲憂。正光中，詔魏子建爲刺史，以恩信招撫，風化大行，遠近款附，如內地焉。後唐永代子建爲州，[2]未幾，氐人悉反。永棄城東走，自此復爲氐地。

[1]杜纂：人名。字榮孫，常山九門（今河北藁城市）人。北魏官吏。見《北史》卷八六《杜纂傳》。　邢豹：人名。北魏官

吏。曾任直寢，殺高肇。

[2]唐永：人名。北海平壽（今山東濰坊市）人。北魏官吏。見《北史》卷六七《唐永傳》。

魏末，天下亂，紹先奔還武興，復自立爲王。周文定秦、隴，[1]紹先稱藩，送妻子爲質。大統元年，[2]紹先請其女妻，周文奏魏帝許之。紹先死，子辟邪立。

[1]周文：即宇文泰。文爲其謚號，北周明帝所追謚。

[2]大統：西魏文帝的年號（535—551）。

四年，南岐州氐苻安壽反，[1]攻陷武都，自號太白王。詔大都督侯莫陳順與渭州刺史長孫澄討降之。[2]九年，清水氐酋李鼠仁據地作亂，[3]氐帥梁道顯叛，攻南由，[4]周文遣典籤趙昶慰諭之，[5]鼠仁等相繼歸附。十一年，於武興置東益州，以辟邪爲刺史。十五年，安夷氐復叛。[6]趙昶時爲郡守，收首逆者二十餘人斬之，乃定。於是以昶行南秦州事。氐帥蓋闊等作亂。闊據北谷，[7]其黨西結宕昌羌獠甘，共推蓋闊爲主。昶分道遣使，宣示禍福，然後出兵討之。禽蓋闊，散其餘黨。興州叛氐復侵逼南岐州，[8]刺史叱羅協遣使告急，[9]昶赴救，[10]又大破之。

[1]南岐州：西魏時治梁泉縣，在今陝西鳳縣東北鳳州鄉鳳州村。　苻安壽：人名。略陽臨渭（今甘肅天水市東北）人，氐族。十六國時前秦後裔。見《晉書》卷一一五《苻丕載記》。底本作“苻壽”，源氏校勘記云：“‘苻壽’《周書》作‘苻安壽’。爲是。

按陳順本傳有'安'字。"按：此處當是"苻安壽"。今從《周書》改。

[2]大都督：官名。高級軍事長官。三國吴、魏初於戰争時臨時設置，作爲加官。後漸成爲常設官職，地位極高。晋、南朝沿置。在有戰事時亦臨時加置，冠以名號。還有以次銜都督某一地區軍事者。北魏前、中期未見，孝文帝太和十七年職員令及二十三年復次職員令皆未載。東、西魏分裂後，授予漸濫。　侯莫陳順：人名。代郡武川（今内蒙古武川縣西）人。西魏將領。見《北史》卷六〇《侯莫陳崇附侯莫陳順傳》。　渭州：西魏時治襄武縣，在今甘肅隴西縣東南。　長孫澄：人名。字士亮，代（今山西大同市東北）人。西魏、北周將領。見《北史》二二《長孫道生附長孫澄傳》。

[3]清水：縣名。治所在今甘肅清水縣西。

[4]南由：地名。在今陝西寶雞市北。

[5]典籤：官名。南北朝置。爲州、府掌管文書的佐吏。品秩隨州、府主地位而不同，從八品至從九品不等。　趙昶：人名。字長舒，天水南安（今甘肅隴西縣東南）人。西魏、北周官吏。見《北史》卷六九《趙昶傳》。

[6]安夷：郡名。西魏時治長蛇縣，在今陝西寶雞市北。

[7]北谷：地名。在今陝西終南山北面的谷口。

[8]興州：西魏時治武興城，在今陝西略陽縣。

[9]叱羅協：人名。本名邕，代郡（今山西大同市東北）人，鮮卑族。西魏、北周官吏。見《北史》卷五七《邵惠公顥附叱羅協傳》。

[10]昶赴救：底本"赴"作"起"，中華本校勘記云："諸本'赴'訛作'起'，據《周書》《通志》改。"今從改。

先是，氐酋楊法深據陰平自稱王，[1]亦盛之苗裔也。

魏孝昌中，[2]舉衆内附，自是職貢不絶。廢帝元年，[3]以法深爲黎州刺史。[4]二年，楊辟邪據州反，群氐復與同逆。詔叱羅協與趙昶討平之。周文乃以大將軍宇文貴爲大都督、興州刺史。[5]貴威名先著，群氐頗畏服之。來歲，楊法深從尉遲迥平蜀。[6]軍迴，法深尋與其宗人楊崇集、楊陳侳各擁其衆，[7]遞相攻討。趙昶時督成、武、沙三州諸軍事，[8]遣使和解之。法深等從命，乃分其部落，更置州郡以處之。

[1]楊法深：《資治通鑑》卷一六三作“楊法琛”。

[2]孝昌：北魏孝明帝的年號（525—528）。

[3]廢帝：即西魏皇帝元欽。

[4]法深：底本“深”前無“法”字。源氏校勘記在“深”前補“法”字。今從改。　黎州：西魏時治興安縣，在今四川廣元市嘉陵鎮。

[5]大將軍：官名。高級軍事統帥。西魏、北周置爲府兵專職統帥官號，凡十二人，各領一軍，分隸六柱國大將軍，下統開府、儀同諸將軍。　宇文貴：人名。字永貴，其先昌黎大棘（今遼寧北票市章吉營子鄉三官營子村），後徙居夏州（今陝西靖邊縣白城子村北）。西魏、北周大將。見《北史》卷六〇《宇文貴傳》。

[6]來歲楊法深從尉遲迥平蜀：源氏校勘記云：“‘來’《周書》作‘是’。爲是。”中華本校勘記云：“《周書》作‘是歲’。按尉遲迥平蜀在西魏廢帝二年，見《周書》卷二《文帝紀》。作‘是歲’是。”可從。尉遲迥，人名。字薄居羅，代（今山西大同市東北）人。西魏、北周重臣。見《北史》卷六二《尉遲迥傳》。

[7]其宗人楊崇集：源氏校勘記云：“‘宗’《周書》作‘種’。”

[8]成：州名。西魏時治洛谷縣，在今甘肅西和縣洛峪鎮。　武：州名。西魏時治將利縣，在今甘肅隴南市武都區東南。　沙：

州名。西魏時治白水縣，在今四川青川縣白河鄉易家村。

恭帝末，[1]武興氐反，圍利州，[2]鳳州固道氐魏天王等亦聚衆響應，[3]大將軍豆盧寧等討之。[4]周明帝時，[5]興州人段吒及下辨、栢樹二縣人反，[6]相率破蘭皋戍。[7]氐酋姜多復率厨中氐屬攻陷落叢郡以應之。[8]趙昶討平二縣，并斬段吒。而陰平、葭蘆氐復往往屯聚，[9]與厨中相應。昶乃簡精騎，出其不意，徑入厨中，至大竹坪，[10]連破七栅，誅其渠帥，二郡並降。及昶還，厨中生氐復爲寇掠。[11]昶又遣儀同劉崇義、宇文琦入厨中討之，[12]於是群氐並平。

[1]恭帝：即西魏皇帝元廓。恭爲其謚號。

[2]圍利州：底本"利州"作"和州"，源氏校勘記云："'和'《周書》作'利'，《豆盧寧傳》作'魏'。"中華本校勘記云："諸本'利'作'和'，《周書》作'利'。按利州見《隋書·地理志上》義城郡，其地與武興鄰近，今據改。"今從改。按：《北史》卷六八《豆盧寧傳》不見"魏州"。利州，西魏時治興安縣，在今四川廣元市。

[3]鳳州：西魏廢帝三年（554）改南岐州爲鳳州。　固道：郡名。西魏時治兩當縣，在今甘肅兩當縣東北。

[4]豆盧寧：人名。字永安，昌黎徒何（今遼寧錦州市）人。西魏、北周大將。見《北史·豆盧寧傳》。

[5]周明帝：即北周皇帝宇文毓。明爲其謚號。

[6]栢樹：縣名。治所在今陝西略陽縣西北。

[7]蘭皋戍：在今甘肅隴南市武都區東。

[8]氐酋姜多復率厨中氐屬攻陷落叢郡以應之：底本"落叢"

作“落聚”，源氏校勘記云：“‘落聚’《周書》作‘落叢’。”中華本校勘記云：“《周書·氐傳》‘屬’作‘蜀’。按‘蜀’是當時種族名稱，‘屬’當是‘蜀’之訛。又諸本‘叢’作‘聚’，乃‘藂’之訛，‘藂’即‘叢’。落叢，見《隋書·地理志上》順政郡鳴水縣。今據《周書》改。”今從改。厨中，地名。在今陝西略陽縣南。落叢，郡名。北周時治落叢縣，在今陝西略陽縣西北。

[9]陰平：郡名。北周時治曲水縣，在今甘肅文縣西白水江南岸。　葭蘆氐：源氏校勘記云：“‘葭盧’《周書》作‘盧北’。”盧北，郡名。北周時治建昌縣，在今甘肅文縣西南。與陰平較近。參《北周地理志》卷二《隴右》“文州蘆北郡”條。　往往：底本“往往”作“往”，源氏校勘記於“往”後補“往”字，中華本校勘記云：“諸本脱一‘往’字，據《周書》補。”今從改。

[10]大竹坪：地名。在今陝西略陽縣南。

[11]生氐：源氏校勘記云：“‘生’《周書》作‘主’。”

[12]儀同：爲儀同三司的省稱。

及王謙舉兵，[1]沙州氐帥開府楊永安又據州應謙，[2]大將軍達奚儒討平之。[3]

[1]王謙舉兵：北周静帝大象二年（580），王謙因不滿楊堅輔政而起兵。王謙，人名。字敕萬，太原（今山西太原市晋源區古城營村一帶）人。北周官吏。見《北史》卷六○《王雄附王謙傳》。

[2]沙州：北周時治白水縣，在今四川青川縣白河鄉易家村。底本“沙”下無“州”字，中華本校勘記云：“諸本‘沙’下脱‘州’字，據《周書》補。事見本書卷一○《周静帝紀》大象二年八月。”今從改。

[3]達奚儒：人名。北周、隋朝大將。曾任荆州總管。

吐谷渾，本遼東鮮卑徒河涉歸子也。[1]涉歸一名弈洛韓，有二子，庶長曰吐谷渾，少曰若洛廆。涉歸死，若洛廆代統部落，是爲慕容氏。涉歸之在也，[2]分户七百以給吐谷渾，與若洛廆二部。馬鬬相傷，若洛廆怒，遣人謂吐谷渾曰："先公處分，與兄異部，何不相遠，而馬鬬相傷?"吐谷渾曰："馬食草飲水，春氣發動，所以鬬。鬬在馬，而怒及人！乖别甚易，今當去汝萬里外！"若洛廆悔，遣舊老及長史七那樓謝之。[3]吐谷渾曰："我乃祖以來，樹德遼右，先公之世，卜筮之言云：'有二子，當享福祚，並流子孫。'我是卑庶，理無並大。今以馬致怒，殆天所啓。諸君試驅馬令東，馬若還東，我當隨去。"即令從騎擁馬令迴，數百步，欻然悲鳴，突走而西，聲若頹山，如是者十餘輩，一迴一迷。[4]樓力屈，乃跪曰："可汗，此非復人事！"渾謂其部落曰："我兄弟子孫並應昌盛，廆當傳子及曾玄孫，其間可百餘年；我乃玄孫間始當顯耳。"於是遂西附陰山，[5]後假道上隴。若洛廆追思吐谷渾，作《阿于歌》，徒河以兄爲阿于也。子孫僭號，以此歌爲輦後鼓吹大曲。

[1]遼東：地區名。指遼河以東的地區。　徒河：縣名。治所在今遼寧錦州市。

[2]在：殿本、四庫本、四部備要本作"存"。

[3]長史：官名。戰國秦置，掌顧問參謀。秦漢因之，西漢丞相、太尉、御史大夫、大將軍、車騎將軍、前後左右將軍皆置，爲所在官署掾屬之長。丞相長史職權尤重。邊郡於丞之外復置長史，

佐太守掌兵馬。内郡或置之。東漢、魏晋南北朝沿置，大抵略同。

七那樓：人名。其餘不詳。

[4]一迴一迷：源氏校勘記云："'迷'《宋書》作'遠'。"按：中華本《宋書》作"一向一遠"。疑是。

[5]陰山：源氏校勘記云："'陰'《魏書》作'除'。"按：中華本《魏書》卷一〇一《吐谷渾傳》作"陰山"。

吐谷渾遂從上隴，[1]止於枹罕。[2]自枹罕暨甘松，[3]南界昂城、龍涸，[4]從洮水西南極白蘭，[5]數千里中，逐水草，廬帳而居，以肉酪爲糧。西北諸雜種謂之"阿柴虜"。[6]

[1]吐谷渾遂從上隴：中華本校勘記云："《魏書》卷一〇一（補）《吐谷渾傳》（百衲本）'從'作'徙'，疑是。"可從。

[2]枹罕：鎮名。在今甘肅臨夏市。

[3]甘松：地名。在今四川松潘縣黄龍寺。

[4]昂城：地名。在今四川阿壩藏族羌族自治州。　龍涸：地名。在今四川松潘縣。

[5]洮水：黄河上游支流。在今甘肅西南部。　白蘭：地名。在今青海果洛藏族自治州。

[6]阿柴虜：南監本校勘記云："'柴'《魏書》作'柴'。今《魏書》同此書。"

吐谷渾死，有子六十人。長子吐延，身長七尺八寸，勇力過人，性刻暴。爲昂城羌酋姜聰所刺，[1]劍猶在體，呼子葉延語其大將絶拔埿曰："吾氣絶，棺斂訖，便速去保白蘭。[2]地既險遠，又土俗懦弱，易控禦。葉延小兒，欲授餘人，恐倉卒終不能相制。今以葉延付汝，竭股肱之力以輔之，孺子得立，吾無恨也。”抽劍而死。有子十二人。

[1]昂城：古城名。又作“昴城”。古爲羌地。故址在今四川阿垻藏族羌族自治州。

[2]便速去保白蘭：底本“保”下無“白”字，源氏校勘記云：“‘保’下《魏書》有‘白’字。”中華本校勘記云：“諸本脱‘白’字，據《宋書》卷九六、《魏書》、《通志》卷一九五《吐谷渾傳》補。”今從改。

葉延少而勇果，年十歲，縛草爲人，號曰姜聰，每旦輒射之，射中則嗥叫泣涕。[1]其母曰：“讎賊，諸將已屠膾之，汝年小，何煩朝朝自苦！”葉延嗚咽若不自勝，答母曰：“誠知無益，然罔極之心，不勝其痛。”性至孝。母病，母三日不食，葉延亦不食。頗視書傳，自謂曾祖弈洛韓始封昌黎公，[2]吾爲公孫之子，案《禮》，公孫之子得以王父字爲氏，[3]遂以吐谷渾爲氏焉。

[1]射中則嗥叫泣涕：中華本校勘記云：“《宋書》作‘射中則喜，不中則嗥叫泣涕’。《晋書》卷九七《吐谷渾傳》，作‘中之則號泣，不中則瞋目大呼’。按《北史》此段本出《宋書》，當脱‘則喜不中’四字。”可從。

[2]弈洛韓：即涉歸。　昌黎公：封爵名。昌黎，郡名。西晋時治昌黎縣，在今遼寧義縣。

[3]公孫之子得以王父字爲氏：出自《禮記·大傳》：“名著而男女有别。”孔安國疏：“公孫之子，其親已遠，不得上連於公，故

以王父字爲氏。”

葉延死，子碎奚立。性淳謹，三弟專權，碎奚不能制，諸大將共誅之。奚憂哀不復攝事，遂立子視連爲世子，委之事。號曰“莫賀郎”，華言父也。[1]奚遂以憂死。視連立，以父憂思，[2]不遊娱酣宴。十五年死，弟視羆立。[3]死，子樹洛干等並幼，弟烏紇提立。而妻樹洛干母，生二子慕璝、慕利延。[4]烏紇提一名大孩。死，樹洛干立，自號車騎將軍。[5]是歲，晋義熙初也。[6]

[1]華言父也：源氏校勘記云：“‘華’《宋書》作‘宋’。”

[2]以父憂思：源氏校勘記云：“‘思’(《宋書》)作‘卒’。”

[3]弟視羆立：中華本校勘記云：“《晋書》《宋書》《通志》並云視連‘有子二人，長曰視羆，次烏紇提’。這裏作‘弟’，當誤。”可從。

[4]慕利延：底本“利”上無“慕”字，中華本校勘記云：“諸本‘利’上脱‘慕’字，據《宋書》、《梁書》卷五四、《通志》及下文補。”今從改。

[5]車騎將軍：官名。西漢初置爲軍事統帥，作戰時領車騎士，故名。事迄即罷。漢武帝後常設，地位僅次於大將軍、驃騎將軍，在衛將軍之上，常典京城、皇宫禁衛軍隊，出征時總領諸將軍。東漢時權勢尤重，位比三公。魏晋南北朝沿置，位次驃騎將軍，在諸名號將軍上，多作爲軍府名號，以加授大臣、重要州郡長官，無具體職掌。

[6]義熙：晋安帝的年號（405—418）。

樹洛干死，弟阿豺立，[1]自號驃騎將軍、沙州刺史。

部内有黄沙，周迴數百里，不生草木，因號沙州。阿豺兼并氐、羌，地方數千里，號爲强國。昇西强山，[2]觀墊江源，[3]問於群僚曰："此水東流，更有何名？由何郡國入何水也？"其長史曾和曰："此水經仇池，過晋壽，出宕渠始號墊江，[4]至巴郡入江，[5]度廣陵入於海。"[6]阿豺曰："水尚知歸，吾雖塞表小國，而獨無所歸乎！"遣使通宋，獻其方物。宋少帝封爲澆河公。[7]未及拜受，宋文帝元嘉三年，又加除命。又將遣使朝貢，會暴病。臨死召諸子弟告之曰："先公車騎捨其子虔，以大業屬吾，豈敢忘先公之舉而私於緯代！[8]其以慕璝繼事。"阿豺有子二十人，緯代長子也。阿豺又謂曰："汝等各奉吾一隻箭，將玩之地下。"[9]俄而命母弟慕利延曰："汝取一隻箭折之。"慕利延折之。曰："汝取十九隻箭折之。"慕延不能折。阿豺曰："汝曹知不？單者易折，衆則難摧，戮力一心，然後社稷可固。"言終而死。慕璝立。

[1]阿豺：《資治通鑑》作"阿柴"。

[2]西强山：又名西傾山，在今青海東南部，位於青藏高原東南部邊緣，屬於昆侖山系東端的支脉。

[3]墊江源：墊江的源頭。《讀史方輿紀要》卷五二"西傾山"條下注："《沙州記》：'洮水與墊江水俱出溼臺山（强與溼通），山南即墊江源，山東則洮水源也。'"

[4]宕渠：縣名。治所在今四川渠縣東北。

[5]巴郡：南朝宋時治江州縣，在今重慶。

[6]廣陵：縣名。治所在今江蘇揚州市西北。

[7]宋少帝：即南朝宋皇帝劉義符。少爲其謚號。　澆河公：

封爵名。澆河，郡名。後凉時始置，治澆河城，在今青海貴德縣南。

[8]緯代：人名。原名緯世，《北史》避唐太宗李世民諱改。

[9]玩：源氏校勘記云："'玩'《魏書》作'折'。"

先是，阿豺時，宋命竟未至而死。慕璝又奉表通宋，宋文帝又授隴西公。慕璝招集秦、凉亡業之人，[1]及羌戎雜夷衆至五六百落，南通蜀漢，[2]北交凉州、赫連，[3]部衆轉盛。太武時，慕璝始遣其侍郎謝大寧奉表歸魏。[4]尋討禽赫連定，[5]送之京師。太武嘉之，遣使者策拜慕璝爲大將軍、西秦王。

[1]凉：州名。十六國北凉時治姑臧縣，在今甘肅武威市。

[2]蜀漢：指十六國時李特在成都建立的成漢政權。

[3]凉州：指十六國時由沮渠蒙遜在姑臧（今甘肅武威市）建立的北凉政權。　赫連：指十六國時的夏國政權，都城在統萬（今陝西靖邊縣北白城子）。

[4]侍郎：官名。十六國時西秦高級執政官員，置中、左、右各一員。

[5]赫連定：人名。小字直獚，匈奴族鐵弗部。十六國時夏國君主。見《北史》卷九三《赫連屈丐附赫連定傳》。

慕璝表曰："臣誠庸弱，敢竭精款，俘禽僭逆，獻捷王府，爵秩雖崇，而土不增廓；車旗既飾，而財不周賞。願垂鑒察，亮其單款。臣頃接寇逆，[1]疆境之人，爲賊所抄，流轉東下，今皇化混一，求還鄉土。乞佛曰連、窟略寒、張華等三人家弱在此，分乖可愍，願并敕遺，使恩洽遐荒，存亡感戴。”

[1]臣頃接寇逆：底本“頃”作“須”，中華本校勘記云：“諸本‘頃’訛作‘須’，據《魏書》改。”今從改。

太武詔公卿朝堂會議答施行。[1]太尉長孫嵩及議郎、博士二百七十九人議曰：[2]

[1]太武詔公卿朝堂會議答施行：中華本校勘記云：“《魏書》無‘堂’字，當是衍文。”可從。

[2]長孫嵩：人名。代（今山西大同市東北）人，鮮卑族。北魏大臣。見《北史》卷二二《長孫嵩傳》。　議郎：官名。西漢置，屬光禄勳，爲高級郎官。北魏仍置，作爲後備官員，不再以參議諫諍爲職。秩比六品散官。　博士：官名。春秋戰國時已有其稱，初泛指初學者，戰國末年齊、魏、秦等國置爲職官，秦、西漢初充當皇帝顧問，參與議政、制禮，典守書籍，秩四百石，秩雖卑而位尊顯。北朝郡國學或置博士爲學官，又設律學博士、醫學博士等，專精本行技藝，教授學生及服務於宫廷官府。

前者有司所處，以爲秦王荒外之君，本非政教所及，來則受之，去則不禁。皇威遠被，西秦王慕義畏威，稱臣納貢，求受爵號。議者以爲古者要荒之君，雖人土衆廣，而爵不擬華夏。陛下加寵王官，乃越常分，容飾車旗，班同上國。至於繒絮多少，舊典所無，皆當臨時以制豐寡。自漢、魏以來，撫綏遐荒，頗有故事。吕后遺單于御車二乘、馬二駟；單于答馬千匹。其後匈奴和親，敵國，遺繒絮不過數百；呼韓邪稱臣，身自入朝，始乃至萬匹。[1]今西秦王若以土無桑蠶，便當上請，不得言財不周賞也。周室衰微，齊侯小白一匡天下，有賜胙之命，無益土之賞；[2]晉侯重耳破楚城濮，唯受南陽之田，爲朝宿之邑。[3]西秦所致，唯定而已。塞外之人，因時乘便，侵入秦、凉，未有經略拓境之勳，爵登上國，統秦、凉、河、沙四州之地，而云土不增廓。比聖朝於弱周，而自同於五霸，無厭之情，其可極乎！西秦王忠款於朝廷，原其本情，必不至此。或左右不敕，因致斯累。

[1]“吕后遺單于御車二乘”至“始乃至萬匹”：見《漢書》卷九四上《匈奴傳》。吕后，漢高祖皇后。

[2]“周室衰微”至“無益土之賞”：見《史記》卷三二《齊太公世家》：“三十五年夏，會諸侯于葵丘。周襄王使宰孔賜桓公文武胙、彤弓矢、大路，命無拜。”

[3]晉侯重耳破楚城濮：見《史記》卷三九《晉世家》。城濮，春秋時衛地。即今山東鄄城縣西南臨濮集，一説在今河南開封縣東南陳留附近。　唯受南陽之田：《史記》卷四《周本紀》：“（襄王）十七年，襄王告急于晉，晉文公納王而誅叔帶。襄王乃賜晉文公珪鬯弓矢，爲伯，以河内地與晉。”　朝宿之邑：謂供諸侯朝見天子時住宿的地方。《公羊傳》桓公元年：“許田者何？魯朝宿之邑也。諸侯時朝乎天子，天子之郊，諸侯皆有朝宿之邑焉。”

檢西秦流人，賊時所抄，悉在蒲坂。[1]今既稱藩，四海咸泰，天下一家，可敕秦州送詣京師，隨後遣還。所請乞佛三人，昔爲賓國之使，來在王庭，國破家遷，即爲臣妾，可勿聽許。

[1]悉在蒲坂：底本“蒲”作“薄”，源氏校勘記云“‘薄’《魏書》作‘蒲’。”中華本校勘記云：“諸本‘蒲’訛作‘薄’，據《魏書》改。”今從改。蒲坂，縣名。治所在今山西永濟市西南蒲州鎮。

制曰：“公卿議之，未爲失體。西秦王所收金城、枹罕、隴西之地，[1]彼自取之，朕即與之，便是裂土，何須復廓？西秦款至，緜絹隨使疏數增益之，非一匹而已。”自是，慕璝貢獻頗簡。又通于宋，宋文封爲隴西王。

[1]金城：郡名。北魏時治金城縣，在今甘肅蘭州市西北。隴西：郡名。北魏時治襄武縣，在今甘肅隴西縣東南。

太延二年，慕璝死，弟慕利延立。[1]詔遣使者策謚慕璝曰惠王。後拜慕利延鎮西大將軍、儀同三司，[2]改封西平王；[3]以慕璝子元緒爲撫軍將軍。[4]時慕利延又通宋，宋封爲河南王。[5]太武征涼州，慕利延懼，遂率其部人，西遁沙漠。太武以慕利延兄有禽赫連定之功，遣使宣喻之，乃還。後慕利延遣使表謝。書奏，乃下詔褒獎之。

[1]慕利延：源氏校勘記云：“《宋書》作‘慕延’。”

[2]鎮西大將軍：官名。三國蜀置，出鎮方面。北魏孝文帝太和十七年定爲從一品上，位次尚書令，二十三年改爲二品。

[3]西平王：封爵名。西平，郡名。北魏時治西都縣，在今青海西寧市。

[4]撫軍將軍：官名。三國蜀後主建興八年（230）置。北魏時爲將軍名號，地位較高。孝文帝太和十七年定爲從一品下，二十三年改爲從二品。

[5]河南王：封爵名。河南，郡名。南朝宋僑置，治所在僑縣，在今河南新野縣東北。

慕利延兄子緯代懼慕利延害己，與使者謀欲自歸，慕利延覺而殺之。緯代弟叱力延等八人逃歸京師，請兵討慕利延。太武拜叱力延歸義王，詔晋王伏羅率諸將討之。[1]軍至大母橋，[2]慕利延兄子拾寅走河西，伏羅遣將追擊之，斬首五千餘級。慕利延走白蘭。慕利延從弟伏念、長史鶡鳩黎、部大崇娥等率衆一萬三千落歸降。後復遣征西將軍、高凉王那等討之於白蘭。[3]慕利延遂入于闐國，[4]殺其王，死者數萬人。南征罽賓。[5]遣使通宋求援，獻烏丸帽、女國金酒器、胡王金釧等物。[6]宋文帝賜以牽車。[7]七年，遂還舊土。

[1]伏羅：即拓跋伏羅，人名。北魏宗室。見《北史》卷一六《晋王伏羅傳》。

[2]大母橋：黄河上游橋名，在今青海同德縣。

[3]後復遣征西將軍高凉王那等討之於白蘭：底本“高凉”作“高梁”，中華本校勘記云：“諸本‘凉’訛作‘梁’，據《魏書》《通志》及下文改。高凉王那見本書卷一五《高凉王孤傳》。”今從改。高凉王，封爵名。高凉，郡名。北魏時治高凉縣，在今山西稷山縣東南。那，即拓跋那。人名。北魏宗室。

［4］于闐國：國名。在今新疆和田市西南。見《北史》卷九七《于闐傳》。

［5］罽賓：國名。在今阿富汗喀布爾河北。見《北史》卷九七《罽賓傳》。

［6］烏丸帽：一種呈圓筒形、上飾朱彩的圓頂木帽（參趙斌《烏丸帽考》，《黑龍江民族叢刊》1996年第4期）。　女國：國名。在蔥嶺（今帕米爾高原）以南地區，以女子爲首領的政權。見《北史》卷九七《女國傳》。

［7］牽車：即羊車。《南齊書·輿服志》："漆畫牽車，御及皇太子所乘，即古之羊車也……今不駕羊，猶呼牽此車者爲羊車云。"

慕利延死，樹洛干子拾寅立。始邑於伏羅川，[1]其居止出入，竊擬王者。拾寅奉脩貢職，受魏正朔；又受宋封爵，號河南王。太武遣使拜爲鎮西大將軍、沙州刺史、西平王。後拾寅自恃險遠，頗不恭命。通使于宋，獻善馬、四角羊，[2]宋明帝加之官號。

［1］伏羅川：地名。在今青海都蘭縣巴隆鄉的鐵奎草原（參毛文炳、程起駿《伏羅川吐谷渾古國尋覓録》，《柴達木開發研究》1989年第5期）。

［2］獻善馬四角羊：源氏校勘記云："《宋書》作'善舞馬'。爲是。下又云上舞馬歟？"中華本校勘記云："《宋書》作'善舞馬'，此脱'舞'字。"是。

文成時，定陽侯曹安表"拾寅今保白蘭，多有金銀、牛馬。若擊之，可以大獲"。[1]議者咸以"先帝忿拾寅兄弟不睦，使晋王伏羅、高凉王那再征之，竟無多剋。[2]拾寅雖復遠遁，軍亦疲勞。今在白蘭，不犯王塞，不爲人患，非國家之所急也。若遣使招慰，必求爲臣妾，可不勞而定也。王者之於四荒，羈縻而已，何必屠其國，有其地”。安曰：“臣昔爲澆河戍將，與之相近，明其意勢。若分軍出其左右，拾寅必走保南山，不過十日，牛馬草盡，人無所食，衆必潰叛，可一舉而定也。”從之。詔陽平王新成、建安王穆六頭等出南道，[3]南郡公李惠、給事中公孫拔及安出北道以討之。[4]拾寅走南山，諸軍濟河追之。時軍多病，諸將議賊已遠遁，軍容已振，今驅疲病之卒，要難冀之功，不亦過乎？衆以爲然，乃引還，獲駝馬二十餘萬。

[1]定陽侯：封爵名。定陽，郡名。北魏時治定陽縣，在今山西吉縣。

[2]無多：源氏校勘記云：“‘無多’《魏書》作‘不能’。”

[3]陽平王：封爵名。陽平，郡名。北魏時治館陶城，在今河北館陶縣。　新成：即拓跋新成，人名。北魏宗室。見《北史》卷一七《陽平王新成傳》。　建安王：封爵名。建安，郡名。遥封。南朝宋時治建安縣，在今福建建甌市。

[4]南郡公：封爵名。遥封。南郡，南朝宋時治江陵縣，在今湖北江陵縣。　李惠：人名。中山（今河北定州市）人。北魏大臣、外戚。見《北史》卷八〇《李惠傳》。　給事中：官名。秦始設。北魏時爲内朝官，常派往尚書省諸曹，參領政務，並負監察之責。孝文帝太和十七年定爲從三品，二十三年改爲六品上。

獻文復詔上黨王長孫觀等率州郡兵討拾寅。[1]軍至曼頭山，[2]拾寅來逆戰，觀等縱兵擊敗之，拾寅宵遁。

於是思悔復蕃職，[3]遣别駕康盤龍奉表朝貢。[4]獻文幽之，不報其使。拾寅部落大饑，屢寇澆河。詔平西將軍、廣川公皮歡喜率敦煌、凉州、枹罕、高平諸軍爲前鋒，[5]司空、上黨王長孫觀爲大都督以討之。[6]觀等軍入拾寅境，芻其秋稼。拾寅窘怖，遣子詣軍，表求改過，觀等以聞。獻文以重勞將士，乃下詔切責之，徵其任子。拾寅遣子斤入侍，獻文尋遣斤還。拾寅後復擾掠邊人，遣其將良利守洮陽，[7]枹罕所統也。枹罕鎮將、西郡公楊鍾葵貽拾寅書以責之。[8]拾寅表曰："奉詔，聽臣還舊土，故遣良利守洮陽。若不追前恩，求令洮陽貢其土物。"辭旨懇切，獻文許之，自是歲脩職貢。

[1]上黨王：封爵名。上黨，郡名。北魏時治壺關城，在今山西長治市北。　長孫觀：人名。代（今山西大同市東北）人。北魏大臣。見《北史》卷二二《長孫嵩附長孫觀傳》。

[2]曼頭山：在今青海共和縣。

[3]於是思悔復蕃職：源氏校勘記云："'復'下《魏書》有'修'字。"中華本校勘記云："《魏書》'復'下有'修'字，此脱文。"可從。

[4]别駕：官名。漢代始置别駕從事史，爲刺史佐吏，當刺史巡視轄境時，别乘驛車隨行，故名。魏晋以後諸州皆置别駕，總理衆務，職權甚重。

[5]詔平西將軍廣川公皮歡喜率敦煌凉州枹罕高平諸軍爲前鋒：底本"州"上無"凉"字，"高平諸軍"作"高平將軍"，中華本校勘記云："諸本無'凉'字，'諸'字作'將'。《魏書》《通志》無'凉州'二字，'將'作'諸'。按《魏書》卷五一《皮豹子附子喜傳》云：'領凉州、枹罕、高平諸軍與上黨王長孫觀討拾寅。'

则是‘州’上脱‘凉’字，今據補。‘將’字訛，今據改。”今從改。廣川公，封爵名。廣川，郡名。此時有兩個廣川郡：一屬冀州，治廣川縣，在今河北景縣西南。一屬齊州，治武强縣，在今山東鄒平縣。敦煌，鎮名。在今甘肅敦煌市西。

[6]司空上黨王長孫觀爲大都督以討之：底本“討”下無“之”字，中華本校勘記云：“諸本脱‘之’字，據《魏書》《通志》補。”今從改。司空，官名。三公之一。漢成帝時改御史大夫爲大司空，漢光武帝時改名司空，與太尉、司徒並爲三公。分掌宰相職能。本職掌水土工程，並參議大政，實際上權歸尚書。歷代沿置，名列三公之末。魏晋南北朝時爲名譽宰相，多爲大臣加官，位居一品，無實際職掌。

[7]洮陽：城名。在今甘肅臨潭縣西南。

[8]西郡公：封爵名。西郡，北魏時治永寧縣，在今甘肅山丹縣東南。

太和五年，拾寅死，子度易侯立。遣其侍郎時真貢方物，[1]提上表稱嗣事。[2]後度易侯伐宕昌，詔讓之，賜錦綵一百二十匹，喻令悛改；所掠宕昌口累，部送時還。易侯並奉詔。死。

[1]時真：人名。其餘不詳。

[2]提上表稱嗣事：源氏校勘記云：“‘提’《魏書》作‘復’。”按：不知源氏所據何本。中華本校勘記云：“《魏書》同。《通志》‘提’作‘併’。按‘提’字疑誤。”可從。

子伏連籌立。孝文欲令入朝，表稱疾病，輒脩洮陽、埿和城而置戍焉。[1]文明太后崩，[2]使人告凶，伏連籌拜命不恭，有司請伐之，孝文不許。群臣以其受詔不敬，不宜納所獻。帝曰："拜受失禮，乃可加以詰責。所獻土毛，乃是臣之常道。杜棄所獻，便是絶之，縱欲改悔，其路無由矣。"詔曰："朕在哀疚之中，未存征討。[3]而去春枹罕表取其洮陽、埿和二戍，時以此既邊將之常，[4]即便聽許。及偏師致討，二戍望風請降，執訊二千餘人，又得婦女九百口。子婦可悉還之。"伏連籌乃遣世子賀魯頭朝于京師。[5]禮錫有加，拜伏連籌使持節、都督西垂諸軍事、征西將軍、領護西戎中郎將、西海郡開國公、吐谷渾王，[6]麾旗章綬之飾，[7]皆備給之。

[1]埿和城：又名迷和城、洪和城，在今甘肅卓尼縣東北。

[2]文明太后：即北魏文成帝皇后馮氏。文明爲其謚號。

[3]存：源氏校勘記云："'存'《魏書》作'有'。"

[4]時以此既邊將之常：底本"時"下無"以"字，中華本校勘記云："諸本脱'以'字，據《魏書》補。"今從改。

[5]伏連籌乃遣世子賀魯頭朝于京師：底本"連"下無"籌"字，中華本校勘記云："諸本脱'籌'字，據《魏書》《通志》補。"今從改。

[6]護西戎中郎將：官名。負責西部少數民族事務。北魏時從三品。　西海郡開國公：封爵名。西海，郡名。北魏時治居延縣，在今内蒙古額濟納旗東南。

[7]麾旗章綬之飾：底本"綬"作"授"，中華本校勘記云："諸本'綬'作'授'，據《魏書》《通志》改。"今從改。

後遣兼員外散騎常侍張禮使於伏連籌。謂禮曰：[1]

"昔與宕昌通和，恒見稱大王，己則自名。[2]今忽名僕，而拘執此使。將命偏師，往問其意。"禮曰："君與宕昌，並爲魏蕃，而比輒有興動，殊違臣節。當發之日，宰輔以爲君若返迷知罪，則剋保蕃業；脱守愚不改，則禍難將至。"伏連籌遂嘿然。及孝文崩，遣使赴哀，盡其誠敬。

[1]後遣兼員外散騎常侍張禮使於伏連籌謂禮曰：源氏校勘記在"伏連籌"後補"伏連籌"。可從。員外散騎常侍，官名。初爲正員之外添差之散騎常侍，無員數，後成定員官。三國魏末、兩晋、南朝、北魏、北齊沿置。屬散騎省（東省、集書省），初多以公族、宗室擔任，雖是閑職，仍爲顯官。北魏時置六員，孝文帝太和十七年定爲從三品上，二十三年改爲五品上。

[2]恒見稱大王己則自名：底本"則"作"有"，中華本校勘記云："諸本'則'作'有'，《魏書》《通志》作'則'。按這是説宕昌王先稱伏連籌爲大王，而自己稱名。作'有'不通，今據改。"今從改。

伏連籌内脩職貢，外并戎狄，塞表之中，號爲强富。准擬天朝，樹置官司，稱制諸國，以自誇大。宣武初，詔責之曰："梁州表送卿報宕昌書。[1]梁彌邕與卿並爲邊附，[2]語其國則鄰藩，論其位則同列，而稱書爲表，名報爲旨。有司以國常刑，[3]殷勤請討。朕慮險遠多虞，輕相構惑，故先宣此意，善自三思。"伏連籌上表自申，辭誠懇至。終宣武世至于正光，犛牛、蜀馬及西南之珍，[4]無歲不至。後秦州城人莫折念生反，河西路絶。凉州城人萬于菩提等東應念生，[5]囚刺史宋穎。穎密遣求援於伏連籌，伏連籌親率大衆救之，遂獲保全。自爾以後，關徼不通，貢獻遂絶。

[1]梁州表送卿報宕昌書：底本“宕昌”下無“書”字，中華本“宕昌”下有“書”字。中華本校勘記云：“諸本脱‘書’字，據《魏書》《通志》補。”今從改。

[2]梁彌邕：人名。北魏時宕昌國君主。

[3]有司以國常刑：源氏校勘記云：“‘國’下《魏書》有‘有’字。”按：《左傳》莊公十四年：“其有不正，則國有常刑。”可從。

[4]犛牛：即牦牛。

[5]萬于菩提：《魏書》卷九《孝明帝紀》、《資治通鑑》卷一五〇作“于菩提”。莫知孰是。

伏連籌死，子夸吕立，[1]始自號爲可汗。居伏俟城，[2]在青海西十五里。雖有城郭而不居，[3]恒處穹廬，隨水草畜牧。其地，東西三千里，南北千餘里。官有王、公、僕射、尚書及郎中、將軍之號。[4]夸吕椎髻毦珠，以皂爲帽，坐金獅子牀。號其妻爲母尊，[5]衣織成裙，披錦大袍，辮髮於後，首戴金花冠。

[1]夸吕：源氏校勘記云：“《隋書》作‘吕夸’。”

[2]伏俟城：在今青海共和縣西北黑馬鎮東北（參黄盛璋《有關吐谷渾故都——伏俟城的若干歷史地理問題》，《歷史地理》1983年第2輯）。

[3]郭：殿本、四庫本、四部備要本作“廓”。

[4]郎中：源氏校勘記云：“《魏書》作‘郎將’。”

[5]號其妻爲母尊：南監本校勘記云："'母尊'《魏書》作'恪尊'。"中華本校勘記云："《周書》卷五〇《吐谷渾傳》及《魏書》《通志》'母'並作'恪'，'母'疑誤。"

其俗：大丈夫衣服略同於華夏，多以羅幂爲冠，[1]亦以繒爲帽；婦人皆貫珠貝，束髮，以多爲貴。兵器有弓、刀、甲、矟。[2]國無常賦，須則稅富室商人以充用焉。其刑罰：殺人及盜馬，死；餘則徵物以贖罪，亦量事決杖。刑人必以氈蒙頭，持石從高擊之。父兄死，妻後母及嫂等，與突厥俗同。至于婚，貧不能備財者，輒盜女去。死者亦皆埋殯，其服制，葬訖則除之。性貪婪，忍於殺害。好射獵，以肉酪爲糧。亦知種田，有大麥、粟、豆。然其北界氣候多寒，唯得蕪菁、大麥，[3]故其俗貧多富少。青海周回千餘里，海內有小山。每冬冰合後，以良牝馬置此山，至來春收之，馬皆有孕，所生得駒，號爲龍種，必多駿異。吐谷渾嘗得波斯草馬，[4]放入海，因生驄駒，能日行千里，世傳青海驄者也。[5]土出犛牛、馬、騾，多鸚鵡，饒銅、鐵、朱砂。地兼鄯善、且末。[6]

[1]多以羅幂爲冠：源氏校勘記云："《周書》作'四幕離爲冠'。"

[2]矟（shāo）：弓。其餘諸本作"稍"。按：稍，同"槊"，長矛。

[3]蕪菁：亦作"芴菁"，亦稱蔓菁、蕒菁、蕪根。

[4]波斯：國名。今伊朗。始見於《魏書》卷一〇二《西域

傳》。《大唐西域記》作“波剌斯”。

[5]青海驄：源氏校勘記云：“《魏書》作‘青海駿’。”

[6]鄯善：古國名。國都在今新疆若羌縣附近。見《北史》卷九七《鄯善傳》。　且末：國名。在今新疆且末縣。見《北史》卷九七《且末傳》。

興和中，[1]齊神武作相，[2]招懷荒遠，蠕蠕既附於國，[3]夸吕遣使致敬。神武喻以大義，徵其朝貢。夸吕乃遣使人趙吐骨真假道蠕蠕，[4]頻來東魏。又薦其從妹，静帝納以爲嬪。[5]遣員外散騎常侍傅靈檦使於其國。[6]夸吕又請婚，乃以濟南王匡孫女爲廣樂公主以妻之。[7]此後朝貢不絶。

[1]興和：東魏孝静帝的年號（539—542）。

[2]齊神武：即高歡。神武爲其謚號，北齊後主所追謚。

[3]蠕蠕：亦稱柔然，本爲東胡的一支，屬拓跋部。南北朝時始强大，活動於今蒙古國南部地區。以游牧爲生。見《北史》卷九八《蠕蠕傳》。

[4]趙吐骨真：人名。其餘不詳。

[5]静帝：即東魏皇帝元善見。静爲其謚號。

[6]傅靈檦：人名。東魏官吏。曾任學官令。

[7]濟南王：封爵名。濟南，郡名。東魏時治歷城縣，在今山東濟南市。　匡：即元匡，人名。字建扶。北魏、東魏宗室。見《北史》卷一七《廣平王洛侯附東平王匡傳》。　廣樂公主：封號。廣樂，縣名。治所不詳。疑在今河南虞城縣西。

西魏大統初，[1]周文遣儀同潘濬喻以逆順之理，於是夸吕再遣使獻能舞馬及羊、牛等。然寇抄不已，緣邊多被其害。廢帝二年，周文勒大兵至姑臧，[2]夸吕震懼，使貢方物。[3]是歲，夸吕又通使於齊。凉州刺史史寧覘知其還，[4]襲之於州西赤泉，[5]獲其僕射乞伏觸狀、將軍翟潘密，[6]商胡二百四十人，駝騾六百頭，雜綵絲絹以萬計。恭帝三年，史寧又與突厥木杆可汗襲擊夸吕。[7]破之，虜其妻子，獲珍物及雜畜。武成初，[8]夸吕復寇凉州，刺史是云寶戰没。[9]賀蘭祥、宇文貴率兵討之，[10]夸吕遣其廣定王、鍾留王拒戰。祥等破之，廣定等遁走。又拔其洮陽、洪和二城，置洮州而還。[11]保定中，[12]夸吕前後三輩遣使獻方物。天和初，[13]其龍涸王莫昌率來降，[14]以其地爲扶州。[15]二年五月，復遣使來獻。建德五年，[16]其國大亂，武帝詔皇太子征之。軍至伏俟城，夸吕遁走，虜其餘衆而還。明年，又再遣使奉獻。宣政初，[17]其趙王他婁屯來降。[18]自是，朝獻遂絶。

[1]西魏大統初："西"前，底本、元大德本闕一字，毛本、殿本、四庫本、局本、四部備要本、中華本均作"及"。

[2]姑臧：縣名。治所在今甘肅武威市。

[3]使貢方物：源氏校勘記"使"前補"遣"字。

[4]史寧：人名。字永和，建康表氏（今甘肅高臺縣）人。北齊官吏。見《北史》卷六一《史寧傳》。

[5]赤泉：地名。又名赤烏泉，在今甘肅武威市西。

[6]乞伏觸狀：源氏校勘記云："《周書》作'觸拔'。"中華本校勘記云："《周書》（百衲本）'狀'作'拔'，疑是。"可從。

[7]木杆可汗：南北朝時突厥的第三任可汗。見《北史》卷九九《突厥傳》。

[8]武成：北周明帝的年號（559—560）。

[9]是云寶：人名。本東魏官吏，曾率軍攻打洛陽。後降北周。

[10]賀蘭祥：人名。字盛樂，代郡武川（今内蒙古武川縣西）人，鮮卑族。西魏、北周官吏。見《北史》卷六一《賀蘭祥傳》。宇文貴：人名。字永貴，其先昌黎大棘（今遼寧北票市章吉營子鄉三官營子村）人，後徙居夏州，鮮卑族。西魏、北周將領。見《北史》卷六〇《宇文貴傳》。

[11]洮州：北周時治洮陽城，在今甘肅卓尼縣西洮水南岸。

[12]保定：北周武帝的年號（561—565）。

[13]天和：北周武帝的年號（566—572）。

[14]其龍涸王莫昌率來降：源氏校勘記云："'來'《周書》作'衆'。"中華本校勘記云："《周書》及《通典》卷一九〇《吐谷渾傳》'來'字作'衆'。按《周書》卷五《武帝紀》天和元年五月稱：'吐谷渾龍涸王莫昌率户内附。'這裏'率'下當脱'户'字或'衆'字。"可從。龍涸王，封爵名。龍涸，古城名。在今四川松潘縣。

[15]扶州：北周時治嘉誠縣，在今四川松潘縣。

[16]建德：北周武帝的年號（572—578）。

[17]宣政：北周武帝的年號（578）。

[18]他婁屯：人名。其餘不詳。

及隋開皇初，[1]侵弘州，[2]地曠人梗，廢之。遣上柱國元諧率步騎數萬擊之。[3]賊悉發國中，[4]自曼頭至樹敦，[5]甲騎不絶。其所署河西總管、定城王鍾利房及其太子可博汗前後來拒戰，[6]諧頻破之。夸吕大懼，率親兵遠遁，其名王十三人召率部落而降。[7]上以其高寧王移兹裒素得衆心，[8]拜大將軍，封河南王，以統降衆。自餘官賞各有差。未幾，復來寇邊，州刺史皮子信拒戰死之。[9]汶州總管梁遠以鋭卒擊之,[10]乃奔退。俄而入寇廓州,[11]州兵擊走之。

[1]開皇：隋文帝的年號（581—600）。

[2]弘州：隋朝初治廣川防，在今甘肅碌曲縣西南。

[3]上柱國：官名。戰國時楚國置，位極尊，僅次於令尹，掌軍政，主征戰。北周武帝建德四年置爲最高級勳官，正九命。隋朝時置爲從一品散實官。煬帝大業三年罷。　元諧：人名。河南洛陽（今河南洛陽市東北）人。北周、隋朝官吏。見《北史》卷七三《元諧傳》。

[4]賊悉發國中：源氏校勘記云："'中'下《隋書》有'兵'字。"

[5]樹敦：城名。在今青海西寧市西北。爲吐谷渾的舊都。

[6]定城王：封爵名。定城，在今河南潢川縣西。

[7]其名王十三人召率部落而降：源氏校勘記改"召"作"各"。中華本校勘記云："《隋書》卷八三《吐谷渾傳》及《通典》，'召'作'各'，是。"可從。

[8]高寧王：封爵名。高寧，地名。在今新疆鄯善縣吐峪溝鄉附近。

[9]州刺史：中華本校勘記云："《隋書》'州'上有'旭'字。按本書卷一一《隋文帝紀》開皇三年四月稱：'洮州刺史皮子信死之。'（《隋紀》同）《北齊書》卷四一《皮景和傳》，言其子子信開皇中卒於洮州刺史。隋初有洮州亦有旭州，俱見《隋書·地理志上》臨洮郡。'洮''旭'未知孰是。這裹當脱'洮'或'旭'字。"可從。旭州，隋朝初治鷄鳴防，在今甘肅碌曲縣。洮州，隋朝初治洮陽城，在今甘肅卓尼縣西洮水南岸。　皮子信：人名。琅邪下邳（今江蘇睢寧縣）人。北周、隋朝官吏。見《北史》卷五三《皮景和附皮子信傳》。

［10］汶州：隋朝時治汶山縣，在今四川茂縣鳳儀鎮。

［11］廓州：隋朝時治澆河城，在今青海貴德縣南。

夸吕在位百年，屢因喜怒廢殺太子。其後太子懼殺，遂謀執夸吕而降，請兵於邊吏。秦州總管河間王計應之，[1]上不許。太子謀泄，爲其父所殺。復立少子嵬王訶爲太子。疊州刺史杜祭請因其釁討之，[2]上又不許。六年，嵬王訶復懼父誅，謀歸國，請兵迎接。上謂其使者曰："溥天之下，皆是朕臣妾，各爲善事，即朕稱心。[3]嵬王既有好意，欲來投服，唯教嵬王爲臣子法，不可遠遣兵馬，助爲惡事。"嵬王乃止。八年，其名王拓拔木彌請以千餘家歸化。[4]上曰："叛天背父，何可收納！又其本意，正自避死，若今違拒，又復不仁。若有音信，宜遣慰撫，任其自拔，[5]不須出兵馬應接。其妹夫及甥欲來，亦任其意，不勞勸誘也。"是歲，河南王移兹裒死，文帝令其弟樹歸襲統其衆。平陳之後，夸吕大懼，逃遁險遠，不敢爲寇。

［1］秦州總管河間王計應之：源氏校勘記在"王"下補"弘"字。中華本校勘記云："《隋書》作'河間王弘'，此脱'弘'字。"可從。弘，即楊弘，人名。字辟惡。隋朝宗室。見《北史》卷七一《河間王弘傳》。總管，官名。北周時由都督諸州軍事改名，加使持節，管理轄區軍政、民政，爲地方高級軍政官員。所轄區域增減無常，一般轄數州，多達數十州。河間王，封爵名。河間，郡名。隋朝時治河間縣，在今河北河間市。

［2］疊州：隋朝時治疊川縣，在今甘肅迭部縣東南。　杜祭：南監本校勘記云："'杜祭'《隋書》作'杜粲'。"

[3]即朕稱心：源氏校勘記改“朕稱”作“稱朕”。可從。

[4]拓拔木彌：人名。其餘不詳。

[5]拔：毛本、局本作“投”。

十一年，夸吕卒，子世伏使其兄子無素奉表稱藩，并獻方物，請以女備後庭。上謂無素曰：“若依來請，他國便當相學，一許一塞，是謂不平。若並許之，又非好法。”竟不許。十一年，[1]遣刑部尚書宇文弼撫慰之。[2]十六年，以光化公主妻世伏，[3]上表稱公主爲天后，上不許。

[1]十一：源氏校勘記云：“‘十一’《隋書》作‘十二’。”

[2]刑部尚書：官名。隋朝始設。文帝開皇三年由都官尚書改名。負責制定律法、糾察違法。正三品。　宇文弼：人名。字公輔，河南洛陽（今河南洛陽市東北）人。北周、隋朝官吏。見《北史》卷七五《宇文弼傳》。

[3]光化公主：封號。光化，縣名。治所在今湖北隨州市東南光化鎮。

明年，其國大亂，國人殺世伏，立其弟伏允爲主。[1]使陳廢立事，并謝專命罪，且請依俗尚主，上從之。自是朝貢歲至，而常訪國家消息，上甚惡之。煬帝即位，[2]伏允遣子順來朝。時鐵勒犯塞，[3]帝遣將軍馮孝慈出敦煌禦之，[4]戰不利。鐵勒遣使謝罪請降，帝遣黄門侍郎裴矩慰撫之，[5]諷令擊吐谷渾以自效。鐵勒即勒兵襲破吐谷渾，伏允東走，保西平境。[6]帝復令觀德王雄出澆河，[7]許公宇文述出西平掩之，[8]大破其衆。伏允遁逃於山谷間，其故地皆空。自西平臨羌城以西，[9]且末以東，[10]祁連以南，[11]雪山以北，[112]東西四千里，南北二千里皆爲隋有。置郡、縣、鎮、戍，發天下輕罪徙居之。於是留順不之遣。伏允無以自資，率其徒數千騎，客於党項。[13]帝立順爲主，送出玉門，[14]令統餘衆，以其大寶王泥洛周爲輔。[15]至西平，其部下殺洛周，順不果入而還。

[1]伏允：底本作“允伏”，中華本作“伏允”，源氏校勘記云：“《隋書》作‘伏允’。”按：下文作“伏允”。今從中華本改。

[2]煬帝：即隋朝皇帝楊廣。煬爲其謚號。

[3]鐵勒：又作“敕勒”“赤勒”“高車”“狄歷”。其先爲匈奴之苗裔丁零，部族甚多。見《北史》卷九九《鐵勒傳》。

[4]將軍馮孝慈：毛本“軍馮孝”三字塗黑。馮孝慈，人名。隋朝將領。數有征討，有名於世。

[5]黄門侍郎：官名。秦、西漢時給郎官加以給事黄門的稱號。亦稱黄門郎。爲中朝官員，給事於宫門之内，侍從皇帝、顧問應對，出則陪乘。與皇帝關係密切，多以重臣、外戚子弟、公主婿爲之。東漢時與給事黄門合爲一官，遂成爲給事黄門侍郎的省稱。魏晋南北朝因之，爲侍中省或門下省次官，與侍中俱掌門下衆事，職掌略同，地位隨皇帝旨意或侍中地位而上下。北魏孝文帝太和十七年定爲三品中，二十三年改爲四品上。北齊因之。隋煬帝大業三年改給事黄門侍郎爲門下省次官，設二員，正四品上。　裴矩：人名。字弘大，河東聞喜（今山西聞喜縣）人。隋朝、唐朝官吏。見《北史》卷三八《裴佗附裴矩傳》。

[6]西平：郡名。隋朝時治湟水縣，在今青海樂都縣。

[7]觀德王：封爵名。觀，縣名。治所在今河南清豐縣東南。德爲其謚號。　雄：即楊雄，人名。本名惠。隋朝宗室。見《北

史》卷六八《楊紹附楊雄傳》。

[8]宇文述：人名。字伯通，代郡武川（今内蒙古武川縣西）人。隋朝大臣。見《北史》卷七九《宇文述傳》。

[9]臨羌城：在今青海湟源縣。

[10]且（jú）末：城名。在今新疆且末縣附近。

[11]祁連：古祁連山有南北之分。南祁連在新疆南部，自蔥嶺而東，包括古昆侖山、阿爾金山及今之祁連山，即《漢書》卷九六《西域傳》中之南山。北祁連即今新疆天山，横貫新疆中部，自蔥嶺分支，蜿蜒而東，隨地易名，綿延數千里，即《漢書·西域傳》中之北山。

[12]雪山：祁連山之餘脉。延伸至今青海東北部與甘肅西部。

[13]党項：南北朝時分布在今青海、甘肅、四川邊緣地帶。族衆以姓氏結成部落，互不統屬，以游牧爲生。

[14]玉門：關名。在今甘肅敦煌市西北。

[15]泥洛周：源氏校勘記云："'泥'《隋書》作'尼'。"

大業末，[1]天下亂，伏允復其故地，屢寇河右，[2]郡縣不能制。

[1]大業：隋煬帝的年號（605—617）。

[2]河右：亦作"河西"，包括今山西吕梁山以西的黄河兩岸地區。

吐谷渾北有乙弗勿敵國，[1]國有屈海，[2]海周迴千餘里。衆有萬落，風俗與吐谷渾同。然不識五穀，唯食魚及蘇子。蘇子狀若中國枸杞子，或赤或黑。

[1]乙弗勿敵國：國名。在今青海湖附近（參聰喆《乙弗勿敵

國始末》,《青海社會科學》1991 年第 6 期)。

[2]屈海:即青海湖。

有契翰一部,風俗亦同,特多狼。

白蘭山西北,[1]又有可蘭國,[2]風俗亦同。目不識五色,[3]耳不聞五聲,[4]是夷蠻戎狄之中醜類也。土無所出,直大養群畜,而户落亦可萬餘人。頑弱不知鬬戰,忽見異人,舉國便走。性如野獸,體輕工走,逐不可得。

[1]白蘭山:即今青海曲麻萊縣北黄河源西北布林汗布達山。

[2]可蘭:源氏校勘記云:"《魏書》作'阿蘭'。"疑是。按:《三國志》卷三〇《魏書·東夷傳》裴松之注引《魏略·西戎傳》:"又有奄蔡國,一名阿蘭,皆與康居同俗。西與大秦,東南與康居接。其國多名貂,畜牧逐水草,臨大澤,故時羈屬康居,今不屬也。"

[3]五色:指青、黄、赤、白、黑五種顔色。此處泛指顔色。

[4]五聲:指宫、商、角、徵、羽五音。此處泛指音樂。

白蘭西南二千五百里,隔大嶺,又度四十里海,有女王國。人庶萬餘落,風俗土著,宜桑麻,熟五穀,以女爲王,故因號焉。譯使不至,其傳云然。

宕昌羌者,其先蓋三苗之胤。周時與庸、蜀、微、盧等八國從武王滅商。[1]漢有先零、燒當等,[2]世爲邊患。其地東接中華,西通西域,[3]南北數千里。姓别自爲部落,酋帥皆有地分,不相統攝,宕昌即其一也。俗皆土著,居有屋宇。其屋,織犛牛尾及羖羊毛覆之。國無法令，又無徭賦。唯戰伐之時，乃相屯聚；不然，則各事生業，不相往來。皆衣裘褐，牧養犛牛羊豕以供其食。[4]父子、伯叔、兄弟死者，即以繼母、世叔母及嫂、弟婦等爲妻。[5]俗無文字，但候草木榮落，記其歲時。三年一相聚，殺牛、羊以祭天。

[1]庸：國名。建都上庸，在今湖北竹山縣西南一帶。　蜀：國名。前期建都於廣都樊鄉（今四川雙流縣），後期建都於成都（今四川成都市）。見《華陽國志·蜀志》。　微：國名。夏朝時最早建立於山東西南部，後依附於西周。　盧：國名。故址在今山東濟南市長清區一帶。

[2]先零：西漢時羌族最大的一支。　燒當：古羌族的一支。以無弋爰劍的十三世孫燒當爲名。見《後漢書》卷八七《西羌傳》。

[3]西域：漢以後對玉門關、陽關以西地區的總稱。

[4]牧養犛牛羊豕以供其食：底本"牧"作"收"，中華本校勘記云："諸本及《魏書》卷一〇一'牧'訛作'收'，據《周書》卷四九、《通志》卷一九五《宕昌羌傳》改。"今從改。

[5]世叔母：源氏校勘記云："《魏書》無'世'字。"疑是。

有梁懃者，世爲酋帥，得羌豪心，乃自稱王焉。懃孫彌忽，太武初，遣子彌黄奉表求内附。太武嘉之，遣使拜彌忽爲宕昌王，賜彌黄爵甘松侯。[1]彌忽死，孫虎子立。其地自仇池以西，東西千里；席水以南，[2]南北八百里。地多山阜，人二萬餘落。世脩職貢，頗爲吐谷渾所斷絶。虎子死，彌治立。[3]虎子弟羊子先奔吐谷渾，遣兵送羊子，[4]欲奪彌治位。彌治遣使請救，獻文詔武都鎮將宇文生救之，羊子退走。彌治死，子彌機立，遣其司馬利柱奉表貢方物。[5]楊文度之叛，[6]圍武都，彌機遣其二兄率衆救武都，破走文度。孝文時，遣使子橋表貢朱沙、雌黄、白石膽各一百斤。自此後，歲以爲常，朝貢相繼。後孝文遣鴻臚劉歸、謁者張察拜彌機征南大將軍、西戎校尉、梁益二州牧、河南公、宕昌王。以助之。[7]

[1]甘松侯：封爵名。甘松，縣名。治所在今四川松潘縣黄龍寺東。

[2]席水：即今甘肅甘谷縣的籍水。底本作"𢊁水"，源氏校勘記云："《周書》作'帶水'。"中華本校勘記云："諸本'席'作'𢊁'，《周書》作'帶'。按《通典》卷一九〇宕昌條作'席'，並有注云：'席水在今天水上邽縣。'《魏書·地形志下》秦州天水郡上封（即上邽）縣注云：'有席水。'《水經注》卷一七渭水注言渭水流經上邽東，有籍水入渭。别有曾席水入籍水。'𢊁'乃'席'之訛，今據改。"今從改。

[3]彪子死彌治立：中華本校勘記云："《通志》'彌'上有'子'字。"可從。

[4]彪子弟羊子先奔吐谷渾遣兵送羊子：源氏校勘記云："(《周書》)'吐谷渾'下復有'吐谷渾'三字。爲是。"可從。

[5]利柱：源氏校勘記云："'柱'《魏書》作'住'。"

[6]楊文度：人名。略陽清水（今甘肅清水縣）人，氐族。南北朝時武都王。

[7]益：州名。北魏時治晋壽縣，在今四川廣元市。　宕昌王以助之：中華本校勘記云："《魏書》於'宕昌王'下有'後朝于京師，殊無風禮。朝罷，高祖謂左右曰："夷狄之有君，不如諸夏之亡也，宕昌王雖爲邊方之主，乃不如中國一吏。"於是改授領護

西戎校尉，靈州刺史，王如故，賜以車騎戎馬錦綵等，遣還國’。共七十四字，無‘以助之’三字。按《周書·宕昌羌傳》叙宕昌與西魏、北周關係文字不少，本書無一語涉及。蓋‘宕昌王’下有脱文。今本《魏書·宕昌羌傳》本是用《北史》補，此七十四字亦當是脱文的一部分。（《通志》於‘宕昌王’下亦有大段文字，叙宕昌與梁朝、西魏、北周關係，當是採自《梁書》《通典》，不是《北史》脱文）”可從。

鄧至者，白水羌也，[1]世爲羌豪，因地名號，自稱鄧至。其地自亭街以東，[2]平武以西，[3]汶嶺以北，[4]宕昌以南，土風習俗，亦與宕昌同。其王像舒治遣使内附，高祖拜龍驤將軍、鄧至王，遣貢不絶。[5]周文命章武公導率兵送之。[6]

[1]鄧至：部族名。今四川松潘縣猶有鄧至山。　白水羌：生活在今四川北部的羌族的一支。

[2]亭街：《資治通鑑》卷一三五作“街亭”。《讀史方輿紀要》卷五九同。當是。街亭，地名。在今甘肅秦安縣東北。

[3]平武：縣名。治所在今四川平武縣東平武古城。

[4]汶嶺：即岷山。在今甘肅岷縣。

[5]“其王像舒治”至“遣貢不絶”：中華本校勘記云：“又《通典》卷一九〇《鄧至傳》云：‘有像舒理（即治，《通典》避唐諱改）者，代爲白水酋帥（中略）。自舒理至十代孫舒彭，附於後魏，孝文帝封甘松縣子、鄧至王。’據《魏書》卷七下《高祖紀》太和十七年九月見‘鄧至王像舒彭’，則‘遣使内附’者非像舒治。此‘治’下疑有脱文，或‘治’是‘彭’之誤。”可從。

[6]周文命章武公導率兵送之：底本此句上段之末，“導”作“遵”。中華本校勘記云：““諸本‘導’訛作‘遵’，據《周書》卷

四九《鄧至羌傳》改……又諸本‘周文命章武公導率兵送之’十一字在《宕昌羌傳》末。按《周書·鄧至羌傳》云：‘自舒治至檐桁十一世。魏恭帝元年，檐桁失國來奔，太祖命章武公導率兵送復之。’知《北史》在‘遣貢不絕’下有脱文，又有錯簡。今脱文不補，錯簡移正。”今從改。章武公，封爵名。遥封。章武，郡名。東魏時治章武縣，在今河北大城縣。導，即宇文導，人名。字菩薩。西魏十二大將軍之一、北周宗室。見《北史》卷五七《邵惠公顥附宇文導傳》。

鄧至之西有赫羊國。初，其部内有一羊，形甚大，色至鮮赤，故因爲國名。

又有東亭衛、大赤水、寒宕、石河、薄陵、下習山、倉驤、覃水等諸羌國，風俗粗獷，與鄧至國不同焉。亦時遣貢使，朝廷納之，皆假之以雜號將軍，子、男渠帥之名。

白蘭者，羌之别種也。其地東北接吐谷渾，西北利摸徒，[1]南界那鄂。風俗物産與宕昌略同。

[1]西北利摸徒：源氏校勘記“北”下補“至”字。中華本校勘記云：“《周書》卷四九《白蘭傳》‘北’下有‘至’字，《通典》卷一九〇、《通志》卷一九五《白蘭傳》作‘西至吡利摸徒’。按下文《附國傳》見‘北利摸徒’，‘吡’‘北’未知孰是，但‘西’下應脱‘至’字。”可從。

周保定元年，遣使獻犀甲、鐵鎧。

党項羌者，三苗之後也。其種有宕昌、白狼，皆自稱獮猴種。東接臨洮、西平，[1]西拒葉護，[2]南北數千里，處山谷間。每姓别爲部落，大者五千餘騎，小者千餘騎。織犛牛尾及羖䍽毛爲屋，[3]服裘褐，披氈爲上飾。俗尚武力，無法令，各爲生業，有戰陣則屯聚，無徭役，不相往來。養犛牛、羊、豬以供食，不知稼穡。其俗淫穢蒸報，於諸夷中爲甚。無文字，但候草木以記歲時。三年一聚會，殺牛羊以祭天。人年八十以上死者，以爲令終，親戚不哭；少死者，則云夭枉，共悲哭之。有琵琶、橫吹，擊缶爲節。

[1]臨洮：郡名。北魏時治龍城縣，在今甘肅卓尼縣東北。西平：郡名。北魏時治西都縣，在今青海西寧市。

[2]葉護：代指突厥。《資治通鑑》卷一七六胡三省注云："突厥子弟曰特勒，大臣曰葉護、曰屈律啜、曰阿波、曰俟利發、曰吐屯、曰俟斤、曰閻洪達、曰頡利發、曰達干，皆達官也。"

[3]羖（gǔ）䍽（lì）：山羊。羖，同"羖"。

魏、周之際，數來擾邊。隋文帝爲丞相時，中原多故，因此大爲寇掠。蔣公梁睿既平王謙，[1]請因還師討之。開皇元年，[2]有千餘家歸化。五年，拓拔寧叢等各率衆詣旭州内附，授大將軍，其部下各有等差。十六年，復寇會州，[3]詔發隴西兵討之，大破其衆，人相率降，[4]遣子弟入謝罪。帝謂曰："還語爾父兄，人生須有定居，養老長幼。乃乍還乍走，不羞鄉里邪！"自是朝貢不絶。

[1]梁睿：人名。字恃德，祖籍安定（今甘肅涇川縣北），後

家武川（今内蒙古武川縣西）。北周、隋朝大臣。見《北史》卷五九《梁禦附梁睿傳》。

[2]元年：源氏校勘記云："'元'《隋書》作'四'。"

[3]會州：隋朝時治汶山縣，在今四川汶川縣威州鎮。

[4]人相率降：源氏校勘記云："'人'《隋書》作'又'。"按：《隋書》卷八三《党項傳》作"又相率請降"。

附國者，蜀郡西北二千餘里，[1]即漢之西南夷也。有嘉良夷，即其東部，[2]所居種姓自相率領，土俗與附國同，言語少殊。不統一，其人並無姓氏。

[1]蜀郡：西漢時治成都縣，在今四川成都市。

[2]有嘉良夷即其東部：底本"部"上無"東"字，中華本校勘記云："諸本脱'東'字，據《隋書》卷八三、《通志》卷一九七《附國傳》補。"今從改。嘉良，地名。在今四川瀘定縣。

附國王，字宜繒。其國南北八百里，東西千五百里。無城柵，近川谷，傍山險。俗好復讎，故壘石爲石巢，以避其患。其石巢高至十餘丈，下至五六丈，每級以木隔之，基方三四步，石巢上方二三步，狀似浮圖。於下級開小門，[1]從内上通，夜必關閉，以防賊盜。國有重罪者，罰牛。[2]人皆輕捷，便擊劍。漆皮爲牟甲，弓長六尺，竹爲箭。[3]妻其群母及嫂，兒弟死，父兄亦納其妻。[4]好歌舞，鼓簧，吹長角。[5]有死者，無服制，置屍高牀之上，沐浴衣服，被以牟甲，[6]覆以獸皮。子孫不哭，帶甲舞劍而呼云："我父爲鬼所取，我欲報冤殺鬼。"自餘親戚，哭三聲而止。婦人哭，必兩手掩面。

死家殺牛，親屬以豬酒相遺，共飲噉而瘞之。死後一年，方始大葬，[7]必集親賓，殺馬動至數十匹。立木爲祖父神而事之。其俗以皮爲帽，形圓如缽，或戴羃䍦。[8]衣多毼皮裘，[9]全剥牛脚皮爲靴。項繫鐵鎖，手貫鐵釧。王與酋帥，金爲首飾，胸前懸一金花，徑三寸。其土高，氣候凉，多風少雨，宜小麥、青稞。[10]山出金、銀、銅，多白雉。水有嘉魚，長四尺而鱗細。

[1]於下級開小門：底本“級”前有“致”字，中華本校勘記云：“諸本‘級’上衍‘致’字，據《隋書》删。”今從改。

[2]國有重罪者罰牛：源氏校勘記“重罪者”下補“死輕刑”三字。中華本校勘記云：“《隋書》‘有’下有‘二萬餘家，號令自王出。嘉良夷政令繫之酋帥’十八字。又‘重罪者’下有‘死輕刑’三字，《北史》當是誤脱。”可從。

[3]竹爲箭：源氏校勘記云：“‘箭’《隋書》作‘弦’。”

[4]兒弟死父兄亦納其妻：底本無“死”字，源氏校勘記於“兒弟”下補“死”字。中華本校勘記云：“諸本脱‘死’字，據《隋書》補。”今從改。

[5]吹長角：源氏校勘記云：“‘角’《隋書》作‘笛’。”

[6]被以牟甲：底本無“被”字，源氏校勘記於“以”上補“被”字，中華本校勘記云：“諸本脱‘被’字，據《隋書》補。”今從改。

[7]死後一年方始大葬：源氏校勘記云：“‘一’《隋書》作‘十’。”中華本校勘記云：“《隋書》《通志》‘一’作‘十’，疑是。”是。

[8]戴：殿本、四庫本、四部備要本作“帶”。源氏校勘記云：“‘戴’《隋書》作‘帶’。” 羃䍦（mì）：頭巾。

[9]衣多毼皮裘：中華本校勘記云：“《隋書》‘毼’上有‘毛’

字，是。”可從。氂皮，白板皮革。

[10]青稞：源氏校勘記云：“‘稞’《隋書》作‘禾粱’。”按：不知源氏所據何本。

大業四年，其王遣使素福等八人入朝。明年，又遣其弟子宜林率嘉良夷六十朝貢。欲獻良馬，以路險不通，請開山道，修職貢物，煬帝以勞人不許。

嘉良有水闊六七十丈，附國有水闊百餘丈，並南流。用皮爲舟而濟。

附國南有薄緣夷，[1]風俗亦同。西有女國。其東北連山綿亘數千里，接於党項。往往有羌，大小左封、昔衛、葛延、白狗、向人、望族、林臺、舂桑、利豆、迷桑、婢藥、大硤、白蘭、北利摸徒、那鄂、當迷、渠步、桑悟、千碉，[2]並在深山窮谷，無大君長。[3]其風俗略同於党項，或役屬吐谷渾，或附附國。[4]大業中，朝貢。緣西南邊置諸道總管以管之。

[1]附國南有薄緣夷：底本無“南”字，源氏校勘記云：“‘附國’下《隋書》有‘南’字。”中華本校勘記云：“諸本脱‘南’字，據《隋書》補。”今從改。

[2]舂桑：源氏校勘記云：“‘舂’《隋書》作‘春’。”

[3]大君長：古代中原人對邊疆少數民族首領的習稱。

[4]或附附國：底本“附國”上無“附”字，源氏校勘記“附”前補“附”字。中華本校勘記云：“諸本脱一‘附’字，據《隋書》補。”今從改。

稽胡一曰步落稽，蓋匈奴别種，劉元海五部之苗裔也。[1]或云山戎、赤狄之後。自離石以西，[2]安定以東，[3]方七八百里，居山谷間，種落繁熾。其俗土著，亦知種田，地少桑蠶，多衣麻布。其丈夫衣服及死亡殯葬，與中夏略同；婦人則多貫蜃貝以爲耳頸飾。與華人錯居。其渠帥頗識文字，言語類夷狄，因譯乃通。蹲踞無禮，貪而忍害。俗好淫穢，女尤甚，將嫁之夕，方與淫者叙離，夫氏聞之，以多爲貴。既嫁，頗亦防閑，有犯姦者，隨事懲罰。又兄弟死者，皆納其妻。雖分統郡縣，列於編户，[4]然輕其徭賦，有異華人。[5]山谷阻深者，又未盡役屬，而兇悍恃險，數爲寇。

[1]劉元海：人名。即劉淵。字元海，新興（今山西忻州市）人。匈奴族。見《晉書》卷一〇一《劉元海載記》。

[2]離石：縣名。治所在今山西吕梁市離石區。

[3]安定：郡名。北魏時治安定縣，在今甘肅涇川縣北。

[4]編户：編入國家户籍之平民，無貴賤之分而有貧富之别。秦漢時已有此稱。

[5]華人：源氏校勘記云："'華人'《周書》作'齊民'。"

魏孝昌中，有劉蠡升者，居雲陽谷，[1]自稱天子，立年號，署百官。屬魏氏亂，力不能討。蠡升遂分遣部衆抄掠，汾、晉之間，略無寧歲。神武遷鄴後，[2]始密圖之，乃僞許以女妻蠡升太子。蠡升遂遣子詣鄴，齊神武厚禮之，緩以婚期。蠡升既恃和親，不爲之備。魏大統元年三月，齊神武襲之，蠡升率輕騎出外徵兵，爲其北部王所殺，送於神武。[3]其衆復立蠡升第三子南海王爲主。神武滅之，獲其僞主及弟西海王并皇后、夫人、王公以下四百餘人，[4]歸於鄴。

[1]雲陽谷：地名。在今山西右玉縣東。

[2]鄴：城名。在今河北臨漳縣西南鄴鎮。

[3]爲其北部王所殺送於神武：源氏校勘記云："'殺'下《周書》有'斬首'二字。"

[4]并皇后：殿本、四庫本、四部備要本"并"作"拜"，毛本、殿本、四庫本、局本"皇"作"王"。

居河西者，多恃險不賓。時周文方與神武爭衡，未遑經略，乃遣黄門侍郎楊檦就安撫之。[1]五年，黑水部衆先叛。[2]七年，别帥夏州刺史劉平伏又據上郡反。[3]自是北山諸部，連歲寇暴。周文前後遣于謹、侯莫陳崇、李弼等相繼討平之。[4]

[1]楊檦：源氏校勘記云："《周書》作'楊忠'二字。本傳無大統五年伐稽胡。未識孰是。"

[2]黑水：在今甘肅文縣西。

[3]夏州：西魏時治巖緑縣（統萬城），在今陝西靖邊縣白城子村無定河北岸的毛烏素沙漠中（靠近今内蒙古烏審旗南境）。上郡：西魏時治因城縣，在今陝西甘泉縣西北。

[4]于謹：人名。字思敬，代（今山西大同市東北）人。北魏、西魏名臣、大將。見《北史》卷二三《于栗磾附于謹傳》。侯莫陳崇：人名。代郡武川（今内蒙古武川縣西）人，鮮卑族。西魏將領。見《北史》卷六〇《侯莫陳崇傳》。　李弼：人名。字景和，隴西成紀（今甘肅秦安縣）人。西魏八柱國之一、北周功臣。

見《北史》卷六〇《李弼傳》。

武成初，延州稽胡郝阿保、狼皮率其種人，[1]附於齊氏。阿保自署丞相，[2]狼皮自署柱國，[3]并與其別部劉桑德共爲影響。柱國豆盧寧督諸軍擊破之。二年，狼皮等餘黨復叛，詔大將軍韓果討破之。[4]

[1]延州：北周時治廣武縣，在今陝西延安市東。

[2]阿保自署丞相：底本"署"作"置"，中華本校勘記云："諸本'署'作'置'，《周書》卷四九、《通志》卷二〇〇《稽胡傳》作'署'。按'置'乃'署'之訛，下文'狼皮自署柱國'可證，今據改。"今從改。

[3]柱國：官名。十六國時後燕慕容垂燕元元年（384）始置。柱國大將軍。北魏初置，位在太尉之上，後罷。北魏末復置，位在丞相之上，授予權臣。西魏文帝大統三年，省稱柱國。在大統十六年前共任命八人，稱八柱國，是西魏的最高官職。其中六人分掌全國府兵。北周時成爲没有具體職掌的勳官，正九命。

[4]韓果：人名。字阿六拔，代武川（今内蒙古武川縣西）人。北周大將。見《北史》卷六五《韓果傳》。源氏校勘記云："《周書》作'韓杲'。"疑誤。

保定中，離石生胡數寇汾北，勳州刺史韋孝寬於險要築城，[1]置兵糧，以遏其路。及楊忠與突厥伐齊，[2]稽胡等便懷旅拒，不供糧餼。忠乃詐其酋帥，云與突厥迴兵討之，酋帥等懼，乃相率供饋焉。

[1]勳州刺史韋孝寬於險要築城：底本"勳州"作"敷州"，

中華本校勘記云："諸本'勳'作'敷'，《周書》作'勳'。按本書卷六四《韋孝寬傳》，孝寬未嘗爲敷州刺史，築城是在勳州任内，今據改。"今從改。勳州，北周時治玉壁城，在今山西稷山縣西南汾河南岸玉壁渡。韋孝寬，人名。即韋叔裕。字孝寬，京兆杜陵（今陝西西安市長安區東）人。西魏、北周將領。見《北史》卷六四《韋孝寬傳》。

[2]楊忠：人名。字揜于，小字奴奴，弘農華陰（今陝西華陰市東南）人。北周權臣、外戚。見《周書》卷一九《楊忠傳》。

其後丹州、綏州等部内諸胡，與蒲川別帥郝三郎等又頻年逆命，[1]復詔達奚震、辛威、于寔等前後窮討，[2]散其種落。天和二年，延州總管宇文盛率衆城銀州，[3]稽胡白郁久同、喬是羅等欲邀襲，[4]盛並討斬之。又破其別帥喬三勿同等。[5]五年，開府劉雄出綏州，[6]巡檢北邊川路。稽胡帥白郎、喬素勿同等度河逆戰，[7]雄復破之。

[1]其後丹州綏州等部内諸胡與蒲川別帥郝三郎等又頻年逆命：底本"蒲川"作"蒲州"，"郝三"作"那協"。源氏校勘記云："'協'《周書》作'三'。"中華本校勘記云："諸本'蒲川'作'蒲州'，'郝三'作'那協'。《周書》'綏州'下有'銀州'，'蒲州'作'蒲川'，'那協'作'郝三'。按蒲州在河東，與丹、綏、銀等州相去甚遠。據《周書》卷一五《于寔傳》稱：'天和二年，延州蒲川賊郝三郎等攻逼丹州。'知《周書》是，今據改。"今從改。丹州，北周時治丹陽縣三堡鎮，在今陝西宜川縣東北。綏州，北周時治安寧縣，在今陝西綏德縣東南。蒲川，地名。在今陝西延安市東南臨鎮。

[2]達奚震：人名。字猛略，代（今山西大同市東北）人。北

周將領。見《北史》卷六五《達奚武附達奚震傳》。　辛威：人名。隴西（今甘肅隴西縣東南）人。西魏、北周大將。見《北史》卷六五《辛威傳》。　于寔：人名。字賓實，代（今山西大同市東北）人。西魏、北周、隋朝官吏。見《北史》卷二三《于栗磾附于寔傳》。

［3］宇文盛：人名。字保興，代（今山西大同市東北）人。西魏、北周大將。見《北史》卷六六《宇文盛傳》。　銀州：此指銀州州城，在今陝西榆林市東南魚河堡附近。

［4］稽胡白郁久同：源氏校勘記云："'白'上《周書》有'喬'字。"

［5］又破其別帥喬三勿同等：底本"喬"前有"爲"字，中華本校勘記云："諸本'別帥'下衍'爲'字，據《周書》删。"今從改。喬三勿同，人名。其餘不詳。

［6］劉雄：人名。字猛雀，臨洮子城（今甘肅蘭州市）人。西魏、北周大將。見《北史》卷六六《劉雄傳》。

［7］喬素勿同：人名。其餘不詳。

建德五年，武帝敗齊師於晉州，[1]乘勝逐北，齊人所棄甲仗，未暇收斂，稽胡乘間竊出，並盜而有之。乃立蠡升孫没鐸爲主，號聖武皇帝，年曰石平。六年，武帝定東夏，將討之，議欲窮其巢穴。齊王憲以爲種類既多，[2]又山谷阻絶，[3]王師一舉，未可盡除，且當翦其魁帥，餘加慰撫。帝然之，乃以憲爲行軍元帥，督行軍總管趙王招、譙王儉、滕王逌等討之。[4]憲軍次馬邑，[5]乃分道俱進。没鐸遣其黨天柱守河東，又遣其大帥穆支據河西，規欲分守險要，掎角憲軍。憲命譙王儉擊破之，斬獲千餘級。[6]趙王招又擒没鐸，衆盡降。宣政元年，汾胡帥劉受羅千復反，[7]越王盛督諸軍討禽之。自是寇盜頗息。

[1]晋州：北周時治白馬城，在今山西臨汾市。

[2]憲：即宇文憲，人名。字毗賀突。北周宗室。見《北史》卷五八《齊煬王憲傳》。

[3]阻：元大德本作"祖"。誤。

[4]行軍總管：官名。北周置。戰時臨時任命大臣爲之，統兵出征，事迄即罷。在重大軍事行動中，隸屬於行軍元帥。隋朝沿置。自隋開始，漸漸過渡爲地方軍政長官，或掌一道軍政，或領數道，時有大總管、總管之分。　招：即宇文招，人名。字豆盧突。北周宗室。見《北史》卷五八《趙僭王招傳》。　儉：即宇文儉，人名。字侯幼突。北周宗室。見《北史》卷五八《譙孝王儉傳》。　逌：即宇文逌，人名。字爾固突。北周宗室。見《北史》卷五八《滕聞王逌傳》。

[5]馬邑：地名。在今山西朔州市。

[6]斬獲千餘級：源氏校勘記云："'千'《周書》作'萬'。"

[7]汾胡帥劉受羅千復反：殿本、四庫本、四部備要本"受"作"父"。底本"復反"作"覆瓜"，源氏校勘記改"覆瓜"爲"復反"，中華本校勘記云："諸本'復反'訛作'覆瓜'，據《周書》《通志》改。"今從改。

論曰：氐、羌、吐谷渾等曰殊俗，别處邊陲，考之前代，屢經叛服，窺覘首鼠，蓋其本性。夫無德則叛，有道則伏，[1]先王所述荒服也。

[1]伏：殿本、四庫本、四部備要本作"服"。

北史　卷九七

列傳第八十五

西域

《夏書》稱：[1]“西戎即序。”[2]班固云：[3]“就而序之，非盛威武致其貢物也。”漢氏初開西域，有三十六國。其後，分立五十五王，置校尉、都護以撫之。[4]王莽篡位，[5]西域遂絶。至於後漢，班超所通者五十餘國，[6]西至西海，[7]東西萬里，皆來朝貢，復置都護、校尉，以相統攝。其後或絶或通，漢朝以爲勞弊中國，其官時置時廢。暨魏、晋之後，互相吞滅，不可復詳記焉。

[1]夏書：即《尚書·夏書》。

[2]西戎：也稱犬戎，活動於今陝西、甘肅一帶，在西周時很强盛，不時入侵西周，後殺死周幽王，使西周滅亡。春秋戰國時犬戎爲秦國所滅。後世將活動於今陝西、甘肅一帶的少數民族總稱爲西戎。

[3]班固：人名。字孟堅，扶風安陵（今陝西咸陽市東北）人。東漢史學家。見《後漢書》卷四〇上《班彪附班固傳》。

[4]校尉：官名。西漢設，掌統一部（營）之兵，秩二千石。都護：官名。漢宣帝時始置西域都護，爲駐西域地區的最高長官。

[5]王莽：人名。字巨君，魏郡元城（今河北大名縣東）人。見《漢書》卷九九《王莽傳》。

[6]班超：人名。字仲升，扶風安陵（今陝西咸陽市東北）人。見《後漢書》卷四七《班超傳》。

[7]西海：指今里海。

道武初，[1]經營中原，未暇及於四表。既而西戎之貢不至，有司奏依漢氏故事，請通西域，可以振威德於荒外，又可致奇貨於天府。帝曰："漢氏不保境安人，乃遠開西域，使海内虚耗，何利之有？今若通之，前弊復加百姓矣！"遂不從。歷明元世，[2]竟不招納。

[1]道武：即北魏皇帝拓跋珪。道武爲其謚號。

[2]明元：即北魏皇帝拓跋嗣。明元爲其謚號。

太延中，[1]魏德益以遠聞，西域龜兹、疏勒、烏孫、悦般、渴槃陁、鄯善、焉耆、車師、粟特諸國王始遣使來獻。[2]太武以西域漢世雖通，[3]有求則卑辭而來，無欲則驕慢王命，此其自知絶遠，大兵不可至故也。若報使往來，終無所益，欲不遣使。有司奏："九國不憚遐險，遠貢方物，當與其進，安可豫抑後來？"乃從之。於是始遣行人王恩生、許綱等西使。[4]恩生出流沙，[5]爲蠕蠕所執，[6]竟不果達。又遣散騎侍郎董琬、高明等多賫錦帛，[7]出鄯善，招撫九國，厚賜之。初，琬等受詔：便道之國，可往赴之。琬過九國，北行至烏孫國。其王得魏賜，拜受甚悦。謂琬等曰："傳聞破洛那、者舌皆思魏德，欲稱臣致貢，但患其路無由耳。今使君等既到此，可往二國，副其慕仰之誠。"琬於是自向破洛那，遣明使者舌。[8]烏孫王爲發導譯，達二國，琬等宣詔慰賜之。已而琬、明東還，烏孫、破洛那之屬遣使與琬俱來貢獻者，十有六國。自後相繼而來，不間于歲，國使亦數十輩矣。

[1]太延：北魏太武帝的年號（435—440）。

[2]龜兹：都城在今新疆庫車縣東。後又遷都於今新疆沙雅縣北。　疏勒：都城在今新疆喀什市。　烏孫：南北朝時遷至葱嶺北。　悦般：匈奴西遷後留在龜兹北的部分所建立。　渴槃陁：又作"渴槃陀"。都城在今新疆塔什庫爾干塔吉克自治縣。　鄯善：都城在今新疆若羌縣東北羅布泊西岸。　焉耆：都城在今新疆焉耆回族自治縣西南。　車師：西漢時分爲前、後兩部，前都治交河城（今新疆吐魯番西支河古城遺址），後部治務塗谷（今新疆吉木薩爾縣南山中）。南北朝時前部屬北魏。　粟特：都城在今烏兹别克斯坦撒馬爾罕。

[3]太武：即北魏皇帝拓跋燾。太武爲其謚號。

[4]行人：官名。春秋戰國時各國多設行人，掌朝覲聘問，常任使者。秦、西漢初有行人令，爲大行令屬官，掌接待少數民族賓客。西漢諸侯國亦置行人，東漢省。十六國、南北朝時常置，以任出使聘問。

[5]流沙：今新疆哈密市東南的庫木塔格沙漠。

[6]蠕蠕：亦稱柔然，本爲東胡族的一支。南北朝時始强大，

活動於今蒙古國南部地區。以游牧爲生。見《北史》卷九八《蠕蠕傳》。

[7]散騎侍郎：官名。三國魏置，隸屬散騎省。掌侍從左右、諫諍糾劾、收納章奏。北朝時兼領修史，地位略高於南朝。北魏孝文帝太和十七年定爲四品上，二十三年改爲五品上。

[8]遣明使者舌：底本作“遣使者”，中華本校勘記云：“諸本脱‘明’字、‘舌’字，據《魏書》卷一〇二（補）、《通志》卷一九六《西域傳》序補。”今從改。

初，太武每遣使西域，常詔河西王沮渠牧犍，[1]令護送。至姑臧，[2]牧犍恒發使導路，出於流沙。後使者自西域還至武威，[3]牧犍左右謂使者曰：“我君承蠕蠕吴提妄説，[4]云：‘去歲魏天子自來伐我，士馬疫死，大敗而還，我擒其長弟樂平王丕。’[5]我君大喜，宣言國中。又聞吴提遣使告西域諸國：‘魏已削弱，今天下唯我爲强。若更有魏使，勿復恭奉。’西域諸國，亦有貳。”且牧犍事主，稍以慢墮。使還，具以狀聞。太武遂議討牧犍。涼州既平，[6]鄯善國以爲脣亡齒寒，自然之道也。今武威爲魏所滅，次及我矣。若通其使人，知我國事，取亡必近；不如絶之，可以支久。乃斷塞行路，[7]西域貢獻，歷年不入。後平鄯善，行人復通。

[1]沮渠牧犍：人名。一名沮渠茂虔，盧水胡人。十六國時北涼君主。見《北史》卷九三《沮渠蒙遜附沮渠牧犍傳》。

[2]姑臧：縣名。治所在今甘肅武威市。

[3]武威：郡名。北魏時治姑臧縣，在今甘肅武威市。

[4]吴提：人名。北魏時柔然可汗，號敕連可汗。見《魏書》

卷一〇三《蠕蠕傳》。

[5]樂平王：封爵名。樂平，郡名。北魏時治樂平縣，在今山西昔陽縣西南。　丕：即拓跋丕，人名。北魏宗室。見《北史》卷一五《武衛將軍謂附東陽王丕傳》。

[6]涼州：北魏時治姑臧縣，在今甘肅武威市。

[7]乃斷塞行路：底本“乃”作“及”，中華本校勘記云：“諸本‘乃’訛作‘及’，據《魏書》改。”今從改。

始，琬等使還京師，具言凡所經見及傳聞傍國，云：西域自漢武時五十餘國，[1]後稍相并，至太延中爲十六國。分其地爲四域：自葱嶺以東，[2]流沙以西爲一域；葱嶺以西，海曲以東爲一域；者舌以南，月氏以北爲一域；[3]兩海之間，水澤以南爲一域。内諸小渠長，[4]蓋以百數。其出西域，本有二道，後更爲四：出自玉門，[5]度流沙，西行二千里至鄯善，爲一道；自玉門度流沙，北行二千二百里至車師，爲一道；從莎車西行一百里至葱嶺，[6]葱嶺西一千三百里至伽倍，[7]爲一道；自莎車西南五百里，葱嶺西南一千三百里至波路，爲一道焉。自琬所不傳而更有朝貢者，紀其名，不能具國俗也。

[1]漢武：即西漢皇帝劉徹。武爲其謚號。

[2]葱嶺：即今帕米爾高原。

[3]月氏：一作“月支”。本居敦煌、祁連之間。漢文帝初年，遭匈奴攻擊，月氏的大部從敦煌、祁連間西遷至塞種（今新疆西部）地區，稱大月氏。少數留居部分，稱小月氏。

[4]渠長：少數民族的首領或部落酋長。

［5］玉門：即玉門關。在今甘肅敦煌市西北。

［6］莎車：國名。都莎車城，在今新疆莎車縣。

［7］伽倍：國名。都和墨城，在今阿富汗東北角興都庫什山北瓦罕地區。

東西魏時，中國方擾，及於齊、周，不聞有事西域，故二代書並不立記録。[1]

［1］故二代書並不立記録：中華本校勘記云："按《周書》卷五〇《異域傳下》即記西域諸國事，並爲《北史》所引用。此語不確。"

隋開皇、仁壽之間，[1]尚未云經略。煬帝時，[2]乃遣侍御史韋節、司隸從事杜行滿使於西藩諸國，[3]至罽賓得瑪瑙盃，王舍城得佛經，史國得十舞女、師子皮、火鼠毛而還。帝復令聞喜公裴矩於武威、張掖間往來以引致之。[4]其有君長者四十四國，矩因其使者入朝，啗以厚利，令其轉相諷諭。大業中，[5]相率而來朝者四十餘國，帝因置西戎校尉以應接之。[6]尋屬中國大亂，朝貢遂絶。然事亡失，書所存録者二十國焉。魏時所來者，在隋亦有不至，今總而編次，以備前書之西域傳云。至於道路遠近，物産風俗，詳諸前史，或有不同。斯皆録其當時，蓋以備其遺闕爾。

［1］開皇：隋文帝的年號（581—600）。　仁壽：隋文帝的年號（601—604）。

［2］煬帝：即隋朝皇帝楊廣。煬爲其謚號。

[3]侍御史：官名。西漢時爲御史大夫屬官。北魏時侍御史於分曹治事外，亦奉命監國，督察巡視州郡，收捕官吏，宣示詔命。北魏頗重其選，必以對策高第者補之。置侍御史八人，孝文帝太和十七年定爲從五品中，二十三年定爲八品。北齊沿置，從七品。隋朝沿置。　韋節：人名。隋煬帝時任侍御史，偕司隸從事杜行滿出使西域諸國。歸後著有《西蕃記》，今佚。見《隋書》卷八三《西域傳》。　司隸從事：官名。隋煬帝置。爲隋朝司隸臺屬官。員四十人，協助刺史巡察諸郡。

[4]帝復令聞喜公裴矩於武威張掖間往來以引致之：底本“喜”作“嘉”，中華本校勘記云：“諸本‘喜’訛作‘嘉’，據《隋書》卷八三《西域傳》改。矩封聞喜公，見《隋書》卷六七本傳。”今從改。裴矩，人名。字弘大，河東聞喜（今山西聞喜縣）人。隋朝、唐朝官吏。見《北史》卷三八《裴佗附裴矩傳》。張掖，郡名。隋朝時治張掖縣，在今甘肅張掖市。

[5]大業：隋煬帝的年號（605—617）。

[6]西戎校尉：官名。西晉始置。北魏時設於敦煌、仇池等鎮，負責西戎事務。孝文帝太和十七年定爲三品下，二十三年改爲從三品。隋朝沿置。

鄯善國，都扜泥城，[1]古樓蘭國也。[2]去代七千六百里。[3]所都城方一里。地多沙鹵，少水草。北即白龍堆路。[4]至太延初，始遣其弟素延耆入侍。[5]及太武平涼州，沮渠牧犍弟無諱走保敦煌。[6]無諱後謀渡流沙，遣其弟安周擊鄯善，[7]王比龍恐懼欲降。[8]會魏使者自天竺、罽賓還，[9]俱會鄯善，勸比龍拒之，遂與連戰。安周不能剋，退保東城。後比龍懼，率衆西奔且末，其世子乃應安周。

[1]扜泥城：在今新疆若羌縣羅布泊東北。

[2]古樓蘭國：國名。張騫通西域後，常與姑師劫掠漢使。漢武帝元封三年（前108），漢派趙破奴攻車師，趙破奴先至樓蘭，俘其王，樓蘭首次降漢。後多次留難漢使節，梗阻絲綢之路。漢昭帝元鳳四年（前77），大將軍霍光派傅介子至樓蘭，殺其王，另立新王，並遷都，改國名爲鄯善國，頒印綬。從此，樓蘭國滅亡。

[3]代：郡名。北魏時治平城，在今山西大同市東北。

[4]白龍堆：簡稱龍堆。即今庫木塔格沙漠。在今新疆羅布泊以東至甘肅敦煌市。

[5]至太延初始遣其弟素延耆入侍：中華本校勘記云："諸本'耆'作'者'。《魏書》、《通志》卷一九六《鄯善傳》作'耆'。又《魏書》'遣'下有'使來獻四年遣'六字。按《魏書》卷四上《世祖紀》太延元年六月，有鄯善來使記載。四年三月，又有'鄯善王弟素延耆來朝'語。知《魏書》是。今本《魏書·西域傳》本是以《北史》補，多此六字，當是《北史》又有脱漏。今不補，但改'耆'字。"今從改。

[6]無諱：即沮渠無諱，人名。臨松（今甘肅張掖市南）盧水胡人。　敦煌：鎮名。在今甘肅敦煌市西。

[7]安周：即沮渠安周，人名。臨松（今甘肅張掖市南）盧水胡人。十六國時北凉君主。

[8]比龍：人名。北魏時鄯善國王。太武帝太延初，遣使至北魏朝貢。

[9]天竺：古代對印度的稱呼。　罽賓：國名。在今卡菲里斯坦至喀布爾河中下游之間的河谷平原。

〔其後，魏遣使使西域，道經其國,〕鄯善人頗剽劫之，令不得通,[1]太武詔散騎常侍、成周公萬度歸乘傳發凉州兵討之。[2]度歸到敦煌，留輜重，以輕騎五千渡流沙，至其境。時鄯善人衆布野，度歸敕吏卒不得有所侵掠，邊守感之，皆望旗稽服。其王真達面縛出降，[3]度歸釋其縛，留軍屯守，與真達詣京都。太武大悦，厚待之。是歲，拜交趾公韓拔爲假節、征西將軍、領護西戎校尉、鄯善王以鎮之，[4]賦役其人，比之郡縣。

[1]其後魏遣使使西域道經其國：中華本校勘記云："諸本脱括號内十二字，據《通志》補。鄯善國斷塞行路，不通北魏使人，見本卷序。"今從改。

[2]散騎常侍：官名。三國魏文帝時置散騎，合於中常侍，謂之散騎常侍。北魏時掌侍從左右、圖書文翰、諫諍拾遺，收納轉呈文書奏事，兼領修史，但仍爲閑散之職。北魏初一度掌出令，位在中書令上。孝文帝太和十七年定爲二品下，二十三年定爲從三品。 萬度歸：人名。北魏官吏。位散騎常侍，封爵成周公。太武帝太平真君九年（448），大破焉耆國。後西討龜兹，大獲而還。

[3]真達：人名。鄯善國王。 面縛：雙手背綁，表示投降。

[4]拜交趾公韓拔爲假節征西將軍：中華本校勘記云："諸本'拔'作'杖'，《魏書》作'牧'。按《魏書》卷四下《世祖紀》，本書卷二《太武紀》太平真君九年五月，《魏書》卷七上《高祖紀》延興二年正月，《魏書·天象志一》，《通鑑》卷一二五都作'韓拔'。'杖''牧'都是'拔'之訛，今據改。"今從改。交趾公，封爵名。遥封。交趾，初泛指五嶺以南地區，後專指越南中部與北部。假節，漢魏時，大臣受命出朝，持節或假節以示授權。假節位次低於持節。歷朝因之，自西晋起，此實際成爲一種加官，低於使持節及持節，僅督軍時有權殺犯軍令者。征西將軍，官名。漢和帝時置。曹操執政時，列爲四征將軍之一，地位提高。魏晋南北朝沿置。北魏孝文帝太和十七年定爲從一品中。 領護西戎校尉：官名。西晋始置。北魏時設於敦煌、仇池等鎮，負責西戎事務。孝

文帝太和十七年定爲三品下，二十三年改爲從三品。

且末國，都且末城，[1]在鄯善西，去代八千三百二十里。真君三年，[2]鄯善王比龍避沮渠安周之難，率國人之半奔且末。後役屬鄯善。且末西北有流沙數百里，夏日有熱風，爲行旅之患。風之所至，唯老駝預知之，即嗔而聚立，埋其口鼻於沙中。人每以爲候，亦即將氈擁蔽鼻口。其風迅駃，斯須過盡，若不防者，必至危斃。

［1］且末城：故址在今新疆且末縣。

［2］真君：即太平真君。北魏太武帝的年號（440—451）。

大統八年，[1]其兄鄯善米率衆内附。[2]

［1］大統：西魏文帝的年號（535—551）。

［2］其兄鄯善米率衆内附：中華本校勘記云："《通志》卷一九六《且末傳》作'其王兄鄯善米'。按本書卷五《西魏文帝紀》大統八年四月云：'鄯善王兄鄯朱那率衆内附。'此'兄'上當脱'王'字。'米''朱'未知孰是，'善''那'當是各有省略。"

于闐國，在且末西北，葱嶺之北二百餘里，東去鄯善千五百里，南去女國三千里，去朱俱波千里，[1]北去龜兹千四百里，去代九千八百里。其地方亘千里，連山相次，所都城方八九里。部内有大城五，小城數十。于闐城東三十里有首拔河，[2]中出玉石。土宜五穀并桑、麻。山多美玉。有好馬、駝、騾。其刑法，殺人者死，餘罪各隨輕重懲罰之。自外風俗物産，與龜兹略同。俗重佛法，寺塔、僧尼甚衆。王尤信尚，每設齋日，必親自灑掃饋食焉。城南五十里有贊摩寺，[3]即昔羅漢比丘盧旃爲其王造覆盆浮圖之所。[4]石上有辟支佛跣處，[5]雙跡猶存。于闐西五百里有比摩寺，[6]云是老子化胡成佛之所。俗無禮義，多盜賊淫縱。自高昌以西諸國人等，深目高鼻，唯此一國，貌不甚胡，頗類華夏。城東二十里有大水北流，號樹枝水，即黃河也，一名計式水。[7]城西十五里亦有大水名達利水，與樹枝水會，俱北流。

[1]朱俱波：昆侖山麓中的古代小國，位於今新疆葉城縣南及塔什庫爾干塔吉克自治縣東南。

[2]首拔河：亦名樹枝河。即今新疆和田、策勒二縣之玉龍喀什河。

[3]贊摩寺：古代新疆著名佛教寺院。又稱欚摩寺、匝摩寺、利刹寺、毗盧折那伽藍。遺址在今新疆和田縣東南。

[4]即昔羅漢比丘盧旃爲其王造覆盆浮圖之所：中華本校勘記云："《周書》卷五〇、《隋書》卷八三《于闐傳》'盧'上更有'比'字。按《洛陽伽藍記》卷五《惠生行記》作'毗盧旃'，此當脱'比'字。"

[5]辟支佛：佛教用語。一譯辟支、辟支迦佛。全稱辟支迦佛陀。意譯緣覺、獨覺。與聲聞合稱二乘，與聲聞、菩薩合稱三乘。

[6]比摩寺：在今新疆和田地區。

[7]號樹枝水即黃河也一名計式水：中華本校勘記："《周書》（百衲本）'枝'作"拔"，'式'作'戍'。按上文見首拔河。《通典》卷一九二《于闐傳》云：'首拔河亦名樹拔河，或云即黃河也。

北流七百里入計戍水，一名計首水。’則‘枝’當作‘拔’，‘式’當作‘戍’。‘首拔’‘樹拔’，譯音之異，實即一水。本傳雜抄《魏》《周》二書，誤分爲二。‘計戍’‘計首’也是譯名之異。本卷《龜兹傳》即作‘計戍’。”

真君中，太武詔高涼王那擊吐谷渾慕利延，[1]慕利延懼，驅其部落渡流沙。那進軍急追之，慕利延遂西入于闐，殺其王，死者甚衆。獻文末，[2]蠕蠕寇于闐。于闐患之，遣使素目伽上表曰：“西方諸國，今皆已屬蠕蠕。奴世奉大國，至今無異。今蠕蠕軍馬到城下，奴聚兵自固，故遣使奉獻，遥望救援。”帝詔公卿議之。公卿奏曰：“于闐去京師幾萬里，蠕蠕之性，唯習野掠，不能攻城。若爲害，當時已旋矣，雖欲遣師，勢無所及。”帝以公卿議示其使者，亦以爲然。於是詔之曰：“朕承天理物，欲令萬方各安其所，應敕諸軍，以拯汝難。但去汝遐阻，政復遣援，不救當時之急，是以停師不行，汝宜知之。朕今練甲養卒，一二歲間，當躬率猛將，爲汝除患。汝其謹警候，以待大舉。”

[1]高涼王：封爵名。高涼，郡名。北魏時治高涼縣，在今山西稷山縣東南。　那：即拓跋那，人名。北魏宗室、將領。見《北史》卷一五《高涼王孤附拓跋那傳》。　吐谷渾：族名。又稱吐渾、退渾。原爲鮮卑族慕容部的一支，先祖游牧於徒河青山（今遼寧義縣東）。西晋時，遷徙於今甘肅、青海一帶。十六國時，先後受到前涼、西秦等追逐，幾乎亡國。後再度崛起，北魏太武帝時達到最强盛。在北魏打擊下，一度退到今新疆一帶。以游牧爲生。見《北史》卷九六《吐谷渾傳》。

[2]獻文：即北魏皇帝拓跋弘。獻文爲其謚號。

先是，朝廷遣使者韓羊皮使波斯，[1]波斯王遣使獻馴象及珍物。經于闐，于闐中于王秋仁輒留之，[2]假言慮有寇不達。羊皮言狀，帝怒，又遣羊皮奉詔責讓之，自後每使朝貢。

[1]韓羊皮：人名。北魏使者，歷仕文成帝、獻文帝。　波斯：國名。即今伊朗。

[2]中于王：封號。　秋仁：人名。于闐王。其餘不詳。

周建德三年，[1]其王遣使獻名馬。

[1]建德：北周武帝的年號（572—578）。

隋大業中，頻使朝貢。其王姓王，字早示門。練錦帽，金鼠冠，妻戴金花。其王髮不令人見，俗言若見王髮，其年必儉云。

蒲山國，故皮山國也。[1]居皮城，[2]在于闐南，去代一萬二千里。其國西南三里有凍凌山。後役屬于闐。

[1]皮山國：國名。位於今新疆皮山縣。

[2]皮城：在今新疆皮山縣東南。

悉居半國，故西夜國也，[1]一名子合。其王號子。治呼犍。[2]在于闐西，去代萬二千九百七十里。太延初，遣使來獻，自後貢使不絶。

［1］西夜國：國名。在今新疆葉城縣。

［2］其王號子治呼犍：中華本校勘記云："按《漢書》卷九六《西域傳上》云：'西夜國，王號子合王，治呼犍谷。'這裏'子'下當脱'合王'二字。"可從。

權於摩國，故烏秅國也。[1]其王居烏秅城。[2]在悉居半西南，去代一萬二千九百七十里。

［1］烏秅（ná）國：國名。昆侖山山麓中的古代小國，地處古代中國與克什米爾之間的交通要道。見《漢書》卷九六上《西域傳上》。

［2］烏秅城：在今新疆塔什庫爾干塔吉克自治縣。

渠莎國，居故莎車城，在子合西北，[1]去代一萬二千九百八十里。

［1］子合：國名。都城在今新疆葉城南。

車師國，一名前部，其王居交河城。去代萬五十里。其地北接蠕蠕，本通使交易。太武初，始遣使朝獻，詔行人王恩生、許綱等出使。恩生等始度流沙，爲蠕蠕所執。恩生見蠕蠕吴提，持魏節不爲之屈。後太武切讓吴提，吴提懼，乃遣恩生到歸。許綱等敦煌病死，朝廷壯其節，賜謚曰貞。

初，沮渠無諱兄弟之渡流沙也，鳩集遺人，破車師國。真君十一年，車師王車夷落遣使琢進薛直上書曰：[1]"臣亡父僻處塞外，仰慕天子威德，遣使奉獻，不空於歲，天子降念，賜遺甚厚。[2]及臣繼立，亦不闕常貢，天子垂矜，亦不異前世。敢緣至恩，輒陳私懇。臣國自無諱所攻擊，經今八歲，人民飢荒，無以存活。賊今攻臣甚急，臣不能自全，遂捨國東奔，三分免一。即日已到焉耆東界，思歸天闕，幸垂賑救。"於是下詔撫慰之，開焉耆倉給之。正平初，[3]遣子入侍。自後每使朝貢不絶。

[1]車夷落：人名。又作"車伊落"。　琢進薛直：人名。其餘不詳。

[2]賜遺甚厚：底本"遺"作"遣"，《魏書》卷一〇二《車師傳》作"遺"。中華本校勘記云："《魏書》'遣'作'遺'，是。"今從改。

[3]正平：北魏太武帝的年號（451—452）。

高昌者，車師前王之故地，漢之前部地也。東西二百里，南北五百里，四面多大山。或云：昔漢武遣兵西討，師旅頓弊，其中尤困者因往焉。地勢高敞，人庶昌盛，因名高昌。亦云：其地有漢時高昌壘，故以爲國號。東去長安四千九百里。漢西域長史及戊己校尉並居於此。[1]晉以其地爲高昌郡。張軌、吕光、沮渠蒙遜據河西，[2]皆置太守以統之。去敦煌十三日行。

[1]長史：官名。戰國時秦置，掌顧問參謀。秦漢因之，西漢

丞相、太尉、御史大夫、大將軍、車騎將軍、前後左右將軍皆置，爲所在官署掾屬之長。丞相長史職權尤重。邊郡於丞之外復置長史，佐太守掌兵馬。内郡或置之。東漢、魏晋南北朝沿置，大抵略同。　戊己校尉：官名。漢元帝初元元年（前48）始置，掌管屯田事務，治所在車師前王庭，隸西域都護，單獨設府。所領吏士，亦任征伐。秩比二千石。

[2]張軌：人名。字士彦，安定烏氏（今寧夏固原市東南）人。十六國時前凉的創建者。見《晋書》卷八六《張軌傳》。　吕光：人名。字世明，略陽（今甘肅秦安縣東北）氐人。十六國時後凉的創建者。見《晋書》卷一二二《吕光載記》　沮渠蒙遜：人名。臨松（今甘肅張掖市南）人。十六國時北凉的創建者。見《北史》卷九三《沮渠蒙遜傳》。　河西：在今甘肅、青海二省黄河以西，即河西走廊與湟水流域一帶。

國有八城，皆有華人。地多石磧，氣候温暖，厥土良沃，穀麥一歲再熟，宜蠶，多五果，又饒漆。[1]有草名羊刺，其上生蜜，而味甚佳。引水溉田。出赤鹽，其味甚美。復有白鹽，其形如玉，高昌人取以爲枕，貢之中國。多蒲桃酒。俗事天神，兼信沸法。國中羊、馬，牧在隱僻處以避寇，非貴人不知其處。北有赤石山，山北七十里有貪汗山，[2]夏有積雪。此山北，鐵勒界也。[3]

[1]又饒漆：中華本校勘記云："諸本'又'訛作'人'，據《魏書》卷一〇一《高昌傳》改。"今從改。

[2]山北七十里有貪汗山：《隋書》卷八三《高昌傳》、《通典》卷一九一、《通志》卷一九六"七"上有"山北"二字。中華本校勘記云："諸本脱'山北'二字，據《隋書》卷八三《高昌傳》，

《通典》卷一九一、《通志》卷一九六《車師傳》補。”今從改。

[3]鐵勒：又作“敕勒”“赤勒”“高車”“狄歷”。其先爲匈奴之苗裔丁零，部族甚多。見《北史》卷九九《鐵勒傳》。

太武時有闞爽者，[1]自爲高昌太守。太延中，遣散騎侍郎王恩生等使高昌，爲蠕蠕所執。真君中，爽爲沮渠無諱所襲，奪據之。無諱死，弟安周代立。和平元年，[2]爲蠕蠕所并。蠕蠕以闞伯周爲高昌王，其稱王自此始也。

[1]闞爽：人名。凉州（今甘肅武威市）人。

[2]和平：北魏文成帝的年號（460—465）。

太和初，[1]伯周死，子義成立。歲餘，爲從兄首歸所殺，自立爲高昌王。五年，高車王阿至羅殺首歸兄弟，[2]以敦煌人張孟明爲王。後爲國人所殺，立馬儒爲王，以鞏顧禮、麴嘉爲左右長史。二十一年，遣司馬王體玄奉表朝貢，[3]請師逆接，求舉國内徙。孝文納之，[4]遣明威將軍韓安保率騎千餘赴之，[5]割伊吾五百里，[6]以儒居之。至羊榛水，[7]儒遣嘉、禮率步騎一千五百迎安保。去高昌四百里而安保不至。禮等還高昌，安保亦還伊吾。安保遣使韓興安等十二人使高昌，儒復遣顧禮將其世子義舒迎安保。至白棘城，[8]去高昌百六十里。而高昌舊人情戀本土，不願東遷，相與殺儒而立麴嘉爲王。

[1]太和：北魏孝文帝的年號（477—499）。

[2]高車王阿至羅殺首歸兄弟：底本“阿”作“可”，中華本校勘記云：“諸本‘阿’作‘可’，《隋書》《通典》《通志》並作‘阿伏至羅’。按本書卷九八《高車傳》，也作‘阿伏至羅’。‘可’乃‘阿’之訛，今據改。‘伏’或是省略，今不補。”今據改。

[3]司馬：官名。王國、王府屬官。兩晉南北朝時置於王國者隸中尉，其王帶將軍號者，軍府亦置，爲高級幕僚。其品秩隨府主地位而定，高低不等。掌參贊軍務，管理府内武職，位僅次於長史。

[4]孝文：即北魏皇帝元宏。孝文爲其謚號。

[5]明威將軍：官名。西漢末隗囂曾設。西晉、南北朝時皆置爲雜號將軍名號。北魏時定爲六品。

[6]伊吾：地名。伊吾盧的簡稱。在今新疆哈密市。

[7]羊榛水：確址不詳。當在今新疆鄯善縣以東地區。

[8]白棘城：又作“白力”“白刀”“白刃”“蒲昌”“東鎮城”“寶莊”“必殘”“北昌”“闢展”。當地維吾爾族居民仍稱此地爲闢展。即今新疆鄯善縣。

嘉字靈鳳，金城榆中人。[1]既立，又臣于蠕蠕那蓋。[2]顧禮與義舒隨安保至洛陽。[3]及蠕蠕主伏圖爲高車所殺，嘉又臣高車。初，前部胡人悉爲高車所徙，入於焉耆，又爲嚈噠所破滅，國人分散，衆不自立，請王於嘉。嘉遣第二子爲焉耆王以主之。永平元年，[4]嘉遣兄子私署左衛將軍、田地太守孝亮朝京師，仍求内徙，乞軍迎援。於是遣龍驤將軍孟威發涼州兵三千人迎之，[5]至伊吾，失期而反。於後十餘遣使獻珠像、白黑貂裘、名馬、鹽枕等，款誠備至。唯賜優旨，卒不重迎。三年，嘉遣使朝貢，宣武又遣孟威使詔勞之。[6]延昌中，[7]以嘉爲持節、平西將軍、瓜州刺史、泰臨縣開國伯，[8]私署王如故。熙平初，[9]遣使朝獻。詔曰："卿地隔關山，境接荒漠，頻請朝援，徙國内遷。雖來誠可嘉，即於理未帖。何者？彼之甿庶，是漢、魏遺黎，自晋氏不綱，因難播越，成家立國，世積已久。惡徙重遷，人懷戀舊。今若動之，恐異同之變，爰在肘腋，不得便如來表也。"神龜元年冬，[10]孝亮復表求援内徙，朝廷不許。正光元年，[11]明帝遣假員外將軍趙義等使於嘉。[12]嘉朝貢不絶，又遣使奉表，自以邊遐，不習典誥，[13]求借五經、諸史，[14]并請國子助教劉燮以爲博士，[15]明帝許之。嘉死，贈鎮西將軍、涼州刺史。[16]

[1]金城：郡名。北魏時治金城縣，在今甘肅蘭州市西北。　榆中：縣名。治所在今甘肅榆中縣西北。

[2]那蓋：人名。姓郁久閭。柔然可汗，原爲處可汗吐賀真之子，受羅部真可汗予成之弟。

[3]洛陽：縣名。治所在今河南洛陽市東北。

[4]永平元年：底本"永"作"熙"，中華本校勘記云："諸本'永'作'熙'，《通志》作'永'。按麴嘉求魏師迎接，見《魏書》卷八《世宗紀》永平元年末，今據改。"今從改。

[5]龍驤將軍：官名。西晋置。三國魏、晋、南朝宋時皆三品。十六國時前涼、後趙、前秦、西秦亦置。南朝後期地位漸低。北魏孝文帝太和十七年定爲三品上，二十三年改爲從三品。　孟威：人名。字能重，河南洛陽（今河南洛陽市東北）人。北魏官吏。見《北史》卷五〇《孟威傳》。　發涼州兵三千人迎之：底本脱"之"字，中華本校勘記云："諸本脱'之'字，據《魏書》補。"今

從補。

［6］宣武：即北魏皇帝元恪。宣武爲其謚號。

［7］延昌：北魏宣武帝的年號（512—515）。

［8］持節：自漢朝起，節爲皇帝號令賞罰的信物，故持節比不持節位高權重。歷朝因之，自西晋起，實際成爲一種加職，在使持節之下、假節之上。督軍時與使持節同，有權殺二千石以下，平時衹能殺無官位之人。　平西將軍：官名。東漢置。後與平東、平南、平北將軍合稱四平將軍。北魏時多持節都督或監某一地區的軍事，有時亦作爲刺史等地方官員兼理軍務時的加官。北魏孝文帝太和十七年定爲從二品上，二十三年改爲三品。　瓜州：北魏時治敦煌鎮，在今甘肅敦煌市西。

［9］熙平：北魏孝明帝的年號（516—518）。

［10］神龜：北魏孝明帝的年號（518—520）。

［11］正光：北魏孝明帝的年號（520—525）。

［12］明帝：即北魏皇帝元詡。明爲其謚號。　假：官制用語。即代理。　員外將軍：官名。南北朝時爲殿中員外將軍的省稱。十六國時後趙置，南北朝沿置。即正員限額之外添授的殿中將軍，職掌與殿中將軍同，爲侍衛武職，不典兵。

［13］典誥：指典章、詔令一類的文字。

［14］五經：五部儒家典籍，即《詩》《書》《禮》《易》《春秋》。

［15］國子助教：官名。晋武帝時始立國子學，置助教十五人，掌協助博士分經教授。晋孝武帝太元十年（385）減爲十人，分掌十經，官品同南臺御史。南北朝沿置。

［16］鎮西將軍：官名。東漢末置。三國魏時，與鎮東、鎮南、鎮北將軍合稱四鎮將軍，地位次於四征將軍。多授持節都督，出鎮方面。北魏孝文帝太和十七年定爲從一品下，二十三年改爲從二品。

子堅立。於後關中賊亂，使命遂絶。普泰初，[1]堅遣使朝貢，除平西將軍、瓜州刺史，泰臨縣伯，王如故。又加衛將軍。[2]至永熙中，[3]特除儀同三司，[4]進爲郡公。後遂隔絶。

[1]普泰：北魏節閔帝的年號（531—532）。

[2]衛將軍：官名。南北朝時位在諸名號大將軍之上，多作爲軍府名號，以加大臣、重要州郡長官。北魏孝文帝太和十七年定爲一品下，二十三年改爲二品。

[3]永熙：北魏孝武帝的年號（532—534）。

[4]儀同三司：初謂非三公而儀制待遇同於三公。魏晋時期，授予開府位從三公之文武官。南北朝時授予範圍不斷擴大，逐漸成爲官號。北魏孝文帝太和十七年定爲一品下，二十三年以後改爲從一品，位開府上。

至大統十四年，詔以其世子玄嘉爲王。[1]恭帝二年，[2]又以其田地公茂嗣位。武成元年，[3]其王遣使獻方物。保定初，[4]又遣使來貢。

[1]詔以其世子玄嘉爲王：中華本校勘記云："《周書》卷五〇《高昌傳》'嘉'作'喜'。按麴堅父名'嘉'，其子名不當犯祖諱，作'喜'是。"

[2]恭帝：即西魏皇帝元廓。恭爲其謚號。

[3]武成：北周明帝的年號（559—560）。

[4]保定：北周武帝的年號（561—565）。

其國，周時，城有一十六。後至隋時，[1]城有十八。

其都城周回一千八百四十步，於坐室畫魯哀公問政於孔子之像。[2]官有令尹一人，比中夏相國；[3]次有公二人，皆王子也，一爲交河公，一爲田地公；次有左右衛；次有八長史，曰吏部、祠部、庫部、倉部、主客、禮部、户部、兵部等長史也；次有五將軍，曰建武、威遠、陵江、殿中、伏波等將軍也；次有八司馬，長史之副也；次有侍郎、校郎、主簿、從事，階位相次，分掌諸事。次有省事，專掌導引。其大事決之於王，小事則世子及二公隨狀斷決。評章録記，事訖即除，籍書之外，無久掌文案。官人雖有列位，並無曹府，[4]唯每早集於牙門，評議衆事。諸城各有户曹、水曹、田曹。城遣司馬、侍郎相監檢校，名爲令。服飾，丈夫從胡法，婦人裙襦，頭上作髻。其風俗政令，與華夏略同。兵器有弓、箭、刀、楯、甲、矟。文字亦同華夏，兼用胡書。有《毛詩》《論語》《孝經》，置學官弟子，以相教授。雖習讀之，而皆爲胡語。賦税則計田輸銀錢，無者輸麻布。其刑法、風俗、昏姻、喪葬與華夏小異而大同。自敦煌向其國，多沙磧，茫然無有蹊徑，欲往者，尋其人畜骸骨而去。路中或聞歌哭聲，行人尋之，多致亡失，蓋魑魅魍魎也。故商客往來，多取伊吾路。

[1]後至隋時：底本“至”前無“後”字，中華本‘至’前有‘後’字。今據中華本補。

[2]魯哀公：即春秋末魯國國君姬蔣（一作“姬將”）。魯定公之子。在位二十七年。

[3]相國：官名。春秋戰國始置。職掌與丞相相同，位更尊。

北魏時相國一職多由權臣擔任。

[4]並無曹府：底本"曹府"作"曹"，中華本校勘記云："諸本'曹府'二字作'書'一字，《周書》《通典》《通志》並作'曹府'。按'曹府'指辦事機關，作'書'無義，今據改。"今從改。

開皇十年，突厥破其四城，[1]有二千人來歸中國。

[1]突厥：廣義上包括鐵勒、突厥各部落，狹義則專指突厥汗國。公元六世紀初興起於金山（今阿爾泰山）西南麓，爲游牧部落。西魏廢帝二年，建突厥汗國於今鄂爾渾河流域，隋文帝開皇二年，分裂爲東、西二部。見《北史》卷九九《突厥傳》。

堅死，子伯雅立。其大母本突厥可汗女，其父死，突厥令依其俗。伯雅不從者久之。突厥逼之，不得已而從。煬帝即位，引致諸蕃。大業四年，遣使貢獻，帝待其使甚厚。明年伯雅來朝，因從擊高麗。[1]還，尚宗室女華容公主。[2]八年冬，歸蕃，下令國中曰："先者，以國處邊荒境，被髮左衽。[3]今大隋統御，宇宙平一。孤既沐浴和風，庶均大化。其庶人以上，皆宜解辮削衽。"帝聞而善之，下詔曰："光禄大夫、弁國公、高昌王伯雅，[4]本自諸華，世祚西壤，昔因多難，翦爲胡服。自我皇隋，平一宇宙，伯雅踰沙忘阻，奉貢來庭，削衽曳裾，變夷從夏，可賜衣冠，仍班製造之式。"然伯雅先臣鐵勒，恒遣重臣在高昌國，有商胡往來者則税之，送于鐵勒。雖有此令取悦中華，然竟畏鐵勒，不敢改也。

自是歲令貢方物。

［1］高麗：國名。又作"高句麗"，其先出自夫餘，地爲漢之玄菟郡，高句麗爲其三縣之一，因以爲國名。都名丸都，故治在今吉林集安市，南北朝時遷都於今朝鮮平壤市。見《北史》卷九四《高麗傳》。

［2］華容公主：封號。華容，縣名。治所在今湖南岳陽市。

［3］以國處邊荒境被髮左衽：中華本校勘記云："《隋書》'境'下有'連猛狄，同人無咎'七字。按删節不應獨留'境'字，疑是脱文。"

［4］光禄大夫：官名。漢武帝太初元年（前104）設，掌議論。無定員，秩比二千石。歷朝因之，官秩不一。晋武帝泰始年間始有左、右之分，並稱加金章紫綬者爲金紫光禄大夫，加銀章青綬者爲銀青光禄大夫，位在其上。北魏孝文帝太和十七年定爲從二品中，二十三年改爲三品。隋初未置，煬帝大業三年加置，位在左右光禄大夫之上，爲文職散官之首。從一品。

且彌國，都天山東于大谷，在車師北，去代一萬五百七十里。本役屬車師。

焉耆國，在車師南，都員渠城，[1]白山南七十里，[2]漢時舊國也。去代一萬二百里。其王姓龍，名鳩尸畢那，即前凉張軌所討龍熙之胤。所都城方二里。國内凡有九城。國小人貧，無綱紀法令。兵有弓、刀、甲、矟。婚姻略同華夏。死亡者，皆焚而後葬，其服制滿七日則除之。丈夫並翦髮以爲首飾。文字與婆羅門同。[3]俗事天神，並崇信佛法也。尤重二月八日、四月八日。是日也，其國咸依釋教，齋戒行道焉。氣候寒，土田良沃，穀有稻、粟、菽、麥，畜有駝、馬。養蠶，不以爲絲，唯充綿纊。俗尚蒲桃酒，兼愛音樂。南去海十餘里，有魚鹽蒲葦之饒。東去高昌九百里，西去龜兹九百里，皆沙磧。東南去瓜州二千二百里。

[1]員渠城：在今新疆焉耆回族自治縣西南。
[2]白山：今新疆天山。
[3]婆羅門：指古印度。

恃地多險，頗剽劫中國使。太武怒之，詔成周公萬度歸討之，約齎輕糧，取食路次。度歸入焉耆東界，擊其邊守左迴、尉犁二城，[1]拔之，進軍圍員渠。鳩尸畢那以四五萬人出城，守險以距。度歸募壯勇，短兵直往衝，鳩尸畢那衆大潰，盡虜之，單騎走入山中。度歸進屠其城，四鄙諸戎皆降服。焉耆爲國，斗絶一隅，不亂日久，獲其珍奇異翫，殊方譎詭難識之物，橐駝、馬、牛、雜畜巨萬。時太武幸陰山北宫，[2]度歸破焉耆露板至，[3]帝省訖，賜司徒崔浩書曰：[4]“萬度歸以五千騎，經萬餘里，拔焉耆三城，獲其珍奇異物及諸委積不可勝數。自古帝王，雖云即序西戎，有如指注，不能控引也。朕今手把而有之，如何?”浩上書稱美。遂命度歸鎮撫其人。初，鳩尸畢那走山中，猶覬城不拔，得還其國。既見盡爲度歸所剋，乃奔龜兹。龜兹以其壻，厚待之。

[1]尉犁：城名。在今新疆焉耆回族自治縣西南紫泥泉一帶。

［2］陰山：即今烏拉前山—大秦山山系（參辛德勇《秦漢政區與邊界地理研究》，中華書局2009年版，第181—255頁）。

［3］露板：又稱露布。本指不加封檢、公開宣布之制書。

［4］司徒：官名。漢哀帝時改丞相爲大司徒，漢光武帝時改司徒，與太尉、司空並稱三公，分掌宰相職能。北魏初曾令州郡公文先上司徒府，後改上丞相府。一品。　崔浩：人名。字伯淵，《北史》避唐高祖李淵諱改爲"伯深"，清河東武城（今山東武城縣西北）人。北魏大臣。見《北史》卷二一《崔宏附崔浩傳》。

周保定四年，其王遣使獻名馬。

隋大業中，其王龍突騎支遣使貢方物。是時，其國勝兵千餘人而已。

龜兹國，在尉犁西北，白山之南一百七十里，都延城，[1]漢時舊國也。去代一萬二百八十里。其王姓白，即後凉吕光所立白震之後。其王頭繫綵帶，垂之於後，坐金師子床。所居城方五六里。其刑法，殺人者死，劫賊則斷其一臂，并刖一足。賦税，準地徵租，無田者則税銀。風俗、婚姻、喪葬、物産與焉耆略同。唯氣候少温爲異。又出細氊，饒銅、鐵、鉛、麖皮、氍毹、鐃沙、鹽緑、雌黄、胡粉、安息香、良馬、犎牛等。[2]東有輪臺，即漢貳師將軍李廣利所屠者。[3]其南三百里，有大河東流，號計戍水，即黄河也。東去焉耆九百里，南去于闐一千四百里，西去疏勒一千五百里，北去突厥牙六百餘里，東南去瓜州三千一百里。[4]

［1］延城：在今新疆庫車縣東。

［2］麖（jīng）：大鹿。　氍（qú）毹（shū）：毛織毯類。鐃沙：中華本校勘記云："諸本無'鐃'字，《周書》卷五〇、《隋書》卷八三《龜兹傳》有。按鐃沙即硇沙，藥名。今據補。"今從改。　犎（fēng）牛：領部隆起的牛。

［3］貳師將軍：官名。雜號將軍。漢武帝置。　李廣利：人名。中山（今河北定州市）人。西漢將領。漢武帝寵妃李夫人之兄。見《漢書》卷六一《李廣利傳》。

［4］東南去瓜州三千一百里：底本無"千一"二字，中華本校勘記云："諸本無'千一'二字，《隋書》有。按龜兹去瓜州必經焉耆。《焉耆傳》云：'西去龜兹九百里，東南去瓜州二千二百里。'合計正三千一百里。今據補。"今從改。

其東關城戍，寇竊非一，[1]太武詔萬度歸率騎一千以擊之。龜兹遣烏羯目提等領兵三千距戰，[2]度歸擊走之，斬二百餘級，大獲駝馬而還。俗性多淫，置女市，收男子錢以入官。[3]土多孔雀，群飛山谷間，人取而食之，孳乳如雞鶩，其王家恒有千餘隻云。其國西北大山中有如膏者，流出成川，行數里入地，狀如餻餬，甚臭。服之，髮齒已落者，能令更生，癘人服之，皆愈。自後每使朝貢。

［1］其東關城戍寇竊非一：中華本校勘記云："《魏書》卷一〇二《龜兹傳》'關'作'闕'。按'闕'謂有脱文，疑《魏書》是。"

［2］烏羯目提：人名。龜兹大將。北魏太武帝太平真君九年，成周公萬度歸西征，破焉耆，其王鳩尸畢那奔龜兹，萬度歸復遣千人窮追至龜兹東境。烏羯目提統兵三千拒戰，雖損傷二百餘人，卒

退魏師，龜兹得保全。

[3]收男子錢以入官：中華本校勘記云："諸本'錢'訛作'鐵'，據《魏書》改。"今從改。

周保定元年，其王遣使來獻。

隋大業中，其王白蘇尼咥遣使朝，貢方物。是時，其國勝兵可數千人。

姑默國，居南城，[1]在龜兹西，去代一萬五百里。役屬龜兹。

[1]南城：在今新疆阿克蘇市。

温宿國，居温宿城，[1]在姑默西北，去代一萬五百五十里。役屬龜兹。

[1]温宿城：在今新疆烏什縣。

尉頭國，居尉頭城，[1]在温宿北，去代一萬六百五十里。役屬龜兹。

[1]尉頭城：在今新疆阿合奇縣東之色帕巴依。

烏孫國，居赤谷城，[1]在龜兹西北，去代一萬八十里。[2]其國數爲蠕蠕所侵，西徙葱嶺山中。無城郭，隨畜牧逐水草。

[1]赤谷城：在今吉爾吉斯斯坦東部的伊什克提附近。

[2]在龜兹西北去代一萬八十里：中華本校勘記云："南本'十'作'千'，《魏書》卷一〇二《烏孫傳》作'百'。按《龜兹傳》言龜兹去代一萬二百八十里，烏孫在其西北，去代里程不得反少於龜兹。下文《悦般傳》言悦般在烏孫西北，去代一萬九百三十里。則烏孫去代里程不得多於悦般。作'十'作'千'皆誤，當從《魏書》作'百'。"

太延三年，遣使者董琬等使其國，後每使朝貢。

疏勒國，在姑默西，白山南百餘里，漢時舊國也。去代一萬一千二百五十里。文成末，[1]其王遣使送釋迦牟尼佛袈裟一，長二丈餘。帝以審是佛衣，應有露異，遂燒之以驗虚實，置於猛火之上，經日不然。觀者莫不悚駭，心形俱肅。其王戴金師子冠。土多稻、粟、麻、麥、銅、鐵、錫、雌黄，[2]每歲常供送於突厥。其都城方五里。國内有大城十二，小城數十。人手足皆六指，産子非六指者即不育。勝兵者二千人。南有黄河，西帶葱嶺，東去龜兹千五百里，西去鏺汗國千里，南去朱俱波八九百里，東北至突厥牙千餘里，東南去瓜州四千六百里。

[1]文成：即北魏皇帝拓跋濬。文成爲其謚號。

[2]雌黄：礦物。可製顔料。

悦般國，在烏孫西北，去代一萬九百三十里。其先，匈奴北單于之部落也。[1]爲漢車騎將軍竇憲所逐，[2]北單于度金微山西走康居，[3]其羸弱不能去者，住龜兹北。地方數千里，衆可二十餘萬，凉州人猶謂之單于王。其風俗言語與高車同，而其人清潔於胡。俗翦髮齊眉，以酴醐塗之，昱昱然光澤。日三澡漱，然後飲食。其國南界有火山，[4]山傍石皆燋鎔，流地數十里乃凝堅，人取以爲藥，即石流黄也。

[1]北單于：漢朝時匈奴的國君稱單于。漢光武帝建武二十四年（48），匈奴南面八部大人共立比爲呼韓邪單于，内附於漢朝，於是匈奴分爲南匈奴、北匈奴，而有南單于與北單于之分。

[2]車騎將軍：官名。西漢初置爲軍事統帥，武帝後常設，地位僅次於大將軍、驃騎將軍，在衛將軍上，常典京城、皇宫禁衛軍隊，出征時常總領諸將軍。文官輔政者亦或加此銜，領尚書政務，成爲中朝重要官員。北魏孝文帝太和十七年定爲一品下，二十三年改爲二品。　竇憲：人名。字伯度，扶風平陵（今陝西咸陽市西北）人。漢和帝母竇太后之兄。見《後漢書》卷二三《竇融附竇憲傳》。

[3]金微山：又名金山。即今新疆北部與蒙古國間之阿爾泰山脉。　康居：古國名。在今哈薩克斯坦巴爾喀什湖和鹹海之間。東界烏孫，西達奄蔡，南接大月氏，東南臨大宛。王都卑闐城（今烏兹别克斯坦塔什干一帶）。

[4]其國南界有火山：底本“火”作“大”，中華本校勘記云：“諸本‘火’訛作‘大’，據《魏書》卷一〇二、《通典》卷一九三、《通志》卷一九六《悦般傳》改。”今從改。

與蠕蠕結好，其王嘗將數千人入蠕蠕國，欲與大檀相見。[1]入其界百餘里，見其部人不浣衣，不絆髮，不洗手，婦人口舐器物。王謂其從臣曰：“汝曹誑我，將我入此狗國中。”乃馳還。大檀遣騎追之，不及。自是相仇讎，數相征討。

[1]大檀：又譯作“大但”，柔然可汗的名字，姓郁久閭。原來統領部衆鎮守西境，轄區包括西域東部，頗受民衆擁護。北魏明元帝神瑞元年（414），柔然汗國内亂，大檀逐走藹苦蓋可汗斛律，自立爲牟汗紇升蓋可汗。

真君九年，遣使朝獻。并送幻人，[1]稱能割人喉脉令斷，擊人頭令骨陷，皆血出或數升或盈斗，以草藥内其口中，令嚼咽之，須臾血止，養瘡一月復常，又無痕瘢。世疑其虚，[2]乃取死罪囚試之，皆驗。云中國諸名山皆有此草，乃使人受其術而厚遇之。又言：其國有大術者，蠕蠕來抄掠，術人能作霖雨、盲風、大雪及行潦，蠕蠕凍死漂亡者十二三。是歲，再遣使朝貢，求與官軍東西齊契討蠕蠕。太武嘉其意，命中外諸軍戒嚴，以淮南王佗爲前鋒，[3]襲蠕蠕。仍詔有司，以其鼓舞之節，施於樂府。自後每使朝貢。

[1]幻人：懂幻術的表演者。

[2]世疑其虚：中華本校勘記云：“《魏書》‘世’下有‘祖’字，《通典》《通志》作‘太武’。按拓跋燾本書例稱‘太武’，疑《北史》此處因《魏書》舊文，未及改易。後脱‘祖’字。”

[3]淮南王：封爵名。遥封。淮南，郡名。南朝齊時治壽春縣，在今安徽壽縣。　佗：《魏書》卷一四《東陽王丕傳》作“他”。按：未詳孰是。

者至拔國，都者至拔城，[1]在疏勒西，去代一萬一千六百二十里。其國東有潘賀那山，出美鐵及師子。

[1]者至拔城：在今中亞費爾干納盆地。

迷密國，都迷密城，[1]在者至拔西，去代一萬二千一百里。正平元年，遣使獻一峰黑橐駝。其國東有山名郁悉滿山，出金、玉，亦多鐵。

[1]迷密城：在今中亞費爾干納盆地。

悉萬斤國，都悉萬斤城，[1]在迷密西，[2]去代一萬二千七百二十里。其國南有山名伽色那山，出師子。每使朝貢。

[1]悉萬斤城：在今烏茲別克斯坦撒馬爾罕北七里。
[2]在迷密西：底本“迷”作“悉”，中華本校勘記云：“諸本‘迷’訛作‘悉’，據《通志》卷一九六及上文改。”今從改。

忸密國，都忸密城，[1]在悉萬斤西，去代二萬二千八百二十八里。[2]

[1]忸密城：在今烏茲別克斯坦布哈拉一帶。
[2]二萬：從上下文義看，“二”似爲“一”之訛。

破洛那國，故大宛國也。[1]都貴山城，[2]在疏勒西北，去代萬四千四百五十里。

[1]破洛那國故大宛國也：底本無“破”字，中華本校勘記云：“諸本無‘破’字。按‘破洛那’見本卷序文及《者舌傳》。《魏書》卷五《高宗紀》，和平六年四月，“破洛那國獻汗血國”。《通典》卷一九二、《通志》卷一九六《大宛傳》云：‘文成和平六年，孝文太和三年，並遣使獻馬。’與《魏紀》及此傳合，此脱‘破’字，今據補。”今從改。

[2]貴山城：在今烏兹别克斯坦塔什干東南卡散賽。

太和三年，遣使獻汗血馬，自此每使朝貢。

粟特國，在葱嶺之西，古之奄蔡，[1]一名温那沙。居於大澤，在康居西北，去代一萬六千里。先是，匈奴殺其王而有其國，至王忽倪，已三世矣。其國商人先多詣凉土販貨，及魏克姑臧，悉見虜。文成初，粟特王遣使請贖之，詔聽焉。自後無使朝獻。

[1]古之奄蔡：底本“古”作“故”，中華本校勘記云：“南、北、汲、殿四本‘古之’作‘故名’，百衲本作‘故之’，《魏書》卷一〇二《粟特傳》作‘古之’。按‘故’乃‘古’之誤，今從《魏書》改。”今從改。

周保定四年，其王遣使貢方物。

波斯國，都宿利城，[1]在忸密西，古條支國也。去代二萬四千二百二十八里。城方十里，户十餘萬，河經其城中南流。土地平正，出金銀、鍮石、珊瑚、琥珀、車渠、馬腦，[2]多大真珠、頗梨、瑠璃、水精、瑟瑟、金剛、火齊、鑌鐵、銅、錫、朱砂、水銀、綾、錦、疊毾、氍毹、毾㲪、赤麞皮，及薰六、鬱金、蘇合、青木等香，[3]胡椒、蓽撥、石蜜、千年棗、香附子、訶梨勒、無食子、鹽緑、雌黄等物。氣候暑熱，家自藏冰。地多沙磧，引水溉灌。其五穀及鳥獸與中夏略同，唯無稻及黍、稷。土出名馬、大驢及駝，往往有一日能行七百里者，富室至有數千頭。又出白象、師子、大鳥卵。有鳥形如橐駝，有兩翼，飛而不能高，食草與肉，亦能噉火。

［1］宿利城：一作"蘇藺城"。即忒息豐，或譯"泰西封"。在今伊拉克巴格達附近。

［2］出金銀鍮（tōu）石：底本無"銀"字，中華本校勘記云："諸本無'銀'字，《魏書》卷一〇二《波斯傳》有。按《周書》卷五〇、《隋書》卷八三、《通典》卷一九三、《通志》卷一九六《波斯傳》，叙波斯物産，雖文字不同，但都有金銀。此誤脱，今據補。"鍮石，自然銅。

［3］疊毾：層壓的皮革。　毾㲪：彩紋細毛毯。　青木等香：底本"木"作"水"，中華本校勘記云："諸本'木'訛作'水'，據《魏書》《周書》《隋書》《通典》《通志》改。"今從改。

其王姓波氏名斯，[1]坐金羊牀，戴金花冠，衣錦袍、織成帔，飾以真珠寶物。其俗：丈夫翦髮，戴白皮帽，貫頭衫，兩箱近下開之，亦有巾帔，緣以織成；婦女服大衫，披大帔，其髮前爲髻，後披之，飾以金銀花，仍貫五色珠，絡之於膊。王於其國内别有小牙十餘所，猶中國之離宫也。每年四月出遊處之，十月仍還。王即位以後，擇諸子内賢者，密書其名，封之於庫，諸子及大臣莫之知也。王死，衆乃共發書視之，其封内有名者，即立以爲王。餘子出各就邊任，兄弟更不相見也。國人號王曰醫囋，妃曰防步率，王之諸子曰殺野。大官有摸胡壇，掌國内獄訟；泥忽汗，掌庫藏、關禁；[2]地卑掌文書及衆務。[3]次有遏羅訶地，掌王之内事；薛波勃，掌四方兵馬。其下皆有屬官，分統其事。兵有甲、矟、圓排、劍、弩、弓、箭。戰兼乘象，百人隨之。

[1]其王姓波氏名斯：中華本校勘記云："《周書》作'其王姓波斯氏'。《通典》《通志》云：'其王姓波斯（中略），其先有波斯匿王，其子孫以王父字爲氏，因以爲國號焉。'此作'姓波氏名斯'，誤。"

[2]掌庫藏關禁：底本"關"作"開"，中華本校勘記云："諸本'關'訛作'開'，據《周書》改。"今從改。

[3]地卑掌文書及衆務：底本"卑"作"早"，中華本校勘記云："諸本'卑'作'早'。《周書》'地早'作'地卑勃'。按《册府》卷九六二作'地卑'。《册府》此條出自《北史》，知'早'字當作'卑'，今據改。"今從改。

其刑法：重罪懸諸竿上，射殺之；次則繫獄，新王立乃釋之；輕罪則劓、刖若髡，或翦半鬢及繫牌於項，以爲耻辱；犯强盗，繫之終身；奸貴人妻者，男子流，婦人割其耳鼻。賦税，則準地輸銀錢。俗事火神天神。文字與胡書異。多以姊妹爲妻妾，自餘婚合，亦不擇尊卑，諸夷之中最爲醜穢矣。百姓女年十歲以上有姿貌者，王收養之，有功勳人，即以分賜。死者，多棄屍於山，一月着服。城外有人别居，唯知喪葬之事，號爲不净人，若入城市，摇鈴自别。以六月爲歲首，尤重七月七日、十二月一日。其日，人庶以上，各相命召，設會作樂，以極歡娱。又每年正月二十日，各祭其先死者。

神龜中，其國遣使上書貢物，云："大國天子，天之所生，願日出處常爲漢中天子。波斯國王居和多千萬敬拜。"朝廷嘉納之。自此，每使朝獻。恭帝二年，[1]其王又遣使獻方物。

[1]恭帝二年：《周書》卷五〇《波斯傳》作'廢帝二年'。

隋煬帝時，遣雲騎尉李昱使通波斯。[1]尋使隨昱貢方物。

[1]雲騎尉：官名。隋朝置，爲武散官八尉之一，或番值宿衛，或出使監檢。秩正九品下。

伏盧尼國，都伏盧尼城，[1]在波斯國北，去代二萬七千三百二十里。累石爲城，東有大河南流，中有鳥，其形似人，亦有如橐駝、馬者，皆有翼，常居水中，出水便死。城北有云尼山，出銀、珊瑚、琥珀，多師子。

[1]伏盧尼城：確址不詳。

色知顯國，都色知顯城，[1]在悉萬斤西北，去代一萬二千九百四十里。土平，多五果。

[1]色知顯城：約在今烏兹别克斯坦。

伽色尼國，都伽色尼城，[1]在悉萬斤南，去代一萬二千九百里。土出赤鹽，多五果。[2]

[1]伽色尼城：在今阿富汗喀布爾西南四十公里之加尼兹城。
[2]五果：指棗、李、杏、栗、桃等五種果實。

薄知國，都薄知城，[1]在伽色尼國南，去代一萬三千三百二十里。多五果。

[1]薄知城：在今烏兹别克斯坦。

牟知國，都牟知城，[1]在忸密西南，去代二萬二千九百二十里。土平，禽獸草木類中國。

[1]牟知城：在今烏兹别克斯坦。

阿弗太汗國，都阿弗太汗城，[1]在忸密西，去代二萬三千七百二十里。土平，多五果。[2]

[1]阿弗太汗城：在今烏兹别克斯坦。
[2]二萬：從上下文義看，“二”似爲“一”之訛。下文幾處“二萬”亦同此，不再出注。

呼似密國，都呼似密城，[1]在阿弗太汗西，去代二萬四千七百里。土平，出銀、琥珀，有師子，多五果。

[1]呼似密城：在今烏兹別克斯坦。

諸色波羅國，都波羅城，[1]在忸密南，去代二萬三千四百二十八里。土平，宜稻、麥，多五果。

[1]波羅城：在今烏兹別克斯坦。

早伽至國，都早伽至城，[1]在忸密西，去代二萬三千七百二十八里。土平，少田殖，取稻、麥於鄰國，有五果。

[1]早伽至城：在今烏兹別克斯坦。

伽不單國，都伽不單城，[1]在悉萬斤西北，去代一萬二千七百八十里。土平，宜稻、麥，有五果。

[1]伽不單城：在今烏兹別克斯坦。

者舌國，故康居國，在破洛那西北，去代一萬五千四百五十里。太延三年，遣使朝貢，不絕。[1]

[1]遣使朝貢不絕：中華本校勘記云："《魏書》卷一〇二《者舌傳》'不絕'上有'自是'二字，是。"

伽倍國，故休密翕侯，都和墨城，[1]在莎車西，去代一萬三千里。人居山谷間。

［1］和墨城：在今阿富汗東北之瓦罕。

折薛莫孫國，故雙靡翕侯，都雙靡城，[1]在伽倍西，去代一萬三千五百里。居山谷間。

［1］雙靡城：在今巴基斯坦北部奇特拉爾和馬斯圖吉之間。

鉗敦國，故貴霜翕侯，[1]都護澡城，[2]在折薛莫孫西，去代一萬三千五百六十里。居山谷間。

［1］故貴霜翕侯：底本“霜”作“霸”，中華本校勘記云：“諸本‘霜’訛作‘霸’，據《魏書》卷一〇二《鉗敦傳》及《漢書》卷九六《大月氏傳》改。”今從改。

［2］護澡城：在今阿富汗東北境内瓦漢西部潘扎水東岸的汗杜德。

弗敵沙國，故肹頓翕侯，都薄茅城，[1]在鉗敦西，去代一萬三千六百六十里。居山谷間。

［1］都薄茅城：底本無“城”市，中華本校勘記云：“諸本脱‘城’字，據《魏書》卷一〇二《弗敵沙傳》及《漢書·大月氏傳》補。”今從改。

閻浮謁國，故高附翕侯，都高附城，[1]在弗敵沙南，去代一萬三千七百六十里。居山谷間。

[1]高附城：在今塔吉克斯坦西南部瓦赫什河流域。

大月氏國，都賸監氏城，[1]在弗敵沙西，去代一萬四千五百里。北與蠕蠕接，數爲所侵，遂西徙都薄羅城，去弗敵沙二千一百里。其王寄多羅勇武，遂興師越大山，南侵北天竺。自乾陁羅以北五國，盡役屬之。

[1]都賸監氏城：中華本校勘記云："《魏書》卷一〇二《大月氏傳》'賸'作'盧'。按《漢書·大月氏傳》作'治監氏城'，《後漢書》卷八八《大月氏傳》作'居籃氏城'。並無'賸'或'盧'字。疑是誤衍。"賸監氏城，在今阿富汗北部、馬扎里沙里夫西面，名巴里克。

太武時，其國人商販京師，自云能鑄石爲五色瑠璃。於是採礦山中，於京師鑄之，既成，光澤乃美於西方來者。乃詔爲行殿，容百餘人，光色映徹，觀者見之，莫不驚駭，以爲神明所作。自此，國中瑠璃遂賤，人不復珍之。

安息國，在葱嶺西，都蔚搜城。北與康居，西與波斯相接，在大月氏西北，去代二萬一千五百里。

周天和二年，其王遣使朝獻。

條支國，在安息西，去代二萬九千四百里。

大秦國，一名黎軒，都安都城，[1]從條支西渡海曲一萬里，去代三萬九千四百里。其海滂出，猶渤海也，而東西與渤海相望，蓋自然之理。地方六千里，居兩海之間。其地平正，人居星布。其王都城分爲五城，[2]各方五里，周六十里。王居中城。城置八臣，以主四方。而王城亦置八臣，分主四城。若謀國事及四方有不决者，則四城之臣，集議王所，[3]王自聽之，然後施行。王三年一出觀風化，人有冤枉詣王訴訟者，當方之臣，小則讓責，大則黜退，令其舉賢人以代之。其人端正長大，衣服、車旗，擬儀中國，故外域謂之大秦。其土宜五穀、桑、麻，人務蠶、田。多璆琳、琅玕、神龜、白馬朱鬣、明珠、夜光璧。[4]東南通交趾。又水道通益州永昌郡。多出異物。

[1]安都城：在今土耳其南地中海東岸安塔基亞。

[2]其王都城分爲五城：底本“王都”作“都王”，中華本校勘記云：“諸本‘王都’誤倒，據《魏書》卷一〇二《大秦傳》乙。”今從改。

[3]則四城之臣集議王所：底本無“王”字，中華本校勘記云：“諸本脱‘王’字，據《魏書》補。”今從改。

[4]璆（qiú）琳：美玉。 琅玕（gān）：美石。

大秦西海水之西有河，河西南流。河西有南北山，山西有赤水，西有白玉山，玉山西有西王母山，玉爲堂室云。從安息西界循海曲，亦至大秦，迴萬餘里。於彼國觀日月星辰，無異中國，而前史云，條支西行百里，日入處，失之遠矣。

阿鈎羌國，在莎車西南，去代一萬三千里。國西有縣度山，其間四百里，中往往有棧道，下臨不測之深，人行以繩索相持而度，因以名之。土有五穀、諸果。市用錢爲貨。居止立宮室。[1]有兵器。土出金珠。

[1]居止立宮室：底本“止”前無“居”字，中華本校勘記云：“諸本脱‘居’字，據《魏書》卷一〇二、《通志》卷一九六《阿鈎羌傳》補。”今從改。

波路國，在阿鈎羌西北，去代一萬三千九百里。其地濕熱，有蜀馬。土平，物産國俗與阿鈎羌同類焉。

小月氏國，都富樓沙城。[1]其王本大月氏王寄多羅子也。寄多羅爲匈奴所逐，西徙。[2]後令其子守此城，因號小月氏焉。在波路西南，去代一萬六千六百里。先居西平、張掖之間，[3]被服頗與羌同。其俗以金銀錢爲貨，隨畜牧移徙，亦類匈奴。其城東十里有佛塔，周三百五十步，高八十丈。自佛塔初建計至武定八年，[4]八百四十二年，所謂百丈佛圖也。

[1]富樓沙城：在今巴基斯坦喀布爾河南岸白沙瓦市西北。

[2]寄多羅爲匈奴所逐西徙：中華本校勘記云：“《通典》卷一九二、《通志》卷一九六《小月氏傳》‘匈奴’作‘蠕蠕’。按《漢書》卷九六《大月氏傳》，大月氏本居敦煌、祁連間，爲匈奴冒頓單于、老上單于所破，乃西徙，過大宛。這是在西漢初年。後漢時，建立貴霜王朝，甚爲强盛（見《後漢書》卷八八）。這裏所説的西徙，是北魏時期，乃是受蠕蠕逼迫，見本卷《大月氏傳》。作‘匈奴’誤。”可從。

[3]西平：郡名。北魏時治西都縣，在今青海西寧市。

[4]武定：東魏孝静帝的年號（543—550）。

罽賓國，都善見城，[1]在波路西南，去代一萬四千二百里。居在四山中，其地東西八百里，南北三百里。地平，温和，有苜蓿、雜草、奇木、檀、槐、梓、竹。種五穀，糞園。田地下濕，生稻。冬食生菜。其人工巧，雕文刻鏤，織罽。[2]有金、銀、銅、錫，以爲器物。市用錢。他畜與諸國同。[3]每使朝獻。

[1]善見城：在今印度實際控制區喀什米爾斯利那加以東約五公里處。

[2]罽（jì）：毛織物。

[3]他畜與諸國同：底本無“與”字，中華本校勘記云：“諸本脱‘與’字，據《魏書》卷一〇二、《通志》卷一九六《罽賓傳》補。”今從改。

吐呼羅國，去代一萬二千里。東至范陽國，西至悉萬斤國，中間相去二千里；南至連山，不知名，北至波斯國，中間相去一萬里。薄提城周匝六十里，城南有西流大水，名漢樓河。土宜五穀，[1]有好馬、駝、騾。其王曾遣使朝貢。

[1]五穀：指稻、稷、麥、豆、麻。

副貨國，去代一萬七千里。東至阿富使且國，西至沒誰國，中間相去一千里；南有連山，不知名，北至奇沙國，相去一千五百里。國中有副貨城，周匝七十里。宜五穀、蒲桃，唯有馬、駝、騾。國王有黃金殿，殿下有金駝七頭，各高三尺。其王遣使朝貢。

南天竺國，去代三萬一千五百里。有伏醜城，[1]周匝十里。城中出摩尼珠、珊瑚。城東三百里有拔賴城，[2]城中出黄金、白真檀、石蜜、蒲桃，土宜五穀。

[1]伏醜城：確址不詳。當在今印度南部。

[2]拔賴城：確址不詳。當在今印度南部。

宣武時，其國王婆羅化遣使獻駿馬、金、銀。自此，每使朝貢。

疊伏羅國，去代三萬一千里。國中有勿悉城，[1]城北有鹽奇水，西流。有白象。并有阿末黎木，皮中織作布。土宜五穀。

宣武時，其國王伏陁末多遣使獻方物。自是，每使朝貢。

拔豆國，去代五萬一千里。東至多勿當國，西至旃那國，中間相去七百五十里；南至罽陵伽國，北至弗那伏且國，中間相去九百里。國中出金、銀、雜寶、白象、水牛、氂牛、蒲桃、五果，土宜五穀。

[1]忽悉城：確址不詳。疑即今伊拉克北境之摩蘇爾。

嚈噠國，大月氏之種類也，亦曰高車之別種。其原出於塞北。自金山而南，在于闐之西，都烏滸水南二百餘里，[1]去長安一萬一百里。其王都拔底延城，[2]蓋王舍城也。其城方十里餘，多寺塔，皆飾以金。風俗與突厥略同。其俗，兄弟共一妻，夫無兄弟者，妻戴一角帽，若有兄弟者，依其多少之數更加帽角焉。[3]衣服類加以纓絡，[4]頭皆翦髮。其語與蠕蠕、高車及諸胡不同。衆可有十萬，無城邑，依隨水草，以氈爲屋，夏還凉土，冬逐暖處。分其諸妻，各在别所，相去或二百、三百里。其王巡歷而行，每月一處。冬寒之時，三月不徙。王位不必傳子，子弟堪者，死便受之。其國無車有輿，多駝、馬。用刑嚴急，偷盜無多少皆腰斬，盜一責十。死者，富家累石爲藏，貧者掘地而埋，隨身諸物，皆置塚内。其人凶悍，能鬬戰，西域康居、于闐、沙勒、安息及諸小國三十許，[5]皆役屬之，號爲大國。與蠕蠕婚姻。

[1]都烏滸水南二百餘里：底本“烏滸”作“烏許”，中華本校勘記云：“諸本‘烏滸’作‘烏許’，《隋書》卷八三《挹怛傳》，《通典》卷一九三、《通志》卷一九六《嚈噠傳》並作‘烏滸’。按下文《烏那遏國傳》亦作‘烏滸水’。今據改。”今從改。烏滸水，一作“嬀水”。

[2]拔底延城：一名王舍城。在今阿富汗北部伐濟臘巴德。

[3]依其多少之數更加帽角焉：底本無“角”字，中華本校勘記云：“諸本脱‘角’字，據《周書》卷五〇、《通典》、《通志·嚈噠傳》補。”今從改。

[4]衣服類加以纓絡：中華本校勘記云：“《通典》《通志》‘類’下有‘胡’字，是。”

[5]沙勒：中華本校勘記云：“《通志》作‘疏勒’。”

自太安以後，[1]每遣使朝貢。正光末，遣貢師子一，至高平，[2]遇万俟醜奴反，[3]因留之。醜奴平，送京師。永熙以後，朝獻遂絶。

［1］太安：北魏文成帝的年號（455—459）。

［2］高平：郡名。北魏時治高平縣，在今寧夏固原市。

［3］万俟醜奴：人名。鮮卑族。北魏末年關隴各起義軍首領。本爲胡琛部屬。孝明帝孝昌元年（525），奉命攻涇州（今甘肅涇川縣北），殺魏將崔延伯。二年，胡琛死，盡領其衆。孝莊帝建義元年（528），稱帝，置百官，年號神獸（或作“神虎”）。二年，攻占東秦州（今甘肅天水市），復圍岐州（今陝西鳳翔縣）。三年，與魏將賀拔岳戰於渭水之南，兵敗，撤圍北走。於平凉被俘，解送洛陽，被殺。

初，熙平中，明帝遣賸伏子統宋雲、沙門法力等使西域，[1]訪求佛經，時有沙門慧生者，[2]亦與俱行。正光中，還。慧生所經諸國，不能知其本末及山川里數，蓋舉其略云。[3]

［1］明帝遣賸伏子統宋雲：中華本校勘記云：“《魏書》‘賸’作‘王’，《通典》《通志》無此字。按不解其義。”宋雲，人名。北魏時敦煌（今甘肅敦煌市）人。　沙門：對佛教徒的總稱。

［2］慧生：亦作“惠生”。北魏僧人。

［3］“初熙平中”至“蓋舉其略云”：中華本校勘記云：“諸本此段誤置於‘永熙以後，朝獻遂絶’下。按此下朱居、渴槃陀、鉢和、波知、賒彌、烏萇、乾陁七國即慧生所經諸國，見《洛陽伽藍記》卷五。（慧生所歷尚有吐谷渾、鄯善、于闐、嚈噠諸國，上文已見，故不重叙）這段是下文的小引，不可割離，今移正。”今從改。

至大統十二年，遣使獻其方物。廢帝二年、周明帝二年，[1]並遣使來獻。後爲突厥所破，部落分散，職貢遂絶。至隋大業中，又遣使朝貢方物。

[1]廢帝：即西魏皇帝元欽。　周明帝：即北周皇帝宇文毓。明爲其謚號。

其國去漕國千五百里，東去瓜州六千五百里。

朱居國，[1]在于闐西。其人山居，有麥，多林果。咸事佛，語與于闐相類，役屬嚈噠。

[1]朱居國：中華本校勘記云："《通典》卷一九三、《通志》卷一九六作'朱俱波'，《洛陽伽藍記》作'朱駒波'。按本卷《于闐傳》《疏勒傳》並見'朱俱波'，《渴槃陀傳》見'朱駒波'。一卷之中自不統一。又據近人考証，'朱居波'即'悉居半'。《北史》誤分爲二。"

渴槃陁國，在葱嶺東，朱駒波西。河經其國東北流，有高山，夏積霜雪。亦事佛道，附於嚈噠。

鉢和國，在渴槃陁西。其土尤寒，人畜同居，穴地而處。又有大雪山，望若銀峰。其人唯食餅麨，飲麥酒，服氈裘。有二道，一道西行向嚈噠，一道西南趣烏萇。亦爲嚈噠所統。

波知國，在鉢和西南。土狹人貧，依託山谷，其王不能總攝。有三池，傳云大池有龍王，次者有龍婦，小者有龍子，行人經之，設祭乃得過，不祭，多遇風雪之困。

賒彌國，在波知之南。山居，不信佛法，專事諸神。亦附嚈噠。

東有鉢盧勒國，路險，緣鐵鎖而度，下不見底。熙平中，宋雲等竟不能達。

烏萇國，在賒彌南。北有葱嶺，南至天竺。婆羅門胡爲其上族。婆羅門多解天文吉凶之數，其王動則訪決焉。[1]土多林果，引水灌田，豐稻、麥。事佛，多諸寺塔，極華麗。人有爭訴，服之以藥，曲者發狂，直者無恙。爲法不殺，犯死罪唯徙於靈山。[2]西南有檀特山，山上立寺，以驢數頭運食山下，無人控御，自知往來也。

[1]其王動則訪決焉：底本“王”作“主”，中華本校勘記云：“諸本‘王’作‘主’，《魏書》卷一〇二《烏萇傳》作‘王’。按前後諸國皆作‘王’，此作‘主’誤，今據改。”今從改。

[2]犯死罪唯徙於靈山：中華本校勘記云：“《洛陽伽藍記》云：‘假有死罪，不立殺刑，唯徙空山，任其飲啄。’‘靈’字疑誤。”

乾陁國，在烏萇西。本名業波，爲嚈噠所破，因改焉。其王本是敕勒，臨國已二世矣。好征戰，與罽賓鬭，三年不罷，人怨苦之。有鬭象七百頭，十人乘一象，皆執兵仗，象鼻縛刀以戰。所都城東南七里有佛塔，高七十丈，周三百步，即所謂雀離佛圖也。[1]

[1]即所謂雀離佛圖也：底本無“所”字，中華本校勘記云：“諸本脱‘所’字，據《魏書》卷一〇二《乾陀傳》補。”今從改。

康國者，康居之後也，遷徙無常，不恒故地，自漢以來，相承不絶。其王本姓温，月氏人也，舊居祁連山北昭武城，[1]因被匈奴所破，西踰葱嶺，遂有國。枝庶各分王，故康國左右諸國並以昭武爲姓，示不忘本也。王字世夫畢，[2]爲人寬厚，甚得衆心。其妻，突厥達度可汗女也。

[1]祁連山：在今甘肅張掖市西南。西連酒泉、安西，又西連阿爾金山以至於葱嶺。　昭武城：在今甘肅臨澤縣。

[2]世夫畢：《隋書》卷八三《康國傳》作“代失畢”。

都於薩寶水上阿禄迪城。[1]多人居。大臣三人，共掌國事。其王素冠七寶花，[2]衣綾、羅、錦、繡、白疊。其妻有髪，[3]幪以皂巾。丈夫翦髪，錦袍。名爲强國，西域諸國多歸之。米國、史國、曹國、何國、安國、小安國、那色波國、烏那曷國、穆國皆歸附之。[4]有胡律，置於祆祠，將決罰，則取而斷之。重者族，次罪者死，賊盗截其足。人皆深目、高鼻、多髯。善商賈，諸夷交易，多湊其國。有大小鼓、琵琶、五絃、箜篌。[5]婚姻喪制與突厥同。國立祖廟，以六月祭之，諸國皆助祭。奉佛，爲胡書。氣候温，宜五穀，勤修園蔬，樹木滋茂。出馬、駝、驢、犎牛、黄金、硇沙、𤜶香、阿薩那香、瑟瑟、麞皮、氍毹、錦、疊。多蒲桃酒，富家或致千石，連年不敗。

［1］薩寶水：河名。在今烏兹别克斯坦境内。

［2］其王素冠七寶花：《隋書》卷八三、《魏書》卷一〇二《康國傳》、《通典》一九三、《通志》一九六並作“其王索髮，冠七寶金花”。中華本校勘記云：“疑此是‘索’訛作‘素’，脱‘髮’字、‘金’字。”

［3］其妻有髮：中華本校勘記云：“《隋書》《魏書》《通典》《通志》‘髮’並作‘髻’。按‘有髻’對‘索髮’而言。有髮何需特書？作‘髻’是。”

［4］米國史國曹國何國安國小安國那色波國烏那曷國穆國：粟特九姓胡所建國家。烏那曷國，國名。位於阿姆河上游，在今阿富汗境内。底本“小安國”上無“安國”，中華本校勘記云：“諸本‘小安國’上無‘安國’，《隋書》《魏書》《通典》《通志》並有。按下文即見‘安國’，今據補。”今從改。

［5］有大小鼓琵琶五絃箜篌：中華本校勘記云：“《隋書》《通典》《通志》‘箜篌’下有‘笛’。”

大業中，始遣使貢方物，後遂絶焉。

安國，漢時安息國也。王姓昭武氏，與康國王同族，字設力；妻，康國王女也。都在那密水南，[1]城有五重，環以流水，宫殿皆平頭。王坐金駝座，高七八尺，每聽政，與妻相對，大臣三人，評理國事。風俗同於康居，唯妻其姊妹，及母子遞相禽獸，此爲異也。

［1］那密水：或譯澤拉夫尚河。在今塔吉克斯坦和烏兹别克斯坦境内。

隋煬帝即位，遣司隸從事杜行滿使西域，至其國，得五色鹽而返。

國西百餘里有畢國，可千餘家。其國無君長，安國統之。大業五年，遣使貢獻。

石國，居於藥殺水，[1]都城方十餘里。其王姓石名涅。國城東南立屋，置座於中。正月六日，[2]以王父母燒餘之骨，金甕盛置牀上，巡遶而行，散以花香雜果，王率臣下設祭焉。禮終，王與夫人出就別帳，臣下以次列坐，享宴而罷。有粟、麥，多良馬。其俗善戰。曾貳於突厥，射匱可汗滅之，令特勤甸職攝其國事。[3]南去鏺汗六百里，東南去瓜州六千里。

[1]藥殺水：即今錫爾河。

[2]正月六日：《隋書》卷八三《石國傳》、《通典》卷一九三、《通志》卷一九六下有"七月十五日"五字，當是脱文。

[3]令特勤甸職攝其國事：底本"勤"作"勒"，中華本校勘記云："諸本'勤'訛作'勒'，今改正。參考本書卷九九《突厥傳》校記。"今從改。

甸職以隋大業五年遣使朝貢，後不復至。

女國，在葱嶺南。其國世以女爲王，姓蘇毗，字末羯，在位二十年。女王夫號曰金聚，不知政事。國内丈夫，唯以征伐爲務。山上爲城，方五六里，人有萬家。王居九層之樓，侍女數百人，五日一聽朝，復有小女王共知國政。其俗婦人輕丈夫，[1]而性不妬忌。男女皆以彩色塗面，而一日中或數度變改之。人皆被髮。[2]以皮爲鞋。課税無常。氣候多寒，以射獵爲業。出鍮石、朱砂、麝香、犛牛、駿馬、蜀馬。尤多鹽，恒將鹽向天竺興販，其利數倍。亦數與天竺、党項戰爭。[3]其女王死，國中厚歛金錢，求死者族中之賢女二人，一爲女王，次爲小王。其人死，剥皮，以金屑和骨肉置瓶中，埋之。經一年，又以其皮納鐵器埋之。[4]俗事阿脩羅神，又有樹神，歲初以人祭，或用獮猴。祭畢，入山祝之，有一鳥如雌雉，來集掌上，破其腹視之，有衆粟則年豐，沙石則有災，謂之鳥卜。

[1]其俗婦人輕丈夫：中華本校勘記云："《通典》卷一九三、《通志》卷一九六《女國傳》'婦人'上有'貴'字，是。《隋書》卷八三《女國傳》亦脱此字。"

[2]人皆被髮：《通典》《通志》作"男子皆被髮，婦人辮髮而縈之"。

[3]党項：羌族的一支，以游牧爲生。南北朝時分布在今青海、甘肅、四川邊緣地帶。族衆以姓氏結成部落，互不統屬，以游牧爲生。見《北史》卷九六《党項傳》。

[4]又以其皮納鐵器埋之：底本"納"作"肉"，中華本校勘記云："諸本'納'作'肉'，《隋書》卷八三《女國傳》作'內'。按《通典》作：'又以其皮納於鐵器而埋之。''內'即古'納'字，'肉'乃'內'之訛。今據《通典》改。"今從改。

隋開皇六年，遣使朝貢，後遂絶。

鏺汗國，[1]都葱嶺之西五百餘里，古渠搜國也。王姓昭武，字阿利柒。都城方四里，勝兵數千人。王坐金羊牀，妻戴金花。俗多朱砂、金、鐵。東去疏勒千里，西去蘇對沙那國五百里，[2]西北去石國五百里，東北去突厥可汗二千餘里，東去瓜州五千五百里。

[1]鏺汗國：中華本校勘記云："按《新唐書》卷二二一《西域傳》寧遠條云：'寧遠者，本拔汗那，或曰鏺汗。元魏時謂破洛那。'破洛那本卷已另有傳，蓋彼據《魏書》，此據《隋書》，遂分爲二國。"

[2]蘇對沙那國：國名。在今塔吉克斯坦境内。

隋大業中，遣使貢方物。

吐火羅國，都葱嶺西五百里，與挹怛雜居。都城方二里，勝兵者十萬人，皆善戰。其俗奉佛。兄弟同一妻，迭寢焉，每一人入房，户外掛其衣以爲志，生子屬其長兄。其山穴中有神馬，每歲牧馬於穴所，必産名駒。南去漕國千七百里，東去瓜州五千八百里。

大業中，遣使朝貢。

米國，都那密水西，舊康居之地。無王，其城主姓昭武，康國王之支庶，字閉拙。都城方二里，勝兵數百人。西北去蘇對沙那國五百里，[1]西南去史國二百里，東去瓜州六千四百里。

[1]西北去蘇對沙那國五百里：《隋書》卷八三《米國傳》作"西北去康國百里，東去蘇對沙那國五百里"。中華本校勘記云："按《鏺汗國傳》，鏺汗西去蘇對沙那國五百里，東去瓜州五千五百里。下言'東去瓜州六千四百里'，則米國當在蘇對沙那國之西。《隋書》是。此因上下兩'去'字，誤脱'康國百里東去'六字。"

大業中，頻貢方物。

史國，都獨莫水南十里，舊康居之地也。其王姓昭武，字狄遮，亦康國王之支庶也。都城方二里，勝兵千餘人。俗同康國。北去康國二百四十里，南去吐火羅五百里，西去那色波國二百里，北去米國二百里，東北去米國二百里，東去瓜州六千五百里。

大業中，遣使貢方物。

曹國，都那密水南數里，舊是康居之地也。國無主，康國王令子烏建領之。都城方三里，勝兵千餘人。國中有得悉神，自西海以東諸國並敬事之。其神有金人，破羅闊丈有五尺，高下相稱，[1]每日以駝五頭、馬十匹、羊一百口祭之，常有數千人，食之不盡。東南去康國百里，西去何國百五十里，東去瓜州六千六百里。

[1]其神有金人破羅闊丈有五尺高下相稱：底本"闊"下有"人"字，中華本校勘記云："諸本'闊'下有'人'字，《通典》卷一九三曹國條無'人'字，《隋書》卷八三《曹國傳》作：'其神有金人焉，金破羅闊丈五尺，高下相稱。'按《北史》《通典》'破羅'上當脫'金'字。'人'乃涉'丈'字形似而衍，今據刪。"今從改。

大業中，遣使貢方物。

何國，都那密水南數里，舊是康居地也。其王姓昭武，亦康國王之族類，字敦。都城方二里，勝兵者千人。其王坐金羊座。東去曹國百五十里，西去小安國三百里，[1]東去瓜州六千七百五十里。

[1]西去小安國三百里：底本“安”作“女”，中華本校勘記云：“諸本‘安’作‘女’，《隋書》卷八三、《通典》卷一九三、《通志》卷一九六《何國傳》作‘安’。按小安國見上文《康國傳》，‘女’乃‘安’之訛，今據改。”今從改。

大業中，遣使貢方物。

烏那遏國，都烏滸水西，舊安息之地也。王姓昭武，亦康國王種類，字佛食。都城方二里，勝兵數百人。王坐金羊座。東北去安國四百里，西北去穆國二百餘里，東去瓜州七千五百里。

大業中，遣使貢方物。

穆國，都烏滸河之西，亦安息之故地，與烏那遏爲鄰。其王姓昭武，亦康國王之種類也，字阿濫密。都城方三里，勝兵二千人。東北去安國五百里，東去烏那遏二百餘里，西去波斯國四千餘里，東去瓜州七千七百里。[1]

[1]東去瓜州七千七百里：底本無“七千”二字，中華本校勘記云：“諸本無‘七千’二字，《隋書》卷八三《穆國傳》有。按上云‘東去烏那遏二百餘里’，而烏那遏‘東去瓜州七千五百里’，合計正七千七百餘里。今據《隋書》補。”今從改。

大業中，遣使貢方物。

漕國，在葱嶺之北，漢時罽賓國也。其王姓昭武，字順達，康國王之宗族也。都城方四里，勝兵者萬餘人。國法嚴，殺人及賊盜皆死。其俗重淫祠，葱嶺山有順天神者，儀制極華，金銀鍱爲屋，以銀爲地，祠者日有千餘人。祠前有一魚脊骨，有孔，中通馬騎出入。國王戴金牛頭冠，坐金馬座。多稻、粟、豆、麥，饒象、馬、犎牛、金、銀、鑌鐵、氍㲣、朱沙、青黛、安息青木等香、石蜜、黑鹽、阿魏、没藥、白附子。北去帆延七百里，東去刦國六百里，東北去瓜州六千六百里。

大業中，遣使貢方物。

論曰：自古開遠夷，通絶域，必因宏放之主，皆起好事之臣。張騫鑿空於前，[1]班超投筆於後，或結之以重寶，或懾之以利劍，投軀萬死之地，以要一旦之功，皆由主尚來遠之名，臣徇輕生之節。是知上之所好，下必効焉。西域雖通於魏氏，于時中原始平，天子方以混一爲心，未遑及此。其信使往來，得羈縻勿絶之道。[2]

[1]張騫：人名。漢中成固（今陜西城固縣）人。見《漢書》卷六一《張騫傳》。

[2]羈縻：籠絡，懷柔。

及隋煬帝規摹宏侈，掩吞秦、漢，裴矩方進《西域圖記》以蕩其心，[1]故萬乘親出玉門關，[2]置伊吾、且末鎮，[3]而關右暨於流沙，騷然無聊生矣。若使北狄無虞，[4]東夷告捷，[5]必將修輪臺之戍，築烏壘之城，求大秦之明珠，致條支之鳥卵，往來轉輸，將何以堪其弊哉！古者哲王之制也，方五千里，務安諸夏，不事要荒。豈威不能加，德不能被？蓋不以四夷勞中國，不以無用害有用也。是以秦戍五嶺，漢事三邊，或道殣相望，或户口減半。隋室恃其强盛，亦狼狽於青海。[6]此皆一人失其道，故億兆罹其苦。載思即叙之義，固辭都護之請，返其千里之馬，不求白狼之貢，則七戎九夷，候風重譯，雖無遼東之捷，豈及江都之禍乎！

[1]西域圖記：裴矩撰，三卷。今佚。

[2]玉門關：今甘肅敦煌市西北。

[3]且末：鎮名。在今新疆且末縣。

[4]北狄：古代對北方少數民族的總稱。

[5]東夷：古代對中原以東各民族的稱呼

[6]青海：即今青海湖。

案西域開於往漢，年世積久，雖離併多端，見聞殊説，此所以前書後史，踳駁不同，[1]豈其好異，地遠故也。人之所知，未若其所不知，信矣。但可取其梗概，夫何是非其間哉。

[1]踳（chuǎn）駁：雜亂。

北史　卷九八

列傳第八十六

蠕蠕　匈奴宇文莫槐　徒何段就六眷　高車

蠕蠕姓郁久閭氏。始神元之末,[1]掠騎有得一奴,髮始齊眉,忘本姓名,[2]其主字之曰木骨閭。“木骨閭”者,首秃也。“木骨閭”與“郁久閭”聲相近,故後子孫因以爲氏。木骨閭既壯,免奴爲騎卒。穆帝時,[3]坐後期當斬,[4]亡匿廣漠谿谷間,收合逋逃,得百餘人,依純突鄰部。[5]木骨閭死,子車鹿會雄健,始有部衆,自號柔然。後太武以其無知,[6]狀類於虫,故改其號爲蠕蠕。車鹿會既爲部帥,歲貢馬畜、貂豽皮。冬則徙度漠南,[7]夏則還居漠北。[8]車鹿會死,子吐奴傀立。吐奴傀死,子跋提立。跋提死,子地粟袁立。

[1]神元:即拓跋力微。神元爲其謚號,爲北魏道武帝所追謚。

[2]忘:毛本、殿本、四庫本、局本、四部備要本作“亡”。按:“亡”“忘”古今字。

[3]穆帝:即拓跋猗盧。穆爲其謚號,爲北魏道武帝所追謚。

[4]後期：又稱失期。古代軍法的罪名。指不按王令或軍令規定時間行事的行爲。

[5]依純突鄰部：中華本校勘記云："'純'疑當作'紇'，見本卷《高車傳》。"紇突鄰部，鮮卑部落名。亦作"紇豆陵氏"，或誤作"純突鄰部"。原稱没鹿回部，竇姓。游牧於意辛山（今内蒙古二連浩特市西南）一帶。

[6]太武：即北魏皇帝拓跋燾。太武爲其謚號。

[7]漠南：亦作"幕南"。指今蒙古高原大沙漠以南地區。

[8]漠北：亦作"幕北"。指今蒙古高原大沙漠以北地區。

地粟袁死，其部分爲二。地粟袁長子匹候跋繼父，居東邊；次子縕紇提，别居西邊。及昭成崩，[1]縕紇提附衛辰而貳於魏。[2]魏登國中討之，[3]蠕蠕移部遁走。追之及於大磧南牀山下，[4]大破之，虜其半部。匹候跋及部帥屋擊，各收餘落遁走。遣長孫嵩及長孫肥追之，[5]度磧。嵩至平望川，[6]大破屋擊，禽之，斬以徇。肥至涿邪山，[7]及匹候跋，舉落請降。獲縕紇提子曷多汗及曷多汗兄誥歸之、社崘、斛律等，并宗黨數百人，分配諸部。縕紇提西遁，將歸衛辰。道武追之至跋那山，[8]縕紇提復降，道武撫慰如舊。

[1]昭成：即拓跋什翼犍。昭成爲其謚號，爲北魏道武帝所追謚。

[2]衛辰：人名。十六國時鐵弗匈奴首領。見《北史》卷九三《劉衛辰傳》。

[3]登國：北魏道武帝的年號（386—396）。

[4]大磧：今陰山以北的荒漠。　南牀山：又名南商山，即今

蒙古諾莫渾山。

[5]長孫嵩：人名。代（今山西大同市東北）人，鮮卑族。北魏大臣。見《北史》卷二二《長孫嵩傳》。 長孫肥：人名。代（今山西大同市東北）人。北魏將領、功臣。見《北史》卷二二《長孫肥傳》。

[6]平望川：地名。約當今蒙古達蘭扎達加德以西一帶。

[7]涿邪山：約今蒙古阿爾泰山東南部一帶。

[8]跋那山：今内蒙古烏拉特前旗東南烏拉山一帶。

九年，曷多汗與社崘率部衆棄其父西走，長孫肥輕騎追之，至上郡跋那山，[1]斬曷多汗，盡殪其衆。社崘數人奔匹候跋，[2]匹候跋處之南鄙，[3]去其庭五百里，令其子四人監之。既而社崘率其私屬，執匹候跋四子而叛，襲匹候跋。諸子收餘衆，亡依高車斛律部。社崘兇狡有權變，月餘，乃釋匹候跋，歸其諸子，欲聚而殲之。密舉兵襲匹候跋，殺匹候跋。子啓拔、吴頡等十五人，[4]歸于道武。社崘既殺匹候跋，懼王師討之，乃掠五原以西諸部，[5]北度大漠。道武以拔、頡爲安遠將軍、平棘侯。[6]社崘與姚興和親，[7]道武遣材官將軍和突襲黜弗、素古延諸部，[8]社崘遣騎救素古延，突逆擊破之。[9]

[1]上郡：秦置。治所在今陝西榆林市東南。

[2]數人：源氏校勘記云："《魏書》作'數百人'。"

[3]南鄙：南方邊境之地。

[4]啓拔：源氏校勘記云："《魏書》作'啓跋'。"

[5]乃：底本作"及"，殿本、四庫本、四部備要本、中華本作"乃"。按：據語意，今從改。 五原：郡名。秦置，治所在今

内蒙古包頭市西北。

[6]安遠將軍：官名。東漢末始置。多用以封降將或邊遠地區的地方長官。三國魏、南北朝及後世沿置。北魏孝文帝太和十七年（493）定爲從三品下。　平棘侯：封爵名。平棘，縣名。治所在今河北趙縣。

[7]姚興：人名。字子略，南安赤亭（今甘肅隴西縣西）人，羌族。十六國時後秦君主。見《晋書》卷一一七、卷一一八《姚興載記》。

[8]材官將軍：官名。漢朝時爲將軍名號，領郡國材官士（步兵）出征，師還則省。東晋時爲材官校尉改稱，掌工匠土木之事，領營兵。北魏初亦置，尋廢。

[9]突逆擊破之：底本“破”下無“之”字，中華本校勘記云：“諸本脱‘之’字，據《魏書》卷一〇三（補）《蠕蠕傳》補。”今從改。

社崘遠遁漠北，侵高車，深入其地，遂并諸部，凶勢益振。北徙弱洛水，[1]始立軍法：千人爲軍，軍置將一人；百人爲幢，幢置帥一人。先登者賜以虜獲，退懦者以石擊首殺之，或臨時捶撻。無文記，將帥以羊屎粗計兵數，後頗知刻木爲記。其西北有匈奴餘種，國尤富彊，部帥日拔也稽舉兵擊社崘。逆戰於頞根河，[2]大破之。後盡爲社崘所并。號爲彊盛，隨水草畜牧。其西則焉耆之地，[3]東則朝鮮之地，[4]北則渡沙漠，窮瀚海，[5]南則臨大磧。其常所會庭，敦煌、張掖之北。[6]小國皆苦其寇抄，羈縻附之。於是自號豆代可汗。豆代，猶魏言駕馭開張也；可汗，猶魏言皇帝也。蠕蠕之俗，君及大臣因其行能，即爲稱號，若中國立謚。既死之後，不復追稱。道武謂尚書崔宏曰：[7]“蠕蠕之人，昔來號爲頑嚚，每來抄掠，駕牸牛奔遁，[8]驅犍牛隨之，牸牛伏不能前。異部人有教其以犍牛易之者，蠕蠕曰：‘其母尚不能行，而況其子！’終於不易，遂爲敵所虜。今社崘學中國，立法，置戰陣，卒成邊害。道家言‘聖人生，大盜起’，[9]信矣。”

[1]弱洛水：即今蒙古國境内之土拉河。

[2]頞根河：即今蒙古國鄂爾渾河。

[3]焉耆：西域國名。都城在今新疆焉耆回族自治縣西南。見《北史》卷九七《焉耆傳》。

[4]朝鮮：位於今朝鮮半島。

[5]瀚海：地名。今蒙古高原東北境。

[6]敦煌：郡名。西晋時治敦煌縣，在今甘肅敦煌市。　張掖：郡名。西晋時治永平縣，在今甘肅張掖市西北。

[7]崔宏：人名。字玄伯，清河東武城（今山東武城縣西北）人。北魏大臣。見《北史》卷二一《崔宏傳》。

[8]牸（zì）牛：母牛。

[8]聖人生大盜起：語本《莊子·胠篋》：“唇竭則齒寒，魯酒薄而邯鄲圍，聖人生而大盜起。”

天興五年，[1]社崘聞道武征姚興，遂犯塞，入自參合陂，[2]南至豺山及善無北澤。[3]時遣常山王遵以萬騎追之，[4]不及。天賜中，[5]社崘從弟悦代、大那等謀殺社崘而立大那。發覺，大那等來奔，以大那爲冠軍將軍、西平侯，[6]悦代爲越騎校尉、易陽子。[7]三年夏，社崘寇邊。永興元年冬，[8]又犯塞。二年，明元討之，[9]社崘遁走，道死。

［1］天興：北魏道武帝的年號（398—404）。

［2］參合陂：地名。在今内蒙古凉城縣西北。

［3］豺山：在今山西右玉縣。　善無：郡名。北魏時治善無縣，在今山西右玉縣南。

［4］常山王：封爵名。常山，郡名。北魏時治安樂壘，在今河北藁城市西北。　遵：即拓跋遵，人名。北魏宗室。見《北史》卷一五《常山王遵傳》。

［5］天賜：北魏道武帝的年號（404—409）。

［6］冠軍將軍：官名。漢獻帝建安中置，三國魏、吴沿置。兩晋時領有營兵。南北朝時爲將軍名號。北魏孝文帝太和二十三年定爲從三品。　西平侯：封爵名。西平，郡名。北魏時治西都縣，在今青海西寧市。

［7］越騎校尉：官名。漢武帝始置，爲北軍八校尉之一，位次列卿，屬官有丞、司馬等，領内附越人騎士，戍衛京師，兼任征伐。北魏初典掌禁軍，位次列卿，後罷其兵，成爲武臣散官，定員二十人。孝文帝太和十七年定爲從三品中，二十三年改爲五品。　易陽子：封爵名。易陽，縣名。治所在今河北永年縣。

［8］永興：北魏明元帝的年號（409—413）。

［9］明元：即北魏皇帝拓跋嗣。明元爲其謚號。

其子度拔年少，未能御衆，部落立社崘弟斛律，號藹苦蓋可汗，魏言姿質美好也。斛律北并賀術也骨國，東破譬曆辰部落。三年，斛律宗人悦侯咄觝干等百數十人來降。[1]斛律畏威自守，不敢南侵，北邊安静。神瑞元年，[2]與馮跋和親，[3]跋娉斛律女爲妻，將爲交婚。斛律長兄子步鹿真謂斛律曰：“女小遠適，憂思生疾，可遣大臣樹黎、勿地延等女爲媵。”斛律不許。步鹿真出，謂樹黎等曰：“斛律欲令汝女爲媵，遠至他國。”黎遂共結謀，令勇士夜就斛律穹廬後，伺其出執之，[4]與女俱嬪于和龍。[5]乃立步鹿真。步鹿真立，委政樹黎。

[1]百數十人：源氏校勘記云：“《魏書》作‘數百人’。”

[2]神瑞：北魏明元帝的年號（414—416）。

[3]馮跋：人名。字文起，小字乞直代，長樂信都（今河北冀州市）人。十六國時北燕君主。見《北史》卷九三《馮跋傳》。

[4]穹廬：亦作“窮廬”。游牧民族居住的圓頂帳篷，即氈帳，今謂之蒙古包。　後：源氏校勘記云：“‘後’《魏書》作‘候’。”按：中華本《魏書》亦作“候”，從下讀。

[5]和龍：城名。又名黄龍城、龍城。在今遼寧朝陽市。

初，高車叱洛侯者，叛其渠帥，[1]導社崘破諸部落。社崘德之，以爲大人。步鹿真與社崘子社拔共至叱洛侯家，婬其少妻。少妻告步鹿真，叱洛侯欲舉大檀爲主，遺大檀金馬勒爲信。步鹿真聞之，歸發八千騎往圍。叱洛侯焚其珍寶，[2]自刎而死。步鹿真遂掩大檀。大檀發軍執步鹿真及社拔，絞殺之，乃自立。

[1]渠帥：首領。一般作爲對敵方首領，尤其是對少數民族首領的蔑稱。

[2]步鹿真聞之，歸發八千騎往圍，叱洛侯焚其珍寶：源氏校勘記云：“（《魏書》）‘叱洛侯’下復有‘叱洛侯’。”

大檀者，社崘季父僕渾之子，先統别部鎮於西界，能得衆心，國人推戴之，號牟汗紇升蓋可汗，魏言制勝也。斛律父子既至和龍，馮跋封爲上谷侯。[1]大檀率衆南徙犯塞，明元親討之，大檀懼而遁走。遣山陽侯奚斤等追之，[2]遇寒雪，士衆凍死及墮指者十二三。及明元崩，太武即位，[3]大檀聞而大喜，始光元年秋，[4]乃寇雲中。[5]太武親討之，三日二夜至雲中。大檀騎圍太武五十餘重，騎逼，馬首相次如堵焉。士卒大懼。太武顔色自若，衆情乃安。先是，大檀弟大那與社崘争國，敗而來奔。大檀以大那子於陟斤爲部帥。軍士射於陟斤殺之，大檀恐，乃還。二年，太武大舉征之，東西五道並進。平陽王長孫翰等從黑漠；[6]汝陰公長孫道生從白黑兩漠間；[7]車駕從中道；東平公娥清次西，[8]從栗園；[9]宜城王奚斤、將軍安原等西道，[10]從尒寒山。[11]諸軍至漠南，舍輜重，輕騎齎十五日糧，絶漠討之。大檀部落駭驚，北走。

[1]上谷侯：封爵名。遥封。上谷，北魏時治居庸縣，在今北京延慶縣。

[2]山陽侯：封爵名。山陽，縣名。治所在今河南焦作市東南。　奚斤：人名。代（今山西大同市東北）人，鮮卑族。北魏官吏。見《北史》卷二〇《奚斤傳》。

[3]太武：即北魏皇帝拓跋燾。太武爲其謚號。

[4]始光：北魏太武帝的年號（424—428）。

[5]雲中：郡名。北魏時治盛樂，在今内蒙古和林格爾縣西北。

[6]平陽王：封爵名。平陽，郡名。北魏時治平陽縣，在今山西臨汾市西南。　長孫翰：人名。代（今山西大同市東北）人。北魏官吏。見《北史》卷二二《長孫肥附長孫翰傳》。　黑漠：今内

蒙古興和縣北部一帶。

[7]汝陰公：封爵名。汝陰，郡名。北魏時治汝陰縣，在今安徽阜陽市。　長孫道生：人名。河南洛陽（今河南洛陽市東北）人，鮮卑族。北魏大臣。見《北史》卷二二《長孫道生傳》。　白漠：在今内蒙古察哈爾右翼後旗北部地區。

[8]東平公：封爵名。東平，郡名。北魏時治無鹽縣，在今山東東平縣東。　娥清：底本作“娥青”，中華本作“娥清”。按：《北史》卷二五《娥清傳》作“娥清”。今據改。娥清，人名。代（今山西大同市東北）人。北魏將領。見《北史·娥清傳》。

[9]栗園：地名。在今河北固安縣。按：《北史·娥清傳》作“與長孫翰出長川”。莫知孰是。

[10]宜城王：封爵名。遥封。宜城，郡名。南朝宋時治宜城縣大堤城，在今湖北宜城市北。　安原：人名。遼東（今遼寧遼陽市）人。北魏官吏。見《北史》卷二〇《安同附安原傳》。

[11]尒寒山：地名。《讀史方輿紀要》卷四四：“爾寒山，在（大同）府北塞外。”具體不詳。

神䴥元年八月，[1]大檀遣子將騎萬餘入塞，殺掠邊人而走，附國高車追擊破之。自廣寧還，[2]追之不及。[3]二年四月，太武練兵于南郊，[4]將襲大檀。公卿大臣皆不願，術士張深、徐辯以天文説止帝，[5]帝從崔浩計而行。[6]會江南使還，稱宋文欲犯河南，[7]謂行人曰：“汝疾還告魏主，歸我河南地，即當罷兵；不然，盡我將士之力。”帝聞而大笑，告公卿曰：“龜鱉小竪，自救不暇，何能爲也？就使能來，若不先滅蠕蠕，便是坐待寇至，腹背受敵，非上策也。吾行决矣！”於是車駕出東道，向黑山；[8]平陽王長孫翰從西道，向大娥山；[9]同會賊庭。五月，次于沙漠南，舍輜重輕襲之。至栗水，[10]大檀衆西奔。弟匹黎先典東落，將赴大檀，遇翰軍，翰縱騎擊之，殺其大人數百。大檀聞之震怖，將其族黨，焚燒廬舍，絶迹西走，莫知所至。於是國落四散，竄伏山谷，畜産布野，[11]無人收視。太武緣栗水西行，過漢將竇憲故壘。[12]六月，車駕次於菟園水，[13]去平城三千七百餘里。[14]分軍搜討，東至瀚海，西接張掖水，[15]北度燕然山，[16]東西五千餘里，南北三千里。高車諸部殺大檀種類前後歸降三十餘萬，[17]俘獲首虜及戎馬百餘萬匹。八月，太武聞東部高車屯巳尼陂，[18]人畜甚衆，去官軍千餘里，遂遣左僕射安原等往討之。[19]暨巳尼陂，高車諸部望軍降者數十萬。大檀部落衰弱，因發疾而死。

[1]神䴥：北魏太武帝的年號（428—431）。

[2]廣寧：郡名。北魏時治涿鹿縣，在今河北涿鹿縣西。

[3]自廣寧還追之不及：中華本校勘記云："《通鑑》卷一二一作'魏主自廣甯還，追之不及'。此'自'上當脱'太武'二字，或'帝'字。"

[4]南郊：天子在京都南面的郊外築圜丘以祭天的地方。

[5]張深：人名。通占卜、觀星之術。先後事苻堅、姚興等，爲靈臺令。姚泓滅，入赫連昌，與徐辯對爲太史令。北魏太武帝平統萬，獲淵，仍爲太史令。後爲驃騎將軍謀祭酒。《魏書》卷三五《崔浩傳》作"張淵"。當是避唐高祖李淵諱改。　徐辯：人名。北魏術士，頗有才學，曾爲赫連昌太史令。

[6]崔浩：人名。字伯淵（《北史》避唐高祖李淵諱改爲"伯深"），清河東武城（今山東武城縣西北）人。北魏大臣。見《北

史》卷二一《崔宏附崔浩傳》。

[7]宋文帝：即南朝宋皇帝劉義隆。文爲其謚號。　河南：郡名。北魏時治洛陽縣，在今河南洛陽市東北。

[8]黑山：又作"殺胡山"。在今内蒙古托克托縣北。

[9]大娥山：今内蒙古托克托縣一帶。具體不詳。《讀史方輿紀要》卷六一："大娥山，在故五原塞外北。亦曰大娥谷。"

[10]栗水：今蒙古國西北部之翁金河。底本作"粟水"，其餘諸本皆作"栗水"，今從諸本改。

[11]畜産布野：底本作"野布"，中華本校勘記云："諸本'布野'誤倒，據《魏書》、《通鑑》卷一二一乙。"今從改。

[12]漢將竇憲故壘：事見《後漢書》卷二三《竇融附竇憲傳》："（永元二年）憲、秉遂登燕然山，去塞三千餘里，刻石勒功，紀漢威德，令班固作銘。"

[13]菟園水：今蒙古國杭愛山南之推河。《資治通鑑》卷一二一胡三省注云："菟園水在燕然山南，去平城三千七百餘里。"

[14]平城：今山西大同市。

[15]張掖水：今内蒙古額濟納旗境内的納林河。

[16]燕然山：今蒙古國的杭愛山。

[17]種類：底本作"衆類"，其餘諸本作"種類"。今從諸本改。

[18]巳尼陂：即今俄羅斯貝加爾湖。

[19]左僕射：官名。秦官，漢因之。尚書僕射分左右自漢獻帝建安四年（199）始。自此以後，或二或一，置二人則分左右。職掌都省庶務及執法，或典選舉，左僕射權力大於右僕射，兼掌糾彈百官。北魏孝文帝太和十七年定爲從一品中，二十三年定爲從二品。

子吴提立，號敕連可汗，魏言神聖也。四年，遣使朝獻。先是，北鄙候騎獲吴提南偏邏者二十餘人，[1]太武賜之衣服，遣歸。吴提上下感德，故朝貢焉。帝厚賓其使而遣之。延和三年二月，[2]以吴提尚西海公主，[3]又遣使者納吴提妹爲夫人，又進爲左昭儀。[4]吴提遣其兄秃鹿傀及左右數百人來朝，獻馬二千匹。帝大悦，班賜甚厚。

[1]候騎：負責巡邏偵察的騎兵。

[2]延和：北魏太武帝的年號（432—435）。

[3]西海公主：北魏明元帝拓跋嗣女。

[4]左昭儀：妃嬪名。漢元帝設，南朝宋孝武帝使爲九嬪之一，梁、陳等朝因之，北魏則分左右，北齊因之，位比丞相。

至太延二年，[1]乃絶和犯塞。四年，車駕幸五原，遂征之。樂平王丕、河東公賀多羅督十五將出東道，[2]永昌王健、宜都王穆壽督十五將出西道，[3]車駕出中道。至浚稽山，[4]分中道復爲二道，陳留王崇從大澤向涿邪山；[5]車駕從浚稽北向天山。[6]西登子阜，[7]刻石記行，不見蠕蠕而還。時漠北大旱，無水草，軍馬多死。

[1]太延：北魏太武帝的年號（435—440）。

[2]樂平王：封爵名。樂平，郡名。北魏時治樂平縣，在今山西昔陽縣。　丕：即拓跋丕，人名。北魏宗室。因參與大臣劉潔謀廢立之事，憂心而死。見《北史》卷一六《樂平王丕傳》。　河東公：封爵名。河東，郡名。北魏時治蒲坂縣，在今山西永濟市西南蒲州鎮。　賀多羅：人名。北魏太武帝時的大將、功臣。

[3]永昌王：封爵名。遥封。永昌，郡名。南朝宋時治不韋縣，

在今雲南保山市北。　健：即拓跋健，人名。北魏宗室。見《北史》卷一六《永昌王健傳》。　宜都王：封爵名。遥封。宜都，郡名。南朝宋時治夷道縣，在今湖北宜都市。　穆壽：人名。代（今山西大同市東北）人。北魏重臣。見《北史》卷二〇《穆崇附穆壽傳》。

[4]浚稽山：約在今蒙古國境内阿爾泰山中段。

[5]陳留王：封爵名。陳留，郡名。北魏時治浚儀縣，在今河南開封市東南。　崇：即拓跋崇，人名。北魏宗室。見《北史》卷一五《陳留王虔附拓跋崇傳》。　大澤：元大德本、毛本、殿本、四庫本、局本、四部備要本皆作"六澤"。

[6]天山：《資治通鑑》卷一二三，胡三省注："天山在漠北，即唐鐵勒思結，多濫葛所保之地，非伊吾之折羅漫山也。"

[7]子阜：毛本、局本作"于阜"，南監本校勘記云："'子阜'《魏書》作'白阜'。"中華本校勘記云："《魏書》、《通鑑》卷一二三'子阜'作'白阜'。胡注云：'白阜疑即雪山。'"是。

五年，車駕西伐沮渠牧犍，[1]宜都王穆壽輔景穆居守，[2]長樂王嵇敬、建寧王崇二萬人鎮漠南，[3]以備蠕蠕。吴提果犯塞，壽素不設備，賊至七介山，[4]京邑大駭，争奔中城。司空長孫道生拒之於吐頹山。[5]吴提之寇也，留其兄乞列歸與北鎮諸軍相守，[6]敬、崇等破乞列歸于陰山之北，獲乞列歸。歎曰："沮渠陷我也！"獲其伯父他吾無鹿胡及其將帥五百人，斬首萬餘級。吴提聞而遁走，道生追之，至于漠南而還。

[1]沮渠牧犍：人名。一名茂虔。盧水胡人。十六國時北涼君主。見《北史》卷九三《沮渠蒙遜附沮渠牧犍傳》。

[2]景穆：即北魏太武帝太子拓拔晃。景穆爲其謚號，爲北魏文成帝所追謚。

[3]長樂王：封爵名。長樂，郡名。北魏時治信都縣，在今河北冀州市。　嵇敬：人名。北魏大將。因爲母親華陰公主擁戴之功，被超授大將軍、大司馬。見《北史》卷二五《萬安國傳》。建寧王：封爵名。遥封。建寧，郡名。南朝宋時治建寧縣，在今湖北麻城市北。　崇：即拓跋崇，人名。北魏宗室。因謀反被殺。見《北史》卷一六《建寧王崇傳》。

[4]七介山：在今山西右玉縣西南。《讀史方輿紀要》卷四四"大同府"條："七介山在府境。宋元嘉十六年，柔然聞魏主燾伐姑臧，乘虚深入，至善無、七介山，平城大駭，遣軍拒却之於吐頹山。《志》云：今府西南四十五里有七峰山，或以爲即七介山也。"

[5]吐頹山：在今山西朔州市西北。

[6]與北鎮諸軍相守：毛本、局本"與"作"於"、"諸軍"作"諸將"。

真君四年，[1]車駕幸漠南，分軍爲四道：樂安王範、建寧王崇各統十五將出東道，[2]樂平王丕督十五將出西道，[3]車駕出中道，中山王辰領十五將爲中軍後繼。[4]車駕至鹿渾谷，[5]與賊相遇。吴提遁走，追至頞根河擊破之。車駕至石水而還。[6]五年，復幸漠南，欲襲吴提，吴提遠遁，乃止。

[1]真君：即太平真君，北魏太武帝的年號（440—451）。

[2]樂安王：封爵名。樂安，郡名。北魏時治千乘縣，在今山東廣饒縣北。　範：即拓跋範，人名。北魏宗室。見《北史》卷一六《樂安王範傳》。

[3]樂平王丕督十五將出西道：底本"樂平王"下無"丕"

字，中華本校勘記云："諸本無'丕'字，《通志》有。按前後諸王都具名，不應此獨省，今據補。"今從改。

[4]中山王：封爵名。中山，郡名。北魏時治盧奴縣，在今河北定州市。　辰：即拓跋辰，人名。北魏宗室。曾隨太武帝征柔然，因誤事而被殺。

[5]鹿渾谷：地名。在今内蒙古西拉木倫河西。《資治通鑑》卷一二四胡三省注云："鹿渾谷即鹿渾海之谷也，本高車袁紇部所居，其地直平城西北，其東即弱洛水。"

[6]石水：水名。在今蒙古國境内。《資治通鑑》卷一二四胡三省注云："石水在頞根河北。"

吴提死，子吐賀真立，號處可汗，[1]魏言唯也。十年正月，車駕北伐，高涼王那出東道，[2]略陽王羯兒出西道，[3]車駕與景穆自中道出涿邪山。吐賀真別部帥尒綿他拔等率千餘家來降。是時，軍行數千里，吐賀真新立，恐懼遠遁。九月，車駕北伐，高涼王那出東道，略陽王羯兒出中道，與諸軍期會於地弗池。[4]吐賀真悉國精鋭，軍資甚盛，圍那數十重。那掘長圍堅守，相持數日。吐賀真數挑戰輒不利，以那衆少而固，疑大軍將至，解圍夜遁。那引軍追之，九日九夜，吐賀真益懼，棄輜重，踰穹隆嶺遠遁。[5]那收其輜重，引軍還，與車駕會於廣澤。[6]略陽王羯兒盡收其人户、畜産百餘萬。自是，吐賀真遂單弱，遠竄，邊疆息警矣。太安四年，[7]車駕北征，騎十萬，車十五萬兩，旌旗千里，遂渡大漠。吐賀真遠遁，其莫弗烏朱駕頽率衆數千落來降，乃刊石記功而還。太武征伐之後，[8]意存休息；蠕蠕亦怖威北竄，不敢復南。

[1]號處可汗：中華本校勘記云："《通鑑》卷一二四作'處羅可汗'。胡注云：'魏收曰：處羅唯也。'則司馬光、胡三省所見本有'羅'字。"

[2]高涼王那出東道：底本"高涼"作"高昌"，中華本校勘記云："諸本'涼'作'昌'，《通鑑》卷一二五作'涼'。按北魏宗室無高昌王。高涼王那見本書卷十五《高涼王孤傳》。《魏書》卷四下《世祖紀》屢見其人，今據改。"今從改。高涼王，封爵名。高涼，郡名。北魏時治高涼縣，在今山西稷山縣東南。那，即拓跋那，人名。北魏宗室。見《北史》卷一五《高涼王孤附拓跋那傳》。

[3]略陽王：封爵名。略陽，郡名。北魏時治隴城縣，在今甘肅秦安縣東北。　羯兒：即拓跋羯兒，人名。北魏宗室。見《北史》卷一六《河間王脩傳》。

[4]地弗池：地名。在今蒙古杭愛山脉南。

[5]穹隆嶺：在今蒙古車車爾勒格西南，爲杭愛山脉東南脉。

[6]廣澤：地名。在今蒙古國境内。

[7]太安：北魏文成帝的年號（455—459）。

[8]太武征伐之後：中華本校勘記云："《通志》'太武'上有'自'字。按上文有'太安'，是文成年號，疑當有'自'字。"

和平五年，[1]吐賀真死，子予成立，號受羅部真可汗，魏言惠也。自稱永康元年。率部侵塞，北鎮遊軍大破其衆。[2]皇興四年，[3]予成犯塞，車駕北討，京兆王子推、東陽公元丕督諸軍出西道，[4]任城王雲等督軍出東道，[5]汝陰王賜、濟南公羅烏拔督軍爲前鋒，[6]隴西王源賀督諸軍爲後繼。[7]諸將會車駕于女水之濱，[8]獻文親誓衆，[9]詔諸將曰："用兵在奇，不在衆也。卿等但爲朕力戰，方略已在朕心。"乃選精兵五千人挑戰，多設奇兵以惑之，虜衆奔潰，逐北三十餘里，斬首五萬級，降者萬餘人，戎馬器械，不可稱計。旬有九日，往返六千餘里。改女水曰武川，遂作《北征頌》，刊石紀功。

[1]和平：北魏文成帝的年號（460—465）。

[2]北鎮：泛指北部邊境軍鎮。北魏時在北邊重鎮設軍鎮，以重兵駐守。 遊軍：謂流動作戰的軍隊。

[3]皇興：北魏獻文帝的年號（467—471）。

[4]京兆王：封爵名。京兆，郡名。北魏時治霸城縣，在今陝西西安市東北。 子推：即拓跋子推，人名。北魏宗室。見《北史》卷一七《京兆王子推傳》。 東陽公：封爵名。遥封。東陽，郡名。南朝宋時治長山縣，在今浙江金華市婺城區。 元丕：人名。北魏宗室。後因不願漢化，參與穆泰事件而被削職。見《北史》卷一五《武衛將軍謂附東陽王丕傳》。

[5]任城王：封爵名。任城，郡名。北魏時治任城縣，在今山東濟寧市。 雲：即拓跋雲，人名。北魏宗室。見《北史》卷一八《任城王雲傳》。

[6]汝陰王：封爵名。汝陰，郡名。北魏時治汝陰縣，在今安徽阜陽市。 賜：即拓跋天賜，人名。北魏宗室。見《北史》一七《汝陰王天賜傳》。 濟南公：封爵名。濟南，郡名。北魏時治歷城縣，在今山東濟南市。

[7]隴西王：封爵名。隴西，郡名。北魏時治襄武縣，在今甘肅隴西縣東南。 源賀：毛本作"原賀"。誤。源賀，人名。本名秃髪破羌，北魏將軍、官吏。末代南凉王後裔。見《北史》卷二八《源賀傳》。

[8]女水：水名。確址不詳。當在今内蒙古和林格爾縣以西。

[9]獻文：即北魏皇帝拓跋弘。獻文爲其謚號。

延興五年，[1]予成求通婚聘。有司以予成數犯邊塞，請絶其使，發兵討之。帝曰："蠕蠕譬若禽獸，貪而亡義，朕要當以信誠待物，不可抑絶也。予成知悔前非，遣使請和，求結姻援，安可孤其款意。"乃詔報曰："所論婚事，今始一反，尋覽事理，未允厥中。夫男而下女，爻象所明，初婚之吉，敦崇禮聘，君子所以重人倫之本。不敬其初，令終難矣。"予成每懷譎詐，終獻文世，更不求婚。

[1]延興：北魏孝文帝的年號（471—476）。

太和元年四月，[1]遣莫何去汾比拔等來獻良馬、貂裘。比拔等稱："伏承天朝珍寶華麗甚積，求一觀之。"乃敕有司，出御府珍玩、金玉、文繡、器物，御厩文馬、奇禽、異獸及人間所宜用者，列之京肆，令其歷觀焉。比拔見之，自相謂曰："大國富麗，一生所未見也。"二年二月，又遣比拔等朝貢，尋復請婚焉。孝文志在招納，[2]許之。予成雖歲貢不絶，而款約不著，婚事亦停。

[1]太和：北魏孝文帝的年號（477—499）。
[2]孝文：即北魏皇帝元宏。孝文爲其謚號。

九年，予成死，子豆崘立，號伏古敦可汗，魏言恒也。自稱太平元年。豆崙性殘暴好殺。其名臣侯醫𨺅、石洛候數以忠言諫之，[1]又勸與魏通和，勿侵中國。豆崙怒，誣石洛候謀反，殺之，夷其三族。

[1]侯醫𨺅：源氏校勘記云："'𨺅'《玉篇》時注候徒二反。"

十六年八月，孝文遣陽平王頤、左僕射陸叡並爲都督，領軍斛律桓等十二將七萬騎討豆崙。[1]部內高車阿伏至羅率衆十餘萬西走，自立爲主。豆崙與叔父那蓋爲二道追之。豆崙出自浚稽山北而西，那蓋出自金山。[2]豆崙頻爲阿伏至羅所敗，那蓋累有勝捷。國人咸以那蓋爲天所助，欲推那蓋爲主。那蓋不從，衆彊之。那蓋曰："我爲臣不可，焉能爲主?"衆乃殺豆崙母子，以尸示那蓋，乃襲位。

[1]"十六年八月"至"討豆崙"：中華本校勘記云："按《魏書》卷七下《高祖紀》，太和十一年云：'八月壬申，蠕蠕犯塞，遣平原王陸叡討之，事具《蠕蠕傳》。'十六年八月乙未又稱：'詔陽平王頤、左僕射陸叡督十二將七萬騎北討蠕蠕。'《魏書》卷四〇《陸叡傳》言叡於太和十六年前，有兩次出擊蠕蠕。今此傳不記十一年事，當是《北史》誤删。"陽平王，封爵名。陽平，郡名。北魏時治館陶城，在今河北館陶縣。頤，即元頤，人名。北魏宗室。本名拓跋安壽，孝文帝賜名元頤。見《北史》卷一七《陽平王新成附元頤傳》。陸叡，人名。字思弼，代（今山西大同市東北）人。北魏大臣。見《北史》卷二八《陸俟附陸叡傳》。都督，官名。領兵將帥。東漢末始置。北魏置大都督，左、右都督。西魏亦置。領軍，官名。漢獻帝設，統領禁衛軍，屬丞相府。魏晋南北朝

時期資深者稱領軍將軍，資輕者稱中領軍，職掌同，多由中領軍遷領軍將軍，一般不並置。衹有北魏孝文帝太和十七年職員令中專設有領軍，二品中。

[2]金山：又名兜鍪山，即今阿爾泰山。

那蓋號候其伏代庫者可汗，魏言悦樂也。自稱太安元年。

那蓋死，子伏圖立，號他汗可汗，魏言緒也。自稱始平元年。正始三年，[1]伏圖遣使紇奚勿六跋朝獻，[2]請求通和。宣武不報其使，[3]詔有司敕勿六跋曰："蠕蠕遠祖社崘是大魏叛臣，往者包容，蹔時通使。今蠕蠕衰微，有損疇日；大魏之德，方隆周、漢，跨據中原，指清八表。正以江南未平，權寬北略。通和之事，未容相許。若脩蕃禮，款誠昭著者，當不孤爾也。"永平元年，[4]伏圖又遣勿六跋奉函書一封，并獻貂裘。宣武不納，依前喻遣。

[1]正始：北魏宣武帝的年號（504—508）。

[2]紇奚勿六跋：人名。鮮卑族紇奚部人。南北朝時柔然大臣。

[3]宣武：即北魏皇帝元恪。宣武爲其謚號。

[4]永平：北魏宣武帝的年號（508—512）。

伏圖西征高車，爲高車王彌俄突所殺，子醜奴立，號豆羅伏拔豆伐可汗，魏言彰制也。自稱建昌元年。永平四年九月，醜奴遣沙門洪宣奉獻珠像。延昌三年冬，[1]宣武遣驍騎將軍馬義舒使於醜奴，[2]未發而崩，事遂停寇。醜奴壯健，善用兵。四年，遣使俟斤尉比建朝貢。[3]熙平元年，[4]西征高車。大破之，禽其主彌俄突，殺之，盡并叛者，國遂彊盛。二年，又遣使俟斤尉比建、紇奚勿六跋、鞏顧禮等朝貢。神龜元年二月，[5]明帝臨顯陽殿，[6]引顧禮等二十人於殿下，遣中書舍人徐紇宣詔，[7]讓以蠕蠕蕃禮不備之意。

[1]延昌三年冬：底本“三”作“二”，中華本校勘記云：“諸本作‘二年’，《魏書》《通志》作‘三年’。按馬義舒使蠕蠕，事見《魏書》卷八《世宗紀》延昌三年十月，今據改。”今從改。延昌，北魏宣武帝的年號（512—515）。

[2]驍騎將軍：官名。西漢置。兩晋時與領軍、護軍、左右衛、游擊諸將軍合稱六軍，擔任宿衛之任，是護衛皇帝宫廷的主要將領之一。北魏孝文帝太和十七年定爲從三品上，二十三年改爲四品上。

[3]遣使俟斤尉比建朝貢：底本“俟”作“侯”，中華本校勘記云：“諸本‘俟’訛作‘侯’，據《通志》、《通鑑》卷一四八改。”今從改。俟斤，柔然大臣官名。

[4]熙平：北魏孝明帝的年號（516—518）。

[5]神龜：北魏孝明帝的年號（518—520）。

[6]明帝：即北魏皇帝元詡。明爲其謚號。

[7]中書舍人：官名。北朝時專掌草擬詔令，權任較南朝爲輕。北魏孝文帝太和十七年定爲六品上，二十三年改爲六品下。　徐紇：人名。字武伯，樂安博昌（今山東博興縣東南）人。北魏大臣。見《北史》卷九二《徐紇傳》。

初，豆崘之死也，那蓋爲主，伏圖納豆崘之妻候吕陵氏，[1]生醜奴、阿那瓌等六人。醜奴立後，忽亡一子，字祖惠，求募不能得。有屋引副升牟妻是豆渾地萬，[2]年二十許，爲醫巫，假託神鬼，先常爲醜奴所信，出入去來。乃言："此兒今在天上，我能呼得。"醜奴母子欣悦。後歲仲秋，在大澤中施帳屋，齋潔七日，祈請天神。[3]經一宿，祖惠忽在帳中，自云恒在天上。醜奴母子抱之悲喜，大會國人，號地萬爲聖女，納爲可賀敦。授夫副升牟爵位，賜牛、馬、羊三千頭。地萬既挾左道，亦是有姿色，醜奴甚加重愛，信用其言，亂其國政。如是積歲，祖惠年長，其母問之。祖惠言："我恒在地萬家，不嘗上天。上天者，地萬教也。"其母具以狀告醜奴。醜奴言地萬懸鑒遠事，不可不信，勿用讒言也。既而地萬恐懼，譖祖惠於醜奴，醜奴陰殺之。

[1]伏圖納豆崘之妻候吕陵氏：中華本校勘記云："《通志》'候'作'俟'。《通志》'侯'作'俟'。《北朝胡姓考》吕氏條，引《元和姓纂》、《通志·氏族略》、《古今姓氏書辨証》及《孝文弔比干文碑》，以爲當作'俟吕鄰'。但本書及《魏書》紀傳見此姓氏都作'侯吕鄰'或'候吕鄰'，今不改。"今從。

[2]有屋引副升牟妻是豆渾地萬：底本"屋"作"尼"，中華本校勘記云："諸本'屋'作'尼'，《魏書》作'屋'。按屋引氏見《魏書》卷一一三《官氏志》，本卷《高車傳》見屋引叱賀真。今據改。"今從改。

[3]祈請：毛本作"祁請"。

正光初，[1]醜奴母遣莫何去汾李具列等絞殺地萬。醜奴怒，欲誅具列等。又阿至羅侵醜奴，醜奴擊之，軍敗還，爲母與其大臣所殺，立醜奴弟阿那瓌爲主。阿那瓌立經十日，其族兄俟力發示發率衆數萬以伐，阿那瓌戰敗，將弟乙居伐輕騎南走歸魏。阿那瓌母候吕陵氏及其二弟尋爲示發所殺，而阿那瓌未之知也。

[1]正光：北魏孝明帝的年號（520—525）。

九月，阿那瓌將至，明帝遣兼侍中陸希道爲使主，[1]兼散騎常侍孟威爲使副，[2]迎勞近畿；使司空公、京兆王繼至北中，[3]侍中崔光、黄門郎元纂在近郊，[4]並申宴勞，引至闕下。十月，明帝臨顯陽殿，引從五品已上清官、皇宗、藩國使客等，[5]列於殿庭。王公已下及阿那瓌等入就庭中，北面。位定，謁者引王公已下升殿，阿那瓌位於藩王之下，又引特命之官及阿那瓌弟并二叔升，位於群官之下。遣中書舍人曹道宣詔勞問。[6]阿那瓌啓云："陛下優隆，命臣弟、叔等升殿預會。但臣有從兄，在北之日，官高於二叔，乞命升殿。"詔聽之，乃位於阿那瓌弟之下、二叔之上。[7]

[1]侍中：官名。北朝時常總典機密，受遺詔輔政，權任尤重，時號"小宰相"。北魏初置四員。孝文帝太和十七年定爲從一品中，二十三年改爲三品。　陸希道：人名。字洪度，代（今山西大同市東北）人。北魏官吏。見《北史》卷二八《陸俟附陸希道傳》。

[2]散騎常侍：官名。三國魏文帝黄初初置散騎，後合於中常侍，謂之散騎常侍。兩晋南北朝沿置。南朝屬集書省，職掌侍從左右、主掌圖書文翰、文章撰述、諫諍拾遺，收納轉呈文書奏事爲

主。北朝時兼領修史，爲閑散之職。北魏初一度掌出令，位在中書令之上。孝文帝太和十七年定爲二品下，二十三年後爲從三品。　孟威：人名。字能重，河南洛陽（今河南洛陽市東北）人。北魏官吏。見《北史》卷五〇《孟威傳》。

［3］司空公：官名。爲司空尊稱。北魏時爲名譽宰相，多爲大臣加官，列三公之末。一品。　繼：即元繼，人名。字世仁。北魏宗室。見《北史》卷一六《京兆王黎附江陽王繼傳》。　北中：即北中郎府。北魏時在河陽城置，在今河南孟州市西。毛本作“此中”，誤。

［4］崔光：人名。本名孝伯，字長仁，東清河鄃（今山東淄博市）人。北魏大臣。見《北史》卷四四《崔光傳》。　黄門郎：官名。爲黄門侍郎、給事黄門侍郎的省稱。爲中朝官員，給事於宫門之内，侍從皇帝、顧問應對，出則陪乘。與皇帝關係密切，多以重臣、外戚子弟、公主婿爲之。東漢時與給事黄門合爲一官，遂成爲給事黄門侍郎的省稱。魏晋南北朝因之，爲侍中省或門下省次官，與侍中俱掌門下衆事，職掌略同，地位隨皇帝旨意或侍中地位而上下。北魏孝文帝太和十七年定爲三品中，二十三年改爲四品上。　元纂：人名。字紹興。北魏宗室。見《魏書》卷一九下《南安王楨附元纂傳》。

［5］清官：魏晋南北朝時，士大夫以門閥自居，高門與寒素有天壤之别，故官品分爲清濁二途。即以位顯職閑爲清官，位卑職煩爲濁官。毛本作“清宫”，誤。

［6］遣中書舍人曹道宣詔勞問：中華本校勘記云：“按下文見‘曹道芝’，疑即一人。”今從。曹道，人名。譙郡（今安徽亳州市）人。北魏孝文帝時，以通經、幹練舉孝廉。宣武帝時，位至東郡太守。

［7］乃位於阿那瓌弟之下二叔之上：底本“位”作“在”，中華本校勘記云：“諸本‘位’訛作‘在’，據《魏書》改。”今從改。

宴將罷，阿那瓌執所啓立於座後。詔遣舍人常景問所欲言。[1]阿那瓌求詣帝前，詔引之。阿那瓌再拜跽曰：[2]“臣先世源由，出於大魏。”詔曰：“朕已具知。”阿那瓌起而言曰：“臣之先，逐草放牧，遂居漠北。”詔曰：“卿言未盡，可具陳之。”阿那瓌又言曰：“臣祖先已來，世居北土，雖復隔越山津，而乃恭心慕化，未能時宣者，正以高車悖逆，臣國擾攘，不暇遣使以宣遠誠。自頃年已前，漸定高車，及臣兄爲主，故遣鞏顧禮等使來大魏，實欲虔脩藩禮。是以曹道芝北使之日，臣與主兄，即遣大臣五人，拜受詔命。臣兄弟本心，未及上徹。但高車從而侵暴，中有姦臣，因亂作逆，殺臣兄，立臣爲主。裁過旬日，臣以陛下恩慈如天，是故倉卒輕身投國，歸命陛下。”詔曰：“具卿所陳，理猶未盡，可更言之。”阿那瓌再拜受詔，起而言曰：“臣以家難，輕來投闕，老母在彼，萬里分張，本國臣人，皆已迸散。陛下隆恩，有過天地，求乞兵馬，還向本國，誅翦叛逆，收集亡散。陛下慈念，賜借兵馬，老母若在，得生相見，以申母子之恩；如其死也，即得報讎，以雪大恥。臣當統臨餘人，奉事陛下，四時之貢，不敢闕絶。陛下聖顏難覩，敢不披陳？[3]但所欲言者，口不能盡言。别有辭啓，謹以仰呈，願垂昭覽。”仍以啓付舍人常景，具以奏聞。

[1]常景：人名。字永昌，河内温（今河南温縣）人。北魏、東魏官吏。見《北史》卷四二《常爽附常景傳》。

［2］跽：毛本、殿本、四庫本、局本、四部備要本作“跪”。

［3］敢不披陳：元大德本、毛本“不”作“有”。

尋封阿那瓌朔方郡公、蠕蠕王，[1]賜以衣冕，加之軺、蓋，禄從儀衛，同于戚藩。[2]十二月，明帝以“阿那瓌國無定主，思還綏集，啓請切至”，詔議之。時朝臣意有同異，或言聽還，或言不可。領軍元叉爲宰相，[3]阿那瓌私以金百斤貨之，遂歸北。

［1］尋封阿那瓌朔方郡公蠕蠕王：底本“王”作“主”，中華本校勘記云：“諸本‘王’作‘主’，《魏書》（百衲本）、《通志》作‘王’。按《魏書》卷九《肅宗紀》正光元年十一月條作‘王’，今據改。”今從改。朔方，郡名。北魏時治魏平縣，在今陝西子長縣東南。

［2］加之軺蓋禄從儀衛同于戚藩：中華本校勘記云：“《魏書》卷九《肅宗紀》正光元年十一月封阿那瓌詔，‘蓋’作‘車’，‘從’作‘衈’。《通鑑》卷一四八同《魏紀》。按‘衈’是當時官吏的一種變象俸禄。《南齊書》卷三四《虞玩之傳》：‘將位既衆，舉衈爲禄。’疑此‘從’當作‘衈’。”可從。

［3］元叉：人名。字伯儁，小字夜叉。北魏宗室、大臣。見《北史》卷一六《京兆王黎附元叉傳》。

二年正月，阿那瓌等五十四人請辭，明帝臨西堂，引見阿那瓌及其叔伯兄弟五人，[1]升階賜坐，遣中書舍人穆弼宣勞。[2]阿那瓌等拜辭。詔賜阿那瓌細明光人馬鎧一具，鐵人馬鎧六具，露絲銀纏槊二張并白毦，[3]赤漆槊十張并白毦，黑漆槊十張并幡，露絲弓二張并箭，朱漆柘弓六張并箭，黑漆弓十張并箭，[4]赤漆楯六幡并刀，黑漆楯六幡并刀，赤漆鼓角二十具，五色錦被二領，黃紬被褥三十具，私府繡袍一領并帽，内者緋納襖一領、緋袍二十領并帽，内者雜綵千段，緋納小口袴褶一具内中宛具，紫納大口袴褶一具内中宛具，百子帳十八具，黃布幕六張，新乾飯一百石，麥麨八石，[5]榛麨五石，銅烏錥四枚、柔鐵烏錥二枚各受二斛，[6]黑漆竹榼四枚各受五升，[7]婢二口，父草馬五百疋，駞百二十頭，牸牛一百頭，羊五千口，朱畫盤器十合，粟二十萬石，至鎮給之。詔侍中崔光、黃門元纂，郭外勞遣。

[1]叔伯：元大德本、毛本作“伯叔”。

[2]穆弼：人名。代（今山西大同市東北）人。北魏官吏。見《北史》卷二〇《穆崇附穆弼傳》。

[3]毦（mào）：絨毛飾物。

[4]黑漆弓：元大德本、毛本“黑”作“墨”。

[5]麥麨（chǎo）：炒麥製作的乾糧。

[6]烏錥（yù）：湯罐。

[7]榼（kē）：儲物器皿。

阿那瓌來奔之後，其從父兄俟力發婆羅門率數萬人入討示發，[1]破之。示發走奔地豆干，[2]爲其所殺。推婆羅門爲主，號彌偶可社句可汗，魏言安静也。時安北將軍、懷朔鎮將楊鈞表：[3]“傳聞彼人已立主，是阿那瓌同堂兄弟。夷人獸心，已相君長，恐未肯以殺兄之人，郊迎其弟。輕往虛反，徒損國威。自非廣加兵衆，無以送其入北。”二月，明帝詔舊經蠕蠕使者牒云具仁往，[4]喻婆羅門迎阿那瓌復藩之意。婆羅門殊自驕慢，無遜避之心，責具仁禮敬，具仁執節不屈。婆羅門遣大官莫何去汾、俟斤丘升頭六人，將兵二千隨具仁迎阿那瓌。[5]五月，具仁還鎮，論彼事勢。阿那瓌慮不敢入，表求還京。

[1]從父兄：底本作“父兄”，源氏校勘記云：“‘父’上《魏書》有‘從’。”中華本校勘記云：“諸本脱‘從’字，據《魏書》《通志》《通鑑》卷一四九補。”今從改。

[2]地豆干：底本、元大德本、毛本“干”作“于”，其餘諸本作“干”。今統一作“干”。地豆干，國名。北魏時，其人散居於室韋以西，北界烏洛侯，西與柔然相接，南鄰庫莫奚、契丹。以游牧爲生。見《北史》卷九四《地豆干傳》。

[3]安北將軍：官名。與安東、安南、安西將軍合稱四安將軍，爲出鎮北方某一地區的軍事長官，或作爲刺史等地方官員兼理軍務時的加官，權任很重。魏晋南北朝沿置。北魏孝文帝太和十七年定爲二品下，二十三年改爲三品。　懷朔：軍鎮名。北魏六鎮之一，在今内蒙古固陽縣百靈淖城圐圙古城。　楊鈞：人名。弘農華陰（今陝西華陰市東南）人。北魏官吏。見《北史》卷四一《楊敷傳》。

[4]牒云具仁：人名。其餘不詳。

[5]將兵二千：底本“將”下無“兵”字，源氏校勘記：“‘將’下《魏書》有‘兵’字。”中華本校勘記云：“諸本‘將’下脱‘兵’字，據《魏書》及《通鑑》卷一四九補。”今從改。

會婆羅門爲高車所逐，率十部落詣凉州歸降。[1]於是蠕蠕數萬，相率迎阿那瓌。七月，[2]阿那瓌啓云：“投化阿那瓌蠕蠕元退社、渾河旃等二人，[3]以今月二十六日到鎮，云國土大亂，[4]姓姓別住，迭相抄掠，當今北人，鵠望待拯。今乞依前恩，賜給精兵一萬，還令督率領，[5]送臣磧北，撫定荒人。脱蒙所請，事必克濟。”詔付尚書、門下博議。八月，詔兼散騎常侍王遵業馳馹宣旨慰喻阿那瓌，[6]并申賜賚。九月，蠕蠕後主俟匿伐來奔懷朔鎮，阿那瓌兄也，列稱規望乞軍，并請阿那瓌。

[1]凉州：北魏時治姑臧縣，在今甘肅武威市。

[2]七月：底本作“啓七月”，中華本校勘記云：“諸本‘七’上衍‘啓’字，據《魏書》《通志》删。”今從改。

[3]投化阿那瓌蠕蠕元退社渾河旃等二人：中華本校勘記云：“《魏書》無‘阿那瓌’三字，疑是。”可從。

[4]國土：元大德本作“國上”。

[5]還令督率領：源氏校勘記云：“《魏書》無‘領’字。”中華本校勘記云：“《魏書》無‘領’字。按當是‘督’下脱‘將’字。”可從。

[6]王遵業：人名。太原晋陽（今山西太原市晋源區古城營西）人。北魏官吏。見《北史》卷三五《王慧龍附王遵業傳》。

十月，録尚書事高陽王雍、尚書令李崇、侍中侯剛、尚書左僕射元欽、侍中元乂、侍中安豐王延明、吏部尚書元修義、尚書李彦、給事黄門侍郎元纂、給事黄門侍郎張烈、給事黄門侍郎盧同等奏曰：[1]“竊聞漢立南北單于，[2]晋有東西之稱，皆所以相維禦難，爲國藩籬。今臣等參議，以爲懷朔鎮北，土名無結山吐若奚泉,[3]敦煌北西海郡,[4]即漢、晋舊鄣，二處寬平，原野彌沃。阿那瓌宜置西吐若奚泉,[5]婆羅門宜置西海郡，各令總率部落，收離聚散。其爵號及資給所須，唯恩裁處。彼臣下之官，任其舊俗。阿那瓌所居既是境外，宜少優遣，以示威刑。計沃野、懷朔、武川鎮各差二百人,[6]令當鎮軍主監率，給其糧仗，送至前所。仍於彼爲其造構，功就聽還。諸於北來在婆羅門前投化者，令州鎮上佐,[7]准程給糧，送詣懷朔阿那瓌，鎮與使人，量給食禀；在京館者，任其去留。阿那瓌草創，先無儲積，請給朔州麻子乾飯二千斛,[8]官駞運送。婆羅門居於西海，既是境内，資衛不得同之。阿那瓌等新造藩屏，宜各遣使持節馳驛,[9]先詣慰喻，并委經略。”明帝從之。

[1]録尚書事：官名。漢章帝設，爲三公等重臣總領、總理尚書臺政務之加職。歷朝因之。　高陽王：封爵名。高陽，郡名。北魏時治高陽縣，在今河北高陽縣東。　雍：即元雍，人名。字思穆。北魏宗室、大臣。見《北史》卷一九《高陽王雍傳》。　尚書令：官名。北魏初不常置，亦不掌實際政務，孝文帝改制後，尚書省權任頗重，以録尚書事爲長官，尚書令爲副貳，兼掌監察百官，皆爲宰相。孝文帝太和十七年定爲從一品上，二十三年定爲二品。　李崇：人名。字繼長，小名繼伯，頓丘（今河南清豐縣西南）人。北魏名臣。見《北史》卷四三《李崇傳》。　侯剛：人名。字乾之，河南洛陽（今河南洛陽市東北）人。北魏官吏。見《北史》卷九二《侯剛傳》。　元欽：人名。字思若。北魏宗室。見《北史》卷一七《陽平王新成附元欽傳》。　安豐王：封爵名。北魏時治安豐縣，在今安徽霍邱縣西南。　延明：即元延明，人名。北魏

宗室。見《北史》卷一九《安豐王猛附元延明傳》。 吏部尚書：官名。主管官吏選任、銓敘、調動事務，對五品以下官吏之任免有建議權。歷朝皆重其選，職位高於尚書省諸曹郎。北魏孝文帝太和十七年定爲從四品上，二十三年改爲四品上。 元脩義：人名。字壽安。北魏宗室。見《北史》卷一七《汝陰王天賜附元脩義傳》。 李彦：人名。字次仲，隴西（今甘肅隴西縣東南）人。北魏官吏。見《北史》卷一〇〇《凉武昭王李暠附李彦傳》。 張烈：人名。字徽之（一作“徽仙”），清河東武城（今山東武城縣西北）人。北魏官吏。見《北史》卷四五《張烈傳》。 盧同：人名。字叔倫，范陽涿（今河北涿州市）人。北魏大臣。見《北史》卷三〇《盧同傳》。

[2]漢立南北單于：西漢時期，有南北兩個單于並立的情況。見《漢書》卷九四《匈奴傳》。

[3]無結山：在今内蒙古固陽縣西南一帶。

[4]西海郡：東漢時治居延縣，在今内蒙古額濟納旗東南。

[5]阿那瓌宜置西吐若奚泉：中華本校勘記云：“《通鑑》卷一四九無‘西’字。此當是涉上文‘西海郡’之‘西’而衍。”可從。

[6]沃野：軍鎮名。在今内蒙古烏拉特前旗蘇獨侖鄉的棍子場古城。 武川：軍鎮名。治所在今内蒙古武川縣西。

[7]上佐：對州、府長官高等僚佐的通稱。

[8]朔州：北魏時治盛樂縣，在今内蒙古和林格爾縣西北。

[9]使持節：漢朝官吏奉命外出時，由皇帝授予節杖，來提高其權威。魏晋之後，凡重要軍事長官出征或者出鎮時，加使持節，可誅殺二千石以下官員。皇帝派遣大臣出巡或祭吊等事務時，亦使持節，以示權力與尊崇。次一等的稱持節，再次一等的稱假節。

十二月，詔安西將軍、廷尉元洪超兼尚書行臺，[1]

詣敦煌安置婆羅門。婆羅門尋與部衆謀叛投嚈噠。[2]嚈噠三妻，皆婆羅門姊妹也。[3]仍爲州軍所討，禽之。

[1]安西將軍：官名。四安將軍之一，爲出鎮某一地區的軍事長官，或作爲刺史等地方官員兼理軍務時的加官，權任很重。魏晋南北朝沿置。北魏孝文帝太和十七年定爲二品下，二十三年改爲三品。　廷尉：官名。爲中央最高司法審判機構長官，遵照皇帝旨意修訂法律，匯總全國斷獄數，主管詔獄。北魏時或稱廷尉卿，又增設少卿爲之副貳，其餘屬官略同。孝莊帝永安二年（529）又置司直十人，覆審御史檢劾案件。孝文帝太和十七年定爲二品上，二十三年定爲三品。　元洪超：人名。北魏宗室。見《北史》卷一五《遼西公意烈附元洪超傳》。　尚書行臺：疑爲行臺尚書。

[2]嚈噠：國名。又譯作“嚈噠”“挹怛”“挹闐”等。一般認爲是和大月氏混血的匈奴人，原爲游牧民族，公元五世紀中分布在今阿姆河之南。見《北史》卷九七《嚈噠傳》。

[3]姊：殿本、四庫本、四部備要本作“之”。

三年十二月，阿那瓌上表，乞粟以爲田種。詔給萬石。四年，阿那瓌衆大饑，入塞寇抄。明帝詔尚書左丞元孚兼行臺尚書，[1]持節喻之。孚見阿那瓌，爲其所執。以孚自隨，驅掠良口二千并公私驛馬、牛羊數十萬北遁，謝孚放還。詔驃騎大將軍、尚書令李崇等率騎十萬討之，[2]出塞三千餘里，至瀚海，不及而還。俟匿伐至洛陽，明帝臨西堂引見之。五年，婆羅門死於洛南之館，詔贈使持節、鎮西將軍、秦州刺史、廣牧公。[3]

[1]尚書左丞：官名。爲尚書臺佐官，居尚書右丞上，總領尚

書臺庶務，主管吏民章奏及臺内小吏。魏晋南朝爲尚書省佐官，位次尚書，與右丞共掌尚書省庶務，職權甚重。北魏略同。孝文帝太和十七年定爲四品上，二十三年定爲從四品上。　元孚：人名。字秀和。北魏宗室。見《北史》卷一六《臨淮王譚附元孚傳》。

[2]驃騎大將軍：官名。東漢初臨時設置，統兵征戰，事訖則罷。魏晋制度，驃騎將軍爲重號將軍，僅次於大將軍，本不須加“大”，然兩晋將軍名號愈來愈濫，遂又增此號，居諸名號將軍之首。多加於權臣元老，以示尊崇，開府置僚屬，不領兵。南北朝因之。北魏孝文帝太和十七年定爲一品中，二十三年改爲從一品。

[3]鎮西將軍：官名。東漢末置。三國魏時與鎮東、鎮南、鎮北將軍合稱四鎮將軍，地位次於四征將軍。多授持節都督，出鎮方面。北魏孝文帝太和十七年定爲從一品下，二十三年改爲從二品。　秦州：北魏時治上封城，在今甘肅天水市。

是歲，沃野鎮人破六韓拔陵反，[1]諸鎮相應。孝昌元年春，[2]阿那瓌率衆討之。詔遣牒云具仁齎雜物勞賜。阿那瓌拜受詔命，勒衆十萬，從武川鎮西向沃野，頻戰剋捷。四月，明帝又遣通直散騎常侍、中書舍人馮儁使阿那瓌，[3]宣勞班賜有差。阿那瓌部落既和，士馬稍盛，乃號敕連頭兵伐可汗，[4]魏言把攬也。十月，阿那瓌復遣郁久閭彌娥等朝貢。三年四月，阿那瓌遣使人鞏鳳景等朝貢。及還，明帝詔之曰：“北鎮群狄，爲逆不息，蠕蠕主爲國立忠，助加誅討，言念誠心，無忘寢食。今知停在朔垂，與尒朱榮鄰接，[5]其嚴勒部曲，[6]勿相暴掠。又近得蠕蠕主啓，更欲爲國東討。但蠕蠕主世居北漠，不宜炎夏，今可且停，聽待後敕。”蓋朝廷慮其反覆也。此後頻使朝貢。

[1]破六韓拔陵：人名。北魏孝明帝正光四年，六鎮起義軍首領。攻占沃野鎮。次年，派大將衛可孤攻下懷朔、武川（今內蒙古武川縣西）二鎮，孝明帝孝昌元年（525）兵敗被殺。

[2]孝昌：北魏孝明帝的年號（525—528）。

[3]通直散騎常侍：官名。晉武帝泰始十年（274）時，員外散騎常侍與散騎常侍共同當值，故設此職。北魏時掌侍從、諷諫，屬集書省，員六人。北魏孝文帝太和十七年定爲三品下，二十三年改爲四品。　馮儁：人名。北魏官吏。曾任兖州刺史。

[4]乃號敕連頭兵伐可汗：中華本校勘記云："《魏書》、《通鑑》卷一五〇'兵'下有'豆'字。疑此是誤脱。"是。

[5]尒朱榮：人名。北秀容（今山西朔州市）人，契胡族。北魏大臣。見《北史》卷四八《尒朱榮傳》。

[6]部曲：本爲軍隊編制之稱。此處指阿那瓌和尒朱榮各自統領的部落武裝。

建義初，[1]孝莊詔曰：[2]"夫勳高者賞重，德厚者名隆。蠕蠕主阿那瓌鎮衛北藩，禦侮朔表，遂使陰山息警，弱水無塵，刊跡狼山，[3]銘功瀚海。至誠既篤，勳緒莫酬，故宜槲以殊禮，何容格以恒式。自今以後，讚拜不言名，上書不稱臣。"

[1]建義：北魏孝莊帝的年號（528）。

[2]孝莊：即北魏皇帝元子攸。孝莊爲其謚號。

[3]狼山：在今內蒙古北部、陰山山脉的最西段。

太昌元年六月，[1]阿那瓌遣烏勾蘭樹升伐等朝貢，[2]

并爲長子請尚公主。永熙二年四月，[3]孝武詔以范陽王誨之長女瑯琊公主許之，[4]未及成婚，帝入關。東、西魏競結阿那瓌爲婚好。西魏文帝乃以孝武時舍人元翌女稱爲化政公主，[5]妻阿那瓌兄弟塔寒，又自納阿那瓌女爲后，加以金帛誘之。阿那瓌遂留東魏使元整，[6]不報信命。後遂率衆度河，以廢后爲言，文帝不得已，遂敕廢后自殺。[7]

[1]太昌：北魏孝武帝的年號（532）。

[2]升伐：源氏校勘記云："《魏書》作'什伐'。"

[3]永熙：北魏孝武帝的年號（532—534）。

[4]孝武：即北魏皇帝元脩。孝武爲其謚號。　范陽王：封爵名。范陽，郡名。北魏時治涿縣，在今河北涿州市。　誨：即元誨，人名。北魏宗室。曾任宰相，後被尒朱兆所殺。　瑯琊公主：封號。瑯琊，郡名。北魏時治即丘縣，在今山東臨沂市西。

[5]西魏文帝：即西魏皇帝元寶炬。文爲其謚號。　化政公主：封號。化政，郡名。西魏時治巖緑縣，在今陝西靖邊縣白城子村無定河北岸的毛烏素沙漠中（靠近今内蒙古烏審旗南）。

[6]元整：人名。東魏官吏。曾任大都督。

[7]廢后：即西魏文帝文皇后乙弗氏。

元象元年五月，[1]阿那瓌掠幽州范陽，[2]南至易水。[3]九月，又掠肆州秀容，[4]至於三推。[5]又殺元整，轉謀侵害。東魏乃囚阿那瓌使温豆拔等。神武以阿那瓌兇狡，[6]將撫懷之，乃遣其使人龍無駒北還，以通温豆拔等音問。始阿那瓌殺元整，亦謂温豆拔等不存，既見無駒，微懷感愧。興和二年春，[7]復遣龍無駒等朝貢東魏。然猶未款誠。

[1]元象：東魏孝静帝的年號（538—539）。

[2]幽州：東魏時治薊縣，在今北京西南。　范陽：郡名。東魏時治涿縣，在今河北涿州市。

[3]易水：水名。源出今河北易縣境内。

[4]肆州：東魏時治九原縣，在今山西忻州市忻府區。　秀容：縣名。治所在今山西忻州市西北。

[5]三推：當作“三堆”。在今山西定襄縣境内。《資治通鑑》卷一七三胡三省注云：“三堆在肆州永安郡平寇縣界，亦在晋陽北。”

[6]神武：即高歡。神武爲其謚號，北齊後主所追謚。

[7]興和：東魏孝静帝的年號（539—542）。　二年：底本作“一年”，其餘諸本作“二年”。今從改。

阿那瓌女妻文帝者遇疾死，齊神武因遣相府功曹參軍張徽纂使於阿那瓌。[1]間説之云：文帝及周文既害孝武，[2]又殺阿那瓌之女，妄以疏屬假公主之號，嫁彼爲親；又阿那瓌度河西討時，周文燒草，使其馬饑，不得南進，此其逆詐反覆難信之狀。又論東魏正統所在，言其往者破亡歸命，魏朝保護，得存其國，以大義示之。兼詐阿那瓌云：近有赤鏵步落堅胡行於河西，爲蠕蠕主所獲，云蠕蠕主問之：“汝從高王？爲從黑獺？”[3]一人言從黑獺，蠕蠕主殺之；二人言從高王，蠕蠕主放遣：此即蠕蠕主存大國宿昔仁義。彼女既見害，欺詐相待，不仁不信，宜見討伐。且守逆一方，未知歸順，朝廷亦欲加誅。彼若深念舊恩，以存和睦，當以天子懿親公主結成姻媾，[4]爲遣兵將，伐彼叛臣，爲蠕蠕主雪耻報惡。

[1]功曹參軍：官名。即功曹參軍事的簡稱。功曹之長。南朝宋將軍兼刺史者置一員，爲僚屬，位記室下、户曹上，掌糾駁獻替。北魏時二大、三公、皇子、將軍、藩王諸府置，孝文帝太和二十三年定爲六品上至八品上。　張徽纂：即張纂，人名。字徽纂，代郡平城（今山西大同市東北）人。北魏、北齊官吏。見《北史》卷五五《張纂傳》。

[2]周文：即宇文泰。文爲其謚號，爲北周孝閔帝所追謚。

[3]黑獺：即宇文泰。字黑獺，代郡武川（今内蒙古武川縣西）人。見《北史》卷九《周本紀·太祖文帝》。

[4]當以天子懿親公主結成姻媾：底本“以天子”作“天子以”，中華本校勘記云：“諸本‘以’誤置‘天子’下，據《通志》乙。”今從改。

徽纂既申齊神武意，阿那瓌乃召其大臣與議之，便歸誠於東魏。遣其俟利、莫何莫緣游大力等朝貢，因爲其子菴羅辰請婚。静帝詔兼散騎常侍、太府卿羅念，[1]兼通直散騎常侍、中書舍人穆景相等使於阿那瓌。八月，阿那瓌遣莫何去折豆渾十升等朝貢，[2]復因求婚。齊神武請遂其意，以招四遠。詔以常山王騭妹樂安公主許之，[3]改封爲蘭陵郡長公主。[4]十二月，阿那瓌復遣折豆渾十升詣東魏請婚。三年四月，阿那瓌遣吐豆登郁久閭譬渾、俟利莫何折豆渾侯煩等奉馬千疋，[5]以爲聘禮，請迎公主。詔兼宗正卿元壽、兼太常卿孟韶等送公主自晋陽北邁，[6]資用器物，齊神武親自經紀，咸出豐渥。阿那瓌遣其吐豆登郁久閭匿伏、俟利阿夷普掘、蒲提棄之伏等迎公主於新城之南。[7]六月，齊神武慮阿那瓌難信，又以國事加重，躬送公主於樓煩之北，[8]接勞其使，每皆隆厚。阿那瓌大喜，自是朝貢東魏相尋。四年，阿那瓌請以其孫女號鄰和公主妻齊神武第九子長廣公湛，[9]静帝詔爲婚焉。阿那瓌遣其吐豆登郁久閭譬掘、俟利莫何游大力送女於晋陽。武定四年，[10]阿那瓌有愛女，號爲公主，以齊神武威德日盛，又請致之，静帝聞而詔神武納之。阿那瓌遣其吐豆發郁久閭汗拔姻姬等送女於晋陽。自此東魏邊塞無事，至於武定末，使貢相尋。

[1]静帝：即東魏皇帝元善見。静爲其謚號。　太府卿：官名。南朝梁武帝天監七年（508）始置，掌管金帛庫藏出納、關市税收，以供國家、宫廷用度。北朝時位列九卿，兼南朝太府、少府二卿之職。北魏孝文帝太和中改少府置，亦省稱太府。孝文帝太和二十三年定爲三品。

[2]阿那瓌遣莫何去折豆渾十升等朝貢：中華本校勘記云："按'去'下當脱'汾'字。'莫何去汾'，蠕蠕大官，見前。"可從。

[3]常山王：封爵名。常山，郡名。東魏時治安樂壘，在今河北藁城市西北。

[4]蘭陵郡長公主：封號。蘭陵，郡名。東魏時治承城，在今山東棗莊市東南。

[5]阿那瓌遣吐豆登郁久閭譬渾：中華本校勘記云："按'登'疑當作'發'。下文'吐豆登郁久閭匿伏''吐豆登郁久閭譬掘'同。本書卷九九《突厥傳》言突厥大官有'吐屯發'，當即'吐豆發'之異譯。《北齊書》卷四《文宣紀》天保六年七月見'吐頭發'。"可從。

[6]宗正卿：官名。北魏時又稱大宗正卿。管理君主宗室親族事務。多以宗室擔任，亦任外姓。孝文帝太和二十三年定爲三品。 元壽：人名。東魏大臣。 太常卿：官名。官名。對太常的尊稱。漢景帝中元六年（前144）由奉常改名。位列九卿之首，官居清要，職務繁重，多由列侯充任。主管祭祀社稷、宗廟和朝會、喪葬禮儀，管理皇帝陵墓、寢廟所在縣邑，每月巡視諸陵，兼管文化教育，主持博士和博士弟子的考核、薦舉、補吏。三國沿置。北魏孝文帝太和十七年定爲從一品下，二十三年改爲三品。 晉陽：城名。在今山西太原市晉源區古城營村一帶。

[7]新城：縣名。治所在今山西石樓縣東。

[8]樓煩：縣名。治所在今山西寧武縣附近。

[9]長廣公：封爵名。長廣，郡名。東魏時治膠東城，在今山東平度市。 湛：即高湛，人名。小字步落稽，北齊第四任皇帝。見《北史》卷八《齊本紀·世祖武成帝》。

[10]武定：東魏孝静帝的年號（543—550）。

始阿那瓌初復其國，盡禮朝廷。明帝之後，中原喪亂，未能外略，阿那瓌統率北方，頗爲彊盛，稍敢驕大，禮敬頗闕，遣使朝貢，不復稱臣。天平以來，[1]逾自踞慢。汝陽王暹之爲秦州也，[2]遣其典籤齊人淳于覃使於阿那瓌。[3]遂留之，親寵任事。阿那瓌因入洛陽，心慕中國，立官號，僭擬王者，遂有侍中、黄門之屬。以覃爲秘書監、黄門郎，[4]掌其文墨。覃教阿那瓌，轉至不遜，每奉國書，鄰敵抗禮。及齊受東魏禪，亦歲時往來不絶。

[1]天平：東魏孝静帝的年號（534—537）。

［2］汝陽王：封爵名。汝陽，郡名。北魏時治汝陽縣，在今河南商水縣西北。　暹：即元暹，人名。字叔照。北魏宗室。見《北史》卷一七《京兆王子推附元暹傳》。　秦州：底本作“泰州”，中華本校勘記云：“諸本‘秦’作‘泰’。按《魏書》卷一九上、本書卷十七《京兆王子推附汝陽王暹傳》，暹曾官秦州刺史，‘泰’乃‘秦’之訛，今據改。”今從改。

［3］典籤：官名。南北朝置。爲州、府掌管文書的佐史。品秩隨州、府主地位而不同，從八品至從九品不等。

［4］秘書監：官名。南北朝時爲秘書省長官，掌圖書經籍之事，領著作省。北魏孝文帝太和十七年定爲從二品中，二十三年改爲三品。

天保三年，[1]阿那瓌爲突厥所破，[2]自殺。其太子菴羅辰及瓌從弟登注俟利、登注子庫提，並擁衆奔齊。其餘衆立注次子鐵伐爲主。四年，齊文宣送登注及子庫提還北。[3]鐵伐尋爲契丹所殺，[4]其國人仍立登注爲主。又爲大人阿富提等所殺，其國人復立庫提爲主。是歲，復爲突厥所攻，舉國奔齊。文宣乃北討突厥，迎納蠕蠕，廢其主庫提，立阿那瓌子菴羅辰爲主，致之馬邑川，[5]給其廩餼、繒帛。親追突厥於朔方，突厥請降，許之而還。於是蠕蠕貢獻不絶。

［1］天保：北齊文宣帝的年號（550—559）。

［2］突厥：國名。廣義上包括鐵勒、突厥各部落，狹義上則專指突厥汗國。公元六世紀初興起於金山（今阿爾泰山）西南麓，爲游牧部落。西魏廢帝二年（552），建突厥汗國於今鄂爾渾河流域。隋文帝開皇二年（582），分裂爲東、西二部。見《北史》卷九九

《突厥傳》。

[3]文宣：即北齊皇帝高洋。文宣爲其謚號。

[4]契丹：族名。活動於今西拉木倫河一帶，源於柔然部。北魏之後柔然分化爲南北兩部。北柔然成爲蒙古人的祖先室韋，南柔然成爲日後的契丹。見《北史》卷九四《契丹傳》。

[5]馬邑川：河名。在今山西朔州市境内。

五年三月，菴羅辰叛，文宣親討，大破之。菴羅辰父子北遁。四月，寇肆州。帝自晋陽討之，至恒州黄瓜堆，[1]虜散走。時大軍已還，帝麾下千餘騎，遇蠕蠕别部數萬，四面圍逼。帝神色自若，指畫形勢，虜衆披靡，遂縱兵潰圍而出。虜退走，追擊之，伏尸二十五里，獲菴羅辰妻子及生口三萬餘人。五月，帝又北討蠕蠕，大破之。六月，蠕蠕帥部衆東徙，將南侵，帝帥輕騎於金川下邀擊，[2]蠕蠕聞而遠遁。六年六月，文宣又親討蠕蠕。七月，帝頓白道，[3]留輜重，親率輕騎五千追蠕蠕，躬犯矢石，頻大破之，遂至沃野，大獲而還。

[1]恒州黄瓜堆：底本作“恒黄州瓜堆”，中華本校勘記云：“諸本‘州黄’二字誤倒，據《通志》及《北齊書》卷四《文宣紀》大保五年四月條乙。”今從改。恒州，北齊時治恒安鎮，在今山西大同市東。黄瓜堆，地名。又名黄花堆，在今山西應縣西北。

[2]金川：《通鑑》卷一七三胡三省注云：“《唐志》：單于府帶金河縣。其即金川歟？”按：唐單于府在今内蒙古和林格爾縣西北土城子。

[3]白道：地名。在今内蒙古呼和浩特市西北壩口子。爲陰山南北重要通道之一。

是時，蠕蠕既累爲突厥所破，以西魏恭帝二年，[1]遂率部千餘家奔關中。突厥既恃兵彊，又藉西魏和好，恐其遺類依憑大國，使驛相繼，請盡殺以甘心。周文議許之，遂收縛蠕蠕主已下三千餘人付突厥使，於青門外斬之。[2]中男以下免，[3]並配王公家。

[1]恭帝：即西魏皇帝元廓。恭爲其謚號。

[2]青門：長安城東門。東方色青，故稱。

[3]中男：未成丁的男子。

匈奴宇文莫槐，出遼東塞外，[1]其先南單于之遠屬也，世爲東部大人。其語與鮮卑頗異。人皆翦髮而留其頂上，以爲首飾，長過數寸則截短之。婦女被長襦及足，[2]而無裳焉。秋收烏頭爲毒藥，以射禽獸。莫槐虐用其人，爲部下所殺，更立其弟普撥爲大人。普撥死，子丘不勤立尚平文帝女。[3]丘不勤死，子莫廆立。本名犯道武諱。莫廆遣弟屈雲攻慕容廆，[4]慕容廆擊破之。又遣別部素延伐慕容廆於棘城，[5]復爲慕容廆所破。時莫廆部衆彊盛，自稱單于，塞外諸部咸憚之。

[1]遼東：指遼河以東的地區。隋朝時遼東地區包括整個大同江流域和漢江流域，甚至是高句麗政權的所有轄區。

[2]被：元大德本作“彼”。

[3]子丘不勤立尚平文帝女：底本“平帝”作“平文帝”，中華本校勘記云：“諸本‘平’下有‘文’字。按《魏書》卷一《序

紀》，以女妻丘不勤者是平帝（拓拔綽），非平文帝（拓拔鬱律）。‘文’字衍，今删。”今從改。平帝，即拓拔綽。平爲其謚號，爲北魏道武帝所追謚。

[4]慕容廆：人名。字弈洛瓌，昌黎棘城（今遼寧北票市章吉營子鄉三官營子村）人，鮮卑族。十六國時期自稱鮮卑大單于，爲前燕建立奠定基礎。見《晋書》卷一〇八《慕容廆傳》。

[5]棘城：在今遼寧北票市章吉營鄉三官營村。

莫廆死，子遜昵延立，率衆攻慕容廆於棘城。廆子翰先戍於外，遜昵延謂其衆曰：“翰素果勇，必爲人患，宜先取之，城不足憂也。”乃分騎數千襲翰。翰聞之，使人詐爲段末波使者，逆謂遜昵延曰：“翰數爲吾患，久思除之，今聞來討，甚善。[1]戒嚴相待，宜兼路早赴。”翰設伏待之。遜昵延以爲信然。長驅不備，至於伏所，爲翰所虜。翰馳使告廆，乘勝遂進，及晨而至。廆亦盡鋭應之。遜昵延見而方嚴，率衆逆擊戰，前鋒始交，而翰已入其營，縱火燎之，衆乃大潰，遜昵延單馬奔還，悉俘其衆。遜昵延父子世雄漠北，又先得玉璽三紐，自言爲天所指，每自誇大。及此敗也，乃卑辭厚幣，遣使朝貢于昭帝。[2]帝嘉之，以女妻焉。

[1]甚善：源氏校勘記云：“‘甚’《魏書》作‘其’。”按：中華本《魏書》卷一〇三《匈奴宇文莫槐傳》作“甚善”。不知道源氏所據何本。

[2]昭帝：即拓跋禄官。昭爲其謚號，爲北魏道武帝所追謚。

遜昵延死，子乞得龜立。復伐慕容廆，廆拒之。惠帝三年，[1]乞得龜屯保澆水，[2]固壘不戰，遣其兄悉跋堆襲廆子仁于柏林。仁逆擊，斬悉跋堆。廆又攻乞得龜，克之，乞得龜單騎夜奔，悉虜其衆。乘勝長驅，入其國城，收資財億計，徙部人數萬户以歸。先是，海出大龜，枯死於平郭，至是而乞得龜敗。

[1]惠帝：即拓跋賀傉。惠爲其謚號，爲北魏道武帝所追謚。

[2]乞得龜屯保澆水：底本“保”作“堡”，源氏校勘記云：“‘堡’《魏書》作‘保’。”中華本校勘記云：“諸本‘保’訛作‘堡’，據《魏書》卷一〇三、《通志》卷二〇〇《宇文莫槐傳》改。”今從改。

別部人逸豆歸殺乞得龜而自立，與慕容晃迭相攻擊。[1]遣其國相莫渾伐晃，而莫渾荒酒縱獵，爲晃所破，死者萬餘人。建國八年，晃伐逸豆歸，逸豆歸拒之。爲晃所敗，殺其驍將涉亦干。逸豆歸遠遁漠北，遂奔高麗。[2]晃徙其部衆五千餘落於昌黎，[3]自是散滅矣。

[1]慕容晃：人名。字元真，昌黎棘城（今遼寧北票市章吉營子鄉三官營子村）人，鮮卑族。十六國時期前燕君主。見《北史》卷九三《慕容廆附慕容晃傳》。

[2]高麗：國名。又作“高句麗”，其先出自夫餘，地爲漢之玄菟郡，高句麗爲其三縣之一，因以爲國名。都名丸都，故治在今吉林集安市，南北朝時遷都於今朝鮮平壤市。見《北史》卷九四《高麗傳》。

[3]昌黎：縣名。治所在今遼寧北票市。

徒何段就六眷，出於遼西。[1]其伯祖日陸眷，因亂被賣爲漁陽烏丸子大人庫辱官家奴。[2]諸大人集會幽州，皆持唾壺，唯庫辱官獨無，[3]乃唾日陸眷口中。日陸眷因咽之，西向拜天曰："願使主君之智慧禄相，盡移入我腹中。"其後漁陽大饑，庫辱官以日陸眷爲健，使將人詣遼西逐食，[4]招誘亡叛，遂至彊盛。日陸眷死，弟乞珍代立。乞珍死，子務目塵代立，[5]即就六眷父也。據遼西之地而臣於晉。其所統三萬餘家，控弦上馬四五萬騎。穆帝時，幽州刺史王浚以段氏數爲己用，[6]深德之，乃表封務目塵爲遼西公，假大單于印綬。浚使務目塵率萬餘騎伐石勒於常山封龍山下，[7]大破之。

[1]遼西：郡名。西晋時治陽樂縣，在今河北盧龍縣東南。

[2]因亂被賣爲漁陽烏丸子大人庫辱官家奴：底本"大人"作"子大"，中華本校勘記云："諸本'大人'作'子大'，《魏書》卷一〇三《徒何段就六眷傳》'大'作'太'，無'人'字。《通典》卷一九六、《通志》卷二〇〇《徒何段傳》作'大人'。按'子大'無義，今據《通典》改。"今從改。漁陽，郡名。西晋時治漁陽縣，在今北京密雲縣西南漁陽故城。烏丸，部落名。東胡别支，秦末匈奴冒頓滅其國，遂避徙至烏桓山以自保，故稱烏桓。漢獻帝建安十二年曹操破烏桓，徙萬餘落至中原，餘衆於那河（今嫩江）之北自稱烏丸國。以游牧爲生。見《三國志》卷三〇《魏書·烏丸傳》。

[3]唯庫辱官獨無：底本"獨"作"猶"，中華本校勘記云："諸本'獨'訛作'猶'，據《魏書》《通典》《通志》改。"今從改。

[4]使將人詣遼西逐食：源氏校勘記云："《魏書》作'將

之’。”

［5］子務目塵代立：中華本校勘記云：“《通典》《通志》及《晉書》卷六三《段匹磾傳》‘目’並作‘勿’。”是。

［6］穆帝時幽州刺史王浚以段氏數爲己用：中華本校勘記云：“按此穆帝指拓拔猗盧。王浚乃晉之幽州刺史，‘幽’上當有‘晉’字。否則王浚似爲拓拔猗盧所授之幽州刺史，誤。”可從。王浚，人名。字彭祖，太原晉陽（今山西太原市晉源區古城營西）人。西晉將領。見《晉書》卷三九《王沈附王浚傳》。

［7］石勒：人名。字世龍，小字匐勒，羯族。十六國時後趙君主。見《晉書》卷一〇四《石勒載記》。　常山：郡名。西晉時治真定縣，在今河北正定縣南。　封龍山：又名飛龍山，在今河北鹿泉市。

務目塵死，就六眷立。就六眷與弟疋磾、從弟末波等率五萬餘騎圍石勒於襄國。[1]勒登城望之，見將士皆釋仗寢卧，無警備之意。勒因其懈怠，選募勇健，穿城突出，直衝末波，生禽之。置之座上，與飲宴盡歡，約爲父子，盟誓而遣之。末波既得免，就六眷等遂攝軍而還，不復報浚，歸于遼西。自此以後，末波常不敢南向溲焉。人問其故，末波曰：“吾父在南。”其感勒不害己也如此。

［1］襄國：後趙都城。在今河北邢臺市西南。

就六眷死，其子幼弱，疋磾與劉琨世子群奔喪。[1]疋磾陰卷甲而往，欲殺其叔羽鱗及末波而奪其國。末波等知之，遣軍逆擊疋磾。劉群爲末波所獲。匹磾走還薊，[2]懼琨禽己，請琨宴會，因執而害之。疋磾既殺劉琨，與羽鱗、末波自相攻擊，部衆乖離。欲擁其衆徙保上谷，[3]阻軍都之險，[4]以距末波等。平文帝聞之，[5]陰嚴精騎，將擊之。疋磾恐懼，南奔樂陵。[6]後石勒遣石季龍擊段文鴦于樂陵，[7]破之，生禽文鴦。疋磾遂率其屬及諸塢壁降于石勒。

[1]劉琨：人名。字越石，中山魏昌（今河北定州市）人。西晋將領。見《晋書》卷六二《劉琨傳》。

[2]薊：縣名。治所在今北京西南。

[3]上谷：郡名。西晋時治沮陽縣，在今河北懷來縣。

[4]軍都：山名。在今北京西北。

[5]平文帝：即拓跋鬱律。平文爲其謚號，爲北魏道武帝所追謚。

[6]樂陵：縣名。治所在今山東樂陵市南。

[7]石季龍：人名。即石虎，字季龍，避唐高祖祖父李虎諱，以字行。十六國時後趙第三位君主。見《晋書》卷一〇六、卷一〇七《石季龍載記》。　段文鴦：人名。鮮卑段部首領之一。出於東部鮮卑，世居遼西。

末波自稱幽州刺史，屯遼西。末波死，國人因立陸眷弟護遼爲主。[1]烈帝時，[2]假護遼驃騎大將軍、幽州刺史、大單于、北平公，[3]弟鬱蘭撫軍將軍、冀州刺史、勃海公。[4]建國元年，石季龍征護遼於遼西，護遼奔於平岡山，[5]遂投慕容晃，晃殺之。鬱蘭奔石季龍，以所徙鮮卑五千人配之，使屯令支。[6]鬱蘭死，子龕代之。及冉閔之亂，[7]龕率衆南移，遂據齊地。慕容儁使弟玄恭率衆伐龕於廣固,[8]執龕送之薊。儁毒其目而殺之,坑其徒三千餘人。

[1]國人因立陸眷弟護遼爲主：中華本校勘記云："《魏書》、《通典》，'陸眷'上有'日'字。按日陸眷乃末波之伯祖，其弟即末波之從祖，世代不相及，疑'日陸眷'當作'就六眷'。"可從。

[2]烈帝：即拓跋翳槐。烈爲其謚號，爲北魏道武帝所追謚。

[3]假護遼驃騎大將軍幽州刺史：中華本校勘記云："按烈帝指拓拔翳槐。此等官爵皆晋朝所授，'假'上當有'晋'字。"是。　北平公：封爵名。北平，郡名。西晋時治徐無縣，在今河北遵化市東。

[4]鬱蘭：殿本、四庫本、四部備要本作"鬱闌"。　撫軍將軍：官名。三國蜀後主建興八年（230）置，位比四鎮，許開府。晋時定爲三品。　冀州：西晋時治信都縣，在今河北冀州市。　勃海公：封爵名。勃海，郡名。西晋時治南皮縣，在今河北南皮縣東北。

[5]平岡山：《資治通鑑》卷九六作"密雲山"。胡三省注云："又據《晋紀》云，遼奔于平崗。蓋密雲山在漢平岡縣界。"平岡爲西漢時右北平郡治所，在今河北唐山市豐潤區東。平岡山當在其境内。

[6]令支：城名。在今河北遷安市。底本作"合支"，源氏校勘記云："《魏書》作'令支'。"中華本校勘記云："諸本'令'訛作'合'，據《魏書》《通典》《通志》改。令支，兩漢屬遼西郡。北魏平州遼西郡肥如縣有令支城。"今從改。

[7]冉閔：人名。字永曾，小字棘奴，魏郡内黄（今河南内黄縣西北）人。漢族。十六國時冉魏政權的建立者。見《晋書》卷一〇七《石季龍載記附冉閔傳》。

[8]慕容儁：人名。字宣英，小字賀賴跋。十六國時前燕君主。

見《晉書》卷一一〇《慕容儁載記》。　玄恭：即慕容恪。字玄恭，昌黎棘城（今遼寧北票市章吉營子鄉三官營子村）人，鮮卑族。十六國時前燕宗室、重臣。見《晉書》卷一一一《慕容暐附慕容恪傳》。　廣固：城名。在今山東青州市西北。

高車，蓋古赤狄之餘種也。[1]初號爲狄歷，北方以爲敕勒，諸夏以爲高車、丁零。[2]其語略與匈奴同而時有小異。或云：其先匈奴甥也。其種有狄氏、袁紇氏、斛律氏、解批氏、護骨氏、異奇斤氏。[3]俗云：匈奴單于生二女，姿容甚美，國人皆以爲神。單于曰："吾有此女，安可配人？將以與天。"乃於國北無人之地築高臺，置二女其上曰："請天自迎之。"經三年，其母欲迎之。單于曰："不可，未徹之間耳。"復一年，乃有一老狼，晝夜守臺嘷呼，因穿臺下爲空穴，經時不去。[4]其小女曰："吾父處我於此，欲以與天，而今狼來，或是神物，天使之然。"將下就之。其姊大驚曰："此是畜生，無乃辱父母？"妹不從，下爲狼妻而產子。後遂滋繁成國。故其人好引聲長歌，又似狼嘷。

[1]赤狄：族名。亦作"赤翟"。或説因其俗尚赤衣而得名，主要分布在今山西長治市一帶，與晋人雜居，是春秋時期實力最强、影響最大的部落。曾東下太行伐邢，滅衛。

[2]北方以爲敕勒諸夏以爲高車丁零：底本"爲"下無"敕勒諸夏以爲"六字，源氏校勘記云："'以爲'下《魏書》有'敕勒，諸夏以爲'六字。"中華本校勘記云："諸本脱'敕勒，諸夏以爲'六字，據《魏書》卷一〇三、《通典》卷一九七、《通志》卷二〇〇《高車傳》補。"今從改。

［3］袁紇氏：底本“袁”作“表”，中華本校勘記云：“諸本‘袁’作‘表’，《通典》《通志》作‘袁’。按下文見‘袁紇烏’，本書卷一《道武紀》、《魏書》卷二《太祖紀》登國五年三月見‘袁紇部’。‘表’誤，今據改。下文‘表紇樹者’同改。”今從改。

［4］時：殿本、四庫本、四部備要本作“年”。

無都統大帥，當種各有君長。爲性粗猛，黨類同心，至於寇難，翕然相依。鬥無行陣，頭別衝突，乍出乍入，不能堅戰。其俗，蹲踞褻黷，無所忌避。婚姻用牛馬納娉以爲榮，結言既定，男黨營車闌馬，令女黨恣取上馬，袒乘出闌。[1]馬主立闌外，振手驚馬，不墜者即取之，墜則更取，數滿乃止。俗無穀，不作酒。迎婦之日，男女相將，持馬酪熟肉節解。主人延賓，亦無行位，穹廬前叢坐，飲宴終日，復留其宿。明日，將婦歸。既而夫黨還入其家馬群，[2]極取良馬，父母弟兄雖惜，終無言者。頗諱取寡婦，而優憐之。其畜産自有記識，雖闌縱在野，終無妄取。俗不清潔，喜致震霆。每震，則叫呼射天而棄之移去。[3]來歲秋，馬肥，復相率候於震所，埋羖羊，然火拔刀，女巫祝説，似如中國祓除，[4]而群隊馳馬旋繞，百匝乃止。人持一束柳桋回，[5]竪之，以乳酪灌焉。婦人以皮裹羊骸，戴之首上，縈屈髮鬢而綴之，有似軒冕。其死亡葬送，掘地作坎，坐尸於中，張臂引弓，佩刀挾矟，無異於生，而露坎不掩。時有震死及疫癘，則爲之祈福；若安全無他，則爲報賽。多殺雜畜，燒骨以燎，走馬遶旋，多者數百匝。男女無小大，皆集會。平吉之人，則歌舞作樂；死喪之家，則悲吟哭泣。其遷徙隨水草，衣皮食肉，牛羊畜産，盡與蠕蠕同。唯車輪高大，輻數至多。

[1]祖乘：元大德本、毛本、殿本、四庫本、局本、四部備要本作“祖乘”。

[2]既而夫黨還入其家馬群：源氏校勘記云：“‘夫’上《魏書》有‘將’字。”

[3]棄：底本作“集”，毛本、局本、中華本作“棄”。按：據上下文語意，作“棄”是。今從改。

[4]祓（fú）除：爲除災去邪而舉行的一種儀式。通常於歲首在宗廟、社壇中舉行，而尤以陰曆三月上巳日在水邊祓除最爲流行。《周禮·春官·女巫》：“掌歲時祓除釁浴。”鄭玄注：“歲時祓除，如今三月上巳如水上之類。”賈公彦疏：“一月有三巳，據上旬之巳而爲祓除之事，見今三月三日水上戒浴是也。”

[5]桋：古書中記載的一種樹，葉細而歧鋭，皮理錯戾，多叢生山中，木材可做車輞。

徙於鹿渾海西北百餘里，[1]部落彊大，常與蠕蠕爲敵，亦每侵盗于魏。魏道武襲之，大破其諸部。[2]後道武復度弱洛水，西行至鹿渾海，停駕簡輕騎，西北行百餘里，襲破之，虜獲生口、牛馬羊二十餘萬。復討其餘種於狼山，大破之。車駕北巡，[3]分命諸將爲東西二道，道武親勒六軍從中道，自駮髯水西北，徇略其部，諸軍同時雲合，破其雜種三十餘落。衛王儀别督諸將從西北絶漠千餘里，[4]復破其遺迸七部。於是高車大懼，諸部震駭。道武自牛川南引，[5]大校獵，以高車爲圍，騎徒遮列，周七百餘里，聚雜獸於其中，因驅至平城，即以高車衆起鹿苑，南因臺陰，北距長城，[6]東包白登，屬之西山。[7]尋而高車姪利曷莫弗敕力犍率其九百餘落内附，拜敕力犍爲揚威將軍，[8]置司馬、參軍，[9]賜穀二萬斛。後高車解批莫弗幡豆建復率其部三十餘落内附，亦拜爲威遠將軍，[10]置司馬、參軍，賜衣服，歲給廪食。

[1]鹿渾海：即今新疆烏倫古湖。

[2]諸部：殿本、四庫本、四部備要本作“諸郡”，誤。

[3]駕北巡：底本“駕”下無“北”字，中華本校勘記云：“諸本無‘北’字，《魏書》‘北巡’作‘巡幸’。按《魏書》卷二《太祖紀》天興二年正月作‘車駕北巡’。今據《魏紀》補。”今從改。

[4]衛王儀：即拓跋儀。北魏宗室、大臣。見《北史》卷一五《秦王翰附衛王儀傳》。

[5]牛川：地名。在今内蒙古凉城縣境内。

[6]距：毛本、殿本、四庫本、局本、四部備要本作“拒”。

[7]東包白登屬之西山：底本“登”下無“屬”字，源氏校勘記云：“‘登’下《魏書》有‘屬’字。”中華本校勘記云：“諸本脱‘屬’字，據《魏書》及《魏紀》天興二年二月條補。”今從改。白登，山名。在今山西大同市東北。

[8]拜敕力犍爲揚威將軍：底本“敕”下無“力”字，中華本校勘記云：“諸本脱‘力’字，據《魏書》《通志》及上文補。”今從改。揚威將軍，官名。東漢末年置，爲領兵之官，北魏沿置。孝文帝太和十七年定爲四品上，二十三年改爲從四品。

[9]司馬：官名。軍府高級幕僚，掌參贊軍務，管理府内武職，位僅次於長史，其品秩隨府主而定，高低不等。　參軍：官名。亦作“參軍事”。東漢末年車騎將軍幕府置爲僚屬，掌參謀軍務。南北朝王、公、將軍府、都水臺以及諸州多置爲僚屬，品級自六品至

九品不等，皆由朝廷除授。北魏沿置。

[10]威遠將軍：官名。三國吴置。權任很重。北魏孝文帝太和十七年定爲五品中，二十三年定爲從五品。元大德本、殿本、四庫本、四部備要本作“威遠軍”，毛本、局本、中華本作“威遠將軍”。按：據文意，當作“威遠將軍”。今據補。

蠕蠕社崘破敗之後，收拾部落，轉徙廣漠之北，侵入高車之地。斛律部帥倍侯利患之，曰：“社崘新集，兵貧馬少，易與耳！”乃舉衆掩擊，入其國落。[1]高車昧利，不顧後患，分其廬室，妻其婦女，安息寢卧不起。社崘登高望見，乃招集亡散得千人，晨掩殺之，走而脱者十二三。倍侯利遂奔魏，賜爵孟都公。侯利質直，勇健過人，奮戈陷陣，有異於衆。北方人畏之，[2]嬰兒啼者，語曰：“倍侯利來！”便止。處女歌謡云：“求良夫，當如倍侯。”其服衆如此。善用五十蓍筮吉凶，每中，故得親幸，賞賜豐厚，命其少子曷堂内侍。及倍侯利卒，道武悼惜，葬以魏禮，謚曰忠壯王。後詔將軍伊謂帥二萬騎北襲高車餘種袁紇烏，頻破之。道武時，分散諸部，唯高車以類粗獷，不任使役，故得别爲部落。

[1]入其國落：底本“入”作“之”，中華本校勘記云：“諸本‘入’訛作‘之’，據《魏書》《通志》改。”今從改。

[2]北方人：元大德本作“比之人”，毛本作“北之人”。

後太武征蠕蠕，破之而還。至漠南，聞高車東部在巳尼陂，人畜甚衆，去官軍千餘里，將遣左僕射安原等討之。司徒長孫翰、尚書令劉潔等諫，[1]太武不聽。乃遣原等并發新附高車合萬騎，至于巳尼陂。高車諸部望軍而降者數十萬落，獲馬牛羊亦百餘萬，[2]皆徙置漠南千里之地。乘高車，逐水草，畜牧蕃息，數年之後，漸知粒食，歲致獻貢。由是國家馬及牛、羊遂至于賤，氈皮委積。文成時，[3]五部高車合聚祭天，衆至數萬，大會走馬，殺牲游遶，歌吟忻忻。其俗稱自前世以來，無盛於此會。車駕臨幸，莫不忻悦。後孝文召高車之衆，隨車駕南討，高車不願南行，遂推袁紇樹者爲主，相率北叛，游踐金陵。[4]都督宇文福追討，[5]大敗而還。又詔平北將軍、江陽王繼爲都督討之。[6]繼先遣人慰勞樹者。樹者入蠕蠕，尋悔，相率而降。

[1]劉潔：人名。長樂信都（今河北冀州市）人。北魏官吏。見《北史》卷二五《劉潔傳》。

[2]馬牛：毛本作“牛馬”。

[3]文成：即北魏皇帝拓跋濬。文成爲其謚號。

[4]金陵：北魏前期的皇陵，在今内蒙古和林格爾縣西北一帶。

[5]宇文福：人名。河南洛陽（今河南洛陽市東北）人。北魏將領。見《北史》卷二五《宇文福傳》。元大德本作“宇于福”，誤。

[6]平北將軍：官名。漢獻帝建安中曹操置。魏晋時多兼鎮守地區的刺史，統管軍政事務，與平南、平東、平西將軍合稱四平將軍。在南北朝及北朝前期地位仍較高，北朝後期漸成無職掌的散官。北魏孝文帝太和十七年定爲從二品上，二十三年改爲三品。江陽王：封爵名。江陽，郡名。遥封。南朝宋時治江陽縣，在今四川瀘州市。　繼：即元繼，人名。北魏宗室。見《北史》卷一六

《京兆王黎附江陽王繼傳》。

高車之族又有十二姓：一曰泣伏利氏，二曰吐盧氏，[1]三曰乙旃氏，四曰大連氏，五曰窟賀氏，六曰達薄氏，[2]七曰阿崘氏，八曰莫允氏，九曰俟分氏，[3]十曰副伏羅氏，十一曰乞袁氏，十二曰右叔沛氏。

[1]二曰吐盧氏：中華本校勘記云："《通典》《通志》'吐'作'叱'。按《魏書·官氏志》有'叱盧氏，後改爲祝氏'，疑此'吐'字誤。"可從。

[2]六曰達薄氏：源氏校勘記云："'薄'下《魏書》有'干'字。"中華本校勘記云："《魏書》《通志》'薄'下有'干'字。按本書卷五八《齊王憲傳》，憲母達步干氏。《魏書·官氏志》有'達勃氏，後改爲褒氏'當即此達薄氏。"可從。

[3]九曰俟分氏：中華本校勘記云："《通典》作'俟斤氏'。"可從。

先是，副伏羅部爲蠕蠕所役屬。豆崘之世，蠕蠕亂離，國部分散，副伏羅阿伏至羅與從弟窮奇俱統領高車之衆十餘萬落。[1]太和十一年，豆崘犯塞，阿伏至羅等固諫不從，怒率所部之衆西叛，至前部西北，自立爲王。國人號之曰候婁匐勒，猶魏言大天子也；窮奇號候倍，猶魏言儲主也。二人和穆，分部而立，阿伏至羅居北，窮奇在南。豆崘追討之，頻爲阿伏至羅所敗，乃引衆東徙。十四年，阿伏至羅遣商胡越者至京師，以二箭奉貢。云："蠕蠕爲天子之賊，臣諫之不從，遂叛來此，[2]而自豎立，當爲天子討除蠕蠕。"孝文未之信也，遣使者于提往觀虚實。[3]阿伏至羅與窮奇遣使者薄頡隨提來朝，貢其方物。詔員外散騎侍郎可足渾長生復與于提使高車，[4]各賜繡袴褶一具，雜綵百匹。

[1]俱統領高車之衆十餘萬落：底本“領”下有“軍”字，源氏校勘記云：“《魏書》無‘軍’字。爲是。”中華本校勘記云：“諸本‘領’下衍‘軍’字，據《魏書》删。”今從改。

[2]來此：源氏校勘記云：“‘來’下《魏書》有‘至’字。”

[3]于提：人名。北魏官吏。出使高車，遭到威脅而堅貞不屈。

[4]員外散騎侍郎：官名。晋武帝置，初爲正員之外添差之散騎侍郎，無員數，後成定員官。南北朝沿置，屬散騎省（東省、集書省），初多以公族、功臣子充任，爲閑散之職，常用以安置閑退官員、衰老人士。北魏初沿例授予南朝北奔之士，班比吏部郎。孝文帝太和十七年定爲從四品下，二十三年改爲七品上。　可足渾長生：人名。後改名朱長生。北魏官吏。見《北史》卷八五《朱長生傳》。

窮奇後爲嚈噠所殺，虜其子彌俄突等。[1]其衆分散，或來奔附，或投蠕蠕。詔遣宣威將軍、羽林監孟威撫納降人，[2]置之高平鎮。[3]阿伏至羅長子蒸阿伏至羅餘妻，謀害阿伏至羅，阿伏至羅殺之。阿伏至羅又殘暴，大失衆心，衆共殺之，立其宗人跋利延爲主。歲餘，嚈噠伐高車，將納彌俄突。國人殺跋利延，迎彌俄突而立之。

[1]子彌俄突：元大德本、毛本、局本作“子孫俄突”，誤。

[2]宣威將軍：官名。三國魏置，爲雜號將軍。北魏孝文帝太和十七年定爲六品上。　羽林監：官名。東漢置羽林左右監，掌侍

衛送從。南朝及北魏、北齊沿置。南朝時多以文官領此職。北魏孝文帝太和二十三年定爲六品。

[3]高平鎮：軍鎮名。治所在今寧夏固原市。

彌俄突既立。復遣朝貢，又奉表獻金方一、銀方一、金杖二、馬七匹、駞十頭。詔使者慕容坦賜彌俄突雜綵六十匹。宣武詔之曰："卿遠據沙外，頻申誠款，覽揖忠志，特所欽嘉。蠕蠕、嚈噠、吐谷渾所以交通者，[1]皆路由高昌，[2]掎角相接。今高昌内附，遣使迎引。蠕蠕往來路絶，姦勢。不得妄令群小敢有陵犯，擁塞王人，罪在不赦。"[3]彌俄突尋與蠕蠕主伏圖戰於蒲類海北，[4]爲伏圖所敗，西走三百餘里。伏圖次於伊吾北山。[5]先是，高昌王麴嘉表求内徙，[6]宣武遣孟威迎之。至伊吾，[7]蠕蠕見威軍，怖而遁走。彌俄突聞其離駭，追擊大破之，殺伏圖於蒲類海北，割其髮，送於孟威。又遣使獻龍馬五匹，金、銀、貂皮及諸方物。詔東城子于亮報之，[8]賜樂器一部、樂工八十人、赤紬十匹、雜綵六十匹。彌俄突遣其莫何去汾屋引叱賀真貢其方物。

[1]吐谷渾：族名。又稱吐渾、退渾。原爲鮮卑族慕容部的一支，先祖游牧於徒河青山（今遼寧義縣東）。西晋時，遷徙於今甘肅、青海一帶。十六國時，先後受到前凉、西秦等追逐，幾乎亡國。後再度崛起，北魏太武帝時達到最强盛。在北魏打擊下，一度退到今新疆一帶。以游牧爲生。見《北史》卷九六《吐谷渾傳》。

[2]高昌：國名。建於公元460年，都於高昌城，在今新疆吐魯番縣東南高昌廢址。見《北史》卷九七《高昌傳》。

[3]蠕蠕往來路絶姦勢不得妄令群小敢有陵犯擁塞王人罪在不

赦：中華本校勘記云："《通典》作：'蠕蠕既與吐谷渾路絶，姦勢亦阻，於鄉彼藩，便有所益。行途經由，宜相供俟（候），不得令群小擁塞王人。'按《通典》當是節録《魏書》原文，較此明白。此'姦勢'下當有脱文。"是。

[4]蒲類海：即今新疆東部巴里坤湖。

[5]伊吾北山：即今新疆巴里坤山。

[6]麴嘉：人名。字靈鳳，金城榆中（今甘肅蘭州市）人。北魏時高昌國王。見《北史·高昌傳》。

[7]伊吾：縣名。治所在今新疆哈密市。

[8]東城子：封爵名。東城，縣名。治所在今安徽定遠縣東南。

明帝初，彌俄突與蠕蠕主醜奴戰，敗，被禽。醜奴繫其兩腳於駑馬之上，頓曳殺之，漆其頭爲飲器。其部衆悉入嚈噠。經數年，嚈噠聽彌俄突弟伊匐還國。伊匐既復國，遣使奉表，於是詔遣使者谷楷等拜爲鎮西將軍、西海郡開國公、高車王。[1]伊匐復大破蠕蠕，蠕蠕主婆羅門走投涼州。正光中，伊匐遣使朝貢，因乞朱畫步挽一乘并幔褥、鞦鞑一副、繖扇各一枚、青曲蓋五枚、赤漆扇五枚、鼓角十枚，[2]詔給之。伊匐後與蠕蠕戰，敗歸，其弟越居殺伊匐而自立。天平中，越居復爲蠕蠕所破，伊匐子比適復殺越居而自立。興和中，比適又爲蠕蠕所破，越居子去賓自蠕蠕奔東魏。齊神武欲招納遠人，上言封去賓爲高車王，拜安北將軍、肆州刺史。既而病死。

[1]谷楷：底本作"谷揩"，中華本作"谷楷"。按：據《北史》本傳，當作"谷楷"。今從改。谷楷，人名。昌黎（今遼寧北

票市）人。北魏官吏。見《北史》卷二七《谷渾附谷楷傳》。　西海郡開國公：封爵名。西海，郡名。北魏時治居延縣，在今内蒙古額濟納旗東南。

［2］鞦鞑：勒於馬股的革帶。　繖扇：即傘扇。用兩手舉動的大扇。　曲蓋：用作儀仗的曲柄扇。

初，道武時有吐突鄰部在女水上，[1]常與解如部相爲脣齒，不供職事。登國三年，道武親西征，度弱洛水，復西行趣其國。至女水上，討解如部落，破之。明年春，盡略徙其部落畜産而還。

［1］道武時有吐突鄰部在女水上：中華本校勘記云："按本書卷一《道武紀》、《魏書》卷二《太祖紀》登國四年作'叱突鄰部'。"是。

又有紇突鄰，[1]與紇奚世同部落，而各有大人長帥，擁集種類，常爲寇於意辛山。[2]登國五年，道武勒衆親討焉。慕容驎率師來會，[3]大破之。紇突鄰大人屋地鞬，[4]紇奚大人庫寒等皆舉部歸降。皇始二年，[5]車駕伐中山，軍於柏肆。[6]慕容寶夜來攻營，[7]軍人驚走還於國。路由并州，[8]遂反，將攻晋陽，并州刺史元延討平之。[9]紇突鄰部帥匿物尼、紇奚部帥叱奴根等復聚黨反於陰館，[10]南安公順討之，[11]不剋，死者數千人。道武聞之，遣安遠將軍庾岳還討匿物尼等，[12]皆殄之。

［1］紇：底本作"絶"，毛本、殿本、四庫本、局本、四部備要本、中華本作"紇"。今從改。

［2］意辛山：在今内蒙古二連浩特市西南。

［3］慕容驎：人名。即慕容麟，一作“慕容驎”，小字賀驎，十六國時後燕宗室，多次背叛父兄，並一度稱燕帝。

［4］屋地鞬：中華本校勘記云：“《魏書》卷二登國五年作‘屈地鞬’。”是。

［5］皇始：北魏道武帝的年號（396—398）。

［6］柏肆：地名。在今河北藁城市境内。

［7］慕容寶：人名。字道裕，昌黎棘城（今遼寧北票市章吉營子鄉三官營子村）人，鮮卑族。十六國時後燕君主。見《北史》卷九三《慕容垂附慕容寶傳》。

［8］并州：北魏時治晋陽縣，在今山西太原市晋源區古城營村一帶。

［9］元延：人名。應即元素延。《北史》卷一五《曲陽侯素延傳》：“道武之驚於柏肆也，并州守將封竇真爲逆，素延斬之。”今從改。

［10］陰館：縣名。治所在今山西朔州市東南夏官城。

［11］南安公：封爵名。南安，郡名。北魏時治桓道縣，在今甘肅隴西縣東南。　順：即拓跋順。拓跋什翼犍之孫，道武初封南安公。見《北史》卷一五《毗陵王順傳》。

［12］遣安遠將軍庾岳還討匿物尼等：底本“庾岳”作“庫兵”，源氏校勘記云：“《魏書》（‘庫兵’）作‘庾岳’。”中華本校勘記云：“諸本‘庾岳’訛作‘庫兵’，據《魏書》改。事見《魏書》卷二《太祖紀》皇始二年二月。”今從改。庾岳，人名。本名庾業延，後賜名岳。北魏初大將、司空，爲將有謀略，士衆服其智勇，名冠諸將。見《北史》卷二〇《庾業延傳》。

又有侯吕鄰部，[1]衆萬餘口，常依嶮畜牧。登國中，其大人叱伐爲寇於苦水河。[2]八年夏，道武大破之，并擒其别帥焉古延等。

[1]又有侯吕鄰部：毛本、局本"鄰"作"陵"，中華本校勘記云："《通志》'侯'作'俟'。《北朝胡姓考》吕氏條，引《元和姓纂》《通志·氏族略》《古今姓氏書辨証》及孝文《弔比干文碑》，以爲當作'俟吕鄰'。但本書及《魏書》紀傳見此姓氏都作'侯吕鄰'或'候吕鄰'，今不改。"

[2]苦水河：源出今寧夏海原縣南七里寶山，至甘肅天水市北注於渭河。

薛干部常屯聚於三城之間，[1]及滅衛辰後，其部帥太悉伏望軍歸順，道武撫安之。[2]車駕還，衛辰子屈丐奔其部。[3]道武聞之，使使詔太悉伏執送之。太悉伏出屈丐以示使者曰："今窮而見投，寧與俱亡，何忍送之！"遂不遣。道武大怒，車駕親討之。會太悉伏先出擊曹覆寅，官軍乘虚，遂屠其城，獲太悉伏妻子、珍寶，徙其人而還。太悉伏來赴，不及，遂奔姚興。未幾，亡歸嶺北。上郡以西諸鮮卑、雜胡聞而皆應之。天賜五年，屈丐盡劫掠總服之。及平統萬，[4]薛干種類皆得爲編户矣。

[1]薛干部常屯聚於三城之間：底本"干"作"于"，中華本校勘記云："諸本'干'作'于'。《北朝胡姓考》薛氏條以爲'薛干'即'叱干'，'于'乃'干'之訛，是。今據改。參本書卷一《道武紀》校記。"今從改。

[2]撫安：殿本、四庫本、四部備要本作"安撫"。

[3]屈丐：人名。本名勃勃，北魏明元帝改爲屈丐，匈奴鐵弗

部人。十六國時夏君主。見《北史》卷九三《赫連屈丐傳》。

[4]統萬：城名。在今陝西靖邊縣北白城子。

而牽屯山鮮卑别種破多蘭部世傳主部落，[1]至木易干，有武力壯勇，[2]劫掠左右，西及金城，東侵安定，[3]數年間，諸種患之。天興四年，遣常山王遵討之於高平，[4]木易干將數千騎棄國遁走，盡徙其人於京師。餘種分迸，其後爲赫連屈丐所滅。

[1]而牽屯山鮮卑别種破多蘭部世傳主部落：底本“牽”作“帥”、“世”作“示”，中華本校勘記云：“諸本‘牽’作‘帥’，‘世’作‘示’。《魏書》《通志》‘牽’作‘率’《魏書》‘示’作‘世’。按下文云‘常山王遵討之於高平’。高平附近有牽屯山，本書卷九《文帝紀》，宇文導追斬侯莫陳悦於牽屯山，本書卷四八《尒朱天光傳》，万俟道洛守牽屯山，並即此地。《通典》卷一七三《州郡》平凉郡高平縣下注云：‘有笄頭山，語訛亦曰汧屯山。’即此牽屯山。‘牽’訛作‘率’，又轉寫作‘帥’，今改正。‘示’亦‘世’之音訛，今據改。”今從改。牽屯山，今寧夏涇源縣六盤山。

[2]有武力壯勇：底本“力壯”作“壯力”，中華本校勘記云：“諸本‘力壯’誤倒，據《魏書》乙。”今從改。

[3]安定：郡名。北魏時治安定縣，在今甘肅涇川縣北。

[4]遣常山王遵討之於高平：底本“之”下有“放”字，中華本校勘記云：“諸本‘於’上有‘放’字，《魏書》無。按《魏書》卷二《太祖紀》天興五年二月，言遵等至安定之高平，木易干與衛辰、屈丐棄國遁走。並無‘放於高平’之事。‘放’乃涉‘於’字形似而衍，今據删。”今從改。高平，縣名。治所在今寧夏固原市。

又黜弗、素古延等諸部，富而不恭。天興五年，材官將軍和突率六千騎襲而獲之。

又越勤倍泥部，[1]永興五年，轉牧跋那山西。七月，遣奚斤討破之，[2]徙其人而還。

[1]又越勤倍泥部：中華本校勘記云："本書卷一《明元紀》永興五年七月'勤'作'勒'。參卷一校記。"是。

[2]討：元大德本作"計"。

論曰：周之獫狁，[1]漢之匈奴，其作害中國，故久矣。魏、晋之世，種族瓜分，去來沙漠之陲，窺擾鄣塞之際，猶皆東胡之緒餘、冒頓之枝葉。[2]至如蠕蠕者，匈奴之裔，根本莫尋，逃形集醜，自小爲大，風馳鳥赴，儵來忽往，代京由之屢駭，[3]戎車所以不寧。是故魏氏祖宗，揚威曜武，驅其畜産，收其部落，翦之窮髮之野，逐之無人之鄉。豈好肆兵極鋭，凶器不戢？蓋亦急病除惡，事不得已。其狡狄彊弱之由，猾虜服叛之迹，[4]故備録云。

[1]獫狁：族名。即犬戎，活動於今陝西、甘肅一帶。直接導致了西周幽王的死和西周的滅亡。

[2]冒頓：人名。西漢時期活躍於北方的匈奴單于。見《史記》卷一一〇《匈奴列傳》。此代指這一支匈奴。

[3]代京：國都名。亦稱代都，即平城。在今山西大同市東北古城。

[4]猾：毛本、局本作"滑"。

北史　卷九九

列傳第八十七

突厥　西突厥　鐵勒

突厥者，其先居西海之右，獨爲部落，蓋匈奴之别種也。姓阿史那氏。後爲鄰國所破，盡滅其族。有一兒，年且十歲，兵人見其小，[1]不忍殺之，乃刖足斷其臂，[2]棄草澤中。有牝狼以肉餌之，及長，與狼交合，遂有孕焉。彼王聞此兒尚在，重遣殺之。使者見在狼側，[3]并欲殺狼。於時若有神物，投狼於西海之東，落高昌國西北山。[4]山有洞穴，穴内有平壤茂草，周迴數百里，四面俱山。狼匿其中，遂生十男。十男長，外託妻孕，其後各爲一姓，阿史那即其一也，最賢，遂爲君長。故牙門建狼頭纛，[6]示不忘本也。漸至數百家，經數世，有阿賢設者，率部落出於穴中，臣於蠕蠕。[6]至大葉護，[7]種類漸强。當魏之末，有伊利可汗，以兵擊鐵勒，[8]大敗之，降五萬餘家。遂求婚於蠕蠕主，阿那瓌大怒，[9]遣使罵之。伊利斬其使，率衆襲蠕蠕，破之。卒，弟阿逸可汗立，[10]又破蠕蠕。病且卒，捨其子攝圖，立其弟俟叔，稱爲木杆可汗。[11]

[1]兵人：即士兵。

[2]刖足：斷足。

[3]在狼：源氏校勘記云："《周書》作'狼在'。"

[4]高昌：國名。都高昌城，在今新疆吐魯番市東南高昌古城址。見《北史》卷九七《高昌傳》。

[5]牙門：古時駐軍，主帥或主將帳前樹牙旗以爲軍門，稱"牙門"。　狼頭纛（dào）：用狼頭作標志的大旗。

[6]蠕蠕：亦稱柔然，本爲東胡的一支，屬拓跋部。南北朝時始强大，活動於今蒙古國南部地區。以游牧爲生。見《北史》卷九八《蠕蠕傳》。

[7]大葉護：突厥最高統治者的名號。

[8]鐵勒：又作"敕勒""赤勒""高車""狄歷"。其先爲匈奴之苗裔丁零，部族甚多，是中國古代北方的游牧民族。

[9]阿那瓌：人名。郁久閭氏，北魏時蠕蠕國主。見《北史·蠕蠕傳》。

[10]弟阿逸可汗立：源氏校勘記云："《隋書》無'阿'字。"中華本校勘記云："《隋書》卷八四《突厥傳》無'阿'字。按本傳下文又云伊利死，子科羅立，號乙息記可汗。逸可汗、乙息記可汗當是一人，而作'子'作'弟'不同。"可從。

[11]立其弟俟叔稱爲木杆可汗：中華本校勘記云："按下文言木杆可汗名俟斤，此作'叔'，當誤。"可從。

或云突厥本平凉雜胡，[1]姓阿史那氏。魏太武皇帝滅沮渠氏，[2]阿史那以五百家奔蠕蠕。世居金山之陽，爲蠕蠕鐵工。金山形似兜鍪，俗號兜鍪爲突厥，因以爲號。[3]

[1]平涼：郡名。北魏時治鶉陰縣，在今甘肅平涼市西北。

[2]魏太武皇帝滅沮渠氏：指北魏太武帝太延五年（439），北魏攻進姑臧，沮渠牧犍出降，北凉政權滅亡。魏太武皇帝，即北魏皇帝拓跋燾。太武爲其謚號。沮渠氏，即十六國時北凉君主沮渠牧犍。見《北史》卷九三《沮渠蒙遜傳》。

[3]俗號兜鍪爲突厥因以爲號：底本“俗”作“借”，“鍪”後無“爲”字，“突厥”後有“突厥”二字，中華本校勘記云：“諸本‘俗’訛作‘借’，‘鍪’下脱‘爲’字，又誤重‘突厥’二字。據《隋書》、《通典》卷一九七、《通志》卷二〇〇《突厥傳》改正。”今從改。

又曰突厥之先，出於索國，[1]在匈奴之北。其部落大人曰阿謗步，兄弟七十人，[2]其一曰伊質泥師都，狼所生也。阿謗步等性並愚癡，國遂被滅。泥師都既别感異氣，能徵占風雨；[3]娶二妻，云是夏神、冬神之女。一孕而生四男：其一變爲白鴻；其一國於阿輔水、劍水之間，[4]號爲契骨；其一國於處折水；其一居跋斯處折施山，[5]即其大兒也。山上仍有阿謗步種類，並多寒露，大兒爲出火温養之，咸得全濟。遂共奉大兒爲主，號爲突厥，即納都六設也。都六有十妻，所生子皆以母族姓，阿史那是其小妻之子也。都六死，十母子内欲擇立一人，乃相率於大樹下，共爲約曰：“向樹跳躍，能最高者，即推立之。”阿史那子年幼而跳最高，諸子遂奉以爲主，號阿賢設。此説雖殊，終狼種也。

[1]索國：國名。西漢時丁零人獨立的部落聯盟（參温玉成

《論“索國”與突厥部的起源》，《新疆師範大學學報》2011 年第 1 期）。

[2]七十：源氏校勘記云：“《周書》作‘十七’。”

[3]能徵占風雨：毛本、殿本、四庫本、局本、四部備要本“占”作“召”。中華本校勘記云：“南、北、汲、殿四本及《周書》卷五〇、《通典》卷一九七、《通志》卷二〇〇‘占’作‘召’，百衲本作‘占’。按占謂占卜，今從百衲本。”

[4]阿輔水：即今葉尼塞河支流阿巴坎河。　劍水：即今葉尼塞河上游。

[5]跋斯處折施山：《周書》卷五〇《突厥傳》作“踐斯處折施山”。具體不詳。

其後曰土門，部落稍盛，始至塞上市繒絮，願通中國。西魏大統十一年，[1]周文帝遣酒泉胡安諾槃陁使焉。[2]其國皆相慶曰：“今大國使至，我國將興也。”十二年，土門遂遣使獻方物。時鐵勒將伐蠕蠕，土門率所部邀擊破之，盡降其衆五萬餘落。恃其强盛，乃求婚於蠕蠕主。阿那瓌大怒，使大詈辱之曰：“爾是我鍛奴，何敢發是言也！”土門亦怒，殺其使者，遂與之絶，而求婚於魏。周文帝許之，十七年六月，以魏長樂公主妻之。[3]是歲，魏文帝崩，土門遣使來弔，贈馬二百疋。廢帝元年正月，[4]土門發兵擊蠕蠕，大破之於懷荒北。[5]阿那瓌自殺，其子菴羅辰奔齊，餘衆復立阿那瓌叔父鄧叔子爲主。土門遂自號伊利可汗，猶古之單于也；號其妻爲可賀敦，亦猶古之閼氏也。[6]亦與齊通使往來。

[1]大統：西魏文帝的年號（535—551）。

[2]周文帝：即宇文泰。文爲其謚號，北周孝閔帝所追謚。酒泉：郡名。西魏時治禄福縣，在今甘肅酒泉市。　安諾槃陁：人名。事迹不詳。

[3]長樂公主：封號。長樂，郡名。西魏時治信都縣，在今河北冀州市。所指不詳。

[4]廢帝：即西魏皇帝元欽。

[5]懷荒：地名。在今河北張家口市北。底本“荒”作“芒”，源氏校勘記云：“《周書》‘芒’作‘荒’。”中華本校勘記云：“諸本‘荒’訛作‘芒’，據《周書》卷五〇《突厥傳》及《通志》改。”今從改。

[6]閼氏：秦漢時單于之妻的稱號。

土門死，子科羅立。科羅號乙息記可汗，又破叔子於沃野北賴山。[1]且死，捨其子攝圖，立其弟俟斤，是爲木杆可汗。

[1]又破叔子於沃野北賴山：源氏校勘記云：“‘北’下《周書》有‘木’字。”中華本校勘記云：“《周書》‘賴’上有‘木’字。”《資治通鑑》卷一六五同。《讀史方輿紀要》卷六一：“西魏廢帝二年突厥擊破柔然於沃野北木賴山，或曰即木根山矣。”沃野，地名。在今内蒙古烏拉特中後聯合旗南烏加河北。木賴山，在今内蒙古五原縣東北。似非木根山。

俟斤一名燕都，狀貌奇異，面廣尺餘，其色赤甚，眼若瑠璃，剛暴，[1]勇而多知，務於征伐。乃率兵擊鄧叔子，破之。叔子以其餘燼奔西魏。俟斤又西破嚈噠，[2]東走契丹，[3]北并契骨，威服塞外諸國。其地，東自遼海以西，至西海，萬里；南自沙漠以北，至北海，五六千里：[4]皆屬焉。抗衡中國，後與魏伐齊，至并州。[5]

[1]剛暴：源氏校勘記云："'剛'上《周書》有'性'字。"

[2]嚈噠：國名。又譯作"囐噠""挹怛""挹闐"。一般認爲是和大月氏混血的匈奴人，原爲游牧民族，公元五世紀中分布在今阿姆河以南。見《北史》卷九七《嚈噠傳》。

[3]契丹：活動在今西拉木倫河一帶，源於柔然部。北魏之後柔然分化爲南北兩部。北柔然成爲蒙古人的祖先室韋，南柔然成爲以後的契丹。見《北史》卷九四《契丹傳》。

[4]"東自遼海"至"至北海五六千里"：《周書》卷五〇："東自遼海以西，西至西海萬里，南自沙漠以北，北至北海五六千里。"遼海，泛指今遼河流域及其以東至海的地區。北海，即今貝加爾湖。

[5]後與魏伐齊至并州：中華本校勘記云："按突厥與周軍聯合攻齊，在周武帝保定三年至四年，見本書卷一〇《周武帝紀》，《周書》卷一九《楊忠傳》。這裏'魏'當作'周'。西魏無聯合突厥攻齊事。又下文復言楊忠與突厥攻齊，與此重複。"可從。并州，北齊時治龍山縣（改晋陽縣爲此稱），在今山西太原市晋源區古城營村一帶。

其俗：被髮左衽，穹廬氈帳，隨逐水草遷徙，以畜牧射獵爲事，食肉飲酪，身衣裘褐。[1]賤老貴壯，寡廉耻，無禮義，猶古之匈奴。其主初立，近侍重臣等輿之以氈，[2]隨日轉九回，每回臣下皆拜。拜訖乃扶令乘馬，以帛絞其頸，使纔不至絶，然後釋而急問之，曰："你能作幾年可汗?”其主既神情瞀亂，不能詳定多少。臣下等隨其所言，以驗脩短之數。大官有葉護，次設，次特勤，[3]次俟利發，次吐毛發，[4]及餘小官，凡二十八等，皆世爲之。兵器有角弓、鳴鏑、甲、矟、刀、劍。佩飾則兼有伏突。旗纛之上，施金狼頭。侍衛之士，謂之附離，夏言亦狼也。蓋本狼生，志不忘舊。善騎射，性殘忍。無文字，其徵發兵馬及諸税雜畜，刻木爲數，并一金鏃箭，蠟封印之，以爲信契。候月將滿，轉爲寇抄。其刑法：反叛、殺人、及姦人之婦、盜馬絆者，皆死；淫者，割勢而腰斬之；[5]姦人女者，重責財物，即以其女妻之；鬬傷人者，隨輕重輸物，傷目者償以女，無女則輸婦財，折支體者輸馬；[6]盜馬及雜物者，各十餘倍徵之。死者，停屍於帳，子孫及親屬男女各殺羊、馬，[7]陳於帳前祭之，遶帳走馬七匝，詣帳門以刀剺面且哭，[8]血淚俱流，如此者七度乃止。擇日，取亡者所乘馬及經服用之物，并屍俱焚之，收其餘灰，待時而葬。春夏死者候草木黄落，秋冬死者候華茂，[9]然後坎而瘞之。葬日，親屬設祭及走馬、剺面如初死之儀。表爲塋，立屋，中圖畫死者形儀，及其生時所戰陣狀，常殺一人，[10]則立一石，有至千百者。又以祭之羊馬頭，盡懸之於摽上。是日也，男女咸盛服飾，會於葬所，男有悦愛於女者，歸即遣人聘問，其父母多不違也。父、兄、伯、叔死，子、弟及姪等妻其後母、世叔母、嫂，唯尊者不得下淫。移徙無常，而各有地分。可汗恒處於都斤山，[11]牙帳東開，蓋敬日之所出也。每歲率諸貴人，祭其先窟。又以五月中旬，集他人水拜祭天神。[12]於都斤西五百里有高山迥出，上無草樹，謂爲勃登凝梨，[13]夏言地神也。其書字類胡，而不知年曆，[14]唯以草青爲記。男子好摴蒱，[15]女子踏鞠，[16]飲馬酪取醉，歌呼相對。敬鬼神，信巫覡，[17]重兵死，耻病終，大抵與匈奴同俗。

[1]裘褐：古代北方少數民族之服裝。裘，皮衣；褐，粗毛短衣。

[2]氈：亦作"氊"。毛製品之一種。用羊毛等壓製成，類厚呢子或粗毯，多爲片狀、塊狀。多作坐卧之鋪墊。

[3]大官有葉護次設次特勤：底本"護"下無"次設"二字，"勤"作"勒"，源氏校勘記云："'護'下《周書》有'次設'二字。"中華本校勘記云："諸本脱'次設'二字，據《周書》《隋書》《通典》補。又諸本'特勤'作'特勒'。近人考証，'特勒'皆'特勤'之訛，今據改。"今從改。

[4]吐毛發：中華本作"吐屯發"。

[5]割勢：宫刑之一種。割去男性生殖器。

[6]無女則輸婦財折支體者輸馬：中華本校勘記云："《通典》《通志》'財'作'損'，屬下讀，疑是。"當是。

[7]羊馬：源氏校勘記云："萬曆《隋書》作'牛馬'。"

[8]剺（lí）：割，劃破。

[9]秋冬死者候華茂：中華本校勘記云："《周書》'華'下有'葉榮'二字。按此與上文爲對句，當有二字。"

[10]常殺一人：底本"甞"作"常"。中華本校勘記云："諸本'甞'作'常'，據《隋書》《通志》改。"今從底本。

[11]於都斤山：即今蒙古國杭愛山東部北麓地帶（參包文勝《古代突厥於都斤山考》，《蒙古史研究》2010年8月）。

[12]集他人水拜祭天神：中華本校勘記云："《通典》《通志》'水'上有'以'字。"可從。

[13]高山迥出上無草樹謂爲勃登凝梨：源氏校勘記云："《周書》'梨'作'黎'。"

[14]而：毛本、殿本、四庫本、局本、四部備要本作"至"。源氏校勘記云："'至'《周書》作'而'。"

[15]摴蒲：古代博戲。漢代已有，晋代盛行。以擲骰決勝負。

[16]踏鞠：古代一種用於習武、健身和娱樂的踢球運動。

[17]敬鬼神信巫覡：底本無"覡"字，中華本校勘記云："諸本脱'覡'字，據《隋書》補。"今從改。巫覡，古稱女巫爲巫，男巫爲覡，合稱巫覡。

俟斤部衆既盛，乃遣使請誅鄧叔子等，周文帝許之，收叔子已下三千人，[1]付其使者，殺之於青門外。[2]三年，俟斤襲擊吐谷渾破之。[3]周明帝二年，[4]俟斤遣使來獻。保定元年，[5]又遣三輩，貢其方物。時與齊人交争，戎車歲動，故連結之，以爲外援。初，恭帝時，[6]俟斤許進女於周文帝，契未定而周文崩。尋而俟斤又以他女許武帝，[7]未及結納，齊人亦遣求婚，俟斤貪其幣厚，將悔之。至是，武帝詔遣凉州刺史楊荐、武伯王慶等往結之。[8]慶等至，諭以信義，俟斤遂絶齊使而定婚焉。仍請舉國東伐，於是詔隨公楊忠率衆一萬與突厥伐齊。[9]忠軍度陘嶺，[10]俟斤率騎十萬來會。明年正月，攻齊主於晋陽，[11]不尅，俟斤遂縱兵大掠而還。忠還，言於武帝曰："突厥甲兵惡，賞罰輕，[12]首領多而無法令，何謂難制馭？由比者使人妄道其强盛，[13]欲令國家厚其使者，身往重取其報。朝廷受其虚言，將士望風畏慴。但虜態詐健，而實易與耳。今以臣觀之，前後使人皆可斬也。”武帝不納。是歲，俟斤復遣使來獻，更請東伐。詔楊忠率兵出沃野，晋公護趣洛陽以應之。[14]會護戰不利，俟斤引還。五年，詔陳公純、大司徒宇文貴、神武公竇毅、南安公楊荐往逆女。[15]天和二年，[16]俟斤又遣使來獻。陳公純等至，俟斤復貳於齊。會有雷風變，乃許純等以后歸。四年，又遣使貢獻。

[1]收叔子已下三千人：底本無“三”字，中華本校勘記云：“諸本無‘三’字，《周書》有。按本書卷九八《蠕蠕傳》作‘三千餘人’。此脱‘三’字，今據補。”今從改。

[2]青門：又名霸城門，長安城東門。

[3]三年俟斤襲擊吐谷渾破之：中華本校勘記云：“按本書卷九六《吐谷渾傳》云：‘恭帝三年，史寧又與突厥木杆可汗襲擊夸吕，破之。’木杆即俟斤。此‘三年’上當脱‘魏恭帝’三字。”可從。

[4]周明帝：即北周皇帝宇文毓。明爲其謚號。

[5]保定：北周武帝的年號（561—565）。

[6]恭帝：即西魏皇帝拓跋廓。恭爲其謚號。

[7]武帝：即北周皇帝宇文邕。武爲其謚號。

[8]凉州：北周時治姑臧縣，在今甘肅武威市。　楊荐：人名。字承略，秦郡寧夷（今陝西禮泉縣東北）人。北周官吏。見《北史》卷六九《楊荐傳》。　武伯：據《北史》卷六九《王慶傳》，爲左武伯。左武伯，官名。即左武伯中大夫的省稱。西魏恭帝三年（556）置，北周沿置。爲夏官府左武伯司長官，員一人，與右武伯中大夫共掌皇宫内外宿衛禁令，兼統虎賁、旅賁、射聲、驍騎、羽林、游擊等六率禁衛軍士。皇帝臨軒則備三仗於庭，立於殿上東西階之側。皇帝出行則列兵於帝之左右。正五命。　王慶：人名。字興慶，太原祁（今山西祁縣東南）人。北周官吏。見《北史·王

慶傳》。

［9］於是詔隨公楊忠率衆一萬與突厥伐齊：毛本“隨”作“隋”。底本無“與”字，南監本、中華本“突厥”上有“與”字，中華本校勘記云：“諸本脱‘與’字，據《周書》補。”今從改。楊忠，人名。字揜于，小字奴奴，弘農華陰（今陝西華陰市東南）人。北周外戚、權臣，隋朝開國皇帝楊堅的父親。見《周書》卷一九《楊忠傳》。

［10］陘嶺：地名。即今山西代縣雁門山。

［11］晋陽：縣名。治所在今山西太原市晋源區古城營村一帶。

［12］賞罰輕：源氏校勘記云：“‘賞’《周書》作‘爵’。”

［13］由比者使人妄道其强盛：底本“比”作“此”，源氏校勘記云：“‘此’《周書》作‘比’。爲是。”中華本校勘記云：“諸本‘比’訛作‘此’，據《周書》改。”今從改。

［14］護：即宇文護，人名。字薩保，鮮卑族。北周宗室、權臣。見《北史》卷五七《邵惠公顥附宇文護傳》。

［15］純：即宇文純，人名。字堙智突。北周宗室。曾迎皇后阿史那氏。見《北史》卷五八《陳惑王純傳》。　大司徒：官名。亦稱大司徒卿。爲地官之長。掌管國家土地圖籍、户口，管理土地使用、諸侯封邑、人民教化。北周時爲正七命。　宇文貴：人名。西魏、北周大將。見《北史》卷六〇《宇文貴傳》。　神武公：封爵名。神武，郡名。北周時治神武縣，在今山西神池縣東北。　竇毅：人名。字天武，扶風平陵（今陝西咸陽市西北）人。北周八柱國之一。見《北史》卷六一《竇熾附竇毅傳》。　南安公：封爵名。南安，郡名。北周時治桓道縣，在今甘肅隴西縣東南。

［16］天和：北周武帝的年號（566—572）。

俟斤死，復捨其子大邏便而立其弟，是爲他鉢可汗。他鉢以攝圖爲尒伏可汗，統其東面；又以其弟褥但可汗爲步離可汗，[1]居西方。自俟斤以來，其國富强，有凌轢中夏之志。朝廷既與之和親，歲給繒絮、錦綵十萬段。突厥在京師者，又待以優禮，衣錦食肉，常以千數。齊人懼其寇掠，亦傾府藏以給之。他鉢彌復驕傲，乃令其徒屬曰："但使我在南兩箇兒孝順，何憂無物邪？"齊有沙門惠琳，[2]掠入突厥中，因謂他鉢曰："齊國富强，皆爲有佛法。"遂説以因緣果報之理。他鉢聞而信之，建一伽藍，[3]遣使聘齊，求《净名》《涅槃》《華嚴》等經，[4]并《十誦律》。[5]他鉢亦躬自齋戒，遶塔行道，恨不生内地。建德二年，[6]他鉢遣使獻馬。及齊滅，齊定州刺史、范陽王高紹義自馬邑奔之。[7]他鉢立紹義爲齊帝，召集所部，云爲之復讎。宣政元年四月，[8]他鉢遂入寇幽州。[9]柱國劉雄拒戰，[10]兵敗死之。武帝親總六軍，[11]將北伐，會帝崩，乃班師。是冬，他鉢復寇邊，圍酒泉，大掠而去。大象元年，[12]他鉢復請和親，帝策趙王招女爲千金公主以嫁之，[13]并遣執紹義送闕。他鉢不許，仍寇并州。二年，[14]始遣使奉獻，且迎公主爲親，而紹義尚留不遣。帝又令賀若誼往諭之，[15]始送紹義。

[1]又以其弟褥但可汗爲步離可汗：源氏校勘記云："'爲'上《隋書》有'子'字。"中華本校勘記云："《隋書》《通典》《通志》'褥但可汗'下有'子'字，疑此是誤脱。"可從。

[2]惠琳：佛教徒。具體不詳。

[3]伽藍：梵語譯音"僧伽藍摩"之略稱，意譯爲衆園或僧院，即僧衆居住的庭園。後因稱佛寺爲伽藍。

［4］浄名：又稱《維摩詰所説經》，三卷，後秦三藏鳩摩羅什譯，三卷，十四品，屬印度大乘佛教經典。　涅槃：又稱《大本涅槃經》《大涅槃經》，北凉曇無讖譯，四十卷，十三品，屬印度大乘佛教經典。　華嚴：又稱《大方廣佛華嚴經》，東晋佛陀跋陀羅譯，六十卷，三十四品。

［5］并十誦律：底本作“十人并誦律”，源氏校勘記云：“‘十人并’《隋書》作‘并十’。”中華本校勘記云：“諸本作‘十人并誦律’。按《十誦律》是佛教戒律，今據《隋書》改。”今從改。《十誦律》，佛教戒律書，又稱《薩婆多部十誦律》，後秦弗若多羅和鳩摩羅什等譯，六十一卷。

［6］建德：北周武帝的年號（572—578）。

［7］定州：北齊時治安喜縣，在今河北定州市。　范陽王：封爵名。范陽，郡名。北齊時治涿縣，在今河北涿州市。　高紹義：人名。勃海蓨（今河北景縣）人。北齊宗室。見《北史》卷五二《范陽王高紹義傳》。　馬邑：縣名。治所在今山西朔州市。

［8］宣政：北周武帝的年號（578）。

［9］幽州：北周時治薊縣，在今北京西南。

［10］柱國：官名。戰國時楚、趙等國置。北魏初，一度爲功臣元勳之加官。北魏孝莊帝時復設此官，爲國之執政。西魏時爲最高軍事長官。北周因之，正九命，後爲勳官第二等。　劉雄：人名。字猛雀，臨洮子城（今甘肅蘭州市）人。北周大臣。見《北史》卷六六《劉雄傳》。

［11］武帝：即北周皇帝宇文邕。武爲其謚號。

［12］大象：北周静帝的年號（579—580）。

［13］他鉢復請和親帝策趙王招女爲千金公主以嫁之：中華本校勘記云：“按本書卷二二《長孫晟傳》云：‘及突厥攝圖請婚，周以趙王招女妻之。’與此作他鉢不同。”可從。招，即宇文招，人名。字豆盧突。北周宗室。見《北史》卷五八《趙僭王招傳》。

［14］二年：毛本、殿本、四庫本、局本、四部備要本作“三

年”。

［15］賀若誼：人名。字道機，河南洛陽（今河南洛陽市東北）人。北周、隋朝官吏。見《北史》卷六八《賀若敦附賀若誼傳》。

他鉢病且卒，謂其子菴邏曰：“吾聞親莫過於父子。吾兄不親其子，委位於我，我死，汝當避大邏便。”及卒，國中將立大邏便，以其母賤，衆不服。菴邏實貴，[1]突厥素重之。攝圖最後至，謂國中曰：“若立菴邏者，我當率兄弟以事之；如立大邏便，我必守境，利刃長矛以相待。”攝圖長而且雄，國人莫敢拒，竟立菴邏爲嗣。大邏便不得立，心不服菴邏，每遣人詈辱之。菴邏不能制，因以國讓攝圖。國中相與議曰：“四可汗子，攝圖最賢。”因迎立之，號伊利俱盧設莫何始波羅可汗，一號沙鉢略，居都斤山。[2]菴邏降居獨洛水，[3]稱第三可汗。[4]大邏便乃謂沙鉢略曰：“我與爾俱可汗子，各承父後，爾今極尊，我獨無位，何也？”沙鉢略患之，以爲阿波可汗，還領所部。

［1］菴邏實貴：源氏校勘記云：“‘實’《周書》作‘母’。爲是。”中華本校勘記云：“《隋書》‘實’作‘母’，是。但《通志》及《通鑑》卷一七五亦作‘實’，今不改。”可從。

［2］居都斤山：源氏校勘記云：“‘居’《隋書》作‘治’。”中華本校勘記云：“按上文云：‘可汗恒處於都斤山。’‘於都斤’即《唐書》卷一九四《突厥傳》之‘鬱督軍’，又作‘烏德鞬’。這裏無‘於’字，當是省略。”可從。

［3］獨洛水：即今蒙古國烏蘭巴托南土拉河。

［4］稱第三可汗：中華本校勘記云：“《通志》同。《隋書》《通

典》‘三’作‘二’，當是。”可從。

沙鉢略勇而得衆，北夷皆歸附之。隋文帝受禪，[1]待之甚薄，北夷大怨。會營州刺史高寶寧作亂，[2]沙鉢略與之合軍，攻陷臨渝鎮。[3]上敕緣邊修保鄣，峻長城，以備之。沙鉢略妻，周千金公主，傷宗祀絶滅，由是悉衆來寇，控弦士四十萬。上令柱國馮昱屯乙弗泊，[4]蘭州總管叱李長叉守臨洮，上柱國李崇屯幽州，[5]達奚長儒據周槃，[6]皆爲虜敗。於是縱兵自木硤、石門兩道來寇，[7]武威、天水、安定、金城、上郡、弘化、延安六畜咸盡。[8]天子震怒，下詔曰：

[1]隋文帝：即隋朝皇帝楊堅。文爲其謚號。

[2]營州：隋朝時治龍城縣，在今遼寧朝陽市。　高寶寧：人名。亦作“高保寧”，代（今山西大同市東北）人。北齊武平末爲營州刺史。見《北史》卷五三《傳伏附高寶寧傳》。

[3]臨渝鎮：在今河北撫寧縣。

[4]馮昱：人名。隋朝大將、官吏。見《北史》卷七三《劉方附馮昱傳》。　乙弗泊：地名。在今青海樂都縣西。

[5]蘭州總管叱李長叉守臨洮上柱國李崇屯幽州：底本“李”後無“長叉守臨洮上柱國李”九字，中華本校勘記云：“諸本無‘長叉守臨洮，上柱國李’九字，《隋書》有。按《隋書》卷一《高祖紀》開皇二年六月云：‘以叱李長叉爲蘭州總管。’又《李崇傳》見《隋書》卷三七。此因上下兩‘李’字而脱，今據補。”今從改。蘭州，隋初置總管府於金城郡，在今甘肅蘭州市。總管，官名。北周明帝武成元年（559）由都督諸州軍事改名，加使持節，管理轄區軍政、民政，爲地方高級軍政官員。所轄區域增減無常，

一般轄數州，多者達數十州。隋朝時爲軍隊出征時臨時委派的統帥。叱李長叉，人名。又作“叱列長叉”，代（今山西大同市東北）人，鮮卑族。北齊、北周、隋朝官吏。見《北史》卷五三《叱列平附叱列長叉傳》。臨洮，地名。在今甘肅岷縣。上柱國，官名。戰國時楚國置，位極尊，僅次於令尹，掌軍政。北周武帝建德四年置爲最高級勳官，正九命。隋朝時置爲從一品散實官，煬帝大業三年（607）罷。李崇，人名。字永隆，北周、隋朝官吏。見《北史》卷五九《李賢附李崇傳》。幽州，隋朝初治薊縣，在今北京西南。

[6]達奚長儒：人名。字富仁，代郡（今山西大同市東北）人。北周、隋朝將領。見《北史》卷七三《達奚長儒傳》。毛本“儒”作“孺”。　周槃：地名。確址不詳，當在今甘肅慶陽市境内。

[7]木硤：關名。在今寧夏固原市西南紅莊鄉，即海子峽出口處。　石門：關名。在今寧夏固原市北須彌山石窟之側。這裏石門水穿峽而過，兩面山峰形同刀劈，如同石門，故名。

[8]武威天水安定金城上郡弘化延安：《資治通鑑》卷一七五：“於是突厥縱兵自木硤、石門兩道入寇，武威、天水、金城、上郡、弘化、延安，六畜咸盡。”胡三省注云：“天水、上郡皆古郡，天水則秦州，上郡則敷州也。延安郡，後魏置，東夏州，西魏改爲延州。”武威，郡名。隋朝初治姑臧縣，在今甘肅武威市。天水，郡名。隋朝時治上邽縣，在今甘肅天水市。安定，郡名。隋朝初治安定縣，在今甘肅涇川縣北。金城，郡名。隋朝時治金城縣，在今甘肅蘭州市。上郡，隋朝初治膚施縣，在今陝西榆林市東南。弘化，郡名。西魏文帝大統十二年（546）改化政郡置，屬夏州，治巖緑縣，在今陝西靖邊縣白城子村無定河北岸的毛烏素沙漠中（靠近今内蒙古烏審旗南境）。隋開皇三年廢。延安，郡名。隋朝初治廣武縣，在今陝西延安市東。

往者周、齊抗衡，分割諸夏，突厥之虜，俱通二國。周人東慮，恐齊好之深；齊氏西虞，[1]懼周交之厚。各謂虜意輕重，國遂安危。[2]非徒並有大敵之憂，思減一邊之防。竭生靈之力，供其來往，傾府庫之財，棄於沙漠。華夏之地，實爲勞擾。朕受天明命，子育萬方，愍臣下之勞，除既往之弊。回入賊之物，[3]加賜將士；息在路之人，務於耕織。凶醜愚闇，未知深旨，將大定之日，比戰國之時，乘昔世之驕，結今時之恨。近者，盡其巢窟，俱犯北邊，而遠鎮偏師，逢而摧翦，未及南上，遽已奔北。

[1]虞：底本"虞"作"慮"，源氏校勘記云："《周書》作'虞'。"中華本校勘記云："諸本'虞'訛作'慮'，與上文重複，據《隋書》改。"今從改。

[2]國遂安危：源氏校勘記改"遂"作"逐"。按：《隋書》卷八四《突厥傳》作"逐"。

[3]回入賊之物：源氏校勘記云："'回'《隋書·突厥傳》作'因'。"按：中華本《隋書·突厥傳》作"因"。《資治通鑑》同。可從。

且彼渠帥，其數凡五，[1]昆季争長，父叔相猜，世行暴虐，家法殘忍。東夷諸國，盡挾私讎；西戎群長，皆有宿怨。突厥之北，契骨之徒，[2]切齒磨牙，常伺其後。[3]達頭前攻酒泉，于闐、波斯、挹怛三國，[4]一時即叛；沙鉢略近趣周槃，其部内薄孤、東紇羅尋亦翻動。[5]往年利稽察大爲高麗、靺鞨所破，[6]沙毗設又爲紇支可汗所殺。[7]與其爲鄰，皆願誅剿，部落之下，盡異純人。千種萬類，仇敵怨偶，泣血拊心，銜悲積恨。圓首方足，皆人類也，有一於此，更切朕懷。彼地咎徵妖作，將年一紀。乃獸爲人語，人作神言，云其國亡，訖而不見。每冬雷震，觸地火生。種類資給，唯藉水草，去歲四時，竟無雨雪，川枯蝗暴，卉木燒盡，飢疫死亡，人畜相半。舊居之地，赤土無依，遷徙漠南，偷存晷刻。斯蓋上天所忿，驅就齊斧，幽明合契，今也其時。

[1]且彼渠帥其數凡五：指沙鉢略可汗、第二可汗、達頭可汗、阿波可汗、貪汗可汗五可汗。渠帥，首領。一般作爲對敵方首領，尤其是對少數民族首領的蔑稱。

[2]契骨：源氏校勘記改“骨”作“丹”。按：中華本《隋書》卷八四《突厥傳》作“丹”。

[3]後：源氏校勘記云：“‘後’《隋書》作‘便’。”按：中華本《隋書·突厥傳》作“便”。

[4]于闐：國名。都城在今新疆和田市西南。　波斯：國名。都城位於今伊朗。　挹怛：國名。具體不詳。

[5]東：源氏校勘記云：“‘東’《隋書》作‘束’。”按：中華本《隋書·突厥傳》作“束”。

[6]利稽察大：人名。具體不詳。　高麗：國名。見《北史》卷九四《高麗傳》。　靺鞨：國名。又名勿吉。見《北史》卷九四《勿吉傳》。

[7]沙毗設：源氏校勘記云：“‘沙’《隋書》作‘娑’。”按：

中華本《隋書·突厥傳》作“娑”。

故選將練兵，贏糧聚甲，義士奮發，壯夫肆憤，願取名王之首，思撻單于之背。此則王恢所説，[1]其猶射癰，何敵能當，何遠不剋。但皇王舊迹，北止幽都，荒遐之表，文軌所棄，得其地不可而居，[2]得其人不忍皆殺。無勞兵革，遠規溟海。普告海内，知朕意焉。

[1]王恢：人名。西漢將領。燕人。數爲邊吏。

[2]而：殿本、四庫本、四部備要本作“以”。

於是河間王弘，[1]上柱國豆盧勣、竇榮定，[2]左僕射高熲，[3]右僕射虞慶則並爲元帥，[4]出塞擊之。沙鉢略率阿波、貪汗二可汗來拒戰，皆敗走。時虜飢不能得食，[5]粉骨爲糧，又多災疫，死者極衆。

[1]河間王：封爵名。河間，郡名。隋朝時治河間縣，在今河北河間市。　弘：即楊弘，人名。字辟惡。隋朝宗室。見《北史》卷七一《河間王弘傳》。

[2]豆盧勣：人名。字定東，昌黎徒何（今遼寧錦州市）人。本姓慕容，前燕宗室支庶。降魏後改姓豆盧。北周、隋朝大將。見《北史》卷六八《豆盧寧附豆盧勣傳》。　竇榮定：人名。扶風平陵（今陝西咸陽市西北）人。西魏、北周、隋朝官吏。見《北史》卷六一《竇熾附竇榮定傳》。

[3]左僕射：官名。東漢末設。爲尚書令副貳，掌拆閲封緘章奏文書，參議政事，助掌全國政務。歷朝多因之。隋朝罷録尚書，

又常缺令，僕射成爲正宰相，與門下省、内史省長官共秉國政。文帝開皇三年（583）令左僕射掌判吏部、禮部、兵部三部事，兼糾彈御史所糾不當者。從二品。　高熲：人名。一作“獨孤熲”，一名敏，字昭玄，勃海蓨（今河北景縣）人。隋朝大臣。見《北史》卷七二《高熲傳》。

[4]右僕射：官名。秦漢時爲尚書令副貳。歷代沿置。隋朝罷録尚書事，又常缺令，僕射成爲正宰相，從二品，與門下省、内史省長官共秉國政。文帝開皇三年令右僕射掌判都官、度支、工部三部事，兼知用度。二品。　虞慶則：人名。本姓魚，京兆櫟陽（今陝西西安市臨潼區）人。北周、隋朝大臣。見《北史》卷七三《庾慶則傳》。

[5]時虜飢不能得食：底本“食”前無“得”字，中華本校勘記云：“諸本脱‘得’字，據《隋書》《通典》補。”今從改。

既而沙鉢略以阿波驍悍，忌之，因其先歸，襲擊其部，大破之，殺阿波母。阿波還無所歸，西奔達頭可汗。達頭者，名玷厥，沙鉢略之從父也，舊爲西面可汗。既而大怒，遣阿波率兵而東，其部落歸之者將十萬騎，遂與沙鉢略相攻。又有貪汗可汗，素睦於阿波，沙鉢略奪其衆而廢之，貪汗亡奔達頭。沙鉢略從弟地勤察，别統部落，與沙鉢略有隙，復以衆叛歸阿波。連兵不已，各遣使詣闕，[1]請和求援，上皆不許。

[1]各遣使詣闕：底本“遣”後無“使”字，中華本校勘記云：“諸本脱‘使’字，據《隋書》補。”今從改。

會千金公主上書，請爲一子之例，文帝遣開府徐平和使於沙鉢略。[1]晉王廣時鎮并州，[2]請因其釁乘之，上不許。沙鉢略遣使致書曰："辰年九月十日，從天生大突厥天下賢聖天子伊利俱盧設莫何始波羅可汗致書大隋皇帝：使人開府徐平和至，辱告言語，具聞也。皇帝是婦父，即是翁，此是女夫，即是兒例，兩境雖殊，情義是一。今重疊親舊，子子孫孫，乃至萬世不斷。上天爲證，終不違負。此國所有羊、馬，都是皇帝畜生；彼有繒綵，都是此物。彼此不異也。"文帝報書曰："大隋天子貽書大突厥伊利俱盧設莫何沙鉢略可汗：[3]得書，知大有好心向此也。既是沙鉢略婦翁，今日看沙鉢略共兒子不異。既以親舊厚意，常使之外，今特别遣大臣虞慶則往彼看女，復看沙鉢略也。"沙鉢略陳兵列其寶物，坐見慶則，稱病不能起，且曰："我伯父以來，[4]不向人拜。"慶則責而喻之。千金公主私謂慶則曰："可汗犲狼性，過與争，將齧人。"長孫晟説諭之，[5]攝圖屈，乃頓顙受璽書，[6]以戴於首。既而大慚，其群下因相聚慟哭。慶則又遣稱臣，沙鉢略謂其屬曰："何名爲臣？"報曰："隋國臣，猶此稱奴。"沙鉢略曰："得作大隋天子奴，虞僕射之力也。"贈慶則馬千匹，并以從妹妻之。

[1]開府：北魏、北齊、北周、隋朝時爲開府儀同三司的省稱。

[2]廣：即楊廣，人名。隋朝第二任皇帝。見《北史》卷一二《隋本紀·煬帝》。　并州：隋朝時治晉陽縣，在今山西太原市晉源區古城營村一帶。

[3]伊：底本作"乙"，南監本、毛本、殿本、四庫本、局本、四部備要本作"伊"。源氏校勘記云："'伊'《隋書》作'乙'。"

[4]伯父：源氏校勘記云："《隋書》作'父伯'。"按：中華本《隋書》卷八四《突厥傳》作"父伯"。

[5]長孫晟：人名。字季晟，代（今山西大同市東北）人。隋朝將領。見《北史》卷二二《長孫道生附長孫晟傳》。

[6]璽書：亦稱寶書。古代以印璽封記之文書。秦以後專指帝王詔書。

時沙鉢略既爲達頭所困，又東畏契丹，遣使告急，請將部落度漠南，[1]寄居白道川内。[2]有詔許之。晋王廣以兵援之，給以衣食，賜以車服、鼓吹。[3]沙鉢略因西擊阿波，破擒之。[4]而阿拔國部落乘虚掠其妻子。[5]官軍爲擊阿拔，敗之，所獲悉與沙鉢略。沙鉢略大憙，[6]乃立約，以磧爲界。因上表曰："大突厥伊利俱盧設始波羅莫何可汗臣攝圖言：大使、尚書右僕射虞慶則至，伏奉詔書，兼宣慈旨，仰惟恩信之著，愈久愈明，徒知負荷，不能答謝。突厥自天置以來，五十餘載，保有沙漠，自王蕃隅，地過萬里，士馬億數，恒力兼戎夷，抗禮華夏，在於戎狄，莫與爲大。頃者，氣候清和，風雲順序，意以華夏其有大聖興焉。伏惟大隋皇帝真皇帝也，豈敢阻兵恃險、偷竊名號。今便感慕淳風，歸心有道。雖復南瞻魏闕，山川悠遠，北面之禮不敢廢。當令侍子入朝，[7]神馬歲貢，朝夕恭承，惟命是視。謹遣第七兒臣窟合真等奉表以聞。"[8]文帝下詔曰："沙鉢略往雖與和，猶是二國，今作君臣，便成一體。已敕有司，肅告郊廟，宜傳播天下，[9]咸使知聞。"自是詔答諸事，並不稱其名以異之。其妻可賀敦周千金公主，賜姓楊氏，編之屬籍，改封大義公主。[10]策拜窟合真爲柱國，封安國公，宴於内殿，引見皇后，賞勞甚厚。沙鉢略大悦。於是，歲時貢獻不絶。

[1]漠南：亦作“幕南”。初指今蒙古高原大沙漠以南地區。

[2]白道川：地名。在今内蒙古呼和浩特市西北壩口子。

[3]鼓吹：演奏鼓吹樂的樂隊。本用於軍中，後賜予有功大臣，遂成爲皇帝賜予臣下的一種禮遇。

[4]沙鉢略因西擊阿波破擒之：中華本校勘記云：“按下文又言處羅侯擒阿波，疑此有訛誤。《隋書》同。”可從。

[5]掠：毛本、局本作“略”。

[6]沙鉢略大憙：底本無“沙”字，中華本校勘記云：“諸本脱‘沙’字，據《隋書》《通志》補。”今從改。

[7]令：源氏校勘記云：“‘令’《隋書》作‘今’。”按：中華本《隋書》卷八四《突厥傳》改作“令”。

[8]兒：毛本作“子”。 窟合真：源氏校勘記云：“《隋書》作‘窟含’。下同。”按：中華本《隋書·突厥傳》改作“窟合真”。

[9]傳播：源氏校勘記云：“‘傳播’《隋書》作‘普頒’。”

[10]大義公主：封號。《資治通鑑》卷一七六胡三省注云：“更封以大義，非嘉名也，取‘大義滅親’云爾。”

七年正月，沙鉢略遣其子入貢方物。因請獵於恒、代之間，[1]詔許之，仍遣使人，賜其酒食。沙鉢略率部落再拜受賜。沙鉢略一日手殺鹿十八頭，[2]齎尾舌以獻。[3]還至紫河鎮，[4]其牙帳爲火所燒，[5]沙鉢略惡之，月餘而卒。上爲之廢朝三日，遣太常弔祭焉，[6]贈物五千段。

[1]恒代：地區名。在今山西大同市東北。《資治通鑑》卷一七八胡三省注云："拓跋氏始都平城，建爲代都，置司州及代都尹，後遷洛陽，改司州爲恒州。故曰恒、代也。"

[2]沙鉢略一日手殺鹿十八頭：底本"沙鉢略"作"沙鉢"，中華本校勘記云："諸本脱'略'字，據《隋書》《通志》補。"今從改。

[3]舌：毛本、殿本、四庫本、局本、四部備要本作"首"。

[4]紫河鎮：地名。在今内蒙古呼和浩特市。

[5]牙帳：主帥居住的營帳。因帳前樹牙旗，故稱。

[6]太常：官名。即太常卿的省稱，掌禮樂祭祀。隋朝時正三品。

初，攝圖以其子雍虞閭性懦，遺令立其弟葉護處羅侯。雍虞閭遣使迎處羅侯。將立之，處羅侯曰："我突厥自木杆可汗來，多以弟代兄，以庶奪嫡，失先祖之法，不相敬畏。汝當嗣位，我不憚拜汝也。"雍虞閭又遣使謂處羅侯曰："叔與我父，共根連體，我是枝葉，寧有我作主，令根本反同枝葉？願叔勿疑。"相讓者五六，處羅侯竟立，是爲葉護。[1]遣使上表言狀，上賜之鼓吹、幡旗。處羅侯長頤僂背，眉目疏朗，勇而有謀。以隋所賜旗鼓，西征阿波，敵人以爲得隋兵所助，多來降附，遂擒阿波。既而上書，請阿波死生之命。[2]上下其議，左僕射高熲進曰："骨肉相殘，教之蠹也，宜存養以示寬大。"上曰："善。"熲因奉觴進曰："自軒轅以來，獯粥多爲邊患。[3]今遠窮北海，[4]皆爲臣妾，此之盛事，振古未聞。臣敢再拜上壽。”

[1]處羅侯竟立是爲葉護：中華本校勘記云：“《隋書》‘葉護’下有‘可汗，以雍虞閭爲葉護’九字。按本書卷二二、《隋書》卷五一《長孫晟傳》云：‘七年，攝圖死。遣晟持節拜其弟處羅侯爲莫何可汗，以其子雍閭爲葉護可汗。’處羅侯先爲葉護，既繼其兄爲可汗，其葉護之位，當即轉授雍虞閭。疑《隋書·突厥傳》是。‘莫何’‘葉護’不同，當是各有省略，其全稱當不止四字。《長孫晟傳》‘葉護’下之‘可汗’，當是衍文。”可從。

[2]死生：毛本作“生死”。

[3]獯粥：夏商時對匈奴的稱謂。

[4]北海：即今貝加爾湖。

後處羅侯又西征，中流矢卒。其衆奉雍虞閭爲主，是爲頡伽施多那都藍可汗。雍虞閭遣使詣闕，賜物三千段，[1]每歲遣使朝貢。時有流人楊欽，[2]亡入突厥中，謬云彭國公劉昶與宇文氏謀反，[3]令大義公主發兵擾邊。都藍執欽以聞，并貢勃布、魚膠。[4]其弟欽羽設部落强盛，都藍忌而擊之，斬首於陣。其年，遣其母弟褥但特勤獻于闐玉杖，上拜褥但爲柱國、康國公。明年，突厥部落大人相率遣使貢馬萬匹，羊二萬口，駞、牛各五百頭。尋遣請緣邊置市，與中國貿易，詔許之。

[1]三千：南監本、毛本、殿本、四庫本、局本、四部備要本作“二千”。

[2]流人：流民。

[3]劉昶：人名。北周、隋朝官吏。見《北史》卷二九《劉昶

傳》。

[4]勃布：源氏校勘記云："《隋書》作'葤布'。"疑是。葤布，一種紡織品。

平陳後，上以陳叔寶屏風賜大義公主，[1]主心恒不平，因書屏風爲詩，敘陳亡以自寄曰："盛衰等朝暮，世道若浮萍。榮華實難守，池臺終自平。富貴今安在？空事寫丹青。盃酒恒無樂，絃歌詎有聲？余本皇家子，飄流入虜庭。一朝覩成敗，懷抱忽縱横。古來共如此，非我獨申名。唯有昭君曲，[2]偏傷遠嫁情。"上聞惡之，禮賜益薄。公主復與西突厥泥利可汗連結，[3]上恐其爲變，將圖之。會主與所從胡私通，因發其事，下詔廢之。恐都藍不從，遣奇章公牛弘將美妓四人以啗之。[4]時沙鉢略子曰染干，[5]號突利可汗，居北方，遣使求婚。上令裴矩謂曰：[6]"當殺大義公主方許婚。"突利以爲然，復譖之。都藍因發怒，遂殺公主於帳。

[1]陳叔寶：人名。字元秀。南朝陳最後一位皇帝。見《南史》卷一〇《陳本紀·後主》。

[2]昭君：人名。即王嬙。漢元帝宫人，容貌美麗，舉止嫻雅。匈奴求婚，王嬙被遣遠嫁，爲南匈奴呼韓邪閼氏。後因用爲咏美女或遠嫁的典故。

[3]西突厥：源氏校勘記云："'西'下《隋書》有'面'字。"

[4]奇章公：封爵名。奇章，郡名。隋朝初治符陽縣，在今四川通江縣西北。按：《隋書·地理志》作"其章"。"其""奇"相通。　牛弘：人名。字里仁，安定鶉觚（今陝西長武縣）人。隋朝大臣。見《北史》卷七二《牛弘傳》。

［5］時沙鉢略子曰染干：中華本校勘記云："按本書及《隋書·長孫晟傳》，言染干是處羅侯之子，《通典》亦同。這裏作沙鉢略之子，誤。"可從。

［6］裴矩：人名。字弘大，河東聞喜（今山西聞喜縣）人。隋朝、唐朝官吏。見《北史》卷三八《裴佗附裴矩傳》。

都藍因與突利可汗有隙，[1]數相征伐，上和解之，各引兵去。十七年，突利遣使來逆女，上舍之太常，教習六禮，[2]妻以宗女安義公主。[3]上欲離間北狄，[4]故特厚其禮，遣牛弘、蘇威、斛律孝卿相繼爲使。[5]突厥前後遣使入朝，三百七十輩。突利本居北方，以尚主故，南徙度斤舊鎮，[6]錫賚優厚。雍虞閭怒曰："我大可汗也。反不如染干！"於是朝貢遂絶，數爲邊患。

［1］都藍因與突利可汗有隙：底本"汗"前無"可"字，"因"後無"與"字。毛本、局本"汗"前有"可"字。源氏校勘記云："'因突'《隋書》作'與達'。"中華本校勘記云："諸本脱'與'字，據《通志》補。《隋書》作'都藍與達頭可汗有隙'，與此不同，疑《隋書》是。"今從改。

［2］六禮：婚禮，含納彩、問名、納吉、納徵、請期、親迎六項。参《禮記·昏義》《儀禮·士昏禮》。

［3］妻以宗女安義公主：底本"安義"作"義安"，中華本校勘記就云："諸本'安義'作'義安'，《隋書》《通典》作'安義'。按本傳後文見'賜臣安義公主'。本書及《隋書·長孫晟傳》也作'安義'，今據乙。"今從改。

［4］北狄：源氏校勘記云："《隋書》作'北夷'。"

［5］蘇威：人名。字無畏，京兆武功（今陝西武功縣西北）人。北周、隋朝官吏。見《北史》卷六三《蘇綽附蘇威傳》。　斛

律孝卿：人名。太安（今山西壽陽縣）人。隋朝大臣。見《北史》卷五三《斛律羌舉附斛律孝卿傳》。

[6]度斤舊鎮：地名。《資治通鑑》卷一七八胡三省注云："度斤舊鎮，蓋即都斤山。"

十八年，詔蜀王秀出靈州道擊之。[1]明年，又遣漢王諒爲元帥，[2]左僕射高熲率將軍王察、上柱國趙仲卿並出朔州道，[3]右僕射楊素率柱國李徹、韓僧壽出靈州道，[4]上柱國燕榮出幽州，以擊之。[5]雍虞閭與玷厥舉兵攻染干，盡殺其兄弟子女，遂渡河入蔚州。[6]染干夜以五騎與隋使長孫晟歸朝。上令染干與雍虞閭使者因頭特勤相辯詰，染干辭直，上乃厚待之。雍虞閭弟都速六棄其妻子，與突利歸朝。上嘉之，敕染干與都速六樗蒱，稍稍輸以寶物，用歸其心。[7]六月，高熲、楊素擊玷厥，大破之。拜染干爲意利珍豆啓人可汗，[8]華言意智健也。啓人上表謝恩。上於朔州築大利城以居之。[9]時安義公主已卒，上以宗女義城公主妻之。部落歸者甚衆。雍虞閭又擊之，上復令入塞。雍虞閭侵掠不已，遂遷於河南，在夏、勝二州間，[10]發徒掘塹數百里，東西距河，盡爲啓人畜牧地。

[1]秀：即楊秀，人名。隋朝宗室。見《北史》卷七一《庶人秀傳》。　靈州：隋朝時治回樂縣，在今寧夏吴忠市北。

[2]諒：即楊諒，人名。字德章，一名傑，小字益錢。隋朝宗室。見《北史》卷七一《庶人諒傳》。

[3]趙仲卿：人名。河南洛陽（今河南洛陽市東北）人。北周、隋朝官吏。見《北史》卷六九《趙剛附趙仲卿傳》。　朔州：

隋朝時治善陽縣，在今山西朔州市。

[4]楊素：人名。字處道，弘農華陰（今陝西華陰市東南）人。隋朝大臣。見《北史》卷四一《楊敷附楊素傳》。　柱國：官名。戰國時楚、趙等國始設，兼掌軍政。北魏時一度復設柱國大將軍。西魏設八員，爲府兵最高指揮官。北周因之，正九命。後轉爲第二等勳官。隋朝因之。　李徹：人名。字廣達，朔方巖緑（今陝西靖邊縣白城子村北）人。北周、隋朝官吏。見《北史》卷六六《李和附李徹傳》。　韓僧壽：人名。字玄慶，河南東垣（今河南新安縣東）人。北周、隋朝將領。見《北史》卷六八《韓雄附韓僧壽傳》。

[5]上柱國燕榮出幽州：底本"柱國"前無"上"字，中華本校勘記云："諸本無'上'字，《隋書》有。按《隋書》卷七四《燕榮傳》，榮於隋初已官上柱國，今據補。"今從改。燕榮，人名。字貴公，弘農華陰（今陝西華陰市東南）人。北周、隋朝官吏。見《北史·燕榮傳》。

[6]蔚州：隋朝時改置雁門郡，治靈丘縣，在今山西靈丘縣。

[7]歸：源氏校勘記云："'歸'《隋書》作'慰'。"

[8]啓人可汗：中華本校勘記云："《隋書》'人'作'民'，《北史》避唐諱改。"可從。

[9]大利城：在今内蒙古清水河縣境。

[10]夏：州名。隋時置朔方郡，治巖緑縣統萬城，在今陝西靖邊縣白城子村無定河北岸的毛烏素沙漠中（靠近今内蒙古烏審旗南境）。　勝：州名。隋朝時治榆林縣，在今内蒙古準格爾旗東北。

於是遣越國公楊素出靈州，行軍總管韓僧壽出慶州，[1]太平公史萬歲出燕州，[2]大將軍姚辯出河州，[3]以擊都藍。師未出塞，而都藍爲其麾下所殺，達頭自立爲步迦可汗，其國大亂。遣太平公史萬歲出朔州以擊之，遇達頭於大斤山,[4]虜不戰而遁。尋遣其子俟利伐從磧東攻啓人,[5]上又發兵助啓人守要路,俟利伐退走入磧。啓人上表陳謝曰:"大隋聖人莫緣可汗憐養,[6]百姓蒙恩,赤心歸服,或南入長城,或住白道。[7]染干如枝木重起枝葉,枯骨重生皮肉,千世萬世,長與大隋典羊馬也。"

[1]行軍總管:官名。北周置。戰時臨時任命大臣爲之,統兵出征,事迄即罷。在重大軍事行動中,隸屬於行軍元帥。自隋開始,漸漸過渡爲地方軍政長官,或掌一道軍政,或領數道,時有大總管、總管之分。　慶州:隋朝時治合水縣,在今甘肅慶陽市。

[2]太平公:封爵名。太平,縣名。治所在今山西襄汾縣西北古城鎮。　史萬歲:人名。京兆杜陵(今陝西西安市長安區東)人。隋朝名將。見《北史》卷七三《史萬歲傳》。　燕州:隋朝時治懷戎縣,在今河北涿鹿縣西南。

[3]大將軍:官名。魏晋南北朝時有諸名號大將軍,作爲加授給大臣、重要州郡長官的戎號。北周時置勳官十一等,大將軍居第四等,正九命。隋初因之,煬帝時廢。　姚辯:人名。字思辯,武威(今甘肅武威市)人。隋朝大將。見《姚辯墓誌》。　河州:隋朝時治枹罕縣,在今甘肅臨夏市。

[4]大斤山:即今内蒙古黄河東北大青山。

[5]尋遣其子俟利伐從磧東攻啓人:源氏校勘記云:"'子'上《隋書》有'弟'字。"中華本校勘記云:"《隋書》'子'上有'弟'字,'俟'作'俟'。《通志》無'弟'字,'俟'作'俟'。按'俟利伐'是突厥官號,疑此作'俟'誤。"可從。

[6]大隋聖人莫緣可汗憐養:底本"莫緣"作"隨",源氏校勘記云:"'隨'《隋書》作'莫緣','蒙'上有'諸姓'二字。"中華本校勘記云:"諸本'莫緣'二字作'隨'一字,《隋書》作

‘莫緣’。按下文稱‘已前聖人先帝莫緣可汗’，指楊堅，今據改。”今從改。

[7]白道：在今内蒙古呼和浩特市西北，爲河套東北地區通往陰山以北的交通要道。

仁壽元年，[1]代州總管韓洪爲虜敗於恒安，[2]詔楊素爲雲州道行軍元帥，[3]率啓人北征。斛薛等諸姓初附於啓人，至是而叛。素軍河北，逢突厥阿勿思力俟斤等南渡，[4]掠啓人男女雜畜而去，素率上大將軍梁默追之，[5]大破俟斤，悉得人畜以歸啓人。素又遣柱國張定和、領軍大將軍劉昇别路邀擊，[6]並多斬獲而還。兵既渡河，賊復掠啓人部落，素率驃騎范貴於窟結谷東南復破之。[7]

[1]仁壽：隋文帝的年號（601—604）。

[2]代州：隋朝時治雁門縣，在今山西代縣西南。　韓洪：人名。字叔明，河南東垣（今河南新安縣東）人。北周、隋朝將領。見《北史》卷六八《韓雄附韓洪傳》。　恒安：鎮名。在今山西大同市東北。

[3]雲州：隋朝時治定襄郡大利縣，在今山西朔州市平魯區。

[4]逢突厥阿勿思力俟斤等南渡：底本“俟”作“侯”，中華本校勘記云：“諸本‘俟’訛作‘侯’，據《隋書》《通志》及下文改。”今從改。

[5]上大將軍：官名。三國吴始置。隋朝沿置，高級武官名號，位大將軍上。從二品散實官。　梁默：人名。北周、隋朝將領。見《北史》七三《梁士彦附梁默傳》。

[6]張定和：人名。字處謐，京兆萬年（今陝西西安市）人。

隋朝官吏。見《北史》卷七八《張定和傳》。　領軍大將軍：官名。北齊文宣帝天保中置，爲領軍府長官，總掌禁衛諸軍，在領軍將軍之上，權勢極重，二品，位次尚書令。隋朝因之，分左、右。掌禁衛。正三品。煬帝時改名爲右屯衛大將軍（參李燕捷《隋領軍府考補》，《文史》1990 年第 32 輯）。　劉昇：人名。隋朝官吏、將領，曾任左武衛將軍。

[7]驃騎：官名。即驃騎將軍。漢武帝時置。隋朝因襲北周府兵制，改開府爲驃騎府，置爲長官，分駐各地，統領府兵，正四品上。煬帝時改爲鷹揚郎將。

是歲，泥利可汗及葉護俱被鐵勒所敗，步迦尋亦大亂。奚、霫五部内徙，步迦奔吐谷渾，啓人遂有其衆，遣使朝貢。

大業三年，[1]煬帝幸榆林，[2]啓人及義城公主來朝行宫，前後獻馬三千匹。帝大悦，賜帛萬三千段。啓人及義城公主上表曰："已前聖人先帝莫緣可汗存日，憐臣，賜臣安義公主，臣種末爲聖人先帝憐養。臣兄弟妒惡，相共殺臣。臣當時無處去，向上看只見天，下看只見地，實憶聖人先帝言語，投命去來。聖人先帝見臣，大憐臣死命，養活勝於往前，遣臣作大可汗坐著也。突厥百姓死者以外，還聚集作百姓也。至尊今還如聖人先帝於天下四方坐也，[3]還養活臣及突厥百姓，實無少短。至尊憐臣時，乞依大國，服飾法用一同華夏。"帝下其議，公卿請依所奏。帝以爲不可，乃詔曰："君子教人，不求變俗，何必化諸削衽，縻以長纓?"仍璽書答啓人，以爲磧北未静，[4]猶復征戰，[5]但使存心孝順，何必改衣服也。帝法駕御千人大帳，[6]享啓人及其部落酋長三千五百人，賜物二千段，[7]其下各有差。復下詔褒寵之，賜路車、乘馬、鼓吹、幡旗，贊拜不名，[8]位在諸侯王上。帝親巡雲内，[9]泝金河而東，[10]北幸啓人所居。啓人奉觴上壽，跪伏甚恭。帝大悦，賦詩曰："鹿塞鴻旗駐，龍庭翠輦回。氈帳望風舉，穹廬向日開。呼韓頓顙至，屠耆接踵來。索辮擎羶肉，韋韝獻酒盃。[11]何如漢天子，空上單于臺？"帝賜啓人及主金甕各一，及衣服、被褥、錦綵；特勤以下各有差。[12]

[1]大業：隋煬帝的年號（605—617）。

[2]煬帝：即隋朝皇帝楊廣。煬爲其謚號。　榆林：郡名。隋朝時治榆林縣，在今内蒙古准格爾旗東北。

[3]至尊今還如聖人先帝於天下四方坐也：底本"今"作"令"，源氏校勘記改"令"作"今"。中華本校勘記云："諸本'今'訛作'令'，據《隋書》改。"今從改。

[4]静：毛本作"盡"。

[5]復：源氏校勘記云："'復'《隋書》作'須'。"

[6]法駕：天子的車駕。

[7]二千段：源氏校勘記云："《隋書》作'二十萬段'。"中華本校勘記云："《隋書》作'二十萬段'。"是。

[8]贊拜不名：《資治通鑑》卷一八五胡三省注云："凡朝會贊拜，則曰某官某；不名，亦殊禮也。"

[9]雲内：縣名。治所在今山西大同市西。底本作"雲中"。源氏校勘記云："《隋書》作'雲内'。"按：隋朝避隋文帝之父楊忠諱，改"雲中"爲"雲内"。今從改。

[10]金河：今内蒙古呼和浩特市南之黑河。

[11]韋韝（gōu）：柔革製作的袖套。

[12]特勤：突厥、回紇等汗國的官名，多由可汗的子弟擔任，相當於中央王朝的親王。祗統部落，不領兵馬。

先是，高麗私通使啓人所。啓人不敢隱境外之交，是日持高麗使見。[1]敕令牛弘宣旨謂曰："朕以啓人誠長奉國，[2]故親至其所。明年當往涿郡。[3]爾回日，語高麗主，[4]宜早來朝。"使人甚懼。啓人乃扈從入塞至定襄，[5]詔令歸蕃。明年，朝於東都，[6]禮賜益厚。是歲，疾終，上爲廢朝三日。

[1]持：源氏校勘記云："'持'《隋書》作'將'。"

[2]誠長奉國：源氏校勘記云："'長'《魏書》作'心'。"中華本校勘記云："《隋書》《通志》'長'作'心'，疑'長'誤。"可從。

[3]涿郡：隋朝時治薊縣，在今北京西南。

[4]高麗主：源氏校勘記云："'主'《隋書》作'王'。"

[5]定襄：郡名。隋朝時治大利縣，在今山西朔州市平魯區。

[6]東都：指洛陽城，在今河南洛陽市。

其子吐吉立，[1]是爲始畢可汗。表續尚公主，[2]詔從其俗。十一年，來朝於東都。其年，車駕避暑汾陽宫。[3]八月，始畢率其種落入寇，圍帝於雁門。[4]援兵方至，始畢引去。由是朝貢遂絶。明年，復寇馬邑，[5]唐公擊走之。[6]隋末亂離，中國人歸之者無數，遂大强盛。迎蕭后置於定襄。[7]薛舉、竇建德、王世充、劉武周、梁師都、李軌、高開道之徒，[8]雖僭尊號，皆稱臣，受其可汗之號，使者往來，相望於道。

[1]其子吐吉立：源氏校勘記云："'吐吉世'避諱略'世'字。"中華本校勘記云："《隋書》'吐吉'作'咄吉世'，《通典》及《通鑑》卷一八一作'咄吉'。按'世'當是省略，疑作'咄'是。"可從。

[2]續：源氏校勘記改"續"作"請"。按：中華本《隋書》卷八四《突厥傳》作"請"。

[3]汾陽宫：隋煬帝大業三年建，在今山西静樂縣。

[4]雁門：郡名。隋朝時治雁門縣，在今山西代縣西南。

[5]馬邑：郡名。隋朝時治善陽縣，在今山西朔州市。

[6]唐公：即唐高祖李淵。

[7]蕭后：即隋煬帝的皇后蕭氏。見《北史》卷一四《煬愍皇后蕭氏傳》。

[8]薛舉：人名。河東汾陰（今山西萬榮縣西南）人。隋末起義軍首領。見《舊唐書》卷五五《薛舉傳》。　竇建德：人名。貝州漳南（今山東武城縣漳南鎮）人。隋末起義軍首領。見《舊唐書》卷五四《竇建德傳》。　王世充：人名。字行滿，西域胡人，寓居新豐（今陝西潼關縣東北）。隋朝官吏。見《舊唐書》卷五四《王世充傳》。　劉武周：人名。河間景城（今河北滄州市）人。隋末起義軍首領。見《舊唐書》卷五五《劉武周傳》。　梁師都：人名。夏州朔方（今陝西横山縣西）人。隋末起義軍首領。見《舊唐書》卷五六《梁師都傳》。　李軌：人名。字處則，武威姑臧（今甘肅武威市）人。隋末起義軍首領。見《舊唐書》卷五五《李軌傳》。　高開道：人名。滄州陽信（今山東陽信縣南）人。隋末起義軍首領。見《舊唐書》卷五五《高開道傳》。

西突厥者，木杆可汗之子大邏便也。與沙鉢略有隙，因分爲二，漸以强盛。東拒都斤，西至龜兹，[1]鐵勒、伊吾及西域諸胡悉附之。[2]大邏便爲處邏侯所執，其國立鞅素特勤之子，是爲泥利可汗。卒，子達漫立，號泥撅處羅可汗。其母向氏，本中國人，生達漫而泥利卒，向氏又嫁其弟婆實特勤。開皇末，[3]婆實共向氏入朝，遇達頭之亂，遂留京師，每舍之鴻臚寺。[4]處羅可汗居無恒處，終多在烏孫故地。[5]復立二小可汗，分統所部，一在石國北，[6]以制諸胡國；一居龜兹北，其地名應娑。[7]官有俟發、閻洪達，以評議國事，自餘與東國同。每五月、八月，[8]聚祭神，歲使重臣向其先世所居之窟致祭焉。

[1]西至龜兹：源氏校勘記云："'至'《隋書》作'越金山'三字。"中華本校勘記云："《隋書》卷八四《西突厥傳》'西至'作'西越金山'，'龜兹'從下讀。"可從。龜兹，古國名。國初都於延城（今新疆庫車縣東），魏、晋時遷都於今新疆沙雅縣北，仍名延城。見《北史》九七《龜兹傳》。

[2]伊吾：地名。在今新疆哈密市。

[3]開皇：隋文帝的年號（581—600）。

[4]鴻臚寺：官署名。北齊始置，設卿、少卿、丞各一員，職掌外國少數民族接待、朝會及吉凶禮儀，兼管佛教、祆教寺廟，領典客、典寺、司儀等署。隋初罷典寺署，增崇玄署掌管佛道寺觀。文帝開皇三年省入太常寺，十二年復置。煬帝大業三年增少卿爲二員，改典客署爲典蕃署，又别置四方館，接待各方國使者，管理互市事務。

[5]烏孫：古國名。南北朝時遷於葱嶺北。見《北史》卷九七《烏孫傳》。

[6]石國：古國名。在今烏兹别克斯坦塔什干地區。見《北史》卷九七《石國傳》。

[7]應娑：地名。約在今新疆焉耆縣西北。

[8]每五月八月：源氏校勘記云："'八月'《隋書》作'八日'。"中華本校勘記云："《隋書》作'每五月八日'。"可從。

當大業初，處羅可汗撫御無道，其國多叛，與鐵勒屢相攻，大爲鐵勒所敗。時黄門侍郎裴矩在敦煌引致西域，[1]聞其國亂，復知處羅思其母氏，因奏之。煬帝遣司朝謁者崔君肅齎書慰諭之。[2]處羅甚踞，受詔不肯起。君肅謂處羅曰："突厥本一國也，中分爲二，自相仇敵，每歲交兵，積十年而莫能相滅者，[3]明知啓人與處羅國其勢敵耳。今啓人舉其部落，兵且百萬，入臣天子，甚有丹誠者，何也？但以切恨可汗而不能獨制，故卑事天子以借漢兵，連二大國，欲滅可汗耳。百官兆庶咸請許之，天子弗違，師出有日矣。顧可汗母向氏，本中國人，歸在京師，處于賓館，[4]聞天子之詔，懼可汗之滅，旦夕守闕，哭甚悲哀，[5]是以天子憐焉，爲其輟策。向夫人又匍匐謝罪，因請發使以召可汗，令入内屬，乞加恩禮，同於啓人。[6]天子從之，遣使到此。可汗若稱藩拜詔，國乃永安，而母得延壽；不然者，則向夫人爲誑天子，必當取戮而傳首虜庭。發大隋之兵，資北蕃之衆，左提右挈，以擊可汗，死亡則無日矣！奈何惜兩拜之禮，剿慈母之命，悋一句稱臣，喪匈奴之國也？"處羅聞之，瞿然而起，流涕再拜，跪受詔書。

[1]黄門侍郎：官名。隋煬帝大業三年改黄門郎爲黄門侍郎，爲門下省次官，四員，正四品上。　敦煌：郡名。隋朝時治敦煌縣，在今甘肅敦煌市。

[2]司朝謁者：官名。隋煬帝大業三年增設謁者臺，後增設此職，爲謁者臺次官，協助謁者臺大夫掌管朝會大典、宣傳詔命、巡視監察等職，謁者臺對皇帝直接負責。置二人，從五品。

[3]積十年而莫能相滅者：源氏校勘記云："'十'上《隋書》有'數'字。爲是。"中華本校勘記云："《隋書》'十'上有'數'字。按他鉢死，大邏便與攝圖争位，突厥分爲二部，其事在周末隋初，至大業初年，已二十餘歲。'十'上當有'數'字。"可從。

[4]賓館：公家招待來賓住宿的地方。

[5]哭甚悲哀：源氏校勘記云："'甚'《隋書》作'泣'。"

[6]乞加恩禮同於啓人：底本"恩"前無"加"字，"恩"後無"禮同"二字，中華本校勘記云："諸本脱'加'字及'禮同'二字，據《隋書》補。"今從改。

君肅又説處羅曰："啓人内附，先帝嘉之，賞賜極厚，故致兵强國富。今可汗後附，與之争寵，須深結於天子，自表至誠。既以遠道，未得朝覲，宜立一功，以明臣節。"處羅曰："如何？"君肅曰："吐谷渾者，啓人少子莫賀咄設之母家也。今天子又以義城公主妻於啓人，畏天子之威，而與之絶。吐谷渾亦因憾漢，職貢不脩。可汗若請誅之，天子必許。漢擊其内，可汗攻其外，破之必矣。然後自入朝，道路無阻，因見老母，不亦可乎？"處羅大喜，遂遣使朝貢。

帝將西狩，六年，遣侍御史韋節召處羅，[1]令與車駕會於大斗拔谷。[2]其國人不從，處羅謝使者，辭以他故。帝大怒，無如之何。適會其酋長射匱遣使來求婚，裴矩奏曰："處羅不朝，恃强大耳。臣請以計弱之，分裂其國，即易制也。射匱者，都六之子，達頭之孫，世爲可汗，君臨西面。今聞其失職，附隸於處羅，故遣使來以結援。願厚禮其使，拜爲大可汗，則突厥勢分，兩從我矣。"[3]帝曰："公言是也。"因遣裴矩，朝夕至館，微諷喻之。帝於仁風殿召其使者，言處羅不順之意，稱："射匱有好心，吾將立爲大可汗，令發兵誅處羅，然後當爲婚也。"取桃竹白羽箭一枚以賜射匱，[4]因謂之曰："此事宜速，使疾如箭也。"使者返，路經處羅。愛其箭，將留之，使者譎而得免。射匱聞而大喜，興兵襲之，處羅大敗，[5]棄妻子，將左右數千騎東走。在路又被劫掠，遁於高昌，東保時羅漫山。[6]高昌王麴伯雅上狀，[7]帝遣裴矩將向氏親要左右，馳至玉門關晋昌城。[8]矩遣向氏使詣處羅所，論朝廷弘養之義，丁寧曉喻之。遂入朝，然每有怏怏之色。

[1]帝將西狩六年遣侍御史韋節召處羅：按：《資治通鑑》卷一八一，隋煬帝西狩，在大業五年三月己巳，遣韋節事，至遲當在五年秋七月"車駕東還，經大斗拔谷"之前。此處"六年"，疑衍。侍御史，官名。西漢時始置。北魏時侍御史於分曹治事外，亦奉命監國，督察巡視州郡，收捕官吏，宣示詔命。隋初沿置，從七品。煬帝大業三年，定爲正七品。韋節，人名。隋朝官吏。曾被派出使西域，撰有《西蕃記》。

[2]大斗拔谷：地名。即今甘肅民樂縣東南甘、青兩省交界處的扁都口隘路。爲甘肅河西走廊通往青海湟中縣的捷徑。毛本"谷"作"國"。源氏校勘記云："'斗'《隋書》作'升'。"

[3]則突厥勢分兩從我矣：底本“兩”下無“從我”二字，中華本校勘記云：“諸本脱‘從我’二字，據《隋書》《通典》《通志》補。”今從改。

[4]桃竹：即桃支竹，現在的蘄竹。

[5]興兵襲之處羅大敗：底本“襲”下無“之”字，中華本校勘記云：“諸本脱‘之’字，據《通典》《通志》補。”今從改。

[6]時羅漫山：即折羅漫山，今新疆天山。

[7]麴伯雅：人名。金城榆中（今甘肅榆中縣西北）人。隋唐時期西域高昌國君主。見《北史》卷九七《高昌傳》。

[8]玉門關：在今甘肅敦煌市西北。　晉昌城：疑即壽昌城，即今甘肅敦煌市西南南湖北舊城，即龍勒城，土人稱爲壽昌城。

以七年冬，處羅朝於臨朔宫。[1]帝享之，處羅稽首謝曰：“臣總西面諸蕃，不得早來朝拜，今參見遲晚，罪責極深。臣心裏悚懼，不能盡道。”[2]帝曰：“往者與突厥遞相侵擾，不得安居。今四海既清，與一家無異，朕皆欲存養，使遂性靈。譬如上天，止有一箇日照臨，莫不寧帖；若有兩箇、三箇日，萬物何以得安？比者，亦知處羅總攝事繁，不得早來相見。今日見處羅，懷抱豁然歡喜。處羅亦當豁然，不煩在意。”明年元會，處羅上壽曰：“自天以下，地以上，日月所照，唯有聖人可汗。今是大日，願聖人可汗千歲、萬歲，常如今日也。”詔留其羸弱萬餘口，令其弟達度闕設牧畜會寧郡。[3]處羅從征高麗，號爲曷薩那可汗，賞賜甚厚。

[1]臨朔宫：隋煬帝發動遼東之役時的行宫。在今天津薊縣。

[2]盡道：源氏校勘記云：“《隋書》作‘道盡’。”

[3]令其弟達度闕設牧畜會寧郡：毛本“畜”作“事”。源氏校勘記云：“‘闕’《隋書》作‘闕’。”中華本校勘記云：“《隋書》‘達度闕設’作‘達度闕’。《通典》《通志》作‘闕達設’。按本書卷三八、《隋書》卷六七《裴矩傳》作‘闕達度設’。《通鑑》卷一八一作‘闕度設’。疑當從《裴矩傳》，‘闕達’‘闕度’各有省略。”可從。會寧郡，按：《隋書·地理志》無“會寧郡”記載。但在“平凉郡”條下有“會寧縣”，在今甘肅靖遠縣東北。

十年正月，以信義公主嫁焉，賜錦綵，袍千具、綵萬匹。帝將復其故地，以遼東之役，故未遑也。每從行幸。江都之亂，[1]隨化及至河北。[2]化及將敗，奔歸京師，爲北蕃突厥所害。

[1]江都之亂：公元618年三月，宇文化及在揚州江都行宫煽動士兵叛亂，殺死隋煬帝。

[2]化及：即宇文化及，人名。代郡武川（今内蒙古武川縣西）人。隋朝官吏。見《北史》卷七九《宇文述附宇文化及傳》。

鐵勒之先，匈奴之苗裔也。種類最多，自西海之東，依山據谷，往往不絶。獨洛河北，[1]有僕骨、同羅、韋紇、拔也古、覆羅，並號俟斤，[2]蒙陳、吐如紇、斯結、渾、斛薛等諸姓，勝兵可二萬。伊吾以西，焉耆之北，[3]傍白山，[4]則有契弊、薄落職、乙咥、蘇婆、那曷、烏護、紇骨、也咥、於尼護等，勝兵可二萬。金山西南，有薛延陁、咥勒兒、十槃、達契等，一萬餘兵。康國北，[5]傍阿得水，[6]則有訶咥、曷截、撥忽、比干、具海、曷比悉、何嵯蘇、拔也末、謁達等，[7]有三萬許兵。得嶷海東西，[8]有蘇路羯、三素咽、篾促、薩忽等諸姓，八千餘。拂菻東，[9]則有恩屈、阿蘭、北褥、九離、伏嗢昏等，近二萬人。北海南，[10]則都波等。雖姓氏各别，總謂爲鐵勒。並無君長，分屬東西兩突厥。居無恒所，隨水草流移。人性凶忍，善於騎射，貪婪尤甚，以寇抄爲生。近西邊者，頗爲藝植，多牛而少馬。[11]

［1］獨洛河：今蒙古國土拉河。

［2］韋紇：又名回鶻、回紇，是突厥的一支，生活在北方及西北的少數民族。見《舊唐書》卷一九五《回紇傳》。　拔也古覆羅並號俟斤：底本“覆”下無“羅”字，源氏校勘記云：“‘覆’下《隋書》有‘羅’字。”中華本校勘記云：“諸本脱‘羅’字，據《隋書》卷八四、《通典》卷一九九、《通志》卷二〇〇《鐵勒傳》補。”今從改。

［3］焉耆：古國名。都員渠城（今新疆焉耆縣西南）。見《北史》卷九七《焉耆傳》。

［4］白山：今新疆天山。

［5］康國：古國名。國都在今烏兹别克斯坦撒馬爾罕一帶。見《北史》卷九七《康國傳》。

［6］阿得水：今伏爾加河。

［7］比干：《資治通鑑》卷一八一作“比千”。當是。

［8］得嶷海東西：中華本校勘記云：“《通典》《通志》‘得’作‘傍’。”可從。嶷海，今里海。

［9］拂菻東：底本“菻東”作“東菻”，中華本校勘記云：“諸本‘菻東’倒作‘東菻’，據《隋書》《通典》《通志》乙。拂菻即東羅馬。”今從改。

［10］北：毛本、殿本、四庫本、局本、四部備要本作“比”。

[11]多牛而少馬：源氏校勘記云："'牛'下《隋書》有'羊'字。"中華本校勘記云："《隋書》《通典》'牛'下有'羊'字，是。"可從。

自突厥有國，東西征討，皆資其用，以制北荒。開皇末，晋王廣北征，納啓人，破步迦可汗，鐵勒於是分散。大業元年，突厥處羅可汗擊鐵勒諸部，厚税斂其物，又猜忌薛延陁等，[1]恐爲變，遂集其魁帥數百人，盡誅之。由是一時反叛，拒處羅。遂立俟利發、俟斤契弊歌楞爲易勿真莫何可汗，居貪汗山；[2]復立薛延陁内俟斤子也咥爲小可汗。處羅既敗，[3]莫何可汗始大。莫何勇毅絶倫，甚得衆心，爲鄰國所憚，[4]伊吾、高昌、焉耆諸國悉附之。

[1]薛延陁：鐵勒族的一大部落。原爲薛部和延陁部，兩部分立，不相統屬。南北朝後期，逐漸合爲一部，游牧於阿爾泰山西南、野咥河（額爾齊斯河）流域。

[2]貪汗山：今天山東段的博格達山。

[3]復立薛延陁内俟斤子也咥爲小可汗處羅既敗：底本"既"前無"處羅"二字，源氏校勘記在"既"前補"處羅"二字。中華本校勘記云："《隋書》《通典》《通志》'子'作'字'。又諸本脱'處羅'二字，《通典》《通志》有。《隋書》則作'處羅可汗'四字。今據《通典》補。"今從改。

[4]鄰：毛本作"憐"。誤。

其俗大抵與突厥同。唯丈夫婚畢，便就妻家，待産乳男女，然後歸舍；死者埋殯之：此其異也。大業三年，遣使貢方物，自是不絶云。

論曰：四夷之爲中國患也，久矣，北狄尤甚焉。種落寔繁，迭雄邊塞，年代遐邈，非一時也。五帝之世，則有獯鬻焉；其在三代，則獫狁焉；逮乎兩漢，則匈奴焉；[1]當塗、典午，[2]則烏丸、鮮卑焉；後魏及周，則蠕蠕、突厥。此其酋豪相繼，互爲君長者也。皆以畜牧爲業，侵抄爲資，倏來忽往，雲飛鳥集。智謀之士，議和親於廟堂之上；折衝之臣，論奮擊於塞垣之下。然事無恒規，權無定勢，親疏因其彊弱，服叛在其盛衰，衰則款塞頓顙，盛則率兵寇掠。屈伸異態，[3]彊弱相反。正朔所不及，冠帶所不加。唯利是視，不顧盟誓，至於莫相救護，驕黠憑陵。和親結約之謀，行師用兵之事，前史論之備矣，故不詳而究焉。

[1]五帝之世則有獯鬻焉其在三代則獫狁焉逮乎兩漢則匈奴焉：《史記》卷一一〇《匈奴列傳》："匈奴，其先祖夏后氏之苗裔也，曰淳維。唐虞以上有山戎、獫狁、葷粥，居于北蠻，隨畜牧而轉移。"裴駰《史記集解》引晋灼云："堯時曰葷粥，周曰獫狁，秦曰匈奴。"

[2]當塗：指三國時魏國。　典午：指晋朝。

[3]屈伸異態：底本"態"作"能"，中華本校勘記云："諸本'態'訛作'能'，據《隋書》卷八四史臣論改。"今從改。

及蠕蠕衰微，突厥始大，至於木杆，遂雄朔野。東極東胡舊境，[1]西盡烏孫之地，彎弓數十萬，列處於代陰，[2]南向以臨周、齊。二國莫之能抗，争請盟好，求結和親。乃曰與周合從，[3]終亡齊國。隋文遷鼎，厥徒孔熾，[4]負其衆力，將蹈秦郊。内自相圖，遂以乖亂，達頭可汗遠遁，啓人願保塞下。於是推亡固存，返其舊地，助討餘燼，部衆遂彊，卒於仁壽，不侵不叛。暨乎始畢，未虧臣禮。煬帝撫之非道，始有雁門之圍。俄屬群盗並興，於此浸以雄盛。豪傑雖建名號，莫不請好息人。於是分置官司，[5]總統中國；子女玉帛，相繼於道；使者之車，往來結轍。自古蕃夷驕僭，未有若斯之甚也。

[1]東極東胡舊境：底本"極"下無"東胡"二字，中華本校勘記云："諸本脱'東胡'二字，據《隋書》補。"今從改。

[2]列處：底本"列"作"别"，源氏校勘記云："《隋書》作'列處'。爲是。"中華本校勘記云："諸本'列'訛作'别'，據《隋書》改。"今從改。

[3]乃曰與周合從：底本有"曰"字，中華本校勘記云："諸本'乃'下衍'曰'字，據《隋書》删。"今從改。

[4]孔熾：很猖獗、很囂張。《詩·小雅·六月》："玁狁孔熾，我是用急。"《毛傳》："熾，盛也。"

[5]分：殿本、四庫本、四部備要本作"公"。

及聖哲應期，掃除氛祲。[1]暗於時變，猶懷抵拒，[2]率其群醜，屢隳亭鄣，殘敗我雲、代，摇蕩我太原，肆掠於涇陽，[3]飲馬於渭汭。[4]太宗文皇帝奇謀内運，[5]神機密動，遂使百世不羈之虜，一舉而滅。瀚海龍庭之地，盡爲九州；幽都窮髮之鄉，隸於編户。實帝皇所不及，[6]書契所未聞。由此言之，雖天道有盛衰，亦人事之工拙也。加以爲而弗恃，有而弗居，類天地之含容，同陰陽之化育，斯乃大道之行也，固無得而稱焉。

［1］氛祲：本義是雲氣，借指戰亂。

［2］抵拒：源氏校勘記云："《隋書》作'旅拒'。"

［3］太原：郡名。隋朝時治晋陽縣，在今山西太原市西南。涇陽：地名。在今陝西咸陽市東北。

［4］渭汭：《尚書·禹貢》："弱水既西，涇屬渭汭。"孔穎達疏："涇水南入渭，而名渭汭，知水北曰汭。"

［5］太宗文皇帝：指唐朝皇帝李世民。太宗爲其廟號，文爲其謚號。

［6］實：底本作"是"。毛本、局本作"寔"，殿本、四庫本、四部備要本、中華本作"實"。今從中華本等改。

北史　卷一〇〇

列傳第八十八

序傳

李氏之先，出自帝顓頊高陽氏。[1]當唐堯之時，[2]高陽氏有才子曰庭堅，[3]爲堯大理，[4]以官命族，爲理氏。歷夏、殷之季。其後理徵字德靈，爲翼隸中吴伯，[5]以直道不容，得罪于紂。其妻契和氏，攜子利貞逃隱伊侯之墟，[6]食木子而得全，遂改理爲李氏。周時，裔孫曰乾，娶于益壽氏女嬰敷。[7]生子耳，字伯陽，[8]爲柱下史。[9]

［1］帝顓頊高陽氏：即五帝之一的顓頊帝。見《史記》卷一《五帝本紀》。

［2］唐堯：五帝之一。姓伊祁，名放勳。被封在唐地，故名。

［3］高陽氏有才子曰庭堅：傳説庭堅即皋陶，以正直而聞名天下。被奉爲中國司法的鼻祖。《左傳》文公十八年："昔高陽氏有才子八人，倉舒、隤敳、檮戭、大臨、尨降、庭堅、仲容、叔達，齊聖廣淵，明允篤誠，天下之民謂之'八愷'。"

［4］大理：官名。掌管刑法。《禮記·月令》："命理瞻傷、察創、視折。"注："理，治獄官也，有虞氏曰士，夏曰大理，周曰大司寇。"

［5］爲翼隸中吴伯：中華本校勘記云："諸本'爲'上有'隸'字。按《通志》卷二八《氏族略》李氏條、《新唐書》卷七〇《宗室世系表》序並無'隸'字，此涉下文而衍，今删。"今從改。隸，中華本作"隸"。中吴伯，商代時諸侯名。

［6］伊侯之墟：相傳堯養在母親家，外家是伊侯之國，在今河南西部伊河流域。

［7］益壽氏：西周時部落名。　嬰敷：人名。西周上御史大夫李敬之妻、老子的母親。

［8］耳：即李耳，亦即老子。見《史記》卷六三《老子韓非列傳》。

［9］柱下史：官名。即御史。《史記》卷九六《張丞相列傳》："（蒼），秦時爲御史，主柱下方書。"司馬貞《索隱》："周秦皆有柱下史，謂御史也，所掌及侍立恒在殿柱之下，故老子爲周柱下史。今蒼在秦代亦居斯職。"

子孫散居諸國，或在趙，或在秦。[1]在魏者爲段干大夫，[2]段干木其後也。[3]别孫悝，爲魏文侯興富國之術焉。[4]在趙者曰曇，以功封柏人，[5]武安君牧其後也。[6]在秦者名興族，爲將軍。生子伯祐，建功北狄，封南鄭公。[7]伯祐生二子，平燕、内德。子信爲秦將，[8]虜燕太子丹。[9]信孫元曠，仕漢爲侍中。[10]元曠弟仲翔，位太尉。[11]仲翔討叛羌於素昌，一名狄道。仲翔臨陣殞命，葬狄道川，[12]因家焉。《史記·李將軍傳》所云其先自槐里徙居成紀，[13]實始此也。仲翔曾孫廣，仕漢，歷文、景、武三帝，[14]位前將軍，[15]立功沙漠。廣子當户、椒、敢。當户子陵，[16]戰殁匈奴。椒。敢歷侍中、郎中令、關内侯。[17]生子禹，位至侍中。並事具《史》《漢》。[18]禹生承公。承公生蜀郡太守先。[19]先生長宗。長宗生博士况。[20]况生孝廉本。[21]本字上明，生巴郡太守次公。[22]次公生臨淮太守軌。[23]軌字逸文，生積弩將軍隆。[24]隆字業緒，生雍。雍字儁熙，仕魏，歷尚書郎，[25]濟北、東莞二郡太守。[26]雍生柔。柔字德遠，晋舉秀才，[27]爲相國從事中郎、北地太守。[28]

[1]或在趙或在秦：中華本校勘記云："按據下文，此上疑脱'或在魏'三字。"可從。

[2]在魏者爲段干大夫：《史記》卷六三《老子韓非列傳》："老子之子名宗，宗爲魏將，封於段干。" 段干大夫：戰國時居魏邑段干的段干氏。後爲魏國大夫。《集解》："此云封於段干，段干應是魏邑名也。而《魏世家》有段干木、段干子，《田完世家》有段干朋，疑此三人是姓段干也。本蓋因邑爲姓，《左傳》所謂'邑亦如之'是也。《風俗通·氏姓注》云姓段，名干木，恐失之矣。天下自别有段姓，何必段干木邪！"

[3]段干木其後也：《史記》卷四四《魏世家》："文侯受子夏經藝，客段干木，過其閭，未嘗不軾也。"

[4]别孫悝爲魏文侯興富國之術焉：李悝曾經擔任魏文侯的丞相，主持變法，使得魏國變得强盛。見《史記》卷四四《魏世家》。悝，即李悝，人名。濮陽（今河南滑縣）人。戰國初期魏國大臣、法家代表人物。

[5]柏人：縣名。治所在今河北隆堯縣西。

[6]武安君：封爵名。武安，邑名。在今河北武安市西南。

牧：即李牧，人名。戰國時趙國大將。見《史記》卷四三《趙世家》："三年，秦攻赤麗、宜安，李牧率師與戰肥下，却之。封牧爲武安君。"

［7］南鄭公：封爵名。南鄭，縣名。治所在今陝西漢中市東。

［8］伯祐生二子平燕内德子信爲秦將：中華本校勘記云："《新唐書·宗室世系表》言信是内德之子，此應疊'内德'二字。"可從。

［9］燕太子丹：人名。戰國時燕國太子，姓姬，名丹，又稱燕丹。秦滅韓前夕，被送至秦國當人質，受辱後回燕國。找荆軻行刺秦王，失敗，被燕王殺死。見《史記》卷八六《刺客列傳》。

［10］侍中：官名。秦朝時設。原名丞相史，往來殿中奏事，故名。西漢時爲加官，屬中朝官，直侍左右。

［11］太尉：官名。西漢初爲武將最高稱號之一，秩萬石，擔任臨時性的高級軍事統帥，或爲皇帝的軍事顧問，無發兵領兵的實際職權。東漢時改大司馬爲太尉，列三公之首，與司徒、司空共同行使宰相職能。

［12］狄道川：地名。當在今甘肅臨洮縣附近。具體不詳。

［13］槐里：地名。在今陝西興平縣西槐里故城。　成紀：地名。在今甘肅秦安縣北。

［14］文景武三帝：即漢文帝、景帝和武帝。文帝，即西漢皇帝劉恒。文爲其謚號。景帝，即西漢皇帝劉啓。景爲其謚號。武帝，即西漢皇帝劉徹。武爲其謚號。

［15］前將軍：官名。漢朝重號將軍之一，與後、左、右將軍並位上卿，位次大將軍及驃騎、車騎、衛將軍。有兵事則典掌禁兵，戍衛京師，或任征伐。設長史、司馬等僚屬。平時無具體職務，一般兼任他官，常加諸史、散騎、給事中等號，成爲中朝官，宿衛皇帝左右，參與朝議。秩千石。

［16］陵：即李陵，人名。字少卿。西漢將領。見《漢書》卷五四《李廣附李陵傳》。

[17]椒敢歷侍中郎中令關内侯：中華本校勘記云："按《漢書》卷五四《李廣傳》，言椒爲代郡太守，先廣死。此'椒'下當有脱文，今斷句。"今從。郎中令：官名。漢朝時置爲諸侯王國屬官。侍從左右，戍衛王宫，其職甚重，領諸大夫、郎官等。初秩二千石，武帝時減爲千石，後更爲六百石。關内侯：封爵名。秦朝時置，漢沿之，爲二十級封爵的第十九級。雖號侯，並無封邑，居京邑關中之地，故名。

[18]史漢：毛本、殿本、四庫本、局本、四部備要本作"漢史"。史，指《史記》。漢，指《漢書》。

[19]蜀郡：東漢時治成都縣，在今四川成都市。

[20]博士：官名。春秋戰國已有其稱，初泛指初學者，戰國末年齊魏秦等國置爲職官。秦始皇時有七十餘人，二世時有三十餘人，諸家並立，而以儒家爲主。漢初，諸子、儒家、術數、方技等皆立博士，文帝時達七十餘人；武帝改置五經博士，兼具學官職能，掌教授經學、考覈人才、奉命出使等。東漢以後，議政職能逐漸削弱。

[21]孝廉：選拔官吏的科目。孝指孝子，廉指廉潔之士。原爲二科，後來多混同連稱而爲一科，所舉者也不限於孝者和廉吏。南北朝沿置，地位不及秀才、國子生。時察舉權歸州郡中正，依九品官人法，所舉者皆世家豪族子弟，無須策試。

[22]巴郡：東漢時治江州縣，在今重慶。

[23]臨淮：郡名。東漢時治徐縣，在今江蘇泗洪縣南。

[24]積弩將軍：官名。東漢始置，掌征伐。三國魏沿置，左右積弩將軍各一人，四品。北魏時亦置積弩將軍，從四品下。

[25]尚書郎：官名。西漢武帝時常以郎官供尚書署差遣，掌收發文書章奏庶務，後漸成定制，成爲中朝常設官職，員四人。分掌尚書各曹。凡尚書曹郎、郎中、侍郎皆可簡爲此稱。按資歷深淺有不同稱呼：初上尚書臺任職稱守尚書郎中，滿一年稱尚書郎，三年稱侍郎。歷朝因之。

[26]濟北：郡名。三國魏時治博陽縣，在今山東泰安市東南。　東莞：郡名。三國魏時治東莞縣，在今山東沂水縣東北。

[27]秀才：舉士之科目。漢武帝元封四年（前103）始令諸州歲各舉秀才一人。東漢時改稱茂才。魏晋復稱秀才。

[28]相國從事中郎：官名。東漢大將軍府、車騎將軍府屬官，職參謀議。魏晋南北朝時皆置，其職依時依府而異，或主吏，或分掌諸曹，或掌機密，或參謀議，地位較高。　北地：郡名。西晋時治祋祤縣，在今陝西銅川市耀州區東。

柔生弇，[1]字季子，高亮果毅，有智局。晋末大亂，與從兄卓居相國、晋王保下。[2]卓位相國從事中郎，保政刑不脩，卓率宗族奔于張寔，[3]弇亦隨焉。因仕于張氏，爲驍騎左監。弇本名良，妻姓梁氏。張駿謂弇曰：[4]"卿名良，妻又姓梁，令子孫何以目其舅氏？昔耿弇以弱年立功，[5]啓中興之業。吾方賴卿，有同耿氏。"乃使名弇。歷天水太守、衛將軍，[6]封安西亭侯。[7]卒，年五十六，贈武衛將軍，[8]建初中，[9]追謚景公。子昶，字仲堅，幼有名譽，年十八而亡。建初中，追謚簡公。

[1]柔：底本"柔"作"雍"，中華本校勘記云："諸本'柔'作'雍'。《新唐書》表作'柔'。按《晋書》卷八七《凉武昭王傳》云：'高祖雍，曾祖柔，祖弇。'此'雍'字涉上行而誤，今據改。"今從改。

[2]晋王保：即司馬保。字景度，西晋宗室，原封南陽王，後自稱晋王。見《晋書》卷三七《高密文獻王泰附司馬保傳》。

[3]張寔：人名。字安遜，安定烏氏（今寧夏固原市東南）

人。十六國時前涼建立者。見《晋書》卷八六《張軌附張寔傳》。

[4]張駿：人名。字公庭，安定烏氏（今寧夏固原市東南）人。十六國時前涼君主。張寔之子。見《晋書·張軌附張駿傳》。

[5]耿弇：字伯昭，扶風平陵（今陝西咸陽市西北）人。東漢開國名將。見《後漢書》卷一九《耿弇傳》。　弱年：弱冠之年。泛指男子二十左右的年紀，因爲古人二十歲行冠禮。

[6]天水：郡名。十六國前涼時治上邽縣，在今甘肅天水市。衛將軍：官名。西漢初爲將軍名號之一，統兵征戰，事訖即罷。文帝時，成爲重要武職，其後屢典京城、皇宮禁衛軍隊。東漢時位次大將軍、驃騎將軍、車騎將軍，秩萬石，位亞三公。開府置官屬。魏晋南北朝沿置，位在諸名號大將軍之上，多作爲軍府名號，以加大臣、重要州郡長官，無具體職掌。

[7]安西亭侯：封爵名。安西亭，地名。約在今甘肅。

[8]武衛將軍：官名。三國魏文帝時將武衛中郎將改爲此稱。掌管宿衛禁軍。南北朝沿置。

[9]建初：十六國時西涼武昭王的年號（405—417）。

涼武昭王暠，字玄盛，小字長生，簡公昶之子也。遺腹而誕，祖母梁氏，親加撫育。幼好學，性沈敏寬和，美器度，通涉經史，尤長文義。及長，頗習武藝，誦孫、吴兵法。[1]常與吕光太史令郭黁及其同母弟宋繇同宿。[2]黁起謂繇曰："君當位極人臣，李君必有國土之分。家有騧黄馬生白額駒，此其時也。"及吕光之末，段業自稱涼州牧，[3]以昭王爲効穀令。[4]而燉煌護軍馮翊郭謙、沙州中從事燉煌索仙等以昭王温毅有惠政，[5]推爲寧朔將軍、燉煌太守。[6]昭王初難之。會宋繇仕於業，告歸，言於昭王曰："兄忘郭黁言邪？白額駒今已生矣！”昭王乃從之。尋進號冠軍將軍，[7]稱藩于業。業僭稱凉王，[8]其右衛將軍索嗣搆昭王于業，[9]乃以嗣爲燉煌太守，率騎而西。昭王命師擊走之。

[1]孫吴兵法：即《孫子兵法》和《吴子兵法》。《孫子兵法》，爲春秋時期吴國將軍孫武所著；《吴子兵法》，相傳爲戰國初期吴起所著。

[2]吕光：人名。字世明，略陽（今甘肅秦安縣東北）人，氐族。十六國時後凉建立者。見《晋書》卷一二二《吕光載記》。　太史令：官名。秦朝奉常屬官之一。東漢專掌天時、星曆。十六國時亦置，間或參與重要政務。　郭黁：人名。西平（今青海西寧市）人。十六國時後凉太史令。見《晋書》卷九五《郭黁傳》。黁，中華本作“麐”。　宋繇：人名。字體業，燉煌（今甘肅敦煌市）人。十六國時西凉、北凉、北魏官吏。見《北史》卷三四《宋繇傳》。

[3]段業：人名。京兆（今陝西西安市西北）人。十六國時北凉君主。見《晋書》卷一二九《沮渠蒙遜傳》。　凉州：十六國後凉時治姑臧縣，在今甘肅武威市。

[4]効穀：縣名。治所在今甘肅安西縣西南。

[5]燉煌護軍：官名。十六國北凉時置，負責管理敦煌地區軍事、民政事務的官吏，職掌與郡守類似。燉煌，郡名。十六國北凉時治燉煌縣，在今甘肅敦煌市西南。　馮翊：郡名。十六國北凉時治臨晋縣，在今陝西大荔縣。　沙州：十六國北凉時治福禄縣，在今甘肅酒泉市肅州區。　中從事：官名。治中從事史的省稱，《北史》避唐高宗李治諱改。漢朝時始置爲州郡佐吏，例用本地人，主選署及文書案卷。歷代沿置。

[6]寧朔將軍：官名。三國魏時置。西晋時此職多駐幽州，爲幽州地區軍政長官，兼管烏丸事務。三國魏晋時皆定爲四品。十六

國前秦、西凉、北凉時亦置。

［7］冠軍將軍：官名。漢獻帝時置，三國魏吴沿置。兩晋時領有營兵。魏晋皆三品。十六國時北凉亦置。

［8］業僭稱凉王：底本“稱”前無“業”字，中華本校勘記云：“諸本脱‘業’字，據《晋書》補。”今從改。

［9］右衛將軍：官名。晋武帝時設。掌飛虎賁及前驅、由基、强弩三部司馬，負責宫禁宿衛。西晋初屬中軍將軍，後屬領軍將軍（中領軍），爲禁衛軍主要統帥之一，權任很重，多由皇帝親信擔任。

於是晋昌太守唐瑶移檄六郡，[1]推昭王爲大都督、大將軍、凉公，[2]領秦凉二州牧、護羌校尉，[3]依竇融故事。[4]昭王乃赦境内，建元號庚子，追崇祖考，大開霸府置左右長史、司馬、從事中郎，[5]備置僚寀。廣闢土宇，屯玉門、陽關，[6]大田積穀，爲東討之資。立靖恭堂以議朝政，閲武事焉。圖讚自古聖帝、明王、忠臣、孝子、烈士、貞女，親爲序頌，以明鑒誡之義。[7]當時文武群公僚佐，[8]亦皆圖讚所志。五年，改元爲建初。遣舍人黄始、梁興間行歸表於晋。[9]是歲，乃自燉煌徙都酒泉。[10]又以表未報，復遣沙門法泉間行通表建鄴。[11]于時百姓樂業，請勒銘酒泉，乃使儒林祭酒劉延明爲文，[12]刻石頌德。又有白狼、白兔、白雀、白雉、白鳩等集于園間。[13]群下以爲白祥，金精所誕，皆應時邕而至；又有神光、甘露、連理、嘉禾衆瑞，[14]請史官記其事。昭王從之。上巳日，讌于曲水，[15]命群僚賦詩，昭王親爲之序。於是寫諸葛亮訓誡以勗諸子焉。昭王以緯世之量，爲群雄所奉，兵無血刃，遂啓霸業，乃脩燉煌舊塞。薨，謚曰武昭王，廟號高祖，[16]陵號建世。武昭王十子，譚、歆、讓、愔、恂、翻、豫、宏、眺、亮。世子譚早卒。

［1］晋昌：郡名。十六國西凉時治冥安縣，在今甘肅安西縣東南。　唐瑶：人名。十六國時西凉史官。官至晋昌太守。按：《北史》卷二七《唐和傳》作："父繇，以凉土喪亂，推凉武昭王霸于河右。"唐瑶與唐繇應係同一人。

［2］大都督：官名。十六國各政權統治者在未正式建立政權時，多自稱大都督。　大將軍：官名。高級軍政官員。漢武帝以後，大將軍常冠大司馬之號，領尚書事，執掌朝政。東漢時成爲獨立官職，多授予貴戚，開府置僚屬，與太傅、太尉等共同主持政務。三國時成爲外朝職官，西晋時爲八公之一，位居三師、大司馬下，三公上，開府置僚屬。東晋、十六國時頗重其任，常專擅軍政事務。

［3］秦：州名。十六國西凉時治永平縣，在今甘肅張掖市西北。　護羌校尉：官名。漢武帝始置，持節統領羌族事務。後或置或省，多以邊郡太守、都尉專任。除監護内附羌人各部落外，亦常將羌兵協同作戰，戍衛邊塞。

［4］依竇融故事：參照東漢竇融的做法，在中原戰亂的時候，擔任河西五郡大將軍，確保河西地區的安定。竇融，人名。字周公，扶風平陵（今陝西咸陽市西北）人。東漢初大將。見《後漢書》卷二三《竇融傳》。

［5］長史：官名。戰國秦時置，掌顧問參謀。秦漢因之，西漢時丞相、太尉、御史大夫、大將軍、車騎將軍、前後左右將軍皆置，爲所在官署掾屬之長。丞相長史職權尤重。邊郡於丞之外復置長史，佐太守掌兵馬。内郡或置之。東漢、魏晋南北朝沿置，大抵略同。　司馬：官名。軍府高級幕僚，掌參軍贊務，管理府内武

職，位僅次於長史。

［6］玉門：關隘名。在今甘肅安西縣。　陽關：關隘名。在今甘肅敦煌市。

［7］義：毛本作“意”。

［8］僚佐：長官下屬的佐助官員。

［9］舍人：官名。中書通事舍人的省稱，中書省屬官。三國魏、西晋時中書省置，七品。與通事共掌收納、轉呈文書章奏。或説魏時唯置通事，西晋時增設舍人。東晋時合爲一官，後省“通事”二字。

［10］酒泉：城名。在今甘肅酒泉市。

［11］建鄴：城名。在今江蘇南京市。

［12］儒林祭酒：官名。晋懷帝永嘉始置，掌講授儒經。十六國時沿置。　劉延明：底本作“劉彦明”。按：據《北史》卷三四《劉延明傳》、《周書》卷四一《庾信傳》，當作“劉延明”。另，《舊唐書·經籍志上》：“《燉煌實録》二十卷，劉延明撰。”今據改。劉延明，人名。燉煌（今甘肅敦煌市）人。十六國時北凉官吏。見《北史·劉延明傳》。

［13］白狼白兔白雀白雉白鳩：皆爲祥瑞。

［14］神光甘露連理嘉禾：皆爲祥瑞。

［15］上巳日讌于曲水：古代在三月上旬的巳日要在水邊洗滌污垢，祭祀祖先，叫作祓禊、修禊。三國魏以後，逐漸固定在三月三日，成爲水邊宴飲與郊外春游的節日。水邊宴飲，就是投杯於水的上游，聽其隨波而下，止於某處，則其人取而飲之，故又稱爲“曲水流觴”。

［16］廟號高祖：中華本校勘記云：“《晋書》作‘廟號太祖’。”

後主諱歆，字士業，武昭王第二子也。武昭王薨，府僚奉爲都督、大將軍、凉公，[1]領凉州牧、護羌校尉，[2]大赦境内，改元爲嘉興。尊母尹氏爲太后。在位四年，爲沮渠蒙遜所敗，[3]國亡。武昭王以魏道武皇帝天興二年立，[4]後主以明元皇帝太常五年而亡，[5]據河右凡二世，[6]二十一年。世子重耳奔于江左，[7]遂仕于宋。後歸魏，位恒農太守，[8]即皇室七廟之始也。[9]

[1]都督：官名。地方軍政長官。三國魏文帝時置，稱都督諸州軍事，領駐在州刺史，兼理民政。無固定品級，多帶將軍名號。晋、南北朝沿置，位地方軍政長官，分使持節、持節、假節三種，職權各有不同。

[2]涼州牧：官名。涼州的軍事行政長官。

[3]沮渠蒙遜：人名。臨松盧水（今甘肅張掖市南）人。盧水胡族。十六國時北涼君主。見《北史》卷九三《沮渠蒙遜傳》。

[4]魏道武皇帝：即北魏皇帝拓跋珪。道武爲其謚號。　天興：北魏道武帝的年號（398—404）。

[5]明元皇帝：即北魏皇帝拓跋嗣。明元爲其謚號。　太常：又作“泰常”，北魏明元帝的年號（416—423）。

[6]河右：地區名。亦作“河西”，約今甘肅中北部地區。

[7]江左：地區名。一名江東。其地本指今安徽、江蘇南京市長江河段以東地區。因三國吴、東晋及南朝皆建都建康（今江蘇南京市），故時人又稱其統治下的全部地區爲江左。

[8]恒農：郡名。北魏時治陜城，在今河南三門峽市。本爲“弘農”，北魏時爲避獻文帝拓跋弘諱改。毛本、殿本、四庫本、局本、四部備要本作“弘農”。

[9]皇室七廟：《禮記・王制》：“天子七廟，三昭三穆，與太祖之廟而七。”本指四親（高祖、曾祖、祖、父）廟、二祧（高祖的父和祖父）廟和始祖廟。

後主弟讓，字士遜，雅量凝重，善於謀略，位寧朔將軍，領西羌校尉、輔國將軍、晋燉煌太守、新鄉侯，[1]贈驃騎大將軍，[2]謚曰穆。讓弟愔，字士正，位晋昌、燉煌太守。愔弟恂，字士如，有幹略，位酒泉、燉煌太守，遇家國之難而終。恂弟翻，字士舉，小字武疆，英雄秀出，有雄略，位車騎將軍，[3]祈連、酒泉、晋昌郡太守。[4]翻弟豫，字士寧，位西海太守。[5]豫弟宏，字士讚，位前將軍、中華令。宏弟眺，字士遠，位左將軍。[6]眺弟亮，字士融，位右將軍。[7]

[1]晋燉煌太守：中華本校勘記云："李慈銘云：'晋'下脱'昌'字。按李説是，下文可証。"今從。　西羌校尉：官名。東漢時置。以授内附羌人酋長。　輔國將軍：官名。漢獻帝時置，儀比三司。三國、兩晋沿置，皆三品。十六國後秦、後凉、北凉時皆置。　新鄉侯：封爵名。新鄉，縣名。治所在今甘肅安西縣東南。

[2]驃騎大將軍：官名。東漢初臨時設置，統兵征戰，事訖則罷。魏晋制度，驃騎將軍爲重號將軍，僅次於大將軍，本不須加"大"，然兩晋將軍名號愈來愈濫，遂又增此號，居諸名號將軍之首。多加於權臣元老，以示尊崇，開府置僚屬，不領兵。

[3]車騎將軍：官名。西漢初置爲軍事統帥，作戰時領車騎士，故名。事訖則罷。武帝後常設，地位僅次於大將軍、驃騎將軍，在衛將軍上，常典京城、皇宫禁衛軍隊，出征時常總領諸將軍。文官輔政者亦或加此銜，領尚書政務，成爲中朝重要官員。魏晋南北朝沿置，位次驃騎將軍，在諸名號大將軍上，多作爲軍府名號，以加授大臣、重要州郡長官，無具體職掌。二品。

[4]祈連：郡名。十六國西凉時治祁連縣，今地不詳。

[5]西海：郡名。十六國西凉時治居延縣，在今内蒙古額濟納

旗東南。

[6]左將軍：官名。漢朝時爲重號將軍之一，與前、右、後將軍並爲上卿，位次大將軍及驃騎、車騎、衛將軍。有兵事則典掌禁兵，戍衛京師，或任征伐，平時無具體職務，一般兼任他官。魏晋常設，權位漸低，僅爲武官名號，略高於一般雜號將軍，不典禁兵，不與朝政。初猶領兵，東晋南北朝時成爲軍府名號，用作加官，常不載官品。

[7]右將軍：官名。漢朝時爲重號將軍之一，與前、左、後將軍並爲上卿，位次大將軍及驃騎、車騎、衛將軍。有兵事則典掌禁兵，戍衛京師，或任征伐，平時無具體職務，一般兼任他官。魏晋常設，權位漸低，僅爲武官名號，略高於一般雜號將軍，不典禁兵，不與朝政。初猶領兵，東晋南北朝時成爲軍府名號，用作加官，常不載官品。與左將軍職級同而地位略低。

寶字懷素，小字衍孫，晋昌太守龢之子也。沈雅有度量，驍勇善撫接。遇家難，爲沮渠蒙遜囚于姑臧。[1]歲餘，與舅唐契北奔伊吾，[2]臣於蠕蠕。[3]其遺衆之歸附者，稍至二千，寶傾身禮接，甚得其心，衆皆爲之用，每希報雪。屬太武遣將討沮渠無諱於燉煌，[4]無諱捐城遁走。寶自伊吾南歸燉煌，遂脩繕城府，規復先業，遣弟懷達，奉表歸誠。太武嘉其忠欵，拜懷達散騎常侍、燉煌太守；[5]别遣使授寶使持節、侍中、都督西垂諸軍事、鎮西大將軍、開府儀同三司、領護西戎校尉、沙州牧、燉煌公，[6]仍鎮燉煌，[7]四品已下，聽承制假授。真君五年，[8]因入朝，遂留京師，拜外都大官。[9]轉鎮南將軍、并州刺史，[10]還除内都大官。[11]文成初，[12]代司馬文思鎮懷荒，[13]改授鎮北將軍。太安五年薨，[14]年五十三，詔賜命服一襲，贈以本官，謚曰宣。有六子，承、茂、輔、佐、公業、沖。公業早卒。

[1]姑臧：縣名。治所在今甘肅武威市。

[2]與舅唐契北奔伊吾：底本“舅”下有“趙”字，源氏校勘記云：“《魏書》（‘唐契’）作‘廣契’。”中華本校勘記云：“諸本‘舅’下有‘趙’字，《魏書》卷三九《李寶傳》，《通鑑》卷一一九無。按事見《魏書》卷四三《唐和傳》，契即唐和之兄，‘趙’字衍文。今删。”今從改。唐契，人名。字幼起，晋昌冥安（今甘肅安西縣東南）人。後被柔然推爲伊吾王。見《北史》卷二七《唐和傳》。伊吾，地名。在今新疆哈密市。

[3]蠕蠕：族名。亦稱柔然，本爲東胡的一支，屬拓跋部。南北朝時始强大，活動於今蒙古國南部地區。以游牧爲生。見《北史》卷九八《蠕蠕傳》。

[4]太武：即北魏皇帝拓跋燾。太武爲其謚號。　沮渠無諱：人名。臨松盧水（今甘肅張掖市南）人。盧水胡族。十六國時北凉宗室。見《北史》卷九三《沮渠蒙遜附沮渠無諱傳》。

[5]散騎常侍：官名。三國魏文帝時置散騎，合於中常侍，謂之散騎常侍。將秦、漢官制中散騎與中常侍二職合爲此職。兩晋南北朝沿置。南朝時屬集書省，職掌侍從左右、主掌圖書文翰、文章、撰述、諫諍拾遺，收納轉呈文書奏事爲主，北朝時兼領修史，爲閑散之職。北魏初一度掌出令，位在中書令之上。孝文帝太和十七年定爲二品下，二十三年定爲從三品。

[6]使持節：漢朝時官吏奉命外出時，由皇帝授予節杖，來提高其權威。魏晋之後，凡重要軍事長官出征或者出鎮時，加使持節，可誅殺二千石以下官員。皇帝派遣大臣出巡或進行祭吊等事務時，亦使持節，以示權力與尊崇。次一等的稱持節，再次一等的稱假節。　鎮西大將軍：官名。三國蜀時置，出鎮地方。北魏孝文帝

太和十七年定爲從一品上，二十三年定爲二品。　開府儀同三司：三國魏時始置，爲大臣加號，意謂與三司即太尉、司徒、司空的禮制待遇相同，許開設府署，自辟僚屬。兩晋南北朝因之。孝文帝太和二十三年定爲從一品。　護西戎校尉：官名。三國魏時始置。北魏時設於燉煌、仇池等地。孝文帝太和十七年定爲三品下，二十三年定爲從三品。

[7]仍：底本"仍"作"乃"，中華本校勘記云："諸本'仍'作'乃'，《魏書·李寶傳》作'仍'。按李寶本據燉煌，作'仍'是，今據改。"今從改。

[8]真君：即太平真君，北魏太武帝的年號（440—451）。

[9]外都大官：官名。即外都坐大官。北魏前期置。與中都坐大官、内都坐大官合稱三都大官。掌畿外刑獄、聽理民訴訟。任此職者多爲宗室諸王、外戚及重臣，權勢極大。祭吊時位在三公、尚書令之上。孝文帝太和改制時罷。

[10]鎮南將軍：官名。漢獻帝時始置。三國魏時，與鎮東、鎮西、鎮北將軍合稱四鎮將軍，多爲持節都督，出鎮地方。魏晋及南北朝前期權勢很重，後漸輕，成爲褒賞軍功勳臣的閑職。北魏孝文帝太和十七年定爲從一品下，二十三年改爲從二品。　并州：北魏時治晋陽縣，在今山西太原市晋源區古城營村一帶。

[11]内都大官：官名。内都坐大官的省稱，北魏道武帝時置。與中都坐大官、外都坐大官合稱三都大官。主掌畿内刑獄、統兵作戰、參與軍國大政的決策。多由宗室諸王、外戚及重臣擔任。職同尚書而位在尚書令下。孝文帝太和十七年罷。

[12]文成：即北魏皇帝拓跋濬。文成爲其謚號。

[13]司馬文思鎮懷荒：底本無"思"字，源氏校勘記云："'文'下《隋書》有'思'字。"中華本校勘記云："諸本脱'思'字，據《魏書·李寶傳》補。司馬文思見《魏書》卷三七《司馬休之傳》。傳言文思爲懷朔鎮將。'荒''朔'未知孰是。"可從。司馬文思，人名。河内温（今河南温縣）人。南朝宋、北魏官

吏。見《北史》卷二九《司馬休之附司馬文思傳》。懷荒，軍鎮名。北魏六鎮之一。治所在今河北張北縣。

[14]太安：北魏文成帝的年號（455—459）。

承字伯業，少有謀略。初，寶欲歸欵，僚庶多有異議。承時年十三，勸寶速定大計，於是遂决。寶仍令承隨表入賀。[1]太武深相器異，禮遇甚優，賜爵姑臧侯。後遭父憂，居喪以孝聞。承應傳先封，以自有爵，乃以本封讓弟茂，時論多之。承方裕有鑒裁，爲時所重。文成末，以散侯出爲龍驤將軍、滎陽太守，[2]爲政嚴明，甚著聲稱。延興五年卒，[3]時年四十五，贈使持節、大將軍、雍州刺史，[4]謚曰穆。

[1]寶仍令承隨表入賀：源氏校勘記云："'賀'《魏書》作'質'。"中華本校勘記云："《魏書》'賀'作'質'，是。李寶欲降魏，故先送質子。"可從。

[2]散侯：源氏校勘記云："'散'《魏書》作'姑臧'。" 龍驤將軍：官名。西晋時設，雜號將軍之一。三品。北魏時爲較重要之雜號將軍。孝文帝太和十七年定爲三品上，二十三年定爲從三品。 滎陽：郡名。北魏時治滎陽縣，在今河南滎陽市西北。

[3]延興：北魏孝文帝的年號（471—476）。

[4]贈使持節大將軍：源氏校勘記云："'大'《魏書》作'本'。"中華本校勘記云："《魏書》'大'作'本'。按本將軍指龍驤將軍。李承官僅太守，不得便贈大將軍，作'本'是。"可從。 雍州：北魏時治長安縣，在今陝西西安市西北。

長子韶，字元伯，學涉有器量，與弟彦、虔、蕤並孝文賜名焉。[1]韶雅爲季父沖所知重。延興中，補中書學生，襲爵姑臧侯，除儀曹令。[2]時脩改車服及羽儀制度，[3]皆令韶典焉。遷給事黄門侍郎。[4]後依例降侯爲伯，兼大鴻臚卿，[5]黄門如故。孝文將創遷都之計，詔引侍臣，訪以古事。韶對曰："洛陽九鼎舊所，七百攸基，地則土中，實均朝貢，惟王建國，莫尚於此。"帝稱善。遷太子右詹事，[6]尋罷左右，仍爲詹事、肆州大中正。[7]出爲安東將軍、兖州刺史。[8]帝自鄴還洛，[9]韶朝於路，帝言及庶人恂事曰：[10]"卿若不出東宫，或未至此也。"

[1]孝文：即北魏皇帝元宏。孝文爲其謚號。

[2]儀曹令：官名。北魏置，協掌尚書省儀曹事務。隸儀曹尚書。儀曹，尚書省諸曹之一，掌車服、羽儀、朝覲、郊廟、饗宴等吉凶禮制。

[3]改：殿本、四庫本、四部備要本作"故"。

[4]給事黄門侍郎：官名。東漢合併黄門侍郎與給事黄門而置，亦簡稱黄門、黄門郎、黄門侍郎。掌侍從左右、關通内外。魏晋南北朝置爲侍中省或門下省次官，與侍中俱掌門下衆事，地位隨皇帝旨意或侍中地位而上下。北魏一度甚重之，孝文帝太和十七年定爲三品中，二十三年改四品上。

[5]大鴻臚卿：官名。九卿之一。魏晋南北朝時接待賓客、管理少數民族事務之職移歸尚書省主客曹，本官漸成專司朝會禮儀之官。北魏孝文帝太和十七年定爲二品上，二十三年定爲三品。

[6]太子右詹事：官名。北魏前期置太子左、右詹事，分掌東宫事務。孝文帝太和十七年定爲二品下，二十三年改置詹事一員。三品。

[7]詹事：官名。亦稱太子詹事。　肆州：北魏時治九原縣，在今山西忻州市忻府區。源氏校勘記云：“‘肆’《魏書》作‘秦’。”中華本校勘記云：“《魏書》‘肆’作‘秦’。按下文韶弟彦亦曾爲秦州大中正，李氏郡望爲隴西狄道，當時屬秦州，疑作‘秦’是。”可從。秦州，北魏時治上封城，在今甘肅天水市。大中正：官名。三國魏齊王曹芳時在郡中正之上設州大中正，核實郡中正所報的品、狀，主管州内士族品第的評定，並有推舉和罷免郡中正的權力（須經司徒府通過）。兩晉南北朝沿置。州大中正由司徒選授，本州内鄉品二品的士族高門可以參預其推舉，出任者皆爲鄉品二品的士族高門，許多家族世代相襲。北魏後期選任漸濫，恩幸、閹官亦有任此職。北魏時無品、無禄，但有罪時可當刑。

[8]安東將軍：官名。四安將軍之一，爲出鎮某一地區的軍事長官，或作爲州刺史兼理軍務時的加官。北魏孝文帝太和十七年定爲二品下，二十三年定爲三品。　兖州：北魏孝文帝太和十八年改東兖州置，治瑕丘城，在今山東兖州市新驛鎮東頓村南。

[9]鄴：城名。在今河北臨漳縣西南鄴鎮。

[10]庶人恂事：指北魏孝文帝太子元恂因爲參與反對遷都、改革而被廢黜爲庶人之事。恂，即元恂，人名。字元道，後改字宣道，北魏孝文帝的嫡長子。見《北史》卷一九《廢太子恂傳》。

宣武初，[1]徵拜侍中，領七兵尚書，[2]除撫軍將軍、并州刺史。[3]以從弟伯尚同咸陽王禧之逆，[4]免除官爵。久之，兼將作大匠，[5]敕參定朝儀律令。[6]及吕苟兒反於秦州，[7]除撫軍將軍、西道都督，行秦州事，與右衛將軍元麗，[8]率衆討之。事平，即真，璽書勞勉，[9]復其先爵。時隴右新經師旅，百姓多不安業，韶善撫納，甚得夷夏之心。

[1]宣武：即北魏皇帝元恪。宣武爲其謚號。

[2]七兵尚書：官名。尚書省七兵曹長官。三國魏時始置五兵尚書，掌管中兵、外兵、騎兵、別兵、都兵五曹。晉朝時分中兵、外兵爲左、右曹，實際是七曹，其長官仍沿稱五兵尚書。十六國時後燕始改此名。北魏時定爲官名。孝文帝太和十七年定爲從二品中。

[3]撫軍將軍：官名。三國蜀後主時置，北魏時爲將軍名號，地位較高。孝文帝太和十七年定爲從一品下，二十三年定爲從二品。

[4]伯尚：底本作"伯商"，源氏校勘記云："'商'《魏書》作'尚'。"中華本校勘記云："諸本'尚'訛作'商'，據《魏書》改。李伯尚見下文。"今從改。　咸陽王：封爵名。咸陽，郡名。北魏時治池陽縣，在今陝西涇陽縣。　禧：即元禧，人名。字思永，別字永壽。北魏宗室、大臣。見《北史》卷一九《咸陽王禧傳》。

[5]將作大匠：官名。漢景帝時由將作少府改名。掌領徒隸修建宮室、宗廟、陵寢及其他土木工程，並植樹於道旁。北魏仍置，領將作都將、將作監等官，孝文帝太和十七年定爲從二品下，二十三年定爲從三品。

[6]儀：底本作"議"，中華本校勘記云："諸本'儀'訛作'議'，據《魏書》改。"今從改。

[7]吕苟兒：人名。北魏秦州主簿。宣武帝正始三年（506）王法智聚集兩千人反魏，推舉吕苟兒爲首領，改年號爲建明，置百官，攻擊州郡。七月十七日庚辰，吕苟兒率領部下投降。

[8]元麗：人名。字寶掌。北魏宗室。見《北史》卷一七《濟陰王小新成附元麗傳》。

[9]璽書：亦稱寶書。古代以印璽封記之文書。秦朝以後專指帝王詔書。

孝明初，[1]自相州刺史入爲殿中尚書，[2]行雍州事。後除中軍大將軍、吏部尚書，[3]加散騎常侍，出爲冀州刺史。[4]清簡愛人，甚收名譽，政績之美，聲冠當時。明帝嘉之，就加散騎常侍，遷車騎將軍，賜劍珮、貂蟬各一具，驊騮馬一匹，并衣服寢具。韶以年及懸車，[5]抗表遜位，優旨不許。轉定州刺史，[6]常侍如故。及赴中山，[7]冀州父老皆送出西境，相聚而泣。二州境既連接，百姓素聞其德，州内大安。正光五年，[8]卒於官，年七十二。詔贈帛七百匹，贈使持節、散騎常侍、車騎大將軍、司空公、雍州刺史，[9]謚曰文恭。既葬之後，有冀州兵千餘人，戍於荆州，[10]還經韶墓，相率培冢，數日方還，其遺愛如此。永安中，[11]以剋定秦、隴功，追封安城縣開國伯，[12]邑四百户。

[1]孝明：即北魏皇帝元詡。孝明爲其謚號。

[2]相州：北魏時治鄴城，在今河北臨漳縣西南鄴鎮。　殿中尚書：官名。晋武帝時始置，爲尚書省六曹尚書之一，職掌不詳。北魏時復置，領宫中兵馬，典宫禁宿衛及倉庫，或説領殿中、直事、三公、駕部四郎曹。孝文帝太和十七年定爲二品中。

[3]中軍大將軍：官名。三國魏文帝時置，主要職責是統管左右衛、前、後、左、右、驍騎等宿衛七營禁軍，主管京師以及宫廷禁衛。地位顯要，不常置。二品。魏晋南北朝沿置。北魏孝文帝太和十七年定爲從一品中，二十三年定爲二品。　吏部尚書：官名。主管官吏選任、銓叙、調動事務，對五品以下官吏之任免有建議權。歷朝皆重其選，職位高於尚書省諸曹郎。北魏孝文帝太和十七年定爲從四品上，二十三年定爲四品上。

[4]冀州：北魏時治信都縣，在今河北冀州市。

［5］年及懸車：年齡將近七十歲。古人一般至七十歲辭官家居，廢車不用。

［6］定州：北魏時治盧奴縣，在今河北定州市。

［7］中山：郡名。北魏時治盧奴縣，在今河北定州市。

［8］正光：北魏孝明帝的年號（520—525）。

［9］車騎大將軍：官名。晋制，驃騎、車騎、衛三將軍皆爲重號將軍，高於諸名號大將軍，本無須加“大”。其後將軍名號越來越濫，遂又增此號，多加元老重臣，以示尊崇。北魏孝文帝太和十七年定爲一品中，二十三年定爲從一品。　司空公：官名。司空的尊稱。漢光武帝時始設，位在三公之末。北魏時爲名譽宰相，多爲大臣加官。一品。

［10］荆州：北魏時治穰縣，在今河南鄧州市。

［11］永安：北魏孝莊帝的年號（528—530）。

［12］安城縣開國伯：封爵名。安城，縣名。治所在今河南汝南縣東南。

長子璵，字道璠，温雅有識量。魏永平二年，[1]釋褐太尉府行參軍，[2]累遷尚書倉部郎中。[3]後汝南王悦爲司州牧，[4]悦性質疏冗，情識不倫，朝廷以璵器望兼美，閑於政事，擢爲悦府長史，兼知州務。甚得毗贊之方，因除司州别駕。[5]遷光禄少卿，[6]永安初，以本官兼度支尚書，[7]襲封安城縣伯，又除司徒右長史，[8]仍兼尚書。及遷都於鄴，留璵於後，監掌府藏，及撤運宫廟材木，以明幹見稱。加征南將軍、金紫光禄大夫，[9]尋兼給事黄門侍郎，監典書事。出爲東徐州刺史，[10]爲政清静，人吏懷之。解州還，以老疾，不求仕進。齊受禪，追璵兼前將軍，導從於圜丘行禮。又攝護軍，[11]陪神武神主入太廟。[12]璵意不願策名兩朝，雖以宿德耆舊被徵，過事即絶朝請。文宣亦曾命璵預華林宴，[13]顧訪舊事，甚重之。天保四年卒，[14]年七十二。

[1]永平：北魏宣武帝的年號（508—512）。

[2]太尉府行参軍：官名。北魏時爲太尉府僚屬，不署曹，員額不定。從六品上。

[3]尚書倉部郎中：官名。北魏時爲尚書省倉部屬官，員一人，掌倉廩事。六品。

[4]汝南王：封爵名。汝南，郡名。北魏時治上蔡縣（懸瓠城），在今河南汝南縣。　悦：即元悦，人名。北魏宗室。孝文帝子。見《北史》卷一九《汝南王悦傳》。　司州牧：官名。北魏司州地區長官。從二品。司州，北魏孝文帝太和十七年改洛州爲司州，治洛陽縣，在今河南洛陽市東北。

[5]司州别駕：官名。爲司州部佐吏。因刺史行部，别乘傳車，故謂之别駕。魏晋南北朝時置。北魏孝文帝太和十七年定爲正四品中，二十三年定爲從四品上。

[6]光禄少卿：官名。北魏時始置，爲光禄勳副職。孝文帝太和十七年定爲三品上，二十三年定爲四品上。

[7]度支尚書：官名。魏晋南北朝至隋初爲尚書省度支曹長官。統管度支、户部、金部、倉部四曹。掌軍國財賦的收支會計及漕運、物價、屯田之政令。北魏孝文帝太和十七年定爲二品中，二十三年定爲三品。北齊時爲三品。隋初爲正三品，後改名爲民部尚書。

[8]司徒右長史：官名。三國魏分司徒長史置。與司徒左長史並爲司徒府僚屬之長，佐司徒總管府内諸曹，位次左長史。兩晋南北朝及隋朝初沿置。管理州郡農桑户籍、官吏考課等。北魏時相府長史總領丞相府事務，置左右二員。四品上。孝文帝二十三年定爲

正四品。

[9]征南將軍：官名。東漢時置。北魏時爲四征將軍之一，多授持節都督，出鎮方面，地位顯要。孝文帝太和二十三年定爲二品。　金紫光禄大夫：官名。西晋初有光禄大夫，授銀章青綬，如加賜金章紫綬，則爲金紫光禄大夫。二品。禄賜、班位、冠幘、車服、佩玉、置吏卒羽林及卒，諸所賜給皆與特進同。其以爲加官者，唯假章綬、禄賜班位，不别給車服吏卒。北魏孝文帝太和十七年定爲從一品下，二十三年定爲從二品。

[10]東徐州：北魏時治下邳城，在今江蘇睢寧縣古邳鎮北側。

[11]護軍：官名。即護軍將軍。北齊時爲護軍府長官，領東西南北四中郎將府及各地關尉、津尉，皇帝出則護駕，屬官有長史、司馬、功曹、五官、主簿、録事及諸曹參軍。從二品。

[12]齊神武：即高歡。神武爲其謚號，北齊後主所追謚。

[13]文宣：即北齊皇帝高洋。文宣爲其謚號。　華林：即華林園。在今河北臨漳縣西南鄴鎮東。

[14]天保：北齊文宣帝的年號（550—559）。

子詮，字世良，任城郡守，[1]贈涇州刺史。[2]

[1]任城：郡名。北齊時治魯縣，在今山東曲阜市。

[2]涇州：北周時治臨涇城，在今甘肅鎮原縣東南。

子伯卿，太師府參軍事。[1]

[1]太師府參軍事：官名。太師府僚屬，協助處理府事。

伯卿子師上，聰敏好學，雅有詞致。外祖魏收無子，[1]惟有一女，生師上，甚愛重之，童齔便自教屬文，[2]有名於世。後與范陽盧公順俱爲符璽郎，[3]待詔文林館。[4]與博陵崔君洽同志友善，[5]從駕晋陽，[6]寓居僧寺，朝士謂之康寺三少，爲物論推許若此。隋煬帝居蕃，[7]奏爲王府記室，[8]終於揚州。[9]

[1]魏收：人名。字伯起，小字佛助，鉅鹿下曲陽（今河北晋州市）人。北齊史學家、文學家。見《北史》卷五六《魏收傳》。

[2]齔（chèn）：兒童换齒。

[3]范陽：郡名。北魏時治涿縣，在今河北涿州市。　盧公順：人名。即盧正山。范陽涿（今河北涿州市）人。北齊文士。見《北史》卷三〇《盧玄傳》。　符璽郎：官名。漢朝時有尚符璽郎（尚符璽郎中），爲符節令屬官，掌保管璽印符節，三國魏時稱符璽郎（符璽郎中），七品。北齊時隸符節令，掌保管璽印符節，員四人。從六品上。

[4]文林館：官署名。北齊後主時置，文學之士入館者，稱待詔文林館，主要任務是編撰供皇帝閲覽的書籍，撰成後名《修文殿御覽》。

[5]博陵：郡名。北齊時治安平縣，在今河北安平縣。　崔君洽：人名。即崔液。字君洽，博陵安平（今河北安平縣）人。北齊、隋朝官吏。見《北史》卷三二《崔挺附崔液傳》。

[6]晋陽：縣名。治所在今山西太原市晋源區古城營村一帶。

[7]隋煬帝：即隋朝皇帝楊廣。煬爲其謚號。

[8]王府記室：官名。隋朝時爲晋王府記室參軍，爲記室曹長官。掌文書表奏，預參謀議。從六品。

[9]揚州：隋朝初治建鄴縣，在今江蘇南京市。

詮弟謐，字世安，位高陽郡守、司農卿、安州刺史。[1]謐子千學，齊武平中尚神武女浮陽長公主，[2]拜駙馬都尉、南青州刺史。[3]

[1]高陽：郡名。北齊時治高陽縣，在今河北高陽縣東。　司農卿：官名。南朝梁時改大司農爲司農卿，職掌勸農、倉儲、園苑、供應宫廷膳食等。北齊時爲三品。　安州：北齊時治燕樂縣，在今北京密雲縣東。

[2]武平：北齊後主的年號（570—576）。　浮陽長公主：封號。浮陽，郡名。北齊時治浮陽縣，在今河北滄縣東南東關。

[3]駙馬都尉：官名。漢武帝時始置。皇帝出行時掌副車，爲侍從近臣，常用作加官。歷代沿置。魏晋與奉車、騎都尉並號三都尉，多用於宗室、外戚、功臣子、貴族、親近之臣的加官，或加於尚公主者。東晋南朝時隸集書省，無定員，無實職，尚公主者多加此號。至梁、陳時漸成定制，專加尚公主者。北朝略同。北齊從五品。　南青州：北齊時治團城，在今山東沂水縣沂水鎮。

謐弟誦，字世業，位假儀同三司、臨漳令。[1]誦弟世韞，太子舍人、殿中郎。[2]

[1]儀同三司：初謂非三公而儀制待遇同於三公。魏晋時期，授予開府位從三公之文武官。南北朝授予範圍不斷擴大，逐漸成爲官號。北齊時位三公下。二品。　臨漳：縣名。治所今河北臨漳縣西南鄴鎮。

[2]太子舍人：官名。秦朝時始置。兩漢因之，輪流宿衛。歷代沿置。北齊時爲太子府屬官，掌文章書記，隸詹事府典書坊，員二十八人。從六品下。　殿中郎：官名。十六國前秦時置，爲殿中侍衛武官，掌管宫殿禁衛、倉庫。北齊時爲六品上。

璵子孫繁衍，行人號其宅爲李東徐村。[1]

[1]行：毛本、殿本、四庫本、局本、四部備要本作“時”。　李：底本作“孝”，中華本校勘記云：“諸本‘李’作‘孝’。按李璵曾爲東徐州刺史，是以得名。‘孝’乃形似致訛，今改正。又北、汲、殿三本‘行’作‘時’。”今從改。

璵弟瑾，字道瑜。美容貌，有才學，特爲韶所鍾愛。清河王懌甚知賞之。[1]懌爲司徒，[2]辟參軍事。[3]轉著作郎，[4]稍遷通直散騎侍郎，[5]與給事黄門侍郎王遵業、尚書郎盧觀典脩儀注。[6]王、盧即瑾之外兄。臨淮王彧謂瑾等三儁，[7]共掌帝儀，可謂舅甥之國。及明帝崩，上謚策文，瑾所製也。莊帝初，[8]於河陰遇害，[9]年三十九，贈冠軍將軍、齊州刺史。[10]

[1]清河王：封爵名。清河，郡名。北魏時治清河縣，在今山東臨清市東北。　懌：即元懌，人名。字宣仁。北魏宗室。見《北史》卷一九《清河王懌傳》。

[2]司徒：官名。漢哀帝時改丞相爲大司徒，漢光武帝時改爲司徒，與太尉、司空並稱三公，分掌宰相職能。北魏初曾令州郡公文先上司徒府，後改上丞相府。一品。

[3]參軍事：官名。亦作“參軍”。東漢末車騎將軍幕府置爲僚屬，掌參謀軍務。南北朝時王、公、將軍府、都水臺以及諸州多置爲僚屬。品級自六品至九品不等。

[4]著作郎：官名。三國魏明帝時置，爲著作局長官，六品，隸中書省。掌修國史及起居注的修撰。歷代沿置，職掌不同。南北朝時爲清要之官，出任者皆爲有名望的文學之士，亦有以司空、尚書等職領者。北魏孝文帝太和十七年定爲五品上，二十三年定爲從

五品上。

［5］通直散騎侍郎：官名。東晋元帝時使員外散騎侍郎與散騎侍郎通員當值，故名。北魏時掌侍從、諷諫，屬集書省，員六人。孝文帝太和十七年定爲四品中，二十三年定爲從五品上。

［6］王遵業：人名。太原晋陽（今山西太原市晋源區古城營西）人。北魏官吏。見《北史》卷三五《王慧龍附王遵業傳》。　盧觀：人名。字伯舉，范陽涿（今河北涿州市）人。北魏官吏。見《北史》卷三〇《盧觀傳》。

［7］臨淮王：封爵名。臨淮，郡名。北魏時治已吾縣（赤坎城），在今安徽懷遠縣西北。　彧：即元彧，人名。字文若。北魏宗室。見《北史》卷一六《臨淮王譚附元彧傳》。

［8］莊帝：即北魏皇帝元子攸。莊爲其謚號。

［9］河陰遇害：北魏孝明帝武泰元年（528）權臣尒朱榮在河陰縣（今河南孟津縣東）策劃並實施的一起針對皇族和百官公卿的屠殺事件，史稱河陰之變。河陰，縣名。治所在今河南孟津縣東。

［10］齊州：北魏時治歷城縣，在今山東濟南市。

子産之，字孫僑。容貌短陋，而撫訓諸弟，愛友篤至。其舅盧道將稱之曰：[1]“此兒風調，足爲李公家孫。”位北豫州司馬。[2]子仲膺，字公祀。以學行稱，位太子洗馬。[3]仕周，爲東京小吏部上士。[4]隋開皇中，[5]卒於荆州總管司馬。[6]

［1］盧道將：人名。字祖業，范陽涿（今河北涿州市）人。北魏官吏。見《北史》卷三〇《盧玄附盧道將傳》。

［2］北豫州：北魏明元帝泰常中復置，治虎牢城，在今河南滎陽市西北。孝文帝太和十九年罷。　司馬：官名。爲府内高級幕僚，掌參軍贊務，管理府内武職，位僅次於長史。

[3]太子洗馬：官名。東宫屬官。北魏時爲太子詹事屬官，掌太子圖籍、經，太子出行則前導威儀。孝文帝太和十七年定爲從四品上，二十三年定爲從五品上。

[4]東京：即洛陽。　小吏部上士：官名。西魏恭帝三年（556）置，北周沿置。夏官府吏部中大夫屬官，佐吏部中大夫、小吏部下大夫掌選舉事務。正三命。武帝建德二年，省六府諸司中大夫，以下大夫爲長官，遂爲吏部次官。宣帝即位，復置六府諸司中大夫後，仍爲屬官。隋文帝開皇元年（581）罷。小，底本作“少”。按《通典》今從改。

[5]開皇：隋文帝的年號（581—600）。

[6]總管：官署名。指總管府。北周明帝武成元年置，爲地方最高行政機構，管理所屬地區的軍事民政，職權甚重。設總管爲長官，僚屬有司馬、長史等。隋初沿之，煬帝大業三年罷。

産之弟蒨之，字曼容，清通好文學。齊天保初，歷太子洗馬，行陽翟郡守，[1]爲政清静，吏人稱之。遷尚書考功郎中，[2]遇文宣昏縱，見害，時人冤之。

[1]陽翟：郡名。北齊時治陽翟縣，在今河南禹州市。

[2]尚書考功郎中：官名。三國魏時曾置尚書考功郎，掌尚書考功曹，以考課官吏。其資歷淺者爲郎中，深者可轉侍郎，皆稱郎。晋及南朝不置。北魏復置，北齊沿置，爲尚書省吏部考功曹長官，掌考課官吏。六品。

蒨之弟壽之，位梁州中從事，[1]性貞介，不負於人。

[1]梁州：北齊時治大梁城，在今河南開封市。　中從事：官名。治中從事史的省稱，《北史》避唐高宗李治諱改。漢朝時始置

爲州郡佐吏，例用本地人，主選署及文書案卷。歷代沿置。北齊時司州治中從事爲從四品下，上州爲中六品下，中州爲從六品下，下州無。

壽之弟禮之，位司徒騎兵參軍。[1]與妻鄭氏相重。妻先亡，遺言終不獨死。未幾，禮之脚上發腫。夢妻云，煮小麥漬之即差。如其言，反創而卒。

[1]司徒騎兵參軍：官名。騎兵曹長官。北齊時爲從六品。

禮之弟行之，字義通，小字師子。簡静，善守門業，多識前言往行，而不以文學自名。居喪盡禮，與兄弟深相友愛。仕齊，歷位都水使者、齊郡太守，[1]帶青州長史。[2]任城王敬憚之，[3]州人號曰李御史。仕周，爲冬官府司寺下大夫。[4]隋開皇初，封固始縣男，[5]除唐州下溠郡太守，[6]稱疾不行，卒。行之風素夷坦，爲士友所稱。其舅子盧思道深所愛好，[7]常贈詩云："水衡稱逸人，[8]潘楊有世親。[9]形骸預冠蓋，心思出囂塵。"[10]時人以爲實録。及疾，内外多爲求醫。行之曰："居常待終，士之道也。貧既愈富，何知死不如生？"一皆抑絶。臨終，命家人薄葬，口授墓誌以紀其志曰："隴西李行之，[11]以某年某月終於某所。年將六紀，官歷四朝，道叶希夷，[12]事忘可否。雖碩德高風，有傾先構；而立身行己，無愧夙心。以爲氣變則生，生化曰死，蓋生者物之用，死者人之終，有何憂喜於其間哉！乃爲銘曰：人生若寄，視死如歸。茫茫大夜，何是何非。"言終而絶。

二子，夷、道。

[1]都水使者：官名。北齊時置爲都水臺長官，管理全國河渠灌溉水運事務，二員。從五品。　齊郡：北齊時治益都縣，在今山東青州市。

[2]青州：北齊時治東陽城，在今山東青州市。

[3]任城王：封爵名。任城，郡名。北齊時治魯縣，在今山東曲阜市。此指高湝，齊神武第十子。見《北史》卷五一《任城王湝傳》。

[4]冬官府司寺下大夫：官名。北周冬官府所屬。職掌史文闕載。正四命。

[5]固始縣男：封爵名。固始，縣名。治所在今河南固始縣東北。

[6]唐州：隋朝初治下溠縣，在今湖北隨州市西北唐縣鎮。下溠（zhà）郡：隋朝初治下溠縣，在今湖北隨州市西北唐縣鎮。

[7]盧思道：人名。字子行，范陽涿（今河北涿州市）人。北齊、北周、隋朝官吏。見《北史》卷三〇《盧玄附盧思道傳》。

[8]水衡：泛指管理水利之官。李行之前曾任都水使者。故有此言。

[9]潘楊：源氏校勘記云："'楊'《北齊書》作'陽'。"按：潘安之妻楊氏早亡，潘安終生未娶。後因以爲典，代指姻親交好。這裏是説李行之的哥哥嫂子關係好。故知《北齊書》誤。

[10]囂塵：源氏校勘記云："《北齊書》'囂'作'風'。"

[11]隴西：郡名。北齊時治襄武縣，在今甘肅隴西縣東南。

[12]叶：中華本作"協"。未詳孰是。

行之弟凝之，字惠堅。光州中從事，[1]非其所好，僶俛而就，[2]秩滿，徑還冀州棗强野舍。[3]凝之明本草藥性，恒以服餌自持，雖年將耄及，而志力不衰。篤好古文，精心典禮，以之終老，未嘗懈倦。隋仁壽中卒。[4]

[1]光州：隋朝初治掖縣，在今山東萊州市。

[2]僶（mǐn）俛（miǎn）：勉强。

[3]冀州：隋朝初治信都縣，在今河北冀州市。　棗强：縣名。治所在今河北棗强縣東北。

[4]仁壽：隋文帝楊堅的年號（601—604）。

産之兄弟，並有器望。邢子才爲禮之墓誌云：[1]"食有奇味，相待乃飡，衣無常主，易之而出。"時以爲實録。諸婦相親，皆如姊妹。蒨之死，諸弟不避當時凶暴，行喪極哀。趙郡李榮來弔之，[2]歎曰："此家風範，海内所稱，今始見之，真吾師也。"欲與連類，即日自名勞之。[3]

[1]邢子才：人名。即邢卲。字子才，河間鄚（今河北任丘市北）人。北魏、東魏、北齊官吏。見《北史》卷四三《邢巒附邢卲傳》。

[2]趙郡：隋朝初治平棘縣，在今河北趙縣。

[3]即日自名勞之：中華本校勘記云："張森楷云：'"勞"疑當作"榮"。'"

瑾弟瓚，字道璋。[1]少有風尚，辟司徒參軍事。[2]卒，贈漢陽郡太守。[3]子脩年，開府參軍，[4]早亡。

[1]瑾：底本"瑾"作"瑛"，中華本校勘記云："諸本'瑾'

訛作‘瑛’，據《魏書》改。”今從改。

[2]司徒參軍事：官名。即司徒府參軍事。

[3]漢陽：郡名。北魏時有二，一屬秦州，太武帝太平真君七年分天水郡置，治黄瓜縣，在今甘肅天水市南；一屬南秦州，太武帝太平真君五年置，治蘭倉縣，在今甘肅禮縣。

[4]開府參軍：官名。即開府參軍事。

韶弟彦，字次仲，有學業。孝文初，舉秀才，除中書博士，[1]轉諫議大夫。[2]後因考課，降爲元士。[3]尋行主客曹事，徙郊廟下大夫。[4]時朝儀典章，[5]咸未周備，彦留心考定，號爲稱職。孝文南伐，彦諫曰："臣以爲蕞爾江、閩，未足親勞鑾駕。"頻表雖不見納，而以至誠見嘉。及六軍次於淮南，[6]徵爲廣陵王羽長史，[7]加恢武將軍、西翼副將。[8]軍還，除冀州趙郡王幹長史。[9]轉青州廣陵王羽長史，帶齊郡太守。徵爲龍驤將軍、司徒右長史，轉左長史、秦州大中正。[10]出行揚州事，尋徵拜河南尹，[11]還至汝陰，[12]復敕行徐州事。[13]尋徵拜平北將軍、平州刺史，[14]遷平東將軍、徐州刺史。[15]延昌二年夏，[16]大霖雨，川瀆皆溢。彦相水陸形勢，隨便疏通，得無淹漬之害。朝廷嘉之，頻詔勞勉。入爲河南尹，遷金紫光禄大夫、光禄勳，[17]轉度支尚書。出爲撫軍將軍、秦州刺史。時破六韓拔陵等反於北鎮，[18]二夏、豳、凉所在蜂起，[19]而彦刑政甚嚴。正光五年六月，城人薛珍、劉慶、杜超等因四方離叛，突入州門害彦，推其黨莫折大提爲帥。[20]永安中，追贈侍中、驃騎大將軍、司徒公、雍州刺史，[21]謚曰孝貞。

［1］中書博士：官名。中書教授博士的省稱。北魏時置，屬中書學。選用博學之士擔任，教授中書學生，任職者升遷較易，多升爲中書省、門下省要職。

［2］諫議大夫：官名。北魏時隸集書省，掌諫諍議論，孝文帝太和十七年定爲四品下，二十三年定爲從四品下。

［3］元士：官名。王莽時置。北魏道武帝時亦置，爲大夫屬官。元士屬官有署令長。孝文帝太和十七年定爲從四品上。

［4］主客曹：官署名。西漢始置，東漢初分爲南北主客曹，東漢末並爲客曹，皆置尚書，掌少數民族藩國朝聘接待之政令及護法駕。三國魏、西晋時改名客曹。十六國後秦、西秦及北魏復置，設尚書爲長官，北魏又設令、給事中、郎等。　事徙：底本作“從事”，源氏校勘記云：“‘從事’，《魏書》作‘事徙’。”中華本校勘記云：“諸本‘事徙’作‘從事’。《魏書》作‘事徙’。按《隋書》卷二七《百官志中》，尚書省主客曹無從事。此‘事徙’誤倒，又‘徙’訛爲‘從’。今據乙。”今從改。　郊廟下大夫：官名。北魏時置，掌宗廟的看守和日常清掃，參預考訂朝議典章。孝文帝太和十七年定爲四品上。

［5］章：底本作“掌”，中華本校勘記云：“諸本‘章’訛作‘掌’，據《魏書》改。”今從改。

［6］淮南：郡名。北魏時治壽春縣，在今安徽壽縣。

［7］廣陵王：封爵名。遥封。廣陵，郡名。南朝齊時治廣陵縣，在今江蘇揚州市西北。　羽：即元羽，人名。字叔翻。北魏宗室。見《北史》卷一九《廣陵王羽傳》。

［8］恢武將軍：官名。十六國時後秦置，北魏沿置。孝文帝太和十七年定爲從三品下，二十三年定爲四品。

［9］趙郡王：封爵名。趙郡，北魏時治平棘縣，在今河北趙縣。　幹：即元幹，人名。字思直。北魏宗室。見《北史》卷一九《趙郡王幹傳》。

[10]轉左長史：底本無“轉”字，源氏校勘記云：“按《魏書》‘左長’上脱‘轉’字。”中華本校勘記云：“諸本脱‘轉’字，據《魏書》補。”今從改。

[11]河南尹：官名。河南地區最高軍政、民事長官。河南，郡名。北魏時治洛陽縣，在今河南洛陽市東北。

[12]汝陰：郡名。北魏時治汝陰縣，在今安徽阜陽市。

[13]徐州：北魏時治彭城縣，在今江蘇徐州市。

[14]尋徵拜：中華本校勘記云：“《魏書》‘尋徵拜’作‘轉’一字。按當時‘徵拜’指入爲内官。彦自行徐州刺史遷平州刺史，是外官轉徙，不得云‘徵拜’。此當是涉上文‘尋徵拜河南尹’而誤。”可從。　平北將軍：官名。漢獻帝時曹操置。魏晋時多兼鎮守地區的刺史，統管軍政事務，與平南、平東、平西將軍合稱四平將軍。在南北朝及北朝前期地位仍較高，北朝後期漸成無職掌的散官。北魏孝文帝太和十七年定爲從二品上，二十三年定爲三品。　平州：北魏時治肥如縣，在今河北盧龍縣北。

[15]平東將軍：官名。漢獻帝時置。三國魏時與平西、平南、平北將軍合稱四平將軍，權任很重，多持節都督或監某一地區軍事，有時亦作爲刺史等地方官員兼理軍務時的加官。兩晋南北朝沿置，北魏孝文帝太和十七年定爲從二品上，二十三年定爲三品。

[16]延昌：北魏宣武帝的年號（512—515）。

[17]光禄勳：官名。漢武帝時改郎中令置，位列九卿之一。魏晋南北朝沿置，掌宫廷門户名籍。北魏時兼掌供應百官膳食。孝文帝太和十七年定爲從一品下，二十三年定爲三品。

[18]破六韓拔陵：人名。六鎮起義軍首領。北魏孝明帝正光四年，攻占沃野鎮。次年，派大將軍衛可孤攻下懷朔、武川（今内蒙古武川縣西）二鎮，孝明帝孝昌元年（525）兵敗被殺。

[19]二夏：指夏州和東夏州。夏州，北魏時治大夏（統萬城），在今陝西靖邊縣白城子村無定河北岸的毛烏素沙漠中（靠近今内蒙古烏審旗南境）。東夏州，北魏時治廣武縣，在今陝西延安

市東。　豳：州名。北魏時治定安縣，在今甘肅寧縣。　涼：州名。北魏時治姑臧縣，在今甘肅武威市。

[20]莫折大提：人名。秦州（今甘肅天水市）人，羌族。北魏孝明帝正光五年，領導關隴地區起義軍，自立爲秦王。

[21]驃騎大將軍：官名。北魏孝文帝太和十七年定爲一品中，二十三年定爲從一品。

子燮，字德諧，少有風望，位司徒主簿。[1]卒，贈太常少卿。[2]子士萬，有雅望，位高都太守。[3]

[1]司徒主簿：官名。司徒府掌管文書簿籍，經辦事務的佐吏。北魏時爲六品。主簿，官名。漢朝中央及州郡官府均置，典領文書簿籍，經辦事務。歷代沿置。品秩隨府長官地位高下而不等。

[2]太常少卿：官名。北魏時置，爲太常副職，協助太常卿管理禮樂、宗廟祭祀事務。位在太常丞上。孝文帝太和十七年定爲三品上，二十三年定爲四品上。

[3]高都：郡名。北魏時治高都縣，在今山西晋城市東北。

燮弟爽，字德明。[1]弟充，字德廣。弱冠，[2]太學博士。[3]大將軍蕭寶夤西討，[4]德廣爲行臺郎，[5]募衆而征，戰捷，乃手刃仇人，啖其肝肺。覺寶夤有異志，挺身歸闕，朝廷加爵，辭而不受。寶夤遂與万俟醜奴同反，[6]大行臺尒朱天光討之，[7]請德廣爲從事中郎。天光用其計，遂定秦隴。以功除中散大夫。[8]痛父非命，終身不食酒肉。妹夫盧元明嗟重之。[9]

[1]燮弟爽字德明：中華本校勘記云："《魏書》無'弟爽字德

明’五字。按下文言德廣弟德顯，德顯弟德明，與《魏書》同。則德廣乃德明之兄，且不應重出。此‘弟爽字德明’五字當衍。”可從。

[2]弱冠：古代男子二十歲行冠禮，二十歲尚未達到壯年，故稱弱冠，後世以指二十歲左右的男子。

[3]太學博士：官名。漢魏時置五經博士，分經教授弟子生員。東晋時不復分經，統稱太學博士，置十六員，掌教授太學生，亦備咨詢，參議禮儀，隸太常。六品。北魏時國子學、太學各置博士，教授學生。從七品。

[4]蕭寶夤：人名。字智亮。南朝齊宗室，齊明帝第六子。北魏宣武帝時，封爲齊王、鎮東將軍等。統軍攻南朝梁，屢有戰功。孝明帝正光初，爲尚書左僕射。後於孝昌三年稱帝，被魏軍所敗。見《北史》卷二九《蕭寶夤傳》。

[5]行臺郎：官名。北魏時始置，爲行臺諸曹郎中的泛稱，各曹皆冠以曹名。有時用以稱不理具體曹務的官員。

[6]万俟醜奴：人名。高平鎮（今寧夏固原市）人，鮮卑族。北魏末年，關隴各族起義軍首領。原是胡琛的部屬。孝莊帝建義元年（528）在高平稱帝，後被魏將尒朱天光、賀拔岳、侯莫陳悦鎮壓。兵敗後在平凉被俘，由尒朱天光押送洛陽，被殺。

[7]大行臺：官名。即大行臺長官的省稱。北魏時置大行臺，爲尚書省在各主要地區的派出機構，代行尚書省的權力，管理轄區内軍政事務。設大行臺尚書令爲長官，大行臺尚書僕射協助管理大行臺事務，置大行臺尚書、大行臺郎中等分曹理事。　尒朱天光：人名。北秀容（今山西朔州市）人，鮮卑族。北魏官吏。見《北史》卷四八《尒朱榮附尒朱天光傳》。

[8]中散大夫：官名。漢平帝時始置。歷代因之。多爲官吏養老、病退所任，無具體職權。北魏曾置爲職事官之加官。孝文帝太和十七年定爲四品上，二十三年定爲四品下。

[9]盧元明：人名。字幼章，范陽涿（今河北涿州市）人。北

魏、東魏官吏。見《北史》卷三〇《盧玄附盧元明傳》。

子士英，有文才，王遵業以女妻之。

次僧伽，脩整篤業，不應辟命，時鄭子默有名於世，[1]僧伽曰："行不適道，文勝其質，郭林宗所謂'墻高基下，雖得必喪'，[2]此之徒也。"竟如其言。尚書袁叔德來候僧伽，[3]先減僕從，然後入門，曰："見此賢，令吾羞對軒冕。"及卒，叔德爲懷舊詩曰："平生寡俗累，終身無世言。"其見重如此。僧伽弟法藏，内清介，位員外郎。[4]

[1]鄭子默：人名。即鄭頤。字子默，彭城（今江蘇徐州市）人。北魏官吏。見《北史》卷四一《楊播附鄭頤傳》。

[2]郭林宗：人名。即郭太。字林宗，太原介休（今山西介休市）人。以不願就官府徵召而名著於世。見《後漢書》卷六八《郭太傳》。　墻高基下雖得必喪：名位雖高而德行低下，即使得到高位也一定會失去。語出《後漢書·郭太傳》。

[3]袁叔德：人名。即袁聿脩。字叔德，陳郡項（今河南淮陽縣南）人。北齊、北周、隋朝官吏。見《北史》卷四七《袁翻附袁聿脩傳》。

[4]員外郎：官名。魏晋南北朝時爲員外散騎侍郎的省稱。初爲正員之外添差之散騎侍郎，無員數，後成定員官。南北朝時屬散騎省（東省、集書省），初多以公族、功臣子充任，爲閑散之職，常用以安置閑退官員、衰老人士。北魏初沿例授予南朝北奔之士，班比吏部郎，員六人。孝文帝太和十七年定爲從四品下，二十三年定爲七品上。

德廣弟德顯，位散騎侍郎，[1]贈東秦州刺史。[2]

[1]散騎侍郎：官名。三國魏時置，隸散騎省，吴國亦置。西晋因魏制，與散騎常侍、侍中、黄門侍郎等侍從皇帝左右，顧問應對，諫諍拾遺，共平尚書奏事。東晋時罷。南朝時復置，隸集書省，掌文學侍從、諫諍糾劾，收納奏章，地位漸輕。北朝時兼修史，地位略高於南朝。北魏孝文帝太和十七年定爲四品上，二十三年定爲五品上。

[2]東秦州：北魏時治杏城鎮，在今陝西黄陵縣西南故邑。

德顯弟德明，敦重有器局，位高陽太守，贈光禄少卿、光州刺史。[1]

[1]光州：北魏時治掖縣，在今山東萊州市。

彦弟虔，字叔恭。太和初，爲中書學生，遷秘書中散，[1]轉冀州驃騎府長史、太子中舍人。[2]宣武初，遷太尉從事中郎，出爲清河太守。屬京兆王愉反，[3]虔棄郡奔闕。宣武聞虔至，謂左右曰："李虔在冀州日久，恩信著物，今拔難而來，衆情自解矣。"乃授虔别將，令軍前慰勞。[4]事平，轉長樂太守。[5]延昌初，冀州大乘賊起，[6]令虔以本官爲别將，與都督元遥討平之。[7]遷後將軍、燕州刺史；[8]還爲光禄大夫，[9]加平西將軍，[10]兼大司農；[11]出爲散騎常侍、安東將軍、兖州刺史。追論平冀州之功，賜爵高平男。[12]還京，除河南邑中正，[13]遷領軍將軍、金紫光禄大夫。[14]孝莊初，[15]授特進、車騎大將軍、儀同三司、散騎常侍，[16]又進號驃騎大將軍、開府儀同三司。[17]永安三年薨，年七十四，贈侍中、驃騎大將軍、太尉公、都督冀定瀛三州諸軍事、冀州刺史，[18]謚宣景。

[1]秘書中散：官名。北魏時置，爲任職於秘書省的中散官，掌管禁中文書事務，參預禮儀制度的議定，亦受皇帝之命外出執行臨時任務，或領監御等曹事務。多由中書學生遷任。五品中。

[2]驃騎府：官署名。驃騎將軍府的省稱。西漢、三國魏、晋朝、南北朝時驃騎將軍多開府置長史、司馬、掾屬等官。　太子中舍人：官名。晋武帝時置，四員，選舍人中才學俱佳者爲之，與太子中庶子共掌文翰，侍從規諫太子，糾正違闕、儐相、威儀，綜典奏事文書，監督醫藥，檢奏更直名册等，位在中庶子下、洗馬上。六品。東晋南北朝沿置。北魏孝文帝太和十七年定爲四品中，二十三年定爲五品上。

[3]京兆王：封爵名。京兆，郡名。北魏時治霸城縣，在今陝西西安市東北。　愉：即元愉，人名。字宣德。北魏宗室。見《北史》卷一九《京兆王愉傳》。

[4]乃授虔別將令軍前慰勞：源氏校勘記云："'將令'，《魏書》作'領'一字。"別將，官名。秦漢時始設。北魏中期之後根據出軍之制，軍之統帥爲都督，與主力分道的輔翼將領稱爲別道都將，亦稱"都將"，成爲一級武官的名稱，位在統軍之上。

[5]長樂：郡名。北魏時治信都縣，在今河北冀州市。

[6]冀州大乘賊起：指北魏末年以冀州沙門法慶爲首的起義。宣武帝延昌四年六月，法慶自號大乘，以李歸伯爲十住菩薩平魔漢王。至九月，官軍捕斬法慶及其妻尼惠暉等。未幾，李歸伯亦被捕問斬，始告大致平定。

[7]元遥：人名。字太原，鮮卑族。北魏宗室、大臣。見《北

史》卷一七《京兆王子推附元遥傳》。

［8］後將軍：官名。漢朝時爲重號將軍之一，與前、左、右將軍並爲上卿，位次大將軍及驃騎、車騎、衛將軍，有兵事則典掌禁兵，戍衛京師，或任征伐。平時無具體職務，一般兼任他官，常加諸史、散騎、給事中等號，成爲中朝官，宿衛皇帝左右，參與朝政。北魏時成爲軍府名號，用作加官，常不載官品。孝文帝太和十七年定爲從二品上，二十三年定爲三品。　燕州：北魏時治下洛城，在今河北涿鹿縣涿鹿鎮。

［9］光禄大夫：官名。漢武帝時設，掌議論。無定員，秩比二千石。歷朝因之，官秩不一。西漢後期漸成散官、加官。北魏孝文帝太和十七年定爲從二品中，二十三年定爲三品。

［10］平西將軍：官名。漢獻帝時曹操置。魏晋時多兼鎮守地區的刺史，統管軍政事務，與平南、平東、平北將軍合稱四平將軍。在南朝及北朝前期地位仍較高。北魏孝文帝太和十七年定爲從二品上，二十三年定爲三品。

［11］大司農：官名。漢武帝時改大農令置。掌管全國租賦收入和國家財政開支，凡百官俸禄、軍費、各級政府機構經費等由其支付，管理各地倉儲、水利、官府農業、手工業、商業的經營，調運貨物，管制物價等。北魏時仍置，所掌唯倉儲園苑及供膳之庶務。孝文帝太和十七年定爲二品上，二十三年定爲三品。

［12］高平男：封爵名。高平，縣名。治所在今寧夏固原市。

［13］河南邑：地名。在今河南洛陽市東北。　中正：官名。東漢獻帝時始置。由各郡長官推選本郡任職於中央的有德行之士兼任，負責品評本郡士人，劃分等級，以爲吏部委任官員的依據。北魏前、中期此職權任頗重，後期選任漸濫。

［14］領軍將軍：官名。三國魏文帝時始置，歷朝因之。爲禁衛軍之最高統帥，權勢極重。北魏時如果侍臣任此職，則稱中領軍將軍。孝文帝太和十七年定爲二品上，二十三年定爲從二品（參張金龍《北魏後期禁衛武官制度考論》，《蘭州大學學報》2001 年第 6

期)。

[15]孝莊：即北魏皇帝元子攸。孝莊爲其謚號。

[16]特進：官名。西漢時置，後作爲加官贈給致仕大臣。主要指大臣被特許在朝會越次而位於三公之下。北魏孝文帝太和二十三年定爲二品。

[17]開府儀同三司：三國魏時始置。爲大臣加號，謂與三司即太尉、司徒、司空的禮制待遇相同，許開設府署，自辟僚屬。北魏因之。孝文帝太和二十三年定爲從一品。

[18]太尉公：官名。太尉的尊稱。西漢初爲武將最高稱號，不常設。擔任臨時性的高級軍事統帥，或爲皇帝的軍事顧問，並無發兵、領兵的實際職權。魏晋南北朝沿置，位列三公之首，並無實際職掌。北魏初，與大將軍不並置。孝明帝正光之後，亦皆置焉。正一品。　瀛：州名。北魏時治趙都軍城，在今河北河間市。

長子暎，[1]字仁明，位尚書左外兵郎。[2]莊帝初，於河陰遇害，年四十，贈度支尚書、安東將軍、青州刺史。子袞，章武郡守。[3]袞弟奭，汲郡守。[4]並以幹局見知。

[1]暎：源氏校勘記云："'暎'《魏書》作'曖'。"

[2]尚書左外兵郎：官名。北魏時置，爲尚書省左外兵曹長官，屬七兵尚書。孝文帝太和十七年定郎爲從五品中，郎中爲五品上；二十三年皆稱郎中，六品。

[3]章武：郡名。北魏時治平舒城，在今河北大城縣。

[4]汲：郡名。北魏時治枋頭，在今河南浚縣西南。

暎弟仁曜，位員外散騎侍郎、太尉録事參軍。與兄暎同於河陰遇害，年三十八，贈散騎常侍、左將軍、兗州刺史。子搗,[1]字道熾，學尚有風儀。魏武定中,[2]司空長流參軍。[3]齊天保末，爲尚書郎，終於光州司馬。

[1]搗：源氏校勘記云："'搗'《魏書》作'爲'。"

[2]武定：東魏孝静帝的年號（543—550）。

[3]司空長流參軍：官名。司空府僚屬，負責府内掌捕盜賊及治安等事。北魏時爲從六品。

仁曜弟皓，字仁昭,[1]位散騎侍郎。亦遇害河陰，贈征虜將軍、凉州刺史。[2]子士元、士操，武定中，並儀同開府參軍事。

[1]仁昭：源氏校勘記云："《魏書》'昭'作'照'。"

[2]征虜將軍：官名。三國、魏晋、南朝宋齊梁及北魏時爲武官，亦作爲高級文職官員的加官。北魏孝文帝太和十七年定爲第三品上，二十三年定爲從三品。

皓弟曉，事列于後。

虔弟蕤，字延賓，歷步兵校尉、東郡太守、司農少卿。[1]卒，贈龍驤將軍、豫州刺史。[2]

[1]步兵校尉：官名。北魏初領營兵，位在列卿，後罷除領兵權，成爲武臣散官，無具體的職責。孝文帝太和十七年定爲從三品，二十三年定爲五品。　東郡：北魏時治滑臺城，在今河南滑縣東。　司農少卿：官名。北魏時爲大司農少卿的省稱，協助大司農管理租税園苑倉儲。四品上。

[2]豫州：北魏時治上蔡縣（懸瓠城），在今河南汝南縣。

子諺,[1]字義興。有幹局,起家太學博士,領殿中侍御史,[2]稍遷東郡太守。莊帝初,濟、廣二州刺史,[3]加散騎常侍。節閔時,[4]與第三弟通直散騎常侍義真、第七弟太常少卿義邕同爲尒朱仲遠所害。[5]義邕,莊帝居藩之日,以外親,甚見親昵。及即位,特蒙信任。尒朱榮之誅,[6]義邕預其事,由是並及禍。節閔初,諺贈侍中、驃騎將軍、吏部尚書、冀州刺史,[7]義真贈前將軍、齊州刺史,義邕贈安東將軍、青州刺史。諺次弟義順,[8]司空屬。[9]第四弟義遠,國子博士。[10]莊帝初,並於河陰遇害,贈散騎常侍、征東將軍、雍州刺史。[11]

[1]諺:源氏校勘記云:"'諺'《魏書》作'詠'。"

[2]殿中侍御史:官名。亦稱殿中御史。三國魏時始置,員二人,居殿中糾察非法,隸御史臺。七品。北朝時地位較重,北魏時或掌宿衛禁兵。孝文帝太和十七年定爲從五品中,二十三年定爲從八品上。

[3]濟:州名。北魏時治碻磝城,在今山東茌平縣西南。　廣:州名。北魏時治襄城縣,在今河南襄城縣。

[4]節閔:即北魏皇帝元恭。節閔爲其謚號。

[5]通直散騎常侍:官名。晋武帝時使員外散騎常侍與散騎常侍通員當值,故名。北魏時掌侍從、諷諫。孝文帝太和十七年定爲三品下,二十三年定爲四品。　尒朱仲遠:人名。北秀容(今山西朔州市)人,契胡族。北魏大臣。見《北史》卷四八《尒朱榮附尒朱仲遠傳》。

[6]尒朱榮之誅:指北魏孝莊帝永安三年九月戊戌日,孝莊帝在大殿殺死尒朱榮之事。尒朱榮,人名。字天寶,北秀容(今山西

朔州市）人，契胡族。北魏大臣。見《北史·尒朱榮傳》。

[7]驃騎將軍：《魏書》卷三九作“驍騎將軍”。

[8]順：源氏校勘記云：“‘順’《魏書》作‘慎’。”

[9]司空屬：官名。司空府屬僚，掌府衙庶務。

[10]國子博士：官名。西晋武帝咸寧中置，負責教授生徒儒學。且備政治咨詢及參與祭典的顧問。北魏孝文帝太和十七年定爲從五品上，二十三年定爲五品上。

[11]征東將軍：官名。四征將軍之一，多爲持節都督，出鎮地方，地位顯要。魏晋南北朝沿置。北魏孝文帝太和十七年定爲從一品中，二十三年定爲二品。

承弟茂，字仲宗。文成末，襲父爵鎮西將軍、燉煌公。[1]孝文初，除長安鎮都將，[2]轉西汾州刺史，將軍如故。入爲光禄大夫，歷西兗州刺史，[3]例降爲侯。茂性謙慎，以弟沖寵盛，懼於盈滿，以疾求遜位。孝文不奪其志，聽食大夫禄，還私第。因居中山，自是優遊里舍，不入京師。卒年七十一，謚曰恭侯。

[1]鎮西將軍：官名。東漢末置。三國魏時與鎮東、鎮南、鎮北將軍合稱四鎮將軍，地位次於四征將軍。多授持節都督，出鎮方面。北魏孝文帝太和十七年定爲從一品下，二十三年定爲從二品。

[2]長安鎮都將：官名。常駐長安鎮的軍事長官。都將，北魏時置。統禁軍侍衛皇帝左右或出征、鎮守在外。出外時多作爲一路主將。其位應在都大將或鎮將之下，子都將之上，略與地方刺史或郡守等，地位很高。

[3]轉西汾州刺史將軍如故入爲光禄大夫歷西兗州刺史：中華本校勘記云：“《魏書》‘汾’作‘兗’，無‘歷西兗州刺史’六字。張森楷云：‘《魏書·地形志》無“西汾州”，疑“汾”是“兗”之

誤，“歷西兖州刺史”衍。’”可從。西兖州，北魏時治滑臺城，在今河南滑縣東。

子静，字紹安，襲，位東平原太守。[1]卒，子遐，字智遠，襲。遐有几案才，位河内太守。[2]從孝莊南度河，於河陰遇亂兵所害。事寧，追贈散騎常侍、車騎大將軍、尚書右僕射、秦州刺史，[3]封盧鄉伯。[4]

[1]東平原：郡名。北魏時治梁鄒城，在今山東鄒平縣東北。

[2]河内：郡名。北魏時治野王縣，在今河南沁陽市。

[3]尚書右僕射：官名。秦、西漢時爲尚書令副貳。東漢時爲尚書臺次官。漢獻帝建安四年（199）分設左、右。歷代沿置。北朝時列位宰相，職掌都省庶務及執法，或典選舉。右僕射職在左僕射下。孝文帝太和十七年定爲從一品中，二十三年改爲從二品。

[4]盧鄉伯：封爵名。盧鄉，縣名。治所在今山東平度市西北。

静弟孚，字仲安。恭慎篤厚，歷汝南、中山二郡太守。孝莊初，以外親超授撫軍將軍、金紫光禄大夫，[1]出爲鎮東將軍、滄州刺史，[2]加散騎常侍。

[1]以外親超授撫軍將軍：底本無“授”字，中華本校勘記云：“諸本脱‘授’字，據《魏書》補。”今從改。

[2]鎮東將軍：官名。東漢末置。三國時與鎮西、鎮南、鎮北將軍合稱四鎮將軍。多授持節都督，出鎮方面。魏晋南北朝沿置。北魏孝文帝太和十七年定爲從一品下，二十三年改爲從二品。　滄州：北魏時治饒安城，在今河北鹽山縣。

孚弟季安，[1]粗涉書史，位北海王顥撫軍長史。[2]顥爲關西都督，復引爲長史，委以戎政。卒於軍，贈征虜將軍、凉州刺史。

[1]孚弟季安：底本無“季”字，源氏校勘記云：“‘安’上《隋書》有‘季’字。”中華本校勘記云：“諸本無‘季’字。《魏書》謂孚弟敬安，敬安弟季安。據《魏書》下文所叙是季安事，‘季’字脱，今據補。”今從改。

[2]北海王：封爵名。北海，郡名。北魏時治平壽城，在今山東昌樂縣東南。　顥：即元顥，人名。字子明，鮮卑族。北魏宗室、大臣。見《北史》卷一九《北海王詳附元顥傳》。

茂弟輔，字叔直。[1]有器望，解褐中書博士，遷司徒議曹掾。[2]太和中，孝文爲咸陽王禧納其女爲妃，除鎮遠將軍、潁川太守，[3]帶長社戍。[4]輔綏懷招集，甚得邊和。卒於郡，贈征虜將軍、秦州刺史，謚曰襄武侯。[5]

[1]叔直：源氏校勘記云：“《魏書》作‘字督真’。”

[2]司徒議曹掾：官名。司徒府議曹屬官。議曹，官署名。主參議。掾，屬官統稱。漢朝時三公府及其他重要官府皆置掾、史、屬，分曹治事。掾爲曹長，史、屬爲副貳。魏晋南北朝時公府皆置。品級自五品至七品不等。

[3]鎮遠將軍：官名。王莽時始設。北魏時爲將軍名號。孝文帝太和二十三年定爲四品。　潁川：郡名。北魏時治長社縣，在今河南長葛市東北。

[4]長社戍：戍名。在今河南長葛市東北。

[5]謚曰襄武侯：中華本校勘記云："《魏書》作'贈襄武侯，謚曰惠'。此誤以封爵爲謚號。"可從。

長子伯尚，少有重名，弱冠除秘書郎。[1]孝文每云："此李氏之千里駒。"稍遷通直散騎侍郎，敕撰《太和起居注》。宣武初，兼給事黄門侍郎，坐與咸陽王禧謀反誅。

[1]秘書郎：官名。東漢置，掌管文書機要。三國魏文帝黄初初，置中書典機要，而以秘書郎專管圖書經籍，亦稱秘書郎中，隸秘書監。後多爲世族起家之官。北魏孝文帝太和十七年定爲從五品上，二十三年改稱秘書郎中。

伯尚弟仲尚，儀貌甚美，少以文學知名。年二十，著《前漢功臣序讚》，及季父司空沖誅。高聰、邢巒見而歎曰：[1]"後生可畏，非虚言也。"起家京兆王愉府參軍。坐兄事，賜死。

[1]高聰：人名。字僧智，祖籍勃海蓨（今河北景縣）人。北魏官吏。見《北史》卷四〇《高聰傳》。　邢巒：人名。字洪賓，河間鄚（今河北任丘市北）人。北魏官吏。見《北史》卷四三《邢巒傳》。

仲尚弟季凱，沈敏有識量。坐兄事，與母弟俱徙邊，久之，會赦免。遂寓居晋陽，沈廢積年。後歷位并州安北府長史。孝明崩，尒朱榮陰圖義舉，季凱豫謀。[1]及莊帝踐祚，徵拜給事黄門侍郎，封博平縣侯，[2]

加散騎常侍、秘書監、中軍將軍。[3]後尒朱世隆以榮之死，[4]謂季凱通知，於是見害。孝武初，[5]追贈侍中、驃騎將軍、吏部尚書、定州刺史。

[1]豫：底本、中華本作“豫”，其餘諸本均作“預”。按：兩字通。

[2]博平縣侯：封爵名。博平，縣名。治所在今山東泰安市東南。

[3]秘書監：官名。南北朝時爲秘書省長官，仍掌圖書經籍之事，領著作省。北魏孝文帝太和十七年定爲從二品中，二十三年改爲三品。　中軍將軍：官名。北魏時位在四鎮將軍下。孝文帝太和十七年定爲從一品下，二十三年改爲從二品。

[4]尒朱世隆：人名。字榮宗，北秀容（今山西朔州市）人，契胡族。北魏末年權臣。見《北史》卷四八《尒朱榮附尒朱世隆傳》。

[5]孝武：即北魏皇帝元脩。孝武爲其謚號。

季凱弟延慶，位陳留太守、金紫光禄大夫。[1]延慶弟延度，衛將軍、安德太守。[2]

[1]陳留：郡名。北魏時治陳留縣，在今河南開封市東南。

[2]安德：郡名。北魏時治安德縣，在今山東陵縣東南。

輔弟佐，字季翼，有文武才幹。孝文初，兼散騎常侍使高麗，[1]以稱旨，還拜常山太守、真定縣子。[2]遷懷州刺史，[3]進爵山陽侯，[4]加安南將軍、河内公，[5]轉相州刺史，所在有稱績。後拜安遠將軍，[6]敕與征南將軍城陽王鸞、安南將軍盧陽烏等攻赭陽，[7]各不相節度。諸軍以敵强故班師，佐逆戰，爲賊所敗，坐徙瀛州。車駕征宛、鄧，[8]復起佐，假平遠將軍、統軍，[9]以功封涇陽縣子。[10]沔北既平，[11]以佐爲廣陽王嘉鎮南府長史，[12]加輔國將軍，别鎮新野。[13]及大軍凱旋，孝文執佐手曰："沔北，洛陽南門，卿勉爲朕善守。"孝文崩，遺敕以佐行荆州事。佐在州，威信大行，邊人悦附，前後歸者二萬許家。尋正刺史。宣武初，徽兼都官尚書。[14]卒，年七十一。贈秦州刺史，謚曰莊。

[1]高麗：國名。又作"高句麗"，其先出自夫餘，地爲漢之玄菟郡，高句麗爲其三縣之一，因以爲國名。都名丸都，在今吉林集安市，南北朝時遷都於今朝鮮平壤市。見《北史》卷九四《高麗傳》。

[2]常山：郡名。北魏時治安樂壘，在今河北藁城市西北。真定縣子：封爵名。真定，縣名。治所在今河北正定縣南。

[3]懷州：北魏時治野王縣，在今河南沁陽市。

[4]山陽侯：封爵名。山陽，郡名。北魏時治山陽縣，在今江蘇淮安市。

[5]安南將軍：官名。漢獻帝時始置，三國魏蜀吴沿置，爲出鎮南方地區的軍事長官，或作爲刺史等地方官員兼理軍務時的加官。魏晋以後與安東、安西、安北將軍合稱四安將軍。北魏孝文帝太和十七年定爲二品下，二十三年改爲三品。

[6]後拜安遠將軍：中華本校勘記云："《魏書》'遠'作'南'。按《魏書·官氏志·太和前令》，安南將軍正二品下階，安遠將軍從三品下階。佐先已加安南將軍，疑不得遷拜安遠。《通鑑》卷一三九叙攻赭陽時，李佐官銜亦是安南將軍，疑此作'遠'誤。"可

從。安遠將軍，官名。東漢末始置。多用以封降將或邊遠地區的地方長官。後世沿置。北魏孝文帝太和十七年定爲從三品下，二十三年改爲四品。

[7]城陽王：封爵名。　鸞：即元鸞，人名。字宣明。北魏宗室。見《北史》卷一八《城陽王長壽附元鸞傳》。　盧陽烏：人名。即盧淵。字伯源，小名陽烏，范陽涿（今河北涿州市）人。北魏官吏。見《北史》卷三〇《盧玄附盧伯源傳》。　赭陽：地名。在今河南方城縣東。

[8]宛：地名。在今河南南陽市。　鄧：地名。在今湖北襄樊市樊城區西北。

[9]平遠將軍：官名。十六國前秦時置。北魏孝文帝太和二十三年定爲四品。　統軍：官名。漢晋時已有。北魏時復設，爲統兵武官，位在都將、別將之下，軍主之上。品秩不一。孝文帝太和二十三年定爲從八品。

[10]涇陽縣子：封爵名。涇陽，縣名。治所在今陝西咸陽市東北。

[11]沔北：地區名。謂沔水以北，指今陝西漢中及湖北西北部地區。

[12]廣陽王：封爵名。廣陽，郡名。北魏時治燕樂縣，在今河北隆化縣。　嘉：即元嘉，人名。北魏宗室。見《北史》卷一六《廣陽王建附元嘉傳》。　鎮南府長史：官名。鎮南將軍府屬吏。

[14]新野：郡名。北魏時治新野縣，在今河南新野縣。

[15]都官尚書：官名。北朝時職掌制定律令法制、糾劾違法、水利工程、舟船津梁、宮廷百官膳食等務。北魏孝文帝太和十七年定爲二品中，二十三年改爲三品。

子遵襲。遵豪爽有父風，卒於司空司馬，贈洛州刺史。[1]子果襲，位司空諮議參軍，[2]坐通西魏見殺。

[1]洛州：北魏時治上洛縣，在今陝西商洛市。

[2]司空諮議參軍：官名。司空府僚屬。諮議參軍，又稱諮議參軍事，職掌不定，其位甚尊，品秩依府主地位而定。北魏孝文帝太和二十三年定爲正四品至正六品上。

遵弟柬，字休賢。郡辟功曹，[1]以父憂去職，遂終身不食酒肉，因屏居鄉里。司空、任城王澄嘉其操尚，[2]以爲參軍事，累遷濟州刺史。卒，贈殿中尚書、相州刺史。

[1]功曹：官名。漢朝郡縣置功曹史，省稱功曹，職掌人事，並參與一郡政務。北魏時凡皇子、不開府將軍、太常光禄衛尉、郡皆置，職掌吏事或主選舉。凡郡功曹多用本地大族，權重，郡守常委事於功曹。六品至從九品不等。

[2]任城王：封爵名。　澄：即元澄，人名。字道鏡。北魏宗室。見《北史》卷一八《任城王雲附元澄傳》。

柬弟珽，字神儁，小名提。少以才學知名，爲太常劉芳所賞。[1]歷位中書侍郎、太常少卿、荆州刺史。[2]時梁將曹景宗來寇，[3]攻圍積時，又引水灌城，城不没者數板，神儁循撫兵人，勠力固守。詔遣都督崔暹，[4]别將王羆、裴衍等赴援。[5]景宗退走。時寇賊之後，城外有露骸，神儁令收葬之。徵拜大司農。孝明末，除鎮軍將軍，[6]行相州事，時葛榮南逼，[7]神儁憂懼，乃故墜馬傷足，仍停汲郡，[8]有詔追還。莊帝即位，以神儁人望，拜散騎常侍、殿中尚書，追論固守荆州功，封千乘縣侯，[9]轉中書監、吏部尚書。[10]神儁意尚風流，情在推引人物，尒朱榮有所用人，神儁不從。見怒，懼，啓求解官，除右光禄大夫。[11]尋屬尒朱兆入京，[12]乘輿幽執，神儁遂逃人間。孝武初，歸闕，拜散騎常侍、驃騎大將軍、左光禄大夫、儀同三司。[13]孝静初，[14]除驃騎大將軍、華州刺史，[15]入爲侍中，薨。年六十四，贈尚書左僕射、司徒公、雍州刺史。[16]

[1]太常：官名。漢景帝時由奉常改名，秩二千石，位列九卿之首。主管祭祀社稷、宗廟和朝會、喪葬禮儀，管理皇帝陵墓、寢廟所在縣邑，每月巡視諸陵，兼管文化教育。南北朝時禮儀郊廟制度由尚書八座及儀曹裁定，太常位尊職閑。北魏孝文帝太和十七年定爲從一品下，二十三年改爲三品。　劉芳：人名。字伯文，一作“伯支”，彭城（今江蘇徐州市）人。北魏官吏。見《北史》卷四二《劉芳傳》。

[2]中書侍郎：官名。三國魏文帝時置。掌草擬詔令，職位機要。北魏孝文帝太和十七年定爲四品上，二十三年改爲從四品上。

[3]曹景宗：人名。字子震，新野（今河南新野縣）人。南朝梁將領。見《梁書》卷九《曹景宗傳》。底本作“曹敬宗”。按：《梁書》卷九、《南史》卷五五有《曹景宗傳》。今從改。

[4]崔暹：人名。字季倫，博陵安平（今河北安平縣）人。東魏、北齊官吏。見《北史》卷三二《崔挺附崔暹傳》。

[5]王羆：人名。字熊羆，京兆霸城（今陝西西安市東北）人。世代爲州郡豪族。見《北史》卷六二《王羆傳》。底本作“熊”，中華本校勘記云：“諸本‘羆’作‘熊’。《魏書》作‘羆’。按事見《周書》卷一八《王羆傳》，今據改。”今從改。　裴衍：人名。字文舒，河東聞喜（今山西聞喜縣）人。先仕南朝齊，後歸北魏。見《北史》卷四五《裴叔業附裴衍傳》。

［6］鎮軍將軍：官名。漢獻帝時劉備置。三國魏時定爲三品。晋武帝時罷，後復置。三品。位在鎮軍大將軍下，兩職可並置，與中軍、撫軍三號將軍位比四鎮將軍，主要爲中央軍職，但也可出任地方軍事長官，並領刺史等地方官，兼理民政。北魏孝文帝太和十七年定爲從一品下，二十三年改爲從二品。

［7］葛榮：人名。北魏末年河北起義軍首領。孝明帝孝昌元年，發動起義。孝莊帝建義元年八月，圍攻相州，戰敗，爲尒朱榮所捕。十月，送入京師，被殺。

［8］汲：底本作"沔"，源氏校勘記云："'沔'《魏書》作'汲'。"中華本校勘記云："諸本'汲'作'沔'，《魏書》作'汲'。按當時無'沔郡'，汲郡在洛陽至相州途中。作'汲'是，今據改。"今從改。

［9］千乘縣侯：封爵名。千乘，縣名。治所在今山東廣饒縣北。

［10］中書監：官名。魏晋南北朝時爲中書省長官之一。三國魏文帝時分秘書置中書省，下設中書監、中書令，掌收納章奏、草擬及發佈詔令。唯入朝時，中書監班次略高於中書令。東晋南北朝時因逐漸脱離機務，隨名位增高而成爲閑職。孝文帝太和十七年定爲從一品中，二十三年改爲從二品。

［11］右光禄大夫：官名。三國魏時置。作爲對朝廷大臣的加官，或授予年老有病者爲致仕之官，也作爲對大臣卒後的贈官，以示尊崇，位在金紫光禄大夫之上。無職掌。北魏時爲正二品。源氏校勘記云："'右'《魏書》作'左'。似非。"

［12］尒朱兆：人名。字萬仁，北秀容（今山西朔州市）人，契胡族。北魏將領。見《北史》卷四八《尒朱榮附尒朱兆傳》。

［13］左光禄大夫：官名。三國魏時置。作爲在朝顯職的加官，以示優待，或授予年老有病者爲致仕之官，亦常用作卒後贈官。無職掌。北魏孝文帝太和十七年定爲從一品下，二十三年改爲二品。

［14］孝静：即東魏皇帝元善見。孝静爲其謚號。

［15］華州：源氏校勘記云："'華'《魏書》作'肆'。"中華本

校勘記云："《魏書》'華'作'肆'。按東魏孝静時，華州在西魏境内，疑作'肆'是。"可從。肆州，東魏時治九原縣，在今山西忻州市忻府區。

[16]尚書左僕射：官名。尚書僕射分左右自漢獻帝時始。自此以後，或二或一，置二人則分左右。職掌都省庶務及執法，或典選舉，左僕射權力大於右僕射，兼掌糾彈百官。北魏孝文帝太和十七年定爲從一品中，二十三年改爲從二品。

神儁風韻秀舉，博學多聞，朝廷舊章及人倫氏族，多所諳記。篤學好文雅，老而不輟。凡所交遊，皆一時名士，汲引後生，爲其光價，四方才子，咸宗附之。滎陽鄭伯猷常云：[1]"從舅爲人物宗主。"在洛京時，[2]琅邪王誦亦美神儁，[3]故名其子曰儁，庶其似之。梁武帝雅重其名，[4]常云："彼若遣李神儁來聘，我當令劉孝綽往。"[5]其見重如此。頸多鼠乳。[6]而性通率，不持檢度，至於少年之徒，皆與褻狎。北還鄴，於路見狗。温子昇戲曰：[7]"爲是宋鵲？爲是韓盧？"[8]神儁曰："爲逐丞相東走？[9]爲共帝女南徂？"[10]沙苑之敗，[11]神儁策眇馬而走，曰："丁掾力。"[12]馬倒，曰："丁掾誤我。"其不拘若此。既不能方重，識者以此爲譏。喪二妻，又欲娶鄭嚴祖妹，[13]神儁之從甥也。盧元明亦將爲婚。[14]遂至紛競，二家鬩於嚴祖之門。鄭卒歸元明，神儁惆悵不已。時人以神儁爲鳳德之衰。[15]

[1]鄭伯猷：人名。滎陽開封（今河南開封市）人。北魏、西魏官吏。見《北史》卷三五《鄭羲附鄭伯猷傳》。

［2］洛京：即洛陽，時爲北魏國都，在今河南洛陽市東北。

［3］琅邪：郡名。北魏時治即丘縣，在今山東臨沂市西。　王誦：人名。字國章，琅邪臨沂（今山東臨沂市）人。北魏官吏。見《北史》卷四二《王肅附王誦傳》。

［4］梁武帝：即南朝梁皇帝蕭衍。武爲其謚號。

［5］劉孝綽：人名。本名冉，字孝綽，小字阿士，彭城（今江蘇徐州市）人。南朝梁官吏。見《梁書》卷三三《劉孝綽傳》。

［6］鼠乳：指生於皮膚之小贅疣。

［7］温子昇：人名。字鵬舉，濟陰冤句（今山東菏澤市西南）人。北魏、東魏官吏、文學家。見《北史》卷八三《温子昇傳》。

［8］爲是宋鵲爲是韓盧：宋鵲、韓盧，是古代的良犬。後亦泛指良犬。

［9］爲逐丞相東走：秦朝丞相李斯被趙高陷害，臨刑前希望能攜自己的黄犬出東門過自在的生活。見《史記》卷八七《李斯列傳》。

［10］爲共帝女南徂：高辛帝爲了平定犬戎，懸賞招募能殺掉犬戎將軍者，就能娶他的女兒。他的一條名爲盤瓠的犬做到了。公主考慮到不能讓父親失信於天下，决定履行父親的諾言，由盤瓠背負著進入南山，在那里生兒育女，繁衍生息。見《後漢書》卷九六《南蠻傳》。

［11］沙苑之敗：東魏孝静帝天平四年（537），丞相高歡率軍與西魏交戰，輕騎冒進，在沙苑先勝後敗，僅得數騎逃免。沙苑，地名。又名沙阜、沙海、沙窩。在今陝西大荔縣南洛、渭二河之間，東西八十里，南北三十里。地多沙草，宜畜牧。

［12］丁掾：指三國時期魏國丁儀，字正禮，沛國（今安徽濉溪縣西北）人。一目眇。有文才，擅長政論，漢獻帝建安中爲曹操丞相西曹掾。故得名。見《三國志》卷一九《魏書·陳思王植傳》。

［13］鄭嚴祖：人名。滎陽開封（今河南開封市）人。北魏官

吏。見《北史·鄭羲附鄭嚴祖傳》。

[14]盧元明：人名。字幼章，范陽涿（今河北涿州市）人。北魏、東魏官吏。見《北史》卷三〇《盧玄附盧元明傳》。

[15]鳳德之衰：士大夫德行名望的衰退。《論語·微子》："楚狂接輿歌而過孔子曰：'鳳兮！鳳兮！何德之衰！'"譏諷孔子有才德而不識時務。因以"鳳德"指士大夫的德行名望。

沖，字思順，承少弟也，本名思沖，孝文改焉。少孤，爲承訓養。承常言，此兒器重非恒，方爲門户所寄。沖雅有大量，隨兄至滎陽。時牧守子弟多侵亂人庶，輕有乞奪，沖與承長子韶獨清簡皎然，無所求取，時人美焉。獻文末，[1]爲中書學生，沖善交遊，不妄戲雜，流輩重之。孝文初，以例遷秘書中散，典禁中文字。[2]以脩敕敏慧，漸見寵待，遷内秘書令、南部給事中。[3]

[1]獻文：即北魏皇帝拓跋弘。獻文爲其謚號。

[2]文字：源氏校勘記云："'字'《魏書》作'事'。"

[3]内秘書令：官名。北魏時置，爲内秘書長官，掌管禁中文事，並參議國政，權任很重。孝文帝太和改制罷。　南部給事中：官名。北魏時置，爲内廷派駐尚書省南部曹監察政務的官員，地位較南部給事爲高。孝文帝太和改制罷。

舊無三長，[1]唯立宗主主督護，[2]所以多隱冒，五十、三十家方爲一户。[3]沖以三正所由來遠，[4]於是創三長之制上之。文明太后覽而稱善，[5]引見公卿議之，群臣多有不同。太后曰："立三長則課有常準，賦有常分，包蔭之户可出，僥倖之人可止，何爲不可?”詞議雖有乖異，[6]然惟以變法爲難，更無異議，遂立三長，公私便之。

［1］三長：北魏地方基層行政官吏黨長、里長、鄰長的合稱。

［2］唯立宗主主督護：源氏校勘記云：“《魏書》無下‘主’字。似是。”中華本校勘記云：“《魏書》卷五三《李沖傳》不疊‘主’字，此誤衍。”按：此處多一個“主”字也通。宗主都護，北魏前期的地方基層組織形式。因爲晋末戰亂，各地豪强地主聚族而居，紛紛以宗族鄉黨的形式，占據有利地勢築塢立壁，割據一方，武裝自衛，從事生産，維持生存。塢堡里的農民實際上是塢堡主控制的依附程度不等的農民。他們向塢堡主繳納地租，承擔勞役和兵役。北魏政權建立後，承認宗主的地位和權利，利用他們代表北魏政府“督護”地方（參李憑《論北魏宗主督護制》，《晋陽學刊》1986 年第 1 期）。

［3］五十三十家方爲一户：底本“三”下無“十”字，源氏校勘記云：“(《魏書》) ‘十三’下有‘十’字，爲是。”中華本校勘記云：“諸本‘三’下脱‘十’字，據《魏書》補。”今從改。

［4］三正所由來遠：《資治通鑑》卷九元年條下，胡三省注云：“古有三正：子爲天正，周用之，以十一月爲歲首；丑爲地正，殷用之，以十二月爲歲首；寅爲人正，夏用之，以十三月爲歲首。”

［5］文明太后：即北魏文成帝的皇后馮氏。文明爲其謚號。

［6］詞議雖有乖異：中華本校勘記云：“《魏書》‘詞’作‘群’，是。”可從。

遷中書令，加散騎常侍，給事中如故。[1]尋轉南部尚書，[2]賜爵順陽侯。[3]沖爲文明太后所幸，恩寵日盛，賞賜月必數千萬。[4]進爵隴西公，[5]密致珍寶服御以充其第，外人莫得而知。沖家素清貧，於是室富。而謙以自牧，積而能散，近自姻族，逮於鄉閭，莫不分及。虛己接物，垂念羈寒，衰舊淪屈由之躋敘者，亦以多矣，時以此稱之。初，沖兄佐與河南太守來崇同自涼州入國，素有微嫌。佐因構成崇罪，餓死獄中。後崇子護爲南部郎，[6]深慮爲沖陷，常求退避。沖每慰撫之。護後坐贓罪，懼必不濟。沖具奏與護本末嫌隙，乞原恕之，遂得不坐。沖從甥陰始孫貧，來沖家，至如子姪。有人求官，因其納馬於沖，[7]始孫輒受而不言。後假方便，借沖。此馬主見沖乘馬而不得官，後自陳首始末。沖聞大驚，執始孫，以狀款奏，始孫坐死。其處要自厲，不念愛惡，皆此類也。

[1]給事中：官名。北魏時爲内朝官，常派往尚書省諸曹，參領政務，並負有監察之責。孝文帝太和十七年定爲從三品上，二十三年定爲從六品上。

[2]南部尚書：官名。北魏道武帝時置，爲尚書省南部曹長官，初置一人。後以南部州郡數多，政繁權重，增員二人至二人以上。除管理南方州郡事務外，還統兵南進，多由本部屬官遷任。孝文帝太和改制罷。

[3]順陽侯：封爵名。順陽，郡名。北魏時治南鄉縣，在今河南淅川縣西南。

[4]千萬：源氏校勘記云："'千'《魏書》作'十'。"

[5]隴西公：封爵名。隴西，郡名。北魏時治襄武縣，在今甘肅隴西縣東南。

[6]南部郎：官名。北魏時置，爲尚書省南部尚書屬官，協理南部州郡事務，亦出使招慰南方邊境蠻族。孝文帝太和改置罷。

[7]其：殿本、四庫本、四部備要本作“得”。

時循舊，王公重臣皆呼名，孝文帝謂沖爲中書而不名之。文明太后崩後，孝文居喪，引見待接有加。及議律令，潤飾辭旨，刊定輕重，孝文雖自下筆，無不使訪焉。[1]沖竭忠奉上，知無不盡，出入憂勤，形於顔色。雖舊臣戚輔，莫能逮之，俱服其明斷慎密，而歸心焉，於是天下翕然。及殊方聽望，咸宗奇之。孝文亦深相仗信，親敬彌甚，君臣之間，情義莫二。及置百司，[2]開建五等，[3]以沖參定典式。封滎陽侯，拜廷尉卿，[4]遷侍中、吏部尚書、咸陽王師。東宫建，拜太子少傅。[5]孝文初依周禮置夫嬪之列，以沖女爲夫人。及營明堂，[6]詔沖領將作大匠，與司空、長樂公亮共監興繕。[7]

[1]使訪：源氏校勘記云：“‘使訪’《魏書》作‘訪決’。”

[2]及置百司：中華本校勘記云：“《魏書》‘及’下有‘改’字，是。此指太和十七年重定職員令事，見《魏書》卷七下《高祖紀》。”可從。

[3]開建五等：指北魏孝文帝太和十六年正月孝文帝下詔降異姓王公封爵，又稱“改降五等”。

[4]廷尉卿：官名。戰國秦時始置。北魏、北齊時爲國家最高司法審判機構主官，負責刑獄，修訂法律，覆審御史所檢劾案件，審核州郡疑案，有封駁丞相、御史之權。後增少卿爲副職。北魏孝文帝太和二十三年定爲第三品。

[5]太子少傅：官名。與太子太傅並稱太子二傅。西漢時協助太子太傅監護、輔翼、教導太子，秩二千石。歷朝沿置。北魏時設置，職掌、品秩皆同太子太師，位在太子太師下、太子太保上。正

三品。

[6]明堂：古代帝王宣明政教的地方。凡朝會、祭祀、慶賞、選士、養老、教學等大典都在此舉行。

[7]亮：即穆亮，人名。字幼輔，代（今山西大同市東北）人，鮮卑族。北魏官吏。見《北史》卷二〇《穆崇附穆亮傳》。

車駕南伐，加沖輔國大將軍，[1]統衆翼從。自發都至洛陽，霖雨不霽，仍詔六軍發軫，孝文戎服執鞭，御馬而出，群臣稽顙於馬首之前。孝文曰："今大軍將邁，公等更欲何云？"沖進，請曰："發都淫雨，士馬困弊，矜喪反旆，於義爲允。"孝文曰："已至於此，何容停駕！"沖又進曰："今者之舉，[2]天下所不願，敢以死請。"孝文大怒曰："方欲經營宇宙，而卿等儒生，屢疑大計，斧鉞有常，卿勿復言！"策馬將出。大司馬安定王休、兼左僕射任城王澄等並殷勤泣諫，[3]孝文乃喻群臣曰：[4]"今者興動不小，動而無成，何以示後？若不南鑾，即當移都於此。光宅土中，幾亦時矣。王公等以爲何如？議之所決，不得旋踵，欲遷者左，不欲遷者右。"安定王休等相率如右。前南安王楨進曰：[5]"愚者闇於成事，智者見於未行，見至德者不議於俗，成大功者不謀於衆。[6]非常之人，乃能非常之事。[7]廓神都以延王業，都中土以制帝京，[8]周公啓之於前，陛下行之於後，固其宜也。請上安聖躬，下慰人望，光宅中原，輟彼南伐。此臣等之願，亦蒼生幸甚。"群臣咸唱萬歲。孝文初謀南遷，恐衆心戀舊，乃示爲大舉，因以脅定群情，外名南伐，其實遷也。舊人懷土，多所不願，内憚南征，無敢言者，[9]於是定都洛陽。

[1]輔國大將軍：官名。王莽末置。十六國時期西秦、後涼亦置。位在四鎮將軍之上。北魏孝文帝太和十七年定爲二品下，二十三年改爲二品。

[2]今者：毛本作"今日"。

[3]大司馬：官名。北魏與大將軍並稱爲"二大"，仍爲加官，常典軍事，地位顯貴。正一品。　休：即拓跋休，人名。北魏宗室。見《北史》卷一八《安定王休傳》。

[4]乃：毛本作"仍"。

[5]南安王：封爵名。南安，郡名。北魏時治桓道縣，在今甘肅隴西縣東南。　楨：即拓跋楨，人名。北魏宗室。因爲聚斂貪污，被削除封爵。見《北史》卷一八《南安王楨傳》。

[6]愚者闇於成事智者見於未行見至德者不議於俗成大功者不謀於衆：源氏校勘記云："'見至'，《魏書》作'行至'。"見《史記》卷六八《商鞅列傳》："愚者闇於成事，知者見於未萌。民不可與慮始而可與樂成。論至德者不和於俗，成大功者不謀於衆。"

[7]非常之人乃能非常之事：底本無"非常之人乃能"，中華本校勘記云："諸本脱'非常之人乃能'六字，據《魏書》補。"今從改。

[8]都中土以制帝京：周公專門測量過天下之中，在洛水北岸修建了洛邑。成王五年，遷都洛邑。見《史記》卷四《周本紀》。中華本校勘記云："《魏書》'都中土'作'度土中'，是。"可從。

[9]敢：毛本作"所"。

尋以沖爲鎮南將軍，侍中、少傅如故。委以營構之任，改封陽平郡侯。[1]車駕南征，以沖兼左僕射，留守洛陽，遷尚書左僕射，[2]仍領少傅，改封清泉縣侯。[3]及太子恂廢，沖罷少傅。孝文引見公卿於清徽堂曰："今徙極中天，創居嵩、洛，雖大構未成，要自條紀略舉。但南有未賓之豎，兼凶蠻密邇，朕取南之計決矣，所行之謀必定。[4]頃來陰陽卜術之士咸勸，朕今征必剋。此既家國大事，宜其君臣各盡所見。"沖曰："征戰之法，先之人事，然後卜筮。卜筮雖吉，猶恐人事未備。京師始遷，衆業未定，加之征戰，以爲未可。"帝曰："僕射之言，非爲不合朕意。然咫尺寇戎，無以自安，理須如此。若待人事備，復非天時，將若之何？[5]如僕射之言，便終無征理。"沖機敏有巧思，北京明堂、圓丘、太廟，及洛都初基，安處郊兆，新起宫寢，皆資於沖。勤志强力，孜孜無怠，且理文簿，兼營匠制，[6]几案盈積，剞劂在前，初不勞猒也。然顯貴門族，榮益六姻，兄弟子姪，皆有官爵，一家歲禄，萬匹有餘。年纔四十，而鬢髮斑白，姿貌甚美，未有衰狀。

[1]陽平郡侯：封爵名。陽平，郡名。北魏時治館陶城，在今河北館陶縣。

[2]左僕射：源氏校勘記云："《魏書》無'左'。"

[3]清泉縣侯：封爵名。中華本校勘記云："《魏書》'泉'作'淵'，《北史》避唐諱改。"可從。清淵，縣名。治所在今山東冠縣東北清水鎮。

[4]所行之謀必定：源氏校勘記云："'所'《魏書》作'朕'。"

[5]若：毛本、局本作"如"。

[6]匠：底本作"近"，源氏校勘記云："'近'《魏書》作'匠'。爲是。"中華本校勘記云："《魏書》'且'作'旦'，是。又諸本'匠'訛作'近'，據《魏書》改。"今從改。

李彪之入京也，孤微寡援而自立不群，以沖好士，傾心宗附。沖亦重其器學，禮而納焉，每言之於孝文，公私共相援益。及彪爲中尉、尚書，[1]爲孝文知待，便謂非復藉沖，更相輕背，唯公坐斂袂而已，無復宗敬之意。沖頗銜之。後孝文南征，沖與吏部尚書、任城王澄並以彪倨傲無禮，遂禁止之，奏其罪狀。沖手自作表，家人不知，辭甚激切，因以自劾。孝文覽其表，嗟嘆久之。既而曰："道固可謂隘也，[2]僕射亦爲滿矣！"沖時震怒，數責彪前後愆悖，瞋目大呼，投折几案，盡收御史，皆泥首面縛，大罵辱詈。沖素性温柔，而一朝暴恚，遂發病荒悸，言語亂錯，猶扼腕叫詈，稱李彪小人。醫藥所不能療，或謂肝藏傷裂，旬餘日卒。時年四十九。

[1]中尉：官名。即御史中尉的省稱。北魏時由御史中丞改稱，主御史臺。頗重其選。孝文帝太和十七年定爲三品上，二十三年改爲從三品。

[2]隘：源氏校勘記云："'隘'《魏書》作'溢'。"

孝文始聞沖病狀，謂右衛宋弁曰：[1]"僕射執我樞衡，總釐朝務，使我無後顧之憂，一朝忽有此患，朕甚愴懷。"及聞沖卒，爲舉哀於縣瓠，[2]發聲悲泣，不能自勝。詔書褒述其美曰："可謂國之賢也，朝之望也。"於是贈司空公，給東園秘器一具、衣一襲，[3]贈錢三十萬、布五百匹、蠟二百斤。有司奏謚曰文穆。葬於覆舟山，[4]近杜預冢，[5]孝文之意也。後車駕自鄴還洛，路經沖墓，左右以聞。孝文卧疾，望墳掩涕久之，遣太常致祭。[6]及與留京百官相見，皆叙沖亡没之故，言及流淚，其相痛惜如此。

[1]宋弁：人名。字義和，西河介休（今山西介休市）人。北魏官吏。見《北史》卷二六《宋隱附宋弁傳》。

[2]縣瓠：城名。在今河南汝南縣。

[3]東園秘器：古代皇室、顯宦死後用的棺材。《漢書》卷九三《董賢傳》："及至東園秘器，珠襦玉柙，豫以賜賢，無不備具。"顔師古注云："東園，署名也。《漢舊儀》云東園秘器作棺梓，素木長二丈，崇廣四尺。"源氏校勘記云："'器'下《隋書》有'朝服'二字。"

[4]覆舟山：在今河南偃師市首陽山附近。

[5]杜預冢：位於今河南偃師市後杜樓村。杜預，人名。字元凱，京兆杜陵（今陝西西安市長安區東）人。西晋經學家。見《晋書》卷三四《杜預傳》。

[6]太常致祭：源氏校勘記云："'太常致'，《魏書》作'太牢之'。"

子延寔，字禧，性淵良，少爲太子舍人。宣武初，襲父爵清泉縣侯。莊帝即位，以母舅之尊，超授侍中、太保，[1]封濮陽郡王。[2]延寔以太保犯祖諱，[3]又以王爵非庶姓所宜，抗表固辭，徙封濮陽郡公，改授太傅。[4]尋轉司徒公，出爲使持節、侍中、太傅、録尚書事、東道大行臺、都督、青州刺史。[5]尒朱兆入京，乘輿幽縶，延寔以外戚見害於州館。孝武帝初，反葬洛陽，贈使持節、侍中、太師、太尉公、録尚書事、都督、雍州刺史，謚曰孝懿。

[1]太保：官名。北魏時爲三師之一，位居太師、太傅之下，一品。

[2]濮陽郡王：封爵名。濮陽，郡名。北魏時治鄄城縣，在今河南鄄城縣北。

[3]太保犯祖諱：李延寔的祖父名寶，“寶”與“保”字音同，故犯家諱。

[4]太傅：官名。北魏時與太師、太保並號三師。位居太師下、太保上。一品。

[5]録尚書事：官名。北魏時爲尚書省長官，尚書令、僕射爲其副貳，職權甚重。品秩不詳。

長子彧，字子文，尚莊帝姊豐亭公主，封東平郡公，[1]位侍中、左光禄大夫、中書監、驃騎大將軍、開府儀同三司、廣州刺史。彧性豪俠，介朱榮之死也，武毅之士，皆彧所進。孝静初，陷法見害。尋詔復本爵。[2]子道端襲。彧七子，並彭城王勰女豐亭公主所生，[3]以道、德、仁、義、禮、智、信爲名。第四子義雄，有識悟，勤學，手不釋書。仕齊，位瑯邪郡守。[4]義雄弟禮成，最知名。

[1]東平郡公：封爵名。東平，郡名。北魏時治無鹽縣，在今山東東平縣東。

[2]本爵：毛本、殿本、四庫本、局本、四部備要本作“公爵”。

[3]彭城王：封爵名。彭城，郡名。北魏時治彭城縣，在今江蘇徐州市。 勰：即元勰，人名。字彦和，鮮卑族。北魏宗室、大臣。見《北史》卷一九《彭城王勰傳》。

[4]瑯邪：郡名。北齊時治即丘縣，在今山東臨沂市西。

禮成，字孝諧，年七歲，與姑之子蘭陵太守滎陽鄭顥隨魏武帝入關。[1]顥母每謂人曰："此兒平生，未嘗回顧，當爲重器。"及長，沈深有行檢，不妄通賓客。在魏，歷著作郎、太子洗馬、員外散騎常侍。周受禪，拜平東將軍、散騎常侍。于時貴公子皆競習弓馬，被服多爲軍容。禮成雖善騎射，而從容儒服，不失素望。後以軍功拜車騎大將軍、儀同三司，賜爵脩陽侯，[2]拜遷州刺史。[3]時朝廷有所徵發，禮成度以蠻夷不可擾，擾必爲亂，上表固諫。武帝從之。伐齊之役，從帝圍晋陽，齊將席毗羅精兵拒帝，[4]禮成力戰擊退之。加開府，進封冠軍縣公，[5]歷北徐州刺史、户部中大夫。[6]

[1]蘭陵：郡名。北魏時治承城，在今山東棗莊市東南。

[2]脩陽侯：封爵名。脩陽，縣名。治所在今河南西峽縣北。

[3]遷州：北周時治光遷縣，在今湖北房縣。

[4]席毗羅：人名。北齊、北周將領。降周後參與尉遲迥之亂，被殺。

[5]冠軍縣公：封爵名。冠軍，縣名。治所在今河南鄧州市冠軍村。

[6]北徐州：北周時治臨沂城，在今山東臨沂市北。 户部中大夫：官名。即民部中大夫，《北史》避唐太宗李世民諱改。西魏恭帝三年置，北周沿置，地官府民部司長官，員二人，掌管民户數

額。正五命。

禮成妻竇氏早没，知隋文帝有非常之表，[1]遂聘帝妹爲繼室。及帝爲丞相，進位上大將軍，[2]遷司武上大夫，[3]委以心膂。及受禪，拜陝州刺史，[4]進封絳郡公，[5]賞賜優洽。累遷襄州總管、左衛大將軍。[6]時突厥屢爲寇患，[7]緣邊要害，多委重臣，由是拜寧州刺史。[8]以疾徵還京，終于家。子世師，位度支侍郎。[9]

[1]隋文帝：即隋朝皇帝楊堅。文爲其謚號。

[2]上大將軍：官名。北周武帝建德四年置，爲高級武官名號。正九命。隋朝時爲從二品散實官，大業三年罷。

[3]司武上大夫：官名。北周武帝宣政元年置，亦稱爲大司武。原來設中大夫爲司武長官。後因爲尉遲運任此職時，防衛宇文直有功，特置上大夫爲長官。分置左右各一人。總管宫廷宿衛軍事。正六命。

[4]陝州：隋朝初治陝城，在今河南三門峽市。

[5]絳郡公：封爵名。絳郡，隋朝初治絳縣（車厢城），在今山西絳縣東南。

[6]襄州：隋朝初治襄陽縣，在今湖北襄樊市漢水南襄陽舊城。　總管：官名。地方高級行政官員。北周明帝武成元年（559）由都督諸州軍事改名，加使持節，管理轄區軍事民政。所轄區域增減不定，多者可達數十州。品秩分三等，上總管爲從二品，中總管爲正三品，下總管爲從三品。　左衛大將軍。官名。隋朝時置，掌宫掖禁衛，督攝仗衛，員一人。正三品。底本無“衛”字，中華本校勘記云：“諸本脱‘衛’字，據《隋書》卷五〇《李禮成傳》補。‘左大將軍’無此官名。”今從改。

[7]突厥：國名。廣義上包括鐵勒、突厥各部落，狹義上則專

指突厥汗國。公元六世紀初興起於金山（今阿爾泰山）西南麓，爲游牧部落。西魏廢帝二年（553），建突厥汗國於今鄂爾渾河流域。隋文帝開皇二年，分裂爲東、西二部。見《北史》卷九九《突厥傳》。

[8]寧州：隋朝時治趙興城，在今甘肅寧縣城關。

[9]度支侍郎：官名。隋初置爲度支司長官，隸度支尚書，正六品上。文帝開皇三年後隸民部尚書，從五品。煬帝時改名度支郎。

禮成弟智源，有器量。仕齊，卒於高都郡守。

智源弟信則，方雅廉慎。齊武平中，位南陽王大司馬屬。[1]信則形短，中書侍郎頓丘李若戲之曰：[2]“弟爲府屬，可謂名以定體。”信則曰：“名以定體，豈過劣弱？”尋除尚書倉部郎中。入周，爲東京司門下大夫。[3]隋開皇中，卒於沔州刺史。[4]

[1]南陽王大司馬屬：指南陽王府大司馬僚屬。南陽王，封爵名。南陽，郡名。北齊時治南陽縣，在今河南郟縣西南。此指高綽，北齊宗室，武成帝長子。見《北史》卷五二《南陽王綽傳》。

[2]頓丘：郡名。北魏時治頓丘縣，在今河南清豐縣西南。李若：人名。頓丘（今河南清豐縣西南）人。北齊官吏。見《北史》卷四三《李崇附李若傳》。

[3]司門下大夫：官名。西魏恭帝三年置，北周因之，爲地官府司門司長官，掌邊境關門、京都城門及皇宮宮門的啓閉，並發放過所（通行憑證）。下設小司門上士以佐其職，領掌節中士、宮門中士、城門中士、司關中士等官屬。正四命。

[4]沔州：隋朝初治甑山縣，在今湖北漢川市東南。

彧弟彬，字子儒。其父延寔既别封，彬襲祖爵清泉縣侯。位中書侍郎，卒於左光禄大夫，贈驃騎大將軍、光禄勳、齊州刺史，謚曰獻。子桃杖襲。彬弟彰，位通直散騎侍郎，從父在青州，同時遇害。贈左將軍、瀛州刺史。

延寔弟休纂，小字鍾羌，頗有父風。位終太子舍人，贈驃騎大將軍、尚書令、司徒公、雍州刺史，追封樂涫縣公，[1]後進封高陽郡公。子昂襲。

[1]樂涫縣公：封爵名。樂涫，縣名。治所在今甘肅酒泉市東南。

昂，魏末爲廣平郡太守。[1]齊天保中，卒於光禄卿。[2]

[1]廣平：郡名。北魏時治曲梁城，在今河北永年縣東南。

[2]光禄卿：官名。即光禄寺卿，省稱光禄卿。北齊始置，爲九寺卿之一，掌諸膳食帳簿，正三品。下置少卿，正四品；丞三人，從六品。

昂子道隆，有才識，明剖斷。仕齊，位并省尚書左丞。[1]隋開皇中，爲尚書比部侍郎。[2]

[1]并省：官署名。并州尚書省的簡稱。東魏時都鄴，但軍國朝政皆歸權臣高氏父子。他們長期居住晋陽，遥執朝政，主持省務，代行京師尚書省職權。其各級官員，與京師尚書省同職官員地位相似而班次略低。　尚書左丞：官名。魏晋南北朝時爲尚書省佐

官，位次尚書，與右丞共掌尚書省庶務，率諸都令史監督稽核諸尚書曹、郎曹政務，督録文書章奏；監察糾彈尚書令、僕射、尚書等文武百官，號稱監司；分管宗廟祭祀、朝儀禮制、選授官吏等文書奏事，職權甚重。孝文帝太和十七年定爲四品上，二十三年改爲從四品上。

[2]爲尚書比部侍郎：底本“比”作“北”，中華本校勘記云：“諸本‘比’作‘北’。按《隋書·百官志下》，隋尚書省有比部，無北部，‘北’乃‘比’之訛，今改正。”今從改。尚書比部侍郎，官名。隋初爲尚書省比部曹長官，掌刑罰。正六品。

休纂弟延孝，[1]位尚書屯田郎中。[2]於河陰遇害，贈侍中、車騎大將軍、司空公、定州刺史，進封臨潁縣公。[3]

[1]休纂弟延孝：中華本校勘記云：“按本書卷五〇《山偉傳》見李延考。據《墓誌集釋·元勰妃李媛華（即李沖女）墓誌》言妃有弟名延考，與《山偉傳》合。此作‘孝’，誤。”今從。

[2]尚書屯田郎中：官名。尚書省屯田曹長官。與屯田郎中互稱。北魏孝文帝太和十七年定郎爲從五品中，郎中爲五品上。二十三年皆稱郎中，六品。

[3]臨潁縣公：封爵名。臨潁，縣名。治所在今河南臨潁縣西北。

韶從弟仲遵，有器業，彭城王勰爲定州，請爲定州開府參軍，累遷營州刺史。[1]時四方州鎮，逆叛相續，營州城内，咸有異心。仲遵單車赴州，及至，與大使盧同以恩信懷誘，[2]率皆安帖。後明帝又詔盧同爲行臺，[3]

北出慰勞。同疑人情難信，聚兵將往。城人劉安定、就德興等先有異志，[4]謂欲圖己，逐仲遵害之。

［1］營州：北魏時治和龍城，在今遼寧朝陽市城區。

［2］大使：官名。代表帝王的特派使臣或執行特殊任務的正使。　盧同：人名。字叔倫，范陽涿（今河北涿州市）人。北魏大臣。見《北史》卷三〇《盧同傳》。

［3］後明帝又詔盧同爲行臺：底本“又”下有“遣”字，中華本校勘記云：“諸本‘又’下衍‘遣’字，據《魏書》卷三九《李寶傳》删。”今從改。

［4］就德興：人名。營州（今遼寧朝陽市）人。北魏孝明帝正光五年據城反魏，自稱燕王。孝明帝孝昌二年攻陷平州，殺刺史王買奴。孝莊帝永安二年（529）遣使請降。《魏書》卷七四《尒朱榮傳》又作“就德”。

韶從祖抗，自凉州渡江左，仕宋，歷晋壽、安陸、東萊三郡太守。[1]

［1］晋壽：郡名。南朝宋時治晋壽縣，在今四川彭州市城關鎮西。　安陸：郡名。南朝宋時治安陸縣，在今湖北安陸市。　東萊：郡名。南朝宋時治曲城，在今山東萊州市東北。

抗子思穆，字叔仁。有度量，善談論，工草隸，爲當時所談。[1]太和十七年，攜家累自漢中歸魏，[2]位都水使者。及車駕南伐，以本官兼直閤將軍，[3]從平南陽，以功賜爵樂平子。[4]宣武踐祚，進爵爲伯。累遷京兆内史，[5]在郡八年，頗有政績。卒於營州刺史，贈安東將軍、華州刺史。[6]有子十四人。嫡子斌襲，位散騎侍郎，早卒。

[1]談：源氏校勘記改“談”作“稱”。

[2]累：毛本作“男”。　漢中：郡名。南朝宋時治南鄭縣，在今陝西漢中市。

[3]直閤將軍：官名。南朝及北魏、北齊置。爲皇帝左右侍衛之官，地位顯要。北魏時多以宗室任此職。孝文帝太和十七年定爲從三品中（參張金龍《北魏後期的直閤將軍與“直衛”諸職》，《文史哲》1999年第1期）。

[4]樂平子：封爵名。樂平，縣名。治所在今山西昔陽縣西南。

[5]京兆内史：官名。北魏時位次京兆尹，負責京兆郡民政事務。正四品。

[6]安東將軍：源氏校勘記云：“‘東’《魏書》作‘西’。”　華州：北魏獻文帝皇興二年（468）置，治定安縣，在今甘肅寧縣。孝文帝延興二年（472）改置三縣鎮。太和十一年又置華州，治李潤堡，在今陝西蒲城縣東北。宣武帝永平三年（510）移治華陰縣，在今陝西大荔縣。

斌兄獎，字道休，爲莊帝所親，超贈思穆衛將軍、中書監、左光禄大夫，謚曰宣武。獎以戚里恩澤，賜爵廣平侯。歷中書侍郎、兼散騎常侍、聘梁使主、黄門郎、司徒左長史，[1]行瀛州事。齊天保初，兼侍中、冀瀛滄三州大使，[2]觀察風俗，還，拜魏尹。[3]卒，贈濟州刺史、中書令。[4]子瓌，位中書舍人、黄門郎。

[1]司徒左長史：官名。魏晋南北朝置，位在司徒右長史之上。

魏晋宋六品，陳四品。北魏孝文帝太和十七年定爲四品上，二十三年改爲從三品。北齊沿置。從三品。

[2]冀瀛滄三州大使：毛本“州”作“郡”，誤。冀，州名。北齊時治信都縣，在今河北冀州市。瀛，州名。北齊時治趙都軍城，在今河北河間市。滄，州名。北齊時治饒安縣，在今河北鹽山縣西南。

[3]魏尹：官名。魏郡長官，因爲當時遷都於鄴，故改魏郡太守爲魏尹。魏，郡名。北齊時治鄴縣，在今河北臨漳縣西南鄴鎮。

[4]濟州：北齊時治碻磝城，在今山東茌平縣西南。

韶族弟琰之，字景珍，小字墨蠡。[1]少知名，號曰神童，從父沖雅所歎異。每曰：“興吾宗者，其此兒乎！”恒資給所須，愛同己子。弱冠舉秀才，不行。曾遊河内北山，便欲有隱遁意。會彭城王勰辟爲行軍參事，[2]苦相敦引；沖又遣信喻之，久乃應召。尋爲中尉李彪啓兼著作佐郎，[3]修撰國史。稍遷國子博士，領尚書儀曹郎中，[4]轉中書侍郎、司農少卿、黄門郎，修國史。遷國子祭酒，[5]轉秘書監，兼七兵尚書，遷太常卿。[6]

[1]墨蠡：源氏校勘記云：“《魏書》作‘默蠡’。”

[2]會彭城王勰辟爲行軍參軍：中華本校勘記云：“《魏書》卷八二《李琰之傳》‘行軍’作‘行臺’。按‘行臺參軍’‘行軍參軍’都無此官名，疑‘軍’‘臺’都是衍文。”今從。

[3]著作佐郎：官名。三國魏明帝太和中置佐著作郎，協助著作郎修撰國史及起居注。東晋（一説南朝宋）時改此名，屬著作省（局），掌搜集史料，供著作郎撰史。本用文學之士，但在南北朝後

期，因其職務清閑，成爲士族高門子弟的起家之官。北魏秘書省著作局置四員，孝文帝太和十七年定爲從五品上，二十三年改爲七品。

[4]儀曹郎中：官名。魏晋南朝時爲尚書省儀曹長官通稱，亦稱郎中，資深者可轉侍郎。協助儀曹尚書掌車服、羽儀、朝覲、郊廟、饗宴等吉凶禮制。北魏孝文帝太和十七年定郎中爲五品上，郎爲從五品中；二十三年皆稱郎中，六品，仍可通稱爲郎。

[5]國子祭酒：官名。晋武帝咸寧中立國子學，置一員爲長官，掌教授生徒儒學，主管國子學，參議禮制，隸太常。南北朝沿置。北魏孝文帝太和十七年定爲第四品上，二十三年改爲從三品。

[6]太常卿：官名。太常的尊稱。

孝莊初，太尉元天穆北討葛榮，[1]以琰之兼御史中尉，爲北道軍司。[2]還，除征東將軍，仍兼太常，出爲衛將軍、荆州刺史，兼尚書左僕射、三荆二郢大行臺，[3]尋加散騎常侍。琰之雖以儒素自業，而每語人，言吾家世將種，猶有關西風氣。及至州之後，大好射獵，以示威武。尒朱兆入洛，南陽太守趙脩延以琰之莊帝外戚，誣琰之規奔梁國，襲州城，遂被囚執。脩延仍自行州事。城内人斬脩延，還推琰之釐州任。孝武初，徵兼侍中、車騎大將軍、左光禄大夫、儀同三司。永熙二年薨，朝廷悼惜之，贈侍中、驃騎大將軍、司徒公、雍州刺史，謚曰文簡。

[1]元天穆：人名。字天穆，河南洛陽（今河南洛陽市東北）人，鮮卑族。北魏宗室、大臣。見《北史》卷一五《高凉王孤附上黨王天穆傳》。

[2]軍司：官名。即軍師，西晉時因避世宗司馬師諱改。北魏沿置，爲諸軍府主要僚屬，佐主帥統帶軍隊，負有匡正監察主帥之責，地位很高，常繼任主帥。

[3]三荆：指荆州、東荆州、南荆州。荆州，北魏時治穰縣，在今河南鄧州市。東荆州，北魏時治沘陽縣，在今河南泌陽縣。南荆州，北魏時治安昌城，在今河南信陽市西北安昌故城。　二郢：指郢州和南郢州。郢州，北魏時治義陽縣，在今河南信陽市。南郢州，治所在今湖北隨州市一帶。

琰之少機警，善談論，經史百家，無不悉覽，朝廷疑事，多所訪質。每云：“崔博而不精，劉精而不博，我既精且博，學兼二子。”謂崔光、劉芳也。[1]論者許其博，未許其精。當時議咸共宗之。又自誇文章，從姨兄常景笑而不許。[2]每休閑之際，恒閉門讀書，不交人事。常謂人曰：“吾所以好讀書者，不求身後之名。但異見異聞，心之願也，是以孜孜搜討，欲罷不能。豈爲聲名，疾勞世人也？[3]此乃天性，非爲力强。”前後再居史事，無所編緝。安豐王延明博聞多識，[4]每有疑滯，常就琰之辨析，自以爲不及也。

[1]崔光：人名。本名孝伯，字長仁，東清河鄃（今山東淄博市）人。北魏大臣。見《北史》卷四四《崔光傳》。

[2]常景：人名。字永昌，河内温（今河南温縣）人。北魏、東魏官吏。見《北史》卷四二《常爽附常景傳》。

[3]豈爲聲名疾勞世人也：源氏校勘記云：“《魏書》無‘疾’字，‘世人’作‘七尺’。爲是。”中華本校勘記云：“《魏書》‘世人’作‘七尺’，是。”今從。

[4]安豐王：封爵名。安豐，郡名。北魏時治安豐縣，在今安徽壽縣南。　延明：即元延明，人名。北魏宗室。見《北史》卷一九《安豐王猛附元延明傳》。

二子綱、慧，並從孝武帝入關中。綱位宜州刺史、儀同三司。[1]

[1]宜州：西魏時治泥陽縣，在今陝西富平縣西北。

子充節，少慷慨，有英略。隋開皇中，頻以行軍總管擊突厥有功，[1]位上柱國，[2]武陽郡公、朔州總管。[3]甚有威名，爲虜所憚。後有人譖其謀反，徵還京師。上怒之。充節素剛，憂憤卒。子大亮。

[1]行軍總管：官名。北周置。戰時臨時任命大臣爲之，統兵出征，事訖則罷。在重大軍事行動中，隸屬於行軍元帥。自隋始，行軍總管漸漸過渡爲地方軍政長官，或掌一道軍政，或領數道，時有大總管、總管之分。

[2]上柱國：官名。隋朝時爲從一品散實官，煬帝大業三年罷。

[3]武陽郡公：封爵名。武陽，郡名。隋朝時治貴鄉縣，在今河北大名縣東。　朔州總管：官名。朔州地區軍政長官。隋朝時治善陽縣，在今山西朔州市。

曉，字仁略，太尉虔之子也。少而簡素，博涉經史，早有時譽，釋褐員外散騎侍郎。[1]尒朱榮之立孝莊，曉兄弟四人，與百寮俱將迎焉。其夜，曉衣冠爲鼠噬，不成行而免。其上三兄皆遇害。曉乃攜諸猶子，[2]微服潛行，避難東郡。行至成皋，[3]爲滎陽令天水閻信所疑，[4]辟易左右，謂曉曰："觀君儀貌，豈是常倫？古人相知，未必在早，必有急難，[5]須悉心以告。天下豈獨北海孫賓碩乎？"[6]曉以信有長者之言，[7]乃具告情實。信乃厚相資給以免。永安初，授輕車將軍、尚書左右主客郎，[8]仍轉征虜將軍、中散大夫，又除前將軍、太中大夫。[9]

[1]釋褐：始任官職。　員外散騎侍郎：底本"員外"下有"郎"字，中華本校勘記云："諸本'員外'下有'郎'字，《北齊書》卷二九《李璵傳》附見李曉，作'釋褐員外侍郎'。按'員外侍郎'即'員外散騎侍郎'之省略，此'員外'下'郎'字衍文。今據删。"今從改。

[2]猶子：侄子。

[3]成皋：縣名。治所在今河南滎陽市西北汜水鎮西。

[4]天水：郡名。北魏時治上封縣，在今甘肅天水市。

[5]有：殿本、四庫本、四部備要本作"謂"。

[6]北海孫賓碩：三國時期北海人孫賓碩發現了微服潛行而賣餅於市的趙岐，並將他藏匿起來。見《三國志》卷一八《魏書·閻温傳》裴松之注引《魏略·勇俠傳》。按：《後漢書》卷六四《趙岐傳》作"孫賓石"。

[7]信：底本、中華本作"能"，其餘諸本均作"信"。按：信，即閻信。今從改。

[8]輕車將軍：官名。西漢始設。東漢一度位在九卿以及衛將軍之上，後來成爲將軍的名號，地位有所降低。北魏孝文帝太和二十三年定爲從五品。　尚書左右主客郎：按：右主客郎中，未見記載。主客曹，北魏屬祠部，一員。《隋書·百官志中》："（後魏）凡二十八曹。吏部、三公，郎中各二人，餘並一人。"《通典》卷二

三云："主客郎中一人……後魏吏部管南主客，祠部管左主客。北齊改左主客爲主爵，南主客爲主客。"

[9]太中大夫：官名。北魏至隋朝品秩與卿相近，多用以安置年老退免的九卿大臣，無具體職掌。亦用作加官、兼官或供朝廷臨時差遣。北魏孝文帝太和十七年定爲三品下，二十三年改爲從三品。

天平初，[1]遷都于鄴，曉便寓居清河，依從母兄崔㥄鄉宅。[2]㥄給良田三十頃，曉遂築室居焉。時豪右子弟，悉多驕恣，請託暴亂，州郡不能禁止。曉訓勗子弟，咸以學行見稱，時論以此多之。曉自河陰家禍之後，屬王途未夷，無復宦情，備在名級而已。及遷都之後，因退私門，外兄范陽盧叔彪勸令出仕，[3]前後數四，確然不從。武定末，齊文襄嗣事，[4]高選僚采，召曉及前開府長史房延祐，[5]並爲外兵郎。[6]後徙平西將軍、太尉府諮議參軍事，除頓丘太守。天保中，頻歷廣武、東二郡太守，[7]所在有惠政，爲吏人所懷。卒於郡，年五十九。贈本官將軍、海州刺史。[8]三子，伯山、仲舉、季遠。

[1]天平：東魏孝静帝的年號（534—537）。

[2]依從母兄崔㥄鄉宅：底本"㥄"作"陵"，中華本校勘記云："諸本'㥄'作'陵'，《北齊書》作'悛'。按本書卷二四《崔㥄傳》，㥄清河人，與此傳'曉便寓居清河'語合，'悛''陵'都是'㥄'之訛，今據改。"今從改。崔㥄，人名。字長儒，清河東武城（今山東武城縣西北）人。北魏、東魏、北齊官吏。見《北史》卷二四《崔逞附崔㥄傳》。

[3]盧叔彪：人名。范陽（今河北涿州市）人。北齊官吏。見《北史》卷三〇《盧觀附盧叔彪傳》。

[4]齊文襄：即高澄。文襄爲其謚號，爲北齊文宣帝所追謚。

[5]房延祐：人名。清河繹幕（今山東平原縣西北）人。東魏官吏。見《北史》卷三九《房法壽傳》。

[6]外兵郎：官名。尚書省外兵曹長官通稱，亦稱外兵郎中。

[7]廣武：郡名。北齊時治中牟城，在今河南中牟縣東。按：王仲犖《北周地理志》認爲此廣武郡治在今甘肅永登縣東南。

[8]贈本官將軍：中華本校勘記云："按'官'字當是衍文。"按：原文也通，不一定是衍文。　海州：北齊時治朐山縣，在今江蘇連雲港市西南海州鎮。

超，字仲舉，以字行於世。性方雅善制，[1]白皙美鬚眉，高簡宏達，風調疏遠。博涉經史，不守章句業，至於吉凶禮制，親表咸取則焉。弱冠，仕齊爲襄城王大司馬參軍事。[2]時尚書左僕射元文遥以令長之徒，[3]率多寒賤，奏請革選，妙盡高資。仲舉與范陽盧昌衡等八人，[4]同見徵用。以仲舉爲司州脩武令。[5]仲舉莅以寬簡，吏人號曰寬明。于時昌衡爲平恩令，[6]百姓號曰恩明。故時稱盧、李恩寬之政。武平初，持節，[7]使南定。[8]州人並是蠻左，接帶邊嶂。仲舉具宣朝旨，邊服清謐，朝廷大嘉之。還，授晋州别駕。[9]

[1]性方雅善制：中華本校勘記云："按疑有訛脱。"按：原文也通，不一定有脱訛。

[2]襄城王：封爵名。襄城，郡名。北齊時治襄城縣，在今河南襄城縣。　大司馬參軍事：官名。大司馬府僚屬。北齊時爲七

品上。

[3]元文遥：人名。字德遠，河南洛陽（今河南洛陽市東北）人，鮮卑族。北齊大臣。見《北史》卷五五《元文遥傳》。

[4]盧昌衡：人名。字子均，小字龍子，范陽涿（今河北涿州市）人。北齊官吏。見《北史》卷三〇《盧玄附盧昌衡傳》。

[5]司州：北齊時治鄴縣，在今河北臨漳縣西南鄴鎮。　脩武：縣名。治所在今河南脩武縣東北。

[6]平恩：縣名。治所在今河北曲周縣東南。

[7]持節：自漢起，節爲皇帝號令賞罰的信物，故持節比不持節位高權重。歷朝因之，自西晋起，實際成爲一種加職，在使持節之下、假節之上。督軍時與使持節同，有權殺二千石以下，平時祇能殺無官位之人。

[8]南定：州名。北齊時治蒙籠城，在今湖北麻城市北。

[9]晋州：北齊時治白馬城，在今山西臨汾市。

及周師圍晋州，外無救援，行臺左丞侯子欽内圖離貳，[1]欲與仲舉謀，憚其嚴正，將言而止者數四。仲舉揣知其情，乃謂之曰："城危累卵，伏賴於公，今之所言，想無他事，欲言而還中止也?"子欽曰："告急官軍，永無消息，勢之危急，旦夕不謀，意欲不坐受夷戮，歸命有道，於公何如?"仲舉正色曰："僕射高氏恩德未深，[2]公於皇家没齒非答。臣子之義，固有常道，何至今日，翻及此言!"子欽懼泄，夜投周軍。城尋破，周將梁士彦素聞仲舉名，[3]引與言及時事。仲舉曰："世居山東，受恩高氏，今國維不張，遠勞師衆，不能死於臣道，豈敢干非其議。"士彦曰："百里、左車，不無前事，想亦得之。"[4]見逼不已，仲舉乃曰："今者官軍遠來，方申弔伐，當先德澤，遠示威懷，明至聖之情，弘招納之略，令所至之所，歸誠有地，所謂王者之師，征而不戰也。”士彦深以爲然，益相知重。初，城敗之後，公私蕩然，軍人簿帳，悉多亡毁，户口倉儲，無所憑據。事無大小，士彦一委仲舉，推尋勾當，絲髮無遺，於軍用甚有助焉。

[1]行臺左丞：官名。行臺尚書左丞的省稱。北魏置。　侯子欽：人名。即侯明，字子欽，燕州上谷（今北京延慶縣）人。北周官吏（參李磊《〈侯子欽墓誌〉釋考》，《古籍整理研究學刊》2005年第5期）。

[2]僕射高氏恩德未深：中華本校勘記云：“張森楷云：‘“射”當作“於”。’按侯子欽官乃左丞，並非僕射。張説疑是。”

[3]梁士彦：人名。字相如，安定烏氏（今甘肅涇川縣東北）人。北周、隋朝將領。見《北史》卷七三《梁士彦傳》。

[4]百里左車不無前事想亦得之：指百里奚、李左車被俘後幫助新主出謀劃策的典故。百里，即百里奚，人名。春秋時期虞國（今山西平陸縣北）人。虞國被秦國滅後，成爲秦國的奴隸，後幫助秦穆公實現霸業。左車，即李左車，人名。柏仁（今河北隆堯縣）人。戰國時期趙國名將李牧的後代。秦末戰亂中，輔佐趙王，被封爲廣武君。被韓信俘虜，待以師禮。後幫助韓信不戰而降燕國。

鄴城平，仍將家隨例入關。仲舉以親故流離，情不願住，妻伯父京兆尹博陵崔宣猷留不許去。[1]固辭，乃得還鄴。尋有詔，素望舊資，命州郡勒送。仲舉懼嚴命而至。補秋官賓部上士，[2]深乖情願，乃取急言歸。

[1]京兆尹：官名。京兆地區長官，負責京兆郡事務。北周時爲八命。　崔宣猷：人名。即崔猷。字宣猷，博陵安平（今河北安平縣）人。北周官吏。見《北史》卷三二《崔挺附崔猷傳》。

[2]秋官賓部上士：官名。北周秋官府賓部中大夫屬官，佐賓部中大夫、小賓部下大夫掌本部事務。正三命。

隋開皇中，秦王俊鎮洛州，[1]召補州主簿。[2]友人蜀王府記室范陽盧士彦謂仲舉曰：[3]"丈人往經徵辟，每致推辭。何爲徒勞之任，忽爾降德？"仲舉笑曰："屈伸之事，非子所知。"尋被敕追赴京。朝廷以仲舉婆娑州里，責黜左降爲隆州録事參事。[4]尋以疾歸，以琴書自娱，優遊賞逸，視人世蔑如也。會朝廷舉士，著作郎王劭又舉以應詔。[5]以前致推遷爲責，除翼州清江令。[6]未幾，又以疾還。後以資例，授帥都督、洛陽令。[7]彭城劉逸人謂仲舉曰：[8]"君之才地，遠近所知。久病在家，恐貽時論，具爲武職，差若自安。"仲舉曰："吾性本疏惰，少無宦情，豈以垂老之年，求一階半級？所言武職，挂徐君墓樹耳。"[9]竟不起。終於洛陽永康里宅。時年六十三，當世名賢，莫不傷惜之。二子，大師、行師。

[1]俊：即楊俊，人名。小字阿祇，隋朝宗室。後因奢侈被免官。見《北史》卷七一《秦王俊傳》。　洛州：隋朝時治洛陽縣，在今河南洛陽市東北。

[2]州主簿：官名。州府掌管文書簿籍，經辦事務的佐吏。隋朝時雍州視正八品，他州視從八品。

[3]蜀王府記室：官名。即蜀王府記室參軍，爲記室曹長官。掌王府文書表奏，預參謀議。隋朝時爲從六品。蜀，州名。隋朝初治成都縣，在今四川成都市。　盧士彦：人名。范陽涿（今河北涿州市）人。隋朝官吏。見《北史》卷三〇《盧觀傳》。

[4]隆州：隋朝時治閬中縣，在今四川閬中市。　録事參事：官名。州府僚屬，掌總録衆曹文簿，舉彈善惡。隋朝時自從七品至從八品不等。

[5]王劭：人名。字君懋，太原晋陽（今山西太原市晋源區古城營村一帶）人。北齊、隋朝官吏。見《北史》卷三五《王慧龍附王劭傳》。

[6]翼州：底本作“冀州”。按：《隋書·地理志》冀州無清江縣。而“汶山郡”下云：“左封，後周置，曰廣年，及置廣年郡、左封郡。開皇初郡並廢。仁壽初縣改名焉。又周置翼州，大業初廢。有汶山……翼水，後周置，曰龍求，及置清江郡。開皇初郡廢，縣改曰清江。”今據改。翼州，隋朝時治左封縣，在今四川黑水縣東南。　清江：縣名。治所在今四川茂縣西北。

[7]帥都督：官名。北周爲勳官號，正七命。隋朝時爲十一等勳官之第九等，從六品上，位儀同三司，大都督下、都督上；煬帝大業三年罷。

[8]彭城：郡名。隋朝時治彭城縣，在今江蘇徐州市。

[9]挂徐君墓樹：典故。《史記》卷三一《吴太伯世家》：“季札之初使，北遇徐君。徐君好季札劍，口弗敢言。季札心知之，爲使上國，未獻。還至徐，徐君已死。于是乃解其寶劍，繫之徐君冢樹而去。”

大師，字君威，幼而爽悟，神情警發，標格嚴峻，人並敬憚之。身長七尺五寸，風儀甚偉。好學，無所不窺，善綴文。備知前代故事，若指諸掌；商較當世人物，皆得其精。弱冠，州將賀蘭寬召補主簿。[1]寬當時位望，又與大師年事不侔，初見，言未及終，便改容加敬，曰："名下故無虛士。今者非以相勞，自望坐嘯有託耳。"[2]每於私室接遇，恒盡忘年之歡。俄而以資調補左翊衛率，[3]尋除冀州司户參軍。[4]煬帝初，改州爲郡，仍除信都司户書佐。[5]及大業暮年，[6]王塗弛紊，居官者率多侵漁，皆致潤屋；大師獨守清戒，無所營求，家産益致窘迫。郡丞鞠孝稜益相歎服，[7]曰："後於歲寒，[8]此言於公得之。"十年，遷渤海郡主簿。[9]

[1]州將：魏晋以降刺史多領兵開府，加將軍號，别稱州將。賀蘭寬：人名。武川（今内蒙古武川縣西）人，鮮卑族。北周、隋朝官吏。見《北史》卷六一《賀蘭祥傳》。

[2]坐嘯有託：典故。指閑坐吟嘯，不理政事或不以政事爲懷。《後漢書》卷六七《黨錮列傳》序："汝南太守范孟博，南陽宗資主畫諾。南陽太守岑公孝，弘農成瑨但坐嘯。"

[3]左翊衛率：官名。隋朝左衛率府所領翊衛府屬官。

[4]州司户參軍：官名。由州户曹參軍事改名，主户曹事。隋煬帝大業三年改爲司户書佐。隋時從七品至從八品。

[5]信都：郡名。隋朝時治長樂縣，在今河北冀州市。毛本作"信州"，誤。

[6]大業：殿本、四庫本、四部備要本作"王業"，誤。

[7]郡丞：官名。爲郡守副貳，佐郡守掌衆事。隋時京兆郡丞爲從五品，他州郡丞爲從七品到從八品。

[8]後於歲寒：典出《論語·子罕》："歲寒然後知松栢之後彫也。"比喻衹有經過艱苦惡劣環境的考驗，纔能看出一個人的高尚精神品質。

[9]渤海郡：隋朝時治陽信縣，在今山東陽信縣南。

及竇建德據有山東，[1]被召爲尚書禮部侍郎。[2]武德三年，[3]被遣使京師，因送同安公主，[4]遂求和好。使畢，還至絳州，[5]而建德違約，又助世充抗王師於武牢。[6]高祖大怒，[7]命所在拘留其使。世充、建德尋平，遂以譴徙配西會州。[8]

[1]竇建德：人名。貝州漳南（今山東武城縣漳南鎮）人。隋末起義軍首領。見《舊唐書》卷五四《竇建德傳》。

[2]尚書禮部侍郎：官名。隋朝禮部下司禮部司長官，掌禮部司事，一員。正六品上。文帝開皇三年升爲從五品。煬帝大業三年升爲禮部副長官，員一人，以佐尚書掌部事，正四品。

[3]武德：唐高祖的年號（618—626）。

[4]同安公主：即唐高祖的同母妹。見《新唐書》卷八三《同安公主傳》。同安，郡名。唐朝時治懷寧縣，在今安徽潛山縣梅城鎮。

[5]絳州：唐朝時治玉壁城，在今山西稷山縣西南汾河南岸玉壁渡。毛本、殿本、四庫本、局本、四部備要本作"降州"，誤。

[6]世充：即王世充，人名。字行滿，新豐（今陝西潼關縣東北）人。隋朝官吏。見《舊唐書》卷五四《王世充傳》。　武牢：關隘名。即虎牢關，避唐高祖祖父李虎諱改。在今河南滎陽市汜水鎮西。

[7]高祖：即唐朝開國皇帝李淵。高祖爲其廟號。

[8]西會州：唐朝時治會寧鎮，在今甘肅會寧縣。

大師少時，嘗筮仕長安。遇日者姓史，[1]因使占。

時有從兄子同、妹夫鄭師萬、河東裴寂同以宿衛簡入文資。[2]各使視即日官位，及將來所至。史生曰："裴二及李，皆當依資叙用，[3]然裴君終致台輔。鄭非直今歲虚歸，後歲亦當本資不叙。"指大師曰："君才雖不減趙元叔，恐賦命亦將同之。"[4]言子同亦無遠到。時大師弟行師亦預賓貢，因問史生吉凶。生曰："此郎雖非裴君之匹，亦至方伯。"既而大師及子同、裴寂並以資補州佐。師萬當年差舛，明年而齊資不叙。師萬任益州新都縣尉。[5]及武德初，裴寂任尚書左僕射、魏國公。大師至是遷播，因獨笑曰："史生之言，於兹驗矣。"行師貞觀中歷太常寺丞、都水使者、邛州刺史，[6]皆如史生之占。

[1]日者：古時以占候卜筮爲業的人。

[2]河東：郡名。隋朝時治河東縣，在今山西永濟市西南蒲州鎮。　裴寂：人名。字玄真，蒲州桑泉（今山西臨猗縣西南）人。隋、唐官吏。見《舊唐書》卷五七《裴寂傳》。

[3]裴二及李皆當依資叙用：中華本校勘記云："按疑當作'裴及二李'。二李，指大師、子同。"

[4]君才雖不減趙元叔恐賦命亦將同之：意思是李大師的才華不比後漢的趙壹差，命運也很相似（都不過郡吏）。趙元叔，人名。即趙壹。字元叔，漢陽西縣（今甘肅禮縣）人。東漢人。見《後漢書》卷八〇下《趙壹傳》。

[5]益州：唐朝時治成都縣，在今四川成都市。　新都：縣名。治所在今四川成都市新都區。　縣尉：官名。戰國置。縣級行政機構佐官，掌一縣軍事，逐捕盜賊。隋唐時掌課調徵收，判司户、司法等曹事務。員額品秩各因縣之級别而異，少至一人，多者六人，所從八品下至從九品下不等。

[6]貞觀：唐太宗的年號（627—649）。　太常寺丞：官名。唐朝時員二人，判寺事。從五品。　邛州：唐朝時武德元年（618）復置，治依政縣，在今四川邛崍市西南。顯慶二年（657）移治臨邛縣，在今四川邛崍市。

大師既至會州，忽忽不樂，乃爲《羇思賦》以見其事。侍中、觀公楊恭仁時鎮涼州，[1]見賦異之，召至河西，深相禮重，日與遊處。

[1]觀公：封爵名。即觀國公。觀，州名。唐初治九門縣，在今河北藁城市西北。　楊恭仁：人名。即楊綸。字恭仁，弘農華陰（今陝西華陰市東南）人。隋朝、唐朝大臣。見《舊唐書》卷六二《楊恭仁傳》。　涼州：唐朝時治姑臧縣，在今甘肅武威市。

大師少有著述之志，常以宋、齊、梁、陳、魏、齊、周、隋南北分隔，[1]南書謂北爲“索虜”，北書指南爲“島夷”。又各以其本國周悉，書別國並不能備，亦往往失實。常欲改正，將擬《吴越春秋》，編年以備南北。至是無事，而恭仁家富於書籍，得恣意披覽。宋、齊、梁、魏四代有書，自餘竟無所得。居二年，恭仁入爲吏部尚書，[2]大師復還會州。武德九年，會赦，歸至京師。尚書右僕射封德彝、中書令房玄齡並與大師親通，[3]勸留不去，曰：“時屬惟新，人思自效，方事屏退，恐失行藏之道。”大師曰：“昔唐堯在上，下有箕山之節。[4]雖以不才，請慕其義。”於是假裝東歸。家本多書，因編緝前所修書。貞觀二年五月，終於鄭州滎陽縣野舍，[5]時年五十九。既所撰未畢，以爲没齒之恨焉。所製文筆詩賦，播遷及遭火，多致失落，存者十卷。子慶孫、正禮、利王、延壽、安世。

[1]常以宋齊梁陳魏齊周隋南北分隔：底本"陳"下無"魏"字，中華本校勘記云："諸本無'魏'字，按下云'北書指南爲島夷'，北書即指《魏書》。此乃脱文，今補正。"今從改。

[2]吏部尚書：官名。尚書省吏部長官，主管官吏選任、銓叙、調動事務，對五品以下官吏之任免有建議權。歷朝皆重其選。唐朝時正三品。

[3]尚書右僕射：官名。秦漢時爲尚書令副貳。歷代沿置。北魏時位列宰相，在録尚書事、尚書令下。唐朝時因爲尚書令常缺，成爲尚書省實際長官。職在左僕射下，領祠部、儀曹。從二品。封德彝：人名。即封倫。字德彝，觀州蓨（今河北景縣）人。隋朝、唐朝大臣。見《舊唐書》卷六三《封倫傳》。 中書令：官名。中書省長官。掌贊詔命，記會時事，典作文書。唐朝時正三品。 房玄齡：人名。即房喬。字玄齡，齊州臨淄（今山東淄博市）人。隋末舉進士，曾參與玄武門之變，功居第一。唐太宗貞觀中，歷任中書令、尚書左僕射，長期執掌大權，後世稱其爲貞觀良相之一。監修國史。見《舊唐書》卷六六《房玄齡傳》。

[4]昔唐堯在上下有箕山之節：堯時，許由歸隱箕山下，不願意出仕。箕山，在今河南登封市南。相傳許由在此隱居，死後葬在這裏。見皇甫謐《高士傳·許由傳》。

[5]鄭州：唐朝時治管城縣，在今河南鄭州市管城回族區。

延壽與敬播俱在中書侍郎顔師古、給事中孔穎達下删削。[1]既家有舊本，思欲追終先志，其齊、梁、陳五代舊事所未見，[2]因於編緝之暇，晝夜抄録之。至五年，以内憂去職。服闋，從官蜀中，以所得者編次之。然尚多所闕，未得及終。十五年，任東宫典膳丞日，[3]右庶子、彭陽公令狐德棻又啓延壽修《晋書》，[4]因兹復得勘究宋、齊、魏三代之事所未得者。十七年，尚書右僕射褚遂良時以諫議大夫奉敕修《隋書》十志，[5]復準敕召延壽撰録，因此遍得披尋。時五代史既未出，延壽不敢使人抄録，家素貧罄，又不辦雇人書寫。至於魏、齊、周、隋、宋、齊、梁、陳正史，並手自寫，本紀依司馬遷體，[6]以次連綴之。又從此八代正史外，更勘雜史於正史所無者一千餘卷，皆以編入。其煩冗者，即削去之。始末修撰，凡十六載。始宋，凡八代，爲《北史》《南史》二書，合一百八十卷。其《南史》先寫訖，以呈監國史、國子祭酒令狐德棻，[7]始末蒙讀了，乖失者亦爲改正，許令聞奏。次以《北史》諮知，亦爲詳正。因遍諮宰相，乃上表。表曰：

[1]中書侍郎：官名。唐朝時掌侍從、獻替、制敕、册命、敷奏文表，通判省事。員二人，正四品上。　顔師古：人名。即顔籀。字師古，祖籍琅邪臨沂（今山東費縣東），後遷至雍州萬年（今陝西西安市）。唐初儒家學者、經學家，在語言文字、歷史方面都有著作。見《舊唐書》卷七三《顔師古傳》。　給事中：官名。唐朝時門下省屬官，員四人，常侍從，讀署奏抄，駁正違失，分判省事。若侍中、侍郎並闕，則監封題，給驛券。正五品。　孔穎達：人名。字沖遠，冀州衡水（今河北衡水市）人。隋唐時儒家學者、經學家。見《舊唐書》卷七三《孔穎達傳》。

[2]其齊、梁、陳五代舊事所未見：中華本校勘記云："按'陳'下當脱'周隋'二字。"可從。

[3]東宮典膳丞：官名。東宮太子典膳局屬官，員二人，佐郎掌進膳嘗食之事。正八品。

[4]右庶子：官名。秦漢時置太子庶子，西晋時始分左右，掌侍從贊相，駁正啓奏。隋朝時置爲太子典書坊長官，員二人，掌侍從、獻納、啓奏。正四品。唐朝沿置。　彭陽公：封爵名。彭陽，郡名。唐朝時治彭陽縣，在今甘肅鎮原縣。　令狐德棻：人名。宜州華原（今陝西銅川市耀州區）人。唐朝大臣、史學家。見《舊唐書》卷七三《令狐德棻傳》。

[5]褚遂良：人名。字登善，浙江錢塘（今浙江杭州市）人。唐初官吏、文學館十八學士之一。見《舊唐書》卷八〇《褚遂良傳》。　諫議大夫：官名。唐朝時門下省屬官，專掌議論。正五品。

[6]司馬遷體：即司馬遷寫作《史記》開創的紀傳體。司馬遷，人名。字子長，夏陽（今陝西韓城市）人。西漢史學家、思想家、文學家。以《史記》《報任安書》等聞名於世。見《史記》卷一三〇《太史公自序》。

[7]國子祭酒：官名。唐朝時置爲國子監長官，員一人，從三品，職掌全國教育，總領中央國子、太學、廣文、四門、律、書、算七學及地方學校，每年考核學官訓導功業。

臣延壽言：臣聞史官之立，其來已舊，執簡記言，必資良直。是以典謨載述，唐、虞之風尤著；誥誓斯陳，殷、周之烈彌顯。[1]魯書有作，鹿門貽鑒於臧孫；[2]晋《乘》無隱，桃園取譏於趙孟。[3]斯蓋哲王經國，通賢垂範，懲誡之方，率由兹義。逮秦書既煬，周籍俱湮，子長創制，五三畢紀，[4]條流且異，綱目咸張。自斯以後，[5]皆所取則。雖左史筆削，無乏於時，[6]微婉所傳，唯稱班、范。[7]次有陳壽《國志》，[8]亦曰名家。並已見重前脩，無俟揚榷。

［1］典謨載述唐虞之風尤著誥誓斯陳殷周之烈彌顯：指《尚書》有《堯典》《舜典》《皋陶謨》《益稷謨》記録了堯舜時期的社會；《仲虺之誥》《湯誥》記録了商朝和周朝的情況。

［2］魯書有作鹿門貽鑒於臧孫：因爲有魯國的史書，才留下了臧紇斬鹿門關出逃的教訓。《左傳》襄公二十三年："臧紇斬鹿門之關以出，奔邾。"杜預注："魯南城東門。"

［3］晋乘無隱桃園取譏於趙盂：晋國的史書《乘》的寫法不隱惡，所以趙宣子居桃園而不離國境的事受到批評。《左傳》宣公二年："乙丑，趙穿攻靈公於桃園，宣子未出山而復。大史書曰：'趙盾弑其君。'以示於朝。宣子曰：'不然。'對曰：'子爲正卿，亡不越竟，反不討賊，非子而誰？'。宣子曰：'烏呼。我之懷矣。自詒伊慼。其我之謂矣。'"

［4］子長創制五三畢紀：司馬遷寫作《史記》，創立了本紀、世家、列傳、書、表的寫作體例；在《五帝本紀》《夏本紀》《殷本紀》《周本紀》中對五帝三王的事迹都進行了記録。

［5］自斯以後：底本"斯"下有"新"字，中華本校勘記云："諸本'斯'下有'新'字。張森楷云：'"新"字不當有。'按此是涉'斯'字形似而衍，今删去。"今從改。

［6］左史筆削：指孔子對《春秋》進行了删定。《史記》卷四七《孔子世家》："至於爲《春秋》，筆則筆，削則削，子夏之徒不能贊一辭。弟子受《春秋》，孔子曰：'後世知丘者以《春秋》，而罪丘者亦以《春秋》。"

［7］班：即班固。字孟堅，扶風安陵（今陝西咸陽市東北）人。東漢史學家、文學家。以寫作《漢書》聞名。見《後漢書》卷四〇《班彪附班固傳》。　范：即范曄。字蔚宗，順陽（今河南淅川縣東）人。南朝宋官吏、史學家。以寫作《後漢書》聞名。

見《宋書》卷六九《范曄傳》。

[8]陳壽國志：陳壽寫作的《三國志》。陳壽，人名。字承祚，巴西安漢（今四川南充市）人。西晉史學家。著有《三國志》，與《史記》《漢書》《後漢書》合稱前四史。見《晉書》卷八二《陳壽傳》。

洎紫氣南浮，黄旗東徙，[1]時更五代，年且三百；元熙以前，[2]則總歸諸晋，著述之士，家數雖多，泛而商略，未聞盡善。太宗文皇帝神資睿聖，[3]天縱英靈，爰動沖襟，用紆玄覽，深嗟蕪穢，大存刊勒，既懸諸日星，方傳不朽。然北朝自魏以還，南朝從宋以降，運行迭變，時俗污隆，代有載筆，人多好事，考之篇目，史牒不少，互陳聞見，同異甚多。而小説短書，易爲湮落，脱或殘滅，求勘無所。一則王道得喪，朝市貿遷，日失其真，晦明安取。二則至人高跡，達士弘規，因此無聞，可爲傷歎。三則敗俗巨蠹，滔天桀惡，書法不記，孰爲勸奬。

[1]紫氣南浮黄旗東徙：指東晋。紫氣，在古代被認爲是祥瑞之兆，往往附會天子。

[2]元熙：晋恭帝的年號（419—420）。是東晋最後一個年號。

[3]太宗文皇帝：即唐太宗李世民。

臣輕生多幸，運奉千齡，從貞觀以來，屢叨史局，不揆愚固，私爲修撰。起魏登國元年，[1]盡隋義寧二年，[2]凡三代二百四十四年，[3]兼自東魏天平元年，[4]盡齊隆化二年，[5]又四十四年行事，總編爲本紀十二卷、列傳八十八卷，謂之《北史》；又起宋永初元年，[6]盡陳禎明三年，[7]四代一百七十年，爲本紀十卷、列傳七十卷，謂之《南史》。凡八代，合爲二書，一百八十卷，以擬司馬遷《史記》。就此八代，而梁、陳、齊、周、隋五書，是貞觀中敕撰，以十志未奏，本猶未出。然其書及志，始末是臣所脩。臣既夙懷慕尚，又備得尋聞，私爲抄録，一十六年，凡所獵略，千有餘卷。連綴改定，止資一手，故淹時序，迄今方就。唯鳩聚遺逸，以廣異聞，編次別代，共爲部秩。除其冗長，捃其菁華。若文之所安，則因而不改，不敢苟以下愚，自申管見。雖則疏野，遠慚先哲，於披求所得，竊謂詳盡。其《南史》刊勒已定，《北史》勘校粗了。既撰自私門，不敢寢嘿，又未經聞奏，亦不敢流傳。輕用陳聞，伏深戰越。謹言。

[1]登國：北魏道武帝的年號（386—396）。

[2]義寧：隋恭帝的年號（617—618）。

[3]二百四十四年：中華本校勘記云："按北魏登國元年即公元三八六年，隋義寧二年即公元六一八年，前後共二百三十三年。此作二百四十四年，誤。"可從。

[4]天平：東魏孝静帝的年號（534—537）。

[5]隆化：北齊後主的年號（576—577）。

[6]永初：南朝宋武帝的年號（420—422）。

[7]禎明：南朝陳後主的年號（587—589）。